SCHÖNKE-SCHRÖDER
STRAFGESETZBUCH

STRAFGESETZBUCH

Kommentar

begründet von

Dr. ADOLF SCHÖNKE

weiland Professor an der Universität Freiburg i. Br.
(1. bis 6. Auflage)

fortgeführt von

Dr. HORST SCHRÖDER

weiland Professor an der Universität Tübingen
(7. bis 17. Auflage)

24., neubearbeitete Auflage

von

Dr. THEODOR LENCKNER

Professor an der Universität Tübingen

Dr. Dr. h. c. PETER CRAMER

Professor an der Universität Gießen

Dr. ALBIN ESER

Professor an der Universität Freiburg i. Br.
Direktor des Max-Planck-Instituts für
ausländisches und internationales Strafrecht

Dr. WALTER STREE

Professor an der Universität Münster

C. H. BECK'SCHE VERLAGSBUCHHANDLUNG
MÜNCHEN 1991

Die Deutsche Bibliothek – CIP-Einheitsaufnahme

Schönke, Adolf:
Strafgesetzbuch : Kommentar / begr. von Adolf Schönke
(1.–6. Aufl.). Fortgef. von Horst Schröder (7.–17. Aufl.).–
Von Theodor Lenckner ... – 24., neubearb. Aufl. –
München : Beck, 1991
  ISBN 3 406 34886 6
NE: Lenckner, Theodor [Bearb.]

ISBN 3 406 34886 6

Druck der C. H. Beck'schen Buchdruckerei Nördlingen
Gedruckt auf alterungsbeständiges Papier gemäß der ANSI-Norm

Vorwort

Nach fast einem halben Jahrhundert erscheint der von Adolf Schönke begründete und von Horst Schröder weitergeführte Kommentar nach der neugewonnenen Einheit wieder für Gesamtdeutschland. Die Vereinigung der beiden Teile Deutschlands fiel mitten in die Manuskriptarbeiten zu der nunmehr vorliegenden Neuauflage. Darauf und auf zahlreiche Erweiterungen und Neukommentierungen der bisherigen Gesetzesbestimmungen ist es zurückzuführen, daß seit der Vorauflage mehr als drei Jahre vergangen sind.

Die 24. Auflage bringt den Kommentar auf den Gesetzesstand nach dem Beitritt der DDR zur Bundesrepublik und erläutert nunmehr das für das ganze Deutschland geltende Strafgesetzbuch. Berücksichtigt sind dabei auch die sich aus dem Einigungsvertrag ergebenden Ausnahmen, die darin bestehen, daß einzelne Strafvorschriften des StGB nicht auf das Gebiet der früheren DDR erstreckt wurden und umgekehrt einzelne Bestimmungen des StGB der ehemaligen DDR beschränkt auf das damalige Staatsgebiet in Kraft geblieben sind. Dieser komplizierten Rechtslage wurde in mancherlei Beziehungen Rechnung getragen. So sind die Bestimmungen der ehemaligen DDR insgesamt im Anhang, darüber hinaus aber teilweise auch im Sachzusammenhang der Kommentierungen abgedruckt, wobei dort dann auch auf die wesentlichen Unterschiede hingewiesen wird. Weiterhin finden sich in den Erläuterungen zu den einzelnen Vorschriften Hinweise auf außerstrafrechtliche Bestimmungen, die in der ehemaligen DDR nicht oder nur mit bestimmten Maßnahmen gelten oder aus dem Recht der ehemaligen DDR stammen. Schließlich war es auch notwendig, auf die Besonderheiten einzugehen, die sich unter interlokal-strafrechtlichen Gesichtspunkten aus dem Einigungsvertrag ergeben. Weiterhin wurden Probleme des Strafanwendungsrechts bei Straftaten behandelt, die auf dem Gebiet der DDR vor deren Beitritt zur Bundesrepublik begangen wurden. Dies alles erforderte eine gründliche Neubearbeitung der Einführung (RN 12 ff.), der Vorbemerkungen zu §§ 3–7 (RN 47–79) sowie der Vorbemerkungen zu §§ 218 ff.

Die Neuauflage berücksichtigt sämtliche seit der Vorauflage in Kraft getretenen Gesetzesänderungen. In der zeitlichen Reihenfolge steht hier am Anfang das Poststrukturgesetz vom 8. 6. 1989 mit einer Änderung des § 354, gefolgt von dem Gesetz zur Änderung des StGB usw. vom 9. 6. 1989 mit einer Neufassung bzw. Ergänzung der §§ 125, 239a, 239b, 243 I, 316b und der Einführung einer Kronzeugenregelung bei terroristischen Straftaten. Zu nennen sind ferner die Erweiterung des § 126 I Nr. 7 durch das Gesetz vom 24. 4. 1990, der §§ 6 Nr. 3, 316c durch das Gesetz vom 13. 6. 1990, des § 203 I Nr. 4 durch das Kinder- und Jugendhilfegesetz vom 26. 6. 1990 und des § 201 II durch das 25. Strafrechtsänderungsgesetz vom 20. 8. 1990. Änderungen ergaben sich schließlich bei den §§ 77 III und 247 aufgrund des Betreuungsgesetzes vom 12. 9. 1990.

Daß der Umfang des Kommentars gegenüber der Vorauflage um fast 200 Seiten gewachsen ist, beruht jedoch nur zum geringsten Teil auf den durch Gesetzesänderungen notwendig gewordenen Neukommentierungen. Größer denn je zuvor und in seiner Fülle z. T. kaum noch überschaubar war das aus Rechtsprechung und Schrifttum angefallene Material, das einzuarbeiten war. Zusätzlichen Raum haben die an zahlreichen Stellen erfolgten Neubearbeitungen in Anspruch genommen. Im Allgemeinen Teil gilt dies etwa für die Vorbemerkungen vor §§ 25 ff. und wesentliche Teile der Vorbemerkungen vor §§ 13 ff. (u. a. Lehre von der objektiven Erfolgszurechnung und der Schuld), vor §§ 32 ff. (insbes. die dort behandelten Rechtfertigungsgründe) und vor §§ 52 ff. (u. a. zum Fortsetzungszusammenhang). Wesentlich erweitert bzw. neu gestaltet ist ferner z. B. die Kommentierung zur faktischen Organ- und Vertreterhaftung in § 14, zum bedingten Vorsatz einschließlich der Aids-Problematik bei § 15, zur affekt- und alkoholbedingten Beeinträchtigung der Schuldfähigkeit in § 20, zum Rücktritt (§ 24) sowie zu Teilen der §§ 32, 35. Im Besonderen Teil erfolgten Neubearbeitungen in größerem Umfang u. a. bei den §§ 123, 129, 177, 180a, 181a, 201, 218, 240, 246, 252, 263, 263a, 266, 316, 326.

Um die Benutzung des Kommentars zu erleichtern, wurden auch in dieser Auflage – wie schon in der vorhergehenden – bei umfangreicheren Kommentierungen in verstärktem Maß Inhaltsübersichten bzw. Stichwortverzeichnisse vorangestellt. Auch sind zur besseren Lesbarkeit teilweise Um- und Neugliederungen des Stoffs erfolgt.

Auch bei dieser Auflage war es uns ein Anliegen, die Einheitlichkeit des vorliegenden Kommentars zu erhalten und zu mehren. Der „Schönke-Schröder" will nach wie vor „Mittler zwischen Theorie und Praxis" sein, wie es Horst Schröder im Vorwort der 7. Auflage formulierte. Diesem Ziel dient auch das Bemühen der Verfasser, Rechtsprechung und Literatur möglichst vollständig zu erfassen und zu verarbeiten. So ist die Literatur zum Allgemeinen Teil bis zum 31. 7. 1990 verarbeitet, die Rechtsprechung überwiegend bis zum 31. 12. 1990. Im

Vorwort

Besonderen Teil sind Rechtsprechung und Literatur weitgehend ebenfalls bis zum 31. 12. 1990 berücksichtigt. Dies schließt nicht aus, daß an zahlreichen Stellen des Kommentars auch noch während der Drucklegung wichtige Entscheidungen und Literatur, gelegentlich bis in die jüngste Zeit hinein, in die Erläuterungen eingearbeitet wurden.

Es ist uns ein aufrichtiges Bedürfnis, unseren Mitarbeiterinnen und Mitarbeitern für ihre vielfältige Mithilfe unseren besonderen Dank auszusprechen. Unser Dank gilt insbesondere Frau Sigrid Höchst, Frau Ulrike Schittenhelm, den Herren Edward Schramm, Markus Wehinger (Tübingen), den Herren Walter Ahrens, Helmut Gropengießer, Jens Kuhlmann und Matthias Siegmann (Freiburg), Frau Andrea Schmidt, Frau Sabine Riemenschneider und den Herren Rainer Brakonier und Heinz-Jürgen Kümpel (Gießen). Ein Wort des Dankes haben wir aber auch unseren Sekretärinnen zu sagen, die durch ihre treue Mithilfe wesentlich zur Fertigstellung des Werks beigetragen haben. Ein besonderer Dank gilt schließlich dem Verlag für die stets vertrauensvolle Zusammenarbeit.

Im August 1991
Theodor Lenckner, Tübingen   Peter Cramer, Gießen
Albin Eser, Freiburg   Walter Stree, Münster

Aus dem Vorwort zur 1. Auflage

Ein etwas ausführlicher Kommentar zum Strafgesetzbuch, der den gegenwärtigen Stand der Gesetzgebung, der Rechtswissenschaft und der Rechtsprechung wiedergibt, ist zur Zeit nicht vorhanden. Die hier bestehende Lücke wird um so fühlbarer, je weiter sich der Abschluß der in Angriff genommenen Gesamtreform des Strafrechts hinauszögert. Es muß daher versucht werden, diese Lücke auszufüllen. Ich hoffe, mit dem vorliegenden Werk der Praxis und der Ausbildung des juristischen Nachwuchses dienen zu können. Ich war bestrebt, durch Anführung der Rechtsprechung und durch Hinweise auf das Schrifttum ein weiteres Eindringen zu ermöglichen. Auf die Reformarbeiten wurde bei allen wichtigeren Fragen hingewiesen.

Freiburg i. Br., Februar 1942
                                                                    Schönke

Aus dem Vorwort zur 18. Auflage

Horst Schröder, der den „Schönke-Schröder" von der 7. bis zur 17. Auflage bearbeitet und geprägt hat, ist am 12. September 1973 Adolf Schönke, dem Begründer des Kommentars, im Tode gefolgt.

Geblieben ist neben dem Andenken an zwei große Gelehrte und leidenschaftliche Juristen ein Werk, das inzwischen schon fast zur Institution geworden ist. Die Entwicklung des „Schönke-Schröder" nachzuzeichnen, ist hier nicht der Ort. Ohne daß damit die Leistung Adolf Schönkes geschmälert würde, wird man jedoch sagen dürfen, daß der „Schönke-Schröder" mit der fortschreitenden Zahl seiner Auflagen immer mehr eine Schöpfung Horst Schröders geworden ist. Ein Mittler zu sein zwischen Theorie und Praxis, mit dem Ziel, – so Schröder im Vorwort zur 7. Aufl. – „daß wissenschaftliche Diskussionen nicht mehr nur im akademischen Bereich geführt werden, sondern den praktischen Juristen in der täglichen Arbeit erreichen", war die Lebensaufgabe, die er sich gestellt hatte. An ihr arbeitete er unablässig, bis ein tragisches Geschick sein Leben beschloß, nachdem er noch kurz vor seinem Tode das Manuskript für die 17. Aufl. fertiggstellt hatte. Wenn deshalb mit der 18. Aufl. nunmehr die Schüler Horst Schröders an die Stelle ihres Lehrers treten, so geschieht dies in der Verpflichtung gegenüber seinem Lebenswerk, welches es zu erhalten und fortzuführen gilt.

Tübingen, Gießen und Münster, November 1975   Die Verfasser

Es haben bearbeitet:

(soweit nicht besonders angegeben, jeweils einschließlich der Vorbemerkungen)

Einführung und §§ 1–12	Eser
Vorbem. 1–133 vor § 13	Lenckner
Vorbem. 134–164 vor § 13 und § 13	Stree
§ 14	Lenckner
§§ 15–18	Cramer
§§ 19–21	Lenckner
§§ 22–24	Eser
§§ 25–31	Cramer
Vorbem. vor § 32 und §§ 32–37	Lenckner
§§ 38–72	Stree
§§ 73–76a	Eser
§§ 77–101a	Stree
§§ 102–121	Eser
§§ 123–131	Lenckner
§§ 132–144	Cramer
§§ 145–152a	Stree
§§ 153–205	Lenckner
§§ 211–223	Eser
§§ 223a–233	Stree
§§ 234–256	Eser
§§ 257–262	Stree
§§ 263, 263a	Cramer
§§ 264	Lenckner
§ 264a	Cramer
§§ 265–266b	Lenckner
§§ 267–282	Cramer
§§ 283–283d	Stree
§§ 284–297	Eser
§§ 302a–305a	Stree
§§ 306–324	Cramer
§ 325	Stree
§ 326	Lenckner
§§ 327, 328	Cramer
§ 329	Eser
§§ 330–353	Cramer
§§ 353a–355	Lenckner
§§ 356–358	Cramer

Zitiervorschlag:
z. B. Cramer in: Schönke-Schröder § 25 RN 12
oder abgekürzt:
S/S – Lenckner 20 vor § 32

Inhaltsübersicht

Abkürzungsverzeichnis.. XI

Strafgesetzbuch
Einführung... 1

Allgemeiner Teil
1. Abschnitt. Das Strafgesetz.. 9
  1. Titel. Geltungsbereich (§§ 1–10)................................... 9
  2. Titel. Sprachgebrauch (§§ 11, 12).................................. 100
2. Abschnitt. Die Tat... 120
  1. Titel. Grundlagen der Strafbarkeit (§§ 13–21)...................... 120
  2. Titel. Versuch (§§ 22–24).. 331
  3. Titel. Täterschaft und Teilnahme (§§ 25–31)........................ 390
  4. Titel. Notwehr und Notstand (§§ 32–35)............................. 468
  5. Titel. Straflosigkeit parlamentarischer Äußerungen und Berichte (§§ 36, 37) 592
3. Abschnitt. Rechtsfolgen der Tat...................................... 594
  1. Titel. Strafen (§§ 38–45 b).. 594
  2. Titel. Strafbemessung (§§ 46–51)................................... 635
  3. Titel. Strafbemessung bei mehreren Gesetzesverletzungen (§§ 52–55) . 674
  4. Titel. Strafaussetzung zur Bewährung (§§ 56–58).................... 729
  5. Titel. Verwarnung mit Strafvorbehalt, Absehen von Strafe (§§ 59–60) . 782
  6. Titel. Maßregeln der Besserung und Sicherung (§§ 61–72)............ 792
  7. Titel. Verfall und Einziehung (§§ 73–76a).......................... 878
4. Abschnitt. Strafantrag, Ermächtigung, Strafverlangen (§§ 77–77 c)..... 920
5. Abschnitt. Verjährung.. 936
  1. Titel. Verfolgungsverjährung (§§ 78–78 c).......................... 937
  2. Titel. Vollstreckungsverjährung (§§ 79–79 b)....................... 951

Besonderer Teil
Vorbemerkungen zum 1. und 2. Abschnitt.................................. 955
  1. Abschnitt. Friedensverrat, Hochverrat und Gefährdung des demokratischen Rechtsstaates (§§ 80–92b)........................ 959
  2. Abschnitt. Landesverrat und Gefährdung der äußeren Sicherheit (§§ 93–101a) 993
  3. Abschnitt. Straftaten gegen ausländische Staaten (§§ 102–104a)..... 1025
  4. Abschnitt. Straftaten gegen Verfassungsorgane sowie bei Wahlen und Abstimmungen (§§ 105–108d)............................... 1028
  5. Abschnitt. Straftaten gegen die Landesverteidigung (§§ 109–109k)... 1039
  6. Abschnitt. Widerstand gegen die Staatsgewalt (§§ 110–121).......... 1053
  7. Abschnitt. Straftaten gegen die öffentliche Ordnung (§§ 123–145d)... 1084
  8. Abschnitt. Geld- und Wertzeichenfälschung (§§ 146–152a)........... 1203
  9. Abschnitt. Falsche uneidliche Aussage und Meineid (§§ 153–163)..... 1222
  10. Abschnitt. Falsche Verdächtigung (§§ 164, 165).................... 1264
  11. Abschnitt. Straftaten, welche sich auf Religion und Weltanschauung beziehen (§§ 166–168)... 1274
  12. Abschnitt. Straftaten gegen den Personenstand, die Ehe und die Familie (§§ 169–173).. 1287
  13. Abschnitt. Straftaten gegen die sexuelle Selbstbestimmung (§§ 174–184c) . 1307
  14. Abschnitt. Beleidigung (§§ 185–200)............................... 1399
  15. Abschnitt. Verletzung des persönlichen Lebens- und Geheimbereichs (§§ 201–205) . 1449
  16. Abschnitt. Straftaten gegen das Leben (§§ 211–222)................ 1500
  17. Abschnitt. Körperverletzung (§§ 223–233).......................... 1626

Inhaltsübersicht

18. Abschnitt. Straftaten gegen die persönliche Freiheit (§§ 234–241a) 1682
19. Abschnitt. Diebstahl und Unterschlagung (§§ 242–248c) 1730
20. Abschnitt. Raub und Erpressung (§§ 249–256) 1787
21. Abschnitt. Begünstigung und Hehlerei (§§ 257–262) 1807
22. Abschnitt. Betrug und Untreue (§§ 263–266b) 1851
23. Abschnitt. Urkundenfälschung (§§ 267–282) 2009
24. Abschnitt. Konkursstraftaten (§§ 283–283d) 2058
25. Abschnitt. Strafbarer Eigennutz (§§ 284–302a) 2084
26. Abschnitt. Sachbeschädigung (§§ 303–305a) 2114
27. Abschnitt. Gemeingefährliche Straftaten (§§ 306–323c) 2129
28. Abschnitt. Straftaten gegen die Umwelt (§§ 324–330d) 2219
29. Abschnitt. Straftaten im Amte (§§ 331–358) 2278

Anhang: Strafrechtsrelevante Bestimmungen des Einigungsvertrags – Fortgeltendes DDR-Strafrecht 2363

Stichwortverzeichnis 2373

Abkürzungsverzeichnis

Oberlandesgerichte sind in Entscheidungsnachweisen durch Angabe des Ortes bezeichnet, an dem das Gericht seinen Sitz hat.

A.	Auflage
a. A.	andere Ansicht
aaO	am angegebenen Ort (bezieht sich in der Regel auf die im jeweiligen Schrifttum vor oder bei dem betreffenden § angegebene Fundstelle)
ABl.	Amtsblatt
AbfG	Gesetz über die Vermeidung u. Entsorgung von Abfällen (Abfallgesetz) vom 27. 8. 1986, BGBl. I 1410, letztes ÄndG vom 11. 5. 1990, BGBl. I 870
abgedr.	abgedruckt
Abk.	Abkommen
abl.	ablehnend
Abs.	Absatz
Abschn.	Abschnitt
abw.	abweichend
AcP	Archiv für die civilistische Praxis (zit. nach Band u. Seite)
AE	Alternativ-Entwurf eines Strafgesetzbuches, 1966 ff.
a. E.	am Ende
ähnl.	ähnlich
a. F.	alte Fassung
AFG	Arbeitsförderungsgesetz vom 25. 6. 1969, BGBl. I 582, letztes ÄndG EV I, BGBl. II 1033
AfP	Archiv für Presserecht (zit. nach Jahr u. Seite)
AG	Amtsgericht bzw. Aktiengesellschaft
AHK	Alliierte Hohe Kommission
AK	Kommentar zum StGB (Reihe Alternativkommentare, hrsg. von Wassermann). Bd. 3 (§§ 80–145 d), 1986, bearb. von Jung, Ostendorf, Schild, Sonnen, Wolter und Zielinski
AktG	Aktiengesetz vom 6. 9. 1965, BGBl. I 1089, letztes ÄndG vom 12. 9. 1990, BGBl. I 2002
Allfeld	Allfeld, Lehrbuch des Deutschen Strafrechts, 9. A., 1934
allg.	allgemein
Alt.	Alternative
amtl.	amtlich
and.	anders
ÄndG	Änderungsgesetz
ÄndVO	Änderungsverordnung
Angekl.	Angeklagte(r)
Anm.	Anmerkung
AnwBl.	Anwaltsblatt (zit. nach Jahr u. Seite)
AO	Abgabenordnung vom 16. 3. 1976, BGBl. I 613, letztes ÄndG vom 17. 12. 1990, BGBl. I 2847
AöR	Archiv des öffentlichen Rechts
AP	Arbeitsrechtliche Praxis (Nachschlagewerk des Bundesarbeitsgerichts)
AR	Arztrecht (zit. nach Jahr u. Seite)
ArchVR	Archiv des Völkerrechts (zit. nach Band u. Seite)
ARSP	Archiv für Rechts- und Sozialphilosophie (zit. nach Band u. Seite)
Arzt III	Arzt, Strafrecht, Bes. Teil, Lehrheft 3, 1978
Arzt/Weber bzw. AW-Arzt, AW/Weber I, II, IV, V	Arzt/Weber, Strafrecht, Bes. Teil, Lehrheft 1, 3. Aufl., 1988; Lehrheft 2, 1983; Lehrheft 3, 2. Aufl., 1986; Lehrheft 4, 2. Aufl., 1989; Lehrheft 5, 1982

Abkürzungen

AT	Allgemeiner Teil des StGB
AtomG	Atomgesetz i. d. F. vom 15. 7. 1985, BGBl. I 1566, letztes ÄndG vom 5. 11. 1990, BGBl. I 2428
AÜG	Arbeitnehmerüberlassungsgesetz i. d. F. vom 14. 6. 1985, BGBl. I 1068, letztes ÄndG vom 9. 7. 1990, BGBl. I 1354
AuR	Arbeit und Recht (zit. nach Jahr und Seite)
AusfVO	Ausführungsverordnung
AuslG	Ausländergesetz v. 9. 7. 1990, BGBl. I 1354
AV	Allgemeine Verfügung
AVG	Angestelltenversicherungsgesetz i. d. F. vom 28. 5. 1924, RGBl. I 563, letztes ÄndG vom 18. 12. 1989, BGBl. I 2261, für das in Art. 3 EV genannte Gebiet mit der Maßgabe des EV I, BGBl. II 1057
AWG	Außenwirtschaftsgesetz vom 28. 4. 1961, BGBl. I 481, letztes ÄndG EV I, BGBl. II 1009
b	bei
BA	Blutalkohol, Wissenschaftliche Zeitschrift für die medizinische und die juristische Praxis (zit. nach Jahr u. Seite)
BAG	Bundesarbeitsgericht
BAK	Blutalkoholkonzentration
BÄK	Bundesärztekammer
BAnz.	Bundesanzeiger
BÄO	Bundesärzteordnung i. d. F. vom 16. 4. 1987, BGBl. I 1218, letztes ÄndG EV I, BGBl. II 1075
v. Bar	v. Bar, Gesetz und Schuld im Strafrecht, Bd. I–III, 1906–09
Baumann/Weber	Baumann und Weber, Strafrecht, Allgemeiner Teil, 9. A., 1985
Bay	Bayerisches Oberstes Landesgericht; ohne Zusatz: Entscheidungen des Bayerischen Obersten Landesgerichts in Strafsachen (neue Folge zit. nach Jahr u. Seite, alte Folge zit. nach Band [Bd.])
BayBS	Bereinigte Sammlung des Bayerischen Landesrechts
BayLSG	Bayerisches Landessozialgericht
BayVBl.	Bayerische Verwaltungsblätter (zit. nach Jahr u. Seite)
BayVerfGHE	Entscheidungen des Bayer. Verfassungsgerichtshofes, Teil II der Entscheidungssammlung des Bayer. Verwaltungsgerichtshofes (zit. nach Band u. Seite)
BayVGH	Bayerischer Verwaltungsgerichtshof
BB	Betriebs-Berater (zit. nach Jahr u. Seite)
BBG	Bundesbeamtengesetz i. d. F. vom 27. 2. 1985, BGBl. I 480, letztes ÄndG vom 11. 12. 1990, BGBl. I 2682, für das in Art. 3 EV genannte Gebiet mit der Maßgabe des EV I, BGBl. II 1141
Bd.	Band
BDH	Bundesdisziplinarhof
BDSG	Bundesdatenschutzgesetz i. d. F. d. Art. 1 d. Ges. zur Fortentwicklung der Datenverarbeitung und des Datenschutzes vom 20. 12. 1990, BGBl. I 2954
Begr.	Begründung
Beiträge	Deutsche Beiträge zum VII. Internationalen Strafrechtskongreß in Athen, Sonderheft der ZStW 69
Beling	Beling, Die Lehre vom Verbrechen, 1906
Bespr.	Besprechung
BFH	Bundesfinanzhof
BG	Bundesgericht
BGB	Bürgerliches Gesetzbuch vom 18. 8. 1896, RGBl. 195, letztes ÄndG vom 12. 9. 1990, BGBl. I 2002
BGBl. I, II, III	Bundesgesetzblatt Teil I, II, III
BGE	Entscheidungen des schweizerischen Bundesgerichts (Amtliche Sammlung)
BG Pr.	Die Praxis des Bundesgerichts (Entscheidungen des schweizerischen Bundesgerichts)
BGH	Bundesgerichtshof; ohne Zusatz: Entscheidungen des Bundesgerichtshofs in Strafsachen (zit. nach Band u. Seite)

Abkürzungen

BGH-FS	25 Jahre Bundesgerichtshof, hrsg. von Krüger-Nieland, 1975
BGHR	BGH-Rechtsprechung Strafsachen, hrsg. von Richtern des Bundesgerichtshofs (zit. nach Paragraph, Stichwort und Nummer)
BGHZ	Entscheidungen des Bundesgerichtshofes in Zivilsachen (zit. nach Band u. Seite)
BImSchG	Bundes-Immissionsschutzgesetz vom 14. 5. 1990, BGBl. I 880, letztes ÄndG vom 10. 12. 1990, BGBl. I 2634
BImSchVO	Bundes-Immissionsschutzverordnung
Binding Grundriß	Binding, Grundriß des Deutschen Strafrechts, Allgemeiner Teil, 7. A., 1907
Binding Handb.	Binding, Handbuch des Strafrechts, 1885
Binding Lehrb	Binding, Lehrbuch des gemeinen Strafrechts, Besonderer Teil, 1902–1905 (1. Band und 2. Band, 1. Hälfte in 2. A.)
Binding Normen	Binding, Die Normen und ihre Übertretung, 2. A., 4 Bände, 1890–1919
BJagdG	Bundesjagdgesetz i. d. F. vom 29. 9. 1976, BGBl. I 2849, letztes ÄndG EV I, BGBl. II 1017
BKA	Bundeskriminalamt
Blau-FS	Festschrift für Günter Blau zum 70. Geburtstag, 1985
Blei I, II	Blei, Strafrecht I, Allgemeiner Teil, 18. A., 1983, Strafrecht II, Besonderer Teil, 12. A., 1983
BNotO	Bundesnotarordnung vom 24. 2. 1961, BGBl. I 98, letztes ÄndG vom 29. 1. 1991, BGBl. I 150, für das in Art. 3 EV genannte Gebiet mit der Maßgabe des EV I, BGBl. II, 921, 938
Bockelmann II/1, 2 bzw. 3	Bockelmann, Strafrecht, Besonderer Teil/1, Vermögensdelikte, 2. A., 1982; Besonderer Teil/2, Delikte gegen die Person, 1977, Besonderer Teil/3, Ausgewählte Delikte gegen Rechtsgüter der Allgemeinheit, 1980, s. auch B-Volk
Bockelmann-FS	Festschrift für Paul Bockelmann zum 70. Geburtstag, 1979
BranntwMG	Branntweinmonopolgesetz i. d. F. d. BGBl. III, Gliederungsnr. 612-7, letztes ÄndG EV I, BGBl. II 971
BR-Drs.	Bundesratsdrucksache
BRStenBer.	Verhandlungen des Bundesrats, Stenographische Berichte (zit. nach Sitzung u. Seite)
BRAGebO	Bundesgebührenordnung für Rechtsanwälte vom 26. 7. 1957, BGBl. I 907, letztes ÄndG vom 17. 12. 1990, BGBl. I 2847, für das in Art. 3 EV genannte Gebiet mit der Maßgabe des EV I, BGBl. II 936, 941
BRAO	Bundesrechtsanwaltsordnung vom 1. 8. 1959, BGBl. I 565, letztes ÄndG vom 29. 1. 1991, BGBl. I 150, für das in Art. 3 EV genannte Gebiet mit der Maßgabe des EV I, BGBl. II 921, 938
BRep.	Bundesrepublik
BRRG	Beamtenrechtsrahmengesetz i. d. F. vom 27. 2. 1985, BGBl. I 463, letztes ÄndG vom 28. 5. 1990, BGBl. I 967, für das in Art. 3 EV genannte Gebiet mit der Maßgabe des EV I, BGBl. II 1141
Bruns-FS	Festschrift für Hans-Jürgen Bruns zum 70. Geburtstag, 1978
Bruns Leitf	Bruns, Leitfaden des Strafzumessungsrechts, 2. A., 1985
Bruns StrZR	Bruns, Strafzumessungsrecht, Allgemeiner Teil, 2. A., 1974
BSeuchG	Bundes-Seuchengesetz i. d. F. vom 18. 12. 1979, BGBl. I 2262, ber. 80 I 151, letztes ÄndG vom 12. 9. 1990, BGBl. I 2002, für das in Art. 3 EV genannte Gebiet mit der Maßgabe des EV I, BGBl. II 1088
BSG	Bundessozialgericht
Bsp., bspw.	Beispiel, beispielsweise
BStBl.	Bundessteuerblatt
BT	Besonderer Teil des StGB bzw. Bundestag
BT-Drs.	Bundestagsdrucksache
BtMG	Betäubungsmittelgesetz i. d. F. vom 28. 7. 1981, BGBl. I 681, letztes ÄndG EV I, BGBl. II 1081, für das in Art. 3 EV genannte Gebiet mit der Maßgabe des EV I, BGBl. II 1087

Abkürzungen

BTStenBer.	Verhandlungen des deutschen Bundestags, Stenographische Berichte (zit. nach Wahlperiode u. Seite)
BVerfG	Bundesverfassungsgericht
BVerfGE	Entscheidungen des Bundesverfassungsgerichts (zit. nach Band u. Seite)
BVerfGG	Bundesverfassungsgerichtsgesetz i. d. F. vom 12. 12. 1985, BGBl. I 2229, für das in Art. 3 EV genannte Gebiet mit der Maßgabe des EV I, BGBl. II 963
BVerwG	Bundesverwaltungsgericht
BVerwGE	Entscheidungen des Bundesverwaltungsgerichts (zit. nach Band u. Seite)
B-Volk bzw. Bockelmann/Volk	Bockelmann/Volk, Strafrecht, Allgemeiner Teil, 4. A., 1987
BVwVfG	(Bundes-)Verwaltungsverfahrensgesetz vom 25. 5. 1976, BGBl. I 1523, letztes ÄndG vom 12. 9. 1990, BGBl. I 2002, für das in Art. 3 EV genannte Gebiet mit der Maßgabe des EV I, BGBl. II 914
BZR	Bundeszentralregister
BZRG	Bundeszentralregistergesetz i. d. F. vom 12. 9. 1984, BGBl. I 1230 (ber. BGBl. 1985 I 195), letztes ÄndG EV I, BGBl. II 956
Carstens-FS	Einigkeit und Recht und Freiheit. Festschrift für Karl Carstens zum 70. Geburtstag, 1984
ChemG	Chemikaliengesetz i. d. F. vom 14. 3. 1990, BGBl. I 521, III 8053-6
CR	Computer und Recht (zit. nach Jahr u. Seite)
Cramer OWiG	Cramer, Grundbegriffe des Rechts der Ordnungswidrigkeiten 1971
Cramer	Cramer, Straßenverkehrsrecht, Bd. 1 StVO, 2. A., 1976
D-Tröndle	Strafgesetzbuch, erläutert von Dreher (23.–37. A.), fortgeführt von Tröndle, 44. A., 1988
DÄBl.	Deutsches Ärzteblatt (zit. nach Jahr u. Seite)
Dallinger-Lackner	Dallinger-Lackner, Jugendgerichtsgesetz, 2. A., 1965
DAR	Deutsches Autorecht (zit. nach Jahr u. Seite)
DAR/B	b. Bär in DAR
DAR/M	b. Martin in DAR
DAR/R	b. Rüth in DAR
DAR/S	b. Spiegel in DAR
DB	Der Betrieb (zit. nach Jahr u. Seite)
DDR-Kommentar	Kommentar zum (DDR-)Strafgesetzbuch, 5. Aufl. 1987
DDR-Lehrbuch	Strafrecht der DDR, Lehrbuch 1988, Bes. Teil 1981
DDT-G	Gesetz über den Verkehr mit DDT vom 7. 8. 1972, BGBl. I 1385, letztes ÄndG vom 15. 9. 1986, BGBl. I 1505
DepotG	Gesetz über die Verwahrung und Anschaffung von Wertpapieren vom 4. 2. 1937, RGBl. I 171, letztes ÄndG vom 17. 7. 1985, BGBl. I 1507
dgl.	desgleichen
DGVZ	Deutsche Gerichtsvollzieherzeitung (zit. nach Jahr u. Seite)
Diss.	Dissertation
DJ	Deutsche Justiz (zit. nach Jahr u. Seite)
DJT	Deutscher Juristentag
DJT-FS I, II	Festschrift zum hundertjährigen Bestehen des Deutschen Juristentages, Bd. I und II, 1960
DJZ	Deutsche Juristenzeitung (zit. nach Jahr u. Seite)
DMW	Deutsche Medizinische Wochenschrift (zit. nach Jahr u. Seite)
DÖV	Die Öffentliche Verwaltung (zit. nach Jahr u. Seite)
DR	Deutsches Recht, Wochenausgabe (vereinigt mit Juristische Wochenschrift); zit. nach Jahr u. Seite
Dreher	Strafgesetzbuch, erläutert von Dreher (bis zur 37. Aufl.)
Dreher-FS	Festschrift für Eduard Dreher zum 70. Geburtstag, 1977
DRM	Deutsches Recht, Monatsausgabe (vereinigt mit Deutsche Rechtspflege); zit. nach Jahr u. Seite

Abkürzungsverzeichnis **Abkürzungen**

DRiZ	Deutsche Richterzeitung (zit. nach Jahr u. Seite)
DRiZ/H.	b. Hürxthal in DRiZ
DRpfl.	Deutsche Rechtspflege (zit. nach Jahr u. Seite)
DRZ	Deutsche Rechts-Zeitschrift (zit. nach Jahr u. Seite)
DSteuerR	Deutsches Steuerrecht (zit. nach Jahr u. Seite)
DStR	Deutsches Strafrecht (zit. nach Jahr u. Seite)
DStZ A	Deutsche Steuerzeitung, Ausgabe A (zit. nach Jahr u. Seite)
DStZ	Deutsche Strafrechtszeitung (zit. nach Jahr u. Seite)
DtZ	Deutsch-Deutsche Rechts-Zeitschrift (zit. nach Jahr u. Seite)
Dünnebier-FS	Festschrift für Hanns Dünnebier zum 75. Geburtstag, 1982
DVBl.	Deutsches Verwaltungsblatt (zit. nach Jahr u. Seite)
DVO	Durchführungsverordnung
DVR	Datenverarbeitung im Recht (bis 1985, danach vereinigt mit IuR; zit. nach Jahr u. Seite)
E 27	Entwurf eines Allgemeinen Deutschen Strafgesetzbuchs nebst Begründung (Reichstagsvorlage) 1927
E 62	Entwurf eines Strafgesetzbuchs mit Begründung, Bonn 1962
EAO	Entwurf einer Abgabenordnung, BT-Drs. VI/1982, 7/79
ebd.	ebenda
EEGOWiG	Entwurf eines Einführungsgesetzes zum Gesetz über Ordnungswidrigkeiten, BT-Drs. V/1319
EEGStGB	Entwurf eines Einführungsgesetzes zum Strafgesetzbuch (EGStGB), BT-Drs. 7/550
EFG	Entscheidungen der Finanzgerichte (zit. nach Band u. Seite)
EG	Erinnerungsgabe bzw. Einführungsgesetz bzw. Europäische Gemeinschaft
EGH	Entscheidungen der Ehrengerichtshöfe der Rechtsanwaltschaft des Bundesgebiets und des Landes Berlin (zit. nach Band u. Seite)
EGKS	Europäische Gemeinschaft für Kohle und Stahl
EGOWiG	Einführungsgesetz zum Gesetz über Ordnungswidrigkeiten vom 24. 5. 1968, BGBl. I 503, letztes ÄndG vom 2. 3. 1974, BGBl. I 469, 633
EGStGB	Einführungsgesetz zum Strafgesetzbuch vom 2. 3. 1974, BGBl. I 469, letztes ÄndG EV I, BGBl. II 954, für das in Art. 3 EV genannte Gebiet mit der Maßgabe des EV I, BGBl. II 957
EheG	Ehegesetz vom 20. 2. 1946, KRG Nr. 16, ABl. 77, 294, letztes ÄndG vom 25. 7. 1986, BGBl. I 1142, für das in Art. 3 EV genannte Gebiet mit der Maßgabe des EV I, BGBl. II 954
Einf.	Einführung
eingeh.	eingehend
einschr.	einschränkend
Eisenberg	Eisenberg, Jugendgerichtsgesetz, 2. A., 1985
Engisch-FS	Festschrift für Karl Engisch zum 70. Geburtstag, 1969
Erbs/Kohlhaas	Erbs/Kohlhaas, Strafrechtliche Nebengesetze, 4. A., 1989ff., Loseblattsammlung
Erl.	Erläuterung
ESchG	Embryonenschutzgesetz vom 13. 12. 1990, BGBl. I 2746
Eser I, II, III, IV	Eser, Juristischer Studienkurs, Strafrecht I u. II, 3. A., 1980; III, 2. A., 1981; IV, 4. A., 1983
EStG	Einkommensteuergesetz 1987 vom 27. 2. 1987, BGBl. I 657, letztes ÄndG vom 26. 6. 1990, BGBl. I 1143
EuGH	Europäischer Gerichtshof für Menschenrechte
EV	Vertrag zwischen der Bundesrepublik Deutschland und der Deutschen Demokratischen Republik über die Herstellung der Einheit Deutschlands – Einigungsvertrag – vom 31. 8. 1990 mit Einigungsvertragsgesetz vom 23. 9. 1990, BGBl. II 885, 889
EV I bzw. II	Anlage I bzw. II zum EV (s. dort), BGBl. II 907 bzw. 1148
EWR	Schriftenreihe zum europäischen Weinrecht
EzSt	Entscheidungssammlung zum Straf- u. Ordnungswidrigkeitenrecht, hrsg. von Lemke (zit. nach Paragraph u. Nummer)

XV

Abkürzungen

FAG	Gesetz über Fernmeldeanlagen i. d. F. vom 17. 3. 1977, BGBl. I 459, 473, letztes ÄndG vom 3. 7. 1989, BGBl. I 1455, für das in Art. 3 EV genannte Gebiet mit der Maßgabe des EV I, BGBl. II 1121
FamRZ	Ehe und Familie im privaten und öffentlichen Recht. Zeitschrift für das gesamte Familienrecht (zit. nach Jahr u. Seite)
FG	Finanzgericht
FGG	Gesetz über die Angelegenheiten der freiwilligen Gerichtsbarkeit vom 20. 5. 1898, RGBl. 771, letztes ÄndG vom 17. 12. 1990, BGBl. I 2847, für das in Art. 3 EV genannte Gebiet mit der Maßgabe des EV I, BGBl. II 932, 940
FGO	Finanzgerichtsordnung vom 6. 10. 1965, BGBl. I 1477, letztes ÄndG vom 18. 12. 1986, BGBl. I 2486, für das in Art. 3 EV genannte Gebiet mit der Maßgabe des EV I, BGBl. II 928, 938
FGS	Franzen/Gast/Samson, Steuerstrafrecht, 3. A., 1985
Fischerhof	Fischerhof, Deutsches Atomgesetz und Strahlenschutzrecht, Bd. I, 2. A., 1978
FlaggenRG	Flaggenrechtsgesetz i. d. F. vom 4. 7. 1990, BGBl. I 1342, für das in Art. 3 des EV genannte Gebiet mit der Maßgabe des EV II, BGBl. II 1107
FN	Fußnote
For	Forensia, interdisziplinäre Zeitschrift für Psychiatrie, Psychologie, Kriminologie und Recht (zit. nach Band u. Seite)
Forster	Praxis der Rechtsmedizin, hrsg. von B. Forster, 1986
Frank	Reinhard Frank, Das Strafgesetzbuch für das Deutsche Reich, 18. A. 1931
Frank-FG I, II	Festgabe für Frank, Bd. I und II, 1930
FS	Festschrift
G bzw. Ges.	Gesetz
GA	Archiv für Strafrecht, begründet von Goltdammer, zit. nach Bänden (Bd.), seit 1953 nach Jahr u. Seite
GA/H	b. Herlan in GA
GA/W	b. Wagner in GA
Gallas-FS	Festschrift für Wilhelm Gallas zum 70. Geburtstag, 1973
GBG	Gesetz über die Beförderung gefährlicher Güter vom 6. 8. 1975, BGBl. I 2121, letztes ÄndG vom 28. 6. 1990, BGBl. I 1221, für das in Art. 3 EV genannte Gebiet mit der Maßgabe des EV I, BGBl. II 1112
GBl.	Gesetzblatt
GebFra	Geburtshilfe und Frauenheilkunde (zit. nach Band u. Seite)
GedS	Gedächtnisschrift
gem	gemäß
GenG	Gesetz betreffend die Erwerbs- und Wirtschaftsgenossenschaften i. d. F. vom 20. 5. 1898, RGBl. 55, letztes ÄndG vom 25. 7. 1988, BGBl. I 1093
GenStA	Generalstaatsanwalt
Germann-FS	Festschrift für Oscar Adolf Germann zum 80. Geburtstag, 1969
GeschlKG	Geschlechtskrankheitsgesetz vom 23. 7. 1953, BGBl. I 700, letztes ÄndG vom 12. 9. 1990, BGBl. I 2002
GewArch	Gewerbearchiv, Zeitschrift für Gewerbe- u. Wirtschaftsverwaltungsrecht (zit. nach Jahr und Seite)
GewO	Gewerbeordnung i. d. F. vom 1. 1. 1987, BGBl. I 425, letztes ÄndG vom 17. 12. 1990, BGBl. I 2840, für das in Art. 3 EV genannte Gebiet mit der Maßgabe des EV I, BGBl. II 1126, 1128, 1130
GG	Grundgesetz für die Bundesrepublik Deutschland vom 23. 5. 1949, BGBl. I, letztes ÄndG Art. 4 EV, BGBl. II 890, für das in Art. 3 EV genannte Gebiet mit der Maßgabe der Art. 6, 7 EV, BGBl. II. II 891
ggf	gegebenenfalls
GjS	Gesetz über die Verbreitung jugendgefährdender Schriften i. d. F. vom 12. 7. 1985, BGBl. I 1502

Abkürzungsverzeichnis **Abkürzungen**

Gleispach-FS	Festschrift für Graf Gleispach, 1936
GmbHG	Gesetz betr. die Gesellschaften mit beschränkter Haftung i. d. F. vom 20. 5. 1898, RGBl. 846, letztes ÄndG vom 15. 5. 1986, BGBl. I 721
Göhler	Göhler, Ordnungswidrigkeitengesetz, 9. A., 1990
Göppinger-FG	Festgabe für Hans Göppinger zum 70. Geburtstag, 2. A., 1990
Göppinger Krim	Göppinger, Kriminologie, 4. A., 1980
Gössel I	Gössel, Strafrecht, Besonderer Teil, Bd. 1, 1987
grds.	grundsätzlich
GrS	Großer Senat
Grünhut-EG	Erinnerungsgabe für Max Grünhut, 1964
Grützner-GebG	Festschrift für Heinrich Grützner zum 65. Geburtstag, 1970
GRUR	Gewerblicher Rechtsschutz und Urheberrecht (zit. nach Jahr u. Seite)
GS	Der Gerichtssaal (zit. nach Band u. Seite)
GVBl.	Gesetz- und Verordnungsblatt
GVG	Gerichtsverfassungsgesetz i. d. F. vom 9. 5. 1975, BGBl. I 1077, letztes ÄndG vom 17. 12. 1990, BGBl. I 2847, für das in Art. 3 EV genannte Gebiet mit der Maßgabe des EV I, BGBl. II 922, 938
GWB	Gesetz gegen Wettbewerbsbeschränkungen i. d. F. vom 20. 2. 1990, BGBl. I 230, letztes ÄndG vom 17. 12. 1990, BGBl. I 2847
HannRpfl.	Hannoversche Rechtspflege (zit. nach Jahr u. Seite)
HansRGZ	Hanseatische Rechts- und Gerichtszeitschrift (zit. nach Jahr u. Seite)
Hbs.	Halbsatz
Heidelberg-FS	Richterliche Rechtsfortbildung. Festschrift der Juristischen Fakultät zur 600-Jahr-Feier der Universität Heidelberg, 1986
Heinitz-FS	Festschrift für Ernst Heinitz zum 70. Geburtstag, 1972
Henkel-FS	Grundfragen der gesamten Strafrechtswissenschaft. Festschrift für Heinrich Henkel zum 70. Geburtstag, 1974
v. Hentig-FS	Kriminologische Wegzeichen. Festschrift für Hans v. Hentig, 1967
HESt	Höchstrichterliche Entscheidungen, Sammlung von Entscheidungen der Oberlandesgerichte in Strafsachen (zit. nach Band u. Seite)
HFR	Höchstrichterliche Finanzrechtsprechung (zit. nach Jahr u. Seite)
HGB	Handelsgesetzbuch vom 10. 5. 1897, RGBl. 219, letztes ÄndG vom 30. 10. 1989, BGBl. I 1910, für das in Art. 3 EV genannte Gebiet mit der Maßgabe des EV I, BGBl. II 959
v. Hippel I, II	von Hippel, Deutsches Strafrecht, Bd. I 1925, Bd. II 1930
Hinw.	Hinweis
h. L., h. M.	herrschende Lehre, herrschende Meinung
HöchstRR	Höchstrichterliche Rechtsprechung auf dem Gebiete des Strafrechts, Beil. zu der Zeitschr. für die gesamte Strafrechtswissenschaft (1 zu Bd. 46, 2 zu Bd. 47, 3 zu Bd. 48)
Honig-FS	Göttinger Festschrift für Richard M. Honig zum 80. Geburtstag, 1970
HRR	Höchstrichterliche Rechtsprechung, bis 1927: Die Rechtsprechung, Beilage zur Zeitschrift Juristische Rundschau (zit. nach Jahr u. Nummer)
Hruschka	Hruschka, Strafrecht nach logisch-analytischer Methode, 2. A., 1988
Hübner-FS	Festschrift für Heinz Hübner, 1984
HuSt	Hochverrat und Staatsgefährdung (Urteile des BGH)
HWiStR	Krekeler, Tiedemann, Ulsenheimer u. Weinmann (Hrsg.), Handwörterbuch des Wirtschafts- und Steuerstrafrecht, Loseblattsammlung, Stand November 1988 (zit. nach Verf. u. Stichwörtern)
idF	in der Fassung
idR	in der Regel

Abkürzungen

i. E.	im Ergebnis
i. e. S.	im engeren Sinn
i. gl. S.	im gleichen Sinn
i. H. v.	in Höhe von
i. w. S.	im weiteren Sinn
IHK	Industrie- und Handelskammer
insbes.	insbesondere
i. R. d.	im Rahmen der
i. S. v.	im Sinne von
i. U.	im Unterschied
IuR	Informatik und Recht (zit. nach Jahr u. Seite)
i. V. m.	in Verbindung mit
JA	Juristische Arbeitsblätter (zit. nach Jahr u. Seite)
Jakobs	Jakobs, Strafrecht, Allgemeiner Teil, 1983
Jauch-FS	Wie würden Sie entscheiden? Festschrift für Gerd Jauch zum 65. Geburtstag, 1990
Jescheck	Jescheck, Lehrbuch des Strafrechts, Allgemeiner Teil, 4. A., 1988
Jescheck-FS I, II	Festschrift für Hans-Heinrich Jescheck zum 70. Geburtstag, Bd. I und II, 1985
JFGErg.	Entscheidungen des Kammergerichts und des Oberlandesgerichts München in Kosten-, Straf-, Miet- und Pachtschutzsachen
JGG	Jugendgerichtsgesetz i. d. F. vom 11. 12. 1974, BGBl. I 3427, letztes ÄndG vom 30. 8. 1990, BGBl. I 1853, für das in Art. 3 EV genannte Gebiet mit der Maßgabe des EV I, BGBl. II 957
J/Hentschel	Jagusch/Hentschel, Straßenverkehrsrecht, 30. A., 1989
JMBlNW	Justizministerialblatt für das Land Nordrhein-Westfalen (zit. nach Jahr u. Seite)
JOR	Jahrbuch für Ostrecht (zit. nach Jahr u. Seite)
JÖSchG	Gesetz zum Schutze der Jugend in der Öffentlichkeit vom 25. 2. 1985, BGBl. I 425, letztes ÄndG vom 28. 6. 1990, BGBl. I 1221
JR	Juristische Rundschau (zit. nach Jahr u. Seite)
JurA	Juristische Analysen (zit. nach Jahr u. Seite)
Jura	Juristische Ausbildung (zit. nach Jahr u. Seite)
JurBl. bzw. JBl.	Juristische Blätter (zit. nach Jahr u. Seite)
JuS	Juristische Schulung. Zeitschrift für Studium und Ausbildung (zit. nach Jahr u. Seite)
Justiz	Die Justiz. Amtsblatt des Justizministeriums von Baden-Württemberg (zit. nach Jahr u. Seite)
JuV	Justiz und Verwaltung (zit. nach Jahr u. Seite)
JW	Juristische Wochenschrift (zit. nach Jahr u. Seite)
JWG	Jugendwohlfahrtsgesetz i. d. F. vom 25. 4. 1977, BGBl. I 633, ber. 795, letztes ÄndG vom 25. 7. 1986, BGBl. I 1142
JZ	Juristenzeitung (zit. nach Jahr u. Seite)
JZ-GD	Juristenzeitung – Gesetzgebungsdienst (zit. nach Jahr u. Seite)
Kaiser Krim.	Kaiser, Kriminologie, 8. A., 1989
Armin Kaufmann-GdS	Gedächtnisschrift für Armin Kaufmann, 1989
H. Kaufmann Krim.	Hilde Kaufmann, Kriminologie, 1971; Bd. III, Strafvollzug und Sozialtherapie, 1977
H. Kaufmann-GdS	Gedächtnisschrift für Hilde Kaufmann, 1986
KastrG	Gesetz über die freiwillige Kastration vom 15. 8. 1969, BGBl. I 1143, ÄndG vom 23. 11. 1973, BGBl. I 1725
Kern-FS	Tübinger Festschrift für Eduard Kern, 1968
Kfz	Kraftfahrzeug
KG	Kammergericht bzw. Kommanditgesellschaft
KGJ	Jahrbuch für Entscheidungen des Kammergerichts (zit. nach Band u. Seite)
KK	Karlsruher Kommentar zur Strafprozeßordnung, hrsg. v. G. Pfeiffer, 1982
KK-OWiG	Karlsruher Kommentar zum Gesetz über Ordnungswidrigkeiten, hrsg. von K. Boujong, 1989

Abkürzungen

Kleinknecht-FS	Strafverfahren im Rechtsstaat, Festschrift für Theodor Kleinknecht zum 75. Geburtstag, 1985
Klug-FS	Festschrift für Ulrich Klug zum 70. Geburtstag, 2 Bände, 1983
K/Meyer	Kleinknecht/Meyer, Strafprozeßordnung, 39. A., 1989
KMR	Müller/Sax/Paulus (KMR), Kommentar zur Strafprozeßordnung, 8. A., 1990
Koch-FG	Festgabe für Ludwig Koch, 1989
Kohlrausch-FS	Festschrift für Eduard Kohlrausch, 1944
Kohlrausch/Lange	Kohlrausch-Lange, Strafgesetzbuch, 43. A., 1961
Kohlrausch Kriminalpolitik	Kohlrausch, Kriminalpolitik und Strafrecht, in: Die Rechtsentwicklung der Jahre 1933–35/36, herausgegeben von Volkmar u. a. (1937) S. 353
KO	Konkursordnung i.d.F. vom 20. 5. 1898, RGBl. 612, letztes ÄndG vom 25. 7. 1986, BGBl. I 1130 (Keine Geltung in dem in Art. 3 EV genannten Gebiet, EV I, BGBl. II 921)
Köln-FS	Festschrift der Rechtswissenschaftlichen Fakultät zur 600-Jahr-Feier der Universität zu Köln, 1988
Krause-FS	Festschrift für Friedrich-Wilhelm Krause, 1990
KreditwesenG	Gesetz über das Kreditwesen i.d.F. vom 3. 5. 1976, BGBl. I 1121, letztes ÄndG vom 30. 11. 1990, BGBl. I 2570
Krey I, II	Krey, Strafrecht, Besonderer Teil, Bd. 1, 7. A., 1989; Bd. 2, 7. A., 1988
KRG	Kontrollratsgesetz
KrimAbh.	Kriminalistische Abhandlungen, herausgegeben von Exner
KrimGwFr	Kriminologische Gegenwartsfragen (zit. nach Band u. Seite)
krit.	kritisch
KritJ	Kritische Justiz (zit. nach Jahr und Seite)
Küchenhoff-GdS	Gedächtnisschrift für Günther Küchenhoff, 1987
KuT	Konkurs-, Treuhand- und Schiedsgerichtswesen (zit. nach Jahr u. Seite)
K+V	Kraftfahrt u. Verkehrsrecht, Zeitschrift der Akademie für Verkehrswissenschaft, Hamburg (zit. nach Jahr u. Seite)
KWKG	Gesetz über die Kontrolle von Kriegswaffen vom 20. 4. 1961, BGBl. I 444, ber. III 190-1, idF vom 22. 11. 1990, BGBl. I 2506
Lackner	Lackner, Strafgesetzbuch, 18. A., 1989
Lackner-FS	Festschrift für Karl Lackner zum 70. Geburtstag, 1987
Lange-FS	Festschrift für Richard Lange zum 70. Geburtstag, 1976
LdR	Lexikon des Rechts, Stand 1987
Leferenz-FS	Kriminologie-Psychiatrie-Strafrecht, Festschrift für Heinz Leferenz zum 70. Geburtstag, 1983
Lenckner	Strafe, Schuld und Schuldfähigkeit, in: Göppinger/Witter, Handbuch der forensischen Psychiatrie, Band I, Teil A, 1972
LG	Landgericht
v. Liszt Aufsätze	v. Liszt, Strafrechtliche Aufsätze und Vorträge, Bd. I und Bd. II, 1905
v. Liszt/Schmidt	v. Liszt/Schmidt, Lehrbuch des deutschen Strafrechts. Im Allgemeinen Teil ist angeführt: Bd. I Allgemeiner Teil, 26. A., 1932. Im Besonderen Teil ist angeführt: 25. A., 1927
LK	Strafgesetzbuch, Leipziger Kommentar, begründet von Ebermayer, Lobe, Rosenberg; ohne nähere Kennzeichnung 10. A. ab 1978, hrsg. von Jescheck, Ruß und Willms; sonst 9. A. 1970–74, hrsg. von Baldus und Willms
LM	Nachschlagewerk des Bundesgerichtshofs, herausgegeben von Lindenmaier/Möhring (zit. nach Paragraph und Nummer)
LMBG	Lebensmittel- und Bedarfsgegenständegesetz vom 15. 8. 1974, BGBl. I 1945, ber. 75 I 2652, letztes ÄndG vom 22. 1. 1991, BGBl. I 121, für das in Art. 3 EV genannte Gebiet mit der Maßgabe des EV I, BGBl. II 1089
LR	Löwe/Rosenberg, Die Strafprozeßordnung und das Gerichtsverfassungsgesetz mit Nebengesetzen, Großkommentar, 24. A., hrsgeg. von Rieß, bearb. von Dahs, Gössel, Gollwitzer, Hanack, Hilger, Lüdderssen, Rieß, G. Schäfer, K. Schäfer,

Abkürzungen

	Wendisch, 1.–29. Lieferung, im übrigen 23. A., 1976–80, bearb. von Dünnebier, Gollwitzer, Kohlhaas, Kunert, Meyer, Meyer-Goßner, Sarstedt, Schäfer, Wendisch
LS	Leitsatz
LT	Landtag
LuftVG	Luftverkehrsgesetz i. d. F. vom 14. 1. 1981, BGBl. I 62, letztes ÄndG vom 28. 6. 1990, BGBl. I 1221
LZ	Leipziger Zeitschrift (zit. nach Jahr u. Seite)
Maihofer-FS	Rechtsstaat und Menschenwürde. Festschrift für Werner Maihofer zum 70. Geburtstag, 1988
Mallmann-FS	Festschrift für Walter Mallmann zum 70. Geburtstag, 1978
v. Mangoldt/Klein	v. Mangoldt/Klein, Das Bonner Grundgesetz, Kommentar, 2. A., Bd. I 1957, II 1964, III 1974; 3. A., Bd. I 1985, bearb. v. Starck
m. Anm.	mit Anmerkung
Mat.	Materialien zur Strafrechtsreform (1954). Band I: Gutachten der Strafrechtslehrer. Band II: Rechtsvergleichende Arbeiten (Allg. Teil). Band II BT: Rechtsvergleichende Arbeiten (Bes. Teil)
Mattern-Raisch	Mattern-Raisch, Atomgesetz, Kommentar, 1961
Maunz-Dürig-Herzog-Scholz	Grundgesetz, Kommentar, Stand Dezember 1989, Loseblattsammlung
Maurach AT	Maurach, Deutsches Strafrecht, Allgemeiner Teil, 4. A., 1971
Maurach BT	Maurach, Deutsches Strafrecht, Besonderer Teil, 5. A., 1969 mit Nachtrag 1970 und 1971
M-Zipf I	Maurach/Zipf, Strafrecht, Allgemeiner Teil, Teilband 1, 7. A., 1987
M-Gössel II bzw. M-Zipf II	Maurach/Gössel/Zipf, Strafrecht, Allgemeiner Teil, Teilband 2, 7. A., 1989
M-Maiwald I	Maurach/Schroeder/Maiwald, Strafrecht, Besonderer Teil, Teilband 1, 7. A., 1988
M-Schroeder I bzw. II	Maurach/Schroeder, Strafrecht, Besonderer Teil, Teilband 1, 6. A., 1977, Teilband 2, 6. A., 1981
Maurach-FS	Festschrift für Reinhart Maurach zum 70. Geburtstag, 1972
H. Mayer	H. Mayer, Das Strafrecht des deutschen Volkes, 1936
H. Mayer AT	H. Mayer, Strafrecht, Allgemeiner Teil, 1953
H. Mayer StuB	H. Mayer, Strafrecht, Allgemeiner Teil (Studienbuch), 1967
H. Mayer-FS	Beiträge zur gesamten Strafrechtswissenschaft, Festschrift für Hellmuth Mayer, 1966
MDR	Monatsschrift für deutsches Recht (zit. nach Jahr u. Seite)
MDR/D	b. Dallinger in MDR
MDR/H	b. Holtz in MDR
MDR/He	b. Herlan in MDR
MDR/S	b. Schmidt in MDR
MedR	Medizinrecht (zit. nach Jahr u. Seite)
Meyer-GdS	Gedächtnisschrift für Karlheinz Meyer, 1990
Mezger	Mezger, Strafrecht. Ein Lehrbuch, 3. A., 1949
Mezger-FS	Festschrift für Edmund Mezger zum 70. Geburtstag, 1954
Mezger Krim.	Mezger, Kriminologie. Ein Studienbuch, 1951
Mezger, Moderne Wege	Mezger, Moderne Wege der Strafrechtsdogmatik, 1950
MG	Müller-Gugenberger (Herausgeber), Wirtschaftsstrafrecht, 1987
Middendorf-FS	Festschrift für Wolf Middendorf zum 70. Geburtstag, 1986
MiStra	Anordnung über Mitteilungen in Strafsachen i. d. F. vom 15. 3. 1985, BAnz 3053
MMW	Münchner Medizinische Wochenschrift (zit. nach Jahr u. Seite)
MonKrimBiol.	Monatsschrift für Kriminalbiologie und Strafrechtsreform (zit. nach Jahr u. Seite)
MonKrimPsych.	Monatsschrift für Kriminalpsychologie und Strafrechtsreform (zit. nach Jahr u. Seite)
MRK	Europäische Konvention zum Schutz der Menschenrechte und Grundfreiheiten vom 4. 11. 1950, BGBl. 1952 II 686

MSchrKrim	Monatsschrift für Kriminologie und Strafrechtsreform (zit. nach Jahr u. Seite)
Mühlhaus/Janiszewski	Mühlhaus/Janiszewski, Straßenverkehrsordnung, 11. A., 1988
Müller	Müller, Straßenverkehrsrecht, 22. A., Bd. I 1969 m. Nachtrag 1969, Bd. II 1969, Bd. III 1973
mwN	mit weiteren Nachweisen
Nachw.	Nachweis
Narr-FS	Arzt und Kassenrecht im Wandel, Festschrift für Helmut Narr (hrsg. von H. Kamps/A. Laufs), 1988
NdsRpfl.	Niedersächsische Rechtspflege (zit. nach Jahr u. Seite)
NEhelG	Gesetz über die Rechtsstellung der nichtehelichen Kinder vom 19. 8. 1969, BGBl. I 1243, letztes ÄndG vom 17. 7. 1970, BGBl. I 1099
Niederschr.	Niederschriften über die Sitzungen der Großen Strafrechtskommission
Niethammer	Niethammer, Lehrbuch des Besonderen Teils des Strafrechts, 1950
NJ	Neue Justiz (zit. nach Jahr u. Seite)
NJW	Neue Juristische Wochenschrift (zit. nach Jahr u. Seite)
NJW-RR	NJW-Rechtsprechungs-Report Zivilrecht (zit. nach Jahr u. Seite)
NKrimP	Neue Kriminalpolitik (zit. nach Jahr u. Seite)
Noll-GedS	Gedächtnisschrift für Peter Noll, 1984
NStE	Neue Entscheidungssammlung für Strafrecht, hrsgeg. von Rebmann, Dahs und Miebach
NStZ	Neue Zeitschrift für Strafrecht (zit. nach Jahr u. Seite)
NStZ/D	b. Detter in NStZ
NStZ/E	b. Eser in NStZ
NStZ/G	b. Göhler in NStZ
NStZ/J	b. Janiszewski in NStZ
NStZ/K	b. Körner in NStZ
NStZ/M	b. Mösl in NStZ
NStZ/Mü.	b. Müller in NStZ
NStZ/S	b. Schoreit in NStZ
NStZ/T	b. Theune in NStZ
NuR	Natur und Recht (zit. nach Jahr u. Seite)
NVwZ	Neue Zeitschrift für Verwaltungsrecht (zit. nach Jahr u. Seite)
NZA	Neue Zeitschrift f. Arbeits- und Sozialrecht (zit. nach Jahr u. Seite)
NZV	Neue Zeitschrift für Verkehrsrecht (zit. nach Jahr u. Seite)
NZWehrR	Neue Zeitschrift für Wehrrecht (zit. nach Jahr u. Seite)
o.	oben
ob. dict.	obiter dictum
Oehler-FS	Festschrift für Dietrich Oehler zum 70. Geburtstag, 1985
o. g.	oben genannt
OG	Oberstes Gericht der Deutschen Demokratischen Republik; ohne Zusatz: Entscheidungen des Obersten Gerichts der Deutschen Demokratischen Republik in Strafsachen (zit. nach Band u. Seite)
OGH	Deutscher Oberster Gerichtshof für die britische Zone; ohne Zusatz: Entscheidungen des Obersten Gerichtshofes für die Britische Zone in Strafsachen (zit. nach Band u. Seite)
OHG	Offene Handelsgesellschaft
ÖJZ	Österreichische Juristenzeitung (zit. nach Jahr u. Seite)
Öst OGH	Österreichischer Oberster Gerichtshof; ohne Zusatz: Entscheidung des Öst OGH in Strafsachen (zit. nach Band u. Seite)
OLG	Oberlandesgericht
OLG Celle-FS	Festschrift für das Oberlandesgericht Celle, 1961
OLGSt	Entscheidungen der Oberlandesgerichte zum Straf- u. Strafverfahrensrecht (zit. nach Paragraph u. Seite, n. F. nach Paragraph u. Nummer)

Abkürzungen

Olshausen	Olshausen, Kommentar zum Strafgesetzbuch, 12. A. bearbeitet von Freiesleben, Hörchner, Kirchner, Niethammer, 1942 ff. (angeführt bis § 246); ab § 247 ist angeführt: 11. A. bearbeitet von Lorenz, Freiesleben, Niethammer, Kirchner, Gutjahr, 1927
Olshausen Nachtrag	Strafgesetzbuch für das Deutsche Reich in der seit dem 1. September 1935 gültigen Fassung. Bearbeitet von Freiesleben, Kirchner, Niethammer, 1936
Otto I, II	Otto, Grundkurs Strafrecht, Bd. I, Allg. Strafrechtslehre, 3. A., 1988; Bd. II, Die einzelnen Delikte, 2. A., 1984
OVG	Oberverwaltungsgericht
OWiG	Gesetz über Ordnungswidrigkeiten i. d. F. vom 19. 2. 1987, BGBl. I 602, letztes ÄndG vom 30. 8. 1990, BGBl. I 1853, für das in Art. 3 EV genannte Gebiet mit der Maßgabe des EV I, BGBl. II 958
ParteiG	Parteiengesetz i. d. F. vom 3. 3. 1989, BGBl. I 327, für das in Art. 3 EV genannte Gebiet mit der Maßgabe des EV I, BGBl. II 910 und für die Wahl zum 12. Deutschen Bundestag mit der Maßgabe des Art. 2 des Gesetzes vom 8. 10. 1990, BGBl. I 2141.
PatG	Patentgesetz vom 16. 12. 1980, BGBl. 1981 I 1, letztes ÄndG vom 7. 3. 1990, BGBl. I 422
Peters-FS	Einheit und Vielfalt des Strafrechts. Festschrift für Karl Peters zum 70. Geburtstag, 1974
Pfeiffer-FS	Strafrecht, Unternehmensrecht, Anwaltsrecht. Festschrift für Gerd Pfeiffer, 1988
PflanzenSchG	Pflanzenschutzgesetz i. d. F. vom 2. 10. 1975, BGBl. I 2591, ber. 76 I 1059, 79 I 652, letztes ÄndG vom 28. 6. 1990, BGBl. I 1221
PolVO	Polizeiverordnung
Ponsold Lb	Ponsold, Lehrbuch der gerichtlichen Medizin, 3. A., 1967
Preisendanz	Preisendanz, StGB, 30. A., 1978
Prot.	Protokolle über die Sitzungen des Sonderausschusses für die Strafrechtsreform
Pr. OT	Preußisches Obertribunal
PrOVG	Preußisches Oberverwaltungsgericht
PStG	Personenstandsgesetz i. d. F. vom 8. 8. 1957, BGBl. I 1126, letztes ÄndG vom 26. 6. 1990, BGBl. I 1163, für das in Art. 3 EV genannte Gebiet mit der Maßgabe des EV I, BGBl. II 914
R	Rechtsprechung des Reichsgerichts in Strafsachen (zit. nach Band u. Seite)
Radbruch-GedS	Gedächtnisschrift für Gustav Radbruch, 1968
RdA	Recht der Arbeit (zit. nach Jahr u. Seite)
RdJ	Recht der Jugend, Zeitschrift für Jugenderziehung, Jugendpflege und Jugendschutz, für Jugendfürsorge und Jugendstrafrecht (zit. nach Jahr u. Seite)
RdK	Das Recht des Kraftfahrers, Unabhängige Monatsschrift des Kraftverkehrsrechts (zit. nach Jahr u. Seite)
Rebmann/Roth/Herrmann	Rebmann/Roth/Herrmann, Kommentar zum Gesetz über Ordnungswidrigkeiten, 2. A., 1988 (Loseblattausgabe, Stand September 1988)
Rebmann-FS	Festschrift für Kurt Rebmann zum 65. Geburtstag, 1989
RechtsTh	Rechtstheorie (zit. nach Jahr und Seite)
RGBl.	Reichsgesetzblatt I = Teil I, II = Teil II
RG	Reichsgericht; ohne Zusatz: Entscheidungen des Reichsgerichts in Strafsachen (zit. nach Band u. Seite)
RG-FG V	Festgabe zum 50jährigen Bestehen des Reichsgerichts, Bd. V 1929
RGRK	Das Bürgerliche Gesetzbuch, Kommentar, hrsg. von Mitgliedern des Bundesgerichtshofs, 12. Aufl., 1974/81
RGZ	Entscheidungen des Reichsgerichts in Zivilsachen (zit. nach Band u. Seite)

RiStBV	Richtlinien für das Strafverfahren und das Bußgeldverfahren vom 1. 1. 1977 in der ab 1. 10. 1988 bundeseinheitlich geltenden Fassung, letzte ÄndBek. vom 8. 9. 1988, BAnz. 4341, 4427
Rittler-FS	Festschrift für Theodor Rittler zum 80. Geburtstag, 1957
RKG	Entscheidungen des Reichskriegsgerichts (zit. nach Band u. Seite)
RKnappschG	Reichsknappschaftsgesetz vom 1. 7. 1926, RGBl. I 369, letztes ÄndG vom 18. 12. 1989, BGBl. I 2261; 1990 I 1337 (Keine Geltung in dem in Art. 3 EV genannten Gebiet, EV I, BGBl. II 1057)
RMG	Entscheidungen des Reichsmilitärgerichts (zit. nach Band u. Seite)
RN	Randnote
RöntgVO	Röntgenverordnung vom 8. 1. 1987, BGBl. I 114, letzte ÄndVO vom 19. 12. 1990, BGBl. I 2949, für das in Art. 3 EV genannte Gebiet mit der Maßgabe des EV I, BGBl. II 1030
Rotberg	Rotberg, Gesetz über Ordnungswidrigkeiten, neu bearbeitet von Kleinewefers/Boujong/Wilts, 5. A., 1975
ROW	Recht in Ost und West. Zeitschrift für Rechtsvergleichung und interzonale Rechtsprobleme (zit. nach Jahr u. Seite)
Roxin TuT	Roxin, Täterschaft und Tatherrschaft, 4. A., 1984
Rpfleger	Der Deutsche Rechtspfleger (zit. nach Jahr u. Seite)
Rspr.	Rechtsprechung
RVO	Reichsversicherungsordnung i. d. F. vom 15. 12. 1924, RGBl. I 779, letztes ÄndG vom 9. 7. 1990, BGBl. I 1354, für das in Art. 3 EV genannte Gebiet mit der Maßgabe des EV I, BGBl. II 1055, 1062 (Keine Geltung des 4. Buchs RVO in dem Art. 3 EV genannten Gebiet, EV I, BGBl. II 1057)
s.	siehe
S.	Seite oder Satz
SA	Sonderausschuß für die Strafrechtsreform
SaarRZ	Saarländische Rechts- und Steuerzeitschrift (zit. nach Jahr u. Seite)
Sack	Sack, Umweltschutz-Strafrecht, Stand 1990, Loseblattsammlung
Sarstedt-FS	Festschrift für Werner Sarstedt zum 70. Geburtstag, 1981
Sauer AT	Sauer, Allgemeine Strafrechtslehre, 3. A., 1955
Sauer BT	Sauer, System des Strafrechts, Besonderer Teil, 1954
Sauer-FS	Festschrift für Wilhelm Sauer zu seinem 70. Geburtstag, 1949
Schäfer-Dohnanyi	E. Schäfer, von Dohnanyi, Die Strafgesetzgebung der Jahre 1931–35. Nachtrag zu Frank, Das Strafgesetzbuch für das Deutsche Reich, 1936
Schaffstein-FS	Festschrift für Friedrich Schaffstein zum 70. Geburtstag, 1975
SchG	Scheckgesetz vom 14. 8. 1933, RGBl. I 597, letztes ÄndG vom 17. 5. 1985, BGBl. I 1507
SchlHA	Schleswig-Holsteinische Anzeigen (zit. nach Jahr u. Seite)
SchlHA/E-J	b. Ernesti-Jürgensen in SchlHA
SchlHA/E-L	b. Ernesti-Lorenzen in SchlHA
SchlHA/L	b. Lorenzen in SchlHA
SchlHA/L-G	b. Lorenzen/Görl in SchlHA
Schmid-FS	Recht, Justiz, Kritik. Festschrift für Richard Schmid zum 85. Geburtstag, 1985
Schmidhäuser	Schmidhäuser, Strafrecht, Allgemeiner Teil, Lehrbuch, 2. A., 1975
Schmidhäuser I, II	Schmidhäuser, Strafrecht, Allgemeiner Teil, Studienbuch 2. A., 1984; Besonderer Teil, Studienbuch, 2. A., 1983
Eb. Schmidt-FS	Festschrift für Eb. Schmidt zum 70. Geburtstag, 1961
Eb. Schmidt, StPO	Eb. Schmidt, Lehrkommentar zur StPO, Teil I, 2. A., 1964, Teil II 1957 mit Nachträgen und Ergänzungen 1967 und Nachtragsband II 1970, Teil III 1960
R. Schmidt-FG	Festgabe für Richard Schmidt zu seinem 70. Geburtstag, Bd. I 1932

Abkürzungen

Schmidt-Leichner-FS	Festschrift für E. Schmidt-Leichner zum 65. Geburtstag, 1977
Schölz/Lingens	Wehrstrafgesetz, Kommentar, 3. A., 1988
Schröder-GedS	Gedächtnisschrift für Horst Schröder, 1978
Schultz-FG	Festgabe zum 65. Geburtstag von Hans Schultz, 1977
SchwangUG	(DDR-)Gesetz über die Unterbrechung der Schwangerschaft vom 9. 3. 1972 (DDR-GBl. I 89)
SchwJZ	Schweizerische Juristen-Zeitung (zit. nach Jahr u. Seite)
SchwZStr.	Schweizerische Zeitschrift für Strafrecht (zit. nach Band u. Seite)
Seelig	Seelig, Lehrbuch der Kriminologie, 3. A., 1963
Sen.	Senat
SGB I, IV, VIII, X	I: Sozialgesetzbuch, Allg. Teil vom 11. 12. 1975, BGBl. I 3015, letztes ÄndG vom 26. 6. 1990, BGBl. I 3015. – IV: Sozialgesetzbuch, Gemeinsame Vorschriften für die Sozialversicherung vom 23. 12. 1976, BGBl. I 3845, letztes ÄndG vom 23. 3. 1990, BGBl. I 582, für das in Art. 3 EV genannte Gebiet mit der Maßgabe des EV I, BGBl. II 1046 – VIII: Sozialgesetzbuch, Kinder- und Jugendhilfe vom 26. 6. 1990, BGBl. I 1163. – X: Sozialgesetzbuch, Verwaltungsverfahren vom 18. 8. 1980, BGBl. I 1469, letztes ÄndG vom 9. 7. 1990, BGBl. I 1354
SGb.	Sozialgerichtsbarkeit (zit. nach Jahr u. Seite)
SGG	Sozialgerichtsgesetz i. d. F. vom 23. 9. 1975, BGBl. I 2535, III 330–1, letztes ÄndG EV I, BGBl. II 1032, für das in Art. 3 EV genannte Gebiet mit der Maßgabe des EV I aaO
Simson/Geerds	Simson u. Geerds, Straftaten gegen die Person und Sittlichkeitsdelikte in rechtsvergleichender Sicht, 1969
SJZ	Süddeutsche Juristen-Zeitung (zit. nach Jahr u. Seite, ab 1947 Spalte)
SK	Rudolphi, Horn u. Samson, Systematischer Kommentar zum Strafgesetzbuch, Bd. I, Allgemeiner Teil, 5. A., Stand November 1990, Bd. II, Besonderer Teil, 4. A., Stand Oktober 1990, Loseblattsammlungen
SoldatG	Gesetz über die Rechtsstellung der Soldaten i. d. F. vom 19. 8. 1975, BGBl. I 2273, letztes ÄndG vom 6. 12. 1990, BGBl. I 2588
Sonderausschuß	Sonderausschuß des Bundestags für die Strafrechtsreform, Niederschriften zit. nach Wahlperiode und Sitzung
SozVers	Die Sozialversicherung (zit. nach Jahr u. Seite)
Spann-FS	Medizin und Recht. Festschrift für Wolfgang Spann, 1986
SprengstoffG	Gesetz über explosionsgefährliche Stoffe i. d. F. vom 17. 4. 1986, BGBl. I 577, ÄndG vom 28. 6. 1990, BGBl. I 1221
StA	Staatsanwaltschaft
StÄG	Strafrechtsänderungsgesetz
StAZ	Das Standesamt (zit. nach Jahr u. Seite)
StFG	Straffreiheitsgesetz
Stock-FS	Festschrift für Ulrich Stock zum 70. Geburtstag, 1966
StPO	Strafprozeßordnung i. d. F. vom 7. 4. 1987, BGBl. I 1074, 1319, letztes ÄndG vom 12. 9. 1990, BGBl. I 2002
StrAbh.	Strafrechtliche Abhandlungen
Stratenwerth	Stratenwerth, Strafrecht, Allgemeiner Teil, 3. A., 1981
StraffreiheitsG	Gesetz über Straffreiheit vom 9. 7. 1968, BGBl. I 773, III 450-12-1, bzw. vom 20. 5. 1970, BGBl. I 509, III 450-12-2
StrEG	Gesetz über die Entschädigung für Strafverfolgungsmaßnahmen vom 8. 3. 1971, BGBl. I 157, letztes ÄndG EV I, BGBl. II 957, für das in Art. 3 EV genannte Gebiet mit der Maßgabe des EV I, BGBl. II 959
StrlSchVO	Strahlenschutzverordnung vom 13. 10. 1976, BGBl. I 2905, 77 I 184, 269, letzte ÄndVO EV I, BGBl. II 1116
StrRG	Gesetz zur Reform des Strafrechts
st. Rspr.	ständige Rechtsprechung
StuR	Staat und Recht (zit. nach Jahr u. Seite)
StV	Strafverteidiger (zit. nach Jahr u. Seite)
StVE	Straßenverkehrsentscheidungen, hrsg. v. Cramer, Berz,

StVG	Straßenverkehrsgesetz vom 19. 12. 1952, BGBl. I 837, letztes ÄndG vom 15. 12. 1990, BGBl. I 2804, für das in Art. 3 EV genannte Gebiet mit der Maßgabe des EV I, BGBl. II 1099
StVJ	Steuerliche Vierteljahresschrift
StVO	Straßenverkehrsordnung vom 16. 11. 1970, BGBl. I 1565, ber. 71 I 38, letzte ÄndVO vom 9. 11. 1989, BGBl. I 1976, für das in Art. 3 EV genannte Gebiet mit der Maßgabe des EV I, BGBl. II 1104
StVollstrO	Strafvollstreckungsordnung vom 15. 2. 1956, BAnz. Nr. 42, zuletzt geändert durch AV vom 28. 8. 1987, BAnz. Nr. 159
StVollzÄndG	Gesetz zur Änderung des Strafvollzugsgesetzes vom 20. 12. 1984, BGBl. I S. 1654
StVollzG	Strafvollzugsgesetz vom 16. 3. 1976, BGBl. I 581, 2088, 77 I 436, letztes ÄndG vom 17. 12. 1990, BGBl. I 2847, für das in Art. 3 EV genannte Gebiet mit der Maßgabe des EV I, BGBl. II 959
StVZO	Straßenverkehrszulassungsordnung i. d. F. vom 15. 11. 1974, BGBl. I 3193, 75 I 848, letzte ÄndVO vom 11. 12. 1990, BGBl. I 2701, für das in Art. 3 EV genannte Gebiet mit der Maßgabe des EV I, BGBl. II 1100
SubvG	Subventionsgesetz, s. Art. 2 1. WiKG vom 29. 7. 1976, BGBl. I 2037
SV	Sachverhalt
Tiedemann I, II	Tiedemann, Wirtschaftsstrafrecht und Wirtschaftskriminalität, Bd. 1, Allgemeiner Teil, Bd. 2, Besonderer Teil, 1976
TierschutzG	Tierschutzgesetz i. d. F. vom 18. 8. 1986, BGBl. I 1319, letztes ÄndG vom 20. 8. 1990, BGBl. I 1762
Tjong-GedS	Gedächtnisschrift für Zong Uk Tjong, herausgeg. von Jescheck, Kim, Nishihara und Schreiber, Tokio 1985
Tröndle-FS	Festschrift für Herbert Tröndle zum 70. Geburtstag, 1989
Tüb. FS	Tradition und Fortschritt im Recht. Festschrift zum 500jährigen Bestehen der Tübinger Juristenfakultät, 1977
u.	unten bzw. und
Übereink.	Übereinkommen
UFITA	Archiv für Urheber-, Film-, Funk- und Theaterrecht (zit. nach Jahr u. Seite)
UmwRG	Umweltrahmengesetz der DDR vom 29. 6. 1990, GBl. I Nr. 42 S. 649
UPR	Umwelt- und Planungsrecht (zit. nach Jahr u. Seite)
UrhG	Urheberrechtsgesetz vom 9. 9. 1965, BGBl. I 1273, letztes ÄndG vom 7. 3. 1990, BGBl. I 422, für das in Art. 3 EV genannte Gebiet mit der Maßgabe des EV I, BGBl. II 963
UStG	Umsatzsteuergesetz i. d. F. vom 26. 11. 1979, BGBl. I 1953, letztes ÄndG i. d. F. des EV I, BGBl. II 978
u. U.	unter Umständen
UWG	Gesetz gegen den unlauteren Wettbewerb vom 7. 6. 1909, RGBl. 499, letztes ÄndG vom 17. 12. 1990, BGBl. I 2840, für das in Art. 3 EV genannte Gebiet mit der Maßgabe des EV I, BGBl. II 963
UZwG	Gesetz über den unmittelbaren Zwang bei Ausübung öffentlicher Gewalt durch Vollzugsbeamte des Bundes vom 10. 3. 1961, BGBl. I 165; letztes ÄndG vom 20. 12. 1984, BGBl. I 1654
UZwGBw	Gesetz über die Anwendung unmittelbaren Zwanges und die Ausübung besonderer Befugnisse durch Soldaten der Bundeswehr und zivile Wachpersonen vom 12. 8. 1965, BGBl. I 796, letztes ÄndG vom 2. 3. 1974, BGBl. I 469

Abkürzungen

VAE	Verkehrsrechtliche Abhandlungen und Entscheidungen
VAG	Versicherungsaufsichtsgesetz i. d. F. vom 13. 10. 1983, BGBl. I 1262, letztes ÄndG vom 19. 12. 1986, BGBl. I 2595
VDA bzw. VDB	Vergleichende Darstellung des deutschen und ausländischen Strafrechts, Allgemeiner bzw. Besonderer Teil
VE	Vorentwurf
VereinsG	Vereinsgesetz vom 5. 8. 1964, BGBl. I 593, letztes ÄndG vom 17. 12. 1990, BGBl. I 2809
VerglO	Vergleichsordnung vom 26. 2. 1935, RGBl. I 321, ber. 356, letztes ÄndG vom 17. 12. 1990, BGBl. I 2847 (Keine Geltung in dem in Art. 3 EV genannten Gebiet, EV I, BGBl. II 921)
VM	Verkehrsrechtliche Mitteilungen (zit. nach Jahr u. Seite)
VerschG	Verschollenheitsgesetz vom 15. 1. 1951, BGBl. I 63, letztes ÄndG vom 5. 4. 1990, BGBl. I 701, für das in Art. 3 EV genannte Gebiet mit der Maßgabe des EV I, BGBl. II 953
VersG	Versammlungsgesetz i. d. F. vom 15. 11. 1978, BGBl. I 1789, letztes ÄndG vom 9. 6. 1989, BGBl. I 1059
VersR	Versicherungsrecht, Juristische Rundschau für die Individualversicherung (zit. nach Jahr u. Seite)
VGH	Verwaltungsgerichtshof
VGS	Vereinigte Große Senate
VO	Verordnung
VOBlBrZ	Verordnungsblatt für die britische Zone
VOR	Zeitschrift für Verkehrs- und Ordnungswidrigkeitenrecht
Vorbem.	Vorbemerkung
VRS	Verkehrsrechts-Sammlung, Entscheidungen aus allen Gebieten des Verkehrsrechts (zit. nach Band u. Seite)
VVDStRL	Veröffentlichungen der Vereinigung deutscher Staatsrechtslehrer (zit. nach Heft u. Seite)
VVG	Gesetz über den Versicherungsvertrag vom 30. 5. 1908, RGBl. 263, letztes ÄndG vom 17. 12. 1990, BGBl. I 2864
VwGO	Verwaltungsgerichtsordnung vom 21. 1. 1960, BGBl. I 17, letztes ÄndG vom 17. 12. 1990, BGBl. I 2809, für das in Art. 3 EV genannte Gebiet mit der Maßgabe des EV I, BGBl. II 926, 928
VwVfG	Verwaltungsverfahrensgesetz vom 25. 5. 1976, BGBl. I 1253, letztes ÄndG vom 12. 9. 1990, BGBl. I 2002, für das in Art. 3 EV genannte Gebiet mit der Maßgabe des EV I, BGBl. II 914
WaffenG	Waffengesetz i. d. F. vom 8. 3. 1976, BGBl. I 432, letztes ÄndG vom 25. 9. 1990, BGBl. I 2106
WarnRspr.	Sammlung zivilrechtlicher Entscheidungen des RG, hrsgg. von Warneyer (zit. nach Jahr u. Nummer)
Wassermann-FS	Festschrift für Rudolf Wassermann zum 60. Geburtstag, 1985
WDO	Wehrdisziplinarordnung i. d. F. vom 4. 9. 1972, BGBl. I 1665, III 52-2, letztes ÄndG vom 12. 9. 1990, BGBl. I 2002
v. Weber-FS	Festschrift für H. v. Weber zum 70. Geburtstag, 1963
WehrpflG	Wehrpflichtgesetz i. d. F. vom 13. 6. 1986, BGBl. I 879, III 50-1, letztes ÄndG vom 17. 12. 1990, BGBl. I 2809
Weißauer-FS	Ärztliches Handeln. Festschrift für Walther Weißauer zum 65. Geburtstag, 1986
Welzel	Welzel, Das Deutsche Strafrecht, 11. A., 1969
Welzel-FS	Festschrift für Hans Welzel zum 70. Geburtstag, 1974
Welzel, Neues Bild	Welzel, Das neue Bild des Strafrechtssystems, 4. A., 1961
Wessels I	Wessels, Strafrecht, Allgemeiner Teil, 18. A., 1988
Wessels II/1 bzw. 2	Wessels, Strafrecht, Bes. Teil, Teil I, 13. A., 1989; Teil II, 12. A., 1989
WHG	Wasserhaushaltsgesetz i. d. F. vom 23. 9. 1986, BGBl. I 1529, 1654, letztes ÄndG vom 12. 2. 1990, BGBl. I 205
1. WiKG	1. Gesetz zur Bekämpfung der Wirtschaftskriminalität vom 29. 7. 1976, BGBl. I 2034
2. WiKG	2. Gesetz zur Bekämpfung der Wirtschaftskriminalität vom 15. 5. 1986 (BGBl. I 721)

WiStG	Wirtschaftsstrafgesetz 1954 i. d. F. vom 3. 6. 1975, BGBl. I 1313, letztes ÄndG vom 15. 5. 1986, BGBl. I 721
wistra	Zeitschrift für Wirtschaft, Steuer, Strafrecht (zit. nach Jahr u. Seite)
WM	Wertpapier-Mitteilungen (zit. nach Jahr u. Seite)
E. Wolff-FS	Festschrift für Erik Wolff zum 70. Geburtstag, 1972
WoM	Wohnungswirtschaft und Mietrecht (zit. nach Jahr u. Seite)
WPg	Die Wirtschaftsprüfung (zit. nach Jahr u. Seite)
WRP	Wettbewerb in Recht und Praxis (zit. nach Jahr u. Seite)
WStG	Wehrstrafgesetz i. d. F. vom 24. 5. 1974, BGBl. I 1213, letztes ÄndG vom 21. 12. 1979, BGBl. I 2326
Würtenberger-FS	Kultur, Kriminalität, Strafrecht. Festschrift für Thomas Würtenberger zum 70. Geburtstag 1977
WuV	Wirtschaft und Verwaltung (zit. nach Jahr u. Seite)
WV	Verfassung des Deutschen Reichs (sog. „Weimarer Verfassung") vom 11. 8. 1919, RGBl. 1383
WZG	Warenzeichengesetz i. d. F. vom 2. 1. 1968, BGBl. I 29, letztes ÄndG vom 7. 3. 1990, BGBl. I 422
ZAkDR	Zeitschrift der Akademie für deutsches Recht (zit. nach Jahr u. Seite)
ZBernJV	Zeitschrift des Bernischen Juristenvereins
ZDG	Zivildienstgesetz i. d. F. vom 31. 7. 1986, BGBl. I 1205, letztes ÄndG vom 17. 12. 1990, BGBl. I 2809
ZfS	Zeitschrift für Schadensrecht (zit. nach Jahr u. Seite)
ZfW	Zeitschrift für Wasserrecht (zit. nach Jahr u. Seite)
ZHR	Zeitschrift für das gesamte Handelsrecht (zit. nach Jahr u. Seite)
ZIP	Zeitschrift für Wirtschaftsrecht und Insolvenzpraxis (zit. nach Jahr u. Seite)
ZMR	Zeitschrift für Miet- und Raumrecht (zit. nach Jahr u. Seite)
ZollG	Zollgesetz i. d. F. vom 18. 5. 1970, BGBl. I 529, letztes ÄndG EV I, BGBl. II 970
ZPO	Zivilprozeßordnung i. d. F. vom 12. 9. 1950, BGBl. I 533, letztes ÄndG vom 12. 9. 1990, BGBl. I 2002, für das in Art. 3 EV genannte Gebiet mit der Maßgabe des EV I, BGBl. II 927, 940
ZRP	Zeitschrift für Rechtspolitik (zit. nach Jahr u. Seite)
ZSchwR	Zeitschrift für Schweizerisches Recht (zit. nach Jahr u. Seite)
ZStW	Zeitschrift für die gesamte Strafrechtswissenschaft (zit. nach Band u. Seite)
ZUM	Zeitschrift für Urheber- und Medienrecht/Film und Recht (zit. nach Jahr u. Seite)
zust.	zustimmend
ZustG	Zustimmungsgesetz
ZVG	Gesetz über die Zwangsversteigerung und die Zwangsverwaltung i. d. F. vom 20. 5. 1898, RGBl. 713, letztes ÄndG vom 12. 9. 1990, BGBl. I 2002, für das in Art. 3 EV genannte Gebiet mit der Maßgabe des EV I, BGBl. II 934
zw	zweifelhaft bzw. zweifelnd
z. Z.	zur Zeit
ZZP	Zeitschrift für Zivilprozeß (zit. nach Band u. Seite)

Einführung

I. Mit der am 1. 1. 1975 in Kraft getretenen **Neufassung** des StGB hat die deutsche Strafrechtsreform einen ersten Abschluß gefunden. Durch einen neuen Allgemeinen Teil (AT) aufgrund der beiden ersten Strafrechtsreformgesetze von 1969 und durch zahlreiche Änderungen im Besonderen Teil (BT) aufgrund des EGStGB von 1974 haben sich Inhalt und Form des ursprünglichen **Strafgesetzbuches für das Deutsche Reich** vom 15. 5. 1871 (zu dessen Quellen Schubert GA 82, 191) in einem Ausmaß gewandelt wie nie zuvor in seiner nun mehr als hundertjährigen Geschichte. Da es in seiner auf das Preußische StGB von 1851 zurückgehenden Urfassung noch maßgeblich vom Vergeltungsdenken des deutschen Idealismus beherrscht war und mehr eine vorangehende Entwicklung abschloß, als eine zukunftsweisende zu eröffnen, war das StGB – jedenfalls in kriminalpolitischer Hinsicht – im Grunde „bereits bei seiner Geburt veraltet". Doch trotz dieser Feststellung Franz v. Liszts, der mit seinem spezialpräventiv orientierten „Marburger Programm" von 1882 vor allem für eine Reform des strafrechtlichen Sanktionssystems wegweisende Impulse gegeben hatte, ließen die ersten größeren Änderungen des StGB noch bis zum JGG von 1923 und der Geldstrafengesetzgebung von 1924 auf sich warten. Auch die schon seit längerem geforderte Zweispurigkeit von Strafen und Maßregeln fand erst Ende 1933 – wenngleich aufgrund entsprechender Vorarbeiten in der Weimarer Zeit – gesetzliche Verwirklichung. Immerhin waren aber dann bereits bis zum EGOWiG von 1968, mit dem die nunmehr zum Abschluß gekommene Reformphase im wesentlichen eingeleitet wurde, bereits mehr als 70 **Novellierungen** zu verzeichnen, durch die das Gesicht des StGB mehr oder weniger stark verändert wurde (vgl. im einzelnen Eb. Schmidt, Geschichte der deutschen Strafrechtspflege[3] (1965) 343 ff., Eser Maihofer-FS 111 ff., Jescheck LK Einl. 44 ff.). Eine sowohl chronologisch als auch nach Paragraphen geordnete Tabelle aller Änderungen des StGB findet sich bei D-Tröndle LVII–LXXI. 1

Soweit es sich dabei um die Einführung *neuer Tatbestände* handelte, war das meist auf aktuelle Ereignisse (so etwa beim Vorgänger des jetzigen § 30, ferner §§ 181, 239a, 353a) oder auf neuartige soziale Schutzbedürfnisse (z. B. bei den Wuchertatbeständen der §§ 302a ff.) zurückzuführen. Soweit *Änderungen* von der NS-Ideologie beeinflußt waren (vgl. Rüping GA 84, 297, Bibliographie 68 ff.), wie etwa die Zulassung der Analogie oder die Verschärfung bei Staatsschutzdelikten, wurden sie teils bereits durch das KontrollratsG von 1946 wieder aufgehoben, im übrigen durch das 3. StÄG von 1953 (BGBl. I 735) wieder bereinigt. Als dauerhafter erwiesen sich etwa die Einfügung des § 330c (1935; jetzt § 323c) sowie die Umgestaltung der §§ 211, 212 (1941). Von bleibenden Änderungen nach dem 2. Weltkrieg sind insbes. die Abschaffung der Todesstrafe durch Art. 102 GG (1949), die Einführung der Fahrerlaubnisentziehung (1952) und der Strafaussetzung zur Bewährung bei Erwachsenen (1953) sowie in der kurzen Reformwelle von 1964 die Übernahme der neugefaßten Sprengstoffdelikte in das StGB, die Neufassung der Organisationsdelikte durch das Vereinsgesetz sowie die Umgestaltung der Straßenverkehrstatbestände mit Einführung des Fahrverbots zu nennen (vgl. Jescheck LK Einl. 51 ff.). 2

II. Alle nachfolgenden Novellen sind bereits als Teil eines neuen **Gesamtreformversuches** zu begreifen, der in den Jahren 1954 bis 1959 durch die *Große Strafrechtskommission* vorbereitet wurde und schließlich in einem amtlichen **Entwurf eines Strafgesetzbuchs** von 1962 seinen Niederschlag fand. Doch so sehr sich dieser **E 62** durch Vollständigkeit und Exaktheit in der Ausformulierung der allgemeinen Strafbarkeitsvoraussetzungen wie auch in der Präzision seiner Tatbestandsumschreibungen auszeichnete, so sehr fehlte es ihm vor allem im Rechtsfolgesystem an einer modernen kriminalpolitischen Konzeption. Da er sich inhaltlich im wesentlichen darauf beschränkte, Lücken im alten StGB zu füllen, Mißdeutungen zu klären und gewachsenes Richterrecht in Gesetzesform zu bringen, wurde er bald Zielscheibe wachsender Kritik. Das schien auch den *Sonderausschuß für die Strafrechtsreform* (SA), der zur weiteren Beratung vom Bundestag eingesetzt worden war, immer mehr zu lähmen. Neuen Auftrieb erhielt das Reformvorhaben durch den von einem privaten Arbeitskreis deutscher und schweizerischer Strafrechtslehrer vorgelegten *Alternativ-Entwurf eines StGB* (**AE**), dessen AT 1966 erschien und dem auch zu bestimmten Bereichen des BT (Politisches Strafrecht, Sexualdelikte, Straftaten gegen die Person) bald weitere Entwürfe folgten. Bei größerer Zurückhaltung in dogmatischen Fragen ging es dem AE vor allem um eine konsequente Ausrichtung des Sanktionssystems am Resozialisierungsgedanken und um bewußte Restriktion des Strafrechts auf sozialschädliches Verhalten. Mit Einbeziehung des AE in die parlamentarischen Beratungen ergab sich für den SA die Möglichkeit, durch Synthese verschiedener Reformgedanken wenigstens in Teilbereichen einige Reformgesetze vorzulegen, die über eine bloße Festschreibung des bereits Bestehenden hinauswiesen. Auch hatte man zwischenzeitlich zu Recht die Hoffnung auf eine geschlossene Totalrevision des Strafrechts aufgegeben, um stattdessen durch eine „Reform in Raten" jeweils bestimmte Teilbereiche neu zu regeln (näher Eser Maihofer-FS 114 ff.). 3

4 Erste Ergebnisse dieser Reformphase schlugen sich bereits im Ges. z. strafrechtl. Schutz gegen den Mißbrauch von Tonaufnahme- und Abhörgeräten v. 22. 12. 67 (BGBl. I 1360; jetzt § 201) sowie im EGOWiG v. 24. 5. 68 (BGBl. I 503) nieder, wobei letzteres nicht nur eine Neugestaltung der Einziehungsvorschriften brachte, sondern erstmals auch die seit langem geforderte **Entkriminalisierung** bestimmter Bagatelldelikte durch Herabstufung zu Ordnungswidrigkeiten in Angriff nahm, so insbes. im Bereich des Verkehrsstrafrechts. Auch das 8. StÄG v. 25. 6. 68 (BGBl. I 741) war für den Bereich der Staatsschutzdelikte um eine Restriktion des Strafrechts bemüht (vgl. 1f. vor § 80). Ähnlich ist das KastrationsG v. 15. 8. 69 (BGBl. I 1143) durch großzügige Ermöglichung freiwilliger Eingriffe gekennzeichnet, während das 9. StÄG v. 4. 8. 69 (BGBl. I 1065) durch Verlängerung bzw. Aufhebung der Verjährungsfristen bei Mord und Völkermord eine Verschärfung brachte, ebenso die durch aktuelle Ereignisse veranlaßte Neufassung der Schutztatbestände gegen Entführung und Geiselnahme durch das 11. und 12. StÄG v. 16. 12. 71 (BGBl. I 1977, 1979). Entsprechendes gilt für die Einfügung einer Sondervorschrift gegen Mietwucher (§ 302f, jetzt § 302a) durch das Ges. v. 4. 11. 71 (BGBl. I 1745).

5 III. Sieht man vom OWiG und EGOWiG von 1968 ab, die auf einer mehr generellen Basis um eine Entkriminalisierung bemüht waren, so beschränkten sich die vorgenannten Novellen im wesentlichen auf kleinere Einzelbereiche. Im Unterschied dazu haben die sog. **Gesetze zur Reform des Strafrechts** (StrRG), von denen bislang 5 vorliegen, einschließlich des EGStGB die Neuregelung größerer Teilbereiche zum Gegenstand. Dabei sind die beiden ersten StrRGe, die am 25. 6. 69 bzw. 4. 7. 69 (BGBl. I 645, 717) verabschiedet wurden, insofern als Einheit zu betrachten, als sie – wenn auch mit zeitlich unterschiedlicher Inkraftsetzung – die umfassende Neuregelung des AT beinhalten. Dem 1. StrRG kam dabei lediglich die Aufgabe zu, die dringlichsten Reformforderungen vorzuziehen und ohne weiteren Verzug in Kraft zu setzen.

6 Zu diesen Änderungen durch das **1. StrRG** gehörte vor allem die resozialisierungsfreundlichere Ausgestaltung des Sanktionsrechts durch eine einheitliche Freiheitsstrafe anstelle von Zuchthaus und Gefängnis, die Eindämmung kurzfristiger Freiheitsstrafen, die Erweiterung der Strafaussetzung zur Bewährung, die Bindung der Sicherungsmaßregeln an den Verhältnismäßigkeitsgrundsatz sowie die Einschränkung der sog. Ehrenstrafen. Darüberhinaus wurden im Bereich des BT u. a. die Tatbestände des Ehebruchs und der einfachen Homosexualität abgeschafft, die Entführungstatbestände neu geregelt und die starre Kasuistik bei schwerem Diebstahl durch eine flexible Regelbeispieltechnik ersetzt. Vgl. im einzelnen (teils auch kritisch) Baumann DRiZ 70, 2, Corves JZ 70, 156, Horstkotte NJW 69, 1601, JZ 70, 122, 152, F. Kunert NJW 69, 1229; 70, 542, 734; K. H. Kunert MDR 69, 705, Lackner JR 70, 1, Sturm NJW 69, 1606, JZ 70, 81, Wulf NJW 69, 1611, JZ 70, 160.

7 Der Kern der bisherigen Reformgesetzgebung ist im **2. StrRG** zu erblicken, das ursprünglich zum 1. 10. 73 in Kraft treten sollte, doch wegen nicht rechtzeitiger Anpassung notwendiger Folgeregelungen erst zum 1. 1. 75 in Kraft gesetzt werden konnte. Soweit Vorschriften des AT nicht einfach aufgrund ihrer Neufassung durch das 1. StrRG übernommen werden konnten, hat das 2. StrRG die früheren Einleitenden Bestimmungen (§§ 1 bis 12) sowie den Ersten Teil des StGB (§§ 13 bis 79) durch einen neuen und nunmehr auch ausdrücklich so bezeichneten **Allgemeinen Teil** ersetzt.

8 Auch wenn sich zahlreiche Änderungen, so vor allem im Bereich der Strafbarkeitsvoraussetzungen, auf Wortlautkorrekturen oder systematische Umstellungen beschränken, brachte doch auch das 2. StrRG zahlreiche Neuerungen von inhaltlichem Gewicht: so etwa im Internationalen Strafrecht die Rückkehr zum Territorialitätsprinzip (§ 3), ferner die Legalisierung des Verbotsirrtums (§ 17) sowie des rechtfertigenden und entschuldigenden Notstands (§§ 34, 35). Weitaus bedeutsamer waren jedoch auch hier die Neuerungen im Rechtsfolgesystem: so die Anhebung der Freiheitsstrafe auf ein Mindestmaß von 1 Monat, die Umgestaltung der Geldstrafe nach dem skandinavischen Tagessatzsystem (§§ 40ff.), die Einführung der Verwarnung mit Strafvorbehalt (§§ 59ff.), die Ersetzung der Polizeiaufsicht durch eine neugestaltete Führungsaufsicht (§§ 68ff.), die früher nur vereinzelt vorgesehene Abschöpfung rechtswidriger Tatvorteile durch Generalisierung des Verfalls (§§ 73ff.), nicht zuletzt aber die Einführung der sog. sozialtherapeutischen Anstalt (§ 65), die inzwischen allerdings bereits das Opfer einer Gegenreform geworden ist (vgl. u. 10). Zu weiteren Einzelheiten vgl. Eser Maihofer-FS 118f., Hassemer JuS 69, 597; 70, 97, Hirsch aaO, Hohler NJW 69, 1225, Jescheck SchwZStr 75, 1ff., Lange-FS 365ff., Müller-Emmert/Friedrich DRiZ 69, 273, Roxin/Stree/Zipf/ Jung, Einführung in das neue Strafrecht[2], 1975.

9 Im Unterschied zu dem somit vollständig erneuerten AT ist der **Besondere Teil** erst in Teilbereichen reformiert: so der Komplex der Landfriedens- und Demonstrationsdelikte durch das **3. StrRG** v. 20. 5. 70 (BGBl. I 505, dazu Dreher NJW 70, 1153 sowie 1ff. vor § 110), die früher sog. Sittlichkeitsdelikte durch das neue Sexualstrafrecht des **4. StrRG** v. 23. 11. 73 (BGBl. I 1725; dazu Dreher JR 74, 45, Hanack NJW 74, 1, Sturm JZ 74, 1 sowie 1ff. vor § 174), ferner die Neugestaltung des Schwangerschaftsabbruchs durch das hart umkämpfte **5. StrRG** v. 18. 6. 74 (BGBl. I 1297; dazu 1ff. vor § 218). Eine gewisse Generalbereinigung brachte schließlich das **EGStGB** v. 2. 3. 74 (BGBl. I 469), das sich nicht nur auf notwendige Anpassungen des

BT an den neuen AT beschränkte, sondern darüberhinausgehende Reformen vornahm: teils durch punktuelle Änderungen (z. B. bei den §§ 120, 121, 132, 136, 250 f., 275), teils auch durch Umstellungen oder Neuregelungen ganzer Tatbestandskomplexe (z. B. bei den §§ 145–152, 201–205, 247, 248a, 257–262, 331–358). Vor allem aber wurde durch das EGStGB im Zeichen weiterer Entkriminalisierung der gesamte Übertretungsteil aufgehoben und – soweit nicht zu Ordnungswidrigkeiten herabgestuft (z. B. der „grobe Unfug" durch § 118 OWiG) bzw. ausnahmsweise zu Vergehen aufgewertet (z. B. der Mundraub zu einem Antragsdelikt nach § 248a) – ersatzlos gestrichen (vgl. im einzelnen Göhler NJW 74, 825; krit. zu diesem Verfahren Baumann ZRP 74, 77, Armin Kaufmann JZ 73, 494, dazu aber auch Blei JA 73, 969). Daß damit jedoch noch kein Schlußstrich unter die Reform des BT gezogen war, sondern etappenweise noch weitere Änderungen zu erwarten waren, zeigte bereits die Neugestaltung des § 142 durch das **13. StÄG** v. 13. 6. 75 (BGBl. I 1349, dazu Müller-Emmert/Meyer DRiZ 75, 176) sowie das **14. StÄG** v. 22. 4. 76 (BGBl. I 1056), durch das namentlich der Förderung von Gewaltdelikten entgegengewirkt werden soll (vgl. Laufhütte MDR 76, 441, Sturm JZ 76, 347, Stree NJW 76, 1177 sowie 1 f. vor § 110); gleichgerichtete antiterroristische Tendenzen verfolgt das Ges. z. Änd. des StGB, der StPO usw. v. 18. 8. 76 (BGBl. I 2181, dazu Sturm MDR 77, 6 ff., aber auch Dahs NJW 76, 2147 ff.). Nachdem das Fristenmodell des 5. StrRG durch BVerfG-Urteil v. 25. 2. 75 für verfassungswidrig erklärt worden war, blieb nur noch Raum für ein erweitertes Indikationsmodell durch das **15. StÄG** v. 18. 5. 76 (BGBl. I 1213; dazu Lackner NJW 76, 1233, Laufhütte/Wilkitzki JZ 76, 329, Müller-Emmert DRiZ 76, 164 sowie 1 ff. vor § 218). Schließlich wurde mit dem **1. WiKG** v. 29. 7. 76 (BGBl. I 2034) ein erster Schritt zur längst überfälligen Reform der Wirtschaftsdelikte getan (dazu Müller-Emmert/Maier NJW 76, 1657 ff. sowie § 264 RN 1 ff.). Zu den politischen Hintergründen dieser Reformphase vgl. auch H.-J. Vogel, F. Vogel u. Klug, jeweils ZRP 76, 211 ff. Stark umstritten war dann der Ausschluß der Verjährbarkeit von Mord und Völkermord durch das **16. StÄG** v. 16. 7. 79 (BGBl. I 1046; dazu Jung JuS 79, 832, Lüderssen JZ 79, 449), kontrovers auch die Reform der Amtsverschwiegenheit durch das **17. StÄG** v. 21. 12. 79 (BGBl. I 2324; dazu Möhrenschlager JZ 80, 161), während die Einstellung von Umwelttatbeständen in das StGB durch das **18. StÄG** v. 28. 3. 80 (BGBl. I 337; dazu Laufhütte/Möhrenschlager ZStW 92, 912, Sack NJW 80, 1424) zwar einmütig verabschiedet wurde, ohne jedoch sachlich voll geglückt zu sein (vgl. 1 ff vor § 324). Die Abschaffung der §§ 88a, 130a durch das **19. StÄG** v. 17. 8. 81 (BGBl. I 808) ist, obgleich verfolgungsstatistisch kaum bedeutsam, als politisches Signal nicht ohne Widerspruch geblieben (vgl. 2 vor § 123, D-Tröndle § 130a RN 1 f.) und hinsichtlich § 130a inzwischen auch wieder rückgängig gemacht worden (vgl. u. 10). Dagegen war die praktisch folgenreiche Restaussetzbarkeit der lebenslangen Freiheitsstrafe, wie sie als Konsequenz von BVerfGE **45** 187 (dazu § 211 RN 10a) mit § 57a durch das **20. StÄG** v. 8. 12. 81 (BGBl. I 1329) eingeführt wurde, abgesehen von Einzelheiten im Grundsatz weithin unbestritten (dazu Kunert NStZ 82, 89). Internationalstrafrechtlich verdient schließlich auch das an die Stelle des DAG getretene **IRG** v. 23. 12. 82 (BGBl. I 2071) Erwähnung (dazu Jung JuS 83, 234, Vogler NJW 83, 2114).

Im übrigen gibt es auch bereits eine gegenläufige, auf eine „Reform der Reform" ausgerichtete Entwicklung: Ein erstes Opfer der seinerzeit mit viel kriminalpolitischem Enthusiasmus konzipierte „Sozialtherapeutische Anstalt" (§ 65), deren allgemeine Invollzugsetzung ohnehin immer wieder (zuletzt bis zum 1. 1. 85) hinausgeschoben worden war und die nunmehr aufgehoben wurde (**StVollzÄndG** v. 20. 12. 84, BGBl. I 1654), immerhin aber ihrem Grundgedanken nach im Rahmen einer sog. Vollzugslösung fortentwickelt werden soll (vgl. BT-Drs. 10/309 S. 8). Auch die nachfolgenden Novellen haben überwiegend Strafrechtserweiterungen gebracht: so das **JugendschutzneuregelungsG** v. 25. 2. 85 (BGBl. I 425) durch Umgestaltung der §§ 131, 184 (vgl. Jung JuS 85, 565), sodann das vor allem gegen rechtsextremistische Bestrebungen („Auschwitzlüge") gerichtete **21. StÄG** v. 13. 6. 85 (BGBl. I 965) durch Änderung der §§ 86a, 194 (vgl. Ostendorf NJW 85, 1062, Vogelsang u. Köhler NJW 85, 2386 bzw. 2389 sowie Vorbem. zu § 194), ferner die Einschränkung des Strafantragserfordernisses bei Sachbeschädigung (§ 303 III, jetzt § 303c) durch das **22. StÄG** v. 18. 6. 85 (BGBl. I 1510) sowie die Erweiterung des Landfriedensbruchs (§ 125) durch das **ÄndG z. StGB/VersammlungsG** v. 18. 7. 85 (BGBl. I 1511; dazu § 125 RN 1). Demgegenüber eher sanktionseinschränkend ist der vorsichtige Ausbau der Strafaussetzung zur Bewährung (vgl. insbes. §§ 56, 57) sowie die Aufhebung der Rückfallverschärfung (§ 48) durch das **23. StÄG** v. 13. 4. 86 (BGBl. I 393) einzustufen (dazu Dölling NJW 87, 1041 ff., Greger JR 86, 353, Jung JuS 86, 741). Dagegen brachte das **2. WiKG** v. 15. 5. 86 (BGBl. I 721; dazu eingeh. Schlüchter, 2. WiKG-Komm., 1987) wiederum einen Neukriminalisierungsschub vor allem im Bereich des Scheckverkehrs (§§ 152a, 266b), der Computerkriminalität (§§ 202a, 263a, 269, 270, 303a, 303b) und des Kapitalanlagebetrugs (§ 264a; vgl. zum ganzen auch Achenbach NJW 86, 1835, Albrecht aaO 193 ff., Haft NStZ 87, 6, Knauth NJW 87, 28, Lenckner/Winkelbauer CR 86, 483, 824, Möhrenschlager wistra 86, 123, Tiedemann JZ 86, 865, Weber NStZ 86, 481). Nach den mehr marginalen Änderungen des § 315c („Geisterfahrer") durch das **OWiGÄndG** v. 7. 7. 86 (BGBl. I 977) und des § 327 (Einbeziehung von Abfallentsorgungsanlagen) durch das **AbfallG** v. 27. 8. 86 (BGBl. I 1410), ferner der vielleicht langfristig bedeutsamen Hervorhebung des Ausgleichsgedankens als Strafzweck in § 46 II 2 durch das **OpferschutzG** v. 18. 12. 86 (BGBl. I 2496, dazu Weigend NJW 87, 1170ff.) beschloß der BT seine 10. Wahlperiode noch mit einer modifizierten Wiedereinführung des § 130a und gewissen Verschärfungen des § 129a durch das **TerrorismusG** v. 19. 12. 86 (BGBl. I 2566; dazu Dencker StV 87, 117ff., Kühl NJW 87, 737ff.) sowie mit einer Erweiterung des § 168 auf die tote Leibesfrucht durch das **24. StÄG** v. 13. 1. 87 (BGBl. I 141; dazu Jung JuS 87, 251), schließlich mit einer Offenhalten von Aussöhnung gerichteten Einführung des Ruhens der Strafantragsfrist (§ 77b) durch das **StVÄG** v. 27. 1. 87 (BGBl. I 475, dazu Meyer-Goßner NJW 87, 1161ff.). Angesichts dieser vielfältigen Änderungen schien dem Gesetzgeber eine am 1. 4. 87 inkraftgetretene **Neubekanntmachung** des StGB v. 10. 3. 87 (BGBl. I 945 mit Berichtigung in BGBl. I 1160) angezeigt.

11 Die Tendenz zur Ausdehnung und Verschärfung der im StGB enthaltenen Strafnormen hat sich auch mit der ersten Novelle nach der Neubekanntmachung, dem **ÄndG z. StGB, z. StPO usw.** v. 9. 6. 89 (BGBl. I 1059, dazu K. H. Kunert/Bernsmann NStZ 89, 449, Jung JuS 89, 1025; vgl. auch schon Dencker StV 88, 262, Amelung/Hassemer/Rudolphi StV 89, 72) fortgesetzt. Namentlich enthält diese Novelle Erweiterungen der §§ 239a, 239b, die Ausdehnung des Regelbeispielkatalogs des § 243 auf den Diebstahl von Schuß- und Kriegswaffen sowie eine Erhöhung der Strafdrohung des § 316b für mehr gekennzeichnete besonders schwere Fälle. Auch die Aufhebung des § 125 II stellt keine Entkriminalisierung dar, nachdem an seine Stelle der erheblich weitergehende § 27 II Nr. 3 VersammlG tritt. Eine echte – freilich auch in ihrer zeitlichen Beschränkung nicht unbedenkliche – Entpönalisierung ergibt sich allerdings aus der in Art. 4 des Gesetzes enthaltenen „Kronzeugenregelung bei terroristischen Straftaten" (dazu Bernsmann NStZ 89, 456ff., Lammer ZRP 89, 248). Demgegenüber wiederum mit Pönalisierungstendenz will das **25. StÄG** v. 20. 8. 90 (BGBl. I 1764) bei § 201 dadurch eine Lücke schließen, daß auch die Veröffentlichung des illegal aufgenommenen oder abgehörten nichtöffentlich gesprochenen Wortes strafbar sein soll.

12 IV. Einen folgenreichen Einschnitt bedeutet natürlich auch für das Strafrecht die **Herstellung der Einheit Deutschlands** durch Beitritt der ehemaligen DDR zur Bundesrepublik mit Wirkung vom 3. 10. 1990. Nachdem die deutsche Strafrechtseinheit spätestens durch die Reformgesetzgebung der 60er Jahre in der Bundesrepublik einerseits (o. 5ff.) und des völlig neuen StGB der DDR v. 12. 1. 68 (GBl. I 1) andererseits verlorengegangen war (vgl. Eser Maihofer-FS 120f.) und diese Auseinanderentwicklung sogar noch in dem 1988 erschienen, von einem Autorenkollektiv herausgegebenen und daher gleichsam offiziösen Lehrbuch „Strafrecht der DDR" eher polemisch verschärft denn abgebaut worden war (vgl. Lekschas/Buchholz aaO, insbes. 24ff., 102f., 172 sowie dazu Rodenbach ROW 89, 443ff., Schroeder JR 90, 89ff.), traf die „Wende" vom Oktober/November 1989 auch die Strafrechtswissenschaft und -praxis völlig unvorbereitet. Obgleich dann 1990 die politische Entwicklung immer stärker auf eine Wiedervereinigung der DDR mit der Bundesrepublik zulief, glaubte man in der DDR zunächst noch darauf hoffen zu dürfen, das eigene StGB – trotz aller Kritik nicht zuletzt hinsichtlich der mißbräuchlichen Praxis (vgl. Buchholz/Gerats StuR 90, 750ff., Haney StuR 90, 179ff., Müller KritJ 90, 177ff., NJ 90, 233ff., Reuter NJ 90, 188ff., NKrimP 90, 20ff., Röhner KritJ 90, 178ff., Weber 90, 185ff.) – in ein neues gesamtdeutsches StGB einbringen zu können (vgl. DDR-Arbeitsgruppe „Rechts- und Justizreform" NJ-Beilage zu Heft 6/1990 S. IX, DDR-Juristentag DtZ 90, 83, Ewald ROW 90, 215ff., NJ 90, 134ff., Müller KritJ 90, 171ff.), wobei solche Hoffnungen auch in der Bundesrepublik mehr oder weniger starken Rückhalt fanden (vgl. Roggemann JZ 90, 363ff., 371 bzw. Lilie NStZ 90, 153ff., 159). Demgegenüber liefen auf ministerialer und politischer Ebene auch für den Bereich des Strafrechts die Angleichungsverhandlungen immer stärker auf eine Erstreckung des bundesdeutschen Rechts auf die damalige DDR hinaus (vgl. Engelhard DtZ 90, 129ff.). Nach heftigem Streit um die von der bundesrepublikanischen Indikationsregelung fundamental abweichende Fristenlösung der DDR beim Schwangerschaftsabbruch (vgl. 41ff. vor § 218) wurde schließlich im **Einigungsvertrag (EV)** v. 31. 8. 90 mit der Zusatzvereinbarung vom 18. 10. 90 und dem EinigungsvertragsG v. 23. 9. 90 (BGBl. II 885) mit Wirkung vom 3. 10. 90 das bundesdeutsche StGB einschließlich des Nebenstraf- und Ordnungswidrigkeitenrechts auf die Beitrittsgebiete i. S. v. Art. 3 EV (d. h. die fünf neuen Bundesländer sowie Ost-Berlin) erstreckt (Art. 8 EV), wenngleich mit gewissen einschränkenden Maßgaben und teilweisem Fortgelten von DDR-Strafrecht (Art. 9 EV). Die in den Anlagen I und II des EV enthaltenen Beschränkungen des bundesdeutschen StGB bzw. **fortgeltende DDR-Strafvorschriften** sind u. im *Anhang* wiedergegeben. Die wesentlichen Abweichungen zwischen dem Strafrecht in den alten und neuen Bundesländern sind in den Vorbem. 70ff. vor § 3 kurz vorgestellt, ebenso wie die *interlokalrechtlichen* Fragen, die sich aus der teilweisen Rechtsverschiedenheit zwischen der alten Bundesrepublik und der ehemaligen DDR und dem dadurch entstehenden *partikulären Bundesrecht* ergeben (61 ff. vor § 3). Soweit es aufgrund des früheren Sonderstatus von **West-Berlin** gewisse Geltungsvorbehalte bei bestimmten Strafvorschriften gab (wie namentlich bei den politisch einschlägigen §§ 84 ff.; vgl. die jeweiligen Vorbem.), sind diese ebenfalls mit Wirkung vom 3. 10. 90 durch **6. ÜberleitungsG** v. 25. 9. 90 (BGBl. I 2106 iVm mit der Bek. über dessen Inkrafttreten v. 3. 10. 90, BGBl. I 2153) aufgehoben. Soweit sich also in der nachfolgenden Kommentierung der einzelnen StGB-Vorschriften keine einschränkende oder sonstwie modifizierende *Vorbem.* findet, gilt das **StGB einheitlich für die gesamte Bundesrepublik Deutschland.**

V. Inwieweit sich das StGB − nicht zuletzt im Hinblick auf die Übergangsprobleme und 13 möglichen Rückwirkungen, wie sie sich aus dem sozialistisch orientierten Strafrecht der DDR für das nunmehr wiederum einheitliche deutsche Strafrecht ergeben können − in seiner gegenwärtigen Zielsetzung und Gestalt sowohl normativ-dogmatisch wie auch sozialpolitisch-praktisch bewähren wird, wird die Zukunft zeigen müssen. Auch kann nicht ausbleiben, daß ein Reformwerk dieses Ausmaßes, das − durch unterschiedliche geistige Strömungen beeinflußt − in eine politisch ambivalente Zeit hineingestellt ist und teilweise, wie insbes. die Reform der Demonstrationsdelikte und des § 218, nur von knappen Mehrheiten getragen war, vielfältigen Belastungen ausgesetzt ist und noch manche Schwächen und Widersprüchlichkeiten zu erkennen geben wird. Doch bei aller **Kritik,** die aus rechtspolitischer und dogmatischer Sicht notwendig und berechtigt sein mag (vgl. insbes. Lackner NJW 76, 1234 f., ferner Naucke aaO), bleibt anzuerkennen, daß diese Reform als Ganzes gesehen das deutsche Strafrecht auf seinem Weg zu einer Selbstbeschränkung auf wirklich sozialschädliches Verhalten wie auch zu weiterer Rationalisierung und Humanisierung des Sanktionssystems ein beträchtliches Stück vorangebracht hat, ohne dabei seine soziale Schutzfunktion oder seine rechtsstaatlichen Grundlagen aufzugeben. Vielleicht sind in Überschätzung der selbsterzieherischen „Mündigkeit" des heutigen Menschen und in Unterschätzung des sozialethischen Fundaments, dessen auch staatliches Strafen auf Dauer nicht entraten kann, die Reduktion und „Entmythologisierung" gelegentlich etwas zu weit gegangen (vgl. zum ganzen auch Achenbach JuS 80, 81, Eser Maihofer-FS 130 ff., Hirsch aaO 165, Lenckner aaO, Roxin JA 80, 545). Trotzdem bleibt − und dies sei gerade auch im Hinblick auf neueste Kriminalisierungstendenzen betont − der Versuchung zu widerstehen, unter akutem Eindruck des Mißbrauchs rechtsstaatlicher Freiheit die Strafrechtsschraube wiederum übermäßig anzuziehen (vgl. Dahs NJW 76, 2145 ff., Ebert JR 78, 136 ff.); denn wie eine englische Erfahrung sagt: „Hard cases make bad laws". Auch Strafgesetze, aus Empörung oder Furcht vor wenigen geboren, taugen nur schlecht für die vielen. Auch der Versuchung zu rein „symbolischem Strafrecht" bleibt zu widerstehen (vgl. Hassemer NStZ 89, 553).

Materialien und Schrifttum zur Reform des StGB. Materialien zur Strafrechtsreform in der *NS-* 14 *Zeit* finden sich bei *Schubert u. a.* (Hrsg.), Quellen zur Reform des Straf- und Strafprozeßrechts, II. Abteilung. NS-Zeit (1933–1939) − Strafgesetzbuch, 1988, Band 2.2, 1989 (Protokolle der Strafrechtskommission des Reichsjustizministeriums). Aus den neueren *Gesetzesmaterialien* u. a.: Alternativ-Entwurf eines Strafgesetzbuchs, Allg. Teil 2. A. 1969; Entwurf des Allgemeinen Teils des StGB mit amtl. Begründung, Bonn 1958. − Entwurf (I) eines Strafgesetzbuchs, Bonn 1959. − Entwurf (II) eines Strafgesetzbuchs, Bonn 1959. − Entwurf eines Strafgesetzbuchs, E 1960, mit Begründung, Bonn 1960 (BT-Drs. III/2150). − Entwurf eines Strafgesetzbuchs, E 1962, mit Begründung, Bonn 1962 (BT-Drs. IV/650; V/32). − Niederschriften über die Sitzungen der Großen Strafrechtskommission Bd. 1 bis 13. − Materialien zur Strafrechtsreform, Bd. I Gutachten der Strafrechtslehrer, Bd. II Rechtsvergleichende Arbeiten zum AT (1. Teil). − *Protokolle* über die Sitzungen des Sonderausschusses für die Strafrechtsreform 4. und 5. Wahlperiode (Prot. IV und V). − *Ausschußberichte* zu den beiden StrRG (BT-Drs. V/4094 und 4095). − *Protokolle* über 2. und 3. Beratung der Reformgesetze im Bundestag (230. Sitzung Prot. S. 12103 ff., 12748 ff.; 232. Sitzung: Prot. S. 12827 ff.). − *Protokolle* über Beratung der Reformgesetze im Unterausschuß des Rechtsausschusses des Bundesrates vom 9. 5. 69 (R 42/69), im Plenum dieses Ausschusses vom 14. 5. 1969 (R 0055 − R 44/69) sowie im Plenum des Bundesrates vom 30. 5. 69 (339. Sitzung).

Aus dem *neueren* Schrifttum zur Reform im *allgemeinen* (zum *älteren* Schrifttum vgl. die Nachw. in der 19. A., zum *speziellen* Schrifttum die Angaben bei den einzelnen Bestimmungen): *Achenbach,* Kriminalpol. Tendenzen in den jüngeren Reformen des Besonderen Strafrechts und des Strafprozeßrechts, JuS 80, 81. − *P. A. Albrecht,* Das Strafrecht auf dem Weg vom liberalen Rechtsstaat zum sozialen Interventionsstaat, KritV 88, 182. − *Baumann,* Entwurf eines StGB, Allg. Teil, 1963. − *ders.,* Kleine Streitschriften zur Strafrechtsreform, 1965. − *ders.,* Weitere Streitschriften zur Strafrechtsreform, 1969. − *ders.* (Hrsg.), Mißlingt die Strafrechtsreform?, 1969. − *Blau,* Die Kriminalpolitik der deutschen Strafrechtsreformgesetze, ZStW 89, 511. − *Dencker,* Gefährlichkeitsvermutung statt Tatschuld?, StV 88, 262. − *Dreher,* Berichte über die Arbeitstagungen der Strafrechtskommission, ZStW Bd. 66 ff. − *Dahs,* Das kommende Strafgesetzbuch, NJW 58, 1161. − *Ebert,* Tendenzwende in der Straf- und Strafprozeßgesetzgebung?, JR 78, 136. − *Eser,* Hundert Jahre deutscher Strafgesetzgebung,

Maihofer-FS 109. – *Eser/Cornils,* Neuere Tendenzen der Kriminalpolitik, 1987. – *Frey,* Die kriminalpolitischen Aufgaben der Strafrechtsreform, Referat zum 43. DJT, 1960. – *Gallas,* Der dogmatische Teil des AE, ZStW 80, 1. – *Geilen,* Die deutsche Strafrechtsreform in der Kritik, FamRZ 68, 285. – *Germann,* Grundlagen der Strafbarkeit nach dem Entwurf eines AT eines deutschen StGB von 1958, ZStW 71, 157. – *Grünhut,* Rechtsvergleichende Bemerkungen zum deutschen Srafgesetzentwurf, ZStW 71, 522. – *Grünwald,* Die Strafrechtsreform in der BRD und in der DDR, ZStW 82, 250. – *Hassemer* (Hrsg.), Strafrechtspolitik, Bedingungen der Strafrechtsreform, 1987. – *ders.,* Symbolisches Strafrecht und Rechtsgüterschutz, NStZ 89, 553. – *Heinitz,* Der Entwurf des Allg. Teils des StGB vom kriminalpolitischen Standpunkt aus, ZStW 70, 61. – *Heinitz-Würtenberger-Peters,* Gedanken zur Strafrechtsreform, 1965. – *Hirsch,* Bilanz der Strafrechtsreform, H. Kaufmann-GedS 133. – *Horn,* Neuerungen der Kriminalpolitik im deutschen StGB 1975, ZStW 89, 547. – *Gropp,* Landesbericht Deutschland, in: *Eser/Huber,* Strafrechtsentwicklung in Europa, 1985, 21. – *Horstkotte-Kaiser-Sarstedt,* Tendenzen in der Entwicklung des heutigen Strafrechts, 1973. – *Jelowik,* Zur Geschichte der Strafrechtsreform in der Weimarer Republik, 1983. – *Jescheck,* Das Menschenbild unserer Zeit und die Strafrechtsreform, 1957. – *ders.,* Schweizerisches Strafrecht und deutsche Strafrechtsreform, SchwZStr 78, 172. – *ders.,* Die weltanschaulichen und politischen Grundlagen des Entwurfs eines StGB (E 1962), ZStW 75, 1. – *ders.,* Strafrechtsreform in Deutschland, Allg. Teil, SchwZStr 91 (1975) 1. – *ders.,* Deutsche und österr. Strafrechtsreform, Lange-FS 365. – *ders.,* Die Krise der Kriminalpolitik, ZStW 91, 1037. – *ders.* (Hrsg.), Strafrechtsreform in der BRD und in Italien, 1981. – *ders.,* Strafrechtsreform in Dtld., SchwZStr 100, 1. – *ders.,* Neue Strafrechtsdogmatik u. Kriminalpolitik in rechtsvergleichender Sicht, ZStW 98, 1. – *Jung,* Fortentwicklung des strafr. Sanktionssystems, JuS 86, 741. – *G. Kaiser,* Zur kriminalpolitischen Konzeption der Strafrechtsreform, ZStW 78, 100. – *ders.,* Kriminalpolitik ohne kriminologische Grundlage?, Schröder-GedS 481. – *ders.,* Kriminalisierung u. Entkriminalisierung in Strafrecht u. Kriminalpolitik, Klug-FS II 579. – *Armin Kaufmann,* Die Dogmatik im AE, ZStW 80, 34. – *F. Kunert,* Der 1. Abschnitt der Strafrechtsreform NJW 69, 1229. – *ders.,* Der 2. Abschnitt der Strafrechtsreform, NJW 70, 537. – *Lackner,* Der AE und die praktische Strafrechtspflege, JZ 67, 513. – *Lang-Hinrichsen,* Die kriminalpolitischen Aufgaben der Strafrechtsreform, Gutachten zum 43. DJT, 1960. – *Leferenz,* Der Entwurf des Allg. Teils eines StGB in kriminologischer Sicht, ZStW 70, 25. – *Lenckner,* Strafgesetzgebung in Vergangenheit und Gegenwart, in Tradition und Fortschritt im Recht (Tüb. FS), 1977, 239. – *Lüderssen,* Neuere Tendenzen der deutschen Kriminalpolitik, StV 87, 163. – *Lüttger,* Strafrechtsreform und Rechtsvergleichung, 1979. – *Madlener-Papenfuß-Schöne,* Strafrecht und Strafrechtsreform, 1974. – *Maiwald,* Wege zur Strafrechtsreform, 1976. – *ders.,* Dogmatik und Gesetzgebung im Strafrecht d. Gegenwart, in: Behrends/Henckel (Hrsg.), Gesetzgebung und Dogmatik, 1989, 120 ff. – *Mannheim,* Betrachtungen zum Entwurf des AT eines StGB, ZStW 71, 181. – *Maurach,* Die kriminalpolitischen Aufgaben der Strafrechtsreform, Gutachten zum 43. DJT, 1960. – *H. Mayer,* Strafrechtsreform für heute und morgen, 1962. – *Mueller,* Amerik. Stellungnahme zum Entwurf eines deutschen StGB, ZStW 73, 297. – *Müller-Emmert/Friedrich,* Die Strafrechtsreform, DRiZ 69, 319. – *Naucke,* Tendenzen in der Strafrechtsentwicklung, 1975. – *Peters/Lang-Hinrichsen,* Grundfragen der Strafrechtsreform, 1959. – *Pfenninger,* Die Reform des deutschen Strafrechts, SchwJZ 64, 353. – *Reigl,* Sinn der Strafe und Strafrechtsreform, ZStW 73, 634. – *Reinisch* (Hrsg.), Die deutsche Strafrechtsreform, 1967. – *Richter,* Zur Strafgesetzgebung in unserer Zeit, AnwBl. 88, 440. – *Rogall,* Stillstand oder Fortschritt der Strafrechtsreform?, ZRP 82, 124. – *Roxin,* Zur Entwicklung der Kriminalpolitik seit den Alternativ-Entwürfen, JA 80, 545. – *Rüping,* Strafjustiz im Führerstaat, GA 84, 297. – *ders.,* Bibliographie zum Strafrecht im Nationalsozialismus, 1985. – *Sax,* Dogmatische Streifzüge durch den Allg. Teil eines StGB nach den Beschlüssen der GrStrK, ZStW 69, 412. – *E. Schmidt,* Kriminalpolitische und strafrechtsdogmatische Probleme in der deutschen Strafrechtsreform, ZStW 69, 539. – *Schröder,* Die kriminalpol. Aufgaben der Strafrechtsreform, Referat zum 43. DJT, 1960. – *Schroeder,* Die neuere Entwicklung der Strafgesetzgebung in Deutschland, JZ 70, 393. – *Schubert,* Die Quellen zum StGB von 1870/71, GA 82, 191. – *Schultz,* Kriminalpol. Bemerkungen zum Entwurf eines StGB, JZ 66, 113. – *Schwalm,* Die kriminalpol. Bedeutung des Entwurfs eines StGB, GA 64, 257. – *Simson,* Strafrechtsentwicklung und Strafgesetzentwurf Deutschlands in schwedischer Sicht, ZStW 75, 682. – *Stratenwerth,* Die Definitionen im AT des E 1962, ZStW 76, 669. – *Stratenwerth-H. Schultz,* Leitprinzipien der Strafrechtsreform, 1970. – *Sturm,* Grundlinien der neueren Strafrechtsreform, Dreher-FS 513. – *Vogler,* Möglichkeiten und Wege einer Entkriminalisierung, ZStW 90, 132. – *Woesner,* Gesamterneuerung oder Einzelgesetzgebung in den großen Strafrechtsreform?, NJW 65, 417. – *ders.,* Grundgesetz und Strafrechtsreform, NJW 66, 1729. – *Würtenberger,* Strafrechtspflege und Strafrechtsreform, ZStW 75, 98. – *ders.,* Kriminalpolitik im sozialen Rechtsstaat, 1970.

15 **Schrifttum zum Übergang vom DDR-Strafrecht zur bundesdeutschen Rechtseinheit:** *Boxdorfer,* Rechtsgrundsätze der Strafzumessung in der BRD u. in der DDR, NJ 90, 380. – *Buchholz,* Zum Gesetzentwurf für eine Strafrechtsänderung (6. StÄG), NJ 90, 106. – *ders.,* Wiedergutmachung von Unrecht, ZRP 90, 466. – *ders.,* Deutsches Strafrecht?, NStZ 90, 519. – *Buchholz/Gerats,* Zu den Anfängen des Stalinismus in der Strafrechtswissenschaft, StuR 90, 751. – *Dähn,* Das 6. StÄG der DDR, NStZ 90, 10. – *Drobnig,* Überlegungen zur innerdeutschen Rechtsangleichung, DtZ 90, 116. – *Engelhard,* Stand u. Perspektiven Deutsch-Deutscher Rechtsangleichung nach Inkrafttreten des Staatsvertrages, DtZ 90, 129. – *Ewald,* DDR-Strafrecht – quo vadis?, NJ 90, 134. – *Lehmann,* Rehabilitierung, KritJ 90, 183. – *Lekschas/Buchholz*, Strafrecht der DDR, Lehrbuch, 1988. – *Lilie*, Deutsches Strafrecht?, NStZ 90, 153. – *Luther-Weis*, Zur Anwendung des Strafrechts in der DDR, ROW 90, 289. – *Müller*, Gesetzliches Unrecht u. übergesetzliches Recht, NJ 90, 233. – *Nissel*, Fortgeltendes DDR-Recht nach dem Einigungsvertrag, DtZ 90, 330. – *Reuter*, Wie Recht zu Unrecht wird, Neue Kriminalpolitik (NKrimP) 90, 20. – *ders.*, Das Strafrecht im Erneuerungsprozeß der Gesellschaft, NJ 90, 188. – *Roehner*, Recht u. soziale Wirklichkeit im Strafverfahren der DDR, KritJ 90, 178. – *Roggemann*, Von der interdeutschen Rechtsvergleichung zur innerdeutschen Rechtsangleichung, JZ 90, 363. – *Schroeder*, Die Strafrechtsdogmatik in der DDR, JR 90, 89. – *Teichler*, Das 6. StÄG der DDR, NJ 90, 291. – *Weber*, Aufdeckung „weißer Flecken" in der strafrechtlichen Entwicklung u. Strafrechtsreform, NJ 90, 185. – *Widmaier*, Strafbarkeit der DDR-Spionage gegen die Bundesrepublik Deutschland, NJW 90, 3169.

Strafgesetzbuch

Vom 15. Mai 1871
in der Fassung der Bekanntmachung vom 10. 3. 1987 (BGBl. I 945, 1160),
in Kraft getreten am 1. 4. 1987
zuletzt geändert durch das Betreuungsgesetz vom 12. 9. 1990 (BGBl. I 2002).

Allgemeiner Teil

1. Abschnitt. Das Strafgesetz

Erster Titel. Geltungsbereich

Vorbemerkungen vor § 1

Übersicht

I. Gegenstand und Aufbau des StGB .. 1–8	IV. Strafrecht und Verfassungsrecht . . . 27–35
II. Geltungsbereich des StGB 9–22	V. Bundesstrafrecht und Landesstrafrecht 36–57
III. Staatliches Strafrecht und Völkerstrafrecht 23–26	VI. Inkrafttreten, Übergangsregelungen . 58

I. Gegenstand und Aufbau des StGB.

1. Das StGB enthält den Kernbereich des sog. **materiellen Strafrechts.** Versteht man unter Strafrecht i. w. S. die Gesamtheit der Normen, durch der Vorgang staatlichen Strafens geregelt wird (Schmidhäuser 3), so sind als materielles Strafrecht jene Rechtsnormen zu begreifen, durch die für ein bestimmtes menschliches Verhalten („Tat") eine bestimmte Sanktion („Rechtsfolgen der Tat") angeordnet wird (Baumann/Weber 7). Demgemäß werden durch das materielle Strafrecht nicht nur die Voraussetzungen umschrieben, unter denen ein Verhalten als strafrechtlich sanktionierbar anzusehen ist *(Tatvoraussetzungen),* sondern auch Art und Umfang der Sanktionen, mit denen eine derartige Tat geahndet werden darf *(Tatfolgen).* Entgegen Schmidhäuser (Form und Gehalt der Strafgesetze (1988), passim, JZ 89, 419; allg. auch Alwart, Recht und Handlung (1987) 146ff.) heißt das aber nicht, daß als Adressat des Strafgesetzes nur die staatlichen Strafverfolgungsbehörden (der „Rechtsstab") in Betracht kämen. Vielmehr richten sich die Strafgesetze (im Sinne einer „zweigliedrigen" Adressatentheorie) sowohl als *Verhaltens*normen mit Ge- und Verboten an den Bürger, wie auch als *Sanktions*normen an das zuständige staatliche Verfolgungsorgan (zutr. dazu etwa Baumann/Weber 26, Hoerster JZ 89, 10, 425). 1

Im Unterschied dazu wird durch das **formelle** Strafrecht lediglich das Verfahren geregelt, das bei Ermittlung und Aburteilung einer Straftat (Strafverfahrensrecht: insbes. StPO, GVG) sowie bei Vollstreckung einer strafrechtlichen Sanktion (Strafvollstreckungsordnung, Vollzugsrecht) einzuhalten ist. 2

a) Freilich ist im StGB selbst lediglich der **Kernbereich** des materiellen Strafrechts geregelt. Und zwar dadurch, daß im „Allgemeinen Teil" (AT) die allgemeinen „Grundlagen der Strafbarkeit" (§§ 13–37 iVm §§ 1–12) und im „Besonderen Teil" (BT) der weitaus größte Teil der einzelnen Tatbestände (§§ 80–358) umschrieben sowie die (zum AT gehörenden) Rechtsfolgen der Tat (§§ 38–76a) benannt werden (allg. zu dieser Aufteilung Fincke aaO). Im übrigen jedoch sind StGB und materielles Strafrecht keineswegs deckungsgleich: So ist einerseits der Regelungsbereich des StGB insofern weiter, als dieses Materien enthält, die (zumindest auch) *prozessualen* Charakter haben: wie z. B. die Bestimmungen über Strafantrag, Ermächtigung und Strafverlangen (§§ 77–77e; vgl. § 77 RN 8) bzw. die Verjährungsvorschriften (§§ 78–79b; vgl. 3 vor § 78). Andererseits wird das materielle Strafrecht durch das StGB insofern nicht voll erfaßt, als sich auch in anderen Gesetzen und Rechtsbereichen Normen strafrechtlichen Charakters finden. Das gilt nicht nur für sonstige *„strafrechtliche Hauptgesetze"* (M-Zipf I 101), wie etwa das JGG, das WehrStG oder das WiStG, sondern auch für den bedenklich ausufernden Bereich des sog. *Nebenstrafrechts,* wo sich der Gesetzgeber anstelle abschließend ausformulierter Straftat- 3 bestände überwiegend mit bloßen **Blankettstrafgesetzen** begnügt. Für diese Gesetzgebungstechnik, die sich vereinzelt auch im StGB findet (so etwa in §§ 184a, 315c I Nr. 2a sowie neuerdings verstärkt in den Umweltschutztatbeständen der §§ 324ff.), ist charakteristisch, daß durch die Strafnorm lediglich eine Strafdrohung aufgestellt und diese einem Tatbestand angeknüpft wird, der durch eine andere (meist verwaltungsrechtliche) Norm näher zu umschreiben ist („Ausfüllungsnorm"), m. a. W. das strafbegründende Gesetz aus der Verbindung von (strafrechtlicher) Blankettsanktionsnorm und (außerstrafrechtlicher) Blankettausfüllungsnorm besteht (vgl. BGH 6 30/40, ferner § 1 RN 8, § 2 RN 26f., 37; zum Ganzen auch Jescheck 99, Kühl Lackner-FS 819ff.; M-Zipf I 103). Auch durch sog. „Verweisungsbegriffe" können derartige Verbindungen entstehen (dazu Burkhardt wistra 82, 179).

3a   Über dieses traditionelle Verständnis des Blankettstrafgesetzes hinausgehend will neuerdings Schünemann Lackner-FS 370ff. unter diesem Begriff all diejenigen Strafgesetze zusammenfassen, die „zur Beseitigung ihrer semantischen Unschärfe explizit oder implizit auf nicht vom entscheidenden Strafrichter aufgestellte generelle Sollenssätze verweisen" (aaO 373), um damit auch strafgesetzliche Verweise auf private Regelwerke in diesen Begriff zu inkorporieren. Ob sich eine derartige Begriffsbildung empfiehlt, erscheint angesichts der teils divergierenden rechtlichen Beurteilung (vgl. zu „dynamischen Verweisungen" Schünemann aaO 375ff.) zweifelhaft (wie Schünemann aber Veit, Die Rezeption technischer Regeln usw., 1989, 86ff.).

4   Über Umfang und Vielfalt strafrechtlicher Nebengesetze vgl. die Sammlung von Erbs-Kohlhaas. Selbst in der StPO sind Vorschriften zu finden, die ihrem Regelungsgehalt nach materiellen Charakter haben, wie etwa die Verfahrenseinstellung bei Geringfügigkeit (§§ 153ff. StPO), wo ähnliche Strafbedürftigkeitsgedanken durchgreifen wie bei dem (in § 60 StGB geregelten) Absehen von Strafe (vgl. Baumann/Weber 36f. sowie Cramer, Eser und Naucke, jeweils Maurach-FS 487ff., 257ff. bzw. 197ff., Peters, Strafrechtsgestaltende Kraft 7).

5   b) Trotz derartiger Überschneidungen mit anderen Rechtsbereichen bildet das StGB jedoch unzweifelhaft sowohl das tragende Fundament als auch den maßgeblichen **Orientierungsrahmen** des materiellen Strafrechts. Das hat sowohl einengende wie auch ausweitende Konsequenzen: *Einengende* insofern, als nur solche Verhaltensweisen, die im StGB selbst oder zumindest in einer auf das StGB bezogenen Norm – gleich ob unmittelbar (wie nach § 369 II AO) oder mittelbar (wie bei Blankettgesetzen) – tatbestandlich umschrieben und strafbewehrt sind, als „strafbar" i. e. S. angesehen werden dürfen. Dadurch wird nicht nur das sog. Polizei- und Verwaltungsunrecht, sondern vor allem auch das gesamte *Ordnungswidrigkeitenrecht* aus dem Bereich des materiellen Strafrechts ausgegrenzt (vgl. aber dazu auch 35 vor § 38), ganz zu schweigen von Rechtsbrüchen oder Normverstößen, die nur durch privatrechtliche Vertrags-, Verbands- oder Betriebsstrafen geahndet werden (dazu 37 vor § 38) oder gar nicht *nichtstaatlichen „Sozialkontrollen"* unterliegen (vgl. Kaiser, Kriminologie 101ff.). Denn ungeachtet der etwaigen Bezeichnung solcher Sanktionen als „Strafen" und bei aller Anerkennung der Bedeutung, die nichtstrafrechtlichen Sanktionssystemen für das Funktionieren der gesamtgesellschaftlichen Kontrollmechanismen zukommt (dazu Kaiser, Strategien 1ff., 20ff. mwN), können zum Strafrecht i. e. S. nur solche Tatbestände und Tatfolgen gerechnet werden, die am Verbrechens- und Sanktionssystem des StGB ausgerichtet sind.

6   Das hat zugleich auch *ausweitende* Wirkung; denn bestimmt sich der Bereich des materiellen Strafrechts nach dem StGB, so erlangen damit über die „Strafen" im traditionellen Sinne (Freiheitsstrafe, Geldstrafe) hinaus auch solche Sanktionen strafrechlichen Charakter, die nicht als „Strafen" i. e. S. begriffen werden können, sondern präventionsrechtlichen Ursprung und Charakter haben. Und das trifft nahezu für alle *Maßnahmen* i. S. v. § 11 I Nr. 8 zu, namentlich also für die „Maßregeln der Besserung und Sicherung" (§§ 61–72; vgl. 1ff. vor § 61) wie auch für die in ihrem Charakter ambivalente Einziehung (vgl. 12ff. vor § 73). Indem das StGB diese Sanktionen als Rechtsfolgen einer Straftat vorsieht, legt es ihnen – ungeachtet ihrer möglichen Herkunft aus einem anderen Rechtsgebiet – auch strafrechtlichen Charakter bei. Insofern hat das StGB für die Umgrenzung des materiellen Strafrechts konstitutive Bedeutung, und zwar sowohl in einengender als auch in ausweitender Richtung. Zur besonderen Funktion des „Strafgesetzes" als Grundlage und Grenze staatlichen Strafens vgl. auch § 1 RN 8ff.

7   2. In seinem **Aufbau** folgt das StGB der seit dem preußischen ALR von 1794 im kontinentaleuropäischen Rechtsbereich üblich gewordenen Grundaufteilung in einen *Allgemeinen Teil* (AT) und einen *Besonderen Teil* (BT). Während im BT die einzelnen Tatbestände der verschiedenen Arten von Straftaten umschrieben und mit einer bestimmten Strafdrohung versehen werden (vgl. Dedes aaO), enthält der AT die gleichsam vor die Klammer gezogenen allgemeinen, d. h. gattungsmäßig für jede Art von Straftat geltenden Grundsätze über die Tatvoraussetzungen und Tatfolgen. An dieser Grundaufteilung hat sich – von gewissen Umstellungen innerhalb des AT einmal abgesehen – auch durch das 2. StrRG nichts geändert (vgl. im einzelnen 19. A. RN 8).

Schrifttum: Dedes, Die Einteilung der Straftaten im BT, Oehler-FS 265. – *Fincke,* Das Verhältnis des Allgemeinen zum Besonderen Teil des Strafrechts, 1975. – *Kaiser,* Strategien und Prozesse strafrechtlicher Sozialkontrolle, 1972. – *Lüderssen,* Die strafrechtsgestaltende Kraft des Beweisrechts, ZStW 85, 288. – *Peters,* Die strafrechtsgestaltende Kraft des Strafprozesses, 1963. – *Rittler,* Gesetztes und nichtgesetztes Strafrecht, ZStW 49, 451. – *Schroeder,* Rückkehr zur Kasuistik in der Strafgesetzgebung?, GA 90, 97. – *Wach,* Legislative Technik, VDA VI 1. – *Wolf,* Gesetzgebungskompetenz und Blankettstrafrecht, DVBl. 62, 663.

II. Geltungsbereich des StGB.

Der dem „Geltungsbereich" gewidmete Eingangstitel des 1. Abschn. des StGB läßt bereits erkennen, daß es sich dabei um ein *mehrdimensionales* Problem handelt. Versteht man hier Geltungsbereich i. S. der *Anwendbarkeit* von Recht – im Unterschied zu seinem „Inkraftsein" (dazu Schmidhäuser 126 f.) –, so bedarf der Anwendungsbereich des StGB sowohl in zeitlicher, örtlicher und persönlicher als auch in sachlicher Hinsicht einer gesetzlichen Umgrenzung.

1. In der Voranstellung des Grundsatzes „keine Strafe ohne Gesetz" (§ 1) liegt freilich nicht nur eine Aussage zum Geltungsbereich, sondern zu der noch vorgelagerten Frage der **Geltungsvoraussetzung** von Strafrecht überhaupt; denn durch den Grundsatz „nullum crimen sine lege" wird vorab jeder zeitlichen, räumlichen und personalen Dimension statuiert, daß die Deklarierung und Sanktionierung menschlichen Verhaltens als „Straftat" ein entsprechendes *Strafgesetz* voraussetzt, diesem also sowohl nach Grund wie nach Umfang *konstitutive* Bedeutung für die Annahme einer Straftat zukommt (vgl. näher § 1 RN 8 ff.). Insofern enthält der nullum crimen-Grundsatz mehr als nur prozessuales „Strafanwendungsrecht", wie offenbar ein Teil der Lehre meint (vgl. Baumann, Summum ius 123, Maunz-Dürig Art. 103 RN 99).

2. Das hat auch Bedeutung für die **zeitliche** Geltungsdimension: Da die Strafbarkeit die Existenz eines bestimmten Gesetzes voraussetzt, bedürfen sowohl der Geltungs*zeitpunkt* als auch die Geltungs*dauer* des Gesetzes einer Regelung; dies vor allem dann, wenn zwischen Tatbegehung und richterlicher Entscheidung eine Gesetzesänderung eintritt. Die für dieses „*intertemporale Strafrecht*" (M-Zipf I 151) maßgeblichen Grundsätze finden sich in § 2. Ergänzend dazu gibt § 8 eine nähere Bestimmung des *Zeitpunktes*, zu dem im Einzelfall eine Tat als *begangen* anzusehen ist.

3. Dem **räumlich-örtlichen** Geltungsbereich des deutschen Strafrechts sind die §§ 3–7 gewidmet. Dabei geht es sowohl um den innerdeutschen Geltungsbereich und die damit zusammenhängenden Fragen des sog. *interlokalen* Strafrechts, als auch um die Anwendbarkeit des deutschen Strafrechts bei Taten mit internationalem Einschlag, also um Fragen des sog. *internationalen* Strafrechts. Besondere Bedeutung haben diese Geltungsprobleme für Taten, die in der ehemaligen DDR sowie nunmehr noch in den Beitrittsgebieten im Rahmen von partikulärem Bundesrecht begangen wurden bzw. noch werden (näheres dazu 60 ff. vor § 3 sowie § 7 RN 5 a, 18 a). Der für den Anwendungsbereich maßgebliche *Ort* der Tat wird durch § 9 bestimmt.

Über diese allgemeinen räumlichen Geltungsgrenzen des deutschen Strafrechts hinaus sind bestimmte Tatbestände des BT, so vor allem im Bereich der Staatsschutzdelikte, noch weitergehend in ihrem Geltungsbereich eingeschränkt (vgl. näher 18 vor § 3 sowie 12 ff. vor § 80).

4. Für den **persönlichen** Geltungsbereich des StGB fehlt es zwar an einer zusammenfassenden Regelung. Da es auch keine Einschränkung enthält, gilt es **grundsätzlich für jeden Menschen.** Doch ist hinsichtlich des *altersmäßigen* Anwendungsbereichs in § 10 durch Verweis auf das JGG klargestellt, daß für Taten von Jugendlichen (14–18 Jahre) und Heranwachsenden (18–21 Jahre) das StGB nur insoweit gilt, als durch das JGG nichts anderes bestimmt ist, dieses also Vorrang hat. Kinder (bis zu 14 Jahren) gelten nach § 19 ohnehin ausnahmslos als schuldunfähig. Über daraus sich ergebende Beschränkungen für die Anwendbarkeit des AT vgl. die Anm. zu § 10 bzw. § 19.

Dagegen kann bei der sog. *Indemnität* (§ 36) bestimmter Straftaten von Parlamentariern von einer Einschränkung des persönlichen Geltungsbereichs des StGB wohl ebensowenig die Rede sein wie der (mit der internationalstrafrechtlichen Exemtion zusammenhängenden) **Exterritorialität** von Diplomaten (vgl. 38 ff. vor § 3); denn da in solchen Fällen sonst gar kein Bedürfnis für einen Ausschluß (lediglich) der Strafbarkeit bestünde, setzen sie ihrerseits die Geltung des StGB geradezu voraus. Daher werden in derartigen Freistellungen vom Zugriff der (deutschen) Strafgerichtsbarkeit nur persönliche Strafausschließungsgründe (allg. dazu 127 ff. vor § 32) bzw. prozessuale Immunitäten (vgl. § 36 RN 1) zu erblicken sein (and. Vorraufl.).

5. Der **sachliche** Geltungsbereich des StGB kann sowohl in vertikaler als auch in horizontaler Hinsicht in Frage stehen: Vertikal kann es einerseits durch *höherrangiges* Recht verdrängt bzw. beschränkt werden: so etwa durch Völkerstrafrecht (u. 23 ff.) bzw. Verfassungsrecht (u. 27 ff.); andererseits kann das im StGB geregelte Strafrecht *nachrangigem* Recht vorgehen: so grundsätzlich gegenüber etwaigem Landesstrafrecht (u. 32 ff.). Auf horizontaler Ebene geht es um das Verhältnis des StGB zu *gleichrangigem* Bundesrecht.

17 6. Die für das **Verhältnis des StGB zu sonstigem Bundesrecht** maßgeblichen Regeln finden sich nicht im StGB selbst, sondern im EGStGB v. 2. 3. 1974 (Anh. 18. A.), durch das zugleich das bis dahin geltende EGStGB des Norddt. Bundes v. 31. 5. 1870 (Anh. 17. A.) aufgehoben und ersetzt wurde (Art. 287 Nr. 23 EGStGB). Danach wird die Anwendbarkeit des StGB je nach AT bzw. BT von unterschiedlichen Prinzipien bestimmt (vgl. Göhler NJW 74, 825):

18 a) Soweit es um **Materien des AT** geht, sind die Vorschriften des StGB auch für sonstiges (bereits bestehendes wie auch zukünftiges) Bundesrecht verbindlich, es sei denn, daß ausnahmsweise etwas anderes vorgesehen ist (Art. 1 I EGStGB). Damit ist die unter der Herrschaft des § 2 I EGStGB a. F. umstrittene Frage, inwieweit das StGB auch für sonstiges Reichs- bzw. Bundesstrafrecht verbindlich ist, heute im Interesse größtmöglicher Einheitlichkeit zugunsten einer *Allgemeinverbindlichkeit des AT des StGB* beantwortet. Dadurch ist insbes. auch klargestellt, daß gemäß § 15 Fahrlässigkeit nur noch insoweit strafbar ist, als dies von der betreffenden Strafvorschrift ausdrücklich vorgesehen wird.

19 Soweit Art. 1 I EGStGB für gewisse Ausnahmen von der Verbindlichkeit des AT des StGB noch Raum läßt, bedürfen diese freilich einer ausdrücklichen Regelung. Dies ist etwa im WiStG 1954 geschehen, nach dessen § 8 IV S. 1 (i. d. F. des Art. 149 Nr. 5 EGStGB) die Verfallsregeln der §§ 73 ff. StGB durch die Abführung des Mehrerlöses verdrängt werden.

20–21 b) Für **Materien des BT** hingegen gilt das umgekehrte Prinzip, nämlich daß andere bundesrechtliche Strafvorschriften vom StGB unberührt bleiben (Art. 4 I EGStGB). Damit gehen Tatbestände des StGB auch auf Konkurrenzebene etwaigen sondergesetzlichen Tatbeständen nicht unbedingt vor; vielmehr wird nach Spezialitätsgrundsätzen das Zurücktreten des StGB-Tatbestandes die Regel sein (vgl. 110 vor § 52). Im Verhältnis zu *Bußgeldtatbeständen* gehen Straftatbestände regelmäßig vor: vgl. § 21 OWiG.

22 c) Zwecks Anpassung des **Strafen- und Maßnahmensystems** an die Konzeption des neuen AT wird durch Art. 10–17 EGStGB die Änderung bzw. Außerkraftsetzung abweichenden Bundesrechts angeordnet (zu Einzelheiten vgl. 21. A. RN 19). Davon ausgenommen werden lediglich das WehrStG sowie das ZivildienstG (Art. 10 II EGStGB), da dort „zur Wahrung der Disziplin" für etwa notwendige Sonderregelungen Raum bleiben sollte (BT-Drs. 7/550 S. 204). Über eine entsprechende Angleichung landesrechtlicher Strafvorschriften vgl. u. 56.

III. Staatliches Strafrecht und Völkerstrafrecht.

Aus dem neueren Schrifttum (zum älteren vgl. 19. A.): *Berber,* Lehrb. d. Völkerrechts Bd. I 2. A. (1975), Bd. II 2. A. (1969), Bd. III (1964). – *Dahm,* Die Stellung des Menschen im Völkerrecht unserer Zeit (1961). – *Hoffmann,* Strafrechtliche Verantwortung im Völkerrecht (1962). – *Jescheck,* Strafrecht im Dienste der Gemeinschaft (1980) S. 455–628. – *ders.,* Entwicklung, gegenwärtiger Stand und Zukunftsaussichten des intern. Strafrechts, GA 81, 49. – *Johannes,* Zur Angleichung des Straf- und Strafprozeßrechts in der EWG, ZStW 83, 531. – *Mueller-Wise,* International Criminal Law (1965). – *Oehler,* Internationales Strafrecht[2] (1983). – *ders.,* Fragen zum Strafrecht der Europ. Gemeinschaft, Jescheck-FS II 1399. – *Pabsch,* Der strafrechtliche Schutz der überstaatlichen Hoheitsgewalt (1965). – *ders.,* Auswirkungen der europäischen Integrationsverträge auf das deutsche Strafrecht, NJW 59, 2002. – *Tiedemann,* Allg. Teil des europ. supranationalen Strafrechts, Jescheck-FS II 1411. – *Triffterer,* Dogmatische Untersuchungen zur Entwicklung des materiellen Völkerstrafrechts seit Nürnberg (1966). – *ders.,* Völkerstrafrecht im Wandel?, Jescheck-FS II 1477 – *Wilkitzki,* Die völkerrechtlichen Verbrechen u. das staatliche Strafrecht (BR Deutschland), ZStW 99 (1987), 455.

23 1. Seitdem auch natürlichen Personen (und nicht nur Staaten bzw. vergleichbaren Völkerrechtssubjekten) grundsätzlich die Fähigkeit zuerkannt wird, unmittelbares Rechts- und Pflichtsubjekt des Völkerrechts zu sein (so die Entwicklung seit dem Ende des 1. Weltkrieges: vgl. Berber I 170 ff.; Dahm aaO 30 ff.), ist auch völkerrechtliches Strafrecht gegenüber **Einzelpersonen** möglich geworden (Jescheck aaO 492 ff., 545 ff.). Freilich sind bislang die Nürnberger Prozesse, die auf der Grundlage des Londoner Abk. v. 8. 8. 45 der damaligen vier Großmächte durch einen internationalen Militärgerichtshof gegen die Hauptkriegsverbrecher des 2. Weltkrieges geführt wurden, der einzige Fall geblieben, in dem Verurteilungen von Einzelpersonen unmittelbar auf überstaatlich geschaffene Strafnormen gestützt wurden. Ungeachtet der nach wie vor umstrittenen Frage, ob es sich dabei um eine rückwirkende und damit dem Rückwirkungsverbot zuwiderlaufende Schaffung und Anwendung von Strafrecht gehandelt hat (vgl. Jescheck 107 f. mwN), herrscht im Hinblick auf Art. 25 GG heute Einigkeit darüber, daß jedenfalls im Verhältnis zum bundesdeutschen Strafrecht etwaige völkerrechtliche Strafnormen nur dann Vorrang und unmittelbare Verbindlichkeit für Bewohner des Bundesgebietes haben, wenn sie als „allgemeine Regeln des Völkerrechts" Bestandteil des Bundesrechts geworden sind. Solange es ein solches allgemeines, von der Mehrheit der Staaten anerkanntes Völkerstrafrecht noch nicht gibt – und dafür bestehen trotz mannigfacher Versuche gegenwärtig noch wenig begründete Aussichten (vgl. aber auch Jescheck GA 81, 69f.) –, bedürfen etwaige völkerstrafrechtliche Normen gem. Art. 59 II GG einer *speziellen Transformation* in staatliches Recht.

2. Immerhin haben aber die Bemühungen um die Schaffung von Völkerstrafrecht insofern 24 *erste Früchte* getragen, als etwa in Ausführung der intern. Konv. zur Verhütung und Bestrafung des Völkermords von 1948 der dagegen gerichtete § 220a in das StGB eingeführt und bei Neuregelung der Staatsschutzdelikte durch das 8. StÄG von 1968 auch der sog. Friedensverrat (§§ 80, 80a) unter Strafe gestellt wurden. Vgl. ferner die auf das KRG Nr. 10 zurückgehenden, dem Schutz vor Verbrechen gegen die Menschlichkeit gewidmeten §§ 234a, 241a und 130; ferner den gegen Luftpiraterie gerichteten § 316c, der aufgrund des Haager Abk. z. Bekämpfung der widerrechtlichen Inbesitznahme von Luftfahrzeugen v. 16. 12. 70 eingeführt wurde. Weitere Einzelheiten bei Jescheck 111 f., GA 81, 59 ff., Oehler aaO 605 ff., Wilkitzki aaO 464 ff. sowie in den von Eser GA 88, 279 ff. referierten Sammlungen von Bassiouni; vgl. ferner § 6 RN 2 ff.

Umgekehrt können sich aus der Übernahme völkerrechtlicher Vereinbarungen auch gewisse 25 *Beschränkungen* des innerstaatlichen Strafrechts ergeben, so etwa aus der EurMRK für die Grenzen der Notwehr (vgl. § 32 RN 62).

Eine eigene *transnationale Ordnungsstrafgewalt* besitzt in gewissen Grenzen die Europäische 26 Gemeinschaft; vgl. Berber III 252; Jescheck ZStW 65, 502 ff.; Oehler aaO 547 ff., Jescheck-FS II 1399; Pabsch aaO 80 f., Tiedemann Jescheck-FS II 1411.

IV. Strafrecht und Verfassungsrecht.

Schrifttum: Bogs, Die verfassungskonforme Auslegung von Gesetzen (1966). – *Eckardt,* Die verfassungskonforme Auslegung (1964). – *Eilsberger,* Rechtstechnische Aspekte der verfassungskonformen Strafrechtsanwendung, JuS 70, 321. – *Eser,* Wahrnehmung berechtigter Interessen als allgemeiner Rechtfertigungsgrund (1969). – *Hamann,* Grundgesetz und Strafgesetzgebung (1963). – *Herdegen,* Gewissensfreiheit u. Strafrecht, GA 86, 97. – *Hill,* Verfassungsrechtliche Gewährleistungen gegenüber der staatlichen Strafgewalt, in: Isensee/Kirchhof, HdB. d. StaatsR, Bd. VI (1989), 1305. – *Sax,* Grundsätze der Strafrechtspflege, in Bettermann/Nipperdey/Scheuner, Die Grundrechte, III/2, 909 ff. (1959). – *Schack/Michel,* Die verfassungskonforme Gesetzesauslegung, JuS 61, 269. – *Spanner,* Die verfassungskonforme Auslegung in der Rechtsprechung des BVerfG, AöR 91, 503. – *Seetzen,* Bindungswirkung und Grenzen der verfassungskonformen Gesetzesauslegung, NJW 76, 1997. – *Stree,* Deliktsfolgen und Grundgesetz (1960). – *Tiedemann,* Tatbestandsfunktionen im Nebenstrafrecht (1969) 25 ff. – *ders.,* Grundgesetz und Strafrecht, in: Rechtsw. Fak. der Univ. Freiburg (Hrsg.), 40 Jahre Grundgesetz (1990) 155. – *Woesner,* Grundgesetz und Strafrechtsreform, NJW 66, 1729. – *Wolter,* Verfassungskonforme Restriktion u. Reform des Nötigungstatbestandes, NStZ 86, 241. – *Würtenberger,* Kriminalpolitik im sozialen Rechtsstaat (1970). – *Zippelius,* Verfassungskonforme Auslegung von Gesetzen, BVerfG-FG II 108.

Wie alles staatliche Recht, das mit Zwangsreaktionen ausgestattet ist, findet auch das Straf- 27 recht sein Fundament und seinen Rahmen im GG und insb. in dessen Grundrechtskatalog, wobei dies unabhängig davon gilt, ob man in den Grundrechten eine „objektive Wertordnung" verkörpert sieht (so BVerfGE **7** 198 ff. und die – vorwiegend ältere – st. Rspr.) oder (der Sache nach zutreffender) lediglich von einem objektiv-rechtlichen Gehalt der Grundrechte ausgeht (vgl. dazu Hesse, Verfassungsrecht[17] (1990) 120 f.; eingehend *Jarass* AöR 110, 363 ff.). Diese **verfassungsrechtliche Fundierung und Limitierung des Strafrechts** hat sowohl für seine Zielsetzung wie auch für seine Auswirkungen maßgebliche Bedeutung. Einerseits obliegt dem Strafrecht die Aufgabe, die von der Rechtsgemeinschaft als schutzwürdig anerkannten „Rechtsgüter" durch Androhung und Verhängung von Sanktionen vor Beeinträchtigungen zu schützen: Insofern darf die strafrechtliche Rechtsgüterordnung zwar keinesfalls kurzschlüssig mit einer angeblichen verfassungsrechtlichen Wertordnung identifiziert werden, da sich bei den Rechtsgütern der einzelnen Tatbestände neben solchen, die wie das menschliche Leben grundgesetzlichen Wertentscheidungen entsprechen, auch zahlreiche eigenständig mediatisierte Güter finden (insofern zutr. Tiedemann, Tatbestandsfunktionen 28; ders., Grundgesetz 173); doch beeinflußt die Verfassung die Aufgabenstellung des Strafrechts zumindest insoweit, als diese von vornherein nur zur Sanktionierung solcher Güter legitimiert ist, die den grundgesetzlichen Wertentscheidungen jedenfalls nicht zuwiderlaufen (vgl. auch Sax aaO 911 ff.). Andererseits hat diese mit Zwangsmitteln durchsetzbare Schutzaufgabe zur Folge, daß bereits durch Aufstellung der strafrechtlichen Schutztatbestände die Entfaltungsfreiheit des Einzelnen eingegrenzt wird, noch mehr aber, daß durch Verhängung und Vollzug von Strafen und Maßnahmen in grundgesetzlich garantierte Freiheiten und Rechte des Beschuldigten eingegriffen wird. Dieses Spannungsverhältnis zwischen dem wertorientierten Schutzauftrag des Strafrechts einerseits und damit zwangsläufig verbundenen Freiheitsbeschränkungen andererseits in erträglichen Grenzen zu halten, stellt sich nicht nur dem Gesetzgeber bei Schaffung von Strafnormen, sondern auch dem Richter bei ihrer Anwendung als ständige Aufgabe. Über diese *strukturelle* **Wechselbezüglichkeit** von Verfassungsrecht und Strafrecht hinaus sind vor allem drei Ebenen zu beachten, in denen das Verfassungsrecht in das Strafrecht hineinwirkt bzw. umgekehrt das Strafrecht auf grundrechtliche Freiheiten zurückwirkt:

28 1. Um **unmittelbare Einwirkung** handelt es sich bei einigen *grundgesetzlichen* Normen mit spezifisch *strafrechtlichem Gehalt*. Das gilt namentlich für die (ausnahmsweise) Zulassung von Zwangsarbeit aufgrund einer gerichtlich angeordneten Freiheitsstrafe nach Art. 12 III GG (näher Stree aaO 184ff.), für den (inzwischen durch Einführung der §§ 80, 80a im wesentlichen verwirklichten) Verfassungsauftrag des Art. 26 I GG zur Pönalisierung des Angriffskrieges, ferner für die Abschaffung der Todesstrafe durch Art. 102 GG, für den nullum-crimen-Grundsatz des Art. 103 II GG (§§ 1, 2) und das Verbot der Doppelbestrafung nach Art. 103 III GG sowie für die besonderen Rechtsgarantien bei Freiheitsentzug nach Art. 104 GG. Zum Inhalt der Justizgrundrechte aus verfassungsrechtlicher Sicht zusammenfassend Hill aaO 1330ff.

29 2. Nicht weniger bedeutsam ist die **mittelbare Einwirkung** des GG durch allgemeine, auch auf das Strafrecht durchschlagende *Verfassungsprinzipien:* so vor allem durch den aus dem Rechtsstaatsprinzip (Art. 20 GG) begründeten Schuldgrundsatz (BVerfGE **20** 323/331, vgl. auch 103 vor § 13) sowie den aus dem gleichen Gedanken hergeleiteten Verhältnismäßigkeitsgrundsatz (BVerfG NJW **57**, 865; **77**, 1532, **87**, 2156), der sowohl für die Tat- und Schuldangemessenheit von Strafen (vgl. § 46 RN 74) als auch – wie nunmehr durch §§ 62, 74b ausdrücklich anerkannt – für die Proportionalität von Maßnahmen Bedeutung hat. Über die Verbindlichkeit des dem GG zugrundeliegenden Menschenbildes für das Strafrecht sowie die sich aus der Wahrung der Menschenwürde ergebenden Beschränkungen bei Art und Ausmaß von Sanktionen vgl. Zipf, Kriminalpolitik² (1980) 45 mwN. Teils wird aus der Verfassung sogar ein Auftrag zur Schaffung bestimmter Schutztatbestände hergeleitet: so insbes. aus dem in Art. 2 II GG garantierten „Recht auf Leben" zugunsten des ungeborenen Lebens die Pflicht zur grundsätzlichen Pönalisierung des Schwangerschaftsabbruchs (BVerfGE **39** 1/47ff.); näher dazu Vorbem. 3 vor § 218; zur Ausdehnung der Pönalisierungspflicht auf die Pränidationsphase Vorbem. 6 vor §§ 218ff.). Von solchen eher seltenen Fällen einer spezifisch strafrechtlichen Schutzpflicht abgesehen wird dem Gesetzgeber ein Ermessen bei Anerkennung eines Rechtsguts und dessen Bewehrung idR nicht zu bestreiten sein (vgl. BVerfG NStZ **85**, 173). Über strafrechtliche Auswirkungen des Sozialstaatsprinzips vgl. insbes. Würtenberger, aaO 124ff., 204ff., zu Auswirkungen der Gewissensfreiheit vgl. Herdegen aaO.

30 3. Rechtstechnisch vollzieht sich eine solche mittelbare Einwirkung des GG auf das Strafrecht meist im Wege sog. **verfassungskonformer Auslegung.** Dieser für die gesamte Rechtsordnung verbindliche Interpretationsgrundsatz (Tröndle LK § 1 RN 51 mwN) besagt im wesentlichen zweierlei: Zum einen, daß bei Mehrdeutigkeit einer Rechtsnorm jene Deutung zu wählen ist, die mit der Verfassung noch vereinbar ist; zum anderen, daß ein Gesetz nicht als verfassungswidrig behandelt werden darf, solange ihm eine der Verfassung nicht zuwiderlaufende Deutung gegeben werden kann (grdl. Eckardt aaO, ferner Schack/Michel JuS 61, 269). Eine solche interpretative „Anpassung" der Norm an die Verfassung ist allerdings immer nur dort möglich und geboten, wo nach allgemeinen Auslegungsregeln (§ 1 RN 36ff.) für eine Deutung im Sinne der Verfassung überhaupt Raum ist. Ist dies der Fall – und das ist namentlich bei wertausfüllungsbedürftigen Tatbestandselementen und Rechtfertigungsklauseln anzunehmen (wie z. B. „verwerflich" bei § 240 II bzw. „unbefugt" bei §§ 201–204) –, so ist lediglich von sekundärer *rechtstechnischer* Bedeutung, ob die Verfassungskonformität durch entsprechende Tatbestandsverengung oder durch entsprechende Ausweitung eines Rechtfertigungsgrundes hergestellt wird (vgl. Eilsberger JuS 70, 321/323ff.). Soweit die Norm jedoch, weil unzweideutig, keine Auslegung zuläßt, die verfassungskonforme „Auslegung" daher zu einer Rechtsfortbildung oder gar Gesetzesberichtigung gegen Wortlaut oder Zweck des Gesetzes führen würde, kann der Strafrichter der Verfassung nur dadurch Geltung verschaffen, daß er gem. Art. 100 I GG die Entscheidung des BVerfG einholt (vgl. BVerfGE **8** 28, BayVerfGH NJW **83**, 1601, Eckardt aaO 71; abw. Eilsberger JuS 70, 325). Allgemein zur verfassungskonformen Auslegung Larenz, Methodenlehre der Rechtswissenschaft⁵ (1983) 325ff., Zippelius BVerfG-FG II 108ff. Zur Bindungswirkung verfassungsgerichtlicher Entscheidungen vgl. Seetzen NJW 76, 1997ff. sowie speziell zu § 218 dort Vorbem. 4f.

31 Diese Schranke verfassungskonformer „Auslegung" wurde von LG Mannheim JZ **69**, 436 verkannt, als es die (inzwischen durch das 1. StrRG aufgehobene) Mindeststrafdrohung des § 236 a. F. mit Berufung auf Art. 1, 2, 23 III GG glaubte unterschreiten zu können; denn wenn es einerseits den Tatbestand des § 236 a. F. tatsächlich als erfüllt ansah (was allerdings bei Zugrundelegung von BGH **21** 188, **22** 178 zweifelhaft erscheint; vgl. Blei JA 69, 170), andererseits aber die damit verwirkte

Mindeststrafe für verfassungswidrig hielt, so blieb damit nur der Weg zum BVerfG (vgl. Tröndle LK § 1 RN 51; krit. auch Jescheck 139).

Als Beispiel *tatbestandsbeschränkender* verfassungskonformer Auslegung vgl. BVerfGE **32** 98 (m. Anm. Deubner NJW 72, 814, Händel NJW 72, 327, Peters JZ 72, 85) zur Ausstrahlung der Glaubensfreiheit (Art. 4 GG) auf die unterlassene Hilfeleistung (§ 323c), sowie BVerfGE **45** 187/ 259ff. zur Einschränkung des Mordtatbestandes nach Verhältnismäßigkeitsgrundsätzen, der in BGH **30** 105 durch eine von der Zielsetzung her verständliche, aber verfassungsrechtlich fragwürdige „Rechtsfolgenlösung" Rechnung getragen wird (näher § 211 RN 10a, b), ferner BVerfGE **73** 206/ 233ff. zu der ebenfalls der Gewährleistung von Verhältnismäßigkeit dienenden Verwerflichkeitsklausel des § 240 II (vgl. dort RN 15ff. sowie § 1 RN 50, ferner Wolter aaO). Zu § 193 als „Einbruchsstelle" für *rechtswidrigkeitsausschließende* Berufung auf Grundrechte vgl. Eser aaO, insbes. 40ff., zum Schuldprinzip vgl. BayVerfGH NJW **83**, 1600. Über grundrechtlich bedingte Beschränkungen von *Strafen,* Maßnahmen und Vollzugsrechten vgl. Stree aaO insbes. 83ff., 137ff. sowie BVerfGE **45** 187, BGH **30** 105 zur Relativierung der absoluten lebenslangen Freiheitsstrafe.

4. Umgekehrt gibt es aber auch ein **Rückwirken des Strafrechts auf das Verfassungsrecht.** 33 Teils geschieht dies aufgrund ausdrücklicher Grundrechtsvorbehalte, wie namentlich bei Art. 5 GG, nach dessen Abs. 2 die Meinungs- und Pressefreiheit ihre Schranken „in den Vorschriften der allgemeinen Gesetze, den gesetzlichen Bestimmungen zum Schutze der Jugend und in dem Recht der persönlichen Ehre" findet; und dazu gehören neben den Ehrenschutztatbeständen der §§ 185ff. insbes. auch die Staatsschutzbestimmungen (§§ 93ff.) sowie die Schutzvorschriften gegen Pornographie (§ 184) und jugendgefährdendes Schrifttum nach dem GjS (näher Maunz-Dürig-Herzog Art. 5 RN 234ff.). Nicht auf Dauer durchzusetzen vermochte sich allerdings die namentlich von Dürig begründete Auffassung, welche die strafrechtlichen Ge- und Verbote allgemein als „immanente Schranken" aller Grundrechte deutet (Maunz/Dürig Art. 2 RN 76; ihm folgend noch die 17. A. Vorb. 153; dagegen schon früh Krüger NJW 55, 201; für die heute ganz h.M. vgl. Jarass/Pieroth, GG (1989), 23 vor Art. 1) und so zu einer sehr weitgehenden Rückwirkung kommt. Eine solche ergibt sich vielmehr nur aufgrund ausdrücklicher Grundrechtsvorbehalte. Aber auch insoweit ist es geboten, freiheitsbeschränkende Strafgesetze ihrerseits im Lichte der Grundrechte zu sehen und notfalls durch verfassungskonforme Auslegung 34 (o. 30) entsprechend einzuschränken. Nach dieser „*Wechselwirkungstheorie*" ist der Verweis auf die Schranken der „allgemeinen Gesetze" keinesfalls so zu verstehen, als ob damit die Grundrechte von vornherein auf den Bereich beschränkt blieben, der ihnen von den „allgemeinen Gesetzen" belassen wird; vielmehr findet eine Wechselwirkung zwischen Grundrecht und „allgemeinen Gesetzen" in dem Sinne statt, daß die „allgemeinen Gesetze", zu denen ja auch das Strafrecht gehört, zwar dem Wortlaut nach dem Grundrecht Schranken setzen, ihrerseits aber aus der Erkenntnis der wertsetzenden Bedeutung dieses Grundrechts ausgelegt und so in ihrer das Grundrecht begrenzenden Wirkung selbst wieder eingeschränkt werden müssen (BVerfGE **7** 207ff., **12** 124f.).

Über die Auswirkung einer derartigen „praktischen Konkordanz" einer „verhältnismäßigen Zuordnung von Grundrechten und grundrechtsbezogenen Rechtsgütern" (Hesse, Verfassungsrecht[16] (1988) 27) spez. im Bereich des Staatsschutzrechts vgl. BVerfGE **20** 177f., **21** 242, **27** 78ff., 109. 35

5. Zu befristeten **Grundgesetzabweichungen** im Zusammenhang mit dem **Beitritt der ehe-** 35a **maligen DDR** zur Bundesrepublik am 3. 10. 90 vgl. den durch EV Art. 4 Nr. 5 eingefügten Art. 143 GG sowie zum Gesetzgebungsauftrag des Art. 31 IV EV zur Neuregelung des Schwangerschaftsabbruchs 4a vor § 218.

V. Bundesstrafrecht und Landesstrafrecht.

Schrifttum: Weber, Zum Verhältnis von Bundes- u. Landesrecht auf dem Gebiet des straf- u. bußgeldrechtlichen Denkmalschutzes, Tröndle-FS 337.

1. Für das Verhältnis von Bundes- und Landesstrafrecht sind vor allem die Art. 31 und 74 GG 36 von grundlegender Bedeutung: Nach dem Verfassungsprinzip „*Bundesrecht bricht Landesrecht*" (Art. 31 GG) hat das **Bundes-StGB grundsätzlich Vorrang** gegenüber etwaigem Landesrecht, und zwar gleichgültig, ob das eine früher oder später als das andere geschaffen wurde (über umgekehrte Rangverhältnisse in früheren Rechtsepochen vgl. Jescheck 101). Aus Art. 74 Nr. 1 GG ergibt sich die *Gesetzgebungskompetenz* des Bundes auch auf dem Gebiet des Strafrechts. Obgleich es sich dabei lediglich um eine *konkurrierende* Kompetenz handelt, die nach Art. 72 II GG von einem bestimmten bundesgesetzlichen Regelungsbedürfnis abhängt, spielt dieser Vorbehalt praktisch keine nennenswerte Rolle, da die Bedürfnisprüfung als Sache gesetzgeberischen Ermessens angesehen wird und als solche richterlicher Nachprüfung entzogen sei (vgl. BVerfGE **2** 213/224f., **4** 115/127, **13** 230/233; krit. Maunz-Dürig Art. 72 RN 17ff.). Über das eigentliche Strafrecht hinaus erfaßt die Gesetzgebungskompetenz des Bundes auch das Ordnungswidrigkeitenrecht (BVerfGE **27** 18/32). Demzufolge bleibt für ergänzendes oder gar abweichendes

Landesstraf- oder -ordnungswidrigkeitenrecht schon von Verfassungs wegen insoweit kein Raum mehr, als der Bundesgesetzgeber von seiner Regelungskompetenz Gebrauch macht. Dies hat er durch das EGStGB v. 2. 3. 74 (Anh. 18. A.) in weitreichender Weise getan. Denn während das früher geltende EGStGB des Norddt. Bundes (vgl. Anh. 17. A.), das durch Art. 287 Nr. 33 des neuen EGStGB ersatzlos aufgehoben wurde, für Landesrecht noch größeren Raum ließ (vgl. Jescheck² 89f.), wird dieses im Interesse größtmöglicher Rechtseinheitlichkeit (BT-Drs. 7/550 S. 197) nunmehr noch weiter zurückgedrängt, und zwar in dreifacher Hinsicht:

37 a) Einmal dadurch, daß nach Art. 1 II EGStGB der **Allgemeine Teil des StGB** grundsätzlich sowohl für bereits bestehendes wie auch für künftiges Landesstrafrecht verbindlich ist. Insoweit ist der früher dem Landesrecht eingeräumten Autonomie in Fragen des AT (vgl. 19. A. RN 33f.) nunmehr die Grundlage entzogen.

38 b) Zum anderen wurde die **Strafandrohungsbefugnis** des Landesgesetzgebers dadurch noch weiter beschränkt, daß er nur bestimmte Sanktionsarten androhen darf, und zwar Freiheitsstrafen bis zu 2 Jahren, Geldstrafen bis zu dem nach § 40 StGB zulässigen Höchstmaß sowie die Einziehung von Gegenständen (Art. 3 I EGStGB).

39 Damit ist insbes. auch der früher mögliche Entzug der Amtsfähigkeit im Landesstrafrecht ausgeschlossen. Dies wird damit begründet, daß eine derart einschneidende Sanktion bei dem auf weniger gewichtige Straftaten beschränkten Landesrecht ohnehin nicht veranlaßt sei (BT-Drs. 7/550 S. 198). Auch dürfen in Anpassung an das StGB (vgl. Göhler NJW 74, 826) Freiheits- und Geldstrafen nicht mehr je für sich allein, sondern nur noch wahlweise nebeneinander verhängt werden (Art. 3 II Nr. 1, ferner Art. 12, 290 EGStGB). Zudem ist bei Freiheitsstrafen das nach § 38 II vorgesehene Mindestmaß von 1 Monat auch für Landesstrafrecht verbindlich, ähnlich wie umgekehrt zwecks Zurückdrängung kurzzeitiger Freiheitsstrafen deren Höchstmaß 6 Monate nicht unterschreiten darf (Art. 3 II Nr. 2 EGStGB). Diese Sanktionsbeschränkungen sind beispielsweise bei Erstreckung der §§ 107 bis 108d auf Wahlen zu den Arbeitnehmerkammern nach § 28a des BremG v. 3. 7. 56 i. d. F. v. 17. 9. 79 (BremGBl. 371) nicht beachtet (vgl. Lenzen JR 80, 133f.).

40 c) Schließlich sind im Rahmen des **Besonderen Teils** dem Landesgesetzgeber alle Materien verschlossen, die bereits im StGB *abschließend geregelt* sind (vgl. Art. 4 II EGStGB). Dies ist heute auf nahezu allen strafrechtlich relevanten Gebieten der Fall. Denn da eine „Materie" nicht nur insoweit als „geregelt" gilt, wie ein etwaiger Einzeltatbestand reicht, sondern dadurch die gesamte, am gleichen Rechtsgut orientierte Deliktsgruppe erfaßt wird (vgl. BT-Drs. 7/550 S. 199, LG Kreuznach NJW **78**, 1931), wird bereits durch einzelne Tatbestände des StGB ergänzendes oder abweichendes Landesstrafrecht, das auf den Schutz des gleichen Rechtsgutes gerichtet wäre, ausgeschlossen, und zwar auch insoweit, als das StGB dabei Strafbarkeitslücken läßt, vorausgesetzt freilich, daß daraus im Sinne „stillschweigend negativer Regelung" (Jescheck 102) geschlossen werden kann, daß die offengelassenen Fälle straffrei bleiben sollen (M-Zipf I 99f.).

41 Demzufolge könnte beispielsweise durch Landesrecht weder die fahrlässige Fruchtabtreibung noch das furtum usus unter Strafe gestellt werden, da sowohl der Leibes- und Lebensschutz als auch der Eigentums- und Vermögensdelikte durch das StGB abschließend geregelt sind. Daher ist auch für Verschärfungen des § 218b durch Landesrecht kein Platz (vgl. § 218b RN 8). Gleiches gilt für Sexualdelikte, so daß für eine landesstrafrechtliche Pönalisierung des Konkubinats, wie dies in dem (inzwischen aufgehobenen) Art. 25 BayLStVG vorgesehen war, kein Raum mehr ist (Maurach AT⁴ 89f. mwN; and. Blei JZ 57, 605). Ebenso enthält § 304 I eine abschließende Regelung des strafrechtlichen Schutzes von Denkmälern gegen Beschädigung und Zerstörung, so daß die Pönalisierung dieser Handlungen durch § 34 Niedersächs. DenkmschG nichtig ist (Weber aaO 344ff.). Weitere Beispiele ausgeschlossenen Landesrechts bei Jescheck 102, Schmidhäuser 88f. Zur Fortgeltung von früherem Reichsrecht als Landesrecht (Schutz der Wälder, Moore und Heiden gegen Brände) vgl. KG NJW **76**, 1465.

42 Soweit danach Landesstrafrecht ausgeschlossen ist, bleibt auch für landesrechtliche *Bußgeldtatbestände* kein Raum mehr (vgl. Art. 4 II EGStGB), da sonst das Bundesstrafrecht durch Landesordnungswidrigkeitenrecht unterlaufen werden könnte (vgl. BT-Drs. 7/550 S. 199f.). Denkbar ist allerdings, daß sich einer Strafbarkeitslücke im StGB eine „stillschweigend negative Regelung" nur im Hinblick auf **Straf**tatbestände entnehmen läßt, wohingegen für landesrechtliche **Bußgeld**tatbestände weiterhin Raum bleiben soll (so Weber aaO 348ff. für das Verhältnis von § 304 StGB zu denkmalschützenden Bußgeldtatbeständen des Landesrechts).

43 2. Trotz dieses grundsätzlichen und weitreichenden Vorrangs des Bundesrechts ist damit aber **Landesstrafrecht** nicht völlig ausgeschlossen. Vielmehr ist ihm teils durch ausdrückliche, teils durch konkludente **Vorbehalte** noch ein gewisser Raum belassen:

a) In **Fragen des AT** allerdings nur insoweit, als das Bundesrecht den Landesgesetzgeber zu 44
besonderen Vorschriften ermächtigt und dieser davon Gebrauch macht (Art. 1 II 2 EGStGB). Eine
solche Ermächtigung findet sich bereits in Art. 2 EGStGB, wonach bei einzelnen landesrechtlichen Straftatbeständen, die natürlich für sich wiederum zulässig sein müssen (o. 40), der räumliche Geltungsbereich abweichend von den §§ 3–7 geregelt (Nr. 1) bzw. unter besonderen
Voraussetzungen Straflosigkeit eingeräumt werden darf (Nr. 2).

Der Ermächtigungsfall von Art. 2 Nr. 1 EGStGB ist namentlich für *Staatsverträge* von Ländern 45
bedeutsam, wenn dabei besondere Geltungsregeln opportun erscheinen (vgl. 92 vor § 3). Durch
Nr. 2 soll den Ländern ermöglicht werden, auch im Landesstrafrecht etwa über die allgemeinen
*Rücktritts*regeln des § 24 hinaus tätige Reue zuzulassen oder bei sonstigem Wegfall des Strafbedürfnisses von Strafe abzusehen. Zur (durch den SA fallengelassenen) Vorbehaltsklausel für **Verjährungsverkürzung** vgl. 21. A. 42 vor § 1

b) Hinsichtlich der **Strafandrohungsbefugnis** ist der Landesgesetzgeber zwar auf die in Art. 3 46
EGStGB genannten Sanktionsarten beschränkt (vgl. o. 38). Doch ist er innerhalb des damit
gezogenen Rahmens frei, eigenen kriminalpolitischen Wertungen durch eine entsprechende
Sanktionsart bzw. -höhe Ausdruck zu verleihen.

c) Für Landesrecht im **Bereich des BT** bedarf es an sich – anders als in Fragen des AT (o. 44) – 47
keiner ausdrücklichen Ermächtigung durch Bundesrecht, da nach Art. 4 II EGStGB landesrechtliche Straf- und Bußgeldvorschriften insoweit unberührt und damit auch solange möglich
bleiben, als eine Materie im StGB nicht abschließend geregelt ist. Da diese negative Ausgrenzung von Landesstraf- und -ordnungswidrigkeitenrecht aber praktisch eine nahezu totale ist
(vgl. o. 40ff.), sah sich der Bundesgesetzgeber gezwungen, auf bereits bundesrechtlich abschließend geregelten Gebieten durch *ausdrückliche Vorbehalte für Landesrecht* Raum zu schaffen.
Und das ist für bestimmte Straftaten in 2 Bereichen geschehen: für das Steuer- und Abgabenrecht (Art. 4 III EGStGB) und das Feld- und Forstschutzrecht (Art. 4 IV, V EGStGB). Einzelheiten dazu in 19. A. 45–47 vor § 1.

d) Schließlich bleibt für strafrechtsgestaltendes Landesrecht noch **kraft Sachzusammenhanges** 48
mit einer außerstrafrechtlichen Gesetzgebungskompetenz ein gewisser Raum. Das kommt
vor allem für solche Fälle in Betracht, in denen die Länder nach der Kompetenzverteilung der
Art. 70 ff. GG zur materiellen Regelung des fraglichen Lebensbereiches ausschließlich oder
konkurrierend befugt sind. Obgleich die damit aufgeworfenen Fragen, die namentlich im
Bereich des Blankettstrafrechts (o. 3) praktisch werden, noch keineswegs voll geklärt sind (vgl.
M-Zipf I 97 mwN), erscheint folgende Differenzierung notwendig:

α) Soweit den Ländern eine *materielle Regelungskompetenz* auf dem betreffenden Lebensbe- 49
reich zusteht (z. B. im Bauwesen), sind sie kraft ihrer konkurrierenden Strafrechtskompetenz
(Art. 74 Nr. 1 GG) grundsätzlich auch zum Erlaß von Strafnormen befugt, die der Absicherung
jener außerstrafrechtlichen Regelungen dienen sollen. Ob sie dies gesetzestechnisch durch Aufstellung selbständiger Straftatbestände oder aber – wie dies meist der Fall sein wird – durch
blankettmäßige Strafbewehrung außerstrafrechtlicher Regelungen tun, ist ohne Belang.

β) Die vorgenannte Strafbewehrungskompetenz des Landes gilt nach den allgemeinen Zu- 50
ständigkeitsgrundsätzen natürlich nur solange, als nicht der Bund seinerseits von seiner konkurrierenden Strafrechtskompetenz Gebrauch gemacht hat (vgl. o. 36). Denn aufgrund dieser
Kompetenz ist es dem Bund möglich, auch solche Sachregelungen mit Strafdrohungen zu
bewehren, für die den Ländern eine (konkurrierende oder gar ausschließliche) außerstrafrechtliche Regelungskompetenz zusteht: *bundesgesetzliches Strafblankett* für landesgesetzliche Ausfüllungsnorm.

Dies kann sowohl dadurch geschehen, daß bereits bestehende landesgesetzliche Regelungen mit 51
einer bundesrechtlichen Strafnorm versehen werden (vgl. BVerfGE 13 367 hinsichtlich § 9 II SprengstoffG), als auch dadurch, daß in Form eines bundesrechtlichen Blankettstrafgesetzes die Zuwiderhandlung gegen eine vom Landesgesetzgeber noch zu erlassende Regelung mit Strafe bedroht wird
(vgl. BVerfGE 26 257f., Leibholz/Rinck/Hesselberger GG Art. 74 Anm. 1b; zu Bedenken gegen
derartige Blankettpönalisierungen vgl. Lenzen JR 80, 133, wobei freilich essentielle Kompetenzerfordernisse und mehr legislatorisch-opportune Standortüberlegungen nicht hinreichend auseinandergehalten sind). In beiden Fällen bleibt es dem Landesgesetzgeber unbenommen, die Ausfüllungsnorm je
nach Bedarf inhaltlich anders auszugestalten (BVerfGE 13 367/373). Das gilt etwa auch für landesrechtliche Neuregelungen des Fischereirechts, an das die Strafdrohung des § 293 anknüpft (M-Zipf I 97).

Soweit aber dem Bund auf dem fraglichen Gebiet die eigene materielle Regelungskompetenz fehlt, 52
ist er über sein Sanktionierungsrecht hinaus selbstverständlich nicht befugt, auf dem Umweg über
seine allgemeine Strafrechtskompetenz eine der Länderkompetenz unterliegende Materie selbst inhaltlich zu regeln (BVerfGE 26 258).

53 e) Eine **Ausnahme** von diesen primären Sachregelungskompetenzen der Länder wird allerdings dort gemacht, wo durch die **bundesrechtliche** Pönalisierung die betreffende Materie als **abschließend geregelt** anzusehen sei. Dies soll nach BVerfGE 23 113/124 jedenfalls bei den herkömmlicherweise im StGB geregelten Materien der Fall sein; denn wenn der Bundesgesetzgeber im Rahmen solcher Materien ein Verhalten für strafwürdig erachtet, müsse er zur Schaffung von Straftatbeständen befugt sein, ohne dabei an die ihm sonst durch die Zuständigkeitskataloge des GG gezogenen Grenzen gebunden zu sein (so bereits v. Mangoldt/Klein Art. 74 GG Anm. IV 2a, Jescheck 101, sowie Schröder 17. A. 155 vor § 1).

54 Diese nicht unbedenkliche, weil die Länderkompetenzen unterlaufende Auffassung (vgl. M-Zipf I 97), spielte vor allem in *Bauordnungs*fragen eine Rolle, da die Blankettnorm des § 367 I Nr. 15 mit teils abweichenden Bußgeldvorschriften landesrechtlicher Bauordnungen konkurrierte. Da aufgrund seiner vorgenannten Auffassung das BVerfG den § 367 I Nr. 15 als fortgeltendes Bundesrecht betrachtete (BVerfG 23 113 m. Anm. Tiedemann JZ 68, 667), war diese Strafbestimmung erst durch Art. 164 EGOWiG bundesgesetzlich für subsidiär zu erklären, um den landesrechtlichen Vorschriften Vorrang zu verschaffen (vgl. 17. A. § 367 RN 79 b). Durch ersatzlose Streichung des § 367 I Nr. 15 (Art. 19 Nr. 206) ist dieser Streitfall endgültig aus der Welt geschafft. Daß der *Datenschutz* durch das BDSG bereits abschließend geregelt sei (so LG Kreuznach NJW **78**, 1931), wird von Dammann (ebda 1906, Haft NJW 79, 1195) wohl zu Recht bestritten.

55 f) Soweit bei bundesgesetzlicher Straf- oder Bußgeldbewehrung die inhaltliche Sachregelungskompetenz dem Land verbleibt (o. 44 ff.), hängt bei etwaigen **Änderungen** die Kompetenz dazu jeweils davon ab, ob dadurch lediglich das *Sanktions*blankett (dann Bundessache) oder die *Ausfüllungsnorm* (dann Ländersache) betroffen ist. Hinsichtlich der strittigen Verjährungsfristen von Pressedelikten, deren inhaltliche Ausgestaltung nach Art. 75 Nr. 2 GG primär den Ländern zusteht, hat BVerfGE **7** 41 den zutr. Standpunkt eingenommen, daß das Presserecht herkömmlich und kraft Sachzusammenhangs auch die Verjährung umfasse und diese daher von den Ländern abweichend von §§ 78 ff. geregelt werden kann (vgl. auch § 76 a RN 8 a zu Frankfurt NJW **83,** 1208).

56 3. Soweit nach den vorangehenden Grundsätzen eine **Anpassung** bereits bestehenden **Landesrechts an Bundesrecht** notwendig ist, könnte das an sich durch das jeweils betroffene Land selbst geschehen. Doch aus Gründen der Rechtsklarheit wie auch einer beschleunigten Rechtsvereinheitlichung glaubte der Bundesgesetzgeber einen Teil der notwendigen Anpassungen bereits selbst vornehmen zu sollen (BT-Drs. 7/550 S. 451). Ähnlich wie abweichendes Bundesrecht (o. 17 ff.) werden daher kraft Art. 31 GG durch Art. 288–292 EGStGB auch zahlreiche landesrechtliche Vorschriften unmittelbar geändert, so wie allem durch Anpassung landesrechtlicher *Strafdrohungen* an den Sanktionsrahmen des Art. 3 EGStGB (vgl. o. 38) durch Art. 289 f. EGStGB. Damit wurde insbes. die landesrechtliche Androhung von Polizeiaufsicht oder von Verfall unwirksam. Ferner wurden landesrechtliche Vorschriften über die Rücknahme eines Strafantrags bzw. die Zuerkennung einer Buße an den Verletzten außer Kraft gesetzt (Art. 291 EGStGB) sowie alle landesrechtlichen Straf- und Bußgeldvorschriften für nicht mehr anwendbar erklärt, soweit sie nach Art. 4 EGStGB (vgl. o. 47 ff.) durch Bundesrecht verdrängt werden (Art. 292 I EGStGB). Das Ausmaß dieser Zurückdrängung von Landesrecht zeigt sich an dem umfangreichen, aber keineswegs erschöpfenden Katalog landesrechtlicher Vorschriften, die in Art. 292 II Nr. 1–80 ausdrücklich für nicht mehr anwendbar erklärt wurden.

57 4. Zum **räumlich-örtlichen** Geltungsbereich von **Landesrecht** wie auch von **partikulärem Bundesrecht** (insbesondere Fortgeltung von DDR-Recht) vgl. 48, 74 vor § 3.

58 VI. **Inkrafttreten, Übergangsfassungen.** Das StGB idF seiner Neubekanntmachung vom 2. 1. 1975 (BGBl. I 1) trat gem. Art. 326 I EGStGB am **1. 1. 1975** in Kraft. Soweit nach Art. 326 III–VI EGStGB davon abweichende Zeitpunkte des Inkrafttretens bzw. nach Art. 298 bis 311 EGStGB sonstige **Übergangsregelungen** materiellen Charakters vorgesehen sind, wird darauf jeweils bei den davon betroffenen Vorschriften des StGB hingewiesen. Entsprechend wird bei etwaigen Sonderregelungen für **Berlin** (Art. 324, 325 EGStGB) verfahren, wobei letztere freilich mit Herstellung der deutschen Einheit seit 3. 10. 90 aufgrund des 6. ÜberleitungsG grundsätzlich obsolet geworden sind (vgl. Einf. 12 vor § 1).

§ 1 Keine Strafe ohne Gesetz

Eine Tat kann nur bestraft werden, wenn die Strafbarkeit gesetzlich bestimmt war, bevor die Tat begangen wurde.

Keine Strafe ohne Gesetz **§ 1**

Stichwortverzeichnis zu § 1 und § 2

Fettgedruckte Zahlen bedeuten die Paragraphen, die übrigen die Randnoten

Analogie, allgemein **1**, 6, 24 ff.
  bei außerstrafrechtlichen Vorschriften **1**, 33
  Gesetzesanalogie **1**, 26
  Grenzen der – **1**, 29, 35, 55 f.
  bei Nebenfolgen **1**, 28
  Rechtsanalogie **1**, 24
  bei Rechtfertigungsgründen **1**, 31
  bei Regelbeispielen **1**, 29
  bei Strafausschließungsgründen **1**, 31
  Strafbegründung durch – **1**, 24 f.
  Strafmilderung durch – **1**, 31
  Strafschärfung durch – **1**, 28
  bei verfahrensrechtl. Vorschriften **1**, 34
  Verhältnis zur Auslegung **1**, 55
  Wandel des Analogieverbots **1**, 29
  zugunsten des Täters **1**, 7, 24, 30 ff.
  zuungunsten des Täters **1**, 7, 24 ff.
Auslegung, allgemein **1**, 36 f.
  ausdehnende – (extensive) **1**, 51
  einschränkende – (restriktive) **1**, 13
  Notwendigkeit der – **1**, 36
  objektive – **1**, 43
  Sinnauslegung **1**, 37
  subjektive – **1**, 41
  verfassungskonforme – **1**, 50
  Verhältnis zur Analogie **1**, 55
  Wortauslegung **1**, 37
  Zulässigkeit der – **1**, 36 ff.

Bestimmtheit der Straffolgen **1**, 17, 28
s. ferner Tatbestandsbestimmtheit
Blankettgesetz **1**, 8, 18 a, **2**, 26, 27, 37

Disziplinarmaßnahmen **1**, 4, **2**, 4

Einziehung **2**, 5, 44
Extensive Auslegung s. Auslegung

Gesetzesanalogie s. Analogie
Gewohnheitsrecht **1**, 9 ff.

In dubio mitius **1**, 53
In dubio pro reo **1**, 53, 108

Lex certa **1**, 6, 17 ff.
Lex praevia **1**, 6, **2**, 3 ff.
Lex scripta **1**, 6, 8 ff.
Lex stricta **1**, 6, 24 ff.

Maßregeln der Besserung und Sicherung
  Rückwirkung bei – **2**, 41 f.

Nebenstrafen u. -folgen **2**, 34
Nulla poena sine lege **1**, 1, 23, 28
Nullum crimen sine lege s. auch Tatbestandsbestimmtheit, Tatbestandsmäßigkeit **1**, 1, 5

Objektive Auslegung s. Auslegung

Parteispenden, s. Steuerrecht

Rechtsanalogie s. Analogie
Restriktive Auslegung s. Auslegung
Rückwirkungsverbot, allgemein **2**, 1 ff.
  Ausnahmen **2**, 6 f.
  bei Maßregeln der Besserung und Sicherung **2**, 41 ff.
  bei Verfall, Einziehung, Unbrauchbarmachung **2**, 5
  und Änderung der Rspr. **2**, 8
  und Strafbegründung **2**, 3

Schutzobjekt **1**, 48
Sinnauslegung **1**, 37
Steuerrechtsänderungen **2**, 2, 23, 27, 37 f.
Strafausschließungsgründe s. Analogie
Strafbestimmung s. Analogie
Strafmilderung s. Analogie
Strafschärfung s. Analogie
Subjektive Auslegung s. Auslegung

Tatbestandsbestimmtheit **1**, 18 ff.
Tatbestandserweiterung **1**, 24 ff.

Unbrauchbarmachung **2**, 5, 44

Verfahrensvorschriften, Analogie bei – **1**, 34
Verfall **2**, 5, 44
Verfassungskonforme Auslegung s. Auslegung
Verfassungsschranken **1**, 18 ff., 50, **2**, 1

Wahlfeststellung **1**, 58 ff.
Wortauslegung **1**, 37

Zeitgesetz **2**, 36 ff.

Bestimmtheitsgrundsatz, Gewohnheitsrecht, Analogie und Auslegung

Schrifttum: de Asua, Nullum crimen, nulla poena sine lege, ZStW 63, 166. – *Baumann*, Die natürliche Wortbedeutung als Auslegungsgrenze im Strafrecht, MDR 58, 394. – *ders.*, Dogmatik u. Gesetzgeber, Jescheck-FS I 105. – *Bindokat*, Teleologie und Analogie im Strafrecht, JZ 69, 541. – *Blei*, Die Regelbeispieltechnik der schweren Fälle und §§ 243, 244 StGB, Heinitz-FS 419. – *ders.*, Strafschutzbedürfnis und Auslegung, Henkel-FS 109. – *Bohnert*, Paul Johann Anselm Feuerbach und der Bestimmtheitsgrundsatz im Strafrecht, 1982. – *ders.*, Das Bestimmtheitserfordernis im Fahrlässigkeitstatbestand, ZStW 94, 68. – *Bringewat*, Gewohnheitsrecht und Richterrecht im Strafrecht, ZStW 84, 585. – *Bruns*, Die sog. „tatsächliche" Betrachtungsweise im Strafrecht, JR 84, 133. – *ders.*, Zur strafrechtlichen Relevanz des gesetzesumgehenden Täterverhaltens, GA 86, 1. – *Cadus*, Die faktische Betrachtungsweise, 1984. – *Calliess*, Der strafr. Nötigungstatbestand u. das verfassungsrechtl. Gebot der Tatbestandsbestimmtheit, NJW 85, 1506. – *Claß*, Generalklauseln im Strafrecht, Eb. Schmidt-FS 122. – *Courakis*, Die Möglichkeiten einer kriminalpolitischen Anwendung des Umgehungsbegriffes,

Eser

FS f. A. Ligeropoulos (Athen 1985) 215. – *Dopslaff,* Wortbedeutung u. Normzweck als die maßgebl. Kriterien für die Auslegung von Strafrechtsnormen, 1985. – *Engisch,* Die normativen Tatbestandselemente, Mezger-FS 127. – *ders.,* Der Begriff der Rechtslücke, W. Sauer-FS 65. – *ders.,* Die Idee der Konkretisierung in Recht und Rechtswissenschaft unserer Zeit², 1968. – *Frisch,* Ermessen, unbestimmter Rechtsbegriff und „Beurteilungsspielraum" im Strafrecht, NJW 73, 1345. – *Germann,* Auslegung und freie Rechtsfindung, SchwZStr. 55, 134 (= Germann, Auslegung). – *ders.,* Probleme und Methoden der Rechtsfindung², 1967. – *ders.,* Zum sog. Analogieverbot nach schweiz. Strafgesetzbuch, SchwZStr. 61, 119. – *Gössel,* Strafrechtsgewinnung als dialektischer Prozeß, Peters-FS 41. – *Graven,* Les principes de la légalité de l'analogie et de l'interpretation, SchwZStr. 66, 377. – *Grünhut,* Begriffsbildung und Rechtsanwendung im Strafrecht, 1926. – *ders.,* Methodische Grundlagen der heutigen Strafrechtswissenschaft, Frank-FestG I 1. – *Grünwald,* Bedeutung und Begründung des Satzes „Nulla poena sine lege", ZStW 76, 1. – *Haft,* Generalklauseln und unbestimmte Begriffe im Strafrecht, JuS 75, 477. – *Hafter,* Lücken im Strafgesetzbuch, Lückenausfüllung, SchwZStr. 62, 133 (= Hafter, Lücken). – *Hassemer,* Tatbestand und Typus, 1968. – *Hirsch,* Rechtfertigungsgründe u. Analogieverbot, Tjong-GedS 50. – *Höpfel,* Zu Sinn und Reichweite des sog. Analogieverbots, JurBl. 79, 505, 575. – *Arthur Kaufmann,* Analogie und „Natur der Sache"², 1982. – *Kausch,* Der Staatsanwalt – Ein Richter vor dem Richter?, 1980. – *Kleinheyer,* Vom Wesen der Strafgesetze in der neueren Rechtsentwicklung, 1968. – *Kohlmann,* Der Begriff des Staatsgeheimnisses und das verfassungsrechtliche Gebot der Bestimmtheit von Strafvorschriften, 1969. – *Krahl,* Die Rechtsprechung des BVerfG und des BGH zum Bestimmtheitsgrundsatz im Strafrecht, 1986. – *Kratzsch,* § 53 StGB und der Grundsatz nullum crimen sine lege, GA 71, 65. – *ders.,* Verhaltenssteuerung und Organisation im Strafrecht, 1985. – *Krey,* Studien zum Gesetzesvorbehalt im Strafrecht, 1977. – *ders.,* Zur Problematik richterlicher Rechtsfortbildung contra legem, JZ 78, 361, 428, 465. – *ders.,* Keine Strafe ohne Gesetz, 1983. – *ders.,* Parallelitäten und Divergenzen zwischen strafrechtl. u. öffentlichrechtl. Gesetzesvorbehalt, Blau-FS 123. – *ders.,* Gesetzestreue u. Strafrecht, ZStW 101 (1989) 838. – *Lackner,* Zu den Grenzen der richterl. Befugnis, mangelhafte Strafgesetze zu berichtigen, Heidelberg-FS 39. – *Lemmel,* Unbestimmte Strafbarkeitsvoraussetzungen und der Grundsatz nullum crimen sine lege, 1970. – *Lenckner,* Wertausfüllungsbedürftige Begriffe im Strafrecht und der Satz „nullum crimen sine lege", JuS 68, 249, 304. – *Loos,* Bemerkungen zur histor. Auslegung, Wassermann-FS 123. – *Maiwald,* Bestimmtheitsgebot, tatbestandliche Typisierung und die Technik der Regelbeispiele, Gallas-FS 137. – *ders.,* Zur Problematik der „bes. schweren Fälle" im Strafrecht, NStZ 84, 433. – *Mangakis,* Über die Wirksamkeit des Satzes „nulla poena sine lege", ZStW 81, 997. – *H. Mayer,* Das Analogieverbot im gegenwärtigen deutschen Strafrecht, SJZ 47, 12. – *Mittermaier,* Über Analogie im Strafrecht, SchwZStr. 63, 403. – *Müller-Dietz,* Verfassungsbeschwerde und richterliche Tatbestandsauslegung im Strafrecht, Maurach-FS 41. – *Naucke,* Der Nutzen der subjektiven Auslegung im Strafrecht, Engisch-FS 274. – *ders.,* Über Generalklauseln u. Rechtsanwendung im Strafrecht, 1973. – *ders.,* Gesetzlichkeit u. Kriminalpolitik, JuS 89, 862. – *Nickel,* Die Problematik der unechten Unterlassungsdelikte im Hinblick auf den Grundsatz „n. c. s. l.", 1972. – *Noll,* Prinzipien der Gesetzgebungstechnik, Germann-FS 159. – *Ransiek,* Gesetz u. Lebenswirklichkeit, 1989. – *Robinson,* Legality and Discretion in the Distribution of Criminal Sanctions, Harv. J. on Legislation 25 (1988) 393. – *Rüping,* Nullum crimen sine poena, Oehler-FS 27. – *E. v. Savigny* u. a., Juristische Dogmatik u. Wissenschaftstheorie, 1976. – *Sax,* Das strafrechtliche „Analogieverbot", 1953. – *ders.,* Grundsätze der Strafrechtspflege, in: Bettermann-Nipperdey-Scheuner (= BNS), Die Grundrechte III/2 S. 909. – *Schlüchter,* Mittlerfunktion der Präjudizien, 1986. – *Schmidhäuser,* Über die Praxis der Gerichte, Henkel-FS 229. – *ders.,* Teleologisches Denken in der Strafrechtsanwendung, Würtenberger-FS 91. – *ders.,* Strafgesetzliche Bestimmtheit, Martens-GedS, 231. – *ders.,* Form u. Gehalt der Strafgesetze, 1988. – *R. Schmitt,* Der Anwendungsbereich von § 1 StGB, Jescheck-FS I 223. – *H. P. Schneider,* Richterrecht, Gesetzesrecht und Verfassungsrecht, 1969. – *Schöne,* Fahrlässigkeit u. Strafgesetz, H. Kaufmann-GedS, 649. – *Schreiber,* Gesetz u. Richter, 1976. – *Schroth,* Theorie u. Praxis subjektiver Auslegung im Strafrecht, 1983. – *ders.,* Philosophische Hermeneutik u. interpretationsmethodische Fragestellungen, Arthur Kaufmann-FS 77. – *Schünemann,* Nulla poena sine lege?, 1978. – *ders.,* Methodologische Prolegomena zur Rechtsfindung im BT des Strafrechts, Bockelmann-FS 117. – *ders.,* Die Gesetzesinterpretation, Klug-FS I 169. – *Schürmann,* Unterlassungsstrafbarkeit u. Gesetzlichkeitsgrundsatz, 1986. – *Schwalm,* Der objektivierte Wille des Gesetzgebers, Heinitz-FS 47. – *Schwinge,* Teleologische Begriffsbildung im Strafrecht", 1930. – *Strangas,* Methodol. Überlegungen zum Begriff der „Regelbeispiele für bes. schwere Fälle", RTh 85, 466. – *Stratenwerth,* Zum Streit der Auslegungstheorien, Germann-FS 257. – *Stree,* Deliktsfolgen u. Grundgesetz, 1960. – *Tiedemann,* Tatbestandsfunktionen im Nebenstrafrecht, 1969. – *v. Weber,* Zur Geschichte der Analogie im Strafrecht, ZStW 56, 653. – *Wessels,* Zur Problematik der Regelbeispiele für „schwere" u. „bes. schwere" Fälle, Maurach-FS 295. – *Woesner,* Generalklausel u. Garantiefunktion der Strafgesetze, NJW 63, 273. – *Würtenberger,* Vom Rechtsstaatsgedanken in der Lehre der strafrechtl. Rechtswidrigkeit, Rittler-FS 125. – Vgl. auch das Schrifttum zu § 2.

Aus dem allg. Schrifttum vgl. – neben den Angaben u. 54 – vor allem: *Betti,* Allgemeine Auslegungslehre als Methodik der Geisteswissenschaften, 1967. – *Canaris,* Die Feststellung von Lücken im Gesetz², 1983. – *Engisch,* Einführung in das juristische Denken⁸, 1983. – *Esser,* Vorverständnis u. Methodenwahl in der Rechtsfindung², 1972. – *ders.,* Bemerkungen zur Unentbehrlichkeit des juristischen Handwerkszeugs, JZ 75, 555. – *Hegenbarth*, Juristische Hermeneutik u. linguistische Pragmatik, 1982. – *Heller*, Logik u. Axiologie der analogen Rechtsanwendung, 1961. – *Herberger-Koch*, Juristische Methodenlehre u. Sprachphilosophie, JuS 78, 810. – *Heusinger*, Rechtsfindung u. Rechtsfortbildung im Spiegel rechtl. Erfahrung, 1975. – *Hruschka*, Die Konstitution des Rechtsfalles, 1965. – ders., Das Verstehen von Rechtstexten, 1972. – *Koch/Rüssmann*, Juristische Begründungslehre, 1982. – *Kriele*, Theorie der Rechtsgewinnung², 1976. – *Larenz*, Methodenlehre der Rechtswissenschaft⁵, 1983. – *Lippold*, Reine Rechtslehre u. Strafrechtsdoktrin, 1989. – *Meier-Hayoz*, Der Richter als Gesetzgeber, 1951. – *Mennikken*, Das Ziel der Gesetzesauslegung, 1970. – *F. Müller*, Juristische Methodik³, 1989. – *Schiffauer*, Wortbedeutung und Rechtserkenntnis, 1979. – *Wank*, Grenzen richterlicher Rechtsfortbildung, 1977. – *Zippelius*, Philosophische Aspekte der Rechtsfindung, JZ 76, 150. – ders., Verfassungskonforme Auslegung von Gesetzen, BVerfG-FG II 1976.

Gesetzesmaterialien zu §§ 1 u. 2: E 1962; SA-Prot. 5. Wahlperiode S. 5, 17 ff., 67 ff., 2344, 2346, 2619, 3118, 3128; RegE eines EGStGB, BT-Drs. 7/550 S. 206, 459; Bericht des SA, BT-Drs. V/4095 (2. StrRG) 4.

I. Das Gesetzlichkeitsprinzip im allgemeinen.

1. In den §§ 1 und 2 wird eines der Hauptprinzipien des Strafrechts an die Spitze des StGB gestellt: das *Gesetzlichkeits*erfordernis, und zwar sowohl hinsichtlich der *Strafbarkeit* des Verhaltens („nullum crimen sine lege") als auch der dafür angedrohten strafrechtlichen *Sanktionen* („nulla poena sine lege"). Nach diesem erstmals von Feuerbach (Lehrb. des peinl. Rechts, 1801, § 20) in diese lateinischen Formeln gebrachten Prinzip (dazu Bohnert aaO) setzt ein auf Strafe lautendes Urteil voraus, daß – zur Vermeidung nachträglicher einzelfallorientierter Willkür (vgl. Jakobs 59) – bereits im Tatzeitpunkt ein Gesetz vorhanden war, durch das gerade dieses Verhalten unter Strafe gestellt ist (§ 1). Die sich daraus ergebenden *zeitlichen* Geltungsprobleme werden in § 2 näher konkretisiert und auch noch anderen Zielsetzungen angepaßt. Insofern stehen die beiden Bestimmungen in einem untrennbaren sachlichen Zusammenhang, dem in § 2 a. F. durch eine einheitliche Bestimmung auch formal Ausdruck verliehen war. **1**

2. Der gesteigerten Bedeutung entsprechend, die dem „Gesetz" gerade im Strafrecht zukommt, sind die rechtsstaatlichen Grundprinzipien von nullum crimen, nulla poena sine lege durch Art. 103 II GG heute auch **verfassungsrechtlich** verankert und damit der Disposition des (einfachen) Gesetzgebers entzogen (näher Maunz-Dürig Art. 103 II RN 105). Die Verletzung von § 1 kann i. V. mit Art. 103 II GG mit der Verfassungsbeschwerde gerügt werden (Art. 93 I Nr. 4a GG; vgl. Maunz-Dürig Art. 103 II RN 1–98). **2**

Über die Absicherung im GG hinaus findet sich das Gesetzlichkeitsprinzip auch in **Art. 7 MRK:** „Niemand kann wegen einer Handlung oder Unterlassung verurteilt werden, die zur Zeit ihrer Begehung nach inländischem oder internationalem Recht nicht strafbar war. Ebenso darf keine höhere Strafe als die im Zeitpunkt der Begehung der strafbaren Handlung angedrohte Strafe verhängt werden". Auf Grund des Ges. v. 7. 8. 1952 (BGBl. II 689) ist diese Bestimmung auch deutsches Recht geworden, jedoch nur mit Rang und Wirkung eines einfachen Bundesgesetzes (BayVerfGH NJW **61**, 1619). Über die Anerkennung (und teils auch Durchbrechung) des Gesetzlichkeitsprinzips in anderen intern. Abmachungen bzw. ausländischen Rechten vgl. Jescheck 119. **3**

Der **Geltungsbereich** des Gesetzlichkeitsprinzips erfaßt nicht nur das **Kriminalrecht** i. S. des StGB, sondern auch die **Ordnungswidrigkeiten** (vgl. § 3 OWiG; BVerfG NJW **86**, 1671). Ferner bezieht es sich auch auf Disziplinarstrafen und ehrengerichtliche Strafen jedenfalls insoweit, als sich aus dem Charakter jener Rechtsgebiete keine Einschränkungen ergeben (vgl. BVerfGE **26** 203, **25** 351: Berufspflichten dürfen in einer Generalklausel zusammengefaßt werden; vgl. ferner BGH **28** 333, **29** 124, Maunz-Dürig Art. 103 II RN 116 sowie § 2 RN 4). Zur (teilweise unterschiedlichen) Behandlung von Tatbestands*voraussetzungen* und Tat*folgen* vgl. u. 6, 14 ff., 23, 25 ff. **4**

Zur **geschichtlichen** Entwicklung des Gesetzlichkeitsprinzips bzw. seiner Mißachtung insbes. in der NS-Zeit vgl. 19. A. RN 3, ferner Schreiber, Gesetz und Richter, Jescheck 117 ff., Krey, Keine Strafe, Rüping Oehler-FS 27 ff. Zum heutigen Einfluß der **Kriminalpolitik** auf das Gesetzlichkeitsprinzip vgl. Naucke JuS 89, 362, zu seiner vergleichsweise geringen Bedeutung im **Kirchenstrafrecht** krit. Eser Mikat-FS (1989) 507 ff. **5**

3. Den §§ 1, 2 lassen sich im wesentlichen **vier Einzelprinzipien** (Jescheck 119 ff., Rudolphi SK 5) entnehmen, aus deren Zusammenwirken sich die Garantiefunktion des Strafgesetzes als einer „magna charta des Verbrechers" (v. Liszt) ergibt: a) das Erfordernis einer *lex scripta,* woraus insbes. das Verbot der Strafbegründung bzw. Strafschärfung durch (ungeschriebenes) Gewohnheitsrecht folgt (u. 8 ff.); b) das Erfordernis einer *lex certa,* woraus sich das Verbot unbestimmter Strafgesetze ergibt (vgl. aber M-Zipf I 105, der in diesem Bestimmtheitsgebot lediglich einen Ausfluß der lex scripta sieht; u. 17 ff.); c) das Erfordernis einer *lex stricta,* wodurch sich eine Strafbegründung bzw. Strafschärfung durch Analogie verbietet und damit **6**

§1 7–10 Allg. Teil. Das Strafgesetz – Geltungsbereich

insbes. eine Abgrenzung gegenüber bloßer Auslegung notwendig wird (u. 24 ff.); d) das Gebot einer *lex praevia,* aus dem sich vor allem das Rückwirkungsverbot ergibt (dazu § 2 RN 3 ff.). Daß diese Prinzipien jedenfalls hinsichtlich der **Tatbestandsvoraussetzungen** des BT Gültigkeit haben, ist einhellige Meinung. Dagegen ist ihre Reichweite im übrigen (nämlich bzgl. der weiteren allgemeinen Strafbarkeitsvoraussetzungen sowie insbes. der **Tatfolgen**) umstritten: dazu 14 ff., 23, 25 ff.

7   4. Da es sich dabei durchweg um Schutzprinzipien **zugunsten des Täters** handelt, greifen sie grds. nur dann ein, wenn ihre Verletzung zu einer Schlechterstellung des Täters führen würde. Dagegen stehen sie täterbegünstigenden Lösungen im allgemeinen nicht im Wege (vgl. Baumann/Weber 126 f., Jescheck 122), z. B. bei Analogie zugunsten des Täters (u. 24, 30 ff.) oder rückwirkender Strafmilderung (§ 2 RN 1). Ihrer Schutzrichtung nach wenden sich das Bestimmtheitsgebot und das Rückwirkungsverbot primär an den *Gesetzgeber,* indem dieser zu entsprechender Gestaltung strafrechtlicher Vorschriften verpflichtet werden soll (BVerfG NJW **86,** 1671, **87,** 44; vgl. aber auch § 2 RN 8 zu rückwirkender Änderung von **Rechtsprechung**). Dagegen sind das Verbot gewohnheitsrechtlicher bzw. analoger Schaffung oder Schärfung von Strafrecht primär an die Adresse des *Richters* gerichtet (vgl. auch Grünwald ZStW 76, 2 ff.). **Im einzelnen** wirkt sich das Gesetzlichkeitsprinzip hinsichtlich seiner vier Einzelprinzipien in folgender Weise aus:

II. Lex scripta: Gesetzesvorbehalt und Gewohnheitsrecht.

8   1. Als Grundvoraussetzung jeglicher Strafbarkeit ist die Existenz einer **lex überhaupt** erforderlich. Zu den **Gesetzen,** durch die eine Handlung für strafbar erklärt werden kann, sind alle geschriebenen Normen zu rechnen, die aus einer verfassungsmäßig anerkannten Rechtsquelle fließen und mit verbindlicher Kraft ausgestattet sind. Auch Rechtsverordnungen kommen dafür in Betracht, sofern sie von einer Behörde erlassen sind, die in einer dem Art. 80 I GG entsprechenden Weise dazu ermächtigt ist (vgl. BVerfGE **14** 185, 251, 257, **22** 25, Jescheck 90 f., Maunz-Dürig Art. 103 II RN 106, M-Zipf I 120, Sax BNS 1001, Rudolphi SK RN 4; and. Holtkotten in Bonner Kommentar Art. 103 Anm. II 3c, H. Mayer AT 85). Für *Freiheitsstrafen* jedoch ist nach Art. 104 GG ein förmliches Gesetz erforderlich (BVerfGE **14** 174, 186, 254, Hamburg GA **64,** 56, Maunz-Dürig Art. 104 RN 14; and. Düsseldorf NJW **61,** 1831, Köln NJW **62,** 1214). Dies schließt allerdings nicht aus, daß die nähere Spezifizierung des Straftatbestandes, wie dies für *Blankett*strafgesetze typisch ist (3 vor § 1, u. 18a), durch den Gesetzgeber an den Verordnungsgeber delegiert wird (BVerfG NJW **79,** 1981 f., NJW **87,** 3175 f.; M-Zipf I 120 f; zur Verweisung auf EWG-Verordnungen in Blankettstrafgesetzen vgl. Koblenz NStZ **89,** 188, Krey EWR 81, 169; zu DIN-Normen vgl. Hamburg MDR **79,** 604, Backherms ZRP 78, 261). Zu den Anforderungen an die Bestimmtheit derartiger Ermächtigungen vgl. BVerfG NJW **72,** 860, Karlsruhe OLGSt 13 ff. zu § 2. Danach müssen schon aus der gesetzlichen Ermächtigung die möglichen Straftatbestände sowie Art und Höchstmaß der Strafen für den Bürger hinreichend deutlich erkennbar sein. Auch *völker*strafrechtliche Normen bedürfen grds. der nach Art. 25 GG erforderlichen Transformation, um ein förmliches Gesetz i. S. von Art. 104 GG zu sein (vgl. Maunz-Dürig Art. 25 RN 23 ff.; vgl. auch 23 f. vor § 1).

9   2. Aus dem Erfordernis einer lex scripta folgt zwangsläufig der *Ausschluß von* **Gewohnheitsrecht** *zu Lasten des Täters* (BVerfG NJW **86,** 1672). Das bedeutet, daß gewohnheitsrechtlich weder neue Straftatbestände geschaffen noch irgendwelche Strafschärfungen eingeführt werden dürfen. Daher wäre es beispielsweise ausgeschlossen, lesbische Liebe mit Mädchen unter 18 Jahren aufgrund allgemeiner sittlicher Mißbilligung zu bestrafen (vgl. Stratenwerth 47) oder einen Exhibitionisten gegen seinen Willen Maßnahmen zu unterwerfen, die zwar psychiatrisch
10   allgemein als bewährt gelten, aber strafrechtlich nicht zugelassen sind. Abgesehen von derart klaren (aber ohnehin kaum praktischen) Fällen belastenden und damit verbotenen Gewohnheitsrechts ist die *Möglichkeit von Gewohnheitsrecht im Strafrecht* keineswegs ausgeschlossen, wenngleich in seiner Bedeutung umstritten. Das beruht nicht zuletzt darauf, daß schon der Begriff des Gewohnheitsrechts als solcher unsicher geworden ist (vgl. Nörr Felgentraeger-FS 353). Versteht man in seinem ursprünglichen Sinne unter Gewohnheitsrecht eine längere Zeit hindurch tatsächlich überwiegend befolgte Regel zwischenmenschlichen Verhaltens, die im Bewußtsein befolgt wird, damit einem Gebot des Rechts nachzukommen (Larenz, Methodenlehre 341), so spielt es heute (auch außerhalb des Strafrechts) praktisch keine Rolle mehr. Die Frage ist vielmehr, ob und inwieweit eine durch richterliche Rechtsfortbildung geschaffene „ständige Rechtsprechung", die einer allgemeinen Rechtsentwicklung entspricht und praktisch unangefochten ist, den Geltungsgrad von Gewohnheitsrecht, d. h. normative Verbindlichkeit, erlangen kann (vgl. dazu Bringewat ZStW 84, 595 ff., Rudolphi SK 21, Stratenwerth 48 ff.). Das wird man, sollen nicht gegenwärtig vorherrschende Ansichten einer Änderung – etwa durch einen Wandel in der Auslegung – entzogen sein, nur in beschränktem Umfang annehmen

können (vgl. Rudolphi SK aaO). **Im einzelnen** kann von einer gewissen Bedeutung des Gewohnheitsrechts, oder genauer: von einer gewohnheitsrechtlichen Verfestigung der Rechtsprechung im Strafrecht, vor allem in folgender Hinsicht gesprochen werden:

a) Möglich und nahezu allgemein anerkannt ist die *Beseitigung bestehender Strafgesetze* durch **11** sog. **desuetudo** (vgl. D-Tröndle 9, Frank § 2 Anm. I 1b, M-Zipf I 106; Rudolphi SK 19; i. Grds. ebenso Köln NJW **51**, 974, Braunschweig NJW **55**, 355). Soweit es sich dabei um täterbegünstigende desuetudo handelt, steht solchem Gewohnheitsrecht jedenfalls nicht § 1 entgegen. Jedoch kann von einer verbindlichen Beseitigung des Gesetzes erst dann die Rede sein, wenn sich eine dahingehende einheitliche Rechtsüberzeugung gebildet hat; eine nur vorübergehende Nichtanwendung von Vorschriften genügt dafür noch nicht (BGH **5** 23, **8** 381, Braunschweig aaO).

Im Bereich des allgemeinen Strafrechts wird derogierendem Gewohnheitsrecht freilich nur geringe **12** praktische Bedeutung zukommen, da seiner Entwicklung idR bereits das Legalitätsprinzip (§ 152 StPO) entgegenwirken dürfte (vgl. aber etwa zum Züchtigungsrecht § 223 RN 20). Dagegen kann es für die strafrechtliche Nebengesetzgebung größere Bedeutung erlangen (Rudolphi SK 19). So ist für den 1. Weltkrieg die Zahl der Kriegsstrafverordnungen auf über 40000 geschätzt worden, von denen ein großer Teil gewohnheitsrechtlich außer Kraft getreten ist.

b) Wichtiger ist die gewohnheitsrechtlich verfestigte Tatbestands-**Einengung durch milde** **13** **Auslegung:** so z. B. wenn für den Begriff des Glücksspiels i. S. von § 284 Gewinne von nicht ganz unbedeutendem Wert verlangt und Unterhaltungsspiele um geringwertige Gegenstände nicht als Glücksspiele angesehen werden (RG **6** 74), oder wenn der zu weit gefaßte Treubruchtatbestand des § 266 auf Fälle typischer Vermögensfürsorge und wirtschaftlicher Selbständigkeit beschränkt wird (BGH **1** 189, **4** 172; vgl. § 266 RN 23). Auch im AT können sich gewohnheitsrechtliche Milderungen bilden, so z. B. durch den Begriff der fortgesetzten Handlung, mit dem die für den Täter weniger günstige Realkonkurrenz ausgeschlossen werden kann (vgl. 31, 64ff. vor § 52); vgl. dazu Bringewat ZStW 84, 585, der freilich nicht von Gewohnheitsrecht, sondern von einer „materiell verbindlichen Richterrechtsnorm" spricht, ohne aber damit über den Verbindlichkeitsgrund größere Klarheit zu gewinnen.

c) Ebenso haben sich **Strafausschließungsgründe** schon gewohnheitsrechtlich gebildet, wie **14** z. B. der praktisch sehr bedeutsame *Rechtfertigungsgrund* des „übergesetzlichen Notstandes" (RG **61** 247, 252), der durch § 34 auch für das StGB gesetzlich anerkannt wurde (vgl. ferner zur rechtfertigenden Pflichtenkollision 71ff. vor § 32 sowie Bay wistra **83**, 37 zu umweltbelastenden Gewohnheitsrechten). Obgleich sich eine derartige Schaffung von Gewohnheitsrecht durchwegs zugunsten des Täters auswirkt, ist sie freilich insofern nicht unproblematisch, als es zugleich auch nachteilige Rückwirkungen auf den Schutzbereich anderer Tatbestände haben kann. Erkennt man etwa die Rechtfertigung von Züchtigungen durch Gewohnheitsrecht an (BGH **11** 241; vgl. § 223 RN 16ff.), so wird damit insoweit eine Gegenwehr des Betroffenen unzulässig und dadurch faktisch dessen Strafbarkeitsbereich erweitert. Dennoch folgt aus solchen Rückwirkungen kein verfassungsrechtliches Verbot gewohnheitsrechtlicher *Schaffung und Erweiterung von Rechtfertigungsgründen*, da Art. 103 II GG derartige *mittelbare* Strafbarkeitserweiterungen nach seinem auf die Konstituierung der Strafbarkeitsvoraussetzungen beschränkten Sinn und Zweck nicht erfaßt (dazu Suppert, Studien zur Notwehr, 1973, 297, Hirsch LK 36 vor § 32, Rogall KK OWiG § 3 RN 23). Denn sowohl seinem historischen Entstehungsgrund als auch seiner unrechtskonstitutiven Funktion nach geht es beim nullum crimen-Prinzip weniger um ein Gesetzlichkeitserfordernis für Erlaubnisnormen, sondern um den Schutz vor nichtgesetzlicher Bildung oder Verschärfung bestimmter *Deliktstypen*. Während für solche Tatbestandsbildungen genaue Verhaltensanleitungen und Handlungsbeschreibungen erforderlich sind, haben Rechtfertigungsgründe – und Entsprechendes würde für Entschuldigungsgründe zu gelten haben – eine mehr generelle Natur und sind von daher schon einer abschließenden Umschreibung nur schwer zugänglich (vgl. Roxin, Kriminalpolitik und Strafrechtssystem[2] (1973) 29f.). Das soll nicht heißen, daß die Gesetzgebung nicht auch bei Schaffung oder Modifizierung von Rechtfertigungsgründen auf größtmögliche Präzision und etwaige Rückwirkungen auf andere Strafrechtsnormen Bedacht nehmen müßte (vgl. Eser I 44); durch die Gesetzlichkeitsgarantie des Art. 103 II GG jedoch sind sie nach dem derzeitigen Stand der Diskussion nicht voll erfaßbar (vgl. auch 25f. vor § 32 sowie Amelung JZ 1982, 620, Dreher Heinitz-FS 222, Jescheck 294, Lenckner GA 68, 9, JuS 68, 252, Rudolphi SK 20). Dem entspricht es, daß der Gesetzgeber gerade im AT zahlreiche Fragen bewußt unvollständig geregelt hat, um sie der Rspr. und Lehre zur weiteren Entwicklung zu überlassen. Vgl. zum Ganzen auch Germann, Auslegung 172ff., Hirsch aaO.

Weitaus problematischer ist dagegen die auf einer richterlichen Rechtsfortbildung beruhende ge- **14a** wohnheitsrechtliche *Einengung eines strafgesetzlich geregelten Rechtfertigungsgrundes* ebenso wie seine teleologische Reduktion (abl. namentlich Engels GA 82, 109ff., Engisch Mezger-FS 131, Frister GA 88, 315, Hirsch LK 37 vor § 32, Tjong-GedS 55ff., Kratzsch GA 71, 72, H. Mayer AT 204, Rogall KK-OWiG § 3 RN 24; vgl. auch Rudolphi SK 25a, ferner Bay NJW **79,** 1372 zu den Anforderungen bei Beseitigung eines gewohnheitsrechtlichen Züchtigungsrechts [dazu allg. § 223 RN 17ff. 3]). Soweit dies für zulässig gehalten wird (wie u. a. von Lenckner GA 68, 9, JuS 68, 252, Krey, Studien 233ff., JZ 79, 712, Roxin ZStW 93, 80, Amelung JZ 82, 620), so muß sich diese bislang auch hier sowie noch u. 25 vor § 32 vertretene Auffassung aufgrund des heutigen Diskussionsstandes in der Tat entgegenhalten lassen, nicht genügend zu berücksichtigen, daß eine derartige Restriktion der Rechtfertigungsmöglichkeiten den Strafbarkeitsbereich unmittelbar zu Lasten des Täters erweitert und eine die Wortlautgrenze mißachtende Ausdehnung der Strafbarkeit unabhängig davon gegen Art. 103 Abs. 2 GG verstößt, ob sie sich strafrechtsdogmatisch als Erweiterung des Tatbestandes oder als Einengung einer Erlaubnisnorm darstellt. Auch wird man gegen die unterschiedliche Einengbarkeit gewohnheitsrechtlicher Rechtfertigungsgründe einerseits und die Nichteinengbarkeit von gesetzlichen andererseits schwerlich das Prinzip der Einheit der Rechtsordnung (vgl. Hirsch Tjong-GedS 59ff.) ins Feld führen bzw. den Willküreinwand erheben können, ergibt sich diese Differenzierung doch schon daraus, daß außerstrafrechtliche und gewohnheitsrechtliche Rechtfertigungsgründe schon von vorneherein dem Schutzbereich des Art. 103 II GG nicht unterfallen und an den Strafgesetzgeber strengere verfassungsrechtliche Anforderungen gestellt sind (näher Hirsch LK 39 vor § 32). Rein praktisch dürfte dieser Meinungsstreit freilich ohnehin nicht überzubewerten sein, da speziell die Notwehr durch das gesetzliche Gebotenheitserfordernis (aber auch § 34 durch die Interessenabwägung) als immanent beschränkbar erscheint (vgl. Geilen Jura 81, 371, Roxin ZStW 93, 78f.; i. E. deshalb nicht überzeugend Kratzsch GA 71, 65ff., Engels GA 82, 109ff.).

15 d) Denkbar ist eine Bildung von Gewohnheitsrecht ferner dadurch, daß bestimmte, vom Gesetz selbst nicht definierte Begriffe (wie etwa der Schuldbegriff) oder **allgemeine Zurechnungsgrundsätze** durch st. Rspr. eine gewohnheitsrechtliche Verfestigung erfahren. Danach können etwa das Kausalitätserfordernis oder die (nunmehr allerdings durch § 13 legalisierte) Gleichstellung der unechten Unterlassungsdelikte mit den Begehungsdelikten oder auch die Haftung aufgrund von actio libera in causa jedenfalls dem Grundsatz nach als gewohnheitsrechtlich anerkannt gelten (vgl. M-ZipfI 106, Tröndle LK 26f., krit. Schmitt Jescheck-FSI 225, Schürmann aaO 127ff.). Hinsichtlich des Umfangs der Gültigkeit ist freilich Vorsicht geboten. Angesichts der Meinungsverschiedenheiten, die über Inhalt und Grenzen dieser Begriffe bzw. Zurechnungsgrundsätze noch bestehen, kann keinesfalls eine bestimmte Interpretation als gewohnheitsrechtlich verbindlich gelten. Jedenfalls dürften derartige Verfestigungen einer anderweitigen Auslegung nicht entgegenstehen (zur rückwirkenden Änderung einer solchen Rspr. vgl. auch § 2 RN 8). Gewohnheitsrecht zum **Nachteil des Täters** (wie namentlich durch die Gleichstellung der unechten Unterlassungsdelikte oder die actio libera in causa) kann freilich nur insoweit zulässig sein, als es sich um Haftungsgrundsätze handelt, die als der (geschriebenen) Rechtsordnung immanent aus dieser entwickelt werden können. Daran würde es etwa fehlen, wenn bislang unbekannte Garantenstellungstypen durch Richterrecht neu geschaffen würden oder wenn § 30 auch auf die erfolglose Beihilfe erstreckt würde (vgl. Stratenwerth 47; ferner Rudolphi SK 18; Maunz-Dürig Art. 103 II RN 112).

16 e) Schließlich kann auch durch Heranziehung gewohnheitsrechtlicher Sätze **anderer Rechtsgebiete** Gewohnheitsrecht Eingang in das Strafrecht finden (vgl. RG **46** 111, Tröndle LK 25). Wenn etwa im bürgerlichen Recht gewohnheitsrechtlich anerkannt ist, daß der Stellvertreter ohne Hinweis auf das Vertretungsverhältnis mit dem Namen des Vertretenen unterschreiben darf, so folgt daraus für das Strafrecht, daß in diesem Umfang beim Zeichnen mit fremdem Namen keine Urkundenfälschung vorliegt (vgl. § 267 RN 56ff.). Auch die gewohnheitsrechtliche Abänderung von Vorschriften über das Eigentum kann für das Strafrecht beachtlich werden: vgl. z. B. im Rahmen der Einziehung § 74 RN 24.

III. Lex certa: Bestimmtheitsgebot.

17 Das Strafgesetz kann seine Aufgabe, maßgebliche Grundlage der Strafbarkeit zu sein, nur dann erfüllen, wenn es sowohl die kriminalisierte *Tat* wie auch deren *Folgen* mit hinreichender **Bestimmtheit** umschreibt. Über die Gewährleistung gleicher Rechtsanwendung hinaus dient dies einem doppelten Zweck (BVerfG NJW **86,** 1671, **87,** 44): Zum einem dem (individuellen) Schutz des *Normadressaten* durch Vorausberechenbarkeit des Rechts (vgl. BVerfGE **14** 252, **25** 285, **26** 42, NJW **87,** 3175); denn nur wenn dieser auf Grund entsprechender Fassung bzw. Auslegung des Gesetzes wissen kann, was strafrechtlich verboten ist und mit welcher Art von Sanktion er bei etwaiger Verletzung rechnen muß, kann die Norm eine verhaltens*determinierende* Wirkung entfalten (BVerfGE **37** 207; vgl. auch EserI 35, Grünwald ZStW 76, 10ff., Rogall KK-OWiG § 3 RN 28, Rudolphi SK 11, Schünemann, Nulla poena 11ff.; krit. Ransiek aaO 13ff.). Zum anderen soll damit auch die (staatsorganisationsrechtliche) Entscheidungszuständigkeit des *Gesetzgebers* über die Strafbarkeit sichergestellt werden (BVerfG NJW **86,** 1671, **87,** 44, 3175, Calliess NJW **85,** 1512, Ransiek aaO 40ff.).

Abw. vor allem Nickel aaO 178, der die Existenz des Bestimmtheitsgrundsatzes gänzlich leugnet; **17 a** gegen ihn zutreffend Ransiek aaO 7ff., wobei freilich dessen eigenes Konzept, nach dem nur die „Lebenwirklichkeit" selbst durch Intersubjektivität Bestimmtheit bereitstellen kann, dem Bestimmtheitsgrundsatz, jedenfalls soweit er an den Gesetzgeber gerichtet ist, gleichfalls viel von seinem kritischen Potential nimmt: Nach Ransiek aaO 87 m. FN 156 ist ein Strafgesetz nämlich schon dann hinreichend bestimmt, wenn es die Verletzung eines Rechtsgutes pönalisiert. Wenn er diese weitgehende Freiheit des Gesetzgebers durch eine strenge Bindung des Rechtsanwenders an die „Intersubjektivität der Bedeutungszuschreibung von Wirklichkeit zu einem Sprachzeichen" auszugleichen sucht, so besteht doch die große Gefahr einer normativen Festschreibung strategisch verzerrter Wirklichkeiten, wie etwa daraus erhellt, daß nur Mediziner im Rahmen der Fahrlässigkeitsdelikte Sorgfaltsmaßnahmen für ihr Handeln sollen aufstellen können (so Ransiek aaO 89).

Wenn danach an dem herrschenden Verständnis des Bestimmtheitsgebotes festzuhalten ist, **17 b** so ergeben sich aus diesem folgende **positive Forderungen** (vgl. Würtenberger Rittler-FS 129, Lemmel aaO, insbes. 72ff.):

1. Hinsichtlich der **Tatbestandsvoraussetzungen** besteht für den Gesetzgeber die Pflicht, **18** Tatbestände so zu formulieren, daß sie ihrer Aufgabe, eine zuverlässige und feste Grundlage der Rechtsprechung zu bilden, gerecht werden können (BGH **23** 171, Baumann/Weber 117, Geerds Engisch-FS 409, Grünwald ZStW 76, 16, H. Mayer Mat. I 271, Welzel 23). Unbestimmte und inhaltsleere Tatbestände, die alles dem Richter überlassen, würden nur einen anderen Weg bilden, um das Schwergewicht der Ausformung der Strafrechtssätze aus der Gesetzgebung in die Rechtsprechung zu verlagern und das Rückwirkungsverbot illusorisch zu machen, da der Richter seine Auslegung jederzeit ändern kann (vgl. aber auch § 2 RN 8f.). Deshalb wurde z. B. der Tatbestand „wer gegen die öffentliche Ordnung verstößt", vom BayVerfGH **51** IV 194 zu Recht mangels Bestimmtheit für verfassungswidrig erklärt. Gleiches hätte – entgegen BVerfGE **26** 41 – mit § 360 Nr. 11 a. F. („wer groben Unfug verübt, ...") geschehen müssen (vgl. Lenckner JuS 68, 305, Rudolphi SK 14, Schroeder JZ 69, 775, Schröder JR 64, 392, JZ 66, 649 sowie 17. A. § 360 RN 57ff. mwN). Auch gegen § 118I OWiG bestehen entsprechende Bedenken (vgl. Göhler OWiG § 118 RN 3), nicht aber gegen „Vertrieb" nach dem BtMG (and. Schrader NJW **86,** 2873f.). Auch § 240 wurde – entgegen mannigfacher Kritik (vgl. insbes. Calliess u. Wolter aaO mwN) – i. E. zu Recht für noch hinreichend bestimmt befunden (BVerfGE **73** 206 m. Anm. Calliess u. Otto NStZ **87,** 209, 212, Kühl StV **87,** 124). Auch § 185 (and. Ritze JZ 80, 92) und § 263a (zw. LG Köln NJW **87,** 669) wird man ebenso wie § 284 (dazu BGH **34** 178) noch als hinreichend bestimmt ansehen können. Zu § 17 LMBG vgl. Düsseldorf und KG NStE **Nr. 1** bzw **6** sowie BVerfG ZLR **88,** 632.

Speziell bei **Blankettnormen** (o. 8) hat schließlich BVerfG NJW **87,** 3175 – entgegen der **18a** Vorlage AG Nördlingen NStZ **86,** 315 m. krit. Anm. Meinberg – auch die Verweisung (o. 8) des § 327 II 1 auf das BImSchG als mit dem Bestimmtheitsgebot vereinbar angesehen. Vgl. ferner BVerfG NJW **79,** 1982 (zur StVZO), **84,** 39 (zu Zollvorschriften), BGH wistra **82,** 108 (zur AO), Düsseldorf JMBlNW **82,** 260 (zum Katastrophenschutz), Celle NStZ **86,** 411 (zur Landtagsgeschäftsordnung), aber auch Koblenz NStZ **89,** 188 (zu unzureichendem Verweis auf EG-Verordnungen zum WeinG). Wohl zu Unrecht bezweifelt Kohlmann Köln-FS 450ff. die Bestimmtheit von § 370 AO im Zusammenhang mit der Parteispendenproblematik. Zu unbestimmt war dagegen § 15 II lit. a FAG, der ohne normative Konkretisierung die Zuwiderhandlung gegen die einer Genehmigung zum Betrieb einer Sprechfunkanlage beigefügten „Verleihungsbedingungen" pönalisierte und es damit den Postbehörden überließ, durch Verwaltungsakt die normativen Voraussetzungen einer Straftat zu bestimmen (BVerfG NJW **89,** 1663ff.). Allgemein zur Tatbestandsbestimmtheit bei „*Verwaltungsaktsakzessorietät*" Kühl Lackner-FS 834ff.

Freilich dürfen die Bestimmtheitsforderungen auch nicht überspannt werden, und zwar weder **19** hinsichtlich der Deliktsfolgen (dazu u. 23) noch bezüglich der Tatbestandsvoraussetzungen und noch weniger hinsichtlich (täterbegünstigender) tatbestandsregulierender Korrektive, wie etwa der Verwerflichkeitsklausel des § 240 II (BVerfG NJW **87,** 45). Wie von der Theorie seit langem anerkannt, kommt man selbst bei sog. rein *deskriptiven* Begriffen ohne eine Wertung nicht aus, d. h. auch sie sind mehr oder weniger unbestimmt (vgl. Esser, Vorverständnis 62, Heller aaO 93, Krey, Studien 45, 71, 101). Genuin *normative* Begriffsmerkmale und **generalklausel**artige Ermächtigungen unterscheiden sich davon nur durch ihren größeren Grad an Wertausfüllungsbedürftigkeit. Übertriebene Bestimmtheitsforderungen bzw. ein völliger Verzicht auf normative Begriffsmerkmale und Generalklauseln müßten dazu führen, daß die Gesetze zu starr und kasuistisch würden und damit der Vielgestaltigkeit des Lebens, dem Wandel der Verhältnisse oder der Besonderheit des Einzelfalls nicht mehr gerecht werden könnten (BVerfGE **37** 208, **45** 363, **47** 109, **48** 48). Weil sie insofern „unentbehrlich" (BVerfGE **4** 358), wenn nicht sogar bis zu einem gewissen Grade sachlogisch unvermeidbar sind, wie etwa hinsichtlich der Unmöglichkeit, Fahrlässigkeitsdelikte durch die Aufzählung von Sorgfaltspflichten zu konkretisieren (Jescheck 509; abw. Bohnert ZStW 94, 71 ff.; gegen ihn Schöne aaO 656 ff.), kann auch ihre Verwendung im Strafrecht nicht schlechthin verfassungswidrig sein (vgl. auch BGH **11** 377, **18** 362, Baumann/Weber 118 ff., Henkel, Recht und Individualität (1958) 24 ff., Lenckner JuS 68, 246, Maunz-Dürig Art. 103 II RN 107, Roxin JuS 64, 373, Sax BNS 1006 ff., Rudolphi SK 13 sowie BVerfG NJW **69**, 1164; insbes. krit. zu § 240 Calliess aaO). Zu weitgehend jedoch Haft JuS 75, 477, 481, 483 f., wenn er meint, daß die Tendenz zur Kasuistik – zu der neuerdings auch Schroeder GA 90, 97 eine Rückkehr konstatiert – eher mit Art. 103 II GG zu kollidieren drohe, als dies bei Generalklauseln zu befürchten wäre (zust. Rogall KK-OWiG § 3 RN 32). Jedenfalls dürfte mit seinen methodischen Prinzipien schwerlich eine dem Art. 103 II GG genügende Bestimmtheit zu erreichen sein, ganz zu schweigen von den Mißbrauchsmöglichkeiten, wie auch er sie im Blick auf die jüngste Geschichte einräumt.

20   Angesichts des Spannungsverhältnisses zwischen dem Bestimmtheitsgebot einerseits und der Notwendigkeit flexibler und damit auch Gerechtigkeitserfordernissen Rechnung tragender Regelungen anderseits läßt sich die Frage, wann ein Tatbestand i. S. des § 1 „gesetzlich bestimmt" ist, kaum allgemein und eindeutig beantworten. So sieht die Rspr. die Verwendung von Allgemeinbegriffen solange als unbedenklich an, als sich „mit Hilfe der üblichen Auslegungsmethoden, insbes. durch Heranziehen anderer Vorschriften desselben Gesetzes, durch Berücksichtigung des Normenzusammenhanges oder aufgrund einer gefestigten Rechtsprechung eine zuverlässige Auslegung und Anwendung der Norm gewinnen läßt, so daß der einzelne Bürger die Möglichkeit hat, den durch die Strafnorm geschützten Wert sowie das Verbot bestimmter Verhaltensweisen zu erkennen und die staatliche Reaktion vorauszusehen" (BGH **28** 313; vgl. auch BVerfGE **45** 371 f., NJW **81**, 1719 zu § 99), oder „wenigstens das Risiko einer Bestrafung" zu erkennen (was beispielsweise aufgrund einer bereits gefestigten Gewalt-Auslegung bei § 240 von BVerfG NJW **87**, 45 f. bejaht wurde), wobei „in erster Linie der für den Adressaten erkennbare und verstehbare *Wortlaut* des gesetzlichen Tatbestandes maßgebend" ist (BVerfG NJW **86**, 1672 mwN; krit. Hanack NStZ 86, 263). Die damit zwangsläufig verbundene Ersetzung von Bestimmtheit durch bloße Bestimmbarkeit darf jedoch keinesfalls dazu führen, daß die Weiterverweisung auf allgemeine Rechtsüberzeugung, Rechtsprechung und Schrifttum das Erfordernis der lex certa schlechterdings substituiert, wie dies in BGH **30** 285/7 f. anklingt (vgl. insbes. den krit. Rspr.-Überblick von Krahl aaO 104 ff., ferner Calliess NJW 85, 1506 ff., Lampe JR 82, 430 f., Krey, Keine Strafe 126 ff., Wolter NStZ 86, 241 ff.). Es bleibt jedenfalls zu fordern, daß der Gesetzgeber *soweit wie eben möglich bestimmte* Begriffe verwendet (Lenckner JuS 68, 305; ähnlich Jakobs 65, Kohlmann aaO 252 ff., während Krahl, ohne freilich damit einen höheren Grad von Differenzierungskraft zu erreichen, aufgrund eines „komparativen" Bestimmtheitsverständnisses zwischen „genauen" und „weniger genauen" Strafgesetzen unterscheiden will; aaO insbes. 5, 81 ff.; krit. zu diesen Konkretisierungsversuchen Ransiek aaO 55 ff., der den Weg einer Beschränkung des formellen Bestimmtheitsgrundsatzes durch materielle Gesichtspunkte – wie die „Unvermeidbarkeit" der Verwendung bestimmter Begriffe – nicht für gangbar hält.). Das bedeutet, daß der Gebrauch wertausfüllungsbedürftiger Begriffe und Generalklauseln spätestens dann verfassungswidrig wird, wenn diese Gesetzestechnik vermeidbar wäre (vgl. Löwer JZ 79, 625, Naucke, Generalklauseln 3 ff.), so namentlich dort, wo der Gesetzgeber die ihm auferlegte Wertentscheidung an den Richter abschiebt, obgleich ihm eine weitere Konkretisierung möglich wäre (so u. a. zu § 13 Schürmann aaO 147 ff.), oder wo es eine weniger unbestimmte, aber gleichermaßen funktionsfähige Regelungsalternative gibt (vgl. Kausch aaO 157, 165 ff. zum staatsanwaltschaftlichen Sanktionierungsermessen nach § 153a StPO, Schmidhäuser I 32). Ein solches Versagen liegt etwa bei § 226a vor (vgl. Roxin JuS 64, 373, 379, R. Schmitt Schröder-GedS 265, Woesner NJW 63, 275 und 64, 3). Dieses **Präzisierungs-** bzw. **Konkretisierungsgebot** ist um so größer, je schwerer die angedrohte Strafe ist (BVerfGE **14** 251, **26** 42, BGH NJW **78**, 652, Rudolphi SK 13).

21   Zu beachten ist dabei aber auch die *Verhältnismäßigkeit* zwischen der Notwendigkeit eines auf (bestimmtere) Weise nicht zu erreichenden *Rechtsgüterschutzes* einerseits und der *Intensität des Eingriffs* in Art. 103 II GG andererseits. Das kann dazu führen, daß zum Schutz höherwertiger Rechtsgüter auch ein größerer Spielraum notwendig und zulässig sein kann. Umgekehrt wird ein Tatbestand nicht etwa deshalb wegen Verletzung des Gleichheitsgrundsatzes verfassungswidrig, weil infolge einer scharf umrissenen und möglichst konkret abgegrenzten Strafnorm an sich strafwürdige Fälle nicht erfaßbar sind (BVerfG NJW **79**, 1445/8 zu § 170b). Im übrigen kann auch der **Adressat** der Vorschrift von Bedeutung sein (vgl. BVerfGE **48** 48), wie ja überhaupt stets der Normzweck und der Normzusammenhang heranzuziehen sind (vgl. zum Ganzen auch Eser I 36 ff.). Demgegenüber ist zwar Schünemann (Nulla poena, insbes. 29 ff.) zuzugeben, daß alle diese Aspekte noch keine befriedigende Konkretisierung des Bestimmtheitsgebotes ergeben. Mit seiner „50%-Richtlinie" dürfte sich eine solche Konkretisierung aber ebenfalls nicht erreichen lassen (krit. etwa auch Rogall KK-OWiG § 3 RN 32).

22   Die Wertausfüllungsproblematik stellt sich in verstärktem Grade dort, wo es um die Anwendung von Generalklauseln oder Begriffen geht, die den Richter zur Berücksichtigung von *Sitte und Anstand* verpflichten (vgl. BVerfG NJW **87**, 44, 49 f. zur Verwerflichkeitsklausel des § 240, ferner dort RN 15 ff.). Hier fragt es sich, unter welchen Voraussetzungen in einer pluralistischen Gesellschaft, in der **verschiedene Wertvorstellungen** toleriert werden, ein sicheres positives oder negatives Urteil über ein menschliches Verhalten abgegeben werden kann (vgl. Tröndle LK 15). Mit der Verweisung auf **außerrechtliche Normenkomplexe** hat der Gesetzgeber auf eine eigene Entscheidung verzichtet. Er muß daher die Existenz abweichender Wertvorstellungen in Kauf nehmen. Der Richter ist in derartigen Fällen weder legitimiert, seine eigene ethische Überzeugung der Entscheidung zugrunde zu legen, noch darf er die Existenz einer beachtenswerten abweichenden Überzeugung ignorieren. Er kann vielmehr eine Verurteilung, z. B. in Fällen des § 226a, nur dann aussprechen, wenn sich ein eindeutiges negatives moralisches Urteil über die Tat feststellen läßt (Jescheck 116 f.; zur Problematik der legitimierenden Wirkung eines Konsenses vgl. aber auch Lüderssen u. a., Generalklauseln als Gegenstand der Sozialwissenschaften, 1978, insbes. 53 ff.). Ist dies nicht der Fall, d. h. stehen sich beachtenswerte unterschiedliche Wertmaßstäbe in der sozialen Gemeinschaft gegenüber, so muß Freispruch erfolgen (vgl. § 226a RN 6); und zwar mangels materieller Strafbarkeit nicht etwa (wie in BGH **30** 285/8 anklingend) wegen „in dubio pro reo". Zu ähnlichen Wertungsproblemen hinsichtlich der Verpflichtung eines Taxifahrers zu „rücksichtsvollem", „besonnenem" und „höflichem" Verhalten Stuttgart NJW **74**, 2014. Vgl. zum Ganzen auch diff. Lenckner JuS 68, 308 ff. sowie Schmidhäuser Henkel-FS 229 ff.

2. Auch auf Seiten der **Deliktsfolgen** ist eine hinreichende Bestimmtheit des Gesetzes zu **23** verlangen, damit das Wie der strafrechtlichen Reaktionen festgelegt ist (BVerfGE **25** 269, 286, BGH **18** 140). Jedoch werden hier weniger strenge Maßstäbe an die Bestimmtheit angelegt (Schröder, 41. DJT, Bd. I/2 S. 76; für eine Annäherung der Bestimmtheitsanforderungen auf Seiten der Tatbestandsvoraussetzungen und der Deliktsfolgen im angloamerikanischen Rechtskreis Robinson aaO 393 ff.; and. und insoweit gegen die h. M. verneint Peters in DJT aaO 19 die Geltung des Art. 103 GG für Deliktsfolgen generell; vgl. aber demgegenüber Kausch aaO 159 f.). Daraus wurde gefolgert, daß etwa die Anordnung von Geldstrafen in unbeschränkter Höhe durch Art. 103 GG nicht verboten sei (BGH **3** 262; Sax BNS 1012 f., Schröder aaO 80, Stree aaO 24; and. Maunz-Dürig Art. 103 II RN 108). Diese nicht unbedenkliche Meinung ist durch Art. 12 II EGStGB gegenstandslos geworden. Der zugegebenermaßen weite Spielraum, der im jetzigen Tagessatzsystem durch einen Gesamtrahmen von DM 10 bis 7 200 000 eröffnet ist (§§ 40 I 2, II 3, 54 II 2), ist zwar problematisch (vgl. Jescheck 117), aber wohl noch als zulässig anzusehen (and. Stratenwerth 45), nachdem das richterliche Ermessen durch die §§ 46 II, 40 II 2 erhebliche Einschränkungen erfährt (Rudolphi SK 16; vgl. auch Jakobs 60). Im übrigen ist zu bedenken, daß bei ebenso großen Unterschieden in den Vermögensverhältnissen eine gerechte und präventiv wirksame Strafe nur durch weite Geldstrafrahmen ermöglicht werden kann. Auch tatbestandlich nicht näher charakterisierte Strafverschärfungen („besonders schwerer Fall": dazu etwa BVerfGE **45** 363, JR **79**, 28 m. Anm. Bruns), gleichgültig ob etwa durch Regelbeispiele (u. **29**) exemplifiziert oder nicht, sind demnach statthaft. Als unzulässig ist aber die Androhung einer willkürlichen Strafe anzusehen, d. h. einer Strafe, die nach Art und Maß ganz dem richterlichen Ermessen überlassen ist; erforderlich ist zumindest die Androhung bestimmter Straf*arten* (and. wohl BGH **13** 190). An hinreichender Bestimmtheit fehlt es deshalb auch dann, wenn sich aus einer Anordnung der Verwaltungsbehörde nicht erkennen läßt, ob eine Zuwiderhandlung als Straftat oder Ordnungswidrigkeit geahndet wird (BGH **28** 72).

IV. Lex stricta: Analogieverbot und Auslegung.

1. Aus § 1 bzw. Art. 103 II GG folgt ferner das Verbot straf*begründender* bzw. straf*schärfender* **24** **Analogie** (BVerfGE **25** 269 ff., NJW **86**, 1672). Unter Analogie ist dabei die Übertragung einer (für einen oder mehrere untereinander ähnliche Tatbestände bestehenden) gesetzlichen Regel auf einen gesetzlich nicht geregelten Einzelfall zu verstehen. Es handelt sich daher um eine Methode richterlicher Rechtsfortbildung zur Auffindung und Ausfüllung von (planwidrigen und nicht schon durch Auslegung schließbaren) Regelungslücken (eine solche z. B. bei Codekartenmißbrauch verneinend Bay NJW **87**, 664; allg. Canaris aaO 71 ff., Engisch, Einführung 142 f., Larenz, Methodenlehre 365, der mit Recht darauf hinweist, daß z. T. ein weiterer Begriff der Analogie zugrundegelegt wird). Methodisch kann die Lückenfüllung sowohl durch **Gesetzesanalogie** wie auch durch **Rechtsanalogie** erfolgen (vgl. Baumann/Weber 159, M-Zipf I 125; einschr. nur für Gesetzesanalogie Maurach AT[4] 111). Beide Formen unterscheiden sich lediglich darin, daß der von einem geregelten auf einen nicht geregelten Fall zu übertragende Rechtsgedanke einmal aus einer einzelnen Gesetzesnorm (Einzelanalogie), im anderen Fall aus einem sich aus mehreren Tatbeständen ergebenden „allgemeinen Rechtsgedanken" (Gesamtanalogie) entnommen wird (Larenz, Methodenlehre 368 ff.). Da durch § 1 eine täter*begünstigende* Analogie nicht verboten wird, bleiben insoweit die allgemeinen Fragen nach Voraussetzungen und Grenzen analoger Rechtsanwendung auch für das Strafrecht bedeutsam (vgl. u. **35**). Soweit dagegen

täter**belastende** Auswirkungen in Frage stehen, stellt sich das Problem des Anwendungsbereichs des Analogieverbots bzw. der Grenzziehung zwischen zulässiger (belastender) Auslegung und verbotener Analogie. Näher zur Zielsetzung des Analogieverbots Grünwald ZStW 76, 13f., Jescheck 120, Krey, Studien 27ff., 199ff., 215ff., aber auch Sax, Analogieverbot 94ff. sowie u. 30ff., 55. Zur geschichtlichen Entwicklung M-Zipf I 123ff.

25   2. Der **Anwendungsbereich des Analogieverbots** erstreckt sich grundsätzlich sowohl auf die Strafbarkeitsvoraussetzungen als auch auf die Tatfolgen. Ohne Rücksicht darauf, ob als „Analogie" im rechtstheoretischen Sinne zu verstehen oder als solche bezeichnet, ist damit jede Rechts-„Anwendung" (zu Lasten des Täters) verboten, „die über den Inhalt einer gesetzlichen Sanktionsnorm hinausgeht" (BVerfG NJW **86**, 1672).

26   a) Auf Seiten der **Strafbarkeitsvoraussetzungen** umfaßt das Analogieverbot zunächst alle *unrechts- und schuldbegründenden* Merkmale. Dies gilt unstreitig jedenfalls für die Tatbestände des BT. Demzufolge darf eine nicht tatbestandsmäßige Handlung nicht durch analoge Anwendung in den Bereich des Strafbaren gezogen werden. So etwa wäre es unzulässig, § 123 auf Fälle anzuwenden, in denen der Hausfriede durch belästigende Anrufe gestört wird (vgl. dort RN 14). Ebenso wäre es unzulässig, die §§ 22, 33 KunstUrhG bereits auf die eigenmächtige Herstellung eines Bildnisses anzuwenden (Hamburg NJW **72**, 1290) oder die Grundsätze der mittelbaren Täterschaft entsprechend heranzuziehen, um entgegen der Akzessorietätsregel zu einer Bestrafung des Gehilfen aus § 211 zu gelangen (vgl. dort RN 51). Vgl. auch RG **32** 165, wo eine (analoge) Anwendung des § 242 auf die Entziehung von Elektrizität abgelehnt wurde (§ 248c RN 1), ferner Stuttgart NJW **76**, 2224 zum Begriff des „Rückwärtsfahrens" i. S. von § 315c I Nr. 2f. (zur heutigen Rechtslage dort RN 22a). Doch auch für den **AT** gilt das Verbot täterbelastender Analogie. Soweit demgegenüber jedenfalls Gesetzesanalogie für zulässig erklärt wird (so Maurach AT⁴ 111, Tröndle LK 38, m. gl. Tendenz Schmitt Jescheck-FS I 231f.), ist kein überzeugender Grund ersichtlich, warum im AT von dem seit langem anerkannten Prinzip (vgl. Frank § 2 Anm. I 2, Höpfel JurBl. 79, 584) abzuweichen sei, daß dem Täter nachteilige Entscheidungen materiell-strafrechtlicher Art wegen der Analogie nicht getroffen werden dürfen (ebenso u. a. Baumann/Weber 161, Engels GA 82, 119ff., Jescheck 121, Kratzsch GA 71, 68ff., Krey, Studien 228ff., M-Zipf I 125f.); vgl. zum Ganzen auch Fincke

27   Das Verhältnis des Allgemeinen zum Besonderen Teil des Strafrechts (1975) 13ff. Über die eigentlichen Unrechts- und Schuldvoraussetzungen hinaus gilt das Analogieverbot jedoch auch für **sonstige** strafbegründende bzw. straferhöhende Umstände, wie sie das Gesetz bei bestimmten Tatbeständen für eine Ahndung voraussetzt: so z. B. für sog. objektive Bedingungen der Strafbarkeit; spez. zur Problematik einer teleologischen Reduktion eines Rechtfertigungsgrundes vgl. o. 14a. Näher zur Garantiefunktion des Tatbestandes 44 vor § 13.

28   b) Auf Seiten der **Tatfolgen** ist es unzulässig, Strafen in analoger Anwendung zu schärfen (zum Verbot der Überschreitung der gesetzlichen Grenzen der Geldstrafe vgl. BGH **3** 259, Bay NJW **52**, 274), oder eine nicht vorgesehene Strafe zusätzlich zu verhängen. Ob es sich dabei um Hauptstrafen (§§ 38, 40), Nebenstrafen (§ 44), Nebenfolgen (§ 45) oder sonstige strafvertretende Sanktionen (Verwarnung mit Strafvorbehalt, Absehen von Strafe: §§ 59ff.) handelt, ist gleichgültig. Entsprechendes muß für Maßregeln der Besserung und Sicherung (§§ 61ff.) wie auch für sonstige Maßnahmen (Verfall, Einziehung, Unbrauchbarmachung: vgl. § 11 I Nr. 8) gelten (so zu Recht bereits der IV. Internat. Strafrechtskongreß, Revue 1937, 750f.). Soweit dies früher verneint wurde (so z.B. Liepmann VDB IV 34 hinsichtlich der öffentlichen Bekanntmachung des Strafurteils), ist solche Einschränkung des Analogieverbots aufgrund von § 1 i. V. m. § 2 I nicht mehr haltbar. Selbst wenn die letztgenannte Vorschrift in erster Linie eine Konkretisierung des Rückwirkungsverbots bezweckt, liegt ihr doch auch der sich bereits aus § 1 ergebende Grundsatz der Sanktionsbestimmtheit zugrunde. Anders als in § 2 II a. F. ist aber nicht mehr nur von Bestimmtheit der Strafe, sondern auch von der „ihrer Nebenfolgen" die Rede. Soweit es um das Analogieverbot geht, ist weder ersichtlich noch wäre es verständlich, daß unter „Nebenfolgen" nur solche i. techn. S. der §§ 45ff. gemeint sein sollten. Vielmehr muß das Analogieverbot für alle Tatfolgen gelten. So schon bisher BGH **18** 136, Jescheck 121; vgl. ferner Tröndle LK 35, Rudolphi SK 23; i. E. ebenso Stree aaO 33ff., 79ff, Maunz-Dürig Art. 103 II RN 117f.; Krey, Studien 218ff., die zwar die Anwendbarkeit des Art. 103 II GG auf Maßregeln der Besserung und Sicherung verneinen, ein diesbezügliches Analogieverbot aber aus dem Gesetzesvorbehalt des öffentlichen Rechts ableiten. Daher wäre es etwa unzulässig, bei Verletzung von Luftsperrgebieten (§ 62 LuftVG) die Entziehung einer Luftfahrerlaubnis (§ 4 LuftVG) auf § 69 StGB zu stützen.

29   c) In einem Grenzbereich gleichsam „legalisierter" Analogie steht die zunehmende Technik straferhöhender **Regelbeispiele** (z. B. §§ 113 II, 218 II, 243). Hier ist nicht zu verkennen, daß das Analogieverbot einem Wandel unterworfen ist. Als das StGB geschaffen wurde, maß es dem Gedanken der Rechtssicherheit eine wesentlich größere Bedeutung bei als heute. Nicht nur

alle **verbotenen** Handlungen, sondern auch alle *straferhöhenden* Gründe waren vom Gesetz abschließend durch eigene Tatbestände bestimmt. In einem solchen Rechtssystem war für eine Analogie zulasten des Täters kein Raum. In der Zwischenzeit mißt der Gesetzgeber der Forderung nach Einzelfallgerechtigkeit größeres Gewicht bei und regelt deshalb die straferhöhenden Momente in der Regel nicht mehr durch abschließende Tatbestände, sondern durch allgemeine „besonders schwere Fälle", oder aber – wie in § 243 – zunehmend durch sog. Regelbeispiele (vgl. – teils kritisch – zu dieser Tatbestandstechnik Arzt JuS 72, 385 ff., 515 ff., 576 ff., Blei aaO 425 f., Maiwald aaO 151 ff., NStZ 84, 433 ff., Strangas aaO, Wessels aaO 309 f.). In diesen Fällen kann nicht geleugnet werden, daß der Richter auf der Suche nach anderen als den im Gesetz aufgeführten Regelbeispielen – durch das Gesetz legitimiert – den Weg einer Analogie beschreitet, da nur die Gleichwertigkeit mit den Regelbeispielen eine Anwendung des erhöhten Strafrahmens rechtfertigt; vgl. dazu Bindokat JZ 69, 541, D-Tröndle § 243 RN 3, 5, Krey, Studien 237, der zutreffend von erlaubter „innertatbestandlicher Analogie" spricht. Gleiches gilt z. B. für die Verweisung auf einen „ähnlichen" Eingriff in § 315 b I Nr. 3. Vgl. auch u. 55 f.

3. Soweit es weder um Strafbegründung noch um Strafschärfung geht, bleibt auch im Straf- **30** recht durchaus **Raum für Analogie** (vgl. Baumann/Weber 160 f., Bockelmann I 17, D-Tröndle 10, Germann, Analogieverbot 131, Jescheck 122, Schmidhäuser 100, 110 ff., Welzel 22 f.). Auch die Rspr. hat sie insoweit stets für zulässig erklärt (vgl. RG **2** 257, **56** 168, BGH **7** 193, **9** 311, BGE **87** IV 4, LG Schweinfurt NJW **73**, 1809). Im einzelnen kommt danach eine analoge Rechtsanwendung in folgenden Bereichen in Betracht:

a) So im Bereich des **AT** insbes. bei *Strafmilderungs-, Strafausschließungs-* und *Strafaufhebungs-* **31** *gründen* (vgl. Höpfel JurBl. 79, 585 f.): wie z. B. die analoge Anwendung der Rücktrittsregel des § 31 auf ähnliche Fälle, für die eine entsprechende Regelung fehlt, wie etwa auf § 234 a III (vgl. BGH **6** 85, NJW **56**, 30, D-Tröndle § 234 a RN 16). Ferner sind die Rücktrittsregelungen der §§ 31, 83 a, 316 a II im Wege der Gesamtanalogie auf die unechten Unternehmenstatbestände entsprechend anwendbar (vgl. § 11 RN 55; dagegen aber Burkhardt JZ 71, 372, Tröndle LK § 11 RN 77). Entsprechendes muß für die §§ 145 d, 164 gelten; hier ist die Regelung des § 158 als sachgerechteste analog heranzuziehen. Die Rspr. hat freilich diesen Weg bisher nicht eingeschlagen (BGH **14** 217 für § 323 c). Auch bei *Rechtfertigungsgründen* ist eine Erweiterung durch Analogie (vgl. RG **61** 247, 252 zum „übergesetzlichen Notstand" sowie AG Groß-Gerau StV **83**, 247 zur Anwendung von § 193 auf § 18 FAG) nicht ausgeschlossen (zu einer teleologischen Reduktion von gesetzlich geregelten Rechtfertigungsgründen vgl. dagegen o. 14 a, aber auch 25 vor § 32); auch insoweit gilt grds. Gleiches wie zur gewohnheitsrechtlichen Bildung von Rechtfertigungsgründen (o. 14; vgl. ferner 25 vor § 32). Zur Verjährung vgl. u. 34.

b) Möglich ist ferner eine entsprechende Anwendung von Vorschriften des **BT**, soweit dies **32** (im weitesten Sinne) zu einer Einschränkung von Strafe bzw. Strafbarkeit führt. So kann z. B. ein *Absehen von Strafe* auf analogem Wege begründet werden bei § 323 a aufgrund von dessen Abs. 2 und 3, wenn diese Möglichkeit auch bei der Rauschtat eingeräumt ist, wie etwa bei §§ 174 IV, 175 II (vgl. Stuttgart NJW **64**, 413). Entsprechendes gilt für eine analoge Straffreierklärung nach §§ 199, 233 im Falle von § 323 a. Zur Zulässigkeit einer analogen Anwendung der §§ 247, 248 a bei § 248 c vgl. dort RN 16. Dagegen ist eine analoge Anwendung der §§ 243 II, 263 IV, 266 III auf Raub oder raubgleiche Delikte nicht möglich, weil es insoweit an einer *planwidrigen* Regelungslücke fehlt (vgl. § 248 a RN 4; and. Burkhardt NJW 75, 1687). Zu einer analogen Heranziehung der Strafsätze des § 113 im Rahmen von § 240 bei Widerstand gegen eine vermeintliche Vollstreckungshandlung oder eine Privatfestnahme nach § 127 II StPO vgl. § 113 RN 53, 68. Vgl. auch BVerfG NJW **87**, 43, 45, 48 zu (täterbegünstigenden) Tatbestandskorrektiven, wie etwa die Verwerflichkeitsklausel des § 240 II (vgl. dort RN 15 ff.).

c) Andere Fälle, in denen Analogie Eingang in das Strafrecht findet, ergeben sich vor allem **33** auch bei **Verweisungen** strafrechtlicher Begriffe auf *andere Teile der Rechtsordnung,* in denen Analogie uneingeschränkt zulässig ist. Soweit z. B. bei zivilrechtlichen Begriffen wie Eigentum, Anspruch, Unterhaltspflicht analoge Erweiterungen gemacht werden, sind diese auch für das Strafrecht verbindlich (Höpfel JurBl. 79, 585).

d) Auch **verfahrensrechtliche** Vorschriften werden grds. für analogiefähig gehalten (so etwa **34** die von BGH **28** 53, 56 als Verfahrenshindernis verstandene Verjährung), und zwar auch zu Lasten des Täters (RG **53** 226, Baumann/Weber 161, Jescheck 121), es sei denn, daß es sich um Vorschriften mit Ausnahmecharakter handelt, wie z. B. § 232 (vgl. BGH **7** 256, Tröndle LK 37). Demgegenüber wird jedoch bei analoger Anwendung von Verfahrensrecht in ähnlich zurückhaltender Weise zu verfahren sein, wie dies neuerdings gegenüber rückwirkender Anwendung von prozessualen Vorschriften und Institutionen geschieht (vgl. § 2 RN 6, ferner Krey, Studien 238 f.).

35 **4. Kein Raum für Analogie** ist sowohl dort, wo es an einer analogiefähigen Regel fehlt, wie auch da, wo der betreffenden Vorschrift der Wille des Gesetzes zu entnehmen ist, daß eine über bloße Auslegung hinausgehende Einengung oder Erweiterung nicht zulässig sein soll (vgl. BGH 7 194), es sich mithin um keine planwidrige Regelungslücke handelt. Allg. dazu Canaris aaO insbes. 31 ff., 71 ff., Larenz aaO, insbes. 366 ff., sowie u. 55 f. Zur Frage, inwieweit in diesen Fällen eine **Rechtsfortbildung contra legem in bonam partem** zulässig ist, vgl. Krey ZStW 101, 861 ff. mwN. Eine derartige gesetzesübersteigende Rechtsfortbildung wird man grds. auf die (eher seltenen) Fälle eines gesetzlichen Wertungswiderspruches beschränken müssen (vgl. z. B. zum Verhältnis von § 217 und § 221 III zutr. Krey aaO 869).

36 **5.** Im Unterschied zu der durch das Gesetzlichkeitsprinzip beschränkten Analogie (o. 6) ist die **Auslegung im Strafrecht** ebenso möglich und notwendig wie auf anderen Rechtsgebieten (vgl. Baumann/Weber 150 ff., Jescheck 133 ff.). Denn nicht nur, daß die im Gesetz verwendeten Begriffe ohnehin nur selten eindeutig sind (vgl. Koch/Rüssmann 188 ff. sowie spez. zu Begriffsunterschieden in verschiedenen Rechtsgebieten Fuhrmann Tröndle-FS 145 ff.), auch ist die Feststellung von Eindeutigkeit ihrerseits bereits das Ergebnis einer Auslegung (Rüthers JZ 85, 521). Demzufolge tauchen bei jedem strafrechtlichen Tatbestand Auslegungsfragen der verschiedensten Art und von größter Tragweite auf: Wann ein Eid falsch geschworen (§ 154) oder eine Schrift pornographisch (§ 184) ist, ein Tun eine körperliche Mißhandlung (§ 223) darstellt oder eine Verletzung fremder Vermögensinteressen (§ 266) enthält, ist nur durch Auslegung festzustellen; das gleiche gilt für die Umgrenzung des Kreises der Handlungen, die ein „unmittelbares Ansetzen" zur Tatbestandsverwirklichung (§ 22) darstellen. Ziel der Auslegung ist die „Sinnermittlung von Rechtssätzen zum Zwecke ihrer Anwendung auf konkrete Sachverhalte" (M-Zipf I 109), wobei freilich diese Sinnermittlung bereits von einem bestimmten Vorverständnis geleitet wird (vgl. Otto Jura 85, 299 f.). Zur Erreichung dieses Ziels bedient man sich gegenwärtig folgender Auslegungsregeln, wobei diese jedoch nicht als für sich selbständige „Methoden" vereinzelt werden können (vgl. F. Müller aaO 203 ff., 248 f., Larenz, Methodenlehre 328, Zippelius JZ 76, 150 f.; and. wohl Kriele aaO 25 f.), sondern in ihrem Zusammenwirken gesehen werden müssen (vgl. Kratzsch aaO 125 ff. sowie u. 54):

37 a) Im ersten Schritt geht die Gesetzesauslegung vom **Wortsinn** aus (Jescheck 138, Larenz, Methodenlehre 305 ff., 330 f., Zippelius JZ 76, 151, BGH **3** 262, **14** 118, **18** 152, **19** 307, Stuttgart NJW **76**, 530). Allerdings steht dieses – herkömmlicherweise als *grammatische* Methode bezeichnete – Interpretationsmittel auch im zeitlich frühesten Arbeitsstadium nicht allein (F. Müller aaO 203), sondern bedarf u. U. zusätzlicher Interpretamente (vgl. zu AG Alsfeld u. 56, ferner Höpfel JurBl. 79, 514 ff. sowie spez. zum Einfluß von Präjudizien Schlüchter aaO, insbes. 21 ff.). Unter Wortsinn ist die Bedeutung nach dem *allgemeinen* (vgl. etwa BGH **22** 14 zum Begriff des „Verlassens" in § 16 I WehrStG) oder – falls vorhanden – nach dem *besonderen gesetzlichen* Sprachgebrauch zu verstehen. Der mögliche Wortsinn bildet zugleich die *Grenze* der Auslegung. Daher ist er nicht nur der Ausgangspunkt für die richterliche Sinnermittlung, sondern steckt zugleich die nicht zu überschreitende Grenze der Auslegungstätigkeit ab (vgl. BVerfG NJW **87**, 55, BGH **3**, 303, **10**, 157, Oldenburg NJW **66**, 1135, Stuttgart NJW **76**, 1224, München GA **82**, 225, ferner Meier-Hayoz aaO 42, Larenz, Methodenlehre 307 f., Krey, Studien 127 ff., 172, F. Müller aaO 182 ff., nun auch M-Zipf I 116; großzügiger aber Jescheck 138, 142, der auch die Berichtigung sog. „sekundärer Redaktionsfehler zulassen will; dagegen zu Recht Lackner Heidelberg-FS 58), wobei – ähnlich wie hinsichtlich der Bestimmtheit (o. 20) – auch hinsichtlich der noch möglichen Wortbedeutung in erster Linie auf die Erkennbarkeit und Verstehbarkeit für den Normadressaten abzuheben ist. Auch für *verfassungskonforme Auslegung* bildet der Wortlaut sowohl den Ausgangspunkt wie auch die Grenze (vgl. Zippelius BVerfGFG II 108, 115 f. mwN. zur BVerfG-Rspr.). Wo diese Grenze verläuft, ist allerdings oft nicht leicht zu bestimmen, zumal auch die Tragfähigkeit der hier zugrundegelegten Abgrenzungskriterien umstritten ist; vgl. u. 55 f. sowie 30 vor § 1.

38 Entgegen der hier vertretenen Ansicht klingt in einigen Entscheidungen die Auffassung durch, daß die Auslegung von Strafrechtsnormen nicht ausnahmslos durch den möglichen Wortsinn begrenzt werde. Nach KG NJW **77**, 1786 kann etwa eine vom „klaren Gesetzestext" abweichende Auslegung allenfalls (?) dann in Betracht kommen, wenn die Gesetzesgeschichte hierfür spricht oder wenn der Wortsinn des Gesetzestextes dem wirklichen Willen des Gesetzgebers und den eigentlichen durch die Gesetzgebung verfolgten Zwecken völlig zuwiderlaufen würde (vgl. auch BGH **8** 62ff. zu Asylschranken bei politischen Tötungsdelikten bzw. BGH **10** 375 zum Forstdiebstahl mittels Kfz). Ein Beispiel für eine den Wortlaut des Gesetzes sprengende verfassungskonforme „Auslegung" findet sich in BayVerfGH NJW **83**, 1601 zu § 11 III 1 BayPresseG. Derartigen Tendenzen muß widersprochen werden, weil sie das strafrechtliche Analogieverbot unterlaufen (vgl. auch Krey, Studien 140 ff. sowie u. 55).

b) Darüberhinaus ist meist der **Systemzusammenhang,** in dem ein Begriff verwendet wird 39 (gesetzlicher Kontext), mitzuberücksichtigen, da der Wortsinn gemäß dem allgemeinen bzw. einem besonderen gesetzlichen Sprachgebrauch die Bedeutung eines Ausdrucks oft nicht annähernd festzulegen vermag (vgl. etwa BGH **15** 33 zum „Wenden auf der Autobahn") und zudem die vom jeweiligen Rechtsgebiet abhängige Relativität von Rechtsbegriffen zu beachten ist (vgl. Bruns JR 84, 133 ff.). Auch der Sinn eines Rechts*satzes* erschließt sich meist erst dann, wenn man ihn als Teil der Gesamtregelung sieht (Larenz, Methodenlehre 310 ff.). Zu beachten ist deshalb u. a. die Stellung einer Vorschrift im Gesetz (BVerfGE **64** 394 f., BGH **3** 245), die Auswirkung einer bestimmten Interpretation auf den Gehalt anderer Regelungen (BGH **23** 268) und die Bedeutung gleichlautender Ausdrücke in anderen Vorschriften (BVerfG NJW **86,** 1672, BGH **4** 305). Eine solche Heranziehung des Systemzusammenhanges zur Sinnermittlung wird herkömmlicherweise als *logisch-systematische* Methode bezeichnet (vgl. Jescheck 138, Tröndle LK 45). Obgleich sie unentbehrlich ist, darf sie jedoch nicht überschätzt werden, weil sich viele Regelungen dem begrifflichen System nicht vollständig einordnen lassen (vgl. Larenz, Methodenlehre 329, ferner Burkhardt JZ 71, 352 spez. zum Versuchsbegriff in § 11 I Nr. 6).

c) Soweit der mögliche Wortsinn und der Bedeutungszusammenhang des Gesetzes Raum für 40 verschiedene Auslegungen lassen, ist unter Berücksichtigung der Entstehungsgeschichte nach **Sinn und Zweck** der Vorschrift zu fragen (vgl. RG **58** 314, **62** 372, **77** 177, OGH **3** 47, BGH **1** 75, 158, 296, **6** 396, **10** 83, **24** 40, BVerfGE **64** 396). Insoweit gelten für das Strafrecht die gleichen Auslegungsgrundsätze wie für das Zivilrecht. Die Notwendigkeit und Zulässigkeit derartiger zweckbezogener **„teleologischer"** Auslegung wird heute i. Grds. allgemein anerkannt (vgl. Jescheck 138, Schmidhäuser 106; krit. aber Lippold aaO 166 ff.). Fraglich ist jedoch, auf welchem Wege und nach welchen Kriterien der Gesetzeszweck zu ermitteln ist.

aa) Nach der sog. **subjektiv-historischen** Methode soll der Entstehungsgeschichte und dem 41 Willen des historischen Gesetzgebers maßgebliche Bedeutung zukommen. Danach sind die gesetzlichen Begriffe so zu interpretieren, wie es dem wirklichen Willen des Gesetzgebers bei Schaffung des Gesetzes entsprach. Daher ist jeweils zu fragen, was ein Gesetz, das bestimmte soziale Probleme in einer bestimmten Weise geregelt hat, damit vernünftigerweise bezwecken wollte, welche Werturteile der damaligen Kulturgemeinschaft damit zum Ausdruck gebracht sind (in diesem Sinne z. B. v. Savigny, System des heutigen röm. Rechts I (1840) §§ 32 ff., Windscheid-Kipp, Pandekten[9] (1906) I, §§ 20 ff., Heck AcP 112, 138, Enneccerus-Nipperdey, Allg. Teil des bürgerl. Rechts[15] (1959) § 54 Anm. II, H. Mayer 84, Naucke Engisch-FS 274; grds. abl. auf dem Boden der Reinen Rechtslehre Lippold aaO 161 ff.). Ein derartiges einseitiges Abstellen auf den historisch-psychologischen Willen des Gesetzgebers ist jedoch nicht akzeptabel. Denn konsequent durchgeführt müßte es zur Folge haben, daß eine Entwicklung des Gesetzes durch Wissenschaft und Praxis ausgeschlossen ist, daß das Gesetz unfähig ist, auf neue rechtspolitische Fragen, die zur Zeit seiner Entstehung noch nicht bestanden, eine Antwort zu geben, und daß insbes. der Praxis der höchsten Gerichte verwehrt wäre, eine inhaltliche Fortentwicklung der Gesetzesbegriffe vorzunehmen. Dies müßte in einer Zeit rapider gesellschaftlicher und wirtschaftlicher Entwicklung zu einer klaren Überforderung des Gesetzgebers führen, da er zu ständigen Korrekturen seiner Kodifikation gezwungen wäre – ein Unterfangen, dem er nicht gewachsen ist und das im Interesse der Stabilität des Rechts auch nicht wünschenswert wäre. Auch stellt sich bei Bezugnahme auf den Willen des (historischen) Gesetzgebers jeweils die schwierig zu beantwortende Frage, wer die Person und Gremien sind, auf deren Normvorstellungen es dabei entscheidend ankommen soll (dazu Larenz, Methodenlehre 313 ff., Wank aaO 61 ff.; vgl. auch Loos Wassermann-FS 123 ff.). Zu den Mindestanforderungen historischer Auslegung und zu den Gefahren, die aus der Nichtbeachtung dieser Grundsätze folgen, vgl. Esser JZ 75, 555.

Ein einseitiges Abstellen auf den historisch-psychologischen Willen des Gesetzgebers kann auch 42 nicht unter Berufung auf Art. 103 II GG gefordert werden, wie dies von Naucke, Zur Lehre vom strafbaren Betrug (1964) und im Anschluß daran von Krahl aaO 40 ff. vertreten wird. Wenn Naucke meint, daß die verfassungsrechtlich geforderte Tatbestandsbestimmtheit des Strafgesetzes nur durch eine dem Willen des historischen Gesetzgebers entsprechende Auslegung zu gewährleisten sei, so wird verkannt, daß dieser weder imstande ist, allen von ihm verwendeten Begriffen einen eindeutig bestimmten Inhalt zu geben, noch eine solche Absicht in jedem Falle hat, sondern die Entwicklung bestimmter Begriffe nicht selten sogar bewußt der Rspr. und Lehre zu überlassen sucht. Ferner wird verkannt, daß unser Rechtssystem keine konstante Größe bildet, sondern der ständige Wandel in den einzelnen voneinander abhängigen Teilen des Ganzen den Richter immer wieder vor die Aufgabe stellt, die strafrechtlichen Begriffe neu zu durchdenken, um sie in Einklang mit gesetzgeberischen Entscheidungen in anderen Teilen der Gesamtrechtsordnung zu halten. Nicht zuletzt verbietet sich auch durch die Forderung nach „verfassungskonformer" Auslegung aller Gesetze (vgl. u. 50), Gesetzesnormen und gesetzliche Begriffe mit einem bestimmten Zeitpunkt zu konservieren und dadurch eine Rechtsentwicklung unmöglich zu machen. Gegen Naucke auch Cramer, Vermögensbegriff und Vermögensschaden (1968) 28 ff., Stratenwerth Germann-FS 258.

43   bb) Um demgegenüber der „Gegenwartsaufgabe der Strafsatzung" (M-Zipf I 116) gerecht werden zu können, ist nach der **objektiv-teleologischen** Auslegungsmethode auf einen von den Inhaltsvorstellungen des historischen Gesetzgebers abgelösten objektiven Gesetzeswillen abzuheben. Danach ist das Gesetz als „objektivierter Wille des Gesetzgebers" (BVerfGE **1** 312, **6** 75, **11** 129 f.) i. S. einer konstanten, in der Rechtsgemeinschaft lebendig wirkenden Kraft zu begreifen (vgl. Schwalm Heinitz-FS 47 ff., ferner Schmidhäuser Würtenberger-FS 91 ff.). Das ist nicht so zu verstehen, als habe das Gesetz selbst einen objektiven Willen, in dem schon alles vorbedacht und der nur noch aufzufinden sei. Daher hilft auch das Abheben auf den historischen Regelungszweck (so Krey, Studien 182 ff.) meist nicht weit genug (vgl. 21. A. RN 47 a). Vielmehr geht es bei der zentralen Auslegungsfrage darum, was mit einem Gesetz bzw. mit bestimmten Tatbeständen angesichts der *gegenwärtigen* Fragen und Interessen vernünftigerweise bezweckt sein kann (vgl. BGH **10** 159, Schmidhäuser 106 f.). Anhand welcher Elemente diese Gegenwartsaufgabe in einem bestimmten Einzelfall zu ermitteln ist, dürfte sich kaum allgemeingültig sagen lassen (vgl. auch F. Müller aaO 206, 256 ff.; zum Desiderat einer juristischen Argumentationstheorie u. 54). Jedenfalls kann auch eine derart „objektiv" orientierte Auslegung nicht darauf verzichten, den Prozeß der Entstehung des Gesetzes und damit die Vorstellungen des historischen Gesetzgebers mit in Betracht zu ziehen (Betti aaO 600 ff.; vgl. auch Schroth Arth. Kaufmann-FS 87 f.). Nur auf diese Weise läßt sich feststellen, ob und in welchen Grenzen es gerechtfertigt ist, veränderten gesellschaftlichen Verhältnissen bzw. vom historischen Gesetzgeber nicht vorausgesehenen Fallgestaltungen Rechnung zu tragen. Dabei kann im einen oder anderen Fall die subjektive Methode durchaus eine restriktive Interpretation stützen (vgl. auch Baumann NJW 69, 1280).

44   cc) Demnach kann weder die subjektiv-historische noch die objektiv-teleologische Auslegung je für sich absolute Geltung beanspruchen. Vielmehr ist zwischen beiden eine **Synthese** zu suchen, wobei freilich das *Schwergewicht* bei einer richtig verstandenen *objektiven Auslegungstheorie* liegt; dies insbes. bei älteren Gesetzen, bei denen der Wille des historischen Gesetzgebers mehr und mehr an Gewicht verliert (vgl. BVerfGE **34** 288 f., Heusinger aaO 97). In gewisser Weise kann der objektivierte Wille des Gesetzgebers sogar als der richtig verstandene Ausdruck des Willens des historischen Gesetzgebers begriffen werden, da er idR ein Gesetz nicht nur zu dem Zweck erläßt, eine gegenwärtige und von ihm ins Bewußtsein gehobene Situation gesetzlich zu gestalten, sondern damit zugleich, wie vor allem bei den großen Kodifikationen, die Absicht verfolgt, Entscheidungen zu treffen, die auch nach hundert Jahren noch als sinnvoll angesehen werden. In diesem Sinne für eine mehr objektive Theorie auch Baumann/Weber 154 f. (vgl. aber auch Baumann Jescheck-FS I 105 ff.), Bockelmann/Volk I 20 ff., Jakobs 63 f., Jescheck 139 f., M-Zipf I 116, Mezger 81, 85, Schwalm JZ 70, 488, Schwinge aaO 55; weit. Nachw. bei Krey, Studien 176 f. Für einen Vorrang der „subj.-teleologischen" Methode hingegen Rogall KK-OWiG § 3 RN 72 ff., 80 mwN. Vgl. zum Ganzen auch Engisch, Einführung 85 ff., Larenz, Methodenlehre 313 ff.

45   Auf dieser Linie verfährt auch die **Rspr.** schon seit längerem. So wird etwa in RG **37** 334 der Entstehungsgeschichte verhältnismäßig wenig Bedeutung beigemessen, weil jedes Gesetz nach seiner Verkündung „eine durchaus selbständige Rechtsquelle darstellt, deren Wesen und Wirkungskreis im Zweifel aus ihr selbst heraus und unabhängig von den bei Einbringung und Beratung des Entwurfs geschehenen Kundgebungen einzelner Mitglieder der gesetzgebenden Gewalten zu beurteilen sind"; i. gl. S. etwa RG **77** 138, 177, BVerfGE **1** 312, BGH **1** 76, 163, 167, 316, NJW **58**, 1788, Stuttgart NJW **80**, 2089, weiter wohl auch OGH **2** 372. Nach DOG Köln NJW **50**, 651 ist der Wille des Gesetzgebers nur insoweit bedeutsam, „als er bei Berücksichtigung aller – auch dem Fernstehenden – erkennbarer Umstände denknotwendig noch aus dem Gesetz zu entnehmen ist". Wiederholt wurde anerkannt, daß unter einen Tatbestand auch spätere, z. Z. des Erlasses des Gesetzes noch unbekannte technische Entwicklungen erfaßt werden können (vgl. bereits RG **12** 372/3): so etwa die bei Gesetzeserlaß noch unbekannte Schallplatte als „Darstellung" (RG **47** 407) oder das Filmvorführen als „Ausstellen einer Abbildung" (RG **39** 183). Ähnlich ist die Abgrenzung des „umschlossenen Raumes" nach § 243 die wirtschaftliche Entwicklung mitberücksichtigt (BGH **1** 167). Vgl. weiter BGH **1** 76, **10** 157, **13** 8. Neben diesen oft programmatischen Bekenntnissen zur „objektiven" Theorie gibt es aber auch eine Reihe von Entscheidungen, in denen der Entstehungsgeschichte und dem Willen des (historischen) Gesetzgebers erhebliche Bedeutung beigemessen wird; vgl. z. B. BGH **24** 41 f., **25** 99, **27** 28, 47, 54, **28** 230, Bremen NJW **50**, 280. Über die bei historischer Auslegung zu beachtenden Anforderungen vgl. die Nachw. o. 41 a. E.

46   dd) Zur Ermittlung des Gesetzeszweckes kann insbes. auch den **Entwürfen** maßgebliche Bedeutung zukommen, da in ihnen die in der Rechtsgemeinschaft vorherrschenden Vorstellungen zum Ausdruck gelangen (vgl. Mezger 86; ferner BGH **1** 166, **14** 47, aber auch **12** 30; grds.

abl. M-Zipf I 117). Dies kann jedoch nicht bedeuten, daß jeweils „im Zweifel wie der Entwurf" zu entscheiden sei (so Kantorowicz, Tat und Schuld (1933) 306). Vielmehr bleibt in jedem Falle zu berücksichtigen, inwieweit und mit welchem Grad von Realisierungsaussicht sich im Entwurf bereits ein gewandeltes Rechtsbewußtsein niederschlägt. In der Regel unbedenklich daher die auslegungsweise Heranziehung von neuen Gesetzen, die – wie das 2. StrRG bis Ende 1974 – bereits erlassen, aber noch nicht in Kraft sind (vgl. Hamm NJW 70, 1982, Dahs ZRP 70, 3; ferner BGH **11** 324, **13** 95, **14** 47, 73, 96, 357, **15** 324, **16** 126, **18** 104, 277, 285, **19** 126, 133 sowie Tröndle GA 73, 292 und LK 56 f.).

d) Neben diesen allgemeinen Auslegungsgrundsätzen sind für die Auslegung im Strafrecht jeweils zwei **besondere Orientierungspunkte** zu berücksichtigen (hierzu Germann, Auslegung 162, Grünhut Frank-FG I 8): 47

aa) Da die strafrechtlichen Tatbestände jeweils dem Schutz eines bestimmten Rechtsgutes dienen, ist die Feststellung dieses **Schutzobjektes** die wichtigste Voraussetzung für eine sinngemäße Auslegung und Anwendung des Gesetzes (vgl. Baumann/Weber 143, 153, v. Hippel I 15, Mezger 81). Dabei ist sowohl nach dem zu schützenden Rechtsgut als auch nach der Art und Weise, wie diesem unter Berücksichtigung der gegenwärtigen Verhältnisse der bestmögliche Schutz verschafft werden kann, zu fragen (vgl. Blei Henkel-FS 109 ff.). Denn nur durch stete Vergegenwärtigung des geschützten Rechtsguts bleibt die Auslegung vor dem Verfall in Formalismus bewahrt (v. Liszt, Aufsätze I 223). Auf diesem Wege läßt sich z. B. bei § 303, der dem Schutz des Eigentums dient und den Eigentümer davor bewahren soll, daß seine Sache in ihrem Wert herabgesetzt oder völlig vernichtet wird, begründen, daß auch schon eine erhebliche Beeinträchtigung der Brauchbarkeit eine Sachbeschädigung darstellt (vgl. § 303 RN 8 ff.). Ähnlich zu schutzzweckorientierter Auslegung von „Eltern" in § 235 RG **37** 2; weitere Beisp. bei Schwinge aaO 34. Vgl. auch Sax JZ 76, 1 ff., 80 ff. Zur Einbeziehung soziologischer Erkenntnisse bei Bestimmung der Rechtsgutsfrage aufschlußreich Schall, Die Schutzfunktionen der Strafbestimmung gegen den Hausfriedensbruch (1974); krit. dazu Schroeder JZ 77, 39. Wenn Schünemann (Bockelmann-FS 118, 129 ff. und Faller-FS 357 ff.) im Abheben auf das geschützte Rechtsgut den Hauptgrund für die „Strafbarkeitshypertrophien im BT" sieht, so ist dies nicht nur cinscitig, weil sich die Feststellung des Schutzobjektes durchaus auch restringierend auswirken kann (vgl. z. B. BGH **25** 262, **30** 328), sondern letztlich auch zirkulär; denn daß aufgrund einer „viktimologischen Maxime" Strafeinschränkung geboten sei, wenn das Opfer keinen Schutz verdient und eines solchen nicht bedarf, hängt doch, sofern man nicht außerrechtlichen Vorurteilen nachgeben will, seinerseits von einer Auslegung und dabei insbes. von der vorgängigen Umschreibung des Schutzgutes ab. Im übrigen sollte selbstverständlich sein, daß mit dem Hinweis auf den Rechtsgüterschutz die Auslegungsschranken (insbes. des Wortsinns) nicht überspielt werden dürfen (daher unhaltbar Racz JR 84, 234). Dies war etwa von BGH **31** 226, MDR **83**, 590 bei Zulassung der selbständigen Sicherungseinziehung trotz Verfolgungsverjährung mißachtet worden (vgl. u. 53 f. sowie § 76 a RN 8 a). Noch weitergehend wird von Schmidhäuser ein derartiges Vorgehen sogar zur Methode erhoben, wenn er – ausgehend von seinem Verständnis des Strafgesetzes als einem (nur) an die staatlichen Verfolgungsorgane gerichteten Befehl (vgl. 1 vor § 1) – für eine Erkenntnis der materialen Unwertstruktur einer Straftat auch *gegen* den Gesetzeswortlaut plädiert (Schmidhäuser, Form u. Gehalt, insbes. 58 ff.). 48

bb) Auch die **angedrohten Strafen** und ihr gegenseitiges Verhältnis zueinander können einen wichtigen Anhaltspunkt für die Auslegung bieten, und zwar insbes. als Maßstab für die gesetzgeberischen Wertungen (vgl. BVerfGE **25** 286, BGH **25** 262, ferner BGH **19** 191, **22** 114 zu § 316 a). So ist etwa bei der für rechtfertigenden Notstand erforderlichen Güterabwägung „von den Wertungen auszugehen, die in den zum Schutze der Rechtsgüter erlassenen Strafdrohungen des geltenden Rechts ihren allgemeinen Ausdruck gefunden haben" (RG **61** 225; vgl. aber auch § 34 RN 23, 25). 49

e) Auch die Auslegung des Strafrechts ist an den Normen der Verfassung zu orientieren, muß also **verfassungskonform** sein. Dies bedeutet, daß Rechtsbegriffe und -institute, die einer mehrdeutigen Auslegung zugänglich sind, so interpretiert werden müssen, daß ihre Anwendung sich im Rahmen der Verfassung hält (vgl. Baumann/Weber 153, Stree aaO 58, 123). Vgl. zum Ganzen 30 ff. vor § 1 mwN. 50

f) Streitig ist, ob im Strafrecht **nur einschränkende** (so z. B. Geerds Engisch-FS 420) oder auch **ausdehnende Auslegung** zulässig ist. Verschiedentlich wird die Auffassung vertreten, die Strafgesetze seien einschränkend auszulegen. Diese Unterscheidung ist jedoch, wie vor allem von W. Burckhardt, Methode und Systeme des Rechts (1936) 286 ff. gezeigt, sehr wenig klar und innerlich nicht begründet; auch im strafrechtlichen Schrifttum wird sie vielfach abgelehnt (z. B. M-Zipf I 111, Tröndle LK 50); es gibt „gar keine ‚extensive', sondern nur eine richtige 51

Interpretation" (Germann, Auslegung 154; vgl. auch BGE 87 IV 118). Der richtige Kern dieser Unterscheidung besteht aber darin, daß der Richter sich stets vor Augen halten muß, daß Bestimmungen mit schwerwiegenden Folgen, wie es Straftatbestände sind, besonders vorsichtig auszulegen sind. Zu eng jedoch Baumann MDR 58, 394.

52 Will man dennoch zwischen einschränkender und ausdehnender Auslegung unterscheiden, dann kann man die ausdehnende Auslegung auf dem Gebiete des Strafrechts nicht ausschließen (Grünhut Frank-FG I 28, Welzel 22). Eine ausdehnende Auslegung ist es z. B., wenn unter die Gewaltanwendung i. S. des § 249 auch die Betäubung durch narkotische Mittel gerechnet wird; es ist nicht erforderlich, daß die Beibringung der narkotischen Mittel selbst gewaltsam erfolgt (so z. B. Binding Lehrb. I 313). Vgl. noch RG **17** 163, BGH **6** 133, Hamburg NJW **58**, 1246.

53 g) Mit der eben behandelten Frage verwandt, aber nicht mit ihr identisch ist die weitere, ob für das Strafrecht als besondere Auslegungsregel **in dubio mitius** gilt, wie im Anschluß an die Digesten „In poenalibus causis benignius interpretandum est" namentlich noch von v. Bar I 17 angenommen. Von der heute h. M. wird dieser Grundsatz abgelehnt, da „bei der Auslegung der Richter nicht an den nur für die Beweiswürdigung in Frage kommenden Grundsatz in dubio pro reo gebunden (ist); er darf und muß vielmehr etwa auftauchende Zweifel, wenn es die Auslegungsregeln erfordern, auch in einem dem Angeklagten ungünstigen Sinne lösen" (so bereits RG **62** 372); i. gl. S. BGH **6** 133, 394, **9** 370, **14** 73, Hamburg NJW **58**, 1246, Hamm JMBlNRW **64**, 203, Baumann MDR 58, 396, Jescheck 137, Rittler I 33, weiter etwa Germann SchwZStr. 49, 279 FN 1; unzutr. LG Köln MDR **60**, 241. Vgl. aber zu § 2 III RN 16ff.

54 h) Ob zwischen den einzelnen Auslegungsregeln bzw. Orientierungsgesichtspunkten eine feste **Rangfolge** besteht und gegebenenfalls welche, ist umstritten (vgl. die Nachw. bei Rahlf in v. Savigny aaO 14ff.). Eine allgemeingültige Ordnung des interpretativen Befragungsschemas dürfte sich jedoch kaum finden lassen (Kriele aaO 85ff., Larenz, Methodenlehre 331, Esser, Vorverständnis 121ff.), ganz abgesehen davon, daß die Auslegungs*ziel*bestimmung nicht zuletzt auch von dem jeweiligen rechts- und staatsphilosophischen Grundverständnis abhängt (vgl. Loos Wassermann-FS 129ff.). Festzuhalten ist aber, daß der grammatischen Methode im Hinblick auf die Funktion des Wortlauts als Ausgangspunkt und äußerste Auslegungsgrenze ein gewisser Vorrang zukommt (vgl. auch o. 37). Die Frage nach dem Rangverhältnis der übrigen Konkretisierungselemente ist demnach *innerhalb* des möglichen Wortsinns angesiedelt (vgl. F. Müller aaO 207, 258f.), wobei das Schwergewicht bei der Fragestellung der objektiv-teleologischen Methode liegt (o. 43). Wie aber der Gegenwartssinn des Gesetzes in einem bestimmten Einzelfall zu ermitteln ist, ist ein offenes Problem, zu dessen Lösung es einer umfassenden (und noch ausstehenden) juristischen Argumentationstheorie bedarf. Zu Bemühungen in dieser Richtung vgl. etwa auch Alexy, Theorie der juristischen Argumentation (1978), Clemens, Strukturen juristischer Argumentation (1977), Struck, Zur Theorie juristischer Argumentation (1977), Schünemann Klug-FS I 169ff., Dopslaff aaO, Kratzsch aaO, insbes. 395ff.

55 **6. Die Grenze zwischen (zulässiger) Auslegung und (verbotener) Analogie** ist nach alledem nicht immer leicht zu bestimmen. Denn ungeachtet konkreter Abgrenzungsprobleme im Einzelfall stehen bereits die allgemeinen Grenzkriterien in Streit. Während etwa Baumann/Weber 157 entscheidend auf die „natürliche Wortbedeutung, Wortzusammenhangsbedeutung und Satzbedeutung" abheben, stellt nach h. M. der „mögliche Wortsinn" die äußerste Auslegungsgrenze dar (vgl. BGH **4** 148, **10** 160, **28** 230 [„Gegensatz zum Wortsinn"], Jescheck 142 mwN); i. gl. S. haben nach BVerfG NJW **84**, 225, **86**, 1672 die Strafgerichte den Gesetzgeber „beim Wort zu nehmen" (vgl. aber auch o. 38). Demgegenüber wird geltend gemacht, daß das Kriterium „möglicher Wortsinn" nicht nur vage, sondern unbrauchbar sei (Kriele aaO 223; krit. auch Herberger-Koch JuS 78, 810ff., Höpfel JurBl. 79, 514, Kaufmann aaO 4ff., Hanack NStZ 86, 263; dagegen treff. Engels GA 82, 121ff.). Wieder andere leugnen die Möglichkeit einer Abgrenzung zwischen Auslegung und Analogie überhaupt und sehen stattdessen die eigentliche Aufgabe darin, die grundsätzlich nicht verbotene Analogie von unzulässiger freier Rechtsfindung abzugrenzen (so Sax, Analogieverbot 94ff., 142ff.) bzw. innerhalb der Analogie die rechtsstaatlich notwendigen Grenzen zu ziehen (vgl. Arthur Kaufmann aaO 52ff.); im Grds. ähnlich Stratenwerth 49; vgl. auch Hassemer aaO 160ff., Hegenbarth aaO 117ff., Schroth, Auslegung 106ff., sowie Schmidhäuser 112, der zwischen analogiefähigem „Wortlauttatbestand" und nicht analogiefähigem „Auslegungstatbestand" differenziert und dementsprechend lediglich ein „Gebot der *relativen* Bestimmtheit des Strafgesetzes anerkennt (Martens-GedS 231). Allg. zum Meinungsstand Krey, Keine Strafe 120ff. Dieser Kritik, der freilich z. T. ein sehr weiter Analogiebegriff zugrundeliegt, ist sicherlich darin zuzustimmen, daß die Grenze zwischen Analogie und extensiver Auslegung nicht an „exakten" oder konstanten Größen ablesbar ist, sondern von Fall zu Fall unter wertender Betrachtung nach dem „Maß der graduellen Abweichung vom Gesetz" zu bestimmen ist (Heller aaO 142; vgl. auch Canaris aaO 23). Doch selbst wenn richtig ist, daß insofern alle Rechtsanwendung auf dem Prinzip der Ähnlichkeit aufbaut (weshalb Jakobs 68 den Begriff des Analogieverbots durch jenen des „Generalisierungsverbots" ersetzen will), schließt dies nicht aus, einen grundsätzlichen Unterschied zwi-

Keine Strafe ohne Gesetz   56, 57   § 1

schen Auslegung und Analogie anzuerkennen (auch wenn man sich nicht wie Krey ZStW 101, 846 f. für die Möglichkeit der Unterscheidung schlicht auf die Bindungswirkung der Entscheidungen des BVerfG gem. § 31 I BVerfGG berufen will): *Auslegung* bleibt noch innerhalb des durch den Tatbestand gezogenen begrifflichen Rahmens, während durch *Analogie* das Gesetz auf einen von diesem nicht geregelten Fall ausgedehnt wird (vgl. BGH 8 70, ebenso Larenz, Methodenlehre 308, Krey, Studien 146 ff., Schünemann, Nulla poena 17 ff., Rogall KK-OWiG § 3 RN 53; vgl. auch Schlüchter aaO 126 ff., wonach die Abgrenzung mittels induktiver Methode im Hinblick auf die extensionale Ausprägung der Norm zu erfolgen habe). Gegenüber rein normativen, wie vor allem analogieimmanenten Grenzziehungen bietet die Beschränkung von Auslegung auf die durch den Alltagsgebrauch eines Wortes gezogenen Bedeutungsgrenzen, sofern nicht das Gesetz selbst erkennbar eine besondere Wortbedeutung eingeführt hat, den im Hinblick auf die Vertrauensfunktion des Analogieverbots wesentlichen Vorteil, daß diese Grenzen grundsätzlich jedem zugänglich sind, der die deutsche Sprache beherrscht (treff. dazu Hruschka XIII f.). Deshalb bildet die nach dem Wortlaut äußerste begriffliche Grenze einer Strafnorm zugleich die Grenze für die interpretative Eigenwertung des Richters. Daraus verbietet sich insbes. auch eine dem Wortlaut widersprechende Berichtigung (versehentlich) mangelhafter Gesetze (Lackner Heidelberg-FS 54 ff.).

Dieser mögliche Wortsinn und damit der Bereich der (bloßen) Auslegung ist **beispielsweise** dort   56
überschritten, wo ein Lkw als „bespanntes Fuhrwerk" i. S. des § 3 I Nr. 6 preußForstdiebstahlsG angesehen wird (so aber BGH **10** 375 unter Berufung auf den Sinn der Vorschrift; dagegen mit Recht Krey, Studien 163, Schünemann, Nulla poena 22) oder wo von jemandem, der gegen seinen erklärten Willen vom Unfallort entfernt wurde, angenommen wird, „sich entfernt" zu haben (so Bay NJW **82**, 1059; krit. Stein JZ 83, 511). Auch in der Ausdehnung von Pflichten zur Übernahme eines Wahlamtes auf Pflichten, die lediglich die Art und Weise der Amtsausübung betreffen, wurde zu Recht eine unzulässige Analogie erblickt (BVerfG NJW **86**, 1671 m. Anm. Hanack NStZ 86, 263), desgleichen in der Erfassung einer Kettenbriefaktion als Glücksspiel (BGH **34** 178). Ebenso wäre bei § 246 der Verzicht auf jegliches Gewahrsamserfordernis, da dem Wortlaut sogar zuwiderlaufend, verbotene Analogie (vgl. dort RN 1). Zur Fristdeutung für Anmeldung von „Altwaffen" vgl. BVerfG NJW **84**, 225, zur Einziehung trotz Verjährung o. 48 a. E. Auch die Interpretation der Verwendung von Salzsäure als Gebrauch einer „Waffe" i. S. von § 223 a (BGH **1** 3) liegt bereits hart an der Grenze, wenngleich noch im Bereich zulässiger Auslegung (Larenz, Methodenlehre 309; zw. Engisch, Einführung 153, Reinicke NJW 51, 683), ebenso die Subsumtion einer Radar-Warnanlage als „Fernmeldeanlage", da die Warnung durchaus eine Nachricht enthält (verkannt von LG Tübingen NJW **79**, 1839; vgl. BGH NJW **81**, 831). Auch bei der vor allem für die strafrechtliche Erfassung von Scheinhandlungen oder sonstigem gesetzesumgehenden Täterverhalten entwickelten **„tatsächlichen Betrachtungsweise"** handelt es sich – entgegen Tiedemann NJW 1980, 1558 ff. – jedenfalls solange nicht um verbotene Analogie, als der Wortlaut – wie etwa der für § 264 relevant gewordene Begriff der „Bestellung" i. S. v. § 4 b InvZulG 1975 – nicht eindeutig und daher nicht ohne Rückgriff auf den Gesetzeszweck auslegbar ist (verkannt von AG Alsfeld NJW **81**, 2588; vgl. auch § 264 RN 46) und dieser ersichtlich weniger auf die Einhaltung einer bestimmten Rechtsform als vielmehr auf die Vermeidung einer bestimmten unerwünschten Folge abhebt, wobei es zudem gleichgültig ist, ob sich der gesetzlich bezweckte Durchgriff auf die tatsächlichen Verhältnisse bereits aus dem infragestehenden Tatbestand oder erst i. V. m. allgemeinen Umgehungsklauseln (wie z. B. § 4 SubvG) ergibt, vorausgesetzt, daß diese ihrerseits dem Bestimmtheitsgebot genügen (grdl. Bruns JR 84, 133 ff., GA 86, 1 ff.; spez. zum „faktischen Organ" Fuhrmann Tröndle-FS 145 ff.; grds. abl. Cadus aaO, Courakis aaO, Stöckel ZRP 77, 134 ff.). Im übrigen wird aber der in der heutigen Rspr. spürbaren Tendenz zu erweiternder Strafauslegung (vgl. Grünwald ZStW 76, 1 ff., Schünemann, Nulla poena) möglichst entgegenzuwirken sein, wenn nicht die Grenze unversehens in den Analogiebereich verschoben werden soll.

V. Über das **Rückwirkungsverbot**, das sich aus dem Gedanken der **lex praevia** ergibt (o. 6),   57
vgl. im einzelnen die Erläuterungen zu § 2.

Anhang: Wahlfeststellung.

Schrifttum: Blei, Wahlfeststellung zwischen Vorsatz und Fahrlässigkeit, NJW 54, 500. – *Deubner,* Die Grenzen der Wahlfeststellung, JuS 62, 21. – *Dreher,* Im Irrgarten der Wahlfeststellung, MDR 70, 369. – *Endruweit,* Die Wahlfeststellung usw., 1973. – *Fuchs,* Die Wahlfeststellung zwischen Vorsatz und Fahrlässigkeit im Strafrecht, GA 64, 65. – *ders.,* Die rechtsethische und psychologische Vergleichbarkeit bei der Wahlfeststellung, DRiZ 67, 16. – *ders.,* Zur Wahlfeststellung, DRiZ 68, 16. – *Grünhut,* Alternative Tatsachenfeststellung im Strafprozeß, MonKrimPsych 1934, 327. – *Günther,* Verurteilungen im Strafprozeß trotz subsumtionsrelevanter Tatsachenzweifel, 1976. – *ders.,* Wahlfeststellung zwischen Betrug und Unterschlagung, JZ 76, 665. – *Heinitz,* Die Grenzen der zulässigen Wahlfeststellung im Strafprozeß, JZ 52, 100. – *ders.,* Zum Verhältnis der Wahlfeststellung zum Satz „in dubio pro reo", JR 57, 126. – *Eike v. Hippel,* Zum Problem der Wahlfeststellung, NJW 63, 1533. – *Hruschka,* Zum Problem der „Wahlfeststellung", MDR 67, 265. – *ders.,* „Wahlfeststellung" zwischen

Diebstahl und sachlicher Begünstigung, NJW 71, 1392. – *ders.*, Zur Logik und Dogmatik von Verurteilungen aufgrund mehrdeutiger Beweisergebnisse, JZ 70, 637. – *ders.*, Alternativfeststellung zwischen Anstiftung und sog. psychischer Beihilfe, JR 83, 177. – *ders.*, Postpendenz- und Präpendenzfeststellungen im Strafverfahren, JZ 88, 847. – *Jakobs*, Probleme der Wahlfeststellung, GA 71, 257. – *Joerden*, Dyadische Fallsysteme im Strafrecht, 1986. – *Küper*, Probleme der „Postpendenzfeststellung" im Strafverfahren, Lange-FS 65. – *ders.*, Wahlfeststellung und Anwendung des § 158 StGB usw., NJW 76, 1828. – *ders.*, Probleme der Hehlerei bei ungewisser Vortatbeteiligung, 1989. – *Löhr*, „In dubio pro reo" und Wahlfeststellung, JuS 76, 715. – *Montenbruck*, Wahlfeststellung und Werttypus im Strafrecht und Strafprozeßrecht, 1976. – *Nowakowski*, Verkappte Wahlfeststellung, JurBl. 58, 380. – *Nüse*, Das Problem der Zulässigkeit von Alternativ-Schuldfeststellungen im Strafprozeß, 1933. – *ders.*, Die Zulässigkeit von wahlweisen Feststellungen, GA 53, 33. – *Otto*, „In dubio pro reo" und Wahlfeststellung, Peters-FS 373. – *Sax*, Wahlfeststellung bei Wahldeutigkeit mehrerer Taten, JZ 65, 745. – *Schaffstein*, Die neuen Voraussetzungen der Wahlfeststellung im Strafverfahren, NJW 52, 725. – *Schlüchter*, Zur Teilanfechtung bei ungleichartiger Wahlfeststellung, JR 89, 48. – *Schmoller*, Alternative Tatsachenaufklärung im Strafrecht, 1986 (dazu *Montenbruck*, Wahlfeststellung – und kein Ende? GA 88, 531). – *Schneidewin*, Vollrausch und Wahlfeststellung, JZ 57, 324. – *Schorn*, Die Problematik wahlweiser Feststellung im Strafprozeß, DRiZ 64, 45. – *Schröder*, Wahlfeststellung u. Anklageprinzip, NJW 85, 780. – *Schulz*, Wahlfeststellung und Tatbestandsreduktion JuS 74, 635. – *ders.*, Wahlweise Feststellung einer nicht verwirklichten Straftat? NJW 83, 265. – *Schwarz*, Rauschtat und Wahlfeststellung, NJW 57, 401. – *Tröndle*, Zur Begründung der „Wahlfeststellung", JR 74, 133. – *Willms*, Zum Begriff der Wahlfeststellung, JZ 62, 628. – *Wolter*, Alternative und eindeutige Verurteilung auf mehrdeutiger Tatsachengrundlage im Strafrecht, 1972. – *ders.*, Wahlfeststellung und in dubio pro reo, 1987 (= Überarb. v. JuS 83, 363, 602, 769; 84, 37, 530, 606). – *Zeiler*, Die Verurteilung auf Grund wahldeutiger Tatsachenfeststellung, ZStW 40, 168; 42, 665; 43, 596; 64, 156; 72, 4.

I. Grund und Grenzen der Wahlfeststellung im allgemeinen.

58 1. Das **Bedürfnis für sog. Wahlfeststellung** erwächst aus dem Spannungsverhältnis rechtsstaatlich gebotener Ausdifferenzierung straftatbestandlicher Verbotsnormen und der praktischen Begrenztheit menschlicher Erkenntnisfähigkeit (vgl. Tröndle LK 61 ff., Wolter, Wahlfeststellung 21 ff., Günther aaO 166, 184 mwN): Auf der einen Seite setzt nach dem Gesetzlichkeitsprinzip eine Verurteilung grundsätzlich voraus, daß dem Angeklagten die Begehung einer bestimmten Tat und die Erfüllung aller ihrer gesetzlichen Merkmale nachgewiesen ist; bleiben Zweifel, so ist er nach dem Grundsatz „in dubio pro reo" freizusprechen (vgl. K-Meyer § 261 RN 26 ff.). Auf der anderen Seite kann sich nach Ausschöpfung aller richterlichen Beweis- und Erkenntnismittel (§ 244 II StPO) ergeben, daß zwar nicht der Nachweis einer *bestimmten* Tat erbracht werden kann, jedoch zur Überzeugung des Gerichts feststeht, daß von zwei (oder mehreren) in Betracht kommenden Straftaten der Angeklagte notwendig *eine* begangen haben muß: So etwa in dem Fall, daß er die in seinem Besitz befindliche Sache entweder durch Diebstahl oder durch Hehlerei erlangt haben muß. Unzweifelhaft ist daher die Tatsache, *daß* er auf jeden Fall eine Straftat verwirklicht hat; zweifelhaft bleibt also lediglich die Frage, *welcher* von zwei oder mehreren möglichen Sachverhalten einer Verurteilung zugrunde gelegt werden kann. In solchen Situationen stellt sich die Frage, ob das Gericht trotz der „mehrdeutigen" – genauer: mehrere eindeutige Alternativen offenlassenden – Beweislage zu einer Verurteilung, d. h. zu einer „Wahlfeststellung" i. S. einer *(alternativen) Verurteilung auf mehrdeutiger Tatsachengrundlage* gelangen kann.

59 Ob und inwieweit dies zulässig sein soll, ist schon seit Inkrafttreten des StGB umstritten. Obgleich eine zwischenzeitliche gesetzliche Zulassungsregelung in § 2b (und § 267b StPO) idF des Ges. v. 28. 6. 35 durch KRG Nr. 11 v. 30. 1. 46 wieder aufgehoben wurde, wird weiterhin von der grundsätzlichen Zulässigkeit ausgegangen, wobei im wesentlichen auf die schon früher entwickelten Grundsätze zurückgegriffen wird (näher zur **Dogmengeschichte** 21. A. RN 68). Da diese Grundsätze und Anwendungsvoraussetzungen jedoch nach wie vor umstritten sind, sieht sich auch der **Begriff** der „Wahlfeststellung", da ungenau und unterschiedlich verwendbar (vgl. Endruweit aaO 22 ff., 103, Hruschka MDR 67, 265), vielfältiger Kritik ausgesetzt (vgl. Tröndle LK 64 ff. sowie die Angaben bei Günther aaO 23). Da er sich jedoch eingebürgert hat und ein klarerer, ebenso knapper Begriff nicht ersichtlich ist, wird er im folgenden beibehalten. Dabei ist jedoch zu beachten daß er erst nach Klärung der damit verbundenen Problemfelder (u. 60 ff.) sowie der von der „Wahlfeststellung" abzugrenzenden Fallgruppen (dazu u. 89 ff.) schärfere Konturen erhält.

60 2. Im wesentlichen sind es **drei Fallgruppen,** in denen sich das Problem einer Wahlfeststellung stellt, wobei die Unterscheidung maßgeblich von der jeweiligen Behandlungsart abhängt (zu weiteren Auffächerungen vgl. Wolter, Wahlfeststellung 87 ff.).

61 a) Um eine **reine Tatsachenalternativität** handelt es sich dort, wo das Gericht nicht mit der für eindeutige Verurteilung notwendigen Sicherheit feststellen kann, durch welche von zwei (oder mehreren) alternativ infragestehenden Handlungen ein nach Überzeugung des Gerichts auf jeden Fall verwirklichter Tatbestand erfüllt wurde (vgl. Sax JZ 65, 747, der freilich von „Tatalternativität" spricht; zur Möglichkeit von Wahlfeststellung bei mehr als zwei Alternativen vgl. BGH **15** 63, **16** 187). Klassisches Beispiel dafür sind die einander widersprechenden Aussagen eines Zeugen in zwei verschiedenen Gerichtsinstanzen, wobei zwar feststeht, daß eine der Aussagen falsch ist, aber nicht geklärt werden kann, welche (BGH **2** 351, **13** 70) oder wo der Täter einen anderen zweifelsfrei mit AIDS infiziert hat, aber nicht aufklärbar ist, bei welchem von zwei Sexualkontakten (BGH **36** 264, 269). Teils wird hier auch von *unechter* bzw. *gleichartiger Wahlfeststellung* gesprochen, und zwar zum einen formal deshalb, weil der frühere § 2b ausdrücklich eine Gesetzesalternativität voraussetzte, zum anderen aber auch materiell deshalb, weil die Tatsachenalternativität die Eindeutigkeit des Schuldspruchs nicht berührt bzw. die Frage nach den materiell-rechtlichen Voraussetzungen einer Wahlfeststellung sich hier nicht stellt (vgl. BGH **2** 351, MDR/D **51**, 464, VRS **62** 274, Hamm NJW **81**, 2269, Rudolphi SK 16 nach § 55, Wolter, Alternative 24ff.). Dies schließt jedoch nicht aus, die reine Tatsachenalternativität bereits als Wahlfeststellung zu begreifen (vgl. Sax JZ 65, 746f., Tröndle LK 68, 79; and. Karlsruhe NJW **80**, 1859, Blei I 36, Eb. Schmidt StPO § 244 RN 18; vgl. auch 62); denn andernfalls besteht die Gefahr einer Ausdehnung von Verurteilungen auf wahldeutiger Grundlage, ohne daß dabei die rechtsstaatlichen Zulässigkeitsschranken der Wahlfeststellung (u. 82ff.) hinreichend beachtet würden. Zu weiteren Fällen, in denen die Alternativfeststellung den Schuldspruch nicht berührt (z. B. wenn sie sich lediglich auf Regelbeispiele oder verschiedene Modalitäten oder Qualifikationen bezieht), vgl. u. 87.

b) Als Folge der Tatsachenalternativität kann sich eine **Tatbestandsalternativität** ergeben, 62 wenn zweifelhaft bleibt, welche von zwei (oder mehreren) alternativ in Betracht kommenden Handlungen tatsächlich vorgelegen haben *und* – daraus resultierend – welcher Tatbestand erfüllt ist: So wenn zur Überzeugung des Gerichts feststeht, daß der Angeklagte eine in seinem Besitz befindliche fremde Sache auf strafbare Weise erlangt hat, jedoch offenbleibt, ob er sie selbst gestohlen oder vom Dieb hehlerisch erworben hat (vgl. RG **68** 257, BGH **1** 302). Dies wird auch als *echte* oder *ungleichartige Wahlfeststellung* bezeichnet und z. T. als die einzige Fallgruppe von Wahlfeststellungen „im Rechtssinne" begriffen (vgl. etwa Blei I 37, Eb. Schmidt StPO § 244 Anm. 18 a. E.; gegen diese Einschränkung vgl. o. 61).

c) Umstritten ist schließlich, inwieweit auch in sog. **Postpendenzfällen** die Grundsätze der 63 Wahlfeststellung eingreifen. Dabei handelt es sich um Konstellationen, in denen die Ungewißheit hinsichtlich eines bestimmten Geschehensablaufs deswegen einen anderen – in tatsächlicher Hinsicht regelmäßig feststehenden – Geschehensablauf (vgl. aber auch Küper, Probleme 20ff.) zu „atypischen Postpendenzsituationen") erfaßt, weil die strafrechtliche Relevanz des zweiten (feststehenden) Sachverhalts davon abhängt, ob die erste Alternative vorliegt: so wenn z. B. feststeht, daß der Angeklagte Diebesgut zum Zwecke des späteren Verkaufs an einen anderen fortgeschafft hat (ein Verhalten, das an sich nach § 257 I strafbar ist), jedoch ungewiß ist, ob er nicht auch als Mittäter bereits an der Vortat beteiligt war und demzufolge nach § 257 III nicht auch noch wegen Begünstigung strafbar sein könnte (vgl. BGH JZ **71**, 141 m. Anm. Schröder). Hier schlägt die Ungewißheit hinsichtlich der Tatbeteiligung an der Vortat aufgrund von § 257 III auf den in tatsächlicher Hinsicht feststehenden zweiten Sachverhalt durch. Näher zu Begriff und Behandlung dieser Fallgruppe u. 96ff.

d) Dagegen handelt es sich bei reiner **Rechtsalternativität** um *keinen* Fall von Wahlfeststellung, da 64 dort der Sachverhalt eindeutig feststeht und lediglich Zweifel hinsichtlich seiner rechtlichen Würdigung bestehen. Denn Rechtsfragen müssen eindeutig entschieden werden (BGH **14** 68, 73, Tröndle LK 65, ferner Günther aaO S. 20 mwN).

3. Die grundsätzliche Zulässigkeitsfrage hängt mangels gesetzlicher Regelung entscheidend 65 davon ab, wie innerhalb der miteinander *kollidierenden Prinzipien* die Gewichte zu verteilen sind. Ungeachtet abweichender Nuancen im einzelnen besteht heute weithin Einigkeit darüber, daß bei Wahlfeststellung *Rechtssicherheit* einerseits und *Einzelfallgerechtigkeit* in Verbindung mit *kriminalpolitischen Bedürfnissen* andererseits miteinander in Konflikt geraten (vgl. Jescheck 133, Rudolphi SK 5 nach § 55, Tröndle LK 63, Wolter, Alternative 47 sowie Günther aaO insbes. 166, 184). Das Rechtssicherheitsprinzip, das in dem materiellrechtlichen Grundsatz „nullum crimen, nulla poena sine lege" (Art. 103 II GG) i. V. m. dem Prozeßgrundsatz „in dubio pro reo" (vgl. Art. 6 II MRK) seine besondere Ausformung erfahren hat und seinerseits im Rechtsstaatsprinzip verankert ist, wird insofern tangiert, als eine Verurteilung grundsätzlich den Nachweis einer *bestimmten* Tat voraussetzt und bei Zweifeln an der Erfüllung eines Strafbarkeitsmerkmals freizusprechen wäre. Müßte dies jedoch selbst dort geschehen, wo feststeht, daß der Angeklagte von zwei oder mehreren (alternativ) in Betracht kommenden Straftaten notwendig eine begangen haben muß, so widerspräche der Freispruch nicht nur präventiven Erwägungen, sondern auch dem Gedanken materieller Gerechtigkeit (vgl. Günther aaO 130ff.,

164 ff., 219, Rudolphi SK 5 nach § 55 sowie Tröndle LK 63 zu weiteren Gefahren, die eine völlige Ablehnung der Wahlfeststellung mit sich brächte; zur abw. Auffassung von Endruweit aaO 17 ff. [Wahlfeststellung als Folge sozialen Wandels] vgl. 19. A. RN 70). Aus diesem Interessenwiderstreit werden jedoch unterschiedliche Folgerungen gezogen:

66   a) Soweit der *Rechtssicherheit* auf Kosten materieller Einzelfallgerechtigkeit der Vorrang eingeräumt wird, kommt man konsequenterweise zur **Unzulässigkeit** jeder Wahlfeststellung. Nach dieser vor allem von Endruweit aaO 293 ff., 338, 343, Krahl aaO 45 ff., Maurach AT[4] 114 (and. M-Zipf I 128), H. Mayer 417, Schmidhäuser 113 (weit. Nachw. bei Günther aaO 164 ff., Wolter, Alternative 47 ff.) vertretenen Auffassung ist bei subsumtionsrelevanten Tatsachenzweifeln eine Verurteilung grundsätzlich ausgeschlossen. Denn eine solche führe immer in die Nähe eines unerträglichen Verdachtsurteils (Schmidhäuser aaO). Auch werde mit alternativer Verurteilung in Wahrheit aus einem allgemeinen Tatbestand bestraft, den das Gesetz gar nicht kenne (H. Mayer aaO). Daher sei Wahlfeststellung nur auf dem verbotenen Weg analoger Rechtsanwendung zu erreichen (Endruweit aaO). Demzufolge werde bei Wahlfeststellung sowohl gegen die §§ 261, 267 StPO wie auch gegen den nullum crimen-Grundsatz verstoßen (krit. dazu Wagner GA 76, 376 f.).

67   b) Wäre umgekehrt dem *kriminalpolitischen Bedürfnis* unbedingter *Vorrang* einzuräumen, so könnte dies zu einer nahezu **unbegrenzten Zulassung** der Wahlfeststellung führen. Nach dieser vor allem von Zeiler ZStW 64, 156 u. 74, 4, E. v. Hippel NJW 63, 1533 und Nüse aaO 63 vertretenen Auffassung (weit. Nachw. bei Günther aaO 179 ff., Wolter, Alternative 50 ff.) werde bei Verurteilung auf mehrdeutiger Grundlage auch nicht das Rechtsstaatsprinzip tangiert: Der nulla-poena-Grundsatz finde nur Anwendung, wenn der Täter überhaupt kein Strafgesetz verletzt habe; gegen den in dubio pro reo-Grundsatz werde nicht verstoßen, solange der Täter stets aus dem milderen Gesetz bestraft werde. Insoweit könne sich der Täter auch nicht diffamiert fühlen.

68   c) Demgegenüber ist von einer **begrenzten Zulassung** auszugehen, da die vorgenannten Extrempositionen weder im Ergebnis noch in ihrem Ansatz befriedigen können (zur Einzelkritik vgl. Günther aaO 164 ff., Wolter, Alternative 47, je mwN). Denn einerseits würde eine schrankenlose und gesetzlich nicht geregelte Zulassung der Wahlfeststellung gegen elementare Rechtsstaatsprinzipien verstoßen; andererseits würde eine völlige Ablehnung der Wahlfeststellung legitime kriminalpolitische Bedürfnisse, wie insbes. das Streben nach Einzelfallgerechtigkeit, unbefriedigt lassen. Bei dem Versuch, diese Kollision jeweils einseitig auf Kosten des gegenläufigen Interesses zu beseitigen, wird verkannt, daß es sich bei der Rechtssicherheit einerseits und der materiellen Einzelfallgerechtigkeit andererseits nicht um antinomische, sondern um zusammenwirkende und sich gegenseitig ergänzende Komponenten des Rechtsstaatsprinzips handelt: Ein Verlust an Rechtssicherheit geht zugleich auch auf Kosten der materiellen Gerechtigkeit und umgekehrt. Deshalb hat schon Tröndle LK 63 zu Recht darauf hingewiesen, daß die Rechtssicherheit nicht nur *gegen*, sondern auch *für* die Zulässigkeit der Wahlfeststellung sprechen kann. Ähnlich wie bei Grundrechtskollisionen muß daher auch hier die Lösung in einer optimalen „praktischen Konkordanz" von Rechtssicherheit und Einzelfallgerechtigkeit gesucht werden (vgl. Hesse, Verfassungsrecht[16] (1988) 27, 127 f.): Anstelle einer absoluten Durchsetzung des einen Prinzips auf Kosten des anderen soll durch verhältnismäßige Beschränkung des einen zugunsten des anderen jedem zu optimaler Wirksamkeit verholfen werden. Das führt im Sinne einer *mittleren Lösung* zu einer begrenzten Zulassung der Wahlfeststellung, wie sie im wesentlichen auch von der heute h. M. gefordert wird (vgl. die Nachw. u. 70 ff.).

69   Da durch diesen Kompromiß sowohl der materiellrechtliche nullum-crimen-Grundsatz wie auch der verfahrensrechtliche in dubio pro reo-Grundsatz eine gewisse Modifizierung erfahren muß, handelt es sich bei der Wahlfeststellung um ein **gemischt sachlich-verfahrensrechtliches Rechtsinstitut** (vgl. Jescheck 129, Rudolphi SK 6 nach § 55, Tröndle LK 61, Wolter, Alternative 38 ff., 45 ff.). Gegenteilige Versuche, die Wahlfeststellung entweder einseitig rein materiellrechtlich (vgl. etwa Günther aaO 136 ff., 219 f., wonach der Grundsatz in dubio pro reo hier in seiner Primärfunktion nicht eingreife) oder rein prozessual (so etwa Dreher JZ 53, 424, Otto Peters-FS 373) deuten zu wollen, verkürzen die Problematik, ohne die Sachprobleme zu erleichtern (vgl. auch Rudolphi SK 6 nach § 55).

70   4. Demzufolge verschiebt sich die Wahlfeststellungsproblematik auf **Maßstabs- und Begrenzungsfragen**. Dazu wurden bereits zahlreiche, z. T. nur in Nuancen voneinander abweichende Vorschläge gemacht, ohne daß es jedoch bisher gelungen wäre, eine allseits befriedigende Grenze bzw. brauchbare Grenzkriterien zu finden. Unter Vernachlässigung der prozessualen Seite (krit. dazu Tröndle LK 81 a. E.) konzentriert sich dabei die Kontroverse hauptsächlich auf die Frage nach dem **materiellrechtlichen** Verhältnis, in dem die wahlweise festgestellten Straftaten zueinander stehen müssen (zu den sonstigen Zulässigkeitsvoraussetzungen vgl. u. 82 ff.). Dazu werden innerhalb der für eine beschränkte Zulassung der Wahlfeststellung eintretenden h. M. (o. 68) gegenwärtig im wesentlichen folgende **Grundpositionen** vertreten (vgl. auch Wolter, Wahlfeststellung 98 ff.):

a) Nach st. BGH-Rspr. ist für eine Wahlfeststellung im Anschluß an RG **68**, 257 und unter 71 teilweiser Billigung der Lehre erforderlich, daß die in Betracht kommenden Verhaltensweisen „**rechtsethisch und psychologisch vergleichbar**" oder „gleichwertig" sind (vgl. BGH **9** 394, **11** 28, **16** 187, **20** 101, **21** 153, **22** 156, **23** 204, 360, **25** 182, NStZ **85**, 123, MDR/H **89**, 112, Hamm NJW **74**, 1957; weit. Nachw. bei Endruweit aaO 76, Günther aaO 77, Wolter, Alternative 74f.). Der Bezugspunkt des Vergleichs ist dabei freilich nicht immer klar (vgl. Schulz JuS 74, 637 mwN); i. d. R. dürfte es aber um einen Vergleich abstrakter Deliktstypen gehen (so wohl BGH **11** 28, **20** 101; and. Wolter, Alternative 107ff., 119, 143, Karlsruhe NJW **76**, 902ff., wo die konkreten Geschehensweisen in den Vergleich einbezogen werden; vgl. ferner Saarbrücken NJW **76**, 65ff. m. krit. Anm. Günther JZ 76, 665 sowie u. 109).

Dabei soll unter *rechtsethischer* Gleichwertigkeit nicht nur die annähernd gleiche Schwere der mögli- 72 chen Schuldvorwürfe, d. h. die gleiche Strafwürdigkeit zu verstehen sein; erst recht genüge nicht die Gleichheit der gesetzlichen Strafdrohungen. Entscheidend sei vielmehr, daß den möglichen Taten im allgemeinen Rechtsempfinden eine gleiche oder doch ähnliche sittliche Bewertung zuteil wird (BGH **9** 394, **21** 153). *Psychologische* Gleichwertigkeit erfordere eine einigermaßen gleichgeartete seelische Beziehung des Täters zu den mehreren infragestehenden Verhaltensweisen (BGH aaO; vgl. ferner Saarbrücken NJW **76**, 67f.). Unter diesen Voraussetzungen wurde Wahlfeststellung etwa zugelassen zwischen Diebstahl und Hehlerei (BGH **1** 302), schwerem Diebstahl, Unterschlagung und Hehlerei (BGH **16** 184), Raub und räuberischer Erpressung (BGH **5** 280); weit. Nachw. bei Tröndle LK 84ff. sowie u. 110. In allen diesen Fällen habe der Täter entweder *dasselbe Rechtsgut* oder doch in ihrem Wesen ähnliche Rechtsgüter verletzt; die in Frage stehenden Verhaltensweisen verdienten die gleiche sittliche Mißbilligung; die innere Beziehung des Täters zu ihnen sei im wesentlichen gleichartig.

Dieser Rspr. steht – unbeschadet von Abweichungen in Detailfragen und trotz Kritik an der 73 Vergleichbarkeitsformel (dazu u. 75) – auch ein Teil der Lehre nahe. Dabei wird teilweise auf die **Gleichwertigkeit des Unrechtsgehalts** abgestellt und verlangt, daß „die wahldeutig festgestellten Straftaten sich in ihrem kriminellen Unrechtsgehalt nach Art und Umfang wesentlich gleichen" (so Henkel, Strafverfahrensrecht[2] (1968) 354, Rudolphi SK 42 nach § 55), oder daß „die Handlungsmodalitäten nicht so erheblich voneinander abweichen, daß sie eine Verschiebung des Unrechtskerns bewirken" (Fleck GA 66, 336). Trotz seiner Kritik an Wolter, Alternative 114ff. seinerseits die „Gleichartigkeit der Handlungsmodalität und die Gleichwertigkeit der Rechtsgutsverletzung" zum Ausgangspunkt, will diese aber nur dann bejahen, wenn zwischen den alternierenden Delikten in ihrer konkreten Form bei kumulativem Vorliegen Fortsetzungszusammenhang bejaht werden könnte, wobei nicht nur die abstrakten Deliktsfolgen verglichen, sondern die konkreten Besonderheiten der jeweiligen Einzelfälle einbezogen werden (krit. dazu Günther aaO 206ff., dort 187ff. mwN zu weiteren ähnlichen Formeln; vgl. auch JZ 76, 667f.). Im übrigen zeigt sich bei diesen Formulierungen auch eine flüssige Grenze zu jenen Auffassungen, die im Unterschied zur Rspr. auf die „Identität des Unrechtskerns" abstellen wollen (dazu u. 78ff.).

Teilweise wird in der neueren Rspr. auch eine **Präzisierung** *der Formel von der rechtsethischen und* 74 *psychologischen Vergleichbarkeit* versucht (Hamm NJW **74**, 1957, Saarbrücken NJW **76**, 65, Karlsruhe NJW **76**, 902): Für die „rechtsethische Vergleichbarkeit" sei sowohl maßgeblich als auch genügend, daß durch die in Betracht kommenden Verhaltensweisen dieselben oder in ihrem Wesen ähnliche Rechtsgüter verletzt werden (Hamm aaO, Karlsruhe aaO); „psychologische Vergleichbarkeit" liege vor, wenn die Einstellung des Täters zu den Rechtsgütern und die Motivationslage ähnlich seien (Hamm aaO); das Kriterium der psychologischen Vergleichbarkeit verweise auf die Bedeutung auch der subjektiven Unrechts- und Schuldelemente für den Vergleich (Karlsruhe aaO); vgl. ferner Saarbrücken aaO, wo die Frage nach der Entbehrlichkeit der psychologischen Vergleichbarkeit aufgeworfen wird). Hamm hat auf dieser Basis Wahlfeststellung zwischen Betrug und Unterschlagung zugelassen (NJW **74**, 1957), wobei es dem Unterschied zwischen Vermögens- und Eigentumsdelikten keine die Vergleichbarkeit ausschließende Bedeutung beimißt (ebenso Saarbrücken für Unterschlagung und *Sach*betrug). Von Karlsruhe wurde unter Modifikation seiner Entscheidung in Justiz **73**, 57 Wahlfeststellung zwischen Betrug und Trickdiebstahl zugelassen (NJW **76**, 902; vgl. aber demgegenüber BGH NStZ **85**, 123): die Vergleichbarkeit wurde durch eine *konkretisierende Betrachtung* gewonnen (krit. dazu Günther JZ 76, 665f.).

Die **Haupteinwände** gegen die von der Rspr. verwendete Vergleichbarkeitsformel sind im wesent- 75 lichen folgende (vgl. dazu namentlich Günther aaO 77ff., Tröndle LK 95ff., Wolter, Alternative 79ff.): α) Da eine inhaltslose *Leerformel*, werde der Rechtsunsicherheit und Rechtsunklarheit Tür und Tor geöffnet (Günther aaO 115ff., Rudolphi SK 36 nach § 55, Wolter, Alternative 83ff.). Auch könne die *sittliche* Bewertung der Taten bzw. das allgemeine Rechtsempfinden der Bevölkerung kein verbindlicher Maßstab sein (Rudolphi aaO 37). Dies wird u. a. mit Differenzierungen der Rspr. begründet, die auf der Basis der Vergleichbarkeitsformel kaum begründbar sein dürften: So ist es in der Tat schwer verständlich, weshalb die Wahlfeststellung bei Betrug und Untreue (BGH **5** StR 125/62) bzw. bei Betrug und Hehlerei (BGH NJW **74**, 805) und bei Betrug und Unterschlagung (Hamm NJW **74**, 1958, Saarbrücken NJW **76**, 65) zugelassen, bei Untreue und Hehlerei (BGH **15** 267) bzw. Betrug und Diebstahl (Karlsruhe Justiz **73**, 57; einschr. dann aber in NJW **76**, 902) dagegen abgelehnt wird. Diese Inkonsequenzen dürften jedoch zumindest nicht unmittelbar mit der Vergleichbarkeitsformel zusammenhängen; auch ist nicht auszuschließen, daß bei Abstellen auf die „Identität des Unrechtskerns" (u. 78) ähnliche Wertungsunsicherheiten offenbar würden. β) Weiter wird auf die *Unpraktikabilität* der Vergleichbarkeitsformel hingewiesen: Eine wesentliche Gleichwertigkeit könne so gut wie nie – nicht einmal zwischen Diebstahl und Hehlerei – bejaht werden; die Rspr. habe deshalb ihr eigenes Kriterium stets überdehnt (Günther aaO 116ff., Tröndle LK 97 je mwN.). Ohnehin sei das Kriterium der psychologischen Vergleichbarkeit nie ernst genommen worden; es gehe in der rechtsethischen Gleichartigkeit auf oder diene allenfalls dazu, auch subjektive Unrechts- und Schuldmerkmale in die Vergleichbarkeitsprüfung einzubringen (Wolter, Alternative 82f.). – Diese Einwände stehen jedoch in gewissem Widerspruch zu dem Einwand, daß es sich beim Vergleichbarkeitskriterium um eine Leerformel handele; denn bei einer solchen bestünde kein Zwang zur Überdehnung. Daher läßt sich der Rspr. allenfalls vorwerfen, das zu enge Kriterium der rechtsethischen und psychologischen Vergleichbarkeit dadurch zu einer Leerformel gemacht zu haben, daß sie nie ernsthaft daran festgehalten, sondern Wahlfeststellung – wie dies auch ausdrücklich gefordert wird (vgl. etwa Tröndle LK 104) – i. E. bereits dann für zulässig erklärt hat, wenn die in Betracht kommenden Verhaltensweisen ähnliche Rechtsgüter verletzen. γ) Ferner sei die Vergleichbarkeitsformel ungeeignet, die *„Sicherheit der Urteilsfindung"* zu untermauern (Günther aaO 108f., Wolter, Alternative 84ff. mwN.) bzw. eine „Bemakelung" des Täters in Fällen wahldeutiger Verurteilung zu verhindern (Günther aaO 112ff.). δ) Schließlich gelange die Rspr. nur deshalb zu einigermaßen befriedigenden Ergebnissen, weil sie neben der Wahlfeststellung mit zweifelhaften Hilfskonstruktionen, wie etwa der Lehre vom sog. *Auffangtatbestand,* arbeite (Tröndle LK 98ff., ferner Löhr JuS 76, 717, Wolter, Alternative 85; näher dazu u. 92).

76 Trotz dieser heftigen Kritik hat der BGH bisher keinen Anlaß gesehen, vom Kriterium der rechtsethischen und psychologischen Vergleichbarkeit abzugehen (ausdrücklich BGH **25** 184). Das ist schon insofern verständlich, als dieser Rspr. auch von ihren Kritikern zugebilligt wird, meist zu **befriedigenden Ergebnissen** zu gelangen (vgl. Tröndle LK 95). Im übrigen gibt das Kriterium der „rechtsethischen und psychologischen Vergleichbarkeit" gerade wegen seiner geringen inhaltlichen Faßbarkeit und Ausdeutung Raum für eine *flexible* Behandlung von Einzelfällen. Die an seiner Stelle vorgeschlagenen Formeln (vgl. etwa o. 73) sind – jedenfalls zum großen Teil – kaum präziser. Sie lassen sich austauschen, ohne daß damit notwendig andere Ergebnisse erzielt würden. Das Hauptproblem liegt deshalb jeweils darin, die Kriterien mit dem Ziel einer Optimierung des Rechtsstaatsprinzips zu präzisieren, was letztlich nur in bezug **77** auf einzelne Fallgruppen möglich sein dürfte. Zur *eigenen Auffassung,* welche an das Kriterium der rechtsethischen und psychologischen Vergleichbarkeit anknüpft, jedoch dieses näher zu präzisieren versucht, vgl. u. 105ff.

78 b) Stattdessen versucht eine vordringende Lehre auf die **„Identität des Unrechtskerns"** abzustellen (Deubner JuS 62, 21ff., NJW 62, 94 u. 67, 738 u. 69, 157, Hardwig GA 64, 147, Tröndle LK 104, JR 74, 135; m. Einschr. auch Otto Peters-FS 390ff.).

79 Auch dieses Kriterium wird allerdings nicht einheitlich gedeutet (vgl. Rudolphi SK 39f. nach § 55). Seine Limitierungsfunktion ist unterschiedlich, je nachdem, ob die Identität des Unrechtskerns allein nach den geschützten *Rechtsgütern* bemessen oder ob der *Handlungsunwert* miteinbezogen wird (im letzteren Sinne etwa Fleck GA 66, 336). Zum Teil bestehen auch fließende Übergänge zur Vergleichbarkeitsformel der Rspr. (vgl. o. 71f.): Der gleiche Unrechtskern soll dann gegeben sein, wenn sich die Angriffe gegen das gleiche Rechtsgut (Deubner NJW 67, 738), gegen das gleiche oder ähnliche Rechtsgüter (Tröndle LK 104), gegen ein Rechtsgut derselben Art oder Gattung (Otto Peters-FS 390) richten bzw. wenn sich die in Betracht kommenden Handlungsmodalitäten nicht erheblich unter- **80** scheiden, daß sie eine Verschiebung des Unrechtskerns bewirken (Fleck GA 66, 336). – Ob jedoch mit diesem Kriterium *bessere Ergebnisse* zu erzielen sind, ist sehr *zweifelhaft.* Nicht nur, daß etwa Hamm NJW **74**, 1958 die rechtsethische Vergleichbarkeit von der Verletzung gleicher oder ähnlicher Rechtsgüter abhängig machen konnte und schon daran deutlich wird, daß sich dieser Begriff von dem der Identität des Unrechtskerns – zumindest auf abstrakter Ebene – nicht wesentlich unterscheidet (vgl. auch Saarbrücken NJW **76**, 67); auch ergeben sich damit kaum geringere Abgrenzungsschwierigkeiten (wie auch Tröndle LK 104 selbst einräumt). Zwar könnte der Bereich zulässiger Wahlfeststellung klarere Konturen dann erhalten, wenn man die Identität des Unrechtskerns allein nach der Verletzung gleicher oder ähnlicher Rechtsgüter beurteilen würde. Jedoch könnte die darin liegende Vernachlässigung des Handlungsunwertes eher zu einer Ausdehnung der Wahlfeststellung führen, bei der eine ungerechtfertigte Bemakelung des Täters nicht mehr auszuschließen wäre; bedenklich etwa, mit dem Hinweis auf die Identität des Unrechtskerns Wahlfeststellung zwischen § 154 und § 164 zu bejahen (so aber Bay JZ **77**, 570, zust. Tröndle LK 86, 104; vgl. auch Hruschka JR 78, 27). Bezieht man jedoch andererseits den Handlungsunwert ein, so verliert die „Identität des Unrechtskerns" wiederum ihre ursprüngliche Klarheit und unterscheidet sich kaum mehr vom Vergleichskriterium der Rspr. (vgl. auch o. 73; krit. auch Rudolphi SK 39f. nach § 55, Günther aaO 191f., 249f., Wolter, Alternative 100ff.).

81 c) Ein von der h. M. abweichendes Abheben auf **graduelle Unwertverschiedenheit** und ein Zurückgehen auf einen **Rumpftatbestand** wird neuerdings von Günther aaO 219ff., JZ 76, 665ff.

vertreten. Doch auch damit sind kaum befriedigendere Lösungen zu erzielen, ganz davon abgesehen, daß weitgehend ähnliche Ergebnisse auch mit der Lehre vom sog. Auffangtatbestand bzw. vom normativen Stufenverhältnis (u. 89 ff.) zu gewinnen sind. Näher zur Darstellung und Kritik dieser Auffassung 21. A. RN 86 f.

II. Vorbedingungen tatsächlicher und prozessualer Art.

Infolge einseitiger Betonung der Gleichwertigkeitsproblematik wird häufig verkannt, daß zunächst einmal bestimmte Voraussetzungen *tatsächlichen und prozessualen* Charakters gegeben sein müssen, bevor sich die *materielle* Vergleichbarkeitsfrage (dazu III.) überhaupt stellen kann.

1. Erst dann, wenn eine **eindeutige Feststellung unmöglich** ist, kann eine Verurteilung auf mehrdeutiger Tatsachengrundlage überhaupt in Betracht gezogen werden. Das bedeutet, daß der Richter verpflichtet ist, zunächst einmal alle verfügbaren Erkenntnisquellen zu nutzen, um nach Möglichkeit zu einer eindeutigen Feststellung zu gelangen (BGH **12** 388, **21** 152, **25** 183, NJW **83**, 405 m. Anm. Kratzsch JA 83, 338, NStZ **86**, 373, KG VRS **35** 390). Daher wäre es unzulässig, im Hinblick auf die Möglichkeit einer Wahlfeststellung die weitere Aufklärung des Tatsachenstoffes zu unterlassen (RG JW **39**, 221, BGH MDR/H **85**, 285, Willms DRiZ 69, 248; and. Zweibrücken NJW **66**, 1828 f. bei Bagatellfällen in der RevInstanz, wenn das rechtliche Interesse an einer restlosen Sachaufklärung so gering erscheint, daß eine Belastung mit den Kosten einer weiteren Instanz nicht gerechtfertigt wäre; abl. Rogall KK-OWiG 32 vor § 1). In den Urteilsgründen muß dargetan sein, weshalb eine weitere Sachaufklärung nicht möglich erschien (Hamburg NJW **55**, 920, Tröndle LK 80).

2. Weiter muß feststehen, daß sich der Angeklagte durch **jede der beiden** (oder mehreren: BGH **6** 84, **15** 63) in Betracht kommenden **Verhaltensweisen strafbar** gemacht hätte (BGH **12** 386, Hamm NJW **74**, 1958). Daher muß die Möglichkeit, daß eine der Handlungsvarianten nicht bestraft werden kann – sei es mangels Tatbestandsmäßigkeit des fraglichen Verhaltens oder sei es, weil der einen der möglichen Taten ein Verfahrenshindernis entgegensteht (vgl. Braunschweig NJW **51**, 38, LR-Gollwitzer § 261 StPO RN 125 ff.) –, ausgeschlossen sein (BGH NStZ **81**, 33), ebenso wie eine dritte (oder weitere) nicht strafbare Variante (vgl. Celle NJW **88**, 1225). Dementsprechend kommt Wahlfeststellung auch dann nicht in Betracht, wenn nachträglich eines der alternativen Strafgesetze wegfällt (Bay MDR **74**, 685 [wobei jedoch in casu verkannt wird, daß das durch die falsche Anschuldigung einmal verwirklichte Unrecht von der Straffreierklärung des angeschuldigten Verhaltens unberührt blieb: dazu § 2 RN 26 f.]). Aus diesen Gründen muß sich die Sachaufklärung in Fällen der Wahlfeststellung auf zwei oder mehrere Taten erstrecken. Für die Überzeugungsbildung gelten dabei grundsätzlich die gleichen Regeln wie bei eindeutigen Fällen (BGH NJW **54**, 932, Rudolphi SK 9 nach § 55, Tröndle LK 79 f.). Die Feststellung muß so eindeutig sein, daß die Möglichkeit einer Straffreiheit ausscheidet, wie etwa wegen Fehlens eines Strafantrags (vgl. München DJ **36**, 1499) oder Selbstbegünstigung (vgl. BGH MDR/H **81**, 99). Daher kann ein Verdächtiger nicht verurteilt werden, wenn er möglicherweise nur an einer der alternativ in Betracht kommenden Taten beteiligt war (BGH MDR/H **82**, 970, Tröndle LK 119). Besteht bei mehreren Verdächtigen die Möglichkeit, daß einer von ihnen nicht an der Tat beteiligt war, ohne daß feststellt, wer dies ist, so sind alle freizusprechen (Oldenburg NdsRpfl. **50**, 44, Rudolphi SK 10 nach § 55; vgl. auch u. 112). Dagegen ist bei Mittäterschaft wegen der gegenseitigen Zurechnung die Feststellung, daß einer der beiden Angeklagten, ungewiß welcher, den tödlichen Schlag geführt hat, innerhalb des selben Tatbestandes zulässig (OGH **1** 111). Bei Fahrlässigkeitstaten müssen alle denkbaren Alternativen eine Strafbarkeit ergeben (BVerfG GA **69**, 246).

3. Ferner ist eine **exklusive Alternativität der in Betracht kommenden Sachverhalte** in der Weise erforderlich, daß das Gericht bei gedanklicher Ausschaltung der einen Möglichkeit vom Vorliegen der anderen überzeugt ist (BGH **12** 386, NStZ **81**, 33, **86**, 373, Rudolphi SK 9 nach § 55, Tröndle LK 66; vgl. aber auch u. 86; krit. zu dieser Wahlfeststellungvoraussetzung Hruschka NJW **71**, 1392, Günther aaO 50 ff., Wolter, Wahlfeststellung 96 f.). Zunächst darf „exklusiv" dabei nicht so verstanden werden, als habe Wahlfeststellung auszuscheiden, wenn zusätzlich die Möglichkeit besteht, daß *beide* Sachverhalte vorliegen, z. B. möglich ist, daß der Angeklagte sowohl am Diebstahl beteiligt war wie auch Hehlerei begangen hat bzw. daß bei zwei sich widersprechenden Aussagen eines Zeugen beide falsch sein können. Exklusiv bedeutet vielmehr, daß weitere (straflose bzw. strafmildernde) Möglichkeiten ausscheiden (vgl. BGH MDR/H **81**, 267, DAR/S **81**, 187) und daß – i. S. einer (ersetzbaren) Mindestvoraussetzung für den Fall beidseitiger Sachverhaltsungewißheit – die Ungewißheit, welcher von zwei Sachverhalten sich zugetragen hat, nur darauf beruht, daß jeweils die andere Möglichkeit nicht ausgeschlossen werden kann (daher wäre mit „erschöpfender Alternativität" das Gemeinte besser getroffen; vgl. dazu vor allem Küper Lange-FS 85 ff., Probleme 29 f.; zur Postpendenzproblematik u. 96).

86 Während die so verstandene exklusive Alternativität der *Sachverhalte* zwingende Voraussetzung für eine (echte oder unechte) Wahlfeststellung ist, ist es nicht notwendig, daß die Sachverhaltsalternativität auch zu einer Alternativität der jeweils (oder im Ergebnis) anzuwendenden *Tatbestände* führt (vgl. o. 62). Soweit es sich jedoch um Fälle sog. (reiner) Tatsachenalternativität handelt (o. 61), bestehen hinsichtlich der materiellen Zulässigkeitsvoraussetzungen für Wahlfeststellung (u. 104 ff.) keine Probleme, weil der verwirklichte Tatbestand derselbe bleibt, welche Alternative auch immer zugrundegelegt wird. Dagegen erfordern die prozessualen Voraussetzungen – insbes. was das Problem der Tatidentität betrifft (u. 100 ff.) – auch bei der Tatsachenalternativität Beachtung. Liegen die prozessualen Voraussetzungen vor, so ist ungeachtet der terminologischen Fragen zwar *eindeutig*, aber auf mehrdeutiger Tatsachengrundlage zu verurteilen (i. E. h. M.; vgl. Rudolphi SK 16 nach § 55, Wolter, Alternative 24 ff.). *Im einzelnen gilt danach folgendes:*

87 a) Die Frage nach der materiellen Zulässigkeit einer Wahlfeststellung stellt sich jedenfalls dann, wenn die exklusiv alternativen Sachverhalte unterschiedliche *exklusiv alternative* **Tatbestände** erfüllen. Entsprechendes hat jedoch auch dort zu gelten, wo sich die Alternativität lediglich auf **verschiedene Modalitäten** oder **Qualifikationen** einer Straftat bezieht (Sax JZ 65, 747, Tröndle LK 70): so wenn sich z. B. nicht aufklären läßt, welche der Modalitäten des § 211 (vgl. § 211 RN 5, 13) bzw. des § 1 StVO (dazu Neustadt MDR **56**, 312, Hamm VRS **8** 155, Köln GA **60**, 221) vorliegt, oder wenn zweifelhaft bleibt, ob der Diebstahl nach § 244 I Nr. 1 oder nach dessen Nr. 2 qualifiziert ist (weit. Beisp. bei Günther aaO 273 ff., Wolter, Alternative 66 ff.). Entsprechendes gilt für die Art der Tatbeteiligung im Rahmen von Einheitstäterschaft nach § 14 OWiG (Koblenz NJW **86**, 1003; and. Bay DAR/R **83**, 255, Hamm NJW **81**, 2269, Wolter, Wahlfeststellung 33 f.; für ein normatives Stufenverhältnis von (Allein-)Täterschaft und Beteiligung i. S. v. § 14 OWiG Rogall KK-OWiG 39 vor § 1). Zwar bewegt sich hier die Alternativität im Rahmen eines einheitlichen Straftatbestandes und kommt daher – ähnlich wie bei reiner Tatsachenalternativität – im Schuldspruch nicht zum Ausdruck. Auch werden die verschiedenen Verwirklichungsmöglichkeiten eines einheitlichen Straftatbestandes einander in den meisten Fällen gleichwertig sein, so daß die materiellrechtlichen Voraussetzungen einer Wahlfeststellung (u. 104 ff.) idR gegeben sind. Dies kann jedoch kein Grund dafür sein, die engen Zulässigkeitsvoraussetzungen der Wahlfeststellung von vornherein außer acht zu lassen; denn sonst kann die Verurteilung auf wahldeutiger Grundlage uU von der Zufälligkeit abhängen, ob der Gesetzgeber für verschiedene Begehungsweisen nur eine oder mehrere Bestimmungen gebildet hat (Günther aaO 273 ff.). Vgl. aber auch Rudolphi SK 27 ff. nach § 55, der danach differenzieren will, ob die verschiedenen Begehungsweisen bzw. Qualifikationen in ihrem Unrechts- oder Schuldgehalt übereinstimmen: Nur wenn dies nicht der Fall ist, stelle sich die Frage, ob die verschiedenen Qualifikationen einer Wahlfeststellung zugänglich sind. Eine derartige Differenzierung ist jedoch überflüssig: Stimmen die verschiedenen Begehungsweisen in ihrem Unrechts- und Schuldgehalt überein, so liegen die materiellen Zulässigkeitsvoraussetzungen vor. Besteht dagegen zwischen den verschiedenen Modifikationen bzw. Qualifikationen keine „rechtsethische und psychologische Vergleichbarkeit" (dazu u. 105 ff.), so kommt nur eine eindeutige Verurteilung nach dem Grundtatbestand in Betracht (zust. Rogall KK-OWiG 24 vor § 1).

88 Entsprechendes hat auch für eine Alternativität zwischen **Regelbeispielen** zu gelten. Auch hier kommt eine Mehrdeutigkeit der Tatsachengrundlage – ähnlich wie bei reiner Tatsachenalternativität (vgl. LR-Gollwitzer § 261 RN 137 ff.) – im Schuldspruch nicht zum Ausdruck, sondern hat, falls nicht einmal die Verurteilung wegen eines besonders schweren Falles in die Tenorierung aufgenommen wird (vgl. § 243 RN 60), lediglich Bedeutung für die Strafzumessung. Dies ist jedoch kein Hinderungsgrund, in diesen Fällen von Wahlfeststellung zu sprechen; jedenfalls beruht die Möglichkeit, von einem erhöhten Strafrahmen auszugehen, auf wahldeutiger Grundlage (vgl. D-Tröndle § 46 RN 50). Deshalb sollte sie auch an die engen Zulässigkeitsvoraussetzungen der Wahlfeststellung gebunden sein (wie hier wohl Baumann/Weber 167, Wolter, Alternative 139 f.). Liegen diese Zulässigkeitsvoraussetzungen nicht vor, so ist eine Verurteilung zwar möglich, doch darf dabei nicht von einem besonders schweren Fall ausgegangen werden.

89 b) Dagegen ist auf jeden Fall eine Wahlfeststellung ausgeschlossen, wenn es an der *exklusiven Alternativität der Sachverhalte fehlt* (vgl. o. 85). Dies ist insbes. dann der Fall, wenn die in Betracht kommenden Taten im Verhältnis des „mehr oder weniger" zueinander stehen. Bei einem solchen **Stufenverhältnis** ist der Täter *in dubio pro reo* auf eindeutiger Tatsachengrundlage **(eindeutig) aus dem leichteren Gesetz** zu verurteilen, so daß sich eine Wahlfeststellung erübrigt (vgl. BGH **11** 100 ff, **15** 65, **22** 156, **31** 137, Bay NJW **67**, 361, Dreher MDR 70, 369, Otto Peters-FS 375 ff., Rudolphi SK 17 ff. nach § 55, Wolter, Wahlfeststellung 44 f.); so etwa zwischen den §§ 242 und 244 (wenn nicht sicher festgestellt werden kann, ob der Täter eine Schußwaffe mitgeführt hat), zwischen §§ 246 und 242 (vgl. Schleswig SchlHA/E-L **84**, 81, D-Tröndle 14; and. aber Köln GA **74**, 121 f., wohl auch BGH **25** 182 m. krit. Anm. Tröndle JR 74,

133, wo ein Stufenverhältnis zwischen §§ 246 und 249 verneint und auf mehrdeutiger Grundlage zwischen „Diebstahl oder Unterschlagung" verurteilt wird), ferner zwischen §§ 248 b und 242, zwischen §§ 212 und 211 (vgl. Schaffstein NJW 52, 728), zwischen §§ 153 und 154 (BGH MDR/D **57**, 396), zwischen §§ 182 und 177, 178 (vgl. BGH **11** 100, **22** 154; krit. Löhr JuS 76, 715, Wolter, Wahlfeststellung 67 f.: allenfalls wertmäßiges Stufenverhältnis), sowie zwischen *Versuch und Vollendung* (RG **41** 352, BGH **23** 205, **35** 306, **36** 268 [vgl. aber auch u. 99], Düsseldorf NJW **76**, 579). Entsprechendes gilt für das Verhältnis von *Regelbeispiel und Grundtatbestand* (D-Tröndle 14) sowie zwischen *Tateinheit und Tatmehrheit* (BGH MDR/D **72**, 923; vgl. aber auch u. 95, 111); etwas anderes kann auch nicht aus BGH **10** 294 entnommen werden, weil dort Wahlfeststellung zwischen §§ 212, 218, 52 und §§ 212, 22, 218, 53 in Frage stand (vgl. auch u. 93). Ebenfalls unzulässig ist Wahlfeststellung zwischen einem in allen Sachverhaltsgestaltungen erfüllten Tatbestand einerseits und diesem in Tateinheit oder -mehrheit mit einem nur in einer Variante hinzutretenden Tatbestand andererseits (BGH GA **84**, 373, Hamm VRS **53** 136).

c) Von diesen Fällen, in denen es an der exklusiven Alternativität der *teilidentischen* Sachverhalte fehlt, sind jene Konstellationen zu unterscheiden, in denen zwar exklusiv alternative Sachverhalte gegeben sind, aber die jeweils anzuwendenden *Tatbestände* und/oder *Erscheinungsformen* der Straftat in einem Stufenverhältnis stehen. Hier erfolgt i. E. eine eindeutige Verurteilung auf wahldeutiger Tatsachengrundlage (vgl. o. 61). **90**

α) Hierher gehören nach richtiger Auffassung zunächst die sog. **normativen Stufenverhältnisse** (vgl. Wolter, Wahlfeststellung 68). Ein solches besteht insbes. zwischen **Vorsatz und Fahrlässigkeit**. Zwar ist dies kein Stufenverhältnis in dem Sinne, daß die Fahrlässigkeit im Vorsatz als ein Weniger bereits enthalten wäre. Das schließt indes die Annahme eines Stufenverhältnisses nicht aus, da dieses nicht ausschließlich als ein logisches, sondern als ein im Wege juristisch wertender Betrachtung zu ermittelndes „*normatives*" Stufenverhältnis zu begreifen ist (vgl. Rudolphi SK 20 nach § 55, ferner Dreher MDR 70, 369 f., Fuchs NJW 67, 739, Otto Peters-FS 377 f., Peters, Strafprozeß⁴ (1985) 288 f., Schröder JZ 70, 423). Dafür muß genügen, daß es sich bei Vorsatz und Fahrlässigkeit um unterschiedliche Zurechnungsgrade handelt (vgl. Rudolphi SK 21 f. nach § 55; ähnlich Baumann/Weber 170 f.; mit teils anderer Begr. ebenfalls für Stufenverhältnis Wolter, Alternative 172 ff., 201, 214, ferner Jakobs GA 71, 260 f.). Eine (eindeutige) Verurteilung des Täters, den jedenfalls der Vorwurf sorgfaltspflichtwidrigen Verhaltens trifft, aus dem Fahrlässigkeitsdelikt (so i. E. LR-Gollwitzer § 261 RN 134, Heinitz JZ 52, 102, JR 57, 126, Jescheck 130, Rudolphi SK 20 nach § 55, Tröndle LK 101] erfolgt hier jedoch (and. als in den o. 90 behandelten Fällen) auch nach Anwendung des Grundsatzes in dubio pro reo nur auf wahldeutiger Tatsachengrundlage. **91**

Davon abw. hatte BGH **4** 343 zunächst Wahlfeststellung zwischen Vorsatz- und Fahrlässigkeitsdelikt für möglich gehalten, was aber zumindest ein Abgehen vom Kriterium der psychologischen Vergleichbarkeit bedingt hätte. Inzwischen jedoch gelangt die Rspr. ebenfalls zu eindeutiger Verurteilung, wobei BGH **17** 210 dieses Ergebnis noch über die Figur des **Auffangtatbestandes** erreichen wollte, während BGH **32** 57 inzwischen ein Stufenverhältnis anerkennt (vgl. auch BGH MDR/H **82**, 103). Jene Figur ist ohnehin dogmatisch bedenklich (vgl. Blei JA 74, 383, Tröndle JR 74, 134, Wolter, Alternative 86 ff. mwN) und zudem für ihren Hauptanwendungsbereich bei § 323 a weithin entbehrlich geworden, nachdem aus dessen n. F. auch dann zu verurteilen ist, wenn nicht ausgeschlossen werden kann, daß der Angeklagte nur vermindert schuldfähig war (vgl. § 323 a RN 8). Ist jedoch sogar das Sichberauschen zweifelhaft, so ist – entgegen BGH **32** 57 – auch über ein Stufenverhältnis nicht zu einer Verurteilung zu kommen, nachdem der Vollrauschtatbestand als abstraktes Gefährdungsdelikt ein aliud darstellt (vgl. § 323 a RN 1, 28, ferner Schuppner/Sippel NStZ 84, 67, Wolter, Wahlfeststellung 75 ff.; vgl. auch u. 107). **92**

Auch **Begehungs- und Unterlassungsdelikte** stehen in einem derartigen normativen Stufenverhältnis (vgl. Schröder JR 64, 227, Wolter, Alternative 274): so etwa wenn der Täter § 222 entweder durch eigene Trunkenheitsfahrt oder durch Überlassen des Fahrzeugs an einen Nichtfahrberechtigten verwirklicht hat (vgl. Karlsruhe NJW **80**, 1859 sowie u. 109). Ein solches Stufenverhältnis besteht ferner zwischen § **226** und §§ **211/212** sowie zwischen §§ 226, 212/211, 22, 52 und §§ 212/211 (BGH **35** 305, MDR/H **77**, 282, NJW **90**, 131). Demgegenüber wird bislang zwischen § **218 und § 212** Wahlfeststellung für zulässig gehalten (vgl. BGH **10** 294, D-Tröndle § 218 RN 6, Jähnke LK § 218 RN 67). Das ist jedoch nicht nur wegen der fragwürdigen psychologischen Vergleichbarkeit bedenklich, sondern auch, weil der Strafrahmen des § 218 da endet, wo der des § 212 beginnt. Deshalb ist zu erwägen, ob auch zwischen diesen Delikten richtigerweise ein normatives Stufenverhältnis anzunehmen wäre. Dies umso eher, als ein qualitativer Unterschied zwischen dem in beiden Vorschriften geschützten Rechtsgut Leben nicht besteht (vgl. 1 vor § 211, 5 vor § 218). Wenn also nicht nachweisbar ist, ob das Kind im Mutterleib oder erst durch nachgeburtliche Einwirkung den Tod fand, so ist nach in dubio pro reo eindeutig aus § 218 zu verurteilen (and. Wolter, Wahlfeststellung 65). Dementsprechend hätte in BGH **10** 294, sofern man richtigerweise davon ausgeht, daß lediglich **93** die Alternativen §§ 212, 22, 218, 53 oder §§ 212, 218, 22, 53 bestanden (vgl. Eser III 58 f. sowie die dort S. 61 noch vertretene Wahlfeststellung überholend), eine eindeutige Verurteilung nach §§ 212, 22, 218, 53 erfolgen müssen.

94 Auch zwischen **Täterschaft oder Teilnahme** kommt ein solches Stufenverhältnis in Betracht. Zwar wurde bei Täterschaft oder *Beihilfe* ein „mehr oder weniger" von BGH **23** 203/6 verneint, weil zwischen diesen Begehungsformen ein wesensmäßiger Unterschied bestehe, der in der psychologischen Andersartigkeit der Tatbeziehung zum Ausdruck komme (vgl. auch Bay **66** 137 m. Anm. Fuchs NJW 67, 740); dennoch hat der BGH unter entsprechender Anwendung des in dubio-Grundsatzes dem nicht weiter aufklärbaren Vorgang die dem Täter günstigere Deutung gegeben und eindeutig wegen „Beihilfe als der minderschweren Teilnahmeform" verurteilt (grds. zust. Schröder JZ 70, 421: die unmittelbare Anwendung des in dubio pro reo-Grundsatzes sei auf Fälle der Spezialität beschränkt; i. E. ebenso Bay NJW **67**, 361, auch wenn dort Beihilfe gegenüber der Täterschaft als „Auffangstrafdrohung" bezeichnet wird). Dem ist mit der Maßgabe zuzustimmen, daß der in dubio-Grundsatz bereits unmittelbar anwendbar war und damit Wahlfeststellung ausgeschlossen ist (RG **61** 364, Jakobs GA 71, 264, Jescheck 130; i. E. ebenso Baumann/Weber 171, allerdings unter Annahme eines begriffslogischen Stufenverhältnisses zwischen Beihilfe und Mittäterschaft (insoweit ebenso jetzt Wolter, Wahlfeststellung 61) bzw. Beihilfe und Anstiftung; abl. hingegen Blei JA 76, 800, Fuchs NJW 70, 1053 und Wolter, Alternative 91 ff., 110, 142 (and. aber jetzt Wolter, Wahlfeststellung 62), da die analoge Anwendung der in dubio-Regel mit der Konstruktion eines normativ-ethischen Stufenverhältnisses Wahlfeststellung bleibe und unter Verstoß gegen § 261 StPO den in dubio-Grundsatz in sein Gegenteil verkehre (ebenfalls abl. Löhr JuS 76, 715 ff., die aber – jedenfalls hinsichtlich der Tenorierung – zum gleichen Ergebnis gelangt). Auch zwischen Täterschaft und *Anstiftung* ist bei wertender Betrachtung exklusive Alternativität zu verneinen, um stattdessen eindeutig wegen Anstiftung als der minderschweren Beteiligungsform zu verurteilen (offengelassen in BGH **23** 208). Der geringere Unwertgrad zeigt sich daran, daß Anstiftung gegenüber täterschaftlicher Begehung subsidiär ist (vgl. Günther aaO 258; wie hier i. E. auch Dreher MDR 70, 370, Jescheck 130, Rudolphi SK 20 f. nach § 55; and. BGH **1** 127, MDR/D **53**, 21, Düsseldorf NJW **76**, 579 f., Wolter, Alternative 91 ff. [wie hier aber in Wahlfeststellung 62]; für das Verhältnis Täterschaft zu Anstiftung and. auch Baumann/Weber 171). Auch zwischen *Anstiftung oder Beihilfe* ist inzwischen nach BGH **31** 136 aufgrund Stufenverhältnisses wegen letzterer zu verurteilen (zust. Baumann JR 83, 116, krit. Hruschka JR 83, 177). Zur Alternativität innerhalb *Einheitstäterschaft* vgl. o. 87.

95 β) Eine **Kombination** von **exklusiver Alternativität** zwischen den in Betracht kommenden Sachverhalten mit einem **Stufenverhältnis** zwischen den anzuwendenden Tatbeständen kann sich auch dann ergeben, wenn bei einer exklusiven Alternativität der möglichen Handlungen die in Frage kommenden Tatbestände in einem *begriffslogischen* Stufenverhältnis stehen. Auch in diesem Fall wird die (gleichartige) Wahlfeststellung erst durch die Anwendung des in dubio-Grundsatzes ermöglicht: so z. B., wenn widersprechende eidliche oder uneidliche Aussagen vorliegen: Wahlfeststellung in tatsächlicher Beziehung, aufgrund des in dubio-Grundsatzes aber nur Verurteilung aus § 153 (BGH NJW **57**, 1886, MDR/D **57**, 396, Bay NJW **65**, 2214, NJW **76**, 860 m. Anm. Küper NJW **76**, 1828 f., Stree JR 76, 470), oder wenn nicht sicher feststeht, ob der Täter den Betrug mit einem voll ausgefüllten Formular begangen (§ 263) oder ein abgeschwindeltes Blankett gefälscht hat (§§ 263, 267, 52): Verurteilung nur aus § 263 (Braunschweig NdsRpfl. **58**, 22). In der neueren BGH-Rspr. (vgl. etwa MDR/H **80**, 628, **82**, 102, NStZ **83**, 365, StV **84**, 242, **87**, 195, **Nr. 5, 8** zu § 52) findet sich in derartigen Fällen sogar eine doppelte Anwendung des in dubio-Grundsatzes, bevor der Angeklagte auf wahldeutiger Tatsachengrundlage verurteilt wird. So soll etwa dann, wenn nicht feststeht, ob der Angeklagte einen Raub oder eine Körperverletzung in Tatmehrheit mit einem Diebstahl begangen hat, nach §§ 242, 223, *52* zu verurteilen sein (vgl. BGH StV **84**, 242 sowie § 52 RN 48). Dabei ist allerdings die Tendenz zu beobachten, daß der BGH, wenn das Instanzgericht in einem derartigen Fall wegen mehrerer Taten verurteilt hat, trotz Änderung des Schuldspruchs den Strafausspruch hält (vgl. NStE Nr. **5, 8** zu § 52). Nach dieser Rspr. hätte in BGH **10** 294 statt der dort ausgesprochenen Wahlfeststellung zwischen §§ 212, 218, 52 und § 212, 22, 218, *53* eine eindeutige Verurteilung nach §§ 212, 22, 218, *52* erfolgen müssen (zutr. Wolter, Wahlfeststellung 73; vgl. aber auch o. 93). Zum Ganzen auch Wolter, Alternative 38 ff.

96 d) Dagegen ist im Falle sog. **Postpendenzfeststellungen** (vgl. o. 63; zum Begriff Hruschka JZ 70, 641, NJW 71, 1392, Küper Lange-FS 65, 68 ff., Otto Peters-FS 374, Wolter, Wahlfeststellung 38; eingeh. Joerden aaO, insbes. 120 ff.) wiederum bereits das Erfordernis der exklusiven Alternativität der *Sachverhalte* – und damit das Vorliegen einer Wahlfeststellungssituation überhaupt (vgl. o. 85) – problematisch. Dabei geht es um die Frage, ob und inwieweit Wahlfeststellung auch dann in Betracht kommt, wenn die *tatbestandliche Alternativität* nicht von einer beidseitigen Sachverhaltsungewißheit herrührt, sondern von daher, daß die rechtliche Bewertung eines in tatsächlicher Hinsicht feststehenden Verhaltens von der (nicht möglichen) Klärung eines zeitlich früher liegenden Verhaltens abhängt. Wenn man das Erfordernis exklusiver Alternativität der Sachverhalte jedoch lediglich als Mindestvoraussetzung für den Fall beidseitiger Sachverhaltsungewißheit begreift, kommt auch in Postpendenzfällen, in denen der Nachtatsachverhalt ja sicher feststeht, der Vortatsachverhalt dagegen *unabhängig vom Nachtatsachverhalt ungewiß* bleibt, eine Wahlfeststellung grds. in Betracht (vgl. o. 85 sowie Küper Lange-FS 85 ff., Probleme 29 f.).

Beispiele: Der Angeklagte hilft einem Betrüger, die Betrugsbeute abzusetzen (an sich § 259 erfüllt), 97 wobei nicht geklärt werden kann, inwieweit er schon als Mittäter am Betrug beteiligt war (vgl. Hamm JMBlNW **67**, 138, BGH NJW **74**, 804, ähnl. NJW **89**, 1867); der Angeklagte hilft einem Dieb beim Weitertransport des Diebesgutes (an sich nach § 257 strafbar), wobei aber nicht geklärt werden kann, ob er bereits am Diebstahl beteiligt war (vgl. BGH **23** 360); die zur Verwirklichung einer Unterschlagung notwendige Zueignungshandlung steht in tatsächlicher Hinsicht fest, doch kann nicht ausgeschlossen werden, daß der Angeklagte die Sache bereits durch einen vorausgegangenen Betrug erlangt hat (vgl. Hamm NJW **74**, 1957, Saarbrücken NJW **76**, 65).

Teilweise wird bei solchen Postpendenzfeststellungen das Vorliegen einer „echten" Wahlfest- 98 stellung (o. 62) deshalb verneint, weil die vorrangige Möglichkeit einer Verurteilung wegen eines in tatsächlicher Hinsicht feststehenden Verhaltens (§§ 246, 257 bzw. 259) bestehe (so jetzt BGH NStZ **89**, 574, NJW **89**, 1868 i. Anschl. an Hruschka JZ 70, 637, 641, Rudolphi SK 25 f. nach § 55, wobei eine Ausnahme lediglich dann gemacht wird, wenn eine Strafbarkeit wegen Begünstigung bzw. Hehlerei deshalb zweifelhaft bleibt, weil der Angeklagte möglicherweise Alleintäter ist; noch and. Wolter GA 74, 164 ff., Wahlfeststellung 38 ff., der eine eindeutige Verurteilung nur dann für möglich hält, wenn eine Wahlfeststellung mangels Gleichwertigkeit der Delikte im Einzelfall ausscheidet; krit. gegenüber diesen Auffassungen Günther JZ 76, 666, Küper, Probleme 28 ff., Tröndle LK 67). Demgegenüber ist jedoch danach zu **differenzieren,** ob das – nicht feststehende – zeitlich früher liegende Verhalten für die rechtliche Beurteilung des späterliegenden Verhaltens „tatbestandsrelevant" oder nur „konkurrenzrelevant" ist (für eine derartige Unterscheidung bereits Hamm NJW **74**, 1957 ff., Schröder JZ 71, 141 f.; vgl. ferner Blei JA 71, 648 f., Günther JZ 76, 665 f., Küper Lange-FS 73 ff., i. Grds. auch Hruschka JZ 70, 640, Wolter GA 74, 161 ff., die aber dieser Unterscheidung i. E. kaum Bedeutung zumessen): α) Ist das zeitlich früher liegende Verhalten nur **konkurrenzrelevant,** so fehlt es an einer exklusiven Alternativität der *Tatbestände.* Demzufolge ist statt Wahlfeststellung *eindeutig* aufgrund des in tatsächlicher Hinsicht feststehenden späteren Verhaltens zu verurteilen, und zwar deshalb, weil eine (aus Konkurrenzgründen) straflose Nachtat regelmäßig dann voll strafbar ist, wenn der Täter wegen der Haupttat mangels Beweises nicht verurteilt werden kann (allg. Auffassung; vgl. etwa Hamm NJW **74**, 1957 f., Küper Lange-FS 75 mwN). β) Ist das zeitlich früherliegende Verhalten hingegen **tatbestandsrelevant,** so kommt – vorbehaltlich der weiteren Zulässigkeitsvoraussetzungen – nur eine alternative Verurteilung auf *wahldeutiger Grundlage* in Betracht.

Der weiteren (sonst durchaus beachtenswerten) Differenzierung von Küper Lange-FS 79 ff. da- 98a nach, ob die tatbestandliche Einschränkung ihrerseits nur konkurrenzregulierend ist, dürften Praktikabilitäts- und Einfachheitserwägungen entgegenstehen (dagegen Küper, Probleme 50 f., dessen nachfolgende Auseinandersetzung mit den Auffassungen von Joerden und Schmoller über den konkurrenzregulierenden Charakter einzelner Merkmale des § 259 (aaO 52 ff.) die hier entstehenden Probleme aber sehr deutlich werden lassen). Dennoch hat BGH **35** 86 im Anschluß an Küper eine eindeutige Verurteilung wegen Hehlerei zugelassen, wenn zweifelhaft bleibt, ob der Angeklagte an einer schweren räuberischen Erpressung als Mittäter beteiligt war, jedoch feststeht, daß er seinen Beuteanteil – in Kenntnis der Vortat – erst von dem Täter der schweren räuberischen Erpressung erhalten hat (vgl. Anm. von Joerden JZ 88, 847, Wolter NStZ 88, 446 sowie eingeh. Küper aaO). Nach der hier vertretenen Auffassung kommt in diesem Fall dagegen allenfalls eine Wahlfeststellung zwischen (Sach-)Erpressung und Hehlerei in Betracht. Speziell für ein Postpendenzverhältnis von *Betrug und Unterschlagung* (o. 97) ergibt die Differenzierung zwischen tatbestands- und konkurrenzrelevanter Postpendenz folgendes: Akzeptiert man den Ausgangspunkt von BGH **14** 38 ff. (dazu § 246 RN 19, 33), so ist eine (möglicherweise) vorausgegangene deliktische Zueignung für eine weitere Betätigung des Herrschaftswillens, die „an sich" die Voraussetzungen des § 246 erfüllt, grds. tatbestandsrelevant und daher wahlfeststellungsfähig (so auch Hamm NJW **74**, 1957 f.). Tatbestandsrelevant sind regelmäßig ferner: eine mögliche Vortat-Mittäterschaft für § 259 (vgl. BGH NJW **74**, 804 f. unter Bezugnahme auf BGH **7** 134, wonach die wesentlichen Elemente des Hehlereitatbestandes mit einer täterschaftlichen Vortatbeteiligung logisch-begrifflich unvereinbar sind; and. jetzt BGH **35**, 86, NJW **89**, 1868) sowie eine (mögliche) Vortatbeteiligung für § 257 (arg. § 257 III 1; vgl. Blei JA 71, 649, Schröder JZ 71, 141 f.; i. E. ebenso BGH **23** 360, NJW **89**, 1490) und § 258 (arg. § 258 V, vgl. BGH **30**, 77, BGH MDR/H **81**, 99 sowie MDR **89**, 111 in Abgrenzung von BGH **35** 86). In all diesen Fällen besteht eine exklusive Alternativität der Tatbestände, so daß für eine Verurteilung die materiellen Voraussetzungen für eine Wahlfeststellung erfüllt sein müssen.

99 e) Besteht die Möglichkeit einer **eindeutigen Bestrafung,** sei es auf eindeutiger Tatsachengrundlage wie bei den begriffsideologischen Stufenverhältnissen (o. 90) und den konkurrenzrelevanten Postpendenzverhältnissen (o. 98) oder sei es auf wahldeutiger Tatsachengrundlage wie bei den normativen Stufenverhältnissen (o. 91 f.), so ist diese **vorrangig** und demzufolge für (echte) Wahlfeststellung kein Raum (vgl. auch Rogall KK-OWiG 36 vor § 1; and. Wolter, Wahlfeststellung 90ff.). Die Möglichkeit einer eindeutigen Verurteilung auf wahldeutiger Tatsachengrundlage besteht auch dann, wenn der innerhalb zweier Tatmöglichkeiten feststehende Tatteil eine strafrechtliche Verantwortlichkeit ergibt (so auch Nowakowski JurBl 58, 382). Hat daher der Angeklagte von zwei Schüssen nur einen mit Tötungsvorsatz abgegeben, ohne daß jedoch festgestellt werden könnte, welcher von beiden tödlich war, so ist für Wahlfeststellung kein Raum, weil jedenfalls – welche Alternative auch unterstellt wird – versuchter vorsätzlicher Totschlag und fahrlässige Tötung vorliegen. Daher ist hier eindeutig wegen Totschlagsversuchs in Tateinheit mit fahrlässiger Tötung zu verurteilen (so zutr. Wolter, Alternative 221 ff.; and. Peters GA 58, 97 ff. für eindeutige Verurteilung wegen vollendeter Tötung). Die abw. von Schröder (vgl. 18. A. RN 85) und i. E. auch von BGH NJW 57, 1643 vorgeschlagene eindeutige Verurteilung allein wegen Totschlagsversuchs vernachlässigt ohne Grund den jedenfalls fahrlässig verursachten Todeserfolg, der – bei normativer Betrachtung (vgl. o. 91) – in einem Stufenverhältnis zum vorsätzlich verursachten Todeserfolg steht und insofern in beiden Alternativen enthalten ist (vgl. Wolter MDR 81, 441 gegen BGH MDR/H **79**, 279 [zust. aber Hruschka JuS 82, 322ff., dagegen wiederum Wolter StV 86, 318]; wie hier für den Fall, daß beide Handlungen in Tateinheit stehen, jetzt aber BGH **35** 305; vgl. auch schon BGH NStZ **84**, 214, StV **86**, 200). Erst recht ist eine Berücksichtigung des Todeserfolgs dann möglich, wenn feststeht, daß beide Schüsse vom Täter vorsätzlich abgegeben wurden und nur nicht festgestellt werden kann, welcher Schuß den Todeserfolg verursacht hat. Auch hier handelt es sich um den Fall einer reinen Tatsachenalternativität (o. 61), die eine eindeutige Verurteilung wegen Totschlags in Tatmehrheit mit versuchtem Totschlag erlaubt, wobei letzterer allenfalls auf Konkurrenzebene als mitbestrafte Vor- bzw. Nachtat zurücktritt (so i. E. auch Hruschka JuS 82, 322; hins. des Versuchs abw. BGH **36** 268f. m. krit. Anm. Prittwitz/Scholderer NStZ 90, 387, Rudolphi JZ 90, 199), da – mit Verweis auf BGH NJW **57**, 1643 – die Verurteilung wegen Vollendung auf wahldeutiger Tatsachenfeststellung beide Geschehnisse „verbrauche").

100 **4. Prozessual** ist strittig, ob und inwieweit **Tatidentität i. S. der §§ 155, 264 StPO** für Wahlfeststellung erforderlich ist. Dies ist insbes. bei zeitlich weit auseinanderliegenden Vorgängen bedeutsam, wie etwa bei sich widersprechenden Aussagen eines Zeugen in verschiedenen Gerichtsinstanzen (vgl. Bay NJW **65**, 2211, wo zwischen den Aussagen 1½ Jahre lagen), aber auch für den klassischen Wahlfeststellungsfall zwischen Diebstahl und Hehlerei; denn auch hier liegen die alternativen Handlungen notwendig zeitlich und oft auch räumlich auseinander, so daß, selbst wenn man die Grenzen eines historischen Vorgangs weit ausdehnt (vgl. RG **72** 340, BGH **23** 141), das Erfordernis der Tatidentität oft nicht mehr gewahrt sein wird.

101 a) Nach der strengsten Auffassung ist Wahlfeststellung auf solche Fälle zu beschränken, in denen sich die in Betracht kommenden Handlungen als **einheitliche Tat** i. S. von § 264 I StPO darstellen (so O. H. Schmitt NJW 57, 1886, offenbar auch BGH NStZ **81**, 33 [vgl. aber jetzt BGH **32** 146 u. 103]; vgl. ferner H. Mayer JW 34, 540, Koffka JR 65, 430; weit. Nachw. bei Wolter, Alternative 34). Ist dies nicht der Fall, so soll eine Wahlfeststellung unabhängig davon unzulässig sein, ob die mehreren Taten infolge wahldeutiger Anklage sogleich oder erst aufgrund nachträglicher Einbeziehung der Alternativtat in das Verfahren zum Prozeßgegenstand gemacht werden (Sax JZ 65, 749). Diese Auffassung erweist sich aber selbst dann als zu eng, wenn man einem weiteren prozessualen Tatbegriff genügen ließe, unter den Alternativtaten bereits dann fallen würden, wenn sie in engem zeitlichen und räumlichen Zusammenhang stehen. Denn auch danach muß eine Wahlfeststellung in vielen Fällen scheitern, in denen sie aus Gerechtigkeitsgründen geboten erscheint (vgl. Rudolphi SK 12 nach § 55, Wolter, Alternative 34 mwN).

102 b) Andererseits würde es zu weit gehen, bei **fehlender Tatidentität** (ohne Nachtragsanklage) eine Verurteilung auf wahldeutiger Grundlage selbst dann zuzulassen, wenn nur wegen einer von zwei alternativ in Betracht kommenden Taten angeklagt wurde (so Bay NJW **65**, 2211). Dies glaubt man damit begründen zu können, daß § 264 StPO nicht den Fall erfasse, daß das Gericht einen weiteren Handlungsvorgang deswegen einbezieht, weil er mit dem ihm durch die Anklage unterbreiteten Sachverhalt in einem Zusammenhang steht, der eine einheitliche Aburteilung möglich mache. Diese Argumentation enthält jedoch nicht nur einen Zirkelschluß, sondern führt auch zu einer unangemessenen Ausweitung des prozessualen Tatbegriffs und damit zu einer Aushöhlung des Akkusationsprinzips. Daher kann ihr selbst dann nicht gefolgt werden, wenn nur auf diese Weise ungerechte Freisprüche völlig zu vermeiden wären (ebenso inzwischen auch BGH **32** 146; ferner krit. Fuchs NJW 66, 1110f., Koffka JR 65, 428, Rudolphi SK 13 nach § 55, Sax JZ 65, 745ff., Stein JR 80, 448, Tröndle LK 79).

c) Eine Lockerung des Tatidentitätserfordernisses i. S. von § 264 StPO ist daher nur insoweit **103** vertretbar, als sie prozessual abgesichert bleibt und zu keiner Aushöhlung des Akkusationsprinzips führen kann. Das bedeutet, daß entweder **beide** für eine Verurteilung heranzuziehenden **Alternativen zur Anklage** gebracht werden bzw. vom Eröffnungsbeschluß erfaßt sein müssen oder daß Nachtragsanklage nach § 266 StPO zu erheben ist (BGH **32** 151 m. zust. Bspr. Schröder NJW 85, 780, Celle NJW **88**, 1225 m. zust. Anm. Kröpil 1188; vgl. ferner BGH NJW **55**, 1240, **57**, 1887, **89**, 1867, Hamm GA **74**, 84, Jakobs GA 71, 266, Rudolphi SK 14 nach § 55, Tröndle LK 79; zu Einzelheiten ferner Wolter, Alternative 35 ff., Wahlfeststellung 132 ff.). Freilich ist nicht zu verkennen, daß dieser Weg zu ungerecht erscheinenden Freisprüchen führen kann, und zwar selbst dann, wenn man eine Nachtragsanklage auch in der Berufungsinstanz noch für möglich hält (vgl. K-Meyer § 266 RN 10, aber auch Stein JR 80, 448 f.); denn verweigert der Angeklagte seine für die Nachtragsanklage notwendige Zustimmung – und dies wird er tun, wenn seine Verurteilung davon abhängt –, so bleibt nur die Möglichkeit einer Aussetzung der Hauptverhandlung, um der Staatsanwaltschaft Gelegenheit zu einer neuen selbständigen Anklage zu geben und dieses neue Verfahren mit den bereits anhängigen nach §§ 2, 4, 13 StPO zu verbinden (vgl. aber auch Montenbruck GA 88, 541). Das ist aber nicht in allen Fällen möglich (vgl. etwa BGH **4** 152, **18** 130), in denen eine Verurteilung aus Gerechtigkeitsgründen geboten erscheint. In diesen Fällen ist es auch nicht möglich, das gesamte Verfahren nach § 260 III StPO durch Urteil einzustellen, um so den Weg für eine wahldeutige Anklage freizumachen (so aber Celle NJW **88**, 1226); denn das Verfahrenshindernis der fehlenden Anklage besteht nur hins. der nicht angeklagten Alternative, so daß das Verfahren nur *insoweit* eingestellt werden kann (vgl. auch BGH NStZ **81**, 299, auf den sich Celle aaO beruft), während hins. der angeklagten Alternative *freizusprechen* ist. Doch solche Einbußen an Einzelfallgerechtigkeit müssen gegenüber unverhältnismäßigen Rechtssicherheitsrisiken zurücktreten.

d) Derartige Rechtssicherheitsrisiken sprechen auch gegen die Ansicht, daß die **Wahlfeststellung** **103a** ihre Alternativen stets **zu einer prozessualen Tat verbinde** (so jetzt Schlüchter JR 89, 50 ff.; vgl. auch Celle NJW **68**, 2390, **79**, 228 [and. aber NJW **88**, 1225]; Schöneborn MDR **74**, 529). Denn diese Auffassung steht nicht nur in einem ausdrücklichen Gegensatz zum faktischen prozessualen Tatbegriff der h. M. (abl. deshalb etwa BGH **32** 148 f., LR-Gollwitzer § 264 RN 9), sondern ist auch als Versuch einer Normativierung desselben abzulehnen, zumal sie zur Folge hätte, daß in Wahlfeststellungsfällen, in denen nicht schon die Anklageschrift eine wahldeutige Verurteilung anstrebe, der Prozeßgegner nicht mehr durch die Anklageschrift, sondern durch das Ergebnis der Beweisaufnahme bestimmt würde. Das aber ist weder mit dem Gesetz (§ 155 StPO) noch mit dem Rechtsstaatsprinzip vereinbar.

III. Materielle Wahlfeststellungskriterien: Vergleichbarkeit.

Über die vorangehenden *tatsächlich-prozessualen* Vorbedingungen hinaus müssen für den Fall einer **104** echten Wahlfeststellung auch noch bestimmte *materielle* Bedingungen erfüllt sein. Dies betrifft jedoch nur die auch als „ungleichartige" Wahlfeststellung bezeichnete *„Alternativität von Tatbeständen"* (o. 62) sowie die *tatbestandsrelevanten Postpendenzverhältnisse* (o. 98 zu β), da überhaupt nur in solchen Fällen die Vergleichbarkeit verschiedener Tatbestände in Frage stehen kann. Dagegen ist bei „reiner Tatsachenalternativität", da ohnehin auf den gleichen Tatbestand bezogen (vgl. o. 61), eine wahldeutige Verurteilung schon aufgrund der tatsächlich-prozessualen Voraussetzungen zulässig (vgl. u. 109 zu Karlsruhe NJW **80**, 1859), während sich die Fälle „konkurrenzrelevanter" Postpendenzfeststellungen bereits durch eindeutige Verurteilung erledigen lassen (o. 98 zu α).

Damit bei einer aus Gerechtigkeitsgründen geboten erscheinenden Verurteilung auf wahl- **105** deutiger Grundlage der Angeklagte vor ungerechtfertigten und überzogenen Vorwürfen geschützt und dem Rechtssicherheitsbedürfnis in größtmöglichem Umfang Rechnung getragen wird (vgl. o. 68), ist die Wahlfeststellung auf Tatbestände zu beschränken, die sowohl nach ihrem Unrechts- und Schuldgehalt wie auch nach ihrem Stigmatisierungseffekt eine hinreichende Vergleichbarkeit miteinander aufweisen. Von allen Abgrenzungsversuchen, die dazu **106** bereits unternommen wurden (vgl. die Übersicht o. 70 ff.), vermag das Erfordernis **rechtsethischer und psychologischer Vergleichbarkeit** bei entsprechender *Präzisierung* noch am ehesten zu überzeugen. Denn ganz abgesehen davon, daß in der Rspr. keine Anzeichen für ein Abrücken von dieser Formel in Sicht sind (vgl. etwa BGH **25** 184, **30** 78 m. Anm. Günther JR 82, 81 sowie o. 80), ist dieses Kriterium keineswegs so unbrauchbar, wie dies teilweise behauptet wird, jedenfalls aber nicht unbrauchbarer als die an seiner Stelle vorgeschlagenen Kriterien (vgl. o. 73 ff., 80 ff.). So kommt zum einen darin zum Ausdruck, daß die im Verhältnis exklusiver Alternativität stehenden Straftatbestände in bestimmter Weise *vergleichbar* bzw. *gleichwertig* sein müssen. Zum anderen enthält es die Aussage, daß die *Ähnlichkeit der alternativ verletzten Rechtsgüter* zwar eine notwendige, aber keine hinreichende Voraussetzung für Vergleichbarkeit ist (insoweit abw. die Lehre von der „Identität des Unrechtskerns", die sich z. T. mit einer Vergleichbarkeit der verletzten Rechtsgüter begnügt; vgl. o. 79); d. h., daß die Vergleichbarkeit sich auf den *tat- und täterbezogenen Handlungsunwert* erstrecken muß (grds. zust. Wolter Wahlfeststellung 115 f., 117 ff.; eine weitergehende Einengung erhofft sich Schmoller aaO 60 ff., 115 f. davon, daß die Alternativen aufgrund desselben sozialen Sinngehalts „rechtlich völlig gleichwertig" sein müssen). **Im einzelnen** setzt die rechtsethische und psychologische Vergleichbarkeit der alternativen Tatbestände folgendes voraus:

107 1. Die **rechtsethische Vergleichbarkeit** erfordert zunächst, daß – im Sinne einer Mindestvoraussetzung – die in Betracht kommenden Verhaltensweisen zumindest *ähnliche Rechtsgüter* verletzt haben (BGH **30** 78). Insofern ist der Lehre von der „Identität des Unrechtskerns" (o. 78) zuzustimmen (ebenso Saarbrücken NJW **76,** 67). Eine solche Ähnlichkeit besteht grundsätzlich zwischen Eigentum und Vermögen (vgl. Hamm NJW **74,** 1958 f., ferner Saarbrücken aaO hinsichtlich der Alternative Unterschlagung oder *Sach*betrug, hingegen nach BGH NStZ **85,** 123 offenbar nicht, wenn dem Vermögen Eigentum *und* Gewahrsam gegenüberstehen). Soweit dennoch Wahlfeststellung zwischen Diebstahl und Betrug (Karlsruhe Justiz **73,** 57, vgl. aber auch die erhebl. Modifizierungen in NJW **76,** 902 ff.: dazu u. 109) bzw. Betrugsbeihilfe (BGH NStZ **85,** 123) abgelehnt wird, wird dadurch lediglich bestätigt, daß die Verletzung ähnlicher Rechtsgüter lediglich eine *Mindestvoraussetzung* darstellt, die zwar geeignet ist, (negativ) Fälle unzulässiger Wahlfeststellung auszusondern, die aber für sich allein noch nichts Abschließendes über die materielle Zulässigkeit besagt. Zu verneinen ist die Vergleichbarkeit jedenfalls zwischen Vermögen und ungeborenem Leben (BGH MDR/D **58,** 739), zwischen der Sicherheit des Straßenverkehrs und der staatlichen Vollstreckungstätigkeit (Hamm VRS **20** 347 f.) sowie zwischen Vollrauschtatbestand und Rauschdelikt (BGH **9** 392, **32** 48/50, Tröndle Jescheck-FS I 684 ff.; vgl. aber auch o. 92).

108 An der Vergleichbarkeit der Rechtsgüter kann es insbes. auch dort **fehlen,** wo bei der einen Alternative neben vergleichbaren Rechtsgütern zusätzlich *nichtvergleichbare mitverletzt* werden: so z. B. bei der Alternative von schwerem Raub und Hehlerei (vgl. BGH **21** 152), aber auch bei der Alternative von Diebstahl und gewerbsmäßiger Hehlerei. Dies ist regelmäßig auch dann der Fall, wenn nicht der Grundtypus eines Delikts, sondern eine tatbestandliche Abwandlung zur Alternative stände. Zwar hat die Rspr. teilweise auch insoweit Wahlfeststellung zugelassen (vgl. BGH **13** 65, **16** 184 zu §§ 243 a. F. und 259, BGH **11** 26 zu §§ 242 und 260 a. F.; gegen Wahlfeststellung zwischen §§ 249, 250 und § 259 aber BGH **21** 152). Dem kann aber jedenfalls dann nicht gefolgt werden, wenn die tatbestandliche Abwandlung zu einer Veränderung des Deliktscharakters führt (Verbrechen statt Vergehen) und damit rechtsethisch nicht mehr vergleichbar ist (insoweit and. Wolter, Wahlfeststellung 123). Dies bedeutet nicht, daß in diesen Fällen Freispruch erfolgen müßte (diese Konsequenz läßt sich auch nicht aus BGH **21** 152 entnehmen); vielmehr ist die nichtwahlfeststellungsfähige (d. i. die *nicht vergleichbare) Komponente* gemäß in dubio pro reo zu *eliminieren.* Statt Raub oder Hehlerei stehen sich dann etwa Diebstahl oder Hehlerei (BGH MDR/H **86,** 793), statt Raub oder Unterschlagung Diebstahl oder Unterschlagung gegenüber (vgl. BGH **25** 182, wobei allerdings – insoweit entgegen BGH – keine Wahlfeststellung zwischen Diebstahl und Unterschlagung, sondern wegen des Stufenverhältnisses eine eindeutige Verurteilung wegen Unterschlagung zu treffen gewesen wäre: vgl. o. 89, ferner Rudolphi SK 44 nach § 55, Schulz JuS 74, 635, Wolter, Alternative 75 ff., 119 f.; and. dagegen etwa Deubner JuS 62, 22, weil die dubio-Regel in ihr Gegenteil verkehrt werde, wenn man damit erst eine Voraussetzung für eine zulässige Wahlfeststellung schaffe; krit. gegenüber der „Eliminierungsmethode" auch Günther JZ 76, 667 f., Blei JA 76, 799 f.).

109 2. Im Zusammenhang mit der **psychologischen Vergleichbarkeit** bedeutet die *rechtsethische* Vergleichbarkeit ferner, daß sowohl die äußeren Modalitäten des Verhaltens (Art und Weise der Beeinträchtigung) wie auch die in der Person des Täters liegenden Umstände (täterbezogener Unwert bzw. subjektive Unrechtselemente i. w. S.) vergleichbar sind. Das entspricht bis zu einem gewissen Grad der Forderung, bei einem Vergleich der alternativ in Betracht kommenden Delikte auch deren *Handlungsunwerte* mit heranzuziehen (vgl. etwa Fleck GA 66, 336, Rudolphi SK 41 nach § 55, Wolter, Alternative 106 ff.). Da damit jedoch lediglich auf die Bedeutung auch der subjektiven Unrechts- und Schuldelemente verwiesen sein soll (Karlsruhe NJW **76,** 903), sind insoweit an die psychologische Vergleichbarkeit keine allzu strengen Forderungen zu stellen (vgl. etwa Saarbrücken NJW **76,** 68). Auch mit diesem Kriterium läßt sich zunächst eher *negativ* sagen, in welchen Fällen Wahlfeststellung *nicht* in Betracht kommt: An einer psychologischen Vergleichbarkeit bzw. an einer Ähnlichkeit der Handlungsunwerte fehlt es etwa zwischen Vorsatz- und Fahrlässigkeitsdelikt (unrichtig daher BGH **4** 340 ff.) bzw. zwischen eigener Täterschaft (§ 316) und der Gestattung fremder Täterschaft (§ 24 I Nr. 2 StVG durch Überlassen des Fahrzeugs an einen Nichtfahrberechtigten; demgegenüber wird von AG St. Wendel DAR **80,** 53 – mit an sich zutreffenden, aber unvollständigen Feststellungen – lediglich die rechtsethische Vergleichbarkeit dargetan; and. Hamm NJW **82,** 192 m. Anm. Schulz NJW 83, 265, Wolter, Wahlfeststellung 75). Dagegen geht es in dem scheinbar gleichgelagerten Fall von Karlsruhe NJW **80,** 1859 nicht um eine Tatbestands-, sondern lediglich um eine Tatsachenalternativität hinsichtlich der gleichermaßen zu § 222 führenden Pflichtwidrigkeit, so daß wahldeutige Verurteilung unbedenklich ist (vgl. o. 104), sofern nicht ein Stufenverhältnis anzunehmen wäre (vgl. o. 93). Problematisch ist hingegen, und zwar insbes. im Bereich der Eigentums- und Vermögensdelikte, wann die Handlungsunwerte *positiv* vergleichbar sind: Statt mit generalisierenden Formeln dürfte sich dies idR jeweils nur hinsichtlich bestimmter Tatbestandspaare entscheiden lassen, wobei auch hier der Frage, ob eine Verurteilung eine nicht zu rechtfertigende Verrufswirkung haben kann (vgl. o. 105), maßgebliche Bedeutung zukommt. *Bezugpunkt des Vergleichs* müssen dabei nicht notwendig die abstrakten Deliktstypen als Ganzes sein. Vielmehr ist eine Wahlfeststellung bereits dann zulässig, wenn bei bestimmten Untergruppen eines abstrakten Deliktstypus, die ihrerseits Typen darstellen, Vergleichbarkeit besteht (i. gl. S. Wolter, Wahlfeststellung 115f., 117ff.): so z. B. zwischen Trickdiebstahl und Betrug (vgl. Karlsruhe NJW **76**, 902), zwischen Sachbetrug und Unterschlagung (Saarbrücken NJW **76**, 65; ähnl. Hamm NJW **74**, 1857) sowie zwischen Veruntreuung i. S. § 246 I 2. Alt. und dem Treuebruchtatbestand i. S. von § 266 I 2. Alt. (Braunschweig JZ **51**, 235f.), nicht dagegen zwischen gemeinschaftlichem Diebstahl und bloßer Beihilfe zum Betrug (BGH NStZ **85**, 123). Gegen eine Berücksichtigung konkreter Geschehensweisen jedoch Günther JZ 76, 665.

IV. Zusammenfassende Übersicht (vgl. auch die umfassende Dokumentation von Wolter, Wahlfeststellung 172–206).

1. Nach diesen (prozessualen und materiellen) Grundsätzen kann beispielsweise **Wahlfeststellung** **110** **bejaht** werden zwischen: Allein- und Mittäter*schaft* (BGH **11** 18), Mittäterschaft und mittelbarer Täterschaft (BGH **1** 67, **15** 65, Düsseldorf DAR **70**, 190), verschiedenen *Modalitäten* des § 211 (BGH **22** 12, dazu o. 87), *§§ 242 und 257* (BGH **23** 361, NJW **89**, 1490. Schröder JZ 71, 141f.; and. – eindeutige Verurteilung wegen § 257 – Hruschka, Wolter, vgl. o. 98), *§§ 242 und 259* (RG **68** 257, OGH **2** 93, BGH **1** 304, **11** 28, **15** 63, 266, **16** 184, **18** 187, NJW **52**, 114, MDR/D **70**, 13 u. **75**, 367, MDR/H **85**, 285, Schaffstein NJW **52**, 727, Baumann/Weber 168; and. Heinitz JZ **52**, 101; vgl. ferner o. 96ff.), *§§ 242 und 260* (vorausgesetzt, daß der möglicherweise begangene Diebstahl ebenfalls gewerbsmäßig ausgeführt wäre: BGH **11** 28, NJW **74**, 805; weit. Nachw. bei Tröndle LK RN 85), *§§ 242 und 263* (vgl. o. 109; zust. für die Alternative Betrug – Trickdiebstahl Karlsruhe NJW **76**, 902; offengelassen von BGH NJW **74**, 805; abl. Karlsruhe Justiz **73**, 57, BGH NStZ **85**, 123), *§§ 242 und 289* (Düsseldorf NJW **89**, 116), *§§ 246 und 259* (BGH **16** 187, wistra **83**, 29), *§§ 246 und 263* (Hamm NJW **74**, 1958, Saarbrücken NJW **76**, 65, jedenfalls für das Verhältnis Sachbetrug – Unterschlagung; ferner Baumann/Weber 168f.; Bedenken bei Deubner JZ **62**, 94f.; abl. Günther JZ 76, 668, Rudolphi SK 25 nach § 55, Wolter GA 74, 166f.; vgl. ferner o. 96ff.), *§§ 246 I 2. Alt. und 266 I 2. Alt.* (Braunschweig JZ **51**, 235f. m. zust. Anm. Schönke; offengelassen in BGH GA **70**, 24), *§§ 249 und 255* (BGH **5** 280, NStZ **84**, 506), *§§ 249 und 259* (vgl. aber dazu o. 108: Reduktion auf das Verhältnis von §§ 242 und 259; ebenso Baumann/Weber 170; mit gleicher Tendenz BGH **25** 182; and. aber BGH **21** 152 m. Anm. Oellers MDR 67, 605, Deubner NJW 67, 738, Fuchs DRiZ 68, 16), *§§ 253 und 263* (Baumann/Weber 169), *§§ 259 bzw. 260 und 263* (BGH NJW **74**, 805, wohl auch zwischen *§§ 263 und 263a* (vgl. aber auch Lenckner, Computerkriminalität und Vermögensdelikte [1981] 40ff.), ferner zwischen *§§ 263 und 266* (BGH GA **70**, 24, Hamburg JR **56**, 28; and. Wolter, Alternative 132), Herstellen und Gebrauchmachen in § 267 (Celle HE **1** 3), *Steuerhinterziehung* und *Steuerhehlerei* (BGH **4** 128, NJW **74**, 805 mwN; and. aber zwischen Kundenbetrug und Steuerhinterziehung/ hehlerei BGH MDR/H **84**, 89), § 1 I Nr. 1d u. § 9 *OpiumG* (Bay JR **74**, 209 m. zust. Anm. Fuhrmann), §§ 1 u. 9 I *StVO* (Zweibrücken NJW **66**, 1828), verschiedene Ausführungsarten von § 1 StVO (vgl. o. 87).

2. Dagegen ist Wahlfeststellung zu **verneinen** zwischen: Tun und *Unterlassen* (Stufenverhältnis, **111** vgl. o. 93; BGH NJW **64**, 732 m. Anm. Schröder JR **64**, 227), Vollendung und *Versuch* (Stufenverhältnis, vgl. o. 90), Täterschaft und *Beihilfe* bzw. Anstiftung (Stufenverhältnis, vgl. o. 94), Vorsatz- und *Fahrlässigkeits*delikt (Stufenverhältnis, vgl. o. 91), Tateinheit oder Tatmehrheit: vgl. o. 90), Einzeltat oder Fortsetzungstat (für Wahlfeststellung Hamburg NJW **55**, 920, Blei J 38), während im Falle mehrerer Einzeltaten bei mangelndem Nachweis von Gesamtvorsatz von Handlungsmehrheit auszugehen sei (BGH **35**, 322, MDR/H **80**, 984; vgl. aber auch o. 95 sowie 63 vor § 52); *§§ 113 und 315c* (keine Vergleichbarkeit, Hamm VRS **60** 347), *§§ 138 und 211, 27* (keine Vergleichbarkeit; nach BGH MDR/H **86**, 794f. keine Vergleichbarkeit zwischen § 138 I Nr. 9 und strafbarer Tatbeteiligung, ebenso bzgl. § 138 I Nr. 4 BGH StV **88**, 202), *§ 145d und Versuch von § 242* (Köln NJW **82**, 347), *§§ 153 und 154* (Stufenverhältnis, eventuell i. V. m. Tatsachenalternativität, vgl. o. 95, ferner BGH NJW **57**, 1886; and. Bay NJW **65**, 2211), *§§ 153 und 163* (Stufenverhältnis; ähnlich BGH **17** 210 über die Konstruktion des Auffangtatbestandes, dazu o. 92 für Wahlfeststellung hingegen BGH **4** 340, dagegen Dreher MDR 57, 179, Heinitz JR 57, 129, Lange JR 57, 246, Schwarz NJW 57, 401), *§§ 153 und 164* (keine Vergleichbarkeit; and. BGH **32** 149, Braunschweig NJW **59**, 1144, Bay JZ **77**, 570 m. Anm. Hruschka JR 78, 26; vgl. o. 80), *§§ 154 und 156* (Stufenverhältnis, bei gleichzeitigem Vorliegen von Tatalternativität eindeutige Verurteilung auf wahldeutiger Grundlage möglich, and. Hamm GA **74**, 84), *§§ 211, 212 und 218* (Stufenverhältnis: o. 93; and. BGH **10** 294), *§§ 212 und 241* (keine Vergleichbarkeit: Karlsruhe MDR **81**, 430), *§§ 242 und 246* (Stufenverhältnis, vgl. o. 90; diff.

§ 2   Allg. Teil. Das Strafgesetz – Geltungsbereich

Wolter, Alternative 131; für Wahlfeststellung Köln GA **74**, 121f., wohl auch BGH **25** 186 m. Anm. Hruschka NJW 73, 1804, Baumann/Weber 168), *§§ 242 und 253* (BGH DRiZ **72**, 30; vgl. auch Blei JZ 72, 241f., 313f., 379ff., Wolter GA 74, 161), *§§ 246 und 249* (Stufenverhältnis, d. h. eindeutige Verurteilung aus § 246; vgl. o. 89; stattdessen für Wahlfeststellung zwischen §§ 242, 246 BGH **25** 182; ebenso Schulz JuS 74, 635; krit. Tröndle JR 74, 113, Hruschka NJW 73, 1804), *§§ 258 und 249, 27* (keine Vergleichbarkeit, BGH MDR/H **89**, 111), *§ 258 und Drogendelikt* (ungleiche Rechtsgüter: BGH **30** 77 m. Anm. Günther JR 82, 81), *§§ 263 und 267* (keine Vergleichbarkeit, Düsseldorf NJW **74**, 1833), *§§ 263 und 332* (keine Vergleichbarkeit, BGH **15** 100), *§§ 263 und 218* (keine Vergleichbarkeit, BGH MDR/H **58**, 793), *§ 316 und § 21 I Nr. 2 StVG* (keine psychologische Vergleichbarkeit: vgl. o. 109). Zu § 323a vgl. o. 92, 107.

112   3. Sind bei einem nur wahldeutig feststellbaren Vorgang **mehrere beteiligt,** so muß für jeden Beteiligten gesondert geprüft werden, ob für ihn die Voraussetzungen einer Wahlfeststellung gegeben sind (vgl. o. 84) und welches Strafgesetz für ihn (unter Berücksichtigung persönlicher Strafschärfungs- oder -milderungsgründe) am günstigsten ist (vgl. Tröndle LK 119 sowie u. 114).

V. Für **Schuldspruch und Strafwahl** gilt im Falle einer Wahlfeststellung folgendes:

113   1. Die **Fassung der Urteilsformel** ist umstritten. Bedeutsam wird dies allerdings nur in Fällen sog. echter Wahlfeststellung, bei der die Tatsachenalternativität eine Tatbestandsalternativität zur Folge hat (vgl. o. 62). Während die wohl h. M. für eine dem sachlichen Ergebnis der Wahlfeststellung entsprechende *alternative Fassung des Schuldspruchs* eintritt (BGH NJW **52**, 114, Hamm SJZ **50**, 57, D-Tröndle 20, LR-Gollwitzer § 261 RN 167f., K-Meyer § 260 RN 27, Rudolphi SK 45 nach § 55, Schaffstein NJW 52, 727, Wolter, Wahlfeststellung 1⁻⁻ mwN; vgl. auch BGH **15** 66, **25** 186), glaubt die Gegenauffassung von der Aufnahme der Wahlfeststellung in die Urteilsformel absehen zu müssen, um stattdessen den Angeklagten durch einen *eindeutigen Schuldspruch nach dem mildesten Gesetz* zu verurteilen (so BGH **4** 343, NJW **59**, 1140, Bay JZ **65**, 775, Hamburg NJW **50**, 57, Deubner NJW 67, 738, Günther aaO 222f., Jescheck 132, Tröndle LK 115). Obgleich die letztgenannte Auffassung von dem an sich berechtigten Anliegen getragen ist, von dem Verurteilten den Verdacht einer schwereren Straftat fernzuhalten, vermag sie i. E. nicht zu überzeugen. Denn ganz abgesehen davon, daß die mögliche schwerere Tat jedenfalls in den Urteilsgründen auftaucht und auch auftauchen muß (vgl. u. 114 sowie Endruweit aaO 90, Schorn DRiZ 64, 49, Tröndle LK 118), ist gerade im Kernbereich der Wahlfeststellung (§§ 242, 257, 259, 263, 266) der Unterschied der Strafdrohungen der einzelnen Delikte so gering, daß sich auch bei konkreter Betrachtungsweise das mildere Gesetz nur schwer ermitteln läßt (vgl. auch u. 114), so daß die eindeutige Tenorierung zum Zufallsergebnis werden kann (vgl. Wolter, Alternative 104). Auch braucht das (nach konkreter Betrachtungsweise) mildere Gesetz tatsächlich nicht unbedingt das mit der geringeren Verrufswirkung sein. Unter diesen Umständen dürfte es dem Prinzip der materiellen Wahrheit und Gerechtigkeit mehr entsprechen, das Zustandekommen der wahldeutigen Verurteilung durch **alternative Fassung** des Schuldspruchs auch im Tenor offenzulegen. Zur etwa erforderlichen Ermittlung von Rückfallvoraussetzungen vgl. Vorauf. 117.

114   2. Ungeachtet der etwaigen alternativen Fassung des Schuldspruchs ist unstreitig die **Strafe aus dem mildesten Gesetz** zu entnehmen (RG **68** 263, **71** 43, BGH **25** 186, Tröndle LK 110). Die Ermittlung des mildesten Gesetzes erfolgt nach denselben Grundsätzen wie bei § 2 (vgl. dort RN 30). Maßgebend ist auch hier nicht ein Vergleich der abstrakten Strafdrohungen, vielmehr kommt es darauf an, welche Vorschrift für den *konkreten* Fall die mildeste Beurteilung zuläßt (vgl. BGH MDR/D **57**, 397). Nebenstrafen und Nebenfolgen dürfen nur verhängt werden, wenn sie nach beiden Alternativtatbeständen zulässig sind; Art und Umfang richten sich nach dem mildesten Gesetz (Rudolphi SK 46 nach § 55). Da es bei der Heranziehung des mildesten Gesetzes ohnehin um eine Fiktion handelt, dürfen auch Milderungsmöglichkeiten des an sich strengeren Gesetzes berücksichtigt werden (BGH **13** 70 zu § 157, Wolter, Alternative 40). Bei der Strafzumessung wäre ferner zu berücksichtigen, daß der Täter im Falle eines Eigentumsdelikts für die gesamte Beute, im Falle von Hehlerei hingegen nur für einen Teil derselben haften würde; zu seinen Gunsten ist dann vom geringeren Schadensumfang auszugehen (BGH **15** 266). Auch im übrigen ist die Strafe so zu bemessen, als ob der Täter nur den Tatbestand des milderen Gesetzes verwirklicht hätte (Tröndle LK 112).

115   3. Zu sonstigen **verfahrensrechtlichen** Einzelfragen bei alternativer Anklage oder Verurteilung (Zuständigkeit, Rechtskraft, Wiederaufnahme) vgl. Rudolphi SK 47ff. nach § 55, Tröndle LK 120ff. Zur Unzulässigkeit einer **Teilanfechtung** bei wahldeutiger Anklage und eindeutiger erstinstanzlicher Verurteilung vgl. Karlsruhe JR **89**, 82 m. Anm. Schlüchter JR 89, 48.

§ 2 Zeitliche Geltung

(1) **Die Strafe und ihre Nebenfolgen bestimmen sich nach dem Gesetz, das zur Zeit der Tat gilt.**

(2) **Wird die Strafdrohung während der Begehung der Tat geändert, so ist das Gesetz anzuwenden, das bei Beendigung der Tat gilt.**

Zeitliche Geltung 1 **§ 2**

(3) **Wird das Gesetz, das bei Beendigung der Tat gilt, vor der Entscheidung geändert, so ist das mildeste Gesetz anzuwenden.**

(4) **Ein Gesetz, das nur für eine bestimmte Zeit gelten soll, ist auf Taten, die während seiner Geltung begangen sind, auch dann anzuwenden, wenn es außer Kraft getreten ist. Dies gilt nicht, soweit ein Gesetz etwas anderes bestimmt.**

(5) **Für Verfall, Einziehung und Unbrauchbarmachung gelten die Absätze 1 bis 4 entsprechend.**

(6) **Über Maßregeln der Besserung und Sicherung ist, wenn gesetzlich nichts anderes bestimmt ist, nach dem Gesetz zu entscheiden, das zur Zeit der Entscheidung gilt.**

Vorbem. Bei Straftaten, die vor dem 3. 10. 90 in der damaligen DDR begangen wurden, sind die Überleitungsregelungen der Art. 315–315c EGStGB zu beachten (vgl. Anhang sowie 75ff. vor § 3).

Stichwortverzeichnis und Schrifttum: vgl. die Angaben zu § 1. Ferner: *Bergmann,* Zeitl. Geltung u. Anwendbarkeit von Steuerstrafvorschriften, NJW 86, 233. – *de Boor/Pfeiffer/Schünemann,* Parteispendenproblematik, 1986. – *Diefenbach,* Die verfassungsrechtliche Problematik des § 2 IV StGB [a. F.], 1966. – *Felix,* Steuerstrafr. Perspektiven der Parteispenden, 1984. – *Flämig,* Steuerrecht als Dauerrecht, 1985. – *Groß,* Über das „Rückwirkungsverbot" in der strafr. Rspr., GA 71, 13. – *Grunsky,* Grenzen der Rückwirkung bei einer Änderung der Rspr., 1970. – *Hardwig,* Berücksichtigung der Änderung eines Strafgesetzes in der Revisionsinstanz, JZ 61, 364. – *Hecker,* Das Verbot rückwirkender Strafgesetze im amerikanischen Recht, 1971. – *Jung,* Rückwirkungsverbot u. Maßregel, Wassermann-FS 875. – *Kochanowski,* Zur Problematik der Verkündung von Zeitgesetzen in Polen, JOR 86, 337. – *Kunert,* Zur Rückwirkung des milderen Steuerstrafgesetzes, NStZ 82, 276. – *Matill,* Zeit und materielles Strafrecht, GA 65, 129. – *Mazurek,* Zum Rückwirkungsverbot gemäß 2 III StGB, JZ 76, 233. – *Mohrbotter,* Garantiefunktion und zeitliche Herrschaft der Strafgesetze am Beispiel des § 250 StGB, ZStW 88, 923. – *Pawlowski,* Zur Rückwirkung von Gesetzen, NJW 65, 287. – *Pföhler,* Unanwendbarkeit des strafr. Rückwirkungsverbots im Strafprozeß, 1988. – *Pieroth,* Grundlagen und Grenzen verfassungsrechtlicher Verbote, Jura 83, 122, 250. – *Rittau,* § 2 und die Kriegsverbrecherprozesse, NJW 60, 1157, 2184. – *Robbers,* Rückwirkende Rechtsprechungsänderung, JZ 88, 481. – *Rüping,* Blankettnormen als Zeitgesetze, NStZ 84, 450. – *Samson,* Möglichkeiten der legislat. Bewältigung der Parteispendenproblematik, wistra 83, 235. – *Schick,* Zeitgesetze, JurBl. 69, 639. – *Schöckel,* Die Entwicklung des strafr. Rückwirkungsverbots bis zur Französischen Revolution, 1968. – *Schreiber,* Die Zulässigkeit der rückwirkenden Verlängerung der Verjährungsvorschriften, ZStW 80, 348. – *ders.,* Rückwirkungsverbot bei einer Änderung der Rspr. im Strafrecht, JZ 73, 713. – *Schroeder,* Der zeitliche Geltungsbereich der Strafgesetze, Bockelmann-FS 785. – *Sommer,* Das „mildeste Gesetz" i. S. des § 2 III StGB, 1979. – *Spotowski,* Das Rückwirkungsverbot im poln. Recht, Jescheck-FS I 235. – *Tiedemann,* Zeitliche Grenzen des Strafrechts, Peters-FS 193. – *ders.,* Der Wechsel von Strafnormen und die Rspr. des BGH, JZ 75, 692. – *ders.,* Die gesetzl. Milderung im Steuerstrafrecht, 1985. – *ders.,* Das Parteienfinanzierungsgesetz als strafr. lex mitior, NJW 86, 2475. – *ders.,* Art. Zeitgesetz, HWiStR. – *Traeger,* Die zeitliche Herrschaft des Strafgesetzes, VDA VI 317. – *Tröndle,* Rückwirkungsverbot bei Rechtsprechungswandel?, Dreher-FS 117. – Speziell zur rückwirkenden Verlängerung der *Verjährung* vgl. die Angaben in der 19. A., zu Änderungen der Promillegrenze vgl. die Angaben in der 21. A. sowie u. 8 f.

I. 1. Mit der geläufigen Kennzeichnung als **Konkretisierung des Rückwirkungsverbots** werden **1** Zweck und Inhalt dieser Vorschrift zwar in ihrer wesentlichen Auswirkung, aber doch nicht erschöpfend erfaßt; denn als **intertemporales Strafanwendungsrecht** will sie der Tatsache Rechnung tragen, daß sich das zur *Tatzeit* geltende Recht bis zum Zeitpunkt der (tatrichterlichen oder revisionsgerichtlichen) *Entscheidung* – unter Umständen mehrfach – geändert haben kann, und zwar sowohl zu Gunsten als auch zu Lasten des Täters. Für diesen Fall bedarf es einer Klarstellung des anzuwendenden Rechts, und zwar entweder seiner rückwirkigen Anwendung, soweit es um zur Tatzeit noch nicht bestehendes Recht, oder um seine weitere Fortgeltung, soweit es um im Zeitpunkt der Entscheidung an sich nicht mehr geltendes Recht geht. Gegenstand dieser Vorschrift ist somit die Regelung des zeitlichen Geltungsbereichs des Strafgesetzes, indem im Falle mehrerer zeitlich miteinander konkurrierender Strafgesetze dem einen vor dem anderen Geltung verschafft wird (vgl. auch Jakobs 76 f., Schroeder aaO 785 f.). Durch Abs. 1 geschieht dies zunächst einmal zugunsten des Tatzeitrechts. Das darin liegende **Rückwirkungsverbot** ist im Grunde bereits durch das in § 1 verkörperte nullum crimen-Prinzip vorgezeichnet; denn nach dem daraus gefolgerten Erfordernis einer lex *praevia* (§ 1 RN 6) verbietet sich sowohl eine straf*begründende* als auch straf*schärfende* Anwendung *nachträglich* ergangenen Rechts. Das läßt sich nicht nur aus dem Rechtsstaatsprinzip (so aber einseitig Jung aaO 884; m. gl. Tendenz BVerfGE **13** 271, **18** 439, **25** 290, Jescheck 123, Rudolphi SK § 1 RN 7) und der Wahrung der Menschenwürde i. V. m. dem Schuldgrundsatz begründen (vgl. Maunz-Dürig Art. 103 II RN 104, Sax BNS 999), sondern hat auch eine kriminalpolitische, positiv-generalpräventive Funktion; denn die von Strafrechtsnormen erwartete Determinierung des Einzelnen zu einem bestimmten Verhalten kann naturgemäß immer nur von bereits vertypten Normen ausgehen, rückwirkende Normen würden insoweit ins Leere gehen (vgl. auch Krey, Keine Strafe 133 f., M-Zipf I 151, Stratenwerth 42, Rogall KK-OWiG § 3 Rn 43). Zudem hat dieses sog. Rückwirkungsverbot auch

Verfassungsrang, so daß es nicht nur den Richter bindet, sondern auch dem Gesetzgeber den Erlaß rückwirkender Gesetze verwehrt (§ 1 RN 2). Diese Sperre gilt jedoch immer nur für Änderungen **zu Lasten des Täters.** Damit wird Raum für die zwar vom Tatzeitprinzip abweichende, damit aber den Täter begünstigende Regel des *milderen Gesetzes* (Abs. 3; u. 16 ff.), die freilich ihrerseits für sog. *Zeitgesetze* wieder zurückgenommen ist (Abs. 4; u. 36 ff.). Während diese Regeln auch für die Eigentumssanktionen entsprechend gelten (Abs. 5), werden Maßregeln der Besserung und Sicherung grds. dem im Entscheidungszeitpunkt geltenden Recht unterworfen (Abs. 6).

2. Zu dem den Einzelregeln zugrundeliegenden **Regelungsmechanismus,** der neuerdings vor allem durch die steuerstrafrechtliche Parteispendenproblematik (dazu de Boor, Felix, Flämig, Tiedemann aaO je mwN) in Streit geraten, darüber hinaus aber allgemein für die eine Milderung ermöglichende (Abs. 3) bzw. eine solche wegen Zeitcharakters ausschließende (Abs. 4) Behandlung von Blankettstrafgesetzen (u. 26) bedeutsam ist, bleibt vorweg folgendes klarzustellen: Da es bei § 2 nicht um eine nachträgliche Neubewertung von bereits verfahrens- und vollzugsrechtlich voll abgewickelten Taten, sondern um Fälle geht, in denen die Tat zwar bereits begangen, aber noch nicht rechtskräftig abgeurteilt ist, kann nicht von „echter" (retroaktiver), sondern allenfalls von „unechter" (retrospektiver) Rückwirkung die Rede sein (grdl. zu dieser Unterscheidung BVerfGE **11** 139, 145 f., **36** 73 ff., Herzog in Maunz/Dürig Art. 20 VII RN 68 ff.), dies aber immerhin in dem Sinne, daß bei einer nach Tatbegehung eingetretenen Gesetzesänderung zumindest die Sanktionierung aufgrund des späteren Rechts erfolgt; denn wie namentlich von Tiedemann Peters-FS 197, 203 ff., Milderung 13 f. und Dannecker in de Boor 91 ff. insoweit zu Recht betont, hat nach dem allgemeinen staatsrechtlichen Prinzip „lex posterior derogat legi priori" (Jescheck 123) der Richter jeweils das im Entscheidungszeitpunkt geltende – und damit grundsätzlich das neue – Recht anzuwenden (Baumann/Weber 85). Dadurch braucht jedoch das frühere Recht weder zwangsläufig noch ausnahmslos jegliche Geltungskraft zu verlieren; denn sowohl spezialgesetzlich dadurch, daß sich ein neues Gesetz nur für „Neufälle" Geltung beilegen will (vgl. u. 22 f.), als auch generell nach Art des Tatzeitprinzips (Abs. 1) kann der Gesetzgeber für (bereits begangene) „Altfälle" die Weitergeltung des früheren Rechts vorsehen (vgl. M-Zipf I 152, Schroeder aaO 788), wobei es sich ohnedies nur genetisch um „früheres", seiner Geltungskraft nach jedoch um durchaus „gegenwärtiges", weil immerhin zur Aburteilung von „Altfällen" noch verbindliches Recht handelt (vgl. auch Jakobs 76 f.). So gesehen liegt im Tatzeitprinzip des Abs. 1 eine Durchbrechung des allgemeinen lex posterior-Prinzips, indem es sektoral für bereits begangene Taten die weitere Anwendbarkeit des ansonsten außer Kraft getretenen Tatzeitrechts verfügt. Von dem sich daraus ergebenden Verbot einer nachträglichen Andersbeurteilung durch das neue Recht macht nun das lex mitior-Prinzip des Abs. 3 seinerseits eine Ausnahme, indem es dem jeweils mildesten Gesetz Geltung verschaffen will; selbst bei diesem „Meistbegünstigungsprinzip" (Schroeder aaO 790) wird man jedoch nur mit Vorbehalt von einer Wiederherstellung des lex posterior-Prinzips sprechen können, nachdem das lex mitior-Prinzip keineswegs zwingend zur Anwendung der im Urteilszeitpunkt geltenden lex posterior, sondern auch zur Anwendung eines milderen „Zwischengesetzes" führen kann (vgl. u. 29). Eine solche Berücksichtigung nachträglicher gesetzlicher Milderungen ist hin zu völliger Straffreistellung wird jedoch ihrerseits für sog. „Zeitgesetze" (Abs. 4) ausgeschlossen (wobei es rechtstechnisch von sekundärer Bedeutung sein dürfte, ob darin eine echte „Rück-Ausnahme" vom lex mitior-Prinzip durch Wiederherstellung des Tatzeitprinzips liegt oder ob lediglich eine Klarstellung des im Grunde bereits dem generellen Tatzeitprinzip vorausliegenden Satzes bezweckt ist, daß sich die Nachwirkung eines Gesetzes auch aus dessen spezieller Zielsetzung ergeben kann; vgl. auch Schroeder aaO 789 f.). Soweit man diesem Regelungsverständnis und dabei vor allem dessen – wenngleich partieller so doch recht weitgehender – Fortgeltung früheren Rechts dadurch zu begegnen versucht, daß man – ausgehend von der grundsätzlichen Anwendbarkeit des zur Urteilszeit geltenden Rechts – dem Tatzeitprinzip (Abs. 1) lediglich eine das neue Recht *begrenzende* Funktion beilegt, indem jenes – soweit strenger – auf das Tatzeitrecht „zurückzuschneiden" sei und demzufolge die lex mitior keine Ausnahme vom Rückwirkungsverbot, sondern nicht mehr als eine Bestätigung des (vorrangigen) lex posterior-Prinzips darstelle (in diesem Sinne namentlich Tiedemann aaO 9 ff., 17 f., Dannecker in de Boor 93 ff.; ähnlich bereits Sommer aaO 65 ff., mit Vorbehalt auch Jakobs 78), kann dem trotz einer gewissen Plausibilität letztlich doch nicht gefolgt werden: So wenig sich zu dieser Frage – wie insoweit auch von Tiedemann aaO 17 eingeräumt – der offenbar von Zufälligkeit nicht freien Wortwahl des § 2 zwischen „gelten", „anzuwenden", „sich bestimmen" bzw. „entscheiden" Maßgebliches entnehmen läßt (vgl. auch Schroeder aaO 787 f.), so wenig vermag die lex posterior für sich allein ohne eine gewisse – und zwar nicht nur limitierende, sondern auch konstitutive – Weiterwirkung des Tatzeitrechts auszukommen (vgl. Rogall KK-OWiG § 4 RN 3, der insoweit von einer „komplementären Funktion" des Tatzeitrechts spricht); denn anders als im außerstrafrechtlichen Bereich, wo möglicherweise sowohl die Rechtsfolge als auch deren tatbestandliche Voraussetzungen dem Recht der Entscheidungszeit entnommen werden können, steht im Strafrecht zwar der retrospektiven Anwendung einer (milderen) Sanktionsnorm nichts im Wege (Abs. 3); doch selbst für einen solchen Fall bedarf es der Weitergeltung der zur Tatzeit geltenden Verbotsnorm, da sich eine zur Tatzeit noch nicht vorhandene Strafbarkeitsgrundlage schon nach § 1 verbietet (vgl. dort RN 1, 8) und somit selbst eine mildere lex posterior als alleinige Urteilsgrundlage nicht in Betracht kommt (vgl. auch Jakobs 77, 78). Dies gilt naturgemäß umso mehr bei nachträglicher Strafschärfung, wo es zudem recht gekünstelt wirkt, in einem Erstschritt die lex

Zeitliche Geltung 3, 4 **§ 2**

posterior sowohl konstitutiv wie inhaltlich für maßgeblich zu erklären, sodann in einem zweiten dem Tatzeitrecht begrenzte Geltung zu verschaffen, dies aber schließlich doch „nicht wirklich anzuwenden", sondern darin lediglich „Maßstäbe zur Begrenzung des neuen Rechts" zu erblicken (so Tiedemann aaO 17). Im übrigen läßt sich eine derart das frühere Recht zum bloßen Limitierungsfaktor abwertende Prädominanz der lex posterior nicht einmal in der dafür noch am nächsten liegenden Fallgruppe der lex mitior (Abs. 3) voll durchhalten; denn im Falle eines im Vergleich zum Recht der Entscheidungszeit noch milderen Zwischengesetzes bleibt diesem Vorrang gegenüber der lex posterior eingeräumt (vgl. u. 29). Entgegen der vor allem in der Parteispendendiskussion artikulierten Tendenz, in der (tatsächlich oder vermeintlich milderen) lex posterior den „Normalfall" zu erblicken, um dann an den dafür abweichenden „Ausnahmefall" einer Berücksichtigung des Tatzeitrechts – insbesondere aufgrund eines „Zeitgesetzes" – besonders strenge Anforderungen zu stellen (vgl. Tiedemann aaO 26f., 30 mwN), läßt sich für eine solche, gleichsam mit „Beweislastfolgen" verbundene Vorrangregel dem § 2 nichts Verbindliches entnehmen. Bei der **praktischen Handhabung** ist daher grundsätzlich vom Tatzeitprinzip (Abs. 1) auszugehen. Falls es relevant erscheinende Gesetzesänderungen gibt, ist – wie vor allem bei Blankettstrafgesetzen – nach allgemeinen Auslegungsgrundsätzen zu prüfen, inwieweit die in Frage stehende Tat nach Art und Umfang ihrer Strafbarkeit wie auch hinsichtlich ihrer Strafdrohung davon betroffen sein kann (u. 20ff.). Ergibt für diesen Fall der Gesetzesvergleich eine Milderung, so ist diese anzuwenden (Abs. 3; u. 16ff.). Andernfalls verbleibt es beim Tatzeitrecht (Abs. 1). Gleiches gilt für den Fall, daß es sich beim verwirklichten Tatbestand um ein „Zeitgesetz" (Abs. 4) handelt (u. 36ff.), was ebenfalls nach allgemeinen Auslegungsgrundsätzen zu ermitteln ist. Speziell zur Parteispendenproblematik vgl. auch u. 23.

II. 1. Anwendungsbereich des Rückwirkungsverbots (Abs. 1). 3

a) Dieses gilt bereits gegenüber nachträglicher **Strafbegründung**; denn obgleich Abs. 1 nur von der Strafe und ihren Nebenfolgen spricht, ist doch i. V. m. § 1 davon auszugehen, daß weder eine nachträgliche Schaffung einer neuen Strafnorm für bislang straffreies Verhalten noch dessen nachträgliche Einbeziehung in einen bereits bestehenden Tatbestand zulässig ist (Jescheck 123). Dies ist unbestritten, soweit eine derartige Strafbegründung bzw. Strafbereichserweiterung durch nachträgliche Änderungen im **BT** beabsichtigt wäre. Doch auch für eine Strafausdehnung im **AT**, wie etwa durch nachträgliche Ausweitung der Teilnahme oder des Versuchs bzw. durch Aberkennung oder Einschränkung von Rechtfertigungs- oder Entschuldigungsgründen, kann i. E. nichts anderes gelten, vorausgesetzt natürlich, daß der zunächst eingeräumte Strafausschlußgrund rechtsgültig war (vgl. Schünemann Bruns-FS 226ff. zu NS-Tötungsbefehlen); denn die dem Rückwirkungsverbot zugrunde liegende Zielsetzung (o. 1) ist nur dann zu erreichen, wenn alle allgemeinen und besonderen Strafbarkeitsvoraussetzungen, also das „gesamte sachliche Recht" (Tröndle LK 3), soweit es für den Strafbarkeitsbereich bestimmend ist, unter dem Rückwirkungsverbot steht (Baumann/Weber 123, Blei I 50, Jescheck 124, M-Zipf I 152).

b) Auch für **Tatfolgen** gilt das Rückwirkungsverbot, und zwar sowohl gegenüber einer 4 *nachträglichen Zulassung* von zuvor nicht vorgesehenen Sanktionen (z. B. Erstreckung des Fahrverbots auf Taten, die im Tatzeitpunkt noch nicht unter den Anwendungsbereich von § 44 fielen bzw. durch Einführung völlig neuartiger Sanktionen), als auch gegenüber der *Verschärfung* bereits angedrohter Sanktionen (z. B. durch Anhebung des Strafrahmens oder Einführung von Strafschärfungsgründen). Ob es sich dabei um Hauptstrafen (Freiheitsstrafe, Geldstrafe) oder Nebenstrafen (Fahrverbot) handelt, ist gleichgültig. Auch etwaige *Nebenfolgen* werden der Strafe nunmehr ausdrücklich gleichgestellt. Darunter sind nicht nur solche i. techn. S. des § 45 zu verstehen, sondern auch sonstige Nebenfolgen, wie z. B. die Urteilsbekanntmachung nach § 200 (Baumann/Weber 87) oder die Mehrerlösabführung nach § 8 WiStG. Entsprechendes gilt für sonstige Rechtsfolgen, die an die Stelle der Strafe treten können (z. B. Verwarnung unter Strafvorbehalt oder Absehen von Strafe: §§ 59ff.) bzw. für die Voraussetzungen, Fristen oder den Widerruf von Strafverschonungen (wie z. B. Strafaussetzung zur Bewährung oder bedingten Straferlaß: §§ 56ff.; i. Grds. ebenso Düsseldorf NStE **Nr. 22** zu § 56f., Hamm MDR **88**, 74; zw. Hamburg StV **89**, 212 m. krit. Anm. Geiter/Walter). Fraglich könnte insoweit allenfalls sein, ob auch bei Regelungen, die wie etwa § 57 V an ein Nachtatverhalten anknüpfen, das Tatzeitprinzip des § 2 I bereits für die (der Verurteilung zugrunde liegende) Ersttat gilt oder ob es insoweit nur auf den Zeitpunkt des nachtatlichen Verhaltens ankommt (so LG und OLG Hamburg StV **89**, 210, 212). Mag auch wenn nicht für letztere Lösung teleologische Erwägungen wie das Fehlen eines schutzwürdigen Vertrauens sprechen könnten, so handelt es sich doch jedenfalls *auch* um Nebenfolgen der *Tat,* für die es nach dem Wortlaut des § 2 I eben auf das zur Zeit der Tat (§ 11 I Nr. 5) geltende Gesetz ankommt. Dies läßt sich auch sachlich damit rechtfertigen, daß die möglichen Folgen einer Straftat eben generell zur Tatzeit bereits feststehen sollen. Dementsprechend muß auch für die Anwendbarkeit von § 56f I 2 nicht nur die neue Straftat nach dem 1. 5. 86 begangen sein (wie es wohl nach Düsseldorf NStE **Nr. 22** zu § 56f, Hamm StV **87**, 69, MDR **89**, 74 und D-Tröndle § 56f RN 3a genügen soll), sondern auch die

§ 2 5–9   Allg. Teil. Das Strafgesetz – Geltungsbereich

Straftat, für die die Strafaussetzung zur Bewährung widerrufen werden soll (vgl. auch BGH NStE **Nr. 4** zu § 56f). Über Kriminalstrafen hinaus unterliegen zudem auch sonstige hoheitliche Sanktionen, die eine Mißbilligung schuldhaften Verhaltens zum Ausdruck bringen, dem Rückwirkungsverbot: so insbes. *ehrengerichtliche* Maßnahmen (BGH **28** 336f., Tröndle LK 33).

5 Danach gilt auch für *Verfall, Einziehung* und *Unbrauchbarmachung* das Rückwirkungsverbot an sich bereits aufgrund von Abs. 1. Daher kommt dem Abs. 5 (u. 44) insoweit, als der Verfall oder die Einziehung im Einzelfall Strafcharakter haben, nur deklaratorische Bedeutung zu. Daher hätte allenfalls bei quasi-kondiktionellem Gewinnausgleich bzw. bei sicherungsbedingter Einziehung oder Unbrauchbarmachung die Geltung des Rückwirkungsverbots deshalb zweifelhaft sein können, weil in Abs. 6 die *Maßregeln der Besserung und Sicherung* vom Rückwirkungsverbot ausgenommen werden (u. 41ff.). Diese Zweifel sind dadurch ausgeräumt, daß durch Abs. 5 der Verfall, die Einziehung und Unbrauchbarmachung ungeachtet ihrer Zielsetzung und Rechtsnatur im Einzelfall (dazu 3, 12ff. vor § 73) ausnahmslos den Strafen und ihren Nebenfolgen gleichgestellt werden (vgl. E 62 Begr. 107f.).

6 c) Strittig ist hingegen, inwieweit das Rückwirkungsverbot auch für **Verfahrensrecht** gilt, und zwar namentlich für prozessuale Strafverfolgungsvoraussetzungen bzw. -hindernisse. Von der bislang h. M. wird dies grds. verneint (nach BGH **26** 289 eine „Selbstverständlichkeit"; vgl. auch BVerfGE **24** 33, 55, **25** 269, BGH **26** 231, ferner Pföhler aaO), mit der Folge, daß z. B. bei prozessualem Verständnis des Strafantrags ein Antragsdelikt nachträglich in ein Offizialdelikt umgewandelt werden darf (RG **77** 106, vgl. auch BGH **20** 27) oder auch der Fristverlängerung einer (prozessual verstandenen) Verjährung nichts im Wege stünde (RG **76** 159, BGH **2** 305, **4** 385; ebenso Blei I 51, Krey, Keine Strafe 50f., JA 83, 234, M-Zipf I 152f.; vgl. ferner RG **75** 311 m. Anm. Bockelmann DR 41, 2182, RG **77** 183, Köln NJW **53**, 1156). Demgegenüber gewinnt die Auffassung an Boden, daß auch Verfahrensvoraussetzungen jedenfalls insoweit dem Rückwirkungsverbot zu unterstellen sind, als ihnen Strafwürdigkeits- oder Strafbedürftigkeitserwägungen zugrunde liegen, wie dies insbes. bei Strafantrag und Verjährung der Fall ist (Jescheck[2] 110, vgl. ferner Baumann/Weber 125, Grünwald MDR 65, 522ff., JZ 76, 771, Jakobs 55f., 80,

7 Pieroth Jura 83, 124, Welzel 24f., Schreiber ZStW 80, 364ff. mwN). Dieser Auffassung ist zuzugeben, daß das Rückwirkungsverbot nicht einfach von der ohnehin meist recht zweifelhaften Einordnung einer Norm als materiell oder prozessual abhängig gemacht werden kann. Vielmehr ist auf den Zweck des Rückwirkungsverbots abzustellen: Da dieses auch dem rechtsstaatlichen Gedanken des Vertrauensschutzes und der Berechenbarkeit staatlichen Handelns dient (vgl. o. 1 sowie Stratenwerth 43), hängt die Entscheidung maßgeblich vom Vertrauensschutzgehalt der betreffenden Norm ab (vgl. Eser I 40). Bei rein prozeßleitenden Regeln oder Zuständigkeitsnormen wird ein solcher ebenso zu verneinen sein wie etwa bei *Verjährung*, auf deren Eintritt der Täter wegen der Möglichkeit jederzeitiger Unterbrechung weder hoffen kann noch legitimerweise hoffen darf. Daher ist BVerfGE **25** 269 i. Grds. zuzustimmen, wenn dort die rückwirkende Verlängerung der Verjährungsfrist für Mord mangels einer schutzbedürftigen Vertrauensposition für zulässig erklärt wird (i. E. zust. Stratenwerth 43; vgl. ferner Schmidhäuser I 31, Tröndle LK 10ff. mwN). Dagegen ist bei einem *Strafantragsdelikt* ein Vertrauen darauf, daß die Strafverfolgung vom Antrag eines bestimmten, dem Täter nahestehenden Personenkreises (vgl. etwa § 247) abhängig bleibt, nicht ohne weiteres auszuschließen (vgl. Jescheck 125, aber auch Tröndle LK 9 sowie u. § 77 RN 8). Zur Anwendung der am 1. 1. 75 inkraftgetretenen Vorschriften über Strafantrag, Ermächtigung und Strafverlangen auf bereits vorher begangene Taten vgl. Art. 308 EGStGB. Zur (verneinten) Anwendbarkeit des Rückwirkungsverbots auf Auslieferungsvorschriften vgl. Frankfurt in Eser/Lagodny, Intern. Rechtshilfe in Strafsachen (1989) 389.

8 d) Strittig ist ferner, ob und inwieweit das Rückwirkungsverbot einer **rückwirkenden Änderung der Rechtsprechung** entgegensteht. Da § 2 jeweils nur auf den Geltungszeitpunkt des *Gesetzes* abhebt, wird die richterliche Rechtsanwendung vom Rückwirkungsverbot im Grundsatz nicht erfaßt. Ändert daher die Rspr. ihre Auslegung, so kann diese nach h. M. auch auf Taten bezogen werden, die *vor* der Änderung begangen wurden (BVerfGE **18** 240, BGH MDR/ D **70**, 196, Köln VRS **49** 424). Danach ist dem Richter nicht verwehrt, eine Tat zu bestrafen, obwohl die zur Tatzeit praktizierte Rspr. dies nicht getan hätte (z. B. das anfänglich für strafllos erklärte Rechtsüberholen auf der Autobahn). Dies wird daraus gefolgert, daß nur das Gesetz, nicht aber der Richterspruch maßgeblich dafür ist, was verboten oder erlaubt sein soll (näher dazu Bockelmann Niederschr. III 289, D-Tröndle § 1 RN 11c, M-Zipf I 153, Schmidhäuser I 31, Stree aaO 80ff., Tröndle LK 161ff.). Danach kann das Vertrauen auf die bisherige Rspr. allenfalls bei der Frage des Verbotsirrtums berücksichtigt werden (vgl. Karlsruhe NJW **67**,

9 2167, Bremen MDR **82**, 772 sowie § 17 RN 20). Auf der anderen Seite ist aber nicht zu verkennen, daß der für § 2 zentrale Gedanke des *Vertrauensschutzes* durch eine rückwirkende Änderung der Rspr. in gleicher Weise tangiert sein kann wie durch eine rückwirkende Gesetzesänderung (allg. für die Beurteilung rückwirkender Rechtsprechungsänderungen am Maß-

54   *Eser*

stab des verfassungsrechtlichen Grundsatzes des Vertrauensschutzes Robbers JZ 88, 485 ff.). Gesetz und richterliche Rechtsanwendung stellen eine Einheit dar, aus der sich erst die Grenzen zwischen erlaubt und verboten ergeben. Daher ist ein Rückwirkungsverbot jedenfalls in Erwägung zu ziehen, wenn und solange eine völlig konforme Rspr. ihre Entscheidung zu bestimmten Fragen formelhaft festgelegt hat. Das ist natürlich nicht als Rechtsprechungs*änderungs*verbot zu verstehen, wohl aber als Verbot, einer (täterbelastenden) Rechtsprechungsänderung eine auf die Tatzeit *rückwirkende Kraft* beizulegen. Wenn z. B. die Rspr. den im StGB nicht näher definierten Begriff der Fahruntauglichkeit (§§ 315c, 316) nicht nach den Umständen des Einzelfalles beurteilt, sondern sich aus Gründen der Praktikabilität an eine bestimmte BAK bindet, so erlangt dieser Satz damit eine gesetzesergänzende Bedeutung, die vom Vertrauensschutz des § 2 erfaßt sein sollte (vgl. Maunz-Dürig Art. 103 II RN 112 FN 2 [„der Täter müsse sonst an der Wirksamkeit des Art. 103 II GG irre werden"], Gross GA 71, 19, Kohlmann aaO 268 ff., Naucke NJW 68, 758, 2321, M-Zipf I 153, Müller-Dietz aaO 50, Stree aaO 81 f.; i. gl. S. LG Düsseldorf NJW **73,** 1054; and. BGH VRS **32** 229, KG NJW **67,** 1766, Karlsruhe NJW **67,** 2167 m. zust. Anm. Eckert NJW 68, 1390, Celle NdsRpfl. **68,** 90, Frankfurt NJW **69,** 1634, Köln VRS **49** 422, Bremen aaO, Jakobs 88 f., Riese NJW 69, 549, Rudolphi SK § 1 RN 8). Allerdings ist einzuräumen, daß ein Rückwirkungsverbot bei Rechtsprechungswandel erhebliche Folgeprobleme (nicht zuletzt prozessualer Art) nach sich zieht, für die es noch keine befriedigende Lösung gibt (dazu insbes. Tröndle Dreher-FS 117 ff., Schreiber JZ 73, 713 ff.).

2. Im Rahmen des vorgezeichneten Anwendungsbereichs ist nach dem **Tatzeitprinzip** 10 **(Abs. 1)** für die Beurteilung der Strafbarkeit und ihrer Rechtsfolgen grundsätzlich das *zur Zeit der Tat geltende Recht* entscheidend. Somit hindert bei Blankettnormen § 2 die Bestrafung nicht, wenn die Ausfüllungsnorm, z. B. ein Steuergesetz, *vor der Tatbegehung* rückwirkend geändert wird (BGH NStE **Nr. 1**).

a) Das hat zur **Folge,** daß in Abweichung von dem sonst geltenden Grundsatz, wonach der 11 Richter das jeweils im Entscheidungszeitpunkt geltende Recht anzuwenden hat (o. 2), im vorbezeichneten Rahmen etwaige *nachträgliche Rechtsänderungen außer Betracht* zu bleiben haben. Allerdings hat der Gesetzgeber dieses Tatzeitprinzip selbst durchbrochen, indem er in bestimmten Fällen dem im Entscheidungszeitpunkt geltenden Recht Vorrang einräumt: dazu u. 14 ff.

b) Die für die Strafbarkeit entscheidende *Tatzeit* ist die ihrer **Begehung** (vgl. § 1). Dazu 12 gehört nach der Legaldefinition des § 8 die Zeit, zu welcher der Täter oder der Teilnehmer gehandelt hat bzw. im Falle des Unterlassens hätte handeln müssen. Demgemäß kommt es allein auf den Zeitpunkt der *Handlung* (bzw. Pflichtversäumung), nicht dagegen auf den Erfolgseintritt an; näheres bei § 8 RN 2 ff.

c) Eine Sonderregelung ist für den Fall einer **Gesetzesänderung innerhalb des Begehungs-** 13 **zeitraums (Abs. 2)** vorgesehen. Das kann insbes. bei *Fortsetzungstaten* und *Dauerdelikten* praktisch werden, wenn Einzelakte bzw. die Begründung des rechtswidrigen Zustandes und seine Aufhebung in den Geltungsbereich verschiedener Strafgesetze fallen. Dabei ist folgendermaßen zu differenzieren:

α) Soweit es lediglich um Änderungen der *Strafdrohung* geht, ist das bei Beendigung der Tat 14 geltende Recht anzuwenden (BGH **29** 124), und zwar gleichgültig, ob sich dies strafmildernd oder strafschärfend für den Täter auswirkt. Dazu gehört auch der Fall, daß sich (lediglich) der Deliktscharakter (Auf- oder Abstufung zwischen Übertretung, Vergehen oder Verbrechen) ändert (vgl. Stuttgart 3 Ss 694/78), während der Wechsel von oder zu einer Ordnungswidrigkeit strafbegründende Bedeutung (u. 15) hat (näher Rogall KK-OWiG § 4 RN 17). Letzteres läßt sich damit begründen, daß die als einheitlich zu verstehende Tat jedenfalls auch unter der Geltung des strengeren Gesetzes begangen wurde und daher der Täter mit entsprechend schärferer Strafe rechnen mußte (vgl. RG **43** 356, **56** 54, **68** 338, Tröndle LK 27 f.; vgl. aber auch Jähnke GA 89, 387 ff.). Jedoch dürfen die Teilakte der Fortsetzungstat, die zur Zeit der Geltung eines milderen Gesetzes vorgenommen worden sind, bei der Strafbemessung nur mit dem Gewicht in Ansatz gebracht werden, das sie zur Zeit der Handlung hatten (Jakobs 81, Rudolphi SK 4).

β) Soweit es dagegen um *strafbegründende* Gesetzesänderungen geht, werden davon jeweils 15 nur solche Teilakte erfaßt, bei deren Begehung das neue Gesetz bereits in Kraft war. Waren also Teilakte im Zeitpunkt ihrer Begehung noch straflos, so dürfen sie in den Fortsetzungszusammenhang nicht einbezogen und daher auch bei der Strafzumessung nicht mitberücksichtigt werden (vgl. RG **62** 3, Köln MDR **74,** 251). Dementsprechend kommt es bei Dauerdelikten darauf an, daß der vom Täter aufrechterhaltene rechtswidrige Zustand bis in die Geltungszeit des neuen Gesetzes hineinreicht (Jescheck 124, M-Zipf I 154).

III. Abweichend vom Tatzeitprinzip ist nach dem **Vorrang des mildesten Gesetzes (Abs. 3)** 16 bei *täterbegünstigenden Gesetzesänderungen* zwischen Tatbegehung und letztinstanzlicher Entscheidung das jeweils mildeste Gesetz anzuwenden. In dem darin liegenden Gebot rückwirkender Anwendung späteren Rechts ist jedoch weder eine Durchbrechung des verfassungsrechtlichen Rückwirkungsverbots zu erblicken, da dieses nur Rückwirkung zulasten, nicht aber zugunsten des Täters verhindern will (vgl. Baumann/Weber 126f. sowie § 1 RN 7), noch braucht dies ohne weiteres zur Anwendung des im Entscheidungszeitpunkt geltenden Rechts zu führen, da stattdessen u. U. auch ein noch milderes „Zwischengesetz" (u. 29) zum Zuge kommen kann (vgl. auch o. 2). Über diese in einer Art „Meistbegünstigungsprinzip" (Schroeder aaO 790) wurzelnden Gründe hinaus käme es auch einer „Vergewaltigung der materiellen Gerechtigkeit" gleich (M-Zipf I 155), wenn der Richter noch ein Gesetz anwenden müßte, zu dessen Existenzberechtigung bzw. Strenge der Gesetzgeber sich im Entscheidungszeitpunkt nicht mehr bekennt (in diesem Sinne bereits RG 21 294f., ferner Rüping NStZ 84, 54; vgl. zum ganzen auch Sommer aaO 34ff.). Das heißt aber nicht, daß dem in § 2 III enthaltenen Rückwirkungsgebot Verfassungsrang zukäme mit der Folge, daß eine in einem Änderungsgesetz enthaltene Anordnung der Fortgeltung des bisherigen Rechts für „Altfälle" verfassungswidrig wäre (zu Art. 15 I S. 3 IPBR vgl. Rogall KK-OWiG § 3 RN 3). Vielmehr ist eine derartige Derogierung des einfachgesetzlichen § 2 III durch den *Gesetzgeber* als lex posterior verfassungsrechtlich unbedenklich, solange sie nicht als willkürlich anzusehen ist (vgl. u. 22.) Mangels verfassungsrechtlicher Absicherung des in § 2 III enthaltenen Begünstigungsprinzips kann daher auch bei Ahndung einer Tat, die in der Zeit zwischen ihrer Begehung und der Entscheidung vorübergehend nicht strafbedroht war, allenfalls ein einfacher Gesetzesverstoß (von § 2 III), nicht aber eine Verletzung von Art. 103 GG erblickt werden (BVerfG NStZ **90**, 238; vgl. auch u. 29).

17 Die **Anwendbarkeit dieses „Meistbegünstigungsprinzips"** setzt im wesentlichen voraus, daß (a) überhaupt eine *berücksichtigungsfähige Gesetzesänderung* vorliegt (u. 18ff.), daß (b) diese im Vergleich zum Tatzeitrecht als *milder* anzusehen ist (u. 28ff.) und daß (c) im Tatzeitrecht *kein* (gegenüber nachfolgenden Änderungen vorrangiges *„Zeitgesetz"* (u. 36ff.) zu erblicken ist, wobei man sich in der **praktischen** Handhabung jedenfalls den Milderungsvergleich, wenn nicht sogar schon die Feststellung einer Gesetzesänderung ersparen kann, falls der Zeitgesetzcharakter des verwirklichten Tatbestandes klar zutage liegt, ebenso wie sich umgekehrt eine Prüfung als „Zeitgesetz" erübrigt, wenn es bereits an einer berücksichtigungsfähigen Gesetzesänderung fehlt (vgl. LG Hamburg NJW **86**, 1885). Das bedeutet **im einzelnen:**

18 1. Zwischen Tatzeit und Entscheidungszeitpunkt muß eine **Gesetzesänderung** eingetreten sein.

19 a) Hinsichtlich des zur **Tatzeit** geltenden Rechts kommt es auch hier auf die Tat*beendigung* an (o. 12ff.). Von da an kommen alle **vor der Entscheidung** eintretenden Gesetzesänderungen in Betracht, wobei, nachdem die Neufassung nicht mehr von „Aburteilung" (so § 2 II a. F.) spricht, auch solche Rechtsänderungen zu berücksichtigen sind, die erst nach dem letzten tatrichterlichen Urteilsspruch, aber noch vor der Revisionsentscheidung eintreten (§ 62 Begr. 107, Koblenz NStZ **83**, 82, Rudolphi SK 7, Sommer aaO 103ff.; ebenso schon BGH **5** 208). Allerdings soll nach BGH **26** 94 dem RevGericht die Berücksichtigung einer nach § 2 bedeutsamen Gesetzesänderung nur dann möglich sein, wenn eine *Sachrüge* erhoben wurde (mit Recht krit. Küper NJW 75, 1329 sowie eingeh. in Pfeiffer-FS 425). Im übrigen ist eine Gesetzesänderung auch dann zu beachten, wenn das Urteil im Schuldspruch bereits rechtskräftig geworden war (BGH **20** 117, Bay NJW **61**, 688, Hardwig JZ 61, 364, Tröndle LK 43; and. RG **47** 382) oder nur noch über eine Strafaussetzung zu entscheiden ist (BGH **26** 1, D-Tröndle 12). Dagegen können erst *nach* der letztinstanzlichen Entscheidung eintretende Gesetzesänderungen allenfalls auf dem Gnadenweg berücksichtigt werden (Rudolphi SK 7).

20 b) Ob und inwieweit eine relevante Gesetzesänderung vorliegt, ist unter Berücksichtigung des **gesamten Rechtszustandes** zu bestimmen, von dem das Ob und Wie der Strafbarkeit abhängt (so – entgegen dem RG – BGH **20** 181, NStZ **83**, 80, 268, KG JR **50**, 404, Frankfurt NJW **65**, 264, Hamm MDR **74**, 593, Bay JZ **76**, 249 m. krit. Bspr. Mohrbotter JZ 77, 53, Tröndle LK 3; vgl. aber auch u. 26). Dazu zählt das gesamte materielle Strafrecht, einschließlich des den räumlichen Geltungsbereich umschreibenden Strafanwendungsrechts der §§ 3–7 (BGH **20** 22, Düsseldorf NJW **79**, 61), nicht dagegen das Strafverfahrensrecht (Rudolphi SK 8). Dabei ist nach dem lex posterior-Prinzip grundsätzlich davon auszugehen, daß, sofern kein gegenteiliger gesetzlicher Wille erkennbar ist, durch den Erlaß des späteren Rechts davon abweichendes früheres Recht außer Kraft bzw. entsprechend modifiziert wird (vgl. M-Zipf 152 sowie o. 2).

21 α) Danach ist unzweifelhaft eine **Änderung anzunehmen,** wenn ohne ausdrücklichen oder sonst erkennbaren gesetzlichen Vorbehalt ein Straftatbestand ersatzlos gestrichen, ein neuer Straffreistellungsgrund eingeführt bzw. ein bereits vorhandener erweitert oder eine Strafdrohung eingeschränkt wird (vgl. Jescheck 125, Tröndle LK 30). Entsprechendes hat für die Herabstufung einer Straftat zu einer bloßen Ordnungswidrigkeit zu gelten (vgl. BGH **12** 148,

Bay **53** 116, **59** 47, **61** 81, Celle GA **53**, 184, Düsseldorf NJW **69**, 1221, Hamm NJW **53**, 274; and. Köln NJW **53**, 1156). Über das Verhältnis des WiStG 1954 zu seinen Vorläufern vgl. BGH NJW **55**, 1406, zum BMietG Hamm NJW **56**, 641.

β) Umgekehrt ist danach bereits eine berücksichtigungsfähige **Änderung zu verneinen**, **22** wenn das an sich geänderte Recht nur für (künftige) „Neufälle" Geltung beanspruchen will und demzufolge auf (bereits geschehene) „Altfälle" das bisherige Recht anwendbar bleiben soll, wobei diese Feststellung natürlich ihrerseits erst das Ergebnis einer Auslegung ist (vgl. FGS-Samson § 369 RN 25a), und zwar (entgegen Tiedemann NJW 1986, 2476) nicht aus einer Auslegung des (doch gerade verdrängten) § 2 III, sondern aus der Auslegung des Änderungsgesetzes, wobei (entgegen Dannecker in de Boor 94 FN 9) eine *ausdrückliche* Fortgeltungsanordnung nicht unbedingt erforderlich erscheint.

Um einen solchen Fall handelt es sich namentlich beim sog. ParteiFinG v. 22. 12. 1983 (BGBl. I **23** 1577), wonach die steuerlich günstigere Behandlung von **Parteispenden** ausdrücklich „erstmals für den Veranlagungszeitraum 1984" anzuwenden ist (§ 52 XVII a EStG, § 54 XIV KöStG): Ohne daß es daher überhaupt erst auf dessen strittigen „Zeitgesetzcharakter" ankäme (vgl. einerseits verneinend Felix aaO 27ff., Friauf u. Dannecker in de Boor 34, 98ff., Tiedemann aaO 30ff., Ulsenheimer NJW **85**, 1934, andererseits bejahend AG Köln NJW **85**, 1040, AG Bochum NJW **85**, 1969, AG Düsseldorf NJW **85**, 1971), ist der Weg zu Abs. 3 bereits dadurch verschlossen, daß das ParteiFinG diesen durch seine auch für das Strafrecht relevante Fortgeltungsanordnung versperrt (i. E. ebenso BGH NJW **87**, 1276 [m. abl. Anm. Tiedemann 1247], LG Hamburg NJW **86**, 1885 [m. Anm. Bruns MDR 87, 16, Bergmann NJW **86**, 233], D-Tröndle 13c, Engelhardt DRiZ 86, 88, Lackner 3a aa, Rudolphi SK 8c, Ipsen u. Schünemann in de Boor 19, 121). Demgegenüber können die Einwände von Tiedemann NJW 86, 2475 ff. schon deshalb nicht verfangen, weil es in seinen Beispielen durchwegs an einem dem ParteiFinG vergleichbaren Fortgeltungswillen fehlt. Und selbst wenn ein „Auseinanderfallen von außerstrafrechtlicher und strafrechtlicher Rechtslage" nicht grundsätzlich ausgeschlossen ist, brauchte damit nie nicht ohne weiteres gewollt zu sein, wäre also seinerseits erst eines Beweises bedürftig. Ist aber ein solches Auseinanderfallen von Steuer- und Strafrecht ohnehin schon bei nachträglicher Beurteilung von reinen „Altfällen" wenig erfreulich, so wird dies nachgerade widersinnig, wenn – wie in diesen Parteispendenfällen – selbst für noch zu erstellende (und bewußt unrichtige) Steuererklärungen für die Zeit vor 1984 die Berufung auf die heutige lex mitior möglich bliebe (vgl. Ipsen in de Boor 19). Vgl. zum ganzen auch o. 2 sowie u. 27, 38.

c) Besondere Probleme stellen sich bei **Änderung von Tatbestandselementen und Qualifi- 24 zierungsmerkmalen.** Während die ersatzlose Streichung eines Tatbestands – vom Ausnahmefall des Abs. 4 abgesehen – unstreitig zum nachträglichen Wegfall der Strafbarkeit führt (vgl. o. 21), stellt sich bei bloßer Modifizierung der Tatbestandsbeschreibung die Frage, ob dies, nachdem die Tat als solche nach wie vor strafbar ist, unbeachtlich sein soll (so i. S. der früheren Auffassung etwa noch Oppenhoff, StGB[8], 1881, § 2 Anm. 9) oder ob der Täter, da einerseits in der Tatbestandsänderung eine Aufhebung des bisherigen Strafgesetzes und andererseits im neu umschriebenen Tatbestand ein zur Tatzeit noch nicht geltendes Strafgesetz zu erblicken sei, auch insoweit straffrei ausgehen soll (so im Anschluß an Schroeder aaO 796ff. Rudolphi SK 10, wohl auch Schünemann, Nulla poena 26f.). Gegenüber diesen beiden Extremen stellt die h. M. zu Recht darauf ab, ob trotz Änderung der neue mit dem alten Tatbestand aufgrund der **Kontinuität des Unrechtstyps** im wesentlichen noch identisch ist (grdl. BGH **26** 172f., ferner GA **78**, 147, JZ **79**, 77, D-Tröndle 5, Loos JR 75, 248, Mazurek JZ 76, 234f., Tiedemann Peters-FS 202ff., JZ 75, 693; and. diff. Jakobs 84ff. (ihm folgend Rogall KK-OWiG § 4 RN 26), Sommer aaO 135ff.): Ist dies zu bejahen, so ist der Täter aus dem milderen Tatbestand zu bestrafen (vgl. BGH **26** 174 sowie u. 25). Andernfalls entfällt die Anwendbarkeit des alten Rechts, weil nicht mehr geltend, während der Anwendung des neuen das Rückwirkungsverbot entgegensteht (vgl. Loos aaO, Mohrbotter ZStW 88, 935ff., Tröndle LK 29). Eine solche *Diskontinuität* ist auch bei Qualifizierungsmerkmalen denkbar: In diesem Fall kommt nur eine Bestrafung aus dem Grunddelikt in Betracht (vgl. Tiedemann JZ 75, 693).

Streitig ist allerdings der für die Kontinuität des Unrechtstyps erforderliche **Identitätsgrad:** Wäh- **25** rend Köln NJW **74**, 1830 im Verhältnis von § 180 a. F. (Schutz der öffentlichen Sittlichkeit vor Kuppelei) zu § 180a I Nr. 2 n. F. (Schutz der Prostituierten vor Ausbeutung) ungeachtet des veränderten Schutzzwecks genügen ließ, daß die konkrete Tat im Hinblick auf beide Rechtsgüter nach Art und Intensität eine sozial nicht mehr hinnehmbare Beeinträchtigung darstellt, von KG NJW **76**, 813 (im Anschluß an Loos JR 75, 248) hingegen das gleiche Ergebnis mit dem Gleichbleiben des unmittelbaren Regelungseffekts begründet wird, mißt BGH **26** 173 der Änderung von qualifizierenden Tatmodalitäten weniger Bedeutung bei, solange nur der Schutzzweck davon unberührt bleibt; demzufolge sei ein Straßenraub auch dann nach § 250 strafbar, wenn diese Qualifikation (Abs. 1 Nr. 3 a. F.) nach der Tat weggefallen ist, sofern nur, wie etwa durch Mitführen von Waffen, eine andere Qualifikation des neugestalteten § 250 erfüllt ist; denn beiden Fassungen sei als „gemeinsamer Unrechtskern" der gewaltsame Angriff auf Eigentum und Freiheit anderer eigen (wohl zust. Baumann/Weber

87; ebenso im Verhältnis von nächtlichem Raub und Waffenraub BGH JZ 75, 702). Auf den „gemeinsamen Unrechtskern" wird im Verhältnis von § 263 und § 266b auch von Hamm MDR 87, 514, KG JR 87, 258 und Weber JZ 87, 216 abgehoben (i. E. ebenso BGH JZ 87, 208; vgl. auch unten § 266b RN 16). Dabei wird jedoch verkannt, daß für den Unrechtstypus sowohl das Schutzgut als auch die Angriffsmodalität konstitutiv sind (vgl. Mohrbotter ZStW 88, 942ff., Tiedemann JZ 75, 693) und der Tatbestand einer seiner wesentlichen Funktionen beraubt würde, wenn es für die dem Rückwirkungsverbot zugrundeliegende Voraussehbarkeit des Unrechtsvorwurfs (vgl. o. 1) lediglich auf den rechtsgutsbezogenen Verletzungserfolg, nicht aber auch auf deren Modalität ankäme. Daher ist eine Kontinuität des Unrechtstyps nur solange annehmbar, als sich das geänderte Tatbestands- oder Qualifikationsmerkmal noch im gleichen Schutzbereich und in gleicher Angriffsrichtung bewegt. Das mag noch im Verhältnis von § 180 a. F. zu § 180a I Nr. 2 n. F. der Fall sein, da es auf den Wandel gesetzgeberischer Motive nur dann ankommen kann, wenn sich dies in einer für die Vorhersehbarkeit erheblichen Weise in der Tatbestandsformulierung unverkennbar niederschlägt. Auch zwischen § 239 I Nr. 1 KO a. F. und § 283 I Nr. 1 besteht eine solche Kontinuität (vgl. BGH JZ 79, 77). Dagegen kann im Verhältnis von Straßen- oder nächtlichem Raub einerseits, wo das Orts- und Zeitmoment im Vordergrund steht, und dem Waffenraub andererseits, wo der Gefährlichkeit des Tatmittels qualifizierende Bedeutung zukommt, von gleichgerichtetem Schutz keine Rede mehr sein (insoweit gegen BGH auch Blei JA 76, 25 ff., D-Tröndle 5, Herdegen LK § 250 vor 1, Lackner 3a bb, Mazurek JZ 76, 235, Mohrbotter aaO 949ff., JZ 77, 53, Schroeder aaO 793ff.). Auch im Verhältnis von § 70 I AWVO a. F. zu § 34 I Nr. 1 AWG wird die Kontinuität zu Recht verneint (BGH GA 78, 147; vgl. auch Saarbrücken OLGSt 1ff.).

26 d) Auch die Frage, inwieweit in der **Änderung von blankettausfüllenden Normen** (dazu 3 vor u. 8 zu § 1) oder in sonstigen **mittelbaren Rechtsänderungen** eine für § 2 III beachtliche Gesetzesänderung liegen kann, bedarf weiterer Klärung. Zwar besteht seit BGH 20 177 Einigkeit darüber, daß zu dem zu berücksichtigenden gesamten Rechtszustand (o. 20) auch (außerstrafrechtliche) Ausfüllungsnormen von Blankettstrafgesetzen gehören, zumal da sie praktisch deren „Tatbestand" bilden, und daher mit ihrer gänzlichen oder teilweisen Auswechslung auch das Strafgesetz eine Änderung erfährt (Bremen NJW 64, 2261, Blei 11, Jescheck 125, Lackner 3a, aa, Rudolphi SK 8a, Schmidhäuser I 45, Tröndle LK 7; and. noch BGH 7 294 und die RG-Rspr.). Dies braucht freilich nicht bei jedweder Änderung einer Bezugsnorm, auf die sich ein Straftatbestand oder eine Blankettstrafdrohung bezieht, der Fall zu sein (so aber generell Dannecker in de Boor 96ff., Tiedemann aaO 19f., NJW 86, 2476, Rogall KK-OWiG § 4 RN 9 bzgl. Blanketten, ferner Rüping NStZ 84, 451 bzgl. Steuervorschriften; tendenziell hins. mittelbarer Rechtsänderungen auch BGH 14 156 zu § 257 a. F., Düsseldorf NJW 69, 1679 zu § 145d, Bay MDR 74, 685 zu § 164 sowie allg. Mazurek JZ 76, 235ff.); vielmehr werden solche Rechtsänderungen auszuscheiden sein, die – ähnlich wie bei Änderungen von rein strafrechtlichen Tatbestandsmerkmalen (o. 24) – den Schutzzweck und die Angriffsrichtung des (Blankett)-Tatbestandes und damit auch das verwirklichte Unrecht im wesentlichen unberührt lassen, also gleichsam nur das vom Rechtsgut zu unterscheidende Tatsubstrat oder nur sonstige auswechselbare Tatumstände betreffen. Wenngleich terminologisch schwer nachvollziehbar, so doch wohl i. gl. S. Jakobs 83f., Rudolphi SK 86ff. mit Differenzierung zwischen (beachtlicher) Änderung von verbots- und gebotsnormierenden Ausfüllungsnormen, zu deren unmittelbarer *Gehorsamssicherung* die Strafdrohung dient, und der (unbeachtlichen) Änderung von mittelbaren *Regelungseffekten* von Ausfüllungsnormen, an die das Blankett anknüpft (vgl. auch Samson wistra 83, 237); ähnlich wie hier D-Tröndle 8, LK 6, K. Meyer JR 75, 70, Mohrbotter ZStW 88, 956f., Wenner MDR 75, 162. Vgl. auch Stuttgart NJW 90, 657 zur mangelnden Transformation von EG-Vorschriften durch den deutschen Gesetzgeber.

27 Dementsprechend entfällt bei den §§ 145d, 164 und § 258 – entgegen der zu diesen Tatbeständen o. 26 angeführten Rspr. – die Strafbarkeit nicht etwa deshalb, weil die jeweilige *Bezugstat* nachträglich entkriminalisiert wird; denn davon bleibt das nun einmal verletzte Schutzgut dieser Tatbestände unberührt (Jakobs 84, Tröndle LK 6; vgl. auch § 145d RN 25, § 164 RN 9, § 258 RN 11; and. bezgl. § 258 Rudolphi SK 8d). Ähnlich verliert ein mit Verdeckungsabsicht begangener Totschlag seinen Mordcharakter nicht schon dadurch, daß hinterher die Strafbarkeit der verdeckten Tat aufgehoben wird (K. Meyer JR 75, 69). Ebensowenig würde der Schutzzweck des Vorfahrtsrechts dadurch berührt, daß die zur Tatzeit bestehende rechts-vor-links-Regelung in eine solche links-vor-rechts geändert wird (Jakobs 84; vgl. auch Hamm NJW 54, 1735 zur nachträglichen Entfernung von Verkehrszeichen; allg. zur Tatbestandswirkung von Verwaltungsakten Arnhold, Die Strafbewehrung rechtswidriger Verwaltungsakte, 1978, sowie speziell zu Steuerbescheiden Schünemann in de Boor 60f.). Ähnlich bleibt die Strafbarkeit einer Banknotenfälschung (§ 146) davon unberührt, daß diese nachträglich außer Kurs gesetzt werden (Jakobs 84). Gleiches gilt für eine außerstrafrechtliche Änderung der Voraussetzungen, unter denen ein Eid zu leisten ist, wie etwa die Ersetzung des Offenbarungseids durch die eidesstattliche Versicherung (vgl. BGH MDR/H 78, 280, D-Tröndle 8). Wird dagegen eine Geschwindigkeitsbeschränkung nach der StVO ersatzlos aufgehoben, so liegt darin eine schutzgutrelevante Änderung (Jakobs 84, Rudolphi SK 8b). Gleiches gilt für den Fall, daß bei An-

Zeitliche Geltung 28–30 § 2

knüpfung der Schutzgrenze an die Volljährigkeit (z. B. § 301 a. F.) durch deren Herabsetzung auch der Schutzumfang eingeschränkt wird (Tröndle LK 5). In gleicher Weise wie bei solchen mittelbaren Änderungen bloßer Bezugsnormen von Straftatbeständen ist auch bei echten *Blankettstrafgesetzen* eine Differenzierung geboten: Zwar wird durch die Änderung von Ausfüllungsnormen, weil als Verhaltenskonkretisierung meist überhaupt erst unrechtskonstitutiv, auch der Schutzzweck und die Angriffsrichtung berührt, weswegen darin idR eine für § 2 III relevante Strafgesetzänderung zu erblicken ist (so zum MinÖStG BGH **20** 177, zu Bewirtschaftungsvorschriften Kassel SJZ **49** 649, Schleswig HESt **2** 183, KG JR **50** 404; and. RG **46** 396, **49** 410; vgl. auch Saarbrücken OLGSt 7); dementsprechend kann auch in Steuerentlastungen, indem beispielsweise Parteispenden der Charakter von Betriebsausgaben zuerkannt und damit der Steueranspruch gegenüber staatspolitischen Zwecken hintangestellt wird, eine strafrechtsrelevante Schutzzweckänderung liegen. Sofern es dagegen lediglich um die mehr technische Änderung von Abrechnungszeiträumen oder sonstige Modalitäten geht, durch die der Steueranspruch als solcher unberührt bleibt, kann dies kaum anders behandelt werden als eine für § 2 III unbeachtliche Änderung des Beeidigungsverfahrens oder die Änderung einer rechts-vor-links-Regelung (i. gl. S. BGH NJW **87**, 1276 zu Steuerdelikten; demgegenüber bei solchen Delikten eine mögliche Gesetzesänderung einerseits zu pauschal verneinend Jakobs 84, Lackner 3a aa, Rudolphi SK 8d, Samson wistra 83, 237, Schünemann in de Boor 121 ff., andererseits zu pauschal bejahend Dannecker und Tiedemann aaO o. 26, wobei spez. hins. der Parteispenden selbst bei Annahme einer schutzgutrelevanten Änderung noch zu beachten bleibt, ob nicht eine Fortgeltung des bisherigen Rechts gewollt bzw. ein Zeitgesetz anzunehmen ist; dazu o. 22f. bzw. u. 38).

2. Liegt eine berücksichtigungsfähige Gesetzesänderung vor, so ist in einem **Milderungsvergleich** das für den Täter günstigste Gesetz zu ermitteln. 28

a) Dabei sind auch sog. **Zwischengesetze**, die einerseits bei Tatbegehung noch nicht galten 29 und andererseits im Entscheidungszeitpunkt schon nicht mehr gelten, mitzuberücksichtigen (E 62 Begr. 107, M-Zipf I 156f., Tröndle LK 29); zwar würde in deren Nichtberücksichtigung, da ja an sich bereits außer Kraft getreten, keine – ihrerseits dem Rückwirkungsverbot unterliegende – rückwirkende „Aufhebung" liegen (insofern mißverständlich Jescheck 126, Rudolphi SK 6), läßt sich aber sowohl aus dem Wortlaut des Abs. 3 (M-Zipf I 157) wie auch aus dem darin enthaltenen Meistbegünstigungsprinzip (o. 16) entnehmen. Daher genügt also nicht schon ein Vergleich zwischen dem zur Tatzeit und dem im Entscheidungszeitpunkt geltenden Recht; vielmehr sind auch etwaige nur zwischenzeitlich geltende Gesetze mitzuberücksichtigen und, falls milder als die vorherige oder nachherige Recht, anzuwenden (insofern erweist sich auch der auf Anwendung des zur „Entscheidungszeit" geltenden Gesetzes abhebende Fassungsvorschlag von Schroeder aaO 788 als unvollständig). Deshalb kann dort, wo eine Tat zwischen ihrer Begehung und der Entscheidung vorübergehend nicht strafbedroht war, wenn auch nicht Art. 103 II (vgl. o. 16 zu BVerfG NStZ **90**, 238), so doch § 2 III einer Bestrafung entgegenstehen. Diese Berücksichtigung einer zwischengesetzlichen Milderung gilt natürlich immer unter der Voraussetzung, daß sie nicht ihrerseits verfassungswidrig ist (vgl. Tiedemann NJW 86, 2478, Schünemann in de Boor 120 gegen Dingeldey NStZ 85, 337, 340).

b) Ob ein Gesetz – und gegebenenfalls welches – **milder** ist, läßt sich nicht durch einen 30 abstrakten Vergleich der Tatbestände und Strafdrohungen ermitteln; dieser wäre vielfach auch unmöglich, z. B. bei gleichzeitiger Erhöhung der Höchst- und Herabsetzung der Mindeststrafe (vgl. etwa RG **75** 310). Entscheidend ist vielmehr, welches Gesetz für den **konkreten Fall** die mildeste Beurteilung zuläßt (RG **71** 43, **75** 310 m. Anm. Bockelmann DR 41, 2182, BGH **20** 75, **28** 337, LM **Nr. 2** zu § 2a, MDR **64**, 160, NStZ **83**, 80, 268, StV **83**, 281, NJW **87**, 1276, Bay JZ **74**, 393, Koblenz VRS **49** 350, Jescheck 125, Rudolphi SK 11, Tröndle LK 34; vgl. auch u. § 52 RN 37). Unrichtig ist es deshalb, zwei Fassungen eines Gesetzes im ganzen miteinander zu vergleichen, etwa die StVO in alter und neuer Fassung (vgl. RG JW **36**, 49). Der Vergleich ist nicht auf die Regelstrafdrohung zu beschränken, sondern hat auch etwa wegfallende Strafschärfungsgründe zu berücksichtigen (Koblenz NStZ **83**, 82) und ist im übrigen auf den gesamten, für die konkrete Tat erheblichen Rechtszustand zu erstrecken, also u. U. einschließlich des – heute insgesamt milderen – Internationalen Strafrechts (vgl. 12 vor § 3, § 7 RN 1, Düsseldorf NJW **79**, 61). Über Tatbestandsänderungen hinaus ist auch die Änderung von allgemeinen Regeln, wie z. B. über Irrtum, Rechtfertigung oder Verjährung, zu berücksichtigen (vgl. M-Zipf I 155). Auch kann ein in den Tatfolgen verschärfter Tatbestand dadurch milder sein, daß aufgrund der Neufassung im konkreten Fall nur Versuch (mit der Strafmilderungsmöglichkeit nach § 23 II) in Betracht kommt (dies im Verhältnis von § 257 a. F. zu § 258 n. F. übersehen von LG Hannover NJW **76**, 978 m. krit. Anm. Schroeder). Entsprechendes gilt bei Einräumung von Differenzierungsmöglichkeiten (BGH **28** 337). Auch Änderungen der Strafaussetzung zur Bewährung (vgl. BGH NJW **53**, 1800, 1833, NStE **Nr. 4** zu § 56f) sind von Bedeutung, nicht aber Änderungen bei rein verfahrensrechtlichen Sätzen (vgl. aber dazu o. 6). Bei Umwandlung einer Straftat in eine Ordnungswidrigkeit ist letztere auch dann das „mildere Gesetz", wenn die Geldbuße höher ist als die ehemals angedrohte Geldstrafe (Bay NJW **69**,

2296, Düsseldorf NJW **69**, 1221; and. Sommer aaO 114ff.; vgl. auch Saarbrücken NJW **74**, 1009).

31 Beim **Vergleich verschiedener Strafdrohungen** kann problematisch sein, wie sich Änderungen in der Strafart zu Änderungen in der Strafhöhe und wie sich Änderungen in den Hauptstrafen zu Änderungen in den Nebenstrafen und Nebenfolgen verhalten (vgl. Schröder JR 66, 68). Im einzelnen gilt folgendes:

32 α) Innerhalb **derselben Strafart** kann die Milderung sowohl in einer Herabsetzung der Höchst- als auch in der Herabsetzung der Mindeststrafe liegen (vgl. BGH **20** 121, Hamm GA **75**, 26, ferner LG Hannover NJW **76**, 979, aber dazu auch o. 30). Wird der Strafrahmen nach oben und unten verändert, so ist konkret zu entscheiden. Je nachdem, ob ein leichter oder schwerer Fall vorliegt, entscheidet die obere oder untere Grenze des neuen Strafrahmens (vgl. RG **75** 310). Dies gilt erst recht, wenn die Strafrahmen durch Abschichtung besonders schwerer Fälle oder durch allgemeine mildernde Umstände erweitert werden.

33 β) Nach der Rspr. ist **Geldstrafe** stets milder als **Freiheitsstrafe** (RG **46** 430, **57** 122, 198, **59** 98, **65** 230, Bay MDR **72**, 884, Tröndle LK 38; and. Jakobs 87). Ist aber in beiden oder einem der beiden zu vergleichenden Gesetze Freiheitsstrafe mit Geldstrafe gekoppelt, so hat der Richter die kombinierten Freiheits- und Geldstrafen in ihrer Gesamtheit einander gegenüberzustellen und für den Einzelfall eine Wertentscheidung zu treffen, welches Gesetz milder ist (vgl. Tröndle LK 67; Sommer aaO 130ff.). Dementsprechend wird von Frankfurt NJW **75**, 354 eine Freiheitsstrafe von 2 Jahren und/oder Geldstrafe als milder angesehen als eine 3jährige Freiheitsstrafe.

34 γ) **Nebenstrafen und Nebenfolgen** berücksichtigt die h. M. (D-Tröndle 10, Rudolphi SK 12) nur dann, wenn eine Entscheidung über die Rangordnung der Strafen im Bereich der Hauptstrafen nicht getroffen werden kann. Ergibt dagegen ein Vergleich der Hauptstrafen, daß ein Gesetz sich als das mildere darstellt, so sollen damit alle Nebenstrafen und Nebenfolgen anzuordnen sein, die in dem mildderen Gesetz vorgesehen sind (BGH NJW **65**, 1723 m. abl. Anm. Schröder JR 66, 68 für das Verhältnis von §§ 42, 47 BVerfGG zu § 90a II a. F. StGB). Dies beruht auf dem von der Rspr. aufgestellten Grundsatz, daß immer nur *ein Gesetz im ganzen* angewendet werden könne, es also unzulässig sei, teilweise das alte und teilweise das neue Gesetz anzuwenden (RG **61** 77, **74** 133, **75** 57, **77** 221, BGH **20** 30, **24** 97, M-Zipf I 155f.). Demgegenüber ist davon auszugehen, daß jede einzelne Deliktsreaktion ihr eigenes Gewicht und, insbes. im Verhältnis Haupt- und Nebenstrafen, ihre eigene Zielsetzung hat. Richtigerweise ist deshalb *getrennt für jede einzelne Deliktsreaktion* festzustellen, ob das alte oder das neue Recht milder ist (zust. Jakobs 87, Rogall KK-OWiG § 4 RN 29, Sommer aaO 92ff.). So darf z. B. eine Nebenstrafe, die das neue Recht vorsieht, die jedoch dem alten unbekannt ist, trotz Milderung der Hauptstrafen im neuen Recht nicht zur Anwendung kommen (vgl. Schröder JR 66, 68; and. Rudolphi SK 12, Tröndle LK 40).

35 3. Sofern dem Tatzeitrecht nicht als „Zeitgesetz" Vorrang zukommt (u. 36ff.), ist das **mildeste** Gesetz anzuwenden, und zwar **zwingend;** insofern verbleibt auch dem RevG kein Anwendungsermessen (vgl. § 354a StPO, BGH **20** 77, Saarbrücken NJW **74**, 1009, Tröndle LK 30, 43). Insbes. ist die Anwendung des milderen Gesetzes auch nicht davon abhängig, ob die Gesetzesänderung auf einer geläuterten Rechtsauffassung oder auf einer Änderung der Verhältnisse beruht, zu deren Schutz das Gesetz gedient hat (vgl. BGH **6** 32, **20** 181). Führt das mildeste Gesetz zur *Straffreiheit,* so hat das nicht nur Verfahrenseinstellung (so jedoch Celle GA **53**, 184, M-Zipf I 155), sondern Freispruch des Täters zur Folge (vgl. Bay NJW **61**, 688, Jescheck 125, Tröndle LK 30). Blieb zwar die Strafbarkeit der Tat grundsätzlich aufrechterhalten, waren aber die *Tatfolgen* zwischenzeitlich gemildert worden, so ist jenes Gesetz anzuwenden, aus dem sich die für den Täter insgesamt mildeste Anwendbarkeit ergibt (über die dabei anzulegenden Maßstäbe vgl. o. 30ff.).

36 IV. Bei Tatbegehung während der zeitlich begrenzten Geltung eines **Zeitgesetzes (Abs. 4),** ist die Anwendung nachträglicher Strafbestimmungen oder Milderungen (Abs. 3) ausgeschlossen. Würde etwa ein für besondere Verhältnisse geschaffenes Devisenbewirtschaftungsgesetz oder ein zur Überwindung einer Energiekrise für eine bestimmte Zeit erlassenes Sonntagsfahrverbot nach Ablauf der vorgesehenen Geltungsfrist nicht mehr anwendbar sein, könnte der Täter allzu leicht darauf spekulieren, daß bei Aburteilung seiner Tat das Gesetz bereits wieder außer Kraft getreten ist und er damit nach dem Vorrang des milderen Gesetzes (Abs. 3) straffrei bliebe (o. 16ff.). Damit müßten derartige Gesetze jedenfalls gegen Ende ihrer Geltungsdauer praktisch jede Autorität verlieren (vgl. BGH **6** 38, Jescheck 126; grds. abl. Flämig aaO 53ff., 74ff., 125). Um dies zu verhindern, läßt Abs. 4 auf Zeitgesetze den Grundsatz des milderen Gesetzes nicht zu, so daß hier praktisch das *Tatzeitprinzip* des Abs. 1 wieder zur Geltung gelangt (vgl. auch o. 2). **Im einzelnen** gilt folgendes:

37 1. Zu den **Zeitgesetzen** gehören unstreitig solche, die entweder schon von vornherein oder auf Grund einer späteren Rechtsnorm (vgl. Bay **61** 149, Karlsruhe NStZ **81**, 264) in ihrer Geltung kalendermäßig befristet bzw. nur für eine Zeit bemessen sind: sog. *Zeitgesetze im engeren Sinne* (OGH **2** 268). Darüberhinaus fallen in den Anwendungsbereich des Abs. 4 jedoch

Zeitliche Geltung 38–40 §2

auch solche Gesetze, deren Geltungsdauer zwar nicht auf einen bestimmten Zeitpunkt fixiert ist, bei denen sich jedoch aus Inhalt und Zielsetzung ergibt, daß sie nur für bestimmte Zeitverhältnisse gelten und mit deren Wegfall oder Änderung außer Kraft treten sollen: sog. *Zeitgesetze im weiteren Sinne* (BGH NJW **52**, 72). Diese schon früher anerkannte Ausweitung (vgl. 17. A. § 2 RN 55 mwN, ferner Schick JurBl. 69, 639; krit. aber Tiedemann Peters-FS 200ff., Jakobs 82, Rüping NStZ 84, 451) läßt sich auch daraus entnehmen, daß das im 2. StrRG vorgesehene Abheben auf einen bestimmten „Zeitpunkt" durch das EGStGB bewußt wieder rückgängig gemacht wurde und es damit nur auf die Geltung für eine bestimmte „Zeit" ankommen soll (vgl. BT-Drs. 7/550 S. 206 sowie krit. zur Entwicklung Kunert NStZ 82, 276ff.). Eine solche zeitlich beschränkte Geltung kann freilich immer nur bei solchen Gesetzen angenommen werden, aus deren Inhalt sich ergibt, daß sie nach Ablauf der zeitlich bedingten Sonderverhältnisse von selbst gegenstandslos werden oder auch bei Beendigung eines Ausnahmezustandes von selbst erledigen. Das Hauptanwendungsfeld des Abs. 4 bilden somit vor allem die im Nebenstrafrecht besonders häufigen **Blankettgesetze** (o. 26f.), deren Zweck meist gerade darin besteht, durch elastische Auswechselbarkeit der blankettausfüllenden Norm akuten Bedürfnissen (z. B. Wirtschafts- bzw. Versorgungskrisen) oder sich wandelnden Zeitverhältnissen (z. B. bei Besteuerungen oder Einfuhrbeschränkungen) Rechnung zu tragen, ohne daß sich dabei die Erreichung des gesteckten Zieles von vorneherein zeitlich schon genau vorhersehen und fixieren ließe. Doch kommt es bei solchen Ausfüllungsnormen auf ihren jeweiligen konkreten Inhalt und Zweck an, so daß nicht etwa die Steuergesetze im ganzen (oder vergleichbare Rechtsgebiete in ihrer Gesamtheit) als zeitgesetzliche Regelungen behandelt werden können (Kunert aaO 278, Lackner 4, Rüping NStZ 84, 450, Rudolphi SK 15, Tiedemann aaO 35ff.; and. Franzheim NStZ 82, 138; vgl. auch Samson wistra 83, 238ff. sowie u. 38 a. E.).

Zeitgesetze wurden in der **Rspr.** beispielsweise in folgenden Fällen angenommen: Zeitlich be- **38** grenzte PolizeiVO (Bay NJW **62**, 825, vgl. schon RG **56** 186 zum EntwaffnungsG), das MinöStG (BGH **20** 182), das WohnraumbewirtschG (Hamm JMBlNW **65**, 270), §§ 10, 30 des AWG (Karlsruhe NJW **62**, 825, NStZ **81**, 264), zu Höchstpreis- bzw. preisregelnden Vorschriften, bei denen es sich idR um Zeitgesetze handelt (BVerwG DVBl. **62**, 490), vgl. insbes. BGH **2** 30 (Höchstpreise für Zigaretten), NJW **55**, 1406 (Ausführungsvorschriften der §§ 8, 18 WiStG), NJW **52**, 72 (Gebrauchtwagen-VO und zu anderen preisregelnden Vorschriften aus der Zeit vor der Währungsreform), Hamburg MDR **49**, 700 (KaffeebewirtschVO), vgl. ferner RG **49** 388, **50** 291, 401; and. Kassel MDR **49**, 58, OGH **2** 259, 267, wo preisregelnde Vorschriften nicht als Zeitgesetze behandelt wurden. Zu sonstigen Bewirtschaftungsvorschriften vgl. RG **52** 172, **53** 255, **57** 384, **61** 222, **74** 301, zu polizeilichen Vorschriften vgl. RG **59** 197, **71** 41. **Keine Zeitgesetze** waren nach der Rspr. die Geschwindigkeitsbegrenzung nach § 9 StVO idF von 1939 (BGH **6** 30, Bremen NJW **53**, 1642, Frankfurt NJW **54**, 208; and. Oldenburg NJW **53**, 1642), die Devisenstrafbestimmungen des MRG 53 und des AHKG 33 (BGH **18** 12; and. Bay **62** 117), das Gesetz Nr. 14 des AHK (BGH LM **Nr. 1** zu AHKG 37), der Anh. A zum Truppenvertrag (BGH MDR **64**, 160; and. Bay MDR **63**, 1025, Bremen NJW **64**, 2363), sowie EG-Verordnungen über Weinherstellungsverfahren (Stuttgart NJW **90**, 658). Zum umstrittenen Zeitgesetzcharakter des ParteiFinG vgl. einerseits den Zeitgesetzcharakter bejahend AG Köln NJW **85**, 1037, AG Bochum NJW **85**, 1968, AG Düsseldorf NJW **85**, 1971, Franzheim NStZ 82, 138, Samson wistra 83, 238f., Schäfer wistra 83, 171, Schünemann in de Boor 124f., andererseits verneinend Dannecker in de Boor 98ff.; Felix aaO 32ff., Flämig aaO 86ff., Tiedemann aaO 30ff., Ulsenheimer NJW **85**, 1929ff., während in BGH NJW **87**, 1276 zu Recht für unerheblich erklärt; vgl. auch o. 2, 23, 27.

2. Die Begehung einer Tat während der Geltung eines Zeitgesetzes hat zur Folge, daß der **39** Täter auch dann strafbar bleibt, wenn das Gesetz nach der Tat *außer Kraft* tritt. Auf Grund dieser „**Nachwirkung**" des Zeitgesetzes findet praktisch das zur Tatzeit geltende Recht Anwendung, und zwar ungeachtet etwaiger nachheriger Strafbefreiungen oder Strafmilderungen (vgl. RG **21** 294, **32** 112, **55** 172, **56** 286). Freilich steht diese Nachwirkung immer unter dem Vorbehalt, daß das Zeitgesetz nicht wegen Änderung der dem Gesetz zugrunde liegenden Rechtsauffassung, sondern lediglich wegen Ablaufs der vorgesehenen *Geltungsfrist* bzw. wegen Wegfall oder Änderung der dem Gesetz zu Grunde liegenden *Verhältnisse* außer Kraft getreten ist (Jescheck 126, Tröndle LK 47; krit. zu dieser Diff. Tiedemann Peters-FS 198ff.). Hierin liegt einer der grundlegenden Unterschiede gegenüber nachträglichen Änderungen von „unbefristeten" Gesetzen (vgl. o. 16).

3. Diese „Nachwirkung" findet freilich dort eine **Grenze,** wo das Zeitgesetz über seinen **40** ursprünglich nur vorübergehend gedachten Zweck hinaus **Dauercharakter** erlangt (BGH **6** 30 hins. Höchstgeschwindigkeiten nach StVO a. F., AG Köln NJW **85**, 1040, D-Tröndle 13a, Tiedemann aaO 31). Sobald dies anzunehmen ist, richtet sich jedenfalls die Beurteilung weiterer Verstöße gegen dieses Gesetz nicht mehr nach Abs. 4, sondern nach Abs. 3. Letzterer kann auch bei vorherigen Verstößen in Betracht kommen, wenn dem Verlust des Zeitcharakters des Gesetzes nicht nur eine Änderung der tatsächlichen Verhältnisse, sondern auch ein *Wandel der Rechtsauffassung* zugrunde liegt. Ferner kann eine *Nachwirkung* des Zeitgesetzes ausdrücklich

Eser 61

ausgeschlossen sein (Abs. 4 S. 2; vgl. bereits BGH NJW **54**, 1406 zu § 15 WiStG 1954). Entsprechendes ist für Fälle anzunehmen, in denen sich aus dem Inhalt eines Gesetzes ergibt, daß es keine oder nur eine beschränkte Nachwirkung haben soll. In diesem Fall findet bei etwaigen nachträglichen Gesetzesänderungen der Grundsatz des milderen Gesetzes (Abs. 3) Anwendung. Gleiches gilt für den Fall, daß ein Zeitgesetz durch ein *neues Zeitgesetz* ersetzt oder gemildert wird. Hier kommt im Verhältnis der betreffenden Zeitgesetze zueinander in entsprechender Anwendung des Abs. 3 das jeweils mildeste zum Zuge (so bereits in st. Rspr. RG **64** 399, **65** 68; vgl. Tröndle LK 50).

41 V. Bei den **Maßregeln der Besserung und Sicherung (Abs. 6)** findet sich eine echte Ausnahme vom Rückwirkungsverbot (zur Vorgeschichte Jung aaO 876 f.).

42 1. Soweit vom Gesetz nicht anders vorgesehen (dazu u. 43), ist bei Maßregeln der Besserung und Sicherung das im **Entscheidungszeitpunkt** geltende Recht anzuwenden, und zwar selbst dann, wenn auf diesem Wege eine Maßregel zum Zuge kommt, die zur Tatzeit entweder überhaupt noch nicht oder noch nicht in dieser Strenge zulässig war. Die gegen eine solche Rückwirkung erhobenen verfassungsrechtlichen Bedenken (Diefenbach aaO 113 ff.; Jung aaO 884 ff.; vgl. auch Baumann/Weber 88, Jakobs 79, Rudolphi SK 18, Stratenwerth 43 f. sowie § 1 II AE und § 1 öStGB) lassen sich allenfalls damit unterdrücken, daß es bei Maßregeln nicht um Schuldausgleich, sondern um präventive Gefahrenabwehr geht und dazu die jeweils zweckmäßigsten Maßnahmen möglich sein sollen (vgl. Jescheck 124, M-Zipf I 157, Maunz-Dürig Art. 103 II RN 117, Tröndle LK 53; kaum überzeugend hingegen die formale Argumentation in BGH **24** 106). Da es sich dabei aber immerhin um eine Durchbrechung des Rückwirkungsverbots handelt, sind an die Anwendung des Abs. 6 strenge Maßstäbe anzulegen. Daher ist Abs. 6 grds. auf die als solche bezeichneten „Maßregeln der Besserung und Sicherung" i. S. des § 61 zu beschränken, so daß es bei sonstigen maßregelähnlichen Sanktionen beim Tatzeitrecht des Abs. 1 verbleibt (vgl. Schroeder JR 71, 379; zum früheren Recht weitergehend BGH **24** 103). Auch wird Abs. 6 dort auszuschließen sein, wo im Einzelfall der Maßregelcharakter hinter den strafähnlichen Zielen oder Wirkungen der Sanktion derart zurückbleibt, daß dem den Abs. 6 beherrschenden Gedanken optimaler Prävention nur noch untergeordnete Bedeutung zukommt (vgl. Schmidhäuser 97).

43 2. Eine Anwendung des im Entscheidungszeitpunkt geltenden Rechts kommt jedoch auch bei Maßregeln der Besserung und Sicherung nur insoweit in Betracht, als in etwaigen Sondervorschriften nichts anderes bestimmt ist (Abs. 6 Halbs. 2). Solche **Ausnahmen** waren zunächst in Abs. 6 S. 2 idF des 2. StrRG bei Einweisung in die sozialtherapeutische Anstalt (§ 65), bei Sicherungsverwahrung (§ 66) und Führungsaufsicht (§ 68) vorgesehen, und zwar mit der Maßgabe, daß diese Maßregeln nach den für Strafen geltenden Grundsätzen der Abs. 1 bis 3 zu behandeln seien. Durch das EGStGB wurde diese teilweise Wiederherstellung des Tatzeitprinzips jedoch ohne nähere Begründung wiederum gestrichen und durch den jetzigen allgemeinen Gesetzesvorbehalt ersetzt (krit. dazu Baumann/Weber 88). Solange der Gesetzgeber davon keinen Gebrauch gemacht hat – und das ist bislang nur übergangsweise geschehen (vgl. Art. 301, 303, 305 EGStGB: Anh. 18. A.) –, sind somit auch die genannten Maßregeln nach dem Prinzip des Entscheidungsrechts zu behandeln.

44 V. Zu den in ihrer Rechtsnatur ambivalenten Maßnahmen des **Verfalls,** der **Einziehung** und **Unbrauchbarmachung** (vgl. 12 ff. vor § 73) ist durch **Abs. 5** klargestellt, daß die für die Strafe und ihre Nebenfolgen geltenden Grundsätze der Abs. 1 bis 3 anzuwenden sind. Abweichend von der früheren Praxis, wonach bei sicherungsbedingter Einziehung und Unbrauchbarmachung das im Urteilszeitpunkt geltende Recht anzuwenden war (vgl. BGH **16** 56, **19** 69), findet somit bei diesen Maßregeln Abs. 6 selbst dann keine Anwendung, wenn im Einzelfall der Sicherungscharakter überwiegen sollte (vgl. § 11 RN 64 f.).

Vorbemerkungen zu den §§ 3–7 (sog. Internationales Strafrecht)

Übersicht

I. Funktion und Wesen des Intern. Strafrechts 1–3	VII. Interlokales Strafrecht 47–59
II. Anknüpfungspunkte – Prinzipien . . 4–12	VIII. DDR-bezogene Strafanwendungs- und Übergangsprobleme 60–89
III. Vorfrage: Schutzbereich der Straftatbestände 13–24	IX. Konkurrenz mehrerer Strafrechtsordnungen – Intern. Rechtshilfe . . . 90
IV. Inland – Ausland, Deutscher – Ausländer 25–37	X. Irrtum über Anwendungsbereich . . 91
V. Exterritoriale 38–43	XI. Anwendbarkeit auf partikuläres Bundesrecht und Landesrecht 92
VI. Besatzungsrecht 44–46	

Vorbem §§ 3–7

Schrifttum: Arzt, Zur identischen Strafnorm, SchweizJurTag-FG (1988) 417. – *Cornils,* Die Fremdrechtsanwendung im Strafrecht, 1978. – *Dahm,* Zur Problematik des Völkerstrafrechts, 1956. – *Dieblich,* Der strafrechtliche Schutz der Rechtsgüter der Europäischen Gemeinschaften, 1985. – *Eser,* Die Entwicklung des Intern. Strafrechts, Jescheck-FS II (1985) 353. – *ders.,* Grundsatzfragen transnationaler Kooperation in Strafsachen, in: Bundesministerium der Justiz, Verbrechensverhütung u. Behandlung Straffälliger, 8. Kongreß der Ver. Nationen, 1990, 15. – *Eser/Lagodny,* Intern. Rechtshilfe in Strafsachen, 1989. – *Gardocki,* Über den Begriff des Intern. Strafrechts, ZStW 98, 703. – *Jedamzik,* Das rundfunkrechtliche Sonderdelikt als Anwendungsfall interlokalrechtlicher Grundsätze, 1979. – *Jescheck,* Zur Reform der Vorschriften des StGB über das internat. Strafrecht, in Intern. Recht u. Diplomatie (IRuD) 56, 75. – *ders.,* Gegenstand und neueste Entwicklung des Intern. Strafrechts, Maurach-FS 579. – *ders.,* Entwicklung, gegenwärtiger Stand u. Zukunftsaussichten des intern. Strafrechts, GA 81, 49. – *Klages,* Meeresumweltschutz und Strafrecht, 1989. – *Lagodny,* Grundkonstellationen des intern. Strafrechts, ZStW 101 (1989) 987. – *Langrock,* Der besondere Anwendungsbereich der Vorschriften über die Gefährdung des demokratischen Rechtsstaates (§§ 84 bis 91 StGB), 1972. – *Liebelt,* Zum dt. intern. Strafrecht usw., Diss. Münster 1978. – *Lüttger,* Strafrechtsschutz für nichtdt. öffentl. Rechtsgüter, Jescheck-FS I 121. – *Mayer,* Völkerrecht und internationales Strafrecht, JZ 52, 609. – *Marenbach,* Aktuelle Probleme des Nato-Truppenstatuts, NJW 74, 1598. – *Martin,* Strafbarkeit grenzüberschreitender Umweltbeeinträchtigungen, 1989. – *Mattil,* Zur Problematik des interlokalen Strafrechts, GA 58, 142. – *Mendelsohn-Bartholdy,* Das räumliche Herrschaftsgebiet des Strafrechts, VDA VI 85. – *Mezger,* Der Geltungsbereich der dt. Strafrechts, DR 40, 1076. – *Morgenstern,* Vereinbarkeit von Strafgesetzen der DDR mit rechtsstaatlichen Grundsätzen, 1983. – *Nowakowski,* Anwendung des inländischen Strafrechts und außerstaatliche Rechtssätze, JZ 71, 633. – *Oehler,* Grenzen des aktiven Personalitätsprinzips im intern. Strafrecht, Mezger-FS 83 ff. – *ders.,* Theorie des Strafanwendungsrechts, Grützner-GebG 110. – *ders.,* Internationales Strafrecht (IStR)[2], 1983. – *ders.,* Zur Rückwirkung des Begriffs des Deutschen im geltenden deutschen intern. Strafrecht, Bockelmann-FS 771. – *ders.,* Die intern.-strafr. Bestimmungen des künftigen Umweltstrafrechts, GA 80, 241. – *ders.,* Strafrechtl. Schutz ausländischer Rechtsgüter, JR 80, 485. – *ders.,* Neuerer Wandel in den Bestimmungen über den strafr. Geltungsbereich in den völkerr. Verträgen, Carstens-FS 435. – *ders.,* Auslieferungsersuchen, Einlieferung und der Geltungsbereich des Strafrechts, Köln-FS 489. – *Reissfelder,* Zur Strafbarkeit von Verkehrsübertretungen Deutscher in Österreich, NJW 64, 637. – *Reschke,* Der Schutz ausländischer Rechtsgüter durch das Strafrecht, Diss. Freiburg, 1962. – *Rittler,* Die Abgrenzung der Geltungsgebiete usw., ZStW 62, 65. – *Roggemann,* Die Grenzen der Strafgewalt zwischen beiden deutschen Staaten, ROW 74, 185. – *ders.,* Strafrechtsanwendung und Rechtshilfe zwischen beiden deutschen Staaten, 1975. – *Roßwog,* Das Problem der Vereinbarkeit des aktiven und passiven Personalitätsprinzips mit dem Völkerrecht, 1965. – *Rüping,* Die völkerr. Immunität in Strafverfahren, Kleinknecht-FS 397. – *Rumpf,* Das Recht der Truppenstationierung in der Bundesrepublik, 1969. – *Schlüchter,* Zur teleologischen Reduktion im Rahmen des Territorialitätsprinzips, Oehler-FS 307. – *Schnorr von Carolsfeld,* Straftaten in Flugzeugen, 1965. – *Schönke,* Gegenwartsfragen des intern. Strafrechts, Mezger-FS 105 ff. – *Schröder,* Die Teilnahme im intern. Strafrecht, ZStW 61, 57. – *ders.,* Der Geltungsbereich der Teilstrafrechte im Dt. Reich, DR 42, 1115. – *ders.,* Grundlagen und Grenzen des Personalitätsprinzips im intern. Strafrecht, JZ 68, 241. – *Schroeder,* Der „räumliche Geltungsbereich" der Strafgesetze, GA 68, 353. – *ders.,* Schranken für den räumlichen Geltungsbereich des Strafrechts, NJW 69, 81. – *ders.,* Die Übertragung der Strafvollstreckung, ZStW 98, 457. – *H. Schultz,* Neue Entwicklungen im sog. intern. Strafrecht, v. Weber-FS 305. – *ders.,* Neue Probleme des intern. Strafrechts und des Auslieferungsrechts, SchwJZ 64, 81. – *ders.,* Zur Regelung des räumlichen Geltungsbereiches des intern. Strafrechts durch den E 1962, GA 66, 193. – *Schultz,* International-strafr. Gedankenspiele, Tröndle-FS 895. – *Staubach,* Die Anwendung des ausländischen Strafrechts durch den inländischen Richter, 1964. – *Sternberg-Lieben,* Intern. Musikdiebstahl u. dt. Strafanwendungsrecht, NJW 85, 2121. – *Triffterer,* Völkerstrafrecht im Wandel, Jescheck-FS II 1477. – *Tröndle,* Straßenverkehrsgefährdung auf Transitstraßen nach Berlin (West) straflos?, JR 77, 1. – *Vogler,* Geltungsanspruch und Geltungsbereich der Strafgesetze, Grützner-GebG 149. – *ders.,* Entwicklungstendenzen im Intern. Strafrecht, Maurach-FS 595. – *ders.,* Die Ahndung im Ausland begangener Verkehrsdelikte, DAR 82, 73. – *ders.,* Zur Rechtshilfe durch Vollstreckung ausländ. Strafurteile, Jescheck-FS II 1379. – *v. Weber,* Der Schutz fremdländischer staatlicher Interessen im Strafrecht, Frank-FG II 269. – *ders.,* Das interlokale Strafrecht, DStR 40, 182. – *Wengler,* Völkerrechtliche Schranken des Anwendungsbereichs von Strafgesetzen, JZ 77, 257. – *ders.,* Public Policy im intern. Strafrecht, JR 80, 487. – *Witzsch,* Deutsche Strafgerichtsbarkeit über die Mitglieder der US-Streitkräfte, 1970. – *Zieher,* Das sog. Intern. Strafrecht nach der Reform, 1977. – Zur Reform: *Kielwein* GA 54, 211 sowie Jescheck o. IRuD. – Rechtsvergleichend: *Straub* Mat. II 25. – Vgl. ferner zu *innerdeutschen* Anwendungsproblemen die Angaben u. 60. – Weitere *Spezial*angaben bei §§ 4, 8, 9. – Zum älteren Schrifttum vgl. die Angaben in der 19. A.

Gesetzesmaterialien: §§ 3–6 E 62 m. Begr. 108 ff.; schriftl. Bericht des SA zum 2. StrRG, BT-Drs. V/4095 S. 4, RegEntwürfe zum EGStGB, BT-Drs. VI/3250 S. 6, 7/550 S. 207 ff., schriftl. Bericht des SA zum EGStGB, BT-Drs., 7/1261 S. 4 mit 7/1232, Prot. des SA IV/553, IV/584, IV/591 und V/70, 2346.

Vorbem §§ 3–7 1–3   Allg. Teil. Das Strafgesetz – Geltungsbereich

1   **I. Gegenstand der §§ 3 bis 7** ist das sog. **Internationale Strafrecht (IStR),** das insbesondere bei Taten mit internationalem Einschlag bedeutsam sein kann: wie etwa bei nichtdeutscher Nationalität des Täters, bei Tatbegehung im Ausland, bei deutscher Nationalität des im Ausland Verletzten oder aufgrund sonstiger internationaler Bezüge. Da in solchen Fällen das deutsche Strafrecht weder selbstverständlich anwendbar noch prinzipiell ausgeschlossen ist (vgl. Jescheck 145 f., Oehler IStR 123 ff.), wird durch das IStR der räumliche und persönliche Bereich umschrieben, für den sich das deutsche Strafrecht *materielle Geltung* beimißt. Dagegen lassen sich – allenfalls abgesehen von § 6 Nr. 9 – den §§ 3 ff. keine Aussagen zur *gerichtsverfassungsrechtlich-prozessualen Zuständigkeit* und Ausübung der deutschen Strafrechtspflege entnehmen (vgl. Karlsruhe Justiz **80,** 478), welche als Ausfluß der deutschen Staatsgewalt grundsätzlich an das deutsche Staatsgebiet gebunden sind (vgl. Jescheck 147 f. mwN). Auch wird in diesen Vorschriften nicht das Verhältnis des deutschen Strafrechts zu anderen Strafrechtsordnungen geregelt; denn ob etwa ein in Deutschland begangener Diebstahl eines Ausländers auch noch dessen Heimatstrafrecht unterfällt, wird durch die §§ 3 ff. weder ausgeschlossen noch gefordert, vielmehr richtet sich dies nach dem IStR seines Heimatstaates (zu etwa dadurch entstehenden Konkurrenzen mehrerer Strafrechtsordnungen vgl. u. 90). Schon deshalb ist die in Parallele zum „Internationalen Privatrecht" übliche Bezeichnung als „Internationales Strafrecht" eher irreführend; denn im Unterschied zu den Kollisionsnormen des IPR enthalten die §§ 3 ff. keine – oder allenfalls „einseitige" (Lackner 1 vor § 3) – Kollisionsnormen (daher mißverständl. Gardocki aaO 703), sondern umschreiben lediglich die Voraussetzungen und Sachverhalte, auf die das deutsche Strafrecht seine Geltung begründet bzw. erstreckt (Zieher 25 f.). Daher ist das IStR nicht nur für den *Umfang der innerstaatlichen Strafgewalt* bedeutsam (vgl. Jescheck 145 f., Tröndle LK 2 vor § 3), sondern auch **Strafanwendungsrecht** in dem Sinne, daß es dem deutschen Strafrecht überhaupt erst Geltung und Anwendbarkeit verschafft (vgl. Eser Jescheck-FS II 1357 ff., ferner Mezger DStR 41, 18, Oehler IStR 123 f., Roggemann, Strafrechtsanwendung 12 ff., Schmidhäuser 133, Welzel 26; vgl. aber auch Jakobs 90, 93 f. [IStR als geltungsverengend], M-Zipf I 133 f., H. Schultz v. Weber-FS 309, GA 66, 193 f., Zieher 28 ff., 56 ff.). Insofern sind die internationalstrafrechtlichen Bestimmungen nicht bloße „Sekundärnormen", sondern bereits konstitutiver Teil der primären Strafrechtsnorm (vgl. Rogall KK-OWiG § 5 RN 2). Näher zur Begriffsgeschichte Gardocki aaO, Triffterer aaO 1480 ff.

2   Dieser Geltungsanspruch ist nicht erst aus internationalen Abmachungen herzuleiten, sondern ergibt sich aus der nationalen Souveränität des Strafgesetzgebers (vgl. aber auch u. 3). Daher handelt es sich beim IStR nicht um Völkerrecht, sondern um **internes staatliches Recht** (Tröndle LK 2 vor § 3), weswegen die Bezeichnung als „internationales" Strafrecht – insoweit gleichermaßen wie die des „internationalen" Privatrechts (vgl. Kegel, IPR[6], 1987, 5) – einmal mehr irreführend ist (vgl. o. 1 sowie Eser, Grundsatzfragen 16 ff.). Das gilt selbst für solche Regeln, die – wie z.B. § 6 Nr. 9 – lediglich den Vollzug internationaler Vereinbarungen beinhalten (vgl. M-Zipf I 134) oder ausnahmsweise auf die – heute allerdings seltene – Anwendung ausländischen Rechts verweisen (vgl. Jescheck 145). Somit erlangt das materielle Strafrecht überhaupt erst aufgrund der §§ 3–9 seine Anwendbarkeit auf die konkrete Tat bzw. den konkreten Täter. Insofern ist das IStR sowohl *Geltungsvoraussetzung* als auch *Teil des nationalen materiellen Strafrechts:* Erst aus der Verbindung beider entsteht ein nationaler Strafanspruch, der durch den deutschen Strafrichter realisiert werden kann. Ist aber ein solcher Anspruch entstanden, so kann er auch nicht durch Urteil ausländischer Gerichte ohne weiteres verdrängt werden. Vielmehr bedarf es dazu entweder eines einseitigen nationalen Strafverzichts oder einer internationalen Vereinbarung über die Anerkennung bzw. Anrechnung eines ausländischen Strafurteils (dazu u. 90 bzw. § 51 RN 28 f.). Ungeachtet seines materiellen Charakters ist die Anwendbarkeit des deutschen Strafrechts eine **Verfahrensvoraussetzung** (D-Tröndle § 3 RN 2b), so daß ihr Nichtvorliegen nicht zu einem Freispruch, sondern infolge eines Prozeßhindernisses zur *Einstellung* führt (BGH **34** 3, Saarbrücken NJW **75,** 506, LG Frankfurt NJW **77,** 508, Baumann/Weber 75, Lackner 6).

3   Von **völkerrechtlicher** Bedeutung ist daher erst die Frage, ob und inwieweit der nationale Strafgesetzgeber in der Ausdehnung seiner eigenen Strafgewalt im Verhältnis zu anderen (ausländischen oder übernationalen) Strafhoheiten überhaupt frei ist. Im Unterschied zur älteren Lehre, die dem souveränen Einzelstaat unbeschränkte Autonomie in der Ausdehnung seines eigenen Strafrechts einräumte (vgl. Binding Hb. 372, aber auch Mendelssohn-Bartholdy VDA VI 106, 316), sieht man heute die innerstaatliche Strafhoheit des Einzelstaates zu Recht durch *entgegenstehendes* Völkerrecht *beschränkt* (Germann SchwZStR 69, 237 ff., Jescheck 146 f., Martin aaO 135 ff., Oehler IStR 124 f., H. Schultz v. Weber-FS 308 ff.; weitergehend Roggemann, Strafrechtsanwendung 13 f., wonach mit Ausnahme des Territorialitätsprinzips alle sonstigen Anknüpfungsprinzipien sogar der völkerrechtlichen Begründung bedürfen; eingeh. Klages aaO 9 ff.). Im Hinblick darauf wurden namentlich gegen die Übersteigerung des Personalitätsprinzips in den §§ 3 ff. a. F. völkerrechtliche Bedenken erhoben (H. Mayer JZ 52, 609, Schorn JR 64, 205; and. aber die h. M.: BGH NJW **51,** 769, **69,** 1542, Dahm aaO 25 f., Tröndle LK 18; vgl. auch Roßwog aaO). Nach Rückkehr der neuen §§ 3 ff. zum Territorialgrundsatz als Hauptprinzip des deutschen IStR (vgl. u. 4) ist solchen Bedenken die Grundlage

Internationales Strafrecht 4–9 **Vorbem §§ 3–7**

entzogen (vgl. auch Lackner 3, Zieher 67f.). Zu völkerrechtlichen Schranken des Weltrechtsgrundsatzes durch das Nichteinmischungsprinzip vgl. die Nachw. u. 8.

II. Anknüpfungspunkte: Für die Entscheidung, an welchen *Lebenssachverhalt* (wie Tatort) **4** oder welches *Rechtsverhältnis* (wie Staatsangehörigkeit des Täters, Schutzgut u. dgl.) die Geltung des nationalen Strafrechts anknüpfen soll, sind an sich verschiedene **Prinzipien** denkbar (rechtsvergl. Oehler IStR 130ff., Schultz Tröndle-FS 896ff.).

1. Das **Territorialprinzip (Gebietsgrundsatz)** knüpft an den *Tatort* an. Danach findet das inländische Recht auf alle im *Inland* begangenen Taten Anwendung, ohne Rücksicht auf die Nationalität des Täters oder des Verletzten. Umgekehrt hat dies negativ zur Folge, daß selbst die von Inländern begangene Auslandstat nicht erfaßt ist (vgl. Samson SK 3). Zu diesem Prinzip, das bereits bis zur GeltungsbereichsVO v. 6. 5. 40 (RGBl. I 754) primär galt, ist nach Abkehr von dem damals eingeführten Personalitätsprinzip (u. 6) auch das deutsche Strafrecht mit Neufassung des § 3 zurückgekehrt. Näher dort RN 1f.

2. Nach dem mit dem Territorialgrundsatz verwandten **Flaggenprinzip** kann ein Staat sein **5** Strafrecht auf alle Taten anwenden, die an Bord eines *Schiffes* oder *Luftfahrzeugs* seiner Staatsangehörigkeit begangen werden, und zwar unabhängig vom Standort des Schiffes oder der Nationalität des Täters bzw. des Opfers. Anknüpfungsgrund dieses dem § 4 zugrundeliegenden Prinzips ist die Ordnungsfunktion, die dem Staat für die bei ihm registrierten Schiffe oder Luftfahrzeuge zukommt. Durch das Flaggenprinzip wird weder die völkerrechtliche Gebietshoheit eines Staates erweitert noch eine solche Erweiterung fingiert (so aber Tröndle LK § 4 RN 1). Einzelheiten in den Anm. zu § 4.

3. Das **aktive Personalprinzip** knüpft an die *Staatsangehörigkeit des Täters* an. Danach ist jeder **6** Inländer seinem nationalen Strafrecht unterworfen, gleichgültig, wo er die Tat begeht. Während eine solche grundsätzlich personale Ausrichtung der seit 1940 geltenden Fassung der §§ 3ff. zugrunde lag (vgl. 17. A. 4 vor § 3, § 3 RN 1, Mezger und Lange DStR 41, 6, 18), sind nach Rückkehr zum Territorialprinzip in der jetzigen Fassung der §§ 3ff. nur noch sporadische Ausprägungen des aktiven Personalprinzips – und selbst dies meist nur in Verbindung mit weiteren Anknüpfungsfaktoren – erkennbar. Vgl. § 5 Nrn. 3a, 5b, 8, 9, 12, 13 (dort RN 1) sowie § 7 II Nr. 1 (dort RN 1).

4. Dem **Schutzprinzip** liegt der Gedanke zugrunde, daß jeder Staat legitimiert sein muß, **7** seinen Strafrechtsschutz auf alle *Inlandsgüter* zu erstrecken, gleichgültig von welchem Täter und an welchem Ort sie verletzt werden. Dieser Strafserstreckungszweck ist im wesentlichen unbestritten, soweit es um den *Selbstschutz des Staates* durch das sog. **Realprinzip** geht (vgl. Oehler IStR 133f.), wie es vor allem in § 5 Nrn. 1, 2, 3b, 4, 5a, 10–13 zum Ausdruck kommt. Soweit es dagegen um *Individualschutz* von Inländern im Ausland durch das sog. **passive Personalprinzip** geht (wie vor allem im jetzigen § 7 II Nr. 1, aber auch in § 5 Nrn. 6–9, 14), wird die Berechtigung einer derart weiten Strafausdehnung immer stärker in Zweifel gezogen (vgl. Schultz GA 66, 200, Vogler Maurach-FS 605, Zieher 77, Eser Jescheck-FS II 1371f.).

5. Das **Universal-** bzw. **Weltrechtsprinzip** beruht auf dem Gedanken, daß das inländische **8** Strafrecht für alle Taten gelten soll, durch die gemeinsame, in allen Kulturstaaten anerkannte Rechtsgüter verletzt werden (Tröndle LK 13; vgl. auch Zieher aaO 79ff.). Nach diesem aus dem Gedanken *internationaler Solidarität* zu erklärenden Prinzip (Oehler, IStR 147f.) hat das inländische Strafrecht die Sanktionierung aller durch seine Tatbestände erfaßten Taten zu übernehmen, und zwar gleichgültig, ob diese von In- oder Ausländern gegen in- oder ausländische Interessen begangen werden. Damit soll die Anwendbarkeit des am Ergreifungsort des Täters geltenden Strafrechts ermöglicht werden. Doch trotz gewisser universaler Kulturgrundsätze kann dieses Prinzip im Hinblick auf die unterschiedlichen sozialen Grundlagen der einzelnen Rechtsordnungen und auch deren verschiedene Wertmaßstäbe nur begrenzt sowie unter Respektierung des Nichteinmischungsprinzips verwirklicht werden. Ausprägungen des Weltrechtsprinzips finden sich vor allem in § 6 Nrn. 1–8, wobei dies im Falle von Nr. 5 bedenklich extensiv (vgl. Kunig JuS 78, 595), aber wohl noch völkerrechtlich zulässig geschehen ist (vgl. BGH **27** 30 m. Anm. Oehler JR 77, 424, **34** 2 m. Anm. Herzog StV 86, 474, BGH **34** 334 m. krit. Anm. Rüter/Vogler JR 88, 136, Wengler JZ 77, 257, Tröndle LK § 6 RN 6). Zu Bedenken gegen die (allerdings durch § 5 Nr. 11 wiederum eingeschränkte) Erstreckung des Umweltschutzes auf das Meer (§ 330d Nr. 1) vgl. grdl. Klages aaO sowie Oehler GA 80, 242f.

6. Dem Grundsatz der sog. **stellvertretenden Strafrechtspflege** liegt der *Subsidiaritätsgedanke* **9** zugrunde. Danach hat die inländische Strafgewalt überall dort einzugreifen, wo die an sich territorial zuständige *ausländische* Strafjustiz aus tatsächlichen oder rechtlichen Gründen an der Durchsetzung ihres Strafanspruches *gehindert* ist (Grotius: aut dedere aut punire). Anders als bei den bisher genannten Prinzipien setzt die stellvertretende Strafrechtspflege voraus, daß die Tat am Tatort, soweit dieser einer Staatsgewalt unterliegt, mit Strafe bedroht ist (Oehler IStR

512f.). Praktische Bedeutung hat dieses in § 7 II durchschlagende Prinzip (Samson SK 12) vor allem dann, wenn eine Auslieferung im konkreten Fall nicht möglich ist oder tatsächlich nicht stattfindet (vgl. § 7 RN 1, Zieher 85f.; zu den Konsequenzen aus dem Subsidiaritätsgedanken de lege ferenda vgl. Lagodny ZStW 101, 992).

10   7. Ähnliche Ausprägungen internationaler Solidarität liegen auch der **Strafverfolgungszuständigkeit aufgrund zwischenstaatlicher Abkommen** zugrunde, wie dies heute in § 6 Nr. 9 vorgesehen ist. Da dem in neuerer Zeit zutage getretenen Bedürfnis nach größerer Effektivität und Vereinfachung bei der internationalen Verbrechensbekämpfung durch die vorgenannten Prinzipien nicht hinreichend Rechnung getragen werden kann (vgl. E 62 Begr. 110), soll durch die Blankettnorm des § 6 Nr. 9 ermöglicht werden, daß das deutsche Strafrecht unabhängig vom Tatort auf alle Taten Anwendung findet, zu deren Verfolgung sich die Bundesrepublik durch zwischenstaatliche Abkommen verpflichtet hat. Vgl. im einzelnen § 6 RN 10.

11   8. Wie aber schon die Unterschiedlichkeit der Interessen zeigt, kann keines der vorgenannten Prinzipien als exklusiv oder gar absolut verstanden werden. Vielmehr liefern sie jeweils nur mögliche Anknüpfungspunkte für Grund und Umfang der innerstaatlichen Strafgewalt. Von welchem **Auswahlprinzip** sich der einzelne Staat bei der Gestaltung des damit vorgezeichneten Rahmens leiten läßt, hängt entscheidend von den Aufgaben ab, denen er sich nach seinem eigenen Selbstverständnis wie auch der Völkergemeinschaft gegenüber verpflichtet weiß (vgl. Eser Jescheck-FS II 1359f.). Erblickt er aufgrund seiner *nationalen* **Kompetenz-Kompetenz** (Tröndle LK 16, Zieher 61 ff.) seine primäre Aufgabe darin, innerhalb seines eigenen Hoheits- und Funktionsbereichs den ihm obliegenden Rechtsgüterschutz zu gewährleisten (vgl. Roggemann ROW 74, 185), so ist es folgerichtig, den *Territorialgrundsatz* mit der daraus folgenden Unterscheidung zwischen Inlands- und Auslandstaten zum *Ausgangsprinzip* des IStR zu machen (§ 3). In ähnlicher Weise dienen auch das Flaggenprinzip (§ 4) und der Schutzgrundsatz (§ 5) diesem **Selbstschutz des Staates** (Oehler IStR 130ff.; vgl. aber auch § 3 RN 1f.). Dagegen werden alle weiteren Anknüpfungsgründe maßgeblich von der **Solidarität der Staaten** mitbestimmt (Oehler aaO 137ff.). Und zwar gilt dies nicht nur für die Weltrechts- und Stellvertretungsprinzipien (§§ 6, 7; vgl. o. 8–10), sondern auch für das aktive Personalprinzip (o. 6); denn selbst wenn dieses historisch aus dem nationalen Gedanken der Treupflicht des Bürgers gegenüber seiner heimischen Rechtsordnung entstanden sein mag (vgl. Olshausen § 3 Anm. A 1, hier die 1. A. § 3 Anm. I, jetzt noch Lackner 2), ist heute der Gedanke internationaler Solidarität bei der Verbrechensbekämpfung jedenfalls insoweit vorherrschend, als sich ein Staat in bestimmten Fällen auch für das rechtstreue Verhalten seiner Bürger im Ausland für verantwortlich erklärt (näher Schröder JZ 68, 241 f., vgl. ferner Jescheck 151, Oehler IStR 142f., Zieher 88ff.). Schon angesichts dieser Relativität und Interdependenz der verschiedenen Anknüpfungszwecke erscheint es (entgegen Schlüchter aaO) bereits problematisch, daraus verbindliche Leitlinien für eine teleologische Reduktion von einzelnen Tatbeständen zu entnehmen. Zur völkervertragsrechtlichen Anerkennung dieser Prinzipien vgl. Oehler Carstens-FS 435ff.

12   Zieht man die Summe aus diesen sich gegenseitig ergänzenden Anknüpfungspunkten, so kann unter Berücksichtigung des in § 9 legalisierten **Ubiquitätsgrundsatzes** kein Zweifel sein, daß auch die Neuregelung dem deutschen Strafrecht einen nicht gerade bescheidenen Geltungsbereich bewahrt hat (vgl. auch die Kritik von H. Schultz GA 66, 195ff., Zieher 176f. sowie Eser Jescheck-FS II 1369ff.). Desungeachtet sind die neuen §§ 3–9 insgesamt als *milderes Gesetz* iSv § 2 III anzusehen (Düsseldorf NJW **79**, 61; vgl. auch § 7 RN 1).

13   **III. Vorfrage: Schutzbereich des deutschen Straftatbestandes.** Der Anwendung der §§ 3–7 noch vorgelagert ist die jeweils tatbestandsimmanente Frage, ob die konkrete Tat überhaupt vom Schutzbereich des deutschen Straftatbestandes erfaßt wird (vgl. Mezger DStR 41, 22ff., Oehler Grützner-GebG 116). Dies fragt sich insbes. bei Auslandstaten, deren Tatbestand ein Handeln oder den Erfolgseintritt in der Bundesrepublik voraussetzt (wie z. B. bei §§ 84ff.) oder die ausschließlich gegen ein ausländisches Rechtsgut gerichtet sind (wie Meineid vor einem ausländischen Gericht). Ähnlich kann bei *Qualifizierungen* fraglich sein, ob sie auch ausländische hoheitliche Interessen erfassen wollen (vgl. u. 18). Derartige schutzbereichsbezogene Fragen haben logischen Vorrang vor der Anwendung der §§ 3ff. (Nowakowski JZ 71, 634, Oehler JR 78, 382, Schröder JZ 68, 244, Vogler Grützner-GebG 149f.; and. Tröndle LK 23). Denn falls die Auslegung eines Tatbestandes ergibt, daß er nur Rechtsgüter schützen will, die dem inländischen Schutzbereich angehören, findet er auf Taten, die nicht in diesen eigenen Schutzbereich eingreifen, selbst dann keine Anwendung, wenn im übrigen an sich ein Anknüpfungspunkt i. S. der §§ 3ff. gegeben ist (vgl. BGH **21** 280, **29** 88, Frankfurt ROW **85**, 236, Hamburg NJW **86**, 336, Karlsruhe NJW **85**, 2905, Köln StV **82**, 471, Saarbrücken NJW **75**, 507, Stuttgart NJW **77**, 1602, Justiz **86**, 199). Zum umgekehrten Fall einer bereits tatbestandlichen Schutz*ausdehnung* auf ausländische Rechtsgüter vgl. Vogler Grützner-GebG 152 sowie u. 22.

Dementsprechend unterscheidet man zwischen sog. *"inländischen"* Rechtsgütern (vgl. die Über- **14** schrift von § 5), die ohne Rücksicht auf den Tatort oder die Nationalität des Verletzten dem betreffenden Tatbestand unterfallen, und sog. *"ausländischen"* Rechtsgütern, die im Regelfall schon tatbestandlich nicht erfaßt werden und daher bereits auf dieser Ebene aus dem Schutzbereich des deutschen Strafrechts herausfallen (vgl. BGH **22** 285, Jescheck 158 f.). Wenn das Gesetz darüber hinaus nun auch noch von *"international geschützten"* Rechtsgütern spricht (§ 6), so ist diese Kategorie für die infragestehende Tatbestandsmäßigkeit der Tat ohne Bedeutung, sondern dient lediglich als Sammelbezeichnung für die nach dem Weltrechtsprinzip dem deutschen Strafrecht unterstellten (in- oder ausländischen) Rechtsgüter. Ein ähnlich überstaatlicher Charakter ist auch für *"supranationale"* Rechtsgüter typisch, wie sie vor allem im Zuge der europäischen Einigung an Bedeutung gewinnen, im Unterschied zu den „internationalen" Rechtsgütern jedoch (welt-)regional beschränkt sind und idR gemeinschaftsrechtliche (wie zB durch die EG) oder jedenfalls eine supranational abgestimmte Gesetzgebung verschiedener Vertragsstaaten voraussetzen (vgl. Dieblich aaO, Oehler IStR 547 ff. sowie u. 22). Gewiß mag terminologisch die Unterscheidung von in- und ausländischen Rechtsgütern insofern nicht frei von Mißverständlichkeiten sein, als eine Differenzierung idR nur bei solchen Tatbeständen praktisch wird, bei denen es um staatliche Belange geht (vgl. Tröndle LK 24). Dies ändert jedoch nichts daran, daß dieses für die Tatbestandsauslegung maßgebliche Differenzierungsprinzip im Grunde für das gesamte Strafrecht gilt.

1. Inländische Rechtsgüter in dem Sinne, daß sie grundsätzlich durch den einschlägigen **15** deutschen Straftatbestand geschützt werden, sind unstreitig alle **Individualrechtsgüter,** und zwar ohne Rücksicht auf die Nationalität des Rechtsgutinhabers oder die Belegenheit seines Rechtsguts. Entgegen der mißverständlichen Kennzeichnung als „inländisch" (vgl. o. 14) ist daher die Verletzung von Leben, Freiheit, Vermögen und Ehre jedenfalls *tatbestandsmäßig* i. S. des StGB, und zwar gleichgültig, ob es sich beim Rechtsgutträger um einen Inländer oder Ausländer handelt oder an welchem (in- oder ausländischen) Ort sich die betroffene Sache befindet (vgl. Karlsruhe NStZ **85,** 317 [zu § 283 b], ferner Jescheck 158, Oehler Mezger-FS 98 f., Schröder NJW 68, 283, JZ 68, 244, H. Schultz SchwJZ 64, 82; dagegen sollen Urheber- und Gewerbeschutzverletzungen im Ausland nach Sternberg-Lieben NJW 85, 2123 f. vom Schutzbereich des deutschen Rechts nicht erfaßt sein). Auch Betrug zum Nachteil ausländischen Staatsvermögens ist danach grds. tatbestandsmäßig (vgl. u. 22), so daß sich dort ein Ausschluß des deutschen Strafrechts allenfalls noch aus den Strafanwendungsregeln der §§ 3 ff. ergeben kann. Gleiches gilt für den Fall, daß ein Tatbestand zugleich auch dem Schutz von Individualrechtsgütern dient, wie z. B. in § 164 (vgl. dort RN 1 f., 25, ferner BGH NJW **52,** 1385, Schlüchter aaO 315; and. RG **60** 317; wie hier für das schweiz. Recht BGE 89 IV 204, H. Schultz ZBernJV 65, 33) oder in § 123, soweit bei ausländischen Botschaftsgebäuden nicht die Dienst- sondern private Wohnräume betroffen sind (zu pauschal Köln StV **82,** 471 m. krit. Anm. Bernsmann 578; vgl. auch Stuttgart NStZ **87,** 121 m. Anm. Lenckner JuS 88, 349). Dagegen erstreckt sich etwa § 170b nicht auf Unterhaltspflichtverletzungen gegenüber im Ausland lebenden Ausländern, da ihr Schutz wie auch der des öffentlichen Fürsorgesystems nur im Interesse des Aufenthaltsstaates liegt (vgl. § 170b RN 1; nunmehr klargestellt durch BGH **29** 85 m. Anm. Oehler JR 80, 381; so bereits Saarbrücken NJW **75,** 506 m. Anm. Oehler JR 76, 292, Stuttgart NJW **77,** 1601, Frankfurt NJW **78,** 2460, LG Frankfurt NJW **77,** 509, Lackner § 170b Anm. 2, Tröndle LK 33; and. Karlsruhe Justiz **79,** 104, NJW **78,** 1754 m. abl. Anm. Oehler JR 78, 381, Blei JA 75, 588, Kunz NJW 77, 2004 u. 80, 1201, Krey in Zieger/Schroeder 237 ff.), und zwar gleich, ob der Täter selbst In- oder Ausländer ist (Bay MDR **82,** 165; vgl. auch Kunz NJW 87, 881; bzgl. ehemaliger DDR-Bürger vgl. u. 68).

2. Als **ausländische Rechtsgüter** in dem Sinne, daß sie schon tatbestandlich außerhalb des **16** Schutzbereichs des deutschen Strafrechts liegen, gelten die **staatlichen Interessen ausländischer Hoheitsträger.** Daher werden Angriffe gegen einen fremden Staat, soweit es dabei um seine innere Ordnung, seine Verwaltungs- und Fiskalinteressen oder sonstwie um seine hoheitliche Tätigkeit geht, von den deutschen Straftatbeständen grds. nicht erfaßt (BGH **29** 89, Bay NJW **80,** 1057, Düsseldorf NJW **82,** 1242, Jescheck 159, Tröndle LK 24; grdl. Lüttger aaO).

Dies ergibt sich schon daraus, daß die interne Staatsgewalt nicht dazu berufen sein kann, ausländische **17** Staatseinrichtungen und deren Belange zu schützen (Oehler Mezger-FS 98 f.). Auch muß Staatsschutz vom Vertrauen in die Integrität der fraglichen Staatstätigkeit getragen sein. Ob Einrichtungen eines fremden Staats derart beschaffen sind, daß z. B. ihre Rechtspflege gegen Meineid oder Strafvereitelung mit den Mitteln des deutschen Strafrechts geschützt werden könnte oder sollte, kann – auch wegen der möglichen außenpolitischen Bedeutung der Entscheidung – nicht dem einzelnen Richter überantwortet werden (näher Schröder JZ 68, 244, NJW 68, 283; vgl. ferner RG **14** 128, Hamm JZ **60,** 576 m. Anm. Schröder, Lange DStR 41, 8; demgegenüber sollen nach v. Weber aaO 281 ff. nur solche staatlichen Interessen tatbestandlich erfaßt werden, „die für die zivilisierten Rechtsstaaten einen gemeinsamen Rechtswert darstellen"). Der hier vertretene Standpunkt schließt selbstverständlich nicht aus, daß sich der Schutz ausländischer Rechtsgüter, wie insbes. auch der Rechtspflege, u. U. aus zwischenstaatlichen Übereinkommen ergeben kann; dazu u. 22 sowie § 6 RN 10 f.

Vorbem §§ 3–7 18–21   Allg. Teil. Das Strafgesetz – Geltungsbereich

18   a) Im einzelnen hat das zur Folge, daß namentlich die **Staatsschutz**tatbestände der §§ 80 ff. Angriffe gegen ausländische Staatstätigkeit grds. nicht erfassen (h. M.; and. RG **8** 56). Denn der zum Teil äußerst spezialisierte Schutz der Staats- und Regierungsgewalt hat offensichtlich nur inländische staatliche Einrichtungen im Auge (Tröndle LK 25); auch folgt dies aus dem Gegenüber zu §§ 102 ff., wo es speziell um „Straftaten gegen ausländische Staaten" geht. Ebensowenig finden die §§ 105–109 k, 113 f. sowie die §§ 120, 121, 129, 331 bis 357 Anwendung (zu § 113 vgl. Hamm JZ **60**, 576, zu § 120 Vogler NJW 77, 1867, zu §§ 333 f. BGH **8** 355). Entsprechendes hat für etwaige *Qualifizierungen* zu gelten, die den verstärkten Schutz öffentlicher Interessen bezwecken. Deshalb erfaßt z. B. § 304 nicht die Beschädigung von Hinweiszeichen, die primär ausländischen Hoheitsinteressen dienen; daher ist bzgl. Ost-Berliner Grenztafeln BGH NJW **75**, 1610, KG und LG Berlin JZ **76**, 98 f. nur haltbar, wenn damit zumindest auch der Schutz der Bevölkerung vor versehentlichen Grenzüberschreitungen bezweckt war (vgl. Blei JA 75, 659 f.; grds. abl. Schroeder JZ 76, 99 ff., Schultz MDR 76, 636). Ähnliche Differenzierungen sind bzgl. § 123 bei Botschaftsbesetzungen geboten (vgl. o. 15 zu Köln aaO). Dagegen ist bei § 111 der Charakter der Straftat entscheidend, zu der aufgefordert wird (and. Tröndle LK 26). Zur Anwendbarkeit der Rechtspflege- und Eidestatbestände vgl. u. 22. Auch die deutschen Steuer- und Zollstraftatbestände haben einen auf inländische Fiskalinteressen beschränkten Schutzbereich (vgl. RG **14** 128, Hamburg NJW **64**, 397 m. Anm. Schröder JR 64, 350 sowie Bay NJW **80**, 1057 m. Anm. Oehler JR 81, 485 bzgl. ital. Benzingutscheine); zu ausl. Wertzeichen (§ 152) vgl. Schlüchter aaO, insbes. 312 ff., aber auch o. 11 a. E.

19   b) Strittig ist die Erstreckung deutscher **Straßenverkehrsvorschriften** auf Verkehrsverstöße im Ausland. Zwar hat diese infolge der modernen Touristik bedeutsame Frage insofern an praktischer Brisanz verloren, als die früheren Verkehrsübertretungen durchwegs in *Ordnungswidrigkeiten* umgewandelt wurden und für solche nach § 5 OWiG grds. das Territorialprinzip gilt (vgl. Bay JR **82**, 159). Daher kommt eine Ahndung von Verkehrsordnungswidrigkeiten im Ausland nur auf der Grundlage von internationalen Verträgen in Betracht (vgl. Frankfurt VRS **37** 377), die erst vereinzelt in Gestalt bilateraler Verträge zum Europ. Übereinkommen über die Rechtshilfe in Strafsachen v. 20. 4. 59 (BGBl. 1964 II 1369, 1386; 1976 II 1799) vorhanden sind (vgl. für Jugoslawien Art. 6 Ges. v. 23. 8. 74 – BGBl. II 1165, 1975 II 228; für die Schweiz
20   Art. 6 Ges. v. 20. 8. 75 – BGBl. II 1169, 1976 II 1818; vgl. auch u. 21). Soweit es jedoch um die vorgelagerte Frage der Anwendbarkeit des deutschen Rechts und zwar speziell um die Vorfrage nach dem Schutzbereich der verkehrsrechtlichen *Straf*tatbestände (wie namentlich der §§ 315 ff. sowie der §§ 21 ff. StVG) geht, bleiben auch weiterhin die in BGH **21** 277 entwickelten Grundsätze bedeutsam (and. Tröndle LK 39). Danach kann das ausländische Verkehrswesen nicht schlechthin als „ausländisches" und demgemäß dem Schutzbereich des deutschen Strafrechts entzogenes Rechtsgut angesehen werden (so aber i. Grds. Bay NJW **65**, 2166, Frankfurt NJW **65**, 508; vgl. auch Isenbeck NJW 68, 309, Lackner JR 68, 269, Oehler JZ 68, 189, Reissfelder NJW 64, 637); vielmehr kommt es auf die Schutzrichtung des fraglichen Verkehrstatbestandes an: Dient dieser auch dem Schutz von *Individualinteressen,* wie dies vor allem für die eine Individualgefahr voraussetzenden §§ 315 ff. typisch ist (Tröndle JR 77, 4), so ist er tatbestandlich auch auf Auslandsverstöße erstreckbar (näher Schröder NJW 68, 284 ff.; ebenso Samson SK § 3 RN 13; i. S. des BGH auch Jescheck 158 f.). Dementsprechend besteht auch § 142 hins. des Unfallgeschädigten keine Inlandsbeschränkung (Bay VRS **26** 100, Vogler DAR 82, 75). Das ist letztlich auch bei § 316 anzunehmen; denn obgleich dort, da abstraktes Gefährdungsdelikt (RN 1), nicht unbedingt ein anderer gefährdet worden sein muß (RN 9), geht es dabei doch um Individualschutz, und zwar gegenüber einem Verhalten, das – im Unterschied zu mehr technischen Regeln mit etwaigen nationalen Besonderheiten – gleichsam verkehrs- und auslandsrechtlich indifferent individualgefährlich ist, zumal in § 316 nicht auf – national möglicherweise unterschiedliche – formale Promille-Grenzen, sondern auf die materielle Fahruntüchtigkeit abgehoben und dabei ein praktisch weltweit sanktionierter Tatbestand erfaßt wird (i. E. ebenso Karlsruhe NJW **85**, 2905, Tröndle LK 38).

21   Eine ganz andere Frage ist, ob ein danach an sich tatbestandsmäßiges Verkehrsdelikt im Ausland nach deutschem Strafrecht auch *geahndet* werden kann. Bei dieser nach den Regeln der §§ 3 ff. zu beurteilenden Frage ist zu beachten, daß nach Verdrängung des aktiven Personalprinzips durch das Territorialprinzip (vgl. o. 4) auf Verkehrsdelikte deutscher Staatsangehöriger im Ausland das deutsche Strafrecht praktisch nur noch im Rahmen des § 7 bzw. aufgrund von zwischenstaatlichen Abkommen i. S. von § 6 Nr. 9 Anwendung finden kann (vgl. o. 19). Erst wenn weitere Verträge solcher Art folgen (über derartige Bestrebungen vgl. Jescheck Maurach-FS 584 ff., Oehler IStR 13 ff.; vgl. auch Vogler DAR 82, 75, Wilkitzki GA 81, 361), wird eine dem modernen Massentransit gerecht werdende Lösung erreichbar sein. Denn auch über § 7 ist auf ein gegen einen Deutschen begangenes Verkehrsdelikt das deutsche Straßenverkehrsrecht nur insoweit anwendbar, als der deutsche Straftatbestand in einer die gleiche Pflichtenlage betreffenden Norm des Tatortrechts eine Entsprechung findet (vgl. BGH **21** 279, ferner § 7 RN 7 ff.). Diese kann u. U. auch darin liegen, daß eine bereits dem deutschen Strafrecht immanente Pflicht durch die ausländische Verkehrsvorschrift sinngemäß konkretisiert wird (vgl. Bay NJW **72**, 1722, VRS **59** 292). Für eine solche Ausfüllung einer deutschen Norm ist freilich dort kein Raum mehr, wo diese das fragliche Verhaltensgebot bereits abschließend konkretisiert hat, wie z. B. durch das Rechtsfahrgebot in § 315c I Nr. 2e: Gilt stattdessen am Tatort etwa das Linksfahrgebot, so dürfte die gegenteilige Pflicht des deutschen Tatbestandes auch über § 7 nicht entsprechend umdeutbar sein, so daß insoweit das deutsche Strafrecht keine Anwendung finden kann.

c) Trotz dieser grundsätzlichen Beschränkung auf inländische staatliche Belange können **22** jedoch ausnahmsweise auch **Rechtsgüter ausländischer Staaten** deutschen Strafrechtsschutz genießen (Oehler Mezger-FS 97, Vogler Grützner-GebG 152; vgl. aber auch Hamburg JR **67**, 350 m. Anm. Schröder; grds. strenger Lüttger aaO): so unzweifelhaft dort, wo die ausländischen Interessen weniger Ausfluß von Hoheitsgewalt sind, als vielmehr den Charakter von *Individualrechtsgütern* haben, wie z. B. bei Vermögensdelikten gegen ausländisches Staatseigentum (vgl. o. 15). Doch selbst bei Angriffen gegen *Hoheitsinteressen* des ausländischen Staates kommt u. U. eine Anwendung des deutschen Tatbestandes in Betracht: so wenn er zugleich auch inländischen Interessen dient, wie dies hinsichtlich ausländischer öffentlicher *Urkunden* der Fall sein kann (vgl. Bay NJW **80**, 1057 [ital. Benzingutscheine], KG JR **81**, 516 [Reisepaß] m. Anm. Oehler ebd. 485; vgl. ferner o. 15, 18). Darüber hinaus kann sich die Erstreckung auf ausländische Rechtsgüter auch aus dem betreffenden Gesetz ergeben (wie z. B. nach Art. 101 des Schweiz. StVG v. 19. 12. 58 hins. ausländischer Verkehrsregeln; vgl. Schultz v. Weber-FS 314 ff.) oder auf Staatsverträgen beruhen (wie etwa zum Schutz von nichtdeutschen NATO-Truppen durch Art. 7 II Nr. 5, 7 des 4. StÄG [vgl. 17ff. vor § 80, ferner Stuttgart NStZ **87**, 121 zu § 123] oder die Anwendung der §§ 1 III, 16, 19 WStG auf die Verleitung von amerikanischen Soldaten zur Desertion gemäß Art. 7 III des 4. StÄG; vgl. Tröndle LK 37); vgl. auch KG JR **81**, 37 zu § 267 zwecks Täuschung damaliger DDR-Verkehrsbehörden. Auf diesem Wege können auch die *Rechtspflegetatbestände* (§§ 145d, 153ff., 258), die an sich nur dem Schutz der deutschen Rechtspflege dienen (vgl. BGH NStZ **84**, 360 zu § 145d), zugunsten einer nichtdeutschen Gerichtshoheit jedenfalls dort zur Anwendung kommen, wo es sich um Verfahren vor übernationalen oder zwischenstaatlichen Gerichtshöfen handelt und die Bundesrepublik Vertragsstaat ist (vgl. Düsseldorf NJW **82**, 1242 zu § 145d, ferner Tröndle LK 28), nicht aber ohne weiteres schon dann, wenn in einem ausländischen Verfahren möglicherweise deutsche Behörden in die Ermittlungen eingeschaltet werden könnten (Düsseldorf MDR **82**, 515). Soweit dagegen die h. M. die §§ 153ff. generell oder jedenfalls bei rechtsstaatlichen Verfahren auf den Schutz der ausländischen Rechtspflege erstrecken will (vgl. RG 3 72, BGH LM **Nr. 2** zu § 3, Jescheck IRuD 56, 78, Welzel 27), gilt das Bedenken Schröders, daß der Richter überfordert würde, wenn er jeweils über die Schutzwürdigkeit der ausländischen Gerichtshoheit zu befinden hätte (JZ 68, 244). Speziell zu Schutzinteressen der Europ. Gemeinschaft vgl. Oehler Jescheck-FS II 1409f., Dieblich aaO.

3. Eine wiederum andere Frage ist die der Heranziehung von **ausländischem Tatortrecht**. **23** Auch dieses Problem ist der Anwendung der §§ 3ff. prinzipiell vorgelagert und stellt sich insbes. bei zivil- oder verwaltungsrechtlichen **Inzidentfragen**.

So richtet sich z. B. die Frage, ob bei einem Diebstahl im Ausland die weggenommene Sache **24** „fremd" ist, ob bei einem Eingehungsbetrug ein „Vermögensschaden" für den Vertragspartner entstanden ist, ob eine Sache „ordnungsgemäß gepfändet" ist (§ 288) oder ob eine Buchführungspflicht (§ 283b) verletzt wurde, nicht nach den einschlägigen deutschen Vorschriften, sondern nach den jeweiligen Regeln des ausländischen Rechts (Schleswig NJW **89**, 3105 zu § 246, teils and. zu Konkursdelikten Karlsruhe NStZ **85**, 317 m. krit. Anm. Liebelt NStZ 89, 182) bzw. nach IPR (vgl. Hamm MDR **82**, 1040 zum Sorgerecht bei § 235). Entsprechendes gilt bei § 74 hinsichtlich der Wirksamkeit einer im Ausland vorgenommenen Übereignung (vgl. BGH **33** 233 m. Anm. Eberbach NStZ 85, 557). Wo ein solches Bedürfnis für die Heranziehung des Tatortrechts im Einzelfall vorliegt, ist jeweils durch Auslegung zu ermitteln. So kann sich z. B. bei Fahrlässigkeitsdelikten die Verletzung der Sorgfaltspflicht aus ausländischen Normen ergeben, wie z. B. bei § 222 aus der Mißachtung der ausländischen Verkehrsregeln durch den Kraftfahrer (vgl. Bay NJW **72**, 1722, VRS **59** 292, o. 21). Ähnlich wird im gesundheits- und lebensmittelrechtlichen Bereich die „Bedenklichkeit" von reinen Exportwaren nach den besonderen Schutzbedürfnissen und Sicherheitsstandards des Ziellandes auszurichten sein (vgl. Nowakowski JZ 71, 634f., ferner Jakobs 98 zum Bewertungsmaßstab des „erlaubten Risikos" bei Transfer ins Ausland). Nach gleichen Grundsätzen sind auch strafprozessuale Maßnahmen, wie etwa Festnahmerechte im Ausland, zu beurteilen (verkannt von Köln MDR **73**, 688; vgl. Blei JA 73, 170; grdl. zum prozessualen Bereich Nagel, Beweisaufnahme im Ausland, 1988). Jedoch sind in allen Fällen, in denen ausländisches Recht heranzuziehen ist, die Grundsätze des „ordre public" zu beachten. Allg. zu derartiger „Fremdrechtsanwendung" Cornils und Liebelt aaO.

24a 4. Bei **grenzüberschreitenden Umweltbeeinträchtigungen,** die im Ausland verursacht werden, ist zunächst zu prüfen, ob nach allg. Regeln (Erfolgseintritt im Inland, vgl. § 9 RN 6; speziell zu §§ 324ff. auch Martin aaO 191ff.) oder besonderen Vorschriften (§§ 5 Nr. 11; 6 Nr. 2) deutsches Recht gilt. Ist dies der Fall, so ist hins. der Frage, wie sich die Verwaltungsakzessorietät des Umweltstrafrechts auf die strafrechtliche Beurteilung auswirkt, zu **differenzieren:** a) Soweit eine *Zuwiderhandlung gegen Verwaltungsakte* erforderlich ist, ist angesichts des grds. auf das Gebiet der Bundesrepublik beschränkten Geltungsanspruchs des Umweltverwaltungsrechts schon wegen des strafrechtlichen Bestimmtheitsgebots auf die *Rechtslage am Handlungsort* abzustellen (Martin aaO 290ff., 306ff.). Ist eine derartige Tätigkeit am Handlungsort erlaubt, scheidet Strafbarkeit somit aus. b) Setzt der Tatbestand hingegen, wie insbes. bei § 324, *keinen* (Verstoß gegen einen) *Verwaltungsakt* voraus, so ist die Strafbarkeit auch bei Vorliegen einer *ausländischen Genehmigung* nicht ausgeschlossen, da zum einen nach dem Wortlaut der Vorschrift eine Fremdrechtsanwendung nicht zwingend ist und zum anderen ausländische Hoheitsakte nach allg. Grundsätzen des Völkerrechts nicht ohne weiteres Wirkungen auf das Recht in einem anderen Staat entfalten (vgl. BVerwGE **75** 257f., BGH DVBl. **79**, 227, Martin aaO). Jedoch ist zu berücksichtigen, daß sich aus dem völkerrechtlichen Grundsatz der beschränkten territorialen Integrität und Souveränität in gewissem Umfang eine Pflicht zur Duldung grenzüberschreitender Umweltbeeinträchtigungen ergibt (vgl. Rauschning Schlochauer-FS (1981) 557ff., Martin aaO 215ff. mwN). Angesichts der Völkerrechtsfreundlichkeit der deutschen Rechtsordnung sollten derartige Beeinträchtigungen zumindest als nicht rechtswidrig gelten. Um dies zu erreichen, wird z. T. unmittelbar auf das Völkerrecht abgestellt (Fröhler/Zehetner, Rechtsschutzprobleme bei grenzüberschreitenden Umweltbeeinträchtigungen (1981) III 129ff., Wegscheider DRiZ 83, 60; vgl. auch Lackner 5 vor § 324, Tiedemann/Kindhäuser NStZ 88, 346). Sachgerechter erscheint jedoch, ausländischen Gestattungen (wie im Zivilrecht, vgl. Roßbach NJW 88, 592) über den Weg der *Anerkennung ausländischer Hoheitsakte* gleiche Wirkungen beizumessen wie inländischen, wenn die Beeinträchtigungen am Erfolgsort völkerrechtlich hinzunehmen sind (näher zu den anzulegenden Kriterien Martin aaO 329ff.; vgl. auch SPD-E eines 2. UKG, BT-Drs. 11/6449, S. 35f., Siehr RabelsZ **45** (1981) 387). Liegen diese Voraussetzungen einer Anerkennung nicht vor, so ist die Tat strafbar. Vertraute der im Ausland handelnde Täter darauf, daß die am Handlungsort erteilte Genehmigung die Strafbarkeit auch nach deutschem Recht ausschließe, kann dies allerdings einen Verbotsirrtum begründen. c) Ist die *grenzüberschreitende Umweltbeeinträchtigung* nach dem Recht des *Handlungsortes unzulässig,* so ist die Tat in beiden Fallgruppen auch dann strafbar, wenn die Beeinträchtigung unterhalb der Schwelle der Völkerrechtswidrigkeit liegt (Martin aaO 316; and. Wegscheider DRiZ 83, 60). Spez. zum Meeresumweltschutz vgl. § 5 RN 18a.

IV. Inland – Ausland, Deutscher – Ausländer

25 Ähnlich wie das Personal- und Schutzprinzip eine Unterscheidung zwischen „Deutschen" und „Ausländern" erforderlich machen (vgl. § 5 Nrn. 3a, 5b, 6, 8, 9, 12, 13, § 7 I), zwingt das Territorialprinzip zu einer räumlichen Abgrenzung zwischen Taten im „Inland" einerseits und im „Ausland" andererseits (vgl. §§ 3, 5–7, 9). Während diese Begriffspaare im Verhältnis des alten Deutschen Reiches zu anderen Staaten zu brauchbaren Abgrenzungen führten, werfen sie im Verhältnis zur DDR Fragen auf, die sich aus dem – auch seit den Ereignissen vom November 1989 noch fortbestehenden – verfassungs- und völkerrechtlichen Schwebezustand des innerdeutschen Verhältnisses ergeben. Solange diese Fragen nicht geklärt sind – und dazu hat der Gesetzgeber auch für den delikaten Bereich des Strafanwendungsrechts bewußt nicht einmal einen Versuch gemacht (vgl. BT-Drs. V/4095 S. 4 sowie 7/1261 S. 4) –, bleiben für die Abgrenzungen die schon zur a. F. vertretenen Grundsätze (vgl. 17. A. 14ff. vor § 3) teilweise weiterhin von Bedeutung.

26 1. Der Begriff des **Inlands** umfaßt einen unterschiedlich weiten Bereich, je nachdem, ob man ihn in seinem staatsrechtlichen Sinne oder nach seiner spezifisch strafrechtlichen Funktion versteht.

27 a) Nach dem **staats- und völkerrechtlichen** Inlandsbegriff, wie er früher vorherrschend auch für das Strafrecht für verbindlich gehalten wurde (vgl. BGH **5** 364, **8** 170, Frank § 8 Anm. 1, Kohlrausch-Lange IV, Olshausen 5, Welzel 28; i. Grds. ebenso noch Dreher[37] § 3 RN 3, Maurach AT[4] S. 120 und offenbar auch Schroeder NStZ 81, 181), war als Inland i. S. der §§ 3ff. das gesamte **Staatsgebiet des Deutschen Reiches** in seinen Grenzen vom 31. 12. 1937 zu verstehen.

28 Nach dieser völkerrechtlichen Betrachtung waren die **polnisch** verwalteten Gebiete jenseits der Oder-Neiße-Linie noch als Inland zu betrachten (vgl. BGH **8** 170) und gleiches wurde – bis zur Kehrtwendung in BGH **30** 1 (vgl. u. 63) – auch für das Gebiet der damaligen **DDR** angenommen (BGH **5** 364, **7** 55, **15** 72, **20** 5, BVerfGE **1** 341, **11** 158, **12** 65; ebenso noch Braunschweig GA **77**, 309, KG JR **77**, 344 [vgl. aber auch u. 64], dagegen offengelassen von BGH **27**, 5, NJW **75**, 1610; verfehlt KG JR **81**, 38: vgl. u. 53). Daß dies jedenfalls hinsichtlich des durch die Ostverträge von 1970 (BGBl.

1972 II 353, 361) den Polen überlassenen Gebietes nicht mehr haltbar war, wurde dann selbst von Vertretern jener Auffassung eingeräumt (Dreher[37] § 3 RN 3, Maurach AT[4] 120). Dagegen wurde in dieser völkerrechtlichen Auffassung das Gebiet der DDR trotz des Grundlagenvertrages von 1972 weiterhin als Inland behandelt (vgl. je aaO sowie Schroeder NStZ 81, 181), und zwar nicht nur deshalb, weil mit dem Grundlagenvertrag keine völkerrechtliche Anerkennung der DDR verbunden gewesen sei (BVerfGE 36 17), sondern weil sonst auch die neben dem Inlandsbegriff im StGB gelegentlich verwandte Formel des „räumlichen Geltungsbereichs dieses Gesetzes" (vgl. u. 32) praktisch leergelaufen wäre. Dementsprechend waren in der DDR begangene Taten auch nicht nach den Regeln des Internationalen, sondern nach denen des sog. Interlokalen Strafrechts zu behandeln (dazu u. 47 ff.).

b) Demgegenüber versucht der sog. **funktionelle Inlandsbegriff** den besonderen Bedürfnissen des IStR dadurch Rechnung zu tragen, daß als Inland nur jenes Gebiet gilt, in dem das bundesdeutsche Strafrecht aufgrund hoheitlicher Staatsgewalt seine Ordnungsfunktion geltend macht (so bereits v. Liszt-Schmidt 127; grds. ebenso Jakobs 95, Jescheck 172, Lackner 4a, Samson SK § 3 RN 5, Schmidhäuser 129, Tröndle JR 77, 3f. sowie jetzt auch BGH 30 1, 32 297; vgl. ferner Herrmann aaO 61, Wengler Nawiasky-FS 49 ff.). Dieser Raum wird sich regelmäßig mit dem Staatsgebiet i. S. des Völkerrechts decken, mit Ausnahme jener Gebiete, in denen die Ausübung der internen Staatsgewalt für längere Zeit ruht. Solche Bereiche noch zum Inland zu rechnen, würde dem Sinn des Territorialprinzips widersprechen; denn Grundlage dieses Prinzips und damit auch des Inlandsbegriffes ist einerseits die *primäre Verantwortlichkeit* für die Ahndung aller im eigenen Hoheitsbereich begangenen Handlungen und andererseits der Strafverzicht bei Auslandstaten, der auf der Annahme beruht, daß sie in Gebieten begangen werden, in denen fremde Staatsgewalt und damit auch fremde Strafgewalt ausgeübt wird. Diese Voraussetzungen bestanden schon bislang in den **polnisch verwalteten Gebieten** jenseits der Oder-Neiße-Linie nicht mehr (vgl. Wengler aaO 67 ff.); durch Anerkennung dieser Linie als „westliche Staatsgrenze der Volksrepublik Polen" in Art. 1 I des Warschauer Vertrages v. 7. 12. 70 hat dieser Zustand lediglich seine formale Bestätigung gefunden. Demgemäß können Taten in jenem Gebiet *nicht* mehr als *Inlandstaten* behandelt werden. Insoweit zust. auch die Gegenansicht o. 28. Nach diesen Grundsätzen war seit dem Grundlagenvertrag von 1972 auch das Territorium der **DDR** *wie Ausland* zu behandeln; vgl. des weiteren u. 32f., 64.

c) Im einzelnen gehören zum Inland das **Landgebiet** samt seinen **Binnengewässern**, die dem Festland vorgelagerten **Eigengewässer** (wie Meeresbuchten und Seehäfen), das sich anschließende **Küstenmeer** mit mindestens einer Dreimeilenzone (ab Niederwassergrenze) sowie der sich über den vorgenannten Gebieten befindliche **Luftraum** (vgl. Tröndle LK 50ff., Schnorr v. Carolsfeld aaO 9).

Problematisch ist die Zuordnung des über das Küstenmeer hinausreichenden **Festlandsockels**. Dazu gehört nach der (von der Bundesrepublik zwar nicht ratifizierten, jedoch insoweit Völkergewohnheitsrecht kodifizierenden) Genfer Festlandsockel-Konvention v. 29. 4. 58 „der Meeresboden und der Untergrund der unterseeischen Gebiete, die der Küste außerhalb des Küstenmeeres vorgelagert sind, bis zu einer Tiefe von 200 m oder jenseits dieser Grenze bis dorthin, wo die Tiefe der darüber befindlichen Wasser die Ausbeutung der Bodenschätze der besagten Gebiete zuläßt". Zwar besitzt über diese Gebiete der Küstenstaat gewisse Hoheitsrechte zur Erforschung und Ausbeutung der Bodenschätze (vgl. §§ 132–137, 175 Nr. 5 BBergG, BGBl. 1980 I 1310, und Festlandsockel-BergVO, BGBl. 1989 I 554); dennoch gilt dieser Bereich *nicht* als Inland (vgl. Klages, Meeresumweltschutz 36 ff., Oehler IStR 294, 305 ff., Tröndle LK 51, Wengler NJW 69, 965; vgl. § 5 RN 18a), so daß die Ausdehnung der Strafgewalt auf diesen Bereich nicht auf dem Territorialprinzip beruhen kann (so aber Jakobs 92, 94 f., dagegen Klages aaO 113 ff.). Bei **Brücken** reicht die Staatsgewalt, sofern nichts Besonderes vereinbart ist, bis zur Brückenmitte (RG 9 378), bei **Grenzflüssen** bis zur Flußmitte bzw. bis zur Mitte der Hauptschiffahrtsrinne (Talweg). Der *Bodensee* ist nicht Kondominat der Anrainerstaaten, sondern durch die Mittellinie räumlich getrennt (RG 57 369; vgl. v. Bayer-Ehrenberg DÖV 57, 38), wobei freilich der Grenzverlauf auf dem Obersee umstritten ist (vgl. BayVGH ArchVR 12 (1964–65) 224). Auch **Schiffe** sind – und zwar ungeachtet von § 4 und gleich ob in- oder ausländischer Nationalität – als Inland zu behandeln, solange sie sich im Küstenmeer oder in einem Hafen der Bundesrepublik befinden (vgl. Mettgenberg DJ 40, 642, Oehler IStR 295 f.). Das schließt jedoch nicht aus, daß nicht auch das ausländische Recht seine Zuständigkeit für diese Fahrzeuge erklären und als sein „Inland" behandeln könnte (vgl. zum Ganzen Oehler IStR 326 ff.). Für den umgekehrten Fall vgl. § 4 RN 9. Diese Grundsätze gelten an sich gleichermaßen für *Privat*schiffe wie auch für (ausländische) *Kriegs-* und *Staatsschiffe*, nachdem die bislang auch hier vertretene Vorstellung von Staatsschiffen als „schwimmendem Gebietsteil" des Flaggenstaates wohl nicht mehr haltbar ist (vgl. § 4 RN 4). Soweit sich jedoch ein ausländisches Kriegs- oder Staatsschiff in deutschen Eigengewässern und damit im Inland befindet, wird ihm (ebenso wie umgekehrt deutschen Schiffen in ausländischen Gewässern) regelmäßig Immunität gegenüber der deutschen Strafgewalt eingeräumt (Oehler IStR 333 ff., Tröndle LK 55 vor § 3, § 4 RN 9). Gleich den Schiffen sind auch **Luftfahrzeuge** zu behandeln: Sie gelten als Inland, solange bzw. sobald sie sich im deutschen Luftraum befinden (vgl. Oehler IStR 340ff.). Auch die Dienst- und Wohngebäude der sog. **Exterritorialen** (u. 38ff.) gehören zum Inland (RG **69** 55, Köln StV **82**, 471). Hingegen gelten für den Bereich der Zoll- und Einfuhrgesetze auch solche **Zollstellen**, die ins Ausland vorgeschoben sind, noch als Inland (RG **57** 61), und zwar ohne Beschränkung auf die Geschäftsräume der Zollstelle (RG **66** 195). Umgekehrt sind dementsprechend deutsche Zollausschlüsse, wie insbes. die Freihäfen von Hamburg und Bremen, hinsichtlich Zollvergehen als Ausland zu betrachten (vgl. RG **56** 44, 287, **57** 357, **59** 170; vgl. aber auch BGH **31** 252 m. Anm. Schwenn/Strate StV 83, 151). Entsprechendes gilt für vorgeschobene Grenzdienststellen (Bay NJW **83**, 529, M-Zipf I 137; vgl. auch BGH **31** 217 [m. Anm. Bick StV 83, 331], **31** 377, Köln NStZ **84**, 321, 322 sowie Hübner JR 84, 82). Zu weiteren Einzelheiten Tröndle LK 52ff.

32 2. Anstelle von Inland spricht der Gesetzgeber gelegentlich vom „**räumlichen Geltungsbereich dieses Gesetzes**" (so z. B. in §§ 66 III, 84 I, 85 I, 86 I, 86a I, 87 I, 88, 91, 100 I, 109f, 234a I). Gemeint waren damit die in der Präambel des GG genannten Länder und das Saarland, praktisch also (bis zum Beitritt der fünf neuen Bundesländer und der Einbeziehung von Ost-Berlin aufgrund des EV mit dem 2. 10. 90) das damalige **Bundesgebiet,** sowie **(West-)Berlin,** soweit dem betreffenden Gesetz aufgrund eines entsprechenden Überleitungsgesetzes auch dort Geltung verschafft wurde; daran fehlte es z. B. an den durch das 4. StÄG (v. 11. 6. 57) bzw. bei einem Teil der durch das 8. StÄG (v. 25. 6. 68) eingetretenen Änderungen (dazu 13 vor § 80); vgl. Langrock aaO 39ff., Tröndle LK 41ff.

32a Folgte man dem hier vertretenen funktionellen Inlandsbegriff (o. 29), so war der „räumliche Geltungsbereich dieses Gesetzes" praktisch mit jenem deckungsgleich (vgl. Samson SK § 5 RN 6, Tröndle LK 41ff., Schroth NJW 81, 500) und demgemäß nur noch bei etwaigen Geltungsvorbehalten gegenüber (West-)Berlin von einer gewissen eigenständigen Bedeutung. Daraus aber schließen zu wollen, daß eben der Inlandsbegriff in seinem weiterreichenden staatsrechtlichen Sinne zu verstehen sei (so die bei 28 Genannten), hätte die Tatsache verkannt, daß in dieser verschleiernden Terminologie in der Hauptsache wohl das Eingeständnis des Gesetzgebers zu erblicken war, daß sich der Geltungsanspruch des StGB für seinen ursprünglichen gesamtdeutschen Bereich nicht mehr aufrechterhalten ließ (vgl. Krey JR 80, 49). Daher hätte auf einen dieser Begriffe durchaus verzichtet werden können. Nach dem nunmehrigen Beitritt der ehemaligen DDR einschließlich Ost-Berlin zur Bundesrepublik Deutschland am 3. 10. 90 aufgrund Art. 1, 3 EV (vgl. 12 vor § 1) ist der „räumliche Geltungsbereich dieses Gesetzes" sowohl mit dem funktionell-strafrechtlichen als auch mit dem staatsrechtlichen Inlandsbegriff deckungsgleich (vgl. D-Tröndle[45] § 3 RN 3).

33 3. **Ausland** ist jedes Gebiet außerhalb des Inlands. Neben den nicht zum Inlandsbereich des deutschen Strafrechts gehörenden fremden Staatsgebieten sind demnach Ausland auch das offene Meer und Gebiete ohne Staatshoheit (D-Tröndle § 3 RN 7, Lackner 4c).

34 4. In **personaler** Hinsicht kann der Begriff des **Deutschen** bedeutsam werden, und zwar sowohl durch aktive Anknüpfung am *Täter* (§ 5 Nrn. 3a, 5b, 8, 9, 12, § 7 II Nr. 1) als auch durch passive Anknüpfung am *Verletzten* (§ 5 Nrn. 6, 8, § 7 I), ja gelegentlich müssen sogar der Täter und das Opfer Deutsche sein (§ 5 Nr. 8). Dabei ist von folgenden Grundsätzen auszugehen:

35 a) Grundlage für die Beurteilung als Deutscher ist zunächst das **Reichs- und StaatsangehörigkeitsG** v. 22. 7. 13 sowie Art. 116 I GG, wonach deutsche Volkszugehörige den Deutschen gleichzustellen sind (BVerfGE **36** 30f., vgl. ferner BGH **11** 63, Karlsruhe NJW **51**, 118, Tröndle LK 63). Nach Anerkennung der Oder-Neiße-Linie als Westgrenze Polens werden die zu jenen Gebieten gehörenden Bürger als Ausländer zu behandeln sein. Zu Rückwirkungsfragen bei Änderung der Staatsangehörigkeit vgl. Oehler Bockelmann-FS 771ff.

36 b) Diese staatsrechtliche Betrachtung hatte jedoch ähnlich wie beim Inlandsbegriff (o. 29) einer **funktionellen Differenzierung** bedurft. Das war vor allem bei Taten von oder gegenüber **DDR-Bürgern** bedeutsam: näher dazu u. 66ff.

37 5. Der Begriff des **Ausländers** spielt sowohl in den ausdrücklich darauf abhebenden Vorschriften (z. B. § 5 Nr. 13, § 7 II Nr. 2) als auch dort eine Rolle, wo Deutschen besonderer Schutz gewährt wird bzw. besondere Pflichten auferlegt werden (vgl. o. 34, u. 66ff.) und damit Ausländer stillschweigend davon ausgenommen sind. Ausländer ist jeder, der nicht Deutscher ist, also auch der Staatenlose (§ 1 II AuslG); vgl. aber auch Oehler Bockelmann-FS 780ff.

38 V. **Ausnahmen von der deutschen Strafgewalt** gibt es für sog. **Exterritoriale.**
1. Nach §§ 18–20 GVG erstreckt sich die deutsche Strafgerichtsbarkeit nicht auf die Leiter und Mitglieder der bei der Bundesrepublik Deutschland beglaubigten **diplomatischen** Missionen und konsularischen Vertretungen sowie auf andere Personen, die nach den allgemein anerkannten Regeln des Völkerrechts oder nach einem Staatsvertrag hiervon befreit sind.

Zu diesen „Exterritorialen" rechnen neben ständig akkreditierten Botschaftern und Diplomaten **38a** auch fremde Staatsoberhäupter (so zum damaligen DDR-Staatsratsvorsitzenden BGH 33 97 m. abl. Anm. Blumenwitz JZ 85, 614), ferner durchreisende Gesandte, Vertreter fremder Staaten auf internationalen Konferenzen, Staatenvertreter bei internationalen Organisationen, wie auch höhere Beamte internationaler Organisationen, sowie die Mitglieder konsularischer Vertretungen. Und zwar erstreckt sich deren Exterritorialität jeweils auch auf ihre Familienmitglieder und privaten Hausangestellten. Vgl. im einzelnen das Wiener Übereink. über diplomatische Beziehungen v. 18. 4. 61 (BGBl. 1964 II 957; 1965 II 147) und das Wiener Übereink. über konsularische Beziehungen v. 24. 4. 63 (BGBl. 1969 II 1585) sowie das RdSchr. des BMI v. 14. 3. 75 über „Diplomaten und andere bevorrechtigte Personen" (GMBl. 1975, 337, 518, 629), auszugsweise abgedr. bei K-Meyer § 18 GVG 11, ferner Nr. 193 ff. RiStBV, Rüping Kleinknecht-FS 397 ff. Zu ad-hoc-Sonderbotschaftern vgl. BGH **32** 275, Düsseldorf MDR **83**, 512, NJW **86**, 2204.

2. Auch die in der Bundesrepublik stationierten **ausländischen Truppen** sind partiell der **39** deutschen Strafgerichtsbarkeit entzogen. Während sie jedoch nach dem Truppenvertrag v. 26. 5. 52 (BGBl. II 321) grundsätzlich als Exterritoriale zu behandeln waren (Art. 6, vgl. LR[20] Anh. C z. GVG, Jescheck ZStW 65, 291 ff.), ist nach den Zusatzvereinbarungen zum NATO-Truppenstatut (NTS) v. 19. 6. 51 (BGBl. 1961 II 1190), die aufgrund des Ges. v. 18. 8. 61 (BGBl. II 1183) am 1. 7. 63 in Kraft getreten sind (BGBl. II 745) und den Truppenvertrag abgelöst haben, folgendermaßen zu differenzieren:

Nach Art. VII Abs. 2a NTS steht dem *Entsendestaat* die *ausschließliche* Gerichtsbarkeit über die **39a** seinem Militärrecht unterstehenden Personen – und damit Exterritorialität vom deutschen Strafrecht – nur noch für solche Handlungen zu, die lediglich nach dem Recht des Entsendestaates, nicht aber nach dem Recht des Aufnahmestaates, d. h. der Bundesrepublik, strafbar sind, wobei unter Strafbarkeit auch die Ahndung als Ordnungswidrigkeit fällt (Schwenk JZ 76, 581). Im umgekehrten Falle (Strafbarkeit nur nach deutschem Recht) übt die Bundesrepublik die ausschließliche Gerichtsbarkeit aus (Art. VII Abs. 2b NTS). In den übrigen Fällen (Strafbarkeit nach dem Recht beider beteiligter Staaten) besteht *konkurrierende* Strafgerichtsbarkeit (Art. VII Abs. 1 NTS), wobei den ausländischen Militärbehörden insoweit ein *Vorrecht* zukommt, als die strafbare Handlung in Ausübung des Dienstes begangen ist oder sich nur gegen den Entsendestaat bzw. eine dem Truppenstatut unterstehenden Personen richtet (Art. VII Abs. 3a NTS; zu Abgrenzungsproblemen bei fahrlässiger Körperverletzung vgl. Marenbach NJW 74, 1598). Bei allen sonstigen Straftaten steht der Bundesrepublik das Vorrecht zu (vgl. Art. VII Abs. 3b NTS), so daß insoweit Exterritorialität zu verneinen ist. Auf die Ausübung des Vorrechts kann jede Seite im Einzelfall *verzichten*. Die Bundesrepublik kann dies auch *generell* tun, wenn ein Entsendestaat darum ersucht (vgl. Art. VII Abs. 3c NTS i. V. m. Art. 19 des Zusatzabkommens [ZusAbk] z. NTS v. 3. 8. 59 [BGBl. 1961 II 1218]). War ein Entsendestaat zu einem derartigen Ersuchen bereits bei Inkrafttreten des ZusAbk (1. 7. 63; s. o. 39) entschlossen, so wurde der Verzicht der Bundesrepublik auf ihr Vorrecht für den gleichen Zeitpunkt wirksam (vgl. Unterzeichnungsprot. z. ZusAbk. v. 3. 8. 59, BGBl. 1961 II 1313, Teil II zu Art. 19); dies trifft z. B. im Verhältnis zu Großbritannien zu (vgl. Celle NJW **65**, 1673). Durch den Verzicht wird jedoch lediglich das Vorrecht, nicht aber die deutsche Gerichtsbarkeit als solche beseitigt (Nürnberg NJW **75**, 2151, Stuttgart NJW **77**, 1020, Tröndle LK 79). Deshalb kann diese sowohl bei (schriftlicher oder auch nur mündlicher) Rücknahme des Verzichts nach Art. 19, III ZusAbk (dazu BGH **30** 377, NJW **66**, 2280) wie auch dann wieder aufgenommen werden, wenn die Militärbehörden ihrerseits innerhalb angemessener Zeit nicht tätig werden (Stuttgart aaO, Tröndle aaO; und. Frankfurt b. Marenbach NJW **74**, 395). Treffen diese freilich eine Entscheidung (und sei es auch nur durch Einstellung), so ist eine weitere deutsche Verfolgung durch „ne bis in idem" ausgeschlossen (Stuttgart aaO, Tröndle aaO). Zu vorläufigen Maßnahmen während eines nichtzurückgenommenen Verzichts vgl. Zweibrücken NJW **75**, 2150, Stuttgart MDR **76**, 1043, Marenbach NJW 78, 2434. Zu weiteren Einzelheiten vgl. Schwenk NJW 63, 1425 ff., JZ 76, 581 ff., ferner Rumpf aaO, insbes. 17 ff., Witzsch aaO. Zur verfassungsrechtlichen Problematik des Art. VII Abs. 7a NTS (Todesstrafe) vgl. Calliess NJW **88**, 849 u. Ballhausen NJW **88**, 2656.

Der *persönliche Anwendungsbereich* des Truppenstatuts umfaßt nicht nur die Mitglieder der „Trup- **40** pe" (militärisches Personal), sondern auch deren Angehörige sowie das zivile Gefolge und dessen Angehörige (vgl. Schwenk aaO). *Deutsche Staatsangehörige,* soweit sie nicht Mitglieder der ausländischen Truppe sind (vgl. Art. VII Abs. 4 NTS), unterstehen ausschließlich der deutschen Gerichtsbarkeit, da sie auch als bei den fremden Streitkräften Beschäftigte nicht zu dessen zivilem Gefolge zählen (vgl. Art. I Abs. 1 b NTS). Eine Ausnahme besteht nach Art. III b des Überleitungsvertrages v. 30. 3. 55 (BGBl. II 405) u. a. für Angehörige deutscher Dienstkommandos bei ausländischen Streitkräften für Taten, die in Erfüllung von Pflichten oder Leistung von Diensten für die Besatzungsbehörden begangen wurden (vgl. BGH **14** 28). Durch vorübergehenden Heimaturlaub wird die Zugehörigkeit zu dem in der Bundesrepublik stationierten Truppenverband nicht ohne weiteres aufgehoben (Hamm MDR **81**, 870).

3. Hinsichtlich der **Wirkung derartiger Ausnahmen** von der deutschen Strafgerichtsbarkeit **41** ist zu differenzieren (ebenso M-Zipf I 147):

42 a) Bei echter *Exterritorialität* (o. 38 f.) sind die betreffenden Personen i. S. einer **materiellrechtlichen Exemtion** von der Geltung des deutschen Strafrechts ausgenommen (v. Hippel II 82, v. Liszt-Schmidt 137, Oehler IStR 361 f., Schönke Mezger-FS 109, Welzel 59, ebenso bereits R **10** 85), also nicht nur i. S. einer prozessualen Immunität der deutschen Strafgewalt entzogen (so aber BGH **32** 276, Düsseldorf NJW **86**, 2204, ferner u. a. Baumann/Weber 69 f., Jescheck 167, Rüping Kleinknecht-FS 406, Tröndle LK 74, wohl auch BGH **14** 139, **21** 33; i. E. wie hier Bloy, Die dogmatische Bedeutung der Strafausschließungsgründe (1976) 38 ff. mwN zum Streitstand). Denn aufgrund des überkommenen Völkerrechts und der Staatenpraxis besteht bei keiner der genannten Personengruppen die Möglichkeit, sie bei einer etwaigen Rückkehr ins Inland nach Beendigung ihrer Dienste wegen früher begangener Inlandstaten zu bestrafen; vielmehr können sie auch nach Verlust ihrer exterritorialen Stellung wegen der in dieser Zeit begangenen Handlungen nur von einem ausländischen, nicht aber von einem deutschen Gericht bestraft werden (vgl. v. Hippel II 83; and. Baumann/Weber 70, D-Tröndle § 3 RN 8). Entsprechendes dürfte auch für ausländische NATO-Angehörige zu gelten haben, soweit dem Entsendestaat die *ausschließliche* Gerichtsbarkeit zusteht (o. 39 a). Da der Exemtion jedoch lediglich die Wirkung eines **persönlichen Strafausschließungsgrundes** für den Exterritorialen zukommt (Welzel 59), bleibt die *Tatbeteiligung* daran durch einen Deutschen strafbar (insoweit ebenso bei Deutung der Exterritorialität als bloßem Verfahrenshindernis Baumann/Weber 70, D-Tröndle § 3 RN 8). Ebenso bleibt demzufolge Notwehr gegen die rechtswidrige Handlung eines Exterritorialen möglich, und zwar selbst dann, wenn die nach deutschem Tatortrecht strafbare Handlung nach dem Heimatrecht des Exterritorialen nicht strafbedroht ist. Stiftet z. B. ein Deutscher einen fremden Botschaftsangehörigen zu einer Unterhaltspflichtverletzung (§ 170 b) an, so ist er auch dann strafbar, wenn das für den Angestifteten geltende Recht die Unterhaltspflichtentziehung nicht mit Strafe bedroht (vgl. aber auch o. 15). Insofern gilt Entsprechendes wie bei der inländischen Teilnahme an einer Auslandstat, die ihrerseits nach §§ 3 ff. nicht der Geltung des deutschen Strafrechts unterliegt (vgl. § 9 II 2).

43 b) Dagegen hat bei NATO-Angehörigen das nur auf *konkurrierender* Gerichtsbarkeit beruhende Vorrecht des Entsendestaates keine materielle Exemtion, sondern nur **prozessuale Immunität** zur Folge (BGH **28** 98, Tröndle LK 74). Denn da es sich insoweit nur um verfahrensrechtliche Zuständigkeitsverteilungen handelt (vgl. M-Zipf I 148), läßt der Verzicht auf das Vorrecht die subsidiäre Geltung des deutschen Strafrechts unberührt (vgl. o. 39 b). Demzufolge steht auch der Strafverfolgung eines aus der fremden Streitmacht ausgeschiedenen Soldaten durch deutsche Gerichte jedenfalls materiellrechtlich nichts im Wege (BGH **28** 96 m. Anm. Oehler JR 80, 126).

44 VI. Besondere Probleme stellen sich bei **besatzungsgerichtlichen Urteilen** oder sonstigen Strafermittlungen im Anschluß an den 2. Weltkrieg. Wenngleich diese Fälle mit fortschreitender Zeit an praktischer Bedeutung verlieren, kann sich doch auch weiterhin gelegentlich noch die Frage stellen, inwieweit durch verfahrensabschließende Entscheidung eines Strafverfolgungsorgans einer Besatzungsmacht (bzw. der Alliierten Streitkräfte) die deutsche Strafgewalt ausgeschlossen ist. Auf der Grundlage 1. Teils des sog. Überleitungsvertrages (ÜV) i. d. F. v. 30. 3. 55 (BGBl. II 405) ist dazu vor allem folgendes zu beachten (vgl. im einzelnen Tröndle LK 81 ff.):

45 1. Was die grundsätzliche Zulässigkeit eines **erneuten Strafverfahrens** nach deutschem Recht betrifft, ist davon auszugehen, daß es sich bei einer besatzungsgerichtlich abgeurteilten Tat um *ausländische* Gerichtsbarkeit handelt, die im Prinzip für das deutsche Strafrecht weder verbindlich ist noch präkludierend wirkt (vgl. BGH **5** 370, **6** 177, NJW **52**, 151, Schleswig NJW **58**, 112). Jedoch haben nach Art. 7 ÜV alle deutschen Gerichte und Behörden Urteile und Entscheidungen der Besatzungsmächte in Strafsachen als rechtskräftig und rechtswirksam zu respektieren. Dies gilt sowohl für *freisprechende* als auch *verurteilende* Erkenntnisse mit dem Ergebnis, daß eine erneute Verurteilung nur dann stattfinden kann, wenn der Prozeßgegenstand teilweise ein anderer ist. Daher bleibt ein erneutes Verfahren nur insoweit möglich, als der Täter wegen eines nicht abgeurteilten Tatteils oder wegen offengebliebener rechtlicher Gesichtspunkte verfolgt werden soll (vgl. Bay **51** 101, aber auch v. Weber JZ 58, 751). Entsprechendes gilt für abgeschlossene Ermittlungsverfahren. Ausgenommen von diesen Wirkungen sind nach Art. 6 ÜV jedoch Verfahren wegen *Kriegsverbrechen* (BGH **12** 36, Wohlfahrth JZ 55, 527; and. BGH **12** 329, **21** 29, Schleswig JZ **58**, 750 m. abl. Anm. v. Weber, m. and. Begr. auch Bremen NJW **60**, 782 m. Anm. Wengler, Schleswig SchlHA **60**, 146, D-Tröndle § 51 RN 16 d). Bei solchen Taten brauchen die deutschen Verfolgungsorgane Verurteilungen nicht anzuerkennen, sie sind andererseits aber auch durch Freisprüche nicht gehindert, neue Strafverfahren einzuleiten. Dies gilt nicht für Verfahren, die durch Urteil beendet wurden, anderes gilt sinngemäß auch für Fälle des Art. 3 III b ÜV (and. v. Weber JZ 58, 752). Jedoch ist in solchen Fällen, falls der Täter die Strafe des Besatzungsgerichts bereits (teilweise) verbüßt hat, § 51 III entsprechend anzuwenden (vgl. BGH **6** 178, **12** 41, aber auch Tröndle LK 82). Soweit nach Vorstehendem ein erneutes Verfahren ausgeschlossen ist, wird auch eine *Wiederaufnahme* des Verfahrens gegen Urteile von Besatzungsgerichten für unzulässig erklärt (BGH **12** 326 [gegen BGH NJW **56**, 1766], **21** 36, Schorn JR 61, 330, Jescheck JZ 66, 808; vgl. ferner Schwenk NJW **60**, 275). Zur erneuten Verfolgung von Personen, die nach dem Kriege in Frankreich abgeurteilt wurden, vgl. Ges. v. 7. 4. 75 (BGBl. II 431) zum dt.-franz. Abk. v. 2. 2. 71 m. Anm. Maier NJW 75, 465, Schultz MDR 75, 545, Tröndle LK 83.

2. Materiellrechtlich kommt Urteilen der Besatzungsgerichte, weil ausländisch, keine – nach **46** Aufhebung von § 48 heute ohnehin nicht mehr relevante – rückfallbegründende Kraft zu (BGH NJW 52, 151, Bay 51 535). Ebensowenig kann mit einem besatzungsgerichtlichen Urteil eine Gesamtstrafe gebildet werden (BGH LM **Nr. 1** zu § 335). Auch stehen die Urteile von Besatzungsgerichten einer Anwendung der §§ 2 III, 3 II StraffreihG 1954 nicht entgegen (BGH NJW 55, 430, Bay NJW 54, 1617, Hamburg NJW 54, 1697). Hingegen steht ein solches Urteil für die Anwendung des § 66 nach dessen Abs. 3 einem deutschen Urteil gleich.

VII. Interlokales Strafrecht

1. Ähnlich wie im Verhältnis zwischen völkerrechtlich selbständigen Staaten kann es auch **47** **innerhalb desselben Staates unterschiedliche Strafrechtsordnungen** geben, die jeweils nur für einen bestimmten räumlichen Bereich gelten. Derartiges *partielles* oder meist sog. *partikuläres Strafrecht* ist vor allem innerhalb von Bundesstaaten, wie der Bundesrepublik Deutschland, bedeutsam. Soll hier eine Tat, die im Bereich des einen Teilrechts begangen wurde, im Bereich eines anderen abgeurteilt werden, so stellt sich die Frage, welches Teilrecht dabei anzuwenden ist. Einer Lösung nach den Regeln des IStR steht hier entgegen, daß es sich sowohl beim Tatortrecht als auch beim Recht des Gerichtsortes jeweils um inländisches Recht handelt und demzufolge jede Auslandsbeziehung fehlt (vgl. Tröndle LK 85). Insofern geht es hier auch weder um den Geltungsbereich noch um die Anwendbarkeit des deutschen Strafrechts, sondern um die Lösung *innerstaatlicher Kollisionen;* insofern handelt es sich hier um ein echtes Kollisionsrecht (Jescheck 168 f., M-Zipf I 148; vgl. aber auch Jakobs 100). Diesen Besonderheiten soll durch die – leider bislang immer noch nur gewohnheitsrechtlich entwickelten – Regeln des **Interterritorialen** (M-Zipf I 148) bzw. meist sog. **Interlokalen Strafrechts** Rechnung getragen werden (allg. dazu Oehler IStR 37 sowie zur Kritik u. 51).

a) Daß jedenfalls **partielles Bundesrecht** nach Interlokalem Strafrecht zu behandeln ist, steht **48** heute außer Frage (Jescheck 170); zu solchen Fällen, die sich aufgrund von Art. 125 GG vor allem aus der Fortgeltung von früherem Landesrecht als Bundesrecht, aber neuerdings auch aus der Fortgeltung ehemaligen DDR-Strafrechts in den Beitrittsgebieten (vgl. u. 69ff.), ergeben können, vgl. BGH 5 396, **11** 365. Gleiches muß jedoch auch für **unterschiedliches Landesrecht** gelten (Kohlrausch-Lange III A; vgl. auch Jescheck 170; and. M-Zipf I 149, H. Mayer AT 90f., Tröndle LK 91); denn auch das Landesrecht beruht letztlich auf Bundesrecht, sei es, daß es kraft der durch das GG eingeräumten Gesetzgebungsbefugnis (Art. 72 I, 74 Nr. 1) oder aufgrund einer Ermächtigung des Bundesgesetzgebers (z. B. § 2 II EGStGB a. F. bzw. jetzt Art. 1 EGStGB n. F.) entstanden ist.

Allerdings spielten derartige interlokalrechtliche Kollisionen innerhalb der (alten) Bundesrepublik **49** nur noch eine geringe Rolle, da die Gesetzgebungskompetenz der Bundesländer auf dem Gebiet des Strafrechts keine große praktische Bedeutung mehr hatte (vgl. im einzelnen 36 ff. vor § 1, aber auch Jedamzik aaO 5 ff. zu unterschiedlichem Landespresse- und Rundfunkstrafrecht; über frühere zahlreiche Anwendungsfälle innerhalb des Deutschen Reiches vgl. Jescheck 170 mwN).

b) Zu Besonderheiten im **Verhältnis zur (ehemaligen) DDR** sowie zu den sich aus dem **50** **Fortgelten von DDR-Strafrecht** ergebenden Strafanwendungsproblemen vgl. u. 60ff.

2. Soweit das eigentliche Interlokale Strafrecht in Betracht kommt, können nach heute h. M. **51** die Regeln der §§ 3ff. weder unmittelbar noch analog zur Anwendung kommen (vgl. BGH **7** 55, Baumann/Weber 81, Jescheck 168f.); denn jene Bestimmungen gehen von einer grundsätzlichen Antithese zwischen dem deutschen und dem ausländischen Recht aus, während das Interlokale Strafrecht grundsätzlich von einem gegenseitigem Vertrauen beherrschte Anerkennung der verschiedenen Teilrechtsgebiete für den gesamten Bereich voraussetzt (vgl. Tröndle LK 86). Daher ist das Interlokale Strafrecht nach **eigenen – bislang ungeschriebenen – Regeln** zu behandeln (vgl. BGH **7** 55, NJW **60**, 395, Jescheck 169; rechtshist. u. -vergl. Schultz JR 68, 42ff.), wofür jedoch nicht zuletzt im Hinblick auf Art. 103 II GG eine gesetzliche Regelung erwünscht wäre (vgl. D-Tröndle[45] § 3 RN 10). Nachdem eine solche Regelung bereits bei der Gesamtreform des AT letztlich bewußt vermieden worden war (vgl. einerseits E 62 § 3 FN 2, andererseits BT-Drs. 7/1261 S. 4), hätte eine neue Chance dazu bei den Wiedervereinigungsverhandlungen bestanden, als der EV-Entwurf in einem neu einzufügenden § 1a EGStGB das Tatortprinzip (u. 52) – wenngleich mit Ausnahmen zugunsten des Wohnsitzprinzips bei Sicherungsverwahrung, Homosexualität und Schwangerschaftsabbruch (vgl. u. 54) – festzuschreiben gedachte (vgl. Schneiders MDR 90, 1050). Nachdem diese Chance vertan wurde, da das Wohnsitzprinzip zugunsten der bundesdeutschen Schwangerschaftsabbruchsregelung politisch nicht durchsetzbar war (45 vor § 218) und mit diesem – aus weder bekannten noch verständlichen Gründen – die vorgesehene Regelung insgesamt fallengelassen wurde, ist weiterhin nach folgenden Grundsätzen zu verfahren:

52 a) Auszugehen ist nach dem **Tatortprinzip** vom Recht des Tatorts (RG **74** 219, **75** 104, BGH **4** 399, **7** 55, **27** 5, 7, NJW **52**, 1146, **60**, 395, GA **55**, 178, **61**, 24, KG VRS **31** 367, Jescheck 169, Lemke AK 46, M-Zipf I 149; ebenso der im EV-Entwurf vorgesehene § 1 a I EGStGB; vgl. o. 51). Demzufolge ist eine Handlung auch dann nach dem Strafrecht des Tatorts zu beurteilen, wenn dieses für das erkennende Gericht ein fremdes Recht ist.

53 Der *Tatort* bestimmt sich nach § 9, der eine über den Bereich des IStR hinausgehende Verbindlichkeit besitzt. Ist danach eine Tat im Geltungsbereich mehrerer Teilstrafrechte begangen, wie dies insbes. bei Distanzdelikten der Fall sein kann (vgl. § 9 RN 3), so können damit, auch unabhängig vom Wohnsitz des Täters, schon nach dem Tatortprinzip mehrere Teilstrafrechte anwendbar sein. Da der Täter durch die mehrfachen Tatorte unter mehreren Strafrechtsordnungen steht, ist das nach *konkreter* Betrachtung **strengste Gesetz** anzuwenden (RG **75** 385, Jakobs 100, Mezger DR 40, 1526, Schröder DR 43, 1123, Tröndle LK 92, ebenso BGH NJW 75, 1610 hins. DDR [vgl. aber dazu o. 28f. u. 62ff.] sowie KG JR **81**, 38 [wodurch konkludent denn doch eine Anwendung *interlokalen* Strafrechts vorliegt: vgl. u. 90]). Demgegenüber für Anwendung des am Handlungs- bzw. Unterlassungsort geltenden Rechts RG **75** 107, Jedamzik aaO 34 (vgl. auch Oehler IStR 37f.).

54 b) Strittig ist, ob neben dem Tatortrecht mit gleichem Rang auch das **Wohnsitzprinzip** zur Anwendung kommen kann. Ein derartiger Gleich- bzw. Vorrang des gegebenenfalls strengeren Wohnsitzrechts, wie dies in dem im EV-Entwurf vorgesehenen § 1a II EGStGB – in Form des „Lebensgrundlageprinzips" (vgl. u. 57) – für die §§ 175, 218 und teils für die Sicherungsverwahrung beabsichtigt war (vgl. o. 51), war seinerzeit von Schröder (17 A. 26 vor § 3) damit begründet worden, daß andernfalls der Täter auf ein milderes Tatortrecht ausweichen könne (i. E. ebenso für Gleich- bzw. Vorrang des Wohnsitzrechts Kohlrausch-Lange III B 3 sowie zeitweilig Jescheck[1] 131). Dies wird jedoch überwiegend deshalb abgelehnt, weil der räumliche Geltungsbereich des Landesstrafrechts auf das Gebiet des betreffenden Bundeslandes beschränkt sei und es einen besonderen persönlichen Geltungsbereich mangels eigener Landesangehörigkeit nicht gebe (Baumann/Weber 81f., Blei I 49, Jakobs 100, Samson SK § 3 RN 17, Stratenwerth 55, Tröndle LK 91; vgl. auch BGH **4** 399, Jedamzik aaO 37, Lackner § 3 Anm. 3a). Daran ist sicher richtig, daß das Wohnsitzrecht grds. nur innerhalb seines eigenen Geltungsbereichs Anwendung finden kann. Soweit jedoch Landesrecht aufgrund von Art. 2 Nr. 1 EGStGB zulässigerweise abweichend vom Tatortprinzip des § 3 an den Wohnsitz des Täters anknüpft, muß auch dieses damit geltende Recht neben dem Tatortrecht anwendbar sein und, wenn weitergehende Pflichten enthaltend als jenes, zum Zuge kommen (so inzwischen auch Jescheck 169, ferner Schneiders MDR 90, 1050; vgl. aber dazu auch nachf. 55).

55 c) Eine Ergänzung bzw. Einschränkung des Tatortprinzips scheint ferner dort veranlaßt, wo eine Tat **ohne Rücksicht auf den Tatort** und dessen Recht strafbar ist, wie in den Fällen der §§ 5, 6; denn wenn ein Straftatbestand ohne Rücksicht auf das Tatortrecht weltweite Geltung für sich in Anspruch nimmt, wäre es schwer verständlich, wenn von diesem an sich universalen Anwendungsbereich dann ein bestimmtes interstaatliches Territorium ausgenommen wäre (insofern zutr. Schneiders MDR 90, 1050), wie dies neuerdings aufgrund der unterschiedlichen Schwangerschaftsabbruchsstrafrechts in den alten Bundesländern einerseits und den Beitrittsgebieten andererseits die Folge ist, wenn eine Schwangere mit Lebensgrundlage in der alten Bundesrepublik nach dem Tatortprinzip in der ehemaligen DDR nach der dort fortgeltenden Fristenlösung straffrei abbrechen kann (vgl. 45 vor § 218), während sie bei einem Abbruch an irgendeinem anderen Ort der Welt gemäß § 5 Nr. 9 nach den strengeren §§ 218ff. zu beurteilen wäre (vgl. § 5 Nr. 17). Obgleich es nahezuliegen scheint, solche Ungereimtheiten zwischen beanspruchter Weltgeltung eines partikulären (Bundes- oder Landes-)Rechts einerseits und einem sich davon abhebenden innerstaatlichen Territorium andererseits dadurch zu beheben, daß man Tatbestände, die nach internationalstrafrechtlichen Bestimmungen (wie nach §§ 5, 6) tatortunabhängig strafbar sind, auch interlokalrechtlich zur Anwendung bringt (so die Vorausfl.), und sei es auch nur dadurch, daß man neben dem Tatortprinzip nach dem Prinzip **lex fori** auch das am Gerichtsort geltende (möglicherweise schwerere) Recht zum Zuge kommen läßt (so allg. Jescheck 169), sind damit doch kaum alle Friktionen zu beseitigen. Denn ganz abgesehen davon, daß letztenfalls die Strafbarkeit von der Zufälligkeit des Aburteilungsortes abhängt, wird der dem interlokalen Strafrecht zugrundeliegende Gedanke einer Respektierung abweichender Strafbarkeitsvorstellungen eines (wenngleich zum selben Gesamtstaat gehörenden) anderen Territoriums von Grund auf in Frage gestellt, wenn ein Teilstaat für einen bestimmten Straftatbestand Weltgeltung in Anspruch nimmt. Deshalb wird derartigen Wertungswidersprüchen wohl nur dadurch Rechnung zu tragen sein, daß bei Tolerierung von territorial abweichendem Strafrecht (auch) auf die Auslandserstreckung verzichtet wird. Demzufolge wäre angesichts der Zulassung von unterschiedlichem Schwangerschaftsabbruchsrecht durch den Einigungsvertrag (4a, 41 ff. vor § 218) § 5 Nr. 9 nicht nur für den Bereich der ehemaligen DDR von der Geltung auszunehmen, sondern auch für den Bereich der alten Bundesrepublik zurückzunehmen gewesen.

d) Ein weiterer Anwendungsfall für die **lex fori** erscheint dort veranlaßt, wo das Tatortrecht dem **56** **ordre public** des am Gerichtsort geltenden Rechts widerspricht: Wenn in einem solchen Fall (zu Recht) letzteres zur Anwendung kommen soll (Jescheck 169), so ist damit freilich der Boden und Rahmen, wie er dem interlokalen Strafrecht aufgrund eines trotz partieller Divergenzen einheitlichen, von einem gemeinsamen Grundkonsens getragenen Staatsgebildes zugrundeliegt (vgl. o. 47), eigentlich bereits verlassen. Denn bezeichnenderweise ging es bei dieser Fallgruppe um die Bewältigung von Situationen, wie sie bis zur Wiedervereinigung im Verhältnis der Bundesrepublik zur DDR bestanden. Solange nämlich letztere als Inland betrachtet wurde (so eine bis zuletzt abw. Meinung o. 28, u. 63), war jeweils im Einzelfall zu prüfen, wie weit das Tatortrecht mit der für den Gerichtsort verbindlichen Grundordnung vereinbar war (vgl. BGH 7 55, NJW 52, 1146, GA 55, 178, 61, 25, Braunschweig GA 77, 308, Samson SK § 3 RN 18, v. Weber JZ 54, 578). Zudem kann bei einem derartigen antagonistischen Verhältnis zwischen zwei Teilstaaten, bei dem es den Strafverzicht des anderen u. U. gerade nicht zu respektieren gilt, die o. 55 angesprochene Tatortunabhängigkeit eines Straftatbestandes, wie sie sich idR aus dessen Auslandserstreckung ergibt, denn doch bedeutsam werden. Daher konnten z. B. landesverräterische Handlungen (vgl. § 5 Nr. 4) auch dann bestraft werden, wenn in dem Teilgebiet, in dem sie begangen sind, eine entsprechende Strafrechtsnorm fehlt (so z. B. hinsichtlich der damals als Inland zu betrachtenden SBZ KG NJW 56, 1570). Entsprechend hat auch BGH **10** 163 entgegen dem sonst von der Rspr. befolgten Prinzip der lex loci einen Angehörigen der Bundesrepublik aus § 100 d a. F. bestraft, der in Ostberlin gehandelt hatte, obwohl dort eine entsprechende Bestimmung fehlte. Vgl. auch Mattil GA 58, 148.

3. Weitere Einzelfragen, die sich im Zusammenhang mit Interlokalem Strafrecht stellen können:

a) Bei **Auslandstaten von Inländern** handelt es sich primär nicht um ein Problem des Interlokalen, **57** sondern des Internationalen Strafrechts, da es in solchen Fällen nach Tatortprinzip an einer territorialen Beziehung zu einer bestimmten inländischen Rechtsordnung fehlt. Soweit jedoch nach den §§ 3 ff. inländisches Strafrecht zur Anwendung kommen kann und entsprechendes partikuläres Bundes- oder Landesstrafrecht besteht, war man – mangels gesetzlicher Regelungen – bislang davon ausgegangen, daß je nach dessen Geltungsbereich nach den Regeln des Interlokalen Strafrechts das Wohnsitzrecht bzw. die lex fori zur Anwendung komme (vgl. Schröder DR 42, 1120). Diese Frage ist nun insoweit gesetzlich geklärt, als im Falle von partikulärem Strafrecht nach dem (durch EV I B III C II Nr. 1a neu eingeführten) Art. 1b EGStGB bei Auslandstaten das Recht des Ortes anzuwenden ist, „an dem der Täter seine Lebensgrundlage hat"; zu diesem **Lebensgrundlageprinzip** (BT-Drs. 11/7817 S. 51), das es für andere Fälle bereits aufgrund des 2. StrRG gibt (§ 5 Nrn. 3a, 5b, 8, 9), vgl. § 5 RN 9, 11, 14, 17 sowie 47 vor § 218. Entsprechend ist bei **Auslandstaten von Ausländern** *mit Lebensgrundlage in einem partikulären Strafrechtsbereich* zu verfahren. Soweit es dagegen bei einem (in- oder ausländischen) Täter an einer **inländischen Lebensgrundlage fehlt,** wird nach wie vor das am inländischen Ort der Aburteilung geltende Recht anzuwenden sein (vgl. Kohlrausch/Lange III B 3), dies natürlich nur insoweit, als es nach seiner eigenen Geltungsregelung derartige Taten erfaßt (vgl. o. 54).

b) Für die **Teilnahme** gelten im Interlokalen Strafrecht die gleichen Grundsätze wie im IStR der **58** §§ 3 ff. Näher dazu § 9 RN 11.

c) Eine **Amnestie**, die in einem Teilgebiet erlassen wird, muß, soweit dessen Recht auch unter **59** Berücksichtigung des ordre public allein anzuwenden ist, in allen übrigen Landesteilen berücksichtigt werden (vgl. Mattil GA 58, 147, Tröndle LK 94; and. hinsichtl. des (damaligen) interzonalen Bereichs Hamm MDR **49,** 700; vgl. ferner OGH **2** 253, KG JR **50,** 565).

VIII. DDR-bezogene Strafanwendungs- und Übergangsprobleme 60

Schrifttum: Zu *aktuellen Übergangsproblemen* vgl. die Angaben Einf. 15 vor § 1, ferner die *allg.* Angaben o. vor 1, sowie *speziell: Bath,* Interdeutsches Strafrecht u. polit. Verdächtigung, Jura 85, 197. – *Doehring,* Die Teilung Deutschlands als Problem der Strafrechtsanwendung, Staat 65, 259. – *Endemann,* Interlokalrechtliche Probleme im Bereich des Staatsschutzrechts, NJW 66, 2381. – *Gusy,* Unzulässigkeit der „Zulieferung" Deutscher an die DDR, GA 80, 248. – *Heimeshoff,* Aktuelle innerdeutsche Strafrechtsprobleme, DRiZ 77, 19. – *Herrmann,* Die Anwendbarkeit des politischen Strafrechts auf Deutsche im Verhältnis zwischen Bundesrepublik Deutschland und der DDR, 1960. – *Kimminich,* Fluchthilfe und Flucht aus der DDR in die Bundesrepublik Deutschland, 1974. – *Krey,* Zum innerdeutschen Strafanwendungsrecht, 1969. – *ders.,* Anwendung des „intern. Strafrechts" der Bundesrepublik Dtld. zur DDR, JR 80, 45. – *ders.,* Deutsch-deutsche Kollisionen im Strafrecht, in Zieger/Schroeder, Die strafrechtliche Entwicklung in Deutschland, 1988, 199. – *Krey/Arenz,* Schutz von DDR-Bürgern durch das Strafrecht der Bundesrep. Deutschland?, JR 85, 399. – *Lange,* Zur Frage der Anerkennung von Strafurteilen der sowjetischen Besatzungszone in der Bundesrepublik, JOR Bd. I 9ff. – *Roggemann,* Rechtshilfe in Strafsachen zwischen Bundesrepublik und DDR, NJW 74, 1841. – *ders.,* Zur Rechtswirksamkeit von Strafurteilen aus der DDR in der Bundesrepublik, ROW 86, 87. – *Schroeder,* Die Strafgesetzgebung in Deutschland, 1972. – *ders.,* Zur Strafbarkeit der Fluchthilfe, JZ 74, 113. – *ders.,* Notwehr bei Flucht aus der DDR, NJW 78, 2577. – *Schultz,* Zum räumlichen Geltungsbereich des Strafrechts im geteilten Deutschland, JR 68, 41, 127. – *Wilke,* Bundesrepublik Deutschland und DDR, 1976. – *Woesner,* Deutsch-deutsche Strafrechtskonflikte, ZRP 76, 248.

Vorbem §§ 3–7 61–68   Allg. Teil. Das Strafgesetz – Geltungsbereich

61   Die Herstellung der Einheit Deutschlands durch Beitritt der DDR zur Bundesrepublik nach Art. 1 Einigungsvertrag (EV) mit Wirkung vom 3. 10. 1990 (vgl. Einf. 12 vor § 1) ist auch für den Bereich des Strafrechts mit mannigfachen Folgen verbunden, wobei teils bisherige Probleme beseitigt, teils neue geschaffen wurden. Dazu sind hier nach einem für das weitere Verständnis erforderlichen Rückblick auf die bisherige Behandlung der DDR im Bereich des Strafrechts (u. 62ff.) zunächst partikulär fortgeltende DDR-Strafbestimmungen zu nennen (u. 67ff.), sodann interlokalrechtliche Konsequenzen aufzuzeigen (u. 74) sowie intertemporale Überleitungsbestimmungen anzuführen (u. 75ff.).

62   1. Die **Behandlung der DDR im Strafrecht**, und zwar sowohl im Hinblick auf Taten, die auf dem Territorium der DDR, als auch solche, die andernorts gegen die DDR bzw. von oder gegenüber DDR-Bürgern begangen wurden, hatte **verschiedene Phasen** durchlaufen.

63   a) Zunächst glaubte vor allem die Rspr. vom Fortbestehen eines deutschen Gesamtstaates ausgehen zu können und demzufolge auch im Verhältnis des Strafrechts der Bundesrepublik zu dem der DDR **interlokales Strafrecht** anwenden zu müssen: Danach waren Straftaten in der DDR grundsätzlich nach deren Strafrecht zu beurteilen, wenn auch mit gewissen Modifikationen unter Beachtung des *ordre public* der Bundesrepublik (so u. a. BGH **7** 53, GA **61**, 24, Braunschweig GA **77**, 309, Maurach AT[4] 132f., Schröder NStZ 81, 181; vgl. auch o. 56). Dies hätte jedoch vorausgesetzt, daß es sich bei den beiden deutschen Strafrechtsordnungen nur um Teilregelungen handelte, die noch von einer einheitlichen Gesamtrechtsordnung überwölbt waren, wovon jedoch spätestens seit dem neuen StGB der DDR v. 12. 1. 78 keine Rede mehr sein konnte (vgl. Voraufl. 63 mwN).

64   b) Demgegenüber wurde, zumal die DDR nicht mehr zum Staatsverband der Bundesrepublik gehörte, in steigendem Maße zumindest eine *analoge Anwendung des internationalen Strafrechts* für möglich und notwendig gehalten (so namentlich Dreher[37] § 3 RN 11, Jescheck 171, M-Zipf I 149, Oehler IStR 284) und schließlich auch von der Rspr. anerkannt (aufgrund der Kehrtwende in BGH **30** 4). Noch weitergehend hielt die h. L. jedenfalls seit dem *Grundlagenvertrag* v. 21. 12. 72 (BGBl. 1973 II 421) auf dem Boden des *„funktionellen" Inlandsbegriffs* (o. 29) sogar eine **unmittelbare Anwendung der §§ 3ff.** für geboten (vgl. u. a. Baumann/Weber 82, Jakobs 100, Krey aaO 70ff.), wenngleich die DDR deswegen nicht zwingend „als", sondern lediglich *„wie" Ausland* zu behandeln war (vgl. Voraufl. 62f. mwN sowie neuerdings noch KG JR **88**, 345).

65   An dieser Beurteilung dürfte sich auch durch die *Wende vom Oktober/November 1989* nichts Wesentliches geändert haben. Zwar schien es die damit einsetzende Rückkehr unter das gemeinsame Dach eines wiederum einheitlichen Staatsgebildes nahezulegen, anstelle des *internationalen* wiederum die Regeln des *interlokalen* Strafrechts zur Anwendung kommen zu lassen. Solange jedoch diese Einheit nicht wiederhergestellt war, standen sich in den Einigungsverhandlungen – ungeachtet des unterschiedlichen politischen Gewichts und Durchsetzungsvermögens – die Bundesrepublik und die DDR gerade als zwei selbständige Staaten gegenüber. Da die DDR zudem mit den Wahlen vom 18. 3. 1990 Defizite ihrer demokratischen Legitimation abbauen konnte und somit auch frühere ordre public-Vorbehalte (o. 56) an Gewicht verloren, stand der Anwendung des internationalen Strafrechts noch weniger im Wege als zuvor (so i. E. auch Tröndle[45] § 3 RN 11h). Daran hatte sich auch durch die Schaffung einer Währungs-, Wirtschafts- und Sozialunion durch den *Staatsvertrag* v. 18. 5. 1990 (BGBl. II 537) jedenfalls in strafrechtlicher Hinsicht nichts Grundlegendes geändert.

66   c) Demgemäß sind DDR-bezogene Taten **bis zum Beitritt vom 3. 10. 1990** im wesentlichen nach folgenden Grundsätzen zu behandeln (zu Einzelheiten vgl. Voraufl. 44ff. mwN): Ähnlich wie der Inlandsbegriff war auch der für das (aktive und passive) Personalprinzip relevante Begriff des **Deutschen** *funktionell* zu deuten, wobei – unter Berücksichtigung der Tatsache, daß Bürger der DDR weder durch deren eigene Staatsangehörigkeit noch durch den Grundlagenvertrag ihre deutsche Volkszugehörigkeit i. S. von Art. 116 GG verloren hatten (BVerfGE **36** 30f.) – eine bruchlos einheitliche Behandlung von DDR-Bürgern als Inländer oder wie Ausländer nicht möglich, sondern danach zu **differenzieren** war, ob die Anwendbarkeit des bundes-
67   deutschen Strafrechts an *Deutsche* als *Täter* oder als *Opfer* anknüpft: α) Soweit DDR-Bürger als **Täter** in Betracht kamen und damit u. U. bereits durch das Strafrecht ihres eigenen (Teil-)Staates in *Pflicht* genommen wurden, waren sie grds. nicht als Deutsche i. S. der §§ 3ff., sondern zu ihren Gunsten *wie Ausländer* zu behandeln (vgl. Voraufl. 65 mwN): so namentlich überall dort, wo das deutsche Strafrecht i. S. des aktiven Personalprinzips auf Täterseite an die deutsche Staatsangehörigkeit anknüpft (wie in § 5 Nrn. 3a, 5b, 9, ferner § 7 II Nr. 1); diese Auffassung dürfte auch dem EV zugrundegelegen haben, da sonst für Art. 315 I-III EGStGB
68   (vgl. u. 79ff.) kein Raum bliebe. β) Soweit dagegen auf **Opfer**seite den Deutschen durch das Strafrecht der Bundesrepublik ein besonderer *Schutz* gewährt wird, wie namentlich in Fällen des passiven Personalprinzips (vgl. § 5 Nr. 6, § 7 I sowie o. 34), waren DDR-Bürger internationalstrafrechtlich jedenfalls insoweit als Deutsche zu behandeln, als sie ihre Lebensgrundlage in der Bundesrepublik (einschließlich West-Berlin) hatten oder sie sich sonst in deren Schutzbe-

Internationales Strafrecht   69–76 **Vorbem §§ 3–7**

reich aufhielten (vgl. BVerfGE **36** 30 f., **37** 64, BGH **32** 293 sowie Voraufl. 66 mwN). Zu daraus zu ziehenden Konsequenzen für *Straftaten gegen DDR-Bürger in der DDR* oder im übrigen *Ausland* einerseits bzw. für *Auslandstaten von DDR-Bürgern* andererseits vgl. Voraufl. 67 bzw. 68, ferner § 7 RN 5 a, 18 a; speziell zum *Schußwaffengebrauch im Grenzbereich der DDR* vgl. u. 77.

2. Solche Divergenzen in der Anwendung bundesdeutschen Strafrechts sind **seit 3. 10. 90 mit** 69 **Wiederherstellung der deutschen Rechtseinheit** zwar weitgehend, aber nicht gänzlich ausgeräumt. Denn von der grundsätzlichen wie auch flächendeckenden Erstreckung des bundesdeutschen Strafrechts auf die Beitrittsgebiete nach Art. 8 EV wurden bestimmte Bereiche ausgenommen und damit nach Art. 9 EV für **fortgeltendes DDR-Strafrecht** (u. im Anhang abgedruckt) Raum gelassen, und zwar auf dreifache Weise: a) Zum einen durch Fortgeltung von 70 DDR-Straftatbeständen *ohne Parallele im bundesdeutschen StGB:* so der gegen Beeinträchtigung der richterlichen Unabhängigkeit gerichtete § 238 DDR-StGB (EV II B III C I Nr. 1), der freilich erst durch das 6. DDR-StÄG v. 29. 6. 90 (DDR-GBl. I 526) eingefügt worden war und daher gerade für frühere Justizmißbräuche nicht mehr praktisch werden kann (vgl. Schneiders MDR 90, 1052), ferner der mit Verbesserungen aufrechterhaltene Umweltstraftatbestand des § 191 a DDR-StGB zum Schutz des Bodens (EV II B III C II). b) Dem Gedanken der Rechtseinheit 71 noch stärker widerstreitet die Fortgeltung von DDR-Recht unter *Verdrängung von Bundesrecht* in Teilbereichen des Sexualstrafrechts: so zum einen dadurch, daß die bundesdeutschen Straftatbestände für homosexuelle Handlungen (§ 175 einschl. § 5 Nr. 8), Verführung (§ 182) und Entführung mit Willen der Entführten (§ 236) von der Erstreckung des StGB auf die Beitrittsgebiete ausgenommen wurden (EV I B III C III Nr. 1), um stattdessen den Tatbestand des sexuellen Mißbrauchs von Jugendlichen (§ 149 DDR-StGB) fortgelten zu lassen (EV II B III C I Nr. 1); zum anderen beim Schwangerschaftsabbruch durch Nichterstreckung der bundesdeutschen Indikationslösung (5. StrRG, §§ 218–219 d einschl. § 5 Nr. 9) auf die Beitrittsgebiete (EV I B III C I Nr. 1 bzw. III Nr. 1), um dort stattdessen die Fristenlösung (§§ 153–155 DDR-StGB mit Ausfüllungsbestimmungen, abgedruckt 48 ff. vor § 218) jedenfalls bis zu einer Neuregelung nach Art. 31 EV aufrechtzuerhalten (EV II B III C I Nrn. 1, 4, 5). c) Während die 72 vorgenannten Tatbestände nicht nur auf bereits begangene, sondern auch auf noch zu begehende Taten anwendbar sind, gibt es schließlich noch eine Gruppe von fortgeltenden DDR-Vorschriften mit *Überleitungscharakter* für bereits begangene Taten (näher dazu u. 78 ff.). d) Umgekehrt gibt es auch auf die bisherige Bundesrepublik beschränkte StGB-Bestimmungen 73 *ohne Parallele im DDR-Strafrecht:* so die von der Erstreckung auf die Beitrittsgebiete ausgenommene Sicherungsverwahrung (vgl. Vorbem. zu § 66) sowie der ebenfalls (in EV I B III C III Nr. 1) ausgenommene Auswanderungsbetrug des § 144. Vgl. zum ganzen auch den Überblick von Schneiders MDR 90, 1049 ff. sowie Eser GA 91 H. 6.

3. Soweit nach dem Vorangehenden Strafvorschriften nur für ein Teilgebiet der Bundesrepu- 74 blik – wie für die bisherigen Bundesländer einschließlich West-Berlin einerseits (bislang meist als „räumlicher Geltungsbereich dieses Gesetzes" umschrieben: o. 32) bzw. für die nach Art. 1, 3 EV neu beigetretenen Bundesländer der ehemaligen DDR einschließlich Ost-Berlin andererseits – gelten, sind *zwei unterschiedliche Rechtsgebiete* entstanden (vgl. Engelhard DtZ 90, 134), auf denen das jeweils geltende Recht als *partikuläres Bundesrecht* gilt (Art. 9 IV 2 EV iVm Art. 74 I Nr. 1 GG; vgl. Schneiders MDR 90, 1049). Da es sich jedoch trotz dieser räumlichen Rechtsverschiedenheit nunmehr wiederum um Teilrechte innerhalb desselben Gesamtstaates handelt, bestimmt sich deren Anwendung jetzt wieder nach den Regeln des **interlokalen Strafrechts** (näher dazu o. 47 ff. sowie D-Tröndle[45] § 3 RN 10).

4. Auch in **intertemporaler** Hinsicht wirft die Erstreckung des bundesdeutschen Strafrechts 75 auf die ehemalige DDR Probleme auf, wenn es um die nachherige Aburteilung bereits **vor dem 3. 10. 1990 begangener Straftaten** geht. In solchen Fällen ist bei etwaigen Verschärfungen oder Milderungen der Strafbarkeit bzw. von Strafen zwischen Tatbegehung und Aburteilung nach dem grundsätzlichen *Vorrang des mildesten Gesetzes* (§ 2 III) jeweils das dem Täter günstigere Recht anzuwenden (vgl. u. 78). Da dessen Feststellung jedoch schon bei Änderungen innerhalb desselben Strafrechtssystems u. U. schwierig sein kann (vgl. § 2 RN 16 ff.) und diese Schwierigkeiten natürlich noch potenziert werden, wenn ein Strafrechtssystem durch ein fundamental anderes verdrängt wird, und da es zudem darum ging, die weitere Verfolgbarkeit bestimmter Straftaten auch nach Aufhebung der betreffenden Tatbestände über das Ende der DDR hinaus sicherzustellen, wurden im EV verschiedene **Überleitungsregelungen** teils allgemeiner Natur (a–c), teils für bestimmte Sonderfälle (d–e) vorgesehen.

a) Dabei ist von vornherein eine allgemeine **Vorbehaltsklausel** zugunsten des bundesdeut- 76 schen Strafrechts im Auge zu behalten, die dem Wortlaut nach nur auf die Behandlung bestimmter Straffolgen (u. 79 ff.) gemünzt scheint, im Grunde jedoch für alle Überleitungsfälle bedeutsam ist: nämlich daß, „soweit für die Tat das Strafrecht der Bundesrepublik Deutschland schon vor dem Wirksamwerden des Beitritts gegolten hat", etwaige Änderungen des DDR-

Strafrechts ohne Einfluß sind (vgl. Art. **315 IV EGStGB** idF des EV I B III C II Nr. 1 b). Soweit daher zB ein DDR-Bürger vor Öffnung der ungarischen Grenzen am Plattensee einen Bundesbürger bestohlen hat und somit diese Tat über § 7 I (oder nach Flucht in die Bundesrepublik über § 7 II Nr. 1) nach § 242 strafbar war, wäre selbst dann, wenn zur Tatzeit nach §§ 23, 28, 177 DDR-StGB nur eine Übergabe an ein gesellschaftliches Organ der Rechtspflege „verwirkt" gewesen wäre (vgl. u. 79), nicht etwa nach Art. 315 I EGStGB von Strafe abzusehen, sondern nach dessen Abs. IV zu verfahren. Zudem dürfte Art. 315 IV EGStGB auch der etwaigen Annahme entgegenstehen, daß bei bis zum 3. 10. 1990 begangenen „Alttaten" Strafansprüche der damaligen DDR mit dem Beitritt zur Bundesrepublik auf diese pauschal in der Weise übergegangen seien, daß sie nunmehr im nachhinein einfach nach bundesdeutschem Recht zu beurteilen seien; denn ganz davon abgesehen, daß es dann von vorneherein gar keiner Differenzierung zwischen „reinen" DDR-Alttaten i. S. des Abs. I–III des Art. 315 EGStGB (u. 79 ff.) einerseits und den (nur oder auch) nach BRD-StGB strafbaren Alttaten i. S. v. Abs. IV bedurft hätte, dürfte eine solche „Strafanspruchnachfolge" auch schwerlich mit dem Rückwirkungsverbot (§ 2) vereinbar sein.

77 Nach der Vorbehaltsklausel des Art. 315 IV EGStGB bleibt namentlich auch der zu einer Tötung oder Körperverletzung führende **Schußwaffengebrauch** im Grenzbereich der DDR (wie bei Freischießen des Fluchtweges einerseits oder Fluchtverhinderung durch einen Grenzbeamten andererseits) nach wie vor nach bundesdeutschem Recht verfolgbar, wenn die vor dem 3. 10. 90 begangene Tat dem StGB unterfiel. Das kam sowohl dann in Betracht, wenn der tatbestandsmäßige Erfolg (Tod oder weitere Verletzung) nach § 9 I auf bundesdeutschem Gebiet eintrat und es sich demzufolge um eine Inlandstat handelte, als auch bei ausschließlicher Tatbegehung auf DDR-Boden, falls einer der folgenden Fälle vorlag: wenn es sich beim Opfer um einen DDR-Bürger handelt, der sich bereits zuvor in den Schutzbereich der Bundesrepublik begeben hatte (vgl. o. 68), wenn der damalige DDR-Täter i. S. der Neubürgerklausel des § 7 II Nr. 1 Alt. 2 in die Bundesrepublik übersiedelte (vgl. Voraufl. RN 68 zu a, ferner zuletzt noch LG Bamberg ROW **89**, 186), oder wenn ein DDR-Täter ohne Übersiedlungsabsicht im Bundesbereich betroffen wurde und seine Zulieferung an die DDR ausgeschlossen war (vgl. Voraufl. RN 68 zu b). In diesen Fällen brauchte die Anwendbarkeit des bundesdeutschen Strafrechts idR auch nicht an der Erforderlichkeit einer „identischen Tatortnorm" (§ 7 II: vgl. dort RN 7f., 17) zu scheitern, da einer Berufung auf Rechtfertigungs- oder Entschuldigungsgründe durch entgegenstehende universal anerkannte Rechtsgrundsätze enge Grenzen gesetzt waren (näher zum Ganzen Voraufl. RN 69f. mwN sowie D-Tröndle[45] § 3 RN 11i). Auch für die weitere Strafbarkeit einer **Verschleppung** oder **politischen Verdächtigung** kann Art. 315 IV EGStGB iVm § 5 Nr. 6 (RN 12) bedeutsam sein.

78 b) Soweit eine Tat – unter Berücksichtigung der vorgenannten Vorbehaltsklausel – vor dem 3. 10. 1990 nur nach DDR-Strafrecht strafbar war, ist nach dem **Vorrang des mildesten Gesetzes** (§ 2 III) zunächst einmal zu prüfen, ob und inwieweit die nach DDR-Strafrecht strafbare Tat bis zur Erstreckung des bundesdeutschen StGB am 3. 10. 90 in gleicher Weise strafbar blieb (was namentlich infolge der Strafbarkeitseinschränkungen durch das 6. DDR-StÄG fraglich sein kann; vgl. u. 87) und nach diesem auch im Aburteilungszeitpunkt noch strafbar ist (wobei zu beachten bleibt, daß sich selbst „klassische" Straftatbestände im DDR- und im bundesdeutschen StGB nicht ohne weiteres zu decken brauchen). Soweit aufgrund dieses Vergleichs (dazu § 2 RN 16 ff.) die Tat auch im Entscheidungszeitpunkt noch strafbar ist, so ist nach einem weiteren Vergleich der zum Tatzeitpunkt geltenden DDR-Strafdrohung (unter Berücksichtigung etwaiger zwischenzeitlicher Milderungen) und der StGB-Strafdrohung von der milderen auszugehen.

79 Diese sich aus § 2 ergebenden allgemeinen Grundsätze wurden jedoch durch **Art. 315 EGStGB** modifiziert (EV I B III C II Nr. 1 b), und zwar in vierfacher Hinsicht: α) durch **Absehen von Strafe** in Fällen, in denen nach dem zur Tatzeit geltenden DDR-Recht weder eine Freiheitsstrafe noch eine Verurteilung auf Bewährung noch eine Geldstrafe *verwirkt* gewesen wäre (Art. 315 I 1); dies dürfte vor allem für jene zahlreichen Vergehen bedeutsam sein, wo eine „Beratung und Entscheidung durch ein gesellschaftliches Organ der Rechtspflege" in Betracht gekommen wäre (vgl. §§ 1, 23, 28 DDR-StGB,
80 ferner Schneiders MDR 90, 1050); β) durch **Ausschluß der Sicherungsverwahrung und Führungsaufsicht** (§ 315 I 2 EGStGB; vgl. aber auch Art. 1 a EGStGB idF des EV I B III C II Nr. 1 a zur Zulässigkeit der Sicherungsverwahrung in Fällen, in denen der Täter die maßregelrelevante Tat schon vor dem DDR-Beitritt an einem dem StGB unterliegenden Ort begangen oder dort seine Lebensgrundlage gehabt hat);
81 γ) durch Anwendung des *Tagessatzsystems* auf **Geldstrafen** mit gewissen Höchstgrenzen (Art. 315 II
82 EGStGB); sowie δ) durch Ermöglichung der **Strafrestaussetzung** wie auch des **Aussetzungswiderrufs** bei Verurteilungen auf Bewährung nach § 33 DDR-StGB (Art. 315 III EGStGB).

83 c) Auch für bestimmte **Verfolgungsvoraussetzungen und -hindernisse** waren im Interesse der weiteren Verfolgbarkeit bereits vor dem Beitritt begangene Taten gewisse Überleitungsregeln erforderlich:

84 α) So bleibt die **Verjährung** von Friedens-, Menschlichkeits- und Kriegsverbrechen durch Fortgeltung des § 84 DDR-StGB (EV II B III C I Nr. 1) weiterhin ausgeschlossen bzw. gilt bei sonstigen

Straftaten, sofern im Beitrittszeitpunkt noch nicht verjährt, zu diesem Zeitpunkt als unterbrochen (Art. 315a EGStGB idF des EV I B III C II Nr. 1c), mit der Folge, daß die Verjährungsfrist nach § 78c III neu zu laufen beginnt, wobei dafür – trotz des scheinbar entgegenstehenden „Verbleibens" nur der Verjährung als solcher – nicht die Fristen des DDR-Rechts, sondern die des StGB maßgeblich sein dürften (vgl. D-Tröndle[45] § 3 RN 11k, aber auch Schneiders MDR 90, 1051). β) Zum anderen **85** gilt ein etwaiges **Strafantragserfordernis** des StGB auch für vor dem 3. 10. 90 in der DDR begangene Straftaten (Art. 315b S. 1 idF des EV I B III C II Nr. 1c), wobei die Antragsfrist frühestens am 31. 12. 90 endete (S. 5). War auch nach DDR-Recht bereits ein Strafantrag erforderlich, bleibt es dabei (S. 2), wobei ein bereits vor dem DDR-Beitritt gestellter Antrag wirksam blieb (S. 3) bzw. eine bis zu diesem Zeitpunkt bereits abgelaufene Strafantragsfrist nicht mehr auflebt (S. 4).

d) Während die vorgenannten Überleitungsbestimmungen, weil für jede der betroffenen **86** Tatbestände und Strafdrohungen geltend, allgemeiner Natur sind, gibt es zudem auch noch mehr spezifische Fortgeltungsregeln für bestimmte Tatbestände und/oder Strafverfahren, wobei diese Sonderregeln teils rehabilitierenden Charakter haben, teils aber auch die weitere Verfolgbarkeit bestimmter Straftaten sichern sollen. So soll der **Rehabilitierung** vor allem die (in EV II B III C I Nr. 2 angeordnete) Fortgeltung des § 8 des 6. DDR-StÄG (o. 70) dienen, durch den die weitere Verwirklichung von Strafen gesperrt wurde, die für gleichzeitig abgeschaffte Straftatbestände verhängt worden waren. Davon waren vor allem die bis zur Wende ungemein häufig angewendeten Straftatbestände der Republikflucht (§ 213 DDR-StGB), der Verletzung von Aufenthaltsbeschränkungen (§ 238 DDR-StGB) und des asozialen Verhaltens durch Arbeitsscheu (§ 249 DDR-StGB) betroffen (vgl. Reuter NJ 90, 190). Mit gleicher Tendenz wurde durch den weiterhin fortgeltenden § 9 des 6. DDR-StÄG eine Reihe von Maßnahmen aufgehoben, mit denen Rechte der Betroffenen teils exzessiv eingeschränkt werden könnten. Weitere auf Wiedergutmachung früheren Staats- und Justizunrechts gerichtete Vorschriften finden sich in Art. 17, 18 EV iVm Anl. II B III C III Nr. 2 zum RehabilitationsG v. 6. 9. 1990 sowie die Überleitungsbestimmungen für anhängige Verfahren in EV I B III A III Nr. 14); vgl. auch Buchholz ZRP 90, 466ff., Lehmann KritJ 90, 183ff.

e) Umgekehrt soll durch Aufrechterhaltung von § 10 des 6. DDR-StÄG (EV II B III C I **87** Nr. 2) ermöglicht werden, bei bestimmten volkswirtschaftsschädlichen Tatbeständen ein bei Inkrafttreten des 6. DDR-StÄG (d. i. am 1. 7. 90) **eingeleitetes Strafverfahren weiterzuverfolgen.** Zu diesen insoweit weiterhin anwendbaren (obgleich ansonsten abgeschafften) Tatbeständen, wie sie namentlich bestimmten Mitgliedern der früheren Staats- und Parteiführung angelastet werden, gehören der Vertrauensmißbrauch (§ 165 DDR-StGB), die Wirtschaftsschädigung durch Beeinträchtigung von Produktionsmitteln und anderen wirtschaftsdienlichen Sachen (§ 166 DDR-StGB), die Wirtschaftsschädigungsdelikte der §§ 167–171 DDR-StGB, die Spekulation (§ 173 DDR-StGB) sowie die Beeinträchtigung staatlicher und gesellschaftlicher Tätigkeit (§ 214 DDR-StGB in der bis zum 6. DDR-StÄG geltenden Fassung).

Bei der weiteren Verfolgung ist freilich folgendes zu beachten: Während sich die Strafbarkeit nach **88** den bisherigen DDR-Tatbeständen bestimmten, treten auf Sanktionsseite aufgrund der in Art. 315c EGStGB (EV I B III C II Nr. 1c) vorgesehenen **Anpassung der Strafdrohungen** an die Stelle der bisherigen DDR-Strafdrohungen die des StGB, mit der Folge, daß anstelle des vielfältigeren Sanktionsinstrumentariums des DDR-Strafrechts (vgl. §§ 23ff. sowie DDR-Lehrbuch 309ff.) nur noch Freiheits- und Geldstrafe in Betracht kommen. Immerhin soll bei verbrecherischem Vertrauensmißbrauch (§ 165 iVm § 1 III DDR-StGB) eine **Vermögenseinziehung** nach § 57 DDR-StGB weiterhin zulässig sein (§ 10 S. 2 des 6. DDR-StÄG), demzufolge freilich eine rechtsstaatlich gerade besonders problematische Sanktion (vgl. Eser, Die strafrechtlichen Sanktionen gegen das Eigentum (1969) 1ff., 13ff., 103ff., 187f., 194f.). So löblich und politisch verständlich es daher auch sein mag, schweren Mißbrauch von Staatsmacht durch die ehemaligen DDR-Spitzen strafrechtlich nicht unsanktioniert zu lassen, darf dieses Ziel doch nicht mit ihrerseits rechtsstaatswidrigen Mitteln verwirklicht werden. Deshalb ist auch der gegen die Fortgeltung des § 10 des 6. DDR-StGB erhobene Vorwurf eines unzulässigen „Einzelfallgesetzes" (vgl. Schneiders MDR 90, 1052f.) nicht leichtzunehmen, wenn vielleicht auch letztlich nicht durchschlagend.

5. Für die **Rechtshilfe in Strafsachen,** die wegen des umstrittenen außenpolitischen Verhältnisses **89** zwischen der Bundesrepublik und der DDR nicht über das Ges. über die internationale Rechtshilfe in Strafsachen (IRG), sondern über ein besonderes Ges. über die innerdeutsche Rechts- und Amtshilfe in Strafsachen (RHG) abgewickelt wurde, aber dennoch mannigfache Probleme offenließ (vgl. Voraufl. RN 71 sowie zuletzt noch Stuttgart NJW 90, 197), gilt das RHG nur noch beschränkt weiter (vgl. EV I B III C I Nr. 2, II Nr. 5 sowie BT-Drs. 11/7817 S. 52). Demgemäß sind Straftaten, die nach dem DDR-Beitritt in einem der neuen Bundesländer begangen werden, nach den gleichen Rechts- und Amtshilferegeln abzuwickeln wie zwischen den alten Bundesländern. Vgl. zu Übergangsproblemen auch Hilgendorf-Schmidt DtZ 90, 240f., 249.

IX. Wie bei **Konkurrenz mehrerer anwendbarer Strafrechtsordnungen** zu verfahren ist, **90** wird von den §§ 3ff. offengelassen; denn da diese Vorschriften nicht als Kollisionsnormen (daher insoweit verfehlt das Abheben auf das strengste Gesetz in KG JR 81, 38; vgl. o. 53), sondern als Strafanwendungsrecht zu verstehen sind (o. 1), legen sie lediglich den Geltungsbereich des deutschen Strafrechts fest. Da auch die ausländischen Strafrechtssysteme ähnlich verfahren (vgl. Oehler IStR 573f.), kann sich aufgrund (zulässiger) Konkurrenz gleichberechtigt nebeneinanderstehender Anknüpfungspunkte ergeben, daß eine Straftat verschiedenen (in- oder ausländischen) Strafgesetzen unterfällt, so z. B. dadurch, daß bei der Inlandstat eines Ausländers aufgrund des (deutschen) Tatortprinzips sowohl das deutsche wie aufgrund des aktiven Personalitätsprinzips (seines Heimatrechts) auch das ausländische Strafrecht anwendbar ist oder etwa eine Mehrheit von Tatorten (vgl. § 9) zur Anwendbarkeit verschiedener Gesetze führt (spez. zu Konkurrenzproblemen bei Luftfahrzeugen Lenzen JR 83, 183). Anders als nach IPR wird nun bei solchen Konkurrenzfällen keineswegs das eine durch das andere Strafrecht verdrängt; vielmehr ist das für die Aburteilung zuständige Gericht jeweils zur Anwendung des *eigenen inländischen Rechts* verpflichtet (BGH **6** 176; vgl. aber auch o. 23f.). Selbst wenn dies zu einer strengeren Beurteilung als nach konkurrierendem ausländischem Recht führt, kann in dieser Handhabung weder ein Verstoß gegen strafrechtliche noch gegen staatsrechtliche oder rechtsstaatliche Prinzipien erblickt werden (vgl. BGH NJW **69**, 1522). Auch kann hiergegen nicht eingewandt werden, daß der im Ausland handelnde Täter von einer ihm unbekannten Rechtsordnung „überfallen" werde (vgl. Schroeder NJW 69, 81). Ebensowenig steht demzufolge eine ausländische Verurteilung einer erneuten im Inland entgegen (vgl. Köln NStZ **84**, 322); insbes. liegt darin kein Verstoß gegen „ne bis in idem" nach Art. 103 III GG (BVerfGE **12** 62, BGH **34** 340, NJW **69**, 1542, Stuttgart Justiz **68**, 313, D-Tröndle § 51 RN 16a; vgl. ferner o. 44ff.), auch nicht gegen Völkerrecht (BVerfG NJW **87**, 2155). Der unverkennbaren Härte und Unbilligkeit derartiger faktischer „Doppelbestrafungen" versucht man jedoch in steigendem Maße durch (ganze oder teilweise) Anerkennung bzw. Anrechnung ausländischer Urteile oder sonstiger internationaler Rechtshilfe zu begegnen; vgl. dazu § 51 III sowie zu internationalen Abmachungen (bzw. Bemühungen) Jescheck GA 81, 49, 66ff., Oehler IStR 571ff., Schroeder ZStW **98**, 457ff., Vogler Jescheck-FS II 1379ff. sowie die Beiträge zum XIII. Intern. Strafrechtskongreß in Kairo 1984 in ZStW 96, 505–638; 97, 724ff. Vgl. auch Lagodny aaO und Oehler Köln-FS 489ff. zu bislang vernachlässigten Zusammenhängen zwischen den materiellen Strafanwendungsprinzipien der §§ 3ff. mit dem Auslieferungs- und Rechtshilferecht, sowie de lege ferenda Schultz Tröndle-FS 895ff.

91   X. Was den **Vorsatz** des Täters betrifft, so braucht sich dieser nicht auf die Anwendbarkeit einer bestimmten Strafrechtsordnung zu erstrecken; denn obgleich es sich bei den Regeln des IStR um materielles Strafanwendungsrecht handelt (o. 1ff.), gehören sie nicht zu den Merkmalen des gesetzlichen Tatbestandes, sondern stellen lediglich objektive Strafbarkeitsbedingungen dar (Jescheck 162). Daher ist ein Irrtum darüber grds. unbeachtlich (BGH **27** 34, D-Tröndle § 3 RN 14, Nowakowski JurBl. 72, 21; and. RG **1** 276, **25** 426; diff. Jakobs 94, Oehler IStR 392; vgl. zum Ganzen auch Zieher 45ff.). Dies schließt natürlich Verbotsirrtum wegen mangelnden Unrechtsbewußtseins nicht ohne weiteres aus (vgl. Düsseldorf NStZ **85**, 268, AG Grevenbroich NJW **83**, 528). Vgl. auch § 9 RN 15.

92   XI. Die §§ 3–7 gelten grundsätzlich auch für die (internationale) Anwendbarkeit von **partikulärem Bundesrecht und Landesrecht.** Jedoch sind den Ländern davon abweichende Regelungen durch Art. 2 Nr. 1 EGStGB vorbehalten (vgl. 45 vor § 1), was namentlich für etwaige Staatsverträge von Bedeutung ist (vgl. BT-Drs. 7/550 S. 198). Zudem bleibt Art. 1b EGStGB zu beachten (vgl. o. 57).

§ 3 Geltung für Inlandstaten

Das deutsche Strafrecht gilt für Taten, die im Inland begangen werden.

Schrifttum: Vgl. die Angaben zu 1, 60 vor § 3.

1   I. Durch diese Vorschrift wird der **Territorialgrundsatz** (4 vor § 3) zum Haupt- und Ausgangsprinzip des IStR der Bundesrepublik Deutschland erhoben (zur Gesetzgebungsgeschichte vgl. Eser Jescheck-FS II 1362ff.). Alle nachfolgenden, auf andere Anknüpfungsgründe abstellenden Regeln (§§ 4–7) haben lediglich den Zweck, den Anwendungsbereich des deutschen Strafrechts auch auf solche Taten zu erstrecken, die durch den auf Inlandstaten beschränkten Gebietsgrundsatz nicht erfaßt wären, die aber entweder zum „Selbstschutz des Staates" und seiner Bürger oder im Interesse „internationaler Solidarität der Staaten" erfaßt werden sollten (vgl. 11 vor § 3).

2   Mit dieser Abkehr von dem 1940 eingeführten aktiven Personalprinzip, das sich zwar auch aus dem Gedanken internationaler Solidarität bei der Verbrechensbekämpfung erklären läßt (vgl. 6, 11 vor

§ 3), aber unverkennbar auch auf der Überbetonung nationaler Treupflicht gegenüber dem Heimatstaat beruht (vgl. Oehler IStR 142 ff., 443 ff.; so aber immer noch Lackner 2 vor § 3), findet das deutsche IStR zu einem Grundsatz zurück, der durch grundsätzliche Beschränkung des Strafhoheitsanspruchs auf das *eigene Staatsgebiet* nicht nur im Zuge eines restriktiveren Souveränitätsdenkens liegt, sondern auch der Tatsache Rechnung trägt, daß infolge verstärkter grenzüberschreitender Mobilität der Bevölkerung Loyalitätskonflikte zwischen Heimatrecht und Gastlandrecht sehr viel häufiger auftreten können. Mit Rücksicht darauf soll der einzelne nach dem ihm jeweils nächsten Recht, nämlich dem seines Gastgeberlandes leben können (vgl. E 62 Begr. 105). Daher zu einseitig die Zielbeschreibung des Territorialprinzips auf den Selbstschutz des Staates beschränkend Schlüchter Oehler-FS 309.

II. Die Anwendbarkeit des deutschen Strafrechts hat nach dem Gebietsgrundsatz lediglich zur Voraussetzung, daß die **Tat im Inland begangen** wird. 3

1. Über das als **Inland** zu verstehende Gebiet vgl. 26 ff. vor § 3. Unter **Tat** ist eine täterschaftliche Begehung zu verstehen, da sonst § 9 II 2 überflüssig wäre (Mitsch Jura 89, 194). Ob sie im Inland **begangen** ist, bestimmt sich nach § 9; näher dort RN 4 ff. 4

2. **Unerheblich** ist die **Staatsangehörigkeit** des Täters. Daher werden auch die Inlandstaten von *Ausländern* (vgl. 4 vor § 3) ohne jeden Vorbehalt bereits nach dieser Vorschrift erfaßt. 5

3. Unter dem auf Inlandstaten anwendbaren **deutschen Strafrecht** ist die *Gesamtheit aller Normen* der Bundesrepublik und ihrer Länder zu verstehen, welche die Voraussetzungen und Folgen rechtswidriger Taten i. S. von § 11 I Nr. 5 regeln (D-Tröndle 2), also einschließlich etwaiger Rechtfertigungs-, Schuld- oder Strafausschließungsgründe (vgl. Köln MDR **73,** 688, wo jedoch der prozessuale Inzidentcharakter des Festnahmerechts verkannt wird; vgl. Blei JA 73, 170 sowie 24 vor § 3). 6

III. Zur partiellen **Exemtion der Exterritorialen** vgl. 38 ff. vor § 3. 7

§ 4 Geltung für Taten auf deutschen Schiffen und Luftfahrzeugen

Das deutsche Strafrecht gilt, unabhängig vom Recht des Tatorts, für Taten, die auf einem Schiff oder Luftfahrzeug begangen werden, das berechtigt ist, die Bundesflagge oder das Staatszugehörigkeitszeichen der Bundesrepublik Deutschland zu führen.

Schrifttum: Jescheck, Die an Bord von Luftfahrzeugen begangenen Straftaten und ihre Rechtsfolgen, ZStW 69, 195. – *Mankiewicz,* Die Verfolgung der in einem Luftfahrzeug begangenen Straftat, GA 61, 193. – *Mettgenberg,* Die Geltung des deutschen Strafrechts im deutschen Seebereich und im deutschen Luftraum, DJ 40, 641. – *ders.,* Internationales Strafrecht auf See, ZStW 52, 802. – *Rudolf,* Anwendungsbereich und Auslegung von § 5 StGB (a. F.), NJW 54, 219. – *Schnorr von Carolsfeld,* Straftaten in Flugzeugen, 1965. – *v. Weber,* Internationales Luftstrafrecht, Rittler-FS 111. – *Wille,* Die Verfolgung strafbarer Handlungen an Bord von Schiffen und Luftfahrzeugen, 1974. – *Zlataric,* Erwägungen zum Abk. über strafbare Handlungen an Bord von Luftfahrzeugen, Grützner-GebG 160. Vgl. ferner die Angaben zu 1 vor § 3.

I. Durch das dieser Vorschrift zugrundeliegende **Flaggenprinzip** soll i. S. des *Schutzprinzips* sichergestellt werden, daß jeder, der sich einem deutschen Schiff oder Luftfahrzeug anvertraut, den deutschen Strafrechtsschutz soll in Anspruch nehmen können, gleich, ob der Angriff von einem Deutschen oder Ausländer herrührt (vgl. E 62 Begr. 109). Praktisch geschieht dies dadurch, daß die auf einem derartigen Fahrzeug begangene Tat genauso behandelt wird, als sei sie im Inland begangen (vgl. 5 vor § 3). Völkerrechtliche Bedenken hiergegen können auch aus Art. 25 GG nicht erhoben werden (vgl. Jescheck ZStW 69, 202, aber auch Rudolf NJW 54, 220). 1

Inhaltlich stimmt § 4 weitgehend mit § 5 a. F. überein. Doch während jene Vorschrift neben dem damals geltenden Personalprinzip für Taten von Deutschen (§ 3 a. F.) bzw. dem Territorialprinzip für Inlandstaten von Ausländern (§ 4 I a. F.) allenfalls für Taten von *Ausländern* an Bord praktische Bedeutung erlangen konnte, ist das Flaggenprinzip jetzt auch für Taten von *Deutschen* bedeutsam (Tröndle LK 1). 2

II. Das Flaggenprinzip findet auf **Schiffe** und **Luftfahrzeuge** Anwendung, die zur Führung der **Bundesflagge** bzw. des Staatszugehörigkeitszeichens der Bundesrepublik berechtigt sind. 3

1. Ob es sich bei dem **Schiff** um ein See- oder Binnenschiff handelt, ist gleichgültig. Befindet es sich in Seenot, so gilt § 4 auch für das Wrack, die Rettungsboote oder Flöße (Rietzsch DJ 40, 565). Auch zwischen Staats- oder Privatschiffen ist kein Unterschied zu machen, nachdem die auch hier bisher vertretene Lehre von einer fiktiven Erweiterung des Staatsgebietes auf Kriegs- und Staatsschiffe als „wandelnden" oder „schwimmenden Gebietsteilen" (vgl Mettgenberg ZStW 52, 823, 825, Rudolf NJW 54, 219, ferner Baumann/Weber 78, M-Zipf I 137) mit der Entwicklung des Völkerrechts kaum mehr vereinbar erscheint (vgl. Dahm/Delbrück/Wolf- 4

rum, Völkerrecht², I (1989), 317, 475f., v. Münch, Intern. Seerecht (1985) 82, Verdross/ Simma, Univ. Völkerrecht³ (1984) §§ 1022, 1027, 1049, ferner Oehler IStR 313f., Tröndle LK 2, Rogall KK-OWiG § 5 RN 3, Wille aaO 28ff.). Demzufolge ergibt sich bei einem in fremden Gewässern liegenden deutschen Schiff die Anwendbarkeit des deutschen Strafrechts nicht bereits aus § 3, sondern erst aus § 4, mit der Folge, daß damit auch die Strafgewalt des Aufenthaltsstaates konkurrieren kann (dazu 90f. vor § 3). Soweit es sich freilich um ein deutsches *Kriegs-* oder *Staatsschiff* handelt, wird es nach völkerrechtlicher Praxis idR von der Strafgewalt des ausländischen Aufenthaltsstaates befreit sein (vgl. Dahm/Delbrück/Wolfrum aaO sowie 31 vor § 3).

5   Im Unterschied zu § 5 a. F. muß das Schiff kein „deutsches", sondern lediglich **zur Führung der Bundesflagge berechtigt** sein. Durch diese Verweisung auf das FlaggenRG v. 8. 2. 51 (BGBl. I 79, III 9514–1) ist klargestellt, daß nicht nur Schiffe deutscher Eigentümer, sondern auch solche, die in der Bundesrepublik gebaut (§ 10 FlaggenRG) bzw. von einem deutschen Ausrüster gechartert worden sind (§ 11 FlaggenRG), unter § 4 fallen (Tröndle LK 4). Dagegen werden Schiffe, deren Berechtigung zur Führung der Bundesflagge nach § 7 IV FlaggenRG nicht ausgeübt werden darf (wie seinerzeit bei DDR-Schiffen), durch § 4 nicht erfaßt (vgl. BT-Drs. 7/550 S. 207). Schiffe, die die Bundesflagge nicht führen bzw. zu deren Führung nicht berechtigt sind, sind als Ausland zu behandeln (vgl. D-Tröndle Anm. zu § 4 sowie u. 10), sofern sie sich nicht im Inlandsbereich befinden (vgl. dazu 31 vor § 3 sowie u. 10).

6   2. Zu den **Luftfahrzeugen** zählen neben Flugzeugen und Luftschiffen jeder Art auch Frei- und Fesselballone oder Raumfahrzeuge (vgl. § 1 II LuftVG). Anders als bei Schiffen (o. 5) hängt die für § 4 vorausgesetzte Berechtigung zur Führung des Staatsangehörigkeitszeichens der Bundesrepublik davon ab, daß das Luftfahrzeug im ausschließlichen *Eigentum deutscher* Staatsangehöriger steht (§§ 2 V, 3 LuftVG). Eingehend zum Ganzen Wille aaO. Für Staatsluftfahrzeuge gilt das o. 4 zu Staatsschiffen Gesagte entsprechend.

7   III. Für Taten an Bord eines solchen Schiffes oder Luftfahrzeugs gilt das **deutsche Strafrecht unabhängig vom Tatortrecht.** Deshalb ist völlig gleichgültig, ob das Schiff die hohe See befährt, sich in fremden Küstengewässern oder Häfen, also in fremdem Hoheitsgebiet befindet, oder ob das Luftfahrzeug fremdes Gebiet überfliegt bzw. auf einem ausländischen Flughafen gelandet ist (vgl. v. Weber Rittler-FS 115, Zschr. f. Luftr. 52, 84). Rechtsvergleichend vgl. Revue intern. dr. pen. 56, 361ff., Zschr. f. Luftr. 58, 87ff. Soweit sich das Fahrzeug jedoch außerhalb des räumlichen Geltungsbereichs dieses Gesetzes (dazu 32 vor § 3) befindet, kann nach § 153c I Nr. 1 StPO von der Strafverfolgung abgesehen werden (vgl. Mankiewicz GA 61, 193). Befindet sich das Fahrzeug hingegen im Inland, so z. B. innerhalb der zum Inland gehörenden Küstengewässer (vgl. 30 vor § 3) bzw. innerhalb des inländischen Luftraumes, so sind darauf begangene Straftaten (bereits nach § 3) als Inlandstaten (und daher nicht nach § 4) zu behandeln (vgl. 31 vor § 3 sowie o. 4). Zu Flugzeugentführungen vgl. Jescheck GA 81, 65f., zum Mitführen von Schußwaffen durch Sicherheitsbeamte vgl. Lenzen JR 83, 181ff.

8   IV. **Ausgenommen** von § 4 sind Taten, die auf **ausländischen Schiffen** bzw. Luftfahrzeugen begangen werden.

9   1. Daher ist auf solche Taten das deutsche Strafrecht nur nach den **allg. Regeln** anwendbar. Soweit also nicht einer der in §§ 5–7 vorgesehenen Anknüpfungspunkte vorliegt, wie z. B. bei einem Angriff auf den Luftverkehr (§ 316c) nach § 6 Nr. 3, kann auch die Tat eines deutschen Staatsangehörigen auf einem ausländischen Schiff nur dann nach deutschem Strafrecht abgeurteilt werden, wenn sich das Fahrzeug zur Tatzeit im *Inland* (so z. B. in deutschem Eigen- oder Küstengewässer bzw. auf einem deutschen Flughafen) befand und es sich damit um eine Inlandstat i. S. von § 3 handelt (vgl. 26ff. vor § 3). Dies gilt – entgegen der bis zur Voraufl. vertretenen Auffassung – gleichermaßen für Privat- wie auch für Staatsschiffe und -luftfahrzeuge (vgl. 31 vor § 3). Soweit jedoch Fahrzeuge im Hoheitsdienst eines ausländischen Staates stehen, wird die Bundesrepublik idR Immunität vom deutschen Strafrecht gewähren (vgl. o. 4). Vgl. im übrigen auch Schnorr v. Carolsfeld aaO 13ff., ferner Meyer, Intern. Luftfahrtabk. V (1964) sowie BT-Drs. V/3266.

10   2. **Ausländisch** sind in Umkehrung des Flaggenführungsprinzips (o. 5, 6) alle Schiffe und Luftfahrzeuge, die nicht zur Führung der Bundesflagge bzw. des Staatsangehörigkeitszeichens der Bundesrepublik berechtigt sind. Demzufolge sind auch Fahrzeuge mit der Flagge (bzw. dem Abzeichen der damaligen DDR) als ausländisch zu betrachten, so daß sie nicht nach den Regeln des Interlokalen (so aber Dreher³⁷ § 4), sondern nach den in 29 vor § 3 erörterten Grundsätzen wie Ausland und demzufolge nach IStR zu behandeln sind. Soweit Schiffe keine Flagge führen, kommt auch § 7 I Alt. 2 zum Zuge (vgl. dort RN 14).

3. Bei der von einem **Ausländer** auf einem ausländischen Schiff im *Inland* begangenen Tat, auf die an sich § 3 Anwendung findet, kann nach § 153 c I Nr. 2 StPO von der Strafverfolgung abgesehen werden; vgl. Mankiewicz GA 61, 193.

§ 5 Auslandstaten gegen inländische Rechtsgüter

Das deutsche Strafrecht gilt, unabhängig vom Recht des Tatorts, für folgende Taten, die im Ausland begangen werden:
1. Vorbereitung eines Angriffskrieges (§ 80);
2. Hochverrat (§§ 81 bis 83);
3. Gefährdung des demokratischen Rechtsstaates
   a) in den Fällen der §§ 89, 90a Abs. 1 und des § 90b, wenn der Täter Deutscher ist und seine Lebensgrundlage im räumlichen Geltungsbereich dieses Gesetzes hat, und
   b) in den Fällen der §§ 90 und 90a Abs. 2;
4. Landesverrat und Gefährdung der äußeren Sicherheit (§§ 94 bis 100a);
5. Straftaten gegen die Landesverteidigung
   a) in den Fällen der §§ 109 und 109e bis 109g und
   b) in den Fällen der §§ 109a, 109d und 109h, wenn der Täter Deutscher ist und seine Lebensgrundlage im räumlichen Geltungsbereich dieses Gesetzes hat;
6. Verschleppung und politische Verdächtigung (§§ 234a, 241a), wenn die Tat sich gegen einen Deutschen richtet, der im Inland seinen Wohnsitz oder gewöhnlichen Aufenthalt hat;
7. Verletzung von Betriebs- oder Geschäftsgeheimnissen eines im räumlichen Geltungsbereich dieses Gesetzes liegenden Betriebs, eines Unternehmens, das dort seinen Sitz hat, oder eines Unternehmens mit Sitz im Ausland, das von einem Unternehmen mit Sitz im räumlichen Geltungsbereich dieses Gesetzes abhängig ist und mit diesem einen Konzern bildet;
8. Straftaten gegen die sexuelle Selbstbestimmung in den Fällen des § 174 Abs. 1 und 3 und der §§ 175 und 176 Abs. 1 bis 4 und 6, wenn der Täter und der, gegen den die Tat begangen wird, zur Zeit der Tat Deutsche sind und ihre Lebensgrundlage im räumlichen Geltungsbereich dieses Gesetzes haben;
9. Abbruch der Schwangerschaft (§ 218), wenn der Täter zur Zeit der Tat Deutscher ist und seine Lebensgrundlage im räumlichen Geltungsbereich dieses Gesetzes hat;
10. falsche uneidliche Aussage, Meineid und falsche Versicherung an Eides Statt (§§ 153 bis 156) in einem Verfahren, das räumlichen Geltungsbereich dieses Gesetzes bei einem Gericht oder einer anderen deutschen Stelle anhängig ist, die zur Abnahme von Eiden oder eidesstattlichen Versicherungen zuständig ist;
11. Straftaten gegen die Umwelt in den Fällen der §§ 324, 326, 330 und 330a, wenn die Tat im Bereich des deutschen Festlandsockels begangen wird;
12. Taten, die ein deutscher Amtsträger oder für den öffentlichen Dienst besonders Verpflichteter während eines dienstlichen Aufenthalts oder in Beziehung auf den Dienst begeht;
13. Taten, die ein Ausländer als Amtsträger oder für den öffentlichen Dienst besonders Verpflichteter begeht;
14. Taten, die jemand gegen einen Amtsträger, einen für den öffentlichen Dienst besonders Verpflichteten oder einen Soldaten der Bundeswehr während der Ausübung ihres Dienstes oder in Beziehung auf ihren Dienst begeht.

Vorbem.: Bei Nr. 5 ist der frühere Berlin-Vorbehalt durch das 6. ÜberleitungsG (vgl. Einf. 12 vor § 1) entfallen.
Nr. 8 hins. § 175 und Nr. 9 sind in den Beitrittsgebieten i. S. von Art. 3 EV nicht anzuwenden (EV I B III C III Nr. 1; vgl. 71 vor § 3).
Nr. 11 eingefügt durch das 18. StÄG mit Wirkung v. 1. 7. 80.

Schrifttum: Vgl. die Angaben zu 1, 60 vor § 3.

I. Die Vorschrift enthält Konkretisierungen des **Schutzprinzips** (7, 11 vor § 3), beruht aber teilweise auch auf dem **aktiven Personalprinzip** (6 vor § 3), so jedenfalls in Nrn. 9 und 12, wohl aber auch in Nr. 8 (Lackner 1) und Nr. 13 (Tröndle LK 1). Auf diese Weise soll die nach dem Territorialprinzip des § 3 grundsätzlich auf Inlandstaten beschränkte deutsche Strafgewalt zugunsten bestimmter *inländischer Schutzgüter* (dazu 7, 14 vor § 3) bzw. gegenüber bestimmten, dem deutschen Recht durch Staatsangehörigkeit oder Amtsstellung besonders verpflichteten *Tätern* auch auf **Auslandstaten** erstreckt werden, und zwar selbst dann, wenn die fragliche Tat nach Tatortrecht überhaupt nicht strafbar wäre (vgl. E 62 Begr. 109, BT-Drs. V/4095 S. 4f.). Vgl. zum Ganzen auch Zieher aaO 103ff. sowie zur Entstehungsgeschichte Eser Jescheck-FS II 1369ff.

2 Die Vorschrift hat ein Vorbild in § 4 III a. F. Doch während jene Bestimmung auf der Grundlage des früher vorrangigen, aktiven Personalprinzips (§ 3 a. F.) nur bei Auslandstaten von *Ausländern* zum Zuge kam, bildet das Schutzprinzip des jetzigen § 5 auch für Auslandstaten von *Inländern* praktisch den einzigen Anknüpfungsgrund. Zwar mag zweifelhaft sein, ob der Anwendungsbereich, der durch den langen Katalog des § 5 dem deutschen Strafrecht auch im Ausland eröffnet ist, nicht etwas zu weit geraten ist (vgl. demgegenüber etwa den sehr viel maßvolleren § 5 AE; vgl. auch Gallas ZStW 80, 14, Schultz GA 66, 201); dennoch dürften hiergegen weder völkerrechtliche, noch staatsrechtliche Bedenken bestehen (vgl. Jescheck 151f., aber auch Oehler, IStR 137, 143f. sowie speziell zu Nr. 11 GA 80, 242ff.).

3 II. Die auch bei Begehung im Ausland **erfaßten Tatbestände** lassen sich in **3 Hauptgruppen** einteilen (teils and. Samson SK 3):

4 1. Dem Schutz *inländischer staatlicher Interessen* (dazu 14ff. vor § 3) dienen insbes. die in den Nrn. 1 bis 5 genannten Staatsschutzdelikte, die Rechtspflegedelikte der Nr. 10 sowie die Umweltdelikte der Nr. 11 (vgl. Oehler GA 80, 245). Auch die in Nr. 6 genannte Verschleppung bzw. politische Verdächtigung haben ebenso einen öffentlichen Schutzbezug wie die gegen einen deutschen Amtsträger bzw. Soldaten gerichteten Taten der Nr. 14.

5 2. Auch in den Fällen der Nrn. 12 und 13 ist die Wahrung *öffentlicher Interessen* nicht zu verkennen; doch bildet hier das aktive Personalprinzip den maßgeblichen Anknüpfungsgrund (vgl. o. 1).

6 3. Dagegen geht es in den Fällen der Nrn. 7–9 primär um den Schutz von *Individualrechtsgütern*, die nach allgemeinen Grundsätzen an sich gegenüber jedermann und überall in der Welt strafrechtlichen Schutz verdienen (vgl. 15 vor § 3), jedoch aufgrund der Selbstbeschränkung des deutschen Strafrechts durch das Territorialprinzip nur gegen Inlandstaten geschützt wären (vgl. § 3 RN 1). Diese Beschränkung wird bei den hier in Frage stehenden, als besonders schutzwürdig angesehenen Fällen praktisch wieder rückgängig gemacht.

III. Im einzelnen ist jeweils noch folgendes zu beachten:

7 **Nr. 1:** Erfaßt wird nur die **Vorbereitung eines Angriffskrieges** (§ 80), nicht dagegen das Aufstacheln zum Angriffskrieg (§ 80a). Vgl. Zieher aaO 108.

8 **Nr. 2:** Unter **Hochverrat** sind alle in den §§ 81–83 erfaßten Formen hochverräterischer Unternehmungen bzw. Vorbereitungen dazu zu verstehen. Soweit dabei der Erfolg im Inland eintritt, ergibt sich die Anwendbarkeit des deutschen Strafrechts nach § 9 bereits aus § 3 (vgl. Bay NJW 57, 1328).

9 **Nr. 3:** Bei **Gefährdung des demokratischen Rechtsstaates** ist zu unterscheiden zwischen den Fällen der **Nr. 3b** (§§ 90, 90a II) einerseits, bei denen das deutsche Strafrecht *uneingeschränkt* gilt, und den Fällen der **Nr. 3a** (§§ 89, 90a I und 90b) andererseits, in denen nur die Tat eines *Deutschen*, der seine *Lebensgrundlage im räumlichen Geltungsbereich* dieses Gesetzes (dazu 32 vor § 3) hat, erfaßt wird. Zum Begriff des Deutschen vgl. 34ff. vor § 3. Die weitere Einschränkung auf solche Deutsche, die ihre *Lebensgrundlage* in der Bundesrepublik haben, läßt sich daraus erklären, daß nur von ihnen die in den betreffenden Tatbeständen vorausgesetzte Treue- und Achtungspflicht erwartet werden kann (vgl. Langrock aaO 93ff., Krauth u. a. JZ 68, 592, Zieher aaO 114ff. sowie u. § 100 RN 10). Eine solche Eingliederung in die staatliche Gemeinschaft der Bundesrepublik bzw. „lebensmäßige Verbundenheit" mit ihr (D-Tröndle 3) kann idR bei ausschließlichem Wohnsitz oder ständigem Aufenthalt in diesem Bereich angenommen werden, wenn auch nicht ausnahmslos (vgl. Prot. V/1922). Bei Doppelwohnsitz oder wechselndem Aufenthalt kommt es maßgeblich darauf an, wo der Täter seinen persönlichen, familiären und wirtschaftlichen Mittelpunkt hat (vgl. BT-Drs. V/2860 S. 23f.). Die praktische Bedeutung der Einschränkung in Nr. 3a, die in § 91 Nr. 3a. F. bereits ein Vorbild hatte, liegt vor allem darin, daß derartige *Auslandstaten eines Ausländers* selbst dann *straflos* bleiben, wenn dieser seine Lebensgrundlage in der Bundesrepublik hat, während umgekehrt ein Deutscher auch dann strafbar bleibt, wenn seine innere Beziehung zur Bundesrepublik durch häufigeren Auslandsaufenthalt gelockert erscheint. Teils abw. Samson SK 8ff., wonach durch Abstellen auf die Lebensgrundlage Umgehungssachverhalte unterbunden werden sollen (vgl. dagegen Tröndle LK 4). Bedeutsam war die Vorschrift ferner vor allem für jene Auffassung, die vor der Wiedervereinigung auch DDR-Bürger nach wie vor als Deutsche i. S. des IStR behandelte (vgl. 36 vor § 3); diese blieben dann jedenfalls straffrei, wenn sie ihre Lebensgrundlage nicht in der Bundesrepublik hatten.

Nr. 4 erfaßt alle Formen des **Landesverrats** und der Gefährdung der äußeren Sicherheit i. S. **10** der §§ 94–100a. Wird die Tat von einem *Ausländer* begangen, sind etwaige völkerrechtliche Rechtfertigungsgründe zu beachten (Tröndle LK 5; vgl. auch Düsseldorf NJW **83**, 1277).

Nr. 5: Straftaten gegen die **Landesverteidigung** werden in den Fällen der §§ 109, 109e bis **11** 109g ausnahmslos erfaßt (Nr. **5a**), in den Fällen der §§ 109a, 109d und 109h (Nr. **5b**) hingegen nur unter den gleichen einschränkenden Voraussetzungen wie bei Nr. 3a (vgl. o. 9). Zum (damaligen) Geltungsbereich in Berlin vgl. die Vorbem. zu § 5.

Nr. 6: Auf **Verschleppung und politische Verdächtigung** findet bei Auslandsbegehung das **12** deutsche Strafrecht (§§ 234a, 241a) nur dann Anwendung, wenn sich die Tat *gegen* einen *Deutschen* richtet (vgl. Düsseldorf NJW **79**, 61, **83**, 1277), der im *Inland* seinen Wohnsitz (Ort, an dem eine Person melderechtlich dokumentiert ist) oder gewöhnlichen Aufenthalt (Ort der tatsächlich genutzten Wohnung) hat (vgl. Samson SK 11). Krit. zu diesen Beschränkungen Zieher aaO 126 ff. Daß durch die Tat möglicherweise auch Ausländer mitbetroffen sind, ist ebenso unerheblich wie ein etwaiger Zweitwohnsitz des Deutschen im Ausland (vgl. D-Tröndle 6).

Problematisch war jedoch die Anwendung auf Taten, die *in* der (damaligen) DDR bzw. *gegen* **12a** DDR-Bürger begangen wurden. Soweit dem staats- und völkerrechtlichen Inlands- bzw. Staatsangehörigkeitsbegriff gefolgt wurde (vgl. 27 f., 35 vor § 3), stand die Erfassung auch solcher Taten außer Frage (vgl. Schroeder NStZ 81, 179). Doch auch bei „funktioneller" Betrachtung konnte dies angenommen werden. Denn nicht nur, daß der Schutzzweck der §§ 234a, 241a gerade auch auf Verschleppung in die oder aus der DDR abzielte (vgl. KG NJW **56**, 1570, Wagner MDR 67, 629, ferner Endemann NJW 66, 2386, aber auch Krey aaO 51); auch schlug die mit dem funktionellen Staatsangehörigkeitsbegriff bezweckte Beschränkung der Täterpflichten unter Schutzgesichtspunkten *zugunsten Deutscher* gerade nicht durch (vgl. Voraufl. 64, 66 vor § 3). Demgemäß war der allen deutschen Volkszugehörigen durch Art. 116 GG gewährleistete und hier durch Nr. 6 eröffnete Auslandsschutz grds. auch den damaligen DDR-Bürgern zu erhalten (i. E. ebenso Tröndle LK 7; and. offenbar Samson SK 15 f.). Freilich konnte diesen die Nr. 6 nur dann zugute kommen, wenn sie (z. B. als Korrespondenten einer ostdeutschen Zeitung) ihren Wohnsitz bzw. gewöhnlichen Aufenthalt in der Bundesrepublik hatten. Soweit BGH **30** 5 ff., **32** 298 diese (zweifellos bedauerliche) Einschränkung dadurch vermeiden wollte, daß er in Abweichung von dem ansonsten auf das Bundesgebiet beschränkten Inlandsbegriff diesen bei § 5 Nr. 6 auch auf die DDR erstrecken und dies im wesentlichen mit der darin beabsichtigten Schutzausweitung begründen wollte (ebenso Jakobs 96; vgl. auch Tröndle LK 7, Wessels I 17f.), wurde verkannt, daß durch § 5 Nr. 6 der Schutzbereich gerade *nicht* unbeschränkt (auf *jeden* Deutschen) ausgedehnt, sondern zugleich auch auf Deutsche *mit Lebensgrundlage im Inland*) eingeschränkt wurde (abl. auch Abendroth StV 81, 175, Krey/Arenz JR 85, 407 f., Schroth NJW 81, 500, Wengler JR 81, 207). Keinesfalls wurde § 5 Nr. 6 dadurch anwendbar, daß der als Opfer betroffene DDR-Bürger nach der Tat in die Bundesrepublik flüchtete (so Düsseldorf NJW **79**, 62, Lackner 3, Tröndle LK 7); denn dem stand entgegen, daß es bei den §§ 3 ff. als materiellen Strafbarkeitsvoraussetzungen auf das Vorliegen zur Tatzeit ankommt (vgl. 1 vor § 3) und es eine der „Neubürgerklausel" vergleichbare stellvertretende Strafrechtspflege (vgl. § 7 II Nr. 1 Alt. 2 m. RN 1, 20) auf Opferseite nicht gibt (insoweit ebenso BGH **30** 9; vgl. auch Schroeder NStZ 81, 180).

Nr. 7 stellt **Betriebs- und Geschäftsgeheimnisse** (nicht dagegen Steuergeheimnisse als sol- **13** che, vgl. BT-Drs. V/4095 S. 5) gegen eine Verletzung (z. B. durch §§ 202a, 203, 204, ferner § 20a UWG i. V. m. §§ 17, 18, 20 UWG) unter Auslandsschutz, jedoch beschränkt auf folgende Fälle: Geschützt werden einmal *Betriebe*, die im räumlichen Geltungsbereich dieses Gesetzes (dazu 32 vor § 3), liegen, also dort nicht allein eine „Briefkastenadresse" haben, sondern tatsächlich ihre Produktions- bzw. Geschäftstätigkeit ausüben; zum anderen *Unternehmen*, die in dem genannten Bereich ihren Firmen- bzw. Geschäftssitz haben (vgl. § 106 HGB, § 5 AktG, §§ 3, 7, 10, 11 GmbHG). Schließlich sind es *Unternehmen*, die zwar ihren Sitz im *Ausland* haben, jedoch (z. B. als Tochtergesellschaft) von einem Unternehmen mit Sitz in der Bundesrepublik abhängig sind und mit diesem einen Konzern bilden. Eine solche Abhängigkeit bzw. konzernmäßige Verbundenheit zwischen dem (zu schützenden) ausländischen Tochterunternehmen und dem deutschen Mutterunternehmen besteht freilich nicht schon bei einem „Gleichordnungskonzern" (§ 18 II AktG), sondern erst bei einem *„einheitlichen Konzern"* i. S. von § 18 I AktG. Ebensowenig werden ausländische Unternehmen schon allein deshalb erfaßt, weil sie sich in den Händen deutscher Anteilseigner befinden (BT-Drs. V/4095 S. 5). Zu Hintergründen dieser Auswahl krit. Samson SK 16; vgl. aber auch Zieher aaO 131 f.

Nr. 8 erstreckt die Auslandsgeltung des deutschen Strafrechts auf bestimmte **Sexualdelikte**, **14** wobei jedoch drei Vorbehalte zu beachten sind: Zum einen die Beschränkung auf die *„mittelschweren"* Sexualstraftaten der §§ 174 I und III, 175, 176 I–IV, VI, so daß einerseits beispielsweise weder die einfachen Kuppelei- und Zuhältereifälle der §§ 180 und 180a (zu § 180a III–V und § 181 vgl. aber § 6 Nr. 4) noch andererseits die schwereren Fälle der Vergewaltigung und des sexuellen Mißbrauchs (§§ 177–179) erfaßt werden. Zum anderen müssen sowohl der **Täter** als auch das **Opfer** *Deutsche mit Lebensgrundlage* im räumlichen Geltungsbereich dieses Gesetzes (dazu 32 vor § 3) sein, und zwar zur *Tatzeit* (dazu § 8 sowie Samson SK 12). Ferner ist zu beachten, daß Nr. 8, soweit es um § 175 geht, von der Geltung in den Beitrittsländern ausgenommen ist (vgl. 71 vor § 3), wobei sich hiergegen die gleichen grundsätzlichen Bedenken richten wie gegen die Auslandserstreckung des bundesrepublikanischen Schwangerschaftsabbruchs einerseits und seine Exemtion in den Beitrittsgebieten andererseits (vgl. 55 vor § 3). *Interlokalrechtlich* hat dies jedenfalls zur Folge, daß nach dem Tatortprinzip (vgl. 52 vor § 3) auch homosexuelle Handlungen von und gegen Deutsche mit Lebensgrundlage in den alten Bundesländern oder West-Berlin bei Begehung im Beitrittsgebiet nur nach dem (engeren) § 149 DDR-StGB strafbar sind, während umgekehrt ein im Beitrittsgebiet wohnhafter Täter bei homosexuellen Handlungen im alten Bundesgebiet nach § 175 StGB strafbar ist. *Internationalstrafrechtlich* hat diese Rechtsverschiedenheit aufgrund von jeweils partiellem Bundesrecht zur Folge, daß bei homosexuellen Handlungen im Ausland nach Art. 1 b EGStGB (EV I B III C II Nr. 1 a) dasjenige Recht anzuwenden ist, in dem der Täter seine Lebensgrundlage hat (vgl. 57 vor § 3).

15 Trotz des unterschiedlichen Bezugs dieser nicht ohne weiteres einleuchtenden Einschränkungen des Auslandsschutzes liegt ihnen eine gemeinsame *Zielsetzung* zugrunde: Da man bei leichten Sexualdelikten auf eine Auslandserstreckung glaubt verzichten zu können, die schwereren hingegen schon durch das ausländische Recht durchwegs für hinreichend geschützt hält, sieht man ein besonderes Schutzbedürfnis durch deutsches Recht nur für den in Nr. 8 umschriebenen und nicht universal in gleicher Weise sanktionierten Zwischenbereich der „mittleren" Sexualkriminalität, und auch für diese nur insoweit, als es sich bei Täter und Opfer um Deutsche handelt; denn auf diese Weise soll lediglich unterbunden werden, daß der Täter zwecks Ausnutzung eines etwaigen „Strafrechtsgefälles" mit seinem Opfer ins Ausland reist (BT-Drs. V/4095 S. 5; zur Entstehungsgeschichte Eser Jescheck-FS II 1370, 1372 f.) – ein Perfektionismus freilich, der an kriminologischer Naivität schwerlich zu überbieten sein dürfte (vgl. Zieher aaO 134 ff., aber auch Tröndle LK 14).

16 *Mittäterschaft* eines Deutschen genügt, nicht dagegen bloße Teilnahme (D-Tröndle 8). Soweit es um die Eigenschaft als **Deutscher** geht, ist die frühere Differenzierung zwischen *Täter*- und *Opfer*seite (vgl. Voraufl.) aufgrund der Wiedervereinigung obsolet geworden, stattdessen aber bei homosexuellen Handlungen die Nichterstreckung des § 175 auf die Beitrittsgebiete zu beachten (vgl. o. 14).

17 **Nr. 9** erfaßt lediglich den **Schwangerschaftsabbruch i. S. v. § 218**, nicht dagegen die bloße Verletzung von Beratungs- bzw. Indikationsfeststellungspflichten i. S. v. §§ 218b bis 219a, und ebensowenig die Vorbereitungshandlungen der §§ 219b und 219c. Auch muß der *Täter* zur Tatzeit *Deutscher* sein und seine *Lebensgrundlage* in der Bundesrepublik haben (wobei jedoch innerdeutsch die Exemtion der Beitrittsgebiete von der Geltung der §§ 218–219 d einschließlich des § 5 Nr. 9 zu berücksichtigen ist: näher dazu 41 ff. vor § 218 sowie speziell zu der international-interlokal widersprüchlichen Auslandserstreckung der §§ 218ff. durch § 5 Nr. 9 einerseits und deren Nichterstreckung auf bestimmte Inlandsgebiete andererseits vgl. 55 vor § 3). Insofern gilt das zu Nr. 3a (o. 9) bzw. Nr. 8 (o. 14) Gesagte hier entsprechend. Demzufolge ist ein im Ausland (33, 25 ff. vor § 3) vorgenommener Schwangerschaftsabbruch – und zwar unabhängig vom (möglicherweise straffreien) Tatortrecht – nach deutschem Strafrecht gemäß § 5 Nr. 9 in zwei Fallkonstellationen strafbar: Zum einen, wenn eine deutsche Schwangere ohne einen der in § 218a genannten Indikationsgründe eine Selbstabtreibung vornimmt oder eine Fremdabtreibung an sich vornehmen läßt; zum anderen, wenn ein deutscher Arzt einen nichtindizierten Schwangerschaftsabbruch an einer Ausländerin vornimmt (Samson SK 18). Dagegen greift Nr. 9 *nicht* ein, wenn ein Deutscher zum Schwangerschaftsabbruch eines Ausländers an einer Ausländerin lediglich *Beihilfe* leistet (insofern and. Dreher[37] RN 10); denn ähnlich wie bei Nr. 8 muß auch hier zumindest ein (Mit-)Täter (Arzt bzw. Schwangere) Deutscher sein (Tröndle LK 18). Ist dies aber der Fall, so ist auch die bloße Beihilfe eines Deutschen mit Lebensgrundlage in der (alten) Bundesrepublik strafbar (AG Albstadt MedR **88**, 261 m. Anm. Mitsch Jura 89, 193 ff.). Aufgrund dieser Anknüpfung an die deutsche Staatsangehörigkeit des Täters handelt es sich bei Nr. 9 weniger um einen Fall des Schutzprinzips als vielmehr um einen Reste des aktiven Personalprinzips (vgl. o. 1), um auf diese Weise dem durch Fahrten ins Ausland befürchteten „Reichenprivileg" entgegenzuwirken (vgl. BT-Drs. V/4095 S. 5 f., Zieher aaO 136 ff.). Darüberhinaus kann aber nach § 7 I auch das Schutzprinzip zur Anwendung kommen, soweit die Abtreibung auch nach Tatortrecht strafbar ist und an einer Deutschen vorgenommen wird (dazu § 7 RN 3, 6, 11). Vgl. zum Ganzen auch 35 ff. vor § 218 mwN sowie speziell zu den sich aus der Fortgeltung der bisherigen DDR-Fristenlösung in den Beitrittsgebieten ergebenden Problemen 55 vor § 3, 41 ff. vor § 218.

18 **Nr. 10** erfaßt die nach den §§ 153–156 strafbaren **Falschaussagedelikte** vor einem ausländischen oder zwischenstaatlichen Gericht bzw. einer zur Entgegennahme eidesstattlicher Versicherungen zuständigen Stelle (z. B. Konsulat), vorausgesetzt jedoch, daß das *Verfahren*, in dem die Falschaussage gemacht wird, *im räumlichen Geltungsbereich* dieses Gesetzes (dazu 32 vor § 3) bei einem Gericht oder einer anderen deutschen Stelle *anhängig* ist, die zur Abnahme von Eiden (§ 154 RN 6ff.) bzw. eidesstattlicher Versicherungen (§ 156 RN 3, 6ff.) zuständig ist. Die praktische Bedeutung dieser Bestimmung liegt bei Falschaussagen vor ausländischen Stellen im Zuge von Rechtshilfeverfahren. Vgl. aber auch § 6 Nr. 9 sowie 22 vor § 3, Zieher aaO 118ff. Auf Falschverdächtigung (§ 164) vor einer ausländischen Behörde ist Nr. 10 nicht anwendbar; doch kann über § 9 eine Inlandstat i. S. v. § 3 in Betracht kommen, wenn z. B. das verdächtigende Schreiben von deutschem Boden ausging (vgl. auch 53 vor § 3).

Nr. 11 erstreckt bestimmte **Umwelttatbestände** (§§ 324, 326, 330, 330a) auf den *Festlandsokkel* (einschließlich der darüber befindlichen Wasser- und Luftsäule), der als jenseits des Küstenmeeres nicht zum Inland gehört (vgl. 31 vor § 3); sonstige Anknüpfungspunkte nach §§ 3ff. bleiben im übrigen unberührt (vgl. Laufhütte/Möhrenschlager ZStW 92, 927, Rogall JZ-GD 80, 106, ferner Wegscheider DRiZ 83, 56ff.). Ob die Nr. 11 Ausdruck des Schutzprinzips ist (so – unter Ablehnung des zunächst geplanten Weltrechtsprinzips – Oehler GA 80, 241ff.; dagegen Klages aaO 146ff.), ist ebenso zweifelhaft wie die Frage, ob es sich dabei um eine Einschränkung des schon von vorneherein das gesamte Meer umfassenden § 330d Nr. 1 handelt (so D-Tröndle 11, hier die Voraufl.) oder nicht doch eher um eine *Ausdehnung* deutscher Strafgewalt, und zwar dergestalt, daß durch den § 330d Nr. 1 als solchen das Meer zunächst nur in den Gewässerbegriff aufgenommen und damit in den Schutzbereich der Gewässerverschmutzungstatbestände einbezogen wird, um sodann durch § 5 Nr. 11 diesen Bereich – über die §§ 3, 4 hinaus – unabhängig vom Tatort oder Nationalität des Täters oder Schiffes – dem Schutz des deutschen Strafrechts zu unterwerfen (so wohl zu Recht Klages aaO 3f., Samson SK 19a).

Nr. 12 betrifft Taten von **deutschen Amtsträgern** (§ 11 I Nr. 2) und für den öffentlichen Dienst besonders Verpflichteten (§ 11 I Nr. 4: näher dort RN 14ff.), und zwar Straftaten jeder Art, also nicht nur Amtsdelikte (Zieher aaO 122). Jedoch muß die Tat entweder *während* eines *dienstlichen Aufenthaltes* oder in *Beziehung auf* den *Dienst* begangen sein. Bei der 1. Alt. ist kein Zusammenhang der Tat mit dem Dienst erforderlich (z. B. sexuelle Nötigung einer ausländischen Konferenzteilnehmerin), während die 2. Alt. auch wahrend eines Privataufenthaltes denkbar ist (z. B. Gewerbeaufsichtsbeamter läßt sich durch Unternehmer seines Bezirks am Urlaubsort bestechen). Dies kann bei bestimmten Tatbeständen (z. B. §§ 203 II, 353b) auch im Hinblick auf den früheren Dienst des Amtsträgers geschehen (BT-Drs. 7/550 S. 207). Den Amtsträgern gleichgestellt sind durch § 1a II WStG die *Soldaten* der Bundeswehr.

Nr. 13 erstreckt die Amtsträgerklausel der Nr. 12 auch auf **Ausländer**. Anders als dort genügt jedoch nicht schon eine während oder im Bezug auf den Dienst begangene Straftat, vielmehr muß der Ausländer in seiner Eigenschaft *als* Träger eines deutschen staatlichen Amtes (z. B. als Honorarkonsul; vgl. § 177 BBG, §§ 20f. KonsularG v. 11. 9. 74) oder als öffentlich besonders Verpflichteter (§ 11 I Nr. 4) gehandelt haben. Dies wird idR ein Amtsdelikt sein, muß es aber nicht (so jetzt auch Tröndle LK 21). Ähnlich wie bei Nr. 12 schlägt auch hier noch das aktive Personalprinzip durch (vgl. o. 1 sowie Zieher aaO 122ff.).

Nr. 14 erfaßt aufgrund des Schutzprinzips Taten jeglicher Art und jedes (in- oder ausländischen) Täters **gegen einen deutschen Amtsträger** (§ 11 I Nr. 2), einen öffentlich besonders Verpflichteten (§ 11 I Nr. 4) oder einen Soldaten der Bundeswehr, sofern sich der Verletzte *in Ausübung* seines *Dienstes* (z. B. bei einer internationalen Behörde) befindet oder die Tat *in Beziehung* auf dessen Dienst begangen wird (z. B. durch Falschverdächtigung einer Amtspflichtverletzung); vgl. auch o. Nr. 12. Ob dies im Ausland oder Inland geschieht, ist an sich gleichgültig (Tröndle LK 22); doch kommt letzterenfalls (z. B. bei einem daraufhin in Deutschland eingeleiteten Disziplinarverfahren) das deutsche Strafrecht aufgrund von § 9 bereits nach § 3 zum Zuge. Da es nur um den Schutz der Person des Amtsträgers geht, werden Taten, die sich gegen staatliche Rechtsgüter richten, auch dann nicht erfaßt, wenn der Amtsträger mittelbar in die Tat verwickelt ist, z. B. als ein zur Fahnenflucht Angestifteter (vgl. Samson SK 20).

IV. Eine der in Nrn. 1–14 genannte **im Ausland begangene Tat** ist **unabhängig vom Tatortstrafrecht** nach deutschem Recht strafbar (vgl. Zieher aaO 140f.). Das schließt selbstverständlich nicht aus, daß das Tatortrecht u. U. zur Beurteilung von Inzidentfragen herangezogen werden kann oder gar muß (vgl. 23f. vor § 3, D-Tröndle 1). Zum Begriff des *Auslands* vgl. 33 vor § 3, zum Ort der *Begehung* § 9. Ist danach die Tat zugleich auch im *Inland* begangen, so kommt das deutsche Strafrecht bereits aufgrund § 3 zur Anwendung. Als Begehung im Ausland genügt auch ein strafbarer Versuch (vgl. Samson SK 13), im Prinzip auch Teilnahme (§§ 26, 27) oder versuchte Beteiligung (§ 30). Soweit die fragliche Klausel allerdings wesentlich

§ 6 1–5   Allg. Teil. Das Strafgesetz – Geltungsbereich

vom aktiven Personalprinzip mitbestimmt ist und demgemäß an die deutsche Staatsangehörigkeit des *Täters* anknüpft, muß ein Deutscher zumindest als Mittäter (und nicht nur als Teilnehmer) beteiligt sein, so bei Nrn. 8 und 9 (vgl. o. 16, 17). Dagegen macht § 5 das deutsche Strafrecht nicht anwendbar auf eine ausschließlich im Ausland begangene Begünstigung oder Strafvereitelung, die zu einer der in Nrn. 1 bis 14 genannten Taten geleistet wird (ebenso Tröndle LK 23). Zu Besonderheiten bei Tatbegehung in den Beitrittsgebieten der **(ehemaligen) DDR** in Fällen der **Nrn.** 8 und 9 vgl. o. 14, 17.

23   V. Zur **Lockerung des Verfolgungszwangs** bei Auslandstaten vgl. § 153 c I Nr. 1 StPO.

§ 6 Auslandstaten gegen international geschützte Rechtsgüter

Das deutsche Strafrecht gilt weiter, unabhängig vom Recht des Tatorts, für folgende Taten, die im Ausland begangen werden:

1. Völkermord (§ 220a);
2. Kernenergie-, Sprengstoff- und Strahlungsverbrechen in den Fällen der §§ 310b, 311 Abs. 1 bis 3, des § 311a Abs. 2 und des § 311b;
3. Angriff auf den Luft- und Seeverkehr (§ 316c);
4. Förderung der Prostitution in den Fällen des § 180a Abs. 3 bis 5 und Menschenhandel (§ 181);
5. unbefugter Vertrieb von Betäubungsmitteln;
6. Verbreitung pornographischer Schriften in den Fällen des § 184 Abs. 3;
7. Geld- und Wertpapierfälschung und deren Vorbereitung (§§ 146, 149, 151 und 152) sowie die Fälschung von Vordrucken für Euroschecks und Euroscheckkarten (§ 152a);
8. Subventionsbetrug (§ 264);
9. Taten, die auf Grund eines für die Bundesrepublik Deutschland verbindlichen zwischenstaatlichen Abkommens auch dann zu verfolgen sind, wenn sie im Ausland begangen werden.

Vorbem.: Nr. 3 idF des Ges. v. 13. 6. 90 (BGBl. II 494), Nr. 7 idF des 2. WiKG v. 15. 5. 86 (BGBl. I 721); Nr. 8 eingefügt durch das 1. WiKG v. 29. 7. 76 (BGBl. I 2034).

Schrifttum: Vgl. die Angaben 1, 60 vor § 3.

1   I. Die Vorschrift enthält in den Nrn. 1 bis 8 eine Konkretisierung des **Weltrechtsprinzips**, indem sie die Anwendung des deutschen Strafrechts auf Tatbestände erstreckt, die international zu schützende Rechtsgüter zum Gegenstand haben (vgl. 8, 14 vor § 3). Die dabei getroffene Auswahl erfaßt keineswegs alle denkbaren Fälle (vgl. Oehler IStR 519ff.), sondern beruht vornehmlich auf zwischenstaatlichen Abkommen, in denen sich auch die Bundesrepublik im Interesse *internationaler Solidarität bei der Verbrechensbekämpfung* zur strafrechtlichen Verfolgung der betreffenden Schutzgüter verpflichtet hat (Lackner 1, Samson SK; krit. Tröndle LK 1). Daneben kommt der Generalklausel der Nr. 9 wachsende Bedeutung zu, da hier der Bundesrepublik i. S. **stellvertretender Strafrechtspflege** eine umfassende Verfolgungszuständigkeit eröffnet wird (vgl. 10 vor § 3 sowie u. 10).

II. **Im einzelnen** ist folgendes zu beachten:

2   **Nr. 1** erfaßt den **Völkermord** i. S. v. § 220a, aber ohne die in § 5 I Nr. 6 E 62 vorgesehene Beschränkung auf deutsche Täter (vgl. BT-Drs. V/4095 S. 6, Zieher aaO 142ff.).

3   **Nr. 2** erfaßt die in den §§ 310b, 311 I–III, 311a II und 311b geregelten **Kernenergie-, Sprengstoff-** und **Strahlungsverbrechen**, also einschließlich der früher im AtomG geregelten Fälle (krit. Oehler IStR 536, 541f.).

4   **Nr. 3** erfaßt den **Angriff auf den Luft- und Seeverkehr** i. S. v. § 316c, und zwar in Ausführung des Haager Überink. v. 16. 12. 70 zur Bekämpfung der widerrechtlichen Inbesitznahme von Luftfahrzeugen (Ges. v. 6. 11. 72, BGBl. II 1505, ferner des Überink. zur Bekämpfung widerr. Handlungen gegen die Sicherheit der Zivilluftfahrt v. 23. 9. 71 (ZustG v. 8. 12. 77, BGBl. II 1229) sowie das Überink. zur Bekämpfung widerrechtl. Handlungen gegen die Sicherheit der Seeschiffahrt v. 10. 3. 88 (ZustG v. 13. 6. 90, BGBl. II 494). Vgl. Zieher aaO 149ff., Jescheck GA 81, 65f.

5   **Nr. 4** betrifft die Förderung der **Prostitution** in den Fällen des § 180a III–V und den **Menschenhandel** i. S. v. § 181, nicht dagegen die alte „Kuppelei" i. S. v. § 180 bzw. die Zuhälterei i. S. v. 181a (vgl. auch § 5 RN 14). Über die Grundlage in intern. Abmachungen vgl. u. 11 sowie Zieher aaO 153ff.

Nr. 5 erfaßt mit dem unbefugten **Vertrieb von Betäubungsmitteln** (§ 1 BtMG) jede Tätig- 6
keit, durch die ein solches Mittel entgeltlich in den Besitz eines anderen gebracht werden soll
(§ 29 I Nrn. 1, 5–11 iVm II–VI, § 30 BtMG; vgl. Hamm NJW **78**, 2346, Knauth NJW 79, 1084),
nicht aber den bloßen Besitz (BGH StV **84**, 286, LG Krefeld StV **84**, 517), ebensowenig – und
zwar ungeachtet seiner Entgeltlichkeit – den Erwerb zu ausschließlichem Eigenverbrauch
(BGH **34** 1, Düsseldorf NStZ **85**, 268; eingeh. Körner NStZ 86, 906, MDR 86 717; grds. zweif.
an der Bestimmtheit des „Vertriebs" Schrader NJW 86, 2874). Zur Grundlage dieser Auslandserstreckung im „Einheitsabkommen über Suchtstoffe" von 1961 (Ges. v. 4. 9. 73, BGBl.
II 1353, in Kraft seit 2. 1. 74, BGBl. II 1211) vgl. BGH **34** 2 f., 336 m. krit. Anm. Rüter/Vogler
JR 88, 136, Zieher aaO 155 ff. Zur Vereinbarkeit mit Völkerrecht und GG vgl. 8 vor § 3. Zur
Strafzumessung eines im ausländ. Dienst stehenden Provokateurs vgl. BGH StV **88**, 296.

Nr. 6 erfaßt in seiner jetzigen Fassung lediglich die Verbreitung sog. „harter" **Pornographie** 7
i. S. v. § 184 III (vgl. dort RN 52 ff.). Zur (weitergehenden) Übergangsfassung v. 1. 1. 75 bis
27. 1. 75 vgl. 19. A. RN 8 sowie Tröndle LK 7.

Nr. 7 erfaßt **Geld- und Wertpapierfälschung** sowie deren Vorbereitung (§§ 146, 149, 151, 8
152), und zwar aufgrund des intern. Abk. z. Bekämpfung der Falschmünzerei v. 20. 4. 29
(RGBl. 1933 II 913). Der durch das 2. WiKG (vgl. o. Einf. 10) verbesserte Strafrechtsschutz für
den *Euroscheckverkehr* (§ 152a) ließ auch eine vom Recht des Tatorts unabhängige Anwendbarkeit des deutschen Strafrechts angezeigt erscheinen, da die Herstellung von Falsifikaten im
Ausland auch zur Gefährdung des inländischen Zahlungsverkehrs geeignet ist (vgl. BT-Drs.
10/5058 S. 25). Vgl. im übrigen Zieher aaO 163 ff. sowie 6 vor § 146.

Nr. 8 will durch Erstreckung des **Subventionsbetrugs** (§ 264) auf Taten, die im Ausland von 9
einem Deutschen oder Ausländer begangen werden, der recht häufigen internationalen Ver-
flechtung derartiger Delikte, wie vor allem bei sog. Kreisverkehr (vgl. § 264 RN 45), Rechnung tragen. Ob es sich bei den betroffenen Subventionen um deutsche handelt, ist dabei
gleichgültig, sofern sie nur unter den Subventionsbegriff des § 264 VI fallen. Damit wird der
internationale Strafrechtsschutz, wie er bereits durch § 31 II MarktorganisationsG v. 31. 8. 72
(BGBl. I 1617) begründet wurde, auf das Erschleichen weiterer Subventionen ausgedehnt (vgl.
BT-Drs. 7/3441 S. 22; krit. Tröndle LK 8a)

Nr. 9 ermöglicht generalklauselartig die Erstreckung des deutschen Strafrechts auf alle Taten, 10
zu deren Verfolgung sich die Bundesrepublik in einem **zwischenstaatlichen Abkommen** verpflichtet hat (krit. Oehler IStR 537). Durch diese Blankettausweitung soll der Gesetzgeber
dem Zwang zur jeweiligen Anpassung des Katalogs des § 6 auf etwaige neue Abkommen enthoben
werden (vgl. E 62 Begr. 110). Obgleich die Vorschrift nur von der „Verfolgung" einschlägiger
Taten durch die Bundesrepublik spricht, handelt es sich bei Nr. 9 nicht nur um eine zuständig-
keitsbegründende Prozeßnorm, sondern um eine den *materiellen* Geltungsbereich erweiternde
Strafrechtsnorm (Zieher aaO 165 ff.). Das bedeutet, daß die deutsche Strafrechtspflege bei Erfüllung einer Verfolgungspflicht i. S. v. Nr. 9 nicht nur ausländische Interessen verfolgt, sondern
damit auch einen deutschen Strafanspruch realisiert, weil internationale
Verträge ohne Transformation nicht geeignet sind, mit Verbindlichkeit für das deutsche Strafrecht neue Tatbestände zu schaffen oder geltende zu erweitern. Vielmehr beschränkt sich die
Funktion der Nr. 9 darauf, bereits bestehende (oder in Ausführung des Abkommens neu zu
schaffende) deutsche Straftatbestände auch dann auf einschlägige Auslandstaten anzuwenden,
wenn das Tatortrecht einen entsprechenden Tatbestand noch nicht enthält (vgl. D-Tröndle 9).
Soweit die in einem internationalen Abkommen übernommene Verfolgungsverpflichtung bereits ratifiziert ist, handelt es sich ohnehin bereits um innerstaatliches, unmittelbar geltendes
Recht, so daß insoweit Nr. 9 nur eine klarstellende Funktion hat (vgl. Jakobs 97).

Als *zwischenstaatliche Abkommen* i. S. v. Nr. **9** kommen, soweit nicht ohnehin bereits durch die 11
vorgenannten Nrn. erfaßt, insbes. folgende in Betracht: Abk. z. Gewährung wirksamen Schutzes
gegen den Mädchenhandel v. 18. 5. 1904 idF des Änderungsprot. v. 4. 5. 49 (BGBl. II 1972, 1479),
zur Bekämpfung des Mädchenhandels v. 4. 5. 10 idF des Änderungsprot. v. 4. 5. 49 (BGBl. II 1972,
1482) und zur Unterdrückung des Frauen- und Kinderhandels vom 30. 9. 21 idF des Änderungsprot.
v. 12. 11. 47 (BGBl. II 1972, 1489); das Abk. betr. die Sklaverei v. 25. 9. 26 idF des Änderungsprot.
v. 7. 12. 53 (BGBl. II 1972, 1473); das Abk. v. 16. 9. 63 zur Bekämpfung widerrechtl. an Bord von
Luftfahrzeugen begangene Handlungen v. 14. 9. 63 (BGBl. II 121 ff.); die 4 Genfer Rotkreuz-Abk. v.
1949 (BGBl. 1954 II, 783, 813, 838, 917); der Vertrag v. 18. 4. 51 über die Gründung der EGKS m.
Art. 45 des Ges. v. 29. 4. 52 (BGBl. II 445, 482), betr. Meineide vor dem EuGH; Art. 27 der Satzung
des EuGH v. 17. 4. 57 (BGBl. II 1166), das Eur. Übereink. z. Bekämpfung des Terrorismus v. 27. 1.
77 (ZustG v. 28. 3. 78, BGBl. II 321, 907), das Intern. Übereink. gegen Geiselnahme v. 18. 12. 79
(ZustG v. 15. 10. 80, BGBl. II 1361), die Diplomatenschutzkonv. v. 14. 12. 73 (ZustG v. 26. 10. 76,
BGBl. II 1745), das Umweltkriegsübereink. v. 18. 5. 77 (ZustG v. 21. 2. 83, BGBl. II 125). Vgl.
ferner Oehler IStR 413 ff., 520 ff., Grützner, Intern. Rechtshilfeverkehr in Strafsachen (Loseblattsammlung). Vgl. auch Rebmann NJW 85, 1735 ff. zur Terrorismusbekämpfung.

§ 7 1–5a   Allg. Teil. Das Strafgesetz – Geltungsbereich

12   III. Wird eine der in den Nrn. 1–9 genannten Taten **im Ausland begangen,** so ist sie **unabhängig vom Tatortrecht** nach deutschem Strafrecht zu ahnden, und zwar selbst dann, wenn das Tatortrecht die Tat milder strafbedroht oder überhaupt nicht unter Strafe gestellt hat (Tröndle LK 10). Insoweit gilt das zu § 5 RN 1, 22 Gesagte hier entsprechend, wobei jedoch zu beachten ist, daß § 6 – im Unterschied etwa zu § 5 Nrn. 3a, 8 oder 9 – keine täter- oder opferbezogenen Einschränkungen kennt. Daher spielt in den Fällen des § 6 die Staatsangehörigkeit des Täters oder Teilnehmers ebensowenig eine Rolle wie sein Wohnsitz.

13   IV. Zur **Lockerung des Verfolgungszwanges** bei Auslandstaten vgl. § 153 c I Nr. 1 StPO.

§ 7 Geltung für Auslandstaten in anderen Fällen

(1) **Das deutsche Strafrecht gilt für Taten, die im Ausland gegen einen Deutschen begangen werden, wenn die Tat am Tatort mit Strafe bedroht ist oder der Tatort keiner Strafgewalt unterliegt.**

(2) **Für andere Taten, die im Ausland begangen werden, gilt das deutsche Strafrecht, wenn die Tat am Tatort mit Strafe bedroht ist oder der Tatort keiner Strafgewalt unterliegt und wenn der Täter**

1. **zur Zeit der Tat Deutscher war oder es nach der Tat geworden ist oder**
2. **zur Zeit der Tat Ausländer war, im Inland betroffen und, obwohl das Auslieferungsgesetz seine Auslieferung nach der Art der Tat zuließe, nicht ausgeliefert wird, weil ein Auslieferungsersuchen nicht gestellt oder abgelehnt wird oder die Auslieferung nicht ausführbar ist.**

Schrifttum: Vgl. die Angaben zu 1, 60 vor § 3.

1   I. Auch damit wird das deutsche Strafrecht über den Inlandsbereich des § 3 hinaus auf bestimmte **Auslandstaten** erstreckt (immerhin aber enger als nach § 3 I a. F.), dies jedoch nicht katalogartig wie bei den §§ 5, 6, sondern durch **generelle** Ausweitung auf bestimmte opfer- bzw. täterbezogene Situationen. Auch geht es dabei weniger um den spezifischen Schutz bestimmter inländischer (vgl. § 5 RN 1) bzw. internationaler Rechtsgüter (vgl. § 6 RN 1), sondern eher rechtsgutneutral um eine *Kombination verschiedener Ziele:* Während bei Erfassung von Taten, die *gegen* Deutsche gerichtet und am Tatort mit Strafe bedroht sind (Abs. 1 Alt. 1), zwar auch bereits der Gedanke *stellvertretender Strafrechtspflege* mitschwingt, ist doch wohl das **passive Personalprinzip** vorherrschend und jedenfalls bei strafgewaltfreiem Tatort (Abs. 1 Alt. 2) maßgeblich (sogar ausschließlich i. S. des Schutzprinzips E 62 Begr. 112, D-Tröndle 1, Lackner 1, Samson SK 1; hiergegen mit beachtlichen Gründen AE/AT 39; zur Entstehungsgeschichte Eser Jescheck-FS II 1371). Demgegenüber ist bei Auslandstaten von Ausländern im Fall des Scheiterns einer Auslieferung (Abs. 2 Nr. 2) der Gedanke **stellvertretender Strafrechtspflege** bestimmend (BGH NStZ **85,** 545, Tröndle LK 1), während bei Auslandstaten *von* Deutschen bzw. Neubürgern (Abs. 2 Nr. 1) auch das **aktive Personalprinzip** mit im Spiel ist (ähnlich diff. Jescheck 156 f.; vgl. auch Krey JR 80, 47, Tröndle LK 1, JR 77, 2 mwN).

2   II. Im einzelnen wird durch § 7 das deutsche Strafrecht in **drei Fallgruppen** auf Auslandstaten erstreckt, und zwar in Ergänzung zu den bereits durch die §§ 4–6 erfaßten Fällen (vgl. E 62 Begr. 112).

3   Dieses *Ergänzungsverhältnis* wird von Düsseldorf NJW **79,** 61/2 durch Annahme von Spezialität des § 5 Nr. 6 gegenüber § 7 verkannt; denn die in BT-Drs. V/4095 S. 5 angesprochene Beschränkung auf „Opferseite" betrifft nur den jetzigen § 5 Nr. 6, ohne damit die von anderen Prinzipien geleitete Strafrechtserweiterung des § 7 auszuschließen. Das ist insbes. auch für Schwangerschaftsabbruch (§ 5 Nr. 9) bedeutsam (vgl. u. 6, 11).

4   **1. Gegen Deutsche gerichtete Auslandstaten (Abs. 1)** sind strafbar, wenn sie entweder auch am Tatort mit Strafe bedroht sind (Alt. 1: u. 7 ff.) oder der Tatort keiner Strafgewalt unterliegt (Alt. 2: u. 14).

5   a) In beiden Alt. muß sich die Tat *gegen einen Deutschen* richten. Zum Begriff des **Deutschen** vgl. 34 ff. vor § 3.

5a   Bis zum Beitritt der ehemaligen DDR waren – trotz deren Behandlung wie Ausland – DDR-Bürger nach dem funktionellen Inländerbegriff insoweit als Deutsche anzusehen, als es um ihren *Schutz* ging (vgl. 68 vor § 3). Dies mußte unweigerlich zu Friktionen führen, wenn *Straftaten gegen DDR-Bürger in der DDR* oder im übrigen *Ausland* begangen wurden; denn wäre jeder DDR-Bürger ungeachtet seines Wohnsitzes als Deutscher zu behandeln gewesen, so wären auch Straftaten zwischen DDR-Bürgern in der damaligen DDR nach dem Schutzprinzip von § 7 I nach dem bundesdeutschen Strafrecht zu ahnden gewesen. Dem war nur dadurch zu begegnen, daß das Schutzprinzip

Geltung für Auslandstaten in anderen Fällen 6–11 **§ 7**

auf solche DDR-Bürger zu beschränken war, die ihre Lebensgrundlage im Bereich der (alten) Bundesrepublik Deutschland (einschließlich West-Berlin) hatten oder sich sonstwie in deren Schutzbereich aufhielten (vgl. Voraufl. 67 vor § 3 mwN), und zwar *vor* Tatbegehung (insoweit and. Düsseldorf NJW **79**, 62, **83**, 277; vgl. auch § 5 RN 12a).

Gegen einen Deutschen ist eine Tat gerichtet, wenn er gemäß § 77 I *verletzt* ist bzw. (bei 6 Versuch) verletzt werden sollte (vgl. § 77 RN 10ff.). Das ist der Fall, wenn durch die Tat ein Rechtsgut beeinträchtigt ist (bzw. werden soll), dessen Inhaber Deutscher ist (vgl. Tröndle LK 10). Dabei muß es sich jedoch um einen bestimmten oder zumindest **bestimmbaren Einzelnen** handeln (BGH **18** 283 m. Anm. Oehler JZ 64, 382, Lackner 3). Nicht hinreichend dafür sind primär die Allgemeinheit schützende Tatbestände, wie etwa die Einfuhr von Betäubungsmitteln nach § 29 I Nr. 1 BtMG (Oehler JR 77, 425). Im übrigen jedoch ist die personenrechtliche Stellung des Geschützten unerheblich. Daher ist auch der Foetus einer deutschen Schwangeren geschützt (D-Tröndle 6, Jähnke LK § 218 RN 66, Mitsch Jura 89, 195), wobei deren Einwilligung insoweit unbeachtlich ist (vgl. 5 vor § 218 sowie u. 11). Auch eine juristische Person mit Sitz im Inland kommt in Betracht (D-Tröndle 6; wohl verkannt von Sternberg-Lieben NJW 85, 2125 bzgl. Gema). Ebenso sind nach Neufassung der §§ 180–181 a die Verkuppelte bzw. Prostituierte mitgeschützt (D-Tröndle 6; and. zur a. F. BGH **18** 283).

b) Zudem muß die Tat **am Tatort mit Strafe bedroht** sein (Abs. 1 **Alt. 1**). Durch dieses 7 Erfordernis einer „**identischen Norm**" soll verhindert werden, daß sich das deutsche Strafrecht auch für solche Gebiete Geltung anmaßt, in denen der territorial primär zuständige Auslandsstaat strafrechtlichen Schutz für nicht geboten hält (vgl. E 62 Begr. 112f.).

α) Die Auslandstat muß nach Tatortrecht durch einen entsprechenden **Straftatbestand** erfaß- 8 bar, darf also nicht nur als Ordnungswidrigkeit eingeordnet sein (BGH **27** 5 m. zust. Anm. Blei JA 77, 135, Bay DAR **81**, 228, JR **82**, 159 m. Anm. Oehler [jew. zu DDR-Ordnungswidrigkeit], Samson SK 2, Schröder JZ 68, 243, Vogler DAR 82, 74; and. Tröndle LK 4 ff., JR 77, 1 ff. mwN; vgl. auch KG JR **77**, 335). Für den Nachweis einer „identischen Norm" genügt jedoch nicht schon die Feststellung, daß z. B. auch das Tatortrecht einen Betrugstatbestand kennt. Erforderlich ist vielmehr, daß die *konkrete Tat* auch unter die Deliktsvoraussetzungen dieser Norm gebracht werden kann (vgl. Köln MDR **79**, 251, Mezger DStR 41, 21, Schroder aaO), also beispielsweise nicht nur den Vertrieb, sondern auch den (nach deutschem Recht strafbaren) Besitz von Drogen erfaßt (vgl. LG Krefeld StV **84**, 517). Dagegen braucht sich der ausländische Tatbestand weder notwendig mit dem deutschen zu decken (vgl. RG **54** 249 zu § 218, Karlsruhe Justiz **80**, 478 zu § 223) noch denselben Rechtsgedanken zu verfolgen (vgl. RG **5** 424, BGH **2** 161, Tröndle LK 4b; enger Samson SK aaO: gleiche Schutzrichtung, bzw. Arzt aaO 424f.: Schutz vergleichbarer Rechtsgüter vor vergleichbaren Angriffen); z. B. könnte, was nach deutschem Recht Unterschlagung ist, nach ausländischem Recht Untreue sein (vgl. aber auch 23f. vor § 3). Auch Konkurrenzfragen des ausländischen Rechts sind unerheblich (vgl. RG **42** 330). Dagegen kann es an einer Strafdrohung durch Tatortrecht dort fehlen, wo die deutsche Strafnorm nur ein spezifisch inländisches Rechtsgut und umgekehrt die ausländische nur ein entsprechendes ausländisches Rechtsgut schützt (dazu 16ff. vor § 3). In solchen Fällen kann das deutsche Strafrecht nicht über § 7, sondern allenfalls über §§ 5 oder 6 zur Anwendung kommen.

β) Zweifelhaft ist, inwieweit etwaige **Rechtfertigungs- und Entschuldigungsgründe** des 9 Tatortrechts zu beachten sind (grds. bejahend Arzt aaO 419f.; generell verneinend Woesner ZRP 76, 250). Da Abs. 1 (zumindest auch) auf dem Schutzprinzip beruht (vgl. o. 1), müssen Straffreistellungen durch Tatortrecht – und zwar gleich, ob rechtfertigend, entschuldigend oder sonstwie strafausschließend – jedenfalls dort ihre Grenze finden, wo sie mit universal anerkannten Rechtsgrundsätzen in Widerspruch geraten (zust. Düsseldorf NJW **83**, 1278 m. Anm. Kilian 2305, Krey JR 80, 49), wie z. B. bei Strafloserklärung der Vernichtung von Minderheiten oder bei Ausführung rechtswidriger Befehle (vgl. E 62 Begr. 113; i. gl. S. bereits Jescheck IRuD 56, 92, Nowakowski JZ 71, 636; gegen jede Einschränkung nach ordre public-Gesichtspunkten Roggemann ZRP 76, 246f.; dagegen Woesner ebd.). Zum sog. „**Schießbefehl**" an den Grenzen zur ehemali- 10 gen DDR vgl. 77 vor § 3.

γ) Dagegen sind prozessuale **Verfolgungshindernisse** des Tatortrechts (wie z. B. Verjährung, 11 Amnestie oder mangelnder Strafantrag) unerheblich (vgl. RG **40** 402, **54** 249, BGH NJW **54**, 1086, Tröndle LK 6). Die gegenteilige Auffassung von Schröder JZ 68, 243 vermag zwar gegenüber dem Stellvertretungsprinzip von § 7 II (vgl. u. 17), nicht jedoch gegenüber dem Schutzgedanken von § 7 I durchzuschlagen. Dementsprechend entfällt auch die Strafbarkeit eines Schwangerschaftsabbruchs an einer Deutschen (vgl. o. 6) durch einen Ausländer in einem Land, das einen entsprechenden Abtreibungstatbestand kennt, nicht etwa deshalb, weil praktisch auf Strafverfolgung verzichtet wird (wie zeitweilig in Holland), wohl aber, soweit Straflosigkeit eingeräumt ist (wie z. B. heute für Selbstabbruch in Holland: vgl. Mitsch Jura 89, 195). Vgl. im übrigen auch § 5 RN 17 sowie 35 vor § 218. Auch die **Gerichtsstandsfrage** ist für die Anwendbarkeit des deutschen Strafrechts unerheblich (vgl. Karlsruhe Justiz **80**, 478 sowie 1 vor § 3).

12   δ) Die Strafdrohung nach Tatortrecht muß **zur Tatzeit** (§ 8) bestehen (RG **55** 267, Tröndle LK 3). Daher ist bei nachträglicher Einführung einer Strafdrohung durch §§ 1, 2 auch die Anwendung des deutschen Strafrechts ausgeschlossen. Auch für die Frage, ob der Tatort als *Ausland* zu betrachten ist (dazu 25 ff. vor § 3), ist der Tatzeitpunkt entscheidend.

13   ε) **Fehlt die Tatortstrafdrohung,** so kommt Alt. 1 selbst dann nicht zum Zuge, wenn die Straflosigkeit allein in besonderen Verhältnissen des Tatorts (wie etwa andersartigen Handelsbräuchen oder niedrigerer Schutzgrenze bei Sexualdelikten in Südländern) ihren Grund hat. Die für solche Fälle gedachte Regel des § 3 II a. F. wurde schon zu ihrer Geltungszeit für bedenklich gehalten (vgl. 17. A. § 3 RN 6 mN) und zu Recht fallengelassen.

14   c) Der Schutz von Deutschen greift ferner dann durch, wenn der **Tatort keiner Strafgewalt** unterliegt (Abs. 1 **Alt. 2**). Auch ist in diesem Fall keine Kollision mit etwa entgegenstehendem Tatortrecht zu befürchten. Das gilt nicht nur bei Taten im sog. *Niemandsland* (z. B. bei Polarexpeditionen), sondern auch für Schiffe auf hoher See, die keine Flagge führen und demgemäß nicht bereits durch § 4 erfaßt werden (vgl. Oehler IStR 310).

15   d) Die **Staatsangehörigkeit des Täters** ist in den Fällen des Abs. 1 **unerheblich.** Insofern unterscheiden sie sich von den nachfolgenden Fällen des Abs. 2.

16   2. **Auslandstaten Deutscher (Abs. 2 Nr. 1)** werden im wesentlichen als Konsequenz des *Auslieferungsverbots* erfaßt: Da infolge von Art. 16 II 1 GG der Deutsche als Täter dem Zugriff des Tatortstrafrechts entzogen ist, soll das deutsche Strafrecht stellvertretend tätig werden (vgl. o. 1, aber auch u. 18 f.).

17   a) Auch hier muß die Auslandstat entweder durch das **Tatortrecht mit Strafe bedroht** sein (vgl. Bay VRS **59** 293 zu fahrl. Tötung in Österreich, Hamm NJW **78**, 2346, Köln MDR **79**, 251 u. Düsseldorf NStZ **85**, 268 zu Drogenhandel in Holland, Karlsruhe NStZ **85**, 317 mit Anm. Liebelt NStZ 89, 182 zu Konkursdelikt in der Schweiz, Karlsruhe NJW **85**, 2906 zu § 316) **oder** es darf der **Tatort keiner Strafgewalt** unterliegen. Insofern gilt das zu Abs. 1 Ausgeführte (o. 7 ff.) entsprechend, freilich mit dem Vorbehalt, daß hier etwaige Verfahrenshindernisse des Tatortrechts auch der Anwendung des deutschen Strafrechts entgegenstehen; denn nimmt man das den § 7 II vornehmlich bestimmende Stellvertretungsprinzip (o. 1) wirklich ernst, so darf auch die deutsche Strafgewalt von ihrem Strafanspruch nur dann Gebrauch machen, wenn auch nach Tatortrecht eine Verfolgung zulässig, also z. B. nicht wegen Verjährung oder Amnestie ausgeschlossen wäre (and. BGH **2** 161, GA **76**, 242, KG JR **88**, 346, D-Tröndle 7). Entsprechendes dürfte bei tatsächlicher Nichtverfolgungspraxis der Tatortjustiz zu gelten haben (and. Oehler JR 77, 425).

18   b) Nur Auslandstaten **Deutscher** werden durch Abs. 2 Nr. 1 erfaßt. Das ist unproblematisch, soweit es um Bürger der Bundesrepublik Deutschland geht.

18a Dagegen ergaben sich bei *Auslandstaten (ehemaliger) DDR-Bürger* Probleme daraus, daß sie unter funktioneller Betrachtung jedenfalls auf *Täter*seite einerseits wie Ausländer zu behandeln waren (vgl. 67 vor § 3); ihnen andererseits aber das jedem Deutschen – und damit auch jedem DDR-Bürger – garantierte Auslieferungsverbot des Art. 16 II 1 iVm Art. 116 GG zugute kam (BVerfGE **36** 30 ff., **37** 66 f.). Deshalb konnte auf Straftaten von DDR-Bürgern in der DDR das Stellvertretungsprinzip von § 7 II allenfalls auf zwei Wegen zum Zuge kommen: zum einen über den *Neubürgerklausel* i. S. von § 7 II Nr. 1 Alt. 2, sobald der Täter durch Übersiedlung in die (alte) Bundesrepublik sich damit auch deren Hoheitsgewalt unterwarf (wie etwa in den Fällen Hanke und Weinhold: vgl. LG Stuttgart NJW **64**, 63 bzw. Hamm JZ **76**, 610, BGH NJW **78**, 113); zum anderen durch analoge Anwendung der *Nichtauslieferungsklausel* i. S. von § 7 II Nr. 2. Zu weiteren Einzelheiten vgl. Voraufl. 68 vor § 3 sowie neuerdings noch KG JR **88**, 346.

19   c) War der Täter **zur Tatzeit** (§ 8) Deutscher (Alt. 1), so wird die Anwendung des deutschen Strafrechts nicht dadurch ausgeschlossen, daß der Täter nach der Tat die deutsche Staatsangehörigkeit aufgibt oder sonstwie verliert (Tröndle LK 14); denn immerhin war hier der deutsche Strafanspruch bereits durch die Tat begründet worden.

20   d) Weitaus problematischer hingegen ist die Gleichstellung des sog. **Neubürgers** (Alt. 2), bei dem – da erst nach der Tat Deutscher geworden ist – zur Tatzeit noch keine Bindung an das deutsche Recht bestand. Diese Erfassung läßt sich nur damit rechtfertigen, daß auch ihm als Neubürger das Auslieferungsverbot des Art. 16 II GG zugute kommt und damit eine Bestrafung durch den ausländischen Staat praktisch ausgeschlossen ist. Insofern muß auch hier das deutsche Strafrecht i. S. stellvertretender Strafrechtspflege tätig werden können. Entsprechendes hatte seinerzeit für einen in die Bundesrepublik übergesiedelten DDR-Bürger zu gelten (vgl. Düsseldorf NJW **79**, 62, Krey/Arenz JR 85, 402, KG JR **88,** 345, Tröndle LK 15).

Freilich darf der Täter, da er hier der Geltung des inländischen Rechts erst nachträglich unterstellt 21
wird, dadurch nicht schlechter gestellt werden, als er nach dem an sich maßgeblichen Tatortrecht
stehen würde (vgl. Art. 103 II GG, § 2 I). Zwar zwingt dies nicht zu einer Anwendung des ausländischen Rechts; zumindest aber muß der Richter bei Bestimmung der Straffolgen auf Art und Maß des
Tatortrechts Rücksicht nehmen (KG JR 88, 346, Stree, Deliktsfolgen und Grundgesetz (1960) 33,
Tröndle LK 15; vgl. auch § 7 III AE, Eser Jescheck-FS II 1376). Nur bei einer solchen Vorgehensweise kann mit BGH 20 23 ein Verstoß gegen Art. 103 II GG verneint werden.

3. Auslandstaten von Ausländern (Abs. 2 Nr. 2) werden vom deutschen Strafrecht erfaßt, 22
wenn der Täter im Inland betroffen und trotz grundsätzlicher Zulässigkeit der Auslieferung aus
bestimmten Gründen nicht ausgeliefert wird (ebenso bereits § 4 II Nr. 3 a. F.; krit. dazu Oehler
JZ 64, 383). Auch hier soll die deutsche Strafrechtspflege stellvertretend tätig werden, wenn *bei
Nichtauslieferung* eine Verfolgung des Täters durch das Tatortstrafrecht bzw. den Heimatstaat
nicht in Betracht kommt. Neben der Strafdrohung durch Tatortrecht (o. 7 ff. iVm 17) bzw.
fehlender Tatortstrafgewalt (o. 14) ist noch folgendes vorausgesetzt:

a) Der Täter muß zur Tatzeit (§ 8) **Ausländer** gewesen sein (dazu 37 vor § 3) und nach der Tat 23
im Inland (26 ff. vor § 3) **betroffen**, d. h. seine Anwesenheit festgestellt worden sein (Tröndle
LK 17).

b) Die **Auslieferung** muß nach Art der Tat an sich **zulässig** sein. Ob dies der Fall ist, ist nicht 24
nach den einzelnen Auslieferungsverträgen, sondern nach dem deutschen Auslieferungsgesetz
(DAG bzw. seit 1. 7. 1983 nach dem IRG v. 23. 12. 1982, BGBl. I 2071), also nach innerstaatlichem Recht zu beurteilen (vgl. BGH 18 286, Oehler JR 77, 425). Unzulässig ist die Auslieferung
namentlich bei geringfügigen und rein militärischen oder politischen Taten (vgl. §§ 2, 3 DAG
bzw. §§ 3, 6–8 IRG). Über die seinerzeitige Zulieferung von DDR-Bürgern vgl. Voraufl. 68,
71 vor § 3.

c) Es muß feststehen, daß der Ausländer **tatsächlich nicht ausgeliefert** wird. Die dafür 25
maßgeblichen Nichtauslieferungsgründe sind nunmehr im Gesetz abschließend aufgezählt. Neben der *Nichtstellung eines Auslieferungsersuchens* durch den Heimat- oder Tatortstaat (vgl. BGH
GA 76, 243, MDR/II 86, 969, LG Kempten NJW 79, 225) bzw. dessen *Ablehnung* durch die
deutschen Instanzen (z. B. weil kein Auslieferungsverkehr mit jenem Staat besteht), kommt
insbes. der *tatsächlichen Nichtausführbarkeit* der Auslieferung besondere Bedeutung zu. Ob diese
Voraussetzungen vorliegen, hat nicht das Gericht, sondern die nach Auslieferungsrecht zuständige Verwaltungsstelle zu entscheiden. Falls dies noch nicht geschehen ist, hat das Gericht vor
Anwendung des deutschen Strafrechts bei der nach §§ 7, 44 DAG bzw. §§ 12f., 74 IRG
zuständigen Stelle eine verbindliche Feststellung darüber herbeizuführen, daß der Täter nicht
ausgeliefert wird (vgl. BGH 18 287f., NStZ 85, 545, Bay GA 58, 244, Karlsruhe Justiz 63, 304,
AG Mannheim NJW 69, 997).

III. Bei Erfüllung der vorgenannten Voraussetzungen ist die Auslandstat **nach deutschem** 26
Strafrecht (und nicht etwa nach der „identischen Norm" des Tatortrechts) zu ahnden (vgl. aber
auch § 5 RN 22). Ist die Tat (auch nur) *teilweise im Inland* begangen (wie z. B. hinsichtlich des
Erfolgseintritts), so ist sie ohnehin bereits nach § 9 insgesamt als Inlandstat i. S. v. § 3 zu
behandeln, mit der Folge, daß das deutsche Strafrecht auch ohne die besonderen Voraussetzungen des § 7 zur Anwendung kommt.

IV. **Verfahrensrechtlich** ist § 153c I Nr. 1 StPO zu beachten, wonach bei Auslandstaten von der 27
Strafverfolgung abgesehen werden kann **(Opportunitätsprinzip)**, und zwar gleichgültig, ob es sich
beim Täter um einen In- oder Ausländer handelt.

§ 8 Zeit der Tat

Eine Tat ist zu der Zeit begangen, zu welcher der Täter oder der Teilnehmer gehandelt hat oder im Falle des Unterlassens hätte handeln müssen. Wann der Erfolg eintritt, ist nicht maßgebend.

I. Die Vorschrift regelt für die Bestimmung des **Begehungszeitpunkts** maßgebliche Kriterien. 1
Dies ist nicht nur für die Beurteilung des zur Tatzeit geltenden Rechts (§ 1) und dabei namentlich für
das sog. intertemporale Strafrecht (§ 2, vgl. dort RN 10 ff.) von Bedeutung, sondern auch für das
Vorhandensein bestimmter Täterqualitäten (vgl. § 5 Nr. 9, § 7 II Nr. 1, § 19), ferner für die Bestimmung von Fristen und Zeitabläufen (vgl. §§ 59 II, 66 III) wie auch für den zeitlichen Anwendungsbereich von Amnestierungen.

II. Die Tatzeit bestimmt sich allein nach der Zeit der **Handlung** (S. 1). Anders als beim 2
Ta*tort*, der sich sowohl nach dem Ort der Handlung als auch dem des Erfolgseintritts bestimmt
(§ 9 RN 3), wird für die Tatzeit der *Erfolg* in Übereinstimmung mit der früheren Praxis (vgl.

§ 9   Allg. Teil. Das Strafgesetz – Geltungsbereich

RG 57 196, BGH 11 121) ausdrücklich für *unerheblich* erklärt (S. 2). Diese sog. *Tätigkeitstheorie* rechtfertigt sich daraus, daß das Gesetz als Bestimmungsnorm nur das Handeln des Täters regulieren kann, während der Erfolgseintritt oft nicht mehr beeinflußbar ist (vgl. M-Zipf I 154, Samson SK 2, Tröndle LK 1). Zur abw. Behandlung des Verjährungsbeginns nach § 78a vgl. dort RN 1.

3   III. 1. Im einzelnen ist bei **positivem Tun** der Zeitpunkt bzw. Zeitraum entscheidend, in dem der Täter die auf die Tatbestandsverwirklichung gerichtete Handlung vornimmt. Entsprechendes hat für den *Versuch* zu gelten, da durch das „unmittelbare Ansetzen" (ausschl. darauf abheb. D-Tröndle 3) nur dessen Beginn, nicht aber die gesamte Handlung markiert ist (vgl. auch Samson SK 2). Bei *Mittäterschaft* gilt die Tat als zu jenem Zeitpunkt begangen, zu dem ein gegenseitig zurechenbarer Tatbeitrag geleistet wird. Ähnlich gilt bei *mittelbarer* Täterschaft nicht nur das Einsetzen des Tatmittlers als Tatzeit, sondern auch dessen tatbestandsverwirklichende Ausführungshandlung (D-Tröndle aaO). Zur Tatzeit bei *Teilnahme* vgl. u. 5. Bei *objektiven Strafbarkeitsbedingungen* kommt es nicht auf deren Eintritt, sondern auf die Tatbestandshandlung i. e. S. an; demzufolge ist z. B. im Falle von § 323a nicht der Zeitpunkt der Rauschtat, sondern der des Sichberauschens als maßgeblich anzusehen (Stree Jus 65, 473, inzw. auch Tröndle LK 2; and. Braunschweig NJW **66**, 1878). Vgl. aber auch § 78a RN 13 zu dem davon abw. Verjährungsbeginn.

4   2. Bei **Unterlassungsdelikten**, und zwar sowohl bei echten (§§ 138, 323c) als auch bei unechten (134ff. vor § 13), ist entscheidend die Zeit, zu der der Täter *hätte handeln können und müssen*. Soweit ihm dafür ein gewisser Zeitraum zur Verfügung stand, endet dieser zu dem Zeitpunkt, von dem an die gebotene Handlung aussichtslos oder unmöglich wird: so etwa, weil der Erfolg ohnehin nicht mehr abgewendet werden konnte (D-Tröndle 4) bzw. die Handlungspflicht nicht mehr deliktisch verletzt wurde (vgl. BGH **11** 119, 124 m. Anm. Schröder JZ 59, 30).

5   3. Bei Anstiftung und Beihilfe kommt es allein auf die jeweilige **Teilnehmerhandlung** an. Anders als beim Tatort (vgl. § 9 RN 11) hat daher hier die Haupttat, zu der angestiftet bzw. Beihilfe geleistet wurde, außer Betracht zu bleiben. Somit ist bei Teilnahme mehrerer die Tatzeit jeweils selbständig nach dem betreffenden Tatbeitrag zu bestimmen (Tröndle LK 5). Bei Teilnahme durch *Unterlassen* (98ff. vor § 25) ist die Zeit entscheidend, zu der der Teilnehmer durch Verhinderung der Haupttat hätte tätig werden müssen; im Falle von § 30 beginnt sie zu dem Zeitpunkt, in dem die Strafbarkeitsgrenze erreicht wird (Samson SK 2).

6   4. Über den mit dem Handeln als solchem verbundenen Zeitaufwand (o. 3) hinaus kann sich auch aus anderen Gründen das deliktische Geschehen über einen **längeren Begehungszeitraum** erstrecken. Soweit es sich dabei um sog. *Dauerdelikte* handelt, bei denen (wie z. B. bei § 239) die Tatbestandsverwirklichung über eine bestimmte Zeit hin aufrechterhalten wird (vgl. 81ff. vor § 52), ist das gesamte Dauerverhalten als Tatzeit anzusehen. Entsprechendes gilt für *Fortsetzungstaten* und ähnliche rechtliche Bewertungseinheiten (vgl. 31ff., 64 vor § 52). Bei *Zustandsdelikten* hingegen, bei denen mit Schaffung des rechtswidrigen Zustandes das deliktische Handeln als solches abgeschlossen ist (§§ 169, 171; vgl. 82 vor § 52), ist die Tat bereits mit dem zustandsbegründenden Handeln begangen (D-Tröndle 3).

7   IV. Fällt die Tat durch verschiedene Begehungszeitpunkte oder aufgrund eines längeren Begehungszeitraumes unter den Geltungsbereich **mehrerer Strafgesetze,** so ist § 2 II zu beachten (dort RN 13ff.).

§ 9 Ort der Tat

(1) Eine Tat ist an jedem Ort begangen, an dem der Täter gehandelt hat oder im Falle des Unterlassens hätte handeln müssen oder an dem der zum Tatbestand gehörende Erfolg eingetreten ist oder nach der Vorstellung des Täters eintreten sollte.

(2) Die Teilnahme ist sowohl an dem Ort begangen, an dem die Tat begangen ist, als auch an jedem Ort, an dem der Teilnehmer gehandelt hat oder im Falle des Unterlassens hätte handeln müssen oder an dem nach seiner Vorstellung die Tat begangen werden sollte. Hat der Teilnehmer an einer Auslandstat im Inland gehandelt, so gilt für die Teilnahme das deutsche Strafrecht, auch wenn die Tat nach dem Recht des Tatorts nicht mit Strafe bedroht ist.

Schrifttum: vgl. die Angaben zu 1, 60 vor § 3, ferner: Bergmann, Der Begehungsort im internationalen Strafrecht Deutschlands, Englands und der Vereinigten Staaten von Amerika, 1966. – *Jung,* Die Inlandsteilnahme an ausländischer strafloser Haupttat, JZ 79, 325. – *Lüttger,* Lockerung des Verfolgungszwanges bei Staatsschutzdelikten, JZ 64, 570. – *Schnorr v. Carolsfeld,* Die mitbestrafte Nachtat im Internationalen Strafrecht, Heinitz-FS 765.

Ort der Tat 1–6 **§ 9**

I. Die Vorschrift regelt den **Begehungsort** einer Tat. Durch Rückkehr des deutschen Strafrechts 1
zum Territorialprinzip (vgl. § 3 RN 1) kommt dem naturgemäß gesteigerte Bedeutung zu. Darüber
hinaus gilt sie jedoch für das gesamte Strafrecht, insbes. auch für die Bestimmung des Gerichtsstandes
nach §§ 7 ff. StPO. Gewisse Einschränkungen finden sich bei bestimmten Staatsschutzdelikten durch
§ 91 (vgl. u. 10, 13, 14). Durch Abs. 2 haben die zum früher nicht geregelten Teilnahmeort entwik- 2
kelten Grundsätze (vgl. 17. A. § 3 RN 9 ff.) gesetzliche Anerkennung gefunden. Der „Ort der
Handlung" bei Ordnungswidrigkeiten ist in entsprechender Weise geregelt (§ 7 OWiG).

II. Dem § 9 liegt das sog. **Ubiquitätsprinzip** zugrunde, das i. S. der „Einheitstheorie" auf 3
einer Verbindung der von der Rspr. entwickelten „Tätigkeits"- und „Erfolgstheorie" beruht
(Jescheck 159 f.). Anders als die ausschließlich *handlungs*bezogene Bestimmung der Tat*zeit* (§ 8)
gilt in *örtlicher* Hinsicht die Tat sowohl dort als begangen, wo ein Tatbeteiligter *gehandelt* hat
bzw. hätte handeln müssen, als auch da, wo ein tatbestandsmäßiger *Erfolg* eingetreten ist bzw.
nach Vorstellung des Beteiligten hätte eintreten sollen. Demgemäß gelten bei sog. *Distanzdelikten*, bei denen der Ort der Handlung und der des Erfolgseintritts auseinanderfallen, beide als
Tatort. Das läßt sich damit begründen, daß das Schwergewicht der Tat weder einseitig auf die
Handlung noch auf den Erfolg gelegt werden darf, sondern beide eine Einheit bilden, wobei
jedem dieser Tatbestandsteile gleiches Gewicht zukommt (vgl. Oehler IStR 211 ff.; krit. Samson SK 5). Demgemäß ist eine Tat als an jedem Ort begangen anzusehen, an dem auch nur eines
ihrer Tatbestandsmerkmale verwirklicht worden ist. Dagegen ist der Ort der Entdeckung bzw.
Kenntniserlangung von der Tat unerheblich (vgl. RG DR 43, 1101, Tröndle LK 3). Besteht eine
strafbare Handlung aus *mehreren Einzelakten* oder Einzelerfolgen, so können damit u. U. mehrere in- oder ausländische Tatorte gegeben sein. Über die sich daraus ergebenden Konsequenzen
für die Anwendung des deutschen Strafrechts vgl. u. 12 ff.

III. Im **einzelnen** kommen folgende **Tatorte** in Betracht:

1. Der an erster Stelle genannte **Tätigkeitsort (Abs. 1 Alt. 1)** ist überall dort gegeben, wo der 4
Täter gehandelt, d. h. eine auf die Tatbestandsverwirklichung gerichtete Tätigkeit, und sei es
auch nur bis zum Versuch (vgl. BGH 34 106, KG JR 81, 38), entfaltet hat. Daß dadurch bereits
im Inland gewisse Wirkungen eintreten müßten, kann entgegen Schroeder NJW 76, 490 nicht
gefordert werden (insoweit zutr. BGH NJW 75, 1610; D-Tröndle 2; zu unbestimmt hingegen
die von Schnorr v. Carolsfeld Heinitz-FS 766 ff. vorgeschlagene „Gesamtbetrachtung"). Handlungen, die erst der *Beendigung* dienen, genügen dafür nicht, auch wenn sie eine Fortsetzung
oder Intensivierung des Angriffs darstellen (vgl. u. 6; and. Düsseldorf MDR 88, 515), ebensowenig rein *vorbereitende* Handlungen, es sei denn, daß sie tatbestandlich verselbständigt sind
(dazu 13 f. vor § 22) oder etwa nach Mittäterschaftsregeln als Tatanteil zugerechnet werden
können (Lackner 2, Tröndle LK 3). Demgemäß ist etwa ein vom Mittäter im Inland
vorbereiteter Raubmord, der vom Komplizen im Ausland ausgeführt wird, auch im Inland
begangen (RG 57 145, 75 386; vgl. aber auch Bergmann aaO 36 f.). Ähnlich ist bei mittelbarer
Täterschaft dem Hintermann die von ihm veranlaßte Tätigkeit des Werkzeugs auch in örtlicher
Hinsicht zuzurechnen; Tatort des mittelbaren Täters ist daher nicht nur der Ort seiner eigenen
Betätigung, sondern auch der seiner Mittelsperson (RG 67 138, Bergmann aaO 73 f.). Zu
sonstigen Formen der Tatbeteiligung vgl. u. 11. Bei mehraktigen (z. B. Raub) oder *fortgesetzten*
Delikten ist jeder Ort, an dem ein Einzelakt verwirklicht wird, Tätigkeits- und damit Tatort
(vgl. RG 49 425, BGH NStZ 86, 415 mwN).

2. Dem Tätigkeitsort entspricht bei **Unterlassungs**delikten der Ort, an dem der Täter *hätte* 5
handeln müssen **(Abs. 1 Alt. 2)**. Das ist nicht allein der jeweilige Aufenthaltsort, sondern zu-
nächst einmal jener, von dem aus der Unterlassende zur rechtzeitigen Abwendung des tatbe-
standsmäßigen Erfolges (§ 13 RN 3) hätte handeln können und müssen (vgl. RG 9 353, Bay
MDR 87, 514, Frankfurt ROW 85, 236, Hamburg NJW 86, 336, KG GA Bd. 45 60, Stuttgart
NJW 77, 1602, LG Frankfurt NJW 77, 509), ferner der Ort, zu dem er sich zur Abwendung des
Erfolgs begeben müßte (einseitig so Samson SK 8, gerade umgekehrt Jakobs 99; wie hier
D-Tröndle 4), z. B. um als Lotse einem in Havarie geratenen Schiff zu Hilfe zu kommen.

3. Tatort ist ferner der **Erfolgsort (Abs. 1 Alt. 3)**. Wenn das Gesetz dafür nicht nur auf den 6
Eintritt des „Erfolgs" (so § 3 III a. F.), sondern spezifischer auf den „zum Tatbestand gehörenden Erfolg" abhebt, so ist damit i. S. der früheren Praxis (BGH 20 51) klargestellt, daß Tatwir-
kungen, die für die Tatbestandsverwirklichung noch nicht bzw. nicht mehr relevant sind,
keinen Tatort begründen können (Frankfurt NJW 89, 676, M-Zipf I 138; daher bedenklich
Wengler JR 77, 258; vgl. Kunig JuS 78, 594). Zum einen gilt dies für Erfolge, die lediglich für
die *Beendigung* der Tat (4 ff. vor § 22) von Bedeutung sind (Lackner 2, Martin aaO 126; and.
Stuttgart NJW 74, 914; abw. auch Düsseldorf MDR 88, 515): Tritt z. B. bei einer im Ausland
durch Täuschung herbeigeführten Vermögensschädigung lediglich die erstrebte Bereicherung
im Inland ein, so handelt es sich insgesamt um eine reine Auslandstat. Entsprechendes gilt für

fortwirkende Schmerzen einer im Ausland begangenen Körperverletzung (Karlsruhe Justiz 80, 478). Umgekehrt wird bei Weiterveräußerung einer im Inland durch Hehlerei erlangten Sache an einen gutgläubigen Käufer im Ausland damit kein ausländischer Begehungsort begründet (vgl. RG 1 281). Daher können auch *mittelbare* Vermögensnachteile für das inländische Mutterunternehmen nur dann einen Erfolgsort begründen, wenn es sich dabei noch um einen tatbestandlichen Vermögensschaden handelt (Frankfurt NJW **89,** 675, Martin aaO 127; bedenklich Koblenz wistra **84,** 79). Zum anderen ist auch bei *Gefährdungsdelikten* der Ort, an dem eine tatbestandsmäßige Gefährdung eintritt, Erfolgsort (insoweit h. M.; vgl. Bay NJW **57,** 1328, Köln NJW **68,** 954, VRS **62** 472); soweit es sich jedoch um *abstrakte* Gefährdungsdelikte handelt, wird neben dem Ort der abstrakt gefährlichen Handlung nicht auch noch jener Ort zum Tatort, an dem die abstrakte Gefahr in eine (tatbestandlich nicht mehr relevante) konkrete Gefahr umschlägt (Saarbrücken NJW **75,** 507, Lackner aaO, Lüttger JZ 64, 570, inzw. auch Tröndle LK 4; and. Schröder 17. A. § 3 RN 13; diff. Martin aaO 79 ff., 118 ff., der zwar ebenfalls den Eintritt einer konkreten Gefahr für irrelevant hält, jedoch mit beachtlichen Gründen davon ausgeht, bei räumlich wirkenden Gefahrquellen sei jeder Ort innerhalb des verursachten Gefahrenkreises Erfolgsort; i. gl. S. BGH NStZ **90,** 37 bzgl. Verjährung: bereits Eintritt der Gefährdung als Erfolg). Schließlich können auch bei sog. **Transitverbrechen,** bei denen eine in Gang gesetzte Kausalkette zwischen Tätigkeits- und Erfolgsort auch noch andere Länder durchläuft, jene mitberührten Orte allenfalls dann als Tatort gelten, wenn sie nicht nur ungefährliche Durchgangsstationen sind, sondern ihrerseits zumindest i. S. des betreffenden Tatbestands gefährdet werden. Das mag zwar bei dem von Rom nach Stockholm versandten Sprengstoffpaket, das auf seinem Weg durch Deutschland explodieren könnte, noch der Fall sein, nicht dagegen bei einem durch Deutschland expedierten beleidigenden Brief von Paris nach Warschau (ähnlich einschr. bereits v. Hippel II 176, ebenso Bergmann aaO 49 ff., M-Zipf I 138, Samson SK 9 sowie Blei I 45, Tröndle LK 12; vgl. auch Martin aaO 128; and. Jescheck 160), ebensowenig bei einem während einer Zwischenlandung nicht erreichbaren Betäubungsmittel im Gepäck (BGH **31** 377, NStZ **84,** 365, krit. Körner MDR 86, 717; vgl. auch Prittwitz NStZ 83, 350 zu vorrangigen Tatbestandsproblemen beim BtMG) oder bei einem nach inländischem Recht ordnungsgemäß hergestellten, im übrigen unter völligem Ausschluß des inländischen Marktes ins Ausland verbrachten und erst dort möglicherweise verbotenen Exportartikel. Zu besonderen Tatortproblemen bei Presse- und Rundfunkdelikten vgl. Jedamzik aaO 19 ff. sowie speziell zu „Piratensendern" vgl. Oehler, Das deutsche Strafrecht und die Piratensender, 1970, sowie zu solchen Sendern auf hoher See in Hübner-FS 753, 758 f.

7   Andererseits ist der „zum Tatbestand gehörende Erfolg" nicht auf die Tatbestandsmäßigkeit i. e. S. zu beschränken; denn da es dem Gesetz lediglich darauf ankommt, Folgewirkungen der Tat auszuschließen, die für die Strafbarkeit aus dem betreffenden Gesamttatbestand irrelevant bzw. straftatbestandlich nicht faßbar sind, haben über die ohnehin bereits unrechtssteigernden **erfolgsqualifizierenden** Folgen hinaus auch **objektive Strafbarkeitsbedingungen** eine tatortbegründende Wirkung (vgl. RG **16** 188, **43** 85, Jedamzik aaO 15 ff., Jescheck 161, Tröndle LK 6), z. B. bei § 226 der im Inland eingetretene, aber bereits durch Körperverletzung im Ausland verursachte Tod, oder bei § 323a die im Inland begangene, aber auf die Berauschung im Ausland zurückzuführende Rauschtat (insofern and. Stree JuS 65, 474).

8   Diese Grundsätze gelten auch für **Unterlassungs**delikte entsprechend. Neben dem Ort der möglichen und gebotenen Pflichterfüllung (o. 5) ist daher auch der des eingetretenen Erfolgs Tatort, so z. B. bei § 170b der Wohnsitz des Unterhaltsgläubigers (vgl. Köln MDR **68,** 686, BGE 87 IV 153) oder der Ort der Auswirkung einer Kontrollversäumnis (vgl. Köln NJW **80,** 1241).

9   Erfolgsort ist ferner auch jener, an dem der (tatsächlich) ausgebliebene Erfolg nach Vorstellung des Täters hätte eintreten sollen (Tröndle LK 13). Dies ist namentlich für **Versuch,** aber auch für Vorbereitungshandlungen bedeutsam, so z. B. bei § 30 hinsichtlich des im Ausland verabredeten, aber im Inland durchzuführenden Raubmordes, oder bei § 149 hinsichtlich der im Ausland angeschafften, doch für Verwendung im Inland bestimmten Fälschungswerkzeuge.

10 Anderes gilt jedoch dort, wo der betreffende Tatbestand die Strafbarkeit von einer Tätigkeit im Inland bzw. im raumlichen Geltungsbereich dieses Gesetzes (dazu 32 vor § 3) abhängig macht **(§ 91);** so etwa würde eine Agententätigkeit i. S. von § 87 in der Schweiz selbst dann keinen inländischen Tatort begründen, wenn dadurch Sicherheitsinteressen in der Bundesrepublik gefährdet würden (vgl. § 91 RN 5).

11 4. Für den Teilnehmer ist Tatort sowohl jener der *Haupttat* (vgl. RG **74** 59, Oehler JR 77, 426) als auch der **Teilnahmeort (Abs. 2).** Ein solcher ist sowohl dort anzunehmen, wo der Teilnehmer tatsächlich gehandelt hat, als auch da, wo er im Falle pflichtwidrigen Unterlassens hätte handeln müssen (vgl. o. 5 sowie Mitsch Jura 89, 194), bei versuchter Beteiligung (§ 30) ferner dort, wo nach Vorstellung des Teilnehmers die Haupttat begangen werden sollte. Demgemäß

ist etwa Anstiftung sowohl da begangen, wo sie selbst vorgenommen wird, wie auch dort, wo sie zur Wirksamkeit gelangt, d. h., wo der Entschluß im Angestifteten hervorgerufen wird, bzw. wo dieser die Haupttat begeht (RG **25** 426). Entsprechend ist die Beihilfe sowohl am Ort des Förderungsaktes begangen (BGH **4** 335) als auch dort, wo dieser zur Wirksamkeit gelangt (RG **11** 23, JW **36**, 2655). Entsprechendes gilt für mittäterschaftliche Begehung (vgl. auch o. 4). Vgl. zum Ganzen auch Bergmann aaO 43 ff., Schröder ZStW **61**, 129 sowie (auch zur Kritik) Tröndle LK 15.

IV. Für die Anwendung des deutschen Strafrechts auf **internationale Distanzdelikte** haben diese Grundsätze folgende Konsequenzen:

1. Ist auch nur ein Handlungs*teil* bzw. (Teil)erfolg im *Inland* begangen, eingetreten bzw. 12 beabsichtigt gewesen, so ist die Tat in jeder Hinsicht als **Inlandstat** zu behandeln und demzufolge nach § 3 dem deutschen Strafrecht unterworfen (BGH NStZ **86**, 415; zu der dadurch möglichen Konkurrenz mit anderen Strafrechtsordnungen vgl. 90 vor § 3). Demgemäß findet etwa § 253 auf eine schriftliche Erpressung sowohl dann Anwendung, wenn der Drohbrief im Ausland geschrieben und ins Inland gesandt ist, wie auch dann, wenn er im Inland geschrieben und ins Ausland gesandt wurde (RG **30** 99). Entsprechendes gilt für einen Betrug, der gegen ein Opfer im Ausland gerichtet ist, aber durch Absendung der Angebote im Inland begonnen wurde (vgl. RG HRR **39** Nr. 397). Vgl. auch o. 6. Zu dem bei *interlokalen* Distanzdelikten anzuwendenden Recht vgl. 51 ff. vor § 3.

2. Diese einheitliche Behandlung als Inlandstat gilt auch für eine **fortgesetzte** Handlung, 13 deren Einzelakte teils im Inland, teils im Ausland ausgeführt wurden (RG **50** 425, **71** 288, DJ **37**, 1004, HRR **39** Nr. 480, Bergmann aaO 38, Tröndle LK 11). Anderes hat allerdings dort zu gelten, wo die Strafbarkeit gerade eine Tatbegehung im Inland bzw. im räumlichen Geltungsbereich dieses Gesetzes voraussetzt. In solchen Fällen des § 91 können nur solche Einzelakte zu einer fortgesetzten Handlung zusammengesetzt werden, die jene Voraussetzungen erfüllen (vgl. Langrock aaO 111 f., ferner § 91 RN 7).

3. Auch die im Inland begangene **Teilnahme** (o. 11) beurteilt sich allein nach deutschem 14 Strafrecht. Daher kommt es bei Anstiftung und Beihilfe insbes. auch nicht darauf an, wie die Auslandshaupttat vom Tatortrecht bewertet wird; selbst wenn diese dort nicht mit Strafe bedroht ist, bleibt die Teilnahme nach der durch Abs. 2 S. 2 bestätigten Praxis (RG JW **36**, 2655, BGH **4** 335) strafbar (vgl. auch Schröder ZStW **61**, 70 ff.), wie etwa bei Anstiftung einer Deutschen zu einem in den Niederlanden ausgeführten, nach dortigem Recht straflosen Abbruch (vgl. Koch in Eser/Koch, Schwangerschaftsabbruch im intern. Vergleich I (1988) 110). Zu problematischen Konsequenzen dieses Grundsatzes vgl. Jung JZ 79, 325 ff., Nowakowski JZ 71, 633, Samson SK 15 ff. Zu den sich aus § 91 ergebenden Besonderheiten vgl. dort RN 5 f.

V. Da der Tatort kein Bestandteil des Unrechtstatbestandes ist, braucht er auch *nicht* vom **Vorsatz** 15 umfaßt zu sein (Endemann NJW 66, 2382, Lackner 1, Tröndle LK 9; and. RG **25** 426, Herrmann aaO S. 88). Insofern gilt Entsprechendes wie für die Regeln des Internationalen Strafrechts (vgl. 91 vor § 3). Jedoch können u. U. Fehlvorstellungen über die räumliche Reichweite des Handelns den Vorsatz beseitigen (vgl. Karlsruhe Justiz **84**, 434), so vor allem bei Staatsschutzdelikten (vgl. D-Tröndle 3).

VI. **Verfahrensrechtlich** ist zu beachten, daß nach § 153c II StPO bei Straftaten, die im Ausland 16 begangen sind, deren Erfolg aber im Inland eingetreten ist, der Verfolgungszwang gelockert ist (**Opportunitätsprinzip**).

§ 10 Sondervorschriften für Jugendliche und Heranwachsende

Für Taten von Jugendlichen und Heranwachsenden gilt dieses Gesetz nur, soweit im Jugendgerichtsgesetz nichts anderes bestimmt ist.

Schrifttum: Brunner, JGG[8], 1986. – *Eisenberg*, JGG[3], 1988. – *Schaffstein/Beneke*, Jugendstrafrecht[9], 1987.

I. Die Vorschrift regelt das Verhältnis des StGB zu den materiell-rechtlichen Bestimmungen 1 des JGG. Dessen § 2 entsprechend wird hier der **Vorrang des JGG** als eines eigenständigen Teilbereichs des Strafrechts erneut bestätigt (vgl. E 62 Begr. 114). Demgemäß kommen die Vorschriften des StGB auf Taten von Jugendlichen und Heranwachsenden nur insoweit zum Zuge, als im JGG nichts anderes bestimmt ist (vgl. Brunner § 2 JGG 1 f., Schaffstein/Beneke aaO 38 f.).

II. Das hat im wesentlichen folgende **Konsequenzen**:

1. Die strafrechtliche Verantwortlichkeit von **Jugendlichen** (14–18 Jahre; § 1 II JGG) setzt die 2 ausdrückliche Feststellung der dafür erforderlichen sittlichen und geistigen Reife voraus (§ 3 JGG). Läßt sich dies nicht erweisen, so bleibt der Jugendliche mangels Schuldfähigkeit straffrei (Schaffstein/

Beneke aaO 41 ff.). Die früher in § 1 III JGG gesetzlich vermutete Schuldunfähigkeit von Kindern (bis zu 14 Jahren) findet sich nunmehr in § 19 StGB.

3   2. **Heranwachsende** (18–21 Jahre; § 1 II JGG) werden zwar generell bereits als schuldfähig angesehen und dementsprechend grundsätzlich dem Erwachsenenstrafrecht unterworfen. Doch ist nach § 105 JGG jeweils im Einzelfall zu prüfen, ob der Heranwachsende seinem Reifegrad nach noch einem Jugendlichen gleichstand (Abs. 1 Nr. 1) oder ob es sich um eine typische Jugendverfehlung gehandelt hat (Nr. 2). Ist dies der Fall, so kommt nicht das Sanktionssystem des allgemeinen Strafrechts, sondern das des JGG (u. 5) zur Anwendung. Doch selbst soweit es beim Erwachsenenstrafrecht verbleibt, sind bei Heranwachsenden bestimmte Strafen (lebenslange Freiheitsstrafe) bzw. Maßnahmen (Sicherungsverwahrung, Verlust der Amtsfähigkeit) regelmäßig ausgeschlossen (§ 106 JGG). Näher Brunner § 106 JGG 1, Eisenberg § 106 JGG 3, Schaffstein aaO 45 ff.

4   Ob eine **Straftat** vorliegt bzw. wie diese deliktisch einzuordnen ist, entscheidet sich ausschließlich nach **allgemeinem Strafrecht** (vgl. §§ 1 I, 4 JGG). Demgemäß gilt auch für Taten von Jugendlichen und Heranwachsenden global der BT des StGB. Dementsprechend gelten auch aus dem AT alle Bestimmungen, die für die Strafbarkeit des Verhaltens von Bedeutung sind (Brunner § 1 JGG 1, Schaffstein aaO 37 f.).

5   4. Hinsichtlich des **Sanktionssystems** hingegen ergeben sich wesentliche Einschränkungen und Modifizierungen des allgemeinen Strafrechts. Denn nicht nur, daß das JGG ein selbständiges, die Hauptstrafen (§§ 38–43, nicht dagegen das Fahrverbot nach § 44) des StGB völlig verdrängendes System jugendadäquater Reaktionen (Erziehungsmaßregeln, Zuchtmittel, Jugendstrafe) vorsieht (§§ 5, 9–32); auch werden bestimmte Nebenfolgen (Verlust der Amtsfähigkeit, Bekanntmachung des Urteils) völlig ausgeschlossen (§ 6) bzw. nur bestimmte Maßregeln der Besserung und Sicherung (Unterbringung in einem psychiatrischen Krankenhaus oder einer Entziehungsanstalt, Führungsaufsicht, Fahrerlaubnisentzug) zugelassen (§ 7). Vgl. im einzelnen Brunner § 6 JGG 1 ff., Eisenberg § 6 JGG 1 ff. sowie Wolf, Strafe u. Erziehung nach dem JGG, 1984.

Zweiter Titel. Sprachgebrauch

Vorbemerkungen zu §§ 11, 12

Schrifttum: Noll, Zur Gesetzestechnik des E eines StGB, JZ 63, 297. – *Stratenwerth,* Die Definitionen im Allgemeinen Teil des Entwurfs (1962), ZStW 76 (1964), 669.

Gesetzesmaterialien: E 62 §§ 10, 11 m. Begr. 114 ff.; BT-Drs. V/4095; SA-Prot. V/7, 237, 541, 835, 857, 883, 942, 995, 2442, 3128, 3254, 3282; BT-Drs. 7/550 S. 208 und 7/1261 S. 11; SA-Prot. VII 159.

1   **I.** Die unter einem eigenen Titel „Sprachgebrauch" vorangestellte Zusammenfassung von **Legaldefinitionen** verfolgt den **Zweck,** häufiger wiederkehrende Begriffe um eines einheitlichen Verständnisses willen mit einer gewissen Allgemeinverbindlichkeit zu umschreiben und durch die Möglichkeit von Verweisungen darauf andere Bestimmungen von Begriffsumschreibungen zu entlasten. Mit diesem Bemühen um eine Präzisierung des Sprachgebrauchs und eine Vereinfachung der Gesetzestechnik trägt der neue AT einem Anliegen Rechnung, das bereits seit dem VE 1909 alle folgenden Entwürfe durchzogen hat und sich auch auf ausländische Vorbilder berufen könnte.

2   Doch sollte man den praktischen Wert des vorliegenden Definitionskatalogs nicht überschätzen. Nicht nur, daß er eine mehr oder weniger willkürliche Auswahl von Personenbegriffen (Angehöriger, Amtsträger, für den öffentlichen Dienst besonders Verpflichteter) und Sachbegriffen (rechtswidrige Tat, Unternehmen einer Tat, Entgelt) enthält, wobei zu letzteren auch die wegen ihrer besonderen Bedeutung in einem eigenen § 12 geregelte Einteilung der Straftaten in Verbrechen und Vergehen zu rechnen ist. Auch bringen Legaldefinitionen nur dann eine wirkliche Begriffsschärfung, wenn die definierenden Begriffe genauer sind als die definierten (Noll JZ 63, 299), was etwa bei den „für den öffentlichen Dienst besonders Verpflichteten" (§ 11 I Nr. 4) zu bezweifeln ist, oder wenn über die bloße Gleichstellung von Begriffen hinaus auch diese selbst inhaltlich näher definiert werden, woran es beispielsweise bei der Gleichstellung des Gerichts mit der (als solche nicht näher umschriebenen) „Behörde" (§ 11 I Nr. 7) fehlt. Vor allem aber ist auch bei einer Legaldefinition der jeweilige **Normzusammenhang** zu beachten, in dem sie definiert wird. Denn selbst soweit eine sich in sich gleichbleibenden Inhalt hat (so jedenfalls für den Bereich des StGB Lackner § 11 Anm. 1), kann sich doch aus Funktion und Zusammenhang der Norm, in die eine Legaldefinition einbezogen ist, eine engere oder weitere Erfassung der von der betreffenden Norm angesprochenen Personen oder Sachen ergeben (vgl. Stratenwerth ZStW 76, 672 ff., Tröndle LK § 11 RN 1 sowie allg. zur Relativität von Rechtsbegriffen Bruns JR 84, 133 ff.). Vgl. dazu etwa § 11 RN 4, 6, 11, 14, 61, ferner § 14 RN 8.

3   **II.** Die Zusammenstellung von Legaldefinitionen in den §§ 11, 12 ist auch **nicht erschöpfend.** Vielmehr finden sich solche über das ganze StGB verstreut. Teils handelt es sich um ausdrücklich so bezeichnete Begriffsbestimmungen (wie z. B. beim Versuch nach § 22; vgl. auch den Notwehrbegriff

Personen- und Sachbegriffe 1, 2 **§ 11**

nach § 32 II). Teils werden sie durch einen entsprechenden Klammerzusatz näher kenntlich gemacht; das ist etwa hinsichtlich der „besonderen persönlichen Eigenschaften" (§ 14 I), des „Mittäters" (§ 25 II), des Anstifters und Gehilfen als „Teilnehmer" (§ 28 I) sowie des Täters und Teilnehmers als „Beteiligter" (§ 28 II) geschehen; zur Legaldefinition der „Wahl" bei den Wahlschutztatbeständen vgl. § 108d RN 1. Vgl. auch Stratenwerth aaO 696 ff. zu Legaldefinitionen durch Umschreibung der Voraussetzungen einer bestimmten Rechtsfolge.

§ 11 Personen- und Sachbegriffe

(1) Im Sinne dieses Gesetzes ist
1. **Angehöriger:**
   wer zu den folgenden Personen gehört:
   a) Verwandte und Verschwägerte gerader Linie, der Ehegatte, der Verlobte, Geschwister, Ehegatten der Geschwister, Geschwister der Ehegatten, und zwar auch dann, wenn die Beziehung durch eine nichteheliche Geburt vermittelt wird, wenn die Ehe, welche die Beziehung begründet hat, nicht mehr besteht oder wenn die Verwandtschaft oder Schwägerschaft erloschen ist,
   b) Pflegeeltern und Pflegekinder;
2. **Amtsträger:**
   wer nach deutschem Recht
   a) Beamter oder Richter ist,
   b) in einem sonstigen öffentlich-rechtlichen Amtsverhältnis steht oder
   c) sonst dazu bestellt ist, bei einer Behörde oder bei einer sonstigen Stelle oder in deren Auftrag Aufgaben der öffentlichen Verwaltung wahrzunehmen;
3. **Richter:**
   wer nach deutschem Recht Berufsrichter oder ehrenamtlicher Richter ist;
4. **für den öffentlichen Dienst besonders Verpflichteter:**
   wer, ohne Amsträger zu sein,
   a) bei einer Behörde oder bei einer sonstigen Stelle, die Aufgaben der öffentlichen Verwaltung wahrnimmt, oder
   b) bei einem Verband oder sonstigen Zusammenschluß, Betrieb oder Unternehmen, die für eine Behörde oder für eine sonstige Stelle Aufgaben der öffentlichen Verwaltung ausführen,
   beschäftigt oder für sie tätig und auf die gewissenhafte Erfüllung seiner Obliegenheiten auf Grund eines Gesetzes förmlich verpflichtet ist;
5. **rechtswidrige Tat:**
   nur eine solche, die den Tatbestand eines Strafgesetzes verwirklicht;
6. **Unternehmen einer Tat:**
   deren Versuch und deren Vollendung;
7. **Behörde:**
   auch ein Gericht;
8. **Maßnahme:**
   jede Maßregel der Besserung und Sicherung, der Verfall, die Einziehung und die Unbrauchbarmachung;
9. **Entgelt:**
   jede in einem Vermögensvorteil bestehende Gegenleistung.

(2) **Vorsätzlich** im Sinne dieses Gesetzes ist eine Tat auch dann, wenn sie einen gesetzlichen Tatbestand verwirklicht, der hinsichtlich der Handlung Vorsatz voraussetzt, hinsichtlich einer dadurch verursachten besonderen Folge jedoch Fahrlässigkeit ausreichen läßt.

(3) **Den Schriften** stehen Ton- und Bildträger, Abbildungen und andere Darstellungen in denjenigen Vorschriften gleich, die auf diesen Absatz verweisen.

Vorbem. Abs. 1 Nr. 1 i.d.F. des AdoptG v. 2. 7. 76 (BGBl. I 1749) mit Wirkung v. 1. 1. 77.

Schrifttum: Vgl. die Nachw. zu Vorbem. vor § 11 sowie nachfolgend zu den einzelnen Abschnitten.

I. Die Vorschrift regelt den **Sprachgebrauch** einiger häufiger wiederkehrender *Personen*begriffe (Nrn. 1–4) und *Sach*begriffe (Nrn. 5–9). Letzteren sind auch die in Abs. 2 und 3 vorgesehenen *Gleichstellungen* zuzurechnen. Ein innerer Zusammenhang zwischen den einzelnen Begriffen ist nicht ersichtlich (vgl. 2 vor § 11). Obgleich diese Legaldefinitionen an sich nur für „dieses Gesetz" (Abs. 1 Halbs. 1), nämlich das StGB, Verbindlichkeit beanspruchen wollen, reicht ihr **Anwendungsbereich** 1 2 doch weit darüber hinaus; denn da nach Art. 1 EGStGB die Vorschriften des AT grundsätzlich für das gesamte Bundes- und Landesstrafrecht gelten (vgl. 18, 37 vor § 1), ist § 11 als Teil des AT auch für strafrechtliche Vorschriften außerhalb des StGB von Bedeutung (D-Tröndle 1). Allerdings wird es dort in verstärktem Maße darauf ankommen, den Normzweck und -zusammenhang zu beachten, in dem die Legaldefinition zur Anwendung kommen soll (vgl. 2 vor § 11 sowie Lackner 1, Tröndle LK 1).

II. Angehöriger (Abs. 1 Nr. 1).

3   Das StGB kennt zahlreiche Bestimmungen, in denen einerseits bei Taten *zugunsten* eines Angehörigen der Täter entlastet wird (§§ 35, 139 III, 157 I, 213, 258 VI) oder er andererseits bei Taten *zum Nachteil* eines Angehörigen in irgendeiner Weise privilegiert wird (§§ 247, 263 IV, 266 III, 294). Ersteres deshalb, weil beim Handeln zugunsten eines Angehörigen die Motivationslage für den Täter genau die gleiche sein kann, wie wenn er selbst betroffen wäre, z. B. bei Notstandshilfe (§ 35). Das andere deshalb, weil bei Straftaten zwischen Angehörigen der Familienfriede unter Umständen leichter wieder hergestellt wird, wenn sich die Strafjustiz zurückhält; daher das Strafantragserfordernis beim Familiendiebstahl (vgl. § 247 RN 1). Zur Berücksichtigung derartiger gegenläufiger Zielsetzungen vgl. u. 6, 11.

4   Der Angehörigenbegriff des § 11 ist immer nur insoweit verbindlich, als die betreffende Norm allgemein auf „Angehörige" verweist. Sind diese dagegen *näher* spezifiziert (wie z. B. in §§ 77, 173, 223 II; vgl. auch § 52 StPO), so kommen nur die jeweils genannten Personen in Betracht (Tröndle LK 3).

5   Der in den Begriff des Angehörigen nach Abs. 1 Nr. 1 einbezogene Personenkreis stimmt inhaltlich weithin mit dem in **§ 52 a. F.** erfaßten überein. Lediglich der Sprachgebrauch ist dem des BGB angepaßt, ohne daß aber damit ausschließlich die zivilrechtlichen Verwandtschaftsregeln anwendbar würden. Vielmehr ist auch der Angehörigenbegriff grundsätzlich an der Zielsetzung der jeweiligen *strafrechtlichen* Norm auszurichten (vgl. RG **34** 421, **48** 198; BGH **7** 246). Die jetzige gesetzestechnische **Aufteilung** der Angehörigen in *Verwandtschafts-* und *Schwägerschaftsverhältnisse* einerseits (Nr. 1 a), zu denen aufgrund des AdoptG nun auch die angenommenen Kinder zählen (vgl. u. 12), und der *Pflegeelternschaft* andererseits (Nr. 1 b), ist wegen der Gleichbehandlung beider Gruppen ohne jegliche Bedeutung.

6   **1. Verwandtschaft gerader Linie (Nr. 1a)** ist sowohl *aufsteigend* wie *absteigend* zu verstehen, und zwar ohne gradmäßige Beschränkung (vgl. § 1589 BGB; zur Verwandtschaft aufgrund *Adoption* vgl. u. 12). Demzufolge bedarf es nach § 247 sowohl bei Diebstahl des Sohnes gegen den Vater oder Großvater wie auch im umgekehrten Fall eines Strafantrags des Verletzten. Daß auch bei *Nichtehelichkeit* Verwandtschaft besteht, hätte nach Abschaffung des § 1589 II BGB keiner besonderen Erwähnung mehr bedurft. Immerhin wird aber damit die schon frühere h. M. (vgl. BGH **7** 246) bestätigt, daß es für die Verwandtschaft im strafrechtlichen Sinne primär auf die *blutsmäßige* Abstammung ankommt (E 62 Begr. 114 zu § 10 Nr. 3, D-Tröndle 3). Allerdings kann es je nach dem Zweck der Norm, in der das Angehörigenverhältnis eine Rolle spielt, geboten sein, auch Verwandtschaft im bürgerlichrechtlichen Sinne ausreichen zu lassen, so etwa gegenüber dem sog. Scheinvater, der die Ehelichkeit des Kindes nicht angefochten hat (vgl. §§ 1593 ff. BGB); wenn dieser etwa aufgrund seiner rechtlichen Stellung nach § 266 zur Vermögensfürsorge gegenüber dem Kind verpflichtet ist, sollte angesichts dieser engen Beziehung auch ihm gegenüber das Antragserfordernis des § 266 III anwendbar sein (zust. Tröndle LK 5).

7   **2.** Da die vorangehend erörterten Verwandten nur in gerader, *nicht* dagegen in der *Seitenlinie* erfaßt werden, bedurften die **Geschwister** der ausdrücklichen Erwähnung. Als solche gelten alle Personen, die mindestens einen Elternteil gemeinsam haben. Daher gelten die von je einem Elternteil in die Ehe eingebrachten Kinder untereinander nicht als Geschwister (D-Tröndle 8). Im übrigen hingegen ist unerheblich, ob es sich um sog. vollbürtige oder halbbürtige Geschwister handelt (vgl. Düsseldorf NJW **58**, 394, Rudolphi SK 1). Auch durch Adoption kann ein Geschwisterverhältnis begründet werden (vgl. u. 12). Dagegen werden sonstige Verwandte in der Seitenlinie, wie Onkel oder Nichte, aus dem Angehörigenbegriff ausgeschlossen (RG JW **35**, 3467). Daher ist der Diebstahl des Neffen gegen den Onkel, selbst wenn dieser eine Art „Vaterstelle" einnimmt, nicht durch das Antragserfordernis nach § 247 privilegiert (es sei denn, daß ein Pflegeelternverhältnis i. S. von Nr. 1b besteht: u. 13). Dies ist wenig einleuchtend, wenn man damit das Angehörigenverhältnis zu Schwiegereltern oder Schwiegergroßeltern vergleicht (vgl. auch u. 11). Krit. auch Stratenwerth ZStW 76, 675.

8   **3. Verschwägerte** in gerader (auf- und absteigender) Linie sind vor allem Schwiegereltern und Schwiegerkinder, Stiefeltern und Stiefkinder. Schwägerschaft bedeutet auch hier das Verhältnis der Verwandten eines Ehegatten zum anderen Ehegatten. Es genügt eine formell gültige Ehe. Zum Fall einer nichtigen oder aufhebbaren Ehe vgl. u. 9 a. E. Die Geschwister des

Ehegatten sind ebenso in den Kreis der Angehörigen einbezogen wie umgekehrt die Ehegatten der Geschwister. Dagegen werden die Ehegatten zweier Geschwister im Verhältnis zueinander nicht durch Nr. 1a erfaßt. Zur Schwägerschaft aufgrund *Adoption* vgl. u. 12.

4. **Ehegatten** sind die Personen, die miteinander in einer formell gültigen Ehe leben. Daß 9 dieses Verhältnis möglicherweise materiell vernichtbar oder aufhebbar ist (vgl. §§ 16ff., 28ff. EheG), ist jedenfalls solange unbeachtlich, als die Ehe nicht gerichtlich aufgelöst ist (vgl. RG 60 246, **61** 199). Zweifelhaft ist dagegen, wie sich die **Auflösung einer Ehe** auf das Ehegatten- bzw. Schwägerschaftsverhältnis (o. 8) auswirkt. Zwar läßt das Gesetz das Angehörigenverhältnis auch dann fortbestehen, wenn die Ehe, die die Beziehung begründet hat, nicht mehr besteht (wobei sich freilich auch in dieser Hinsicht aus dem konkreten Normzusammenhang des einzelnen Tatbestandes ergeben kann, daß die Ehe noch bestehen muß: so z.B. bei § 181a III, vgl. dort RN 21). Demzufolge läßt jedenfalls die *Scheidung* (entgegen BGH **7** 383, Celle NJW **58**, 471) das Angehörigenverhältnis grundsätzlich ebenso unberührt wie der Tod eines Ehegatten im Verhältnis des Überlebenden zu den Verschwägerten. Fraglich könnte allenfalls der Fall der *Nichtigkeit* oder *Aufhebbarkeit* sein, da dort die auf der Ehe beruhende Beziehung von Anfang an materiell nicht „begründet" war. Stellt man jedoch mehr auf das faktische Bestehen ehelicher Beziehungen ab, so wird man – entgegen der früheren h. M. (17. A. § 52 RN 21) – auch nach Nichtigerklärung bzw. Aufhebung einer Ehe das Angehörigkeitsverhältnis als fortbestehend behandeln müssen (Baumann/Weber 448, D-Tröndle 6, Lackner 2, Rudolphi SK 2). Und zwar gilt das sowohl für das Verhältnis zwischen den Ehegatten selbst als auch gegenüber Verschwägerten (so jetzt auch Tröndle LK 7).

5. Auch **Verlobte** gelten im Verhältnis zueinander als Angehörige (Nr. 1a). Unter Verlöbnis 10 ist ein von beiden Seiten ernstgemeintes, nicht gegen das Gesetz oder die guten Sitten verstoßendes Eheversprechen zu verstehen (verneint von RG **25** 156 hins. Konkubinat). Auf dessen zivilrechtliche Gültigkeit kommt es nicht an; daher können auch beschränkt Geschäftsfähige, die nicht die Einwilligung des gesetzlichen Vertreters erlangt haben, i. S. des StGB verlobt sein (RG **38** 243); ebensowenig schließt ein Ehehindernis gem. § 6 EheG eine strafrechtlich wirksame Verlobung aus. Voraussetzung ist jedoch stets die beiderseitige Ernsthaftigkeit des Eheversprechens; daran wird es etwa auf seiten des Heiratsschwindlers regelmäßig fehlen (BGH **3** 215, JZ **89**, 256). Auch daß der eine Partner noch verheiratet ist, steht dem Zustandekommen eines Verlöbnisses entgegen (RG **61** 270, JW **37**, 3302, Jescheck 435, Lackner 2), es sei denn, daß er bereits mit Aussicht auf Erfolg die Scheidung betreibt (vgl. LG Duisburg NJW **50**, 714, D-Tröndle 7; offen gelassen von BGH NStZ **83**, 564 m. krit. Anm. Pelchen; selbst dann ein Verlöbnis verneinend Bay NJW **83**, 831 m. krit. Anm. Strätz JR 84, 127; diff. Füllkrug StV 86, 38, Pelchen Pfeiffer-FS 292 f.). Entsprechendes wird beim Eheversprechen eines bereits Verlobten angenommen (RG **71** 154). Ist aber ein Verlöbnis wirksam zustandegekommen, so endet es nicht dadurch, daß der eine Teil seine Heiratsabsicht innerlich aufgibt, solange er dies dem anderen nicht kundgetan hat (RG **71** 154, Kiel DStR **37**, 63; and. RG **75** 291, BGH **3** 216, Koblenz NJW **58**, 2027, Rudolphi SK 3, Tröndle LK 8).

Dagegen werden außerhalb von Ehe oder Verlobung **sonstige neue Formen** des Verbunden- 11 seins oder Zusammenlebens (z. B. Kommunen, Zweiergemeinschaften unter Ablehnung der „bürgerlichen Ehe") nicht als Angehörigeneigenschaft anerkannt. Doch ähnlich wie in § 35 auch sonstige dem Täter „nahestehende Personen" in den Kreis notstandsfähiger Dritter einbezogen oder in § 247 auch Entwendungen innerhalb der „häuslichen Gemeinschaft" durch ein Strafantragserfordernis privilegiert werden, kann auch bei anderen Privilegierungen angehörigenbezogener Motivationslagen, sofern diese nicht als abschließend zu verstehen sind, im Einzelfall eine Erstreckung auf Gemeinschaften mit ehe- oder familienähnlichem Zusammenhalt in Betracht gezogen werden (ähnlich Tröndle LK 9 sowie de lege ferenda Konrad, Probl. eheähnl. Gemeinschaft im Strafrecht, 1986, 44ff., 71f.), so z. B. bei § 213 (vgl. §§ 150, 179 E 62); dagegen zu § 157 verneint von Bay NJW **86**, 203 m. zu Recht krit. Anm. Krümpelmann/ Hensel JR 87, 41f.; vgl. auch BGH **34** 254.

6. Auch durch **Adoption** wird die Angehörigeneigenschaft begründet, da bei der (seit 1. 1. 77 12 möglichen) Volladoption aufgrund des AdoptG v. 2. 7. 76 das angenommene Kind die volle rechtliche Stellung eines ehelichen Kindes erlangt (§ 1757 BGB) und damit als verwandt i. S. von o. 6 anzusehen ist (vgl. BR-Drs. 691/74 S. 42, 61). Soweit es sich dabei um ein minderjähriges Kind handelt, tritt dieses in die gleichen Verwandtschafts- und Schwägerschaftsverhältnisse wie ein leibliches Kind des Annehmenden ein, wird also sowohl Angehöriger der Großeltern des Annehmenden wie auch Stiefkind von dessen Ehegatten. Dagegen bleibt bei Annahme eines Volljährigen das Verwandtschaftsverhältnis auf den Annehmenden beschränkt (vgl. § 1770 BGB). Andererseits hat die Volladoption zur Folge, daß das Verwandtschaftsverhältnis des Angenommenen zu den bisherigen Verwandten und demzufolge auch etwaige Schwägerschaften erlöschen (vgl. §§ 1755f. BGB). Auf die strafrechtliche Angehörigeneigenschaft bleibt

§ 11 13–18   Allg. Teil. Das Strafgesetz – Sprachgebrauch

dies jedoch, wie durch den letzten Halbs. von Nr. 1 a ausdrücklich klargestellt, ohne Einfluß, da das den § 1755 BGB bestimmende Zuordnungsinteresse die besonderen angehörigenbezogenen Schutz- bzw. Privilegierungsaspekte des Strafrechts nicht aufzuheben vermag (vgl. BR-Drs. 691/74 S. 43, 61). Daher bleibt das adoptierte Kind mit seiner leiblichen Mutter ebenso verwandt, wie es mit deren Ehemann, der nicht sein leiblicher Vater ist, verschwägert bleibt (vgl. Tröndle LK 5).

13 7. Das **Pflegeeltern-** und **-kindesverhältnis**, das nach **Nr. 1b** Angehörigeneigenschaft begründet, ist nicht i. S. des § 27 JWG zu verstehen, sondern bezeichnet ein tatsächliches Verhältnis, das ähnlich dem natürlichen Eltern- und Kindesverhältnis auf Dauer berechnet ist und ein gleichwertiges Band zwischen den Verbundenen herstellt (RG **58** 61, **70** 324). Dies gilt auch nach Beendigung des eigentlichen Pflegeverhältnisses, wenn die persönlichen Beziehungen weiterbestehen (Rudolphi SK 5, Tröndle LK 11; vgl. auch RG **13** 148). Zwischen Lehrherrn und Lehrling hingegen besteht selbst bei häuslicher Gemeinschaft kein Pflegekindschaftsverhältnis (RG **27** 132).

III. Amtsträger; Richter; öffentlich besonders Verpflichteter (Abs. 1 Nrn. 2–4).

Schrifttum: *Hartmann*, Zur Frage der Strafbarkeit der Gemeinderatsmitglieder, DVBl. 66, 809. – *Jessen*, Können Angehörige privatrechtlicher Versorgungsunternehmen strafrechtlich als Beamte zur Verantwortung gezogen werden?, MDR 62, 526. – *Wagner*, Amtsverbrechen, 1975. – *ders.*, Die Rspr. zu den Straftaten im Amt seit 1975, JZ 87, 594. – *Welp*, Der Amtsträgerbegriff, Lackner-FS 761. – *Wiedemann*, Unanwendbarkeit des § 359 StGB auf Angestellte usw., NJW 65, 852. – *Zechlin*, Öff.-rechtl. Probleme des Verpflichtungsgesetzes, BB 82, 439.

14 1. An die Stelle der globalen, aber unvollständigen Umschreibung des Beamtenbegriffs in § 359 a. F. und ergänzender Sonderregeln (§ 353b II a. F., § 1 [der durch Art. 287 Nr. 3 EGStGB aufgehobenen] BestechungsVO) sind die kasuistisch **differenzierenden Legaldefinitionen** von § 11 I Nrn. 2 bis 4 getreten. Da sie die zum früheren Beamtenbegriff bzw. zu den entsprechend Verpflichteten entwickelten Grundsätze materiell im wesentlichen unberührt lassen (vgl. BT-Drs. 7/550 S. 208 ff., BGH **31** 268, **34** 149), hat die umfangreiche Rspr. dazu nicht jede Bedeutung verloren, wird aber jeweils an der neuen Aufteilung und Umgrenzung auszurichten sein. Noch deutlicher als beim Beamtenbegriff i. S. von § 359 a. F., dem trotz seines Standorts im BT für das ganze StGB Geltung zukam (RG **29** 18), wird durch die jetzige Voranstellung in den AT klargestellt, daß diese Legaldefinitionen nicht nur für die *von* Amtsträgern begangenen Delikte (namentlich also die Amtsdelikte nach §§ 331 ff. sowie §§ 120 II, 133 III, 201 III, 203 II, 258 a), sondern auch für die *gegen* Amtsträger gerichteten Delikte (§§ 113, 114, 194 III, 232 II) verbindlich sind. Vgl. ferner §§ 77 a, 97 b. Das schließt freilich nicht aus, daß der Kreis tauglicher Täter bzw. Verletzter gelegentlich bereits durch den Wortlaut der fraglichen Norm selbst auf bestimmte Amtsträger eingeschränkt wird (vgl. §§ 113, 336). Das ist insbes. im Bereich des Nebenstrafrechts zu beachten, für das nach Art. 1 EGStGB grundsätzlich auch § 11 I Nrn. 2–4 verbindlich ist.

15 Während bei § 359 a. F. unter *Beamten* sowohl solche im *staatsrechtlichen* als auch in einem (erweiterten) *strafrechtlichen* Sinne verstanden wurden (vgl. 17. A. § 359 RN 3 ff.), wird heute zwischen Amtsträgern (Nr. 2), Richtern (Nr. 3) und „für den öffentlichen Dienst besonders Verpflichteten" (Nr. 4) unterschieden, wobei jedoch der Richter ähnlich dem Beamten lediglich als Unterfall des Amtsträgers zu begreifen ist (vgl. Nr. 2a). Demgemäß verläuft die **Haupttrennungslinie** zwischen den **Amtsträgern** einerseits (Nr. 2 und 3) und den **öffentlich besonders Verpflichteten** andererseits (vgl. Nr. 4 vor a), wobei sich der durch den Begriff des Amtsträgers erfaßte Personenkreis im wesentlichen mit dem des § 359 a. F. deckt, während die sonstigen besonders Verpflichteten weitgehend den durch die bisherige BestechungsVO erfaßten Personen entsprechen. **Im einzelnen** ist zu den verschiedenen Personengruppen folgendes zu beachten:

16 2. Den **Amtsträgern** (Nrn. 2 und 3) ist gemeinsam, daß sie in einem bestimmten Dienst- oder Auftragsverhältnis zu einer öffentlichen Stelle stehen und diese Bestellung auf **deutschem Recht** beruht. Soweit dem das Beamtenrecht nicht entgegensteht, sind durch den Bezug auf deutsches Recht zwar auch *Ausländer* nicht ausgeschlossen; wohl aber muß die Amtsträgerschaft auf Bundes- oder Landesrecht beruhen, so daß Bedienstete der europ. Gemeinschaften nur dann zu den Amtsträgern i. S. von Nr. 2 gehören, wenn ihre Bestellungsgrundlage durch deutsches Recht transformiert oder durch besondere Übereinkunft einbezogen ist (Tröndle LK 17). Dagegen ist es im Rahmen des deutschen Rechts völlig gleichgültig, ob der Amtsträger im Dienst des Bundes, eines Landes, einer Gemeinde oder Gemeindeverbandes, einer Körperschaft, Anstalt oder Stiftung des öffentlichen Rechts tätig ist. Entscheidend für die Amtsträgerschaft ist dabei jeweils nur das *Bindungsverhältnis* zum Dienstherrn, nicht dagegen der Charakter der im Einzelfall ausgeübten Tätigkeit (Samson SK 11; vgl. auch u. 19). Je nach Art und Dauer des Dienst- bzw. Auftragsverhältnisses zerfallen die Amtsträger in *drei Hauptgruppen*:

17–18 a) Mit den an erster Stelle genannten **Beamten (Nr. 2a)** sind solche im *staatsrechtlichen* Sinne gemeint (BT-Drs. 7/550 S. 209, D-Tröndle 12). Dazu zählt jeder, der nach den einschlägigen beamtenrechtlichen Vorschriften durch eine dafür zuständige Stelle in ein Beamtenverhältnis berufen ist (BGH 2 120). Unerheblich ist, ob die Anstellung auf Lebenszeit, auf Widerruf oder auf Probe erfolgt ist. Eine nur vorläufige Amtsenthebung läßt die Beamteneigenschaft unberührt (RG 72 237). Unerheblich ist ferner, ob es sich bei dem Amtsträger um einen **unmittelbaren** Bundes- oder Landesbeamten handelt, oder nur um einen sog. **mittelbaren** Beamten, der zu einer dem Staat nachgeordneten Gemeinde oder Gemeindeverband, Körperschaft, Anstalt, Stiftung oder einem sonstigen Subjekt des öffentlichen Rechts im Dienstverhältnis steht (vgl. Wolff-Bachof-Stober, Verwaltungsrecht II^5 (1987) 535 ff.). Zu kirchlichen Beamten vgl. Karlsruhe NJW 89, 238 sowie u. 26.

Soweit ein Beamtenverhältnis im vorbezeichneten Sinne vorliegt, kommt es auf die *Art der konkreten Tätigkeit* des Beamten *nicht* an, ebensowenig, ob er in einem gewerblichen Betrieb des Staates oder eines Hoheitsträgers verwendet wird. Auch wer nur fiskalische, mechanische oder vorbereitende Dienste leistet, kann daher Beamter im vorgenannten Sinne sein (vgl. RG **67** 300: StraßenbahnAG; RG **68** 70: Postkrankenkasse). Auch verlieren solche Beamte ihre Amtsträgerschaft nicht schon dadurch, daß sie im staatlichen Interesse an ein Privatunternehmen abgeordnet werden oder dort Dienste leisten (Tröndle LK 19). Erforderlich ist nur, daß sie Dienste verrichten, die nicht völlig außerhalb des Aufgabenbereichs ihrer Behörde liegen (vgl. RG JW **34**, 2149, HRR **40** Nr. 874, D-Tröndle 13). 19

b) Das **sonstige öffentlich-rechtliche Amtsverhältnis (Nr. 2b)** setzt Beziehungen zwischen den Beteiligten voraus, die einem öffentlich-rechtlichen Dienst- und Treueverhältnis vergleichbar sind, ohne daß es sich um ein Beamtenverhältnis handelt (Welp Lackner-FA 764; and. Voraufl.). Dies gilt insbes. für die (früher ausdrücklich genannten) *Notare* und Notarassessoren (vgl. §§ 1, 7 III BNotO), ferner für Minister (vgl. § 1 BMinG i.d.F. v. 27.7.71, BGBl. I 1166) sowie für den Wehrbeauftragten des BT (vgl. § 15 I Ges. i.d.F. v. 16.6.82, BGBl. I 677), *nicht* dagegen für Abgeordnete (vgl. u. 23) oder Anwälte (vgl. § 14 Nr. 3 BRAO), ebensowenig für Soldaten, die jedoch durch § 48 WStG in zahlreichen Fällen den Amtsträgern gleichgestellt sind. Auch die nur kurzfristige ehrenamtliche Wahrnehmung einer öffentlichen Aufgabe (z.B. die des Wahlvorstehers) dürfte kaum genügen (and. D.-Tröndle 18, Lackner 3b); doch kann in solchen Fällen u.U. Amtsträgerschaft nach Nr. 2c in Betracht kommen (vgl. u. 27f.). 20

c) Mit den sonst zur Wahrnehmung von **Aufgaben der öffentlichen Verwaltung Bestellten oder Beauftragten (Nr. 2c)** sollen vor allem die früheren sog. *Beamten im strafrechtlichen Sinne* erfaßt werden (BGH **31** 267f., Hamm NJW **81**, 695, Samson SK 14). Anders als bei den staatsrechtlichen Beamten i.S. von Nr. 2a, wo die Amtsträgerschaft ohne besondere Rücksicht auf die Art der Tätigkeit bereits aus dem Beamtenverhältnis gefolgert wird (o. 19), kommt es hier weniger auf den Charakter des Anstellungsverhältnisses als auf die *konkrete öffentliche Aufgabenstellung* der betreffenden Stelle an. Diese Ausweitung findet ihre Berechtigung darin, daß über das – manchmal zufällige – Innenverhältnis zum Staat hinaus alle tatsächlichen Inhaber von Staatsgewalt in den Begriff des Amtsträgers einbezogen werden sollen. Dafür ist dreierlei vorausgesetzt: 21

α) Der Funktion der Tätigkeit nach muß es sich um die Wahrnehmung von **Aufgaben der öffentlichen Verwaltung** handeln. Dazu gehören sowohl hoheitsrechtliche Funktionen, wie sie in der Ausübung staatlicher Anordnungs- und Zwangsgewalt ihren Ausdruck finden, als auch die sog. schlicht-hoheitliche Verwaltung, wie sie namentlich für den sich ständig ausweitenden Bereich der Daseinsvorsorge typisch ist (vgl. BGH **12** 90). Dazu zählen auch die Aufgaben einer Sparkassenzentralbank, ohne daß dabei deren Tätigkeit als Geschäftsbank auszugliedern wäre (BGH **31** 271 ff. m. zust. Anm. Geerds JR 83, 466 u. Dingeldey NStZ 84, 503, Hamm NJW **81**, 695; zust. auch Wagner JZ 87, 597); enger Hamburg NJW **84**, 625 (m. abl. Anm. Schröder NJW 84, 2510; vgl. auch Wagner aaO 595 f.), wonach es auf ein konkretes Über- und Unterordnungsverhältnis ankommen soll. Selbst die Tätigkeit als Chefarzt eines Kreiskrankenhauses soll dazu zählen (Karlsruhe NJW **83**, 352 m. Bspr. Wagner aaO 596f.). Soweit eine öffentliche Verwaltungsaufgabe besteht, ist im übrigen die Art der verwaltungstechnischen Durchführung ebenso unerheblich wie die häufig privatrechtliche Form der Abwicklung; entscheidend ist lediglich, daß die Tätigkeit in den Aufgabenbereich öffentlicher Verwaltung fällt. Soweit dies der Fall ist, kann auch eine erwerbswirtschaftlich-fiskalische Betätigung Amtsträgerschaft begründen, wie etwa die Verwaltung einer staatlichen Domäne (vgl. RG **74** 105, 253; and. Welp Lackner-FS 782 ff., der auf die verwaltungsrechtliche Bedeutung des Begriffs öffentliche Verwaltung abstellt; ihm zust. Lackner 3c dd). Auch daß die wahrgenommene öffentliche Aufgabe monopolartigen Charakter haben müsse (wie etwa bei kommunalen Versorgungsbetrieben), wird man entgegen der früher vertretenen Auffassung (vgl. Wiedemann NJW 65, 852, 17. A. § 359 RN 8) nicht mehr verlangen können; denn während nach dem früheren Verständnis des 22 strafrechtlichen Beamten die fraglichen Dienstverrichtungen „aus der Staatsgewalt abgeleitet" sein mußten (RG 70 236, 72 290, BGH 8 22, 11 349; so aber auch jetzt noch Samson SK 15), ist nunmehr in weiterem Sinne nur noch von „öffentlicher Verwaltung" die Rede, und zwar in bewußter Abweichung auch von dem insoweit engeren, auf „hoheitliche" Aufgaben beschränkten § 10 Nr. 4b E 62 (vgl. BT-Drs. 7/550 S. 208/9, D-Tröndle 22; ausführl. zur Gesetzgebungsgeschichte jetzt Welp Lackner-FS 767 ff.). Eine solche aber ist nicht schon dadurch ausgeschlossen, daß sich der Staat dabei im Wettbewerb mit privatwirtschaftlichen Unternehmen befindet (Tröndle LK 25; and. Samson aaO). Eine Grenze wird vielmehr erst dort zu ziehen sein, wo der fraglichen Betätigung jegliche öffentliche Zielsetzung fehlt, wie dies etwa beim Betrieb eines städtischen Wochenmarktes anzunehmen wäre. Vgl. zum Ganzen auch Wagner aaO 119 ff.

23 Da es sich um Aufgaben der *Verwaltung* handeln muß, vermögen **sonstige staatliche Funktionen**, wie insbesondere die der Gesetzgebung oder Rechtsprechung, eine Amtsträgerschaft i. S. von Nr. 2c **nicht** zu begründen (Lackner 3e; and. Wagner aaO 136 ff.). Daher bedurfte es für ehrenamtliche Richter der Sonderregel von Nr. 3 (u. 32). Da es für *Abgeordnete* hingegen eine solche besondere Einbeziehung nicht gibt, sind sie grds. keine Amtsträger im vorliegenden Sinne (so bereits BGH 5 106, Schulze JR 73, 485). Dies gilt auch insoweit, als ein Abgeordneter innerhalb der gesetzgebenden Körperschaft, z. B. als Bundes- oder Landtagspräsident, Funktionsträger ist (Lackner aaO; dagegen de lege ferenda zu Recht Tröndle LK 26). Soweit bei kommunalen Körperschaften (Gemeinderäten, Stadträten u. dgl.) Abgeordneten- und Verwaltungstätigkeit zusammenfließt (vgl. Hartmann DVBl. 66, 809), wird jeweils im Einzelfall zu prüfen sein, ob sich die konkrete Tätigkeit mehr als Gesetzgebung oder mehr als Verwaltung darstellt (vgl. Braunschweig MDR **50**, 629, Celle NdsRpfl. **62**, 156, Stuttgart NJW **66**, 679, Justiz **89**, 198; i. gl. S. Samson SK 13 sowie jetzt auch Tröndle LK 27; vgl. auch Kühne, Die Abgeordnetenbestechung (1971) 19 ff.). Ähnliche Differenzierungen können bei *Rechtsprechungsorganen* notwendig sein, so etwa bei der Beurkundungstätigkeit der hessischen und rheinland-pfälzischen Ortsgerichte, wo es sich materiell um Verwaltungstätigkeit handelt (vgl. BT-Drs. 7/550 S. 209). Entsprechendes gilt für die Vollzugs- und Vollstreckungstätigkeit des Gerichtsvollziehers (vgl. § 154 GVG; v. Bubnoff LK § 113 RN 5, 9). *Militärische* Aufgaben scheiden zwar insofern nicht begrifflich aus, als es sich um Wehrverwaltung handelt. Doch geht auch insoweit die Spezialregelung des § 48 WStG vor (vgl. o. 20).

24 Soweit sich nach den vorangehenden Kriterien die Tätigkeit im Aufgabenbereich öffentlicher Verwaltung hält, kommt es auf deren **Ranghöhe** nicht an. Daher ist gleichgültig, ob der Bedienstete selbständig und in eigener Verantwortung zu handeln hat oder ob die Tätigkeit höherer oder niederer, geistiger oder mechanischer Art ist. Ebensowenig sind innerhalb des wahrgenommenen öffentlichen Aufgabenbereichs etwaige rein privatwirtschaftliche Tätigkeiten (wie etwa geschäftsbankmäßige) abzusondern (BGH **31** 273 f., 276, Dingeldey NStZ 84, 503). Jedoch wird bei einer Reinemachefrau ein Zusammenhang mit dem Aufgabenbereich der Behörde nicht mehr anzunehmen sein (RG JW **31**, 63, Bremen NJW **50**, 198, Kassel HE **2** 179). Im übrigen aber braucht sich die Tätigkeit weder nach außen hin als Verwaltungshandeln darzustellen (vgl. RG DJ **39**, 227) noch in der Öffentlichkeit bemerkbar zu sein (vgl. RG **70** 235). Auch eine Gutachter- oder Referententätigkeit kann genügen (vgl. RG **74** 253).

25 β) Die zuvor erörterten Aufgaben müssen bei einer **Behörde** oder *sonstigen* Stelle wahrgenommen werden. Zu den Behörden i. S. von Ämtern und ähnlich selbständigen organisatorischen Einheiten von Personal- und Sachmitteln zählen nach Nr. 7 an sich auch die Gerichte; doch vermag eine dort ausgeübte Tätigkeit Amtsträgerschaft i. S. von Nr. 2c allenfalls insoweit zu begründen, als es sich nicht um Rechtsprechung, sondern um Justizverwaltung handelt, wie z. B. bei einer Justizkasse (Tröndle LK 24). Als *sonstige Stellen* kommen Körperschaften oder Anstalten des *öffentlichen Rechts* in Betracht (wie etwa Staats- oder Kommunalbanken: BGH **31** 269), aber auch andere Einrichtungen oder Zusammenschlüsse, die ungeachtet ihres Organisationsgrades zur Erledigung bestimmter öffentlicher Aufgaben berufen sind, wie z. B. Vereinigungen, Ausschüsse oder Beiräte, die bei der Ausführung von Gesetzen mitzuwirken haben (vgl. etwa §§ 23, 28, 29 SchwerbeschädigtenG).

26 Dienst bei **kirchlichen** Stellen kommt für eine Amtsträgerschaft nur insoweit in Betracht, als es dabei um die Wahrnehmung besonderer öffentlicher Aufgaben unter staatlicher Aufsicht geht (vgl. D-Tröndle 23). Inwieweit dies der Fall ist, hängt entscheidend von der Ausgestaltung des Rechtsverhältnisses ab, aufgrund dessen die Aufgabe zu erfüllen ist. So wurde etwa Beamteneigenschaft im strafrechtlichen Sinne von § 359 a. F. bejaht bei Verwaltern von Kirchenvermögen (and. für Beamte der Ev. Landeskirche Baden Karlsruhe NJW **89**, 239 f.) und kirchlichen Kassenbeamten (BGH **8** 273, LM **Nr. 1** zu § 359 a. F.; vgl. ferner RG **71** 149, JW **34**, 2070, **35**, 3391, HRR **41** Nr. 459, aber auch HRR **39** Nr. 273; zw. Karlsruhe NJW **89**, 238). Doch können Geistliche und Religionsdiener auch unmittelbare Staatsbeamte und damit Amtsträger i. S. von Nr. 2a sein, wenn sie beispielsweise als Lehrer an öffentlichen Schulen bedienstet sind (Tröndle LK 30).

γ) Schließlich muß der Amtsträger dazu bestellt sein, die Aufgabe *bei* der Behörde bzw. *in* 27
deren Auftrag wahrzunehmen, also in einem **Bestellungs- bzw. Auftragsverhältnis** zu der Behörde stehen. Anders als beim Beamten i. S. von Nr. 2a kommt es dafür weder auf die Art der Anstellung (BGH **31** 277) noch auf deren Dauer an; denn da sogar Handeln im Auftrag der Behörde genügen soll, ist weder ein festes Beschäftigungsverhältnis noch eine förmliche Ernennung (etwa durch Aushändigung einer Urkunde) erforderlich (vgl. RG JW **31**, 3671, **37**, 759). Nicht einmal einer „förmlichen Verpflichtung", wie sie Nr. 4b verlangt (u. 39), bedarf es hier (Tröndle LK 23). Entscheidend ist lediglich, daß die ausgeübten Funktionen nicht angemaßt sind, sondern aufgrund Bestellung bzw. Beauftragung durch die dafür zuständige Behörde wahrgenommen werden (vgl. OGH **2** 370, NJW **50**, 436, Schleswig SchlHA **49**, 297).

Ob es sich dabei um eine **hauptamtliche oder nebenamtliche,** planmäßige oder nur vertre- 28
tungsweise, vorübergehende Beauftragung handelt, ist unerheblich (vgl. RG HRR **33** Nr. 1901, DR **39**, 1311, 1982, D-Tröndle 15). Daher kommen auch Personen in Betracht, die lediglich einen Vorbereitungs- oder Probedienst ableisten, wenn ihnen im Einzelfall Aufgaben der genannten Art übertragen werden (vgl. RG HRR **34** Nr. 1174, JW **36**, 327; vgl. auch RG **72** 362: Kassenlehrling eines Arbeitsamtes, der einmal beauftragt war, selbständig Unterstützungen auszuzahlen). Unerheblich ist ferner, ob die Tätigkeit freiwillig oder aufgrund hoheitlicher Anordnung ausgeführt (Kassel HE **2** 179; vgl. aber auch BGH **12** 109) oder ob eine Vergütung dafür gezahlt wird (vgl. RG **29** 232, **34** 236, **52** 350). Dagegen fehlt es bei Konkursverwaltern, Zwangsverwaltern oder Testamentsvollstreckern idR an einem derartigen öffentlichen Auftragsverhältnis.

Soweit die Aufgabe aufgrund der Bestellung bzw. Beauftragung wahrgenommen wird, ist Amts- 29
trägerschaft nicht dadurch ausgeschlossen, daß das Bestellungsverhältnis unter *Verletzung von Rechts-oder Verwaltungsvorschriften* zustande kam. Auch Minderjährigkeit steht nicht entgegen; vgl. RG HRR **40** Nr. 711: Verpflichtung der 15jährigen Tochter eines Postagenten zur Vertreterin ihres Vaters durch die Postverwaltung (vgl. auch RG DR **40**, 1520). Selbst in der Aberkennung der Fähigkeit zur Bekleidung öffentlicher Ämter sah RG **50** 18 keinen Hinderungsgrund. Zur Nichtigkeit der Anstellung vgl. im übrigen auch 9b vor § 331.

δ) **Beispielsweise** wird aus der umfangreichen **Rspr.** zum Beamtenbegriff i. S. von § 359 a. F. 30
Amtsträgerschaft nach Nr. 2c bei folgenden Personen zu **bejahen** sein: Im Bereich der *Bundespost* und *Bundesbahn* für Postagenten und ihre Vertreter (RG HRR **40**, 711), Markenverkäufer im Schalterdienst (RG HRR **29**, 677), Postaushelfer, denen der Zustelldienst übertragen ist (RG **51** 65, **52** 310, JW **31**, 3671) oder die Briefkästen zu leeren haben (RG HRR **40**, 1424), Postfacharbeiter (RG **74** 341, Bremen NJW **50**, 198 mit Anm. Döll), Hilfspaketzusteller (RG JW **39**, 625), Bahnarbeiter bei Überwachung der Tierverladung (RG DJ **38**, 1497 mit Anm. Gährs), Bahngehilfen (RG HRR **40**, 264), Bahnsteigschaffner (RG HRR **33**, 1901), Bahnjunghelfer als Schalterbeamter (Oldenburg JR **50**, 409). *Im übrigen* wurde z. B. die Beamteneigenschaft bejaht bei Angestellten der Universitäten (RG **74** 251), eines Arbeitsamtes (RG **70** 235) oder Straßenbauamts (RG HRR **40**, 964), einem städtischen Wiegemeister (RG HRR **39**, 62, BGH LM **Nr. 12**), aber auch bei einem Täter, der nur tatsächlich auf der Gemeindewaage Verwiegungen vorzunehmen und darüber Bescheinigungen auszustellen hat (BGH MDR/D **58**, 141), bei Angestellten des Wohnungsamts (RG **56** 367), beim Kontrolleur eines städtischen Bauamtes (Hamm NJW **73**, 716), Mitgliedern einer städtischen Wohnungskommission (RG **57** 366, BGH **8** 21), Angestellten und Arbeitern von städtischen Licht- und Wasserwerken und städtischen Verkehrsunternehmen (RG JW **35**, 2433, **36**, 1606, 3005, RG **75** 356 mit Anm. Bruns DR 41, 2660, Bay HE **2** 360), und zwar auch dann, wenn diese Unternehmen privatwirtschaftlich organisiert sind, aber überwiegend in staatlichem Eigentum stehen (KG JR **61**, 228; i. E. auch Hamburg NJW **84**, 624; zum Ganzen Wagner JZ 87, 595 f.), beim Fahrscheinverkäufer einer Staatsfähre (Oldenburg NdsRpfl. **50**, 178), beim Verwalter eines städtischen Friedhofs (RG DR **40**, 792), bei Aushilfskräften von Wirtschafts- und Ernährungsämtern (RG DJ **42**, 514, HRR **42**, 451, 828), bei leitenden Angestellten von Überwachungsstellen (RG **73** 30), bei Vorstandsmitgliedern einer Landesbank (BGH **31** 264), beim Leiter der Annahmestelle einer Kreissparkasse (RG HRR **40**, 1161), beim Geschäftsleiter, der von einer Bankaufsichtsbehörde als Aufsichtsperson eingesetzt worden ist (BGH **9** 204), beim Leiter und Kassierer einer Ortskrankenkasse (RG **74** 269 mit Anm. Mezger DR 40, 2060, Richter ZAkDR 40, 360, Te **76** 107, BGH **6** 17, München HE **2** 364, Neustadt DRZ **50**, 522, OG **1** 189), ebenso beim Leiter einer Betriebskrankenkasse (BGH LM **Nr. 13**), bei den Angestellten der Ersatzkassen (Hamm JMBlNRW **52**, 157) oder einer Berufsgenossenschaft (RG **76** 211, BGH **6** 276, Stuttgart MDR **50**, 627), Geschäftsführern von Industrie- und Handelskammern früh. preuß. Rechts (BGH **11** 345), öffentlichen Fleischbeschauern (RG **73** 169, Karlsruhe Justiz **67**, 152). Zum Chefarzt eines kommunalen Krankenhauses vgl. Karlsruhe NJW **83**, 352. Vgl. auch die Kasuistiken bei Tröndle LK 33 ff. und Welp aaO 776 ff.

Dagegen wurde die Beamteneigenschaft und entsprechendes dürfte auch für Nr. 2c gelten — 31
verneint bei dem mit Fahrkartenverkauf betrauten Angestellten einer Privatbahn (RG DR **40**, 2062 m. Anm. Boldt DR 41, 49; and. aber wohl zu Recht bzgl. Ordnungsgruppenmitgliedern eines staatlich kontrollierten Verkehrsbetriebes Hamburg NJW **84**, 624), bei Postfacharbeitern, die regel-

mäßig mit Reinigungsaufgaben betraut sind (BGH GA **53**, 49), beim Vormund eines Minderjährigen (RG **39** 204), beim Krankenwärter (R **6** 711). Soweit dagegen auch beim Innungsobermeister (RG **72** 290) und beim vertragsmäßig in einer Strafanstalt beschäftigten Arzt (RG **33** 29) die Beamteneigenschaft verneint wurde, wäre heute wohl Amtsträgerschaft nach Nr. 2c *anzunehmen,* ebenso wie bei dem mit der Durchführung der Wahl beauftragten Wahlvorsteher (vgl. aber BGH **12** 108) oder dem ehrenamtlichen Verwalter einer bayer. Gemeindekasse (D-Tröndle 24; and. BGH **25** 204 m. Anm. Pelchen LM Nr. 1 zu § 359 a. F.). Dagegen sind Ärzte, Apotheker oder Vertreter sonstiger Berufe, die einer besonderen Ehrengerichtsbarkeit unterstehen, nicht bereits deswegen Amtsträger i. S. von Nr. 2c (vgl. RG **19** 86). Die Amtsträgerschaft eines V-Manns der Polizei versucht BGH NJW **80,** 847 mit der Erwägung zu verneinen, daß dieser „nur ein Informant und Gehilfe" der Kriminalpolizei gewesen sei (zu Recht krit. Wagner JZ **87**, 595).

32   3. Auch der **Richter (Nr. 3)** gehört bereits nach Nr. 2a zu den Amtsträgern (o. 15, 17). Wenn er dennoch eigens umschrieben wird, so um damit seine besondere verfassungsrechtliche Stellung als Träger der rechtsprechenden Gewalt (Art. 92, 97 GG) hervorzuheben und dem vom Beamtenverhältnis zu unterscheidenden Richterverhältnis Rechnung zu tragen, aber auch, um damit klarzustellen, daß der Richterbegriff sowohl die Berufsrichter als auch die ehrenamtlichen Richter umfassen soll (Tröndle LK 48). *Berufsrichter* sind die nach Bundes- oder Landesrecht in das Richteramt durch Aushändigung einer Ernennungsurkunde berufenen Personen, und zwar gleichgültig, ob es sich bereits um eine Berufung auf Lebenszeit oder nur auf Probe handelt. Zu den (meist als „Laienrichter" bezeichneten) *ehrenamtlichen Richtern* gehören namentlich die Schöffen der Strafgerichtsbarkeit, die Beisitzer in der Zivil-, Verwaltungs-, Finanz-, Arbeits- und Sozialgerichtsbarkeit (vgl. §§ 44–45a DRiG), ferner die Mitglieder der Ehrengerichtsbarkeit für Rechtsanwälte nach §§ 92, 100, 106 BRAO sowie die Beisitzer bei Disziplinargerichten (Tröndle aaO). Dagegen wurden sonstige zur Wahrnehmung von Aufgaben der rechtsprechenden Gewalt bei einem Gericht bestellte Personen (wie etwa Rechtspfleger) abw. von § 10 Nr. 5b E 62 in den jetzigen Richterbegriff bewußt nicht aufgenommen, um die hohen Strafdrohungen für Richterdelikte nicht auf einen unangemessen großen Personenkreis anwendbar zu machen (BT-Drs. 7/550 S. 210) – eine zwar verständliche Erwägung, die jedoch im Hinblick auf die z. T. richterähnlichen Funktionen von Rechtspflegern langfristig nicht unproblematisch ist. Immerhin ist der Rechtspfleger idR aber nach Nr. 2a erfaßbar (D-Tröndle 28).

33   Auch *Schiedsrichter* fallen *nicht* unter den Richterbegriff. Soweit sie streitentscheidend tätig sind, beruht dies auf Rechtsgeschäft, nicht aber auf der rechtsprechenden Gewalt des Staates. Allerdings wird bei bestimmten Tatbeständen die Strafbarkeit ausdrücklich auch auf Schiedsrichter ausgedehnt, so in den §§ 331 ff.

34   4. Den Amtsträgern sind die **für den öffentlichen Dienst besonders Verpflichteten (Nr. 4)** gegenübergestellt. Neu daran ist allerdings nur der Begriff; denn der damit angesprochene Personenkreis deckt sich inhaltlich weitgehend mit dem bereits durch die frühere Bestechungs-VO und ähnliche Vorschriften erfaßten Bediensteten (vgl. o. 14). Die Erstreckung bestimmter Strafvorschriften auf diese Personengruppen spielt vor allem beim Schutz vor Geheimnisverrat (§§ 201 III, 353b I, 355 II) und Bestechlichkeit (§§ 331 ff.) eine Rolle. Damit soll der Tatsache Rechnung getragen werden, daß der Staat zur Erfüllung seiner Aufgaben in steigendem Maße auf die Einschaltung nichtstaatlicher Organisationen und die Dienste von Angestellten und Arbeitern angewiesen ist, die nach Stellung und Funktion keine Amtsträger sind, jedoch u. U. in gleicher Weise Einblick und Einflußmöglichkeiten auf Verwaltungshandeln haben wie jene (vgl. BT-Drs. 7/550 S. 210, D-Tröndle 29 m. weit. Mat.). Für die Umgrenzung der durch Nr. 4 erfaßten Personen kommt es im wesentlichen auf vier Kriterien an:

35   a) In negativer Hinsicht darf der besonders Verpflichtete **nicht bereits Amtsträger** i. S. von Nr. 2 sein (Nr. 4 vor a). Damit sind neben den Beamten vor allem auch solche Bedienstete ausgegrenzt, die nach Nr. 2c mit der Wahrnehmung staatlicher Aufgaben betraut sind. Das bedeutet, daß unter Nr. 4 von vornherein nur solche Personen fallen können, die selbst keine öffentlichen Funktionen wahrnehmen, insbes. also Büro- und Schreibkräfte, Boten, Reinemachefrauen und ähnliche technische Hilfskräfte.

36   Doch können *ausnahmsweise* auch *Amtsträger* unter Nr. 4 fallen, und zwar dann, wenn sie von ihrer Anstellungsbehörde an eine andere Stelle abgeordnet werden, bei der sie selbst keine Verwaltungsfunktionen wahrzunehmen haben, sondern Dienste der hier in Frage stehenden Art verrichten (vgl. Tröndle LK 53). Ähnliches ist bei neben- oder ehrenamtlicher Tätigkeit eines Amtsträgers für eine andere Stelle denkbar. Hier wird jeweils im Einzelfall zu prüfen sein, ob es sich um eine von der Eigenschaft als Amtsträger unterscheidbare Tätigkeit handelt (dann Nr. 4) oder ob ein innerer Zusammenhang mit der Amtsstellung fortbesteht (dann Nr. 2). Bei *Abordnungen* wird idR letzteres anzunehmen sein, da diese meist gerade mit Rücksicht auf die amtlichen Funktionen erfolgt; vgl. Plog-Wiedow-Beck, BBG, § 27 Rdnr. 16 ff. (Stand: 1965), ferner RG **31** 294, **73** 30.

Personen- und Sachbegriffe

b) Die Stelle, für die der Verpflichtete tätig ist, muß *Aufgaben der öffentlichen* **Verwaltung** in 37 dem bei 22 ff. umschriebenen Sinne wahrnehmen. Auch darin zeigt sich ein Unterschied gegenüber dem Amtsträger i. S. von Nr. 2: Während jener in eigener Person öffentliche Aufgaben wahrnehmen muß, wird bei den Nichtamtsträgern i. S. von Nr. 4 der öffentliche Bezug dadurch hergestellt, daß auf jeden Fall *die Stelle, für die* der Bedienstete tätig ist, ihrerseits mit Verwaltungsaufgaben betraut sein muß. Werden diese Aufgaben *unmittelbar* von der dafür zuständigen Behörde selbst erledigt, so liegt ein Fall von **Nr. 4a** vor. Weitaus häufiger wird jedoch der Fall sein, daß sich die zuständige Behörde zur Erfüllung ihrer Aufgaben einer anderen Organisation bedient; diese *mittelbare* Aufgabenerledigung soll durch **Nr. 4b** erfaßt werden. Wie die Aufzählung von Verbänden, sonstigen Zusammenschlüssen, Betrieben oder Unternehmen zeigt, kommen dafür Erfüllungsgehilfen jeglicher Art ungeachtet ihrer Rechtsnatur oder Organisationsstruktur in Betracht, z. B. auch Beiräte und Ausschüsse (vgl. Lackner 5 b, Tröndle LK 57). Auch ist abw. von § 1 BestechungsVO kein Bezug zur staatlichen Wirtschaftslenkung mehr erforderlich. Entscheidend ist vielmehr nur, daß die betreffende Organisation für eine Behörde oder sonstige Stelle i. S. von Nr. 2 c (o. 25 f.) gleichsam als deren verlängerter Arm öffentliche Aufgaben der Verwaltung wahrnimmt. Häufig werden dies wirtschaftsbezogene Aufgaben sein (wie z. B. bei Einschaltung von Industrie- und Handelskammern, Marktvereinigungen, Wirtschaftsverbänden, Landesbanken oder berufsständischen Organisationen); doch ist auch bei sozialpolitischen und kulturellen Aufgaben die Zwischenschaltung von nichtstaatlichen Einrichtungen (z. B. Wohlfahrtsverbände, Kirchen, Stiftungen) nicht selten. Nicht erfaßt sind dagegen Angehörige von bloßen Lieferfirmen oder Arbeiter von Handwerksbetrieben, die in oder für eine Behörde tätig sind (D-Tröndle 30).

c) Der Verpflichtete muß *bei* einer solchen Behörde bzw. zwischengeschalteten Organisation 38 im vorgenannten Sinne **beschäftigt** oder *für sie tätig* sein. Danach mag ein Dauerbeschäftigungsverhältnis zwar die Regel sein, ist jedoch nicht unbedingt erforderlich; vielmehr genügt auch schon die gelegentliche oder vorübergehende Tätigkeit für eine Behörde, z. B. aufgrund eines Sonderauftrags als Gutachter oder als Mitglied eines Beratungsgremiums.

d) Schließlich muß der Bedienstete auf die gewissenhafte Erfüllung seiner Obliegenheiten 39 **förmlich verpflichtet** worden sein. Dafür maßgeblich ist das neu eingeführte VerpflichtungsG idF von Art. 42 EGStGB (dazu Zechlin BB 82, 439). Zu Formerfordernissen vgl. BGH NJW **80,** 846. Inhaltlich stimmt es weitgehend mit der nach § 1 BestechungsVO vorgesehenen Verpflichtung überein. Wer bereits danach verpflichtet worden ist, steht einem besonders Verpflichteten im vorliegenden Sinne gleich (§ 2 VerpflichtungsG). Freilich genügt nicht schon die förmliche Verpflichtung zur gewissenhaften Erfüllung von Obliegenheiten, wesentlich ist vielmehr die Verpflichtung im Hinblick auf die *öffentlichen Verwaltungsaufgaben* (vgl. Tröndle 60). Daran fehlt es z. B. bei den nach § 36 GewO öffentlich bestellten, freiberuflich tätigen Sachverständigen (Tröndle LK 60). Daher bedürfen solche Verpflichtete, wenn sie in einen Straftatbestand einbezogen werden sollen, der besonderen Erwähnung (wie z. B. in § 203 II Nr. 5). Doch nicht jeder, der förmlich auf die Erfüllung seiner Obliegenheiten verpflichtet wurde, fällt unter Nr. 4.

IV. Rechtswidrige Tat (Abs. 1 Nr. 5).

Schrifttum: Achenbach, „Tat", „Straftat", „Handlung" und die Strafrechtsreform, MDR 75, 19.

Nachdem die Definitionsversuche des E 62 für den Begriff der „Straftat" bzw. der „rechtswidrigen 40 Tat" (dort § 11 I Nr. 1 und 2) auf harte Kritik gestoßen waren (vgl. insbes. Stratenwerth ZStW 76, 682 ff.), wurde bereits im 2. StrRG auf jede inhaltlich dogmatische Umschreibung dieser Begriffe zu Recht verzichtet (vgl. Prot. V 237 f., 2442 f.); denn da ihr Begriffsinhalt entscheidend vom jeweils zugrundeliegenden Verbrechenssystem abhängt, wäre eine inhaltliche Definition ohne Festlegung auf eine bestimmte Verbrechenslehre – einschl. daraus folgender Präjudizierung anderer dogmatischer Streitfragen – nicht möglich. Daher beschränkt sich die erst durch das EGStGB eingefügte Legaldefinition (vgl. BT-Drs. 7/550 S. 211) zu Recht auf eine **Formalabgrenzung** der rechtswidrigen Tat.

1. Ihrem Wortlaut nach (Verwirklichung des „Tatbestandes eines Strafgesetzes") zielt Nr. 5 41 primär darauf ab, **strafrechtswidrige** von **nichtstrafrechtlichen** (wenngleich möglicherweise sonstige öffentlich- oder zivilrechtswidrigen) Handlungen abzugrenzen (D-Tröndle 33, Samson SK 22; dagegen mehr i. S. von u. 42 offenbar Lackner 6). Danach ist die „rechtswidrige Tat" lediglich als Parallelbegriff zur „rechtswidrigen Handlung" i. S. von § 1 OWiG zu verstehen. Im Sinne einer solchen Beschränkung auf strafrechtswidrige Handlungen ist die Vorschrift namentlich bedeutsam für die §§ 145 d und 164, wo demnach die Vortäuschung von bzw. die Falschverdächtigung wegen nichtstrafrechtlicher Rechtsverletzungen oder Ordnungsverstöße (unerlaubten Handlungen, Disziplinarverfehlungen, Ordnungswidrigkeiten u. ä.) nicht genügt (vgl. Tröndle LK 65).

42 2. Über diese Ausgrenzung strafrechtlich irrelevanter Handlungen hinaus ergibt sich aus dem Zusammenhang mit anderen Bestimmungen, in denen auf eine „rechtswidrige Tat" verwiesen wird (vgl. u. a. §§ 12, 26, 27 I, 35, 63 f., 67 d III, 67 g II, 69, 70, 70 a, 73, 74 d, 111, 140, 258, 259, 330 a, 357), daß dieser Begriff nicht nur für das (Außen-)Verhältnis von strafrechtlichen und nichtstrafrechtlichen Handlungen von Bedeutung ist (allein in diesem engen Sinne aber wohl Sax ZStW 90, 958), sondern auch für das *(Innen-)Verhältnis* der rechtswidrigen Tat zu *sonstigen Begriffen der Straftat.* Im Sinne eines derartigen Teilausschnitts aus dem umfassenderen Begriff der vollstrafbaren Tat enthält Nr. 5 insofern eine positive Aussage, als für die „rechtswidrige Tat" zumindest die Verwirklichung eines *Straftatbestandes* erforderlich ist. Doch ist diese Formulierung so zu deuten, als ob damit für die Annahme einer rechtswidrigen Tat bereits die Tatbestandsmäßigkeit der Handlung genügen würde; denn wie sich etwa aus § 35 ergibt, besteht für entschuldigenden Notstand überhaupt erst dann ein Bedürfnis, wenn die zu entschuldigende Tat nicht nur tatbestandsmäßig, sondern mangels eines Rechtfertigungsgrundes auch rechtswidrig ist, ähnlich wie eine freiheitsentziehende Maßregel gegen einen Schuldunfähigen erst dann zulässig ist, wenn die Handlung über ihre Tatbestandsmäßigkeit hinaus auch rechtswidrig ist. Somit ergibt sich zwar nicht aus dem Wortlaut der Nr. 5, wohl aber auch aus dem Zweck der sich auf eine „rechtswidrige Tat" beziehenden Normen, daß damit jeweils nur **tatbestandsmäßig-rechtswidrige, nicht** aber notwendig **schuldhafte** Tat gemeint ist (vgl. Achenbach MDR 75, 20, Baumann/Weber 97 f., Bockelmann/Volk I 21, M-Zipf I 160, Tröndle LK 66). Das gilt auch für die Einteilung der Straftaten in Verbrechen und Vergehen nach § 12, für die schuldhafte Tatbegehung ebenfalls ohne Belang ist (vgl. E 62 Begr. 121 f.). In diesem Sinne ist die rechtswidrige Tat gleichbedeutend mit dem früheren Terminus der „mit Strafe bedrohten Handlung" (vgl. die a. F. der §§ 40 III, 42 b, 48, 49, 111, 330 a) bzw. mit Bezeichnungen wie „objektive Straftat", „unvollständiges Verbrechen" u. dgl.

43 Dem steht auch nicht entgegen, daß in anderen Bestimmungen anstelle von „rechtswidriger Tat" von einem **„Handeln ohne Schuld"** die Rede ist (so in §§ 74, 101 a, 109 k zur Sicherungseinziehung; vgl. Tröndle LK 66 f.). Worin hier freilich eine „sprachliche Verbesserung" (so BT-Drs. 7/550 S. 215) liegen soll, ist unerfindlich, ganz zu schweigen davon, daß durch Umschreibung gleichartiger Tatverwirklichung mit unterschiedlichen Formeln die beabsichtigte Eindeutigkeit der Legaldefiniton wieder in Zweifel gezogen wird.

44 Hingegen ist zur **inhaltlichen** Frage nach den einzelnen **Elementen,** die zur Tatbestandsmäßigkeit bzw. Rechtswidrigkeit der Tat gehören, aus Nr. 5 *keinerlei Aussage* zu entnehmen. Das gilt namentlich auch für den systematischen Standort der Vorsätzlichkeit. Selbst wenn man Nr. 5 mit solchen Vorschriften vergleicht, in denen eine *vorsätzliche* Begehung der *rechtswidrigen Tat* verlangt wird (§§ 26, 27), wäre es ein Fehlschluß zu meinen, daß jenes besondere Vorsätzlichkeitserfordernis überflüssig wäre, wenn rechtswidrig ohnehin immer nur die vorsätzlich (bzw. fahrlässig) begangene Tat sein könne. Denn mit einem solchen (aus der Sicht der „klassischen" Handlungslehre naheliegenden) Einwand würde verkannt, daß es bei dem Verweis auf die Vorsätzlichkeit der Haupttat in den §§ 26, 27 nicht um eine Aussage zum Begriff der rechtswidrigen Tat geht, sondern lediglich um die Klarstellung, daß strafbare Anstiftung bzw. Beihilfe nur zu vorsätzlich, nicht aber zu fahrlässig begangenen Haupttaten möglich sein soll. Daher kann auch aus einer Verbindung mit den §§ 26, 27 weder die Ablehnung noch die Anerkennung der einen oder anderen Handlungslehre herausgelesen werden; vielmehr spricht die zurückhaltende Formulierung der Nr. 5 gerade dafür, daß sich der Gesetzgeber aus dem Streit um den systematischen Standort der Vorsätzlichkeit bzw. Fahrlässigkeit bewußt heraushalten wollte (vgl. BT-Drs. 7/550 S. 211, BVerfG NJW **84,** 1294, Lackner 6). Demzufolge hängt die inhaltliche Erfassung der rechtswidrigen Tat jeweils von dem zugrundeliegenden Verbrechensbegriff ab (näher dazu 45 f. vor § 13).

45 3. Da die „rechtswidrige Tat" somit nur einen Teilausschnitt der strafbaren Handlung ausmacht (o. 42), kann eine **Abgrenzung** von verwandten bzw. komplementären Begriffen wie **„Tat", „Straftat", „Handlung"** oder **„Verbrechen"** erforderlich sein. Eingehend dazu 19. A. RN 48–57 sowie speziell zum „Verbrechen" u. § 12 RN 20 ff.

V. Unternehmen einer Tat (Abs. 1 Nr. 6).

Schrifttum: Berz, Formelle Tatbestandsverwirklichung u. materialer Rechtsgüterschutz, 1986. – *Günther,* Der „Versuch" des räuber. Angriffs auf Kraftfahrer, JZ 87, 16. – *Burkhardt,* Das Unternehmensdelikt und seine Grenzen, JZ 71, 352. – *Fincke,* Das Verhältnis des Allg. zum Bes. Teil des Strafrechts, 1975. – *Livos,* Grundlagen der Strafbarkeit wegen Hochverrats, 1984. – *Jescheck* (Hrsg.), Die Vorverlegung des Strafrechtsschutzes durch Gefährdungs- u. Unternehmensdelikte, 1987. – *Schröder,* Die Unternehmensdelikte, Kern-FS 457. – *Sowada,* Das „unechte" Unternehmensdelikt, GA 88, 194.

1. Gemäß § 23 I ist nur der Versuch von Verbrechen sowie von solchen Vergehen strafbar, bei denen dies ausdrücklich bestimmt ist. Daneben ergibt sich aus der **Legaldefinition** des § 11 I Nr. 6 die Versuchsstrafbarkeit auch für die Tatbestände, bei denen das StGB den Begriff des *Unternehmens* verwendet (z. B. in §§ 81, 82, 184 I Nr. 4, 8, 9, III Nr. 3, 316a, 357; vgl. auch Berz aaO 14, 126 mwN). Die Bedeutung dieser Vorschrift liegt vor allem darin, bei allen Delikten – auch soweit es sich um Verbrechen handelt, bei denen der Versuch nach § 23 I strafbar wäre – die Strafmilderung nach § 23 II für den Versuchsbereich auszuschließen (Jakobs 583 f.; vgl. u. 50). Sinnvoll ist dies freilich nur beim Hochverrat, der, wenn er gelungen ist, den Richter nicht mehr erreichen wird (vgl. Frank § 82 Anm. IV, Livos aaO 193 ff.), während bei den übrigen Delikten sachliche Gründe hierfür nicht ersichtlich sind (and. Tröndle LK 875). Die Verwendung des Begriffes „Unternehmen" beruht bei diesen Tatbeständen mehr oder weniger auf Zufall (vgl. etwa für § 114 a. F. RG 42 272 f.). Zur Entwicklung vgl. krit. Fincke aaO 52 ff.

2. Aus der **Gleichstellung von Vollendung und Versuch** (vgl. BGH 33 381 m. Anm. Günther JZ 87, 17) und der Verwendung des Begriffes Versuch als terminus technicus ergibt sich die Frage, inwieweit die allgemeinen Versuchsgrundsätze auf die Unternehmensdelikte übertragen werden können, soweit es sich materiell um Versuche handelt.

a) Der **Bereich der Strafbarkeit** ist bei den Unternehmensdelikten weder enger noch weiter gezogen als bei anderen Tatbeständen mit Versuchsstrafbarkeit (vgl. Berz aaO 128 f., Schröder aaO 459 f., Rudolphi SK 23; and. Burkhardt JZ 71, 352, der den Versuch i. S. des § 11 I Nr. 6 restriktiv i. S. eines handlungsbezogenen Versuchs interpretiert; dem dürfte jedoch der Wortlaut des Gesetzes entgegenstehen; so auch Weber in Jescheck aaO 8). Für die Abgrenzung zwischen Vorbereitung und Versuch gilt also dasselbe wie bei § 22 (vgl. dort RN 23 ff.).

b) Auch die Grundsätze über den **untauglichen Versuch** (vgl. § 22 RN 60 ff.) sind auf Unternehmenstatbestände anwendbar (RG 39 323, 56 226, 72 81, Günther JZ 87, 18, Jescheck 474, Rudolphi SK 24, Tröndle LK 73). Dies schon deswegen, weil sie zum Teil Verbrechen sind und damit schon unmittelbar über § 23 I der Versuch in vollem Umfang, also auch der untaugliche Versuch strafbar wäre (vgl. auch Schröder aaO 460 f.).

c) Die Hauptbedeutung des § 11 I Nr. 6 liegt im **Ausschluß des strafmildernden § 23 II** (vgl. o. 46). Der Richter darf also die Mindeststrafen der einzelnen Tatbestände nicht unterschreiten; bei der Strafzumessung kann jedoch berücksichtigt werden, daß die Tat nicht zur (materiellen) Vollendung gelangt ist (Berz aaO 131, Tröndle LK 75).

d) Problematisch ist dagegen, ob die Gleichstellung von Vollendung (dazu Berz aaO 127 f.) und Versuch und damit die Behandlung des materiell nur versuchten Delikts als eines vollendeten die **Möglichkeit eines Rücktritts** ausschließt. Da es sich um ein formell vollendetes Delikt handelt, ist § 24 insoweit nicht anwendbar (Tröndle LK 76; and. nur Kohlrausch-Lange § 46 Anm. IV 1; vgl. näher Schröder aaO 462). Der Gesetzgeber hat jedoch bei einem Teil der Unternehmenstatbestände selbständige Rücktrittsregelungen vorgesehen, so z. B. in §§ 83a, 316a II. Dies hat offenbar seinen Grund in einer geläuterten Rechtsauffassung; es bestehen deshalb keine Bedenken dagegen, auf alle Unternehmenstatbestände, die keine Rücktrittsregelung enthalten (z. B. § 184 I Nr. 4, 8, 9), diejenige der §§ 83a, 316a II **analog** zu übertragen (vgl. § 24 RN 116, 119, Schröder aaO 462 f.; zust. Jescheck 474 sowie jedenfalls de lege ferenda Berz aaO 131 f., 137 ff.; abl. Burkhardt JZ 71, 357, Jakobs 584, Rudolphi SK 26, Schmidhäuser 640, Tröndle LK 77; diff. Weber in Jescheck aaO 9 ff.). Die Rspr. hat freilich eine solche allgemeine Analogie bisher nicht zugestanden, sondern nur punktuell entschieden; so wurde z. B. im Rahmen des § 234 III der § 49a III, IV a. F. (jetzt § 31) entsprechend angewandt (BGH 6 85), die Anwendung des § 82 a. F. auf § 122 II a. F. aber abgelehnt (BGH 15 198; vgl. dazu Schröder aaO 463 FN 18).

3. Während die bisher erörterten Tatbestände durch die Verwendung des Begriffs „Unternehmen" im Gesetzestext als Unternehmenstatbestände im technischen Sinne (**„echte Unternehmensdelikte"**) qualifiziert sind, gibt es im StGB eine Reihe von Delikten, bei denen das Gesetz eine objektiv ambivalente Handlung deswegen unter Strafe stellt, weil der Täter mit ihr bestimmte deliktische Absichten verfolgt. So erhält etwa das Nachstellen in § 292 seine Bedeutung erst durch die Tendenz des Täters, Wild zu erlegen oder sich zuzueignen (vgl. § 292 RN 5). In diesen Zusammenhang gehören ferner die §§ 333 und 334, soweit diese verlangen, daß der Täter den Beamten zu der betreffenden Diensthandlung zu veranlassen strebt (vgl. § 333 RN 11, § 334 RN 8). Ähnliches gilt für das Vortäuschen gem. § 145 d und Verdächtigen gem. § 164 sowie für das Widerstandleisten nach § 113. Auch die Begünstigung wäre hierher zu rechnen, wenn man dafür ein nicht notwendig objektiv erfolgreiches, aber subjektiv von Begünstigungstendenz getragenes Hilfeleisten genügen ließe (so Schröder; vgl. aber demgegenüber jetzt § 257 RN 15). Wegen ihrer versuchsähnlichen Struktur bezeichnet man diese Deliktsgruppe im Anschluß an Schröder (Kern-FS 464 ff.) als **„unechte Unternehmensdelikte"** (vgl.

Berz aaO 132 ff., Jescheck 240, Rudolphi SK 27, Tröndle LK 78 f.; für die Bezeichnung als „Versuchsdelikte" schon früher Bockelmann NJW 51, 622, Armin Kaufmann, Dogmatik der Unterlassungsdelikte (1959) 230, Waider GA 62, 176 ff.; vgl. ferner § 323 c RN 15). Es fragt sich allerdings, ob es gerechtfertigt ist, diese „unechten Unternehmensdelikte" in vollem Umfang denen des § 11 I Nr. 6 gleichzustellen (vgl. dazu Burkhardt JZ 71, 352, Schröder aaO 465). Zum Ganzen grds. krit. Alwart, Strafwürdiges Versuchen (1982) 109 ff., Sowada GA 88, 211 ff.

53 a) Dies kann einmal hinsichtlich der Strafbarkeit des **untauglichen Versuchs** problematisch sein: eine Frage, die zwar bei Verbrechen keine Rolle spielen könnte, wohl aber bei Vergehen, die hier ausnahmslos vorliegen. So sehr nun auch die strukturelle Verwandtschaft zwischen den Tatbeständen, in denen das Wort Unternehmen auftaucht, und den hier behandelten eine rechtliche Gleichordnung nahelegt, wird man doch wegen der Tatbestandsgarantie des Art. 103 II GG davon absehen müssen, sie in jeder Beziehung den echten Unternehmensdelikten gleichzustellen.

54 Das Phänomen, das zu der Entdeckung solcher unechter Unternehmenstatbestände geführt hat, ist die Tatsache, daß gewisse Tatbestände des StGB eine finale Handlungsbeschreibung besitzen, die von der bloßen Zielrichtung des Täters – also ohne Rücksicht auf irgendeinen Erfolg – getragen ist. Aus diesem Grunde können auch die Versuchsgrundsätze nur in bezug auf die **Handlung** als solche übertragen werden, nicht dagegen auf andere Umstände, insbes. nicht auf die rechtliche Qualität des Handlungsobjektes (Schröder aaO 465 f., i. gl. S. Burkhardt JZ 71, 355, Rudolphi SK 28). Sofern die Begünstigung zu diesen Delikten gerechnet wird (so Schröder, vgl. aber o. 52), wäre danach z. B. strafbar, wer den Vortäter mit einem völlig untauglichen Mittel zu begünstigen sucht, nicht dagegen, wer irrtümlich davon ausgeht, der Begünstigte habe eine Vortat i. S. des § 257 begangen (and. Bockelmann und Kaufmann aaO 52). Entsprechendes gilt für § 292 (and. Waider GA 62, 183 f., der hier den untauglichen Versuch in vollem Umfang bestrafen will) sowie bei § 113 hinsichtlich der Rechtmäßigkeit der Amtsausübung (vgl. dort RN 18 ff.). Wieder anders Rudolphi SK 29, der die Strafbarkeit bei unechten Unternehmensdelikten grundsätzlich auf taugliche Handlungsversuche beschränken will. Vgl. auch Günther JZ 87, 19 sowie § 323c RN 2a.

55 b) Auch für diese unechten Unternehmensdelikte stellt sich das Problem des **Rücktritts,** da die Vornahme einer Handlung mit bestimmter Tendenz bereits die formelle Vollendung der Tat begründet. § 24 ist deswegen unanwendbar. Jedoch besteht keinerlei Anlaß, diese Fälle anders zu behandeln als die echten Unternehmenstatbestände, bei denen der Gesetzgeber das Problem gesehen und jedenfalls teilweise geregelt hat. Die hier bestehende Lücke muß durch analoge Anwendung der einzelnen gesetzlichen Regelungen geschlossen werden (Jescheck 474; dagegen Berz aaO 136 f., Burkhardt JZ 71, 352, Jakobs 584, Rudolphi SK 30, Tröndle LK 81; diff. Weber in Jescheck aaO 14 f.), wobei die §§ 31, 83a, 316a II das Muster für eine solche Rücktrittsregelung darstellen können (vgl. Schröder aaO 467 f.). Entsprechendes muß bei §§ 145d, 164 gelten; hier ist die Regelung des § 158 als sachgerechteste analog heranzuziehen. Die Rspr. hat freilich bisher diesen Weg nicht eingeschlagen (BGH **14** 217 für § 323c).

56 4. Für **Täterschaft und Teilnahme** gelten auch bei Unternehmensdelikten die allgemeinen Grundsätze. Nicht jeder, der sich an einem Unternehmen beteiligt, ist automatisch Täter. Die Art seiner Beteiligung hängt vielmehr davon ab, welche Rolle er im Rahmen der Durchführung des geplanten Unternehmens spielen sollte. Anstiftung und Beihilfe zu Unternehmensdelikten sind daher uneingeschränkt möglich.

VI. Behörde, Gericht (Abs. 1 Nr. 7).

57 1. Der Aussagegehalt dieser Bestimmung ist gering; denn sie sieht lediglich die *Einbeziehung des Gerichts* in den **Behördenbegriff** vor, läßt aber diesen selbst (zu Recht) undefiniert. So wenig es bislang im öffentlichen Recht gelingen konnte, einen allseits abschließenden und einheitlich verwendbaren Begriff der Behörde zu finden (vgl. die verschiedenartigen Definitionsversuche bei Wolff-Bachof, VerwaltungsR II[4] [1976] 81 ff.), so wenig kann dies im Strafrecht gelingen. Dies schon deshalb nicht, weil in den fraglichen Vorschriften die Behörde oft nur als Hauptfall der möglicherweise betroffenen Stellen genannt wird und deren Umgrenzung maßgeblich vom Zweck der Norm abhängt (Tröndle LK 83). Wenn etwa beim Fahrverbot in § 44 von dem von einer deutschen Behörde erteilten Führerschein die Rede ist, so steht dahinter die Vorstellung von einem mit spezifischer Zuständigkeit ausgestatteten Amt, während demgegenüber für eine Beleidigung von Behörden i. S. von § 194 III weitaus weniger formal jedwede organisatorische Einrichtung in Betracht kommt, die mit Aufgaben öffentlicher Verwaltung betraut ist.

58 Ähnliche Unterschiede ließen sich in den Vorschriften feststellen, in denen teils ausdrücklich von *Behörde* (so in §§ 11 I Nr. 2c, 4, 90a, 138, 156, 203 I Nr. 4, 218 b II Nr. 1, 277 ff.) oder i. w. S. von *sonstigen Stellen* (so §§ 11 I Nr. 2c, 4, 145d, 153, 158, 219) gesprochen wird oder diese näherhin als *Dienststelle* (§ 77a) oder *Vollstreckungsbehörde* (§ 79b) spezifiziert sind oder sich lediglich eine mittelbare Verweisung auf den Behördenbegriff findet, wie etwa im Begriff der *amtlichen* Bekanntmachung

(§ 134), des *dienstlichen* Siegels (§ 136), der durch eine entsprechende Stelle ausgestellten *öffentlichen Urkunde* (§ 271), oder wo von behördlicher *Erlaubnis* (§ 284), behördlichen *Anordnungen* (§§ 44 IV, 174a I Nr. 2, 174b) bzw. behördlichem *Auftrag* (§ 266) die Rede ist.

Immerhin dürfte aber diesen verschiedenartigen Behörden soviel gemeinsam sein, daß es sich jeweils um eine von der Person des Inhabers unabhängige, mit bestimmten Mitteln für eine gewisse Dauer ausgestattete Einrichtung handeln muß, die unter (unmittelbarer oder mittelbarer) staatlicher Autorität für öffentliche Zwecke tätig wird (vgl. RG 33 383, 54 150, BGH NJW 57, 1673, Frankfurt NJW 64, 1682, D-Tröndle 35, Lackner 8). Je nach dem Zweck der Einzelnorm kann dabei das Schwergewicht mehr auf dem einen oder dem anderen Merkmal liegen bzw. durch eine besondere Aufgabenstellung näher spezifiziert sein. 59

Danach wurden in der **Rspr.** z. B. als *Behörden* angesehen: Dienststellen der Gemeinden (RG 40 161, Frankfurt NJW 64, 1682, LG Köln JZ 69, 80), Oberbürgermeister und Stadtrat (R 4 135), die Verwaltung der Stadtsparkasse (RG 6 247, 39 391), öffentliche Sparkassen (BGH 19 21), Krankenkassen und Berufsgenossenschaften (RG 74 268, 76 105, 211; and. BGH 25 86), Fakultäten der Universitäten (RG 17 208, 75 112), Präsidenten von Rechtsanwaltskammern (RG 47 394, JW 36, 1604), Industrie- und Handelskammer (RG 52 198). Dagegen sind Kirchenbehörden *nicht* ohne weiteres öffentliche Behörden (vgl. RG 47 49, 56 399), während Gerichtskassen (R 10 23) und Vollzugsanstalten (BGH GA 69, 84) schon bisher als Behörden angesehen wurden. Auch die Gutachterstellen i. S. von § 219 a. F. hatten im Hinblick auf ihre öffentliche Kontrollfunktion Behördeneigenschaft (BT-Drs. 7/1981 [neu] 17), während dies sowohl bei den Beratungsstellen i. S. von § 218b wie auch beim indikationsfeststellenden Arzt i. S. von § 219 zu verneinen ist. 60

2. Durch die ausdrückliche Einbeziehung der **Gerichte** in den an sich schon recht weiten Behördenbegriff sollen die Zweifel ausgeräumt werden, die daraus entstehen könnten, daß das allgemein-sprachliche Verständnis von „Behörde" primär an Verwaltungstätigkeit orientiert ist und daher die Träger rechtsprechender Gewalt nicht miterfaßt wären. Freilich bleibt zu beachten, daß die Gleichstellung von Gericht und Behörde nicht zugleich auch eine Gleichstellung der jeweils dafür tätigen Personen bedeutet; denn ähnlich wie in den Nrn. 2a bzw. 3 zwischen Beamten und Richtern unterschieden wird, kommt es auch für die Eigenschaft als Amtsträger i. S. von Nr. 2c bzw. den öffentlich besonders Verpflichteten i. S. von Nr. 4 darauf an, daß Verwaltungs- und nicht nur Rechtsprechungsaufgaben wahrgenommen werden (vgl. o. 23). 61

Auch der *Begriff* des Gerichts ist vom Gesetz *nicht* näher *definiert*. Grundsätzlich ist darunter ein Organ der rechtsprechenden Gewalt in der Bundesrepublik zu verstehen (Tröndle LK 86). Dies kann idR sowohl eine gesamte organisatorische Gerichtseinheit (BGH, OLG usw.) als auch der zuständige Spruchkörper eines bestimmten Gerichts (6. Strafsenat des BGH: vgl. BGH 9 23) bzw. der Einzelrichter sein. Im übrigen ist auf den jeweiligen *Normzweck* zu achten. So könnten etwa hinsichtlich ihrer Beleidigungsfähigkeit bzw. der Einleitung von behördlichen Verfahren nach § 164 auch Disziplinar- und Ehrengerichte oder sonstige gerichtsähnliche Schiedsstellen oder Spruchausschüsse (z. B. des Arbeitsamtes) als Gerichte anzusehen sein. Soweit andererseits der Schutzzweck der Norm auf *bestimmte Funktionen* oder *Qualifikationen* des Gerichts abstellt, ist auch dessen Begriff entsprechend enger zu fassen: so z. B. bei §§ 153, 154, wo nur solche Rechtsprechungsorgane gemeint sein können, die für die Abnahme von Eiden zuständig sind. Schon deshalb kann etwa ein privates Schiedsgericht jedenfalls nicht Gericht i. S. dieser Vorschriften sein (vgl. D-Tröndle § 154 RN 3). 62

3. Soweit in bestimmten Vorschriften zwar nicht von Behörden, wohl aber von behördlichen Verfahren, Erlaubnissen und Anordnungen die Rede ist (o. 58), gilt dies nach Nr. 7 auch für **gerichtliche Verfahren und Erlaubnisse** entsprechend (Tröndle LK 87). Demgemäß kann falsche Verdächtigung nach § 164 auch durch Herbeiführung eines Strafverfahrens begangen werden, bzw. behördliche Verwahrung i. S. von § 44 IV kann auch gerichtlich angeordnete U-Haft oder der Vollzug einer Freiheitsstrafe sein. 63

VII. Maßnahme (Abs. 1 Nr. 8).

1. Auch bei diesem Begriff handelt es sich *nicht* um eine *Legaldefinition* der Maßnahme, sondern lediglich um ein *verweisungstechnisches* Hilfsmittel. Dazu werden unter der **Sammelbezeichnung** der Maßnahme bestimmte Rechtsfolgen der Tat zusammengefaßt, die trotz unterschiedlicher Rechtsnatur teilweise nach gleichen Grundsätzen behandelt werden. Allerdings sind die Anwendungsfälle nicht sonderlich zahlreich; denn neben den Konkurrenzen (§§ 52 IV, 53 III, 55 II) und der Verjährung (§ 78 I) werden im wesentlichen nur bei Strafvereitelung (§§ 258, 258a) und der Verfolgung bzw. Vollstreckung gegen Unschuldige (§§ 344, 345) die in Nr. 8 genannten Rechtsfolgen gleichbehandelt, ja selbst bei § 344 noch mit der Einschränkung, daß es sich um freiheitsentziehende Maßnahmen (wie z. B. die Unterbringung in einer Entziehungsanstalt) handeln muß. 64

65 Angesichts ihrer rein gesetzestechnischen Funktion hat somit die Maßnahme *keine inhaltliche Eigenbedeutung;* ebensowenig wird durch diese Zusammenfassung die Rechtsnatur der betreffenden Rechtsfolgen irgendwie berührt. Daher bestimmen sich Inhalt und Umfang der fraglichen Rechtsfolgen jeweils allein nach den für sie vorgesehenen Regeln. Diese finden sich für die *Maßregeln der Besserung und Sicherung* im wesentlichen in den §§ 61–72, für den *Verfall* in §§ 73–73 d, für die
66 *Einziehung* in §§ 74–76 a und für die *Unbrauchbarmachung* in § 74 d. Andere als die in Nr. 8 genannten Rechtsfolgen können *nicht* in diesen formalen Begriff der Maßnahme einbezogen werden, jedenfalls nicht zu Lasten des Täters. Daher bedurfte es für die Ausweitung des § 345 auf die unzulässige Vollstreckung eines *Jugendarrestes* bzw. einer *Geldbuße* der ausdrücklichen Nennung dieser Sanktionen, ähnlich wie umgekehrt die Vereitelung solcher Rechtsfolgen mangels besonderer Anführung nicht durch § 258 erfaßt wird (vgl. Rudolphi SK 32).

67 2. Allerdings ist der Begriff der Maßnahme nur bei **ausdrücklicher Verweisung** auf Nr. 8 in jenem engen Sinne zu verstehen (wie in den o. bei 64 genannten Bestimmungen), bzw. wo sich dies aus dem Normzusammenhang ergibt (so z. B. bei § 258 V i. V. m. I). Wo dies nicht der Fall ist, wie etwa bei § 164, kommen daher auch sonstige behördliche Maßnahmen, denen der falsch Verdächtigte ausgesetzt werden könnte, in Betracht (vgl. Tröndle LK 88 ff.).

VIII. Entgelt (Abs. 1 Nr. 9).

68 1. Die Vorschrift gibt eine **Legaldefinition** des Entgelts mit dem Ziel, aus der denkbaren Vielfalt von Vorteilen, die aus einer Tat gezogen, bzw. von Belohnungen, die dafür gegeben werden können, den Entgeltbegriff auf Leistungen von *wirtschaftlichem* Wert einzuengen. Die praktische Bedeutung ist allerdings nicht mehr sonderlich groß, nachdem im Hauptanwendungsbereich des Verfalls statt auf Entgelt und Gewinn (so § 109 E 62) nun auf den allgemeineren Begriff des Vermögensvorteils abgehoben wird (§ 73; vgl. dort RN 6). Im übrigen spielt das Entgelt teils als Tatbestandsmerkmal (so in §§ 184 I Nr. 7, 265 a), teils als Strafschärfungsgrund bei Gegenleistung für eine Tat (§§ 180 II, 203 V) eine Rolle.

69 2. a) Für den Begriff des Entgelts ist wesentlich, daß es in einer **Gegenleistung** besteht, d. h. daß es für etwas gegeben bzw. vom Täter für etwas verlangt sein muß, und zwar idR für die
70 Tat. Anders naturgemäß dort, wo der Strafgrund darin liegt, daß der Täter das ihm obliegende Entgelt vorenthält, wie in § 265 a. Das bedeutet, daß in den Fällen, in denen der Straf(schärfungs)grund im Empfang einer Leistung liegt (§§ 180 II, 184 I Nr. 7, 203 V), diese nicht nur gelegentlich, sondern gerade *für* die Tatbegehung gegeben wird (vgl. Tröndle LK 90 f.).

71 b) Ferner muß die Gegenleistung in einem **Vermögensvorteil** bestehen, so daß etwa der Geheimnisträger, der sich den Verrat eines Privatgeheimnisses durch geschlechtliche Hingabe entlohnen läßt, keine Strafschärfung nach § 203 V zu gewärtigen hat. Insofern ist das Entgelt enger als der Vorteil i. S. der §§ 331 ff., da dort auch immaterielle Gunsterweise Bestechlichkeit begründen können (vgl. näher § 331 RN 21).

72 c) Unerheblich für den Entgeltbegriff ist hingegen, daß dadurch ein *Gewinn* erlangt oder eine *Bereicherung* erstrebt wird (D-Tröndle 37). Deshalb kann anders als bei § 41, wo die Verhängung einer Zusatzgeldstrafe eine Bereicherung bzw. Bereicherungsabsicht des Täters voraussetzt und dafür ein Vergleich von Vor- und Nachteilen vorzunehmen ist (vgl. dort RN 3), das Entgelt nicht mit eigenen Aufwendungen des Täters oder etwaigen Ersatzansprüchen seines Opfers aufgerechnet werden (Tröndle LK 92). Entscheidend ist vielmehr nur, daß für die Tat eine Gegenleistung erlangt bzw. bei § 265 a die dem Täter obliegende Leistung vorenthalten wurde. Zu weiteren Einzelheiten vgl. die einschlägigen Vorschriften (o. 68, 70) sowie die Erläuterungen zu §§ 41, 73 und 331.

IX. Gleichstellungsklausel für Vorsatz-Fahrlässigkeitskombination (Abs. 2).

Schrifttum: Cramer, Das Strafensystem des StGB, JurA 70, 183. – *Krey-Schneider,* Vorsatz-Fahrlässigkeits-Kombination nach geltendem und künftigem Recht, NJW 70, 640. – Vgl. ferner die Angaben zu § 18.

73 1. Die Vorschrift versucht Zweifelsfragen auszuräumen, die aus der tatbestandlichen Kombinierung von *vorsätzlicher Handlung* mit dadurch herbeigeführter *fahrlässiger Gefährdung* entstanden sind. Solche gemischt vorsätzlich-fahrlässigen Tatbestände finden sich namentlich im Staatsschutzrecht (§§ 97 I, 109 e V, 109 g IV), bei Explosions- und Verkehrsgefährdungsdelikten (§§ 311 IV, 315 a III Nr. 1, 315 b IV, 315 c III Nr. 3) sowie beim Dienstgeheimnisverrat (§ 353 b I 2). Obgleich den sog. **erfolgsqualifizierten Delikten** i. S. von § 18 nicht unähnlich, unterscheiden sich diese beiden Arten von Vorsatz-Fahrlässigkeitskombinationen doch insofern, als bei den erfolgsqualifizierten Delikten bereits das (meist) vorsätzliche Grunddelikt für sich allein schon eigenständig strafbar ist, aber ein dadurch (mindestens fahrlässig) herbeigeführter besonderer Erfolg mit verschärfter Strafe bedroht wird (vgl. etwa §§ 224, 226, 307, ferner § 18 RN 2), während bei den hier in Frage stehenden sog. **eigentlichen Vorsatz-Fahrlässigkeitskombinationen** das vorsätzliche Handeln (z. B. die Herbeiführung einer Explosion) für

sich allein grds. nicht strafbar ist (anders nur die eine Vorsatz-Fahrlässigkeitskombination enthaltenden sog. gefahrerfolgsqualifizierten Delikte wie § 315c I Nr. 1a iVm § 315c III Nr. 1; zu diesen näher Rengier, Erfolgsqualifizierte Delikte 273 ff.), sondern u. a. erst dann, wenn dadurch fahrlässigerweise eine konkrete Individualgefahr verursacht wird (näher zur Abgrenzung Krey-Schneider NJW 70, 640 ff.; zu sonstigen Vorsatz-Fahrlässigkeitskombinationen vgl. Eser III 113 ff.). Da hier das strafauslösende Gewicht auf der fahrlässigen Gefährdung liegt, zu der das vorsätzliche Handeln nur eine straflose Vorstufe darstellt, war der Charakter dieser Mischtatbestände lange umstritten. Während sie von der wohl h. M. wie *Fahrlässigkeitstaten* behandelt wurden, haben sie andere als *erfolgsqualifizierte Delikte* bzw. als *Vorsatztaten* behandelt (vgl. 20. A. RN 85 mN). In dieser vor allem für Teilnahme bedeutsamen Frage hat sich der Gesetzgeber nun für die letztgenannte Auffassung entschieden und durch Abs. 2 die gemischt vorsätzlich-fahrlässigen Delikte den **vorsätzlichen gleichgestellt**.

Diese Entscheidung ist zwar als Klarstellung zu begrüßen, aber kriminalpolitisch dort nicht unbe- 74 denklich, wo es sich um Kombinationen handelt, in denen die vorsätzliche Grundhandlung als solche unrechtsneutral ist (wie z. B. bei Herbeiführung einer Explosion durch einen Sprengmeister), die eigentliche Unrechtsschwelle also erst durch die Gefährdung überschritten wird (vgl. Cramer NJW 64, 1837). Da dort das Schwergewicht eindeutig auf dem fahrlässigen Gefährdungsteil liegt, wäre die Behandlung des Mischtatbestandes als Fahrlässigkeitsdelikt angemessener (vgl. auch die Kritik von Gössel Lange-FS 235 f., Schroeder LK § 18 RN 5, aber auch 33). In allen anderen Fällen jedoch, in denen bereits das vorsätzliche Handeln Unrechtsqualität besitzt, und sei es auch nur als Ordnungswidrigkeit oder Disziplinarunrecht, würde eine formalistische Trennung zwischen vorsätzlicher Grundhandlung und fahrlässiger Anschlußgefährdung bei völliger Ignorierung der ersteren deren materiellem Unrechtsgehalt nicht voll gerecht (vgl. Jescheck 515). In diesen Fällen (wie insbes. bei §§ 315a, 315c) lassen sich Mischtatbestände ihrem Unrechtsgehalt nach durchaus einem Vorsatzdelikt gleichstellen, wobei in der auf die nur fahrlässige Gefährdung abgestellten Strafdrohung kein Strafausdehnungsgrund, sondern – im Vergleich zu voll vorsätzlichen Taten – ein *Strafherabsetzungsgrund* zu erblicken ist. Daher zu weitgehend in ihrer undifferenzierten Ablehnung von Abs. 2 Krey-Schneider NJW 70, 645 f. (vgl. Tröndle LK 97).

2. Die Gleichstellung von Vorsatz-Fahrlässigkeits-Kombinationen durch Abs. 2 hat insbes. folgende **Konsequenzen:**

a) Die Möglichkeit von **Teilnahme** an einem Mischdelikt: Wird z. B. ein Kraftfahrer, der um 75 seine Fahruntüchtigkeit i. S. v. § 315c I Nr. 1b weiß, aber angesichts geringen Verkehrs glaubt, ohne Gefährdung anderer nach Hause zu kommen, zu einer derartigen Fahrt angestiftet, so bliebe nach der Fahrlässigkeitsauffassung (o. 73) der Anstifter selbst dann, wenn er mit einer Verkehrsgefährdung durch den Angestifteten rechnete, straflos, da es an einer vorsätzlichen Haupttat fehlte. Ist dagegen aufgrund der Gleichstellungsklausel auch der Mischtatbestand als Vorsatzdelikt zu begreifen, so bildet er selbst bei nur fahrlässiger Gefährdung eine teilnahmefähige Haupttat i. S. der §§ 26, 27 (vgl. Stuttgart NJW **76**, 1904; Jescheck 515, Lackner 11b, Rudolphi SK 35, Tröndle LK 98; and. M-Gössel II 352 f.). Freilich wird nach allgemeinen Teilnahmeregeln (insbes. § 29) der Teilnehmer nur dann strafbar sein, wenn er seinerseits im Hinblick auf die Gefährdung fahrlässig gehandelt hat, z. B. hätte voraussehen können, daß der fahruntüchtige Haupttäter eine konkrete Individualgefahr i. S. v. § 315c I herbeiführt. Insofern gilt für die Voraussetzungen auf Teilnehmerseite ähnliches wie bei den erfolgsqualifizierten Delikten (vgl. § 18 RN 7 sowie Cramer JurA 70, 196 f., D-Tröndle § 315 RN 23, Rudolphi SK 35). Abw. hält Gössel Lange-FS 225 ff. lediglich fahrlässige (Neben-)Täterschaft des Teilnehmers für möglich. Vgl. zum Ganzen auch § 18 RN 7.

b) Auch der **Versuch** eines als vorsätzlich zu behandelnden Mischdelikts ist an sich in der 76 Weise denkbar, daß eine Grundhandlung versucht wird, die, falls erfolgreich, zu einer fahrlässigen Gefährdung führen würde. Strafbar ist ein solcher Versuch allerdings immer nur dann, wenn gerade auch hinsichtlich des Mischdelikts der Versuch unter Strafe gestellt ist. Doch daran fehlt es in den meisten Fällen, so insbes. bei §§ 315a, 315b und 315c, weil dort das Mischdelikt erst hinter der Versuchsklausel des jeweiligen vollvorsätzlichen Tatbestandes geregelt ist und daher von dieser nicht miterfaßt wird (vgl. § 315c RN 37, ebenso Düsseldorf VRS **35** 29, D-Tröndle § 315 RN 23). Dagegen wird bei § 353b auch das Mischdelikt von der Strafbarerklärung des Versuchs mitumfaßt (vgl. Oldenburg NdsRpfl. **80**, 227, D-Tröndle § 353b RN 14); daher sind dort die gegen den Versuch des Mischdelikts sprechenden Bedenken (Krey-Schneider NJW 70, 644; abl. auch Rudolphi SK 36) durch Abs. 2 ausgeräumt (i. E. ebenso Tröndle LK 99).

c) Auch hinsichtlich der **Rechtsfolgen** ist das gemischt vorsätzlich-fahrlässige Delikt insge- 77 samt als vorsätzliches zu behandeln. Daher hatte es nicht nur *rückfallbegründende* Kraft i. S. des (inzwischen aufgehobenen) § 48, sondern kann auch für den *Widerruf des Straferlasses* (§ 56g II) bzw. für *Sicherungsverwahrung* (§ 66) bedeutsam werden (vgl. Rudolphi SK 37). Auch *Fortset-*

zungszusammenhang ist damit nunmehr zwischen bzw. u. U. auch mit Mischdelikten denkbar (Jescheck 515).

X. Schriften, Ton- und Bildträger, Abbildungen und andere Darstellungen (Abs. 3).

78 1. Die Vorschrift gibt keine Legaldefinition der genannten Gegenstände, sondern bezweckt lediglich deren *verweisungstechnische* Zusammenfassung unter dem **Sammelbegriff der Schrift** als dem praktisch häufigsten Anwendungsfall von Darstellungen (vgl. E 62 Begr. 121; allg. zu den Schriftenverbreitungstatbeständen Franke GA 84, 452 ff.). Obgleich somit die *Schrift* stellvertretend für die übrigen Medien steht, bildet doch den eigentlichen **Oberbegriff** die **Darstellung** (vgl. 19. A. RN 91 sowie Tröndle LK 106). Dieser Auffangfunktion entsprechend sind unter Darstellung jegliche Arten stofflicher Zeichen zu verstehen, die sinnlich wahrnehmbar sind und einen Vorgang oder einen sonstigen gedanklichen Inhalt vermitteln sollen, wobei die stoffliche Verkörperung von gewisser Dauer sein muß; daher scheiden rein schauspielerische Aufführungen von vorneherein aus (vgl. Rudolphi SK 39). Dabei ist unerheblich, ob die Wahrnehmung unmittelbar oder nur durch Einsatz von Hilfsmitteln möglich ist. Je nach Art der Wahrnehmbarkeit bzw. Vergegenständlichung handelt es sich um eine Schrift oder eines der anderen Medien. Dabei sind unter **Schriften** solche stofflichen Zeichen zu verstehen, in denen eine Gedankenäußerung durch Buchstaben, Bilder oder Zeichen verkörpert ist und damit vor allem durch Gesichts- oder Tastsinn wahrgenommen werden kann (vgl. BGH **13** 375); auch Geheim-, Kurz- oder Bilderschriften kommen dafür in Betracht. Für **Abbildungen** ist die optische Wiedergabe körperlicher Gegenstände oder Vorgänge der Außenwelt in Fläche und Raum kennzeichnend, wie z. B. bei Gemälden, Fotos, Dias oder Filmen (RG **39** 183). Bei **Tonträgern** handelt es sich um Gegenstände, die bestimmte technisch gespeicherte Laute (Sprache, Musik) enthalten und durch Wiedergabegeräte für das Ohr wahrnehmbar machen; dazu rechnen neben Walzen und Schallplatten (dazu Düsseldorf NJW **67**, 1142) insbes. auch Tonbänder (vgl. RG **47** 406). Bei **Bildträgern** sind anstelle von Tonfolgen Bilder oder Bildfolgen gespeichert, die durch Hilfsmittel dem Auge wahrnehmbar gemacht werden können, z. B. Magnetbänder oder -platten für Video-Recorder oder ähnliche Kassetten für privates Fernsehen (vgl. LG Duisburg NStZ **87**, 367). Im einzelnen sind die Grenzen fließend. So etwa könnte man Plastiken oder Handstickereien zu den Abbildungen zählen; jedenfalls gehören sie aber zu den Darstellungen (zu Porzellanfiguren vgl. RG GA Bd. **57** 400).

79 2. Eine Gleichstellung der vorgenannten Darstellungen mit den Schriften kommt jedoch nur bei Bestimmungen mit **ausdrücklicher Verweisung auf § 11 III** (meist durch Klammerzusatz) in Betracht (Tröndle LK 107). Das ist etwa bei der Einziehung und Unbrauchbarmachung der Fall (§ 74 d), so daß danach iVm § 184 I etwa auch Schallplatten pornographischen Inhalts eingezogen werden können, ferner in den §§ 86 II, 86 a, 90, 90 a, 90 b, 103 II, 111, 166, 187 a. Dagegen findet auf Urkunden, Aufzeichnungen, Darstellungen, Bücher oder Register i. S. der §§ 267 ff. die Gleichstellungsklausel des Abs. 3 ebensowenig Anwendung wie auf schriftlich verkörperte Geheimnisse i. S. der §§ 93 ff. bzw. des § 353 b II. In diesen Fällen ist jeweils aus dem Zweck der Norm die Art der erfaßten Gegenstände näher zu bestimmen (vgl. dazu § 93 RN 3 bzw. 353 b RN 6). Soweit eine Verweisung auf § 11 III fehlt, sind nur die jeweils genannten Schriftstücke (wie z. B. bei § 202) gemeint (Rudolphi SK 38).

§ 12 Verbrechen und Vergehen

(1) Verbrechen sind rechtswidrige Taten, die im Mindestmaß mit Freiheitsstrafe von einem Jahr oder darüber bedroht sind.

(2) Vergehen sind rechtswidrige Taten, die im Mindestmaß mit einer geringeren Freiheitsstrafe oder die mit Geldstrafe bedroht sind.

(3) Schärfungen oder Milderungen, die nach den Vorschriften des Allgemeinen Teils oder für besonders schwere oder minder schwere Fälle vorgesehen sind, bleiben für die Einteilung außer Betracht.

Schrifttum: Calliess, Die Rechtsnatur der „besonders schweren Fälle" usw., JZ 75, 112. – *Dreher*, Zur Systematik allgemeiner Strafschärfungsgründe, GA 53, 129. – *Engisch*, Die neuere Rspr. zur Trichotomie der Straftaten, SJZ 48, 660. – *Furtner*, Der „schwere", „besonders schwere" und „minder schwere" Fall im Strafrecht, JR 69, 11. – *Heinitz*, Empfiehlt sich die Dreiteilung der Straftaten auch für ein neues StGB?, Mat. I 55. – *Hildebrand*, Straftaten und Verfehlungen im neuen Strafrecht der DDR, JOR 68 I 7. – *Krümpelmann*, Die Bagatelldelikte, 1966. – *Lyon*, Der Verbrechensbegriff in der Strafrechtswissenschaft der DDR, 1960. – *Mattes*, Untersuchungen zur Lehre von den Ordnungswidrigkeiten, 1. Hbd. 1977, 2. Hbd. 1982. – *Maurach*, Zur Entwicklung des materiellen

Verbrechen und Vergehen 1–5 § 12

Verbrechensbegriffes im sowj. Strafrecht, ROW 57, 137. – *Schmidt-Weber,* Straftaten und Verfehlungen, NJ 67, 110. – *Wahle,* Zur strafrechtlichen Problematik „besonders schwerer Fälle", GA 69, 161. – *Zipf,* Kriminologischer und strafrechtlicher Verbrechensbegriff, MDR 69, 889.

I. Die Vorschrift enthält **Legaldefinitionen** für die Begriffe des *Verbrechens* und des *Vergehens* und 1 nennt die dafür maßgeblichen Abgrenzungskriterien. Zugleich liegt darin konkludent die Aussage, daß es neben diesen beiden Kategorien keine sonstigen Arten von Straftaten mehr gibt (vgl. BGH 28 95).

1. Damit ist an die Stelle der früheren *Trichotomie* der Straftaten in Verbrechen, Vergehen 2 und Übertretungen (§ 1 a. F.), die der französischen Dreiteilung in crimes, délits und contraventions nachgebildet war (näher zur Geschichte Heinitz Mat. I 55), eine **Dichotomie von Verbrechen und Vergehen** getreten. Die damit notwendig gewordene Aufhebung des die *Übertretungen* enthaltenden 29. Abschn. des StGB a. F. durch Art. 19 Nr. 206 EGStGB bedeutet jedoch nicht, daß die davon betroffenen Tatbestände gänzlich sanktionslos geworden wären. Vielmehr hat die mit der Abschaffung der Übertretungen erhoffte „Entkriminalisierung" von Bagatellkriminalität allenfalls insofern stattgefunden, als ein Teil der Taten, die früher als Übertretungen „strafbar" waren, zu (nichtkriminellen) *Ordnungswidrigkeiten* herabgestuft wurden (Einzelheiten u. 15 ff.). Ungeachtet der (ohnehin zweifelhaften) materiellen Wesensverschiedenheit von Straftaten und Ordnungswidrigkeiten (dazu 35 vor § 38) lebt jedenfalls neben den Verbrechen und Vergehen ein sich ständig ausweitender Bereich bußgeldbewehrter Ordnungswidrigkeitstatbestände fort (vgl. Göhler Einl. 11 sowie 5 vor § 1).

Da somit der eigentlich entscheidende Graben mehr und mehr zwischen **Straftaten** und **Ord-** 3 **nungswidrigkeiten** verlaufen wird, stellt sich die Frage, ob daneben eine Aufteilung der Straftaten in Verbrechen und Vergehen überhaupt noch sinnvoll bleibt oder ob nicht die Charakterisierung einer Tat als „Verbrechen" aus Resozialisierungsgründen völlig aufgegeben werden sollte (so Baumann[8] 97). Wie jedoch selbst der um Zurückdrängung der Verbrechen bemühte AE (vgl. dessen § 11 I) einräumen muß, schafft die Differenzierung zwischen Verbrechen und Vergehen immerhin eine gewisse Abstufbarkeit der Straftaten nach ihrer Schwere und damit einen Ansatzpunkt sowohl für materiell- wie auch verfahrensrechtliche Regelungen (AE/AT 47 § 11). Daß das Strafrecht ohne gewisse Abstufungen, wie sie bereits in der mittelalterlichen Differenzierung zwischen causae majores und minores zum Ausdruck kam, schwerlich auskommen mag, zeigte sich nicht zuletzt im Strafrecht der ehemaligen DDR, wo zwar die Übertretungen abgeschafft wurden, sich aber zwischen die (teils neu abgegrenzten) Verbrechen und Vergehen einerseits und die Ordnungswidrigkeiten andererseits sogar noch eine neue Gruppe sog. „Verfehlungen" dazwischen geschoben hatte. Vgl. Schmidt-Weber NJ 67, 110 ff., Hildebrand JOR 68 I 7 ff., ferner Tröndle LK 6.

2. Trotz solcher materieller Unterscheidungsfaktoren handelt es sich bei § 12 doch um eine rein 4 **formale Zweiteilung.** Und zwar einmal insofern, als die Unterscheidung allein nach Art und Höhe der *Strafdrohung* (und nicht nach materiellen Kriterien der Tat selbst) vorgenommen wird (u. 5 ff., 19 ff.), wobei die Strafart nach Einführung der Einheitsstrafe ohnehin nahezu jegliche Differenzierungskraft verloren hat (vgl. 17. A. § 1 RN 1 sowie Stöckl GA 71, 236). Zum anderen insofern, als sich die **gesetzestechnische Funktion** der Zweiteilung praktisch darin erschöpft, durch Bezugnahme auf die Deliktsart Verweisungen zu erleichtern und damit das Gesetz kürzer fassen zu können (vgl. Samson SK 2). So etwa läßt sich die unterschiedliche Strafbarkeit des Versuchs dadurch regeln, daß dieser bei Verbrechen durch einen einzigen Satz in § 23 I generell für strafbar erklärt wird, bei Vergehen hingegen nur in den jeweils ausdrücklich so geregelten Tatbeständen (z. B. § 242 II). Eine ähnliche Globalverweisung findet sich für den Versuch der Beteiligung an einem Verbrechen (§ 30) sowie für den Verlust der Amtsfähigkeit (§ 45 I), während die Verjährung nur noch von der Strafhöhe abhängt (§ 78). Im BT spielt die Unterscheidung bei § 126 und § 241 eine Rolle. Dagegen werden *verfahrensrechtlich* Verbrechen und Vergehen noch in zahlreichen Fällen unterschiedlich behandelt: so etwa bei den Haftgründen (§ 112 II StPO) und der Verfahrenseinstellung nach §§ 153 f. StPO. Vgl. ferner § 140 I Nr. 2 StPO, § 25 GVG.

II. 1. Für die **Abgrenzung** zwischen Verbrechen und Vergehen ist nur noch die **Mindeststra-** 5 **fe** des jeweiligen Regelstrafrahmens entscheidend; denn im Unterschied zur früheren Dreiteilung, wo die Übertretungen im Hinblick auf eine bestimmte Höchststrafe von den Vergehen abzugrenzen waren (§ 1 II a. F.), bedarf es bei der Zweiteilung naturgemäß nur noch einer einzigen Grenzziehung, wobei in § 12 auf eine Mindestfreiheitsstrafe von 1 Jahr abgestellt wird. **Verbrechen** sind danach rechtswidrige Taten, die mit einer *Mindestfreiheitsstrafe von 1 Jahr* bedroht sind (Abs. 1), also ohne Rücksicht darauf, welche Höchstdauer im einzelnen festgesetzt ist. Dementsprechend sind **Vergehen** *alle sonstigen Straftaten,* nämlich solche, „die im Mindestmaß mit einer geringeren Freiheitsstrafe oder die mit Geldstrafe bedroht sind" (Abs. 2). Diese ausdrückliche positive Umschreibung ist zwar an sich überflüssig, vermag aber immerhin klarzustellen, daß etwaige Ersatzstrafen, Nebenstrafen, Maßnahmen oder sonstige Nebenfolgen für die Deliktseinteilung unbeachtlich sind. Auch etwaige Multiplarstrafen i. S. von § 27 III a. F. (näher Tröndle LK[9] § 1 RN 9) haben ebenso jede Bedeutung verloren wie etwaige andersartige Hauptstrafen nach Landesrecht (Tröndle LK 14); denn nach Anpassung des gesamten Bundes- und Landesstrafrechts an das Sanktionssystem des neuen AT (vgl. 22, 38f. vor § 1) kommen als Hauptstrafen bei Straftaten nur noch Freiheits- und Geldstrafe in Betracht.

6 2. Für die Einordnung eines Tatbestandes als Verbrechen oder Vergehen ist in **abstrakt generalisierender** Weise auf den jeweiligen *Regelstrafrahmen* abzustellen. Nach dieser durch Abs. 3 ausdrücklich bestätigten abstrakten Betrachtungsweise kommt es für die Einordnung weder auf die im *konkreten* Einzelfall erkannte Strafe (so KG DRZ **47**, 99) noch *spezialisierend* auf die Berücksichtigung etwaiger Erschwerungs- oder Milderungsgründe an (so etwa Engisch SJZ 48, 660), sondern allein darauf, welche Mindeststrafe der fragliche Tatbestand vorsieht (krit. Jakobs 152, Stratenwerth 59).

7 3. Dieses Abheben auf den Regelstrafrahmen ist vor allem bei etwaigen **Strafschärfungs-** bzw. **Milderungsmöglichkeiten** bedeutsam. Solche haben nach **Abs. 3** in folgenden Fällen bei der Klassifizierung **außer Betracht** zu bleiben:

8 a) Soweit Vorschriften des **Allgemeinen Teils** eine Strafschärfung bzw. Strafmilderung vorsehen, und zwar gleichgültig, ob dies fakultativ geschehen kann, wie z. B. bei verminderter Schuldfähigkeit (§ 21) und Versuch (§ 23 II), oder ob dies zwingend vorgeschrieben ist, wie z. B. bei Beihilfe (§ 27 II; vgl. aber auch Trifterer NJW 80, 2052).

9 b) Unbeachtlich sind ferner allgemein umschriebene Strafänderungsgründe, die bei bestimmten Einzeltatbeständen für „besonders schwere" bzw. „minder schwere" Fälle eine Schärfung bzw. Milderung vorsehen. Denn auch bei diesen sog. **unbenannten Strafänderungsgründen,** bei denen das Gesetz die Voraussetzungen der Modifizierung nicht oder jedenfalls nicht abschließend bestimmt, sondern dem Richter die Wahl läßt, ob er die modifizierte Strafdrohung anwenden oder aus besonderen in der Strafzumessung liegenden Gründen nicht anwenden will, handelt es sich lediglich um eine Änderung des Strafrahmens, nicht aber des Deliktscharakters. Wenn etwa in § 266 II in besonders schweren Fällen eine Freiheitsstrafe von 1 bis zu 10 Jahren vorgesehen ist, so wird eine besonders schwere Untreue trotzdem nicht zum Verbrechen, da die Regelstrafe für Untreue, nämlich Freiheitsstrafe bis zu 5 Jahren, noch im Vergehensbereich liegt und die Strafschärfungsmöglichkeit auf den Deliktscharakter keinen Einfluß hat. Das gleiche gilt für die in § 49 II zusammengefaßten Fälle, in denen das Gericht die Strafe nach seinem Ermessen mildern darf, wie z. B. in §§ 83a, 316a II. Vgl. auch BGH **2** 181, **3** 47, **4** 227, Hamm NJW **56**, 682, ferner Furtner JR 69, 11, D-Tröndle 8f. Ebenso ist unerheblich, ob das Gesetz (wie früher üblich) von „mildernden Umständen", „besonders leichten Fällen" oder stattdessen zusammenfassend nur noch von „minder schweren Fällen" spricht (vgl. BGH **26** 97 m. Anm. Zipf JR 76, 24, Schleswig SchlHA **77**, 177, Tröndle LK 21 f.). Zu den inhaltlichen Kriterien des besonders schweren bzw. minder schweren Falles vgl. 47f. vor § 38.

10 c) Entsprechendes gilt auch für sog. **Regelbeispiele,** in denen das Gesetz zwar typische Erschwerungs- bzw. Milderungsumstände aufzählt, jedoch nicht in einer abschließenden, den Richter bindenden Weise (vgl. § 1 RN 29). Wenn etwa nach § 213 bei Tötung aufgrund einer Provokation die Mindestfreiheitsstrafe auf 6 Monate herabgesetzt wird, dies aber auch für sonstige minder schwere Fälle vorgesehen ist, so bleibt die Tat nach § 212 ein Verbrechen, weil die Provokation lediglich als Beispielsfall für die allgemein mögliche Berücksichtigung mildernder Umstände dient (vgl. auch RG **69** 53, BGH **11** 241, **20** 184, NJW **67**, 1330 sowie MDR/H **77**, 984 zu § 265 II). Das gilt auch für die *Regelbeispieltechnik neuer Art,* bei der selbst bei Vorliegen eines Regelfalles die Anwendung des verschärften Strafrahmens von einer Gesamtbewertung der Tat durch den Richter abhängt (vgl. etwa §§ 176 III, 235 II, 243 sowie 44 vor § 38, ferner Baumann/Weber 100; vgl. auch BT-Drs. V/4094 S. 4). Demgemäß bleibt das mit einer Mindeststrafe von 1 Jahr bedrohte Offenbaren von Staatsgeheimnissen in einem besonders schweren Fall (§ 95 III) wegen der geringen Strafdrohung von Abs. 1 bloßes Vergehen.

11 4. **Beachtlich** sind dagegen sog. **benannte Strafänderungsgründe,** durch die nicht nur der Strafrahmen des gleichbleibenden Tatbestandes nach oben oder unten erweitert wird, sondern durch Hinzufügung bestimmter Merkmale ein neuer Tatbestand mit neuer Strafdrohung entsteht. Das ist namentlich bei tatbestandlichen Abwandlungen eines Grunddelikts der Fall (allg. dazu M-Zipf I 279 ff.). Wird hier durch abschließende gesetzliche Normierung von Erschwerungs- bzw. Milderungsgründen eine weitere Wahlmöglichkeit des Richters derart ausgeschlossen, daß er bei Vorliegen der zusätzlichen Merkmale den modifizierten Strafrahmen anwenden *muß,* so kann diese Tatbestandsänderung auch eine **Änderung der Deliktsnatur** zur Folge haben. Dies natürlich nur dann, wenn durch den Strafrahmen des abgewandelten Tatbestandes die für die Einordnung maßgebliche Mindeststrafe überschritten (dann Verbrechen) bzw. unterschritten wird (dann Vergehen), wie z. B. im Verhältnis von § 212 zu § 216, wobei letzterer durch Unterschreiten der Verbrechensgrenze von Abs. 1 zum Vergehen herabgestuft wird (vgl. Tröndle LK 25).

Ob die Abschichtung lediglich zu einer (unselbständigen) *Privilegierung* (wie nach h. L. im 12 Falle von § 216) bzw. *Qualifizierung* (wie im Verhältnis von § 223 zu § 224) führt, oder ob dadurch ein eigenständiges *delictum sui generis* (wie unstreitig im Verhältnis von § 242 zu § 249) entsteht, ist ebenso unbeachtlich (weswegen das Verhältnis von § 356 I zu II von BGH StV **88,** **388** offen gelassen wird) wie die Frage, ob es sich bei den strafmodifizierenden Umständen um unrechts- oder schuldbezogene Merkmale handelt bzw. ob sie tat- oder täterbezogene Charakter haben (vgl. Lackner 2a, M-Zipf I 169f., Tröndle LK 25). Entscheidend für eine die Deliktsnatur ändernde Wirkung ist nur, daß es sich um eine abschließend benannte und damit tatbestandsändernde Modifizierung handelt.

5. Anstiftung und **Beihilfe** haben den gleichen Deliktscharakter wie die Haupttat, soweit für 13 sie nach Akzessorietätsgrundsätzen derselbe Tatbestand und Strafrahmen anzuwenden ist (so im Falle von § 28 I). Das gilt auch für *verselbständigte,* in das Vorbereitungsstadium vorgelagerte Teilnahmeformen, wie vor allem in Fällen von § 30 (Tröndle LK 26). Dagegen kann sich im Fall von § 28 II eine unterschiedliche Deliktsqualität für die einzelnen Tatbeteiligten ergeben (Jakobs 151), so etwa, wenn der Teilnehmer an einem als Verbrechen eingeordneten unechten Amtsdelikt seinerseits nur ein Vergehen begeht (vgl. BGH **6** 309 zu dem inzwischen allerdings aufgehobenen § 347 im Verhältnis zu § 121).

6. Auch für die Einordnung von Straftaten, die nach **Jugendstrafrecht** mit anderen Sanktio- 14 nen geahndet werden, ist nach § 4 JGG abstrakt auf den Regelstrafrahmen und das nach § 12 entscheidende Mindeststrafmaß abzustellen (vgl. BGH **8** 80, Tröndle LK 13).

III. Durch die **Abschaffung der Übertretungen** (vgl. o. 1f.) sind die davon betroffenen 15 Tatbestände keineswegs gänzlich sanktionslos geworden. Vielmehr wurden sie überwiegend zu Ordnungswidrigkeiten *herabgestuft,* teils aber auch zu Vergehen *aufgewertet.* Vor allem letzteres ist zu Recht auf Kritik gestoßen, da dies dem Bemühen um eine „Entkriminalisierung" der Bagatellkriminalität eher zuwiderläuft (vgl. Baumann JZ 72, 2ff., Dencker JZ 73, 144ff., ferner Stöckl GA 71, 236). Vgl. zum Ganzen auch Hirsch Lange-FS 826ff.

Doch auch der Begriff der **Ordnungswidrigkeiten,** der ursprünglich aus dem Polizei- und Verwal- 16 tungsrecht erwachsen war (vgl. insbes. F. Wolff Frank-FG II 516ff.; grdl. Mattes aaO), erfährt durch Einbeziehung von Delikten, die sowohl ihrer Sozialschädlichkeit als auch ihrem sozialethischen Unwertgehalt nach dem traditionellen Kriminalstrafrecht kaum nachstehen (vgl. etwa die Kartellordnungswidrigkeiten nach §§ 38ff. GWB), eine derartige Umorientierung, daß die an sich beabsichtigte Unterscheidung zwischen Straftaten und Ordnungswidrigkeiten immer stärker eingeebnet und demzufolge auch die unterschiedliche Behandlung immer weniger gerechtfertigt sein wird (vgl. auch 35 vor § 38). Gesetzestechnisch hat das EGStGB bei **Umwandlung** der Übertretungen zwei verschiede- 17 ne Wege eingeschlagen:

1. Soweit es um Übertretungen und leichtere Vergehen **außerhalb des StGB** geht, werden durch 18 eine allgemeine Umwandlungsformel (Art. 13 EGStGB) alle Tatbestände, die lediglich mit Geldstrafe oder mit Freiheitsstrafe unter 6 Monaten bedroht sind, generell zu Ordnungswidrigkeiten herabgestuft.

2. Soweit es dagegen um die durch Art. 19 Nr. 206 EGStGB aufgehobenen **Übertretungen des** 19 **früheren 29. Abschn.** des StGB geht, wurde anstelle einer pauschalen Umwandlung eine differenziertere Lösung versucht: Teils wurden Übertretungen *zu Vergehen aufgewertet,* wie etwa der frühere Mundraub (§ 370 I Nr. 5), der im neuen § 248a aufgeht (vgl. dort RN 1), sowie der grobe Unfug (§ 360 I Nr. 11 a. F.), der – soweit durch Mißbrauch von Notrufen begangen – nunmehr nach § 145 strafbar ist. Ein beträchtlicher Teil hingegen wurde mit gewissen tatbestandlichen Abwandlungen als *Ordnungswidrigkeiten* in das OWiG übernommen, so etwa grober Unfug in Gestalt unzulässigen Lärms (§ 117 OWiG), Belästigung der Allgemeinheit (§ 118 OWiG) bzw. grob anstößiger und belästigender Handlungen (§ 119 OWiG), die falsche Namensangabe (§ 360 I Nr. 8 a. F.), die in § 111 OWiG fortlebt, sowie das Halten gefährlicher Hunde (§ 367 I Nr. 11 a. F.), das nun nach § 121 OWiG mit Geldbuße bedroht ist. Ein dritter Teil von Übertretungen schließlich wurde *ersatzlos gestrichen:* so namentlich Bettelei und Landstreicherei (§ 361 Nr. 3, 4, 8 a. F.) sowie das Hetzen von Hunden, das Steinewerfen und der Waffengebrauch bei Schlägereien (§§ 366 Nr. 6, 7; 367 I Nr. 10 a. F.), wobei die Streichung dieser Gefährdungstatbestände allerdings durch Strafbarerklärung des Versuchs der gefährlichen Körperverletzung (§ 223 a II) im wesentlichen aufgefangen wird. Zu weiteren Einzelheiten und ihrer Begründung vgl. BT-Drs. V/4095 S. 47ff., BT-Drs. 7/550 S. 351ff. sowie Göhler NJW 74, 827f., Tröndle LK 26ff.

IV. Neben der *formalen* Aufteilung der Straftaten im Hinblick auf den Strafrahmen (o. 4ff.) 20 gibt es zahlreiche Unterscheidungen der Straftaten anhand *materieller* Kriterien (näher 128ff. vor § 13). Auch der **Verbrechensbegriff** wird in **unterschiedlicher Bedeutung** verwendet:

1. Einerseits in einem **allgemeinen** Sinne, indem Verbrechen als Synonym für Straftat, strafbare 21 Handlung oder ähnlich unspezifisch als Umschreibung strafrechtlich relevanten Verhaltens verwendet wird. Näher dazu wie auch zum Begriff der „rechtswidrigen Tat" § 11 RN 41f.

22   2. Andererseits wird Verbrechen in einem engeren Sinne auf die schwereren Formen der Straftaten beschränkt und dazu den Vergehen gegenübergestellt: in diesem **gesetzestechnisch** formalen Sinne die oben erörterte Aufteilung nach § 12.

23   3. Jedoch gibt es einen *formalen* Verbrechensbegriff auch noch in dem Sinne, daß darunter die Erfüllung aller wesentlichen Straftatelemente (Tatbestandsmäßigkeit – Rechtswidrigkeit – Schuld) verstanden wird: im Unterschied zu einem **materialen** Verbrechensbegriff, der über jene abstrakt formalisierten Straftatelemente hinaus auch den jeweiligen materiellen Gehalt von Unrecht und Schuld in den Blick nehmen will: Verbrechen als strafwürdige und strafbedürftige Verletzung rechtlich geschützter Interessen (vgl. etwa Sax in Bettermann-Nipperdey-Scheuner, Grundrechte III/1 919 ff., Schmidhäuser 26 ff., Jescheck 43 ff.). Noch stärker in Richtung einer „Materialisierung" des Verbrechens durch „Entjuridisierung" des Strafrechts die défense sociale: vgl. Ancel, Die neue Sozialverteidigung (1970), insbes. 179 ff., 214 ff. Zu einer rechtsgutsorientierten Verbrechenslehre grundlegend Hassemer, Theorie und Soziologie des Verbrechens, 1980.

24   4. Bezieht man die kriminologischen Erscheinungsformen von Delinquenz mit ein, so kann man dem *normativ-strafrechtlichen* Verbrechensbegriff (i. S. einer tatbestandsmäßig-rechtswidrigen und schuldhaften Handlung) einen **kriminologischen** Verbrechensbegriff gegenüberstellen, für den weniger die strafrechtliche Vertypung als vielmehr der Verstoß gegen bestimmte sozialethische Normen Gegenstand der Betrachtung ist: vgl. Göppinger Krim 2 ff., Kaiser, Krim 168 ff., M-Zipf I 161 ff.

Zweiter Abschnitt. Die Tat
Erster Titel. Grundlagen der Strafbarkeit
Vorbemerkungen zu den §§ 13 ff.

Übersicht

A. Tatstrafrecht und Täterstrafrecht

I. Das Tatstrafrecht des StGB 3
II. Täterpersönlichkeit und Deliktsfolgen 6

B. Wesen des Verbrechens und Aufbau des Verbrechensbegriffs

I. Verbrechen als Rechtsguts- und Pflichtverletzung 8
II. Der Aufbau des Verbrechensbegriffs   12

C. Die Handlung

I. Der Streit um den Handlungsbegriff . 23
II. Die einzelnen Handlungslehren 25
III. Die negative Funktion des Handlungsbegriffs 37

D. Rechtswidrigkeit und Unrecht; der Unrechtstatbestand

I. Die verschiedenen Tatbestandsbegriffe; der Unrechtstatbestand im besonderen 43
II. Rechtswidrigkeit und Unrecht 48
III. Bestandteile des Unrechtstatbestands . 61
IV. Terminologie des Gesetzes 65
V. Sog. offene Tatbestände und spezielle Rechtswidrigkeitsmerkmale 66
VI. Prinzipien der Tatbestandsbegrenzung (soziale Adäquanz u. a.) 68
VII. Kausalzusammenhang und objektive Zurechnung 71

E. Vorwerfbarkeit und Schuld; der Schuldtatbestand

I. Das Schuldprinzip 103
II. Tat- und Persönlichkeitsschuld 105
III. Funktionen des Schuldbegriffs 107
IV. Der normative Schuldbegriff 113
V. Vorsatz- und Fahrlässigkeitsschuld.. 120
VI. Gesinnungsmerkmale 122
VII. Objektiv gefaßte Schuldmerkmale .. 123

Vorbem §§ 13 ff.

F. Objektive Bedingungen der Strafbarkeit

I. Begriff 124
II. Einzelfälle 125
III. Praktische Bedeutung 126

G. Die Einteilung der strafbaren Handlungen 127

H. Die Unterlassungsdelikte im besonderen

I. Echte und unechte Unterlassungsdelikte 134
II. Strukturelle Beschaffenheit der Unterlassung 139
III. Tatbestandsmäßigkeit der Unterlassung 146
IV. Zumutbarkeit 155
V. Rechtswidrigkeit 157
VI. Abgrenzung von Tun und Unterlassen 158
VII. Unterlassen durch Tun 159
VIII–XII. Sonstiges (Versuch, Vorsatz usw.) 161

Stichwortverzeichnis

Absichts- und Tendenzdelikte 22
Adäquanztheorie 87 f.
Äquivalenztheorie → Bedingungstheorie
Alternative Kausalität → Kausalzusammenhang
Automatisierte Verhaltensweisen 31, 41

Bedingungstheorie 73 ff.
Bestimmungsnorm 49
Bewertungsnorm 49
Bewußtlosigkeit 39

Conditio sine qua non 73 ff.

Deliktstypus 18, 45
Doppelkausalität → Kausalzusammenhang

Erfolgsunwert 11, 30, 52, 57 ff.
Erfolgszurechnung objektive 42, 71 ff., 91 ff.

Fahrlässigkeit 30, 52 f.
Fahrlässigkeitsschuld 120 f.
Finale Handlungslehre → Handlungsbegriff

Gefährdungsdelikte 129 f.
Geringfügigkeitsprinzip 70 c
Gesamtunrechtstatbestand 15, 44
Gesetzmäßige Bedingung, Formel der – 75
Gesinnungsmerkmale 122
Gesinnungsunwert 11, 119 ff.
Gewährleistungsnorm 49, 57, 60a

Handlungsbegriff 23 ff.
– finaler 28 ff.
– kausaler 26 f.
– kybernetischer 29
– negativer 36
– negative Funktion des – 37
– sozialer 33 ff.
Handlungsunfähigkeit 38 ff.
Handlungsunwert 11, 30, 52 ff.

Individualrechtsgüter 10

Kausalitätstheorien 73 ff.
Kausalzusammenhang 71 ff.
– Unterbrechung des – 77
– Überholende Kausalität 80

– Abbrechen des – 78
– Hypothetische Kausalverläufe 81
– Doppelkausalität 74, 82
– Alternative Kausalität 74, 82
– Kumulative Kausalität 83

Nichthandlungen 37 ff.

Objektive Bedingungen der Strafbarkeit 124 ff.
Offene Tatbestände 66

Persönlichkeitsschuld 105 f.
– als Lebensführungsschuld 106
– als Lebensentscheidungsschuld 106
– als Dispositionsschuld 106

Rechtfertigungsgründe 15 ff., 18, 46
– Irrtum über tatbestandliche Voraussetzungen von – 19, 60
– umgekehrter Rechtfertigungsirrtum 60
Rechtsfahrlässigkeit 121
Rechtsgut 9
Rechtsgutsbegriff, methodischer 9
Rechtsgutsverletzung, Beeinträchtigung als – 9
Rechtspflichtmerkmale → Spezielle Rechtswidrigkeitsmerkmale
Rechtswidrigkeit
– als allgemeines Verbrechensmerkmal 12, 48 ff.
– und Schuld 20
– und Tatbestandsmäßigkeit 15 ff., 46
– formelle und materielle – 50
– und Unrecht 51
Reflexbewegung 40
Regreßverbot 77
Relevanztheorie 90
Risiko, rechtlich relevantes 70 c, 92 f.

Schlichte Tätigkeitsdelikte 130
Schuld 12, 20, 107 ff.
– als Schuldidee 108 ff.
– als Strafbegründungsschuld 107, 111
– als Strafmaßschuld 107, 112
– und Prävention 117
Schuldbegriff, komplexer 114, normativer 113, psychologischer 113, „rein normativer" 115, sozialer 118
Schuldgrundsatz 103

Vorbem §§ 13 ff. 1, 2   Allg. Teil. Die Tat – Grundlagen der Strafbarkeit

Schuldmerkmale
- objektiv gefaßte 123
- subjektiv gefaßte 123

Schutzzweck der Norm 95 f.
Sonderdelikte 132 f.
Sozialadäquanz 69
Spezielle Rechtswidrigkeitsmerkmale 67
Strafbedürftigkeit 13
Strafwürdigkeit 13

Tatbestand 46
- als Deliktstatbestand 43 f.
- als Gesamttatbestand 43 f.
- als Unrechtstatbestand 18, 43 ff.
- als Garantietatbestand 44
- als Erlaubnistatbestand 44
- als Gesamt-Unrechtstatbestand 44
- als Schuldtatbestand 44, 114

Tatbestandseinschränkungsprinzipien 68 ff.
Tatbestandsmäßigkeit 12
- und Rechtswidrigkeit 15, 46

Tatbestandsmerkmale 62 ff.
objektive – 62
subjektive – 63
deskriptive – 64
normative – 64
negative – 15 ff.

Tatverantwortung, Lehre von der – 21
Tatschuld 105
Täterschuld → Persönlichkeitsschuld
Täterstrafrecht 3
Tatstrafrecht 3
Tätertyp, kriminologischer 4
–, normativer 5
Tendenzdelikte → Absichtsdelikte

Unrecht 51
- personales 52 ff.

Unrechtselemente, subjektive 22, 30, 52 ff., 63
Unrechtstypus 18, 45
Unterlassungsdelikte 134 ff.
- Begehung durch positives Tun 159
- echte 134, 137
- Möglichkeit der Handlung 140 ff.
- strukturelle Beschaffenheit 139
- Tatbestandsmäßigkeit 146 ff.
- und Zumutbarkeit 155
- Unterscheidung von Tun und Unterlassen 158

Verantwortungsprinzip 100 ff.
Verbotsirrtum 121
Verbrechen als Rechtsgutsverletzung 9
- als Pflichtverletzung – 11

Verbrechensbegriff 12
- dreistufiger – 15
- zweistufiger – 15 ff.

Verletzungsdelikte 129
Viktimodogmatisches Prinzip 70 b
Vis absoluta 38
Vis compulsiva 38
Vorsatz 52 ff.
Vorsatzschuld 120 f.
Vorsatztheorie 121
Vorwerfbarkeit 113 ff.

Willensfreiheit 108 ff.

Zumutbarkeit und Unterlassungsdelikte 117, 155
Zurechnung des Erfolgs → Erfolgszurechnung

1 Im 1. Titel dieses die allgemeinen Merkmale der Straftat behandelnden Abschnitts regelt das Gesetz einige Grundvoraussetzungen der Strafbarkeit. Dabei besteht zwischen den einzelnen Vorschriften z. T. freilich nur ein recht loser systematischer Zusammenhang, wie überhaupt die „dogmatischen" Bestimmungen des 2. Abschnitts insgesamt kein erschöpfendes und in sich geschlossenes Verbrechenssystem ergeben, sondern nur einzelne Elemente zu einem solchen beitragen. So läßt das Gesetz zwar erkennen, daß es von der überkommenen Verbrechenslehre ausgeht, nach der Rechtswidrigkeit und Schuld allgemeine Verbrechensmerkmale mit verschiedenem Inhalt sind (vgl. z. B. §§ 32, 34 einerseits, §§ 17, 19, 20, 35 andererseits; wesentlich zurückhaltender hier noch das StGB von 1871). Nicht entschieden ist damit aber z. B. – was das Gesetz bewußt (vgl. E 62, S. 123) und mit Recht offengelassen hat –, ob Vorsatz und Fahrlässigkeit lediglich Schuldformen sind oder ob sie – zumindest auch – bereits das Unrecht der Tat kennzeichnen. Die §§ 13 ff. beschränken sich vielmehr darauf, solche Fragen zu regeln, die für die Rechtsanwendung besonders bedeutsam sind.

2 Der 1. Titel beginnt mit zwei Bestimmungen (§ 13: Begehen durch Unterlassen, § 14: Handeln für einen anderen), welche den im Bes. Teil beschriebenen Tatbestandshandlungen in gewisser Hinsicht erweitern. Der folgende § 15 stellt zwar klar, daß nur vorsätzliches Handeln strafbar ist, wenn die fahrlässige Begehung nicht ausdrücklich mit Strafe bedroht ist, läßt aber offen, was unter Vorsatz und Fahrlässigkeit zu verstehen ist; die in §§ 16–18 E 62 und §§ 17, 18 AE enthaltenen Definitionen wurden vom Gesetz nicht übernommen, um die weitere dogmatische Entwicklung nicht zu behindern (BT-Drs. V/4095 S. 8). In einem gewissen inneren Zusammenhang dazu, weil gleichfalls die innere Tatseite betreffend, stehen die §§ 16, 17 (Irrtum) und 18 (erfolgsqualifizierte Delikte). Ausschließlich um Fragen der Schuld handelt es sich in den §§ 19–21 (Schuldunfähigkeit bzw. verminderte Schuldfähigkeit). Diesen – nur sehr fragmentarisch behandelten – „Grundlagen der Strafbarkeit" folgen im 2. und 3. Titel Regelungen über die besonderen Tatformen des Versuchs und der Beteiligung mehrerer. Den Abschluß bilden Vorschriften, die – wenn auch keineswegs erschöpfend – den Ausschluß von Unrecht, Schuld oder Strafe behandeln, wobei der 4. Titel einige aus besonderen Notsituationen sich ergebende Rechtfertigungs- und Entschuldigungsgründe betrifft, während der 5. Titel eine Sonderregelung für parlamentarische Äußerungen und Berichte enthält.

A. Tatstrafrecht und Täterstrafrecht

I. Das StGB knüpft die Strafe an ein **bestimmtes Verhalten** an, das in den Tatbeständen des Bes. Teils umschrieben und dem Täter zum Vorwurf gemacht wird („Tatschuld"; vgl. auch u. 105). Nur die Tat als konkretes Geschehen und nicht eine bestimmte Struktur der Täterpersönlichkeit begründet die Strafbarkeit. Insofern ist das geltende Strafrecht **Tatstrafrecht** und **nicht Täterstrafrecht,** bei dem der Täter für sein So-Sein oder So-Gewordensein haftbar gemacht wird (heute allg. Meinung, vgl. statt aller z. B. Jescheck 48). 3

1. Dies gilt auch dort, wo die Strafbarkeit nicht schon durch die Vornahme einer einzelnen Handlung, sondern erst durch die Verwirklichung einer negativ bewerteten sozialen Rolle begründet bzw. erhöht wird (z. B. bei gewerbs-, geschäfts- oder gewohnheitsmäßiger Begehung nach §§ 144, 243 I Nr. 3, 260, 292 III; zum früheren Recht vgl. auch § 361 Nr. 3 [„Landstreicher"] und § 181a a. F. [„Zuhälter", RG 73 184]). Denn auch hier sind es nicht bestimmte **„kriminologische Tätertypen",** die als solche bestraft werden, vielmehr dienen die fraglichen Merkmale lediglich als Auslegungsrichtlinien zur Kennzeichnung eines bestimmten Verhaltens, das über die einmalige oder wiederholte Begehung hinaus durch eine besondere Beziehung des Täters zu seiner Tat gekennzeichnet ist (Schmidhäuser 184f., Stratenwerth 89f.; and. z. B. Baumann/Weber 102 [„reines Täterstrafrecht"], Welzel 126; vgl. auch Jescheck 48). Selbst dort, wo dies Ausdruck einer bestimmten, zur Kriminalität neigenden Persönlichkeitsstruktur ist, wird der Täter nicht dafür bestraft, was er ist, sondern dafür, was er getan hat. Erst recht gilt dies für Delikte, deren Tatbestandsmäßigkeit sich durch eine bloße Addition von Einzelhandlungen ergibt; vgl. dazu Schröder JZ 72, 651. 4

2. Überholt ist heute die Lehre vom **„normativen** (tatbestandlichen) **Tätertyp"** (vgl. z. B. Dahm, Der Tätertyp im Strafrecht [1940] 28ff., Mezger ZStW 60, 360, Schaffstein DStR 42, 38; Ansätze schon bei E. Wolf aaO). Nach ihr sollte zu allen oder jedenfalls gewissen Tatbeständen ein besonderer Tätertyp („typischer Täter einer bestimmt gearteten Tat") gehören und die Strafbarkeit deshalb nicht schon durch die in dem betreffenden Tatbestand umschriebene Tat, sondern erst dadurch begründet werden, daß der Täter dem Leitbild des „im Volksbewußtsein lebenden Typus" (z. B. des Mörders, Diebes usw.) entspricht. In Wahrheit handelte es sich bei dieser Lehre jedoch nur um eine bestimmte Interpretationsmethode, die am Tatprinzip als solchem nichts ändern wollte (vgl. Bockelmann, Mat. I 129, Schmidhäuser, Gesinnungsmerkmale im Strafrecht [1958] 112f.). Bedeutung hatte sie vor allem als Mittel zur Einschränkung der sehr weit gefaßten Tatbestände des Kriegsstrafrechts. Ein Relikt dieser Lehre findet sich heute noch in §§ 211, 212 („Mörder", „Totschläger"), ohne daß dies praktische Konsequenzen hätte (vgl. auch 6 vor § 211). 5

II. Von erheblicher Bedeutung ist die **Täterpersönlichkeit** dagegen bei der **Auswahl und Bemessung der Deliktsfolgen.** Freilich kann auch insoweit von einem Täterstrafrecht nicht gesprochen werden, da dies ein Sanktionssystem voraussetzen würde, das ausschließlich oder jedenfalls überwiegend täterbezogen ist. Dies trifft jedoch nur für die Maßregeln der Besserung und Sicherung zu, die den Täter in seiner Gefährlichkeit erfassen wollen. Dagegen ist die Strafe nach geltendem Recht in erster Linie Tatstrafe und nicht Täterstrafe, weil spezialpräventive Zwecke nur im Rahmen der tatschuldangemessenen Strafe verwirklicht werden dürfen (vgl. 6ff., 17 vor § 38); nur im Fall der §§ 56, 59 tritt der Tätergedanke so deutlich in den Vordergrund, daß hier von einem „täterstrafrechtlichen Zug" (Schmidhäuser 185) gesprochen werden kann. Im übrigen aber hat mit Recht zwar schon das 1. StrRG (§ 13 a. F.) die Persönlichkeit des Täters als einen wichtigen Faktor bei der Strafzumessung besonders hervorgehoben; aus guten Gründen haben die Strafrechtsreformgesetze jedoch auch davon abgesehen, die Strafe in eine ausschließlich spezialpräventiv-orientierte Täterstrafe umzugestalten. 6

Nur soweit bei den Deliktsfolgen die Täterpersönlichkeit zu berücksichtigen ist, kann auch eine Typenbildung (die mit der Frage eines kriminologischen oder normativen Tätertyps nichts zu tun hat) praktische Bedeutung haben. Sie kann hier ein wichtiger Orientierungsbehelf für die Erfassung der Persönlichkeit sein und damit wesentlich zur kriminalpädagogisch richtigen Behandlung des Täters beitragen. Insgesamt handelt es sich hier um Fragen, für welche die Kriminologie zuständig ist; vgl. dazu Göppinger, Krim. 437ff. mwN. 7

B. Wesen des Verbrechens und Aufbau des Verbrechensbegriffs

Schrifttum: Amelung, Rechtsgüterschutz und Schutz der Gesellschaft, 1972. – *ders.,* Zur Kritik des kriminalpolitischen Strafrechtssystems von Roxin, JZ 82, 617 (auch in: Schünemann, Grundfragen des modernen Strafrechtssystems, 1984, 85). – *Bacigalupo,* Unrechtsminderung und Tatverantwortung, A. Kaufmann-GedS 459. – *Baumann,* Implizierte Rechtswidrigkeit bei Tatbestandsfassungen, JZ 60, 8. – *Beling,* Die Lehre vom Verbrechen, 1906. – *Bettiol,* Das Problem des Rechtsguts in der Gegenwart, ZStW 72, 276. – *Busch,* Moderne Wandlungen der Verbrechenslehre, 1949 (Recht u. Staat, H. 137). – *Engisch,* Der Unrechtstatbestand im Strafrecht, DJT-FS I, 401. – *ders.,* Logische

Überlegungen zur Verbrechensdefinition, Welzel-FS 343. – *Eser/Fletcher* (Hrsg.), Rechtfertigung und Entschuldigung. Rechtsvergleichende Perspektiven, Bd. I 1987, Bd. II 1988. – *Fluri*, Zur Lehre von der Tatverantwortung, 1973. – *Gallas*, Zum gegenwärtigen Stand der Lehre vom Verbrechen, ZStW 67, 1. – *ders.*, Zur Kritik der Lehre vom Verbrechen als Rechtsgutsverletzung, Graf Gleispach-FS 50. – *Germann*, Das Verbrechen im neuen Strafrecht, 1943. – *Gimbernat-Ordeig*, Hat die Strafrechtsdogmatik eine Zukunft?, ZStW 82, 379. – *Gössel*, Das Rechtsgut als ungeschriebenes strafbarkeitseinschränkendes Tatbestandsmerkmal, Oehler-FS 97. – *Hassemer*, Tatbestand und Typus, 1968. – *ders.*, Theorie u. Soziologie des Verbrechens, 1973. – *Herzberg*, Erlaubnistatbestandsirrtum und Deliktsaufbau, JA 89, 243 u. 294. – *Hirsch*, Die Lehre von den negativen Tatbestandsmerkmalen, 1960. – *ders.*, Die Diskussion über den Unrechtsbegriff in der deutschen Strafrechtswissenschaft und das Strafrechtssystem Delitalas, in: Studi in memoria di G. Delitala, 1984, Bd. 3, 1933. – *Hirschberg*, Die Schutzobjekte der Verbrechen, 1910 (StrAbh. 113). – *Hünerfeld*, Zum Stand der deutschen Verbrechenslehre aus der Sicht einer gemeinrechtlichen Tradition in Europa, ZStW 93, 989. – *Jescheck*, Die Entwicklung des Verbrechensbegriffs usw., ZStW 73, 179. – *ders.*, Neue Strafrechtsdogmatik und Kriminalpolitik in rechtsvergleichender Sicht, ZStW 98, 1. – *Armin Kaufmann*, Lebendiges und Totes in Bindings Normentheorie, 1954. – *ders.*, Tatbestandseinschränkung und Rechtfertigung, JZ 55, 37. – *Arthur Kaufmann*, Die Lehre von den negativen Tatbestandsmerkmalen, JZ 54, 653. – *Klee*, Das Verbrechen als Rechtsguts- und als Pflichtverletzung, DStR 36, 1. – *Lampe*, Rechtsgut, kultureller Wert und individuelles Bedürfnis, Welzel-FS 151. – *Lang-Hinrichsen*, Bemerkungen zum Begriff der „Tat" im Strafrecht usw. (Normativer Tatbegriff), Engisch-FS 353. – *Marx*, Zur Definition des Begriffs „Rechtsgut", 1972. – *Maurach*, Schuld u. Verantwortung im Strafrecht, 1948. – *Mezger*, Die Straftat als Ganzes, ZStW 57, 675. – *ders.*, Moderne Wege der Strafrechtsdogmatik, 1950. – *ders.*, Vom Sinn der strafrechtl. Tatbestände, Traeger-FS (1926) 187. – *ders.*, Wandlungen der strafrechtlichen Tatbestandslehre, NJW 53, 2. – *Otto*, Rechtsgutsbegriff und Deliktstatbestand, in: Müller-Dietz, Strafrechtsdogmatik u. Kriminalpolitik (1971) 1. – *ders.*, Strafwürdigkeit u. Strafbedürftigkeit als eigenständige Deliktskategorien?, Schröder-GedS 53. – *Paeffgen*, Anmerkungen zum Erlaubnistatbestandsirrtum, A. Kaufmann-GedS 399. – *Radbruch*, Zur Systematik der Verbrechenslehre, in: Frank-FG I 158. – *Rödig*, Zur Problematik des Verbrechensaufbaus, Lange-FS 39. – *Roxin*, Offene Tatbestände und Rechtspflichtmerkmale, 2. A., 1970. – *ders.*, Kriminalpolitik und Strafrechtssystem, 1970. – *Rudolphi*, Die verschiedenen Aspekte des Rechtsgutsbegriffs, Honig-FS 151. – *ders.*, Der Zweck staatlichen Strafrechts und die strafrechtlichen Zurechnungsformen, in: Schünemann, Grundfragen des modernen Strafrechtssystems, 1984, 69. – *Schaffstein*, Der Streit um das Rechtsgutsverletzungsdogma, DStR 36, 1. – *Schild*, Die „Merkmale" der Straftat und ihres Begriffs, 1979. – *ders.*, Der Straftatbegriff als Argumentationsschema, Arch. f. Rechts- u. Sozialphilosophie, Beiheft, N. F. Nr. 14, 213. – *Schmidhäuser*, Gesinnungsmerkmale im Strafrecht, 1958. – *ders.*, Zur Systematik der Verbrechenslehre, Radbruch-GedS 268. – *ders.*, Der Unrechtstatbestand, Engisch-FS 433. – *ders.*, Über einige Begriffe der teleologischen Straftatlehre, JuS 87, 373. – *Schünemann*, , Einführung in das strafrechtliche Systemdenken, in: Grundfragen des modernen Strafrechtssystems (1984) 1. – *ders.*, Die deutschsprachige Strafrechtswissenschaft nach der Strafrechtsreform usw., GA 85, 341. – *Schweikert*, Die Wandlungen der Tatbestandslehre seit Beling, 1957. – *Schwinge*, Teleologische Begriffsbildung im Strafrecht, 1930. – *Schwinge/Zimmerl*, Wesensschau und konkretes Ordnungsdenken im Strafrecht, 1937. – *Sina*, Die Dogmengeschichte des strafrechtlichen Begriffs „Rechtsgut", 1962. – *Volk*, Entkriminalisierung durch Strafwürdigkeitskriterien jenseits des Deliktsaufbaus, ZStW 97, 871. – *v. Weber*, Zum Aufbau des Strafrechtssystems, 1935. – *ders.*, Negative Tatbestandsmerkmale, Mezger-FS 183. – *Weigend*, Über die Begründung der Straflosigkeit bei Einwilligung des Betroffenen, ZStW 98, 44. – *Welzel*, Die deutsche strafrechtl. Dogmatik der letzten 100 Jahre u. die finale Handlungslehre, JuS 66, 421. – *ders.*, Zur Dogmatik im Strafrecht, Maurach-FS 3. – *Wolter*, Objektive und personale Zurechnung von Verhalten, Gefahr und Verletzung in einem funktionalen Straftatsystem, 1981. – *Zielinski*, Handlungs- und Erfolgsunwert im Unrechtsbegriff, 1973. – *Zimmerl*, Aufbau des Strafrechtssystems, 1930.

8 I. Seinem Wesen nach ist das Verbrechen **Rechtsgutsbeeinträchtigung** und **Pflichtverletzung** (so z. B. auch BGH 2 368, Jescheck 7, LK 5, 9 vor § 13, Wessels I 4).

9 1. Der Begriff **Rechtsgutsbeeinträchtigung** bezeichnet die Verletzung oder Gefährdung eines als sozial wertvoll erkannten und deshalb vom Recht durch entsprechende Verhaltensnormen geschützten Lebensguts. Gemeint ist damit allerdings nicht das körperlich-konkrete Angriffs- oder Handlungsobjekt (z. B. bei § 303 die konkrete Sache), wie überhaupt die Rechtsgüter nicht als greifbare Gegenstände der Außenwelt zu verstehen sind. Auf die allgemeinste Formel gebracht, sind „Rechtsgüter" vielmehr die von ihren konkreten Erscheinungsform in bestimmten Gütern, Zuständen, Lebensbeziehungen usw. abstrahierten „Rechtswerte" (Baumann/Weber 140), welche die „Bauelemente der Sozialordnung" (Zipf, Kriminalpolitik, 2. A., 106) bilden. Lediglich eine andere Sichtweise ist es, wenn die Rechtsgüter z. T. auch als die von den ideell zu verstehenden Gütern ausgehenden „Achtungsansprüche" (Schmidhäuser 37, I 84) bezeichnet werden oder als die „rechtlich anerkannten Interessen an bestimmten Gütern als solchen in ihrer generellen Erscheinungsart" (M-Zipf I 259). Daß das Rechtsgut nicht nur in seinem statischen Dasein, sondern zugleich mit den ihm innewohnenden Wirkungsmöglichkeiten zu sehen ist, wird durch seine Bestimmung als einer „werthaften sozialen Funktionseinheit" besonders hervorgehoben (Rudolphi SK 8 vor § 1, Honig-FS 163; vgl. auch Amelung aaO 345 ff., 367 ff., Hassemer Tatbestand usw. 64 ff., Jakobs 33, Otto aaO 8, Stratenwerth 82 f., Weigend ZStW 98, 51). Allen diesen Umschreibungen gemeinsam ist die „Vergeistigung" des Rechtsgutsbegriffs (Blei I 90), womit auch die Rechtsgutsverletzung zu einem geistigen Phänomen wird (Schmidhäuser, Engisch-FS 444). Dennoch bleibt der Rechtsgutsbegriff ein materialer, inhaltserfüllter und von sozialer Realität, weshalb er auch mehr ist als nur eine Denkform für den „Sinn und Zweck der einzelnen Strafrechtssätze" (so der sog. methodische Rechtsgutsbegriff, vgl. Honig, Die Einwilligung des Verletzten [1919] 94, Grünhut, Frank-FG I 8: „Abbreviatur des Zweckgedankens"). Zum Ganzen vgl. näher Amelung aaO, Marx aaO (dazu Amelung ZStW 84, 1015), Otto aaO, Rudolphi, Honig-FS 149 ff., Sina aaO, Weigend ZStW 98, 49 ff., ferner Hassemer, Theorie usw., Lampe aaO 151 ff.

Das Rechtsgut ist Ausgangspunkt und materieller Kern jeder Verhaltensnorm, und auch den darauf aufbauenden Deliktstatbeständen liegt deshalb immer ein Rechtsgut (Schutzobjekt) zugrunde. Strafvorschriften ohne Rechtsgutsbeziehung gibt es mithin nicht (z. B. M-Zipf I 260; vgl. aber auch Jakobs 33 ff., Jescheck LK 8 [FN 5] vor § 13); dies gilt auch für die reinen Aktverbrechen und die eigenhändigen Delikte (vgl. Schall JuS 79, 107 gegen Roxin, Täterschaft u. Tatherrschaft 411 ff.). Die Rechtsgüter können sowohl dem einzelnen (Individualrechtsgüter) als auch der Allgemeinheit (Universalrechtsgüter) zugeordnet sein (bedeutsam z. B. für die Notwehr [vgl. § 32 RN 8] und die Möglichkeit einer Einwilligung in die Verletzung [vgl. 35 a vor § 32]), wobei allerdings auch diese nicht ohne ihren Individualbezug und jene nicht ohne Universalrelevanz gesehen werden können (Hassemer, Theorie usw. 231; and. Weigend ZStW 98, 54 ff., nach dem auch bei Individualgütern nur das Sozialinteresse an ihrer Verfügbarkeit durch den einzelnen strafrechtlich geschützt ist). Von Bedeutung sind die Rechtsgüter, deren Kreis nicht ein für allemal feststeht, sondern weitgehend durch die besonderen gesellschaftlichen Gegebenheiten der jeweiligen historischen Situation bestimmt wird, insbesondere als Hilfsmittel bei der Auslegung der einzelnen Strafvorschriften (vgl. § 1 RN 52; zu seiner tatbestandseinschränkenden Funktion vgl. Gössel aaO). Auch die Stoffgliederung des Bes. Teils ist weitgehend von den Rechtsgütern her bestimmt (näher dazu Oehler, Wurzel, Wandel und Wert der strafrechtlichen Legalordnung [1950]). In der Diskussion um die Grenzen des Strafrechts hat der Rechtsgutsbegriff schließlich noch eine weitere, verfassungsrechtliche und rechtspolitische Funktion übernommen: Er dient hier der Beschränkung des Strafrechts auf sozialschädliches (nicht nur anstößiges oder unmoralisches) Verhalten, indem vom Strafrecht zu schützende Rechtsgüter nur die elementaren und eindeutig substantiierbaren Lebensinteressen anderer oder der Gesellschaft anerkannt werden (vgl. z. B. Rudolphi SK 5 ff. vor § 1). **10**

2. Das Verbrechen ist zugleich **Pflichtverletzung.** Durch die Rechtsgutsverletzung allein kann die Straftat noch nicht hinreichend gekennzeichnet werden. Denn einmal gibt es Rechtsgutsverletzungen auch in anderen Rechtsgebieten, mag das Strafrecht insofern auch eine hervorgehobene Stellung haben, als es hier um den Schutz besonders elementarer Rechtsgüter geht. Zum andern kann ein Verhalten auch strafbar sein, obwohl es im Einzelfall an der Verletzung oder Gefährdung eines Rechtsguts fehlt (z. B. untauglicher Versuch). Endlich genügt umgekehrt für das Strafrecht in keinem Fall schon die bloße Rechtsgutsverletzung i. S. der Verursachung eines negativ bewerteten Zustandes („*Erfolgsunwert*", vgl. u. 52 ff.; and. im Zivil- und öffentlichen Recht, wo schon die Verursachung einer Verletzung oder Gefährdung Rechtsfolgen auslösen kann). So hat z. B. auch der völlig korrekt fahrende Kraftfahrer, dem ein Kind in das Auto läuft, ein Rechtsgut verletzt; gleichwohl fehlt es hier an einer wesentlichen Verbrechensvoraussetzung. Entscheidend ist für das Strafrecht vielmehr immer auch das „Wie" der Rechtsgutsverletzung: Ausgehend davon, daß es bestimmte Güter durch die Sanktionierung von Verhaltensnormen schützen will, die zu einem im Hinblick auf die Rechtsgüter richtigen Verhalten motivieren sollen, ist es vielmehr gerade die in der Mißachtung der Norm liegende Pflichtverletzung, welche die kausale Herbeiführung der Rechtsgutsverletzung zum Verbrechen macht. Dabei wird diese Pflichtverletzung sowohl durch den besonderen „*Handlungsunwert*" (vgl. u. 52 ff.) als auch durch den besonderen „*Gesinnungsunwert*" (vgl. u. 119 f.) charakterisiert, die beide das *Verhalten* des Täters als sozialethisch besonders verwerflich erscheinen lassen und damit strafwürdig machen. **11**

II. Um die Straftat als Ganzes durch allgemeine Merkmale theoretisch zu erfassen, wird das Verbrechen üblicherweise als eine **tatbestandsmäßige, rechtswidrige und schuldhafte Handlung** definiert (zu den früher gelegentlich vertretenen „dualistischen" Verbrechenslehren, die noch den Begriff des Täters in die Verbrechensdefinition einführten, vgl. die 17. A., 20 vor § 1; zum Ausland vgl. Jescheck ZStW 98, 7 f.). Die *Tatbestandsmäßigkeit* der Handlung bedeutet, daß sie mit den vom Gesetz umschriebenen Merkmalen eines bestimmten Deliktstypus übereinstimmt; die *Rechtswidrigkeit* bezeichnet das den Widerspruch zu den generellen Sollens-Anforderungen des Rechts ausdrückende negative Werturteil über die Tat, während die *Schuld* den **12**

Sachverhalt meint, auf Grund dessen dem Täter aus seiner Tat ein Vorwurf gemacht werden kann. Damit wird der Verbrechensbegriff zwar äußerlich in einzelne Elemente „zerlegt", doch ändert dies nichts daran, daß das deliktische Geschehen immer in seiner Gesamtheit zu sehen ist, wenn auch unter dem veränderten Blickwinkel der jeweiligen Verbrechenskategorie; daraus ergibt sich z. B., daß ein bestimmtes Deliktsmerkmal an einer späteren Stelle im Deliktsaufbau nicht deshalb keine Bedeutung mehr haben kann, weil es bereits an früherer Stelle in Erscheinung getreten ist (näher Roxin, Radbruch-GedS 260, Kriminalpolitik usw. 42; vgl. auch Schild, Die „Merkmale" der Straftat usw. 32 ff. u. pass., wonach die Straftatmerkmale nur als „Momente" des Ganzen und im Ganzen der Einheit der Straftat gedacht werden können, ferner ARSP, Beiheft N. F., Nr. 14, 220: Straftatmerkmale als bloßes „Argumentationsschema").

13 Keine eigenständige Deliktskategorie ist die **Strafwürdigkeit,** da sie nur mit Inhalten angefüllt werden könnte, die sachwidrig dem Unrecht und der Schuld entzogen werden (vgl. näher Otto, Schröder-GedS 53 ff., Volk ZStW 97, 871; and. z. B. Langner, Das Sonderverbrechen, 1972, 275 u. pass. [vgl. dazu Volk aaO 876 ff.]). Ebenso ist mit der Bejahung einer schuldhaften Verwirklichung tatbestandlichen (und damit strafwürdigen) Unrechts in der Regel über die **Strafbedürftigkeit** i. S. der kriminalpolitischen Notwendigkeit einer Bestrafung entschieden. Ausnahmsweise kann diese jedoch entfallen bei Fehlen einer sog. objektiven Bedingung der Strafbarkeit (vgl. u. 124 ff.) oder bei Vorliegen eines Strafausschließungs- oder Strafaufhebungsgrundes (vgl. 127 ff. vor § 32), die insofern zusätzliche Straftatmerkmale darstellen, als sie gleichfalls nicht die materiellen Voraussetzungen der Strafbarkeit betreffen (and. z. B. Bloy, Die Beteiligungsform als Zurechnungstypus usw. [1985] 37 f., Otto aaO 64, 68, Volk aaO 897 ff.; vgl. auch Schmidhäuser 482 ff.: Merkmale der Strafwürdigkeit). Eine völlige Denaturierung der Strafwürdigkeit bedeutet es dagegen, wenn nach Schünemann ZSchwR 78, 147 ff. auch die handlungs- und täterbeschreibenden Merkmale Konkretisierungen der eine weitere Verbrechensstufe bildenden Strafbedürftigkeit sein sollen: So sieht sich z. B. bei den §§ 253, 263, 266 das strafwürdige Unrecht nicht auf die bloße Rechtsgutsverletzung (Vermögensschädigung) reduzieren, vielmehr liegt ein solches überhaupt erst vor, wenn der Täter die Mittel des Zwangs bzw. der Täuschung einsetzt oder wenn er gegenüber dem geschädigten Vermögen eine besondere Stellung inne hat (zur Kritik vgl. auch Volk aaO 886 ff.). Außerhalb des Verbrechenssystems bleiben die Fälle fehlender Strafbedürftigkeit, in denen – anders als bei den objektiven Strafbarkeitsbedingungen und Strafausschließungsgründen – lediglich ein Absehen von Strafe oder eine Verfahrenseinstellung die Folge ist (z. B. § 60, §§ 153 ff. StPO). Vgl. im übrigen zur Strafwürdigkeit und Strafbedürftigkeit zuletzt Bloy aaO 30 ff. mwN; zum Bagatellprinzip vgl. u. 70 a.

14 Die auf Beling (Die Lehre vom Verbrechen [1906] 7) zurückgehende, seitdem in ihrem Sinngehalt aber vielfach veränderte Definition des Verbrechens als einer tatbestandsmäßigen, rechtswidrigen und schuldhaften Handlung ist heute im Prinzip zwar unangefochten und auch in Rspr. und Gesetzgebung anerkannt (vgl. z. B. RG **61** 247, **66** 397, BGH **1** 132, **2** 195, **9** 375 sowie die Begriffsbestimmung in § 1 OWiG). Umstritten sind aber nach wie vor die Einzelheiten, insbes. was das Verhältnis dieser Verbrechensmerkmale zueinander und ihre inhaltliche Ausfüllung betrifft (näher zur Entwicklung der Verbrechenslehre Gallas ZStW 67, 2 ff., Jescheck 179 ff., LK 12 ff. vor § 13, ZStW 73, 179 ff., 93, 4 ff.; Schmidhäuser 162 ff., Schünemann aaO 1 ff., Schweikert aaO, Welzel JuS 66, 421 ff.; rechtsvergleichend Hünerfeld ZStW 93, 979).

15 1. Keine Einigkeit besteht über das **Verhältnis von Tatbestandsmäßigkeit und Rechtswidrigkeit.** Während die wohl h. M. entsprechend der Definition des Verbrechens als einer tatbestandsmäßigen, rechtswidrigen und schuldhaften Handlung einen „**dreistufigen**" Verbrechensbegriff vertritt, bei dem die Rechtswidrigkeit zu der Tatbestandsmäßigkeit hinzukommen muß, geht die **Lehre von den negativen Tatbestandsmerkmalen** von einem „Gesamt-Unrechtstatbestand" aus: Danach ist der Tatbestand nicht nur „ratio cognoscendi", sondern „ratio essendi" der Rechtswidrigkeit, d. h. er bestimmt für den konkreten Fall abschließend die Grenzen von Recht und Unrecht, indem er nicht nur die deliktstypischen, sondern alle die Rechtswidrigkeit betreffenden Merkmale umfaßt. Da dazu aber auch das Fehlen von Rechtfertigungsgründen gehört, das für die Unrechtsbewertung die gleiche Bedeutung hat wie das Vorliegen der unrechtsbegründenden („positiven") Tatbestandsmerkmale, gehört nach dieser Lehre das Nichtvorliegen eines rechtfertigenden Sachverhalts bereits zum Tatbestand i. S. eines „Gesamt-Unrechtstatbestands", weshalb z. B. eine Körperverletzung in Notwehr in diesem Sinne schon nicht „tatbestandsmäßig" ist. Tatbestandsmäßigkeit und Rechtswidrigkeit werden auf diese Weise zu einer einheitlichen Wertungsstufe verbunden, was zu einem „**zweistufigen**" Deliktsaufbau führt. Da der Tatbestand in der Umschreibung eines Deliktstypus auch schuldtypisierende Merkmale enthalten kann (z. B. § 217), kann diese Verschmelzung freilich nur solche Merkmale des „positiven" Tatbestands erfassen, die ihrerseits unrechtstypisierend sind. Bedeutung hat diese Lehre beim Irrtum über rechtfertigende Tatumstände (z. B. Putativnotwehr) erlangt: Sind diese lediglich „negative" Merkmale des Tatbestands, so soll die irrtümliche Annahme solcher Umstände unmittelbar zur Anwendung des § 16 (Vorsatzausschluß) führen (vgl. aber auch u. 19), während bei einem „dreistufigen" Verbrechensaufbau die Behandlung solcher Irrtumsfälle zunächst offenbleibt (Vorsatzausschluß analog § 16, Rechtsfolgenverweisung i. S. des § 16, bloßer Verbotsirrtum; vgl. § 16 RN 10ff.).

Im Schrifttum wird ein *dreistufiger Deliktsaufbau* unter Ablehnung der Lehre v. d. neg. Tbm. u. a. **16** vertreten von Baumann/Weber 173ff., B-Volk I 36ff., D-Tröndle 27 vor § 13, Dreher, Heinitz-FS 217ff., Gallas ZStW 67, 19, 27, Herzberg JA 86, 192, Hirsch aaO 371 bzw. 1935ff., LK 5ff. vor § 32, Jescheck 178, 224ff., LK 3 vor § 13 (der wegen des Erfordernisses einer „Handlung" sogar von einer „viergliedrigen" Verbrechensdefinition spricht), Armin Kaufmann, Normentheorie 158, 248, JZ 55, 37, Lackner III vor § 13, M-Zipf I 323, Stratenwerth 71ff., Tiedemann, in: Eser/Fletcher aaO 1008ff., Welzel 49f., ZStW 67, 210ff., 76, 621ff., Wessels I 35ff.; i. E. weitgehend auch Jakobs 127ff.; für einen *zweistufigen Deliktsaufbau* mit Anerkennung der Rechtfertigungsgründe als negative Tatbestandsmerkmale z. B. Engisch, ZStW 70, 583ff., DJT-FS I 406ff., Arthur Kaufmann, Das Unrechtsbewußtsein in der Schuldlehre des Strafrechts (1949) 66f., 170f., 178ff., JZ 54, 563 u. 56, 353, 393, ZStW 76, 564ff., Lange JZ 53, 9, Rödig aaO 48, Roxin, Offene Tatbestände usw. 121ff., 173ff., ZStW 74, 536 u. 80, 701 (mit Modifikationen), Samson SK 6ff. vor § 32, Schaffstein ZStW 72, 386ff., OLG Celle-FS 185, Schröder MDR 53, 70, ZStW 65, 207 und hier 17. A., 6 vor § 1, Schünemann GA 85, 348ff., v. Weber JZ 51, 260, Mezger-FS 183. Unter Ablehnung der Lehre v. d. neg. Tbm. für einen zweistufigen Deliktsaufbau auch Schmidhäuser, jedoch mit der Besonderheit, daß die zwischen Unrechts- und Schuldtatbestand eingeschobene Rechtswidrigkeit lediglich eine „Station praktisch prüfenden Vorgehens" sei, wo gefragt werde, „ob die Rechtsgutsverletzung auf Grund einer Gutsbeachtung erlaubt war" (Engisch-FS 454, ferner 281ff., I 132ff.; krit. dazu Roxin ZStW 83, 383ff.).

Bei einer **kritischen Würdigung** dieser Lehren ist im wesentlichen auf folgendes hinzuweisen: **17** Zuzustimmen ist der Lehre v. d. neg. Tbm. insofern, als es für die strafrechtliche Bewertung eines Verhaltens nur *zwei Wertkategorien* geben kann: die Rechtswidrigkeit, in der das Werturteil über die im Widerspruch zur Rechtsordnung stehende Tat liegt, sowie die mit der Schuld begründete persönliche Vorwerfbarkeit, die ein Unwerturteil über den Täter enthält. Demgegenüber hat die Tatbestandsmäßigkeit nicht die Bedeutung einer besonderen Wertungsstufe (ebenso z. B. Schünemann GA 85, 349, Wolter aaO 143; vgl. aber auch Jakobs 130ff., Wessels I 37). Zwar ist der Tatbestand nicht lediglich, wie die ältere Lehre angenommen hat, eine rein wertfreie Beschreibung objektiver Eigenschaften von Handlungen (vgl. z. B. Beling aaO 147, 178ff.), und ebensowenig kann die tatbestandsmäßige Handlung selbst wegen der darin liegenden Rechtsgutsverletzung als wertneutral angesehen werden. Man wird sogar noch weitergehend davon sprechen können (Welzel 55, Das neue Bild des Strafrechtssystems, 4. A., 22ff.), daß tatbestandsmäßige Verhaltensformen immer solche sind, „die aus den geschichtlich gewordenen Ordnungen des Soziallebens schwerwiegend herausfallen" (z. B. die Tötung, gleichgültig, ob sie durch Notwehr usw. gedeckt ist oder nicht; vgl. auch Dreher, Heinitz-FS 218). Ein *rechtliches* Werturteil ist damit jedoch noch nicht verbunden, denn ob die Handlung im Einzelfall tatsächlich dem Recht widerspricht, ergibt sich erst, wenn auch die Frage nach dem Vorliegen von Rechtfertigungsgründen entschieden ist (vgl. auch Samson SK 11 vor § 32, ferner Paeffgen aaO 408: nur „bedingtes Werturteil"). Daran ändert sich auch nichts, wenn man davon ausgeht, daß die dem Tatbestand zugrunde liegende Norm nicht die endgültige, durch Rechtfertigungsgründe schon inhaltlich von vornherein begrenzte Verhaltensnorm ist („Du sollst nicht töten, außer im Fall der Notwehr usw."), sondern eine zunächst noch allgemeine, nicht durch entsprechende Erlaubnisvorbehalte eingeschränkte Verbots- oder Gebotsnorm („Du sollst nicht töten"). Denn auch eine mit der Tatbestandsmäßigkeit gegebene „Normwidrigkeit" (Heimann-Trosien LK⁹ Einl. 53, Hirsch LK 6 vor § 32, Welzel 50, 80; krit. z. B. Otto I 58f.) dieser Art hat für sich allein noch kein sachliches Gewicht, vielmehr ist es hier erst das Zusammenspiel mit den neben die generellen Verbotsnormen tretenden Erlaubnissätzen (Rechtfertigungsgründe), das zu der für das Recht allein maßgeblichen Wertkategorie „rechtswidrig" bzw. „rechtmäßig" führt. Da Verbotsnormen und Erlaubnissätze insofern sachlich zusammengehören, als sie beide die Rechtswidrigkeit betreffen, macht es unter dem Gesichtspunkt rechtlicher Bewertung auch keinen Unterschied, ob ein Verhalten schon nicht tatbestandsmäßig, oder zwar tatbestandsmäßig, aber gerechtfertigt ist (Samson SK 9 vor § 32, Schröder MDR 53, 70). Sicher ist es zweierlei, ob ein Mensch in rechtmäßiger Notwehr oder ob eine Mücke getötet wird, denn auch die Tötung in Notwehr bleibt eine Rechtsgutsverletzung (Welzel ZStW 67, 210f.); in der rechtlichen Bewertung drückt sich dies jedoch nicht aus, weil hier nur bedeutsam ist, daß das Verhalten in beiden Fällen dem Recht nicht widerspricht.

Gleichwohl ist die Lehre v. d. neg. Tbm. i. S. einer generellen Aussage über das Verhältnis von **18** Tatbestand und Rechtswidrigkeit abzulehnen. Zwar gibt es gesetzliche Tatbestände, die bereits alles enthalten, was endgültig auch die Rechtswidrigkeit des fraglichen Verhaltens ausmacht und wo deshalb Umstände, die sonst erst zur Rechtfertigung führen würden, bereits den Tatbestand ausschließen, weil dieser andernfalls seinen Sinn völlig verlieren und nicht einmal mehr „unrechtsindizierend" wirken würde (vgl. z. B. zu § 240 II u. 66; näher dazu m. w. Beisp., die freilich nur z. T. hierher gehören, vgl. Herzberg JA 86, 194f. u. 89, 245f., 296). Die Regel ist dies aber nicht. Hier widerspricht vielmehr die Lehre v. d. neg. Tbm. allgemeinen systematischen Erwägungen und der Methode des Gesetzes, das bei der Umschreibung deliktischen Verhaltens in den Tatbeständen des Bes. Teils zunächst von bestimmten „Leitbildern" oder „Deliktstypen" ausgeht (M-Zipf I 323, Gallas ZStW 67, 17, ferner z. B. Dreher, Heinitz-FS 219, Jescheck 221, LK 44 vor § 13, Lackner III 2, 3 vor

§ 13, Wessels I 36f., Wolter aaO 144f., Tiedemann, in Eser/Fletcher aaO 1009). Soweit diese durch Unrechtsmerkmale geprägt werden, ist der Tatbestand daher „Unrechtstypus", d. h. er faßt die Umstände zusammen, die für das Unrecht einer bestimmten Deliktsart charakteristisch sind (vgl. u. 45). Im wesentlichen auf dasselbe läuft es hinaus, wenn stattdessen vielfach auch davon gesprochen wird, der Tatbestand umschreibe die „Verbotsmaterie" (vgl. Welzel 49 und im Anschluß daran z. B. D-Tröndle 8 vor § 13, Hirsch LK 6 vor § 32, Jescheck 221, Stratenwerth 70, Tiedemann aaO 1008, Wolter aaO 148). Zwar ist dieser Begriff insofern mißverständlich, als „Verbotsmaterie" streng genommen nur dasjenige Verhalten bezeichnet, das von einem abstrakten Normbefehl verboten ist, während die einzelnen Tatbestände vielfach über diese „Verbotsmaterie" hinaus noch zusätzlich weitere unrechtstypische Merkmale enthalten: So lautet z. B. das dem § 223a zugrunde liegende Verbot nicht anders als dasjenige, von dem auch § 223 ausgeht, denn wenn schon die einfache Körperverletzung verboten ist, so wäre es offensichtlich sinnwidrig, zusätzlich noch die qualifizierte Begehung mit einer Waffe zu verbieten; die „Verbotsmaterie" ist hier mithin die gleiche, wohl aber nennt § 223a Umstände, die typischerweise das Unrecht erhöhen (damit hängt es auch zusammen, daß es zwar „Grade des Unrechts", nicht aber „Grade der Rechtswidrigkeit" gibt; vgl. u. 51). Doch kommt es darauf im vorliegenden Zusammenhang nicht entscheidend an, denn was in der Sache gemeint ist, sind in Wahrheit bestimmte „negative Verhaltensmuster" (Welzel 49) und damit gleichfalls typisierte Verhaltensweisen. Von solchen Verhaltenstypen muß nun aber auch die Lehre v. d. neg. Tbm. ausgehen, d. h. auch nach ihr müssen die „positiven" den „negativen" Tatbestandsmerkmalen vorangestellt werden, weil über die Ausnahmen vom Verbot erst entschieden werden kann, wenn das Verbot als solches feststeht (vgl. auch Stratenwerth 72). Da es sich dabei jedoch um zwei Wertungsvorgänge handelt, sollte dem auch durch eine entsprechende Systembildung Rechnung getragen werden (so auch Tiedemann aaO 1010), zumal diese Wertungen durchaus eigenen Gehalt haben. Dies zeigt sich schon daran, daß die mit einer Einschränkung des „positiven" Tatbestands – etwa durch Herausnahme einzelner Personengruppen oder Handlungen aus dem Verbotsbereich – verbundene Erweiterung des Handlungsspielraums nicht notwendigerweise auf der Anerkennung vorrangiger Werte beruhen muß, sondern auch ganz andere Gründe haben kann (vgl. z.B. die vom 5. StRG ursprünglich vorgesehene „Fristenlösung" in § 218a); dagegen liegt den Rechtfertigungsgründen immer eine positive Wertentscheidung in dem Sinne zugrunde, daß entweder in sozialen Konfliktsituationen ein bestimmtes Gegeninteresse höher bewertet wird oder daß in gewissen Grenzen das fehlende Interesse des Verletzten als hinreichender Grund für die Preisgabe des geschützten Rechtsguts anerkannt wird (vgl. auch Jescheck 225, LK 44 vor § 13; and. Rödig aaO 51). Hinzu kommt, daß Einschränkungen des „positiven" Tatbestands immer auf eine entsprechende Beschränkung der gerade diesem Tatbestand zugrundeliegenden Verbotsnorm zurückzuführen sind, während Rechtfertigungsgründe in aller Regel in den Bereich verschiedener Verbote und Tatbestände hineinwirken (sind sie speziell für einen bestimmten Tatbestand geschaffen, so handelt es sich auch dort im Grunde immer nur um Ausprägungen eines allgemeinen, übergreifenden Rechtfertigungsgrundes, so z. B. § 218a im Verhältnis zu § 34). Auch dies spricht dafür, daß die Rechtfertigungsgründe nicht nur „negative Tatbestandsmerkmale" sind, sondern daß sie in Gestalt besonderer Erlaubnissätze mit eigenem Gehalt zu den abstrakten, zunächst nur an den typischen Unrechtssachverhalten orientierten Verbotsnormen hinzutreten. Mit der Lehre v. d. neg. Tbm., welche die Rechtfertigungsgründe als bloße Ausnahmen von einem Verbot begreift, wäre ferner nicht zu begründen, daß und warum der von der tatbestandsmäßigen Handlung Betroffene bei Vorliegen eines Rechtfertigungsgrundes zur Duldung des Eingriffs in seine Rechtsgüter verpflichtet sein kann, was bei einem tatbestandslosen Verhalten nicht der Fall zu sein braucht (vgl. Wessels I 36, Wolter aaO 145f.; zu den durch Rechtfertigungsgründe geschaffenen Duldungspflichten vgl. 10f. vor § 32). Auch diese Duldungspflichten lassen sich deshalb nur aus dem selbständigen Charakter der Erlaubnisnormen herleiten, die in atypischen Situationen Eingriffsrechte gewähren. Im übrigen gibt auch das Gesetz selbst verschiedentlich zu erkennen, daß es die Rechtfertigungsgründe nicht nur als negative Tatbestandsmerkmale ansieht (vgl. näher dazu Dreher, Heinitz-FS 220ff.). So sprechen etwa die §§ 32, 34 davon, daß eine in Notwehr usw. begangene „Tat" „nicht rechtswidrig" ist, was nur verständlich ist, wenn in diesen Fällen nicht schon der Tatbestand fehlt, sondern die tatbestandsmäßige Handlung nicht rechtswidrig ist (vgl. auch Paeffgen aaO 402). Dagegen, daß „positive" u. „negative" Tatbestandsmerkmale nicht ohne weiteres austauschbar sind, spricht schließlich, daß es sonst in das Belieben des Gesetzgebers gestellt wäre, den Anwendungsbereich des Art. 103 II GG zu bestimmen, der für die Rechtfertigungsgründe auch überhaupt nur beschränkte Bedeutung hat (vgl. Dreher aaO 222, Hirsch LK 8 vor § 32, Wolter aaO 145, aber auch Rödig aaO 54; vgl. ferner § 1 RN 17 sowie 25 vor § 32). Bei alledem ändert es auch nichts, daß die Unterscheidung zwischen Unrechtstypus und atypischer Erlaubnissituation mitunter zweifelhaft ist (vgl. z. B. 61 vor § 32, 12ff. vor § 324) und daß sie es u. U. sogar notwendig machen kann, vom Gesetz zur Umschreibung des deliktischen Sachverhalts benutzte Begriffe aufzulösen und sie teils dem Tatbestand, teils dem allgemeinen Deliktsmerkmal der Rechtswidrigkeit zuzuschlagen (vgl. etwa zu der gelegentlichen Doppelbedeutung des Begriffs „unbefugt" u. 65).

19   Im umgekehrten Verhältnis zum theoretischen Aufwand steht **die praktische Bedeutung** des Streits um einen „zwei"- oder „dreistufigen" Deliktsaufbau – nach dem Gesagten handelt es sich um einen „dreistufigen Deliktsaufbau mit nur zwei Wertkategorien" (Wolter aaO 148) –, wenn man nicht System- über Sachfragen entscheiden läßt. Insbes. kann auch beim **Irrtum über die tatbestandlichen Voraussetzungen eines Rechtfertigungsgrundes,** wo die Lehre von den negativen Tatbestandsmerkmalen vor allem praktische Bedeutung erlangt hat, die Entscheidung nicht von der Frage abhängen, ob der Verbrechensaufbau in zwei oder drei Stufen zu gliedern ist (vgl. Stratenwerth 72f., 153, der mit Recht davon spricht, daß hier „die eigentlichen Sachfragen durch sekundäre Dogmen und Theoreme verdunkelt werden", ferner Tiedemann, in: Eser/Fletcher aaO 1010f.; and. Schünemann GA 85, 350f.). Einmal ist schon zweifelhaft, ob nach dieser Lehre § 16 bei irrtümlicher Annahme eines rechtfertigenden Sachverhalts wirklich bereits unmittelbar anwendbar ist, da dies voraussetzen würde, daß der „gesetzliche Tatbestand" des § 16 auch ein teilweise ungewohnheitsrechtlich geregelter sein kann, dort nämlich, wo Rechtfertigungsgründe nur durch Gewohnheitsrecht anerkannt sind; zum andern betrifft § 16 I den Fall, daß der Täter, „irrig einen Umstand nicht kennt", während es sich hier – entsprechend dem in § 16 II geregelten Irrtum über strafmildernde Umstände – darum handelt, daß er „irrig Umstände annimmt", welche die Voraussetzungen eines Rechtfertigungsgrundes erfüllen würden. Streng genommen kann deshalb auch die Lehre v. d. neg. Tbm. nur zu einer – für sie allerdings zwingenden – analogen Anwendung des § 16 kommen (vgl. auch Grünwald, Noll-GedS 187f.; and. Paeffgen aaO 401 mwN). Umgekehrt ist eine solche – entgegen der sog. strengen Schuldtheorie (§ 16 RN 10ff.) – aber auch bei einem „dreistufigen" Verbrechensaufbau durchaus möglich. Zwar unterscheidet sich der Irrtum über die Voraussetzungen eines Rechtfertigungsgrundes vom gewöhnlichen Tatbestandsirrtum nach § 16 dadurch, daß die Kenntnis der Tatbestandsmerkmale, weil sie bereits das typische Unrecht des fraglichen Delikts charakterisieren, dem Täter „die Impulse gibt oder geben sollte, die Annahme eines rechtfertigenden Sachverhalts nachzuprüfen" (Welzel 68; sog. Appellfunktion des Tatbestandes). Entscheidend ist jedoch, daß für die Feststellung der Rechtswidrigkeit bzw. Rechtmäßigkeit als der für das Recht maßgeblichen Wertkategorie zwischen Tatbestandsmerkmalen und Rechtfertigungsgründen kein qualitativer Unterschied besteht (vgl. o. 17), zumal es Delikte gibt, bei denen eine Differenzierung zwischen beiden nicht mehr möglich (z. B. § 240, vgl. o. 18) oder zumindest zweifelhaft ist (vgl. Herzberg JA 86, 195ff. u. 89, 245f.). Die Folge davon kann nur sein, daß auch der Irrtum über die Voraussetzungen eines Rechtfertigungsgrundes qualitativ der gleiche ist wie ein Tatbestandsirrtum und daher auch ebenso zu behandeln ist wie dieser (dazu, daß eine unterschiedliche Behandlung auch nicht mit der „Appellfunktion" des Tatbestandsvorsatzes zu begründen ist – diese „funktioniert" hier gerade nicht –, vgl. z. B. Engisch ZStW 70, 591, Kuhlen, Die Unterscheidung von vorsatzausschließendem usw. Irrtum [1987] 317; and. Paeffgen aaO 407). In beiden Fällen fehlt es am Handlungsunwert *vorsätzlichen Unrechts* und es bleibt allenfalls Fahrlässigkeitsunrecht: Beim Tatbestandsirrtum wird der Handlungsunwert vorsätzlicher Tat aufgehoben, weil der Täter schon die Rechtsgutverletzung nicht will; beim Rechtfertigungsirrtum will er diese zwar, doch fehlt hier der sonst durch den Vorsatz begründete Handlungsunwert, weil der Täter davon ausgeht, daß er das Rechtsgut infolge einer rechtfertigenden Sachlage verletzen dürfe und sein Wille deshalb ebensowenig auf die Verwirklichung eines Erfolgreiches i. S. eines den Gegenstand rechtlicher Mißbilligung darstellenden Sachverhalts gerichtet ist wie beim Tatbestandsirrtum (vgl. z. B. Herzberg JA 89, 296, Arthur Kaufmann, Lackner-FS 192, Kuhlen aaO 304ff., Rudolphi SK § 16 RN 12, Maurach-FS 58f., Stratenwerth 153f. u. in: Eser/Fletcher aaO 1064, 1071, Wolter aaO 134, 165ff. und auf der Basis eines streng finalen Unrechtsbegriffs Zielinski aaO 224ff., 310, ferner u. 60, § 16 RN 18 sowie 21 vor § 32; and. sowohl die „strenge" als auch die lediglich „rechtsfolgeneinschränkende" Schuldtheorie, vgl. § 16 RN 14ff.). Zur entsprechenden Problematik beim Handeln in Unkenntnis eines rechtfertigenden Sachverhalts vgl. 15 vor § 32.

2. Im wesentlichen unbestritten ist heute die Notwendigkeit einer **Trennung von Rechtswidrigkeit und Schuld.** Darin liegt nicht, wie früher gelegentlich eingewandt wurde, eine unnatürliche Zerreißung von Systemzusammenhängen (vgl. die Nachw. in der 17. A. , 16f. vor § 1), sondern eine von materiellen Kategorien her vorgegebene Mehrdimensionalität bei der Bewertung eines einheitlichen Geschehens. Auch stehen Unrecht und Schuld nicht beziehungslos nebeneinander, denn es gibt zwar Unrecht ohne Schuld (z. B. die Tat eines Geisteskranken), nicht aber umgekehrt strafrechtliche Schuld ohne kriminelles Unrecht, vielmehr setzt erstere das letztere immer voraus. Daß das Gesetz ebenfalls zwischen Rechtswidrigkeit und Schuld unterscheidet, zeigt u. a. schon ein Vergleich der §§ 32, 34 („. . . handelt nicht rechtswidrig") mit den §§ 17, 20, 35 („. . . handelt ohne Schuld"); damit kommt zum Ausdruck, daß in den Fällen der §§ 32, 34 das Verhalten des Täters schon nicht im Widerspruch zu rechtlichen Sollensnormen steht, sondern objektiv „richtig" ist, während im Falle der §§ 17, 20, 35 dem Täter ein rechtlich objektiv falsches Verhalten lediglich nicht persönlich zum Vorwurf gemacht wird. 20

Abweichend von der h. M. schiebt eine von Maurach (aaO. 38f., jetzt M-Zipf I 411ff.) entwickelte Lehre zwischen Rechtswidrigkeit und Schuld noch eine zusätzliche Wertungsstufe der **„Tatverant-** 21

wortung" ein, die zusammen mit der Schuld die „Zurechenbarkeit tatbestandsmäßig-rechtswidrigen Verhaltens" ergeben soll (ebenso Deutsch, Fahrlässigkeit und erforderliche Sorgfalt [1963] 251 f., Rehberg, Zur Lehre vom „Erlaubten Risiko" [1962] 185, Rittler JurBl. 55, 634; vgl. auch Bacigalupo aaO 461 ff., Arthur Kaufmann, Maurach-FS 328 ff. u. zum Ganzen Fluri aaO). Dabei wird das Wesen der Tatverantwortung als einer „Vorstufe der Schuld" (M-Zipf I 425) in dem Einstehenmüssen für die „eigene Tat" gesehen, begründet durch „den Abfall vom rechtlich praesumierten Können des Durchschnitts" (aaO 424); der Unterschied zum Schuldurteil soll darin liegen, daß erst dieses einen persönlichen Vorwurf enthalte. Ihre Richtigkeit sieht diese Lehre u. a. in den §§ 33, 35 bestätigt, weil die hier erfolgte „Standardisierung" dem Wesen eines Entschuldigungsgrundes widerspreche und deshalb nur zum Ausschluß der Tatverantwortung führen könne (M-Zipf I 432). Die praktische Bedeutung der Lehre von der Tatverantwortung soll vor allem darin liegen, daß beim schuldunfähigen Täter der Ausschluß der Tatverantwortung auch die Verhängung einer Maßregel nach §§ 63, 64, 69, 70 ausschließe; für die Teilnahmelehre soll sich ergeben, daß die Teilnahme an der Begehung der Haupttat durch einen tatverantwortlich Handelnden voraussetze (M-Zipf I 428 f.; zu den für den Bes. Teil gezogenen Folgerungen vgl. 428 f.). Von der h. M. wird diese Lehre mit Recht abgelehnt (vgl. z. B. Jakobs 404, Jescheck, 3. A., 348, Armin Kaufmann, Unterlassungsdelikte [1959] 159 ff., Maihofer, Rittler-FS 161 f., Roeder, Sozialadäquates Risiko [1969] 98, Roxin JuS 88, 429, Schmidhäuser 462 FN 6, I 243, Stratenwerth 156 f.). Zur Erklärung der „standardisierenden Methode" des Gesetzes bei den §§ 33, 35 bedarf es der besonderen Stufe der Tatverantwortung nicht (vgl. dazu 109 vor § 32, ferner Hirsch LK 174 vor § 32). Ebensowenig ist ein solcher Umbau des Systems notwendig, um in der Tatverantwortung eine gemeinsame Basis für Strafe und Maßregeln zu haben, da diese bereits in der tatbestandsmäßig-rechtswidrigen Handlung besteht, zu der bei den Maßregeln noch die besondere Gefährlichkeit des Täters (ausnahmsweise auch dessen Schuld, vgl. § 68) hinzukommen muß; auch kann der Ausschluß der Tatverantwortung gerade auf solchen Umständen beruhen, welche die besondere Gefährlichkeit des Täters begründen und wo deshalb eine Maßregel nicht von vornherein ausgeschlossen werden kann (so wenn der Affekt des § 33 durch eine Geisteskrankheit bedingt ist, vgl. Jescheck 348). Nicht überzeugend sind endlich die Konsequenzen für die Teilnahmelehre, da die Teilnahme an einer z. B. nach § 35 entschuldigten Tat nicht schon deshalb straflos sein kann, weil der Täter im Notstand gehandelt hat (vgl. § 35 RN 46). Zur Bildung einer besonderen Zwischenstufe zwischen Unrecht und Schuld besteht schließlich – insoweit gegen Bacigalupo aaO – auch nicht deshalb Anlaß, weil die Entschuldigungsgründe *auch* (aber nicht nur!) auf einer Unrechtsminderung beruhen (vgl. 111 vor § 32).

22 3. Vielfach umstritten ist schließlich auch die **inhaltliche Ausfüllung** der einzelnen **Verbrechenselemente**. Nachdem die ursprüngliche Annahme der „klassischen" Verbrechenslehre von Beling u. a., wonach alles Objektive dem Unrecht und alles Subjektive der Schuld zuzurechnen sei, bereits durch die mit dem „neoklassischen" Verbrechensbegriff erfolgte Anerkennung besonderer „subjektiver Unrechtselemente" bei den Absichts- und Tendenzdelikten (vgl. u. 63) eine Korrektur erfahren hatte, hat die Entwicklung inzwischen zwar zu einer in ihrem Ergebnis von der h. M. weithin übernommenen „personalen Unrechtslehre" geführt, für die Vorsatz und Fahrlässigkeit nicht erst Schuldmerkmale sind (vgl. u. 52 ff.). Immer noch unentschieden, wenngleich heute in den Hintergrund getreten, ist aber z. B. der die Strafrechtsdogmatik lange Zeit beherrschende Meinungsstreit über einen dem Verbrechenssystem zugrunde liegenden allgemeinen Handlungsbegriff (vgl. u. 23 ff.). Aber auch sonst gehen die strafrechtlichen Zurechnungsmodelle der Gegenwart nicht nur in Einzelfragen, sondern teilweise schon in ihren Ansätzen und unter Ausbildung neuer Argumentationsmuster (vgl. dazu Neumann ZStW 99, 568 ff. mwN) z. T. erheblich auseinander. Unrecht und Unrechtsausschluß, Schuld und Schuldausschluß sind davon – z. T. auch in ihren Grundlagen – gleichermaßen betroffen (vgl. z. B. u. 56 f., 109, 116 ff., ferner z. B. 8, 108 ff. vor § 32). Dabei ist die neuere Entwicklung nicht nur durch eine verstärkte Normativierung strafrechtlicher Begriffe gekennzeichnet (vgl. z. B. zur objektiven Erfolgszurechnung u. 91 ff.), sondern zunehmend auch durch Bemühungen um ein teleologisches, betont auf die Strafe und kriminalpolitische Zwecksetzungen bezogenes Strafrechtssystem (vgl. dazu, wenngleich mit erheblichen Unterschieden, insbes. Roxin, Kriminalpolitik usw. sowie die Lehrbücher von Jakobs und Schmidhäuser [vgl. auch JuS 87, 373], ferner z. B. Rudolphi, Der Zweck usw.) Daß damit für die strafrechtlichen Systemkategorien von Tatbestand und Rechtswidrigkeit Wesentliches gewonnen ist, muß jedoch bezweifelt werden (mit Recht krit. z. B. Amelung JZ 82, 617), und für die Schuld bestehen sogar erhebliche Bedenken, diese den Strafzwecken her auszufüllen (vgl. u. 117 f.). Daß eine „kriminalpolitische Anreicherung" von Unrecht und Schuld zu deren Auflösung „im Einheitsgebräu der Strafzwecklehre" führen könnte, ist eine Gefahr, die immerhin auch von den Vertretern dieser Richtung gesehen wird (vgl. Schünemann GA 86, 302). Die Aufgabe kann daher nicht sein, das Straftatsystem an mehr oder weniger vagen präventiven Bedürfnissen zu orientieren, sondern die vorgegebenen Sachstrukturen ausfindig zu machen, die diese legitimieren und begrenzen (vgl. auch Lüderssen StV 87, 168, Neumann ZStW 99, 589, wonach „die Normadressaten die Kategorien der Zurechenbarkeit vor aller Prävention im

Kopf haben"). Im übrigen ist die Diskussion der Gegenwart insgesamt durch eine außerordentliche, z. T. kaum noch überschaubare Differenzierung und Verfeinerung des dogmatischen Instrumentariums gekennzeichnet (vgl. etwa den Überblick b. Jescheck 192 ff.), wobei dann allerdings mehr denn je auch gefragt werden muß, ob die Praxis dieser Entwicklung noch folgen wird und folgen kann.

C. Die Handlung

Schrifttum: Baumann, Hat oder hatte der Handlungsbegriff eine Funktion?, A. Kaufmann-GedS 181. – *Behrendt,* Die Unterlassung im Strafrecht, 1979. – *Bloy,* Finaler u. sozialer Handlungsbegriff, ZStW 90, 609. – *Brammsen,* Inhalt und Elemente des Eventualvorsatzes usw., JZ 89, 71. – *v. Bubnoff,* Die Entwicklung des strafrechtlichen Handlungsbegriffs von Feuerbach bis Liszt unter besonderer Berücksichtigung der Hegel-Schule, 1966. – *Busch,* Moderne Wandlungen der Verbrechenslehre, 1949. – *Donatsch,* Sorgfaltsbemessung und Erfolg beim Fahrlässigkeitsdelikt, 1987. – *Engisch,* Der finale Handlungsbegriff, Kohlrausch-FS 141. – *Franzheim,* Sind falsche Reflexe der Kraftfahrer strafbar?, NJW 65, 2000. – *Fukuda,* Die finale Handlungslehre Welzels und die Japanische Strafrechtsdogmatik, Welzel-FS 251. – *Gimbernat Ordeig,* Handlung, Unterlassen und Verhalten, A. Kaufmann-GedS 159. – *Gössel,* Wertungsprobleme des Begriffs der finalen Handlungslehre usw., 1966. – *Herzberg,* Die Unterlassung im Strafrecht und das Garantenprinzip, 1972. – *ders.,* Das Wollen beim Vorsatzdelikt und dessen Unterscheidung vom bewußt fahrlässigen Verhalten, JZ 88, 573. – *Hirsch,* Der Streit um Handlungs- u. Unrechtslehre usw., ZStW 93, 831 u. 94, 239. – *ders.,* Die Diskussion über den Unrechtsbegriff in der deutschen Strafrechtswissenschaft u. das Strafrechtssystem Delitalas, in: Studi in memoria di G. Delitala, 1984, Bd. 3, 1933. – *Hruschka,* Strukturen der Zurechnung, 1976. – *Jakobs,* Vermeidbares Verhalten und Strafrechtssystem, Welzel-FS 307. – *Jescheck,* Der strafrechtliche Handlungsbegriff, Eb. Schmidt-FS 139. – *Katsantonis,* Der Handlungsbegriff in existential-ontologischer Sicht, ZStW 72, 351. – *Armin Kaufmann,* Die Dogmatik der Unterlassungsdelikte, 1959. – *ders.,* Lebendiges und Totes in Bindings Normentheorie, 1954. – *ders.,* Zum Stand der Lehre vom personalen Unrecht, Welzel-FS 393. – *ders.,* Strafrechtsdogmatik zwischen Sein und Sollen, 1982, 21 ff. – *Arthur Kaufmann,* Die ontologische Struktur der Handlung, H. Mayer-FS 79. – *ders.,* Die finale Handlungslehre und die Fahrlässigkeit, JuS 67, 145. – *Kindhäuser,* Intentionale Handlung. Sprachphilosophische Untersuchungen zum Verständnis von Handlung im Strafrecht, 1980. – *ders.,* Kausalanalyse und Handlungszuschreibung, GA 82, 477. – *Klug,* Der Handlungsbegriff des Finalismus als methodologisches Problem, Emge-FS (1960) 33. – *Lang-Hinrichsen,* Zum Handlungsbegriff im Strafrecht, JR 54, 83. – *Maihofer,* Der Handlungsbegriff im Verbrechenssystem, 1953. – *ders.,* Der soziale Handlungsbegriff, Eb. Schmidt-FS 156. – *Maiwald,* Abschied vom strafrechtlichen Handlungsbegriff, ZStW 86, 626. – *H. Mayer,* Vorbemerkungen zur Lehre vom Handlungsbegriff, v. Weber-FS 137. – *Mezger,* Die Handlung im Strafrecht, Rittler-FS 119. – *Michaelowa,* Der Begriff der strafrechtswidrigen Handlung, 1968. – *Moos,* Die finale Handlungslehre. Probleme der Gegenwart, Bd. II (1974) 5. – *Niese,* Finalität, Vorsatz, Fahrlässigkeit, 1951. – *ders.,* Die finale Handlungslehre und ihre praktische Bedeutung, DRiZ 51, 221 u. 52, 21. – *Noll,* Der strafrechtliche Handlungsbegriff, Kriminologische Schriftenreihe, Bd. 54 (1971) 21. – *Nowakowski,* Probleme der Strafrechtsdogmatik, JBl. 72, 19. – *Oehler,* Das objektive Zweckmoment in der rechtswidrigen Handlung, 1959. – *Otter,* Funktionen des Handlungsbegriffs im Verbrechensaufbau, 1973. – *Radbruch,* Der Handlungsbegriff in seiner Bedeutung für das Strafrechtssystem, 1904. – *Roxin,* Zur Kritik der finalen Handlungslehre, ZStW 74, 515. – *ders.,* Ein „neues Bild" des Strafrechtssystems, ZStW 83, 369. – *Schewe,* Reflexbewegung, Handlung, Vorsatz, 1972. – *Schmidhäuser,* Willkürlichkeit und Finalität als Unrechtsmerkmal im Strafrechtssystem, ZStW 66, 27. – *ders.,* Was ist aus der finalen Handlungslehre geworden?, JZ 86, 109. – *ders.,* Begehung, Handlung und Unterlassung im Strafrecht, A. Kaufmann-GedS 131. – *Eb. Schmidt,* Soziale Handlungslehre, Engisch-FS 338. – *Spiegel,* Die strafrechtliche Verantwortlichkeit des Kraftfahrers für Fehlreaktionen, DAR 68, 283. – *Stratenwerth,* Die Bedeutung der finalen Handlungslehre für das Schweiz. Strafrecht, SchwZStr 81, 179. – *ders.,* Unbewußte Finalität?, Welzel-FS 289. – *Struensee,* Der subjektive Tatbestand des fahrlässigen Delikts, JZ 87, 53. – *v. Weber,* Bemerkungen zur Lehre vom Handlungsbegriff, Engisch-FS 328. – *Weidemann,* Die finale Handlungslehre und das fahrlässige Delikt, GA 84, 408. – *Welzel,* Aktuelle Strafrechtsprobleme im Rahmen der finalen Handlungslehre, 1953. – *ders.,* Kausalität und Handlung, ZStW 51, 703. – *ders.,* Studien zum System des Strafrechts, ZStW 58, 491. – *ders.,* Um die finale Handlungslehre, 1949. – *ders.,* Das neue Bild des Strafrechtssystems, 4. A., 1961. – *ders.,* Wie würde sich die finalistische Lehre auf den Allgemeinen Teil eines neuen StGB auswirken?, Mat. I 45. – *ders.,* Vom Bleibenden und vom Vergänglichen in der Strafrechtswissenschaft, 1964. – *ders.,* Ein unausrottbares Mißverständnis? Zur Interpretation der finalen Handlungslehre, NJW 68, 425. – *ders.,* Zur Dogmatik im Strafrecht, Maurach-FS 3. – *E. Wolf,* Die Lehre von der Handlung, AcP 180, 181. – *E. A. Wolff,* Der Handlungsbegriff in der Lehre vom Verbrechen, 1964. – *ders.,* Das Problem der Handlung im Strafrecht, Radbruch-GedS 291. – *Zielinski,* Handlungs- und Erfolgsunwert im Unrechtsbegriff, 1973.

Vorbem §§ 13 ff. 23–27   Allg. Teil. Die Tat – Grundlagen der Strafbarkeit

23   I. Nach der Definition des Verbrechens als einer tatbestandsmäßigen, rechtswidrigen und schuldhaften Handlung (vgl. o. 12) ist **Voraussetzung der Straftat** zunächst das Vorliegen einer **Handlung**. Die vom Täter begangene Handlung ist damit Ausgangspunkt des Systems und Strafanknüpfungspunkt. Noch nicht gesagt ist damit freilich, ob eine dem Tatbestand vorgelagerte Handlung „an sich" oder die tatbestandsmäßige bzw. tatbestandsmäßig-rechtswidrige Handlung am Anfang des Verbrechenssystems steht. Sieht man in der Handlung den systematischen Oberbegriff der Verbrechenslehre, so stellt sich das weitere Problem, wie ein allgemein gültiger, für alle Erscheinungsformen deliktischen Verhaltens brauchbarer Handlungsbegriff auszusehen hat. Diese Fragen standen lange Zeit im Mittelpunkt der strafrechtsdogmatischen Diskussion, wobei die Auffassungen vor allem darüber auseinandergingen, ob von einem ontologischen oder einem bereits an rechtlichen Kategorien orientierten „juristischen" Handlungsbegriff auszugehen ist und welche Bedeutung dem Handlungswillen im Deliktssystem zukommt (vgl. u. 25 ff., näher zur Entwicklung z. B. v. Bubnoff aaO, Gallas ZStW 67, 1 ff., Otter aaO 30 ff., Schmidhäuser, Radbruch-GedS 284 ff., A. Kaufmann-GedS 136 ff.; zum Ausland vgl. Jescheck ZStW 98, 10 f.). Inzwischen ist der Streit um den Handlungsbegriff, wenngleich noch keineswegs beendet, in den Hintergrund getreten. Heute wird die Frage gestellt, ob der Handlungsbegriff „eine Funktion hatte oder hat" (so Baumann aaO in einer z. T. krit. Würdigung von Armin Kaufmann) und zunehmend die Auffassung vertreten, daß es einen als Oberbegriff alle Formen strafrechtlich relevanten Verhaltens – positives Tun wie Unterlassen, vorsätzliche wie fahrlässige Begehung – umfassenden Handlungsbegriff nicht gibt oder daß er jedenfalls so allgemein bleiben muß, daß er dogmatisch unergiebig ist (vgl. u. 37).

24   Das Gesetz selbst, das ursprünglich vielfach von der strafbaren oder mit Strafe bedrohten „Handlung" gesprochen hatte (vgl. z. B. §§ 1, 37, 42b, 42m, 48ff., 51ff. a. F.), benutzt seit dem 2. StrRG in diesen Fällen jetzt einheitlich den Terminus „Straftat" bzw. „rechtswidrige Tat" (vgl. § 11 I Nr. 5). Dort, wo noch von einem „Handeln" die Rede ist, hängt es vom Sinn der einzelnen Bestimmung ab, ob damit nur das positive Tun (z. B. §§ 8, 9) oder auch das Unterlassen gemeint ist (z. B. §§ 14, 20). Eine Stellungnahme zum Handlungsbegriff in seiner dogmatischen Bedeutung ist damit nicht verbunden.

25   II. Während sich die Rspr. an den Bemühungen um einen strafrechtlichen Handlungsbegriff kaum beteiligt hat, haben in der wissenschaftlichen Auseinandersetzung vor allem drei **Handlungslehren** Bedeutung gewonnen, die ihrerseits freilich z. T. wieder verschiedene Spielarten aufweisen: Die kausale, die finale und die soziale Handlungslehre (vgl. näher dazu den Überblick bei Otter aaO 59 ff.); über weitere Handlungsbegriffe vgl. u. 36.

26   1. Nach den **kausalen Handlungslehren** ist primär auf die Ursächlichkeit der Willensbetätigung abzustellen. Handlung ist danach „gewollte Körperbewegung" bzw. die „gewollte Regungslosigkeit" (Beling, Lehre vom Verbrechen 9) bzw. „ein vom Willen getragenes menschliches Verhalten, einerlei, worin es besteht, einerlei, wohin der es meisternde Wille zielte" (Beling aaO 17; ebenso oder ähnlich in neuerer Zeit z. B. noch Baumann/Weber 191, Gimbernat Ordeig aaO, Heimann-Trosien, LK[9] Einl. 31, 33, 35, Kohlrausch-Lange, Syst. Vorbem. II B, Mezger, Lehrb. 91 ff., Spiegel DAR 283). Wesentlich für die kausalen Handlungslehren ist, daß sie sich mit der Willkürlichkeit eines bestimmten Verhaltens begnügen (insoweit and. Gimbernat Ordeig aaO 163 ff.), wobei der Wille nur in seiner verursachenden, die Handlung auslösenden Eigenschaft gesehen wird, nicht aber in seiner das Handlungsgeschehen auf ein bestimmtes Ziel hin steuernden Funktion. Der Inhalt des Wollens, d. h. das, was der Täter gewollt hat, ist daher für den Handlungsbegriff selbst noch ohne Bedeutung. Die vorsätzliche Tötung ist danach ebenso eine „Tötungshandlung" wie z. B. das unwissentliche Beibringen des tödlichen Gifts. Dabei wird heute allerdings keineswegs verkannt, daß menschliches Handeln zugleich „final" ist, weil der Handlung immer ein „zweck- und zielgerichteter" Willensakt zugrundeliege, der „den Gang der äußeren kausalen Vorgänge in der inneren Vorstellung vorwegnimmt und sie so in ihrem Ablauf bestimmt" (vgl. noch Mezger/Blei I, 15. A., 58, ferner Mezger LK[8] Einl. II u. II 6a vor § 51). Entscheidend ist nach dieser Lehre jedoch, daß nicht der ganze Willensgehalt der Handlung seine abschließende normative Bewertung schon in der Handlungslehre erfährt, sondern, soweit es um den Inhalt des Handlungswillens geht, erst an späterer Stelle (Rechtswidrigkeit, Schuld) zu berücksichtigen ist.

27   Zur **Kritik:** Gegen die kausale Handlungslehre wird u. a. eingewandt, daß sich mit der Umdeutung aller willensgetragenen Verhaltensweisen in Kausalvorgänge das Wesen der echten Willenshandlungen nicht erfassen lasse, weil die Handlung damit zur „blinden Willensverursachung" denaturiert werde (vgl. z. B. Jescheck 197, LK 24 vor § 13, Rudolphi SK 27 vor § 1, Welzel 39ff.). Doch trifft diese Kritik die kausale Handlungslehre nicht, solange sie nicht behauptet, mit ihrem Handlungsbegriff die ontologische Struktur der Handlung richtig wiederzugeben, sondern sich darauf beschränkt, einen „juristischen" Handlungsbegriff zu vertreten. Zwar kann der Gesetzgeber an den ihm vorgegebenen „sachlogischen Strukturen" im Objekt seiner Regelung nichts ändern (Welzel, Naturrecht und materiale Gerechtigkeit, 2. A., 197) und er kann deshalb auch den – von den Vertretern der kausalen Handlungslehre übrigens nicht bestrittenen – seinsgesetzlich finalen Charakter menschlichen Handelns nicht leugnen. Dies schließt jedoch nicht aus, daß es für die Zwecke rechtlicher Bewertung sinnvoll sein könnte, die kausalen und finalen Elemente der Handlung verschieden zu betrachten und deshalb einen eigenen rechtlichen Handlungsbegriff zu bilden, der zunächst nur den kausalen Aspekt in sich aufnimmt, während ihm der finale erst in einer späteren Wertungsstufe wieder zugefügt wird. Ob so zu verfahren ist, hängt letztlich davon ab, wie Unrecht und Schuld bestimmt werden: Wäre das Unrecht rein kausales Erfolgsunrecht (was freilich abzulehnen ist, vgl. u. 52ff.), so könnte es in der Tat naheliegen, einen kausalen Handlungsbegriff als gemeinsames Grundelement vorsätzlicher und fahrlässiger Begehung gleichsam „vor die Klammer" zu setzen. Berechtigt ist dagegen der Einwand, daß der kausale Handlungsbegriff die Unterlassung nicht in sich aufzunehmen vermöge (vgl. Jescheck 197 mwN). Zwar hat die kausale Handlungslehre dem Unterlassen z. T. dadurch Rechnung zu tragen versucht, daß als Oberbegriff von Tun und Unterlassen von einem „willkürlichen Verhalten" gesprochen wird (vgl. die Nachw. o. 26). Doch ist damit nichts gewonnen, da ein Unterlassen jedenfalls nicht notwendig durch einen Willensimpuls ausgelöst wird, wie schon der Fall des – rechtlich gleichwohl relevanten – unbewußten Unterlassens zeigt; hier von einer „Zurückhaltung motorischer Nerven" zu sprechen (Beling, Lehre vom Verbrechen 15), läuft deshalb auf eine reine Fiktion hinaus. Modernere Vertreter der kausalen Handlungslehre versuchen diesen Schwierigkeiten deshalb dadurch zu entgehen, daß sie die Handlung als ein „generell von Willen beherrschbares Verhalten" definieren (Heimann-Trosien LK[9] Einl. 31). Aber auch dies ist lediglich ein terminologisches Ausweichen, da der Begriff der Handlung i. S. einer Körperbewegung und sein kontradiktorisches Gegenteil nicht einem gemeinsamen Oberbegriff des „Verhaltens" unterstellt werden können (so schon Radbruch aaO 141 f.; and. Gimbernat Ordeig aaO). Entscheidend spricht gegen den kausalen Handlungsbegriff jedoch, daß er völlig sinnentleert ist und ins Uferlose führt, indem er auch solche Verhaltensweisen einbeziehen muß, die mit der Tat in keinem sinnvollen Zusammenhang mehr stehen (z. B. die Zeugung des Mörders als Voraussetzung für den Mord; vgl. z. B. Jescheck 197f., Arthur Kaufmann, H. Mayer-FS 93, Stratenwerth 61). Damit verliert der kausale Handlungsbegriff seine praktische Brauchbarkeit, es sei denn, er würde durch zusätzliche Elemente ergänzt werden, womit dann aber auch der Handlungsbegriff kein rein „kausaler" mehr wäre.

2. Nach der vor allem von Welzel entwickelten und im Laufe der Jahre immer weiter ausgebauten **finalen Handlungslehre** (Ansätze schon bei v. Weber, Zum Aufbau des Strafrechtssystems, 1935) ist Handlung nicht nur der von einem Willensimpuls ausgelöste äußere Kausalvorgang, sondern „Ausübung der Zwecktätigkeit" (Welzel 33ff., Neues Bild 3ff.). Davon ausgehend, daß es „sachlogische Strukturen" gibt, die jeder rechtlichen Regelung vorgegeben sind, gelangt die finale Handlungslehre unter Verwertung der Erkenntnisse der neueren Psychologie über den Ablauf seelischer Akte (Welzel, Neues Bild IX) zu einem Handlungsbegriff, der – nach ihrer Auffassung – streng ontologisch ist. Grundlegendes Merkmal der Handlung ist danach ihre Finalität, d. h. ein „bewußt vom Ziel her gelenktes Wirken" (Welzel 33), wobei die finale Steuerung der Handlung in zwei Stufen verlaufe: Die eine gehöre der gedanklichen Sphäre an und umfasse die Vorwegnahme des Ziels, die Auswahl der für dessen Erreichung notwendigen Mittel sowie die Berücksichtigung von Nebenfolgen; die zweite vollziehe sich in der realen Welt und bestehe darin, daß die in der gedanklichen Sphäre vollzogene Zweck-Mittelbestimmung verwirklicht werde (Welzel 34f.). Auf diese Weise wird der das Kausalgeschehen lenkende Wille zum „Rückgrat der Handlung": Während Kausalität „blind" sei, sei die Finalität „sehend" (Welzel 33ff.). **28**

Die finale Handlungslehre hat in der strafrechtsdogmatischen Diskussion der letzten Jahrzehnte eine zentrale Rolle gespielt und ein in seinem Umfang kaum noch überschaubares Schrifttum pro et contra hervorgebracht (zusfass. Hirsch ZStW 93, 831 u. 94, 239). Zu ihren Vertretern gehören außer Welzel insbes. Busch, Hirsch, Armin Kaufmann, Maurach (für eine Ergänzung durch die soziale Handlungslehre dagegen M-Zipf I S. 204ff.), Niese, Schaffstein, Stratenwerth und Zielinski (aaO; umfassende Nachw. b. Hirsch ZStW 93, 838 FN 35). Wirklichen oder angeblichen Mißverständnissen der finalen Handlungslehre versuchte Welzel zuletzt dadurch zu begegnen, daß er zur Kennzeichnung der entscheidenden Eigenart der Handlung (nämlich ihre Steuerung und Lenkung durch den Handlungswillen) den Begriff der „Kybernetik" benutzt (31, 131, Maurach-FS 8; vgl. auch Hirsch ZStW 93, 862, der die Bezeichnung „vorgegebener Handlungsbegriff" vorschlägt). In Fortführung dieses kybernetischen Ansatzes hat Jakobs 114ff., aaO 307ff. die individuelle Vermeidbarkeit zum Grundelement des Verhaltensbegriffs gemacht, womit das Moment des individuellen Könnens jedoch zu früh ins Spiel gebracht wird (vgl. auch § 15 RN 142). In ihrer Bedeutung ist die finale Handlungslehre auf das Strafrecht nicht beschränkt, vielmehr hat sie auch auf die Dogmatik des Zivilrechts übergegriffen (näher dazu Deutsch, Welzel-FS 227ff.). Die Rspr. hat zwar nie ausdrücklich zur Verbrechenslehre des Finalismus Stellung genommen, unverkennbar ist jedoch der Einfluß, den diese auf einzelne Entscheidungen ausgeübt hat (z. B. BGH **2** 194, **8** 393, **9** 370, BGHZ **24** 21). **29**

Der Finalismus hat jedoch nicht nur einen neuen Handlungsbegriff in die Diskussion eingeführt, sondern aus der vorgegebenen Finalstruktur der Handlung auch eine ganze Reihe z. T. **weitreichen-** **30** der Konsequenzen gezogen, durch die das System des bis dahin vorherrschenden „klassischen" bzw. „neoklassischen Verbrechensbegriffs" (zu diesen vgl. Jescheck 190ff., LK 13ff. vor § 13) inhaltlich entscheidend verändert wurde. Aus der Gleichsetzung der Finalität der tatbestandsmäßigen Handlung mit dem – zuvor ausschließlich als Form oder Bestandteil der Schuld angesehenen – Vorsatz und aus der Funktion des Tatbestandes, die strafbare Handlung in allen wesentlichen Unrechtsmerkmalen zu kennzeichnen, ergibt sich für den Finalismus, daß der Vorsatz bereits zum Tatbestand gehören muß. Der Vorsatz wird damit – ebenso wie die sonstigen subjektiven Unrechtselemente (z. B. besondere Absichten) – zum „personalen Unrechtselement" und als „Handlungsunwert" dem „Erfolgsunwert" gegenübergestellt. Damit im Zusammenhang steht die Herausnahme des Bewußtseins der Rechtswidrigkeit aus dem Vorsatz und die Behandlung des Verbotsirrtums nach der sog. Schuldtheorie (vgl. § 15 RN 104, § 17 RN 3), wobei – ebenfalls mit dem Verbrechensbegriff des Finalismus begründet – auch die irrtümliche Annahme der Voraussetzungen eines Rechtfertigungsgrundes (z. B. Putativnotwehr) als ein Fall des Verbotsirrtums angesehen wird (sog. strenge Schuldtheorie, vgl. § 16 RN 14). Folgerungen wurden aus der finalen Handlungslehre ferner für die Teilnahme gezogen (Erfordernis einer vorsätzlichen Haupttat). Auch für die Fahrlässigkeit, die ursprünglich pauschal als Schuldform angesehen wurde, ergab sich ein neues Verständnis. Da die bloße Erfolgsverursachung nicht die Voraussetzung einer Handlung erfüllt, kann sie nach der finalen Handlungslehre auch nicht tatbestandsmäßig sein. Anknüpfungspunkt für ein Unwerturteil kann nach ihr vielmehr nur die fehlerhafte finale Steuerung sein, was zu einer Aufgliederung der Fahrlässigkeit und einer teilweisen Umverteilung ihrer verschiedenen Bestandteile führt: Soweit es sich um die Verletzung der im Verkehr erforderlichen Sorgfalt handelt, wird die Fahrlässigkeit zum Merkmal des Tatbestandes; soweit es sich dagegen um die persönliche Vorwerfbarkeit des Sorgfaltsmangels handelt, bleibt sie Element der Schuld. Unter den Vertretern der finalen Handlungslehre der Gegenwart gilt dieses auf Welzel zurückgehende Strafatsystem inzwischen zwar nicht mehr uneingeschränkt, vielmehr sind sie z. T. eigene Wege gegangen (vgl. dazu den Überblick von Schmidhäuser JZ 86, 109, der allerdings jede Verbrechenskonzeption der finalen Handlungslehre zuordnet, die den Vorsatz als Element des Unrechts ansieht); gleichwohl dürften Nachrufe auf den Finalismus verfrüht sein.

31 Zur **Kritik**: Ein alle strafrechtlich relevanten Verhaltensweisen umfassender Oberbegriff kann der finale Handlungsbegriff schon im Hinblick auf die Unterlassungsdelikte nicht sein, weil es bei diesen an einer „aktuellen Finalität" i. S. eines „Steuerns und Lenkens" gerade fehlt (vgl. z. B. B-Volk I 46, Gallas ZStW 67, 8, Jescheck 199, Eb. Schmidt-FS 148f.); auch die finale Handlungslehre anerkennt deshalb heute, daß neben die Handlung als zweite, selbständige Form menschlichen Verhaltens die Unterlassung tritt (vgl. Hirsch ZStW 93, 851f., Armin Kaufmann, Unterlassungsdelikte 66f., Stratenwerth 55f., Welzel 200). Anfechtbar ist aber auch die teleologische Begründung des strafrechtlichen Handlungsbegriffs durch die finale Handlungslehre, weil dagegen eingewendet werden kann, daß mit der Gleichsetzung von Finalität und Vorsatz zugleich die Sinndimensionalität in den Handlungsbegriff aufgenommen wird und dieser damit seine Vorgegebenheit verliert und zu einem rechtlich-normativen Gebilde wird (so Roxin ZStW 74, 524ff.; vgl. dagegen aber Welzel Grünhut-EG 173, Hirsch ZStW 93, 849f., Weidemann GA 84, 413f.). Ist Finalität ein „bewußt" vom Ziel her gelenktes Wirken (Welzel 33), so scheint es ferner unmöglich zu sein, Fehlreaktionen auf Grund automatisierter Verhaltensmuster, aber auch gewisse Affekt- und Kurzschlußhandlungen in den Handlungsbegriff miteinzubeziehen, weil hier das Element einer bewußten Steuerung gerade fehlt. Die finale Handlungslehre kann diesen Schwierigkeiten – die sich freilich z. T. mehr oder weniger deutlich auch für die übrigen Handlungslehren ergeben – nur dadurch begegnen, daß sie auch eine „unbewußte Finalität" anerkennt, was nur durch eine erhebliche Modifizierung des ursprünglich aufgestellten Handlungsbegriffs möglich ist (näher Stratenwerth 62f., 66f., Welzel-FS 289ff.; vgl. auch Hirsch ZStW 93, 860ff.). Bestritten wird ferner die Möglichkeit, die vorsätzlich verwirklichten Nebenfolgen in den Finalzusammenhang einzubeziehen (vgl. z. B. Baumann/Weber 209, Jakobs 111ff., Schmidhäuser I 80), dies jedenfalls beim bedingten Vorsatz, da die Haltung des Inkaufnehmens einen Akt wertender Stellungnahme enthalte, der in einen rein ontologischen Begriff der Finalität nicht hineinpasse (Jescheck, Eb. Schmidt-FS 155 FN 80). Erst recht ist es seit jeher ein Haupteinwand gegen die finale Handlungslehre, daß sie der fahrlässigen Tat nicht gerecht werde und wo sie sich deshalb auch zu Korrekturen des ursprünglichen Systems genötigt sah (vgl. dazu Welzel 129f., Weidemann GA 84, 409ff.). Wenn hier heute auf den unsorgfältigen Vollzug einer finalen Handlung abgestellt wird (vgl. Welzel aaO, ferner Hirsch ZStW 93, 857ff., Stratenwerth 67, Weidemann aaO), erweisen sich aber auch dafür die vorgegebenen „sachlogischen Strukturen" als unergiebig: Die Unsorgfältigkeit des Steuerungsvorgangs selbst ist kein Moment der Finalität, sondern eine der Handlung vom Recht zugeschriebene Eigenschaft, während das, worauf die Handlung tatsächlich gerichtet war, für die Begründung des Sorgfaltsmangels ohne Bedeutung ist (zur Kritik der finalen Handlungslehre hier vgl. z. B. Baumann/Weber 207f., B-Volk I 46, v. Bubnoff aaO 151, Donatsch aaO 30ff., Jakobs 112, Jescheck 199, LK 27 vor § 13, Arthur Kaufmann, Schuld und Strafe 42, JuS 67, 145, Roxin ZStW 74, 525; vgl. dazu aber auch Hirsch aaO, Weidemann aaO). Solchen Einwänden entgeht zwar die jüngste Fahrlässigkeitskonzeption des Finalismus, welche die Finalität des Handelns hier auf die das unerlaubte Risiko begründenden Umstände bezieht (Struensee JZ 87, 58; vgl. auch JZ 87, 541, GA 87, 105), wobei dann u. a. aber unberücksichtigt bleibt, daß Fahrlässigkeit auch möglich ist, wenn dem Täter die risikorelevanten Umstände nicht bewußt sind (vgl. näher zur Kritik Herzberg JZ 87, 536, Roxin, A. Kaufmann-GedS 249f.). Was schließlich die praktischen Konsequenzen der finalen Handlungslehre betrifft, so ist insbesondere die Behandlung des Irrtums über die Voraussetzungen eines Rechtfertigungsgrundes als Verbotsirrtum auf Kritik gestoßen. Die sog. strenge Schuldtheorie (vgl. § 16 RN 14f.) wird von der h. M. mit Recht als unbillig empfunden; sie ist übrigens auch vom Standpunkt der finalen Handlungslehre aus keineswegs zwingend (abweichend hier daher auch Schaffstein MDR 51, 196, Stratenwerth 152ff.; vgl. auch Roxin ZStW 74, 528), sondern widerspricht im Gegenteil den Erkenntnissen, die u. a. gerade der finalen Handlungslehre für das fahrlässige Unrecht zu verdanken sind: Wenn es nämlich richtig ist, daß die Rechtsordnung von niemand mehr als die Beachtung der im Verkehr erforderlichen Sorgfalt verlangen kann (so Welzel 134f.), so ist nicht einzusehen, weshalb der trotz objektiv sorgfaltspflichtgemäßer Prüfung entstandene Irrtum über die Voraussetzungen eines Rechtfertigungsgrundes erst im Rahmen der Schuld Berücksichtigung finden soll (unvermeidbarer Verbotsirrtum), wobei vorausgesetzt wird, daß die Tat weiterhin vorsätzliches Unrecht darstellt (Lenckner, H. Mayer-FS 183).

Insgesamt ist festzustellen: Die finale Handlungslehre hat zwar die Seinsstruktur der Handlung zutreffend umschrieben. Daraus, daß ein Handeln ohne steuernden Handlungswillen nicht möglich ist, ergeben sich aber noch keine Konsequenzen für das System und den Inhalt der einzelnen Verbrechenselemente: Welchen Inhalt z. B. der Vorsatz haben muß, um die Vorsatzstrafe auszulösen, ob Vorsatz und Fahrlässigkeit Schuld- oder (auch) Unrechtsmerkmale sind usw., ergibt sich nicht aus der Finalstruktur der Handlung (und nur diese wäre dem Gesetzgeber vorgegeben), sondern aus den normativen Entscheidungen des positiven Rechts und den Unrecht und Schuld eigenen Sinngehalten (vgl. auch schon o. 27; zur Gegenposition vgl. zuletzt Hirsch ZStW 93, 844ff.). Hier lassen sich die Ergebnisse der finalen Handlungslehre, soweit sie angemessen sind, auch selbständig begründen (vgl. dazu auch Jescheck ZStW 93, 17ff. mwN). Das bleibende Verdienst der finalen Handlungslehre ist es jedoch, daß sie die Bedeutung des personalen Kerns des Unrechts erkannt und dem Handlungsunwert die gleiche Bedeutung beigemessen hat wie dem Erfolgs- oder Sachverhaltsunwert (vgl. u. 52ff.); vgl. dazu auch Moos JR 77, 307. Die finale Handlungslehre ist deshalb durch eine finale Tatbestands- und Unrechtslehre zu ersetzen (Roxin ZStW 74, 548, vgl. ferner Zielinski aaO, Eser I 49), was sie in der Sache schon immer war (vgl. z. B. Baumann/Weber 206).

3. Nach den z. T. aus dem kausalen Handlungsbegriff hervorgegangenen, z. T. auch unabhängig davon entstandenen **sozialen Handlungslehren** (krit. zur Terminologie Otter aaO 74) ist das allen Verhaltensformen Gemeinsame die soziale Relevanz menschlichen Tuns oder Unterlassens. Wesentlich für sie ist, daß sie das Handeln als sinnhaft gestaltenden Faktor der sozialen Wirklichkeit erfassen und damit einen Kompromiß zwischen einer rein ontologischen und einer normativen Betrachtungsweise darstellen. Entsprechend der Weite des damit gewonnenen Blickfelds bieten sie Raum für im einzelnen z. T. recht differenzierte Lösungen, bei denen je nachdem der kausale Ansatz, die objektive Handlungstendenz, die subjektive Zwecksetzung oder die personale Struktur des Handelns mehr oder weniger deutlich hervortreten.

So wird die Handlung z. B. beschrieben als „willensgetragenes Verhalten, das durch seine Auswirkungen die Lebenssphäre von Mitmenschen berührt und sich unter normativen Aspekten als soziale Sinneinheit darstellt" (Eb. Schmidt JZ 56, 190, Engisch-FS 339), als „das willkürliche Bewirken berechenbarer sozialerheblicher Folgen" (Engisch, Kohlrausch-FS 161), als „das vom menschlichen Willen beherrschte oder beherrschbare sozialerhebliche Verhalten" (Wessels I 24), als „objektiv von Menschen beherrschbare Verhalten mit Richtung auf einen objektiv voraussehbaren sozialen Erfolg" (Maihofer, Eb. Schmidt-FS 178). Nach Jescheck 200f., LK 28 vor § 13, Eb. Schmidt-FS 151 ist die Handlung „sozialerhebliches menschliches Verhalten", wobei Verhalten „die Antwort des Menschen auf die ihm zu Gebote stehenden Handlungsmöglichkeiten" ist und seine Sozialerheblichkeit darin besteht, daß es „den Menschen in seiner mitmenschlichen Rolle in Erscheinung treten läßt". Nach E. A. Wolff aaO 15ff. u. Radbruch-GedS 295 bedarf es zweier Handlungsbegriffe: eines „individuellen" Handlungsbegriffs, der das Ergreifen einer von mehreren Möglichkeiten bedeute, und eines darauf bezogenen sozialen Handlungsbegriffs als die „durch Entscheidung gestaltete Wirklichkeit". In der Nähe der sozialen Handlungslehren steht auch die personale Handlungslehre von Arthur Kaufmann, H. Mayer-FS 116: Menschliches Handeln als „verantwortliche, sinnhafte Gestaltung der Wirklichkeit mit vom Willen beherrschbaren (dem Handelnden daher zurechenbaren) kausalen Folgen (im weitesten Sinn)". Elemente eines sozialen Handlungsbegriffs übernimmt bei einem finalen Ausgangspunkt auch M-Zipf I 204ff. Zum Ganzen vgl. näher den Überblick b. Donatsch aaO 26ff., Otter aaO 74ff. und die Analyse der verschiedenen Spielarten der sozialen Handlungslehre und ihres Verhältnisses zum finalen Handlungsbegriff von Bloy ZStW 90, 609ff.

Zur **Kritik:** Die sozialen Handlungsbegriffe scheinen den Vorzug zu haben, daß sie unter Vermeidung der Schwächen des kausalen Handlungsbegriffs (vgl. o. 27 a. E.) als gemeinsame Grundlage aller Erscheinungsformen strafrechtlich relevanten Verhaltens verwendbar sind. Aber auch sie eignen sich, gleichgültig, wie sie im einzelnen gefaßt sind, als übergeordnete Einheit und Grundbegriff des Systems nur, wenn man die grundlegenden ontologischen Verschiedenheiten von Tun und Unterlassen, die sich seinsmäßig „wie a und non-a" verhalten (Hirsch, Köln-FS 408, Radbruch aaO 140ff., Welzel 201), außer acht läßt. Dies gilt auch für den „personalen" Handlungsbegriff Arthur Kaufmanns (H. Mayer-FS 116), weil das Unterlassen keine „Gestaltung der Wirklichkeit" ist (and. Bloy ZStW 90, 632), auch nicht in dem Sinn, daß der Mensch hier „einen Kausalprozeß in seinen Dienst nimmt" (Arthur Kaufmann, Schuld und Strafe 53). Da beim Unterlassen ein der rechtlichen Wertung vorgegebenes sachliches Substrat fehlt (Gallas ZStW 67, 9; and. z. B. Bloy aaO 616ff., Maiwald ZStW 86, 638ff.), läßt sich eine Gemeinsamkeit von Tun und Unterlassen überhaupt nur im normativen Bereich herstellen, indem bei letzterem die „Handlungserwartung" in den Handlungs- bzw. Verhaltensbegriff aufgenommen wird (so Jescheck 201). Dies braucht für sich allein zwar noch nicht zu bedeuten, daß damit die Möglichkeit eines gemeinsamen Handlungsbegriffs überhaupt preisgegeben wird (so jedoch Otter aaO 122, weil die Handlungserwartung nicht auch Element des positiven Tuns sei), da als das Tun und Unterlassen verbindende Element die „Sozialerheblichkeit" bleibt. Auch mag man das Unterlassen ebenso wie das Tun als „Antwort des Menschen auf eine erkannte oder wenigstens erkennbare Situationsanforderung" (Jescheck 201) und damit in einem übertragenen Sinn gleichfalls als „Äußerung" seiner Person auffassen (Maiwald aaO 642; krit. Hirsch ZStW 93, 853). Entscheidend ist jedoch, daß mit dem Einfügen einer „Handlungserwartung" die vortatbestandliche Stufe eindeutig verlassen wird, weil eine solche Erwartung zwar auch schon aus anderen Normensystemen (Moral, Sitte) folgen kann (insow. zutr. Bloy aaO), häufig aber durch rechtliche Handlungsgebote begründet wird (z. B. Anmelde-, Anzeigepflichten usw.), so daß hier auch das Unterlassen erst durch den Tatbestand konstituiert wird (Roxin ZStW 82, 681; vgl. auch Gallas, Studien zum Unterlassungsdelikt, 1989, 36ff.). Selbst beim positiven Tun aber kann es so sein, daß sich der soziale Sinn eines Verhaltens erst aus dem Gesetz ergibt (vgl. das Beispiel von B-Volk I 47; vgl. auch Arthur Kaufmann, H. Mayer-FS 97f., Otter aaO). Auch der soziale Handlungsbegriff kann daher nicht die Aufgabe eines den Tatbeständen vorgelagerten Systemoberbegriffs erfüllen. Da dogmatische Folgerungen für den Aufbau von Unrecht und Schuld aus ihm ohnehin nicht abgeleitet werden können und sollen (vgl. z. B. Jescheck 203, Wessels I 24f.), erschöpft sich seine eigentliche Bedeutung in der negativen Funktion der Ausscheidung solcher Verhaltensweisen, die für die strafrechtliche Beurteilung von vornherein außer Betracht bleiben können.

36 **4. Weitere Handlungsbegriffe.** Vereinzelt geblieben sind bisher Versuche, mittels eines *negativen Handlungsbegriffs* Tun und Unterlassen in der Weise unter einen Oberbegriff zu bringen, daß auch das positive Tun in ein Unterlassen der „gebotenen Gegensteuerung" umgedeutet wird: Handlung soll danach das „vermeidbare Nichtvermeiden in Garantenstellung" sein (Herzberg aaO 177, JZ 89, 576ff. wobei der Täter als „Überwacher der Gefahrenquelle" angesehen wird, die er selbst darstellt; ähnl. Donatsch aaO 17f., 117) bzw. die „Nichtvornahme der gefahrvermeidenden Handlung angesichts einer tatbestandsmäßigen Gefahrensituation bei gegebener Handlungsfähigkeit" (so auf psychoanalytischer Grundlage Behrendt aaO 130, 143f. u. pass., ferner Jescheck-FS 308: Unterlassen als die für das Verbrechenssystem maßgebliche Kategorie). Damit werden die Dinge jedoch auf den Kopf gestellt (vgl. näher Brammsen JZ 89, 72ff.). Da der Akt der Gegensteuerung gegen „destruktive Regungen" (Behrendt aaO 124) bei Tun und Unterlassen ganz verschieden aussieht (Entschluß, etwas zu tun bzw. etwas nicht zu tun), verbietet sich schon deshalb auch die Annahme, daß „in jedem Begehungsdelikt als minus ein unechtes Unterlassungsdelikt verborgen liegt" (so aber Herzberg JZ 88, 579). Mit der Bezugnahme auf die „tatbestandsmäßige Gefahrenlage" wird auf die Gewinnung eines vortatbestandlichen Handlungsbegriffs – das ursprüngliche Anliegen aller Handlungslehren – ohnehin verzichtet; setzt man aber unmittelbar bei der Tatbestandsmäßigkeit ein, so bedarf es nicht der Bildung eines besonderen Handlungsbegriffs (vgl. u. 37f.; zur Kritik vgl. auch Engisch, Gallas-FS 193ff., Jakobs 120, Recktenwald GA 74, 254f., Schmidhäuser, A. Kaufmann-GedS 142, Stratenwerth, Welzel-FS 296f., Wessels I 21). – Nur begrenzten Zwecken – Erklärung lediglich des im Tatbestand erfaßten Geschehens bei Handlungsdelikten – dient der *intentionale Handlungsbegriff* von Schmidhäuser I 76ff.: Handlung ist danach „als gewolltes Tun zugleich tätig gewordener Wille und vom Willen gesteuerte Tätigkeit". Dabei bezieht sich der Wille auf der „Innenseite" der Handlung lediglich darauf, daß durch Einsatz entprechender Mittel bestimmte Zwecke verfolgt werden (S. 77), während auf ihrer „Außenseite" Handlung sowohl die „Ausgangs"- oder „Basishandlung" (gewollte Körperbewegung als solche, S. 78) als auch die „Folgenhandlung" („Basishandlung" und deren Folgen, soweit sie bezweckt sind, S. 79) sein kann. Auch nach der Klarstellung in A. Kaufmann-GedS 153ff. (zur Kritik an der ursprünglichen Fassung vgl. die 23. A.), daß Tat auch die „Handlung mit ungewollten Folgen" sein kann, dürfte damit jedoch kaum Wesentliches gewonnen sein (krit. auch Brammsen JZ 89, 75). Von der unzulässigen Verengung des Gewollten auf das Handlungsziel abgesehen, entspricht diese Unterscheidung von (bezweckten) „Folgehandlungen" und „Handlungen mit ungewollten (d. h. nicht geradezu bezweckten) Folgen" im allgemeinen auch nicht der gesetzlichen Handlungsbeschreibung, wie schon das „Töten" in § 212 und „den Tod Verursachen" in § 222 zeigt. Von der „Intentionalität" dieses Handlungsbegriffs bleibt bei Einbeziehung der „Handlungen mit ungewollten Folgen" ohnehin nur die der „Ausgangshandlung" übrig. – Zum Handlungsbegriff aus der Sicht einer sprachanalytischen Handlungstheorie und zur Handlungszuschreibung als der ersten Stufe der Zurechnung vgl. ferner Kindhäuser aaO, GA 82, 477; zur – heute überholten – symptomatischen Handlungslehre vgl. Arthur Kaufmann, H. Mayer-FS 92, 95f.

Die Handlung   37–39 **Vorbem §§ 13 ff.**

III. Nach allem gibt es deshalb weder einen einheitlichen vortatbestandlichen Handlungsbe- 37
griff, dem als Generalnenner für alle Phänomene des Strafrechts ein eigener Stellenwert zukommen würde, noch lassen sich aus der Seinsstruktur der Handlung wesentliche Sachaussagen über den Inhalt der verschiedenen Verbrechenselemente gewinnen (ebenso z. B. B-Volk I 41, Brammsen JZ 89, 75, v. Bubnoff aaO 154, Eser I 49, Gallas ZStW 67, 1 ff., Klug aaO 37 ff., Noll aaO 22, Otter aaO 136 ff., 171, 193, 198 ff., Otto 63, Roxin ZStW 74, 548 f., Schmidhäuser I 177, Radbruch-GedS 377 ff., ferner Marinucci, Il reato come „azione", 1971). Auch die Würfel der strafrechtlichen Dogmatik fallen deshalb nicht in der Handlungslehre, sondern erst bei Tatbestandsmäßigkeit und Unrecht. Nur innerhalb des Systems interessiert daher auch die „Handlung" bzw. das „Verhalten", und zwar als *tatbestandsmäßiges* Tun oder Unterlassen. In dieser Verbindung aber kommt dem **Handlungsbegriff** als allgemeines Verbrechenselement **nur eine negative Funktion** zu: Da der Tatbestand Deliktstypus und damit zunächst Unrechtstypus ist, scheiden aus ihm von vornherein solche durch Menschen verursachte Geschehensabläufe aus, die überhaupt nicht in das Blickfeld des Rechts als einer menschlichen Verhaltensordnung geraten können (vgl. auch Blei I 69). Zwar setzt auch eine solche Aussonderung von „Nichthandlungen" voraus, daß zunächst die spezifischen Merkmale menschlichen Handelns feststehen. Doch genügt dafür bereits die Feststellung, daß sich der Mensch gerade als geistiges Wesen über die Welt des bloß Anorganischen, Organischen und Sensitiven hinaushebt (näher dazu Arthur Kaufmann, H. Mayer-FS 98 ff.) und daß deshalb auch das Wesen der menschlichen Handlung speziell darin besteht, daß es ein *geistig* kontrollierbares und steuerbares Gestalten der Wirklichkeit ist, wobei das bewußt von einem vorgesetzten Ziel her gesteuerte Tun lediglich eine besonders typische Handlungsform darstellt (vgl. auch u. 41 f.). Da der Mensch nur als ein in dieser Weise „handelndes" Wesen, in der „Objektivation der Person" (Kaufmann aaO 101) von der Rechtsordnung überhaupt angesprochen wird, folgt daraus auch, daß als für das Recht von vornherein irrelevante **Nichthandlungen** solche Geschehensabläufe auszuscheiden haben, die ihm nicht mehr personal zurechenbar sind (Rudolphi SK 19 vor § 1), d. h. solche, die sich ohne Mitwirkung der geistigen Kräfte des Menschen vollziehen und die ebenso wie z. B. bei Tieren ausschließlich dem Bereich des Sensitiv-Somatischen angehören (vgl. Schleswig VRS **64** 429, Jescheck LK 32 vor § 13). In der Rspr. und im Schrifttum findet sich hier meist die Formulierung, daß eine Handlung mindestens ein „willkürliches" Verhalten voraussetze, eine Handlung also immer fehle, wenn keine „Willensbetätigung" vorliege (vgl. z. B. RG **69** 161, BGH NJW **52**, 194, Bay VRS **25** 346, Frankfurt VRS **28** 365, Hamburg JR **50**, 409, VRS **15** 205, Baumann/Weber 189, Gallas ZStW 67, 12, Lange LK § 21 RN 3, M-Zipf I 188). Doch ist zumindest zweifelhaft geworden, ob die Grenzen zwischen Handlung und Nichthandlung damit richtig markiert sind; denn hält man sich an den psychologisch-psychiatrischen Sprachgebrauch, so ist die äußerste Grenze des Willensbegriffs erreicht, wenn die für den Willen als charakteristisch angesehenen psychischen Vorgänge wie Aktivitäts- und Freiheitsgefühl, ausdrückliche Zustimmung zu einem ausdrücklich vorgestellten Ziel usw. nicht mehr feststellbar sind (vgl. Schewe aaO, insbes. 68 ff.; vgl. auch Krauß, Bruns-FS 15 ff., Stratenwerth ZStW 85, 479 ff.). Von Bedeutung ist dies u. a. dafür, inwieweit Automatismen eine Handlung darstellen (vgl. dazu u. 41 f.). Im einzelnen gilt folgendes:

1. Keine Handlung ist nach allgemeiner Meinung die auf mechanische Weise durch unwider- 38
stehliche Gewalt (sog. **vis absoluta**) hervorgerufene Körperreaktion (z. B. A stößt B gegen eine Fensterscheibe: keine Handlung des B; gewaltsames Entferntwerden vom Unfallort, vgl. § 142 RN 37). Entsprechendes gilt beim Unterlassen für die mechanisch erzwungene Passivität. Dagegen bleibt die Handlungsqualität unberührt bei der sog. *vis compulsiva,* die in dem Zwang durch Einwirkung auf den Willen des Handelnden besteht (während dieser bei der vis absoluta völlig ausgeschaltet ist); hier kann jedoch § 35 in Betracht kommen (vgl. dort RN 11).

2. Keine Handlungen sind ferner Körperbewegungen im Zustand der **Bewußtlosigkeit** (vgl. 39
RG **64** 353, BGH **1** 127, VRS **56** 447, Jescheck LK 33 vor § 13). Im Gegensatz zur bloßen Bewußtseinsstörung, bei der lediglich die Schuldfähigkeit ausgeschlossen oder gemindert sein kann (vgl. § 20 RN 12 ff.), muß bei der bereits zur Verneinung einer Handlung führenden Handlungsunfähigkeit der geistige Steuerungsapparat völlig ausgeschaltet sein, wie z. B. bei tiefem Schlaf, tiefer Ohnmacht, schwersten Fieberdelirien, Narkose, epileptischen Krampfanfällen mit Bewußtlosigkeit usw. (vgl. z. B. Schleswig VRS **64** 429, Lange LK § 21 RN 3, Rudolphi SK 21 vor § 1); dagegen werden hypnotische Zustände meist erst als Bewußtseinsstörung i. S. des § 20 angesehen (vgl. dort RN 13). Auch körperliche Verhaltensweisen im Zustand sinnloser Trunkenheit können hierher gehören (vgl. z. B. BGH **1** 126, NJW **52**, 194, Celle GA **56**, 360, Hamburg VRS **15** 205; vgl. auch § 323a RN 14 mwN). Sinnlose Trunkenheit schließt zwar nicht schon als solche die Handlungsfähigkeit aus; andererseits kann aber auch nicht verlangt werden, daß „jedes" gesteuerte Verhalten unmöglich ist (so jedoch Heimann-Trosien LK[9] Einl. 32). Entscheidend ist vielmehr, ob bei dem konkreten Vorgang die Technik

der Willensbildung des Täters völlig ausgeschlossen war: Auch ein sinnlos Betrunkener „handelt" daher z. B., wenn er sich an einer Schlägerei beteiligt, während sich ein Umfallen oder Torkeln in diesem Zustand als „Nichthandlung" darstellen kann (vgl. z. B. Bay VRS **15** 202, Lay LK[9] § 330a RN 39; and. für das Torkeln Heimann-Trosien aaO, Schewe aaO 70, da es sich hier um einen final gesteuerten, wenn auch mißglückten Gehversuch handle; daß das Gehen als solches ein finaler Vorgang ist, schließt jedoch nicht aus, daß sich einzelne Bewegungen nur noch als Ablauf eines reinen Kausalprozesses darstellen; vgl. auch Jescheck LK 33 vor § 13). Zu beachten ist, daß mit der Verneinung einer Handlung in diesen Fällen eine strafrechtliche Haftung noch nicht endgültig ausgeschlossen zu sein braucht, da sich eine solche möglicherweise aus einer früheren Handlung des Täters ergeben kann: So bei der Mutter, die ihr Kind im Schlaf erdrückt, daraus, daß sie dieses neben sich gelegt hat, oder bei dem Epileptiker, der einen Unfall verursacht, daraus, daß er sich ans Steuer gesetzt hat (vgl. Schleswig VRS **64** 429); ebenso kann bei einem sinnlos betrunkenen Fußgänger, der durch sein Torkeln einen tödlichen Unfall verursacht, für die im Rausch begangene rechtswidrige Tat i. S. des § 323a schon daran angeknüpft werden, daß er sich – objektiv fahrlässig – überhaupt in den Verkehr begeben hat (vgl. Lenckner JR 75, 33, Schröder DRiZ 58, 221; vgl. ferner § 323a RN 14).

40   3. Keine Handlungen sind **Reflexbewegungen,** die sich organisch durch *unmittelbare* Überleitung eines von außen kommenden Reizes von den sensorischen auf die motorischen Nerven vollziehen (Hamburg JR **50**, 409, Hamm NJW **75**, 657, ferner z. B. Jescheck 201 f., LK 33 vor § 13, Lackner § 20 Anm. 4a, Rudolphi SK 21 vor § 1). Dazu gehören z. B. das zu einer Sachbeschädigung führende Zusammenzucken bei Berührung einer elektrischen Leitung (Jescheck 202) oder bei einem Insektenstich (and. Rengier KK-OWiG 7 vor § 8), nicht dagegen impulsive Abwehrbewegungen und Kurzschlußhandlungen, die in einem seelischen Vorgang ihren Ursprung haben und bei denen der seelische Antrieb nur unter Ausschluß von Gegenvorstellungen in die Handlung umgesetzt wird (Hamburg aaO, Hamm aaO). Auch Affekttaten gehören nicht in diesen Zusammenhang, obwohl hier im psychologischen und psychiatrischen Schrifttum vielfach von einem „unwillkürlichen" oder „reflexartigen" Verhalten gesprochen wird (vgl. dazu Schewe aaO 27 ff., Stratenwerth, Welzel-FS 300 f.); daß die Steuerung hier vielfach unbewußt abläuft, spricht freilich gegen das von der h. M. benutzte Merkmal der „Willkürlichkeit" als Mindestvoraussetzung der Handlung, wenn damit nur der bewußte Wille gemeint ist (näher dazu Schewe aaO, Stratenwerth aaO und ZStW **85**, 469 ff.).

41   4. Nicht abschließend geklärt ist, ob und inwieweit auch die auf Grund „eingefahrener" Verhaltensmuster mehr oder minder **automatisierten Verhaltensweisen** eine Handlung darstellen, was z. B. für Schreckreaktionen im Verkehr von Bedeutung ist. Da es nach jeder Handlungslehre der Wille ist, der die menschliche Handlung vom bloßen Kausalgeschehen unterscheidet und dieser Wille bisher zumeist als *bewußter* Wille verstanden wurde (vgl. die Nachw. b. Schewe aaO 47 ff.), scheint die Handlungsqualität in diesen Fällen in Frage gestellt zu sein, weil sich die Steuerung hier infolge der Automatisierung auch unbewußt vollziehen kann (vgl. den Fall von Frankfurt VRS **28** 364: unsachgemäßer Versuch, nachts auf der Autobahn bei hoher Geschwindigkeit einem plötzlich die Fahrbahn überquerenden Tier auszuweichen; zu einem ähnlichen Fall vgl. AG Castrop-Rauxel DAR **65**, 331). Aus diesem Grund hatte z. B. Mezger LK[8] II 6a bb vor § 51 die automatisierten Akte den Reflexbewegungen gleichgestellt, weil sie infolge ihrer ständigen Wiederholung „unterhalb der Schwelle des Bewußtseins verlaufen" (vgl. auch AG Castrop-Rauxel aaO, Franzheim NJW 65, 2000, Spiegel DAR **68**, 283). Demgegenüber genügen nach wohl h. M. jedenfalls in der Regel auch die mehr oder minder automatisch ablaufenden Reaktionen den Erfordernissen einer Handlung (vgl. z. B. Frankfurt VRS **28** 364, Hamm JZ **74**, 716, Baumann/Weber 190, Behrendt aaO 167 ff., Jescheck LK 37 vor § 13, Lange LK § 20 RN 3, M-Zipf I 189, Rudolphi SK 20 vor § 1, Schewe aaO 71 ff., Schmidhäuser I 77, Stratenwerth, Welzel-FS 290 f., Welzel, Fahrlässigkeit u. Verkehrsdelikte 33 f.).

42   Dies setzt allerdings voraus, daß darauf verzichtet wird, den „bewußten" Willen zum entscheidenden Kriterium zu machen und damit alles als Nichthandlung auszuscheiden, was unterhalb der Bewußtseinsschwelle verläuft. Doch besteht zu einer solchen Verengung des Handlungsbegriffs auch kein Anlaß. Das bewußte Setzen des Zwecks, die bewußte Auswahl der Mittel und die durch einen Akt bewußter Steuerung erfolgende Realisation stellen zwar den „Idealtypus" einer Handlung dar, durch den aber die mannigfaltige Wirklichkeit menschlichen Handelns bei weitem nicht erschöpft wird (vgl. dazu schon Arthur Kaufmann, H. Mayer-FS 108, Maihofer, Eb. Schmidt-FS 171; vgl. ferner etwa Leferenz ZStW 70, 38). Zahlreiche, wenn nicht die meisten der alltäglichen Verhaltensweisen laufen vielmehr in der Weise ab, daß die Steuerungsvorgänge unterhalb der Bewußtseinsschwelle bleiben. Trotzdem sind auch sie „Ausdruck der Geistigkeit des Menschen" (Arthur Kaufmann aaO 111) und damit als Handlungen anzusehen. Dies gilt grundsätzlich auch für die automatisierten Verhaltensweisen, und zwar selbst dann, wenn situationsbedingte Reaktionen, die sich auf Grund eingeübter Verhaltensmuster unbewußt vollziehen, nicht nur die bewußte Finalsteuerung unterstützen (so die „automatische" Anpassung beim Gehen in unebenem Gelände, vgl. Schewe aaO 55 f.), sondern wie im Fall des OLG Frankfurt VRS **28** 364 auch zur Auswahl des Handlungsziels führen. Schon daß das „automatische Reagieren" im Verkehr im Einzelfall als „falsch" bewertet werden kann – in vielen anderen Fällen ist es dagegen „richtig" –, zeigt, daß es hier nicht um die Handlungsqualität geht, weil sich bei deren Verneinung die Frage nach „falsch" bzw. „richtig" überhaupt nicht mehr stellen würde. Von den reinen Körperreflexen unterscheiden sich diese Fälle immer noch dadurch, daß es sich hier um Reaktionen handelt, die „als eigentlich verhaltensmäßige (personale) Antwort auf eine bestimmte Situation erscheinen", wobei die Grenze zur Nichthandlung erst überschritten ist, wenn auch eine unbewußte Steuerung nicht mehr vorliegt, d. h. die Möglichkeit eines bewußten Einschaltens in die unbewußt ablaufende Steuerung ausgeschlossen ist (näher dazu Stratenwerth, Welzel-FS 229 f.). Vgl. zum Ganzen ferner Jakobs 122 f. sowie Schewe aaO, der, weil Kausalität und Finalität „typologische", randunscharfe Begriffe mit gleitenden Übergängen seien, zu einer „wertenden" Abgrenzung von Handlungen und Nichthandlungen kommt, je nachdem, „ob das Moment der regulativen Anpassung sich bereits so deutlich abzeichnet, daß es in der strafrechtlichen Würdigung nicht mehr als völlig irrelevant vernachlässigt werden kann" (S. 71), oder ob „der Vorgang so sehr einem außermenschlichen Kausalprozeß ähnelt, daß es ebenso sinnlos wäre, weitere Untersuchungen mit ihm anzustellen, wie wenn es sich um eine Schädigung durch Erdbeben oder Blitzschlag handeln würde" (S. 146).

D. Rechtswidrigkeit und Unrecht; der Unrechtstatbestand

Schrifttum: Andrejew, Die integrierende Lehre vom Tatbestand, H. Kaufmann-GedS 639. – *Arzt,* Viktimologie und Strafrecht, MSchrKrim 84, 105. – *Baumann,* Die Rechtswidrigkeit der fahrlässigen Handlung, MDR 57, 646. – *Beling,* Die Lehre vom Tatbestand, 1930. – *ders.,* Grenzlinien zwischen Recht und Unrecht, 1913. – *Blume,* Erfolgsstrafrecht heute?, NJW 65, 1261. – *Brauneck,* Unrecht als die Betätigung antisozialer Gesinnung, H. Mayer-FS 235. – *Bruns,* Kritik der Lehre vom Tatbestand, 1932. – *Dencker,* Erfolg und Schuldidee, A. Kaufmann-GedS 441. – Graf zu *Dohna,* Die Rechtswidrigkeit als allgemein gültiges Merkmal im Tatbestand strafbarer Handlungen, 1905. – *Donatsch,* Sorgfaltsbemessung und Erfolg beim Fahrlässigkeitsdelikt, 1987. – *Dopslaff,* Plädoyer für einen Verzicht auf die Unterscheidung in deskriptive und normative Tatbestandsmerkmale, GA 87, 1. – *Dornseifer,* Unrechtsqualifizierung durch den Erfolg – ein Relikt der Verdachtsstrafe, A. Kaufmann-GedS 427. – *Ebert/Kühl,* Das Unrecht der vorsätzlichen Straftat, Jura 81, 225. – *Engisch,* Der Unrechtstatbestand im Strafrecht, DJT-FS I 401. – *ders.,* Die normativen Tatbestandsmerkmale im Strafrecht, Mezger-FS 127. – *ders.,* Bemerkungen zu Theodor Rittlers Kritik der Lehre von den subjektiven Tatbestands- und Unrechtselementen, Rittler-FS 165. – *Fukuda,* Vorsatz und Fahrlässigkeit als Unrechtselemente, ZStW 71, 38. – *Gallas,* Zum gegenwärtigen Stand der Lehre vom Verbrechen, ZStW 67, 1. – *ders.,* Zur Struktur des strafrechtlichen Unrechtsbegriffs, Bockelmann-FS 155. – *Günther,* Strafrechtswidrigkeit u. Strafunrechtsausschluß, 1983. – *ders.,* Die Genese eines Straftatbestands, JuS 78, 8. – *Hardwig,* Über die unterschiedlichen Unrechtsgehalte und die Abgrenzung von Unrecht und Schuld, JZ 69, 453. – *ders.,* Die Zurechnung, 1957. – *ders.,* Personales Unrecht und Schuld, MschrKrim 61, 194. – *R. Hassemer,* Schutzbedürftigkeit des Opfers und Strafrechtsdogmatik, 1981. – *W. Hassemer,* Tatbestand und Typus, 1968. – *ders.,* Rücksichten auf das Verbrechensopfer, Klug-FS 217. – *Hegler,* Subjektive Rechtswidrigkeitsmomente im Rahmen des allgemeinen Verbrechensbegriffs, Frank-FG I 251. – *Heinitz,* Das Problem der materiellen Rechtswidrigkeit, 1926 (StrAbh. 211). – *ders.,* Zur Entwicklung der Lehre von der materiellen Rechtswidrigkeit, Eb. Schmidt-FS 266. – *Herzberg,* Wegfall subjektiver Tatbestandsvoraussetzungen vor Vollendung der Tat, Oehler-FS 163. – *Hillenkamp,* Vorsatztat und Opferverhalten, 1981. – *ders.,* Der Einfluß des Opferverhaltens auf die dogmatische Beurteilung der Tat, 1983. – *Hirsch,* Die Lehre von den negativen Tatbestandsmerkmalen, 1960. – *ders.,* Soziale Adäquanz und Unrechtslehre, ZStW 74, 78. – *ders.,* Der Streit um Handlungs- u. Unrechtslehre usw., ZStW 93, 831 u. 94, 239. – *ders.,* Die Diskussion über den Unrechtsbegriff in der deutschen Strafrechtswissenschaft und das Strafrechtssystem Delitalas, Studi in memoria di G. Delitala, 1984, Bd. 3, 1933. – *Hold von Ferneck,* Die Rechtswidrigkeit, Bd. I 1903, Bd. II 1905. – *Horn,* Untersuchungen zur Struktur der Rechtswidrigkeit, 1962. – *Hruschka,* Der Gegenstand des Rechtswidrigkeitsurteils nach heutigem Strafrecht, GA 80, 1. – *Jakobs,* Studien zum fahrlässigen Erfolgsdelikt, 1972. – *ders.,* Regreßverbot beim Erfolgsdelikt, ZStW 89, 1. – *Armin Kaufmann,* Lebendiges und Totes in Bindings Normentheorie, 1954. – *ders.,* Zum Stand der Lehre vom personalen Unrecht, Welzel-FS 393. – *ders.,* Rechtspflichtbegründung und Tatbestandseinschränkung, Klug-FS 277. – *Arthur Kaufmann,* Einige Anmerkungen zum Irrtum über den Irrtum, Lackner-FS 185. – *Kern,* Grade der Rechtswidrigkeit, ZStW 64, 255. – *Kindhäuser,* Gefährdung als Straftat, 1989. – *ders.,* Rohe Tatsachen und normative Tatbestandsmerkmale, Jura 84, 465. – *Klug,* Sozialkongruenz und Sozialadäquanz im Strafrechtssystem, Eb. Schmidt-FS 249. – *Kratzsch,* Verhaltenssteuerung und Organisation im Strafrecht, 1985. – *ders.,* Aufgaben- und Risikoverteilung als Kriterien der Zurechnung im Strafrecht, Oehler-FS 65. – *ders.,* Prävention und Unrecht – eine Replik, GA 89, 49. – *Kraushaar,* Die Rechtswidrigkeit in teleologischer Sicht, GA 65, 1. *Krauß,* Erfolgsunwert und Handlungsunwert im Unrecht, ZStW 76, 19. – *Krüger,* Der Adressat des Rechtsgesetzes, 1969. – *Krümpelmann,* Die Bagatelldelikte, 1968. – *Kunert,* Die normativen Merkmale der strafrechtlichen Tatbestände, 1958. – *Lampe,* Das personale Unrecht, 1967. – *Lang-Hinrichsen,* Tatbestandslehre und Verbotsirrtum, JR 52, 302. – *Lenckner,* Der rechtfertigende Notstand, 1965. – *Lüderssen,* Erfolgszurechnung und „Kriminalisierung", Bockelmann-FS 181. – *Mezger,* Vom Sinn der strafrechtlichen Tatbestände, Traeger-FS (1926) 187. – *ders.,* Die subjektiven Unrechtselemente, GS 89, 205. – *ders.,* Wandlungen der strafrechtlichen Tatbestandslehre, NJW 53, 2. – *Mir Puig,* Über das Objektive und Subjektive im Unrechtstatbestand, A. Kaufmann-GedS 253. – *Münzberg,* Verhalten und Erfolg als Grundlagen der Rechtswidrigkeit und Haftung, 1966. – *Mylonopoulos,* Über das Verhältnis von Handlungs- u. Erfolgsunwert, 1981. – *Nagler,* Der Begriff der Rechtswidrigkeit, Frank-FG I 339. – *Noll,* Tatbestand und Rechtswidrigkeit, ZStW 77, 1. – *Nowakowski,* Zur Lehre von der Rechtswidrigkeit, ZStW 63, 287. – *Oehler,* Das objektive Zweckmoment der rechtswidrigen Handlung, 1959. – *Ostendorf,* Das Geringfügigkeitsprinzip als strafrechtliche Auslegungsregel, GA 82, 333. – *Otto,* Personales Unrecht, Schuld und Strafe, ZStW 87, 539. – *Paeffgen,* Der Verrat in irriger Annahme eines illegalen Geheimnisses (97b StGB) und die allgemeine Irrtumslehre, 1979. – *ders.,* Anmerkungen zum Erlaubnistatbestandsirrtum, A. Kaufmann-GedS 399. – *Plate,* Beling als Strafrechtsdogmatiker, 1966. – *Roeder,* Die Einhaltung des sozialadäquaten Risikos, 1969. – *Roxin,* Offene Tatbestände und Rechtspflichtmerkmale, 2. A., 1970. – *ders.,* Rechtsidee und Rechtsstoff in der Systematik unseres Strafrechts, Radbruch-GedS 260. – *ders.,* Bemerkungen zur sozialen Adäquanz im Strafrecht, Klug-FS 303. – *Rudolphi,* Inhalt und Funktion des Handlungsunwerts im Rahmen der personalen Unrechtslehre, Maurach-FS 51. – *Sauer,* Die beiden Tatbestandsbegriffe, Mezger-FS 117. – *ders.,* Tatbestand, Unrecht, Irrtum und Beweis, ZStW 69, 1. – *Sax,* „Tatbestand" und Rechtsgutverletzung, JZ 76, 9, 80, 429. – *Schaffstein,* Soziale Adäquanz und Tatbestandslehre, ZStW 72, 369. – *Schild,* Die „Merkmale" der Straftat und ihres Begriffs, 1979. – *Schlüchter,* Irrtum über normative Tatbestandsmerkmale im Strafrecht, 1983. – *Schmidhäuser,* Der Unrechtstatbestand, Engisch-FS 433. – *ders.,* Willkürlichkeit und Finalität als Unrechtsmerkmale im Strafrechtssystem, ZStW 66, 27. – *ders.,* Vorsatzbegriff und Begriffsjurisprudenz im Strafrecht, 1968. – *ders.,* „Objektiver" u. „Subjektiver" Tatbestand: eine verfehlte Unterscheidung, Schultz-FS 61. – *Schöneborn,* Zum „Erfolgsunwert" im Lichte der sozialpsychologischen Attributionstheorie, GA 81, 70. – *Schünemann,* Neue Horizonte der Fahrlässigkeitsdogmatik, Schaffstein-FS 159. – *ders.,* Einige vorläufige Bemerkungen zur Bedeutung des viktimologischen Ansatzes in der Strafrechtsdogmatik, in: H. J. Schneider, Das Verbrechensopfer in der Strafrechtspflege, 1982, 407. – *ders.,* Zukunft der Viktimodogmatik: die viktimologische Maxime als umfassendes regulatives Prinzip zur Tatbestandseingrenzung, Festschr. f. H. J. Faller, 1984, 357. – *ders.,* Zur Stellung des Opfers im System der Strafrechtspflege, NStZ 86, 439. – *Schweikert,* Die Wandlungen der Tatbestandslehre seit Beling, 1957. – *Seiler,* Die Bedeutung des Handlungsunwerts im Verkehrsstrafrecht, Maurach-FS 75. – *Sieverts,* Beiträge zur Lehre von den subjektiven Unrechtselementen im Strafrecht, 1934. – *Stratenwerth,* Handlungs- und Erfolgsunwert im Strafrecht, SchwZStr. 79, 233. – *ders.,* Zur Relevanz des Erfolgsunwertes im Strafrecht, Schaffstein-FS 157. – *Struensee,* Der subjektive Tatbestand des fahrlässigen Delikts, JZ 87, 53. – *Suarez,* Weiterentwicklung der finalen Unrechtslehre?, Welzel-FS 379. – *Tiedemann,* Tatbestandsfunktionen im Nebenstrafrecht, 1969. – *Welzel,* Das neue Bild des Strafrechtssystems, 4. A., 1961. – *E. Wolf,* Die Typen der Tatbestandsmäßigkeit, 1931. – *Wolter,* Objektive und personale Zurechnung von Verhalten, Gefahr u. Verletzung in einem funktionalen Strafatsystem, 1981 (zit.: aaO). – *ders.,* Adäquanz- u. Relevanztheorie, GA 77, 257. – *ders.,* Objektive u. personale Zurechnung zum Unrecht, in: Schünemann, Grundfragen des modernen Strafrechtssystems, 1984, 104. – *Würtenberger,* Vom Rechtsstaatsgedanken in der Lehre von der strafrechtlichen Rechtswidrigkeit, Rittler-FS 125. – *Zielinski,* Handlungs- und Erfolgsunwert im Unrechtsbegriff, 1973. – *Zimmerl,* Zur Lehre vom Tatbestand, 1928 (StrAbh. 237). – *Zipf,* Rechtskonformes und sozialadäquates Verhalten, ZStW, 82, 633. – *Zippelius,* Der Aufbau der modernen Unrechtslehre, 1953. – Vgl. im übrigen die weiteren Schrifttumsnachweise u. vor 71.

43 I. Der **Tatbestand** enthält die abstrakte Umschreibung eines strafrechtlich relevanten Sachverhalts in Gestalt einer menschlichen Handlung oder Unterlassung. Im einzelnen hat der Begriff des Tatbestandes freilich verschiedene Bedeutung, je nach dem Bezugspunkt der Begriffsbildung und der Funktion, die er erfüllen soll. Je nach der Zweckbestimmung wird deshalb auch die Bezeichnung „Tatbestand" in verschiedener Weise gebraucht, wobei dann durch entsprechende Zusätze („Gesamttatbestand", „Deliktstatbestand", „Unrechtstatbestand" usw.) der jeweils gemeinte Sinn verdeutlicht werden soll, ohne daß sich hier bisher freilich eine durchweg einheitliche Terminologie durchgesetzt hätte (vgl. näher Engisch, Mezger-FS 130ff., ferner z. B. D-Tröndle 5ff. vor § 13, Gallas ZStW 67, 16ff., Jescheck 222, LK 41 vor § 13, Noll ZStW 77, 7, Plate aaO 138ff., Roxin, Offene Tatbestände 108, Schaffstein ZStW 72, 369 [„Dschungel der modernen Tatbestandslehre"], Schild aaO 114ff., Schmidhäuser 191, I 74, Engisch-FS 433; zur Dogmengeschichte vgl. Bruns aaO, Schweikert aaO).

44 Der **Gesamttatbestand** (so die Terminologie von Schröder, 17. A., 39 vor § 1; and. z. B. Jescheck 222, Gallas ZStW 67, 31) umfaßt die Gesamtheit aller materiellen Strafbarkeitserfordernisse, d. h. alle objektiven und subjektiven, positiven und negativen, geschriebenen und ungeschriebenen Voraussetzungen der Strafbarkeit, zu denen im Unterschied zu den bloßen Verfolgungsvoraussetzungen auch die sog. objektiven Bedingungen der Strafbarkeit (vgl. u. 124ff.) und das Fehlen von Strafausschliessungsgründen (vgl. 127 ff. vor § 32) gehören. Eine engere Bedeutung hat der sog. **Garantietatbestand**, der aus den gesetzlich geregelten Voraussetzungen der Strafbarkeit besteht, für welche die Garantiefunktion des Strafgesetzes (Art. 103 II GG) gilt und die deshalb weder durch Analogie noch durch Gewohnheitsrecht zu Lasten des Täters geändert werden können (vgl. dazu auch § 1 RN 5, 11 ff.). Nur einen Ausschnitt aus dem Gesamttatbestand bezeichnet ferner der am Deliktstypus orientierte **Deliktstatbestand** (Jescheck 221 f.), der lediglich die den spezifischen Unrechts- und Schuldgehalt der betreffenden Deliktsart konstituierenden Merkmale enthält, nicht aber die außerhalb des Typus liegenden Umstände, welche als Rechtfertigungs- oder Entschuldigungsgründe (vgl. 4 ff., 108 ff. vor § 32) die konkrete Tat als nicht rechtswidrig oder entschuldigt erscheinen lassen (näher dazu Gallas ZStW 67, 16 ff., der selbst freilich hier vom „Tatbestand schlechthin" bzw. vom „Gesamttatbestand" spricht [S. 31]). Soweit der Deliktstypus Unrechtstypus ist, d. h. Merkmale umfaßt, die das spezifische Unrecht einer bestimmten Deliktsart im Vergleich zu anderen Delikten ausmachen, ergibt sich daraus der **Unrechtstatbestand**, der seine Ergänzung findet in besonderen, außerhalb des Deliktstypus liegenden **Erlaubnistatbeständen** (Rechtfertigungsgründe). Sieht man beide zusammen, so führt dies zu einem **Gesamt-Unrechtstatbestand** (zur Lehre von den negativen Tatbestandsmerkmalen, nach welcher der Unrechtstatbestand alle unrechtsbegründenden und unrechtsausschließenden Merkmale in sich vereinigt, vgl. o. 15 ff.). Entsprechendes gilt für den **Schuldtatbestand** (von einem solchen sprechen z. B. Gallas aaO, Jakobs 405, Jescheck aaO, Schmidhäuser 364 ff., I 185 ff., Engisch-FS 447; krit. jedoch Welzel 55). Das Gesetz selbst nennt in § 16 I schließlich den „**gesetzlichen Tatbestand**", der diejenigen Merkmale umfaßt, auf die sich der Vorsatz bzw. bei nichtvorsätzlicher Verwirklichung die Fahrlässigkeit beziehen muß. Umstritten ist dabei, ob die Rechtfertigungsgründe in Gestalt negativer Tatbestandsmerkmale zu diesem gesetzlichen Tatbestand i. S. des § 16 zählen oder ihm wenigstens sinngemäß anzugliedern sind (vgl. dazu o. 15 ff.). Verneint man dies (vgl. o. 18), so ist gesetzlicher Tatbestand i. S. des § 16 der o. genannte Unrechtstatbestand (vgl. aber auch Wolter aaO 147 ff.), was nicht dadurch ausgeschlossen wird, daß zu diesem auch subjektive Merkmale gehören, die selbst nicht Gegenstand eines Irrtums sein können (vgl. u. 52 ff., 63, § 16 RN 8). Demgegenüber unterscheidet Sax JZ 75, 144 u. 76, 9, 80, 429, zwischen dem „gesetzlichen Tatbestand" und dem „Bewirken einer strafwürdigen Rechtsgutsverletzung", die erst zusammen den „Tatbestand als solchen" (Unrechtstatbestand) ergeben sollen. Doch beruht dies auf einem zu engen Begriff des gesetzlichen Tatbestands: Die dort erfolgte Umschreibung des verbotenen Verhaltens ist in der Sache nichts anderes als die Kennzeichnung einer strafwürdigen Rechtsgutsverletzung und unter diesem Gesichtspunkt – notfalls restriktiv (vgl. das gesetzliche Beispiel in § 184 c Nr. 1) – auch zu interpretieren, womit das Bedürfnis für einen besonderen Tatbestandsausschließungsgrund des „Fehlens einer strafwürdigen Beeinträchtigung des Schutzzwecks der Norm" entfällt (vgl. näher dazu Otto, Schröder-GedS 61 ff., ferner Günther aaO 241, 271 ff.).

Trotz der dreigliedrigen Definition des Verbrechens als einer tatbestandsmäßigen, rechtswidrigen und schuldhaften Handlung oder Unterlassung sind lediglich Rechtswidrigkeit und Schuld die beiden für die strafrechtliche Beurteilung eines Verhaltens maßgeblichen materiellen Wertkategorien. Demgegenüber ist die Tatbestandsmäßigkeit keine selbständige, zusätzlich zu Unrecht und Schuld hinzutretende Verbrechenseigenschaft, sondern lediglich eine Erscheinungsform schuldhaften Unrechts (Gallas ZStW 67, 18; vgl. auch o. 17). In den Deliktstatbeständen des Bes. Teils umschreibt das Gesetz im Wege der Abstraktion strafwürdiges, rechtswidriges und schuldhaftes Verhalten, dies freilich unter Beschränkung auf die unrechts- und schuldtypischen Merkmale, die das Verbrechen „individualisieren", d. h. die jeweilige Verbrechensart als solche kennzeichnen und von anderen Deliktsarten und nicht strafbaren Handlungen unterscheiden (Gallas aaO 16). In diesem einen bestimmten „**Deliktstypus**" (Gallas aaO 17, ferner z. B. Dreher, Heinitz-FS 219, Lackner III vor § 13) kennzeichnenden Deliktstatbestand i. w. S. stehen die den typischen Unrechts- und Schuldgehalt der betreffenden Deliktsart bestimmenden Umstände noch ungeschieden nebeneinander. Soll deshalb zunächst über die Rechtswidrigkeit eines Verhaltens entschieden werden – was nicht nur aus systematischen Gründen notwendig ist, sondern überall dort auch praktische Bedeutung hat, wo es auf die Schuld des Täters nicht ankommt (z. B. §§ 63 ff., 323 a), – so bedarf es der Bildung eines besonderen und gegenüber dem Deliktstatbestand engeren **Unrechtstatbestands**. Als Verkörperung des „**Unrechtstypus**" (Gallas aaO; krit. dazu Schmidhäuser 285 f., Eb. Schmidt-FS 433) umfaßt dieser alle Merkmale, die den spezifischen, strafrechtlichen Unrechtsgehalt einer bestimmten Deliktsart begründen, einschließlich derjenigen, die das deliktstypische Unrecht gegenüber anderen Deliktsarten erhöhen oder vermindern (so z. B. auch B-Volk I 36 f., Donatsch aaO 62 ff., Jescheck 221, LK 42 vor § 13, Lackner III 3 vor § 13, M-Zipf I 265, Wessels I 34 f., ähnl. Jakobs 130; vgl. aber auch Sax JZ 76, 10; dazu, daß es zu eng ist, wenn stattdessen vielfach auch von der „Verbotsmaterie" gesprochen wird, vgl. o. 18).

Welche Merkmale als **unrechtstypisch** für eine bestimmte Deliktsart Bestandteil des Unrechtstatbestands sind (vgl. dazu u. 52 ff.), bestimmt sich danach, was Rechtswidrigkeit bzw. Unrecht bedeuten. Allein davon und nicht von ontologischen Erwägungen zum Handlungsbegriff hängt es auch ab, ob und inwieweit Vorsatz und Fahrlässigkeit schon hier einzuordnen sind oder ob sie ausschließlich zur Schuld gehören. Andererseits ist mit der Feststellung, daß ein bestimmtes Verhalten **tatbestandsmäßig** i. S. des Unrechtstatbestandes ist, auch schon eine **wichtige Vorentscheidung** im Hinblick auf die **Rechtswidrigkeit** getroffen: Da der Unrechtstatbestand bereits alle für die betreffende Deliktsart charakteristischen Unrechtsmerkmale liefert, ist ein Verhalten, das der abstrakten Umschreibung des Unrechtstypus entspricht, in der Regel auch rechtswidrig. Daß dies nur eine – wenn auch nicht notwendig zahlenmäßig, so doch logisch zu verstehende – Regel ist, die nicht ausnahmslos gilt, beruht darauf, daß im Einzelfall Umstände hinzukommen können, die, gemessen am Unrechtstypus, atypisch sind und deshalb vom Typischen freigestellt werden müssen. Es sind dies die besonderen Sachverhalte eines Rechtfertigungsgrundes (vgl. zu diesen 4ff. vor § 32), die außerhalb des Unrechtstatbestands liegen und diesem auch nicht als „negative" Merkmale anzugliedern sind, weil Kern des Unrechtstypus das sachliche Substrat einer Verbots- oder Gebotsnorm ist, während die Rechtfertigungsgründe auf Erlaubnissätzen beruhen (and. Günther aaO 125, 159, 252), die den Verboten und Geboten gegenübertreten (vgl. o. 18; and. die Lehre von den negativen Tatbestandsmerkmalen, vgl. o. 15ff.). Liegt jedoch ein Rechtfertigungsgrund nicht vor, so ist das die Merkmale eines Unrechtstatbestandes erfüllende Verhalten rechtswidrig.

Vielfach wird deshalb auch davon gesprochen, daß die Tatbestandsmäßigkeit ein „**Indiz**" für die Rechtswidrigkeit sei (vgl. z. B. Baumann/Weber 256, D-Tröndle 8 vor § 13, Jescheck 291, Lackner III 3 vor § 13, Wessels I 35). Doch sind gegen diese Formulierung – auch außerhalb der Lehre von den negativen Tatbestandsmerkmalen – Bedenken geltend gemacht worden (z. B. B-Volk I 38, Schmidhäuser 285f., Engisch-FS 454, Lackner-FS 80ff.). In der Tat „deutet" die Tatbestandsmäßigkeit die Rechtswidrigkeit nicht nur an, sondern begründet sie, weil es keine strafrechtlich erhebliche Rechtswidrigkeit ohne Tatbestandsmäßigkeit gibt. Richtig ist nur, daß die Tatbestandsmäßigkeit die Rechtswidrigkeit wegen der Möglichkeit des Eingreifens von Rechtfertigungsgründen nicht immer „beweist". So gesehen kann dann auch die in der Sache an sich unzutreffende Bezeichnung der Tatbestandsmäßigkeit als „Indiz" für die Rechtswidrigkeit den praktischen Sinn haben, darauf hinzuweisen, daß nach Bejahung der Tatbestandsmäßigkeit noch zu prüfen ist, ob Rechtfertigungsgründe vorliegen. Auch kann auf diese Weise ausgedrückt werden, daß das „Indiz" der Rechtswidrigkeit umso „beweiskräftiger" ist, je vollkommener die Unrechtstypisierung durch den Tatbestand ist (vgl. Herzberg JA 89, 245 zu § 177, wo Rechtfertigungsgründe kaum denkbar sind). 47

II. Die durch den Unrechtstatbestand begründete und nicht durch einen Rechtfertigungsgrund ausgeschlossene **Rechtswidrigkeit** bedeutet, daß das fragliche Tun oder Unterlassen im Widerspruch zum Recht als einer menschlichen Verhaltensordnung steht. Darin, daß die Handlung den für jedermann geltenden rechtlichen Sollens-Anforderungen nicht entspricht, erschöpft sich das Rechtswidrigkeitsurteil; ob dem Täter die rechtswidrige Tat auch persönlich zum Vorwurf gemacht werden kann, ist dagegen eine Frage der Schuld. 48

1. Ausgehend von der Bewertungs-, Bestimmungs- und Gewährleistungsfunktion des Rechts kann die Rechtswidrigkeit eines Verhaltens nicht lediglich als Widerspruch zu einer „adressenlos" verstandenen objektiven **Bewertungsnorm** erklärt werden, die nur ein unpersönliches „(Nicht-)Seinsollen" enthält, indem sie bestimmte Zustände und Ereignisse positiv oder negativ bewertet und so als erwünscht oder unerwünscht kennzeichnet (so aber Mezger 164, GS 89, 208ff.; vgl. ferner z. B. Baumann/Weber 259). Jedenfalls was das Strafrecht betrifft, bedeutet „Rechtswidrigkeit" vielmehr den Widerspruch zu einem Rechtssatz als **Bestimmungsnorm**, die in der Form eines Imperativs und mit dem Ziel einer entsprechenden Willensbeeinflussung ein bestimmtes Verhalten verbietet bzw. gebietet und deren Adressat ohne Rücksicht auf die individuelle Motivierbarkeit – daher die Möglichkeit schuldlosen Unrechts – jeder ist, für den der Normbefehl inhaltlich in Betracht kommt (vgl. z. B. Engisch, Auf der Suche nach der Gerechtigkeit [1971] 29f., Jescheck 212ff., LK 39 vor § 13, Armin Kaufmann, Normentheorie 123ff., Krauß ZStW 76, 34, Krüger aaO 77ff., Larenz, Engisch-FS 150ff., Lenckner aaO 34, Münzberg aaO 53ff., Samson SK 3 vor § 32, Seiler, Maurach-FS 81, Stratenwerth SchwZStr 79, 247f., Wolter aaO 25ff. u. pass., Zippelius aaO 7). Dabei stehen dann zwar Bewertungs- und Bestimmungsnorm nicht beziehungslos nebeneinander (Bestimmungsnormen sind inzident immer zugleich Bewertungsnormen (Gallas, Bockelmann-FS 158), auch sind sie aus diesen „abgeleitet" (Mezger 166), weil erst die negative Bewertung eines Verhaltens zur Bildung eines entsprechenden Normbefehls führt (vgl. auch M-Zipf I 327) –, deckungsgleich sind sie deshalb aber nicht, weil Verstöße gegen dieselbe Bestimmungsnorm unterschiedlich schwer zu bewerten sein können, was zur Abstufbarkeit des Unrechts führt (vgl. u. 51). Entsprechendes gilt für die **Schutz- und Gewährleistungsnormen,** die aus der Sicht des Betroffenen einem als schutzwürdig erkannten Objekt Unversehrtheit garantieren: Auch sie sind aus den Bewertungsnormen abgeleitet, mit diesen inhaltlich aber nicht kongruent (zu den Gewährleistungsnormen vgl. Gallas, Bockelmann-FS 161ff., Krümpelmann aaO 96ff., Bockelmann-FS 443ff., Küper, Lackner-FS 266 u. pass., Paeffgen aaO 110ff., A. Kaufmann-GedS 414, Wolter aaO 28). 49

2. Vielfach wird zwischen **formeller** und **materieller Rechtswidrigkeit** unterschieden, wobei unter ersterer der Widerspruch zum positivrechtlich Gesollten, unter der ihr übergeordneten materiellen 50

Rechtswidrigkeit dagegen die „Gesellschaftsschädlichkeit" eines Verhaltens, der „Verstoß gegen die herrschenden Kulturanschauungen" usw. verstanden wird (vgl. z. B. Heinitz, StrAbh. 211, 118, Mezger 197, Sauer AT 53ff.). Jedoch gibt es nur einen einheitlichen Begriff der Rechtswidrigkeit, denn ein Verhalten verstößt entweder gegen das geltende Recht oder ein solcher Widerspruch besteht nicht (Hirsch LK 13 vor § 32; vgl. ferner z. B. B-Volk I 87, Kern ZStW 64, 257; and. Günther aaO 83ff., 109ff., 121, 254). Soweit der Begriff der materiellen Rechtswidrigkeit dazu dienen soll, die inhaltliche Bedeutung der Rechtswidrigkeit zu erfassen (vgl. Jescheck 209f., LK 38 vor § 13), geht es in Wahrheit nicht um die Rechtswidrigkeit, sondern um das Unrecht (vgl. u. 51). Aber auch für die übergesetzlichen Rechtfertigungsgründe – der ursprünglichen Domäne der materiellen Rechtswidrigkeit – erweist sich die Unterscheidung von formeller und materieller Rechtswidrigkeit als überflüssig. Die früher unter dem Gesichtspunkt des übergesetzlichen Notstands (vgl. § 34 RN 2) für zulässig erklärte medizinisch indizierte Schwangerschaftsunterbrechung war nicht „formell" rechtswidrig, sondern überhaupt nicht rechtswidrig. Die Unterscheidung von formeller und materieller Rechtswidrigkeit geht hier von der unzutreffenden Voraussetzung aus, daß die Gesetzlichkeit des Strafrechts auch für die Rechtfertigungsgründe gilt, während diese in Wahrheit der Gesamtheit des – geschriebenen oder ungeschriebenen – Rechts zu entnehmen sind. Überflüssig, wenn nicht sogar mißverständlich, sind die Begriffe der formellen und materiellen Rechtswidrigkeit auch in dem Sinn, in dem sie von M-Zipf I 329 verstanden werden: Tatbestandsmäßigkeit eines Verhaltens als formelle Rechtswidrigkeit, Tatbestandsmäßigkeit und Fehlen eines Rechtfertigungsgrundes als materielle Rechtswidrigkeit.

3. Ist eine Handlung rechtswidrig, so stellt sie zugleich Unrecht dar. Die Begriffe „**Rechtswidrigkeit**" und „**Unrecht**" werden daher meist auch synonym gebraucht, haben jedoch in Wahrheit einen verschiedenen Sinn. Während nämlich die Bezeichnung „rechtswidrig" lediglich auf die Tatsache des Widerspruchs zwischen Norm und Handlung, dem „gesollten" und tatsächlichen Verhalten hinweist, ist mit dem Begriff „Unrecht" der durch die Tat verwirklichte und vom Recht negativ bewertete Unwert selbst gemeint. Zutreffend bezeichnet deshalb Welzel 52, Das neue Bild 19, die Rechtswidrigkeit als „reine Relation (ein Mißverhältnis zwischen zwei Beziehungsgliedern)", das Unrecht dagegen als „etwas Substantielles: das rechtswidrige Verhalten selbst" (in diesem Sinn ferner B-Volk I 57, Engisch, DJT-FS I 402, Hirsch LK 11 vor § 32, Jescheck 209, Armin Kaufmann, Normentheorie 147f., Arthur Kaufmann ZStW 76, 553, Lackner-FS 187f., Krümpelmann aaO 27ff., Lenckner aaO 32ff., Samson SK 2 vor § 32; gegen eine solche Unterscheidung jedoch z. B. Mezger LK⁸ Einl. III 1). Diese der Bestimmungs- und Bewertungsfunktion (vgl. o. 49) entsprechende Unterscheidung ist deshalb von Bedeutung, weil nur das Unrecht Qualität und Quantität hat und deshalb auch qualitativ und quantitativ verschieden sein kann, während die Rechtswidrigkeit, verstanden als Widerspruch zu einer Verhaltensnorm, überall ein und dieselbe ist und materielle Differenzierungen oder Abstufungen nicht zuläßt: So ist z. B. ein Mord nicht „rechtswidriger" als eine Körperverletzung, eine fahrlässige Tötung nicht „weniger" rechtswidrig als eine vorsätzliche (mißverständlich daher Kern ZStW 64, 255, der von „Graden der Rechtswidrigkeit" spricht); wohl aber bestehen hinsichtlich des Unrechts qualitative oder quantitative Unterschiede zwischen einem Mord und einem Diebstahl, zwischen einfacher und schwerer Körperverletzung, aber auch zwischen vorsätzlicher und fahrlässiger, versuchter und vollendeter Tat (vgl. u. 54, 58).

4. Während die ältere Lehre davon ausging, daß alle objektiven, d. h. der „äußeren" Tatseite angehörenden Deliktsbestandteile dem Unrecht, alle subjektiv-seelischen Merkmale dagegen der Schuld zuzuordnen seien (so jetzt noch Spendel, Bockelmann-FS 251f.), ist seit Entdeckung der sog. subjektiven Unrechtselemente in Gestalt der bei einzelnen Delikten erforderlichen besonderen Absicht (z. B. §§ 242, 253, 263) allgemein anerkannt, daß die Rechtswidrigkeit zwar ein objektives Urteil enthält, zum Gegenstand dieses Urteils aber auch subjektive Momente gehören. Von hier aus führte die Entwicklung, von der finalen Handlungslehre ausgelöst, zu der in den Einzelheiten zwar noch umstrittenen, im Grundsätzlichen aber von der h. M. weithin übernommenen „**personalen**" **Unrechtslehre** der Gegenwart (zum heutigen Stand vgl. insbes. Ebert/Kühl Jura 81, 231ff., Gallas, Bockelmann-FS 155ff., Hirsch ZStW 94, 240ff., Armin Kaufmann, Welzel-FS 393ff., Kratzsch aaO 89ff., Krauß ZStW 76, 19ff., Krümpelmann aaO 62ff., Lampe aaO, Otto ZStW 87, 541ff., Rudolphi, Maurach-FS 51ff., Stratenwerth SchwZStr 79, 237ff. sowie die umfassende Analyse der Struktur des Unrechts von Wolter aaO; zur Dogmengeschichte vgl. Krauß aaO 20ff., Lampe aaO 13ff. mwN; rechtsvergleichend Hünerfeld ZStW 93, 984ff.). Nach ihr erschöpft sich das Unrecht nicht in dem auf der Verursachung des deliktischen Erfolgs beruhenden äußeren „**Sachverhalts-**" bzw. „**Erfolgsunwert**" – nach einer neueren Lehre soll dieser sogar völlig bedeutungslos sein (vgl. u. 59) –, hinzukommen muß vielmehr der in der rechtlich mißbilligten Willensbetätigung liegende besondere **Handlungsunwert**. Dabei ist in den Einzelheiten zwar umstritten, was den Handlungs- bzw. den Erfolgsunwert ausmacht (vgl. u. 56; vgl. auch den Versuch von Kratzsch aaO 118ff., 185ff., 389ff., 407ff. u. pass., GA 89, 49, durch eine Fortentwicklung des Handlungs- und

Erfolgsunwerts zu einer neuen, u. a. auch organisations-theoretische Aspekte einbeziehenden Unrechtskonzeption zu gelangen). Im Ergebnis aber wird heute ganz überwiegend angenommen, daß die Fahrlässigkeit nicht ausschließlich erst die Schuld betrifft, sondern daß das in ihr enthaltene Element der objektiven Sorgfaltspflichtverletzung bereits für das Unrecht von Bedeutung ist (vgl. die Nachw. in § 15 RN 121), und auch bezüglich des Vorsatzes ist es inzwischen h. M., daß er – jedenfalls auch – dem Unrechtsbereich zuzurechnen ist.

53 Für Anerkennung des Vorsatzes bereits als Unrechtsmerkmal z. B. Blei I 61, B-Volk I 52, D-Tröndle 9, 26 vor § 13, Donatsch aaO 44f., Eser I 51, Gallas ZStW 67, 31 ff., Hirsch LK 172 vor § 32, Negative Tatbestandsmerkmale 329, Jakobs 138, 210, Jescheck 217, LK 40 vor § 13, E. Wolf-FS 475 ff., Armin Kaufmann, Normentheorie 158, Welzel-FS 391, Krauß ZStW 76, 56, Krümpelmann ZStW 87, 890, Lackner III 3 b vor § 13, § 15 Anm. II 5 c, M-Zipf 271, 291, Mir Puig aaO, Roxin, Radbruch-GedS 266, ZStW 80, 716, Rudolphi, Maurach-FS 51 ff., SK 36 vor § 1, Samson SK 5 vor § 32, Schaffstein MDR 51, 196, Stratenwerth 90 ff., Welzel 61 ff., Wessels I 40 f., Zielinski aaO 79 ff. Dagegen wird der Vorsatz ausschließlich der Schuld zugerechnet von Baumann/Weber 175, 373, Engisch, DJT-FS I 426 ff., Kohlrausch-Lange § 59 Anm. II 1, Mezger LK^8 Einl. III 5 c, Spendel, Bockelmann-FS 252. Nach Schünemann GA 85, 364 soll nur die kognitive Vorsatzkomponente dem Unrecht, die emotionale dagegen der Schuld zuzurechnen sein; and. auch Schmidhäuser 178 f., 203 f., I 200 ff., Vorsatzbegriff usw., der in Gestalt des „Willensverhaltens" die voluntativen Elemente des Vorsatzes dem Unrecht, seine intellektuellen Bestandteile dagegen als „Vorsätzlichkeit" der Schuld zuordnet (krit. dazu Roxin ZStW 83, 390).

54 a) Diese im **Handlungsunwert** bestehende personale Komponente des Unrechts ergibt sich aus der Eigenart der den jeweiligen Tatbeständen zugrundeliegenden Verhaltensnormen und – daraus folgend – dem Wesen der Rechtswidrigkeit; der Handlungsbegriff selbst gibt – entgegen der finalen Handlungslehre (vgl. o. 28 ff.) – für diese Frage nichts her (so z. B. auch B-Volk I 51 f., Gallas, ZStW 67, 33 ff., Bockelmann-FS 156 ff., Jescheck 217, Wessels I 41). Sinn dieser Verhaltensnormen ist es angesichts der oft unüberschaubaren Zusammenhänge menschlichen Handelns nicht, jede beliebige Verursachung unerwünschter Zustände zu verbieten, sondern den einzelnen zu einem im Hinblick auf das durch die Norm geschützte Rechtsgut „inhaltlich richtigen Wollen" zu bestimmen (Dohna aaO 150, Jescheck aaO, Wessels aaO, Wolter aaO 152 f.). Verboten sind daher nur solche Verhaltensweisen, durch die der Handelnde *bewußt* und *gewollt* oder unter *Außerachtlassung der gebotenen Sorgfalt* einen Sachverhalt verwirklicht, der vom Recht im Hinblick auf die Unversehrtheit des fraglichen Guts negativ bewertet wird und deshalb gerade verhindert werden soll. Nur eine in diesem Sinn fehlerhafte und damit den besonderen „Handlungsunwert" begründende Willensbetätigung kann daher auch rechtswidrig sein, was bedeutet, daß auch Vorsatz und der Sorgfaltsmangel bei der Fahrlässigkeit bereits Voraussetzungen der Rechtswidrigkeit sind, während ein Verhalten, das weder vorsätzlich noch objektiv sorgfaltswidrig ist, mangels einer Normverletzung trotz seines schädlichen Erfolgs diese Eigenschaft nicht haben kann. Dabei besteht, was die *Rechtswidrigkeit* als Widerspruch zu rechtlichen Verhaltensnormen betrifft, zunächst kein Unterschied zwischen vorsätzlicher und fahrlässiger Tat (vgl. o. 51; von Bedeutung ist dies allerdings nur, wenn die Norm auch unsorgfältiges Verhalten verbietet, was z. B. wegen § 823 I BGB bei der Sachbeschädigung, nicht aber bei § 153 der Fall ist). Wohl aber ist der Handlungsunwert selbst als Träger des Handlungs-*Unrechts* verschieden, je nachdem, ob der Täter vorsätzlich oder fahrlässig gehandelt hat. Daher gibt es vorsätzliches und fahrlässiges Unrecht, wobei der dem Vorsatzdelikt innewohnende größere Handlungsunwert auch das Unrecht der vorsätzlichen Tat schwerer erscheinen läßt (und z. B. bei § 303 überhaupt zu strafwürdigem Unrecht macht). Mord und fahrlässige Tötung unterscheiden sich daher nicht erst in der Schuld (so jedoch die sog. klassische Verbrechenslehre und auf der Grundlage seines Deliktssystems auch Schmidhäuser 204, 209, Schaffstein-FS 158), sondern stellen schon verschieden schweres Unrecht dar. Daß der Vorsatz schon für das Unrecht von Bedeutung ist, schließt nicht aus, daß er eine Doppelstellung hat und bei der Schuld unter schuldspezifischen Gesichtspunkten wiederkehrt (vgl. u. 120), ebenso wie die Fahrlässigkeit ein komplexer Begriff ist, der sowohl Unrechts- als auch Schuldelemente enthält (vgl. § 15 RN 120 ff., 190 ff.).

55 Daß der Vorsatz bereits Bestandteil des Handlungsunrechts ist, zeigen auch die vom Gesetz bei der Tatbestandsumschreibung häufig benutzten finalen Tätigkeitsworte (z. B. § 113: „Widerstandleisten", § 263: „Vorspiegeln", § 292: „dem Wild nachstellen"), bei denen eine rein kausale Deutung schon mit dem Gesetzeswortlaut kaum vereinbar ist, ganz abgesehen davon, daß damit auch der eigentliche Handlungssinn verloren ginge (vgl. zuerst v. Weber, Zum Aufbau des Strafrechtssystems, 1935, ferner z. B. Gallas ZStW 57, 33, Jescheck 218, Wessels I 42; vgl. auch BGH **24** 120). Auch aus der zwingenden Zugehörigkeit des Vorsatzes zum Unrecht des versuchten Deliktes (so hier z. B. auch Baumann/Weber 283, 475, 490, Mezger NJW 53, 4) ist mit Recht gefolgert worden, daß dann auch für die vollendete Tat nichts anderes gelten könne (z. B. Gallas ZStW 57, 34, Jescheck 218). Umgekehrt kann daraus, daß § 16 dem Vorsatz den Vorsatzgegenstand gegenüberstellt, nicht gefol-

gert werden, daß ersterer nur ein persönliches Zurechnungsmerkmal im Rahmen der Schuld sei (so jedoch Engisch DJT-FS I 427f.); denn daß der Vorsatz „als das Intendierende außerhalb des Intendierten steht" (Engisch aaO 428), ändert nichts daran, daß erst beides zusammen den „sozialen Gesamtsinn des Geschehens" (BGH 24 121) ergibt, das nur in dieser Gesamtheit das spezifische Unrecht des vorsätzlichen Delikts ausmacht. Ebensowenig zwingend ist die Annahme, daß zum „gesetzlichen Tatbestand" nicht der Vorsatz gehören könne, weil dieser kein „Umstand" sei, der selbst vorsatzbezogen ist (Sax JZ 76, 13f.); denn nichts steht entgegen, § 16 mit der überflüssigen, weil selbstverständlichen Einschränkung zu lesen, daß es sich hier um solche Umstände handelt, die zum gesetzlichen Tatbestand gehören, soweit sie nicht selbst im Vorsatz bestehen.

Abgesehen davon, daß Vorsatz und (objektive) Fahrlässigkeit zum Handlungsunrecht gehören, bestehen über dessen *Gegenstand* aber auch innerhalb der personalen Unrechtslehre *erhebliche Meinungsverschiedenheiten*. So ist beim Vorsatzdelikt umstritten, ob sich der Handlungsunwert im „Intentionsunwert" erschöpft (Rudolphi, Maurach-FS 57, ferner z. T. die u. 59 genannten Vertreter eines „monistisch-subjektiven Unrechtsbegriffs") oder ob und in welchem Umfang dazu auch objektive Momente gehören, etwa die Handlung selbst bis zum Abschluß der willensgesteuerten Körperbewegung bzw. bis zur Beendigung des Versuchs (vgl. Gallas, Bockelmann-FS 156ff., Stratenwerth, Schaffstein-FS 178 FN 9) oder gar die Handlung einschließlich des Erfolgs (so Hirsch ZStW 94, 240ff.; zum Inhalt des Handlungsunwerts vgl. ferner z. B. Jescheck 216, LK 40 vor § 13, Wolter aaO 77ff. u. pass. sowie in: Schünemann 106; auf der Grundlage einer von der h. M. abweichenden Unrechtskonzeption vgl. auch Kratzsch aaO 105ff., 415ff.). Die Bedeutung eigenständiger Unrechtselemente haben Handlungs- und Erfolgs- bzw. Sachverhaltsunwert jedoch nur, wenn der erstere auf die Umstände beschränkt wird, die den Verstoß gegen ein – seinerseits wieder auf die Vermeidung eines Unwertsachverhalts bezogenes – Nicht-*tun*-sollen (Bestimmungsnorm; vgl. o. 49) ausmachen und die darüber entscheiden, *ob* ein Verhalten vorsätzliches oder fahrlässiges Unrecht i. S. eines bestimmten Deliktstypus ist (vgl. o. 54). Für die Vorsatztat bedeutet dies, daß deren Handlungsunrecht bereits in dem unter Verstoß gegen eine Bestimmungsnorm objektiv ins Werk gesetzten „Intentionsunwert" besteht (vgl. auch Jakobs 141: „Intentions-" und „Objektivierungsunwert"), weshalb der volle Handlungsunwert hier nicht erst mit dem Erfolg oder der Beendigung des Versuchs, sondern schon mit dem Versuchsbeginn und auch beim untauglichen Versuch vorliegt, dessen Besonderheit allein darin besteht, daß der Sachverhaltsunwert hier auf das – auch in jedem sonstigen Erfolgsunwert (Verletzung, Gefährdung) mitenthaltene – Hervorrufen eines rechtserschütternden Eindrucks (vgl. 22 vor § 22) beschränkt ist (and. Gallas aaO 159, Wolter aaO 25 bzw. 106: bloßer „Handlungsversuchsunwert"; and. auch Kratzsch aaO 420). Entsprechendes gilt für die Fahrlässigkeitstat (Objektivierung eines „Sorgfaltsmangelunwerts"; i. S. eines Intentionsunwerts aber auch hier Struensee JZ 87, 57ff. u. dagegen o. 31).

b) **Sachverhalts- bzw. Erfolgsunwert** ist dagegen der durch die Handlung verwirklichte äußere Sachverhalt, der sich, gemessen an der Bewertungsnorm, je nach Qualität und Quantität der betroffenen Werte, Art und Umfang ihrer Beeinträchtigung usw. als unterschiedlich wertwidriges „Nicht-*sein*-sollen" darstellt (vgl. o. 49) und der, bezogen auf die Gewährleistungsnorm (vgl. 49), der mit dieser ausgesprochenen Schutzgarantie zuwiderläuft (zu weiteren Differenzierungen vgl. z. B. Jakobs 141, Wolter aaO 109ff., 127ff. u. pass. [„primärer" und „sekundärer Erfolgsunwert"]; krit. zum Ganzen Kindhäuser aaO 60). Dazu gehört nicht nur die Verletzung oder Gefährdung des geschützten Handlungsobjekts (zu eng daher z. B. Jescheck 216, LK 40 vor § 13), vielmehr ist neben diesem Erfolgsunwert i. e. S. ein „Erfolg" in dem hier gemeinten, untechnischen Sinn in Gestalt eines wertwidrigen äußeren Sachverhalts auch bei schlichten Tätigkeitsdelikten und selbst beim untauglichen Versuch (vgl. o. 56) gegeben (vgl. z. B. auch Lampe aaO 100, Lüderssen aaO 188, Rudolphi, Maurach-FS 56). Die Bedeutung des Erfolgsunwerts liegt in folgendem:

α) Der Erfolgsunwert ändert zwar nichts an der schon durch den Handlungsunwert begründeten Rechtswidrigkeit (vgl. o. 54), wohl aber bestimmt er zusätzlich die **Höhe** des damit bereits gegebenen **Unrechts** (zu dessen Abstufbarkeit vgl. o. 51; and. die „monistisch-subjektive" Lehre [vgl. u. 59], ferner Mir Puig aaO 262ff., Silva-Sanchez ZStW 101, 370). Insofern ist auch der Sachverhaltsunwert ein vollwertiges Unrechtselement: Das Unrecht kann zwar nicht schon mit der bloßen Rechtsgutsverletzung begründet werden, wie die klassische Lehre angenommen hat, es erschöpft sich aber andererseits aber auch nicht in dem personalen Handlungsunrecht (h. M., z. B. B-Volk I 49, Ebert/Kühl Jura 81, 235, Gallas, Bockelmann-FS 161ff., Jakobs 140, Jescheck 210, LK 40 vor § 13, Krauß ZStW 76, 59, Krümpelmann aaO 82ff., M-Zipf I 215, Otto ZStW 87, 566, Rudolphi, Maurach-FS 51, Samson SK 5 vor § 32, Stratenwerth 304f., ferner die Nachw. u. 59 a. E.). Deshalb ist das Unrecht der vollendeten Tat größer als bei der nur versuchten (vgl. auch § 22 RN 6, 9), das der fahrlässigen Erfolgsverursachung schwerer als bei der folgenlosen Sorgfaltspflichtverletzung; bei Fahrlässigkeitsdelikten wird außerdem auch die Qualität des Unrechts häufig erst durch den Erfolgsunwert bestimmt, da ein und dieselbe Sorgfaltspflichtverletzung ganz verschiedene Folgen haben kann (Tötung, Körperverletzung usw.). Dabei ist es vielfach gerade erst der Erfolgsunwert, der das Unrecht in den Rang strafwürdigen Unrechts erhebt, so in der Regel bei Fahrlässigkeitsdelikten und bei Vorsatztaten, deren Versuch nicht strafbar ist.

59 Demgegenüber soll nach einer neueren „**monistisch-subjektiven Unrechtslehre**" der Erfolg für das Unrecht überhaupt keine Bedeutung haben, sondern als Manifestation begangenen Unrechts lediglich das Strafbedürfnis begründen (vgl. Dornseifer aaO 433 f., Horn, Konkrete Gefährdungsdelikte 78 ff., Armin Kaufmann, Welzel-FS 410, Lüderssen ZStW 85, 291, Zielinski aaO 135 ff., 205 ff.; vgl. i. E. auch Mir Puig aaO 263 f.), dies jedenfalls bei Fahrlässigkeitsdelikten (so weitgehend Welzel 135 f., Fahrlässigkeit und Verkehrsdelikte 21; vgl. auch Schaffstein, Welzel-FS 559 ff. mwN). Fragt man jedoch nach der Legitimation für dieses mit dem Hinzukommen des Erfolgsunwerts bejahte Strafbedürfnis, so kann sie – anders als bei den objektiven Bedingungen der Strafbarkeit (zu diesen u. 124 ff.; vgl. Krauß ZStW 76, 62) – nur darin liegen, daß hier das Unrecht selbst die Grenze des Bereichs überschreitet, in dem auf eine strafrechtliche Reaktion nicht mehr verzichtet werden kann. Gewiß kann der Handlungsunwert als solcher durch das Hinzutreten des Erfolgsunwerts nicht gesteigert und durch sein Ausbleiben nicht vermindert werden (Welzel 136, Armin Kaufmann, Welzel-FS 411), doch erschöpft sich das Unrecht nicht im bloßen Handlungsunrecht. Seit jeher werden menschliche Taten auch daran gemessen, was sie – im Guten wie im Bösen – bewirken, und auch das Recht kann deshalb ungeachtet einer gewissen Irrationalität des damit angelegten Maßstabes nicht umhin, bei der Bewertung eines Geschehens dessen schädlichen Erfolg als einen negativen Faktor mit einzubeziehen (vgl. auch Hirsch ZStW 94, 249; krit. Kratzsch aaO 107 f., 425). Daß jedenfalls das geltende Recht auf diesem Standpunkt steht, zeigt bei Fahrlässigkeitsdelikten schon die Tatsache, daß es sonst keine sachliche Rechtfertigung gäbe, daß das Gesetz ein und dieselbe sorgfaltswidrige Handlung je nach ihrem Ausgang ganz verschieden behandelt, z. B. als bloße Verkehrsordnungswidrigkeit, als fahrlässige Körperverletzung oder fahrlässige Tötung (Krauß aaO 61; vgl. aber auch Schaffstein, Welzel-FS 561). Aber auch bei Vorsatzdelikten stellt das Gesetz in weiten Teilen für die Begründung der (vollen) Strafbarkeit auf den Erfolg ab, was kaum verständlich wäre, wenn es sich dabei um einen völlig unrechtsindifferenten Vorgang handeln würde; das gleiche gilt für die gesetzliche Zäsur zwischen versuchter und vollendeter Tat, die, wenn es nur auf den Handlungsunwert ankäme, folgerichtig zwischen unbeendigtem und beendigtem Versuch verlaufen müßte (vgl. dazu auch Armin Kaufmann ZStW 80, 50 ff., Welzel-FS 402 ff.). Näher gegen die hier abgelehnte Auffassung Donatsch aaO 48 ff., Gallas, Bockelmann-FS 156 ff., Hirsch ZStW 94, 240 ff., Köln-FS 409 f., Jakobs aaO 120 ff., Kratzsch aaO 94 ff., Mylonopoulos aaO 67 ff., Paeffgen aaO 110 ff., A. Kaufmann-GedS 412 ff., Schöneborn GA 81, 73 ff., Schünemann, Schaffstein-FS 171 ff., JA 75, 511, Stratenwerth, Schaffstein-FS 182 ff., Wolter aaO 109 ff. u. pass.; zum Ganzen vgl. auch Dencker aaO.

60 β) Zwischen Handlungs- und Erfolgsunwert besteht eine innere Abhängigkeit insofern, als ein **Handlungsunwert** nur, aber auch schon dann gegeben ist, wenn die Handlung auf einen **Sachverhaltsunwert** bezogen ist (näher Rudolphi, Maurach-FS 54 ff.). Beim Vorsatzdelikt ist dieser Bezugspunkt der Sachverhaltsunwert der vollendeten Tat (zuzüglich des kupierten Erfolgs usw. bei den Absichtsdelikten, vgl. u. 63), woraus folgt, daß es, wenn der Täter diesen nicht *bewußt* verwirklichen will, mangels des entsprechenden „Intentionsunwerts" (vgl. o. 56) an *vorsätzlichem* Handlungsunrecht fehlt, so wie umgekehrt dieses bei einem Ausbleiben des intendierten Sachverhaltsunwerts nicht entfällt. Über die in §§ 16, 22 geregelten Fälle des Tatbestandsirrtums bzw. Versuchs hinaus hat dies Bedeutung für die irrige Annahme eines rechtfertigenden Sachverhalts bzw. das Handeln in Unkenntnis eines solchen, weil materielles Erfolgsunrecht nur ein Sachverhalt sein kann, der über die formelle Tatbestandsmäßigkeit hinaus vom Recht tatsächlich auch negativ bewertet wird (vgl. auch o. 17, 19).

60a Daß der Handlungsunwert auf den Erfolgsunwert bezogen sein muß, heißt dagegen nicht umgekehrt, daß dieser immer ein korrespondierendes Handlungsunrecht voraussetzt. Dies zeigen die Fälle, in denen ein Verhalten mangels eines Handlungsunwerts zwar nicht rechtswidrig oder sogar ausdrücklich erlaubt ist, der Betroffene aber mangels eines Eingriffsrechts des Täters die Verletzung seiner Güter gleichwohl nicht zu dulden braucht (vgl. 11, 21 vor § 32), der Verletzungserfolg m. a. W. also, weil vom Recht als solcher nicht gebilligt, nach wie vor den Charakter eines – strafrechtlich freilich bedeutungslosen – Erfolgsunwerts hat. Zu erklären ist dies damit, daß der Erfolgsunwert auch zu Gewährleistungsnormen in Beziehung gesetzt werden kann (vgl. o. 49, 56 f.) und diese, weil sie nicht nur Reflexe der Bestimmungsnormen, sondern neben diesen als eine eigene Kategorie aus den Bewertungsnormen ableitbar sind, ihre zu Gunsten des betroffenen Objekts ausgesprochene Integritätsgarantie auch dort noch aufrecht erhalten können, wo die an Dritte gerichtete Bestimmungsnorm nicht mehr wirksam ist. Als praktische Konsequenz ergibt sich daraus, daß ein Schutz des fraglichen Guts hier zwar nicht nach § 32, wohl aber nach § 34 möglich ist (vgl. 11, 21 vor § 32, § 32 RN 21, § 34 RN 30 f.).

III. Für die **Zusammensetzung des Unrechtstatbestands** ergibt sich daraus, daß dieser so- 61 wohl objektive als auch subjektive Elemente enthält („objektiver" und „subjektiver Tatbestand"). Dabei bedient sich das Gesetz zur Umschreibung des für eine Deliktsart typischen Unrechtssachverhalts sowohl „deskriptiver" wie „normativer" Merkmale (vgl. u. 64), wobei diese überwiegend „positiv", mitunter aber auch „negativ gefaßt" sind (z. B. § 236: „ohne Einwilligung ihrer Eltern"; zu den davon zu unterscheidenden Merkmalen mit einer „gegenläufigen Handlungsumschreibung" vgl. Armin Kaufmann JZ 55, 37, Klug-FS 280 f.).

1. Zum **objektiven** Tatbestand gehört alles, was die äußere Sinnhaftigkeit des Geschehens ausmacht 62 (vgl. auch Jescheck 246: „gegenständlich – realer Kern eines jeden Delikts"). Dies sind zunächst die außerhalb der Täterpsyche liegenden, das äußere Erscheinungsbild der Tat bestimmenden Umstände, so der Eintritt eines bestimmten Erfolgs, der Kausalzusammenhang zwischen Handlung und Erfolg (vgl. dazu u. 71 ff.), eine besondere Begehungsmodalität, Sondereigenschaften des Täters usw. (zu der hier möglichen Typenbildung vgl. u. 127 ff.). Bereits die objektiven Tatbestandsmerkmale können aber auch von tätersubjektiven Gegebenheiten durchsetzt sein, wenn sich erst aus der Verbindung mit diesen der äußere Handlungssinn ergibt. Dies gilt z. B. für die „Zueignung" als Manifestation eines Zueignungswillens in § 246 (vgl. dort RN 11) und für finale Tätigkeitsbeschreibungen wie „dem Wilde-Nachstellen" in § 292 (vgl. dazu auch Herzberg, Oehler-FS 163), aber auch für das „Sonderwissen" des Täters bei der objektiven Erfolgszurechnung (vgl. u. 93 u. näher dazu Roxin, A. Kaufmann-GedS 250 f.), und ebenso sind es subjektive Faktoren, die schon über das Vorliegen einer Handlung entscheiden (vgl. o. 37 ff.). Eine formale Trennung zwischen „Außen" und „Innen" ist daher nicht möglich (vgl. Jescheck 246, ferner Schmidhäuser, Schultz-FG 61, der eine Trennung zwischen objektivem und subjektivem Tatbestand überhaupt für verfehlt hält; zum Ganzen vgl. auch Mir Puig aaO).

2. Zu den **subjektiven** Tatbestandselementen gehören bei *Vorsatzdelikten* der Vorsatz (vgl. die 63 Nachw. o. 53; zum Vorsatz im einzelnen vgl. § 15 RN 6 ff.), ferner – hier weitgehend unbestritten – bei den sog. Absichtsdelikten (kupierte Erfolgsdelikte, unvollkommen zweiaktige Delikte) zusätzliche *„subjektive Unrechtselemente"* in Gestalt einer besonderen, über die Verwirklichung des objektiven Tatbestandes hinausreichenden Absicht („überschießende Innentendenz"): so z. B. die Zueignungsabsicht in § 242 oder die Täuschungsabsicht in § 267, da erst bei deren Vorliegen das typische Unrecht des Diebstahls (i. U. zur bloßen Gebrauchsanmaßung) bzw. einer Urkundenfälschung verwirklicht ist (vgl. z. B. Baumann/Weber 281 ff., Engisch, Rittler-FS 225, Jescheck 283, Mezger GS 89, 20, aber auch Oehler aaO 62 ff.). Bei *Fahrlässigkeitstaten* tritt als unrechtsbegründendes Merkmal an die Stelle des Vorsatzes die objektive Sorgfaltspflichtverletzung (zur Fahrlässigkeit im einzelnen vgl. § 15 RN 105 ff.). Ob der Sorgfaltsmangel – bei fahrlässigen Erfolgsdelikten als verbotene Gefahrschaffung zugleich die Grundlage der Erfolgszurechnung (vgl. u. 93) – als „subjektiver Tatbestand" bezeichnet werden sollte, ist jedoch zumindest zweifelhaft (vgl. auch Roxin, A. Kaufmann-GedS 250 f. gegen Struensee JZ 87, 53 u. dazu o. 31). Zum psychologischen Gehalt subjektiver Verbrechensmerkmale und ihrer (individual- oder sozialpsychologischen) Deutung vgl. Haffke GA 78, 33, Jäger MSchrKrim. 78, 297, Krauß, Bruns-FS 11, jeweils mwN.

3. Bei den Tatbestandsmerkmalen wird üblicherweise zwischen sog. **deskriptiven** und **normati-** 64 **ven Merkmalen** unterschieden (dagegen jedoch Dopslaff GA 87, 1, Stratenwerth 96, 99), wobei die ersteren ein vorgegebenes Phänomen des realen Seins bezeichnen (z. B. „Sache", „töten"), während letztere „nur unter logischer Voraussetzung einer Norm vorgestellt oder gedacht werden können" (Engisch, Metzger-FS 147), weil sie sich auf eine Eigenschaft beziehen, die dem, was ist, erst durch eine entsprechende soziale Regel zugeschrieben wird (z. B. „fremd", „Urkunde"; vgl. näher zu der z. T. umstrittenen Begriffsbestimmung Kunert aaO u. zuletzt Darnstädt JuS 78, 441, Kindhäuser Jura 84, 465, Schlüchter aaO 7 ff. mwN; vgl. im übrigen § 15 RN 17 ff.). Weil auch die deskriptiven Merkmale im Zusammenhang eines Tatbestands immer einen normativen Bezug aufweisen (vgl. z. B. zum Ende des Menschseins 16 ff. vor § 211), dürfte eine exakte Abgrenzung von den normativen Merkmalen häufig allerdings kaum möglich sein. Besondere Probleme werfen diese beim Vorsatz und Irrtum auf (vgl. § 15 RN 43 f., § 16 RN 20 f.; and. Dopslaff GA 87, 20 ff.); soweit es sich bei den normativen Merkmalen um wertausfüllungsbedürftige Begriffe handelt, die auf außerrechtliche Maßstäbe verweisen (z. B. § 240 II: „verwerflich", § 184: „pornographisch"; vgl. die neuere Gesetzgebung bedient sich zunehmend solcher Merkmale (über die Gründe vgl. Lenckner JuS 68, 249 ff.) –, kann sich hier ferner wegen der relativ hohen Unsicherheit des in Bezug genommenen Standards die Frage der Vereinbarkeit mit dem Bestimmtheitsgrundsatz früher stellen als bei deskriptiven Merkmalen (vgl. § 1 RN 24 ff.).

IV. Soweit das **Gesetz** in einzelnen Bestimmungen bei der Umschreibung eines deliktischen Ver- 65 haltens den Begriff **„rechtswidrig"** oder **„widerrechtlich"** verwendet (z. B. §§ 123, 239, 303; zu § 303 a vgl. dort RN 6), handelt es sich dabei nicht um ein zusätzliches Tatbestandsmerkmal, sondern um das allgemeine Verbrechensmerkmal der Rechtswidrigkeit, das hier nur deshalb ausdrücklich hervorgehoben wird, um auf die Möglichkeit des Eingreifens von Rechtfertigungsgründen besonders hinzuweisen. Dagegen wird die „Rechtswidrigkeit" der beabsichtigten Zueignung bzw. des erstrebten Vermögensvorteils in den §§ 242, 263 von der h. M. als Tatbestandsmerkmal angesehen, weil sie sich hier nicht auf die Bewertung der Gesamttat beziehe, sondern als Attribut eines einzelnen Tatbestandsmerkmals auftrete (vgl. z. B. Heimann-Trosien LK[9] § 242 RN 69, Lackner LK § 263 RN 287ff., M-Zipf I 326; and. z. B. Welzel 350, 377). Auch das Merkmal „**unbefugt**" hat keine einheitliche Bedeutung; z. T. ist es gleichbedeutend mit dem allgemeinen Verbrechensmerkmal der Rechtswidrigkeit (z. B. §§ 168, 353b), z. T. hat es eine doppelte Funktion, indem es daneben auch schon zur Begrenzung des Tatbestands dient, wo dieser sonst noch keinen vernünftigen Sinn ergäbe. Dies gilt z. B. für § 107a I 1. Alt., ferner für § 132a, wo nicht jede Titelführung usw. schon tatbestandsmäßig sein kann (vgl. dazu auch Herzberg JA 89, 245), andererseits aber auch Fälle denkbar sind, in denen der Täter lediglich nach § 34 gerechtfertigt ist. Vgl. ferner z. B. § 201 RN 29, § 203 RN 21 ff., 14 vor § 324.

66 V. Gelegentlich werden den „**geschlossenen**" oder lediglich „**ergänzungsbedürftigen**" Tatbeständen die sog. „**offenen**" Tatbestände gegenüber gestellt, zu denen insbes. die §§ 240, 253 gehören sollen. Der Unterschied soll darin bestehen, daß das Gesetz bei ersteren die für das Unrecht der betreffenden Deliktsart typischen Merkmale selbst nennt oder jedenfalls das Leitbild zur Verfügung stellt, nach dem ein ergänzungsbedürftiger Tatbestand vervollständigt werden kann (z. B. Garantenstellung beim unechten Unterlassen, verkehrsgemäße Sorgfalt bei den Fahrlässigkeitsdelikten), während bei letzteren ein sachliches Leitbild für die Ergänzung des den typischen Unrechtssachverhalt nur unvollständig wiedergebenden Tatbestandes gerade fehle (vgl. insbes. Welzel 83, ferner die Nachw. b. Hirsch LK 19 vor § 32). Anders als sonst „indiziere" daher die Erfüllung eines in dieser Weise „offenen" Tatbestandes noch nicht die Rechtswidrigkeit, vielmehr könne diese hier nur positiv durch ein selbständiges richterliches Werturteil festgestellt werden (Welzel aaO). Mit Recht wird diese Lehre jedoch von der h. M. abgelehnt, wenn auch z. T. aus unterschiedlichen Gründen und mit verschiedenen Ergebnissen (vgl. z. B. Baumann/Weber 267, Engisch, DJT-FS I 411 f., Gallas ZStW 67, 24 f., Hirsch, Negative Tatbestandsmerkmale 289 ff., ZStW 74, 117 ff., LK 21 vor § 32, Jakobs 135, Jescheck 222, LK 43 vor § 13, M-Zipf I 325, Roxin, Offene Tatbestände 53 ff., ZStW 82, 682 f., Samson SK 17 vor § 32, Schmidhäuser 286 f., Stratenwerth 120). Ist es die Funktion des Unrechtstatbestandes, den für eine bestimmte Deliktsart typischen Unrechtssachverhalt zu kennzeichnen, so kann es nur „geschlossene" Tatbestände geben; jedes Merkmal, das den Unrechtsgehalt der betreffenden Deliktsart mitbestimmt, ist dann ein Tatbestandsmerkmal, gleichgültig, inwieweit der Unrechtssachverhalt vom Gesetz selbst gegenständlich näher umschrieben ist bzw. der Richter den gesetzlichen Tatbestand durch einen Rückgriff auf die allgemeinen Regeln und Wertungen der Sozialordnung zu ergänzen hat (so z. B. Gallas, Hirsch, Jescheck, Roxin, Stratenwerth, jeweils aaO). Für die Tatbestandslehre macht es daher auch keinen prinzipiellen Unterschied, ob das Gesetz zur Kennzeichnung des verbotenen Verhaltens ein bestimmtes normatives Merkmal oder – bei „offenen" Tatbeständen – nur verhältnismäßig allgemeine Wertformeln benutzt, was z. B. für § 240 bedeutet, daß die in Abs. 2 beschriebene Verwerflichkeit der Zweck-Mittel-Relation nicht als eine zusätzliche und besondere Rechtswidrigkeitsregel, sondern als Ergänzung des – sonst als Unrechtstypus völlig konturenlosen – Tatbestands des Abs. 1 anzusehen ist (vgl. § 240 RN 16 mwN). Soweit sich bei den „offenen" Tatbeständen Besonderheiten ergeben können, bestehen sie in anderer Hinsicht. Dies zeigt gerade § 240: Eine Ergänzung des Tatbestands durch Einbeziehung des Abs. 2 ist dort nur in einem Verfahren möglich, das sich nicht auf Tatbestand und Rechtfertigungsgründe verteilte Gesamtbewertung zusammenfaßt und vorwegnimmt; eine zunächst generelle Bestimmung der „Verwerflichkeit", nämlich unter Absehen von Gesichtspunkten, die erst für eine etwaige Rechtfertigung relevant werden, ist weder allgemein noch im Einzelfall durchführbar, weil Abs. 2 immer auch die sachlichen Voraussetzungen eines Rechtfertigungsgrundes in sich aufnimmt (Roxin ZStW 82, 683; and. Hirsch ZStW 74, 118 ff., LK 21 f. vor § 32, Jescheck 223, Armin Kaufmann, Klug-FS 283; vgl. auch § 240 RN 33). Daraus, daß die Verwerflichkeit nach Abs. 2 als **gesamttatbewertendes Merkmal**" (Jescheck 223, LK 43 vor § 13, Roxin aaO 132 ff., Samson SK 18 vor § 32; gegen diesen Begriff Schmidhäuser 288) mit der Rechtswidrigkeit identisch ist, folgt andererseits aber auch, daß zu dem durch Abs. 2 ergänzten Tatbestand nur die Umstände gehören können, welche die Verwerflichkeit begründen, nicht aber das darin liegende Werturteil selbst. Von Bedeutung ist dies beim Irrtum: Hier schließt nur der Irrtum über die Voraussetzungen der Verwerflichkeit den Vorsatz aus, nicht dagegen der Irrtum über die Verwerflichkeit selbst (Verbotsirrtum; vgl. dazu auch § 240 RN 28). Im übrigen liegt die eigentliche Problematik der offenen Tatbestände bei Art. 103 II GG (zu § 240 vgl. dort RN 17).

67 Nicht durchgesetzt hat sich auch die Lehre von den „**speziellen Rechtswidrigkeitsmerkmalen**" („Rechtspflichtmerkmale"), obwohl im Tatbestand ausdrücklich genannt, nicht diesem, sondern erst der Rechtswidrigkeit zuzurechnen seien (vgl. Armin Kaufmann, Normentheorie 101, 257 ff., 285 f., Welzel 82 f., ZStW 67, 224). Mit der Aufhebung bzw. Änderung der Vorschriften, für die sie entwickelt wurde (§§ 110, 113, 116, 137 a. F.), hat diese Lehre hier ohnehin ihre praktische Bedeutung verloren (zur Rechtmäßigkeit der Diensthandlung in §§ 113, 136 n. F. vgl. § 113 RN 18 ff., i. E. auch Hirsch LK 32 vor § 32). Im übrigen bestehen die früher erhobenen Einwände (vgl. zuletzt Hirsch aaO, Jakobs 136 mwN) auch gegen ihre Neuformulierung durch Armin Kaufmann fort – Einstufung der Gültigkeitsvoraussetzungen behördlicher Akte als dem Tatbestand vorausgehend (Klug-FS 287 ff.) –, wobei vor allem auch zu bestreiten ist, daß die Unwirksamkeit eines die Norm ausfüllenden Behördenakts ebenso behandelt werden kann wie die Ungültigkeit der Norm selbst.

VI. Umstritten ist, ob und inwieweit es geboten ist, die Reichweite strafrechtlicher Tatbestände mit Hilfe allgemeingültiger **Tatbestandseinschränkungsprinzipien** zu begrenzen. Diskutiert werden solche unter dem Gesichtspunkt der sozialen Adäquanz (vgl. u. 69), des Geringfügigkeitsprinzips (vgl. u. 70 a), der Schutzwürdigkeit des Opfers (vgl. u. 70 b) und des normrelevanten Risikos (vgl. u. 70 c). 68

1. Als ein Mittel, die in ihrem Wortlaut z. T. zu weit gefaßten gesetzlichen Tatbestände einzuschränken, wurde im Schrifttum die – allerdings umstrittene – Lehre von der **Sozialadäquanz** entwickelt (vgl. zuerst Welzel ZStW 58, 516). Danach sind Handlungen, die sich völlig im Rahmen der normalen, geschichtlich gewordenen sozialen Ordnung des Lebens bewegen, auch dann nicht tatbestandsmäßig, wenn sie vom Wortlaut einer Strafbestimmung erfaßt sind (z. B. München NStZ **85**, 549, D-Tröndle 12 vor § 32, Dölling ZStW 96, 55 f., Engisch, DJT-FS 418, Jescheck 226 f., LK 45 vor § 13, Armin Kaufmann ZfRVergl. 1964, 50, Klug aaO 255 [der hier freilich von „Sozialkongruenz" spricht, i. U. zur „Sozialadäquanz", die ein Rechtfertigungsgrund sein soll], Krauß ZStW 76, 48, Peters, Welzel-FS 419, Stratenwerth 116, Welzel 55 und aaO, Zipf ZStW 82, 647 ff., M-Zipf I 213; abl. Baumann/Weber 181 ff., Gallas ZStW 67, 22, Hirsch ZStW 74, 133 ff., LK 26 ff. vor § 32, Kienapfel, Das erlaubte Risiko usw. [1966] 10, 29, Samson SK 15 vor § 32). Nach anderer Auffassung soll die Sozialadäquanz lediglich ein Rechtfertigungsgrund sein (z. B. Schmidhäuser 298 f.; offengelassen von BGH **23** 228 [vgl. auch BGH **19** 154], Düsseldorf NJW **87**, 2453 und auf der Grundlage eines „Gesamtunrechtstatbestandes" auch von Schaffstein ZStW 72, 393) oder gar erst die Schuld betreffen (Roeder aaO 77 f.). Näher zum Meinungsstand vgl. Roxin, Klug-FS 303; zum Zivilrecht vgl. Deutsch, Welzel-FS 273 ff. – Als Fälle der Sozialadäquanz werden genannt: Verletzungen als Folge ordnungsgemäßer Teilnahme am Verkehr; Ausschenken von Alkohol an Kraftfahrer (vgl. BGH **19** 152); das „Abstiften" eines Rettungswilligen von einer Rettungshandlung durch wahrheitsgemäßen Hinweis auf die Kälte des Wassers; Ermunterung zur Benutzung eines Verkehrsmittels in der Erwartung, daß der andere bei einem Unfall getötet werde (vgl. Beispiel vom Verlassen der Familie durch Ehemann, auch wenn dadurch die Gefahr eines Selbstmords der Frau heraufbeschworen wird (vgl. BGH **7** 271); übliche Neujahrsgeschenke an den Briefträger; im Rahmen ordnungsgemäßer Geschäftsführung liegende Risikogeschäfte (§ 266); unerhebliche Körperverletzung und Freiheitsbeschränkungen; Spielen um geringfügige Vermögenswerte (§§ 284 ff.); zu § 86 III vgl. BGH **23** 228, zu § 136 und einer nur unerheblichen Erschwerung des Zugriffs auf eine gepfändete Sache vgl. Hamm NJW **80**, 2537, zu §§ 164, 344 und einer pflichtgemäß erstatteten „Amtsanzeige" vgl. München NStZ **85**, 549, wobei es hier aber des Adäquanzgedankens schon deshalb nicht bedurfte, weil der subjektive Tatbestand nicht vorlag (vgl. § 164 RN 20 u. zu § 344 Herzberg JR 86, 6); weitere Beispiele b. Hirsch ZStW 74, 87 ff., Jescheck LK 45 vor § 13, Roxin, Klug-FS 303. 69

Beschränkt man den Begriff der Sozialadäquanz auf „im sozialen Leben gänzlich unverdächtige, weil im Rahmen der sozialen Handlungsfreiheit liegende Handlungen" (BGH **23** 228), so kann es sich dabei jedenfalls nicht erst um einen Rechtfertigungsgrund (vgl. 107a vor § 32) und erst recht nicht um einen bloßen Entschuldigungsgrund handeln (vgl. Roxin, Klug-FS 309 f., Zipf ZStW 82, 639 ff.). Wenn überhaupt, so kann die Sozialadäquanz daher nur die Bedeutung eines Korrektivs haben, um solche Verhaltensweisen auszuklammern, die zwar vom Wortlaut eines Tatbestandes erfaßt sind, von diesem aber sinnvollerweise nicht gemeint sein können. Dabei scheiden freilich die Fahrlässigkeitsdelikte für eine solche Funktion der Sozialadäquanz von vornherein aus; denn dort bedeutet die soziale Adäquanz eines riskanten Verhaltens zwar, daß dieses nicht sorgfaltswidrig und damit nicht tatbestandsmäßig ist (z. B. ordnungsgemäße Teilnahme am Verkehr), doch handelt es sich dabei nicht um eine Korrektur der Tatbestandsfassung, sondern um die Ausfüllung und Konkretisierung des Begriffs der Fahrlässigkeit i. S. einer objektiven Sorgfaltsverletzung (and. M-Zipf I 215). Aber auch bei den Vorsatzdelikten lassen sich die notwendigen Tatbestandsrestriktionen jedenfalls mit Hilfe allgemeiner Auslegungsregeln einschließlich einer am Schutzzweck orientierten teleologischen Reduktion und unter Ausschöpfung des vorhandenen (und inzwischen wesentlich differenzierteren) dogmatischen Instrumentariums erreichen (vgl. z. B. zu den Risikogeschäften bei § 266 dort RN 20, zum Fehlen eines rechtlich relevanten Risikos bei der Erfolgszurechnung u. 93), ohne daß die in ihrer Unbestimmtheit ohnehin bedenkliche Generalklausel der Sozialadäquanz in den Rang eines selbständigen und allgemeingültigen Tatbestandskorrektivs erhoben werden müßte (näher Hirsch LK 29 vor § 32, ZStW 74, 87 ff., Roxin, Klug-FS 310 ff.; vgl. auch Jescheck 228, Stratenwerth 117). Ebensowenig bedarf es eines derartigen Korrektivs, wenn der subjektive Tatbestand zu verneinen ist (zu § 164 vgl. dort RN 20 [gegen München NStZ **85**, 549], zu § 344 vgl. Düsseldorf NJW **87**, 2453, Langer JR 89, 97). Richtig ist nur, daß die soziale Adäquanz ein Auslegungsmaßstab sein kann, was besonders deutlich wird, wenn es z. B. bei den §§ 223, 239 um die Ausscheidung nur unerheblicher Beeinträchtigungen geht (zu § 136 vgl. i. E. auch Hamm NJW **80**, 2537; vgl. dazu auch u. 70a). In dieser Bedeutung eines „allgemeinen Auslegungsprinzips" (Welzel 58) kommt der Sozialadäquanz unter systematischen Gesichtspunkten jedoch kein eigener Stellenwert zu. 70

2. Ebenso wie die soziale Adäquanz ist das **Geringfügigkeitsprinzip** – die Grenzen zwischen beiden sind ohnehin fließend – nur ein Unterfall teleologischer Auslegung und kein selbständiges, allgemeingültiges Tatbestandskorrektiv (für eine generelle Tatbestandseinschränkung bei unbedeutenden Rechtsgutsbeeinträchtigungen unter Berufung auf den verfassungsrechtlichen Verhältnismä- 70a ßigkeitsgrundsatz aber Hamm NJW **80,** 2537; and. i. E. weitgehend auch Ostendorf GA 82, 322, der – wenig überzeugend – die Sozialadäquanz auf das Handlungsunrecht, das Geringfügigkeitsprinzip auf das Erfolgsunrecht bezieht). Zwar gibt es zahlreiche Tatbestände, in denen nur unbedeutende Rechtsgutsbeeinträchtigungen vom Wortlaut oder Sinn der Vorschrift von vornherein nicht erfaßt sind (vgl. die Übersicht b. Ostendorf aaO), ein allgemeines Prinzip ist dies aber nicht, wie schon die §§ 248a, 263 IV, 266 III usw. zeigen, wo das Gesetz dem Geringfügigkeitsprinzip nur durch eine verfahrensrechtliche Regelung (Antragserfordernis, §§ 153, 153a StPO) Rechnung getragen hat (zur Verfassungsmäßigkeit vgl. BVerfGE **46** 188, **50** 205). Umfassend zum Bagatellprinzip vgl. Krümpelmann, Die Bagatelldelikte, 1966, Kunz, Das strafrechtliche Bagatellprinzip, 1984.

70 b 3. Kein eigenständiges Tatbestandskorrektiv ist schließlich auch das sog. „**viktimodogmatische Prinzip**", das nach einer im neueren Schrifttum vertretenen Lehre dazu dienen soll, im Rahmen zulässiger Auslegung aus den strafrechtlichen Tatbeständen solche Verhaltensweisen zu eliminieren, denen gegenüber das Opfer nicht schutzwürdig und nicht schutzbedürftig ist, weil es sich durch ihm mögliche und zumutbare Maßnahmen selbst vor Schaden hätte bewahren können (vgl. insbes. R. Hassemer aaO 81 u. pass., Schünemann, in: Schneider 407ff., Faller-FS 357ff., NStZ 86, 439, ZStW 90, 11, aber auch Amelung GA 77, 1; zur Kritik vgl. vor allem Hillenkamp aaO, ferner – z. T. mit Einschränkungen – z. B. Arzt MSchrKrim 84, 105, Günther aaO 184, W. Hassemer, Klug-FS 217, Kratzsch aaO 361ff., Oehler-FS 71ff.). Dieser Auffassung liegt jedoch ein verfehltes Subsidiaritätsverständnis des Strafrechts – auch eins „am ultima-ratio-Prinzip geläutertes Präventionsstrafrechts" (Schünemann, Faller-FS 366)! – zugrunde, weil zu dessen legitimen Aufgaben auch die Verhinderung eines allgemeinen gesellschaftlichen Klimas gehört, in dem – homo homini lupus est – jeder in jedem einen potentiellen Feind sieht. Die „angemessene Wahrnehmung von Selbstschutzmöglichkeiten" ist deshalb schon kriminalpolitisch keine Alternative zu dem angeblich „hypertrophen und inflationären Strafrecht" (so Schünemann aaO 367), und erst recht können daraus de lege lata keine Tatbestandsrestriktionen abgeleitet werden, die im Gesetzeswortlaut keine Grundlage haben. Aber auch wenn die Geltung der „viktimodogmatischen Maxime" auf „Auslegungsspielräume" beschränkt wird (Schünemann aaO 367f.), hat sie nicht die Funktion eines „allgemeinen regulativen Prinzips". Dies zeigt sich gerade an den Paradebeispielen der „Viktimo-Dogmatik": So soll bei § 263 der konkrete Zweifel des Getäuschten kein Irrtum sein (vgl. Amelung GA 77, 6ff., R. Hassemer aaO 134ff., Schünemann aaO 363), obwohl dies zu schweren Wertungswidersprüchen führen muß, weil nicht einzusehen ist, weshalb ein kritisches und deshalb zweifelndes Opfer weniger schutzwürdig sein soll als ein völlig unkritisches und leichtgläubiges, das, obwohl dies handgreiflich ist, gar nicht erst auf den Gedanken kommt, daß ihm falsche Tatsachen vorgespiegelt werden könnten (vgl. auch Arzt GA 82, 522f.); dazu, daß auch bei § 203 ein „viktimodogmatischer" Ansatz unergiebig ist, vgl. dort RN 3 u. näher Hillenkamp, Vorsatztat usw. Selbstverständlich bleibt dies unberührt, daß es nicht auch viktimologisch vorgeprägte Tatbestandsmerkmale gibt (vgl. bes. deutlich etwa das Erfordernis einer besonderen Sicherung in §§ 202, 202a) und daß bei der Bestimmung der Reichweite von Straftatbeständen im Wege der Gesetzesinterpretation nicht auch das Prinzip der Selbstverantwortung des Rechtsgutsträgers eine entscheidende Rolle spielen kann. Nur handelt es sich dabei nicht um ein eigenständiges („viktimodogmatisches") Prinzip der Tatbestandsbegrenzung, sondern um das allgemeine Problem teleologischer Auslegung, für die im Einzelfall auch viktimologische Aspekte von Bedeutung sein können (vgl. auch Arzt MSchrKrim 84, 113).

70 c 4. Als ein allgemeingültiger Tatbestandseinschränkungsgrund wird von einer neueren Lehre schließlich auch das „**nicht normrelevante**" bzw. „**erlaubte Risiko**" angesehen, und zwar nicht nur bei Fahrlässigkeitsdelikten, wo dafür das unverbotene Risiko von der h. M. bisher zur Begrenzung von Sorgfaltspflichten herangezogen wurde (vgl. § 15 RN 127ff. sowie 94 vor § 32), sondern auch bei Vorsatztaten (vgl. Frisch aaO 74ff., 349ff. u. pass., Herzberg JR 86, 8, JuS 86, 249ff.). Soweit es sich um (auch vorsätzliche) Erfolgsdelikte handelt, entspricht dies jedenfalls i. E. der auch sonst vertretenen Auffassung, wonach rechtlich nicht relevante Risiken bei der Erfolgszurechnung auszuscheiden haben (vgl. u. 92f.). Zweifelhaft ist jedoch, ob der bei den Erfolgsdelikten dafür maßgebliche Gedanke, daß Gegenstand strafrechtlicher Verhaltensnormen nicht erst die Erfolgsherbeiführung, sondern schon die Schaffung der Erfolgsgefahr sein muß (vgl. u. 92), in der Weise zu dem auch für andere Vorsatztatbestände geltenden Grundsatz erweitert und verallgemeinert werden kann, daß „Verhaltensweisen i. d. R. schon dann verboten sind, wenn sie bei objektiver Beurteilung ex ante und aus der Perspektive des Agierenden die konkrete Möglichkeit in sich bergen, zu einer Tatbestandsverwirklichung zu führen" (Frisch aaO 361). Trotz mancher Vorzüge eines solchen Normverständnisses – so die mit der Beschränkung des tatbestandsmäßigen Verhaltens auf bestimmte Risikosetzungen gewonnene Möglichkeit, die Strafbarkeit in Fällen zu verneinen, die für die h. M. im Rahmen des subjektiven Tatbestands nur schwer lösbar sind (vgl. etwa das Beispiel von Herzberg aaO) – bleibt hier der prinzipielle Einwand, daß die ex ante-Beurteilung bei erfolgs- und damit zukunftsbezogenen Risiken zulässig sein kann, nicht aber bezüglich solcher Umstände, die in der Gegenwart bereits objektiv gegeben sind (vgl. dazu aber auch Frisch aaO 349ff.): So knüpft z. B. das dem § 176 zugrundeliegende Verbot nicht an die mehr oder weniger konkrete Möglichkeit an, daß das Opfer ein noch nicht 14 Jahre altes Kind sein könnte (so jedoch Frisch aaO 355f.), vielmehr sind die in § 176 beschriebenen Handlungen nur verboten, wenn das Opfer tatsächlich ein Kind ist.

VII. Kausalzusammenhang und objektive Zurechnung.

Schrifttum: Beling, Der gegenwärtige Stand der strafrechtlichen Verursachungslehre, GS 101, 1. – *Bernsmann,* Zum Verhältnis von Wissenschaftstheorie u. Recht, Arch. f. Rechts- u. Sozialphilosophie 1982, 536. – *Bindokat,* Versari in re illicita und Erfolgszurechnung, JZ 77, 549. – *ders.,* Fahrlässige Beihilfe, JZ 86, 421. – *Burgstaller,* Das Fahrlässigkeitsdelikt im Strafrecht, 1974. – *ders.,* Erfolgszurechnung bei nachträglichem Fehlverhalten eines Dritten oder des Opfers selbst, Jescheck-FS 357. – *v. Buri,* Über Kausalität und deren Verantwortung, 1873. – *ders.,* Die Kausalität und ihre strafrechtlichen Beziehungen, 1885. – *Bustos Ramírez,* Die objektive Zurechnung, A. Kaufmann-GedS 213. – *Ebert,* Kausalität u. objektive Zurechnung, Jura 79, 561. – *ders.,* Der Schutzzweck von Geschwindigkeitsvorschriften als Problem objektiver Erfolgszurechnung, JR 85, 356. – *Engisch,* Die Kausalität als Merkmal der strafrechtlichen Tatbestände, 1931. – *ders.,* Vom Weltbild des Juristen, 2. A., 1965. – *Frisch,* Tatbestandsmäßiges Verhalten und Zurechnung des Erfolgs, 1988. – *Gmür,* Der Kausalzusammenhang zwischen Handlung und Erfolg im Strafrecht, 1970, – *Goll,* Strafrechtliche Produktverantwortung, in: Graf von Westphalen (Hrsg.), Produkthaftungshandbuch (1989) 597 ff. – *Hardwig,* Verursachung und Erfolgszurechnung, JZ 68, 289. – *Herzberg,* Die Abgrenzung von Vorsatz und Fahrlässigkeit – ein Problem des objektiven Tatbestands, JuS 86, 249. – *ders.,* Die Sorgfaltswidrigkeit im Aufbau der fahrlässigen und der vorsätzlichen Straftat, JZ 87, 536. – *R. v. Hippel,* Gefahrurteil und Prognoseentscheidungen in der Strafrechtspraxis, 1972. – *Honig,* Kausalität und objektive Zurechnung, Frank-FG I 174. – *Jakobs,* Vermeidbares Verhalten und Strafrechtssystem, Welzel-FS 307. – *ders.,* Regreßverbot beim Erfolgsdelikt, ZStW 89, 1. – *ders.,* Risikokonkurrenz – Schadensverlauf und Verlaufshypothese im Strafrecht, Lackner-FS 53. – *ders.,* Tätervorstellung und objektive Zurechnung, A. Kaufmann-GedS 271. – *Joerden,* Dyadische Fallsysteme im Strafrecht, 1986 (zit.: aaO). – *ders.,* Strukturen des strafrechtlichen Verantwortlichkeitsprinzips: Relationen und ihre Verkettungen, 1988. – *ders.,* OHG JBl 1987, 191 – ein Fall alternativer Kausalität?, JurBl. 87, 191. – *Kahrs,* Das Vermeidbarkeitsprinzip und die conditio-sine-qua-non-Formel im Strafrecht, 1972. – *Armin Kaufmann,* Tatbestandsmäßigkeit und Verursachung im Contergan-Verfahren, JZ 71, 569. – *ders.,* „Objektive Zurechnung" beim Vorsatzdelikt?, Jescheck-FS 251. – *Arthur Kaufmann,* Kritisches zur Risikoerhöhungstheorie, Jescheck-FS 273. – *Kion,* Grundfragen der Kausalität bei Tötungsdelikten, JuS 67, 499. – *Koriath,* Kausalität, Bedingungstheorie und psychische Kausalität, 1988. – *Kratzsch,* Verhaltenssteuerung und Organisation im Strafrecht, 1985. – *ders.,* Aufgaben- und Risikoverteilung im Strafrecht, Oehler-FS 65. – *Krümpelmann,* Die normative Korrespondenz zwischen Verhalten und Erfolg bei den fahrlässigen Verletzungsdelikten, Jescheck-FS 313. – *ders.,* Zurechnungsfragen bei mißlungener ärztlicher Fehlerkorrektur, JR 89, 353. – *Kühlewein,* Zur Lehre von der adäquaten Verursachung, NJW 55, 1581. – *Küper,* Überlegungen zum sog. Pflichtwidrigkeitszusammenhang beim Fahrlässigkeitsdelikt, Lackner-FS 247. – *Lampe,* Die Kausalität und ihre strafrechtliche Funktion, A. Kaufmann-GedS 189. – *ders.,* Tat und Unrecht der Fahrlässigkeitsdelikte, ZStW 101, 3. – *Larenz,* Tatzurechnung und „Unterbrechung des Kausalzusammenhanges", NJW 55, 1009. – *Leonhard,* Die Kausalität als Erklärung durch Ergänzung, 1946. – *Maiwald,* Kausalität und Strafrecht, 1980. – *Maurach,* Adäquanz der Verursachung oder der Fahrlässigkeit?, GA 60, 97. – *Möhrenschlager,* Kausalitätsprobleme im Umweltstrafrecht, Wirtschaft u. Verwaltung 1984, 47. – *Naucke,* Über das Regreßverbot im Strafrecht, ZStW 76, 409. – *Otto,* Kausaldiagnose und Erfolgszurechnung im Strafrecht, Maurach-FS 91. – *ders.,* Risikoerhöhungsprinzip statt Kausalitätsgrundsatz als Zurechnungskriterium bei Erfolgsdelikten, NJW 80, 417. – *Puppe,* Der Erfolg und seine kausale Erklärung im Strafrecht, ZStW 92, 863. – *dies.,* Zurechnung u. Wahrscheinlichkeit, ZStW 95, 287. – *dies.,* Kausalität der Sorgfaltspflichtverletzung, JuS 82, 660. – *dies.,* Beziehung zwischen Sorgfaltswidrigkeit und Erfolg, ZStW 99, 595. – *Radbruch,* Die Lehre von der adäquaten Verursachung, 1902. – *Ranft,* Berücksichtigung hypothetischer Bedingungen beim fahrlässigen Erfolgsdelikt?, NJW 84, 1425. – *Rengier,* Erfolgsqualifizierte Delikte und verwandte Erscheinungen, 1986. – *Roxin,* Gedanken zur Problematik der Zurechnung, Honig-FS 132. – *ders.,* Zum Schutzzweck der Norm bei fahrlässigen Delikten, Gallas-FS 241. – *ders.,* Bemerkungen zum Regreßverbot, Tröndle-FS 177. – *ders.,* Finalität und objektive Zurechnung, A. Kaufmann-GedS 237. – *Samson,* Hypothetische Kausalverläufe im Strafrecht, 1972. – *ders.,* Kausalitäts- und Zurechnungsprobleme im Umweltstrafrecht, ZStW 99, 617. – *Schaffstein,* Die Risikoerhöhung als objektives Zurechnungsprinzip, Honig-FS 169. – *Schlüchter,* Grundfälle zur Lehre von der Kausalität, JuS 76, 312, 378, 518, 793 u. 77, 104. – *dies.,* Zusammenhang zwischen Pflichtwidrigkeit und Erfolg bei Fahrlässigkeitsdelikten, JA 84, 673. – *Schmoller,* Die Kategorie der Kausalität u. der naturwissenschaftliche Kausalverlauf im Lichte strafrechtlicher Tatbestände, ÖJZ 82, 449. – *J. Schulz,* Objektive Zurechnung und Fahrlässigkeit, GA 87, 97. – *ders.,* Der subjektive Tatbestand des fahrlässigen Delikts, JZ 87, 53. – *Schumann,* Strafrechtliches Handlungsunrecht und das Prinzip der Selbstverantwortung der Anderen, 1986. – *Seebald,* Nachweis der modifizierenden Kausalität des pflichtwidrigen Verhaltens, GA 69, 193. – *Silva-Sanchez,* Aberratio ictus und objektive Zurechnung, ZStW 101, 352. – *Spendel,* Die Kausalitätsformel der Bedingungstheorie für die Handlungslehre, 1948. – *Stratenwerth,* Bemerkungen zum Prinzip der Risikoerhöhung, Gallas-FS 227. – *Stree,* Beteiligung an vorsätzlicher Selbstgefährdung, JuS 85, 179. – *Struensee,* Objektive Zurechnung und Fahrlässigkeit, GA 87, 97. – *ders.,* Der subjektive Tatbestand des fahrlässigen Delikts, JZ 87, 53. – *Tarnowski,* Die systematische Bedeutung der adäquaten Kausalitätstheorie für den Aufbau des Verbrechensbegriffs,

Vorbem §§ 13 ff. 71, 72 Allg. Teil. Die Tat – Grundlagen der Strafbarkeit

1927. – *Traeger,* Der Kausalbegriff im Straf- und Zivilrecht, 1904. – *Triffterer,* Die „Objektive Voraussehbarkeit" – unverzichtbares Element der Fahrlässigkeit oder allgemeines Verbrechensmerkmal aller Erfolgsdelikte?, Bockelmann-FS 201. – *Walder,* Die Kausalität im Strafrecht, SchwZStr 93, 113. – *Wehrenberg,* Die Conditio-sine-qua-non-Formel, eine pleonastische Leerformel, MDR 71, 900. – *Wehrle,* Fahrlässige Beteiligung am Vorsatzdelikt – Regressverbot?, 1986. – *Welp,* Vorausgegangenes Tun als Grundlage einer Handlungsäquivalenz beim Unterlassen, 1968. – *E. A. Wolff,* Kausalität von Tun und Unterlassen, 1965. – *Wolter,* Objektive und personale Zurechnung von Verhalten, Gefahr und Verletzung in einem funktionalen Straftatsystem, 1981 (zit.: aaO). – *ders.,* Adäquanz- und Relevanztheorie, GA 77, 257. – *ders.,* Irrtum über den Kausalverlauf und die Problematik der objektiven Erfolgszurechnung, ZStW 89, 648. – *ders.,* Objektive und personale Zurechnung zum Unrecht, in: Schünemann, Grundfragen des modernen Straftatsystems, 1984, 103.

71 Wo das Gesetz neben der Tathandlung den Eintritt eines bestimmten, von der Handlung an sich ablösbaren Außenwelterfolgs voraussetzt (z. B. §§ 211 ff.: Tod eines Menschen), muß schon nach dem objektiven Tatbestand zwischen beiden eine Beziehung dergestalt bestehen, daß der Erfolg dem Täter als „sein Werk" zugerechnet werden kann. Ein Weg zur Begründung dieser sog. **objektiven Erfolgszurechnung** (die mit der Zurechnung einer Körperbewegung als Handlung – vgl. o. 37 ff. – nicht zu verwechseln ist) ist die Feststellung der **Kausalität** zwischen Handlung und Erfolg. Dabei hängt es allerdings vom Kausalbegriff ab, was dieser für das rechtliche Urteil der „Zurechnung" zu leisten vermag. Versteht man die Kausalität als eine Kategorie des realen Seins – i. S. eines Zusammenhangs zwischen einer ersten Veränderung und einer zweiten, die durch die erste bewirkt wird (Schmidhäuser 223), wobei die Erschütterung des Kausalitätsprinzips durch die modernen Naturwissenschaften hier außer Betracht bleiben kann (Maiwald aaO 1 f.) –, so sind Kausalität und Zurechnung schon deshalb nicht identisch, weil der Mensch nicht für alles, wofür er in diesem Sinn irgendwie ursächlich wird, auch rechtlich „zuständig" sein kann (vgl. aber auch die „im Sinnbereich verlaufende" und bereits mit Verantwortungszuschreibung verbundene „funktionale Kausalität" von Lampe, A. Kaufmann-GedS 197 ff., ZStW 101, 33, 36). Umgekehrt gibt es dann eine objektive Zurechnung auch außerhalb einer solchen Kausalbeziehung: So beim Unterlassen, wo es am realen Herbeiführen eines Erfolgs gerade fehlt und die Kausalitätsfrage deshalb nur hypothetisch gestellt werden kann (vgl. u. 139, § 13 RN 61), aber auch bei Eingriffen in einen „rettenden Kausalverlauf" (z. B. A hindert durch Gewalt B, den ertrinkenden C zu retten), wo realiter nur der Abbruch des in Gang befindlichen Geschehens bewirkt wird (Einstellung der Rettungsmaßnahmen des B), während es wieder eine hypothetische Frage ist, ob dieses zu dem gewünschten Erfolg (Rettung des C) geführt hätte (vgl. z. B. Jescheck 250, LK 48 vor § 13, Armin Kaufmann, Dogmatik der Unterlassungsdelikte 61, Maiwald aaO 78 ff., Schmidhäuser 227; and. z. B. Puppe ZStW 95, 899 ff. und für die Hinderung rettender Kausalverläufe auch Jakobs 161). Dennoch ist daran festzuhalten, daß Grundlage jeder Erfolgszurechnung zunächst das Kausalprinzip ist. Abgesehen davon, daß auch das Gesetz selbst häufig von einem „Verursachen" spricht (z. B. §§ 222, 226, 230), ist eine „Befreiung vom Kausalitätsdogma" (Ebert Jura 79, 575) schon deshalb nicht möglich, weil ein ohne Zutun des Täters eingetretener Erfolg diesem auch nicht als „sein Werk" zugerechnet werden kann (z. B. Jescheck 249, Maiwald aaO, Rudolphi SK 38 vor § 1 mwN; vgl. aber auch Otto NJW 80, 416 [Abschied von der „conditio-sine-qua-non-Formel", S. 420], Roxin, Honig-FS 135 [„vom Kausaldogma völlig gelöste allgemeine Zurechnungslehre"] u. dagegen Lampe ZStW 101, 6 ff.). Ausgehend von dem o. genannten „ontologischen" Kausalbegriff ist es dann zwar notwendig, diesen beim Unterlassen und bei der Verhinderung einer Erfolgsabwendung durch eine „Quasi-Kausalität" zu ergänzen (vgl. näher § 13 RN 61, ferner z. B. Maiwald aaO, Walder SchwZStr 93, 152 ff.), auch bezeichnet das Kausalitätserfordernis nur die äußerste Grenze eines Haftungsrahmens, der noch durch weitere Kriterien auszufüllen ist (zu den traditionellen Versuchen einer Haftungsbeschränkung vgl. u. 84 ff., zur neueren Lehre von der objektiven Zurechnung vgl. u. 91 ff.; krit. zu einer solchen „Abkopplung" der Zurechnungsfrage von der Kausalitätskomponente jedoch Kratzsch aaO 269 ff., 317 ff.). An dem grundsätzlichen Ausgangspunkt ändert dies jedoch nichts: Die Kausalität ist, wenn auch keine zureichende, so doch eine notwendige Bedingung für die objektive Zurechnung, so daß bei ihrem Fehlen eine Erfolgszurechnung von vornherein ausscheidet.

72 Die Zurechnungslehre spielt nur bei den *Erfolgsdelikten* eine Rolle, die einen von der Handlung äußerlich trennbaren Verletzungs- oder konkreten Gefährdungserfolg verlangen (praktisch vor allem bei §§ 211 ff., 223 ff., 315 c; zur Bedeutung bei §§ 324 ff. vgl. Möhrenschlager aaO). Hier aber ist sie, wie auch die Rspr. zeigt, von großer Bedeutung. Keine Zurechnungsprobleme können dagegen bei solchen Tatbeständen entstehen, die lediglich eine Tätigkeit umschreiben, auch wenn diese – wie z. B. die Wegnahme in § 242 – mit einer Änderung in der Außenwelt verbunden ist. Auch die u. 73 ff. dargestellten „Kausalitätstheorien" wurden speziell im Hinblick auf die Erfolgszurechnung bei Erfolgsdelikten entwickelt und sind deshalb vor diesem Hintergrund zu sehen. Dies schließt nicht aus, daß Kausalitätsfragen auch sonst im Strafrecht eine Rolle spielen können, so wenn bei den abstrakten

Gefährdungsdelikten Handlungen, die im Einzelfall den Erfolg schlechterdings nicht herbeiführen können, ausgeschieden werden (vgl. 3a vor § 306) oder wenn bei der Erforderlichkeit der Notwehr- oder Notstandshandlung (§§ 32, 34, 35) zu entscheiden ist, ob der Angriff bzw. die Gefahr nicht auch durch weniger belastende Mittel abwendbar gewesen wäre. Anders als bei den Erfolgsdelikten im Rahmen der Erfolgszurechnung geht es dort dann freilich nicht um die Verknüpfung zweier tatsächlich gegebener Größen (Handlung und Erfolg), sondern um eine Kausalprognose über eine künftige bzw. hypothetische Entwicklung.

2. Der für eine Erfolgszurechnung zunächst erforderliche **Kausalzusammenhang** besteht, **73** wenn die Handlung des Täters in irgendeiner Weise für den konkreten Erfolg wirksam geworden ist (zur „Quasi-Kausalität" des Unterlassens vgl. o. 71, u. 139, § 13 RN 61). Nach der herrschenden, von der Gleichwertigkeit aller Bedingungen eines Erfolgs ausgehenden **Bedingungs-** oder **Äquivalenztheorie** ist dies der Fall, wenn die Handlung des Täters nicht hinweggedacht werden kann, ohne daß der Erfolg in seiner konkreten Gestalt entfiele: Ursächlich ist also jede „conditio sine qua non" (begr. von Glaser, Abh. aus dem österr. Strafrecht [1858], weiterentwickelt durch v. Buri aaO; aus der Rspr. vgl. schon RG 1 374, zuletzt 77 17, ferner BGH 1 332, 2 24, 3 69, 7 114, 24 34, 31 98, NJW 58, 1981, GA 60, 112, MDR/D 67, 368, OGH 1 330, 367, 2 286, Stuttgart JZ 80, 618; aus dem Schrifttum vgl. z. B. Baumann/Weber 217ff., Heimann-Trosien LK⁹ Einl. 91, Welzel 43). Die Feststellung der Ursächlichkeit verlangt demnach ein hypothetisches Eliminationsverfahren, bei dem zu fragen ist, was geschehen wäre, wenn der Täter nicht gehandelt hätte, um sodann festzustellen, ob der Erfolg bestehen bliebe oder nicht. Zum Standpunkt der Rspr. bei Fahrlässigkeitsdelikten vgl. jedoch u. 81, 86, § 15 RN 162.

Mit Recht ist diese Fassung der Bedingungstheorie jedoch auf **Kritik** gestoßen, vor allem wenn die **74** conditio-sine-qua-non-Formel als selbständige Kausalitätsformel benutzt wird (so überwiegend die Rspr.) und nicht nur als ein methodisches Hilfsmittel, um die gesetzmäßige Verknüpfung von Handlung und Erfolg zu prüfen (vgl. z. B. Engisch, Kausalität 14ff., Jakobs 156, Jescheck 253, LK 50 vor § 13, Arthur Kaufmann Eb. Schmidt-FS 207ff., Lenckner NJW 71, 599, Maiwald aaO 5ff., Puppe ZStW 92, 876 u. 99, 596ff., Rudolphi SK 40 vor § 1, Samson aaO 23, Spendel, Engisch-FS 513, Kausalitätsformel 38, 92). Einmal kann die Frage, ob ein bestimmter Erfolg ohne das als Ursache interessierende Verhalten eingetreten wäre, überhaupt nur beantwortet werden, wenn die gesetzmäßigen Beziehungen zwischen einem Verhalten und einem Erfolg der fraglichen Art bekannt sind. Die conditio-sine-qua-non-Formel nützt daher nichts, wenn die Wirkungsweise der auf ihre Ursächlichkeit hin untersuchten Handlung unbekannt ist (z. B. Ungewißheit um die Ursächlichkeit von „Contergan" für embryonale Mißbildungen; vgl. dazu Armin Kaufmann JZ 71, 574). Zum anderen führt sie in die Irre, wenn hypothetische Reserveursachen bereitstehen, die in gleicher Weise und zum gleichen Zeitpunkt zum selben Erfolg geführt hätten oder wenn der Erfolg von mehreren und unabhängig voneinander wirksamen Bedingungen herbeigeführt worden ist. Hier kann die Ursächlichkeit nicht deshalb verneint werden, weil das Handeln des Täters hinweggedacht werden kann, ohne daß der Erfolg entfiele, denn maßgeblich dafür, ob etwas ursächlich geworden ist, ist nicht, was *geschehen wäre, wenn . . .*, sondern allein das, was *tatsächlich* geschehen ist. Für die nur psychisch vermittelte Kausalität (z. B. Täuschung beim Betrug, vgl. § 263 RN 77) wird dies auch von BGH **13** 15, MDR/D 58, 139, KG JR 64, 350 ausdrücklich anerkannt, wobei der dort angedeutete Unterschied, daß es bei Kausalzusammenhängen der „äußeren Natur" anders sein könne, jedoch nicht anzuerkennen ist (vgl. z. B. Engisch, v. Weber-FS 269, i. E. auch Schlüchter JuS 76, 521). Mit Recht hat daher BGH **2** 24 auch für äußere Kausalverläufe angenommen, daß eine Handlung nicht deshalb aufhöre, eine Bedingung für den Erfolg zu sein, weil derselbe Erfolg auch eingetreten wäre, wenn der Täter nicht gehandelt hätte, dann aber ein anderer an seine Stelle getreten wäre (vgl. auch OGH **1** 50, 330). Mit der conditio-sine-qua-non-Formel ist dies jedoch nicht vereinbar, woran auch der Hinweis, daß es immer auf den Erfolg „in seiner ganz konkreten Gestalt" ankomme (Schlüchter JuS 76, 380ff.), nichts ändert, denn der wirkliche und der hypothetische Kausalverlauf sind in allen Einzelheiten identisch sind. Auch Versuche, diese Schwierigkeit durch eine Modifikation der Bedingungsformel zu lösen, führen hier nicht weiter. So werden sie nicht dadurch behoben, daß man nur die „tatsächlich verwirklichten Umstände" ohne gleichzeitiges „Hinzudenken" der Ersatzursachen berücksichtigt (so Spendel, Kausalitätsformel 38, Engisch-FS 515; vgl. auch OGH **1** 330, Seebald GA 69, 202, Welzel 44), vielmehr wird damit die conditio-sine-qua-non-Formel praktisch überhaupt preisgegeben, weil es hier nicht darum geht, daß Ersatzfaktoren nicht „hinzugedacht" werden dürfen, diese vielmehr zur Gewinnung richtiger Ergebnisse gleichfalls „hinweggedacht" werden müssen (vgl. z. B. Jescheck 254, Arthur Kaufmann Eb. Schmidt-FS 209). Auch würde diese „verbesserte" Bedingungsformel nicht den Fällen der sog. alternativen Kausalität (vgl. u. 82) gerecht werden, in denen mehrere Bedingungen zusammenwirken, von denen jede allein zur Erfolgsverursachung ausgereicht hätte (so auch Welzel 45; vgl. aber auch Lampe, A. Kaufmann-GedS 209, Schlüchter JuS 76, 520). Modifiziert man aber die conditio-sine-qua-non-Formel mit Rücksicht auf diese Fälle dahingehend, daß von mehreren Bedingungen, die zwar alternativ, nicht aber kumulativ hinweggedacht werden können, ohne daß der Erfolg entfiele, jede für den Erfolg ursächlich sei (Tarnowski aaO 47, Spendel, Kausalitätsformel 82, Welzel 45), so ist auch hier das Grundprinzip der conditio-sine-qua-non-Formel nicht mehr gewahrt; abgesehen davon würde sie in dieser Fassung wiederum nicht den Fällen der hypothetischen Kausalität gerecht werden, wo die Ersatzbedingung tatsächlich nicht ursächlich geworden ist. Zum Ganzen vgl. auch Engisch, Kausalität 13 ff., Weltbild, 129 ff., Arthur Kaufmann aaO 209, ferner Lampe aaO 209 ff.

75 Selbst als ein lediglich methodisches Hilfsmittel zur Auffindung von Kausalzusammenhängen ist die conditio-sine-qua-non-Formel daher nur von begrenztem Wert. Noch weniger stellt sie eine selbständige Kausalitätsformel dar. Dem Anspruch, von einem ontologischen Kausalbegriff auszugehen, wird die Bedingungstheorie vielmehr nur in Gestalt der von Engisch (Kausalität 21) entwickelten **Formel von der gesetzmäßigen Bedingung** gerecht, wonach ein Verhalten dann Ursache eines Erfolgs ist, wenn dieser Erfolg mit dem Verhalten durch eine Reihe von Veränderungen gesetzmäßig verbunden ist (ebenso z. B. Jakobs 157, Jescheck 254, LK 51 vor § 13, Kühl JR 83, 33, Rudolphi SK 41 vor § 1; vgl. ferner Arthur Kaufmann, Eb. Schmidt-FS 207 ff., Puppe ZStW 92, 875 [i. S. einer „zureichenden Mindestbedingung"], 99, 599, Samson aaO 31 f., Schulz aaO, Walder SchwZStr. 93, 137 ff.; krit. Koriath aaO 128 ff., Kratzsch aaO 272, GA 89, 66, Lampe, A. Kaufmann-GedS 109 FN 3, W. Schünemann JuS 79, 21; für eine kombinierte Verwendung mit der conditio-sine-qua-non-Formel Frisch aaO 521 ff.). Zu fragen ist demnach nicht, ob der Erfolg auch ohne die Handlung eingetreten wäre, sondern ob die konkrete Handlung im konkreten Erfolg tatsächlich wirksam geworden ist. Auch dies setzt freilich das Bekanntsein des Kausalgesetzes selbst voraus („generelle Kausalität", vgl. dazu Armin Kaufmann JZ 71, 573 ff.), was bei der sog. physischen Kausalität (vgl. BGH **13** 15: „Ursachenzusammenhang in der äußeren Natur") bedeutet, daß das fragliche Naturgesetz wissenschaftlich gesichert, d. h. in den maßgeblichen Fachkreisen allgemein anerkannt sein muß (vgl. Kaufmann aaO, Rudolphi SK 42 vor § 1). Schwierigkeiten ergeben sich hier daher auch bei der sog. psychischen Kausalität (BGH aaO: „Ursachenzusammenhang im Inneren des Menschen", z. B. Anstiftung, psychische Beihilfe usw.), bei der zweifelhaft ist, ob es eine Gesetzmäßigkeit überhaupt gibt (so aber z. B. Engisch, Weber-FS 269) und wo es deshalb naheliegen könnte, von einem non-kausalen Verursachungsmodell auszugehen (vgl. z. B. Bernsmann aaO, Puppe ZStW 95, 297 ff.; vgl. dazu auch Schulz aaO 45 ff. u. näher zum Ganzen Koriath aaO 141 ff.). Im einzelnen hat eine so gefaßte Bedingungstheorie folgende Auswirkungen:

76 a) Da ursächlich alles ist, was irgendwie zu dem konkreten Erfolg beigetragen hat, sind alle Kausalfaktoren **gleichwertig** („Äquivalenz"-Theorie). Es genügt deshalb, daß die Handlung *eine* Ursache des Erfolgs gewesen ist; sie braucht nicht die ausschließliche oder auch nur die Hauptursache gewesen zu sein, weshalb ein Kausalzusammenhang nicht dadurch ausgeschlossen wird, daß eine andere Bedingung für den Erfolg als die überwiegende erscheint (vgl. z. B. RG **69** 47 mwN, **76** 87, BGH **12** 77, NJW **58**, 1981, Celle VRS **33** 115). Ursächlich ist eine Handlung daher z. B. auch, wenn sie erst zusammen mit einem mitwirkenden Verschulden des Opfers (RG **6** 250, **22** 175, BGH **7** 114, GA **60**, 112) oder wegen dessen abnormer körperlicher oder geistiger Beschaffenheit zum Erfolg geführt hat (RG **5** 31, **54** 349, BGH **14** 52, GA **60**, 112), wie überhaupt die Atypizität des Kausalverlaufs auf Grund hinzutretender Zufälligkeiten den Kausalzusammenhang nicht ausschließt (vgl. schon RG **1** 373). Gleichgültig ist auch, wie weit eine Handlung als Kausalfaktor zurückliegt. Wenn bei *Verkehrsdelikten* nach BGH **24** 34, **33** 61, VRS **20** 131, **23** 370, **24** 126, **25** 262, Stuttgart NJW **59**, 351 die Prüfung der Ursächlichkeit eines verkehrswidrigen Verhaltens erst mit dem Eintritt der konkreten kritischen Verkehrslage einsetzen soll, so folgt dies nicht aus der Bedingungstheorie (vgl. daher auch Karlsruhe NJW **58**, 430), sondern daraus, daß bei vorher begangenen Verkehrsverstößen (z. B. Geschwindigkeitsüberschreitung) eine Erfolgszurechnung meist unter Normzweckschutzgesichtspunkten (vgl. u. 95 f.) ausscheidet (vgl. mit dieser Klarstellung jetzt auch BGH **33** 61 m. Anm. Ebert JR 85, 356, Puppe JZ 85, 295 u. Streng NJW 85, 2809: Ausscheiden solcher Umstände, die „im naturwissenschaftlichen Sinn zwar auch Bedingungen für den Erfolg sind, die aber für die strafrechtliche Haftung keine Rolle spielen").

77 b) Ein Handeln ist auch ursächlich, wenn es erst durch ein daran **anknüpfendes Verhalten eines Dritten** oder des Opfers selbst zum Erfolg führt. Durch ein solches wird der Kausalzusammenhang daher nicht nur nicht **„unterbrochen"**, sondern gerade erst vermittelt (z. B. Stuttgart JR **82**, 419 m. Anm. Ebert: durch den Zustand des Unfallopfers bedingtes tödliches Sichverschlucken; zur „mehrstufigen Kausalität" bei einem arbeitsteiligen Produktionsablauf vgl. Goll aaO 617 f.). Dies gilt auch, wenn der Dritte (bzw. das Opfer) seinerseits fahrlässig oder vorsätzlich gehandelt hat (h. M., z. B. RG **69** 47 mwN, BGH **4** 360, VRS **6** 39, GA **60**, 112, MDR/D **56**, 526, **67**, 368, NStZ **83**, 72, OGH **3** 2, Braunschweig SJZ **49**, 130 m. Anm. Spendel, Stuttgart JZ **80**, 618, D-Tröndle 18 a vor § 13, Jescheck LK 53 vor § 13, Rudolphi SK 48 f. vor § 1 u. näher Wehrle aaO 21 ff.; and. ohne nähere Begründung BGH NJW **66**, 823 m. Anm. Hertel S. 2418 u. Kion JuS 67, 499, obwohl der BGH dort von der Möglichkeit ausging, daß der Erfolgseintritt durch das Dazwischentreten des Dritten beschleunigt wurde). Die von Frank

§ 1 Anm. III 2 a entwickelte *Lehre vom „Regreßverbot"*, wonach Bedingungen nicht als Ursachen anzusehen sind, wenn sie lediglich „Vorbedingungen einer Bedingung sind, die frei und bewußt (vorsätzlich und schuldhaft) auf Herbeiführung des Erfolgs gerichtet war", ist daher mit der Äquivalenztheorie nicht vereinbar (h. M., vgl. insbes. RG **61** 318, **64** 318, 372, Roxin, Tröndle-FS 177, Wehrle aaO 33 ff., aber auch Joerden, Strukturen usw. 35; zu den Hintergründen der Regreßverbotslehre vgl. Bindokat JZ **86**, 421). Eine andere Frage ist es, ob die Erfolgszurechnung hier aus anderen Gründen ausgeschlossen ist (vgl. dazu u. 101 c, § 15 RN 148 ff.).

Davon zu unterscheiden ist das **Abbrechen der Kausalität:** Ein Kausalzusammenhang fehlt, wenn **78** die Handlung nicht bis zum Erfolgseintritt fortwirkt, weil ein späteres Ereignis unabhängig davon eine neue Ursachenreihe eröffnet, die im Weg einer „überholenden Kausalität" (vgl. u. 80) allein den Erfolg herbeiführt (z. B. RG **64** 373, BGH **4** 362, GA **60**, 112, OGH **3** 99, Braunschweig SJZ **49**, 130 m. Anm. Spendel, Stuttgart JZ **80**, 619, Jescheck LK 54 vor § 13, Joerden JurBl. **87**, 434, Rudolphi SK 50 vor § 1 mwN). Daher liegt z. B. mangels Ursächlichkeit des Irrtums kein vollendeter Prozeßbetrug vor, wenn der Richter nicht auf Grund seiner durch eine falsche Aussage hervorgerufenen Fehlvorstellung, sondern unabhängig davon aus anderen Erwägungen zu der fraglichen Entscheidung kommt (RG **69** 47). Ebenso ist eine Körperverletzung usw. zu verneinen, wenn der Erfolg unabhängig von der Täterhandlung ausschließlich auf das Opfer selbst zurückzuführen ist (vgl. RG **77** 18, Stuttgart JR **82**, 419 m. Anm. Ebert).

c) Maßgebend ist für die Kausalitätsbetrachtung nach der üblichen Ausdrucksweise der Er- **79** folg in seiner **konkreten Gestalt** (vgl. o. 73, ferner Baumann/Weber 217 f., M-Zipf I 249, Rudolphi SK 44 vor § 1, Schlüchter JuS 76, 380, Wessels I 49; krit. dazu Puppe ZStW **92**, 873 f. u. 99, 596 ff.). In der Sache geht es dabei nur um den nach dem jeweiligen Tatbestand zu bestimmenden Erfolg i. S. einer für das Rechtsgut nachteiligen Veränderung des Ist-Zustands (vgl. Puppe ZStW **92**, 880; z. B. der Tod als Lebensverkürzung bei den Tötungsdelikten, vgl. Frisch aaO 552 FN 154 mwN). Dazu kann auch die Intensivierung eines Erfolgs gehören, sofern sie im Hinblick auf die Rechtsgutsverletzung noch ins Gewicht fällt (vgl. OGH JR **50**, 404, § 306 RN 13: Inbrandsetzen eines bereits brennenden Gebäudes; bedeutungslos wäre dagegen z. B. – vgl. Jakobs 158 –, ob eine Vase in 100 oder 101 Stücke zerspringt). Die Änderung bloßer Begleitumstände, die in nachteiligem Zustand selbst keinen Niederschlag findet, ist auch für die konkrete Erfolgsgestalt ohne Bedeutung (z. B. ob das vergiftete Opfer am Ort A oder B stirbt; vgl. aber auch Ebert JR **82**, 422; näher zu den hier auftretenden Abgrenzungsfragen Jakobs 158 f., Lackner-FS 54 ff.).

d) Abzustellen ist bei der Kausalitätsfrage stets darauf, ob zwischen dem konkreten Erfolg **80** und dem **wirklichen Geschehen** eine ursächliche Verbindung besteht (z. B. OGH **1** 232, BGH **2** 20, **10** 370, **13** 14). **Hypothetische Kausalverläufe** haben hier außer Betracht zu bleiben. Von Bedeutung ist dies zunächst, wenn der tatsächliche Kausalverlauf einen anderen (bereits vorher angelegten oder nachträglich hinzugekommenen) Geschehensablauf „überholt", der den Erfolg ebenfalls, aber *zeitlich später* herbeigeführt hätte (sog. *überholende Kausalität*, z. B. Joerden JurBl. **87**, 434, Lackner III 1 d aa vor § 13, Seebald GA **49**, 198). Ursächlich ist daher eine Handlung, die den Erfolgseintritt, wenn auch nur geringfügig, beschleunigt (z. B. Tötung eines ohnehin schon Todkranken; vgl. z. B. RG **19** 145, **50** 43, **70** 258, BGH **21** 61, VRS **25** 42, NStZ **81**, 218, **85**, 26, StV **86**, 59, Rudolphi SK 46 vor § 1). Darüber hinaus bleibt eine Handlung, die für den Erfolg tatsächlich wirksam geworden ist, für diesen aber auch dann ursächlich, wenn derselbe Erfolg *zum selben Zeitpunkt* aufgrund einer – tatsächlich nicht wirksam gewordenen – Reserveursache eingetreten wäre (vgl. z. B. BGH **30** 228, Jescheck 253, Rudolphi SK 45 vor § 1 mwN; zur Ausscheidung von Ersatzursachen vgl. auch Puppe ZStW **92**, 888; zur Unzulänglichkeit der conditio-sine-qua-non-Formel vgl. o. 75). Eine andere Frage ist es, ob in solchen Fällen eine Erfolgszurechnung aus anderen Gründen zu verneinen ist (vgl. dazu u. 97).

Auch bei **Fahrlässigkeitsdelikten** ist allein der tatsächliche Kausalverlauf maßgebend. Dem- **81** gegenüber wird hier in der Rspr. vielfach schon die Ursächlichkeit des pflichtwidrigen Verhaltens verneint, wenn derselbe Erfolg auch bei pflichtgemäßem Verhalten eingetreten wäre oder dies nicht auszuschließen ist (z. B. BGH **11** 3 f., **24** 34, **33** 63, VRS **74** 359, JR **89**, 382, ferner die Nachw. in § 15 RN 162). Doch ist dies keine Frage der Kausalität, sondern betrifft die weiteren (normativen) Voraussetzungen der Erfolgszurechnung (vgl. u. 99; offengelassen in BGH **30** 230). Daß der Ursachenbegriff von der Rspr. hier nicht mehr i. S. der Bedingungstheorie, sondern normativ verstanden wird, wird deshalb auch in BGH **11** 7, **33** 64 f. („rechtlicher Ursachenzusammenhang") ausdrücklich eingeräumt.

e) Ein Ursachenzusammenhang besteht auch bei der sog. **alternativen Kausalität** („Doppel- **82** kausalität", „alternative Konkurrenz", z. T. fälschlich auch als „kumulative Kausalität" [vgl. u. 83] bezeichnet; zur Terminologie vgl. näher Joerden JurBl. **87**, 432). Eine solche liegt vor, wenn mehrere, unabhängig voneinander gesetzte Bedingungen zusammenwirken, die zwar auch für sich allein zur Erfolgsherbeiführung ausgereicht hätten, die tatsächlich aber alle in dem eingetretenen Erfolg wirksam geworden sind: Daher z. B. jeweils vollendete Tötung, wenn A und B unabhängig voneinander dem C je eine zur selben Zeit wirkende tödliche Dosis Gift in das Essen mischen (vgl. z. B. Baumann/Weber 226, D-Tröndle 18 vor § 13, Lackner III 1c aa vor § 13, Puppe ZStW 92, 876 ff., Rudolphi SK 51 vor § 1 u. entsprechend für Fahrlässigkeitsdelikte Bay NJW **60**, 1964; zu den theoretischen Grundlagen vgl. näher Joerden aaO 141 ff.). Anders als nach der conditio-sine-qua-non-Formel (vgl. o. 73) ergeben sich nach der Formel von der gesetzmäßigen Bedingung (vgl. o. 75) in solchen Fällen keine Schwierigkeiten, wenn beide Bedingungen nach menschlichem Erfahrungswissen den Erfolg mitbewirkt haben (vgl. näher Arthur Kaufmann, Eb. Schmidt-FS 210). Voraussetzung dafür ist in dem genannten Beispiel allerdings, daß festgestellt werden kann, daß die Wirkung des Gifts im selben Zeitpunkt eingetreten ist (vgl. Joerden JurBl. 87, 434). Eine teils vollendete, teils nur versuchte Tötung liegt dagegen vor, wenn feststeht, daß das eine Gift früher als das andere gewirkt hat (überholende bzw. abgebrochene Kausalität, vgl. o. 78, 80); kann dies nicht ausgeschlossen werden, so kommt – in dubio pro reo – bei beiden Beteiligten nur Versuch in Betracht (vgl. auch BGH NJW **66**, 1823 m. Anm. Hertel S. 2418 u. Kion JuS 67, 499, wo der Sachverhalt jedoch anders lag; vgl. ferner RG **19** 145, wo dieser Gesichtspunkt unberücksichtigt geblieben ist). Entsprechendes gilt, wenn bei mehreren Handlungen desselben Täters, die je für sich zur Herbeiführung des Todeserfolgs genügen und von denen die erste nur mit dem Vorsatz des § 223, die andere mit Tötungsvorsatz vorgenommen wurde, nicht festgestellt werden kann, welche von beiden tatsächlich den Tod bewirkt hat: Strafbarkeit hier nur wegen versuchter Tötung und vollendeter Köperverletzung (vgl. Joerden JurBl. 87, 432 zu OGH ÖStOGH JurBl. 87, 191). Ob auch in dem von Joerden aaO 152 gebildeten „Schrottplatz-Fall" – Tötung eines Menschen dadurch, daß A und B unabhängig voneinander zur selben Zeit von verschiedenen Stellen aus den elektrischen Strom abschalten – nur Versuch vorliegt (aaO 162), ist dagegen zweifelhaft (problematisch vor allem, wenn A und B voneinander wußten, ohne deshalb schon Mittäter zu sein); einzuräumen ist jedoch, daß hier auch die Formel von der gesetzmäßigen Bedingung vor gewissen Schwierigkeiten steht.

83   f) Kausalität besteht auch, wenn mehrere, *unabhängig voneinander vorgenommene* Handlungen den Erfolg erst durch ihr Zusammentreffen herbeiführen (sog. **kumulative Kausalität**; vgl. Jescheck 253 u. näher Nagler LK[8], Einl., Anh. 2 S. 30 f.; vgl. auch BGH NJW **89**, 2479 u. dazu Küper JuS 90, 185). Geht es dabei um die Handlungen *mehrerer Beteiligter,* so stellt sich die Frage, ob der Erfolg jedem einzelnen, obwohl er für ihn ursächlich geworden ist, auch zugerechnet werden kann (vgl. auch Rudolphi SK 51a vor § 1). Entscheidend ist dabei, ob bzw. inwieweit eigenes Verhalten wegen der Möglichkeit eines durch das Hinzukommen von Handlungen Dritter bedingten Kumulationseffekts eine verbotene Gefahrschaffung bedeutet (vgl. u. 93). Zu verneinen ist dies wegen der völligen Inadäquanz eines solchen Geschehensablaufs z. B., wenn A und B, ohne voneinander zu wissen, dem Opfer mit Tötungsvorsatz jeweils eine für sich nicht ausreichende Menge Gift beibringen, das nur im Zusammenwirken tödlich ist (bloßer Versuch). Aber auch bei objektiver Vorhersehbarkeit oder sogar tatsächlicher Voraussicht der den eigenen Beitrag bis zum Eintritt des Erfolgs komplettierenden Handlungen Dritter ist dieser keinem der Mitverursacher zurechenbar, solange er das Maß an unverbotenem Risiko (vgl. u. 93) nicht überschreitet, das ihm auch im Hinblick auf die kumulierende Wirkung von entsprechendem Verhalten anderer zugestanden wird: Daher z. B. keine Gewässerverunreinigung (§ 324) bei einer nur minimalen Beeinträchtigung, auch wenn der Betreffende weiß, daß andere dasselbe tun und so schließlich die Grenze einer nachteiligen Veränderung des Wassers überschritten wird (wobei zu beachten ist, daß bei quantifizierbaren Erfolgen der einzelne unmittelbar zwar nur für sein Teilquantum kausal wird, daß er aber, wenn die Quantität in eine andere Qualität umschlägt, mittelbar auch diese mitverursacht; näher zu den Kausalitäts- und Zurechnungsproblemen bei den erfolgsbezogenen Tatbeständen des Umweltstrafrechts vgl. Samson ZStW 99, 617 ff.). Dasselbe gilt für Beeinträchtigungen des körperlichen Wohlbefindens durch das Zusammenwirken von Emissionen, die jeweils einzeln die Toleranzschwelle noch nicht überschreiten: keine Körperverletzung, auch wenn für die Betreiber solche Folgen durchaus vorhersehbar sind. – Entsprechende Fragen stellen sich, wenn der Erfolg erst durch mehrere, voneinander unabhängige Einzelhandlungen eines *Alleintäters* verursacht wird (z. B. mehrere für sich allein noch ungefährliche Montagefehler eines Monteurs bewirken erst durch ihr Zusammentreffen den schädlichen Erfolg; vgl. auch BGH NJW **89**, 2479 u. dazu Küper JuS 90, 184, wo die Probleme z. T. allerdings anders lagen [vgl. auch u. 102]). Auch hier kann nicht die Kausalität, sondern nur die Zurechenbarkeit des Erfolgs zweifelhaft sein, wobei i. U. in den eben genannten Fällen jedoch zu berücksichtigen ist, daß dort, wo die fraglichen Einzelhandlungen ein einheitliches Geschehen darstellen, der Täter dieses insgesamt zu verantworten und dafür zu sorgen hat, daß es die Grenze einer verbotenen Gefahrschaffung nicht überschreitet.

84   2. Es war immer unbestritten, daß der weitgefaßte Ursachenbegriff der Äquivalenztheorie, der auch völlig unvorhersehbare Kausalabläufe mitumfaßt und praktisch einen „regressus ad infinitum" (z. B. Zeugung des Mörders) zuläßt, eines **haftungsbeschränkenden Korrektivs** bedarf, wenn es um die Frage geht, ob dem Täter ein von ihm verursachter Erfolg als seine Tat zugerechnet werden kann. Umstritten ist dagegen auch heute noch, wie und an welcher Stelle im Deliktssystem eine solche Korrektur zu erfolgen hat. Nach **herkömmlicher Auffassung** geht es dabei insbes. um folgende Möglichkeiten:

a) Nach der heute insbes. noch von der Rspr., früher überwiegend aber auch im Schrifttum **85** vertretenen Auffassung ergeben sich die erforderlichen Beschränkungen grundsätzlich erst bei **Vorsatz und Fahrlässigkeit** (vgl. z. B. BGH **4** 182, **7** 329, **12** 78, GA **55**, 125, Bay **82** 1, Köln GA **57**, 22, Stuttgart NJW **59**, 2320, JZ **80**, 618, JR **82**, 419 m. Anm. Ebert, ferner z. B. Baumann/Weber 222, Heimann-Trosien LK⁹ Einl. RN 94, Schlüchter JuS 76, 314, 519). Dieser Weg mag zwar in den meisten Fällen der täglichen Praxis zu befriedigenden Ergebnissen führen, sie zugleich erklärt, warum die Bedingungstheorie trotz der gegen sie erhobenen Einwände die im Strafrecht führende Kausalitätstheorie geblieben ist. Dogmatisch aber würde er zunächst voraussetzen, daß Vorsatz und Fahrlässigkeit entgegen der überkommenen Lehre nicht lediglich als Schuldmerkmale angesehen werden (vgl. o. 52ff.) – das bloße Setzen jeder auch noch so entfernten Erfolgsbedingung wäre sonst bereits strafrechtliches Unrecht –, und auch dann bleibt der prinzipielle Einwand, daß es sich z. B. dort, wo der Täter nur über einen ganz irregulären Kausalverlauf zu dem gewünschten Erfolg kommt (vgl. u. 93), nicht erst um eine Frage der subjektiven Zurechnung (Vorsatz) handeln kann. Hinzu kommt, daß bei einem Teil der Fälle auch Vorsatz und Fahrlässigkeit als Korrektiv versagen (vgl. u. 94ff.; zum Ganzen vgl. auch D-Tröndle 18 vor § 13, Jescheck LK 56 vor § 13, Rudolphi SK 53 vor § 1).

Nur bei **Fahrlässigkeitsdelikten** hat die **Rspr.** Korrekturen auch an anderer Stelle vorgenommen, **86** und zwar zunächst bei der Kausalität selbst: Verneinung des Kausalzusammenhangs zwischen der pflichtwidrigen Handlung und dem Erfolg, wenn dieser auch bei pflichtgemäßem Verhalten eingetreten wäre (vgl. o. 81); bei Verkehrsdelikten Beschränkung der Kausalitätsprüfung auf das Geschehen seit Eintreten der konkreten kritischen Verkehrslage (vgl. o. 76). In beiden Fällen läßt sich eine Haftungsbegrenzung jedoch nicht mit Kausalitätserwägungen, sondern erst mit Hilfe weiterer Zurechnungsgesichtspunkte begründen (vgl. o. 76, 81, u. 95f., 99). Erst die neuere Rspr. ist hier, wenngleich bisher nur vereinzelt, den methodisch richtigen Weg gegangen, indem sie die Zurechenbarkeit eines Erfolgs neben dem Erfordernis eines ursächlichen Zusammenhangs noch von weiteren (normativen) Voraussetzungen abhängig macht. Z. T. geschieht dies mit Hilfe eines normativ verstandenen Kausalitätsbegriffs (so schon in BGH **11** 7, wonach es für das rechtliche „wertende Betrachtungsweise" wesentlich sei, „ob die Bedingung nach rechtlichen Bewertungsmaßstäben für den Erfolg bedeutsam war"; vgl. ferner z. B. BGH **33** 64f., JR **89**, 382; „rechtlicher Ursachenzusammenhang"; vgl. dazu auch o. 81 u. 99). Daneben werden gelegentlich weitere Kriterien für eine Haftungsbegrenzung verwandt, so der Gesichtspunkt des Schutzzwecks der Norm (z. B. BGH **33** 61, Bay VRS **71** 68, Hamm VRS **60** 38, **61** 353, Stuttgart JZ **80**, 618; vgl. u. 95f.), der Gedanke der Eigenverantwortlichkeit bei der Beteiligung an einer Selbstgefährdung (z. B. BGH **32** 262, NStZ **85**, 25; vgl. u. 101) und das Erfordernis einer tatbestandsspezifischen, sich im tödlichen Erfolg unmittelbar niederschlagenden Gefahr bei § 226 (vgl. die Nachw. dort RN 3f.).

b) Demgegenüber versucht die im Zivilrecht herrschende, aber auch in Teilen des strafrecht- **87** lichen Schrifttums vertretene **Adäquanztheorie** die gebotene Haftungsbegrenzung schon im Bereich der Kausalität zu erreichen (begründet von v. Kries, Prinzipien der Wahrscheinlichkeitsrechnung [1886] 75ff., ZStW 9, 528; für das Strafrecht vgl. z. B. B-Volk I 64f., Engisch, Kausalität 41ff., Frank § 1 III 1d, Maihofer ZStW 70, 182ff., Maurach GA 60, 97, Walder SchwZStr. 93, 144ff.; bei Fahrlässigkeitsdelikten auch Welzel 46). Die Adäquanztheorie knüpft zwar an die Bedingungstheorie (vgl. o. 73) an, indem sie ihre Ergebnisse voraussetzt, schränkt diese dann aber insofern ein, als nach ihr ein Handeln zur „Ursache" im Rechtssinne nur dann wird, wenn es i. S. eines Wahrscheinlichkeitsurteils „die objektive Möglichkeit eines Erfolgs von der Art des eingetretenen generell in nicht unerheblicher Weise erhöht hat" (so BGHZ **3** 261 im Anschluß an Traeger aaO 159; für eine negative Fassung der Adäquanzformel dagegen Engisch aaO 46: es dürfe nicht schlechthin unwahrscheinlich sein, daß die Handlung den Erfolg nach sich zieht). Die damit entscheidende Frage, wie dieses Wahrscheinlichkeitsurteil zu bilden ist, ist jedoch auch heute noch nicht abschließend geklärt (vgl. Wolter GA 77, 259ff.). Meist findet sich dazu die Formel von der sog. „objektiv-nachträglichen Prognose": Maßgebend ist danach das gesamte Erfahrungswissen der Zeit, wobei dem Adäquanzurteil sowohl die einem einsichtigen – nach BGHZ **3** 261: „optimalen" – Betrachter im Zeitpunkt der Handlung erkennbaren als auch die dem Täter nach seinem etwaigen Sonderwissen bekannten Umstände zugrunde zu legen sind (vgl. auch die Formulierung des Adäquanzprinzips i. S. einer objektiven Erkennbarkeit und deren Konkretisierung bei Wolter GA 77, 257).

Gegen die Adäquanztheorie spricht nicht schon, daß sie eine Haftungsbegrenzung durch eine **88** Verengung des Ursachenbegriffs zu erreichen sucht (vgl. aber Ebert Jura 79, 566, Wessels I 50), da der normative Charakter der Zurechnung auch die Bildung eines eigenen, diesem besonderen Zweck angepaßten Kausalbegriffs rechtfertigen könnte. Da die Adäquanztheorie nur mit Wahrscheinlichkeitsurteilen arbeitet, ist es ferner kein prinzipieller Einwand gegen sie, daß sie auf die allgemeine

Lebenserfahrung zurückgreife, gerade diese aber auch das Vorkommen atypischer Kausalverläufe lehre (vgl. jedoch Rudolphi SK 55 vor § 1, JuS 69, 551, Wolter GA 77, 260 mwN; daß z. B. neue Autoreifen bei hoher Geschwindigkeit platzen, ist wenig wahrscheinlich, auch wenn jedermann weiß, daß dies bei verborgenen Materialfehlern „zufällig" einmal so sein kann). Nicht einzusehen ist schließlich, daß es eine Adäquanz eines bestimmten Verlaufs zu einer Folge überhaupt nicht geben soll (so Jakobs 165; Gegenbeispiel: tödlicher Messerstich ins Herz). Richtig ist nur, daß das Adäquanzprinzip wegen der Ungenauigkeit seiner Hilfsmittel vielfach keine eindeutigen Aussagen ermöglicht. Doch sind diese Schwierigkeiten, denen auch die anderen Zurechnungslehren nicht entgehen (vgl. Stratenwerth 86); sie treten dort nur an anderer Stelle auf, so nach der überkommenen Auffassung (vgl. o. 85) beim Vorsatz und der Frage einer „wesentlichen" Abweichung des Kausalverlaufs (vgl. § 15 RN 55), wobei die Adäquanztheorie hier mit Recht geltend macht, daß es wenig sinnvoll sei, inadäquate Kausalabläufe zwar als möglichen Gegenstand des Vorsatzes auszuscheiden, sie aber weiterhin als eine rechtlich relevante Art der objektiven Tatbestandsverwirklichung anzusehen (vgl. B-Volk I 65). Entscheidend ist deshalb ein anderer Einwand: Den Anforderungen an ein Instrument zur Begrenzung der objektiven Erfolgszurechnung genügt die Adäquanztheorie nicht, weil eine rechtliche „Zuschreibung" eines Erfolgs letztlich nur auf den Sinn rechtlicher Normen gegründet werden kann, dieser normative Bezugspunkt dem Adäquanzprinzip aber noch fehlt (vgl. Rudolphi SK 55 vor § 1, Wolter GA 77, 261, ferner z. B. Jakobs 166, M-Zipf I 248). Die Adäquanz kann daher nur Teil eines umfassenden, an die Eigenart strafrechtlicher Verhaltensnormen anknüpfenden Zurechnungsprinzips sein (and. insoweit Wolter GA 77, 263 f.).

89 c) Ohne Bedeutung für das Strafrecht (and. z. B. im Sozialrecht) sind heute die sog. **individualisierenden Kausalitätstheorien.** Ebenso wie die Adäquanztheorie setzen auch sie bereits beim Begriff der Ursache an, indem sie nur bestimmte Bedingungen für den Erfolg als Ursache im Rechtssinn anerkennen. Im Unterschied zur Adäquanztheorie stellen sie jedoch nicht auf die typische Verknüpfung von Handlung und Erfolg und damit auf ein generalisierendes Wahrscheinlichkeitsurteil ab, sondern versuchen in einer individualisierenden Betrachtung des Geschehens die „causa efficiens" im Einzelfall zu ermitteln (vgl. näher m. Nachw. M-Zipf I 241 f.).

90 d) Methodisch anders, aber im Ergebnis weitgehend ähnlich wie die Adäquanztheorie verfährt die **Relevanztheorie** (insbes. Mezger 122 f., Blei I 104 ff.; vgl. auch Wessels I 52). Sie unterscheidet – insofern dogmatisch überzeugender als die Adäquanztheorie – streng zwischen Kausalität und Haftung, indem sie, was die Ursächlichkeit einer Handlung betrifft, die Bedingungstheorie übernimmt, dann aber bezüglich der Erfolgszurechnung auf die strafrechtliche Relevanz des Kausalgeschehens abstellt, indem sie die Haftungsfrage nach dem Sinn des jeweiligen Tatbestandes beantwortet. Die Relevanztheorie führt insoweit über die Adäquanztheorie hinaus, als sie eine Lösung auch bei Fallgruppen ermöglicht, in denen die Adäquanztheorie versagt, so z. B. in den Fällen der Risikoverringerung (vgl. u. 94) oder bei Eintritt eines Erfolgs, der außerhalb des Schutzbereichs der Norm liegt (vgl. u. 95 f.). Ebenso wie die Adäquanztheorie wird auch die Relevanztheorie vielfach wegen ihrer Unbestimmtheit abgelehnt, obwohl damit auch hier die Probleme nur verschoben werden. In der Sache besteht zwischen der – freilich noch zu undifferenzierten – Relevanztheorie (Blei aaO: „formales Prinzip") und den neueren Bemühungen, neben die Kausalität besondere Kriterien der objektiven Zurechnung zu stellen (vgl. u. 91 ff.), kein Gegensatz.

91 3. **Die neuere Lehre von der objektiven Zurechnung,** die in der Rspr. bisher nur vereinzelt und in Teilaspekten ihren Niederschlag gefunden hat (vgl. o. 86), ist noch in der Entwicklung begriffen. Ihr (vorläufiges) Ergebnis sind daher zahlreiche, z. T. divergierende, wenn auch meist miteinander eng verwandte Lösungsvorschläge. Insgesamt ist die neue Lehre jedoch gekennzeichnet durch die Hinwendung zu normativen Gesichtspunkten, die das Kausalprinzip zwar nicht ersetzen können, dieses aber ergänzen (vgl. o. 71).

91a Aus dem umfangreichen *Schrifttum* vgl. zuletzt die umfassende Darstellung von Frisch aaO, ferner z. B. D-Tröndle 17 ff. vor § 13, Ebert Jura 79, 561, Jakobs 166 ff., ZStW 89, 1, Lackner-FS 53, A. Kaufmann-GedS 271, Jescheck 257 ff., LK 59 ff. vor § 13, Honig aaO, Kahrs aaO, Kratzsch, Verhaltenssteuerung usw. 358 ff., 390, Krümpelmann aaO, Küper aaO, Lackner III 1 c dd vor § 13, Maiwald, JuS 84, 439, M-Zipf I 246 ff., Otto 65 ff., Maurach-FS 91, NJW 80, 417, Puppe ZStW 95, 287 u. 99, 595, Roxin, Honig-FS 133, Gallas-FS 241, A. Kaufmann-GedS 237, Rudolphi SK 57 ff. vor § 13, JuS 69, 551, Samson aaO, Schmidhäuser 219 ff., Schünemann JA 75, 721, NStZ 82, 60, GA 85, 353, Stratenwerth 87 f., Stree JuS 85, 181, Triffterer aaO, Wessels I 53 ff., Wolter GA 77, 257 sowie aaO u. in: Schünemann 103 ff., wo eine umfassende Zurechnungslehre entwickelt wird; für Österreich vgl. z. B. Burgstaller, Jescheck-FS 357 u. die Nachw. b. Kienapfel JZ 84, 752; ablehnend z. B. Baumann/Weber 231 f., Hirsch, Köln-FS 403 ff., Schlüchter JuS 76, 314, Struensee JZ 87, GA 87, 97 und beim Vorsatzdelikt Armin Kaufmann, Jescheck-FS 251; zum Ganzen – mit allerdings z. T. anderen Ansätzen – vgl. auch Bustos Ramirez aaO.

92 Auszugehen ist davon, daß die Kausalität in dem o. 73 ff. genannten Sinn zwar eine notwendige, aber noch keine zureichende Bedingung für die objektive Zurechnung ist, weil die den strafrechtlichen Tatbeständen zugrunde liegenden Verhaltensnormen angesichts der oft unübersehbaren Zusammenhänge menschlichen Handelns keine reinen Verursachungsverbote sein können (vgl. z. B. Rudolphi SK 57 vor § 1, Stratenwerth 85). Auch das zum Kausalurteil hinzutretende, auf die *rechtliche* Bedeutung eines Kausalzusammenhangs abstellende Zurechnungsurteil kann deshalb nur aus Sinn und Zweck strafrechtlicher Normen gewonnen werden (vgl. schon Honig aaO 179). Nur von begrenztem Wert ist hier allerdings die Formel von der „Bezweckbarkeit des Erfolgs" (vgl. Honig aaO 188) bzw. von der „Beherrschbarkeit" oder „Steuerbarkeit des Geschehens" (vgl. z. B. Ebert Jura 79, 569, Eser I 75 u. näher Otto, Maurach-FS 91 ff.). Die Aussage, daß strafrechliche Normen sinnvollerweise nur ein Verhalten verbieten können, bei dem der Eintritt oder das Ausbleiben des Unrechtserfolgs beherrschbar (steuerbar) ist, ist noch zu ungenau und undifferenziert (vgl. auch die Kritik von Roxin, Tröndle-FS 181 f.). Bedeutet „Steuerbarkeit" nicht mehr als die objektive Vermeidbarkeit, so führt dies über die objektive Voraussehbarkeit und das Adäquanzprinzip nicht hinaus, weil alles, was objektiv voraussehbar ist, auch vermeidbar ist. Zurechnungsvoraussetzung kann andererseits aber auch nicht die Steuerbarkeit eines Kausalablaufs bis hin zum Erfolgseintritt sein (vgl. aber auch Ebert aaO, Otto aaO), weil diese dort endet, wo das Geschehen den Herrschaftsbereich des Täters verläßt, sich also „verselbständigt" und so zu einer von ihm nicht mehr beherrschbaren Gefahr wird, ein Stadium, das jede Erfolgsherbeiführung – und sei es auch nur für Augenblicke – notwendigerweise einmal durchläuft. Auch Gegenstand strafrechtlicher Verhaltensnormen ist daher nicht erst die Erfolgsherbeiführung, sondern, weil nur dies wirklich beherrschbar ist, schon das Schaffen einer entsprechenden Erfolgsgefahr, d. h. eines Zustands, bei dem objektiv voraussehbar ist, daß er selbständig in den Verletzungs- oder konkreten Gefahrerfolg (z. B. § 315c) umschlagen kann (vgl. dazu z. B. auch Rudolphi SK 57 vor § 1 und näher Wolter aaO 35, 68 ff. u. pass., der hier zwischen „primärem" und „sekundärem Erfolgsunwert" unterscheidet). Daran, nämlich an die Gefahrschaffung und die Realisierung dieser Gefahr, hat daher auch die objektive Erfolgszurechnung anzuknüpfen, wobei für diese jedoch noch der weitere, über das Adäquanz- und Steuerbarkeitsprinzip hinausführende Gesichtspunkt von Bedeutung ist, daß das Recht nicht jedes Verhalten verbietet, das mit einer bereits meßbaren Gefahr verbunden ist, sondern nur das Schaffen einer die Grenzen sozialadäquater („erlaubter") Risiken übersteigenden Gefahr. Dies führt zunächst zu der **Zurechnungsregel**, daß bei Erfolgsdelikten – Entsprechendes gilt für Erfolgsqualifikationen (vgl. Rengier aaO 156 u. pass.) – ein tatbestandsmäßiger Erfolg nur dann zurechenbar ist, wenn der Täter durch seine dafür ursächliche Handlung entgegen der dem Schutz des betreffenden Rechtsguts dienenden Verhaltensnorm und damit verbotswidrig die Gefahr des Erfolgseintritts geschaffen bzw. eine solche erhöht hat und gerade diese rechtlich verbotene Gefahr sich in dem konkreten Erfolg verwirklicht (vgl. z. B. Jescheck 257, LK 59 vor § 13, M-Zipf I 248, Meier GA 89, 215, Roxin, Honig-FS 135 ff., A. Kaufmann-GedS 239, Silva-Sanchez ZStW 101, 372, Rudolphi SK 57 vor § 1 mwN, ferner BayVRS **71** 68, NZV **89**, 359 m. Anm. Deutscher u. zumindest Anklänge jetzt auch in BGH JR **89**, 382 m. Bespr. Krümpelmann S. 353; terminologisch ungenau ist es, wenn in diesem Zusammenhang vielfach auch von einer „rechtlich mißbilligten" Gefahr bzw. Gefahrschaffung gesprochen wird – auch durch Notwehr usw. herbeigeführte Erfolge sind „zurechenbar", weil es sich hier um eine Tatbestands- und nicht um eine Rechtswidrigkeitsfrage handelt). Nur unter diesen Voraussetzungen kann eine den Erfolg verursachende Handlung tatbestandsmäßig z. B. eine Tötungshandlung sein. Hier mag es dann zwar größerer systematischer Transparenz dienen, wenn die Frage der Erfolgszurechnung auf den eigentlichen „Realisierungszusammenhang" beschränkt und diesem die „mißbilligte Gefahrschaffung als Kernstück des tatbestandsmäßigen Verhaltens" gegenübergestellt wird (so Frisch aaO 23 ff. u. pass.), in der Sache begründet dies aber keinen Unterschied, zumal sich die Frage einer im Hinblick auf den konkreten Erfolg verbotenen Gefahrschaffung „fallbezogen nur diskutieren läßt, wenn man die fallentscheidenden Kausalzusammenhänge kennt" (so auch Frisch aaO 64). Auch ist mit einer so gefaßten Zurechnungsformel zunächst nur eine Grundregel gewonnen, die zwar die Mindestvoraussetzungen einer objektiven Erfolgszurechnung enthält und die sowohl für Fahrlässigkeits- als auch für Vorsatztaten gilt (and. Hirsch, Köln-FS 403 ff., bei Vorsatzdelikten auch Armin Kaufmann, Jescheck-FS 251 ff. [objektive Zurechnung als „Ensemble von Topoi, nützlich bei der Auslegung dieses oder jenes Tatbestands" S. 271], bei Fahrlässigkeitsdelikten Struensee JZ 87, 53 [Problem der subjektiven Fahrlässigkeitstatbestands], dagegen aber mit Recht Roxin, A. Kaufmann-GedS 240 ff.). In bestimmten Fällen bedarf sie aber noch der Ergänzung und Begrenzung durch weitere Zurechnungskriterien, so in dem u. 99 genannten Fall eines „rechtmäßigen Alternativverhaltens" und bei der erst durch ein Dritt- oder Opferverhalten vermittelten Kausalität (vgl. u. 100 ff.). Daß die objektive Erfolgszurechnung hier bei Vorsatz- und Fahrlässigkeitstaten nicht durchweg denselben Regeln folgt (vgl. u. 99: Fehlen einer entsprechenden Einschränkung bei vorsätzlichem Handeln), bedeutet keinen Widerspruch, da schon die Zurechnung zum objektiven Tatbestand von subjektiven

Faktoren abhängt und damit auch der Unterschied zwischen vorsätzlichem und fahrlässigem Unrecht bereits im objektiven Tatbestand angelegt sein kann (vgl. Roxin, A. Kaufmann-GedS 250 f. und zum Sonderwissen des Täters u. 93; vgl. in diesem Zusammenhang auch den Vorschlag von Herzberg u. 93 a. E.). Im einzelnen gilt folgendes:

93   a) Eine Erfolgszurechnung ist trotz Kausalität (vgl. o. 73 ff.) ausgeschlossen, wenn die Handlung, weil *im Hinblick auf das verletzte Rechtsgut* nicht verboten, für dieses **keine rechtlich relevante Gefahr** geschaffen hat (vgl. z. B. Jescheck 258, LK 61 vor § 13, Otto NJW 80, 420, Roxin, Honig-FS 136, A. Kaufmann-GedS 238, 245 ff., Rudolphi SK 62 vor § 1). Dies sind zunächst die Fälle eines „unbeachtlich geringen realen Risikos" (Wolter aaO 79), in denen der Täter das vorgefundene Risiko nicht meßbar erhöht hat und in denen es nur aufgrund eines völlig irregulären Kausalverlaufs zu der – vielleicht sogar gewollten – Rechtsgutsverletzung kommt (so – vgl. BGH NJW **89,** 2480 – die Verursachung des Tods durch Hervorrufen eines Schrecks oder in dem Schulbeispiel des Erbonkels, der auf eine wunschgemäß zum Absturz führende Flugreise geschickt wird; vgl. z. B. D-Tröndle 17a vor § 13 u. die Nachw. o.; and. Hirsch, Köln-FS 405, Armin Kaufmann, Jescheck-FS 266 f., Welzel 66: kein Vorsatz; vgl. dagegen aber mit Recht Roxin, A. Kaufmann-GedS 240 f.). Schon daraus ergibt sich z. B. auch der Ausschluß einer Produkthaftung in Fällen eines eklatanten Produktmißbrauchs (vgl. Goll aaO 620 f. mwN). Aber auch statistisch meßbare Gefahren eines – damit zugleich objektiv vorhersehbaren – tatbestandlichen Erfolgseintritts müssen nicht immer, sondern nur dann vermieden werden, wenn sie, weil sozialinadäquat, nicht mehr im Rahmen des unverbotenen und insofern „erlaubten" Risikos liegen (i. U. zum gerechtfertigten und deshalb „erlaubten" Risiko, vgl. § 15 RN 127, 144 ff., 189 sowie 94, 100 vor § 32). Dabei können sich in beiden Fällen bei einem weitergehenden Sonderwissen des Täters die Grenzen zu einer rechtlich verbotenen Gefahrschaffung hin verschieben (z. B. Entdecken bisher unbekannter Mängel technischer Standards); notwendig ist dies jedoch nicht, da auch hier Situationen denkbar sind, in denen trotz unmittelbarer Erfolgsverursachung (zur mittelbaren Verursachung vgl. u. 101 ff.) die Vermeidepflicht ausschließlich in den Verantwortungsbereich eines anderen fällt (vgl. näher dazu Jakobs, A. Kaufmann-GedS 283 ff. und das dort genannte Beispiel des mit einem Sonderwissen ausgestatteten Hochbau-Studenten, der als Ferienarbeiter weisungsgemäß eine schwach berechnete Betondecke in die Verschalung gießt). Die Bestimmung dessen, was im Hinblick auf das betroffene Rechtsgut das Maß rechtlich irrelevanter Risiken übersteigt und zur verbotenen Gefahrschaffung wird, wird damit zur entscheidenden und dem „Realisierungszusammenhang" systematisch vorausgehenden Ausgangsfrage der Erfolgszurechnung (vgl. eingehend dazu Frisch aaO 69 ff., ferner z. B. Jakobs 166 ff., Wolter, aaO 31 ff., 60 ff., 330 ff.; zur kumulativen Kausalität vgl. auch o. 83). Identisch ist sie mit der Frage nach der objektiven Sorgfaltspflichtwidrigkeit eines Verhaltens in Beziehung zu dem verletzten Gut – daß es in anderer Hinsicht sorgfaltswidrig ist, genügt nicht (vgl. u. 95) –, die sich aber nicht nur bei Fahrlässigkeitsdelikten (vgl. § 15 RN 131 ff.), sondern in gleicher Weise für Vorsatztaten stellt, da auch für diese gilt, daß ein nach objektiver Wertung unverbotenes Risiko diese Eigenschaft nicht deshalb verliert, weil der Täter den Erfolg will (vgl. auch Frisch aaO 36 ff., Herzberg JR 86, 7, JZ 87, 539 u. 88, 475, Krauß ZStW 76, 48, Maiwald, Jescheck-FS 422 f., Prittwitz JA 88, 436, Rengier KK-OWiG § 10 RN 13, Roxin, A. Kaufmann-GedS 240, 246; noch weitergehend für eine besonders qualifizierte Gefahrschaffung beim Vorsatzdelikt Herzberg JuS 86, 249, JZ 88, 641, dagegen aber Frisch aaO 40 FN 55, Prittwitz StV 89, 123, Struensee JZ 87, 60, Wessels I 68, ferner § 15 RN 79).

94   b) Da eine **Risikoverringerung** nicht verboten sein kann, ist nicht zurechenbar der Erfolg, den der Täter durch sein Eingreifen in einen bereits in Gang befindlichen Kausalablauf in seiner konkreten Gestalt (vgl. o. 79) zwar beeinflußt, dies aber nur in der Weise, daß er den drohenden (schwereren) Erfolg abschwächt oder ein zeitliches Hinausschieben seines Eintritts bewirkt (vgl. z. B. Stuttgart JZ **79,** 575, D-Tröndle 17b vor § 13, Jescheck 258, LK 60 vor § 13, Roxin, Honig-FS 136, A. Kaufmann-GedS 242 ff., Rudolphi SK 58 vor § 1 mwN, aber auch Armin Kaufmann, Jescheck-FS 255 ff., Puppe ZStW 92, 883 u. 95, 292). Dies gilt z. B., wenn der Retter den gegen den Kopf geführten Schlag auf die Schulter des Opfers ablenkt (daher keine Körperverletzung); zu den Konsequenzen bei der sog. Umstiftung vgl. § 26 RN 6. Davon zu unterscheiden sind die Fälle, in denen das Erfolgsrisiko nicht abgeschwächt, sondern zur Abwendung der drohenden Folgen eine neue, eigenständige Gefahr begründet wird; hier kommt nur eine Rechtfertigung (z. B. mutmaßliche Einwilligung, § 34) in Betracht (vgl. näher Wessels I 57 f.).

95   c) Nicht zurechenbar ist der Erfolg trotz Kausalität der Handlung ferner bei **fehlendem Risikozusammenhang,** d. h. wenn der Täter zwar verbotswidrig eine Gefahr geschaffen hat, in dem eingetretenen Erfolg sich aber nicht das verbotene, sondern ein anderes Risiko verwirklicht hat, dieser also außerhalb des *Schutzbereichs der verletzten Verhaltensnorm* liegt (h. M. vgl.

z. B. BGH **33** 61 m. Anm. Ebert JR 85, 356, Puppe JZ 85, 295 u. Streng NJW 85, 2809, Bay VRS **71** 68, Hamm VRS **60** 38, **61** 353, Stuttgart JZ **80**, 618, Burgstaller aaO 99ff., Jakobs 184ff., Jescheck 258f., LK 62 vor § 13, Krümpelmann, Bockelmann-FS 443ff., Otto JuS 74, 708, NJW 80, 422, Roxin, Honig-FS 140ff., Gallas-FS 241ff., A. Kaufmann-GedS 238, 241, Rudolphi SK 63f. vor § 1, JuS 69, 549ff., Samson SK 28ff. nach § 16, Wolter aaO 341ff. u. pass.; krit. zur Schutzzwecklehre aber Frisch aaO 80ff. [„praktisch unbrauchbar"], 469).

Zwar fehlt es unter dem Gesichtspunkt des Schutzzwecks der Norm bei den in diesem Zusammenhang genannten Fällen vielfach bereits an einer verbotenen Gefahrschaffung gegenüber dem verletzten Rechtsgut, was bedeutet, daß hier eine Haftung schon aus den o. 93 genannten Gründen zu verneinen ist (insoweit daher berechtigt die Kritik von Frisch aaO 84f.): So ist etwa, sofern nicht andere Umstände bezüglich des Opfers hinzukommen, bereits eine verbotene Gefährdung zu verneinen, wenn bei vorschriftswidrigem Überholen ein Betrunkener von außerhalb der Straße auf die linke Fahrbahnseite torkelt (Hamm VRS **51** 29) oder der zu Überholende plötzlich nach links abbiegt (Bay VRS **71** 68), da Überholverbote nicht den Sinn haben, Gefahren dieser Art zu vermeiden. Die Bedeutung eines zusätzlichen Korrektivs bei der Erfolgszurechnung hat der o. 95 genannte Grundsatz aber, wenn nicht die gegenüber dem betroffenen Objekt begründete Gefahr, sondern nur der Erfolg außerhalb des Schutzbereichs der verletzten Norm liegt. Dies sind die Fälle, in denen sich die Gefahr als „unerlaubtes Element" nicht „wie ein roter Faden durch die ganze Kausalerklärung zieht" (Puppe ZStW 99, 610), weil sich in dem Erfolg nicht das verbotene, sondern ein ganz anderes, vom Schutzzweck der Norm nicht mehr erfaßtes Risiko verwirklicht. So ist es z. B., wenn das fahrlässig schwer verletzte Opfer (verbotene Gefahrschaffung) nicht an den Folgen der Verletzung stirbt, sondern beim Transport ins Krankenhaus infolge eines Unfalls, der nicht durch die bei Rettungsfahrten notwendige Fahrweise bedingt ist (Verwirklichung des allgemeinen, mit jeder Autofahrt verbundenen Lebensrisikos; vgl. Rudolphi SK 63 vor § 1, Puppe aaO 608, i. E. auch Lampe ZStG 101, 28ff.). Dasselbe würde gelten, wenn das lebensgefährlich verletzte Opfer eines Mordanschlags auf diese Weise zu Tode kommt und wo deshalb nach der neueren Lehre von der objektiven Erfolgszurechnung schon der objektive Tatbestand einer vorsätzlichen Tötung nicht verwirklicht ist (and. die herkömmliche Auffassung – vgl. § 15 RN 54 u. zuletzt wieder Hirsch, Köln-FS 405 –, die hier wegen wesentlicher Abweichung des Kausalverlaufs erst den Vorsatz verneint, ferner Armin Kaufmann, Jescheck-FS 264 u. gegen diesen Roxin, A. Kaufmann-GedS 241; zu den Abweichungsfällen vgl. auch Frisch aaO 455 mwN, ferner Silva-Sanchez ZStW 101, 371ff.). Zu bejahen ist ein Risikozusammenhang und damit die Zurechenbarkeit des Erfolgs dagegen z. B., wenn sich das fahrlässig lebensgefährlich verletzte, aber bereits auf dem Weg der Besserung befindliche Unfallopfer infolge der noch unfallbedingten Körper- und Reaktionsschwäche beim Essen so stark verschluckt, daß dadurch eine tödlich verlaufende Lungenentzündung ausgelöst wird (vgl. Stuttgart NJW **82,** 295 m. Anm. Ebert JR 82, 421) oder wenn sich das vom Täter durch eine Verletzung geschaffene Ausgangsrisiko infolge von Versäumnissen bei der Behandlung realisiert (vgl. Stuttgart JZ **80,** 618). Wegen der insbes. bei Fahrlässigkeitsdelikten bedeutsamen Einzelheiten vgl. § 15 RN 166ff., 174ff.; vgl. auch u. 102 und zu den Ausnahmen aufgrund des Verwantwortungsprinzips u. 101.

d) Umstritten, aber grundsätzlich zu bejahen ist die Zurechenbarkeit eines Erfolgs, der auch ohne die Täterhandlung in gleicher Weise und zur selben Zeit auf Grund eines **hypothetischen Kausalverlaufs** (vgl. o. 80) eingetreten wäre (vgl. z. B. Baumann/Weber 218f., Jakobs 191ff., Lackner-FS 57ff., Jescheck 258, Kühl JR 83, 32, Roxin ZStW 74, 425; and. Arthur Kaufmann, Eb. Schmidt-FS 200 [vgl. auch Jescheck-FS 273], Rudolphi SK 59 vor § 1, Stratenwerth 87f.; näher zum Ganzen vgl. Frisch aaO 562ff., Kahrs aaO 69ff., Puppe JuS 82, 660, Ranft NJW 84, 1425, Samson aaO 86ff.). Dies folgt daraus, daß das Strafrecht aus prinzipiellen Erwägungen einem Gut seinen Schutz nicht deshalb entziehen kann, weil es bereits in einer aussichtslosen Lage ist. Auch hier kann daher noch eine verbotene Gefahr geschaffen werden, ebenso wie es die bereitstehenden Reserveursachen nicht ausschließen, daß sich gerade diese Gefahr in dem eingetretenen Erfolg tatsächlich ausgewirkt hat. Schließlich kann hier auch nicht der Erfolgsunwert verneint werden (so aber Arthur Kaufmann, Eb. Schmidt-FS 228ff. u. dazu auch Jescheck-FS 274ff.), selbst nicht bei dem in diesem Zusammenhang häufig genannten „Hinrichtungsfall" (vgl. Kaufmann aaO 226, 231 bzw. 274: der Täter stößt den Scharfrichter auf die Seite und löst im selben Augenblick, in dem dieser es getan hätte, das Fallbeil aus), weil auch der vor seiner Hinrichtung stehende Mörder Dritten gegenüber den uneingeschränkten Schutz seines Lebens genießt und der von fremder Hand empfangene Tod deshalb – nicht anders als sonst – ein rechtlich mißbilligter Erfolg ist (vgl. gegen Kaufmann auch Roxin aaO, Rudolphi, Maurach-FS 56, Seebald GA 69, 203f.). Daß es in den Fällen eines hypothetischen Kausalverlaufs zu dem fraglichen Erfolg ohnehin gekommen wäre, kann deshalb, von Ausnahmen abgesehen (vgl. u. 98 a. E., 99), allenfalls bei der Strafzumessung berücksichtigt werden (vgl. dazu auch Jakobs 193f.).

Daß hier der Erfolg nach der o. 93 genannten Regel zuzurechnen ist, ist eindeutig, wenn die bereitstehende Reserveursache im *rechtswidrigen Handeln eines Dritten* besteht (h. M.; vgl. näher Samson aaO 137ff.): Daher ist z. B. eine Tötung nicht deshalb zu verneinen, weil anstelle des Täters ein anderer gehandelt hätte (vgl. OGH 1 330 [Beihilfe]), eine Freiheitsberaubung durch Antrag auf Einweisung in ein KZ nicht deshalb, weil das Opfer sonst infolge anderer Umstände das gleiche Schicksal erlitten hätte (BGH 2 24), eine Körperverletzung durch Verursachung eines Verkehrsunfalls nicht deshalb, weil der gleiche Erfolg auch durch das sorgfaltswidrige Verhalten eines Dritten herbei‍geführt worden wäre (BGH 30 228 m. Anm. Kühl JR 83, 32 u. Puppe JuS 82, 660; vgl. auch Ranft NJW 84, 1425). Nichts anderes gilt aber auch, wenn derselbe Erfolg auf Grund des *rechtmäßigen Handelns eines Dritten* eingetreten wäre (Frisch aaO 565ff., Jescheck 258; and. Kahrs aaO 78ff., Samson aaO 142f.). Daß z. B. ein Rechtsgut gegenüber demjenigen, dem die Verletzung durch Einwilligung gestattet worden ist, keinen Schutz mehr genießt, bedeutet nicht, daß es auch gegen‍über anderen schutzlos wäre. Dabei kann bezüglich der Rechtmäßigkeit der Reservehandlung entge‍gen Rudolphi SK 61 vor § 1 auch nicht unterschieden werden zwischen „personen- bzw. funktions‍bezogenen" Rechtfertigungsgründen (z. B. Hoheitsrechte, § 218a, Einwilligung) und solchen, die „situationsbezogen" sind (z. B. § 32): So bemißt sich etwa bei der Notwehrhilfe das Maß der erfor‍derlichen Verteidigung nach den Möglichkeiten des Notwehrhelfers (z. B. geübter Boxer) und nicht nach denen des Angegriffenen (z. B. Armamputierter, der nur von der Waffe Gebrauch machen kann), weshalb jener bei Überschreitung dieser Grenzen nicht deshalb schon nicht tatbestandsmäßig handelt, weil in der Person des Angegriffenen dieselbe Handlung als erforderliche Verteidigung gerechtfertigt wäre. Eine Erfolgszurechnung wird schließlich auch nicht dadurch ausgeschlossen, daß die hypothetische Ersatzursache ein *Naturereignis* ist, z. B. die durch einen Steinwurf verursachte Verletzung auch durch einen Steinschlag herbeigeführt worden wäre (vgl. Frisch aaO 565ff., Je‍scheck 258; and. Kahrs aaO 87ff., Samson aaO 86ff.). Eine Ausnahme ist hier nur dann anzuerken‍nen, wenn der Täter eine bereits angelegte Naturkausalität lediglich modifiziert, sie aber nicht durch seine eigene Wirksamkeit ersetzt (so in dem Beispiel von Samson aaO 98: Umleitung eines Zugs auf ein Nachbargleis, obwohl hinter dem Zug befindliche Schienenstränge durch einen Bergrutsch derart gesperrt sind, daß ein Unfall ohnehin nicht zu vermeiden ist; vgl. dazu auch Wolff aaO 22).

99 e) Speziell bei *Fahrlässigkeitsdelikten* ist die Erfolgszurechnung ausgeschlossen bei **Fehlen des Pflichtwidrigkeitszusammenhangs,** d. h. wenn der durch eine sorgfaltswidrige Handlung her‍beigeführte Erfolg auch durch ein pflichtgemäßes Verhalten des Täters verursacht worden wäre (so jedenfalls i. E. die h. M., vgl. § 15 RN 162, Jescheck 259, 527, LK 63 vor § 13 mwN; zur Rspr. vgl. o. 81; and. z. B. Spendel, Eb. Schmidt-FS 183, z. T. auch Ranft NJW 84, 1485). Zu unterscheiden sind diese Fälle von denen, in denen der vom Täter verursachte Erfolg zwar auch bei pflichtgemäßem Verhalten eingetreten wäre, dies aber aufgrund anderer, außerhalb seiner Handlung liegender Kausalfaktoren (z. B. pflichtwidriges Verhalten eines Dritten, vgl. BGH 30 228 m. Anm. Kühl JR 83, 22 u. Puppe JuS 82, 660: Massenauffahrunfall; vgl. dazu auch Lampe ZStW 101, 29ff.). Während es dort bei den o. 97f. genannten Grundsätzen bleibt – Haftung für einen tatsächlich verursachten Erfolg auch bei hypothetischen Kausalverläufen, die dasselbe Ergebnis gehabt hätten –, kommt es hier zu einer Entlastung vom Erfolg, wenn die hypotheti‍sche Ersatzursache in einem rechtmäßigen Alternativverhalten des Täters selbst besteht (vgl. z. B. BGH 11 1: Überholen eines Radfahrers mit zu geringem Seitenabstand, der infolge seiner Trunkenheit aber auch bei Einhaltung des vorgeschriebenen Abstands tödlich überfahren wor‍den wäre). Unwesentliche Abweichungen zwischen dem hypothetischen und tatsächlich einge‍tretenen Erfolg – auch in räumlich-zeitlicher Hinsicht – sind dabei unschädlich (vgl. Schlüchter JA 84, 679). Zu eng wäre es auch, wenn BGH 30 228 entnommen werden müßte, daß diese Haftungsbeschränkung – wie im Fall von BGH 11 1 – nur bei einem hinzukommenden Fehlver‍halten des Opfers gilt (krit. dazu auch Kühl u. Puppe aaO), denn nicht zurechenbar ist z. B. auch der durch einen ärztlichen Kunstfehler verursachte Tod, wenn dieser infolge einer kunst‍gerechten Behandlung gleichfalls eingetreten wäre (vgl. den Fall von RG HRR 26 Nr. 2302). Im übrigen sind Grund und Grenzen dieser Entlastung des Täters vielfach umstritten (vgl. die umfassende und mit einer krit. Analyse verbundene Übersicht von Küper aaO 252ff., ferner zuletzt Frisch aaO 529ff., Jakobs, Lackner-FS 53ff., Lampe ZStW 101, 3ff., 47 [Rechtswidrig‍keitsproblem], Struensee GA 87, 97). Nicht zu begründen ist sie jedenfalls mit der mangelnden Ursächlichkeit der Pflichtwidrigkeit für den Erfolg (so aber die Rspr., vgl. o. 81, 86) und auch nicht damit, daß sich hier nicht die pflichtwidrig geschaffene Gefahr in dem Erfolg ausgewirkt habe (vgl. z. B. Jescheck LK 63 vor § 13, Samson SK 26 nach § 16), weil damit ein reales Geschehen durch ein hypothetisches ersetzt wird: Tatsächlich hat in diesen Fällen eine pflicht‍widrige Handlung den Erfolg verursacht, und ebenso war es auch die pflichtwidrig geschaffene Gefahr, die tatsächlich in den Erfolg umgeschlagen ist (ebenso Küper aaO 255; vgl. auch Jakobs 185). Vielmehr handelt es sich hier um eine Ausnahme von dem o. genannten Grundsatz der Unbeachtlichkeit hypothetischer Kausalverläufe, die sich am ehesten noch damit erklären läßt, daß eine unvorsätzlich-pflichtwidrige Handlung, die das auch durch ein sorgfaltsgemäßes Ver‍halten des Täters begründete Risiko gegenüber dem verletzten Rechtsgut nicht mehr wesentlich erhöht, in dieser Beziehung gerechterweise ebenso behandelt werden muß wie eine unverbote‍ne Handlung (vgl. Roxin ZStW 74, 432; krit. dazu aber Frisch aaO 533, Küper aaO 255f.).

Letzte Fragen bleiben damit freilich ebenso unbeantwortet wie z. B. bei einem vom Wegfall des Erfolgsunwerts infolge Suspendierung der Gewährleistungsnorm (vgl. o. 49, 57) ausgehenden Erklärungsansatz (vgl. Küper aaO 246 u. pass.). Zu den Einzelheiten dieses nur bei Fahrlässigkeitstaten bedeutsamen Grundsatzes vgl. näher § 15 RN 162 ff.

f) Bei der erst durch ein **Dritt- bzw. Opferverhalten vermittelten Kausalität** (vgl. o. 77) ist **100** das vorangestellte Zurechnungsprinzip (o. 92) durch eine aus dem Verantwortungsprinzip abzuleitende Lehre von den **Verantwortungsbereichen** zu ergänzen (zum Verantwortungsprinzip vgl. Lenckner, Engisch-FS 505 ff., Rudolphi SK 72 vor § 1, Lackner-FS 867 f., Schumann aaO, Stratenwerth 208, Stree JuS 85, 181, Wehrle aaO 52 ff., Welp aaO 314, JR 72, 429, Wolter aaO 344 ff. u. pass., ferner z. B. Bloy, Die Beteiligungsform als Zurechnungstypus usw. [1985] 138 ff., Jakobs 176 ff. [„Organisationszuständigkeit"], ZStW 89, 1, Kratzsch aaO 363, Oehler-FS 74, Maiwald JuS 84, 440; z. T. krit dazu aber Bindokat, JZ 86, 423, Frisch aaO 238 ff., Meurer NJW 87, 2424). Eine solche begrenzt hier zunächst Inhalt und Reichweite der Gefährdungsverbote und konkretisiert damit die o. 92 genannte Grundregel; darüber hinaus aber hat das Verantwortungsprinzip insofern auch eigenständige Bedeutung, als sie deren Ergebnisse z. T. korrigiert. Dieser Ansatz vermeidet nicht nur die uferlose Weite der von der überkommenen Auffassung zumindest verbal nach wie vor vertretenen Haftung in den Grenzen der Vorhersehbarkeit (zu den Nachw. u. krit. dazu vgl. Frisch aaO 231 ff.), sondern er führt auch zu differenzierteren Lösungen als die Regreßverbots- und verwandte Theorien, nach denen der Zurechnungszusammenhang erst durch den freien Eintritt eines vorsätzlich oder in Kenntnis der Gefahrensituation Handelnden in die vom Erstverursacher in Gang gesetzte Kausalreihe unterbrochen wird (vgl. die Nachw. u. 101 c). Im einzelnen ist hier zu unterscheiden, wobei sich der folgende Text jedoch auf einige grundsätzliche Bemerkungen beschränken muß (vgl. im übrigen § 15 RN 148 ff. u. eingehend zum Ganzen Frisch aaO 148 ff., 230 ff. u. pass.):

α) **Mittelbare Risikoschaffung.** Gemeint sind damit die Fälle, in denen die Gefahr nur **101** mittelbar über das Medium eines fremden Willens geschaffen wird, es also allein der Letztverursacher (Vordermann) ist, der durch sein Handeln das Rechtsgut unmittelbar verletzt bzw. gefährdet, während der Erstverursacher (Hintermann) lediglich eine Bedingung für dessen Fehlverhalten setzt. Hier steht einer Zurechnung des nur mittelbar verursachten Erfolgs zunächst das in § 15 RN 148 mwN dargestellte *Verantwortungsprinzip* entgegen, wonach jeder sein Verhalten grundsätzlich nur darauf einzurichten hat, daß er selbst fremde Rechtsgüter nicht gefährdet, nicht aber – weil dies nämlich in deren eigene „Zuständigkeit" fällt – darauf, daß andere dies nicht tun: Daher z. B. trotz objektiver Vorhersehbarkeit und selbst bei vorsätzlich gewolltem Erfolg keine Unfallhaftung des Fahrgasts, der ein erkennbar verkehrsunsicheres Taxi besteigt und dadurch Anlaß zu der Unfallfahrt gibt, des Gastwirts, der an einen Kraftfahrer Alkohol ausschenkt (vgl. § 15 RN 155), des Produktherstellers für durch Nichtbeachtung von Warnhinweisen entstehende Verletzungen (Goll aaO 619), ebensowenig z. B. des Beifahrers, der die Aufmerksamkeit des Fahrers durch ein intensives Gespräch in Anspruch nimmt oder diesen zu einer riskanten Fahrweise animiert (zu weit. Beisp. vgl. § 15 aaO, Stree JuS 85, 181); vgl. in diesem Zusammenhang ferner §§ 26, 27: keine Zurechnung als eigene Tat (zur Erklärung der Strafbarkeit der Teilnehmer aus der Sicht des Verantwortungsprinzips vgl. Schumann aaO 42 ff.). Dabei ist es im Prinzip ohne Bedeutung, ob der Hintermann das gefährliche Verhalten des Vordermanns veranlaßt, fördert oder ermöglicht und auf welche Weise dies geschieht, ob sich der Vordermann der Gefährlichkeit seines Tuns bewußt ist (z. B. zwar der Fahrgast, nicht aber der Fahrer des Taxis dessen verkehrsunsicheren Zustand erkennt; vgl. Schumann aaO 95 ff., 107 ff.), und keinen Unterschied macht es unter dem Gesichtspunkt des Verantwortungsprinzips auch aus, ob dieses – vgl. die genannten Beisp. – in einer Fremd- oder Selbstgefährdung bzw. -verletzung besteht (im Ausgangspunkt zu eng daher, wenn die h. M. so zu verstehen wäre, daß dies wegen der Tatbestandslosigkeit von Selbstverletzungen und Straflosigkeit der Teilnahme an solchen nur für die Selbstgefährdung gilt; vgl. BGH **32** 262 m. Anm. Dach NStZ 85, 24, Horn JR 84, 513, Kienapfel JZ 84, 751, Otto Jura 84, 536, Roxin NStZ 84, 411, Seier JA 84, 533 u. Stree JuS 85, 179 [Ermöglichen eines tödlich verlaufenden Drogengenusses; and. noch BGH NJW **81**, 2015 m. Anm. Loos JR 82, 342 u. Schünemann NStZ **82**, 60, NStZ **83**, 72], NStZ **84**, 452 m. Anm. H. W. Schmidt MDR 85, 1 u. Stree JuS 85, 179, NStZ **85**, 25, 319 m. Anm. Roxin, ferner Bay NJW **90**, 131 [Sexualkontakte mit einem HIV-Infizierten; vgl. dazu § 223 RN 6 a], NStE § 222 **Nr. 9**, Stuttgart MDR **85**, 162, Roxin, Gallas-FS 245 f., Tröndle-FS 185 f., Rudolphi SK 79 vor § 1; vgl. auch § 15 RN 155 und zur Unterscheidung von Selbst- und einverständlicher Fremdverletzung bzw. -gefährdung 52 a, 107 vor § 32). Vielfach ergibt sich die Nichtzurechenbarkeit des nur mittelbar verursachten Erfolgs hier schon aus der o. 92 genannten Zurechnungsformel, wenn es wegen des Verantwortungsprinzips bereits an einer verbotenen Gefahrschaffung (vgl. o. 93) fehlt. Weil das unerlaubte Setzen einer Bedingung für das gefährliche Handeln anderer und das Einstehenmüssen für den

Vorbem §§ 13 ff. 101a

von diesen in eigener Verantwortung herbeigeführten Erfolg zweierlei sind, kommt es hier – abweichend von der o. 92 genannten Regel – aber auch dann nicht zu automatischen Erfolgszurechnung beim Hintermann, wenn dieser gegen ein besonderes Verbot verstoßen hat, das, da auch andere ihrer Verantwortung vielfach nicht gerecht werden, gerade den Sinn hat, das rechtsgutsverletzende Fehlverhalten des Vordermanns zu verhindern (vgl. Roxin aaO 194 f., Schumann aaO 112 FN 164; vgl. dazu auch Bindokat JuS 85, 33, JZ 86, 425): Nicht zurechenbar sind daher z. B. die aus einer Volksverhetzung (§ 130) entstandenen Gewalttätigkeiten, der durch eine verbotene Veräußerung von Drogen (§§ 3 I, 29 I Nr. 1 BtmG) verursachte Tod des selbstverantwortlich handelnden Konsumenten (vgl. die Nachw. o.) oder Unfälle als Folge einer Zuwiderhandlung gegen § 33 StVO (Verbot einer die Verkehrsteilnehmer ablenkenden Reklame usw.), und zwar gleichgültig, ob dabei der Fahrer selbst oder Dritte zu Schaden kommen (zu einer nach § 21 StVG verbotenen Fahrzeugüberlassung beim Tod des Fahrers vgl. auch Stuttgart MDR **85,** 162; dazu, daß sich für den Hintermann in diesen Fällen, weil ihm die unmittelbare Gefahr nicht zuzurechnen ist, auch keine Erfolgsabwendungspflicht i. S. des § 13 ergibt, vgl. dort RN 39 f.). Ausgehend vom Verantwortungsprinzip ist in Fällen einer lediglich mittelbaren Risikobeschaffung eine Erfolgszurechnung beim Hintermann daher nur möglich, wenn dieser, abweichend von der Regel, **aus besonderen Gründen** auch für das unmittelbar rechtsgutsgefährdende bzw. -verletzende Verhalten des Vordermanns „zuständig" ist. Solche Gründe können sich aus dem Verantwortungsprinzip selbst, aber auch aus anderen normativen Prinzipien ergeben (vgl. auch Frisch aaO 240 ff.: „Eigenverantwortlichkeit als bedeutsamer, aber nicht exklusiver Leittopos").

101a αα) Bereits **im Verantwortungsprinzip selbst angelegt** ist die Möglichkeit einer Erfolgszurechnung bei der Tatbegehung „durch einen anderen" (§ 25 I 2. Alt.), wo dem Hintermann das Verhalten des Vordermanns als eigenes Handeln zugerechnet wird (vorsätzliche mittelbare Täterschaft). Darüber hinaus können besondere, im Verantwortungsprinzip selbst liegende Gründe aber auch zu einer Erweiterung seines eigenen Verantwortungsbereichs in der Weise führen, daß für ihn Sorgfaltspflichten in bezug auf fremdes Verhalten entstehen, bei deren Verletzung er für den dadurch mittelbar verursachten Erfolg haftet (fahrlässige Täterschaft; vgl. näher dazu Schumann aaO 107 ff.). Hierher gehören etwa die Fälle, in denen das Verantwortungsprinzip deshalb versagt, weil die ihm zugrunde liegenden Voraussetzungen beim Vordermann nicht gegeben sind, so wenn bei diesem die Fähigkeit zu (eigen-)verantwortlichem Handeln infolge von Defektzuständen, Unreife usw. ausgeschlossen ist (zur Frage des Maßstabs und der Kriterien der Eigenverantwortlichkeit bei Selbstgefährdung vgl. 50a, 107 vor § 32): daher Haftung des Hintermanns für den Erfolg z. B. beim Überlassen von Zündhölzern an zündelnde Kinder, eines PKW an einen für sein Tun noch nicht verantwortlichen Jugendlichen (vgl. Stuttgart MDR **85,** 162) oder von Drogen an einen wegen seiner Drogensucht nicht mehr verantwortungsfähigen Konsumenten (vgl. BGH **32** 262, NStZ **84,** 452 u. **85,** 319 mit den o. 101 genannten Anm.; vgl. hier auch § 30 I Nr. 3 BtMG; zum Ganzen vgl. ferner Frisch aaO 363 ff., Schumann aaO 103 ff.). Dasselbe gilt, wenn sich der Vordermann wegen des normalerweise völlig unverfänglichen Charakters der fraglichen Handlung in seiner Verantwortlichkeit überhaupt nicht angesprochen zu fühlen braucht, wobei hier aber noch weitere Differenzierungen notwendig sein können, z. B. unter dem Gesichtspunkt der Verantwortlichkeit für Sachen (in dem o. 101 genannten Beispiel des Taxifahrers behält dieser die Alleinverantwortung, auch wenn er den verkehrsunsicheren Zustand seines Fahrzeugs nicht kennt) oder danach, ob der Hintermann den Vordermann durch eine entsprechende Willensbeeinflussung zu der fraglichen Handlung bestimmt oder diese nur veranlaßt hat (z. B. der auf den Defekt hingewiesene Hotelgast fordert, weil er dies wieder vergessen hat, seinen ahnungslosen Mitbewohner auf, die elektrische Heizung einzuschalten, wodurch es zu einem Brand kommt: fahrlässige Brandstiftung; Baden an einer scheinbar völlig ungefährlichen Stelle, was andere veranlaßt, dasselbe zu tun: keine Haftung für den Badeunfall). Kein allgemeiner Grundsatz ist es dagegen, daß beim Wissen des Vordermanns um die Gefährlichkeit seiner Handlung der Hintermann stets haftet, wenn er den besseren Überblick hat (z. B. Alleinverantwortlichkeit der Mutter eines kranken Kindes, auch wenn die einen falschen Rat erteilende Nachbarin über die fragliche Krankheit mehr weiß; vgl. aber – u. a. zu den Drogenfällen – z. B. auch BGH **32** 265, NStZ **85,** 25, **86,** 266, **87,** 406, Bay NStE § 222 **Nr. 9,** D-Tröndle 10 vor § 13, Schünemann NStZ 82, 63, Stree JuS 85, 183: Haftung des Hintermanns bei Mitwirkung an Selbstgefährdung, wenn er „kraft überlegenen Sachwissens das Risiko besser erfaßt"). Eine Erweiterung des eigenen Verantwortungsbereichs mit entsprechenden Sorgfaltspflichten auch für fremdes Verhalten kann sich ferner ergeben, wenn der Hintermann dieses unter Inanspruchnahme von Fähigkeiten, die der andere nicht hat, mitgestaltet (vgl. dazu näher Schumann aaO 113 ff.): Hier nimmt er durch die Schaffung eines besonderen Vertrauenstatbestands eine zumindest garantenähnliche Stellung ein, die weil sich andere auf die Ordnungsmäßigkeit seines Tuns zu verlassen pflegen und im allgemeinen auch verlassen dürfen, den Vordermann in seiner eigenen Verantwortung entsprechend entlastet (z. B. Auskunft eines Anwalts, ärztlicher Rat [auch ohne Übernahme der Behandlung], Betriebsanleitungen, technische Gutachten, Führen einer nicht mehr voll verkehrssicheren Person über die Fahrbahn [Hamm VRS **12** 45], Einweisen eines LKW-Fahrers durch Winkzeichen beim Passieren einer gefährlichen Straßenstelle usw.). Zu weiteren Einzelheiten vgl. im übrigen § 15 RN 148 ff.

ββ) Überlagert wird das Verantwortungsprinzip durch die **Garantenhaftung**, die zu einer Erfolgszurechnung führt, wenn der Hintermann, unabhängig von seinem kausalen Beitrag zu dem Handeln des Vordermanns, aufgrund von Sonderpflichten für die Unversehrtheit des Rechtsguts einzustehen hat. Hier gilt der Grundsatz, daß es dem Garanten, wenn Inhalt der Garantenpflicht auch die Abwendung der von verantwortlichen Dritten geschaffenen Gefahren ist, mit entsprechenden Konsequenzen selbstverständlich erst recht verboten sein muß, fremdes rechtsgutsgefährdendes Verhalten zu veranlassen, zu fördern oder zu ermöglichen (vgl. eingehend dazu Frisch aaO 352ff., ferner Jakobs 181, ZStW 89, 23, Rudolphi SK 72 vor § 1, Wehrle aaO 100ff., aber auch Roxin, Tröndle-FS 184, 198ff.; i. E. zutr. daher RG **64** 316, BGH **7** 262; vgl. auch den Sachverhalt in BGHR § 222 Fahrlässigkeit 2: Wäre die Tochter wegen fahrlässiger Nichtverhinderung des Mords an ihrer Mutter gem. § 222 strafbar gewesen, so ist sie dies auch, wenn sie durch unbedachte Äußerungen die Tat veranlaßt oder gefördert hat). Dies gilt auch, wenn die Garantenpflicht in einer personen- oder sachbezogenen Sicherungspflicht besteht (vgl. § 13 RN 43ff., 51ff.). Ob z. B. das Überlassen von Gegenständen den dadurch mittelbar verursachten Erfolg zurechenbar macht, hängt deshalb davon ab, ob der für sie Verantwortliche auch die eigenmächtige Benutzung durch den anderen hätte verhindern müssen (vgl. z. B. für die Benutzung von Kraftfahrzeugen durch Fahrunfähige oder Fahrunkundige § 13 RN 43 mwN), wobei es hier dann freilich unter Schutzzweckgesichtspunkten ein Unterschied ist, ob es zu Fremd- oder Selbstverletzungen kommt (daher beim Überlassen eines Autos an einen Fahrunkundigen oder -untüchtigen keine Haftung für dessen tödlichen Unfall, vgl. Stuttgart MDR **85**, 162); näher zu diesen Fällen vgl. Frisch aaO 247ff., 360ff.

γγ) Traditionell umstritten ist in diesem Zusammenhang, ob – was eine Durchbrechung des Verantwortungsprinzips wäre – eine Erfolgszurechnung über eine fahrlässige Täterschaft des Hintermanns auch bei mittelbarer **Verursachung einer vollverantwortlich begangenen fremden Vorsatztat** möglich ist (so die – die Voraussetzungen dafür allerdings unterschiedlich bestimmende – h. M., z. B. RG **58** 366, **64** 370, Roxin, Tröndle-FS 190ff. [mit krit. Überblick zum Meinungsstand S. 177ff.], Rudolphi SK 72 vor § 1, Schroeder LK § 15 RN 184 mwN; and. die – gleichfalls unterschiedlich begründeten – Theorien vom Regreßverbot, z. B. Ebert Jura 79, 569, Lampe ZStW 71, 615, Naucke ZStW 76, 409ff., 283ff.; eingehend zum Ganzen und i. E. weitgehend wie die Regreßverbotslehre Frisch aaO 230ff.). Entsprechende Gefährdungsverbote können hier jedenfalls nicht schon durch das bloße Vorliegen objektiv erkennbarer Anhaltspunkte für entsprechende Absichten oder Neigungen des Vordermanns begründet werden (vgl. Frisch aaO 268ff. mit dem Hinweis auf eine sonst entstehende „Mißtrauensgesellschaft"; and. z. B. RG **58** 368. Vorhersehbarkeit bei pflichtgemäßer Sorgfalt). Aber auch die „Förderung erkennbarer Tatgeneigtheit" ist – selbst wenn diese als solche tatsächlich erkannt wurde – noch kein allgemeingültiges Zurechnungskriterium (so aber Roxin, Tröndle-FS 190ff.): Wer z. B. dem „erkennbar Tatgeneigten" durch unbedachte Äußerungen den Aufenthaltsort des späteren Mordopfers verrät, ist deshalb noch nicht gem. § 222 strafbar (and. Roxin aaO 197). Eine Fahrlässigkeitszurechnung kann es hier vielmehr nur in Ausnahmefällen geben, wenn Gütererhaltungsinteressen gegenüber der mit dem Verantwortungsprinzip eingeräumten Handlungsfreiheit in einer Weise durchschlagen, daß es unerträglich wäre, wenn sich der Hintermann weiterhin darauf berufen könnte, daß er Handlungen nicht deshalb unterlassen müsse, weil sie vorsätzliche Straftaten verantwortlicher Dritter ermöglichen, veranlassen oder fördern könnten. Doch ist dies erst dann anzunehmen, wenn er sich dieses Bezugs bewußt ist und eine Anstiftung bzw. Beihilfe nur deshalb ausscheidet, weil er pflichtwidrig darauf vertraut, daß „schon nichts passieren wird" (so in dem Beisp. von Roxin aaO 197: Einlassen des Mörders in ein Haus im leichtfertigen Vertrauen darauf, daß das Opfer schon irgendwie davonkommen werde; vgl. dazu aber auch Frisch aaO 261f.), wobei dann aber auch noch Art und Schwere der Rechtsgutsverletzung eine Rolle spielen können (z. B. in dem genannten Beispiel keine Haftung, wenn es nur um eine Ohrfeige geht). Ausgeschlossen sind damit zugleich solche Handlungen, die auch bei vorsätzlicher Vornahme keine strafbare Teilnahme wären, weshalb z. B. das bloße Schaffen einer zur Tat anreizenden Situation, das auch bei entsprechendem Vorsatz keine Anstiftung ist [§ 26 RN 7], hier gleichfalls nicht genügen kann (vgl. dazu auch Frisch aaO 339ff.).

β) **Unmittelbare Risikoschaffung.** Ist es bereits die Handlung des Erstverursachers als solche, die unmittelbar eine Gefahr für das Rechtsgut schafft, so gilt im wesentlichen folgendes: Verwirklicht sich in dem eingetretenen Erfolg nicht das verbotene, mit der pflichtwidrigen Handlung des Erstverursachers verbundene Risiko (Ausgangsgefahr), sondern eine neue, erst durch einen Dritten oder das Opfer selbst begründete Gefahr, so folgt die Nichtzurechenbarkeit des Erfolgs schon aus der o. 92 genannten Zurechnungsregel (vgl. auch o. 95f.). Umgekehrt ergibt sich aus dieser jedenfalls als Grundsatz, daß dem Erstverursacher auch solche Erfolge zuzurechnen sind, die sich trotz des Dazwischentretens anderer noch als Realisierung der von ihm geschaffenen Ausgangsgefahr darstellen (vgl. auch Stuttgart JZ **80**, 618). Daher ist z. B. dem fahrlässigen Brandstifter der Tod eines Bewohners zurechenbar (§ 309 2. Alt.), der in der ausgebrochenen Panik von einem anderen Bewohner bei der Flucht aus dem brennenden Haus in die Flammen gestoßen wird, weil die mit der Brandstiftung geschaffene Gefahr auch um solcher Erfolge willen verboten ist (vgl. unter diesem Gesichtspunkt auch BGH NJW **89**, 2479 m. Bespr. Küpper JuS 90, 185f.). Von Bedeutung ist dies ferner, wenn der ohnehin im Rahmen der möglichen Wirkungen der pflichtwidrigen Handlung liegende Erfolg bei dem Versuch eintritt, die fragliche Gefahr abzuwenden, die – Problem des Zweit- und Folgeschadens – auch in einem bereits eingetretenen Ersterfolg weiterwirken kann (z. B. lebensgefährliche Verletzung; zur Frage der Zurechnung bei mißlungener ärztlicher Fehlerkorrektur vgl. BGH JR **89**, 382 m. Bespr. Krümpelmann S. 353). Hier ist zunächst selbstverständlich, daß der Täter sich auch die Folgen aus einem pflicht- bzw. sachgemäßen Dritt- bzw. Opferverhalten zurechnen lassen muß (vgl. z. B. Rengier aaO 161, Rudolphi JuS 69, 556). Aber auch auf das Versagen anderer kann er sich in solchen Fällen grundsätzlich nicht berufen (z. B. der Brandstifter nicht darauf, daß das Opfer nicht durch das Feuer, sondern durch ein von ihm selbst oder den Rettern zu verantwortendes Verfehlen des aufgehaltenen Sprungtuchs zu Tode gekommen sei): Unter Normzweckgesichtspunkten nicht, weil der unerwünschte Erfolg gerade auch bei dem Versuch der Abwendung einer Gefahr eintreten kann und deren Begründung deshalb auch aus diesem Grund verboten sein muß (z. B. weil das Opfer nicht nur durch den Brand, sondern erfahrungsgemäß auch bei Rettungsmaßnahmen umkommen kann; vgl. auch Frisch aaO 428ff.); aus der Sicht des Verantwortungsprinzips nicht, weil aus diesem nur folgt, daß man prinzipiell nicht darauf zu achten hat, daß andere Rechtsgüter nicht gefährden, während es hier darum geht, daß der Täter selbst pflichtwidrig eine solche Gefahr geschaffen hat und er daher von seiner Verantwortung für das weitere Geschehen nicht schon deshalb frei wird, weil auch andere falsch gehandelt haben (so in der Sache auch Stuttgart aaO; entsprechend zum Vertrauensgrundsatz im Straßenverkehr vgl. § 15 RN 150, 215; and. Rudolphi SK 73 vor § 1). Dabei macht es dann auch grundsätzlich keinen Unterschied, ob der andere (pflichtwidrig) die Realisierung der vom Täter geschaffenen Gefahr lediglich nicht verhindert (z. B. das lebensgefährlich verletzte Unfallopfer stirbt, weil ihm das Mittel fälschlich in einer zu geringen Dosis verabreicht wird) oder ob er den in der Täterhandlung ohnehin schon angelegten Erfolg durch eine positive Fehlmaßnahme bewirkt (Tod des Unfallopfers infolge einer Überdosis; vgl. Burgstaller, Fahrlässigkeitsdelikt 118f., Jescheck-FS 365, Rengier aaO 162f.; vgl. auch Stuttgart JZ **80**, 618; and. Frisch aaO 436ff., Rudolphi SK 74 vor § 1, JuS 65, 556). Einschränkungen sind hier nur bezüglich solcher Fehlreaktionen zu machen, die, weil mit ihnen im allgemeinen nicht gerechnet zu werden braucht, nicht im Rahmen der Ausgangsgefahr liegen, was jedoch nur bei einem grob pflicht- oder sachwidrigen Handeln des anderen anzunehmen ist (vgl. z. B. Burgstaller, Fahrlässigkeitsdelikt 119f., Jescheck-FS 357ff., Otto JuS 74, 309, Rengier aaO 164, Wolter, Straftatsystem 343ff.; and. Frisch aaO 444, Maiwald JuS 84, 440ff.). Für die durch ärztliche Behandlungsfehler bewirkten Zweit- und Folgeschäden bedeutet dies, daß sie dem Täter bei besonders schwerwiegenden Abweichungen von den medizinischen Standards nicht mehr zugerechnet werden können (vgl. näher BGH[Z] NJW **89**, 767 m. Anm. Deutsch u. § 15 RN 178f.; z. T. and. insoweit Stuttgart aaO). Etwas anderes gilt auch, wenn der Erfolg deshalb eintritt, weil das Opfer Rettungsmaßnahmen bewußt und ohne sachlich begründeten Anlaß vereitelt (vgl. dazu auch § 24 RN 62, ferner z. B. Otto, Maurach-FS 99 u. näher dazu Frisch aaO 446ff.) oder weil Dritte dies tun. Zum österreich. Recht und zu weiteren Einzelheiten vgl. Burgstaller, Jescheck-FS 357.

E. Vorwerfbarkeit und Schuld; der Schuldtatbestand

Schrifttum: Achenbach, Historische und dogmatische Grundlagen der strafrechtssystematischen Schuldlehre, 1974. – *ders.,* Individuelle Zurechnung, Verantwortlichkeit, Schuld, in: Schünemann, Grundfragen des modernen Strafrechtssystems (1984) 135. – *Albrecht,* Unsicherheitszonen des Schuldstrafrechts, GA 83, 193. – *Androulakis,* „Zurechnung", Schuldbemessung und personale Identität, ZStW 82, 492. – *Arnold,* Person- und Schuldfähigkeit, 1965. – *Bacigalupo,* Bemerkungen zur Schuldlehre im Strafrecht, Welzel-FS 477. – *Bauer,* Das Verbrechen und die Gesellschaft, 1957. – *Baumann,* Schuld und Verantwortung, JZ 62, 41. – *ders.,* Der Schuldgedanke im heutigen deutschen Strafrecht und vom Sinn staatlichen Strafens, JurBl. 65, 113. – *Baumgartner/Eser* (Hrsg.), Schuld und Verantwortung, 1983. – *Bockelmann,* Zur Schuldlehre des Obersten Gerichtshofs, ZStW 63, 13. – *ders.,* Schuld und Sühne, 2. A., 1958. – *ders.,* Willensfreiheit und Zurechnungsfähigkeit, ZStW 75, 372. – *Brauneck,* Der strafrechtliche Schuldbegriff, GA 59, 261. – *dies.,* Zum Schuldstrafrecht des neuesten Entwurfs eines Strafgesetzbuchs, MSchrKrim 58, 129. – *Burkhardt,* Das Zweckmoment im Schuldbegriff, GA 76, 321. – *ders.,* Charaktermängel und Charakterschuld, in: Lüderssen/Sack, Vom Nutzen und Nachteil der Sozialwissenschaften für das Strafrecht, Bd. I (1980) 87. – *Conde,* Über den materiellen Schuldbegriff, GA 78, 65. – *Danner,* Gibt es einen freien Willen?, 4. A., 1977. – *Graf zu Dohna,* Zum neuesten Stand der Schuldlehre, ZStW 32, 323. – *Dreher,* Die Willensfreiheit, 1987, – *ders.,* Der psychologische Determinismus Manfred Danners, ZStW 95, 340. – *Ellscheid/Hassemer,* Strafe ohne Vorwurf, Civitas, Jahrb. f. Sozialwiss. 9 (1970) 27. – *Engisch,* Zur Idee der Täterschuld, ZStW 61, 166. – *ders.,* Die Lehre von der Willensfreiheit in der strafrechtsphilosophischen Doktrin der Gegenwart, 2. A., 1965. – *ders.,* Um die Charakterschuld, MSchrKrim 67, 108. – *de Figueiredo*

Dias, Schuld und Persönlichkeit, ZStW 95, 220. – *Fluri*, Zur Lehre von der Tatverantwortung 1973. – *Frank*, Über den Aufbau des Schuldbegriffs, 1907. – *Freudenthal*, Schuld und Verantwortung im geltenden Strafrecht, 1922. – *Frister*, Schuldprinzip, Verbot der Verdachtsstrafe und Unschuldsvermutung als materielle Grundprinzipien des Strafrechts, 1988. – *Foth*, Tatschuld und Charakter, 60. Schopenhauer-Jahrb. für das Jahr 1979, S. 148. – *Goldschmidt*, Normativer Schuldbegriff, Frank-FG I 428. *Grasnick*, Über Schuld, Strafe und Sprache, 1987. – *Griffel*, Der Mensch, Wesen ohne Verantwortung?, 1975. – *ders.*, Prävention und Schuldstrafe, ZStW 98, 28. – *ders.*, Widerspruch um die Schuldstrafe, GA 89, 193. – *Grünhut*, Gefährlichkeit als Schuldmoment, Aschaffenburg-FS (1926) 87. – *Haddenbrock*, Strafrechtliche Handlungsfähigkeit und „Schuldfähigkeit" (Verantwortlichkeit), auch Schuldformen, in: Göppinger-Witter, Handb. der forensischen Psychiatrie II (1972) 863. – *Haft*, Der Schulddialog, 1978. – *Hardwig*, Die Gesinnungsmerkmale im Strafrecht, ZStW 68, 14. – *ders.*, Personales Unrecht und Schuld, MSchrKrim 61, 194. – *ders.*, Die Zurechnung, 1957. – *Harsch*, Schuldprinzip unter tiefenpsychologischen Gesichtspunkten, in: Verbrechen – Schuld oder Schicksal? (1969) 102. – *Hassemer*, Alternativen zum Schuldprinzip?, in: Baumgartner-Eser (s. o.), 89. – *Hohenleitner*, Schuld als Werturteil, Rittler-FS 185. – *Jakobs*, Schuld und Prävention, 1976. – *ders.*, Strafrechtliche Schuld ohne Willensfreiheit?, in: Aspekte der Freiheit, Schriftenreihe d. Univ. Regensburg, Bd. 6 (1982), 69. – *ders.*, Zum Verhältnis von psychischem Faktum und Norm bei der Schuld, KrimGgwFr 15 (1982), 127. – *Kadecka*, Von der Schädlichkeit zur Schuld und von der Schuld zur Schädlichkeit, SchwZStr 50, 343. – *Kantorowicz*, Tat und Schuld, 1933. – *Kargl*, Kritik des Schuldprinzips, 1982. – *Arthur Kaufmann*, Das Unrechtsbewußtsein in der Schuldlehre, 1949; durchgesehener Neudruck 1985. – *ders.*, Das Schuldprinzip, 2. A., 1976. – *ders.*, Dogmatische und kriminalpolitische Aspekte des Schuldgedankens im Strafrecht, JZ 67, 553. – *ders.*, Schuldprinzip und Verhältnismäßigkeitsgrundsatz, Lange-FS 27. – *ders.*, Schuld und Prävention, Wassermann-FS 889. – *ders.*, Unzeitgemäße Betrachtungen zum Schuldgrundsatz im Strafrecht, Jura 86, 225. – *ders.*, Strafrecht und Freiheit, Fundamenta Psychiatrica 1988, 146. – *S. Kaufmann*, Die philosophischen Grundprobleme der Strafrechtsschuld, 1929. – *Kim*, Zur Fragwürdigkeit und Notwendigkeit des strafrechtlichen Schuldprinzips, 1987. – *Kohlrausch*, Sollen und Können als Grundlage der strafrechtlichen Zurechnung, Güterbock-FG (1910) 3. – *Krümpelmann*, Dogmatische und empirische Probleme des sozialen Schuldbegriffs, GA 83, 337. – *Kunz*, Prävention und gerechte Zurechnung, ZStW 98, 823. – *Lackner*, Prävention und Schuldfähigkeit, Kleinknecht-FS 245. – *Lang-Hinrichsen*, Zur Frage der Schuld bei Straftaten und Ordnungswidrigkeiten, GA 57, 225. – *ders.*, Die Krise des Schuldgedankens im Strafrecht, ZStW 73, 210. – *Lange*, Der Strafgesetzgeber und die Schuldlehre, JZ 56, 73. – *ders.*, Die moderne Anthropologie und das Strafrecht, in: Frey, Schuld, Verantwortung, Strafe (1964) 277. – *ders.*, Ist Schuld möglich?, Bockelmann-FS 261. – *Lenckner*, Strafe, Schuld und Schuldfähigkeit, in: Göppinger-Witter, Handb. der forensischen Psychiatrie I (1972) 3. – *Maihofer*, Objektive Schuldelemente, H. Mayer-FS 185. – *Maiwald*, Gedanken zu einem sozialen Schuldbegriff, Lackner-FS 149. – *Mangakis*, Über das Verhältnis von Strafrechtsschuld und Willensfreiheit, ZStW 75, 499. – *Maurach*, Schuld und Verantwortung im Strafrecht, 1948. – *Müller-Dietz*, Grenzen des Schuldgedankens im Strafrecht, 1967. – *Nass*, Wandlungen des Schuldbegriffs im Laufe des Rechtsdenkens, 1963. – *Neufelder*, Schuldbegriff und Verfassung, GA 74, 289. – *Neumann*, Neue Entwicklungen im Bereich der Argumentationsmuster zur Begründung oder zum Ausschluß strafrechtlicher Verantwortlichkeit, ZStW 99, 567. – *Noll*, Schuld und Prävention unter dem Gesichtspunkt der Rationalisierung des Strafrechts, H. Mayer-FS 319. – *Nowakowski*, Das Ausmaß der Schuld, SchwZStr. 65, 301. – *ders.*, Freiheit, Schuld, Vergeltung, Rittler-FS 55. – *Otto*, Personales Unrecht, Schuld und Strafe, ZStW 87, 539. – *ders.*, Über den Zusammenhang von Schuld und menschlicher Würde, GA 81, 482. – *von Pothast*, Die Unzulänglichkeit der Freiheitsbeweise, 1980. – *Radbruch*, Über den Schuldbegriff, ZStW 24, 333. – *ders.*, Tat und Schuld, SchwZStr. 51, 249. – *Roxin*, Kriminalpolitik und Strafrechtssystem, 2. A., 1973. – *ders.*, Kriminalpolitische Überlegungen zum Schuldprinzip, MSchrKrim 73, 316. – *ders.*, „Schuld" und „Verantwortlichkeit" als strafrechtliche Systemkategorien, Henkel-FS 171. – *ders.*, Zur jüngsten Diskussion über Schuld, Prävention und Verantwortung im Strafrecht, Bockelmann-FS 279. – *ders.*, Zur Problematik des Schuldstrafrechts, ZStW 96, 641. – *ders.*, Was bleibt von der Schuld im Strafrecht übrig?, SchwZStr. 104, 356. – *Rudolphi*, Unrechtsbewußtsein, Verbotsirrtum und Vermeidbarkeit des Verbotsirrtums, 1969. – *Scheffler*, Kriminologische Kritik des Schuldstrafrechts, 1985. – *Schmidhäuser*, Gesinnungsmerkmale im Strafrecht, 1958. – *Schöneborn*, Schuldprinzip und generalpräventiver Aspekt, ZStW 88, 349. – *ders.*, Grenzen einer generalpräventiven Rekonstruktion des strafrechtlichen Schuldprinzips, ZStW 92, 682. – *ders.*, Über den axiologischen Schuldbegriff des Strafrechts: Die unrechtliche Tatgesinnung, Jescheck-FS 485. – *Schörcher*, Zum Streit um die Willensfreiheit, ZStW 77, 240. – *Schreiber*, Schuld und Schuldfähigkeit im Strafrecht, in: Schmidt-Hieber u. Wassermann, Justiz und Recht (1983) 73 (zit.: aaO 1983). – *ders.*, Rechtliche Grundlagen der Schuldunfähigkeitsbeurteilung, in: Venzlaff, Psychiatrische Begutachtung (1986) 4 (zit.: aaO 1986). – *ders.*, Was heißt heute strafrechtliche Schuld und wie.?, Der Nervenarzt 48 (1977), 242. – *Schröder*, Vorsatz und Schuld, MDR 50, 647. – *ders.*, Die Irrtumsrechtsprechung des BGH, ZStW 65, 178. – *F. C. Schroeder*, Schuld als Entscheidung – Zur neueren Schulddiskussion in der DDR, Jahrb. f. Ostrecht, 1973, 9. – *Schünemann*, Die Funktion des Schuldprinzips im Präventionsstrafrecht, in: Schünemann, Grundfragen des modernen Strafrechtssystems (1984) 153. – *ders.*, Die deutschsprachige Strafrechtswissenschaft nach der Strafrechtsreform usw., GA 86, 293. – *Schumacher*, Um das

Wesen der Strafrechtsschuld, 1927. – *Schwalm,* Schuld und Schuldfähigkeit, JZ 70, 487. – *Seelmann,* Neue Entwicklungen beim strafrechtlichen Schuldbegriff, Jura 80, 505. – *Seelig,* Die Schuld im deutschen Strafrecht, Ann. Univ. Saraviensis, 1953. – *Spendel,* Unrechtsbewußtsein in der Verbrechenssystematik, Tröndle-FS 89. – *Strasser,* Sich beherrschen können, in: Lüderssen-Sack, Vom Nutzen und Nachteil der Sozialwissenschaften für das Strafrecht, Bd. I (1980) 143. – *Stratenwerth,* Zur Funktion strafrechtlicher Gesinnungsmerkmale, v. Weber-FS 171. – *ders.,* Schuld und Rechtfertigung, in: Mißlingt die Strafrechtsreform? (1969) 31. – *ders.,* Tatschuld und Strafzumessung, Recht und Staat 406/407. – *ders.,* Die Zukunft des strafrechtlichen Schuldprinzips, 1977. – *Streng,* Schuld, Vergeltung, Generalprävention, ZStW 92, 637. – *ders.,* Schuld ohne Freiheit? Der funktionale Schuldbegriff auf dem Prüfstand, ZStW 101, 273. – *Thomae,* Bewußtsein, Persönlichkeit und Schuld, MSchrKrim 61, 114. – *Tiemeyer,* Grundlagen des normativen Schuldbegriffs, GA 86, 203. – *ders.,* Zur Möglichkeit eines erfahrungswissenschaftlich gesicherten Schuldbegriffs, ZStW 100, 527. – *Welzel,* Persönlichkeit und Schuld, ZStW 60, 428. – *ders.,* Vom irrenden Gewissen, 1949. – *ders.,* Das Gesinnungsmoment im Recht, Gierke-FS (1950) 290. – *ders.,* Gedanken zur „Willensfreiheit", Engisch-FS 91. – *Woesner,* Strafrechtlicher und sittlicher Schuldvorwurf, NJW 64, 1. – *E. Wolf,* Strafrechtliche Schuldlehre, 1928. – *Ziegert,* Vorsatz, Schuld und Vorverschulden, 1987. – *Zippelius,* Zum Problem der Willensfreiheit, Fundamenta Psychiatrica 1988, 141.

103 I. Strafe setzt Schuld voraus (BVerfGE **9** 169, **20** 331, **23** 132, **28** 391, BGH **2** 200, **10** 259). Dieser **„Schuldgrundsatz"** hat Verfassungsrang, denn er folgt sowohl aus dem Rechtsstaatsprinzip als auch daraus, daß eine Strafe ohne Schuld gegen Art. 1 I GG verstoßen würde (vgl. dazu 6 vor § 38 mwN; and. zur verfassungsrechtlichen Begründung Frister aaO 18ff.). Zwar wurde entgegen früheren Entwürfen eine entsprechende programmatische Erklärung in das Gesetz nicht aufgenommen; in der Sache hat das Schuldprinzip jedoch in § 46 (vgl. dort RN 5ff.) und anderen Bestimmungen (z. B. §§ 17ff.) hinreichend Ausdruck gefunden. Seine Notwendigkeit ergibt sich schon daraus, daß die Strafe keine wertindifferente Maßregel ist, sondern zugleich einen sozialethischen Tadel gegen den Täter enthält. Dieser aber ist nicht schon bei einem tatbestandsmäßig-rechtswidrigen, d. h. im Widerspruch zu den generellen rechtlichen Sollensanforderungen stehenden Verhalten gerechtfertigt, sondern erst dann, wenn die persönliche Verantwortlichkeit des Täters für die rechtswidrige Tat, sein „Dafür-Können" hinzukommt (vgl. z. B. BGH **2** 200, **18** 94, Baumann/Weber 358 f., Hirsch LK 170 vor § 32, Jescheck 1, Arthur Kaufmann, Schuldprinzip 115ff., Lenckner aaO 35, Schröder ZStW 66, 168, Stratenwerth 155, Welzel 120). Außerdem wäre Strafe ohne Schuld auch unter general- und spezialpräventiven Gesichtspunkten offenbar sinnlos und daher nicht erforderlich (Jescheck LK 65 vor § 13, Roxin, Kriminalpolitik 33). Zu den Gefahren für das Schuldprinzip vgl. Hassemer aaO, zu dessen Nichtersetzbarkeit durch den Verhältnismäßigkeitsgrundsatz vgl. Arthur Kaufmann, Lange-FS 31 ff., Wassermann-FS 890 f., Jura 86, 227 f.; zur Kritik am Schuldprinzip aus soziologischer Sicht vgl. Kargl aaO 198 ff., Sack, in: König, Handb. der empirischen Sozialforschung, Bd. 12, 2. A., 348 ff. und dagegen mit Recht z. B. Schreiber aaO 1983, 76 u. 1986, 7.

104 Der Schuldgrundsatz kann im gegenwärtigen Strafrecht im wesentlichen als gewahrt angesehen werden. Bei den erfolgsqualifizierten Delikten brachte bereits das 3. StÄG v. 4. 8. 1953 durch Einfügung des § 56 a. F. (vgl. jetzt § 18) eine Harmonisierung mit dem Schuldprinzip (vgl. § 18 RN 1). § 22 III WStG a. F., der im klaren Widerspruch zum Schuldgrundsatz stand (Bestrafung auch bei nichtvorwerfbarem Irrtum), wurde durch Art. 27 Nr. 17 EGStGB geändert und der Regelung des § 113 IV angeglichen. Bedenken werden heute gelegentlich noch gegen § 323 a erhoben (vgl. dort RN 1 mwN), ferner gegen die Bestrafung der unbewußten Fahrlässigkeit (vgl. insbes. Arthur Kaufmann, Schuldprinzip 140 ff.), wobei jedoch ein bestimmter Schuldbegriff – Schuld nur als „Willensschuld" – vorausgesetzt wird; vgl. dagegen z. B. Engisch, Untersuchungen über Vorsatz und Fahrlässigkeit (1930) 239, Lenckner aaO 59 ff., Stratenwerth 291, 296, Welzel 151; vgl. auch B-Volk I 158 f., Himmelreich, Notwehr und unbewußte Fahrlässigkeit (1971) 21 ff. mwN.

105 II. Das geltende Strafrecht ist Tatstrafrecht und nicht Täterstrafrecht (vgl. o. 3), d. h. bestraft wird der Täter für das, was er getan hat, und nicht für das, was er ist. Im Prinzip unbestritten ist daher auch, daß die strafrechtliche Schuld nicht in der schuldhaften Persönlichkeitsgestaltung besteht **(Persönlichkeits- oder Täterschuld)**, sondern daß sie **Einzeltatschuld** in dem Sinn ist, daß Anknüpfungspunkt für das Schuldurteil die konkrete Tat und die in ihr aktualisierte Schuld ist (so bes. Baumann/Weber 359, JZ 62, 41, Bruns StrZR 538 ff., Jescheck LK 68 vor § 13, Arthur Kaufmann, Schuldprinzip 187 ff., Lenckner aaO 40 ff., Rudolphi SK 3 vor § 19, Schmidhäuser 373, Stratenwerth, Tatschuld und Strafzumessung). Dies bedeutet selbstverständlich nicht, daß die Tat als eine punktuelle und isolierte Erscheinung im Leben des Täters zu sehen wäre; eingebettet in seine sonstigen Handlungen ist sie vielmehr oft nur das Schlußstück einer Kette von Fehlentscheidungen, die alle ein Stück Persönlichkeitsverwirklichung darstellen, weshalb auch die Tat nur in diesem größeren Zusammenhang begriffen werden kann. Doch ändert dies nichts daran, daß der gegen den Täter erhobene Schuldvorwurf nicht an sein So-Sein oder So-Gewordensein anknüpft, sondern an die schuldhafte Begehung der konkreten

Tat; denn auch soweit hier vor der Tat liegende Handlungen in die Schuldbetrachtung mit einfließen, geschieht dies nur in dem Umfang, in dem das frühere Verhalten – auf die konkrete Tat projiziert – in dieser tatsächlich wirksam geworden ist. Es ist deshalb eine sekundäre und letztlich terminologische Frage, ob man wegen einer verfehlten Lebensführung, die schließlich in eine strafbare Handlung einmündet, von einer Persönlichkeitsschuld sprechen will; entscheidend ist, daß diese nur aus Anlaß und in den Grenzen der begangenen Tat als Aktualisierung in der Einzeltatschuld für das Recht von Bedeutung ist. Eine von der konkreten Tat gelöste Persönlichkeitsschuld ist, wie schon die Streichung des § 20a a. F. durch das 1. StrRG zeigt, dem geltenden Recht dagegen fremd. Es besteht auch kein Anlaß, an diesem Begriff deshalb festzuhalten, um die Berücksichtigung von Handlungen vor der Tat bei der Strafzumessung (vgl. § 46 RN 29 ff.) und die Bestrafung des verschuldeten Verbotsirrtums (§ 17 S. 2) erklären zu können; alle diese Erscheinungen lassen sich vielmehr auch mit einem richtig verstandenen Tatschuldbegriff in Einklang bringen (so mit Recht M-Zipf I 458 f., ferner Bruns aaO 538 ff.; and. z. T. Bockelmann Mat. I 36, Brauneck MSchrKrim 58, 142, Grasnick aaO 228 ff., Jescheck 381).

106 Der Gedanke einer die Tatschuld *übersteigenden* Täterschuld diente früher z. T. zur Rechtfertigung der bloßen Kann-Milderung bei der verminderten Schuldfähigkeit (vgl. jetzt § 21), vor allem aber zur Erklärung der Strafschärfung bei gefährlichen Gewohnheitsverbrechern nach § 20a a. F. Hier sollte es dem Täter als Schuld zugerechnet werden, „nicht das aus sich gemacht zu haben, was möglich gewesen wäre" (Lange ZStW 62, 199 Anm. 66 und näher Bockelmann, Studien zum Täterstrafrecht I [1939], II [1940]). Mezger ZStW 57, 689 sprach in diesem Zusammenhang von einer „**Lebensführungsschuld**"; von Bockelmann, Täterstrafrecht II 153 stammt die Bezeichnung „**Lebensentscheidungsschuld**", mit welcher der Gehalt an Willensschuld besonders betont werden sollte. Wieder in einem anderen Sinn wird z. T. der Begriff „**Dispositions**" – oder „**Charakterschuld**" gebraucht, der auch das Einstehenmüssen für solche Persönlichkeitskomponenten umfassen soll, für die der Täter nichts kann (in diesem Sinn im Anschluß an die Schuldlehre der Moral Engisch ZStW 61, 170; vgl. ferner ZStW 66, 359, MSchrKrim 67, 108; zu einer modifizierten Charakterschuld vgl. Burkhardt, in: Lüderssen/Sack 103 ff.). Mit der Streichung des § 20a a. F. durch das 1. StrRG haben diese Lehren ihre ursprüngliche Bedeutung verloren. Die h. M. hatte sich ohnehin ablehnend verhalten, u. a. weil eine Lebensführungsschuld mit den Mitteln des Prozesses nicht festgestellt werden kann und hier Gefährlichkeit in Schuld umgemünzt wird (näher Bruns StrZR 543 ff., Arthur Kaufmann, Schuldprinzip 187 ff. mwN). Eine andere Frage ist es, daß eine „Lebensführungsunschuld" (Jakobs 402) als Hintergrund der Tat zugunsten des Täters berücksichtigt werden kann.

107 III. Je nach der **Funktion**, die der **Schuldbegriff** im Strafrecht zu erfüllen hat, ist zu unterscheiden zwischen der *Schuldidee*, der *Strafbegründungsschuld* und der *Strafmaß- bzw. Strafbemessungsschuld* (Achenbach, Schuldlehre 2 ff. sowie in: Schünemann 136; ebenso Lackner 4 vor § 13, M-Zipf I 401, Roxin, Bockelmann-FS 279, Rudolphi SK 1 vor § 19).

108 1. Bei der **Schuldidee**, die auch dem Schuldprinzip (vgl. o. 104) zugrundeliegt, geht es um das Phänomen der Schuld als Grundlage und Grenze der staatlichen Strafgewalt und damit um die Frage der Rechtfertigung der Strafsanktion überhaupt (Achenbach, Schuldlehre 3). In diesen Zusammenhang gehört insbes. auch das **Problem von Schuld und Willensfreiheit**, wobei der Freiheitsbegriff freilich nicht i. S. eines strengen Indeterminismus als völlige Voraussetzungslosigkeit und Spontaneität des Handelns zu verstehen ist, sondern als Freiheit in dem positiven Sinn, daß der Mensch als ein mehrschichtiges Wesen die Fähigkeit zur „Überdetermination" kausaler Determinanten hat (vgl. z. B. Bockelmann ZStW 75, 385 ff. u. 77, 253 ff., Arthur Kaufmann JZ 67, 560 u. 74, 269, Jura 86, 226 f., Fund. Psych. 88, 146, H. Kaufmann JZ 62, 198, Lenckner aaO 19, Welzel 148: „Freiheit *vom* blinden, sinnindifferenten kausalen Zwang *zu* sinngemäßer Selbstbestimmung"; vgl. aber auch die verschiedenen Freiheitsbegriffe und die entsprechende Differenzierung des „Anders-Handeln-Könnens" b. Tiemeyer GA 86, 203). Ob es einen solchen „relativen Indeterminismus" (Haddenbrock in: Göppinger/Witter II 893) gibt, ist freilich ebenso umstritten wie die weitere Frage, ob strafrechtliche Schuld die Möglichkeit freier Selbstbestimmung des Menschen voraussetzt.

108a Zur jüngsten Entwicklung in der Schulddiskussion vgl. zusfass. Dreher aaO 29 ff., Lackner aaO und aus dem kaum noch überschaubaren Schrifttum allein aus neuerer Zeit außer den o. 108 Genannten z. B. Bauer aaO, Baumann JZ 62, 41 u. 69, Burkhardt GA 76, 331, Danner aaO (dazu Dreher ZStW 95, 340), Dreher aaO, Engisch, Lehre von der Willensfreiheit usw., MSchrKrim 67, 108, Foth aaO, Grasnick aaO 43 ff., Griffel aaO, Haddenbrock, in: Göppinger/Witter II 893, NJW 67, 285, JZ 69, 121, MSchrKrim 68, 145, Hardwig MSchrKrim 73, 288, Hassemer aaO, Jakobs, in: Aspekte 69, Jescheck, Das Menschenbild unserer Zeit und die Strafrechtsreform, 1957, Kargl aaO 236 ff., Kim aaO 13 ff., 48 ff., Lange, in: Frey 277, Bockelmann-FS 261, Leferenz ZStW 88, 41, Lersch, Aufbau der Person, 11. A. (1970), Mangakis ZStW 75, 499, Nowakowski, Rittler-FS 55, Otto GA 81, 486 ff., Roxin MSchrKrim 73, 316,

Vorbem §§ 13 ff. 109, 109a   Allg. Teil. Die Tat – Grundlagen der Strafbarkeit

Henkel-FS 171, ZStW 96, 641, Scheffler aaO, Schöneborn ZStW 88, 351, Schörcher ZStW 77, 240, Schünemann aaO 160 ff., GA 86, 293, Tiemeyer GA 86, 203, ZStW 100, 527, Welzel, Engisch-FS 91, Zippelius aaO; w. Nachw. bei Lange LK § 20 B vor 1.

109   a) Viele sehen hier, wenn auch mit unterschiedlichen Folgerungen, **die Existenzfrage des Strafrechts** überhaupt. Die traditionelle Vorstellung ist z. B. in der grundlegenden Entscheidung BGH **2** 194 formuliert, wonach der Mensch seine Handlungen zu verantworten habe, weil er „auf freie, verantwortliche, sittliche Selbstbestimmung angelegt und deshalb befähigt ist, sich für das Recht und gegen das Unrecht zu entscheiden, sein Verhalten nach den Normen des rechtlichen Sollens einzurichten und das rechtlich Verbotene zu vermeiden" (S. 200). Die extreme Gegenposition dazu findet sich in der bisher allerdings vereinzelt gebliebenen Auffassung, die wegen der empirischen Nichtbeweisbarkeit der Willensfreiheit den Begriffen Schuld und Strafe eine mehr oder weniger radikale Absage erteilt (vgl. z. B. Bauer, Ellscheid/Hassemer, Foth, Kargl, Scheffler, jeweils aaO). In den Konsequenzen weniger weitgehend, den Schuldgedanken in seinem herkömmlichen Verständnis aber gleichfalls negierend, ist eine andere Lehre, welche die Wurzeln der Schuldzurechnung nicht mehr in der Person des Täters, sondern in kollektiven (Vergeltungs-)Bedürfnissen der Bevölkerung sucht (so die tiefenpsychologische Schulddeutung von Streng ZStW 92, 637 [Schuld „als bloße Spiegelung emotionaler Bedürfnisse der Urteilenden", S. 657] u. 101, 273, dagegen aber mit Recht Maiwald aaO 154 ff.; vgl. dazu auch u. 117). Einen mittleren Weg geht demgegenüber die wohl h. M., die zwar an dem Gedanken von Schuld und Strafe festhält, dies angesichts des seinswissenschaftlich nicht zu entscheidenden „Ewigkeitsproblems" menschlicher Willensfreiheit aber mit einem Schuldbegriff, der beim Täter nicht die individuelle Freiheit zum Anders-handeln-Können voraussetzt. In diesen Zusammenhang gehört auch der in der neueren Diskussion so bezeichnete *„soziale Schuldbegriff"*, wonach „Schuld" das Zurückbleiben hinter Verhaltensforderungen ausmacht, die bei normaler Motivierbarkeit an jedermann gestellt werden müssen (z. B. Lackner III 4a aa vor § 13, Roxin, Bockelmann-FS 291 u. näher zum – allerdings nicht immer einheitlich verstandenen – sozialen Schuldbegriff Krümpelmann GA 83, 337, Maiwald aaO 153 ff., Neumann ZStW 99, 587 ff.; vgl. im übrigen zur h. M. z. B. Bockelmann ZStW 75, 384 ff., Lange-FS 4, B-Volk 110, Engisch, Willensfreiheit 65, Jakobs 397 u. in: Aspekte 71, Mezger 251, Muñoz Conde GA 78, 68, Roxin JuS 66, 384, MSchrKrim 73, 320, Henkel-FS 185, Schmidhäuser 369, 446, I 191 f., Jescheck-FS 485, Schreiber aaO 1986, 8 u. Nervenarzt 48, 244 ff.).

109a   Doch werden mit solchen Versuchen, die Freiheitsfrage auszuklammern, die eigentlichen Schwierigkeiten nur scheinbar umgangen. Dies gilt etwa für die These, hinsichtlich des strafrechtlichen Schuldvorwurfs könne die Frage nicht lauten, ob der konkrete Täter in der konkreten Situation anders hätte handeln können, vielmehr müsse nur in genere die Möglichkeit bestanden haben, daß „man" sich unter den gegebenen Umständen anders als der Täter verhalten hätte (vgl. B-Volk I 165): Was eigentlich dazu berechtigt, jemand dafür verantwortlich zu machen und zu bestrafen, daß andere in seiner Lage richtig gehandelt hätten, wird damit nämlich gerade nicht beantwortet (vgl. Lenckner aaO 18, ferner Tiemeyer GA 86, 214, ZStW 100, 535). Ähnlich verhält es sich mit der Lehre von der „Charakterschuld", nach der die Frage, ob der Täter anders hätte handeln können, deshalb soll unbeantwortet bleiben können, weil der „uns zur Schuld gereichende Mangel an Willenskraft oder Besorgnis im Charakter wurzelt" und dieser „letztlich den Schuldvorwurf zu tragen und in sich zu verantworten" habe (Engisch aaO u. o. 106): Denn dies bedeutet zwar „Haftung", aber nicht „Schuld" (vgl. auch Otto GA 81, 483 sowie Arthur Kaufmann JZ 67, 555, Fund. Psych. 88, 148, der mit Recht die Frage stellt, wie es möglich sei, daß sich der Täter für sein So-Sein zu „verantworten" habe, wenn dabei nicht zugleich Freiheit vorausgesetzt wird). Abgesehen davon ist nicht jede schuldhafte Tat Ausdruck eines Charaktermangels i. S. einer relativ stabilen Charaktereigenschaft (z. B. Versagen im Straßenverkehr), ein Einwand, der auch gegen die modifizierte Charakterschuldlehre von Burkhardt (in: Lüderssen/Sack 103 ff.) zu erheben ist, wo überdies auf einen auf das So-Sein bezogenen („dispositionellen") Tadel nur scheinbar verzichtet wird (vgl. dazu die Kritik von Strasser, ebda. 159 ff.). Nur eine Verschiebung der Probleme ist es ferner, wenn wegen der Unbeweisbarkeit des Andershandelnkönnens z. Z. der Tat auf eine „Grundwahl" zurückgegriffen wird, durch die „sich der Mensch zu sich selbst entscheidet und dadurch . . . sein eigenes Wesen festlegt" (Figueiredo Dias ZStW 95, 240; vgl. dagegen Roxin ZStW 96, 648). Gleichfalls nur an anderer Stelle erscheint die Freiheitsfrage bei einem von der Generalprävention her abgeleiteten Schuldbegriff (Jakobs 397 u. in: Aspekte 80; vgl. u. 117), denn wegen ihrer Verwurzelung im gesellschaftlichen Bewußtsein kann auch die „Einübung von Rechtstreue" nur gelingen, wenn die Tat für vermeidbar gehalten wird (Tiemeyer GA 86, 213). Ebensowenig kann die Freiheitsfrage dadurch ausgeklammert werden, daß man die Schuld auf ein „rechtsgutsverletzendes geistiges Verhalten" in dem Sinn reduziert, daß der Täter trotz „geistiger Teilhabe an den durch das Unrecht verletzten Werten" diese „auch geistig nicht ernst genommen hat" (Schmidhäuser 367, 369, I 191). Auch diese Auffassung bleibt vielmehr die Antwort darauf schuldig, was dazu berechtigt, von Schuld und Vorwerfbarkeit zu sprechen, wenn offenbleibt, „ob dieser Täter als der, der er ist, in seinem Wollen frei war, den verletzten Wert ernst zu nehmen" (I 191). Endlich kann das Problem der Willensfreiheit aber auch nicht dadurch entschärft werden, daß man der Schuld lediglich Limitationsfunktion zuerkennt, indem ihr Sinn allein darin gesehen wird, die aus anderen Gründen notwendige und legitimierte Strafe auf das gerechte Maß zu begrenzen (so jedoch Roxin JuS 66, 384, MSchrKrim 73, 320; vgl. auch Rudolphi, Unrechtsbewußtsein usw. 29f., Schünemann aaO 187); denn gibt die Schuld die Grenze der Strafe an, so muß sie zugleich zu ihren Voraussetzungen gehören, mit der Folge, daß die Frage von Schuld und Freiheit gerade nicht in der Schwebe gelassen werden kann (Griffel ZStW 98, 31 ff., Jescheck LK 67 vor § 13, Arthur Kaufmann, Lange-FS 28, Jura 86, 228 ff., Lenckner aaO 18 f., Otto 225, ZStW 87, 584). Die Klarstellung von Roxin MSchrKrim 73, 321, daß die Schuld ein Mittel sei, „*kriminalrechtliche Sanktionen* zu begrenzen, nicht aber zu begründen, und daß eine durch das Schuldprinzip begrenzte kriminalrechtliche Sanktion Strafe genannt wird", ändert daran nichts. Auch dann bleibt es vielmehr dabei, daß die Begrenzung auf das schuldentsprechende Maß schon eine Voraussetzung ihrer Rechtfertigung ist (vgl. auch Stratenwerth ZStW 85, 490): Findet nämlich eine der strafrechtlichen Sanktionen – die nicht zufällig die Bezeichnung „Strafe" führt – ihre Grenze im Schuldprinzip, so deshalb, weil sie – anders als die Maßregel – zugleich einen sozialen Tadel zum Ausdruck bringt, der notwendigerweise voraussetzt, daß gegen den davon Betroffenen ein entsprechender Vorwurf erhoben werden kann. Richtig ist nur, daß die Schuld nicht der *Grund* der Strafe ist, denn gestraft wird nicht um der Schuld willen, vielmehr ist die Notwendigkeit der Strafe ausschließlich in der General- und Spezialprävention begründet. Aber auch diese *rechtfertigen* die Strafe erst dann, wenn der Täter den darin liegenden Tadel „verdient" hat, was ohne Schuld i. S. eines „Dafür-Könnens" nicht denkbar ist; der mit der Strafe erhobene Unwertvorwurf verstieße vielmehr gegen Art. 1 GG, wenn der zur Verantwortung Gezogene auf das Geschehen keinen Einfluß gehabt hätte (Neufelder GA 74, 303).

b) **Zuzustimmen** ist deshalb der Auffassung, die in der **menschlichen Entscheidungsfreiheit** 110 die Voraussetzung für das Schuldprinzip sieht (so z. B. BGH 2 200, Dreher aaO 15 u. pass., Griffel GA 89, 193, Jescheck 366, Armin Kaufmann, Strafrechtsdogmatik zwischen Sein und Wert, 1982, 263, Arthur Kaufmann aaO [u. a. Schuldprinzip 127, 279], Lenckner aaO 35, Stratenwerth 77, 105 ff., Tiemeyer ZStW 100, 529). Auch die Frage nach der Legitimation eines auf dem Schuldprinzip aufbauenden Strafrechts bleibt damit bestehen. Jedoch braucht sie nicht deshalb verneint zu werden, weil die Freiheit des Menschen als individueller Person nicht beweisbar, sondern nur postulierbar ist und der Schuldvorwurf daher nur auf den Vergleich gestützt werden kann, daß andere in der Situation des Täters anders gehandelt hätten (zu dieser analogischen Schuldfeststellung vgl. Jescheck 385 f., Arthur Kaufmann JZ 67, 560, Fund. Psych. 88, 148 f., Lange-FS 30, Wassermann-FS 893, Jura 86, 227, Maiwald aaO 164 ff., Otto ZStW 87, 583, GA 81, 486, Rudolphi SK 1 vor § 19; anderer z. B. Schreiber aaO 1986, 7 u. Nervenarzt 48, 244). Dabei ist es müßig, darüber zu streiten, ob in dem Streit um die Willensfreiheit der Indeterminismus oder seine Gegner die „Beweislast" tragen (vgl. dazu Engisch, Lehre von der Willensfreiheit 38 f., Griffel ZStW 98, 36, GA 89, 195, Arthur Kaufmann, Schuldprinzip 54 f., Fund. Psych. 88, 146, Tielsch ZStW 76, 404). Denn von welchem Menschenbild eine Rechtsordnung ausgeht – und darum geht es hier –, ist primär eine *normative* Frage, bei der es eine Beweislast vernünftigerweise nicht geben kann. Die These, daß alle rechtlichen Grundentscheidungen seinswissenschaftlich verifizierbar sein müßten und daß die Gründung des Strafrechts auf einer „metaphysischen" Stellungnahme nicht zulässig sei (z. B. Leferenz, Der Nervenarzt 19, 371), verkennt, daß das Recht gar nicht umhin kann, eine Gemeinschaftsordnung auch nach solchen Maximen, Zielvorstellungen und Wertentscheidungen zu gestalten, für deren Richtigkeit es keinen Beweis im strengen Sinn gibt (vgl. auch Mezger, Probleme der strafrechtlichen Zurechnungsfähigkeit [1949] 45, Otto GA 81, 487 ff., Würtenberger JZ 54, 210). Ebenso wie z. B. das Bekenntnis zur Menschenwürde (Art. 1 GG) erhält deshalb auch die empirisch nicht zu klärende Freiheitsfrage im normativen Bereich einen anderen Sinn: Hier ist die Bejahung von Freiheit i. S. einer „normativen Setzung" (Roxin ZStW 96, 650) oder „Zuschreibung" (Haffke GA 78, 45, Rudolphi SK 1 vor § 19) als eine gesellschaftliche Entscheidung hinreichend legitimiert, wenn sie in der Überzeugung getroffen wird, daß Menschen nur im Bewußtsein von Freiheit und Verantwortung – diese im Guten wie im Bösen – existieren können (Lenckner aaO 20, 97; vgl. dazu aber auch Griffel ZStW 98, 28, Tiemeyer GA 86, 215, ZStW 101, 527). Mit Recht wird hier zwar darauf hingewiesen, daß die normative Komponente nicht zu früh ausgespielt werden darf und versucht werden muß, soweit wie möglich mit Hilfe von Erfahrungswissen die faktisch vorhandenen bzw. fehlenden Entscheidungs- und Motivationsspielräume zu ermitteln (vgl. Albrecht GA 83, 193, Roxin SchwZStr 104, 368 ff.; vgl. auch Tiemeyer ZStW 100, 527: Möglichkeit eines erfahrungswissenschaftlich gesicherten Schuldbegriffs auf der Grundlage einer „relativen Freiheit", dagegen aber mit Recht Griffel GA 89, 195 FN 17). Letzte Grenzen wird es hier aber immer geben, die dann doch wieder nur dadurch überbrückt werden können, daß individuelles „Anders-handeln-Können" normativ „zugeschrieben" wird, ein Akt, ohne den z. B. auch einem „sozialen Schuldbegriff" (vgl. o. 109) die Legitimation fehlen würde. Dies schließt nicht aus, daß eine solche Entscheidung – wie jede Wertentscheidung – sich immer wieder aufs neue in Frage stellen lassen muß.

Andererseits ist aber auch daran zu erinnern, daß der Gedanke von Freiheit und Verantwortlichkeit eine Realität unseres sozialen und moralischen Bewußtseins ist (Jescheck 370) und daß es noch keine menschliche Gesellschaft gegeben hat, die auf das Mittel der Strafe verzichtet hätte; dadurch, daß man den Dingen einen anderen Namen gibt („Freiheitsentzug" statt „Freiheitsstrafe", „individuelle Zurechnung" statt „Schuld", „normale Motivierbarkeit" statt „freie Selbstbestimmung"), wird in der Sache kein Deut geändert.

111 2. Im Unterschied zur Schuldidee geht es bei der **„Strafbegründungsschuld"** um Schuld als Inbegriff der subjektiven Zurechnungsvoraussetzungen, die nach positivem Recht die Verhängung der Strafe gegenüber dem Täter begründen oder ausschließen (Achenbach, Schuldlehre 4f., zur Terminologie vgl. aber auch S. 220). Die Schuld in diesem Sinn ist damit zugleich auf das Verbrechenssystem bezogen; sie ist auch gemeint, wenn in der üblichen Definition des Verbrechens (vgl. o. 12) die Schuld als besonderes Deliktsmerkmal genannt wird.

112 3. Gleichfalls im Bereich der Rechtsanwendung, aber in einer anderen Funktion dient der Begriff „Schuld" zur Kennzeichnung der **„Strafmaß-"** oder **„Strafzumessungsschuld"** (Achenbach, Schuldlehre 4, 10ff.). Um die Schuld in diesem Sinn geht es in § 46 I 1 als Anknüpfungstatbestand für die Strafzumessung (vgl. dort RN 9a), während in § 29 mit „Schuld" sowohl die Strafbegründungs- als auch die Strafzumessungsschuld gemeint ist.

113 IV. Während sich für die **„psychologische Schuldauffassung"** der klassischen Verbrechenslehre die Schuld in der psychischen Beziehung des Täters zur Tat in ihrer objektiven Bedeutung, im seelischen Spiegelbild von der Wirklichkeit erschöpft hatte, geht die heute h. M. davon aus, daß ein durch den Begriff der **Vorwerfbarkeit** gekennzeichneter **wertender („normativer") Schuldbegriff** dem Verbrechenssystem zugrundezulegen sei (vgl. bereits Frank aaO 11 und näher zur dogmengeschichtlichen Entwicklung Achenbach, Schuldlehre 19ff.). Umstritten ist jedoch die Konzeption dieses normativen Schuldbegriffs im einzelnen, insbesondere die Frage, was materiell den Schuldvorwurf begründet und in welcher Beziehung die Begriffe „Schuld" und „Vorwerfbarkeit" zueinander stehen (zum Stand der Meinungen vgl. ausführlich Achenbach aaO 209ff., Roxin, Henkel-FS 171ff.).

114 1. Vielfach wird die **Schuld** als **Vorwerfbarkeit** definiert, diese mit jener also gleichgesetzt („Schuld *ist* Vorwerfbarkeit", vgl. z.B. BGH 2 200, D-Tröndle 28 vor § 13, Frank II vor § 51 und aaO 11, Lackner III 4 vor § 13, M-Zipf I 403, Welzel 139ff.; vgl. auch Burkhardt GA 76, 333). Dies ist jedoch zumindest ungenau, denn die Vorwerfbarkeit kann nur die Folge von Schuld sein, nicht aber diese selbst (vgl. Arthur Kaufmann, Schuldprinzip 179, Otto ZStW 87, 581f., GA 81, 484, Stratenwerth, in: Evangel. Theologie [1958] 338: „Denn nicht darin, daß man dem Schuldigen einen Vorwurf machen kann, besteht die Schuld, sondern umgekehrt kann man ihm nur dann einen Vorwurf machen, wenn und weil er schuldig ist"). „Vorwerfbarkeit" bedeutet nicht mehr, als daß dem Täter seine Tat zum Vorwurf gemacht werden kann; sie ist daher nur ein von anderen abgegebenes Urteil über etwas, nicht aber dieses Etwas selbst (näher Arthur Kaufmann aaO, Lenckner aaO 39f., 44, Roxin, Henkel-FS 171f.). Es verhält sich hier vielmehr ähnlich wie mit den Begriffen „Rechtswidrigkeit" und „Unrecht" (vgl. o. 51): Die Vorwerfbarkeit bezeichnet das „Daß", die Schuld dagegen das „Was", diese ist ein steigerungsfähiger Begriff (vgl. Gallas ZStW 67, 30), jene dagegen nicht (so in der Sache auch Bockelmann I 59). Zu unterscheiden ist deshalb zwischen dem *Schuldtatbestand* als dem Objekt der Wertung, der *Vorwerfbarkeit* als der Wertung selbst und der *Schuld* als dem Gegenstand mitsamt seinem Wertprädikat, wobei Gegenstand der Vorwerfbarkeit i. w. S. die Gesamttat ist (Unrecht zuzüglich spezifischer Schuldmerkmale), während den Schuldtatbestand i. e. S. die Umstände bilden, die über das Unrecht hinaus für die Vorwerfbarkeit von Bedeutung sind (vgl. Kaufmann aaO 182f., Roxin aaO; vgl. auch Jakobs 405f., Spendel aaO 99). In der Zusammenfassung von Objekt der Wertung und Wertung des Objekts ist der Schuldbegriff daher notwendig komplexer Natur (so der von der h. M. – wenn auch mit Unterschieden im einzelnen – vertretene **„komplexe Schuldbegriff"**, vgl. z. B. Baumann/Weber 369, Blei I 173f., D-Tröndle 28 vor § 1, Gallas ZStW 67, 29f., 44ff., Hirsch LK 170f. vor § 32, Jescheck 384ff., Arthur Kaufmann, Schuldprinzip 182f., Lenckner aaO 43f., Roxin, Henkel-FS 171f., Stratenwerth 155f., Wessels I 114). Eine andere, letztlich nicht mehr strafrechtsdogmatische Frage ist es, wie man zu einem legitimen Wissen über die den Schuldsachverhalt ausmachenden subjektiv-seelischen Momente kommt (vgl. etwa Haft aaO 27ff., wonach Schuld nur in einem „Schulddialog" konkret erfahren werden kann [krit. dazu aber Würtenberger JZ 80, 624], ferner Grasnick aaO 72ff.: Deutung der „Schuld des Angeklagten als Teil seiner Geschichte" [aaO 136]).

115 Demgegenüber soll nach einem **ausschließlich wertenden Schuldbegriff** („rein normativer Schuldbegriff") die Schuld unter strenger Trennung von Wertung des Objekts und gewertetem Objekt nur noch in einem Unwert*urteil* über den Täter bestehen, das dahingeht, daß ihm die fehler-

hafte Willensbildung vorzuwerfen ist (vgl. insbes. M-Zipf I 408 ff., ferner Welzel 139 ff.): Schuld ist demnach nur „Fehlerhaftigkeit der psychischen Regung, nicht letztere selbst", wobei der h. M. der Vorwurf gemacht wird, daß sie mit dem Grundsatz „Schuld ist Vorwerfbarkeit" nicht ernst machen könne, weil sie immer noch die psychische Beziehung zur Tat „als Essentiale im Schuldbegriff mit sich herumschleppt". Doch beruht dies auf einer unzulässigen Gleichsetzung von Vorwerfbarkeit und Schuld (vgl. o. 114). In Wahrheit gibt es keinen Schuldbegriff, der auf sachlich-inhaltliche Merkmale verzichten könnte und mit Recht weist deshalb Roxin, Henkel-FS 172, darauf hin, daß der „rein wertende" Schuldbegriff von Maurach und Welzel auch bei Zuweisung des Vorsatzes ausschließlich zum Tatbestand in der Sache ebenfalls ein „komplexer" sei, weil der Vorsatz dann zwar nicht zum engeren, wohl aber zum weiteren Schuldtatbestand gehöre. Ebensowenig zutreffend wäre es aber auch, den Unterschied zwischen Unrecht und Schuld bei gleichbleibendem Bewertungsobjekt lediglich in der Verschiedenheit der Bewertungsmaßstäbe zu sehen. Denn ohne Änderung des normativen Anknüpfungspunktes könnte auch das Urteil „vorwerfbar" gegenüber dem der Rechtswidrigkeit keinen anderen Sinn bekommen, woraus zugleich folgt, daß auch das Schuldurteil einen eigenen gegenständlichen Bezug haben muß (vgl. auch Gallas ZStW 67, 44f., Schmidhäuser, Jescheck-FS 499, Stratenwerth 156).

2. Mit der o. 108 ff. dargestellten Grundsatzdiskussion z. T. im Zusammenhang stehend und gleichfalls umstritten ist die Frage, was **materiell** den **Schuldvorwurf begründet** und worin das Bezugsobjekt des Schuldurteils besteht. **116**

a) Mit Recht in den Hintergrund getreten ist heute die Lehre, die in der **„Zumutbarkeit normge-** **116a** **mäßen Verhaltens"** die materielle Grundlage der Schuldzurechnung sieht (so aber Goldschmidt, Frank-FG I 442, ferner Freudenthal aaO). Die Zumutbarkeit ist nicht mehr als ein allgemeines „regulatives Rechtsprinzip", das selbst keinerlei sachliche Aussagen enthält (vgl. Henkel, Mezger-FS 249, 260ff.). Für die Schuld bietet sie deshalb ebensowenig eine Erklärung (Roxin, Henkel-FS 173) wie die Unzumutbarkeit für die Entschuldigungsgründe (vgl. 110 vor § 32).

b) Abzulehnen sind auch neuere Lehren, die versuchen, die Schuld von den **Präventions-** **117** **zwecken** der Strafe her zu bestimmen (so mit Unterschieden im Ansatz und Umfang z. B. Achenbach b. Schünemann 140ff., Jakobs 395, Schuld usw. 9 u. pass., Krim GgwFr. 15, 127, Noll aaO 233, Roxin, Kriminalpolitik 33ff., Henkel-FS 171, Bockelmann-FS 277, ferner Schaffstein-FS 105, Heinitz-FS 273, ZStW 96, 654ff., SchwZStr 104, 373ff., Schünemann aaO 168ff., Streng ZStW 92, 657; vgl. auch Amelung JZ 82, 620ff.). Doch ist Schuld nicht nur ein „Derivat der Generalprävention" (Jakobs, Schuld usw. 32), auch wenn diese als „Einübung von Rechtstreue" bzw. als „Erhaltung allgemeinen Normvertrauens" verstanden wird. Denn abgesehen davon, daß dies keine Erklärung für die Schuld selbst ist, werden Ursache und Wirkung vertauscht, wenn die Schuld an der „Integrationsgeneralprävention" und nicht diese an jener ausgerichtet wird (vgl. auch o. 22, Griffel GA 89, 193). Letztlich verliert der Schuldgedanke damit überhaupt seine eigenständige Bedeutung, die u. a. gerade darin liegt, daß er der generalpräventiven Einwirkung Grenzen setzt. Diesem Einwand entgeht zwar die Lehre, die für eine Ergänzung der Systemkategorie der Schuld durch das präventive Strafbedürfnis und die Zusammenfassung beider in einer Kategorie der „Verantwortlichkeit" eintritt (vgl. insbes. Roxin, z. B. Henkel-FS 182ff., Bockelmann-FS 279ff. u. zuletzt JuS 88, 426f., JA 90, 97ff., ferner Schünemann aaO 153, 158ff.): Danach ist „Schuld" i. S. eines Anders-handeln-Könnens eine notwendige, jedoch nicht hinreichende Voraussetzung strafrechtlicher „Verantwortung", weil diese zusätzlich noch durch präventive Erfordernisse bestimmt werde, wobei sich daraus auch „ein größeres Maß an rechtsstaatlicher Straflimitierung" ergeben soll, „als sie ein isoliertes Schuldprinzip gewährleisten könnte" (Roxin, Bockelmann-FS 296). Angesichts der Unschärfe präventiver Gesichtspunkte ist dies aber ebenso zu bezweifeln wie die Ergiebigkeit der Strafzwecklehre für die in den „Gründen ausgeschlossener Verantwortung" (Roxin, z. B. JA 88, 429) zusammengefaßten Schuldausschließungs- und Entschuldigungsgründe. So hat bei den Entschuldigungsgründen, wo dies vor allem von Bedeutung sein soll, die Straflosigkeit z. B. im Fall des § 35 I 1 ihren Grund in dem durch das Zusammentreffen zweier Schuldminderungsgründe legitimierten Verzicht auf die Erhebung des Schuldvorwurfs, ebenso wie umgekehrt die Ausnahmeregelung des § 35 I 2 darauf beruht, daß wegen besonderer Umstände einem der beiden die Entschuldigung tragenden Schuldminderungsgründe die Basis entzogen ist (vgl. 111 vor § 32, § 35 RN 2, 18). Deshalb sind es bei § 35 vorgegebene Sachstrukturen, die zum Wegfall des Schuldvorwurfs und damit auch zum Fehlen eines Strafbedürfnisses führen, nicht aber folgt umgekehrt die Entschuldigung des Täters aus Präventionsgesichtspunkten (vgl. auch Hirsch, Köln-FS 418f.). Nicht anders verhält es sich bei den echten Schuldausschließungsgründen der §§ 17, 20 (deren Unterschied zu den Entschuldigungsgründen Roxin Bockelmann-FS 288ff. zu Unrecht leugnet, vgl. u. 118 sowie 108 vor § 32). Wenn es richtig ist, daß „die Strafe dann die präventiv erforderliche Reaktion auf ein Verhalten ist, das trotz ‚normativer Ansprechbarkeit' gegen die strafrechtliche Norm verstößt" (Roxin aaO 299), so muß bei § 20 über diese „normative Ansprechbarkeit" entschieden werden, deren Verneinung auch das Präventionsbedürfnis entfallen läßt, nicht aber kann umgekehrt die Frage der Schuldfähigkeit im Einzelfall von präventiven Erwägungen abhängig gemacht werden (vgl. dazu jetzt auch Roxin SchwZStr. 104, 362). Daß diese Entscheidung in Grenzfällen außerordentlich problematisch ist, ist richtig, nur helfen dann auch Strafzweckerwägungen nicht weiter, weil sich über die Erfordernisse der Prävention allemal und besonders hier streiten läßt (vgl. auch Arthur Kaufmann, Wassermann-FS 896). Dabei zeigt etwa die bis zuletzt gerade unter generalpräventiven Gesichtspunkten umstrittene „Einheitslösung" des § 20 (vgl. dort RN 22), daß auch für den Gesetzgeber selbst die kriminalpolitischen Überlegungen keineswegs im Vordergrund standen.

117a Zur *Kritik der Präventionslehren* vgl. vor allem Burkhardt GA 76, 321, Schöneborn ZStW 88, 349, ZStW 92, 682, Stratenwerth, Zukunft des Schuldprinzip 28 ff., ZStW 91, 915, ferner z. B. Albrecht GA 83, 193, Bernsmann, „Entschuldigung" durch Notstand (1989) 213 ff., Muñoz Conde GA 78, 70, Gössel JA 75, 323, Grasnick aaO 62 f., Hirsch LK 170 vor § 32, Köln-FS 417 ff., Jescheck ZStW 93, 23 ff., Arthur Kaufmann, Wassermann-FS 892 ff., Jura 86, 226, 229 (jedoch unter Mitberücksichtigung insbes. der Spezialprävention), Kim aaO 84 ff., Kunz ZStW 98, 825 ff., Lackner III 4 vor § 13, Maiwald aaO 161 ff., Neumann ZStW 99, 587 ff., Otto 225, GA 81, 494 ff., Rudolphi SK 1b vor § 19, Schmidhäuser, Jescheck-FS 500 f., Schreiber aaO 1986, 9 u. Nervenarzt 48, 244 f., Tiemeyer ZStW 100, 550 ff., Zipf ZStW 89, 710 ff., speziell gegen Jakobs aaO auch Roxin, SchwZStr. 104, 364 ff., Schünemann aaO 170 ff.

118 c) Was materiell den Schuldvorwurf begründet, ist vielmehr ausschließlich der **psychische Sachverhalt** in der Person des Täters, der ihn für sein willentliches Handeln verantwortlich erscheinen läßt und seine fehlerhafte Einstellung zum Recht näher kennzeichnet. Anknüpfungspunkt für das Schuldurteil ist damit zunächst die – zugleich i. S. eines *„Dafür-Könnens"* (vgl. z.B. BGH **2** 200, Baumann/Weber 365, Hirsch LK 179 vor § 32, Arthur Kaufmann, Schuldprinzip 128, Lenckner aaO 33, 39, Otto GA 81, 485, Rudolphi SK 1 vor § 19, Schreiber aaO 1983, 77 u. 1986, 8, Stratenwerth 76 f., 157, Wessels I 113) verstandene – *fehlerhafte Willensbildung* des Täters, die darin besteht, daß er sich nicht zu einem rechtmäßigen Handeln hat motivieren lassen, obwohl er das Unrecht seines Tuns erkannt hat oder hätte erkennen können und ihm eine entsprechende Steuerung seines Verhaltens möglich gewesen wäre (vgl. auch Roxin SchwZStr 104, 369: Schuld als Verwirklichung von Unrecht trotz „normativer Ansprechbarkeit in der konkreten Entscheidungslage", ferner den „axiologischen" Schuldbegriff von Schmidhäuser I 186, 191, Jescheck-FS 491: Schuld als das „Nicht-ernst-Nehmen" des verletzten Werts im „geistigen Verhalten des Täters). Zu eng ist es dagegen, wenn der materielle Schuldkern auf die „bewußte Entscheidung zum Unwert" reduziert wird (Kaufmann aaO 178, Jura 86, 232), weil es dann nicht mehr möglich ist, auch die unbewußte Fahrlässigkeit als Schuld anzusehen (folgerichtig daher Kaufmann aaO 156 ff., wo deren Schuldcharakter geleugnet wird; vgl. auch Haft aaO 87 ff.). Das „Dafür-Können", um das es hier geht, beruht zwar auf der Annahme der Möglichkeit freier Selbstbestimmung (vgl. o. 109 a f.; and. insoweit z.B. Schreiber aaO), dies wegen der Unbeweisbarkeit menschlicher Willensfreiheit aber i. S. eines „normativ gesetzten" Andershandeln-Könnens (vgl. Roxin, Bockelmann-FS 291, ferner o. 110), das deshalb im Normalfall bei einem erwachsenen, geistig gesunden Täter vom Recht ohne weiteres vorausgesetzt wird. Im praktischen Ergebnis treffen sich hier daher auch ein traditionelles, die menschliche Freiheit postulierendes Schuldverständnis und der „soziale Schuldbegriff (vgl. o. 109; zu der hier wie dort notwendigen analogischen Schuldfeststellung vgl. o. 110 u. näher dazu zuletzt Maiwald aaO 164 ff.). Daraus erklärt sich ferner, daß die Schuldfähigkeit – gleichgültig, ob sie als Schuldvoraussetzung oder als Schuldmerkmal bezeichnet wird (vgl. dazu Hirsch LK 177 vor § 32) – nicht besonders festgestellt werden muß, sondern bei Abwesenheit bestimmter Ausschlußgründe (§§ 19, 20, § 3 JGG) als gegeben unterstellt werden kann. Gegen den genannten Ausgangspunkt spricht auch nicht die Existenz von Entschuldigungsgründen; denn diese beruhen – anders als die Schuldausschließungsgründe (zu der Unterscheidung vgl. 108 vor § 32) – nicht darauf, daß ein Andershandelnkönnen ausgeschlossen wäre, sondern auf einem durch eine doppelte Schuldmilderung begründeten Verzicht auf die Erhebung des an sich noch durchaus möglichen Schuldvorwurfs (vgl. 108, 111 vor § 32).

119 Daß sich der Täter trotz der ihm gegebenen Möglichkeit nicht zu einem normgemäßen Verhalten hat motivieren lassen, bedeutet zunächst aber nur, daß überhaupt ein Schuldvorwurf erhoben werden kann. Da dieser Vorwurf des Andershandelnkönnens jedoch bei dem (subjektiv) fahrlässig oder in einem vermeidbaren Verbotsirrtum handelnden Täter der gleiche ist wie bei demjenigen, der sich bewußt gegen das Recht entscheidet, ist eine zusätzliche Kennzeichnung des Gegenstandes des Schuldurteils nur dadurch möglich, daß als normativer Anknüpfungspunkt auch die in der vermeidbar-fehlerhaften Willensbildung manifest gewordene **Gesinnung** des Täters in die Betrachtung miteinbezogen wird. Schuld bedeutet deshalb auch

"Vorwerfbarkeit der Tat mit Rücksicht auf die darin betätigte rechtlich mißbilligte Gesinnung", wobei diese freilich nicht als eine „dauernde Artung" des Täters, sondern als „Wert oder Unwert der in der konkreten Tat aktualisierten Haltung" zu verstehen ist (Gallas ZStW 67, 45, Jescheck 384, LK 70 vor § 13, Rudolphi SK 1 vor § 19, Wessels I 113; vgl. ferner Schmidhäuser 148ff., 367, I 188, Jescheck-FS 485: Schuld als unrechtliche Gesinnung; krit. Jakobs 392, Otto ZStW 87, 581, GA 81, 484, Roxin, Henkel-FS 176f.). Da der „Gesinnungsunwert" ein materieller und damit graduierbarer Begriff ist, bedeutet dies zugleich, daß der Schuldgehalt einer Tat nicht nur durch die Schwere des Unrechts, sondern auch davon bestimmt wird, wie weit die Gesinnung des Täters hinter der Einstellung zu den rechtlichen Normen zurückbleibt, die von jedermann gefordert wird. So kann es z. B. für die Schwere der Schuld ein Unterschied sein, ob der Täter die Unrechtseinsicht tatsächlich hatte oder nur hätte haben können (wobei die Quantität hier sogar in eine andere Qualität umschlagen kann, vgl. u. 121), und ebenso kann die Schuld gemindert sein, wenn die Motivierbarkeit zu normgemäßem Verhalten zwar nicht ausgeschlossen, wegen eines besonderen Motivationsdrucks aber mehr oder weniger beeinträchtigt ist (vgl. etwa zu den Entschuldigungsgründen und der Unzumutbarkeit normgemäßen Verhaltens 110f. vor § 32, zum Gewissenstäter 119 vor § 32).

V. Ebenso wie es vorsätzliches und fahrlässiges Unrecht gibt (vgl. o. 54), gibt es auch **120 Vorsatz- und Fahrlässigkeitsschuld.** Dies folgt schon daraus, daß die Begriffe Unrecht und Schuld einander entsprechen und die Differenzierungen und Abstufungen dort sich hier deshalb wiederholen müssen. Die Frage kann daher nur sein, ob über diesen bereits im Unrechtstatbestand angelegten Unterschied hinaus noch *zusätzliche schuldspezifische* Gesichtspunkte bestimmen, was Vorsatz- und Fahrlässigkeitsschuld ist. Im Hinblick auf den Vorsatz wird eine solche Möglichkeit insbesondere von Anhängern der finalen Handlungslehre bestritten, weil der Vorsatz als subjektives Tatbestandselement bereits voll erfaßt sei und deshalb auf der Stufe der Schuld kein zusätzliches Deliktserfordernis mehr darstellen könne. Dagegen ist jedoch einzuwenden, daß ein Deliktsmerkmal durch seine Einordnung an einer bestimmten Stelle im Deliktssystem noch nicht notwendig „verbraucht" sein muß, weil es immer unter dem Blickwinkel der jeweiligen Verbrechenskategorie zu sehen ist (vgl. Roxin, Kriminalpolitik und Strafrechtssystem 42). Auch der Vorsatz kann daher, wie von einem Teil des Schrifttums mit Recht angenommen wird, eine Doppelstellung einnehmen (so zuerst Gallas ZStW 67, 46 [vgl. auch Bockelmann-FS 170], ferner Cramer, Ordnungswidrigkeitenrecht 51f., 70, Dreher, Heinitz-FS 224f., Hünerfeld ZStW 93, 1000, Jescheck 218, 387, LK 75 vor § 13, ZStW 98, 11ff., Lackner § 15 Anm. II 5c, Lampe, Das personale Unrecht 234, Roxin, Kriminalpolitik 42, ZStW 74, 554, Rudolphi SK § 16 RN 3, Wessels I 42, 119f., Wolter, Zurechnung usw. 152, Ziegert aaO 139ff.). Dies ist damit zu begründen, daß der Vorsatz im Unrechtsbereich „Träger des subjektiven Handlungssinns" ist, der die psychische Beziehung des Täters zum äußeren Tatgeschehen umfaßt, während er im Schuldbereich als „Träger des Gesinnungsunwerts", in dem sich die mangelhafte Einstellung zur Rechtsordnung offenbart, in Erscheinung tritt und in dieser Eigenschaft einen eigenen unmittelbaren Anknüpfungspunkt für das Schuldurteil bildet (vgl. näher Gallas aaO; and. jedoch die inhaltliche Konzeption eines zweiteiligen Vorsatzbegriffs von Ziegert aaO 141ff.).

Die **praktischen Konsequenzen** dieser Auffassung sind bisher darin gesehen worden, daß bei **121** irrtümlicher Annahme der Voraussetzungen eines Rechtfertigungsgrundes die Vorsatzschuld wegen Fehlens der entsprechenden schuldtypischen Gesinnung entfallen soll (sog. „rechtsfolgeneinschränkende Schuldtheorie", vgl. § 16 RN 17). Richtigerweise fehlt es hier jedoch bereits am vorsätzlichen Unrecht (vgl. o. 19, 60, § 16 RN 14ff. sowie 21 vor § 32), weshalb der genannte Irrtumsfall nicht erst ein Problem der Vorsatzschuld sein kann (vgl. auch Herzberg JA 89, 296, Ziegert aaO 169f.). Wohl aber zeigt sich hier der richtige Kern der von Schröder bis zuletzt in diesem Kommentar vertretenen **Vorsatztheorie,** denn der **Verbotsirrtum** schließt bei Kenntnis aller für das Unrecht bedeutsamen Umstände zwar nicht vorsätzliches Unrecht aus, jedoch beseitigt er die Vorsatzschuld (ebenso Schumann, Strafrechtliches Handlungsunrecht usw. [1986] 78f.; entgegen dem Wortlaut des § 17 für Ausschluß des subjektiven Tatbestands jedoch Spendel aaO 105). Gerade wenn in der mangelhaften Rechtsgesinnung ein eigenes Bezugsobjekt des Schuldvorwurfs gesehen wird, so bedeutet es einen *qualitativen* Unterschied, je nachdem, ob sich der Täter bewußt gegen das Recht und für das Unrecht entschieden hat oder ob er – wenn auch vorwerfbar – glaubt, in Übereinstimmung mit rechtlichen Normen zu handeln. Nur wenn der Täter das Unrechtsbewußtsein hatte – welches kein „sprachgedankliches", sondern nur ein „sachgedankliches" zu sein braucht (Schmidhäuser 424, H. Mayer-FS 317ff.) –, verdient er den Vorwurf bewußter Auflehnung gegen das Recht und damit vorsätzlicher Schuld, während die Einstellung dessen, der lediglich hätte bedenken sollen und können, daß er Unrecht tut, nur den andersartigen Vorwurf der Fahrlässigkeitsschuld begründet, wobei die hier gegebene „Rechtsfahrlässigkeit" durchaus nach strengeren Regeln behandelt werden kann als die reine Tatfahrlässigkeit. Auch § 17 würde einer in dieser Weise modifizierten Vorsatztheorie nicht entgegenstehen. Entsprechend dem von Schröder ZStW 65, 209 de lege ferenda gemachten Vorschlag, alle Vorsatztatbestände durch entsprechende crimina culposa zu ergänzen, ist man nicht gehindert, § 17 so zu interpretieren, daß hier jedem Vorsatztatbestand das dazugehörende crimen culposum hinzugefügt wird, mit der Folge, daß dies zu einer zwischen den reinen Vorsatz- und Fahrlässigkeitsdelikten stehenden Mischform führt, die sich aus vorsätzlichem Unrecht und (Rechts-)Fahrlässigkeitsschuld zusammensetzt (vgl. i. E. auch Ziegert aaO 166ff.; krit. jedoch Küper JZ 89, 944). Praktische Bedeutung hat eine solche Konstruktion freilich nicht; insbesondere ist dort, wo das Gesetz an eine vorsätzliche Begehung anknüpft (z. B. §§ 22, 26, 27), der Vorsatz immer als Unrechtsmerkmal gemeint.

122 VI. Spezielle Schuldmerkmale können ferner die in einzelnen Vorschriften genannten **Gesinnungsmerkmale** sein, sofern sie den Schuldgehalt der Tat nicht lediglich als Reflex des Unrechts bestimmen, sondern unmittelbar und ausschließlich den in der Tat manifestierten Gesinnungsunwert charakterisieren (für eine solche Unterscheidung zwischen „echten" [schuldspezifischen] und „unechten" [unrechtsbezogenen] Gesinnungsmerkmalen z. B. Baumann/Weber 286, Jescheck 425, LK 74 vor § 13, Lampe, Das personale Unrecht 234, Schmidhäuser 247, I 238, Stratenwerth, v. Weber-FS 187, Welzel 79, Wessels I 118; generell für Schuldmerkmale dagegen z. B. Gallas ZStW 67, 46, Lange JR 49, 169, generell für Unrechtsmomente dagegen z. B. B-Volk I 55, Noll, Übergesetzliche Rechtfertigungsgründe usw. 31 ff.). Spezielle Schuldmerkmale sind z. B. die „niedrigen Beweggründe" in § 211, während es sich bei der „grausamen" oder „heimtückischen" Tötung nur um „unechte" Gesinnungsmerkmale handelt, weil hier auch schon ein Sachverhalts- und der darauf bezogene Handlungsunwert gekennzeichnet wird (vgl. auch § 211 RN 6); das gleiche gilt z. B. für die „Hinterlist" in § 223a. Die Abgrenzung ist vielfach schwierig (z. B. bei „böswillig" in § 223b, § 31 WStG), aber notwendig, weil dies sowohl für § 28 als auch für Irrtumsfragen von Bedeutung sein kann. So kommt es bei den „echten" Gesinnungsmerkmalen allein auf das „sittlich-wertwidrige geistige Verhalten" (Schmidhäuser 202, I 238) an, weshalb z. B. eine Tötung aus niedrigen Beweggründen auch dann vorliegt, wenn die Umstände, die den Täter motiviert haben, objektiv nicht gegeben sind; dagegen ist bei den „unechten" Gesinnungsmerkmalen erforderlich, daß auch der objektive Unwertsachverhalt vorliegt, auf den sie sich beziehen (z. B. das Zufügen besonderer Schmerzen bei der grausamen Tötung; die rohe und unbarmherzige Gesinnung allein genügt hier nicht); vgl. im übrigen auch § 211 RN 37.

123 VII. Zum Schuldtatbestand gehören auch die sog. **objektiv gefaßten Schuldmerkmale**, die im Unterschied zu den „echten" Gesinnungsmerkmalen (vgl. o. 122) freilich immer nur zu einer Privilegierung des Täters führen können (z. B. Hegler, Frank-FG I 253, Jescheck 424, LK 74 vor § 13, Mezger 270, Thierfelder, Objektiv gefaßte Schuldmerkmale [1932], Wessels I 119; vgl. aber z. B. auch B-Volk I 56; krit. auch Blei I 162 und zum Ganzen Maihofer aaO 185 ff.). Darunter werden solche Deliktsvoraussetzungen verstanden, die zwar als Merkmale des objektiven Tatbestands erscheinen, die aber in ihrer sachlichen Bedeutung den Schuldvorwurf betreffen, weil sie eine *unwiderlegliche Vermutung* für eine weniger verwerfliche Einstellung des Täters dem Recht gegenüber enthalten (and. Maihofer aaO, der die objektiven Schuldmerkmale unmittelbar auf die für bestimmte Situationen „typische Sozial- und Dispositionsschuld" gründet). So beruht z. B. die Privilegierung des § 217 nicht auf einer Verminderung des Unrechts – die Tötung des nichtehelichen Kindes durch die Mutter stellt im Vergleich zu § 212 kein geringeres Unrecht dar (and. B-Volk I 56) –, sondern auf der seelischen Ausnahmesituation der Mutter, die hier vom Gesetz unwiderleglich präsumiert wird (vgl. Küper GA 68, 324). Unmittelbares Merkmal des Schuldtatbestandes ist auch hier nur der geringere Gesinnungsunwert als solcher, der in diesen Fällen freilich schon dann gegeben ist, wenn ein bestimmter äußerer Sachverhalt vorliegt. Da sich die objektiv gefaßten Schuldmerkmale nur zugunsten des Täters auswirken, bestehen gegen ihre Verwendung keine Bedenken. Um Merkmale dieser Art handelt es sich z. B. auch in §§ 173 III, 258 VI, wo die vom Gesetz unwiderleglich vermutete Schuldminderung zu einem persönlichen Strafausschließungsgrund führt (vgl. dazu 129 vor § 32). Objektiv gefaßte Schuldmerkmale wirken sich nur dann zugunsten des Täters aus, wenn dieser ihren objektiven Bezugspunkt kennt; daß er durch deren Vorliegen tatsächlich motiviert worden ist, ist jedoch nicht erforderlich. Bei irrtümlicher Annahme eines objektiv gefaßten Schuldmerkmals gilt § 16 II (vgl. dort RN 26 f.). Bei der Teilnahme ist § 28 anwendbar. Im Unterschied dazu sind **subjektiv gefaßte Schuldmerkmale** solche, bei denen ein bestimmter – wenn auch nur vorgestellter – äußerer Sachverhalt tatsächlich motivierend auf den Täter eingewirkt hat (so z. B. beim Aussagenotstand gem. § 157).

F. Objektive Bedingungen der Strafbarkeit

Schrifttum: Bemmann, Zur Frage der objektiven Bedingungen der Strafbarkeit, 1957. – *Haß,* Zu Wesen u. Funktion der objektiven Strafbarkeitsbedingungen usw., Rechtstheorie 3 (1972), 23. – *Krause,* Die objektiven Bedingungen der Strafbarkeit, Jura 80, 169. – *Land,* System der äußeren Strafbarkeitsbedingungen, 1927 (StrAbh. 229). – *Otto,* Strafwürdigkeit und Strafbedürftigkeit als eigenständige Deliktskategorien?, Schröder-GedS 53. – *Ritter,* Strafbarkeitsbedingungen, Frank-FG II 1. – *Sax,* „Tatbestand" und Rechtsgutsverletzung, JZ 76, 9, 80, 429. – *Sauer,* Die beiden Tatbestandsbegriffe, Mezger-FS 117. – *Schmidhäuser,* Objektive Strafbarkeitsbedingungen, ZStW 71, 545. – *Schwalm,* Gibt es objektive Strafbarkeitsbedingungen?, MDR 59, 906. – *Stratenwerth,* Objektive Strafbarkeitsbedingungen im Entwurf eines Strafgesetzbuches 1959, ZStW 71, 565. – *Stree,* Objektive Bedingungen der Strafbarkeit, JuS 65, 465. – *Tiedemann,* Objektive Strafbarkeitsbedingungen und die Reform des deutschen Konkursstrafrechts, ZRP 75, 129. – Vgl. auch das Schrifttum zu § 323 a.

I. Objektive Bedingungen der Strafbarkeit sind anders als die bloßen Prozeßvoraussetzungen (vgl. aber auch Marxen, Straftatsystem und Strafprozeß [1984] 345) zwar materielle Strafbarkeitsvoraussetzungen, die i. U. zu den anderen Deliktsmerkmalen aber für Unrecht und Schuld der Tat ohne Bedeutung sind. Insoweit sind sie in der Sache daher auch nichts anderes als eine Umkehrung derjenigen Strafausschließungsgründe (vgl. 127 ff. vor § 32), die gleichfalls unrechts- und schuldindifferent sind („negativ gefaßte Strafausschließungsgründe", vgl. z. B. Stree JuS 65, 467). Zu erklären ist die Existenz solcher zusätzlicher Straftatmerkmale – ebenso wie die der Strafausschließungsgründe – ganz überwiegend damit, daß mit dem Vorliegen von Tatbestandsmäßigkeit, Rechtswidrigkeit und Schuld die Strafe zwar immer „verdient" ist, die damit gegebene „Strafwürdigkeit" aber nicht schon per se stets auch die kriminalpolitische Notwendigkeit der Bestrafung („Strafbedürftigkeit") begründet, diese vielmehr im Einzelfall noch von weiteren Bedingungen abhängen kann (vgl. z. B. Radbruch SchwZStr. 51, 255, Rudolphi SK 12 vor § 19, Stratenwerth 78 f., ZStW 71, 567 sowie o. 13; and. Jakobs 277, Roxin JuS 88, 432, z. T. auch Schmidhäuser 482 ff.). Gelegentlich können objektive Strafbarkeitsbedingungen aber auch das Ergebnis einer außerstrafrechtlichen Interessenabwägung sein, dies in solchen Fällen, in denen ein mit der Strafwürdigkeit an sich gegebenes Strafbedürfnis gegenüber anderen staatlichen Interessen erst dann durchschlägt, wenn noch zusätzliche Voraussetzungen erfüllt sind (vgl. näher Lenckner, Pfeiffer-FS 41 f.). Dies gilt z. B. für das Erfordernis der Verbürgung der Gegenseitigkeit in § 104 a, das nichts mit Strafwürdigkeits- oder Strafbedürftigkeitserwägungen zu tun hat, sondern dem ganz anderen Zweck dient, die Staaten des Auslands zu veranlassen, auch ihrerseits der Bundesrepublik Strafschutz zu gewähren (vgl. Rittler, Frank-FG II 14; vgl. auch Roxin aaO, wonach nur Merkmale dieser Art objektive Strafbarkeitsbedingungen sein sollen). **124**

Daß die objektiven Bedingungen der Strafbarkeit keine Merkmale des Unrechtstatbestands sind, entspricht heute der h. M. (außer den o. 124 Genannten vgl. z. B. Blei I 87, D-Tröndle § 16 RN 32, Hirsch LK 213 vor § 32, Lackner III 5 b vor § 13, M-Zipf I 287, Schmidhäuser 483, I 259; differenzierend Jescheck 501 ff., LK 79 vor § 13, Tiedemann ZRP 75, 132, Wessels I 45, nach denen die sog. „unechten" Strafbarkeitsbedingungen verkappte strafbegründende oder strafschärfende Tatumstände sind, die ihrem Wesen nach zum Unrechtstatbestand gehören; vgl. ferner Jakobs 275 ff.: „rückwirkende aufschiebende Bedingungen des Unrechts" bzw. der „Straftatbestandlichkeit", wobei im ersten Fall auch die Handlung erst rückwirkend verboten sei soll). Demgegenüber wird z. T. auch angenommen, daß es sich bei den Strafbarkeitsbedingungen um echte Tatbestandsmerkmale handle, die jedoch aus kriminalpolitischen Gründen dem Anwendungsbereich des § 16 entzogen seien (z. B. Baumann/Weber 464, Arthur Kaufmann, Schuldprinzip [1964] 247 ff., JZ 63, 426 ff.; vgl. auch Sax JZ 76, 14 ff.: Merkmale eines vom „gesetzlichen Tatbestand" verschiedenen [weiteren] Unrechtstatbestands, Otto 106, aaO 64 f.: zum Handlungsunwert hinzutretender, das strafwürdige Unrecht begründender Erfolgsunwert). Die umstrittene Frage, ob die objektiven Strafbarkeitsbedingungen mit dem Schuldprinzip zu vereinbaren sind (verneinend z. B. Kaufmann aaO; vgl. auch Jescheck, Tiedemann aaO für die „unechten" Strafbarkeitsbedingungen, ferner Frister, Schuldprinzip, Verbot der Verdachtsstrafe usw., 1988, 46 ff.), läßt sich zwar bejahen, wenn man darauf abstellt, daß sie in Wahrheit Strafeinschränkungsgründe sind, indem sie trotz an sich gegebener Strafwürdigkeit der den vollen Unrechts- und Schuldgehalt aufweisenden Tat die Strafbarkeit noch von zusätzlichen Umständen abhängig machen (vgl. z. B. Schmidhäuser ZStW 71, 557 ff. [z. T. and. AT 485], Stratenwerth ZStW 71, 565, Stree JuS 65, 465 u. speziell zu § 227 Montenbruck JR 86, 138). Voraussetzung dafür ist aber, daß sie für den Unrechts- und Schuldgehalt der Tat wirklich ohne – jedenfalls wesentliche – Bedeutung sind (differenzierend daher Jescheck 501 f., LK 79 vor § 13, Tiedemann aaO), was im Einzelfall durchaus problematisch sein kann (vgl. näher Stree aaO). Z. T. wird daher auch versucht, die objektiven Strafbarkeitsbedingungen dadurch mit dem Schuldprinzip in Einklang zu bringen, daß sie als Risikomerkmale gekennzeichnet werden (Eingehen des für jedermann ohne weiteres erkennbaren Risikos, daß die objektive Strafbarkeitsbedingung vorliegen könnte; vgl. Baumann/Weber 464, Jescheck 503; ähnl. Jakobs 275). Gegen ihre Existenzberechtigung überhaupt Bemmann aaO 52 ff., Hass ZRP 70, 196. **124a**

Vorbem §§ 13 ff. 125–132   Allg. Teil. Die Tat – Grundlagen der Strafbarkeit

125   II. Ob im Einzelfall eine objektive Strafbarkeitsbedingung vorliegt, ist eine **Frage der Auslegung** der betreffenden Strafbestimmung. Dabei sind es immer das Unrecht der Tat nicht berührende Zweckmäßigkeitserwägungen, insbes. Gründe der Strafökonomie, die den objektiven Strafbarkeitsbedingungen zugrunde liegen. Vielfach, aber keineswegs immer, handelt es sich bei der Tat, an die sie geknüpft sind, um abstrakte Gefährdungsdelikte, bei denen die Strafbarkeit davon abhängig gemacht wird, daß sich die Gefährdung in einem entsprechenden Erfolg manifestiert hat. Hierher gehört z. B. der Eintritt der schweren Folge in § 227 (vgl. dort RN 1), die Zahlungseinstellung, Konkurseröffnung usw. bei den Bankrottdelikten (§§ 283 VI, 283 b III, 283 c III, 283 d IV; vgl. § 283 RN 59), die Begehung der Rauschtat in § 323 a (vgl. dort RN 1, 13), die Nichterweislichkeit der Wahrheit der behaupteten ehrenrührigen Tatsache in § 186 (gleichbedeutend mit der Erweislichkeit als Strafausschließungsgrund; vgl. 130a vor § 32, § 186 RN 10). Eine objektive Strafbarkeitsbedingung ist auch das Bestehen diplomatischer Beziehungen und – hier allerdings aus anderen Gründen (vgl. o. 124) – die Verbürgung der Gegenseitigkeit bei Delikten gegen ausländische Staaten nach § 104a (vgl. dort RN 2), ferner die Rücknahme der Erlaubnis beim rechtsmißbräuchlichen Handeln auf Grund einer rechtswidrigen, aber verwaltungsrechtlich wirksamen behördlichen Genehmigung (vgl. 63 vor § 32), nicht dagegen die früher ebenfalls von der h. M. hierher gerechnete Rechtmäßigkeit der Amtsausübung in § 113 (vgl. dort RN 18 f.). Zum Ganzen vgl. näher Stree JuS 65, 468 ff.

126   III. Von **praktischer Bedeutung** sind die Strafbarkeitsbedingungen in folgender Hinsicht: 1. Da sie keine Merkmale des Unrechtstatbestandes sind, brauchen sich *weder Vorsatz noch Fahrlässigkeit* auf sie zu erstrecken. Entscheidend ist für die Strafbarkeit vielmehr allein das objektive Vorliegen des fraglichen Umstands; ein Irrtum darüber ist mithin ebenso unbeachtlich (and. Sax JZ 76, 430 f.: „Irrtum über die strafwürdige Beeinträchtigung des Schutzzwecks der Norm" als Verbotsirrtum), wie umgekehrt die irrige Annahme seines Vorliegens oder Eintretens kein strafbarer Versuch ist. – 2. Für die *Vollendung* der Tat kommt es allein auf die Tatbestandsverwirklichung an, nicht dagegen auf den Eintritt der Strafbarkeitsbedingung (auch wenn die Tat erst dann bestraft werden kann). Eine nach der Tatbestandsverwirklichung, aber vor Bedingungseintritt begangene Unterstützungshandlung kann daher nur als Anschlußtat (§§ 257 ff.), nicht aber als Teilnahme bestraft werden (h. M.; vgl. z. B. Jescheck 505, LK 80 vor § 13 mwN). – 3. Bedeutungslos ist der Bedingungseintritt auch für die Bestimmung der *Tatzeit* (§ 8; h. M., z. B. Jescheck aaO; and. jedoch Schmidhäuser ZStW 71, 559). Dies gilt auch für die Feststellung des Stichtags bei Straffreiheitsgesetzen (vgl. Stree JuS 65, 474 mwN); eine Ausnahme besteht nur bei der Verjährung (vgl. § 78a RN 13). – 4. Zur Bedeutung für die Bestimmung des *Tatorts* vgl. § 9 RN 7.

G. Die Einteilung der strafbaren Handlungen

Eine Klassifizierung der strafbaren Handlungen ist unter verschiedenen Gesichtspunkten möglich:

127   1. Nach der Schwere der angedrohten Strafe sind **Verbrechen** und **Vergehen** zu unterscheiden (vgl. § 12).

128   2. Je nachdem, ob das strafbare Verhalten ein positives Tun oder ein Unterlassen ist, unterscheidet man **Begehungs-** und (echte oder unechte) **Unterlassungsdelikte**; zu letzteren vgl. u. 134 ff. und § 13.

129   3. Nach der Wirkung der strafbaren Handlung sind **Verletzungsdelikte** und (konkrete oder abstrakte) **Gefährdungsdelikte** zu unterscheiden. Bei den ersteren gehört zur Vollendung des Delikts die Verletzung eines bestimmten Objekts (z. B. § 223: Verletzung eines menschlichen Körpers, § 303: Beschädigung einer Sache), bei letzterem wird dagegen bereits eine konkret oder abstrakt gefährliche Handlung mit Strafe bedroht, um die Verletzung zu verhüten (vgl. näher 1 ff. vor § 306).

130   4. Je nachdem, ob zur Vollendung der Straftat ein von der Handlung getrennter äußerer Erfolg gehört oder nicht, unterscheidet man **Erfolgsdelikte** (z. B. §§ 211 ff., 223 ff.) und **schlichte Tätigkeitsdelikte** (z. B. §§ 132a, 153 ff., 173).

131   5. Eine Einteilung ist weiter möglich nach dem **verletzten Rechtsgut**. Man spricht in diesem Sinne z. B. von Eigentumsdelikten, Freiheitsdelikten, Ehrverletzungsdelikten, Urkundendelikten usw. Diese Einteilung beherrscht die Systematik des Bes. Teils.

132   6. Die strafbaren Handlungen können überwiegend von jedermann (**Gemeindelikte**, z. B. § 242), z. T. aber nur von Personen begangen werden, die bestimmte, im Tatbestand ausdrücklich oder der Sache nach geforderte Sondereigenschaften besitzen (**Sonderdelikte**, z. B. § 170b: Unterhaltsschuldner, § 203: Angehörige bestimmter Berufe, § 289: Schuldner, §§ 331 ff.: Amtsträger). Tatbestände, bei denen die Sondereigenschaft die Strafbarkeit begründet, werden als *echte Sonderdelikte* bezeichnet (z. B. §§ 170b, 203, 331f., 343 bis 345), solche, bei denen persönliche Täterqualitäten zu einer Modifizierung der Strafe führen, als *unechte Sonderdelikte* (z. B. §§ 217, 258a, 340). Umfassende Darstellung der gesamten Dogmatik bei Langer, Das Sonderverbrechen, 1971.

Von den Sonderdelikten sind die **eigenhändigen Delikte** zu unterscheiden. Mit diesem Begriff **133** wird die Tatsache gekennzeichnet, daß ein Tatbestand die eigenhändige Vornahme bestimmter Handlungen voraussetzt, also Täter (mittelbarer Täter, Mittäter) nicht sein kann, wer die betreffende Handlung nicht selbst vorgenommen hat, so z. B. beim Meineid.

H. Die Unterlassungsdelikte im besonderen

Schrifttum: Androulakis, Studien zur Problematik der unechten Unterlassungsdelikte, 1963. – *Bärwinkel,* Zur Struktur der Garantieverhältnisse bei den unechten Unterlassungsdelikten, 1968 (StrAbh. N. F. 4). – *Blei,* Garantenpflichtbegründung bei unechten Unterlassungsdelikten, H. Mayer-FS 119. – *Brammsen,* Die Entstehungsvoraussetzungen der Garantenpflichten, 1986. – *v. Bubnoff,* Die Entwicklung des strafrechtlichen Handlungsbegriffes usw., 1966. – *Dahm,* Bemerkungen zum Unterlassungsproblem, ZStW 59, 133. – Graf zu *Dohna,* Zur Lehre von den Kommissivdelikten durch Unterlassung, DStR 39, 142. – *Drost,* Der Aufbau der Unterlassungsdelikte, GS 109, 1. – *Gallas,* Studien zum Unterlassungsdelikt, 1989. – *Grünwald,* Zur gesetzlichen Regelung der unechten Unterlassungsdelikte, ZStW 70, 412. – *Haffke,* Unterlassung der Unterlassung?, ZStW 87, 44. – *Hall,* Über die Kausalität und Rechtswidrigkeit der Unterlassung, Grünhut-EG 1965, 213. – *Henkel,* Das Methodenproblem bei den unechten Unterlassungsdelikten, MschrKrim 61, 173. – *Herzberg,* Die Kausalität beim unechten Unterlassungsdelikt, MDR 71, 881. – *ders.,* Die Unterlassung im Strafrecht und das Garantieprinzip, 1972. – *Honig,* Die Intimsphäre als Kriterium strafbaren Begehens durch Unterlassen, Schaffstein-FS 89. – *Jescheck,* Die Behandlung der unechten Unterlassungsdelikte nach deutschem und ausländischem Strafrecht, ZStW 77, 109. – *Armin Kaufmann,* Die Dogmatik der Unterlassungsdelikte, 1959. – *Kielwein,* Unterlassung und Teilnahme, GA 55, 255. – *Lampe,* Die Problematik der Gleichstellung von Handeln und Unterlassen, ZStW 79, 476. – *Larenz,* Ursächlichkeit der Unterlassung, NJW 53, 686. – *Maurach,* Handlungspflicht und Pflichtverletzung im Strafrecht, DStR 36, 113. – *Meister,* Echtes und unechtes Unterlassungsdelikt, MDR 53, 649. – *Meyer-Bahlburg,* Zur gesetzlichen Regelung der unechten Unterlassungsdelikte, MschrKrim. 65, 247. – *ders.,* Unterlassen durch Begehen, GA 68, 49. – *Nagler,* Die Problematik der Begehung durch Unterlassung, GS 111, 1. – *Nickel,* Die Problematik der unechten Unterlassungsdelikte usw., 1972. – *Niethammer,* Strafbares Unterlassen, ZStW 57, 431. – *Otto,* Vorangegangenes Tun als Grundlage strafrechtlicher Haftung, NJW 74, 528. – *Pfleiderer,* Die Garantenstellung aus vorangegangenem Tun, 1968. – *Roeder,* Zum Standortproblem der unechten Unterlassungsdelikte, DStR 41, 105, 152. – *Roxin,* An der Grenze von Begehung und Unterlassung, Engisch-FS 380. – *Rudolphi,* Die Gleichstellungsproblematik der unechten Unterlassungsdelikte, 1966. – *Sauer,* Das Unterlassungsdelikt, GS 114, 279. – *ders.,* Kausalität und Rechtswidrigkeit der Unterlassung, Frank-FG I 202. – *Schaffstein,* Die unechten Unterlassungsdelikte im System des neuen Strafrechts, Graf Gleispach-FS 1936, 70. – *R. Schmitt,* Zur Systematik der Unterlassungsdelikte, JZ 59, 432. – *Schöne,* Unterlassene Erfolgsabwendungen und Strafgesetz, 1974. – *Schünemann,* Grund und Grenzen der unechten Unterlassungsdelikte, 1971. – *Spendel,* Zur Dogmatik der unechten Unterlassungsdelikte, JZ 73, 137. – *Stree,* Garantenstellung kraft Übernahme, H. Mayer-FS 155. – *Traeger,* Das Problem der Unterlassungsdelikte im Straf- und Zivilrecht, FG Enneccerus, 1913, 1. – *Ulmer,* Die deliktische Haftung aus der Übernahme von Handlungspflichten, JZ 69, 163. – *Vogt,* Das Pflichtproblem der kommissiven Unterlassung, ZStW 63, 381. – *Welp,* Vorausgegangenes Tun als Grundlage einer Handlungsäquivalenz der Unterlassung, 1968. – *Welzel,* Zur Dogmatik der echten Unterlassungsdelikte, NJW 53, 327. – *ders.,* Zur Problematik der Unterlassungsdelikte, JZ 58, 494. – *E. A. Wolff,* Kausalität von Tun und Unterlassen, 1965. – Vgl. auch *Georgakis,* Hilfspflichten und Erfolgsabwendungspflicht im Strafrecht, 1938. – *Kissin,* Die Rechtspflicht zum Handeln bei den Unterlassungsdelikten, 1933 (StrAbh. H. 317). – *Vanderveeren,* Le délit par omission, Revue belge 1949/50, 681. – Zu Grundlagenproblemen vgl. *Maiwald* JuS 81, 473, auch *Schünemann* ZStW 96, 287.

I. Neben der Handlung als positivem Tun hat das **Unterlassen** von Handlungen strafrechtli- **134** che Bedeutung. Dies ergibt bereits die Tatsache, daß das Gesetz selbst ausdrücklich die Nichtvornahme bestimmter Handlungen unter Strafe stellt, z. B. die unterlassene Verbrechensanzeige (§ 138), die unterlassene Hilfeleistung (§ 323c), das Sichnichtentfernen beim Hausfriedensbruch (§ 123 2. Fall), das Nichtgewähren des gesetzlich geschuldeten Unterhalts (§ 170b; vgl. dort RN 27) usw. Diese Gebotsverletzungen werden als **echte Unterlassungsdelikte** bezeichnet, weil die Strafvorschrift ein bestimmtes Handeln fordert und dessen Unterlassen den Tatbestand unmittelbar erfüllt. Z. T. sind auch in einzelnen Tatbeständen Handlungen und Unterlassungen als gleichwertig nebeneinander gestellt, z. B. in § 223b (Vernachlässigung der Sorgepflicht; vgl. Jakobs 641), in § 283 I Nr. 5 (Nichtführen von Handelsbüchern) u. Nr. 7 (Nichtaufstellen einer Bilanz) sowie in § 357 (Geschehenlassen einer rechtswidrigen Tat im Amt).

Neben diesen echten sind auch sog. **unechte Unterlassungsdelikte** (Kommissivdelikte durch **135** Unterlassen) anerkannt (§ 13). Bei ihnen erfolgt eine Bestrafung aus einer Vorschrift, die als Verhalten grundsätzlich ein positives Tun voraussetzt und der eine Verbotsnorm (Du sollst nicht töten usw.) zugrunde liegt (vgl. jedoch R. Schmitt JZ 59, 432). Trotzdem kann ein Unterlassen zur Erfüllung dieser Begehungstatbestände führen, sofern es dem positiven Tun

Vorbem §§ 13 ff. 136–139   Allg. Teil. Die Tat – Grundlagen der Strafbarkeit

gleichzustellen ist. Das ist dann der Fall, wenn der Unterlassende auf Grund einer Garantenstellung zum Eingreifen in einen gefährlichen Kausalverlauf, der zum Eintreten der objektiven Tatbestandsvoraussetzungen führt, verpflichtet war; vgl. Anm. zu § 13.

136 Ferner enthält das StGB Tatbestände, die zwar eine Unterlassung nicht ausdrücklich als Begehungsform aufweisen, bei denen aber die Auslegung ergibt, daß ein Unterlassen neben einem positiven Tun unmittelbar tatbestandsmäßig sein kann, so daß hier in einem Tatbestand gleichzeitig ein Begehungs- und ein Unterlassungsdelikt zusammengefaßt sind. Das ist dort der Fall, wo Grundlage des Tatbestands die Verletzung einer besonderen Obhutspflicht gegenüber bestimmten Rechtsgütern ist. So kann die Vernachlässigung einer Vermögenssorgepflicht unter § 266 unmittelbar subsumiert werden, ebenso die (gröbliche) Vernachlässigung einer Fürsorge- oder Erziehungspflicht unter § 170 d. Entsprechendes gilt für einige Amtsdelikte (z. B. § 336; Rechtsbeugung durch Unterlassen richterlicher Aufklärung).

137 Ob ein Unterlassungsdelikt ein **echtes oder unechtes** ist, entscheidet sich danach, ob das StGB einen entsprechenden Unterlassungstatbestand enthält, nicht danach, ob der Unterlassende eine reine Tätigkeit oder die Abwendung eines Erfolges geschuldet hätte (Jakobs 640, Armin Kaufmann aaO 277, Stratenwerth 266; and. Jescheck 547, LK 84 vor § 13). Vgl. ferner Gallas, Dt. Landesreferate z. IV. Int. Kongreß f. Rechtsvergl. 1955, 349, M-Gössel II 176 f., Rudolphi SK 8 ff. vor § 13, Schmidhäuser 654 ff., JZ 55, 434 ff. Zwar sind die meisten echten Unterlassungsdelikte schlichte Unterlassungsdelikte, jedoch kommen auch Erfolgsdelikte vor. Vgl. Welzel 202 f., Armin Kaufmann JuS 61, 173. Die o. 136 erwähnten Unterlassungstaten sind z. B. auch bei tatbestandlicher Voraussetzung eines Erfolges (z. B. Eintritt eines Nachteils bei § 266) als echte Unterlassungsdelikte anzusehen, weil das Unterlassen hier den Tatbestand unmittelbar erfüllt, ohne daß es eines Rückgriffs auf § 13 bedarf. Nach einer dritten Ansicht soll danach abzugrenzen sein, ob ein Unterlassen der Tatbestandsverwirklichung durch aktives Tun gleichgestellt werden kann (Schünemann ZStW 96, 303, der dementsprechend den 2. Fall des § 123 den unechten Unterlassungsdelikten zurechnet).

138 Fraglich ist, ob Handeln und Unterlassen als zwei verschiedene Formen menschlichen Verhaltens nebeneinander stehen oder derart zueinander in Beziehung gesetzt werden können, daß die Unterlassung nur als Sonderform der Handlung oder aber beide als Unterformen eines übergeordneten Begriffes zu verstehen sind. Alle Bemühungen um eine solche Koordinierung müssen als gescheitert angesehen werden. Handlung und Unterlassung verhalten sich strukturell wie A und Non-A (Radbruch, Handlungsbegriff, 1904, 140; vgl. dazu Schmidhäuser Kaufmann-GedS 143). Es lassen sich nicht mehr Gemeinsamkeiten zwischen ihnen feststellen, als daß beides Formen menschlichen Verhaltens gegenüber der Umwelt sind; eine solche Aussage hat aber kein sachliches Gewicht (and. Jescheck LK 83 vor § 13). Diese Erkenntnis bestimmt die gesamte Dogmatik der Unterlassungsdelikte. Eine schematische Übertragung der für die Begehungsdelikte geschaffenen strafrechtlichen Regeln auf die Unterlassungsdelikte ist unmöglich, vielmehr kommt nur eine *sinngemäße Übertragung* in Frage. Es ist insb. nicht möglich, aus der strukturellen Verschiedenheit von Handlung und Unterlassung ein sog. *Umkehrprinzip* (Kaufmann aaO 88 ff., Welzel 203) dergestalt abzuleiten, daß alle dogmatischen Fragestellungen sich bei der Unterlassung umkehren, grundsätzlich aber die Regeln des AT für Begehungsdelikte anwendbar bleiben.

139 II. Über die **strukturelle Beschaffenheit** der Unterlassung gehen die Meinungen auseinander, wobei die Entscheidung wesentlich davon abhängt, ob man versucht, das Unterlassen als eine grundsätzlich gleichartige Form menschlichen Verhaltens dem Handeln an die Seite zu stellen (Baumann/Weber 198, Maihofer, Handlungsbegriff S. 14, 73, Mezger 132), oder ob man davon ausgeht, Handlung und Unterlassung seien strukturell völlige Gegensätze, träfen also dogmatisch an keiner Stelle zusammen (Gallas aaO 39 f., ZStW 67, 8 f., Armin Kaufmann aaO 59 ff., 80 ff., Radbruch, Handlungsbegriff [1904], Welzel 200). Die letzte Auffassung gewinnt in neuerer Zeit zunehmend an Boden (vgl. v. Bubnoff aaO 149 ff., Roxin ZStW 74, 530 f., 547 ff., Rudolphi SK 17 vor § 1). Dennoch bleibt zweifelhaft, wie weit diese strukturellen Unterschiede gehen. Kaufmann aaO 59 ff., 80 ff. und Welzel 200 ff. als Vertreter der finalen Handlungslehre haben versucht, bei Anerkennung dieses grundsätzlichen Standpunkts eine gewisse Gemeinsamkeit jedenfalls im ontologischen Bereich dadurch zu erhalten, daß sie die Handlung als Finalität, die Unterlassung als potentielle Finalität bezeichnet haben. Dieser Auffassung kann jedoch nicht gefolgt werden; vielmehr sind auch im elementarsten Bereich Handlung und Unterlassung etwas prinzipiell Verschiedenes. Beim positiven Tun versucht man mit dem Handlungsbegriff eine von allen konkreten Handlungsmerkmalen abstrahierte Definition zu schaffen, die in ihrer kürzesten Form lautet: Handlung ist willkürliche Bewegung. Diese Definition hat jedoch bei der Unterlassung keine Entsprechung in dem Sinne, daß über eine Unterlassung ausgesagt werden könnte, sie sei Handlungsmöglichkeit. In ontologischer Beziehung ist die Unterlassung vielmehr ein Nichts, das erst im normativen Bereich dadurch Bedeutung erlangt, daß bestimmte Urteile über dieses Nichtsein abgegeben werden. Sie erhält ihre

Substanz erst durch ein Urteil (Gallas aaO 39f., ZStW 67, 8, Eser II 46, Jescheck LK 85 vor § 13; dagegen Schaffstein OLG Celle-FS 201). So ist bereits die Feststellung, ein bestimmtes Verhalten sei möglich gewesen, ein Urteil, nicht aber die Feststellung einer ontischen Eigenschaft des Unterlassens. Aber selbst dieses Möglichkeitsurteil kennzeichnet das Wesen der Unterlassung nicht hinreichend. Nicht alles, was man in einer bestimmten Situation tun könnte, hat man „unterlassen", wenn man es nicht tut. Selbst wenn man einen solchen Unterlassungsbegriff anerkennen wollte, wäre er sachlich wertlos. Zwar ist die Handlungsmöglichkeit Voraussetzung einer jeden Unterlassung; über die Unterlassung als solche ist jedoch damit keine Aussage gemacht. Unterlassung ist die Negation bestimmter, niemals aller möglichen Handlungen, weil das logische Prius einer jeden Unterlassung eine erwartete Handlung ist, die nicht vorgenommen wurde. Unterlassung ist *enttäuschte Erwartung,* so daß über ein Unterlassen Aussagen nur dadurch gemacht werden können, daß man die Nichtvornahme einer bestimmten und geforderten Handlung feststellt. Denn erst das Vorhandensein einer Forderung, die sich aus bestimmten Normenkomplexen ergibt, veranlaßt das Urteil, daß einer Forderung nicht entsprochen, d.h. das Gebotene unterlassen worden ist. Danach bedeutet **Unterlassen** die **Nichtvornahme einer geforderten Handlung**; wie hier weitgehend Gallas aaO 39f., ZStW 67, 8ff., Jescheck LK 85 vor § 13, Rudolphi SK 4 vor § 13, Schmidhäuser 654; dagegen Schaffstein OLG Celle-FS 201f., Welzel 200, Armin Kaufmann aaO 92ff. Vgl. auch Androulakis aaO. Ohne Bedeutung ist, ob der Täter „nur unterläßt" oder ob er etwas anderes als das Gebotene tut (Roxin Engisch-FS 402ff.).

1. Welche Handlung **gefordert** wird, hängt vom jeweiligen in Frage stehenden Straftatbestand ab. Zudem sind die Umstände des Einzelfalles dafür maßgebend, welche Handlung in concreto erforderlich ist. Vgl. u. 151f. **140**

2. Gefordert – jedenfalls von der Rechtsordnung – kann nur werden, was **möglich** ist (Baumann/Weber 199, M-Gössel II 193, Rudolphi SK 2 vor § 13, Schmidhäuser 681). Daher gehört zu den konstitutiven Merkmalen des Unterlassens als einer Verantwortlichkeit auslösenden Verhaltensform, daß die erforderliche Handlung dem Unterlassenden möglich gewesen wäre. Dieser muß somit imstande gewesen sein, in der erforderlichen Weise tätig zu werden. Vgl. dazu RG **57** 197, **64** 276, BGH **2** 24, **6** 57, Dahm aaO 179, Kielwein GA 55, 228, Engisch Kohlrausch-FS 164f., Jescheck 557, LK 86 vor § 13, Nagler aaO 70, 72, Sauer aaO 315, Wessels I 223. **141**

a) Unmöglich ist eine Handlung zum einen bei Fehlen der Handlungsfähigkeit (z.B. Bewußtlosigkeit, Fesselung, vis absoluta; vgl. Baumann/Weber 199, M-Gössel II 192). Da jedoch ein Unterlassen sich stets auf die konkret erforderlichen Handlungen bezieht, liegt Unmöglichkeit auch dann vor, wenn der Unterlassende trotz an sich gegebener Handlungsfähigkeit nicht imstande ist, **in sinnvoller Weise** das Erforderliche zu tun. Denn sinnloses Tun kann nicht Gegenstand eines sachgemäßen Gebots sein. Der Nichtschwimmer, der nur Hilfe zur Rettung eines Ertrinkenden herbeizuholen vermag, unterläßt diese Hilfe nicht, wenn weit und breit niemand vorhanden und sofortige Hilfe erforderlich ist. Wer außerstande ist, ordnungsgemäße Bilanzen i.S. der §§ 283 I Nr. 7b, 283b I Nr. 3b rechtzeitig aufzustellen, verletzt seine Bilanzierungspflicht nicht (vgl. § 283 RN 47). Sinnlos ist ein Tätigwerden auch dann, wenn stärkere Kräfte der Erfolgsabwendung entgegenstehen (vgl. OGH **1** 319 sowie § 323c RN 15, 19) oder der Garant eine Straftat nicht verhindern kann, z.B. seine Kräfte nur ausreichen, den omnimodo facturus für wenige Sekunden aufzuhalten (vgl. BGH MDR/D **73**, 369 m. Anm. Blei JA 73, 463). Sinnvolle Tätigkeit ist nur dann, wenn sie zur Rettung des gefährdeten Rechtsgutes Entscheidendes beiträgt, wobei die Möglichkeit einer Rettung ausreicht (vgl. u. 149) und auch eine zeitliche Verzögerung des an sich unvermeidbaren Erfolgseintritts in Rechnung zu stellen ist. Wenn aber der Hilfspflichtige den Einsturz seines Hauses oder das Herabstürzen eines Felsblocks nur für ganz kurze Zeit aufhalten kann, liegt schon keine Möglichkeit sinnvoller Hilfe mehr vor, es sei denn, ein Gefährdeter kann sich in dieser Zeit noch in Sicherheit bringen. Allerdings ist zu beachten, daß eine zeitliche Verzögerung die Dinge in zunächst nicht vorhersehbarer Weise ändern kann, so daß sich der Täter bei Untätigkeit nicht schon allein darauf berufen kann, sein Eingreifen habe wegen der Tatentschlossenheit des zu Beaufsichtigenden oder des zu Beschützenden keinen Sinn gehabt (vgl. auch BGH MDR/D **73**, 369). **142**

b) Dieses **Möglichkeitsurteil** ist nach **objektiven** Gesichtspunkten abzugeben, bedeutet also die Feststellung, daß das zur Beseitigung einer Gefahrensituation Notwendige dem Unterlassenden objektiv möglich gewesen wäre. Eine solche Möglichkeit setzt die objektive Erkennbarkeit der Gefahrenlage und der Mittel zu deren Beseitigung voraus. Dagegen berührt die Frage, ob die Gefahrensituation, die Handlungsmöglichkeit oder das konkret Erforderliche dem Unterlassenden bekannt war oder hätte bekannt sein können, lediglich Vorsatz und Fahrlässigkeit (Baumann/Weber 200, Rudolphi SK 3 vor § 13, Wessels I 223; and. Kaufmann aaO 35ff., z.T. auch Jescheck 558, wohl auch Stratenwerth 279). **143**

144 c) **Omissio libera in causa:** Grundsätzlich muß die Handlungsmöglichkeit in dem Zeitpunkt gegeben sein, in dem das Eingreifen des Handlungspflichtigen erforderlich wird (vgl. u. 153). Ist in diesem Moment ein sinnvolles Handeln unmöglich, so entfällt die Handlungspflicht. Anderes gilt jedoch, wenn der Handlungspflichtige dafür verantwortlich ist, daß er im entscheidenden Augenblick nicht in der Lage war, das Erforderliche zu tun; so im Fall des Schrankenwärters, der sich so betrinkt, daß er bei Ankunft des Zuges nicht mehr imstande ist, die Schranke zu schließen. In diesen Fällen der sog. „omissio libera in causa" (vgl. Androulakis aaO 156, Welp aaO 134 ff.) wird dem Täter zur Last gelegt, daß er vorsätzlich oder fahrlässig seine Handlungsmöglichkeit ausgeschlossen hat. Dies kann sowohl durch Unterlassen (die Mutter versäumt, rechtzeitig Medikamente für ihr krankes Kind zu kaufen; vgl. Welp aaO 137: „omissio libera in omittendo") als auch durch positives Tun geschehen (Sichbetrinken usw.). Auch im letzteren Fall erfolgt die Bestrafung nach den Grundsätzen der Unterlassungsdelikte: Nur dem „an sich" Handlungspflichtigen kann ein Vorwurf daraus gemacht werden, daß er seine Handlungsunfähigkeit herbeigeführt hat (vgl. Welp aaO 137). Zur Frage, wann bei der omissio libera in causa der Versuch beginnt, vgl. § 22 RN 56.

145 Daneben sind aber auch bei den Unterlassungsdelikten Fälle denkbar, in denen sich der Täter wie bei der actio libera in causa schuldhaft in einen Zustand versetzt, in dem er *nicht mehr voll verantwortlich* ist, ohne daß er zugleich seine Handlungsfähigkeit eingebüßt hätte; so etwa, wenn der sich betrinkende Schrankenwärter zwar noch imstande ist, die Schranke zu schließen, infolge seiner Trunkenheit dies dann aber leichtfertig unterläßt.

146 III. **Tatbestandsmäßigkeit** der Unterlassung liegt vor, wenn der Unterlassende die vom Gesetz geforderte Handlung nicht vorgenommen hat. So wie bei den Begehungsdelikten der Tatbestand die Handlung beschreibt, die nicht sein soll, so muß der Tatbestand der Unterlassungsdelikte Handlungen beschreiben, die sein sollen (vgl. Kaufmann aaO 255). Dies geschieht bei den echten Unterlassungsdelikten ausdrücklich in den einzelnen Bestimmungen, so z. B. in den §§ 138, 323 c. Bei den unechten Unterlassungsdelikten fehlen exakte Beschreibungen der Tatbestandsvoraussetzungen. § 13 liefert nur ungenaue Anhaltspunkte. In ihrem Rahmen ist daher der Begehungstatbestand um die entsprechenden Merkmale zu ergänzen. Zur Verfassungsmäßigkeit solcher Ergänzungen vgl. § 13 RN 5.

147 Bestritten ist, ob bei Vorliegen der Tatbestandsvoraussetzungen das Unterlassen bei den unechten Unterlassungsdelikten unter den Begehungstatbestand unmittelbar subsumiert werden kann (so h. M.; vgl. z. B. Baumann/Weber 236, Henkel MschrKrim. 61, 180, Böhm JuS 61, 178) oder ob es selbständige ungeschriebene Unterlassungstatbestände neben den Begehungstatbeständen gibt (so u. a. Armin Kaufmann aaO 252 ff., 274, JuS 61, 175, Schöne aaO 248 ff., Welzel 210). Angesichts der Tatsache, daß § 13 mit seiner Entsprechensklausel auf einen Begehungstatbestand abhebt und bei Tatbeständen, bei denen eine Pflichtverletzung unter Strafe steht, Handeln und Unterlassen gleichermaßen dem Tatbestand selbst unterstellt werden können, ist anzunehmen, daß der Begehungstatbestand, vermehrt um die Garantenmerkmale, unmittelbar anwendbar ist.

Eine Unterlassung ist daher unter folgenden Voraussetzungen tatbestandsmäßig:

148 1. Es müssen die jeweiligen Umstände vorliegen, an die das rechtliche Gebot zum Handeln anknüpft. Bei einem unechten Unterlassungsdelikt muß somit für ein bestimmtes Rechtsgut eine **Gefahrensituation** entstanden sein, deren schädliche Auswirkungen der Täter durch sein Eingreifen (möglicherweise) abwenden kann.

149 2. Das Verhalten des Täters muß sich als wirkliches „**Unterlassen**" darstellen; es muß insb. feststehen, daß der Unterlassende die konkret erforderliche Handlung vornehmen konnte; vgl. o. 139 ff. Erforderlich ist bereits jede Handlung, die eine tatsächliche Rettungsmöglichkeit darstellt. Jede Rettungschance muß genutzt werden. Für die Handlungspflicht ist nicht Voraussetzung, daß ex ante feststeht, die Handlung werde mit an Sicherheit grenzender Wahrscheinlichkeit den Eintritt des drohenden Erfolges verhindern. Eine solche Wahrscheinlichkeit ist nur für die Zurechnung des eingetretenen Erfolges bedeutsam (vgl. § 13 RN 61). Wird sie festgestellt, so kann der Erfolg dem Unterlassungstäter subjektiv auch dann zugerechnet werden, wenn dieser die Abwendung des Erfolgseintritts nur für möglich gehalten und dessen Nichtverhinderung in Kauf genommen hat (vgl. § 15 RN 98). Läßt sie sich nicht feststellen, so kommt eine Haftung wegen Versuchs (vgl. 27 vor § 22, RN 50 zu § 22) oder nach § 323 c in Betracht.

150 3. Der **Täter** muß als der **Handlungspflichtige** bezeichnet sein. Dies geschieht bei den echten Unterlassungsdelikten unmittelbar durch den Tatbestand, wobei handlungspflichtig sowohl jedermann (z. B. § 323 c) wie auch nur bestimmte Personen (z. B. § 223 b) sein können. Bei den unechten Unterlassungsdelikten findet dies seine Entsprechung in der sog. Garantenstellung. Vgl. dazu RN 7 ff. zu § 13.

151 4. Tatbestandsvoraussetzung ist ferner die **Nichtvornahme der geforderten Handlung.** Wie diese beschaffen sein muß, ergibt sich aus den Umständen des Einzelfalles. Der Unterlassende hat grundsätzlich das Erforderliche im Rahmen seiner Möglichkeiten zu tun, soweit ihm dies zumutbar (dazu u. 155) ist. Diese Voraussetzungen sind objektiv zu bestimmen (vgl. o. 143). Bei den unechten Unterlassungsdelikten muß hinzu kommen, daß das Unterlassen der Verwirklichung des gesetzlichen Tatbestandes durch ein Tun entspricht (vgl. dazu § 13 RN 4).

5. Die aus den Unterlassungstatbeständen sich ergebenden **Pflichten** brauchen grundsätzlich **152 nicht persönlich** erfüllt zu werden (vgl. § 14, Hamm VRS **34** 149). Der Handlungspflichtige kann sich der Hilfe Dritter bedienen und muß dies tun, wenn diese allein imstande sind, das Erforderliche zu leisten (ärztliche Behandlung usw.). Maßstab dafür, ob und in welchem Umfang die Handlungspflicht ausnahmsweise persönlich zu erfüllen ist, ist ebenfalls die Erforderlichkeit. Der Täter wird andererseits mit der Übertragung der Pflicht nicht von der eigenen Verpflichtung frei, sondern hat im Rahmen des Erforderlichen und Zumutbaren über die Pflichterfüllung durch den Dritten zu wachen (vgl. BGH **19** 286, NJW **64**, 1631, Celle VRS **29** 24, Hamm VRS **34** 149, **52** 64, Karlsruhe NJW **57**, 1930) und erforderlichenfalls einzugreifen. Der Dritte haftet strafrechtlich kraft Übernahme (vgl. § 13 RN 26ff.). Sein Verschulden befreit den Auftraggeber nicht von der Verantwortung für die eigene Pflichtverletzung (BGH **20** 321, MDR **78**, 505).

6. Der Täter hat die Handlungspflicht sofort zu erfüllen, sofern dies zur Abwendung der **153** Gefahr erforderlich ist. Ihm steht jedoch ein **zeitlicher Spielraum** zur Verfügung, wenn auch eine spätere Pflichterfüllung ohne Vergrößerung der Gefahr den gleichen Erfolg haben würde (vgl. z. B. § 138 RN 12). Wird innerhalb dieser Frist die gebotene Handlung durch andere vorgenommen, so entfällt die Pflicht zum Handeln (Bay **62**, 259).

7. Weigert sich der Träger des gefährdeten Rechtsguts, **Hilfe anzunehmen**, so entfällt eine **154** Pflicht zur Abwendung der Gefahr, wenn die Weigerung auf einem freien Willen beruht, wobei der Gefährdete sich der Tragweite seiner Weigerung bewußt sein muß, und die erforderliche Verantwortlichkeit vorliegt (Weigerung eines Kindes genügt nicht). Ein Einschreiten ist hier ebensowenig geboten wie in den Fällen, in denen ein verantwortlich Handelnder bewußt sich in Gefahr begibt oder die Gefahr selbst schafft (vgl. dazu § 13 RN 22). Denn mit der Weigerung nimmt der Betroffene die Gefahr auf sich und ist somit für das weitere Geschehen selbstverantwortlich. Der Ehemann ist daher nicht verpflichtet, einen Arzt zur Betreuung seiner erkrankten, aber jede ärztliche Hilfe ablehnenden Ehefrau zu holen (vgl. BGH MDR/H **87**, 797), auch wenn erhebliche Schäden drohen (§ 226a ist insoweit nicht anwendbar; and. Seier NJW **87**, 2482). Beschränkt sich die Weigerung auf eine konkret angebotene bestimmte Hilfe, so ist der Garant nur insoweit von seiner Pflicht zur Hilfe entbunden (vgl. dazu Donatsch SchwZStr. **106**, 363). Die Garantenpflicht entfällt auch bei Gefährdung eines Rechtsguts, das der Dispositionsbefugnis nicht unterliegt (Leben). Insoweit gelten die gleichen Grundsätze wie bei der Teilnahme am Selbstmord durch Unterlassen (vgl. 39ff. vor § 211, § 323c RN 26). Demgemäß besteht für einen Beschützergaranten (vgl. § 13 RN 9) auch keine Rechtspflicht, eine Tötung auf Verlangen zu verhindern (vgl. Donatsch aaO 361); dagegen hat ein Überwachungsgarant gegen die Tat des von ihm zu Beaufsichtigenden einzuschreiten.

IV. Außer der Erforderlichkeit begrenzt die **Zumutbarkeit** des Handelns die Pflicht, zum **155** Schutz gefährdeter Rechtsgüter tätig zu werden. Unzumutbares Handeln ist rechtlich ebensowenig geboten wie eine sinnlose Tätigkeit. Die in § 323c ausdrücklich erfolgte Gleichbehandlung des Zumutbaren mit dem Erforderlichen gilt auch für unechte Unterlassungsdelikte (and. Jakobs 695, Jescheck LK 91 vor § 13, nach denen eine unterlassungsspezifische Zumutbarkeit nicht bestehen soll). Soweit ein Handeln nach den konkreten Umständen unzumutbar ist, hat der an sich Handlungspflichtige ebensowenig dafür einzustehen, daß ein Erfolg nicht eintritt (§ 13), wie im Falle der Unmöglichkeit, das Erforderliche zu tun. Bei Unzumutbarkeit des Handelns ist demgemäß das Unterlassen nicht tatbestandsmäßig (D-Tröndle § 13 RN 16 a. E., Drost GA Bd. 77, 177, Grünhut ZStW **51**, 467, Henkel Mezger-FS 280, Lackner § 13 Anm. 2c, H. Mayer AT 119; vgl. auch Karlsruhe MDR **75**, 771). Nach anderer Ansicht wirkt die Unzumutbarkeit rechtfertigend (Küper, Grund- und Grenzfragen der rechtfertigenden Pflichtenkollision im Strafrecht, 1979, 97ff., Schmidhäuser 690) oder entschuldigend (Kienapfel ÖJZ **76**, 201, Rudolphi SK 31 vor § 13, Welzel JZ **58**, 496, Wessels I 231). Die Stellung der Rspr. zu dieser Frage ist uneinheitlich (vgl. BGH **3** 206, **6** 57, NJW **64**, 732). Für die gegenüber den Begehungsdelikten abweichende Einordnung der Zumutbarkeit in den Tatbestandsbereich spricht, daß das Gesetz generell nur davon ausgehen darf, es sei zumutbar, Straftaten zu unterlassen, nicht dagegen generell fordern kann, bei Gefahren ohne Rücksicht auf die Zumutbarkeit einzugreifen. Wer einem Garanten rät, von einem unzumutbaren Handeln abzusehen, macht sich daher nicht wegen Beteiligung an einer Unterlassungstat strafbar. Die irrige Annahme von Umständen, bei deren Vorliegen das Handeln unzumutbar ist, stellt einen vorsatzausschließenden Tatbestandsirrtum dar. Dagegen liegt ein Gebotsirrtum vor, wenn der Täter die maßgeblichen Umstände richtig erkennt und nur auf Grund einer rechtlichen Fehlbeurteilung ein Tätigwerden für unzumutbar hält, z. B. bei einem geringen eigenen Risiko (Irrtum über ein gesamttatbewertendes Merkmal; vgl. § 15 RN 22, Lackner § 15 Anm. II 2b bb, auch Schaffstein OLG Celle-FS 205).

156 **Unzumutbar** ist eine Handlung, wenn sie eigene billigenswerte Interessen in erheblichem Umfang beeinträchtigt (zu eng Jescheck 574, LK 91 vor § 13, M-Gössel II 213, die nur die Interessenlage des § 35 berücksichtigen wollen) und diese in einem angemessenen Verhältnis zum drohenden Erfolg stehen (vgl. BGH NStZ **84**, 164: Handeln unzumutbar, wenn das Gewicht der Interessen, die preiszugeben wären, dem Gewicht des drohenden Erfolges entspricht). Die widerstreitenden Interessen einschließlich des Grades der jeweiligen Gefahren sind also gegeneinander abzuwägen. Je schwerer das drohende Übel ist, desto mehr kann an Opfern oder Selbstgefährdungen zugemutet werden (vgl. BGH **4** 23). Maßgebend für die Beurteilung ist die Lage des Einzelfalles (vgl. BGH **6** 57). Bei geringen Handlungsrisiken, etwa bei rein abstrakten Gefährdungen (auch des Lebens), ist das Tätigwerden allgemein zumutbar. Andererseits braucht grundsätzlich niemand eine konkrete Lebensgefährdung auf sich zu nehmen oder gar das eigene Leben zu opfern. Aber auch das Eingehen konkreter Leibesgefahren ist grundsätzlich unzumutbar. Ausnahmen kommen bei Bagatellgefahren sowie bei Personen mit besonderen Gefahrtragungspflichten in Betracht. Solche Personen haben im Rahmen ihres besonderen Pflichtenkreises die hieraus erwachsenden Gefahren hinzunehmen. Ein Arzt muß z. B. einen Patienten auch bei Ansteckungsgefahr weiterbehandeln. Ähnliches kann sich aus der Übernahme einer Schutzposition ergeben. Wer unter Eingehen des Risikos der Selbstgefährdung den Schutz eines Rechtsguts übernimmt, kann sich insoweit nicht auf Unzumutbarkeit der Rettungshandlung berufen, so z. B. nicht, wer verspricht, einem in eiskaltem Wasser Badenden bei Gefahr zu helfen, oder wer als Bergführer eine Bergsteigergruppe betreut. Unzumutbar ist weitgehend, die Polizei oder andere staatliche Stellen gegen Angehörige in Anspruch zu nehmen (vgl. BGH **6** 57, Bremen NJW **57**, 72, Köln NJW **73**, 862) oder diese der Gefahr der Strafverfolgung auszusetzen. Das gilt jedoch nicht, wenn die vom Angehörigen gefährdeten Interessen die mit der Inanspruchnahme der Behörde preisgegebenen Interessen wesentlich überwiegen, so u.a. nicht für die Abwendung von Todesgefahren (vgl. BGH NJW **64**, 732) oder schwerwiegenden Sexualdelikten (vgl. BGH NStZ **84**, 164). § 139 III läßt diese Fälle unberührt, da er eine Sonderregelung für die allgemeine Anzeigepflicht enthält (BGH NStZ **84**, 164). Das Eingehen der Gefahr der eigenen Strafverfolgung ist zumutbar, wenn sie in ihrem Gewicht erheblich hinter den drohenden Schaden zurücktritt oder die zu befürchtende Strafverfolgung das Verhalten betrifft, aus dem (vorausgegangenes Tun) die Rechtspflicht zur Erfolgsabwendung erwächst (vgl. BGH NJW **64**, 732, NStZ **84**, 452f., aber auch Geilen FamRZ **64**, 386ff.), dagegen nicht ohne weiteres, wenn für den Fall des Einschreitens eine Strafanzeige wegen einer anderweitigen Tat zu erwarten ist (and. RG **72** 19). Zu den Meinungsverschiedenheiten in diesem Punkt vgl. Ulsenheimer GA 72, 10ff. Stets zumutbar ist die Beeinträchtigung materieller Rechtsgüter, soweit ein Eingriff nach § 34 zu dulden wäre. Die Zumutbarkeit materieller Opfer ist jedoch hierauf nicht beschränkt (vgl. BGH **4** 20: Gefahr, Stammgast zu verlieren). Sie ist z. B. in Ingerenzfällen grundsätzlich gegeben, wenn die Abwendung drohender Körperschäden materielle Einbußen verursacht. Unzumutbar kann das Tätigwerden jedoch sein, wenn nur geringfügige Körperschäden abzuwenden sind und das hierfür erforderliche Handeln mit schwerwiegenden Einbußen materieller Art, etwa existenzgefährdenden Folgen, verbunden ist (z. B. beim Rückruf von Produkten, die allenfalls zu leichtem Unwohlsein führen können; vgl. BGH NJW **90**, 2564). Als erforderliche Handlung gegen ein rechtswidriges Druckmittel und die hiermit verbundenen Gefahren ist die abverlangte Aufopferung immaterieller oder materieller Güter unzumutbar. Dem Ehegatten, dem für den Fall einer Trennung die Tötung des Kindes angedroht wird, ist nicht das Ausharren in der ehelichen Lebensgemeinschaft zuzumuten (BGH **7** 271). Gleiches gilt bei entsprechender Drohung für die Rückkehr zum anderen Ehegatten. Das Erpressungsopfer, dem mit der Tötung eines Angehörigen gedroht wird, muß die Gefahr nicht durch Erfüllung des Geforderten beseitigen. Zur Frage der Zumutbarkeit, das eigene, vom Feuer bedrohte Kind aus dem Fenster in die Arme Hilfsbereiter zu werfen, vgl. Ulsenheimer JuS 72, 256, Spendel JZ 73, 143. Zum Zumutbarkeitsproblem vgl. noch RG **58** 98, 227, **70** 393, **77** 127, JW **39**, 401, BGH GA **63**, 16. Zur Zumutbarkeit bei Fahrlässigkeitsdelikten vgl. Jakobs, Studien zum fahrlässigen Erfolgsdelikt, 1972, 141ff., auch § 15 RN 204 u. 126 vor § 32.

156a Zu der Frage, ob und inwieweit die in Art. 4 GG garantierte *Glaubens- und Gewissensfreiheit* zu einer Beschränkung der Strafbarkeit des Unterlassens führen kann, vgl. 120 vor §§ 32ff.

157 V. Die **Rechtswidrigkeit** der Unterlassungsdelikte stellt, wie Kaufmann aaO 127ff., 306ff. zutreffend dargetan hat, kein Sonderproblem dar. Wer eine erforderliche Handlung unterläßt und damit einen Straftatbestand erfüllt, verhält sich grundsätzlich rechtswidrig und kann nur durch Rechtfertigungsgründe (z. B. Pflichtenkollision; vgl. 71 ff. vor § 32, Notstand; vgl. § 34 RN 5) gerechtfertigt sein.

VI. Ob dem Täter ein **Handeln** oder **Unterlassen** zur Last fällt, kann im Einzelfall zweifelhaft **158** sein. Insb. könnte bei unvorsichtigen Handlungen der strafrechtlich relevante Teil des Verhaltens auch im Unterlassen einer ordnungsmäßigen Handlung gesehen werden, so z. B. wenn der Maurer einen feuergefährlichen Schornstein baut (vgl. BGH **11** 119) oder der Schlosser einen Gasbadeofen falsch installiert (LG Stade NJW **58**, 1311, Bruns NJW **58**, 1257). Die Feststellung, ob einem Tun oder einem Unterlassen die maßgebliche Bedeutung zukommt, ist zu treffen, weil eine Verantwortlichkeit für ein Unterlassen eine besondere Rechtspflicht zum Handeln voraussetzt. Die Entscheidung hängt davon ab, bei welcher Form des Verhaltens der Schwerpunkt liegt (BGH **6** 59, Stuttgart FamRZ **59**, 74, Karlsruhe NJW **80**, 1859, Düsseldorf JMBlNW **83**, 200; vgl. ferner BGH MDR **66**, 600, H. Mayer AT 112, Blei I 310, Ranft JuS 63, 340, Roxin ZStW 74, 413 ff., Spendel, Eb. Schmidt-FS 190, Wessels I 221, aber auch ÖstOGH JBl 89, 457: Primat des Tuns). Zumeist dürfte das Schwergewicht bei der Handlung liegen. Daß „im Zweifel" positives Tun anzunehmen sei, wie Spendel (Die Kausalitätsformel usw. [1948] S. 50 ff., Eb. Schmidt-FS 194) und Arthur Kaufmann (Eb. Schmidt-FS 212) meinen, läßt sich jedoch angesichts der Tatsache, daß Unterlassungen von nebensächlichen Handlungen begleitet sein können, nicht befürworten; vgl. hierzu den Sachverhalt bei Stuttgart aaO. Tötung durch positives Tun liegt z. B. vor, wenn der Arbeitgeber seinen Arbeitern verseuchtes Material zur Verarbeitung gibt, nicht etwa Tötung durch Unterlassung der gebotenen Desinfektion (vgl. RG **63** 211, Boldt ZStW 68, 346, Engisch Gallas-FS 184 ff., M-Gössel II 175, Blei I 310, Schmidhäuser 700, Jescheck 545; and. Exner Frank-FG I 585 f.), ebenso wenn der Kraftfahrer einem Fahruntüchtigen, bei dem die Eigenverantwortlichkeit nicht (mehr) vorliegt, das Steuer überläßt (Karlsruhe NJW **80**, 1859; and. BGH NJW **59**, 1979; vgl. aber auch Hamburg VRS **25** 434) oder ein LKW-Fahrer im Führerhaus seines Fahrzeugs ein zweijähriges Kind ohne Begleitperson mitnimmt und das Kind die Tür während der Fahrt öffnet und tödlich verunglückt (and. Karlsruhe VRS **50** 414). Der Kraftfahrer, der einen Überfall eines Mitfahrers auf einen anderen Mitfahrer bemerkt und gleichwohl weiterfährt, leistet Hilfe durch positives Tun (BGH DAR **81**, 226). Ebenfalls liegt aktives Tun vor, wenn jemand mit einem Kfz fährt, das ein anderer mit einem beleidigenden Spruch versehen hat, nicht ein bloßes Unterlassen durch Nichtentfernen des Spruches (Weber Oehler-FS 85). Entsprechendes gilt für das Führen eines LKWs, den eine andere Person unsorgfältig beladen hat und dessen Ladung infolgedessen während der Fahrt herunterfällt und einen Verkehrsteilnehmer verletzt. Vgl. zum Ganzen krit. Welp aaO 103 ff., ferner Engisch Gallas-FS 163 ff., Kienapfel ÖJZ 76, 281, Rudolphi SK 6 f. vor § 13, Eser II 44 f., Sieber JZ 83, 431. Bleibt offen, ob ein Handlungspflichtiger die Tat durch positives Tun oder durch Unterlassen begangen hat, so ist wegen des Unterlassungsdelikts zu verurteilen (keine Wahlfeststellung; vgl. § 1 RN 93, 111). Allgemein zur Abgrenzung Volk Tröndle-FS 219.

VII. Zweifelhaft kann es sein, ob **Unterlassungsdelikte** auch **durch positives Tun** begangen **159** werden können, wie dies vereinzelt angenommen wird (Meyer-Bahlburg GA 68, 49 ff.); vgl. auch Roxin Engisch-FS 380. Hier wird z. B. angeführt, daß unterlassene Hilfeleistung vorliege, wenn der Täter bei einem Hochwasser sein Haus vor dem Ertrinkenden verschließt. Hinter dieser Fragestellung verbirgt sich jedoch ein ganz andersartiges Problem, nämlich die Frage, ob wegen Täterschaft durch positives Tun auch haftet, wer Rettungsmöglichkeiten für einen anderen vernichtet. Diese Frage ist zu bejahen. Wer durch positives Tun eine effektive Rettungsmöglichkeit für einen anderen zunichte macht, ist Täter des entsprechenden Delikts (Baumann/Weber 238, M-Gössel II 193), so z. B. in dem von Armin Kaufmann aaO 198 gebildeten Fall, daß A das auf den Ertrinkenden zutreibende Schlauchboot zerstört. Dabei ist unerheblich, ob es sich um Täter handelt, die als Eigentümer verpflichtet wären, ihre Sachen zur Rettung zur Verfügung zu stellen, oder ob andere Personen die Tat begehen. In dem genannten Beispiel ist daher ohne Bedeutung, ob das Schlauchboot von seinem Eigentümer oder von dritten Personen zum Sinken gebracht wird. Ein bloßes Unterlassungsdelikt (§ 323 c) liegt in diesen Fällen nur dann vor, wenn sich die Verweigerung der Hilfe auf bloße Untätigkeit beschränkt, z. B. der Eigentümer die Benutzung seines Bootes zur Rettung eines Ertrinkenden verweigert (Roxin Engisch-FS 388). Überall da aber, wo in den eine Rettung bewirkenden Kausalverlauf durch positives Handeln eingegriffen wird, braucht nicht auf die Regeln der Unterlassungsdelikte zurückgegriffen zu werden, insb. bedarf es keiner Garantenstellung. U. U. kommt dann auch Teilnahme statt Täterschaft in Betracht, so etwa, wenn jemand einen Rettungswilligen daran hindert, einen Raubüberfall zu vereiteln (Beihilfe zum Raub).

Eine andere Frage ist, wie zu entscheiden ist, wenn der **Täter** von ihm selbst eingeleitete **160** **Rettungsmaßnahmen rückgängig** macht oder abbricht. Ein solches Verhalten ist als positives

Tun zu werten, wenn die Rettungsmaßnahme, etwa das Zuwerfen der Rettungsleine, dem Opfer bereits die Rettungsmöglichkeit eröffnet hat. Dagegen bleibt der Abbruch einer Rettungsmaßnahme dem Unterlassungsbereich zugeordnet, wenn der Täter noch nicht alles zur Rettung Erforderliche getan hat. Vgl. dazu Engisch Gallas-FS 182ff., Roxin Engisch-FS 380ff., Samson Welzel-FS 579ff., Wessels I 222. Umstritten ist, ob das Abbrechen einer mit technischen Hilfsmitteln betriebenen Rettungsaktion wie das Abschalten eines den Kreislauf und die Atemtätigkeit aufrechterhaltenden Geräts durch den behandelnden Arzt in den Unterlassungsbereich oder in den Bereich positiven Tuns fällt. Für Zuordnung zum Unterlassungsbereich u. a. Engisch aaO 178, Frisch, Tatbestandsmäßiges Verhalten und Zurechnung des Erfolgs, 1988, 134, Geilen FamRZ 68, 126, Heinitz-FS 383 FN 22, Küper JuS 71, 476, Lenckner Medizinische Klinik 69, 1005, Roxin aaO 395ff., NStZ 87, 349, Wessels I 222; für positives Tun z. B. Baumann/Weber 239, Bockelmann, Strafrecht des Arztes, 1968, 112, Jescheck 546, Samson aaO 601f., Sax JZ 75, 137ff. Zur Begründung für die Zuordnung zum Unterlassungsbereich wird namentlich auf den sozialen Handlungssinn abgestellt, der hier keine andere Bewertung zulassen soll als beim Abbruch einer manuellen Behandlung. Die Gegenmeinung stellt demgegenüber das aktive Tätigwerden (Knopfdruck) und den damit verbundenen verschlechternden Eingriff in den Vordergrund. Unangemessene Ergebnisse sollen vermieden werden durch eine Einschränkung des Verbots aktiver Tötung (so Samson aaO: Recht auf einen „natürlichen Tod") oder durch eine am Schutzzweck der Norm und am Rechtsgut „Leben" ausgerichtete Haftungsbeschränkung (so Sax aaO 149f.). Indes lassen solche Einschränkungen die Gefahr einer Ausweitung befürchten. Nimmt man andererseits ein Begehungsdelikt ohne Einschränkung an, so wäre den Ärzten zu raten, sich eine Maschine konstruieren zu lassen, die nur eine eng begrenzte Zeit läuft und bei Ablauf dieser Zeit einen neuen Impuls zum Weiterlaufen benötigt. Von der Konstruktion eines Apparates kann aber die rechtliche Bewertung nicht abhängen. Man wird daher das Nichtweiterbehandeln als den entscheidenden Gesichtspunkt anzusehen und das Abschalten nach den Regeln der Unterlassungstat zu beurteilen haben. Vgl. auch LG Ravensburg JZ 88, 207.

161 VIII. Auch sog. **Tätigkeitsdelikte** sind als Unterlassungsdelikte begehbar, nicht nur Erfolgsdelikte. Die echten Unterlassungsdelikte sind ja vom Gesetz selbst zumeist als schlichte Begehungsdelikte konstruiert. Vgl. Steiner MDR 71, 260.

162 IX. Zum **Vorsatz** bei Unterlassungsdelikten vgl. § 15 RN 93ff. Zur Fahrlässigkeit vgl. Struensee JZ 77, 217. Zum **Versuch** bei Unterlassungsdelikten vgl. 27 vor § 22 sowie § 22 RN 47ff. Zur Abgrenzung zwischen **Täterschaft und Teilnahme** bei Unterlassungsdelikten vgl. 85ff. vor § 25. Zur Frage, ob die Garantenstellung ein besonderes persönliches Merkmal i. S. des § 28 ist, vgl. § 28 RN 19.

§ 13 Begehen durch Unterlassen

(1) **Wer es unterläßt, einen Erfolg abzuwenden, der zum Tatbestand eines Strafgesetzes gehört, ist nach diesem Gesetz nur dann strafbar, wenn er rechtlich dafür einzustehen hat, daß der Erfolg nicht eintritt, und wenn das Unterlassen der Verwirklichung des gesetzlichen Tatbestandes durch ein Tun entspricht.**

(2) **Die Strafe kann nach § 49 Abs. 1 gemildert werden.**

Schrifttum: s. Angaben zu den Vorbem. 134ff. vor § 13.

1 I. Die Vorschrift über **unechte Unterlassungsdelikte** beschränkt sich auf eine allgemeine Richtlinie, die keinerlei scharf umrissene Konturen aufweist. Die Frage, wann tatbestandlich das Unterlassen dem positiven Tun gleichsteht, beantwortet sie mit einer allgemein gehaltenen Klausel, die auf das Erfordernis einer **Garantenstellung** deutet, ohne jedoch deren Voraussetzungen genau zu umschreiben. Es bleibt daher Rechtslehre und Rspr. überlassen, die Garantenmerkmale im einzelnen herauszuarbeiten. Bei ihnen handelt es sich um ein Tatbestandsproblem (BGH **2** 155, **3** 89, **14** 232, [GrS] **16** 158, Engisch Mezger-FS 158, Gallas ZStW 67, 26, Jescheck 570, Wessels I 225). Demgegenüber hat man z. T. die Garantenstellung als Merkmal der Rechtswidrigkeit angesehen (z. B. Frank § 1 Anm. IV, Mezger 138, Sauer Mezger-FS 119). Zu ausländischen Regelungsentwürfen vgl. Jescheck Tröndle-FS 795.

1a **Nicht anwendbar** ist § 13 auf Unterlassungstaten, deren Strafbarkeit sich unmittelbar aus der Auslegung einer Strafvorschrift ergibt, wie bei § 266 oder sonst bei der Verletzung besonderer Pflichten gegenüber bestimmten Rechtsgütern (vgl. 136 vor § 13). Dies muß auch dann gelten, wenn diese Straftaten entgegen den Ausführungen o. 137 vor § 13 als unechte Unterlassungsdelikte angesehen werden (vgl. Seebode JR 89, 302 zu § 266). Da hier eine Strafbestimmung das Unterlassen unmittelbar erfaßt, ist sie einschließlich ihres Strafrahmens die allein maßgebliche Vorschrift, so daß eine Strafmilderung nach § 13 II unzulässig ist (D-Tröndle 3, Jescheck 553, LK 10, Rudolphi SK 4, 6; vgl. auch BGH NJW 82, 2882; and. M-Gössel II 216, Schünemann ZStW 96, 317). Demgegenüber soll nach BGH **36** 227 m. Anm. Timpe JR 90, 428 die Anwendbarkeit des § 13 II nur entfallen, wenn eine Strafvorschrift im BT das Unterlassen ausdrücklich in den Strafrahmen einbezieht, wie die §§ 223b, 315c I Nr. 2g, 340, 353b II, 357. Bei § 266, bei dem sich die Gleichstellung des Unterlassens mit dem positiven Tun aus der Auslegung des Tatbestandsmerkmals „Pflichtverletzung" ergibt, soll dagegen, weil sich der Vorschrift eine abschließende Regelung des Strafrahmens bei Unterlassungen nicht entnehmen lasse, § 13 II anwendbar sein. Der Begründung steht jedoch entgegen, daß es strukturell keinen Unterschied macht, ob in einer Strafvorschrift die Tathandlung so umschrieben ist, daß sie positives Tun und Unterlassen gleicherweise umfaßt, oder ob das Unterlassen neben dem positiven Tun genannt wird. Der Strafrahmen muß daher in beiden Fällen als abschließende Regelung verstanden werden. Wer als Vertreter (§ 14) eines Kaufmanns erforderliche Buchungen nicht vornimmt und dadurch gegen § 283 I Nr. 5 oder § 283b I Nr. 1 verstößt, ist mit einer Strafe aus dem normalen Strafrahmen zu belegen. Fallen die unterlassenen Buchungen unter § 266, so kann nichts anderes gelten. Mit der Umschreibung der Tathandlung wird auch in § 266 zur Genüge kenntlich gemacht, daß keine Besonderheiten für ein Unterlassen gelten. Mögliche Fälle, in denen das pflichtwidrige Untätigbleiben geringeres kriminelles Unrecht aufweist, lassen sich innerhalb des normalen Strafrahmens hinreichend berücksichtigen.

1. Die **Gleichstellung** des Unterlassens **mit** dem **Tun** setzt voraus, daß der Täter einen Erfolg, der zum Tatbestand eines Strafgesetzes gehört, nicht abwendet, obwohl er rechtlich dafür einzustehen hat, daß der Erfolg nicht eintritt. Der Täter muß hiernach Garant für den Nichteintritt eines Erfolges sein. Die unechten Unterlassungsdelikte sind daher Sonderdelikte des Handlungspflichtigen (Henkel MschKrim 61, 179, Jakobs 642). Die Garantenstellung ist Tatbestandsmerkmal, nicht jedoch die Handlungspflicht (Garantenpflicht) als solche; diese ist wie die Unterlassungspflicht bei den Begehungsdelikten Bestandteil der Rechtswidrigkeit (BGH [GrS] **16** 158, Jescheck 570; vgl. § 15 RN 96, aber auch Stratenwerth 280). 2

Als **Erfolg,** der zum Tatbestand eines Strafgesetzes gehört, ist nicht nur der Erfolg i. S. der Erfolgsdelikte zu verstehen, d. h. die Verletzung des Handlungsobjekts oder dessen konkrete Gefährdung (and. Jescheck LK 2, Tröndle-FS 796, der jedoch bei der Beihilfe durch Unterlassen erweiternd die Haupttat als Erfolg ansieht). Das Merkmal ist vielmehr in einem weiten Sinn auszulegen und als das tatbestandsmäßige Geschehen aufzufassen, das eine Strafbestimmung für die Vollendung einer Straftat voraussetzt. Vgl. dazu Jakobs 646, Schöne aaO 326, auch Bay **78** 132, Baumann/Weber 236, D-Tröndle 3. Demgemäß können auch abstrakte Gefährdungsdelikte durch Unterlassen begangen werden (Stuttgart NuR **87,** 281; einschränkend Geidies NJW 89, 821). Wer in der irrigen Annahme einer Straftat eine unrichtige Strafanzeige aufgesetzt hat, macht sich nach § 145d strafbar, wenn er nach Erkennen seines Irrtums bewußt nicht verhindert, daß ein anderer, gutgläubig handelnd, der StA die Anzeige zuleitet. Fraglich ist, ob auch der hinter dem Tatbestand stehende Erfolg, dem die Gefährdungsvorschrift entgegenwirken soll, als abzuwendende Folge einzubeziehen ist. Er ist zwar nicht unmittelbarer Teil des Tatbestands, gehört aber wegen der Ausrichtung des Tatbestands zu diesem, wie auch beim konkreten Gefährdungsdelikt der aus ihm hervorgehende Verletzungserfolg i. S. des § 13 zum Tatbestand gehört. Wer wahrheitswidrig, jedoch nicht wider besseres Wissen eine Strafanzeige erstattet, hat hierdurch ausgelöste Ermittlungen der Strafverfolgungsbehörde durch Berichtigung der Anzeige aufzuhalten; er erfüllt daher den Tatbestand des § 145d, wenn er die Berichtigung nach Erkennen seines Irrtums unterläßt. Das bloße Weiterbestehen einer herbeigeführten abstrakten Gefahr ist dagegen nicht als ein abzuwendender Erfolg anzusehen (vgl. BGH **36** 258 zu § 326, auch u. 42). 3

2. Des weiteren muß das Unterlassen der Verwirklichung des gesetzlichen Tatbestandes durch ein Tun **entsprechen.** Dieses Erfordernis bedeutet nicht, daß eine Gesamtbewertung zu erfolgen hat und zu prüfen ist, ob dem Unterlassen in der Unrechtsbewertung das gleiche Gewicht zukommt wie der Begehung durch ein Tun. Eine in diese Richtung gehende Auslegung würde die Rechtssicherheit beeinträchtigen (Jescheck 569, Roxin JuS 73, 199). Mit dem Merkmal des Entsprechens sind vielmehr die besonderen Momente angesprochen, die einer Tat ihr spezifisches Gepräge geben. Es gewinnt daher Bedeutung bei den sog. verhaltensgebundenen Delikten, d. h. bei Straftatbeständen, die besondere Handlungsweisen voraussetzen, etwa Heimtücke (§ 211), Zwang (§ 240), Täuschung (§ 263; vgl. dazu Hillenkamp JR 88, 303), störende Einwirkung auf technischen Aufzeichnungsvorgang (§ 268 III; vgl. dazu BGH **28** 307). In solchen Fällen entspricht das Unterlassen dem positiven Tun nur, wenn es in gleichwertiger Weise die besonderen Handlungsmodalitäten verwirklicht, es also eine dem positiven Tun vergleichbare Prägung besitzt und damit in seinem sozialen Sinngehalt mit der Tatbestandshandlung des Begehungsdelikts übereinstimmt. Nicht einzustehen hat hiernach der Schutzpflichtige (vgl. u. 10) grundsätzlich für strafschärfende Merkmale, die an eine besondere verbrecherische Intensität anknüpfen (vgl. Armin Kaufmann aaO 289). Er erfüllt z. B. nicht die 4

Voraussetzungen des § 223 a, wenn er eine Verletzung seines Schützlings durch einen gefährlichen Gegenstand (vgl. § 223a RN 9a) oder durch einen hinterlistigen Überfall nur geschehen läßt. Ebensowenig begeht er einen Mord, weil er eine heimtückische Tötung nicht unterbindet. Anderes gilt für einen Überwachungspflichtigen, der einer Tat der zu beaufsichtigenden Person nicht entgegentritt (vgl. u. 13). Er hat auch dafür zu sorgen, daß der zu Beaufsichtigende nicht mit besonderer krimineller Intensität vorgeht. Der Vater beteiligt sich z. B. am erhöhten Unrecht nach § 223a, wenn er seinen minderjährigen Sohn nicht daran hindert, einen anderen niederzustechen. Auch bei Schutzpflichtigen entspricht das Unterlassen grundsätzlich dem positiven Tun, wenn es sich um Tatmodalitäten handelt, die sich aus einer intensiveren Verletzung oder einer gesteigerten Gefährdung ergeben. Dem Garanten, der einen grausamen Tod (§ 211) oder eine lebensgefährliche Behandlung (§ 223a) nicht vereitelt, fällt daher das größere Unrecht zur Last. Bei den reinen Erfolgsdelikten (Totschlag, Körperverletzung usw.), bei denen es also auf spezifische Begehungsweisen nicht ankommt, sondern allein auf die Verursachung des tatbestandsmäßigen Erfolgs, entfällt eine Gleichwertigkeitsprüfung, da bereits die mögliche Nichtabwendung des Erfolges seitens des Garanten dem positiven Tun entspricht (Karlsruhe JR **89,** 212, D-Tröndle 17, Jescheck aaO, Roxin aaO). Das Zumutbarkeitsproblem (vgl. 155 vor § 13) ist unabhängig von der Entsprechungsklausel zu beurteilen (and. Karlsruhe MDR **75,** 771). Zum Gleichwertigkeitserfordernis vgl. noch Herzberg, Unterlassung, S. 66 ff., Jescheck LK 5 f., Kienapfel ÖJZ 76, 197 ff., Rudolphi SK 17 f., Schöne aaO 331 ff., Schünemann aaO 276 ff., 371 ff. Vgl. ferner Nitze, Die Bedeutung der Entsprechensklausel beim Begehen durch Unterlassen, 1989.

5   3. Mit der gesetzlichen Regelung der unechten Unterlassungsdelikte sind die **verfassungsrechtlichen Bedenken entfallen,** die aus einem Analogieverbot hergeleitet worden sind. Verfassungsrechtliche Bedenken könnten allenfalls noch auf Grund der ungenauen Umschreibung der Tatbestandsvoraussetzungen erhoben werden. Einem Verstoß gegen das verfassungsrechtliche Bestimmtheitsgebot (Art. 103 II GG) steht jedoch entgegen, daß die in Rechtslehre und Rspr. herausgearbeiteten Garantenmerkmale die tatbestandliche Voraussetzung „rechtlich dafür einzustehen hat" hinreichend eingrenzen. Daß einzelne Garantenmerkmale und deren Reichweite umstritten sind, hebt die tatbestandliche Bestimmtheit ebensowenig auf wie sonst ein Meinungsstreit über die Auslegung eines Tatbestandsmerkmals. I. E. ebenso Baumann/Weber 242, D-Tröndle 3, Jescheck 551, LK 14, M-Gössel II 191. Vgl. aber auch die Bedenken bei Schöne aaO 341, Stratenwerth 268.

6   4. Gleichwohl lassen sich gegen § 13 angesichts seines wenig aussagekräftigen Inhalts erhebliche Bedenken geltend machen. Man darf indes nicht übersehen, daß sich einer gesetzlichen, die strafwürdigen Fälle scharf umreißenden Regelung unüberwindliche Schwierigkeiten entgegenstellen, jedenfalls z. Z. noch. Der gelegentlich diskutierte Vorschlag, die unechten Unterlassungsdelikte zu echten zu machen, die im BT zu regeln wären (vgl. Grünwald ZStW 70, 412 ff., Schöne aaO 342 ff.), ist nicht durchführbar, weil – von einigen Prototypen abgesehen – eine exakte abschließende Entscheidung unmöglich wäre (vgl. auch Meyer-Bahlburg MschrKrim 65, 252), wie das Beispiel der fahrlässigen Tötung erweist. Vgl. jedoch Busch v. Weber-FS 192 ff. Muß man sich daher vorerst mit der unvollkommenen Regelung des § 13 abfinden, so hat man sich andererseits aber davor zu hüten, die Vorschrift großzügig zu interpretieren und den Strafbereich der unechten Unterlassungsdelikte übermäßig auszudehnen. Zu den Gefahren, die sich aus § 13 ergeben können, vgl. Schöne aaO 341.

7   II. Tatbestandsmerkmal aller unechten Unterlassungsdelikte ist die Stellung des Täters als **Garant** für die Schadensabwehr, d. h. eine Summe von Voraussetzungen, aus denen sich seine Pflicht ergibt, gegen Rechtsgutsgefährdungen einzuschreiten. Diese Pflicht muß eine **Rechtspflicht** sein; rein sittliche Pflichten genügen nicht (RG **64** 275). Sie kann jedoch nicht nur ausdrücklichen Rechtssätzen entnommen werden, sondern auch allgemeinen Rechtsprinzipien.

8   Während man früher als Entstehungstatbestand derartiger Pflichten **Gesetz, Vertrag** oder **eigenes gefährliches Tun** bezeichnet hat (vgl. z. B. RG **63** 394; dagegen BGH **19** 167 m. Anm. Schröder JR 64, 225), ist die Überzeugung im Vordringen, daß diese Einteilung z. T. irreführend, z. T. falsch ist (Henkel MschrKrim 61, 184). Vielmehr muß die rechtliche Stellung des Unterlassenden zum gefährdeten Rechtsgut oder zum schädigenden Ereignis maßgebend sein (Henkel aaO). Vgl. auch Rudolphi aaO 101 ff., SK 24, Schmidhäuser 666, Stratenwerth 268. Demgegenüber betont Blei (H. Mayer-FS 119 ff.) die größere Bedeutung des Gesetzes und des Vorverhaltens als pflichtbegründende Tatbestände. Auch er muß jedoch zugeben, daß damit nur ein Teil der Fälle erfaßt werden kann (aaO 142); zudem berücksichtigt er nicht hinreichend, daß zwischen einem gefahrbegründenden und einem vertrauensbegründenden Vorverhalten derartige qualitative Unterschiede bestehen, daß ihre Zusammenfassung unter dem Oberbegriff „Vorverhalten" wenig ergiebig erscheint. Ist somit die rechtliche Stellung des Unterlassenden zum gefährdeten Rechtsgut oder zum schädigenden Ereignis als maßgebendes Kriterium anzusehen, so darf der Blick hierbei jedoch nicht einseitig auf den Inhalt der Handlungspflicht gerichtet werden. Einzubeziehen ist stets auch die rechtliche Grundlage dieser Pflicht. Maßgebend sind also Entstehungsgrund und materieller Gehalt der Handlungspflicht,

Begehen durch Unterlassen 9–14 **§ 13**

d. h., geboten ist eine Verbindung der formellen und materiellen Betrachtungsweise (Jescheck 562, LK 19, Stree H. Mayer-FS 146f.).

Alle Garantenpflichten innerhalb der unechten Unterlassungsdelikte lassen sich auf zwei **9** Grundsituationen zurückführen. Im einen Fall geht die Pflicht dahin, das Rechtsgut gegen Gefahren aus allen Richtungen zu schützen (**Beschützergarant;** vgl. jedoch u. 14); im zweiten Fall hat der Garant grundsätzlich alle Rechtsgüter gegenüber Gefährdungen zu schützen, die aus einer Gefahrenquelle stammen, für die er verantwortlich ist (**Überwachungsgarant**); vgl. dazu Armin Kaufmann aaO 283. Diese Einteilung hat vor allem systematische Bedeutung; sie sagt über Inhalt und Umfang der dem Garanten obliegenden Pflichten wenig aus.

1. Zur **ersten Gruppe** gehören zunächst Verpflichtungen aus der natürlichen Verbundenheit **10** zwischen 2 Personen, von denen die eine der anderen gegenüber schutzpflichtig ist, so z. B. zwischen Ehegatten, zwischen Eltern und Kindern, zwischen Geschwistern usw. (vgl. u. 17ff.). Diesen Fällen stehen diejenigen nahe, bei denen sich eine Schutzpflicht aus der gemeinsamen Zugehörigkeit zu einer engen Gemeinschaft ergibt (u. 23ff.). Derartige Schutz- und Beistandspflichten können aber auch dadurch begründet werden, daß jemand sie gegenüber einem bestimmten Rechtsgut übernimmt, sich also „auf Posten stellen" läßt. Dies geschieht durch die tatsächliche Übernahme bestimmter, der Gefahrenabwehr dienender Aufgaben, sei es für den einzelnen Fall, sei es durch Übernahme bestimmter Stellungen oder Ämter, mit denen solche Schutzpflichten verknüpft sind. Dies gilt z. B. für den Lehrer gegenüber seinen Schülern, für den Arzt gegenüber dem Patienten, für den Bergführer gegenüber der zu betreuenden Gruppe, für Badewärter, Leibwächter, Kinderpflegerinnen usw. (vgl. u. 26ff.). Eine Rechtspflicht zur Abwendung von Gefahren für bestimmte Rechtsgüter kann aber auch bereits auf Grund einer besonderen Tätereigenschaft bestehen, die eine besondere Pflichtenstellung begründet (vgl. u. 31).

2. Die **zweite Gruppe** der Garantentatbestände ist dadurch gekennzeichnet, daß der Unter- **11** lassende Gefahrenquellen eröffnet oder für solche verantwortlich ist und sich daraus seine Verpflichtung ergibt, Schädigungen anderer zu verhindern. Hier wird seine Pflicht nicht durch seine Beziehung zu bestimmten Rechtsgütern begründet, sondern er ist der Allgemeinheit gegenüber für bestimmte Gefahrenquellen verantwortlich. Nur mittelbar wird der Schutz des Rechtsguts erreicht, gegen das sich die Gefahr konkretisiert. Die Verantwortlichkeit für bestimmte Gefahrenquellen kann auch auf einen anderen übertragen werden, so daß dieser kraft Übernahme neben dem zunächst Verantwortlichen eine Garantenstellung erlangt (vgl. u. 26ff.).

Zu dieser zweiten Gruppe gehört einmal die Verpflichtung aus vorangegangenem Tun. Wer **12** durch sein Handeln oder Unterlassen die nahe (adäquate) Gefahr schädlicher Erfolge herbeigeführt hat, ist verpflichtet, diese zu verhindern (vgl. u. 32ff.). Ein weiterer Fall von Handlungspflichten liegt vor, wenn der Unterlassende für bestimmte Gefahrenquellen verantwortlich ist und sich daraus seine Pflicht ergibt, von diesen ausgehende Gefahren für fremde Rechtsgüter zu beseitigen, so z. B., wenn er Sachen, Anlagen usw. ordnungsgemäß instandzuhalten oder Tiere zu beaufsichtigen hat. Auch für sein Eigentum und für die Aufrechterhaltung der Ordnung innerhalb bestimmter räumlicher Bereiche kann der Mensch verantwortlich sein (vgl. u. 43ff.).

Außerdem gehören zu der zweiten Gruppe noch die Personen, die für das Handeln anderer **13** Personen verantwortlich sind, diese also so zu beaufsichtigen haben, daß sie Dritten keinen Schaden zufügen. So macht sich z. B. verantwortlich, wer deliktische Handlungen seines minderjährigen Kindes nicht verhindert (vgl. u. 51ff.).

3. Daß eine Unterlassung rechtspflichtwidrig war, kann nicht allein mit der allgemeinen **14** Feststellung begründet werden, der Unterlassende habe eine Garantenstellung in bezug auf die betroffene Person oder auf das betroffene Rechtsgut gehabt. Denn nicht alle Garantenstellungen haben unterschiedslos denselben unbegrenzten Pflichtenbereich; vielmehr sind in jedem Einzelfall **Inhalt und Zielrichtung der Garantenpflicht** zu berücksichtigen (ebenso ÖstOGH 54, 70). Dies kann ergeben, daß der Unterlassende nur in bestimmter Richtung strafrechtlich verantwortlich ist, nämlich insoweit, als gerade der spezifische Schutzzweck der Garantenpflicht ein Handeln in der konkreten Situation erforderte (vgl. M-Gössel II 198, Rudolphi aaO 93f., Bärwinkel aaO 114ff.). Eine gewisse Parallele hierzu besteht bei der Fahrlässigkeit: fahrlässige Erfolgsverursachung liegt nur vor, wenn der Erfolg in der konkreten Art seines Eintritts in den Schutzbereich der verletzten Pflicht fällt (vgl. § 15 RN 174ff.). Die Rspr. hat dies nicht immer hinreichend beachtet und deshalb z. B. aus der ehelichen Lebensgemeinschaft, aus der Stellung als Haushaltungsvorstand, als Vater usw. fälschlich die Verpflichtung abgeleitet, Straftaten der genannten Schutzpersonen entgegenzutreten (vgl. dagegen u. 53; richtig aber Schleswig NJW **54**, 285: keine Pflicht des Arbeitgebers, Schwangerschaftsabbruch seiner in den Haushalt aufgenommenen Hausangestellten zu unterbinden. Ähnlich verfehlt sind die Entscheidungen, in denen die Verurteilung aus § 306 aus dem Versicherungsvertrag begründet wird (RG **64** 277,

BGH NJW **51**, 204). Wegen der Anwendung dieses Grundsatzes auf die einzelnen Garantenpflichten vgl. z. B. u. 21, 44, 52.

15 Eine neue Begründung und Begrenzung der unechten Unterlassungsdelikte hat Schünemann aaO unternommen, indem er als den Zurechnungsgrund für die Beziehung zwischen Person und Erfolg die Herrschaft über den Grund des Erfolges bezeichnet (S. 237) und dafür die Natur der Sache in Anspruch nimmt (S. 241). Damit läßt sich zwar eine Begründung für die Existenz der unechten Unterlassungsdelikte herstellen; für deren Grenzen ist dadurch jedoch wenig an Sicherheit gewonnen. Vgl. dazu Brammsen aaO 69 ff. Für Einschränkung der Garantenstellung nach dem Prinzip der Handlungsverantwortung Seelmann GA 89, 241. Danach soll grundsätzlich nötig sein, daß zurechenbar eine Gefahr geschaffen, eine Abwehrbereitschaft entzogen oder die Verantwortung für die Gefahr oder das Fehlen der Abwehrbereitschaft übernommen worden ist. Eine Ausnahme von diesem Erfordernis soll für familiäre und staatliche Pflichten gelten, soweit sie Bedingung der Möglichkeit eines auf Handlungsverantwortung gründenden Systems von Handlungspflichten sind. Zu sonstigen Ansätzen vgl. Sangenstedt, Garantenstellung und Garantenpflicht von Amtsträgern (Diss. Bonn), 1989.

16 4. Die Differenzierung der Handlungspflichten sowohl nach Entstehungsgrund wie nach Inhalt und Zielrichtung bedeutet jedoch **nicht**, daß die einzelnen Pflichten, wenn sie vorliegen, **in ihrer Intensität** voneinander **verschieden** wären. Auch die Pflichten, die aus der Verantwortlichkeit für bestimmte Gefahrenquellen abgeleitet werden, sind keine Pflichten minderen Grades, wenn sie dem Schutz von Rechtsgütern auch nur mittelbar dienen. Sobald die Gefahr sich auf ein bestimmtes Rechtsgut konkretisiert hat, ist der Verantwortliche in gleicher Weise und mit gleicher Intensität zum Schutz dieses Rechtsguts verpflichtet, wie wenn er diesem gegenüber unmittelbar eine Schutzpflicht gehabt hätte. Dies zeigt sich schon darin, daß in bestimmten Situationen mehrere Garantenpositionen zusammentreffen können, so z. B., wenn in einer Anstalt der Aufseher nicht einschreitet, wenn einer der Insassen den anderen verletzt. Er ist dem Täter gegenüber kraft seiner Aufsichtspflicht gehalten, dessen Straftaten zu verhindern, hat aber andererseits dem Verletzten gegenüber eine Obhutspflicht, so daß bei Untätigkeit beide Pflichten verletzt werden. Vgl. auch Schünemann aaO 280.

III. Die einzelnen Garantenstellungen

17 1. Eine Pflicht, zum Schutze anderer Personen und deren Rechtsgüter tätig zu werden, kann sich zunächst aus einem **Verhältnis enger persönlicher Verbundenheit** ergeben (RG **69** 322, BGH MDR/D **73**, 369, Jescheck LK 21 ff.; krit. und z. T. abl. z. B. Baumann/Weber 251, Gallas aaO 92 ff., Geilen FamRZ 61, 147, Rudolphi SK 49). Dabei ist zu beachten, daß eine nur moralische Pflicht nicht genügt, weshalb z. B. ein Liebesverhältnis, eine Freundschaft und ähnliche Beziehungen, mögen sie auch noch so eng sein, keine Garantenstellung begründen (Jakobs 679; vgl. aber u. 25). Vielmehr muß es sich um eine rechtlich bereits verfestigte Pflicht handeln, wofür praktisch nur die Familie in Betracht kommt, die als ein Gemeinschaftsverhältnis von Natur aus auf gegenseitigen Beistand ihrer Mitglieder angelegt ist. Zweifelhaft kann sein, wie weit der Kreis der Familie zu ziehen ist (vgl. u. 18), ob für die Handlungspflichten das Bestehen einer familienrechtlichen Beziehung ausreicht oder das Leben in einer Familiengemeinschaft erforderlich ist (vgl. u. 19) und welchen Umfang die Hilfspflicht hat (vgl. u. 21). Über weitere pflichtbegründende Gemeinschaften vgl. u. 23 ff.

18 a) Zu weitgehend wäre es, den **Kreis** der ohne Rücksicht auf ihre effektive Lebensbeziehung **beistandspflichtigen Familienmitglieder** nach § 11 I Nr. 1 zu bestimmen. So begründet die Schwägerschaft als solche keine Garantenstellung, wie es BGH **13** 162 im Verhältnis Schwiegersohn-Schwiegermutter als völlig unproblematisch zu unterstellen scheint (dagegen z. B. Blei H. Mayer-FS 128; vgl. auch RG **73** 389, DStR **36**, 178, wo eine Garantenpflicht unter Verschwägerten offenbar nur deshalb bejaht wurde, weil die Beteiligten in einer Hausgemeinschaft lebten). Die Annahme einer Garantenstellung läßt sich vielmehr nur rechtfertigen im Verhältnis von **Ehegatten** untereinander, wobei dies eine gesetzliche Grundlage in § 1353 BGB findet (RG **64** 278, **71** 187, HRR **33** Nr. 1624, BGH **2** 153, OGH **3** 4), ferner unter **Verwandten gerader Linie** (z. B. Eltern und Großeltern gegenüber dem (Enkel-)Kind und umgekehrt; vgl. z. B. BGH **7** 272 [Vater-Kind], **19** 167 [Kind-Vater], RG **72** 374 m. Anm. Kohlrausch ZAkDR 39, 246, wo freilich die Rechtspflicht der Großeltern auch aus der Stellung als Haushaltungsvorstand begründet wird, Geilen FamRZ 64, 389 ff.) und unter **Geschwistern** (and. Jakobs 677, Rudolphi SK 49). Bedenklich ist dagegen die uneingeschränkte Annahme einer Garantenstellung unter **Verlobten** (so noch Vorraufl.; gegen Garantenstellung Bärwinkel aaO 178, Geilen FamRZ 61, 155, Jakobs 678; nach BGH JR **55**, 104 m. Anm. Heinitz soll eine Garantenstellung hier von weiteren Umständen, z. B. dem Alter der Verlobten, der räumlichen Nähe oder Ferne, in der sie leben, der Enge und Festigkeit ihres Zusammenschlusses usw., abhängen). Verwandtschaft im genannten Sinn ist auch das Verhältnis zwischen dem Vater und dem nichtehelichen Kind (RG **66** 71, § 1589 BGB; and. Jakobs 677), auch schon gegenüber der Leibesfrucht

(Oldenburg NdsRpfl. **51**, 75). Der Erzeuger eines nichtehelichen Kindes ist daher z. B. nach § 218 strafbar, wenn er den illegalen Schwangerschaftsabbruch durch die Mutter geschehen läßt (vgl. jedoch RG **56** 169, wo die Frage nur unter dem Gesichtspunkt gesehen wird, ob der Täter verpflichtet ist, Straftaten seiner Verlobten entgegenzutreten).

b) Im Rahmen dieser engen verwandtschaftlichen Beziehungen kommt es für die Hilfspflicht **nicht** unbedingt auf das Vorhandensein einer **effektiven Familiengemeinschaft** an. Verwandte gerader Linie haben sich gegenseitig Hilfe zu leisten, auch wenn sie nicht zusammenleben; ebenso sind Geschwister auch dann zur Hilfe verpflichtet, wenn sie getrennt leben. Allerdings kann das regulative Prinzip der Zumutbarkeit eine Hilfspflicht im Einzelfall ausschließen, so z. B. zwischen verfeindeten Angehörigen. Bei getrennt lebenden Ehegatten entfällt jedoch die gegenseitige Beistandspflicht, wenn gem. § 1353 II BGB keine Pflicht zur Herstellung der ehelichen Lebensgemeinschaft besteht (and. Geilen FamRZ **61**, 148). Es fehlt dann an einem wesentlichen Faktor als Grundlage für die Garantenstellung unter Ehegatten; das noch vorhandene formale Band der Ehe gibt allein keinen hinreichenden Grund ab. Weitergehend wird z. T. angenommen, daß nur die tatsächliche Lebensgemeinschaft der Ehegatten deren gegenseitige Beistandspflicht begründet (Rudolphi SK 50; vgl. dagegen Jakobs 678).

c) Beide Gesichtspunkte – Familienzugehörigkeit und effektive Familiengemeinschaft – durchdringen einander. Je enger die Verwandtschaft zwischen 2 Personen ist, umso eher wird man auf eine effektive Lebensgemeinschaft verzichten können, während bei weiterer Verwandtschaft eine effektive Gemeinschaftsbeziehung hinzukommen muß, um eine Garantenstellung zu begründen (vgl. Geilen FamRZ **64**, 385 ff.). Der Gesichtspunkt der Pflicht aus Gemeinschaftsbeziehungen (u. 25) hängt daher auch davon ab, welche verwandtschaftlichen Beziehungen zwischen den Beteiligten bestehen (vgl. BGH **19** 167 m. Anm. Schröder JR **64**, 225).

d) Der **Umfang der Pflichten** wird durch das Wesen der konkreten Beziehung zwischen dem Garanten und der zu schützenden Person bestimmt und begrenzt. Einmal ist der Angehörige nur zum Schutz von Rechtsgütern der **Familienmitglieder selbst** verpflichtet, wobei für jeden einzelnen Fall zu entscheiden ist, ob die persönliche Beziehung den Schutz gerade dieses gefährdeten Rechtsguts gebietet. So kann z. B. eine Verpflichtung zum Schutz von Leib und Leben bestehen, jedoch eine solche zum Schutz von Vermögen, Eigentum usw. abzulehnen sein (vgl. Bärwinkel aaO 119, 146 f.). Dies wird insb. im Verhältnis des nichtehelichen Kindes zu seinem Vater bedeutsam werden können. Dagegen besteht grundsätzlich keine Pflicht, dafür einzustehen, daß die **Rechtsgüter Dritter** durch Mitglieder der Familiengemeinschaft oder durch deren Rechtsgüter gefährdet werden. Unterläßt es z. B. Ehegatte, das brennende Wohnhaus des anderen Gatten zu löschen, so kann er unter dem Gesichtspunkt der sich aus der ehelichen Lebensgemeinschaft ergebenden Pflichten zwar u. U. nach § 308 (Eigentumsdelikt; zust. Schmidhäuser 668), nicht aber nach § 306 (gemeingefährliches Delikt) bestraft werden (and. OGH **3** 4; vgl. auch RG **64** 278, BGH NJW **51**, 204). Eine Haftung für die Nichtabwendung von Gefahren, die von Familienmitgliedern oder deren Rechtsgütern ausgehen, besteht hier nur dann, wenn der Täter eine besondere Aufsichtspflicht hat (vgl. u. 51 ff.) oder kraft Übernahme von Rechtspflichten tätig werden muß (vgl. u. 26).

Eine Pflicht zum Einschreiten besteht nicht, wenn ein Angehöriger als verantwortlich Handelnder bewußt sich selbst in Gefahr begibt (z. B. Teilnahme an einer Bergtour, einer gefährlichen Autofahrt; and. Oldenburg DAR **57**, 301) oder wenn er bewußt die Gefahr selbst schafft (z. B. beim Selbstmord; vgl. dazu 39 ff. vor § 211; bei gefährlichen Experimenten, beim Konsum von Rauschmitteln); kommt es zu einem Unfall, so ist der Garant zum Beistand verpflichtet. Bei einem minderjährigen Kind ist dagegen z. B. der Vater schon dann zum Eingreifen verpflichtet, wenn das Kind sich selbst in Gefahr bringt.

2. Eine Pflicht zur Hilfeleistung gegenüber anderen Personen kann sich ferner aus bestimmten **Gemeinschaftsbeziehungen (Gefahrengemeinschaften)** ergeben, nämlich dann, wenn Menschen miteinander in einer Gemeinschaft leben, die ihrem Wesen nach auf gegenseitige Hilfe angelegt ist, oder jedenfalls vorübergehend einer solchen Gemeinschaft angehören.

a) Dies ist der Fall, wenn sich Menschen zu einem **gefährlichen Unternehmen** zusammengefunden haben, um – wenn auch konkludent – die Chancen für ein Bestehen der Gefahr durch den Zusammenschluß zu verbessern, so bei Expeditionen, Bergbesteigungen usw. (vgl. auch OG Bern SchwJZ **45**, 44, BG Pr. **57**, 303). Hier rechtfertigt sich die Annahme einer Garantenstellung aus der (konkludenten) Übernahme einer entsprechenden Beistandspflicht, da der Zusammenschluß mehrerer zu einem derartigen Unternehmen gerade zum Zweck gegenseitiger Hilfeleistung im Fall der Gefahr erfolgt. Zu beachten ist, daß die besondere Beistandspflicht sich nicht auf alle Rechtsgüter der Beteiligten erstreckt. Sie ist vielmehr auf die Rechtsgüter beschränkt, denen Gefahr aus dem gefährlichen Unternehmen droht oder die der Abwehr gemeinsamer Gefahren dienen. Eine Garantenstellung entfällt jedoch bei verbrecherischen Unternehmen. Den hieran Beteiligten kann trotz einer Abmachung, sich gegenseitig vor Schäden aus einem gefährlichen Vorgehen zu schützen, keine rechtlich anzuerkennende Beschützerrolle zufallen, die über eine allgemeine Hilfspflicht gem. § 323c hinausgeht (i. E. ebenso Jakobs 681). Es ist nicht Aufgabe der Rechtsordnung, Rechtsbrechern, die im Vertrauen auf Hilfe bei auftretenden Gefahren ihr verbrecherisches Vorhaben in riskanter Weise ausführen, besonderen Schutz zu verbriefen. Ferner begründet die bloße Tatsache, daß sich mehrere Personen zufällig in derselben Gefahrensituation befinden, keine Garantenstellung. So haben z. B. Schiffbrüchige eine Garantenstellung nicht deswegen, weil sie Passagiere desselben Schiffes gewesen sind (and. Arzt JA 80, 713), oder Angehörige getrennter Bergsteigergruppen, weil sie vom selben Unwetter überrascht werden.

25 b) Daneben bestehen Gemeinschaften, die ihrer Natur nach auf **gegenseitige Hilfeleistung angelegt** sind. Dies gilt insb. beim *tatsächlichen* Zusammenleben in einer Familiengemeinschaft. Hier ist eine Garantenpflicht auch da anzunehmen, wo sie sich nicht schon aus dem Verwandtschaftsverhältnis (vgl. o. 18 ff.) oder dem Gesichtspunkt der Übernahme (vgl. u. 26 ff.; vgl. dazu RG **69** 321: Aufnahme eines pflegebedürftigen Verwandten in die Hausgemeinschaft; Schleswig NJW **54**, 285: Aufnahme einer Hausangestellten in den Haushalt; vgl. auch RG **74** 309 m. Anm. Boldt DR 41, 196, Mezger ZAkDR 41, 54) ergibt, so z. B. zwischen Verschwägerten (RG **73** 389) oder bei Kindern zweier Verwitweter, die eine Ehe geschlossen haben. Jedenfalls in gewissem Umfang gehört hierher auch die aus § 12 SoldatenG folgende Pflicht zu gegenseitiger Kameradschaft für Soldaten der Bundeswehr. Im übrigen ist aber auch hier Zurückhaltung geboten. So wird man aus der Betriebsgemeinschaft Pflichten zur Erfolgsabwendung nur dort herleiten können, wo zugleich der Gesichtspunkt der Übernahme eingreift, die Wahrnehmung bestimmter Aufgaben also das Vertrauen der übrigen Mitglieder in die Gefahrenabwendung durch den Täter begründet, wie z. B. bei einer gemeinsamen Arbeitskolonne (vgl. Stree aaO 147). AG Duisburg MDR **71**, 1027 m. abl. Anm. Doering MDR 72, 664 hält die Lebensgemeinschaft von Homosexuellen für ausreichend. Entscheidend ist insoweit wie auch sonst bei eheähnlichem Zusammenleben, ob die Lebensgemeinschaft zugleich (auch konkludent) auf gegenseitigen Beistand angelegt ist (vgl. dazu Rudolphi NStZ 84, 151). Bloßes Zusammenleben in einer Wohnung (Wohngemeinschaft) oder einem Heim genügt nicht (BGH NStZ **84**, 163, NJW **87**, 850, NStE Nr. 3), ebensowenig ein gemeinsam verbrachter Urlaub (z. B. gemeinsames Zelten). Soweit die Lebensgemeinschaft mit einem gegenseitigen Beistand verknüpft ist, sind für den Umfang der Garantenstellung die übernommenen Schutzaufgaben maßgebend. Die Abwendung von Gefahren außerhalb dieses Bereichs wird von der Garantenpflicht nicht erfaßt (vgl. Rudolphi NStZ 84, 152). Zu eheähnlichen Gemeinschaften vgl. auch Brammsen aaO 168, Konrad, Probleme der eheähnlichen Gemeinschaft im Strafrecht, 1986, 74 ff.

26 3. Eine Rechtspflicht zur Abwendung von Gefahren kann sich des weiteren daraus ergeben, daß der Täter es übernommen hat, für den Schutz bestimmter Rechtsgüter zu sorgen, entweder gegenüber dem Gefährdeten oder auch gegenüber Dritten zugunsten des Gefährdeten **(Pflichten kraft Übernahme)**. Das Vorhandensein vielfältiger Gefahren, denen der Einzelne im täglichen Leben ausgesetzt ist, zwingt dazu, zur Beherrschung gewisser Gefahrenquellen besondere Schutzpersonen einzusetzen; diese übernehmen dem Einzelnen oder der Allgemeinheit gegenüber die Verpflichtung, in dem von ihnen zu überwachenden Bereich dafür zu sorgen, daß keine Schäden entstehen (vgl. BGH **19** 286). Diese Pflicht kann – wie auch im Bereich anderer Garantenpflichten – darin bestehen, daß der Verpflichtete gewisse Gefahrenquellen zu beherrschen (z. B. Schneeglätte auf Bürgersteig) oder für die Unversehrtheit bestimmter Rechtsgüter (z. B. anvertrautes Kind) zu sorgen hat. Die Rechtspflicht kraft Übernahme kann auch eine abgeleitete sein; hier ist der Garant dazu bestellt, die Pflichten eines anderen wahrzunehmen (vgl. Celle NJW **61**, 1939); so übernimmt z. B. der Fahrer eines Kfz. auch die Pflichten des Fahrzeughalters, wenn ihm das Fahrzeug anvertraut wird (vgl. Hamm VRS **15** 288, **20** 465), der Mieter die dem Hauseigentümer obliegende Streupflicht (Celle NJW **61**, 1939), ein vom Bauherrn bestellter Bauleiter die jenem obliegenden Verkehrssicherungspflichten (vgl. BGH **19** 286, Karlsruhe VRS **48** 199). Entsprechendes gilt für einen Ehegatten, soweit er (u. U. konkludent) an die Stelle des anderen Ehegatten tritt. So hat etwa die Ehefrau bei Abwesenheit ihres Ehemannes dessen Streupflichten wahrzunehmen, ein dem Ehemann gehörendes und zurückgelassenes Tier zu beaufsichtigen oder das Feuer zu löschen, wenn das Wohnhaus des Mannes in Brand gerät. Knüpft allerdings das Gesetz die Strafbarkeit an bestimmte persönliche Voraussetzungen, die der Übernehmende nicht aufweist, so kann dieser als Unterlassungstäter nur unter den Voraussetzungen des § 14 strafbar sein. Hat eine Handlungspflicht dagegen höchstpersönlichen Charakter, so kann sie nicht wirksam auf andere übertragen werden. Dies gilt z. B. für die Beamtenpflicht oder für die Pflicht zur Abgabe einer Steuererklärung. Daran ändert auch § 14 nichts. Der Übernehmer wird hier zwar dem Pflichtigen gegenüber verpflichtet, aber nicht zum Garanten. Beispiele für die entgegengesetzte Situation finden sich bei § 266. Durch Vereinbarung zwischen dem Treupflichtigen und einem Dritten kann für letzteren eine unmittelbare Obhutspflicht begründet werden (vgl. § 266 RN 33). Durch die Übertragung eigener Pflichten auf einen anderen erlischt jedoch die Pflicht des Übertragenden nicht (vgl. BGH **19** 288); er setzt mit der Bestellung des anderen nur ein Mittel ein, um seiner Pflicht nachzukommen (vgl. Hamm VRS **20** 465, **34** 149, auch 152 vor § 13). Versagt der Beauftragte und tritt der Erfolg ein, so kann bei beiden eine Pflichtverletzung vorliegen. Wer z. B. einen anderen einsetzt, um einen versehentlich Eingesperrten zu befreien, bleibt weiterhin verpflichtet und hat für Abhilfe zu sorgen, wenn der Beauftragte versagt. Der Übertragende haftet jedoch nur, wenn ihn bei der Auswahl oder Überwachung des anderen ein Verschulden trifft, wenn er diesem schuldhaft falsche Anweisungen erteilt (vgl. auch § 14 RN 7) oder wenn er nach Kenntnis vom Versagen des Dritten untätig bleibt. Beim Halter mehrerer Firmenfahrzeuge entfällt eine Haftung indes nicht schon, wenn er den Fahrern die erforderlichen Weisungen erteilt hat; er muß auch die Einhaltung der Weisungen überwachen (Hamm VRS **52** 64). Keine Rechtspflicht gegenüber Dritten übernimmt jedoch, wer einem anderen lediglich dabei hilft, Verbindlichkeiten einzugehen, mit denen sich eine Garantenstellung des anderen verbindet (vgl. Stuttgart NJW **86**, 1768 zur Hilfe beim Antrag auf Kindergeld, dessen Gewährung Mitteilungspflichten gegenüber einer Behörde begründet).

a) Aus der Übernahme einer Schutzfunktion kann jedoch eine Garantenpflicht nur dann **27** erwachsen, wenn jemand im Vertrauen auf die übernommene Schutzposition sich einer bestimmten Gefahr aussetzt oder wenn die **Übernahme** die **Gefahr** deswegen **vergrößert,** weil mit Rücksicht auf die Übernahme andere Schutzvorkehrungen unterbleiben (Stree aaO 155 ff.; vgl. auch Arzt JA 80, 713, Blei H. Mayer-FS 121 ff., Gallas aaO 80, Jakobs 671, Jescheck 564, LK 27, Rudolphi SK 58 ff., Schmidhäuser 669, Ulmer JZ 69, 163 f., 171, Wessels I 227; dagegen Herzberg JZ 86, 991, Stratenwerth 271; einschränkend Blei I 325). Zu verhindern sind dann die aus einer solchen Gefahr drohenden Schäden. Insoweit gilt Entsprechendes wie bei der Pflicht aus vorausgegangenem Tun (vgl. u. 32 ff.). Vgl. auch BGH **26** 39, wo bei einer Hilfeleistung auf das Herbeiführen erhöhter Gefahren abgestellt wird. Unerheblich ist der hypothetische Umstand, daß der Vertrauende die Gefahr möglicherweise auch ohne die Schutzmaßnahme eingegangen wäre.

b) Die Verpflichtung wird **nicht** allein durch **Abschluß eines Vertrages** (vgl. aber RG **10** 100, **28** **58** 130, **64** 276; zur Dreiteilung der Rechtspflichten durch das RG vgl. Henkel aaO 178 ff.), sondern erst dadurch begründet, daß der Verpflichtete es **tatsächlich übernimmt,** für den Schutz des Rechtsguts zu sorgen (Celle NJW **61,** 1939, VRS **29** 24, Karlsruhe VRS **48** 199, Jakobs 672, Henkel aaO 185, M-Gössel II 202, Rudolphi SK 62, Stratenwerth 271; ähnlich schon RG **16** 269, **17** 260, **64** 84). Erst mit der Übernahme, die aber nicht notwendig die tatsächliche Erfüllung der Verpflichtung voraussetzt, darf sich der Geschützte in Sicherheit wiegen. Ein „Dienstantritt" ist dabei nicht zu verlangen; es genügt, daß der zu Schützende im Vertrauen auf die Hilfszusage es unterläßt, andere Schutzmaßnahmen zu ergreifen (vgl. Blei H. Mayer-FS 122). Demgemäß kommt es auf die zivilrechtliche Wirksamkeit des Vertrages nicht an; er kann nichtig (RG **16** 269, **64** 84), gekündigt (vgl. RG **17** 260) oder anfechtbar sein (vgl. Henkel aaO 185). Ein Vertragsinhalt kann allerdings für die Reichweite des tatsächlich Übernommenen bedeutsam sein. Eine Rechtspflicht zur Erfolgsverhinderung wurde darin gesehen, daß der Täter es übernommen hatte, den nachfolgenden Verkehr zu warnen (BGH VRS **17** 424), für den Hausbesitzer den Streudienst zu versehen (Celle NJW **61,** 1939), eine verkehrsunsichere Person über die Fahrbahn (Hamm VRS **12** 45) oder einen Betrunkenen nach Hause zu begleiten (vgl. Karlsruhe JZ **60,** 178 m. Anm. Welzel; vgl. auch BGH GA **63,** 16), als erfahrener Alpinist für die Sicherheit der Seilschaft zu sorgen (vgl. BG Pr. 57, 303, OG Bern SchwJZ 45, 44).

c) Die Grundsätze einer Garantenstellung kraft Übernahme gelten auch bei der Übernahme **28a** einer **ärztlichen Behandlung.** Sie bestimmen insoweit das Ob und den Umfang von Rechtspflichten zum Schutze des Patienten (vgl. RG DR **43,** 897). Gleiches gilt für die Übernahme einer ärztlichen Stellung, die dem Arzt die Verantwortung für einen bestimmten Personenkreis auferlegt, wie beim Schiffsarzt, Truppenarzt, Werksarzt oder Bereitschaftsarzt. Der Arzt kann danach verpflichtet sein, einem Kranken Linderung seiner Schmerzen zu verschaffen (BGH LM **Nr. 6** zu § 230), Maßnahmen zu einer raschen, gesicherten Diagnose zu treffen (BGH NJW **79,** 1258), als Bereitschaftsarzt einen nächtlichen Krankenbesuch zu machen (BGH **7** 211) oder sonst in dringenden Erkrankungsfällen einzugreifen (vgl. Hamm NJW **75,** 604), bei Diphtherieverdacht eine bakteriologische Untersuchung durchzuführen (vgl. RG **74** 354 m. Anm. Engisch ZAkDR 41, 129). Ein Bereitschaftsarzt hat eine Garantenstellung gegenüber allen Personen, die von ihm ärztliche Hilfe erbeten (and. Ranft JZ 87, 914, Rudolphi SK 61, soweit keine Weiterführung einer Behandlung durch einen vertretenen Arzt vorliegt); mit dem Bereitschaftsdienst hat er einen Posten übernommen, auf den sich andere verlassen. Zur Krankenbesuchspflicht vgl. auch BGH NJW 61, 2068, 79, 1248. Eine über die allg. Nothilfepflicht des § 323 c hinausgehende Pflicht des Arztes zur Übernahme der Behandlung ist – von den Fällen des Bereitschaftsdienstes und der Verantwortung für einen bestimmten Personenkreis abgesehen – dagegen nicht anzuerkennen. Bloße Beratung gem. § 218 b begründet keine Garantenstellung (vgl. BGH NJW 83, 351 m. krit. Anm. Kreuzer JR 84, 294). Ein leitender Arzt im Krankenhaus ist nicht verpflichtet, von anderen Ärzten vorgenommene Untersuchungen stets durch eigene zu überprüfen (BGH StV 88, 251). Zur Pflicht, im Krankenhaus Patienten gegenüber anderen Kranken und Besuchern zu schützen, vgl. BGH NJW 76, 1145. Zu Inhalt und Grenzen ärztlicher Garantenpflicht vgl. auch Lenckner, Praxis der Rechtsmedizin, 1986, 574.

29 d) Pflichten aus Übernahme können beide Teile durch **Kündigung** oder **Widerruf** beenden. Bei Aufkündigung durch den Garanten erlischt die Übernahmepflicht aber erst dann, wenn der auf den Schutz Vertrauende anderweitig eine Gefahrenvorsorge treffen kann. Zur Beendigung der Pflichten kraft Übernahme vgl. ferner Stree aaO 160 ff., Jakobs 673, Rudolphi SK 63, auch BGH MDR/H 84, 90.

30 e) Erfolgt die **Übernahme gegenüber** einer **Person, die ihrerseits Garant** ist, so rückt der Übernehmende in vollem Umfang in die Garantenstellung ein, haftet also strafrechtlich ohne Einschränkung. Ausgenommen sind die Fälle, in denen der Tatbestand nur von einem besonders qualifizierten Täterkreis erfüllt werden kann. Hier wird der Übernehmende nur unter den Voraussetzungen des § 14 zum Garanten (vgl. o. 26 sowie § 14 RN 6). Eine Garantenstellung kann auch (u. U. konkludent) dadurch übernommen werden, daß jemand Nachfolger auf dem Posten eines Garanten wird und damit in die Garantenstellung des Vorgängers einrückt (BGH NJW 90, 2564). Zum Weiterbestehen der Garantenpflicht des Übertragenden vgl. o. 26.

30a e) Ein besonderer Fall der Übernahme einer Schutzfunktion ist die **Übernahme amtlicher Pflichten,** auf Grund derer jemand zum Schutz anderer Rechtsgüter auf Posten gestellt und damit Garant wird. So obliegt einem Lehrer die Amtspflicht, innerhalb des Schulbetriebs einschließlich der Schulausflüge die ihm anvertrauten minderjährigen Schüler vor Schäden zu bewahren. Zur Aufsichtspflicht bei einem Schulausflug vgl. Köln NJW 86, 1948. Gegenüber den nach § 63 in einem psychiatrischen Krankenhaus Untergebrachten hat das Anstaltspersonal besondere Schutzpflichten. Soweit es bei der Therapie mitzuwirken hat, begründet z. B. ein Pflichtversäumnis, das einen Gesundheitsschaden beim Untergebrachten eintreten läßt, eine strafrechtliche Haftung wegen Körperverletzung (vgl. BGH NJW 83, 462: Nichteinschreiten gegen gesundheitsschädlichen Alkoholgenuß). Betreuungspflichten können auch in einer Justizvollzugsanstalt gegenüber Strafgefangenen bestehen, allerdings nur in begrenztem Rahmen, der sich aus den Beschränkungen für den Gefangenen ergibt. So ist etwa einem erkrankten Gefangenen unverzüglich Hilfe zu leisten. Der zum Objekt- oder Personenschutz abgestellte Polizeibeamte hat das zu Schützende vor Schäden zu bewahren.

31 4. Eine Rechtspflicht, Gefahren für bestimmte Rechtsgüter abzuwenden, kann außerdem auf Grund einer **besonderen Tätereigenschaft** bestehen, und zwar im Rahmen der Tatbestände, die eine solche Täterqualifikation voraussetzen. Hier kann die **besondere Pflichtenstellung**, die jemand innehat, diesen verpflichten, gegen Gefahren für die Rechtsgüter einzuschreiten, deren Schutz der betreffende Tatbestand dient. In solchen Fällen kann eine Garantenstellung zugleich kraft Übernahme bestehen; sie kann aber auch unabhängig von den Grundsätzen der Übernahme einer Schutzpflicht vorliegen. Eine Pflicht zum Handeln kommt hiernach einmal dort in Betracht, wo die Auslegung des Tatbestandes ergibt, daß ein Unterlassen dem positiven Tun unmittelbar gleichsteht und somit unmittelbar tatbestandsmäßig ist (vgl. zu diesen Fällen 136 vor § 13). Wer z. B. fremde Vermögensinteressen i. S. des § 266 wahrzunehmen hat, kann seine Pflicht zur Wahrnehmung dieser Interessen auch durch Unterlassen verletzen (vgl. § 266 RN 35). Unerheblich ist, auf welche Weise dann ein Vermögensnachteil entstanden ist. Auch wenn der Vermögensverwalter einer Schädigung des anvertrauten Vermögens durch einen anderen nicht entgegentritt, ist er nach § 266 verantwortlich. Eine Rechtspflicht zum Handeln kann aber auch in anderen Fällen einer besonderen Pflichtenstellung vorliegen. So ist z. B. der Betriebsinhaber, der die Erfüllung der mit der Führung des Betriebes verbundenen Pflichten einem anderen überträgt, rechtlich verpflichtet, dafür zu sorgen, daß die Pflichten eingehalten werden. Greift er dann bewußt bei einer Pflichtverletzung des Vertreters nicht ein, so macht er sich einer Unterlassungstat schuldig (vgl. Celle NJW 69, 759, § 14 RN 7, § 264 RN 48). Eine Pflicht zum Tätigwerden kann sich ferner für einen **Amtsträger** im Rahmen seines Aufgabenbereichs ergeben. Wer als Amtsträger zur Mitwirkung bei Strafverfahren berufen ist, macht sich nach § 258 a strafbar, wenn er pflichtwidrig eine notwendige Verfolgungshandlung unterläßt und deswegen die Bestrafung eines Rechtsbrechers ausbleibt (vgl. dazu § 258 a RN 9 ff.). Ein Amtsträger, der zur Aufnahme öffentlicher Urkunden befugt ist und innerhalb seiner Zuständigkeit eine den Anschein einer öffentlichen Urkunde erweckende Falschbeurkundung durch einen

Extraneus bewußt nicht verhindert, ist wegen einer Unterlassungstat nach § 348 strafbar (vgl. Schmidhäuser 528). Ein Postbediensteter erfüllt den Tatbestand des § 354 I durch Unterlassen, wenn er es pflichtwidrig geschehen läßt, daß sich Unbefugte in seinem Verantwortungsbereich Kenntnis von Tatsachen verschaffen, die dem Post- und Fernmeldegeheimnis unterliegen (vgl. § 354 RN 9). Ein Finanzbeamter, der pflichtwidrig Steuern nicht erhebt, begeht eine Steuerstraftat durch Unterlassen (vgl. Rudolphi SK 54a, Seckel, Die Steuerhinterziehung, 2. A. 1979, 50f., 63). Auch Ärzte, Rechtsanwälte usw., denen ein fremdes Geheimnis anvertraut worden oder sonst bekanntgeworden ist (§ 203), können zum Eingreifen verpflichtet sein. Unterbinden sie z. B. nicht, daß sich ein anderer aus ihrem Bereich Kenntnis vom anvertrauten Geheimnis verschafft (etwa Mitnahme der Patientenkartei, Einsichtnahme in Krankenblätter oder Handakten), und beeinträchtigen sie damit das ihnen entgegengebrachte Vertrauen, so ist § 203 anwendbar. Des weiteren treffen den Gemeinschuldner besondere Pflichten. Der Schuldner, der nach Eröffnung des Konkurses über sein Vermögen die Vernichtung seiner Handelsbücher durch einen Angestellten oder durch einen anderen geschehen läßt, erfüllt den Tatbestand des § 283 I Nr. 6 durch Unterlassen. Dagegen ist er nicht schlechthin verpflichtet, die pfändbaren Vermögensbestandteile zugunsten der Gläubiger zu erhalten. Verhindert er nicht die Entwendung ihm gehörenden Vermögensstücke oder deren Zerstörung durch Dritte oder Naturgewalten, so ist sein Verhalten nicht als Beiseiteschaffen nach § 283 I Nr. 1 anzusehen. Anders liegt es jedoch, wenn ein anderer die Vermögensstücke fortschafft, um sie dem Schuldner zu erhalten. In einem solchen Fall hat dieser einzugreifen (and. Tiedemann LK § 283 RN 37, KTS 84, 543 f.). Entsprechendes gilt für einen Schuldner, dem die Zwangsvollstreckung droht (§ 288). Eine besondere Pflichtenstellung hat zudem der Zeuge vor Gericht oder bei Vernehmung durch die StA (and. BGE 106 IV 278, wonach die Zeugnispflicht nur eine allgemeine Bürgerpflicht, nicht eine besondere Pflicht im Rahmen der Strafrechtspflege sein soll). Seine Aussageverweigerung trotz Aussagepflicht fällt unter § 258, wenn die wahrheitsgemäße Aussage die Überführung des Beschuldigten ermöglicht hätte (vgl. § 258 RN 19). Ferner sind bei einer Behandlung nach § 35 BtMG die behandelnden Personen und die Verantwortlichen der Therapieeinrichtung verpflichtet, der Vollstreckungsbehörde den Abbruch einer Behandlung mitzuteilen; ein Verstoß hiergegen fällt unter § 258 (vgl. dort RN 29a).

5. Wer durch sein Handeln oder garantenpflichtwidriges Unterlassen (vgl. RG **68** 104, Drost GS 109, 23; krit. Welp aaO 197 ff., Schünemann aaO 317, GA 74, 231 ff.) die Gefahr für den Eintritt schädlicher Erfolge geschaffen hat (sog. **Ingerenz**), ist verpflichtet, die drohenden Schäden zu verhindern. Das ergibt sich aus dem Verbot, andere zu verletzen, das zugleich das Gebot enthält, selbstgeschaffene Gefahren zu beseitigen, wenn aus ihnen die Verletzung fremder Rechtsgüter droht (vgl. Welp aaO 177 ff., 191, Stree aaO 155 f.). Dieser Grundsatz ist von der Rspr. stets (vgl. RG **10** 100, **46** 343, **51** 12, **57** 197, **58** 132, 246, **60** 77, **64** 276, **73** 57, **74** 283, DR **42**, 1782, **43**, 893, OGH **1** 359, **2** 66, **3** 3, BGH **4** 20, **25** 220, **26** 37) und vom Schrifttum weitgehend anerkannt worden (Baumann/Weber 248, Bindokat NJW 60, 2318, Jescheck LK 31, M-Gössel II 205, Rudolphi SK 38ff., Blei I 323, D-Tröndle 11, Wessels I 229; einschränkend Pfleiderer aaO 109ff. [Beschränkung der Ingerenz auf wenige Fallgruppen], Welzel JZ 58, 494, Frank § 1 Anm. IV 2, H. Mayer AT 117, Oehler JuS 61, 154); das Prinzip wird auch im österreichischen (vgl. ÖstOGH 54, 68, Nowakowski, Wiener-Komm. zum StGB § 2 RN 6ff., Triffterer, Öst. Strafrecht AT, 1985, 336) und im schweizerischen Recht (Stratenwerth, Schweiz. Strafrecht AT I, 1982, 319) vertreten. Der Gefahrschaffung steht die Gefahrverlagerung gleich. Wer eine Gefahrenquelle an einen anderen Ort verlagert, hat am neuen Ort einen Gefahrenherd geschaffen und hat daher die dort entstandenen Gefahren abzuwenden (vgl. Arzt JA 78, 560, der allerdings zusätzlich Gesichtspunkte der Übernahme heranzieht). Streitig ist, welche **Qualität das Vorverhalten** haben muß. Die Rspr. gibt hierauf keine einheitliche Antwort. So ist von einem rechtswidrigen und (oder) schuldhaften Verhalten, überwiegend aber nur davon die Rede, daß der Täter die Gefahr durch irgendeine Handlung geschaffen haben müsse (BGH **7** 287, **11** 353, VRS **13** 121, **27** 133). Die letztere Auffassung führt jedoch zu einer unangemessenen Ausweitung strafrechtlicher Haftung. Erforderlich ist vielmehr eine Eingrenzung durch bestimmte Anforderungen an das Vorverhalten und den Zusammenhang mit den drohenden Schäden.

Dabei verringert sich allerdings die Zahl der problematischen Fälle dadurch, daß häufig neben einem Vorverhalten eine Pflicht aus anderen Gründen, insb. aus der Eröffnung von Gefahrenquellen, besteht (vgl. u. 43ff. sowie BGH **3** 203). Wer z. B. in einem Steinbruch eine Sprengung durchführt oder beim Straßenbau die Straßendecke aufreißt, haftet für die dadurch entstehenden Gefahren schon aus dem Gesichtspunkt der Übernahme bzw. der Eröffnung von Gefahrenquellen. Hier bedarf es der Begründung der Garantenpflicht aus vorangegangenem Tun nicht. Andererseits zwingt die enge Beziehung zwischen den beiden Gruppen aber auch dazu, die Ergebnisse zu koordinieren. Die Pflichten aus der Verantwortlichkeit für bestimmte Gefahrenquellen beruhen häufig u. a. darauf, daß der

Verantwortliche etwas getan oder unterlassen hat, wodurch die Gefahr erst aktualisiert worden ist. Wer z. B. sein Eigentum unvorsichtig verwahrt, so daß daraus Gefahren entstehen, haftet nicht nur aus Eigentum, sondern auch aus pflichtwidrigem Vorverhalten.

34   a) Zu begrenzen ist die Garantenstellung aus vorausgegangenem Tun zunächst durch das Erfordernis einer nahen (**adäquaten**) **Gefahr** für den Schadenseintritt (vgl. Bay NJW **53**, 556, Oldenburg NJW **61**, 1938, Schleswig SchlHA **58**, 341, Jescheck 565, ÖstOGH **54**, 68). Ließe man auch entfernt liegende Gefahren genügen, so würde der Bereich der Garantenstellung ausufern, wenn nicht sogar uferlos werden. Es kann mithin nicht jede Kausalität für die Gefahr ausreichen; erforderlich ist vielmehr, daß das Vorverhalten generell geeignet ist, den Gefahrenzustand herbeizuführen (in diesem Sinne etwa Jescheck LK 32, Arthur Kaufmann-Hassemer JuS 64, 149 ff.; vgl. auch Stratenwerth 272). Diese Einschränkung geht aber nicht weit genug, weil mit der Adäquanz nur die allgemeine Erfahrung berücksichtigt wird. Dagegen trägt die Adäquanz nicht der Tatsache Rechnung, daß es unangemessen ist, auch den Täter zum Garanten zu machen, der Gefahren in sozialadäquater und damit zulässiger Weise schafft. Dies hat BGH **19** 152 anerkannt, wo eine Garantenpflicht des Wirtes aus der Verabfolgung von Alkohol abgelehnt wird, weil es sich insoweit um ein „sozialadäquates" Verhalten gehandelt habe (vgl. auch BGH **25** 221, **26** 38). Entsprechendes gilt für Gefahren, die durch erlaubtes Risiko geschaffen werden (u. 35). Vgl. auch Zipf ZStW **82**, 652.

35   b) Als weitere Voraussetzung für eine Garantenstellung aus vorausgegangenem Tun muß daher hinzukommen, daß das **Vorverhalten pflichtwidrig** war, also schon als solches mißbilligt werden kann (so Köln NJW **73**, 861 m. Anm. Blei JA 73, 464, Schleswig NStZ **82**, 116, Eser II 64, Jescheck 565, LK 33, Henkel MschrKrim. 61, 183, Rudolphi SK 39, Schmidhäuser 672 f., Welzel 215 ff.; z. T. abw. Stratenwerth 273; vgl. ferner Rudolphi aaO 151 ff.). Läuft einem sich verkehrsgerecht verhaltenden Kraftfahrer ein Mensch in kurzer Entfernung vor das Auto, so entsteht keine über die allgemeine Beistandspflicht des § 323c hinausgehende Verpflichtung gegenüber dem Verletzten (BGH **25** 218 m. zust. Anm. Rudolphi JR 74, 160, Celle VRS **41** 98, Jakobs 669, Jescheck 566, Otto NJW 74, 535; and. M-Gössel II 207). Das gleiche gilt, wenn jemand sein Fahrzeug ordnungsgemäß abgestellt hat und ein anderer auf dieses aufgefahren ist (and., wenn jemand rechtswidrig durch einen Verkehrsunfall ein Verkehrshindernis verursacht; vgl. Bay VRS **77** 284). Haben Straßenarbeiter unter Beachtung sämtlicher Sicherungsmaßnahmen die Straßendecke aufgerissen, so können sie nicht Garanten für jemand sein, der aus Unvorsichtigkeit dennoch in die Baugrube fällt. Ähnliche Erwägungen haben auch BGH **3** 203 zugrunde gelegen, indem dort ein pflichtgemäßes Verhalten des Angekl. zur Begründung einer Garantenstellung nicht für ausreichend erklärt worden ist, falls es erst durch rechtswidrige Tätigkeit anderer Personen zu einer akuten Gefahr wird. Dementsprechend begründet die Hilfe beim Kindergeldantrag keine Rechtspflicht, der das Kindergeld gewährenden Behörde nachträglich Änderungen mitzuteilen, die zum Wegfall des Kindesgeldes führen und die der Kindergeldbezieher pflichtwidrig verschwiegen hat (Stuttgart NJW **86**, 1768). Ferner ist dieses Prinzip auch durch BGH **19** 152 anerkannt, indem dort solches Vorverhalten für nicht ausreichend erklärt wird, das sich in einem sozialadäquaten Rahmen bewegt. Vgl. auch BGH **26** 38 sowie Düsseldorf NJW **66**, 1175, das fälschlich auch auf die Pflicht aus enger Lebensgemeinschaft abstellt.

35a   Für die Begründung einer Garantenstellung genügt jedoch **nicht jede Pflichtwidrigkeit**. Sie muß vielmehr in den Bereich einer Norm zum Schutz des in Gefahr geratenen Rechtsguts eingreifen, da nur dann der notwendige Pflichtwidrigkeitszusammenhang besteht, der eine Verantwortlichkeit für das Ausbleiben schädlicher Erfolge und damit die spezielle Rechtspflicht zur Erfolgsabwendung begründen kann (vgl. Jescheck 565, Stree Klug-FS 399). Ähnlich wie bei der Fahrlässigkeit (vgl. § 15 RN 174 ff.) muß es sich um die Mißachtung einer Vorschrift handeln, die gerade dem Schutz des betroffenen Rechtsguts dient. Hieran fehlt es bei einer Straftat z. B. im Hinblick auf Schäden, die einem anderen erst auf Grund von Handlungen zur Abwehr der Tat oder zur Verfolgung des Täters drohen. So entsteht für den Dieb keine Garantenpflicht zur Abwendung von Körperschäden, die auf den Bestohlenen infolge eines Sturzes bei der Verfolgung zukommen. Anders ist es allerdings, wenn der Täter zusätzlich Maßnahmen getroffen hat, die besondere, nicht ohne weiteres erkennbare Risiken bei der Abwehr oder der Verfolgung hervorrufen. Die Pflichtwidrigkeit des Straftäters bei seiner Tat erstreckt sich ferner nicht auf tatverdeckende Delikte, die zu seinen Gunsten ein anderer begeht (z. B. Falschaussage; vgl. 40 vor § 153), auch nicht auf tatverdeckende Delikte durch einen Komplicen, sofern sie vom gemeinschaftlichen Tatentschluß nicht umfaßt sind (i. E. and. BGH StV **82**, 218, M-Gössel II 207). So fehlt es an einer Garantenpflicht gegenüber einem Tatzeugen, gegen den ein Mittäter von sich aus in Tötungsabsicht vorgeht, um ihn für immer zum Schweigen zu bringen; ein Nichteingreifen zum Schutz des Zeugen ist allein nach § 323c zu ahnden. Ebensowenig reicht die Pflichtwidrigkeit bis zu den Exzeßhandlungen eines Komplicen (i. E. daher richtig Schleswig NStZ **82**, 116, wonach ein Mittäter nicht verpflichtet ist, Brandgefahren aus dem unvorsichtigen Umgang eines Komplicen mit Streichhölzern entgegenzutreten; vgl. aber auch BGH StV **86**, 59 m. Anm. Arzt StV 86, 337). In die Pflichtwidrigkeit sind auch nicht die Gefahren eingeschlossen, die erst dadurch entstehen, daß ein anderer die vom Täter geschaffene Lage zu einem deliktischen Vorgehen ausnutzt (i. E. ebenso ÖstOGH 54, 68 unter Berufung auf fehlende Adäquanz). Wer z. B. das Opfer bewußtlos schlägt, ist nicht deshalb Garant für dessen Rechtsgüter, die ein anderer während der Zeit angreift, in der das Opfer seine Güter nicht schützen kann (vgl. auch Küper JZ 81, 574). Zum Ganzen näher Stree Klug-FS 399 ff., auch Rudolphi SK 39 a, JR 87, 163. Pflichtwidrigkeit genügt im übrigen nicht, wenn die Verantwortung für die bedrohte Rechtsgut völlig auf einen anderen übergegangen ist, wie bei der bewußten, eigenverantwortlichen Selbstgefährdung (and. BGH NStZ **84**, 452 m. abl. Anm. Stree JuS 85, 179, Fünfsinn StV 85, 57 bei Überlassen von Rauschgift; vgl. auch u. 40). Außerdem begründet ein pflichtwidriges Unterlassen, das allein einem Gebot bei echten Unterlassungstaten zuwiderläuft, keine Garantenstellung (vgl. u. 57).

c) Anders liegt es nur bei Herbeiführung eines Zustandes, der von einem **Dauerdelikt** erfaßt 36 wird. Da hier das Delikt mit der Herbeiführung des Zustandes nicht abgeschlossen ist, sondern durch dessen Aufrechterhaltung erneut begangen wird, muß derjenige eine Garantenstellung haben, der, wenn auch nicht pflichtwidrig, den Dauerzustand geschaffen hat, sobald der Grund für sein pflichtgemäßes Handeln wegfällt. Es liegt im Wesen der Rechtfertigungsgründe, daß die Beeinträchtigung fremder Interessen nur im Rahmen des Erforderlichen zulässig sein kann. Fallen daher die Voraussetzungen für eine Rechtfertigung weg, so kann die Aufrechterhaltung des verbotenen Zustandes nicht mehr zulässig sein. Wer den Dauerzustand geschaffen hat, ist zu seiner Beseitigung verpflichtet (vgl. Schröder NJW 66, 1002, Welzel 215 f., Eser NJW 65, 380). Wird z. B. ein Betrunkener eingesperrt, um von ihm ausgehende Gefahren zu beseitigen, so ist er nach Beendigung der Trunkenheit freizulassen. Ist die Errichtung einer Straßensperre durch Notstand gerechtfertigt (z. B. bei Überschwemmungen), so muß die Sperre beseitigt werden, wenn der Notstand zu Ende ist. Wer einen Gashahn aufdreht, hat ihn wieder zuzudrehen, wenn er das ausströmende Gas nicht zum Brennen bringt.

d) Im übrigen kann aber eine Garantenstellung aus einem **rechtmäßigen Vorverhalten nicht** 37 entstehen. Wer rechtmäßig eine gefährliche Handlung vorgenommen hat, wird damit nicht zum Garanten für alle, die dadurch in Gefahr geraten. Wer z. B. in Notwehr einen anderen Gefahren aussetzt (BGH **23** 327 m. Anm. Herzberg JuS 71, 74, NJW **87**, 850, Otto NJW 74, 534) oder wer gem. §§ 228, 904 BGB eine Gefahr schaffen darf, kann nicht als Garant für die Abwendung des Schadens gelten (Henkel MschrKrim. 61, 183, Jakobs 669, Rudolphi aaO 157 ff., Stratenwerth 273; and. Baumann/Weber 248, Heinitz JR 54, 270, Herzberg JuS 71, 74, M-Gössel II 206). Zum Meinungsstand bei Notwehr vgl. Spendel LK § 32 RN 329 ff. Zum Ganzen vgl. auch Herzberg JZ 86, 986, der auf das Kriterium „Vermeideverantwortlichkeit" während des Vorverhaltens abstellt.

e) **Unerheblich** ist, ob die Gefahr **schuldhaft** herbeigeführt worden ist (RG **70** 227, BGH **2** 38 283, **4** 22, **11** 355, NJW **90**, 2563, Nagler aaO 178; einschränkend Dahm aaO, BGH MDR/D **72**, 581). Eine Garantenstellung gegenüber einem Verkehrsopfer hat daher ein Kraftfahrer, dessen verkehrswidriges Fahren mitursächlich für einen Unfall ist, mag auch das Opfer am Unfall allein schuldig sein (vgl. BGH **34** 82, der jedoch das Erfordernis eines Pflichtwidrigkeitszusammenhangs nicht hinreichend beachtet; vgl. dazu Herzberg JZ 86, 986, Rudolphi JR 87, 164).

f) Keine Rechtspflicht aus vorausgegangenem Tun entsteht, wenn eine Handlung nur mittel- 39 bar zu einer Gefahr beigetragen hat, die von einem **anderen verantwortlich Handelnden** unmittelbar herbeigeführt worden ist, und zwar deswegen nicht, weil diesem die ganze Verantwortung für das eigentliche Geschehen zufällt und somit die unmittelbare Gefahr dem Hintermann nicht zurechenbar ist (vgl. näher 101 vor § 13). Das trifft namentlich in den Fällen zu, in denen jemand einem anderen eine Sache überlassen hat, mit der dann der andere eine Gefahr für Dritte oder für sich selbst hervorruft. Wer einem anderen ein Messer leiht, ist nicht nach § 13 zum Einschreiten verpflichtet, wenn der andere sich mit dem Messer so verletzt, daß er zu verbluten droht. Ebensowenig ist einzuschreiten, wenn der andere mit dem Messer einen Dritten niedersticht. Weder ist die Körperverletzung zu verhindern, noch ist der Verleiher nach der begangenen Tat Garant für die Erhaltung des Lebens des Verletzten. Ihn trifft nur die Pflicht des § 323 c (für Garantenpflicht jedoch BGH **11** 355; gegen dieses Urteil Rudolphi aaO 123, SK 44; vgl. aber noch LG Berlin MDR **65**, 591). Eine Eingriffspflicht ergibt sich auch dann nicht, wenn das Vorverhalten pflichtwidrig war (and. Voraufl.). Sie käme ohnehin allenfalls bei einer Pflichtwidrigkeit in Betracht, die den Bereich einer Norm zum Schutz des in Gefahr geratenen Rechtsguts berührt. Sonst entfällt sie schon aus dem o. 35 angeführten Grund. Wer z. B. einem anderen eine Sache betrügerisch oder hehlerisch veräußert, ist wegen dieser Pflichtwidrigkeit noch kein Garant dafür, daß der Erwerber die Sache nicht für eine Straftat verwendet. Aber auch ein Verstoß gegen ein Verbot, das den Zweck hat, ein rechtsgutbeeinträchtigendes Verhalten anderer zu verhindern, begründet nicht ohne weiteres die Pflicht, einem solchen Verhalten und daraus hervorgehenden Gefahren entgegenzuwirken. Wer entgegen dem WaffenG einem Erwachsenen eine Schußwaffe veräußert, ist nicht für das Verhalten des Erwerbers verantwortlich (vgl. Schumann, Strafrechtliches Handlungsrecht und das Prinzip der Selbstverantwortung der Anderen, 1986, 112 FN 164) und ist dementsprechend nicht nach § 13 verpflichtet, eine vom Erwerber angeschossene Person vor weiteren Schäden durch die Schußverletzung zu bewahren. Aus dem pflichtwidrigen Überlassen einer Sache ergibt sich insb. keine Rechtspflicht, bei Gefahren einzuschreiten, in die derjenige, dem die Sache überlassen worden ist, eigenverantwortlich geraten ist. Wer jemandem, der keine Fahrerlaubnis besitzt und ein Kraftfahrzeug nicht sicher lenken kann, sein Kraftfahrzeug zum Üben überläßt, ist nicht Garant für das Leben des Fahrers, wenn dieser beim Fahren verunglückt und sich lebensgefährlich verletzt. Anders verhält es sich jedoch, wenn das unmittelbar rechtsgutgefährdende Verhalten des Vordermanns (auch) dem Verantwortungsbereich des Hintermanns zuzurechnen ist (vgl. näher zu diesen Fällen 101 a vor § 13). Hier hat der Hintermann auf Grund seines vorausgegangenen Tuns rechtlich dafür einzustehen, daß schädliche Erfolge nicht eintreten.

40   g) Ein Sonderfall des o. 39 behandelten Problems ist die **Verabreichung von Alkohol** oder **Rauschmitteln** mit der Folge, daß dessen Genuß den Belieferten zu einer Gefahr für die Allgemeinheit oder für sich selbst werden läßt, insb. die Gefahr von Straftaten hervorruft. Die Verabreichung des Alkohols usw. reicht allein für die Begründung einer Garantenstellung nicht aus. Auf Grund des Verantwortungsprinzips, nach dem der Mensch als verantwortliches Wesen für sich selbst verantwortlich ist, kommt eine Garantenstellung des Hintermannes nur dort in Betracht, wo die Verantwortung des Belieferten ausgeschlossen ist. Das ist etwa der Fall, wenn jemand einem anderen heimlich Spirituosen oder Rauschgift zuführt oder einen Unerfahrenen zum Alkohol- oder Rauschgiftmißbrauch verleitet (vgl. Cramer GA 61, 100ff.), ferner, wenn die eigene Verantwortlichkeit des anderen nicht vorlag, als ihm der Alkohol usw. verabreicht worden ist. Weitergehend haben BGH 4 20, VRS 13 470, Karlsruhe JZ 60, 178 m. krit. Anm. Welzel, Düsseldorf VM **60,** 17 eine Haftung des Gastwirts angenommen, der einem Kraftfahrer übermäßige Mengen Alkohol verabreicht hat. Die Rspr. ist jedoch überholt; vgl. dagegen BGH **19** 152, **26** 38; vgl. auch Herzberg aaO 312ff., Rudolphi SK 44, Welp aaO 316f. Nach BGH NStZ **84,** 352 m. abl. Anm. Stree JuS 85, 179, Fünfsinn StV 85, 57 sowie nach BGH NJW **85,** 691 m. abl. Anm. Roxin NStZ 85, 320 soll der Lieferant eines Betäubungsmittels trotz eigenverantwortlicher Selbstgefährdung des Konsumenten in eine Garantenstellung einrücken, wenn dieser infolge des Betäubungsmittelkonsums bewußtlos geworden ist. Dem steht entgegen, daß die Gefahrenlage vom Opfer eigenverantwortlich herbeigeführt worden ist und damit nur seinem eigenen Verantwortungsbereich und nicht dem des Lieferanten zugeordnet werden kann. Wie hier Stuttgart NJW **81,** 182, Otto/Brammsen Jura 85, 651.

41   Aus der bloßen **Zechgemeinschaft,** d. h. der gemeinsamen Teilnahme am Trinken, werden Pflichten für die Beteiligten nicht begründet (BGH NJW **54,** 1047, Bay NJW **53,** 556, KG VRS **10** 138, Düsseldorf NJW **66,** 1175, Cramer aaO). Gleiches gilt für den gemeinsamen Konsum von Betäubungsmitteln (Stuttgart NJW **81,** 182).

42   h) Für eine Garantenstellung aus vorausgegangenem Tun ist im übrigen erforderlich, daß die Vorhandlung einen Zustand geschaffen hat, bei dem das **Untätigbleiben** die Gefahr oder den **Schaden vergrößert.** Ist durch die Vorhandlung der Schaden bereits endgültig herbeigeführt, so haftet der Täter nicht wegen eines Unterlassungsdelikts, wenn er ihn nicht beseitigt (Schröder NJW 66, 1002). So kann z. B. nicht wegen Sachbeschädigung bestraft werden, wer eine fremde Sache versehentlich beschädigt hat und sie nicht repariert. Ferner ist nicht nach § 133 strafbar, wer versehentlich eine Akte aus amtlichem Gewahrsam entfernt und sie nicht zurückbringt. Wer gutgläubig einen Raum zum Aufbewahren von Diebesgut zur Verfügung gestellt hat, begeht auf Grund dieses Vorverhaltens keine Begünstigung durch Unterlassen, wenn er nach Kenntniserlangung untätig bleibt (vgl. § 257 RN 18). Keine Schadensvergrößerung ist das Weiterbestehenlassen einer rein abstrakten Gefahr (vgl. BGH **36** 258). In allen diesen Fällen fehlt es an einer Intensivierung des Schadens durch Untätigkeit. Anders ist es regelmäßig bei **Dauerdelikten,** da hier dem betroffenen Rechtsgut andauernd neuer Schaden zugefügt wird, solange der unrechtmäßige Zustand nicht beseitigt ist (vgl. o. 36).

43   6. Handlungspflichten ergeben sich ferner aus der **Verantwortung** für bestimmte, in den **eigenen Zuständigkeitsbereich fallende Gefahrenquellen.** Wer **Eigentümer** oder **Besitzer** von Sachen, Anlagen, Maschinen usw. ist oder wer Tiere hält, ist verpflichtet, die davon ausgehenden Gefahren zu kontrollieren und zu verhindern, daß aus ihnen Schädigungen fremder Rechtsgüter entstehen (vgl. auch Rudolphi SK 27ff.). Dies findet seine Bestätigung u. a. darin, daß die Rechtsordnung selbst in zahlreichen Gefährdungstatbeständen auf eine solche

Verpflichtung zur Gefahrenabwehr hinweist. So ist z. B. der Hauseigentümer verpflichtet, baufällige Teile seines Hauses, die die Allgemeinheit gefährden, auszubessern. Aus dieser Pflicht, nicht aus einem etwaigen Versicherungsvertrag (so aber RG **64** 277; ähnl. BGH MDR/D **51**, 144), folgt auch die Pflicht, einen Brand des eigenen Wohnhauses zu löschen, so daß bei Unterlassung aus § 306 bestraft werden kann. Der Halter eines Kraftfahrzeugs hat die Pflicht, unabhängig von einer behördlichen Überwachung, für den verkehrssicheren Zustand seines Fahrzeugs zu sorgen (BGH VRS **17** 388, **37** 271, VersR **65**, 473) oder die Benutzung durch Fahrunfähige oder Fahrunkundige zu verhindern (vgl. BGH **18** 355, VRS **14** 197, **20** 282, Hamm VRS **15** 288, NJW **83**, 2456; zur Verantwortlichkeit des Fahrzeughalters vgl. auch BGH VRS **27** 185, Bay **62**, 278, JZ **59**, 639, Stuttgart VRS **30** 78, Hamm VRS **52** 64, Frisch, Tatbestandsmäßiges Verhalten und Zurechnung des Erfolgs, 1989, 254); die gleiche Pflicht trifft den Besitzer eines Fahrzeugs, der nicht Halter ist (Oldenburg VRS **26** 354, Hamburg NJW **64**, 2027, Karlsruhe NJW **65**, 1774). U. U. muß der Verantwortliche auch gegen eine unzulässige Fahrzeugbenutzung durch sich selbst Vorsorge treffen (Bay JR **79**, 289 m. krit. Anm. Horn, Jakobs 662; and. Rudolphi SK 30). Zu beachten ist jedoch, daß die Verantwortlichkeit für Delikte des Fahrers durch Kausalität und Vorhersehbarkeit begrenzt ist (Karlsruhe NJW **65**, 1774). Der Halter ist zudem nicht schlechthin verpflichtet, Straftaten mit seinem Kfz. entgegenzutreten. Eine Pflicht zum Einschreiten entfällt, wenn ausschließlich das Verhalten eines verantwortlichen Dritten das Kfz. zu einer Gefahr werden läßt. So obliegt dem Halter, auch wenn er mitfährt, nicht ohne weiteres die Pflicht, die Benutzung des Kfz. zur Fahrerflucht zu verhindern (vgl. Bay NJW **90**, 1861, aber auch BGH **18** 7, Stuttgart NJW **81**, 2369). Der Tierhalter muß das Tier so überwachen, daß es keine Gefahr für andere bildet (Bremen VRS **23** 41; vgl. auch Bremen NJW **57**, 73, Düsseldorf NJW **87**, 201, Bay **87**, 174). Auch bei der Unterhaltung eines gefährlichen Betriebs ist der Inhaber verpflichtet, die aus der Betriebsgefahr entstehenden Gefahren zu beseitigen; über Absicherung eines Sportplatzes gegen eine Straße vgl. BGH VRS **18** 48, DAR/M **62**, 68; über Sicherung einer Sprungturmanlage vgl. Stuttgart VersR **61**, 1026; über Absicherung einer Skipiste vgl. BGH NJW **71**, 1093, **73**, 1379, München NJW **74**, 189, Hummel NJW **74**, 170, BGE 101 IV 396, Pichler SchwJZ 68, 281, aber auch Hepp NJW **73**, 2085; vgl. weiter RG DR **44**, 442 und (Verkehrssicherungspflicht) BGH VersR **64**, 1245, NJW **75**, 533 (Autorennen), **77**, 1965, **78**, 1626, **88**, 2267 (Kinderspielplatz), **84**, 801 (Eishockey), Koblenz MDR **90**, 52 (Hotelbad), Hamm VersR **64**, 1254, Stuttgart VersR **66**, 1086, NJW **84**, 2898. Für die strafrechtliche Verantwortlichkeit im Rahmen der **Zustandshaftung** sind verschiedene Fälle zu unterscheiden.

a) Der **Inhalt** dieser aus Eigentum oder Besitz sich ergebenden Verpflichtung besteht in der **Gefahrenabwehr.** Wer die Möglichkeit hat, durch Beachtung zumutbarer Sorgfalt einen Schaden zu verhindern, ist dazu verpflichtet und haftet für den eingetretenen Erfolg, wenn er seine Pflicht vorsätzlich oder fahrlässig nicht erfüllt. Wird z. B. ein Passant von einem vom Dach fallenden Ziegel getroffen, so haftet der Hauseigentümer wegen fahrlässiger Körperverletzung oder Tötung, wenn er die Möglichkeit gehabt hätte, diese Gefahr zu beseitigen. Bildet ein Fahrzeug ein Hindernis auf der Straße, so ist der Halter oder Eigentümer verpflichtet, es zu beseitigen, auch wenn es ohne sein Verschulden dazu geworden ist, z. B. von einem anderen Fahrzeug bei einem Unfall auf die Straße geschoben wurde. Bei mehreren gleichverantwortlichen Führern eines Kfz. hat jeder die Pflicht, die Verkehrsbehinderung durch das abgestellte Kfz. zu beseitigen (Bay VRS **60** 189). Dabei ist in diesem Zusammenhang ohne Bedeutung, ob die Gefahr durch Zufall entstanden ist oder der Täter sie durch mangelhafte Überwachung dazu hat werden lassen. Im gleichen Umfang haftet der Eigentümer auch bei fahrlässigem Verhalten Dritter (Jugendliche spielen mit einer im Hof stehenden Kreissäge). Diese Gesichtspunkte hätten auch in BGH **3** 203 zu einer anderen Entscheidung führen können (vgl. Schünemann aaO 305). Soweit jemand voll verantwortlich eine fremde Sache zu Straftaten einsetzt, hat der Eigentümer jedoch nicht dadurch entstehenden Gefahren für andere entgegenzuwirken. Hier führt der Mißbrauch der Sache, der in den alleinigen Verantwortungsbereich des Täters fällt, und nicht die Sache als solche zur Gefahr für andere. Der Hauseigentümer ist daher nicht verpflichtet, beleidigende Parolen an seinem Haus zu beseitigen, die ein anderer dort angebracht hat (Weber Oehler-FS 93). Wohl aber ist einzuschreiten, wenn ein Grundstück von anderen als umweltgefährdende Müllkippe benutzt wird (vgl. Stuttgart NuR **87**, 281, LG Koblenz NStZ **87**, 281: wilde Müllkippe auf Grundstück, Iburg NJW 88, 2338; Bedenken bei Rudolphi SK 28). Denn es kann keinen wesentlichen Unterschied begründen, ob Menschenhand oder Naturkraft ein Grundstück zur Gefahr für die Umwelt hat werden lassen. Zur Beseitigungspflicht bei wildem Müll vgl. auch BVerwG NJW **89**, 1295, Hohmann NJW 89, 1254.

b) Die aus dieser Stellung sich ergebende Verpflichtung erstreckt sich jedoch nur auf die Beseitigung akuter Gefährdung, **nicht** auf die **Verhinderung weiterer** aus der unmittelbaren

Verletzung resultierender **Schäden**. Ist z. B. der Passant durch den Dachziegel verletzt worden, ohne daß dem Hauseigentümer eine Pflichtverletzung zur Last fiele, so hat dieser dem Verletzten gegenüber keine über die allgemeine Pflicht des § 323c hinausgehende Verpflichtung zur Hilfe. Zust. Rudolphi SK 31, Schünemann aaO 290; and. Herzberg, Unterlassung S. 322 ff.

46 c) Dies ist dann anders, wenn die Verletzung auf einem **Pflichtverstoß** des Eigentümers beruht, er also die Möglichkeit gehabt hätte, den akuten Gefahrenzustand vorher zu beseitigen, und dies **pflichtwidrig unterlassen** hat. Insoweit gelten die Regeln über das vorangegangene Tun, so daß in diesen Fällen der Eigentümer zwar nicht wegen seines Eigentums, wohl aber wegen seiner vorhergegangenen Pflichtverletzung eine Garantenstellung auch bezüglich weiterer aus der unmittelbaren Verletzung resultierender Schäden hat. Dabei ist gleichgültig, ob der Eigentümer eine akute Gefahr pflichtwidrig nicht beseitigt hat oder sein Eigentum durch Unterlassen notwendiger Maßnahmen zur akuten Gefahr hat werden lassen.

47 d) Nicht hierher gehören die Fälle, in denen der Verantwortliche für einen Herrschaftsbereich verpflichtet sein soll, in seinem Bereich, etwa im **Bereich der eigenen Wohnung**, für Ordnung zu sorgen und Straftaten anderer zu verhindern. Für sie kommen die u. 54 angeführten Gesichtspunkte zum Tragen. Davon zu unterscheiden sind die Fälle, in denen der Herrschaftsbereich selbst eine Gefahrenquelle bildet. So hat etwa der Wohnungsinhaber Besucher vor schadhaften Stellen in seiner Wohnung zu schützen. Der Hauseigentümer hat ein gefährliches Treppenhaus zu beleuchten (vgl. RG 14 362). Als Gefahrenquelle ist ein Haus usw. auch dann anzusehen, wenn dort jemand eingeschlossen wird (Schmidhäuser 675, Schünemann aaO 361). Unerheblich ist die Ursache hierfür (and. Herzberg, Unterlassung S. 331, der beim Einsperren durch Dritte den Hausherrn erst nach Verstreichen einiger Zeit zum Garanten für die Befreiung des Eingesperrten werden läßt; auf den Zeitfaktor kann es indes nicht ankommen). Gefahrenstellen, die nur bei rechtswidrigem Verhalten Dritter gefährdet werden, braucht der Verantwortliche allerdings grundsätzlich nicht zu sichern. Ausnahmen können jedoch gegenüber Kindern bestehen (vgl. Schünemann aaO 304f.). Zur Verkehrssicherungspflicht gegenüber Unbefugten vgl. J. Schröder AcP 179, 567.

48 e) **Besondere Probleme** ergeben sich, wenn der **Eigentümer** die Sachen, Anlagen oder Tiere dritten Personen übergeben oder aus anderen Gründen **nicht mehr im Besitz** hat. Hier ist zu entscheiden, ob der Eigentümer dadurch von seiner Verpflichtung frei wird oder nur eine weitere Verantwortlichkeit neben die des Eigentümers tritt. Unproblematisch sind diese Fälle dann, wenn jemand *Eigentum übertragen* hat. Hier wird er von seinen Pflichten aus Eigentum frei. Eine strafrechtliche Verantwortlichkeit kommt nur dann in Betracht, wenn die Hingabe der Sache selbst sich als pflichtwidrig erweist und dabei die alleinige Verantwortung noch nicht auf den Erwerber übergegangen ist, so z. B. bei Aushändigung einer Waffe an einen Schuldunfähigen, der sie für den neuen Eigentümer abholt oder für den bisherigen Eigentümer als Bote tätig wird. Dagegen ist die Entscheidung zweifelhaft, wenn lediglich der *Besitz* an einer Sache an einen Dritten übertragen wird. Vgl. zu diesen Fällen auch Schünemann aaO 299.

49 Maßstab und Modell für die Entscheidung sind die Regeln, die für die deliktische Verantwortlichkeit des **Halters** von Kraftfahrzeugen oder Tieren bestehen. Danach muß mit der Übergabe der Sache an einen Dritten die Stellung des Eigentümers als Halter und damit seine Verantwortlichkeit nicht beendet sein, da entscheidend ist, daß der Gegenstand wirtschaftlich im Bereich einer Person ist oder verbleibt. Wer daher ein Kfz. vermietet, verleiht usw., bleibt grundsätzlich Halter und damit auch rechtlich verantwortlich. Entsprechendes gilt für das Verhältnis zwischen dem Eigentümer und dem Mieter oder Pächter eines Grundstücks. Diese Verantwortlichkeit äußert sich in der Verpflichtung zum Einschreiten, wenn durch zufällige Ereignisse oder durch fahrlässiges Verhalten des Besitzers oder eines Dritten die Sache als solche zu einer Gefahr für andere wird. Es kann jedoch die Übertragung der tatsächlichen Gewalt auf einen anderen auch den völligen Verlust wirtschaftlicher Innehabung und damit der Halterstellung zur Folge haben. Das trifft z. B. auf den Vorbehalts- oder Sicherungseigentümer zu, so daß dieser mit der Übergabe der Sache keine aus dem Eigentum fließende Garantenpflicht mehr hat. Der Verkäufer eines Kraftfahrzeugs braucht nicht einzuschreiten, wenn der Käufer für den ihm obliegenden Abtransport des Fahrzeugs gefälschte Kennzeichen verwendet (Braunschweig GA 77, 240), auch nicht, wenn ihm das Vorbehaltseigentum verblieben ist. Die Grenze für eine Verantwortlichkeit aus Eigentum bei Sachen in fremdem Besitz liegt im übrigen dort, wo die Gefahr nicht durch die Sache selbst oder gefährliche Umstände entsteht, sondern erst der Deliktswille des anderen den Gegenstand gefährlich macht. Daher ist z. B. zur Verhinderung einer Straftat – von § 323c abgesehen – nicht verpflichtet, wer ein Messer verleiht und feststellt, daß es vom Entleiher zu einer Körperverletzung gebraucht werden soll (and. BGH **11** 354; vgl. o. 39).

50 Zweifelhaft kann ferner sein, ob diese aus dem Eigentum fließenden Pflichten auch dann bestehen bleiben, wenn die Sache dem Eigentümer abhanden gekommen, insb. gestohlen worden ist. Ist z. B. der Eigentümer eines Kraftfahrzeugs verpflichtet, das Hindernis zu beseitigen, das sein durch den Dieb gegen eine Mauer gefahrenes Fahrzeug darstellt, oder der Eigentümer von Sprengstoff, der bemerkt, daß die Kinder des Diebes damit spielen? Die Frage ist grundsätzlich zu bejahen, da die Beseitigung der tatsächlichen Gewalt durch deliktische Einwirkung den Eigentümer ebensowenig von seinen Pflichten frei machen kann, wie er selbst sich von ihnen durch eine in gefährlicher Weise erfolgende *Dereliktion* befreien könnte. Von dieser Entscheidung bleibt die Verantwortlichkeit unberührt, die sich auf eine Pflichtverletzung *bei Verlust* des Besitzes gründen läßt. Hier gelten die Regeln über vorangegangenes Tun.

f) Aber auch unabhängig von einer Zustandshaftung kann eine besondere Pflicht bestehen, Gefahrenquellen abzuschirmen, nämlich im Rahmen **gefährlicher Veranstaltungen.** Wer z. B. ein Scharfschießen (vgl. BGH **20** 315) oder ein Manöver anordnet, muß die erforderlichen Sicherheitsvorkehrungen treffen oder treffen lassen. Weitere Beispiele sind Sprengungen, Entschärfen von Bomben, gefährliche Bauvorhaben (vgl. BGH MDR **78**, 504: Brückenbau) oder gefährliche Experimente. Der bauleitende Architekt hat aber i. d. R. nicht für Verletzungen eines Bauarbeiters einzustehen, die auf dessen Mißachtung von Unfallverhütungsvorschriften und mangelnder Überwachung durch den Bauunternehmer beruhen (Stuttgart NJW **84**, 2897 m. abl. Anm. Henke NStZ 85, 124). **50a**

7. Eine Verpflichtung, Schäden zu verhindern, kann sich endlich daraus ergeben, daß der Täter **für das Verhalten anderer Personen verantwortlich** und deshalb verpflichtet ist, diese so zu beaufsichtigen, daß sie Dritten keinen Schaden zufügen. Sie besteht in gewissen **Autoritäts-** und **Lebensverhältnissen** und hat in ihrer rechtlichen Struktur Ähnlichkeit mit der sich aus Eigentum (Haftung für Tiere, den Zustand von Gebäuden usw.) ergebenden Verpflichtung, weil es nicht um den Schutz bestimmter, dem Täter anvertrauter Rechtsgüter, sondern darum geht, die von gewissen Personen ausgehenden Gefahren zu beherrschen. Demgemäß sind auch die Rechtsfolgen einer Pflichtverletzung die gleichen (vgl. u. 55). Die Gründe für eine Aufsichtspflicht können verschieden sein, wobei im Einzelfall sorgfältig zu prüfen ist, ob die Stellung des Täters der Verhinderung gerade der konkret drohenden Straftaten dient (vgl. Winkelbauer JZ 86, 1120). **51**

a) Eine strafrechtliche Verantwortlichkeit für Straftaten anderer kann sich daraus ergeben, daß dem Unterlassenden auf Grund bestimmter **Autoritätsstellungen** eine Aufsichtspflicht obliegt. Ein *Erziehungsberechtigter* hat dafür zu sorgen, daß der Minderjährige keine rechtswidrigen Taten begeht (vgl. auch § 832 BGB; vgl. den Fall in OGH **3** 1) und etwaige Garantenpflichten erfüllt (vgl. Düsseldorf NJW **87**, 201). Die Aufsichtspflicht endet mit Volljährigkeit des Kindes (BGH FamRZ **58**, 211 m. Anm. Bosch), auch dann, wenn der Volljährige sich noch in der Ausbildung befindet, bei seinen Eltern wohnt und von ihnen unterhalten wird (KG JR **69,** 28) oder eine Tat (z. B. Falschaussage) zugunsten eines Elternteils begeht (and. KG JR **69,** 28 m. abl. Anm. Lackner). Ein *Lehrer* macht sich strafbar, wenn er rechtswidrige Taten seiner Schüler nicht unterbindet. Im Gegensatz zur Pflicht des Erziehungsberechtigten ist die des Lehrers beschränkt; er hat nur solche Delikte zu verhindern, die der Schüler während des Schulbetriebs (auch während eines Ausflugs) zu begehen droht. Entsprechendes gilt für die Aufsichtspflicht des *militärischen Vorgesetzten* gegenüber Untergebenen (vgl. § 41 WStG; zweifelnd Stratenwerth 269), für *Schiffsoffiziere* gegenüber den ihnen untergebenen Besatzungsmitgliedern (vgl. § 108 SeemannsG vom 26. 7. 1957, BGBl. II 713, RG **71** 176), Vollzugsbeamte gegenüber Gefangenen (RG **53** 292), auch bei Mißhandlung anderer Gefangener (BGH StV **82**, 342), und das Anstaltspersonal gegenüber Untergebrachten in einem psychiatrischen Krankenhaus (vgl. BGH NJW **83**, 462). Ein Fahrlehrer hat bei der Ausbildungsfahrt dafür zu sorgen, daß der Fahrschüler nicht verkehrswidrig fährt. Eine Garantenstellung hat ferner, wer innerhalb einer Aufsichtsbehörde deren Aufgabe wahrzunehmen hat, Gefahren für die Allgemeinheit entgegenzutreten (vgl. BGH NJW **87**, 199 m. krit. Anm. Rudolphi JR 87, 336 u. Winkelbauer JZ 86, 1119; zur Garantenstellung von Amtsträgern im Rahmen des Umweltschutzes vgl. 30ff. vor § 324; vgl. auch M. Schultz, Amtswalterunterlassen, 1984, Sangenstedt, Garantenstellung und Garantenpflicht von Amtsträgern, Diss. Bonn, 1989). Steht ihm ein Ermessensspielraum zu, so hat er strafrechtlich nur für ermessenswidriges Unterlassen einzustehen (vgl. aber auch Wernike ZfW 80, 261). Die Pflicht zum Eingreifen beschränkt sich auf Güter, die vom Schutzzweck der wahrzunehmenden Aufgaben erfaßt werden (vgl. Winkelbauer JZ 86, 1120f.). *Polizeibeamte* sind dann strafrechtlich nach § 13 verantwortlich, wenn sie bei der Ausübung eines auf Gefahrenabwehr gerichteten Dienstes gegen Straftaten, die eine Störung der öffentlichen Sicherheit und Ordnung darstellen, nicht einschreiten (vgl. BGH JA **87**, 211; einschränkend Geilen FamRZ 61, 159, Grünwald ZStW 70, 425, Herzberg, Unterlassung S. 356, Rudolphi SK 36, 54c, Schunemann aaO 329, 363). So hat z. B. ein Polizeibeamter auf Streifengang ebenso Straftaten zu verhindern wie ein Polizeibeamter bei Wahrnehmung eines besonderen Schutzes für bestimmte Personen oder Objekte (vgl. o. 30a) hiergegen gerichtete Straftaten. Ob die **52**

Schutzaufgabe sich auf bestimmte einzelne Schutzgüter erstreckt oder allgemein auf Gefahrenabwehr in einem betimmten Umfeld, kann keine unterschiedliche Pflichtenstellung begründen und damit keine verschiedene strafrechtliche Haftungsgrundlage (and. Rudolphi SK 54c, d). Ein Wasserschutzpolizeibeamter hat demgemäß die Weiterfahrt eines betrunkenen Schiffsführers zu unterbinden (RG JW **39**, 543 m. Anm. Mittelbach), ein Verkehrspolizist das Führen eines PKWs durch einen Fahruntüchtigen (KG VRS **10** 138). Für Fälle, in denen der Vorgesetzte Amtspflichtverletzungen seiner Untergebenen nicht verhindert, greift § 357 ein. Weitgehend ungeklärt ist, ob und inwieweit ähnlich der Haftung nach § 357 ein **Betriebsinhaber** Straftaten von Betriebsangehörigen entgegenzutreten hat (vgl. die Ansätze bei RG **58** 130, Göhler Dreher-FS 611ff., Jakobs 665, Schubarth SchwZStr 92, 370ff. [Geschäftsherrenhaftung], Schmidt SchwZStr 105, 160, Vest SchwZStr 105, 288, BGE 96 IV 174, aber auch die Bedenken bei Jescheck LK 45, Rudolphi SK 35a). Eine solche Pflicht hat der BGH (NJW **90**, 2560, NStE Nr. **5** zu § 223; vgl. dazu Schmidt-Salzer NJW **90**, 2966, Kühlen NStZ **90**, 566) der Sache nach beim Vertrieb gesundheitsgefährdender Produkte angenommen, ohne jedoch für den gesamten Verantwortungsbereich genaue Grenzen zu markieren. Sie läßt sich, soweit nicht bereits eine Garantenstellung nach den vorhergehenden Ausführungen, namentlich o. 31, 43, besteht oder eine besondere Vorschrift, etwa § 4 II UWG, eingreift, nur befürworten, wenn der Betriebsangehörige seine betriebliche Stellung und den Betrieb zu einer Straftat mißbraucht (betriebsbezogene Straftat). Für Straftaten von Betriebsangehörigen gelegentlich einer betrieblichen Tätigkeit kann der Betriebsinhaber bei Nichteinschreiten nicht verantwortlich gemacht werden. Nach Schünemann, Unternehmenskriminalität und Strafrecht (1979) 102ff., soll es darauf ankommen, ob eine durch weisungsgebundenes Handeln für einen Betrieb vorgenommene „Verbandstat" vorliegt (vgl. auch Schünemann wistra 82, 45). Soweit eine Rechtspflicht zum Eingreifen zu bejahen ist, beschränkt sie sich nicht auf das Verhindern einer rechtswidrigen Tat. Auch den weiteren Gefahren, die aus der rechtswidrigen Tat hervorgehen, ist entgegenzuwirken. So sind z. B. bei mangelhaften (etwa gesundheitsgefährdenden Produkten), die bereits in den Verkehr gelangt sind, mögliche Schäden für Erwerber durch Warnung vor der Benutzung der Produkte, durch den Rückruf oder durch sonst geeignete Aktionen abzuwenden (vgl. BGH NJW **90**, 2560).

53 Aus der **ehelichen Lebensgemeinschaft** ergeben sich **keine Pflichten,** Straftaten des anderen Ehegatten zu verhindern (vgl. Geilen FamRZ 61, 157ff., H. Mayer Mat. I 275, Schmidhäuser 668, Jescheck 568). Ein Ehegatte hat weder die Pflicht noch das Recht, die Lebensführung des anderen über die Gestaltung der ehelichen Lebensgemeinschaft hinaus zu beeinflussen oder zu beaufsichtigen. Demgegenüber hat die Rspr. dazu geneigt, den Ehegatten allgemein für verpflichtet anzusehen, den anderen Ehegatten von Straftaten abzuhalten (BGH MDR/D 73, 369, NJW **53**, 591, Schleswig NJW **54**, 285; vgl. jedoch BGH GA **67**, 115; einschränkend Stuttgart NJW **86**, 1768: keine Pflicht, den anderen Ehegatten dazu anzuhalten, einer Mitteilungspflicht gegenüber einer Behörde nachzukommen); so soll nach RG **74** 285 der Ehemann verpflichtet sein, einen Meineid seiner Ehefrau zu verhindern (vgl. ferner BGH NJW **51**, 204); Bremen NJW **57**, 73 hält den Ehemann aus der ehelichen Lebensgemeinschaft sogar für verpflichtet, zu verhindern, daß der Hund seiner Ehefrau jemanden beißt (Garantenpflicht kann sich hier jedoch aus den o. 26, 43 genannten Gründen ergeben). BGH **6** 322 will eine Ausnahme machen, wenn die Ehegatten getrennt oder in Scheidung leben. Die Rspr. begründet ihre Ansicht zu Unrecht mit § 1353 BGB, weil die sich aus der ehelichen Lebensgemeinschaft ergebenden Pflichten nur dem Schutz des anderen Ehegatten und nicht der Erhaltung fremder Rechtsgüter dienen. Im übrigen läuft die Ansicht der Rspr. auf eine Art „Sippenhaftung" hinaus, die nicht anerkannt werden kann (H. Mayer Mat. I 275). Zur Frage, wieweit der Ehemann verpflichtet ist, Straftaten seiner geistesgestörten Ehefrau zu verhindern, vgl. RGZ **70** 48, BGH FamRZ **61**, 115 (beide zu § 823 BGB). Soweit die familienrechtlichen Beziehungen effektiv abgebrochen sind, spricht Schmidhäuser 691 von „sozialadäquater" Unterlassung.

54 b) Eine Rechtspflicht wird ferner auf Grund **verantwortlicher Stellung** in bestimmten **Räumlichkeiten** angenommen (eingehend dazu Landscheidt, Zur Problematik der Garantenpflichten aus verantwortlicher Stellung in bestimmten Räumlichkeiten, 1985, Reus/Vogel MDR 90, 869). Wer die Verfügungsgewalt über bestimmte Räume hat, soll verpflichtet sein, dort für Ordnung zu sorgen und zu verhindern, daß in dem von ihm beherrschten Raum Straftaten begangen werden (so z. B. BGH NJW **66**, 1763). Diese Meinung geht indes zu weit. Allein die Gewalt über einen bestimmten Herrschaftsbereich gibt keinen hinreichenden Grund ab, dem Gewaltinhaber schlechthin die Pflichten eines Ordnungshüters beizulegen (vgl. BGH **30** 395, auch Rudolphi SK 37, Stratenwerth 276). Ein solcher Grund läßt sich auch nicht darin erblicken, daß der Hausfrieden besonderen Schutz genießt und Eingriffe von öffentlicher Hand besonderen Kautelen unterworfen sind, mithin die Möglichkeit anderweitiger Hilfe faktisch und rechtlich erheblich eingeschränkt ist (so Blei I 329). Denkt man etwa an eine Gaststätte, so kann ein dort angegriffener Gast u. U. eher Hilfe anderer erhalten als bei einem Überfall auf einer (abgelegenen) Straße. Aus den für eine Garantenstellung angeführten Gesichtspunkten läßt sich vielmehr erst dann eine spezielle Rechtspflicht zum Einschreiten herleiten, wenn der Herrschaftsbereich zu einem maßgeblichen Faktor für die Durchführung einer Straftat oder für die Sicherung des Taterfolges wird (vgl. BGH 30 396, Jescheck LK 44 sowie Schünemann aaO 361: Wohnung muß vermöge ihrer Eigenart in dem konkreten Ablauf der Straftat eine Rolle spielen). Das ist u. a. der Fall, wenn Diebe ein fremdes Haus als Beuteversteck benutzen oder ein separates Gastzimmer dem Absatz der Diebesbeute dient (vgl. jedoch RG 58 300, wonach sich eine Pflicht des Gastwirts, den hehlerischen Absatz in seinen Galsträumen zu unterbinden, nicht aus dem Hausrecht, sondern aus der GewO ergeben soll; ähnlich wie RG Körner MDR 89, 957, 959). Der Gewaltinhaber darf hiernach ebensowenig einen illegalen Schwangerschaftsabbruch in seinen Räumlichkeiten dulden (i. E. daher richtig BGH NJW 53, 591, GA 67, 115). Als wesentlichen Faktor für eine Tatbegehung läßt sich ein Haus auch noch ansehen, wenn es als Ausgangsort für die Durchführung einer Straftat im Nachbarhaus von entscheidender Bedeutung ist. Auf diese Begründung wäre dann die Entscheidung des von Roxin TuT 485 ff. gebildeten Falles zu stützen, daß der Eigentümer eines Hauses seine Haustür nicht verschließt, um Tätern, die im Nachbarhaus Straftaten begehen wollen, das Eindringen von seinem Haus zu ermöglichen (vgl. dagegen Jakobs 662, Frisch, Tatbestandsmäßiges Verhalten und Zurechnung des Erfolgs, 1989, 260, Schumann, Strafrechtliches Handlungsunrecht, 1986, 66). Eine Bestrafung ohne Handlungspflicht, wie sie Roxin annimmt, käme also auch hier nicht in Betracht. Keine spezielle Rechtspflicht zum Einschreiten besteht dagegen für den Gewaltinhaber, wenn in seinem Herrschaftsbereich lediglich eine Straftat verübt wird (BGH 30 395). Der Wohnungsinhaber z. B. macht sich nicht wegen Tatbeteiligung strafbar, wenn er bei einer Vergewaltigung in seinen Räumen untätig bleibt (vgl. BGH 30 391) oder es geschehen läßt, daß einer seiner Gäste einen anderen Gast bestiehlt oder verprügelt (vgl. Jescheck 567, Tenckhoff JuS 78, 308; and. BGH 27 10 m. Anm. Naucke JR 77, 290 bei schwerwiegenden Gefahren für einen Gast), ebensowenig der Gastwirt, der im allgemein zugänglichen Lokal gegen hehlerische Handlungen von Gästen nicht einschreitet (Jescheck 567) oder gegen Rauschgifthandel (and. Körner MDR 89, 957, 959). Zutreffend daher BGH GA 71, 336, wonach das Nichteingreifen eines Gastwirts (als Träger des Hausrechts) bei einer sexuellen Nötigung eines Gastes nur als unterlassene Hilfeleistung zu werten ist (and. BGH NJW 66, 1763, wonach der Gastwirt, der Körperverletzungen in seiner Gastwirtschaft duldet, als Mittäter zu bestrafen ist). Ebenso wie bei plötzlicher Erkrankung eines Gastes ist der Wohnungsinhaber ferner nicht Garant, wenn der Gast Betäubungsmittel zu sich nimmt und deswegen Hilfe benötigt (Stuttgart NJW 81, 182). Maßgeblicher Faktor als Tatmittel wird ein Grundstück auch noch nicht dadurch, daß in einem Garten entgegen dem BtMG Cannabispflanzen in Töpfen gezogen werden (Zweibrücken StV 86, 483).

c) Zweifelhaft ist, ob eine Pflichtverletzung als **Täterschaft** oder als **Beihilfe** zum deliktischen Handeln des zu Beaufsichtigenden zu bestrafen ist. Aus den in 95 vor § 25 angeführten Gründen kommt regelmäßig *nur eine Beteiligung* an fremder Tat in Betracht. Soweit der Hausrechtsinhaber die Benutzung seiner Räumlichkeiten als Beuteversteck oder zum Absatz der Diebesbeute nicht unterbindet, kommt Begünstigung (vgl. § 257 RN 17) oder Hehlerei (vgl. § 259 RN 41) bzw. Beihilfe zur Hehlerei in Betracht.

8. Die Garantenstellung des Täters kann u. U. auch **gefährliche Handlungen gebieten,** wenn die Unterlassung eine demgegenüber größere Gefahr mit sich bringen würde. So ist z. B. der Vater verpflichtet, die Chance zu nutzen, die sich daraus ergibt, daß er seine Kinder aus dem brennenden Haus wirft, wenn sie anderenfalls durch den Brand mit Sicherheit ums Leben kommen würden (BGH MDR/D 71, 361 m. Anm. Herzberg MDR 71, 881, Spendel JZ 73, 137). LG Stuttgart MDR/D 72, 385 hat in dem genannten Fall nach Rückverweisung durch den BGH den Angekl. rechtskräftig wegen fahrlässiger Tötung verurteilt. Eine andere Frage ist es, ob in einem solchen Konfliktsfall dem Unterlassenden eine Entscheidung zugemutet werden kann. Vgl. dazu 156 vor § 13.

9. Die Garantenpflicht kann **nicht** allein **echten Unterlassungsdelikten** entnommen werden. Die Nichterfüllung der durch § 138 auferlegten Anzeigepflicht oder der Hilfeleistungspflicht des § 323c genügt nicht, um eine Unterlassung tatbestandsmäßig dem Tun gleichzustellen und z. B. wegen Mordes oder Brandstiftung oder auch nur wegen Beihilfe dazu (BGH 3 67) zu bestrafen (vgl. auch RG 73 55, BGH JR 56, 347, NJW 83, 351). Dies wird im Schrifttum (Baumann/Weber 243, D-Tröndle 13, Jescheck LK 8, Lackner 3a, M-Gössel II 199) und in der Rspr. (RG 64 276, 73 55) anerkannt (krit. jedoch Meyer-Bahlburg GA 66, 203); die abw. Entscheidungen RG 71 189, 75 164 sind überholt.

Steht neben der allgemeinen Handlungspflicht eine besondere Garantenpflicht, so stellt letztere gegenüber der allgemeinen Pflicht kein aliud, sondern ein maius dar, so daß Idealkonkurrenz zwischen unechten und echten Unterlassungsdelikten regelmäßig nicht möglich ist (BGH 3 68; and. Dahm aaO 152 Anm. 43). Vgl. auch § 323c RN 34 ff. und u. 60. Bleibt zweifelhaft, ob der

§ 13 59–61   Allg. Teil. Die Tat – Grundlagen der Strafbarkeit

Untätigbleibende über § 323 c hinaus eine Garantenpflicht gehabt hat (pflichtwidriges Vorverhalten ist z. B. nicht zweifelsfrei nachweisbar), so ist nur § 323 c heranzuziehen (keine Wahlfeststellung).

59 10. Keine Handlungspflichten i. S. des Strafrechts erzeugen auch **privatrechtliche Verpflichtungen.** Wer eine Ware zu liefern hat, ist nicht Garant dafür, daß durch rechtzeitige Lieferung Schäden vermieden werden. Wer nach § 904 BGB zur Duldung von Eingriffen in sein Eigentum verpflichtet ist, ist nicht bereits deswegen Garant dafür, daß das andere Rechtsgut durch Inanspruchnahme seines Eigentums gerettet wird (and. Lampe ZStW 79, 505).

60 IV. Die **Garantenstellung** bedeutet eine **objektive,** rechtliche **Beziehung** des Unterlassenden zum tatbestandsmäßigen Erfolg. Für die Garantenpflicht ist daher unerheblich, ob der Täter die sie begründende Situation kennt (and. Welzel 218 f.). Unkenntnis schließt zwar Vorsatz aus; möglich bleibt aber eine Fahrlässigkeitstat. Fällt z. B. das Kind ins Wasser, so haftet die Mutter aus § 222, wenn sie dies fahrlässig nicht bemerkt. Sieht der Vater ein Kind ins Wasser fallen, ohne zu erkennen, daß es das eigene ist, und rettet er es nicht, so haftet er im Falle der Erkennbarkeit der Garantenstellung nicht nur aus § 323 c, sondern auch aus § 222 (and. Welzel 223); beide Delikte stehen in Tateinheit. Im wesentl. ebenso Baumann/Weber 200, Jescheck 573, Stratenwerth 310.

61 V. Die **Kausalität** bietet bei den unechten Unterlassungsdelikten, jedenfalls im Ergebnis, keine besonderen Schwierigkeiten. Z.T. wird angenommen, die Unterlassung könne in gleicher Weise für einen Erfolg kausal sein wie die positive Handlung; Kausalzusammenhang liege dann vor, wenn die unterlassene Handlung nicht hinzugedacht werden könne, ohne daß damit der eingetretene Erfolg entfiele (RG **63** 393, **75** 50, Blei I 315, Baumann/Weber 239, Androulakis aaO 83 ff.). Es müsse die Gewißheit oder eine an Gewißheit grenzende Wahrscheinlichkeit dafür bestehen, daß der Erfolg bei Vornahme der unterlassenen Handlung nicht oder wesentlich später oder in wesentlich geringerem Umfange eingetreten wäre (RG **75** 50, 326 m. Anm. Mezger ZAkDR 42, 29, **75** 374 m. Anm. Würtenberger ZAkDR 42, 167, BGH NJW **53**, 1838, **54**, 1048, NJW **90**, 2565, VRS **10** 359, MDR/D **56**, 144, **71**, 361, StV **84**, 247, Bay VRS **19** 128, Hamm NJW **59**, 1551, Bremen DAR **64**, 273, BGE 101 IV 149, ÖstOGH 55, 165). Zur Kausalität der Unterlassung vgl. auch Wolff aaO. Jedoch ist darauf hinzuweisen, daß ein Unterlassen als solches nichts zu bewirken vermag und daher bei Unterlassungen nicht im gleichen Sinne von Kausalität gesprochen werden kann wie bei positivem Tun. Handlung und Unterlassung sind artverschiedene Formen menschlichen Verhaltens, die nur im normativen, nicht im ontologischen Bereich auf eine Stufe gestellt werden können (Gallas ZStW 67, 8 ff., Schmidhäuser 685). Kausalität ist eine ontologische Realität, nicht nur ein Denkzusammenhang (Arthur Kaufmann, Eb. Schmidt-FS 209, 214, Seebald GA 69, 194, Welp aaO 166 f., 169). Daher kann bei Unterlassungen allenfalls von einer Quasi-Kausalität (vgl. Träger aaO 20 f., Welzel 212) gesprochen werden. Diese „Kausalität" ist eine Kausalität der nichterfolgten Handlung, die hypothetisch zum eingetretenen Erfolg in Beziehung gesetzt wird (Jescheck 559, Welp aaO 170, Welzel 212). Nur wenn das erwartete Handeln den Erfolg hätte abwenden können, ist das Unterlassen dem positiven Tun gleichzustellen. Für diese hypothetische Kausalreihe gelten allerdings die oben dargelegten Grundsätze; dagegen Herzberg MDR 71, 882. Ebenso wie beim positiven Tun müssen Zweifel am Ergebnis der Kausalprüfung zugunsten des Täters wirken (BGH MDR/D **66**, 24, StV **85**, 229 m. Anm. Schünemann, NJW **87**, 2940, VRS **74** 263, Hamm NJW **59**, 1551). Möglich bleibt aber eine Bestrafung wegen Versuchs (BGH **14** 284, StV **85**, 229) oder aus § 323 c. Es ist allerdings Arthur Kaufmann Eb. Schmidt-FS 214 f. zuzugeben, daß auf dieser Grundlage das ganze Problem keine eigentliche Kausalitätsfrage mehr ist, sondern die Wesensvoraussetzungen der Unterlassung betrifft (vgl. 139 vor § 13). Im übrigen reduziert sich die praktische Bedeutung des Problems erheblich, wenn man – wie dies auf Grund des normativen Charakters der Unterlassung erforderlich ist – in die hypothetische Fragestellung die *erforderliche* Handlung einsetzt. Mag die Formel, es komme auf die tatsächliche Ursächlichkeit, nicht aber darauf an, was unter anderen Umständen hätte geschehen können, beim positiven Tun zutreffend sein, beim Unterlassen ist es ohne Sinn zu fragen, was bei einem irgendwie gearteten Verhalten des Täters geschehen würde. Entscheidend ist vielmehr die Feststellung, daß bei Vornahme der pflichtgemäßen Handlung der Erfolg nicht eingetreten wäre. Unbeachtlich ist insoweit jedoch, ob bei pflichtgemäßem Verhalten der Erfolg dann auf andere Weise herbeigeführt worden wäre (Jakobs 656; and. Hamm NJW **59**, 1551). Über andere Theorien zur Begründung der Kausalität der Unterlassung, insb. über die Interferenztheorien, vgl. die Nachweise bei Mezger 134, Nagler aaO 29, Träger aaO 30 ff. Weniger strenge Anforderungen an den Kausalitätsnachweis stellen die Vertreter des Risikoerhöhungsprinzips. Nach ihnen genügt die Feststellung, daß die erforderliche Handlung größere Rettungschancen geboten und das Risiko des Erfolgseintritts vermindert bzw. das Nichteingreifen in den Kausalprozeß das Risiko des Erfolgseintritts erhöht hätte (Brammsen MDR 89, 126, Roxin ZStW 74, 430, Rudolphi SK

16 vor § 13, Stratenwerth 277, Wolff aaO 27; vgl. dagegen Stuttgart NuR **87**, 282, Herzberg MDR **71**, 882, Jakobs 656, Jescheck 560, LK 18, Schünemann StV **85**, 229, 233). Einer solchen Haftungserweiterung steht entgegen, daß mit ihr dem Unterlassungstäter ein Erfolg zugeschoben wird, den er möglicherweise gar nicht hat verhindern können. Allein wegen Versäumung einer Rettungschance und wegen Nichtverminderung einer Gefahr läßt sich dem Untätigbleibenden z. B. der Tod der zu schützenden Person nicht anlasten; sonst würde eine Verdachtsstrafe verhängt. Denn die Verminderung der Gefahr schließt den Eintritt des abzuwendenden Erfolges nicht schlechthin aus; Verringerung der Lebensgefahr z. B. bedeutet nicht unbedingt Lebensrettung. Nur das Unrecht des Untätigbleibens (Handlungsunrecht; vgl. 149 vor § 13), nicht jedoch ein Erfolgsunrecht steht in solchen Fällen fest. Zur Eingrenzung strafrechtlichen Verhaltens durch des Merkmal der objektiven Zurechnung vgl. 91 ff. vor § 13.

VI. Mit der **Tatbestandsmäßigkeit** ist auch bei den unechten Unterlassungsdelikten die **Rechtswidrigkeit** im Regelfall gegeben, vorbehaltlich einer Korrektur auf Grund von Rechtfertigungsgründen (Henkel Mezger-FS 280, BGH MDR/D **71**, 361). Vgl. 157 vor § 13. **62**

Entgegen der hier dargelegten Auffassung wurde z. T. die Ansicht vertreten, daß die Rechtswidrigkeit der Sitz des Unterlassungsproblems sei. Eine Unterlassung wurde danach angenommen, wenn keine Rechtspflicht zum Handeln bestand, es soll dann lediglich ihre Rechtswidrigkeit fehlen (so z. B. Frank § 1 Anm. IV, Mezger 138 Anm. 29; ähnlich RG **63** 394, **66** 72). Wieder anders H. Mayer AT 113, der die Unterlassung dann als Tun angesehen hat, wenn sie das gleiche Maß rechtsfeindlicher Energie verlangt wie jenes. Maßstab dafür seien die Tätigkeitsworte des BT. **63**

VII. Gem. **Abs. 2** kann die Strafe für ein unechtes Unterlassungsdelikt nach § 49 I gemildert werden. Die **fakultative Strafmilderung** trägt der Tatsache Rechnung, daß die verbrecherische Energie beim Unterlassen häufig geringer ist als beim aktiven Tun (vgl. BT Drs. V/4095 S. 8, Jescheck 552). Die von einem Garanten unterlassene Rettung eines Ertrinkenden entspricht zwar der Verwirklichung des Tötungstatbestandes durch Hineinstoßen ins Wasser; sie steht aber in ihrer Strafwürdigkeit diesem Verhalten nach. Besonders augenfällig ist der Unterschied bei der verbrecherischen Energie, wenn das Gebot zum Tätigwerden an der Grenze zum Unzumutbaren liegt. Zu beachten ist jedoch, daß die Unterlassungstat in einer Reihe von Fällen keineswegs weniger schwer wiegt als die Begehungstat und demgemäß auch keine niedrigere Strafe als das positive Tun verdient. Das trifft insb. auf Fälle zu, in denen ein gebotenes Tun das Leben des Untätigbleibenden als Regelablauf bestimmt. Eine Strafmilderung nach Abs. 2 entfällt daher, soweit nicht besondere Umstände vorliegen, bei der Mutter, die ihr kleines Kind verhungern läßt. Auch bei Fahrlässigkeitstaten ist das Unterlassen vielfach nicht weniger strafwürdig als ein positives Tun (vgl. Bruns StrZR 458). Ebenfalls wird bei Delikten mit spezifischen Handlungsweisen oftmals eine Strafmilderung unangebracht sein (vgl. Roxin JuS 73, 200, der in diesen Fällen eine besondere Strafmilderung sogar schlechthin für verfehlt hält). Krit. zu Abs. 2 Schöne aaO 338 ff. Entscheidende Bedeutung dafür, ob die Strafe innerhalb des Strafrahmens des § 49 I oder des normalen Strafrahmens festzusetzen ist, kommt allein unterlassungsbezogenen Gesichtspunkten zu (D-Tröndle 20, Rudolphi SK 66), d. h. solchen Momenten, die etwas darüber besagen, ob das Unterlassen im Vergleich zur entsprechenden Begehungstat weniger oder gleich schwer wiegt (vgl. BGH NJW **82**, 393 m. Anm. Bruns JR **82**, 465, MDR/H **87**, 622, Bruns Tröndle-FS 132). Sonstige Strafzumessungsfaktoren, die gleichermaßen für Unterlassungs- und Begehungsdelikte von Gewicht sind, etwa ein Verhalten nach der Tat oder eine überlange Verfahrensdauer, dürfen erst nach der Strafrahmenwahl zur Strafzumessung herangezogen werden. Innerhalb des Strafrahmens des § 49 I dürfen Unterlassungsmomente bei der Strafzumessung nur berücksichtigt werden, soweit sie Besonderheiten hinsichtlich der Tatschwere aufweisen (vgl. § 46 RN 49), etwa Umstände, die dem Entschluß zum gebotenen Handeln in starkem Maße entgegengestanden haben, z. B. der Unzumutbarkeitsgrenze nahe kommen. Ist das Unterlassen als Beihilfe zu werten (vgl. 93 ff. vor § 25), so kann die nach § 27 II 2 ohnehin gemilderte Strafe nochmals gemildert werden (vgl. § 49 RN 6). Hat der Unterlassungstäter zugleich mittels positiven Tuns zum Delikt gegen das zu schützende Rechtsgut angestiftet (vgl. 91 vor § 25 u. 107 vor § 52), so entfällt die Strafmilderung nach § 49 I, da er sonst unberechtigt privilegiert würde und es zudem an der geringeren verbrecherischen Energie als Strafmilderungsgrund fehlt (vgl. BGH NStZ **84**, 453). Zu Abs. 2 vgl. noch Bruns Tröndle-FS 125 ff., Jakobs 706, Timpe, Strafmilderungen des AT des StGB und das Doppelverwertungsverbot, 1983, 152 ff. **64**

§ 14 Handeln für einen anderen

(1) Handelt jemand
1. als vertretungsberechtigtes Organ einer juristischen Person oder als Mitglied eines solchen Organs,
2. als vertretungsberechtigter Gesellschafter einer Personenhandelsgesellschaft oder
3. als gesetzlicher Vertreter eines anderen,

so ist ein Gesetz, nach dem besondere persönliche Eigenschaften, Verhältnisse oder Umstände (besondere persönliche Merkmale) die Strafbarkeit begründen, auch auf den Vertreter anzuwenden, wenn diese Merkmale zwar nicht bei ihm, aber bei dem Vertretenen vorliegen.

(2) Ist jemand von dem Inhaber eines Betriebes oder einem sonst dazu Befugten
1. beauftragt, den Betrieb ganz oder zum Teil zu leiten, oder
2. ausdrücklich beauftragt, in eigener Verantwortung Aufgaben wahrzunehmen, die dem Inhaber des Betriebes obliegen,

und handelt er auf Grund dieses Auftrages, so ist ein Gesetz, nach dem besondere persönliche Merkmale die Strafbarkeit begründen, auch auf den Beauftragten anzuwenden, wenn diese Merkmale zwar nicht bei ihm, aber bei dem Inhaber des Betriebes vorliegen. Dem Betrieb im Sinne des Satzes 1 steht das Unternehmen gleich. Handelt jemand auf Grund eines entsprechenden Auftrages für eine Stelle, die Aufgaben der öffentlichen Verwaltung wahrnimmt, so ist Satz 1 sinngemäß anzuwenden.

(3) Die Absätze 1 und 2 sind auch dann anzuwenden, wenn die Rechtshandlung, welche die Vertretungsbefugnis oder das Auftragsverhältnis begründen sollte, unwirksam ist.

Schrifttum: Blauth, „Handeln für einen anderen" nach geltendem und kommendem Strafrecht, 1968. – *Bruns*, Können die Organe juristischer Personen, die im Interesse ihrer Körperschaften Rechtsgüter Dritter verletzen, bestraft werden? 1931 (StrAbh. 295). – *ders.*, Über die Organ- und Vertreterhaftung im Strafrecht, JZ 54, 12. – *ders.*, Faktische Betrachtungsweise und Organhaftung, JZ 58, 461. – *ders.*, Grundprobleme der strafrechtlichen Organ- u. Vertreterhaftung (§ 14 StGB, § 9 OWiG), GA 82, 1. – *ders.*, Die sog. „tatsächliche" Betrachtungsweise im Strafrecht, JR 84, 133. – *Cadus*, Die faktische Betrachtungsweise, 1984. – *Fleischer*, Vertreterhaftung bei Bankrotthandlungen einer GmbH, NJW 78, 96 u. dazu *Binz* NJW 78, 802. – *Fuhrmann*, Die Bedeutung des „faktischen Organs" in der strafrechtlichen Rechtsprechung des Bundesgerichtshofs, Tröndle-FS 139. – *Herzberg*, Die Verantwortung für Arbeitsschutz u. Unfallverhütung, 1984. – *Kratzsch*, Das „faktische Organ" im Gesellschaftsstrafrecht, Zeitschr. f. Unternehmens- u. Gesellschaftsrecht 1985, 506. – *Labsch*, Die Strafbarkeit des GmbH-Geschäftsführers im Konkurs der GmbH, wistra 85, 1, 59. – *Löffeler*, Strafrechtliche Konsequenzen faktischer Geschäftsführung, wistra 89, 121. – *Marxen*, Die strafrechtliche Organ- und Vertreterhaftung – eine Waffe im Kampf gegen die Wirtschaftskriminalität?, JZ 88, 286. – *Rimmelspacher*, Strafrechtliche Organ-, Vertreter- und Verwalterhaftung, erörtert am Beispiel der Vollstreckungsvereitelung, JZ 67, 472. – *K. Schmidt*, Die Strafbarkeit „faktischer Geschäftsführer" wegen Konkursverschleppung als Methodenproblem, Rebmann-FS 419. – *W. Schmid*, Strafrechtliche Einstandspflichten, in: Müller-Gugenberger, Wirtschaftsstrafrecht (1987) 328. – *R. Schmitt*, Die strafrechtliche Organ- und Vertreterhaftung, JZ 67, 698. – *ders.*, Nochmals: Die strafrechtliche Organ- und Vertreterhaftung, JZ 68, 123. – *Schünemann*, Unternehmenskriminalität und Strafrecht, 1978 (zit.: aaO). – *ders.*, Besondere persönliche Verhältnisse und Vertreterhaftung im Strafrecht, ZSchwR 78, 131. – *ders.*, Strafrechtsdogmatische und kriminalpolitische Grundfragen der Unternehmenskriminalität, wistra 82, 41. – *Stein*, Das faktische Organ, 1984. – *Tiedemann*, Die strafrechtliche Vetreter- und Unternehmenshaftung, NJW 86, 1842. – *Wiesener*, Die strafrechtl. Verantwortlichkeit von Stellvertretern, 1971. – *Winkelbauer*, Strafrechtlicher Gläubigerschutz im Konkurs der KG und der GmbH & Co KG, wistra 86, 17.

1 I. Die Vorschrift regelt die sog. Organ- und Vertreterhaftung bei Delikten, die ausdrücklich oder nach dem Sachzusammenhang ein besonderes Tätermerkmal voraussetzen. Sie hat sich hier als notwendig erwiesen, wenn der eigentliche Normadressat seine Aufgaben und Pflichten nicht selbst wahrnehmen kann oder wahrnehmen kann und deshalb andere stellvertretend für ihn handeln, eine Erscheinung, die vor allem in der Wirtschaft mit ihren modernen Organisationsformen und ihrer weitgehenden innerbetrieblichen Arbeitsteilung häufig ist. Begeht in diesen Fällen der Vertreter eine tatbestandsmäßige Handlung, so könnte mangels einer Sondervorschrift weder er noch der Vertretene zur Verantwortung gezogen werden: der eine nicht, weil er nicht die erforderliche Qualifikation besitzt, der andere nicht, weil er nicht gehandelt hat. Da die hier sich ergebenden Strafbarkeitslücken auch durch eine von einer „faktischen Betrachtungsweise" ausgehenden Interpretation der fraglichen Sondermerkmale (vgl. dazu z. B. *Blauth* aaO 37, Bruns, Heinitz-FS 328, JZ 58, 461, Wiesener aaO 101 ff., 151 ff., 180 ff. u. näher Cadus aaO) nur unzulänglich geschlossen werden könnten, hat § 14 den Anwendungsbereich solcher Tatbestände durch eine „Überwälzung" der besonderen Tätermerkmale auf Personen erweitert, die in einem bestimmten Vertretungs- oder Auftragsverhältnis für den primären Normadressaten handeln. Der Schwerpunkt dieser „Tatbestandsergänzungsvorschrift" (Bruns GA 82, 8), die insbes. zur Bekämpfung der modernen Wirtschaftskriminalität dienen soll (krit. Marxen JZ 88, 289 ff.), liegt im Nebenstrafrecht (vgl. auch § 9 OWiG).

Die durch das 2. **WiKG** nur unwesentlich geänderte Vorschrift geht auf das EGOWiG v. 24. 5. **2** 1968 (BGBl. I 503) zurück, das unter Aufhebung der zahlreichen Sondervorschriften des Bundes- und Landesrechts als allgemeine Regelung die Bestimmung des § 50a a. F. in das StGB einfügt hatte (zur Entstehungsgeschichte vgl. Roxin LK 1 ff.). Notwendigkeit, Gesamtkonzeption und Einzelausgestaltung der Vorschrift waren jedoch von Anfang an **umstritten** (vgl. näher Roxin LK 4 ff. mwN u. zuletzt Bruns GA 82, 1, Tiedemann NJW 86, 1843 ff.). In der Tat hat sie statt der erwünschten Klarheit z. T. neue Probleme geschaffen, darunter auch solche von grundsätzlicher Bedeutung (vgl. z. B. u. 4 f., 8). In der Einzelausgestaltung bereits im Ansatz verfehlt ist Abs. 1 Nr. 2 (vgl. u. 21). Bei der kasuistischen Regelung des Abs. 2, der für die sog. gewillkürten Vertreter eine „Mittellösung" vorsieht (Roxin LK 32), werden auch nach der Umformulierung der Nr. 2 durch das 2. WiKG die gleichen Abgrenzungsschwierigkeiten, Unausgewogenheiten und Strafbarkeitslücken weiterbestehen (vgl. Weber NStZ 86, 482 sowie u. 32, 34), die schon bei der a. F. Gegenstand der Kritik waren (vgl. BT-Drs. 10/318 S. 15 u. näher Schünemann aaO 144 ff.; zu den Unzulänglichkeiten im Arbeitsschutz- und Unfallversicherungsrecht vgl. Herzberg aaO 83 ff.). Während der RegE (BT-Drs. 10/ 318) ursprünglich eine Vereinfachung und Erweiterung des Abs. 2 vorgesehen hatte, begnügte sich der Gesetzgeber mit einer (allenfalls sprachlichen) Klarstellung in Nr. 2 – Ersetzung des Merkmals „Erfüllung von Pflichten" durch „Wahrnehmung von Aufgaben" –, die für notwendig gehalten wurde, weil bei der Delegation von Aufgaben in einem Betrieb i. d. R. „bestimmte Aufgaben zugewiesen werden ... ohne daß dabei in jedem Fall im einzelnen die Pflichten benannt und übertragen werden, die sich von selbst aus dem Verantwortungsbereich ergeben" (BT-Drs. 10/5058 S. 25). In der Sache ist damit jedoch kaum etwas gewonnen: Ob dem Beauftragten z. B. die „Aufgaben" (und damit auch die „Pflichten") eines Arbeitgebers oder umgekehrt dessen „Pflichten" (und damit die entsprechenden „Aufgaben") übertragen werden, ist letztlich ein Spiel mit Worten, zumal auch schon nach der a. F. keine ausdrückliche Übertragung jeder einzelnen Pflicht, sondern nur eine „hinreichende Unterrichtung in der Sache" notwendig gewesen sein soll (vgl. EEGOWiG 65). Bei der gegenwärtigen Regelung soll es auch nach dem RegE zu einem Zweiten Gesetz zur Bekämpfung der Umweltkriminalität (BR-Drs. 126/90) bleiben, nachdem der ReferentenE einen erneuten Anlauf genommen hatte, in Abs. 2 Nr. 2 das Erfordernis einer „ausdrücklichen" Beauftragung – seit jeher Gegenstand besonderer Kritik (zur Antikritik vgl. aber z. B. R. Hamm StV 90, 221) – zu streichen.

Trotz der Abgrenzungsschwierigkeiten, die bei Abs. 2 nach wie vor bestehen, sind *verfassungsrecht-* **3** *liche Bedenken* gegen die Vorschrift nicht begründet (vgl. aber Demuth-Schneider BB 70, 645, Marxen JZ 88, 288; wie hier Roxin LK 32). Das Bestimmtheitsgebot des Art. 103 II GG ist damit noch nicht verletzt, vielmehr liegen die Unschärfen noch in dem Toleranzbereich, der dem Gesetzgeber vernünftigerweise zugestanden werden muß, ganz abgesehen davon, daß sie hier nicht größer sind als bei zahlreichen anderen Strafvorschriften (vgl. etwa vor § 13).

1. Die Vorschrift enthält insoweit eine **abschließende Regelung** des Handelns für einen **4** anderen, als der Handelnde, der nicht selbst die vom Tatbestand vorausgesetzte Qualifikation besitzt, nur durch eine „Überwälzung" der fraglichen Merkmale in den Kreis der Normadressaten einrücken und damit zum Täter werden kann. Dies ist nur unter den Voraussetzungen des § 14 möglich; eine weitergehende Vertreterhaftung gibt es insoweit daher nicht, auch nicht unter dem Gesichtspunkt einer über Abs. 3 hinausgehenden faktischen Organ- oder Vertreterstellung, da diese dort jedenfalls für den Anwendungsbereich des § 14 abschließend geregelt ist. Dagegen ist, weil es einer besonderen Haftungserstreckung dann nicht bedarf, § 14 ohne Bedeutung bei Tatbeständen, die materiell zwar gleichfalls ein Handeln für einen anderen betreffen, bei denen der Handelnde aber – besonders deutlich etwa bei den besonderen Organ- und Vertretertatbeständen des HGB, AktG, GmbHG usw. – ohnehin schon Normadressat ist. Hier brauchen deshalb, was zu einer sachlich nicht gerechtfertigten Ungleichbehandlung führen kann, für eine Täterschaft des Vertreters nicht die besonderen Voraussetzungen des § 14 erfüllt zu sein (ebenso z. B. BGH **31** 122 f., Roxin LK 11), und auch die Frage einer faktischen Organ- und Vertreterhaftung bestimmt sich in diesen Fällen nicht nach Abs. 3, sondern danach, ob und inwieweit die von der h. M. hier praktizierte „faktische Betrachtungsweise" – in Wahrheit geht es dabei um eine teleologische Interpretation (vgl. Cadus aaO 146, K. Schmidt aaO 433 ff.) – noch innerhalb der Grenzen zulässiger Auslegung liegt (zur h. M. vgl. aus der Rspr. z. B. BGH **3** 33, **21** 101, **31** 118, Düsseldorf NJW **88**, 3166 [wesentlich enger dagegen noch RG **60** 269, **64** 81, **72** 187; umfass. Nachw. zuletzt b. Fuhrmann aaO 140 f., Löffeler wistra 89, 121 ff., H. Schäfer wistra 90, 81 ff.], ferner z. B. Bruns GA 82, 19 ff., JR 84, 133 ff., Fuhrmann aaO 145 ff., W. Schmid aaO 333 f., K. Schmidt aaO; and. z. B. Tiedemann LK 65 ff. vor § 283, in: Scholz,

GmbHG, 7. A. § 84 RN 27 ff., NJW 77, 779 u. 86, 1845, Kaligin BB 83, 790, Kratzsch aaO, Stein aaO 133, 194 ff., ZHR 84, 222 ff.; vgl. auch u. 43 ff.).

5   a) Ob es sich um die **eine oder andere Fallgruppe** handelt, ist, soweit sich dies nicht schon ausdrücklich aus dem Gesetz ergibt (so bei den besonderen Organ- und Vertretertatbeständen des HGB, AktG, GmbHG usw.), jeweils durch **Auslegung** des Tatbestands zu ermitteln. § 14 gilt nur dort, wo das Gesetz bestimmte, auf einen Vertreter nicht zutreffende Statusbezeichnungen verwendet oder an solche anknüpft (vgl. Roxin LK 12, Schünemann aaO 129). So wendet sich z. B. § 288 nur an den Schuldner, § 60 PersonenbeförderungsG nur an den Beförderungsunternehmer, § 146 GewO nur an den Gewerbetreibenden, weshalb hier ein anderer nur unter den Voraussetzungen des § 14 Täter sein kann. Täter des § 288 kann daher zwar nach § 14 II der Beauftragte eines Betriebsinhabers sein, der für diesen eine Vollstreckungsvereitelung begeht, nicht aber der Vermögensverwalter eines Privatmannes (in Betracht kommt hier nur eine Beihilfe zu dessen Tat). Um die zweite Fallgruppe handelt es sich dagegen, wenn die Auslegung ergibt, daß die Beziehung zu dem geschützten Rechtsgut nicht erst über einen bestimmten Status hergestellt wird, dieses vielmehr schon im Zusammenhang mit der Ausübung bestimmter Funktionen verletzt werden kann, und zwar unabhängig davon, ob der Täter dabei für sich oder einen anderen handelt (vgl. dazu auch Bruns GA 82, 23 f., Roxin LK 12). Dies gilt z. B. für das „Handeltreiben" in § 29 I Nr. 1 BtMG (vgl. z. B. BGH **29** 239, NJW **79**, 1259), für das „Ankaufen" in § 259 und § 53 I Nr. 1 b WaffenG und das „Verkaufen" in § 26 Nr. 3 FleischbeschauG, wo nicht nur der Käufer bzw. Verkäufer im zivilrechtlichen Sinn, sondern auch dessen Vertreter den Tatbestand unmittelbar selbst erfüllen kann. Ob auch das „Veranstalten" bzw. „Halten" in §§ 284, 286 hierher gehört, ist dagegen umstritten (vgl. § 284 RN 12 f.). Ferner ist z. B. Normadressat des § 266 jeder, der selbst in einer der dort beschriebenen Beziehungen zu dem geschädigten Vermögen steht, weshalb es des § 14 hier nur bedarf, wenn diese erst über einen von § 266 nicht erfaßten besonderen Status des Vertreters hergestellt wird. Ersteres ist etwa der Fall, wenn ein Vermögensverwalter zur Erfüllung seines Auftrags einem Angestellten eine Untervollmacht erteilt (§ 266 1. Alt., vgl. dort RN 13) oder wenn er diesen mit einer für den Treubruchstatbestand ausreichenden Aufgabe betraut und damit selbst treupflichtig macht (§ 266 2. Alt., vgl. dort RN 29, BGH EzSt § 266 **Nr. 3**, Roxin LK 11), letzteres dagegen z. B. beim Geschäftsführer einer mit der Wahrnehmung fremder Vermögensinteressen betrauten GmbH (and. BGH **13** 330 m. Anm. Schröder JR 60, 105, MDR **54**, 495: unmittelbare Treupflicht des Organs) oder beim Geschäftsführer einer GmbH & Co. KG bei Verfügungen über das Vermögen der KG (LG Bonn NJW **81**, 469).

6   b) Besondere Probleme ergeben sich bei **Unterlassungsdelikten.** Sicher ist zunächst, daß echte Unterlassungsdelikte, die eine besondere Tätereigenschaft voraussetzen (z. B. § 283 I Nr. 5, § 225 ArbeitsförderungsG), von einem Dritten nur im Rahmen des § 14 begangen werden können. Dasselbe muß aber auch für diejenigen unechten Unterlassungsdelikte gelten, bei denen der entsprechende Begehungstatbestand nur von einem besonders qualifizierten Täterkreis verwirklicht werden kann (z. B. § 64 I BSeuchenG). Eine weitergehende Haftung des Nichtqualifizierten nach dem Grundsatz, daß der Garantenstellvertreter immer selbst Garant sei (vgl. Wiesener aaO 187), kann es in diesen Fällen schon deshalb nicht geben, weil die Garantenstellung an eine zusätzliche Sondereigenschaft gebunden ist und der Vertreter hier außerhalb des § 14 auch nicht Täter durch positives Tun sein könnte (ebenso Bruns GA 82, 24 f.). Keine Bedeutung hat § 14 dagegen bei den unechten Unterlassungsdelikten, deren Begehungstatbestand von jedermann erfüllt werden kann. Hier sind die in § 14 genannten Vertreter in der Regel ohnehin selbst Garanten (ebenso W. Schmid aaO 336, Roxin LK 14 und näher Blauth aaO 114 f.), womit die Voraussetzung des § 14 entfällt, daß das besondere persönliche Merkmal zwar bei dem Vertretenen, nicht aber bei dem Vertreter vorliegt. So ergibt sich z. B. aus dem Gesichtspunkt der Verantwortung für bestimmte Gefahrenquellen (vgl. § 13 RN 43 ff.) eine unmittelbare Garantenpflicht des Vereinsvorstandes oder gesetzlichen Vertreters für den verkehrssicheren Zustand eines dem Verein bzw. dem Minderjährigen gehörenden Hauses. Ist der Minderjährige durch ein pflichtwidriges Vorverhalten Garant geworden, so folgt eine eigene Garantenstellung des gesetzlichen Vertreters aus seiner mit einer Aufsichtspflicht verbundenen Autoritätsstellung (Verantwortung für fremdes Handeln, vgl. 13 RN 52). Desgleichen ist z. B. der für die Sicherheit von Anlagen verantwortliche Angestellte in einem Betrieb nach allgemeinen Grundsätzen ohnehin schon Garant (vgl. § 13 RN 26). Da die Vorschrift des § 14 diese Fälle überhaupt nicht erfaßt, schließt sie selbstverständlich auch eine weitergehende Haftung des „Vertreters" nicht aus (z. B. Garantenpflicht des für einen privaten Wagenpark verantwortlichen Garagenmeisters, Garantenpflicht des Dritten, der bei einem Unfall für einen anderen die Hilfeleistung übernimmt). Ist der Vertreter dagegen ausnahmsweise nicht selbst Garant – z. B. der Vormund des entmündigten Ehemannes unterläßt es, dessen Ehefrau zu retten –, so ist unabhängig von der Frage, ob die Garantenstellung ein besonderes persönliches Merkmal ist (vgl. Blauth aaO 117 f.), § 14 gleichfalls nicht anwendbar, weil hier die Erfüllung der Garantenpflicht des Vertretenen auch nicht zum Aufgabenkreis des Vertreters gehören kann (vgl. auch u. 26).

2. Die Vorschrift bewirkt, wie schon das „auch" in Abs. 1 andeutet, nur einen kumulativen **7** und keinen befreienden Pflichtenübergang auf den Vertreter und schließt daher eine strafrechtliche **Verantwortlichkeit des Vertretenen** – seine Handlungs- und Deliktsfähigkeit vorausgesetzt – für das Handeln seines Vertreters nicht aus (Celle NJW **69**, 759, KG VRS **36** 269, Karlsruhe NStZ/G **81**, 55 [zu § 9 OWiG], Koblenz MDR **73**, 606; vgl. auch Düsseldorf VRS **39** 446, KG JR **72**, 121 m. Anm. Göhler, D-Tröndle 16, Göhler § 9 RN 36f., Roxin LK 43; mißverständl. Tiedemann ZStW 83, 807). Dies gilt uneingeschränkt, wenn er selbst aktiv handelt oder die Tat des Vertreters vorsätzlich geschehen läßt: Besteht diese in einem positiven Tun, so ist er im Rahmen des Abs. 2 als der letztlich verantwortliche Betriebsinhaber zum Eingreifen verpflichtet (andernfalls Begehung durch Unterlassen auf Grund einer insoweit bestehenden Garantenpflicht, vgl. Celle NJW **69**, 759, § 13 RN 31); besteht sie in einem Unterlassen, so muß er die gebotene Handlung notfalls selbst vornehmen. Nur beschränkt kann der Vertretene dagegen wegen Fahrlässigkeit verantwortlich gemacht werden, weil seine Sorgfaltspflichten hier – wie bei jeder Arbeitsteilung – reduziert sind. Fahrlässig handelt der Vertretene nur, wenn sich ihm die Notwendigkeit eines Eingreifens ohne weiteres aufdrängen mußte (vgl. dazu Karlsruhe NStZ/G **81**, 55 [zu § 9 OWiG]) oder wenn ihm im Hinblick auf die konkrete Tat wegen der Unzulänglichkeit der Auswahl oder Beaufsichtigung des Vertreters eine Pflichtwidrigkeit vorgeworfen werden kann (vgl. dazu auch Bay **76**, 47, Celle aaO, KG aaO, Hamm VRS **34** 149, **41** 394, Roxin LK 43). Dabei ist zu beachten, daß die Aufsichtspflicht bei einem eigenverantwortlich handelnden Vertreter nach Abs. 2 selbst haftenden Vertreter weniger weit geht als bei einem sonstigen Angestellten. Im übrigen kommt bei einer Verletzung der Aufsichtspflicht, die nicht zugleich einen Schuldvorwurf hinsichtlich der von dem Vertreter begangenen Tat begründet, als subsidiärer Tatbestand § 130 OWiG in Betracht. Zur Möglichkeit, bei Straftaten bestimmter Vertreter, eine Geldbuße gegen die juristische Person usw. zu verhängen, vgl. § 30 OWiG; zur Möglichkeit der Einziehung vgl. § 75.

II. Soweit § 14 bei Sonderdelikten den Tatbestand auf Vertreter erweitert, gilt dies nur für **8** **besondere persönliche Merkmale,** welche die **Strafbarkeit begründen;** strafschärfende besondere persönliche Merkmale bleiben hier also außer Betracht. Der Begriff des strafbegründenden besonderen persönlichen Merkmals, der nach der Legaldefinition des Abs. 1 die „besonderen persönlichen Eigenschaften, Verhältnisse oder Umstände" umfaßt, hat hier – ein geradezu klassisches Beispiel für die Relativität der Rechtsbegriffe – eine andere Bedeutung als in § 28 I (h. M., vgl. näher Blauth aaO 52ff., 92ff., 109ff., Gallas ZStW 80, 21f., Herzberg ZStW 88, 110ff., Roxin LK 15ff. mwN., Langer, Lange-FS 254; krit. auch Schünemann Jura 80, 573; de lege ferenda vgl. Tiedemann NJW 86, 1844). Dies ergibt sich – entgegen der mißverständlichen Verweisung in § 28 I auf § 14 – aus der unterschiedlichen Funktion der besonderen Merkmale in beiden Vorschriften: Während sie in § 28 I den Extraneus *entlasten,* wirken sie für ihn in § 14 *belastend,* was eine „Überwälzung" solcher Merkmale auf den Vertreter ausschließt, die ihrer Natur nach nicht auswechselbar sind (näher dazu Blauth aaO, Gallas aaO). Für § 14 scheiden daher zunächst alle *subjektiv-täterschaftlichen* Merkmale aus, mögen sie auch wie die besonderen Motive, Gesinnungen usw. besondere persönliche Merkmale i. S. des § 28 I sein, die wegen ihres personalen Bezugs dem Vertreter gerade nicht zugerechnet werden können (Blauth aaO, Gallas aaO, Jakobs 497, Samson SK 10, W. Schmid aaO 336, Roxin LK 19f., Tiedemann I 203). Dies gilt trotz der beachtlichen Gegengründe von Bruns GA 82, 26ff. u. pass. auch für die Merkmale mit „egoistischer Innentendenz" (z. B. Zueignungswillen in §§ 242, 246). Dafür spricht schon die Entstehungsgeschichte (vgl. näher Roxin LK 20) – der Gesetzgeber hatte hierin ein Problem des Bes. Teils gesehen –, aber auch der Wortlaut, der voraussetzt, daß die fraglichen Merkmale auch bei der vertretenen juristischen Person vorliegen können, was beim Zueignungswillen nicht der Fall ist (Karlsruhe Justiz **77**, 314). Darin liegt auch kein Widerspruch zu der Anwendung des § 14 z. B. auf § 288 und der dort notwendigen Vereitelungsabsicht: Eine „Überwälzung" auf den Vertreter findet hier lediglich bezüglich der Sondereigenschaft als Schuldner statt, woraus sich dann als selbstverständliche Konsequenz auch eine entsprechende Zuordnung der fraglichen Vermögenswerte und eine entsprechende Ausrichtung der Absicht ergibt; einer zusätzlichen Übertragung dieser weiteren Merkmale durch § 14 bedarf es hier daher nicht mehr (and. Bruns aaO 4). Bei *objektiv-täterschaftlichen* Merkmalen dagegen ist zu unterscheiden: Soweit sie höchstpersönlicher Natur sind, haben sie in § 14 gleichfalls außer Betracht zu bleiben, da die durch sie gekennzeichneten Eigenschaften oder Beziehungen wegen ihrer unlösbar an eine bestimmte Person gebundenen Funktion eine Vertretung nicht zulassen und einem anderen daher auch nicht angelastet werden können (wohl aber können sie ihn in § 28 I entlasten; vgl. Blauth aaO, Gallas aaO, Jakobs 497, Lackner 4a; vgl. dazu aber auch Bruns GA 82, 17f.). Um Merkmale dieser Art handelt es sich immer dann, wenn sie einen zusätzlichen, mit der bloßen Rechtsgutsverletzung nicht erfaßbaren personalen Unwert begründen (z. B. Beamteneigenschaft bei Amtsdelikten). Für § 14 bleiben daher nur solche Merkmale, die wie „Schuldner", „Unternehmer" usw. zwar täterbezogen sind, die aber in Wahrheit nur dazu dienen, durch Beschreibung einer bestimmten sozialen Rolle ihres Trägers den Bereich abzustecken, in dem ein Rechtsgut geschützt werden soll. Hier sind es ausschließlich rechtsgutsbezogene Erwägungen, die zur Einschränkung des Täterkreises und damit zur Entstehung von Sonderpflichten geführt haben, sei es, daß das fragliche Rechtsgut überhaupt nur innerhalb einer bestimmten sozialen Beziehung verletzbar ist, sei es, daß es innerhalb solcher Beziehungen besonders anfällig ist (vgl. auch die auf die Rechtsgutsbezogenheit der Täterstellung abhebende Garantentheorie von Schünemann aaO 137ff., ZSchwR 78, 15, wistra 82, 46). Nur besondere persönliche Merkmale dieser Art können deshalb in § 14 gemeint sein, weil die durch sie gekennzeichnete Funktion in der Regel ohne Veränderung ihres Inhalts auch von einem anderen wahrgenommen werden kann (vgl. Gallas aaO). Ist dies ausnahmsweise nicht der Fall, weil es nach dem Gesetz auf die persönliche Erfüllung einer bestimmten Pflicht ankommt (z. B. als Wehr- oder Ersatzdienstpflichtiger), so ist jedoch auch hier § 14 nicht anwendbar.

9   1. **Besondere persönliche Eigenschaften** sind die mit der Person des Menschen als solcher verbundenen Merkmale geistiger, körperlicher oder rechtlicher Art (z. B. Geschlecht, Alter, Volljährigkeit). In dieser früher für § 50 a. F. (jetzt § 28) angenommenen Bedeutung (vgl. BGH **6** 262) können die besonderen persönlichen Eigenschaften für § 14 jedoch gerade nicht in Betracht kommen, da hier eine Vertretung nicht möglich ist (Blauth aaO 159, Gallas ZStW 80, 22, Roxin LK 21). Der Begriff läuft daher in § 14 leer, da jede Erweiterung auf Eigenschaften, die sich erst aus den Beziehungen zur Umwelt ergeben, bereits zur 2. Alt. (besondere persönliche Verhältnisse) führen würde.

10 2. **Besondere persönliche Verhältnisse** sind die äußeren Beziehungen eines Menschen zu anderen Menschen, Institutionen oder Sachen (vgl. RG **25** 270, BGH **6** 262). Dazu gehören die meisten objektiv-täterschaftlichen Merkmale, in § 14 freilich mit der Einschränkung, daß sie eine Vertretung zulassen (vgl. o. 8). Sie ergeben sich teils durch ausdrückliche Nennung einer bestimmten Personengruppe als Normadressat im Gesetz, häufig aber auch konkludent aus dem Sachzusammenhang des Tatbestandes.

11 Merkmale dieser Art sind z. B. die Stellung als Unterhaltspflichtiger in § 170b (Bruns GA 82, 18, Roxin LK 17; and. D-Tröndle 2; da bei Unterhaltspflichten jedoch zumindest eine kumulative Schuldübernahme möglich ist, kann es sich hier nicht um ein höchstpersönliches Merkmal handeln), als Verfügungsberechtigter bzw. Treupflichtiger i. S. des § 266 (soweit § 14 dort überhaupt von Bedeutung ist, vgl. u. 5), als Schuldner (§§ 283ff., 288, vgl. BGH **28** 371, NJW **69**, 1494, MDR/D **69**, 193; zur Problematik des § 283 VI, wo vom „Täter" die Rede ist, vgl. dort RN 59a), Pfandleiher (§ 290), Bauleiter (§ 323; vgl. Hamm NJW **69**, 2211), Gewerbetreibender (z. B. § 18 UnedelMetG; and. Düsseldorf NJW **70**, 1387), Arbeitgeber (z. B. § 266a, ferner §§ 22ff., 3 JArbSchG, vgl. Karlsruhe JR **85**, 479), Kraftfahrzeughalter (z. B. § 21 StVG, Bay VRS **66** 287), Unternehmer (z. B. § 64 BSeuchenG), Kaufmann (§ 34 DepotG), Inhaber einer Verkaufsstelle (§ 25 LadenschlußG), Teilnehmer am Außenwirtschaftsverkehr (§ 34 AWG); zum Veranstalten bzw. Halten eines Glücksspiels usw. in §§ 284, 286 vgl. o. 5.

12 3. **Besondere persönliche Umstände** sind sonstige täterbezogene Merkmale, die nicht zu den besonderen persönlichen Eigenschaften und Verhältnissen gehören, wobei die Grenzen zu diesen Begriffen jedoch fließend sind. Sie sind in § 50 a. F. (jetzt § 28) ausdrücklich aufgenommen worden, um klarzustellen, daß die besonderen persönlichen Merkmale auch solche von nur vorübergehender Dauer sein können. Soweit es sich dabei um täterpsychische Merkmale (Motive, Gesinnungen usw.) handelt, kommen sie für § 14 jedoch nicht in Betracht (vgl. o. 8). Nach Bay NJW **69**, 1495 ist ein besonderer persönlicher Umstand i. S. der Vertreterhaftung z. B. die Tatsache der Zahlungseinstellung bzw. Konkurseröffnung in §§ 283ff.; doch könnte hier ebenso von einem besonderen persönlichen „Verhältnis" gesprochen werden. Auch die persönlichen „Umstände" dürften daher für § 14 bedeutungslos sein (ebenso Roxin LK 21).

13 III. **Abs. 1** dehnt den Anwendungsbereich von Tatbeständen, nach denen ein besonderes persönliches Merkmal (vgl. o. 8ff.) die Strafbarkeit begründet, auf **gesetzliche Vertreter i. w. S.** aus, wenn sie in dieser Eigenschaft handeln und die fraglichen Merkmale zwar bei dem Vertretenen, nicht aber bei ihnen vorliegen. Abs. 1 setzt, wie der sonst überflüssige Abs. 3 zeigt, eine rechtlich wirksame Vertreterbestellung voraus. Eine Erweiterung auf faktische Vertreter findet in den dort bestimmten Grenzen erst durch Abs. 3 statt.

14 1. **Abs. 1 Nr. 1** erfaßt die vertretungsberechtigten **Organe juristischer Personen** und die **Mitglieder solcher Organe**, wenn sie als solche rechtswirksam bestellt sind (vgl. o. 13; zu den „faktischen Organen und Organmitgliedern" vgl. u. 43ff.).

15 a) **Juristische Personen** sind alle sozialen Organisationen mit eigener Rechtspersönlichkeit, gleichgültig, ob sie dem Privatrecht (eingetragener Verein, rechtsfähige Stiftung, Gesellschaften des Aktienrechts, GmbH, Genossenschaft) oder dem öffentlichen Recht (Körperschaften, selbständige An-

stalten und Stiftungen) angehören. Die juristische Person muß als solche wirksam bestehen (ebenso Cramer KK-OWiG § 9 RN 21, Roxin LK 44; and. Göhler § 9 RN 8). Ob dies der Fall ist, bestimmt sich nach den einschlägigen zivilrechtlichen usw. Regeln, nach denen dies auch bei schwerwiegenden Gründungsmängeln zu bejahen sein kann (vgl. z. B. §§ 275 AktG, 75 GmbHG, 94 GenG zur „nichtigen", bis zu ihrer Nichtigerklärung und Abwicklung aber dennoch bestehenden AG usw. und zum Ganzen das zivil- und gesellschaftsrechtliche Schrifttum). Dagegen kann eine „faktische Betrachtungsweise" die fehlende Rechtspersönlichkeit nicht ersetzen; auch Abs. 3 gilt hier nicht, da dieser sich nur auf Mängel bei der Begründung des Auftrags- und Vertretungsverhältnisses bezieht (vgl. u. 43 ff.). Hat die Organisation die Rechtspersönlichkeit nicht erlangt, so sind ihre Mitglieder selbst Normadressaten; auch können ihre „Organe" zu solchen nach Abs. 2 werden.

b) Zu Normadressen werden nach Nr. 1 zunächst die **vertretungsberechtigten Organe** der 16 juristischen Person (zu den faktischen Organen vgl. u. 43 ff.). Dabei soll der Begriff „vertretungsberechtigt" lediglich die Organstellung kennzeichnen und sie von anderen Organen der juristischen Person (Mitgliederversammlung, Aufsichtsrat) in dem Sinn abgrenzen, daß „vertretungsberechtigte" Organe diejenigen sind, die zur Führung der Geschäfte der juristischen Person nach außen und innen bestellt sind. Gleichgültig ist, ob das einzelne Organ die juristische Person selbständig rechtsgeschäftlich vertreten kann, ob bestimmte Geschäfte im Einzelfall nur mit Zustimmung eines anderen Organs vorgenommen werden dürfen (z. B. § 111 IV AktG) und ob im konkreten Fall eine rechtsgeschäftliche Handlung vorliegt (vgl. Göhler § 9 RN 9, Roxin LK 24).

Im einzelnen gehören hierher: bei einem rechtsfähigen Verein, einer rechtsfähigen Stiftung, AG 17 oder Genossenschaft der Vorstand bzw. Notvorstand (§§ 26, 29, 86, 88 BGB, 76, 85 AktG, 24 GenG); bei der GmbH der Geschäftsführer (§ 35 GmbHG), nicht dagegen der Einmann-Gesellschafter als solcher oder dessen Generalbevollmächtigter (Binz NJW 78, 802, Bruns GA 82, 11; and. Fleischer NJW 78, 802); bei der KGaA die persönlich haftenden Gesellschafter (§ 278 AktG); bei einer LPG der ehemaligen DDR der Vorsitzende usw. gem. § 43 LPG-Ges. v. 2. 7. 1982, GBl. I 443 (wirksam gem. EV II Kap. VI, A bis 31. 12. 91). Im Abwicklungsstadium haben die Liquidatoren die Stellung der jeweiligen Organe (vgl. z. B. § 48 BGB); jedenfalls fallen sie unter Nr. 3. Von Nr. 1 werden auch satzungsmäßig bestimmte stellvertretende Vorstandsmitglieder erfaßt, soweit sie während der tatsächlichen Ausübung des Stellvertreteramts handeln (vgl. BGH **6** 314, BB **58**, 930, GA/He **59**, 337). Zur Frage, ob auch die besonderen Vertreter nach § 30 BGB hierher gehören, vgl. einerseits KG NJW **63**, 1887 m. Anm. Gutzler, andererseits Göhler § 30 RN 11 mwN. Bei Körperschaften usw. des öffentlichen Rechts bestimmt sich die Frage der Organschaft nach diesem; zur Verantwortlichkeit von Bürgermeistern usw. im Umweltrecht vgl. die gleichnamige Schrift v. Weber, 1988, 24 ff.

c) Während mit der 1. Alt. der Nr. 1 der Ein-Mann-Vorstand usw. gemeint ist, bezieht sich 18 die 2. Alt. auf mehrgliedrige Organe, wozu auch mehrere Geschäftsführer einer GmbH gehören. Danach ist jedes **Mitglied** des Organs (zum lediglich faktischen Organmitglied vgl. u. 43 ff.) Normadressat, und zwar unabhängig davon, ob und wie die Zuständigkeiten intern aufgeteilt sind (vgl. BGH wistra **90**, 97, BFH GmbH Rdsch. **85**, 30 m. Anm. Wilcke S. 309, Düsseldorf NStZ **81**, 265 m. Anm. Göhler NStZ 82, 11, Hamm NJW **71**, 817, Koblenz VRS **39** 118, GewArch **87**, 242, Bruns GA 82, 12, Göhler § 9 RN 15, Herzberg aaO 79, Roxin LK 24, W. Schmid aaO 339; and. Schünemann aaO 143).

Eine andere Frage ist es, ob z. B. das intern nicht zuständige Vorstandsmitglied für die von einem 19 Vorstandskollegen oder in dessen Zuständigkeitsbereich von einem Untergebenen begangenen Delikte tatsächlich verantwortlich gemacht werden kann (vgl. dazu auch BFH GmbH Rdsch. **85**, 30 m. Anm. Wilcke S. 309). Uneingeschränkt zu bejahen ist dies, wenn der Betreffende, die Möglichkeit und Zumutbarkeit seines Handelns vorausgesetzt, die fragliche Pflichtverletzung erkennt (vgl. Koblenz GewArch **87**, 242, D-Tröndle 5, Geilen, Aktienstrafrecht § 399 RN 39 ff.); hier gilt das o. 7 Gesagte entsprechend. Dagegen kommt eine Haftung wegen fahrlässiger Tat, die eine Pflicht zur gegenseitigen Überwachung voraussetzen würde, nur beschränkt in Betracht. Zwar wird im gesellschaftsrechtlichen Schrifttum eine solche allgemeine Überwachungspflicht vielfach angenommen (vgl. z. B. für den Vorstand einer AG und GmbH Barz, AktG, Großkomm. § 93 Anm. 21 mwN), doch kann dies jedenfalls unter gleichgeordneten Vorstandsmitgliedern nur mit erheblichen Einschränkungen gelten, weil eine generelle Kontrollpflicht dem Sinn der Arbeitsteilung in einem gleichberechtigten Team zuwiderlaufen würde. Eine Sorgfaltspflichtverletzung des intern nicht zuständigen Organmitglieds wird man hier daher nur dann bejahen können, wenn sich ihm die fragliche Pflichtverletzung ohne weiteres aufdrängen mußte oder wenn infolge besonderer Umstände (z. B. frühere Unregelmäßigkeiten) Anlaß bestand, sich um die Angelegenheiten des anderen zu kümmern (vgl. auch Demuth/Schneider BB 70, 644, W. Schmid aaO 339). Seine Fahrlässigkeit muß sich dabei auf die konkrete Tat beziehen; andernfalls kommt nur § 130 OWiG in Betracht. Zur Verantwortlichkeit speziell bei Kollegialentscheidungen vgl. Schmidt-Salzer, Entscheidungssammlung Produkthaftung, Bd. IV, Einl. 32 ff., 50 ff., 84 f.

20 2. Abs. 1 **Nr. 2** nennt die **vertretungsberechtigten Gesellschafter einer Personenhandelsgesellschaft**, wobei auch hier nur Gesellschafter mit einer rechtswirksam erteilten Vertretungsbefugnis gemeint sind (vgl. o. 13; zur „faktischen" Vertretungsmacht vgl. u. 43 ff.). Doch geht das Gesetz bei Nr. 2 von unzutreffenden Voraussetzungen aus:

21 Ihre Aufnahme in das Gesetz (and. noch § 14 E 62) beruht auf der Erwägung, daß die rechtlich weitgehende Verselbständigung dieser Gesellschaften zu der Auffassung verleiten könne, die in einem Tatbestand vorausgesetzten besonderen persönlichen Merkmale lägen nur bei der Gesellschaft, nicht aber bei den einzelnen Gesellschaftern vor (vgl. EEGOWiG 63). Doch ist dies jedenfalls bei eindeutig *rechtlich bestimmten Zuordnungsbegriffen* wie „Schuldner" (§§ 283 ff., 288) nicht denkbar, denn trotz Annäherung der Personenhandelsgesellschaften an die juristische Person (vgl. § 124 HGB) sind die wirklich Berechtigten und Verpflichteten in Wahrheit die Gesellschafter, wenn auch in ihrer gesellschaftlichen Verbundenheit (vgl. Hueck, Gesellschaftsrecht, 18. A., 81 f., 138). Es war daher auch nie zweifelhaft, daß z. B. ein OHG-Gesellschafter Täter des § 288 sein kann, wenn er das Gesellschaftsvermögen auf die Seite schafft, und zwar unabhängig davon, ob er vertretungsberechtigt ist. Dagegen wäre Nr. 2 selbst bei einem vertretungsberechtigten Gesellschafter hier gerade nicht anwendbar, weil es an der Voraussetzung des Abs. 1 fehlt, daß zwar die Gesellschaft, nicht aber der Gesellschafter das besondere persönliche Merkmal erfüllt. In Wahrheit hat deshalb Nr. 2 in solchen Fällen nicht einmal deklaratorische, sondern überhaupt keine Bedeutung (ebenso Roxin LK 26, Schulte NJW 83, 1773, Winkelbauer wistra 86, 18 f, JR 88, 34; vgl. aber auch Demuth/Schneider BB 70, 643, Tiedemann LK 62 vor § 283, NJW 86, 1844: Umdeutung in eine – auch i. E. nicht einleuchtende – Einschränkung des Täterkreises, womit z. B. Schuldner gem. § 288 nur noch der vertretungsberechtigte OHG-Gesellschafter ist). Zweifelhaft ist aber auch, ob Nr. 2 in anderen Fällen, in denen das fragliche Merkmal durch vorwiegend *faktische Gesichtspunkte* bestimmt wird, von zutreffenden Prämissen ausgeht (vgl. näher Herzberg aaO 80 ff.). Auch hier wäre nämlich Voraussetzung, daß z. B. „Kraftfahrzeughalter" nur die OHG usw. als solche ist (so Bay **76**, 44, Düsseldorf VRS **72** 119, Schleswig VRS **58** 384), nicht aber die in dieser Gesellschaftsform miteinander verbundenen Gesellschafter (vgl. Düsseldorf VRS **39** 446 betr. Kommanditisten). Nur wenn dies zu bejahen wäre, hätte Nr. 2 überhaupt einen Sinn. Auch dann sind die Konsequenzen freilich wenig einleuchtend: Nicht strafbar ist danach auch der nichtvertretungsberechtigte OHG-Gesellschafter, der einem Dritten nach § 21 StVG ein Firmenfahrzeug überläßt, wohl aber u. U. der nichtvertretungsberechtigte BGB-Gesellschafter und der stille Gesellschafter, da diese selbst Fahrzeughalter sein können (zum stillen Gesellschafter vgl. BGH VRS **22** 422).

22 a) Eine **Personenhandelsgesellschaft** ist die OHG und KG (§§ 105, 161 HGB). Notwendig ist auch hier, daß sie wirksam besteht (vgl. entsprechend o. 15), was auch bei einem fehlerhaften, aber in Vollzug gesetzten Gesellschaftsvertrag der Fall ist (vgl. näher das gesellschaftsrechtliche Schrifttum). Andernfalls (z. B. Scheinhandelsgesellschaft) sind die Gesellschafter – sofern sie dies nicht ohnehin sind (vgl. o. 21) – selbst Normadressaten. Aus diesem Grund sind auch sonstige nicht-rechtsfähige Personenvereinigungen (BGB-Gesellschaft usw.) in Abs. 2 nicht einbezogen (vgl. EEGOWiG 63). Der Vorstand eines nicht-rechtsfähigen Vereins kann daher, wenn er selbst Mitglied ist (andernfalls kommt Abs. 2 in Betracht), unmittelbar belangt werden. Zur Frage der Verantwortlichkeit eines Gesellschafters bzw. Mitglieds für das von einem anderen begangene Delikt in diesen Fällen vgl. entsprechend o. 7, 19.

23 b) **Vertretungsberechtigt** sind bei der OHG, vorbehaltlich einer abweichenden Regelung im Gesellschaftsvertrag – Klauseln über die „Geschäftsführung" meinen dort oft auch die Vertretung –, alle Gesellschafter (§ 125 HGB). Bei der KG sind dies dagegen nur die persönlich haftenden Komplementäre (§§ 161, 170 HGB), doch kann ein als faktischer Geschäftsführer tätiger Kommanditist zum Normadressaten hier jedenfalls nach Abs. 2 werden (vgl. dazu u. 44). Bei der GmbH und Co. KG ist vertretungsberechtigt Gesellschafter an sich die GmbH, für die jedoch durch eine weitere „Überwälzung" des fraglichen Merkmals ihr Geschäftsführer nach Nr. 1 zum Normadressaten wird (BGH **28** 371, wistra **84**, 71, Düsseldorf GewArch **83**, 154, KG JR **72**, 121 m. Anm. Göhler, Köln JMBlNW **73**, 39, Stuttgart MDR **76**, 690, Demuth/Schneider BB 70, 643, D-Tröndle 3, Lackner 2a; vgl. jedoch auch Tiedemann ZStW 83, 796, Winkelbauer wistra 86, 19). Das bloße Geschäftsführungsrecht allein (§ 114 HGB) genügt nicht; hier kommt jedoch Abs. 2 in Betracht. Unerheblich ist, ob Gesamt- oder Einzelvertretung vereinbart ist; Täter kann deshalb auch der Gesellschafter sein, der nur in Gemeinschaft mit einem anderen vertretungsberechtigt ist, jedoch allein handelt (and. nur, wenn das Delikt ein wirksames Rechtsgeschäft voraussetzt). Bei interner Aufgabenverteilung unter mehrere vertretungsberechtigte Gesellschafter sind dennoch alle als Normadressaten anzusehen; für die Verantwortlichkeit des einen Gesellschafters für Taten des anderen gilt Entsprechendes wie bei einem mehrgliedrigen Organ (vgl. o. 19, Hamm NJW **71**, 817, Koblenz VRS **39** 118). Zur faktischen Vertretungsmacht (Abs. 3) vgl. u. 43 ff.

24 3. Abs. 1 **Nr. 3** erfaßt alle **gesetzlichen Vertreter**, d. h. Personen, deren Vertretungsmacht nicht auf Vollmacht oder Vertrag beruht, sondern durch Gesetz bestimmt ist. Hierher gehören die Eltern (§§ 1626, 1629 I BGB) bzw. bei nichtehelichen Kindern die Mutter (§ 1705 BGB), soweit ihnen nicht die Vertretung nach § 1666 entzogen ist, der Vormund (§§ 1773, 1793, bis 31. 12. 91 auch §§ 1896, 1897 BGB), Pfleger (§§ 1909 ff., z. T. umstr.), Betreuer (§ 1902 BGB, ab 1. 1. 92), ferner die „Parteien kraft Amts", da ihre Handlungen als die eines gesetzlichen Vertreters beurteilt werden (z. B. Konkurs-, Vergleichs-, Nachlaßverwalter, Testamentsvollstrecker; vgl. EEGOWiG 63, Roxin LK 29; and. für den Vergleichsverwalter wegen seiner beschränkten Rechte Rebmann/Roth/Herrmann § 9 RN 25). Soweit die gesetzliche Vertretung auf einem Bestellungsakt beruht, geht Nr. 3 von dessen Wirksamkeit aus (vgl. o. 13; zur faktischen Bestellung vgl. u. 43).

4. Normadressaten sind die in Nr. 1 bis 3 Genannten nur, wenn und soweit sie in ihrer **25** Eigenschaft „**als**" **gesetzliche Vertreter i. w. S. handeln.** Der Begriff des „*Handelns*" umfaßt sowohl rechtsgeschäftliches wie nicht-rechtsgeschäftliches Handeln, sowohl das aktive Tun als auch das pflichtwidrige Unterlassen. Handelt der Vertreter nicht selbst, so ist zu beachten, daß es gerade in den Fällen des § 14 beim Handeln „durch einen anderen" nicht auf Tatherrschaftskriterien und darauf ankommt, wie sich der Tatbeitrag phänotypisch darstellt (vgl. 62 vor § 25).

Ein Handeln „*als*" Vertreter liegt vor, wenn es mit dem Aufgaben- und Pflichtenkreis, der **26** mit der Vertretung wahrgenommen werden soll, in einem funktionalen Zusammenhang steht (krit. Bruns GA 82, 26 ff., Schünemann, Unternehmenskriminalität 152). Dies ist nicht schon deshalb der Fall, weil die Vertreterstellung zu der fraglichen Handlung Gelegenheit bietet oder weil deren rechtliche oder tatsächliche Folgen den Vertretenen treffen (z. B. der Vormund unterschlägt Sachen des Mündels und vereitelt damit zugleich die Vollstreckung in dessen Vermögen). Andererseits ist für ein Handeln „als" Vertreter nicht stets ein solches im Interesse des Vertretenen erforderlich (so aber die hier wohl zu einseitig an § 283 I Nr. 1 orientierte h. M., z. B. BGH **30** 127, **34** 221 m. Anm. U. Weber StV 88, 16 u. Winkelbauer JR 88, 33 [Handeln im Schuldnerinteresse stets auch bei solchen mit dem Einverständnis mit dem Komplementär vorgenommenen Handlungen eines KG-Geschäftsführers nach § 283, was jedoch auf eine Fiktion hinausläuft; vgl. dazu auch Achenbach NStZ 89, 503], MDR **82**, 683, wistra **84**, 71, JR **88**, 254 m. Anm. Gössel, Hamm wistra **85**, 158, Göhler § 9 RN 15a, D-Tröndle 5, Roxin LK 30; vgl. ferner Bruns GA 82, 28, Schünemann aaO 152 ff., aber auch BGH **28** 371, wistra **90**, 99; zur Kritik an der „Interessenformel" vgl. insbes. Labsch wistra 85, 5 ff., 59 ff., ferner z. B. Arloth NStZ 90, 570, Gössel JR 88, 256 ff., Herzberg aaO 91 ff., Tiedemann LK 78 ff. vor § 283, NJW 86, 1844, Weber StV 88, 17 f., Winkelbauer wistra 86, 19, JR 88, 34; zu § 283 I Nr. 1 vgl. näher dort RN 4 a). Auf ein Handeln im Interesse des Vertretenen kann es nur bei Tatbeständen ankommen, die bei diesem eine eigennützige Tendenz voraussetzen, ferner bei solchen Handlungen, die in ihrer objektiven Bedeutung ambivalent sind (vgl. auch Winkelbauer JR 88, 34). Weist dagegen das Handeln des Vertreters schon objektiv einen eindeutigen Bezug zu dem übertragenen Aufgabenkreis auf, so ist es nicht mehr von Bedeutung, ob der Vertreter (wenigstens auch) im Interesse des Vertretenen handelt (vgl. die Nachw. o., ferner Jakobs 498, Rebmann/Roth/Herrmann § 9 RN 28). Bei Rechtsgeschäften ist dies immer anzunehmen, wenn der Vertreter im Namen des Vertretenen handelt (vgl. auch BGH **28** 374), bei einem tatsächlichen Handeln, wenn dieses seiner Art nach (also nicht notwendig in der besonderen Ausführung!) als Wahrnehmung der Angelegenheiten des Vertretenen erscheint (ebenso Rebmann/Roth/Herrmann aaO, i. E. auch Labsch wistra 85, 60 ff., Tiedemann NJW 86, 1844: maßgeblich, ob der Täter gerade die rechtlichen oder faktischen Handlungsmöglichkeiten nach außen einsetzt und ausnutzt, die ihm seine Organstellung einräumt). So ist z. B. der gesetzliche Vertreter des Schuldners nach § 283 I Nr. 5 auch dann strafbar, wenn er die z. B. Verfälschung von Handelsbüchern – ausschließlich im eigenen Interesse, etwa zur Verdeckung begangener Unregelmäßigkeiten, begeht (ebenso Arloth NStZ 90, 572, Winkelbauer JR 88, 34; and. Roxin LK 30), der Vereinsvorstand nach § 21 I Nr. 2 StVG auch dann, wenn er das vereinseigene Fahrzeug dem Dritten allein in dessen Interesse überläßt; speziell zur Verletzung von Arbeitgeberpflichten im Arbeitsschutzrecht vgl. Herzberg aaO 91 ff. Aus Abs. 2 lassen sich gegenteilige Schlüsse für Abs. 1 schon deshalb nicht ziehen (so aber BGH **30** 130), weil auch das Handeln „auf Grund des Auftrags" nicht stets ein solches im Interesse des Auftraggebers voraussetzt (vgl. u. 40 für die dort genannten Beispiele mit einem Beauftragten als Täter). Erst recht versagt die „Interessentheorie" bei Fahrlässigkeitsdelikten (vgl. Weber StV 88, 17), und auch bei Unterlassungsdelikten kommt es nicht darauf an, ob das Unterlassen (z. B. der Buchführung nach § 283 I Nr. 5) dem Interesse des Vertretenen dient; genügend ist hier vielmehr schon, daß der Vertreter eine Handlungspflicht des Vertretenen nicht erfüllt, die er in seiner Vertretereigenschaft für diesen zu erfüllen hätte. Bei den Pflichten, die eine juristische Person treffen können, ist ein solcher Zusammenhang immer gegeben, nicht dagegen bei den gesetzlichen Vertretern von natürlichen Personen. So gehört zu den Funktionen eines

Vormundes zwar die Erfüllung einer dem Mündel obliegenden Unterhaltspflicht (§ 170b), nicht aber die Erfüllung einer diesen treffenden Garantenpflicht aus natürlicher Verbundenheit (weshalb es der Vormund nicht „als" gesetzlicher Vertreter unterläßt, wenn er die in Gefahr geratene Ehefrau des Mündels nicht rettet; auch eine eigene Garantenstellung kann sich hier für den Vormund nur insoweit ergeben, als er dafür sorgen muß, daß das Mündel seine Pflichten erfüllt; vgl. auch o. 6). Bei einer Mehrheit von Vertretern (z. B. mehrere Vorstandsmitglieder) liegt ein Handeln „als" Vertreter auch vor, wenn die fragliche Angelegenheit nach der Aufgabenverteilung im Innenverhältnis zur Zuständigkeit eines anderen gehört, der Betreffende also seinen eigenen internen Zuständigkeitsbereich überschreitet oder im Fall des Unterlassens überschreiten müßte; zur Verantwortlichkeit der anderen vgl. o. 19. Näher zum Ganzen vgl. Labsch wistra 85, 59ff.

27   **IV. Abs. 2 S. 1, 2** erweitert den Kreis der Normadressaten auf **bestimmte gewillkürte Vertreter in Betrieben** (S. 1) und **Unternehmen** (S. 2), wenn das besondere persönliche Merkmal zwar bei dem Betriebs- bzw. Unternehmensinhaber, nicht aber bei dem Vertreter vorliegt. Ebenso wie Abs. 1 geht auch Abs. 2 von einer rechtswirksamen Begründung des Vertretungs- bzw. Auftragsverhältnisses aus (vgl. o. 13). Nur „faktische Vertreter" werden erst durch Abs. 3 und nur in den dort genannten Grenzen zu Normaddressaten (vgl. u. 43ff.).

28   1. Die Vorschrift gilt nur für Vertreter und Beauftragte von **Betrieben und Unternehmen.** Auf deren Rechtsform kommt es nicht an; Inhaber kann eine juristische Person, eine Personengesellschaft oder eine Einzelperson sein. *Betrieb* ist eine nicht nur vorübergehende organisatorische, meist auch räumlich zusammengefaßte Einheit von Personen und Sachmitteln unter einheitlicher Leitung zu dem arbeitstechnischen Zweck, bestimmte Leistungen hervorzubringen oder zur Verfügung zu stellen (vgl. z. B. D-Tröndle 8 und näher Hueck/Nipperdey, Lehrb. des Arbeitsrechts Bd. 1, 7. A., 93). Diese können sowohl materieller wie immaterieller Art sein; erfaßt werden deshalb nicht nur gewerbliche und landwirtschaftliche Betriebe, sondern z. B. auch Büros der verschiedensten Art, Apotheken, Arzt- und Anwaltspraxen, Theater usw. (ebenso Samson SK 5, Roxin LK 33). Nicht notwendig ist die Absicht der Gewinnerzielung; Betriebe sind daher auch Krankenhäuser und sonstige karitative Einrichtungen (Göhler § 9 RN 43). Nicht hierher gehören dagegen private Haushalte. Den Betrieben gleichgestellt sind die *Unternehmen* (Abs. 2 S. 2). Die – begrifflich umstrittene – Unterscheidung zwischen Betrieb und Unternehmen hat deshalb für § 14 keine Bedeutung. Bei einer weiten Auslegung des Begriffs „Betrieb" dürfte S. 2 regelmäßig keine selbständige Bedeutung haben (vgl. auch Roxin LK 34); als notwendig könnte es sich allenfalls dort erweisen, wo ein Unternehmen den Überbau für mehrere Betriebe i. S. von produktionstechnischen Einheiten darstellt.

29   Als Unterscheidungsmerkmale von Betrieb und Unternehmen werden genannt: das Unternehmen sei mehr auf eine kaufmännische, der Betrieb dagegen auf eine mehr technische Tätigkeit gerichtet (vgl. EEGOWiG 65); der Betrieb sei die technisch-organisatorische, das Unternehmen die rechtlich-wirtschaftliche Einheit (Rebmann/Roth/Herrmann § 9 RN 52); der Betrieb sei die Einheit im Hinblick auf den arbeitstechnischen Zweck, der Unternehmensbegriff dagegen beschreibe den damit verfolgten weiteren Zweck (Rotberg § 9 RN 31 mwN); der Begriff des Unternehmens kennzeichne vor allem die Rechtsform des Betriebs (AG, OHG usw.) und den Zweck der betrieblichen Betätigung als einen wirtschaftlichen (Göhler § 9 RN 44).

30   2. Zu Normadressaten werden nach **Nr. 1** zunächst diejenigen, die vom Betriebs- bzw. Unternehmensinhaber oder einem sonst dazu Befugten (vgl. u. 39) **beauftragt sind,** den Betrieb bzw. das Unternehmen **ganz oder zum Teil zu leiten.** Anders als in Nr. 2 genügt hier auch eine konkludente Betrauung mit den genannten Leitungsaufgaben (vgl. BGH[Z] NJW-RR 89, 1185), weshalb z. B. auch der im Betrieb seiner Frau als Leiter tätige Ehemann unter Nr. 1 fällt, wenn dies aufgrund einer den Umständen zu entnehmenden stillschweigenden Beauftragung der Frau geschieht. Ist der Bestellungsakt unwirksam, so wird auch hier der „tatsächliche Leiter" gem. Abs. 3 zum Normadressaten (vgl. u. 43ff.). Andererseits genügt – entgegen dem insoweit mißverständlichen Wortlaut – nicht schon die bloße Beauftragung; erforderlich ist vielmehr auch, daß der Betreffende die Leitungsaufgaben tatsächlich übernommen hat, weil nur dann der Vertrauenstatbestand geschaffen ist, der seine Verantwortlichkeit rechtfertigt (ebenso Roxin LK 35). Auch ist er – entsprechend Nr. 2 – Normadressat immer nur insoweit, als er Entscheidungsbefugnisse hat (vgl. Stuttgart Justiz 80, 419, Göhler § 9 RN 17f.); er bleibt dies dann freilich auch, wenn er Teilkompetenzen auf andere überträgt.

31   a) Beauftragt mit der **Leitung des Betriebs** usw. ist ohne Rücksicht auf die Bezeichnung (Direktor usw.) derjenige, dem die Geschäftsführung des Betriebs usw. nach innen und außen verantwortlich übertragen ist und der demgemäß selbständig an Stelle des Betriebsinhabers handelt (BGH[Z] NJW-RR **89,** 1185, Göhler § 9 RN 19, Roxin LK 35). Dies können auch mehrere Personen sein, wenn sie gemeinsam für den ganzen Betrieb verantwortlich sind, wobei

im Fall einer internen Kompetenzverteilung das o. 18 Gesagte entsprechend gilt. Die bloße Beaufsichtigung – das Gesetz hat auf deren Einbeziehung bewußt verzichtet (vgl. EEGOWiG 64) – ist noch keine Leitung; Personen mit reinen Aufsichtsfunktionen haften deshalb nur unter den besonderen Voraussetzungen der Nr. 2.

b) Damit beauftragt, den Betrieb usw. **zum Teil zu leiten,** sind nicht nur die Leiter von 32 räumlich und organisatorisch abgegrenzten Betriebsteilen (z. B. Zweig- und Nebenstellen, Werk als Fabrikationsanlage), sondern auch von sachlich abgegrenzten Teilbereichen innerhalb des Gesamtbetriebs, sofern diese relativ selbständig sind (vgl. Koblenz VRS **48** 157, Stuttgart Justiz **80**, 419, StA Mannheim NJW **76**, 585, Göhler § 9 RN 20, Rebmann/Roth/Herrmann § 9 RN 38; krit. jedoch Herzberg aaO 84). Weil eine räumliche bzw. sachliche Gliederung eines Betriebs in mehrere, relativ selbständige Betriebsteile im technischen Bereich häufiger ist als im kaufmännischen, kann dies dazu führen, daß die strafrechtliche Verantwortlichkeit hier – vorbehaltlich der Nr. 2 – unangemessen hoch angesiedelt, dort dagegen verhältnismäßig weit nach unten verlagert ist (mit Recht krit. daher der RegE zum 2. WiKG, BT-Drs. 10/318 S. 15). Auch können sich hier nicht unerhebliche Abgrenzungsschwierigkeiten ergeben, die durch Nr. 2 wegen des dort genannten einschränkenden Erfordernisses einer „ausdrücklichen" Beauftragung nur bedingt ausgeglichen werden (RegE zum 2. WiKG aaO). Nicht notwendig ist zwar die Zugehörigkeit zum obersten Management; andererseits kann aber auch das Innehaben einer Vorgesetztenstellung noch kein ausreichendes Kriterium sein (so aber Herzberg aaO 86 ff.), weil „Leitungs"-Befugnisse über bloße Weisungsrechte hinausgehen und jedenfalls bei unteren Vorgesetzten nicht mehr davon gesprochen werden kann, daß sie im Rahmen ihrer beschränkten Anordnungsmacht den „Betrieb" auch nur „zum Teil leiten". Nicht maßgeblich sind hier auch die handelsrechtlichen Vertretungsformen: So kann z. B. der Leiter einer Zweigstelle Betriebsleiter i. S. der Nr. 1 2. Alt. sein, gleichgültig, ob er Prokura oder nur Handlungsvollmacht hat, während etwa der dem Leiter der Kreditabteilung einer Bank nachgeordnete Prokurist diese Stellung nicht hat. Damit beauftragt, den Betrieb „zum Teil" zu leiten, sind z. B. der kaufmännische und der technische Leiter eines Betriebs, aber auch die Leiter für Planung, Einkauf, Außenhandel, Personalwesen usw., ferner Prokuristen, soweit sie in einem Teilbereich des Betriebs selbständig tätig sind (vgl. auch Hamm MDR **71**, 425), nach Göhler § 9 RN 21 je nach Betriebsorganisation u. U. auch Obermeister und Vorarbeiter, nach Stuttgart Justiz **80**, 419 u. U. sogar ein Wiegemeister.

3. Sonstige Beauftragte werden zu Normadressaten nur unter den Voraussetzungen der 33 Nr. 2, d. h. wenn sie **ausdrücklich** mit der **eigenverantwortlichen Wahrnehmung von Aufgaben** beauftragt sind, die dem Betriebsinhaber obliegen. Während sich bei den in Nr. 1 Genannten die Zurechnung der persönlichen Merkmale ohne weiteres schon auf Grund der übertragenen Stellung als Betriebsleiter ergibt, setzt sie hier den ausdrücklichen Auftrag voraus, in einem sachlich abgesteckten Rahmen bestimmte Aufgaben des Inhabers in eigener Verantwortung zu erfüllen (vgl. z. B. Hamm MDR **78**, 598: Pflichten im Zusammenhang mit der Beschäftigung von Ausländern). Auch hier genügt dann freilich nicht schon die bloße Beauftragung, vielmehr muß der Betreffende den fraglichen Aufgabenkreis tatsächlich übernommen haben (vgl. o. 30); nicht ausreichend ist andererseits aber auch die tatsächliche Übernahme ohne entsprechende ausdrückliche Beauftragung. Daß Nr. 2 seit dem 2. WiKG (vgl. o. 2) nicht mehr von der „Erfüllung von Pflichten" sondern von der „Wahrnehmung von Aufgaben" spricht, bedeutet allenfalls eine sprachliche Klarstellung: Zwar werden in den Betrieben i. d. R. „Aufgaben" und nicht einzelne strafrechtlich abgesicherte „Pflichten" delegiert; da sich diese Pflichten – um die es in der Sache hier geht, weil an sie auch die besonderen persönlichen Merkmale i. S. des § 14 anknüpfen – aber aus dem übertragenen Aufgabenbereich von selbst ergeben, liegt darin jedenfalls keine inhaltliche Änderung.

a) Da Nr. 2 einen **ausdrücklichen Auftrag** verlangt, genügen eine stillschweigende Bestellung, das bloße Dulden oder die konkludente Billigung der tatsächlichen Wahrnehmung der Aufgabe nicht (vgl. Düsseldorf VRS **63** 135 m. Anm. Göhler NStZ 83, 64, Stuttgart VRS **37** 30). Nicht notwendig ist jedoch die Einhaltung einer Form oder die Bekanntmachung nach außen (KG VRS **36** 269), und auch auf den Gebrauch des Ausdrucks „Auftrag" kommt es nicht an, wenn nur in der Sache expressis verbis eindeutig zum Ausdruck gebracht wird, daß der Betreffende künftig eigenverantwortlich bestimmte Aufgaben zu erfüllen hat. Obwohl eine solche ausdrückliche Beauftragung vielfach nicht erfolgt oder nicht nachweisbar ist und der RegE zum 2. WiKG deshalb wegen der hier entstehenden Strafbarkeitslücken auf das Merkmal „ausdrücklich" verzichten wollte (vgl. BT-Drs. 10/318 S. 15; zur Kritik vgl. auch Göhler NStZ 83, 64, Schünemann aaO 148 ff.), ist es insoweit bei der bisherigen Regelung der Nr. 2 geblieben. Begründet wird dies nach wie vor mit der Notwendigkeit, im Interesse des beauftragten Arbeitnehmers, einer eindeutigen Bestimmung der Reichweite der Delegation und zur Sicherung der Einhaltung der übernommenen Pflichten klare Verhältnisse zu schaffen und einer allzu leichten Abwälzung der Verantwortung auf andere entgegenzuwirken (vgl. BT-Drs. 10/5058 S. 25 f. u. auch schon EEGOWiG 65). Noch wichtiger als die *Art* der Beauftragung, auf die sich das Merkmal „ausdrücklich" bezieht, ist unter solchen Aspekten dann aber die Frage, *wie konkret der Inhalt* des erteilten Auftrags sein muß. Hier folgt nicht nur aus der ratio legis, sondern schon aus dem Wesen eines Auftrags zur Wahrnehmung fremder Aufgaben, daß diese so genau bezeichnet sein müssen, daß es für den Beauftragten zumindest im wesentlichen erkennbar ist, was er zu tun und worauf er zu achten hat, mag er sich auch über seine aufgabenrelevanten Pflichten im einzelnen noch näher informieren müssen. Schon eine Beauftragung liegt daher jedenfalls dann nicht vor, wenn der Beauftragte überhaupt nicht in der Lage ist, den Umfang der mit dem „Auftrag" verbundenen Pflichten zu überschauen (während es eine Frage des Irrtums ist, wenn er nur einzelne seiner Pflichten nicht kennt; vgl. auch BT-Drs. 10/318 S. 15). Wie weit hier im übrigen in die Einzelheiten zu gehen ist, hängt von den Umständen des Einzelfalls ab (z. B. D-Tröndle 12; vgl. auch schon EEGOWiG 65). Wird z. B. einem Angestellten die Verantwortung für den Fahrzeugpark eines Betriebs übertragen, so kann eine mehr oder weniger pauschale Beauftragung genügen, weil die einen Fahrzeughalter treffenden Pflichten ihm allgemein bekannt sind. Handelt es sich dagegen um Spezialgebiete, die ein besonderes Fachwissen voraussetzen, so ist, wenn der Beauftragte nicht schon die notwendigen Vorkenntnisse hat, auch eine entsprechend detaillierte Unterweisung erforderlich. – Entspricht die Beauftragung den genannten Voraussetzungen nicht, so haftet der Beauftragte nicht. Andererseits darf sich der Auftraggeber umso weniger auf die Erfüllung der übertragenen Aufgaben verlassen, je undifferenzierter und unklarer der erteilte Auftrag ist. Hier kann er deshalb, sofern die Tat fahrlässig begehbar ist, vielfach selbst als Täter verantwortlich gemacht werden; im übrigen kommt § 130 OWiG in Betracht.

35   b) Der Auftrag muß darauf gerichtet sein, die übertragenen Aufgaben **in eigener Verantwortung** wahrzunehmen. Dies trifft nur für Beauftragte zu, die in ihrem Wirkungskreis zu selbständigen Maßnahmen befugt sind, „denn Verantwortung setzt Freiheit des Handelns und damit die Befugnis zur Entscheidung voraus" (EEGOWiG 65; vgl. auch Düsseldorf VRS **63** 135). Vertreter in ganz untergeordneter Stellung scheiden damit aus. Aber auch bloße Mitverantwortung ist noch keine „eigene" Verantwortung. Der Beauftragte muß deshalb befugt sein, von sich aus die erforderlichen Maßnahmen zu treffen (Roxin LK 38; zum verantwortlichen Beauftragten eines KFZ-Halters vgl. Schleswig VRS **58** 384). Bedarf er dazu noch der Zustimmung eines Vorgesetzten, so genügt dies nicht; dagegen wird seine Eigenverantwortlichkeit nicht dadurch ausgeschlossen, daß er nachträglich einer Kontrolle unterliegt (Demuth/Schneider BB 70, 645, Göhler § 9 RN 31, Samson SK 5). Auch bloße Sachbearbeiter können demnach Beauftragte i. S. der Nr. 2 sein, soweit sie innerhalb eines weisungsgebundenen Aufgabenbereichs einen Teilbereich haben, in dem sie weisungsfrei sind (vgl. Rebmann/Roth/Herrmann § 9 RN 47); andererseits kann auch aus einer Prokuraerteilung noch nicht notwendig auf eine Beauftragung i. S. der Nr. 2 geschlossen werden (Hamm MDR **74**, 425). Vgl. ferner Bay NJW **79**, 2258 (Croupier) zur Verantwortlichkeit von Leitern der Forschung oder der medizinisch-wissenschaftlichen Abteilung in einem Arzneimittelunternehmen Bruns, Heinitz-FS 329.

36   c) Nach der Gesetzesbegründung soll erforderlich sein, daß die Übertragung der Verantwortung innerhalb des **Sozialadäquaten**, d. h. im Rahmen dessen liege, was bei der Aufteilung von Aufgaben und Pflichten in der modernen arbeitsteiligen Wirtschaft allgemein üblich ist und was z. B. nicht der Fall sei, wenn der Inhaber einer Verkaufsstelle ein Lehrmädchen damit beauftragt, in eigener Verantwortung für die Ladenschlußzeiten zu sorgen (EEGOWiG 65; ebenso StA Mannheim NJW **76**, 585, Demuth/Schneider BB 70, 645, D-Tröndle 13, Göhler § 9 RN 32, Marxen JZ 88, 288, Rebmann/Roth/Herrmann § 9 RN 48). Aus dem Gesetz selbst ergibt sich dies jedoch nicht. nur für den Fall, daß die Beauftragung deshalb rechtlich unwirksam ist und dieser Mangel auch durch Abs. 3 nicht geheilt wird (vgl. u. 43 ff.). Davon abgesehen kann hier der Beauftragte zwar aus anderen Gründen straflos sein, wenn er den fraglichen Pflichten nicht gewachsen ist (vgl. zu dem genannten Beisp. bereits § 3 JGG); ihn über eine Verneinung seiner Normadressateneigenschaft von vornherein und generell von jeglicher Verantwortung freizustellen, weil der (von ihm immerhin übernommene!) Auftrag nicht mehr im Rahmen des Üblichen liegt, besteht aber auch in der Sache kein Anlaß (ebenso Roxin LK 40, Schünemann aaO 146 ff.; krit. auch Rotberg § 9 RN 27, Tiedemann ZStW 83, 808).

37   Gegen eine solche Einschränkung über die Sozialadäquanz spricht auch, daß dies wegen der Unbestimmtheit zu kaum lösbaren Abgrenzungsschwierigkeiten führen würde. Auf diese Weise einer einer „Auswechslung der Verantwortung" (EEGOWiG 65) vorzubeugen, besteht ohnehin kein Anlaß, da gerade in den Fällen, in denen ein offensichtlich Ungeeigneter mit der Wahrnehmung eines bestimmten Aufgabenkreises betraut wird, eine eigene strafrechtliche Verantwortlichkeit des Inhabers bzw. „sonst Befugten" (der selbst in der Regel ebenfalls Normadressat ist) in Betracht kommt.

d) **Normadressaten** nach Nr. 2 können unter den genannten Voraussetzungen auch Personen sein, **38** die **nicht Angehörige des Betriebs** bzw. Unternehmens sind. Die Vorschrift gilt damit auch bei zwischenbetrieblicher Arbeitsteilung, so daß Täter z.B. auch der von einem Betrieb beauftragte Drittunternehmer (bzw. dessen Vertreter nach § 14) oder die für den Betrieb tätigen Anwälte, Wirtschaftsprüfer usw. sein können. Nicht ausreichend ist freilich eine rein beratende Tätigkeit, da Vertreter i. S. der Nr. 2 nur sein kann, wer zu eigenverantwortlichen Entscheidungen für den Betrieb legitimiert ist (vgl. o. 35). Auch die Übertragung auf Dritte ändert jedoch nichts daran, daß der Betriebsinhaber usw. selbst Normadressat bleibt.

4. Voraussetzung ist sowohl in Nr. 1 als auch in Nr. 2, daß die Beauftragung durch den **39** **Inhaber** des Betriebs bzw. Unternehmens oder einen **sonst dazu Befugten** erfolgt ist. Ist *Inhaber* eine juristische Person, so treten an deren Stelle ihre Organe; für eine Personengesellschaft handeln ihre vertretungsberechtigten Gesellschafter. Besteht bei mehrgliedrigen Organen oder bei mehreren vertretungsberechtigten Gesellschaftern Einzelvertretungsmacht, so kommt es auf die interne Aufgabenverteilung nicht an. Die in Nr. 1 Genannten werden in der Regel von dem Inhaber selbst bzw. seinem gesetzlichen Vertreter i. S. des Abs. 1 beauftragt sein; notwendig ist dies jedoch nicht. – Eine *sonstige Befugnis* zur Bestellung verantwortlicher Vertreter kann sich unmittelbar aus besonderen gesetzlichen Vorschriften, vor allem aber aus einer auf den Inhaber (bzw. dessen Vertreter nach Abs. 1) zurückführbaren Delegation ergeben. Im Fall der Nr. 2 besteht eine solche Befugnis insbesondere für die in Nr. 1 Genannten (mit den entsprechenden Einschränkungen, wenn sie den Betrieb nur zum Teil zu leiten haben); zu den „sonst Befugten" können aber auch andere Angestellte gehören, wenn sie in einem bestimmten Bereich für die Organisation des Betriebs verantwortlich sind (Roxin LK 37). Voraussetzung ist jedoch immer, daß der Betreffende die fragliche Aufgabe auf einen anderen zu eigenverantwortlicher Erledigung delegieren darf, weshalb z.B. die Übertragung durch einen gleichgestellten Kollegen für die Zeit von dessen Abwesenheit nicht genügt (vgl. Schünemann, Unternehmenskriminalität 146; vgl. aber auch o. 6). Nicht erforderlich ist dagegen, daß diese Befugnis rechtswirksam erteilt worden ist (ebenso Roxin LK 44; and. D-Tröndle 18), denn es wäre ein Widerspruch, im faktischen Auftrags- oder Vertretungsverhältnis gem. Abs. 3 zwar bei dem Letztbeauftragten genügen zu lassen, nicht aber bei seinem Auftraggeber.

5. Die in Nr. 1 und 2 genannten Vertreter werden nur insoweit zu Normadressaten, als sie **40** **auf Grund des ihnen erteilten Auftrags handeln.** Es gilt hier Entsprechendes wie bei den gesetzlichen Vertretern des Abs. 1, die „als" Vertreter gehandelt haben müssen (vgl. o. 25f.). Ebenso wie dort ist in Abs. 2 ein Handeln im Interesse des Betriebs kein entscheidendes Kriterium; so ist z. B. der für den Fahrzeugpark Verantwortliche auch dann Täter nach § 21 I Abs. 2 StVG, wenn er das Firmenfahrzeug dem anderen ausschließlich in dessen Interesse überläßt. Ferner umfaßt der Begriff des Handelns auch hier das Unterlassen, und auch in Abs. 2 muß zwischen dem Handeln (Unterlassen) und der wahrzunehmenden Aufgaben ein funktionaler Zusammenhang bestehen (weshalb z. B. ein mangels eigener Leitungsbefugnis allenfalls der Nr. 2 unterfallender „Generalbevollmächtigter" nicht Täter des § 283 I Nr. 1 bezüglich des Betriebsvermögens sein kann; vgl. Binz NJW 78, 802 gegen Fleischer NJW 78, 96). Bei den betriebsbezogenen Handlungspflichten des Inhabers werden deshalb Betriebsleiter, die den Betrieb „ganz" zu leiten haben, in vollem Umfang zu Normadressaten, die in Nr. 2 Genannten dagegen nur begrenzt im Rahmen ihres besonderen Pflichtenkreises.

V. Die **Verantwortlichkeit** eines dem Personenkreis von Abs. 1 oder 2 angehörenden Vorgesetz- **41** ten (z. B. Betriebsleiter) für **Taten Untergebener** bestimmt sich nach den gleichen Grundsätzen wie die Haftung des Vertretenen (vgl. o. 7; näher dazu Schmidt-Salzer, Entscheidungssammlung Produkthaftung, Bd. IV, Einl. 12ff. u. pass.). Ist der Untergebene beauftragt, Aufgaben des Inhabers in eigener Verantwortung zu erfüllen und ist er damit selbst Normadressat nach Nr. 2, so kann sich daraus für den Vorgesetzten zwar eine Reduzierung seiner Überwachungspflichten ergeben, doch sind in diesem Fall bezüglich der Sorgfalt bei der Auswahl umso strengere Anforderungen zu stellen. Erst recht gilt dies wegen der hier eingeschränkten Überwachungsmöglichkeiten bei der Beauftragung von nicht dem Betrieb angehörenden Dritten (vgl. o. 38; zur Verantwortlichkeit bei zwischenbetrieblicher Arbeitsteilung vgl. auch Schmidt-Salzer aaO 77ff., Schumann, Strafrechtliches Handlungsunrecht usw. [1986], 116ff.).

VI. **Abs. 2 S. 3** erweitert den Kreis der Normadressaten schließlich im Rahmen einer *sinnge-* **42** *mäßen Anwendung des Abs. 2 S. 1* auf die **Beauftragten einer Stelle, die Aufgaben der öffentlichen Verwaltung wahrnimmt.** Sinn der Vorschrift ist es, die Angehörigen von Verwaltungsstellen, denen vielfach die gleichen Pflichten obliegen wie einem Betrieb (z. B. als Arbeitgeber, Fahrzeughalter usw.), bezüglich ihrer Verantwortlichkeit den Vertretern von privaten Betrieben usw. gleichzustellen und so eine ungerechtfertigte Bevorzugung zu vermeiden (vgl. EEG-OWiG 65). Dabei sind Verwaltungsstellen i. S. des S. 3 nicht nur die eigentlichen „Verwaltungen" (Behörden, Ämter), sondern z. B. auch die Anstalten und Körperschaften des öffentlichen

Rechts (deren Organe jedoch schon durch Abs. 1 Nr. 1 erfaßt sind); dagegen fallen öffentliche Unternehmen, gleichgültig, in welcher Form (z. B. als Eigenbetrieb usw.) sie betrieben werden, schon unter S. 1, 2. Eine nur sinngemäße Anwendung des S. 1 ist vorgesehen, weil es hier an einem Inhaber fehlt, dessen Pflichten zu erfüllen sind; zugleich wird damit die Ausdehnung von Tatbeständen mit besonderen persönlichen Merkmalen auf solche Pflichtenkreise beschränkt, die denen von Betriebsinhabern entsprechen, was jedoch keineswegs nur im Bereich fiskalischer Tätigkeit möglich ist (z. B. Pflichten als Halter von militärischen Fahrzeugen; vgl. auch D-Tröndle 15, Roxin LK 41). An die Stelle des Betriebsleiters tritt in S. 3 der Behördenleiter; im übrigen hängt es von der Organisation der betreffenden Stelle ab, wem welche Pflichten obliegen, wobei jedoch die Voraussetzungen des S. 1 Nr. 2 erfüllt sein müssen (ausdrückliche Beauftragung, Erfüllung der Aufgaben in eigener Verantwortung). Wird ein Beauftragter neben dem Organ einer öffentlich-rechtlichen Körperschaft usw. zum Normadressaten, so gelten für dessen Verantwortlichkeit die o. 7 genannten Grundsätze entsprechend; zur Verantwortlichkeit von leitenden Verwaltungsbeamten im Umweltrecht vgl. Weber aaO (o. 17) 26 f.

43 VII. Für den Anwendungsbreich des § 14 (vgl. o. 4 ff.) enthält **Abs. 3** eine abschließende und deshalb nicht erweiterungsfähige Regelung der **faktischen Organ- und Vertreterhaftung.** Hier wird, abweichend von einer rein „faktischen Betrachtungsweise", zum Normadressaten nicht jeder, der in Übereinstimmung mit dem Willen der dafür Zuständigen tatsächlich die Funktion eines Vertreters i. S. von Abs. 1, 2 wie ein solcher ausübt (so die h. M. zu den besonderen Organ- und Vertretertatbeständen des AktG, GmbHG usw., wonach z. B. Geschäftsführer i. S. des § 84 GmbHG auch ist, wer ohne förmliche Bestellung und Eintragung im Handelsregister im Einverständnis der Gesellschafter die Stelle eines Geschäftsführers tatsächlich einnimmt [z. B. BGH 3 33, 21 103], neben einem eingetragenen Geschäftsführer allerdings nur, wenn er diesem gegenüber eine „überragende Stellung" oder jedenfalls das „Übergewicht" hat [BGH 31 118, StV **84,** 461 m. Anm. Otto, wistra **90,** 97, Düsseldorf NJW **88,** 3166 m. Anm. Hoyer NStZ 88, 369; vgl. auch BGH[Z] NJW **88,** 1879]; entsprechend zum faktischen Vorstandsmitglied einer AG vgl. BGH **21** 101 u. im übrigen die Nachw. o. 4). Denn nach dem insoweit eindeutigen Wortlaut des Abs. 3 genügt es bei § 14 gerade nicht, wenn der Betreffende nicht rechtlich, sondern – was der Interessenlage der Beteiligten durchaus entsprechen kann – nur tatsächlich die Stellung eines Vertreters i. S. von Abs. 1, 2 haben soll. Erweitert wird hier vielmehr der Anwendungsbereich von Abs. 1, 2 lediglich auf einen Teil der faktischen Organe und Vertreter, nämlich auf solche Fälle, in denen die Rechtshandlung unwirksam ist, „welche die Vertretungsbefugnis oder das Auftragsverhältnis *begründen sollte"*, was nur heißen kann, daß die von Abs. 1, 2 vorausgesetzte rechtswirksame Begründung einer Vertretungsbefugnis usw. (vgl. o 13, 27) von den Beteiligten *tatsächlich beabsichtigt* gewesen sein muß, wobei es dann freilich unschädlich sein soll, wenn dieser Erfolg z. B. wegen eines Formmangels oder Geschäftsunfähigkeit des Auftragggebers usw. nicht erreicht wird. Faktischer Vertreter i. S. des Abs. 3 ist mithin – die tatsächliche Ausübung der fraglichen Funktion vorausgesetzt – nur der fehlerhaft bestellte Vertreter (vgl Hoyer NStZ 88, 369, Samson SK 7 b, Stein aaO 194 ff., ZHR 148, 223 u. wohl auch Lackner 2c, Marxen JZ 88, 286; auch bei § 14 III weitergehend i. S. der h. M. zu den besonderen Organ- und Vertretertatbeständen dagegen z. B. BGH GA/He **71,** 36, MDR/H **80,** 453, Cramer KK-OWiG § 9 RN 55, D-Tröndle 18 u. hier die 23. A. RN 17, 43; vgl. auch BGH StV **84,** 461 m. Anm. Otto, wistra **90,** 97, Düsseldorf aaO, wo bei Handlungen eines faktischen Geschäftsführers nach § 283 unter Übergehung des § 14 III unmittelbar die zu § 84 GmbHG aufgestellten Grundsätze angewandt werden).

44 Nur in diesem Sinn ist daher auch die in Abs. 3 genannte „Rechtshandlung" bzw. der hier ausreichende „faktische Bestellungsakt" (Tiedemann LK 67 vor § 283, NJW 86, 1845) zu verstehen und nur unter dieser Voraussetzung kann auch das bloße (stillschweigende) Einverständnis der für die Bestellung Zuständigen den Anforderungen des Abs. 3 genügen, während ein solches nicht ausreicht, wenn ihm nicht zugleich der Wille einer rechtswirksamen Übertragung der fraglichen Funktionen und Aufgaben zu entnehmen ist, der andere also z. B. nur faktisch „Geschäftsführer" sein soll. Dies heißt nicht, daß ein solcher nicht dennoch zum Normadressaten werden könnte, da eine nach Abs. 3 nicht ausreichende Bestellung eines faktischen Organs vielfach eine wirksame Beauftragung nach Abs. 2 enthalten wird oder in eine solche umgedeutet werden kann (z. B. bewußte Bestellung eines lediglich „faktischen Geschäftsführers" zugleich als wirksame Beauftragung i. S. des Abs. 2 Nr. 1; vgl. unter diesem Gesichtspunkt auch BGH **34** 221, wo auf den als faktischer Geschäftsführer tätigen und mit einer Generalvollmacht versehenen Kommanditisten ohne weiteres Abs. 2 Nr. 1 anwendbar gewesen wäre; vgl. dazu auch Achenbach NStZ 89, 497, Winkelbauer JR 88, 34). Für Abs. 2 Nr. 2 und die dort notwendige ausdrückliche Beauftragung genügt ein nur stillschweigendes Einverständnis der Beteiligten als Grundlage dafür allerdings nicht. Zum Problem des sog. aktiven Gesellschafters vgl. Tiedemann NJW 86, 1845.

Weitere Voraussetzung für die Anwendung des Abs. 3 ist, daß es den Vertretenen tatsächlich 45
gibt; tarnt sich z. B. der Täter als Leiter eines fremden Betriebs, dessen Inhaber er selbst ist, so
ist er ohnehin Normadressat (ebenso W. Schmid aaO 337). In den Fällen des Abs. 1 Nr. 1, 2
muß die juristische Person bzw. die Personenhandelsgesellschaft wirksam bestehen (vgl. o. 15,
22), während es bei Abs. 2 darauf nicht ankommt, weil hier als Inhaber immer die Gesamtheit
der Mitglieder bzw. Gesellschafter angesehen werden kann. Nicht erforderlich ist dagegen, daß
die Befugnis zu einer Beauftragung i. S. des Abs. 2 rechtswirksam erteilt ist; insoweit kann,
obwohl vom Gesetz nicht ausdrücklich gesagt, nichts anderes gelten als für die faktische Beauftragung gem. Abs. 3 (vgl. o. 39).

VIII. Der **Vorsatz** setzt bei dem Vertreter die Kenntnis der Umstände voraus, die ihn nach 46
§ 14 zum Normadressaten machen; ein Irrtum darüber ist Tatbestandsirrtum (§ 16). Kennt der
Vertreter diese Umstände und weiß er lediglich nicht, daß das fragliche Verbot oder Gebot
auch für ihn gilt, so liegt Verbotsirrtum vor (§ 17; vgl. BGH StV **84**, 461 m. Anm. Otto).
Kennt er dieses selbst nicht, so gelten die allgemeinen Grundsätze.

IX. Zur Zeit des Eintritts einer **objektiven Bedingung der Strafbarkeit** (z. B. Zahlungseinstellung 47
bei Konkursdelikten) braucht der Täter nicht mehr Inhaber der Organ- bzw. Vertreterstellung sein;
es genügt, wenn er in dieser Eigenschaft tatbestandsmäßig gehandelt hat (vgl. RG **39** 217, Tiedemann
LK 64 vor § 283).

X. Bei der **Bemessung einer Geldstrafe** bestimmt sich die Höhe des Tagessatzes nach den 48
Verhältnissen des Vertreters; die Vermögensverhältnisse des Vertretenen bleiben außer Betracht, und zwar auch dann, wenn das strafbare Verhalten des Vertreters dem Vertretenen einen
Gewinn eingebracht hat (vgl. Braunschweig GA **69**, 389 zu § 13 OWiG a. F.). Ein Ausgleich ist
hier nur im Rahmen der §§ 73ff. (vgl. insbes. § 75) bzw. des § 30 OWiG möglich. Ist der Täter
zugleich Mitglied oder Gesellschafter einer juristischen Person oder Personenvereinigung, gegen die nach § 30 OWiG wegen dieser Tat eine Geldbuße verhängt wird, so ist dies zur
Vermeidung einer doppelten Ahndung bei der Strafzumessung zu berücksichtigen (vgl. auch
Hamm NJW **74**, 1853).

§ 15 Vorsätzliches und fahrlässiges Handeln

**Strafbar ist nur vorsätzliches Handeln, wenn nicht das Gesetz fahrlässiges Handeln
ausdrücklich mit Strafe bedroht.**

Stichwortverzeichnis zu §§ 15–17

Fettgedruckte Zahlen bedeuten die Paragraphen, die übrigen die Randnoten

Aberratio ictus **15**, 57
Absicht **15**, 24, 65 ff.
Abwehrreaktionen **15**, 63
Abweichung des Kausalverlaufs **15**, 55 ff.
Actio libera in causa und Irrtum **16**, 9
Ärztliche Heilbehandlung **15**, 219
   Verantwortungsbereich mehrerer Personen
   15, 151 ff.
Affekttaten **15**, 61 f.
Aids **15**, 87 a
Antragsdelikt, Irrtum bei – **16**, 35

Bauwesen, Sorgfaltspflicht **15**, 228
Bedeutungskenntnis **15**, 40, 43
Berufspflichten **15**, 135
Bewußte Fahrlässigkeit **15**, 203
Bewußtsein
   aktuelles – **15**, 48
   – der Rechtswidrigkeit, s. Unrechtsbewußtsein
Blankettgesetz, Irrtum und Vorsatz bei – **15**,
   99 ff.
   s. auch Ordnungswidrigkeitenrecht

Deskriptive Tatbestandsmerkmale **15**, 17 ff., 39
Direkter Vorsatz **15**, 65
   s. dolus directus
Dolus alternativus **15**, 90

Dolus antecedens **15**, 48
Dolus cumulativus **15**, 90
Dolus directus **15**, 65 ff., s. auch Absicht
Dolus eventualis **15**, 72 ff., s. auch Eventualvorsatz
Dolus generalis **15**, 58
Dolus subsequens **15**, 48
Doppelirrtum **17**, 11
Doppelter Fahrlässigkeitsmaßstab **15**, 113
Durchschnittsmaßstab
   beim Fahrlässigkeitsdelikt **15**, 133 f., 141

Einwilligung in ein Risiko **15**, 188
Einwilligungstheorie **15**, 81
Erfolgsqualifizierte Delikte **15**, 107
Erfolgsunwert **15**, 128 ff.
Erlaubtes Risiko bei Fahrlässigkeit **15**, 144 ff.,
   189
Error in obiecto, in persona **15**, 59
Eventualvorsatz, allgemein **15**, 72 ff.
   – und Fahrlässigkeit, 3 f.
   Inkaufnehmen als – **15**, 80 f., 86
   Theorien über – **15**, 73 ff.
   Voraussetzungen des – **15**, 84
Explosive Stoffe, Umgang mit **15**, 225

Fahrlässigkeit **15**, 105 ff.

- als aliud gegenüber Vorsatz **15**, 3 ff.
- als Ausnahmehaftung **15**, 1 ff.
- bei ärztlicher Behandlung **15**, 219
  bewußte – **15**, 203
  Elemente der – **15**, 120 ff.
- und erlaubtes Riskio **15**, 144 ff.
- und gerechtfertigtes Risiko **15**, 189
  Grade der – **15**, 205
  Risikoerhöhungsprinzip und – **15**, 173
- und Schutzzweck der Norm **15**, 130
  Sozialadäquates Risiko und – **15**, 127, 144
- und Sozialadäquanz **15**, 146
- bei Straßenbahnbetrieb **15**, 217
- im Straßenverkehr **15**, 207 ff.
  unbewußte – **15**, 203
  Übernahmeverschulden und – **15**, 198
- und Vertrauensgrundsatz **15**, 149 f., 211 ff.
Fahrlässigkeitsbegriffe **15**, 111 ff., 120 ff.
  klassischer – **15**, 111 ff.
  neuerer – **15**, 116 ff.
Fahrlässigkeitsdelikt
  Begrenzung der Sorgfaltspflichten beim – **15**, 131 ff.
  Durchschnittsmaßstab beim – **15**, 135
  Erfolgsunwert beim – **15**, 128 ff.
  Handlungsunwert beim – **15**, 121 ff.
  hypothetischer Kausalverkauf beim – **15**, 164 ff.
- und individuelles Leistungsvermögen **15**, 133, 138 ff.
  Kausalität beim – **15**, 160
  positives Tun und Unterlassen beim – **15**, 132
  Rechtswidrigkeit beim – **15**, 188 f.
  Rechtswidrigkeitszusammenhang beim – **15**, 130, 161 ff.
  Schuld beim – **15**, 190 ff.
- und Selbstgefährdung **15**, 155
  Sorgfaltsmaßstab beim – **15**, 133 ff.
  soziale Adäquanz beim – **15**, 146
  Unrechtsbewußtsein beim – **15**, 193
  Voraussehbarkeit beim – **15**, 180 ff.
  – des Kausalverlaufs **15**, 180
  – des Erfolges **15**, 199 ff.
  Vorwerfbarkeit beim – **15**, 194 ff.
  Zumutbarkeit beim – **15**, 204
  Zurechnungsprobleme beim – **15**, 159 ff.
Fahrlässigkeitshaftung
  Umfang der – **15**, 109
Fahrlässigkeitsmaßstab **15**, 126 ff.
  doppelter – **15**, 113
Fahrlässigkeitstatbestände
  Aufzählung **15**, 105 ff.
Fahrlässigkeitstäter
  Abgrenzung des Verantwortungsbereichs bei mehreren Personen, allgemein **15**, 148 ff.
  – bei ärztlicher Heilbehandlung **15**, 151 ff.

Gebotsirrtum **15**, 94, 97
Gefahrenquelle, Verantwortung für – **15**, 154
Gesetzlicher Tatbestand **15**, 16
Gewissensanspannung **17**, 9 f.
Grade der Fahrlässigkeit **15**, 205

Hypothetischer Kausalverlauf **15**, 164 ff.

Inkaufnehmen **15**, 80 f., 86, s. auch Eventualvorsatz
Irrtum, allgemein **16**, 1 ff.
Irrtum
- bei Antragsdelikt **16**, 36
- bei Blankettgesetzen **15**, 99 ff.
- über Entschuldigungsgründe **16**, 29 ff.
  fahrlässiger –, s. Vermeidbarkeit
- über den Kausalverlauf **15**, 55 ff.
- über objektive Strafbarkeitsbedingungen **16**, 35
- über Schuldvoraussetzungen **16**, 30 ff.
- über Strafausschließungsgründe **16**, 34
- über privilegierende Tatbestandsmerkmale **16**, 26 ff.
- über Rechtfertigungsgründe **16**, 14 ff., 24, **17**, 10
- über Rechtspflichtmerkmale **15**, 22
- über Sachverhaltsalternative **16**, 10
  Vermeidbarkeit des – **16**, 11, **17**, 13
- über Zumutbarkeit **15**, 96
  s. auch Doppel-, Subsumtions-, Tatbestands- und Verbotsirrtum, Unrechtsbewußtsein

Kausalverlauf, Voraussehbarkeit **15**, 200
Komplexbegriffe **15**, 46
Krankenbehandlung, Fahrlässigkeit bei – **15**, 219
Kurzschlußhandlungen **15**, 63

Lehre von den offenen Tatbeständen **15**, 22
Leichtfertigkeit **15**, 106, 205
Leistungsvermögen
  individuelles **15**, 134

Mehrere Personen, Abgrenzung des Verantwortungsbereiches **15**, 148 ff.
Möglichkeitstheorie **15**, 75
Motivationen **15**, 24
Motiv des Handelns **15**, 65 f.
- als Absicht **15**, 66

Negative Tatbestandsmerkmale **15**, 35, **16**, 18
Normative Tatbestandsmerkmale **15**, 17, 19, 43
  Subsumtionsirrtum bei – **15**, 44
  Verbotsirrtum bei – **15**, 44
Notwehrexzeß **16**, 12

Objektive Strafbarkeitsbedingungen **15**, 34
Objektiv täterschaftliche Merkmale **15**, 42
Ordnungswidrigkeitenrecht, Unrechtsbewußtsein im – **17**, 15

Parallelwertung in der Laiensphäre **15**, 39, 43
pflichtwidrige Tätigkeitsübernahme **15**, 136, 198
Pflichtwidrigkeit **15**, 121 ff., 132 ff.
  s. auch Fahrlässigkeit, Sorgfaltspflicht
Privilegierende Merkmale **15**, 32, **16**, 26
  Irrtum über – **16**, 26 ff.
Produkthaftung **15**, 223
Provozierte Selbstgefährdung **15**, 155
Putativrechtfertigungsgründe **15**, 35, **16**, 14 ff.

Qualifizierende Merkmale 15, 26

Reaktionszeit 15, 216
Rechtfertigungsgrund
– bei Fahrlässigkeit 15, 188
  Irrtum über – 15, 35, 16, 14 ff., 24, 17, 10
Rechtspflichtmerkmal, Irrtum über – 15, 22
Rechtswidrigkeit beim Fahrlässigkeitsdelikt 15, 188 f.
Rechtswidrigkeitsbewußtsein
  s. Unrechtsbewußtsein
Rechtswidrigkeitszusammenhang 15, 130, 161 ff.
– in dubio pro reo 15, 171 ff.
Risiko, bedingtes 15, 179 a
– erlaubtes 15, 144 ff.
– gerechtfertigtes 15, 189
Risikoerhöhungsprinzip 15, 173

Schrecksekunde 15, 216
Schuld beim Fahrlässigkeitsdelikt 15, 190 ff.
Schuldtheorie, allgemein 15, 35, 100, 16, 14 ff., 17, 3 ff.
  eingeschränkte – 16, 14 ff.
– bei Unterlassungsdelikten 15, 96
Schutzbereich der verletzten Norm 15, 166, 174 ff.
Schutzbereich, räumlicher 15, 167
Schutzbereich, spezifischer 15, 169
Schutzbereich, zeitlicher 15, 168
Selbstgefährdung 15, 155
Skisport 15, 221
Skipisten, Sicherung von 15, 222
Sorgfaltsmaßstab 15, 133 ff.
Sorgfaltspflicht
  Begrenzung der – 15, 131
– und Erkundigungspflicht 17, 18
– bei Fahrlässigkeit, s. Pflichtwidrigkeit
  objektive – 15, 113, 121 ff.
  subjektive – 15, 194 ff.
– bei Verbotsirrtum 17, 16 ff.
Sozialadäquanz 15, 146
Sportverletzungen 15, 220
Sportliche Wettkampfregeln 15, 220
Strafbarkeitskenntnis 17, 7
Strafmilderung bei Verbotsirrtum 17, 24 ff.
Straßenbahnbetrieb, Fahrlässigkeit beim 15, 217
Subjektive Unrechtselemente 15, 23
Subsumtion 15, 44
Subsumtionsirrtum 15, 44
  umgekehrter – 16, 25

Tatbestandsirrtum 16, 1
Tatbestandsmerkmale
  deskriptive – 15, 17 ff.
  normative – 15, 17 ff.
Täterbewertungsmerkmale 15, 24
Tätigkeitsübernahme
  pflichtwidrige 15, 136, 198

Überzeugungstäter 17, 7
Unbewußte Fahrlässigkeit 15, 203
Unkenntnis infolge Alkohols 16, 12
Unrechtsbewußtsein
  abstraktes – 17, 11
  Bewußtseinsform beim – 17, 11

– beim Fahrlässigkeitsdelikt 15, 193
  Inhalt des – 17, 5 ff.
– im Ordnungswidrigkeitenrecht 17, 15
– als Schuldelement 17, 1
  Standort des – 17, 3
  Teilbarkeit des – 17, 9
  s. auch Schuldtheorie, Verbotsirrtum, Vorsatztheorie
Unterlassungsdelikte
  fahrlässige – 15, 132
  Irrtum bei – 15, 93 ff.
  Vorsatz bei – 15, 93 ff.

Verantwortungsbereich mehrerer Personen 15, 148 ff.
Verbotsirrtum, allgemein 17, 1 f.
  direkter – 17, 10
  indirekter – 17, 10
– durch mangelnde Gewissensanspannung 17, 15
– durch mangelnde Sorgfalt 17, 16 ff.
– bei normativen Tatumständen 15, 44
– bei Ordnungswidrigkeiten 17, 15
– bei Rechtfertigungsgründen 17, 10
  Strafmilderung bei – 17, 24 ff.
– bei Unterlassungsdelikten 15, 94 ff.
  unvermeidbarer – 17, 23
  vermeidbarer – 17, 24
  s. auch Unrechtsbewußtsein
Verbotsunkenntnis, s. Verbotsirrtum
Verkehrsgemäße Sorgfalt 15, 134
Verkehrssicherungspflicht 15, 218 ff.
Vertrauensgrundsatz 15, 147 ff., 211 ff.
– im Straßenverkehr 15, 149 ff., 211 ff.
Vorhersehbarkeit, allgemein 15, 125 f.
– des Erfolges 15, 199 ff.
– im Affektzustand 15, 197
Vorsatz 15, 1 ff.
  aktuelles Bewußtsein des – 15, 48 ff.
  Arten des – 15, 64 ff.
  Bedeutung des – 15, 8
  bedingter s. Eventualvorsatz
  Begriff des – 15, 9 ff.
  Bezugsobjekte des – 15, 15 ff.
  dauerndes Begleitwissen beim – 15, 51
  direkter – 15, 68 f.
  s. auch Absicht
  Elemente des – 15, 6 ff.
– bei erfolgsqualifizierten Delikten 15, 33
  Eventualvorsatz, s. dort
  Inhalt des – 15, 9 ff. s. auch Wissens- und Willenselement, Unrechtsbewußtsein
  intellektuelles Moment des – 15, 10
  privilegierende Merkmale und – 15, 32, 16, 26
  Rechtswidrigkeit als Bezugsobjekt des – 15, 21
– bei Regelbeispielen 15, 27
– bei Rückfallvoraussetzungen 15, 30
  sachgedankliches Mitbewußtsein beim – 15, 50
  Schuldvoraussetzungen als Bezugsobjekte des – 15, 36
– bei Strafzumessungsgründen 15, 31
– bei Strafzumessungstatsachen 15, 28 ff.
– bei Unterlassungsdelikten 15, 93 ff.
  Verhältnis des – zur Fahrlässigkeit 15, 2
  voluntatives Element des – 15, 11, 60 ff.

Wahrnehmungsprozeß beim – **15**, 52
Willenselement beim – **15**, 60 ff.
Wissenselement beim – **15**, 38 ff.
– bei zweiaktigen Delikten **15**, 25
Vorsatz-Fahrlässigkeitskombination **15**, 108
Vorsatzformen
 Konkurrenz von – **15**, 90 ff.
 Zusammentreffen von mehreren – **15**, 90 ff.
Vorsatztheorie **15**, 104

Wahndelikt **16**, 25
Wahrscheinlichkeitstheorie **15**, 76
Wertung
– bei normativen Tatumständen **15**, 43

– Parallelwertung in der Laiensphäre **15**, 43
Wettkampfregeln **15**, 220
Wider besseres Wissen s. Wissentlichkeit
Willenselement **15**, 60 ff.
Wissenselement, allgemein **15**, 38 ff.
– bei deskriptiven Tatumständen **15**, 18, 39
 Inhalt des – **15**, 38 ff.
– bei normativen Tatumständen **15**, 19, 43
– bei Straferhöhungsgründen **15**, 26 ff.
Wissentlichkeit **15**, 68 f., 87

Zumutbarkeit, bei Fahrlässigkeit **15**, 202
Irrtum über – **15**, 96

Übersicht zu § 15

A. Regelungsgehalt der Vorschrift 1
 I. Ausnahmecharakter der Fahrlässigkeitshaftung 1
 II. Fahrlässigkeit als aliud 2
 III. Vorsatz und Fahrlässigkeit als alleinige Haftungsformen des Strafrechts. . 5
B. Vorsatz 6
 I. Die Elemente des Vorsatzbegriffs . .
 II. Bezugsobjekte des Vorsatzes 15
 III. Wissenselemente und Bewußtseinsformen des Vorsatzes 38
 VI. Willenselemente des Vorsatzes 60
 V. Arten des Vorsatzes 64
 VI. Vorsatz bei Unterlassungsdelikten . . 93
 VII. Vorsatz und Irrtum bei Blankettgesetzen 99

 VIII. Das Bewußtsein der Rechtswidrigkeit 104
C. Fahrlässigkeit................. 105
 I. Umfang der Fahrlässigkeitshaftung . 109
 II. Strukturprobleme der Fahrlässigkeitsdelikte 110
 III. Die wichtigsten Elemente des Fahrlässigkeitsbegriffs 120
 IV. Inhaltliche Bestimmung und Begrenzung der Sorgfaltspflicht 131
 V. Zurechnungsprobleme beim fahrlässigen Erfolgsdelikt 159
 VI. Rechtswidrigkeit............. 188
 VII. Schuld 190
 VIII. Fahrlässigkeitsprobleme in einzelnen Lebensbereichen 206

A. Regelungsgehalt der Vorschrift

1 I. Die Vorschrift bringt den Grundsatz zum Ausdruck, daß die **Fahrlässigkeitshaftung** im Sanktionsrecht die **Ausnahme** bleiben muß. Bis zum Inkrafttreten des neuen AT war anerkannt, daß Fahrlässigkeit auch dann strafbar sein sollte, wenn sich dies aus dem Zweck der einzelnen Normen mit Sicherheit ergab (RG **48** 118, BGH **6** 132); zu Einzelheiten vgl. 17. A. § 59 RN 149. Diese Möglichkeit, im Wege der Interpretation zur Fahrlässigkeitshaftung zu kommen, ist durch § 15 abgeschnitten. Dieser Regelung enspricht im Ordnungswidrigkeitenrecht § 10 OWiG.

2 II. Die Vorschrift besagt nicht, was unter **Vorsatz** und **Fahrlässigkeit** zu verstehen ist. Die Elemente von Vorsatz und Fahrlässigkeit sind daher aus dem Normzusammenhang der §§ 16, 17 und aus den systemimmanenten Prinzipien der Verbrechenslehre zu entwickeln. Zur inhaltlichen Beschreibung des Vorsatzes vgl. u. 9 ff. und der Fahrlässigkeit vgl. u. 120 ff.; zu Vorsatz und Fahrlässigkeit im Verbrechensaufbau vgl. 8, 63 vor § 13.

3 1. **Fahrlässigkeit** ist kein bloßes minus, sondern trotz ihres Charakters als Auffangtatbestand ein **aliud** gegenüber dem Vorsatz, da sie in Gestalt der Außerachtlassung verkehrsmäßiger Sorgfalt (vgl. u. 135) einen eigenständigen Vorwurf gegenüber dem Täter begründet (BGH **4** 341, Jescheck 508, M-Gössel II 98, Schaffstein NJW 52, 729, Schröder Sauer-FS 207 f., 244 f., Mylonopoulos ZStW 99, 695 ff.; and. Hall Mezger-FS 241, Schmidhäuser I 235, JuS 80, 251). Das Fehlen des Vorsatzes kann daher für das Vorhandensein der Fahrlässigkeit nichts besagen (RG **71** 195, Mezger LK[8] § 59 Anm. 22; and. Jakobs GA 71, 260). Fahrlässigkeit kommt aber nur dann in Betracht, wenn Vorsatz nicht vorliegt oder nicht nachweisbar ist (vgl. u. 4). Dies schließt allerdings nicht aus, daß bei einer Handlung im Hinblick auf verschiedene Erfolge sowohl vorsätzlich als auch fahrlässig gehandelt werden kann, der Täter z. B. durch einen Schuß einen Menschen vorsätzlich, einen anderen fahrlässig tötet. Zur Frage, ob beim Rücktritt vom Tötungsversuch § 226 in Betracht kommt, vgl. § 24 RN 23. Liegt eine Begehungsform vor, so erledigt sich regelmäßig die Untersuchung der anderen.

Vorsätzliches Handeln 4, 5 § 15

2. Bloßer Verdacht des **Vorsatzes schließt** dagegen die Feststellung der **Fahrlässigkeit nicht** 4
aus (RG 59 83, Hamburg JR 50, 409); läßt sich z. B. nicht nachweisen, daß der Täter seine
Ehefrau vorsätzlich vergiftet hat, so schließt dies die Feststellung nicht aus, der Täter habe das
Gift jedenfalls so unvorsichtig verwahrt (z. B. in einer Bierflasche im Eisschrank), daß er den
Tod des Opfers fahrlässig verursacht hat. Nach BGH **4** 340 m. Anm. Blei NJW 54, 500, Nüse
GA 54, 24 soll Wahlfeststellung zwischen vorsätzlicher und fahrlässiger Begehung eines Delikts
möglich sein (dagegen Heinitz JZ 52, 102, Schaffstein NJW 52, 725, Schneider DRiZ 56, 12).
Zum gleichen Ergebnis kommt BGH **17** 210 m. Anm. Willms JZ 62, 628 aufgrund der These,
die Fahrlässigkeitstatbestände hätten als sog. Auffangtatbestände die Lücke zu schließen, die bei
nicht nachweisbarem Vorsatz besteht. Im Gegensatz dazu begründet BGH **32** 57 dieses Ergebnis nunmehr durch die Annahme eines normativ-ethischen Stufenverhältnisses (vgl. dazu Jescheck 508, Wolter JuS 83, 771, Mylonopoulos ZStW 99, 709 ff.; vgl. auch § 1 RN 91 f.).

III. Aus der Vorschrift läßt sich zugleich entnehmen, daß es neben vorsätzlichem und fahrlässigem 5
Handeln **keine weitere Form** einer **strafrechtlichen Haftung** gibt (ebenso Rudolphi SK 2). Dies gilt
insb. für das von Schweikert (ZStW 70, 394 ff.) entwickelte Risikoprinzip (ähnlich Hardwig Eb.
Schmidt-FS 459 ff.); gegen diese Formen der strafrechtlichen Zurechnung Cramer, Der Vollrauschtatbestand als abstraktes Gefährdungsdelikt (1962) 26 ff., Arthur Kaufmann, Schuldprinzip 145.

B. Vorsatz

Schrifttum: Ambrosius, Untersuchungen zur Vorsatzabgrenzung, 1966. – *Androulakis,* „Zurechnung", Schuldbemessung und personale Identität, ZStW 82, 492. – *Arzt,* Bedingter Entschluß und Vorbereitungshandlung, JZ 69, 54. – *Baumann,* Schuld und Verantwortung, JZ 62, 41. – *ders.,* Der Schuldgedanke im heutigen deutschen Strafrecht und vom Sinn staatlichen Strafens, JurBl. 65, 113. – *ders.,* Das Umkehrverhältnis zwischen Versuch und Irrtum im Strafrecht, NJW 62, 16. – *Bemmann,* Welche Bedeutung hat das Erfordernis der Rauschtat im § 330a StGB, GA 61, 65. – *Bilsdorfer,* Die Entwicklung des Steuerstraf- und Ordnungswidrigkeitsrechts, NJW 89, 1587. – *Blei,* Unrechtsbewußtsein und Verbotsirrtum, JA 70, 205, 333, 525, 599, 665. – *Brammsen,* Inhalt und Elemente des Eventualvorsatzes – Neue Wege in der Vorsatzdogmatik, JZ 89, 71. – *Bruns,* Ein Rückschlag für die AIDS-Prävention, MDR 89, 199. – *Dopslaff,* Plädoyer für einen Verzicht auf die Unterscheidung in deskriptive und normative Tatbestandsmerkmale, GA 87, 1. – *Dreher,* Nochmals § 237 StGB, JZ 73, 276. – *Driendl,* Irrtum und Fehlprognose über abweichende Kausalverläufe, GA 86, 253. – *Eberhardt,* Ärztliche Haftpflicht bei intraoperativen Lagerungsschäden, MedR 86, 117. – *Engisch,* Untersuchungen über Vorsatz und Fahrlässigkeit im Strafrecht, 1930. – *ders.,* Die normativen Tatbestandselemente im Strafrecht, Mezger-FS 127. – *ders.,* Kausalität als Merkmal des strafrechtlichen Tatbestandes, 1931. – *Frank,* Vorstellung und Wille in der modernen Doluslehre, ZStW 10, 169. – *Freudenthal,* Schuld und Vorwurf im geltenden Strafrecht, 1922. – *Frisch,* Die „verschuldeten" Auswirkungen der Tat, GA 72, 321. – *ders.,* Vorsatz und Risiko, 1983. – *ders.,* Tatbestandsmäßiges Verhalten und Zurechnung des Erfolgs, 1988. – *ders.,* Vorsatz und Mitbewußtsein – Strukturen des Vorsatzes, Armin Kaufmann-FS, 311. – *ders.,* Riskanter Geschlechtsverkehr als Straftat? – BGHSt 36, 1, JuS 90, 362. – *ders.,* Offene Fragen des dolus eventualis, NStZ 91, 23. – *ders.,* Gegenwartsprobleme des Vorsatzbegriffs und der Vorsatzfeststellung, Meyer-FS 533. – *Geilen,* Sukzessive Zurechnungsunfähigkeit usw., JuS 72, 73. – *ders.,* Bedingter Tötungsvorsatz bei bevollmächtigter Ermöglichung und Verdeckung einer Straftat (§ 211 StGB), Lackner-FS 571. – *Geppert,* Strafbares Verhalten durch mögliche Aids-Übertragung?, Jura 87, 668. – *Goldschmidt,* Normativer Schuldbegriff, Frank-FG I 428. – *Großmann,* Die Grenze von Vorsatz und Fahrlässigkeit, 1924. – *Grünwald,* Der Vorsatz des Unterlassungsdelikts, H. Mayer-FS 281. – *Haft,* Die Lehre vom bedingten Vorsatz unter besonderer Berücksichtigung des wirtschaftlichen Betrugs, ZStW 88, 365. – *Hall,* Fahrlässigkeit im Vorsatz, 1959. – *Hanack,* Zur Frage geminderter Schuld der vom Unrechtsstaat geprägten Täter, Verhandlungen d. 46. DJT II C 53. – *Hardwig,* Pflichtirrtum, Vorsatz und Fahrlässigkeit, ZStW 78, 1. – *Hassemer,* Kennzeichen des Vorsatzes, Armin Kaufmann-FS 289. – *Herdegen,* Der Verbotsirrtum in der Rechtsprechung des Bundesgerichtshofs, BGH-FG 195. – *Herzberg,* Aberratio ictus und abweichender Tatverlauf, ZStW 85, 867. – *ders.,* Aberratio ictus und error in obiecto, JA 81, 369, 470. – *ders.,* Wegfall subjektiver Tatbestandsvoraussetzungen vor Vollendung der Tat, Oehler-FS 163. – *ders.,* Die Abgrenzung von Vorsatz und bewußter Fahrlässigkeit – ein Problem des objektiven Tatbestandes, JuS 86, 249. – *ders.,* Bedingter Vorsatz und objektive Zurechnung beim Geschlechtsverkehr des Aids-Infizierten – AG München, NJW 87, 2314, JuS 87, 777. – *ders.,* Das Wollen beim Vorsatzdelikt und dessen Unterscheidung vom bewußt fahrlässigen Verhalten, JZ 88, 573, 635. – *ders.,* Aids: Herausforderung und Prüfstein des Strafrechts, JZ 89, 470. – *Hettinger,* Die Bewertung der „aberalis ichs" beim Alleintäter, GA 90, 531. – *Hillenkamp,* Die Bedeutung von Vorsatzkonkretisierungen bei abweichendem Tatverlauf, 1971. – *ders.,* Dolus eventualis und Vermeidewillen, Armin Kaufmann-FS, 351. – *v. Hippel,* Die Grenze von Vorsatz und Fahrlässigkeit, 1903. – *ders.,* Vorsatz, Fahrlässigkeit, Irrtum, VDA III 373. – *Hirsch,* Die Entwicklung der Strafrechtsdogmatik nach Welzel, FS der Rechtswissenschaftlichen Fakultät zur 600 Jahr-Feier der Universität zu Köln, 399. – *Honig,* Zur gesetzlichen Regelung des bedingten Vorsatzes, GA 73, 257. – *Horn,* Verbotsirrtum und Vorwerfbarkeit, 1969. – *ders.,* Actio libera in causa – eine notwendige, eine zulässige Rechtsfigur, GA 69, 289. – *Hruschka*, Zum Tatvorsatz bei zweiaktigen Delikten, JZ 73, 12, 287. – *Jakobs*, Studien zum fahrlässigen Erfolgsdelikt, 1972. – *Janiszewski*, Zur Problematik der aberratio ictus, MDR 85, 533. – *Jescheck*, Aufbau und Stellung des bedingten Vorsatzes im Verbrechensbegriff, E. Wolff-FS 473. – *Joerden*, Der auf die Verwirklichung von zwei Tatbeständen gerichtete Vorsatz, ZStW 95, 565. – *Kantorowicz*, Tat und Schuld, 1933. – *Armin Kaufmann*, Der dolus eventualis im Deliktsaufbau, ZStW 70, 64. – ders., Lebendiges und Totes in Bindings Normentheorie, 1954. – ders., Tatbestandseinschränkung und Rechtfertigung, JZ 55, 37. – ders., Unterlassung und Vorsatz, v. Weber-FS 207. – *Arthur Kaufmann*, Das Unrechtsbewußtsein in der Schuldlehre des Strafrechts, 1949. – ders., Das Schuldprinzip, 2. A., 1976. – ders., Zur Lehre von den negativen Tatbestandsmerkmalen, JZ 54, 653. – ders., Dogmatische und kriminalpolitische Aspekte des Schuldgedankens im Strafrecht, JZ 67, 553. – ders., Die Parallelvertretung in der Laiensphäre, 1982. – *Kindhäuser*, Der Vorsatz als Zurechnungskriterium, ZStW 96, 1. – ders., Rohe Tatsachen und normative Tatbestandsmerkmale, Jura 84, 465. – *Klee*, Zur Lehre vom strafrechtlichen Vorsatz, StrAbh., Heft 10. – *Kloppenborg*, Ärztliche Aufklärungspflicht beim alten Menschen, MedR 86, 18. – *Köhler*, Vorsatzbegriff und Bewußtseinsform des Vorsatzes, GA 81, 285. – ders., Die bewußte Fahrlässigkeit, 1982. – *Krümpelmann*, Stufen der Schuld beim Verbotsirrtum, GA 68, 129. – ders., Vorsatz und Motivation, ZStW 87, 888. – *Küper*, Vorsatz und Risiko, GA 87, 479. – *Küpper*, Das Verhältnis von dolus eventualis, Gefährdungsvorsatz und bewußter Fahrlässigkeit, ZStW 100, 758. – *Kunert*, Die normativen Merkmale des strafrechtlichen Tatbestands, 1958. – *Lampe*, Ingerenz oder dolus subsequens?, ZStW 72, 93. – *Lang-Hinrichsen*, Zur Frage der Schuld bei Straftaten und Ordnungswidrigkeiten, GA 57, 225. – ders., Zur Krise des Schuldgedankens ZStW 73, 210. – *Lange*, Der Strafgesetzgeber und die Schuldlehre, JZ 56, 73. – *Langer*, Vorsatztheorie und strafgesetzliche Irrtumsregelung, GA 76, 193. – *Lenckner*, Strafe, Schuld und Schuldfähigkeit, in: Göppinger-Witter, Handbuch d. forensischen Psychiatrie, 1972, 50 ff. – *v. Liszt*, Die Behandlung des dolus eventualis im Strafrecht, Ges. Aufsätze, 1898, II 251. – *Maiwald*, Der „dolus generalis", ZStW 78, 30. – *Maurach*, Schuld und Verantwortung im Strafrecht, 1948. – *H. Mayer*, Das Problem des sog. dolus generalis, JZ 56, 109. – *Mitch*, Tödliche Schüsse auf flüchtende Diebe, JA 89, 79. – *Morkel*, Abgrenzung zwischen vorsätzlicher und fahrlässiger Straftat, NStZ 81, 176. – *Mylonopoulos*, Das Verhältnis von Vorsatz und Fahrlässigkeit und der Grundsatz in dubio pro reo, ZStW 99, 685. – *Nowakowski*, Rechtsfeindlichkeit, Schuld, Vorsatz, ZStW 65, 379. – *Oehler*, Neue strafrechtliche Probleme des Absichtsbegriffes, NJW 66, 1633. – *Paeffgen*, Der Verrat in irriger Annahme eines illegalen Geheimnisses (§ 97b StGB) und die allgemeine Irrtumslehre, 1979. – *Philipps*, Dolus eventualis als Problem der Entscheidung unter Risiko, ZStW 85, 27. – *Platzgummer*, Die Bewußtseinsform des Vorsatzes, 1964. – *Prittwitz*, Zur Diskrepanz zwischen Tatgeschehen und Tätervorstellung, GA 83, 110. – ders., Die Ansteckungsgefahr bei AIDS, JA 88, 427, 486. – ders., Strafbarkeit des HIV-Virusträgers trotz Aufklärung des Sexualpartners?, NJW 88, 2942. – ders., Das „AIDS-Urteil" des Bundesgerichtshofs, StV 89, 123. – *Puppe*, Zur Revision der Lehre von der „konkreten" Vorsatz und der Beachtlichkeit der aberratio ictus, GA 81, 1. – dies., Die strafrechtliche Verantwortlichkeit für Irrtümer bei der Ausübung der Notwehr und deren Folgen, JZ 89, 728. – dies., Tatirrtum, Rechtsirrtum, Subsumtionsirrtum, GA 90, 145. – dies., Der Vorstellungsinhalt des dolus eventualis, ZStW 101, 1. – *Rengier*, AIDS und Strafrecht, Jura 89, 225. – *Roxin*, Zur Abgrenzung von bedingtem Vorsatz und bewußter Fahrlässigkeit, JuS 64, 53. – ders., Unterlassung, Vorsatz ... im neuen Strafgesetzbuch, JuS 73, 197. – ders., Gedanken zum „dolus generalis", Würtenberger-FS 109. – *Rudolphi*, Unrechtsbewußtsein, 1969. – ders., Vorhersehbarkeit und Schutzzweck der Norm, JuS 69, 549. – *Samson*, Absicht und direkter Vorsatz im Strafrecht, JA 89, 449. – *Sax*, Zum logischen und sachlichen Gehalt des sog. „Umkehrschlusses aus § 59 StGB", JZ 64, 241. – *Schewe*, Bewußtsein und Vorsatz, 1967. – ders., Reflexbewegung, Handlung, Vorsatz, 1972. – *Schlehofer*, Risikovorsatz und zeitliche Reichweite der Zurechnung beim ungeschützten Geschlechtsverkehr des HIV-Infizierten, NJW 89, 2017. – *Schlüchter*, Irrtum über normative Tatbestandsmerkmale im Strafrecht, 1983. – dies., Zur Irrtumslehre im Steuerstrafrecht, wistra 85, 43, 94. – *Schmidhäuser*, Der Begriff des bedingten Vorsatzes usw., GA 58, 161. – ders., Über Aktualität und Potentialität des Unrechtsbewußtseins, H. Mayer-FS 317. – ders., Vorsatzbegriff und Begriffsjurisprudenz im Strafrecht, 1968. – ders., Unrechtsbewußtsein und Schuldgrundsatz, NJW 75, 1807. – ders., strafrechtlicher Vorsatzbegriff und Alltagssprachgebrauch, Oehler-FS 135. – ders., Die Grenze zwischen vorsätzlicher und fahrlässiger Straftat („dolus eventualis" und „bewußte Fahrlässigkeit"), JuS 80, 241. – *Schneider*, Über die Behandlung des alternativen Vorsatzes, GA 56, 257. – *Schröder*, Aufbau und Grenzen des Vorsatzbegriffs, Sauer-FS 207. – *Schroeder*, Der Irrtum über Tatbestandsalternativen, GA 79, 321. – *Schroth*, Die Rechtsprechung des BGH zum Tötungsvorsatz in der Form des „dolus eventualis", NStZ 90, 324. – *Schumann*, Strafrechtliches Handlungsunrecht und das Prinzip der Selbstverantwortung der Anderen, 1986. – ders., Zur Wiederbelebung des „voluntativen" Vorsatzelements durch den BGH, JZ 89, 427. – *Schünemann*, Riskanter Geschlechtsverkehr eines HIV-Infizierten als Tötung, Körperverletzung oder Vergiftung?, JR 89, 89. – *Schweikert*, Strafrechtliche Haftung für riskantes Verhalten, ZStW 70, 394. – *Silva-Sanchez*, Aberratio ictus und objektive Zurechnung, ZStW 89, 352. – *Spendel*, Der sog. Umkehrschluß aus § 59 StGB nach der subjektiven Versuchstheorie, ZStW 69, 441. – *Stratenwerth*, Dolus eventualis und bewußte Fahrlässigkeit, ZStW 71, 51. – ders., Unbewußte Finalität? Welzel-FS 289. – *Strauss*, Verbotsirrtum und Erkundigungspflicht, NJW 69, 1418. – *Struensee*, Verursachungsvorsatz und Wahnkausalität, ZStW 102, 21. – *Tiedemann*, Wirtschaftsstrafrecht – Einführung und Übersicht, JuS 89, 689. – *Ulsenheimer*, Erfolgsrelevante und neutrale Pflichtverletzungen, JZ 69, 364. – *Vest*,

Vorsatznachweis und materielles Strafrecht, 1986. – *Warda,* Vorsatz und Schuld bei ungewisser Tätervorstellung über das Vorliegen strafbarkeitsausschließender, insbesondere rechtfertigender Tatumstände, Lange-FS 119. – *ders.,* Die Abgrenzung von Tatbestands- und Verbotsirrtum bei Blankettstrafgesetzen, 1955. – *ders.,* Grundzüge der strafrechtlichen Irrtumslehre, Jura 79, 1, 71, 113, 286. – *v. Weber,* Negative Tatbestandselemente, Mezger-FS 183. – *ders.,* Subsumtionsirrtum, GA 53, 161. – *E. Wolf,* Strafrechtliche Schuldlehre, I. Teil, 1928. – *E. A. Wolff,* Die Grenze des dolus eventualis und der willentlichen Verletzung, Gallas-FS 197. – *Wolter,* Der Irrtum über den Kausalverlauf als Problem objektiver Erfolgszurechnung, ZStW 89, 649. – *ders.,* Vorsätzliche Vollendung ohne Vollendungsvorsatz und Vollendungsschuld?, Leferenz-FS 545.

I. Die Elemente des Vorsatzbegriffs. Das StGB enthält keine Begriffsbestimmung von Vorsatz und Fahrlässigkeit und folgt damit nicht den Vorschlägen des § 16 E 62 und § 17 AE. Der Grund hierfür liegt darin, daß der Gesetzgeber sich nicht entschließen konnte, das neue StGB hinsichtlich dieser Begriffe inhaltlich festzulegen, weil er glaubte, daß dies die weitere Rechtsentwicklung unangemessen einengen würde (krit. Roxin JuS 73, 197).   6

1. Daher müssen Gegenstand und Inhalt des Vorsatzes aus den **Vorschriften über den Irrtum** (§§ 16, 17) und aus den allgemeinen Prinzipien der Verbrechenslehre entwickelt werden. So befaßt sich § 16 mit der Kehrseite des Vorsatzes, nämlich mit dem Irrtum über Umstände, die zum gesetzlichen Tatbestand gehören und der irrtümlichen Annahme priviligierender Tatbestandsmerkmale. Die Tatsache aber, daß das Nichtkennen der zum gesetzlichen Tatbestand gehörenden Umstände den Vorsatz ausschließt (§ 16 I S. 1), besagt umgekehrt, daß vorsätzlich nur handelt, wer die Summe der Voraussetzungen kennt, die das Unrecht der Tat typischerweise kennzeichnen (vgl. 54 vor § 13). Aus § 17 S. 1 ergibt sich andererseits, daß das Bewußtsein der Widerrechtlichkeit kein konstitutives Element des Vorsatzes sein kann (ebenso Rudolphi SK § 16 RN 1; vgl. dazu u. 104). Aus den Irrtumsvorschriften ergibt sich daher das Erfordernis des „Wissens", wobei durch die gesetzlichen Regelungen aber nur der grobe Rahmen abgesteckt wird. So bleibt auch nach der Neuregelung offen, ob der Täter vorsätzlich handelt, wenn er irrtümlich die tatbestandlichen Voraussetzungen eines Rechtfertigungsgrundes annimmt (vgl. dazu u. 35). Außerdem berühren die genannten Vorschriften nur das Wissenselement des Vorsatzes, sind also für die Frage, worin das Willenselement des Vorsatzes liegt, unergiebig. Immerhin ergibt sich das voluntative Element des Vorsatzes aus der Gegenüberstellung von Vorsatz und Fahrlässigkeit in § 15, denn schon ein vorjuristisches Verständnis der Begriffe Vorsatz und Fahrlässigkeit zeigt, daß der Unterschied der beiden Formen im Willen zur Verwirklichung der objektiven Tatbestandsmerkmale liegt (so Jescheck 263; a. A. Schmidhäuser, Vorsatzbegriff 14, Frisch aaO 255 ff., Herzberg JuS 86, 249 ff., 87, 781 ff., JZ 88, 573 ff., 635 ff.).   7

2. Der Vorsatz ist **Bestandteil des Handlungsunrechts** (vgl. 54 ff. vor § 13). Er gehört daher neben den „subjektiven Unrechtselementen" (vgl. 63 vor § 13) zu den subjektiven Bestandteilen des Unrechtstatbestandes (vgl. die Nachw. 52 vor § 13). Dies bedeutet jedoch nicht, daß der Vorsatz für die Schuld ohne Bedeutung ist; eingehend hierzu 120 f. vor § 13. Als subjektiver Bestandteil des Unrechtstatbestandes ist er nicht nur Voraussetzung der Vorsatzschuld, sondern kennzeichnet gemeinsam mit den übrigen Schuldelementen, insb. dem Unrechtsbewußtsein, den Inhalt der schwersten Schuldform, bei der auch die Motivation des Täters Berücksichtigung findet (Jescheck 218, Krümpelmann ZStW 87, 888 ff.). Eingehend zu Stellung und Funktion des Vorsatzes 52 ff. vor § 13.   8

3. Üblicherweise, wenn auch unzulänglich, wird der Vorsatz als „**Wissen und Wollen der zum gesetzlichen Tatbestand gehörenden objektiven Merkmale**" definiert; der Vorsatz enthält damit ein intellektuelles und ein voluntatives Element (RG 58 247, 70 257, BGH NStZ 88, 175, NJW 89, 781, Lackner II vor 1, D-Tröndle 2, M-Zipf I 291 ff., zuletzt eingehend begründet von Spendel Lackner-FS 167 ff.; and. Schmidhäuser, Vorsatzbegriff 14, der den Vorsatzbegriff so bestimmt, daß kein voluntatives Element mehr enthalten ist; ähnlich Frisch aaO 255 ff., vgl. u. 12–14).   9

a) Das **intellektuelle Moment** des Vorsatzes erfordert die Kenntnis der den Unrechtstypus der Tat konstituierenden Merkmale. Es berührt damit einerseits das Problem, welche Elemente des Verbrechensbegriffs Bezugsobjekte des Vorsatzes sind (vgl. dazu u. 15 ff.), und andererseits die Frage nach den Bewußtseinsformen des Vorsatzes (vgl. u. 38 ff.).   10

b) Als **voluntatives Element** setzt der Vorsatz eine Willensentscheidung des Täters für die Vornahme einer das tatbestandliche Unrecht des Delikts realisierenden Handlung oder Unterlassung voraus (vgl. u. 60). Entsprechend nach dem Grad der Intensität dieser Willensbeziehung unterscheidet man die verschiedenen Arten des Vorsatzes (vgl. u. 64 ff.).   11

Demgegenüber wird von Schmidhäuser AT I 200 ff., Vorsatzbegriff 14, Oehler-FS 153, Frisch aaO 255 ff., Herzberg JuS 86, 249, 87, 781 ff., JZ 88, 573 ff., 635 ff., Kindhäuser ZStW 96, 1, wenn auch mit teilweise unterschiedlicher Begründung auf ein voluntatives Element im Vorsatz-Begriff verzichtet; vgl. hierzu Bramnsen JZ 89, 71, 74. Nach Hruschka 425 ff. gibt es keinen Unterschied zwischen intellektuellem und voluntativem Element, weil jeder, der wissentlich etwas tue, sein Verhalten auch wolle. Praktisch wird diese Kritik am herrschenden   12–14

Vorsatzbegriff insb. beim dolus eventualis (u. 72ff.), weil nach diesen Auffassungen im Ergebnis ein Fürmöglichhalten der Tatbestandsverwirklichung selbst dann ausreicht, wenn der Täter fest darauf vertraut, daß es ihm gelingt, den schädigenden Erfolg zu vermeiden. Die sog. Vorstellungstheorie in ihren verschiedenen Varianten verdient jedoch keine Zustimmung, weil durch sie der dolus eventualis zu weit in den Fahrlässigkeitsbereich hinein ausgedehnt wird. Zu den verschiedenen Varianten dieser Auffassung vgl. u. 74ff.

15 **II. Bezugsobjekte des Vorsatzes.** Aus der Feststellung, daß der Vorsatz im „Wissen und Wollen der Tatbestandsverwirklichung" besteht, resultiert die Frage, welche Elemente des Verbrechensbegriffs **Bezugsobjekte** des Vorsatzes sein müssen.

16 1. Zum Vorsatz gehört die Kenntnis der **Umstände**, die „**zum gesetzlichen Tatbestand**" gehören, da andernfalls ein Vorsatz nach § 16 ausgeschlossen wäre. Der gesetzliche Tatbestand in diesem Sinne umfaßt die Summe der objektiven Voraussetzungen, die innerhalb des Unrechtstatbestandes (vgl. 61 vor § 13) den Deliktstypus kennzeichnen (vgl. Jescheck 263, Lackner II 1, Rudolphi SK § 16 RN 6ff.; eingehend hierzu 45ff. vor § 13 mwN). Entgegen Armin Kaufmann, Lebendiges und Totes 134ff., 149ff. und Frisch, Armin Kaufmann-FS, 327 gehören hierzu z. B. die Merkmale, mit denen der jeweilige Tatbestand das Handlungssubjekt (Amtsträger, Arzt, Rechtsanwalt) beschreibt (h. L. vgl. u. 42). Außerdem gehören hierzu das Angriffsobjekt (Mensch, Sache) oder ein etwa erforderlicher Erfolg (Tod, Gesundheitsbeschädigung, Sachbeschädigung). Auch die ungeschriebenen Tatbestandsmerkmale, wie die Vermögensverfügung bei § 263, gehören hierher. Gleiches gilt für die Kausalität zwischen Handlung und Erfolg (vgl. u. 54). Weiter sind zu den Merkmalen des gesetzlichen Tatbestandes auch die erforderlichen Tatmodalitäten (grausam, heimtückisch, täuschen) zu zählen. Demgegenüber ist nach Frisch (aaO 59ff., 346ff.) Bezugspunkt des Vorsatzes nicht der Tatbestand mit seinen Merkmalen, sondern die „Tathandlung": der Täter muß sein Verhalten in der relevanten Risikodimension erfaßt haben; er muß wissen, daß seinem Verhalten objektiv ein bestimmtes Risiko der Erfolgsherbeiführung eignet (Frisch Vorsatz 101). Dagegen ist einzuwenden, daß Frisch letztlich die Verletzungsverbote uminterpretiert in bloße Handlungsverbote (Küpper ZStW 100, 778), so daß aus Erfolgsdelikten bloße Tätigkeitsdelikte werden. Überdies kann die Tathandlung nicht losgelöst von der gesetzlichen Umschreibung im jeweiligen Tatbestand gesehen werden. Auch der Prämisse von Frisch, daß nämlich der Täter das Ergebnis seines Tuns nicht vor der Tat wissen könne, ist nicht zuzustimmen, da es zum Wesen des Vorsatzes gehört, daß der vorsätzlich Handelnde den Erfolg – und zwar in seiner konkreten Gestalt – vor dessen Eintritt gedanklich antizipiert (vgl. Küpper ZStW 100, 778). Auch der Annahme von Frisch, wonach der dolus eventualis dogmatisch die eigentliche „Grundform" des Vorsatzes repräsentiere (ebenso Kindhäuser ZStW 96, 30), kann ebensowenig zugestimmt werden, wie der sich daraus ergebenden Konsequenz, wonach ein für Möglichhalten des Erfolgseintritts für die intellektuelle Komponente der Absicht nicht ausreiche (vgl. u. 67).

17 a) Innerhalb der Tatbestandsmerkmale wird üblicherweise zwischen den sog. **deskriptiven** und **normativen Merkmalen** unterschieden.

18 α) Von **deskriptiven** (oder kognitiven) **Tatbestandsmerkmalen** wird dann gesprochen, wenn deren Feststellung im allgemeinen durch sinnliche Wahrnehmung erfolgen kann. Diese Merkmale sollen also durch ihre Zugehörigkeit zur äußeren oder inneren Sinneswelt gekennzeichnet sein (krit. zu dieser Definition Kindhäuser Jura 84, 465ff.). Hierzu gehören Merkmale wie Mensch, Sache, Tier, die durch den Tatbestand sachlich-gegenständlich beschrieben sind und im Einzelfall durch Wahrnehmung in das Täterbewußtsein aufgenommen werden können.

19 β) Unter **normativen Merkmalen** versteht man solche, deren Feststellung nur durch ein (Wert-) Urteil erfolgen kann. Sie enthalten zwar auch ein Moment sinnlich erfaßbarer Realität, sind jedoch nur geistig verstehbar, weil sie „nur unter logischer Voraussetzung einer Norm vorgestellt oder gedacht werden können" (Engisch Mezger-FS 127ff., 147, Schlüchter aaO 15ff., 37; Kunert aaO 102, der freilich die Berechtigung der Unterscheidung leugnet und alle Tatbestandsmerkmale als „deskriptiv" bezeichnet; Stratenwerth 95, Mezger Traeger-FS 187ff., E. Wolf, Die Typen der Tatbestandsmäßigkeit [1931], Herdegen BGH-FG 197 u. Lenckner JuS 68, 249 Anm. 7, die fast allen Merkmalen normativen Einschlag zuerkennen); eingehend zur Frage der normativen Tatbestandsmerkmale Kindhäuser Jura 84, 465ff., Puppe GA 90, 149. Zu den normativen Merkmalen rechnen z. B. die Fremdheit der Sache, die Eigenschaft als Amtsträger, die Tatsache, daß ein Tier dem Jagdrecht unterliegt, daß eine Sache gepfändet oder beschlagnahmt worden ist, ferner Merkmale wie Urkunde, pornographische Darstellung.

20 γ) Die **Unterscheidung** zwischen deskriptiven und normativen Tatumständen, deren Grenzziehung oft sehr schwierig ist, da auch die deskriptiven Merkmale zumeist einen gewissen normativen Einschlag enthalten (vgl. 64 vor § 13), ist allein im Hinblick darauf von Interesse, welcher psychische Vorgang erforderlich ist, damit der Täter das Merkmal als ein solches des gesetzlichen Tatbestandes erkennt. Bei den normativen Merkmalen taucht dabei die Frage auf, ob und in welchem Umfang der Täter auch die erforderliche rechtliche Wertung vollzogen haben muß. Daß dies nicht im gleichen Sinne möglich ist, wie es beim Richter im Wege juristischer Subsumtion geschieht, ist unbestritten; streitig ist aber, in welchem Umfang hier eine Wertung durch den Täter erfolgen muß und welche Bedeutung eine falsch vollzogene Wertung für den Vorsatz hat; vgl. dazu u. 43.

b) Dagegen handelt es sich **nicht um Merkmale** des gesetzlichen Tatbestandes, wenn zur Umschreibung des deliktischen Verhaltens die Begriffe „**rechtswidrig**" oder „**widerrechtlich**" (vgl. z. B. §§ 123, 239, 303) verwendet werden. Hierbei handelt es sich um die Beschreibung der Rechtswidrigkeit als allgemeines Verbrechensmerkmal (vgl. 65 vor § 13). Dient das Merkmal „Rechtswidrigkeit" allerdings der näheren Kennzeichnung eines einzelnen Tatbestandsmerkmals, wie z. B. bei der Zueignungsabsicht in § 242 oder der Bereicherungsabsicht in § 263, so soll es nach h. M. als Attribut dieses Merkmals auch zum gesetzlichen Tatbestand gehören (vgl. D-Tröndle § 263 RN 41, M-Zipf I 321, Rudolphi SK § 16 RN 16; and. z. T. Welzel 350, 377). Zum Merkmal „**unbefugt**" vgl. 65 vor § 13. **21**

c) Aus der Ablehnung der Lehre von den sog. „offenen Tatbeständen" und den sog. „Rechtspflichtmerkmalen" (vgl. 66f. vor § 13) ergibt sich, daß die diesen Tatbeständen zugrunde liegenden **gesamttatbewertenden Umstände** zum gesetzlichen Tatbestand gehören; allerdings nur insoweit, als sie die tatsächlichen Voraussetzungen des gesamttatbewertenden Merkmals betreffen (ebenso Herdegen BGH-FG 196, 201f., Schlüchter aaO 94, 179ff., Puppe GA 90, 170f.). Hier ist also zu unterscheiden zwischen den zum Tatbestand gehörenden unrechtscharakterisierenden Merkmalen, die den Beziehungsgegenstand des Unwerturteils bilden, und diesem selbst; nur jene, nicht das Unwerturteil als solches sind Bezugsobjekte des Vorsatzes (Jescheck 223, Rudolphi SK § 16 RN 17). Für das wichtigste Beispiel des § 240 II bedeutet dies: Nur die Kenntnis der Voraussetzungen der Verwerflichkeit gehört zum Vorsatz; nicht dagegen die Kenntnis der Verwerflichkeit als solcher; nur im ersten Fall liegt daher ein Tatbestandsirrtum nach § 16 vor, während es sich beim Irrtum über die Verwerflichkeit um einen Verbotsirrtum handelt. **22**

d) Umstritten ist, in welchem Umfang auch **subjektive Unrechtselemente** (vgl. hierzu 63 vor § 13) vom Vorsatz umfaßt sein müssen (zur Problematik vgl. Gallas ZStW 67, 65, Schmidhäuser, Gesinnungsmerkmale im Strafrecht [1958], Roxin, Offene Tatbestände 109). **23**

Teilweise wird angenommen, daß **Motivationen** (§ 211: Mordlust, Habgier, Niedrigkeit der Beweggründe; vgl. § 211 RN 37), **Absichten** (§ 263: Bereicherungsabsicht; § 242: Zueignungsabsicht) oder **Täterbewertungsmerkmale** (§ 223b: roh; § 315c: rücksichtslos) nicht vom Vorsatz umfaßt sein müssen (so D-Tröndle § 16 RN 13ff.). Diese Auffassung ist schon teilweise in der Fragestellung unkorrekt. Soweit neben dem Vorsatz bestimmte Absichten (§§ 242, 263) erforderlich sind, stellen diese einen eigenen psychischen Sachverhalt dar, der nicht vom Vorsatz erfaßt sein, sondern zusätzlich zu ihm festgestellt werden muß; nur insoweit, als der Bezugspunkt von Vorsatz und Absicht der gleiche ist (z. B. Zueignungsabsicht bezügl. fremder Sachen), sind der Vorstellungsinhalt von Vorsatz und Absicht identisch (vgl. Jescheck 267f.; weitergehend Engisch Rittler-FS 172). Entsprechendes gilt für die vom Tatbestand vorausgesetzten Motivationen; auch sie sind neben dem Vorsatz festzustellen. Geht der Täter z. B. irrtümlich von Umständen aus, die sein Verhalten nicht als auf niedrigster Stufe stehend erscheinen lassen (vgl. § 211 RN 31), so fehlt es an der entsprechenden Motivation, nicht aber unbedingt am Vorsatz. Bei den Täterbewertungsmerkmalen ist hingegen zu fordern, daß der Täter sich der tatsächlichen Umstände bewußt ist, die sein Verhalten als böswillig, rücksichtslos usw. erscheinen lassen. Die Wertung selbst braucht er nicht vollzogen zu haben (ebenso Jakobs 233). **24**

2. Bei **zweiaktigen Delikten** (z. B. §§ 237, 249, 252) kann das Bezugsobjekt des Vorsatzes zweifelhaft sein. Fraglich ist, ob bei Begehung des ersten der Vorsatz bereits in bezug auf den zweiten Akt gegeben sein muß. Die Frage läßt sich nicht einheitlich, sondern nur aufgrund einer Analyse der einzelnen Tatbestände beantworten. Handelt es sich um ein sog. echtes zweiaktiges Delikt, bei dem eine subjektive Verknüpfung der beiden Teilakte vom Gesetzgeber vorausgesetzt wird (z. B. §§ 177, 237, 249), muß der Täter bereits beim ersten Teilakt des Delikts den Vorsatz zur Begehung des zweiten Teilakts haben; so muß z. B. bei § 237 (vgl. dort RN 6) die Verknüpfung mit dem zweiten Akt dadurch geschaffen sein, daß schon bei der Entführung der Wille vorhanden ist, den zweiten Akt vorzunehmen; auch beim Raub (vgl. dort RN 8) muß der Wegnahmevorsatz schon bei Begehung des ersten Teilakts, z. B. der Gewaltanwendung gefaßt sein. Bei § 252 dagegen handelt es sich um ein sog. unechtes zweiaktiges Delikt, bei dem eine tatbestandliche subjektive Verknüpfung nicht vorausgesetzt wird (vgl. dort RN 7). Dementsprechend reicht es aus, daß der Vorsatz zur Begehung der Nötigung erst nach dem Diebstahl gefaßt wird (vgl. auch Hruschka JZ 73, 12, Jakobs 212). Bei Gefährdungsdelikten, die sich aus einem tatbestandlich umschriebenen Verhalten und der Herbeiführung **25**

einer Gefahr zusammensetzen (z. B. §§ 315a–315c), ist ebenfalls aus dem Sinnzusammenhang der Vorschriften zu entscheiden, ob es sich um ein echtes oder unechtes zweiaktiges Delikt handelt. Regelmäßig genügt es, daß der Vorsatz sich zunächst nur auf die Handlung bezieht und sich erst später auch auf die Gefahr erstreckt. So reicht es für § 315c I aus, wenn der Täter, ohne an die spätere Gefahrensituation zu denken, sich alkoholisiert ans Steuer seines Kfz setzt und erst während der Fahrt den Gefährdungsvorsatz faßt. Bei § 315b, der eine Beeinträchtigung der Sicherheit des Straßenverkehrs voraussetzt, ist es allerdings im Rahmen des Vorsatzdeliktes nach Abs. 1 notwendig, daß bei der gefährlichen Handlung die spätere Gefahr in die Vorstellung des Täters aufgenommen wird.

26   3. Im früheren Recht war ausdrücklich bestimmt (vgl. § 59 a. F.), daß der Täter für die Verwirklichung eines **qualifizierten Tatbestandes** nur haftet, wenn sein Vorsatz sich auf die Tatumstände bezieht, die die Strafbarkeit erhöhen; § 15 verzichtet auf diesen Hinweis, in § 16 ist dazu ebenfalls nichts gesagt. Dadurch hat sich aber gegenüber dem frühen Recht nichts geändert, da die qualifizierenden Merkmale gerade den gesetzlichen Tatbestand eines qualifizierten Delikts ausmachen (ebenso Rudolphi SK § 16 RN 8). Derartige Umstände liegen z. B. beim Diebstahl mit Waffen (§ 244), beim schweren Raub (§ 250) oder bei der gefährlichen Körperverletzung (§ 223a) vor.

27   4. Unbestritten ist auch, daß der Vorsatz sich auf die Merkmale beziehen muß, die zwar nicht zu einem qualifizierten Tatbestand führen (wie bei § 244), wohl aber zu einem **gesetzlich fixierten Regelbeispiel** für einen besonders schweren Fall (z. B. § 243); vgl. M-Zipf I 313f., D-Tröndle § 243 RN 42, Wessels Maurach-FS 300, Rudolphi SK § 16 RN 8. Folglich kann die Strafe § 243 nur entnommen werden, wenn der Täter z. B. weiß, daß er aus einer Kirche eine dem Gottesdienst gewidmete Sache stiehlt, den Diebstahl unter Ausnutzung der Hilflosigkeit eines anderen begeht usw. Dies gilt auch für erfolgsbezogene Regelbeispiele wie etwa die Todesgefahr nach § 113 II Nr. 2 (BGH MDR/D **75**, 21; BGH **26** 176, 245).

28   5. Zweifelhaft ist jedoch, ob diese Grundsätze auch für solche Umstände gelten, die nicht als Regelbeispiel vom Gesetzgeber ausformuliert, wohl aber für die **Strafzumessung** von Bedeutung sind. Hier gilt folgendes:

29   a) Beim **unbenannten** besonders **schweren Fall** kann grundsätzlich nichts anderes gelten als bei den gesetzlich fixierten Regelbeispielen, weil es keinen Unterschied machen kann, ob der Gesetzgeber selbst die Umstände aufzählt, die strafschärfend in Betracht kommen können, oder ob er deren Auswahl in das Ermessen des Richters stellt. Dies zeigt sich vor allem dort, wo Regelbeispiele – wie im Normalfall – nicht abschließend normiert sind. Diese Umstände müssen daher vom Vorsatz umfaßt sein, so daß der Täter wegen eines besonders schweren Falles nur dann verurteilt werden kann, wenn er die Voraussetzungen kannte, in denen der Richter die erhöhte Strafwürdigkeit der Tat erblickt (Schröder Mezger-FS 423, Jescheck 265, Wessels Maurach-FS 300f., Rudolphi SK § 16 RN 8; and. Jakobs 232). Diese Gesichtspunkte spielen z. B. eine Rolle bei den §§ 94 II, 121 III, 125a, 223b II, 243, 263 III, 266 II, 267 III, 268 V, in denen entweder unbenannte besonders schwere Fälle oder solche neben gesetzlich fixierten anzutreffen sind.

30   b) Entsprechendes galt früher für die **Rückfallvoraussetzungen**, für die nach § 48 a. F. vorausgesetzt wurde, daß der Täter sich die früheren Verurteilungen nicht hat zur Warnung dienen lassen (vgl. 22. A. § 48 RN 17); ohne Kenntnis der Vorverurteilung war es nicht möglich, dem Täter den Vorwurf zu machen, er habe die durch sie erfolgte Warnung in den Wind geschlagen (and. D-Tröndle 42. A. § 16 RN 17). Nicht notwendig ist hingegen, daß der Täter die **Gewohnheitsmäßigkeit** als Bewertung seines Verhaltens gedanklich vollzieht (RG **68** 389, Schröder Mezger-FS 424).

31   c) Auch sind die zum Vorsatz geltenden Grundsätze ganz allgemein auf **Strafzumessungsgründe** anzuwenden. Handelt es sich um objektive Umstände, können sie zu Lasten des Täters nur dann bei der Strafzumessung Berücksichtigung finden, wenn er sie gekannt hat. Diese Auffassung ist allerdings sehr umstritten (vgl. § 46 RN 26f.). Eine Ausnahme von dieser Auffassung soll nach h. M. insbes. dann gelten, wenn die Strafschärfung nicht unrechtssteigernde Tatmodalitäten, sondern eine bestimmte schwere Tatfolge betrifft; hier soll entsprechend dem in § 18 zum Ausdruck kommenden Gedanken auch Fahrlässigkeit bezüglich der besonderen Tatfolge genügen (vgl. M-Zipf II 605ff. mwN); z. T. wird auf ein Verschulden hinsichtlich des Tatserfolges überhaupt verzichtet (vgl. BGH **10** 259, **11** 263, VRS **14** 285, MDR **58**, 14), was aber im Hinblick auf § 46 II nicht mehr vertretbar ist (vgl. dort RN 26). Teile der neueren Literatur lassen Fahrlässigkeit nur dann genügen, wenn der Erfolg die Verwirklichung der vom Täter geschaffenen typischen Gefahr darstellt (vgl. z. B. Horn SK § 46 RN 70f., Jescheck 793f., Bruns StrZR 424, Frisch GA 72, 321). Diese – im übrigen unterschiedlichen – Auffassungen verkennen jedoch, daß unrechtserhöhende Umstände gleich welcher Art im Rahmen der Vorsatzhaftung nur dann dem Täter zur Last gelegt werden können, wenn sie von seinem Vorsatz

umfaßt sind. Bei den gesetzlich fixierten Regelbeispielen für besonders schwere Fälle ist es unbestritten, daß sich der Vorsatz des Täters auf die Erschwerungsgründe beziehen muß (vgl. o. 27). Da die Regelbeispiele aber weder zwingend noch abschließend, sondern nur indiziell oder exemplarisch sind, kann der straferschwerende Umstand dem Täter nur zur Last gelegt werden, wenn sein Vorsatz sich auf ihn bezieht. Denn es kann keinen Unterschied machen, ob das Gesetz selbst ein Regelbeispiel für den erschwerenden Umstand formuliert oder ob der Richter nicht im Gesetz genannte Umstände als so gravierend ansieht, daß ein besonders schwerer Fall angenommen werden muß. Das Gesetz nennt etwa in § 243 I Nr. 6 die Hilflosigkeit eines anderen, die zum Diebstahl ausgenutzt wird. Geht der Richter davon aus, daß der Diebstahl deshalb besonders verwerflich ist, weil der Täter einen Behinderten bestohlen hat, so ist eine Straferschwerung nur berechtigt, wenn der Täter diese Eigenschaft des Opfers kannte. Folgerichtig sind diese Grundsätze auch auf die allgemeinen Strafzumessungsgründe des § 46 anzuwenden. Eine Ausnahme ist lediglich dort zu machen, wo der Gesetzgeber selbst eine schwere Folge zum Anlaß einer erhöhten Strafe nimmt (z. B. § 226). Dann ist § 18 anzuwenden (vgl. u. 33). Ist diese Ausnahme nicht ausdrücklich vorgesehen, bleibt es bei den allgemeinen Regeln. Dies schließt jedoch nicht aus, daß die Strafe nach § 52 erhöht werden kann, wenn mit einem Vorsatzdelikt ein Fahrlässigkeitsdelikt zusammentrifft. Stiehlt der Täter etwa ein Dialysegerät, so kommt neben § 242 auch § 222 in Betracht, sofern er mit dem Tod von Menschen hätte rechnen können, die zur Blutwäsche auf dieses Gerät angewiesen sind.

d) Nimmt der Täter irrig Umstände an, welche die Tat zu einem **minder schweren Fall** 32 machen würden, so ist § 16 II – zumindest analog – anzuwenden; zum minder schweren Fall vgl. 48 vor § 38. Im Verhältnis zwischen einer echten Privilegierung und solchen Umständen, die zwar nicht im Gesetz genannt sind, wohl aber das Unrecht der Tat mindern, gelten – mit umgekehrten Vorzeichen – die gleichen Grundsätze wie im Verhältnis zwischen benannten und nichtbenannten Strafschärfungsgründen (vgl. o. 29).

6. Bei den durch den **Erfolg qualifizierten Delikten** (z. B. §§ 224, 226) braucht sich der 33 Vorsatz nicht auf die schwere Folge zu beziehen. Gemäß § 18 trifft jedoch die höhere Strafe den Täter nur dann, wenn er diese Folge wenigstens fahrlässig, in einigen Fällen leichtfertig herbeigeführt hat; vgl. die Erl. zu § 18.

7. Auf **objektive Strafbarkeitsbedingungen** (vgl. 124 ff. vor § 13) brauchen sich weder Vor- 34 satz noch Fahrlässigkeit zu beziehen (vgl. 126 vor § 13).

8. Umstritten ist, ob auch die tatbestandlichen **Voraussetzungen** der **Rechtfertigungsgründe** 35 als sog. „negative Tatbestandsmerkmale" zu den Bezugsobjekten des Vorsatzes gehören (bejahend hier die 17. A. 3 ff. vor § 1). Dies ist abzulehnen. Gegen diese Lehre von den sog. negativen Tatbestandsmerkmalen (vgl. 15 vor § 13) und damit zugleich gegen eine Gleichbewertung des Irrtums über die tatbestandlichen Voraussetzungen eines Rechtfertigungsgrundes und eines Tatbestandsirrtums spricht zwar nicht, es sei gänzlich ausgeschlossen, daß der Täter nicht bloß die Tatumstände, sondern auch das **Fehlen von Rechtfertigungsgründen** in sein **Vorstellungsbild aufnehmen** könne (Welzel MDR 52, 585 FN 5, Armin Kaufmann JZ 55, 37 f., Jescheck 374). Dieser Einwand schlägt nämlich deswegen nicht durch, weil für den Vorsatz und damit für Unrecht, das als vorsätzlich begangen zu werten ist, ein handlungsimmanentes Mitbewußtsein vom Fehlen rechtfertigender Umstände ausreicht. Wer sich zur Verwirklichung eines Tatbestandes entschließt, ist sich des Nichtvorhandenseins von Unrechtsausschließungsgründen bewußt, weil die willentliche Rechtsgüterverletzung, die nicht durch einen Erlaubnissatz motiviert ist, „die gleichzeitige Vorstellung rechtfertigender Umstände ausschließt, das Mitbewußtsein ihres Fehlens" also enthält (Roxin ZStW 78, 259, Offene Tatbestände 125); vgl. u. 51 ff. Die Lehre von den negativen Tatbestandsmerkmalen ist vielmehr deshalb abzulehnen (vgl. 17 vor § 13), weil sie das Verhältnis von Regel und Ausnahme verkennt (vgl. 18 vor § 13). Geht man nämlich davon aus, daß der Unrechtstypus durch den Tatbestand beschrieben wird, so können auch nur die im Tatbestand selbst genannten Merkmale solche des „gesetzlichen Tatbestandes" i. S. v. § 16 sein. Nimmt der Täter allerdings irrtümlich die tatbestandlichen Voraussetzungen eines Rechtfertigungsgrundes an, so ist § 16 analog anzuwenden mit dem Ergebnis, daß vorsätzlich begangenes Unrecht ausscheidet; zu den verschiedenen Meinungen zur Behandlung des Irrtums über die Voraussetzungen eines Rechtfertigungsgrundes vgl. § 16 RN 14 ff. Für die hier vertretene Auffassung spricht, daß eine Bewertung der Handlung als rechtswidrig nicht nur durch die Feststellung der positiven Tatbestandsmerkmale erfolgt, sondern auch voraussetzt, daß Rechtfertigungsgründe nicht gegeben sind. Dies muß auch im Rahmen der Irrtumsproblematik Berücksichtigung finden. Nimmt der Täter irrtümlich die Voraussetzungen eines Rechtfertigungsgrundes an, so ist sein Wille aufgrund einer Bewertung der tatsächlichen Faktoren auf die Verwirklichung einer erlaubten Handlung gerichtet, weshalb kein der Vorsatztat vergleichbarer Sachverhalt vorliegt. Dieser Irrtum ist daher in analoger Anwendung des § 16 genauso zu behandeln wie ein Tatbestandsirrtum. Zu den Irrtumsfragen vgl. § 16 RN 14 ff., 19 vor § 13.

§ 15 36–42   Allg. Teil. Die Tat – Grundlagen der Strafbarkeit

36   9. Die **Schuldvoraussetzungen** (vgl. §§ 19 ff.) sind nicht Bezugsobjekte des Vorsatzes. Zur Frage des Irrtums über die Voraussetzungen eines Entschuldigungsgrundes vgl. § 35 RN 44 ff.

37   10. Zur Bedeutung des **Unrechtsbewußtseins** vgl. 120 f. vor § 13. Aus der Existenz des § 17 ist zu schließen, daß die Rechtswidrigkeit der Tat als solche nicht Bezugsobjekt des Vorsatzes ist. Das Verbot gehört nicht zum Inhalt des gesetzlichen Tatbestandes, sondern hat ihn zum Inhalt (BGH **19** 298). In Betracht kommt ein Verbotsirrtum; vgl. dazu die Erl. zu § 17.

38   **III. Wissenselement und Bewußtseinsformen des Vorsatzes.** Gegenstand des Vorsatzes ist die Tat als ein bestimmtes, konkretes Geschehen, ein Stück Wirklichkeit, das der Täter in sein Vorstellungsbild aufgenommen haben muß. Der **Vorsatz** könnte daher als **Spiegelbild** der die **Tat** charakterisierenden Merkmale im Täterbewußtsein bezeichnet werden. In diesem Zusammenhang geht es um zwei Fragen, deren Problemkreise sich allerdings teilweise überschneiden. Die erste Frage betrifft die Kenntnis und den psychologischen Vorgang des Erkennens der deliktstypischen Merkmale, soweit der Täter sie bereits vorfindet (Mensch, der getötet, Urkunde, die verfälscht werden soll) und die Voraussicht der von ihm erst noch zu verwirklichenden Umstände, wie vor allem des zum Tatbestand gehörenden Erfolges in Gestalt eines Schadens oder einer konkreten Gefährdung und des Kausalverlaufs zwischen seinem Verhalten und diesem Erfolg (vgl. dazu u. 54). Die zweite Frage betrifft das Problem, ob der Täter während seines deliktischen Verhaltens sich sämtliche Tatumstände aktuell vorstellen muß oder ob es genügt, daß sie potentiell im Täterbewußtsein schlummern, also jederzeit aktualisiert werden können. Bei der Aktualität des Täterbewußtseins in ihren verschiedenen Bewußtseinsformen geht es also um die „Tiefenschärfe" und „Randschärfe" des hier als Spiegelbild des Tatbestandes bezeichneten Vorsatzes (vgl. dazu u. 51 ff.).

39   1. Das **Kennen der Umstände**, die zum gesetzlichen Tatbestand gehören, bildet die Grundvoraussetzung des intellektuellen Moments des Vorsatzes. Der Täter muß alle durch die unrechtsbezeichnenden Elemente der jeweiligen Norm bestimmten Sachverhaltsausschnitte erfaßt haben (Schlüchter aaO 141). Bei der Tötung muß der Täter also wissen, daß das Objekt, auf das er schießt, ein Mensch ist usw. Je nach Art der Merkmale, zu dessen Kenntnis der Täter gelangen muß, kann der psychologische Vorgang des Erkennens verschieden sein. Üblicherweise wird hierbei zwischen den sog. deskriptiven und normativen Merkmalen unterschieden, wobei für jene das Erkennen der „reinen Tatsachen" ausreichen (vgl. Jescheck 264), für diese jedoch eine Bedeutungskenntnis nach Laienart („Parallelwertung in der Laiensphäre") erforderlich sein soll. Diese Differenzierung führt jedoch zu einer Vergröberung des Problems, weil die Grenzziehung zwischen deskriptiven und normativen Merkmalen nicht exakt gezogen werden kann (vgl. o. 20), weil auch solche Merkmale, die durch ihre Zugehörigkeit zur sinnlich wahrnehmbaren Welt gekennzeichnet sind, in ihrer sozialen Bedeutung häufig nicht bloß durch die Kenntnis der Tatsachen erfaßt werden können (Stratenwerth 96 f.). Dies zeigt sich vor allem im Grenzbereich der deskriptiven Merkmale. So ist die Frage, ob ein menschliches Lebewesen als Objekt der Tötungsdelikte schon existiert oder seine Tötung sich als strafbarer Schwangerschaftsabbruch darstellen würde, ohne einen Akt geistigen Verstehens nicht zu beantworten; entsprechendes gilt bei Fragen, die sich aus der Festlegung des Todeszeitpunkts (Herztod, Gehirntod [vgl. dazu 16 ff. vor § 211]) ergeben. Auch in anderen sog. deskriptiven Merkmalen, wie z. B. „Beschädigen" (§ 303), „Nachtzeit" (§ 292 II) usw., sind Bedeutungsgehalte enthalten, die über das rein Kognitive hinausgehen (vgl. Engisch Mezger-FS 142 ff.). Dies zeigt sich vor allem darin, daß auch die deskriptiven Tatumstände nicht als individuelle Fakten, sondern durch abstrakte Begriffe (z. B. Sache, Gewalt) beschrieben werden, so daß deren soziale Bedeutung über die sinnliche Wahrnehmung hinaus einen Akt geistigen Verstehens erfordert.

40   Erforderlich ist für den Vorsatz die **Kenntnis des Sachverhalts** und – soweit diese noch nicht den Gehalt eines Tatbestandsmerkmals in seiner sozialen Bedeutung vermittelt – eine zusätzliche **Bedeutungskenntnis**, die das im Tatbestand typisierte Unrecht nach Laienart erfaßt. Dies bedeutet im einzelnen:

41   a) Der Täter muß zunächst einmal die **tatsächlichen Umstände** kennen (vgl. o. 15 ff.), aus denen das im Tatbestand bezeichnete Merkmal besteht oder aus denen es sich zusammensetzt. Dies gilt für alle Merkmale gleichermaßen. Auch bei den sog. normativen Tatbestandsmerkmalen ist erforderlich, daß der Täter die Tatsachen als solche erkennt. Daher fehlt es z. B. am Vorsatz der Urkundenvernichtung, wenn der Täter nicht erkennt, daß das Stück Papier, das er vernichtet, beschrieben ist.

42   Teilweise wird angenommen, daß sich der Vorsatz nicht auf **objektiv-täterschaftliche Merkmale** – z. B. die Eigenschaft als Amtsträger, Arzt oder Rechtsanwalt – zu erstrecken brauche, weil sich der Verwirklichungswille nicht auf die Eigenschaften des Handelnden richten könne; insoweit soll bloße Erkennbarkeit ausreichen (Armin Kaufmann, Normentheorie 142, 149 ff.). Dem kann schon deswegen nicht zugestimmt werden, weil es auch im Bereich der sonstigen Tatbestandsmerkmale solche

Elemente gibt, die vom Willen des Täters unabhängig sind, wie beispielsweise die Fremdheit der Sache oder die Urkundenqualität des Fälschungsobjekts. Daher weist Stratenwerth 97 f. mit Recht darauf hin, daß die Tätereigenschaft Gegenstand des Wissenselements des Vorsatzes sein muß, weil das Unrecht der Tat durch sie entscheidend mitbestimmt wird; vgl. dazu o. 16.

b) Reicht die Kenntnis der reinen Tatsachen nicht aus, um dem Täter die soziale Bedeutung 43 seines Verhaltens begreiflich zu machen, so muß er sich durch einen Akt geistigen Verstehens den unrechtstypisierenden Charakter des Merkmals verdeutlicht haben (mit anderer Begr. i. E. ebenso Kindhäuser Jura 84, 465 ff.). Notwendig ist daher, daß der Täter **Bedeutungskenntnis** von den Tatbestandsmerkmalen erlangt. Ohne diese Kenntnis würde es ihm an dem Bewußtsein tatbestandsmäßigen Verhaltens fehlen, das den Vorsatz charakterisiert; fehlt die Bedeutungskenntnis, so kann das Strafrecht auch nicht die Funktion erfüllen, den potentiellen Täter zu einem gesetzestreuen Verhalten zu bewegen. Hieraus resultiert das Problem des sog. **Subsumtionsirrtums**, das allerdings terminologisch wie auch hinsichtlich seiner sachlichen Tragweite umstritten ist. In seinem richtigen Verständnis kennzeichnet der Subsumtionsirrtum nach h. M. die Situation, daß der Täter „bei voller Kenntnis des Sachverhalts und der sachlichen Bedeutung des in Frage stehenden Tatumstandes das in diesem Fall einschlägige normative Tatbestandsmerkmal gleichwohl zu seinen Gunsten unrichtig auslegt" (M-Zipf I 320, Eser I 165, ähnlich Herdegen BGH-FG 198; weiter 17. A. § 59 RN 31: Irrtum über subsumierbaren Sachverhalt); freilich betrifft diese Situation nicht bloß normative, sondern auch deskriptive Merkmale (Blei I 119 f., Rudolphi SK § 16 RN 22). Die unrichtige Subsumtion in dem genannten Sinne schließt den Vorsatz nicht aus, wenn dem Täter trotz seiner Fehlvorstellung die soziale Tragweite seines Verhaltens bewußt ist; hält er z. B. ein Schriftstück, dessen Beweiserheblichkeit er erkennt, deshalb nicht für eine Urkunde, weil die Unterschrift nicht eigenhändig vollzogen, sondern faksimiliert ist, so berührt dies seinen Vorsatz nach § 267 nicht (Baumann/ Weber 408, Rudolphi SK § 16 RN 23). Dies ergibt sich daraus, daß die Wertung, die für die Bedeutungserkenntnis erforderlich ist, vom Täter nur nach Laienart erwartet werden kann. Er muß also die tatsächlichen Voraussetzungen nicht mit der gleichen Exaktheit zu den Bewertungsnormen in Beziehung setzen, wie der Richter dies tut. Ausreichend ist vielmehr, daß der Täter aufgrund einer „**Parallelwertung in der Laiensphäre**" den unrechtstypisierenden Bedeutungsgehalt des jeweiligen Merkmals erfaßt (Jescheck 264 f., M-Zipf I 320, 516 ff., Blei I 120, Stratenwerth 96 f., Welzel 75, Jakobs 236). Ein gedanklicher Vollzug, der zu einer dem Tatbestand entsprechenden Bedeutungskenntnis führt, reicht für den Vorsatz aus (RG 68 104, BGH 3 248 [Zuständigkeit zur Eidesabnahme], 4 352, 5 92 [Steueranspruch], Bay GA 55, 308, Mezger 328 [Parallelwertung in der Laiensphäre], LK[8] § 59 Anm. 10, JZ 51, 179, Schröder ZStW 65, 181, Welzel 76, JZ 53, 120; 54, 279, Neues Bild 60 [Parallelbeurteilung im Täterbewußtsein], Rudolphi SK § 16 RN 23). I. E. ähnlich, aber unter Ablehnung des Begriffs der Parallelwertung ist nach Schlüchter (aaO 143) erforderlich, daß der Täter den unrechtsbezogenen Kern eines Tatbestandsmerkmals und die Verletzungs- oder Gefährdungsbedeutung seines Verhaltens in sein Bewußtsein aufgenommen hat (vgl. auch das umfangreiche Fallmaterial bei Schlüchter JuS 85, 373, 527, 617). So muß z. B. der Täter einer sexuellen Handlung ihren geschlechtlichen (vgl. Bay NJW 64, 1380) oder bei § 184 den pornographischen Charakter einer Darstellung erkennen. Bei einer Jagdausübung in nicht waidmännischer Weise muß der Täter eine Vorstellung unjagdlichen Verhaltens haben (Celle MDR 56, 54). Nicht erforderlich ist also „die richtige Subsumtion der Tatsachen unter das Gesetz" (so aber v. Liszt, Strafrecht[10] 152); sonst könnten „nur Juristen ein Verbrechen begehen" (Frank § 59 Anm. II). Dies bedeutet, daß ein Subsumtionsirrtum in diesem Sinne für den Vorsatz stets irrelevant ist. Zu den sog. gesamttatbewertenden Merkmalen vgl. o. 22.

c) Dagegen kann ein **Subsumtionsirrtum** durchaus zu einem **Verbotsirrtum** führen, weil ein 44 solcher nicht nur dann vorliegt, wenn der Täter das Verbot überhaupt nicht kennt, einen nicht existierenden Rechtfertigungsgrund für sich in Anspruch nimmt oder die Voraussetzungen eines bestehenden Rechtfertigungsgrundes überdehnt, sondern auch dann gegeben sein kann, wenn ihm aus anderen Gründen das Bewußtsein fehlt, Unrecht zu tun. Einer dieser Fälle kann darin liegen, daß der Täter trotz der Bedeutungskenntnis von den Tatbestandsmerkmalen zu dem Ergebnis kommt, sein Verhalten sei nicht verboten, z. B. davon ausgeht, daß gerade für das von ihm geplante Vorhaben eine Lücke im Gesetz besteht. Diese Fehlvorstellung, die zu einer **Einengung des Normbereichs** führt (vgl. Eser I 166), ist als (vermeidbarer oder unvermeidbarer) Verbotsirrtum zu verstehen; vgl. hierzu § 17 RN 23 ff.). Glaubt z. B. ein Täter, Fremdheit in § 242 bedeute fremdes Alleineigentum, so erliegt er einem Verbotsirrtum und kann nur dann zur Verantwortung gezogen werden, wenn dieser Irrtum vorwerfbar ist (vgl. die Erl. zu § 17). Ähnliches gilt, wenn der Täter glaubt, eine „Entführung" setze die Verbringung über eine größere Entfernung voraus (BGH NJW 67, 1765). Führt die Fehlvorstellung dagegen zu einer **Ausdehnung** des Normbereichs, so liegt ein sog. umgekehrter Subsumtionsirrtum vor, der zum Wahndelikt führt, vgl. § 22 RN 82.

45 d) Zweifelhaft kann sein, wie der Irrtum über das Merkmal „rechtswidrige Tat", **„Straftat"** oder „gegen fremdes Vermögen gerichtete rechtswidrige Tat" zu beurteilen ist. Eine einheitliche Entscheidung ist hier nicht möglich. Vielmehr liegt bald ein echtes normatives Tatbestandsmerkmal vor, bei dem der Vorsatz gerade auch die Strafbarkeit der Tat umfassen muß, bald ist dagegen nur die Zusammenfassung der einzelnen Deliktsvoraussetzungen der verschiedenen Strafgesetze gemeint. So kommt es z. B. bei der Zugehörigkeit zu kriminellen Vereinigungen (§ 129) gerade auf die Strafbarkeit der Ziele der Vereinigung an, so daß diese hier Gegenstand des Vorsatzes sein müssen (BGH LM **Nr. 6** zu § 129). Dagegen meinen die §§ 26, 27 mit der „vorsätzlich begangenen rechtswidrigen Tat" die unrechtsbegründenden Voraussetzungen eines bestimmten Strafgesetzes, so daß der Vorsatz des Teilnehmers hier den gleichen Bezug haben muß, wie der Vorsatz dessen, der das Delikt täterschaftlich begeht. Dies bedeutet, daß ein Anstiftervorsatz etwa ausgeschlossen ist, wenn der Anstifter von Voraussetzungen ausgeht, die beim Haupttäter einen Rechtfertigungsgrund abgeben würden; zur Akzessorietät vgl. 21 ff. vor § 25. Demgegenüber hat Bemmann (GA 61, 73) – jedenfalls für den Bereich des § 330a a. F. – den Begriff der „mit Strafe bedrohten Handlung" so weit gefaßt, daß hier von einem gleichsam generellen Vorsatz im Hinblick auf eine Straftat jedweder Art gesprochen werden könne (dagegen Cramer, Der Vollrauschtatbestand als abstraktes Gefährdungsdelikt 38 ff.).

46 e) Z. T. wird auch zwischen normativen Tatumständen und sog. **Komplexbegriffen** unterschieden (z. B. v. Hippel Lehrb. 138, v. Weber GA 53, 161 ff.). Bei ersteren soll eine Subsumtion nach Laienart erforderlich sein, also nicht ausreichen, daß der Täter nur die tatsächlichen Voraussetzungen des gesetzlichen Begriffes erkannt hat, so z. B. hinsichtlich der Fremdheit der Sache bei Diebstahl und Unterschlagung. Bei den Komplexbegriffen soll dagegen nur Kenntnis der Tatsachen erforderlich sein, aus denen sich der Komplexbegriff zusammensetzt, während die Unterordnung selbst nicht Aufgabe des Täters sei. Komplexbegriffe sind solche, die sich als die juristische Zusammenfassung bestimmter (tatsächlicher oder rechtlicher) Tatumstände darstellen, bei denen sich das Vorliegen im Einzelfalle aus der Feststellung dieser Sachverhalte und nicht durch eine umfassende Bewertung ergibt (v. Weber GA 53, 163; vgl. auch Mezger LK^8 § 59 Anm. 17a b aa). Das soll z. B. für die Zuständigkeit einer Behörde zur Abnahme von Eiden, für die Rechtmäßigkeit der Amtsausübung i. S. des § 113 usw. gelten. Gegen diesen Begriff zu Recht Kunert aaO 109.

47 2. Die **Funktion** des **intellektuellen Vorsatzelements** besteht darin, „dem Täter die Bedeutung seines Verhaltens vor Augen zu führen, ihm einen Impuls zur Unterlassung des Tatentschlusses zu vermitteln" (Platzgummer aaO 63). Dies erfordert im einzelnen:

48 a) Notwendig ist ein **aktuelles Bewußtsein** der Tatumstände (Bay NJW **77**, 1974). Der Täter muß also im Augenblick seiner Tat die Merkmale, die zum gesetzlichen Tatbestand gehören, in sein Bewußtsein aufgenommen haben. Maßgeblich dabei die Begehung der Tat, d. h. die Vornahme der tatbestandlichen Ausführungshandlung (BGH JZ **83**, 864 m. Anm. Hruschka StV 86, 95, Bay VRS **64** 189). Gibt der Täter nach diesem Zeitpunkt seinen Vorsatz auf, versucht er also nach Abschluß der Ausführungshandlung den Erfolg zu verhindern, so entlastet ihn dies nicht (RG **57** 193; vgl. auch Herzberg Oehler-FS 163). Zur Vorsatzänderung während der Tatausführung vgl. Hillenkamp aaO 5 ff.; zu dem beim Diebstahl hinsichtlich der Konkretisierung des Tatobjekts auftauchenden Fragen vgl. § 242 RN 45.

49 Nicht ausreichend ist daher früheres Wissen (sog. **dolus antecedens**), auch wenn es dem Täter als potentielles Wissen zur Verfügung steht, also reproduzierbar wäre. Deshalb genügt ein unterschwelliges Bewußtsein, das bloße Gefühl, etwas sei nicht in Ordnung usw. zum Vorsatz nicht. Kein Vorsatz ist also z. B. gegeben, wenn dem Täter früher einmal das Alter des mißbrauchten Mädchens (§ 176) bekannt geworden ist, er zur Tatzeit aber nicht mehr an dessen Alter denkt. Ebensowenig reicht die nach der Tat erlangte Kenntnis aus (sog. **dolus subsequens**); vgl. BGH **6** 331, **10** 153, VRS **40** 14, JZ **83**, 864 m. Anm. Hruschka, M-Zipf I 297, H. Mayer AT 247, Rudolphi SK § 16 RN 4; vgl. jedoch Lampe ZStW 72, 93. Wer eine gestohlene Sache gutgläubig erwirbt und später ihre Herkunft erfährt, kann daher wegen Hehlerei nur bestraft werden, wenn er nach Erlangung der Kenntnis erneut Handlungen vornimmt, die unter § 259 fallen.

50 b) Die Aktualität des Täterbewußtseins erfordert allerdings nicht, daß der Täter über alle Merkmale ständig reflektiert, ihnen also in jedem Augenblick der Tatausführung die volle Aufmerksamkeit des Bewußtseins zuwendet (vgl. Bay NJW **77**, 1974, Baumann/Weber 389, Schmidhäuser I 213 f., Stratenwerth 97 f., Welzel 65, Rudolphi SK § 16 RN 24). Vielmehr reicht es aus, daß die Kenntnis der Tatbestandsmerkmale bei der Willensbildung des Täters wirksam geworden ist und als **„sachgedankliches Mitbewußtsein"** (vgl. Platzgummer aaO 83, 89 ff., Schmidhäuser H. Mayer-FS 317 ff., Rudolphi SK § 16 RN 24 f.; krit. zu diesem Begriff, i. E. aber vielfach übereinstimmend Köhler GA 81, 285, Jakobs 216, Frisch, Armin Kaufmann-FS 324, 329) das Vorstellungsbild des Täters begleitet. Dazu genügt auch ein abgeschwächtes, der gegenwärtigen Aufmerksamkeit entzogenes Bewußtsein von geringerem Deutlichkeitsgrad; ein Bewußtsein also, „das zwar nicht explizit beachtet wird, das aber mit einem anderen beachteten Bewußtseinsinhalt mitbewußt ist und implizite notwendig auch mitbetrachtet werden muß" (Platzgummer aaO 83). Dieses sachgedankliche Mitbewußtsein beruht auf dem wahrnehmungspsychologischen Gesetz, daß der Mensch „die Dinge der Umwelt sofort als Dinge mit einer bestimmten Bedeutung und mit einem bestimmten Sinngehalt wahrnehmen muß" (Platzgummer aaO 83). Wenn dieser Wahrnehmungsprozeß nicht durch eine Täuschung (A verwechselt seinen Mantel mit dem des B) oder in anderer Weise gestört wird, so ist mit der Wahrnehmung des Gegenstandes dieser zum Mitbestandteil des Bewußtseins geworden. Nach Jakobs 216 ist im Einzelfall zu prüfen, ob eine zumindest bildhafte aktuelle Vorstellung vorliegt oder nicht.

Demgegenüber bestreitet Frisch (Armin Kaufmann-FS 311 ff.) die Berechtigung der Kategorie des sachgedanklichen Mitbewußtseins und löst die Problematik dahin, daß bestimmte Tatbestandsmerkmale eben einfach aus dem Vorsatzbegriff eliminiert werden. Dies gilt z. B. für die Täterqualifikationsmerkmale (aaO 326), für den rechtsgutbeeinträchtigenden Charakter der Tathandlung, wenn ein Handeln gegen oder ohne den Willen des Berechtigten in Frage steht (aaO 334), für die Rechtswidrigkeit der beabsichtigten Zueignung (aaO 336) oder das Zuständigkeitserfordernis bei §§ 153 ff. (aaO 337). Insoweit soll der Satz gelten, daß diese Tatbestandsmerkmale nicht vom Vorsatz umfaßt zu sein brauchen. Welche Tatbestandsmerkmale „relativierungsfest" sind in dem Sinne, daß der Vorsatz in dem herkömmlichen Verständnis sich auf sie beziehen muß, wird von Frisch wie folgt umrissen (aaO 342): „Es handelt sich um jene Merkmale, die das im Tatbestand vorausgesetzte und von der Verhaltensnorm umschriebene Verhalten nach seiner typischen, die Unwertigkeit – wenn auch vielleicht unter gewissen zusätzlich eingrenzenden Voraussetzungen – begründenden Sinnbezüglichkeit charakterisieren." Gegen diese Differenzierung läßt sich jedoch einwenden, daß jedes Merkmal des gesetzlichen Tatbestandes das Unrecht der Tat gleichermaßen charakterisiert und daher stets vom Vorsatz umfaßt sein muß, und sei es auch nur im Sinne „sachgedanklichen Mitbewußtseins". Im übrigen verflüchtigt die Lehre Frischs das Vorsatzerfordernis bis zu einem Grade, bei dem eine einheitliche Vorsatzlehre gar nicht mehr möglich erscheint. Welche Merkmale im einzelnen nicht vom Vorsatz umfaßt sein müssen, wird damit nämlich zu einer nach normativen Gesichtspunkten zu lösenden Analyse des einzelnen Tatbestands. Auch Frisch kann keine scharf abgegrenzte Gruppe von Tatbestandsmerkmalen aufzählen, die vorsatzirrelevant wären.

Die Aktualität des Täterbewußtseins besteht auch für das dauernde Begleitwissen, wie Platzgummer (aaO 89) es nennt. Dabei geht es um Bewußtseinsinhalte, die ständig vorhanden sind, ohne daß man eigens an sie zu denken brauchte. Dies gilt z. B. für Eigenschaften des Täters als Amtsträger, Erzieher, Vormund usw. Dieses ständig vorhandene Begleitwissen hat vor allem bei Sonderdelikten Bedeutung (Roxin ZStW 78, 254). Zur psychologischen Seite des Vorsatzes (Bewußtsein und Wissen) vgl. auch Rudolphi aaO 150 ff., SK § 16 RN 25, Schmidhäuser I 213, Lenckner aaO 51 f.

c) Hat ein **Wahrnehmungsprozeß** nicht stattgefunden oder ist er **mißlungen**, so fehlt es an einem der Tat entsprechenden Täterbewußtsein. Für die Erheblichkeit der Unkenntnis von Tatbestandsmerkmalen kommt es dann allein darauf an, daß sie effektiv vorhanden war, nicht aber, worauf sie im Einzelfall beruht (vgl. § 16 RN 11). Auch derjenige, der infolge Alkohols einen Tatumstand nicht erkennt, den er in nüchternem Zustand erkannt hätte, handelt ohne Vorsatz; zur Bedeutung des rauschbedingten Irrtums innerhalb des § 323 a vgl. dort RN 18.

3. Der Vorsatz muß sich auf den **Erfolg** als das Ergebnis eines bestimmten Geschehens (Erfolgsdelikte) oder ein bestimmtes **Verhalten** (Tätigkeitsdelikte) beziehen. Der Täter muß die nach Gegenstand, Zeit und Ort bestimmte Tat in allen wesentlichen Beziehungen, wenn auch nicht mit allen Einzelheiten der Ausführung, in seine Vorstellung und seinen Willen aufgenommen haben (RG **51** 311, **70** 258). Hierzu gehört insb. auch das Wissen, in welcher Weise das Geschehen sich vollzieht und welche Auswirkungen es hat. Allerdings werden die Vorstellungen darüber mitunter verschieden sein. Hier sind zunächst Fälle denkbar, in denen der Täter die Einzelheiten seiner Tat in seinen planenden Willen aufgenommen hat. Es besteht aber auch die Möglichkeit, daß dies nur in groben Umrissen geschehen ist, z. B. hinsichtlich der Folgen eines Sprengstoffanschlags. Auch das letztere reicht grundsätzlich für den Vorsatz aus, sofern dem Täter das Ausmaß der Tat in dem o. 51 ff. genannten Sinne bewußt geworden ist. Entsprechendes gilt, wenn ein Vorsatz vorliegt, der sich in einem verwandten Delikt realisiert, z. B. der Räuber wider Erwarten eine „freiwillige" Hingabe der begehrten Sache erreicht (räuberische Erpressung). Zur Fehlvorstellung über Tatbestandsalternativen vgl. § 16 RN 11.

4. Außer der Handlung und ihren Merkmalen sowie dem Erfolg, soweit ein solcher tatbestandlich erforderlich ist (Tod, Körperverletzung, Sachbeschädigung), muß der Täter nach h. M. auch die Verbindung zwischen Handlung und Erfolg in Gestalt der **Kausalität** seines

Handelns in den wesentlichen Zügen kennen (Baumann/Weber 216, Engisch, Kausalität 4, Jescheck LK vor § 13 RN 48, M-Zipf I 236, Struensee ZStW 102, 24). Nach einer im Vordringen befindlichen Auffassung betrifft diese Frage schon die „objektive Voraussehbarkeit" des Bewirkungszusammenhangs und soll damit ein Problem der objektiven Zurechenbarkeit darstellen (vgl. Schroeder LK § 16 RN 17ff., GA 79, 327, Wolter ZStW 89, 649, Driendl GA 86, 253), teilweise wird danach gefragt, ob der Erfolg in das vom Täter erkannte Risiko fällt (Jakobs 241). Praktisch erhebliche Abweichungen i. E. folgen aus diesen Ansichten jedoch nicht (vgl. 95 vor § 13); nach Hirsch Uni. Köln-FS 404 ist die Verlagerung der Zurechnungsproblematik in den objektiven Tatbestand sachwidrig. Folgt man der h. M., so ist nach den o. 53 genannten Grundsätzen nur erforderlich, daß der Kausalablauf im wesentlichen richtig vorhergesehen wird (mit verfehlter Begründung i. E. wohl ebenso Herzberg ZStW 85, 867ff.).

55 a) **Abweichungen im Kausalverlauf** sind bedeutungslos, wenn sie sich noch innerhalb der Grenzen des nach allgemeiner Lebenserfahrung Voraussehbaren halten und keine andere Bewertung der Tat rechtfertigen (BGH NJW **60**, 1822, GA **55**, 123, BGH **7** 392, Bremen MDR **59**, 777, Rudolphi SK § 16 RN 31; krit. Schroeder LK § 16 RN 17ff., GA 79, 327f. [Tauglichkeit des Angriffsmittels]). Wann eine solche Abweichung wesentlich ist, bestimmt sich einmal nach objektiven Maßstäben; daneben ist aber auch zu berücksichtigen, welche Entwicklung seines Verhaltens der Täter beabsichtigt und vorausgesehen hat. Wer einem anderen an einer bestimmten Körperstelle eine harmlose Verletzung beibringen will, haftet im Rahmen des § 223 nicht ohne weiteres für eine schwere Verletzung, die an einem anderen Körperteil eintritt. Soweit nämlich der tatsächliche Kausalverlauf und derjenige, den sich der Täter vorgestellt hat, erheblich voneinander abweichen, stimmen objektiver und subjektiver Tatbestand nicht überein; es liegt dann bezüglich des objektiv Geschehenen kein Vorsatz vor (BGH NJW **56**, 1448); hier kommt aber ein Versuch hinsichtlich des vom Täter gewollten Tatverlaufs sowie eventuell eine Fahrlässigkeitsstrafbarkeit wegen des tatsächlichen Tatverlaufs in Betracht. Eine solche **wesentliche Abweichung** würde z. B. gegeben sein, wenn B nicht durch den Schuß des A getötet wird, sondern ein durch den Schuß wild gewordenes Pferd ihn überrennt. Dagegen liegt vorsätzliche Tötung vor, wenn der Täter den Überfallenen durch Schläge mit dem Beilstiel hat töten wollen, die Schläge jedoch diesen Erfolg nicht gehabt haben, der Tod vielmehr infolge einer auf die Verletzung zurückzuführenden Infektion eintritt (RG **70** 258). Um eine unwesentliche Abweichung handelt es sich auch dann, wenn der tatbestandsmäßige Erfolg durch eine Handlung eintritt, die nach dem Tatplan noch nicht eigentliche Ausführung sein sollte, z. B. das Opfer, welches sich gegen seine Hinrichtung wehrt, beim Handgemenge ums Leben kommt (BGH GA **55**, 123) oder die Schläge, die das Opfer nur betäuben sollen, bereits tödlich wirken (RG DStR **39**, 177). Erforderlich ist jedoch, daß die Tat schon in das Stadium des Versuchs gelangt ist (vgl. BGH **23** 356, Jescheck 264); explodiert eine Bombe bei Handlungen, die noch Vorbereitung sind, so kommt allenfalls § 222 in Betracht.

56 Ähnliche Probleme bestehen bei der Beurteilung von Delikten, die der Täter im Zustand der Schuldunfähigkeit begeht. Tritt die Schuldunfähigkeit des Täters während der Tatausführung, d. h. nach Versuchsbeginn ein, kann ihm zum einen sein nicht im Zustand der Schuldfähigkeit durchgeführtes Handeln vorgeworfen werden, so daß jedenfalls eine Versuchsstrafbarkeit gegeben ist. Hat die im Zustand der Zurechnungsunfähigkeit bewirkte Weiterführung der Tat darüber hinaus die Deliktsvollendung zur Folge, so ist der Täter zum anderen wegen vollendeter Tat zu bestrafen, wenn der wirkliche Geschehensablauf von dem, den er sich im Zustand der Schuldfähigkeit vorgestellt hat, nicht wesentlich abweicht (BGH **7** 329, **23** 133 m. Anm. Oehler JZ 70, 379, BGH **23** 356, Maurach JuS 61, 378, Geilen JuS 72, 73, Eser I 167ff., Wolter Leferenz-FS 552, Rudolphi SK § 20 RN 27; vgl. auch Jakobs 245, Oehler GA 56, 1ff.). So liegt eine nur unwesentliche Abweichung z. B. vor, wenn der Täter nach dem gefaßten Vorsatz sein Opfer mit einem Messerstich zu töten, dieses im Blutrausch mit zahllosen Stichen in grauenvoller Weise umbringt (vgl. BGH **7** 325, **23** 133). Eine wesentliche Abweichung des Kausalverlaufs ist dann anzunehmen, wenn die Tötungshandlung sich vollständig von der im Zustand der Schuldfähigkeit begonnenen unterscheidet, der Täter sein Opfer nicht mit zahlreichen Messerstichen tötet, sondern dieses im Blutrausch z. B. vor seinen Wagen legt und es überfährt. Diese Tötungshandlung beruht auf einem neuen, im Zustand der Schuldunfähigkeit gefaßten Entschluß, der nur eine Versuchsstrafbarkeit rechtfertigt (so auch BGH GA **56**, 26). Hatte der Täter allerdings im Zustand der Schuldfähigkeit nur Körperverletzungsvorsatz und geht er erst im Zustand der Schuldunfähigkeit zur Tötung über, handelt es sich nicht um ein Problem der Abweichung des Kausalverlaufs. Nach den allgemeinen Regeln ist der Täter nur wegen des vorsätzlichen Verletzungsdelikts zu bestrafen, eine Fahrlässigkeitsstrafbarkeit hinsichtlich der Tötungsdelikte kommt nur im Fall der schuldhaften Herbeiführung des die Schuldunfähigkeit begründenden Umstandes (Fall der actio libera in causa) in Betracht. Tritt die Schuldunfähigkeit nicht während der Tatausführung, sondern bereits vor Beginn der Tat ein, so liegt – vom

Fall der actio libera in causa abgesehen – eine strafbare Handlung auch dann nicht vor, wenn die Tat den im Zustand der Schuldfähigkeit geplanten und vorbereiteten Verlauf nimmt (BGH **23** 356, Rudolphi SK § 20 RN 27, vgl. auch § 20 RN 40).

b) Ein Sonderfall der Abweichung des Kausalverlaufes ist das Fehlgehen der Tat **(aberratio** **57** **ictus)**; vgl. Lackner II 2a cc, Blei I 121, M-Zipf I 318, Welzel 73, D-Tröndle § 16 RN 6, Puppe GA 81, 14, Baumann/Weber 410, Schroeder LK § 16 RN 9; and. Wessels I 78, Schreiber JuS 85, 874, Stratenwerth 104. Eine solche liegt dann vor, wenn ohne Verwechslung des Angriffsgegenstandes der Erfolg nicht an dem in Aussicht genommenen, sondern an einem anderen Tatobjekt eintritt: A schießt mit Tötungsvorsatz auf B, trifft und tötet aber C oder den den B begleitenden Hund, der in die Schußlinie kommt. In den Fällen der sog. Ungleichwertigkeit der Tatobjekte wird übereinstimmend eine Versuchsstrafbarkeit im Hinblick auf das beabsichtigte und gegebenenfalls eine dazu in Tateinheit stehende Fahrlässigkeitsstrafbarkeit im Hinblick auf das tatsächlich getroffene Objekt angenommen. Diese Grundsätze finden aber auch in den Fällen der Gleichwertigkeit der Objekte Anwendung. Auch hier liegt daher nur versuchte vorsätzliche Tötung des B vor; daneben kann je nach den Umständen fahrlässige Tötung des C gegeben sein (RG **58** 28, LG München JZ **88**, 565, Neustadt NJW **64**, 311 m. Anm. Pauli NJW 64, 735, Backmann JuS 71, 113, Baumann/Weber 410, Eser I 186 f., Hettinger GA 90, 531, Jescheck 281, M-Zipf I 318, Mezger 314, Rudolphi SK § 16 RN 33, ZStW **86**, 94 ff., Stratenwerth 103 f., Herzberg ZStW 85, 867 ff., i. E. ebenso Silva-Sanchez ZStW 89, 352). In Abweichung zu dieser Ansicht nehmen vollendete vorsätzliche Tötung des C an: Frank § 59 Anm. III 2c, v. Liszt/Schmidt 270, Loewenheim JuS 66, 310, Noll ZStW 77, 5, Puppe GA 81, 1, JZ 89, 730 f., Welzel 73 [im Widerspruch zu seiner Handlungs- und Täterlehre, da der Erfolg an C lediglich verursacht, nicht aber aufgrund des Kausalwissens überdeterminiert ist]; ähnlich Hillenkamp aaO 85 ff. Begründet wird diese Auffassung hauptsächlich damit, daß es für die Zurechnung des Vorsatzes genüge, wenn dieser sich auf die tatbestandsmäßigen Eigenschaften des Handlungsobjekts beziehe; da der Täter einen Menschen töten wollte und dieser Erfolg auch eingetreten sei, sei es auch nur konsequent wegen eines vollendeten Tötungsdelikts zu bestrafen. Die Tatbestände schützen nach dieser Auffassung Rechtsgüter nur ihrer Gattung nach (vgl. Puppe GA 81, 3; Loewenheim JuS 66, 312 f.). Diese Auffassung trifft jedoch nicht zu, da der Vorsatz und damit das vom Täter kraft seines Kausalwissens überdeterminierte Verhalten immer nur ein konkretes Angriffsobjekt umfaßt. Der fehlende Vorsatz zur Tötung des versehentlich getroffenen Dritten kann insbesondere auch nicht durch die allgemeine Vorstellung, irgendeinen Menschen töten zu wollen, ersetzt werden (vgl Jescheck 281, Rudolphi SK § 16 RN 33, Frisch Zurechnung 616 f.). Dies zeigt insbesondere der Fall, daß es dem Täter darauf ankommt, einen bestimmten Menschen zu töten, z. B. seinen Vater, den er zu beerben beabsichtigt. Schießt er auf diesen anläßlich einer Jagd, um einen Jagdunfall vorzutäuschen, trifft aber unbeabsichtigt einen Treiber, so müßte auf der hier referierten Gegenansicht in vollendeter Mord vorliegen, obwohl der Täter über dessen Tod sein Ziel nicht erreichen kann. In Wahrheit liegt hier ein versuchter Mord an dem Vater vor, zu dem nicht noch gleichzeitig ein vollendeter Totschlag treten kann, sondern allenfalls eine fahrlässige Tötung. Zu einer differenzierenden Lösung kommt Hillenkamp aaO 102 ff. (Unerheblichkeit der aberratio ictus bei nichtpersönlichen Rechtsgütern); gegen ihn überzeugend Rudolphi ZStW 86, 94 ff., Schreiber JuS 85, 875. Dagegen leugnet Puppe (GA 81, 1) die Existenzberechtigung der aberratio ictus und sieht in ihr einen Unterfall des error in persona; bei Gleichwertigkeit des Objekts und adäquatem Kausalverlauf soll die Fehlvorstellung unbeachtlich sein. Dem kann jedoch nur zugestimmt werden, wenn – auch für den Täter – feststeht, daß der Erfolg an einem anderen, gleichwertigen Objekt eintreten kann (vgl. hierzu Blei I 121 f., Jakobs 248, Wolter Leferenz-FS 551). Demgegenüber nehmen Roxin (Würtenberger-FS 123) und Herzberg (JA 81, 473) trotz Zielverfehlung auch dann ein vollendetes Delikt an, wenn für das Vorhaben des Täters mehrere Opfer gleichermaßen geeignet sind (Steinwurf gegen Polizisten), der Täter aber nicht die anvisierte Person, sondern einen Dazwischentretenden trifft, hinsichtlich dessen er den Erfolg überhaupt nicht ins Auge gefaßt hat. In diesen Fällen wird ein der Täter aber idR gerade nicht darauf ankommen, wen er verletzt, so daß hier ein „genereller" Vorsatz gegeben ist. Nach Prittwitz (GA 83, 127 ff.) soll wegen vollendeter Tat bestraft werden, wenn der Täter das nicht anvisierte Objekt sinnlich wahrgenommen hat (ähnlich Jakobs 247); gegen dieses Lösungskonzept Janiszewski (MDR 85, 533), der darauf abstellt, ob der Täter wußte, welcher Gattung von Rechtsgütern er bei einer Zielverfehlung schaden würde, oder ob er nur zufällig ein gleichwertiges Objekt traf. Zu den Grundfällen der aberratio ictus vgl. Schreiber JuS 85, 873.

c) Ein weiterer Sonderfall einer Abweichung im Kausalverlauf ist der sog. **dolus generalis** **58** (gegen diesen Begriff BGH **14** 193, Roxin Würtenberger-FS 109, Driendl GA 86, 257; z. T. auch Baumann/Weber 394). Hiervon spricht man dann, wenn der Täter bei einem mehraktigen Geschehen den Erfolg zwar als Folge seines Handelns voraussieht, ihn jedoch nicht durch die zu diesem Zwecke vorgenommene Handlung, sondern mit einem anderen Handlungsakt herbeiführt. Unter dem Stichwort dolus generalis werden vor allem die Fälle diskutiert, in denen der Täter in der irrigen Annahme des bereits erzielten Erfolges eine weitere Handlung vornimmt, die dann tatsächlich erst zum Erfolg führt (vgl. Jescheck 281f., D-Tröndle § 16 RN 7, Wolter Leferenz-FS 549, weitergehend Rudolphi SK § 16 RN 34f.). Bsp.: A hat auf B geschossen; er hält ihn für tot und wirft ihn ins Wasser, um die Tat zu verwischen; B ertrinkt (RG **67** 258, OGH **1** 75, BGH **14** 193). In diesen Fällen wird regelmäßig eine unwesentliche Abweichung des tatsächlichen Kausalablaufs vom Vorstellungsbild des Täters vorliegen (Stratenwerth 102f., Wessels I 76), weil der tatsächliche Kausalverlauf durchaus noch im Rahmen des nach allgemeiner Lebenserfahrung voraussehbaren liegt. Daß diese Abweichung auf eigenes Handeln des Täters zurückzuführen ist und nicht auf ein Handeln Dritter oder auf Naturkräfte, ist unerheblich (vgl. H. Mayer JZ 56, 110). Der Täter ist daher wegen vollendeter vorsätzlicher Tat zu verurteilen, da er bereits mit der ersten, vom Tötungsvorsatz beherrschten Handlung eine Ursache für den späteren Todeseintritt geschaffen hat (RG **67** 258, OGH **1** 75, BGH **7** 329, MDR/D **52**, 16, D-Tröndle § 16 RN 7, Rudolphi SK § 16 RN 35; einschr. Welzel 74, Jakobs 246). Gleichgültig ist, ob der Täter mit bedingtem oder direktem Vorsatz gehandelt hat (BGH **14** 193). Im einzelnen gibt es aber auch hier voneinander abweichende Lösungsvorschläge. Nach Roxin (Würtenberger-FS 120) liegt nur bei einer beabsichtigten Tötung der zum Tode führende Zweitakt im Rahmen der Planverwirklichung des Täters, weshalb nur hier, nicht aber bei bedingtem Tötungsvorsatz oder dolus directus eine vollendete Tötung anzunehmen sei. Dagegen nehmen nur Versuch, evtl. in Tatmehrheit mit fahrlässiger Tötung, an: Engisch, Untersuchungen 72, Frank § 59 Anm. IX, Maiwald ZStW 78, 30, M-Zipf I 319f., Frisch Zurechnung, 621f. Diese Autoren begründen ihre Auffassung damit, daß die beiden Teilakte des Geschehens selbständige Handlungen seien. Glaubt der Täter also, der Erfolg sei eingetreten, so sei bei Vornahme der Zweithandlung der Tötungsvorsatz erloschen und könne nicht unterstellt werden (M-Zipf I 319f., Hruschka JuS 82, 317, Jakobs 246). Diese Meinung verkennt jedoch, daß es sich um ein Problem der Abirrung handelt: so nämlich ein Dritter die vermeintliche Leiche ins Wasser wirft oder ob dies der Täter selbst tut, kann schließlich keinen Unterschied machen. Entscheidend ist allein das Adäquanzurteil (so auch Wessels I 78, Lackner II 2a bb). Insoweit abweichend Rudolphi SK § 16 RN 35, der darauf abstellen will, ob die tatsächliche Erfolgsverursachung sich als Realisierung des durch die Ersthandlung gesetzten Erfolgseintritts darstelle. Daher liege regelmäßig eine vollendete Vorsatztat vor, wenn der Täter von vornherein zur Zweithandlung (Beseitigung der vermeintlichen Leiche) entschlossen war. Anders soll es jedoch in der Regel sein, wenn der Täter sich erst nach Abschluß der mit Tötungsvorsatz erfolgten Ersthandlung zur Beseitigung der Leiche entschließt. Da das Adäquanzurteil entscheidet, ist natürlich auch eine wesentliche Abweichung vom Kausalverlauf in diesen Fällen denkbar (ebenso Roxin aaO). Lädt z. B. der Täter das für tot gehaltene Opfer in seinen Kraftwagen, um es an einem abgelegenen Ort zu verscharren, und führt er dessen Tod unterwegs durch einen Verkehrsunfall herbei, so kommt nur versuchte Tötung, evtl. in Tatmehrheit mit fahrlässiger Tötung, in Betracht. Entsprechend zu lösen ist der umgekehrte Fall, in dem der Täter z. B. den Tod seines Opfers bereits mit den Schlägen verursacht, die nach seinem Vorsatz zunächst nur betäuben sollten (RG DStR **39**, 177). Auch hier handelt es sich um einen Fall der Abweichung vom vorgestellten Kausalverlauf (h. M. M-Zipf I 320, Lackner II 2a bb; Rudolphi SK § 16 RN 34, Welzel 75; a. A. Hruschka JuS 82, 320f.). Da die Abweichung in aller Regel unwesentlich sein wird, ist hier eine vollendete Vorsatztat gegeben. Demgegenüber verneint Schroeder (LK § 16 RN 34, ebenso Frisch Zurechnung 623) in diesen Fällen einen Vollendungsvorsatz mit dem Argument, daß dem Täter die konkrete Erfolgseignung seines Verhaltens nicht bekannt gewesen sei, wenn der Erfolg bereits während eines unbeendeten Versuchs eintrete. Danach soll lediglich ein unbeendeter Versuch, von dem der Täter also durch bloße freiwillige Tataufgabe noch zurücktreten kann und ggf. ein Fahrlässigkeitsdelikt vorliegen (ähnlich Herzberg ZStW 85, 867; einschr. Wolter ZStW 89, 649, 697ff., der die Rücktrittsmöglichkeit ausschließen will). Diese Auffassungen verdienen jedoch keine Zustimmung, da schließlich auch die Versuchshandlung von dem Tatbestandsverwirklichungswillen des Täters getragen ist. Daher ist dem Täter auch der verfrüht eingetretene Erfolg als vorsätzlich verwirklicht zuzurechnen, so daß er bei unwesentlicher Abweichung im Kausalverlauf wegen vollendeter vorsätzlicher Tat zu bestrafen ist. Hiervon zu unterscheiden sind die Fälle, in denen der tatbestandliche Erfolg bereits durch eine bloße Vorbereitungshandlung verursacht wird. Dann dürfte regelmäßig eine wesentliche Abweichung vom vorgestellten Kausalverlauf gegeben sein, so daß eine Bestrafung nur wegen eines entsprechenden Fahrlässigkeitsdelikts in Betracht kommt.

59 d) Von der Abirrung des Kausalverlaufes zu unterscheiden sind die Fälle des **error in obiecto**. Von einem solchen Irrtum spricht man bei Verwechslung des Angriffsgegenstandes; ein Unterfall ist der Irrtum in der Person (error in persona: A schießt auf C, den er für den B hält): Liegen beim tatsächlich angegriffenen Objekt dieselben rechtlich bedeutsamen Eigenschaften vor wie beim vorgestellten Gegenstand, so ist der Tatbestand vorsätzlich verwirklicht, die Verwechslung ohne Bedeutung (RG 18 338, 19 179; i. E., aber mit teilweise anderer Begründung, ebenso Herzberg JA 81, 472). Zur Frage der Haftung, wenn ein Tatbeteiligter betroffen ist vgl. § 26 RN 19. Hat dagegen das vorgestellte Objekt andere rechtliche Qualitäten, so entscheidet für die strafrechtliche Haftung wegen vorsätzlichen Verhaltens der vorgestellte Sachverhalt. Im übrigen kommt ggf. ein Fahrlässigkeitsdelikt in Betracht. Insoweit kommen die allgemeinen Irrtumsregeln zur Anwendung. Vgl. § 16 RN 8 ff. Die Fälle eines error in persona des Haupttäters bzw. eines Werkzeugs sind in ihrer Bedeutung für den Teilnehmer bzw. Hintermann folgendermaßen zu behandeln. Hier ist zwischen zwei unterschiedlichen Fallgestaltungen zu differenzieren. Gibt der Anstifter (Hintermann) dem Täter (Werkzeug) genaue Anweisungen, anhand deren er die Auswahl des Objekts treffen soll, so besteht kein Grund ihm das Ergebnis der Tat nicht zuzurechnen, auch wenn es auf seiten des Haupttäters (Werkzeug) zu einer Objektsverwechslung kommt. Legt z. B. der Anstifter Zeit und Ort der Tat fest und beschreibt das Opfer anhand individueller Merkmale, so stellt er sich den Auswahlvorgang so vor, wie er ungeachtet der Objektsverwechselung tatsächlich auch geschieht; der Tathergang entspricht folglich der Vorstellung des Anstifters. In diesen Fällen ist der error in obiecto des Täters also auch für den Anstifter unbeachtlich (insoweit übereinstimmend: BGH NJW 91, 933 m. Anm. Puppe NStZ 91, 124, M-Gössel II 353 f., D-Tröndle § 26 RN 15, Loewenheim JuS 63, 135, Baumann JuS 63, 135, Backmann JuS 71, 119, pr. OT GA 7 322: Fall Rose-Rosahl). Anders zu lösen sind jedoch die Fälle, in denen der tatsächliche Geschehensablauf nicht mit dem Vorstellungsbild des Anstifters übereinstimmt. Verwechselt z. B. die mit der Verabreichung einer Giftinjektion betraute Krankenschwester infolge eines Hörfehlers die Zimmernummer und damit den Patienten, so ist diese Abweichung im Geschehensverlauf hinsichtlich des Anstifters als aberratio ictus zu behandeln. Denn in diesen Fällen entwickelt sich der Tatablauf abweichend von der Vorstellung des Anstifters, so daß ihm das Ergebnis der Tat nicht zugerechnet werden kann. In Betracht kommt versuchte Anstiftung, eventuell in Tateinheit mit fahrlässiger Tötung. Abweichend hiervon wollen alle Fälle eines error in obiecto auf seiten des Haupttäters (Werkzeugs) als unbeachtliche Abweichung, sofern sich der Kausalverlauf im Rahmen der allgemeinen Lebenserfahrung bewegt (BGH NJW 91, 933 m. Anm. Puppe NStZ 91, 124) oder aber stets als beachtliche Abweichung gewertet wissen Bemmann MDR 58, 821, Hillenkamp aaO 63 f., Jescheck 561, Roxin LK 26, Sax ZStW 90, 746, Rudolphi SK § 16 RN 30, Schreiber JuS 85, 877, Wessels I 169 f.

IV. Willenselement des Vorsatzes. Der Täter muß zu seiner Tat nicht nur in einer Wissens-, sondern auch in einer Willensbeziehung stehen. Diese besteht darin, daß er die von ihm erkannte Möglichkeit einer Tatbestandsverwirklichung (intellektuelles Moment) in seinen Willen aufnimmt und sich für sie entscheidet **(voluntatives Moment)**. Ähnlich wie beim Wissenselement (aktuelles Bewußtsein, sachgedankliches Mitbewußtsein; vgl. o. 48 ff.) gibt es auch beim Willenselement verschiedene Intensitätsgrade der voluntativen Beziehung des Täters zu seiner Tat.

1. Hierbei stellt sich zunächst die Frage, welche Anforderungen an den **Verwirklichungswillen** der vorsätzlichen Handlung zu stellen sind. Bei der finalen Steuerung der Handlung, bei der der Täter aufgrund seines Kausalwissens zur Erreichung seines Ziels die notwendigen Mittel einsetzt, ist das Willenselement unproblematisch. Problematisch ist es jedoch im Bereich der Affekttaten, deren Impuls in tieferen Schichten der Persönlichkeit liegt und realisiert wird, ohne die rational kontrollierenden Ebenen der höheren Bewußtseinsschichten zu durchlaufen (vgl. hierzu Schewe, Reflexbewegung 27 ff., Stratenwerth Welzel-FS 299, 304 f.). Hier wird man schon dann von einer vorsätzlichen Handlung sprechen müssen, wenn der Täter die Möglichkeit der Tatbestandverwirklichung erkennt und sich trotz dieser Kenntnis zur Tat treiben läßt, wobei das Wissen um die Verwirklichung nicht von vornherein gegeben sein muß, sondern auch während der Affekttat hinzutreten kann. Dies möge ein Beispiel von Stratenwerth (Welzel-FS 305) verdeutlichen: „Der Affekttäter etwa, der sein Opfer würgt, um es am Schreien zu hindern, kann sich jäh bewußt werden, daß er im Begriff ist, es umzubringen; dann hat er von diesem Moment an den Tötungsvorsatz". Die Berechtigung dafür, auch in solchen Fällen von einem ausreichenden Willenselement für ein vorsätzliches Handeln zu sprechen, liegt darin, daß auch bei der Affekttat ein persönlichkeitsadäquater Impuls zum Handeln vorliegt, der jedenfalls der potentiellen Steuerungsmöglichkeit der Person durch die Möglichkeit einer Einschaltung der Bewußtseinsebene unterliegt; Arthur Kaufmann H. Mayer-FS 98 ff.

Demgegenüber wird im psychiatrischen und psychologischen Schrifttum in bezug auf die Affekttaten gelegentlich von einem „unwillkürlichen" oder „reflexartigen" Verhalten gesprochen (vgl. Schewe, Reflexbewegung 27, krit. hierzu Stratenwerth ZStW 85, 469 ff.); zur Affekttat als Ergebnis fortgeschrittener seelischer Zermürbung vgl. Krümpelmann Welzel-FS 324, 338, 341; vgl. weiterhin zur Affekttat Rasch, Tötung des Intimpartners (1964) 14 ff., 49 ff., Steigleder, Mörder und Totschläger (1968) 73 ff., Geilen Maurach-FS 73 ff., Hirsch ZStW 93, 860, Jakobs 216.

63 2. Ähnliche Probleme tauchen etwa auch bei Taten im Zustand der **Volltrunkenheit** (vgl. § 323a RN 10), bei **Kurzschlußhandlungen** oder impulsiven Abwehrreaktionen auf. Stets ist jedoch bei diesen Taten erforderlich, daß dem Täter bewußt wird, auf welchen tatbestandsmäßigen Erfolg sein Verhalten hinsteuert.

64 V. Arten des Vorsatzes. Vorwiegend nach Art und Beschaffenheit der Willensbeziehung des Täters zur Tatbestandsverwirklichung unterscheidet man verschiedene **Arten des Vorsatzes**, die mit direkter Vorsatz (dolus directus), der in verschiedenen Stufen auftritt, und Eventualvorsatz (dolus eventualis) bezeichnet werden.

65 1. Der **direkte Vorsatz** kann in zwei verschiedenen Formen auftreten, in der Form der **Absicht** i. S. des direkt auf den Erfolg als Ziel gerichteten Willens und in der Form des **sicheren Wissens** davon, daß die Handlung eine Rechtsverletzung darstellt (vgl. Oehler NJW 66, 1633, anschaulich Welzel NJW 62, 20).

66 a) Von **Absicht** spricht man dann, wenn der Handlungswille des Täters final gerade auf den vom Gesetz bezeichneten Handlungserfolg gerichtet war. Erstrebt der Täter in diesem Sinne den Handlungserfolg, so erfordert dies aber nicht, daß der Täter diesen für wünschenswert hält. Auch wenn er sich dem Erfolg nicht positiv zuwendet, liegt Absicht vor, wenn der Erfolg denknotwendig eintritt. Maßgeblich ist dies insbesondere in den Fällen des denknotwendigen Zwischenerfolges zur Erreichung des an sich gewünschten Endziels. Bricht z. B. der Täter ein wertvolles Behältnis auf, um sich dessen Inhalt zuzueignen, handelt er auch hinsichtlich der denknotwendigen Beschädigung des Behältnisses absichtlich – auch wenn er die Beschädigung nicht als wünschenswert in sein Vorstellungsbild aufgenommen hat. Weiß der Täter daher, daß er das Endziel nur über die „ungewünschte" Zwischenfolge erzielen kann, erstrebt er diese und handelt auch insoweit absichtlich (so wohl auch Samson JA 89, 450). Absicht liegt vor, wenn der Handlungswille des Täters, wie bei den Verletzungsdelikten, auf den tatbestandlichen Erfolg (Tod des Opfers), oder aber auch auf einen weiteren Erfolg gerichtet ist, den der Täter nur zu erstreben, aber nicht zu erreichen braucht (so z. B. bei der Zueignungsabsicht in § 242, der Bereicherungsabsicht in §§ 253, 263). Dabei ist ohne Bedeutung, ob dieser Erfolg Beweggrund (Motiv) des Handelns war, oder ob es dem Täter letztlich auf etwas anderes ankam, das er nur über den (notwendigen) Zwischenerfolg glaubte erreichen zu können. Absicht und Motiv i. S. des Beweggrundes für das Verhalten sind daher voneinander zu unterscheiden (BGH GA **85**, 321, Jescheck 267, Oehler NJW 66, 1633; and. wohl Baumann/Weber 399, Wessels I 64). Absicht als zielgerichtetes Handeln liegt also z. B. vor, wenn der Täter den Tod eines Menschen erstrebt, mag Motiv seines Handelns die Aussicht sein, dessen Erbe zu werden, mag er es in sexueller Erregung tun oder zur Beseitigung eines Nebenbuhlers. Im Rahmen der Vorsatzlehre sind Motive ohne Bedeutung; es kommt nur darauf an, daß der Wille des Täters auf einen tatbestandlichen Deliktserfolg gerichtet war oder die Handlung Mittel zur Erreichung eines weiteren Zieles sein sollte.

67 Die Absicht kann sich demnach **nur** auf den **zu bewirkenden Erfolg** beziehen, während bezüglich der vom Willen des Täters unabhängigen Merkmale (z. B. Mensch, jagdbares Tier, Waffe) lediglich die Vorstellung ihres Vorhandenseins möglich ist. Der Begriff der Absicht kann daher immer nur einen Teil der zum Vorsatz notwendigen Elemente umfassen. Erstrebt der Täter den Erfolg, so kommt es für das Vorhandensein der Absicht und damit des Vorsatzes nicht darauf an, ob er mit dem Eintritt des Erfolges sicher oder nur möglicherweise rechnet (BGH NJW **81**, 2204, NStE § 212 **Nr. 13**). Der Täter, der sich im unklaren darüber ist, ob sein Schuß bei der großen Entfernung treffen wird, aber mit der Absicht handelt, sein Opfer zu treffen, hat daher den direkten (nicht nur eventuellen) Vorsatz (BGH **18** 248, **21** 283, Rudolphi SK § 16 RN 36; vgl. Oehler NJW 66, 1634; and. BGH **16** 5). Entsprechendes gilt in allen Fällen, in denen der Täter über Deliktsvoraussetzungen im Zweifel ist, aber „für alle Fälle" zur Herbeiführung des Erfolges handeln will, so z. B. bei Abtreibung durch eine Frau, die sich für möglicherweise schwanger hält als auch ein Mittel verwendet, das sie für evtl. untauglich hält (and. BGH **16** 5 m. abl. Anm. Welzel NJW 62, 20).

68 b) Direkter Vorsatz liegt aber auch dann vor, wenn der Täter weiß oder als **sicher annimmt**, daß sein Verhalten die Voraussetzungen eines Strafgesetzes erfüllt. Dies kann zum einen der Fall sein, wenn er den nicht beabsichtigten Erfolg als notwendige Nebenfolge seines Handelns voraussieht, die zwar nicht denknotwendig (vgl. insoweit o. 66), so doch nach allgemeiner Lebenserfahrung eintritt. Zum anderen, wenn der Täter von seinem Willen unabhängige Elemente der Tat als sicher gegeben erkennt (vgl. dazu eingehend Engisch, Untersuchungen 170 ff., Jescheck 268, Rudolphi SK § 16 RN 37, Welzel 67 f.). Das ist z. B. der Fall, wenn der Täter zur Erlangung der Versicherungssumme den Untergang eines Schiffes beabsichtigt und als Nebenfolge den Tod der Mannschaft erwartet (Fall Thomas; vgl. Binding Normen II 2, 851). Der Tod der Mannschaft oder eines Teils von ihr, stellt eine nach der allgemeinen

Lebenserfahrung in der Regel eintretende, nicht aber denknotwendige Nebenfolge dar; man denke insoweit nur an die Rettung der Schiffsbrüchigen, so daß hier nur von einer sicheren Annahme des Eintritts der Nebenfolge und nicht von Absicht gesprochen werden kann. Für die Bemessung der Vorsatzform des direkten Vorsatzes muß ein Grad der Überzeugung vorliegen, der für den gerichtlichen Beweis ausreichen würde, also eine Wahrscheinlichkeit, bei der der Zweifel schweigt (vgl. RG 31 217).

c) **Beide Formen** des dolus directus sind an sich **gleichwertig**. Gleichwohl hat die Unterscheidung dort praktische Bedeutung, wo in den einzelnen Tatbeständen eine bestimmte „Absicht" (vgl. etwa §§ 242, 253, 263), „Wissentlichkeit" oder ein Handeln „wider besseres Wissen" (vgl. etwa § 187) verlangt wird; in einigen Tatbeständen wird dem „absichtlichen" Handeln das „wissentliche" gleichgestellt (vgl. etwa § 258). Durch solche Formulierungen des Gesetzes soll zunächst ein dolus eventualis (vgl. u. 72ff.) ausgeschlossen sein. So ist bei § 187 erforderlich, daß der Täter positive Kenntnis von der Unwahrheit der von ihm behaupteten Tatsache besitzt (§ 187 RN 5); zweifelt er, ob die Behauptung wahr oder unwahr ist, so kommt nur § 186 in Betracht.

Schwieriger ist die Frage zu beantworten, wann der Begriff der „Absicht" (= zielgerichtetes Handeln) dazu dient, die zweite Form des dolus directus (= Gewißheit um den Eintritt einer unbeabsichtigten Nebenfolge) auszuschließen. Der Sprachgebrauch des Gesetzes ist insoweit in beklagenswerter Weise ungenau, obwohl das EGStGB seine Bereinigung angestrebt hat (vgl. Göhler NJW 74, 826). Trotz der Verwendung des Begriffs „Absicht", „um zu" oder anderer sprachlicher Surrogate, die vom Wortsinn her auf ein zielgerichtetes Handeln hinweisen, ist es eine Frage der Interpretation der einzelnen Tatbestandes, ob damit neben dolus eventualis auch die zweite Form des dolus directus ausgeschlossen sein soll (vgl. BGH 4 107, 9 142, 16 1). Beide Formen des dolus directus reichen etwa aus bei §§ 164, 225, 274, während etwa bei §§ 242, 263 der engere Absichtsbegriff i. S. zielgerichteten Handelns verlangt wird; vgl. hierzu die Erläuterungen bei den einzelnen Vorschriften. Auch innerhalb des gleichen Tatbestandsmerkmals können die subjektiven Anforderungen unterschiedlich sein; so erfordert § 242 nur bezüglich der Aneignung als Bestandteil der Zueignungsabsicht ein zielgerichtetes Handeln (vgl. § 242 RN 61), während hinsichtlich der in der Zueignung liegenden Enteignung dolus eventualis als ausreichend angesehen wird (§ 242 RN 64); bei § 263 muß nur die Bereicherung erstrebt sein, während hinsichtlich deren Rechtswidrigkeit dolus eventualis ausreicht (§ 263 RN 165, 176). Ein Grundsatz, ob der engere Absichtsbegriff gefordert ist oder beide Formen des dolus directus ausreichend sind, läßt sich nicht aufstellen. Als Faustregel kann jedoch gelten, daß bei Delikten, deren Unrecht dadurch charakterisiert ist, daß der Täter eine für ihn (oder andere) günstige Position erstrebt, insoweit ein zielgerichtetes Handeln erforderlich ist, während bei reinen Schädigungsdelikten beide Formen des dolus directus ausreichen, wenn das Gesetz mit den Merkmalen „Absicht", „um zu" usw., die sprachlich auf ein zielgerichtetes Handeln hinweisen, einen qualifizierten Vorsatz verlangt.

d) Gelegentlich ist der Begriff der „Absicht" auch i. S. eines echten **Motivs** zu verstehen. Dies ist immer dann der Fall, wenn es dem Gesetz um die Kennzeichnung einer Gesinnung geht, die in der Motivierung des Täters durch bestimmte Erfolge ihren Ausdruck findet, so z. B. der niedrige Beweggrund in § 211 (vgl. dort RN 14).

2. Neben die Formen des direkten Vorsatzes (o. 65ff.) tritt der **dolus eventualis**, bei welchem der Täter die Erfüllung des Tatbestandes nicht erstrebt oder als sicher voraussieht, sondern nur für möglich hält. Diese Vorsatzform wird auch bedingter Vorsatz genannt, was aber schon deswegen nicht als Gegensatz zum unbedingten Handlungswillen (vgl. § 22 RN 18) verstanden werden darf, weil „bedingtes Wollen" als Ausdruck innerer Unentschlossenheit für den subjektiven Tatbestand des Vorsatzdeliktes nicht ausreicht. Abweichend hiervon wird der Eventualvorsatz teilweise als Unterfall der Absicht (Germann SchwZStr 77, 355ff.; ähnlich Hartung JZ 53, 399), teilweise als Regelfall (Frisch aaO 496f.), teilweise als allgemeinster Fall (Puppe ZStW 103, 1ff., 42) vorsätzlichen Verhaltens verstanden. Die inhaltliche Bestimmung des dolus eventualis ist deswegen von entscheidender Bedeutung, weil die meisten Straftatbestände nur vorsätzlich begehbar sind und fahrlässiges Verhalten nach der Regel des § 15 die Ausnahme bleibt; vgl. u. 109. Der Eventualvorsatz ist den anderen Vorsatzformen grundsätzlich gleichgestellt, falls das Gesetz nicht Handeln „wider besseres Wissen" oder direkten Vorsatz verlangt (dazu u. 88f.).

a) Das Problem, in welcher Weise der Eventualvorsatz sich inhaltlich bestimmen und damit zugleich – soweit anerkannt – von der bewußten Fahrlässigkeit (u. 109) abgrenzen läßt, ist eine der strittigsten Fragen des AT. Weitgehende Einigkeit besteht nur darin, daß der Täter über die **Möglichkeit** des **Erfolgseintritts** reflektiert haben und sich im Augenblick der Tathandlung der möglichen Tatbestandsverwirklichung **bewußt gewesen sein muß** (vgl. hierzu BGH MDR/H 81, 630). Beruht ein (eingetretener oder möglicher) Tatererfolg auf mehreren Ursachen, handelt der Täter nur vorsätzlich, wenn sein Wissen und Wollen im maßgebenden Zeitpunkt des

Handelns oder Unterlassens alle für den Erfolgseintritt wesentlichen Ursachen umfaßt (BGH NStE § 212 Nr. 18). Deswegen liegt z. B. kein Eventualvorsatz vor, wenn der Täter an die Möglichkeit des Erfolgseintritts überhaupt nicht dachte (krit. hierzu Jakobs 213 ff. für den Fall der „Tatsachenblindheit") oder wenn er im Zeitpunkt des Handelns subjektiv davon ausgeht, daß der zunächst für möglich gehaltene Erfolg nicht werde eintreten können. So wenn der Täter ein Luftgewehr glaubte entladen zu haben (BGH NStZ **87**, 362 m. Anm. Puppe und Freund JR 88, 116) oder im „Falschgeld"-Fall (BGH JR 88, 119 m. Anm. Jakobs) davon ausging, das „Falschgeld werde mit dem Inhalt des Abfalleimers der Vernichtung zugeführt" (vgl. hierzu Puppe ZStW 103, 1 ff.). Im übrigen aber sind die Voraussetzungen dieser Vorsatzform umstritten. Teilweise wird die Auffassung vertreten, daß der dolus eventualis – ebenso wie andere Vorsatzformen – kein voluntatives Element enthalte (Schmidhäuser 438, JuS 87, 375, Vorsatzbegriff 12, Kindhäuser ZStW 96, 23, Frisch aaO 4 ff.); teilweise wird jedenfalls im Hinblick auf den Eventualdolus auf ein voluntatives Element verzichtet (Schröder Sauer-FS 238). Überwiegend wird aber neben dem intellektuellen auch ein voluntatives Element verlangt, wobei dessen Beschreibung jedoch unterschiedlich ausfällt (dazu u. 80 ff.) und gelegentlich auch davon abhängig gemacht wird, mit welchem Grad an Wahrscheinlichkeit der Täter mit dem Erfolgseintritt rechnet. Nach Philipps (ZStW 85, 27), der den Vorsatz als Entscheidungsakt begreift, ist die Qualität des Erfolgsrisikos für den dolus eventualis entscheidend. Für Herzberg (JuS 86, 249) ist die Unterscheidung zwischen dolus eventualis und bewußter Fahrlässigkeit eine Frage des objektiven Tatbestandes (vgl. u. 79); für Puppe (ZStW 103, 1 ff., 41 f.) ist sie eine Rechtsfrage, die nach der Höhe der Gefahr für das verletzte Rechtsgut zu entscheiden ist: je größer die Gefahr nach der Vorstellung des Täters ist, je unmittelbarer sich ihm die Schadensmöglichkeit aufdrängt und je höher sie bevorsteht, desto eher ist eine Vorsatzgefahr anzunehmen. Übersichten über die Auffassungen finden sich bei Engisch, Untersuchungen 155 ff., Schröder Sauer-FS 224 ff., Roxin JuS 64, 53, Haft ZStW 88, 372 ff., Küpper ZStW 100, 758 ff.).

74 b) Nach den in der Literatur vertretenen **Auffassungen,** die für den dolus eventualis **kein voluntatives Element** verlangen, ist in erster Linie der Grad der Wahrscheinlichkeit für die Tatbestandsverwirklichung maßgeblich, von dem der Täter nach seinem Vorstellungsbild ausgeht. Daneben werden aber einerseits noch Abgrenzungskriterien zur Diskussion gestellt, die am äußeren Geschehen festgemacht werden, wobei nicht immer zwischen den begrifflichen Voraussetzungen des Eventualvorsatzes und dessen beweismäßiger Feststellung unterschieden wird (vgl. u. 79); andererseits wird versucht, die allein auf das intellektuelle Vorstellungsbild des Täters abstellenden Theorien dadurch einzuengen, daß nicht jede Art des Gefahrbewußtsein als ausreichend angesehen wird (vgl. u. 76 ff.).

75 α) Unter den nur auf das intellektuelle Element abstellenden Meinungen ist die **Möglichkeitstheorie** im Vordringen. Nach ihr soll dolus eventualis schon dann zu bejahen sein, wenn der Täter die konkrete Möglichkeit der Rechtsgutsverletzung erkennt und gleichwohl handelt (Jakobs 220 ff., Schmidhäuser JuS 80, 241, Schröder Sauer-FS 207; ähnlich Morkel NStZ 81, 177 f.). Diese Auffassung erstreckt indessen den Vorsatz ungerechtfertigterweise in den Bereich der bewußten Fahrlässigkeit (Jescheck 271). Dies zeigen nicht nur die Fälle unverantwortlichen Leichtsinns, in denen sich der Täter der konkreten Gefahr für ein Rechtsgut, z. B. Leben oder Gesundheit bei einem riskanten Überholmanöver, durchaus bewußt ist, die aber gleichwohl nicht vom Vorsatz getragen sind, wenn der Täter darauf vertraut, es werde schon nichts passieren, was vor allem dann der Fall ist, wenn er durch einen etwaigen Unfall selbst betroffen würde. Dolus eventualis scheidet aber auch aus bei Handlungen, die von hohem Verantwortungsbewußtsein getragen sind, wie z. B. lebensgefährlichen Operationen, bei denen ein Arzt sich der Aktualität der Gefahr bewußt ist und alles unternimmt, um eine Realisierung des Risikos zu vermeiden. Hier müßte trotz der unterschiedlichen Situation sachwidrig von einem Verletzungsvorsatz gesprochen werden. Um solche Konsequenzen zu vermeiden, greift Schmidhäuser (245) zu der Fiktion eines Verdrängungsmechanismus, durch den das Gefährdungsbewußtsein in der aktuellen Handlungssituation ausgeschaltet werden können soll; seine Beispiele zeigen aber, daß gerade wegen der vorhandenen Risikokenntnis das Abgrenzungskriterium zur bewußten Fahrlässigkeit nur im voluntativen Element gefunden werden kann (Wessels I 67 f.).

76 β) Im Ansatz ähnlich, i. E. jedoch enger ist die sog. **Wahrscheinlichkeitstheorie,** wonach Vorsatz vorliegt, wenn der Täter den Eintritt einer Tatbestandsverwirklichung für wahrscheinlich hält (H. Mayer AT 250, Sauer AT 177, Germann SchwZStr 77, 360). Diese Auffassung ist nicht praktikabel und führt zu ungerechten Ergebnissen, da zwischen Wahrscheinlichkeit und Möglichkeit keine akzentuierte Grenze besteht und nicht ein winziges Mehr an Wahrscheinlichkeit über Vorsatz und Fahrlässigkeit entscheiden darf. Auch kann der Täter etwas für wenig wahrscheinlich Gehaltenes als Nebenwirkung eventuell gewollt haben; umgekehrt beweisen die Fälle, in denen der Täter eine Absicht mit bewußt geringen Erfolgschancen betätigt (vgl. o. 67), daß eine Abgrenzung der Vorsatzformen nicht nach dem Grad der Wahrscheinlichkeit, sondern nur nach der Willensbeziehung zu erfolgen hat. Über die Wahrscheinlichkeitstheorie (auch über ihre Geschichte) vgl. Großmann aaO 37.

γ) Nach Frisch (aaO 207 ff., 304 ff., 480) handelt der Täter vorsätzlich, wenn er von einem Risiko ausgeht, das dem Stellenwert des jeweils nach normativen Gesichtspunkten zu bestimmenden, nicht mehr tolerierbaren Risikos entspricht. Auch Haft (ZStW 88, 372) versucht die Abgrenzung zwischen dolus eventualis und bewußter Fahrlässigkeit neu zu bestimmen, wobei er die verschiedenen Wahrscheinlichkeitsgrade für den Erfolgseintritt mit jeweils anderen psychischen Elementen kombiniert.

δ) Nach Armin Kaufmann (ZStW 70, 64) kommt es auf die objektive **Manifestation des Vermeidewillens,** d. h. darauf an, ob der Einsatz von Gegenfaktoren zur Vermeidung des (Neben-) Erfolges tatsächlich vollzogen worden ist. Folglich wird nach dieser Auffassung das als vom dolus eventualis umfaßt bezeichnet, was der Täter nicht durch den Einsatz von Mitteln zur Risikoverringerung zu vermeiden gesucht hat. Eingehend hierzu Hassemer, Armin Kaufmann-FS 289 ff., der die Lehre Kaufmanns weiterentwickelt und darauf hinweist, daß der Vorsatz als nicht beobachtbare innere Tatsache nur anhand äußerer Kennzeichen (Indikatoren) festgestellt werden könne: in der gefährlichen Situation, hinsichtlich der Vorstellung von Gefahr und hinsichtlich der Entscheidung für das gefährliche Handeln. Auch Hillenkamp, Armin Kaufmann-FS 351 wiederbelebt die Kaufmannsche Vermeidetheorie teilweise, ohne allerdings den bei Kaufmann angelegten Fehler zu begehen, wonach vorsätzlich handelt, wer die bereitstehenden Gegenfaktoren zur Ausschaltung des Risikos der Tatbestandsverwirklichung aus Leichtsinn nicht für möglich hält.

ε) Nach Herzberg (JuS 86, 249, JZ 88, 573 ff., 635 ff.), der alle bisher entwickelten Abgrenzungskriterien für verfehlt hält, ist die Abgrenzung zwischen Vorsatz und bewußter Fahrlässigkeit ein Problem des objektiven Tatbestandes, weil der deliktsspezifische Tatbestand des Vorsatzdelikts ein „qualifiziert riskantes Verhalten" erfordere, das entweder in einer „nicht abgeschirmten Gefahr", d. h. einer solchen, die weder vom Täter noch durch andere (z. B. das Opfer) beherrschbar sei, oder in einem „abgeschirmten erheblichen" Risiko liege. Wer hiergegen eine zwar unerlaubte, aber nicht erhebliche „abgeschirmte" Gefahr herbeiführe, könne nur wegen einer Fahrlässigkeitstat belangt werden. Folglich erfülle, wer im Straßenverkehr den Sicherheitsabstand erheblich unterschreite, nur den Tatbestand von § 222, selbst wenn er den Tod eines anderen als Folge seines riskanten Verhaltens vorausgesehen, ernstgenommen oder gar herbeigewünscht habe. Maßgeblich sei nicht, ob der Täter eine von ihm erkannte Gefahr ernstgenommen habe, entscheidend sei vielmehr, ob er eine ernstzunehmende Gefahr erkannt habe. Diese Auffassung ist abzulehnen. Einerseits werden die begrifflichen Voraussetzungen des Eventualvorsatzes mit dessen beweismäßigen Feststellungen anhand bestimmter Indizien vermischt, andererseits ist das von Herberg ausgewertete Fallmaterial so einseitig an den Tötungs- und Körperverletzungsdelikten orientiert, daß völlig offenbleibt, wie diese Abgrenzung bei anderen Deliktgruppen (Betrug, Urkundenfälschung, Brandstiftung) funktionieren soll. Beim Diebstahl reicht beispielsweise dolus eventualis im Hinblick auf die Fremdheit der Sache; wie in bezug auf dieses Merkmal eine „abgeschirmte" von einer „nicht abgeschirmten" Gefahr abgegrenzt werden kann, liegt völlig im Dunkeln. Offen bleibt ferner, wie sich die Verschiebung des Abgrenzungsproblems auf die Ebene des objektiven Tatbestandes bei den anderen Vorsatzformen (Absicht, Wissentlichkeit) auswirkt und wie Versuchs- und Irrtumsfragen zu lösen sind. Mit Recht stellt Wessels (I 68) fest, daß das Ansinnen, im objektiven Tatbestand der Vorsatzdelikte künftig zwischen abgeschirmten, konkreten, unabgeschirmt/nahen, unabgeschirmt/entfernten und qualifizierten Gefahren zu unterscheiden, die Praxis vor eine unlösbare Aufgabe stellen dürfte. Gegen diese Auffassung auch Struensee JZ 87, 60, Prittwitz StV 89, 123, Küpper ZStW 100, 782, Brammsen JZ 90, 73 f.

c) Nach den vorwiegend vertretenen Auffassungen setzt dolus eventualis neben dem intellektuellen auch ein **voluntatives Element** voraus. Diese Auffassungen beruhen auf der Erkenntnis, daß vorsätzlich begangenes Unrecht nur unter der Voraussetzung bejaht werden kann, daß der Täter auch einen emotionalen Anteil an dem von ihm begangenen sozialschädlichen Verhalten hat. Dem liegt der Gedanke zugrunde, daß ein Risikobewußtsein, wie es auch beim bewußt fahrlässigen Verhalten existiert, noch nicht ausreicht, um zu der Bewertung zu kommen, der Täter finde sich innerlich mit der Tatbestandsverwirklichung ab, sei also eher zur Hinnahme einer Beeinträchtigung fremder Interessen als zum Verzicht auf das riskante Handlung bereit. Die Gleichgültigkeit gegenüber dem mit der Tathandlung verbundenen Eingriff in strafrechtlich geschützte Rechtsgüter ist nach diesen Auffassungen die Mindestvoraussetzung für die Annahme vorsätzlich begangenen Unrechts. Trotz Übereinstimmung im Ausgangspunkt weichen die Auffassungen, wie dieses Erfordernis sachlich zu umschreiben und sprachlich zum Ausdruck zu bringen ist, voneinander ab. Überdies ist festzustellen, daß trotz begrifflicher Festlegung des voluntativen Elements, im Einzelfall eine Abweichung von den so postulierten

Anforderungen vorgenommen wird. So spricht die Rspr., die auf dem Standpunkt der Einwilligungstheorie steht, gelegentlich von Billigen „im Rechtssinne" (BGH 7 363), obwohl damit kein psychischer Sachverhalt mehr zum Ausdruck gebracht wird.

81 α) Die Rspr. steht verbal auf der **Einwilligungs-** oder **Billigungstheorie**, die verlangt, daß der Täter den für möglich gehaltenen Erfolg „gebilligt" oder „billigend in Kauf genommen" hat. Sie nimmt aber deswegen eine Sonderstellung ein, weil sie der Sache nach voraussetzt, daß dem Täter der Erfolg erwünscht ist (BGH 7 363, NStE § 212 **Nr. 18**; vgl. 85 f.). Im übrigen wird die den dolus eventualis am weitesten einschränkende Einwilligungstheorie von Frank § 59 V, Großmann aaO 45 ff., M-Zipf I 301 ff., Baumann/Weber 400 vertreten. Deren Auffassung ist deshalb zu eng, weil ein Vorstellungsbild, bei dem dem Täter der Eintritt eines Erfolges unerwünscht ist, aus dem Vorsatzbegriff herausfallen würde. Dies würde dazu führen, daß die gegenüber der Fahrlässigkeit unzweifelhaft strafwürdigeren Fälle völliger Gleichgültigkeit gegenüber dem Erfolg nicht in den Vorsatzbereich gehören würden. Außerdem ist diese Auffassung zu eng, als man zwar in einen Erfolg, nicht aber in Umstände, die bereits vorliegen und daher vom Willen unabhängig sind, einwilligen kann (vgl. Bay VRS **16** 351, Bockelmann NJW 59, 1850; vgl. auch u. 87).

82 β) Demgegenüber begnügen sich die verschiedenen Spielarten der **Gleichgültigkeitstheorie** damit, daß der Täter die von ihm für möglich gehaltene Tatbestandsverwirklichung aus Gleichgültigkeit gegenüber dem geschützten Rechtsgut in Kauf nimmt (so Engisch Untersuchungen 233 f.). Diese Formulierung, in der die Gleichgültigkeit des Täters gegenüber der Möglichkeit eines schädlichen Ausgangs ihren Ausdruck findet, wird vielfach zu demselben Ergebnis führen wie die Einwilligungstheorie; sie ist aber insofern weiter, als sie auch Fälle umfaßt, in denen sich „der Täter einen schädigenden Erfolg als möglich vorstellt, ohne Rücksicht auf solche Warnungen zur Tat schreitet und damit zeigt, daß er innerlich mit der schädigenden Folge einverstanden ist" (Mezger, Grundriß³ 114; vgl. weiter Baumann/Weber 400 ff., Jescheck 268 ff., Roxin JuS 64, 53 ff., Schröder Sauer-FS 232; krit. Köhler aaO 301). Bestritten ist jedoch, wie sich die Voraussetzungen des Fürmöglichhaltens und die des Inkaufnehmens zueinander verhalten. Die überwiegende Meinung nimmt an, beide Voraussetzungen müßten getrennt festgestellt und das Inkaufnehmen könne nicht aus dem Fürmöglichhalten gefolgert werden; vgl. jedoch BGH VRS **37** 29. Dem ist grundsätzlich zuzustimmen (and. 17. A. § 59 RN 59). Allerdings ist zu beachten, daß ein Täter, der sich die reale Möglichkeit der Rechtsgutsverletzung vor Augen hält und dennoch auf diese Gefahr hin handelt, den evtl. ungünstigen Ausgang regelmäßig dadurch in Kauf nimmt, daß er seine Interessen dem Risiko der Verletzung fremder Interessen vorzieht. Von dieser Regel gibt es allerdings Ausnahmen. Ein Arzt handelt z. B. nicht deswegen mit Eventualdolus (§ 212), weil er das hohe Operationsrisiko kennt (vgl. hierzu Schroeder LK § 16 RN 94; Schmidhäuser JuS 80, 243 f.; and. Jakobs 223: Rechtfertigung); wer ein Tier erschießen will, das einen Menschen anfällt, handelt nicht mit Körperverletzungsvorsatz, wenn er die Möglichkeit erkennt, daß auch die in Not geratene Person getroffen werden könnte. Beim voluntativen Element setzt der dolus eventualis die Gleichgültigkeit gegenüber dem verletzten Rechtsgut voraus (vgl. Schroeder LK § 16 RN 93; krit. Jescheck 272, Wessels I 66).

83 γ) Der Gleichgültigkeitstheorie kommt die von der **h. M. im Schrifttum** vertretene Auffassung sehr nahe, nach der Eventualvorsatz gegeben ist, wenn der Täter sich auch durch die naheliegende Möglichkeit des Erfolgseintritts nicht von der Tatausführung hat abhalten lassen und sein Verhalten den Schluß rechtfertigt, daß er sich um des von ihm erstrebten Zieles willen mit dem Risiko der **Tatbestandsverwirklichung abgefunden** hatte, also eher zur Hinnahme dieser Folge bereit war als zum Verzicht auf die Vornahme der Handlung (Wessels I 68); mit ähnlichen Formulierungen ebenso Honig GA 73, 257, Jescheck 268, Lackner II 3 b, Rudolphi SK § 16 RN 43, Stratenwerth ZStW 71, 51). Dagegen ist nur bewußte Fahrlässigkeit anzunehmen, wenn der Täter darauf vertraut, daß „alles gut gehen" oder es ihm gelingen werde, die drohende Verwirklichung des Tatbestandes zu vermeiden.

84 d) Der **hier vertretene Standpunkt** entspricht im wesentlichen der Gleichgültigkeitstheorie. Danach ist **dolus eventualis** gegeben, wenn der Täter die Tatbestandsverwirklichung **für möglich hält** und aus **Gleichgültigkeit** gegenüber dem geschützten Rechtsgut **in Kauf nimmt**. Der Täter ist sich hier über das Vorhandensein eines Tatmerkmals im Ungewissen, läßt sich aber von der Vorstellung der Möglichkeit, einen Tatbestand zu verwirklichen oder einen verbotenen Erfolg zu verursachen, nicht beeinflussen, sondern handelt trotzdem. Die Ungewißheit kann sich danach auf den Erfolg, das Vorhandensein oder Nichtvorhandensein eines Tatumstandes überhaupt beziehen; ebenso kann der Täter mit der Möglichkeit rechnen, die Voraussetzungen eines Rechtfertigungsgrundes seien nicht gegeben (vgl. BGH NJW **51**, 412, KG NJW **58**, 922 m. Anm. Schröder). Bei Unterlassungsdelikten ist es nicht entscheidend, ob der Täter den Eintritt des Erfolges, sondern ob er dessen Abwendung für möglich hält. Eventualvorsatz der Körperverletzung oder Tötung ist z. B. gegeben, wenn der Täter den Angefahrenen liegen läßt,

um Unfallflucht zu begehen, und dabei die Möglichkeit erkennt, daß er dessen Tod verhindern könnte. Dieser Ansicht hat sich auch der BGH weitgehend genähert (BGH 7 363 m. Anm. Engisch NJW 55, 1688). Sie führt insb. bei der Ungewißheit über vorhandene Tatumstände (Eigenschaften des Objektes, normative Tatbestandsmerkmale) allein zu sinnvollen Ergebnissen (vgl. auch Bay VRS 16 352), vgl. jedoch auch Warda Lange-FS 119 und hier § 16 RN 18. Dies zeigt auch die Rspr., die überall da, wo es sich um den Zweifel an vorhandenen Tatumständen handelt, auf das Inkaufnehmen verzichtet; vgl. u. 86ff.

e) Die **Rspr.** läßt sich nur schwer in eine der hier aufgezeigten Meinungen einordnen. In der **85** Begründung wird häufig auf die Einwilligungstheorie abgestellt, wonach der Täter den Erfolg billigend in Kauf genommen haben müsse (RG **76** 115, BGH **7** 363, **21** 283, BGH JZ **81**, 35, GA **79**, 106, NStZ **84**, 19, NStZ **88**, 175, NStE § 212 **Nr. 17, 18**), im Ergebnis nähert sie sich jedoch häufig dem Standpunkt, wonach es ausreicht, wenn der Täter den Erfolg ernst nimmt oder sich mit ihm abfindet (BGH JR **88**, 155, NStE Nr. **3**, § 212 Nr. **18**). Diese Rspr. hat BGH NStZ **81**, 23 auf folgende Formel gebracht: „Bedingter Vorsatz liegt nach ständiger Rspr. des BGH vor, wenn der Täter den Eintritt des tatbestandlichen Erfolges als möglich und nicht ganz fernliegend erkennt und billigt (vgl. u. 87).

Das **RG** vertrat ursprünglich die Einwilligungstheorie (vgl. etwa RG **26** 243, **33** 5, **61** 160, **72** 44, **76** **86** 116). In anderen Urteilen wird dagegen auf das **Inkaufnehmen** abgestellt (RG **59** 3, **67** 425). Wo es aber um die Annahme einer „möglichen" Einwilligung des Opfers ging, hat bereits das RG bei Notzuchtdelikten von einer „billigenden" Inkaufnahme fehlender Einwilligung abgesehen und bedingten Vorsatz nur ausgeschlossen, wenn sich der Täter über die Einwilligung der Angegriffenen Gewißheit verschafft hat (RG JW **35**, 2734, **38**, 2734); vgl. hierzu Maurach GA **56**, 306. Auch bei der Rechtswidrigkeit der Zueignung in §§ 242, 246 hat RG **49** 143 den bloßen Zweifel genügen lassen. Zum Teil findet sich aber auch die Formulierung, die Ausdrücke „Inkaufnehmen" und „Billigen" seien gleichbedeutend (RG DR **44**, 155, Kiel HESt **2** 206). Die **Rspr. des BGH** entspricht dem weitgehend (Eser I 53). So verlangt BGH MDR/D **52**, 16 (gebilligt von BGH NJW **68**, 660, VRS **36** 20) innerliche Billigung des Erfolges, während BGH NJW **53**, 152 Eventualvorsatz annimmt, wenn der Täter sich die Möglichkeit, die Mädchen seien noch nicht 14 Jahre alt, vorgestellt „und sich dennoch zur Tat entschlossen" habe. In ähnlicher Weise bestimmten BGH **7** 363, VRS **12** 187, **13** 120, **18** 416, **59** 184, MDR/D **57**, 266 den Eventualvorsatz (vgl. auch BGH NJW **60**, 1680). Mit Recht betont Engisch NJW **55**, 1688, daß die Entscheidung BGH **7** 363 (ähnlich wieder BGH MDR/H **80**, 812), in der von einer Billigung im „Rechtssinn" die Rede ist, mit der früheren Rspr. unvereinbar sei. Dasselbe gilt für BGH **14** 240, wonach die Gleichgültigkeit des Täters gegenüber dem Erfolg genügt, da er mit beiden Möglichkeiten einverstanden sei (ähnlich KG JR **66**, 307). Bei Notzuchtdelikten hat der BGH (GA **56**, 317), wie schon das RG, darauf abgestellt, daß der Täter mit der Möglichkeit ernsten Widerstandes gerechnet hat. Für § 142 hat er ausreichen lassen, daß der Täter „mit der Möglichkeit rechnete, einen Schaden verursacht zu haben" (BGH VRS **4** 56); vgl. auch Celle NJW **56**, 1330; für § 266 soll das Bewußtsein einer möglichen Benachteiligung genügen, auch wenn der Täter glaubt, die Angelegenheit werde später „doch noch gut ausgehen" (BGH NJW **79**, 1512 m. Anm. Otto NJW **79**, 2414). Zur Rspr. des BGH vgl. Schroth NStZ **90**, 324.

Die **neueren Entscheidungen** des BGH (vgl. BGH MDR/H **80**, 812, JZ **81**, 35, NStZ **84**, 19) **87** unterscheiden deutlich zwischen den begrifflichen Voraussetzungen des dolus eventualis im Verständnis der Rspr. und ihrer beweisrechtlichen Feststellung im Strafverfahren. So soll bedingter Vorsatz anzunehmen sein, wenn der Täter den Eintritt des tatbestandlichen Erfolges als möglich und nicht ganz fernliegend **erkennt** und **billigt** oder sich um des erstrebten Zieles willen wenigstens mit ihm abfindet, mag ihm auch der Erfolgseintritt an sich unerwünscht sein (BGH NJW **89**, 781). Die Annahme einer „Billigung des Erfolges" liegt beweisrechtlich nahe, wenn der Täter sein Vorhaben trotz äußerster Gefährlichkeit durchführt, ohne auf einen glücklichen Ausgang vertrauen zu können, oder wenn er es dem Zufall überläßt, ob sich die von ihm erkannte Gefahr verwirklicht oder nicht (BGH JZ **81**, 35). In solchen Fällen, in denen der Täter trotz Erkennens der Möglichkeit des Erfolgseintritts gleichwohl sein gefährliches Unternehmen aufnimmt oder sein Verhalten fortsetzt, liege auch der Nachweis für eine Billigung des Erfolges nahe (vgl. BGH NStZ **84**, 19, MDR **85**, 794, NStZ **86**, 550). Dann soll auch die vage Hoffnung, jene Gefahr würde sich wider Erwarten nicht verwirklichen, alles würde also „gutgehen", den dolus eventualis nicht ausschließen. Mit anderen Worten: Was unter dem Gebot der Vernunft sage, könne nicht durch Gottvertrauen verdrängt werden. Der Eventualvorsatz soll ferner als bewiesen i. S. v. § 261 StPO anzusehen sein, wenn bei einer Typizität bestimmter Gefährdungshandlungen, d. h. ihrer besonderen Gefährlichkeit aufgrund typischer Angriffsmittel, Angriffsweisen und weiterer konkreter Fallumstände, an einem ernstzunehmenden „Abfinden" des Täters – mithin am Vorsatz – nicht zu zweifeln ist. So bejaht der BGH Eventualtötungsvorsatz für das wuchtige Schleudern eines Beiles aus vier bis fünf Metern Entfernung gegen eine Glastür, wenn der Täter weiß, daß unmittelbar hinter der Tür ein Polizeibeamter steht, da die zwischen Täter und Opfer liegenden Glasscheiben in der Tür kein nennenswertes Hindernis für das geschleuderte Beil darstellen (BGH JZ **81**, 35). Diese Schlußfolgerungen mögen im Bereich der Tötungsdelikte wegen der dominierend verletzungstypischen Situation zu brauchbaren Ergebnissen führen, doch verbietet sich insgesamt eine formelhafte Feststellung des dolus eventualis in Fällen offener, mehrdeutiger Geschehen. Auch nach der Rspr. ist daher unstrittig, daß das Vorliegen gefahrbegründender Umstände nicht automatisch die Billigung des eingetretenen Erfolges indiziert. Zwar liegt bei äußerst gefährlichen Gewaltanwendungen nahe, daß der Täter auch mit der Möglichkeit rechnet, das Opfer könne dabei zu Tode kommen, und – weil er gleichwohl sein gefährliches Handeln fortsetzt – auch einen solchen Erfolg billigend in Kauf nimmt. Deshalb ist grundsätzlich der Schluß von der objektiven Gefährlichkeit der Handlung des Täters auf bedingten Tötungsvorsatz möglich nicht aber zwingend (BGH NStZ **86**, 550, NStZ **87**, 424). Da nämlich vor dem Tötungsvorsatz eine viel höhere Hemmschwelle besteht, als vor dem Gefährdungs- oder Verletzungsvorsatz besteht auch die Möglichkeit, daß der Täter den Tötungserfolg entweder überhaupt nicht erkennt oder aber ihn zwar als möglich vorausgesehen aber dennoch ernsthaft und nicht nur vage auf einen guten Ausgang vertraut hat und damit bewußt fahrlässig handelte (vgl. BGH VRS **50** 94, NStZ **82**, 506, MDR/H **82**, 808, DRiZ/H **84**, 320, NStZ **88**, 361, NJW **88**, 79, NJW **89**, 3027, NStE Nr. 3, § 212 **Nr. 5**, **8**, **10**, **11**, **16**, **17**, **19**). Dies kann insbes. dann der Fall sein, wenn ein einsichtiger Beweggrund für eine so schwere Tat, wie die Tötung eines Menschen nicht erkennbar ist (BGH NStZ **88**, 361) oder wenn es dem Täter nur darum geht, sein Opfer „außer Gefecht zu setzen" (BGH NStE § 212 **Nr. 17**). Da ein Beweggrund für die Tötung eines Menschen fehlte, hat der BGH (NStZ **84**, 19) den Eventualtötungsvorsatz zugunsten des Täters verneint beim Zufahren auf zwei Streitende mit dem Willen, einen Unfall zu verursachen und dabei einen der Streitenden zu verletzen, um ihn damit kampfunfähig zu machen. Ähnlich sind die Fälle zu beurteilen, in denen der Täter auf einen den Weg versperrenden Polizeibeamten zufährt, um ihn zu zwingen, den Weg freizugeben. Auch hier wird beim Täter bzgl. einer möglichen Tötung des Polizisten meist dolus eventualis abzulehnen sein, da die Erfahrung lehrt, daß es in solchen Fällen, in denen Kraftfahrer eine Polizeisperre durchbrechen, den bedrohten Beamten gelingt, sich außer Gefahr zu bringen. Die Täter rechnen mit einer solchen Reaktion und nehmen um der Erreichung ihres Zieles willen zwar eine Gefährdung der Polizisten in Kauf, idR aber nicht deren Tötung (BGH VRS **50** 94, **59** 183, **64** 112, MDR/H **82**, 808, DRiZ **83**, 183, NStZ **83**, 407). Die Grenzen der Schuldformen der bewußten Fahrlässigkeit und des bedingten Vorsatzes liegen hier besonders eng beieinander. Deshalb ergeben sich für den Tatrichter strenge Anforderungen an die Feststellung der inneren Tatbestandes unter Berücksichtigung der Persönlichkeit des Täters und der besonderen Tatumstände des jeweiligen Falles (BGH GA **79**, 106, NStZ **82**, 506, MDR/H **82**, 808, DRiZ/H **82**, 386, **83**, 183, **84**, 320, NStZ **87**, 424, NJW **89**, 783).

87a Diese Grundsätze hat der BGH (NJW **89**, 781) auch für die Beurteilung der strafrechtlichen Haftung bei **Aids** bestätigt (vgl. auch AG Kempten NJW **88**, 2313, LG Kempten NJW **89**, 2069; AG Hamburg NJW **89**, 2071, LG München NJW **87**, 1495, LG Nürnberg-Fürth NJW **88**, 2311, AG München NJW **87**, 2314). Auf das voluntative Vorsatzelement könne nicht unmittelbar von dem Wissen des Täters um seine HIV-Infektion und die generelle Geeignetheit des ungeschützten Sexualverkehrs zur Virusübertragung geschlossen werden. Dabei stelle aber insbesondere das beim Täter vorhandene Wissen über die Gefährlichkeit im Einzelfall einen wesentlichen indiziellen Hinweis auf das Vorliegen des voluntativen Vorsatzelements dar. Auch die Hoffnung oder Vorstellung des Täters, es werde nichts passieren, steht nach der Rspr. des BGH der Annahme eines bedingten Körperverletzungsvorsatzes nicht entgegen. Bei der Abgrenzung zwischen bewußter Fahrlässigkeit und bedingtem Vorsatz kommt es dabei nicht darauf an, mit welcher Wahrscheinlichkeit der Täter mit dem Erfolg rechnen muß. Zwar sei das statistische Infektionsrisiko bei einem einzelnen ungeschützten Sexualkontakt außerordentlich gering, jedoch sei jeder einzelne ungeschützte Sexualkontakt generell zur Ansteckung geeignet, so daß jeder einzelne für sich in Wirklichkeit das volle Risiko einer Ansteckung in sich trage. Im Gegensatz dazu verneint der BGH aufgrund der viel höheren Hemmschwelle bedingten Tötungsvorsatz. Insoweit habe der Täter möglicherweise die Hoffnung gehabt, Aids werde bei seinem Partner entweder überhaupt nicht oder erst nach Entdeckung eines Heilmittels ausbrechen. LG München MedR **87**, 290). Diese Entscheidung des BGH ist in der Lit. auf vielfältige **Kritik** gestoßen (vgl. nur Prittwitz StV 89, 123 ff., Bruns MDR 89, 199 ff., Schlehofer NJW **89**, 2017 ff., Herzberg JZ **89**, 470 ff., Frisch JuS 90, 366 ff., NStZ 91, 23; zustimmend jedoch Schroth NStZ 90, 326). Einhellig wird die Ansicht vertreten, daß der BGH von seinem Standpunkt aus nicht zu einer Verurteilung wegen vorsätzlichen Handelns hätte gelangen dürfen. Die festgestellte oder zumindest zugunsten des HIV-Infizierten unterstellte objektiv geringe und vom Handelnden auch so erkannte Wahrscheinlichkeit der Tatbestandsverwirklichung spreche klar gegen das Vorliegen des voluntativen Vorsatzelements (so Prittwitz StV **89**, 125, Kreuzer ZStW 100, 798 f., Bruns NJW **87**, 693, 2281). Auf dieser Linie argumentiert auch Bruns MDR **89**, 199, der es angesichts der Vorgehensweise des Angeklagten und der dadurch bedingten äußerst geringen Ansteckungswahrscheinlichkeit für gar nicht so fernliegend hält, daß der Täter im Vertrauen auf diese geringe Ansteckungswahrscheinlichkeit ernsthaft auf einen guten Ausgang hoffte, also eigentlich das entscheidende Kriterium zur Annahme bewußter Fahrlässigkeit erfüllte. Ferner wird die Inkonsequenz gerügt, zwar Ansteckungsvorsatz anzunehmen, nicht aber auch Tötungsvorsatz, da neuere Untersuchungen besagten, daß jeder Infizierte an Aids erkrankt und jeder Erkrankte stirbt (Prittwitz StV 89, Geppert Jura 87, 672). Völlig widersprüchlich findet Prittwitz (StV 89, 126) die Verneinung des Tötungsvorsatzes durch den BGH mit dem Argument, der Angeklagte habe möglicherweise darauf gehofft, es werde ein Heilmittel gegen Aids gefunden. Dagegen stimmen Herzberg (aaO), Schlehofer (aaO) und Frisch (Meyer-FS 533 ff.) – wenn auch von einem anderen dogmatischen Ausgangspunkt aus – dem BGH im Ergebnis zu. Vgl. zum Ganzen auch § 223 RN 6a, § 212 RN 3.

f) **Bedingter Vorsatz genügt** bei allen Delikten, bei denen nicht Absicht i. S. zielgerichteten Handelns oder ein Verhalten wider besseren Wissens verlangt wird; vgl. dazu o. 69. Während der Sprachgebrauch des Gesetzes im Hinblick auf die beiden Formen des dolus directus verwirrend ist (o. 70), kann nach der Änderung des StGB durch das EGStGB davon ausgegangen werden, daß dolus eventualis jedenfalls dann ausgeschlossen ist, wenn im Tatbestand eine qualifizierte Vorsatzform genannt wird (Göhler NJW 74, 826). Die alte Rspr. (vgl. RG 72 377), wonach auch bei „Wissentlichkeit" dolus eventualis in Betracht kommen kann, ist damit überholt. 88

Andererseits kann sich aber auch aus einer im Tatbestand umschriebenen (finalen) Handlung ergeben, daß nur ein direkter Vorsatz in Betracht kommen kann. Das Führen eines Fahrzeugs (§ 316) ist z. B. ohne entsprechenden Willensakt nicht denkbar, weshalb sich hier der dolus eventualis nur auf das Merkmal der Fahrunsicherheit beziehen kann (vgl. § 316 RN 10); gleiches gilt etwa für das „Dem-Wilde-Nachstellen" (§ 292). Erfordert ein Tatbestand keine qualifizierte Vorsatzform, so hindert dies nicht, den subjektiven Tatbestand im Wege der Auslegung einzuengen. So wird teilweise auch nach der Neufassung des § 336 dolus directus verlangt (Krause NJW 77, 285, Müller NJW 80, 2390), obwohl der Gesetzestext dieses Erfordernis nicht enthält (§ 336 RN 7). 89

3. Mehrere Vorsatzformen können bei einer Handlung in der Weise **zusammentreffen**, daß der Täter mit mehreren deliktischen Möglichkeiten rechnet. Dies ist der Fall, wenn nach seiner Vorstellung neben dem primär gewollten Erfolg ein weiterer (dolus cumulativus: neben einer Körperverletzung noch eine Sachbeschädigung) oder anstelle des beabsichtigten Erfolges ein anderer (dolus alternativus: Steinwurf kann einen Menschen verletzen oder eine Sache beschädigen) eintreten könnte. Entsprechendes gilt, wenn der Täter über Tatbestandsmerkmale im unklaren ist, die je nach ihrem tatsächlichen Vorliegen zu einer verschiedenen rechtlichen Beurteilung der Tat führen (die erlegte Ente könnte Wild oder fremdes Eigentum sein). Denkbar ist aber auch – Parallelwertung in der Laiensphäre – ein unbestimmter Vorsatz, der für beide Tatbestände ausreicht. 90

Allen diesen Fällen ist gemeinsam, daß der Täter bei seiner Handlung mit **mehreren Möglichkeiten** einer **Rechtsverletzung** rechnete und daher in bezug auf alle den (direkten oder bedingten) Vorsatz hatte; vgl. Stratenwerth 108. Ohne Bedeutung ist demgegenüber, ob die Tat nach der Vorstellung des Täters endgültig nur zu einem oder zu mehreren Erfolgen führen konnte. Daraus folgt, daß in bezug auf alle Möglichkeiten der Vorsatz zur Strafe führen muß, soweit der Versuch strafbar ist. Tritt keiner der Erfolge ein, so konkurrieren die verschiedenen Versuche; tritt einer der Erfolge ein, so steht das vollendete Delikt mit dem Versuch des nicht realisierten in Idealkonkurrenz (Jakobs 227, Jescheck 273, Remy NJW 58, 701; teilweise übereinstimmend Joerden ZStW 95, 565 ff., 600; and. Schroeder LK § 16 RN 106, Schneider GA 56, 259, Lampe NJW 58, 332, die nur den Vorsatz hinsichtlich des schweren Delikts berücksichtigen). Dies gilt allerdings nicht, wenn sich aus dem Verhältnis beider Tatbestände ergibt, daß der eine hinter den anderen zurücktritt, wie es z. B. im Verhältnis von Tötung und Körperverletzung (vgl. § 212 RN 17 ff.), aber auch wohl bei den verschiedenen Formen der Aneignungsdelikte der Fall ist (z. B. §§ 242, 246 einerseits, § 292 andererseits oder im Verhältnis von § 249 zu § 255). 91

Die abweichende Meinung Mezgers LK[8] § 59 Anm. 21c, der bei der Möglichkeit nur eines Erfolges den Deliktscharakter allein nach dem tatsächlich verwirklichten Tatbestand bestimmen will, führt immer dann zu unbefriedigenden Ergebnissen, wenn eine der vorgestellten Möglichkeiten keinem Straftatbestand unterfällt und tatsächlich eintritt. Schießt z. B. der Jäger auf ein Wild und rechnet er mit der Möglichkeit, daß der Schuß fehl geht und einen Treiber oder einen fremden Hund verletzt, so müßte diese Auffassung, falls nur das Wild getroffen wird, zur Straflosigkeit führen, während nach dem hier vertretenen Standpunkt Idealkonkurrenz zwischen versuchter Tötung und versuchter Sachbeschädigung vorliegt (beide Delikte in der Form des dolus eventualis). 92

93 **VI. Vorsatz bei Unterlassungsdelikten.** Besonders umstritten ist, in welcher Form bei Unterlassungsdelikten ein Vorsatz denkbar ist. Teilweise wird behauptet, daß ein Vorsatz wie bei den Begehungsdelikten nicht vorkommen könne, weil Vorsatz stets Verwirklichungswille sei, der Unterlassungstäter aber untätig bleibe (Armin Kaufmann, Die Dogmatik der Unterlassungsdelikte [1959] 66 ff., 110 ff., 149 ff., 309 ff., v. Weber-FS 207 ff., Welzel 204 f.); statt dessen soll das Fehlen des Entschlusses zum Eingreifen in Kenntnis der tatbestandsmäßigen Situation und bei Erkennbarkeit (!) der Handlungsmöglichkeit ausreichen. Diese Auffassung wird zu Recht überwiegend abgelehnt (Grünwald H. Mayer-FS 281, 286 ff., Engisch JZ 62, 189, Jescheck 569 ff., Roxin ZStW 74, 515, 530, ZStW 78, 259 f., Spendel JZ 73, 137, Schroeder LK § 16 RN 216), weil es keine ontologisch vorgegebene Kategorie des Vorsatzes gibt (Roxin aaO, Rudolphi SK § 16 RN 2). Richtig ist allerdings, daß bei Unterlassungsdelikten die Bezugsobjekte entsprechend der andersartigen Struktur dieser Deliktsart anders sind als beim Begehungsdelikt (Rudolphi SK 19 ff. vor § 13).

94 **1.** Der Täter muß zunächst die tatbestandsmäßige Situation kennen, aus der seine Pflicht zum Handeln resultiert. Ist die Abwendung eines Erfolges Inhalt der Handlungspflicht, so muß dem Täter bewußt sein, daß er durch sein Eingreifen den Erfolg abwenden könnte (Herzberg MDR 71, 881, Ulsenheimer JuS 62, 253 ff., Spendel JZ 73, 1421); weitergehend verlangt BGH MDR/D **71**, 361 zu Unrecht das Bewußtsein, die erwartete Handlung werde den Erfolg mit an Sicherheit grenzender Wahrscheinlichkeit verhindern (dagegen Schroeder LK § 16 RN 218). Problematisch ist, ob der Täter sich der konkreten Handlung bewußt sein muß, durch die er den Erfolg verhindern kann. Dies ist mit der h. M. zu bejahen (vgl. BGH GA **68**, 336, Herdegen BGH-FG 199, Grünwald H. Mayer-FS 294 f., Jescheck 571, M-Gössel II 210, Schaffstein OLG Celle-FS 201 FN 67), wobei ausreicht, daß dem Täter die konkrete Handlung mitbewußt ist. Demgegenüber verlangen Stratenwerth 282 und Rudolphi SK 22 ff. vor § 13 nur das Bewußtsein, daß eine Rettung generell möglich sei, während Armin Kaufmann (Unterlassungsdelikte 110 ff., 309 ff., v. Weber-FS 229) und Welzel 204 die bloße Erkennbarkeit einer Rettungsmöglichkeit ausreichen lassen. Da das Unterlassen als ein normativer Tatumstand (vgl. 139 ff. vor § 13) die durch Urteil zu gewinnende Verneinung einer bestimmten Handlung ist, die vom Täter gefordert wird, so unterläßt nur der vorsätzlich, in dessen Bewußtsein die von ihm nicht vorgenommene Handlung getreten ist. Auch für bloße Untätigkeitsdelikte gilt Entsprechendes. So unterläßt die Hilfeleistung im Rahmen des § 323 c vorsätzlich, wer die konkrete Handlung kennt, durch die er die erforderliche Hilfe leisten könnte. Das Bewußtsein, zur Hilfeleistung verpflichtet zu sein, gehört nicht zum Vorsatz; mangelndes Gebotsbewußtsein ist ein dem Verbotsirrtum nach § 17 gleichzustellender Gebotsirrtum (vgl. u. 96). Freilich gibt es Situationen – vor allem im Nebenstraf- und Ordnungswidrigkeitenrecht –, in denen dem Unterlassenden die konkret vorzunehmende Handlung nicht bewußt werden kann, wenn ihm nicht auch das rechtliche Gebot bekannt geworden ist. Bei behördlichen Einzelverfügungen aufgrund straf- oder bußgeldbewährter Vorschriften versteht sich dies von selbst. Wer es unterläßt, sein Haus abzutragen, weil ihm die entsprechende Abbruchverfügung nicht zugegangen ist, kennt die konkrete Handlung nicht, zu der er verpflichtet ist; folglich fehlt es am Vorsatz. Die gleiche Situation kann sich aber auch bei Vorschriften allgemeinen Charakters ergeben. Wer z. B. verpflichtet ist, Warenvorräte anzumelden oder seine Anmeldung bei der Meldebehörde vorzunehmen, kann den Vorsatz der Unterlassung nur dann haben, wenn ihm aufgrund der Kenntnis der entsprechenden Vorschriften bewußt ist, was er zu tun hat (Jakobs 238). Entsprechendes gilt bei einer Verletzung der Vorschriften über die Volkszählung (Ges. vom 8. 11. 85, BGBl. I 2078). Wer den Erhebungsbogen nicht erhalten hat, handelt idR nicht vorsätzlich; wer dagegen glaubt, kraft „Höheren Rechts" nicht zu dessen Ausfüllung verpflichtet zu sein, befindet sich im Verbotsirrtum. Bei einer Steuerstraftat geht die Rspr. davon aus, daß die Kenntnis vom Bestehen oder Umfang einer steuerrechtlichen Erklärungs- oder Handlungspflicht im Rahmen des § 370 AO zum Vorsatz gehört, ein Irrtum also nach § 16 I zu behandeln ist (BGH wistra **86**, 174, 219, 220, Bremen StV **85**, 284, Bay NJW **76**, 635: Irrtum über das Bestehen eines Steueranspruchs, BGH wistra **89**, 263, Bay DB **81**, 874); vgl. auch Schlüchter wistra 85, 43, 94. Krit. dazu Thomas NStZ 87, 260.

95 **2.** Umstritten war nach früherem Recht die Frage, ob der Unterlassungsvorsatz die **Pflicht zum Handeln** umfassen muß oder nicht.

96 a) Mit der **h. M.** ist davon auszugehen, daß die Handlungspflicht als solche so wenig zum Tatbestand gehört wie die Unterlassungspflicht bei den Begehungstatbeständen, daß vielmehr Tatbestandsmerkmal lediglich die konkrete Pflichtenstellung des Unterlassenden und die Umstände sind, aus denen sich seine Handlungspflicht ergibt. Dies gilt gleichermaßen für echte und unechte Unterlassungsdelikte (Fuhrmann GA 62, 171, Herdegen BGH-FG 198 f.; vgl. aber Heinitz JR 59, 286), die sich nur darin unterscheiden, daß sich bei ersteren die Elemente der Handlungspflicht aus dem Tatbestand, bei letzteren aus anderen Rechtsgründen ergeben (vgl.

137 vor § 13). Die pflichtbegründenden Umstände, nicht dagegen der Normbefehl müssen daher vom Vorsatz umfaßt sein, so daß derjenige, der bei Kenntnis der seine Handlungspflicht begründenden Umstände glaubt, zum Tätigwerden nicht verpflichtet zu sein, einem Gebotsirrtum unterliegt (BGH **16** 155, **19** 295 m. Anm. Geilen JuS 65, 426, BGH GA **68**, 337, Fuhrmann GA 62, 170 ff.; vgl. dazu Arthur Kaufmann JZ 63, 504; Armin Kaufmann, Unterlassungsdelikte 306 ff., Welzel 204, 218, Neues Bild 61, NJW 53, 329, M-Gössel II 210 f., D-Tröndle § 16 RN 12, Börker JR 56, 87 ff., Heinitz JR 59, 285 ff., Schaffstein OLG Celle-FS 198 ff., Busch Mezger-FS 179, Roxin, Offene Tatbestände 142, Rudolphi SK 25 vor § 13; vgl. auch Grünwald ZStW 70, 416, Androulakis, Studien zur Problematik der unechten Unterlassungsdelikte [1963] 251 ff.). Dagegen liegt z. B. ein Tatbestandsirrtum vor, wenn der Unterlassende keine Möglichkeit kennt, helfend einzugreifen (BGH GA **68**, 337). Diese Differenzierung muß auch auf den Irrtum über die Zumutbarkeit übertragen werden (vgl. 155 vor § 13).

b) Die frühere **Rspr.** wich davon z. T. ab. Für echte Unterlassungsdelikte wurde wiederholt ausgesprochen, daß der Vorsatz die Kenntnis der Handlungspflicht erfordere (vgl. BGH GA **59**, 89, JZ **58**, 508, RG **52** 102, **75** 160). Für unechte Unterlassungsdelikte wurde mehrfach angenommen, die Garantenpflicht müsse als Tatbestandsmerkmal vom Vorsatz umfaßt sein (vgl. BGH **2** 155, **3** 82, **4** 331, **5** 190, **14** 232, NJW 53, 591, 1838, MDR/D **56**, 271, Celle GA **58**, 153 [jedoch Verbotsirrtum, wenn der Täter irrig einen nicht existierenden Erlaubnissatz annimmt, der seine Pflicht ausschließen würde]; zweifelnd BGH LM **Nr. 10** vor § 47). Auch im **Schrifttum** wurde die Auffassung vertreten, die Handlungspflicht sei Tatbestandsmerkmal (vgl. z. B. Mezger LK[8] § 59 Anm. II 10a, NJW 53, 5, Gallas JZ 52, 373, ZStW 67, 26, Engisch Mezger-FS 158, Lange JZ 56, 76; vgl. auch Hardwig GA 54, 373, ZStW 74, 42 f.). Hierher zählen auch die Anhänger der Vorsatztheorie. 97

3. Was die **Form des Vorsatzes** anlangt, gilt hier Entsprechendes wie bei den Begehungsdelikten (vgl. o. 64 ff.). Freilich muß der subjektive Tatbestand entsprechend der andersartigen Struktur der Unterlassungsdelikte (vgl. 139 ff. vor § 13) modifiziert werden. So ist Absicht, z. B. die Bereicherungsabsicht bei § 263 oder die Verdeckungsabsicht bei § 211, als zielgerichtetes Unterlassen zu verstehen; dem Täter muß es darauf ankommen, durch sein Nichteingreifen den Erfolg eintreten zulassen (Rudolphi SK 27 f. vor § 13, Stratenwerth 283). Die Auffassung, daß es bei Unterlassungstaten keinen der Absicht entsprechenden psychischen Sachverhalt gäbe (so aber Grünwald H. Mayer-FS, 289 ff.), ist nicht haltbar (vgl. Maaß, Betrug verübt durch Schweigen [1982] 7 f.). Welche Erfolgschance der Täter seinem Nichteinschreiten beimißt, ist wie beim positiven Tun unerheblich (vgl. o. 67, 85). Nimmt der Täter als sicher an, daß durch sein Unterlassen die Verwirklichung des Tatbestandes eintreten wird, so liegt direkter Vorsatz vor. Hält er die Tatbestandsverwirklichung für möglich und nimmt er sie aus Gleichgültigkeit in Kauf, so ist dolus eventualis gegeben (vgl. o. 84). Zur Gleichstellungsproblematik des § 13, die auch die subjektive Tatseite betreffen kann, vgl. dort RN 4. 98

VII. Vorsatz und Irrtum bei Blankettgesetzen. Besonders bestritten waren die Vorsatzfragen bei den sog. Blankettgesetzen, d. h. solchen Strafgesetzen, deren Tatbestand nur zusammenfassend eine Fülle von Zuwiderhandlungen gegen Vorschriften außerhalb dieser Norm selbst unter Strafe stellt. Der Streit ging insb. um die Frage, ob nur der Inhalt der Ausführungsnorm zum Tatbestand des Blankettgesetzes gehört (so z. B. Jescheck 277, Warda, Abgrenzung 37, Welzel 168, MDR 52, 586; ähnlich Jakobs 234) oder außerdem auch ihre Existenz (so z. B. Lange JZ 56, 75 f., Schröder MDR 51, 389). Die Frage ist dadurch geklärt, daß sich der Gesetzgeber in §§ 16, 17 für die Schuldtheorie entschieden hat (vgl. Puppe GA 90, 166). Dasselbe gilt für das Ordnungswidrigkeitenrecht (§ 11 OWiG), in dem Blankettgesetze eine wesentlich größere Rolle spielen als im StGB. Gerade dort ist die gesetzgeberische Verankerung der Schuldtheorie fragwürdig, weil sie auch weite Bereiche des wertindifferenten Verwaltungsrechts umfaßt (vgl. Lange aaO). Krit. mit der heutigen Regelung setzt sich auch Schlüchter wistra 85, 45 für das Steuerstrafrecht (vgl. auch Bilsdorfer NJW 89, 1591) und Tiedemann JuS 89, 695 für das Wirtschaftsstrafrecht auseinander. Zum Irrtum über das Bestehen einer Pflicht zur Versteuerung bestimmter Einnahmen vgl. o. 94. 99

1. Nach der heutigen Gesetzeslage ist davon auszugehen, daß nur der Inhalt, nicht aber die Existenz der blankettausfüllenden Norm Bestandteil des Verbots- oder Gebotstatbestandes ist. Die Blankettnorm ist also grundsätzlich so zu lesen, als stünde die Ausfüllungsnorm im Strafgesetz. Etwas anderes gilt nur dann, wenn die Auslegung im Einzelfall ergibt, daß die Anwendung des Vorsatztatbestandes auf Fälle der positiven Verbotskenntnis beschränkt bleiben sollte (vgl. Jescheck 416 mwN, Rudolphi SK § 16 RN 18 f.). 100

a) Auf die auf diese Weise vervollständigte Strafvorschrift sind damit die **allgemeinen Irrtumsregeln** anzuwenden. Der Irrtum über einen Tatumstand der das Blankett ausfüllenden Norm ist Tatbestandsirrtum, der Irrtum über die Existenz der blankettausfüllenden Norm Verbotsirrtum (vgl. Jescheck 277, Schroeder LK § 16 RN 39, Warda, Abgrenzung 36 f., Welzel 168). Das Bewußtsein von der Existenz der Ausfüllungsnorm gehört daher nicht zum Vorsatz. Der Irrtum über die Schonzeit ist demgemäß ebenso Tatbestandsirrtum (Celle NJW **54**, 1618) wie der Irrtum über die tatsächli- 101 chen Voraussetzungen einer Titelführung; der Irrtum über deren rechtliche Voraussetzungen ist hingegen Verbotsirrtum (BGH **14** 223, Bay GA **61**, 152).

102 b) Setzt allerdings das Blankett eine **Einzelanordnung** voraus, wie dies im Ordnungswidrigkeitenrecht z. B. in Gestalt von behördlichen Auflagen oder Weisungen häufig der Fall ist, so führt der Irrtum über die Existenz und den Inhalt dieser Anordnung zum vorsatzausschließenden Tatbestandsirrtum (Puppe GA 90, 167). Dies ergibt sich daraus, daß das Verbot in solchen Fällen nicht generell, also für jedermann erkennbar umschrieben wird, wie z. B. die durch Verordnung eingeführte polizeiliche Meldepflicht, sondern durch eine bestimmte, nur dem einzelnen zugängliche Anordnung konkretisiert wird. Wer z. B. die Anordnung eines Polizisten im Verkehr nicht wahrnimmt, kann wegen einer vorsätzlichen Zuwiderhandlung nach § 24 StVG nicht belangt werden; hier kommt nur Fahrlässigkeit in Betracht. Entsprechendes gilt im Strafrecht. Wer den Befehl eines militärischen Vorgesetzten nicht befolgt, kann wegen Ungehorsams (§ 19 WStG) nur verurteilt werden, wenn er von der Existenz des Befehls gewußt hat. Gerade hier zeigt sich, daß die Anordnung selbst zum Tatbestand des Strafgesetzes gehört; denn von Ungehorsam kann man nicht sprechen, wenn der Untergebene nicht weiß, daß er einen „Befehl" mißachtet. Das ergibt sich auch aus § 22 WStG, nach dem in Irrtumsfällen der ungehorsame Soldat nur beim Irrtum über die Verbindlichkeit des Befehls i. U. nach § 19 WStG strafbar sein kann, nicht schon beim Irrtum über die Existenz des Befehls. Unzutreffend daher Warda aaO 44, nach dem das Nichtkennen einer Einzelanordnung i. S. des NaturschutzG Verbotsirrtum sein soll.

103 2. Zweifelhaft sind ferner die Grenzen zwischen **Blankettgesetz** und **normativem Tatbestandsmerkmal**. So ist z. B. bestritten, ob die „Pflichtwidrigkeit" normatives Tatbestandsmerkmal des § 356 ist (so z. B. Welzel JZ 54, 277) oder auf die ausfüllenden Normen der BRAO verweist (so BGH **3** 402, **5** 287). Entsprechendes gilt etwa für Vorschriften, die die Ausgabe „bezugsbeschränkter" Erzeugnisse ohne Bezugsberechtigung unter Strafe stellen, oder für § 283b, wonach die Verletzung der Pflicht, Handelsbücher zu führen, bestraft werden kann (vgl. Warda aaO 11f.). In diesen Fällen ist trotz Heranziehung anderer Gesetzesbestimmungen keine Blankettnorm, sondern ein normatives Tatbestandsmerkmal anzunehmen. Hier verweist nämlich das Strafgesetz nicht auf andere Normen, vielmehr sind bei der Wertung seiner Tatbestandsmerkmale lediglich andere Normen heranzuziehen (anders Puppe GA 90, 163). Das geschieht vielfach auch in Fällen, in denen eindeutig ein Tatbestandsmerkmal und kein Blankettgesetz vorliegt, z. B. beim Begriff der „Pfändung" i. S. des § 136 oder beim Begriff der „Fremdheit" i. S. des § 242, obwohl dieser Begriff nach den Normen des bürgerlichen Rechts zu beurteilen ist.

104 **VIII. Das Bewußtsein der Rechtswidrigkeit.** Soweit der Vorsatz das Handlungsunrecht charakterisiert (vgl. 52 vor § 13), kann das Bewußtsein der Widerrechtlichkeit nicht selbst Bestandteil des Vorsatzes sein. Fehlt dem Täter dieses Bewußtsein, so hat er dennoch das Unrecht der vorsätzlichen Tat verwirklicht. Das Gesetz selbst hat, wie sich aus §§ 16, 17 ergibt, den früheren Streit zwischen Vorsatz- und Schuldtheorie jedenfalls im Ergebnis zugunsten der Schuldtheorien entschieden; der abweichende Standpunkt Schröders ist in der 19. A. RN 101 wiedergegeben. Verfassungsrechtliche Bedenken gegen diese Regelung bestehen nicht (BVerfG JZ **76**, 91 m. krit. Anm. Langer GA 76, 193); zur Bindungswirkung des BVerfG-Urteils vgl. Kramer/Trittel JZ 80, 393 m. Erwiderung von Schmidhäuser JZ 80, 396, der die Ergebnisse der Schuldtheorie als Verstoß gegen den Schuldgrundsatz bezeichnet (NJW 75, 1807, JZ 79, 361). Eine ohne Bewußtsein der Rechtswidrigkeit begangene Tötung kann daher nicht, wie bisher von der Vorsatztheorie angenommen, allenfalls nach § 222 bestraft werden, vielmehr bleibt der Täter hier, soweit nicht seine Schuld nach § 17 ausgeschlossen ist, wegen eines vorsätzlichen Tötungsdelikts strafbar. Nicht gesagt ist damit allerdings, daß der in § 17 geregelte Verbotsirrtum auch die Vorsatzschuld unberührt läßt (vgl. 121 vor § 13). In dieser Beziehung wäre weiterhin ein Standpunkt denkbar, daß der Täter zwar aus dem Vorsatztatbestand (Unrecht der vorsätzlichen Tat) bestraft wird, seine Schuld aber nur die einer „Rechtsfahrlässigkeit" ist, wobei durch § 17 jedem Vorsatzdelikt ein „crimen culposum" in Gestalt der Rechtsfahrlässigkeit gleichsam angehängt würde; praktische Konsequenzen gegenüber dem hier vertretenen Standpunkt resultieren aus dieser Konstruktion jedoch nicht.

C. Fahrlässigkeit

Schrifttum: Arzt, Zum Verbotsirrtum beim Fahrlässigkeitsdelikt, ZStW 79, 857. – *v. Bar,* Entwicklungen und Entwicklungstendenzen im Recht der Verkehrs(sicherungs)pflichten, JuS 88, 169. – *Baumann,* Kausalzusammenhang bei Fahrlässigkeitsdelikten, DAR 55, 210. – *ders.,* Die Rechtswidrigkeit der fahrlässigen Handlung, MDR 57, 646. – *ders.,* Probleme der Fahrlässigkeit bei Straßenverkehrsunfällen, Krim. Biol. Gegenwartsfragen 1960, 100. – *Beling,* Unschuld, Schuld und Schuldstufen, 1910. – *Berz,* Straßenbeleuchtung und Verkehrssicherungspflicht, DAR 88, 2. – *Binding,* Das

§ 15 Vorsätzliches und fahrlässiges Handeln

strafbare Fahrlässigkeitsdelikt in seiner zweckmäßigen Umgrenzung, GS 87, 257. – *ders.*, Normen, Bd. IV (Fahrlässigkeit), 1919. – *Bockelmann*, Verkehrsstrafrechtliche Aufsätze und Vorträge, 1967. – *Böhmer*, Der Vertrauensgrundsatz im Straßenverkehr in der Rechtsprechung, JR 67, 291. – *Bohnert*, Fahrlässigkeitsvorwurf und Sondernorm, JR 82, 6. – *ders.*, Das Bestimmtheitserfordernis im Fahrlässigkeitstatbestand, ZStW 94, 68. – *Boldt*, Zur Struktur der Fahrlässigkeit, ZStW 68, 335. – *Burgstaller*, Das Fahrlässigkeitsdelikt im Strafrecht, 1974. – *Cramer*, Gedanken zur Reform der fahrlässigen Körperverletzung im Verkehrsstrafrecht, DAR 74, 317. – *Deutsch*, Fahrlässigkeit und erforderliche Sorgfalt, 1963. – *ders.*, Sport und Recht, VersR 89, 219. – *Dölling*, Fahrlässige Tötung bei Selbstgefährdung des Opfers, GA 84, 71. – *Donatsch*, Sorgfaltsbemessung und Erfolg beim Fahrlässigkeitsdelikt, 1987. – *Dubs*, Die fahrlässigen Delikte im modernen Strafrecht, SchwZStr 78, 31. – *Ebert*, Kausalität und objektive Zurechnung, Jura 79, 561. – *Engisch*, Untersuchungen über Vorsatz und Fahrlässigkeit im Strafrecht, 1930. – *Exner*, Das Wesen der Fahrlässigkeit, 1910. – *Frisch*, Das Fahrlässigkeitsdelikt und das Verhalten des Verletzten, 1973. – *Grassberger*, Aufbau, Schuldgehalt und Grenzen der Fahrlässigkeit, ZfR 64, 20. – *Hall*, Über die Leichtfertigkeit, Mezger-FS 229. – *Heitzer*, Unrechtsbegriff und Schuldbegriff beim Fahrlässigkeitsdelikt, NJW 51, 528. – *Herzberg*, Die Schuld beim Fahrlässigkeitsdelikt, Jura 84, 402. – *Himmelreich*, Notwehr und unbewußte Fahrlässigkeit, 1971. – *Hirsch*, Soziale Adäquanz und Unrechtslehre, ZStW 74, 78. – *ders.*, Die Entwicklung der Strafrechtsdogmatik nach Welzel, Uni Köln-FS, 399. – *Hoffmann*, Die Abstufung der Fahrlässigkeit in der Rechtsgeschichte etc., 1968. – *Hruschka*, Über Tun und Unterlassen und über Fahrlässigkeit, Bockelmann-FS 421. – *Huber*, Normzwecktheorie und Adäquanztheorie, JZ 69, 677. – *Jakobs*, Studien zum fahrlässigen Erfolgsdelikt, 1972. – *ders.*, Risikokonkurrenz – Schadensverlauf und Verlaufshypothese im Strafrecht, Lackner-FS 53. – *Jescheck*, Aufbau und Behandlung der Fahrlässigkeit im modernen Strafrecht, 1965. – *Jungclaussen*, Die subjektiven Rechtfertigungselemente beim Fahrlässigkeitsdelikt, 1987. – *Kahrs*, Das Vermeidbarkeitsprinzip und die Conditio-sine-qua-non-Formel im Strafrecht, 1968. – *Kantorowicz*, Unechtes Unterlassungs- und unbewußtes Fahrlässigkeitsdelikt, StrAbh. Heft 297 (1931). – *Armin Kaufmann*, Das Fahrlässigkeitsdelikt, ZfR 64, 41. – *Arthur Kaufmann*, Die finale Handlungslehre und die Fahrlässigkeit, JuS 67, 145. – *ders.*, Die Bedeutung hypothetischer Erfolgsursachen im Strafrecht, Eb. Schmidt-FS 200. – *Kienapfel*, Das erlaubte Risiko im Strafrecht, 1966. – *Kirschbaum*, Der Vertrauensgrundsatz im deutschen Straßenverkehrsrecht, 1980. – *Köhler*, Die bewußte Fahrlässigkeit, 1982. – *Krümpelmann*, Schutzzweck und Schutzreflex der Sorgfaltspflicht, Bokkelmann-FS 443. – *ders.*, Zur Kritik der Lehre vom Risikovergleich bei den fahrlässigen Erfolgsdelikten, GA 84, 491. – *ders.*, Die Verwirkung des Vertrauensgrundsatzes bei pflichtwidrigem Verhalten in der kritischen Verkehrssituation, Lackner-FS 289. – *Küper*, Überlegungen zum sog. Pflichtwidrigkeitszusammenhang beim Fahrlässigkeitsdelikt, Lackner-FS 247. – *Kusch*, Die Strafbarkeit von Vollzugsbediensteten bei fehlgeschlagenen Lockerungen, NStZ 85, 385. – *Lampe*, Täterschaft bei fahrlässiger Straftat, ZStW 71, 539. – *ders.*, Tat und Unrecht der Fahrlässigkeitsdelikte, ZStW 101, 3. – *Lekschas*, Zum Problem des fahrlässigen Verschuldens bei Verkehrsdelikten, NJW 61, 298. – *Lenckner*, Technische Normen und Fahrlässigkeit, Engisch-FS 490. – *Leverenz*, Der Begriff der Fahrlässigkeit im Strafrecht, SchlHA 63, 233. – *Maihofer*, Zur Systematik der Fahrlässigkeit, ZStW 70, 159. – *Maiwald*, Ein alltäglicher Strafrechtsfall oder: Einige Schwierigkeiten der Fahrlässigkeitsdogmatik – OLG Celle, VRS 63 (1982) 72, JuS 89, 186. – *Mannheim*, Der Maßstab der Fahrlässigkeit im Strafrecht, StrAbh. Heft 157 (1912). – *Maurach*, Adäquanz der Verursachung oder der Fahrlässigkeit, GA 60, 97. – *Mohrmann*, Die neueren Ansichten über das Wesen der Fahrlässigkeit im Strafrecht, StrAbh. Heft 265 (1929). – *Mühlhaus*, Voraussehbarkeit beim fahrlässigen Erfolgsdelikt, DAR 67, 229. – *ders.*, Die Fahrlässigkeit in Rechtsprechung und Rechtslehre, 1967. – *Niese*, Finalität, Vorsatz und Fahrlässigkeit, 1951. – *Nowakowski*, Zu Welzels Lehre von der Fahrlässigkeit, JZ 58, 335, 388. – *Oehler*, Die erlaubte Gefahrsetzung und die Fahrlässigkeit, Eb. Schmidt-FS 232. – *Puppe*, Die Beziehung zwischen Sorgfaltswidrigkeit und Erfolg bei den Fahrlässigkeitsdelikten, ZStW 99, 595. – *Ranft*, Berücksichtigung hypothetischer Bedingungen beim fahrlässigen Erfolgsdelikt?, NJW 84, 1425. – *Rehberg*, Zur Lehre vom erlaubten Risiko, 1962. – *Roeder*, Die Einhaltung des sozialadäquaten Risikos, 1969. – *Rössner*, Die strafrechtliche Beurteilung von Vollzugslockerungen, JZ 84, 1065. – *Roxin*, Pflichtwidrigkeit und Erfolg bei fahrlässigen Delikten, ZStW 74, 411. – *ders.*, Der Schutzzweck der Norm bei Fahrlässigkeitsdelikten, Gallas-FS 241. – *Rudolphi*, Vorhersehbarkeit und Schutzzweck der Norm in der strafrechtlichen Fahrlässigkeitslehre, JuS 69, 549. – *Salm*, Das vollendete Verbrechen, Teil 1: Über die Fahrlässigkeit und Kausalität, Halbband 2: Einzelprobleme, 1967. – *Schaffstein*, Handlungsunwert, Erfolgsunwert und Rechtfertigung bei den Fahrlässigkeitsdelikten, Welzel-FS 557. – *ders.*, Die strafrechtliche Verantwortlichkeit Vollzugsbediensteter für den Mißbrauch von Vollzugslockerungen, Lackner-FS 795. – *Schlüchter*, Zusammenhang zwischen Pflichtwidrigkeit und Erfolg bei Fahrlässigkeitstatbeständen, JA 84, 673. – *Schlund*, Streupflicht als Verkehrssicherungspflicht, DAR 88, 6. – *Schmidhäuser*, Zum Begriff der bewußten Fahrlässigkeit, GA 57, 305. – *ders.*, Fahrlässige Straftat ohne Sorgfaltspflichtverletzung, Schaffstein-FS 129. – *Schmidt-Salzer*, Zivilrechtliche und strafrechtliche Produktverantwortung, JA 88, 465. – *Schroeder*, Die Fahrlässigkeit als Erkennbarkeit der Tatbestandsverwirklichung, JZ 89, 776. – *Schünemann*, Neue Horizonte der Fahrlässigkeitsdogmatik?, Schaffstein-FS 159. – *ders.*, Moderne Tendenzen in der Dogmatik der Fahrlässigkeits- und Gefährdungsdelikte, JA 75, 435, 511, 575, 647, 715, 787. – *Seebald*, Teilnahme am erfolgsqualifizierten und fahrlässigen Delikt, GA 64, 161. – *Spendel*, Conditio-sine-qua-non-Gedanke und Fahrlässigkeitsdelikt, JuS 64, 14. – *ders.*, Fahrlässige Teilnahme an Selbst- und Fremdtötung, JuS 74, 749. – *Stoll*, Kausalzusammenhang und Normzweck im Deliktsrecht, 1968. – *Stratenwerth*, Handlungs- und Erfolgsunwert im Strafrecht, SchwZStr 79, 255. – *ders.*, Bemerkungen zum Prinzip der Risikoerhöhung, Gallas-FS 227. – *Streng*, Zum rechtlichen Zusammenhang zwischen überhöhter Geschwindigkeit und Verkehrsunfall, NJW 85, 2809. – *Struensee*, Der subjektive Tatbestand des fahrlässigen Delikts, JZ 87, 53. – *Triffterer*, Die „objektive Voraussehbarkeit" (des Erfolges und des Kausalverlaufs) – unverzichtbares Element im Begriff der Fahrlässigkeit oder allgemeines Verbrechenselement aller Erfolgsdelikte?, Bockelmann-FS 201. – *Ulsenheimer*, Das Verhältnis zwischen Pflichtwidrigkeit und Erfolg, 1965. – *ders.*, Erfolgsrelevante und erfolgsneutrale Pflichtenverletzung im Rahmen der Fahrlässigkeitsdelikte, JZ 69, 364. – *Volk*, Reformüberlegungen zur Strafbarkeit der fahrlässigen Körperverletzung im Straßenverkehr, GA 76, 161. – *Walder*, Probleme bei Fahrlässigkeitsdelikten, Zeitschr. des Bernischen Juristenvereins 68, 161. – *Wegscheider*, Zum Begriff der Leichtfertigkeit, ZStW 98, 624. – *Weidemann*, Die finale Handlungslehre und das fahrlässige Delikt, GA 84, 408. – *Weigelt*, Fahrlässigkeitsprobleme bei Verkehrsunfällen, DAR 61, 220. – *Welp*, Vorausgegangenes Tun als Grundlage einer Handlungsäquivalenz der Unterlassung, 1968. – *Welzel*, Die finale Handlungslehre, JZ 56, 316. – *ders.*, Fahrlässigkeit und Verkehrsdelikte, 1961. – *v. Westphalen*, Die allgemeine Verkehrssicherungspflicht und die Beleuchtung auf öffentlichen Straßen, DB Beil. 87, 1. – *Wimmer*, Das Zufallsproblem beim fahrlässigen Verletzungsdelikt, NJW 58, 251. – *ders.*, Die Fahrlässigkeit beim Verletzungsdelikt, ZStW 70, 196. – *Ziegler*, Fahrlässigkeit und Gefährdung, StrAbh. Heft 359 (1935). – *Zipf*, Rechtskonformes und sozialadäquates Verhalten im Strafrecht, ZStW 82, 633. – Weitere Nachweise o. vor 7.

105 Strafrechtliche Konsequenzen können auch an die fahrlässige Verwirklichung eines Tatbestandes geknüpft werden, sofern ein entsprechender Fahrlässigkeitstatbestand besteht. So erfaßt z. B. § 222 denjenigen, der „durch Fahrlässigkeit den Tod eines Menschen verursacht", § 163 droht Strafe an für den „fahrlässigen Falscheid" und die „fahrlässig falsche Versicherung an Eides Statt". Weitere **Fahrlässigkeitstatbestände** enthalten z. B. §§ 230, 264 III, 283 V, 283 b II, 309, 310 a II, 310b IV, 311 V, 314, 315 V, 315a III Nr. 2, 315b V, 315c III Nr. 2, 316 II, 317 III, 320, 323 IV, 323a, 324 III, 325 III, 326 IV, 327 III, 328 III, 329 IV, 330 VI.

106 Im Gesetz finden sich zudem Tatbestände, die eine **leichtfertige Begehung** voraussetzen. Es handelt sich hier ebenfalls um Fahrlässigkeitsdelikte, die jedoch einen besonderen Grad der Nachlässigkeit, nämlich grobe Fahrlässigkeit, erfordern; vgl. u. 205. Dazu gehören z. B. die leichtfertige Preisgabe von Staatsgeheimnissen (§ 97 II), die leichtfertige Nichtanzeige geplanter Straftaten (§ 138 III) sowie die leichtfertige Vollstreckung gegen Unschuldige (§ 345 II).

107 Der Fahrlässigkeitsbegriff spielt auch in den Tatbeständen eine Rolle, die ein **erfolgsqualifiziertes Delikt** beschreiben, bei denen neben vorsätzlich verwirklichtem Unrecht ein weitergehender Erfolg nach § 18 wenigstens fahrlässig, teilweise auch leichtfertig, verursacht sein muß; vgl. dazu § 18 RN 2 ff.

108 Weiterhin sind in diesem Zusammenhang die Delikte zu nennen, die eine **Vorsatz-Fahrlässigkeitskombination** enthalten, i. S. v. § 11 II zwar als Vorsatzdelikte gelten (vgl. dort RN 64 ff.), hinsichtlich ihres unvorsätzlichen Teils aber nach Fahrlässigkeitsregeln zu beurteilen sind; hierzu gehören z. B. die §§ 97, 109 e V, 109 g IV, 310 b II, 311 III, 311a III, 311e III, 315 IV, 315a III Nr. 1, 315c Nr. 1, 323 III, 353 b I. Auch die neuen Umweltschutzvorschriften enthalten Tatbestände einer solchen Vorsatz-Fahrlässigkeitskombination (§§ 330 V, 330a II).

109 **I. Umfang der Fahrlässigkeitshaftung.** Da im Sanktionsrecht einerseits eine Fahrlässigkeitshaftung nur in Betracht kommt, wenn sie in den einzelnen Tatbeständen ausdrücklich vorgesehen ist (vgl. o. 1 und § 10 OWiG), und da andererseits keine Fahrlässigkeitstatbestände existieren, denen nicht ein Vorsatztatbestand entspräche, ist der Umfang der Fahrlässigkeitshaftung von der inhaltlichen Bestimmung des Vorsatzes, d. h. des dolus eventualis abhängig. Wer z. B. bei bloßem Fürmöglichhalten des Erfolgseintritts Vorsatz bejaht (Schmidhäuser 438, GA 57, 312 ff. u. 58, 178 ff., JuS 80, 241, Schröder Sauer-FS 232), kommt zur Fahrlässigkeitshaftung nur, wenn der Täter über die Möglichkeit des Erfolgseintritts nicht reflektiert hat. Wer die Billigung des Erfolgs verlangt (M-Zipf I 300f., Bockelmann NJW 59, 1850, RG 33 5, 76 115, OGH 2 254, BGH 14 256, GA 58, 165), kann als fahrlässig auch ein Verhalten bezeichnen, bei dem der Täter die von ihm erkannte Möglichkeit des Erfolgseintritts mißbilligt, auf das Ausbleiben des Erfolges vertraut usw. Entsprechendes gilt für die übrigen Standpunkte zu der Frage, welcher psychische Sachverhalt noch als Vorsatz zu werten ist (Inkaufnehmen, Sichabfinden, Fürwahrscheinlichhalten usw.); entscheidend ist dabei die Begriffsbestimmung für den dolus eventualis (vgl. dazu o. 72 ff.).

110 **II. Strukturprobleme der Fahrlässigkeitsdelikte.** Die konstruktiven Elemente des Fahrlässigkeitsdelikts sind umstritten. Im Gegensatz zu § 18 E 62 und zu § 18 AE bringt das geltende Recht keine Definition der Fahrlässigkeit. Es werden – mit vielen Abweichungen im einzelnen – im wesentlichen zwei Grundkonzeptionen vertreten. Zur dogmatischen Entwicklung vgl.

Schünemann JA 75, 437. Zu den rechtsphilosophischen Bezügen der Fahrlässigkeitslehre vgl. Köhler aaO. 321 ff.

1. Die **klassische Auffassung** kennt für den Tatbestand eines Fahrlässigkeitsdelikts keine **111** weitere Voraussetzung als die der Kausalität zwischen Handlung und Erfolg (Baumann/Weber 428, Binding, Normen IV 483, Frank § 59 Anm. VIII, RG **56** 349, **58** 134, Maurach AT 554 f. [Pflichtwidrigkeit im Rahmen der Tatverantwortung], Mezger 358, Schmidhäuser I 224 ff. u. Schaffstein-FS 129 ff. [Sorgfaltsbeachtung als Rechtfertigungsgrund; dazu 94 vor § 32], Roeder aaO 94 ff., Rehberg aaO 180, hier die 17. A. § 59 RN 162). Wer im gekennzeichneten Sinne ursächlich geworden ist, hat damit den Tatbestand erfüllt (BGHZ **24** 24, Spendel Eb. Schmidt-FS 195, hier die 17. A. § 59 RN 162). Die durch die Tatbestandserfüllung indizierte Rechtswidrigkeit kann nach dieser Auffassung wie bei jedem Delikt durch Rechtfertigungsgründe ausgeschlossen werden (vgl. 17. A. § 59 RN 164 mwN), z. B. bei Sportverletzungen durch Einwilligung, durch Notwehr oder durch das in diesem System nur als Rechtfertigungsgrund fungierende erlaubte Risiko (vgl. 17 A. § 59 RN 165), das bei den Fahrlässigkeitsdelikten eine besondere Rolle spielt; vgl. hierzu u. 144 ff.

a) Die **Pflichtwidrigkeit** des Verhaltens und die **Voraussehbarkeit** des Erfolges, die **Zumutbarkeit** **112** pflichtgemäßen Verhaltens usw. stellen in diesem System jedoch ausschließlich **Merkmale der Schuld** (vgl. 17. A. § 59 RN 169), ausnahmsweise solche der Widerrechtlichkeit dar (vgl. 59 vor § 13). Konsequenterweise kann auf der Grundlage der hier referierten Grundkonzeption der Fahrlässigkeitsmaßstab nur an individuellen Faktoren orientiert werden (vgl. 17. A. § 59 RN 175 ff.). Dies führt aber im Hinblick auf das Merkmal „rechtswidrige Tat" in §§ 63, 64, 69, 70, 323 a zu Schwierigkeiten, weil eine nicht sorgfaltswidrige Handlung die entsprechenden Rechtsfolgen nicht rechtfertigen kann (Schünemann JA 75, 441). Im übrigen gilt für die klassische Theorie folgendes: Was an Sorgfalt in einer konkreten Situation von einem Täter hätte aufgewandt werden können und müssen, bestimmt sich demnach ausschließlich nach subjektiven Gesichtspunkten (vgl. RG **39** 5, **56** 349, **58** 134, **67** 20, Mezger LK[8] § 59 Anm. 23 b bb). Der Täter hat also nur das zu leisten, wozu er persönlich imstande ist; dies aber gegebenenfalls auch in einem Umfange, der über die Sorgfaltspflichten anderer Menschen hinausgeht. Die Anforderungen an das Maß an Sorgfalt bestimmen sich daher nicht nach einem „normalen" Maßstab, sondern immer nur nach dem, was von diesem Täter in dieser Situation gefordert werden konnte. Das kann weniger als das sein, was ein normaler Mensch mit normalem Können zu leisten imstande war, aber auch mehr. Vgl. dazu Otto Maurach-FS 93, Pflichtenkollision und Rechtswidrigkeitsurteil (1965) 33, Jakobs Studien 69.

b) Auch im System des klassischen Fahrlässigkeitsbegriffs wird jedoch gelegentlich die Auffassung **113** vertreten (Frank § 59 Anm. VIII 4, Mezger 358, LK[8] § 59 Anm. III 22 b, wohl auch D-Tröndle 14 f., Maurach AT 555 f., ähnlich RG **39** 2, **67** 19), daß für das Maß an Sorgfalt ein **doppelter Maßstab** anzulegen sei, ein objektiver insofern, als von jedem nur die im Verkehr erforderliche Sorgfalt (etwa i. S. des § 276 BGB), d. h. die Einhaltung durchschnittlicher Sorgfaltspflichten, zu verlangen sei, ein subjektiver insofern, als dem Täter ein Vorwurf nicht gemacht werden könne, wenn er nach seiner persönlichen Leistungsfähigkeit nicht imstande ist, die im Verkehr objektiv erforderliche Sorgfalt zu erbringen. Ohne auf eine grundsätzliche Bewertung dieses Doppelmaßstabes einzugehen (vgl. dazu u. 113), muß jedoch gesagt werden, daß eine Objektivierung des Fahrlässigkeitsmaßstabes im Schuldbereich deplaziert ist. Denn die Aufstellung objektiver Sorgfaltsanforderungen berührt die Beschreibung einer normativen Sollensordnung und bestimmt damit das Unrecht der Fahrlässigkeitsdelikte; sie hat mit dem personalen Vorwurf, der dem Täter zu machen ist, nichts zu tun und führt in Extremfällen zu einer unberechtigten Privilegierung des überdurchschnittlich Befähigten.

Der Wert der klassischen Auffassung vom Fahrlässigkeitsdelikt, die nicht auf den Durchschnitts- **114** maßstab zur Begrenzung der Sorgfaltspflicht abstellt, liegt jedoch ungeachtet sonstiger Brüche im System (vgl. u. 115) jedenfalls darin, daß sie zu einer i. E. gerechten Beurteilung dessen gelangt, der aufgrund seiner überdurchschnittlichen Fähigkeiten ein größeres Maß an Sorgfalt als der Durchschnitt zu erbringen imstande und daher auch verpflichtet ist, die nur ihm mögliche Sorgfalt zur Vermeidung von Gefahren zum Einsatz zu bringen. Dies ist einer der Gründe, die Schröder (vgl. 17. A. § 59 RN 176 ff.) dazu veranlaßt haben, an diesem Fahrlässigkeitsbegriff festzuhalten.

c) Dennoch läßt sich dieser Standpunkt nicht aufrechterhalten. Der klassische Fahrlässigkeitsbegriff **115** leidet zunächst daran, daß er ausschließlich an der Kausalität des Verhaltens orientiert ist. Dies ist zu einseitig, weil sich mit der „Herbeiführung des Erfolges" allein ein Widerspruch zur rechtlichen Sollensordnung nicht beschreiben läßt. Eine derartige Begriffsbestimmung ist schon deswegen zu weit, weil sie auch solche Kausalabläufe in den Tatbestand einbezieht, die von niemandem beherrschbar sind, und sich damit über die Einsicht hinwegsetzt, daß die Rechtsordnung nur ein wenigstens generell vermeidbares Verhalten zur Grundlage eines Unwerturteils machen kann. Im übrigen leidet der klassische Fahrlässigkeitsbegriff insofern an einem systemimmanenten Widerspruch, als er einerseits bloße Kausalität ausreichen läßt, andererseits aber einen Rechtswidrigkeitszusammenhang zwischen der in einem Verhalten zum Ausdruck kommenden Pflichtwidrigkeit und dem Erfolg verlangt (vgl. 17. A. § 59 RN 159 a). Wenn nämlich schon im Rahmen der Tatbestandsmäßigkeit die Frage aufzuwerfen ist, ob das „Täterverhalten gerade in seiner Pflichtwidrigkeit für den Erfolg kausal geworden ist" (so die 17. A. aaO), so gehört die Pflichtwidrigkeit notwendigerweise zum Tatbestand, weil sie nur dort eine Beantwortung dieser Frage ermöglicht. Schließlich leidet die klassische Auffassung daran, daß sie zu einseitig am Erfolgsdelikt orientiert ist, das schlichte Tätigkeitsdelikt in seiner Unrechtsstruktur jedoch nicht zu erklären vermag. Diese Verengung der Betrachtung auf das Erfolgsdelikt stammt aus einer Zeit, in der die wenigen Fahrlässigkeitstatbestände dieses Typs die Diskussion beherrschten; nachdem nunmehr aber – vor allem im Nebenstraf- und Ordnungswidrigkeitenrecht – eine kaum noch überschaubare Zahl von fahrlässig begehbaren Tätigkeitsdelikten geschaffen wurde, ist diese Verengung des Blicks auf die Erfolgsdelikte nicht mehr angebracht.

116 2. In neuerer Zeit überwiegt demgegenüber die Auffassung, daß der Tatbestand eines Fahrlässigkeitsdelikts ein Verhalten voraussetzt, das durch eine **Verletzung der gebotenen Sorgfalt** gekennzeichnet ist. Damit genügt zur Tatbestandserfüllung nicht jedes Handeln oder Unterlassen, sondern nur ein solches, das in Gestalt der „Verletzung der im Verkehr erforderlichen Sorgfalt" (Welzel 132), der „Schaffung einer Gefahr für das Rechtsgut" (Welzel 129), einer „Überschreitung des noch erlaubten Risikos" (vgl. Stratenwerth 295 ff.) usw. bestimmte negative Eigenschaften aufweist, das bei den schlichten Tätigkeitsdelikten durch das Gesetz selbst umschrieben, bei den insoweit „offenen" Erfolgstatbeständen (z. B. §§ 222, 230) aber durch Ermittlung der in der konkreten Lebenssituation geltenden Sorgfaltsanforderungen zu gewinnen sei. Dabei sind die zur Beschreibung des Handlungsunrechts eines Fahrlässigkeitsdelikts gebrauchten Formulierungen nicht einheitlich. Zur Deutung des Fahrlässigkeitsunrechts durch die finale Handlungslehre (28 ff. vor § 13) vgl. insb. Struensee JZ 87, 53 ff., 57 ff. Grds. wendet sich Schroeder JZ 89, 776 gegen den Begriff der Sorgfaltspflichtverletzung und begnügt sich mit der Erkennbarkeit der Tatbestandsverwirklichung (ebenso schon Schroeder LK § 16 RN 127 ff.).

117 Auch auf der Grundlage des hier referierten Ausgangspunkts ergeben sich hinsichtlich der Bestimmung des für den Tatbestand geltenden Fahrlässigkeitsmaßstabs grundlegende Meinungsverschiedenheiten.

118 a) Überwiegend wird die Auffassung vertreten, daß das Fahrlässigkeitsdelikt einen **doppelten Maßstab** umschließe. Für die Tatbestandsmäßigkeit seien nach objektiven Kriterien zu bestimmende **generelle Sorgfaltsanforderungen** maßgeblich, während unter Schuldgesichtspunkten zu prüfen sei, ob der Täter nach seinen individuellen Fähigkeiten, insb. seinem intellektuellen Zuschnitt und seinem bisherigen Erfahrungswissen subjektiv in der Lage ist, das objektiv erforderliche Maß an Sorgfalt zu erbringen. Die Tathandlung wird also (negativ) dahin umschrieben, daß sie nicht übereinstimmt mit dem „Verhalten, das ein einsichtiger und besonnener Mensch in der Lage des Täters einschlagen würde" (Welzel 132), wie immer sie im übrigen beschaffen sein mag. Auf der Ebene der Rechtswidrigkeit ergeben sich bei diesem Standpunkt keine Sonderprobleme. Dieser Standpunkt wird – mit Abweichungen im einzelnen – unter anderem vertreten von Blei I 296 ff., Bockelmann/Volk 158 ff., Eser II 20 ff., Jescheck 509 f., Armin Kaufmann Welzel-FS 393, 404 ff., ZfR 64, 46, Kienapfel JZ 72, 569, H. Mayer AT 129, 130, Hirsch ZStW 74, 95, Niese JZ 56, 460, Rudolphi JuS 69, 549, Ulsenheimer JZ 69, 364; vgl. die weit. Nachw. u. 121.

119 b) Demgegenüber wird von einer Mindermeinung der Standpunkt vertreten, daß schon der Tatbestand durch die dem Täter **individuell obliegende Sorgfaltspflicht** begrenzt sei (Jakobs 258 ff., Studien 48, 64 ff., Stratenwerth 294 ff., Samson SK Anh. zu § 16 RN 13 f., dagegen Armin Kaufmann Welzel-FS 404 ff., Schünemann Schaffstein-FS 159, JA 75, 512 ff., Hirsch ZStW 94, 268 ff.). Dies ergebe sich daraus, daß einerseits nicht einzusehen sei, daß ein überdurchschnittlich Befähigter nur verpflichtet sei, diejenige Sorgfalt zu erbringen, die für den Durchschnitt gelte (vgl. dazu o. 114), und andererseits die Einhaltung der allgemeinen Sorgfaltsregeln von dem nicht erwartet werden dürfe, der hierzu nicht in der Lage sei. Zu dieser Auffassung gelangt Stratenwerth 294 f. unter Berücksichtigung einer von ihm angenommenen spezifisch-strukturellen Verwandtschaft zwischen Unterlassungs- und Fahrlässigkeitsdelikt: „Wie beim Unterlassungsdelikt so muß danach auch beim Fahrlässigkeitsdelikt das ‚richtige', rechtlich einwandfreie Verhalten, von dem abzuweichen den Unrechtstatbestand erfüllt, nicht nur im Blick auf allgemeine Normen, sondern ebenso im Blick auf die Handlungsmöglichkeiten des Täters bestimmt werden." Auf der Ebene der Rechtswidrigkeit ergeben sich auch für diesen Standpunkt keine grundsätzlichen Besonderheiten (Stratenwerth 298 ff.), während die Schuld nach Stratenwerth nur „Schuldfähigkeit, virtuelle Verbotskenntnis und Zumutbarkeit" umfaßt (aaO 300 ff.). Nach Struensee JZ 87, 57 f., ergeben sich diese Konsequenzen aus der finalen Struktur der Handlung und deren Auswirkung auf das Unrecht der Fahrlässigkeitsdelikte. Danach besteht der „subjektive Tatbestand des fahrlässigen Deliktes darin, daß der Handelnde von den Bedingungen des eingetretenen Erfolges einen tatbestandsrelevanten Ausschnitt kennt, von dem nach Bewertung der Rechtsordnung eine intolerable Gefahr ausgeht".

120 III. **Die wichtigsten Elemente des Fahrlässigkeitsbegriffs.** Auf der Ebene der Tatbestandsmäßigkeit ist wie beim Vorsatzdelikt (vgl. 52 vor § 13) auch beim Fahrlässigkeitsdelikt zwischen **Handlungs-** und **Erfolgsunwert** zu unterscheiden. Innerhalb der Fahrlässigkeitsdelikte ist das verbotene Handeln verschieden gekennzeichnet. Entsprechend der Unterscheidung bei den Vorsatzdelikten finden sich **Erfolgsdelikte** (z. B. §§ 222, 230), **Tätigkeitsdelikte** (z. B. § 163) bzw. neben Begehungsdelikten auch echte (z. B. § 138 III) und unechte **Unterlassungsdelikte;** vgl. die Aufzählung o. 105 ff.

1. Während der Handlungsunwert des Vorsatzdelikts – auf den allgemeinsten Nenner gebracht – darin besteht, daß der Täter sein Verhalten willentlich und wissentlich so einrichtet, daß es zu einer (abstrakten oder konkreten) Gefährdung oder Verletzung eines strafrechtlich geschützten Rechtsgutes kommen soll (vgl. 52 ff. vor § 13), liegt das Handlungsunrecht des Fahrlässigkeitsdelikts darin, daß der Täter sich im Hinblick auf ein geschütztes Rechtsgut **sorgfaltswidrig** verhält, wobei der Sorgfaltsmaßstab im einzelnen umstritten ist (Blei I 299 f., Bockelmann/Volk 54, Boldt ZStW 68, 358, 373, Burgstaller aaO 19, Engisch aaO 283 ff., 334 f., DJT-FS I 417, Eser II 21, Gallas ZStW 67, 42, Hall, Fahrlässigkeit im Vorsatz [1959] 22, Hardwig, Die Zurechnung [1957] 128, Henkel Mezger-FS 282, Hirsch ZStW 94, 266 ff., Jakobs 258 ff., Studien 64 ff., Jescheck 218, 521 ff., aaO 7 ff., Armin Kaufmann ZfR 64, 45, Lackner III 2 a aa, Lenckner Engisch-FS 492 f., Maihofer ZStW 70, 184 ff., M-Zipf I 211 f., Nowakowski JBl. 72, 31 f., Niese aaO 61, JZ 56, 460, 537, Rudolphi Maurach-FS 63, JuS 69, 549, Samson SK Anh. zu § 16 RN 13 f., Sax JZ 76, 84, Schaffstein Welzel-FS 557, Schünemann JA 75, 439, 512 ff., Stratenwerth 293 ff., Ulsenheimer JZ 69, 364, Welzel 130 ff., Verkehrsdelikte 24 f., Wessels I 203 ff., Zielinski, Handlungs- und Erfolgsunwert im Unrechtsbegriff [1973] 168 ff.). Auch die Rspr. hat sich teilweise in diesem Sinne ausgesprochen (BGH VRS **14** 30, Köln NJW **63**, 2381, vgl. ferner BGHZ **24** 21, wo das „verkehrsrichtige Verhalten" freilich nur als Rechtfertigungsgrund angesehen wird). Gegen die objektive Sorgfaltspflichtverletzung als generelles Merkmal des Fahrlässigkeitstatbestandes insb. Baumann/Weber 436, Schmidhäuser I 224 f., Schaffstein-FS 131 ff. Verfassungsrechtliche Bedenken gegen die generalklauselartige Kennzeichnung der Sorgfaltspflicht bestehen nicht (Bohnert ZStW 94, 68).

Maßgeblich ist danach die **inhaltliche Konkretisierung** dessen, worin die Sorgfaltspflichtverletzung und damit der Handlungsunwert des Fahrlässigkeitsdelikts beruht. Zur Erleichterung des Verständnisses der umfangreichen Kommentierung zahlreicher Einzelfragen werden hier die wichtigsten Elemente der Sorgfaltspflichtverletzung kurz vorweg beschrieben:

a) Die den Fahrlässigkeitstatbeständen zugrunde liegenden „Bestimmungsnormen" (vgl. hierzu 54 zu § 13) können wie alle Verbote und Gebote nicht jede Herbeiführung eines unerwünschten Zustandes schlechthin verbieten, sondern nur solche Verhaltensweisen, die das **Maß an Sorgfalt** außer acht lassen, das im Zusammenleben innerhalb der Rechtsgemeinschaft **billigerweise erwartet werden darf.**

α) Dies erfordert zunächst, daß die Verwirklichung eines Tatbestandes, insb. eines von diesem vorausgesetzten Erfolges in Gestalt eines Schadens oder einer konkreten Gefährdung, **vermeidbar** ist. Beim positiven Tun setzt dies voraus, daß der Täter sein Verhalten so einrichten, gegebenenfalls von der Vornahme einer bestimmten Handlung Abstand nehmen muß, damit eine Tatbestands-(Erfolgs-)verwirklichung nicht eintritt (vgl. u. 132); beim Unterlassungsdelikt ist maßgeblich, ob die Verhinderung der Tatbestandsverwirklichung für den Täter „machbar" ist (vgl. u. 143).

β) Wesentliche Voraussetzung für die Vermeidbarkeit der Tatbestandsverwirklichung ist deren **Voraussehbarkeit.** Ein Erfolg, der nicht voraussehbar ist, kann bei der Überlegung, wie ein Verhalten einzurichten ist, um schädliche Auswirkungen zu vermeiden, nicht einkalkuliert werden. So konnten z. B. vor der Erkenntnis, daß bestimmte medikamentöse Behandlungen einer Schwangeren zu embryonalen Schädigungen führen können (zur Problematik des „Contergan"-Prozesses unter dem Gesichtspunkt des naturgesetzlichen Kausalwissens vgl. Armin Kaufmann JZ 71, 573 ff.), derartige Erfolge nicht vorausgesehen und folglich auch nicht vermieden werden; vor der Entdeckung des Wiener Arztes Semmelweis, daß die Erreger des Kindbettfiebers durch nicht sterilisierte ärztliche Instrumente übertragen wird, war die Erkrankung mit solchen Instrumenten behandelter Frauen ebenfalls nicht voraussehbar. Die Voraussehbarkeit eines Erfolges und damit dessen Kalkulierbarkeit ist daher – jeweils bezogen auf das gegenwärtige Wissen von Ursache und Wirkung (zu dessen Bedeutung für die Kausalitätstheorie vgl. 73 vor § 13) – Voraussetzung für die Vermeidbarkeit der Tatbestandsverwirklichung. Die Voraussehbarkeit der Tatbestandsverwirklichung ist damit Bestandteil des Handlungsunrechts. Da jedoch im Strafrecht – im Gegensatz zum Ordnungswidrigkeitenrecht – das fahrlässige Erfolgsdelikt überwiegt, wird die Voraussehbarkeit des Erfolges erst im Zusammenhang mit der Zurechenbarkeit des Erfolges behandelt (vgl. u. 180 ff.).

γ) Das Handlungsunrecht der Fahrlässigkeitsdelikte kann nicht bestimmt werden, ohne Klarheit darüber zu gewinnen, welcher **Maßstab für Voraussehbarkeit** und **Vermeidbarkeit** zu gelten hat, d. h. ob hierfür ein „optimaler", „durchschnittlicher" oder „individueller" Maßstab der tatbestandlichen Sorgfaltspflicht zugrunde gelegt werden muß; vgl. hierzu u. 133 ff.

b) Nicht alle schädlichen Auswirkungen eines Verhaltens, die vorausschbar sind und vermieden werden könnten, müssen von Rechts wegen bei der Frage einkalkuliert werden, wie der einzelne sein Verhalten einzurichten hat. Wer z. B. eine chemische Fabrik betreibt, weiß, daß es auch bei Einhaltung aller Sicherheitsvorschriften zu Unfällen mit schädlichen Folgen (Tod, Körperverletzung) kommen kann; ebenso kann ein Autohersteller tödliche Unfälle mit den von ihm produzierten Kraftfahrzeugen voraussehen. Diese Folgen könnten bei Einstellung der Betriebe vermieden werden. Die Rechtsordnung verlangt dies jedoch nicht, weil ein Fabrikationsbetrieb sich insoweit im Rahmen des **sozialadäquaten Risikos** bewegt (Schünemann JA 75, 438). Dabei hat der Grundsatz des sozialadäquaten Risikos (zum erlaubten Risiko als Rechtfertigungsgrund vgl. 100ff. vor § 32) zwei sorgfaltsbegrenzende Wirkungen gegenständlich verschiedener Art: Er betrifft einmal die Frage der Zulässigkeit der Veranstaltung gefährlicher Unternehmungen (vgl. hierzu u. 144ff.) und erlangt zweitens Bedeutung für die Abgrenzung der Verantwortungsbereiche mehrerer Personen, wie z. B. beim Vertrauensgrundsatz im Straßenverkehr (vgl. hierzu u. 148ff.).

128 2. Als **Erfolgsunwert** ist die vom Täter durch sein Verhalten bewirkte, regelmäßig in einer Rechtsgutverletzung oder -gefährdung bestehende Veränderung des bisherigen Zustandes zu verstehen, die vom Recht mißbilligt wird (vgl. 57 vor § 13), wobei insb. beim Fahrlässigkeitsdelikt neben der nach allgemeinen Grundsätzen zu beurteilenden Kausalität (vgl. 71ff. vor § 13) zwei haftungsbegrenzende Prinzipien eine Rolle spielen:

129 a) Einerseits muß ein **Rechtswidrigkeitszusammenhang** bestehen zwischen der Sorgfaltspflichtverletzung und dem eingetretenen Erfolg, da dieser sonst nicht auf die Pflichtwidrigkeit des Verhaltens zurückgeführt werden könnte; vgl. hierzu mit näherer Begründung u. 161ff.

130 b) Andererseits kann ein Erfolg, selbst wenn er das Ergebnis eines pflichtwidrigen Verhaltens war, dem Täter nicht zugerechnet werden, wenn er außerhalb des **Schutzzwecks der verletzten Norm** liegt, diese also nicht den Sinn hat, Erfolge der eingetretenen Art zu vermeiden; hierzu mit näherer Begründung u. 174ff.

131 IV. **Inhaltliche Bestimmung und Begrenzung der Sorgfaltspflicht.** Bei der Beschreibung des tatbestandsmäßigen Verhaltens bildet das generelle Gebot, fremde Rechtsgüter zu respektieren, den dogmatischen Ausgangspunkt (Stratenwerth 295). Aus dem ‚neminem laede' folgt das Verbot, für fremde Rechtsgüter ein (nicht mehr erlaubtes; vgl. u. 145) Risiko zu schaffen, sie also in ihrem Bestand und ihrer Sicherheit zu gefährden.

132 Beim Handlungsunrecht des Fahrlässigkeitsdelikts ist allerdings zwischen **positivem Tun** und **Unterlassen zu unterscheiden.** Dies ergibt sich daraus, daß die Pflicht, etwas zu tun, wie bei jedem Unterlassungsdelikt durch die individuellen Möglichkeiten der Pflichterfüllung relativiert ist (vgl. 141ff. vor § 13), während die Einhaltung des Gebots, etwas nicht zu tun, wie auch sonst bei den Tätigkeitsdelikten von jedermann ohne Rücksicht auf dessen persönliche Fähigkeiten erwartet werden kann (and. insoweit Stratenwerth 294). Dieser grundsätzliche Unterschied zwischen Tun und Unterlassen wird auch bei den Vorsatzdelikten angetroffen (vgl. 141 vor § 13); so richtet sich etwa das Verbot, nicht zu töten, auch an den Geisteskranken, der infolge seines Defekts nicht in der Lage ist, der Norm Gehorsam zu leisten, während andererseits eine Rettungshandlung zur Erhaltung des Lebens eines anderen nur von dem erwartet wird, der sie physisch zu leisten imstande ist. Die Vermeidbarkeit richtet sich bei positivem Tun nach objektiven Kriterien, weil das rechtliche Gebot, niemanden zu gefährden oder verletzen, sich an jedermann richtet und der Inhalt des Normbefehls in seiner Allgemeinheit nur dahin gehen kann, das objektiv Mögliche zur Vermeidung von Gefahren zu leisten. Daraus ergibt sich schließlich, daß die Frage, ob der einzelne nach seinen persönlichen Fähigkeiten und Kenntnissen in der Lage ist, den objektiven Sorgfaltsanforderungen zu genügen, sich nicht auf der Ebene der Tatbestandsmäßigkeit, sondern im Rahmen der Vorwerfbarkeit stellt.

133 1. **Der Sorgfaltsmaßstab.** Gegenstand des Unwerturteils ist die sorgfaltswidrige Handlung oder Unterlassung des Täters. Für das Unwerturteil von entscheidender Bedeutung ist daher der Maßstab, nach dem die Sorgfaltswidrigkeit eines Verhaltens zu beurteilen ist. Dies ist umstritten. Dabei geht es zum einen um das Problem, ob die Sorgfaltswidrigkeit allein nach objektiven Kriterien zu bestimmen oder ob allein auf das individuelle Vermögen des Täters abzustellen ist. Zum anderen geht es für diejenigen, die vom nach objektiven Kriterien zu bestimmenden Durchschnittsmaßstab ausgehen, um die Frage, ob das Sonderwissen und besondere Fähigkeiten zu berücksichtigen sind. Nach dem hier vertretenen Standpunkt (vgl. o. 121ff.) bestimmt sich die Verpflichtung zur Vermeidung von Gefahren für strafrechtlich geschützte Rechtsgüter am Optimum dessen, was in der konkreten Lebenssituation hierzu geleistet werden kann. Danach ist jedermann verpflichtet, bei der Durchführung oder Übernahme einer Tätigkeit diejenige Sorgfalt aufzubieten, zu der ein „einsichtiger Mensch in der Lage des Täters" (Engisch) imstande ist **(Durchschnittsanforderungen)**; fehlt ihm die Fähigkeit hierzu, so ist seine Tat rechtswidrig mit der Konsequenz, daß gegebenenfalls Maßregeln der Besserung und Sicherung angeordnet werden können, mangels eines Schuldvorwurfs Strafe aber außer Betracht zu bleiben hat. Ist der Täter hingegen zu überdurchschnittlichen Leistungen imstande, so hat er seine Kenntnisse und Fähigkeiten einzusetzen, um schädliche Erfolge zu vermeiden (**individuelle Sorgfaltspflicht**). Der Sorgfaltsmaßstab ist daher ein doppelter:

a) **Durchschnittsanforderungen,** wie sie mit dem Begriff der „im Verkehr erforderlichen Sorgfalt" (§ 276 BGB) beschrieben werden (vgl. o. 118), sind als Mindestmaß dessen anzusehen, was **jedermann** an Sorgfalt zu erbringen hat, der ein bestimmtes riskantes Verhalten durchführt oder durchführen will. So ist jeder operative Eingriff sorgfaltswidrig, der nicht nach den speziell für ihn geltenden Regeln der lex artis durchgeführt wird; unbeschadet des Umstandes, daß die Vornahme solcher Handlungen im Einzelfall gerechtfertigt sein oder ein Schuldvorwurf nicht erhoben werden kann (vgl. 96 vor § 32, u. 190 ff.).

α) Insoweit orientiert der Sorgfaltsmaßstab sich daran, wie ein Mensch der auf das Leistungsvermögen des Täters zugeschnittenen Kategorie (Facharzt, Arzt, Hebamme, Krankenschwester, Baumeister, Kraftfahrer usw.) handeln würde, um in der betreffenden Situation Gefahren für andere zu vermeiden. Ohne Rücksicht auf die persönlichen Fähigkeiten ist daher ein Verhalten rechtswidrig, wenn der Täter die für seinen Verkehrskreis maßgebliche Sorgfalt außer acht läßt. Für diese Sorgfaltsregeln, die jedermann einzuhalten hat, wenn er ein riskantes Verhalten durchführen will, sind namentlich die für den **Amts-, Berufs-** oder **Gewerbekreis** des Täters geltenden Rechtssätze und Verkehrsgepflogenheiten zu beachten, und zwar die Verkehrsgepflogenheiten der gewissenhaften und verständigen Angehörigen des Verkehrskreises, während Mißbräuche selbst bei weiter Verbreitung unbeachtlich sind (RG **39** 4, **67** 19). Die Durchschnittsanforderungen sind daher an dem engen sozialen Bereich zu orientieren, in dem der einzelne tätig ist. So ist z. B. von einem Facharzt mehr zu erwarten als von einem Allgemeinmediziner (vgl. Welzel 115f.). Besondere Bedeutung haben hier legislatorische (z. B. StVO, StVZO) und technische Normen (vgl. hierzu Lenckner Engisch-FS 490). Zu den Sorgfaltsanforderungen in den einzelnen Lebensbereichen vgl. u. 206 ff.

β) Die im jeweiligen Verkehrskreis geltenden Sorgfaltsregeln sind insb. bei der **pflichtwidrigen Tätigkeitsübernahme** von Bedeutung. Hierzu gehören jene Fälle, in denen ein Täter ein riskantes Verhalten durchführt, ohne die für die Vermeidung der dabei möglicherweise entstehenden Gefahren erforderlichen Erkenntnisfähigkeiten oder -mittel sowie das erforderliche Erfahrungswissen zu besitzen (Schroeder LK § 16 RN 141, M-Gössel II 108f., D-Tröndle 16; insoweit übereinstimmend Hirsch ZStW 94, 272; RG **67** 12, DGII **10** 133; nur Entwicklung Schick ÖJZ 74, 257). So ist ein Pflichtverstoß eines Arztes darin zu sehen, daß er eine Behandlung übernimmt, ohne daß er sich über die Fortschritte der Heilkunde unterrichtet (RG **64** 269) oder hinreichende Erfahrungen gesammelt hat (BGH JR **86**, 248 m. Anm. Ulsenheimer). Aber auch in anderen Lebensbereichen kann bereits in der Übernahme einer Tätigkeit eine Pflichtwidrigkeit liegen (BGH VRS **14** 121). Wer sich übermüdet oder betrunken ans Steuer setzt und dann einen Menschen überfährt, weil er infolge seines Zustandes nicht schnell genug reagieren konnte, handelt sorgfaltswidrig (vgl. BGH VRS **5** 477, DAR/M **60**, 58, Köln NJW **67**, 1240). Entsprechendes gilt für einen Fahrunkundigen oder noch Unerfahrenen bei besonders schwierigen Straßenverhältnissen (BGH DAR **68**, 131, Hamm VRS **25** 455). Dagegen haftet der Täter für plötzlich auftretende Ausfallerscheinungen geistiger oder körperlicher Art nur, wenn sie voraussehbar waren (BGH VRS **14** 441). Pflichtwidrig handelt z. B. auch, wer die Anleitung und Überwachung eines Fahrschülers ohne ausreichende fachliche Vorbildung übernimmt (BGH VRS **10** 225). Nach BGH **10** 133 kann bei einem Zeitschriftenhändler die Pflichtwidrigkeit hinsichtlich der Verbreitung jugendgefährdender Schriften sich aus dem Beginn des Gewerbebetriebes ergeben; wer sich einem solchen Gewerbe widmet, muß die Gewähr dafür bieten, daß er ihm gewachsen ist; andernfalls muß er sich des Rates eines Sachverständigen bedienen. Zur Frage des Verschuldens vgl. u. 198; von Bedeutung ist hier u. a., ob für den Täter voraussehbar war, daß er etwaige Gefahren nicht würde meistern können. Dies setzt insb. voraus, daß er weiß oder wissen kann, was ihn erwartet.

γ) Gegen die Lehre von der objektiven Sorgfaltswidrigkeit ist vorgebracht worden, daß sie keinen Maßstab bringe, um zwischen „höchster Abstraktion und rein täterbezogener Konkretisierung" (Samson SK Anh. zu § 16 RN 13) in praktikabler Weise zu differenzieren (Stratenwerth 294); je nachdem nämlich, ob der maßgebliche Verkehrskreis kleiner oder größer geschnitten werde, verschiebe sich der Umfang der an einen Täter zu stellenden Sorgfaltsanforderungen. Diese Kritik verkennt, daß der Begriff „Durchschnittsmaßstab" oder ein Abstellen auf den „umsichtigen und besonnenen Menschen" nur als Leitlinie zur Beurteilung fehlerhaften Verhaltens gedacht sein kann, die wie jeder Allgemeinbegriff erst durch ihre Auflösung ins Detail Konturen und Farben erhält. Erst durch die Bestimmung der konkreten Sorgfaltsanforderungen in den jeweiligen Lebenssituationen rundet sich – gleichsam einem Mosaik – das Bild dessen ab, was unter „durchschnittlichen Anforderungen" zu verstehen ist; vgl. dazu u. 206 ff. Gegen die Kritik ist überdies einzuwenden, daß es der Rspr. – von einigen Ausnahmen abgesehen – gelungen ist, zu gerechten Ergebnissen zu gelangen. Als Alternative ließe sich nur ein rein individueller Maßstab denken, der jedoch zahlreichen Bedenken ausgesetzt ist (vgl. u. 142).

138 b) Soweit ein Täter mehr an Sorgfalt zu erbringen imstande ist, als der Durchschnitt, ist er auch zu größerer Sorgfalt verpflichtet. **Größeres individuelles Leistungsvermögen** verpflichtet zu größerer Umsicht und Vorsicht.

139 α) Daraus ergibt sich, daß jedermann das Optimum dessen zu leisten hat, was er zur Vermeidung von Gefahren zu leisten imstande ist (insoweit ähnlich Jakobs 258 ff., 263, Studien 64 ff., Stratenwerth 294 ff., Samson SK Anh. zu § 16 RN 13, Herzberg Jura 84, 410; krit. Schmidhäuser Schaffstein-FS 151 ff., Schünemann Schaffstein-FS 159 ff., JA 75, 512 ff., Hirsch ZStW 94, 273). Mit Recht weist Stratenwerth (294) darauf hin, daß ein besonders befähigter Chirurg bei einer riskanten Operation sich nicht auf die Anwendung derjenigen Fertigkeiten und Techniken beschränken darf, die den Mindeststandard für jeden bilden, der sich überhaupt als Chirurg betätigen will. Bleibt er hinter dem zurück, was er leisten kann, so verletzt er die ihm von der Rechtsordnung auferlegte Pflicht; ob er auch schuldhaft handelt, ist damit noch nicht entschieden und hängt davon ab, ob ihm sein Fehlverhalten auch vorgeworfen werden kann. Dies ist z. B. nicht der Fall, wenn eine Operation wegen nicht vorhersehbarer Komplikationen erheblich länger dauert als vorgesehen und dem Chirurgen infolge Ermüdung ein Fehler unterläuft, den er nach seinen Fähigkeiten an sich hätte vermeiden können (vgl. dazu u. 198). Ebenso ist das Sonderwissen des Täters, welches im Zeitpunkt der Tat vorhanden oder zumindest aktualisierbar gewesen sein muß (BGH **14** 54), zu berücksichtigen; wer die besondere Gefährlichkeit einer Kreuzung genau kennt, hat sich vorsichtiger als der Durchschnitt zu verhalten (Braunschweig VRS **13** 286); zur Kenntnis des Täters von der Bluteigenschaft des Opfers vgl. BGH **14** 52. Diese Betrachtungsweise bedeutet freilich eine Relativierung des Umfangs der dem Tatbestand zugrunde liegenden Pflichten; freilich nicht in dem Sinne, daß der Maßstab sich auch an den Möglichkeiten des unterdurchschnittlich Befähigten orientiert, wie Stratenwerth (294 ff.) meint; vgl. u. 142.

140 β) Daraus resultiert jedoch keineswegs eine Benachteiligung des besonders Befähigten. Von ihm wird nur erwartet, das zu tun, was er kann (and. wohl Hirsch ZStW 94, 275). Dies aber ist eine Erscheinung, die auch sonst im Recht auftaucht, das grundsätzlich davon ausgehen muß, die soziale Verantwortung des einzelnen an seinem (überdurchschnittlichen) individuellen Leistungszuschnitt zu messen. Das von Schünemann (Schaffstein-FS 166) hiergegen vorgebrachte Beispiel kann diesen Standpunkt nicht widerlegen: Der besonders befähigte Kraftfahrer darf zwar im Normalfall die 50 cm Seitenabstand vom Fahrbahnrand einhalten (wenn die StVO so etwas vorschriebe), aber er muß weiter nach rechts fahren, auch wenn nur ihm das möglich ist, um einen Unfall zu vermeiden. Die StVO stellt nur Durchschnittsanforderungen auf (vgl. o. 135), die jedermann als Mindestsorgfaltsregeln zu beachten hat, der sich in den Verkehr begibt. Deswegen führt die hier vertretene Auffassung auch nicht zu einer „Vielzahl individueller Verkehrsregeln", wie Schünemann (Schaffstein-FS 167) meint, und schon gar nicht zu einem „Zusammenbruch" des Vertrauensgrundsatzes, was dessen Ausnahmen gerade bestätigen (Stratenwerth 294 f.). Dem Einwand Samsons (SK Anh. zu § 16 RN 14 b), der hier vertretene Standpunkt vermöge nicht zu erklären, warum nicht auch die unterdurchschnittliche Befähigung des Täters die Sorgfalt bestimmen solle, ist zu entgegnen, daß aus den o. 133 genannten Gründen ein durchschnittliches Vermögen – ungeachtet der Verschuldensfrage – von jedem zu erwarten ist, der ein riskantes Vorhaben durchführt oder zu unternehmen beabsichtigt.

141 c) Abweichend von dem hier vertretenen Standpunkt, wonach ein besonderes individuelles Leistungsvermögen die Sorgfaltsanforderungen erhöht (vgl. o. 138 ff.), bestimmt die **h. M.** den Umfang der dem einzelnen obliegenden Pflichten **ausschließlich** nach den **Durchschnittsanforderungen** des jeweiligen Verkehrskreises, während die überdurchschnittliche Leistungsfähigkeit keine Rolle spielen soll und das unterdurchschnittliche Leistungsvermögen gegegenenfalls im Rahmen der Vorwerfbarkeit Berücksichtigung findet, insofern nämlich, als einem Täter, der hinter diesen Durchschnittsanforderungen zurückbleibt, ein Vorwurf nicht gemacht werden könne. Dieser Standpunkt wird z. B. vertreten von v. Hippel II 361, Arthur Kaufmann, Schuldprinzip 227, M-Gössel II 111 ff., Mezger 358, Boldt ZStW 67, 335, Engisch aaO 334 ff., DJT-FS I 428, Gallas ZStW 67, 42, Henkel Mezger-FS 282, Jescheck aaO 7 ff., Lenckner Engisch-FS 492 und in Göppinger-Witter, Handb. d. forens. Psychiatrie 57 f., Maihofer ZStW 70, 187, Niese aaO 61, JZ 56, 461, Welzel 135, Neues Bild 31; ähnlich Trifterer Bockelmann-FS 210, der jedoch bei geringerer Befähigung des Täters nicht erst die Schuld, sondern bereits den (subjektiven) Tatbestand entfallen läßt. Diese Auffassungen befriedigen jedoch nicht und führen zu einer ungerechtfertigten Privilegierung dessen, der aufgrund überdurchschnittlicher Fähigkeiten auch überdurchschnittliche Pflichten zu tragen hat (Maurach I^4 556 f., and. aber 572, wo ausdrücklich als rechtens anerkannt wird, daß das Abstellen auf das Normalmaß den überdurchschnittlich Befähigten begünstige), weil die individuellen Fähigkeiten des Täters nur noch der Begrenzung seiner Haftung dienen. Niemand würde aber auf die Idee kommen, den hervorragenden Schwimmer zu entlasten, der nur mit durchschnittlichen Schwimmleistungen seiner vom Ertrinken bedrohten Frau entgegenschwimmt und dessen Hilfe deshalb zu spät kommt (Stratenwerth 294). Wer klüger, kenntnisreicher, fähiger ist als das „mittlere" Maß, muß daher bei gefährlichen Handlungen eben vorsichtiger sein als der Durchschnittsmensch (Köln NJW 69, 1586). Auch Schünemann (JA 75, 575), der sich im übrigen gegen eine Individualisierung des Leistungsmaßstabes wendet (JA 75, 512), räumt ein, daß in diesen Fällen die Beurteilung der Sorgfaltspflicht nach dem, was ein „besonnener und gewissenhafter" Mensch tun würde, nicht möglich ist; seine Differenzierung des Pflichtmaßstabes nach „Luxushandlungen", „sozialüblichen", „sozialunüblichen" oder „sozialnotwendigen" Handlungen bringt im übrigen aber nur eine zu grobe Differenzierung, die für den Einzelfall keine sicheren Schlüsse zuläßt.

Ebensowenig vermag die von Jakobs (258 ff., Studien 64 ff.), Stratenwerth (294) und Samson (SK Anh. zu § 16 RN 12 f.) vertretene Auffassung zu überzeugen, nach der die Sorgfaltswidrigkeit **allein** an den **Kenntnissen** und **Fähigkeiten** des **Täters** zu orientieren sei. Zwar ist ein individueller Maßstab insofern brauchbar, als er die Frage zuläßt, ob ein Täter hinter der Sorgfalt zurückbleibt, die er an sich aufbringen könnte. Die hier kritisierte Ansicht überzeugt aber nur, soweit sie überdurchschnittliche Befähigungen berücksichtigt, versagt jedoch hinsichtlich ihrer Konsequenzen aus den o. 133 genannten Gründen bei der Berücksichtigung unterdurchschnittlicher Fähigkeiten und Kenntnisse, weil insoweit nicht nur die Schuld, sondern schon das Unrecht der Tat beseitigt wäre (so ausdrücklich Samson SK Anh. zu § 16 RN 12 f., Triffterer Bockelmann-FS 210). So ist z. B. bei der pflichtwidrigen Tätigkeitsübernahme diese Objektivierung des individuellen Leistungsvermögens nicht sinnvoll. Hier kann die Pflichtwidrigkeit nur darin bestehen, daß der Täter etwas ins Werk gesetzt hat, obwohl er nicht in der Lage ist, den zur Durchführung dieser Handlung erforderlichen Sorgfaltsanforderungen nachzukommen. Diese Sorgfaltsanforderungen können aber nur am Durchschnitt orientiert werden, weil einem Täter nicht gesagt werden kann, warum er sich übernommen hat, wenn ihm nicht zugleich gesagt wird, welche Anforderungen an die von ihm übernommene Tätigkeit zu stellen sind. Verursacht z. B. ein Nachtblinder bei Dunkelheit einen Unfall, so setzt die Feststellung der Pflichtwidrigkeit die Norm voraus, daß Nachtblinde bei Dunkelheit nicht fahren dürfen, weil es ihnen unmöglich ist, die für Nachtfahrten erforderlichen Sorgfaltsregeln einzuhalten. Diese Sorgfaltsregeln stellen nichts anderes dar als Durchschnittsanforderungen. Überdies kann bei den Maßregeln der Besserung und Sicherung nicht auf diesen Begriff verzichtet werden, weil die jeweiligen Vorschriften (§§ 63 ff.) auf die in § 11 I Nr. 5 definierte „rechtswidrige Tat" verweisen, wonach ein tatbestandsmäßiges Verhalten und damit objektiv verwirklichtes Unrecht Voraussetzung ist (vgl. Schünemann JA 75, 515); am Unrechtstatbestand fehlt es aber auf der Grundlage der hier kritisierten Auffassung (vgl. Samson SK Anh. zu § 16 RN 12): Dem „50-jährigen, kurzsichtigen und farbenblinden Autofahrer" Samsons (SK Anh. zu § 16 RN 13), der an übergroßer Schreckhaftigkeit leidet und einen Fußgänger überfährt, den er infolge dieser Mängel nicht wahrnehmen konnte, könnte bei ausschließlich individueller Betrachtung nicht die Fahrerlaubnis entzogen werden; das Ausweichen Samsons (SK Anh. zu § 16 RN 14) auf einen unrechtsneutralen Tatbegriff verbietet sich wegen des eindeutigen Wortlautes von § 69, der eine „rechtswidrige Tat" i. S. v. § 11 I Nr. 5 und damit strafrechtliches Unrecht erfordert. Im übrigen ist auch bei der zivilrechtlichen Haftung (z. B. § 823 BGB) der Begriff der Durchschnittsanforderungen unentbehrlich.

d) Beim **fahrlässigen Unterlassungsdelikt,** bei dem vom Täter ein Eingreifen zur Abwendung einer bestehenden oder drohenden Gefahr erwartet wird, sind zwei Situationen zu unterscheiden. Einmal handelt es sich um Fälle, wo der Täter zwar die Gefahr sieht, die zu beseitigen er verpflichtet ist, aber infolge eines Sorgfaltsverstoßes nicht erkennt, auf welche Weise er der Gefahr wirksam begegnen kann. Zum anderen kommt ein Fahrlässigkeitsdelikt durch Unterlassen dann in Betracht, wenn der Täter schon die Gefahr pflichtwidrig nicht erkennt; dies setzt allerdings voraus, daß die Vermeidung der Unkenntnis für ihn rechtlich geboten ist (vgl. Hruschka Bockelmann-FS 421). In beiden Fällen ist die Sorgfaltspflicht allerdings auf das beschränkt, was er in der konkreten Situation leisten kann; es wird also nicht gefordert, daß er das leistet, was er an Wissen und Können ansonsten zu erbringen imstande wäre. Ein Vater, der wegen Schwerhörigkeit die Hilferufe seines vom Ertrinken bedrohten Kindes nicht hört und deswegen die Rettung unterläßt, „handelt" dann nicht tatbestandsmäßig i. S. v. § 222. Hier gilt nichts anderes als beim Vorsatzdelikt. Ein Arzt z. B., der in seinem Behandlungszimmer zu einer antiseptischen oder aseptischen Durchführung eines Eingriffs verpflichtet wäre, kann hierzu nicht verpflichtet sein, wenn er andernorts, z. B. am Ort eines Verkehrsunfalls, mangels der medizinisch-technischen Voraussetzungen hierzu nicht in der Lage ist. Vgl. zum Ganzen Hruschka Bockelmann-FS 421 ff.

144 **2. Erlaubtes Risiko beim Betrieb gefährlicher Unternehmungen.** Das allgemeine, an der Voraussehbarkeit und Vermeidbarkeit orientierte Gefährdungsverbot kann allerdings in einer hochtechnisierten Gesellschaft wie der unsrigen nicht ohne Einschränkung bleiben. In gewissen Lebensbereichen läßt sich die Gefährdung anderer nicht völlig verbieten, obwohl sie voraussehbar und vermeidbar wäre; diese Gefährdung stellt sich vielmehr als ein **„erlaubtes Risiko"** dar. Das deutlichste Beispiel hierfür bildet der moderne Kraftverkehr, der auch bei Einhaltung aller Verkehrsregeln als solcher schon ein nicht unerhebliches Maß an Gefährlichkeit in sich birgt, bei dem sich also eine Schädigung anderer nie völlig ausschließen läßt; zur Teilnahme am Kraftverkehr und zum Vertrauensgrundsatz vgl. u. 149 ff. Das gleiche gilt für den Betrieb industrieller Anlagen, den Abbau von Bodenschätzen, die Errichtung von Bauwerken, die Verwendung von modernen Energiequellen, wie Gas, Öl, Elektrizität oder Kernenergie (vgl. hierzu § 310b RN 11).

145 a) Wegen des mit dem Betrieb dieser gefährlichen Unternehmungen verbundenen sozialen Nutzens wird der **unvermeidliche Rest** der mit ihnen **typischerweise verbundenen Gefahren** von der Rechtsordnung hingenommen (so schon Rudolf Merkel, Die Kollision rechtsmäßiger Interessen [1895] 58 ff.). Das jeder Rechtsordnung immanente „neminem laede" erfährt hier eine Modifikation, die sich zivilrechtlich z. B. in der Einführung der Gefährdungshaftung, sanktionsrechtlich in der Aufstellung konkretisierter Sorgfaltspflichten, wie der StVO, StVZO, Arbeitsschutzbestimmungen, Feuerschutzbestimmungen, Bauregeln, technische Vorschriften, den mit einer Betriebserlaubnis verbundenen Auflagen nach dem BImSchG usw., niederschlägt. Aus diesen Bestimmungen läßt sich dann im einzelnen entnehmen, wie weit hier wegen des Risikos von Verletzungen die für den fraglichen Lebensbereich geltenden generellen Sorgfaltspflichten reichen. Insofern begrenzt der Gesichtspunkt des sozialadäquaten Risikos schon das Maß der im Verkehr erforderlichen Sorgfalt. Er bildet somit nicht erst einen Rechtfertigungsgrund, sondern führt bereits zum Tatbestandsausschluß (vgl. 94 vor § 32 ff.). Mit diesen konkretisierten Sorgfaltsanforderungen soll erreicht werden, daß die mit den genannten Unternehmungen verbundenen Risiken auf ein Mindestmaß reduziert werden. Daraus folgt allerdings, daß das Eingehen eines bei Einhaltung aller Sicherheitsvorschriften noch verbleibenden Risikos von der Rechtsordnung nicht verboten werden kann, weil sie sich sonst in einen Widerspruch dazu setzen würde, daß sie den Betrieb solcher Unternehmungen wegen des mit ihnen verbundenen (wirklichen oder vermeintlichen) sozialen Nutzens erlaubt.

146 Das „erlaubte Risiko" ist in den hier genannten Grenzen damit Ausdruck der **sozialen Adäquanz,** die dazu dient, kausale Handlungen auszuscheiden, sofern sie wegen ihrer Notwendigkeit für die Aufrechterhaltung des sozialen Lebens und Verkehrs unerläßlich sind (vgl. Engisch DJT-FS I 418, Jescheck 534 f., Hirsch ZStW 74, 94, Lenckner Engisch-FS 499, Blei I 300 f., Niese JZ 56, 460, Samson SK Anh. zu § 16 RN 16 ff., Schaffstein ZStW 72, 369, Stratenwerth 295 f., Welzel 132; and. z. B. BGHZ **24** 21 [Rechtfertigungsgrund], Baumann/Weber 267, MDR 57, 646, D-Tröndle 15, Oehler Eb. Schmidt-FS 243 f., Schmidhäuser I 175 f., Schaffstein-FS 138 f. und hier die 17. A. 49 vor § 51: Rechtfertigungsgrund; and. auch Maurach AT 549 ff.: Unterscheidung zwischen erlaubtem „Betrieb" und rechtswidriger „Betriebshandlung", bei der die Bedeutung der erforderlichen Sorgfalt nur die Tatverantwortung ausschließe; krit. zum Begriff des erlaubten Risikos überhaupt Kienapfel aaO). So kann z. B. dem Waffenfabrikanten nicht eine rechtswidrige Handlung zur Last gelegt werden, wenn mit der von ihm produzierten Waffe eine strafbare Handlung begangen wird, oder der Polizeivorgesetzte nicht wegen fahrlässiger Körperverletzung oder Tötung zur Verantwortung gezogen werden, wenn er einen gebotenen Einsatzbefehl erteilt, der zu einer Verletzung oder zum Tode eines Untergebenen führt. Folglich fehlt es am Handlungsunrecht und damit zugleich am Tatbestand eines Erfolgsdelikts, wenn in den genannten Grenzen einer durch die soziale Adäquanz oder – im engeren Sinne – im Rahmen des „erlaubten Risikos" aus der durch die Rechtsordnung hingenommenen Gefahr ein schädlicher Erfolg resultiert.

147 b) Die Grundsätze eines durch die soziale Adäquanz erlaubten Risikos erfahren allerdings eine Ausnahme, wenn im Einzelfall erkennbar wird, daß ein **Vertrauen** auf das Funktionieren der zur Gefahrenbegrenzung aufgestellten Sorgfaltsregeln (vgl. o. 145) objektiv oder subjektiv nicht mehr gerechtfertigt ist. Wird z. B. erkennbar, daß für einen bestimmten Betrieb vorgeschriebene Maßnahmen feuerpolizeilicher Art wegen des Eintritts ungünstiger Umstände nicht mehr ausreichen, um eine Brandgefahr auf das noch tolerierbare Mindestmaß zu reduzieren, so darf der Betrieb ohne zusätzliche Maßnahmen nicht weitergeführt werden; das Eingehen dieser erhöhten Gefahr ist kein erlaubtes Risiko mehr und daher auch nicht durch soziale Adäquanz gedeckt.

148 **3. Abgrenzung des Verantwortungsbereichs mehrerer Personen.** Problematisch ist, inwieweit aus dem an Vorhersehbarkeit und Vermeidbarkeit orientierten allgemeinen Verbot riskanten Verhaltens auch Sorgfaltspflichten in bezug auf das Verhalten Dritter resultieren; diese Frage ist von Bedeutung, wenn der Kausalzusammenhang zwischen Handlung und Erfolg erst durch Dritte vermittelt wird, so z. B. wenn jemand eine geladene Waffe unbeaufsichtigt läßt, die ein anderer dann zu einer vorsätzlichen Tötung benutzt. Teilweise wird hier die Lösung des Problems in der Lehre vom Regreßverbot gesehen (vgl. 77 vor § 13). Das Leitprinzip für die Lösung dieser Fälle dürfte aber dem Grundsatz zu entnehmen sein, wonach eine Haftung für fremdes Verhalten grundsätzlich auszuscheiden hat; nur in Ausnahmefällen, wie z. B. bei §§ 26, 27, die aber nur für den Vorsatzbereich gelten, kommt eine Haftung für die Mitwirkung an fremdem Unrecht in Betracht. Dies ergibt sich aus folgenden Überlegungen: Wird bei jedem Menschen, dessen Verantwortlichkeit nicht beeinträchtigt oder ausgeschlossen ist (§§ 20, 21), die intellektuelle und seelische Fähigkeit zu verantwortlicher Selbstbestimmung vorausgesetzt, so folgt daraus nicht nur, daß er für seine rechtswidrigen Taten einzustehen hat, sondern zugleich auch eine Begrenzung seines Verantwortungsbereichs. Da nämlich auch bei anderen diese Fähigkeit vorausgesetzt wird, hat jeder sein Verhalten grundsätzlich nur darauf einzurichten, daß er selbst rechtlich nicht gefährdet, hat aber auch darauf, daß andere dies nicht tun (vgl. Lenckner Engisch-FS 506f., Rudolphi SK 73f. vor § 1, Schumann aaO 19ff., Stratenwerth 307f., Welp aaO 274ff., 314f.); daher entfällt grundsätzlich auch eine Haftung dafür, daß ein Dritter eine gefährliche Situation zur Selbstschädigung ausnützt, die der „Täter" in an sich pflichtwidriger Weise geschaffen hat. Im einzelnen lassen sich diese Grundsätze wie folgt konkretisieren:

a) Allgemein anerkannt ist in diesem Zusammenhang die sorgfaltspflichtbegrenzende Wirkung des **Vertrauensgrundsatzes** im **Straßenverkehr,** nach dem jeder grundsätzlich auf verkehrsgerechtes Verhalten der anderen Verkehrsteilnehmer „vertrauen" darf, d. h. sein Verhalten nicht darauf einzurichten braucht, daß andere sich ordnungswidrig oder unvernünftig verhalten (st. Rspr., vgl. BGH **4** 191, **7** 118 [VGS], **9** 92, **14** 97, 211, VRS **22** 128, Kirschbaum aaO 104ff., Krümpelmann Bockelmann-FS 453ff., Samson SK Anh. zu § 16 RN 21, Schmidhäuser I 179, Stratenwerth 307f., Welzel 132, Cramer § 1 StVO RN 38ff., J-Hentschel § 1 StVO RN 20ff.); vgl. die Beispiele aus der Rspr. u. 212. **149**

Ausnahmen vom Vertrauensgrundsatz ergeben sich naturgemäß dann, wenn dem Vertrauen auf richtiges Verhalten anderer erkennbar die Grundlage entzogen ist. Eine weitere Ausnahme gilt im Hinblick auf besonders häufiges verkehrswidriges Verhalten und schließlich dann, wenn sich der Verkehrsteilnehmer selbst verkehrswidrig verhält; vgl. dazu im einzelnen u. 213ff. **150**

b) Der Anwendungsbereich des Vertrauensgrundsatzes ist nicht auf das Verhalten im Straßenverkehr beschränkt (Stratenwerth 307, Welzel 133, vgl. auch Schroeder LK § 16 RN 176). Darüber hinaus führt der **Vertrauensgrundsatz** überall dort zu einer Begrenzung der Sorgfaltsanforderungen, wo **gefahrträchtige Handlungen** arbeitsteilig vorgenommen werden, so z. B. bei der ärztlichen Heilbehandlung (zur Abgrenzung der Verantwortlichkeit zwischen Chirurg und Anästhesist in der postoperativen Phase vgl. BGH NJW **80,** 650, vgl. auch Wilhelm Jura 85, 183), insb. einer Operation (dazu eingehend Stratenwerth Eb. Schmidt-FS 383ff.). Entsprechendes gilt etwa im Verhältnis des Ausbilders zum Auszubildenden; so fällt z. B. fahrlässiges Verhalten einem Fahrschüler nicht zur Last, wenn er sich an die Anweisungen des Fahrlehrers hält (Hamm NJW **79,** 993), es sei denn, daß er den Fahrfehler nach Maßgabe seines subjektiven Wissens und Könnens (vgl. u. 153) unschwer hätte vermeiden können. **151**

Werden einzelne Verrichtungen auf Hilfspersonen (Assistenzärzte, Operationsschwestern, Krankenschwestern) übertragen, so ist der die Behandlung oder Operation leitende **Arzt** zwar dafür verantwortlich, daß diese für ihre Aufgaben fachlich hinreichend qualifiziert sind, und er muß erkennbare Mängel durch besondere Anleitung und Überwachung ausgleichen bzw. ungeeignete Personen von der Behandlung fernhalten (RG JW **27,** 2699, BGH **3** 96f., **6** 287, NJW **55,** 1487, Düsseldorf VersR **85,** 1049). Ferner muß er den sich gerade aus der Zusammenarbeit mehrerer Personen ergebenden Gefahren von Kommunikations- und Koordinationsmängeln entgegenwirken. Er muß also seine Anweisungen klar und verständlich, u. U. auch schriftlich geben (BGH **3** 95) sowie durch genaue Aufgabenverteilung und sonstige geeignete Maßnahmen (z. B. Eintragungen im Krankenblatt) für das sachgemäße Ineinandergreifen der einzelnen Tätigkeiten sorgen (Stratenwerth Eb. Schmidt-FS 395f.). Jedoch ist er, solange nicht besondere Umstände die Zuverlässigkeit einer Hilfsperson generell oder im konkreten Fall (etwa wegen Übermüdung, vgl. BGH NJW **55,** 1487) in Frage stellen, nicht verpflichtet, Vorsorge gegen Sorgfaltsmängel zu treffen (vgl. BGH StV **88,** 251). Zur Verantwortlichkeit eines Bauleiters vgl. BGH MDR **78,** 504. **152**

Im Fall der Arbeitsteilung können sich die **Hilfspersonen** ihrerseits grundsätzlich auf die Richtigkeit der ihnen erteilten Anweisungen verlassen und brauchen sie, auch soweit ihnen dies möglich ist, nicht zu überprüfen. Freilich wird hierdurch die Ausführung einer z. B. nach den Regeln der ärztlichen Kunst fehlerhaften Anweisung nicht vom Makel objektiver Sorgfaltswidrigkeit befreit; das Verabreichen einer überhöhten Dosis eines Medikaments ist objektiv sorgfaltswidrig, gleichgültig, ob der Arzt selbst oder auf seine Anweisung eine Krankenschwester **153** handelt (vgl. o. 133). Der Vertrauensgrundsatz wirkt sich hier also nicht auf der Ebene der objektiven Sorgfaltsnormen, sondern in einer Begrenzung der auf den Inhalt dieser Normen bezogenen sog. Erkenntnisverschaffungspflicht, d. h. auf der Ebene der Fahrlässigkeitsschuld aus (vgl. dazu Engisch DJT-FS I 430 FN 63, Lenckner Engisch-FS 503 f., siehe auch Schmidhäuser 312, 443). Der Schuldvorwurf der Fahrlässigkeit ist demnach in den hier fraglichen Fällen nur dann begründet, wenn die Unrichtigkeit einer Anweisung sich der Hilfsperson nach ihren persönlichen Kenntnissen und Fähigkeiten auch ohne besondere Nachprüfung hätte aufdrängen müssen (vgl. Lenckner Engisch-FS 504).

154 c) Im Zusammenhang mit dem Vertrauensgrundsatz werden auch jene Fälle diskutiert, die Art und Maß derjenigen Sicherungsmaßnahmen betreffen, die der für eine **Gefahrenquelle verantwortliche Garant** zu treffen hat (Rudolphi SK 72 ff. vor § 1). Streitig ist z. B., ob wegen fahrlässiger Tötung bestraft werden kann, wer seine Waffe unbeaufsichtigt läßt und es dadurch einem Dritten ermöglicht, mit ihr einen Mord zu begehen. Hier wird folgende Unterscheidung getroffen werden müssen: Zunächst ist festzustellen, daß es eine Unzahl von **gefährlichen Gegenständen** gibt (Beil, Messer, Pflanzengifte, Säuren, Basen, Medikamente, Benzin, sonstige leicht brennbare Stoffe usw.), die zwar so verwahrt werden müssen, daß Kinder und im Umgang mit diesen Stoffen Unerfahrene sich nicht selbst oder andere schädigen, bei denen die Obhutspflicht aber nicht so weit geht, daß auch die Verhinderung eines vorsätzlichen deliktischen Angriffs eines Dritten unter Verwendung des gefährlichen Gegenstandes erreicht wird. Insoweit genügen daher solche Vorkehrungen, die geeignet sind, vernünftig Handelnde davon abzuhalten, sich oder andere zu schädigen, und es ist insb. nicht erforderlich, gefährliche Sachen auch gegenüber rechtswidrigen oder gar deliktischen Eingriffen zu sichern (vgl. BGH **3** 203). Deswegen wird zwar gegebenenfalls nach §§ 222, 230 bestraft, wer Salzsäure in einer Bierflasche im Eisschrank aufbewahrt, sofern ein Ahnungsloser aus der Flasche trinkt; dagegen liegt kein Fahrlässigkeitsdelikt vor, wenn ein Dritter die unvorsichtig aufbewahrte Säure zu einem Vorsatzdelikt benützt. Andererseits gibt es Gegenstände, die so gefährlich sind, daß eine Verwahrungs- und Überwachungspflicht auch dem Zweck dient, deren vorsätzliche Verwendung durch andere zu verhindern. Dies gilt z. B. für die Verwahrung von spaltbarem Material, Sprengstoff usw., hinsichtlich derer Rechtsvorschriften bestehen (z. B. § 5 AtomG, § 42 WaffG), die auch den vorsätzlichen Mißbrauch durch Dritte verhindern sollen. Dies gilt aber auch für Kraftfahrzeuge, die nach § 14 II S. 2 StVO auch „gegen unbefugte Benutzung" zu sichern sind; folglich kann nach § 222 bestraft werden, wer sein Fahrzeug nicht sichert und einem Dritten dadurch eine Unfallfahrt ermöglicht (BGH VRS **20** 282, Hamm NJW **83**, 2456). In allen Fällen ist jedoch zu prüfen, ob der Mißbrauch durch Dritte und der sich daraus ergebende Erfolg voraussehbar waren, was z. B. zu verneinen ist, wenn eine mißbräuchliche Benutzung des Fahrzeugs durch eine Person erfolgt, die eine ausreichende Fahrpraxis hat. Hier fehlt es am Rechtswidrigkeitszusammenhang, weil die freiwillige Überlassung des Fahrzeugs an einen Fahrfähigen ebenfalls nicht zu einer Haftung für Schäden führt, die dieser verursacht (vgl. u. 163).

155 d) Aus dem Prinzip der Selbstverantwortung und der darin begründeten Abgrenzung von Verantwortungsbereichen folgt schließlich auch, daß **Handlungen**, die nicht selbst gefährlich sind, sondern lediglich anderen **Anlaß zu sich oder Dritte gefährdendem Verhalten** geben, nicht schon deshalb dem Gefährdungsverbot unterfallen, weil eine solche Reaktion vorsehbar war. Ob und vor allem wie er auf fremde Handlungen bzw. deren Folgen reagiert, ist grundsätzlich Sache des anderen und unterliegt grundsätzlich seiner Verantwortung (vgl. Lenckner Engisch-FS 506, Welp aaO 274 ff., 314 f., JR 72, 427; zur Selbstgefährdung vgl. Roxin Honig-FS 142, Gallas-FS 241, dessen an BGH **24** 342 [fahrlässige Förderung eines Selbstmords; dazu Geilen JZ 74, 145] anknüpfende Argumentation, der straflosen Selbstmordteilnahme gleichwertige Mitwirkungsformen an fremder Selbstgefährdung seien vom Schutzzweck der §§ 222, 230 nicht erfaßt, jedoch im Ausgangspunkt zu eng ist und daher bei gleichzeitiger Drittgefährdung versagt; von der Straflosigkeit der Selbstmordteilnahme ausgehend auch Rudolphi JuS 69, 556 f., SK 79 vor § 1, vgl. ferner Otto Maurach-FS 95 ff., Spendel JuS 74, 749, Dölling GA **84**, 71). So ist, wer einen anderen zu einer Motorradwettfahrt veranlaßt, nicht verantwortlich, wenn dieser infolge eigener vorhersehbarer Fahrfehler tödlich verunglückt (and. BGH **7** 115, Bindokat JZ 86, 423) oder andere zu Tode bringt; vgl. auch prOT GA **14**, 533, LG München JW **20**, 922. Ebensowenig haftet der Fahrgast, der sich in einem, wie er erkannt hat, verkehrsunsicheren Taxi befördern läßt, wenn es infolge dieses Mangels zu einem Unfall kommt, bei dem Fahrer und Dritte zu Schaden kommen, noch muß der Gastwirt, der einen Autofahrer mit Alkohol bewirtet, für den Unfall einstehen, den dieser auf der Heimfahrt alkoholbedingt verursacht (nach BGH **19** 152 [Einschränkung von BGH **4** 20] soll dies freilich nur solange gelten, als der Gast nicht erkennbar zu selbstverantwortlichem Handeln außerstande ist, ebenso BGH **26** 35, der diese Grundsätze auf den privaten Gastgeber ausdehnt [krit. Welp aaO 319]; eingehend hierzu Geilen JZ 65, 469). Ferner trifft auch denjenigen, der nach einem Unfall flieht, grundsätzlich keine Verantwortung für die von seinem Verfolger verursachten oder erlittenen Schäden (vgl. aus der zivilrechtlichen Rspr. BGH NJW **64**, 1363, **71**, 1980, 1982, **75**, 168, VRS **32** 321, Düsseldorf NJW **73**, 1929, **74**, 1093, LG Düsseldorf NJW **73**, 1930, dazu Deutsch JZ 67, 641, Martens NJW 72, 740, Hübner JuS 74, 496).

Zur Frage der Verantwortlichkeit bei der Abgabe von Heroin an einen Süchtigen hat BGH **32** **156** 262 in einer grundlegenden Entscheidung nunmehr festgestellt, daß die Teilnahme an einer eigenverantwortlich gewollten und verwirklichten Selbstgefährdung (gegen den Begriff der Selbstgefährdung Horn JZ 84, 513) straflos sei (vgl. aber BGH JR **79**, 429 zur Haftung des behandelnden Arztes). Bei einem non liquet ist nach dem Grundsatz in dubio pro reo von der Eigenverantwortlichkeit des Opfers auszugehen. Die in der Literatur – jedenfalls im Ergebnis – weitgehend begrüßte Entscheidung (vgl. Dach NStZ 85, 24, Horn JR 84, 513, Kienapfel JZ 84, 751, Otto Jura 84, 536, Roxin NStZ 84, 411, Stree JuS 85, 179, Struensee JZ 87, 59) stellt auf das in Fällen dieser Art wohl entscheidende Prinzip der Selbstverantwortung ab, das in früheren Fällen meist stillschweigend übergangen wurde (vgl. etwa BGH MDR/H **80**, 985, NStZ/K **81**, 18, JR **82**, 341 m. Anm. Loos u. auch Schünemann NStZ 82, 60, Bay StV **82**, 73). Das Urteil des BGH ist im Ergebnis uneingeschränkt zu begrüßen. Für die strafrechtliche Verantwortlichkeit des Dritten ist in diesen Fällen entscheidend, ob ein freier Entschluß des sich selbst Verletzenden oder Gefährdenden vorliegt, weil nur bei einer unfreien Entscheidung (mittelbare) Täterschaft in Betracht kommen kann (vgl. auch Hirsch JR 79, 432). Wann der Entschluß als freiverantwortlich anzusehen ist, ist allerdings umstritten (vgl. dazu 36 ff. vor § 211 und § 216 RN 11 mwN). Ausschlaggebend muß jedoch sein, daß die Entscheidung frei von Täuschung oder Zwang ist und das Opfer die Tragweite seines Verhaltens vollständig überblickt, also auch frei von sonstigen Beurteilungs- und Willensmängeln handelte. Diese Kriterien scheint auch der BGH (**32** 265, NStZ **83**, 117, **86**, 266) zugrunde zu legen.

e) Dagegen soll nach der Rspr. eine Haftung begründet sein, wenn jemand sich dadurch **157** gefährdet, daß er sich in eine bereits bestehende, von einem anderen **rechtswidrig geschaffene Gefahrenlage** begibt, so z. B. wenn ein Krankenhausseelsorger von einem anderen fahrlässig infizierte Pockenkranke besucht (BGH **17** 359 m. abl. Anm. Rutkowsky NJW 63, 165, wo der Fall unzutreffend unter dem Gesichtspunkt rechtfertigender Einwilligung behandelt ist). Welche Umstände im einzelnen in derartigen Fällen strafrechtliche Haftung des Veranlassers zu begründen vermögen, ist bislang weitgehend ungeklärt. Jedoch dürften wohl nur solche in Betracht kommen, bei deren Vorliegen von einer selbstverantwortlichen Vornahme der riskanten Handlung nicht mehr gesprochen werden kann. Strafrechtliche Verantwortung des Veranlassers kann daher einmal dadurch begründet werden, daß er in vorhersehbarer Weise Personen zu gefährlichem Verhalten motiviert, die infolge Trunkenheit o. ä. zur Erkenntnis des Risikos bzw. sachgemäßem Handeln außerstande sind (vgl. Otto Maurach-FS 99 f., Welp aaO 301 ff.). Ein zweiter Ausnahmefall wird dann anzunehmen sein, wenn die Veranlassungshandlung oder ihre eingetretenen oder vorhersehbaren Folgen derart sind, daß der dadurch Veranlaßte nicht nur hinsichtlich des „Ob", sondern auch bezüglich des „Wie", nämlich der Inkaufnahme eines Risikos, rechtlich gebunden ist (Rudolphi SK 80 vor § 1). Daher wird man den vor der Polizei Flüchtenden für den auf die überhöhte Geschwindigkeit des verfolgenden Polizeiwagens zurückzuführenden Unfall nur dann verantwortlich machen können, wenn das Fahren mit dieser Geschwindigkeit nicht nur unter dem Gesichtspunkt des gerechtfertigten Risikos (vgl. dazu 100 f. vor § 32) erlaubt, sondern die Beamten hierzu auch verpflichtet waren, d. h. bei pflichtgemäßer Ermessensausübung nur diese Art der Verfolgung in Betracht kam, und wenn ferner der deliktische Erfolg nicht zugleich auch auf zusätzlichem von gerechtfertigtem Risiko nicht mehr gedecktem Fehlverhalten beruht (and. Roxin Honig-FS 142 f., Gallas-FS 247 f.: Die Rechtsordnung dürfe Dritten nicht die strafrechtliche Verantwortung für die aus der Erfüllung ihrer Gebote entstehenden Schäden zuschieben [and. noch Roxin, Täterschaft und Tatherrschaft[2], 547]; wie hier Rudolphi SK 80 vor § 1, wohl auch Schroeder LK § 16 RN 183). Daß das Verhalten des Hintermannes geeignet ist, andere lediglich moralisch zu riskantem Verhalten zu motivieren oder einen sonstigen als Zwang empfundenen Motivationsdruck auszulösen, wird dagegen, auch wenn ihr Handeln gerechtfertigt sein, nicht ausreichen, ihm die Verantwortung aufzubürden (and. für Selbstgefährdung bei freiwilligen Rettungshandlungen Schroeder LK § 16 RN 182, Rudolphi JuS 69, 557, SK 80 vor § 1, sofern Selbstgefährdung und zu verhütende Gefahr in einem vernünftigen Verhältnis stehen; ähnlich die zivilrechtliche Rspr. zu Verfolgungsunfällen: BGH NJW **64**, 1363 [Verfolgung durch Privatpersonen], **75**, 168 [Verfolgung durch die Polizei]). Eine weitere Ausnahme ist dann geboten, wenn der Veranlasser mit der provozierten Handlung verbundene Risikofaktoren zu erkennen vermag, die für andere auch bei der nach den Umständen gebotenen Aufmerksamkeit und Vorsicht nicht erkennbar bzw. in Rechnung zu stellen sind. Verkennt dann der Handelnde tatsächlich das von ihm eingegangene

Risiko und verursacht oder erleidet er infolgedessen einen tödlichen Unfall, so muß der Veranlasser hierfür einstehen, so z. B. wenn der Flüchtende den Weg über eine Treppe oder Brücke wählt, deren ihm bekannte Sicherheitsmängel äußerlich nicht erkennbar sind. Unkenntnis der Risikofaktoren auf Seiten des Handelnden allein genügt dagegen nicht. So ist es in dem oben genannten Beispiel der Taxifahrt gleichgültig, ob dem Taxifahrer der Zustand seines Fahrzeugs bekannt oder infolge Vernachlässigung seiner Pflicht aus § 23 I S. 2 StVO unbekannt ist; ebensowenig belastet es den Flüchtenden, wenn der Verfolger seiner Ortsunkenntnis nicht Rechnung trägt und zu schnell in eine unübersichtliche Kurve fährt.

158 In den vorliegenden Zusammenhang gehört auch der Fall, daß riskantes Verhalten eines anderen durch entsprechende **unrichtige Ratschläge** oder Empfehlungen veranlaßt wird (vgl. Lenckner Engisch-FS 505 ff.), so z. B. wenn die von der Mutter eines kranken Kindes um Rat angegangene Nachbarin eine, wie sie hätte wissen können, schädliche Behandlung empfiehlt. Auch hier schließt das Verantwortungsprinzip fahrlässige Täterschaft des Veranlassers grundsätzlich aus (vgl. auch § 676 BGB). Außer bei erkennbarer Verantwortungsunfähigkeit des Vordermannes wird in diesen Fällen der Veranlasser jedoch auch dann für die Ausführungen seiner Anweisung einzustehen haben, wenn er kraft besonderer Sachkunde eine Vertrauensposition innehat und andere sich deshalb auf ihn zu verlassen pflegen und regelmäßig auch verlassen dürfen (vgl. dazu auch o. 153). Daher ist z. B. der Arzt für die Folgen fehlerhafter Anweisungen als fahrlässiger Täter verantwortlich zu machen.

159 **V. Zurechnungsprobleme beim fahrlässigen Erfolgsdelikt.** Fordert der Tatbestand eines Fahrlässigkeitsdelikts einen **Erfolg** in Gestalt eines **Schadens** oder einer **konkreten Gefährdung,** ist also zur Tatbestandserfüllung die Herbeiführung eines Erfolges erforderlich, so müssen folgende weitere Voraussetzungen gegeben sein:

160 1. Erforderlich ist zunächst eine Handlung, durch die der **Erfolg verursacht,** oder eine Unterlassung, durch die er nicht abgewendet worden ist. Ebenso wie bei den vorsätzlichen kann also auch bei den fahrlässigen Erfolgsdelikten das Verhalten des Täters nur dann tatbestandsmäßig sein, wenn es conditio sine qua non für den Erfolg war; vgl. 71 ff. vor § 13.

161 2. Mit der Feststellung, daß das Täterverhalten in diesem Sinne für den Erfolg ursächlich war, kann es jedoch für den Tatbestand der Fahrlässigkeitsdelikte nicht sein Bewenden haben. Eine **Zurechnung des Erfolgs** ist hier vielmehr nur möglich, wenn sich gerade die durch die mangelnde Sorgfalt des Täters gesetzte Gefahr im eingetretenen Erfolg realisiert hat und der Erfolg in den Schutzbereich der Norm fällt (vgl. 91 ff. vor § 13). Was speziell den damit notwendigen Risiko- bzw. Rechtswidrigkeitszusammenhang betrifft (vgl. schon 95 ff. vor § 13), so ergeben sich daraus folgende Konsequenzen:

162 Der Tatbestand des fahrlässigen Erfolgsdelikts ist nicht schon dadurch erfüllt, daß das Täterverhalten an sich für den Erfolg kausal war. Erforderlich ist nach h. M. vielmehr, daß das Täterverhalten gerade in seiner **Pflichtwidrigkeit für den Erfolg „kausal"** geworden ist (h. M. seit BGH **11** 1, 7; ebenso BGH **21** 59, VRS **15** 426, **16** 128, **19** 284, **21** 6, 341, **73**, 263, DAR **67**, 51, NStZ **86**, 217, Bay VRS **17** 275, Bremen DAR **64**, 273, Celle VRS **18** 127, Hamm DAR **63**, 245, VRS **35** 125, **43** 426, NJW **72**, 1532, Frankfurt VRS **41** 32, Köln VRS **20** 355, NZV **89**, 319, Oldenburg NdsRpfl. **58**, 97, Stuttgart DAR **63**, 335, Lackner III 2b, Cramer § 315c RN 54, Eser I 73 f., Mühlhaus DAR 65, 36, Die Fahrlässigkeit in Rechtsprechung und Rechtslehre 51 f., Oehler Eb. Schmidt-FS 238, Samson SK Anh. zu § 16 RN 27a, Welzel-FS 593 FN 68, Hirsch Uni Köln-FS 406; krit. Jakobs 185). In Wahrheit handelt es sich bei dieser Frage nicht um ein Kausalitätsproblem, sondern um eine aus dem Gesichtspunkt des Rechtswidrigkeitszusammenhangs zwischen Pflichtwidrigkeit und Erfolg sich ergebende Haftungsbeschränkung (vgl. 91 ff., 99 vor § 13); krit. hierzu Baumann JZ 62, 41, Jescheck 527, Roxin ZStW 74, 411 ff., Spendel Eb. Schmidt-FS 190, JuS 64, 14, Ulsenheimer aaO und JZ 69, 364, Welzel, Verkehrsdelikte, E. A. Wolff, Kausalität von Tun und Unterlassen (1965) 26 f., Krümpelmann Bockelmann-FS 443 ff., der aber i. E. weitgehend der h. M. folgt. Nach einer Reihe von Entscheidungen, die in der Sache aber zum selben Ergebnis kommen, soll es sich hier nicht um eine Frage der Tatbestandsmäßigkeit und Rechtswidrigkeit, sondern des Verschuldens handeln („schuldhafte Verursachung des Erfolges nur, wenn er gerade durch das den Fahrlässigkeitsvorwurf begründende Verhalten herbeigeführt wurde"; so BGH VRS **5** 286, **24** 190, **26** 204, Bay NJW **53**, 1641, **60**, 1964, Celle DAR **58**, 244, Hamm VRS **7** 204, **35** 125, JMBlNRW **62**, 177, KG VRS **8** 68).

163 In allen Fällen ist also zu prüfen, ob der **Erfolg durch Anwendung pflichtgemäßer Sorgfalt vermieden** worden wäre; wäre er gleichfalls eingetreten, so beruht er nicht auf der Pflichtwidrigkeit, d. h. es fehlt am Rechtswidrigkeitszusammenhang (krit. zu dieser Fragestellung Ranft NJW 84, 1425, Krümpelmann GA 84, 491, Puppe ZStW 99, 595 ff.). Dies ist vor allem dann von Bedeutung, wenn bereits das Verhalten als solches durch abstrakte Gefährdungstatbestände (z. B. die Vorschriften der StVO) als gefährlich und damit pflichtwidrig gekennzeichnet wird und daher zu fragen ist, ob diese Pflichtwidrigkeit Ursache des Erfolges war. Überfährt z. B. ein Kraftfahrer einen Fußgänger und hat er in diesem Augenblick die vorgeschriebene Geschwindigkeit überschritten, so liegt sowohl eine Pflichtverletzung (zu schnelles Fahren) wie auch Kausalität seines Verhaltens (Fahren) für den Erfolg vor. Ist jedoch der Fußgänger plötzlich betrunken auf die Straße gefallen, so wäre der Unfall auch bei geringerer Geschwindigkeit genauso eingetreten; der Erfolg beruht also nicht auf der Pflichtverletzung. Diese Fragestellung kann aber auch dann von Bedeutung sein, wenn sich die Pflichtwidrigkeit nicht aus der Verletzung abstrakter Gefährdungsdelikte, sondern aus der allgemeinen Pflicht ergibt, die Verletzung von Rechtsgütern zu vermeiden, also etwa bei Unfällen im Haushalt oder bei mißlungenen ärztlichen Behandlungen usw. (vgl. etwa RG **15** 151 [„Apothekerfall"], RG vom 15. 10. 1926 b. Exner Frank-FG I 587f. [„Novokainfall"] und hierzu Roxin ZStW 74, 411). Bei der Frage, ob ein Verkehrsunfall für einen alkoholbedingt fahrunsicheren Kraftfahrer vermeidbar war, stellt die Rspr. nicht darauf ab, ob der Fahrer den Unfall im nüchternen Zustand bei Einhaltung derselben Geschwindigkeit hätte vermeiden können, sondern prüft, bei welcher geringeren Geschwindigkeit er – abgesehen davon, daß er als Fahruntüchtiger überhaupt nicht am Verkehr teilnehmen durfte – nach seiner durch den Alkoholgenuß herabgesetzten Wahrnehmungs- und Reaktionsfähigkeit bei Eintritt der kritischen Verkehrslage hätte Rechnung tragen können und ob es auch bei dieser Geschwindigkeit zu dem Unfall gekommen wäre (vgl. BGH NJW **71**, 388, Koblenz DAR **74**, 25, VRS **71**, 282).

Der Rechtswidrigkeitszusammenhang ist festgestellt, wenn die **hypothetische Frage:** „Was **164** wäre geschehen, wenn der Täter sich in der konkreten Situation pflichtgemäß verhalten hätte?" zu der Antwort führt, daß der Erfolg vermieden worden wäre (vgl. RG **15** 151, **63** 214 [„Ziegenhaarfall"], BGH VRS **4** 32, Bay VRS **4** 431). Dabei taucht allerdings die Frage auf, welche Faktoren in die hypothetische Fragestellung einzusetzen sind und welcher Grad an Wahrscheinlichkeit für die Bejahung des Rechtswidrigkeitszusammenhangs erforderlich ist.

a) Zunächst kann zweifelhaft sein, welche **Faktoren** und **Umstände** in die **hypothetische** **165** **Fragestellung** einzusetzen sind. Fährt ein Motorradfahrer nachts in eine Gruppe von Fußgängern, die entgegen § 25 I S. 2 StVO auf der rechten Fahrbahnseite gehen, so könnte sowohl gefragt werden: „Was wäre geschehen, wenn die Fußgänger auf der linken Fahrbahnseite gegangen wären?" wie auch: „Welche Entwicklung hätten die Dinge genommen, wenn sie auf der gleichen Fahrbahnseite, aber in umgekehrter Richtung gegangen wären?" (vgl. BGH **10** 370, DAR **67**, 51, vgl. auch BGH **33** 61). In dem geschilderten Fall müßte wohl die Frage im letzteren Sinne lauten; sie wäre dann damit zu beantworten, daß die Vorschrift des § 25 StVO gewährleisten will, daß der Fußgänger das auf seiner Seite entgegenkommende Fahrzeug sieht und sein Verhalten danach einrichtet. Im übrigen ist es aber gleichgültig, nach welcher Norm er sich gerichtet hätte (z. B. entweder größerer Abstand oder langsamere Fahrt); vgl. BGH VRS **19** 459, NJW **68**, 1533; verfehlt BGH VRS **35** 114.

Maßgeblich für die Beantwortung dieser Frage ist der **Schutzbereich der verletzten Norm** **166** (vgl. 95 vor § 13). Danach ist ein Erfolg, der zwar auf ein sorgfaltswidriges Verhalten zurückgeführt werden kann, dem Täter dann nicht zurechenbar, wenn die verletzte Sorgfaltspflicht nicht den Zweck hat, Erfolge der herbeigeführten Art zu verhindern (vgl. Krümpelmann Bockelmann-FS 447 ff., Roxin Honig-FS 140, Rudolphi JuS 69, 549, SK 64 vor § 1 mwN); vgl. auch u. 174. Wer z. B. verbotswidrig einen Jugendlichen beschäftigt (§ 22 I Nr. 3 JArbSchG), haftet nicht für dessen Tod, der sich in einer Gefahr realisiert, deren Bewältigung einem Jugendlichen trotz seines mangelnden Sicherheitsbewußtseins oder Erfahrungswissens möglich gewesen wäre (Karlsruhe JR **85**, 479 m. Anm. Kindhäuser). Praktisch wird dieser Grundsatz vor allem, wenn das pflichtgemäße Verhalten eine zeitliche oder räumliche Verschiebung der Ereignisse bewirkt hätte, durch die für das verletzte Rechtsgut eine völlig andere Situation entstanden wäre: Der über die zulässige Arbeitszeit hinaus Beschäftigte fährt bei der verspäteten Heimkehr auf ein Hindernis, das zur Zeit des vorschriftsmäßigen Arbeitsschlusses noch nicht vorhanden war. Hier entfällt eine Haftung, weil die ArbeitszeitVO nicht den Normzweck verfolgt, das Eintreffen an bestimmten Orten zu verzögern (vgl. auch 100 vor § 13). Die Frage, worin der Schutzzweck zu sehen ist, kann allerdings Schwierigkeiten bereiten. So hat der BGH (VRS **20** 129, **26** 209) ausgeführt, daß Geschwindigkeitsbegrenzungen nicht den Zweck verfolgen zu verhindern, daß ein Kraftfahrer zu einem bestimmten Zeitpunkt (noch) nicht am Unfallort eintrifft. In VRS **20** 129 sagt er hierzu, Sinn der Geschwindigkeitsbegrenzung sei es nicht, daß ein die Fahrbahn vor einem nahenden Kraftfahrzeug verkehrswidrig betretender Fußgänger ein größeres Stück auf der Fahrbahn zurückzulegen vermag, als er es tun könnte, wenn der Kraftfahrer langsamer führe, und vertritt in VRS **26** 203 die Auffassung, das Gebot des Fahrens auf Sicht umfasse nicht den Fall, daß ein Fußgänger die Fahrbahn verkehrswidrig von der Seite her auf zu kurze Entfernung innerhalb des Anhalteweges bei zulässiger Fahrgeschwindigkeit überraschend betritt. Diese Rspr. ist durch BGH **33** 61 (m. krit. Anm. Puppe JZ **85**, 295, Streng

NJW 85, 2809) jetzt teilweise modifiziert worden. Danach ist Zweck der Geschwindigkeitsbegrenzung, andere Verkehrsteilnehmer vor den Gefahren hoher Geschwindigkeiten zu schützen, also sicherzustellen, daß ein Kraftfahrer in einer kritischen Verkehrssituation noch so bremsen kann, daß es „gerade noch einmal gut geht"; nach dem von BGH entschiedenen Fall hätte der Angekl. auch bei zulässiger Geschwindigkeit nicht mehr rechtzeitig anhalten können, er wäre bei ihrer Einhaltung aber 0,3 sec später am Ort des Zusammenstoßes angelangt, weshalb das Opfer Zeit gehabt hätte, die Fahrspur des Angekl. zu überqueren. Die Rspr. lehnt in Fällen, in denen der Erfolg nicht im Schutzbereich der Norm liegt – wenn auch mit anfechtbarer Begründung (vgl. 76, 86 vor § 13), so doch i. E. zu Recht – einhellig eine strafrechtliche Haftung wegen fahrlässiger Erfolgsverursachung ab.

167   In Fällen, in denen es um den **räumlichen Schutzbereich** einer Verkehrssorgfaltspflicht geht, stellt sie darauf ab, daß die Prüfung der Ursächlichkeit erst mit „Eintritt der kritischen Verkehrslage" beginnen dürfe (BGH **10** 371, **33** 61, VRS **5** 286, **18** 180, **20** 131, **23** 370, **24** 126, **25** 263, **54** 436, Bay VRS **19** 129, Celle VRS **18** 127, VersR **65**, 961, Hamm VRS **10** 461, JMBlNRW **57**, 273, Oldenburg VRS **6** 470, Stuttgart NJW **59**, 351, Koblenz VRS **48** 180); unhaltbar aber Karlsruhe NJW **58**, 430 m. Anm. Liebert NJW 58, 759 u. Schmitt DAR 58, 259, mit dessen Begründung dem Täter auch zur Last gelegt werden könnte, daß er nicht noch schneller gefahren ist, denn dann hätte er die Unfallstelle bereits vor dem Fußgänger passiert (unrichtig auch Hamm JMBlNRW **61**, 257); vgl. auch 86 vor § 13.

168   Diese Grundsätze tragen auch das (zutreffende) Ergebnis von BGH **21** 59 m. Anm. Wessels JZ 67, 449 u. Hardwig JZ 68, 289 (vgl. hierzu auch Ulsenheimer JZ 69, 364). Die **zeitliche Differenz** beim Erfolgseintritt (die Untersuchung des Patienten hätte einige Tage in Anspruch genommen, so daß der Erfolg erst entsprechend später hätte eintreten können) kann in diesem Zusammenhang keine Rolle spielen, da die Pflicht zur Untersuchung nur den Zweck hat, die Chancen der Operation zu verbessern, nicht aber, das Leben des Patienten gerade um die Dauer der Untersuchung zu verlängern; insoweit liegt also keine spezifische Pflichtverletzung vor (vgl. Hardwig JZ 68, 292, Ulsenheimer JZ 69, 369, Jakobs 191, Eser I 78). Anders würden die Dinge liegen, wenn statt der Operation eine andersartige und weniger gefährliche medizinische Maßnahme (konservative Behandlung) mit dem Ziel einer Lebensverlängerung angebracht gewesen wäre. Hier kann dem Arzt der tödliche Ausgang der verfrühten Operation auch dann als fahrlässige Tötung zur Last gelegt werden, wenn feststeht, daß durch die konservative Behandlung die Operation letztlich doch nicht hätte umgangen werden können und sie dann mit dem gleichen Risiko wie die jetzige belastet gewesen und u. U. ebenso tödlich ausgegangen wäre.

169   Im übrigen kommt es stets darauf an, welche **spezifische Schutzrichtung** der verletzten Sorgfaltsnorm zugrundeliegt. Dies zeigt BGH JR **89**, 282 m. Anm. Krümpelmann JR 89, 353: ist zweifelhaft, ob der letztlich ungeklärte tödliche Zwischenfall bei einem Säugling in einer Anschlußnarkose, die zur Korrektur eines Behandlungsfehlers erforderlich wurde – der Täter hatte einen Leistenbruch auf der falschen Seite operiert –, ist zu fragen, ob die Untersuchung zur Feststellung der Operationsseite dem Lebensschutz oder dem Schutz der körperlichen Integrität dient. Da nur letzterer in Betracht kommt, kann dem Täter der bei der zweiten Narkose eintretende Tod nicht zur Last gelegt werden, wenn nicht auszuschließen ist, daß der Erfolg auf ein nicht feststellbares Herzleiden (Herzvibrose) zurückgeführt werden muß.

170   Zu beachten ist jedoch, daß das die Fahrlässigkeit begründende Verhalten häufig nicht dasjenige ist, das den schädigenden Erfolg unmittelbar ausgelöst hat, sondern ein **früheres Fehlverhalten** für den Erfolg relevant ist. Führt z. B. ein Kraftfahrer infolge schadhafter Bremsen einen Unfall herbei, so liegt der Pflichtverstoß darin, daß er vor Übernahme des Fahrzeugs den Zustand der Bremsen nicht hinreichend geprüft hat, mag auch der Unfall selbst (wegen der schadhaften Bremsen) im Unfallzeitpunkt unausweichlich gewesen sein (BGH VRS **32** 209).

171   b) Zweifelhaft ist weiterhin, was es für den Rechtswidrigkeitszusammenhang bedeutet, wenn die hypothetische Fragestellung **keine sicheren Schlüsse** zuläßt. Ein Zweifel, ob bei pflichtgemäßem Verhalten der Erfolg vermieden worden wäre, muß nach dem Grundsatz **in dubio pro reo zugunsten des Täters** berücksichtigt werden. Anders formuliert heißt dies: „Wenn sich die Zweifel an der Ursächlichkeit des vorwerfbaren Verhaltens zu einem für eine vernünftige, lebensnahe Betrachtung beachtlichen Grade verdichtet haben, so dürfen sie nicht zum Nachteil des Angekl. unberücksichtigt bleiben" (BGH **11** 4f.). Der Vermeidung des Erfolges steht es gleich, wenn es bei sorgfaltsgemäßem Verhalten zu einem geringeren als dem tatsächlich eingetretenen Schaden gekommen wäre (Bay VRS **19** 128). Dies ergibt sich daraus, daß jede Steigerung einer Körperverletzung als selbständige weitere Körperverletzung anerkannt wird (and. Oldenburg NJW **71**, 631 m. Anm. Schröder NJW 71, 1143, Blei JA 71, 377). Bei der fahrlässigen Tötung reicht die Feststellung aus, daß der Tod des Opfers früher eintrat, als er ohne die Pflichtwidrigkeit eingetreten wäre (BGH NStZ **81**, 218 m. Anm. Wolfslast, 85, 26, Bay JZ **73**, 319; krit. Geilen JZ 73, 320).

Vorsätzliches und fahrlässiges Handeln 172–175 §15

Dieser Standpunkt entspricht seit BGH **11** 1 der h. M. (RG **75** 50, 326, BGH **30** 228 m. Anm. **172** Puppe JuS 82, 660, VRS **7** 107, **10** 363, **21** 341, **23** 375, **25** 263, **26** 349, **36** 36, GA **69**, 246, Bay VRS **17** 275, NJW **60**, 1964, Köln VRS **29** 118, Stuttgart DAR **63**, 335, Hamburg DAR **72**, 188). Nach einem Teil der Rspr. ist die Feststellung erforderlich, daß der Erfolg bei pflichtgemäßem Verhalten mit an Sicherheit grenzender Wahrscheinlichkeit eingetreten wäre (BGH VRS **4** 32, Bay VRS **4** 431). Jede nicht auszuschließende Möglichkeit müßte also, damit der Rechtswidrigkeitszusammenhang bejaht werden kann, zum gleichen Ergebnis führen (BGH GA **69**, 246). Die bloße Möglichkeit, daß der Erfolg bei pflichtgemäßem Verhalten ausgeblieben wäre, soll zur Entlastung des Täters nicht genügen (Eb. Schmidt, Der Arzt im Strafrecht [1939] 201, Arthur Kaufmann, Eb. Schmidt-FS 229, Spendel Eb. Schmidt-FS 190, JuS 64, 17, Samson SK Anh. zu § 16 RN 27a, Hypothetische Kausalverläufe im Strafrecht [1972] 45 ff., wohl auch Hall Grünhut-EG 229). Andere Entscheidungen verlangen demgegenüber nicht eine an Sicherheit grenzende Wahrscheinlichkeit, sondern lassen die „hohe Wahrscheinlichkeit" genügen, daß der Erfolg bei der Pflichtwidrigkeit ausgeblieben wäre (BGH MDR/D **51**, 274, Bremen DAR **64**, 273, Hamm VRS **7** 205, KG VRS **8** 68).

Abweichend hiervon will Roxin nach dem von ihm entwickelten „**Risikoerhöhungsprin- 173 zip**" (vgl. ZStW 74, 411 ff., Honig-FS 133 ff.; vgl. ferner Schaffstein Honig-FS 170, Rudolphi SK 66 vor § 1, Stratenwerth Gallas-FS 227, Ulsenheimer JZ 69, 34) den Täter auch dann für den Erfolg haften lassen, wenn er das Risiko für den Eintritt dieses Erfolges erhöht hat, ohne daß feststeht, daß der Erfolg bei einem pflichtgemäßen Verhalten des Täters mit Sicherheit ausgeblieben wäre. So soll vor allem im „Ziegenhaar-Fall" (RG **63** 214) der Arbeitgeber schon deshalb haften, weil bei durchgeführter Desinfektion der Ziegenhaare die Gefahr für die Arbeitnehmer wesentlich geringer gewesen wäre. Nach dieser Meinung erfolgt eine objektive Zurechnung des Erfolges schon dann, wenn das Verhalten des Täters zu einer gegenüber der Normalgefahr gesteigerten Gefährdung des Angriffsobjekts geführt hat, weil die jeweils in Betracht kommenden Sorgfaltspflichten auch zu beachten sind, wenn nicht sicher ist, ob dadurch Gefahren vermieden werden (Roxin ZStW 74, 430 ff.; 78, 217 ff., Jakobs 192 ff., Studien 103, Lackner-FS 71 ff., Jescheck, Fahrlässigkeit 17, Lackner III 2b cc, E. A. Wolff, Kausalität von Tun und Unterlassen [1965] 27, Rudolphi JuS 69, 553, Schaffstein Honig-FS 171, Stratenwerth 292, Seebald GA 69, 213). Dem ist zwar insoweit zuzustimmen, als in diesen Fällen eine Sorgfaltspflichtverletzung vorliegt, weshalb z. B. die Ahndung eines Verkehrsverstoßes nach der StVO möglich ist, auch wenn der Verstoß als solcher ungefährlich ist. Bei der Frage, ob ein Erfolg zuzurechnen ist, kann aber die Feststellung, daß ein erhöhtes Risiko geschaffen wurde, nicht ausreichen, weil der Erfolg sich nur als Reflex der verletzten Schutznorm darstellt (Krümpelmann Bockelmann-FS 443, der freilich auch die h. M. in der Begründung ablehnt und eine Lösung über die aus der Handlung resultierende „Gefährdetheit" bietet, aus der der Erfolg erwachsen sein muß); notwendig ist vielmehr die Feststellung, daß das geschaffene Risiko sich in einem Erfolg realisiert hat, da sonst der Grundsatz „**in dubio pro reo**" verletzt ist (vgl. Koblenz VRS **63** 356), der bei der hier referierten Auffassung erst eingreift, wenn zweifelhaft ist, ob durch das sorgfaltswidrige Verhalten eine wesentliche Erhöhung des Risikos eingetreten ist oder nicht (ebenso M-Gössel II 104 f., der allerdings in der Risikoerhöhung ein wesentliches Indiz für die von ihm verlangte adäquate Kausalität zwischen Sorgfaltswidrigkeit und Erfolg sieht); diesem Einwand entgeht der Sache nach auch Schünemann JA 75, 647 nicht, der das Problem nur auf eine andere Ebene verschiebt. Vgl. zu diesem Problemkreis auch 91 ff. vor § 13.

c) Fällt der Erfolg in der konkreten Art seines Eintritts nicht in den **Schutzbereich der 174 verletzten Norm**, so fehlt es ungeachtet des Umstandes, daß ohne die Pflichtverletzung der Erfolg nicht eingetreten wäre, an der indiziellen Funktion, die der Verletzung eines Gefährdungstatbestandes für die dadurch herbeigeführte Verletzung normalerweise zukommt. Dies ergibt sich daraus, daß ein Erfolg nur dann auf der Pflichtverletzung beruht, wenn sich gerade in ihm die in der Pflichtverletzung liegende Gefährlichkeit realisiert (vgl. hierzu Hartwig JZ 68, 290, Jescheck 529, Roxin Gallas-FS 243, Samson SK Anh. zu § 16 RN 28, Rudolphi SK 64 vor § 1). Bei der aus dem Schutzzweck der Norm sich ergebenden Haftungsbeschränkung sind verschiedene Fallgruppen zu unterscheiden:

α) Zunächst wirkt sich dieser Grundsatz dort aus, wo **aus der verletzten Norm selbst** zu **175** entnehmen ist, daß nur bestimmte Gefahren durch sie verhindert werden sollen (vgl. 100 vor § 13). So verbieten §§ 316, 315 c I Nr. 1 das Führen eines Fahrzeugs in angetrunkenem Zustand, weil von einem alkoholisierten Fahrer ein erheblich höheres Risiko ausgeht als von einem nüchternen. Kommt ein Trunkenheitsfahrer ins Schleudern und verletzt er dabei einen Fußgänger, so kann er neben §§ 230, 316 nur dann aus § 315 c bestraft werden, wenn dieser Erfolg auf die Trunkenheit zurückzuführen ist (vgl. § 315 c RN 30, Cramer § 315 c RN 66 ff.); kommt es hingegen zum Unfall, weil der Wagen auf einem Ölfleck ins Schleudern kam, den auch ein

Nüchterner nicht hätte erkennen können, so bleibt es bei der Strafbarkeit des Fahrers aus § 316. Bei den Fällen des § 315c Nr. 2a–g ist erforderlich, daß der Erfolg auf einem Verkehrsverstoß beruht, der dort genannt ist. Diese Grundsätze verkennen BGH **24** 31 m. abl. Anm. Knauber NJW 71, 627, Lehmann NJW 71, 1142, BGH VRS **37** 276 (abgefahrene Reifen). Die Überlegung des BGH, betrunkene Fahrer müßten langsamer als nüchterne fahren, läßt außer Betracht, daß nach § 316 schon jedes Fahren in betrunkenem Zustand strafbar ist und die Strafbarkeit aus § 222 voraussetzt, daß gerade mangelnde Sorgfalt die Ursache für den Eintritt des Erfolges war. Daher reicht z. B. zu schnelles Fahren an einer Kreuzung für § 315c nicht aus, wenn die Gefahr nicht auf dieses Verhalten, sondern auf andere Umstände zurückzuführen ist (Hamm NJW **55**, 723). Entsprechendes gilt, wenn der Täter sein Kfz dem Nichtinhaber eines Führerscheins geliehen hatte, der von diesem verursachte Unfall jedoch allein auf seinen Alkoholgenuß, nicht auf seine mangelnde Fahrkunst zurückzuführen war; auch hier wäre der Unfall zwar ohne die pflichtwidrige Handlung des Täters (Herausgabe des Kfz) nicht eingetreten; da aber die Führerscheinpflicht nur den Schutz vor mangelnder Beherrschung eines Kfz zum Zweck hat, „beruht" der Erfolg nicht im genannten Sinne auf der Pflichtwidrigkeit, ein fahrlässiges Erfolgsdelikt entfällt (Bay VRS **9** 208, Oldenburg NJW **50**, 55; vgl. auch BGH MDR **57**, 241; i. E. ebenso Krümpelmann Bockelmann-FS 447). Fahren zwei Radfahrer bei Nacht ohne Beleuchtung hintereinander und wird der vorausfahrende von einem entgegenkommenden Fahrzeug verletzt, so kann der hinter ihm fahrende nicht aus § 230 bestraft werden, weil die Beleuchtungspflicht nicht dazu dient, andere Fahrzeuge zu beleuchten (RG **63** 394); fährt ein Wartepflichtiger zu schnell an eine Kreuzung heran, verletzt er aber nicht den Bevorrechtigten, sondern einen von links kommenden und daher ihm gegenüber Wartepflichtigen, so kann die Pflichtwidrigkeit des Täters darin bestehen, daß er zu schnell an die Kreuzung heranfuhr (vgl. BGH **17** 299 m. krit. Bem. Krümpelmann Bockelmann-FS 453), nicht dagegen im Verstoß gegen seine Wartepflicht. Das Rechtsfahrgebot (§ 2 StVO) dient dem Schutz des Gegenverkehrs, seine Verletzung führt daher nicht zur Verantwortlichkeit eines Betrunkenen, der plötzlich von links auf die Fahrbahn torkelt (Hamm VRS **51** 29). Zum Schutzbereich des Warnblinklichts eines haltenden Schulbusses vgl. Hamm VRS **60** 38; zum Schutzbereich des § 7 IV StVO (Fahrstreifenwechsel) vgl. Köln VRS **59** 422.

176 β) Denkbar ist weiterhin der Fall, daß der **Schutzzweck** der Norm **aus dem Systemzusammenhang** zu bestimmen und zu begrenzen ist. Dies führt i. E. dazu, daß trotz Voraussehbarkeit des Erfolges nicht jede (Mit-)Verursachung als fahrlässiges Erfolgsdelikt qualifiziert werden kann, weil das Verhalten nicht als pflichtwidrig i. S. v. §§ 230, 222 usw. anzusehen ist. Eine Einigkeit in der Beurteilung der hier in Betracht kommenden Fallgruppen besteht allerdings nicht (vgl. Roxin Gallas-FS 243).

177 Am wenigsten umstritten sind die Fälle, in denen der Normzusammenhang ergibt, daß eine **Fahrlässigkeitstat** schon deswegen ausscheidet, weil das entsprechende Verhalten, wäre es **vorsätzlich ausgeführt**, ebenfalls **straflos** bliebe. Dieser Grundsatz ergibt sich daraus, daß die Fahrlässigkeitshaftung als die schwächere Form der deliktischen Haftung nicht weiter gehen kann als die Haftung für vorsätzliches Verhalten. So kann etwa aus dem Umstand, daß die vorsätzliche Mitwirkung am fremden Selbstmord straflos ist, auf die Straflosigkeit der bloß fahrlässigen Mitwirkung an der Selbsttötung geschlossen werden (BGH **24** 342, Roxin Gallas-FS 243ff., Rudolphi SK 79 vor § 1, Bindokat JZ 86, 422). Dies gilt aber auch für die (vorsätzliche oder fahrlässige) Unterstützung einer Selbstgefährdung durch eine eigenverantwortlich handelnde Person. Wer schon nicht für eine Selbstmordteilnahme einzustehen hat, kann nicht wegen Teilnahme an einer reinen Selbstgefährdung, mag diese auch tödlich verlaufen, strafbar sein. Da der Haftungsbereich der Fahrlässigkeitstaten nicht weiter als der der Vorsatztaten sein kann, ist die lediglich fahrlässige Beteiligung an einer Selbstgefährdung ebenfalls straflos; so etwa bei der Überlassung einer Rauschgiftdosis (BGH NStZ **84**, 452 m. Anm. Fünfsinn StV 85, 56; vgl. aber BGH JR **79**, 429). Die Strafbarkeit des den Akt der Selbstgefährdung fördernden Dritten kann erst dort beginnen, wo er kraft überlegenen Sachwissens das Risiko besser erfaßt als der sich selbst Gefährdende (BGH NStZ **85**, 25) oder erkennt, daß das Opfer die Tragweite seines Entschlusses nicht überblickt (BGH NStZ **86**, 266) Allerdings kann die zunächst straflose Selbstgefährdungsteilnahme mit dem Eintritt der Gefahrenlage in eine strafbare Unterlassungstäterschaft umschlagen (BGH NStZ **84**, 452, **85**, 319 m. Anm. Roxin). Zur Frage des Schutzzwecks der Norm bei mangelnder Beherrschbarkeit des Kausalgeschehens vgl. die Beispiele bei 93 vor § 13.

178 γ) Unter dem Gesichtspunkt des Schutzzwecks der Norm ist die Behandlung jener Fälle umstritten, in denen ein dem Ersttäter zurechenbarer Schaden (Ersterfolg) durch das **Dazwischentreten eines Dritten** vergrößert wird (Zweiterfolg), z. B. ein Unfallverletzter durch fehlerhafte ärztliche Behandlung im Krankenhaus stirbt (vgl. hierzu Celle NJW **58**, 271). Die Rspr. durchbricht bei dieser Fallgestaltung teilweise den von ihr aufgestellten Grundsatz, wonach es nur auf die generelle Voraussehbarkeit des Enderfolges ankomme (vgl. u. 180), dahin, daß der Täter solche Geschehnisabläufe nicht zu vertreten habe, die so sehr außerhalb aller Lebenserfahrungen liegen, daß er auch bei der nach den Umständen des Falles gebotenen Sorgfalt nicht mit ihnen zu rechnen brauchte (RG **56** 343, **73** 370, BGH **3** 62). Dies soll u. a. auch dort der Fall sein, wo sich in den ursächlichen Zusammenhang zwischen das Verhalten des Täters und den Erfolg bewußte oder unbewußte Handlungen Dritter als Zwischenglieder einschalten (BGH **3** 62, GA **60**, 111, **69**, 246). So soll der Täter nicht für den Tod eines schon außerhalb Lebensgefahr befindlichen Verletzten haften, der bei einer späteren Hauttransplantation an einer Chloroformnarkose verstarb (RG **29** 280); gleiches soll gelten, wenn ein Unfallverletzter mit einer falschen Blutkonserve versorgt wurde (BGH GA **69**, 246) oder bei einer unfallbedingten Nachoperation infolge eines Narkosefehlers verstarb (Hamm VRS **18** 356). Als voraussehbar wurde dagegen der Tod eines Leichtverletzten durch eine Thrombose angesehen, die durch ärztlich verordnete Bettruhe gefördert worden war (Stuttgart NJW **56**, 1451), oder eine selbst nach Monaten auftretende tödliche Sepsis im Krankenhaus (Celle NJW **58**, 271); vgl. weiter Hamm NJW **73**, 1422: Serumhepatitis nach Bluttransfusion beim Unfallopfer, BGH MDR/D **76**, 16: Hirnblutung infolge Leberverfettung, Köln NJW **56**, 1848: Tod infolge Überdosierung von Vitaminen. Mit der grundlegenden Entscheidung von Stuttgart JZ **80**, 618 wird man unter dem Gesichtspunkt der Grenzen des Schutzzwecks der verletzten Norm darauf abstellen müssen, daß dem Erstursacher auch etwaige ärztliche Behandlungsfehler solange zuzurechnen sind, als sich der Tod des Unfallverletzten als eine Verwirklichung der von dem Täter pflichtwidrig geschaffenen Gefahr darstellt (Rudolphi JuS **69**, 549, SK **73** vor § 1, Jakobs aaO 89ff., Roxin Gallas-FS 253, Samson SK Anh. zu **16** RN 30).

δ) Diskutiert wird auch das Problem der Haftung für **Folgeschäden** (vgl. Rudolphi JuS **69**, 554, SK **75** vor § 1, Burgstaller aaO 126, Roxin Gallas-FS 253), wenn z. B. durch die pflichtwidrige Verabreichung eines falschen Medikaments ein Krankenhausaufenthalt notwendig wird, bei dem der Verletzte sich eine tödliche Infektion zuzieht (vgl. Köln NJW **56**, 1848, BGH VRS **20** 278: tödliche Lungenentzündung nach Verkehrsunfall) oder ein Dauerschaden eintritt, der zu einer Erhöhung des Verletztenrisikos führt, das sich in einem weiteren Schaden realisiert (tödlicher Sturz eines Beinamputierten). Nur wenn die Primärverletzung abgeschlossen ist, z. B. der Beinamputierte als geheilt aus dem Krankenhaus entlassen ist, scheidet eine Haftung des Verletzers für Spätfolgen aus, weil durch seine Bestrafung die Erhöhung des Lebens- und Verletzungsrisikos mit abgegolten ist (Roxin aaO, Burgstaller aaO, Schünemann JA **75**, 720, Rudolphi SK **77** vor § 1; and. noch JuS **69**, 555). Weitere Fallgruppen, die unter dem Gesichtspunkt des Schutzzwecks der Norm diskutiert werden (vgl. insb. Roxin aaO), betreffen schon den Umfang und die Begrenzung der dem Täter obliegenden Sorgfaltspflicht; vgl. o. 148f.

ε) Neuerdings schlägt Jakobs (Lackner-FS 53, 60) vor, dem Täter einen von ihm herbeigeführten Erfolg dann nicht zuzurechnen, wenn dieser schon „perfekt bedingt" war. Gemeint sind damit die Fälle, in denen ein vom Täter verletztes Rechtsgut ohnehin verloren sein wird: „eine Norm kann bei solcher Lage kein Gut mehr schützen, auch nicht ein ohnehin verlorenes Gut vor einem Austausch des Riskos, sondern kann nur noch Variationen innerhalb des Verlaufs eines identischen Risikos verbieten" (Jakobs aaO 67). Dieser Grundsatz soll sowohl für vorsätzliche wie fahrlässige Tatbestandsverwirklichungen gelten. Ihm kann jedoch nicht zugestimmt werden (vgl. Puppe ZStW 99, 606).

3. Der **Erfolg** in seiner konkreten Gestalt und der **Kausalverlauf** in seinen wesentlichen Merkmalen müssen **voraussehbar** gewesen sein (vgl. o. 125ff.). War nicht der Tod, sondern nur eine Körperverletzung voraussehbar, so ist § 230 anzuwenden, auch wenn der Todeserfolg eingetreten ist (RG **28** 273, Roxin Würtenberger-FS 121); wird bei einem Unfall ein Radfahrer nur deswegen getötet, weil bei ihm eine nicht voraussehbare Rückgratversteifung vorliegt, so muß die Voraussehbarkeit des Kausalverlaufs verneint werden (and. BGH LM Nr. **1** zu § 222). Jedoch genügt es nach der Rspr. wenn der **Erfolg in seinem Endergebnis** vorausgesehen werden konnte, nicht jedoch der Geschehensablauf als solcher, es sei denn, daß der Verlauf so sehr außerhalb aller Lebenserfahrung lag, daß niemand mit diesem Erfolg zu rechnen brauchte (RG **73** 370, BGH **3** 62, **4** 360, **12** 75, GA **60**, 111, VRS **37** 271, Celle VRS **33** 115, MDR **80**, 74, Karlsruhe NJW **76**, 1853; Stuttgart NJW **82**, 295, vgl. auch BGH VRS **16** 193, **37** 38, Köln VRS **20** 356, JMBlNRW **64**, 178, Hamm VRS **38** 183, Koblenz VRS **55** 423).

Von der objektiven Voraussehbarkeit ist die Frage zu trennen, ob der Betreffende in der konkreten Situation den Erfolg hätte voraussehen können; dies ist eine Frage der Schuld. Die Rspr. neigt allerdings dazu, auch diese Frage nach der allgemeinen Erfahrung zu bestimmen; was allgemein voraussehbar sei, soll auch für den Täter voraussehbar sein (vgl. RG **29** 218, **56** 350, BGH **3** 62, **4** 185, **12** 78, VRS **37** 271, Bay VRS **13** 285, Braunschweig SJZ **49** Sp. 132 m. Anm. Spendel, Celle NJW **51**, 575, **58**, 271); dagegen Jescheck 530, Maurach GA **60**, 97, M-Gössel II 145.

§ 15 182-186 Allg. Teil. Die Tat – Grundlagen der Strafbarkeit

182 Für die **Vorhersehbarkeit** gelten **im einzelnen** noch folgende Grundsätze:

183 a) Ob eine Handlung durch **Gesetz** oder **Verordnung verboten** oder für gewisse Fälle geboten ist (z. B. durch Vorschriften über den Straßenverkehr, Bestimmungen der GewO, BImSchG, Vorschriften für Apotheker) entscheidet nicht darüber, ob der Täter im konkreten Falle fahrlässig gehandelt hat. Weder liegt bei einer verbotswidrigen Handlung oder einer gebotswidrigen Unterlassung immer Voraussehbarkeit bzgl. eines weiteren Erfolges vor (RG 76 2, Bay DAR 57, 362, Braunschweig DAR 57, 361, Hamm VRS 15 266, Celle VRS 39 31), noch ist Fahrlässigkeit deshalb zu verneinen, weil ein solches Verbot oder Gebot nicht besteht oder weil den bestehenden Vorschriften gemäß gehandelt worden ist (RG 77 31, BGH VRS 37 355); näher hierzu Bohnert JR 82, 6. So ist z. B. ein Unfall nicht schon deswegen voraussehbar, weil ein Fahrer die während der Energiekrise eingeführte Geschwindigkeitsbegrenzung überschritten hat; andererseits kann ein Unfall auch bei geringeren als den generell vorgeschriebenen Geschwindigkeiten vorhersehbar sein. Auch dadurch, daß sich die Polizei oder Feuerwehr kraft ihrer öffentlich-rechtlichen Befugnisse über einzelne Polizeivorschriften hinwegsetzen kann, wird nicht stets Voraussehbarkeit eines Erfolges ausgeschlossen (RG 59 409, 65 158). Andererseits kann aus einer Verkehrsübertretung allein noch nicht auf die Voraussehbarkeit des Erfolges geschlossen werden (BGH VRS 10 285); es kommt auf die Umstände des Einzelfalles an (BGH VRS 15 427, Bay DAR/R 67, 285, Neustadt VRS 21 350; vgl. jedoch Saarbrücken VRS 31 232). Ein Zuwiderhandeln gegen gesetzliche oder behördliche Vorschriften wird aber meist ein Beweiszeichen dafür sein, daß ein Erfolg voraussehbar ist (RG 67 21, BGH 12 77, VRS 19 352, GA 66, 374, MDR/D 69, 194), sofern die Vorschrift der Verhütung von Erfolgen der Art dient, wie er in concreto eingetreten ist (vgl. BGH 4 185, Saarbrücken VRS 31 232, Celle VRS 49 25, Mühlhaus, Die Fahrlässigkeit in Rechtsprechung und Rechtslehre 54). Folglich kann eine Pflichtwidrigkeit i. S. der Fahrlässigkeitstatbestände nur aus der Verletzung solcher Vorschriften hergeleitet werden, die die Verhinderung gerade der Situation im Auge haben, die zum eingetretenen Erfolg geführt hat, und die den Schutz des verletzten Rechtsguts bezwecken (Bay VRS 58 412, Rudolphi JuS 69, 549). Daher kann z. B. eine Verletzung des Vorfahrtsrechts als für den Unfall ursächliche Pflichtverletzung nur dann angesehen werden, wenn der Vorfahrtsberechtigte verletzt wurde, nicht dagegen die Verletzung eines anderen Verkehrsteilnehmers voraussehbar zu sein. So ist es für die die Vorfahrt verletzenden Kraftfahrer regelmäßig nicht vorhersehbar, daß der durch ihn behinderte Fahrer wegen Versagens der Bremsen einen Fußgänger tödlich verletzt (vgl. jedoch Celle VRS 49 25), denn man rechnet allgemein damit, daß die Fahrzeuge den Anforderungen des Verkehrs entsprechen (vgl. Hamm VRS 10 136). Wer eine nur Anliegern vorbehaltene Straße benützt, muß nicht schon deshalb mit einem Unfall rechnen.

184 Zu beachten ist aber, daß das **Erfahrungswissen** in bestimmten Lebensbereichen in allgemeine Regeln oder Normen einfließen kann, deren Bedeutung für den Vorwurf der Fahrlässigkeit klarzustellen ist. So spricht z. B. § 323 von den „allgemein anerkannten Regeln der Technik" und meint damit solche Erfahrungssätze, die sich als für die Sicherheit des Baues erforderlich durchgesetzt haben. Entsprechende **technische Normen** gibt es in vielen Bereichen gewerblicher Tätigkeit, so z. B. für Elektriker. Diese Normen können nicht als eine den Richter bindende Bewertung dessen gelten, was an Sorgfalt von dem einzelnen verlangt werden kann, liefern aber regelmäßig Maßstäbe dafür, was an Sorgfalt objektiv erforderlich ist und begrenzen regelmäßig subjektiv die Verantwortlichkeit dessen, der sich auf sie verläßt und sich nach ihnen richtet (vgl. BGH NJW 87, 372). Eingehend zu diesen Fragen Lenckner Engisch-FS 490 ff.

185 b) Maßgeblich für die Voraussehbarkeit ist die **Beurteilung ex ante** aufgrund der dem Täter in der Tatsituation bekannten und erkennbaren Umstände. Nachträglich gewonnene Erkenntnisse sind ohne Bedeutung (BGH VRS 5 368, DAR/M 68, 118); vgl. hierzu Roxin ZStW 78, 211, Honig-FS 138 Anm. 18 sowie Stratenwerth Gallas-FS 227 ff., der allerdings auch ex post festgestellte Umstände beim Gefahrenurteil berücksichtigen will.

186 c) **Einzelfälle: Voraussehbar** soll **nach der Rspr.** sein: Benutzung einer Pistole, die ein Theatergast in seinem in der Garderobe abgegebenen Mantel gelassen hat, zur Tötung eines Menschen (RG 34 91); Schadenseintritt infolge Verletzung einer Unfallverhütungsvorschrift, auch wenn schuldhaftes Verhalten eines anderen (Karlsruhe VRS 57 411), insb. des Opfers (vgl. BGH VRS 54 436) zum Erfolg beigetragen hat (RG DR 43, 1134, Ausnahme Bay DAR 52, 154); Explosionsgefahr bei Beschädigung von Gasleitungen bei Baggerarbeiten (BGE 90 IV 246, 252); kürzerer Bremsweg des Vorausfahrenden (BGE 91 IV 14); zweckwidriges Verhalten des später Getöteten infolge Aufregung (Düsseldorf DRiZ 35 Nr. 5507); Hinderung am Steuern durch einen unter Alkoholeinfluß stehenden Mitfahrer (BGH 9 335, DAR/M 60, 58, Düsseldorf DAR 51, 147); Tod eines Verletzten infolge Embolie (Stuttgart NJW 56, 1451 m. abl. Anm. Henkel; vgl. jedoch auch Stuttgart NJW 59, 2320), Lungenentzündung (BGH VRS 20 278) oder Gehirnblutung (Hamm VRS 21 426) oder sonstige medizinische Komplikationen (Hamm NJW 73, 1422); Tod nach Abgabe von Heroin an einen Süchtigen (BGH JR

82, 341 m. Anm. Loos u. Schünemann NStZ 82, 60, NStZ 84, 452, Bay StV 82, 73, Celle MDR 80, 74); ferner ein Nervenschock infolge eines Verkehrsunfalls (BGH DAR/M 62, 63f.); tödlicher Verlauf einer Schwarzfahrt infolge Nichtabschließens des Wagens (BGH VRS 20 282). Der Kraftfahrer, der einen Gegenstand auf der Straße wahrnimmt, dessen Beschaffenheit aber nicht erkennen kann, muß damit rechnen, daß es sich um einen Menschen handelt (BGH 10 3, VRS 22 44, 27 110); Verletzung eines Kindes durch einen agressiven Hund, auch wenn dieser bislang nur andere Hunde angefallen hat (Stuttgart Justiz 84, 209; vgl. auch Düsseldorf DAR 87, 93; Bay JZ 87, 255: Anleinpflicht). Beim Überholen eines Zweirades ist nach BGH VRS 27 196 immer mit einer gewissen Seitwärtsbewegung zu rechnen. Zur Voraussehbarkeit von Mängeln des Fahrzeugs vgl. BGH 12 75, VRS 32 209.

Die Rspr. hat **mangelnde Voraussehbarkeit** in folgenden Fällen angenommen: Tödlicher Ausgang **187** einer durch die Verletzung erforderlich gewordenen Operation infolge einer harmlosen Narkose (RG 29 219, Hamm VRS 18 356); Erfolgseintritt aufgrund einer fernliegenden, von einem Dritten herbeigeführten Zwischenursache (RG 56 350, 72 372, BGH 3 64, DAR/M 68, 118); Verletzung des gezüchtigten Kindes, das Leichtbluter ist (BGH 14 52); Tod durch Schock und Herzinfarkt beim Überholen im Straßenverkehr (Stuttgart VRS 18 365); Tod eines herzkranken Kraftfahrers infolge unfallbedingter Erregung bei einem leichten Auffahrunfall (Karlsruhe NJW 76, 1853). Ein Kraftfahrer braucht z. B. nicht schlechthin mit einem Eingriff eines Mitfahrers zu rechnen (BGH VRS 4 201) oder mit verkehrswidrigem Verhalten spielender Kinder (vgl. die Nachw. u. 213) oder mit dem Auffahren eines langsam fahrenden Motorradfahrers auf ein verkehrswidrig abgestelltes Fahrzeug (Hamm VRS 12 56); nach Bay DAR/R 67, 285 auch nicht damit, daß er bei einer Geschwindigkeit von 60 bis 65 km/h auf nasser, aber gerader Strecke so ins Schleudern kommen kann, daß er die Herrschaft über das Fahrzeug verliert. Grobes Verschulden des Vorfahrtsberechtigten kann u. U. die Voraussehbarkeit beim Wartepflichtigen ausschließen (vgl. BGH VRS 16 124). Der Benutzer der Autobahn braucht nicht mit Hindernissen auf der Fahrbahn zu rechnen, deren Entstehung ausschließlich oder überwiegend auf eine Pflichtverletzung von Personen der Autobahnverwaltung zurückgeht (BGH 10 121 m. Anm. Salger NJW 57, 682; krit. dazu Cramer § 3 StVO RN 36) oder auf einem grob verkehrswidrigen Verhalten eines anderen Verkehrsteilnehmers beruhen (Köln DAR 68, 154). Bei einem noch fast neuen Kfz darf sich der Fahrer auch ohne weitere eigene Prüfung darauf verlassen, daß die Bremsen einer Vollbremsung standhalten (BGH VRS 27 348 f.).

VI. Rechtswidrigkeit. Die durch die Tatbestandserfüllung **indizierte Rechtswidrigkeit** **188** kann auch bei Fahrlässigkeitsdelikten durch Rechtfertigungsgründe ausgeschlossen werden; eingehend hierzu 92 ff. vor § 32. In Betracht kommen einmal die allgemeinen Rechtfertigungsgründe (ebenso Samson SK Anh. zu § 16 RN 31, D-Tröndle 15, Eser JZ 78, 368); so kann z. B. bei fahrlässigen Sportverletzungen die Rechtswidrigkeit durch Einwilligung in den sportlichen Wettkampf ausgeschlossen werden (vgl. Welzel 97, 138, § 226a RN 16; nach M-Gössel II 122f. bewirkt die Einwilligung dagegen, daß infolge Sozialadäquanz bereits die tatbestandsmäßige Sorgfaltswidrigkeit entfällt). Auch Notwehr kommt als Rechtfertigungsgrund bei Fahrlässigkeitstaten in Betracht; vgl. hierzu 92 ff., vor § 32.

Zur Bedeutung des erlaubten, d. h. **gerechtfertigten Risikos** vgl. 100ff. vor § 32. Nach **189** Schmidhäuser I 175ff. begründet der Sorgfaltsverstoß die Rechtswidrigkeit der fahrlässigen Handlung (ebenso Schaffstein-FS 129ff.); ist ein Risiko erlaubt, so ist nach Schmidhäuser aaO die Rechtswidrigkeit ausgeschlossen.

VII. Schuld. Die Schuld beim Fahrlässigkeitsdelikt setzt neben den **allgemeinen Schuldvor- 190 aussetzungen** (Schuldfähigkeit, potentielle Verbotskenntnis) nach dem hier vertretenen Fahrlässigkeitsbegriff voraus, daß dem Täter ein **persönlicher Vorwurf** daraus gemacht werden kann, daß er im konkreten Fall die ihm an sich mögliche Sorgfalt außer acht ließ, obwohl ihm die Einhaltung der Sorgfaltspflicht zumutbar war und er einen solchen Erfolg hätte voraussehen können (a. A. wegen Berücksichtigg des individuellen Maßstabes bereits im Unrecht Stratenwerth 294 ff., 300, M-Gössel II 163 f., Samson SK Anh. zu § 16 RN 34). Zu den allgemeinen Problemen der Schuld vgl. 108 ff. vor § 13.

1. Die **Schuldfähigkeit** ist bei Fahrlässigkeitsdelikten grundsätzlich nicht anders zu beurteilen **191** als bei Vorsatzdelikten. Zwar wird es oft so sein, daß ein Schuldunfähiger infolge seines geistigen Defekts nicht in der Lage ist, ein Mindestmaß an Sorgfalt zu erbringen, so daß ihm kein personaler Vorwurf gemacht werden kann. Für die Verhängung der für Schuldunfähige vorgesehenen Maßregeln der Besserung und Sicherung (vgl. §§ 61 ff.) genügt dann die Feststellung, daß er den als Mindestmaß anzusehenden Durchschnittsanforderungen (vgl. o. 131ff.) nicht gewachsen ist (Jescheck 535f.). Denkbar sind aber auch Fälle, in denen der Schuldunfähige die Gefährlichkeit seines Verhaltens erkennt, ihm aber infolge seines Defekts die Einsicht fehlt, das riskante Verhalten zu unterlassen; eine Bestrafung scheitert dann an § 20 (vgl. dort RN 29). Entsprechendes gilt für die verminderte Schuldfähigkeit nach § 21; vgl. dort RN 4.

Besonderheiten ergeben sich bei der **nachgewiesenen** oder **nicht auszuschließenden Schuld- 192 unfähigkeit** bei § 323 a. Da diese Vorschrift den aus einer Alkoholintoxikation sich ergebenen

Gefahren begegnen will, ist darauf abzustellen, welches Maß an Sorgfalt der Betreffende im nüchternen Zustand zu erbringen imstande war (RG DStR **36**, 181, Stratenwerth 300 f., Jescheck 536 FN 5; vgl. auch § 323a RN 19).

193 2. Die Fahrlässigkeitsschuld setzt ebenso wie die Schuld bei der Vorsatztat das **Bewußtsein der Rechtswidrigkeit,** das als aktuelles freilich nur bei der bewußten Fahrlässigkeit denkbar ist (vgl. u. 203), oder **potentielles Unrechtsbewußtsein** voraus (Bockelmann aaO 213, Jescheck 536, M-Gössel II 163 f., Schmidhäuser I 230 ff., Stratenwerth 301, Welzel, Verkehrsdelikte 32). Freilich wird der Vorwurf, vermeidbare Gefahren nicht erkannt und sich nicht auf sie eingestellt zu haben, mit dem Vorwurf, die Rechtswidrigkeit des Verhaltens nicht erkannt zu haben, praktisch identisch sein. Immerhin sind Fälle denkbar, in denen ein Irrtum darüber entstehen kann, ob bestimmte Gebote oder Verbote echte Rechtspflichten oder nur Anstandspflichten enthalten (vgl. Jescheck 536). Dieses Problem spielt allerdings weniger im Strafrecht als im Ordnungswidrigkeitenrecht eine Rolle. Unvermeidbare Verbotsunkenntnis schließt hier die Schuld und damit die Ahndbarkeit aus. Zur Abgrenzung von Tatbestands- und Verbotsirrtum beim Fahrlässigkeitsdelikt vgl. Arzt ZStW **91**, 857, dessen Überlegungen dahin gehen, „daß beim Fahrlässigkeitsdelikt die Vorsatztheorie anzuwenden" sei (aaO 884).

194 3. Ein Schuldvorwurf hängt bei den Fahrlässigkeitsdelikten weiter davon ab, daß der Täter nach seinen **persönlichen Fähigkeiten** in der für den Schuldvorwurf maßgeblichen Situation in der Lage ist, die ihm obliegende Sorgfaltspflicht zu erkennen und zu erfüllen, einen etwa zur Tatbestandserfüllung gehörenden Erfolg vorauszusehen, und daß ihm ein normgerechtes Verhalten zumutbar ist. In diesen Voraussetzungen liegen die eigentlichen Schwierigkeiten des personalen Vorwurfs, der dem Fahrlässigkeitstäter gemacht wird.

195 a) In der Praxis wird das **Schuldprinzip** nur dann gewahrt, wenn der – von Rspr. und Schrifttum anerkannte – Grundsatz ernst genommen wird, daß ein **subjektiver Maßstab** anzulegen ist bei der Frage, ob der Täter die ihm obliegende Sorgfaltspflicht in vorwerfbarer Weise nicht beachtet hat. Dies bedeutet, daß der Täter nach seinen individuellen Fähigkeiten, Kräften, Erfahrungen und Kenntnissen in der kritischen Situation die sorgfaltswidrige Handlung und den Erfolg hätte vermeiden können. Dabei ist aber folgendes zu beachten. Das Höchstmaß an Leistung, das der Täter zu erbringen imstande ist, kann schon die Grundlage der für ihn geltenden Sorgfaltspflicht bilden, sofern er eine höhere als die durchschnittliche Sorgfalt erbringen kann (vgl. o. 131 ff.). Nun ist aber niemand imstande, die „Idealforderung ständiger gespanntester Aufmerksamkeit und raschester, zweckmäßigster Reaktion zu verwirklichen" (Stratenwerth 293, Cramer DAR 74, 322 ff.). Ein Versagen in einer kritischen Situation kann daher dem Täter noch nicht deswegen zum Vorwurf gemacht werden, weil er ansonsten in der Lage ist, Risiken der in Betracht kommenden Art zu meistern. Dies zeigt sich z. B. bei Fehlreaktionen in einer Affektsituation, in körperlichen Streßsituationen, die dem Täter nicht bewußt werden, oder auch generell beim Verkehrsverhalten, bei dem auch dem gewissenhaftesten Fahrer Fehler unterlaufen, d. h. eine Fehlerquote existiert, die durch keine Anstrengung zu beseitigen ist.

196 Zur Einschränkung der Fahrlässigkeitshaftung de lege ferenda vgl. Cramer DAR 74, 322, Volk GA 76, 161, Schroeder ZStW **91**, 257, LK § 16 RN 215, Gössel ZStW **91**, 270.

197 b) Als Umstände, die den Täter **entlasten** können, sind z. B. intellektuelle oder körperliche Mängel, mangelndes Erfahrungswissen, mangelndes Reaktionsvermögen (vgl. BGH VRS **44** 431: Wahrnehmungsverzögerung infolge schuldloser Signalfarbenverwechslung), Affekt- oder Erregungszustände usw. zu berücksichtigen. So ist z. B. ein Unfall, der auf einen nicht erkennbaren Altersabbau zurückzuführen ist, nicht vorwerfbar (Bockelmann aaO 211), plötzlich auftretende Ermüdung kann ebenso entlasten wie plötzlich auftretende Übelkeit, auf die ein Kraftfahrer nicht vorbereitet ist (BGH VRS **7** 181, DAR **58**, 194; vgl. jedoch Hamm NJW **76**, 2307, wonach ein Bewußtseinsverlust auch bei vegetativ labilem Blutdruck ausgeschlossen sein soll), fehlende Fahrpraxis verpflichtet zu besonderer Vorsicht, entlastet jedoch, wenn nicht zu erwartende Situationen nicht gemeistert werden (BGH DAR **56**, 106, KG VRS **7** 184). Die Voraussehbarkeit kann insb. im Zustande des Affekts ausgeschlossen sein. Handelte der im Bett überfallene Täter in „völliger Bestürzung", so konnte er die Anwesenheit einer von ihm verletzten dritten Person, die „bei einiger Aufmerksamkeit an sich erkennbar" gewesen wäre, nicht erkennen (vgl. RG **58** 30, wo allerdings die Entscheidung mit Unzumutbarkeit begründet wurde). Verwirrung, Furcht oder Schrecken schließt vor allem bei der Überschreitung des Notwehrrechts die Schuld aus (vgl. § 33), kann aber auch unter allgemeinen Gesichtspunkten der Vorwerfbarkeit entlasten (BGH VRS **10** 123; vgl. auch BGH VRS **23** 369, DAR/M **68**, 119). Zu Schrecksituationen im Straßenverkehr vgl. u. 216. Grundsätzlich entlasten hier den Kraftfahrer nur solche Gefahrensituationen, in die er schuldlos gerät (BGH VRS **19** 108; vgl. auch BGH VRS **34** 434).

Bei der **pflichtwidrigen Tätigkeitsübernahme** ist ein Vorwurf nur begründet, wenn der 198
Täter weiß oder wissen kann, welche Gefahren er zu meistern hat. So entfällt z. B. in dem von
Schmidhäuser (444) gebildeten Bsp. ein Schuldvorwurf wenn jemand, der die automatischen
Türen einer U-Bahn noch nie erlebt hat, ein Kind, dessen Aufsicht er übernommen hat, nicht
aus dem Gefahrenbereich fernhält und damit dessen Verletzung durch die sich schließende Tür
verursacht. Bestimmt sich die anzuwendende Sorgfalt an überdurchschnittlichem Individualvermögen, so kann im Einzelfalle gleichwohl ein Vorwurf entfallen, z. B. bei der Übernahme
einer schwierigen Operation, die infolge nicht vorhersehbarer Komplikationen über mehrere
Stunden dauert und bei der dem übermüdeten Chirurgen ein Kunstfehler unterläuft.

b) Bei den fahrlässigen Erfolgsdelikten gilt hinsichtlich der **Voraussehbarkeit** des tatbe- 199
standsmäßigen **Erfolges** (Schaden, konkrete Gefährdung) im Rahmen der Vorwerfbarkeit
ebenfalls ein **subjektiver Maßstab** (Jescheck 538, Schmidhäuser 444, Welzel 175), im Grundsatz
ist dies auch die Auffassung der Rspr. (vgl. jedoch o. 181). Maßgeblich sind die persönlichen
Verhältnisse und Fähigkeiten des Täters. Der Täter muß also in der Lage gewesen sein, die
tatsächlichen Qualitäten seines Handelns oder dessen verbotenen Erfolg zu erkennen bzw.
vorherzusehen. Dabei stehen Sorgfaltspflicht und Voraussehbarkeit in engen Wechselbeziehun-
gen. Auf Ereignisse, die man nicht vorhersehen kann, kann man sich nicht einstellen, braucht
sie also bei der Überlegung der notwendigen Sorgfalt nicht zu berücksichtigen. Die beiden
Erfordernisse müssen innerlich und zeitlich so zusammenfallen, daß die Voraussehbarkeit
spätestens z. Z. der Pflichtwidrigkeit vorhanden ist (RG **67** 19). Die Feststellung der Voraussehbarkeit macht bei den Tätigkeits- und Unterlassungsdelikten keine Schwierigkeiten. Wer als
Zeuge falsche Angaben zur Person macht und beeidet, muß imstande gewesen sein zu erkennen, daß auch diese Aussage Gegenstand des Eides ist (RG **60** 407). Dagegen ergeben sich auch
hier bei den Erfolgsdelikten Schwierigkeiten, Maßstäbe für den Umfang der Vorhersehbarkeit
zu finden, insbes. für die kausale Verknüpfung zwischen dem Handeln und dem Erfolg.

Das Merkmal der **Vorhersehbarkeit entspricht** dem des **Wissens** beim Vorsatz. Dem Täter 200
muß es daher möglich gewesen sein, diejenigen Elemente zu erkennen, die er beim Vorsatz
hätte wissen müssen. Zu beachten ist jedoch, daß bei der Fahrlässigkeit insofern eine Erweiterung notwendig ist, als einem Täter auch zur Last gelegt werden kann, daß er in einer Situation
mangelnder Vorhersehbarkeit oder Ungewißheit über die Folgen überhaupt gehandelt hat. Der
Täter muß daher erkannt haben können: den Erfolg seines Handelns in seiner rechtlichen
Qualität, nicht nur irgendeinen verbotenen Erfolg (RG **29** 221, **34** 94), aber andererseits auch
nicht den Erfolg gerade am individuellen Objekt (RG **19** 53), und außerdem die Kausalkette, die
seine Handlung mit dem Erfolg verbindet (vgl. Celle VRS **15** 351, Köln NJW **63**, 2382,
Baumann/Weber 432, Schmidhäuser 441, Engisch, Untersuchungen 373, Berz JuS **69**, 370).
Letzteres allerdings ebensowenig wie bei Vorsatz in allen konkreten Einzelheiten, sondern nur
in den wesentlichen Zusammenhängen. Nach der Rspr. (RG **73** 372, BGH **12** 77, VRS **16** 33, **17**
37, **22** 367, **24** 212, GA **60**, 112, **69**, 247, DAR/M **69**, 144, MDR/D **71**, 16, **72**, 570, Celle NJW
58, 271, VRS **33** 315, Köln VRS **20** 356, Hamm VRS **38** 183) muß der **Erfolg nur im Endergebnis** voraussehbar gewesen sein, nicht auch der Ablauf der Ereignisse. Die Verantwortlichkeit
soll aber für solche Ereignisse entfallen, die „so sehr außerhalb aller Lebenserfahrung liegen,
daß sie der Täter auch bei den Umständen des jeweiligen Falls gebotenen und ihm nach seinen
persönlichen Fähigkeiten und Kenntnissen zuzumutenden sorgfältigen Überlegungen nicht zu
berücksichtigen brauchte" (RG **73** 372); vgl. dazu o. 180.

Da die Maßstäbe der Vorhersehbarkeit auch hier **rein subjektiv** zu bestimmen sind, ist 201
maßgeblich und zurechenbar nur, was dieser Täter nach seinen persönlichen Kenntnissen und
Fähigkeiten (RG **73** 262) in der konkreten Situation als möglich hätte vorhersehen können (vgl.
Hamm VRS **10** 367, BGH MDR/D **73**, 18); zu den praktischen Schwierigkeiten, diesen möglichen Maßstab zu ermitteln, vgl. Lenckner in Göppinger/Witter, Handb. d. forens. Psychiatrie
59. Es ist daher zumindest mißverständlich, wenn die Rspr. des öfteren ausgeführt hat, die
eingetretenen Folge dürfe nicht so sehr außerhalb der Erfahrung des Lebens liegen, daß sie vom
Täter auch bei Anwendung der ihm zuzumutenden sorgfältigen Überlegung nicht in Rechnung
gestellt zu werden brauche (BGH **3** 64, NJW **57**, 1527), oder wenn an anderer Stelle darauf
hingewiesen wird, daß den objektiven Maßstab die Erfahrung des täglichen Lebens, der gewöhnliche Lauf der Dinge innerhalb der Grenzen allgemeiner Erfahrung bilde (RG **29** 221, **56**
349, Hamm VRS **10** 367; vgl. o. 180). Diesen Entscheidungen kann nicht zugestimmt werden,
soweit sie dem Täter Folgen zur Fahrlässigkeit zurechnen, weil eine Lebenserfahrung dafür
spricht, daß derartige Folgen durch Handlungen der in Frage stehenden Art herbeigeführt
werden. Die Frage, womit „man" rechnen könne und in welchem Umfange der eingetretene
Ablauf und die eingetretenen Folgen im Rahmen des nach normaler menschlicher Erfahrung
Möglichen liegen, könnte allenfalls im Rahmen der objektiven Zurechnung berücksichtigt
werden (so z. B. Henkel NJW **56**, 1451, M-Gössel II 251 f.). Im Bereich der Vorwerfbarkeit ist

dagegen der Nachweis erforderlich, daß der Täter in diesem konkreten Falle mit der Möglichkeit hätte rechnen können, daß derartige Erfolge durch seine Handlung herbeigeführt werden würden. Ähnlich wie bei der Vermeidbarkeit des Verbotsirrtums nach § 17 kommt es entscheidend darauf an, daß der Täter wenigstens Veranlassung hatte anzunehmen, daß sein Verhalten riskant sei und daher zu einem Erfolg führen könne (vgl. § 17 RN 16). Gegen die in Urteilen häufig anzutreffende Formulierung, die Maßstäbe der Vorhersehbarkeit seien nach der objektiven, dem Täter zugänglichen Erfahrung (RG HRR **42** Nr. 130; vgl. auch RG HRR **36** Nr. 1151, BGH NJW **57**, 1527, Düsseldorf JMBlNRW **58**, 140, Celle VRS **15** 351) zu bestimmen, bestehen keine Bedenken, da hiermit klargestellt ist, daß diese Maßstäbe dem Täter in der gleichen Weise zur Verfügung standen wie dem Richter. Diese Grundsätze gelten auch dann, wenn der Täter eine Rechtsverletzung (z. B. Verkehrsverstöße) begeht und zu entscheiden ist, ob er den daraus resultierenden Unfall vorhersehen konnte (vgl. BGH NJW **57**, 1927, VRS **10** 293).

202 Die Rspr. betont stark die objektiven Maßstäbe, obwohl auch sie anerkennt, daß maßgeblich das subjektive Können des Täters ist (vgl. o. 199), namentlich dem Grad der Bildung und dem daraus folgenden höheren Grad von Einsicht Bedeutung zuzumessen ist (RG **73** 262, BGH GA **69**, 246). So haben die Gerichte dem Angekl. z. T. Erfolge seines Handelns deswegen zur Last gelegt, weil nach allgemeiner Erfahrung mit ihnen zu rechnen sei, und sind dabei über das Maß selbst des generell zu Erwartenden weit hinausgegangen. So z. B. BGH LM **Nr. 1** zu § 222, wonach beim Zusammenstoß zweier Radfahrer der mögliche Tod eines Radfahrers, der an Rückgratversteifung litt, vorhersehbar gewesen sein soll. Nach RG **54** 351 soll es auf die Vorhersehbarkeit besonderer Umstände, die erst zum konkreten Erfolg führen, nicht ankommen, sofern ein solcher Erfolg ohnehin im Rahmen einer möglichen Wirkung der Handlung lag (so ausdrücklich Karlsruhe NJW **76**, 1854); vgl. auch RG **35** 131, Hamm VRS **38** 183, Celle VRS **49** 25. I. E. laufen diese Grundsätze darauf hinaus, daß dem Verursacher einer Verletzung alles zur Last fällt, was nach allgemeiner Erfahrung aus der Verletzung entstehen kann. Es werden also wie im Zivilrecht Adäquanzkriterien bei der Beurteilung der Fahrlässigkeit verwertet.

203 Die Feststellung der subjektiven Voraussehbarkeit ist unproblematisch bei der **bewußten Fahrlässigkeit** (Jescheck 539), bei der der Täter über die Gefährlichkeit seines Verhaltens und die Möglichkeit des Erfolgseintritts reflektiert, dann aber pflichtwidrig darauf hofft, daß er sich nicht realisieren werde (Stuttgart NJW **76**, 1852 m. Anm. Gollwitzer JR 77, 205, BGH JR **88**, 115 m. Anm. Freund). Fehlt dem Täter die Voraussicht im Hinblick auf den Erfolg, hätte er sich aber der Gefahr und damit der Möglichkeit eines Schadens bewußt werden können, so liegt **unbewußte Fahrlässigkeit** vor, deren Schuldgehalt verschiedentlich verneint wurde (Arthur Kaufmann, Das Schuldprinzip [1961] 156 ff., zweifelnd auch Bockelmann/Volk 168; gegen derartige Überlegungen Engisch, Untersuchungen 239, M-Gössel II 141), wobei freilich übersehen wird, daß jedenfalls das geltende Recht bei der Verantwortlichkeit keine Verengung auf bewußte Willensakte kennt (h. L.). Indessen ist nochmals darauf hinzuweisen, daß bei der unbewußten Fahrlässigkeit die individuellen Fähigkeiten (Intelligenz, körperliche Leistungsfähigkeit, Vorbildung, Erfahrungswissen usw.; vgl. o. 201) den alleinigen Maßstab dafür abgeben müssen, ob der Täter den Erfolg vorhersehen konnte. Dies setzt mindestens voraus, daß der Täter nach seiner bisherigen Erfahrung den Impuls zur Überprüfung der Gefährlichkeit seines Verhaltens spürt oder sich diese ihm nach seinem bisherigen Erfahrungswissen aufdrängen mußte, weil jenseits des motivatorisch Erreichbaren der Normbefehl machtlos ist (Jakobs Welzel-FS 307 ff., speziell zum Verkehrsverhalten Cramer DAR 74, 317 ff.). Dabei kommt es entscheidend auch darauf an, in welchem Lebensbereich die gefährliche Handlung liegt. Bei Lebensvorgängen, insbes. etwa im Straßenverkehr, deren Gefährlichkeit für jedermann auf der Hand liegt (riskante Überholmanöver, Vorfahrtverletzungen usw.), kann im allgemeinen auch von jedermann die notwendige Voraussicht erwartet werden, weil der mögliche Kausalzusammenhang einfach genug ist, „um auch dem beschränktesten Gemüt einzuleuchten" (Jescheck 539). Immerhin kann auch dieser für Alltagsvorgänge geltende Grundsatz nicht ohne Ausnahme bleiben (vgl. etwa das U-Bahn-Beispiel o. 198). Je komplizierter der Lebensvorgang allerdings ist, in dem sich möglicherweise ein gefährlicher Kausalzusammenhang abspielt, desto sorgfältiger ist zu prüfen, ob der Täter nach seinen Fähigkeiten eine Einsicht in die Gefährlichkeit des Vorgangs gewinnen konnte.

204 c) Anders als bei den Vorsatzdelikten ist die **Zumutbarkeit** normgemäßen Verhaltens unbestrittenermaßen ein konstitutives Element der Fahrlässigkeitshaftung (RG **30** 25 [„Leinenfängerfall"], **67** 18, BGH **4** 20, Hamm HESt. **2** 284, D-Tröndle 16, H. Mayer AT 141, Henkel Mezger-FS 286, Heitzer NJW 51, 829, Jescheck 539, Jakobs 485 f., Studien 141, M-Gössel II 160 ff., Samson SK Anh. zu § 16 RN 35, Welzel 183). **Streitig** ist allein der **verbrechenssystematische Standort** des Problems. Teilweise wird angenommen, die Unzumutbarkeit begrenze schon die objektive Sorgfaltspflicht (z. B. H. Mayer aaO, Henkel aaO), teilweise wird in der Unzumutbarkeit ein übergesetzlicher Schuldausschließungsgrund gesehen (Baumann/Weber

454, Bockelmann/Volk 167f., Schmidhäuser I 253, Stratenwerth 301, Welzel 183), schließlich die Ansicht vertreten, die Zumutbarkeit begrenze die vom Täter persönlich zu erbringende Sorgfaltspflicht (Frankfurt VRS **41** 35, Jescheck 539), endlich soll nach M-Gössel II 160ff. bei Unzumutbarkeit die Tatverantwortung entfallen. Das Prinzip der Zumutbarkeit kann in Wahrheit sowohl objektiv wie subjektiv die Pflicht begrenzen und hat im Rahmen der personalen Verantwortung in Gestalt einer Pflichtenbegrenzung wie als Entschuldigungsgrund eine Doppelfunktion zu erfüllen (vgl. 126 vor § 32). Im Pflichtenzusammenhang betrifft es die Frage, was billigerweise von einem Täter erwartet werden kann, um Gefahren zu begegnen, z. B. durch Ausschöpfung der ihm zugänglichen Erkenntnismittel, eigene Nachforschungen usw., wobei die Zumutbarkeit sich auch nach der Größe der drohenden Gefahr richtet (BGH VRS **20** 437; vgl. Frankfurt VRS **41** 35, BGH MDR/D **72**, 570). So hat z. B. RG **36** 81 Fahrlässigkeit des Vaters verneint, der sein Kind infolge kollidierender sittlicher Pflichten aus ethisch zu billigenden Gründen zu spät ins Krankenhaus brachte, da von ihm die richtige Entschließung zur richtigen Zeit nicht erwartet werden konnte. BGH NStZ **89**, 21 hat Fahrlässigkeit einer Frau verneint, die durch den für sie überraschenden und unvorbereiteten Geburtsvorgang in einen hochgradigen Schockzustand geraten war und deswegen Maßnahmen zur Rettung des Kindes unterließ. RG **74** 198 hat Unzumutbarkeit bei einem Straßenbahnschaffner angenommen, der sich einer Betriebsanweisung hätte widersetzen müssen, um die erforderliche Sorgfalt zu beachten. Die Unzumutbarkeit wirkt in diesen Fällen als regulatives Prinzip der Sorgfaltspflichten, nicht als echter „übergesetzlicher" Entschuldigungsgrund (Henkel Mezger-FS 282). Zur Unzumutbarkeit als Entschuldigungsgrund vgl. 126 vor § 32.

d) Das Strafrecht unterscheidet grundsätzlich nicht zwischen verschiedenen **Graden der** **205** **Fahrlässigkeit** (M-Gössel II 90f.; vgl. aber Sauer AT 181), jedoch kann die unterschiedliche Intensität fahrlässigen Verschuldens bei der Strafzumessung von Bedeutung sein. So kann die unbewußte Fahrlässigkeit milder beurteilt werden als die bewußte (Stuttgart NJW **76**, 1852; and. wohl Karlsruhe DAR **68**, 220). In bestimmten Fällen (z. B. §§ 138 III, 311 III) reicht aber nur ein **leichtfertiges Verhalten** aus. Zu beachten ist die Tendenz des Gesetzgebers, zunehmend Leichtfertigkeit zu fordern; vgl. die Aufzählung o. 106. Hierunter fällt nicht jede Fahrlässigkeit, sondern nur ein starker Grad von Fahrlässigkeit, etwa entsprechend der „groben Fahrlässigkeit" i. S. des Zivilrechts (RG **71** 176, Bay NJW **59**, 734). Vgl. noch Hall Mezger-FS 229ff., Lohmeyer NJW **60**, 1798. Eine eingehende Auseinandersetzung mit dem Begriff der Leichtfertigkeit bringt Wegscheider ZStW **98**, 624.

VIII. Fahrlässigkeitsprobleme in einzelnen Lebensbereichen. Von den zahlreichen Lebens- **206** bereichen, in denen Fahrlässigkeitsdelikte eine Rolle spielen, können hier nur die wichtigsten behandelt werden. Dabei werden hinsichtlich des Sorgfaltsmaßstabes auch außerstrafrechtliche Normen berücksichtigt, weil diese als mögliche Grundlage für eine Haftung im Rahmen der strafrechtlichen Erfolgstatbestände von Bedeutung sein können.

1. Im **Straßenverkehr** besteht für jeden Verkehrsteilnehmer die Pflicht, sein Verhalten so **207** einzurichten, daß Unfälle vermieden werden (§ 1 II StVO). Dieser Grundsatz ist durch zahlreiche Verhaltensanforderungen, insb. in der StVO und StVZO, die zu einer reichen Judikatur geführt haben, konkretisiert worden wobei allerdings zu beachten ist, daß frühere Entscheidungen vor allem durch die StVO vom 16. 11. 1970 (BGBl. I 1565, ber. 1971 I 38) und deren Änderung vom 27. 11. 1975 (BGBl. I 2967) überholt sind.

a) **Vor Beginn der Fahrt** hat der Fahrer sich nach der – allerdings oft überspannten – Rspr. **208** davon zu überzeugen, daß das Fahrzeug sich in fahrsicherem Zustand befindet. Insb. hat er zu überprüfen den Zustand der **Bereifung** (BGH NJW **52**, 233, DAR **61**, 341, VersR **63**, 148, Braunschweig VRS **30** 300; vgl. § 36 StVZO), der **Beleuchtung** (vgl. §§ 49a ff. StVZO), der **Bremsanlage** (§ 41 StVZO) und der **Warneinrichtungen** (§ 55 StVZO). Weiterhin hat er dafür zu sorgen, daß **keine Sichtbehinderungen** ihn beeinträchtigen (§ 23 I S. 1 StVO). Außerdem ist der Fahrer dafür verantwortlich, daß auch von der **Ladung** keinerlei Gefahr ausgehen kann (§ 22 StVO). Auf die Versicherung des Fahrzeughalters, das Fahrzeug befinde sich in ordnungsgemäßem Zustand, darf sich der Fahrer nicht verlassen (BGH **17** 277); auch darf er bei einem relativ neuen geliehenen Fahrzeug nicht von ordnungsgemäßen Bremsen ausgehen (BGH NJW **67**, 212, anders bei einem neuen eigenen Wagen [BGH VRS **27** 348]). Der Fahrer haftet ferner dafür, daß er selbst nicht in einem Zustand die Führung eines Fahrzeuges übernimmt, in dem er es nicht mehr sicher führen kann, etwa weil sein **Wahrnehmungs- oder Reaktionsvermögen** durch Arznei- oder Rauschmittel oder Müdigkeit beeinträchtigt ist; körperliche Mängel sind durch Benutzung entsprechender Hilfsmittel auszugleichen (z. B. Brillenträger), anderenfalls muß der Fahrer ihnen durch entsprechende vorsichtige Fahrweise Rechnung tragen (vgl. BGH VRS **6** 294, **9** 296: einäugiger Fahrer). Auch extreme **Witterungsverhältnisse** wie Glatteis können dazu führen, daß ein wenig geübter Kraftfahrer nicht in der Lage ist, das Fahrzeug hinreichend zu beherrschen; er darf dann ebenfalls die Führung des Fahrzeugs nicht übernehmen (vgl. Hamm VRS **25** 455). Nach den Umständen des Einzelfalls kann es geboten sein, die Mitnahme eines angetrunkenen **Beifahrers** abzulehnen oder ihn wenigstens auf den Rücksitz zu verweisen (Hamm VRS **48** 200, StVE **Nr. 8** zu § 23 StVO); zur Sorgfalt bei der Mitnahme eines Kleinkindes vgl. Karlsruhe StVE **Nr. 1** zu § 21 StVO. Der Fahrer eines Omnibusses ist jedoch nicht verpflichtet, sich vor dem Anfahren an einer Haltestelle zu vergewissern, daß alle Fahrgäste einen sicheren Halt haben (Köln VRS **71** 96).

209   **Während der Fahrt** hat der Kraftfahrer insb. die **Verkehrszeichen,** vor allem, soweit sie sich an den fließenden Verkehr richten (z. B. Überholverbot, Geschwindigkeitsbegrenzung, Vorrangregelung, Warnzeichen und Lichtzeichen), sorgfältig zu beobachten. Dabei muß der Fahrer seine Fahrweise schon im voraus auf solche Verkehrszeichen einrichten, die ihm bei einer gewissen Vorausschau erkennbar sind; so muß er etwa vor einem Überholvorgang durch einen Blick nach vorn klären, ob nicht innerhalb der mutmaßlich benötigten Überholstrecke ein Überholverbotszeichen steht, und gegebenenfalls von seinem Vorhaben Abstand nehmen (Hamm VOR § 41 StVO **Nr. 14**). Weiter muß der Fahrer auf **Zeichen** und **Weisungen** der **Polizeibeamten** achten und diese befolgen, was ihn jedoch andererseits wiederum nicht von der Beachtung der in der konkreten Situation erforderlichen Sorgfalt entbindet (§ 36 I StVO). Auch auf die Einhaltung des **Rechtsfahrgebots** (§ 2 StVO), die verkehrsgerechte Bemessung der **Geschwindigkeit** (§ 3 StVO), insb. die Einhaltung des Sichtfahrgebots (dazu eingehend Cramer § 3 StVO RN 33ff., 75ff.), hat der Kraftfahrer zu achten; eine Ausnahme von der Grundregel des Fahrens auf Sicht gilt nur gegenüber besonders schwer erkennbaren Hindernissen, d. h. solchen, die gemessen an den jeweils herrschenden Sichtbedingungen erst außergewöhnlich spät erkennbar werden (BGH VRS **9** 116, **18** 272, NJW **84**, 2412, VOR § 3 StVO **Nr. 81**, Bay VRS **22** 380 m. zust. Anm. Martin JR 62, 189, Hamm MDR **72**, 350 m. zust. Anm. Berz VOR § 3 StVO Nr. 70). Nimmt der Kraftfahrer jedoch einen Gegenstand auf der Fahrbahn wahr, den er nicht genau erkennen kann, so muß er damit rechnen, daß es sich um einen Menschen handelt (BGH **10** 3, VRS **22** 44, **27** 110). **Überholt** werden darf nicht, wenn eine Behinderung des Gegenverkehrs möglich ist oder eine unklare Verkehrslage besteht (§ 5 II, III StVO). Darüber hinaus ist beim Überholen der nachfolgende Verkehr zu beachten (§ 5 IV S. 1 StVO), dasselbe gilt auch beim **Vorbeifahren** an einem Hindernis auf der Fahrbahn nach § 6 StVO. Beim **Spurwechsel,** wenn sich auf den Fahrstreifen Fahrzeugschlangen gebildet haben (§ 7 StVO), und beim **Ein- und Anfahren** (§ 9 StVO) muß der Kraftfahrer darauf achten, daß jede Gefährdung anderer ausgeschlossen ist; dies gilt selbst bei Vorrang nach § 20 StVO (Düsseldorf VRS **65** 156). Beim **Ein- und Abbiegen** muß er sich durch eine doppelte Rückschau vergewissern, daß er nachfolgenden Verkehr nicht gefährdet (§ 9 StVO). Beim Rechtsabbiegen hat ein Lkw-Fahrer, der bei Rot an einer Kreuzung hält, sich ständig zu vergewissern, ob sich rechts neben der Fahrbahn ein Zweiradfahrer nähert (Hamm VRS **73** 280). Pflichtwidrig ist weiterhin die Einhaltung eines Abstandes zum vorausfahrenden Fahrzeug, der es nicht ermöglicht, hinter diesem noch anzuhalten, wenn es plötzlich gebremst wird. Der **Abstand** muß daher normalerweise so bemessen sein, daß er der Strecke entspricht, die das Fahrzeug in 1,5 Sek. durchfährt (BGH NJW **68**, 450). Beim Vorbeifahren oder Überholen ist ein **Seitenabstand** einzuhalten, der im Normalfall (auch gegenüber Radfahrern) etwa 1 m beträgt (BGH VRS **31** 404, **27** 196, Bay VRS **24** 225, Köln VRS **31** 158; vgl. auch Bamberg StVE **Nr. 29** zu § 5 StVO). Ein größerer Seitenabstand ist insb. gegenüber Radfahrern erforderlich, wenn besondere Wittungsverhältnisse oder Unsicherheiten des anderen Verkehrsteilnehmers auf größere Linksschwankungen schließen lassen (Neustadt VRS **15** 129, Köln VRS **31** 158, Saarbrücken StVE **Nr. 52** zu § 5 StVO, vgl. auch Köln VRS **26** 356, BGH VRS **18** 203, **31** 404). Gegenüber haltenden Omnibussen ist hingegen sogar ein Abstand von 2 m einzuhalten, weil hier häufig mit einige Schritte hinter dem Fahrzeug vortretenden Fußgängern gerechnet werden muß (BGH **13** 169, NJW **68**, 1532, VRS **34** 114, Hamm VRS **25** 433, **34** 281, Saarbrücken VM **80**, 79, Stuttgart DAR **60**, 236, Bay NJW **60**, 59, VRS **18** 304), sofern der Fahrer schneller fährt als Schrittgeschwindigkeit. An haltenden und parkenden Fahrzeugen kann dagegen mit einem geringeren Sicherheitsabstand als 1 m vorbeigefahren werden, da von ihren Insassen erwartet werden kann, daß sie den Vorrang des fließenden Verkehrs vor dem ruhenden beachten (Bay **51**, 404, DAR **56**, 111, Koblenz VRS **4** 489). Zu besonderer Sorgfalt ist der Kraftfahrer gegenüber alten und gebrechlichen **Fußgängern,** Betrunkenen und Kindern verpflichtet (vgl. dazu eingehend u. 213). Im übrigen kann sich der Kraftfahrer bei erwachsenen Fußgängern darauf verlassen, daß sie sich verkehrsgerecht verhalten und den Straßenverkehr beachten werden (BGH NJW **66**, 1211, VRS **26** 203), es sei denn, der Fußgänger sei von dem Auftauchen des Fahrzeugs überrascht worden (BGH **14** 97, vgl. auch BGH VRS **25** 49). Hat ein Kraftfahrer ein schadhaftes, aber zunächst noch verkehrssicheres Fahrzeug in Betrieb genommen, so hat er sein Augenmerk besonders darauf zu richten, ob sich der Schaden vergrößert und zur **Betriebsunsicherheit** führt (BGH **10** 338), u. U. darf er auch das Fahrzeug nicht bis an die Grenze des sonst

Vorsätzliches und fahrlässiges Handeln 210–212 § 15

zulässigen Maßes beanspruchen (vgl. Karlsruhe VRS **10** 330: schlechte Bremsen, BGH VRS **37** 276: abgefahrene Reifen, BGH VRS **22** 211, **32** 209: unterlassene oder unvollkommene Überprüfung der Bremsen vor Fahrtantritt).

Nach Beendigung der Fahrt muß der Fahrer von allen Sicherungseinrichtungen an dem 210 Fahrzeug Gebrauch machen (BGH **17** 181 m. Anm. Isenbeck NJW 62, 1971), er muß also insb. das Fahrzeug verschließen (Ausnahme bei Kabrioletts) und das **Lenkradschloß** oder die entsprechenden **Sicherungseinrichtungen** betätigen. Bei besonders starkem Gefälle muß er das Fahrzeug gegen ein Abrollen zusätzlich sichern (BGH aaO). Bleibt ein Fahrzeug liegen, so muß es entsprechend § 15 StVO abgesichert werden. Beim Aussteigen muß eine Gefährdung anderer Verkehrsteilnehmer ausgeschlossen sein (§ 14 I StVO).

b) Im Verhalten der verschiedenen Verkehrsteilnehmer zueinander wird heute mit Recht 211 allgemein anerkannt, daß unter normalen und ordnungsgemäßen Verhältnissen jeder auf ein verkehrsgemäßes Verhalten der anderen Verkehrsteilnehmer vertrauen darf, sich also nicht darauf einzustellen braucht, daß andere sich ordnungswidrig verhalten (st. Rspr., vgl. BGH **4** 47, 182, 191, **7** 118 [VGS], **9** 93, **14** 97, 211, VRS **5** 87, Bay DAR **52** 153, NJW **78**, 1492, Celle DAR **52**, 31, Neustadt DAR **60**, 181, Zweibrücken VRS **44** 275, Cramer § 1 StVO RN 38ff., J-Hentschel § 1 StVO RN 20ff.). Dieser „lebensgerechte **Vertrauensgrundsatz**" (Martin DAR 53, 164, Sanders DAR 69, 8) trägt allein der sozialen Bedeutung des modernen Straßenverkehrs Rechnung (M-Gössel II 101, Oswald SchwJZ 63, 281); ohne ihn würde jeder zügige Verkehr zum Erliegen kommen (BGH [VGS] **7** 121); er ergibt sich aus der Verpflichtung aller Verkehrsteilnehmer, Rücksicht zu üben und sich der Verkehrsgemeinschaft unterzuordnen (vgl. Cramer aaO). Wer sich im Rahmen dieser Grundsätze hält, bleibt straflos, auch wenn er einen Unfall verursacht (erlaubtes Risiko); vgl. die bei Cramer bei den einzelnen Paragraphen der StVO jeweils unter Abschnitt C zusammengefaßten Grundsätze.

Beispielsweise darf vertrauen: Ein Vorfahrtsberechtigter, daß der Wartepflichtige sein Vor- 212 fahrtsrecht beachtet (BGH **4** 47, **7** 118 [VGS], VRS **22** 128, VersR **77**, 524, Bay VRS **13** 61, Saarbrücken VM **81**, 4; vgl. aber Braunschweig VRS **13** 286, Köln VRS **13** 302), ein vorschriftsmäßig Fahrender, daß ein entgegenkommendes Fahrzeug nicht seine Fahrbahn kreuzt (vgl. BGH VRS **13** 250, **14** 294, VersR **65**, 899, KG VRS **17** 123; vgl. aber BGH VRS **16** 354) oder ihn nicht durch vorzeitiges Einschalten des Fernlichts blendet (BGH **12** 81; and. BGH **1** 309), jeder Verkehrsteilnehmer (insb. auch Fußgänger), daß die zulässige Höchstgeschwindigkeit nicht wesentlich überschritten wird (BGH VRS **21** 277, Hamm VRS **29** 142, Frankfurt VRS **34** 304), daß die Zeichen einer Signalanlage beachtet werden (Hamm JMBlNRW **68**, 152), der ordnungsgemäß Überholende, daß der andere nicht plötzlich nach links ausschert (BGH **4** 182, 191, NJW **52**, 35, DAR **75**, 73, VRS **7** 110, **18** 38, Karlsruhe VRS **34** 232; vgl. auch Hamm DAR **63**, 363), der fließende Verkehr, daß das Einsteigen in ein parkendes Fahrzeug ihn nicht gefährdet (Oldenburg DAR **57**, 306; vgl. auch BGH VRS **20** 122), ein Kraftfahrer, daß ein beschrankter Bahnübergang den Vorschriften entsprechend bedient wird (BGH GA/He **58**, 51; vgl. auch Celle VRS **17** 281), ein Lokomotivführer, daß die Führer von Straßenfahrzeugen den Vorrang des Zuges an einem unbeschrankten Bahnübergang beachten werden (BGH VRS **22** 141), der nachfolgende Fahrer, daß der vorausfahrende Pkw nicht unvermittelt ruckartig anhält (Bay DAR/R **65**, 254), umgekehrt darf aber der Vorausfahrende nicht darauf vertrauen, daß beim Kolonnenfahren der Nachfolgende in jedem Falle den gebotenen Sicherheitsabstand einhält (vgl. Bay VRS **28** 140). Ebensowenig darf der auf Ausbleiben eines Auffahrens vertrauen, der durch sein Verschulden auf der Autobahn liegen bleibt (vgl. BGH VRS **15** 374, Hamm VRS **10** 367, Köln JMBlNRW **64**, 187); and. bei genügender Absicherung (Bay ZfS **82**, 189). Zur Geltung des Vertrauensgrundsatzes bei Ausfahrt aus Grundstücken vgl. Celle StVE **Nr. 2** zu § 10 StVO, Hamm VRS **34** 226, beim Vorbeifahren an einem Fahrzeug vgl. Bay DAR **78**, 190 und beim Linksabbiegen vgl. BGH **14** 202, **15** 178, VRS **27** 352, Neustadt MDR **60**, 698, Hamm VRS **19** 227, **23** 63, **34** 137, Saarbrücken VRS **35** 41; vgl. aber auch Bay NJW **65**, 2029, Saarbrücken VRS **19** 74 (Einbiegen in Grundstück), Karlsruhe VersR **61**, 911. Ein Kraftfahrer braucht nicht damit zu rechnen, daß ein Mitfahrer eingreift (BGH VRS **4** 201; mißverständlich BGH **9** 335). Beruht das Verhalten des Fahrgastes dagegen auf der pflichtwidrigen Fahrweise des Fahrers, ist für diesen der Eingriff vorhersehbar (BGH DAR/M **56**, 59). Er darf darauf vertrauen, daß in einer Kette von Radfahrern jeder auf den Verkehr achtet (RG RdK **42**, 130), seine Richtungszeichen nicht beachtet (BGH VRS **27** 267) oder daß ein Radfahrer ohne ersichtlichen Grund vor dem herannahenden Fahrzeug plötzlich auf die andere Straßenseite überwechselt (BGH DAR/M **68**, 119), ebensowenig, daß ein Erwachsener vom Fahrbahnrand plötzlich auf die Fahrbahn läuft (BGH **3** 49, VRS **14** 86, 296, VersR **64**, 168, 826, Bremen DAR **63**, 253; vgl. auch BGH **14** 97, Oldenburg VRS **20** 452). Zum Verhalten gegenüber Fußgängern vgl. noch BGH **14** 99, VRS **20** 51, **23** 373, Bay DAR **59**, 19, KG VRS **22** 450 (Zebrastreifen), Hamm VRS **19** 122, **23** 119, **35** 24, Köln JMBlNRW **64**, 200, Mittelbach DAR **61**, 244; gegenüber Kindern vgl. u. 213.

213 Der **Vertrauensgrundsatz** findet dort seine **Grenze,** wo dem Verkehrsteilnehmer das verkehrswidrige Verhalten bzw. die Verkehrsuntüchtigkeit eines anderen deutlich erkennbar ist (vgl. BGH VRS **44** 192, **65** 461, Köln VRS **31** 271) oder aufgrund des begangenen Fehlers weiteres Fehlverhalten zu erwarten ist (BGH **13** 169). Hierauf müssen sich die anderen Verkehrsteilnehmer einstellen und dürfen nicht durch ihr Verhalten die Unfallgefahr vergrößern. Wer an der Fahrweise feststellen kann, daß ein vor ihm fahrender Kraftfahrer betrunken ist (vgl. dazu Celle NdsRpfl. **61,** 157), darf nicht darauf vertrauen, daß dieser sich im Augenblick des Überholens ordnungsgemäß verhält; dasselbe gilt bei offensichtlich unachtsamen Fußgängern (BGH **3** 49, **14** 99; vgl. auch BGH **10** 3, VRS **18** 125). Besonderer Vorsicht bedarf es gegenüber **Kindern** im Verkehr (BGH NJW **51,** 770, VRS **17** 446, **18** 358, **20** 4, 126, 132, **23** 371, 445, **26** 348, **27** 100, VersR **61,** 837, Köln VRS **14** 110, **28** 266, **34** 113, Celle VRS **31** 34, Stuttgart DAR **58,** 310, Hamm VRS **34** 114, Saarbrücken VRS **70** 106). Dies gilt vor allem bei kleinen Kindern, von denen wegen ihrer Unerfahrenheit ein verkehrsgemäßes Verhalten nicht erwartet werden kann (BGH **3** 49, **14** 99, VRS **20** 336, Hamburg VRS **15** 270, **18** 358, StVE **Nr. 6** zu § 1 StVO, Schleswig SchlHA **59,** 55, Düsseldorf VRS **63** 257); and. bei ersichtlich verkehrserfahrenen Kindern (Bay NJW **82,** 346, Düsseldorf VRS **63** 66) sowie bei Kindern, die unter Aufsicht Erwachsener stehen (BGH **9** 92, Köln VRS **28** 266), da hier auf deren Aufmerkamkeit vertraut werden kann. Gegenüber Kindern im schulpflichtigen Alter ist erhöhte Aufmerksamkeit geboten, ihnen gegenüber ist der Vertrauensgrundsatz jedoch nicht völlig ausgeschlossen (Bay DAR/R **81,** 237, StVE **Nr. 29** zu § 1 StVO, VRS **76** 144). Mit Recht betont aber Celle VRS **31** 33, daß es letztlich immer auf die Besonderheiten des Einzelfalles ankommt. Nach Düsseldorf NJW-RR **86,** 575 soll ein Kraftfahrer, der anhält und Zwölfjährige durch Handzeichen auffordert, die Fahrbahn zu überqueren, sogar eine Garantie dafür übernehmen, daß die Kinder auch die übrigen Fahrspuren gefahrlos überqueren können. Die Einschränkung des Vertrauensgrundsatzes gilt auch gegenüber **alten** und **gebrechlichen Fußgängern,** weil sie sich nicht oder nur schwer an die Verkehrssituation anpassen können oder unachtsam sind (BGH VRS **17** 204, **20** 336, Koblenz VRS **42** 278, Hamburg VM **66,** 44, StVE **Nr. 23** zu § 1 StVO). Doch ist Verkehrsunsicherheit nicht schon bei jedem alten Menschen zu unterstellen (BGH VRS **17** 204, Hamburg aaO), sondern nur bei hohem Alter oder Gebrechlichkeit (zur Behinderung durch Traglast vgl. Köln VRS **27** 197). Diese Grundsätze finden heute ihren Ausdruck in § 3 IIa StVO (vgl. dazu Bay NJW **82,** 346, Beck DAR **80,** 236). Ebenso entfällt der Vertrauensgrundsatz, wenn besondere Umstände eine **erhöhte Gefährlichkeit** des Straßenverkehrs mit sich bringen, so wenn ein Straßenkreuzung besonders unübersichtlich ist (vgl. BGH VRS **17** 50, Oldenburg NdsRpfl. **59,** 232), die Verkehrslage sonst unklar ist (BGH VRS **34** 283) oder eine auf dem Fahrdamm stehende Menschengruppe durch die Beobachtung einer Schaustellung abgelenkt wird (AG Düsseldorf DAR **52,** 112); zum Verhalten von Fußgängern bei haltenden Verkehrsmitteln vgl. BGH **13** 69, Stuttgart NJW **60,** 2016, Hamm VRS **34** 281.

214 Eine weitere Ausnahme gilt dort, wo besonders **häufig** mit **verkehrswidrigem Verhalten** gerechnet werden muß, weil hier das Vertrauen offensichtlich nicht gerechtfertigt ist (BGH **12** 83, **13** 172, LM **Nr. 8** zu § 1 StVO, VRS **14** 294, **25** 52, **27** 70, **31** 37, **34** 356, Bay VersR **61,** 224, Hamm VRS **23** 35, **28** 303, Celle DAR **52,** 31, Braunschweig NdsRpfl. **60,** 256; vgl. aber Hamm DAR **58,**143). Jedoch kann dies im wesentlichen nur für solche Verstöße, Nachlässigkeiten und Unachtsamkeiten gelten, wie sie auch dem verantwortungsbewußten Verkehrsteilnehmer angesichts ihrer relativen Ungefährlichkeit (z. B. geringe Geschwindigkeitsüberschreitungen) oder der subjektiven Überforderung durch den modernen Straßenverkehr (z. B. zu spätes Einordnen an unübersichtlicher Kreuzung) unterlaufen (vgl. BGH **12** 83, **13** 173, VersR **66,** 1157), ferner während einer gewissen Übergangszeit für Verstöße gegen Neuregelungen (BGH **12** 83) sowie schließlich, wenn ein von der StVO abweichendes Verhalten sich wegen der Bedürfnisse der Verkehrspraxis gleichsam gewohnheitsrechtlich durchgesetzt hat (wie z. B. das durch § 7 StVO nicht mehr gedeckte Nebeneinanderfahren auf mehreren Fahrstreifen).

215 Einigkeit besteht schließlich darüber, daß **auf** den **Vertrauensgrundsatz** sich **nicht berufen** kann, **wer** sich **selbst verkehrswidrig** verhält (BGH **12** 172, **17** 299, VRS **33** 370, **35** 116, 181, KG VRS **23** 33, VM **82,** 94, Hamm VRS **25** 431, **59** 114, Oldenburg VRS **32** 270, Jescheck 525 FN 16, Stratenwerth 307, Welzel 133, Cramer § 1 StVO RN 44, J-Hentschel § 1 StVO RN 22); kritisch zu diesem Grundsatz Krümpelmann Lackner-FS 289 ff. Jedoch werden, ohne daß dies immer hinreichend deutlich gemacht wird, mit dieser Formulierung zwei sachlich verschiedene Aussagen verbunden. Zum einen bezeichnet sie eine Ausnahme vom Vertrauensgrundsatz für die Fälle, in denen verkehrswidriges Verhalten der Erwartung sachgerechten Handelns anderer die Grundlage entzieht, weil es Fehlreaktionen zu provozieren geeignet ist oder solche bereits erkennbar sind (vgl. BGH VRS **14** 294, Karlsruhe VRS **57** 411 [für Eisenbahnbetrieb], Schroeder LK § 16 RN 174, Maurach AT 563, die den eingangs genannten Satz auf diese Fälle beschränken wollen). Wer andere durch verkehrswidriges Verhalten in eine gefährliche Lage bringt, darf sich nicht darauf verlassen, daß diese die von ihm heraufbeschworenen Gefahren

meistern werden (BGH DAR **54**, 58, VRS **12** 46, **13** 225, **14** 295, **33** 370, **35** 116), d.h. er wird durch deren Versagen, sie zu bewältigen, nicht von seiner Verantwortung für die Folgen befreit. In einem weitergehenden Sinne verstanden wird mit der Formulierung lediglich die Konsequenz aus der nur sorgfaltspflichtbegrenzenden Funktion des Vertrauensgrundsatzes gezogen. Sie enthält dann die an sich selbstverständliche Aussage, daß im Vertrauen auf sorgfaltiges Handeln anderer nicht sorgfaltswidrig gehandelt werden darf (BGH **11** 393, VRS **6** 366). Dies bedeutet freilich nicht, daß der sorgfaltswidrig Handelnde auch für solche Folgen seines Verhaltens einstehen muß, die erst durch das Hinzutreten fremder, nach dem Vertrauensgrundsatz außer Betracht zu lassender Sorgfaltswidrigkeiten eintreten. Wird etwa ein unachtsam auf die Fahrbahn tretender Fußgänger von einem mit überhöhter Geschwindigkeit fahrenden Kfz erfaßt, so fehlt es an dem für die strafrechtliche Verantwortlichkeit erforderlichen Rechtswidrigkeitszusammenhang (vgl. o. 161 ff.), wenn der Fahrer auf das Verhalten des Fußgängers auch bei zulässiger Geschwindigkeit nicht mehr rechtzeitig reagieren und den Unfall vermeiden können (BGH VRS **4** 614, **21** 5, **22** 129, KG VRS **23** 33, Zweibrücken VRS **41** 113).

c) Keine Fahrlässigkeit kommt bei Verkehrsverstößen innerhalb der dem Kraftfahrer stets zuzubilligenden **Reaktionszeit** in Betracht (BGH LM **Nr. 23** zu § 222, München NJW **50**, 556); sie richtet sich nach den besonderen Umständen des Einzelfalls (BGH VRS **6** 193) und ist individuell verschieden (Bay VRS **58** 445, Spiegel DAR **82**, 369). Sie kann z. B. beim Wechsel des grünen zum gelben Licht einer Verkehrsampel kürzer anzusetzen sein als sonst (Bay NJW **60**, 398; dagegen Bender NJW **60**, 687); für Lokomotivführer vgl. BGH VRS **22** 141. IdR hat der BGH die Dauer von 0,7 bis 0,8 Sek. noch als angemessene Reaktions- und Bremsanspruchszeit bezeichnet (VRS **19** 343, **23** 375, **27** 100, **38** 44; ebenso Saarbrücken VRS **34** 228), gelegentlich hat er auch 1 Sek. genügen lassen (VRS **20** 129, **24** 202). Eine alkoholbedingte Verlängerung der Reaktionszeit ist dem Täter jedoch nicht zuzuerkennen (BGH DAR/M **65**, 88). Eine sog. **Schrecksekunde**, d.h. eine infolge Überraschung verlängerte Reaktionszeit (vgl. München NJW **50**, 556), muß einem Verkehrsteilnehmer nicht unter allen Umständen zugebilligt werden (RG JW **33**, 2650), sondern nur dann, wenn er von der Gefahr schuldlos überrascht worden ist (BGH VRS **16** 130, **19** 108, **21** 293, **23** 215, 369, 376, **34** 205, **38** 119, LM **Nr. 28** zu § 222, VersR **62**, 164, VRS **25** 51 [Hindernis in Ortschaft], Hamm VRS **15** 122, Schleswig DAR **61**, 201 [Aufspringen der Tür], Köln NJW **67**, 1240 [Behinderung durch betrunkenen Beifahrer]), wenn also sein Verschulden nicht schon darin besteht, sich in eine Verkehrssituation begeben zu haben, in der er mit normaler Reaktionszeit einen Unfall nicht mehr vermeiden konnte (vgl. Celle VRS **13** 224). Deshalb kann ein unzulässig zu schnell Fahrender keine Schrecksekunde beanspruchen (vgl. BGH VRS **27** 107, 123). Ebensowenig ist regelmäßig eine Schrecksekunde bei vorschriftsmäßig angebrachten Verkehrszeichen (BGH VRS **15** 276, Bay DAR/R **65**, 254 [Warnschilder]) anzuerkennen; bei Dunkelheit kann keine über das Normalmaß hinausgehende Schrecksekunde zugebilligt werden (vgl. BGH GA/He **59**, 345). Vgl. auch 44 vor § 13.

d) Zur Fahrlässigkeit beim Betrieb von **Straßenbahnen** vgl. RG **76** 73, DJ **42**, 628, DR **41**, 775; vgl. weiter BGH LM **Nr. 3** zu § 222. Zur Fahrlässigkeit des **Schrankenwärters** vgl. BGH VRS **25** 197. Zur Sorgfaltspflicht des Fahrers eines **Schulbusses** vgl. Oldenburg VRS **56** 442, Düsseldorf VRS **65** 156.

e) Die **Straßenverkehrssicherungspflicht** der Gemeinden richtet sich in erster Linie nach den Bedürfnissen der Kraftfahrzeuge als der die Straße am häufigsten benutzenden Verkehrsmittel. Andere Verkehrsteilnehmer haben sich darauf einzurichten; so hat ein Fußgänger beim Überqueren von Straßen mit gewissen Unebenheiten zu rechnen und muß folglich der Straße in höherem Maße seine Aufmerksamkeit widmen als dies im Bereich von Fußgängerzonen der Fall ist (LG Wiesbaden NJW-RR **86**, 902, Celle VRS **69** 409), die nach Anlage und Zweckbestimmung auf die Bedürfnisse von Fußgängern zugeschnitten sind und daher bzgl. ihres Bodenbelages höheren Anforderungen genügen müssen (Oldenburg NJW-RR **86**, 903). Ein Tätigwerden des Verkehrssicherungspflichtigen ist jedenfalls dann geboten, wenn (konkrete) Gefahren bestehen, die auch für einen sorgfältigen Benutzer nicht oder nicht rechtzeitig erkennbar sind, und auf die er sich nicht oder nicht rechtzeitig einzurichten vermag (BGH VersR **79**, 1055); ein „vorbeugendes" Streuen ist nicht erforderlich (Frankfurt VersR **87**, 204, Hamm VersR **88**, 693: Beginn der Streupflicht an Sonntagen). Jedoch besteht aus Zumutbarkeitserwägungen keine Verkehrssicherungspflicht der Gemeinde, den Eiszapfenbildung an Straßenlaternen zu beseitigen (LG Wuppertal NJW-RR **86**, 770); zur Anbringung von Wildschutzzäunen besteht grds. keine Verpflichtung (BGH NJW **89**, 2808); ebensowenig umfaßt die Verkehrssicherungspflicht die Abwehr von Gefahren, die Straßenbenutzern aus von fremden Grundstücken herabstürzenden Steinen erwachsen (Düsseldorf NJW-RR **88**, 1057; vgl. auch Frankfurt NJW-RR **87**, 864, Köln NJW-RR **87**, 988 [herabfallende Äste]). Vgl. allgemein zu den Straßenverkehrssicherungspflichten auch Palandt/Thomas § 823 Anm. 14 A.

218a Als besondere **Verkehrssicherungspflicht** ergibt sich die Streupflicht bei Glatteisbildung, deren Umfang sich insb. nach Art und Wichtigkeit des Verkehrsweges, Leistungsfähigkeit des Verkehrssicherungspflichtigen und Zumutbarkeit der einzelnen Maßnahmen richtet (vgl. BGH VersR **87**, 989). Unzumutbar ist insb. wiederholtes Streuen bei extremen Witterungsverhältnissen, bei denen Streumaßnahmen aussichtslos sind (Hamm VersR **84**, 645, Köln VersR **87**, 1120). Den Träger der Straßenbaulast trifft eine Streupflicht auf Landstraßen außerhalb geschlossener Ortschaften nur an besonders gefährlichen Stellen, an welchen eine erhöhte Glatteisbildung vom Kraftfahrer trotz der zu fordernden erhöhten Sorgfalt nicht oder nicht rechtzeitig erkennbar ist (BGH VersR **87**, 934, Köln NJW-RR **86**, 1223, Karlsruhe DAR **89**, 227); für Gehwege besteht eine Pflicht zur Winterwartung nur innerhalb geschlossener Ortschaften (Düsseldorf VersR **89**, 626), es sei denn, es handelt sich um wenig benutzte Fußwege am Ortsrand (LG Heidelberg VersR **89**, 850). Zu den Anforderungen an die Streupflicht auf öffentlichen Parkplätzen vgl. Frankfurt NJW-RR **86**, 1405, auf Bahnsteigen vgl. Oldenburg VersR **88**, 935, an Bushaltestellen vgl. Düsseldorf NJW-RR **88**, 664. Zur Übertragung der Streupflicht der Gemeinden auf die Anlieger vgl. BGH NJW **85**, 484, Köln VersR **88**, 827. Bei in Wohnungseigentum aufgeteilten Hausgrundstücken besteht eine gemeinsame Streupflicht der Miteigentümer bzgl. des Bürgersteiges (BGH aaO, NJW **88**, 496). Keine gemeinsame Streupflicht besteht hingegen bei Eigentümern und Besitzern von Garagengrundstücken bzgl. des gemeinsamen Vorplatzes, wenn jede Garage nur durch die unmittelbar davor liegende Teilfläche des Vorplatzes erschlossen wird (Stuttgart NJW-RR **86**, 958). Zur Frage der Verkehrssicherungspflicht auf dem allgemeinen Verkehr zugänglichen Privatstraßen vgl. Oldenburg NJW **89**, 305. Auf Parkplätzen, Zugängen und Außentreppen zu Gebäuden, zu denen der Publikumsverkehr eröffnet ist, richtet sich Beginn und Ende der Streupflicht nach Beginn und Ende des Publikumsverkehrs (BGH NJW **85**, 270: Gastwirt und Schwimmbadbetreiber); vgl. zu den Anforderungen der Streupflicht bei Gastwirten BGH NJW **85**, 482, Köln NJW-RR **86**, 772, München VersR **88**, 278: Ausflugsgaststätte). Der Verkehrssicherungspflichtige hat das aufgebrachte Streugut zu beseitigen, sobald mit dem Auftreten von Fahrbahnglätte nicht mehr zu rechnen ist (Hamm NZV **89**, 235). Zu den Anforderungen an die Verkehrssicherungspflicht des Betreibers eines Kraftwerks, dessen vom Kühlturm ausgehende Dampfschwaden zu Glatteis auf angrenzenden Straßen führen können, vgl. BGH VRS **69** 172.

218b f) Weitere Beispiele aus der Rspr.: Zur Verkehrssicherungspflicht bei Spielgeräten auf öffentlichen Spielplätzen vgl. BGH NJW **88**, 48f., JZ **89**, 45; zur Verkehrssicherungspflicht des Gastwirtes für den Fall, daß sich hinter einer von den Galträumen zugänglichen Tür eine Kellertreppe befindet vgl. BGH NJW **88**, 1588; vom Betreiber eines Freibades kann nicht verlangt werden, daß er die Liegewiese regelmäßig nach Fremdkörpern absucht (Düsseldorf VersR **88**, 519); ebenfalls für den Betreiber einer Altstadtgaststätte vgl. Düsseldorf VersR **88**, 1128; zur Verkehrssicherungspflicht des Betreibers einer Tennishalle gegenüber einem Hallenbenutzer vgl. München VersR **88**, 739; des Betreibers einer Sporthalle vgl. Celle VersR **88**, 1025; des Betreibers einer Wasserrutschbahn vgl. Köln VersR **89**, 159; zur Verkehrssicherungspflicht des Eigentümers eines Grundstücks, von dem chemisch verunreinigtes Erdreich abgetragen wird vgl. Hamm VersR **88**, 804; zur Verkehrssicherungspflicht des Betreibers eines Fluglandeplatzes mit Graslandebahn vgl. Celle NZV **89**, 310; ein Holzfäller, der erkennen kann, daß die ihm aufgetragenen Sicherungsmaßnahmen nicht ausreichen, haftet für entstehende Schäden ungeachtet seiner Weisungsgebundenheit vgl. Hamm NZV **89**, 233; zur Verkehrssicherungspflicht bei Baggerseen, die zu „wildem Baden" benutzt zu werden pflegen vgl. BGH VersR **89**, 155; über die Anforderung der Sicherung des Straßenverkehrs gegen vom Dach herabfallende Eiszapfen vgl. Celle VersR **89**, 99; zur Verkehrssicherungspflicht des Betreibers eines Küchen- und Grillbetriebs der Selbstentzündung von Fett vorzubeugen vgl. BGH MDR **88**, 571; zur Verkehrssicherungspflicht eines Betreibers eines Kinderkarussells vgl. LG Bonn VersR **88**, 1268.

219 2. Zur Sorgfaltspflicht bei der **Krankenbehandlung** hat schon das RG eingehende Grundsätze zur Fahrlässigkeit des Arztes, des ärztlichen Hilfspersonals und des nichtapprobierten Heilkundigen entwickelt (RG **67** 12), die im wesentlichen auch heute noch anwendbar sind (vgl. Laufs, Arztrecht 154ff.). Da aus medizinischen Maßnahmen besonders ernste Folgen entstehen können und der Patient regelmäßig die Zweckmäßigkeit oder Fehlerhaftigkeit der Behandlung nicht beurteilen kann, sind hohe Anforderungen an das Maß der ärztlichen Sorgfalt zu stellen (BGH **3** 95, **6** 283, MDR/D **72**, 384). Die notwendige Sorgfalt kann der Arzt nur aufbieten, wenn er sich laufend auf dem neuesten Wissensstand hält (BGH NJW **70**, 1963) und sich mit der Funktionsweise des von ihm therapeutisch eingesetzten Gerätes vertraut macht (BGH VersR **75**, 573, NJW **78**, 584); läßt er sich durch grobe Druckfehler (z. B. 25% statt 2,5%ige Kochsalzlösung) irreleiten, handelt er sorgfaltswidrig (BGH NJW **70**, 1963). Die Pflichtwidrigkeit kann bereits in der **Übernahme** der **Heilbehandlung** (vgl. RG **64** 271, **67** 23), z. B. durch einen

Heilpraktiker (RG **59** 355, **67** 23), oder in deren Weiterführung liegen, wenn diese die Behandlungsperson überfordern würde (RG **50** 37, BGH LM **Nr. 6** zu § 230); zur Frage der Haftung eines am Anfang seiner Berufsausbildung stehenden Assistenzarztes vgl. Düsseldorf VersR **86**, 659. **Fehldiagnosen** können zur Haftung des Arztes führen (BGH NJW **61**, 600: Nichterkennen einer Tuberkulose durch Röntgenfacharzt), ebenso das Unterlassen gebotener differentialdiagnostischer Abklärung bei unspezifischen Beschwerden (Düsseldorf VersR **86**, 893: Unterlassene Rektoskopie bei Beschwerden im Analbereich; Düsseldorf NJW **86**, 790, Celle VersR **86**, 554: Verdacht auf Hodentorsion; Köln VersR **86**, 198: Verdacht auf Hirntumor; Düsseldorf NJW **86**, 2375: Verdacht auf Knochenverletzung nach Sturz aus großer Höhe; Düsseldorf VersR **86**, 64: Verdacht auf Brustkrebs; Karlsruhe VersR **86**, 44: Verdacht auf Meningoencephalitis bei Neugeborenen). Bei der Auswahl der **therapeutischen Methoden** hat sich der Arzt an die allgemein anerkannten Grundsätze der ärztlichen Wissenschaft zu halten (BGHZ **8** 138, Deutsch NJW **76**, 2291); er muß gegebenenfalls Körpertemperatur, Puls, Blutdruck usw. kontrollieren. Ein Arzt, der sich über die sog. Schulmedizin hinwegsetzt, darf deren Erfahrungen, insb. bei lebensgefährlichen Erkrankungen, nicht in den Wind schlagen (BGH NJW **60**, 2253); grundsätzlich hat er zu prüfen, welche Behandlungsmethode im konkreten Fall am ehesten Erfolg verspricht (BGH VersR **56**, 224). Körperliche Eingriffe von einigem Gewicht dürfen nicht allein auf bloßes Hörensagen hin, sondern erst nach ärztlicher Diagnose vorgenommen werden (BGH **3** 96). Die Frage nach der lex artis kann jedoch nicht abstrakt, sondern muß im Hinblick auf die besonderen Umstände des konkreten Falles gestellt werden (Laufs, Arztrecht 85). Daher sind Abweichungen von der Schulmedizin nicht unzulässig und zur Förderung des wissenschaftlichen Fortschritts notwendig (Laufs, Arztrecht 84 mwN), sondern u.U. auch geboten, wenn neuere Methoden einen besseren Erfolg versprechen (vgl. BGH VersR **56**, 224); zur Zulässigkeit von **Humanexperimenten** vgl. Eser Schröder-GedS 191 ff. Bei der **Durchführung** einer diagnostischen oder therapeutischen ärztlichen **Maßnahme**, insb. einer Operation (vgl. Eberhardt MedR 86, 117), hat der Arzt das zu tun, was nach den Regeln und Erfahrungen der ärztlichen Kunst zur Vermeidung von körperlichen Schäden getan werden muß (BGH NJW **65**, 346, **71**, 1079, BGHZ **8** 138). Zur intravenösen Injektion gewebetoxischer Präparate vgl. Düsseldorf VersR **86**, 472; zur Verantwortlichkeit des Narkosearztes vgl. BGH NJW **59**, 1583, **74**, 1424, **78**, 584, **80**, 650, Uhlenbruck NJW **72**, 2201; zur Haftung für in der Operationswunde zurückgelassene Gegenstände vgl. BGH NJW **56**, 1834, Düsseldorf MDR **58**, 34; zur Sorgfaltspflicht bei **postoperativer Behandlung** vgl. BGH NJW **80**, 650, NStZ **81**, 218 m. Anm. Wolfslast. Beim Einsatz medizinischer Geräte ist die Bedienungsanweisung peinlichst zu beachten (Nürnberg VersR **70**, 1061), bei der Medikation ist auf Gegenindikationen und Nebenwirkungen zu achten (BGH VersR **67**, 775, **68**, 280, NJW **59**, 815, 1583). Notwendig ist ausnahmsweise auch eine begleitende Kontrolle darüber, ob der Patient den Anweisungen des Arztes folgt, z.B. bei der Abgabe von Polamidon an Rauschgiftsüchtige (BGH JZ **79**, 429 m. Anm. Hirsch u. Kreuzer NJW **79**, 2357); da grundsätzlich jeder für sich selbst verantwortlich ist (vgl. o. 148), ist ein Arzt für einen Medikamentenmißbrauch seines Patienten nur verantwortlich, wenn dieser schuldunfähig oder in sonstiger Weise für ein Verhalten nicht verantwortlich ist. Zur strafrechtlichen Verantwortlichkeit eines Psychotherapeuten vgl. Kroitzsch VersR 78, 396, Wegener JZ 80, 590. Zur ärztlichen **Aufklärungspflicht** vgl. § 223 RN 40ff.; zur Verantwortlichkeit beim Einsatz von ärztlichem Hilfspersonal vgl. o. 152f. Die Organe des **Krankenhausträgers** sind verpflichtet sicherzustellen, daß keine zu anstrengenden Nachtdienst übermüdeten Ärzte zur Operation eingeteilt werden (BGH NJW **86**, 776); vgl. auch Düsseldorf NJW **86**, 790. Zur Sorgfaltspflicht eines **Tierheilpraktikers** bei der Anwendung von Arzneimitteln, deren Verschreibungspflicht auf der Verpackung nicht gekennzeichnet ist, vgl. Bay NStZ **81**, 306.

Schrifttum: Bockelmann, Das Strafrecht des Arztes, Ponsold Lb 39ff. – *Deutsch*, Medizinische Fahrlässigkeiten, NJW 76, 2289. – *ders.*, Rechtswidrigkeitszusammenhang, Gefahrerhöhung und Sorgfaltsausgleichung bei der Arzthaftung, Caemmerer-FS (1978) 329. – *ders.*, AIDS und Blutspende, NJW 85, 2746. – *Ebermayer*, Arzt und Patient in der Rechtsprechung, 1924. – *ders.*, Der Arzt im Recht, 1930. – *Eser*, Das Humanexperiment, Schröder-GedS 191. – *Gaisbauer*, Die Rechtsprechung zum Arzthaftpflichtrecht 1966 bis 1970 – eine Übersicht, VersR 72, 419. – *Kroitzsch*, Zur Haftung bei Gesundheits- und Vermögensschäden durch psychotherapeutische Behandlung, VersR 78, 396. – *Laufs*, Arztrecht, 3. A. 1984. – *ders.*, Die Verletzung der ärztlichen Aufklärungspflicht und ihre deliktische Rechtsfolge, NJW 74, 2025. – *Eb. Schmidt*, Der Arzt im Strafrecht, 1939. – *Stratenwerth*, Arbeitsteilung und ärztliche Sorgfaltspflicht, Eb. Schmidt-FS 383. – *Uhlenbruck*, Die ärztliche Haftung für Narkoseschäden, NJW 72, 2201. – *Ulsenheimer*, Aus der Praxis des Arztstrafrechts, MedR 84, 161. – *Wegener*, Die strafrechtliche Verantwortlichkeit des Psychotherapeuten, JZ 80, 590.

3. Grundlage für die Vorhersehbarkeit und die Einhaltung des erlaubten Risikos sind beim organisierten **Sport** die Wettkampfregeln (vgl. Schroeder in Schroeder/Kauffmann, Sport und

Recht [1972] 21 ff.). Verletzungen von Mitkämpfern sind daher bei Begehung einer Regelwidrigkeit grundsätzlich vorhersehbar; dies gilt etwa für einen Fußballspieler, der noch nach dem Ball tritt, den der Torwart bereits in den Händen hat (Bay NJW **61**, 2072 f., Neustadt MDR **56**, 548 f.). Jedenfalls im hochbezahlten Leistungssport bleiben jedoch ungefährlichere Fouls im Rahmen des erlaubten Risikos (vgl. dazu Eser JZ 78, 368, 372, der allerdings die dogmatische Einordnung des Rechtfertigungsgrundes offen läßt). Grobe Regelwidrigkeiten sind aber auch in diesem Bereich des Sports regelmäßig weder durch Einwilligung noch durch erlaubtes Risiko gedeckt (vgl. Eser aaO); dies gilt beispielsweise für ein Foul, durch das eine zuvor verübte Regelwidrigkeit „geahndet" werden soll (Hamm MDR **85**, 847). Zur Haftung des Veranstalters von Sportwettkämpfen vgl. BGH NJW **75**, 533, NJW-RR **86**, 1029, Karlsruhe VersR **86**, 662, Stuttgart VRS **67** 172, VersR **87**, 1152: Radrennen. Zum satzungsmäßigen Ausschluß der Haftung vgl. LG Karlsruhe VersR **87**, 1023. Zur Rspr. vgl. Deutsch VersR **89**, 219.

221   Für den nicht wettkampfmäßig betriebenen **Skisport** gelten die Regeln der Fédération Internationale de Ski ([FIS] abgedruckt bei Schroeder/Kauffmann, Sport und Recht 264). Danach hat grundsätzlich der schneller von hinten herannahende Skifahrer auf die vor ihm Fahrenden Rücksicht zu nehmen, der Vorausfahrende braucht sich also nicht nach hinten zu orientieren (Stuttgart NJW **64**, 1859); für den schnelleren Skifahrer ist deshalb ein Auffahren auf den langsamer vor ihm Fahrenden vorhersehbar, wenn dieser nur geringe Seitwärtsbewegungen macht (Köln VersR **69**, 550) oder wenn dieser am Ende des Hanges einen Bogen fährt (Köln NJW **62**, 1110 f.). Vorsehbar ist weiterhin, daß ein langsamerer Fahrer auf einem festen Querweg die Piste kreuzt (Karlsruhe NJW **59**, 1589) oder in Schrägfahrt eine breite Piste befährt (BGH NJW **72**, 627 f., Stuttgart NJW **64**, 1859). Weiterhin ist es für einen zu schnell und unaufmerksam fahrenden Skiläufer voraussehbar, daß er bei einem plötzlichen Ausweichmanöver auf einen anderen Skifahrer auffährt (Düsseldorf MDR **66**, 504) oder daß an einer gefährlichen und unübersichtlichen Stelle der Piste ein Skifahrer infolge einer Verletzung liegen geblieben ist (München HRR **42** Nr. 572). Bei unvernünftiger, die eigenen Fähigkeiten übersteigender Fahrweise muß der Skiläufer auch damit rechnen, Personen außerhalb der Piste zu gefährden (München VersR **60**, 164). Ebenso voraussehbar ist, daß ein nicht durch Fangriemen oder Skibremse gesicherter Ski nach einem Sturz sich selbständig macht und jemanden verletzt (LG Köln NJW **72**, 639). Nicht vorhersehbar ist es jedoch, daß ein seitlich aus der beobachteten Piste entschwundener Skifahrer plötzlich die Piste wieder kreuzt (Karlsruhe NJW **64**, 55 f.) oder daß ein auf der Piste aufsteigender Fußgänger die Abfahrt behindert und nach links statt nach rechts ausweicht (AG Freiburg MDR **63**, 500, and. wenn die Abfahrt über einen öffentlichen Weg führt; Bay **57**, 90).

222   Für **Skipisten** besteht eine Verkehrssicherungspflicht insb. für die Inhaber von Bergbahnen, die das Skigebiet erschließen. Die Verantwortlichkeit des Verkehrssicherungspflichtigen erstreckt sich regelmäßig nur auf atypische und verdeckte Gefahren. Grundsätzlich hat sich der Umfang der Verkehrssicherungspflicht an den schutzbedürftigen Personen auszurichten (BGH NJW **85**, 620: Zur Sicherung von scharfkantigen Liftstützen an einem Übungshang). Die Sicherungsmaßnahmen müssen sich jedoch nur im Bereich des Zumutbaren halten, wobei sich der Zumutbarkeitsmaßstab danach richtet, was ein vernünftiger Verkehrsteilnehmer erwarten kann (Karlsruhe NJW **88**, 213: leichte Skipiste). Nach BGH NJW **71**, 1093, **73**, 1379 (m. Anm. Hepp NJW 73, 2085 u. Hummel NJW 74, 170) soll jedoch in keinem Fall eine Pflicht zur Sperrung der Piste oder zur Stillegung der Bergbahn bestehen (zweifelnd Schroeder LK § 16 RN 204); dem kann nicht zugestimmt werden, weil beim heutigen Massenskisport immer damit zu rechnen ist, daß bergunerfahrene Skiläufer die Gefahren nicht hinreichend kennen und infolgedessen sich selbst oder andere, z. B. durch Befahren eines Schneebretts, gefährden (vgl. auch Öst.OGH VersR **89**, 539). Fahrlässig handelt auch, wer in **lawinengefährdeten Hängen** eine Piste oder einen Schlepplift eröffnet oder betreibt. Vgl. dazu auch Hummel in Schroeder/Kauffmann, Sport und Recht 71 ff. § 29 BayLStVG räumt den Gemeinden die Möglichkeit ein, Skipisten aus Sicherheitsgründen ganz oder teilweise zu sperren. Zur Sorgfaltspflicht beim Einsatz von Pistenraupen während des Skibetriebes vgl. LG Waldshut-Tiengen VersR **85**, 1170. Zu den Verkehrssicherungspflichten allgemein im Bereich des Sports vgl. Palandt/Thomas § 823 Anm. 14.

Schrifttum: Hagenbucher, Die Verletzung von Verkehrssicherungspflichten als Ursache von Ski- und Bergunfällen, NJW 85, 117. – *Hummel,* Nochmals: Die Haftung bei Skiunfällen, NJW 65, 525. – *Kettnaker,* Nochmals: Ein Unfall beim Skikursus, VersR 63, 509. – *ders.,* Der Skiunfall, VersR 64, 212, 363. – *Kürschner,* Strafrechtliche Aspekte von Unfällen im Bereich von Bergbahnen und Schleppliften, NJW 82, 1966. – *Lossos,* Verkehrsregeln für die Skiabfahrt, NJW 61, 490. – *ders.,* Rechtsfragen bei Zusammenstößen von Skifahrern, in Schroeder/Kauffmann, Sport und Recht (1972) 57. – *Nirk,* Die Haftung bei Skiunfällen, NJW 64, 1829. – *ders.,* Nochmals: Die Haftung bei Skiunfällen, NJW 65, 526. – *Schnell,* Über die Haftung bei Skiunfällen, NJW 61, 99. – *Scholten,* Haftung bei Skiunfällen, NJW 60, 558. – *Siebenhaar,* Ein Unfall beim Skikursus, VersR 63, 116.

4. Bei der Frage der strafrechtlichen Haftung für Schäden, die durch fehlerhafte Industrieprodukte verursacht werden **(Produkthaftung)**, sind vor allem zwei Gesichtspunkte von Bedeutung. Zum einen geht es um den Inhalt der dem einzelnen Mitarbeiter obliegenden Pflicht zur Abwendung von Gefahren, die von einem fehlerhaften Produkt für Rechtsgüter Dritter ausgehen können. Zum anderen stellt sich die Frage, wer innerhalb eines arbeitsteilig organisierten Produktions- und Vertriebsprozesses (z. B. Einkauf, Entwicklung, Fertigung, Qualitätskontrolle, Vertrieb) jeweils für einen bestimmten Pflichtverstoß strafrechtlich verantwortlich ist (hierzu RG **57** 148, **75** 296, BGH **19** 286). Da der einzelne strafrechtlich nur zur Verantwortung gezogen werden kann, wenn er eine gerade ihm obliegende Sorgfaltspflicht verletzt hat, ihm also gesagt werden kann, durch welche Maßnahme er einen schädlichen Erfolg hätte vermeiden können, besteht die Schwierigkeit darin, die durch die Erfordernisse der mehrstufigen Arbeitsteilung in Betrieb und Unternehmen modifizierte Sorgfaltsanforderung inhaltlich zu konkretisieren. Als Denkmodell kann dabei das Bild nützlich sein, daß die Sorgfaltspflichten, die sonst auf eine einzige Person (z. B. Handwerker, Architekt) zugeschnitten sind, im Unternehmen zusammenlaufen. Da das Unternehmen selbst sanktionsrechtlich nicht zur Verantwortung gezogen werden kann (vgl. jedoch § 30 OWiG), sind die Pflichten so zu modifizieren und zu delegieren, daß deren jeweilige (Teil-)Erfüllung insgesamt dem Bild einer sorgfältig handelnden Einzelperson entspricht. Folglich ist es die erste Pflicht der für das Unternehmen handelnden Organe, durch einen Organisationsplan sicherzustellen, daß die Sorgfaltsanforderungen auf die verschiedenen Ebenen innerhalb des Unternehmens so verlagert und innerhalb der gleichen Ebene so modifiziert werden, daß schädliche Erfolge vermieden werden, sofern alle Beteiligten die gerade ihnen obliegende Pflicht erfüllen. So ist etwa ein Unternehmen klar und überschaubar zu organisieren und zudem sicherzustellen, daß jeweils ein Mitarbeiter für einen Produktions- oder Vertriebsbereich persönlich verantwortlich ist. Ähnliche Probleme tauchen nicht bloß bei den auf eine längere Dauer angelegten Organisationsplänen, sondern auch bei Arbeitsplänen auf, die zur Erledigung eines Einzelvorhabens, z. B. der Montage von Industrieanlagen, erstellt werden. Der Grundsatz der Arbeitsteilung gilt aber nicht bloß bei Über- und Unterordnungsverhältnissen, sondern auch dort, wo das Prinzip der Kollegialität herrscht, wie beispielsweise in Vorstands- oder Geschäftsführergremien. Hier kann eine Abgrenzung der Zuständigkeiten (z. B. technische und kaufmännische Betriebsführung) dazu führen, daß aus jeweils zuständige Organ (Mitarbeiter usw.) für die Pflichterfüllung einzustehen hat, die übrigen aber auf die Rolle des Kontrolleurs zurückgezogen sind. Stellt allerdings die Entscheidung des Kollegialorgans selbst eine Pflichtverletzung dar, so haftet grundsätzlich jeder, der an der Entscheidung mitgewirkt hat (vgl. BGH NJW **90**, 2560 ff., Stuttgart NStZ **81**, 27); eine Haftung trifft auch denjenigen, der es unterläßt eine gebotene Maßnahme (z. B. eine Rückrufentscheidung) zu treffen und zwar selbst dann, wenn er mnit seinem Verlangen die Maßnahme durchzusetzen am Widerstand der anderen gescheitert wäre (BGH NJW **90**, 2560, 2566). Aus dem Prinzip der Arbeitsteilung folgt die Anwendbarkeit des Vertrauensgrundsatzes (o. 151) mit der Konsequenz, daß jeder Mitarbeiter darauf vertrauen darf, daß andere die ihnen obliegenden Aufgaben sorgfaltsgemäß erfüllen; erst wenn ihm bekannt wird, daß dies nicht der Fall ist, oder wenn sich ihm dies aufdrängen muß, hat er die nach der Sachlage erforderlichen Maßnahmen selbst zu treffen (BGH **19** 286); vgl. auch Schumann aaO 116 ff. Unter Berücksichtigung dieser sich aus der Arbeitsteilung ergebenden Grundsätze ist zunächst nach der Haftung des Mitarbeiters zu fragen, der im Betrieb die letzte Ursache für den Erfolg gesetzt hat (primärer Verstoß). Solche Verstöße können selbstverständlich auf allen Ebenen des Betriebes oder Unternehmens vorkommen, nicht bloß beim Arbeiter, der etwa bei der Endkontrolle einen Qualitätsmangel des Produkts übersehen hat (vgl. Schmidt-Salzer aaO 12, 21 ff.); so kann in der verfrühten Produktfreigabe durch den Leiter der Entwicklungsabteilung oder im Beschluß des Vorstands, eine als mangelhaft erkannte Ware weiter zu verkaufen, ein solcher (Primär-)Verstoß liegen, wenn die Mangelhaftigkeit des Produkts zu schädlichen Folgen führt (§§ 230, 222). Bei begründeten Verdachtsmomenten kann sich z. B. auch eine strafrechtliche Verpflichtung zu deutlicher Warnung vor eventuellen Gefahren oder zum Rückruf ergeben (vgl. dazu eingehend BGH NJW **90**, 2560 ff., Löwe DAR 78, 288 ff.). Neben diesen Verstößen kommen auch Verletzungen der Auswahl-, Aufsichts- und Kontrollpflichten in Betracht, wenn ein solcher (Sekundär-)Verstoß für eine tatbestandsmäßige Folge ursächlich war (vgl. Schmidt-Salzer aaO 12 ff., 39 ff.). Wegen der im Ergebnis entlastenden Funktion der Reduzierung primärer Sorgfaltsanforderungen auf Organisations-, Auswahl-, Überwachungs- und Kontrollpflichten treten in der Praxis insb. im Hinblick auf das Kausalitätserfordernis Beweisschwierigkeiten auf; hier kommt als Auffangtatbestand § 130 OWiG, gegebenenfalls auch eine Verbandssanktion nach § 30 OWiG in Betracht. Der Vertrauensgrundsatz gilt aber nicht bloß im Verhältnis der an Produktion und Vertrieb beteiligten Personen, sondern auch im Verhältnis zwischen Produzent und Verbraucher. So haftet der Produzent nicht für Schäden, die aus einem sachwidrigen Gebrauch resultieren (Sniffing gefährlicher Dämpfe chemischer Produkte; vgl. BGH NJW **81**, 2514). Allerdings sind die Gebrauchsanleitungen so abzufassen, daß sie dem Standard des nichtfachmännischen Benutzers entsprechen, insb. ist vor den bei der Benutzung des Geräts bestehenden Gefahren zu warnen und es sind die erforderlichen Gefahrabwendungsmaßnahmen ausreichend klar anzugeben (vgl. BGH VersR 60, 342). **Einzelfälle:** Zu den Sorgfaltsanforderungen an einen Arzneimittelhersteller, bei dem ernsthafte Meldungen über schädliche Nebenwirkungen eines Präparates eingehen, vgl. den sog. Contergan-Beschluß des LG Aachen JZ 71, 507, 514ff. (dazu Armin Kaufmann JZ 71, 569, Blei JA 71, 652, Ostermeyer ZRP 71, 75, Bruns Heinitz-FS 317ff.; vgl. auch die zust. Stellungnahme der StA DRiZ 71, 45ff.); die Gebrauchsinformation für ein Arzneimittel muß entsprechende Warnhinweise enthalten, wenn aufgrund der Erfahrung davon auszugehen ist, daß ohne solche Hinweise ein Gesundheitsschaden für den Verbraucher entstehen kann (BGH NJW 89, 1542), vor den Gefahren eines exzessiven Gebrauchs muß grds. nicht gewarnt werden (BGH aaO). Zu den Voraussetzungen der Produkthaftung bei der Herstellung säurehaltiger Reinigungsmittel vgl. Celle NJW-RR 86, 25. Über die Gefährlichkeit eines Verzinkungssprays ist durch Warnhinweise oder Sicherheitsratschläge zu instruieren (BGH NJW 87, 372); der Vertreiber eines Hobby-Chemiekastens genügt seiner Sorgfaltspflicht, wenn er Hinweise für die Benutzung und den Umfang auf das umfassende Studium der zur Verfügung stehenden deutschsprachigen Literatur stützt (Stuttgart NStE § 222 **Nr. 11**). Zur Haftung des Herstellers eines neu entwickelten Reifens vgl. LG München b. Schmidt-Salzer aaO 296ff. („Monza-Steel"). Zu den Sorgfaltspflichten des Herstellers von Lebensmitteln im Hinblick auf die Kennzeichnungspflicht der von ihm in Verkehr gebrachten Erzeugnisse vgl. Bay GA 73, 150 („Meisterstollen mit besten Zutaten"); zur Unterrichtungspflicht über die Bezugsquelle vgl. BGH 2 384 (arsenhaltiges Kundenmehl). Zur Haftung des Herstellers und Vertreibers eines Ledersprays, bei dem Verbraucherbeschwerden über Schadensfälle durch Benutzung des Produkts eingegangen sind (vgl. BGH NJW 90, 2560ff.). Zum Umfang der Produktbeobachtungspflicht des Versandhändlers vgl. LG Frankfurt NJW-RR 86, 658.

Schrifttum: Bruns, Ungeklärte materiell-rechtliche Fragen des Contergan-Prozesses, Heinitz-FS 317. – *Diederichsen,* Die Entwicklung der Produzentenhaftung, VersR 84, 797. – *Gross,* Die Einbeziehung des Herstellers in die Haftung des Ausführenden, BauR 86, 127. – *Armin Kaufmann,* Tatbestandsmäßigkeit und Verursachung im Contergan-Verfahren, JZ 71, 569. – *Löwe,* Rückrufpflicht des Warenherstellers, DAR 78, 288. – *Schmidt-Salzer,* Entscheidungssammlung Produkthaftung, Bd. 4, 1982. – *ders.,* Die EG-Richtlinie Produkthaftung, BB 86, 1103. – *ders.,* Strafrechtliche Produkt- und Umweltverantwortung von Unternehmensmitarbeitern: Anwendungskonsequenzen, PHI 90, 234. – *Schünemann,* Unternehmenskriminalität und Strafrecht, 1979.

224   5. Bei **Handel** und **Gewerbe** kann sich die Voraussehbarkeit eines schädigenden Erfolges häufig aufgrund einer Verletzung der Handelsusancen oder spezieller gewerberechtlicher Ordnungsvorschriften herleiten lassen. Bei der Auslieferung fehlerhaft hergestellten Kfz-Zubehörs muß der Lieferant sicherstellen, daß alle Abnehmer informiert werden. Umgekehrt muß der Händler dafür sorgen, daß er bei seinem Lieferanten bei den zu Benachrichtigenden geführt wird (Karlsruhe NJW 81, 1054). Zur Haftung bei fehlerhafter Runderneuerung eines Reifens vgl. Düsseldorf VRS 66 27. Insb. beim Handel mit Lebensmitteln sind an die Sorgfaltspflichten im Interesse der Volksgesundheit höchste Anforderungen zu stellen, denen gegenüber die wirtschaftlichen Belange zurücktreten müssen (BGH 2 384f., Bay GA 73, 152).

225   Besondere Sorgfaltsanforderungen sind beim Umgang mit **gefährlichen Stoffen** (Explosivstoffe, leicht entzündliche Stoffe, spaltbares Material) zu beachten (BGH GA 66, 375). Dabei wird grundsätzlich vorhersehbar sein, daß grob unsachgemäße Verwendung oder die verbotene Abgabe solcher Stoffe eine Schädigung zur Folge haben kann, etwa daß die verbotene Überlassung von Feuerwerkskörpern an Minderjährige bei diesen oder anderen Personen wegen unsachgemäßen Gebrauchs oder Mißbrauchs für eine Körperverletzung ursächlich wird (vgl. Stuttgart JZ 84, 101: Streichhölzer). Im Umgang mit gefährlichen Stoffen kann die Vernachlässigung von allgemeinen Vorschriften wegen der sich daraus möglicherweise ergebenden besonders schwerwiegenden Folgen u. U. schon dann den Schluß auf die Voraussehbarkeit des schädigenden Erfolges zulassen, wenn die dem Täter bekannten Tatsachen für sich allein nach seiner Vorstellung eine Gefahr als ausgeschlossen erscheinen lassen (BGH GA 66, 374f., vgl. auch BGH 12 75, 77f.). Vgl. auch o. 154.

226   6. Die von **Lehrern** bei der Beaufsichtigung von Schülern zu erbringende Sorgfalt richtet sich nach den Gefahren, wie sie im Einzelfall möglich und erkennbar sind (BGH VersR 55, 743). Innerhalb seines amtlichen Pflichtenkreises ist jeder Lehrer verpflichtet, ihm anvertraute Schüler vor gesundheitlichen Schäden zu bewahren (BGH VersR 54, 226, 55, 743, Köln NJW 86, 1948); dabei soll er bemüht sein, die Gefahren so niedrig wie den Umständen nach möglich und geboten zu halten. Das kann ggf. heißen, daß – wenn sich ausreichende Vorkehrungen nicht treffen lassen – er von einer gefährlichen Veranstaltung absehen muß. Hingegen ist eine ununterbrochene Aufsicht über alle Schüler unzumutbar (BGH VersR 57, 613, Köln aaO); vielmehr genügt eine

Aufsicht derart, daß die Schüler das Gefühl haben beaufsichtigt zu werden. Der Lehrer darf außerdem darauf vertrauen, daß ausdrückliche Verbote nach vorheriger Erläuterung etwaiger Gefahren von den Schülern auch während seiner kurzfristigen Abwesenheit befolgt werden (BGH VersR 61, 1092, Köln aaO). Ggf. können auch Richtlinien für Schulwanderungen und Schulfahrten zur Begründung einer Pflichtwidrigkeit herangezogen werden (Köln aaO).

7. Zu den Sorgfaltspflichten des Leiters eines militärischen Übungsschießens vgl. BGH 20 315 ff. **227**

8. Zu den Sorgfaltsanforderungen im **Bauwesen** vgl. BGH MDR **78**, 504 und § 323 RN 4. Zur **228** Frage der baulichen Absicherung eines Bergwerkstollens vgl. BGH VersR **86**, 991.

9. Zur strafrechtlichen Verantwortlichkeit von Vollzugsbediensteten für den Mißbrauch von **229** Vollzugslockerungen vgl. Rössner JZ 84, 1065 ff., Kusch NStZ 85, 385 ff., Schaffstein Lackner-FS 795 ff.

§ 16 Irrtum über Tatumstände

(1) **Wer bei Begehung der Tat einen Umstand nicht kennt, der zum gesetzlichen Tatbestand gehört, handelt nicht vorsätzlich. Die Strafbarkeit wegen fahrlässiger Begehung bleibt unberührt.**

(2) **Wer bei Begehung der Tat irrig Umstände annimmt, welche den Tatbestand eines milderen Gesetzes verwirklichen würden, kann wegen vorsätzlicher Begehung nur nach dem milderen Gesetz bestraft werden.**

Vgl. das Stichwortverzeichnis zu § 15

Schrifttum: Backmann, Die Rechtsfolgen der aberratio ictus, JuS 71, 113. – *Bemmann,* Zum Fall Rose-Rosahl, MDR 58, 817. – *Börker,* Der Irrtum des Unterlassungstäters über die Rechtspflicht zum Handeln, JR 56, 87. – *Busch,* Über die Abrenzung von Tatbestands- und Verbotsirrtum, Mezger-FS 165. – *ders.,* Der Verbotsirrtum, Dt. Landesreferate zum IV. Int. Kongreß f. Rechtsvergleichung 1954, 333. – *Dreher,* Der Irrtum über Rechtfertigungsgründe, Heinitz-FS 207. – *Engisch,* Der „umgekehrte Irrtum" und das „Umkehrprinzip", Heinitz-FS 185. – *Franke,* Probleme beim Irrtum über Strafmilderungsgründe: § 16 II StGB, JuS 80, 172. – *Fukuda,* Das Problem des Irrtums über Rechtfertigungsgründe, JZ 58, 143. – *Graf zu Dohna,* Recht und Irrtum, 1925. – *Graf,* Unrechtsbewußtsein und Vorsatz, SchwZStr. 60, 363. – *Haft,* Der doppelte Irrtum im Strafrecht, JuS 80, 430, 659. – *ders.,* Grenzfälle des Irrtums über normative Tatbestandsmerkmale, JA 81, 281. – *Hardwig,* Sachverhaltsirrtum und Pflichtirrtum, GA 56, 369. – *ders.,* Pflichtirrtum, Vorsatz und Fahrlässigkeit, ZStW 78, 1. – *Hartung,* Die Entscheidung des BGH zur Frage des Verbotsirrtums, NJW 52, 761. – *ders.,* Der Rechtsirrtum in der Rechtsprechung des RG, DRZ 49, 342. – *Herzberg,* Erlaubnistatbestandsirrtum und Deliktsaufbau, JA 89, 243, 294. – *Hirsch,* Die Lehre von den negativen Tatbestandsmerkmalen, 1960. – *Arthur Kaufmann,* Tatbestand, Rechtfertigungsgründe und Irrtum, JZ 56, 353, 393. – *ders.,* Die Irrtumsregelung im Strafgesetz-Entwurf 1962, ZStW 76, 543. – *ders.,* Einige Anmerkungen zu Irrtümern über den Irrtum, Lackner-FS 185. – *Kohlhaas,* Irrtum über das Vorliegen oder Nichtvorliegen von persönlichen Strafausschließungsgründen, ZStW 70, 217. – *Kohlrausch,* Schuld und Irrtum im Strafrecht, I. Teil, 1903. – *Küper,* Zur irrigen Annahme von Strafmilderungsgründen, GA 68, 321. – *Kuhlen,* Die Unterscheidung von vorsatzausschließendem und nicht vorsatzausschließendem Irrtum, 1987. – *Lange,* Irrtumsfragen bei der ärztlichen Schwangerschaftsunterbrechung, JZ 53, 9. – *ders.,* Der Strafgesetzgeber und die Schuldlehre, JZ 56, 73. – *ders.,* Nur eine Ordnungswidrigkeit?, JZ 57, 233. – *Lang-Hinrichsen,* Zur Problematik der Lehre von Tatbestands- und Verbotsirrtum, JR 52, 184. – *ders.,* Zur Frage des Unrechtsbewußtseins, ZStW 63, 332. – *ders.,* Tatbestandslehre und Verbotsirrtum, JR 52, 302, 356. – *ders.,* Die irrtümliche Annahme eines Rechtfertigungsgrundes in der Rechtsprechung des BGH, JZ 53, 362. – *ders.,* Die Schuld- und Irrtumslehre, Mat. II, 381. – *Maiwald,* Der „dolus generalis", ZStW 78, 30. – *Mayer,* Der BGH über das Bewußtsein der Rechtswidrigkeit, MDR 52, 392. – *ders.,* Das Problem des sogenannten dolus generalis, JZ 56, 109. – *Niese,* Der Irrtum über Rechtfertigungsgründe, DRiZ 53, 20. – *Noll,* Tatbestand und Rechtswidrigkeit usw., ZStW 77, 1. – *Oehler,* Zum Eintritt eines hochgradigen Affekts während der Ausführungshandlung, GA 56, 1. – *Otto,* Der vorsatzausschließende Irrtum in der höchstrichterlichen Rechtsprechung, Meyer-FS 583. – *Paeffgen,* Der Verrat in irriger Annahme eines illegalen Geheimnisses (§ 97b StGB) und die allgemeine Irrtumslehre, 1979. – *Puppe,* Die logische Tragweite des sog. Umkehrschlusses, Lackner-FS 199. – *dies.,* Tatirrtum, Rechtsirrtum, Subsumptionsirrtum, GA 90, 145. – *Roxin,* Die Behandlung des Irrtums im Entwurf 1962, ZStW 76, 582. – *Salm,* Zur Rechtsprechung des BGH über den strafbefreienden Irrtum, ZStW 69, 522. – *Schaffstein,* Putative Rechtfertigungsgründe und finale Handlungslehre, MDR 51, 196. – *ders.,* Tatbestandsirrtum und Verbotsirrtum, OLG Celle-FS 175. – *Schlüchter,* Irrtum über normative Tatbestandsmerkmale im Strafrecht, 1983. – *Schmidhäuser,* Die Grenze zwischen vorsätzlicher und fahrlässiger Straftat („dolus eventualis" und „bewußte Fahrlässigkeit"), JuS 80, 241. – *Schmidt-Leichner,* Unrechtsbewußtsein und Irrtum in ihrer Bedeutung für den Vorsatz im Strafrecht, StrAbh. Heft 351 (1935). – *ders.,* Zur Problematik der Irrtumslehre, GA 54, 1. – *Schröder,* Der Irrtum über Rechtfertigungsgründe nach dem BGH, MDR 53, 70. – *ders.,* Die Irrtumsrechtsprechung des BGH, ZStW 65, 178. – *ders.,* Die

§ 16 1–6   Allg. Teil. Die Tat – Grundlagen der Strafbarkeit

Notstandsregelung des Entwurfs 1959 II, Eb. Schmidt-FS 290. – *ders.*, Verbotsirrtum, Zurechnungsfähigkeit, actio libera in causa, GA 57, 297. – *Schroeder*, Der Irrtum über Tatbestandsalternativen, GA 79, 321. – *Vogler*, Der Irrtum über Entschuldigungsgründe im Strafrecht, GA 69, 103. – *Warda*, Die Abgrenzung von Tatbestands- und Verbotsirrtum bei Blankettstrafgesetzen, 1955. – *ders.*, Vorsatz und Schuld bei ungewisser Tätervorstellung über das Vorliegen strafbarkeitsausschließender, insbesondere rechtfertigender Tatumstände, Lange-FS 119. – *ders.*, Grundzüge der strafrechtlichen Irrtumslehre, Jura 79, 1, 71, 113, 286. – *v. Weber*, Subsumtionsirrtum, GA 53, 161. – *Wegner*, Über Irrtum, Raape-FS 401. – *Weinberg*, Der Verbotsirrtum, 1928. – *Weiz*, Die Arten des Irrtums, StrAbh. Heft 286 (1931). – *Welzel*, Zur Abgrenzung des Tatbestandsirrtums vom Verbotsirrtum, MDR 52, 584. – *ders.*, Arten des Verbotsirrtums, JZ 53, 266. – *ders.*, Der Irrtum über die Rechtmäßigkeit der Amtsausübung, JZ 52, 19. – *ders.*, Der Irrtum über die Zuständigkeit einer Behörde, JZ 52, 133. – *ders.*, Der Irrtum über die Amtspflicht, JZ 52, 208. – *ders.*, Der Irrtum über einen Rechtfertigungsgrund, NJW 52, 564. – *ders.*, Der Irrtum über die Rechtswidrigkeit des Handelns, SJZ 48, 368. – *ders.*, Schuld und Bewußtsein der Rechtswidrigkeit, MDR 51, 65. – *ders.*, Regelung von Vorsatz und Irrtum im Strafrecht als legislatorisches Problem, ZStW 67, 196.

1   **I.** Die Vorschrift regelt den **Irrtum über Tatumstände** und geht insoweit auf § 59 a. F. zurück. Sie muß im Zusammenhang mit § 17 gelesen werden und basiert auf der lange Zeit umstrittenen Unterscheidung zwischen Tatbestands- und Verbotsirrtum, wie sie vorher schon von der Rspr. des BGH und den Anhängern der verschiedenen Spielarten der Schuldtheorie vertreten wurde. Der Gesetzgeber ging bei der Formulierung des § 16 davon aus, daß die Entscheidung, „ob es sich bei dem Irrtum über die Voraussetzungen von Rechtfertigungsgründen um einen Tatbestands- oder Verbotsirrtum oder um einen Irrtum eigener Art handelt," „wie bisher der Rechtsprechung und Rechtslehre überlassen bleibe" (BT-Drs. V/4095 S. 9); vgl. hierzu § 15 RN 7. Nicht mehr als gesetzeskonform kann die sog. Vorsatztheorie (vgl. § 15 RN 104) angesehen werden.

2   Nicht mehr erwähnt werden in § 16 diejenigen **Umstände**, welche die **Strafbarkeit erhöhen** (so noch § 59 I a. F.). Damit ist keine sachliche Änderung verbunden, weil solche Umstände zum Tatbestand der Qualifikation gehören. Dagegen regelt § 16 II im Gegensatz zum früheren Recht den Irrtum über privilegierende Umstände; dies dient der Klarstellung, ohne daß dadurch eine sachliche Änderung des Anwendungsbereichs der Irrtumsvorschriften erreicht würde oder beabsichtigt war (vgl. hierzu Franke JuS 80, 172). Ergänzend ist § 35 II zu erwähnen, der eine – in ihrer sachlichen Berechtigung freilich nicht unbestrittene – Sonderregelung für den Irrtum über die Voraussetzungen des entschuldigenden Notstandes bringt; vgl. § 35 RN 44 ff. Ähnliche Sonderregelungen für den rechtfertigenden Notstand (§ 34) und für die Indikation bei der Schwangerschaftsunterbrechung, die der E 62 noch enthielt (vgl. § 178 II E 62), sind ins geltende Recht nicht übernommen worden.

3   **II.** Im Zusammenhang mit § 15 ist im einzelnen ausgeführt worden, was an Wissen und Wollen erforderlich ist, um i. S. der §§ 15 ff. von Vorsatz sprechen zu können.

4   **1.** Das **Fehlen dieses Wissens schließt** den **Vorsatz aus** und läßt lediglich die Möglichkeit einer Bestrafung wegen Fahrlässigkeit übrig. Dabei ist gleichgültig, was der Täter sich in concreto vorgestellt hat, sofern er eben nur die Umstände nicht gekannt hat, die er kennen mußte. Auch hier spricht man, obwohl das Entscheidende die **Unkenntnis** des Täters von den Tatumständen ist, oft mißverständlich von Irrtum (so etwa Schmidhäuser I 206 f., wie hier Stratenwerth 98). Ungewißheit, ob ein Tatbestandsmerkmal gegeben ist, ist noch keine Unkenntnis; diese liegt nur dann vor, wenn der Täter das Vorhandensein eines Tatbestandsmerkmals nicht einmal als Möglichkeit in Rechnung stellt. Zweifel an der Existenz eines tatsächlich bedachten Tatumstandes erlauben die Anwendung von § 16 I S. 1 nicht (Warda Jura 79, 5).

5   Daneben stehen die Fälle des echten Irrtums, bei denen eine **positive Vorstellung** (vgl. BGH NJW **69**, 802) des Täters vorhanden ist, die eine andere strafrechtliche Beurteilung zu seinen Gunsten oder Lasten erforderlich machen würde, der Inhalt seiner Vorstellung also anders zu subsumieren wäre. Im Unterschied zu Abs. 1, der von Unkenntnis spricht, verlangt Abs. 2 die „irrige Annahme" eines privilegierenden Tatbestandes, also z. B. das „ernstliche Verlangen" in § 216. Diese sprachliche Differenzierung ist berechtigt, da subjektiv gesehen die Annahme eines privilegierenden Tatbestandes nur vorliegt, wenn der Täter sich zum Leitbild des Grundtatbestandes zusätzliche Merkmale vorstellt, die das Unrecht seines Verhaltens oder seine Schuld vermindern würden.

6   **2.** Die Vorschrift des § 16 regelt nur die Rechtsfolgen der **Unkenntnis von Tatumständen** (Abs. 1) und der **irrtümlichen Annahme von Privilegierungsumständen** (Abs. 2), läßt aber offen, was im **umgekehrten Falle**, d. h. der irrigen Annahme von Tatumständen oder der Unkenntnis von privilegierenden Merkmalen zu geschehen hat. Gleiches gilt für die in § 17 geregelte Verbotsunkenntnis, deren Umkehrung in der irrigen Annahme besteht, ein bestimmtes Verhalten sei verboten. Zwischen diesen verschiedenen Irrtümern besteht nach h. M. ein **Umkehrverhältnis**, das sich in der Reziprozität zwischen Tatbestandsirrtum und Versuch einerseits und zwischen Verbotsirrtum und Wahndelikt

Irrtum über Tatumstände 7–11 § 16

andererseits zeigt (vgl. Baumann NJW 62, 16, Maurach NJW 62, 716, Sax JZ 64, 241, 244, Schaffstein OLG Celle-FS 175, Puppe Lackner-FS 199ff.; gegen den Umkehrschluß Spendel ZStW 69, 441, NJW 65, 1881, JuS 69, 314, Traub JuS 67, 113, Engisch Heinitz-FS 185 ff.); vgl. dazu § 22 RN 81. Nimmt der Täter irrtümlich die **Voraussetzungen** eines **schwereren Tatbestandes** an, so kommt ein Versuch des qualifizierten Delikts in Tateinheit mit dem vollendeten einfachen Delikt in Betracht, vgl. § 52 RN 2.

III. Beim Irrtum über Tatumstände gilt folgendes: 7

1. Zu den **in § 16 genannten Umständen** gehören die **Merkmale** des **gesetzlichen Tatbe-** 8 **standes**. Dazu zählen nach der hier vertretenen Auffassung vom Tatbestand als Unrechtstypus (vgl. 18 vor § 13) diejenigen Merkmale, die den spezifischen Unrechtsgehalt einer bestimmten Deliktsart charakterisieren. Das sind jene Merkmale, die nach § 15 RN 15ff. Bezugsobjekte des Vorsatzes sind. Nicht zum gesetzlichen Tatbestand gehört dagegen das Fehlen von Rechtfertigungsgründen, zumal diese z. T. gesetzlich überhaupt nicht geregelt sind (and. die Lehre von den negativen Tatbestandsmerkmalen, vgl. 16ff. vor § 13, § 15 RN 35). Daher gilt § 16 I unmittelbar nur für die Unkenntnis von solchen Tatumständen, die den von Gesetz in den einzelnen Deliktstatbeständen abstrakt umschriebenen deliktstypischen Unrechtsmerkmalen entsprechen (die Ausdrucksweise, daß die konkreten Umstände, auf die die Fehlvorstellung des Täters sich bezieht, zum abstrakten Tatbestand „gehören", ist zwar üblich, aber ungenau).

Abweichend von dem hier eingenommenen Standpunkt will Sax JZ 76, 429 einen Tatbestandsirr- 9 tum nur dann der Regelung des § 16 unterziehen, wenn er sich auf die gesetzliche Verhaltensumschreibung bezieht, während ein Tatbestandsirrtum in der Form des von ihm sog. „Irrtum über die strafwürdige Beeinträchtigung des Schutzzweckes der Norm" rechtlich als Verbotsirrtum einzuordnen sei. Diese Ansicht ist die Konsequenz seines engeren Begriffs des „gesetzlichen Tatbestandes" (vgl. 44 vor § 13), die aber als theoretisch wie aus Gründen der mangelnden praktischen Abgrenzbarkeit beider Irrtumsarten abzulehnen ist. Gegen diese Auffassung spricht, daß eine Differenzierung zwischen dem Fehlen des gesetzlichen Tatbestands und dem Nichtvorliegen einer Rechtsgutverletzung nicht möglich ist (vgl. 44 vor § 13) und damit die Irrtumslehre vor die unlösbare Aufgabe gestellt wäre zu unterscheiden, wann ein Verhalten noch den gesetzlichen Tatbestand erfüllt, obwohl eine Rechtsgutverletzung nach dem „Schutzzweck der Norm" zu verneinen ist. Hinzu kommt, daß die Unterscheidung zweier verschiedener Tatbestandsirrtümer auch in der Sache nicht gerechtfertigt sein kann, weil der Täter, der vom Fehlen einer Rechtsgutverletzung ausgeht (z. B. Wegnahme einer völlig wertlosen Sache), über den „sozialen Sinn seines Tuns" in gleicher Weise falsche Vorstellungen hat wie beim Irrtum über ein Merkmal der „gesetzlichen Verhaltensumschreibung".

2. Fehlt dem Täter die Kenntnis eines zum Tatbestand gehörigen Merkmals, so handelt er 10 **ohne Vorsatz**. Gleichgültig ist dabei, welches Merkmal des gesetzlichen Tatbestandes der Täter nicht kennt (vgl. BGH MDR/H **86**, 97). Bei Unkenntnis eines **qualifizierenden Tatbestandsmerkmals** gilt § 16 mit der Maßgabe, daß nur im Hinblick auf den Grundtatbestand Vorsatz gegeben ist (Schroeder LK 64). Bei einem unechten Unterlassungsdelikt befindet sich im vorsatzausschließenden Irrtum, wer die seine Garantenstellung begründenden Umstände verkennt. Da bei Unterlassungsdelikten in Fällen der Unzumutbarkeit des Handelns bereits keine Verpflichtung zum Eingreifen besteht (vgl. 155 vor § 13), handelt der Verpflichtete unvorsätzlich, wenn er irrtümlich glaubt, daß für ihn eine Handlungspflicht nicht besteht, sofern dieser Irrtum auf der Verkennung der Elemente für die Beurteilung der Zumutbarkeit beruht. Basiert der Irrtum dagegen auf einer unrichtigen Wertung, d. h. einer rechtlichen Fehlbeurteilung, so liegt ein Verbotsirrtum vor (vgl. Hamm NJW **68**, 212 m. Anm. Kreuzer NJW 68, 1202, Lackner § 15 II 2b bb, Blei II 151, Schaffstein OLG Celle-FS 205).

a) Nicht jede Fehlvorstellung führt zum Ausschluß des Vorsatzes. Dies gilt zunächst für 11 den sog. **error in obiecto** (vgl. § 15 RN 59), bei dem der Täter das Angriffsobjekt falsch individualisiert: A schießt auf B in der Meinung, es handele sich um C. Streitig sind die Fälle, in denen der Täter tatsächlich eine **andere Alternative** eines Tatbestandes verwirklicht als die, die er verwirklichen will, also z. B. in eine Wohnung eindringt im Glauben, es handele sich um Geschäftsräume (§ 123), sein Opfer durch ein Säureattentat zu blenden beabsichtigt, es aber entstellt (§ 225); eingehend hierzu Schroeder GA 79, 321. Unbeachtlich ist eine derartige Fehlvorstellung jedenfalls dann, wenn der tatsächlich eingetretene Erfolg und der vom Täter gewollte qualitativ vergleichbar sind (vgl. dazu die Bsp. bei § 225 RN 2a), der gewollte Erfolg sich als minus gegenüber dem tatsächlich eingetretenen darstellt (vgl. § 225 RN 2a) oder die infrage stehenden Erfolge sich als Unterfälle eines weiteren Tatbestandsmerkmals darstellen, wie z. B. Wohnung und Geschäftsräume als Unterfälle des befriedeten Besitztums bei § 123. Besteht jedoch ein qualitativer Unterschied zwischen erstrebtem und erreichtem Erfolg, so fehlt es am Vorsatz. Weitergehend will Schroeder aaO den Irrtum über Tatbestandsalternativen als unbeachtlich ansehen, wenn das Gesetz die möglichen Angriffsobjekte oder Angriffsformen offensichtlich erschöpfend oder jedenfalls bis auf unbedeutende Randbereiche erfassen will; folglich sei aus § 315 c I zu bestrafen, wer eine wertvolle Sache gefährden will, tatsächlich aber einen Menschen gefährdet. Nach der hier vertretenen Auffassung gilt Entsprechendes für die vom Täter tatsächlich verwirklichte und von ihm geplante Tatmodalität; will der Täter grausam töten, führt das von ihm gewählte Mittel aber zu einem raschen und schmerzlosen Tod, so kann er nur wegen versuchten Mordes (in Tateinheit mit § 212) bestraft werden, auch wenn objektiv die Voraussetzungen der Heimtücke gegeben sind, der Tater diese aber nicht kennt. Zu den Fällen einer **Abweichung vom Kausalverlauf** vgl. § 15 RN 55 ff.

12   b) Der **Tatbestandsirrtum** führt auch dann zum Vorsatzausschluß, wenn er **verschuldet** war (verfehlt deshalb Celle NJW **69**, 1775 m. Anm. Horn NJW 69, 2156, wonach ein alkoholbedingter Tatbestandsirrtum den Vorsatz nicht ausschließen soll); Kritik an der geltenden Regelung bei Jakobs 213. In diesem Fall kommt nach § 16 I S. 2 nur eine Fahrlässigkeitstat in Betracht, sofern dem Täter die Unkenntnis vorgeworfen werden kann und die fahrlässige Begehung unter Strafe gestellt ist. Verwechselt z. B. ein Jäger in der Dämmerung einen Menschen mit einem Tier und tötet er ihn, so kann gegebenenfalls wegen fahrlässiger Tötung bestraft werden. Eine Sonderregelung gilt jedoch für den Notwehrexzeß, wo auch die Bestrafung wegen fahrlässiger Tat ausgeschlossen ist, wenn eine Notwehrüberschreitung auf Verwirrung, Furcht oder Schrecken beruht (vgl. Erl. zu § 33).

13   c) Bei einem auf **Fahrlässigkeit** beruhenden Irrtum kann zweifelhaft sein, auf welchen **Zeitpunkt** die Fahrlässigkeit zu beziehen ist, ob nur auf die Situation, in der der Irrtum zu einer Handlung des Täters führt, oder ob Fahrlässigkeit in der Richtung ausreicht, daß den Täter ein Verschulden an einem Zustand trifft, in dem eine ordnungsgemäße Differenzierung ihm nicht mehr möglich ist (z. B. verschuldete Trunkenheit, unterlassene Unterrichtung durch Lesen von Gesetzblättern). Maßgeblich kann nur die Situation z. Z. der Tat selbst sein (vgl. Schröder GA 57, 303). Schuldhaftes Verhalten vor der Tat kann dem Täter nur nach den Grundsätzen der actio libera in causa zur Last gelegt werden (vgl. § 20 RN 33): Hat es der Täter z. B. unterlassen, Auskünfte einzuholen, Anweisungen zu lesen usw., so fällt ihm Fahrlässigkeit zur Last, wenn er damit hätte rechnen müssen, in eine Situation zu kommen, in der er sich infolge der Unkenntnis nicht richtig verhalten werde (Oldenburg VRS **16** 298); vgl. jedoch auch Hamm NJW **58**, 271, Köln VRS **37** 35.

14   IV. Streitig ist die Behandlung des Irrtums über die Voraussetzungen eines Rechtfertigungsgrundes (sog. **Erlaubnistatbestandsirrtum**). Die Behandlung dieses Irrtums hat der Gesetzgeber bewußt offen gelassen. Zum Erlaubnistatbestandsirrtum im Deliktaufbau vgl. Herzberg JA 89, 243, 294.

15   1. Die **strenge Schuldtheorie** nimmt in diesen Fällen einen Verbotsirrtum nach § 17 an mit der Begründung, daß der Täter alle Tatumstände kenne und daher – ungeachtet seiner Fehlvorstellung – (tat-)vorsätzlich handele. Die Konsequenz ist, daß er bei Vermeidbarkeit des Irrtums mit der Strafmilderungsmöglichkeit nach § 49 I wegen eines Vorsatzdelikts bestraft werden kann und bei Unvermeidbarkeit des Irrtums entschuldigt ist. Dieser Standpunkt wird vertreten von: Bockelmann NJW 50, 830 ff., Fukuda JZ 58, 143, Hartung NJW 51, 209, Heitzer NJW 53, 210, Hirsch aaO 254, ZStW 94, 257 ff., Armin Kaufmann JZ 55, 37, Niese DRiZ 53, 20, Paeffgen aaO 90 ff., Eb. Schmidt SJZ 50, 837, Schroeder LK 47 ff., Warda JR 50, 546, Welzel-FS 499, Welzel NJW 52, 564, JZ 52, 596, ZStW 67, 19, ZStW 76, 619. Gegen die „strenge" Schuldtheorie spricht die mit Recht immer wieder gerügte Ungerechtigkeit ihrer Ergebnisse (Bestrafung wegen vorsätzlicher Tat bei bloßer Vermeidbarkeit des Irrtums); mit der Annahme, daß selbst in den Fällen, in denen der Irrtum bei Anwendung der objektiv gebotenen Sorgfalt unvermeidbar war, lediglich die Schuld ausgeschlossen sei, das Unrecht der vorsätzlichen Tat also bestehen bleibe, gerät die „strenge" Schuldtheorie ferner in Widerspruch zu der heute bei den Fahrlässigkeitsdelikten weitgehend unbestrittenen Erkenntnis, daß ein objektiv sorgfältiges Verhalten nicht rechtswidrig sein kann (vgl. § 15 RN 116).

16   2. Nach der **eingeschränkten Schuldtheorie**, die von der Rspr. und der h. L. vertreten wird, ist i. E. davon auszugehen, daß ein Irrtum über die tatsächlichen Voraussetzungen wie ein Tatbestandsirrtum zu behandeln ist. Diese Ansicht wird vom BGH **2** 236, **3** 12, 106, 124, 196, 364, **17** 91, NStZ **84**, 503, NStE **Nr. 1** und sämtlichen Obergerichten (z. B. Hamburg JR **75**, 511 m. Anm. Rudolphi, Köln NJW **62**, 686) sowie im Schrifttum vertreten von: Börker JR 60, 168, Dreher MDR 62, 592, Engisch ZStW 70, 583 ff., Eser I 153 ff., Gallas ZStW 67, 46, Bockelmann-FS 170, Herdegen BGH-FS 208, Krümpelmann GA 68, 129, Lackner § 17 5a, M-Zipf I 508 ff., 516, Noll ZStW 77, 1, Schaffstein MDR 51, 199, Stratenwerth 152 ff., v. Weber JZ 51, 262, Wessels I 135 f.

17   a) Keine Einigkeit besteht allerdings darin, auf welchem Wege dieses Ergebnis erzielt wird. Teilweise wird § 16 **unmittelbar angewandt** (so die Lehre von den negativen Tatbestandsmerkmalen; vgl. 15 ff. vor § 13, § 15 RN 35), teilweise wird § 16 hier nur für entsprechend anwendbar erklärt; letzterenfalls ist wieder umstritten, ob **analog** § 16 I S. 1 vorsätzliches

Irrtum über Tatumstände 18–20 **§ 16**

Unrecht ausgeschlossen ist (so die h. M., BGH **3** 106f., 196, 364, **31** 286f., **32** 248, GA **69**, 118, StV **87**, 98, LG München NJW **88**, 1861, Kaufmann ZStW 76, 562ff., Roxin ZStW 76, 599, Stratenwerth 152ff., Rudolphi SK 10, Schaffstein MDR 51, 199, Lang-Hinrichsen JZ 53, 362ff.), oder ob der Irrtum über die Voraussetzungen eines Rechtfertigungsgrundes lediglich hinsichtlich der Rechtsfolgen dem in § 16 geregelten Tatbestandsirrtum gleichzustellen ist, der Täter also, obwohl er vorsätzliches Unrecht begangen hat, allenfalls wie ein Fahrlässigkeitstäter bestraft werden kann (**rechtsfolgeneinschränkende** bzw. rechtsfolgenverweisende) **Schuldtheorie;** vgl. z. B. D-Tröndle 26, Heinitz-FS 207, Jescheck 418f., Wessels I 137ff.; krit. Hirsch ZStW 94, 264, Schumann aaO 33). Nach der „unselbständigen Schuldtheorie" von Jakobs (303ff.) ist bei bestehender Strafdrohung für Fahrlässigkeit wegen vorsätzlicher Tat zu verurteilen, der Vorsatzstrafrahmen jedoch auf den Rahmen des Fahrlässigkeitsdelikts zu reduzieren. Nach Gallas (Bockelmann-FS 170) fehlt es in diesen Fällen an dem typischen Gesinnungsunwert der Vorsatztat und damit an der „Vorsatzschuld".

b) Nach der hier vertretenen Auffassung (vgl. 17 vor § 13, § 15 RN 35) ist entscheidend, daß **18** zwischen den unrechtstypischen Merkmalen des gesetzlichen Tatbestandes und den Merkmalen eines Erlaubnistatbestandes (Rechtfertigungsgrundes) insoweit kein qualitativer Unterschied besteht, als sie beide für die Entscheidung der Frage, ob die Tat rechtswidrig ist, die gleiche sachliche Bedeutung haben. Folglich muß der Irrtum über die Voraussetzungen eines Rechtfertigungsgrundes zu den gleichen Konsequenzen führen wie der Tatbestandsirrtum. Zwar kann in diesen Fällen § 16 nicht unmittelbar angewandt werden, da „gesetzlicher Tatbestand" nur der Unrechtstatbestand, nicht aber der „Gesamt-Unrechtstatbestand" i. S. der Lehre von den negativen Tatbestandsmerkmalen sein kann; wohl aber gilt § 16 entsprechend, und zwar in der Weise, daß das Unrecht einer vorsätzlichen Tat ausgeschlossen ist (eingehend hierzu 19 vor § 13; zu den Konsequenzen bei der Teilnahme vgl. 32 vor § 25). Abzulehnen ist daher auch die lediglich „rechtsfolgeneinschränkende" Schuldtheorie.

c) Ein Irrtum, der analog § 16 behandelt ist, liegt nur vor, wenn der Täter irrtümlich die **19** **tatbestandlichen Voraussetzungen** eines vom Recht anerkannten Rechtfertigungsgrundes für gegeben hält (sog. Putativrechtfertigungsgründe). Entsprechendes gilt, wenn der Täter einen Sachverhalt annimmt, der die Ausführung einer Weisung rechtmäßig machen würde; zur Abgrenzung von Erlaubnistatbestands- und Verbotsirrtum beim Handeln auf dienstliche Weisung vgl. 121a vor § 32. Geht der Täter dagegen irrig von der Existenz eines Rechtfertigungsgrundes aus, den das Recht überhaupt nicht oder nicht in dieser Fom anerkennt, so liegt ein Verbotsirrtum nach § 17 vor (vgl. dort RN 10). Dies ergibt sich daraus, daß dieser Irrtum nicht die Merkmale eines Erlaubnistatbestandes betrifft, der Täter vielmehr einen überhaupt nicht oder nicht in diesem Umfang existierenden Erlaubnissatz für sich in Anspruch nimmt.

α) Da die tatbestandlichen **Voraussetzungen** eines Rechtfertigungsgrundes sowohl **deskripti- 20 ver** wie **normativer Art** sein können, stellt sich auch hier die – noch nicht abschließend geklärte – Frage, welchen Regeln der Irrtum über die normativen Merkmale eines Erlaubnistatbestandes zu folgen hat (vgl. dazu Dreher Heinitz-FS 207, Engisch ZStW 70, 584f., Schlüchter aaO 171ff.). Hier entstehen grundsätzlich die gleichen Fragen wie bei der Kenntnis normativer Merkmale des gesetzlichen Tatbestandes (vgl. § 15 RN 43ff.). Danach ist unproblematisch, daß der Irrtum über den Sachverhalt, der einem normativen Merkmal zugrundeliegt, vorsätzlich begangenes Unrecht ausschließt; so liegt z. B. ein Irrtum über einen Sachverhalt vor, der die Vorstellung von der Rechtswidrigkeit des Angriffs i. S. des § 32 beseitigt, wenn der Täter sich gegen die Benutzung seines Pkw wehrt, weil er nicht weiß, daß dies das einzige Mittel ist, einen Schwerverletzten rechtzeitig ins Krankenhaus zu bringen. Dagegen dürfte in den Fällen, in denen der Täter den Sachverhalt richtig erkennt und lediglich infolge unzutreffender Wertung zu dem Ergebnis kommt, daß das normative Merkmal eines Erlaubnistatbestandes gegeben sei, zu differenzieren sein: Handelt es sich um ein Merkmal, durch das die Gesamtbewertung der Tat zum Ausdruck kommt, so liegt ein Verbotsirrtum vor, sofern der Täter infolge einer falschen Bewertung zu dem Ergebnis kommt, den Erlaubnissatz für sich in Anspruch nehmen zu können; dies ist z. B. der Fall, wenn er im Rahmen des § 34 infolge einer unzutreffenden Abwägung der kollidierenden Interessen der Meinung ist, daß sich seine Tat als die Wahrung „überwiegender Interessen" bzw. als „angemessenes Mittel" darstelle (vgl. hierzu § 34 RN 51) oder wenn er im Fall des § 226a infolge falscher Bewertung die Sittenwidrigkeit der Tat verkennt (vgl. dort RN 12). Handelt es sich dagegen nicht um ein „gesamttatbewertendes Merkmal" (vgl. Jescheck 419), so wird man grundsätzlich davon auszugehen haben, daß auch der ausschließlich im Bereich des Normativen liegende Irrtum vorsätzlich begangenes Unrecht ausschließt. Wie bei den Merkmalen des gesetzlichen Tatbestandes braucht der Täter auch hier lediglich durch eine „**Parallelwertung in der Laiensphäre**" zur Fehlvorstellung über die normativen Voraussetzungen des Erlaubnissatzes zu gelangen; vgl. Karlsruhe VRS **36** 350 (zu § 142). Dies gilt z. B., wenn der Täter einen zulässigen Eingriff in seine Rechtsgüter infolge eines Rechtsirrtums (z. B. Unkenntnis des § 904 BGB)

Cramer

fälschlich für einen „rechtswidrigen" Angriff i. S. des § 32 hält (vgl. Dreher Heinitz-FS aaO; and. Bay NJW **65**, 1926, wo zwischen Tat- und Rechtsirrtum differenziert und der zuletzt genannte als Verbotsirrtum angesehen wird) oder wenn er im Fall des § 229 BGB infolge falscher Rechtskenntnisse zu Unrecht glaubt, einen durchsetzbaren Anspruch zu haben. I. E. wie hier z. B. Busch Mezger-FS 180, Engisch Mezger-FS 133, Arthur Kaufmann JZ 54, 653, JZ 56, 353, Lackner-FS 191, Roxin, Offene Tatbestände 108 ff., Rudolphi Schröder-GedS 93 f., Schaffstein MDR 51, 198, v. Weber JZ 51, 260.

21   Wenn diese Grundsätze nicht unzweifelhaft sind, so deshalb, weil die falsche Bewertung von normativen Merkmalen eines Erlaubnissatzes letztlich immer auch in einen Irrtum über die Grenzen eines Rechtfertigungsgrundes umgedeutet werden könnte. Hält der Täter z. B. auch die Einwilligung in eine Tötung für wirksam, so irrt er über die Dispositionsbefugnis als normatives Merkmal des Erlaubnistatbestandes der Einwilligung; bildet man den Rechtfertigungstatbestand dagegen so, daß die Rechtsgüter, in deren Verletzung wirksam eingewilligt werden kann, einzeln aufgeführt werden, so würde die gleiche Fehlvorstellung zum Irrtum über die Grenzen eines Rechtfertigungsgrundes führen (Jakobs 302; vgl. dazu jedoch Haft JA 81, 285). Die enge Verzahnung des Irrtums über Tatbestand und Verbot zeigt auch das Urteil BGH **17** 90 m. Anm. Schröder JR 62, 346 eindrucksvoll. Der Irrtum darüber, daß unter den Voraussetzungen der Selbsthilfe (§ 229 BGB) ein Anspruch auf Befriedigung (und nicht nur auf Sicherung) gegeben sei, würde sich einerseits als Irrtum über die rechtlichen Grenzen des § 229 BGB und damit als Verbotsirrtum darstellen, während der BGH Tatbestandsirrtum deswegen angenommen hat, weil die irrtümliche Annahme der rechtlichen Konsequenzen dem Täter den Vorsatz der Rechtswidrigkeit seiner beabsichtigten Zueignung genommen habe (ebenso BGH NStZ **88**, 216, StV **88**, 527, 529).

22   β) Beruht der **Irrtum** über die Voraussetzungen des Rechtfertigungsgrundes **auf Fahrlässigkeit,** so kann diese dem Täter zum Vorwurf gemacht werden und eine Bestrafung aus dem Fahrlässigkeitstatbestand erfolgen, sofern ein solcher vorhanden ist (Bay NJW **55**, 1848); vgl. auch o. 12. Denkbar ist aber auch **bedingter Vorsatz:** der Täter rechnet mit der Möglichkeit, daß der Rechtfertigungsgrund (z. B. eine Einwilligung) nicht vorhanden ist (vgl. die Beispiele bei Warda Lange-FS 121, 126, BGH NJW **51**, 412), handelt aber trotzdem, weil ihm die mögliche Tatbestandsverwirklichung gleichgültig ist (vgl. § 15 RN 84). Nach Warda (aaO 119 ff.) soll es – ohne Rücksicht auf den zur Abgrenzung zwischen bewußter Fahrlässigkeit und bedingtem Vorsatz bezogenen Standpunkt (vgl. § 15 RN 72 ff.) – Fälle geben, in denen der Täter (bedingt) vorsätzlich ein Rechtsgut verletzt, aber ohne Schuld handelt, weil ihm aufgrund eines Entschuldigungsgrundes neuer Art die Tat nicht vorgeworfen werden könne (aaO 140). Diese Fallgestaltung sei etwa gegeben, wenn der Täter ein fremdes Motorboot benützt (§ 248 b), um nach dem Kentern eines Segelboots Hilfe zu leisten, obwohl er nicht weiß, ob die Gekenterten in Gefahr oder als geübte Schwimmer in der Lage sind, das nahe Ufer ohne Schwierigkeiten zu erreichen. Nach der hier vertretenen Auffassung zum bedingten Vorsatz (vgl. § 15 RN 84) wird es in Fällen der genannten Art dem Täter gerade nicht gleichgültig sein, ob eine Rechtfertigungssituation gegeben ist oder nicht, folglich ist die Verwirklichung eines Tatbestandes im Rahmen der aus der Sicht des Täters erforderlichen Hilfeleistung auch nicht vorsätzlich begangenes Unrecht; eines besonderen Entschuldigungsgrundes bedarf es daher nicht. Zu den Fällen des Scheinangriffs bei der Notwehr vgl. § 32 RN 28.

23   d) Zur irrtümlichen Annahme, eine objektiv gegebene **rechtfertigende Situation** liege **nicht** vor, vgl. 16 vor § 32.

24   e) Glaubt der Täter an das Vorhandensein eines **Rechtfertigungsgrundes,** den die Rechtsordnung nicht kennt, oder bestimmt er die Grenzen eines Rechtfertigungsgrundes, der von der Rechtsordnung anerkannt ist, falsch, liegt ein Verbotsirrtum vor; vgl. § 17 RN 10.

25   f) Nimmt der Täter irrtümlich an, sein Verhalten verstoße gegen eine in Wahrheit **nicht vorhandene Rechtsnorm,** liegt ein strafloses sog. **Wahndelikt** vor; zu diesem gehört auch der Fall des **umgekehrten Subsumtionsirrtums.** Vgl. § 22 RN 78 ff.

26   V. Ausdrücklich geregelt ist jetzt der Irrtum über **privilegierende Tatbestandsmerkmale,** wobei es sich hier nicht um solche des Unrechtstatbestandes handelt, sondern auch um solche, die als „objektivierte Schuldmerkmale" lediglich die Schuld betreffen, das Unrecht also unberührt lassen (z. B. § 217). Krit. zur Konstruktion des § 16 II Franke JuS 80, 172.

27   1. Der Täter nimmt irrtümlich einen Umstand an, der zur Anwendung eines privilegierten Deliktstatbestandes führen würde, hält z. B. im Fall des § 217 die Mutter das Kind für nichtehelich oder bei § 216 der Täter ein ernstliches Verlangen für gegeben. In diesen Fällen kann der Täter wegen vorsätzlicher Begehung nur aus dem milderen Tatbestand verurteilt werden. Dies folgt aus dem Schuldprinzip, wonach der Täter nur nach den Voraussetzungen, die in seinen Vorsatz aufgenommen waren, bestraft werden kann, und ist jetzt in § 16 II ausdrücklich anerkannt. Liegt bezüglich des Irrtums Fahrlässigkeit vor, so ist durch Auslegung zu ermitteln, ob daneben auch die allgemeinen Fahrlässigkeitstatbestände Anwendung

finden können. Die abweichende Auffassung von Küper (GA 68, 324), der die Fälle der Strafmilderung, die auf einer Verminderung des Unrechts beruhen, nach den Regeln des Verbotsirrtums behandeln will, ist teilweise überholt.

2. Hält der Täter irrtümlich ein vorhandenes privilegierendes Merkmal für nicht gegeben, so ist zu differenzieren (Jescheck 278f.; and. 17. A. § 59 RN 134). Handelt es sich um ein das **Unrecht** kennzeichnendes Merkmal, so muß grundsätzlich die objektive Lage maßgebend sein (Jescheck 279); regelmäßig liegt dann ein Versuch bzgl. des Grunddelikts in Idealkonkurrenz mit dem privilegierenden Tatbestand vor, so wenn dem Täter nur eine teilweise Wehruntauglichkeit gelingt (§ 109 II), während er eine vollständige beabsichtigt hat (§ 109 I). Bezieht sich der Irrtum aber auf (objektivierte) **Schuldmerkmale**, sieht z. B. die Täterin das nichteheliche Kind im Falle des § 217 als ehelich an, so kann ihr das Privileg nicht zugute kommen; sie ist daher aus dem Grunddelikt zu bestrafen; da ihr Vorsatz alle Tatbestandsmerkmale des Grunddelikts umfaßt und diese objektiv in die des Sondertatbestandes eingeschlossen sind, liegt nicht nur Versuch, sondern Vollendung des Grunddelikts vor. 28

VI. Der **Irrtum** über die Voraussetzungen eines **Entschuldigungsgrundes** wird durch § 16 nicht erfaßt. Das ist insoweit konsequent, als dieser Irrtum den Vorsatz unberührt läßt (and. Mezger 320, H. Mayer AT 196), da die entschuldigenden Umstände nicht zum Unrechtstatbestand gehören (h. M.; vgl. RG **64** 30, Dreher MDR 62, 593). Genausowenig ist dieser Irrtum allerdings ein Verbotsirrtum, weil der Täter – eine richtige Subsumtion vorausgesetzt – das Verbot kennt, das er in seiner Not übertritt (insoweit zust. Vogler GA 69, 111). 29

1. Für den **entschuldigenden Notstand** gilt § 35 II. Bei einem Irrtum über die Voraussetzungen des § 35 I wird der Täter bestraft, wenn er den Irrtum vermeiden konnte; die Strafe ist dann nach Maßgabe des § 49 I zu mildern; eingehend hierzu § 35 RN 36ff. 30

2. Die Regelung des § 35 II gilt jedenfalls im Grundsatz entsprechend für **andere Entschuldigungsgründe** (Eser I 199), insb. für den übergesetzlichen entschuldigenden Notstand, da dieser die gleiche Struktur aufweist wie der in § 35 geregelte Notstandsfall (vgl. 117 vor § 32); vgl. jedoch die Ausführungen zu § 258 RN 35, 39. 31

Versteht man bei den Unterlassungsdelikten die Unzumutbarkeit nicht als ein die Handlungspflicht begrenzendes Tatbestandsmerkmal (vgl. 155 vor § 13), sondern lediglich als Entschuldigungsgrund, so müßte ein Irrtum über die die Unzumutbarkeit begründenden Umstände gleichfalls entsprechend § 35 II behandelt werden. 32

3. Völlig unberührt von diesen Grundsätzen bleibt der **Irrtum** über **Schuldvoraussetzungen**. Der Irrtum über die eigene Schuldunfähigkeit ist unbeachtlich (Jescheck 283); vgl. § 15 RN 36. 33

VII. Nicht geregelt ist auch der Irrtum über **Strafausschließungsgründe**. Ein Irrtum über **objektive** Strafausschließungs- bzw. Strafaufhebungsgründe (zur Abgrenzung vgl. 131 vor § 32) ist unerheblich (132 vor § 32). Teilweise wird dieses Ergebnis auch für **persönliche** Strafausschließungs- bzw. Strafaufhebungsgründe mit der Begründung vertreten, daß solche Gründe außerhalb des Verbrechensbegriffs lägen und es daher nur auf ihr tatsächliches Vorhandensein ankomme, sie also „objektive Straflosigkeitsbedingungen" seien (RG **61** 271, BGH **23** 281 zum früheren Ehegattendiebstahl, Baumann/Weber 459ff., Jescheck 283, Schmidhäuser ZStW 71, 559, D-Tröndle § 258 RN 16). Diese Ansicht berücksichtigt nicht, daß diese Umstände in vielen Fällen den Umfang des Unrechts und die besondere Motivation des Täters betreffen, sich also von den in § 16 II genannten privilegierenden Umständen nur dadurch unterscheiden, daß die Strafe gänzlich ausschließen nicht bloß vermindern. Folglich muß in Fällen, in denen es sich um eine „Privilegierung zur Straflosigkeit" und nicht bloß um außerhalb des Unrechts- und Schuldbereichs liegende Umstände handelt, die auf Zweckmäßigkeitserwägungen beruhen, § 16 II analog angewendet werden. Wer einen vermeintlichen Angehörigen begünstigt, um ihn der Strafe zu entziehen, befindet sich in der gleichen Situation wie bei der Begünstigung eines wirklichen Angehörigen (§ 258 VI). Wegen dieser Motivationslage ist der Täter straflos, wenn er die Voraussetzungen eines Strafausschließungsgrundes irrtümlich annimmt (vgl. § 258 RN 39). Dagegen ist er trotz Vorhandenseins solcher Umstände zu bestrafen, wenn er sie nicht kennt. I. E. ebenso Eser I 206, Stree JuS 76, 141. 34

VIII. Unbeachtlich ist weiter der Irrtum über **objektive Strafbarkeitsbedingungen** (vgl. 124ff. vor § 13), weil sie nur aus kriminalpolitischen Gründen eingefügte Einschränkungen der Strafbarkeit sind, die den Unrechts- oder Schuldgehalt der Tat nicht berühren. 35

IX. Bei Umständen, die eine Tat zum **Antragsdelikt** machen, entscheidet allein die objektive Sachlage. Glaubt der Täter irrtümlich, eine Sache gehöre einem Dritten und steht sie in Wahrheit im Eigentum eines Angehörigen (§ 247) oder ist sie geringwertig (§ 248a), so ist die Tat Antragsdelikt. 36

§ 17 1, 2   Allg. Teil. Die Tat – Grundlagen der Strafbarkeit

37   **X.** Zum Vorsatz und zu Irrtumsfragen beim **Unterlassungsdelikt** vgl. § 15 RN 93 ff.; zu diesen Fragen bei **Blankettgesetzen** vgl. § 15 RN 99 ff.

38   **XI.** Zu Irrtumskombinationen **(Doppelirrtum)** vgl. § 17 RN 11.

§ 17 Verbotsirrtum

Fehlt dem Täter bei Begehung der Tat die Einsicht, Unrecht zu tun, so handelt er ohne Schuld, wenn er diesen Irrtum nicht vermeiden konnte. Konnte der Täter den Irrtum vermeiden, so kann die Strafe nach § 49 Abs. 1 gemildert werden.

Vgl. das Stichwortverzeichnis zu § 15.

Schrifttum: Vgl. die Angaben zu §§ 15, 16. *Arzt*, Zum Verbotsirrtum beim Fahrlässigkeitsdelikt, ZStW 91, 857. – *Baumann*, Grenzfälle im Bereich des Verbotsirrtums, Welzel-FS 533. – *ders.*, Zur Teilbarkeit des Unrechtsbewußtseins, JZ 61, 564. – *Bindokat*, Bewußtsein der Rechtswidrigkeit, NJW 62, 185. – *ders.*, Irrungen und Wirrungen in der Rechtsprechung über den Verbotsirrtum, JZ 53, 748. – *ders.*, Zur Frage des doppelten Irrtums, NJW 63, 745. – *Busse*, Unklare Doppelregelung des Verbotsirrtums im 2. StrRG, MDR 71, 985. – *Dreher*, Verbotsirrtum und § 51, GA 57, 97. – *Ebert*, Der Überzeugungstäter in der neueren Rechtsentwicklung, 1975. – *Haft*, Grenzfälle des Irrtums über normative Tatbestandsmerkmale im Strafrecht, JA 81, 281. – *Herzberg*, Das Wahndelikt in der Rspr. des BGH, JuS 80, 468. – *Horn*, Verbotsirrtum und Vorwerfbarkeit, 1969. – *Armin Kaufmann*, Schuldfähigkeit und Verbotsirrtum – zugleich ein Beitrag zur Kritik des Entwurfs 1960, Eb. Schmidt-FS 319. – *Arthur Kaufmann*, Das Unrechtsbewußtsein in der Schuldlehre des Strafrechts, 1949. – *Kohlschütter*, Die strafrechtstheoretische Lösung der Fälle des indirekten Verbotsirrtums, 1988. – *Kramer/Trittel*, Zur Bindungswirkung der Entscheidung des Bundesverfassungsgerichts über die Verfassungsmäßigkeit des § 17 StGB, JZ 80, 393. – *Kuhlen*, Die Unterscheidung von vorsatzausschließendem und nichtvorsatzausschließendem Irrtum, 1987. – *Kunz*, Strafausschluß oder -milderung bei Tatveranlassung durch falsche Rechtsauskunft?, GA 83, 457. – *Lenckner*, Strafe, Schuld und Schuldfähigkeit, in Göppinger-Witter, Handbuch der forensischen Psychiatrie (1972) 50. – *Mattil*, Gewissensanspannung, ZStW 74, 201. – *Maurach*, Das Unrechtsbewußtsein zwischen Kriminalpolitik und Strafrechtsdogmatik, Eb. Schmidt-FS 301. – *Meyer*, Vermeidbarkeit des Verbotsirrtums und Erkundigungspflicht – KG JR 1978, 166, JuS 79, 250. – *Puppe*, Tatirrtum, Rechtsirrtum, Subsumtionsirrtum, GA 90, 145. – *Rudolphi*, Unrechtsbewußtsein, Verbotsirrtum u. Vermeidbarkeit des Verbotsirrtums, 1969. – *Schmidhäuser*, Unrechtsbewußtsein und Schuldgrundsatz, NJW 75, 1807. – *ders.*, Der Verbotsirrtum und das Strafgesetz (§ 16 I Satz 1 und § 17), JZ 79, 361. – *Schröder*, Verbotsirrtum, Zurechnungsfähigkeit, actio libera in causa, GA 57, 297. – *H.-W. Schünemann*, Verbotsirrtum und faktische Verbotskenntnis, NJW 80, 735. – *Seelig*, Zum Problem der Neufassung des § 51, Mezger-FS 213. – *Strauss*, Verbotsirrtum und Erkundigungspflicht, NJW 69, 1418. – *Tiedemann*, Tatbestandsfunktionen im Nebenstrafrecht, 1969. – *Timpe*, Normatives und Psychisches im Begriff der Vermeidbarkeit eines Verbotsirrtums, GA 84, 51. – *Warda*, Schuld und Strafe beim Handeln mit bedingtem Unrechtsbewußtsein, Welzel-FS 499. – *ders.*, Tatbestandsbezogenes Unrechtsbewußtsein, Jura 53, 1052. – *ders.*, Grundzüge der strafrechtlichen Irrtumslehre, Jura 79, 1, 71, 113, 286. – *Welzel*, Arten des Verbotsirrtums, JZ 53, 266. – *Wolter*, Schuldhafte Verletzung einer Erkundigungspflicht, Typisierung beim Vermeidbarkeitsurteil und qualifizierte Fahrlässigkeit beim Verbotsirrtum – OLG Celle NJW 1979, 1644, JuS 79, 482. – *Zimmermann*, Unteilbares oder tatbestandsbezogenes Unrechtsbewußtsein?, NJW 54, 908.

1   **I.** Die Vorschrift regelt den sog. **Verbotsirrtum.** Ihre Existenz bedeutet zunächst, daß der Gesetzgeber ausdrücklich anerkannt hat, daß das Bewußtsein, wider das Recht zu handeln, rechtlich von Bedeutung ist. Fehlt das Unrechtsbewußtsein, so handelt der Täter ohne Schuld, wenn die Unkenntnis der Rechtswidrigkeit seines Verhaltens für ihn unvermeidbar war; war die Verbotsunkenntnis vermeidbar, so kann die Strafe nach Maßgabe des § 49 I gemildert werden. Verfassungsrechtliche Bedenken gegen diese Regelung bestehen nicht (BVerfG NJW **76,** 413 m. krit. Anm. Langer GA 76, 193, Schmidhäuser JZ 80, 396; zur Bindungswirkung der Entscheidung des BVerfG vgl. Kramer/Trittel JZ 80, 393.

2   **1.** Die **Verbotskenntnis** war als Voraussetzung der Schuld keineswegs stets anerkannt. So hat das RG (z. B. RG **61** 258, **63** 218) und mit ihm die übrige Rspr. den Vorsatz i. S. des § 59 a. F. als ausreichende Grundlage für den Vorwurf vorsätzlicher Schuld gelten lassen und überdies bei der Kenntnis der normativen Tatumstände zwischen strafrechtlichem und außerstrafrechtlichem Irrtum unterschieden, wobei lediglich dem letzteren eine den Vorsatz ausschließende Bedeutung beigemessen wurde. Mit dieser Auffassung hatte die Judikatur den nahezu einmütigen Widerspruch der Wissenschaft herausgefordert, die insb. darauf hingewiesen hat, daß gegenüber einem Täter, der das Bewußtsein, gegen das Recht zu verstoßen, nicht haben könne, ein Schuldvorwurf begründeterweise nicht erhoben werden dürfe. Gleichwohl ist diese Unterscheidung auch heute noch nicht endgültig überwunden (vgl. Haft JA 81, 282 f.); so versucht Kuhlen (339 ff.) den Nachweis, daß die vom RG vertretene Unterscheidung der Sache nach der Rspr. bis heute zugrundeliegt. Auf den Gegensatz

Verbotsirrtum   3–5 § 17

zwischen strafrechtlichen und außerstrafrechtlichen Irrtümern läuft im Prinzip auch Herzbergs Lehre von den Verweisungsbegriffen hinaus (JuS 80, 472f.). Zum ganzen vgl. Puppe GA 90, 154ff. Die Wende in der Rspr. brachte die Plenarentscheidung BGH (GrS) **2** 194. Seither war auch unter der Geltung des § 59 a. F., der die Bedeutung der Verbotskenntnis offen ließ, nahezu allgemein anerkannt, daß das Unrechtsbewußtsein eine wesentliche Voraussetzung für den Schuldvorwurf bildet. Jedoch waren der systematische Standort des Unrechtsbewußtseins und seine strafrechtliche Bedeutung weiterhin umstritten (vgl. dazu § 15 RN 104).

2. Durch die Vorschrift ist klargestellt, daß das Fehlen des Bewußtseins der Widerrechtlichkeit   3 den Vorsatz als Unrechtskomponente nicht berührt (vgl. § 15 RN 104); damit ist die sog. **Schuldtheorie** legislatorisch festgeschrieben (krit. hierzu Schmidhäuser NJW 75, 1807, JZ 80, 396), wobei allerdings offen bleibt, wie der Irrtum über die Voraussetzungen eines Rechtfertigungsgrundes rechtlich zu bewerten ist (vgl. hierzu § 16 RN 14ff.). Ein Verbotsirrtum kann daher nur im Rahmen der Schuld Bedeutung erlangen. Bei unvermeidbarer Verbotsunkenntnis ist die Schuld ausgeschlossen, bei vermeidbarer Verbotsunkenntnis bleibt der Schuldvorwurf dagegen bestehen (vgl. hierzu H.-W. Schünemann NJW 80, 738, § 15 RN 104). Der verminderten Schuld des im Verbotsirrtum handelnden Täters wird durch die Möglichkeit einer Strafmilderung nach § 49 Rechnung getragen. Da § 17 auch den auf „Rechtsblindheit" oder grober „Leichtfertigkeit" beruhenden Verbotsirrtum erfaßt, ist die nur fakultative Strafmilderung berechtigt (vgl. auch BVerfG NJW **76**, 413). Die Situation ist hier also anders als im Falle des § 21, der voraussetzt, daß bestimmte psychische Defekte zu einer „erheblichen" Verminderung der Einsichtsfähigkeit geführt haben (vgl. dort RN 14ff.).

II. Zum **Inhalt** des **Unrechtsbewußtseins** gehört, daß der Täter sich des Widerspruchs seines   4 Verhaltens zur rechtlichen Sollensordnung bewußt ist. Das ist einerseits mehr als die bloße Kenntnis der sittlichen Mißbilligung der Tat (BGH GA **69**, 61; Rudolphi SK 4; and. Schmidhäuser H. Mayer-FS 329), weil durch diese Kenntnis allein noch nicht die allgemein-verbindliche Kraft der verletzten Norm in das Täterbewußtsein gerückt wird (Rudolphi SK RN 4); freilich wird in solchen Fällen ein Verbotsirrtum regelmäßig vermeidbar sein. Andererseits wird die Kenntnis von der Strafbarkeit des Verhaltens nicht vorausgesetzt (BGH **2** 202, **10** 41, **15** 383, Rudolphi SK 3, Blei I 199, Jescheck 408, Welzel 171; a. A. Schroeder LK 7, Otto ZStW 87, 595); auch ein Irrtum über die Höhe der angedrohten Strafe ist unerheblich (and. wohl Küper GA 68, 304). Zur Frage des Unrechtsbewußtseins bei verdeckten Parteispenden vgl. Schmidt MDR 88, 899.

1. Das **Bewußtsein, Unrecht zu tun**, hat der Täter dann, wenn er sich des Widerspruchs seines   5 Handelns oder Unterlassens zum Wohl der Allgemeinheit, zu den Normen, die für das Zusammenleben unentbehrlich sind, bewußt ist (Kiel SchlHA **48**, 146, Tübingen NJW **49**, 957 m. Anm. Hartung). Dieses Bewußtsein kann sich einmal aus der Vorstellung ergeben, Rechtsgüter zu beeinträchtigen, die den Schutz der Rechtsordnung genießen, Gemeinschaftswerte zu verletzen, deren Schutz Aufgabe des Rechtes ist. Diese „Gemeinschaftswertwidrigkeit" (Gallas Gleispach-FS 67) oder „Rechtswertwidrigkeit" (Lange ZStW 65, 96) kann die Grundlage auch für eine entsprechende Vorstellung im Täterbewußtsein sein. Aber ebenso kann, je weiter man sich vom eigentlichen kriminellen Unrecht entfernt, das Unrechtsbewußtsein sich auch auf eine spezifische Normbefehlswidrigkeit oder Gesetzeswidrigkeit beziehen, so vor allem im Ordnungswidrigkeiten- und Nebenstrafrecht (vgl. Lange JZ 56, 73; and. z. T. Arthur Kaufmann JZ 56, 395). Vgl. weiter BGH (GrS) **11** 266, GA **69**, 61. Kennt der Täter das Unrecht der Tat, d. h. die materielle Wertwidrigkeit seines Verhaltens, so ist unerheblich, ob er glaubt, straf-, zivil- oder öffentlichrechtliche Normen zu verletzen (Rudolphi SK 5); es genügt also das Bewußtsein, die „Handlung verstoße gegen irgendwelche, im einzelnen nicht klar vorgestellte gesetzliche Bestimmungen" (RG **70** 142 m. Anm. E. Schäfer DJ 36, 610, BGH [GrS] **11** 266, Celle NJW **87**, 78, NStE **Nr. 1**, Düsseldorf MDR **84**, 866, Frankfurt SJZ **47**, Sp. 626, Darmstadt MDR **49**, 185, Achenbach NStZ 88, 97); differenzierend Schroeder (LK 8), wonach der im Bewußtsein, eine Ordnungswidrigkeit zu begehen, handelnde Täter kein ausreichendes Bewußtsein für eine Strafbarkeit habe. Auch die Kenntnis der Wertwidrigkeit des Verhaltens als Disziplinarunrecht ist ausreichend, weil sie genügt, den Täter zu einem rechtmäßigen Verhalten zu veranlassen (and. Jakobs 455). **Bedingtes Unrechtsbewußtsein**, also die Vorstellung, die Tat sei möglicherweise verboten, reicht aus (BGH **4** 4, JR **52**, 285, Bay GA **56**, 127, Düsseldorf MDR **84**, 866, D-Tröndle 5, Jescheck 409, Paeffgen JZ 78, 745, Rudolphi aaO 120, SK 12, Schroeder LK 23, Warda Welzel-FS 504f.; vgl. jedoch Armin Kaufmann ZStW 70, 83ff., H.-W. Schünemann NJW 80, 739); wie beim dolus eventualis genügt hier zur Strafbarkeit, daß der Täter aus Gleichgültigkeit gegenüber dem Normappell die Widerrechtlichkeit seines Verhaltens in Kauf nimmt (vgl. § 15 RN 84); nach Warda (Welzel-FS 504f.) soll ausnahmsweise eine Strafmilderung oder Straflosigkeit unter dem Gesichtspunkt der Unzumutbarkeit in Betracht kommen, vgl. dazu u. 21. Zu Vorsatz und Verbotskenntnis bei den Unterlassungsdelikten vgl. § 15 RN 93ff.

6   2. Ein **Verbotsirrtum** liegt vor, wenn diese Vorstellung fehlt; dabei genügt die fehlende Kenntnis der Widerrechtlichkeit (vgl. zum Parallelproblem beim Tatbestandsirrtum § 16 RN 4); eine unzutreffende positive Vorstellung, rechtmäßig zu handeln, ist nicht erforderlich (Bay MDR **63**, 333). Ein Verbotsirrtum liegt auch dann vor, wenn der Täter das Verbotensein seines Verhaltens aufgrund einer nicht existierenden Norm annimmt, die in Wahrheit bestehende aber nicht kennt (sog. doppelter Verbotsirrtum); dies ergibt sich daraus, daß der Täter die Wertwidrigkeit seines Verhaltens unter dem Aspekt der von ihm tatsächlich verletzten Norm nicht erfaßt (ebenso Bindokat NJW **63**, 745ff., Rudolphi SK 10; and. D-Tröndle 4, Hirsch, Lehre von den negativen Tatbestandsmerkmalen [1960] 229f.). Auch aus einem Subsumtionsirrtum (vgl. § 15 RN 44) kann ein Verbotsirrtum resultieren, wenn der Täter infolge fehlerhafter Einschätzung der Norm davon ausgeht, sein Verhalten sei rechtmäßig.

7   3. Der sog. **Überzeugungstäter** hat regelmäßig Unrechtsbewußtsein (BGH **2** 208, **4** 1, Bay MDR **66**, 693, Schmidhäuser H. Mayer-FS 333f., Schröder ZStW **65**, 197, Schroeder LK 18ff., Ebert aaO 54, Jakobs 456); er setzt bewußt seine Überzeugung gegen die des Staates. Zur Unterscheidung zwischen Überzeugungs- und Gewissenstäter vgl. Peters H. Mayer-FS 257ff., Welzel DJT – FS I 383ff., 397ff., BVerfG NJW **68**, 982; eingehend zum Ganzen Heinitz ZStW **78**, 615ff., Noll ZStW 78, 638ff., Bockelmann Welzel-FS 543ff., Rudolphi Welzel-FS 605ff., SK 4, Müller-Dietz Peters-FS 91ff., Ebert aaO 60ff., Gödan, Die Rechtsfigur des Überzeugungstäters, 1975, Hofmann u. Sax, Der Ideologie-Täter, 1967. Hat der Täter das Bewußtsein, gegen ein Gesetz zu verstoßen, so genügt dies; gegen ein aus lehnt er sich bewußt gegen den erklärten Willen der Allgemeinheit auf. Erforderlich ist stets das Bewußtsein, gegen die Rechtsordnung und nicht nur gegen die Moral zu verstoßen (BGH GA **69**, 61). Es ist daher bedenklich, wenn BGH **15** 383 das Unrechtsbewußtsein für die gewohnheitsmäßige Kuppelei (vgl. § 180 i. d. F. vor dem 4. StRG) als gegeben annimmt, wenn der Täter die Strafbarkeit der gewerbsmäßigen Kuppelei kennt, da damit auch der „Grundtatbestand" der Kuppelei als solcher als rechtlich mißbilligt erkannt sei; dagegen Bindokat NJW **61**, 1731, Baumann/Weber 420 Anm. 40, JZ 61, 565.

8   4. Jedoch gibt es **kein abstraktes Unrechtsbewußtsein,** das von der konkreten Schutzfunktion des einzelnen Tatbestandes absehen würde, sondern nur ein konkretes, den einzelnen Geboten und Verboten des Strafrechts zugewendetes. Das Unrechtsbewußtsein muß sich auf die Qualität des begangenen Unrechts beziehen; es genügt nicht, daß der Täter unter irgendeinem Gesichtspunkt ein schlechtes Gewissen hat. Wer das Unrechtsbewußtsein bei der Notzucht hat, braucht es bei der zugleich begangenen Blutschande nicht zu haben (sog. **Teilbarkeit des Unrechtsbewußtseins,** BGH **10** 35, NJW **63**, 1931, Stuttgart NJW **64**, 412, Engisch ZStW 70, 569f., Jescheck 409f., M-Zipf I 535, Rudolphi aaO 78, Schmidhäuser I 215, Warda NJW 53, 1052, Welzel 171f., and. BGH **3** 343; vgl. auch BGH MDR/D **58**, 739, **67**, 14). Eine ähnliche Fragestellung ergibt sich für das Verhältnis Grunddelikt – qualifizierter Tatbestand; hier kann nicht ohne weiteres davon ausgegangen werden, daß ein Täter, der den Unwert des Grundtatbestandes erkennt, sich auch der besonderen Wertwidrigkeit einer Qualifikation bewußt ist (vgl. Rudolphi aaO 80, Schroeder LK 15, Baumann/Weber 421f.; and. BGH **15** 383, Celle wistra **86**, 39).

9   5. Wie beim Vorsatz, d. h. der Kenntnis der Merkmale des gesetzlichen Tatbestandes, stellt sich auch hier die Frage nach der erforderlichen **Bewußtseinsform** der Verbotskenntnis (vgl. das Parallelproblem bei § 15 RN 47ff.). Entsprechend den dortigen Ausführungen ist auch hier ein aktuelles Wertwidrigkeitsbewußtsein erforderlich. Dies bedeutet jedoch nicht, daß der Täter in jedem Augenblick des Handelns an das Verbotensein der Tat denken müßte; insoweit genügt wie beim Vorsatz ein „sachgedankliches Mitbewußtsein" oder eine Verbotskenntnis, die dem Täter als „dauerndes Begleitwissen" zur Verfügung steht (vgl. § 15 RN 50ff. mwN, Schroeder LK 26; wohl auch Rudolphi SK 14). Ein nur potentielles Wissen genügt nicht, führt aber regelmäßig dazu, daß der Verbotsirrtum vermeidbar ist (dazu u. 13ff.). Zum Verhältnis von Verbotsirrtum und Schuldunfähigkeit vgl. § 20 RN 4.

10   III. 1. **Verbotsunkenntnis** kann auf verschiedenen Gründen beruhen. So ist zunächst eine Unterscheidung danach möglich, ob der Täter in Unkenntnis der Verbotsnorm oder in der irrigen Annahme, seine Tat sei erlaubt, handelt. Schon durch die Formulierung der gesetzlichen Irrtumsvorschriften (§§ 16 I, 17) ist jedoch klargestellt, daß diese beiden Fälle nicht unterschiedlich bewertet werden dürfen (vgl. für § 16 dort RN 4; für § 17 D-Tröndle 6, Jescheck 410f., Schroeder LK 17). Eine weitere Differenzierung kann danach vorgenommen werden, ob der Täter das Verbot nicht kannte und deshalb sein Verhalten für erlaubt hielt (**„direkter"** Irrtum) oder ob er zwar vom grundsätzlichen Verbotensein ausging, im konkreten Fall jedoch irrtümlich das Eingreifen einer rechtfertigenden Norm für gegeben hielt (**„indirekter"** Irrtum). Diese allgemein anerkannte Unterscheidung (Jescheck 410f., Schroeder LK 9, Wessels I 139f., M-Zipf I 526f. spricht von „abstraktem" bzw. „konkretem" Irrtum) kann dann noch weiter danach untergliedert werden, ob sich der Täter über das

Verbotsirrtum   11, 12 **§ 17**

Vorhandensein, die Grenzen oder die Voraussetzungen der Verbots- bzw. Erlaubnisnorm irrte (gegen die eigenständige Kategorie des Irrtums über die Grenzen eines Rechtfertigungsgrundes Schroeder LK 10). Für diese Irrtumskonstellationen wird in der Literatur eine Vielzahl von Bezeichnungen wie z. B. Gültigkeitsirrtum, Bestandsirrtum, Grenzirrtum, Erlaubnisirrtum oder auch Erlaubnisnormirrtum gebraucht. Einigkeit besteht – abgesehen vom Fall des Irrtums über die tatsächlichen Voraussetzungen eines anerkannten Rechtfertigungsgrundes (Erlaubnistatbestandsirrtum, vgl. § 16 RN 14ff.) – jedoch insofern, als in allen übrigen Fällen immer nur ein Verbotsirrtum mit den Folgen des § 17 in Betracht kommen kann.

Freilich ist auch das gleichzeitige Vorliegen mehrerer Irrtümer möglich. Für derartige **Doppelirrtümer** gibt es zwei zu unterscheidende Fallgruppen, zum einen die Irrtümer, bei denen dem Täter das Unrechtsbewußtsein fehlt, und zum anderen jene, bei denen der Täter glaubt, Unrecht zu verwirklichen. Für die erstgenannte Konstellation ist das typische Beispiel des (kumulativen) Zusammentreffens von einem Erlaubnistatbestandsirrtum (für sich analog § 16 I zu behandeln [vgl. § 16 RN 18]) mit einem Irrtum über die Grenzen eines anerkannten Rechtfertigungsgrundes (Verbotsirrtum) zu nennen. Ein derartiger Fall wäre etwa, daß ein Vater in der irrigen Vorstellung, sein Sohn habe etwas angestellt, diesen maßlos in der Überzeugung züchtigt, dazu als Vater berechtigt zu sein (zur Zulässigkeit des elterlichen Züchtigungsrechts vgl. § 223 RN 18, 20ff.). Hier kommt wegen des Verbotsirrtums nur eine Vorsatzstrafe unter Berücksichtigung des § 17 in Betracht; der gleichfalls vorliegende Erlaubnistatbestandsirrtum vermag keine Privilegierung des Täters zu erreichen, da der Täter selbst bei Vorliegen der von ihm vorgestellten Sachlage (Züchtigungsgrund) wegen Überschreitens der Grenzen nicht gerechtfertigt wäre (Eser I 158f., Jescheck 420f.; unklar BGH **3** 108). Bei der anderen Fallgruppe des Doppelirrtums ist die Situation dergestalt, daß der Täter einem nach § 16 oder § 17 bedeutsamen Irrtum unterliegt, jedoch aufgrund eines weiteren Irrtums letztlich zum „Ausgleich" des ersteren gelangt. Ein solcher „Ausgleich" ist nicht möglich, da es kein abstraktes Unrechtsbewußtsein gibt (vgl. o. 8, § 22 RN 92). Ein Onkel, der seine 15jährige Nichte verführt in der Meinung, daß die Schutzgrenze des § 182 bei 14 Jahren liege, andererseits aber davon ausgeht, er begehe Blutschande, kann nur wegen Verführung bestraft werden, wenn der erste Irrtum für ihn vermeidbar war. Die Vermeidbarkeit läßt sich nicht daraus ableiten, daß er die Tat unter einem anderen Gesichtspunkt für strafbar hielt. Zur Behandlung weiterer Irrtumskombinationen eingehend Haft JuS 80, 430, 659, Bindokat NJW 63, 745; zu Teilaspekten Bay NJW **63**, 310, Baumann/Weber 422f., 485f., Foth JR 65, 371f., Jescheck 481.

Die **Abgrenzung** von **Tatbestands-**, (diesem analog zu behandelnden [vgl. § 16 RN 18f]) **Erlaubnistatbestands-** und **Verbotsirrtum** hat die Rspr. gelegentlich vor erhebliche Schwierigkeiten gestellt. Nach BGH **6** 193 liegt Tatbestandsirrtum vor, wenn ein Großhändler, der eine Unbedenklichkeitsbescheinigung nach § 11 UnedlMetG hat, irrig annimmt, er kaufe von einem zugelassenen Kleinhändler und schließe deshalb ein Großhandelsgeschäft ab. Die Meinung eines in Strafverfahren eidlich Vernommenen, der Richter sei zu seiner Vereidigung nicht befugt, soll je nach dem Inhalt der Vorstellungen über seine Stellung im Verfahren Tatbestands- oder Verbotsirrtum sein (BGH **10** 9). Wer bei § 123 irrig ein das Hausrecht brechendes stärkeres Recht annimmt, handelt nach Hamburg NJW 77, 1831 (m. Anm. Gössel JR 78, 292) im Verbotsirrtum. Wer glaubt, er dürfe den Unfallort verlassen, weil der Schaden gering sei und er ihn vollständig beseitigt habe, befindet sich nach Düsseldorf NJW 86, 2001 in einem Verbotsirrtum. Zum Irrtum im Rahmen eines militärischen Befehls vgl. BGH LM **Nr. 3** zu § 47 MilitärStGB. Unklar und widerspruchsvoll BGH **3** 110, wo verlangt wird, daß bei Tötung und Freiheitsberaubung durch Erwirken eines richterlichen Urteils der Täter das Bewußtsein haben müsse, die Herbeiführung dieser Erfolge sei „rechtswidrig" (Tatbestandsirrtum). Der Irrtum über die „Rechtswidrigkeit" des erstrebten Vorteils nach § 253 ist jedoch Tatbestandsirrtum (vgl. § 253 RN 22). Zum Irrtum über die Rechtswidrigkeit der beabsichtigten Zueignung bei §§ 242, 249 vgl. § 242 RN 62. Zum Irrtum über die Pflicht zum Tätigwerden bei Unterlassungsdelikten vgl. § 15 RN 96. Besondere Schwierigkeiten bestehen beim Irrtum über die Begriffe „dieselbe Rechtssache" und „pflichtwidrig dienen" in § 356 (vgl. § 356 RN 22ff.). Nach Bay **55**, 201 soll ein Irrtum darüber, ob ein Wohnraum der Bewirtschaftung unterliegt, Tatbestandsirrtum sein, während BGH **9** 358, KG NJW **58**, 922 m. Anm. Schröder Verbotsirrtum annehmen. Dagegen nimmt Bay **55**, 256 einen Verbotsirrtum an, wenn jemand die Öffentlichkeit eines Weges i. S. des § 1 StVG verkennt (bedenklich: der Täter nimmt hier eine falsche Wertung des normativen Begriffes „öffentlich" vor und befindet sich folglich in einem Tatbestandsirrtum). Glaubt der Halter eines Kfz, der einem Betrunkenen das Steuer überlassen hat, beim darauffolgenden Unfall nicht wartepflichtig zu sein (§ 142), so liegt nach Bay VRS **12** 115 Verbotsirrtum vor; dies ist jedenfalls dann nicht richtig, wenn dem Täter nicht bewußt war, daß er durch das Überlassen des Fahrzeuges Mitverursacher des Unfalls gewesen ist (vgl. Bay **54**, 50); ebenso liegt Verbotsirrtum vor, wenn ein Kraftfahrer glaubt, er brauche den Unfall auch nicht nachträglich zu melden, weil er den entstandenen Schaden selbst beseitigt habe (Düsseldorf JZ **86**, 356). BGH VRS **14** 31, **15** 123, Köln VRS **8** 460, Schleswig SchlHA **57**, 108 sehen in dem Irrtum über die Bedeutung von Verkehrszeichen als Verbotsirrtum an. Entsprechend bejaht Karlsruhe DAR **57**, 48 einen Verbotsirrtum bei irrtümlicher Annahme des Benutzers einer verkehrsreichen, aber nicht als Vorfahrtstraße gekennzeichneten Landstraße, ihm stehe gegenüber dem Benutzer einer von rechts einmündenden Nebenstraße die Vorfahrt zu (zu § 13 StVO 1937). Wer glaubt, trotz Entzuges der Fahrerlaubnis noch so lange fahren zu dürfen, bis der Führerschein eingezogen ist, handelt nach Hamm DAR **57**, 25 im Verbotsirrtum; gleiches gilt nach Düsseldorf VM **76**, 26 für denjenigen, der wegen eingelegten Rechtsbehelfs irrig die Entziehung der Fahrerlaubnis für noch nicht wirksam hält. Ebenso handelt im Verbotsirrtum, wer aufgrund eines eingelegten Rechtsmittels eine Ausweisungsverfügung nicht für wirksam hält; ein Verbotsirrtum ist insoweit unvermeidbar, wenn der Täter glaubt, sein Aufenthalt sei zumindest solange geduldet, bis das Verwaltungsgericht über seinen Antrag auf einstweiligen Rechtsschutz entschieden hat (Frankfurt GA **87**, 552). Dagegen soll sich nach BGH NJW **89**, 1939 m. Anm. Dölp NStZ **89**, 475 in einem Tatbestandsirrtum befinden, wer einem Berufsverbot zuwiderhandelt, weil er irrtümlich annimmt seine dagegen eingelegte Beschwerde habe aufschiebende Wirkung. Im Verbotsirrtum handelt, wer irrig davon ausgeht, eine Trunkenheitsfahrt zur Rettung eines Verletzten liege im überwiegenden Interesse (Koblenz VRS **73** 289 m. Anm. Mitch JuS **89**, 964). Nach Hamm NJW **57**, 638 ist die Annahme, für einen andern wählen zu dürfen (§ 107a), Verbotsirrtum (vgl. dagegen § 107a RN 4). Andererseits ist nach Hamburg GA **57**, 59 der Irrtum über die Aufnahme einer Schrift in die Liste jugendgefährdender Schriftums und über die Bekanntmachung dieser Aufnahme Tatbestandsirrtum. Nach BGH NStZ **88**, 269 liegt lediglich ein Verbotsirrtum vor, wenn der Täter die Sachlage richtig einschätzt, aber irrtümlich meint, er dürfe bei dieser Sachlage ein zur Abwehr des Angriffs nicht erforderliches Verteidigungsmittel benutzen; vgl. auch LG München NJW **88**, 1860. Vgl. noch Hamm DAR **58**, 307, Celle GA **66**, 284.

13 2. Steht fest, daß dem Täter das Unrechtsbewußtsein fehlte, oder ist ihm dies nicht zu widerlegen, so hängt die Frage seiner strafrechtlichen Haftung davon ab, ob der Irrtum vermeidbar war oder nicht. § 17 stellt auf die **Vermeidbarkeit der Verbotsunkenntnis** ab, während die Rspr. zu § 59 a. F. regelmäßig von Vorwerfbarkeit des Irrtums sprach. Die Formulierungen „Vermeidbarkeit" und „Vorwerfbarkeit" sind jedoch synonym, sofern – wie dies bei den Schuldmerkmalen der Fall ist – die Vermeidbarkeit nicht bloß aus psychologischen Befunden abgeleitet, sondern unter Berücksichtigung normativer Momente des „Sollens" bestimmt wird (vgl. u. 16 ff.; Roxin Henkel-FS 188, dessen Vorschlag, die Vermeidbarkeit nach den Geboten vernünftiger Kriminalpolitik zu bestimmen, zu den gleichen Ergebnissen führen dürfte, Timpe GA **84**, 51).

14 a) Für die Vermeidbarkeit der Verbotsunkenntnis stellt die Rspr. in erster Linie darauf ab, ob der Täter die gehörige **Anspannung seines Gewissens** unterlassen und dadurch versäumt hat, das Unrechtmäßige seines Handelns zu erkennen (BGH [GrS] **2** 201); das Maß der erforderlichen Gewissensanspannung soll sich dabei nach den „Umständen des Falles und dem Lebens- und Berufskreis des einzelnen richten" (BGH [GrS] **2** 201), wobei die Vermeidbarkeit des Irrtums von den individuellen Fähigkeiten des Täters abhängt (BGH **3** 366; unklar Köln GA **56**, 327); es setzt jedoch voraus, daß er alle seine geistigen Erkenntniskräfte eingesetzt und aufgetretene Zweifel durch Nachdenken und erforderlichenfalls durch Einholung von Rat bei einer sachkundigen und vertrauenswürdigen Stelle oder Person beseitigt hat (BGH wistra **84**, 178). Im Bereich der Verbotskenntnis sollen die an den Täter zu stellenden Anforderungen strenger sein als bei der (Tat-)Fahrlässigkeit (BGH **4** 237, **21** 20, M-Zipf I 533, Stratenwerth 176; a. A. Schroeder LK 27 ff., Lackner 4a).

15 Dieser ursprüngliche Standpunkt des BGH ist jedoch in mehrfacher Hinsicht zu eng (krit. auch Rudolphi aO 224, Lenckner aaO 67, H.-W. Schünemann NJW **80**, 743). Denn die Fälle, in denen schon eine Anspannung des Gewissens die Verbotsunkenntnis zu beheben vermag, sind selten. Dies setzt nämlich voraus, daß im Täter ein untrügliches und den Maßstäben der Rechtsgemeinschaft entsprechendes Wertbewußtsein schlummert, das allein durch eine introvertierte und nur vom guten Willen abhängige Reflexion den rechten Weg weisen kann. Bei der Weitläufigkeit strafrechtlicher Bezüge in allen Lebensbereichen kann aber von einem „allumfassenden Wertbewußtsein" keine Rede sein. Insb. versagt die mangelnde Gewissensanspannung als Kriterium vorwerfbarer Verbotsunkenntnis überall dort, wo das Verbot nicht den Kernbereich sittlicher Bewertungsnormen berührt, sondern der Aufrechterhaltung von Ordnungswerten dient (Welzel 172, Stratenwerth 175 f.); so wird z. B. im Bereich der Ordnungswidrigkeiten die bloße Anspannung des Gewissens nicht zur richtigen Einsicht führen (vgl. BGH **4** 5). Wenn die Rspr. demgegenüber z. T. auf der Grundthese des GrS stehen bleibt, so erstarrt diese zu einer schematisch wiederkehrenden Formel.

16 b) Daher ist BGH **4** 1,5 zuzustimmen, wonach der Täter, um sich ein Urteil über das Verbot zu bilden, auch alle **intellektuellen Erkenntnismittel** einsetzen und notfalls sein Verhalten entgegen der eigenen Überzeugung nach den Wertvorstellungen seiner Umwelt einzurichten hat (so z. B. auch der politische Überzeugungstäter; vgl. M-Zipf I 533 f., Stratenwerth 169 f.); vgl. auch BGH **2** 194, **4** 1, **4** 236, 347, **21** 18, wistra **84**, 178, KG JR **77**, 379 m. Anm. Rudolphi, Hamm NJW **68**, 212 (Zeugen Jehovas). Jedenfalls ist daran festzuhalten, daß die Verbotsunkenntnis in aller Regel das Ergebnis einer intellektuellen Fehlleistung ist, die dem Täter dann zum Vorwurf gereicht, wenn er nicht alles zu seiner Orientierung unternommen hat, was billigerweise von ihm verlangt werden kann (vgl. Mattil ZStW **74**, 201). Eine intellektuelle Leistung des Täters kann allerdings nur erwartet werden, wenn er den Impuls zur Überprüfung der Rechtmäßigkeit seines Verhaltens spürt, er also entweder die Rechtswidrigkeit seines Verhaltens für möglich hält (so Horn aaO 105 ff.), oder wenn es sich ihm nach seiner bisherigen Erfahrung aufdrängen muß, sein Verhalten könne rechtswidrig sein (vgl. Cramer OWiG 70; krit. Timpe GA 84, 51). Dazu gehört die Kenntnis, daß für einen bestimmten Lebensbereich, in dem das Verhalten liegt, überhaupt Verbotsnormen existieren (Stratenwerth 176), da er nur dann Anlaß gehabt hat, sich über die rechtliche Beurteilung seines Verhaltens Gedanken zu machen (Rudolphi SK 30, H. Mayer MDR 52, 393, Welzel 173). Dies ist z. B. anzunehmen, wenn durch das Verhalten elementare sozialethische Normen verletzt werden, wenn das Verhalten in einen Bereich fällt, der zum Berufskreis des Täters gehört. Je weiter sich die Verbotsnorm vom Kernbereich des Strafrechts, d. h. jener dem Sanktionsrecht vorgelagerten unabdingbaren sozialen Friedensordnung einer Rechtsgemeinschaft, weg zur Peripherie des Sanktionsrechts bewegt, desto weniger strenge Maßstäbe sind an die Vermeidbarkeit der Verbotsunkenntnis zu stellen, es sei denn, daß der Täter gerade in diesem speziellen Bereich Erkundigungspflichten hat.

α) Der Umfang an Sorgfaltspflicht ergibt sich u. a. aus den konkreten Umständen des Falles **17** und dem **Lebens-** und **Berufskreis** des einzelnen (Frankfurt NJW **64**, 508; vgl. auch BGH DAR **66**, 189); eine Überschätzung allgemeiner Grundsätze kann hier mehr schaden als nützen. Immerhin lassen sich einige Anhaltspunkte geben. So besteht z. B. für eine Anzahl von Berufsgruppen (Apotheker, Bauhandwerker usw.) die Pflicht, sich mit den die Berufsausübung betreffenden Vorschriften (z. B. Arzneiabgabeverordnungen, Unfallverhütungsvorschriften) ständig zu befassen (zur Erkundigungspflicht eines Gastwirts vgl. Hamm JMBlNRW **60**, 142). Ein Vorwurf kann deshalb bereits darin liegen, daß der Täter infolge mangelnder Berufsfortbildung keinen Zweifel an der Rechtmäßigkeit seines Verhaltens hat aufkommen lassen (vgl. auch BGH **5** 289, Rudolphi aaO 256, Eser I 149). Entsprechendes gilt auch für andere Lebensbereiche. Dies entspricht der Begründung des Vorwurfes bei der actio libera in causa. So kann der Kraftfahrer sich regelmäßig nicht darauf berufen, eine Änderung der Verkehrsvorschriften nicht erfahren und daher ohne Verbotskenntnis gehandelt zu haben. In Führerscheinangelegenheiten sind an die Erkundigungspflicht schon länger im Inland lebender Ausländer strenge Anforderungen zu stellen (Köln VRS **54** 364).

β) In Zweifelsfällen darf sich der Rechtsunkundige nicht ohne weiteres auf sein eigenes Urteil **18** verlassen, er muß vielmehr die **erforderlichen Auskünfte** einholen (BGH **4** 5, 352, vgl. auch BGH **5** 118, **21** 20, wistra **84**, 178, Bay NJW **80**, 1057, Hamburg NJW **67**, 213; eingehend hierzu Kunz GA 83, 457ff., Schumann aaO 124ff.). Nur die Auskunft einer verläßlichen Person kann die Vermeidbarkeit des Irrtums ausschließen. Verläßlich ist eine zuständige, sachkundige, unvoreingenommene Person, die mit der Erteilung der Auskunft kein Eigeninteresse verfolgt und die Gewähr für eine objektive, sorgfältige, pflichtgemäße und verantwortungsbewußte Auskunftserteilung bietet (Bay NJW **89**, 1744). Ist eine verläßliche Auskunftsperson im Einzelfall nicht konkretisierbar, hat das Gericht in abstrakt-normativer Bewertung unter Berücksichtigung aller Umstände des Falles selbst zu entscheiden, welche Auskünfte eine verläßliche Person dem Täter hinsichtlich der Rechtswidrigkeit seiner Tat erteilt hätte bzw. hätte erteilen müssen (Bay NJW **89**, 1744). Ein Verschulden kann schon in der Auswahl der Auskunftsperson liegen; die Sorgfaltspflichten, die hierbei einzuhalten sind, richten sich nach dem zu beurteilenden Lebensbereich. So kann z. B. die Auskunft einer Polizeidienststelle über Steuerfragen unzureichend sein. Andererseits muß aber ausreichen, wenn der Täter sich eingehend bei einem Rechtskundigen, den er ohne Verschulden als kompetent ansehen konnte (vgl. BGH **5** 118, NJW **89**, 409f., Frankfurt NJW **54**, 508; vgl. jedoch Bay NJW **65**, 164, 80, 1058), beim Fachverband eines Gewerbes (KG JR **64**, 68, Bremen NStZ **81**, 265), einem bekannten Kommentator (Bremen NStZ **81**, 266) oder bei der zuständigen Behörde erkundigt (BGH NJW **88**, 272f., Bay **64**, 161, GA **66**, 182, Celle NdsRpfl. **62**, 192, Frankfurt VRS **28** 425, DAR **65**, 159; and. wohl BGH **2** 193), aber einen unrichtigen Bescheid erhalten hat (München DStR **36**, 59, **37**, 438, Düsseldorf JMBlNRW **50**, 82, KG VRS **13** 148); das gilt u. U. auch, wenn der Täter durch seinen Vorgesetzten falsch unterrichtet wurde (BGH VRS **10** 359) oder sich auf eine rechtswidrige Dienstanweisung der vorgesetzten Behörde verläßt (Frankfurt NJW **50**, 120) oder glaubt, auch rechtswidrige Befehle seien verbindlich (BGH **22** 223). Zum Handeln auf dienstliche Weisung vgl. RN 121f. vor § 32. Andererseits soll nach Bay **55**, 192 die behördliche Duldung von Zuwiderhandlungen die Schuld des Täters nicht schlechthin ausschließen (vgl. Hamburg VRS **31** 136). Dagegen soll ein unvermeidbarer Verbotsirrtum vorliegen, wenn eine Behörde eine Abgabe für ein rechtswidriges Verhalten festsetzt und damit zum Ausdruck bringt, dieses sei zulässig, AG Lübeck StV **89**, 348. Auf die Auskunft eines Rechtsanwalts kann sich der Rechtsunkundige regelmäßig verlassen, auch wenn die Auskunft unzutreffend ist, ohne daß der Anfragende dies erkennen kann. Hat sich zu einem bestimmten Problem noch keine einheitliche Rspr. gebildet, so wird es bei der rechtsfehlerhaften Beantwortung einer Frage überdies an der Kausalität fehlen (vgl. u. 22). Soll die Anfrage allerdings nur „Feigenblattfunktion" erfüllen, so ist auch die Auskunft eines Rechtsanwalts nicht geeignet, den Anfragenden zu entlasten (KG JR 77, 379 m. zust. Anm. Rudolphi). Gleiches gilt für die Anfrage eines Gewerbetreibenden bei der eigenen Rechtsabteilung (KG JR 78, 166 m. Anm. Meyer JuS 79, 25). Vgl. zum Vorstehenden Rudolphi aaO 244. Die Auskunft eines Parteiorgans, eine Parteifinanzierung über die Erteilung von Spendenquittungen sei rechtmäßig, begründet keinen unvermeidbaren Verbotsirrtum (AG Düsseldorf NJW 85, 1971, Schmidt MDR 88, 899). Zur Affäre der Parteispenden vgl. Kohlmann Uni. Köln-FS 439 ff.

19 γ) Bei der **Auslegung neuer Gesetze** ist ein Verbotsirrtum regelmäßig nur dann vermeidbar, wenn der Sinn der Vorschrift sich eindeutig aus ihrem Wortlaut ergibt (vgl. RG JW 38, 947); bei Zweifeln kann dem Täter kein Vorwurf gemacht werden, wenn er sich im Rahmen der Auslegungsmöglichkeiten hält (Braunschweig NJW 51, 811 unter Hinweis auf RGZ 107 118, 133 147, 135 110). Vgl. auch Köln VRS 8 460 (Zweifel über nicht eindeutige Verkehrszeichen), NJW 60, 2160, Stuttgart VRS 26 379 (Zweifel über die Rechtswirksamkeit eines Verkehrsschildes), Saarbrücken VRS 35 112 (bedenklich).

20 δ) Schwierigkeiten bereitet die Frage, in welchem Umfang der Täter sich auf **Gerichtsurteile** verlassen darf (vgl. Rudolphi aaO 390 ff., SK 37 ff., Schroeder LK 32 ff., D-Tröndle 9). Hier ist von dem Grundsatz auszugehen, daß der Täter straflos bleiben muß, wenn sein Verhalten nach der Rspr. zur Tatzeit nicht strafbar war (vgl. KG NJW 90, 782 f.: Änderung der Rspr. zu § 168). Zwar ist der Richter nicht gehindert, die Tat im Wege der Gesetzesauslegung jetzt für strafbar zu erklären, weil insoweit das Rückwirkungsverbot des Art. 103 II GG, § 1 II StGB nicht gilt (vgl. § 2 RN 6 ff.). Den Täter muß jedoch aus Gründen der Rechtssicherheit die frühere Rspr. entlasten, die ja nach jetziger Ansicht gleichfalls auf einem „Verbotsirrtum" beruhte (vgl. Düsseldorf NStE **Nr. 2**). Dies gilt selbst dann, wenn der Täter die bisherige Rspr. nicht gekannt hat, denn in diesen Fällen wäre der Verbotsirrtum durch entsprechende Erkundigungen nicht ausgeräumt worden, es fehlt insoweit also an der für den Schuldvorwurf notwendigen Kausalität zwischen der mangelnden Information und dem Verbotsirrtum (vgl. u. 22). So ist z. B. straflos, wer irrtümlich von der Verfassungswidrigkeit einer Verbotsnorm ausgeht und sich dabei auf den Standpunkt eines hohen Gerichts stützen kann (Celle MDR 56, 436) oder sich im Einklang mit bisherigen Urteilen über die Tragweite eines Straßenverkehrsverbots irrt (Köln MDR 54, 374). Dies gilt auch dann, wenn jemand auf das Urteil eines obersten Bundesgerichts vertraut, dessen allgemein gehaltene Formulierungen – nur für den Experten erkennbar – über seine Sachaussage hinausgehen (Stuttgart MDR 73, 689). Der Begründung einer staatsanwaltschaftlichen Einstellungsverfügung kann eine Gerichtsurteilen vergleichbare Bedeutung zukommen (Bay NJW 80, 1058).

21 Bei **widersprechenden Entscheidungen** ist ein Verbotsirrtum jedenfalls dann unvermeidbar, wenn der Täter sich auf das höhere Gericht oder die jüngere Entscheidung des gleichen Gerichts verläßt, denn aus der Sicht des Rechtsunkundigen ist die jüngere oder die Rechtsauffassung der höheren Stelle die allein maßgebliche (vgl. Bremen NJW 60, 164). Dagegen kann nicht gefordert werden, daß der Täter sich ausschließlich die Auffassung des OLG zu eigen macht, in dessen Gerichtsbezirk er tätig wird (vgl. aber Bremen NJW 60, 164). Ist vom Täter nicht vorhersehbar, welcher Rechtsstandpunkt mehrerer oberer Gerichte sich schließlich durchsetzen wird, so ist es eine Frage der Zumutbarkeit (vgl. dazu Warda Welzel-FS 499 ff.), ob er die – möglicherweise verbotene – Handlung unterlassen muß, bis die Rechtslage eindeutig geklärt ist (vgl. Schleswig VRS 23 30, SchlHA 61, 350, vgl. auch SchlHA 66, 208 m. Anm. Naucke SchlHA 66, 232, Stuttgart NJW 67, 122 m. Anm. Baldauf und Hagedorn NJW 67, 744 f.; and. Celle GA 60, 318, das dem Täter das Risiko der Rechtsunsicherheit aufbürdet); vgl dazu Gross GA 71, 17. Bei zweifelhafter Rechtslage und nicht rechtskräftigen Urteilen darf der Täter nicht auf die Richtigkeit des ihm günstigen Standpunktes vertrauen (Stuttgart NJW 67, 122). U. U. kann aber einem Gewerbetreibenden nicht zugemutet werden, einen Teil seines Gewerbes aufzugeben, weil bei den zuständigen Behörden oder Gerichten Meinungsverschiedenheiten über die Zulässigkeit des Verkaufs bestimmter Waren bestehen (vgl. Bremen NJW 60, 164). Entsprechendes gilt, wenn die Gültigkeit von Gesetzen und Verordnungen streitig ist (Frankfurt NJW 64, 508; vgl. auch Hamm VRS 29 357). Nach FG Köln NJW 86, 2529 soll sich ein Steuerpflichtiger auch nicht auf die Auffassung des BGH berufen dürfen, wenn diese im Widerspruch zur Steuerrechtsprechung im Zeitpunkt der Tat steht. Sachlich weitgehend übereinstimmend Rudolphi aaO 104, SK 38 f.

22 c) Zwischen der Nichterkundigung und dem Irrtum muß **Kausalität** bestehen. Hätte z. B. die Erkundigung bei der zuständigen Behörde zu einer falschen Auskunft geführt, so wäre das Nichteinholen der Auskunft nicht kausal und der Verbotsirrtum unvermeidbar (KG VRS 13 148, Celle NJW 77, 1644 m. Anm. Wolter JuS 79, 482; vgl. auch Schleswig SchlHA 66, 207 m. Anm. Naucke SchlHA 66, 232, Gross GA 71, 17, Rudolphi aaO 199, SK 42 f., Strauß NJW 69,

1420; and. BGH **21** 21, Bay NJW **60**, 504, **65**, 1926, die allein aufgrund des Unterlassens der erforderlichen [„pflichtgemäßen"] Prüfung unabhängig von deren möglichem Ergebnis Vermeidbarkeit des Irrtums annehmen). Vgl. auch Schroeder LK 45, Schröder NJW 58, 921, Eser I 149f., Jakobs 465. Läßt sich nicht feststellen, ob die Auskunft zu einer (wenigstens bedingten) Verbotskenntnis geführt hätte, so gilt der Grundsatz in dubio pro reo.

IV. Für die **Rechtsfolgen** des Verbotsirrtums ist zu unterscheiden:

1. War der Irrtum **unvermeidbar**, so handelt der Täter **schuldlos**. Die Tat bleibt also rechtswidrig 23 und vorsätzlich; der unvermeidbare Verbotsirrtum stellt nur einen **Schuldausschließungsgrund** dar. Zur Bedeutung des Verbotsirrtums bei nur einem von mehreren Tatbeteiligten vgl. 32f. vor § 25.

2. Bei **vermeidbarer Verbotsunkenntnis** bleibt dagegen ein Schuldvorwurf bestehen; jedoch kann 24 die Strafe nach § 49 I gemildert werden. Hierfür gelten folgende Grundsätze:

a) Ebenso wie bei § 21 kann zunächst zweifelhaft sein, ob die **Kann-Regelung** des § 17 i. S. eines 25 Milderungszwangs zu interpretieren ist (vgl. das Parallelproblem bei § 23 RN 6); dies ist aus den o. 3 genannten Gründen zu verneinen.

b) Ob die Strafe dem Regelstrafrahmen oder dem mildernden Strafrahmen nach § 49 I zu entneh- 26 men ist, steht im **pflichtgemäßen Ermessen** des Richters. Dieser darf seine Entscheidung darüber allerdings nur auf Erwägungen stützen, die auf die Vermeidbarkeit des Verbotsirrtums bezogen sind; eine Entscheidung auf der Grundlage einer „Gesamtbetrachtung aller Tatumstände und der Täterpersönlichkeit" ist hier ebenso unzulässig wie bei § 23 (vgl. dort RN 7 mwN). Maßgeblich in diesem Zusammenhang kann z. B. sein der Lebensbereich, in dem die Tat begangen wurde (Kernbereich des Strafrechts, Nebenstrafrecht), der Grad der Erkennbarkeit oder Selbstverständlichkeit der Pflicht, gegen die verstoßen wurde, der Umstand, ob berufliche Erkundigungspflichten verletzt wurden oder nicht usw. Macht der Richter von einer Milderungsmöglichkeit Gebrauch, so gelten im übrigen die zu § 21 RN 10 genannten Grundsätze, insb. das Verbot der Doppelverwertung des gleichen Umstandes. Sieht der Richter von einer Milderung nach § 49 I ab, so muß das Urteil ergeben, daß er sich der Möglichkeit einer Strafmilderung bewußt gewesen ist (Hamm VRS **10** 358, JMBlNRW **60**, 142). Weiterhin muß der Tatsache Rechnung getragen werden, daß die „Rechtsfahrlässigkeit" im allgemeinen weniger schwer wiegt als eine Tat, die bei voller Verbotskenntnis begangen wurde. Zur Frage, ob und inwieweit ein vermeidbarer Verbotsirrtum auch als „minder schwerer Fall" behandelt werden kann, vgl. § 50 RN 2f.

c) Treffen **mehrere Milderungsmöglichkeiten** zusammen, z. B. bei einem Versuch einer in Ver- 27 botsunkenntnis begangenen Straftat, so kann dies zu einer zweimaligen Herabsetzung des Regelstrafrahmens nach § 49 I führen. Nicht zulässig ist dagegen eine doppelte Milderung mit der Begründung, der i. S. des § 21 vermindert einsichtsfähige Täter habe zugleich im Verbotsirrtum gehandelt (zum Ganzen vgl. § 21 RN 13).

d) Die **Rechtskraft** des Schuldspruchs hindert das Rechtsmittelgericht nicht, einen Verbotsirrtum 28 bei der Strafzumessung zu berücksichtigen (Bay GA **60**, 316).

§ 18 Schwerere Strafe bei besonderen Tatfolgen

Knüpft das Gesetz an eine besondere Folge der Tat eine schwerere Strafe, so trifft sie den Täter oder den Teilnehmer nur, wenn ihm hinsichtlich dieser Folge wenigstens Fahrlässigkeit zur Last fällt.

Schrifttum: Backmann, Gefahr als „besondere Folge" i. S. der erfolgsqualifizierten Delikte?, MDR 76, 969. – *Baumann,* Kritische Gedanken zur Beseitigung der erfolgsqualifizierten Delikte, ZStW 70, 227. – *Fuchs,* Erfolgsqualifiziertes Delikt und fahrlässig herbeigeführter Todeserfolg, NJW 66, 868. – *Geilen,* Unmittelbarkeit und Erfolgsqualifizierung, Welzel-FS 655. – *Gössel,* Dogmatische Überlegungen zur Teilnahme am erfolgsqualifizierten Delikt nach § 18 StGB, Lange-FS 219. – *Hardwig,* Betrachtungen zum erfolgsqualifizierten Delikt, GA 65, 97. – *Hirsch,* Zur Problematik des erfolgsqualifizierten Delikts, GA 72, 65. – *Hruschka,* Konkurrenzfragen bei erfolgsqualifizierten Delikten, GA 67, 42. – *Küper,* Gefährdung als Erfolgsqualifikation?, NJW 76, 543. – *Küpper,* Der „unmittelbare" Zusammenhang zwischen Grunddelikt und schwerer Folge beim erfolgsqualifizierten Delikt, 1982. – *Maiwald,* Der Begriff der Leichtfertigkeit als Merkmal erfolgsqualifizierter Delikte, GA 74, 257. – *ders.,* Zurechnungsprobleme im Rahmen erfolgsqualifizierter Delikte, JuS 84, 439. – *Oehler,* Das erfolgsqualifizierte Delikt und die Teilnahme an ihm, GA 54, 33. – *ders.,* Das erfolgsqualifizierte Delikt als Gefährdungsdelikt, ZStW 69, 503. – *Paeffgen,* Die erfolgsqualifizierten Delikte – eine in die allgemeine Unrechtslehre integrierbare Deliktsgruppe?, JZ 89, 220. – *Rengier,* Erfolgsqualifizierte Delikte und verwandte Erscheinungsformen, 1986. – *Schmoller,* Ist die versuchte Herbeiführung einer qualifizierenden Folge strafbar?, JurBl. 84, 654. – *Schneider,* Zur Anwendung des § 56 StGB, JZ 56, 1737. – *Schroeder,* Die Fahrlässigkeit als Erkennbarkeit der Tatbestandsverwirklichung, JZ 89, 776. – *Seebald,* Teilnahme am erfolgsqualifizierten und am fahrlässigen Delikt, GA 64, 161. – *Tenckhoff,* Die leichtfertige Herbeiführung qualifizierter Tatfolgen, ZStW 88, 897. – *Ulsenheimer,* Zur Problematik des Versuchs erfolgsqualifizierter Delikte, GA 66, 257. – *ders.,* Zur Problematik des Rücktritts vom

§ 18 1–3   Allg. Teil. Die Tat – Grundlagen der Strafbarkeit

Versuch erfolgsqualifizierter Delikte, Bockelmann-FS 407. – *Wolter,* Zur Struktur der erfolgsqualifizierten Delikte, JuS 81, 168. – *ders.,* Der „unmittelbare" Zusammenhang zwischen Grunddelikt und schwerer Folge beim erfolgsqualifizierten Delikt, GA 84, 443.

1   I. Die Vorschrift gilt **nur** für **erfolgsqualifizierte Delikte.** Dagegen ist § 18 nicht auf die Fälle anwendbar, in denen ein Erfolg die Funktion einer objektiven Strafbarkeitsbedingungen erfüllt (z. B. § 227 I und § 323a, BGH **6** 89). Ebensowenig ist § 18 auf Regelbeispiele für einen besonders schweren Fall anwendbar, in denen ein Erfolg in Gestalt eines Schadens (z. B. § 264 II Nr. 1) oder einer Gefährdung (z. B. §§ 113 II Nr. 2, 125a Nr. 3) straferschwerend wirkt (BGH NJW **75**, 1934, MDR/D **75**, 21, D-Tröndle § 113 RN 29, Schroeder LK 7, Küper NJW 76, 543). Krit. zur systematischen Stellung der Vorschrift Schroeder LK 1. Zur Problematik der erfolgsqualifizierten Delikte vgl. Paeffgen JZ 89, 220.

2   II. **Erfolgsqualifizierte Delikte** sind solche, bei denen das vorsätzlich (oder fahrlässig: §§ 309, 314, 320) begangene Grunddelikt eine Qualifikation erfährt, wenn durch seine Begehung ein bestimmter Erfolg verursacht wird (vgl. Küper NJW 76, 543, 546; zur Geschichte vgl. Rengier aaO 1 ff.). Dieser ist meist eine schwere Körperverletzung oder Tötung. Erfolgsqualifizierte Delikte finden sich in den §§ 221 III, 224, 226, 229 II, 239 II, III, 307, 309, 312, 314, 318 II, 319, 320, 340 II. Innerhalb dieser Fälle ist zwischen **echten** und **unechten erfolgsqualifizierten Delikten** zu unterscheiden; abw. Hruschka GA 67, 43ff., Hirsch GA 72, 66). Die **echten** erfolgsqualifizierten Delikte (z. B. § 226) stellen eine gesetzliche Kombination zwischen vorsätzlicher Grundtat und ausschließlich fahrlässiger Erfolgsverursachung dar. Sie erfassen Fälle, bei denen der Täter durch die vorsätzliche Begehung des Grunddelikts fahrlässig einen weiteren Erfolg herbeigeführt hat, für den er aber – mangels Vorsatzes – aus dem dafür vorgesehenen und dem Grundtatbestand an sich vorgehenden Vorsatztatbestand nicht haftet, obwohl eine erhöhte Strafe wegen dieses Erfolges erforderlich erscheint. **Unechte** erfolgsqualifizierte Delikte sind dagegen solche, bei denen der Eintritt bestimmter Erfolge als qualifizierender Begleitumstand eines anderen Deliktstypus verwendet wird, ohne daß der Erfolg gerade aus dem tatbestandlichen Erfolg des Grunddelikts entstanden sein müßte. Das ist z. B. in § 307 Nr. 1 der Fall, der nicht nur dann erfüllt ist, wenn der Täter fahrlässig den Erfolg herbeigeführt hat, sondern auch dann, wenn die Tötung vorsätzlich erfolgt ist (vgl. § 307 RN 7). Hier enthält daher der Tatbestand eine Kombination zwischen Brandstiftung und vorsätzlicher oder fahrlässiger Tötung, so daß § 307 Nr. 1 zu allen Tötungsdelikten in Idealkonkurrenz treten kann. Vgl. u. 6.

3   Bei einer Form erfolgsqualifizierter Delikte verlangt das StGB in zunehmendem Maße die **leichtfertige Verursachung** des Todes, z. B. in §§ 176 IV, 177 III, 178 III, 239a II, 239b II, 251, 316c II. Sie unterscheiden sich von den durch § 18 geregelten Fällen dadurch, daß an die Stelle der Fahrlässigkeit Leichtfertigkeit tritt (vgl. hierzu Maiwald GA 74, 257ff.). Dies bedeutet allerdings nicht, daß die Erfolgsqualifikationen bloß auf leichtfertiges Handeln zugeschnitten sind. Vielmehr hat die Einengung der sonst bei Fahrlässigkeit (§ 18) liegenden Zurechnungsgrenze zur Folge, daß die Haftung auf leichtfertiges und erst recht vorsätzliches Handeln beschränkt wird (BT-Drs. VI/2722 S. 3, § 251 RN 9, vgl. BGH NStZ **88**, 311 m. Anm. Alwart NStZ 89, 225, Schroeder LK 10, D-Tröndle 6, Jakobs 270f., Geilen Jura 79, 557f., 613, Wessels II/2 87; a. A. BGH **26** 175 m. zust. Anm. Rudolphi JR 76, 74, BGH MDR/D **76**, 15, Maiwald GA 74, 270, Rudolphi SK 9, M-Schroeder I 361; vgl. zum Ganzen Tenckhoff aaO, Rengier aaO 107ff.). Dies ergibt sich daraus, daß das Erfordernis der Leichtfertigkeit nicht isoliert, sondern im Zusammenhang mit § 18 zu sehen ist, d. h. dessen Haftungsvoraussetzungen auf mindestens leichtfertiges Handeln anhebt. Die Ausschließung des Vorsatzes hinsichtlich der leichtfertigen Erfolgsqualifizierung würde in einigen Fällen dazu führen, daß die Mindeststrafe des erfolgsqualifzierten Delikts über der des Erfolgsdelikts läge. So könnte der den Tod eines Menschen vorsätzlich herbeiführende Luftpirat nicht nach § 316c II mit der Mindeststrafe von 10 Jahren, sondern nur wegen Totschlags (§ 211 ist nicht zwangsläufig bei Luftpiraterie erfüllt) mit der Mindeststrafe von 5 Jahren bestraft werden (vgl. auch Herzberg JuS 76, 43; a. A. aus verfassungsrechtlichen Gründen Rudolphi JR 76, 74; wieder and. Tenckhoff ZStW 88, 914ff., 917, Lackner § 251 4, die eine Sperrwirkung dergestalt annehmen, daß die Mindeststrafe des erfolgsqualifizierten Delikts bei der Bestrafung des § 212 nicht unterschritten werden dürfe). Praktische Bedeutung hat dieser Grundsatz auch, wenn nur der Teilnehmer vorsätzlich hinsichtlich der Todesfolge handelt, eine Teilnahme zu §§ 211f. also mangels vorsätzlicher Haupttat ausscheidet. Nach der hier vertretenen Auffassung ist z. B. der Anstifter zu einem Raub mit Todesfolge, nach §§ 251, 26 zu bestrafen, wenn er den Tod des Opfers in Kauf nimmt: die Gegenansicht käme hingegen wegen der Beschränkung auf Leichtfertigkeit bei § 251 nur zur Anstiftung zu § 249, d. h. die Mindeststrafe für den hinsichtlich der Todesfolge vorsätzlich handelnden Anstifter wäre erheblich niedriger, als wenn dieser nur leichtfertig gehandelt hätte. Zum Begriff der Leichtfertigkeit vgl. § 15 RN 205.

III. Erforderlich ist zunächst **Kausalität** zwischen der vorsätzlichen (oder fahrlässigen) Tat **4** und dem qualifizierenden Erfolg. Überdies ist jedoch erforderlich, daß der Erfolg aus der dem Grunddelikt spezifisch anhaftenden Gefahr resultiert, da hierin der besondere Unrechtsgehalt der erfolgsqualifizierten Delikte liegt (BGH **31** 96 m. Anm. Stree JZ 83, 75, Hirsch JR 83, 77 u. Maiwald JuS 84, 439, NJW **84**, 626, Wolter GA 84, 443). Die in diesem Zusammenhang genannten Kriterien für eine Haftungsbegrenzung ([i. S. der Adäquanztheorie] Oehler ZStW 69, 515, [Realisierung der spezifischen bzw. typischerweise verbundenen Gefahr], Rudolphi SK 3, Jakobs 272, Gössel Lange-FS 235, Geilen Welzel-FS 674 ff., [grunddeliktsadäquates und zugleich zwangsläufiges Erfolgsrisiko] Wolter JuS 81, 176) entsprechen im wesentlichen denen, die in die Diskussion der objektiven Zurechenbarkeit des Erfolges eingebracht wurden (vgl. 95 ff. vor § 13). So muß z. B. bei § 251 die Todesfolge unmittelbar auf eine Handlung zurückzuführen sein, die spezifischer Bestandteil der Raubbegehung, insb. der Gewaltanwendung ist (vgl. § 251 RN 4; zur Problematik bei § 226 vgl. dort RN 5). Im übrigen ist es eine Frage des einzelnen Tatbestands, in welchen Umständen die jeweils typischen Gefahrenmomente für den qualifizierenden Erfolg zu sehen sind. Zum Ganzen vgl. Küpper aaO 85 ff., Rengier aaO 131 ff., 159 ff., 183 ff., 191 ff., 209 f., Paeffgen JZ 89, 220.

IV. Ferner muß dem Täter bzgl. des eingetretenen schweren Erfolges mindestens **Fahrlässig- 5 keit** zur Last fallen. Daraus ergibt sich, daß die Anwendung erfolgsqualifizierter Tatbestände grundsätzlich auch dann möglich ist, wenn die Folge vorsätzlich herbeigeführt wird (vgl. auch Ulsenheimer GA 66, 275 f., Schroeder LK 30). Das Gesetz will durch diese Regelung die Haftung auf die Fälle beschränken, in denen die Handlung eine typische Gefährlichkeit besitzt und der Täter dies hätte erkennen müssen. Deshalb muß die Fahrlässigkeit bereits in der das Grunddelikt erfüllenden Handlung liegen (BGH **24** 213 m. Anm. Meisenberg NJW 72, 694, vgl. auch Schroeder JZ 89, 778). Daraus folgt, daß es nicht genügt, wenn der Täter nach Begehung der Tat es fahrlässig unterläßt, den drohenden Erfolg, zu dessen Abwendung er aufgrund vorangegangenen Tuns verpflichtet wäre, zu verhindern. Falls ein Tatbestand, der den vorsätzlich herbeigeführten Erfolg erfaßt, ausnahmsweise eine qualifizierte Form des Vorsatzes verlangt (z. B. § 225 die „Absicht", bestimmte Erfolge hervorzurufen), sind die Voraussetzungen des § 18 auch bei Vorliegen von dolus eventualis gegeben (§ 224).

V. Für das **Verhältnis** der erfolgsqualifizierten Delikte zu den Tatbeständen, die die fahrlässige **6** oder auch vorsätzliche Verursachung des eingetretenen Erfolges unter Strafe stellen, gilt folgendes: Da die Strafe der erfolgsqualifizierten Delikte eine einheitliche Strafe für eine vorsätzliche Tat und eine darin enthaltene Fahrlässigkeitstat ist (Kombination von Vorsatz- und Fahrlässigkeitstat; Welzel 72, Jescheck 209), kommt eine **Idealkonkurrenz** mit den Fahrlässigkeitsdelikten nicht in Betracht, soweit es sich um **echte** erfolgsqualifizierte Delikte i. S. der o. 2 Gesagten handelt, bei denen der Täter für den Erfolg gerade deswegen verantwortlich gemacht wird, weil er ihn fahrlässig herbeigeführt hat, wie z. B. in § 226 (BGH **8** 54, Hruschka GA 67, 45, Jescheck 656; and. Kohlrausch/Lange § 56 Anm. IV 5, Oehler ZStW 69, 519). Für diese Tatbestände kommt auch eine Idealkonkurrenz mit den Delikten der vorsätzlichen Tötung oder Körperverletzung nicht in Betracht. Bei den **unechten** erfolgsqualifizierten Delikten dagegen, die eine qualifizierende Charakterisierung der Grundtat durch bestimmte Begleitumstände darstellen, gilt etwas anderes. Da sie eine Kombination des Grundtatbestandes mit der vorsätzlichen oder fahrlässigen Verursachung des Erfolges darstellen, muß durch die Annahme von Idealkonkurrenz zum qualifizierten Tatbestand klargestellt werden, ob dieser mit vorsätzlicher oder fahrlässiger Erfolgsverursachung zusammentrifft (zust. BGH NJW **65**, 2411 m. Anm. Fuchs NJW 66, 868, Jescheck 656, Schroeder LK 43; and. Hruschka GA 67, 48, der die Klarstellung allein durch eine spezifizierte Tenorierung, z. B. „Notzucht mit fahrlässiger Todesverursachung", erreichen will). So ist z. B. Idealkonkurrenz zwischen Brandstiftung mit tödlichem Ausgang und §§ 211 ff. oder 222 anzunehmen. Entsprechendes gilt für die §§ 239, 312 usw.; and. Oehler ZStW 69, 521, Widmann MDR 66, 554. Eingehend zur Konkurrenzfrage Rengier aaO.

VI. Besondere Probleme ergeben sich bei der **Beteiligung** an erfolgsqualifizierten Delikten. **7** Nach § 29 fällt das Verschulden eines Tatbeteiligten nur diesem zur Last, so daß Teilnehmer für den qualifizierenden Erfolg immer nur verantwortlich sind, soweit ihnen selbst Fahrlässigkeit bzgl. des Erfolges zuzurechnen ist. Bei Mittäterschaft haftet aus dem qualifizierten Delikt nur derjenige, der selbst fahrlässig gehandelt hat (Schroeder LK 18, Oehler GA 54, 37, Jakobs 513, 540). Auch Anstiftung und Beihilfe sind möglich, jedoch muß – wie § 18 jetzt ausdrücklich bestimmt – auch dem Teilnehmer Fahrlässigkeit hinsichtlich des besonderen Erfolges vorgeworfen werden können. Ist dies der Fall, so wird die Anwendung der erfolgsqualifizierten Tatbestände nicht dadurch ausgeschlossen, daß der Täter mangels Fahrlässigkeit nur aus dem Grunddelikt (Jescheck 517, Rudolphi SK 6) oder – weil ihm Vorsatz zur Last fällt – aus dem entsprechenden Vorsatzdelikt (§ 29) haftbar ist (Schneider JZ 56, 751); ebenso BGH **19** 339 m. Anm. Cramer JZ 65, 31, BGH JZ **86**, 764, Schmidhäuser I 317, i. E. auch Hirsch GA 72, 76, Jakobs 554, Rengier aaO 249 ff. Voraussetzung ist nur, daß die schwere Folge auf die Handlung des Angestifteten zurückzuführen ist, die vom Vorsatz des Anstifters umfaßt war; die von dem Angestifteten dem Opfer zugefügten Körperverletzungen müssen also nach Art und Beschaffenheit vom Anstiftervorsatz erfaßt sein (BGH JZ 86, 764). Handelt der Angestiftete mit Tötungsvorsatz, wollte der Anstifter jedoch nur zu einer Körperverletzung anstiften, so kommt für ihn eine Bestrafung aus §§ 226, 26 in Betracht, sofern das Tatgeschehen hinsichtlich der in der Tötungshandlung liegenden Körperverletzung seiner Vorstellung entsprach (vgl. § 212 RN 17) und er mit der schweren Folge hätte rechnen können (BGH JZ 86, 764). Die a. A. Oehlers (GA 54, 38), der Anstiftung zu § 223 und Täterschaft von § 222 annimmt und beide zur Täterschaft von § 226 verbindet, kann nicht überzeugen, da das Grunddelikt logischer Bestandteil des erfolgsqualifizierten Delikts ist, dieses aber vom Anstifter nicht als Täter begangen worden ist und zudem der „Erfolg" als solcher z. T. in fahrlässiger Täterschaft nicht herbeigeführt werden kann (wie in § 224); aus den gleichen Gründen kann auch die Auffassung von Gössel (Lange-FS 236) nicht überzeugen, der die Teilnahme auf Fälle vorsätzlichen Grunddelikts mit vorsätzlicher Erfolgsherbeiführung beschränkt wissen will und im übrigen auf fahrlässige Nebentäterschaft ausweicht. Beim analogen Fall der Beihilfe würde überdies die Bestrafung des Gehilfen wegen Täterschaft die Möglichkeit der Strafherabsetzung beseitigen. Die konstruktiven Bedenken (Schneider JZ 56, 751, Ziege NJW 54, 179), daß hier eine fahrlässige Anstiftung bestraft werde, überzeugen nicht; die Haftung erfolgt aufgrund der Akzessorietät, nur daß sich für den Anstifter ebenso wie beim Täter verschiedene Formen der Vorwerfbarkeit hinsichtlich einzelner Tatteile ergeben (zust. Busch LK^9 § 56 RN 21). Vgl. hierzu auch Seebald GA 64, 161. Zu weiteren Fällen der Teilnahme vgl. Oehler GA 54, 38 ff. Für den Vorsatz des Teilnehmers gelten in bezug auf das Grunddelikt die allgemeinen Grundsätze. Die Haftung erstreckt sich nur auf einen Erfolg, der aus einer Handlung eines der Beteiligten entsteht, die vom Vorsatz aller umfaßt ist, also keine wesentliche Abweichung des Kausalverlaufs darstellt. Haben bei einer Freiheitsberaubung die Mittäter nur eine bestimmte Art der Gewaltanwendung ins Auge gefaßt, so fällt ihnen § 239 II dann nicht zur Last, wenn die von einem Mittäter vorgenommene Behandlung des Opfers sich als ein völliges aliud gegenüber dem Tatplan darstellt (vgl. BGH NJW 73, 377, Oehler ZStW 69, 518). Vgl. auch Arthur Kaufmann, Das Schuldprinzip (1961) 240 ff.

8   VII. Möglich ist auch ein **Versuch** erfolgsqualifizierter Delikte, und zwar sowohl in den Fällen, in denen der Versuch des Grunddelikts bereits zum Eintritt der schweren Folge geführt hat, wie auch in denen, bei denen das nicht der Fall ist, jedoch der Vorsatz des Täters eine solche Möglichkeit umfaßt, wobei wiederum danach zu unterscheiden ist, ob der Grundtatbestand erfüllt oder auch dieser nur versucht ist. Völlig abgelehnt wird der Versuch des erfolgsqualifizierten Delikts nur von M-Gössel II 140 f. (ebenso Gössel Lange-FS 238), weil § 11 II dem Wesen dieser Delikte als fahrlässige Straftaten nicht gerecht werde. Voraussetzung ist allerdings, daß der Versuch des Grundtatbestandes für sich strafbar ist, da anderenfalls die Erfolgsqualifikation strafbegründende Wirkung hätte (Schroeder LK 38, Vogler LK 73 vor § 22, Kühl JuS 81, 196, Wolter GA 84, 445). Zur Versuchsproblematik insges. Rengier aaO 234 f., Schmoller JurBl 84, 654.

9   1. Aus dem Begriff der Erfolgsqualifikation ergibt sich, daß ein Versuch dieser Delikte jedenfalls dort möglich ist, wo der **Versuch des Grunddelikts** die **schwere Folge** tatsächlich herbeigeführt hat: z. B. liegt versuchte Vergewaltigung mit Todesfolge (§ 177 III) vor, wenn bereits die Gewaltanwendung zum Tode des Opfers geführt hat, bevor es überhaupt zum Geschlechtsverkehr gekommen ist (vgl. RG **69** 332, BGH MDR/D **71**, 363 [zu § 178 a. F.]). Freilich ist ein Versuch nur dort möglich, wo die Erfolgsqualifikation bereits an die Tatbestandshandlung des Grunddelikts anknüpft, wie z. B. auch bei § 251 (zur a. F. vgl. RG **62** 422). Setzt dagegen der Eintritt des qualifizierenden Erfolgs notwendig einen tatbestandlichen Erfolg des Grunddelikts voraus, so ist ein bloßer Versuch nicht denkbar (D-Tröndle 4, Jescheck 472 f., Küpper aaO 116 f., Rudolphi SK 7, Schroeder LK 38, Stree GA 60, 289 ff., Vogler LK 74 ff. vor § 22, Welzel 195 f.). Streitig ist, ob Versuch des § 307 Nr. 1 vorliegt, wenn bereits der zur Brandstiftung verwendete Zündstoff den Tod eines Menschen verursacht (vgl. dazu § 307 RN 8).

10 2. Entgegen der in der 17. A. von Schröder vertretenen Auffassung (vgl. dort § 56 RN 9, Schröder JZ 67, 368 f.) widerspricht es nicht der Funktion der (unechten) erfolgsqualifizierten Delikte und der Formulierung des § 18, einen Versuch auch da anzunehmen, wo der Täter mit der **Möglichkeit der schweren Folge rechnete** und sie in Kauf nahm, diese jedoch nicht eingetreten ist (vgl. z. B. RG **61** 179, BGH **10** 309, **21** 194, GA **58**, 304, Baumann/Weber 486, Jescheck 473, M-Gössel I 110, Rudolphi SK 8, Oehler ZStW 69, 521, D-Tröndle 4, Stree GA 60, 289, 295, Ulsenheimer GA 66, 276 f., Vogler LK 83 f. vor § 22).

11 3. Ein **Versuch** des erfolgsqualifizierten Delikts ist ebenfalls zu bejahen, wenn weder das Grunddelikt vollendet, noch die – vom Täter wenigstens billigend in Kauf genommene –

Schuldunfähigkeit des Kindes 1, 2 § 19

schwere Folge eingetreten ist (Stree GA 60, 295; § 224 RN 9, Schroeder LK 41; mit Einschränkungen auch Ulsenheimer GA 66, 277 f.; a. A. M-Schroeder I 104, Hirsch GA 72, 76).

Zur Frage, in welchem Umfang ein **Rücktritt** vom Versuch des erfolgsqualifizierten Delikts möglich ist, vgl. § 24 RN 26, Ulsenheimer Bockelmann-FS 405. **12**

Stichwortverzeichnis zu den §§ 19 ff.

Die fetten Zahlen bedeuten die Paragraphen, die mageren die Randnoten

Actio libera in causa **20** 33 f.
– fahrlässige **20** 38
– Konstruktion **20** 35
– vorsätzliche **20** 36 f.
– b. verminderter Schuldfähigkeit **21** 11, 21
Affekt **20** 14 ff., **21** 9
– verschuldeter **20** 15 a, **21** 20 f.
Bewußtseinsstörung, tiefgreifende **20** 12 ff.
„Biologisch-psychologische" Methode **20** 1, **21** 1
„Biologische" Merkmale der Schuldunfähigkeit **20** 1, 5 ff.
– der verminderten Schuldunfähigkeit **21** 3
Blutalkoholkonzentration **20** 16 a
– Rückrechnung **20** 16 e
Drogenbedingte Schuldunfähigkeit **20** 11, 17
– Verminderung der Schuldfähigkeit **21** 9 a
Einheitslösung **20** 22
Einsichtsfähigkeit, fehlende **20** 1, 25 ff., verminderte **21** 4, 6
Hemmungsvermögen s. Steuerungsfähigkeit
In dubio pro reo **20** 43
Kleptomanie **20** 24
Krankhafte seelische Störung **20** 6 ff.
Krankheitsbegriff, „juristischer" **20** 2, 21
Maßregeln der Besserung und Sicherung **20** 43, **21** 26
Moralisches Irresein **20** 24
Neurosen **20** 20, **21** 10
Psychologisches Merkmal der Schuldunfähigkeit **20** 1, 25 ff.
– der verminderten Schuldfähigkeit **21** 4
Psychopathien **20** 20, **21** 10
Psychosen, exogene u. endogene **20** 11 f., **21** 9
Prozessuale Hinweise **20** 45, **21** 28
Pyromanie **20** 24
Querulanz **20** 24
Schuldunfähigkeit **19** 1, **20** 1
– affektbedingte s. Affekt
– alkoholbedingte s. Trunkenheit
– Aufklärungspflicht **20** 45

– Beiziehung von Sachverständigen **20** 45
– Beziehung auf konkrete Tat **20** 31
– biologische Merkmale s. dort
– drogenbedingte s. dort
– nach Versuchsbeginn **20** 40
– psychologische Merkmale s. dort
– schuldhafte Herbeiführung **20** 42
– Verhältnis des § 20 zu § 3 JGG **20** 44
– von Jugendlichen **19** 6
– von Kindern **19** 1 ff.
– wegen seelischer Störungen **20** 1
Schwachsinn **20** 18, **21** 9
Schwere seelische Abartigkeit **20** 19 ff., **21** 10
Spielsucht **21** 10
Steuerungsfähigkeit, fehlende **20** 1, 25, verminderte **21** 4
Strafempfänglichkeit **20** 26, **21** 16
Strafmilderung bei verminderter Schuldfähigkeit **21** 12 ff.
Strafunmündigkeit **19**
Taubstumme **20** 3
Triebstörungen, sexuelle **20** 20, **21** 10
Trunkenheit **20** 16 ff., **21** 9
Verbotsirrtum u. Einsichtsunfähigkeit **20** 4, – u. verminderte Einsichtsfähigkeit **21** 4, 6
Verminderte Schuldfähigkeit **21** 1
– bei Affekt s. dort
– bei Drogenabhängigkeit **21** 9
– bei Jugendlichen **21** 27
– bei Psychosen **21** 9
– bei Schwachsinn **21** 9
– bei Trunkenheit s. dort
– Schuldminderung **21** 14 ff.
– Strafbemessung **21** 23
– Strafmilderung **21** 12 ff.
– Strafrahmenwahl **21** 13
– verschuldete Herbeiführung **21** 20 f., 24
Vorverschulden **20** 34 ff.
– bei verminderter Schuldfähigkeit **21** 20 f.
Zurechnungsfähigkeit s. Schuldunfähigkeit

§ 19 Schuldunfähigkeit des Kindes

Schuldunfähig ist, wer bei Begehung der Tat noch nicht vierzehn Jahre alt ist.

I. Voraussetzung von Schuld ist die Schuldfähigkeit (vgl. 118 vor § 13). Diese wird durch § 19, der insoweit eine unwiderlegliche Vermutung enthält (vgl. E 62, Begr. 137), bei **Kindern** (Personen unter 14 Jahren) generell für ausgeschlossen erklärt (krit. Weinschenk MSchrKrim 84, 15; zum früheren Recht vgl. § 1 III JGG a. F.: „strafrechtlich nicht verantwortlich"; zur Delinquenz von Kindern vgl. Traulsen NJW 74, 597). Eine Prüfung der Einsichts- und Steuerungsfähigkeit findet hier also auch dann nicht statt, wenn das Kind im konkreten Fall die dafür erforderliche Reife vielleicht schon erreicht hat. **1**

1. Maßgebend ist die Schuldunfähigkeit **bei Begehung der Tat**; vgl. dazu § 8. Fällt ein Dauerdelikt oder eine fortgesetzte Tat in die Zeit teils vor, teils nach Erreichung der Altersgrenze, so muß die Tat, **2**

§ 20

soweit sie vorher begangen worden ist, außer Betracht bleiben (vgl. RG **66** 36, Dallinger/Lackner § 1 RN 6, Eisenberg § 1 RN 9).

3 2. Die Schuldunfähigkeit von Kindern stellt einen **Schuldausschließungsgrund** dar (vgl. 108 vor § 32); auch sie können daher tatbestandsmäßig-rechtswidrig handeln, also eine **rechtswidrige Tat** begehen. Zur Frage, ob Anstiftung oder mittelbare Täterschaft vorliegt, wenn ein Dritter ein Kind zur Begehung einer Straftat benutzt, vgl. § 25 RN 39f.; zur Verantwortlichkeit eines Aufsichtspflichtigen nach § 13 vgl. dort RN 52; zur Frage der Notwehr gegen Angriffe von Kindern vgl. § 32 RN 52.

4 3. Gegen Kinder sind auch solche strafrechtlichen **Sanktionen** ausgeschlossen, die keine Schuldfähigkeit voraussetzen (§§ 63ff.). Dies ergibt sich zwar nicht unmittelbar aus § 19, folgt aber aus dem Wortlaut oder Sinn der §§ 63ff.; eine Ausnahme gilt nur für die Sicherungseinziehung nach § 74 II Nr. 2. In Betracht kommen hier nur Maßnahmen des Vormundschaftsgerichts nach §§ 1631 III, 1666, 1838 BGB und Erziehungsmaßregeln nach §§ 55ff. JWG.

5 4. **Prozessual** führt die Strafunmündigkeit von Kindern zu einem Prozeßhindernis (h. M.; vgl. Frehsee ZStW 100, 295 mwN). Ein Verfahren, das versehentlich wegen einer im Kindesalter begangenen Tat eröffnet worden ist, ist daher durch Einstellung zu beenden, und zwar auch dann, wenn der Angeklagte inzwischen das 14. Lebensjahr vollendet hat (bestr., vgl. Dallinger/Lackner § 1 RN 39 mwN). Zur Frage, ob polizeiliche Ermittlungen auch dann noch zulässig sind, wenn sich der Verdacht gegen ein Kind richtet, vgl. Frehsee aaO 293ff.; zu einem auf einer falschen Einordnung beruhenden Urteil vgl. Eisenberg § 1 RN 33ff.

6 II. Die Schuldunfähigkeit von **Jugendlichen** (Personen zwischen 14 und 18 Jahren) ist, soweit sie auf geistiger oder sittlicher Entwicklungsunreife beruht, weiterhin in § 3 JGG geregelt; über das Verhältnis zu § 20 vgl. dort RN 44.

§ 20 Schuldunfähigkeit wegen seelischer Störungen

Ohne Schuld handelt, wer bei Begehung der Tat wegen einer krankhaften seelischen Störung, wegen einer tiefgreifenden Bewußtseinsstörung oder wegen Schwachsinns oder einer schweren anderen seelischen Abartigkeit unfähig ist, das Unrecht der Tat einzusehen oder nach dieser Einsicht zu handeln.

Schrifttum (auch zu § 51 a. F.; zum *Affekt*, zur *Trunkenheit* und *Drogenabhängigkeit* und zur *actio libera in causa* vgl. jeweils die besonderen Angaben unten; zum älteren Schrifttum vgl. zusätzlich die 23. A.): *Albrecht*, Unsicherheitszonen des Schuldstrafrechts, GA 83, 193. – *Bauer/Thoss*, Die Schuldfähigkeit des Straftäters als interdisziplinäres Problem, NJW 83, 305. – *Baer*, Psychiatrie für Juristen, 1988. – *Bernsmann/Kisker*, § 20 und die Entschuldbarkeit von Delinquenz diesseits biologisch-psycho(patho)logischer Exkulpationsmerkmale, MSchrKrim. 75, 325. – *Blau*, Prologomena zur strafrechtlichen Schuldfähigkeit, Jura 82, 393. – *ders.*, Zum Thema „Quantifizierung", MSchrKrim. 86, 348. – *ders.*, Methodologische Probleme bei der Handhabung der Schuldfähigkeitsbestimmungen usw., MSchrKrim 89, 71. – *Bochnik-Gärtner*, Neurosebegriff und § 20 StGB, MedR 86, 57. – *Bockelmann*, Willensfreiheit und Zurechnungsfähigkeit, ZStW 75, 372. – *de Boor*, Bewußtsein u. Bewußtseinsstörungen. Ein 2. Beitrag zur Strafrechtsreform, 1966. – *Bresser*, Der Psychologe und § 51 StGB, NJW 58, 248. – *ders.*, Probleme bei der Schuldfähigkeits- u. Schuldbeurteilung, NJW 78, 1188. – *ders.*, Schuldfähigkeit und Schuld – Die Ambivalenz ihrer Beurteilung, Leferenz-FS 429. – *Burkhardt*, in: Lüderssen/Sack, Vom Nutzen und Nachteil der Sozialwissenschaften für das Strafrecht, Bd. I (1980) 87. – *Cabanis*, Beitrag zur Frage einer Beeinflussung der strafrechtlichen Verantwortlichkeit durch organische Ursachen, MSchrKrim. 62, 19. – *Dukor*, Die Zurechnungsfähigkeit der Psychopathen, SchwZStr. 66, 418. – *Ehrhardt/Villinger*, Psychiatrie der Gegenwart, Bd. III, 1961. – *Foerster*, Der psychiatrische Sachverständige zwischen Norm und Empirie, NJW 83, 2049. – *ders.*, Kann die Anwendung einer klinischen Beurteilungsschwere-Skala hilfreich sein bei der Feststellung einer „schweren seelischen Abartigkeit"?, NStZ 88, 444. – *ders.*, Gedanken zur psychiatrischen Beurteilung neurotischer und persönlichkeitsgestörter Menschen bei strafrechtlichen Fragen, MSchrKrim 89, 83. – *Glatzel*, Forensische Psychiatrie, 1985. – *ders.*, Zur forensisch-psychiatrischen Problematik der tiefgreifenden Bewußtseinsstörung, StV 82, 434. – *ders.*, Tiefgreifende Bewußtseinsstörung nur bei der sog. Affekttat?, StV 83, 339. – *ders.*, Zur psychiatrischen Beurteilung von Ladendieben, StV 82, 40. – *Gschwind/Petersohn/Rautenberg*, Die Beurteilung psychiatrischer Gutachten im Strafprozeß, 1982. – *Haddenbrock*, Zur Frage eines theoretischen oder pragmatischen Krankheitsbegriffs bei Beurteilung der Zurechnungsfähigkeit, MSchrKrim. 53, 183. – *ders.*, Personale oder soziale Schuldfähigkeit (Verantwortungsfähigkeit) als Grundbegriff der Zurechnungsnorm?, MSchrKrim. 68, 145. – *ders.*, Das Paradox von Ideologie und Pragmatik des § 51 StGB, NJW 67, 285. – *ders.*, Freiheit und Unfreiheit des Menschen im Aspekt der forensischen Psychiatrie, JZ 69, 121. – *ders.*, Die juristisch-psychiatrische Kompetenzgrenze bei der Beurteilung der Zurechnungsfähigkeit, ZStW 75, 460. – *ders.*, Strafrechtliche Handlungsfähigkeit und „Schuldfähigkeit" (Verantwortlichkeit), in: Göppinger/Witter, Handb. der forens. Psychiatrie I (1972) 966ff. – *ders.*, Psychiatrisches Krankheitsparadigma und strafrechtliche Schuldfähigkeit, Sarstedt-FS 35. – *Hafter*, Forensische Psychiatrie und die Zweispurigkeit unseres Kriminalrechts, NJW 79, 1235. – *Heinz*, Fehlerquellen forensisch-psychiatrischer Gutachten, 1982. – *Huber*, Die forensisch-psychiatrische Beurteilung schizophrener Kranker im Lichte neuer Langzeitstudien, Leferenz-FS 463. – *Hülle*, Die Beurteilung der Zurechnungsfähigkeit durch den Tatrichter, JZ 62, 296. – *Jakobs*, Zum Verhältnis von psychischem Faktum und Norm bei der Schuld, KrimGgwFr 15 (1982), 127. – *Kargl*, Krankheit, Charakter, Schuld, NJW 75, 558. – *Armin Kaufmann*, Schuldfähigkeit und Verbotsirrtum, Eb. Schmidt-FS 319. – *H. Kaufmann*, Die Regelung der Zurechnungsfähigkeit im E 62, JZ 67, 139. – *dies./Pisch*, Das Verhältnis von § 3 JGG zu § 51, JZ 69, 358. – *Krauß*, Schuldzurechnung u. Schuldzumessung als Problem des Sachverständigenbeweises, in: Kriminologie u. Strafverfahren, Bericht über die XVIII. Tagung der Gesellschaft für die gesamte Kriminologie v. 9.–12. Okt. 1975 in Freiburg, 88. – *Kröber*, „Spielsucht" und Schuldfähigkeit usw., For. 8, 113. – *Krümpelmann*, Die Neugestaltung der Vorschriften über die Schuldfähigkeit durch das 2. StrRG v. 4. 7. 1969, ZStW 88, 6. – *ders.*, Dogmatische und empirische Probleme des sozialen Schuldbegriffs, GA 83, 337. – *Kurz*, Schuldunfähigkeit usw. nach neuem Recht, MDR 75, 893. – *Lackner*, Prävention und Schuldunfähigkeit, Kleinknecht-FS 245. – *Leferenz*, Die rechtsphilosophischen Grundlagen des § 51 StGB, Der Nervenarzt 1948, 364. – *ders.*, Zur Anwendbarkeit des § 51 auf kriminelle Psychopathen, SJZ 49, 251. – *ders.*, Die Neugestaltung der Vorschriften über die Schuldfähigkeit durch das 2. StrRG v. 4. 7. 1969, ZStW 88, 40. – *Lenckner*, Strafe, Schuld und Schuldfähigkeit, in: Göppinger/Witter, Handb. d. forens. Psychiatrie (1972) 78 ff. – *Luthe*, Schuldfähigkeit und Tiefenpsychologie, For 4, 161. – *ders.*, Diagnostische Urteilsbildung zur Einschätzung von Schweregraden psychischer Störungen usw., MSchrKrim 83, 343. – *Maisch*, Fehlerquellen psycholog.-psychiatrischer Begutachtung im Strafprozeß, StV 85, 517. – *ders.*, Diagnostische Urteilsbildung zur Einschätzung von Schweregraden psychischer Störungen usw., MSchrKrim 83, 343. – *Mende*, Die „tiefgreifende Bewußtseinsstörung" in der forensisch-psychiatrischen Diagnostik, Bockelmann-FS 311. – *ders.*, Grundlagen der forensischen Psychiatrie – Beurteilung der Schuldfähigkeit in: Forster, Praxis d. Rechtsmedizin (1986), 502. – *ders.*, Zur Frage der Quantifizierung in der Forensischen Psychiatrie, MSchrKrim. 83, 328. – *ders./Bürke*, Fehlerquellen bei der nervenärztl. Begutachtung, For. 7, 143. – *Merkel*, „Enger Neurosenbegriff" u. § 20 StGB, MedR 86, 53. – *G. Meyer*, Die Beurteilung der Schuldfähigkeit bei Abhängigkeit vom Glückspiel, MSchrKrim. 88, 213. – *J. E. Meyer*, Psychiatrische Diagnosen und ihre Bedeutung für die Schuldfähigkeit i. S. der §§ 20, 21, ZStW 88, 46. – *Mezger*, Probleme der strafrechtlichen Zurechnungsfähigkeit, 1949. – *ders.*, Das Verstehen als Grundlage der strafrechtlichen Zurechnung 1951. – *Nedopil*, Schuld- und Prozeßfähigkeit von Querulanten, For 5, 185. – *Rasch*, Angst vor der Abartigkeit, NStZ 82, 177. – *ders.*, Die Zuordnung der psychiatrisch-psychologischen Diagnosen zu den vier psychischen Merkmalen der §§ 20, 21 StGB, StV 84, 264. – *ders./Volbert*, Ist der Damm gebrochen?, MSchrKrim 85, 137. – *Rauch*, Brauchen wir eine forensische Psychiatrie?, Leferenz-FS 379. – *Salger*, Strafrechtliche Aspekte der Einnahme von Psychopharmaka – ihr Einfluß auf die Fahrtüchtigkeit und Schuldfähigkeit, DAR 86, 383. – *Saß*, Die „tiefgreifende Bewußtseinsstörung" gem. den §§ 20, 21 StGB – eine problematische Kategorie aus forens.-psychiatr. Sicht, For 4, 3. – *ders.*, Ein psychopathologisches Referenzsystem für die Beurteilung der Schuldfähigkeit, For 6, 33. – *ders.*, Zur Standardisierung der Persönlichkeitserfassung mit einer integrierten Merkmalsliste für Persönlichkeitsstörungen, MSchrKrim. 89, 133. – *Schaffstein*, Die Jugendzurechnungsunfähigkeit im Verhältnis zur allgemeinen Zurechnungsfähigkeit, ZStW 65, 191. – *Schewe*, Reflexbewegung, Handlung, Vorsatz, 1972. – *ders.*, „Subjektiver Tatbestand" und Beurteilung der Zurechnungsfähigkeit, Lange-FS 687. – *R. Schmitt*, Die „schwere seelische Abartigkeit" in §§ 20, 21 StGB, ZStW 92, 346. – *K. Schneider*, Die Beurteilung der Zurechnungsfähigkeit, 4. A., 1961. – *Schöch*, Die Beurteilung von Schweregraden schuldmindernder oder schuldausschließender Persönlichkeitsstörungen usw., MSchrKrim. 83, 333. – *Schreiber*, Rechtliche Grundlagen der Schuldunfähigkeitsbeurteilung, in: Venzlaff, Psychiatrische Begutachtung (1986) 4 (zit.: aaO). – *ders.*, Was heißt heute strafrechtliche Schuld und wie kann der Psychiater bei ihrer Feststellung mitwirken?, Der Nervenarzt 48 (1977), 242. – *ders.*, Bedeutung und Auswirkungen der neugefaßten Bestimmungen über die Schuldfähigkeit, NStZ 81, 46. – *ders.*, Schuld und Schuldunfähigkeit im Strafrecht, in: Schmidt-Hieber u. Wassermann, Justiz und Recht (1983) 73. – *ders.*, Die Rolle des psychiatrisch-psychologischen Sachverständigen im Strafverfahren, Wassermann-FS (1985) 1007. – *Schwalm*, Die Schuldfähigkeit nach dem Strafgesetzentwurf 1960, MDR 60, 537. – *ders.*, Schuld und Schuldunfähigkeit im Licht der Strafrechtsreformgesetze v. 25. 6. und 4. 7. 1969 usw., JZ 70, 487. – *Stree*, Rechtswidrigkeit und Schuld im neuen StGB, JuS 73, 461. – *Streng*, Richter u. Sachverständiger – Zum Zusammenwirken von Strafrecht und Psychowissenschaften bei der Bestimmung der Schuldfähigkeit, Leferenz-FS 397. – *Venzlaff*, Ist die Restaurierung eines „engen" Krankheitsbegriffs erforderlich, um kriminalpolitische Gefahren abzuwenden?, ZStW 88, 57. – *ders.*, Fehler und Irrtümer in psychiatrischen Gutachten, NStZ 83, 199. – *ders.*, Die Mitwirkung des psychiatrischen Sachverständigen bei der Beurteilung der Schuldfähigkeit, in: Schmidt-Hieber u. Wassermann, Justiz und Recht (1983) 277. – *ders.* (Hrsg.), Psychiatrische Begutachtung. Ein praktisches Handbuch für Ärzte u. Juristen, 1986. – *Vogt*, Die Forderungen der psychoanalytischen Schulrichtungen für die Interpretation der Merkmale der Schuldfähigkeit und der verminderten Schuldfähigkeit (§§ 51 a. F., 20, 21 StGB), 1979. – *Waider*, Zur strafrechtlichen Beurteilung psychopathischer Personen, GA 67, 193. – *Wegener/Mende/Schöch/Maisch u. a.*, Zur Problematik der Beurteilung von Schweregraden schuldmindernder oder schuldausschließender Störungen, MSchrKrim 83, 325.

§ 20 1   Allg. Teil. Die Tat – Grundlagen der Strafbarkeit

– *v. Winterfeld*, Die Bewußtseinsstörung im Strafrecht, NJW 75, 2229. – *Witter*, Zur medizinischen und rechtlichen Beurteilung von Neurosen, NJW 64, 1166. – *ders.*, in: Göppinger/Witter, Handb. d. forens. Psychiatrie (1972) 429ff., 966ff. – *ders.*, Die Bedeutung des psychiatrischen Krankheitsbegriffs für das Strafrecht, Lange-FS 723. – *ders.*, Wissen und Werten bei der Beurteilung der strafrechtlichen Schuldfähigkeit, Leferenz-FS 441. – *ders.*, Richtige oder falsche psychiatrische Gutachten, MSchrKrim 83, 253. – *ders.*, (Hrsg.), Der psychiatrische Sachverständige im Strafrecht, 1987. – *ders.* u. *Rösler*, Zur Begriffsbestimmung und rechtlichen Beurteilung sog. Neurosen, For 6, 1. – *Ziegert*, Vorsatz, Schuld und Vorverschulden, 1987. – *Materialien:* Prot. IV, 635ff., 673ff., 736; V, 241ff., 445ff., 1790ff.

Zum *Affekt: Behrendt*, Affekt und Vorverschulden, 1983. – *Bernsmann*, Affekt und Opferverhalten, NStZ 89, 160. – *Binder*, Zur Diagnostik des schuldausschließenden bzw. schuldvermindernden Affekts bei kurzschlüssigen Tötungsdelikten, MSchrKrim. 74, 159. – *Blau*, Die Affekttat zwischen Empirie und normativer Bewertung, Tröndle-FS 109. – *Diesinger*, Der Affekttäter, 1977. – *Frisch*, Grundprobleme der Bestrafung verschuldeter Affekttaten, ZStW 101, 538. – *Geilen*, Zur Problematik des schuldausschließenden Affekts, Maurach-FS 173. – *Gerson*, Ein Beitrag zur „Bewußtseinsstörung durch hochgradigen Affekt", MSchrKrim. 66. 215. – *Grosbüsch*, Die Affekttat, 1981. – *Hadamik*, Über die Bewußtseinsstörung bei Affektverbrechen, MSchrKrim. 53, 11. – *ders.*, Leidenschaft und Schuld, GA 57, 101. – *Krümpelmann*, Affekt und Schuldfähigkeit, 1972/88. – *ders.*, Motivation und Handlung im Affekt, Welzel-FS 327. – *ders.*, Schuldzurechnung unter Affekt und alkoholisch bedingter Schuldunfähigkeit, ZStW 99, 191. – *Rasch*, Tötung des Intimpartners, 1964. – *ders.*, Die psychologisch-psychiatrische Beurteilung von Affektdelikten, NJW 80, 1809. – *Ritzel*, Forensisch-psychiatrische Beurteilung der Affekttat, MMW 80, 623. – *Rudolphi*, Affekt und Schuld, Henkel-FS 199. – *Salger*, Zur forensischen Beurteilung der Affekttat im Hinblick auf eine erheblich verminderte Schuldfähigkeit, Tröndle-FS 201. – *Saß*, Affektdelikte, Der Nervenarzt 54 (1983), 557. – *Seibert*, Affektive Einengung des Bewußtseins nach § 51 StGB, NJW 66, 1847, – *Venzlaff*, Die forensisch-psychiatrische Beurteilung affektiver Bewußtseinsstörungen – Wertungs- oder Quantifizierungsproblem?, Blau-FS 391. – *Witter*, Affekt und Schuldunfähigkeit, MSchrKrim. 60, 20.

Zur *Trunkenheit* und *Drogenabhängigkeit: Arbab-Zadeh*, Zurechnungsfähigkeit, Rauschtat und spezifisches Bewußtsein, NJW 74, 1401. – *ders.*, Schuldfähigkeit und Strafzumessung bei drogenabhängigen Delinquenten, NJW 78, 2326. – *Bresser*, Trunkenheit-Bewußtseinsstörung-Schuldfähigkeit, For. 5, 45. – *Brettel*, Die Alkoholbegutachtung, in: Forster, Praxis der Rechtsmedizin (1986) 424. – *Flück*, Alkoholrausch und Zurechnungsfähigkeit, 1968. – *Forster/Joachim*, Alkoholbedingte Schuldunfähigkeit, in: Forster, Praxis der Rechtsmedizin (1986) 470. – *Gerchow*, Zur Schuldfähigkeit Drogenabhängiger, BA 79, 97. – *ders. u. a.*, Die Berechnung der maximalen Blutalkoholkonzentration und ihr Beweiswert für die Beurteilung der Schuldfähigkeit, BA 85, 77. – *Luthe/Rösler*, Die Beurteilung der Schuldfähigkeit bei akuter alkoholtoxischer Bewußtseinsstörung, ZStW 98, 314. – *Salger*, Die Bedeutung des Tatzeit-Blutalkoholwerts für die Beurteilung der erheblich verminderten Schuldfähigkeit, Pfeiffer-FS 379. – *ders.*, Zur korrekten Berechnung der Tatzeit-Blutalkoholkonzentration, DRiZ 89, 174. – *Schewe*, Die „mögliche" Blutalkoholkonzentration von 2‰ als „Grenzwert der absolut verminderten Schuldfähigkeit"?, JR 87, 179. – *Teschner*, Forensisch-psychiatrische Probleme bei der Beurteilung von Drogenkonsumenten, NJW 84, 638.

Zur *actio libera in causa: Behrendt*, Affekt u. Vorverschulden, 1983. – *Bertel*, Begehungs- oder Unterlassungsdelikt? Zu der Lehre von der actio libera in causa, JZ 65, 53. – *Cramer*, Verschuldete Zurechnungsunfähigkeit – actio libera in causa – 330a, JZ 71, 766. – *Hettinger*, Die „actio libera in causa": Strafbarkeit wegen Begehungstat trotz Schuldunfähigkeit?, 1988. – *ders.*, Zur Strafbarkeit der „fahrlässigen actio libera in causa", GA 89, 1. – *Horn*, Actio libera in causa, GA 69, 289. – *Hruschka*, Der Begriff der actio libera in causa und die Begründung ihrer Strafbarkeit, JuS 68, 554. – *ders.*, Methodenprobleme bei der Tatzurechnung trotz Schuldunfähigkeit des Täters, SchwZStr 90, 48. – *ders.*, Probleme der actio libera in causa heute, JZ 89, 310. – *Joerden*, Strukturen des strafrechtlichen Verantwortlichkeitsprinzips: Relationen und ihre Verkettungen, 1988. – *Kindhäuser*, Gefährdung als Straftat, 1989. – *Krause*, Betrachtungen zur actio libera in causa usw., H. Mayer-FS 305. – *Küper*, Aspekte der „actio libera in causa", Leferenz-FS 573. – *Maurach*, Fragen der actio libera in causa, JuS 61, 373. – *Neumann*, Zurechnung und „Vorverschulden", 1985. – *ders.*, Neue Entwicklungen im Bereich der Argumentationsmuster zur Begründung oder zum Ausschluß strafrechtlicher Verantwortlichkeit, ZStW 99, 567. – *Oehler*, Zum Eintritt eines hochgradigen Affekts während der Ausführungshandlung, GA 56, 1. – *Otto*, Actio libera in causa, Jura 86, 426. – *Paeffgen*, Actio libera in causa und § 323a StGB, ZStW 97, 513. – *Puppe*, Grundzüge der actio libera in causa, JuS 80, 346. – *Roxin*, Bemerkungen zur actio libera in causa, Lackner-FS 307. – *Schröder*, Verbotsirrtum, Zurechnungsfähigkeit, actio libera in causa, GA 57, 297. – *Stratenwerth*, Vermeidbarer Schuldausschluß, A. Kaufmann, GedS 485. – *Streng*, Schuld ohne Freiheit, ZStW 101, 273. – Vgl. auch *Cramer*, Der Vollrauschtatbestand als abstraktes Gefährdungsdelikt (1962) 129ff. – *Welp*, Vorangegangenes Tun usw. (1968) 134ff.

1   **I.** Während bei Kindern die Schuldunfähigkeit unwiderleglich vermutet wird (§ 19) und bei Jugendlichen zwischen 14 und 18 Jahren die Schuldfähigkeit im Einzelfall festgestellt werden muß (§ 3 JGG), geht das geltende Recht bei Personen über 18 Jahren davon aus, daß sie im Normalfall schuldfähig sind, d. h. die Fähigkeit besitzen, das Unrecht der Tat einzusehen und

Schuldunfähigkeit wegen seelischer Störungen   2–5 § 20

nach dieser Einsicht zu handeln. Das Gesetz konnte sich hier deshalb im Gegensatz zu der positiven Regelung der Schuldfähigkeit in § 3 JGG darauf beschränken, als Ausnahme von der Regel negativ die Voraussetzungen der **Schuldunfähigkeit** („Zurechnungsunfähigkeit") zu bestimmen. Ebenso wie in § 51 a. F. ist dies in § 20 nach einer „zweistufigen" oder „gemischten", der sog. **„biologisch-psychologischen" Methode** (besser: psychisch-normative Methode, vgl. auch Blei I 183, Jakobs 428, Schreiber aaO 11) geschehen, d. h. das Gesetz nennt zunächst als „biologische" Ausgangsmerkmale bestimmte abnorme Seelenzustände, die zur Schuldunfähigkeit jedoch nur unter der weiteren „psychologischen" Voraussetzung führen, daß sie die Einsichts- oder Steuerungsfähigkeit des Täters bei Begehung der Tat ausgeschlossen haben (zu einer ausschließlich biologischen oder psychologischen Methode vgl. Jakobs, KrimGgwFr 15, 127, Lenckner aaO 92f.). Dabei kennzeichnen auch die „biologischen" Merkmale nicht nur einen psychischen Zustand, sondern enthalten insofern auch normative Elemente, als die Bewußtseinsstörung „tiefgreifend" und die seelische Abartigkeit „schwer" sein muß, wobei die hier erforderliche Quantifizierung nur durch einen Vorgriff auf die – gleichfalls normativ zu verstehenden – „psychologischen" Merkmale möglich ist (vgl. Schreiber aaO 11, 32 u. zu den methodologischen Problemen auch Blau MSchrKrim. 89, 71). Ob das Gesetz mit der voluntativen Komponente (Ausschluß der Steuerungsfähigkeit) auch zum Problem der Möglichkeit menschlicher Selbstbestimmung („Willensfreiheit") Stellung nimmt, ist umstritten (vgl. z. B. Bernsmann/Kisker MSchrKrim 75, 335, Bockelmann ZStW 85, 382, D-Tröndle 5, Arthur Kaufmann, Lange-FS 28, Lackner 3a, Lange, Bockelmann-FS 268, LK 5ff., Lenckner aaO 93ff., Krümpelmann ZStW 88, 13, Rudolphi SK 4a, Schreiber aaO 7ff., 28ff., Nervenarzt 48, 245, Tiemeyer ZStW 100, 554ff.); für die praktische Handhabung der Vorschrift spielt diese Frage jedoch keine Rolle (vgl. u. 26). Von der Schuldunfähigkeit zu unterscheiden ist die Handlungsunfähigkeit, bei der es schon an einer tatbestandsmäßigen Handlung fehlt (vgl. 37ff. vor § 13).

Die Vorschrift entspricht in der Sache § 51 I a. F., weist diesem gegenüber jedoch erhebliche **2** sprachliche Veränderungen auf. Von sonstigen Umformulierungen abgesehen (vgl. dazu die 20. A.), ist neu vor allem das begriffliche Instrumentarium zur Umschreibung der „biologischen" Voraussetzung der Schuldunfähigkeit, das durch eine Annäherung an den – neuerdings allerdings wieder zunehmend umstrittenen – psychiatrischen und psychologischen Sprachgebrauch die Diskrepanzen der Begriffsbildung zu vermeiden sucht, die sich früher z. B. aus der Notwendigkeit eines besonderen „juristischen" Krankheitsbegriffs (vgl. u. 10, 21) ergeben hatten. Abgesehen von gewissen restriktiven Tendenzen, die der Gesetzgeber mit der Neufassung verfolgte (krit. Bernsmann/Kisker MSchrKrim. 75, 335), decken sich die inhaltlichen Aussagen des § 20 jedoch im wesentlichen mit dem, was Wissenschaft und Praxis schon dem § 51 a. F. entnommen hatten. Zur – z. T. unterschiedlichen – Kritik aus psychiatrischer Sicht vgl. etwa Haddenbrock, MSchrKrim. 68, 148 und im: Göppinger/Witter 881, Göppinger, Leferenz-FS 411, Leferenz ZStW 88, 42, J. E. Meyer ebd. 51, Rasch NStZ 82, 177; krit. zur Regelung insgesamt auch Krümpelmann ZStW 88, 6, Schwarz/Wille NJW 71, 1061. Zur Entstehungsgeschichte vgl. Lackner aaO 258f., Schreiber aaO 14 u. eingehend Lenckner aaO 109ff.; zu den Auswirkungen der Reform u. mit statistischen Daten vgl. Schreiber NStZ 81, 50.

Abweichend von § 55 a. F. werden in §§ 20, 21 die in ihrer geistigen Entwicklung zurückgebliebe- **3** nen **Taubstummen** nicht mehr eigens hervorgehoben. Soweit angesichts der modernen Ausbildungsmethoden Entwicklungsstörungen infolge Taubstummheit heute noch eine Rolle spielen, geht das Gesetz davon aus, daß diese wie auch ähnliche Gebrechen je nach Ursache und Erscheinungsform von den §§ 20, 21 ausreichend miterfaßt sind (vgl. E 62, Begr. 140).

Soweit nach § 20 das Fehlen der *Unrechtseinsichtsfähigkeit* zur Schuldunfähigkeit führt, ist die **4** Vorschrift heute nur noch ein **besonderer Anwendungsfall** der umfassenderen **Verbotsirrtumsregelung** des § 17 (h. M.; vgl. BGH MDR **68**, 854, MDR/H **78**, 984, Busse MDR 71, 985, Dreher GA 57, 97, D-Tröndle 5, Jescheck 398, Armin Kaufmann aaO 319, Lange LK 58, Lenckner aaO 64, 107f., Schmidhäuser 381, Schröder GA 57, 297; and. Jakobs 438, Rudolphi SK § 17 RN 16f., 26ff., Unrechtsbewußtsein, Verbotsirrtum usw. [1969] 166ff. und dagegen Blei JA 70, 666). War die Einsichtsfähigkeit wegen einer der in § 20 genannten Störungen ausgeschlossen, so ist dies immer auch ein unvermeidbarer Verbotsirrtum i. S. des § 17 (zur actio libera in causa und dem vermeidbaren Verbotsirrtum vgl. u. 34, 36). Für die Exkulpation des Täters ist § 20 insoweit daher gegenstandslos; von Bedeutung ist die Vorschrift jedoch nach wie vor in den Fällen, in denen die Schuldunfähigkeit Voraussetzung einer Maßregel ist (vgl. §§ 63, 64, 69 I), weil hier der Ausschluß der Unrechtseinsichtsfähigkeit und damit der Verbotsirrtum gerade auf den „biologischen" Gründen des § 20 beruhen muß.

II. „Biologische" Voraussetzung der Schuldunfähigkeit ist das Vorliegen einer krankhaften **5** seelischen Störung, einer tiefgreifenden Bewußtseinsstörung, von Schwachsinn oder einer schweren anderen seelischen Abartigkeit. Die Aufzählung ist erschöpfend, weshalb eine Analogie unzulässig ist (vgl. BGH MDR/He **55**, 16, Blau Jura 82, 397, M-Zipf I 477, Rudolphi SK 5 mwN; and. Jakobs 429, Lange LK 13), eine Frage, die insofern allerdings kaum praktische

§ 20 6–11 Allg. Teil. Die Tat – Grundlagen der Strafbarkeit

Relevanz haben dürfte, als das begriffliche Instrumentarium des § 20 weit genug ist, um alle in Betracht kommenden psychischen Defektzustände zu erfassen (vgl. Schreiber aaO 12). Auf anderen Gründen beruhende Intelligenzmängel und Beeinträchtigungen des Hemmungsvermögens können dagegen, vorbehaltlich des § 17 usw., nur bei der Strafbemessung berücksichtigt werden. Auch können die „biologischen" Merkmale des § 20, die an psychiatrisch-psychologische Befunde anknüpfen, nicht rein normativ interpretiert werden; mit der Einbeziehung des Bereichs der „Unzumutbarkeit" (Jakobs 428f., 433: Fälle, in denen ein ansprechbares Subjekt noch vorhanden ist, der Täter aber in seiner Motivation zur Normbefolgung aus Gründen belastet ist, für die er „nicht zuständig" ist) werden deshalb die Grenzen des vom Gesetz gewollten eindeutig überschritten und in gefährlicher Weise verwischt (vgl. auch Schreiber aaO 11: „weit überzogen"). Nicht ausgeschlossen wird § 20 dagegen dadurch, daß die dort genannten Defektzustände nicht für sich allein, sondern erst in ihrem Zusammenwirken zur Aufhebung der Einsichts- oder Steuerungsfähigkeit führen (Rudolphi SK 5a mwN).

6   **1. Krankhafte seelische Störungen** sind alle nicht mehr im Rahmen eines verstehbaren Erlebniszusammenhangs liegenden psychischen Anomalien, die somatisch-pathologisch bedingt sind (h. M. z. B. Jescheck 394, Lackner 2a, Lenckner aaO 114ff., Rudolphi SK 6, Schreiber aaO 17, Schwalm JZ 70, 492).

7   a) Der Begriff der **Störung** empfängt seinen Sinn aus dem Gegensatz zum Ungestörtsein i. S. des „Durchschnittlich-Normalen", erfaßt also nicht nur nachträglich erworbene, sondern auch angeborene Anomalien (Lange LK 15, Lenckner aaO 114, Schreiber aaO 12). Gleichgültig ist, ob es sich um eine dauernde oder vorübergehende Störung handelt.

8   b) Durch das in Übereinstimmung mit dem überwiegenden psychiatrischen und psychologischen Sprachgebrauch benutzte Adjektiv **„seelisch"** ist klargestellt, daß alle Bereiche der menschlichen Psyche für eine Störung i. S. des § 20 in Betracht kommen können (zur psychiatrischen Krankheitslehre vgl. Baer aaO 14ff.). Gleichgültig ist also, ob diese sich mehr auf intellektuellem oder mehr auf emotionalem Gebiet auswirkt (Lackner 2a, Lenckner aaO 114, Schreiber aaO 12).

9   c) **Krankhaft** ist die seelische Störung, wenn es sich um eine qualitative, d. h. nicht mehr im Rahmen eines sinnvollen Erlebniszusammenhangs liegende seelische Abnormität handelt, die auf einem nachweisbaren oder doch mit guten Gründen postulierbaren, noch anhaltenden oder bereits abgeschlossenen Organprozeß beruht (Blei I 186, Jescheck 394, Lackner 2a, Rudolphi SK 6ff., Schreiber aaO 13; vgl. dazu auch Witter, Lange-FS 726f.). Diese Beschränkung auf den engen „psychiatrischen" Krankheitsbegriff folgt zwar nicht aus dem Terminus „krankhaft", wohl aber aus der Entstehungsgeschichte und der Systematik des Gesetzes, das die anderen Anomalien gesondert aufführt und der „krankhaften seelischen Störung" gegenüberstellt (Lenckner aaO 115, Schreiber aaO 17).

10   Der Begriff „krankhaft" hat damit in § 20 eine engere Bedeutung als in § 51 a. F. Während dort zu den „krankhaften" Störungen der Geistestätigkeit nach der extensiven Auslegung durch die Rspr. auch die Psychopathien, Neurosen und Triebstörungen gehören konnten („juristischer Krankheitsbegriff"; vgl. hier 17. A., § 51 RN 6), umfaßt der Begriff „krankhaft" jetzt nach Ausgliederung der „schweren seelischen Abartigkeiten" nur noch die somatisch-pathologisch begründeten seelischen Störungen, gleichgültig, ob sie als körperlich begründet nachweisbar oder (wie die endogenen Psychosen) nur postulierbar sind. Dieser auf K. Schneider zurückgehende Krankheitsbegriff ist inzwischen vielfach auf Kritik gestoßen (z. B. Krümpelmann ZStW 88, 15ff., Lange LK 14, Rasch StV 76, 265, Schreiber aaO 15, NZSt 81, 48, Venzlaff ZStW 88, 57 und einschränkend bezüglich des körperlichen Krankheitsvorgangs auch Witter, Lange-FS 727), was jedoch nicht gegen die Systematik des Gesetzes spricht, das nicht-psychotische Zustände mit „Krankheitswert" mit der 4. Alt. der „schweren seelischen Abartigkeit" erfaßt (so mit Recht Jescheck 394 FN 24). Auch in diesem engeren Sinn bedeutet das Adjektiv „krankhaft" jedoch nicht nur „auf Krankheit im medizinischen Sinn beruhend", vielmehr stellt es (bzw. das Substantiv „Krankhaftigkeit") einen Oberbegriff dar, der insofern weiter ist, als er, das Organisch-Somatische in seiner ganzen Breite erfassend, auch Verletzungen, Intoxikationen und Mißbildungen einschließt, die nach dem Sprachgebrauch der Medizin keine „Krankheiten" sind. Der elastischere Begriff „krankhaft" ist ferner deshalb gewählt worden, um die Einbeziehung von Störungen, deren organische Grundlagen nur postulierbar sind, auch dann zu ermöglichen, wenn ihr Krankheitscharakter psychiatrisch in Zweifel gezogen werden sollte (vgl. E 62, Begr. 139). Als krankhafte seelische Störungen i. S. des § 20 sind deshalb anzusehen:

11   α) die sog. **exogenen Psychosen,** d. h. solche seelische Abnormitäten, die nachweisbar auf organischen Ursachen beruhen. Dazu zählen insbes. die traumatischen Psychosen (Hirnverletzungen), die Infektionspsychosen (z. B. progressive Paralyse), die hirnorganischen Krampfleiden (genuine Epilepsie; vgl. Köln VRS **68** 350 mwN, ferner Koufen MSchrKrim 84, 389, aber auch 39 vor § 13) sowie der hirnorganisch begründete Persönlichkeitsabbau i. S. der Demenz, vor allem bei Hirnarteriosklerose und Hirnatrophie (zur Altersarteriosklerose vgl. RG **73** 121, BGH NJW **64,** 2213, GA **65,** 156). Hierher gehören ferner irreversible Syndrome i. S. des

Intelligenz- und Persönlichkeitsabbaus bei chronischen Alkoholikern (vgl. BGH MDR/H **86**, 441, Hamm MDR **59**, 143, Köln VRS **68** 352) und hirnorganische Schädigungen auf Grund chronischen Drogenkonsums. Auch der Dauerrausch, bei dem der Täter tagelang unter Alkoholeinfluß steht, kann nach BGH NJW **69**, 563 eine krankhafte Störung sein, selbst wenn in den entscheidenden Augenblicken das Bewußtsein nicht gestört war. Ob auch der „normale" Rausch – medizinisch an sich ebenfalls eine Intoxikationspsychose – eine krankhafte Störung i. S. des § 20 ist, ist umstritten (vgl. u. 13), i. E. aber ohne Bedeutung, weil hier jedenfalls die 2. Alt. in Betracht kommt (vgl. u. 16). Entsprechendes gilt für Drogensucht (vgl. u. 13, 17). Näher zu den körperlich-begründbaren Psychosen und Persönlichkeitsveränderungen und ihrer forensischen Beurteilung vgl. Witter in: Göppinger/Witter 485 ff., 977 ff.; zu den bei Schizophrenen notwendigen Differenzierungen vgl. Huber aaO 472 ff.

β) die sog. **endogenen Psychosen,** d. h. seelische Störungen, deren körperliche Begründbarkeit nach der in der Psychiatrie wohl immer noch h. M. nur angenommen („postuliert"), aber nicht nachgewiesen werden kann. Hierher gehören Geisteskrankheiten aus dem Formenkreis der Schizophrenie und der Zyklothymie (vgl. BGHR § 63 Zustand 11); weitergehend für die Einbeziehung gewisser Extremformen von Psychopathie und Neurose Krümpelmann ZStW 88, 17. Näher zu den endogenen Psychosen und ihrer forensischen Beurteilung Witter in: Göppinger/Witter 482 ff., 969 ff. **11a**

2. Tiefgreifende Bewußtseinsstörungen sind die nicht mehr im Spielraum des Normalen liegenden Beeinträchtigungen der Fähigkeit zur Vergegenwärtigung des intellektuellen und emotionellen Erlebens („Bewußtseinsfähigkeit", vgl. Schwalm JZ 70, 493, ferner Lenckner aaO 116, Saß aaO 10). Im Unterschied zu § 51 a. F., wo zu den „Bewußtseinsstörungen" auch krankhafte Zustände zählten (vgl. hier 17. A. § 51 RN 4), geht § 20 jedoch davon aus, daß das Bewußtsein mit in den Bereich des Seelischen gehört und pathologische Bewußtseinsstörungen deshalb bereits unter die 1. Alt. der „krankhaften seelischen Störungen" fallen. Für die Bewußtseinsstörungen i. S. des § 20 bleiben damit nur die nichtkrankhaften, „normal-psychologischen" Störungen (BGH **34** 24, StV **88**,58, MDR/H **83**, 447, Glatzel StV 82, 434, Jakobs 434, Lenckner aaO, Salger, Tröndle-FS 202, 205, Schreiber aaO 18, Schwalm aaO, v. Winterfeld NJW 75, 2231; and. Blei I 187, M-Zipf I 179, Saß For 4, 16 ff.). Nicht hierher gehört ferner die völlige Bewußtlosigkeit, bei der es bereits an einer Handlung fehlt (vgl. 39 vor § 13). **12**

a) **Bewußtseinsstörung** ist eine Beeinträchtigung der Bewußtseinsfähigkeit (vgl. o. 12), die zu einer Trübung oder partiellen Ausschaltung des Selbst- oder Außenweltbewußtseins und damit zu einer Einschränkung der Selbstbestimmung führt (vgl. BGH MDR/H **83**, 447, Lange LK 22, M-Zipf I 479, Rudolphi SK 10; zu den Positionen in Psychologie und Psychiatrie vgl. Saß aaO 11 ff., ferner Glatzel StV 82, 434, der weitergehend auf die Beeinträchtigung der „Besonnenheit" abstellt). Nach der Einteilung von Schwalm (JZ 70, 493f.) kann es sich dabei handeln um Störungen des „Wachheitsgrades" (z. B. infolge Erschöpfung, Schlaftrunkenheit), des „Überlegungsgrades" (z. B. infolge eines Affekts) oder des „Gefühlsgrades" (z. B. infolge seelisch aufwühlender Erlebnisse). Ohne Bedeutung, ob die Bewußtseinsstörung auf einem Mangel an geistiger Orientiertheit oder auf Erschütterungen im emotionalen Bereich beruht (BGH **11** 24) und ob sie, sofern dies möglich ist, rein seelisch oder auch durch einen nichtkrankhaften sog. „konstellativen" Faktor bedingt ist, wie dies z. B. bei Erschöpfungszuständen (vgl. BGH MDR/H **83**, 447), Übermüdung (vgl. RG HRR **39** Nr. 1063, OHG SJZ **50**, 595), Schlaftrunkenheit (vgl. Lenz MSchrKrim 75, 269), hypnotischen und posthypnotischen Zuständen, Somnambulismus (zu diesem vgl. Payk MedR 88, 125) usw. der Fall sein kann. Ausgenommen sind nur die auf krankhaften Zuständen beruhenden Bewußtseinsstörungen, da diese bereits von der 1. Alt. erfaßt sind (vgl. o. 12). Zweifelhaft geworden ist damit auch, ob der früher überwiegend zu den Bewußtseinsstörungen gerechnete „normale" (nicht pathologische) Rausch noch hierher gehört (so z. B. Arnold Prot. IV 660, Bresser For 5, 59, Krümpelmann ZStW 88, 16 FN 44) oder ob er, weil medizinisch eine Intoxikation, schon als „krankhafte" Störung i. S. der 1. Alt. anzusehen ist (so z. B. Ehrhardt Prot. IV, 654, D-Tröndle 9, Jakobs 431, Rudolphi SK 7). Dasselbe gilt für die Drogensucht (für die 2. Alt. BGH MDR/H **77**, 982, Arbab-Zadeh NJW 78, 2326, für die 1. Alt. Blau JR 87, 207, Täschner NJW 84, 638). Nach dem allgemeinen Sprachgebrauch spricht mehr für die Annahme einer (nicht krankhaften) „Bewußtseinsstörung"; praktische Konsequenzen hat die Frage der begrifflichen Einordnung jedoch nicht (offengelassen daher von BGH StV **82**, 69). Unbestritten ist dagegen, daß pathologisch bedingte Affektzustände bereits unter die 1. Alt. fallen, weshalb für die 2. Alt. nur die sog. „normal-psychologischen" (nicht somatogenen) Affekte bleiben (vgl. z. B. von Winterfeld NJW 75, 2229). **13**

b) Mit dem Adjektiv „**tiefgreifend**" (krit. zur Terminologie, Haddenbrock MSchrKrim 68, 148) werden alle die Bewußtseinsstörungen ausgeschieden, die noch im Spielraum des Normalen liegen (z. B. Ermüdungs- und Erregungszustände). Erforderlich ist vielmehr (auch nach der Entstehungsgeschichte, vgl. Lenckner aaO 111 f.), daß es sich um eine Bewußtseinsstörung **14** handelt, die in ihrer *Wirkung* für die Einsichts- bzw. Steuerungsfähigkeit den krankhaften seelischen Störungen i. S. der 1. Alt. *gleichwertig* ist (ebenso BGH NStZ **90** 231, MDR/H **83**, 447, Lange LK 30, Rauch, Leferenz-FS 385, Rudolphi SK 10; vgl. aber auch Jakobs 435). Im Falle des § 20 muß sie daher so schwerwiegend sein, daß „das seelische Gefüge des Betroffenen zerstört ist" (BT-Drs. V/4095 S. 11; vgl. ferner z. B. M-Zipf I 463, Schreiber aaO 19, Schwalm JZ 70, 494, v. Winterfeld NJW 75, 2230, zum Ganzen aber auch Glatzel StV 82, 434 u. 83, 339). Dies kann auch bei schweren Erschöpfungszuständen (vgl. MDR/H **83,** 447), Dämmerzuständen usw. der Fall sein, nach Glatzel StV 83, 339 auch, wenn der Täter „in eine konflikthafte Situation gezwungen wird, die zu bewältigen er aufgrund seiner Persönlichkeitsstruktur und Entwicklung nicht über die erforderlichen ... Strategien bzw. Handlungsentwürfe verfügt" (zw., vgl. auch D-Tröndle 10). Praktische Bedeutung hat dieses Erfordernis aber vor allem bei hochgradigen („normalpsychologischen", vgl. o. 13) Affekten (vgl. u. 15), bei der Trunkenheit (vgl. u. 16) u. a. Rauschzuständen (zur Bedeutung von Psychopharmaka, die alkoholähnliche Rauschzustände hervorrufen können, vgl. Salger DAR 86, 383), ferner bei der Drogensucht (vgl. u. 17).

15   c) Bei **Affekten** – „Höchstform der Erregung" (BGH **11** 24), bei der ein besonnenes Abwägen von Gründen und Gegengründen nicht mehr stattfindet (vgl. im übrigen die Definitionen b. Blau, Tröndle-FS 110, Diesinger aaO 4ff.) – stellt sich die Frage einer „tiefgreifenden Bewußtseinsstörung" vor allem bei sthenischen Affekten (Wut, Haß usw.), u. U. aber auch bei Panik, Schrecken usw. beruhenden asthenischen Reaktionen (z. B. Tat nach § 142 in einem Unfallschock, wobei ein solcher nach BGH VRS **20** 47, VersR **66,** 579, **67,** 1087, Hamm VRS **42** 24, KG VRS **67** 258 aber nur unter außergewöhnlichen äußeren und inneren Bedingungen anzunehmen ist; vgl. dazu auch Spiegel DAR 72, 291). Die Beurteilung der Schuldfähigkeit (zur Handlungsqualität [37 ff. vor § 13] vgl. Schewe, Reflexbewegung usw. 27 f. 147, Stratenwerth, Welzel-FS 300 f., zum Vorsatz § 15 RN 61) stößt hier naturgemäß auf besondere Schwierigkeiten (vgl. dazu Huber in: Göppinger/Witter 681, Salger, Tröndle-FS 203 ff.). Auch in den Psychowissenschaften, wo die Akzente z. T. mehr bei der Symptomatik der „Entladung" selbst, z. T. mehr bei der – allerdings nicht immer vorkommenden – „Anlaufzeit" gesetzt werden, wird die Frage nach den Möglichkeiten und Kriterien der Abgrenzung zu den noch im Spielraum des Normalen liegenden Primitiv- und Explosivreaktionen (z. B. § 213) nicht einheitlich beurteilt (vgl. z. B. Bresser, Leferenz-FS 435, NJW 78, 1190, Glatzel, Forens. Psychiatrie [1985] 41, StV 82, 434, Mende, Bockelmann-FS 314, Rasch, Forens. Psychiatrie [1986] 209, NJW 80, 1309, Saß, Nervenarzt 54, 557, Undeutsch in: Handwörterb. d. Rechtsmedizin II [1974] 91, Venzlaff ZStW 88, 62, Blau-FS 391, Witter in: Göppinger/Witter 1023 und zum Ganzen aus Bernsmann NStZ 89, 161 f., Krümpelmann aaO u. ZStW 99, 204 ff.). Als charakteristische Merkmale einer auf einer Bewußtseinsstörung beruhenden Affekttat, die sich auch gegen ein „Ersatzopfer" richten kann (vgl. BGH NStZ **88,** 268), werden dort etwa genannt: 1. kurze Dauer mit plötzlichem Beginn und Ende; 2. Einengung des Bewußtseinsfelds auf den zentralen Inhalt des Affekts, so daß andere Erlebnisreize nicht mehr durchdringen können; 3. Unklarheit bis zur Verwirrtheit reichende Veränderung des Denkens; 4. Zusammenhanglosigkeit des Verhaltens, welches wirklichkeitsfremd wirkt; 5. zeitlich eng begrenzte, totale Erinnerungslücke oder inselhaft erhalten gebliebene Erinnerungsreste (so Mende in: Forster 503). Diese Kriterien werden im wesentlichen auch in BGH StV **87,** 434 m. Anm. Schlothauer StV 88, 59, **90,** 493 zugrundegelegt, wo zusätzlich noch weitere Indizien genannt werden, so in BGH StV **87,** 434 das „vom Täter her gesehen sinnlose Vorgehen", in dem sich die Affektentladung manifestiert, in BGH StV **90,** 493 die schwere Erschütterung nach der Tat, die Persönlichkeitsfremdheit u. a. (vgl. auch BGH NStZ **87,** 503, **88,** 268 m. Anm. Venzlaff u. Schothauer aaO, StV **87,** 92, MDR/H **89,** 681; z. T. krit. dazu – auch zu den Erinnerungslücken – aber Bernsmann aaO 162, Blau, Tröndle-FS 123, Rasch NJW 80, 1312). Zielstrebiges und umsichtiges Nachtatverhalten, aggressive Vorgestaltung der Tat in der Phantasie, Ankündigungen der Tat, aggressive Handlungen in der Tatanlaufzeit, Herbeiführen der Tatsituation durch den Täter, lang hingezogenes Tatgeschehen, das Fehlen von vegetativen, psychomotorischen und psychischen Begleiterscheinungen heftiger Affekterregung u. a. sprechen gegen eine vorausgegangene tiefgreifende Bewußtseinsstörung (vgl. BGH NStZ **90,** 231, StV **90,** 493 mwN). Eine wichtige Hilfe können hier die für die Schuldfähigkeitsprüfung entwickelten Beurteilungsschemen sein (vgl. etwa Saß aaO 562 ff., Salger aaO 208 ff.; vgl. auch BGH aaO). Letztlich entscheidend ist aber auch hier eine Gesamtwürdigung (vgl. Blau aaO 123, Venzlaff, Blau-FS 397), bei der von den normativen Vorgaben des Gesetzes auszugehen ist (vgl. auch Blau aaO 118 ff.). Daß der Täter im Augenblick der Tat „den Kopf verloren hat", besagt noch nicht, daß ihm damit auch die vom Recht vorausgesetzte Fähigkeit abhanden gekommen ist, diesen „zu behalten". Zwar schließt § 20 die Annahme von Schuldunfähigkeit bei einem nicht krankhaften Affekt nicht völlig aus, und dies auch dann nicht, wenn er nicht mit sonstigen, auf einem sog. „konstellativen Faktor" beruhenden Ausfallserscheinungen verbunden ist (vgl. z. B. BGH MDR/H **77,** 458, NStZ **84,** 259, BGHR § 20 Affekt 1 u. zu § 51 a. F. BGH **11** 20 sowie die

Nachw. hier 23. A., ferner z. B. D-Tröndle 10, Frisch ZStW 101, 547ff., Lackner 2b aa, Lange LK 22, 28, Rudolphi SK 10; zum Zusammenwirken mit Alkohol vgl. u. 16d). Entgegen den in der früheren Rspr. gelegentlich zu beobachtenden Tendenzen zu einer großzügigeren Berücksichtigung von Affektstörungen beschränkt § 20 aber – gerade darin liegt u. a. der Sinn des einschränkenden Merkmals „tiefgreifend" – eine Exkulpation auf ganz besondere Ausnahmefälle, in denen wegen eines Zustands höchster Erregung („Affektsturm") das seelische Gefüge des Täters zerstört ist (vgl. auch E 62, Begr. 139). Dabei gilt – ebenso wie bei Trunkenheitsdelikten (vgl. u. 16c) – auch hier, daß bei schweren und schwersten Taten wegen der höheren Hemmschwelle an die Steuerungsfähigkeit entsprechend strengere Anforderungen zu stellen sind (Blau aaO 118f.). Vgl. im übrigen zum Ganzen auch das vor 1 zum Affekt aufgeführte Schrifttum.

Umstritten ist, ob bei Vorliegen einer affektbedingten Bewußtseinsstörung i. S. des § 20 eine Exkulpation deshalb ausgeschlossen ist, weil der Affekt **verschuldet** ist. Von der wohl h. M. wird dies angenommen, wenn auch in der Rspr. neuerdings mit der Einschränkung, daß die Verschuldensprüfung auf die Genese des Affekts zu begrenzen sei und daß „der Täter unter den konkreten Umständen den Affektaufbau verhindern konnte und die Folgen des Affektdurchbruchs für ihn vorhersehbar waren" (so zu § 21 BGH **35** 143 m. Anm. Blau JR 88, 514, Frisch NStZ 89, 263; noch weitergehend dagegen OGH **3** 19, 82, BGH **3** 195, NJW **59**, 2317, NStZ **84**, 259, 311, VRS **71** 21, MDR/D **53**, 146, MDR/H **77**, 458, 87, 444, Vorbehalte in BGH **7** 327, **8** 125, **11** 26 u. näher zur Entwicklung Frisch ZStW 101, 543ff.; aus dem Schrifttum – mit Unterschieden im einzelnen – vgl. z. B. Geilen aaO 173ff., Jakobs 435, Krümpelmann GA 83, 335f., ZStW 99, 221ff. [and. noch ZStW 88, 13f., 27, 36], Lange LK 28, Neumann aaO 240ff., 268, Rudolphi SK 12, Henkel-FS 199ff., Salger, Tröndle-FS 213 [zu § 21 aber S. 212f., 216], Stratenwerth, A. Kaufmann-GedS 495f. [and. noch AT 163], Ziegert aaO 189ff.; gegen einen Ausschluß der Exkulpation dagegen z. B. E 62, Begr. 139, Baumann/Weber 338, D-Tröndle 10, Lenckner aaO 117, M-Zipf I 480, Schwalm JZ 70, 493). Den Täter wegen vorsätzlicher Tat zu bestrafen (bzw. ihm im Fall des § 21 die Strafmilderung zu versagen), obwohl er z. Z. ihrer Begehung wegen des Vorliegens einer Bewußtseinsstörung in der von §§ 20, 21 vorausgesetzten Qualität tatsächlich nicht (voll) schuldfähig war – das Verschuldetsein des Affekts ändert an der tiefgreifenden Bewußtseinsstörung und den psychologischen Folgen des §§ 20, 21 nichts, ist mit dem Tatschuldprinzip jedoch nicht vereinbar, wenn er den Affekt oder auch die Affekttat lediglich vorhersehen konnte (vgl. näher Frisch NStZ 89, 264, ZStW 101, 564ff.). Das gleiche gilt für den Vorschlag, die Anwendung der §§ 20, 21 von der Art, Ausgestaltung und Entwicklung der Täter-Opfer-Beziehung, d. h. i. E. davon abhängig zu machen, daß der Affekt vom Opfer (mit)verschuldet war (so jedoch Bernsmann NStZ 89, 160; dagegen mit Recht Frisch aaO 554 FN 68). Vielmehr können hier keine anderen Regeln als bei der alkohol- oder drogenbedingten Schuldunfähigkeit gelten, was bedeutet, daß die Nichtanwendung der §§ 20, 21 auf die Affekttat nur unter den Voraussetzungen der *actio libera in causa* (vgl. u. 33ff., § 21 RN 11, 21) möglich ist (ebenso Behrendt aaO 64ff. mit dem zutr. Hinweis auf eine hier vorliegende actio libera in omittendo, ferner Frisch aaO 264 bzw. 570f., Jescheck 396 u. wohl auch Blau JR 88, 516; krit. dazu aber z. B. Neumann aaO 246f., Rudolphi SK 12, Ziegert aaO 183ff.). Um die (nur § 21 nicht gemilderte) Vorsatzstrafe verhängen zu können, müßte der Täter danach – ein Fall von eher theoretischer Bedeutung – den Affektdurchbruch und seine Folgen mit wenigstens bedingtem Vorsatz tatsächlich vorausgesehen und dieser Entwicklung bewußt nicht entgegengesteuert haben (vgl. entsprechend u. 36, ferner Frisch aaO 571ff.). Daß er die Tatbegehung in einem schuldausschließenden oder -vermindernden Affekt lediglich voraussehen konnte, ist dafür – entgegen BGH **35** 143 – nicht ausreichend. Auf die Behandlung des „vermeidbar-unvermeidbaren" Verbotsirrtums in § 17 kann in diesem Zusammenhang nicht verwiesen werden (so aber z. B. Rudolphi aaO, Stratenwerth aaO, Ziegert aaO 189ff.): Eine Parallele zu diesem besteht schon deshalb nicht, weil es beim Affekt i. d. R. nicht um die Einsichts-, sondern um die Steuerungsfähigkeit geht (ebenso Blau JR 88, 515); vor allem aber ist es dort die zum Tatvorsatz hinzukommende „Rechtsfahrlässigkeit", die eine strengere Behandlung des Täters rechtfertigt, während das fahrlässige Vorverschulden eines Affekttäters – ebenso wie bei den entsprechenden Trunkenheitsfällen – in den Bereich der Tatfahrlässigkeit gehört (vgl. u. 34, 36; gegen eine Lösung über § 17 auch Behrendt aaO 59ff., Frisch ZStW 101, 561ff., Neumann aaO 242ff.). Dabei genügt dann freilich auch für eine fahrlässige a.l.i.c. nicht schon die bloße Voraussehbarkeit des späteren Geschehens im Affekt, wenn dem Täter nicht zugleich gesagt werden kann, was er hätte tun können und müssen, um diesem rechtzeitig entgegenzuwirken. Dazu kann z. B. das Lösen einer Beziehung, das Verlassen des Tatorts, das Ablegen der späteren Tatwaffe (vgl. BGH MDR/H **87**, 444) gehören, die „Pflicht zur Selbstzügelung" dagegen nur, wenn deren Verletzung nicht i. S. einer allgemeinen Lebensführungsschuld verstanden wird (vgl. auch BGH **35** 145: „unter den konkreten Umständen vorwerfbar"; näher zu den hier maßgeblichen Verhaltensanforderungen Frisch aaO 264 bzw. 575ff., Krümpelmann, Affekt usw. 239f., 241ff.). Daß der Täter hier im Fall des § 20 – anders als bei alkoholbedingter Schuldfähigkeit, wo auf § 323a zurückgegriffen werden kann – straflos bleibt, wenn ein derartiges Vorverschulden nicht feststellbar ist, muß hingenommen werden.

d) Ob **Trunkenheit** (zu deren Einordnung vgl. o. 13) die Schuldfähigkeit ausschließt (bzw. vermindert), kann, von extrem hohen oder niederen Blutalkoholwerten abgesehen, wegen der

§ 20   16a   Allg. Teil. Die Tat – Grundlagen der Strafbarkeit

individuell sehr verschiedenen Alkoholtoleranz nicht generell beantwortet werden. Dabei geht es vor allem um die Steuerungsfähigkeit, da gerade bei Rauschzuständen die Einsichtsfähigkeit noch intakt, das Hemmungsvermögen aber bereits ausgeschlossen sein kann (vgl. z. B. BGH 1 385, VRS 8 49, NStZ 83, 19, 84, 409, Bay NJW 53, 1523). Nicht nur bei schweren und schwersten Delikten, sondern allgemein gilt, daß der Zustand der Schuldunfähigkeit nicht erst bei sinnloser Trunkenheit vorliegt – hier kann bereits die Handlungsfähigkeit fehlen (vgl. 39 vor § 13) –, sondern schon in einem früheren Stadium erreicht ist (BGH 1 386, NJW 52 353, Bay NJW 53 1523, Schleswig DAR 73, 20). Wann dies der Fall ist, kann regelmäßig nur durch eine Gesamtbeurteilung aller einen Rückschluß auf den Grad der Beeinträchtigung zulassenden Umstände entschieden werden, was „die Prüfung aller äußeren und inneren Kennzeichen des Tatgeschehens und der Persönlichkeitsverfassung des Täters voraussetzt, in die auch der Blutalkoholwert einzubeziehen ist" (so zuletzt wieder BGH NJW 90, 779 u. aus der neueren Rspr. z. B. BGH 35 315 f. m. Anm. Blau BA 89, 1, NJW 84, 1631, NStZ 87, 321, JR 88, 209 m. Anm. Blau, StV 82, 69, 86, 148, 87, 385; 89, 387, VRS 71 25, EzSt Nr. 5, NStE Nr. 12, 13, Düsseldorf NJW 89, 1557, Koblenz VRS 74 31, 274, 75 41; vgl. im übrigen die Nachw. hier 23. A. RN 17, ferner z. B. D-Tröndle 9, Lackner 5b, Rudolphi SK 7).

16a   α) Nicht einheitlich beurteilt wird – für den Bereich des § 21 neuerdings auch in der Rspr. nicht mehr –, welcher Stellenwert dabei der **Blutalkoholkonzentration** (BAK) und damit der „Promillediagnostik" gegenüber der „Psychodiagnostik" zukommt. Vor allem im medizinischen Schrifttum wird dazu die Auffassung vertreten, daß der BAK-Wert bei der Schuldfähigkeitsbeurteilung lediglich eine „grobe Orientierungshilfe" (Langelüddeke/Bresser, Gerichtl. Psychiatrie, 4. A., 291) bzw. nur von „sehr eingeschränkter Bedeutung" sei (Witter in: Göppinger/Witter II 1030; aus dem einschlägigen Fachschrifttum vgl. ferner z. B. die im einzelnen allerdings unterschiedlich weit reichenden Aussagen b. Forster/Joachim aaO 493 f., Luthe/Rösler ZStW 98, 314, Rasch, Forens. Psychiatrie [1986] 195, 199, Rengier/Forster BA 87, 163, Schewe ZStW 98, 314, Beih. zu ZStW 93, 39 ff. u. speziell zu § 21 die weit. Nachw. in BGH NJW 91, 852). Gleichlautende Aussagen finden sich in der Rspr.; doch sind sie dort vereinzelt geblieben (BGH NStE Nr. 12 bzw. BGH 35 315 m. Anm. Blau BA 89, 1, GA 77, 56). Auch die Rspr. im übrigen hat zwar immer wieder die Notwendigkeit einer Gesamtwürdigung betont, in die neben der BAK alle weiteren für die subjektive Befindlichkeit des Täters z. Zt. der Tat indiziellen Umstände einzubeziehen seien (vgl. o. 16). Weil in der Praxis solche anderweitigen, einen Rückschluß auf den Grad der Trunkenheit zulassenden Daten häufig nicht (mehr) festgestellt werden können und weil ihre Aussagekraft in den zuständigen Fachwissenschaften zudem vielfach umstritten ist, insoweit also gerichtlich verwertbare allgemein anerkannte Erfahrungssätze nicht zur Verfügung stehen (vgl. BGH NJW 91, 854 u. näher Salger, Pfeiffer-FS 379 ff.), wird letztlich dann aber doch der BAK maßgebliche Bedeutung zugemessen, dies unter Berufung darauf, daß es zwischen ihr und der Beeinträchtigung der Schuldfähigkeit „zwar keine gesetzmäßige lineare Beziehung, jedoch statistisch belegbare, mehr oder weniger ausgeprägte Regelmäßigkeiten gibt, die Wahrscheinlichkeitsaussagen jedenfalls über die Verminderung oder den Wegfall der Steuerungsfähigkeit zulassen" (BGH NJW 91, 852; vgl. auch Salger aaO 382 f.). Für den Bereich des § 21 werden dabei dann allerdings in der Rspr. die Akzente z. T. unterschiedlich gesetzt (vgl. u.). Im wesentlichen ist der **gegenwärtige Stand der Rspr.** folgender: Bei einer BAK ab 3‰ gilt nach wie vor die in zahlreichen Entscheidungen vorkommende Formel, daß in diesem Fall *Schuldunfähigkeit* selbst bei einem trinkgewohnten Menschen „regelmäßig nicht ausgeschlossen" werden könne, wobei dann aber zumeist noch auf die Notwendigkeit einer Gesamtwürdigung aller objektiven und subjektiven Kennzeichen besonders hingewiesen wird (z. B. BGH 34 31, NStZ 82, 376, 86, 114, 88, 450, StV 86, 148, GA 84, 125, 88, 271, NStE Nr. 12, 13, § 21 Nr. 31; vgl. auch Köln NJW 82, 2613, Zweibrücken NJW 83, 1386). Divergierende Aussagen finden sich in der neuesten Rspr. dagegen zum Beweiswert der BAK im Bereich zwischen 2 und 3‰, was praktisch vor allem die *verminderte Schuldfähigkeit* betrifft. Verhältnismäßig unverbindlich hatte es dazu ursprünglich noch geheißen, daß eine solche i. d. R. ab 2‰ „in Betracht" komme oder „möglich" sei (z. B. noch BGH NStZ 84, 408, VRS 69 433, Koblenz VRS 54 430, Köln VRS 62 438, Schleswig VRS 59 113, Stuttgart VRS 65 354; zur älteren Rspr. vgl. die Nachw. in der 21. A.). Im Unterschied dazu wird jetzt von einem Teil der Rspr. der BAK jedoch „maßgebliche Bedeutung" zuerkannt (BGH NStZ 84, 506, NStE § 21 Nr. 3, NStZ/J 86, 540): Das Vorliegen verminderter Schuldfähigkeit ist danach ab 2‰ „zumindest naheliegend" (z. B. BGH StV 87, 385, NStZ 88, 450, NJW 89, 1043, NJW 91, 852, NStE § 21 Nr. 10, 11, 13, 31, 43, Düsseldorf VRS 77, 120, Köln VRS 74 24; vgl. auch BGH MDR/H 86, 622: 2,37‰, BGH 34 31, Stuttgart VRS 65 354: 2,5‰), ab 2,5‰ sogar „sehr naheliegend" (BGH NStZ 84, 506, 86, 540) und bei 2,6‰ „besonders naheliegend" bzw. von „hoher Wahrscheinlichkeit" bzw. „schwerlich auszuschließen", weshalb in diesem Bereich der BAK ausdrücklich auch die vorrangige Indizwirkung eingeräumt wird (BGH NJW 88, 779 m. Anm. Blau JR 88, 210, 89, 1043 NStZ 89, 473, StV 89, 14 v. 16. 9. 88). Ihre Verallgemeinerung findet diese neue Tendenz in der Formulierung, daß ab 2‰ „in der

Regel von einer erheblichen Verminderung der Steuerungsfähigkeit auszugehen" ist (BGH StV **89**, 14 v. 1. 9. 88), während z. B. „aus dem Leistungsverhalten regelmäßig keine entscheidenden Schlüsse gezogen werden können" (BGH StV **89**, 14 v. 28. 7. u. 16. 9. 88). Für eine vorrangige Beurteilung nach psychodiagnostischen Kriterien – deren allgemeine Anerkennung i. S. eines wissenschaftlich gesicherten Erfahrungssatzes vorausgesetzt – bleiben hier danach nur Ausnahmefälle (vgl. BGH NJW **91**, 854, wo der „Idealfall" einer im unmittelbaren Zusammenhang mit dem Tatgeschehen durch einen fachkundigen Mediziner vorgenommenen „subtilen Psychodiagnostik" und der Fall einer außergewöhnlichen [fein-]motorischen Körperbeherrschung trotz erheblicher Alkoholisierung genannt werden), was für den Bereich des § 21 im praktischen Ergebnis die Priorität einer generalisierenden „Promillediagnostik" bedeutet (für eine schematisierende Anwendung der BAK-Werte ab 2‰ hier auch Salger aaO 381ff., 391ff., Haddenbrock MSchKrim. 88, 402, 418; krit. dazu aber z. B. Blau JR 88, 210ff., Witter MSchKrim. 88, 410). Dabei gilt dies nach BGH NJW **89**, 1044, **91**, 853 (4. Senat) auch dann, wenn die Tatzeit-BAK nicht aus einer im unmittelbaren Anschluß an die Tat entnommenen Blutprobe festgestellt, sondern unter Berücksichtigung des Grundsatzes „in dubio pro reo" lediglich im Wege einer Rückrechnung (nach BGH **91**, 853 jedenfalls bei einem Rückrechnungszeitraum bis zu 10 Stunden) oder aus den Trinkmengenangaben berechnet wird (vgl. dazu u. 16e). Eine in der Rspr. einheitlich verfolgte Linie ist dies jedoch nicht. Vielmehr wird in BGH **35** 308, **36** 286 (1. Senat) m. Anm. Blau BA 89, 1 bzw. JR 90, 294 unter dem Eindruck der im medizinischen Schrifttum geäußerten Kritik der Beweiswert der BAK z. T. erheblich zugunsten psychodiagnostischer Kriterien relativiert: Danach nimmt zwar „bei naturwissenschaftlich sicher festgestellter" – also nicht durch Rückrechnung oder aus Trinkmengenangaben ermittelten – BAK deren indizielles Gewicht im Rahmen der auch hier erforderlichen Gesamtbewertung zu, je höher sie im Bereich von 2‰ an aufwärts steigt, weshalb bei 2,4‰ § 21 „regelmäßig in Betracht zu ziehen ist" (BGH **36** 288). Ein nur errechneter (Maximal-)Wert aber verliert nach diesen Entscheidungen wegen der hier nach dem Zweifelssatz bei der Berechnung zugunsten des Täters zugrunde zu legenden Extremwerte (vgl. u. 16e) und wegen der damit verbundenen hohen Fehlerquote mit fortschreitender Rückrechnungszeit an indizieller Bedeutung (vgl. auch schon BGH NStE **Nr. 12**), womit zugleich die anderweitigen Indizien zunehmend an Gewicht gewinnen: Nur wenn solche fehlen, hat danach der errechnete Maximalwert den Beweiswert einer erwiesenen Tatsache und kann dann auch für die Schuldfähigkeitsbeurteilung „von ausschlaggebener Bedeutung" sein (aaO 316f. bzw. 291); liegen dagegen noch andere Beweisanzeichen vor, so soll dem errechneten BAK-Höchstwert nicht mehr „grundsätzlich der Vorrang einzuräumen" sein (aaO 316), vielmehr bedürfe es dann nach den allgemeinen Grundsätzen des Indizienbeweises einer Gesamtwürdigung, die in den entschiedenen Fällen bei einem über 9 bzw. 13 Stunden zurückgerechneten Maximalwert von 2,54‰ bzw. 2,4‰ zur Verneinung des § 21 führte (vgl. aber auch StV **90**, 107: Tatzeit-BAK unter Berücksichtigung eines Nachtrunks bei einer Rückrechnungszeit von mindestens 11 Stunden als „beachtliches Indiz" für erheblich verminderte Schuldfähigkeit). Dem ist jedoch aus den von BGH NJW **89** 1044, **91**, 853 genannten Gründen zu widersprechen: Ist der BAK-Wert umso aussagekräftiger, je höher er über 2‰ liegt, und ist dem exakt festgestellten BAK gegenüber anderen Beweisanzeichen „grundsätzlich der Vorrang einzuräumen", so kann ohne Verletzung des Zweifelsatzes nichts anderes gelten, wenn nach diesem zugunsten des Täters bei der Rückrechnung usw. Maximalwerte zugrunde gelegt werden müssen und damit den Beweiswert einer erwiesenen Tatsache haben; umgekehrt gewinnen andere Umstände, die gegenüber einer feststehenden BAK nur von geringer indizieller Bedeutung sind, nicht deshalb an Beweiskraft, weil der Täter den errechneten BAK-Wert nur gehabt haben kann, dieser aber, weil unwiderlegbar, als erwiesen anzusehen ist. Eine andere Frage ist es, inwieweit der bei einer BAK von 2‰ an aufwärts geltende, für eine erhebliche Verminderung der Schuldfähigkeit sprechende Erfahrungssatz durch psychodiagnostische Beurteilungskriterien entkräftet werden kann (zu den hier z. T. auch in der Rspr. bestehenden Divergenzen vgl. zuletzt BGH NJW **91**, 854 m. zahlr. Nachw.). Grundsatz muß hier sei, daß auch im Rahmen einer Gesamtwürdigung die Annahme einer erhalten gebliebenen vollen Schuldfähigkeit nur auf solche Umstände gestützt werden darf, deren Aussagekraft als wissenschaftlich einigermaßen gesichert gelten kann (vgl. BGH aaO, ferner Salger aaO 385ff.). Ist dies nicht der Fall, so bleibt als alleinige Beurteilungsgrundlage der BAK-Wert, der nach gesicherter wissenschaftlicher Erfahrung unter Beachtung des Zweifelsatzes ab 2‰ für eine verminderte Schuldfähigkeit spricht (vgl. BGH aaO 855, Salger aaO). Zwar steht der Gedanke strafrechtlicher Schuld jeder Generalisierung entgegen, weshalb diese sich auch nicht mit den gesetzlichen Schuldfähigkeitsregelungen begründen läßt (vgl. aber auch Blau JR 88, 213f.). Die prozessualen Beweisregeln lassen jedoch keine andere Wahl, wobei darauf hinzuweisen ist, daß dem Täter hier mit der „Zubilligung" des § 21 jedenfalls kein Unrecht geschieht. Folgerichtig läßt sich dies dann auch nicht auf die Alltagskriminalität beschränken (vgl. jedoch Blau aaO, Witter MSchKrim. 88, 414f.). Bei Tötungs- und vergleichbar schweren Delikten ist allerdings zu berücksichtigen, daß hier auch die Hemmschwelle entsprechend höher liegt, ein Umstand, dem dadurch Rechnung getragen wird, daß in solchen Fällen die Untergrenze auf 2,2‰ herabgesetzt wird (vgl. BGH NJW **91**, 852 mwN).

16b β) Neben der mehr oder weniger ins Gewicht fallenden BAK (vgl. o. 16a) sind, soweit vorhanden, alle **weiteren Umstände** zu berücksichtigen – bei fehlender Blutprobe und Nichtfeststellbarkeit der genossenen Alkoholmenge sind sie sogar die einzige Beurteilungsgrundlage (vgl. BGH **35** 316, MDR/H **78** 458; vgl. auch u. 45) –, aus denen Schlüsse auf die für die Schuldfähigkeitsprüfung relevante psychophysische Verfassung des Täters z. Z. der Tat gezogen werden können. Schuldunfähigkeit kann daher auch bei einer BAK unter 3‰ (z. B. BGH VRS **23** 210 [2,4‰], **50** 360, StV **90**, 259, Bay NJW **74**, 1433, Koblenz VRS **75** 41, Köln VRS **65** 22 [2,5‰]), in Ausnahmefällen sogar bei 2‰ anzunehmen sein (z. B. BGH MDR/D **74**, 544), ebenso eine verminderte Schuldfähigkeit z. B. schon bei 1,7‰ (BGH VRS **24** 191, **30** 277; vgl. auch BGH MDR/H **90**, 678), während umgekehrt auch bei Werten über 3‰ die Schuldfähigkeit noch gegeben bzw. nur vermindert sein kann (z. B. BGH StV **89**, 104, NStE **Nr. 12**, GA **74**, 344, MDR/H **77**, 105 für 3,5 bzw. 3,94 bzw. 3,96 bzw. 4,09‰; vgl. auch BGH NStZ **82**, 376).

16c αα) Von Bedeutung sind bei dieser Gesamtwürdigung zunächst die **Tat selbst** und die **Umstände ihrer Begehung.** Dabei kann auch die Art des Delikts eine Rolle spielen (vgl. BGH **14** 116), ferner dessen Schwere, weil hier der Grundsatz gilt, daß an eine Beeinträchtigung des Hemmungsvermögens um so strengere Anforderungen zu stellen sind, je schwerer die Tat und je höher damit die natürliche Hemmschwelle ist. Zu beachten ist dies vor allem bei Tötungsdelikten, weil hier selbst erhebliche Alkoholmengen bei einem normalen Menschen gewöhnlich nicht zu einem wesentlichen Abbau natürlicher Hemmungen führen (BGH NStZ **81**, 298, **82**, 376, **87**, 453, **90**, 231, StV **89**, 387; vgl. dazu auch BGH **14** 116, **35** 317, NStE **Nr. 9**, ferner Salger, Pfeiffer-FS 389). Im übrigen wird die Beurteilung dadurch erschwert, daß es zwar eine Reihe von mehr oder weniger gewichtigen Indizien für einen Ausschluß bzw. eine erhebliche Verminderung der Steuerungsfähigkeit gibt, daß aber, wenn sie fehlen, nicht ohne weiteres der umgekehrte Schluß zulässig ist (womit auch die Tendenz zu einer schematisierenden Anwendung der BAK-Werte zu erklären ist; vgl. o. 16a). Nur von geringer Aussagekraft ist hier allerdings das psychopathologische Kriterium der „Persönlichkeitsfremdheit" der Tat (zur Bedeutung der sog. „Primärpersönlichkeit" vgl. aber auch Forster/Joachim aaO 475), während die „Sinnlosigkeit" des Rauschverhaltens und echte (nicht nur vorgegebene oder durch Verdrängung entstandene) Amnesien für die Zeit des Rausches deutliche Anzeichen für eine Bewußtseinsstörung sind (vgl. Witter in: Göppinger/Witter II 1009 f. u. zu Amnesien auch BGH StV **89**, 12, **90**, 259 mwN; z. T. krit. dagegen Salger aaO 386, 389 f. mwN), was aber nicht heißt, daß die Schuldfähigkeit nur bei Vorliegen eines oder wenigstens eines dieser Kriterien ausgeschlossen oder vermindert ist (BGH StV **82**, 69; zur Erinnerungsfähigkeit, die zwar etwas über die Einsichts-, aber nichts über die Steuerungsfähigkeit aussagen kann, vgl. z. B. auch BGH NJW **88**, 779 m. Anm. Blau JR 88, 210, StV **87**, 386, **89**, 12). Ebenso können äußerlich erkennbare Ausfallerscheinungen ein gewichtiges Indiz für die Reduzierung der Steuerungsfähigkeit sein (vgl. Düsseldorf VRS **77** 121), nicht aber deutet umgekehrt ihr Fehlen ohne weiteres auf eine unverminderte Schuldfähigkeit hin, da sich erfahrene, alkoholgewöhnte Täter meist auch im Rausch noch motorisch kontrollieren und äußerlich geordnet verhalten können, obwohl ihr Hemmungsvermögen möglicherweise schon erheblich beeinträchtigt ist (z. B. BGH NJW **89**, 1044, **91**, 854, NStZ **82**, 243, **83**, 19, **84**, 408, NStE § 21 **Nr. 23**, MDR/H **84**, 795, VRS **71** 26; vgl. auch Salger aaO 387 f., Schleswig SchlHA/E-L **85**, 114: trinkgewohnter Täter mit BAK von 3,13‰). Ebenso hat die Rspr. immer wieder betont, daß die Planmäßigkeit, Folgerichtigkeit und Situationsadäquatheit des Verhaltens vor, bei und nach der Tat für das Vorhandensein der (vollen) Steuerungsfähigkeit nur von beschränktem Beweiswert seien (vgl. BGH aaO, ferner z. B. NJW **84**, 1631, **88**, 779 m. Anm. Blau JR 88, 210, NStZ **84**, 506, **87**, 453, **88**, 450, StV **87**, 385, NStE § 21 **Nr. 6, 16, 26, 28, 31, 43**, Koblenz VRS **79** 15, Salger aaO 388). Dies gilt vor allem für das Verhalten nach der Tat, weil der Täter durch deren Folgen, die Gefahr einer Entdeckung usw. wieder ernüchtert worden sein kann (vgl. z. B. BGH NStZ **83**, 19; vgl. aber auch BGH NStE **Nr. 5**, wo gerade das Verhalten nach der Tat Auffälligkeiten zeigte). Im einzelnen gehen dann allerdings – entsprechend der unterschiedlichen Einschätzung der BAK (vgl. o. 16a) – die Aussagen über den nur beschränkten Beweiswert eines solchermaßen unbeeinträchtigten „Leistungsverhaltens" in der neueren Rspr. wieder auseinander. Während nach BGH StV **89**, 14 (v. 28. 7. 88; LS) aus einem solchen regelmäßig keine entscheidenden Entschlüsse auf ein intaktes Hemmungsvermögen gezogen werden können (in der Sache ebenso BGH NJW **89**, 1044, StV **87**, 386, BGHR § 21 Affekt 3), folgen BGH **35** 317 m. Anm. Blau BA 89, 1, **36** 293 m. Anm. Blau JR 90, 294 auch hier einer eher „psychodiagnostischen" Linie: Danach dürfen Umstände wie unauffälliges Verhalten, zielstrebiges und situationsgerechtes Vorgehen zwar nicht überbewertet werden, auch sagen sie jeweils für sich allein u. U. nur wenig aus, im Einzelfall aber können sie „in ihrer Gesamtheit durchaus das Bild eines auch in seinem Hemmungsvermögen nicht wesentlich beeinträchtigten Menschen vermitteln" (vgl. auch BGH JR **88**, 209 m. Anm. Blau), dies z. B. wenn sich der Täter gegenüber dem Opfer unschwer hätte zurückhalten können (BGH **35** 317; vgl. dazu auch BGH NStE § 21 **Nr. 26**) oder wenn es sich nicht um eine spontan, sondern überlegt begangene und in der Ausführung länger andauernde Tat handelt (BGH **35** 293 f.). Auch nach dieser kommt dann allerdings der BAK gegenüber dem „Leistungsverhalten" umso mehr Gewicht zu, je höher der BAK-Wert und je geringer die Rückrechnungszeit ist (BGH StV **89**, 340).

Schuldunfähigkeit wegen seelischer Störungen 16d, e § 20

ββ) Ein gewichtiges Indiz bei der Schuldfähigkeitsbeurteilung kann neben einer affektiven Vorge- **16d** schichte ferner die individuell verschiedene **Alkoholtoleranz** sein, die sich aus einem angeborenen konstitutionellen Faktor, der Alkoholgewöhnung (vgl. dazu auch BGH VRS **5** 528) und dispositionellen Gegebenheiten bzw. situativen Faktoren ergibt (vgl. Forster/Joachim aaO 473, 474 ff.; vgl zur Alkoholgewöhnung und -verträglichkeit aber auch BGH NStE § 21 **Nr. 43**, Salger aaO 386 f.). Daß die allgemeine körperliche und seelische Verfassung zur Tatzeit eine Rolle spielen kann, wird auch in der Rspr. immer wieder hervorgehoben (z. B. BGH NJW **69**, 1581, VRS **23** 210, MDR/D **72**, 570, Koblenz VRS **74** 31, 274, **75** 47). Von Bedeutung können hier z. B. sein: Ernährungszustand, Übermüdung (vgl. Koblenz DAR **73**, 137: Einschlafen an der Unfallstelle bei 2,8‰ als Anzeichen für § 20; vgl. auch BGH EzSt **Nr. 5**), Überarbeitung, Affekt oder affektive Erregung (z. B. BGH **35** 317, NStZ **86**, 114, **87**, 321, **88**, 268 m. Anm. Venzlaff, StV **84**, 240, **87**, 341, **89** 104, BGHR § 21 Strafrahmenverschiebung 2), ein Unfallschock (BGH VRS **24** 189), nach BGH **36** 293 f. auch die – aber wohl nur mit größter Zurückhaltung zu beurteilende – subjektive Einschätzung des Täters, daß er sich durch den Alkohol nicht wesentlich beeinträchtigt gefühlt habe (vgl. aber auch BGH NJW **91**, 855), ferner Erkrankungen, hirnorganische und sonstige Schädigungen (BGH VRS **17** 187 [Beinamputation], **30** 277, StV **87**, 246, **89**, 15 BGHR § 20 Sachverständiger 2, § 21 Ursachen, mehrere 2), Anfallsleiden (Köln VRS **68** 350), Schwachsinn (BGH NStE § 21 **Nr. 18**), schwere neurotische Fehlentwicklung (BGH NJW **84**, 1631), eine soziopathische Persönlichkeitsstruktur (BGH NStE § 21 **Nr. 25**), Wesensveränderung durch langjährigen Alkoholmißbrauch (BGHR § 20 Einsichtsfähigkeit 1), Oligophrenie (Köln VRS **67** 21), Gehirnerschütterung, die zusätzliche Einnahme von Drogen (BGH StV **88**, 294 [unter Hinweis auf die z. T. erheblichen Abbauzeiten], Düsseldorf BA **83**, 270) und das Zusammenwirken mit Medikamenten (Köln VRS **68** 352), was jedoch nur von Bedeutung ist, wenn das Fehlverhalten dem Trunkenheitsgrad nicht entspricht (BGH MDR/D **72**, 751; zum Medikament-Alkohol-Synergismus vgl. ferner Frankfurt VRS **29** 476, Koblenz VRS **36** 17, Köln JZ **67**, 183, VRS **65** 21, 74, 23, Stuttgart VRS **65** 354, Brettel aaO 460 ff. und speziell zum Zusammenwirken mit Psychopharmaka Salger DAR **86**, 389 f.). Der nur selten vorkommende sog. *pathologische Rausch* (vgl. z. B. bei Hirnverletzten, Arteriosklerotikern usw.; näher z. B. Bresser For **5**, 52, 56, Forster/Joachim aaO 479, Szewcyk For **5**, 1), bei dem schon geringe Alkoholmengen abnorme Reaktionen hervorrufen können, führt stets zur Schuldunfähigkeit (BGH 2 StR 241/63 v. 7. 8. 1963); zum sog. abnormen und komplizierten Rausch vgl. Bresser For **5**, 53 f., 56 f.

γ) Wird der Blutalkoholwert durch **Rückrechnung** ermittelt, so muß diese für das Revisionsgericht **16e** nachprüfbar sein (BGH **34** 31, NStZ **86**, 114, MDR/H **80**, 453). Hier muß, weil der individuelle Alkoholabbau nachträglich nicht mehr festgestellt werden kann (z. B. BGH **34** 32, NJW **90**, 779, Salger DRiZ **89**, 174; and. z. B. noch MDR/H **76**, 632), der für den Täter günstigste Abbauwert zugrundegelegt werden. Bei der Rückrechnung auf Grund einer nachträglich entnommenen *Blutprobe* ist dies hier, anders als bei der Beurteilung der Fahruntüchtigkeit, der höchstmögliche Abbauwert, der von der Rspr. z. Z. bei 0,2‰ pro Stunde zuzüglich eines (einmaligen) Sicherheitszuschlags von 0,2‰ angesetzt wird (vgl. z. B. BGH **35** 314, NJW **91**, 853, NStZ **86**, 114, StV **86**, 338, **87**, 385, MDR **86**, 270, 622, VRS **72** 276, NStZ/D **90**, 485, Köln NStZ **89**, 24; die frühere Rspr. – vgl. die Nachw. hier z. A. RN 17 –, die einen stündlichen Abbauwert von 0,29‰ zugrundelegte, ist als überholt anzusehen). Auch bei kurzen Rückrechnungszeiten – wenige Minuten bis zu 2 Stunden – bleibt es bei diesen Werten (Bay MDR **89**, 663). Wird dagegen die Tatzeit-BAK aus der *vorher genossenen Alkoholmenge* berechnet, so muß von dem für den Täter günstigsten minimalen Rückrechnungswert von 0,1‰ und außerdem von einem Resorptionsdefizit von 10% ausgegangen werden (z. B. BGH **34** 32, NJW **89**, 1044, **90**, 779, **91**, 853, VRS **71** 360, **72** 359, NStZ **86**, 114, **89**, 473, StV **86**, 338, BGHR § 21 BAK 20; vgl. aber auch Schewe JR **87**, 182); handelt es sich dabei freilich um eine Plausibilitätsprüfung der aus der Blutprobe errechneten BAK, so darf auch ein höherer Wert zugrundegelegt werden (vgl. BGH NStZ **87**, 453: 0,15‰, nach BGH NStZ **85**, 452 auch 0,2‰, weil andernfalls die Blutprobe kein negatives Ergebnis hätte haben dürfen; zu den bei fehlender Blutprobe zur Widerlegung von überhöhten Trinkmengenangaben für die Berechnung der Mindest-BAK zugrundezulegenden Werten bis 30% Resorptionsdefizit, 0,2‰ stündlichem Abbau zuzüglich 0,2‰ Sicherheitszuschlag vgl. BGHR § 21 Blutalkoholkonzentration 1, BGH NStE § 21 **Nr. 13**, **19**, **51**, NStZ/D **90**, 485; zur Berechnung der BAK bei zwei Trinkphasen vgl. BGH NStZ **88**, 404). Eine hinreichend sichere BAK-Feststellung durch eine Bestimmung des *Atemalkoholwerts* ist nach dem gegenwärtigen Stand wissenschaftlicher Erkenntnis selbst bei einem exakt arbeitenden Gerät (Alkomat) nicht möglich (vgl. Anm. Grüner zu Bay JR **89**, 79). Zur Schätzung der BAK bei unglaubwürdigen Trinkmengenangaben vgl. BGH NStE **Nr. 2**. – Ein *Nachtrunk* kann, da er zur Annahme einer geringeren Tatzeit-BAK führt, bei den §§ 20, 21 nur berücksichtigt werden, wenn und soweit er zweifelsfrei feststeht (vgl. BGH VRS **71** 361, Köln VRS **65** 426, **68** 351). Errechnet wird dessen BAK aus dem genossenen Alkohol, wobei nach dem Zweifelsatz ein Resorptionsverlust von 30% anzusetzen ist (BGH NStZ **Nr. 14**). Kann das für die Rückrechnung maßgebliche Ende der Resorptionsphase nicht festgestellt werden, so ist – auch hier i. U. zur Beurteilung der Fahruntüchtigkeit – zugunsten des Täters davon auszugehen, daß die Resorption zur Tatzeit bereits abgeschlossen war (vgl. Hamm NJW **75**, 702, Köln NStZ **89**, 24 mwN).
– Zum Ganzen vgl. ferner z. B. Brettel aaO 424 ff., Hick aaO, zur forensischen Beurteilung Arbab-Zadeh NJW **74**, 1401, Bresser For **5**, 45, Forster/Joachim aaO 470 ff., Gerchow u. a. BA **85**, 77, Luthe/Rösler ZStW **98**, 314, Schneble BA **84**, 281, Witter in: Göppinger/Witter 109 ff.

17 e) Bei **drogenbedingten Ausfallerscheinungen** (zu deren Einordnung vgl. o. 11, 13) ist eine Bewußtseinsstörung i. S. der 2. Alt. sowohl bei einer Überdosierung als auch bei einer Unterdosierung (entzugsbedingte Bewußtseinsstörung) zu prüfen, während bei Taten in der Sättigungsphase, sofern nicht ein sog. „flash back" vorliegt, die Drogeneinnahme ohne Bedeutung ist (Arbab-Zadeh NJW 78, 2327). Schuldunfähigkeit kann hier zwar bei hochgradigen Rauschzuständen anzunehmen sein, unabhängig von der Frage ihrer Rubrizierung unter die 1. oder 2. Alt. in aller Regel aber nicht bei Entzugserscheinungen. Auch bei Beschaffungsdelikten kann Drogensucht nur in ganz besonders schwerwiegenden Suchtfällen zur Exkulpation führen, so nach BGH MDR/H **77**, 982 bei schweren Persönlichkeitsveränderungen als Folge eines langjährigen Drogenmißbrauchs oder wenn der Süchtige „von einem derart unwiderstehlichen Drang beherrscht war, daß er nicht anders handeln konnte" (vgl. auch BGH NJW **89**, 2336, NStZ/D **90**, 484, Celle NStE **Nr. 4**, Köln NJW **76**, 1801); daß der Täter noch imstande ist, zwischen mehreren möglichen Tatopfern und Tatorten eine Wahl zu treffen, spricht deshalb für sich allein noch nicht für seine Schuldfähigkeit (BGH NStZ/D **90**, 484). Im übrigen kommt hier allenfalls § 21 in Betracht (vgl. dort RN 9a u. näher zum Ganzen Arbab-Zadeh NJW 78, 2326, Gerchow BA 79, 97, Kreuzer NJW 79, 1243, Luthe NJW 75, 1446, Täschner NJW 84, 638, Witter in: Göppinger/Witter 1039ff.).

18 3. Der in § 20 an dritter Stelle genannte **Schwachsinn** ist, wie die Verbindung mit den „schweren seelischen Abartigkeiten" zeigt, lediglich eine besonders hervorgehobene Unterart von diesen (vgl. dazu auch Schreiber aaO 22). Gemeint ist damit nur die angeborene Intelligenzschwäche ohne nachweisbare Ursache (in allen drei Formen: Idiotie, Imbezillität, Debilität, vgl. Witter in: Göppinger/Witter 458), da Intelligenzdefekte, die i. S. einer organischen Demenz Symptom eines hirnorganischen Krankheitsprozesses sind (z. B. auch Senilität), ebenso wie der Schwachsinn als Folge einer intrauterinen, geburtstraumatischen oder frühkindlichen Hirnschädigung bereits unter die „krankhaften seelischen Störungen" i. S. der 1. Alt. fallen (vgl. E 62, Begr. 140, Schwalm JZ 70, 493; h. M.). Leichtere Grade einer Intelligenzschwäche genügen für § 20 nicht, vielmehr gehört zum Wesen des Schwachsinns, der den Betroffenen nicht nur in seiner Intelligenz, sondern ganzheitlich stört (vgl. BGH NJW **67**, 299), stets eine mehr oder weniger tiefgreifende Beeinträchtigung des Persönlichkeitskerns (Lenckner aaO 118). Im übrigen würden hier spätestens die psychologischen Merkmale des § 20 als Korrektiv wirken (vgl. u. 25f.).

19 4. Mit den „**schweren anderen seelischen Abartigkeiten**" wird „jener unbestimmte Rest abnormer seelischer Phänomene" erfaßt, der übrig bleibt, wenn man die vorher genannten Merkmale „abzieht" (vgl. Bochnik/Gärtner MedR 86, 58). Gemeint sind damit also diejenigen Abweichungen von einer für den Durchschnittsmenschen zugrundegelegten Norm des seelischen Zustands, die nicht auf nachweisbaren oder zu postulierenden organischen Prozessen oder Defekten bzw. auf „schädigungsbedingten Substratsveränderungen des Organismus" (Witter/Rösler For 6, 18) beruhen – in diesem Fall kommt die 1. Alt. in Betracht –, sondern die entweder rein seelisch oder zwar körperlich bedingt sind, sich letzterenfalls aber nicht in Form eines Organprozesses entwickelt haben, und die von solcher Erheblichkeit sind, daß das Persönlichkeitsgefüge in gleicher Weise in Mitleidenschaft gezogen ist wie bei den echten Psychosen (vgl. E 62, Begr. 141, BGH **34** 24, **35** 79, NJW **89**, 918, NStZ **89**, 430, StV **89**, 104, MDR/H **87**, 977, Lackner 2c, Lenckner aaO 118ff., Schwalm JZ 70, 493; zur Gesetzeskritik vgl. die Nachw. o. 2). Im Zusammenhang mit dieser Alt. von „Krankheitswert" zu sprechen, ist nur in dem u. 23 genannten Sinn möglich, nicht aber wenn damit der Eindruck erweckt wird, die hier gemeinten Erscheinungen müßten pathologisch bedingt sein (vgl. BGH **35** 79, NStZ **89**, 430). Von den meist rasch vorübergehenden Bewußtseinsstörungen i. S. der 2. Alt. unterscheiden sie sich, weil Ausdruck einer besonderen Persönlichkeitsstruktur, durch ihre längere Dauer oder gar Unabänderlichkeit, während sie i. U. zum Schwachsinn den Täter nicht als zurückgeblieben, sondern als andersartig erscheinen lassen (Jakobs 436, Schreiber aaO 22). Deshalb ist hier die Täterpersönlichkeit immer auch in einer Ganzheitsbetrachtung zu erfassen, und zwar in ihrem konkreten Zusammenhang mit der Tat; eine isolierte Hervorhebung der dauerhaften Bestandteile des Persönlichkeitsbilds ohne diesen Bezug hat für § 20 keine Aussagekraft (BGH NStE § 21 **Nr. 29**). Keine Voraussetzung für das Vorliegen einer Störung i. S. der 4. Alt. ist die fehlende Unrechtseinsicht, da auch hier das Steuerungsvermögen betroffen sein kann (BGH MDR/H **87**, 977).

20 a) Zu den **seelischen Abartigkeiten** der 4. Alt. gehören insbes. zunächst die sog. *Psychopathien* (Persönlichkeitsstörungen, „Charakterneurosen") und *Neurosen*, denen zwar die Verankerung in einer besonderen Persönlichkeitsstruktur gemeinsam ist, die sich aber nach den in der Internationalen Klassifikation psychiatrischer Krankheiten (ICD) genannten Kennzeichen dadurch unterscheiden, daß es sich bei den Psychopathien um mehr oder weniger lebenslange, die Gesamtpersönlichkeit betreffende und nur zu kompensierende, aber nicht völlig zu beseitigende Störungen handelt, während unter die Neurosen solche Störungen fallen, die als mehr oder weniger abgrenzbare Symptomkomplexe nur Teilbereiche der Persönlichkeit betreffen, sich nur zeitweise manifestieren und besserungsfähig oder gar heilbar sind (vgl. näher Witter/Rösler For 6, 1ff.; vgl. auch E 62, Begr. 141: Umschreibung der Psychopathien als „angeborene, wenn

auch veränderbare Persönlichkeitsvarianten, welche die soziale Anpassungsfähigkeit des Betroffenen beeinträchtigen", der Neurosen als „abnorme Erlebnisreaktionen oder Störungen der Erlebnisverarbeitung, die als solche nicht angeboren sind, deren Entwicklung aber durch eine konstitutionelle Bereitschaft begünstigt werden kann"; zu den verschiedenen Neurosetheorien und zur inhaltlichen Präzisierung eines für die §§ 20, 21 verwertbaren „engen" Neurosebegriffs i. S. des Schweizer Psychiaters E. Binder vgl. Merkel MedR 86, 53 ff. sowie Bochnik-Gärtner ebd. 57 ff., was allerdings nicht ausschließt, daß auf diese Weise aus dem Neurosenbegriff ausgegliederte Störungen bei entsprechender gradmäßiger Ausprägung dennoch unter die 4. Alt. fallen können). Als Beispiele einer Psychopathie nennt die ICD u. a. Persönlichkeitsstörungen bei paranoiden, zyklothymen, schizoiden, erregbaren, hysterischen und asthenischen Persönlichkeiten, als Beispiele einer Neurose u. a. die Angst- und Zwangsneurosen, hysterische und hypochondrische Neurosen, Phobien, neurotische Depressionen und die Neurasthenien (vgl. Witter/Rösler For 6, 12 f.). Erfaßt sind mit der 4. Alt. ferner die *Triebstörungen* (Deviationen/Perversionen) ohne Organbefund, diese freilich nicht schon als solche, sondern erst dann, wenn sie sich mit einer das Hemmungsvermögen betreffenden Persönlichkeitsentartung verbinden (BGH NJW **82**, 2009 m. Anm. Blau JR 83, 69). Inhalt und Grenzen dieser „Abartigkeiten" (krit. zum Begriff Foerster MSchrKrim. **89**, 83, Rasch NStZ **82**, 177, Schreiber aaO 22) sind in den zuständigen Fachwissenschaften z. T. außerordentlich umstritten, und verschieden beurteilt werden auch ihre möglichen Auswirkungen auf die Einsichts- und Steuerungsfähigkeit (vgl. dazu den Überblick b. Albrecht GA 83, 209; zum psychiatrischen und psychologischen Schrifttum vgl. im übrigen die umfassenden Nachw. b. Lange LK 34 ff.).

Die Rspr. zu § 51 a. F. (vgl. dazu R. Schmitt ZStW 92, 247) hatte diese Fälle durch Bildung eines **21** besonderen „juristischen Krankheitsbegriffs" zu den „krankhaften Störungen der Geistestätigkeit" gerechnet, zu denen nach dem zusammenfassenden Urteil BGH **14** 32 nicht nur die echten Psychosen gehörten, sondern „alle Arten von Störungen der Verstandestätigkeit sowie des Willens-, Gefühls- oder Trieblebens, welche die bei einem normalen und geistig reifen Menschen vorhandenen, zur Willensbildung befähigenden Vorstellungen und Gefühle beeinträchtigen". Dabei wurde freilich vorausgesetzt, daß solche Störungen „Krankheitswert" haben (vgl. z. B. BGH JR **58**, 305); die durch bloße Charaktermängel oder Willensschwäche bedingte Abweichung vom Normalen wurde nicht anerkannt (z. B. BGH **14** 30, NJW **55**, 1726, **58**, 2123, **66**, 1871), obwohl von seiten der Psychiatrie eingewandt wurde, daß eine Unterscheidung zwischen psychopathischen, für eine Exkulpation in Betracht kommenden Charakterzügen und den nicht zu berücksichtigenden Charaktermängeln nicht möglich sei (vgl. die Nachw. bei Lange LK 40; krit. ferner z. B. Krümpelmann ZStW 88, 18 ff., Schreiber aaO 25; vgl. aber auch BGH EzSt **Nr. 8**, Burkhardt aaO 118 ff.). Auch eine anomale sexuelle Triebhaftigkeit wurde als krankhafte Störung der Geistestätigkeit angesehen, wenn der Betreffende ihr „infolge Entartung seiner Persönlichkeit nicht widerstehen kann", nicht dagegen, wenn die Nichtzügelung des Triebs auf einer Charakter- oder Willensschwäche beruht (BGH **14** 30, **19** 204, **23** 190 [Fall Bartsch], MDR **55**, 368, GA **62**, 185, NJW **62**, 1779, MDR/D **69**, 901).

Nach der „differenzierenden Lösung" des E 62 sollten die „schweren anderen seelischen Abartig- **22** keiten" nur zu einer Verminderung der Schuldfähigkeit, nicht aber zu deren völligem Ausschluß führen können. Dem lag vor allem die Erwägung zugrunde, daß nichtkrankhafte Triebstörungen, Psychopathien und Neurosen grundsätzlich in den Spielraum des bei zumutbarer Willensanspannung steuerbaren Verhaltens fallen und daß bei einer Aufnahme der „schweren anderen seelischen Abartigkeiten" in die Schuldunfähigkeitsregelung die Gefahr eines zur Auflösung des Strafrechts führenden „Dammbruchs" bestehe, weil dann – vor allem i. V. mit dem Grundsatz „in dubio pro reo" – in diesen Fällen allzu häufig ein Schuldausschluß bejaht werden könnte. Die seltenen Ausnahmefälle – die Sachverständigen hatten von ca. 2% gesprochen –, in denen auch bei Psychopathien ohne krankhaften konstellativen Faktor das Hemmungsvermögen in ähnlicher Weise beeinträchtigt sein kann wie bei den Psychosen, sollten durch das Merkmal der „krankhaften seelischen Störung" erfaßt werden. Ob die Systematik des Entwurfs diese Möglichkeit, in Ausnahmefällen auf die „krankhaften seelischen Störungen" auszuweichen, wirklich zuließ, blieb jedoch zweifelhaft; jedenfalls aber wäre damit die beabsichtigte Einschränkung des bisherigen „juristischen" Krankheitsbegriffs wieder rückgängig gemacht worden. Um auch hier den Schuldgrundsatz unmißverständlich zu verwirklichen, beschloß deshalb der Sonderausschuß die jetzige „Einheitslösung", nach der die „schweren seelischen Abartigkeiten" ausdrücklich auch in § 20 genannt werden (vgl. BT-Drs. V/4095 S. 10 u. näher zur Entstehungsgeschichte Lenckner aaO 110, 112 f., Rasch/Volbert MSchrKrim 85, 137 ff.).

b) Nicht nur die Entstehungsgeschichte (vgl. o. 22) und der Begriff der „Abartigkeit", **23** sondern auch das einschränkende Adjektiv **„schwer"** sprechen dafür, daß bei Psychopathien, Neurosen und Triebstörungen eine Exkulpation nur unter ganz besonderen Voraussetzungen in Betracht kommt. Setzt man die 4. Alt. in Beziehung zur 1. Alt., so ergibt sich, daß die seelische Abartigkeit bezüglich *ihrer Wirkung* auf die Einsichts- bzw. Steuerungsfähigkeit „Krankheitswert" haben, d. h. so schwer sein muß, daß sie insoweit den krankhaften seelischen Störungen gleichwertig ist (vgl. BGH **34** 24 f., **35** 78 f., 207, JR **89**, 380, NStZ **89**, 430, EzSt **Nr. 8**, MDR/H **79**, 105, D-Tröndle 13, Lange LK 48, Lenckner aaO 119; deutlicher § 21 AE:

„krankhafte seelische Störung oder eine vergleichbar schwere seelische Störung"; krit. zu dem auch vom E 1962, Begr. S. 141 benutzten Begriff des „Krankheitswerts" z. B. Jescheck 397, Krümpelmann ZStW 88, 29, Lackner aaO 263, R. Schmitt ZStW 92, 349, Schreiber aaO 25, NStZ 81, 48, wobei die dort vorgebrachten Einwände sich jedoch erledigen, wenn der Begriff – was sich aus dem Urteil allerdings ergeben muß – nur in dem genannten Sinn verwendet wird; vgl. auch o. 19). Dies ist bei Psychopathien usw. nur in extremen Ausnahmefällen anzunehmen (vgl. BGH NJW 82, 2009 m. Anm. Blau JR 83, 69, 86, 141, MDR/H 79, 105, 84, 979, Hamm NJW 77, 1498, D-Tröndle 13, Lackner 2 c, bb, Rudolphi SK 14; vgl. aber auch Jakobs 436, Rasch NStZ 82, 177, Schreiber aaO 23 ff. und aus psychoanalytischer Sicht Vogt aaO 143 ff.). Zurückhaltung ist hier schon deshalb geboten, weil es für die quantitative Abgrenzung jener Abnormitäten mit ihren fließenden Übergängen zum „Normalen" keine erfahrungswissenschaftlich fundierten, allgemeinverbindlichen Kriterien gibt (Göppinger 239 u. noch weitergehend Bresser NJW 78, 1191: „freies Ermessen des Diagnostikers"; gegen diesen „diagnostischen Pessimismus" vgl. jedoch Haddenbrock NJW 79, 1238 u. zu Versuchen, mit Hilfe einer klinischen Beeinträchtigungsschwere-Skala bei Neurosen usw. zu zuverlässigeren Aussagen zu kommen Foerster NStZ 88, 444, MSchrKrim. 89, 33; vgl. ferner z. B. Albrecht GA 83, 213, Rasch NStZ 82, 177, der hier einen „strukturell-sozialen Krankheitsbegriff" vorschlägt). Praktisch dürften hier im wesentlichen nur psychoseähnliche Störungen in Betracht kommen, die im Grenzbereich zu den Psychosen oder psychotischen und hirnorganischen Persönlichkeitsveränderungen liegen (vgl. Witter, Lange-FS 733 und für den Fall einer sexuellen Perversion BGH NJW 82, 2009 m. Anm. Blau JR 83, 69 [„psychoseartiger Charakter"]). Überdurchschnittliche schulische oder berufliche Leistungen und eine beträchtliche Willensstärke sind bei einer neurotisch geprägten Persönlichkeit Indizien gegen eine schwere seelische Abartigkeit (BGH MDR/H 84, 979). Bei einer Triebstörung dürfte die Grenze dort zu ziehen sein, wo diese Suchtcharakter annimmt (vgl. BGH JR 90, 119 m. Anm. Blau, NStE § 21 **Nr. 52**, Blau JR 83, 71, Krümpelmann ZStW 88, 20, Lange LK 48, Rudolphi SK 17, Witter in: Göppinger/Witter 1078 f. im Anschluß an Giese, Die Sexualität des Menschen, [2. A. 1968], in der Sache auch BGH NJW 82, 2009 m. Anm. Blau JR 83, 69, 89, 2958 [„sich progressiv entwickelnde Triebanomalie"], Zweibrücken StV 86, 437 [betr. Exhibitionist; vgl. dazu auch § 183 RN 6]; krit. jedoch J. E. Meyer ZStW 88, 51, Schreiber aaO 27), wobei solche in den Bereich der §§ 20, 21 fallende „suchtähnliche sexuelle Triebentgleisungen" nach Witter aaO jedoch „nur äußerst selten" vorkommen. Die Unterbrechung der Sinnkontinuität einer Handlung und die Persönlichkeitsfremdheit sind bei sexuellen Perversionen dagegen keine brauchbaren Kriterien (BGH NJW 82, 2009 m. Anm. Blau JR 83, 69). Zumindest zweifelhaft ist aber auch die Unterscheidung von Triebanomalien in der „normalen Richtung", bei denen die Triebhaftigkeit unüberwindbar stark ausgeprägt sein müsse, und Perversionen, bei denen schon ein Trieb von durchschnittlicher Stärke genügen soll, wenn sie zu einer das Hemmungsvermögen betreffenden Persönlichkeitsentartung führen (so aber BGH **14** 32, **23** 190, NJW **82**, 2009 m. Anm. Blau JR 83, 71, JR **90**, 119 m. Anm. Blau, NStE § 21 **Nr. 52**; dagegen Lange LK 47, Rudolphi SK 17, Schreiber aaO 27).

24   4. Zu der in § 55 a. F. besonders genannten **Taubstummheit** vgl. o. 3. Zu dem früher umstrittenen Begriff des **„moralischen Irreseins"** (moral insanity), der inzwischen obsolet geworden sein dürfte, vgl. Lange LK 49 mwN. Die den sog. Monomanien zugerechnete **Kleptomanie** (Stehlsucht) und **Pyromanie** (Brandsucht) sind, sofern es einen eigenen Stehl- und Brandstiftungstrieb überhaupt gibt, nach heutiger Erkenntnis keine selbständigen Erscheinungsformen geistiger Störung; da sie Ausdruck sowohl echter Geisteskrankheiten oder einer seelischen Abartigkeit i. S. der 4. Alt. als auch einer strafrechtlich irrelevanten Willensschwäche sein können, sind ihre Ursachen aufzuklären (vgl. näher Lange LK 53 f. mwN und zur Pyromanie BGH NJW **69**, 563, zur Kleptomanie und zur psychiatrischen Beurteilung von Ladendiebstählen Glatzel StV 82, 40 [dazu Dencker NStZ 83, 399]). Ebenso ist bei der **Querulanz** (Querulantenwahn) zu unterscheiden: Soweit diese nicht Symptom einer Geisteskrankheit (Paranoia, Schizophrenie usw.) ist, sondern sich lediglich aus Charakter, Erlebnis und Milieu entwickelt hat (genuine Querulanz), kommt ein Schuldausschluß wegen schwerer seelischer Abartigkeit auch bei mit dem Querulieren zusammenhängenden Taten (z. B. §§ 185 ff.) nur in ganz seltenen Fällen in Betracht. Düsseldorf GA **83**, 473, Langelüddeke, Gerichtliche Psychiatrie, 3. A. 389 f.; zum Fall eines sensitiven Querulanten vgl. auch BGH NJW **66**, 1871 u. zum Ganzen Nedopil For 5, 185). Dafür, daß die anomale **Chromosomen-Konstellation XYY** („Mörderchromosom") eine Determination zum Verbrechen, insbes. zu Aggressionsdelikten, bedeutet, gibt es keine gesicherten Anhaltspunkte (BGH MDR/D **71**, 185, ferner Göppinger 175 mwN und dort auch zum Klinefelter-Syndrom [XXY-Konstellation]).

25   III. Als weitere **(„psychologische") Voraussetzung** der Schuldunfähigkeit verlangt § 20, daß der Täter **wegen** einer der genannten „biologischen" Ausnahmelagen z. Z. der Tat **unfähig** war, **das Unrecht der Tat einzusehen** oder **nach dieser Einsicht zu handeln** („intellektuelle" bzw. „voluntative" Komponente der Schuldunfähigkeit). Erforderlich ist hier demnach ein ursächlicher Zusammenhang zwischen dem „biologischen" Defekt und den „psychologischen"

Folgeerscheinungen im Hinblick auf die konkrete Tat (vgl. dazu auch BGH NStE § 21 Nr. 14). Dabei genügt es, wenn die Einsichts- *oder* die Steuerungsfähigkeit ausgeschlossen war, weshalb das Fehlen der letzteren erst zu prüfen ist, wenn der Täter das Unrecht der Tat eingesehen hat oder einsehen konnte (vgl. z. B. BGH MDR/H **87**, 93, Hamm VRS **43** 349, Rudolphi SK 21). Die Anwendung des § 20 kann daher nicht auf beide Alternativen zugleich gestützt werden (BGH **21** 27, NStZ **82**, 201, VRS **71** 21, MDR/H **87**, 93); andererseits kann die Nichtanwendung des § 20 nicht schon damit begründet werden, daß der Täter die erforderliche Einsichtsfähigkeit gehabt habe (vgl. RG **73** 122, JW **39**, 87). Weil „Einsicht und Steuerung im psychischen Vollzug komplex miteinander verwoben sind" (Schwarz/Wille NJW 71, 1664), kann der begriffliche Unterschied zwischen beiden im Einzelfall mitunter allerdings sehr theoretisch sein (vgl. Rasch in: Ponsold Lb. 62); immerhin ist damit klargestellt, daß eine seelische Abnormität auch bei vorhandenem Unrechtsbewußtsein zur Schuldunfähigkeit führen kann, was z. B. bei Alkoholrausch, Psychopathien, Neurosen und Triebstörungen in Betracht kommt.

Bei diesen „psychologischen" Merkmalen liegen die eigentlichen Probleme der Vorschrift, **26** da die Frage, ob die genannten „biologischen" Zustände den Täter unfähig machten, das Unrecht der Tat einzusehen oder nach dieser Einsicht zu handeln, empirisch nicht oder nur beschränkt beantwortet werden kann (zur Unterscheidung von wissenschaftlich nachweisbarer und nur „rechtlich zuerkannter" Schuldunfähigkeit vgl. Witter, Leferenz-FS 445 ff., MSchrKrim 83, 255 ff., zum Meinungsstand in Psychiatrie und Psychologie vgl. im übrigen die Nachw. b. Lange LK 59 f.; für eine Streichung der „psychologischen" Merkmale Streng aaO). Praktisch kann es deshalb nur um eine vergleichende Aussage darüber gehen, ob die mit den „biologischen" Merkmalen erfaßten seelischen Störungen einen solchen Erheblichkeitsgrad erreicht haben, daß von einer tiefgreifenden, über die Grenzen des Normalen hinausreichenden Veränderung des Persönlichkeitsgefüges gesprochen werden kann, durch welche die Fähigkeit zu sinnvollem Handeln völlig oder in gewissen Beziehungen zerstört ist (weshalb hier auch ein von der menschlichen Entscheidungsfreiheit ausgehender Schuldbegriff [vgl. 108 ff. vor § 13] zu keinen anderen Ergebnissen kommen kann als ein „sozialer" Schuldbegriff [vgl. 118 vor § 13], der sich mit der normalen Motivierbarkeit durch Normen begnügt; vgl. zum Ganzen und zum Streit zwischen „Agnostikern" und „Gnostikern" auch Schreiber aaO 28 f.). Je nachdem, ob sich dies mehr auf die intellektuellen Fähigkeiten oder das Hemmungsvermögen auswirkt, ist dann vom Fehlen der Einsichts- oder Steuerungsfähigkeit auszugehen (vgl. auch Jescheck 397 f. u. näher Bockelmann ZStW 75, 381, Lenckner aaO 105). Dabei ist es letztlich ein rechtlich-normatives Problem, wo die Grenzen zwischen dem „Normalen" und dem „Abnormen" verlaufen, weil im Hintergrund immer die Frage steht, welche Anforderungen zu normgemäßem Verhalten an den einzelnen legitimerweise gestellt werden dürfen und müssen (vgl. Blau MSchrKrim. 89, 72, Blei I 190, Lange LK 61, Lenckner aaO 99, Rudolphi SK 23, Schreiber aaO 29; aus psychiatrischer Sicht für eine Trennung von Wissen und Werten bei der Schuldfähigkeitsbeurteilung vgl. zuletzt Witter, Leferenz-FS 448 ff., MSchrKrim 83, 255 ff.; zur Kritik an der inhaltlich-verstehenden Methode der Tiefenpsychologie vgl. Luthe For 4, 161). Bei echten Psychosen wird man, von leichteren Formen abgesehen, im allgemeinen auch vom Fehlen der Einsichts- oder Steuerungsfähigkeit ausgehen können (vgl. Jakobs 431, Krümpelmann ZStW 88, 17, Lackner 5a, Lange LK 63 ff., M-Zipf I 483, Rudolphi SK 24); zu den Anfangsstadien und postpsychotischen Zuständen vgl. Lange LK 51 f., 65. Andererseits ist es ein wichtiges Indiz für die Schuldfähigkeit, wenn der Täter in einem sinnentsprechenden, für den normalen Menschen nachvollziehbaren Motivationszusammenhang gehandelt hat (Haddenbrock, Sarstedt-FS 42, MSchrKrim 86, 97, Lackner 5 a). Die im übrigen bestehende „breite Grauzone hoher Unbestimmtheit" (Lackner aaO 257) durch general- und spezialpräventive Erwägungen ausfüllen zu wollen (vgl. dazu Lackner aaO 261 f. mwN), erscheint wenig erfolgversprechend, da sich auch über die Grenzen legitimer Prävention allemal und besonders hier streiten läßt. Auch die fehlende Strafempfänglichkeit ist kein Kriterium, sondern allenfalls ein Indiz für das Fehlen der (vollen) Schuldfähigkeit (Schreiber aaO; and. z. B. Haddenbrock, Sarstedt-FS 38, MSchrKrim 86, 97 f.). Berechtigt ist dagegen die Forderung, daß als Fälle der Schuldunfähigkeit nur solche gelten dürfen, die – ähnlich wie die klassischen Psychosen – zu einer Fallgruppe gehören, bei der Beeinträchtigungen der Kontroll- und Steuerungsfunktion des Bewußtseins typisch sind und das methodisch einwandfrei einsichtig machen läßt (so Lackner aaO 265; ähnl. Krümpelmann GA 83, 349, Schünemann GA 86, 299; vgl. in diesem Zusammenhang auch den Vorschlag eines psychopathologischen Referenzsystems von Saß, For 6, 33). Die Erfüllbarkeit dieser Forderung ist allerdings eine andere Frage.

1. Die Unfähigkeit, das Unrecht der Tat einzusehen, ist gleichbedeutend mit einem – hier **27** auf den „biologischen" Gründen des § 20 beruhenden – unvermeidbaren Verbotsirrtum (vgl. dazu § 17), weshalb § 20 insoweit für die Exkulpation des Täters keine selbständige Bedeutung hat (vgl. o. 4). Hatte der Täter tatsächlich die Unrechtseinsicht oder konnte er sie haben, so entfällt diese Alt. des § 20 (z. B. BGH **21** 28; zu § 21 vgl. dort RN 4, 6); zu prüfen ist dann jedoch die Frage der Steuerungsfähigkeit (vgl. z. B. BGH NJW **86,** 2894: schwere reaktive Depression u. U. im Zusammenwirken mit Affekt).

28 Vorsätzliches Handeln besagt noch nichts für die Einsichtsfähigkeit des Täters (vgl. auch Schleswig DAR **73,** 20). Im späteren Erinnerungsvermögen kann in der Regel zwar ein Hinweis auf die zur Tatzeit vorhandene Einsichtsfähigkeit gesehen werden (zur Steuerungsfähigkeit vgl. dagegen u. 30), sichere Schlüsse lassen sich daraus allein aber noch nicht ziehen (vgl. RG HRR **39** Nr. 532, BGH NJW **88,** 779, StV **87,** 386, GA **55,** 271, MDR/D **72,** 752, Hülle JZ 52, 297). Ebenso sprechen ungebrochener Realitätskontakt im Vorfeld der Tat, planmäßiges und folgerichtiges Verhalten bei und nach der Tat zwar für die Einsichtsfähigkeit (vgl. z. B. BGH VRS **69** 431, 433, GA **84,** 125; zum Hemmungsvermögen vgl. dagegen u. 30); auch hier kann deren Fehlen aber nicht von vornherein ausgeschlossen werden (BGH GA **71,** 365). Umgekehrt sind Erinnerungslücken und unkontrolliertes Verhalten zwar noch kein zwingender Hinweis, wohl aber ein gewichtiges Anzeichen für das Fehlen der (vollen) Einsichts- oder Steuerungsfähigkeit (BGH MDR/D **53,** 596, **72,** 752, GA **71,** 365). Durch Altersabbau kann die Einsichtsfähigkeit beeinträchtigt sein, auch ohne daß Intelligenzausfälle oder das äußere Erscheinungsbild darauf hindeuten (BGH NStZ **83,** 34, StV **89,** 102).

29 2. Schuldunfähig ist der Täter trotz vorhandenem Einsichtsvermögen auch dann, wenn er infolge eines der genannten „biologischen" Zustände **unfähig** ist, **nach dieser Einsicht zu handeln**. Dabei geht es um die Fähigkeit, die Anreize zur Tat und die ihr entgegenstehenden Hemmungsvorstellungen gegeneinander abzuwägen und danach einen Willensentschluß zu normgemäßem Verhalten zu bilden (vgl. schon RG **57** 76, **63** 46, **67** 150). Ausgeschlossen ist diese Steuerungsfähigkeit (Hemmungsvermögen), die mit der Fähigkeit zu zweckrationalem Handeln nicht zu verwechseln ist (Stratenwerth 164), erst dann, wenn der Täter auch bei Aufbietung aller Widerstandskräfte zu einer normgemäßen Motivation nicht imstande ist (vgl. z. B. BGH **14** 32, **23** 190, Lackner 3a, Rudolphi SK 21; krit. Jakobs KrimGgwFr 15, 127). Bei besonders schweren Taten ist dabei im allgemeinen auch von einer höheren Hemmschwelle auszugehen (z. B. BGH NStZ **90,** 231 [Mord nach Sexualdelikt], D-Tröndle 6; zum Affekt vgl. o. 15, zur Trunkenheit o. 17c); bei einer Tötung kann deshalb das Hemmungsvermögen auch dann noch vorhanden sein, wenn die für die Annahme eines niedrigen Beweggrunds erforderliche psychische Fähigkeit (vgl. § 211 RN 39) bereits fehlt (BGH MDR/H **84,** 979).

30 Aus der Einsichtsfähigkeit bzw. der tatsächlichen Unrechtseinsicht kann nicht auf das Steuerungsvermögen geschlossen werden. Speziell bei Rauschzuständen ist die Steuerungsfähigkeit im allgemeinen früher ausgeschlossen als die Einsichtsfähigkeit (vgl. näher o. 16b). Der vor allem für Rauschtaten entwickelte Grundsatz, daß planmäßiges und folgerichtiges Verhalten bei und nach der Tat und die Erinnerungsfähigkeit noch keine sicheren Rückschlüsse auf das Vorhandensein der (vollen) Steuerungsfähigkeit zulassen (vgl. o. 16c), gilt auch in anderen Fällen (vgl. BGH NJW **64,** 213: durch Altersarteriosklerose bedingtes Sexualdelikt, NJW **82,** 2009 m. Anm. Blau JR 83, 69, BGHR § 21 seelische Abartigkeit 10: sexuelle Abartigkeit, NJW **86,** 2894: schwere reaktive Depression; vgl. auch BGH NStZ **84,** 259, NStE § 21 **Nr. 14**), kann aber nicht ohne weiteres verallgemeinert werden (vgl. BGH MDR/D **68,** 200: Begründung des Hemmungsvermögens mit der sorgfältigen und geschickten Tatausführung durch den an depressiven Zuständen leidenden Täter). Umgekehrt können dagegen Ausfallerscheinungen wie Erinnerungslosigkeit, Erinnerungslücken, unkontrolliertes Verhalten usw. „gewichtige Anzeichen" für das Fehlen der Einsichts- oder Steuerungsfähigkeit sein (vgl. o. 28), ebenso z. B. das „selbstzerstörerische" Auftreten eines Exhibitionisten (BGHR § 20 Steuerungsfähigkeit 1). Zur Aufhebung des Hemmungsvermögens bezüglich des Sichbetrinkens nach § 323a bei einem Alkoholsüchtigen vgl. BGH MDR/H **86,** 441.

31 3. Die Einsichts- bzw. Steuerungsunfähigkeit muß sich auf die **konkrete Tat** beziehen (vgl. dazu auch BGH NStE § 21 **Nr. 14**). Eine generelle Schuldunfähigkeit gibt es nicht, weil sowohl die Einsichtsfähigkeit (entsprechend der sog. Teilbarkeit des Unrechtsbewußtseins beim Verbotsirrtum, vgl. § 17 RN 9) als auch die Steuerungsfähigkeit bezüglich einer Tat bejaht, bezüglich einer anderen verneint werden kann (vgl. BGH **14** 116, StV **84,** 419, NStZ **90,** 231 [Sexualdelikt und nachfolgender Mord], D-Tröndle 3a, Jakobs 439, Jescheck 397, Lange LK 50, Rudolphi SK 22). Denkbar ist daher sowohl eine partielle Schuldunfähigkeit (Ausschluß der Verantwortlichkeit eines im allgemeinen Schuldfähigen für bestimmte Delikte) als auch eine partielle Schuldfähigkeit (Verantwortlichkeit eines Geisteskranken für bestimmte Taten); auch eine Entmündigung wegen Geisteskrankheit hat deshalb für § 20 keine präjudizielle Bedeutung (Frankfurt GA **63,** 54); näher dazu Lenckner aaO 107.

32 IV. Ausgeschlossen ist die Schuld nach § 20, wenn der Täter **bei Begehung der Tat** schuldunfähig war. Dabei ist maßgebend auch hier der Zeitpunkt des Handelns, nicht der des Erfolgseintritts (vgl. § 8).

33 1. Trotz Schuldunfähigkeit bei der Tatausführung kann sich eine Strafbarkeit des Täters wegen der Tat jedoch nach den Grundsätzen der **actio libera in causa** (a. l. i. c.) ergeben (h. M.; and. Horn GA 69, 288 ff. [S. 306: „überflüssig oder unzulässig"], Paeffgen ZStW 97, 516 ff.; vgl.

auch Wolter, Leferenz-FS 567: bloße Versuchsstrafbarkeit). Darunter ist das verantwortliche Ingangsetzen eines Verhaltens zu verstehen, das im Zustand der Schuldunfähigkeit zu einer Tatbestandsverwirklichung führt, wobei die „in causa" freie Handlung darin liegt, daß der – auch vermindert (Düsseldorf NJW **62**, 684, Spendel LK § 323a RN 26) – schuldfähige Täter den Zustand des § 20 selbst herbeiführt oder daß er sich sonst in eine Situation begibt, in der seine Schuldfähigkeit ausgeschlossen ist (z. B. bei Tätern, die in bestimmten Situationen infolge einer abartigen Veranlagung ihr Verhalten nicht mehr steuern können; vgl. dazu auch Krause aaO 313 f.); auch der verschuldete Affekt gehört in diesen Zusammenhang (vgl. o. 15 a). Im Unterschied zu § 323 a wird hier der Täter für die im Defektzustand begangene Tat selbst bestraft; in bezug auf sie muß daher auch im Zeitpunkt der actio praecedens Vorsatz bzw. Fahrlässigkeit gegeben sein.

Vielfach wird von einer a. l. i. c. auch gesprochen, wenn ihr Bezugsobjekt nicht die Schuldfähigkeit, **34** sondern ein *sonstiges Verbrechensmerkmal* ist (z. B. Baumann/Weber 361, M-Zipf I 486, Rudolphi SK 29a): So bezüglich der Handlungsfähigkeit (hier auch Krause aaO 315, Otto Jura 86, 434; zur sog. omissio libera in causa vgl. 144 vor § 13), der Rechtswidrigkeit (vgl. Maurach JuS 61, 375; zur sog. actio illicita in causa vgl. 23 vor § 32, § 32 RN 54 ff., § 34 RN 42) oder eines sonstigen Schuldmerkmals. Dies ist unschädlich, wenn man sich bewußt ist, daß die Sachfragen z. T. verschieden liegen (vgl. etwa zum Herbeiführen von Handlungsunfähigkeit einerseits, Schuldunfähigkeit andererseits Joerden aaO 40ff. u. zum Ganzen auch Hruschka JZ 89, 313 f., Krause Jura 80, 172 f., Neumann GA 85, 383). Dasselbe gilt für eine auf den *Schuldbereich* beschränkte Konzeption des **„Vorverschuldens"**, in die außer den a. l. i. c.-Fällen des § 20 auch der z. Zt. der Tat unvermeidbare, durch vorherige Erkundigungen jedoch vermeidbare Verbotsirrtum (§ 17) und die Verursachung einer Notstandslage i. S. des § 35 einbezogen werden (vgl. dazu zuletzt Hruschka aaO, Stratenwerth aaO 485 mwN). Zwar finden sich in allen diesen Fällen die Strukturprinzipien der a. l. i. c., wobei sich das Vorverschulden jeweils auf z. Zt. der Tat nicht mehr ausgleichbare Defizite bezieht, von denen bei § 20 die Unrechtseinsicht oder die normgemäße Verhaltenssteuerung, bei § 17 erstere und bei § 35 letztere betroffen ist (hier i. U. zu § 20 allerdings nur i. S. einer durch die Zwangslage bedingten Erschwerung normgemäßer Motivierbarkeit, vgl. 111 vor § 32, § 35 RN 19). Schon die Voraussetzungen, die das Vorverschulden erfüllen muß, um wegen vorsätzlicher Tat bestrafen zu können, sind jedoch von Fall zu Fall verschieden (vgl. aber auch Stratenwerth aaO 495 ff.): Bei § 35, wo sich diese Frage unter dem Gesichtspunkt stellt, ob dem Täter die Hinnahme der Gefahr zuzumuten ist, kann die fahrlässige Herbeiführung der Notstandslage genügen, muß dies aber nicht (vgl. § 35 RN 20); dagegen kann der Täter bei § 20 nur im Fall eines vorsätzlichen Vorverschuldens wegen vorsätzlicher Tat bestraft werden, während bei § 17 dafür wiederum Fahrlässigkeit ausreichend ist, hier allerdings nur in der besonderen Form der „Rechtsfahrlässigkeit" (vgl. u. 36). Diese ist es hier auch, die wegen der darin manifest werdenden Gleichgültigkeit oder Achtlosigkeit gegenüber dem Recht i. V. mit dem Tatvorsatz bei § 17 den strengeren Standpunkt des Gesetzes – Bestrafung aus dem Vorsatztatbestand – rechtfertigt (vgl. 121 vor § 13).

a) Umstritten sind **Konstruktion** und **rechtliche Grundlage** der a. l. i. c., wobei es um die Frage **35** einer Tatbestands- oder Schuldkonzeption und um die einer scheinbaren oder wirklichen Ausnahme von § 20 geht (vgl. dazu umfass. Hettinger aaO, ferner insbes. Behrendt aaO 64 ff., Horn GA 69, 289, Hruschka JuS 68, 554, Joerden aaO 35 ff., Kindhäuser aaO 120 ff., Küper aaO, Der „verschuldete" rechtfertigende Notstand [1983] 83 ff., Neumann aaO 24 ff., 269 ff. [mit Recht krit. dazu Hettinger JZ 85, 787], GA 85, 383, ZStW 99, 574 ff., Otto Jura 86, 426 ff., Paeffgen ZStW 97, 513, Puppe JuS 80, 346, Roxin aaO, Spendel LK § 323 a RN 27 ff., Stratenwerth aaO). Die wohl h. M. versucht hier die zeitliche Koinzidenz von Tat und Schuld dadurch herzustellen, daß sie die tatbestandsmäßige Handlung bzw. deren Beginn schon in der Herbeiführung des Defektzustands sieht (vgl. z. B. BGH **17** 335, Baumann/Weber 362, D-Tröndle 19 a, Jakobs 417, Lange LK 71 f., Puppe aaO, Roxin aaO 311 ff., Rudolphi SK 28 b, Schmidhäuser 385, I 102, z. T. auch Horn aaO, ferner i. E. Streng ZStW 101, 310 ff.; zur Kritik vgl. eingehend Hettinger aaO 193 ff., 343 ff., 385 ff., 437 ff. u. pass., Neumann aaO 25 ff.). Eine solche „Tatbestandslösung" geht aber schon deshalb nicht auf, weil sie nicht erklären kann, weshalb bei der vorsätzlichen a. l. i. c., bei der ein beendeter Versuch bereits mit dem „letzten Schluck" vorliegen soll (Roxin aaO 315, 318), auch die spätere Tatausführung selbst noch vorsätzlich erfolgen muß (vgl. Stratenwerth aaO 492 f. u. das dort genannte Beisp.). Davon abgesehen versagt sie jedenfalls bei allen Tatbeständen, die sich nicht mit einer beliebigen Erfolgsverursachung begnügen, sondern eine besondere Handlungsbeschreibung enthalten: Noch kein Beginn eines Meineids oder auch nur das unmittelbare Ansetzen dazu (§ 22) ist es, wenn sich der zum Meineid entschlossene und auf seine Vernehmung wartende Zeuge betrinkt, noch kein Führen eines Kraftfahrzeugs nach § 316, 315 c, wenn der Fahrzeugführer das gleiche tut (vgl. aber auch Schleswig NStZ/J **89**, 259), und noch kein Wegnahmeversuch ist es auch, wenn sich der Einbrecher die Zeit bis zum Erlöschen des Lichts in dem fremden Gebäude auf diese Weise verkürzt (z. B. Blei I 77, Jescheck 403, Otto aaO 428 u. bei eigenhändigen Delikten hier auch Roxin aaO 317 f., Rudolphi SK 28 b). Obwohl es darauf letztlich nicht mehr ankommt, weil die a. l. i. c. nur einheitlich erklärt werden kann, gilt aber auch für reine Erfolgsdelikte nichts anderes, weil bei diesen, was Voraussetzung wäre, die actio praecedens gleichfalls noch keinen Versuch darstellt (vgl. näher Hettinger aaO 422 ff., 440 f., 452 ff., Joerden aaO 40 ff., Küper aaO 588 ff., Neumann aaO 33 ff.; and. Roxin aaO 314 ff., Rudolphi SK 28 b, Wolter, Leferenz-

FS 554ff.). Auch der Vergleich – sofern ein solcher überhaupt möglich ist – mit der mittelbaren Täterschaft durch ein schuldlos handelndes Werkzeug führt in allen diesen Fällen zu keinem anderen Ergebnis, weil es dort erst die Kumulierung von Unwägbarkeiten ist – außer der Schuldunfähigkeit des Werkzeugs die Einschaltung eines dem weiteren Einfluß des Hintermanns entzogenen Dritten –, welche die Annahme rechtfertigen könnte, der Täter habe bereits mit der entsprechenden Einwirkung auf den Tatmittler das Geschehen aus der Hand gegeben (vgl. näher gegen einen solchen Vergleich Hettinger aaO 345ff., 407ff., 444, Küper aaO 590, Neumann aaO 34f., Otto aaO 428, Paeffgen aaO 517f., Puppe aaO 349; and. Jakobs 415, Roxin aaO 314ff.). Gegen die h. M. spricht schließlich, daß die a. l. i. c. bei § 21 (vgl. dort RN 11) nicht anders begründet werden kann als bei § 20 – besonders deutlich, wenn § 21 eine obligatorische Milderung enthielte oder als solche zu verstehen wäre –, im Fall des § 21 aber nicht zweifelhaft sein kann, daß die tatbestandsmäßige Handlung hier erst mit der defektbehafteten Tat selbst beginnt und auch die Konstruktion einer mittelbaren Täterschaft versagt (vgl. dazu aber auch Roxin aaO 322f., Rudolphi SK 29, Salger, Tröndle-FS 216). Als für beide Vorschriften gemeinsame Lösung bleibt deshalb nur die Deutung, daß der Schuldmangel bzw. die Schuldreduzierung bei der im Zustand der §§ 20, 21 begangenen Tat dadurch wieder ausgeglichen wird, daß sich der Täter *im Hinblick auf diese* schuldhaft um seine Einsichts- oder Steuerungsfähigkeit gebracht hat (vgl. mit Unterschieden im einzelnen z. B. Hruschka JuS 68, 558, JZ 89, 312, Jescheck 402f., Küper aaO 592, Neumann aaO 24ff., ZStW 99, 548ff., Otto aaO 426, Rengier KK-OWiG § 12 RN 29, Stratenwerth 166, aaO 495ff., Wessels I 116f.). Das Schuldprinzip bleibt dabei durchaus gewahrt (and. Puppe aaO 347, Roxin aaO 309f., Rudolphi SK 28b), da insoweit nichts anderes gilt als bei § 17, soweit dort bezüglich der Vermeidbarkeit des Verbotsirrtums auf ein entsprechendes Vorverschulden abgestellt werden muß (vgl. Stratenwerth aaO 491ff.). Die Frage kann daher nur sein, ob eine solche bei § 20 – i. U. zu § 17 – durch den Wortlaut wohl nicht mehr gedeckte (and. Frisch ZStW 101, 608, Küper, Notstand 86, Stratenwerth 166) und daher nur durch eine teleologische Reduktion (z. B. Hruschka aaO, Jescheck 402) zu gewinnende „Schuldlösung" als gewohnheitsrechtlich anerkanntes „Ausnahmemodell" mit Art. 103 II GG vereinbar ist. Dies aber ist, weil Art. 103 II für die Gründe, welche die Strafbarkeit beseitigen, nicht uneingeschränkt gilt (vgl. aber auch § 1 RN 14f.), bei Schuldausschließungsgründen ebenso zu bejahen wie bei Rechtfertigungsgründen (vgl. dazu 25 vor § 32, ferner Otto aaO 430 u. zu den Einschränkungen der §§ 52, 54 a. F. durch Zumutbarkeitserwägungen hier die 17. A., § 52 RN 1, § 54 RN 3, 14; and. Hettinger aaO 444ff., Paeffgen aaO 522ff., Roxin aaO 309; krit. auch Neumann aaO 41ff. u. jetzt Hruschka JZ 89, 312). Geht man diesen Weg nicht, so gibt es – entgegen der Gesetzgebungsgeschichte – auch keine strafbare a. l. i. c. (folgerichtig daher Paeffgen aaO, Hettinger aaO, GA 89, 1 ff., dieser auch bei fahrlässigen Erfolgsdelikten, wobei jedoch zweifelhaft ist, ob es hier der Figur der a. l. i. c. überhaupt bedarf [vgl. dazu z. B. Horn GA 69, 289, Otto aaO 434, Paeffgen aaO 524, Puppe aaO 350, Roxin aaO 311f.]).

36   b) Die **vorsätzliche a. l. i. c.** setzt zunächst einen „Doppelvorsatz" bei noch gegebener (auch verminderter) Schuldfähigkeit voraus, nämlich sowohl die Absicht oder das Bewußtsein, sich in den Zustand der Schuldunfähigkeit zu versetzen, als auch den Vorsatz der späteren Tatbegehung in diesem Zustand (h. M., z. B. BGH 2 17, 17 334f., 23 135, 358, NJW 77, 590, MDR/D 67, 724, Bay NJW 69, 1583, VRS 56 186, 64 189, D-Tröndle 19b, Horn GA 69, 289, Jakobs 416, Jescheck 402, Lackner 8a, Oehler JZ 70, 380f., Otto Jura 86, 431, Puppe JuS 80, 348, Roxin aaO 320f., Rudolphi SK 30, Spendel LK § 323a RN 38, Wessels I 117, ähnl. Krause aaO 312, Jura 80, 174; and. Cramer JZ 68, 273, M-Zipf I 486 [nur Vorsatz bezügl. der späteren Tat], Hruschka JuS 68, 558, SchwZStR 90, 73f. [bezügl. Herbeiführung des Defektzustandes Fahrlässigkeit genügend]). Daß auch die Herbeiführung des Defektzustandes vorsätzlich geschehen muß, ist selbstverständlich, wenn darin bereits die Tathandlung oder deren Beginn gesehen wird (vgl. o. 35, aber auch Neumann aaO 28f.). Nichts anderes gilt aber auch, wenn Tatbegehung nur die in actu unfreie Handlung ist. Hier folgt aus dem Schuldprinzip, daß eine Bestrafung wegen vorsätzlicher Tat nur gerechtfertigt ist, wenn die vorwerfbare Willensbeziehung zwischen dem Sichversetzen in den Defektzustand und der späteren Tatausführung gerade darin besteht, daß sich der Täter im Hinblick auf die konkrete Tat bewußt um seine Einsichts- oder Steuerungsfähigkeit gebracht hat: Daher keine vorsätzliche a. l. i. c., wenn dem zu einer bestimmten Tat entschlossenen Täter heimlich berauschende Mittel in ein Getränk geschüttet werden, wenn er sich nur fahrlässig betrinkt oder wenn der Täter, der den Mord für den Abend geplant hat, sein Opfer schon am Mittag trifft und im Zustand der Trunkenheit tötet. Noch weniger kann es für die Bestrafung wegen vorsätzlicher Tat genügen, daß der Täter den Defektzustand in vermeidbarer Weise herbeigeführt hat und dabei voraussehen konnte, daß er in ihm möglicherweise ein solches Delikt begehen werde (vgl. aber Stratenwerth aaO 495). Zum „vermeidbar – unvermeidbaren" Verbotsirrtum (vgl. o. 34), wo als Vorverschulden schon Fahrlässigkeit genügt, können hier keine Parallelen gezogen werden (so aber Stratenwerth aaO 491ff.): Bei § 17 muß der Täter die Umstände tatsächlich kennen – ein bloßes Kennenmüssen genügt insoweit nicht –, die für einen verantwortungsbewußten Menschen ein hinreichender Anlaß gewesen wären, sich um die Klärung der rechtlichen Qualität seines Verhaltens zu kümmern, weshalb immer ein Fall der vom Gesetz aus guten Gründen strenger behandelten „Rechtsfahrlässigkeit" (vgl. o. 34) vorliegt, wenn er dies nicht tut (vgl. auch Roxin aaO 311); demgegenüber geht es hier um die ganz andere Situation des fahrlässigen Sichbetrinkens usw. und des fahrlässigen Nicht-in-Rechnungstellens der später begangenen Vorsatztat, was als reine Tatfahrlässigkeit noch keine Vorsatzstrafe rechtfertigt. – Daraus, daß tatbestandsmäßige Handlung allein die im Defektzustand begangene Tat ist, folgt schließlich auch, daß diese die Vorsatzstrafe nur rechtfertigt, wenn sie selbst dann tatsächlich vorsätzlich begangen worden ist (vgl. dazu auch Stratenwerth aaO 492f. u. das dort genannte Beisp.; nicht folgerichtig hier daher die „Tatbestandslösung", vgl. o. 35).

Im einzelnen gilt für den **„Doppelvorsatz"** folgendes: Bezüglich des *Sichversetzens in den Defektzu-* **37** *stand* genügt der – hier in einem untechnischen Sinn verstandene (vgl. o. 36) – Vorsatz in allen seinen Formen. Nicht erforderlich ist daher, daß dies zu dem Zweck geschieht, anschließend die geplante Tat begehen zu können (z. B. der Täter trinkt sich Mut an), vielmehr genügt hier auch der bloße dolus eventualis (vgl. BGH LM **Nr. 7** zu § 51 a. F.); zum Herbeiführen des Defektzustandes durch Alkohol- oder Rauschmittelmißbrauch vgl. im übrigen § 323a RN 9f. Auch bezüglich der *Tat selbst* ist es ausreichend, wenn der Täter voraussieht oder mit bedingtem Vorsatz in Kauf nimmt, daß er sie in diesem Zustand begehen wird (BGH NJW **55**, 1037, Schleswig NStZ **86**, 511), nicht dagegen – Fall der fahrlässigen a. l. i. c. (vgl. u. 38) –, wenn er damit nur rechnen konnte (Schleswig aaO). Erforderlich ist dabei immer, daß sich der Vorsatz auf die Begehung eines bestimmten oder zumindest der Art nach bestimmten Delikts in diesem Zustand bezieht (BGH **2** 17, **17** 259, **21** 381, NJW **55**, 1037, **77**, 590, MDR/D **67**, 724); nicht ausreichend ist, daß der Täter lediglich seine Neigung zu Gewalttätigkeiten oder Ausschreitungen kennt (BGH **17** 260, Bay DAR/R **68**, 226, Koblenz OLGSt **Nr. 5**; hier kommt § 323a in Betracht). Bei einem Vorsatz, der nur auf eine bestimmte Art von Delikten gerichtet ist (z. B. Vergewaltigung einer beliebigen Frau), genügt es, daß ein Delikt dieser Art begangen wird (BGH **21** 381 m. Anm. Cramer JZ **68**, 273, Hruschka JuS **68**, 554 u. Schröder JR **68**, 305, NJW **77**, 590, Rudolphi SK 31). Begeht der Täter dagegen bei einem auf eine ganz konkrete Tat gerichteten Vorsatz eine andere Tat, so haftet er für diese nur bei einer unwesentlichen Abweichung (vgl. BGH **21** 381 m. Anm. Cramer, Hruschka u. Schröder aaO; daher nur § 323a, wenn der Täter, der eine bestimmte Frau vergewaltigen will, die Tat an einem anderen Opfer begeht). Da das Tatgeschehen an dem im defektfreien Zustand gefaßten Vorsatz zu messen ist, stellt in diesem Fall auch der error in persona bei der Tatausführung (z. B. der betrunkene Täter verwechselt die Frau, auf die er es in nüchternem Zustand abgesehen hatte, mit einer anderen) eine wesentliche Abweichung dar (vgl. Rudolphi SK 31, Otto, Jura 86, 432, Wessels I 117f.; and. BGH aaO, Blei I 193).

c) Eine **fahrlässige a. l. i. c.** – praktisch häufig bei Trunkenheitsfahrten – liegt vor, wenn der **38** Täter sich vorsätzlich oder fahrlässig (vgl. § 323a RN 10) in den Defektzustand versetzt und außerdem damit rechnen muß, daß er in diesem Zustand eine bestimmte Straftat begehen werde, ferner wenn er den Zustand des § 20 fahrlässig herbeiführt und dann eine zuvor geplante Tat begeht (vgl. z. B. RG **70** 87, BGH VRS **6** 428, **23** 213, Bay VRS **60** 369, NJW **69**, 1583, Bremen VRS **30** 354, Celle NJW **68**, 1938, Hamm NJW **83**, 2456, Karlsruhe VRS **53** 461, Koblenz VRS **75** 35, Köln NJW **67**, 306, Schleswig NStZ **86**, 511). Für die Fahrlässigkeit gilt der allgemeine Maßstab (vgl. § 15 RN 118ff., Bay VRS **60** 369, Celle VRS **40** 16). Wer auf Grund besonderer Umstände damit rechnen muß, nach erheblichem Alkoholgenuß ein Kraftfahrzeug zu führen, muß dagegen deshalb rechtzeitig Vorsorge treffen; andernfalls haftet er für die Trunkenheitsfahrt und deren Folgen, sofern der Geschehensablauf nicht außerhalb des objektiv Vorhersehbaren liegt (vgl. Hamm NJW **83**, 2456, Koblenz VRS **75** 35 mwN). Entsprechendes gilt, wenn die Möglichkeit besteht, daß das Fahrzeug einem Dritten überläßt (Hamm aaO). Dagegen genügt nicht schon das Bestehen der allgemeinen Möglichkeit, der Täter werde entgegen seiner bisherigen Absicht unter Einwirkung des Alkohols das Fahrzeug doch benutzen; erforderlich ist hier vielmehr, daß besondere Umstände – z. B. die Unsicherheit, mit einem anderen Verkehrsmittel nach Hause zu kommen – die Änderung dieses Entschlusses nahelegen (vgl. Bay VRS **36** 170, **60** 369, **61** 339). An der Fahrlässigkeit fehlt es auch, wenn der Täter hinreichende Sicherungsmaßnahmen getroffen hat, diese aber durch ein für ihn nicht erkennbares Mißverständnis Dritter fehlschlagen (Köln VRS **34** 127). Beruht die Schuldfähigkeit auf Alkoholeinwirkung und Gehirnerschütterung, so muß auch dies vorhersehbar gewesen sein (Bay NJW **68**, 2299); damit, daß die Wirkung von Alkohol durch Medikamente i. d. R. gesteigert wird, muß der Täter heute grundsätzlich rechnen (Hamburg JR **82**, 346 m. Anm. Horn; zur Pflicht, die Gebrauchsanweisung zu beachten, vgl. auch Hamm VRS **47** 257 mwN).

d) Liegt eine a. l. i. c. vor, so ist die **Feststellung,** ob der Täter z. Z. der Tatausführung **schuldunfä- 39 hig oder vermindert schuldfähig** war, **überflüssig,** wenn sowohl die Anwendung des § 20 als auch die des § 21 (vgl. dort RN 11) ausgeschlossen ist (vgl. BGH **21** 382, VRS **21** 45, 264, NJW **55**, 1037, Bay NJW **69**, 1584, VRS **64** 189, Koblenz NJW **90**, 131, Rudolphi SK 29). Voraussetzung ist lediglich die Feststellung, daß der Täter im Zeitpunkt, in dem er sich in den Zustand mangelnder Verantwortlichkeit versetzt hat, schuldfähig war; verminderte Schuldfähigkeit genügt (Düsseldorf NJW **62**, 684, Hamm VRS **47** 258).

2. Wird der Täter erst während der Tatausführung, d. h. **nach Versuchsbeginn** schuldunfä- **40** hig (z. B. bei einem Blutrausch oder Affekt; vgl. BGH **7** 329, **23** 133 m. Anm. Oehler JZ 70,

379, **23** 356, MDR/H **77**, 458), so ist er wegen vollendeter Tat jedenfalls immer dann zu bestrafen, wenn dies zwischen Versuchsbeendigung und Erfolgseintritt geschieht. Im übrigen gelten hier die Regeln über die Abweichung im Kausalverlauf (vgl. Otto Jura 86, 433, Rudolphi SK 27, ferner § 15 RN 56 mwN, aber auch Geilen JuS 72, 76, Wolter ZStW 89, 700, Leferenz-FS 566f.). Wird er dagegen bei der Vorbereitung schuldunfähig, so ist die Tat – vom Fall der a. l. i. c. abgesehen – auch dann nicht strafbar, wenn sie dem im Zustand der Schuldfähigkeit gefaßten Plan entspricht (BGH **23** 356 m. Anm. Geilen JuS 72, 73, Rudolphi SK 27, Wolter, Leferenz-FS 557; vgl. aber auch Geilen, Maurach-FS 194).

41 3. Hat der Täter die im Zustand des § 20 begonnene Tat **nach Wiedererlangen der Schuldfähigkeit** durch weitere Handlungen vollendet, so ist er – unabhängig vom Vorliegen einer a. l. i. c. – wegen dieser Tat strafbar; bei bereits beendigtem Versuch und Unterlassen der Erfolgsabwendung kommt § 13 in Betracht. Bereits verwirklichte Erschwerungsgründe oder Teilstücke eines mehraktigen Delikts (z. B. Gewaltanwendung bei § 177) können ihm jedoch nicht ohne weiteres zugerechnet werden.

42 V. Außer in den Fällen der actio libera in causa ist es grundsätzlich **ohne Bedeutung**, ob der Täter die **Schuldunfähigkeit schuldhaft herbeigeführt** hat oder nicht; es gibt keinen Grundsatz, wonach nur die „schicksalhaft" bestimmte, nicht aber die selbstverschuldete Schuldunfähigkeit die Schuld ausschließt (Cramer JZ 72, 766; and. Lange LK 29; vgl. auch o. 15). Dies gilt grundsätzlich auch für den selbstverschuldeten Rausch; § 323a ist insoweit keine Ausnahme, sondern eine Bestätigung dieses Prinzips, weil nach dieser Vorschrift nicht die Rauschtat, sondern die Herbeiführung des Rauschzustandes strafbar ist (vgl. dort RN 1ff.).

43 VI. Sind die Voraussetzungen des § 20 erfüllt, so kann der Täter **mangels Schuld nicht bestraft** werden; zu den hier in Betracht kommenden Maßregeln der Besserung und Sicherung vgl. §§ 63, 64, 69, 70. Dasselbe gilt nach dem Grundsatz **„in dubio pro reo"**, sofern die Zweifel die tatsächlichen Grundlagen des § 20, d. h. Art und Grad des Defektzustands betreffen (vgl. BGH MDR/H **83**, 619). Nicht anwendbar ist die „in dubio"-Regel bei dem rechtlich-normativen Element der Schuldfähigkeitsbeurteilung (vgl. o. 26). Nach ihr darf daher nicht schon deshalb verfahren werden, weil, ausgehend von einer agnostischen Grundposition, die Beseitigung der Steuerungsfähigkeit im Einzelfall nicht ausgeschlossen werden kann oder weil wissenschaftlich gesicherte Aussagen über die Beeinträchtigung der Kontrollfunktion des Bewußtseins über die Handlungsantriebe bei bestimmten Befunden derzeit nicht möglich sind. Vgl. näher zum Ganzen Lackner aaO 265, Schünemann GA 86, 298; zur Berechnung des Blutalkoholwerts unter Berücksichtigung des „in dubio"-Satzes vgl. o. 16e, zu seiner Bedeutung bei § 63 vgl. dort RN 10.

44 VII. Für das **Verhältnis des § 20 zu § 3 JGG** gilt folgendes: Liegt ein vom Reifungsprozeß unabhängiger psychopathologischer Zustand i. S. des § 20 vor (z. B. angeborener Schwachsinn), so geht § 20 dem § 3 JGG vor (wichtig für § 63). Beruht dagegen die Einsichts- bzw. Steuerungsunfähigkeit auf einer Entwicklungsstörung, die zwar pathologische Ursachen hat, die aber mit zunehmendem Alter einen Ausgleich erwarten läßt, so ist die Schuldfähigkeit sowohl nach § 20 als auch nach § 3 JGG ausgeschlossen; hier kommen daher je nach den Umständen Maßnahmen nach § 3 S. 2 JGG oder eine Unterbringung nach § 63 in Betracht (bestr., vgl. Eisenberg § 3 RN 35ff. mwN). Bestehen Zweifel, ob die Schuldunfähigkeit des Jugendlichen nur entwicklungsbedingt ist oder ob sie auf einem vom Reifungsvorgang unabhängigen pathologischen Zustand beruht, so ist nur § 3 JGG anzuwenden. Näher dazu H. Kaufmann/Pirsch JZ 69, 358, Lenckner aaO 252ff., Ostendorf JZ 86, 665f., Peters in: Forens. Psychologie, Bd 11 (1967) 279ff., Schaffstein ZStW 77, 191, Schaffstein/Beulke, Jugendstrafrecht, 9. A., 44f., Schreiber aaO 38ff.

45 VIII. **Prozessuale Hinweise:** Bestehen Anhaltspunkte dafür, daß der Täter nicht (voll) schuldfähig war – z. B. Hirnschädigung (BGH MDR/H **85**, 981, **86**, 441, **90**, 95, NStZ/M **84**, 494, StV **86**, 285, BGHR § 21 Sachverständiger 1, 2, 4), plötzliches Straffälligwerden in vorgerücktem Alter (BGH NJW **64**, 2213, NStZ **83**, 34, Köln MDR **75**, 858), Anzeichen für Triebanomalie (BGH NJW **89**, 2958, StV **84**, 507), Analphabetentum i. V. mit Indizien für Oligophrenie oder einem für Oligophrene typischen Sexualdelikt (Köln VRS **67** 21, MDR **80**, 245), Drogenabhängigkeit (Celle NdsRpfl. **87**, 107), Trunkenheit (Koblenz VRS **74**, 29, 273, **75** 40, **79** 13) –, so hat das Gericht die §§ 20, 21 von Amts wegen zu prüfen und in der Regel – d. h. bei Fehlen eigener Sachkunde, wobei diese im Urteil darzulegen ist (vgl. BGH **12** 18, Düsseldorf VRS **63** 345, Koblenz VRS **67** 116) – einen **Sachverständigen** zuzuziehen; zur umfangreichen Kasuistik vgl. D-Tröndle 18, KK-Herdegen § 244 RN 28 mwN u. speziell bei Affekten Salger, Tröndle-FS 202, 210f. mit Hinweis auf § 78 StPO und die Notwendigkeit eines die gesetzlichen Voraussetzungen klärenden „Verständigungsgesprächs mit dem Sachverständigen schon im Zusammenhang mit seiner Bestellung"; zur Abgrenzung von Beweis- und Beweisermittlungsantrag im Zusammenhang mit § 20 vgl. BGH GA **81**, 228. Zuständig für die Begutachtung sind Psychiater oder Neurologen, bei nicht krankhaften Zuständen auch Psychologen, wobei es hier dem pflichtgemäßen Ermessen des Gerichts überlassen bleibt, ob es einen Psychiater oder Psychologen zuzieht (BGH NJW **59**, 2315, NStZ **88**, 86 m. Anm. Meyer [zugleich zum „weiteren" Sachverständigen i. S. des § 244 II 2, wenn dieser Angehöriger der anderen Fachrichtung ist], MDR/H **84**, 982, KK-Pelchen § 73 RN 5 mwN und speziell zur Begutachtung von Sexualdelinquenten BGH **23** 188, Täschner MSchKrim 80, 108; zur Kompetenzfrage vgl. auch Bauer/Thoss

Verminderte Schuldfähigkeit 1 § 21

NJW 83, 305, Maisch/Schorsch StV 83, 32, Rauch, Leferenz-FS 379, NStZ 84, 497, Wolff NStZ 83, 537). Die rechtliche Würdigung des mit Hilfe des Sachverständigen ermittelten Tatsachenmaterials fällt als Rechtsfrage ausschließlich in den Aufgabenbereich des Richters (vgl. z. B. BGH 2 14, 7 238, 8 113). Auch für die der Rechtsanwendung vorausgehenden tatsächlichen Feststellungen trägt der Richter die Verantwortung, weshalb er das Gutachten nicht einfach hinnehmen darf, sondern auf seine Überzeugungskraft zu prüfen hat (vgl. z. B. BGH 7 239, 8 118, GA 62, 185); will er andererseits von einem Sachverständigen abweichen, so muß dies im Urteil näher begründet werden (BGH GA 77, 275, NStZ 84, 259; vgl. auch MDR/H 78, 459, 80, 104). Auch wenn er sich dem Gutachten anschließt, hat er jedoch die wesentlichen Anknüpfungstatsachen und die daraus vom Sachverständigen gezogenen Schlußfolgerungen auf eine für das Revisionsgericht nachprüfbare Weise darzulegen (st. Rspr., z. B. BGH 12 311, 34 31, StV 87, 434). Bei der Frage einer alkoholbedingten Schuldunfähigkeit müssen im Urteil die Berechnungsgrundlagen – insbes. Alkoholmenge, Körpergröße und -gewicht, Alkoholabbau, Resorptionsdefizit – wiedergegeben werden (vgl. z. B. BGH NJW 89, 1043, NStZ/D 90, 484), wobei jedoch die Angabe des Mittelwerts – also ohne Zahl, Art und Ergebnisse der Einzelanalysen – genügt (BGH 28 235); steht eine Blutprobe nicht zur Verfügung, so muß das Urteil grundsätzlich Angaben dazu enthalten, von welchen Trinkmengen das Gericht ausgegangen und welche BAK unter Berücksichtigung des Zweifelssatzes anzunehmen ist (z. B. BGH NStZ 84, 506, StV 89, 387 mwN; vgl. aber auch BGH NJW 86, 1557, NStZ 88, 450, NStE Nr. 9, 31, StV 89, 12 m. Anm. Weider: kein allgemeiner Rechtsgrundsatz). Zur Aufgabenverteilung zwischen Richter und Sachverständigen vgl. näher Bokkelmann GA 55, 321, Foerster NJW 83, 2049, Haddenbrock ZStW 75, 460, NJW 79, 1235, MSchrKrim 86, 96, Lange LK 107 ff., Lenckner aaO 142 ff., Sarstedt NJW 68, 177, Schewe aaO 688, Schreiber aaO 40 ff., Wassermann-FS 1007 ff., Nervenarzt 48, 245 f., Venzlaff aaO (1983), Witter in: Göppinger/Witter 960 ff., 1023 f., Witter (Hrsg.), Der psychiatrische Sachverständige im Strafrecht; zu den interdisziplinären Kooperationsproblemen vgl. Streng aaO u. zur Beurteilung und zu den Fehlerquellen von Gutachten Gschwind u. a. aaO, Heinz aaO, Maisch StV 85, 717, Mende/Bürke For 7, 143, Rasch MSchrKrim 82, 257, Venzlaff NStZ 83, 199, Witter MSchrKrim 83, 253.

§ 21 Verminderte Schuldfähigkeit

Ist die Fähigkeit des Täters, das Unrecht der Tat einzusehen oder nach dieser Einsicht zu handeln, aus einem der in § 20 bezeichneten Gründe bei Begehung der Tat erheblich vermindert, so kann die Strafe nach § 49 Abs. 1 gemildert werden.

Schrifttum: Vgl. zunächst die Angaben zu § 20. Speziell zur verminderten Schuldfähigkeit: *Göppinger*, Kriminologische Aspekte zur sog. verminderten Schuldfähigkeit (§ 21 StGB), Leferenz-FS 411. – *Gschwind*, Die Verminderung der Zurechnungsfähigkeit in ihrer Bedeutung für den Betroffenen, ZStW 88, 68. – *Krauß*, Schuldzurechnung u. Schuldzumessung als Problem des Sachverständigenbeweises, in: Kriminologie und Strafverfahren, Bericht über die XVIII. Tagung der Gesellschaft für die gesamte Kriminologie v. 9.–12. Okt. 1975 in Freiburg, 88. – *Landgraf*, Die „verschuldete" verminderte Schuldfähigkeit usw., 1988. – *Lenckner*, Strafe, Schuld und Schuldfähigkeit, in: Göppinger-Witter, Handb. d. forens. Psychiatrie (1972) 121. – *Mergen*, Zum Begriff der verminderten Zurechnungsfähigkeit i. S. des § 51 Abs. 2 StGB, GA 55, 193. – G. *Meyer*, Die Beurteilung der Schuldfähigkeit bei Abhängigkeit vom Glücksspiel, MSchrKrim. 88, 213. – *Rautenberg*, Verminderte Schuldfähigkeit. Ein besonderer, fakultativer Strafmilderungsgrund?, 1984. – *Salger*, Die Bedeutung des Tatzeit-Blutalkoholwerts für die Beurteilung der erheblich verminderten Schuldfähigkeit, Pfeiffer-FS 379. – *ders.*, Zur forensischen Beurteilung der Affekttat im Hinblick auf eine erheblich verminderte Schuldfähigkeit, Tröndle-FS 201. – *Schreiber*, Die verminderte Schuldfähigkeit, in: Venzlaff, Psychiatrische Begutachtung (1986) 32 ff. – *Schweling*, Die Strafmilderungsgründe bei verminderter Zurechnungsfähigkeit, MDR 71, 971. – *Spendel*, § 51 Abs. 2 StGB und das Problem der Strafzumessung, NJW 56, 775. – *Terhorst*, Zur Strafbemessung bei verminderter Schuldfähigkeit infolge Drogensucht, MDR 82, 368. – *Zipf*, Verminderte Zurechnungs- oder Schuldfähigkeit – Vergleich der österreichischen und der deutschen Regelung, KrimGgwFr 15, 157. – Zum älteren Schrifttum vgl. zusätzlich die 23. A.

I. Die Vorschrift, die § 51 II a. F. entspricht (vgl. auch § 20 RN 2), behandelt die **verminderte** 1 **Schuldfähigkeit** (früher: „verminderte Zurechnungsfähigkeit"). Diese ist keine selbständige dritte Kategorie i. S. einer Zwischenform von Schuldfähigkeit und Schuldunfähigkeit („Halbzurechnungsfähigkeit"), sondern lediglich ein besonderer Schuldminderungsgrund (krit. zur Terminologie daher Blau JR 87, 206). Auch der verminderte Schuldfähige ist schuldfähig im vollen Sinn des Wortes, denn er hätte das Unrecht seiner Tat erkennen und sich dadurch entsprechend motivieren lassen können. Da jedoch die zur Schuldunfähigkeit führenden „biologischen" Ausnahmelagen des § 20 alle auch in abgeschwächter Form auftreten können, trägt § 21 mit der Möglichkeit der Strafmilderung dem Umstand Rechnung, daß es unter diesen Voraussetzungen auch dem schuldfähigen Täter erheblich schwerer haben kann, sich normgemäß zu verhalten (vgl. z. B. Hamm NJW 77, 1498, Bresser NJW 78, 1189, Jescheck 399, Lange LK 376, Lenckner aaO 122, M-Zipf I 490, Schreiber aaO 33 f.). Zum Ansteigen der Anwendungshäufigkeit des § 21 und seinen Gründen vgl. einerseits Göppinger aaO, andererseits Rasch-Volbert MSchrKrim 85, 139 ff.; krit. zu § 21 und für dessen Ersetzung durch Milderungsvorschrift entsprechend § 34 öst. StGB vgl. Göppinger aaO).

§ 21 2–6   Allg. Teil. Die Tat – Grundlagen der Strafbarkeit

2   **II.** Entsprechend § 20 folgt das Gesetz auch in § 21 der „**biologisch-psychologischen**" Methode (vgl. § 20 RN 1), d. h. es verbindet bestimmte, „biologische" Faktoren mit dem weiteren („psychologischen") Merkmal, daß ihretwegen die Einsichts- oder Steuerungsfähigkeit bei Begehung der Tat vermindert gewesen sein muß (krit. dazu Krauß aaO 93 f.). Zum Verhältnis der 1. Alt. (verminderte Einsichtsfähigkeit) zu § 17 vgl. u. 6 f.

3   **1.** Die „**biologischen**" **Merkmale** des § 21 entsprechen denen des § 20 („Einheitslösung"; zu der zunächst vorgesehenen „differenzierenden" Lösung vgl. § 20 RN 22); vgl. daher im einzelnen dort RN 5 ff. Sie weisen jedoch hier einen geringeren Schweregrad auf (vgl. auch u. 9 f.), wobei die Frage, ob eine Bewußtseinsstörung „tiefgreifend" oder eine seelische Abartigkeit „schwer" i. S. des § 21 ist, auch hier nur durch einen Vorgriff auf die „psychologischen" Merkmale des § 21 beantwortet werden kann (vgl. auch Salger aaO 214, wonach die Bejahung einer tiefgreifenden Bewußtseinsstörung bei Affekten und die Konsequenz einer zumindest verminderten Schuldfähigkeit faktisch zusammenfallen). Wegen der dort bestehenden fließenden Übergänge (vgl. u. 5) wächst hier dann freilich auch die Gefahr einer vom Gesetz nicht gewollten Ausuferung (vgl. dazu Göppinger aaO 418 f.).

4   **2.** Während Schuldunfähigkeit vorliegt, wenn das Einsichts- oder Steuerungsvermögen völlig beseitigt ist, genügt hier als „**psychologisches**" **Merkmal** schon eine *erhebliche Verminderung* der Einsichts- *oder* Steuerungsfähigkeit (zur Gleichwertigkeit beider Beeinträchtigungen vgl. u. 14). Im einzelnen bedeutet dies: 1. Ebenso wie § 20 setzt auch § 21 voraus, daß der Täter auf Grund eines der „biologischen" Merkmale entweder das Unrecht der Tat nicht erkannt oder – bei vorhandener Unrechtseinsicht – dem Anreiz zur Tat nicht widerstanden hat; entgegen der mißverständlichen Gesetzesformulierung liegt daher die 1. Alt. nicht vor, wenn der Täter trotz an sich erheblich verminderter Urteilsfähigkeit im konkreten Fall die Unrechtseinsicht tatsächlich hatte (z. B. BGH **21** 27 m. Anm. Schröder JZ 66, 451 u. Dreher JR 66, 350, **34** 25, NJW **86**, 2894, NStZ **82**, 200, **85**, 309, **88**, 24, **89**, 18, 430, **90**, 333, VRS **71** 21, NStE **Nr. 18, 21**, BGHR § 21 Einsichtsfähigkeit 2, Jescheck 399 f., Lackner 1, Lange LK 78, Rudolphi SK 4, Schreiber aaO 34); ebenso scheidet die 2. Alt. aus, wenn sein Hemmungsvermögen trotz an sich verminderter Steuerungsfähigkeit in bezug auf die konkrete Handlung nicht beeinträchtigt war (Hamm NJW **77**, 1498). – 2. Im Unterschied zu § 20 muß der vermindert schuldfähige Täter jedoch trotz Vorliegens eines der „biologischen" Merkmale imstande gewesen sein, das Unrecht der Tat einzusehen und nach dieser Einsicht zu handeln (vgl. BGH NStZ **90**, 333 mwN [„Vorwerfbarkeit" des Fehlens der Unrechtseinsicht usw.]). – 3. Anders als beim voll Schuldfähigen ist diese Fähigkeit des vermindert schuldfähigen Täters jedoch „erheblich" reduziert, d. h. es muß ihm gerade wegen seines „biologischen" Zustands erheblich schwerer gefallen sein, zur richtigen Einsicht bzw. Steuerung seines Verhaltens zu gelangen.

5   Ebenso wie bei § 20 (vgl. dort RN 26) liegen auch bei § 21 die eigentlichen Schwierigkeiten bei den psychologischen Merkmalen; sie sind hier sogar noch größer als dort, weil für § 21 auf der Skala verschiedener Störungsgrade der nicht exakt bestimmbare Wert einer „erheblichen" Störung ermittelt werden muß, die einerseits noch nicht den Erheblichkeitsgrad des § 20 erreichen darf, andererseits aber auch nicht mehr in den Spielraum fällt, der noch durch die volle Schuldfähigkeit abgedeckt ist. Wohl sind abstrakte Umschreibungen möglich, etwa in dem Sinn, daß § 21 eine „Erschütterung des Persönlichkeitsgefüges" voraussetzt (im Unterschied zu § 20, wo dieses „weitgehend zerstört" sein muß, vgl. Hamm NJW **77**, 1498, Schwalm Prot. IV, 638) oder daß die Abweichung vom normalen seelischen Geschehen erst dann „erheblich" ist, wenn der Abstand so groß ist, daß er sich der Grenzmarke annähert, bei welcher der Bereich des schlechthin Andersartigen i. S. der Schuldunfähigkeit beginnt. Auch kann bei der Abgrenzung gegenüber § 20 die noch vorhandene Strafempfänglichkeit praktisch eine gewisse indizielle Bedeutung haben (zu weitgehend Krauß aaO 97, Witter, Lange-FS 730, die nur hierauf abstellen). All dies ändert jedoch nichts daran, daß es sich hier letztlich um eine Frage normativer Art handelt (vgl. Lenckner aaO 122 ff., Rudolphi SK 3, Schreiber aaO 34, Stratenwerth 165).

6   **3.** Da eine **Verminderung der Einsichtsfähigkeit** nur in Betracht kommt, wenn sie tatsächlich das Fehlen der Unrechtseinsicht bewirkt hat (vgl. o. 4), ist insoweit auch § 21 – zu § 20 vgl. dort RN 4 – nur noch ein **Anwendungsfall des § 17** (vgl. BGH MDR **68**, 854, GA **68**, 279, MDR/H **78**, 984, NStZ **85**, 309, **89**, 430, VRS **71** 21, D-Tröndle 3; and. Rudolphi SK 4; zur selbständigen Bedeutung für Maßregeln vgl. jedoch u. 24). Dabei ist der Verbotsirrtum, soweit er ausschließlich oder ausschließlich auf den in § 21 genannten und – i. U. zu § 20 – nur zu einer Verminderung der Einsichtsfähigkeit führenden Gründen beruht, immer vermeidbar. Seine Unvermeidbarkeit kann sich hier nur bei Hinzukommen weiterer Umstände ergeben (so wohl auch BGH GA **68**, 279, **69**, 279), wobei hier dann § 20 oder § 17 anzuwenden ist, je nachdem, ob diese durch seinen Defektzustand bedingt oder von diesem unabhängig sind (vgl. auch BGH NStZ **85**, 309, VRS **71** 21).

Verminderte Schuldfähigkeit 7–10 § 21

Allerdings ergibt sich zwischen den §§ 17 und 21 insofern eine Friktion, als der auf einem „biologi- 7
schen" Merkmal beruhende Verbotsirrtum nach § 21 eine Strafmilderung nur zuläßt, wenn die
Verminderung der Einsichtsfähigkeit „erheblich" war, während es nach § 17 auf den Grad der Minderung nicht ankommt. Da diese Divergenz auch dem Gesetzgeber bekannt war (vgl. Prot. V,
1790 ff.), könnte dies zunächst dafür sprechen, daß § 21 eine abschließende Sonderregelung für alle
„biologisch" bedingten Verbotsirrtümer darstellt. Doch wäre die damit gewonnene Harmonisierung
zwischen den §§ 17 und 21 nur eine scheinbare, weil dann der Verbotsirrtum, der auf einem den
Erheblichkeitsgrad des § 21 nicht erreichenden seelischen Defekt beruht, strenger zu behandeln wäre
als der „normalpsychologische" Verbotsirrtum eines geistig völlig Gesunden. Deshalb bleibt nur der
Weg, dem täterfreundlicheren § 17 den Vorrang einzuräumen, obwohl dies auf eine Korrektur des
§ 21 hinausläuft (vgl. z. B. Dreher GA 57, 99, Jescheck 399 FN 50, Lenckner aaO 127, M-Zipf I 492,
Schreiber aaO 35, Schröder GA 57, 304, Stree JuS 73, 466; and. Jakobs 441, Lange LK 79 f.). Völlig
widerspruchsfrei wäre das Verhältnis zu § 17 nur dann, wenn § 21 – entgegen seinem Wortlaut – als
obligatorischer Strafmilderungsgrund anzusehen wäre (vgl. dazu u. 14 ff.): Der durch eine seelische
Störung bedingte Verbotsirrtum müßte dann bei „erheblicher" Verminderung der Einsichtsfähigkeit
nach § 21 immer zu einer Strafmilderung führen müssen, während bei einem Verbotsirrtum, der
zwar auf einer „biologischen" Ursache beruht, aber nicht mit einer „erheblichen" Verminderung der
Einsichtsfähigkeit verbunden ist, die Strafe ebenso wie bei einem „normalpsychologischen" Verbotsirrtum nach § 17 lediglich gemildert werden könnte.

4. Im übrigen gilt das **zu § 20 Gesagte sinngemäß** auch für § 21. Auch hier gibt es deshalb 8
z. B. keine generelle Verminderung der Schuldfähigkeit (vgl. § 20 RN 31), und auch für § 21
gilt, daß die 2. Alt. erst in Betracht kommen kann, wenn eine Verminderung der Einsichtsfähigkeit zuvor verneint worden ist, weshalb die Anwendung des § 21 nicht auf beide Alternativen zugleich gestützt werden kann (z. B. BGH GA **69**, 279, MDR/H **78**, 984, NStZ **82**, 201,
VRS **71** 21, Hamm VRS **43** 349 [unzutr. jedoch der Leitsatz auf S. 347]; vgl. § 20 RN 25).

5. Anwendungsfälle des § 21 sind vor allem geringere Grade von **Trunkenheit** (vgl. dazu § 20 RN 9
16 ff., ferner Salger, Pfeiffer-FS 379) u. a. Rauschzuständen (zur Bedeutung von Psychopharmaka
vgl. Salger DAR **86**, 383). Praktische Bedeutung hat § 21 ferner bei leichteren Formen einer **Psychose**
(z. B. leichtere schizophrene Defekte, beginnende arteriosklerotische oder senile Demenz, vgl. BGH
NStZ **83**, 34) oder von **Schwachsinn** (vgl. BGH NStE **Nr. 18** [zusammen mit Alkohol], BGHR § 21
Ursachen, mehrere 5 [zusammen mit Tablettenabhängigkeit u. neurotisch-depressiver Störung]). Bei
Affekten (vgl. § 20 RN 15) kommt, von Ausnahmen abgesehen, i. d. R. nicht § 20, sondern allenfalls
§ 21 in Betracht (vgl. BGH StV **82**, 113, **83**, 278, **84**, 240, 241, **85**, 233, **86**, 101, VRS **71** 21, MDR/H
83, 619, BGHR § 21 Strafzumessung 11, Blau, Tröndle-FS 109, Salger ebd. 201). Das gleiche gilt bei
Drogenabhängigkeit (vgl. § 20 RN 11, 17, NStZ/D **90**, 484). Diese begründet als solche noch keine
erhebliche Verminderung der Schuldfähigkeit, doch kann eine solche bei einem akuten Rauschzustand anzunehmen sein (vgl. dazu BGH NStZ **89**, 17, NStZ/D **90**, 484), ferner wenn eine langjährige
„Drogenkarriere" zu schweren Persönlichkeitsveränderungen geführt hat oder der Täter unter starken Entzugserscheinungen leidet und dadurch zu Beschaffungsstraftaten getrieben wird (vgl. BGH
NJW **81**, 1221, **88**, 502, StV **88**, 198 m. Anm. Kamischke u. Blau JR 87, 206, StV **89**, 103, NStZ **89**,
17, NStZ/D **90**, 484, BGHR § 21 BtM-Auswirkungen 6, MDR/H **77**, 106, **78**, 109, **80**, 104, MDR/S
81, 883, NStZ/S **82**, 64, **83**, 16, Celle NStE § 20 **Nr. 4**, Köln NJW **76**, 1801, NStZ **81**, 437, **82**, 250,
OLGSt. **Nr. 3**). Dabei muß es sich nicht stets um akute körperliche Entzugserscheinungen handeln,
maßgebend kann vielmehr die konkreten Erscheinungs- und Verlaufsformen der Sucht, was bei einem
Heroinabhängigen, der bereits „grausamste Entzugserscheinungen" erlitten hat, zur Anwendung des
§ 21 auch führen kann, wenn ihn die Angst vor solchen unter ständigen Druck setzt und zu Beschaffungsstraftaten treibt (BGH NJW **89**, 2337, NStZ **90**, 484). Dagegen bleibt einem stark psychisch
Abhängigen, der nicht unter körperlichen Entzugserscheinungen steht, der Anwendungsbereich des
§ 21 zwar nicht stets verschlossen (BGH NJW **88**, 502); eine psychische Abhängigkeit aufgrund der
erwünschten subjektiven Wirkungen, wie sie bei Cannabis-Produkten (z. B. Haschisch) aufzutreten
pflegt, genügt dafür ohne Hinzukommen weiterer Umstände (vgl. BGH NStE **Nr. 33**: Kumulierung
mit Zuckererkrankung) aber nicht (BGH StV **88**, 198 m. Anm. Kamischke u. Blau aaO; zur Verwendung von Medinox nach früherem Heroinmißbrauch als Suchtersatz mit möglicher „Wirkungsumkehr" vgl. BGH StV **89**, 103, zur Kokainabhängigkeit LG Münster StV **84**, 426). Zur Bedeutung von
Psychopharmaka vgl. Salger DAR **86**, 383.

Besonders schwierig ist auch hier das Problem der nicht krankhaften **Triebstörungen, Psychopa-** 10
thien und **Neurosen** (vgl. § 20 RN 20 ff., BGH **28** 357 [Exhibitionismus], NJW **82**, 2009 m. Anm.
Blau JR **83**, 69 [sexuelle Perversion], **84**, 1631 [Neurose], **86**, 141 [sexuelle Triebhaftigkeit], **86**, 2893
[schwere reaktive Depression „mit Krankheitswert"], NJW **89**, 2958 [neurotisch geprägte Sexualanomalie], StV **87**, 421, **89**, 104 [Neurotiker mit Aggressionsstau gegenüber Frauen], NStZ **89**, 176
[neurotisch tiefgreifend gestörte und deformierte neurotische Persönlichkeit; „Katzenkönig-Fall"], MDR/H **87**,
977 [hysterische soziopathische Persönlichkeit], **89**, 1049 [Borderline-Syndrom], NStE **Nr. 29** [„Frustrationstoleranz", Aggressivität u. a. Persönlichkeitsstörungen], BGHR § 21 seelische Abartigkeit 10
[Triebanomalie], Düsseldorf GA **83**, 473 [Querulanz; vgl. § 20 RN 24], Hamm NJW **77**, 1498
[selbstunsicherer, neurotischer Psychopath]; zu § 51 II a. F. vgl. auch BGH NJW **58**, 2123, **66**, 1871,

MDR/D **53**, 146). Daß diese in extremen Grenzfällen von § 20 erfaßt werden sollten, bedeutet nicht, daß im Regelfall § 21 anwendbar wäre. Der E 62 ging hier davon aus, daß solche „Abartigkeiten, die insbesondere bei der Mehrzahl aller Hangtäter und Sittlichkeitsverbrecher vorliegen, in der Regel von dem Betroffenen in dem Umfang, als die Rechtsordnung eine soziale Anpassung verlangen muß, beherrscht werden können" (Begr. 141). Nur Ausnahmefälle sollten zur verminderten Schuldfähigkeit führen können, „wenn durch die seelische Abartigkeit der Kern der Persönlichkeit so wesentlich beeinträchtigt ist, daß ihr Krankheitswert zukommt". Daran hat sich auch durch die Aufnahme der „schweren anderen seelischen Abartigkeiten" in § 20 nichts geändert, weshalb z. B. ein aus Bindungs- und Haltungsschwäche abgeleiteter Hang zu Eigentumsdelikten auch in Verbindung mit einer Unempfindlichkeit gegen Freiheitsstrafen nicht genügen dürfte (zu weitgehend Frankfurt GA **71**, 316 zu § 51 II a. F.; Bedenken auch bei D-Tröndle 4). Aber auch sonst ist zu beachten, daß der Gesetzgeber § 21 nicht zur „kleinen Münze" machen wollte. Abzulehnen sind deshalb z. B. Versuche, auch gruppendynamische Einflüsse bei der Tatbeteiligung mehrerer als tiefgreifende Bewußtseinsstörung dem § 21 zu unterstellen (vgl. Schumacher NJW **80**, 1880, womit die §§ 25 ff. aus den Angeln gehoben werden, besonders wenn sich dies eher für den in einer Führerrolle Beteiligten als für den bloßen Mitläufer auswirken soll, weil ersterer „im emotionalen Brennpunkt einer Gruppe steht"; zur Kritik vgl. auch Jäger, Individuelle Zurechnung individuellen Verhaltens [1985] 43, 47, Jakobs KrimGgwFr 15, 136, Schreiber aaO 35). Auch stoffungebundene, nur psychische Abhängigkeiten können allenfalls in Extremfällen die Anwendung des § 21 rechtfertigen. Dies gilt insbes. auch für die Beschaffungskriminalität bei exzessivem („pathologischem") Glückspiel *(„Spielsucht"),* wo § 21 nur bei psychischen Veränderungen der Persönlichkeit in Betracht kommt, die, wenn sie pathologisch bedingt sind, i. S. der 4. Alt. in ihrem Schweregrad den krankhaften seelischen Störungen entsprechen (so BGH JR **89**, 379 m. Anm. Kröber [unter Hinweis auf die Drogenabhängigkeit], ferner Kröber For. 8, 113; weitergehend Meyer MSchrKrim. 88, 213, 89, 295 u. krit. dazu Hübner MSchrKrim. 89, 236, Kröber aaO). Zur Möglichkeit, Charakterschwächen, welche die Voraussetzungen der §§ 20, 21 nicht erfüllen, strafmildernd zu berücksichtigen, vgl. BGH StV **86**, 198.

11   III. Die Vorschrift ist nur anwendbar, wenn ihre Voraussetzungen **im Zeitpunkt der Tatbegehung** (vgl. § 8) erfüllt sind. Auch hier gelten jedoch die Grundsätze der *actio libera in causa* (vgl. § 20 RN 33 ff.): Liegt eine solche vor, so handelt der Täter ebenso wie in den Fällen des § 20 (vgl. dort RN 35) voll schuldhaft (vgl. auch BGH **21** 381, VRS **71** 359, BGHR § 21 Strafrahmenverschiebung 1); damit ist § 21 von vornherein nicht anwendbar, womit auch die Frage einer Strafmilderung gar nicht erst entsteht (ebenso Hamm DAR **72**, 133; and. Frisch ZStW 101, 605, Krümpelmann ZStW 88, 39, Roxin, Lackner-FS 322, Rudolphi SK 4a, Salger, Tröndle-FS 216: Frage der „Kann"-Milderung; gegen die Verwendung des a. l. i. c.-Modells auch Landgraf aaO 29 ff., 132). Trotz verminderter Schuldfähigkeit bei Begehung der Tat kommt daher eine Strafmilderung nach § 21 nicht in Betracht: 1. bei Begehung von Vorsatztaten im Zustand des § 21, wenn der Täter diesen vorsätzlich herbeigeführt hat in der Absicht oder dem Bewußtsein der späteren Tatbegehung (vgl. BGH **34** 33, MDR/D **67**, 725, Hamm DAR **72**, 133, Schröder GA 57, 302); 2. bei Fahrlässigkeitstaten im Zustand des § 21, wenn der Täter diesen vorsätzlich oder fahrlässig herbeigeführt und dabei fahrlässig die spätere Tatbegehung nicht bedacht hat (vgl. BGH VRS **21** 263, Bay NJW **68**, 2299, Hamm NJW **56**, 274, **74**, 614, Schröder GA 57, 303). Hat er dagegen bei Herbeiführung des Zustandes des § 21 fahrlässig nicht bedacht, daß er später eine Vorsatztat begehen wird, so ist die Anwendung des § 21 nicht ausgeschlossen (Koblenz VRS **51** 201; vgl. auch u. 21); doch darf die Strafe hier nicht die Mindestgrenze des etwaigen Fahrlässigkeitstatbestandes unterschreiten (Schröder aaO). Anwendbar bleibt § 21 ferner, wenn der Täter schon bei Beginn des Alkoholgenusses, der auch für sich allein zu einer Verminderung seiner Schuldfähigkeit geführt hätte, aus anderen Gründen (z. B. Hirnverletzung) vermindert schuldfähig war (Bay VRS **67** 219). Ist § 21 wegen einer a. l. i. c. ohnehin nicht anwendbar, so brauchen auch dessen Voraussetzung nicht geprüft zu werden (Koblenz NJW **90**, 131; vgl. auch § 20 RN 39).

12   IV. Sind die Voraussetzungen des § 21 erfüllt, so **kann die Strafe nach § 49 I gemildert werden** (nach Jakobs 441 – entgegen dem Gesetz – u. U. sogar nach § 49 II). Das gleiche gilt, wenn wegen Nichtaufklärbarkeit der den Befund betreffenden Tatsachen (vgl. § 20 RN 43, Schöch, MSchrKrim 83, 337 ff.) zweifelhaft bleibt, ob der Täter z. Z. der Tat voll oder vermindert schuldfähig war (z. B. BGH **8** 124, StV **83**, 278, **84**, 69), wobei hier die Versagung der Strafmilderung dann auch nicht damit begründet werden kann, daß eine Verminderung der Schuldfähigkeit nicht positiv festgestellt sei (z. B. NStZ **89**, 18, StV **84**, 464, NStE **Nr. 21**, MDR/H **86**, 622). Kann dagegen nicht festgestellt werden, ob er schuldunfähig oder vermindert schuldfähig war, so gilt § 20 (z. B. Celle VRS **40** 16). In beiden Fällen sind jedoch die Regeln der actio libera in causa (vgl. § 20 RN 33 ff., o. 11), im zweiten auch § 323 a zu beachten. Zur Frage der Zulässigkeit der Hilfserwägung, daß auch bei Annahme verminderter Schuldfähigkeit von einer Strafmilderung abzusehen gewesen wäre, vgl. Hamm NJW **57**, 434 gegen BGH **7** 359.

Verminderte Schuldfähigkeit **13, 14 § 21**

1. Strafmilderung i. S. des § 21 ist – ebenso wie in den §§ 13 II, 17, 23 II usw. – das **Über-** 13
wechseln auf den sich aus § 49 I ergebenden **milderen Strafrahmen,** nicht dagegen das Unterschreiten der unteren Grenze des Regelstrafrahmens (so jedoch BGH **7** 30 zu § 51 II a. F.) oder eine Strafmilderung innerhalb des Regelstrafrahmens (Bruns StrZR 513 ff., Dreher JZ 56, 682, D-Tröndle 7, Lenckner aaO 128; ebenso zu § 44 a. F. BGH **1** 117). Dabei kann der nach § 21 i. V. mit § 49 I herabzusetzende Strafrahmen der Regelstrafrahmen sein, aber auch ein Sonderstrafrahmen, der sich z. B. aus den §§ 13 II, 23 II usw. oder bei Annahme eines „besonders schweren" (vgl. § 50 RN 7) oder „minder schweren Falles" ergeben kann, wobei über dessen Vorliegen zuerst zu entscheiden ist (BGH MDR/H **80,** 104). In solchen Fällen kann es deshalb zu einer mehrfachen Rahmenwahl kommen, so z. B. zu einer zweimaligen Herabsetzung des Regelstrafrahmens nach § 49 I beim Versuch eines vermindert Schuldfähigen, nach der Rspr. auch zur Herabsetzung des bereits nach § 213 gemilderten Strafrahmens, wenn die Reizung zum Zorn über die in § 213 vorausgesetzte Wirkung hinaus eine hochgradige, das Hemmungsvermögen erheblich beeinträchtigende Erregung ausgelöst hat (vgl. § 213 RN 17; krit. dazu z. B. Blau, Tröndle-FS 116, 120, Salger ebd. 216 f.). Unzulässig ist dagegen eine doppelte Milderung mit der Begründung, der i. S. des § 21 vermindert einsichtsfähige Täter habe zugleich im Verbotsirrtum gehandelt (and. Rudolphi, Unrechtsbewußtsein, Verbotsirrtum usw. [1969] 171); das gleiche gilt bei einer rauschbedingten Verminderung der Schuldfähigkeit, wenn der Alkoholmißbrauch seinerseits auf einer krankhaften Verminderung des Hemmungsvermögens beruht (vgl. Bay VRS **67** 219). Zur Frage, ob auch die Annahme eines „minder schweren Falles" oder die Verneinung eines „besonders schweren Falles" mit der erheblichen Verminderung der Schuldfähigkeit begründet werden kann, vgl. § 50 RN 2 ff., 7, § 213 RN 14 mwN.

2. Nach dem Wortlaut des § 21 (ebenso § 51 II a. F.) **kann** der Richter die Strafe in dem eben 14 genannten Sinn mildern, er muß dies jedoch nicht. Ob und wie diese Regelung mit dem Schuldprinzip vereinbart werden kann, ist eine alte, an die Grundlagen des Schuldstrafrechts rührende (und nicht nur, wie BVerfGE **50** 10 zu meinen scheint, unter „Gesichtspunkten strafrechtlicher Dogmatik" diskutierte) Streitfrage. Da § 21 nicht jede, sondern nur eine „erhebliche" Verminderung der Schuldfähigkeit genügen läßt, sollte man annehmen, daß der erheblich verminderten Schuldfähigkeit eine erheblich verringerte Schuld und dieser eine erheblich gemilderte Strafe entsprechen muß, was dann aber nur heißen könnte, daß die Strafmilderung nicht lediglich eine solche innerhalb des Regelstrafrahmens sein kann, sondern daß hier der Übergang auf den milderen Sonderstrafrahmen geboten ist (abgesehen von den Fällen, in denen der Milderungsgrund des § 21 durch die Annahme eines „minder schweren Falles" bereits „verbraucht" ist; vgl. § 50 RN 2 ff.). Dies spricht – entgegen dem Wortlaut – für einen obligatorischen Strafmilderungsgrund (so z. B. § 22 AE, Rudolphi SK 5, Schmidhäuser 778, Schreiber aaO 35 f., Stratenwerth 165; vgl auch Roxin SchwZStr. 104, 360). Demgegenüber geht zwar auch die h. M. davon aus, daß die Verminderung der Schuldfähigkeit ein Schuldminderungsgrund sei, wobei mit Recht darauf hingewiesen wird, daß hier zwischen Defiziten bei der Einsichtsfähigkeit und solchen bei der Steuerungsfähigkeit kein prinzipieller Unterschied besteht, die fehlende Unrechtseinsicht (infolge verminderter Einsichtsfähigkeit) also nicht generell mehr ins Gewicht fällt als eine Verminderung „lediglich" des Hemmungsvermögens (vgl. z. B. BGH NStZ **85,** 357, **89,** 18, NStE **Nr. 47,** StV **90,** 62, MDR/H **86,** 622, Lackner 3a; and. noch BGH GA **71,** 366 u. wohl auch D-Tröndle 6). Auch wird daraus die Folgerung gezogen, daß dieser Schuldminderungsgrund „grundsätzlich" oder „im allgemeinen" zu einer Minderung der Strafwürdigkeit führe und daß an ein Absehen von Milderung umso höhere Anforderungen zu stellen sein, je mehr sich der gemilderte Strafrahmen von dem nicht gemilderten unterscheidet (z. B. RG **69** 317, BGH **7** 30, NJW **81,** 1221, StV **87,** 19, NStE **Nr. 27,** MDR/D **68,** 372, NStZ/T **86,** 154, 494, Karlsruhe MDR **72,** 881, Köln NStZ **82,** 250; zu den besonderen Anforderungen bei der lebenslangen Freiheitsstrafe vgl. BGH NStE **Nr. 22, 27,** BGHR § 21 Strafrahmenverschiebung 7, 18). Gleichwohl aber stellt die h. M., die sich dafür auch auf BVerfGE **50** 5 berufen kann, die Strafmilderung in das pflichtgemäße Ermessen des Richters, der bei seiner Entscheidung hierüber alle Umstände zu berücksichtigen habe, welche die Tat unter Schuldgesichtspunkten als mehr oder weniger leicht bzw. schwer erscheinen lassen (vgl. BGH aaO, ferner z. B. BGH NStZ **85,** 357, NStE **Nr. 36,** MDR **60,** 938, MDR/H **82,** 969, **85,** 979, OGH **2** 103, 327, Karlsruhe GA **73,** 91, Koblenz VRS **75** 44, Schleswig SchlHA **75,** 185, Blei I 407, Bruns StrZR 524 ff., D-Tröndle 6, Jescheck 400, Lackner 3a, Lange LK 95 ff., Neumann aaO 135 ff., Spendel NJW 56, 775; differenzierend Jakobs 442 f., Schweling MDR 71, 971; krit. B-Volk 118, Stree JuS 73, 466 u. eingehend Lenckner aaO 129 ff., Rautenberg aaO 228 ff.). Ohne Verletzung des Schuldgrundsatzes ist dies aber nur dann möglich, wenn sich die oben genannte Prämisse (erheblich verminderte Schuldfähigkeit = erheblich verminderte Schuld = erheblich verminderte Strafe) als unrichtig erweist.

15 a) Ist die Schuld infolge verminderter Schuldfähigkeit erheblich gemindert, so darf eine **Strafmilderung nicht aus schuldfremden Erwägungen unterbleiben** (vgl. BGH 7 30, 20 264). Sie kann daher unter dieser Voraussetzung auch nicht aus spezialpräventiven Gründen versagt werden, da die Präventionszwecke nur innerhalb der schuldangemessenen Strafe berücksichtigt werden dürfen (vgl. BGH MDR/H **85**, 979, Karlsruhe MDR **72**, 881, Bruns StrZR 518ff., Lenckner aaO 130, Rudolphi SK 6, Schreiber aaO 36, Spendel NJW **56**, 775 sowie 17 vor § 38; and. Koblenz OLGSt. § 21 S. 5, D-Tröndle 6, Schneidewin JZ **55**, 505; vgl. auch Lange LK 86, 95). Dies gilt auch bei Drogenabhängigen (and. Terhorst MDR **82**, 368; vgl. auch Kreuzer NJW 79, 1241 gegen Arbab-Zadeh NJW 78, 2328). Erst recht kann eine Milderung nicht aus generalpräventiven Erwägungen unterbleiben (vgl. aber auch BGH NStZ/T **86**, 154). Unzulässig ist es ferner, eine Strafmilderung damit zu versagen, daß der Täter, weil er früher bereits eine ähnliche Tat im Zustand voller Schuldfähigkeit begangen habe, zu einer derartigen Tat auch ohne Verminderung seiner Schuldfähigkeit fähig sei (BGH StV **85**, 14).

16 b) Ebensowenig kann die **geringe Strafempfindlichkeit**, auch soweit sie unter Schuldgesichtspunkten eine legitime Strafzumessungstatsache ist (vgl. § 46 RN 54), zum Ausschluß der Strafmilderung führen. Ist die Schuld des vermindert schuldfähigen Täters „erheblich" geringer als die eines voll Schuldfähigen, so wäre es mit dem Schuldprinzip unvereinbar, wenn dieser Unterschied durch die verringerte Strafempfindlichkeit wieder überspielt werden könnte (Bruns StrZR 520f., Lenckner aaO 131, Stratenwerth 165; and. BGH MDR/D **53**, 147, wo die unterschiedliche Strafempfindlichkeit sogar als der „hauptsächliche innere Grund" für eine bloße fakultative Strafmilderung bezeichnet wird; vgl. auch BGH 7 31, Lackner 3a, Welzel 258).

17 c) Da das Gesetz bei erheblich verminderter Schuldfähigkeit den milderen Sonderstrafrahmen des § 49 zur Verfügung stellt und da bei erheblich verringerter Schuld die Strafe nach dem Schuldprinzip gemildert werden muß, bleibt für eine bloße Kann-Regelung nur Raum, wenn es Fälle gibt, in denen **trotz erheblich verminderter Schuldfähigkeit** die **Schuld nicht oder nur unwesentlich geringer** ist. Davon geht in der Tat die h. M. (o. 14) aus, indem sie annimmt, daß die in der Verminderung der Schuldfähigkeit liegende Schuldmilderung durch andere schulderhöhende Tatsachen wieder ausgeglichen werden könne und daher nicht notwendig zu einer erheblichen Minderung der Schuld in ihrer Gesamtheit führen müsse (ebenso schon die Begr. zu § 25 E 62, S. 142; zur Rspr. vgl. zuletzt BGH NStZ/D **89**, 467). Nachdem der Gedanke einer die Tatschuld übersteigenden Täterschuld (vgl. auch 105f. vor § 13) heute in diesem Zusammenhang keine nennenswerte Rolle mehr spielt (vgl. z. B. Bruns StrZR 523), sind es vor allem zwei Fallgruppen, in denen das Hinzukommen schulderhöhender Faktoren das Absehen von Strafmilderung rechtfertigen soll (vgl. auch BVerfGE **50** 11 f.):

18 α) Nach h. M. – zur Kritik vgl. u. 19 – soll dies zunächst möglich sein, wenn die Schuldminderung als Folge der verminderten Schuldfähigkeit durch die **besondere Tatschwere** im übrigen (gesteigerte verbrecherische Energie bzw. Handlungsintensität, besondere Gefühllosigkeit und Roheit der Tatausführung, nach BGH MDR/H **88**, 102 u. U. auch durch das nur geplante Merkmal der Heimtücke bei § 211, gesteigertes Maß an Pflichtwidrigkeit bei Fahrlässigkeitsdelikten usw.) wieder aufgewogen werde (z. B. BGH 7 28, NJW **81**, 1221, **86**, 793, NStZ **77**, 460, MDR/H **77**, 460, VRS **69** 119, OGH **2** 98, Bay NJW **51**, 284, Köln NStZ **82**, 250, Bruns StrZR 524ff., D-Tröndle 6). Dies soll nur dann nicht gelten oder dem Täter jedenfalls nicht uneingeschränkt zum Vorwurf gemacht werden können, wenn die erschwerenden Umstände gerade durch den die verminderte Schuldfähigkeit begründenden Zustand des Täters bedingt sind (z. B. BGH **16** 360, NJW **88**, 2621, NStZ **82**, 200, **85**, 357, **86**, 115, **87**, 321, **88**, 310, **89**, 18, StV **86**, 340, **89**, 199, MDR/H **86**, 96, **87**, 444, **90**, 676, BGHR § 21 Strafzumessung 5). Nach der u. 20 dargestellten Rspr. zur verschuldeten Herbeiführung des Ausnahmezustandes muß es insoweit dann allerdings folgerichtig auf das Unverschuldetsein dieses Zustands ankommen (vgl. BGH NStZ **86**, 115, **89**, 17, Terhorst MDR **82**, 368).

19 **Kritisch** dazu ist jedoch anzumerken, daß es auch mit der genannten Einschränkung höchst zweifelhaft ist, ob eine Strafmilderung (Übergang auf den milderen Sonderstrafrahmen) wegen der besonderen Verwerflichkeit der Tat versagt werden kann. Da die Strafrahmen das Ergebnis einer abstrakten Unrechts- und Schuldbewertung sind, die vom denkbar leichtesten bis zum denkbar schwersten Fall reicht, bedeutet im Fall des § 21 die Bildung eines Sonderstrafrahmens zugleich die Eröffnung eines neuen Schuldbewertungsrahmens, der auf der Grundlage, daß eine erhebliche Verminderung der Schuldfähigkeit für sich gesehen stets eine erhebliche Verringerung der Schuld bewirkt, seinerseits wieder eine Spannweite vom denkbar leichtesten bis zum denkbar schwersten Fall hat. Erschwerende Umstände sind hier daher richtigerweise innerhalb des Sonderstrafrahmens zu berücksichtigen. Mag die Tat eines vermindert Schuldfähigen auch noch so verwerflich sein, so ist seine Schuld, gemessen an der gleichen Tat eines voll Schuldfähigen, doch stets „erheblich" geringer (ein Gesichtspunkt, den auch BVerfGE **50** 11 übersehen hat). Dann aber *muß* der mildere Straf-

Verminderte Schuldfähigkeit 20, 21 § 21

rahmen des § 49 zugrunde gelegt werden, da dies ja u. a. gerade den Sinn hat, daß eine für den voll schuldfähigen Täter angemessene Strafe aus dem oberen Bereich des Regelstrafrahmens nicht verhängt werden kann (vgl. dazu Lenckner aaO 133, Schreiber aaO 37).

β) Ein die Schuldminderung auf Grund der verminderten Schuldfähigkeit ausgleichender 20 schulderhöhender Faktor ist nach h. M. (zur Kritik vgl. u. 21) ferner die **verschuldete Herbeiführung** des Ausnahmezustands (vgl. schon BGH MDR/D **51**, 657, st. Rspr., ferner z. B. Bruns StrZR 532, D-Tröndle 6, Jescheck 400, Salger, Pfeiffer-FS 393; vgl. aber auch Neumann aaO 134ff.). Von Bedeutung ist dies zunächst bei Affekttaten, wo seit BGH **35** 143 m. Anm. Blau JR 88, 514, Frisch NStZ 89, 263 für einen Ausschluß der Strafmilderung freilich nicht mehr die Vermeidbarkeit des Affektzustands genügt (so z. B. noch BGH StV **84**, 240, VRS **71** 21), sondern die Vorhersehbarkeit der Affekttat hinzukommen muß (vgl. § 20 RN 15a). Hauptanwendungsfall sind aber auch hier die Rauschdelikte. Für sie gilt nach der Rspr. der Grundsatz, daß Trunkenheit eine Strafmilderung nicht generell ausschließt (z. B. BGH NJW **53**, 1760), auch nicht schon bei einem wegen eines Trunkenheitsdelikts vorbestraften Täter (BGH StV **85**, 102), sondern erst bei Hinzutreten weiterer, auf die fragliche Tat bezogener Umstände (z. B. BGH MDR/D **72**, 570). Solche werden in zwei Fällen angenommen: 1. wenn der Täter dazu neigt, nach Alkoholgenuß Straftaten (insbes. Gewaltdelikte) zu begehen und wenn ihm diese Neigung bewußt war oder doch bewußt hätte sein können, wobei dies dann z. T. noch dahingehend präzisiert wird, daß der Täter mit Straftaten rechnen mußte, die nach Ausmaß und Intensität mit der jetzt vorgeworfenen vergleichbar sind (BGH **34** 33, NJW **86**, 793 m. Anm. Bruns JR 86, 337, NStZ **86**, 114 [dort verneint für § 212 nach früheren, im Anschluß an Alkoholgenuß begangenen Körperverletzungen; vgl. aber auch BGHR § 21 Strafrahmenverschiebung 33], NStE **Nr. 36**, StV **85**, 102, **86**, 14, **87**, 19, BGHR § 21 Vorverschulden 1 [verneint für § 177 nach früherem Raub], Strafrahmenverschiebung 6, 16, NStE **Nr. 24**, MDR/H **77**, 982, **85**, 979, NStZ/M **81**, 135, NStZ/D **89**, 467, Koblenz OLGSt. **Nr. 1**, VRS **75** 44, **76** 424, Köln NStZ **81**, 63, NJW **86**, 2329); 2. wenn er die enthemmende Wirkung des Alkohols kannte, ihm dennoch in unvernünftigem Ausmaß zusprach und, wie er wußte oder wissen mußte, infolgedessen die Gefahr bestand, daß er strafbare Handlungen begehen werde (BGH NJW **86**, 793, MDR **60**, 938, MDR/D **72**, 16, NStZ/M **81**, 135). Wegen der allgemein bekannten Wirkung von Alkohol soll deshalb bei Trunkenheitsfahrten und ihren Folgen das Absehen von Milderung die Regel sein, es sei denn, daß mit der Möglichkeit einer Fahrt nicht zu rechnen war (vgl. Hamm VRS **59** 415, Köln DAR **87**, 126, aber auch Stuttgart VRS **65** 355; auch für eine später begangene Unfallflucht soll dies nach BGH VRS **69** 118 nicht gelten, weil eine solche nicht ohne weiteres in Rechnung gestellt werden müsse). Nicht versagt werden darf eine Strafmilderung nach BGH StV **85**, 102, NStZ/Mü **85**, 158, NStZ/D **90**, 175, 484, wenn bei einem Täter, weil er alkoholabhängig ist, der Alkoholgenuß „nicht in vollem Umfang" vorwerfbar ist bzw. wenn dieser auf einem „unwiderstehlichen Hang" zum Alkohol beruht (vgl. auch Köln NJW **86**, 2329, ferner NStZ **81**, 63: kein Ausschluß von Strafmilderung, wenn die verminderte Schuldfähigkeit auch mit der Sucht des Täters begründet wird und der Alkoholgenuß sich gerade als deren Folge darstellt); dasselbe gilt, wenn sich die verminderte Schuldfähigkeit erst aus der Verbindung von Alkoholgenuß und einer affektiven Anspannung ergibt, diese aber nicht verschuldet ist (vgl. BGH NStZ **85**, 115). – Entsprechende Konsequenzen werden z. T. bei Drogenabhängigen gezogen, die es abgelehnt haben, sich durch eine ihnen angebotene Therapie von ihrer Sucht zu lösen (Terhorst MDR 82, 369). Auch hier wird jedoch die Einschränkung gemacht, daß dies nicht gelten soll, wenn die Ablehnung einer Therapie gerade durch die den Ausnahmezustand begründende Sucht bedingt war (Köln NStZ **82**, 250; and. Terhorst aaO).

Zur **Kritik:** Aus den bereits o. 19 genannten Gründen läßt sich auch hier das Absehen von Milde- 21 rung nicht damit rechtfertigen, daß die nach § 21 an sich gegebene Schuldminderung durch die verschuldete Herbeiführung des Ausnahmezustandes wieder „ausgeglichen" werde. Die h. M. ließe sich deshalb nur damit begründen, daß bei einer selbstverschuldeten Verminderung der Schuldfähigkeit die Schuld schon „an sich" nicht oder jedenfalls nicht erheblich gemildert ist. Eine solche Annahme ist aber nur möglich, wenn und soweit die Voraussetzungen einer actio libera in causa vorliegen (vgl. auch Frisch ZStW 101, 573, Rudolphi SK 4b, ferner Neumann aaO 141 u. generell verneinend Landgraf aaO 72ff., 134ff.), wo § 21 dann allerdings ohnehin ausscheidet (vgl. o. 11). Auch bei § 21 geht es darum, daß das mit der verminderten Schuldfähigkeit vorhandene Defizit an voller Schuld nur durch ein *entsprechendes* Vorverschulden kompensiert werden kann. Daß der Täter die in einem – wenn auch verschuldeten – Affekt- oder Trunkenheitszustand usw. begangene Tat lediglich hätte voraussehen können (fahrlässige a. l. i. c.), genügt daher nicht, um eine Milderung der Vorsatzstrafe versagen zu können (so aber z. B. BGH **35** 143 m. Anm. Blau JR 88, 514 u. Frisch NStZ 89, 263 [Affekt], Hamm DAR **72** 133 [Trunkenheit]). In diesem Zusammenhang auf den Grundgedanken des § 323a zurückzugreifen (so Schröder, 17. A., § 51 RN 43; vgl. auch Neumann aaO), verbietet sich schon deshalb, weil der Täter im Fall des § 21 nicht für die Herabsetzung seiner

Einsichts- und Steuerungsfähigkeit, sondern für die Tat selbst verantwortlich gemacht wird (vgl. Lenckner aaO 135f., Rautenberg aaO 188 ff.).

22 d) Unbestritten ist heute dagegen, daß von Strafmilderung nach § 21 weder **bestimmte Tätergruppen** (z. B. Psychopathen) noch **bestimmte Taten** generell ausgenommen sind (vgl. BGH NJW 53, 1760, Nürnberg HESt. 2 199). Unzulässig ist es deshalb auch, bei der Strafrahmenwahl die verminderte Schuldfähigkeit deshalb nicht zu berücksichtigen, weil diese bei bestimmten Delikten (Verstöße gegen das BtMG) bereits zum durchschnittlichen Regelfall zähle (BGH NStZ 83, 268).

23 3. Steht der anzuwendende Strafrahmen fest, so gelten für die **Strafbemessung innerhalb dieses Rahmens** die allgemeinen Grundsätze (vgl. § 46; zur Verhängung einer Strafe aus dem mittleren Bereich des nach § 49 gemilderten Sonderstrafrahmens in Durchschnittsfällen vgl. jedoch BGH NStZ 88, 86 m. Anm. Meyer u. 42 vor § 38). Nach BGH NStZ 85, 164, StV 86, 340, GA 89, 569 hat hier eine erneute Gesamtbewertung aller für und gegen den Täter sprechenden Gesichtspunkte zu erfolgen, was bezüglich der mit der verminderten Schuldfähigkeit zusammenhängenden Umstände allerdings nur mit Einschränkungen gelten kann. Nicht zulässig ist es, die bloße Tatsache der verminderten Schuldfähigkeit als solche, die bereits zum Übergang auf den milderen Sonderstrafrahmen geführt hat, hier bei der eigentlichen Strafbemessung noch einmal strafmildernd in Ansatz zu bringen (BGH 26 311 m. Anm. Zipf JR 77, 158, StV 82, 522, NStZ 84, 548 mwN; vgl. § 46 RN 49). Berücksichtigt werden dürfen hier nur die Besonderheiten bzw. die den Milderungsgrund konkretisierenden Umstände (vgl. BGH 26 312: größeres oder geringeres Verschulden an dem Ausnahmezustand, Bay VRS 67 219: Zusammentreffen von Alkoholwirkung mit Gehirnschädigung, die jeweils für sich den Zustand des § 21 begründet hätten), und ein Strafzumessungsfaktor ist an sich auch der Schweregrad der Beeinträchtigung (BGH NStZ 84, 548), was jedoch voraussetzt, daß weitere Abstufungen innerhalb des von § 21 erfaßten Bereiches – mehr oder weniger „erhebliche" Verminderung der Schuldfähigkeit – praktisch überhaupt noch möglich sind (vgl. dazu Wegener/Mende/Schöch/Maisch u. a. MSchrKrim 83, 325, Schreiber aaO 38; mit Recht skeptisch BGH NStE **Nr. 46**, NStZ/D 90, 484, Salger, Tröndle-FS 215, offengelassen in BGH NStE Nr. 47, BGHR § 21 Strafrahmenverschiebung 2, 17). Andererseits sind innerhalb des Sonderstrafrahmens schulderhöhende Umstände straferschwerend zu berücksichtigen (vgl. Bay NJW 51, 284); dies wird auch dadurch nicht schlechthin ausgeschlossen, daß der fragliche Umstand zur Annahme eines „besonders schweren Falls" geführt hat (vgl. § 46 RN 49). Handelt es sich dabei freilich um Umstände, die gerade auf dem psychischen Ausnahmezustand beruhen (z. B. besonders brutale Tatausführung), so gilt Entsprechendes wie bei der Strafrahmenwahl (o. 18; vgl. BGH NStZ 87, 550, NStE **Nr. 12**, MDR/H 88, 99, BGHR § 21 Strafzumessung 11), und nicht zulässig ist es auch, den Umstand, der zur verminderten Schuldfähigkeit und zur Milderung des Strafrahmens geführt hat, bei der Strafbemessung i. e. S. strafschärfend heranzuziehen (BGH StV 86, 101: durch Angst hervorgerufene affektive Erregung). Nicht erforderlich ist, daß die dem milderen Sonderrahmen entnommene Strafe unter der Mindeststrafe des Regelstrafrahmens liegt (vgl. auch § 23 RN 10 mwN); zur Zulässigkeit der nach dem milderen Sonderrahmen möglichen Höchststrafe vgl. BGH MDR/H 77, 106, NStZ 85, 164 und zu einer im Bereich der Obergrenze, immer noch deutlich über der Strafrahmenmitte des Regelstrafrahmens liegenden Strafe BGH StV 89, 190. Geht man mit der h. M. davon aus, daß das Absehen von Milderung i. S. des § 21 bei Hinzukommen schulderhöhender Umstände versagt werden kann (vgl. jedoch o. 19), so muß die verminderte Schuldfähigkeit jedenfalls innerhalb des Regelrahmens berücksichtigt werden (Rudolphi SK 6). Zumindest die Höchststrafe des Regelrahmens ist daher unzulässig (Bruns StrZR 528, Stree, Deliktsfolgen und Grundgesetz 56, JuS 73, 466; vgl. auch RG 69 317), aber wohl auch keine Strafe aus dessen oberem Bereich, da selbst im denkbar schwersten Fall die Schuld eines vermindert Schuldfähigen immer noch „erheblich" geringer ist als die eines voll Schuldfähigen bei der gleichen Tat. Anders ist es allenfalls bei absolut bestimmten Strafen (Bruns aaO, Stree aaO; zu § 211 vgl. BVerfGE 50 5, BGH 7 28, MDR/H 77, 460, aber auch Rudolphi SK 6), wenn man davon ausgeht, daß der Rahmen verschiedener Schuldgrade hier so weit gespannt ist, daß er auch die durch § 21 gemilderte Schuld bei Hinzukommen erschwerender Umstände erfaßt. Zu der für die h. M. entstehenden weiteren Frage, ob schulderhöhende Umstände, die zur Versagung der Milderung nach § 21 geführt haben, bei der Strafzumessung innerhalb des Regelstrafrahmens noch einmal verwertet werden dürfen, vgl. § 46 RN 49.

24 4. Generell ausgeschlossen ist eine Strafmilderung (i. S. einer Rahmenmilderung, vgl. Schleswig SchlHA 71, 221) nach § 7 WStG bei **Soldaten** im Falle **selbstverschuldeter Trunkenheit,** wenn die Tat eine militärische Straftat ist oder in Ausübung des Dienstes begangen wird. § 7 WStG verstößt nicht gegen Art. 3 GG (Köln NJW 53, 775); krit. dazu Lenckner aaO 137.

25 5. Ist die Schuldfähigkeit zwar **vermindert,** aber **nicht „erheblich",** so kann dies nur innerhalb des Regelstrafrahmens berücksichtigt werden. Bei einer Minderung der Einsichtsfähigkeit kann freilich, auch wenn sie nicht „erheblich" ist, eine Strafmilderung nach § 17 in Betracht kommen (vgl. o. 8).

V. Neben der Bestrafung kann die **Verhängung einer Maßregel** nach §§ 63 ff. in Betracht kom- 26
men. Bei einer solchen nach § 63 behält hier § 21 auch in seinem die Einsichtsfähigkeit betreffenden
Teil (vgl. o. 7f.) selbständige Bedeutung, weil für eine Unterbringung nur solche „biologisch"
bedingten Verbotsirrtümer genügen, die mit einer erheblichen Verminderung der Einsichtsfähigkeit
verbunden sind. Bei § 63 muß ferner feststehen, daß wenigstens die Voraussetzungen des § 21 erfüllt
sind (vgl. § 63 RN 10); bleibt daher zweifelhaft, ob der Täter voll oder vermindert schuldfähig war,
so ist bei seiner Bestrafung von seiner verminderten Schuldfähigkeit (vgl. o. 12), hinsichtlich des § 63
dagegen von seiner vollen Schuldfähigkeit auszugehen. Die Anordnung der Maßregel ist unabhängig
davon, ob die Strafe gemildert wird; umgekehrt ist es unzulässig, statt der hier gebotenen Unterbringung aus Sicherheitsgründen eine übermäßige, der Schuld nicht entsprechende Freiheitsstrafe zu
verhängen (BGH **20** 264; vgl. 13 vor § 38). Im übrigen vgl. die Anm. zu §§ 63, 64, insbes. § 63 RN
10 ff.

VI. Auch ein **Jugendlicher,** der nach § 3 JGG verantwortlich ist, kann im Einzelfall nach § 21 27
vermindert schuldfähig sein (z. B. Rauschzustände, jugendliche Psychopathen); vgl. BGH **5** 367, GA
54, 309, NStZ/Böhm **85,** 447, Dallinger/Lackner § 3 JGG RN 34. Bedeutung hat dies – außer als
Strafmilderungsgrund, vgl. aber auch § 18 II JGG – wegen der hier möglichen Unterbringung in
einer psychiatrischen Anstalt (§ 63, § 7 JGG). Begrifflich möglich ist auch ein Zusammentreffen der
Voraussetzungen des § 21 mit fehlender Verantwortungsreife nach § 3 JGG (BGH **26** 67 m. Anm.
Brunner JR 76, 116 [jugendlicher Debiler], Dallinger/Lackner § 3 JGG RN 34; and. Ostendorf JZ 86,
666, Schaffstein/Beulke, Jugendstrafrecht, 9. A., 45); hier ist daher auch eine Unterbringung nach
§ 63 möglich (BGH aaO; and. Eisenberg § 3 RN 39).

VII. Prozessuale Hinweise: Vgl. zunächst § 20 RN 45. Die Prüfung der Milderungsmöglichkeit 28
i. S. der Anwendung des milderen Sonderstrafrahmens (vgl. o. 13) muß sich – sofern man nicht von
einer obligatorischen Milderung ausgeht, vgl. o. 14ff. – aus den Urteilsgründen ergeben (z. B. BGH
NStE **Nr. 34,** NStZ/D **89,** 467, **90,** 175). Ausführungen, daß die verminderte Schuldfähigkeit strafmildernd berücksichtigt worden sei, genügen nicht (BGH GA **80,** 469, MDR/H **82,** 969, NStZ/M **84,**
159, NStZ/Mü **85,** 158, Schleswig SchlHA **84,** 82; vgl. auch BGH **16** 360 sowie § 49 RN 7), ebensowenig die ohne Entscheidung zur Rahmenwahl gegebene Begründung, daß die konkret ausgeworfene Strafe „innerhalb der beiden Strafrahmen" liege (Schleswig NStZ **86,** 511). Entscheidet sich das
Gericht für eine Strafmilderung, so sind sowohl die gemilderten Rahmen als auch die Gründe
anzugeben, die zur Milderung des Strafrahmens geführt haben (BGH NJW **81,** 1221, Celle NdsRpfl.
85, 284, Koblenz OLGSt. **Nr. 1**). Andererseits darf von einer Strafrahmenmilderung nicht ohne
Begründung abgesehen werden (z. B. BGH NStZ/T **86,** 154). Daß § 21 einen Schuldminderungsgrund enthält, schließt nach h. M. nicht aus, daß prozessual seine Anwendung zur Straffrage gehört
(RG **69** 112, **71** 266, Bay NJW **55,** 353, Köln NStZ **84,** 379, **89,** 24, Gollwitzer LR § 318 StPO RN 58
mwN). Das Vorliegen verminderter Schuldfähigkeit kann danach trotz Rechtskraft des Schuldspruchs vom Rechtsmittelgericht überprüft werden, soweit es sich nicht um doppelrelevante, auch
den Schuldausspruch betreffende Feststellungen handelt (vgl. z. B. Köln NStZ **81,** 63, 437, **89,** 24
mwN); zur Bindung an doppelrelevante Tatsachen bei Aufhebung nur im Strafausspruch vgl. BGH
MDR/H **88,** 102.

Zweiter Titel. Versuch

Vorbemerkungen

Schrifttum: Albrecht, Der untaugliche Versuch, 1973. – *Alwart,* Strafwürdiges Versuchen, 1982. –
ders., Zur Kritik der strafrechtlichen Stufenlehre, GA 86, 245. – *Arzt,* Bedingter Entschluß und
Vorbereitungshandlung, JZ 69, 54. – *Baumann,* Das Umkehrverhältnis zwischen Versuch und Irrtum
im Strafrecht, NJW 62, 16. – *Baumgarten,* Die Lehre vom Versuche der Verbrechen, 1888. – *Berz,*
Grundlagen des Versuchsbeginns, Jura 84, 511. – *Bitzilekis,* Über die strafrechtliche Bedeutung der
Abgrenzung von Vollendung u. Beendigung der Straftat, ZStW 99 (1987) 723. – *Blei,* Das Wahn-
verbrechen, JA 73, StR 55, 73, 93, 109, 127, 145. – *ders.,* Versuch und Rücktritt zum Versuch nach
neuem Recht, JA 75, StR 23, 41, 61, 89. – *Bockelmann,* Zur Abgrenzung der Vorbereitung vom
Versuch, JZ 54, 468. – *ders.,* Die jüngste Rspr. des BGH zur Abgrenzung der Vorbereitung vom
Versuch, JZ 55, 193. – *Bruns,* Der untaugliche Täter im Strafrecht, 1955. – *ders.,* Die Strafbarkeit des
Versuchs eines untauglichen Subjektes, GA 79, 161. – *v. Buri,* Zur Lehre vom Versuche, GS 19 (1867)
60. – *ders.,* Versuch und Causalität, GS 32 (1880), 323. – *Burkhardt,* Rechtsirrtum u. Wahndelikt, JZ
81, 681. – *ders.,* Zur Abgrenzung von Versuch u. Wahndelikt im Steuerstrafrecht, wistra 82, 178. –
Dicke, Zur Problematik des untauglichen Versuchs, JuS 68, 159. – *Dohna,* Der Mangel am Tatbestand, Güterbock-FG (1910) 35. – *Dreßler,* Vorbereitung und Versuch im Strafrecht der DDR im
Vergleich mit dem Recht der BRD, 1982. – *Engisch,* Der „umgekehrte Irrtum" und das Umkehrprinzip, Heinitz-FS 185. – *Fabry,* Der bes. schwere Fall der versuchten Tat, NJW 86, 15. – *Fiedler,*
Vorhaben und Versuch im Strafrecht, 1967. – *Fincke,* Das Verhältnis des Allgemeinen zum Besonderen Teil des Strafrechts, 1975. – *Foth,* Neuere Kontroversen um den Begriff des Wahnverbrechens, JR
65, 366. – *v. Gemmingen,* Die Rechtswidrigkeit des Versuchs, 1932. – *Grünwald,* Der Versuch des

unechten Unterlassungsdelikts, JZ 59, 46. – *Haft,* Der doppelte Irrtum im Strafrecht, JuS 80, 430, 588, 659. – *Hardwig,* Der Versuch bei untauglichem Subjekt, GA 57, 170. – *Hau,* Die Beendigung der Straftat und ihre rechtlichen Wirkungen, 1974. – *Heinitz,* Streitfragen der Versuchslehre, JR 56, 248. – *Herzberg,* Der Versuch beim unechten Unterlassungsdelikt, MDR 73, 89. – *ders.,* Das Wahndelikt in der Rspr. des BGH, JuS 80, 469. – *ders.,* Der Anfang des Versuchs bei mittelbarer Täterschaft, JuS 85, 1. – *ders.,* Wegfall subjektiver Tatbestandsvoraussetzungen vor Vollendung der Tat, Oehler-FS 163. – *Reinh. v. Hippel,* Untersuchungen über den Rücktritt vom Versuch, 1966. – *Hruschka,* Dogmatik der Dauerstraftaten und das Problem der Tatbeendigung, GA 68, 193. –*Jakobs,* Kriminalisierung im Vorfeld einer Rechtsgutverletzung, ZStW 97, 751. – *Jescheck,* Wesen und rechtliche Bedeutung der Beendigung der Straftat, Welzel-FS 683. – *ders.,* Versuch u. Rücktritt bei Beteiligung mehrerer Personen an der Straftat, ZStW 99 (1987) 111. – *Kadel,* Versuchsbeginn bei mittelbarer Täterschaft, GA 83, 299. – *Kindhäuser,* Gefährdung als Straftat, 1989. – *Kölz-Ott,* Eventualvorsatz und Versuch, 1974. – *Kratzsch,* Die Bemühungen um Präzisierung der Ansatzformel (§ 22 StGB), JA 83, 420, 578. – *ders.,* Verhaltenssteuerung u. Organisation im Strafrecht, 1985. – *Kühl,* Die Beendigung des vorsätzlichen Begehungsdelikts, 1974. – *ders.,* Grundfälle zu Vorbereitung, Versuch, Vollendung und Beendigung, JuS 79, 718, 874; 80, 120, 273, 506, 650, 811; 81, 193; 82, 110, 189. – *Küper,* Versuchsbeginn und Mittäterschaft, 1978. – *ders.,* Versuch- und Rücktrittsprobleme bei mehreren Tatbeteiligten, JZ 79, 775. – *ders.,* Der Versuchsbeginn bei mittelbarer Täterschaft, JZ 83, 361. – *ders.,* Deliktsversuch, Regelbeispiel u. Versuch des Regelbeispiels, JZ 86, 518. – *Laubenthal,* Der Versuch des qualif. Delikts, JZ 87, 1065. – *Less,* Genügt „bedingtes Wollen" zum strafbaren Verbrechensversuch?, GA 56, 33. – *Letzgus,* Vorstufen der Beteiligung, 1972. – *Maurach,* Die Beiträge der neuen höchstrichterl. Rspr. zur Bestimmung des Wahnverbrechens, NJW 62, 716, 767. – *D. Meyer,* Abgrenzung der Vorbereitung vom Versuch einer Straftat, JuS 77, 19. – *J. Meyer,* Kritik an der Neuregelung der Versuchsstrafbarkeit, ZStW 87, 598. – *Oehler,* Das objektive Zweckmoment in der rechtswidrigen Handlung, 1959. – *Otto,* Versuch und Rücktritt bei mehreren Tatbeteiligten, JA 80, 641, 707. – *Papageorgiou-Gonatas,* Wo liegt die Grenze zw. Vorbereitungshandlungen u. Versuch?, 1988. – *Reiß,* Zur Abgrenzung von untauglichem Versuch u. Wahndelikt am Beispiel der Steuerhinterziehung, wistra 86, 193. – *Roxin,* Unterlassung, Vorsatz und Fahrlässigkeit, Versuch und Teilnahme im neuen Strafgesetzbuch, JuS 73, 329. – *ders.,* Der Anfang des beendeten Versuchs, Maurach-FS 213. – *ders.,* Über den Tatentschluß, Schröder-GedS 145. – *ders.,* Tatentschluß und Anfang der Ausführung im Versuch, JuS 79, 1. – *Rudolphi,* Zur Abgrenzung zwischen Vorbereitung und Versuch, JuS 73, 20. – *Salm,* Das versuchte Verbrechen, 1957. – *Sax,* „Tatbestand" und Rechtsgutverletzung, JZ 76, 431. – *ders.,* Zum logischen und sachlichen Gehalt des sog. „Umkehrschlusses aus § 59 StGB", JZ 64, 241. – *Schaffstein,* Die Vollendung der Unterlassung, Dreher-FS 147. – *Schilling,* Der Verbrechensversuch des Mittäters und des mittelbaren Täters, 1975. – *Schlüchter,* Irrtum über normative Tatbestandsmerkmale im Strafrecht, 1983. – *W. Schmid,* Bedingter Handlungswille beim Versuch und im Bereich der strafbaren Vorbereitungshandlungen, ZStW 74, 48. – *Sonnen/Hansen-Siedler,* Die Abgrenzung des Versuchs von Vorbereitung u. Vollendung, JA 88, 17. – *Spendel,* Zur Notwendigkeit des Objektivismus im Strafrecht, ZStW 65, 519. – *ders.,* Kritik der subjektiven Versuchstheorie, NJW 65, 1881. – *ders.,* Zur Neubegründung der objektiven Versuchstheorie, Stock-FS 89. – *ders.,* Zur Kritik der subjektiven Versuchs- und Teilnahmetheorie, JuS 69, 314. – *ders.,* Der sog. Umkehrschluß aus § 59 StGB nach der subjektiven Versuchstheorie, ZStW 69, 441. – *Spotowski,* Erscheinungsformen der Straftat im dt. und poln. Recht, 1979. – *Stöger,* Versuch des untauglichen Täters, 1961. – *Stoffers,* Mittäterschaft u. Versuchsbeginn, MDR 89, 208. – *Stratenwerth,* Der Versuch des untauglichen Subjekts, Bruns-FS 59. – *Stree,* Beginn des Versuchs bei qualifizierten Straftaten, Peters-FS 179. – *Struensee,* Verursachungsvorsatz u. Wahnkausalität, ZStW 102 (1990) 21. – *Treplin,* Der Versuch, ZStW 76, 441. – *Valdagua,* Versuchsbeginn des Mittäters bei den Herrschaftsdelikten, ZStW 98 (1986) 839. – *Vogler,* Versuch u. Rücktritt bei Beteiligung mehrerer, ZStW 98, 331. – *Waiblinger,* Subjektivismus und Objektivismus in der neueren Lehre und Rechtsprechung vom Versuch, ZStW 69, 189. – *Walder,* Straflose Vorbereitung und strafbarer Versuch, SchwZStr. 99, 225. – *Weigend,* Die Entwicklung der dt. Versuchslehre in: Hirsch/Weigend, Strafrecht i. Deutschland u. Japan, 1989, 113. – *Wolter,* Vorsätzliche Vollendung ohne Vollendungsvorsatz?, Leferenz-FS 545. – *Zaczyk,* Das Unrecht der versuchten Tat, 1989. – Vgl. ferner die Angaben zu §§ 23, 24. – Zum älteren Schrifttum vgl. die Angaben in der 19. A. zu den §§ 22, 23, 24.

Übersicht

I. Verwirklichungsstufen der Straftat . . 1–16	4. Vorbereitungshandlungen 13–14
1. Vollendung 2– 3	5. Unternehmensdelikte 15–16
2. Beendigung 4–11	II. Strafgrund des Versuchs – Versuchstheorien 17–24
3. Versuch 12	III. Möglichkeit des Versuchs 25–31

1 **I. Verwirklichungsstufen der Straftat.** In der Regel ist eine *vollendete* Tat gemeint, wenn das Gesetz von Straftat spricht. Da die Tat jedoch kein punktuelles Ereignis darstellt, durchläuft sie als Handlungsprozeß auch noch andere Verwirklichungsstufen. Je nach dem Grad der Realisierung des Tatplans und der sich intensivierenden Gefährdung des geschützten Interesses unter-

scheidet das Gesetz – mit jeweils unterschiedlichen Konsequenzen – zwischen Vorbereitungshandlung, Versuch, Vollendung und Beendigung (näher Kühl JuS 80, 718 ff.). Während es sich bei den bloßen *Vorbereitungshandlungen* wie auch beim *Versuch* materiell um unvollständig gebliebene Tatverwirklichungen handelt, stellt das *vollendete* Delikt gleichsam die „formelle Volltat" dar, die mit der *Beendigung* dann nur noch ihren plangemäßen Abschluß findet (vgl. M-Gössel II 1 ff., auch zum Versuch von Schmidhäuser I 335 f. und Alwart aaO 89 ff., GA 86, 245 ff., das „Versuchsdelikt" als einen dem „Vollendungsdelikt" nebengeordneten eigenständigen Rechtsbegriff zu erfassen; krit. zu den zuvor genannten Einteilungen auch Fincke aaO 35 ff.). Das bedeutet **im einzelnen:**

1. Vollendet ist die Tat, wenn alle Merkmale des gesetzlichen Tatbestandes erfüllt sind (BGH **3** 43). Diese „formelle Vollendung" hängt jeweils von der – im grundsätzlichen Ermessen des Gesetzgebers stehenden – Fassung des einzelnen Tatbestandes ab: Setzt der Tatbestand voraus, daß die Handlung zu einem bestimmten, räumlich-zeitlich abgrenzbaren *Außenerfolg* führt (Verletzungs- oder konkreter Gefährdungserfolg), so gehört zur Vollendung auch der Erfolgseintritt: so bei § 211 der Tod eines Menschen bzw. bei § 311 die Gefährdung von Leib oder Leben eines anderen oder fremder Sachen von bedeutendem Wert. Kann der Tatbestand dagegen schon durch die Vornahme einer bestimmten *Handlung* als solcher voll erfüllt werden, so hängt es vom Wortlaut und Zweck des jeweiligen Tatbestandes ab, ob die erforderliche Handlung zu einem bestimmten „Zwischenerfolg" geführt haben muß oder ob bereits das Entfalten der fraglichen Tätigkeit für die Tatvollendung genügt. Während etwa das Offenbaren eines Privatgeheimnisses voraussetzt, daß ein Dritter davon Kenntnis erlangt (vgl. § 203 RN 72), genügt für landesverräterische Agententätigkeit nach § 98 I Nr. 1 schon die Ausübung einer Tätigkeit, die auf die Erlangung oder Mitteilung von Staatsgeheimnissen gerichtet ist, und zwar selbst dann, wenn es zu dem beabsichtigten Austausch von Auskünften nicht gekommen ist (vgl. § 98 RN 2 ff.; vgl. aber auch die Kritik von Jakobs an der Kriminalisierung im Vorfeld einer Rechtsgutsverletzung, sofern die Handlung des Täters nicht per se als rechtsstörend zu werten ist, wie z. B. bei Reise ins Ausland, sondern nur unter Hinzunahme des „internen Kontextes": ZStW 97, 761). Bei wieder anderen Tatbeständen muß ein Teil der Handlungs- bzw. Erfolgselemente *objektiv* vorliegen, während im Hinblick auf andere schon die darauf gerichtete *Absicht* genügt, so z. B. beim Betrug, wo die Verfügung des Opfers auf Grund der Irrtumserregung tatsächlich zu einem Schaden geführt haben muß, während für die Bereicherung auf Seiten des Täters schon die darauf gerichtete Absicht ausreicht (vgl. § 263 RN 5); ähnlich genügt für Vollendung von § 240, daß das Opfer mit der Ausführung der abgenötigten Handlung begonnen hat, ohne daß aber damit der Täter sein Nötigungsziel bereits erreicht hätte (BGH NStZ **87**, 70). Zu besonderen Vollendungsproblemen bei Zoll- und sonstigen Grenzdelikten vgl. BGH NJW **86**, 274, StV **85**, 14, **86**, 527, MDR **86**, 861, Jakobs JR 83, 421, Hübner JR 84, 79 m. Rspr.-Nachw. Besteht der Tatbestand im *Unterlassen* einer bestimmten Handlung (z. B. einer Hilfeleistung nach § 323 c), so tritt die Vollendung im Falle des Untätigbleibens in dem Zeitpunkt ein, bis zu dem die gebotene Handlung hätte vorgenommen werden müssen (Karlsruhe VRS **66** 461; vgl. auch u. 27). Liegen alle Tatbestandsvoraussetzungen vor, so wird die Vollendung nicht dadurch ausgeschlossen, daß der Täter seine Absicht noch nicht in vollem Umfang zu verwirklichen vermochte (vgl. RG **58** 278 sowie u. 4). Zu weiteren Grenzfällen vgl. Kühl JuS 82, 110 ff.

Ist die Tat vollendet, so ist – anders als beim Versuch – grundsätzlich strafbefreiender **Rücktritt ausgeschlossen.** Nur vereinzelt wird hier vom Gesetz eine tätige Reue als Strafaufhebungsgrund anerkannt, wie z. B. bei Brandstiftung (§ 310); vgl. § 24 RN 116. Zur Frage des Rücktritts bei Unternehmensdelikten und ähnlichen Tatbeständen, die ihrem Verwirklichungsgrad nach lediglich Versuchshandlungen erfassen, vgl. u. 14 ff., 30.

2. Von der formellen Vollendung ist die tatsächliche **Beendigung** der Tat („materielle Vollendung") zu unterscheiden (grdl. Jescheck Welzel-FS 683 ff.). Letztere tritt einerseits erst ein, wenn das Tatgeschehen über die eigentliche Tatbestandserfüllung hinaus seinen tatsächlichen Abschluß gefunden hat, insbes. etwaige mit der Tat verknüpfte Absichten zur Realisierung gekommen sind (Bay NJW **80**, 412, Rudolphi SK 7 vor § 22; vgl. aber auch Kühl aaO 76, JuS 82, 113 f., der zwischen Verhaltens- und Erfolgsbeendigung unterscheidet), andererseits aber bereits dann, wenn eine weitere Rechtsgutsbeeinträchtigung ausgeschlossen ist, wie etwa bei endgültigem Verlust der Beute: BGH NJW **85**, 814 m. Anm. Küper JuS 86, 862). Da dieser Beendigungsbegriff als Abschluß des durch den Tatbestand (möglicherweise nur ausschnittweise) erfaßten natürlichen Geschehens Vollendung voraussetzt, kann bei einer im Versuchsstadium gescheiterten Tat – entgegen Hruschka JZ 83, 218 – sinnvollerweise nicht von einer Beendigungsphase gesprochen werden. Dies ist auch gegenüber dem (möglicherweise mißverständlichen) Reden von „beendetem" Versuch bei Rücktritt (vgl. § 24 RN 6, 58 ff.) zu beachten. Vgl. zum Ganzen auch Furtner MDR 65, 431, JR 66, 169, Hruschka GA 68, 193, Kühl JR 83,

427, Stratenwerth JZ 61, 95. Grds. krit. zur Beendigung als „mißglückter Rechtsfigur" Bitzilekis ZStW 99, 723.

5 a) Eine derartige „Nachzone" zwischen formeller Vollendung und materieller Beendigung kommt vor allem in folgenden **Fallgruppen** in Betracht (vgl. auch die Differenzierung von Jescheck Welzel-FS 685 ff. oder Bitzilekis aaO 725 ff.):

6 α) Zum einen bei Tatbeständen mit sog. *„überschießender Innentendenz"*, bei denen der Täter mit einer über den objektiven Tatbestand hinausgreifenden Absicht gehandelt haben muß, wie z. B. bei kupierten Erfolgsdelikten (§ 263) bzw. „verkümmert zweiaktigen" Delikten (§§ 267, 288). So ist Betrug schon mit Schadenseintritt vollendet (BGH **32** 243), jedoch erst beendet, wenn der Täter den erstrebten Vorteil erlangt hat (vgl. BGH StV **84**, 329, ferner § 263 RN 178, Hau aaO 107; and. Kühl aaO 104).

7 β) Eine weitere Fallgruppe bilden Delikte, die aufgrund entsprechender Tatbestandsfassung schon durch das tatbestandsmäßige *Handeln als solches* vollendet (z. B. bei § 267 durch Herstellen einer unechten Urkunde), aber erst mit tatsächlicher Beeinträchtigung des Schutzgutes beendet werden (wie durch Gebrauch der Urkunde); vgl. Hau aaO 101. Vgl. auch BGH **6** 247 zum Anbieten von Betäubungsmitteln sowie BGH **25** 137 zur verbotswidrigen Einfuhr von Rauschgift.

8 γ) Dieser Fallgruppe stehen jene Fälle nahe, in denen das Tatgeschehen erst mit Erreichung des vom Täter angestrebten, über die Tatbestandsverwirklichung hinausgehenden End- bzw. *Gesamterfolgs* zum Abschluß kommt, wie z. B. durch Bergung und Sicherstellung der Diebstahlsbeute (vgl. RG **74** 176, BGH **4** 133, **20** 196, StV **81**, 127, **83**, 104), oder bei Zollvergehen, die bereits mit Überschreiten der Grenze vollendet, aber erst mit Verbringung der Ware an ihren Bestimmungsort beendet sind (vgl. RG **51** 402, **52** 26, **55** 139, **67** 348, 358, **74** 163, BGH **3** 44), ebenso bei der bereits mit dem Entfernen vollendeten, aber erst bei vollem Verfolgungsentzug beendeten Unfallflucht (vgl. Küper JZ 81, 251 ff.; zu weitgehend Bay NJW **80**, 412: Erreichen des Sicherheitsziels). Ähnlich tritt auch bei Brandstiftung, die bereits mit Inbrandsetzung eines der in den §§ 306 ff. genannten Objekte vollendet ist (vgl. § 306 RN 9), die Beendigung erst mit Erreichen des erstrebten Zieles, nämlich Vernichtung des ganzen Gebäudes durch Brand ein (vgl. Hamm JZ **61**, 94 m. Anm. Stratenwerth). Soweit hierbei Handlungen des Täters der Herbeiführung der Beendigung dienen, zählen sie auch dann noch zur Begehung des Delikts, wenn sie als solche kein Tatbestandsmerkmal mehr erfüllen (and. Isenbeck NJW 65, 2326); ein solcher Zusammenhang kann allerdings nur so lange angenommen werden, als dadurch der Angriff auf das betroffene Rechtsgut andauert oder gar intensiviert, also nicht nur Tatverdeckung bezweckt wird. Vgl. Hau aaO 36 ff., aber auch Kühl aaO 60, der insoweit auf die materiell „tatbestandstypische" Art und Weise der Handlung abstellt, einschränkend auf (weitere) tatbestandsmäßige Unrechtsfolge auch M-Gössel II 9 ff., Rudolphi SK 9 vor § 22.

9 δ) Nicht zuletzt ist bei den durch ein *Dauerelement* gekennzeichneten Taten die Unterscheidung von Vollendung und Beendigung von Bedeutung (vgl. Jescheck Welzel-FS 687). Das gilt vornehmlich für echte Dauerdelikte (wie §§ 123, 239), die mit Schaffung des rechtswidrigen Zustandes vollendet, aber erst mit dessen Aufhebung beendet werden (vgl. 81 ff. vor § 52, aber auch Kühl aaO 64, der hier auf den Gesichtspunkt unechten Unterlassens abstellt). Ähnlich tritt bei den auf eine kontinuierliche Weiterführung angelegten Tatbeständen (z. B. das unbefugte „Führen von Amtsbezeichnungen" nach § 132a, das „Ausüben" eines dem Täter untersagten Berufes nach § 145c, das dem Wilde „Nachstellen" nach § 292) Vollendung bereits mit Beginn der betreffenden Tätigkeit ein, Beendigung hingegen erst mit deren Einstellung (vgl. auch BGH **28** 169 zu § 99). Entsprechendes wird auch für die durch *„natürliche Handlungseinheit"* zusammengefaßten Taten zu gelten haben (vgl. aber 22 ff. vor § 52). Ob aber eine solche Hinauszögerung des Beendigungszeitpunkts bis zum letzten Teilakt auch hinsichtlich vorangehender Einzelakte eines *fortgesetzten* Delikts angenommen werden kann, erscheint entgegen der h. M. (vgl. RG **66** 36, Vogler LK 77 vor § 52 mwN) zweifelhaft; jedenfalls können die an die Beendigung geknüpften Rechtswirkungen nicht ohne weiteres auf die primär prozeßökonomisch begründete Fortsetzungstat übertragen werden (vgl. Jescheck Welzel-FS 689, 696 ff., ferner 33 vor § 52).

10 b) Die **praktische Bedeutung** dieser Unterscheidung liegt vor allem darin, daß im Zwischenstadium zwischen Vollendung und Beendigung noch eine *Tatbeteiligung* möglich ist (vgl. § 27 RN 17, Hau aaO 114 ff., einschr. Kühl, aaO 80 ff., JuS 82, 189 ff., M-Gössel II 8 f., Roxin LK § 27 RN 22, Rudolphi SK 9 vor § 22, Vogler LK 35); zu möglicher Begünstigung oder Strafvereitelung in dieser Phase vgl. § 257 RN 8, § 258 RN 6. Ferner bestimmt sich die *Verjährung* nach der Beendigung der Tat (vgl. § 78a S. 1, RN 1 ff., aber auch Kühl JZ 78, 549 ff.); über die Verjährung bei Fortsetzungstaten vgl. 33 vor § 52. Auch für die Begründung von *Idealkonkurrenz* bildet die Beendigung die maßgebliche Zäsur (vgl. § 52 RN 11 ff.).

11 Von praktischer Bedeutung ist ferner die Frage, ob *qualifizierende Umstände* (und zwar gleich, ob als echtes Tatbestandsmerkmal oder als bloßes Regelbeispiel), die zwischen Vollendung und Beendigung der Tat verwirklicht werden, dem Täter noch angelastet werden dürfen, so z. B., wenn er sich nach Vollendung eines Diebstahls mit einer Waffe versieht (§ 244 I Nr. 2). Die Entscheidung kann nur durch Auslegung der einzelnen Bestimmungen erfolgen, wobei verschiedene Situationen denkbar sind: Besteht eine Tat aus *mehreren Einzelakten,* die jeder für sich den vollen Tatbestand erfüllen, so ist die Tat mit der Begehung des ersten Aktes vollendet; verwirklicht der Täter bei den weiteren Akten qualifizierende Merkmale, so fallen sie ihm in vollem Umfang zur Last (der Dieb, der seine Beute in drei Säcken aus dem Hause tragen will, findet beim zweiten Sack die Haustür verschlossen und öffnet sie mit einem Nachschlüssel). Handelt es sich dagegen um eine *einzige* Tatbestandsverwirklichung, so sind danach verwirklichte qualifizierende Umstände jedenfalls dann nicht mehr zuzurechnen, wenn auch der materielle Unrechtsgehalt (vgl. Schmidhäuser 641) des jeweiligen Delikts zuvor bereits voll erfüllt war (vgl. Hau aaO 36; aber auch Hruschka GA 68, 205, Rudolphi SK 10 vor § 22; grds. abl. Kühl JuS 82, 191 f., Bitzilekis ZStW 99, 736 f.), so z. B. die erstrebte Diebesbeute bereits vollständig aus dem Einflußbereich des Opfers geschafft war; vgl. auch § 250 RN 9 ff.

3. Im Unterschied zur Vollendung und Beendigung ist der **Versuch** die begonnene, aber 12 unvollendet gebliebene Tat, und zwar unvollendet in dem Sinne, daß die Tat zwar subjektiv vollständig gewollt, aber objektiv unvollständig geblieben ist (Lackner § 22 Anm. 1). Für die Abgrenzung gegenüber der formellen Vollendung (o. 2) ist daher allein entscheidend, ob die Merkmale des betreffenden Tatbestandes (schon) erfüllt sind. Ist dies zu verneinen, so kommt nicht Vollendung, sondern allenfalls Versuch in Betracht (vgl. im einzelnen § 22 RN 2 ff.). Zur *kriminologischen* Relevanz des Versuchs Meyer ZStW 87, 598 ff., ferner Sonnen/Hansen-Siedler JA 88, 17 f., Walder Leferenz-FS 537 ff.

4. Noch weiter im Vorfeld des deliktischen Geschehens liegen die bloßen **Vorbereitungs-** 13 **handlungen.** Da sie nicht einmal das Stadium des Versuchs erreichen und damit von der Vollendung noch zu weit entfernt sind, bleiben sie *grundsätzlich straflos.* Doch können auch schon bloße Vorbereitungshandlungen **ausnahmsweise strafbedroht** sein, und zwar vor allem in drei Fallgruppen:

α) Zum einen bei *bestimmten typischerweise gefährlichen* Vorbereitungshandlungen zu bestimmten 14 Tatbeständen: so bei Anschaffung von Fälschungsgeräten (§ 149), Ausspähung von Staatsgeheimnissen (§ 96 I) oder auf Täuschung ausgerichtete Handlungen (§§ 264, 265, 265 b). β) Zum anderen dort, wo bei bestimmten Tatbeständen im Interesse möglichst frühzeitiger Abschirmung *Vorbereitungshandlungen jeglicher Art* unter Strafe gestellt werden: wie bei zahlreichen Staatsschutzdelikten (vgl. §§ 83, 87, 98, 99), ferner § 234 a III. γ) Schließlich werden aus ähnlichen Gründen bestimmte *Vorstufen der Teilnahme* wegen der darin liegenden gefährlichen psychischen Bindung der Beteiligten bzw. des aus der Kontrolle des Anstifters geratenen Tatanstoßes bei Verbrechen generell unter Strafe gestellt (§ 30). Vgl. im einzelnen Letzgus aaO 123 ff., M-Gössel II 6 ff. In all diesen Fällen handelt es sich bei entsprechender Tatbestandsverwirklichung um **formell vollendete** Delikte. Ob diese ihrerseits versucht werden können, dazu u. 28 f.; zum Rücktritt bei formeller Vollendung vgl. § 24 RN 116 f.

5. Ähnlich wird auch bei den sog. **Unternehmensdelikten** bereits das deliktische Vorfeld in 15 den Vollendungsbereich einbezogen, und zwar dadurch, daß bei Tatbeständen, die das „Unternehmen" einer Tat unter Strafe stellen, durch § 11 I Nr. 6 der Versuch formell der Vollendung gleichgestellt wird.

Solche „echten" Unternehmensdelikte finden sich vor allem im Bereich des Staatsschutzes (vgl. 16 etwa §§ 81, 82). Mit gewissen Einschränkungen gilt ähnliches auch für die sog. „unechten" Unternehmensdelikte, die zwar im Gesetz nicht ausdrücklich als solche bezeichnet sind, bei denen sich jedoch aus der Tatbestandsfassung ergibt, daß bereits eine mit bestimmten Absichten verfolgte Tätigkeit strafbar sein soll, wie z. B. das „Hilfeleisten" in § 257. Näher zum Ganzen § 11 RN 52 ff.

II. Der seit langem umstrittene **Strafgrund des Versuchs** (zur Geschichte Baumgarten aaO 17 sowie aus neuerer Zeit insbes. Papageorgiou aaO 1 ff., Weigend aaO, Zaczyk aaO 17 ff.; aus schweiz. Sicht Walder SchwZStr. 99, 225 ff.) ist weder einseitig in objektiven noch in subjektiven Faktoren zu erblicken, sondern aus dem *rechtserschütternden Eindruck,* den die *Betätigung des verbrecherischen Willens in der Allgemeinheit* hinterläßt, zu erklären (vgl. u. 23).

1. Demgegenüber erblickten die älteren **objektiven Theorien** den Strafgrund des Versuchs in der 18 *konkreten Gefährdung* des durch die Tat angegriffenen Rechtsgutsobjekts (vgl. RG 68 340, v. Liszt-Schmidt 301, aber auch noch v. Hippel aaO 26, Spendel NJW 65, 1888, Stock-FS 98 ff. sowie neuerdings dahin tendierend Weigend aaO 126 ff.). Nach dieser auf dem Liszt-Belingschen Verbrechensbegriff beruhenden Auffassung konnte Unrecht nur objektiv als konkrete Gefährdung oder Verletzung begründet werden, während alles Subjektive der Schuld zuzuordnen war. Mangels objektiver Gefährlichkeit war demzufolge auch der untaugliche Versuch als straflos anzusehen (vgl. § 22 RN 66 f.).

Eine Spielart dieser Theorie war die vor allem von Dohna aaO 56 f., Frank § 43 Anm. I, Rittler I 19 256, Sauer AT 98 ff. vertretene Lehre vom „**Mangel am Tatbestand**", wonach schon begrifflich Versuch ausgeschlossen sei, wo dem Täter zum Tatobjekt tatbestandlich erforderliche Eigenschaften fehlen. Demzufolge bleibt für Versuch nur dort Raum, wo lediglich das „tatbestandliche Schlußstück", der *Erfolg,* fehlt. Dagegen war sowohl bei mangelnder *Täterqualität* (z. B. wenn ein Nicht-Amtsträger eine Aussageerpressung nach § 343 zu begehen glaubt) wie auch beim Mangel eines tatbestandlichen *Objekts* (Wegnahme der eigenen Sache) Versuch zu verneinen. Bei Versuch mit untauglichen *Mitteln* ist nach Frank (§ 43 Anm. III) der Täter nur strafbar, wenn er sich in einem sog. ontologischen Irrtum, d. h. einem solchen über die tatsächlichen Verhältnisse befunden hat, nicht dagegen dort, wo er sich in einem nomologischen Irrtum, d. h. einem solchen über die Gesetze des Geschehens, befindet. Immerhin findet darin jedenfalls die seither einhellig angenommene Straflosigkeit des Versuchs mit „abergläubischen" Mitteln eine Grundlage (vgl. § 23 RN 13), ebenso die fakultative Straflosigkeit des „grob unverständigen" Versuchs nach § 23 III (vgl. Roxin JuS 73, 330), wenn darunter nach den Motiven des E 62 Begr. 145 in erster Linie „völlig abwegige Vorstellungen von gemeinhin bekannten Ursachenzusammenhängen" fallen sollen.

20 Trotz brauchbarer Ansätze bzw. Konsequenzen sind jedoch derartige objektive Theorien im Prinzip nicht mehr haltbar: einmal deshalb, weil § 22 der subjektiven „Vorstellung des Täters von der Tat" eine ganz maßgebliche Bedeutung zukommen läßt; zum anderen, weil nach der dem § 23 III zugrundeliegenden Vorstellung des Gesetzgebers auch objektiv völlig ungefährliche Versuche strafwürdig sein können (vgl. aber auch u. 23 sowie § 22 RN 65).

21 2. Demgegenüber ist nach den **subjektiven Versuchstheorien** Strafgrund des Versuchs die Betätigung eines verbrecherischen Willens bzw. einer *rechtsfeindlichen Gesinnung*. An dieser schon vom RG ständig vertretenen (RG **1** 441, **8** 203, **34** 21) und auch heute noch verbreiteten Auffassung (vgl. BGH **11** 268, Baumann/Weber 472, D-Tröndle § 22 RN 24, Lackner § 22 Anm. 2a) ist richtig, daß dem subjektiven Element beim Versuch schon deshalb erhebliche Bedeutung zukommt, weil ohne Berücksichtigung des Tätervorhabens bereits das Vorliegen eines Versuchs gar nicht sinnvoll beurteilt werden kann (vgl. § 22 RN 3; einschr. Oehler aaO 112 ff.; vgl auch Kindhäuser aaO, insbes. 135 f., wonach im Hinblick auf den Sanktionszweck als „Sicherung der Normgeltung" ein Verhalten strafbar sei, wenn es „Ausdruck mangelnder Anerkennung der Norm" sei). Doch ist andererseits bei Überbetonung des Subjektiven die Gefahr nicht auszuschließen, daß die Strafbarkeit des Versuchs sowohl in zeitlicher (Vorverlagerung des Versuchsbeginns) wie auch in qualitativer Hinsicht (so beim untauglichen Versuch) ungebührlich weit ausgedehnt wird (vgl. etwa RG **71** 53, BGH **6** 302 sowie § 22 RN 29, 63). Auch kann bei allzu starker Berücksichtigung des Täterwillens anstelle der Tat der Täter allzu sehr in den Vordergrund der Unrechtsbetrachtung geraten. Doch „böser Wille" kann – selbst wenn betätigt – weder strafwürdiges Unrecht als ein Ereignis von sozialer Bedeutung noch die Strafwürdigkeit eines Verhaltens hinreichend begründen. Daß der rechtsfeindliche Wille für sich allein nicht genügen kann, wird auch durch § 23 III erkennbar, wenn dort für den in „grobem Unverstand" unternommenen Versuch, bei dem der rechtsfeindliche Wille in keiner Weise geringer zu sein braucht als bei einem „normalen" untauglichen Versuch, Straflosigkeit in Betracht gezogen wird. Aus ähnlichen Erwägungen ist auch die sog. **Tätertheorie** (Kohlrausch-Lange III 4 vor § 43 a. F.) abzulehnen (vgl. 19. A. RN 22). Dagegen wären solche Einwände weniger durchschlagend gegenüber dem neuerlichen Bemühen von Struensee, eine subjektive Versuchstheorie unter bereits tatbestandlicher Ausgrenzung von „Wahnkausalität" zu begründen (ZStW 102, 21 ff.), ohne daß er freilich mit seiner Einengung des Versuchs auf „realtaugliches" Verhalten im Hinblick auf § 23 III (vgl. § 22 RN 61, § 23 RN 12) überzeugen könnte.

22 3. Den Vorzug verdient daher – nicht zuletzt in Ermangelung eines bislang Besseren – eine **vermittelnde** Auffassung, die zwar von der subjektiven Versuchstheorie ausgeht, für die Strafbarkeit einer Versuchstat jedoch ergänzend auf deren sozialpsychologische Wirkung, den „Eindruck" der Tat auf die Allgemeinheit abstellt (o. 17): sog. **Eindruckstheorie** (heute h. M.: vgl. Jescheck 462 f., Meyer ZStW 87, 604, Roxin JuS 79, 1, Rudolphi SK 13ff. vor § 22, Schünemann GA 86, 309, 323, Vogler LK 52 ff., Wessels I 173; zu ersten Ansätzen u. a. bereits v. Bar II 527 ff. sowie dann insbes. bei v. Gemmingen aaO vgl. krit. Zaczyk aaO 20 ff., ferner Weigend aaO 121 ff.). Danach besteht ein Strafgrund für Versuch, weil und soweit er durch den damit manifestierten rechtsfeindlichen Willen das Vertrauen der Allgemeinheit in die Geltung der Rechtsordnung zu erschüttern geeignet ist (vgl. M-Gössel II 22 f.). Dabei besteht selbst bei untauglichem Versuch ein Rechtsgutsbezug insofern, als zwar nicht ein konkretes Rechtsguts*objekt*, wohl aber das *geschützte Rechtsgut* durch den im Versuch manifestierten Geltungsangriff gefährdet wird (Sax JZ 76, 432 f.). Somit geht es auch bei der Versuchsstrafbarkeit nicht um Sanktionierung individualethischer Verwerflichkeit, sondern um Abwehr sozialschädlicher Angriffe (vgl. auch 19. A. RN 24). Auch die Begründung des Versuchs als „Verdeutlichung des Normbruchs in einem tatbestandsnahen Verhalten" (so Jakobs 589 f.) dürfte als eine – wenngleich stärker formalisierte – Spielart der Eindruckstheorie zu begreifen sein.

23 4. Das weitergehende Bemühen von Schmidhäuser I 344 ff. und Alwart aaO, auf **dualistischer** Basis das Versuchsdelikt auf den „Zielversuch" und den „Gefährdungsversuch" zu beschränken, sieht sich nicht nur dem Widerspruch ausgesetzt, „die Intention als essentielles Merkmal des Versuchens" (Alwart aaO 168, 220) durch Akzeptierung non-intentionalen gefährlichen Verhaltens selbst wieder

aufzugeben, sondern ist auch von seiner alltagssprachlich-begrifflichen Herleitung her schwerlich überzeugend (vgl. Gössel GA 84, 45), ganz abgesehen davon, daß es sich bei den zugrundeliegenden Unrechtskategorien kaum um mehr handelt als um zwar mögliche, aber keineswegs zwingende Denkmodele.

5. Demgegenüber setzt Zaczyk insofern tiefer an, als er bei seinem an sich begrüßenswerten **24** Ansatz, den Versuch selbst (aus sich heraus), als Unrecht zu begreifen, an Einsichten Kants und Fichtes zum Dasein als Rechtsperson und ihrem Verhältnis zum anderen anknüpft (aaO 126ff.) und den Versuch einer Tat schließlich als „Übergang eines der Konstituenten des jeweils betroffenen Rechtsguts von der Anerkennung zur Verletzung" darstellt (aaO 327). Da diese vielleicht als **„interpersonal"** charakterisierbare Theorie jedoch – anhand drei verschiedener Rechtsgutsklassen – wesentlich an Differenzierungen des Besonderen Teils, aber auch an den Gestaltungen des Einzelfalls auszurichten sei, hängen die Ergebnisse von teils mehrstufigen und auch nicht immer leicht nachvollziehbaren Unterscheidungsgängen ab, so daß die für die Praxis notwendigen Abgrenzungen – etwa zwischen Vorbereitung und Versuch (vgl. die u. 42 wiedergegebene Formel) – kaum einfacher geworden sind. Zudem kommt auch Zaczyk an den von ihm kritisierten Theorievermischungen nicht ganz vorbei, wenn er sich bei bestimmten Deliktsgruppen statt der ansonsten materiellen (aaO 306, 330) zu einer formell-objektiven Abgrenzung gezwungen sieht (aaO 322ff.; vgl. § 22 RN 26).

III. Ob und inwieweit **Versuch überhaupt möglich** ist, ist bei bestimmten Deliktsarten **25** schon *begrifflich* (d. h. unabhängig von seiner *Strafbarkeit* nach § 23) zweifelhaft:

1. Unstreitig ist bei den **vorsätzlichen Begehungsdelikten** Versuch denkbar, dagegen bei **26** *Fahrlässigkeits*delikten schon begrifflich auszuschließen, da es dem Fahrlässigkeitstäter bereits an dem für Versuch wesentlichen Tatentschluß fehlt (vgl. § 22 RN 22). Zum Versuch bei *Vorsatz-Fahrlässigkeitskombination* vgl. § 11 RN 76.

2. Auch Versuch durch **Unterlassen** wird heute i. Grds. allgemein für möglich gehalten **27** (vgl. OGH **1** 359, Grünwald JZ 59, 48ff., Jescheck 576ff., Maihofer GA 58, 289ff., M-Gössel II 33, Stratenwerth 285, Vogler LK 61ff., Welzel 221; krit. jedoch Herzberg MDR 73, 89; einschr. auch Rudolphi SK 55 vor § 13 gegenüber untauglichem Unterlassungsversuch). Insoweit den Begehungsdelikten entsprechend, setzt auch der Unterlassungsversuch sowohl ein subjektives wie ein objektives Moment voraus (vgl. § 22 RN 50): einerseits den auf die Nichtvornahme der geforderten Tätigkeit bzw. den Eintritt des Erfolges gerichteten *Vorsatz,* andererseits den *Beginn der Pflichtverletzung.* Letztere ist dort anzusetzen, wo zur Abwendung einer dem Schutzgut drohenden Gefahr ein Eingreifen erforderlich wird. Dementsprechend liegt eine Pflichtverletzung erst dort vor, wo die Nichtvornahme der Handlung die Gefahr schafft oder erhöht, wobei auch hierfür die Vorstellung des Täters maßgeblich ist (Jescheck 578, Rudolphi MDR 67, 1, SK 51ff. vor § 13, Stratenwerth 286; vgl. auch Roxin Maurach-FS 226, Wessels I 231f.). Ist diese Gefahr erst für einen späteren Zeitpunkt zu erwarten und würde das Eingreifen des Unterlassenden bis dahin zu jedem Zeitpunkt noch die gleiche Erfolgsaussicht haben, so kann im bloßen Zuwarten noch kein Beginn der Pflichtverletzung und damit auch nicht Unterlassungsversuch angenommen werden. Im übrigen herrschen über den möglichen Umfang und Beginn des Unterlassungsversuchs noch mannigfache Zweifelsfragen; näher dazu § 22 RN 47ff.

3. Auch bei selbständig für strafbar erklärten **Vorbereitungshandlungen,** die bei ihrer Tat- **28** bestandsverwirklichung als formell vollendet gelten (o. 13), ist an sich Versuch denkbar und jedenfalls in der dort erstgenannten Fallgruppe, in denen lediglich *bestimmte typischerweise gefährliche* Vorbereitungshandlungen unter Strafe gestellt werden, auch kriminalpolitisch vertretbar (Vogler LK 89). Demgemäß kann etwa das Ausspähen von Staatsgeheimnissen (§ 96), das der Vorbereitung eines Landesverrates dient, seinerseits versucht werden (vgl. BGH **6** 387), ebenso Versicherungsbetrug (§ 265), wenn die Brandstiftung in der irrtümlichen Annahme, daß die Sache versichert sei, begangen wird (vgl. RG **68** 436, Jescheck 472, ferner § 265 RN 14).

Soweit dagegen für die Vorbereitungstatbestände bereits das *allgemeine deliktische Vorfeld* **29** erfaßt wird, wie namentlich bei den Vorstufen der Beteiligung (§ 30; vgl. o. 14), besteht für eine nochmalige Vorverlagerung durch Versuch der Vorbereitung *kein* berechtigtes Bedürfnis (daher insoweit zu Recht abl. RG **58** 394, BGH **6** 87, Jescheck 472, Vogler LK 90). Deshalb kann etwa die Vorbereitung eines hochverräterischen Unternehmens nach § 83 nicht ihrerseits noch in ein weiteres Versuchsstadium vorgezogen werden (vgl. M-Gössel II 7, Schmidhäuser I 342). Entsprechendes gilt für die *Unternehmensdelikte,* bei denen bereits durch Gleichstellung des Versuchs mit der Vollendung das allgemeine Vorfeld abgedeckt wird (vgl. § 11 I Nr. 6, RN 48, ferner Vogler LK 94 vor § 22).

Soweit nach dem Vorangehenden der Versuch einer Vorbereitungshandlung in Betracht kommt **30** (o. 28), gelten für den **Rücktritt** naturgemäß die allgemeinen Regeln des § 24. Wird die Vorbereitungshandlung hingegen formell vollendet (vgl. o. 14), bleibt für Rücktritt an sich kein Raum mehr, so daß auch § 24 ausscheidet (vgl. BGH 15 199). Da aber derartige Tatbestände in der Regel materiell nur Vorbereitungs- oder Versuchscharakter haben, wird durch Sondervorschriften trotz formeller Vollendung meist die Möglichkeit strafbefreiender tätiger Reue eingeräumt (vgl. § 24 RN 125 ff.).

31 4. Auch bei den sog. **erfolgsqualifizierten Delikten** (z. B. §§ 178 III, 251) ist i. Grds. die Möglichkeit eines Versuchs zu bejahen. Näher dazu wie auch zu den dafür in Betracht kommenden Fallkonstellationen bei § 18 RN 8 ff., § 224 RN 9, § 226 RN 7.

§ 22 Begriffsbestimmung

Eine Straftat versucht, wer nach seiner Vorstellung von der Tat zur Verwirklichung des Tatbestandes unmittelbar ansetzt.

Übersicht

A. Begriff und Struktur des Versuchs . . . 1–4
B. Versuchsvoraussetzungen im einzelnen
   I. Nichtvollendung der Tat 5–11
   II. Subjektiver Versuchstatbestand . . 12–23
     1. Wissenselement 14–16
     2. Willenselement 17–22
     3. Besondere subjektive Tatbestandsmerkmale 23
   III. Objektiver Versuchstatbestand: . . 24–58a
     1. (Ältere) Abgrenzungstheorien zu Vorbereitung und Versuch . 25–31
     2. Individuell-objektive Theorie – „unmittelbares Ansetzen" 32–42
     3. Rechtsprechungskasuistik 43–45
     4. Sonderfragen bei Unterlassen . 46–53
     5. Versuch bei Tatbeteiligung mehrerer 54–55
     6. Versuchsbeginn bei actio libera in causa 56
     7. Versuch bei qualifizierten Delikten und Regelbeispielen . . . 58–58a
   IV. Rechtswidrigkeit – Schuld – Rücktritt 59
C. Sonderprobleme
   I. Untauglicher Versuch 60–77
   II. Wahndelikt 78–92

Schrifttum: Vgl. die Angaben zu den Vorbem. vor § 22.

A. Begriff und Struktur des Versuchs

1 Entgegen seiner Überschrift gibt § 22 **keine volle Begriffsbestimmung** des Versuchs, sondern nennt lediglich die für Versuchs*beginn* maßgeblichen Kriterien (zur Vorgeschichte vgl. Papageorgiou aaO 22 ff., Schubert GA 82, 204 ff.). Insofern enthält die Vorschrift im Grunde nur eine Formel für die Abgrenzung zwischen (strafloser) Vorbereitungshandlung und (strafbarem) Versuch. Doch lassen sich der für Versuch erforderlichen „Vorstellung" des Täters von der Tat wie auch dem „unmittelbaren Ansetzen" zur Tatbestandsverwirklichung sowohl ein subjektives wie ein objektives Element entnehmen. Als eine subjektiv vollständig gewollte, aber objektiv unvollständig gebliebene Tat (vgl. 12 vor § 22) sind somit für den Versuch folgende **drei Elemente wesentlich** (allg. zur Struktur der Versuchshandlung Fiedler aaO 60 ff., v. Hippel aaO 26 ff.):

2 1. Als *unvollständig* gebliebene Tat darf die Tatbestandsverwirklichung **nicht zur Vollendung** gekommen sein. Durch diesen begriffsnotwendigen objektiven Mangel bleibt der Versuch hinter der Vollendung und Beendigung (dazu 1 ff. vor § 22) zurück; näher u. 5 ff.

3 2. Als *gewollte* Tat erfordert Versuch das Vorliegen des **vollen subjektiven Tatbestandes,** also sowohl einen auf Verwirklichung der objektiven Tatbestandsmerkmale gerichteten Vollendungsvorsatz als auch etwaige besondere tatbestandliche Absichten oder Motive. Durch diesen „Entschluß" zu einer bestimmten tatbestandlich vertypten Tat erlangt das sonst völlig neutral erscheinende äußere Geschehen überhaupt erst Sinn und Ziel (vgl. Baumann/Weber 474; and. Spendel Stock-FS 109). Denn da die Tat objektiv unvollständig geblieben ist, läßt sich aus dem äußeren Geschehen u. U. noch kein Rückschluß auf einen bestimmten Unrechtstatbestand ziehen. Daher ergibt sich weniger aus dem, was in der Außenwelt tatsächlich geschieht, als vielmehr aus dem, was der Täter zu tun entschlossen ist, der Bezug auf einen bestimmten Tatbestand. Aus diesem Grunde – und nicht erst als Konsequenz einer bestimmten Handlungs- oder Unrechtslehre – ist der auf eine bestimmte Tatbestandsverwirklichung gerichtete Vorsatz beim Versuch bereits als Teil des Unrechtstatbestandes zu begreifen. Demgemäß ist auch für nichtfinale Verbrechenslehren der Vorsatz beim Versuch nicht erst ein Schuld-, sondern bereits ein **subjektives Unrechtselement** (Baumann/Weber 283, 475, Blei I 219). Vgl. im einzelnen u. 12 ff.

Begriffsbestimmung 4–15 § 22

3. Als *begonnene* Tat muß der Versuch nach der Vorstellung des Täters mindestens in das Stadium 4
eines **unmittelbaren Ansetzens** zur Tatbestandsverwirklichung gelangt sein (näher u. 24 ff.). Aus
dieser objektiv erforderlichen, wenn auch unter Zugrundelegung des individuellen Täterplanes zu
beurteilenden „Ausführungshandlung" ergibt sich zum einen die Notwendigkeit einer Abgrenzung
zwischen (strafloser) Vorbereitungshandlung und (strafbarem) Versuch (dazu u. 25 ff.), zum anderen
die Frage, ob und inwieweit die Versuchshandlung auch in qualitativer Hinsicht eine gewisse Annäherung an die Deliktsvollendung erreicht haben muß; letzteres ist insbes. für den sog. untauglichen
Versuch bedeutsam (dazu u. 60 ff. sowie § 23 RN 13 a).

B. Die Voraussetzungen des Versuchs im einzelnen

I. Nichtvollendung der Tat als gleichsam negatives Versuchselement (o. 2). Dies kann 5
verschiedene Gründe haben (vgl. Kühl JuS 80, 122 f.):

1. Die wichtigste Fallgruppe von Nichtvollendung bildet das **Ausbleiben des tatbestandsmä-** 6
ßigen Erfolgs. Ob dies auf einer *Untauglichkeit des Mittels* (etwa weil die Giftdosis zu niedrig
angesetzt ist) oder auf *Untauglichkeit des Objekts* (so bei Wegnahme einer vermeintlich fremden,
in Wirklichkeit jedoch eigenen Sache) beruht, ist nach heute h. M. ebenso gleichgültig wie das
Scheitern der Tatvollendung wegen *fehlender Täterqualität* (z. B. mangelnde Amtsträgereigenschaft bei Amtsdelikten). Entscheidend ist allein, daß ein für die formelle Tatvollendung notwendiges Element fehlt. Dagegen ist das Ausbleiben der materiellen *Beendigung* (dazu 4 ff. vor
§ 22) für den Versuch irrelevant. Allerdings kann je nach dem Grad der Untauglichkeit des
Tatobjekts bzw. des Tatmittels ausnahmsweise Strafmilderung oder gar Straflosigkeit in Betracht kommen (dazu u. 70 ff. sowie § 23 RN 12 ff.). Zu der Frage, inwieweit bei Untauglichkeit des Subjekts bereits die Strafbarkeit als solche zu verneinen ist, vgl. u. 75 f.

2. An der Vollendung kann es aber auch aus **subjektiven** Gründen fehlen, wie insbes. dann, 7
wenn der objektiv eingetretene Unrechtserfolg dem Täter aufgrund wesentlicher Abweichung
vom vorgestellten Kausalverlauf (§ 15 RN 56 ff.) nicht zugerechnet werden kann (Rudolphi SK
RN 22). Mangelt es dagegen an einem besonderen *subjektiven Tatbestandselement* (wie etwa an
der für Betrug erforderlichen Bereicherungsabsicht), so fehlt damit gleichzeitig auch der für den
subjektiven Versuchstatbestand erforderliche Tatentschluß (u. 23). Allg. zur Problematik mangelnden Vollendungsvorsatzes vgl. Wolter Leferenz-FS aaO, insbes. 559 ff., aber auch § 24 RN
22 ff.

3. Trotz voller Tatbestandserfüllung kann aber auch noch auf **Rechtfertigungsebene** eine der 8
Nichtvollendung vergleichbare Lage eintreten, wenn ein für die volle Rechtfertigung wesentliches Element fehlt: so dort, wo zwar alle objektiven Rechtfertigungselemente (z. B. eine Notwehrlage) vorliegen, jedoch ein subjektives Element (wie etwa die Kenntnis der Notwehrlage)
fehlt. Dazu 15 vor § 32.

Ähnlich fehlt es an der Tatvollendung, wenn eine strafbare Handlung mit *Einwilligung* des Berech- 9
tigten durch einen *agent provocateur* veranlaßt und im Gesichts- und Einwirkungskreis des Berechtigten ausgeführt wird, somit aufgrund der Einwilligung bereits ein objektiver Tatbestandsausschluß,
zumindest aber Rechtfertigung anzunehmen ist (vgl. BGH **4** 199, Bay NJW **79**, 729, Celle JR **87**, 253
m. Anm. Hillenkamp). Über die Abgrenzung derartiger Fälle, in denen der Täter sein voll gerechtfertigtes Handeln irrtümlich für rechtswidrig hält, vom straflosen Wahndelikt vgl. u. 81 f.

4. Scheidet die Tatvollendung schon deshalb aus, weil das vom Täter für strafbar gehaltene 10–11
Handeln in Wirklichkeit schon **straftatbestandlich nicht erfaßt** ist, so handelt es sich um den
typischen Fall eines straflosen *Wahndelikts;* dazu u. 78 ff.

II. Subjektiver Versuchstatbestand: dazu gehört (neben besonderen subjektiven Tatbe- 12
standsmerkmalen) der **Entschluß** zur Verwirklichung eines bestimmten Tatbestandes (o. 3).

Obgleich die frühere Umschreibung des subjektiven Versuchstatbestandes als „Entschluß" zur 13
Verübung eines Verbrechens oder eines Vergehens (§ 43 a. F.) im jetzigen § 22 nicht mehr enthalten
ist, hat sich damit in der Sache doch nichts geändert. Denn ungeachtet der Frage, ob der Entschluß in
jeder Hinsicht dem Vorsatz gleichzusetzen ist (so die h. M., vgl. 17. A. § 43 RN 3; so ausdrücklich
§ 26 I E 62; krit. aber Schmidhäuser I 597, Alwart aaO 94, 140 ff.), lassen sich der neuen Versuchsumschreibung in § 22 sowohl das *kognitive* als auch das *voluntative* Vorsatzelement entnehmen: ersteres
aus der „Vorstellung" des Täters von der Tat, letzteres aus dem (wohl nur als willentlich zu begreifenden) „Ansetzen" zur Verwirklichung der vorgestellten Tat (vgl. Bockelmann/Volk I 207; abw.
Baumann/Weber 490, der offenbar beide Vorsatzelemente allein der „Vorstellung" entnehmen will).

1. Wie beim **Wissenselement** des Vorsatzes muß sich der Täter Tatumstände vorstellen, bei 14–15
deren Verwirklichung der volle Unrechtstatbestand eines bestimmten Verbrechens oder Vergehens erfüllt wäre, gegebenenfalls einschließlich etwaiger straferhöhender Tatumstände. Dem-

gemäß führt mangelnde Erfolgsvoraussicht (vgl. BGH NStZ 83, 365) bzw. ein *Irrtum*, der beim vollendeten Delikt den Vorsatz entfallen läßt, beim Versuch zum Wegfall der für den Entschluß erforderlichen Tatvorstellung. Entsprechendes hat für die irrtümliche Annahme tatsächlicher Rechtfertigungsvoraussetzungen zu gelten, sofern man dem Erlaubnissachverhaltsirrtum vorsatzausschließende Wirkung beilegt (vgl. § 16 RN 14ff.); dagegen läßt sich bei bloßer Rechtsfolgenverweisung (Jescheck 418) die Straflosigkeit wohl nur aus dem Ausschluß der Vorsatz- und damit auch der Versuchsstrafbarkeit begründen (and. offenbar Dreher Heinitz-FS 224; vgl. auch M-Gössel II 15). Zu den „umgekehrten Irrtumsfällen" und der Abgrenzung zum Wahndelikt vgl. u. 78ff.

16   Dem *Bewußtseinsgrad* nach ist weder reflektiertes Wissen noch überlegtes Planen erforderlich. Daher kommt Versuch auch bei *Affekthandlungen* in Betracht (vgl. Jakobs 592). Dementsprechend spricht § 22 bewußt nicht von einem „Tatplan" (so § 24 AE), sondern von der „Vorstellung" von der Tat, wie sie auch ein Affekttäter haben kann (vgl. BT-Drs. V/4095 S. 11).

17   2. Hinsichtlich der **Willensseite** ist für den Versuch dieselbe Vorsatzform erforderlich, aber auch genügend, wie für Vollendung (vgl. BGH NStZ 85, 501). Reicht für diese – wie in der Regel – *bedingter Vorsatz* aus, so genügt dies auch für Versuch (vgl. RG 61 160, BGH 22 332f., 31 378, Karlsruhe MDR 77, 601, Jescheck 464, Rudolphi SK 2; and. Lampe NJW 58, 333; diff. Kölz-Ott aaO 53ff.; vgl. auch Alwart aaO 140ff., 219f.).

18   a) Auf jeden Fall ist jedoch erforderlich, daß der Entschluß zur Tat bereits endgültig gefaßt ist, der Täter also **subjektiv unbedingten Handlungswillen** hat. Daran fehlt es, wenn es für die Tatausführung noch eines weiteren Willensimpulses i. S. eines „letzten Willensrucks" bedarf (vgl. BGH NStE Nr. 2) oder der Täter sonstwie noch unentschlossen ist, sich insbes. die Entscheidung über das *Ob* der Tat noch vorbehalten hat; ein derart subjektiv „*aufschiebender*" Handlungswille reicht auch für Versuch nicht (vgl. RG 16 135, 68 341, 70 203, JW 32, 3087, Braunschweig NJW 49, 478, Celle NJW 86, 79; eingehend Jakobs 592 f., ferner Jescheck 272, 464, Less GA 56, 33 ff., Rudolphi SK 3 f., Schmid aaO 48ff., Stratenwerth 107; and. Arzt JZ 69, 54, der in diesen Fällen dolus eventualis annimmt, jedoch praktisch zu gleichen Ergebnissen kommt; vgl. auch Walder SchwZStr. 99, 251f., wonach schon zielstrebiges Hinarbeiten auf den Erfolg genügt). Das schließt nicht aus, daß die Ausführung noch von *objektiven Bedingungen* abhängen könnte. Entscheidend ist nur, daß nach dem Entschluß des Täters die Bedingung endgültig darüber entscheiden soll, ob die Tat durchgeführt wird oder nicht, d. h. der Täter subjektiv endgültig entschlossen ist und lediglich die Tatausführung noch vom Eintritt objektiver Bedingungen abhängt (vgl. Eser II 90). Freilich ist dabei „Endgültigkeit" nicht i. S. von „unwiderruflich" oder als von jeglichen Zweifeln ungetrübt zu verstehen, sondern bereits dann anzunehmen, wenn die zur Deliktsverwirklichung hindrängenden Motive gegenüber etwaigen Hemmungen ein deutliches Übergewicht erlangt haben (Roxin Schröder-GedS 158ff.; zust. Kühl JuS 80, 275f., Günther JZ 87, 22). Eingeh. zum Ganzen Vogler LK 4ff.

19   Wirft z. B. der Dieb dem Wachhund vergiftete Wurst vor und macht er den Einbruch davon abhängig, daß der Hund die Wurst frißt, so hängt die Tat ausschließlich vom Ausgang des Experiments ab; da es sich dabei lediglich um eine objektive, vom Willen des subjektiv entschlossenen Täters unabhängige Bedingung handelt, liegt der Tatentschluß vor. Entsprechendes gilt für den Fall, in dem der zur Abtreibung fest entschlossene Arzt die Schwangere nur noch dahin untersucht, ob der Eingriff noch „gefahrlos" durchzuführen sei, und bei positivem Ausgang die Tat unmittelbar durchgeführt werden soll (vgl. BGH MDR/D 53, 19; vgl. aber auch u. 45). Demgemäß kann auch in der Untersuchung des Tatobjekts auf seine Tauglichkeit hin bereits ein versuchsbegründender Entschluß (wenn auch nicht ohne weiteres schon eine Ausführungshandlung) liegen (BGH 22 80; vgl. ferner BGH 12 306, 21 17, 322, GA 63, 147, 83, 411, MDR/H 80, 271, StV 83, 460, KG GA 71, 54). Verfehlt RG 71 53, wo im Einnähen von Geld in die Fußmatte, um es bei erfolglosem Ausführantrag über die Grenze zu schmuggeln, fälschlich nur bedingtes Wollen erblickt wurde (Jescheck 272). Nach gleichen Regeln sind die Fälle zu behandeln, in denen der Täter einen *Diebstahlsvorsatz* hat, *ohne ihn aber schon auf bestimmte Objekte konkretisiert* zu haben: z. B. ein Postbeamter Briefe öffnet, um sich den Inhalt, falls er in Geld besteht, zuzueignen; vgl. dazu § 242 RN 62 sowie zu einem ähnlichen Problem § 267 RN 91. Ähnliche Fragen ergeben sich bei § 30, wenn die Verabredung oder das Sich-Bereiterklären nur für einen bestimmten Fall erfolgt (dort RN 6f.). Hat sich im Falle einer Verbrechensverabredung der zur Tatausführung Bestimmte die Ausführung insgeheim vorbehalten, so kommt schon mangels Tatentschlusses kein Versuch, sondern allenfalls § 30 in Betracht (vgl. BGH MDR/H 86, 974, ferner u. 55).

20   Ebensowenig entfällt der Vorsatz, wenn sich der Täter über die Möglichkeit der Durchführung der Tat noch im Unklaren ist, also mit der *Möglichkeit eines Mißlingens* der Tat rechnet, sofern er nur ihre Verwirklichung will (vgl. Schmid aaO 53f.). Einigkeit besteht schließlich auch darüber, daß ein bereits gefaßter Entschluß, der unter einer „*auflösenden*" Bedingung steht, vor Bedingungseintritt den Vorsatz nicht in Frage stellt (vgl. Arzt JZ 69, 54, Blei JA 75, 167, Rudolphi SK 5, Schmid aaO 54ff.: Entschluß mit Rücktrittsvorbehalt).

b) Erforderlich ist ferner der **Vollendungswille:** nämlich daß der Wille des Täters nicht nur 21 auf Versuch, sondern – i. S. eines „Versuchsbeendigungsvorsatzes" (Wolter Leferenz-FS 549) – auf Vollendung gerichtet sein muß (Baumann/Weber 490, Lackner 1a). Daran fehlt es im allgemeinen beim sog. agent provocateur (§ 26 RN 16 f.). Vgl. auch § 24 RN 83.

c) Bei (nur) **fahrlässigem** Verhalten ist Versuch *nicht* strafbar. Ob er zumindest begrifflich 22 denkbar wäre (so 17. A. § 43 RN 4, Rudolphi SK 1; vgl. auch Alwart aaO 154 ff., Jakobs 591, Kölz-Ott 18 ff.), was jedoch allenfalls bei bewußter Fahrlässigkeit in Betracht käme (vgl. Jescheck 517), kann dahingestellt bleiben; denn § 22 setzt ebenso wie § 43 a. F. einen auf Tatverwirklichung gerichteten Willen voraus, wie er dem Fahrlässigkeitstäter abgeht (vgl. Vogler LK 16 ff. vor § 22 mwN). Vgl. aber auch Sturm ZStW 59, 32, der zumindest bei schwersten Fahrlässigkeiten eine Strafbarkeit des Versuchs fordert. Zum Versuch bei **Vorsatz-Fahrlässigkeits-Kombination** vgl. § 11 RN 73 ff., 76, § 18 RN 18 ff.

3. *Neben* dem auf die Tatbestandsverwirklichung gerichteten *Vorsatz* gehören zum subjekti- 23 ven Versuchstatbestand auch etwaige **besondere subjektive Tatbestandsmerkmale**, wie z. B. die Zueignungsabsicht beim Diebstahl (Jescheck 464). Glaubt daher der Täter, auf die zuzueignende Sache einen durchsetzbaren Anspruch zu haben, so fehlt es für Diebstahlsversuch bereits am subjektiven Tatbestand.

III. Der **objektive Versuchstatbestand** setzt voraus, daß der Täter „nach seiner Vorstellung 24 von der Tat zur Verwirklichung des Tatbestandes unmittelbar ansetzt".

1. Mit dieser für die **Abgrenzung von Vorbereitung und Versuch** maßgeblichen „*Ansatzfor-* 25 *mel*" hofft § 22 den langen Streit zwischen objektiven und subjektiven Abgrenzungsversuchen durch eine *Kombination* von *individuell-objektiven Kriterien* zu beenden und dabei insbes. einer Ausuferung des Versuchs in den Vorbereitungsbereich entgegenzuwirken (vgl. 19. A. RN 24 a). Dahinter stehen vor allem folgende Erfahrungen und Erkenntnisse.

a) Nach der **formell-objektiven** Theorie, wie sie namentlich Dohna aaO 95, v. Hippel II 398, 26 v. Liszt-Schmidt 182, 305 vertreten hatten, war die Grenze für Versuch erst dann überschritten, wenn der Täter mit der tatbestandsmäßigen Handlung im strengen Sinne begonnen hatte (daher z. B. Betrugsversuch erst mit der Täuschungshandlung: RG 70 157). Diese rechtsstaatlich an sich begrüßenswerte Tatbestandsstrenge wird jedoch damit erkauft, daß eindeutig strafwürdig erscheinende Fälle (wie z. B. das Anschlagen der Mordwaffe) nur deshalb straflos bleiben müssen, weil diese Handlungen noch nicht (Teil-)Verwirklichung des Tatbestandes sind. Daher will § 22 auch schon nichttatbestandliche, nämlich erst zur Tatbestandsverwirklichung *ansetzende* Handlungen erfassen. Dadurch ist der formell-objektiven Theorie heute die gesetzliche Grundlage entzogen (Jescheck 467). Vgl. aber auch Zaczyk aaO 322 ff., wonach jedenfalls bei „Tatbeständen vertypter größerer Distanz von Handlung und materieller Verletzung", zu denen neben (abstrakten und konkreten) Gefährdungsdelikten auch vertatbestandlichte Vorbereitungshandlungen zu rechnen seien, die formell-objektive Theorie anzuwenden sei (aaO 322 ff., 330).

b) Dagegen hat die sog. **materiell-objektive** Theorie auch das tatbestandliche *Vorfeld* dadurch 27–28 erfaßt, daß nach der *Frank'schen Formel* zum Anfang der Ausführung schon alle Tätigkeitsakte zu rechnen sind, „die vermöge ihrer notwendigen Zusammengehörigkeit mit der Tatbestandshandlung für die natürliche Auffassung als deren Bestandteil erscheinen" (Frank § 43 Anm. II 2d, ebenso Kohlrausch-Lange II vor § 43; vgl. auch Baumann/Weber 496; ähnlich will auch noch Rudolphi SK 13 – wenngleich unter Berücksichtigung des Täterplanes – auf die „natürliche" Zusammengehörigkeit abstellen; derartige Nachklänge auch wieder bei BGH NJW 80, 1759: vgl. u. 41). Dementsprechend hat RG 54 35 bereits im Bestreichen von Fensterscheiben mit Seife, um beim Eindrücken Klirren zu verhindern, versuchten Einbruchsdiebstahl erblickt. Eine gewisse Verfeinerung erfuhr diese Auffassung dann noch durch Abheben auf den Grad *unmittelbarer Gefährdung* des geschützten Handlungsobjekts (vgl. BGH 2 380, 4 273).

c) Demgegenüber stellen die **subjektiven Theorien** allein auf das Vorstellungsbild des Täters vom 29–30 Anfang der Ausführung ab (so vor allem v. Buri GS 19, 71, 32, 323). Dies hat jedoch in der RG-Rspr. teils zu einer bedenklichen Vorverlagerung des Versuchs in den Vorbereitungsbereich geführt (vgl. etwa RG 72 66: fingierter Einbruchsdiebstahl als Betrugsversuch gegenüber Versicherung [and. die heutige Rspr.: u. 45], RG 77 1: Auflauern mit Waffe; weitere Nachw. 19. A. RN 30). Auch die subjektive Abgrenzungstheorie findet sich in verschiedenen Spielarten, so etwa durch Abheben auf die Vornahme einer Handlung in „unwiderruflicher Tatentschlossenheit" (Bockelmann JZ 54, 473; vgl. aber jetzt Bockelmann/Volk 208 f.).

d) Nachdem sich die einseitig objektiven Theorien als zu starr erwiesen hatten, die subjektiven 31 hingegen zu weit vom Tatbestand weg in den Vorbereitungsbereich führten (vgl. insbes. die Kritik von M-Gössel II 19 ff.), hat man eine Abgrenzung durch **Verbindung von materiell-objektiven und subjektiven Faktoren** gesucht: Zwar ist wesentliches Grenzkriterium die unmittelbare Gefährdung des geschützten Handlungsobjekts; doch ob dies der Fall ist, ist nicht nach rein objektiven Maßstäben, sondern aus der Sicht des Täterplanes zu beurteilen. Auf der Basis dieser subjektiven Relativierung objektiver Kriterien war vor dem 2. StrRG Versuch anzunehmen, wenn sich der verbrecherische Wille in einer Handlung manifestiert hat, die *nach dem Gesamtplan des Täters unmittelbar zur Gefährdung des Schutzobjekts* des betreffenden Tatbestandes führt (Schröder 17. A. § 43 RN 10; i. gl. S. BGH 1 116, 2 380, 7 292, 12 54, OGH 2 161, Busch LK[9] § 43 RN 14; vgl. auch u. 39, 42). Um jedoch der im Gefährdungsgedanken liegenden Gefahr einer Ausuferung zu begegnen, wurde später stärker auf das *unmittelbare Ansetzen zur Tatbestandsverwirklichung* abgehoben (vgl. § 24 AE, Welzel 190).

32 2. Nach dieser **individuell-objektiven Theorie**, wie sie nach h. M. der „Ansatzformel" des § 22 zugrundeliegt (Bremen StV **81**, 139, Oldenburg StV **83**, 506, D-Tröndle 8, Jescheck 468, Roxin JuS 79, 3, Rudolphi SK 11, Stratenwerth 194), sind für die Abgrenzung von (strafloser) Vorbereitung und (strafbarem) Versuch drei Kriterien wesentlich:

33 a) *Grundlage* der Beurteilung ist die „Vorstellung des Täters von seiner Tat", kurz: der **Täterplan** (vgl. aber auch o. 16). Insoweit ist zunächst i. S. der subjektiven Theorie (o. 29) danach zu fragen, in welcher Weise und auf welchem Wege der Täter sich die Verwirklichung seines Tatentschlusses vorgestellt hat (BGH 31 182, **35** 8, NStZ **81**, 99). Diente danach der Einbruch in den Fuhrpark nicht nur dem Auskundschaften einer günstigen Gelegenheit, sondern gegebenenfalls bereits der Wegnahme eines Fahrzeugs, so liegt darin ein unmittelbares Ansetzen selbst dann, wenn ein objektiver Betrachter unter den gegebenen Umständen das Wegnahmerisiko gescheut und sich auf eine Inspektion des Geländes beschränkt hätte; ebenso wie umgekehrt ein Ansetzen zur Tatbestandsverwirklichung zu verneinen ist, wenn aus objektiver Sicht die Wegnahme risikolos möglich wäre, der Täter jedoch zunächst nur auskundschaften will. Ähnlich läßt sich etwa beim Aufstellen einer Anlage, die einer Brandstiftung dienen soll, nur anhand des Täterplanes entscheiden, ob diese Aktion nur zur Erprobung des in Aussicht genommenen Mittels oder bereits der Tatausführung dienen soll (vgl. RG 66 142, BGH NStZ **81**, 99).

34 Eine andere Frage jedoch ist, inwieweit die *eigene Wertung* des Täters hinsichtlich der Tatbestandsnähe seines Handelns von Bedeutung ist. Wollte man auch in dieser Hinsicht ausschließlich auf die Einschätzung des Täters abstellen, so würde man in einen ähnlichen Subjektivismus verfallen, wie er zu jener bedenklichen Ausweitung des Versuchsbereichs geführt hat (vgl. o. 29). Stellt man demgegenüber auf die der Versuchsstrafbarkeit zugrunde liegende „Eindruckstheorie" ab (22 vor § 22), so bildet der Täterplan zwar die *Grundlage,* nicht aber den Maßstab der Beurteilung (BGH **26** 202, NStZ **89**, 473, Vogler LK 31): Ob der danach vorgesehene nächste Schritt des Täters tatsächlich unmittelbar zur Tatbestandsverwirklichung führt bzw. führen kann, ist nicht nach der subjektiven (Fehl-)Einschätzung des Täters (so aber offenbar Gössel ZStW 87, 24; vgl. auch Jakobs 594), sondern nach objektiven Maßstäben zu bestimmen (ebenso Baumann/Weber 494, Blei JA 75, 96, Bockelmann/Volk I 208, D-Tröndle 9, Kühl JuS 80, 813 f.; i. gl. S. bereits BGH **2** 381, **6** 99, **7** 292, **9** 62, **19** 351, **20** 150). Selbst wenn daher der Versicherungsbetrüger meint, daß bereits im Abschluß einer Versicherung für eine Sache, die unmittelbar danach in Brand gesetzt werden soll, ein Betrugsversuch liege, da es nur noch des Anzündens bedürfe, ist ein solcher aus objektiver Sicht mangels Tatbestandsnähe zu verneinen.

35 b) *Bezugspunkt* der Ausführungshandlung muß der **vorgestellte Tatbestand** sein. Auch durch diese ausdrückliche Hervorhebung der Tatbestandsbezogenheit soll eine Vorverlagerung des Versuchsbeginns verhindert und sichergestellt werden, daß nicht schon irgendein Ansetzen zu der Straftat schlechthin Versuch begründet, sondern nur das auf die *Verwirklichung eines Tatbestandsmerkmals* gerichtete Handeln (BT-Drs. V/4095 S. 11). Demgemäß muß die Ausführungshandlung ihrer Art oder Tendenz nach regelmäßig bereits eine der Tatbestandshandlung entsprechende Angriffsrichtung haben. Ähnlich wie in dem o. 34 genannten Fall eines Betrugsversuchs fehlt auch dem Beiseiteschaffen einer Sache, um sie dann der Versicherung als entwendet zu melden, noch jede Täuschungsqualität (daher i. E. zutr. BGH NJW **52**, 430 [gegen RG **72** 66], Bay NJW **88**, 1401), während das Anschlagen der Mordwaffe durchaus bereits die auf Tötung ausgerichtete Angriffstendenz aufweist. I. gl. S. hat Roxin JuS 73, 329 den Versuch „hart an die Grenze der Tatbestandshandlung herangerückt".

36 c) Die Versuchs*handlung* muß in einem **unmittelbaren Ansetzen** zur Tatbestandsverwirklichung bestehen. Dieses Kriterium wird nach wie vor zu manchen Zweifelsfragen Anlaß geben, scheint doch einerseits das Erfordernis eines „Ansetzens" schwerlich auf Unterlassungsdelikte zu passen und andererseits das Unmittelbarkeitskriterium entweder zu starr zu sein, wenn streng gehandhabt, oder wiederum zu vage, wenn nicht ernst genommen. Doch lassen sich daraus für die Bewältigung der Kasuistik immerhin folgende *Leitlinien* entnehmen:

37 α) **Ansetzen** verlangt zwar keine Teilverwirklichung des Tatbestandes (BGH StV **84**, 420), wohl aber die Aufnahme einer auf Verwirklichung des betreffenden Tatbestandes gerichteten Tätigkeit bzw. bei Unterlassungsdelikten die Versäumung des zum Tätigwerden gebotenen Zeitpunktes (u. 47 ff.). Das ist für den Regelfall gegeben, wenn es schon zu einer *Teilverwirkli-*

chung des Tatbestandes gekommen ist, namentlich also dort, wo bereits die Tatbestandshandlung vorgenommen ist und nur noch der Erfolg aussteht (wie wenn z. B. bei einem Mordanschlag das Opfer zwar verletzt, aber noch gerettet wird); denn da das *Ansetzen* lediglich als Mindestvoraussetzung zu verstehen ist, kommt Versuch umso mehr in Betracht, wenn die Tatbestandsverwirklichung als solche bereits begonnen und damit das vom Gesetz erforderte Versuchsminimum sogar überschritten ist (vgl. BT-Drs. V/4095 S. 11). Die damit naheliegende Folgerung der h. M., daß schon jede Verwirklichung eines einzelnen Tatbestandsmerkmals Versuch begründe (Bamberg NStZ 82, 247, D-Tröndle 10, Kühl JuS 80, 650, Vogler LK 35ff., Wessels I 177), wird jedoch dahingehend zu präzisieren sein, daß das Ansetzen bereits auf die Verwirklichung *aller* Tatbestandsmerkmale gerichtet sein muß (Burkhardt JuS 83, 437ff.; i. gl. S. Roxin JuS 79, 7 und wohl auch Kratzsch JA 83, 582ff.; vgl. auch bei Schmidhäuser I 348ff. das Abheben auf ein vollendungs- bzw. zielnahes Stadium, was jedoch zu einseitig auf den beendeten Versuch zugeschnitten erscheint). Dementsprechend liegt selbst in einer Täuschung noch kein Betrugsversuch, wenn damit nicht schon eine irrtumsbedingte Vermögensverfügung des Opfers bewirkt, sondern lediglich eine die Irrtumserregung ermöglichende Vertrauensbasis erschlichen werden soll (vgl. Karlsruhe NJW **82**, 59). Wohl i. gl. S. will auch Schleswig SchlHA/L **87**, 101 (mit Berufung auf BGH **31** 181) ausnahmsweise nicht schon jede der Tatbestandsbeschreibung entsprechende Handlung genügen lassen, sondern auf deren unmittelbares Einmünden in die „Erfolgsverwirklichung" abheben. Scheitert dagegen die bereits auf eine Vermögensverfügung ausgerichtete Täuschung lediglich daran, daß sich das Opfer nicht irreführen läßt, so ist die Versuchsgrenze überschritten (vgl. RG **50** 97, BGH GA **56**, 355).

Entsprechendes gilt für sog. *mehraktige Delikte,* in denen bereits der erste Akt verwirklicht ist, die 38 bereits dabei angestrebte Fortführung jedoch scheitert: so z. B. bei Vergewaltigungsversuch, wenn der Täter trotz Gewaltanwendung nicht zur Vollziehung des Beischlafs gelangt, oder bei Raubversuch, wenn dem Täter trotz Gewaltanwendung die Wegnahme der Sache nicht mehr gelingt (vgl. RG **69** 327). Handelt dabei der Täter bereits zur Verwirklichung des Gesamttatbestandes, so wird die Versuchsgrenze schon mit Beginn des ersten Aktes (also nicht unbedingt erst nach dessen voller Verwirklichung) überschritten. Andererseits ist es zwar Diebstahls-, aber noch nicht Raubversuch, wenn der Täter bei Beginn der Wegnahme entschlossen ist, diese erforderlichenfalls mit Gewalt fortzuführen (zumal da sonst § 244 I Nr. 2 weitgehend leerliefe: vgl. dort RN 22). Ebensowenig beginnt Versuch von § 252 schon damit, daß der Dieb bereits während der Wegnahme vorhat, seine Beute notfalls mit Gewaltmitteln zu verteidigen. Vgl. zum Ganzen auch die entsprechenden Grenzziehungen bei Qualifizierungsmerkmalen u. 58.

β) Schwieriger wird dagegen die Abgrenzung, wenn *noch keine Teilverwirklichung* des Tatbe- 39 standes vorliegt. Hier kommt es auf die **Unmittelbarkeit des Ansetzens** an. Durch dieses Kriterium wird zwar einerseits der Versuchsbereich in das tatbestandliche *Vorfeld* hinein erweitert, aber andererseits gleichzeitig beschränkt auf den *unmittelbaren* Vorbereich. Als unmittelbar zum Versuch führend sind dabei alle Verhaltensweisen anzusehen, die auf der Grundlage des Täterplanes objektiv geeignet erscheinen, ohne weitere wesentliche Zwischenschritte eine tatbestandsrelevante Beeinträchtigung des betroffenen Rechtsguts herbeizuführen (zust. Bremen StV **81**, 139). Zu den Konsequenzen einer derartigen *materiellen* Abgrenzung vgl. u. 42.

Wollte man demgegenüber als unmittelbar nur solche Handlungen ansehen, die nach dem Plan des 40 Täters „derjenigen Handlung unmittelbar vorgelagert sind, die ein Tatbestandsmerkmal erfüllt" (so E 62 Begr. 144 zu § 26, ebenso Maurach AT^4 499) bzw. „ohne Zwischenakte in die Tatbestandsverwirklichung einmünden sollen" (BGH **26** 204 [m. Anm. Blei JA 76, 101, Gössel JR 76, 249, Otto NJW 76, 578, D. Meyer JuS 77, 19, krit. auch Kratzsch aaO 48f.], **28** 164 [m. Anm. Sonnen JA 79, 334], **30** 364, **31** 12, 181 [m. krit. Anm. Bloy JR 84, 124, Maaß JuS 84, 28], **35** 8f., **36** 250, GA **80**, 24 [m. Anm. Borchert JA 80, 254], NJW **80**, 1759 [krit. dazu Kratzsch aaO 54f.], **88**, 3109, NStZ **87**, 20, **89**, 473, NStE **Nr. 2**; i. gl. S. Bay NJW **88**, 1401, Karlsruhe NJW **82**, 59, Kühl JuS 80, 650ff. sowie Berz Jura 84, 511/517 mit Fallgruppen), so ist mit derartigen **formalen** Abgrenzungen nur für solche Fälle eine Grenze gewonnen, in denen sich das Gesamtgeschehen in äußerlich verschiedene und deshalb voneinander *absetzbare Einzelakte* zerlegen läßt: so etwa bei einem Tötungsversuch, der durch das Beschaffen der Waffe, das Auflauern am Tatort, das Hervorholen und Entsichern der Waffe noch vorbereitet, aber erst mit dem der Tötungshandlung des Schießens unmittelbar vorangehenden Anlegen und Zielen begonnen wird. Ähnlich wird bei Einbruchsdiebstahl der Versuch erst mit dem Einsteigen als dem letzten, dem Wegnehmen vorangehenden Vorgang anzusetzen sein, während das Hervorholen und Besteigen der Leiter, oder das Beschmieren oder Eindrücken der Scheibe, nur *mittelbare* Vorbereitungshandlungen wären (vgl. aber RG **54** 36). Doch schon daran zeigt sich, daß je nach den Umständen des Einzelfalles eine formale Abgrenzung auch zu willkürlich erscheinenden Ergebnissen führen kann: Hält etwa der Täter das Beschmieren der Scheibe für entbehrlich, so würde bereits das Besteigen der Leiter – oder falls eine solche bei einem ebenerdigen Lager entbehrlich, bereits das Herantreten an das Fenster – als letzte Handlung vor dem Eindrücken Versuch begründen. Vgl. auch Jakobs 602ff., der deshalb jedenfalls für *unbeendeten* Versuch statt einer Formel einen

Katalog von Topoi entwickelt, die jedoch ohne Rücksicht auf Gefährdungsaspekte ebensowenig zu handhaben sind.

41 Diese Schwierigkeit, gleichsam in Form eines „Zeitlupenstrafrechts" (Geilen) nach rein formalen Kriterien zu vertretbaren Zäsuren zu kommen, wird noch deutlicher in den Fällen, in denen der eigentlichen Tatbestandshandlung ein *äußerlich gleichförmiger*, nahtlos ineinander übergehender Geschehensablauf vorausgeht, wie vor allem bei wirtschaftsstrafrechtlichen Tatbeständen (vgl. Tiedemann JR 73, 412). Wollte man hier den Versuchsbeginn erst dort ansetzen, von wo an „jeder weitere Schritt ins Delikt selbst hineinführt" (Stratenwerth[1] 190), so wäre etwa bei der für die Einfuhr pornografischer Schriften erforderlichen Grenzüberschreitung (§ 184 I Nr. 8) jener Punkt buchstäblich erst dann erreicht, wenn der letzte Schritt jenseits der Grenze getan ist. Ob eine derart formale Grenzziehung jedoch wirklich gewollt sein kann, erscheint höchst zweifelhaft. Läßt man daher den Versuch bereits in einem gewissen Annäherungsbereich beginnen – und dazu sieht sich letztlich auch der BGH gezwungen, wenn er Zwischenakte „wegen ihrer notwendigen Zusammengehörigkeit mit der Tathandlung" bereits als Versuch begreift (NJW **80,** 1759; ähnl. Rudolphi SK 13) –, ist eine begrifflich scharfe Fixierung der der Tatbestandsverwirklichung unmittelbar vorausgehenden „letzten Etappe" kaum noch möglich (aufschlußreich dazu etwa BGH **36** 249). Und zwar selbst dann nicht, wenn man dabei auf das subjektive Überschreiten der Schwelle zum *„jetzt geht es los"* oder auf die *räumliche und* (oder?) *zeitliche Nähe zur Tatbestandsverwirklichung* abhebt (so die hilfsweisen Abgrenzungsformeln in BGH **26** 203, **28** 164, GA **80,** 24, NJW **80,** 1759, NStZ **83,** 364, **87,** 20, **89,** 474, StV **84,** 420, Bay NJW **88,** 1401, Hamm NJW **89,** 3232, KG JR **81,** 38; vgl. auch Borchert JA 80, 255, Kühl JuS 80, 811 ff., D. Meyer JuS 77, 19, Roxin JuS 79, 4 f. sowie insbes. zum zeitlichen Zusammenhang Otto NJW 76, 579, Wessels I 178). Denn daß im „jetzt geht es los" des Täters im Grunde nicht mehr steckt als ein Beweis der bereits entschlußrelevanten Unbedingtheit des Ausführungswillens (o. 18), ist spätestens durch BGH MDR/H **80,** 271/2 sichtbar geworden (ähnlich bezeichnend das Abheben auf das – willensrelevante, aber im Entscheidungsfall fragliche – „Jetzt geht es los" *und* die – für das Ansetzen erhebliche – objektive Angriffshandlung in BGH NStE **Nr. 2**). Doch auch das räumlich-zeitliche Kriterium vermag entweder – wenn ernstlich beim Wort genommen – allenfalls fernliegende Akte auszuschließen, mit der fragwürdigen Konsequenz, daß dann bei Distanzdelikten Versuch regelmäßig zu verneinen ist (vgl. Gössel JR 76, 52), bei enger Täter-Opfer-Beziehung hingegen u. U. schon sehr früh zu bejahen wäre, oder es verliert – wenn weniger strikt gehandhabt – jegliche Trennschärfe überall dort, wo Vorbereitung (Ergreifen der Waffe, Überziehen der Gesichtsmaske) und Ausführung (Anlegen der Waffe, Bedrohung des Opfers) in engstem räumlich-zeitlichem Zusammenhang ablaufen sollen (vgl. auch Blei JA 76, 103, 314 f., 595 f.). Damit sei dem Nähekriterium keineswegs jegliche Bedeutung abgesprochen; doch wäre es Selbsttäuschung zu meinen, daß es mehr sein könnte als ein bloßes Indiz für die letztlich relevante Unmittelbarkeit der Rechtsgutgefährdung. Denn ob der Tatbestandsverwirklichung vorgelagerte Akte bereits als „natürlicher Bestandteil" der Tathandlung oder noch als bloße Vorbereitung erscheinen, läßt sich nicht einfach durch eine formal-begriffliche Handlungszergliederung, sondern erst aufgrund einer material-wertenden Gefährlichkeitsbetrachtung bestimmen. Auch die Rspr. läßt sich – wenn auch nicht verbal, so doch der Sache nach – davon leiten, wenn etwa bei § 176 I der Versuchsbeginn damit begründet wird, daß das Kind bereits auf dem Weg zum Tatort aus seiner gewohnten schützenden (sic!) Umgebung herausgelöst war (vgl. Kühl JuS 80, 811 f. zu BGH 2 StR 798/78; vgl. aber auch BGH **35** 8 f., wonach selbst bei objektiver Gefährdung Versuch solange zu verneinen ist, als der Täter nur eine Verführung auf freiwilliger Basis beabsichtigt), oder wenn zu § 267 darauf abgehoben wird, daß die Ausfüllung von Falschvordrucken für bestimmte Fahrzeuge unmittelbar bevorstand (vgl. Koblenz VRS **55** 428).

42 Demzufolge ist für das unmittelbare Ansetzen nicht rein formal auf den letzten, der Tatbestandshandlung vorgelagerten Handlungsschritt abzustellen, sondern **material** danach zu fragen, ob nach Täterplan bereits ein Stadium erreicht ist, in dem aus seiner Sicht das betroffene Rechtsgut bereits **unmittelbar gefährdet** erscheint (i. gl. S. allein oder zumindest ergänzend auf den Gefährdungsgedanken abstellend BGH **30** 365, NStZ **83,** 462, **87,** 20, StV **89,** 526, Bay NJW **88,** 1402, Bremen StV **81,** 139, Hamm JMBlNW **76,** 20, NJW **89,** 3233, Köln MDR **75,** 948, Oldenburg StV **83,** 507, Blei JA 76, 103, D-Tröndle 11, D. Meyer JuS 77, 21 f., Otto I 198, NJW 76, 579, Sonnen JA 79, 334, Tiedemann JR 73, 412; ähnlich J. Meyer aaO 607 unter Abheben auf die Zwangsläufigkeit des Kausalverlaufs; im wesentlichen ebenfalls materiell abgrenzend liegt nach Zaczyk aaO 306, 308 ff., 330 unmittelbares Ansetzen vor, wenn der Täter mit seiner Handlung das jeweils angegriffene Rechtsgut so „in den Griff" bekommt, daß er bereits eine überlegene Stellung ihm gegenüber gewinnt; dagegen ist die von Vogler LK 59 ff. geforderte *tatbestandsspezifische Unmittelbarkeit* auch in der hier vertretenen Auffassung als eigentlich selbstverständlich mitgemeint, wobei das Gefährdungsmoment gerade auch die „Annäherung" an das typisierte Handlungsunrecht weitaus besser zum Ausdruck bringt als vordergründig formalisierende Zwischenakts- oder subjektivierende „Jetzt geht es los"-Formeln; auch BGH **35** 9 wendet sich lediglich gegen das alleinige Abheben auf eine „objektive" Gefährdung, wie sie ja auch hier nicht für allein maßgeblich angesehen wird). Danach ist Versuch – erst, aber auch bereits – mit solchen Tätigkeiten bzw. Pflichtversäumnissen erreicht, durch die nach Täterplan das betroffene Rechtsgut unmittelbar, nämlich *ohne daß noch weitere wesentliche*

Begriffsbestimmung   43, 44 § 22

Zwischenschritte zu seiner tatbestandsrelevanten Beeinträchtigung erforderlich wären (vgl. Karlsruhe NJW **82**, 59, Bay NStZ **84**, 320), gefährdet erscheint (o. 39). Dieses Grundkriterium bedarf vor allem in zweifacher Hinsicht noch einer Verdeutlichung: αα) Da es zum einen entscheidend auf den Täterplan ankommt, ist unerheblich, ob die vom Täter vorgestellte Gefährdung auch *tatsächlich* eintritt (vgl. BGH NStZ **87**, 20, Roxin JuS 79, 6 gegen Rudolphi SK 15, Otto NJW 76, 579); andernfalls wäre untauglicher Versuch, für den der Mangel einer objektiv konkreten Gefährdung gerade charakteristisch ist (vgl. u. 60ff.), in Irrtumsfällen praktisch ausgeschlossen. Daher muß genügen, daß nach der Vorstellung des Täters der nächste Schritt zu einer tatbestandsrelevanten Rechtsgutsbeeinträchtigung führen würde (vgl. Blei JA 76, 313ff. gegen Otto NJW 76, 579). Dementsprechend kommt es in den strittigen Fällen des Auflauerns weniger darauf an, ob das Opfer tatsächlich erscheint bzw. angetroffen wird (insofern zutr. BGH NJW **52**, 514; vgl. auch BGH GA **71**, 54); entscheidend ist vielmehr die Frage, ob vor Eintreffen oder Antreffen des Opfers nach Täterplan überhaupt schon von einer hinreichenden Gefährdung gesprochen werden kann (vgl. Mezger NJW **52**, 515): Dies wird zwar dort zu bejahen sein, wo der Räuber mit übergezogener Maske vor der Haustür steht und bei Öffnen durch das (erwartete) Opfer nur noch zuzuschlagen braucht; daher stand in BGH **26** 201 der Annahme von Versuch zu Recht nicht entgegen, daß den Tätern wider Erwarten nicht geöffnet wurde (and. dagegen Jakobs ZStW 97, 764, der für den Fall des am Tatort fehlenden Angriffsobjekts ein störendes externes Verhalten des Täters, das allein eine Interpretation des Geschehens nach internen, subjektiven Kriterien erlauben würde, verneint). Hingegen wäre Versuch dort zu verneinen, wo das Opfer erst mit der Straßenbahn erwartet wird (allenfalls insoweit unrichtig BGH NJW **52**, 514, vgl. Blei JA 76, 314), wie überhaupt, wenn sich der Täter noch nicht sicher sein kann, ob und wann das Opfer in seinen Wirkungsbereich eintritt (vgl. BGH GA **71**, 55, StV **89**, 526); weitere Beispiele u. 44, 45. ββ) Zum anderen ist jedenfalls beim *beendeten* Versuch unerheblich, ob dieser mögliche Umschlag in die tatbestandsmäßige Rechtsgutsgefährdung sofort und am gleichen Ort geschehen soll, da es allein darauf ankommt, daß nach Täterplan kein weiterer wesentlicher Zwischenakt mehr erforderlich ist. Daher kann auch in Fällen, in denen der Erfolg erst zu einem späteren Zeitpunkt und an einem ferneren Ort eintreten soll, Versuch bereits dann vorliegen, wenn der Täter das Geschehen „aus der Hand gegeben" hat (vgl. Roxin JuS 73, 329f., Maurach-FS 213ff., Wessels I 179; insoweit ähnl. Jakobs 607); dementsprechend beginnt z. B. bei Einführen pornografischer Schriften im Versandhandel (§ 184 I Nr. 4) der Versuch mit Aufgabe der Schriften bei der Post (vgl. freilich auch § 184 RN 27), nicht aber schon dann, wenn er bei Grenzdelikten vor dem Übertritt erst noch übernachten will (BGH NStZ **83**, 224). Ebenso ist dabei gleichgültig, ob der nächste in den Tatbestandsbereich führende Schritt vom Täter selbst (bzw. seinem Werkzeug) oder vom Opfer zu tun ist (vgl. Schleswig SchlHA/L **87**, 101; so i. Grds. auch Gössel JR 76, 250; vgl. aber auch Blei JA 76, 595); demzufolge ist etwa Totschlagsversuch sowohl dort anzunehmen, wo der Täter dem an die Kaimauer gelockten Opfer nur noch den letzten Stoß zu versetzen braucht, wie auch da, wo nach Täterplan das Opfer mit seinem eigenen nächsten Schritt in die tödliche Falle gehen (z. B. das vergiftete Getränk zu sich nehmen) oder sich sonstwie in eine ausweglose Situation begeben wird (vgl. BGH NJW **80**, 1760). Vgl. auch u. 54.

3. Demgemäß bleibt jene **Rspr.-Kasuistik** und Lehre, die schon zuvor auf die unmittelbare **43** Gefährdung des betroffenen Rechtsguts abgestellt hat (o. 31 sowie 17. A. § 43 RN 10ff.), auch weiterhin beachtenswert, wobei freilich in stärkerem Maße als früher die versuchsbeschränkende Tatbestandsnähe des Ansetzens (o. 36ff.) zu berücksichtigen ist (vgl. Lackner 1 c).

a) Danach kann in folgenden Fällen **Versuch bejaht** werden: Herausziehen und in Anschlagbringen **44** einer Pistole (vgl. RG 77 1), selbst ohne gespannten Hahn (RG **59** 386, vgl. auch RG DR **43**, 575; zu weitgehend aber RG **68** 336, 339: bloßes Ergreifen), Ausholen zum Schlag (RG JW **27**, 976), Beibringen eines Betäubungsmittels (RG **59** 157), Verfolgung des Opfers mit der Waffe (RG JW **25**, 1495), Eindringen oder Einschleichen in einen Raum dergestalt, daß dem Täter der Zugriff auf die Beute ohne weiteres offensteht (RG **54** 44, 182, 254, 328, **70** 203, D-Tröndle 12; vgl. auch RG HRR **36**, 930, RG JW **22**, 225, 1019, Hamm JMBlNW **76**, 20), beim Begehren um Einlaß in die Wohnung, in der ein Trickdiebstahl verübt werden soll (BGH MDR/H **85**, 627), ebenso bei Klingeln an der Tür des sofort beim Öffnen zu Beraubenden (vgl. BGH **26** 201, NStZ **84**, 506, o. 42; aber auch u. 45), bei Lauern vor der Tür oder in den Räumen des Opfers, wenn dieses (nach der Tätervorstellung) sogleich heraus- bzw. hereintreten wird (vgl. RG **77** 1, BGH LM Nr. 22 zu § 211) oder sich sonst dem Einwirkungsbereich des Täters bereits unmittelbar genähert hat (vgl. BGH NJW **54**, 567, NStZ **87**, 20); um so mehr bei bereits erfolgtem Betreten eines Raumes, in dem das unmittelbar anzugreifende Opfer (auch irrig) vermutet wird (vgl. RG **69** 327); dagegen wäre im Fall von BGH GA **80**, 24 Versuch wohl nicht schon mit dem Betreten der Poststelle, sondern erst mit Ausfüllen des der Posthalterin entgegenzuhaltenden Drohzettels anzunehmen. Versuch weiter, wenn der Taschendieb seine Hand im Gedränge zwischen andere Personen schiebt, um sogleich in deren Taschen zu greifen oder diese nach ihrem Inhalt abtastet (BGH MDR/D **58**, 12); versuchte Zollhinterziehung bei Annäherung an die Grenze (BGH 4 333, 7 291), *nicht* dagegen, wenn erst noch eine Zwischenübernachtung geplant ist (BGH NStZ 83, 224) oder noch Hunderte von km zu fahren sind (BGH NStZ 83, 511, 462 m. Anm. Winkler), ferner nicht, wenn Geld in die Fußmatte des PKW eingenäht wird, um dieses entgegen devisenrechtlichen Vorschriften ins Ausland zu verbringen (D-Tröndle 17a, Rudolphi SK 14; and. RG 75 53; bedenklich auch BGH 12 54, 20 150), wenn zwecks Hinterziehung von Einfuhrabgaben erst die Ausfuhrbehörde getäuscht wird (Kühl JuS 80, 653; and. Bay JR 78, 38 m. abl. Anm. Hübner) oder wenn erst unechte Buchbelege zwecks späterer Bilanzfälschung eingebracht werden (BGH 31 226; vgl. auch BGH wistra 84, 142). Allg. zum Versuchsbeginn bei Steuerhinterziehung Meine GA 78, 321 ff. Versuch aber ferner bei Durchbrechung von Sicherungseinrichtungen, z. B. durch Ansetzen eines Werkzeugs zum Beseitigen des Hindernisses, nicht dagegen schon bei bloßem Bereitlegen eines noch nicht sofort zu benutzenden Werkzeugs: BGH NStZ 89, 474; daher zu weitgehend BGH 2 380; vgl. D-Tröndle 16, aber auch Stree aaO 190. Bei *mehraktigen* Delikten Versuch mit Beginn der (bzw. dem unmittelbaren Ansetzen zur) ersten Handlung, sofern das weitere in unmittelbarem Anschluß folgen würde (vgl. Stree aaO 183, § 249 RN 10), so bei Vergewaltigung oder Raub mit Beginn der Gewaltanwendung (RG 69 329) oder der Drohung (BGH 4 125), bei tätlichem Angriff auf Begleiter des Opfers (BGH 3 299) oder bei Präparierung seines Fahrzeugs zu einer überfallermöglichenden Panne (BGH NJW 80, 1759); vgl. auch o. 38. Bei Betrugsversuch mit Vornahme einer unmittelbar auf Täuschung gerichteten Handlung (RG 70 157, BGH GA 56, 355), wie etwa durch Einreichen falscher Schriftsätze (vgl. Bamberg NStZ 82, 247 m. Anm. Hilger), nicht dagegen schon bei Maßnahmen, die erst später die Täuschungshandlung ermöglichen sollen (BGH NJW 52, 430; and. RG 51 343, 72 66, HRR 39 Nr. 1273; daher fragl. Düsseldorf NJW 90, 924); Versuch von § 267 durch Überlassen eines Lichtbilds, sofern es der darauf vorbereitete Verfälscher nur noch in den Ausweis einzusetzen braucht (allenfalls insoweit haltbar Schleswig SchlHA 80, 172), bzw. Gebrauchmachen von einem gefälschten Ausweis jedenfalls bei Überschreiten von Grenzeinrichtungen (vgl. KG JR 81, 38); zu Hehlereiversuch aufgrund von Übergabevereinbarungen vgl. Koblenz VRS 64 24.

45 b) Dagegen liegt noch **kein Versuch** vor: bei Ausforschen einer Diebstahlsgelegenheit (Oldenburg StV 83, 506), bei Vergiften oder Anketten des Hofhundes an anderer Stelle, um in das Haus eindringen zu können (and. dagegen, wenn direkt aus dem Hofgelände gestohlen werden soll: vgl. RG 53 218); bei bloßem Lauern auf das noch abwesende Opfer (vgl. BGH MDR/D 73, 728, 900, Bockelmann JZ 54, 470, Traub NJW 56, 1184, aber auch o. 42); bei Erkundigung nach einer Abtreiberin (RG 76 378), bei Untersuchung einer Frau über Notwendigkeit oder Möglichkeit einer Abtreibung (vgl. aber auch BGH MDR/D 53, 19), bei erfolgloser Aufforderung zur Abtreibung (BGH 4 17) oder zur Prostitution (BGH 6 98; vgl. aber BGH 19 350), bei Ansinnen eines HIV-Infizierten zu ungeschütztem Verkehr (Bay NJW 90, 781), bei Sondierung hinsichtlich eines Vertragsvermittlers (Bay NStZ 90, 85), bei Beiseiteschaffen einer Sache, um der Versicherungsgesellschaft Diebstahl vorzutäuschen (BGH NJW 52, 430 [gegen RG 72 66] Bay NJW 88, 1401), bei Klingeln an der Tür des erst im Anschluß an homosexuelle Kontaktaufnahme zu Beraubenden (BGH GA 71, 54, vgl. auch Blei JA 76, 315), oder wenn das Klingeln nur dazu dient, die Anwesenheit des erst später zu Beraubenden festzustellen (BGH GA 71, 55; vgl. auch BGH StV 84, 420); ebenso bei versuchtem oder auch bereits erfolgtem Einbruch in ein Gebäude, um dort dem erst in Stunden erwarteten Opfer aufzulauern, solange sich dieses (nach der Tätervorstellung) dem Tatort noch nicht unmittelbar genähert hat (BGH MDR/D 71, 362, 75, 21; vgl. aber auch o. 44). Noch kein Versuch weiter beim Rütteln an den Vorderrädern, um Verriegelung des Lenkradschlosses festzustellen (and. BGH 22 81), bei Vorfahren vor der Bank, ohne bereits die Waffen hervorgeholt und die Maske übergestreift zu haben (BGH MDR/H 78, 985), bei Untersuchung von Tür auf beste Einbruchsmöglichkeit (vgl. D-Tröndle 15; and. BGH MDR/D 66, 892), bei Annäherung an zum Einsteigen zu benutzende Fenster (Köln MDR 75, 948), bei Beschaffung von Nachschlüsseln (BGH 28 162), im Falle von § 176 bei bloßer Verabredung mit Kind für spätere Zeit (D-Tröndle 16; and. BGH 6 385, vgl. auch RG DR 39, 363; dagegen Oldenburg NdsRpfl. 63, 70, Celle NJW 72, 1823), bei Vertrauenserschleichung zur Vorbereitung einer Täuschung (Karlsruhe NJW 82, 59), bei Präparierung von Briefmarken zwecks Wiederverwendung nach Rücksendung durch Empfänger (and. Koblenz NJW 83, 1625 m. abl. Anm. Küper NJW 84, 777), bei Vorgesprächen über Falschaussage (Bremen StV 81, 139), im Falle des Wartens bei Drogendealer bei erst noch zu führenden Kaufverhandlungen (vgl. Celle NJW 86, 78), bei Auslandsfahrt zwecks Drogeneinfuhr (BGH StV 86, 62), bei Herumlungern auf Kinderspielplatz zwecks Kontaktaufnahme (OBGer. Basel Rspr. 44 Nr. 121), bei Einwirken auf ein Kind, sich zum Tatort zu begeben (vgl. Rudolphi SK 16; and. BGH 6 303), dagegen Versuch, wenn der Täter bereits mit dem Kind zum Tatort unterwegs ist (RG 52 185; vgl. BGH NStZ 89, 477 zu § 316a, and. auch Günther JZ 87, 23 gegen BGH 33 378), es sei denn, daß er nur Verführung auf freiwilliger Basis beabsichtigt (BGH 35 8f.). Vgl. auch die Falltypik von Roxin JuS 79, 4 ff., Vogler LK 67 ff., 132 ff., Walder SchwZStr 99, 260 ff. sowie die Rspr.-Analyse von Kühl JuS 80, 506 ff., 650 ff., 811 ff.

46 4. Gewisse **Sonderfragen** stellen sich zunächst bei den **Unterlassungsdelikten**.

47 a) Bei den **unechten** Unterlassungsdelikten, bei denen die Möglichkeit von Versuch im Grundsatz anerkannt ist (27 vor § 22), ist der für den Versuchsbeginn maßgebliche *Zeitpunkt* umstritten:

α) Nach der namentlich von Armin Kaufmann, Unterlassungsdelikte 221 ff. und Welzel 206, 221 **48** vertretenen Auffassung beginnt der Unterlassungsversuch erst zu dem Zeitpunkt, in dem keine Möglichkeit der Schadensabwehr mehr besteht und damit bei Tauglichkeit der Umstände der Versuch unmittelbar in die Vollendung übergeht. Da es danach auf den **letztmöglichen Hilfszeitpunkt** ankommt, ist Unterlassungsversuch praktisch nur in Form eines beendeten bzw. fehlgeschlagenen Versuchs denkbar. Dagegen spricht jedoch bereits die Tatsache, daß z. B. bei einem Tötungsdelikt das auf den Tod hinführende Unglück bereits durch Unterlassen herbeigeführt sein kann, ohne daß schon der Tod eingetreten zu sein braucht – fraglos ein Fall von Versuch. Ebenso müssen weitere Versuchsfälle dann möglich sein, wenn das pflichtwidrige Verhalten in der Nichthinderung fremder Straftaten besteht: Hat B eine strafbare Handlung begangen, an deren Versuch ihn A pflichtwidrig nicht gehindert hat, so muß bis zur Vollendung der Tat durch B das Verhalten des A ebenfalls als Versuch angesehen werden, soweit nicht Beihilfe gegeben ist (vgl. 85 ff. vor § 25); entgegen Rudolphi MDR 67, 1 läßt sich hier der Versuch auch nicht deshalb für straflos erklären, weil das Unterlassen nur auf der Wertstufe einer Beihilfe stehe.

β) Demgegenüber wird teilweise auf das Verstreichenlassen der **ersten Rettungsmöglichkeit** ab- **49** gestellt (Herzberg MDR 73, 89, Lönnies NJW 62, 1950, Maihofer GA 58, 297 sowie jetzt M-Gössel II 34), wonach Mordversuch z. B. schon dann anzunehmen wäre, wenn die Mutter ihrem Kind erstmals mit Tötungsvorsatz die Nahrung vorenthält (vgl. Schröder 17. A. 12 vor § 43).

γ) An der letztgenannten Auffassung ist zwar richtig, daß der Unterlassungsversuch bereits **50** mit der **Pflichtversäumnis** einsetzt. Doch kann davon nicht schon bei der Möglichkeit, sondern erst bei der *Gebotenheit* des Handelns die Rede sein. Dies ist, sofern nicht – wie etwa bei Steuererklärungen (vgl. Düsseldorf wistra **87,** 354) – eine bestimmte Frist zum Tätigwerden gesetzt ist, nach allg. Grundsätzen erst dann der Fall, wenn das geschützte Rechtsgut durch das Nichthandeln **gefährdet** bzw. eine bereits bestehende Gefahr erhöht würde (vgl. 27 vor § 22; i. gl. S. Blei I 316, Lackner 3, Rudolphi SK 53f. vor § 13, Stratenwerth 286, Zaczyk aaO 318f.; vgl. auch Jescheck 578, Roxin JuS 79, 12; Wessels I 235f. sowie Mitsch Jura 89, 194 [zu § 218]; ähnlich J. Meyer ZStW 87, 605f. unter Abheben auf den Zwangsläufigkeitsaspekt). Dem Begehungsversuch entsprechend kommt es aber dabei nicht allein auf die objektive Gefahrenlage, sondern auf die *subjektive* Vorstellung des Unterlassenden von der Gefährlichkeit seines Nichthandelns an (o. 33f., 39, 42; vgl. auch Roxin JuS 73, 330).

Diese Abgrenzung nach Gefährdungskriterien ist vor allem bedeutsam in den Fällen, in denen der **51** Unterlassende bis zum Eintritt eines schädlichen Erfolgs in *verschiedenen zeitlichen Phasen* mehrere Hilfs- oder Rettungsmöglichkeiten hätte: Wird etwa von einer zum Verhungernlassen ihres Kindes entschlossenen Mutter erstmals die Nahrung vorenthalten, ohne daß damit das Kind bereits irgendwie in seinem Weiterleben gefährdet wäre, so liegt noch kein Versuch vor. Unterläßt hingegen der Gehilfe eines Tauchers die auf vereinbartes Signal in Gang zu setzende Sauerstoffzufuhr, so ist im Hinblick auf die damit verbundene Erhöhung der Tauchgefahr der Versuch bereits begonnen, sofern der Täter den Erfolgseintritt in Kauf nimmt (vgl. Grünwald JZ 59, 46, aber auch Herzberg MDR 73, 92). Maßgeblich für den Versuchsbeginn ist somit der Zeitpunkt, zu dem erstmals in gefahrbegründender oder -erhöhender Weise eine Erfolgsabwendungsmöglichkeit versäumt oder verzögert wird. Fällt z. B. ein Kind ins Wasser, so hat im Hinblick auf die damit geschaffene Gefahr der Hilfspflichtige sofort einzugreifen, mag auch zu einem späteren Zeitpunkt und mit anderen Methoden eine Rettung noch möglich erscheinen. Ebenso liegt Versuch vor, wenn durch Zuwarten, z. B. durch Aufschieben einer notwendigen Operation, die Gefahr vergrößert wird (Stratenwerth 286). Für Abgrenzung nach **tatbestandsspezifischer Annäherung** an den Handlungsunwert Vogler LK 115ff. (vgl. dazu o. 42).

δ) Zur Abgrenzung **beendeter/unbeendeter** Unterlassungsversuch vgl. § 24 RN 27. **52**

b) Auch bei den **echten Unterlassungsdelikten** ist an sich Versuch möglich (Baumann/ **53** Weber 483, Maihofer GA 58, 298, Rudolphi SK 50 vor § 13; and. Blei I 316), wenngleich nur selten unter Strafe gestellt (z. B. nicht bei den praktisch bedeutsamen §§ 138, 170b, 223b; zu § 323c als „unechtem Unternehmensdelikt" vgl. dort RN 2a). Auch würde dabei, soweit es sich um schlichte *Un-Tätigkeitsdelikte* handelt (z. B. bei Hausfriedensbruch durch Nichtentfernen nach § 123 I 2. Alt. oder Gehorsamsverweigerung nach § 20 I Nr. 2 WStG), meist nur beendeter i. S. eines untauglichen bzw. fehlgeschlagenen Versuchs in Betracht kommen (vgl. Jescheck 577, M-Gössel II 33; vgl. aber Schaffstein Dreher-FS 148ff.). Soweit es sich jedoch um *Erfolgsdelikte* handelt (wie z. B. bei §§ 120 II, 336), gilt das zu den unechten Unterlassungsdelikten Ausgeführte (o. 50) hier entsprechend. Das bedeutet, daß bei § 120 II (ungeachtet seiner Rechtsnatur als echtes oder unechtes Unterlassungsdelikt) der Versuch mit der Gebotenheit der Verhinderung von Befreiungsmaßnahmen beginnt und mit der letzten Möglichkeit dazu endet. Ähnlich beginnt ein Rechtsbeugungsversuch bereits damit, daß der Richter in der irrigen Annahme, daß die 3-monatige Haftdauer nach § 140 I Nr. 5 StPO bereits verstrichen sei, bewußt die Bestellung eines Pflichtverteidigers unterläßt (Jescheck 577).

5. Auch bei **Tatbeteiligung mehrerer** an einem Versuch wirft dessen Beginn Sonderfragen auf (rechtsvergleich. dazu Jescheck ZStW 99, 130ff.).

54 a) Bei **mittelbarer Täterschaft** beginnt der Versuch unstreitig *spätestens* dann, wenn der Vordermann unmittelbar zur Tatbestandsverwirklichung ansetzt (Küper JZ 83, 363). Strittig ist jedoch, ob auch schon *zuvor* Versuch in Betracht kommt (ausf. zum Meinungsstand Kadel GA 83, 302ff., Küper aaO 364ff.): Dazu wurde zeitweilig zwischen der *Einwirkung* auf ein *gutgläubiges* Werkzeug und der *Ausführung* durch ein *bösgläubiges* differenziert (so i. Grds. RG **59** 1, 66 142, BGH **4** 270, Busch LK⁹ § 43 RN 33, Welzel 191 sowie heute noch Blei I 261). Demgegenüber will einerseits die (wenig aussagekräftig so bezeichnete) „Einzellösung" generell schon das *Einwirken des Hintermannes* genügen lassen (so bereits RG **53** 11, 45, HRR **42** 229, OGH **2** 8, ferner Baumann JuS 63, 92f., Herzberg MDR 73, 94f., Schilling aaO 101; unscharf Hamm NJW **77**, 640), wobei dies mit einer heute wohl vorherrschenden „modifizierten Einzellösung" dahingehend präzisiert wird, daß der Hintermann das Geschehen „aus der Hand gegeben" hat (so jetzt auch BGH NStE **Nr. 1** zu § 23 wie namentlich bereits Roxin Maurach-FS 227ff., JuS 79, 11f., Rudolphi SK 20a; vgl. ferner Jakobs 537, Jescheck 609, Meyer ZStW 78, 608, Wessels I 182 sowie Herzberg JuS 85, 6f., der an die vorsätzliche Lockerung der Bindung Täter – Tatmittler als „Manifestation des Entlassungswillens" anknüpft und darin gleichzeitig einen beendeten Versuch sieht). Andererseits ist nach der sog. „Gesamtlösung" darauf abzuheben, ob die Gesamttat schon soweit fortgeschritten ist, daß sie unmittelbar in die Tatbestandsverwirklichung einmündet, was idR erst mit der planmäßigen *Ausführungshandlung des Vordermannes* der Fall sein soll (so u. a. bereits Frank § 43 Anm. II 2a, heute wohl auch Kadel aaO, Küper aaO, M-Gössel II 283f., Stratenwerth 237, Vogler LK 101), wobei allerdings hinsichtlich der subjektiven Einschätzung des Ausführungsgeschehens teils auf die Vorstellung des Hintermannes (so Gössel JR 76, 250, Otto I 232), teils auf das Vorstellungsbild des Vordermannes (so Küper aaO 370) abgestellt wird.

54a Solche mehr formalen Abgrenzungen vermögen jedoch je für sich allein nicht zu genügen. Vielmehr kommt es auch hier entscheidend auf das *Gefährdungs*kriterium an (vgl. o. 42). Da es aber dabei zudem um die Tat des mittelbaren Täters geht, bei der das Werkzeug lediglich als Vollzugsorgan fungiert, ist aus seiner Sicht das betroffene Rechtsgut bereits dann als unmittelbar gefährdet anzusehen, wenn das Werkzeug ohne wesentliche Zusatzvorbereitungen die vorgesteuerte Tat nur noch zu vollziehen braucht (so dürften auch BGH **30** 363 u. NStZ **86**, 547 zu verstehen sein; i. gl. S. bereits BGH **4** 273; vgl. ferner D-Tröndle 18, Jescheck 609, Schmidhäuser I 351, Wessels I 182). Zwar kann dabei die Gut- oder Bösgläubigkeit des Werkzeugs bedeutsam sein; letztentscheidend ist jedoch die von den Umständen des Einzelfalls abhängende Frage, von welchem Zeitpunkt an nach den Steuerungsvorstellungen des Hintermannes nur noch der Vollzug durch das Werkzeug aussteht: Hat also der mittelbare Täter das Tatgeschehen bereits in einer Weise vorgesteuert, daß es nach seiner Vorstellung – gleichsam dem Naturkausalismus vergleichbar – zwangsläufig zur Tatausführung kommen muß, wie dies zwar insbes. bei einem gutgläubigen, jedoch auch bei einem böswilligen, aber gefügigen Werkzeug, der Fall sein wird, so ist bereits vor dessen Tätigkeit der Versuchsbereich erreicht, so z. B., wenn durch das gutgläubige Werkzeug nur noch ein bereits vorbereiteter Brandstiftungsmechanismus in Gang zu setzen ist (vgl. RG **66** 142) oder das willfährige Werkzeug nur noch den entscheidenden Todesstoß zu versetzen braucht. Dagegen ist selbst bei Ahnungslosigkeit des Werkzeugs Versuch so lange zu verneinen, als dieses nach der Vorstellung des Hintermannes noch weitere Vorbereitungshandlungen treffen muß, um das Opfer zu gefährden. Entsprechendes gilt für den bösgläubigen Tatmittler, um dessen Vorbehalte der Hintermann weiß: In derartigen Fällen ist Versuch zu dem Zeitpunkt anzunehmen, von dem an der mittelbare Täter nach seiner Vorstellung die Gefährdung des betroffenen Rechtsguts durch das Werkzeug nicht mehr zu steuern vermag. Daß bei dieser Abgrenzung im Falle eines „Täters hinter dem Täter" der Versuchsbeginn für den Vorder- und Hintermann unterschiedlich ausfallen kann, verschlägt demgegenüber nichts; denn im Unterschied zur haupttatakzessorischen Anstiftung geht es bei mittelbarer Täterschaft um nicht-akzessorische Haftung (ebenso Herzberg JuS 85, 4; insofern ist das i. S. eines Einheitlichkeitspostulats herangezogene Argument in Eser II 96 [vgl. Kühl JuS 83, 181, ferner Kadel GA 83, 303] zurückzunehmen). Zur Abgrenzung zwischen unbeendetem und beendetem Versuch vgl. § 24 RN 32.

55 b) Demgegenüber beginnt bei **Mittäterschaft** aufgrund der gegenseitigen Zurechnung der verschiedenen Tatbeiträge der Versuch – und zwar für jeden Beteiligten – erst bzw. bereits dann, wenn auch nur einer von ihnen dem gemeinsamen Tatplan entsprechend in das Ausführungsstadium eintritt (i. S. dieser *„Gesamtlösung"* BGH **36** 249, NStZ **81**, 99, NJW **80**, 1759, MDR/H **86**, 974, Schleswig SchlHA **80**, 172, grdl. Küper aaO, insbes. 17ff., 69ff., ferner Jescheck 617, Kratzsch JA 83, 587, M-Gössel II 308f., Roxin, Täterschaft⁴, 452ff., Stoffers MDR 89, 208, Stratenwerth 237, Vogler LK 88ff.). Demzufolge ist bei einem Fälschungsver-

Begriffsbestimmung 56–58 § 22

such auch derjenige nach §§ 267, 22 strafbar, der erst zum Gebrauchen des Falsifikats eingesetzt werden sollte (RG 58 279; vgl. auch BGH MDR/H 77, 807, wo jedoch das unmittelbare Ansetzen zum Raubversuch wohl zu früh angenommen wird: Küper JZ 79, 775f., Otto JA 80, 646). Demgegenüber will i. S. der „*Einzellösung*" Schilling aaO 104ff. den Versuch für jeden Mittäter gesondert beginnen lassen, und zwar jeweils mit seinem eigenen tatherrschaftsbegründenden Beitrag. Doch nicht nur, daß dadurch einerseits in Fällen, in denen sich der entscheidende Tatbeitrag in der psychischen Einwirkung auf einen Mitbeteiligten erschöpft (vgl. Schilling aaO 112f.), der Versuchsbeginn noch über § 30 hinaus in den Vorbereitungsbereich vorverlagert wird (vgl. Stratenwerth 237), und andererseits der erst für den Beendigungsbereich Eingeplante zufallsbedingt begünstigt wird (vgl. Küper aaO 70), widerspricht die „Einzellösung" auch schon von Grund auf dem allgemeinen Zurechnungsprinzip bei Mittäterschaft (vgl. Roxin JuS 79, 13). Auch durch die „modifizierte Einzellösung" von Rudolphi, wonach ohnehin die Gesamthandlung die Grenze zum Versuch überschritten haben müsse und der einzelne Mittäter erst dann wegen Versuchs strafbar sei, wenn er selbst mit seinem tatherrschaftsbegründenden Beitrag begonnen hat (vgl. SK 19a, Bockelmann-FS 383ff.; ähnl. auf die *Ausübung* der Tatherrschaft des einzelnen Mittäters abhebend Valdagua ZStW 98, 870f.; vgl. ferner Günther GA 83, 333), sind jene Einwände nicht völlig ausgeräumt (vgl. Küper JZ 79, 785ff.).

6. Fraglich ist auch, wann in Fällen einer **actio libera in causa** die Ausführung der Tat beginnt 56 (vgl. § 20 RN 33ff.). Wegen des Ausschlusses der Möglichkeit, seinen Willen zu kontrollieren, wäre zwar z. B. an den Eintritt des Vollrausches zu denken; denn von diesem Zeitpunkt ab würde das Verantwortungsbewußtsein des Täters entfallen, das weitere Geschehen hinge hiervon nicht mehr ab (so etwa Roxin Maurach-FS 230, Rudolphi SK 21; vgl. auch Wolter Leferenz-FS 556ff.). Mordversuch läge demnach vor, sobald jemand, der sich zur Vornahme eines Mordes in seiner Wohnung Mut antrinkt, berauscht ist, mag er auch die Wohnung nicht verlassen haben (Maurach JuS 61, 374). Doch geht diese Ansicht zu weit; denn auch hier muß der Täter nach seinem Tatplan eine *unmittelbare* Gefahr für das betreffende Rechtsgut geschaffen haben. Das ist bei positiven Handlungen erst der Fall, wenn der Täter mit der unmittelbaren Ausführung der Tat beginnt (vgl. Vogler LK 105 mwN, ferner Wolter Leferenz-FS 556f.).

Dagegen ist bei den Unterlassungsdelikten – bei der sog. **omissio libera in causa** (144 vor § 13) – 57 die Gefahr schon geschaffen und damit das Versuchsstadium erreicht, wenn der Täter die Fähigkeit verliert, verantwortlich zu handeln (vgl. Welp, Vorangegangenes Tun (1968) 138; and. Maurach JuS 61, 377). So beginnt der Versuchsbereich im Fall des Weichenstellers, der damit rechnet, später infolge seiner Trunkenheit die Weiche nicht stellen zu können, schon im Augenblick des Betrinkens und nicht erst mit dem Verstreichen der ersten Rettungsmöglichkeit (so M-Gössel II 35). Zum Beginn der Ausführung bei der sog. **actio illicita in causa** (23 vor § 32) vgl. Lenckner GA 61, 299ff.

7. Bei **qualifizierten Delikten und Regelbeispielen** war zunächst die Meinung vorherr- 58 schend, daß der Versuch sowohl mit dem Ansetzen zur Verwirklichung des Grundtatbestandes als auch eines erschwerenden Moments beginne (vgl. RG 38 178, 54 43, Hamm JMBlNW 76, 20 m. krit. Anm. Hillenkamp MDR 77, 242, Busch LK⁹ § 43 RN 31). In dieser Allgemeinheit ist das jedoch nicht mehr akzeptabel (vgl. § 243 RN 45): Da die Erschwerungsgründe nur unselbständige Abwandlungen eines Grunddelikts darstellen, muß der Täter auch zu dessen Verwirklichung bereits unmittelbar angesetzt haben (vgl. Arzt JuS 72, 518, 578, Kühl JuS 80, 509, M-Gössel II 36, Roxin JuS 79, 7f., Rudolphi SK 18, Stree Peters-FS 185, Wessels I 180f., Maurach-FS 305). Entscheidend ist daher grds. das unmittelbare Ansetzen zur Verwirklichung des „*Gesamttatbestandes*" (Jakobs 605, ferner Fabry NJW 86, 18; eing. Vogler LK 77ff.). Daher ist z. B. noch kein Versuch nach § 244 I Nr. 2 anzunehmen, wenn der Täter sich auf dem Weg zum Tatort mit einer Waffe versieht, oder nach § 244 I Nr. 3, wenn mehrere Täter dabei sind, eine Diebesbande zu bilden. Ebensowenig setzt zu einer Brandstiftung schon unmittelbar an, wer vorsorglich damit beginnt, Löschgerätschaften unbrauchbar zu machen (§ 307 Nr. 3; vgl. Stree aaO 185). Entsprechende, und zwar insbes. einer Vorverlagerung entgegenwirkende Grundsätze haben erst recht bei bloßen *Regelbeispielen* zu gelten, die ja nur die Möglichkeit einer Straferhöhung bei anderweitig begründeter Strafbarkeit vorsehen (vgl. Arzt JuS 72, 518 sowie insbes. gegen Versuchsvorverlagerung Laubenthal JZ 87, 1069, R. Schmitt Tröndle-FS 315). Umgekehrt ist aber mit dem Ansetzen zur Verwirklichung des Grundtatbestandes auch schon ohne weiteres mit dem Ansetzen zu Erschwerungsgründen begonnen. So beginnt z. B. nach einhelliger Meinung der Versuch des Meineids erst, wenn der Täter im Anschluß an die Falschaussage mit dem Sprechen der Eidesformel anfängt (vgl. § 154 RN 15). Ebenso kann Versuch von § 307 Nr. 3 erst dann vorliegen, wenn der Täter im Anschluß an die Brandstiftung zum Unbrauchbarmachen der Löschgeräte ansetzt; vgl. Stree aaO 187. Diese Grundsätze gelten für **zusammengesetzte Delikte** entsprechend (vgl. o. 38). Zum Versuch von **erfolgsqualifizierten** Delikten vgl. § 18 RN 18ff.

58a Eine vom (vorangehend erörterten) Versuchs*beginn* zu unterscheidende Frage ist die nach dem anzuwendenden **Strafrahmen**, wenn das Qualifizierungsmerkmal bzw. Regelbeispiel nicht voll verwirklicht wurde (Überblick bei Fabry NJW 86, 18 ff.): Während nach BGH 33 370 selbst bei einem nur versuchten Regelbeispiel (wie etwa einem Einbruchsversuch nach § 243 I Nr. 1) der Strafrahmen des Erschwerungsgrundes (§ 243 I) – wenngleich mit der allgemeinen Versuchsmilderungsmöglichkeit (§ 23 II) – zur Anwendung kommt, kann nach wohl noch vorherrschender Meinung der Erschwerungsrahmen nicht schon infolge der Regelwirkung, sondern allenfalls aufgrund einer ergänzenden Gesamtbewertung zum Zuge kommen (vgl. die Meinungsübersicht bei Küper JZ 86, 518 ff. sowie Gössel Tröndle-FS 365, Laubenthal JZ 87, 1069); näher zu dieser insbes. bei § 243 bedeutsamen Frage dort RN 44 mwN.

59 IV. Hinsichtlich **Rechtswidrigkeit** und **Schuld** ergeben sich beim Versuch keine Besonderheiten gegenüber dem vollendeten Delikt: Sind also die vorangehenden Versuchsvoraussetzungen (I–III) erfüllt, gelten im übrigen die allg. verbrechenssystematischen Grundsätze (vgl. im einzelnen 46 ff. vor § 13), wobei allerdings noch die Möglichkeit einer Strafaufhebung durch **Rücktritt** nach § 24 (dazu wie auch zu der dann notwendigen Differenzierung zwischen *beendetem* und *unbeendetem* Versuch vgl. die dortige Erl.) sowie für den Fall eines „**grob unverständigen Versuchs**" die Möglichkeit des Absehens von Strafe nach § 23 III zu berücksichtigen ist.

C. Sonderprobleme bei „untauglichem Versuch" und „Wahndelikt"

60 I. Auch der sog. **untaugliche Versuch ist grundsätzlich strafbar**. „Untauglich" in diesem Sinne ist ein Versuch jedoch nicht schon deshalb, weil er sich als ungeeignet erwiesen hat, den vorgestellten Tatbestand zur Vollendung zu bringen, sondern nur dann, wenn er – über dieses begriffsimmanente Scheitern jeden Versuchs hinaus – unter keinen Umständen hätte zur Vollendung kommen können: sei es wegen Untauglichkeit des *Mittels* oder *Objekts* oder weil dem Täter als *Subjekt* eine für die Tatvollendung erforderliche Eigenschaft gefehlt hat.

61 Abgesehen vom letztgenannten Fall mangelnder Tätereigenschaften ist die Strafbarkeit des untauglichen Versuchs heute allg. anerkannt (Roxin JuS 73, 330; vgl. aber auch M-Gössel II 38) und nicht zuletzt der Strafzumessungsregel des § 23 III zu entnehmen (vgl. dort RN 14 ff.). Strittig sind jedoch sowohl die Grundlagen als auch die Grenzen des strafbaren untauglichen Versuchs. Das gilt insbes. auch für dessen Abgrenzung von dem allg. für straflos gehaltenen *Wahndelikt* (dazu u. 78 ff.). Auch die Neufassung der Versuchsbestimmungen hat in diesen Fragen keine volle Klärung gebracht (vgl. M-Gössel II 38 f.).

62 1. Somit ist für Einzelfragen der **Strafgrund des untauglichen Versuchs** maßgeblich:

63 a) Geht man mit der **subjektiven** Versuchstheorie, wie sie schon seit längerem vorherrscht und jedenfalls im Ansatz nun auch gesetzliche Anerkennung gefunden hat (vgl. BT-Drs. V/4095 S. 11), davon aus, daß der Strafgrund des Versuchs in der **Betätigung des verbrecherischen Willens** zu erblicken ist (vgl. 21 vor § 22), so kann es weder auf die Art noch auf den Grad der objektiven Untauglichkeit des Versuchs ankommen. Entscheidend ist vielmehr nur, daß der Täter in der Annahme gehandelt hat, den vorgestellten Tatbestand verwirklichen zu können; denn ein derartiges rechtsfeindliches Vorhaben verliert auch dann nicht von seinem subjektiven Handlungsunwert, wenn es aus objektiven Gründen von vornherein zum Scheitern verurteilt ist.

64 Demgemäß konnte die **Rspr.** folgerichtig sowohl den Tötungsversuch an einer Leiche (RG 1 452, Kiel SchlHA 48 146) wie auch den Abtreibungsversuch mit untauglichen Mitteln (RG 1 439, 17 159) bzw. an einer Nicht-Schwangeren (RG 1 203, 47 66) für strafbar erklären; ebenso den Versuch von § 176 bei irriger Annahme, das Kind sei unter 14 Jahren (RG 39 316), den Meineidsversuch bei irriger Beurteilung der Zuständigkeit der den Eid abnehmenden Behörde (RG 65 209; vgl. auch 67 331), den Diebstahlsversuch bei Unkenntnis des Einverständnisses des Gewahrsamsinhabers (RG JW 26 2752, Celle JR 87, 253 m. Anm. Hillenkamp) sowie den Betrugsversuch bei objektiver Rechtmäßigkeit des erstrebten Vermögensvorteils (RG 11 77, 42 93). Vgl. auch u. 69.

65 b) Trotz ihres richtigen Ansatzes ist diese auch von Schröder vertretene subjektive Versuchstheorie (17. A. § 43 RN 30) jedoch kaum zur notwendigen *Begrenzung* der Strafbarkeit des untauglichen Versuchs geeignet. Denn wäre tatsächlich nur auf die Betätigung des rechtsfeindlichen Willens abzustellen, so bliebe weder für Ausgrenzungen sog. „*irrealer*" (oder auch „*abergläubisch*" genannter) Versuche noch für Strafmilderung bei „*grobem Unverstand*" (§ 23 III) irgendein Raum, da subjektiv auch in diesen Fällen sowohl die gegen die Rechtsordnung gerichteten Vorstellungen als auch die rechtsfeindliche Energie des Täters völlig gleich sein können. Wenn sich die h. M. und mit ihr nun auch der Gesetzgeber scheuen, den irrealen, bzw. grob unverständigen „Versuchstäter" die volle Strafe des Versuchs treffen zu lassen (vgl. § 23 RN 14 ff.), so ist das ohne Blick auf objektive – nämlich außerhalb der Person des Täters

Begriffsbestimmung

liegende – Faktoren nicht erklärbar. Solche objektiven Wirkungen auf die Rechtsgemeinschaft in die Begründung und Begrenzung des untauglichen Versuchs miteinzubeziehen, ist das berechtigte Anliegen der gemischt subjektiv-objektiven **Eindruckstheorie** (vgl. Jescheck 462f. sowie 22 vor § 22 mwN). Danach ist der Versuch – ungeachtet seiner Tauglichkeit im Einzelfall – strafbar, weil und soweit er durch Betätigung des rechtsfeindlichen Willens den Eindruck eines Angriffs auf die Rechtsordnung erweckt und dadurch das Vertrauen der Rechtsgemeinschaft in den Rechtsfrieden erschüttert (vgl. Schünemann GA 86, 316f.). Dementsprechend unterscheidet sich der „untaugliche" vom „tauglichen" Versuch lediglich insofern, als bei ersterem idR nur eine Gefährdung des Rechtsguts vorliegt, bei letzterem hingegen noch eine Gefährdung des konkreten Rechtsgut*objekts* hinzukommt (Sax JZ 76, 432f.). Soweit selbst eine solche Rechtsgutgefährdung praktisch ausgeschlossen (wie beim „irrealen" Versuch) oder jedenfalls nur gering ist (wie beim „grob unverständigen" Versuch), besteht auch für volle Versuchsstrafbarkeit kein Bedürfnis. Für eine ähnliche Einschränkung der subjektiven Theorie auch H. Mayer 286ff.

c) Demgegenüber blieb nach den **objektiven** Versuchstheorien, wie sie früher vertreten wurden (vgl. 18 vor § 22), aber auch heute noch vereinzelte Verfechter haben (Spendel Stock-FS 89ff., teils auch Dicke JuS 68, 157ff.), für eine Strafbarkeit des untauglichen Versuchs konsequenterweise weithin kein Raum; denn da nach diesen Auffassungen auch der Versuch seinen Strafgrund in der *Gefährlichkeit* der Versuchshandlung hat, müßte diese objektiv geeignet sein, den tatbestandlichen Erfolg herbeizuführen. Teils wurde dabei zwischen *absolut* und *relativ* untauglichem Versuch unterschieden und nur letzterer als strafbar bezeichnet, wobei zudem noch streitig war, ob die Beurteilung ex ante oder ex post zu erfolgen hatte. Absolut untauglich und daher straflos wäre etwa der Abtreibungsversuch an einer Nicht-Schwangeren, nur relativ untauglich und daher strafbar der mit einer zu geringen Dosis durchgeführte Abtreibungsversuch. 66

d) Anstelle derartiger empirischer Tauglichkeitsunterscheidungen versuchte die jüngere Lehre vom „Mangel am Tatbestand" (vgl. 19 vor § 22) eine normativ am Tatbestand orientierte Differenzierung: Strafbar sollte der untaugliche Versuch nur dort sein, wo es lediglich am tatbestandlichen Schlußstück, dem *Erfolg*, fehlt; mangelt es hingegen an der Tauglichkeit des *Täters* bzw. des *Objekts*, so sei bereits die Tatbestandsmäßigkeit des Versuchs zu verneinen (Frank § 43 Anm. III, Mezger 396f., v. Liszt-Schmidt 298). Doch selbst wenn sich derartige Differenzierungen dogmatisch durchhalten ließen (krit. dazu M-Gössel II 40f.), wären sie unvereinbar mit der den neuen Versuchsbestimmungen zugrunde liegenden Konzeption. Denn nicht nur, daß in § 22 der – möglicherweise auch falschen – Vorstellung des Täters von seiner Tat grundlegende Bedeutung beigemessen wird; auch geht § 23 III offensichtlich davon aus, daß zumindest der wegen der Art des Objektes bzw. des Mittels untaugliche Versuch grundsätzlich strafbar sein soll, und zwar ungeachtet seiner etwaigen Ungefährlichkeit (vgl. Roxin JuS 73, 330). 67

e) Nach der **dualistischen Versuchstheorie** von Schmidhäuser I 344ff., 351, 355 und Alwart aaO 172ff. soll der (ex post) untaugliche *Gefährdungs*versuch überhaupt nicht und der untaugliche Zielversuch nur bei absichtlichem Handeln strafbar sein. Doch schon ungeachtet ihrer grundsätzlichen Fragwürdigkeit (vgl. 23 vor § 22) ist diese Differenzierung schwerlich mit dem geltenden Recht vereinbar (vgl. auch Rudolphi SK 14 vor § 22). 67a

2. Für die **Voraussetzungen und Grenzen des untauglichen Versuchs** ist bedeutsam, daß es sich insgesamt um *Irrtumsfälle* handelt: Der Täter stellt sich eine Sachlage vor, die in Wahrheit nicht besteht, die aber sein Handeln als strafbar erscheinen lassen würde, wenn sie objektiv vorläge. Doch ist die Irrtumskonstellation dabei gerade *umgekehrt* wie beim vorsatzausschließenden Irrtum i. S. von § 16: Während dort der Täter objektiv vorliegende Tatumstände nicht kennt, seine Vorstellung also hinter der objektiven Wirklichkeit zurückbleibt („negativer" Irrtum), hält der Versuchstäter objektiv nicht vorliegende Umstände fälschlich für gegeben, so daß seine Vorstellung über die Wirklichkeit hinausgeht *(„positiver" Irrtum)*. 68

Angesichts der besonderen Bedeutung, die dem Vorsatz gerade beim Versuch zur Bestimmung des jeweiligen Unrechtstatbestandes zukommt (vgl. o. 3), erscheint es verständlich, daß die Rspr. im Wege eines sog. *Umkehrschlusses* die Behauptung aufgestellt hat, daß alles das, was den Täter im Bereich des § 16 (§ 59 a. F.) entlaste, beim (untauglichen) Versuch belasten müsse (RG 42 94, 66 126, 72 112, BGH 13 239f., 14 350). Gegen die Logik dieser These ist zwar insofern nichts einzuwenden, als die subjektiven Wissens- und Willenselemente des Versuchs (o. 12ff.) mit dem Vorsatz i. S. von §§ 15, 16 identisch sind und man daher auch den durch Irrtum zustande gekommenen Vorsatz als das ansehen kann, was grundsätzlich als Grundlage der Versuchsstrafbarkeit ist. Jedoch wird man sich der begrenzten Aussagekraft dieses „Umkehrprinzips" bewußt bleiben müssen (vgl. dazu insbes. Sax JZ 64, 245, aber auch Spendel ZStW 69, 449ff., NJW 65, 1885f., ferner Burkhardt JZ 81, 682f., wistra 82, 180, Schlüchter aaO 145ff.). Denn Bedeutung hat es allein für die *Abgrenzung* zwischen dem untauglichen Versuch, der auf einem *„umgekehrten Tatbestandsirrtum"* beruht, und dem sog. *Wahndelikt*, dem ein *„umgekehrter Verbotsirrtum"* zugrunde liegt. Über die daraus zu ziehenden *Folgerungen* für die Strafbarkeit bzw. Straflosigkeit dieser Fälle sagt das Umkehrprinzip hingegen nichts aus. Im Gegenteil: Wäre 69 es auch für die jeweiligen Irrtumsfolgen maßgebend, so müßte im Falle des umgekehrten (positiven) Verbotsirrtums, wo der Täter seine objektiv tatbestandslose bzw. rechtmäßige Handlung irrtümlich für strafbar hält, in Umkehrung des (negativen) schuldausschließenden Verbotsirrtums (insbes. nach der Vorsatztheorie) konsequenterweise Strafbarkeit angenommen werden. Doch dies geschieht gerade nicht; denn da nur jener Wille rechtlich mißbilligenswert ist, der auf ein objektiv (und nicht nur vermeintlich) verbotenes Geschehen gerichtet ist, wird das Wahndelikt zu Recht allgemein für straflos gehalten (u. 78 ff.). Vgl. zum Ganzen auch Engisch Heinitz-FS 185 ff.

70 Innerhalb des auf einem „**umgekehrten Tatbestandsirrtum**" beruhenden untauglichen Versuchs sind vor allem folgende Fallgruppen zu unterscheiden:

71-72 a) Zum einen kann der Täter irrtümlich an das Vorhandensein eines *Tatbestandsmerkmals* glauben. Soweit es dabei um die Untauglichkeit des **Objekts** oder **Mittels** geht, wird die Strafbarkeit allgemein bejaht (vgl. BGH NStZ **83**, 264, AG Albstadt MedR **88**, 261 [zu § 218 bei Nichtschwangerer], AG Hamburg NJW **89**, 2071 [zu § 223a bei möglicherweise bereits HIV-Infiziertem], Jescheck 477, M-Gössel II 42f., Roxin JuS 73, 330; vgl. aber auch differenzierend je nach Rechtsgütern der Person, der Gesellschaft und des Staates Zaczyk aaO 229 ff., 328 ff.), während bei Untauglichkeit des *Subjekts* die Meinungen auseinandergehen (dazu u. 75). Ob die Tatumstände, die der Täter irrtümlich als gegeben annimmt, normativer oder deskriptiver Natur sind, ist ohne Bedeutung. Jedoch ist bei normativen Tatbestandsmerkmalen die Kenntnis insofern eine qualitativ andere, als der Täter nicht nach Art des Juristen zu subsumieren, sondern nur eine sog. Parallelwertung in der Laiensphäre zu vollziehen braucht. Damit ergibt sich die Frage, wann bei Annahme normativer Tatumstände untauglicher Versuch vorliegt bzw. ein Wahndelikt in Betracht kommt (dazu u. 82).

73 b) Dem vorgenannten „Tatbestandsirrtum" entsprechend ist auch die irrige Annahme eines **qualifizierenden** Merkmals zu behandeln: Über die Vollendung des Grunddelikts hinaus ist Versuch des Qualifizierungstatbestandes gegeben. Daher führt die irrtümliche Annahme des Diebes, daß die mitgeführte Schußwaffe geladen sei, zu § 242 in Tateinheit mit §§ 244, 22 (vgl. BGH MDR/D **72**, 16 f.). Vgl. auch 126 vor § 52.

74 Dagegen kommt es hinsichtlich **privilegierender** Tatbestandsmerkmale darauf an, ob der Täter ein solches Merkmal irrtümlich annimmt (wobei ihm § 16 II zugute kommt) oder dessen tatsächliches Vorliegen verkennt: Letzterenfalls wird zwischen *unrechts*- und *schuld*bezogenen Merkmalen zu differenzieren sein (näher dazu § 16 RN 2 ff.).

75 c) Soweit es hingegen um den Irrtum über *Tätereigenschaften* oder *Sonderpflichten* und damit um des Täters **Untauglichkeit als Subjekt** geht, soll nach einer lange vorherrschenden Meinung ein strafloses Wahndelikt vorliegen, da der Irrtum des Täters nicht geeignet sei, ihn in den Kreis der Sonderpflichtigen zu bringen (RG **8** 200, **29** 421, Schleswig SchlHA **49**, 297, Baumann/Weber 498, Foth JR 65, 371, Langer, Das Sonderverbrechen (1972) 498, Schmidhäuser I 360f., Stratenwerth 204, Bruns-FS 59 ff., Zaczyk aaO 268 ff., 328ff.; i. Grds. auch Jakobs 597 ff., Vogler LK 153 f.; zu Einschränkungen aufgrund „teleologisch-reduzierter Sachverhaltssicht" vgl. Schlüchter aaO 164 ff.). Demgegenüber ist nach der heute wohl h. M. der Untauglichkeit des Objekts die des *Subjekts* gleichzustellen (RG **72** 112; grdl. Bruns, Der untaugliche Täter, sowie in GA 79, 161 ff., ferner Busch LK[9] § 43 RN 49, D-Tröndle 28, Jescheck 482 f., Lackner 2b bb, M-Gössel II 51, Rudolphi SK 26 ff., Wessels I 187 sowie Schünemann GA 86, 318 f. mit Ausnahme des Falles, daß sich der Täter einen Status vorstellt, den er „aus eigener Kraft nicht zu erlangen vermag"). Auch der Gesetzgeber hat die Frage unentschieden gelassen. Zwar ist in der „Unverstandsklausel" des § 23 III nur von der Untauglichkeit des Objekts bzw. des Mittels die Rede; doch wollte man damit der weiteren Diskussion über die Untauglichkeit des Subjekts in Rspr. und Lehre keineswegs in strafverneinendem

76 Sinne vorgreifen (E 62 Begr. 143 f., BT-Drs. V/4095 S. 11). – Im Grundsatz ist jener Meinung zuzustimmen, die auch bei Untauglichkeit des Subjekts *Strafbarkeit* für möglich hält. Denn es kann innerhalb der Tatumstände kein Unterschied zwischen Merkmalen gemacht werden, die durch die irrtümliche Vorstellung des Täters ersetzt werden können, und solchen, bei denen das nicht der Fall ist (Blei I 232). Ist man der Auffassung, daß Versuch auch dann vorliegt, wenn der Täter rechtliche Beziehungen irrtümlich für gegeben hält, also über normative Tatumstände irrt, dann ist nicht einzusehen, warum die Tätereigenschaften davon ausgeschlossen sein sollten. Der Nichtbeamte, der sich für einen Beamten hält, der Täter, der irrtümlich annimmt, er sei ein Vormund, können daher wegen Versuchs der entsprechenden Delikte ebenso bestraft werden wie ein Täter, der den zu Bestechenden irrtümlich für einen Richter hält (§ 334 II). So ist z. B. wegen Versuchs des § 180 zu bestrafen, wer in der Annahme, bereits auf Grund eines Testaments Vormund zu sein, seinem „Pflegebefohlenen" Gelegenheit zu Sexualhandlungen verschafft. Die Grenze liegt hier beim *umgekehrten Subsumtionsirrtum*: kein Versuch, wenn der Täter durch – ihm nicht obliegende – falsche Subsumtion zum Irrtum über seine Eigenschaft

Begriffsbestimmung

kommt (Bruns aaO 19). Diese Konsequenzen gelten nicht nur in den Fällen, in denen die Untauglichkeit des Subjekts in eine des Objekts umgedacht werden kann (Verkehr mit der vermeintlichen Tochter) – hier wurde auch von Anhängern der abw. Auffassung schon Versuch angenommen (vgl. etwa Stratenwerth 205, Jakobs 597 f.) –, sondern auch bei Sonderdelikten mit beschränktem Täterkreis (vgl. Bruns aaO 26; dagegen Spendel ZStW 69, 448).

3. Die Grundsätze des untauglichen Versuchs gelten auch da, wo der Versuch bzw. etwaige **77 Vorbereitungshandlungen** tatbestandlich **verselbständigt** sind, wie z. B. in den §§ 30, 149 (vgl. ferner 13 vor § 22). Auch hier kommt es also nicht darauf an, daß die dort genannten Erfolge eintreten können oder die sonstigen Tatbestandsmerkmale vorliegen, sondern nur darauf, daß der Täter dies annimmt. So ist z. b. unerheblich, ob bei der versuchten Anstiftung die beabsichtigte Haupttat überhaupt begangen werden kann (vgl. § 30 RN 13). Zur Problematik des untauglichen Versuchs bei *Unternehmensdelikten* vgl. § 11 RN 53.

II. Im Gegensatz zum untauglichen Versuch bleibt das sog. **Wahndelikt straflos** (vgl. RG **42 78** 93, **64** 239, **66** 126, BGH **8** 268, Bay NJW **86**, 1505, Baumann/Weber 483, Foth JR 65, 366, Maurach NJW 62, 716, M-Gössel II 44 ff.; zur Entwicklung vgl. Burkhardt JZ 81, 681 ff.). Im Unterschied zu jenem bewegt sich das Wahndelikt auf der Ebene des „**(umgekehrten) Verbotsirrtums**": So wie bei diesem dem Täter das Bewußtsein der objektiven Rechtswidrigkeit seines Verhaltens fehlt, geht im umgekehrten Fall des Wahndelikts der Täter infolge irriger Ausdehnung des Normbereichs fälschlich davon aus, daß sein objektiv strafloses Verhalten strafbar sei (vgl. o. 69). Auch ein solcher Irrtum kann auf unterschiedlichen **normativen Fehlannahmen** beruhen:

1. Zum einen darauf, daß der Täter aufgrund allgemeiner Erwägungen meint, etwas Verbo- **79** tenes zu tun oder sich strafbar zu machen: so weil er an die **Existenz einer Strafnorm** glaubt, die es in Wahrheit überhaupt nicht oder jedenfalls nicht in dem vom Täter angenommenen Anwendungsbereich gibt. Solche Fälle werden schon deshalb für straflos gehalten, weil der Täter keine Verbote selbst schaffen kann (Mezger 381). Deshalb würde eine Bestrafung regelmäßig bereits gegen den Nullum crimen-Grundsatz verstoßen; auch fehlt es an einem deliktischen Vorsatz. Ein solches Wahnverbrechen wäre z. B. „lesbische Liebe" in der Annahme, jene sei strafbar, oder die Falschaussage eines Angeklagten in der Meinung, sich dadurch strafbar zu machen (Bamberg NJW **49**, 876). Vgl. auch Sax JZ 76, 433 zu vermeintlicher Rechtsgutsverletzung (u. 85 a. E.).

2. Ferner ist ein Wahndelikt bei „**umgekehrtem Rechtfertigungsirrtum**" denkbar, und zwar **80** entweder dadurch, daß der Täter einen anerkannten Rechtfertigungsgrund nicht kennt oder daß er dessen Grenzen verkennt, so z. B. glaubt, Notwehr sei nur zum Schutz von Leib oder Leben zulässig. Entsprechendes gilt für den Fall, daß der Täter eine tatsächlich gegebene Rechtfertigungssituation rechtlich falsch bewertet: so der Lehrer, der aufgrund einer bloßen Verwaltungsanordnung fälschlich glaubt, daß er zu der von ihm durchgeführten Züchtigung eigentlich nicht berechtigt sei, dies in der gegebenen Situation jedoch objektiv zulässig war (vgl. H. Mayer DVBl 56, 471, aber auch § 223 RN 21). Da auch hier die Tat entgegen der Vorstellung des Täters objektiv keine Rechtsverletzung darstellt, handelt es sich lediglich um ein strafloses Wahndelikt (v. Weber JZ 51, 263; vgl. auch Maurach NJW 62, 772).

Nicht zu verwechseln mit solchen zum Wahndelikt führenden Rechtfertigungsirrtümern ist dage- **81** gen der Fall, in dem der Täter vom *tatsächlichen* Vorliegen einer objektiv rechtfertigenden Situation nichts weiß oder ihm ein sonstiges *subjektives Rechtfertigungselement fehlt.* In solchen Fällen ist er grds. strafbar, wenn auch idR nur wegen Versuchs. Näher dazu 15 vor § 32.

3. In engem Zusammenhang mit der fälschlichen Annahme einer nicht existierenden Norm **82** stehen die Fälle, in denen es die vom Täter vorgestellte Strafrechtsnorm zwar gibt, jedoch ihr **Anwendungsbereich fälschlicherweise ausgedehnt** und daher vom Täter auch auf sein konkretes Verhalten erstreckt wird, der Täter also aufgrund eines Irrtums über Inhalt und Grenzen von Tatbestandsmerkmalen zu dem Ergebnis gelangt, sein Verhalten sei verboten. Es handelt sich insgesamt um solche Fälle, bei denen der Täter Inhalt und Umfang von Strafrechtsnormen irrig ausdehnt. Das ist nicht nur dann der Fall, wenn ein Verhalten als Ganzes fälschlich für verboten oder strafbar gehalten wird, sondern auch dort, wo der Täter aufgrund falscher Rechtsvorstellungen das Vorhandensein normativer Tatbestandsmerkmale als gegeben annimmt. Wie in solchen Fällen die strittige **Abgrenzung von (strafbarem) untauglichem Versuch und (straflosem) Wahndelikt** vorzunehmen ist, dafür ist bislang noch kein Patentrezept in Sicht (vgl. Burkhardt JZ 81, 681 ff.).

a) Grundsätzlich ist jedenfalls davon auszugehen, daß sich – in Parallele zur Unterscheidung **83** zwischen Tatumstands- und Verbotsirrtum – die Abgrenzung daraus ergibt, ob der Irrtum den *Sachverhalt* oder den *Normbereich* (die Bedeutung des Strafgesetzes) betrifft (vgl. etwa Jescheck 482 f.): Während der Irrtum über den Sachverhalt vorsatz-(und damit versuchs-)begründend wirkt, wird der Irrtum über die Grenzen der anzuwendenden Strafrechtsnorm als **„umgekehrter Verbots- bzw. Subsumtionsirrtum"** überwiegend als strafloses Wahndelikt angesehen (vgl. M-Gössel II 47f., Welzel 194f., Schaffstein OLG Celle-FS 194, Blei JA 73, 146, einschr. Engisch Heinitz-FS 185). Dieser Grundsatz führt aber nur dann zu einer glatten Lösung, wenn sich der Irrtum eindeutig dem einen oder anderen Bereich zuschlagen läßt. Das ist einerseits der Fall, wenn sich die Fehlvorstellung auf (nackte) Tatsachen bezieht, die – wenn sie vorlägen – den Straftatbestand erfüllen würden: Nimmt der Täter fälschlich an, daß aus einer schriftlichen Gedankenerklärung der Aussteller hervorgehe, so betrifft dieser Irrtum den Tatsachenbereich und wirkt versuchsbegründend. Andererseits gibt es Fehlvorstellungen über die (Wort-)Bedeutung einzelner Tatbestandsmerkmale, die unmittelbar im Normbereich angesiedelt sind: Nimmt der Täter etwa irrig an, eine Urkunde sei schon dann „falsch" i. S. von § 267, wenn ihr Inhalt unrichtig ist, so hat er damit noch keinen versuchsbegründenden deliktischen Vorsatz, vielmehr befindet er sich in einem (umgekehrten) Verbotsirrtum; sein Verhalten ist demzufolge nur ein Wahndelikt (BGH JZ **87**, 522 m. Anm. Schumann).

84 b) Die eigentlich schwierigen Fälle liegen aber zwischen den beiden vorgenannten Gruppierungen, nämlich dort, wo der Täter nicht lediglich über nackte Tatsachen, aber auch nicht primär über die (Wort-) Bedeutung von Tatbestandsmerkmalen irrt, sondern wo seine Fehlvorstellung auf einer Verkennung von Normen (wie etwa prozessualen Zuständigkeitsregeln, Vorschriften des BGB über den Eigentumsübergang u. dgl.) beruht, die im *Vorfeld* des in Frage stehenden Straftatbestandes angesiedelt sind (dazu Herzberg JuS 80, 469/472) – Fälle also, in denen bestimmten tatsächlichen Umständen oder Vorgängen eine **soziale bzw. rechtliche Relevanz** beigemessen wird, die sie in Wirklichkeit nicht haben: Der Täter meint beispielsweise, daß bereits die bloße Einigung i. S. des § 929 BGB zum Eigentumsübergang führe und demzufolge schon eine noch nicht übergebene Sache fremd sei, oder er hält eine zur Abnahme von Eiden nicht befugte Behörde für zuständig (BGH **10** 272; vgl. auch **14** 350). Bei solchen Irrtümern über sog. „institutionelle Tatsachen" (dazu Darnstädt JuS 78, 441 ff., Eser I 164) ist
85 gerade zweifelhaft, ob der Irrtum die Sachverhaltsebene oder den Normbereich betrifft. Dies gilt namentlich auch für den *„Rechtsirrtum im Vorfeld des Straftatbestandes"* (dazu Herzberg aaO); denn auch dieser kann *mittelbar* zu einer Ausdehnung des Anwendungsbereichs der Norm führen: Wenn ein Veräußerer annimmt, das Eigentum an der noch in seinem Besitz befindlichen Sache schon alleine aufgrund der Einigung über den Eigentumsübergang verloren zu haben, so führt ihn dies letztlich zu der Meinung, § 246 verbiete die Weiterveräußerung der Sache an einen zweiten Kunden auch schon dann, wenn er sie dem ersten Erwerber noch nicht übergeben hatte. Das heißt aber nichts anderes, als daß der Täter den Normbereich des § 246 in seiner Vorstellung ausdehnt. Der Grundsatz, wonach sich die Abgrenzung daraus ergibt, ob der Irrtum den Sachverhalt oder den Normbereich betrifft (o. 83), bedarf also in den Fällen des „Rechtsirrtums im Vorfeld des Straftatbestandes" der Ergänzung und Präzisierung.

86 Dazu wird von einem Teil der Lehre unterschieden zwischen einem Rechtsirrtum über die „Reichweite des Tatbestandes" (Verbotsirrtum bzw. Wahndelikt) und einem vorsatzrelevanten bzw. versuchsbegründenden Rechtsirrtum „im Vorfeld des Tatbestandes" (Blei JA 73, 604, Herdegen BGH-FS 206). In Anknüpfung an diese Unterscheidung hat Herzberg (aaO 472) darauf hingewiesen, daß die strafrechtlichen Tatbestände zahlreiche Verweisungsbegriffe enthalten, nämlich solche, die – wie etwa „fremd" in § 242 – auf „außertatbestandliche" Normen Bezug nehmen: Betreffe der Rechtsirrtum einen solchen Verweisungsbegriff und innerhalb seiner den Verweisungsbereich, so soll ein Tatbestandsirrtum bzw. ein untauglicher Versuch vorliegen – ein auf den ersten Blick bestechendes Konzept, das es auch ermöglichen würde, die BGH-Abgrenzung von untauglichem Versuch und
87 Wahndelikt (vgl. u. 90) plausibel zu machen. Dennoch vermag auch dieser Vorschlag nicht voll zu überzeugen. Denn zum einen bleiben Fälle, in denen durchaus zweifelhaft sein kann, ob der Rechtsirrtum einen Verweisungsbegriff betrifft bzw. im Verweisungsbereich liegt. Zum anderen kann auch ein Irrtum im Verweisungsbereich mittelbar zu einer Ausdehnung des Bereichs der anzuwendenden Strafrechtsnorm führen (vgl. o. 85 sowie am Beispiel der Steuerhinterziehung Reiß wistra 86, 193). Und schließlich – das ist der gewichtigste Einwand – führt die Unterscheidung von Blei und Herzberg dazu, daß sich die Abgrenzung zwischen untauglichem Versuch und Wahndelikt (und in der Folge davon die Grenze der Strafbarkeit) ins Formale verflüchtigt bzw. von Zufälligkeiten abhängt (näher dazu 21. A. RN 87 sowie Burkhardt wistra 82, 178 f.).
88 Auch die von Haft JuS 80, 591 vorgeschlagene Unterscheidung zwischen *gegenstandsbezogenem* Irrtum (Tatbestandsirrtum bzw. Versuch) einerseits und bloß *begriffsbezogenen Fehlvorstellungen* (Verbotsirrtum bzw. Wahndelikt) führt kaum weiter; denn damit ist gerade dann keine klare Unterscheidung zu gewinnen, wenn man unter „Gegenstand" nicht nur (nackte) Tatsachen, sondern auch „geistige Werte, Normen oder Rechtsverhältnisse" versteht (so Haft JuS 80, 591). Daß sich nämlich damit durchaus nicht alle Problemkonstellationen lösen lassen, wird in den Fällen rechtsirriger Annahme der Zuständigkeit zur Abnahme von Eiden deutlich, welche die Rspr. wiederholt beschäftigt haben (BGH **3** 248, **5** 111, **10** 272, **12** 56). Näher dazu 21. A. § 22 RN 88.

Begriffsbestimmung 89–92 § 22

Angesichts solcher grundsätzlicher Abgrenzungsschwierigkeiten fragt es sich, ob eine Grenz- 89
ziehung zwischen einem versuchsbegründenden Rechtsirrtum und einem bloßen Wahndelikt
(umgekehrter Verbotsirrtum) überhaupt sinnvoll und berechtigt ist. Sollte es nämlich möglich
sein, den Rechtsirrtum im Vorfeld des Tatbestandes dadurch zum Rechtsirrtum über die Reichweite des Tatbestandes zu machen, daß man die im Verweisungsbereich angesiedelten Regeln
in den Tatbestand (unter entsprechender Umformulierung) einbeziehen, dann dürfte sich eine
Differenzierung materiell gesehen kaum noch rechtfertigen lassen. Von daher liegt die Annahme nahe, daß **jeder Rechtsirrtum** – gleichgültig ob im Vorfeld des Tatbestandes oder über die
Bedeutung von Tatbestandsmerkmalen – als vorsatzirrelevant anzusehen ist und dementsprechend zum **Wahndelikt** führt (dazu grdl. Burkhardt JZ 81, 683ff., wistra 82, 179f.; grds. zust.
Jakobs 595ff.; vgl. auch M-Gössel II 47ff., Schumann JZ 87, 525f., Vogler LK 147ff.; abl.
Rudolphi SK 32b, wobei jedoch der Unterschied zwischen einem gegen ein Rechtsgut gerichteten Vorsatz [untauglicher Versuch] und einer rechtlich irrelevanten „Phantomvorstellung"
sowie offenbar auch die begrenzte Bedeutung des Umkehrschlusses verkannt wird). Vgl. zum
Ganzen auch krit. Zaczyk aaO 257ff.

c) Daß bei den genannten Abgrenzungsproblemen die **Rspr.** z. T. widersprüchlich ist (vgl. Eser 90
II 137ff., Schlüchter aaO 145ff.), kann nicht überraschen. So ist **beispielsweise** angenommen worden: Wer bei einem Verkehrsunfall, an dem er allein beteiligt ist, annimmt, er sei nach § 142 wartepflichtig, irrt über den Umfang der sich aus dieser Bestimmung ergebenden Pflichten und damit über
ihren Anwendungsbereich; dies ist ein Wahndelikt (BGH **8** 268). Wer glaubt, bei der eidesstattlichen
Versicherung falle die Angabe bestimmter Tatsachen noch unter die Wahrheitspflicht, begeht keinen
strafbaren Versuch (BGH **14** 345; and. BGH **2** 76, Herzberg JuS 80, 477). Glaubt der Täter, ein
Schriftstück ohne Aussteller sei eine Urkunde, so nimmt er damit eine unrichtige Subsumtion vor
und begeht ein Wahndelikt (BGH **13** 235 m. Anm. Traub NJW 60, 348; and. noch BGH **7** 54).
Dagegen soll strafbarer Versuch des § 154 vorliegen, wenn der Täter rechtsirrig davon ausgeht, eine
bestimmte Stelle (z. B. die Staatsanwaltschaft) sei zur Abnahme von Eiden zuständig (vgl. RG 72 80,
BGH **3** 240, **5** 111, **10** 272, **12** 56; and. noch BGH **1** 17), obwohl man auch hier von einem Irrtum über
den Umfang eines normativen Tatbestandsmerkmals sprechen könnte (vgl. Welzel 528). Die Schwierigkeiten der Grenzziehung liegen hier allerdings darin, daß nicht Wahndelikt, sondern untauglicher
Versuch anzunehmen sei, wenn der Täter zwar den Umfang der für ihn maßgeblichen Verbotsnorm
richtig erkennt, aber Voraussetzungen, die die Verbotsnorm ausfüllen, (rechts)irrtümlich annimmt
(vgl. o. 86). Daher Versuch des § 246 bei irrtümlicher Annahme des Merkmals „fremd", weil der
Täter eine nichtige Sicherungsübereignung fälschlich für wirksam hält (vgl. Stuttgart NJW **62**, 65,
dazu Eser II 135, 140f.); versuchte Steuerhinterziehung, wenn der Täter rechtsirrig eine Steuerschuld
annimmt und deshalb keine Angaben macht (RG HRR **38** Nr. 131; BGH **5** 92, KG NStZ **82**, 73
m. abl. Anm. Burkhardt wistra 82, 178, ferner – wenngleich m. abw. Begr. – Reiß aaO; vgl. auch RG
42 92, ferner Düsseldorf NStZ **89**, 372 [Wahndelikt bei Irrtum über Steuerrechtslage]); Versuch von
§ 258 soll vorliegen, wenn ein Beamter jemanden zu begünstigen sucht, dessen Verhalten er rechtsirrig für strafbar hält (vgl. BGH **15** 210 m. Anm. Weber MDR 61, 426; and. Bay NJW **81**, 772 [zust.
Burkhardt JZ 81, 681; krit. Stree JR 81, 297]). In all diesen Fällen nimmt der Täter, wenn auch
aufgrund eines *Rechtsirrtums*, Umstände an, die, wenn sie vorlägen, den Tatbestand erfüllen würden.
Die Lage soll daher für den Versuch ebenso zu beurteilen sein, wie wenn der Täter infolge *Tatsachen-
unkenntnis* bestimmte Tatbestandsvoraussetzungen (z. B. Fremdheit, strafbare Vortat) irrig annimmt
(vgl. o. 83). Anders wäre dagegen zu entscheiden, wenn jemand einen anderen zu einem vermeintlichen Verbrechen anstiftet. Dieser begeht, ebenso wie der Täter im entsprechenden Fall, ein Wahndelikt, da § 30 nicht einen selbständigen Straftatbestand (wie etwa § 346 a. F.) bildet (vgl. § 16 RN 7ff.).
Vgl. auch Sax JZ 76, 433f. zur gleichgerichteten Differenzierung zwischen der tatsächlich irrigen
Annahme, ein geschütztes Rechtsgutobjekt vor sich zu haben (Behandlungsabbruch bei einem
vermeintlich noch Lebenden: strafbarer untauglicher Versuch), und der auf rechtlich falscher Wertung
begründeten Annahme, ein vermeintliches „Rechtsgut" zu gefährden (Behandlungsabbruch bei einem bereits Hirntoten, der fälschlich noch als „Mensch" i. S. von § 212 betrachtet wird: strafloses
Wahndelikt).

4. Für die Abgrenzung zwischen Versuch und Wahndelikt beim **unechten Unterlassungsde-** 91
likt gilt folgendes: Irrt sich der Täter über die *Situation*, aus der sich für ihn eine Garantenpflicht
ergibt, so liegt, wenn er unterläßt, untauglicher Versuch vor (z. B. wenn der Bademeister die
scherzhaften Hilferufe eines Badenden für ernsthaft hält und trotzdem nicht unternimmt).
Zieht der Täter dagegen aus der ihm bekannten Sachlage nur den *unrichtigen Schluß*, er sei zur
Hilfeleistung verpflichtet, so irrt er nicht über ein Tatbestandsmerkmal und begeht daher nur
ein Wahndelikt (vgl. BGH **16** 155, **19** 299, Maurach NJW 62, 770, Rudolphi SK 28, 33, Vogler
LK 151).

5. Natürlich können in diesen Fällen auch mehrere **Irrtümer kombiniert** auftreten, indem ein 92
Irrtum über das Vorhandensein eines Tatumstandes mit einem echten Verbotsirrtum Hand in
Hand geht. In diesem Fall hat der Verbotsirrtum im Rahmen des § 22 die gleiche Bedeutung
wie beim vollendeten Delikt. Dies gilt etwa für den Fall, daß der Täter eine ihm gehörende

Sache fälschlich als im Miteigentum eines anderen stehend ansieht, zugleich aber glaubt, die Sache sei für ihn wegen seines Miteigentums nicht fremd i. S. des § 246 (Verbotsirrtum). Hier kommt ein strafbarer Versuch in Betracht. Umgekehrt begeht ein Wahndelikt, wer eine Sache fälschlich als ihm gehörend ansieht (§ 16), aber annimmt, sich durch Wegnahme beim Entleiher nach § 242 strafbar zu machen (umgekehrter Verbotsirrtum). Vgl. Vogler LK 152 mwN.

§ 23 Strafbarkeit des Versuchs

(1) **Der Versuch eines Verbrechens ist stets strafbar, der Versuch eines Vergehens nur dann, wenn das Gesetz es ausdrücklich bestimmt.**

(2) **Der Versuch kann milder bestraft werden als die vollendete Tat (§ 49 Abs. 1).**

(3) **Hat der Täter aus grobem Unverstand verkannt, daß der Versuch nach der Art des Gegenstandes, an dem, oder des Mittels, mit dem die Tat begangen werden sollte, überhaupt nicht zur Vollendung führen konnte, so kann das Gericht von Strafe absehen oder die Strafe nach seinem Ermessen mildern (§ 49 Abs. 2).**

Schrifttum: Börker, Die Milderung der Strafe für den Versuch, JZ 56, 477. – *Dreher,* Was bedeutet Milderung der Strafe für den Versuch?, JZ 56, 682. – *ders.,* Doppelverwertung von Strafbemessungsumständen, JZ 57, 155. – *Jahr,* Die Bedeutung des Erfolgs für das Problem der Strafmilderung bei Versuch, 1980. – *Montenbruck,* Strafrahmen u. Strafzumessung, 1983. – *Schneider,* Der abergläubische Versuch, GA 55, 265. – *Stratenwerth,* Die fakultative Strafmilderung beim Versuch, Schweiz. Jur. Tag-FG (1963) 247. – *Timpe,* Strafmilderungen des Allg. Teils, 1983. – *Zielinski,* Handlungs- und Erfolgsunwert im Unrechtsbegriff, 1973. – Vgl. weiter das Schrifttum zu den Vorbem. vor § 22 sowie zu den §§ 24, 49, 50.

1   I. Die Vorschrift regelt die **Versuchsstrafbarkeit,** die sich sowohl im *Ob* (Abs. 1) als auch im *Wie* (Abs. 2, 3) von der des vollendeten Delikts unterscheidet. Bei **Verbrechen** (§ 12 I) ist der Versuch stets strafbar, wobei sich die Strafbarkeit unmittelbar aus **Abs. 1** ergibt; daher bedarf es insoweit keiner ausdrücklichen Strafbarerklärung des Versuchs bei den einzelnen Verbrechenstatbeständen. Dagegen ist bei **Vergehen** (§ 12 II) der Versuch nur dann strafbar, wenn dies das Gesetz ausdrücklich bestimmt (so z. B. in den §§ 242, 246, 303, nicht dagegen in § 223). Für die *Unterscheidung* von Verbrechen und Vergehen gilt, wie auch sonst, die sog. *abstrakte* Betrach-
2   tungsweise (§ 12 III; vgl. dort RN 6). Der Täter braucht nicht zu wissen, daß seine Tat ein Verbrechen oder ein Vergehen ist, bei dem der Versuch strafbar ist (Jakobs 608); dagegen kommt es ihm zugute, wenn er irrig von einem Sachverhalt ausgeht, der seine Tat lediglich zu einem Vergehen machen würde, bei dem der Versuch nicht strafbar ist (RG **46** 265, D-Tröndle 2).

3   II. Der **Versuch kann milder bestraft** werden als die vollendete Tat **(Abs. 2).**

4   1. **Strafmilderung** bedeutet in § 23 (ebenso wie in §§ 13 II, 17, 21 usw.) den **Übergang** auf den aus § 49 I sich ergebenden **milderen Strafrahmen,** nicht dagegen das Unterschreiten der unteren Grenze des Regelstrafrahmens oder eine Strafmilderung innerhalb des Regelstrafrahmens (vgl. § 21 RN 13). Trifft der Versuch mit sonstigen besonderen gesetzlichen Milderungsgründen (z. B. § 21) zusammen, so ist eine mehrfache Herabsetzung des Strafrahmens möglich (§ 50 RN 5; vgl. auch Köln GA **73,** 282); zur Berücksichtigung des Versuchs – allein oder i. V. mit anderen mildernden Umständen – als „minder schweren Fall" vgl. § 50 RN 3, als „besonders schweren Fall" vgl. § 243 RN 46 (vgl. auch § 21 RN 13).

5   2. Nach Abs. 2 **kann** der Richter die Strafe in dem eben genannten Sinn mildern, er muß dies aber nicht (so jedoch § 44 in der bis 1943 geltenden Fassung, ferner § 25 II AE; vgl. Vogler LK vor 1 zur Entstehungsgeschichte). Die Strafbemessung setzt mithin zunächst eine Entscheidung über den anzuwendenden Strafrahmen voraus (u. 7); erst dann kann innerhalb des gewählten Strafrahmens die konkrete Strafe festgesetzt werden (u. 8 ff.).

6   a) Ebenso wie in § 21 kann auch beim Versuch zunächst zweifelhaft sein, ob die Kann-Regelung des Abs. 2 nicht – den Wortlaut berichtigend – i. S. eines *Milderungszwangs* interpretiert werden muß (so für § 44 a. F. und grds. auch für § 23 z. B. Stratenwerth 199 f.; vgl. auch Jahr aaO; zur entgegengesetzten Position vgl. Roeder, Erscheinungsformen des Verbrechens [1953] 14). Auch hier kann eine nur fakultative Strafmilderung nicht schon damit begründet werden, daß das Ausbleiben der Vollendung durch andere im Wege einer „Gesamtschau" festgestellte strafschärfende Momente wieder ausgeglichen werden könne (so jedoch z. B. BGH **16** 351); denn abgesehen davon, daß eine solche Gesamtbetrachtung nicht zulässig ist (vgl. u. 7), setzt dies die strafmildernde Wirkung des Versuchs gerade voraus, was zugleich bedeutet, daß die Strafe nicht mehr die gleiche sein kann wie bei der unter denselben erschwerenden Umständen eingetretenen Vollendung (vgl. Timpe aaO 99 f.). Keine entscheidende Rolle spielt in diesem Zusammenhang ferner die Frage, ob die Quantität des Unrechts neben dem Handlungsunwert auch durch den Erfolgsunwert bestimmt wird oder ob der Erfolg für

Strafbarkeit des Versuchs   7–9 **§ 23**

das Unrecht völlig bedeutungslos ist und lediglich das Strafbedürfnis begründet (vgl. 58 vor § 13). Denn daß die Strafe beim Versuch geringer sein muß als bei der unter sonst gleichen Umständen vollendeten Tat, ergibt sich nicht nur aus der ersten, sondern auch aus der zweiten Auffassung, hier deshalb, weil das Ausbleiben des Erfolgs folgerichtig zu einer Verringerung des Strafbedürfnisses führen müßte (and. Zielinski aaO 213 ff.). Andererseits ist es auch nach der erstgenannten Auffassung nicht zwingend, daß wegen des fehlenden Erfolgsunwerts das Unrecht insgesamt so erheblich gemindert ist (entsprechend der „erheblichen" Minderung der Schuld in § 21), daß dem nur durch Übergang auf den milderen Sonderstrafrahmen – und nur darum geht es in Abs. 2 – Rechnung getragen werden könnte (insoweit ebenso Stratenwerth 200, ferner Vogler LK 9). Dies ist vielmehr eine Frage, die noch im Rahmen des gesetzgeberischen Bewertungsspielraums liegt und deshalb vom Gesetz auch i. S. einer nur fakultativen Strafmilderung entschieden werden kann. Vgl. auch J. Meyer ZStW 87, 612 ff. sowie Montenbruck aaO 119 ff.

b) Ob bei der **Strafrahmenwahl** auf den milderen Sonderstrafrahmen überzugehen ist, hat **7** der Richter nach seinem *pflichtgemäßen Ermessen* zu entscheiden. Dabei müssen die Urteilsgründe erkennen lassen, daß er diese Möglichkeit erwogen hat (BGH NJW **89,** 3230, KG JR **66,** 307). Da Abs. 2 durch Eröffnung eines neuen Unrechts- und Schuldbewertungsrahmens gerade der Tatsache des Versuchs Rechnung tragen will, dürfen bei der Rahmenwahl nur *„versuchsbezogene"* Gesichtspunkte berücksichtigt werden, nicht dagegen andere für die Strafzumessung bedeutsame Umstände, wie z. B. Vorstrafen (Hamm NJW **58,** 561, D-Tröndle 3, Jakobs 608, Rudolphi SK 3, Vogler LK 10); and. die h. M., nach der schon die Entscheidung nach Abs. 2 aufgrund einer *„Gesamtbetrachtung"* aller Tatumstände und der Täterpersönlichkeit" zu treffen ist (vgl. z. B. BGH **16** 351, **17** 266, **35** 355, StV **81,** 514, Baumann/Weber 477, Bruns StrZR 446 f., M-Gössel II 52, Stratenwerth aaO 247, 261; vgl. auch § 46 RN 45), wobei aber neuerdings der BGH den wesentlich versuchsbezogenen Umständen *besonderes* Gewicht beimißt (NJW **89,** 3230, NStE **Nr. 2,** NStZ/D **89,** 467, **90,** 176). Dieser (mehr oder weniger ausschließliche) Vorrang versuchsbezogener Faktoren bedeutet jedoch nicht, daß nur die Tatsache berücksichtigt werden dürfte, „daß es beim Versuch geblieben ist" (so früher Jescheck[2] 393 f.), da dies praktisch immer zur Wahl des milderen Sonderstrafrahmens führen müßte. Entscheidend kommt es hier vielmehr auf die Nähe zur Tatvollendung, die Gefährlichkeit des Versuchs und das Maß der in ihm zutagegetretenen kriminellen Energie an (vgl. BGH MDR **62,** 748, GA **65,** 204, MDR/D **70,** 380, **74,** 721, StV **86,** 378, NStE **Nr. 2,** LG Frankfurt NJW **80,** 1402, eingeh. LG Nürnberg StV **89,** 483, Jakobs 609; bedenklich hingegen BGH NJW **89,** 3230, soweit Strafmilderung bei aberratio ictus wegen der (wohl doch schon durch § 230 hinreichend erfaßten?) Verletzung des Dritten versagt wird. Vgl. zum Ganzen auch Bruns StrZR 396 ff. sowie den Typisierungsversuch von Timpe aaO 107 ff.).

Deshalb wird idR zwar bei einem unbeendigten, nicht dagegen bei einem beendigten Versuch (vgl. **7a** dazu BGH NJW **62,** 356, auch MDR/D **73,** 900) Anlaß zur Milderung bestehen (D-Tröndle 3). Doch gilt dies keineswegs immer (Vogler LK 16; vgl. jedoch Zielinski aaO 216 f.); insbes. kann beim untauglichen Versuch auch im Fall der Beendigung eine Strafmilderung in Betracht kommen, wobei eine solche umso eher geboten ist, je näher der Versuch an den Fall des Abs. 3 heranreicht. Unzulässig ist es, eine Strafmilderung allein deshalb zu versagen, weil das Ausbleiben des Erfolgs rein zufallsbedingt (BGH StV **84,** 246) bzw. nicht das Verdienst des Täters gewesen ist (bei „Verdienst" käme § 24 in Betracht; vgl. BGH MDR/D **70,** 380, **72,** 569, **73,** 191, StV **85,** 411, Hamm NJW **58,** 1694, Bruns StrZR 450, D-Tröndle 3; vgl. aber auch BGH MDR/D **74,** 721) oder er den Versuch nicht freiwillig aufgegeben habe (BGH NStZ/D **90,** 176). Ebensowenig kann von einer Milderung deshalb abgesehen werden, weil möglicherweise Vollendung gegeben ist (D-Tröndle 3 mwN) oder weil der Täter eines versuchten Prozeßbetrugs durch Streitbeitritt weiterhin die Klagabweisung erstrebt (BGH NStE **Nr. 3**).

3. Nach der Strafrahmenwahl gemäß Abs. 2 hat die **konkrete Straffestsetzung** innerhalb des **8** gewählten Strafrahmens zu erfolgen.

a) Bleibt es unter *Absehen von einer Milderung nach Abs. 2* beim **Regelstrafrahmen** (bzw. bei **9** einem aus anderen Gründen angewandten milderen oder strengeren Sonderstrafrahmen, vgl. o. 4), so muß die Tatsache eines bloßen Versuchs strafmildernd berücksichtigt werden. Dies folgt zwingend daraus, daß wegen des fehlenden Erfolgsunwerts der Unrechtsgehalt des Versuchs gegenüber der unter den gleichen Umständen als vollendet gedachten Tat geringer wiegt (zum gl. Erg. müßte auch die Auffassung kommen, die im Erfolg lediglich eine Voraussetzung des Strafbedürfnisses sieht, vgl. o. 6; i. E. ebenso Dreher JZ 57, 156; and. jedoch BGH NJW **62,** 750). *Unzulässig* ist deshalb insbes. auch die Verhängung der *Regelhöchststrafe:* Da diese für den denkbar schwersten Fall der vollendeten Tat vorgesehen ist, kann sie nicht zugleich für den Versuch angemessen sein, mag dieser auch unter noch so erschwerenden Umständen begangen worden sein (vgl. auch Stratenwerth aaO 247, 255; and. z. B. Blei I 234 f., Bruns StrZR 449). Anders mag dies allenfalls bei absolut bestimmten Strafen sein, wenn man davon ausgeht, daß der Rahmen unterschiedlicher Unrechts- und Schuldgrade hier so weit gespannt ist, daß er auch das Unrecht des Versuchs bei Hinzukommen erschwerender Umstände erfaßt (vgl. BGH NJW 80, 1403, aber auch Vogler LK 22, sowie § 21 RN 23 mwN). Daß das Steckenbleiben im Versuch strafmildernd zu berücksichtigen ist, bedeutet nicht, daß der Richter zunächst hypothetisch eine Vollendungsstrafe festzusetzen hätte, was ohnehin nicht möglich wäre, wenn nicht abzuschätzen ist, wie die vollendete Tat ausgesehen hätte (vgl. RG 35 289, 59 155, JW 37, 2374, BGH 1 116 m. Anm. Hülle in LM Nr. 1 zu § 180, OGH 1 194, Bay NJW 51, 284, Bruns StrZR 449, D-Tröndle 3). Andererseits darf das Nichtzurücktreten nicht straferschwerend angelastet werden (BGH NStZ 83, 217, StV 83, 237).

10   b) Kommt es zu einer **Strafrahmenverschiebung** nach Abs. 2 (o. 7), so erfolgt die Strafzumessung innerhalb des sich aus § 49 ergebenden *milderen Sonderstrafrahmens* nach allgemeinen Grundsätzen (näher dort RN 8f.). Dabei ist zu beachten, daß sich mit der Änderung des Strafrahmens auch der Bewertungsrahmen samt seinen inneren Relationen verschiebt (vgl. Bruns StrZR 442, Dreher JZ 56, 682); deshalb ist es auch nicht ausgeschlossen, daß die konkrete Versuchsstrafe immer noch über dem Mindestmaß des Regelstrafrahmens liegt (BGH JZ **56**, 500, Bruns StrZR 443, Dreher aaO, D-Tröndle 3, M-Gössel II 53, Rudolphi SK RN 4; and. Börker JZ 56, 477). Auszuscheiden hat bei Bemessung der konkreten Strafe die Tatsache, daß nur Versuch vorliegt, da dieser Umstand durch die Wahl des milderen Sonderstrafrahmens bereits verbraucht ist (BGH **16** 354, NJW **89**, 3230, Bruns StrZR 447, D-Tröndle 3, Jescheck 471; vgl. aber auch BGH **17** 266). Da aber die bloße Tatsache des Versuchs ohnehin nicht geeignet ist, eine Milderung nach Abs. 2 zu begründen, hier vielmehr auch alle weiteren versuchsbezogenen Merkmale zu berücksichtigen sind (vgl. o. 7), können auch diese bei der Strafbemessung nur insoweit berücksichtigt werden, als sie nicht schon bei der Strafrahmenwahl verwertet worden sind (Vogler LK 24; and. BGH **16** 354, **17** 266, Bruns StrZR 448; vgl. auch § 46 RN 45). Wird deshalb z. B. die Milderung nach Abs. 2 mit der Untauglichkeit des Versuchs begründet, so kann diese zwar nicht mehr als solche, wohl aber ihr besonderer Grad bei der Festsetzung der Strafe zugunsten des Täters berücksichtigt werden (vgl. Hamm VRS **35** 269, Rudolphi SK 4). Unbeschränkt verwertbar sind dagegen alle sonstigen Milderungs- und Erschwerungsgründe, und zwar nach h. M. – die hier ein Doppelverwertungsverbot nicht anerkennt – auch dann, wenn sie im Wege einer „Gesamtschau" bereits bei der Milderung nach Abs. 2 berücksichtigt worden sind (vgl. o. 7 und § 46 RN 45). Zur Differenzierung bei mehreren Tatbeteiligten vgl. BGH **35** 355f.

11   4. Die Milderungsmöglichkeit nach Abs. 2 betrifft nur die **Hauptstrafe,** *nicht* dagegen *Nebenstrafen, Nebenfolgen* (vgl. 29ff. vor § 38) und *Maßregeln der Besserung und Sicherung,* die deshalb trotz Milderung der Hauptstrafe in gleicher Weise wie bei vollendeter Tat zulässig bzw. geboten sind (vgl. z. B. Baumann/Weber 477, Vogler LK 25). Dies schließt nicht aus, daß z. B. im Fall des § 44 versuchsbedingte Milderungsgründe entsprechend berücksichtigt werden. Vgl. auch M-Gössel II 53 zur Abhängigkeit zwischen Neben- und Hauptstrafe.

12   III. Bei **Versuch „aus grobem Unverstand" (Abs. 3)** ist über die allgemeine Milderungsmöglichkeit des Abs. 2 hinaus ein völliges Absehen von Strafe oder Strafmilderung nach § 49 II möglich. Krit. zu dieser Regelung, die eine Abgrenzung sowohl zum straflosen „irrealen" Versuch als auch zu dem nach Abs. 2 zu behandelnden „normalen" untauglichen Versuch notwendig macht, Gössel GA 71, 227ff., Roxin JuS 73, 330ff. sowie Struensee ZStW 102, 44ff., dessen Einwände freilich auf der fragwürdigen Ausgrenzung des „nomologisch untauglichen" Versuchs aus dessen Begriff beruht (vgl. auch 21 vor § 22, § 22 RN 61).

13   1. **Auszuscheiden** ist jedoch zunächst der sog. **irreale Versuch**, der mit *abergläubischen* Mitteln einen Erfolg herbeizuführen versucht, wie z. B. durch Teufelsbeschwörung, Totbeten eines anderen (vgl. RG 33 321), Behexen von Vieh und dgl. Obgleich der Wortlaut des Abs. 3 auch diese Fälle zu erfassen scheint (so Baumann/Weber 499, Stratenwerth 201f.), ergibt sich die Straflosigkeit des abergläubischen Versuchs bereits aus allgemeinen Grundsätzen (i. E. ebenso – wenn auch mit unterschiedlicher Begründung – Blei I 232, D-Tröndle 5, Gössel GA 71, 230ff., Jescheck 479f., Lackner 3a, Rudolphi SK § 22 RN 34f., Roxin JuS 73, 331, Vogler LK § 22 RN 137, Wessels I 186).

13a   Vom strafbaren untauglichen Versuch – einschließlich des „grob unverständigen" i. S. von Abs. 3 – unterscheidet sich der irreale Versuch dadurch, daß der Täter auf übersinnliche, nicht mehr der Welt des realen Seins angehörende und damit menschlicher Einwirkung entzogene Kräfte baut, während dem Fall des Abs. 3 lediglich eine – wenn auch grob unverständige – Verkennung von Seinsgesetzen zugrunde liegt. Straflos und somit auch außerhalb des Anwendungsbereichs von Abs. 3 bleibt daher der irreale Versuch schon deshalb, weil hier ein „Versuch" überhaupt nicht vorliegt (vgl. Bockelmann, Strafrechtliche Untersuchungen, 1957, 160, D-Tröndle aaO, Lackner aaO, Roxin aaO), wobei lediglich von zweitrangiger Bedeutung ist, ob dies mangels Sozialrelevanz des Verhaltens mit der

Strafbarkeit des Versuchs 14–18 § 23

Verneinung einer strafrechtlichen Handlung oder mit dem Fehlen eines Tatentschlusses begründet wird. Auch stünde es im Widerspruch zu der sonst mit Abs. 3 bezweckten Strafeinschränkung, wenn der früher allgemein für straflos gehaltene irreale Versuch (vgl. 17. A. § 43 RN 38) nunmehr grundsätzlich strafbar wäre (Roxin aaO; widersprüchlich jedoch E 62 Begr. 145).

2. Somit erfaßt Abs. 3 nur jenen *Teilbereich von an sich strafbaren untauglichen Versuchen*, bei 14 denen der Täter aus **grobem Unverstand** verkennt, daß sie **überhaupt nicht zur Vollendung** führen konnten.

a) Durch die Formulierung „*überhaupt nicht zur Vollendung führen konnte*" sollte klargestellt 15 werden, daß hier nur die Fälle gemeint sind, „in denen weder eine konkrete noch eine abstrakte Gefährdung bestand" (BT-Drs. V/4095 S. 12). Eine klare Grenze zum „normalen" untauglichen Versuch ist damit jedoch nicht gewonnen, wie schon die erfolglosen Bemühungen der sog. älteren objektiven Theorie (vgl. 18 f. vor § 22) um die Abgrenzung zwischen absolut und relativ untauglichen Versuchen gezeigt haben (vgl. Gössel GA 71, 228, Roxin JuS 73, 330). Ähnliche Schwierigkeiten ergeben sich aber auch, wenn man darauf abstellt, ob ein einsichtiger Beobachter die Undurchführbarkeit ante actum aufgrund nachträglicher Prognose erkennen konnte (so M-Gössel II 54) oder ob der Versuch von einem besonnenen, mit Durchschnittswissen ausgestatteten Menschen bei Kenntnis des Tatplans „nicht ernstgenommen" werden kann (Jescheck 479); denn dabei ist u. a. schon zweifelhaft, in welchem Umfang dem gedachten Beobachter das Wissen um die z. Z. der Tat vorhandenen Fakten unterstellt werden kann, das Grundlage für seine Prognose ist. Eine eindeutige Abgrenzung nach objektiven Kriterien ist mithin nicht möglich (vgl. aber Jakobs 610); sie ist freilich auch nicht notwendig, weil das zusätzliche Merkmal des „groben Unverstands" die theoretische Problematik weitgehend entschärft (Lackner 3b, Roxin aaO, Vogler LK 33; vgl. u. 17).

b) Die Nicht-Vollendbarkeit muß nach Abs. 3 in der „*Art des Gegenstandes*, an dem, oder des 16 *Mittels*, mit dem die Tat begangen werden sollte", ihre Ursache haben. Nicht genannt ist der Fall des *untauglichen Subjekts* (so wenn jemand ein offensichtliches Scherzschreiben für eine Beamtenernennungsurkunde hält, Beisp. von D-Tröndle 6); doch steht hier – sofern nicht ein ohnehin strafloses Wahndelikt vorliegt – einer analogen Anwendung des Abs. 3 nichts im Wege (D-Tröndle 6, Gössel GA 71, 236, Lackner 3c; nach BT-Drs. V/4095 S. 11 unterblieb eine ausdrückliche Regelung, weil es schwierig sei, eine Formulierung zu finden, die nicht auch ungeeignete Fälle erfasse und weil die Rspr. hier ohnehin Straflosigkeit annehmen werde). Außerdem für analoge Heranziehung des § 23 III bei grob unverständiger Rechtsbeurteilung Herzberg JuS 80, 476.

c) Das praktisch entscheidende Gewicht liegt bei Abs. 3 auf der *Unverstandsklausel*, nachdem 17 der grob unverständige Versuch immer auch offensichtlich untauglich (vgl. o. 15) sein dürfte (Roxin JuS 73, 311). Nicht hinreichend ist, daß lediglich die Motivation des Täters grob unverständig ist (Baumann/Weber 499); entscheidend ist vielmehr, daß aus grobem Unverstand die *Nichtvollendbarkeit* des Versuchs verkannt wird, und zwar aufgrund „völlig abwegiger Vorstellungen von gemeinhin bekannten Ursachenzusammenhängen" (E 62 Begr. 145, D-Tröndle 6, Lackner 3d, Roxin aaO, Wessels I 186). Bloße Fehlvorstellungen über Sachverhalte, mögen sie auch noch so evident sein (z. B. Verwechslung einer Spielzeugpistole mit einer Schußwaffe), gehören daher von vorneherein nicht hierher. Daher ist Abs. 3 nicht anwendbar, wenn der Täter ein ihm unbekanntes objektiv harmloses Pulver fälschlich für Gift, dann aber in sich konsequent für ein geeignetes Tötungsmittel hält. Vielmehr erfaßt Abs. 3 überhaupt erst die Fälle, in denen in Verkennung von naturgesetzlichen Zusammenhängen die Vorstellungen des Täters in sich unrichtig sind, so wenn er z. B. einer als Zucker erkannten Substanz vergiftende Wirkung zuschreibt. Doch selbst im Falle eines solchen „nomologischen" Irrtums i. S. von Frank (im Unterschied zum „ontologischen" Irrtum: vgl. 19 vor § 22) kommt Abs. 3 nur dann zum Zuge, wenn dieser Irrtum „*grob*" unverständig, also nicht nur für den besonders Fachkundigen, sondern für jeden Menschen mit durchschnittlichem Erfahrungswissen geradezu handgreiflich ist: so z. B. bei Abtreibungsversuch mit Kamillentee (vgl. Rudolphi SK 7, Vogler LK 35). Zweifelhaft dagegen der Fall von BGE 70, IV 49 (Abtreibungsversuch mit Senfbädern und Seifenspritzen), da nach den Feststellungen des schweiz. BG solche „in weiten Kreisen des Volkes in dem Rufe der Tauglichkeit stehen und es sogar Mediziner gibt, welche sie für geeignet halten" (vgl. aber auch Jakobs 610, ferner den Gedanken der „Eindruckstheorie" bei § 22 RN 65). Zum Ganzen Timpe aaO 109 ff.

3. Ist ein nach Abs. 3 privilegierter „grob unverständiger" Versuch gegeben, so liegt es im 18 **Ermessen** des Gerichts, entweder ganz **von Strafe abzusehen** (54 vor § 38) oder (über Abs. 2 hinausgehend) die **Strafe gemäß § 49 II zu mildern**. Dabei folgt aus der sonst unüblichen Voranstellung der milderen Rechtsfolge, daß in erster Linie das *Absehen* von Strafe in Erwägung zu ziehen ist (BT-Drs. V/4095 S. 12). Soll die Strafe nur *gemildert* werden, so gilt dafür das o. 4 ff. Gesagte entsprechend; vgl. ferner § 49 RN 8. Da in den Fällen des Abs. 3 ein Strafbedürfnis

jedoch ohnehin kaum noch zu begründen ist (mit Recht abl. daher Roxin aaO) und sich auch das Gesetz selbst primär für das völlige Absehen von Strafe entschieden hat, muß hier die bloße Kann-Regelung zumindest i. S. einer *obligatorischen* Strafmilderung verstanden werden (vgl. Rudolphi SK 10).

§ 24 Rücktritt

(1) **Wegen Versuchs wird nicht bestraft, wer freiwillig die weitere Ausführung der Tat aufgibt oder deren Vollendung verhindert. Wird die Tat ohne Zutun des Zurücktretenden nicht vollendet, so wird er straflos, wenn er sich freiwillig und ernsthaft bemüht, die Vollendung zu verhindern.**

(2) **Sind an der Tat mehrere beteiligt, so wird wegen Versuchs nicht bestraft, wer freiwillig die Vollendung verhindert. Jedoch genügt zu seiner Straflosigkeit sein freiwilliges und ernsthaftes Bemühen, die Vollendung der Tat zu verhindern, wenn sie ohne sein Zutun nicht vollendet oder unabhängig von seinem früheren Tatbeitrag begangen wird.**

Überblick

A. Rechtsgrund und Standort des Rücktritts vom Versuch 1–5	II. Aussonderung nichterfaßter Fälle 75–84
I. Ratio der Strafbefreiung 2–3	1. Haupttatvollendung mit ursächlichem Tatbeitrag 76–77
II. Systematischer Standort 4–5	2. Haupttatvollendung ohne Mitursächlichkeit des Tatbeitrags 78
B. Grundkonstellationen des Rücktritts bei Alleintäterschaft....... 6–72	
I. Rücktrittsausschluß bei (subjektiv) fehlgeschlagenem Versuch 7–11	3. Nur versuchte Teilnahme .. 79
	4. Umstimmung des Haupttäters noch im Vorbereitungsstadium 80–81
1. Sachliche Berechtigung dieser Rechtsfigur 7	5. Unvorsätzlicher Teilbeitrag 82
2. Fehlschlagen aus subjektiver Sicht 8–11	6. Untauglichmachung des Tatbeitrags 83–84
II. Rücktritt vom unbeendeten Versuch 12–57	III. Rücktrittsalternativen nach Abs. 2 85–106
1. Abgrenzung unbeendet/beendet 13–36	1. Vollendungsverhinderung .. 87–93
2. Aufgeben der weiteren Tatausführung 37–41	2. Verhinderungsbemühen bei Nichtvollendung ohne Zutun des Beteiligten 94–96
3. Freiwilligkeit des Rücktritts 42–57	3. Verhinderungsbemühen bei tatbeitragsunabhängiger Vollendung 97–105
III. Rücktritt vom beendeten Versuch 58–67	
1. Rücktrittstätigkeit 59	IV. Besonderheiten bei mittelbarer Täterschaft 106
2. Erfolgreiche Vollendungsverhinderung 60–66	D. Wirkungen des Rücktritts ... 107–115
3. Freiwilligkeit 67	I. Straffreiheit des Versuchs als solchem 107–110a
IV. Rücktritt vom vermeintlich vollendbaren Versuch 68–72	II. Bei Rücktritt von Tatbeteiligten 111–112
1. Nichtvollendung der Tat .. 70	III. Teilrücktritt 113
2. Verhinderungsbemühen ... 71	IV. Strafzumessung 114–115
3. Freiwillig und ernsthaft ... 72	E. Sonstige Rücktrittsregelungen .. 116–121
C. Rücktritt bei Tatbeteiligung mehrerer 73–106	I. Rücktritt vom vollendeten Delikt 116
I. Ratio dieser Sonderregelung .. 73–74	II. Rücktrittsanalogien 117–121

Schrifttum: Vgl. die Angaben zu den Vorbem. vor § 22, ferner: *Arzt,* Zur Erfolgsabwendung beim Rücktritt vom Versuch, GA 64, 1. – *Bergmann,* Einzelakts- oder Gesamtbetrachtung beim Rücktritt vom Versuch, ZStW 100 (1988) 329. – *Berz,* Formelle Tatbestandsverwirklichung u. materialer Rechtsgüterschutz, 1986. – *Bockelmann,* Wann ist der Rücktritt vom Versuch freiwillig?, NJW 55, 1417. – *Bloy,* Die dogmatische Bedeutung der Strafausschließungs- und Strafaufhebungsgründe, 1976. – *Borchert/Hellmann,* Die Abgrenzung der Versuchsstadien anhand der Erfolgstauglichkeit, GA 82, 429. – *Bottke,* Strafrechtswiss. Methodik und Systematik bei der Lehre von strafbefreiendem und strafmilderndem Täterverhalten, 1979. – *ders.,* Zur Freiwilligkeit und Endgültigkeit des Rücktritts vom versuchten Betrug, JR 80, 441. – *Burkhardt,* Der „Rücktritt" als Rechtsfolgebestimmung, 1975. – *Fahrenhorst,* Fehlschlag des Versuchs bei weiterer Handlungsmöglichkeit, Jura 87, 291. – *Gössel,*

Über den fehlgeschlagenen Versuch, ZStW 87, 3. – *Gores*, Der Rücktritt des Tatbeteiligten, 1982. – *Grasnick*, volens-nolens, JZ 89, 821. – *Grünwald*, Zum Rücktritt des Tatbeteiligten im künftigen Recht, Welzel-FS 701. – *Gutmann*, Die Freiwilligkeit beim Rücktritt vom Versuch und bei der tätigen Reue, 1963. – *Haft*, Der Rücktritt des Beteiligten bei Vollendung der Tat, JA 79, 306. – *Hassemer*, Die Freiwilligkeit beim Rücktritt vom Versuch, in *Lüderssen/Sach*, Vom Nutzen und Nachteil der SozWiss. f. das Strafrecht, 1 (1980) 229. – *Herzberg*, Der Rücktritt durch Aufgeben der weiteren Tatausführung, Blau-FS 97. – *ders.*, Beendeter oder unbeendeter Versuch, NJW 86, 2466. – *ders.*, Der Rücktritt mit Deliktsvorbehalt, H. Kaufmann-GedS 709. – *ders.*, Grund u.Grenzen der Strafbefreiung beim Rücktritt vom Versuch, Lackner-FS 325. – *ders.*, Gesamtbetrachtung u. Einzelakttheorie beim Rücktritt vom Versuch, NJW 88, 1559. – *ders.*, Die Not der Gesamtbetrachtungslehre beim Rücktritt vom Versuch, NJW 89, 197. – *ders.*, Zum Grundgedanken des § 24 StGB, NStZ 89, 49. – *ders.*, Rücktritt vom Versuch trotz bleibender Vollendungsgefahr?, JZ 89, 114. – *ders.*, Zur objektiven Seite des Rücktritts durch Verhindern der Tatvollendung, JR 89, 449. – *ders.*, Theorien zum Rücktritt u. teleolog. Gesetzesdeutung, NStZ 90, 172. – *Hruschka*, Zur Frage des Wirkungsbereichs beim freiwilligen Rücktritt vom beendeten Versuch, JZ 69, 495. – *Jakobs*, Die Bedeutung des Versuchsstadiums für die Voraussetzungen eines strafbefreienden Rücktritts, JuS 80, 714. – *Jescheck*, Versuch u. Rücktritt bei Beteiligung mehrerer Personen an der Straftat, ZStW 99, (1987) 111. – *Kienapfel*, Probleme des unvermittelt abgebrochenen Versuchs, Pallin-FS 205. – *Krauß*, Der strafbefreiende Rücktritt vom Versuch, JuS 81, 883. – *Lampe*, Rücktritt vom Versuch „mangels Interesses", JuS 89, 610. – *Lang-Hinrichsen*, Bemerkungen zum Begriff der „Tat" im Strafrecht, unter besonderer Berücksichtigung ... des Rücktritts und der tätigen Reue beim Versuch ... (Normativer Tatbegriff), Engisch-FS 353. – *Lenckner*, Probleme beim Rücktritt des Beteiligten, Gallas-FS 281. – *Lönnies*, Rücktritt und tätige Reue beim unechten Unterlassungsdelikt, NJW 62, 1950. – *H.-W. Mayer*, Zur Frage des Rücktritts vom unbeendeten Versuch, MDR 84, 187. – *ders.*, Privilegierungswürdigkeit passiven Rücktrittsverhaltens bei modaler Tatfortsetzungsmöglichkeit, 1986. – *Muñoz-Conde*, Der mißlungene Rücktritt usw. GA 73, 34. – *Otto*, Fehlgeschlagener Versuch und Rücktritt, GA 67, 144. – *Puppe*, Der halbherzige Rücktritt, NStZ 84, 488. – *dies.*, Zur Unterscheidung von unbeendetem u. beendetem Versuch beim Rücktritt, NStZ 86, 14. – *Ranft*, Zur Abgrenzung von unbeendetem u. fehlgeschlagenem Versuch bei erneuter Ausführungshandlung, Jura 87, 527. – *Römer*, Vollendungsverhinderung durch „ernsthaftes Bemühen", MDR 89, 945. – *Roxin*, Der Anfang des beendeten Versuchs, Maurach-FS 213. – *ders.*, Über den Rücktritt vom unbeendeten Versuch, Heinitz-FS 251. – *ders.*, Der fehlgeschlagene Versuch, JuS 81, 1. – *Rudolphi*, Rücktritt vom beendeten Versuch durch erfolgreiches, wenngleich nicht optimales Rettungsbemühen, NStZ 89, 508. – *v. Scheurl*, Rücktritt vom Versuch und Tatbeteiligung mehrerer, 1972. – *Rudolphi*, Rücktritt vom beendeten Versuch durch erfolgreiches, wenngleich nicht optimales Rettungsbemühen, NStZ 89, 508. – *Schröder*, Die Freiwilligkeit des Rücktritts vom Versuch, MDR 56, 321. – *ders.*, Grundprobleme des Rücktritts vom Versuch, JuS 62, 81. – *ders.*, Die Koordinierung der Rücktrittsvorschriften, H. Mayer-FS 377. – *Seier*, Rücktritt vom Versuch bei bedingtem Tötungsvorsatz, JuS 89, 102. – *Sonnen*, Fehlgeschlagener Versuch und Rücktrittsvoraussetzungen, JA 80, 158. – *Streng*, Tatbegriff und Teilrücktritt, JZ 84, 652. – *ders.*, Rücktritt u. dolus eventualis, JZ 90, 212. – *Traub*, Die Subjektivierung des § 46 StGB in der neuesten Rspr. des BGH, NJW 56, 1183. – *Ulsenheimer*, Grundfragen des Rücktritts vom Versuch in Theorie und Praxis, 1976. – *ders.*, Zur Problematik des Rücktritts vom Versuch erfolgsqualifizierter Delikte, Bockelmann-FS 405. – *Walter*, Der Rücktritt vom Versuch als Ausdruck des Bewährungsgedankens im zurechnenden Strafrecht, 1980. – *ders.*, Zur Strafbarkeit des zurücktretenden Tatbeteiligten usw., JR 76, 100. – *Weidemann*, Der „Rücktrittshorizont" beim Versuchsabbruch, GA 1986, 409. – *Wolter*, Der Irrtum über den Kausalverlauf als Problem objektiver Erfolgszurechnung, ZStW 89 (1977) 649. – *Rechtsvergleichend*: *Yamanaka*, Betrachtungen zum Rücktritt des Versuchs anhand der Diskussion in Japan, ZStW 98 (1986) 761. – Zum *älteren* Schrifttum vgl. die Angaben in der 19. A.

A. Rechtsgrund und Standort des Rücktritts vom Versuch

Die Vorschrift will dem Täter **Strafbefreiung** bei Rücktritt vom Versuch verschaffen. Während Abs. 1 den Rücktritt im Blick auf den *Alleintäter* regelt (B), berücksichtigt Abs. 2 Besonderheiten des Rücktritts bei *Tatbeteiligung* mehrerer (C). Trotz sprachlicher Neufassung entspricht Abs. 1 inhaltlich weitgehend dem § 46 a. F. (vgl. Vogler LK zur Entstehungsgeschichte), während durch Abs. 2 die einschlägige Rspr. und Lehre, wenn auch mit gewissen Verschärfungen, legalisiert werden (vgl. Roxin JuS 73, 322 sowie u. 74). § 24 betrifft lediglich den Rücktritt vom *Versuch*, sein Anwendungsbereich endet daher *vor* der formellen *Vollendung* des Delikts (D). Doch gibt es davon auch Ausnahmen durch *Sonderregelungen* (E). 1

I. Die **Ratio der Strafbefreiung** bei Rücktritt vom Versuch ist seit langem umstritten; auch die Neuregelung hat insoweit keine Klärung gebracht. Nach der vom RG in st. Rspr. vertretenen Auffassung soll durch Eröffnung strafbefreienden Rücktritts dem bereits straffällig gewordenen Täter eine **„goldene Brücke"** zum Rückzug gebaut werden (vgl. etwa RG **39** 39, **73** 60, ebenso noch Maurach AT[4] 518, Puppe NStZ 84, 490). Doch ganz abgesehen davon, inwieweit die Aussicht auf Straffreiheit realistischerweise ein hinreichender „Anreiz" sein wird, um den 2

Entschluß zur Fortführung der gerade erst begonnenen Tat plötzlich wieder aufzuheben (vgl. BGH **9** 52, Bockelmann NJW 55, 1419, Heinitz JR 56, 249, Lang-Hinrichsen Engisch-FS 368, Otto GA 67, 150), könnte eine solche Deutung auch dahin mißverstanden werden, daß man es ja jedenfalls einmal bis zum Versuch kommen lassen könne, weil immer noch eine Rücktrittsbrücke zur Verfügung stehe. Auch der weithin verbreitete **„Prämiengedanke"**, wonach der Täter dafür belohnt werden soll, daß er umgekehrt ist und dadurch die Vollendung des Delikts verhindert hat (Baumann/Weber 502, Bockelmann NJW 55, 1421, D-Tröndle 3, Jescheck 485 f., Schröder MDR 56, 322; Anklänge auch in BGH **35** 93 u. NStZ **86**, 265, wenn von Straffreiheit „verdienen" bzw. von „honorierfähiger Umkehrleistung" die Rede ist), vermag die Strafbefreiung bei Rücktritt nicht voll zu erklären. Zwar könnte dafür sprechen, daß das Gesetz entscheidend auf die Freiwilligkeit des Rücktritts abstellt und demzufolge das durch die Versuchshandlung begründete Verschulden durch die Verdienstlichkeit des Rücktritts als getilgt erscheint (so Schröder 17. A. § 46 RN 2). Doch ganz abgesehen davon, daß diese Deutung allein auf der Basis einer rein subjektiven Versuchstheorie (21 vor § 22) stichhaltig wäre, ist damit noch kein kriminalpolitisch überzeugender Grund für eine derartige Prämiierung erwiesen. In Wahrheit dürfte die strafbefreiende Wirkung des Rücktritts auf der **Verbindung verschiedener Gedanken** beruhen (vgl. Krauß JuS 81, 888, Stratenwerth 206 sowie hinsichtlich der diff. Begründung von unbeendetem und beendetem Versuch Arzt GA 64, 9), wobei die für die Strafbarkeit des Versuchs maßgeblichen Gründe umgekehrt auch für die Strafbefreiung bei Rücktritt von Belang sind (vgl. Gössel ZStW 87, 25 f.; umfassende Bestandsaufnahme mit krit. Würdigung der einzelnen Begründungsansätze bei Ulsenheimer aaO 33 ff., 64 ff.). Der durch Betätigung des verbrecherischen Willens bewirkten Rechtserschütterung entsprechend ist daher auch für den Rücktritt der sowohl general- wie spezialpräventive Gedanke von Bedeutung, daß sich der verbrecherische Wille des Täters letztlich doch nicht als so stark erwiesen hat, wie es für die Durchführung der Tat erforderlich gewesen wäre, und daß auch der vom Versuch ausgelöste rechtserschütternde Eindruck (vgl. 23 vor § 22) nachträglich wieder derart weit beseitigt wird, daß ein Strafbedürfnis entfällt: i. S. einer solchen **„Strafzweck"**- oder **„Indiztheorie"**, die im Grunde nichts anderes als ein strafbarkeitsaufhebendes Pendant zur versuchsbegründenden **Eindruckstheorie** darstellt (vgl. Schünemann GA 86, 323), auch BGH **9** 52, Bergmann ZStW 100, 334 f., Blei I 236, Gores aaO 155, Rudolphi SK 4, NStZ 89, 511, Vogler LK 20; vgl. ferner Bloy aaO 158 ff., Grünwald Welzel-FS 711, M-Gössel II 57, Roxin Heinitz-FS 269 ff., Schmidhäuser Würtenberger-FS 99; i. gl. S. setzt Bottke aaO leitmotivisch eine „Umkehr zur Legalität" voraus. Vgl. ferner das (wohl zu einseitig spezialpräventiv) an täterbezogener Strafbedürftigkeit orientierte Bewährungsmodell von Walter aaO (dazu Küper GA 82, 228 ff.) sowie die spezial- und generalpräventive Rückführung auf eine interessenausgleichende „Befriedungsfunktion" bei Mayer aaO 62 ff. Gegenüber solchen strafzweckorientierten Rücktrittserklärungen greift namentlich auch die neuerdings von Herzberg entwickelte **„Schulderfüllungstheorie"** (Lackner-FS 325 ff., NStZ 89, 49 ff.; 90, 172 ff.) zu kurz. So richtig es sein mag, Strafbefreiung deshalb einzuräumen, weil der Täter „seine Schuld durch eine ihm zurechenbare [freiwillige] Leistung erfüllt" (Lackner-FS 350), und so sehr sich diese zivilistische Herleitung auch mit dem wiederentdeckten Wiedergutmachungsgedanken untermauern ließe, kann von „Schulderfüllung" allenfalls insofern die Rede sein, als der Zurücktretende seiner Pflicht zur Nichtvollendung bzw. Vollendungsverhinderung nachkommt, während darin schwerlich eine „Erfüllung" (i. S. v. Behebung) der bereits durch das Versuchsunrecht geschaffenen „Schuld" zu erblicken ist (i. gl. S. Rudolphi SK RN 3a, NStZ 89, 510 f., vgl. auch Jakobs JZ 88, 520). Daher ließe sich der Rücktritt – zivilrechtlich gesprochen – allenfalls als „Aufrechnung" mit dem Versuchsunrecht begreifen, wobei freilich die „Aufrechenbarkeit" ihrerseits einer Begründung bedürfte, so wie sie die „Strafzwecktheorie" zu geben versucht (vgl. auch Bergmann ZStW 100, 336 f., 351, Lampe JuS 89, 615 f.).

3 Auch wenn sich der Nachweis für die nachträgliche Beseitigung des rechtserschütternden Eindrucks vielleicht nicht in jedem Einzelfall führen läßt (krit. dazu etwa Lang-Hinrichsen Engisch-FS 386), wird daran doch immerhin deutlich, daß – ebenso wie der Strafgrund des Versuchs – auch der Befreiungsgrund des Rücktritts in einem Zusammenspiel von subjektiven und objektiven Faktoren zu suchen ist (vgl. auch Traub NJW 56, 1185, Stratenwerth 206). In die Richtung einer derartigen *einheitlichen* Betrachtung von *Versuch und Rücktritt* gehen auch die Bemühungen von Lang-Hinrichsen aaO 372, Schmidhäuser 364 f., Bottke aaO 219 ff., 348 ff.; vgl. auch Eser Maurach-FS 273; krit. gegen eine „Gesamttatbetrachtung" Walter aaO 24 ff.

4 **II.** Auch der **systematische Standort** des Rücktritts im Verbrechensaufbau hängt nicht zuletzt davon ab, worin man den Strafbefreiungsgrund erblickt. Soll der Täter dafür belohnt werden, daß er das Verschulden seines Versuchs durch die Verdienstlichkeit seines Rücktritts getilgt hat (vgl. o. 2), so ist der Rücktritt konsequenterweise als *Schuldtilgungsgrund* zu begreifen (so Schröder 17. A. § 46 RN 2, 38 sowie neuerdings wieder Streng ZStW 101, 322 ff.). Sieht man die Strafwürdigkeit beseitigt, so soll nach Roxin Heinitz-FS 273 ein *Schuldausschließungsgrund* in Betracht kommen (ebenso Haft JA 79, 312); ähnlich spricht Rudolphi SK 6 von einem „Entschuldigungsgrund" i. S. eines Fehlens strafrechtlich relevanter Schuld, während nach Bloy aaO 176f. der Rücktritt eine *qualitative Unrechtsmodifizierung* bewirkt; vgl. auch die Meinungsübersicht bei Ulsenheimer aaO 90ff., 130, der seinerseits nur von „Schuldminderung" spricht. Noch weitergehend ist nach Jakobs 612f. der Rücktritt als ein (alle Verbrechensstufen berührender) *„Deliktsausgleichsgrund"* zu verstehen (mit entsprechenden Folgen für das Freiwilligkeitsverständnis: 623ff.). Wird dagegen lediglich das konkrete Strafbedürfnis gegenüber dem Zurücktretenden verneint, so liegt die Annahme eines **persönlichen Strafaufhebungsgrundes** nahe (i. E. ebenso – wenn auch mit unterschiedlicher Begründung – die heute h. M.: vgl. RG 72 350, BGH **7** 299, Baumann/Weber 503, D-Tröndle 3, Jescheck 494, Lackner 1, Mayer aaO 83, Vogler LK 22, Welzel 196). Demgegenüber für Einbeziehung des Rücktritts bereits in den Versuchstatbestand als negativem Merkmal v. Hippel, aaO 72 ff., v. Scheurl aaO 27 f. (dagegen Roxin Heinitz-FS 275, Stree GA 74, 63f., Ulsenheimer aaO 126ff.). Vgl. zum Ganzen auch Lang-Hinrichsen Engisch-FS 371, v. Scheurl aaO 14ff. sowie Burkhardt, der aus strafzweckfunktionaler Sicht den Rücktritt als *Rechtsfolgeregel* begreift (aaO 116ff.; vgl. dazu auch M-Gössel II 88); ihm nahekommend die Deutung des Rücktritts als „strafzumessungsnahem Verantwortlichkeitsausschluß" bei Bottke aaO 603ff. Mit ähnlichen Erwägungen will Walter den am Bewährungsgedanken orientierten Rücktritt durch eine mittels täterbezogener Aspekte ergänzte Tatbetrachtung bereits in das „zurechnende Strafrecht" einbauen (aaO insbes. 27ff.).

Soweit nach dem hier vertretenen Standpunkt im Rücktritt lediglich ein persönlicher Strafaufhebungsgrund zu erblicken ist – und Entsprechendes würde auch bei bloßem Schuldausschluß zu gelten haben –, steht folglich **Maßnahmen**, deren Verhängung nur eine „rechtswidrige Tat" voraussetzt (vgl. insbes. §§ 63, 69), nicht etwa der Mangel einer solchen Tat entgegen, wohl aber der rücktrittindizierte Mangel weiterer Gefährlichkeit (vgl. BGH **31** 132, DRiZ/H **83**, 183, Vogler LK 205, ferner § 63 RN 5). 5

B. Grundkonstellationen des Rücktritts bei Alleintäterschaft (Abs. 1)

Die Rücktrittsregelung von Abs. 1 S. 1 beruht auf der **Grundunterscheidung von unbeendetem und beendetem Versuch** mit jeweils unterschiedlichen Voraussetzungen (wobei dieser Differenzierung – entgegen Krauß JuS 81, 884, Mayer MDR 84, 189 – auch ein durchaus abstufbarer Unrechtsgehalt zugrunde liegt: vgl. Wolter Leferenz-FS 564, ferner Blei I 236, aber auch Herzberg NJW 86, 2470f., JuS 90, 274, 277, Mayer aaO 180ff. sowie M-Gössel II 58, wonach es für die Möglichkeit eines Rücktritts weniger auf die Einordnung in eine – gesetzlich nicht vorgegebene – Begriffe als auf das Vorliegen der gesetzlich beschriebenen Rücktrittsvoraussetzungen ankommt). Anders als in § 46 a. F. kommt dies zwar nicht mehr durch ziffernmäßige Aufteilung zum Ausdruck, ergibt sich jedoch aus der Differenzierung zwischen „Aufgeben der Tat" und „Verhinderung der Tatvollendung" (Jescheck 487; zur Entwicklungsgeschichte vgl. Ulsenheimer 131ff.). Denn von bloßem „Aufgeben der Tat" kann sinnvollerweise nur da die Rede sein, wo noch nicht alles zur Erfolgsherbeiführung Erforderliche getan ist (daher *unbeendeter* Versuch) und somit schon durch schlichtes *Nichtweiterhandeln* Straffreiheit zu erlangen ist (dazu II). Demgegenüber ist dort, wo der Täter schon alles Erforderliche getan hat und nur noch der Erfolgseintritt aussteht (daher ein vom Täterhandeln her gesehen *beendeter* Versuch), die *Verhinderung der Tatvollendung* und damit eine Gegenaktivität zu verlangen (dazu III); deshalb sprach man in diesem Fall auch von „tätiger Reue", was jedoch mißverständlich ist, weil irgendwelche Reuegefühle für Rücktritt nicht unbedingt erforderlich sind (vgl. RN 56) und dieser Terminus zudem auch für Fälle des „Rücktritts" von einem (formell) vollendeten Delikt (wie z. B. § 310) Verwendung findet. Im übrigen wird durch Abs. 1 S. 2 Straffreiheit auch für den Fall eröffnet, daß der Täter die Vollendung eines Versuchs verhindern will, der – weil bereits objektiv fehlgeschlagen oder von vornherein untauglich – gar nicht mehr vollendbar ist: Für den Rücktritt von einem solchen **vermeintlich vollendbaren Versuch** soll schon *ernsthaftes Verhinderungsbemühen* genügen (dazu IV). Davon zu unterscheiden ist der Fall, daß der Täter das Scheitern seines Versuchs bereits erkannt hat: Bei einem derart aus Tätersicht **fehlgeschlagenen Versuch** ist ein Rücktritt von vornherein ausgeschlossen. Deshalb ist diese Versuchskonstellation vorab auszuscheiden (dazu I). 6

I. Rücktrittsausschluß bei (subjektiv) fehlgeschlagenem Versuch.

1. Die **sachliche Berechtigung** dieser gesetzlich nicht ausdrücklich geregelten Versuchsfigur ist zwar noch umstritten (grds. abl. Gössel ZStW 87, 3ff.; vgl. auch Borchert/Hellmann GA 82, 446ff., Ranft Jura 87, 528, Walter aaO 102ff.); denn die herkömmliche Auffassung kommt zu weitgehend gleichen Ergebnissen, indem sie dort, wo der Täter das Scheitern seines Versuchs erkannt hat, teils den Rücktritt als unfreiwillig ausschließt (so z. B. RG **45** 7, **70** 3, BGH **4** 59, Welzel 197) oder teils als einen beendeten Versuch betrachtet, von dem man nicht schon durch bloßes Nichtweiterhandeln zurücktreten kann (vgl. BGH **4** 181, **10** 131, **14** 79, **22** 331, **23** 359, Baumann/Weber 509f.). Dennoch erfreut sich der subjektiv fehlgeschlagene Versuch als 7

eine eigenständige Rechtsfigur, bei der **Rücktritt von vorneherein ausgeschlossen** ist, steigender Anhängerschaft (grdl. Schmidhäuser 627ff., I 36, ferner – wenngleich mit unterschiedlicher Nuancierung – Bottke aaO 352ff., Hruschka JZ 69, 495ff., Jescheck 489, Otto GA 67, 144ff., Roxin Heinitz-FS 253f., JuS 81, 1ff., Rudolphi SK 8ff., Vogler LK 23ff., Wessels I 189; grds. anerkennend inzwischen auch BGH **34** 56, **35** 94, NStZ **86**, 265, **89**, 18, 317, NJW **90**, 522; vgl. aber auch u. 9), und zwar sowohl aus dogmatisch wie auch praktisch guten Gründen. Denn wie sich schon aus dem Wortsinn des „Aufgebens" bzw. „Verhinderns" ergibt, kann von einem „Zurücktreten" überhaupt nur dort die Rede sein, wo der Täter den Versuch an sich noch für fortsetzbar bzw. vollendbar hält (Krauß JuS 81, 884; i. gl. S. Herzberg Blau-FS 99ff.). Erscheint ihm dagegen das ursprüngliche Handlungsziel als nicht (mehr) erreichbar und damit der Versuch als „fehlgeschlagen", so ist das Nichtweiterhandeln lediglich Hinnahme des Unvermeidlichen, nicht aber rechtsbewährende „Rückkehr zur Legalität"; auch das Ausbleiben des Erfolgs ist nicht Konsequenz eines Rücktritts, sondern unverdienter Zufall. Gewiß handelt es sich insofern zugleich auch um Fälle mangelnder Freiwilligkeit, so daß spätestens aus diesem Grunde strafbefreiender Rücktritt auszuschließen wäre. Doch genau besehen ist bei Fehlschlagen des Versuchs schon von vorneherein gar kein Raum für Rücktritt, was zudem praktisch vorteilhaft zur Folge haben kann, daß sich die häufig zweifelhafte Freiwilligkeitsfrage schon gar nicht mehr stellt (vgl. Roxin JuS 81, 2ff.).

8   2. Für die **Voraussetzungen des Rücktrittsausschlusses** bei dieser Rechtsfigur ist wesentlich, daß der Versuch aus der **subjektiven** Sicht des Täters **fehlgeschlagen** ist. Ersteres ist deshalb zu betonen, weil in Nachwirkung der alten Lehre vom „délit manqué" auch der von vorneherein untaugliche oder sonstwie objektiv unmöglich gewordene, ja teils sogar der wegen Unfreiwilligkeit nicht rücktrittsfähige Versuch als „fehlgeschlagen" bezeichnet wird (vgl. etwa BGH **10** 131, **20** 280, Bockelmann I 211; hingegen inzwischen wie hier BGH **35** 95; vgl. auch NStZ **89**, 19; näher zur Entwicklungsgeschichte Gössel ZStW 87, 8ff.). Diese undifferenzierte Terminologie – wie sie auch in Eser II 106f. noch nicht völlig beseitigt ist – ist jedoch irreführend, weil bei einem zwar objektiven, vom Täter aber nicht erkannten Scheitern des Versuchs nach Abs. 1 S. 2 ein Rücktritt durchaus möglich bleibt, falls sich der Täter ernsthaft um Verhinderung der vermeintlichen Vollendbarkeit bemüht (vgl. u. 68ff.; daher gegen eine kurzschlüssige Gleichsetzung von „untauglich" und „fehlgeschlagen" treffend Roxin JuS 81, 1f.). Ein subjektiver Fehlschlag in dem hier gemeinten Sinne kommt vor allem in folgenden **Fallgruppen** in Betracht:

9   a) Bei **erkannter Unerreichbarkeit des konkreten Handlungsziels:** Das ist unzweifelhaft der Fall, wenn die Tatbestandsverwirklichung *physisch unmöglich* ist, weil das erwartete Tatobjekt nicht vorhanden ist (Griff in die leere Tasche, Abwesenheit des Opfers), der Täter sich zur Ausführung als unfähig erweist (etwa wegen Unterlegenheit gegenüber dem Opfer oder Lähmung der Handlungsfähigkeit durch Herzschwäche oder Schock: vgl. BGH MDR/D **58**, 12, **71**, 363, GA **77**, 75, aber auch NStZ **88**, 70) oder das einzig verfügbare Tatmittel sich als untauglich herausstellt (z. B. die Bombe nicht zündet, der Tresor nicht zu knacken ist oder das Betrugsopfer die Täuschung durchschaut; vgl. Vogler LK 27ff.; insoweit ebenso BGH **34** 56, ferner Herzberg Blau-FS 102). Entsprechendes gilt für den Fall, daß die Tatbestandsverwirklichung *rechtlich unmöglich* ist, wie vor allem dort, wo es wegen des (unerwarteten) Einverständnisses des Opfers an einer Wegnahme oder Vergewaltigung fehlt (vgl. Ulsenheimer aaO 328f.). Im Grunde sind dies die Fälle, in denen man herkömmlicherweise nach der Frank'schen Formel „ich kann nicht, selbst wenn ich wollte" (§ 46 Anm. II) den Rücktritt als „unfreiwillig" ausschließt (vgl. u. 46), wo es sich jedoch genau besehen bereits um einen der Freiwilligkeitsfrage vorgelagerten Rücktrittsausschluß wegen Fehlschlags handelt (Roxin JuS 81, 2; vgl. auch Jakobs 627).

10 Dementsprechend ist ein solcher (rücktrittsausschließender) Fehlschlag – entgegen der „Gesamtbetrachtungstheorie" (vgl. insbes. BGH **33** 297, NStZ **86**, 265 sowie mwN u. 18) – letztlich auch dort anzunehmen, wo der Täter sein Handlungsziel zwar noch durch Intensivierung seines Angriffs oder sonstwie *mit anderen Mitteln* erreichen könnte (wie z. B. nach Verschießen der letzten Kugel durch Erwürgen des Opfers oder durch Höherdosierung des Giftes), wo er aber durch den (fehlgeschlagenen) Einzelakt das Handlungsgeschehen bereits in einer Weise aus der Hand gegeben hatte, daß er (im Falle des Gelingens) den Vollendungseintritt nicht mehr hätte verhindern können (wie etwa bei einem sofort tödlichen und nur aus zufälligem Versehen zu gering dosierten Gift). Zu diesem im einzelnen noch umstrittenen Rücktrittsausschluß trotz *Wiederholbarkeit* des Versuchs vgl. u. 15ff., insbes. 21.

11 b) Fehlschlag bei **sinnlos gewordenem Tatplan:** Das betrifft die Fälle, in denen eine Tatbestandserfüllung zwar durchaus (noch) möglich wäre, der damit verfolgte Zweck jedoch verfehlt würde (Vogler LK 30). Das ist vor allem da der Fall, wo das Tatobjekt infolge von Identitätsverwechslung oder Artverkennung dem Tatplan nicht entspricht: das vermeintlich fremde Vergewaltigungsopfer stellt sich als Schulkameradin heraus (vgl. BGH **9** 48), der er-

strebte Gummiball entpuppt sich als bloße Holzkugel (vgl. Herzberg Blau-FS 102, Roxin JuS 81, 3 gegen RG **39** 40, wo fälschlich freiwilliger Rücktritt angenommen wird). Vor einem vergleichbaren *„Wegfall der Geschäftsgrundlage"* steht der Täter auch dort, wo das Tatobjekt hinter den spezifischen Erwartungen des Täters zurückbleibt: z. B. die Tatbeute für die erstrebte Geschäftsgründung nicht ausreicht (vgl. BGH **4** 56, ferner RG **24** 222, **55** 66, **70** 1, BGH NJW **59**, 1645), das Diebstahlsobjekt wegen Beschädigung nicht mehr verwendbar ist (vgl. RG **45** 6) oder wo die Tatvollendung wegen sonstiger Änderung der Sachlage zwecklos wird, z. B. weil das herzustellende Falschgeld außer Kurs gesetzt, das zu beraubende Opfer bereits bewußtlos ist (vgl. BGH NJW **90**, 263 m. Anm. Schall JuS 90, 623), das Vergewaltigungsopfer wegen Menstruation nicht disponiert ist (vgl. BGH **20** 280 [aber auch BGH NStE **Nr. 13**], Schünemann GA 86, 324) oder der Täter das mit seinem Angriff verfolgte Ziel bereits erreicht hat (BGH NStE **Nr. 12**). Weitere Beispiele bei Roxin JuS 81, 3f., Rudolphi SK 9, Ulsenheimer aaO 320ff. Vgl. zum Ganzen auch die nach Unfreiwilligkeitskriterien zu gleichen Ergebnissen gelangende Rspr. u. 45ff.

II. Rücktritt vom unbeendeten Versuch (Abs. 1 S. 1 Alt. 1) setzt ein Zweifaches voraus: das 12 *Aufgeben* der weiteren Tatausführung (2) und die *Freiwilligkeit* dieses Abstandnehmens (3). Da diese Anforderungen weniger streng sind als die bei *beendetem* Versuch erforderliche „Vollendungsverhinderung" (u. 58ff.), sind zunächst diese beiden Versuchsfiguren voneinander abzugrenzen (1).

1. Für die **Abgrenzung von unbeendetem und beendetem Versuch** ist die **Vorstellung des** 13 **Täters** vom Verwirklichungsgrad seiner Tat entscheidend (h. M.: vgl. u. a. BGH **4** 181, **14** 79, 22 177, 331, **31** 48, 171, NStZ **84**, 116, Rudolphi SK 15 mwN). Diese *subjektive* Grundlage ist zwar nicht – wie eine überkommene Terminologie nahelegen könnte (vgl. etwa BGH StV **82** 70, Jakobs 616) – ohne weiteres mit dem Vorliegen eines bestimmten *„Tatplans"* gleichzusetzen, aber insofern unentbehrlich, als die Frage, was der Täter an Rücktrittsleistung zu erbringen hat, nicht ohne Rückgriff auf seine Vorstellungen über Ziel und Verlauf seines Handelns beantwortet werden kann (vgl. Krauß JuS 81, 885; daher gegen die rein *objektiv* an der Erfolgstauglichkeit anknüpfenden Abgrenzungsversuche von Borchert/Hellmann GA 82, 429ff., die ähnlichen Vorschlägen von Henkel JW 37, 2376 nahekommen, zu Recht Jakobs 616, Küper JZ 83, 266; zur objektivierenden Abgrenzung von Roxin Maurach-FS 213 vgl. hier die 21. A. RN 14 sowie Blei JA 75, 167, Herzberg MDR 73, 89; zu ähnl. Versuchen krit. Vogler LK 43ff.). An diesem subjektiven Ausgangspunkt hat sich insbes. auch durch den Abschied des BGH vom „Planungshorizont" (vgl. u. 17b) nichts geändert; denn selbst wenn dieser neuerdings stattdessen auf den „Rücktrittshorizont" (nach Abschluß der letzten Ausführungshandlung) abhebt, bleibt doch auch dafür die subjektive Vorstellung des Täters von dem, was er verwirklichen wollte und inwieweit dies gelungen ist, entscheidend (vgl. insbes. BGH **33** 297ff., **34** 56, **35**, 92, NStZ **86**, 265 sowie näher u. 17f.). Diese subjektive, ohne Blick auf den Tatplan sinnvoll beurteilbare Ausgangssicht schließt jedoch nicht aus, dabei auf den externen Versuchsverlauf und somit auf bestimmte – tatsächlich oder vermeintlich erreichte – *Gefährdungsgrade* abzuheben. Insofern kann von einer *Verbindung von subjektiven mit objektiven Kriterien* gesprochen werden.

a) Die Abgrenzung ist vergleichsweise einfach, wenn das Tatgeschehen einem bestimmten 14 vorgefaßten **Tatplan gemäß verläuft**. Ohne in solchen Fällen auf den Streit um Einzelakt- oder Gesamtbetrachtung einzugehen bzw. auf den „Planungs-" oder den „Rücktrittshorizont" abheben zu müssen (dazu u. 15ff.), ist nach einer „klassischen" Formel **unbeendeter** Versuch anzunehmen, solange der Täter noch nicht alles getan hat, was nach seiner Vorstellung zum Erfolgseintritt notwendig erschien. **Beendet** ist der Versuch, wenn der Täter nach seinem Tatplan alles getan zu haben glaubt, was zum Erfolgseintritt notwendig wäre (BGH **4** 181, **10** 131, **14** 79, **22** 331, **23** 359, MDR **51**, 117, MDR/D **70**, 381). Dafür ist nicht erforderlich, daß bereits alle für den Erfolg wesentlichen Ursachen gesetzt sind; vielmehr genügt, daß die vom Täter zu verwirklichenden vorliegen: so z. B. durch Erstellung oder Einreichung einer falschen Bilanz, aufgrund der sich der Täter den Kredit erwartet. Daß der Täter über die Wirksamkeit seiner bisherigen Maßnahmen im Zweifel ist, schließt beendeten Versuch nicht aus; denn unbeendeter Versuch liegt nur solange vor, als der Täter glaubt, daß ohne weiteres Zutun der Erfolg nicht eintreten wird (Schröder JuS 62, 82, Jescheck 437, Vogler LK 37 mwN). Rechnet er mit der Möglichkeit, daß das bereits Getane ausreicht, so liegt beendeter Versuch vor (BGH MDR/D **70**, 381), und zwar selbst dann, wenn dies objektiv nicht zur Erfolgsherbeiführung geeignet ist (vgl. Wolter ZStW 89, 695f.). Benützt der Täter ein Mittel, das längere Zeit wirken muß, um den Erfolg herbeizuführen (Gasvergiftung), so ist der Versuch beendet, wenn er die Zuführung des Mittels eingeleitet hat, und zwar ohne Rücksicht darauf, ob er sich entfernt oder in der Nähe bleibt und damit die Möglichkeit hätte, den Gashahn wieder abzustellen (Jakobs 617, Vogler LK 39; and. Roxin Maurach-FS 214ff.: nur Vorbereitung, solange keine unmittelbare Gefahr und Geschehen beherrschbar; vgl. auch LG Berlin MDR **64**, 1023).

§ 24 15–17a

15   b) Schwieriger ist die Abgrenzung, wenn der Täter von (zunächst nicht vorgesehenen) **weiteren Handlungsmöglichkeiten** Abstand nimmt, nachdem das Tatgeschehen nicht plangemäß verlaufen ist oder er von vornherein ohne bestimmten Tatplan vorgegangen war: so wenn er nach einem Fehlschuß von weiteren möglichen Schüssen absieht oder nach erfolglosem Schießen darauf verzichtet, die Tötung noch durch mögliches Erwürgen zu bewerkstelligen. In Fällen derartiger *Wiederholbarkeit* bzw. *anderweitiger Fortsetzbarkeit des Angriffs* stellt sich die Frage, ob die bereits begangenen (erfolglosen) Einzelakte jeweils als „beendeter" oder gar „fehlgeschlagener" Versuch anzusehen sind, mit der Folge, daß nicht schon durch bloßes Nichtweiterhandeln, sondern allenfalls aufgrund aktiver Erfolgsverhinderung (vgl. u. 59ff.) bzw. überhaupt nicht zurückgetreten werden kann (vgl. o. 7ff.), oder ob die mehreren auf das beabsichtigte Ziel gerichteten Handlungen als Einheit zu betrachten sind, mit der Folge, daß das bisherige Verhalten insgesamt als noch „unbeendeter" und damit durch schlichtes Nichtweiterhandeln rücktrittsfähiger Versuch zu betrachten ist (weitere Fallvarianten bei Mayer aaO 100ff., Walter aaO 111ff.). Dazu werden im wesentlichen folgende Lösungen vertreten (vgl. Bergmann ZStW 100, 329ff.):

16   α) Die in der **Rspr.** vorherrschende **„Gesamtbetrachtung"** – neuerdings auch *„Einheitstheorie"* genannt (Roxin JR 86, 425) – tendiert vor allem seit dem Abheben auf den **„Rücktrittshorizont"** zu einer rücktrittsfreundlichen Hinauszögerung des Übergangs vom unbeendeten zum beendeten Versuch.

17   Dem ist folgende **Entwicklung** vorausgegangen: Bis zu der mit BGH **31** 170 eingeleiteten Wende wurde zunächst teilweise nach dem (heute sog.) *„Planungshorizont"* auf die Vorstellungen des Täters bei *Tatbeginn* abgehoben: Habe der Täter alle geplanten Handlungen durchgeführt, sei der Versuch beendet; Gleiches gelte für den Fall, daß er weitere durchführbare Handlungen unterläßt, weil er sein bisheriges Tun für erfolgversprechend und die Deliktsverwirklichung für möglich hält (so namentlich BGH **14** 75ff.; vgl. auch BGH **22** 176). Demgegenüber wurde gelegentlich nach *Konkurrenzaspekten* darauf abgehoben, ob Schlagen und Würgen als getrennte Handlungen zu betrachten und demzufolge bereits in der ersten ein selbständiger fehlgeschlagen-beendeter Versuch zu erblicken sei, oder ob es sich um einen einheitlichen Handlungskomplex mit zweifellos noch unbeendeten Einzelakten gehandelt habe (BGH **10** 129, **21** 322). In steigendem Maße wurde jedoch bei unklarem oder unbestimmtem Tatplan mit Blick auf den *Rücktritts*zeitpunkt danach gefragt, ob der Täter bei Beendigung der verwirklichten Teilhandlungen den Erfolgseintritt bereits für möglich hielt (dann *beendeter* Versuch), oder ob er noch weitere Handlungen für erforderlich und auch möglich ansah (dann *unbeendeter* Versuch), mit der Folge, daß Rücktritt schon durch schlichten Verzicht auf Fortsetzung (mit gleichen oder anderen Mitteln) eröffnet bleibt (so etwa BGH **22** 330, GA **74**, 77, NJW **80**, 195, StV **81**, 67, 514, NStZ **81**, 342; vgl. auch BGH MDR/D **56**, 394, **66**, 22, **70**, 381, **75**, 541, MDR/H **80**, 628, StV **81**, 397). Dabei wurde durch diese ohnehin schon ungemein rücktrittsfreundliche Handhabung der Täter auch noch dadurch begünstigt, daß er sich „in der Regel" keine Gedanken über die Zahl seiner Einzelakte mache (vgl. BGH **22** 176, **23** 359) und somit im Zweifel praktisch von unbeendetem Versuch auszugehen sei. Diese „Gesamtbetrachtung" hatte auch schon damals in einem Teil der Lehre grundsätzliche Anhängerschaft gefunden (vgl. namentlich Bottke aaO 433ff.), sah sich aber auch – vor allem wegen der Zufälligkeit und Manipulierbarkeit ihrer Grenzziehung – teils heftiger Kritik ausgesetzt (vgl. u. a. Burkhardt aaO 30ff., Geilen JZ 72, 336f., Jakobs 617, Ulsenheimer aaO 156ff., 226ff. sowie u. 18a).

17a   Dieser unsichere Kurs der Rspr. hat mit BGH **31** 170 insofern einen klareren Orientierungspunkt erhalten, als nunmehr auf den **„Rücktrittshorizont"**, nämlich so wie sich dem Täter der Versuchsverlauf *nach der letzten Ausführungshandlung*, darstellt, abgehoben wird. Dazu wurde in einem ersten Schritt zunächst nur für den Fall eines *unbestimmten* Tatplans der *Rücktrittszeitpunkt* für maßgeblich erklärt und der Versuch in der Regel jedenfalls dann für beendet betrachtet, „wenn der Täter nach der letzten Ausführungshandlung den *Erfolgseintritt für möglich hält"* (BGH **31** 175; ebenso BGH NStZ **84**, 116, 453, **89**, 317, NJW **84**, 1693, **85**, 2428, NStE **Nr. 14**, 21 sowie die nachfolgend angeführte Rspr.). Im Umkehrschluß bedeutet dies, daß der Versuch solange als unbeendet zu betrachten (und demzufolge durch schlichtes Nichtweiterhandeln rücktrittsfähig) ist, als der Täter sein bisheriges Handeln für nicht erfolgstauglich hält und eine anderweitige Fortsetzungsmöglichkeit sieht (BGH NStE **Nr. 9**). Nachdem dabei Art und Grad der erforderlichen Gefährdungsvorstellungen noch offengeblieben waren (vgl. Küper JZ 83, 266f., Vogler LK 69f.), wurde die bereits in BGH **31** 172 enthaltene Feststellung, daß der Täter „nicht nur mit einer entfernten Möglichkeit des Erfolgseintritts rechnete", in BGH **33** 295, 300 dahingehend ausgeweitet, daß an das Fürmöglichhalten des Erfolgseintritts keine zu hohen Anforderungen zu stellen seien, daß insbes. unerheblich sei, daß der Täter nach Feststellung des bereits Bewirkten den Erfolgseintritt noch will oder billigt, daß er keine Gewißheit des Erfolgseintritts zu haben brauche, sondern allein maßgeblich sei, ob er *die naheliegende Möglichkeit des Erfolgseintritts* erkannte. Zugleich wurde die Feststellung dieser Gefährdungsvorstellung dadurch erleichtert, daß zum einen schon die Kenntnis der *den Erfolgseintritt nahelegenden tatsächlichen Umstände* genügen soll (BGH **33** 299), also nicht die Kenntnis der Eintrittsmöglichkeit selbst erforderlich ist, und zum anderen diese Kenntnis bei bestimmten schweren Verletzungen (wie im Entscheidungsfall bei einem Pistolenschuß in die Schläfe) „auf der Hand liegt" (BGH **33** 300; i. E. auch MDR/H **87**, 92, NStE **Nr. 12, 21**), m. a. W. dem etwaigen Bestreiten dieser an sich subjektiven Erkenntnis durch eine objektivierende Typisierung erfolgsgeneigter Gefährdungslagen begegnet wird (krit. zu diesen Einschränkungen Weidemann GA 86, 410 ff.; vgl. auch Puppe NStZ 86, 15). Ferner wurde in derselben Entscheidung das zunächst nur für Fälle eines unbestimmten Tatplans gedachte Abheben auf den „Rücktrittshorizont" auch auf den nach einem *bestimmten Tatplan* vorgehenden Täter erstreckt und unabhängig von den ursprünglichen Vorstellungen der Versuch solange für unbeendet erklärt, als das Getane (aus Tätersicht) nicht für die Erfolgsherbeiführung geeignet ist (bzw. erscheint), der Versuch also – abgesehen vom Fall eines als solchen erkannten Fehlschlags – erst dann beendet ist, wenn der Täter nach der letzten Ausführungshandlung den Erfolgseintritt für möglich hält (BGH **33** 299, NStE **Nr. 14**). Von dieser Position aus lag es nahe, schließlich die Vorstellung des Täters bei Tatbeginn wie auch während des Tatverlaufs schlechthin für unmaßgeblich zu erklären (BGH **35** 93, MDR **88**, 99, NStZ **89**, 317, NJW **90**, 263, NStE **Nr. 15**).

Der darin erblickte „Abschied vom Tatplankriterium" (wie namentlich begrüßt von Puppe NStZ **17b** 86, 15, Mayer MDR 84, 188, Roxin JR 86, 424) blieb jedoch – genau besehen – auf eine rein *zeitliche* Umorientierung von der *Planungs-* zur *Rücktritts*perspektive beschränkt, ohne also damit (wie neuerdings auch von Puppe NStZ 90, 484 eingeräumt) völlig unerheblich zu werden; denn sofern der Täter bei einem vorgreiflichen Handlungsziel (wie Abreagieren von Aggression oder Verpassen eines „Denkzettels" durch Körperverletzung) im Hinblick auf einen darüber hinausgehenden Erfolg (Todesherbeiführung) nur mit **Eventualvorsatz** gehandelt hat, ist konsequenterweise der Versuch als beendet zu betrachten, sobald der Täter sein primäres Handlungsziel erreicht hat, mit der Folge, daß für einen Rücktritt durch Verzicht auf ein (ohnehin sinnloses) Weiterhandeln kein Raum mehr bleibt. Während der BGH diese Konsequenz zunächst zu ziehen bereit war (NJW **84**, 1693, StV **86**, 15, NStE **Nr. 12**) und dazu der 2. StS auch jetzt noch steht, indem er Rücktritt von einem nur bedingt vorsätzlichen Versuch ausschließt, wenn der Täter sein eigentliches Handlungsziel bereits ohne Eintritt des in Kauf genommenen Erfolgs erreicht hat und somit dessen Erstrebung einen neuen Entschluß erfordern würde (NJW **90**, 522 m. Anm. Puppe NStZ 90, 433), will der 1. StS neuerdings selbst für diesen Fall noch durch Annahme von unbeendetem Versuch den Rücktritt durch Verzicht auf einen weiteren Angriff offenhalten, und zwar weil dies im Schutzinteresse des Opfers (gegen eine mögliche erneute Gefährdung) liege und um den mit bloßem Eventualvorsatz handelnden Täter nicht gegenüber dem mit direktem Vorsatz Angreifenden zu benachteiligen (NStZ **89**, 317, NJW **90**, 263 m. Anm. Schall JuS 90, 623). Aus dem letztgenannten Grund soll im übrigen bei nicht eindeutig feststellbarem (Tötungs-)Vorsatz zugunsten des Täters zwar konsequenterweise von unbeendetem Versuch – damit aber merkwürdigerweise sogar von einer schwereren Begehungsform – auszugehen sein (NJW **84**, 1693 w,. krit. Anm. Ulsenheimer JZ 84, 852, Weidemann NJW 84, 2805, D-Tröndle 4, ferner BGH NStE **Nr. 8**, StV **86**, 15, NJW **90**, 522).

Andererseits versucht der BGH – mit einer gewissen Gegenläufigkeit zu dieser den unbeendeten **17c** Versuch ausweitenden Tendenz – den Rücktritt durch Verzicht auf mögliche Fortsetzungshandlungen dadurch **zeitlich** einzuschränken, daß er den Versuch nur solange als noch nicht fehlgeschlagen (und damit als unbeendet) ansieht, als dem Täter erkennmaßen *ohne zeitliche Zäsur ein anderes sofort einsetzbares Tatmittel* zur Verfügung steht, insoweit also auch von einem „einheitlichen Lebensvorgang" auszugehen ist (BGH **34** 53, 57 m. Anm. Fahrenhorst NStZ 87, 278, Kadel JR 87, 151, Ranft Jura 87, 527, Rengier JZ 86, 963, ähnl. BGH NStE **Nr. 5, 6, 7**), oder – nach etwas anderen Formulierungen – der Täter „ohne tatbestandlich relevante Zäsur" sein Ziel unmittelbar verfolgen könnte (BGH NStE **86**, 265) bzw. „im Rahmen derselben Willensrichtung auf ein Weiterhandeln mit einem ihm zur Verfügung stehenden Mittel verzichtet" (BGH NJW **90**, 264).

Diese Entwicklung **zusammenfassend,** ist nach dem derzeitigen Stand der Rspr. von folgen- **18** den Grundsätzen auszugehen: (a) Sofern der Täter den tatbestandsmäßigen Erfolg mit direktem Vorsatz angestrebt hat, ist der Versuch solange *unbeendet* (und demzufolge durch schlichtes Abstandnehmen von weiteren Fortführungshandlungen rücktrittsfähig), als der Täter nach Abschluß der letzten Ausführungshandlung im „Rücktrittshorizont" erkennt, ohne zeitliche Zäsur sein Tatziel auch noch mit anderen verfügbaren Tatmitteln erreichen zu können, wobei diese Vorstellung auch noch nach einem anfänglichen Irrtum, nicht mehr weiter handeln zu können, noch möglich sein soll (BGH NJW **89**, 3231). (b) Muß hingegen der Täter zu diesem Zeitpunkt erkennen, daß infolge seines Handelns die Möglichkeit des Erfolgseintritts naheliegt, so ist der Versuch *beendet,* so daß davon nur noch durch Erfolgsverhinderung (bzw. darauf gerichtetes Bemühen) zurückgetreten werden kann (vgl. insbes. BGH **31** 175, **33** 299). (c) Erscheint dagegen nicht nur der Erfolgseintritt naheliegend noch stehen dem Täter bei Untauglichkeit seiner bisherigen Handlung(en) unmittelbar weitere Fortsetzungsmöglichkeiten zur Verfügung, so ist der Versuch als *fehlgeschlagen* und damit als nicht mehr rücktrittsfähig zu betrachten (wobei dies – in bemerkenswertem Rückfall zum „Tatplankriterium" – dann der Fall sein soll, „wenn die Tat auf ganz bestimmte Weise ausgeführt werden sollte und diese Durchführung mißlang": BGH NJW **90**, 263). (d) Hat der Täter sein primäres Handlungsziel erreicht und im Hinblick auf einen weitergehenden Erfolg nur mit *Eventualvorsatz* gehandelt, so ist bei dessen Ausbleiben die Möglichkeit eines Rücktritts auch innerhalb des BGH umstritten: Während eine Rücktrittsmöglichkeit bisher (NJW 84, 1693, StV 86, 15, NStE **Nr. 12**) und teils auch jetzt noch verneint wird (NJW **90,** 522), wollen zwischenzeitliche Entscheidungen diesen Weg offenhalten (NStZ **89,** 317, NJW **90,** 263). (e) Ist die *Vorsatzform zweifelhaft*, in welcher der Täter gehandelt hat, so ist zu seinen Gunsten von direktem Vorsatz auszugehen, um ihm den nach (a) möglichen Rücktrittsweg zu eröffnen (BGH NJW **84,** 1693, **90,** 552). – Auch in der **Lehre** hat diese von der Rspr. vertretene „Gesamtbetrachtung" aus dem „Rücktrittshorizont", soweit nicht bereits ohnehin von ihr vorentworfen (vgl. namentlich Roxin Heinitz-FS 269, JuS 81, 7 f., ferner Schmidhäuser 629 f., Walter aaO 119 ff.), inzwischen weithin Anhang gefunden (vgl. – mit gewissen Nuancierungen – u. a. Blei I 237, Bockelmann/Volk I 212, Jescheck 489, Kienapfel JR 84, 70, Pallin-FS 212 ff.; Küper JZ 83, 262, Mayer MDR 84, 187, M-Gössel II 62, Puppe NStZ 86, 15, Ranft Jura 87, 533, Rengier JZ 86, 963; 88,931, Roxin JR 86, 424, Rudolphi SK 14, NStZ 83, 63, Streng JZ 90, 212, Vogler LK 64 ff., Wessels I 189 ff., mit Vorbehalt auch D-Tröndle 4, Lackner 2b), wobei in den zuvor bei (d) genannten umstrittenen dolus eventualis-Fällen nach Erreichen des eigentlichen Handlungsziels wohl überwiegend Rücktritt ausgeschlossen wird (and. aber M-Gössel II 215, ferner Streng JZ 90, 218, soweit noch die Möglichkeit zu freiwilligen Verzichtsleistungen besteht).

18a Obgleich sich diese Rspr. bereits als „gefestigt" glaubt bezeichnen zu können (BGH NJW **90,** 263, was sich freilich schon kurz danach in NJW **90,** 522 m. Anm. Puppe NStZ 90, 433 in Frage gestellt sieht) und eine zweifellos eindrucksvolle Anhängerschaft verzeichnen kann, bleibt doch **kritisch** zu monieren, daß sie weder konstruktiv noch kriminalpolitisch voll befriedigen kann: So kann schon von einem „Abschied vom Tatplankriterium" allenfalls im Hinblick auf die Verschiebung vom „Planungs"- zum „Rücktrittshorizont" die Rede sein (vgl. o. 17b sowie Herzberg NJW 88, 1560), nicht dagegen – und zwar berechtigterweise – insoweit, als es vor allem zur Abgrenzung vom „fehlgeschlagenen Versuch" letztlich denn doch darauf ankommt, *was* der Täter mit welchen Mitteln zu erreichen versuchte (vgl. BGH **34** 57 sowie NJW **90,** 263 zu o. 18 bei (c), ferner o. 13). Zudem wird insbes. in den dolus eventualis-Fällen (o. 18 bei (d) selbst von Anhängern der „Gesamtbetrachtung" eine klare und akzeptable Linie vermißt (vgl. Ranft Jura 87, 533, Rengier JZ 88, 932, Streng JZ 90, 212 ff.; vgl. auch Seier JuS 89, 102 ff.), ganz abgesehen von der Paradoxie, im Zweifelsfall eine verbrechensintensivere Vorsatzform unterstellen zu müssen, um einen bei nur bedingtem Vorsatz verschlossenen Rücktrittsweg zu eröffnen (vgl. o. 18 bei (e) sowie Herzberg NJW 88, 1561). Vor allem aber sieht sich auch diese neue Konzeption noch vor den gleichen Bedenken ausgesetzt, die bereits gegenüber der früheren „Gesamtbetrachtung" zu erheben waren: Indem der Versuch solange unbeendet bleiben soll, bis der Täter „das verwirklicht hat, was nach seiner Vorstellung zur Herbeiführung des Erfolges erforderlich oder möglicherweise ausreichend ist" (BGH **31** 176), kann sich gerade der eher skrupellos „zu allem bereite" Täter, der entweder von vorneherein mit allen Eventualitäten rechnet oder nach anfänglichem Scheitern noch weitere Realisierungsmöglichkeiten erkennt, beliebig viele Fehlschläge leisten (vgl. Mayer aaO 187 f.); denn solange er sein Opfer nicht empfindlich getroffen hat, kann er mangels einer naheliegenden Möglichkeit des Erfolgseintritts durch schlichtes Nichtweitermachen alles Vorangegangene strafrechtlich ungeschehen machen. Diese (wie auch von Puppe NStZ 90, 433 eingeräumt) schwerlich nachvollziehbare Begünstigung des eher weiterstrebenden Täters (vgl. BGH NStZ **89,** 317) zeigt sich auch darin, daß bei einem Fehlschlag im Rahmen eines bestimmten Tatplans der Täter im Hinblick auf BGH **34** 57 gut beraten ist, sich dadurch nicht einfach zur Besinnung kommen zu lassen und mit der Situation abzufinden, sondern jedenfalls insoweit noch tatbesessen genug zu bleiben, um nach anderweitigen Fortsetzungsmöglichkeiten Ausschau zu halten, deren Einsatz zumindest zu reflektieren und dann fallzulassen. Über diese mehr psychologischen Momente hinaus ist schließlich auch kriminalpolitisch schlechterdings nicht einzusehen, wieso eigentlich jegliches Strafbedürfnis entfallen soll, wenn der Täter beliebig oft zu wiederholten und jeweils für erfolgstauglich gehaltenen Angriffen ansetzen kann und schon durch schlichtes Abstandnehmen von weiteren (tatsächlichen oder auch nur angeblichen) Wiederholungs- oder gar anderweitigen Fortsetzungshandlungen (wie etwa möglichem Diebstahl anstelle des mißglückten Erpressungsversuchs: vgl. BGH StV **89,** 246) Strafbefreiung soll erlangen können. Vgl. auch die Kritik von Bergmann ZStW 100, 333 ff., Burkhardt aaO 30 ff., Herzberg Blau-FS 97 ff., NJW 86, 24 ff.; 88, 1559 ff.; 89, 197 ff., Jakobs 617, Seier JuS 89, 103, Ulsenheimer aaO 156 ff., 226 ff., ferner die Bedenken bei D-Tröndle 4, Lackner 2 b.

19 β) Immerhin finden sich aber in der neueren Rspr., indem nur Fortsetzungsmöglichkeiten innerhalb eines „einheitlichen Lebensvorganges" (BGH **34** 57) beachtlich sein sollen (vgl. mwN o. 17c), Einschränkungsmöglichkeiten angelegt, wie sie ähnlich auch von einem **Teil der Lehre** durch eine **Kombinierung subjektiver mit objektiven Kriterien** vertreten werden. Danach ist der *Tatplan* zwar insofern noch bedeutsam, als dort, wo der Täter etwaige Wiederholungs- oder anderweitige Fortsetzungsmöglichkeiten von vorneherein als für ihn nicht in Betracht kommend ausgeschlossen bzw. solche Alternativen auch nachträglich nicht erkannt hat, bereits mit Scheitern des geplanten Akts ein (nichtrücktrittsfähiger) Fehlschlag anzunehmen sei. Im übrigen hingegen soll bei unbestimmtem Tatplan die Frage der Versuchsbeendigung bzw. des Fehlschlagens entscheidend davon abhängen, ob nach den allgemeinen Regeln über Handlungseinheit und Handlungsmehrheit die Fortsetzungsakte mit den erfolglos begangenen eine *natürliche Handlungseinheit* bilden würden (dann *unbeendeter* Versuch) oder ob im Weiterhandeln eine *neue* (nämlich zu den erfolglosen Vorakten in *Handlungsmehrheit* stehende) Straftat zu erblicken wäre (dann *beendeter* bzw. *fehlgeschlagener* Versuch): i. S. dieser von Schröder auch hier bis zur 20. A. RN 16 ff. übernommenen Differenzierung nach Handlungskriterien (wobei jedoch bloßer Fortsetzungsvorsatz eine solche Einheit nicht soll begründen können), auch Dreher JR 69, 105ff., bis zur 3. A. Jescheck 439, gelegentlich auch in BGH **10** 129, **21** 322 anklingend (vgl. o. 17); ähnlich – wenn auch mit ergänzender Diff. nach der Gleich- bzw. Verschiedenartigkeit des Wiederholungsaktes – Rudolphi SK 14; ähnl. Ranft Jura 87, 534 durch Abheben auf die Fortsetzungsmöglichkeit mit artgleichen Tatmitteln bei fortbestehender Zielsetzung; noch weitergehend soll nach Roxin Versuch sogar solange unbeendet sein, wie der Täter glaubt, durch Weiterhandeln noch zum Ziel kommen zu können (Heinitz-FS 269, JuS 81, 7f.); i. E. nahekommend Otto GA 67, 148, Schmidhäuser I 370 sowie – für den Fall, daß an sich noch ein (wie freilich zu bestimmender?) bewährungsfähiger Vollendungsanreiz bestünde – Walter aaO 119ff. Diese Lösungsversuche haben gegenüber der „Gesamtbetrachtung" des BGH (o. 16ff.) zweifellos den Vorzug, daß der in seinem Tatplan offenere Täter zwar nicht grenzenlos, sondern beschränkt auf das Abstandnehmen von handlungseinheitlichen bzw. gleichartigen Wiederholungsmöglichkeiten privilegiert wird. Andererseits wird aber auch hier (wenn nicht sogar noch mehr) der schlichte Zufall honoriert, daß alle vorangegangenen Versuchshandlungen – und seien sie dem Täter noch so aussichtsreich erschienen und beliebig oft wiederholt worden – erfolglos blieben. Hier eine strafbedürftigkeitsbeseitigende „Rückkehr zur Legalität" bereits darin erblicken zu wollen, daß der Täter schließlich doch auf das „lohnendere" Ziel der Tatvollendung verzichtet habe (Roxin JuS 81, 8), wäre nicht nur eine Überspannung der ohnehin fragwürdigen „goldenen Brücke", sondern geradezu ein Anreiz, etwaige Angriffsmöglichkeiten jedenfalls so weit auszuschöpfen, als wenigstens noch eine einzige rücktrittsfähige Alternative bleibt – ganz abgesehen davon, daß es selbst bei Zugrundelegen der „Verbrechervernunft" schwer fällt, in der Tatvollendung ohne weiteres ein „lohnenderes" Ziel zu sehen, kann dies doch ohnehin nur für den Fall gelten, daß sich der Täter allein bei Tatvollendung, dann aber auch absolut sicher glaubt: Warum aber dieser Täter schon allein durch Abstandnehmen von einem letztmöglichen Angriff volle Straffreiheit soll erlangen können, und zwar selbst dann, wenn er das Handlungsgeschehen bereits in nicht beherrschbar erscheinender Weise – beliebig oft – aus der Hand gegeben hatte, ein solcher Strafverzicht ist nicht mehr mit einem Mangel an (spezial- und generalpräventiver) Strafbedürftigkeit, sondern allenfalls nach einem strafrechtssuspendierenden „Prinzip Hoffnung" zu erklären. Schließlich kommt hinzu, daß die Formel, „ob der Täter durch neues gleiches oder andersartiges Handeln noch zum Ziele kommen könnte", immer dann versagt, wenn der deliktische Erfolg nicht Ziel des Täters ist, er also im Hinblick auf diesen Erfolg nur bedingt vorsätzlich handelt.

γ) Derart fragwürdigen Rücktrittsprämien versucht die **„Einzelbetrachtung"** dadurch zu begegnen, daß weniger auf den Bestimmtheitsgrad des Gesamtplanes und/oder etwaige Fortsetzungsmöglichkeiten abzuheben ist, sondern auf die Einschätzung des Einzelaktes durch den Täter: Solange er diesen noch für ergänzungsbedürftig hält, um den Erfolg herbeizuführen („Summierungserfordernis"), ist der Versuch noch *unbeendet* und durch schlichten Fortsetzungsverzicht rücktrittsfähig. Sobald er dagegen einen Einzelakt für erfolgstauglich hält, liegt *beendeter* (wenn nicht gar *fehlgeschlagener*) Versuch vor, und zwar ohne Rücksicht darauf, ob er etwaige Wiederholungsmöglichkeiten vorausbedacht hat oder nach dem Fehlschlag anderweitige Fortsetzungsmöglichkeiten erkennen würde: i. S. dieser auch als „Einzelakttheorie" bezeichneten Auffassung Baumann/Weber 488f., Gutmann aaO 92ff., Maiwald, Die nat. Handlungseinheit (1964) 92f. sowie die Sonderausschuß-Mehrheit Prot. V/1757f., ferner mit gewissen Nuancierungen auch Geilen JZ 72, 336ff., Ulsenheimer aaO 207ff., 217ff., 240f. In *modifizierter* Form für eine Einzelbetrachtung auch Herzberg, indem er für den Fall eines „qualifizierten Versuchs" das bereits Verwirklichte als nur mit Eventualvorsatz begangen im Ansatz gebracht sehen und dem Täter hinsichtlich der über den bereits eingetretenen (Teil-)Erfolg hinausgehenden Absicht(en) insofern den Rücktritt offenhalten will, als dieser von weiteren Verwirklichungsmöglichkeiten Abstand nimmt und (erforderlichenfalls) eine weitere Erfolgsverwirklichung aktiv verhindert (grdl. NJW 88, 1559, ferner bereits Blau-FS 117, NJW 88, 2468, JuS 90, 273 sowie NJW 89, 197 in Replik auf die Kritik von Mayer NJW 88, 2589, Rengier JZ 88, 931).

δ) Diese „Einzelbetrachtung" verdient im Grundansatz Zustimmung, bedarf aber noch einer Präzisierung im Hinblick auf die für die Rücktrittsratio wesentliche Strafwürdigkeit und Strafbedürftigkeit (weswegen die vorbehaltlose Zuordnung der hier vertretenen Auffassung zur „Einzelbetrachtung" – wie etwa bei Herzberg Blau-FS 117, Puppe NStZ 86, 16, Rengier JZ 86, 964 – nicht ganz korrekt ist). Da es für die an den Rücktritt zu stellenden Anforderungen entscheidend darauf ankommt, inwieweit es dem Täter gelingt, den rechtserschütternden Eindruck seines Versuchs wiederum zu beseitigen (o. 2), und weil dabei – der grundsätzlich subjektiven Rücktrittskonzeption entsprechend – jeweils auf seine Sicht des Tatgeschehens abzustellen ist (o. 13), hängt die Abgrenzung maßgeblich davon ab, inwieweit sich das Versuchsgeschehen im Hinblick auf den Erfolgseintritt hin bereits „verselbständigt" hat, d. h. in welchem Grad der einzelne Versuchsakt dem Täter als erfolgsgeeignet erscheint, wobei es in zeitlicher Hinsicht nicht schon abschließend auf den ersten „Planungshorizont" ankommt, sondern auch der dem Täter erkennbare Versuchsverlauf bis zum Abschluß der letzten (dem Rücktritt vorausgehenden) Ausführungshandlung (so wohl – wenngleich von anderem Ansatz aus – neuerdings auch Puppe NStZ 90, 434) mitzuberücksichtigen ist. Nach diesem **aus Tätersicht im „Ausführungshorizont" zu beurteilenden Erfolgseignungsgrad des Einzelaktes** ist folgendermaßen zu differenzieren: Solange dem Täter ein Einzelakt für sich allein (d. h. ohne weitere hinzukommende Handlung) noch nicht zur Erfolgsherbeiführung geeignet erscheint und sich damit noch *„nicht verselbständigt"* hat, handelt es sich um einen **unbeendeten** (und damit durch schlichtes Nichtweiterhandeln rücktrittsfähigen) Versuch. Erscheint ihm dagegen sein Handeln zwar bereits geeignet, auch ohne weitere Akte den Erfolg (möglicherweise oder gerade sicher) herbeizuführen, glaubt er aber den Erfolgseintritt notfalls noch durch einen Gegenakt aufhalten zu können, hat sich also sein Handeln zumindest schon *„relativ verselbständigt"*, so ist der Versuch **beendet** (wenn auch noch rücktrittsfähig durch Vollendungsverhinderung): so etwa dort, wo der Täter – und zwar (entgegen der Mißdeutung von Walter aaO 118f.) mit durchaus unbedingter Tatentschlossenheit – das (vermeintliche) Gift der für das Opfer bereitstehenden Speise bereits beigemischt hat, sich dabei aber bewußt ist, das Opfer notfalls noch vor der Einnahme telefonisch warnen zu können. Sobald sich jedoch das Handeln des Täters sogar *„absolut verselbständigt"*, indem er Einzelakte vornimmt, die ihm zur Erfolgsherbeiführung geeignet und in ihren Auswirkungen nicht mehr beherrschbar erscheinen, so liegt weder beendeter noch unbeendeter, sondern ein (nicht mehr rücktrittsfähiger) **fehlgeschlagener** Versuch vor: So beispielsweise dort, wo der Täter durch eine Injektion unwiderruflich den sofortigen Tod des Opfers glaubt bewirken zu können (wie wohl im Falle des Vergiftungsversuchs in BGH NStE **Nr. 6**), das Gift jedoch wider Erwarten zu niedrig dosiert ist; selbst wenn er hier noch erfolgreich „nachspritzen" könnte, ist im Hinblick auf die manifestierte verbrecherische Energie und das allein dem unverdienten Zufall zu verdankende Ausbleiben des Erfolgs nicht einzusehen, warum ein solcher Fehlschlag, der – falls erfolgreich – nicht beherrschbar gewesen wäre, rücktrittsfreundlicher behandelt werden soll, als der Griff in die leere Tasche oder das planmäßig auf ein bestimmtes Tatziel oder Tatmittel beschränkte – wenngleich anderweitig nachholbare – Mißlingen. Soll Rücktritt als Gegenindiz mangelnder Strafwürdig- und -bedürftigkeit von den Zufälligkeiten anderweitiger Handlungsalternativen freibleiben, so kann Maßstab rechtsstabilisierenden Rücktrittsverhaltens nicht ausschließlich das sein, was der Täter nach einem Fehlschlag sonst noch alles zur Erfolgsherbeiführung tun könnte oder sich vorbehalten hat (mit solcher Tendenz aber die wohl zu einseitig spezialpräventive Zukunftsorientierung bei Walter aaO 104f.), sondern vor allem das, was er zur Abwendung des bereits Getanen noch glaubt tun zu können. Deshalb bleibt – in klarstellender Einschränkung der hier bislang als strenger erscheinenden Position – bei Scheitern eines Tatplans für Rücktritt nur, aber immerhin insofern Raum, als es sich lediglich um ein *teilweises Fehlschlagen* handelt und der Täter durch aktives Rettungsbemühen dem Erfolgseintritt entgegenwirkt (so i. E. zu Recht Bergmann ZStW 100, 336, 340, 345, 351f.). In dieser durchaus auch dem Wortlaut des Gesetzes entsprechenden Privilegierung des aktiv um Erfolgsverhinderung bemühten Täters (§ 24 I 2) ist auch keineswegs eine Benachteiligung jenes Täters zu erblicken, dessen Versuch erkennbar völlig fehlschlägt; denn während der vorbeischießende Mörder sonst schon bei bloßem Abstandnehmen von möglichem Schlagen und Würgen völlig straffrei bliebe, bleibt der immerhin das Opfer treffende Täter selbst bei Einräumung einer Rücktrittsmöglichkeit für (das Bemühen um) aktive Erfolgsverhinderung jedenfalls noch für bereits vollendete Teilerfolge (wie im Beispielsfall nach §§ 223, 223a) strafbar (so i. E. auch Herzbergs Auffassung: vgl. o. 20). Zu weiteren Aspekten dieses Ansatzes vgl. Eser II 114f. sowie grdl. Burkhardt aaO 43ff., 90ff.; i. gl. S. Jakobs 617, JuS 80, 715f., i. E. auch Backmann JuS 81, 340f.

22   c) Ähnlich ist auch bei **Irrtum über die Wirksamkeit des bereits Getanen** die Tätersicht bedeutsam: so wenn der Täter die Dosis Gift fälschlich nicht für ausreichend hält und infolgedessen glaubt, durch bloßes Nichtweiterhandeln den Erfolg verhindern zu können. Nach der h. L. wäre hier ein Rücktritt deshalb ausgeschlossen, weil durch den objektiven Erfolgseintritt die Tat als vollendet zu betrachten sei (vgl. Schmidhäuser I 366f., Walter aaO 145ff. mwN; i. E.

auch Mayer aaO 93 ff.); irrige Vorstellungen über die Wirksamkeit der Erfolgsverhinderung könnten daher allenfalls über die Grundsätze der Abweichung vom Kausalverlauf ein vorsätzliches Vollendungsdelikt ausschließen (vgl. Baumann/Weber 504, Jescheck 491, Krauß JuS 81, 886, Rudolphi SK 16, Stratenwerth 209, Vogler LK 148ff., Wessels I 188f.).

α) Dem ist jedoch nur insoweit zuzustimmen, als im Zeitpunkt des „Rücktritts" der tatbestandsmäßige **Erfolg bereits eingetreten** ist: In diesem Fall liegt eine – nicht mehr rücktrittsfähige – Vollendung auch dann vor, wenn der Täter um den zwischenzeitlichen Erfolgseintritt nicht wußte. Deshalb ist hier vorsätzliche Vollendung allenfalls damit auszuschließen, daß dem Täter im Falle eines vermeintlich unbeendeten Versuchs der Vollendungsvorsatz gefehlt hat (vgl. Jakobs 245, 615 f., Schroeder LK § 16 RN 34) bzw. im Falle eines beendeten Versuchs der Erfolg wegen wesentlicher Abweichung vom vorgestellten Kausalverlauf nicht als vorsätzlich zurechenbar ist. Statt dessen kommt jedoch – neben dem wegen zwischenzeitlichen Vollendungseintritts nicht mehr rücktrittsfähigen Versuch – Fahrlässigkeit in Betracht. Im übrigen aber wird zu differenzieren sein: 23

β) Falls im Zeitpunkt des Rücktritts der tatbestandsmäßige **Erfolg noch nicht eingetreten** ist und der Täter sich subjektiv in der Vorstellung eines noch **unbeendeten** Versuchs befindet – so weil er etwa fälschlich meint, dem (noch lebenden) Opfer noch keine ausreichende Giftdosis gegeben zu haben und es daher durch schlichten Fortsetzungsverzicht vor dem Tod bewahren zu können –, ist dem Täter bei entsprechender Freiwilligkeit Strafbefreiung vom Versuch einzuräumen (vgl. BGH MDR/D 53, 722; i. E. ebenso Backmann JuS 81, 340, Bottke aaO 556 f., Dreßler aaO 122, Herzberg Oehler-FS 169, Otto Maurach-FS 99, v. Scheurl aaO 47; vgl. auch Meister MDR 55, 688 f., Schröder JuS 62, 82, Schroeder LK § 16 RN 39). Denn da in diesem Fall eines „unbeendet-tauglichen" Versuchs (Wolter Leferenz-FS 557) der Täter seine Tat noch nicht für vollendbar gehalten hat und der Vollendungsvorsatz noch vor Vollendungseintritt weggefallen ist (vgl. Jakobs 616; jetzt and. M-Gössel II 77), befindet er sich noch im Stadium eines unbeendeten Versuchs, von dem er – nach allgemeinen Versuchsgrundsätzen – durch schlichtes Abstandnehmen zurücktreten kann (inkonsequent daher Wolter Leferenz-FS 560 f., zwar mangels vollen Vollendungsunrechts nur Rücktritt anzunehmen, aber Rücktritt davon auszuschließen). Im übrigen freilich schließt dies nicht aus, dem Täter aus seinem Irrtum den Vorwurf der Fahrlässigkeit zu machen (Jakobs 616), ihn also z. B. aus § 222 in Tateinheit mit § 223 zu bestrafen, da im Tötungsvorsatz der Körperverletzungsvorsatz notwendig enthalten ist (vgl. § 212 RN 18) und die Wirkung des § 24 die bereits vollendete Körperverletzung nicht ergreifen kann (Schröder JuS 62, 82; i. E. ähnlich v. Scheurl aaO 48 f., Wolter ZStW 89, 698; wieder and. Muñoz-Conde GA 73, 40; diese bloße Fahrlässigkeitshaftung für das zunächst versuchte Delikt erscheint auch im Vergleich zum Rücktrittsausschluß beim fehlgeschlagenen Versuch [o. 21] – entgegen Borchert/Hellmann GA 82, 443 – nur bei nicht objektiver, damit aber versuchswidriger Sicht unbefriedigend); dagegen scheidet eine Haftung nach § 226 wegen der erst nachträglichen Fahrlässigkeit aus (vgl. dort RN 7). In die gleiche Richtung geht § 83a, wonach der Täter auch dann straffrei ausgeht, wenn er irrtümlich die Gefahr des Erfolgseintritts nicht erkannt und deshalb sich um eine Erfolgsverhinderung nicht bemüht hat (vgl. § 83a RN 6 mwN). 24

γ) Soweit sich der Täter dagegen bei noch **nicht eingetretenem Erfolg** bereits im Stadium eines **beendeten** Versuchs befindet – so weil er glaubt, die bereits tötungstaugliche Giftdosis durch ein (objektiv untaugliches) Gegenmittel neutralisieren zu können –, unterliegt er dem gleichen Erfolgsverhinderungsrisiko wie bei jedem anderen beendeten Versuch (u. 58 ff.); und zwar zu Recht, da er im Falle eines solchen „beendet-tauglichen" Versuchs das Vollendungsrisiko bereits voll und vorsätzlich geschaffen hat und die Deliktsspanne zwischen Versuchsbeendigung und Tatvollendung nicht mehr unbedingt vom Vorsatz begleitet sein muß (Wolter Leferenz-FS 547 f.). Deshalb geht der nachträgliche – wenngleich irrtumsbedingte – Erfolgseintritt rücktrittsausschließend zu seinen Lasten. Gleiches hat für den Fall zu gelten, daß der Täter über die Wirksamkeit des bereits Getanen im *Zweifel* ist: Auch hier kann es nicht genügen, daß er sein Vorhaben einfach aufgibt; vielmehr kann er wegen des (auch aus seiner Sicht) bestehenden Erfolgsrisikos nur nach den Rücktrittsregeln für beendeten Versuch zurücktreten (vgl. o. 14, ferner BGH 22 331, Geilen JZ 72, 335). 25

d) Auf **erfolgsqualifizierte Delikte** sind die vorgenannten Regeln nur insoweit übertragbar, als es um den Erfolg des Grundtatbestandes geht. Dagegen steht der Eintritt der Erfolgsqualifizierung einem Rücktritt vom Versuch des Grunddelikts nicht unbedingt entgegen (vgl. aber die Differenzierung von Ulsenheimer Bockelmann-FS 412 ff.). Hat z. B. die bei einem Raub angewandte Gewalt den Tod des Opfers bereits herbeigeführt, so kann der Täter dennoch vom versuchten Raub zurücktreten. Es bleibt dann nur die Möglichkeit, die §§ 222, 224 bzw. 226 anzuwenden (vgl. auch o. 24). Ähnliches gilt, wenn bereits der Versuch einer Brandstiftung den Tod eines Menschen verursacht hat (vgl. BGH 7 38). Wegen Unbeachtlichkeit der Erfolgs- 26 qualifizierung sind demgemäß auch etwaige irrige Vorstellungen des Täters darüber unerheblich.

27 e) Auch bei den **Unterlassungsdelikten** ist zwischen unbeendetem und beendetem Versuch zu unterscheiden (Blei I 317, Grünwald JZ 59, 48f., Jescheck 578, Maihofer GA 58, 289, 298, Vogler LK 40, Wessels I 236; and. Borchert/Hellmann GA 82, 444, Kaufmann aaO 210ff., Rudolphi SK 56 vor § 13, Schmidhäuser I 432). Dies hat grundsätzlich ebenfalls nach *subjektiven Kriterien* zu erfolgen. Jedoch kommt auch hier keine schematische, sondern allenfalls eine sinngemäße Übertragung der auf Begehungsdelikte zugeschnittenen Regeln des § 24 in Betracht. Da beiden Alternativen des § 24 I der Gedanke zugrunde liegt, das Risiko der Erfolgsabwendung beim Rücktritt je nach dem Verwirklichungsgrad der Tat verschieden zu verteilen, muß auch bei den Unterlassungsdelikten maßgeblich sein, unter welchen Voraussetzungen es angemessen erscheint, dem Täter das Risiko dafür aufzuerlegen, daß die nachträgliche Pflichterfüllung erfolgreich ist (zust. Jescheck 578). Im Unterschied zum Begehungsdelikt ist hier als Rücktrittsverhalten stets ein *positives,* auf Erfolgsverhinderung gerichtetes Handeln erforderlich. Unter Berücksichtigung dieser Grundsätze gilt folgendes:

28 α) **Unbeendeter Unterlassungsversuch** liegt vor, wenn nach der Vorstellung des Täters die Nachholung der ursprünglich gebotenen Handlung (§ 22 RN 50) den Erfolg noch verhindern kann. So begeht die Mutter, die ihr Kind verhungern lassen will, einen unbeendeten Versuch, solange sie der Auffassung ist, durch Wiederaufnahme der normalen Nahrungszufuhr das Leben des Kindes erhalten zu können (Wessels I 236). Entsprechendes gilt für den Garanten, der die Wunde eines Verletzten nicht sofort verbindet, solange er glaubt, durch das Anlegen eines Wundverbandes noch helfen zu können (vgl. Eser II 116).

29 β) **Beendeter Unterlassungsversuch** liegt dagegen vor, wenn der Täter die ihm obliegende spezielle (oder bei mehreren Möglichkeiten die aussichtsreichste) Handlung nicht vorgenommen hat und nach seiner Vorstellung die Nachholung *dieser* Handlung erfolglos wäre (vgl. Blei I 317, Maihofer GA 58, 298, Grünwald JZ 59, 48, Vogler LK 40), vorausgesetzt freilich, daß ihm der Erfolg notfalls noch auf andere Weise abwendbar erschiene (denn sonst wäre der Unterlassungsversuch sogar als **fehlgeschlagen** und damit von vornherein als nicht rücktrittsfähig zu betrachten; vgl. o. 7ff.): so etwa, wenn der Bahnbeamte das Signal oder die Weiche nicht gestellt und der Zug diese überfahren hat, jedoch der Zusammenstoß oder die Entgleisung noch nicht erfolgt ist und notfalls noch über Funk zu verhindern wäre. Ähnlich ist der Unterlassungsversuch beendet, wenn ein Arzt die zu einem bestimmten Zeitpunkt erforderliche Maßnahme nicht ergreift, aber immerhin noch außergewöhnliche Rettungsmaßnahmen für möglich hält. In diesen Fällen scheint es angemessen, dem Unterlassenden das volle Risiko dafür aufzuerlegen, daß es ihm durch andere als die ihm eigentlich obliegenden Handlungen gelingt, den durch seine mangelnde Pflichterfüllung drohenden Schaden abzuwenden. Entsprechendes gilt aber auch in den Fällen, in denen der Unterlassende in einen längere Zeit andauernden Schadensverlauf zu verschiedenen Zeiten eingreifen könnte (vgl. Grünwald JZ 59, 48): so z. B. bei einem Bootsunglück zunächst die Möglichkeit hätte, einen Rettungsring zuzuwerfen, einige Zeit später mit einem Kahn zu dem abgetriebenen Ertrinkenden zu fahren oder diesem nachzuschwimmen. In diesen Fällen muß der Versuch beendet sein, wenn sich infolge mangelnden Eingreifens die Aussichten der Rettung derart verringern, daß der Erfolg nicht mehr mit den bei Versuchsbeginn möglichen und gebotenen Maßnahmen (dazu § 22 RN 50) abzuwenden ist, sondern zusätzlicher Bemühungen bedarf. Auch dafür kommt es aus Tätersicht darauf an, daß er die Risikovergrößerung kennt und den Erfolgseintritt in Kauf nimmt.

30 γ) Im Unterschied zu den Begehungsdelikten ist in jedem Fall des Rücktritts vom Unterlassungsdelikt ein **positives Tun** des Täters erforderlich, wobei jedoch beim unbeendeten Versuch das Risiko der Erfolgsabwendung nicht vom Täter zu tragen ist, während er es beim beendeten zu tragen hat (vgl. Maihofer GA 58, 298, Jescheck 578, Vogler LK 142; and. Rudolphi SK 56 vor § 13). Daher können die Rücktrittsregeln für unbeendeten Versuch auch dann eingreifen, wenn der Erfolg von anderer Seite verhindert wird (and. Maihofer aaO).

31 f) Bei **Tatbeteiligung mehrerer** war früher umstritten, ob es für die Frage der *Beendigung* auf den Verwirklichungsgrad der *Haupttat* (so etwa Maurach AT[4] 676) oder auf die jeweilige Vorstellung des einzelnen Tatbeteiligten über den von ihm zu erbringenden *Tatbeitrag* ankommen soll (so Schröder 17. A. § 46 RN 13, 42). Durch die Neuregelung in Abs. 2 ist diese Streitfrage insofern weitgehend erledigt, als dem Tatbeteiligten schon aufgrund seiner Tatbeteiligung am Versuch ein weitgehendes Erfolgsabwendungsrisiko aufgebürdet ist, ohne daß es dabei noch wesentlich auf den Erfüllungsgrad seines Anteils an der Tat ankäme. Allenfalls insoweit, als sich der Tatbeteiligte über die Wirksamkeit seines Beitrags irrt und deshalb glaubt, noch keinen für die Vollendung der Haupttat hinreichenden Beitrag geleistet zu haben, kommt es unter Vorsatzaspekten auf den Verwirklichungsgrad der Teilnahme (und nicht nur der Haupttat) an (ebenso Vogler LK 41). Eing. z. Ganzen u. 73ff., insbes. 80.

Bei **mittelbarer Täterschaft** hingegen kommt es für die Frage der Beendigung des Versuchs nicht 32–36
erst auf die Ausführung der Haupttat, sondern entscheidend auf Art und Wirkung der Steuerung
durch den Hintermann an: Handelt das Werkzeug *gutgläubig*, so ist idR schon mit Einwirkung des
mittelbaren Täters auf das Werkzeug eine Ausführung des Delikts und damit beendeter Versuch
gegeben, wenn mit Überlassung an das Werkzeug das Tatgeschehen praktisch zwangsläufig abläuft.
Entsprechendes wird bei einem dolosen Werkzeug anzunehmen sein, wenn dieses mittels *Zwang* zur
Tatausführung veranlaßt wird. Dagegen richtet sich bei einem *dolosen* Werkzeug, dem noch eine
gewisse Entscheidungsfreiheit bleibt, auch für den mittelbaren Täter der Verwirklichungsgrad des
Versuchs nach dem Handeln des Werkzeugs. Vgl. auch § 22 RN 54. Zum Rücktritt des mittelbaren
Täters u. 106.

2. Für die **Rücktrittshandlung** genügt bei unbeendetem Versuch das **Aufgeben der weiteren** 37
Tatausführung. Das liegt bei *Begehungsdelikten* vor, wenn der Täter keine weitere auf die
Vollendung gerichtete Tätigkeit mehr entfaltet, indem er beispielsweise noch erforderliche
Ausführungshandlungen unterläßt oder das Opfer fliehen läßt (vgl. BGH NJW 84, 1693), und
diese Untätigkeit darauf beruht, daß der Täter von seinem Tatplan endgültig Abstand nehmen
will. Ob dem Täter die Fortführung der Tat objektiv noch möglich gewesen wäre, ist, da sich
der unbeendete Versuch nach den Vorstellungen des Täters bestimmt, regelmäßig ohne Bedeutung. Hält der Täter eine Fortführung freilich nicht mehr für möglich, wird es idR an der
Freiwilligkeit des Abstandnehmens fehlen (u. 45 ff.), sofern nicht bereits ein (nichtrücktrittsfähiger) fehlgeschlagener Versuch anzunehmen ist (o. 7 ff.). Im übrigen ist folgendes zu beachten:

a) Von einem Aufgeben des Tatplans kann noch keine Rede sein, wenn der Täter bei seinem 38
Versuch – wenn auch gezwungenermaßen – lediglich *vorübergehend innehält* (z. B. der Dieb
warten will, bis die Hausbewohner das Haus verlassen haben); vielmehr liegt Rücktritt erst
dann vor, wenn der Täter von der Tatausführung **endgültig** Abstand nimmt (BGH **35** 187).
Immerhin wird aber durch das erzwungene Innehalten die Möglichkeit freiwilligen Rücktritts
noch nicht ausgeschlossen (vgl. BGH NStZ **88**, 70). Anders ist dies nur dann, wenn sich der
erste Teil als selbständiger fehlgeschlagener Versuch und daher ein erneutes Tätigwerden als
neuer Versuch darstellt (vgl. RG JW **36**, 324 sowie o. 19). Ein Rücktritt wird auch nicht dadurch
ausgeschlossen, daß der Täter den in Gang gesetzten Kausalverlauf nicht abrupt stoppen kann
(BGH MDR/D **68**, 894).

b) Umstritten ist der erforderliche **Umfang des Abstandnehmens** (Meinungsübersicht bei 39
Bottke aaO 373 ff.). α) Ein Teil der Lehre will bereits genügen lassen, daß der Täter die
„konkrete" *Tat aufgibt* (Blei I 240, M-Gössel II 67 ff., Schmidhäuser I 370). Dies soll auch dann
noch der Fall sein, wenn sich der Täter weitere Akte vorbehält, die jedoch mit dem bereits
begangenen Versuch keine „natürliche Handlung" bilden würden (Lenckner Gallas-FS 320 f.,
Stratenwerth 208; i. gl. S. Krauß JuS 81, 884). β) Demgegenüber verlangt die h. M. ein *Abstandnehmen vom gesamten Tatplan* (RG **72** 351, JW **35**, 2734, BGH **7** 297, GA **68**, 279, NJW **80**, 602
[vgl. aber auch u. 40 zu BGH **33** 142], Baumann/Weber 504, Jescheck MDR 55, 563, Schröder
17. A. § 46 RN 19, Welzel 198), so daß bei Vorbehalt anderweitiger Tatfortsetzung Rücktritt zu
verneinen wäre (es sei denn, es handelt sich um einen bloßen Fortsetzungsvorsatz; vgl. o. 19). γ) 40
Statt dieser Extrempositionen wird eine mittlere Linie zu verfolgen sein: Denn einerseits kann
eine das Strafbedürfnis beseitigende „Rückkehr zur Legalität" erst dann angenommen werden,
wenn der Täter nicht nur vom konkreten Ausführungsmodus, sondern von seinem Tatziel
Abstand nimmt (vgl. Walter aaO 100 f.). Anderseits kann aber von Gesetzes wegen nicht mehr
gefordert werden als das Aufgeben der „Tat", so wie sie durch die Art des Tatobjekts und der
geplanten Ausführungsweise Gestalt gewonnen hat (vgl. Küper JZ 79, 799 f.); auch wäre eine
darüberhinausgehende Forderung nach Aufgeben jeglicher weiteren Tatabsicht schon aus Be-
weisgründen kaum praktikabel; zudem könnte es sich rücktrittshemmend auswirken, schon bei
jeglichem weiteren Realisierungsvorhaben die Strafbefreiung zu verbauen. Deshalb ist das
**Abstandnehmen von dem versuchten und einem etwaigen äquivalenten Angriff auf das
gleiche Tatobjekt** als erforderlich, aber auch ausreichend anzusehen (ähnl. Vogler LK 79 f.,
Wessels I 194, i. E. auch M-Gössel II 69 f.; das gleichgerichtete Abheben von Streng JZ 84, 653
auf die „Reduzierung des Unwertgehalts" ermöglicht wohl nur bei Rücktritt von Qualifizierungsmerkmalen eine Lösung; dazu u. 113: der hier vertretenen Abgrenzung nahekommend –
wenngleich letztlich denn doch zu formal – BGH **33** 144, **35** 187, indem der Täter die Ausführung des „materiell-rechtlichen Straftatbestandes" aufgeben muß [krit. Streng NStZ 85, 359];
anderseits zu wenig griffig das Abheben von Herzberg H. Kaufmann-GedS 723 ff. auf das
„Verlassen der Versuchssituation"). Deshalb braucht ein bloßer *Fortsetzungs*vorsatz dem Rücktritt von der hic et nunc noch ausführbaren Tat nicht entgegenzustehen: so wenn der Täter sich
vorbehält, die Tat irgendwann bei geeigneter Gelegenheit erneut zu versuchen (zust. Jescheck
490). Dagegen würde es an einer Abstandnahme fehlen, wenn der Täter bei Festhalten am
Entschluß nur die konkrete Verwirklichungsform aufgibt (BGH **33** 142: statt Mundverkehr

Vergewaltigung) oder bei einer – von einem *Gesamt*vorsatz getragenen – fortgesetzten Tat nur von einer Einzelhandlung absieht, um sein Ziel auf ähnliche, bereits konkretisierte Weise weiterzuverfolgen (vgl. BGH NJW **57**, 190, ferner RG **72** 351): In einem solchen Fall erfolgt der Rücktritt erst durch Abstandnehmen vom geplanten Schlußakt (vgl. BGH **21** 319, Vogler LK 81).

41   c) Beim **Unterlassungsdelikt** muß der Täter ebenso wie beim positiven Tun sein deliktisches Verhalten aufgeben (o. 27). Das bedeutet, daß er eine positive Tätigkeit entfalten muß, um den Erfolg abzuwenden (o. 30). Beruht der Erfolgseintritt darauf, daß der Täter etwas objektiv Ungeeignetes aber vermeintlich Richtiges getan hat, so läßt das die Wirkungen seines Rücktritts gleichfalls unberührt; insoweit gilt Entsprechendes wie beim Begehungsdelikt (o. 23 ff.).

42   **3. Subjektiv** ist **Freiwilligkeit des Rücktritts** erforderlich.

In § 46 Nr. 1 a. F. war dies dadurch zum Ausdruck gebracht, daß der Täter an der Ausführung nicht durch Umstände gehindert worden sein darf, die von seinem Willen unabhängig waren. Da es dem Gesetzgeber in diesem Punkt lediglich um eine sprachlich knappere Fassung ging, kann jene Umschreibung der Freiwilligkeit auch weiterhin als Leitlinie dienen (vgl. E 62 Begr. 145). Danach gilt folgendes:

43   Bei der Inhaltsbestimmung von „freiwillig" lassen sich ungeachtet zahlreicher Nuancierungen im Detail im wesentlichen zwei Grundansätze unterscheiden: Die wohl h. M. folgt einer eher **psychologisierenden** Betrachtungsweise, indem sie unter weitgehender Außerachtlassung der ethischen Qualität der Rücktrittsmotive darauf abstellt, ob das „Motiv" den Täter so beherrschte, daß er nicht mehr wählen konnte (so etwa Baumann/Weber 505; mwN Ulsenheimer aaO 283 ff.), wobei der BGH diese Betrachtungsweise neuerdings sogar für gesetzlich zwingend hält (BGH **35** 187 m. zust. Anm. Lackner NStZ 88, 405; krit. Bloy JR 89, 71, Jakobs JZ 88, 519 f., Lampe JuS 89, 184) und in st. Rspr. darauf abhebt, ob der Täter noch „Herr seiner Entschlüsse blieb und die Ausführung seines Verbrechensplans noch für möglich hielt" (BGH **7** 299; ferner u. a. BGH **21** 216); vgl. auch Herzberg Lackner-FS 325, 352 ff., nach dessen „Schulderfüllungstheorie" (o. 2) es auf eine „qualifizierte Zurechenbarkeit der Erfüllungsleistung" ankommen soll. Demgegenüber betont eine neuerdings wieder im Vordringen begriffene – mehr **normative** – Auffassung, daß es sich bei der Feststellung der „Freiwilligkeit" um ein (reines) *Wertungsproblem* handele (so mit jeweils unterschiedlichen Beurteilungsgesichtspunkten Bockelmann NJW 55, 1421, Roxin Heinitz-FS 256 ff., Rudolphi SK 25, Ulsenheimer aaO 289 ff., 306 ff., 314 ff. mwN). Die Kritik an einer rein psychologisierenden Inhaltsbestimmung ist schon insofern berechtigt, als der Begriff „freier Wille" kein psychologischer ist, sondern auf einer sittlichen Konzeption beruht (vgl. Hofstätter, Psychologie (1975) 354 ff., Witter in Göppinger-Witter, Hdbch. d. for. Psychiatrie I (1972) 446 ff., ferner Bottke aaO 469 ff., Grasnick JZ 89, 821 ff., Schünemann GA 86, 321 ff.). Ferner ist zuzugeben, daß die psychologische Freiwilligkeitsdeutung bei konsequenter Durchführung zu ungereimten Ergebnissen führen muß, die mit der ratio des Rücktrittsprivilegs nicht in Einklang zu bringen sind (vgl. Roxin Heinitz-FS 356, Ulsenheimer aaO 297 ff.). Nichtsdestoweniger kann an der nicht in erster Linie psychologisierenden, sondern wertenden **Differenzierung zwischen autonomen und heteronomen Gründen** (so im Grundansatz bereits Frank § 46 Anm. II) als Basis für die Inhaltsbestimmung der Freiwilligkeit festgehalten werden (zust. M-Gössel II 84; vgl. auch Hassemer aaO 245 ff., Vogler LK 82 ff.), und zwar gerade deshalb, weil eine autonom motivierte Umkehr auf die „Verdienstlichkeit" des Rücktritts bzw. die letztlich doch rechtstreue Gesinnung des Zurücktretenden verweist (vgl. auch Eser II 107 sowie Walter aaO 67 i. S. „hinreichender Normbefolgungsbereitschaft"). Derartige Rückschlüsse sind bei einem heteronom motivierten Rücktritt nicht möglich. **Im einzelnen** gilt danach folgendes:

44   a) Die **Freiwilligkeit** ist als **subjektives** Moment aus der **Tätersicht** zu beurteilen (BGH **35** 186, MDR/H **86,** 271, Vogler LK 101; vgl. auch u. 54). Dafür kommt es entscheidend auf die innere Einstellung des Täters an, wobei die objektiven Gegebenheiten allenfalls Rückschlüsse auf die Vorstellungen des Täters zulassen (BGH NStE **Nr. 20**). Der Rücktritt ist freiwillig, wenn er nicht durch äußere Umstände aufgezwungen ist, also in dem Sinne „situationsunabhängig" motiviert ist, daß sich gemäß dem Tatplan aus der Handlungssituation selbst an sich keine Notwendigkeit für den Rücktritt ergibt (vgl. Krauß JuS 81, 886 f.). Das ist der Fall, wenn sich der Täter ohne wesentliche Erschwerung der äußeren Ausführungssituation aufgrund von inneren Beweggründen (wie Scham, Reue, Mitleid oder auch letztendlichem Zurückschrecken vor dem Straffälligwerden) zur Umkehr entschließt, wobei jedoch der Anstoß zu diesem Umdenken auch von außen kommen kann, wie etwa von einem Appell des Opfers, von Bedenken eines Tatbeteiligten (BGH **7** 296, StV **82,** 259, Vogler LK 89, 91) oder auch durch Angstschreie eines hinzukommenden Dritten (BGH NStE **Nr. 7;** vgl. auch u. 49). Diese Motive brauchen jedoch weder ausschließlich (vgl. BGH StV **82,** 467) noch unbedingt ethisch hochwertig zu sein (vgl. u. 56); denn das zur Straffreiheit führende Verdienst des Täters braucht

lediglich in der *nicht erzwungenen* „Rückkehr zur Legalität" zu bestehen (vgl. RG **35** 102, **37** 404, **61** 117, BGH **7** 296, GA **53**, 283, **68**, 279, Hamburg NJW **53**, 956, Heinitz JR **56**, 251, Schröder MDR **56**, 322; and. Bockelmann NJW **55**, 1421, Sauer AT 116). Nach der sog. Frank'schen Formel (§ 46 Anm. II) ist der Rücktritt freiwillig, wenn der Täter sich sagt: „Ich will nicht, obwohl ich kann". Diese Formel ist jedoch zu weit, da in manchen Fällen die Möglichkeit der Tatvollendung an sich noch besteht, der Täter aber praktisch keine andere Wahl als den Rücktritt hat und somit nicht freiwillig handelt (Heinitz aaO 249, Schröder MDR **56**, 323; vgl. u. 49f.). Im übrigen wird bis zu einem gewissen Grade auch das, was nach den „Normen der Verbrechervernunft" als nicht zwingend erscheint, bei der Freiwilligkeitsbeurteilung mitzuberücksichtigen sein (vgl. Roxin Heinitz-FS 255 ff., Rudolphi SK 25, aber auch Ulsenheimer aaO 306ff., Schmidhäuser I 371, der seinerseits nach einer individualisierenden Interessentheorie abgrenzen will).

b) **Unfreiwillig** ist dagegen der Rücktritt, wenn der Täter durch **heteronome Gründe** zum 45 Aufgeben bestimmt wurde (Schröder MDR **56**, 323), nämlich der die Vollendung hindernde Umstand aus der Sicht des Täters ein **„zwingendes Hindernis"** gewesen ist (BGH **35** 186, NStZ **88**, 550).

α) Das ist unstreitig der Fall, wenn die Tatausführung erkennbar **objektiv unmöglich** ge- 46 worden ist: so wenn sich nach der Frank'schen Formel (§ 46 Anm. II) der Täter sagen muß: „Ich kann nicht, selbst wenn ich wollte". Soweit darin nicht bereits ein – von vornherein rücktrittsausschließender – *fehlgeschlagener* Versuch zu erblicken ist (o. 9), ist jedenfalls die Freiwilligkeit des Aufgebens zu verneinen: so wenn der benützte Dietrich abbricht, der Täter vom Überfallenen in die Flucht geschlagen wird oder wenn er bei der Vergewaltigung wegen Nachlassens des Triebes nicht zu vollenden vermag (vgl. BGH **9** 53, MDR/D **71**, 363). Ein ähnlich psychisch bedingter Fall von Unmöglichkeit kann vorliegen, wenn der Täter infolge eines Schocks, einer psychischen Lähmung, übermächtiger Angst oder einer vergleichbar starken seelischen Erschütterung nicht mehr „Herr seiner Entschlüsse" blieb (vgl. BGH **21** 217, **35**, 186, GA **77**, 75, **86**, 418, MDR/D **58**, 12, /H **82**, 969, NStZ **88**, 550, Hamm DRZ **50**, 236; vgl. auch u. 66 zu BGH StV **81**, 514; zu weitgehend jedoch Krauß JuS 81, 887 zu Unfreiwilligkeit bei „nicht bedachter psychischer Schwäche"; krit. zum Ganzen Herzberg Lackner-FS 353ff.). Dies bedeutet jedoch nicht, daß nachträgliche Schuldunfähigkeit zwangsläufig Freiwilligkeit ausschließen würde (vgl. BGH **23** 356, Geilen JuS 72, 74, Maurach JuS 61, 378 f., Streng ZStW 101, 315; and. Jakobs 627). Zu Rücktritt nach Entladung eines Affektstaues vgl. BGH MDR/D **75**, 541, aber auch NStZ **88**, 69f.

β) Zudem kommt Unfreiwilligkeit auch dort in Betracht, wo die Tatfortführung zwar 47 objektiv noch möglich wäre, doch für den Täter **subjektiv unmöglich** wird, weil er sich einer wesentlich anderen Sachlage gegenübersieht (vgl. BGH GA **66**, 209, MDR/D **66**, 892, Schmidhäuser I 373). Denn wenn diese Nachteile derart sind, daß ein Täter sie „vernünftigerweise" nicht auf sich nimmt, so kann von einer Wahlfreiheit keine Rede mehr sein (Heinitz aaO 251; vgl. auch ÖstOGH ÖJZ **58**, 609, **60**, 403, **64**, 497). Dies ist vor allem dann der Fall, wenn nach Tatbeginn entschlußbestimmende Faktoren wegfallen oder sich als nicht vorhanden erweisen, so daß das, was die Motivation des Täters ursprünglich bestimmt hat, nicht mehr existiert. Für einen solchen *„Wegfall der Geschäftsgrundlage"* (vgl. Herzberg Lackner-FS 358), wo jedoch ebenfalls bereits ein (rücktrittsunfähiger) fehlgeschlagener Versuch vorliegen kann (o. 11), kommt es entscheidend darauf an, welche Faktoren den Täter motiviert haben: Wollte er etwa die Kinder „still und schmerzlos" töten, so wird durch deren Erwachen diese Hoffnung durchkreuzt und damit der Rücktritt unfreiwillig (LG Arnsberg NJW **79**, 1420; krit. Sonnen JA 80, 160, der jedoch diese besondere Motivation nicht hinreichend berücksichtigt). Zu weitgehend gleichen Ergebnissen kommt Herzberg Blau-FS 103 f., indem er – wenngleich unter Ablehnung der Figur des fehlgeschlagenen Versuchs – unter Einbeziehung der konkreten (geplanten) Tatmodalitäten in den Begriff der aufzugebenden „Tat" im Weiterhandeln des Täters unter planwidrigen Umständen eine neue Tat sieht. Vgl. auch Schünemann GA 86, 325f., wonach bei einem „Aufgeben" des Täters angesichts situativer Veränderungen der das „Normvertrauen erschütternde Eindruck" nicht beseitigt werde.

Unfreiwillig (wenn nicht sogar bereits fehlgeschlagen) ist danach **beispielsweise** der Rücktritt von 48 Falschmünzerei, nachdem das herzustellende Geld außer Kurs gesetzt ist (Walter aaO 105f.), von Hehlerei, nachdem das Hehlereiobjekt durch einen Unfall beschädigt wird (Koblenz VRS **24**), oder vom Diebstahl, nachdem nichts oder jedenfalls nichts Lohnendes vorgefunden wurde (vgl. RG **24** 222, **45** 6, **55** 66, BGH NJW **59**, 1645, MDR/D **68**, 372, ÖstOGH ÖJZ **64**, 215). Das gilt auch, wenn der Räuber sich die Entscheidung vorbehält, ob das vorgefundene Geld die Wegnahme lohnt (and. RG **70** 2). Wer viel erwartet hat, handelt unfreiwillig, wenn er wenig vorfindet, und nichts nimmt (RG **70** 1, BGH **4** 58 m. Anm. Oehler JZ 53, 561, BGH NJW **59**, 1645; vgl. auch BGH MDR/H **82**, 280; and. RG **39** 40 im Holzkugelfall; vgl. o. 11). Eine wesentliche, die Freiwilligkeit ausschließende

Veränderung stellt auch – falls man darin bereits einen Versuch erblicken will (vgl. aber dazu § 22 RN 45) – das bei der Untersuchung festgestellte Abtreibungsrisiko dar (vgl. BGH MDR/D **53**, 19) oder der negative Ausfall einer Bedingung, von welcher der Täter die weitere Ausführung abhängig gemacht hat (der Wachhund frißt die vergiftete Wurst nicht). Gleiches gilt für den Fall, daß das maßgebliche Tatmotiv wegfällt (der zu ermordende Politiker hat sein Amt verloren) oder der Täter nur den Einsatz bestimmter Mittel vorhatte, diese aber versagen (BGH MDR/D **73**, 554; and. Hamburg MDR **71**, 414). Weitere Bsp. bei Schröder MDR 56, 323, Ulsenheimer aaO 339 ff.

49 γ) Unfreiwilligkeit kann ferner bei **nachträglicher Risikoerhöhung** vorliegen: so wenn nachträgliche Ereignisse bewirken, daß die an sich mögliche Fortführung der Tat erhebliche Nachteile mit sich bringen würde (and. Baumann/Weber 506). Dies kann nicht nur bei Erschwerungen am Tatort (plötzliches Angehen der Straßenbeleuchtung, Kunden am Tatort des Überfalls: BGH GA **80**, 25), sondern etwa auch dann der Fall sein, wenn es während der Tatausführung notwendig wird, an anderer Stelle etwas zur Abwendung größerer Schäden zu unternehmen, z. B. der Einbrecher den Diebstahl aufgibt, um sein eigenes brennendes Haus zu löschen (and. Vogler LK 103).

50 δ) Aufgrund einer derartigen nachträglichen Risikoerhöhung kann auch bei tatsächlicher oder vermeintlicher **Entdeckung** der Tat durch einen Dritten (i. S. eines in den Tatplan nicht Eingeweihten) die Freiwilligkeit des Rücktritts – wenn auch nicht notwendig zwingend (BGH StV **82**, 219, **83**, 413) – ausgeschlossen sein (vgl. Bottke aaO 504 ff., Ulsenheimer aaO 333 ff., je mwN). Denn obgleich das frühere Recht nur beim *beendeten* Versuch den Rücktritt davon abhängig machte, daß die Tat noch nicht entdeckt war (§ 46 Nr. 2 a. F.; vgl. u. 67), ist dieses Kriterium doch in gleicher Weise auch beim *unbeendeten* Versuch von Bedeutung. Allerdings kommt es dabei immer nur auf die **subjektive** Vorstellung des Täters an: Gleich, ob die Tat bereits objektiv entdeckt ist (BGH StV **82**, 467) oder nicht, unfreiwillig wird der Rücktritt dann, wenn der Täter seine Tat bereits für entdeckt hält oder mit Entdeckung rechnen zu müssen glaubt (BGH NStZ **84**, 116) und sich dadurch an der weiteren Ausführung gehindert fühlt (vgl. Blei JA 75, 319, Vogler LK 107).

51 **Im einzelnen** ist dabei folgendes zu beachten: Als entdeckt muß sich der Täter dann betrachten, wenn er weiß oder glaubt, daß ein Unbeteiligter seine Tat *in ihrer kriminellen Eigenschaft wahrgenommen* hat. Dabei braucht aus der Sicht des Täters der Dritte nicht alle Einzelheiten in tatsächlicher oder rechtlicher Beziehung erkannt zu haben (vgl. RG LZ 31, 108), muß aber immerhin soviel wissen, daß er den Erfolg der Tat verhindern oder auf seine Wahrnehmung ein Strafverfahren gegründet werden könnte (vgl. RG **38** 403, **71** 243, BGH MDR/D **69**, 532, aber auch BGH MDR/H **83**, 794). Solche Befürchtungen können den Täter auch dann bewegen, wenn er lediglich die von ihm geschaffene Gefahr bekannt geworden glaubt, auch ohne daß ihr deliktischer Ursprung feststünde; so z. B. wenn er weiß, daß ein Unbeteiligter das durch die erste Giftdosis bereits geschwächte Opfer aufgefunden und sofort ärztliche Hilfe herbeigeholt hat. Zweifelhaft können dagegen die Fälle sein, in denen der Täter *keinerlei Gefahr vom Entdecker* drohen sieht. Wird z. B. der Einbrecher bei der Tat von einem anderen Dieb beobachtet, so schließt dies Freiwilligkeit idR nicht aus, weil hier der Täter davon ausgehen kann, von dem Entdecker werde weder eine Anzeige erstattet noch etwas zur Verhinderung der Tat unternommen (vgl. Gutmann aaO 224). Gleiches gilt bei Entdeckung durch Tatbeteiligte (z. B. einem an einem anderen Handlungsabschnitt mitmischenden Gehilfen) oder nahe Verwandte (vgl. BGH NJW **69**, 1073, GA **71**, 52, MDR/D **72**, 751, NStE **Nr. 7**, Hamm NJW **63**, 1561; vgl. auch BGH StV **82**, 219).

52 Entsprechendes hat bei *Entdeckung durch das Tatopfer* zu gelten. Auch hier ist Freiwilligkeit erst dann ausgeschlossen, wenn der Täter vom Opfer eine Strafanzeige befürchtet oder meint, daß dies den Erfolg abwenden oder durch Schreien auf sich aufmerksam machen könne (vgl. BGH MDR/H **79**, 279). Läßt hier der Täter von der Fortführung der Tat ab bzw. setzen (im Falle eines beendeten Versuchs) seine Rettungsmaßnahmen bereits zu einem Zeitpunkt ein, zu dem er das Opfer noch zu keiner Verhinderung in der Lage sah, so liegt darin ein strafbefreiender Rücktritt (vgl. Baumann JuS 71, 631, Bringewat JuS 71, 403, Dreher NJW 71, 1046 gegen die abw. Auffassung von BGH **24** 48, NJW **72**, 2004 m. abl. Anm. Löbbecke NJW 73, 62; vgl. auch Eser II 122 f.). Ebensowenig kann Tatkenntnis durch das Opfer dem Täter schaden, wenn der Tatbestand voraussetzt, daß das Opfer vom Delikt erfährt, wie z. B. bei allen durch Drohung begangenen Straftaten (vgl. Schmidhäuser I 376, Vogler LK 130, and. RG **26** 78); dies schließt bei Erkennung des Täters Unfreiwilligkeit selbstverständlich nicht aus (vgl. u. 57).

53 Zudem steht die Vorstellung des Täters, entdeckt zu sein, der Freiwilligkeit immer nur dann entgegen, wenn er **vor Beginn** des Rücktritts zu dieser Annahme gelangt ist (Vogler LK 107). Hat er selbst einen anderen zur Hilfeleistung herbeigeholt (z. B. einen Arzt), so ist damit Freiwilligkeit des Rücktritts nicht ausgeschlossen (RG **15** 46, HRR **29** Nr. 454).

54 c) Wie beim Entdecktsein kommt es im Falle **irriger Vorstellungen** auch bei sonstigen Freiwilligkeitsfaktoren maßgeblich auf die subjektive Sicht des Täters an (vgl. o. 54 mwN). Das bedeutet einerseits, daß selbst bei *objektiv günstiger* Sachlage Freiwilligkeit ausgeschlossen ist, wenn der Täter davon nichts weiß: so wenn er fälschlich meint, daß sein Raubopfer kein Geld bei sich habe. Andererseits kann selbst unter objektiv ungünstigen Bedingungen noch Freiwilligkeit anzunehmen sein, wenn der Täter fälschlich glaubt, in seiner Entscheidung noch frei zu sein: so wenn er aus plötzlichem Mitleid mit dem tatsächlich armen Raubopfer von einer Wegnahme Abstand nimmt, obgleich er meint, einen guten Fang gemacht zu haben. Dementsprechend ist auch die objektive Unmöglichkeit, das Delikt zu vollenden, für die Freiwilligkeit ohne Bedeutung, wenn der Täter davon nichts weiß. Daher kann auch von einem unbeendeten untauglichen Versuch, dessen Ausführung von vorneherein unmöglich war, freiwillig zurückgetreten werden, wenn der Täter sein Handeln für tauglich hielt: so wenn er vom Betrugsversuch abläßt, ohne zu wissen, daß er bereits durchschaut ist (RG 68 82). Vgl. ferner BGH 11 324, NJW 69, 1073, Baumann/Weber 507, Jescheck 491.

d) Ist das **Rücktrittsmotiv nicht aufklärbar**, würde aber jedes der denkbaren Motive zur 55 Unfreiwilligkeit führen, so ist der Rücktritt als unfreiwillig anzusehen (BGH MDR/D **66**, 892). Im übrigen gilt auch hier „in dubio pro reo" (BGH **35** 95, NJW **80,** 602, MDR/H **82,** 969, **86,** 271, StV **84,** 329, D-Tröndle 6).

e) Im übrigen setzt Rücktritt **keine ethisch hochwertigen Motive** voraus (BGH **35** 186 56 mwN, Vogler LK 90, Walter aaO 33f. mwN; vgl. auch BGH StV **82,** 467). Daher ist Freiwilligkeit nicht dadurch ausgeschlossen, daß der Täter zu seinem Rücktritt erst überredet werden mußte (vgl. BGH MDR/D **69,** 532, StV **82,** 259, M-Gössel II 87), daß er aus Ärger oder Unmut über den Tatverlauf von seinem Opfer abläßt (vgl. BGH MDR/H **89,** 857 zu § 177) oder daß er sich aus Furcht vor Bestrafung zu einer Umkehr entschlossen hat. Andererseits spielt die Motivation insofern eine bedeutende Rolle, als von Freiwilligkeit unter normativen Aspekten und im Hinblick auf die Ratio des § 24 (vgl. o. 43) nur dann gesprochen werden kann, wenn die Rücktrittsmotive den Schluß auf eine „Rückkehr zur Legalität" (Bottke aaO 469ff.) und damit eine letztlich doch rechtstreue Gesinnung zulassen (vgl. Rudolphi SK 25). Das ist z. B. nicht der Fall, wenn der Täter nur deshalb vom Betrugsversuch zurücktritt, damit eine andere Vortat nicht aufgedeckt wird (Walter GA 81, 403ff.; daher verfehlt BGH NJW **80,** 602 m. abl. Anm. Bottke JR 80, 442, JA 81, 63), weil er von einem (planwidrig dazwischen gekommenen) Opfer abläßt, um das eigentlich zu tötende Objekt nicht zu „vergessen" (daher fragwürdig BGH **35** 186 m. Anm. Lampe JuS 89, 610; krit. Bloy JR 89, 72, Jakobs JZ 88, 520), oder wenn er sich durch die Aussicht auf eine spätere freiwillige Hingabe von der Fortsetzung des Vergewaltigungsversuchs abbringen läßt (and. BGH NStZ **88,** 550). Denn in solchen Fällen nimmt er nicht von seinem deliktischen Ziel Abstand, sondern will es lediglich auf (tatsächlich oder rechtlich) risikolosere Weise erreichen, ohne vorbehaltslos auf eine notfalls doch noch rechtswidrig durchzusetzende Zielerreichung zu verzichten; daher ist freiwilliger Rücktritt zu verneinen (RG **75** 393, Roxin Heinitz-FS 258ff., Ulsenheimer aaO 329ff. mwN; and. BGH **7** 296, GA **68,** 279, MDR/D **69,** 15, M-Gössel II 86).

f) In der **Rspr.** wurde beispielsweise **Freiwilligkeit** in folgenden Fällen bejaht: Furcht vor Strafe 57 (RG **47** 78, **57** 316), Scham (RG **47** 79, Düsseldorf StV **83,** 65), sonstige innere Hemmungen wie Schreck (vgl. aber BGH GA **77,** 75), Mutlosigkeit (BGH MDR **52,** 530; and. RG **68** 238 m. Anm. Schaffstein JW 34, 2237), widerlicher Geschmack eines Abtreibungsmittels (RG **35** 102), Überredung zur Aufgabe der Tat (RG HRR **31** Nr. 1491, BGH **7** 299, Öst. OGH ÖJZ **64,** 328). **Unfreiwilligkeit** wurde dagegen in folgenden Fällen angenommen: Undurchführbarkeit der Tat (RG **65** 149, JW 33, 2952), es sei denn, daß der Täter davon nichts weiß (vgl. RG **43** 138, **68** 83), Beschädigung des erstrebten Gegenstandes (RG **45** 6), vorgefundene Sachen entsprechen nicht den Erwartungen (RG **70** 2; and. RG **24** 222), Besorgnis, der Rückweg könnte versperrt werden (RG DJ **38,** 596), Furcht vor alsbaldiger Entdeckung (RG **37** 402, **38** 402, **65** 149), z. B. weil plötzlich die Straßenbeleuchtung heller wurde (BGH MDR/D **54,** 334), Ablassen vom Vergewaltigungsversuch, weil das Opfer den Täter erkannt hat (BGH **9** 48; vgl. auch RG **47** 77, HRR **39** Nr. 1434, aber auch o. 52), weil es sich als ungeeignet erweist (BGH NJW **65,** 2410) oder unerwartet starken Widerstand leistet (BGH MDR/D **73,** 554), Absehen vom Abschluß eines betrügerischen Vertrages, weil dem Täter bestimmte, für ihn wichtige Rechte nicht zugestanden werden (BGH GA **56,** 355), Schock, durch den die Fortsetzung der Tat unmöglich wird (BGH **9** 53, MDR/D **58,** 12, NJW **60,** 638, GA **77,** 75, **86,** 418). Vgl. ferner die Nachw. o. 45ff.

III. Für **Rücktritt vom beendeten Versuch** (Abs. 1 S. 1 Alt. 2) läßt das Gesetz nicht schon 58 bloßes Abstandnehmen von der weiteren Tatausführung genügen; vielmehr muß der Täter „freiwillig die Vollendung der Tat verhindern". Zu den Kriterien, nach denen ein Versuch als **beendet** zu betrachten ist, vgl. o. 13ff. Im einzelnen setzt hier der Rücktritt ein dreifaches voraus:

1. Vom Täter wird eine **auf Erfolgsverhinderung gerichtete Tätigkeit** verlangt (BGH **31** 46 59 [m. Anm. Bloy JuS 87, 528], **33** 301, NStE **Nr. 7,** NJW **89,** 2068 mwN). Das bedeutet im einzelnen: a) Rein *passives* Verhalten des Täters kann nicht genügen (RG **39** 221, BGH NStZ **84,**

116, Hamm NJW **77**, 641; daher verfehlt die Begr. von Karlsruhe NJW **78**, 331 m. abl. Anm. Küper 956, Schroeder JuS 78, 824; vgl. auch Roxin JR 86, 426 f. zu BGH **33** 301). b) Das erforderliche Tun muß ein *bewußtes und gewolltes Unterbrechen der in Gang gesetzten Kausalkette* darstellen (vgl. BGH MDR/H **78**, 279, NJW **89**, 2068 mwN). Wer daher versehentlich oder unwissentlich die Vollendung seiner Tat vereitelt, tritt nicht zurück (RG **63** 159, **68** 381, HRR **30** Nr. 2182, Gores aaO 162). Dagegen kommt Rücktritt nicht schon dadurch in Wegfall, daß der dahingehende Wille auch noch von anderen Motiven begleitet wird (vgl. BGH NJW **86**, 1001 m. Anm. Roxin JR 86, 427) oder der Täter nach seiner ihm zurechenbaren Rücktrittstätigkeit seine Tat zu verschleiern sucht (vgl. BGH NJW **86**, 1002, **89**, 2068) oder aufgrund Vorsatzwechsels sich gegen ein anderes Rechtsgut der angegriffenen Person richtet (vgl. Bamberg HESt **2** 193). c) Insgesamt muß die Rücktrittstätigkeit Ausdruck des Willens sein, die Tat aufzugeben und abzubrechen. Dafür muß der Täter jedenfalls soviel tun, wie zur Erfolgsabwendung objektiv oder zumindest *aus seiner Sicht erforderlich* erscheint (BGH **31** 46; dies wohl zu Unrecht verneinend in BGH **89**, 2068 m. krit. Anm. Rudolphi NStZ 89, 509, hingegen zweifelhaft in BGH NJW **86** 1002; vgl. auch u. 71). Hat der Täter dieses erforderliche Minimum erbracht, so wird – entgegen einem neuerdings *bestmögliches Verhinderungsbemühen* forderndem „Optimalitätsprinzip" (so namentlich Herzberg NStZ 89, 49 ff., NJW 89, 862 ff.; ähnlich bereits Blei I 242, Roxin JA 86, 427; mit gleicher Tendenz jetzt BGH NJW **89**, 2068 m. Anm. Herzberg JR 89, 449, 451 u. (abl.) Rudolphi NStZ 89, 508 ff., ferner Römer MDR 89, 945 ff.) – Rücktritt nicht dadurch ausgeschlossen, daß der Täter noch mehr oder besseres hätte zur Erfolgsverhinderung tun können (BGH **33** 301, StV **81** 396, NJW **85** 813, Baumann/Weber 510, D-Tröndle 7, Jescheck 492, M-Gössel II 79, Rudolphi SK 27 b, c, Vogler LK 112a). d) Im übrigen genügt für Rücktritt jedes *zurechenbare* Verhalten (vgl. u. 66), und zwar in *zeitlicher* Hinsicht – selbst bei zwischenzeitlicher Flucht (BGH StV **83** 413) – solange, als der Täter den Erfolg noch abzuwenden vermag (BGH NStZ **81**, 388).

60 2. Die Rücktrittstätigkeit muß die **Verhinderung der Tatvollendung** zur Folge haben. Dafür ist zweierlei erforderlich:

61 a) Der Rücktritt muß **erfolgreich** sein. Das bedeutet, daß der tatbestandsmäßige Erfolg nicht eintreten darf. Wird lediglich der Zeitpunkt des Erfolgseintritts verzögert, so etwa durch *vorübergehende Unterbrechung* der bereits auf den Erfolg hin ingangesetzten Kausalkette (Uhr der bereits gelegten Zeitbombe wird zurückgestellt, um Gefährdung Dritter auszuschließen), so ist damit der Erfolg der Tat noch nicht abgewendet; dies ist vielmehr erst dann der Fall, wenn sich das wieder ingangesetzte Kausalgeschehen als neue Tat darstellen würde. Insofern gelten die zum Aufgeben der Tat entwickelten Grundsätze (o. 39 f.) hier entsprechend. Aufgrund des ihm aufgebürdeten *Erfolgsabwendungsrisikos* (BGH **31** 49, MDR/H **78**, 985) haftet der Täter selbst dann wegen Tatvollendung, wenn er sich um die Verhinderung des Erfolgs bemüht hat, dieser aber dennoch eintritt, etwa weil der Täter zu wenig oder Ungeeignetes tut oder nicht mehr rechtzeitig tätig wird. Nach dem Wortlaut des Gesetzes hat dies selbst dann zu gelten, wenn der Täter durch außergewöhnliche Umstände, wie etwa höhere Gewalt oder unvorhersehbares Dazwischentreten Dritter, an einer wirksamen Erfolgsvereitelung gehindert wird. Sofern jedoch der Erfolgseintritt des versuchten Delikts verhindert wird, ist unschädlich, daß der Erfolg eines anderen Tatbestandes (z. B. Körperverletzung statt der zunächst versuchten Tötung) eintritt (BGH DAR/S **82**, 195); doch bleibt der Täter insoweit wegen Vollendung strafbar (vgl. u. 109).

62 In diesem Erfolgsabwendungsrisiko liegenden Unbilligkeiten (vgl. Lenckner Gallas-FS 292 f.) wird aber jedenfalls dort abzuhelfen sein, wo die **Erfolgsverhinderung vom Opfer selbst vereitelt** wird, z. B. durch Weigerung des Verletzten, zur Vermeidung weiteren Schadens ärztliche Hilfe in Anspruch zu nehmen: Hier muß zumindest bei disponiblen Rechtsgütern dem am Rücktritt gehinderten Täter durch analoge Anwendung von Abs. 1 S. 2 (u. 68) Straffreiheit eröffnet werden (Baumann/Weber 510, Schröder JuS 62, 82, Vogler LK 118, Wolter ZStW 89, 654; vgl. auch Arzt GA 64, 1, Otto Maurach-FS 99, aber auch Lenckner aaO). Dieser
63 Gedanke ist auch auf **Fahrlässigkeitsdelikte** übertragbar; denn obwohl dort ein Versuch an sich nicht denkbar ist (vgl. § 22 RN 22), gibt jener Grundsatz eine Entscheidungsrichtlinie auch für die Fälle, in denen sich das Opfer nach Vornahme der fahrlässigen Handlung, aber vor Eintritt des Erfolges weigert, die Hilfe, die der „zurücktretende" Täter ihm geben will, anzunehmen (i. E. zust. Vogler LK 119).

64 Nach einer Einschränkung des Erfolgsabwendungsrisikos drängt auch der Fall, daß der Erfolg allein deshalb eintritt, weil der Täter seinen Versuch **irrtümlich** für fehlgeschlagen hält und daher im Vertrauen auf das Ausbleiben des Erfolgs jegliche **Rettungsbemühungen unterläßt** (RG **55** 105, LZ **33**, 595). Hier ist der Haftung für *Tatvollendung* allenfalls dort zu entgehen, wo sich der Täter (subjektiv) noch im Stadium eines unbeendeten Versuchs zu befinden glaubt und daher meint, durch bloßen Verzicht auf weiteres deliktisches Tätigwerden den Erfolg verhindern zu können, und zu

diesem Zeitpunkt der tatbestandsmäßige Erfolg noch nicht eingetreten war (vgl. o. 24). Im übrigen 65
bleibt bei einem trotz Verhinderungsbemühens eintretenden Erfolg Rücktritt nur dann möglich,
wenn der Erfolg wegen **wesentlicher Abweichung** vom vorgestellten Kausalverlauf nicht mehr als
vorsätzlich zugerechnet werden kann (Wolter ZStW 89, 654), so z. B. wenn der vom Täter zum
Krankenhaus gebrachte Verletzte unterwegs infolge eines Verkehrsunfalles ums Leben kommt (Blei I
243; vgl. auch o. 23).

b) Die Erfolgsverhinderung muß gerade **auf die Rücktrittstätigkeit zurückzuführen** sein. 66
Für dieses Erfordernis **zurechenbarer Kausalität** der Vollendungsverhinderung (vgl. Bloy JuS
87, 532ff., Herzberg NJW 89, 866, Rudolphi NStZ 89, 511ff.) ist nicht unbedingt eine eigenhändige Erfolgsabwendung erforderlich, sondern lediglich, daß diese auf sein Bemühen zu-
rückzuführen ist. Deshalb kann u. U. schon die Veranlassung eines Dritten, genügen (vgl. RG **15** 46, BGH NJW **73**, 632, **89**,
2068, NStE **Nr. 7**, M-Gössel II 79), vorausgesetzt natürlich, daß der Dritte nicht schon auf
andere Weise zum Tätigwerden veranlaßt worden war (vgl. BGH **33** 301). Entsprechendes gilt
auch für Unterstützung von Rettungsbemühungen des Opfers selbst (vgl. BGH NJW **86**, 1002
m. Anm. Roxin JR 86, 424). Versagt allerdings das eingesetzte Mittel (z. B. weil der Arzt sich
verspätet oder einen Kunstfehler begeht), so geht dies aufgrund des Erfolgsabwendungsrisikos
des Täters zu seinen Lasten (vgl. o. 61). Im übrigen wird Strafbefreiung nicht etwa deshalb
ausgeschlossen, weil der Rücktritt des Täters – neben eigenem Bemühen des Opfers – nur
mitursächlich für die Erfolgsabwendung war (vgl. BGH StV **81**, 514, wo allerdings Freiwilligkeit durch Selbsterhaltungspanik ausgeschlossen sein könnte). Unterbleibt dagegen der Erfolg
nicht wegen des Rücktritts, sondern aus anderen Gründen, etwa weil Dritte ohne Wissen des
Täters den Erfolg abgewendet haben, so scheidet Rücktritt nach Abs. 1 S. 1 aus. Doch bleibt
dann noch der Weg über Abs. 1 S. 2; dazu u. 68ff.

3. Auch beim beendeten Versuch setzt der Rücktritt **Freiwilligkeit** voraus. Insofern gelten 67
hierzu heute die gleichen **subjektiven** Maßstäbe wie schon früher beim unbeendeten Versuch
(o. 6, 42ff.).

Demgegenüber war bei § 46 Nr. 2 a. F. der Rücktritt vom beendeten Versuch davon abhängig 67a
gemacht worden, daß die Tat „noch nicht entdeckt" war. Obgleich es darauf nicht mehr ankommt,
sind die zur **Entdeckung** entwickelten Grundsätze jedenfalls insofern noch von Bedeutung, als bei
Rücktritt *nach* Entdeckung im Regelfall Unfreiwilligkeit anzunehmen ist. Allerdings kann es dabei
immer nur auf die subjektive Vorstellung des Täters ankommen: Hält er seine Tat noch für nicht
entdeckt, so kommt freiwilliger Rücktritt selbst dann in Betracht, wenn die Tat objektiv bereits
entdeckt war (so in subjektiver Umdeutung des Entdeckungskriteriums schon die frühere h. L.: vgl.
17. A. § 46 RN 35; and. RG **3** 94, **68** 85). Glaubt sich der Täter hingegen bereits entdeckt, obwohl dies
noch nicht der Fall ist, so ist Freiwilligkeit regelmäßig zu verneinen. Zu den für das Entdecktsein
wesentlichen Kriterien vgl. im einzelnen o. 50 ff.

IV. Rücktritt vom vermeintlich vollendbaren Versuch (Abs. 1 S. 2): Bleibt die Tat ohne 68
Zutun des Täters unvollendet (weil ohnehin objektiv untauglich oder fehlgeschlagen), so kann
der Täter – sofern er die Tat noch für vollendbar hält (vgl. BGH StV **83**, 413) – schon durch
freiwilliges und ernsthaftes Bemühen um *Vollendungsverhinderung* Straffreiheit erlangen.

Eine solche Sonderregel ist deshalb erforderlich, weil nach Abs. 1 S. 1 Alt. 2 die Nichtvollendung 69
auf das Rücktrittsverhalten des Täters rückführbar sein muß (o. 66); demzufolge wäre Rücktritt
überall dort ausgeschlossen, wo ein Erfolg von vornherein gar nicht eintreten kann und infolgedessen auch nicht abgewendet werden könnte. Demgemäß glaubte auf der Grundlage von § 46 Nr. 2
a. F. eine lange vorherrschende Auffassung, beim untauglichen bzw. (objektiv) fehlgeschlagenen
Versuch Rücktritt grundsätzlich ausschließen zu müssen (RG **17** 158, **68** 309, **77** 2, Frank § 46 Anm.
III 1, H. Mayer 296, Jagusch LK[8] § 46 Anm. III 1dd, ee). Um solche Unbilligkeiten zu vermeiden,
hat die spätere Rspr. und Lehre in analoger Anwendung modernerer Rücktrittsregeln (insbes. § 49a
IV a. F.) bereits das ernstliche Bemühen um Erfolgsverhinderung ausreichen lassen (grdl. BGH **11**
324, ferner Schröder H. Mayer-FS 385ff., 17. A. § 46 RN 32b mwN), unter der stillschweigenden
Voraussetzung freilich, daß der Täter den Versuch (noch) für vollendbar gehalten hat (deshalb mißverständlich die Bezeichnung dieses Versuchstyps als „aussichtslos" bei Vogler LK 131). Diese Rücktrittsmöglichkeit ist durch Abs. 1 S. 2 nun auch gesetzlich anerkannt. **Im einzelnen** setzt dies dreierlei
voraus:

1. Die **Nichtvollendung der Tat** (ohne Zutun des Zurücktretenden): Der tatbestandsmäßige 70
Erfolg darf nicht (oder jedenfalls nicht in einer dem Täter als vorsätzlich zurechenbaren Weise)
eingetreten sein (vgl. BGH **11** 324 m. Anm. Lange JZ 58, 671, BGH MDR **69**, 494); insofern
gilt gleiches wie bei S. 1 Alt. 2 (o. 61ff.). Im übrigen hingegen ist unerheblich, ob der Erfolgseintritt von vornherein unmöglich war oder erst durch nachträgliche Faktoren verhindert
wurde. Deshalb findet die Vorschrift nicht nur in Fällen untauglichen (vgl. BGH StV **82**, 219)
bzw. objektiv fehlgeschlagenen Versuchs (dazu BGH MDR **69**, 494, MDR/D **69**, 532, GA **71**,

52, Baumann/Weber 511) Anwendung, sondern auch dort, wo ohne Wissen des um Erfolgsverhinderung bemühten Täters das Opfer von dritter Seite gerettet wird (D-Tröndle 14, M-Gössel II 81). Ferner ist eine entsprechende Anwendung dort in Betracht zu ziehen, wo nicht festgestellt werden kann, ob das Ausbleiben des Erfolgs auf dem Rücktrittsverhalten des Täters oder auf anderen Gründen beruht, es sei denn, daß in solchen Fällen nach „in dubio pro reo" nicht bereits auf S. 1 zurückzugreifen ist (Vogler LK 132). Für (noch weitergehende) Einräumung von Rücktritt bei zwar (noch) nicht eingetretener Vollendung, aber bleibender Vollendungsgefahr Herzberg JZ 89, 118 ff. Vgl. auch Schlehofer NJW 89, 2024 zur Bedeutung dieser Problematik bei HIV-Infizierung.

71   2. Der Täter muß sich **um Erfolgsverhinderung bemüht** haben. Zwar ist dafür nicht unbedingt eine objektiv taugliche Verhinderungstätigkeit erforderlich; zumindest aber muß das Bemühen des Täters nach seiner Vorstellung geeignet sein, die Vollendung abzuwenden (BGH MDR/H **78**, 279, 985, Grünwald Welzel-FS 715); andernfalls muß er ihm besser erscheinende Verhinderungsmöglichkeiten ausschöpfen (BGH **31** 49 m. Anm. Puppe NStZ **84**, 488; vgl. auch BGH **33** 301, NJW **86**, 1002 m. Anm. Roxin JR **86**, 426 f.). An diesem Erfordernis kann es etwa bei völlig sinn- und aussichtslos erscheinenden Gegenmaßnahmen fehlen, wie z. B. bei abergläubischem „Gesundbeten" eines bereits Vergifteten (vgl. auch u. 103). Soweit er im übrigen das ihm möglich und aussichtsreich Erscheinende tut, scheitert der Rücktritt nicht daran, daß er objektiv noch mehr hätte tun können (BGH MDR/H **80**, 453, NJW **85**, 813). Hat er mit seinen Abwendungsbemühungen bereits begonnen, so schadet ihm nicht mehr, daß ihm hinterher die anderweitige Erfolgsabwendung bekannt wird (vgl. Eser II 126, Rudolphi SK 30; and. Jakobs 621). Daher genügt für Rücktritt jedenfalls das Wählen der Telefonnummer, um einen Arzt oder Krankenwagen herbeizurufen, nicht aber ohne weiteres schon das Aufdenwegmachen zur Telefonzelle (vgl. BGH NJW **73**, 632, Blei JA **73**, 396, Vogler LK 136 f.). Keinesfalls reicht schon die bloße Absicht, sich bemühen zu wollen (vgl. BGH NJW **73**, 632). Zu passivem Verhalten als ernsthaftem Bemühen vgl. BGH GA **74**, 243.

72   3. **Subjektiv** muß das Erfolgsabwendungsbemühen **freiwillig und ernsthaft** sein. *Freiwillig* ist es idR nur solange, als der Täter noch an die Vollendbarkeit seines Versuchs glaubt (vgl. BGH NJW **69**, 1073, MDR/H **79**, 988, StV **83**, 413, M-Gössel II 114); denn sobald er die Nichtvollendbarkeit erkannt hat, handelt es sich um einen (nicht mehr rücktrittsfähigen) subjektiv fehlgeschlagenen Versuch (vgl. o. 7 f., 69). Im übrigen gelten die o. 44 ff. entwickelten Grundsätze. Als *ernsthaft* kann das Verhinderungsbemühen idR nur dann gelten, wenn der Täter alles tut, was nach seiner Überzeugung zur Erfolgsabwendung erforderlich ist. Das bedeutet zwar nicht, daß er bei Auswahl seiner Gegenmaßnahmen mit besonderer Gewissenhaftigkeit vorgehen müßte (so jedoch Vogler LK 140; vgl. aber Lenckner Gallas-FS 297); wohl aber muß er zu neuen oder geeigneteren Mitteln greifen, wenn sich ihm sein bisheriges Bemühen als aussichtslos darstellt (vgl. o. 71, Grünwald Welzel-FS 715 f.). Vgl. auch u. 103.

C. Rücktritt bei Tatbeteiligung Mehrerer (Abs. 2)

73   I. Das **Bedürfnis für diese Sonderregelung** ergibt sich daraus, daß der Rücktritt als *persönlicher* Strafaufhebungsgrund (o. 4) jeweils nur dem Tatbeteiligten (§ 28 II) zugute kommt, der in eigener Person zurücktritt (h. M.: vgl. RG **56** 209, BGH **4** 179, MDR/H **86**, 974, Rudolphi SK 31, Schröder MDR 49, 714; rechtsvergleich. Jescheck ZStW 99, 111 ff.). Deshalb ist bei mehreren Tatbeteiligten die Rücktrittsfrage *jeweils eigens für jeden einzelnen* zu prüfen. Soweit allerdings der **Rücktritt aller Tatbeteiligten** aufgrund einer gemeinschaftlichen Vereinbarung mit gleicher Willensrichtung und gegenseitiger Zurechnung erfolgt, kommt bereits Strafbefreiung nach § 24 I in Betracht (vgl. Corves Sonderausschuß V/1769, Lenckner Gallas-FS 295 f.; i. gl. S. bereits RG **47** 361, **55** 106, **56** 211; vgl. auch BGH NStZ **89**, 318; and. selbst in diesem Fall für § 24 II, wobei allerdings mittelbare Täterschaft immer nach § 24 I zu behandeln sei, Gores aaO 19, 172 ff., M-Gössel II 285, Vogler LK 158). Soweit dagegen Tatbeteiligte nur **teilweise oder unterschiedlich** zurücktreten – und dies gilt (entgegen der vorgenannten Gegenansicht) auch bei mittelbarer Täterschaft (vgl. u. 106) –, ist mit den auf den Alleintäter zugeschnittenen und daher nur auf gleichförmig-gemeinschaftlichen Rücktritt erstreckbaren Regeln des § 24 I nicht auszukommen. Allein diesen Besonderheiten bei nicht konformem Verhalten mehrerer Tatbeteiligter versucht § 24 II Rechnung zu tragen.

74   Abs. 2 verdankt seine Entstehung dem Umstand, daß § 46 a. F. nur eine Regelung für den Alleintäter enthielt und daher Rspr. und Lehre gezwungen waren, für den Rücktritt von anderen Tatbeteiligten besondere Regeln zu entwickeln (vgl. 17. A. § 46 RN 41 ff.). Diese wurden durch Abs. 2 zwar im wesentlichen legalisiert, dabei aber teils auch verschärft. Denn während nach früherer Auffassung der Teilnehmer lediglich seinen Tatbeitrag rückgängig zu machen brauchte und demzufolge auch dann

Straffreiheit erlangte, wenn die Haupttat zur Vollendung kam (vgl. 17. A. § 46 RN 44, 46), ist nunmehr jedenfalls nach dem Wortlaut des Abs. 2 erforderlich, daß der zurücktretende Teilnehmer auch die Tatvollendung verhindert (S. 1) bzw., wenn diese unabhängig von seinem früheren Tatbeitrag eintritt, sich zumindest um die Verhinderung der Vollendung freiwillig und ernsthaft bemüht (S. 2). Nimmt man auch noch gewisse Unklarheiten dieser neuen Vorschrift hinzu (vgl. u. 89, 99), so kann darin gewiß keine sonderlich geglückte Neuregelung erblickt werden (vgl. Lenckner Gallas-FS 281 ff., Meyer ZStW 87, 619 ff., Roxin JuS 73, 332 f., aber auch Vogler LK 154 ff. sowie seinen Überblick ZStW 98, 343 ff.).

II. Aussonderung nichterfaßter Fälle: Da Abs. 2 nur den Rücktritt von der an sich erfolgreichen Teilnahme an einem Versuch betrifft, bleiben bestimmte Fallgruppen von vornherein *außerhalb des Anwendungsbereichs von Abs. 2.* Und zwar zum einen die Fälle, in denen die Haupttat nicht einmal bis zu einem strafbaren Versuch gediehen bzw. der Tatbeitrag noch vor dessen Beginn zurückgenommen wird, wie andererseits auch jene Fälle, in denen die Haupttat unter Fortwirken des Tatbeitrags bis zur Vollendung gelangt. Dies ergibt sich bereits aus allgemeinen Zurechnungs- bzw. Teilnahmeregeln (dazu allg. – teils abw. – Gores aaO 21 ff.).

1. Wird die **Haupttat vollendet** und ist dafür der **Tatbeitrag** des Beteiligten noch irgendwie **ursächlich,** so bleibt der Beteiligte je nach Art und Intensität seiner Beteiligung wegen Mittäterschaft, Anstiftung oder Beihilfe zum vollendeten Delikt strafbar, und zwar selbst dann, wenn er sich innerlich von der Tat losgesagt oder sogar ernsthaft, wenn freilich auch erfolglos, bemüht hatte, die Vollendung des Delikts bzw. das Weiterwirken seines Tatbeitrags zu verhindern (vgl. BGH **28** 348, Jakobs 621; and. Backmann JuS 81, 342). Dies gilt trotz der unleugbaren Härte dieser Konsequenz selbst für den Fall, daß der Teilnehmer nach Versuchsbeginn den Haupttäter erfolgreich umgestimmt zu haben glaubte, dieser aber dann doch die Vollendung herbeiführt (vgl. RG **55** 106, Lenckner Gallas-FS 287 f.); denn ähnlich wie bei Alleintäterschaft Rücktritt ausgeschlossen ist, wenn trotz ernsthafter Verhinderungsbemühungen der Erfolg eintritt (o. 70), bleibt auch dem Teilnehmer die Vollendung der Haupttat zurechenbar, wenn sein Beitrag die Tatvollendung objektiv mitbewirkt hat. – Immerhin kann sich aber beim *Wegfall subjektiver Voraussetzungen* infolge Lossagens von der Tat *vor* Herbeiführung der *Vollendung* die Art der Tatbeteiligung ändern: so etwa, wenn die Tat in einer vom ursprünglichen Plan derart abweichenden Form von den übrigen Beteiligten ausgeführt wird, daß sie dem vorher Zurückgetretenen nach allgemeinen Abweichungsregeln (§ 15 RN 56) nicht zugerechnet werden kann (M-Gössel II 332, Otto JA 80, 711, Rudolphi SK 39) oder wenn bei Abstandnahme von der beabsichtigten Mittäterschaft am Diebstahl die Zueignungsabsicht und damit (mit-)täterschaftliches Handeln entfällt (u. 113 sowie § 25 RN 83), der Tatbeitrag jedoch noch für die Wegnahme wirksam bleibt. Hier kommt jedenfalls dann, wenn der anfängliche Mittäter den ihm zugedachten Tatbeitrag nicht nicht voll geleistet hatte, nur noch Bestrafung wegen Beihilfe zur vollendeten Haupttat, u. U. in Tateinheit mit Täterschaft am vorangehenden Diebstahlsversuch, in Betracht. Dagegen vermag bei voller Leistung des mittäterschaftlichen Beitrags die nachträgliche Willensänderung die Mittäterschaft idR nicht mehr zu beseitigen (vgl. BGH **28** 348; abw. Vogler LK 162), es sei denn, daß zwischen der ursprünglichen Mitwirkungserklärung und der späteren Ausführung durch andere kein gemeinschaftlicher Entschlußzusammenhang mehr besteht (vgl. Köln JR **80**, 422 m. Anm. Beulke). Doch ergibt sich auch dies bereits aus allgemeinen Teilnahmegrundsätzen (vgl. Schmidhäuser 638; abw. v. Scheurl aaO 129 ff.).

2. Unerheblich ist Abs. 2 ferner insoweit, als es um Straffreiheit von der *Vollendung* einer Haupttat geht, **ohne daß** dafür der **Tatbeitrag** des Beteiligten noch **mitursächlich** gewesen wäre (wie etwa da, wo der Gehilfe seine Zusage, während der ganzen Tat Schmiere zu stehen, nach Einbruchsbeginn dem Täter gegenüber wieder zurücknimmt und dieser daher nach anderer Rückendeckung Ausschau halten muß). Auch hier kann dem Teilnehmer die *Tatvollendung* schon mangels Kausalität seines ursprünglichen Beitrags nicht mehr zugerechnet werden; diesbezüglich kann somit der Teilnehmer schon dadurch Straffreiheit erlangen, daß er die Kausalität seines Beitrags für die Vollendung beseitigt (BGH **28** 347). Daher bedarf es eines strafbefreienden Rücktritts nur insoweit, als es um die Beteiligung an einer bereits verwirklichten und nach allgemeinen Teilnahmegrundsätzen zurechenbaren *Versuch* der Haupttat geht (vgl. Otto JA **80**, 708). Allein dazu einen Weg zu eröffnen, ist Zweck des Abs. 2.

3. Schon im *Vorfeld* des Abs. 2 erledigen sich ferner die Fälle der **nur versuchten Teilnahme,** bei der der Teilnehmer nicht einmal den Versuch einer Haupttat (mit)bewirkt. Hat dies seinen Grund darin, daß die Haupttat gänzlich unterbleibt, so fehlt es bereits an der für die Akzessorietät der Teilnahme erforderlichen Haupttat (27 vor § 25). Kommt es hingegen zu einer (versuchten oder vollendeten) Haupttat, ohne daß jedoch darin die Teilnahmehandlung irgendwie wirksam geworden wäre, so fehlt es für strafbare Teilnahme an der Kausalität des Tatbeitrags für die Haupttat (22 vor § 25). Gelingt es also dem Gehilfen, seinen im Vorbereitungsstadium

geleisteten Beitrag wieder derart zu neutralisieren, daß die geplante Haupttat nicht einmal bis zum Versuch gedeiht (und damit als solche straflos bleibt) oder daß sich die Beihilfe nicht einmal mehr im Versuch der Haupttat niederschlägt, so handelt es sich lediglich um versuchte Teilnahme, die grundsätzlich straflos ist (vgl. § 30 RN 1) und demzufolge auch keines besonderen Rücktritts bedarf. Daher bleibt in solchen Fällen der „Teilnehmer" auch dann straflos, wenn er unfreiwillig seinen Tatbeitrag rückgängig gemacht hatte oder die Haupttat aus reinem Zufall nicht zur Ausführung kommt (vgl. Lenckner Gallas-FS 282f.). Soweit freilich bereits die *versuchte Teilnahme* als *solche* **strafbar** ist (so bei § 30), wird durch § 31 ein besonderer Rücktrittsweg eröffnet (vgl. BGH **32** 133, ferner Jakobs 621, Schröder JuS 62, 84, v. Scheurl aaO 75).

80 4. Bereits nach allgemeinen Teilnahme- bzw. Vorsatzregeln erledigt sich auch der Fall, in dem der Teilnehmer noch im **Vorbereitungsstadium den Täter erfolgreich umzustimmen** vermag. Wenn dieser danach die Tat aufgrund eines neuen Entschlusses begeht, bleibt der Teilnehmer schon deshalb straflos, weil es sich um eine *neue* Haupttat handelt, die ihm nicht mehr zugerechnet werden kann (vgl. RG **47** 351, **55** 106, BGH NJW **56**, 30, MDR/D **66**, 22, Lackner 7c, Lenckner Gallas-FS 287, M-Gössel II 332, Rudolphi SK 36, Schröder MDR 49,
81 716; and. Otto JA 80, 711, v. Scheurl aaO 85). – Geht der Haupttäter allerdings nur *zum Schein* auf das Umstimmen des Teilnehmers ein und führt er die Tat aufgrund seines ursprünglichen Entschlusses aus, so bleibt der Teilnehmer strafbar. Denn wie der Haupttäter, der sich noch im Versuchsstadium erfolglos um die Verhinderung der Folgen seines Tuns bemüht, so trägt auch der Teilnehmer das Risiko dafür, daß sein Beitrag für die Verwirklichung der Haupttat objektiv mitursächlich wird (vgl. o. 61 sowie RG **55** 106, HRR **33** Nr. 1898, BGH **28** 348, Lenckner aaO 289f.; and. Vogler LK 163; vgl. auch u. 84). Wird jedoch die Haupttat nur versucht, so kann der Teilnehmer analog zu S. 2 Alt. 1 (vgl. u. 94) straflos sein (Rudolphi SK 37; insoweit ebenso Vogler ZStW 98, 345f.; für § 24 II direkt Gores aaO 157ff.).

82 5. Vornehmlich um ein Vorsatzproblem handelt es sich ferner dort, wo der Teilnehmer im Vorbereitungsstadium zwar bereits einen **Teilbeitrag** erbringt, dabei aber davon ausgeht, daß die Haupttat ohne weitere Mitwirkungshandlungen noch nicht ausgeführt werden kann. Obgleich hier eine Parallele zum unbeendeten Versuch des Alleintäters naheliegt, regelt sich in dem Fall, daß die Haupttat dann doch ohne weitere Beiträge des Teilnehmers begangen wird, dessen Strafbarkeit primär nach den Grundsätzen der Abweichung im Kausalverlauf: Glaubt der Teilnehmer, daß die von ihm noch zu erbringenden Beiträge nicht anderweitig ersetzt werden können, so fehlt es hinsichtlich des vom vorgestellten Kausalverlauf abweichenden Täterexzesses am Vorsatz (vgl. Lenckner aaO 284). Rechnet der Teilnehmer jedoch damit, daß sein Tatbeitrag ergänzt und dadurch jedenfalls für einen Versuch der Haupttat mitursächlich werden kann, und tritt dies auch tatsächlich ein, so kann er von einer solchen Beteiligung am Versuch nur noch nach den Regeln des Abs. 2 zurücktreten (i. E. ebenso Vogler LK 164).

83 6. Noch im straflosen Vorfeld des Abs. 2 bleibt schließlich der Fall, in dem der Teilnehmer seinen zunächst volltauglichen Tatbeitrag noch *im Vorbereitungsstadium* derart wieder rückgängig macht, daß es zwar noch zu einem **untauglichen Versuch,** aber *keinesfalls* mehr zur *Vollendung* der Haupttat kommen kann (Vogler LK 161): so z. B. wenn der Gehilfe von ihm verliehenen Mordwaffe die scharfe Munition heimlich gegen Platzpatronen austauscht oder der Anstifter die Polizei noch so rechtzeitig zum Einbruchsort schickt, daß die Vollendung des Diebstahls verhindert werden kann. Obgleich hier der Tatbeitrag zunächst mit Vollendungsvorsatz geleistet ist, wird dieser doch noch, und zwar bevor die Haupttat die Grenze zum strafbaren Versuch überschreitet, so weit zurückgenommen, wie dies auch beim agent provocateur der Fall ist. Ähnlich wie dieser selbst dann allgemein für straflos gehalten wird, wenn die provozierte Tat bis zum Versuch gedeiht (§ 26 RN 16), fehlt es auch dort bereits an einer strafbaren Teilnahme, wo der Vollendungsvorsatz noch im Vorbereitungsstadium aufgegeben und der Tatbeitrag jedenfalls so neutralisiert wird, daß es nicht mehr zur Tatvollendung kommen kann (näher Lenckner aaO 284f.; ebenso Otto JA 80, 708; abw. Gores aaO 23ff., 83ff., 179ff.). Da in solchen Fällen ein rücktrittsbedürftiges Stadium nicht erreicht wird, ist auch die Freiwilligkeit der Vollendungsverhinderung unerheblich. Der Teilnehmer bleibt daher selbst
84 dann straffrei, wenn er seinen Tatbeitrag gezwungenermaßen wieder zurücknimmt. – Gelingt ihm dies allerdings nicht, so daß die Haupttat zur *Vollendung* kommt, dann helfen ihm seine nachträglichen Neutralisierungsbemühungen ebensowenig wie einem Alleintäter, der von einem beendeten Versuch zurücktreten will, dem jedoch der zur Vollendung führende Kausalverlauf bereits aus der Kontrolle geraten ist (vgl. o. 61, 76). Allenfalls dort, wo die Vollendung nur deshalb eintritt, weil der noch im Vorbereitungsstadium zurücktretende Teilnehmer sein Neutralisierungsbemühen *irrtümlich* für erfolgreich gehalten hat (z. B. durch Entleeren des Magazins, wobei jedoch eine bereits im Lauf befindliche Kugel übersehen wird), wird man hinsichtlich der auch an sich verwirklichten Teilnahme (vgl. o. 81) Straffreiheit in Analogie zu den Fällen annehmen können, in denen es aufgrund des „Rücktritts" nur noch zum untauglichen

Rücktritt

Versuch kommen kann (o. 83); denn in beiden Fällen fehlt dem Teilnehmer beim Übergang der Haupttat in den Versuchsbereich nicht nur der Vollendungswille, sondern auch das Vollendungsbewußtsein. Dies schließt allerdings nicht aus, daß der Teilnehmer für seinen objektiv mißglückten „Rücktritt" wegen fahrlässiger Erfolgsverursachung strafbar bleibt (Lenckner aaO 286 f.).

III. Rücktrittsalternativen nach Abs. 2. Für den Anwendungsbereich dieser Vorschrift verbleiben somit die Fälle, in denen der Tatbeteiligte durch seinen Beitrag *vorsätzlich den Versuch der Haupttat mitbewirkt* hat und von dieser Beteiligung durch Rücktritt Straffreiheit erlangen will. 85

Grundsätzlich unerheblich ist dabei die früher übliche Unterscheidung zwischen *unbeendeter* und *beendeter* Teilnahme am Versuch (vgl. 17. A. § 46 RN 42, M-Gössel II 331), und auch die neue Kategorie des *fehlgeschlagenen* Versuchs (o. 6 ff.) ist für Abs. 2 nur von untergeordneter Bedeutung (vgl. u. 94; offengelassen in BGH NStZ **89,** 317). Denn abgesehen von dem bereits im Vorfeld des Abs. 2 zu erledigenden Fall, daß der Beteiligte seinen Beitrag von vornherein nicht für ausreichend hielt, um die Tatvollendung mitzubewirken und es daher von Anfang an am Vollendungsvorsatz fehlt (o. 82), kommt es für den Rücktritt des Teilnehmers nur noch darauf an, ob ihm der Versuch der Haupttat nach Teilnahmegrundsätzen objektiv und subjektiv zurechenbar ist. Trifft dies zu, so wird er bereits damit aufgrund seines Erfolgsabwendungsrisikos (o. 61, 76, 84) zum „Garanten" für den Nichteintritt der Vollendung der Haupttat (vgl. auch u. 89, 104). Im einzelnen sind in § 24 II **drei Fallkonstellationen** zu unterscheiden: Rücktritt durch *Vollendungsverhinderung* (S. 1), durch *Verhinderungsbemühen bei Nichtvollendung* (S. 2 Alt. 1), sowie durch *Verhinderungsbemühen bei teilnahmeunabhängiger Tatvollendung* (S. 2 Alt. 2). 86

1. Rücktritt durch Vollendungsverhinderung (Abs. 2 S. 1): Hier wird Straffreiheit für den Fall eröffnet, daß der Versuch an sich zur Herbeiführung der Vollendung geeignet wäre, deren Eintritt jedoch noch rechtzeitig durch freiwilliges Dazwischentreten des Tatbeteiligten verhindert wird. 87

a) **Objektiv** setzt dies ein zweifaches voraus: **Nichtvollendung** der Haupttat und **Kausalität des Beteiligtenrücktritts** dafür. Ob dies dadurch bewirkt wird, daß der Mittäter oder Gehilfe seinen eigenen Beitrag soweit rückgängig macht, daß eine Vollendung unmöglich wird (indem er sich z. B. am Tatort das Einbruchswerkzeug zurückgeben läßt) oder der Anstifter den Angestifteten noch vor Tatvollendung erfolgreich „abstiftet" und zum Rücktritt vom Versuch überredet (vgl. RG **56** 210, **70** 295), ist ebenso gleichgültig wie eine Vollendungsverhinderung dadurch, daß ein Tatbeteiligter gegen das Fortwirken seines Tatbeitrags andere Kräfte mobilisiert, z. B. der Anstifter die Polizei noch rechtzeitig zum Tatort schickt, der Gehilfe eine Falschaussage noch rechtzeitig richtigstellt (vgl. RG **62** 406, BGH **4** 179) oder bei einem gemeinschaftlichen Betrugsversuch den Getäuschten noch vor Schadenseintritt aufklärt (RG **38** 225). Entscheidend ist vielmehr nur, daß die Haupttat nicht zur Vollendung kommt und dies, wenn auch nicht ausschließlich, so doch zumindest auch auf die Rücktrittstätigkeit des Beteiligten zurückzuführen ist (Gores aaO 163 ff.). Soweit daher nicht schon die Neutralisierung des eigenen Beitrags für sich allein genügt, muß die Vollendung der Tat, deren Versuch der Beteiligte zurechenbar mitbewirkt hat, auf andere Weise, im Regelfall durch aktive Gegentätigkeit, verhindert werden (vgl. Grünwald Welzel-FS 707; i. Grds. ebenso bereits RG **47** 361, **59** 413). 88

Doch kann für eine Vollendungsverhinderung u. U. auch schon bloßes **Unterlassen durch Nichtweiterhandeln** genügen (BGH NStZ **89,** 318, Rengier JZ 88, 932), so etwa durch Nichtlieferung weiterer (und nicht ohne weiteres auf andere Weise beschaffbarer) Giftraten an den Täter (vgl. Küper JZ 79, 778, M-Gössel II 336, Otto JA 80, 708; näher Gores aaO 165 ff.). Denn obgleich Abs. 2 – ebenso wie dies für den Rücktritt des Alleintäters vom beendeten Versuch (Abs. 1 S. 1 Alt. 2) typisch ist (o. 59) – nur die Erfolgsverhinderung durch aktives Tätigwerden im Auge zu haben scheint, kann es nach dem Sinn des Abs. 2 nicht so sehr auf die Modalität der Erfolgsverhinderung, sondern allein auf deren Wirkung, die Nichtvollendung, ankommen (vgl. auch Lenckner aaO 295 f., v. Scheurl aaO 77 f., 121 ff. mwN). Das gilt im Grundsatz auch für die Fallgruppe von S. 2 Alt. 2 (u. 97), wo es zwar zur Tatvollendung kommt, aber unabhängig vom früheren Tatbeitrag des sich ernsthaft um Erfolgsverhinderung bemühenden Beteiligten. Auch dort genügt für das Nichtweiterhandeln nicht schon – wie nach der früher üblichen Unterscheidung zwischen beendeter und unbeendeter Teilnahme am Versuch (o. 86) – die Vorstellung des Beteiligten, noch nicht alle ihm obliegenden Tatbeiträge geleistet zu haben; entscheidend ist vielmehr allein, wie der Beteiligte bei Vorenthalten seiner weiteren Beiträge die Chancen für das Gelingen oder Scheitern der Haupttat beurteilte (o. 82). Nur dort, wo er schon durch bloßes Unterlassen die weitere Tatausführung voll in der Hand hat (bzw. im Fall von S. 2 Alt. 2 voll in der Hand zu haben meint), kann er durch Nichtweiterhandeln Straffreiheit erlangen (vgl. Vogler LK 169). 89

90 b) **Subjektiv** ist auch hier **Freiwilligkeit** erforderlich (dazu o. 42ff.).

91 c) Ferner muß **Tatidentität** zwischen der verhinderten und jener Tat bestehen, an deren Versuch der Zurücktretende beteiligt war (eingeh. Gores aaO 217ff.). Dies kann dort zweifelhaft sein, wo der Beteiligte zwar seinen Beitrag rückgängig gemacht hat, es aber trotzdem noch zu einer Tatvollendung kommt: So wenn der Tresorknacker anstelle des vom Gehilfen zurückgezogenen Schneidbrenners den Einbruchsdiebstahl mit dem Werkzeug eines anderen Gehilfen zu Ende führt. Dabei kommt es im wesentlichen darauf an, ob nach den allgemeinen Regeln der Handlungseinheit oder -mehrheit die vollendete Tat als eine „neue" zu betrachten ist, wobei jedoch die Figur der fortgesetzten Handlung (bei bloßem Fortsetzungsvorsatz der übrigen Beteiligten) eine „Tatidentität" nicht zu begründen vermag (vgl. o. 39 sowie Grünwald Welzel-

92 FS 714, Lenckner Gallas-FS 303; i. Grds. ebenso schon RG 55 106). – Faßt man dabei die Handlungseinheit so eng, wie dies hier geschieht (22 vor § 52), so sind kaum Fälle denkbar, in denen der Teilnehmer nicht bereits durch Verhinderung des Tatkomplexes, zu dem er seinen Beitrag geleistet hatte, Straffreiheit erlangen könnte. Läßt man eine „natürliche Handlungseinheit" dagegen in einem sehr viel weiteren Sinne zu, wie dies die Rspr. tut (vgl. die Nachw. in 23 vor § 52), so kann es sich als notwendig erweisen, selbst bei einer danach noch als dieselbe erscheinenden Tat deren Zurechnung dem Zurücktretenden gegenüber u. U. noch unter Berücksichtigung allgemeiner **Teilnahmegrundsätze** entfallen zu lassen. Denn die Verhinderungspflicht des Teilnehmers beschränkt sich von vorneherein auf jene Tat, die er im Vollendungsfalle durch seinen ursprünglichen Tatbeitrag zurechenbar „als Teilnehmer" mitverursacht haben würde. Deshalb bleibt bei Erfassung mehrerer Tatkomplexe durch eine weit verstandene Handlungseinheit jeweils noch hypothetisch danach zu fragen, ob der tatsächlich zur Vollendung gekommene Tatkomplex dem Teilnehmer (ungeachtet seines „Rücktritts") überhaupt als vorsätzlich zuzurechnen wäre. Ist dies zu verneinen, so bleibt ihm trotz Vollendung dieses Tatkomplexes im übrigen der Rücktritt nicht verbaut. Das bedeutet, daß der Teilnehmer auch dann Straffreiheit erlangen kann, wenn nach Neutralisierung seines Beitrags die Tat zwar fortgeführt wird, dieses weitere Tatgeschehen jedoch hinsichtlich Objekt, Mittel oder sonstigen räumlich-zeitlichen Modalitäten so wesentlich vom Tatplan abweicht, daß es sich aus der Sicht des Zurücktretenden als Exzeß des Tatausführenden darstellt (Vogler LK 174, vgl. auch v. Scheurl aaO 120, Grünwald Welzel-FS 713, o. 23). Demgemäß kann die Beachtlichkeit des Rücktritts nicht zuletzt davon abhängen, ob und inwieweit es für die Mitwirkung des Teilnehmers auf eine exakte Konkretisierung der Haupttat nach Ort, Zeit und Begehungsart ankam, wie dies idR bei seiner Mitwirkung am Tatort der Fall sein wird. Hier muß bereits die Verhinderung dieser konkreten Einzeltat genügen, auch wenn sich der Haupttäter insgeheim einen erneuten Versuch für die nächste Nacht vorbehält (vgl. Lenckner Gallas-FS 301ff.). Hat der Gehilfe dagegen dem Täter Einbruchswerkzeug ganz allgemein zu fortgesetztem Diebstahl überlassen, so genügt es nicht, daß er den Täter lediglich vom ersten Einzelakt abbringt, ihm jedoch die Fortsetzung für eine andere Gelegenheit überläßt.

93 **Beispielsweise** ist nach den vorgenannten (wie teils auch schon o. 76ff. erörterten) Grundsätzen strafbefreiender Rücktritt des Teilnehmers überall dort zu verneinen, wo in der tatsächlich vollendeten Tat noch Voraussetzungen der ursprünglich begonnenen Tat mitenthalten sind: So etwa dort, wo die Anrufe zur Feststellung der Anwesenheit des Tatopfers trotz nachträglicher Umstimmungsversuche dem Mittäter die Tatbegehung erleichtert haben (vgl. Schleswig SchlHA 51, 48), aber auch da, wo etwa der Gehilfe am Tatort die für einen Raub hingegebene Waffe wieder zurücknimmt, es aber trotz seines Widerspruchs noch zu einem Diebstahl kommt (enger Vogler LK 177). Hier kann von einer Tatverhinderung ebensowenig die Rede sein wie dort, wo die Warnungen vor der Tatausführung den Mittäter nicht umzustimmen vermögen (vgl. RG HRR 33 Nr. 1898). Daher kann hier der Gehilfe allenfalls nach S. 2 Alt. 2 (u. 97ff.) Straffreiheit erlangen. Gelingt es hingegen dem Beteiligten, am Tatort den Mittätern den geplanten Einbruchsdiebstahl auszureden, nutzen diese jedoch die sich im gleichen Gebäude ergebende Gelegenheit zur Vergewaltigung einer zufällig angetroffenen Frau, so ist jedenfalls Rücktritt von der Beteiligung am Diebstahlsversuch in Betracht zu ziehen, und zwar selbst dann, wenn den zurücktretenden Gehilfen der Vorwurf einer Mitwirkung an der „neuen" Tat (etwa aufgrund pflichtwidrigen Unterlassens: § 25 RN 93) treffen sollte. Auch wenn die endgültige Tatausführung nur *zeitlich aufgeschoben*, aber keineswegs aufgegeben wird, liegt noch kein Rücktritt von dieser Tat vor; dies auch dort nicht, wo der Teilnehmer die Tat zwar für den Augenblick vereitelt, zugleich aber bewußt Voraussetzungen dafür schafft, daß sie später von den anderen Beteiligten auch ohne ihn verübt wird (vgl. BGH NJW 56, 30). Im übrigen ist die Verhinderung der versuchten, mit der „neuen" nicht mehr identischen Tat nicht bei Vollendung eines anderen Tatbestandes, sondern auch dort denkbar, wo ein *Wechsel im Tatobjekt* eintritt: So wenn z. B. statt des ursprünglich vorgesehenen Opfers, von dessen Erschießung der die Tatwaffe liefernde Gehilfe den Täter erfolgreich abgebracht hat, aufgrund eines neuen Entschlusses ein anderer Mensch umgebracht wird. Der strafbefreiende Rücktritt von der Teilnahme am Tötungsversuch schließt freilich nicht aus, daß der Gehilfe noch wegen fahrlässiger Erfolgsverursachung strafbar bleibt.

2. Rücktritt durch Verhinderungsbemühen bei Nichtvollendung ohne Zutun des Beteiligten (Abs. 2 S. 2 Alt. 1): Dies betrifft in Parallele zu Abs. 1 S. 2 bei Alleintäterschaft (o. 68ff.) vor allem den objektiv untauglichen bzw. fehlgeschlagenen Versuch: sei es, daß der Versuch bereits als solcher zum Scheitern verurteilt ist (das vom Gehilfen gelieferte Gift reicht nicht zur Tötung des Opfers), oder sei es, daß der Erfolgseintritt durch Dazwischentreten anderer Kräfte verhindert wird (z. B. durch Erfolgsabwendung durch einen Dritten oder erfolgreiche Abwehr des Opfers selbst), oder auch, daß die Tatvollendung durch Rücktritt eines anderen Beteiligten unmöglich wird (vgl. RG 56 212, Vogler LK 179). Während dieser bereits nach S. 1 Straffreiheit erlangen kann (o. 87ff.), bedarf es für Tatbeteiligte, deren Rücktrittsbemühen für die Erfolgsverhinderung nicht mehr kausal werden konnte, eines anderen Rücktrittsweges: Dieser wird durch S. 2 Alt. 1 eröffnet. 94

a) Zum objektiven **Nichteintritt der Tatvollendung** gilt Gleiches wie bei S. 1 (o. 88). Doch im Unterschied zu dort bedarf es hier *keines* tatsächlichen oder auch nur hypothetischen *Kausalzusammenhanges* zwischen Rücktritt und Nichtvollendung (vgl. M-Gössel II 336), ja nicht einmal der Feststellung des Grundes, aus dem die Tatvollendung unterblieb (Vogler LK 178). Kommt es *auf andere Weise* als ursprünglich geplant und versucht zur Vollendung einer Tat, so ist die Identität zwischen versuchter und vollendeter Tat nach den gleichen Grundsätzen zu beurteilen wie bei S. 1 (o. 91ff.). Das gilt insbes. auch für den Fall, daß der zunächst fehlgeschlagene Versuch von den übrigen Beteiligten durch einen erneuten Anlauf mit Erfolg wiederholt wird (vgl. RG 47 361). 95

b) Die geringeren Anforderungen auf objektiver Seite sind subjektiv durch das **freiwillige und ernsthafte Bemühen um Vollendungsverhinderung** auszugleichen. Damit soll der Rücktrittswillige auch nach außen hin manifestieren, daß er den Erfolgseintritt nicht einfach dem Zufall überläßt, sondern selbst um Verhinderung des tatbestandsmäßigen Erfolgs bemüht ist (vgl. Grünwald Welzel-FS 715). Zur *Freiwilligkeit* und *Ernsthaftigkeit* des Bemühens vgl. u. 101ff. 96

3. Rücktritt durch Verhinderungsbemühen bei tatbeitragsunabhängiger Vollendung (Abs. 2 S. 2 Alt. 2): Das betrifft die Fälle, in denen der Tatbeitrag des Zurücktretenden zwar für den Versuch, aber nicht mehr für die Vollendung kausal geworden ist. sei es, daß der Beteiligte seinen Beitrag im Versuchsstadium vollständig neutralisiert hat, oder sei es, daß der Beitrag von den übrigen Beteiligten nicht benutzt wird bzw. sich als überflüssig erweist (z. B. die mit dem verliehenen Einbruchswerkzeug zu öffnende Tür wider Erwarten offen ist). 97

a) Im Unterschied zu den beiden anderen Fallgruppen ist hier unschädlich, daß die versuchte Tat objektiv zur Vollendung kam. Entscheidend ist vielmehr nur, daß der *Tatbeitrag* des Zurücktretenden **für die Tatvollendung nicht mehr kausal** war. Demgemäß ist hier scharf zu unterscheiden zwischen der Kausalität des Tatbeitrags für den *Versuch,* wodurch (überhaupt erst) die Strafbarkeit der Beteiligung am Versuch begründet wird, und der Kausalität für die *Vollendung,* bei deren Fehlen zwar die Strafbarkeit für die vollendete Tat entfällt (o. 78), die Strafbarkeit wegen Beteiligung am Versuch hingegen bestehen bleibt und nur über den hier eröffneten Rücktrittsweg beseitigt werden kann. Falls die Mitursächlichkeit seines Tatbeitrags für die Vollendung nicht bereits aus anderen Gründen entfällt (etwa weil das Werkzeug nicht gebraucht wird), muß der Tatbeteiligte daher alles tun, was *objektiv notwendig und geeignet erscheint,* um seinem Tatbeitrag jede tatvollendende Wirkung zu nehmen. Das bedeutet, daß ein bloßes Sichlossagen eines Mittäters oder Teilnehmers von der Tat oder von den übrigen Tatbeteiligten keinesfalls ausreicht (so bereits RG 54 177, BGH NJW 51, 410), ebensowenig das stillschweigende Sichentfernen vom Tatort (BGH GA 66, 209; vgl. auch MDR/D 66, 22f.). Vielmehr muß der Beteiligte nicht nur körperliche Hilfsmittel wieder zurücknehmen bzw. physische Unterstützung neutralisieren, sondern auch etwa physisch entzogene, aber möglicherweise psychisch noch weiterwirkende Unterstützung beseitigen. 98

Freilich dürfen im letztgenannten Fall *psychischer Fortwirkung* des Tatbeitrags die Anforderungen nicht überzogen werden, wenn nach dieser Alternative ein Rücktritt praktisch nicht illusorisch werden soll; denn dafür bliebe kaum noch Raum, wenn man eine fortwirkende psychische Beihilfe schon allgemein darin erblicken würde, daß durch Mitwirken am Versuch der Wille der anderen Beteiligten zur Tatbegehung gestärkt worden sei (so Baumann JuS 63, 57; dagegen v. Scheurl aaO 99, 111). Denn damit wäre selbst jenem „Schmiersteher" der Rücktritt verlegt, der sich bereits zu Beginn des Versuchsstadiums dem Täter gegenüber offen von der Tat losgesagt und sogar die Polizei alarmiert hat, der Täter jedoch – motiviert durch den vom Gehilfen mitbeeinflußten Versuchsbeginn – noch vor Eintreffen der Polizei wider Erwarten bereits „ganze Arbeit" geleistet hat. Um hier Härten zu vermeiden, ist darauf abzustellen, ob der geleistete Tatbeitrag gerade *im Hinblick auf die Vollendung (noch) von einigem Gewicht* war (zust. Krauß JuS 81, 889; i. E. ähnl. Vogler LK 189ff. mit Risikoverringerungsaspekten; unter Strafwürdigkeitsaspekten v. Scheurl aaO 111; vgl. auch Gores aaO 106ff., Lackner 7c). Dies hängt wesentlich von einer Wertung im Einzelfall ab und wäre etwa dort zu 99 bejahen, wo der Teilnehmer auch nach Versuchsbeginn den Täter in seiner Tatausführung bestärkt hat, z. B. durch „Schmierestehen" bis zum Aufschneiden des Tresors.

100 Hinsichtlich der auch hier erforderlichen **Tatidentität** gilt Gleiches wie bei den beiden anderen Fallgruppen (o. 92 ff.). Mußte etwa der Täter aufgrund des Rücktritts des Teilnehmers seinen Tatplan ändern und statt des ursprünglich beabsichtigten Raubes mit völlig anderen Mitteln einen Einbruchsdiebstahl begehen, so wird wegen Nichtvollendung der ursprünglichen Tat der Teilnehmer bereits nach S. 1 straffrei (vgl. M-Gössel II 337, Vogler LK 193).

101 b) Subjektiv ist das **freiwillige und ernsthafte Bemühen um Vollendungsverhinderung** erforderlich (eingeh. Gores aaO 185 ff.). Ebenso wie beim objektiv fehlgeschlagenen Versuch (S. 2 Alt. 1: o. 96) nicht bereits das innere Abstandnehmen von der Tat genügt, darf sich auch hier der zurücktretende Teilnehmer nicht schon ohne weiteres mit der Rücknahme seines Beitrags begnügen, sondern muß, wenn er für den von ihm mitbewirkten Versuch Straffreiheit erlangen will, eine *Aktivität* entfalten, die auch *auf Verhinderung* der von ihm schon gar nicht mehr beeinflußten Tatvollendung gerichtet ist (so bereits zum ähnl. § 49 a IV a. F. BGH GA **65**, 283). Insofern stellt die Neuregelung schärfere Anforderungen an die Straffreiheit des Teilnehmers als die frühere Praxis, die in dem Falle unbeendeter Versuchsteilnahme schon das bloße Nichtweiterhandeln bzw. bei beendeter Versuchsteilnahme die Unterbindung des Fortwirkens des Tatbeitrags genügen ließ (vgl. 17. A. § 46 RN 42 f., in jenem Sinne auch § 26 II AE). Demgegenüber wird nunmehr vom Beteiligten gleichsam ein „actus contrarius" verlangt: Wie für Teilnahme ein „Doppelvorsatz" sowohl hinsichtlich der eigenen Tatunterstützung als auch der dadurch mitzubewirkenden Vollendung der Haupttat erforderlich ist (§ 26 RN 16 bzw. § 27 RN 19), so wird für den Rücktritt spiegelbildlich sowohl die Neutralisierung des eigenen Tatbeitrags als auch ein Bemühen um Verhinderung der Haupttat erwartet (h. M., vgl. Rudolphi SK 40; and. Walter JR 76, 100 ff.; krit. dazu Blei JA 76, 311, Gores aaO 184). Inwieweit dafür auch schon bloßes *Unterlassen* genügen kann, dazu o. 89.

102 Diese bewußte Verschärfung (E 62 Begr. 146), in der Schmidhäuser I 377 sogar eine Verletzung des Gleichheitsprinzips erblicken will, läßt sich jedoch nicht schon aus erhöhter Gefährlichkeit der Tatbeteiligung mehrerer begründen (so aber BT-Drs. V/4095 S. 12; dagegen Roxin JuS 73, 333). Erklärbar ist sie vielmehr allenfalls auf dem Boden einer (wenngleich bedenklich weitgefaßten) „Eindruckstheorie" damit, daß die durch Teilnahme am Versuch mitbewirkte Rechtserschütterung der Allgemeinheit (vgl. 23 vor § 22) nicht schon dadurch beseitigt ist, daß der Teilnehmer die konkrete Gefährlichkeit seines Tatbeitrags wieder aufhebt (so aber offenbar Lenckner Gallas-FS 306), sondern erst dann, wenn sich der zurücktretende Teilnehmer voll auf die Seite des durch sein Vorverhalten mittelbar angegriffenen Rechtsguts stellt und damit manifest von der Tat distanziert (Grünwald Welzel-FS 711; ähnl. Gores aaO 248 f., Jescheck 486 f.; krit. auch Lackner 7 b, Vogler LK 154 ff.).

103 Im einzelnen muß der Teilnehmer – ähnlich wie in Abs. 1 S. 2 der Alleintäter (o. 71) – alles tun, was ihm **zur Vollendungsverhinderung notwendig und geeignet** erscheint. Zwar kann dafür schon die Rücknahme des Tatbeitrags genügen (so z. B. dadurch, daß er mit seinem für den Abtransport der Beute erforderlichen Lkw davonfährt), dies aber nur dann, wenn er nicht damit gerechnet hat, daß sich die übrigen Tatbeteiligten mit ihren eigenen Pkws behelfen werden; andernfalls muß er sie von der weiteren Tatausführung abzubringen versuchen (vgl. BGH NStZ **83**, 364). Ähnlich muß der Diebstahlsgehilfe nicht nur den zum Warenlager führenden Schlüssel, sondern auch etwaige davon angefertigte Nachschlüssel zurückverlangen (daher RG **55** 10 nur haltbar bei Annahme einer neuen Tat; vgl. auch BGH NJW **51**, 410). Bieten sich ihm *mehrere Verhinderungsmöglichkeiten,* braucht er zwar nicht sogleich die aussichtsreichste zu wählen und – im Unterschied zum Alleintäter – auch nicht unbedingt alle Möglichkeiten der Vollendungsverhinderung auszuschöpfen (insofern zutr. Grünwald Welzel-FS 715 f., Rudolphi SK 41; vgl. auch Otto JA 80, 709); jedoch wird er von dem Erfordernis zusätzlicher Bemühungen nur und dann erst frei, wenn er eine an sich geeignete und ausreichend erscheinende Maßnahme ergriffen hatte (daher i. E. richtig Bay JR **61**, 269 f.; and. Jakobs 622, Rudolphi SK 41; wie hier Gores aaO 200 ff., i. E. auch Vogler LK 184). Denn letztentscheidend ist, daß er das durch die Beteiligung (mit)geschaffene Vollendungsrisiko aus seiner Sicht wieder restlos beseitigt (vgl. Haft JA 79, 312). Zum Rücktrittsbemühen durch Nichterbringung weiterer Tatbeiträge vgl. o. 89. Obgleich die Art und Geeignetheit der zur Vollendungsverhinderung erforderlichen Maßnahmen grundsätzlich aus der **Sicht des Täters** zu beurteilen ist (Grünwald aaO 715) und diesem dabei auch *keine gesteigerte Gewissenhaftigkeit* in der Wahl seiner Mittel abverlangt werden kann (Lenckner aaO 297 ff.), findet diese subjektive Betrachtung doch dort ihre Grenze, wo die vom Tatbeteiligten ergriffenen Maßnahmen jedem Einsichtigen von vornherein als völlig sinn- und aussichtslos erscheinen müssen, so z. B. das „Gesundbeten" eines bereits Vergifteten. Denn ganz abgesehen davon, daß in solchen Fällen bereits die subjektive Ernsthaftigkeit des Bemühens einer kritischen Prüfung zu unterziehen ist, kann auch für **„abergläubische" Verhinderungsbemühungen** schwerlich anderes gelten als für den umgekehrten

Fall des „abergläubischen" Versuchs: Ebensowenig, wie diesem mangels rechtserschütternden Eindrucks strafbegründende Wirkung zukommen kann (§ 23 RN 13), so wenig vermag umgekehrt ein actus contrarius, den niemand ernst nehmen kann, den rechtserschütternden Eindruck zu löschen, den die Teilnahme am Versuch mitbewirkt hat (Jakobs 620, Vogler LK 184). Falls daher irrealen Verhinderungsmaßnahmen nicht schon generell die Rücktrittsqualität abzusprechen wäre (dagegen Lenckner aaO 298 FN 43), bleiben – nicht zuletzt auch zur Ausschaltung von bloßen Schutzbehauptungen – an die Ernsthaftigkeit des Bemühens umso strengere Anforderungen zu stellen.

c) Zu der auch hier erforderlichen **Freiwilligkeit** des Verhinderungsbemühens vgl. o. **104** 44 ff., sowie speziell zu den in Abs. 1 S. 2 parallelen Fällen, in denen der Tatbeteiligte das Fehlschlagen seines Tatbeitrags sofort erkennt, o. 72.

d) Wenn die Tat zwar unabhängig vom früheren Tatbeitrag des Beteiligten zur Vollen- **105** dung kommt (o. 98), es jedoch an einem ernsten und freiwilligen **Verhinderungsbemühen fehlt** (o. 101 ff.), dann bleibt der Betreffende wegen Beteiligung am Versuch strafbar (Lackner 7 c, v. Scheurl aaO 144; and. Walter JR 76, 102, der in Verkennung der Bemühensklausel Straffreiheit annimmt).

IV. Die vorgenannten Rücktrittswege gelten – abgesehen vom Fall gemeinschaftlichen **106** Rücktritts aller Tatbeteiligten (o. 73) – für jede Art von Tatbeteiligung, also auch für den **mittelbaren Täter** (Stratenwerth 237; and. für Abs. 1 mit allerdings weithin gleichen Ergebnissen Vogler LK 145; diff. M-Gössel II 285), während das unmittelbar allein handelnde Werkzeug, falls überhaupt wegen Versuchs strafbar, idR nach Abs. 1 zurücktreten kann (vgl. BGH **35** 349). Sofern der mittelbare Täter die Tatvollendung nicht durch eigene Rücktrittstätigkeit verhindert, wird ihm ein Rücktritt des Werkzeugs nur dann zugute kommen, wenn dieses nach den von Anfang an für einen bestimmten Fall erteilten Weisungen des mittelbaren Täters oder nach dessen nachträglicher Instruktion zurückgetreten ist, wenn es also in „bewußter Willensvertretung" des mittelbaren Täters gehandelt hat (vgl. RG **39** 41, **56** 211). Dies wird bei einem *gutgläubigen* Werkzeug regelmäßig der Fall sein, bei einem *bösgläubigen* nur dann, wenn es sich auch hinsichtlich des Rücktritts dem Hintermann unterordnet (daher i. E. zw. RG **39** 41; vgl. Eser II 133 f.). Andernfalls wirkt der Rücktritt des Werkzeugs nach allgemeinen Grundsätzen (o. 73) nur für dieses selbst. Auch durch nachträgliche Genehmigung des Verhaltens seines Werkzeugs kann der mittelbare Täter keine Straffreiheit mehr erlangen. Um einen solchen Fall handelt es sich allerdings nicht schon dort, wo das Werkzeug angesichts einer Veränderung der Sachlage zurückkehrt, um neue Weisungen einzuholen: Gibt aufgrund dessen der mittelbare Täter die Weiterführung der Tat auf, so liegt darin ein strafbefreiender Rücktritt (vgl. Schröder MDR 49, 717, Vogler LK 147).

D. Wirkungen des Rücktritts

I. 1. Die **Hauptwirkung** des Rücktritts besteht darin, daß der Täter „wegen Versuchs **107** nicht bestraft" wird (Abs. 1 S. 1). Das bedeutet, daß der Täter hinsichtlich des **Versuchs straffrei** wird und insoweit freizusprechen ist. Die Verfahrenskosten sind der Staatskasse aufzuerlegen.

Gegenüber dieser bereits auf § 46 a. F. zurückgehenden Regelung stellen neuere Rücktrittsregeln **108** dem Richter einen erheblich weitergehenden Spielraum zur Verfügung. Dies geschieht in der Weise, daß der Richter bei Vorliegen eines Rücktritts oder einer analogen Situation eine **mildere Strafe** als die gesetzlich vorgesehene unter Aufrechterhaltung des Schuldspruches **von Strafe absehen** kann (vgl. z. B. §§ 83 a, 84 V, 87 III, 98 II, 129 VI, 316 a II; zum Absehen von Strafe vgl. 54 vor § 38). Angesichts der Tatsache, daß die den Täter bestimmenden Motive mit unterschiedlicher Stärke auf seinen Entschluß zum Rücktritt eingewirkt haben können, sind diese variablen Regelungen der des § 24 an sich vorzuziehen (vgl. auch Bergmann ZStW 100, 353 ff., Burkhardt aaO 184 ff., Schünemann GA 86, 326). Da aber der Gesetzgeber bei Neufassung des § 24 auf eine derartige Anpassung verzichtet hat, ist für die Beseitigung dieser Unstimmigkeiten im Wege der Analogie kein Raum. Vgl. auch u. 121.

2. Straflos ist grundsätzlich nur der *Versuch als solcher*. Liegt in dem, was sich als Versuch **109** (z. B. eines Mordes) darstellt, zugleich ein vollendetes Delikt (Körperverletzung oder Vergiftung), dann ist dieses nicht straflos (BGH StV **81**, 397, NStE **Nr. 6**): sog. **qualifizierter Versuch**. Konkurriert z. B. ein versuchter Betrug mit einer vollendeten Urkundenfälschung, so bleibt die Urkundenfälschung bei Rücktritt vom versuchten Betrug strafbar. Dies gilt auch bei Gesetzeskonkurrenz, wie etwa zwischen §§ 255, 22 und § 241 (vgl. Karlsruhe NJW **78**, 332); auch kann nicht jemand wegen eines Delikts deshalb straflos bleiben, weil er ein schwereres beabsichtigte (RG **68** 207). Beim Rücktritt von § 177 kann daher z. B. noch we-

gen gewaltsam vorgenommener sexueller Handlung bestraft werden (RG **23** 225, BGH **1** 156, **7** 300, **17** 1, Düsseldorf StV **83**, 65); ebenso zum Verhältnis von §§ 177, 22 und § 185 BGH StV **82**, 14.

110 3. Jedoch können zugleich mit dem Versuch begangene **vollendete Delikte ausnahmsweise** dann von der Rücktrittswirkung erfaßt werden, wenn diese Tatbestände – bezüglich desselben Rechtsgutes – im Verhältnis von Verletzungs- zu konkretem Gefährdungsdelikt stehen (Rudolphi SK 44, Walter aaO 53f., 149). Denn die im Versuch liegende Gefährdung soll wegen § 24 dem Täter nicht mehr zur Last fallen; dies muß auch dann gelten, wenn für die (konkrete) Gefährdung noch ein Sondertatbestand besteht. Daher ist beim Rücktritt vom Mordversuch Bestrafung nach § 223a in der Form der lebensgefährdenden Behandlung (nicht aber nach § 223) ausgeschlossen (and. RG DJ **38**, 723; vgl. auch § 212 RN 24); ebensowenig kann bei tätiger Reue nach § 310 eine Bestrafung aus § 310a erfolgen. Anders ist es dagegen, wenn das vollendete Delikt eine abstrakte Gefährdung beinhaltet, weil diese weiter als die im Versuch liegende Gefährdung ist. Der Rücktritt vom Tötungsversuch läßt also etwa die Strafbarkeit wegen unbefugten Waffenführens unberührt (vgl. 129 vor § 52). Diese Erstreckung der Rücktrittswirkungen gilt auch in Fällen selbständig strafbarer **Vorbereitungshandlungen**, und zwar selbst dann, wenn diese eigene Rücktrittsregeln besitzen (z. B. §§ 31 [vgl. § 30 RN 7 sowie BGH **14** 378], § 83a II) und deren – von § 24 abweichende – Voraussetzungen im Einzelfall nicht vorliegen (vgl. auch M-Gössel II 89). Auch bei tateinheitlichem Zusammentreffen verschiedener Versuche (z. B. von § 178 und § 240) kann durch Rücktritt von einem auch der andere straffrei werden (vgl. BGH NStE **Nr. 1** zu § 178; vgl. aber dazu auch § 240 RN 39). Begeht der Täter nach Scheitern eines ersten Versuchs einen **neuen Versuch** und tritt er von letzterem zurück, dann erstreckt sich die Wirkung des Rücktritts nicht auf den ersten Versuch (RG JW **36**, 324; vgl. auch o. 14ff.). Bei Delikten, die gegenüber dem versuchten Hauptdelikt **nicht ins Gewicht** fallen (§ 303 gegenüber §§ 211, 22), erscheint eine Einstellung nach § 154a StPO angebracht (Vogler LK 204).

110a 4. Zur Verhängung von **Maßnahmen** nach Rücktritt vgl. o. 5.

111 II. 1. Bei **Tatbeteiligung Mehrerer (Abs. 2)** wird ein zurücktretender Tatbeteiligter hinsichtlich *jeder Beteiligungsform straffrei*. Für Vorstufen der Teilnahme (§ 30) ergibt sich dies idR bereits aus § 31. Doch selbst soweit dieser strengere Anforderungen stellt (vgl. dort RN 3), werden die Vorstufen der Teilnahme durch den Rücktritt vom Versuch der Haupttat miterfaßt (vgl. BGH **14** 378, M-Gössel II 89, Vogler LK 199f.; and. D-Tröndle 18). Entsprechendes muß auch in Bezug auf die übrigen Beteiligungsformen gelten. Tritt z. B. ein Mittäter strafbefreiend zurück, so ergreift die Rücktrittswirkung auch die Anstiftung des anderen Mittäters, sofern der Rücktritt bewirkt, daß die Tat nicht mehr zur Vollendung kommen kann.

112 2. Bei freiwilligem **Rücktritt aller Tatbeteiligten** tritt für jeden Straflosigkeit ein. Führt einer der Komplizen aufgrund eines neuen Entschlusses unter Benutzung von Vorbereitungen, die beim Versuch bereits gemeinsam getroffen worden waren, die Tat später dann doch aus, so ist dies für die übrigen unschädlich (vgl. RG **47** 361, **55** 106), da eine *neue* Tat.

113 III. Möglich ist auch ein **Teilrücktritt**: so etwa dadurch, daß der Alleintäter statt der beabsichtigten *Qualifizierung* nur noch den Grundtatbestand verwirklicht (zust. Vogler LK 208): z. B. die mitgeführte Waffe nach Versuchsbeginn, aber noch vor Wegnahme der Sache wegwirft; denn ganz abgesehen davon, daß selbst bei den §§ 244 I Nr. 1, 250 I Nr. 1 das Mitführen unter der stillschweigenden Voraussetzung steht, letztlich für die Tatausführung förderlich zu sein (vgl. § 244 RN 5), wird durch die grundsätzliche Möglichkeit, dieses Erschwerungsmerkmal schon durch Mitführen beim Versuch zu verwirklichen (§ 244 RN 6), ein Rücktritt davon naturgemäß nicht ohne weiteres ausgeschlossen (kurzschlüssig verkannt von BGH NStZ **84**, 216 m. abl. Anm. Zaczyk; i. E. wie hier auch Streng JZ 84, 655f. m. Hinw. auf BGH **26** 105; vgl. auch Zipf Dreher-FS 395 zu § 243 II). Ferner kommt in Frage, daß der Täter vom Versuch *mehrerer Delikte* zurücktritt und (wie z. B. beim qualifizierten Versuch: o. 109) nur noch wegen vollendeter Teilakte strafbar bleibt (vgl. BGH **35** 185). Ähnlich ist bei *Tatbeteiligung Mehrerer* ein Teilrücktritt in der Weise denkbar, daß sich ein Tatbeteiligter von bestimmten Teilakten lossagt: Zwar kann er dadurch, sofern die Kausalität seines Tatbeitrags noch fortwirkt, keine volle Straffreiheit erlangen (vgl. o. 76ff., 81); wohl aber ist anzuerkennen, daß das Lossagen eines Mittäters seinen fortwirkenden Tatbeitrag nur noch als den eines Gehilfen erscheinen läßt. Daher bleibt nur wegen Beihilfe strafbar, wer das als Mittäter gelieferte Diebeswerkzeug vergeblich zurückfordert, im übrigen aber jede weitere Unterstützung des Einbruchs verweigert.

114 IV. Hinsichtlich der **Strafzumessung** ist namentlich folgendes zu beachten:
1. Kommt es aus einem der vorgenannten Gründe zu keinem vollen Freispruch, so darf der Vorsatz, das wegen Rücktritts straflos gewordene Delikt zu begehen, bei der *Strafzumessung für das verbleibende Delikt* nicht strafschärfend berücksichtigt werden (BGH MDR **65**, 837, MDR/D **66**,

726, MDR/H **80**, 813, NStZ **89**, 114; and. D-Tröndle 18). Ebensowenig wäre es zulässig, bei der Strafzumessung für ein zur Vollendung gekommenes Delikt strafschärfend anzulasten, daß der Täter einen Wiederholungsakt unternommen hat, falls er davon freiwillig zurückgetreten ist.

2. Problematisch ist die Behandlung der Fälle, in denen die **Rücktrittsvoraussetzungen** zwar nicht 115 insgesamt, aber doch **zum Teil vorliegen:** so etwa bei einem Verhalten, das zwar nicht als völlig freiwillig bezeichnet werden kann, aber doch eine gewisse Verdienstlichkeit aufweist, oder bei einer tätigen Reue, bei der die Tat zwar entdeckt war, der Täter jedoch den entscheidenden Anteil an der Rettung seines Opfers gehabt hat. Obwohl in diesen Fällen § 24 nicht zur Straflosigkeit führen kann, wird man doch den Rechtsgedanken anderer Rücktrittsvorschriften, wonach die Strafe lediglich herabgesetzt werden kann (vgl. o. 108), insoweit verwenden können, als bei der Strafzumessung das Vorliegen eines Teils der Rücktrittsvoraussetzungen strafmildernd zu berücksichtigen ist (Vogler LK 207). Gleichermaßen wäre zu verfahren, wenn der Täter von einer weiteren geplanten (aber noch nicht versuchten) Rechtsgutverletzung Abstand nimmt (BGH NStZ **89**, 114).

E. Sonstige Rücktrittsregelungen

I. **Rücktritt vom vollendeten Delikt.** Ist die Tat *vollendet* (dazu 2 vor § 22), so kommt ein 116 Rücktritt jedenfalls *nicht nach* § 24 in Betracht. Jedoch hält das StGB für bestimmte (formell) vollendete Delikte ausnahmsweise Rücktrittswege offen (wie z. B. in §§ 31, 83a, 149 II, 264 IV, 311c, 316a II), die z. T. auf ähnlichen Prinzipien wie § 24 aufgebaut sind. Da der Auswahl dieser Vorschriften offensichtlich kein anderes Prinzip als das des Zufalls zugrunde liegt (vgl. Schröder Kern-FS 462f., aber auch Bottke aaO 341f., 690), müssen, soweit entsprechende Rücktrittsvorschriften fehlen (wie z. B. in den §§ 234a III, 257, 265, 323c, 334 III), je nach der Sachlage die Regelungen der §§ 31, 83a, 310, 316a II, nicht aber die des § 24 (so jedoch Kohlrausch-Lange § 46 Anm. IV 1 für die Unternehmenstatbestände), analoge Anwendung finden (Stratenwerth 213; zust. BGH **6** 87 für § 234a III, BGH **14** 217 für § 323c, BGH **15** 199 für § 122 II; and. RG **56** 95 gegen § 310 bei § 265; für gesetzl. Anpassung Wersdörfer AnwBl 87, 74 ff.; eingeh. Schröder Kern-FS 462f.; i. gl. S. ausdehnende de lege ferenda für alle Delikte mit nur formaler Vollendung Berz aaO 81, 83, 98f., 122ff., 137ff.; vgl. auch § 11 RN 51). Entsprechendes muß für die §§ 267, 268 gelten, wo das Herstellen der Falsifikate materiell nur Vorbereitung zum Gebrauchmachen oder Inverkehrbringen ist. Daher bleibt straflos, wer eine unechte Urkunde herstellt, sie aber vor dem bestimmungsgemäßen Gebrauch wieder vernichtet (and. Vogler LK 214 mwN). *Im übrigen* ist ein strafbefreiender Rücktritt vom vollendeten Delikt grds. nicht möglich. Ausnahmen enthalten z. B. die §§ 158, 310, 311c, ferner § 371 AO (allg. dazu Braun wistra 87, 233ff., Lenckner/Schumann/Winkelbauer wistra 83, 123, 172 sowie spez. zur sog. Zinssteueramnestie Schünemann StVj 89, 3ff.; zu verfassungsrechtlichen Einwänden AG Saarbrücken NStZ **83**, 176). Vgl. auch § 153e StPO.

II. Soweit das StGB außer § 24 noch **anderweitige Rücktrittsregelungen** enthält, liegen ihnen sehr 117 *unterschiedliche Strukturprinzipien* zugrunde, da sie aus den verschiedensten Epochen der Rechtsentwicklung stammen. So vermeidet z. B. § 310 noch die Verwendung des Begriffes der Freiwilligkeit und umschreibt dessen Voraussetzungen mit anderen, zum Teil rein objektiven Kriterien, während die neueren Rücktrittsregelungen ausschließlich auf dem Prinzip der Freiwilligkeit aufgebaut sind (vgl. etwa §§ 83a, 129 VI), teils aber auch (wie § 330b) objektive und subjektive Kriterien miteinander verbinden. Auch basiert § 310 noch auf der Erwägung, daß der Täter das Risiko der Erfolgsabwendung allein zu tragen habe; daher wird ihm Rücktritt verweigert, wenn nicht sein Verhalten, sondern andere Umstände den Eintritt des Erfolgs verhindert haben. Die modernere Regelung der §§ 24, 31 II honoriert demgegenüber auch das ernstliche Bemühen um eine Beseitigung der Folgen des Versuchs (zur Harmonisierung der Rücktrittsvorschriften auf dieser Basis Römer MDR 89, 945 ff.), setzt freilich aber auch voraus, daß der Erfolg – allerdings auf Grund anderer Kausalfaktoren – ausgeblieben ist. Vor allem aber zeigen die rechtlichen Konsequenzen des Rücktritts in den einzelnen Bestimmungen ein völlig unterschiedliches Gesicht. Während z. B. in den §§ 24, 31, 149 II, 310 der Richter nur die Wahl zwischen Verurteilung und Freispruch hat, stellen ihm andere Rücktrittsregelungen ein reiches Repertoire von Möglichkeiten zur Verfügung (vgl. §§ 83a, 84, 87, 98, 129, 316a, 330b). So kann er z. B. das gesetzliche Mindestmaß der Strafe unterschreiten, auf eine mildere Strafart erkennen oder von Bestrafung ganz absehen, wenn der Täter freiwillig zurückgetreten ist (vgl. Bergmann, Die Milderung der Strafe nach § 49 Abs. 2 StGB, 1988, 153 ff., 194 ff.). Diese Regelung verdient an sich den Vorzug, weil die Freiwilligkeit des Täters durch äußere Umstände derart mitbestimmt sein kann, daß das Verdienst, das in seinem Rücktritt liegt, eine große Zahl von Wertstufen durchlaufen kann (dazu de lege ferenda Bergmann ZStW 100, 357f.). Wer, allein von Reue gepackt, seine Tat aufgibt, verdient eine andere rechtliche Behandlung als derjenige, auf den nur äußere Faktoren, z. B. Überredung oder Drohung eingewirkt haben (vgl. z. B. BGH **21** 217). Insgesamt betrachtet weist die Gesamtheit aller Rücktrittsvorschriften nach wie vor ein so buntscheckiges Bild auf, daß von Rechtsgleichheit und Gerechtigkeit nicht gesprochen werden kann. Wenn dies auch in erster Linie zu Forderungen an den Gesetzgeber führen muß, kann jedoch auch de lege

Vorbem §§ 25 ff. Allg. Teil. Die Tat – Täterschaft und Teilnahme

lata durch eine großzügige Analogie versucht werden, die gröbsten Unebenheiten auszugleichen (vgl. Bottke aaO 340ff.). Im einzelnen sind folgende **Analogieschlüsse** zu ziehen:

118 1. Eine analoge Anwendung ist zunächst insofern erforderlich, als der Grundgedanke der § 24 I S. 2, § 31 II der modernen Rechtsauffassung entspricht und in gewissem Umfang schon das **ernstliche Bemühen** honoriert, auf alle Fälle des Rücktritts übertragen werden muß, bei denen das Gesetz noch verlangt, daß der Erfolg allein durch die Tätigkeit des Zurücktretenden abgewendet worden ist (vgl. etwa § 310).

119 2. Eine Analogie ist weiter insofern erforderlich, als die zufälligen Ergebnisse, die bei den **Unternehmenstatbeständen** und bei den selbständig strafbaren Vorbereitungshandlungen bestehen, dadurch auszugleichen sind, daß die jeweils passende Rücktrittsnorm aus dem Katalog derjenigen Bestimmungen angewendet wird, die das Rücktrittsproblem bei derartigen Situationen tatsächlich geregelt haben (vgl. § 11 RN 51).

120 3. Zweifelhaft ist jedoch, ob der sich verschiedentlich vorfindende Rechtsgedanke, wonach eine bloße Gefahrminderung (vgl. § 83a) oder gar ein bloßes Bemühen des Täters (vgl. §§ 84 V Hbs. 1, 129 VI Nr. 1) honoriert wird, auf alle Rücktrittsregelungen übertragen werden kann. Zweifelhaft ist dies deswegen, weil die Bestimmungen, in denen sich dieser Rechtsgedanke findet, Situationen erfassen, die von dem normalen Typus des Rücktritts nach § 24 erheblich abweichen. Es handelt sich um sog. **Organisationsdelikte**, bei denen der einzelne Täter u. U. nur ein kleines Rädchen in einer großen Maschinerie ist und deswegen die Rücktrittsregelung bedeutungslos wäre, wollte man hier eine erfolgreiche Abwendung des Erfolges oder der Gefahr verlangen (vgl. Schröder H. Mayer-FS 386f.). Man wird aus diesem Grunde Analogieschlüsse nur bei solchen Tatbeständen zulassen können, die eine entsprechende Grundsituation aufweisen.

121 4. Endlich ist es auch **unmöglich,** die Unstimmigkeiten hinsichtlich unterschiedlicher Rücktrittswirkungen (o. 108) einfach durch **Analogie** zu beseitigen (i. gl. S. Mayer aaO 360ff.). Dies gilt zunächst für die Unterschiedlichkeit zwischen den traditionellen Bestimmungen, nach denen der Richter nur die Wahl zwischen Strafbarkeit und Straffreiheit hat, und den moderneren Vorschriften, die die Möglichkeit einer Reduzierung der Strafe, der Verhängung einer anderen Strafart oder des Absehens von Strafe enthalten. Hier würde sich die Analogie zum Nachteil des Täters auswirken und ist deshalb unzulässig (vgl. § 1 RN 26f.). Ferner kann auch nichts dagegen unternommen werden, daß das Gesetz in manchen Rücktrittsvorschriften die Möglichkeit des Absehens von Strafe und die völliger Straffreiheit mit dem Ergebnis eines Freispruchs nebeneinanderstellt (vgl. § 129 VI, § 311c), obwohl z. B. nicht überzeugend zu begründen ist, daß § 129 VI denjenigen, der durch Offenbarung eines Deliktsplanes die Straftaten der Vereinigung verhindert, äußerstenfalls mit einem Absehen von Strafe belohnt, während bei Verhinderung des Fortbestehens der Vereinigung oder auch nur einem ernstlichen Bemühen darum Straffreiheit eintritt.

Dritter Titel. Täterschaft und Teilnahme

Vorbemerkungen zu den §§ 25 ff.

Übersicht

A. Allgemeines	1
B. Begriff und Formen der Täterschaft ..	5
I. Restriktiver Täterbegriff	6
II. Extensiver Täterbegriff	8
III. Doppelter Täterbegriff	10
IV. Einheitstäterbegriff	11
C. Begriff, Formen und Akzessorietät der Teilnahme	13
I. Definition	14
II. Strafgrund	16
III. Akzessorietät	21
IV. Objektive und subjektive Voraussetzungen der Teilnahme	41
V. Notwendige Teilnahme	46
VI. Zusammentreffen mehrerer Beteiligungsformen	48
D. Abgrenzung zwischen Täterschaft und Teilnahme	51
I. Nicht mehr gesetzeskonforme Abgrenzungstheorien	53
II. Noch vertretbare Abgrenzungstheorien	60
III. Eigene Auffassung	69
IV. Höchstrichterliche Rechtsprechung nach 1975	87
E. Täterschaft und Teilnahme am Unterlassungsdelikt und Beteiligung durch Unterlassen	98
F. Strafrechtliche Verantwortlichkeit von juristischen Personen, Personenverbänden usw.	112

Vorbemerkungen zu den §§ 25 ff.   **Vorbem §§ 25 ff.**

Stichwortverzeichnis
Die Zahlen bedeuten die Randnoten

Aberratio ictus bei Teilnahme 45
Abgrenzung Täterschaft/Teilnahme 51 ff.
   final-objektive – 62
   formal-objektive – 53
   „Ganzheits" – 58, 67
   „Kombinations" – 90
   materiell-objektive – 61
   subjektive – 56 ff.
Abhängigkeit der Teilnahme, s. Akzessorietät
agent provocateur 17
Akzessorietät der Teilnahme, allgemein 21 ff.
   Auswirkungen der – 24 ff.
   limitierte – 23 ff.
   Voraussetzungen der – 26 ff.
   Vorsatz des Haupttäters – 29 ff.
Animus auctoris, s. Täterwillen
Animus socii, s. Teilnehmerwillen
Anstiftung
– durch Unterlassen 101 ff.
– bei Unterlassungsdelikten 99 f.
– Urheberschaft 30 f.

Beihilfe
– durch Unterlassen 101 ff.
– bei Unterlassungsdelikten 99 f.
Beteiligungsformen 1 f.
   Zusammentreffen mehrerer – 48 f.

Doloses Werkzeug 80 ff.

Eigenhändige Delikte
   Täterschaft bei – 1, 8, 30, 74
   Teilnahme an – 31, 105
Entschuldigungsgründe beim Täter 36
Error in objecto bei Teilnahme 45
Extensiver Täterbegriff 8 f.
Exzeß des Täters 43

Fahrlässigkeit, Teilnahme 15
Finale Handlungslehre, Täterbegriff der – 10
Final-objektive Teilnahmetheorie 62
Förderungstheorie 17
Formal-objektive Teilnahmetheorien 53
Funktionelle Tatherrschaft 86

Garantenstellung der Beteiligten 104 ff.

Handlungsherrschaft, s. Tatherrschaft
Haupttat, schuldhafte 36
– vorsätzliche 29 ff.
Herrschaftsdelikte 71, 75
Hintermann, s. auch mittelbare Täterschaft 45
   Irrtum des – 83

Irrtum
– des Hintermannes 83
   Verbotsirrtum bei Vordermann 33 f.
– des Werkzeugs 45
– des Täters über Voraussetzungen eines Rechtfertigungsgrundes 32

Juristische Personen, strafrechtliche Verantwortlichkeit von – 112 f.

Kettenanstiftung 28

Limitierte Akzessorietät 23 ff.

Materiell-objektive Teilnahmetheorien 61
Mehrere Beteiligungsformen nebeneinander 48 ff.
Mittäterschaft allgemein 1, 5 ff., 84 ff.
– als Täterschaft 6, 14
   Tätervorstellung 64, 84 f.
   Täterwille bei – 56
– als Teilnahme 14
– bei Unterlassungsdelikten 104
Mittelbare Täterschaft, allgemein 1, 6, 31, 33, 37, 80 ff.
– bei eigenhändigen Delikten 74
   Irrtumsfragen 83
– bei Sonderdelikten 71 f.
– bei Unterlassungsdelikten 73, 100
– Urheberschaft 30

Nebentäterschaft 1
Notwendige Teilnahme 46 f.

Objektive Strafbarkeitsbedingungen bei Teilnahme 39
Organe, strafrechtliche Verantwortlichkeit von – 112 f.

Personenverbände, strafrechtliche Verantwortlichkeit von – 112 f.

Restriktiver Täterbegriff 6 f.

Sonderdelikte 17, 30 f., 71 f.
Strafaufhebungs-, Strafausschließungs-, Straftilgungsgründe beim Haupttäter 38
Strafausdehnungsgründe 7
Strafbarkeitsbedingungen, objektive – bei Teilnahme 39
Strafdrohung bei der Teilnahme 14
Strafeinschränkungsgründe 8
Strenge Akzessorietät 22
Subjektive Teilnahmetheorien 56 ff.

Tat, rechtswidrige 27 ff.
– schuldhafte 36 f.
– vorsätzliche 29 ff.
Täterbegriff
   doppelter – 10
   Einheitstäter 11 f.
   extensiver – 8 f.
– bei der finalen Handlungslehre 11 f.
   restriktiver – 6 f.
Täterschaft, allgemein 1, 5 ff.
– bei eigenhändigen Delikten 9, 30, 74
– bei eigenhändiger Tatbestandsverwirklichung 1, 6, 79, 104
   mittelbare – s. dort
– bei Sonderdelikten 71 f.
– bei Unterlassungsdelikten 100 f., 103 ff.
Tätervorstellung
– bei Bewertung des Verhaltens 64

Vorbem §§ 25 ff.   Allg. Teil. Die Tat – Täterschaft und Teilnahme

– bei Mittäterschaft 84 f.
Täterwillen (animus auctoris) 56
Tatherrschaft 62 f., 66, 80, 84, 86
   finale – 62
   Förderungstheorie 17
   funktionelle – 86
– bei Unterlassungsdelikten 101
   Willensherrschaft 80
Teilnahme, allgemein 2, 14, 17
   aberratio ictus bei – 45
   error in obiecto bei – 45
   fahrlässige – 15
   notwendige – 46 f.
   Strafdrohung bei der – 14
   Strafgrund der – 16 ff.
– und Täterschaft, s. Abgrenzung
   Theorien der – s. Abgrenzung
– durch Unterlassen 101 ff.
– an Unterlassungsdelikten durch Unterlassen 110
   versuchte 2 f., 83
   Verursachertheorie 17
   vorsätzliche – 15
Teilnehmerwillen (animus socii) 56 f., 73

Unmittelbarer Täter 6, 79 f.
Unterlassungsdelikte
   Beteiligung als Täterschaft 104
   Teilnahme an – 99 f.
   Teilnahme durch Unterlassen 101 ff.
Urheberschaft 30 f.

Verbotsirrtum
– des Sonderpflichtigen 31
– des Vordermannes 33
Versuchte Teilnahme 2 f., 83
Vertreter, s. Organe
Verursachungstheorie 17
Vorausgegangenes Tun der Beteiligten 109
Vorsatz-Fahrlässigkeitskombination 34
Vorsatz des Haupttäters für Akzessorietät 29 ff.

Werkzeug, s. mittelbare Täterschaft
   Irrtum des – 45
Willensherrschaft 80
Willensrichtung der Beteiligten, s. subjektive Teilnahmetheorie

Zurechnung fremden Verhaltens 6

Schrifttum: Auerbach, Die eigenhändigen Delikte, Diss., 1978. – *Bähr*, Restriktiver und extensiver Täterbegriff, StrAbh. Heft 331 (1933). – *Baumann*, Beihilfe bei eigenhändiger voller Tatbestandserfüllung, NJW 63, 561. – *ders.*, Die Tatherrschaft in der Rspr. des BGH, NJW 62, 374. – *ders.*, Täterschaft und Teilnahme, JuS 63, 51, 85, 125. – *ders.*, Mittelbare Täterschaft oder Anstiftung bei Fehlvorstellungen über den Tatmittler, JZ 58, 230. – *ders.*, Nichthinderung einer Selbsttötung, JZ 87, 131. – *Beling*, Zur Lehre von der „Ausführung" strafbarer Handlungen, ZStW 28, 589. – *Bemmann*, Zum Fall Rose-Rosahl, MDR 58, 817. – *ders.*, Zur Umstimmung des Tatentschlossenen zu einer schwereren oder leichteren Begehungsweise, Gallas-FS 273. – *Berges*, Der gegenwärtige Stand der Lehre vom dolosen Werkzeug in Wissenschaft und Rechtsprechung, StrAbh. Heft 333 (1934). – *Bilsdorfer*, Anstiftung zur Strafvereitelung durch Verwaltungsanweisung zum Steueramnestiegesetz, DB 89, 397. – *Binding*, Die Formen des verbrecherischen Subjekts, GS 78, 1. – *ders.*, Die drei Subjekte strafrechtlicher Verantwortlichkeit: der Täter, der Verursacher und der Gehilfe, GS 71, 1. – *Bindokat*, Negative Beihilfe und vorausgegangenes Tun, NJW 60, 2318. – *ders.*, Fahrlässige Beihilfe, JZ 86, 421. – *ders.*, Fahrlässige Mittäterschaft im Strafrecht, JZ 79, 434. – *Birkmeyer*, Teilnahme am Verbrechen, VDA II 1. – *ders.*, Die Lehre von der Teilnahme und die Rechtsprechung des Reichsgerichts, 1890. – *Bloy*, Anstiftung durch Unterlassen?, JA 87, 490. – *ders.*, Die Beteiligungsform als Zurechnungstypus im Strafrecht, 1985. – *Bockelmann*, Zur Problematik der Beteiligung an vermeintlich vorsätzlich rechtswidrigen Taten, Gallas-FS 261. – *ders.*, Über das Verhältnis von Täterschaft und Teilnahme, 1949. – Die moderne Entwicklung der Begriffe Täterschaft und Teilnahme im Strafrecht, Dt. Beiträge zum VII. Internat. Strafrechtskongreß 1957, 3. – *Börker*, Zur Abhängigkeit der Teilnahme von der Haupttat, JR 53, 166. – *Bottke*, Probleme der Suizidbeteiligung, GA 83, 22. – *Brandts-Schlehofer*, Die täuschungsbedingte Selbsttötung im Lichte der Einwilligungslehre, JZ 87, 442. – *Bringewat*, Die Strafbarkeit der Beteiligung an fremder Selbsttötung als Grenzproblem der Strafrechtsdogmatik, ZStW 87, 623. – *Bruns*, Zur Frage der Folgen tatprovozierenden Verhaltens polizeilicher Lockspitzel, StV 84, 388. – *Buri v.*, Urheberschaft und Beihilfe, GA 17, 233. – *Busch, J.-D.*, Die Strafbarkeit der erfolglosen Teilnahme usw., Diss. 1964. – *ders.*, Die Teilnahme an der versuchten Anstiftung, NJW 59, 1119. – *Busch, R.*, Zur Teilnahme an den Handlungen des § 49a StGB, Maurach-FS 245. – *Busse*, Täterschaft und Teilnahme bei Unterlassungsdelikten, Diss. 1974. – *Charalambakis*, Selbsttötung aufgrund Irrtums und mittelbare Täterschaft, GA 86, 485. – *Class*, Die Kausalität der Beihilfe, Stock-FS 115. – *Coenders*, Über die objektive Natur der Beihilfe, ZStW 46, 1. – *Conrad*, Die akzessorische Teilnahme und sog. mittelbare Täterschaft, 1937. – *Cramer*, Die Beteiligung an einer Zuwiderhandlung nach § 9 OWiG, NJW 69, 1929. – *ders.*, Gedanken zur Abgrenzung von Täterschaft und Teilnahme, Bockelmann-FS 389. – *ders.*, Nochmals: Zum Einheitstäter im Ordnungswidrigkeitenrecht, NJW 70, 1114. – *Dahm*, Über das Verhältnis von Täterschaft und Teilnahme, NJW 49, 809. – *ders.*, Täterschaft und Teilnahme im Amtlichen Entwurf eines Allgemeinen deutschen Strafgesetzbuches, StrAbh. Heft 224 (1927). – *Detzer*, Die Problematik der Einheitstäterlösung, Diss., 1972. – *Diercks*, Die Zulässigkeit des Einsatzes von V-Leuten, Undercover-Agents und Lockspitzeln im Vorverfahren, AnwBl. 87, 154. – *Dietz*, Täterschaft und Teilnahme im ausländischen Strafrecht, 1957. – *Dreher*, Kausalität der Beihilfe, MDR 72, 553. – *ders.*, Plädoyer für den Einheitstäter im Ordnungswidrigkeitenrecht, NJW 70, 217. – *Drost*, Anstiftung und mittelbare Täterschaft in dem künftigen StGB, ZStW 51, 359. – *Drywa*, Die materiellrechtlichen Probleme des V-Mann-Einsatzes, 1987. – *Engelmann*, Der geistige Urheber des Verbrechens, 1911. – *Eser*, Die Bedeutung des Schuldteilnahmebegriffs im Strafrechtssystem, GA 58, 321. – *ders. u. a.*, Täterschaft und ihre Erscheinungsformen, Vorverschulden, Jugendkriminalität und Jugendgerichtsbarkeit, 1988. – *Exner*, Fahrlässiges Zusammenwirken, Frank-FG II 569. – *Fincke*, Der Täter neben dem Täter, GA 75, 161. – *Franzheim*, Teilnahme an vorsätzlicher Haupttat, 1961. – *Freudenthal*, Die notwendige Teilnahme, 1901. – *Furtner*, Zur Frage der Anrechnung erschwerender Umstände bei nachfolgender Beihilfe und nachfolgender Mittäterschaft, JR 60, 367. – *Gallas*, Täterschaft und Teilnahme, Niederschriften, Bd. II, 67. – *ders.*, Strafbares Unterlassen im Falle der Selbsttötung, JZ 60, 649, 686. – *ders.*, Täterschaft und Teilnahme, Mat. I, 121. – *Geerds*, Besprechung von Roxin, Täterschaft und Tatherrschaft, GA 65, 216. – *ders.*, Täterschaft und Teilnahme – Zu den Kriterien einer normativen Abgrenzung –, Jura 90, 173. – *Geilen*, Suizid und Mitverantwortung, JZ 74, 145. – *Gimbernat Ordeig*, Gedanken zum Täterbegriff und zur Teilnahmelehre, ZStW 80, 915. – *Goetzeler*, Der Ideengehalt des extensiven (intellektuellen) Täterbegriffs und seine Auswirkungen, SJZ 49, 837. – *Gössel*, Sukzessive Mittäterschaft und Täterschaftstheorien, Jescheck-FS I 537. – *ders.*, Dogmatische Überlegungen zur Teilnahme am erfolgsqualifizierten Delikt nach § 18 StGB, Lange-FS 219. – *Gropp*, Suizidbeteiligung und Sterbehilfe in der Rechtsprechung, NStZ 85, 97. – *Grünhut*, Grenzen strafbarer Täterschaft und Teilnahme, JW 32, 366. – *Grünwald*, Die Beteiligung durch Unterlassen, GA 59, 110. – *Haft*, Eigenhändige Delikte, JA 79, 651. – *Hall*, Über die Teilnahme an Mord und Totschlag, Eb. Schmidt-FS 343. – *Hanack-Sasse*, Zur Anwendung des § 56 StGB auf den Teilnehmer, DRiZ 54, 216. – *Hardwig*, Über den Begriff der Täterschaft, JZ 65, 667. – *ders.*, Zur Abgrenzung von Mittäterschaft und Beihilfe, GA 54, 353. – *ders.*, Nochmals: Betrachtungen zur Teilnahme, JZ 67, 68. – *Hartung*, Der „Badewannenfall", JZ 54, 430. – *Hegler*, Zum Wesen der mittelbaren Täterschaft, RG-FG Bd. V, 305. – *ders.*, Mittelbare Täterschaft bei nicht rechtswidrigem Handeln der Mittelsperson, R. Schmidt-FG 51. – *Heilborn*, Der agent provocateur, 1901. – *Heimberger*, Die Teilnahme am Verbrechen in Gesetzgebung und Literatur von Schwarzenberg bis Feuerbach, 1896. – *Heinitz*, Gedanken über Täter- und Teilnehmerschuld im deutschen und italienischen Strafrecht, DJT-FS 93. – *ders.*, Teilnahme und unterlassene Hilfeleistung beim Selbstmord, JR 54, 403. – *Herzberg*, Mittelbare Täterschaft bei rechtmäßig oder unverboten handelndem Werkzeug, 1967. – *ders.*, Grundfälle zur Lehre von Täterschaft und Teilnahme, JuS 74, 237, 574, 719; JuS 75, 38, 171. – *ders.*, Straffreie Beteiligung am Suizid und gerechtfertigte Tötung auf Verlangen, JZ 89, 182. – *ders.*, Anstiftung und Beihilfe, GA 71, 1. – *ders.*, Zur Strafbarkeit der Beteiligung am frei gewählten Selbstmord, dargestellt am Beispiel des Gefangenensuizids und der strafrechtlichen Verantwortung der Vollzugsbediensteten, ZStW 91, 557. – *ders.*, Beteiligung an einer Selbsttötung oder tödlichen Selbstgefährdung als Tötungsdelikt, JA 85, 131, 177, 265, 336. – *ders.*, Eigenhändige Delikte, ZStW 82, 896. – *ders.*, Der Anfang des Versuchs der mittelbaren Täterschaft, JuS 85, 1. – *ders.*, Zum strafrechtlichen Schutz des Selbstmordgefährdeten, JZ 86, 1021. – *ders.*, Täterschaft, Mittäterschaft und Akzessorietät der Teilnahme, ZStW 99, 49. – *ders.*, Die Quasi-Mittäterschaft bei § 216 StGB: Straftat oder straffreie Suizidbeteiligung, JuS 88, 771. – *ders.*, Straffreies Töten bei Eigenverantwortlichkeit des Opfers? NStZ 89, 559. – *ders.*, Abergläubische Gefahrabwendung und mittelbare Täterschaft durch Ausnutzung eines Verbotsirrtums – BGHSt 35, 347, Jura 90, 16. – *ders.*, Täterschaft und Teilnahme (zit. TuT), 1977. – *Hilgemann*, Die Teilnahme an der Teilnahme, 1908. – *Hillenkamp*, Die Bedeutung von Vorsatzkonkretisierung usw., 1971. – *Hoegel*, Akzessorische Natur der Teilnahme, mittelbare Täterschaft, Eventualvorsatz, ZStW 37, 651. – *Hoepfner*, Zur Lehre von der mittelbaren Täterschaft, ZStW 22, 205. – *Hohmann/König*, Zur Begründung der strafrechtlichen Verantwortlichkeit in den Fällen der aktiven Suizidteilnahme, NStZ 89, 304. – *Hruschka*, Alternativfeststellung zwischen Anstiftung und sog. psychischer Beihilfe, JR 83, 177. – *Hünerfeld*, Mittelbare Täterschaft und Anstiftung im Kriminalstrafrecht der Bundesrepublik Deutschland, ZStW 99, 228. – *Janß*, Die Kettenteilnahme, Diss. 1988. – *Jescheck*, Anstiftung, Gehilfenschaft und Mittäterschaft, SchwZStr. 56, 225. – *Johannes*, Mittelbare Täterschaft bei rechtmäßigem Handeln des Werkzeugs, ein Scheinproblem, 1963. – *Just-Dahlmann/Just*, „Die Gehilfen", 1988. – *Kadel*, Versuchungsbeginn bei mittelbarer Täterschaft, GA 83, 299. – *Kalthoener*, Zur Abgrenzung von Täterschaft und Teilnahme in der Rechtspr. des BGH, NJW 56, 1662. – *Kantorowicz*, Tat und Schuld, 1933. – *Kaufmann*, Die Dogmatik der Unterlassungsdelikte, 1959. – *Kielwein*, Unterlassung und Teilnahme, GA 55, 225. – *Kienapfel*, Der Einheitstäter im Strafrecht, 1971. – *ders.*, Erscheinungsformen der Einheitstäterschaft, in: Müller-Dietz (Hrsg.), Strafrechtsdogmatik und Kriminalpolitik, 71, 21, – *ders.*, Das Prinzip der Einheitstäterschaft, JuS 74, 1. – *ders.*, Die Einheitstäterregelung der §§ 12ff. und 32ff. StGB, JBl 74, 113. – *ders.*, Zur Täterschaftsregelung im StGB, ÖRiZ 75, 165. – *Klee*, Zur Abgrenzung von Teilnahme und Täterschaft, ZAK 40, 188. – *Kohler*, Anstiftung und agent provocateur, GA 55, 1. – *Kohlrausch*, Täterschuld und Teilnehmerschuld, Bumke-FS 39. – *Korn*, Täterschaft oder Teilnahme bei staatlich organisierten Verbrechen, NJW 65, 1206. – *Krauß*, Die mittelbare Täterschaft im geltenden und künftigen Strafrecht, StrAbh. Heft 353 (1935). – *Kretschmann*, Mittelbare Täterschaft, ZStW 43, 34. – *Krey/Schneider*, Die eigentliche Vorsatz-Fahrlässigkeits-Kombination nach geltendem und künftigem Recht, NJW 70, 640. – *Kühl*, Versuch in mittelbarer Täterschaft, JuS 83, 180. – *ders.*, Grundfälle zur Vorbereitung usw., JuS 82, 182. – *Küper*, Zur Problematik der sukzessiven Mittäterschaft, JZ 81, 568. – *ders.*, Versuchsbeginn und Mittäterschaft, 1978. – *ders.*, Versuchs- und Rücktrittsprobleme bei mehreren Tatbeteiligten, JZ 79, 775. – *ders.*,

„Autonomie", Irrtum und Zwang bei mittelbarer Täterschaft und Einwilligung, JZ 86, 219. – *ders.*, Die dämonische Macht des „Katzenkönigs" oder: Probleme des Verbotsirrtums und Putativnotstandes an den Grenzen strafrechtlicher Begriffe, JZ 89, 617. – *ders.*, Mittelbare Täterschaft, Verbotsirrtum des Tatmittlers und Verantwortungsprinzip, JZ 89, 935. – *ders.*, Der „agent provovcateur" im Strafrecht, GA 74, 312. – *Küpper*, Anspruch und wirkliche Bedeutung des Theorienstreits über die Abgrenzung von Täterschaft und Teilnahme, GA 86, 437. – *Lampe*, Über den Begriff und die Formen der Teilnahme am Verbrechen, ZStW 77, 262. – *Lang-Hinrichsen*, Bemerkungen zum Begriff der „Tat" im Strafrecht, unter besonderer Berücksichtigung der Strafzumessung, des Rücktritts und der tätigen Reue beim Versuch und der Teilnahme (Normativer Tatbegriff), Engisch-FS 353. – *Lange*, Zur Teilnahme an unvorsätzlicher Haupttat, JZ 59, 560. – *ders.*, Der moderne Täterbegriff und der deutsche Strafgesetzentwurf, 1935. – *ders.*, Die Schuld des Teilnehmers, JR 49, 165. – *ders.*, Die notwendige Teilnahme, 1940. – *ders.*, Beteiligter und Teilnehmer, Maurach-FS 235. – *ders.*, Probleme der Einheitstäterschaft, Strafr. Probleme der Gegenwart (1973) 63. – *Langer*, Das Sonderverbrechen, 1972. – *Lenckner*, Probleme beim Rücktritt des Beteiligten, Gallas-FS 281. – *Less*, Der Unrechtscharakter der Anstiftung, ZStW 69, 43. – *ders.*, Gibt es strafbare mittelbare Täterschaft, wenn der Tatmittler rechtmäßig handelt?, JZ 51, 550. – *Letzgus*, Vorstufen der Beteiligung, 1972. – *Lewitsch*, Probleme der Einheitstäterschaft, JBl 89, 294. – *Liemersdorf/Miebach*, Beihilfe zum „Handeltreiben" nach § 11 Abs. 1 des Betäubungsmittelgesetzes, MDR 79, 981. – *Loewenheim*, Error in obiecto und aberratio ictus, JuS 66, 314. – *Lüderssen*, Zum Strafgrund der Teilnahme, 1967. – *ders.*, Die V-Leute-Problematik usw., Jura 85, 113. – *Maaß*, Die Behandlung des „agent provocateur" im Strafrecht, Jura 81, 514. – *Maier*, Die mittelbare Täterschaft bei Steuerdelikten, MDR 86, 358. – *Maiwald*, Historische und dogmatische Aspekte der Einheitstäterlösung, Bockelmann-FS 344. – *Martin*, Beihilfe zur Anstiftung, DRiZ 55, 290. – *ders.*, Zur Frage der Zurechnung bei sukzessiver Mittäterschaft, NJW 53, 288. – *Maurach*, Die Problematik der Verbrechensverabredung (§ 49a II StGB), JZ 61, 137. – *ders.*, Schuld und Verantwortung im Strafrecht, 1948. – *ders.*, Zur neueren Judikatur über Meineidsbeihilfe durch Unterlassen, SJZ 49, 541. – *ders.*, Beihilfe zum Meineid durch Unterlassen, DStr 44, 1. – *Mayer, H.*, Täterschaft und Teilnahme, Urheberschaft, Rittler-FS 243. – *Meister*, Zweifelsfragen zur versuchten Anstiftung, MDR 56, 16. – *ders.*, Zur Abgrenzung der Beteiligung am Selbstmord vom strafbaren Tötungsdelikt, GA 53, 166. – *Merkel*, Anstiftung und Beihilfe, Frank-FG II, 134. – *Mayer, D.*, Das Erfordernis der Kollusion bei der Anstiftung, Diss. 1973. – *ders.*, Zum Problem der Kettenanstiftung, JuS 73, 755. – *ders.*, Anstiftung zum Unterlassen, MDR 75, 286. – *ders.*, Anstiftung durch Unterlassen?, MDR 75, 982. – *Meyer, J.*, Zur V-Mann-Problematik aus rechtsvergleichender Sicht, Jescheck-FS II, 1311. – *Meyer, M.-K.*, Ausschluß der Autonomie durch Irrtum, 1984. – *dies.*, Tatbegriff und Teilnehmerdelikt, GA 79, 252. – *Meyer-Arndt*, Beihilfe durch neutrale Handlungen?, wistra 89, 281. – *Mezger*, Mittelbare Täterschaft und rechtswidriges Handeln, ZStW 52, 529. – *ders.*, Teilnahme an unvorsätzlichen Handlungen, JZ 54, 312. – *Montenbruck*, Abweichung der Teilnehmervorstellung von der verwirklichten Tat, ZStW 84, 323. – *Mühlberger*, Zur strafrechtlichen Verantwortlichkeit von Teilnehmern, NJ 73, 287. – *Nagler*, Die Teilnahme am Sonderverbrechen, 1903. – *ders.*, Die Neuordnung der Strafbarkeit von Versuch und Beihilfe, GS 115, 24. – *Neidlinger*, Zur Abgrenzung von Anstiftung und Beihilfe, 1989. – *Neumann*, Die Strafbarkeit der Suizidbeteiligung als Problem der Eigenverantwortlichkeit des „Opfers", JA 87, 244. – *Nieland*, Über Zusammentreffen von Begünstigung und Teilnahme, 1892. – *Niese*, Die finale Handlungslehre und ihre praktische Bedeutung, DRiZ 52, 21. – *Nowakowski*, Tatherrschaft und Täterwille, JZ 56, 545. – *Oehler*, Die mit Strafe bedrohte Handlung im Rahmen der Teilnahme, DJT-FS 225. – *ders.*, Das erfolgsqualifizierte Delikt und die Teilnahme an ihm, GA 53, 33. – *Oetker*, Die Teilnahme am Verbrechen, Akademiedenkschrift (1934), 116. – *Ostendorf/Meyer-Seitz*, Die strafrechtlichen Grenzen der polizeilichen Lockspitzeleinsatzes, StV 85, 73. – *Otto*, Straflose Teilnahme?, Lange-FS 197. – *ders.*, Täterschaft, Mittäterschaft, mittelbare Täterschaft, Jura 87, 246. – *ders.*, Anstiftung und Beihilfe, JuS 82, 557. – *Paehler*, Die Abgrenzung von Beihilfe zum Selbstmord und Tötung auf Verlangen, MDR 64, 647. – *Piotet*, Systematik der Verbrechenselemente und Teilnahmelehre, ZStW 69, 14. – *Plate*, Zur Strafbarkeit des agent provocateur, ZStW 83, 294. – *Puppe*, Der objektive Tatbestand der Anstiftung, GA 84, 101. – *dies.*, Grundzüge der actio libera in causa, JA 80, 345. – *dies.*, Urkundenechtheit und Handeln unter fremden Namen und Betrug in mittelbarer Täterschaft, JuS 89, 361. – *Ranft*, Zur Unterscheidung von Tun und Unterlassen, JuS 63, 340. – *ders.*, Garantiepflichtwidriges Unterlassen der Deliktshinderung, ZStW 94, 815. – *ders.*, Das garantiepflichtwidrige Unterlassen der Taterschwerung, ZStW 97, 268. – *Ritler*, Neuaufbau der Lehre von Täterschaft, Mitschuld und Teilnahme, JurBl. 32, 485. – *Roeder*, Exklusiver Täterbegriff und Mitwirkung am Sonderdelikt, ZStW 69, 223. – *Rogall*, Die verschiedenen Formen des Veranlassens fremder Straftaten, GA 79, 11. – *Rosenfeld*, Mittäterschaft und Beihilfe bei subjektiv gefärbter Ausführungshandlung, Frank-FG II, 161. – *Roxin*, Die Mitwirkung beim Suizid – ein Tötungsdelikt?, Dreher-FS 331. – *ders.*, Die Mittäterschaft im Strafrecht, JA 79, 519. – *ders.*, Die Strafbarkeit von Vorstufen der Beteiligung, JA 79, 169. – *ders.*, Zur Dogmatik der Teilnahmelehre, JZ 66, 293. – *ders.*, An der Grenze von Begehung und Unterlassung, Engisch-FS 380. – *ders.*, Täterschaft und Tatherrschaft (zit. TuT), 5. A. 1990. – *ders.*, Straftaten im Rahmen organisatorischer Machtapparate, GA 63, 193. – *ders.*, Die Sterbehilfe im Spannungsfeld von Suizidteilnahme, erlaubtem Behandlungsabbruch und Tötung auf Verlangen, NStZ 87, 345. – *ders.*, Unterlassung, Vorsatz und Fahrlässigkeit, Versuch und Teilnahme im neuen Strafgesetzbuch, JuS 73, 329.

– *ders.*, Bemerkungen zum „Täter hinter dem Täter", Lange-FS 173. – *Rudolphi*, Tatherrschaftsbegriff bei der Mittäterschaft, Bockelmann-FS 369. – *ders.*, Strafbarkeit der Beteiligung an den Trunkenheitsdelikten im Straßenverkehr, GA 70, 353. – *ders.*, Ist die Teilnahme an einer Notstandstat i. S. der §§ 52, 53 Abs. 3 und § 54 StGB strafbar?, ZStW 78, 67. – *ders.*, Die zeitlichen Grenzen der sukzessiven Beihilfe, Jescheck-FS I, 559. – *Salomon*, Vollendete und versuchte Beihilfe, Diss. 1968. – *Samson*, Die Kausalität der Beihilfe, Peters-FS 121. – *ders.*, § 50 Abs. 2 n. F. StGB und die Verjährung, ZRP 69, 27. – *ders.*, Hypothetische Kausalverläufe im Strafrecht usw., 1972. – *ders.*, Die Kausalität der Beihilfe, Peters-FS 121. – *Sax*, Der Bundesgerichtshof und die Täterlehre, JZ 63, 329. – *ders.*, Zur Problematik des „Teilnehmerdelikts", ZStW 90, 927. – *Schäfer*, Täterschaft und Teilnahme, Niederschr., Bd. II, 75. – *Schaffstein*, Der Täter hinter dem Täter bei vermeidbarem Verbotsirrtum und verminderter Schuldfähigkeit des Tatmittlers, NStZ 89, 153. – *ders.*, Die Risikoerhöhung als objektives Zurechnungsprinzip im Strafrecht, Honig-FS 169. – *Schilling*, Der Verbrechensversuch des Mittäters und mittelbaren Täters, 1975. – *ders.*, Abschied vom Teilnahmeargument bei der Mitwirkung zur Selbsttötung, JZ 79, 159. – *Schmidhäuser*, Selbstmord und Beteiligung am Selbstmord in strafrechtlicher Sicht, Welzel-FS 801. – *ders.*, Verfahrenshindernis bei Einsatz von V-Leuten?, JZ 86, 66. – *Schmidt, Eb.*, Die mittelbare Täterschaft, Frank-FG II, 106. – *Schmitt*, Rücktritt von der Verabredung zu einem Verbrechen, JuS 61, 25. – *Schmoller*, Grundstrukturen der Beteiligung mehrerer an der Straftat usw., ÖJZ 83, 337. – *Schöneborn*, Kombiniertes Teilnahme- und Einheitstätersystem für das Strafrecht, ZStW 87, 902. – *Schreiber*, Grundfälle zu „error in objecto" und „aberratio ictus" im Strafrecht, JuS 85, 876. – *Schroeder*, Der Täter hinter dem Täter, 1965. – *ders.*, Die Zusammenrechnung im Rahmen von Quantitätsbegriff bei Fortsetzungstat und Mittäterschaft, GA 64, 225. – *ders.*, Täterschaft und Teilnahme bei eigenhändiger Tatbestandsverwirklichung, ROW 64, 97. – *Schröder*, Der Täterbegriff als „technisches" Problem, ZStW 57, 459. – *ders.*, „Roma locuta?", JZ 69, 418. – *ders.*, Der Rücktritt des Teilnehmers vom Versuch nach § 46 und § 49a, MDR 49, 714. – *ders.*, Grundprobleme des § 49a, JuS 67, 289. – *Schumann*, Strafrechtliches Handlungsunrecht und das Prinzip der Selbstverantwortung der Anderen, 1986. – *ders.*, Zum Einheitstätersystem des § 14 OWiG, 1979. – *ders.*, Verfahrenshindernis bei Einsatz von V-Leuten?, JZ 86, 66. – *Schünemann*, Der polizeiliche Lockspitzel, StV 85, 424. – *ders.*, Abgrenzung von mittelbarer Täterschaft und Anstiftung, NStZ 90, 32. – *Schutter*, Zur Dogmengeschichte der Akzessorietät der Teilnahme, StrAbh. Heft 420 (1941). – *Schwalm*, Täterschaft und Teilnahme, Niederschr., Bd. II 88. – *Schwind*, Grundfälle der „Kettenteilnahme", MDR 68, 13. – *Seebald*, Teilnahme an erfolgsqualifizierten und fahrlässigen Delikt, GA 64, 161. – *Seelmann*, Mittäterschaft im Strafrecht, JuS 80, 571. – *ders.*, Zur materiellrechtlichen Problematik des V-Mannes, ZStW 95, 797. – *Simons*, Die mittelbare Täterschaft und ihr Verhältnis zur Teilnahme, GS 101, 241. – *Sippel*, Mittelbare Täterschaft bei deliktisch handelndem Werkzeug, NJW 83, 2226. – *ders.*, Nochmals: Mittelbare Täterschaft bei deliktisch handelndem Werkzeug, JA 84, 480; NJW 84, 1866. – *ders.*, Zur Strafbarkeit der Kettenanstiftung, 1989. – *Sommer*, Das tatbestandslose Tatverhalten des agent provocateur, JR 86, 485. – *ders.*, Verselbständigte Beihilfehandlungen und Straflosigkeit des Gehilfen, JR 81, 490. – *ders.*, Das fehlende Erfolgsunrecht. Ein Beitrag zur Strafbarkeitsbewertung des agent provocateur, 1987. – *Sowada*, Täterschaft und Teilnahme beim Unterlassungsdelikt, Jura 86, 399. – *Spendel*, Fahrlässige Teilnahme an Selbst- und Fremdtötung, JuS 74, 749. – *ders.*, Beihilfe und Kausalität, Dreher-FS 167. – *ders.*, Zur Kritik der subjektiven Versuchs- und Teilnahmetheorie, JuS 69, 314. – *ders.*, Der „Täter hinter dem Täter" – eine notwendige Rechtsfigur?, Lange-FS 147. – *Spiegel*, Nochmals: Mittelbare Täterschaft bei deliktisch handelndem Werkzeug, NJW 84, 110, 1867. – *Stein*, Die strafrechtliche Beteiligungsformenlehre, 1988. – *Steinke*, Die Problematik der Beihilfe, Kriminalistik 76, 221. – *Stoffers*, Mittäterschaft und Versuchsbeginn, MDR 89, 208. – *Stork*, Anstiftung eines Tatentschlossenen zu einer vom ursprünglichen Tatplan abweichenden Tat, Diss. 1969. – *Stratenwerth*, Der agent provocateur, MDR 53, 717. – *ders.*, Die Bedeutung der finalen Handlungslehre für das Schw. Strafrecht, SchwZStr. 81, 179. – *Stree*, Das Versehen des Gesetzgebers, JuS 69, 403. – *ders.*, Bestimmung eines Tatentschlossenen zur Tatänderung, Heinitz-FS 277. – *ders.*, Teilnahme am Unterlassungsdelikt, GA 63, 1. – *ders.*, Beteiligung an vorsätzlicher Selbstgefährdung, JuS 85, 179. – *Terhorst*, Vergleichende Strafzumessung bei mehreren Tatbeteiligten, JR 88, 272. – *Teubner*, Mittelbare Täterschaft bei deliktisch handelndem Werkzeug, JA 84, 144. – *Tiedemann/Sieber*, Die Verwertung des Wissens von V-Leuten im Strafverfahren, NJW 84, 753. – *Trechsel*, Der Strafgrund der Teilnahme, 1967. – *Triffterer*, Die österreichische Beteiligungslehre, 1983. – *Tröndle*, Zur Frage der Teilnahme an unvorsätzlicher Haupttat, GA 56, 129. – *Uthmann v.*, Objektive und subjektive Tatherrschaft, NJW 61, 1908. – *Valdàgua*, Versuchsbeginn des Mittäters bei den Herrschaftsdelikten, ZStW 98, 839. – *Vogler*, Zur Frage der Ursächlichkeit der Beihilfe für die Haupttat, Heinitz-FS 295. – *Wachenfeld*, Mittelbare Täterschaft und doloses Werkzeug, ZStW 40, 30, 129, 321. – *Warner*, Viel Spielraum für den Einsatz von undercoveragents in den USA, Kriminalistik 85, 291. – *Weber v.*, Teilnahme an Mord und Totschlag, MDR 52, 265. – *Wegner*, Strafrecht AT 1951. – *Welp*, Der Einheitsträger im Ordnungswidrigkeitenrecht, VOR 72, 299. – *Welzel*, Teilnahme an unvorsätzlichen Handlungen?, JZ 54, 29. – *ders.*, Zur Kritik der subjektiven Teilnahmelehre, SJZ 47, 645. – *Wieczorek*, Ultima ratio: Der agent provocateur, Kriminalistik 85, 288. – *Wieners*, Veranlassung und Unterstützung zum Selbstmord, 1958. – *Wolf*, Betrachtung über die mittelbare Täterschaft, StrAbh. Heft 225 (1927). – *Wolter*, Notwendige Teilnahme und straflose Beteiligung, JuS 82, 343. – *Wüllenkemper*, Probleme der Steuerhinterziehung in mittelbarer Täterschaft in Parteispendenfällen,

Vorbem §§ 25 ff. 1-3   Allg. Teil. Die Tat – Täterschaft und Teilnahme

wistra 89, 46. – *Ziege,* Die Bedeutung des § 56 StGB für Anstiftung und Beihilfe, NJW 54, 179. – *Zimmerl,* Grundsätzliches zur Teilnahmelehre, ZStW 49, 39. – *ders.,* Vom Sinn der Teilnahmevorschriften, ZStW 52, 166. – *ders.,* Täterschaft, Teilnahme, Mitwirkung, ZStW 54, 575. – *Zöller,* Die notwendige Teilnahme, Diss. 1970.

A. Allgemeines

1   Die Tatbestände des BT kennzeichnen regelmäßig Handlungen einer Einzelperson („Wer ...") und legen dabei zugleich fest, daß als Mörder, Dieb, Betrüger usw. zu bestrafen ist, wer alle Merkmale des Tatbestandes in eigener Person verwirklicht (and. nur bei den Massendelikten [vgl. § 121], wo zur Tatbestandsverwirklichung das Zusammenwirken mehrerer begrifflich vorausgesetzt wird). Insofern ist die Täterlehre ein Stück Lehre vom Tatbestand (Blei 251, Cramer Bockelmann-FS 389ff., Jescheck 582, Herzberg TuT 3, Welzel 98), die Regelung in § 25 I, 1. Alt. nur eine Wiederholung einer sich schon aus der Tatbestandslehre ergebenden Konsequenz. Ist hingegen die Tatbestandsverwirklichung auf das Zusammenwirken mehrerer Personen zurückzuführen, so bedarf es einer Regelung, in welchem Verhältnis die Beiträge der Einzelpersonen zueinander stehen. Die Regeln hierfür enthalten §§ 25ff. Nach geltendem deutschen Strafrecht – anders in § 14 OWiG (u. 11) – wird bei der Beteiligung mehrerer Personen an einer Straftat zwischen Täterschaft und Teilnahme unterschieden. Hinsichtlich der **Täterschaftsformen** differenziert § 25 zwischen der unmittelbaren (Abs. 1, 1. Alt.), der mittelbaren (Abs. 1, 2. Alt.) Alleintäterschaft und der Mittäterschaft (Abs. 2). Die Erscheinungsformen der Täterschaft sind damit allerdings noch **nicht** vollständig beschrieben. So können mehrere Personen sich zur Tatbestandsverwirklichung eines Werkzeugs bedienen (mittelbare Mittäterschaft) oder völlig unabhängig voneinander an derselben Tat als Täter beteiligt sein (**Nebentäterschaft;** vgl. u. § 25 RN 100). Neben der Täterschaft kennt das Gesetz die **Teilnahme.** Formen der **Teilnahme** sind die Anstiftung (§ 26) und die Beihilfe (§ 27). Darüber hinaus sind in § 30 die Fälle eines strafbaren **Versuchs der Beteiligung** geregelt. Für die Bezeichnung der verschiedenen Beteiligungsformen besteht in § 28 eine Legaldefinition. Danach sind Anstifter oder Gehilfen „Teilnehmer" (Abs. 1), Täter oder Teilnehmer „Beteiligte" (Abs. 2).

2   **Die Neuregelung** durch das 2. StrRG hat gegenüber dem früheren Recht einige Ergänzungen und Klarstellungen gebracht. Hierzu gehören insb. die Beschreibung der Alleintäterschaft und mittelbaren Täterschaft (§ 25 I), die im alten Recht nicht erwähnt sind (die Kritik von Lampe am Begriff der mittelbaren Täterschaft ZStW 77, 262ff. ist daher überholt). Eine wichtige Änderung besteht in der Klarstellung in §§ 26, 27, daß Anstiftung und Beihilfe eine vorsätzlich begangene Haupttat voraussetzen, was früher umstritten war (vgl. 17. A. 83ff. vor § 47). Die übrigen Streitfragen des früheren Rechts sind durch die Neufassung jedoch keineswegs vollständig erledigt. So ist zwar die Existenz, nicht aber sind die Voraussetzungen der mittelbaren Täterschaft im einzelnen festgelegt. Streitig ist weiterhin etwa, was zu geschehen hat, wenn der Hintermann die Voraussetzungen des Vorsatzes nur irrtümlich als gegeben annimmt (u. 83). Offen bleibt auch, ob Täterschaft oder Teilnahme bzw. deren Versuch anzunehmen ist, wenn auf die Rechtsfigur der mittelbaren Täterschaft deswegen nicht zurückgegriffen werden kann, weil dem veranlassenden Hintermann entweder die Täterqualität fehlt (echte Sonderdelikte) oder aber bei eigenhändigen Delikten die Begehung der Tat durch einen anderen ausscheidet (vgl. u. 30). Schließlich ist durch die Neuregelung keine abschließende Entscheidung zur Abgrenzung zwischen Täterschaft und Teilnahme getroffen worden; klargestellt ist jedoch insoweit, daß nur Täterschaft in Betracht kommt, wenn jemand alle Merkmale des Tatbestandes in eigener Person verwirklicht (vgl. u. 79).

3   Teilweise wird die Auffassung vertreten, die Aufgliederung und Erscheinungsformen von Täterschaft und Teilnahme sei der Disposition des Gesetzgebers weitgehend entzogen, weil er insoweit an die Beschreibung vorgegebener Lebenssachverhalte gebunden sei, die durch ihren sozialen Sinn die juristische Beurteilung festlegen (Bockelmann, Untersuchungen 111, Gallas, Niederschriften Bd. II 67, Jescheck 583, Lampe ZStW 77, 263, 308, Stratenwerth, Die Natur der Sache 15 f., Roxin TuT 26, Schmidhäuser 500, Welzel 94ff.). Diese Behauptung bezieht sich insbesondere auf das Erfordernis einer vorsätzlichen Haupttat bei der Teilnahme. Dem kann nicht gefolgt werden. Die Begriffe von Täterschaft (mittelbarer Täterschaft, Mittäterschaft) und Teilnahme sind nicht durch die Natur der Sache festgelegt, es handelt sich vielmehr um ein normatives Problem (Engisch, Eb. Schmidt-FS 109ff., Maiwald, Bockelmann-FS 360, Schröder ZStW 57, 460). Deswegen bewegt sich im Rahmen der zulässigen Interpretation, wer wie z. B. Schumann (vgl. u. 18) die Voraussetzungen von Anstiftung und Beihilfe enger sieht als die h. M. Der normative Charakter der Fragestellung zeigt sich zunächst einmal im Einheitstäterbegriff, an dessen Gültigkeit trotz rechtspolitischer Einwände (vgl. Blei 248f., Bockel-

mann/Volk AT 174, Cramer NJW 69, 1929ff., Dreher NJW 70, 218, Jescheck 584, Roxin LK Vorbem. 3ff. vor § 25, TuT 451, Samson SK § 25 RN 2, Schmidhäuser 501f., Wessels 146) nicht gezweifelt werden kann und der in Österreich auch ins Strafrecht übernommen wurde (so auch Detzer, Einheitstäterlösung 275, Geerds GA 65, 218, Kienapfel, Erscheinungsformen 31ff., Ritler I, 283ff., Schwalm Engisch-FS 551f.).

Auch der Auffassung von Jescheck 583, wonach der Gesetzgeber nur die Wahl zwischen einem (rechtspolitisch verfehlten) Einheitstäterbegriff oder einer durch Sachstrukturen vorgegebenen Differenzierung habe, kann nicht gefolgt werden. So wäre es z.B. möglich, die psychische Beihilfe straflos zu lassen oder die Anstiftung auf eine qualifizierte Beeinflussung zu beschränken, auch eine Teilnahme an unvorsätzlicher Tat ist nicht bloß denkbar, sondern rechtspolitisch wünschenswert (u. 15). Daraus ergibt sich zwingend, daß im Strafrecht ein normativer Täterbegriff gilt, die Aufgliederung der Beteiligungsformen also das inpretatorische Ergebnis der gesetzlichen Regelung ist, die auch anders hätte getroffen werden können. Es gibt daher in der Teilnahmelehre keine vorgegebenen „sachlogischen Strukturen" (Maiwald Bockelmann-FS 538; and. z. B. Welzel 98ff., Lampe ZStW 77, 263, Jescheck 583; einschränkend auch Stratenwerth, Die Natur der Sache [1957] 15f.).

B. Begriff und Formen der Täterschaft 5

I. Die verschiedenen Formen der Täterschaft in § 25 basieren auf den schon früher vom Schrifttum entwickelten Grundsätzen zum sog. **restriktiven** oder engen **Täterbegriff,** der auf der Erkenntnis beruht, daß die Tatbestände des BT und des Nebenstrafrechts bestimmte, fest umrissene Handlungen beschreiben, die der Gesetzgeber damit als bestimmte Straftat kennzeichnet (vgl. Beling, Die Lehre vom Verbrechen 200, Blei 252ff., Jescheck 586, M-Gössel II 242ff., Roxin TuT 34). Ohne Rücksicht auf Motive oder Interessen ist demnach Täter, wer alle Merkmale eines Straftatbestandes verwirklicht. In seinem ursprünglichen Verständnis erfaßte der restriktive Täterbegriff allerdings nur denjenigen als Täter, der selbst (eigenhändig) den Tatbestand der jeweiligen Deliktsart erfüllte, so daß andere Formen der Mitverursachung keine Täterschaft begründen konnten. Dieser Täterbegriff ist jedoch durch die Einbeziehung der mittelbaren Täterschaft und der Mittäterschaft erweitert worden (Roxin TuT 34ff.). In dieser erweiterten Form liegt er heute dem Gesetz zugrunde. Dieser restriktive Täterbegriff wird, mit Abweichungen im einzelnen, z. B. vertreten von Beling 250, Binding GS 78, 7, Dohna 59, Grünhut JW 32, 366, Hegler RG-FG V 306f., Jescheck 586, Langer aaO 64f., H. Mayer 300, Blei I 250ff., Roxin LK RN 12, TuT 329f., Samson SK § 25 RN 3, Schumann aaO 43, 110; auch Frank II vor § 47 ist grundsätzlich hierher zu rechnen.

Aus dem restriktiven Täterbegriff folgt einerseits, daß stets als Täter anzusehen ist, wer in 7 seiner Person und in seinem Verhalten alle Deliktsvoraussetzungen erfüllt, mag er eigenhändig gehandelt (**unmittelbare Täterschaft**), sich eines anderen bei der Deliktsverwirklichung bedient (**mittelbare Täterschaft**) oder dabei mit einem anderen arbeitsteilig zusammengewirkt haben (**Mittäterschaft**); zu diesen Formen der Täterschaft vgl. u. 79ff. und § 25 RN 61ff. Andererseits folgt aus dem restriktiven Täterbegriff, daß nicht als Täter in Betracht kommt, wem das in einem Tatbestand des BT beschriebene Verhalten nicht wie eigenes zuzurechnen ist, weil er weder selbst tatbestandsmäßig gehandelt noch für das Verhalten eines anderen nach horizontalen oder vertikalen Zurechnungsprinzipien einzustehen hat. Zu einer Zurechnung nach horizontalen Prinzipien kommt es bei der Mittäterschaft. Hier ist der auf Arbeitsteilung angelegte Gesamtplan mehrerer Personen der Grund dafür, daß jedem Beteiligten das, was andere im Rahmen des gemeinschaftlichen Willens zur Tat beigetragen haben, so zugerechnet wird, als habe er es selbst getan. Der Grund für die vertikale Zurechnung bei der mittelbaren Täterschaft liegt in der Tatherrschaft, vermittels derer der Täter (Hintermann) die Tat unter Einsatz eines anderen Menschen (Werkzeug) verwirklicht. Wer nicht in einem Zurechnungsverbund der genannten Art steht, kann nicht Täter sein. Folglich bedarf es, um weitere Beteiligungsformen (Anstiftung, Beihilfe) erfassen zu können, gesetzlicher Vorschriften, durch die die Geltung der Straftatbestände erweitert wird. Sie sind in den §§ 26, 27 enthalten, die nach dieser Meinung **Straf-** (H. Mayer 334, Herzberg GA 71, 2, M-Gössel II 242, Schmidhäuser I 264) oder **Tatbestandsausdehnungsgründe** sind.

II. Demgegenüber sieht die Lehre vom **extensiven (weiten) Täterbegriff** im Grundsatz 8 jeden als Täter an, der eine Ursache für den Erfolg, d.h. die Rechtgutverletzung, gesetzt hat. Dogmatische Grundlage dieser Lehre ist das Prinzip von der Gleichwertigkeit aller Erfolgsbedingungen, wie sie der Äquivalenztheorie (vgl. 73ff. vor § 13) zugrunde liegt. Täter ist nach dieser Auffassung jeder, der eine Bedingung zur Tatbestandsverwirklichung setzt, ohne daß es auf die Bedeutung seines Beitrages ankäme. Diesen Täterbegriff vertreten z.B. Lange 37ff., Kohlrausch ZStW 55, 393, Rittler I 270, Roeder ZStW 69, 223, 238, Eb. Schmidt Frank-FG II

Vorbem §§ 25 ff. 9, 10   Allg. Teil. Die Tat – Täterschaft und Teilnahme

106, Die militärische Straftat und ihr Täter (1936) 10, Baumann NJW 62, 375, Baumann/Weber 536, Bockelmann, Untersuchungen 76, Mezger, Lehrbuch 415 f., wohl auch Spendel Lange-FS 152; ferner RG **74** 23; vgl. auch RG **61** 319, **64** 318, 373, BGH **3** 5, OGH **1** 297, 367; eine eingehende Begründung des extensiven (Einheits-)Täterbegriffs bringt Kienapfel AT 546, JuS 74, 4 f. Nach dieser Auffassung müßten Anstiftung und Beihilfe „an sich" als Täterschaft bewertet werden, sie würden jedoch vom Gesetz nicht als solche behandelt, sondern in den §§ 26, 27 besonders geregelt. Diese Regelungen wären demnach **„Strafeinschränkungsgründe"**, welche die aus den einzelnen Strafgesetzen sich jeweils ergebende Täterhaftung für diese Formen der Beteiligung einschränken würden.

9   Der extensive Täterbegriff widerspricht den Aufbauprinzipien des geltenden Strafrechts, das aus vornehmlich objektiv umschriebenen und abgegrenzten Tatbeständen besteht. Die Straftatbestände des BT würden, falls jeder kausale Beitrag zur Täterschaft führt, in ihrer tatbeschreibenden Bedeutung praktisch aufgelöst (Jescheck 589). Überdies vermag der extensive Täterbegriff nicht zu erklären, warum bei der Anstiftung, für die die Täterstrafe vorgesehen ist, diese sich aus der Täterhaftung unmittelbar ergebende Konsequenz im § 26 wiederholt wird. Erst recht aber spricht § 27 gegen den extensiven Täterbegriff. Denn wenn in der Tat das entscheidende Merkmal die Ursächlichkeit des Tatbeitrages für die Rechtsgutverletzung wäre und dieses Merkmal die gemeinsame täterschaftliche Grundlage aller Formen der Beteiligung darstellte, könnte nicht überzeugend begründet werden, warum bei der Beihilfe eine Reduzierung der Strafe möglich sein sollte. Der extensive Täterbegriff verkennt daher die Wertakzente, die der Tatbestand den dort beschriebenen Handlungen gibt. Auch die Tatsache, daß § 22 unstreitig nur auf die eigentliche Täterschaft Anwendung findet, der Versuch der Teilnahme grundsätzlich straflos ist und § 30 nur für einzelne Formen der Teilnahme Ausnahmen von diesem Grundsatz schafft, spricht gegen den extensiven Täterbegriff. Endlich kann der extensive Täterbegriff auch die Bestrafung der Teilnahme an echten Sonderdelikten und eigenhändigen Delikten nicht erklären; hier wirken die §§ 26, 27 auch von diesem Standpunkt aus als Strafausdehnungsgründe. Weitere Bedenken gegen diesen Täterbegriff bei Gallas Mat. I 123, M-Gössel II 232 ff., Bloy, Beteiligungsform 99 f., Bockelmann/Volk 173 ff., Bruns, Kritik der Lehre vom Tatbestand 56, Herzberg 5 f., M. E. Mayer 402, Roxin TuT 28, 534 f., Stratenwerth AT RN 745 ff., Samson SK § 25 RN 17, Jescheck 589 und H. Mayer Rittler-FS 251, der diesen Täterbegriff als verfassungswidrig (Art. 103 II GG) bezeichnet.

10   III. Z. T. wird ein **doppelter Täterbegriff** angenommen: Der enge bei vorsätzlichen, der weite bei fahrlässigen Delikten (so Bähr aaO 68; vgl. auch Bruns, Kritik der Lehre vom Tatbestand (1932) 68). Ebenso ist Zimmerl ZStW 52, 169 der Auffassung, daß der Täterbegriff bei den einzelnen Tatbeständen verschieden sei; dagegen Langer aaO 64. Auch die **finale Handlungslehre** unterscheidet zwei Täterbegriffe, den finalen für die vorsätzlichen Delikte und den auf Kausalität und Nichtanwendung der erforderlichen Sorgfalt aufgebauten Täterbegriff für Fahrlässigkeitsdelikte. Die Notwendigkeit soll sich daraus ergeben, daß die Täterlehre als ein Teil der Unrechtslehre bezeichnet wird, damit aber die Differenzierungen zwischen Vorsatz und Fahrlässigkeit im Tatbestandsbereich auf den Täterbegriff übergreift (Welzel 99). Dies bedeutet, daß für Vorsatzdelikte ein Täterbegriff entwickelt wird, der dem restriktiven entspricht, während für Fahrlässigkeitsdelikte eine Art extensiver Täterbegriff gelten soll. Dem entspricht weitgehend die Auffassung anderer Finalisten; vgl. z. B. M-Gössel II 246 f., der dem Täter der Fahrlässigkeitstat (Kombination von Kausalität und unzulänglicher Steuerung) den der Vorsatztat gegenüberstellt, der aufgrund finaler Steuerung die Tat verwirklicht. Entsprechendes gilt auch für die Unterscheidung bei Gallas, Mat. I 129, wonach im Bereich der fahrlässigen Erfolgsdelikte die Täterschaft nur kausal zu bestimmen sei. Indessen lassen sich auf dem Boden des restriktiven Täterbegriffs auch die Fahrlässigkeitsdelikte zwanglos erklären. Täter ist danach, wer unter Verstoß der ihm obliegenden Sorgfalt den Tatbestand erfüllt. So ergibt sich etwa aus § 222, daß als Täter der fahrlässigen Tötung zu erfassen ist, wer fahrlässig, d. h. sorgfaltswidrig, einen Menschen tötet. Haben mehrere Personen sorgfaltswidrig im Hinblick auf diesen Erfolg gehandelt, so kommt jeder von ihnen als (Neben-) Täter in Betracht. Täter des § 163 ist, wer vor Gericht eine falsche Aussage beschwört, die er bei gehöriger Sorgfalt hätte vermeiden können. Gerade die Fahrlässigkeitsdelikte, die ein tatbestandlich umschriebenes Handlungsunrecht voraussetzen (§§ 97 II, 138 III, 163, 264 III, 283 V, 283b II, 315c III Nr. 2; vgl. die Aufzählung § 15 RN 105), zeigen, daß der restriktive Täterbegriff auch im Bereich der Fahrlässigkeitsdelikte uneingeschränkte Gültigkeit beanspruchen kann; einer Aufspaltung in verschiedene Täterbegriffe bedarf es daher nicht. Allerdings existieren beim Fahrlässigkeitsdelikt keine Strafausdehnungsgründe (vgl. o. 7), die der Teilnahme am Vorsatzdelikt entsprechen würden. Zur Frage, ob Teilnahme insoweit schon begrifflich ausgeschlossen ist, vgl. u. 15.

IV. Im Gegensatz zu dem differenzierenden Beteiligungssystem (Täterschaft – Teilnahme) ist **11** für den Bereich der Ordnungswidrigkeiten durch § 14 OWiG der **Einheitstäterbegriff** maßgeblich. Danach wird jeder als Täter angesehen, der einen ursächlichen Beitrag zur Tatbestandsverwirklichung geleistet hat, unabhängig vom sachlichen Gewicht seines Beitrages. Hauptkriterium der Einheitstäterschaft ist demnach die Kausalität. Die Art und Intensität des Tatbeitrages finden erst in der Bußgeldzumessung Berücksichtigung. Die Regelung des § 14 I OWiG bringt überdies eine Erweiterung der Ahndungsmöglichkeiten: Als Beteiligter = Einheitstäter wird nämlich auch derjenige beurteilt, in dessen Person besondere persönliche Merkmale (§ 9 I OWiG), welche die Ahndung begründen, nicht gegeben sind, sofern sie wenigstens bei einem anderen Beteiligten vorliegen. Auch die früher straflose Beihilfe zu Übertretungen wird jetzt durch § 14 OWiG erfaßt.

Der Einheitstäterbegriff macht also die Unterscheidung zwischen Täter und Teilnehmer **12** überflüssig und beseitigt damit viele Abgrenzungsschwierigkeiten (vgl. hierzu Cramer NJW 69, 1929; 70, 1114, Dreher NJW 70, 217, 1116, Roxin LK RN 3, Kienapfel NJW 70, 1826, JuS 74, 1 ff., ÖJZ 79, 90, Welp VOR 72, 229 ff., Lange Maurach-FS 235), wirft aber dafür neue Probleme auf (vgl. Jakobs 493 f.). Wegen seines vergröbernden Maßstabes ist er jedoch für das Strafrecht mit seinen einschneidenden Rechtsfolgen ungeeignet (h. M. Baumann/Weber AT 512, Bloy, Beteiligungsform 149 ff., D-Tröndle Vorbem. 1b vor § 25, M-Gössel II 224 ff., Jescheck 584, Lackner Vorbem. 1 vor § 25). Neue Vorschläge für das Strafrecht bringt Schöneborn ZStW 87, 902, der zwar eine generelle Einheitstäterlösung ablehnt, aber im Hinblick auf die strafbegründenden besonderen persönlichen Merkmale vorschlägt, eine Solidarhaftung aller Beteiligten, wie sie in § 14 I OWiG festgeschrieben ist, in das StGB zu übernehmen; gegen diese Ansicht Maiwald Bockelmann-FS 363 ff. Der Einheitstäterbegriff war dogmatisch weitgehend unerschlossen, als der Gesetzgeber sich im OWiG für ihn entschied; vgl. Detzer, Die Problematik der Einheitstäterlösung, 1972. Daraus ist zu erklären, daß nahezu alle mit ihm zusammenhängenden Fragen umstritten sind (vgl. KK OWiG-Regnier § 14 RN 3). Zur Entwicklung des Einheitstäterbegriffs vgl. Maiwald Bockelmann-FS 344. Auch das östStGB, das am 1. 1. 1975 in Kraft trat, kennt die Einheitstäterlösung (eingehend hierzu Triffterer aaO, Lewisch JBL 89, 294, Schmoller östJZ 83, 337). De lege ferenda fordern für das deutsche Strafrecht die Einheitstäterlösung Schwalm Engisch-FS 551, Detzer aaO, Kniepapel aaO, Schilling aaO 115 ff.

C. Begriff, Formen und Akzessorietät der Teilnahme **13**

I. Teilnahme ist möglich in den Formen der Anstiftung (§ 26) und Beihilfe (§ 27). Diese **14** Teilnahmeformen unterscheiden sich nach dem vom Gesetzgeber so gedachten unterschiedlichen Intensitätsgrad des Beitrages zur Rechtsgutverletzung (vgl. BGH 1 242, 305, 6 311, Kohlrausch/Lange II 2 vor § 47). Danach richtet sich die Strafe für den Anstifter und den Gehilfen grundsätzlich nach der für den Täter geltenden Strafdrohung. Allerdings sieht § 27 II für die Beihilfe eine obligatorische Milderung der Strafe nach § 49 I vor, während der Anstifter dem Täter gleich bestraft werden soll. Daraus ergibt sich, daß der Gesetzgeber der vorsätzlichen Bestimmung zur Tat größere Bedeutung zumißt als einer bloßen Unterstützungshandlung. Ob diese unterschiedliche Bewertung der Sache nach berechtigt ist, steht auf einem anderen Blatt. Die Gleichstellung von Anstifter und Täter dürfte auf den alten Schuldteilnahmegedanken (u. 19) zurückgehen und scheint unreflektiert aus überlieferten Vorstellungen ins neue Recht übernommen worden zu sein. So war bis 1975 die Anstiftung zu Übertretungen stets, die Beihilfe hierzu überhaupt nicht strafbar. In der Praxis ist die Regelung nur für den anzuwendenden Strafrahmen von Bedeutung, während die ausgeworfene Strafe für den Anstifter ganz überwiegend unter der für den Täter liegt. Überdies wird ein Gehilfenbeitrag, z. B. bei Zurverfügungstellung des Tatwerkzeugs, oft strenger bestraft, als die psychische Beeinflussung in Gestalt der Anstiftung. In sprachlicher Beziehung bedarf es noch folgender Klarstellung: Auch die Mittäterschaft wird gelegentlich als eine Form der Teilnahme (Teilnahme im weiteren Sinne) angesehen (Welzel 111). Soweit damit nur sprachlich zum Ausdruck gebracht wird, daß mehrere Personen an der Tatbestandsverwirklichung beteiligt sind, ist dies unbedenklich (vgl. die Definition des Beteiligten in § 28 II); unzutreffend ist es dagegen, die Mittäterschaft als Teilnahme im engeren Sinne (vgl. § 28 I) zu verstehen. Mittäterschaft ist vielmehr echte Täterschaft (§ 25 II).

Das Gesetz bedroht nur die **vorsätzliche Teilnahme** mit Strafe. Ob eine fahrlässige Teilnah- **15** me denkmöglich ist, ist umstritten; vgl. Roxin TuT^2 569 ff., Seebald GA 64, 161, Bindokat JZ 86, 421. In den Fällen der bewußten Fahrlässigkeit (vgl. § 15 RN 203), bei der die Beteiligten über die Möglichkeit des Erfolgseintritts reflektieren, ist eine Unterscheidung zwischen Täterschaft und Teilnahme sowie die Möglichkeit einer bewußt fahrlässigen Teilnahme an vorsätzlicher Tat an sich denkbar. Das Gesetz hat jedoch diese denkmögliche Form nicht berücksichtigt. Wer aber (bewußt oder unbewußt) fahrlässig eine Ursache für einen verbotenen Erfolg setzt, kann, sofern die sonstigen Voraussetzungen gegeben sind, wegen fahrlässiger Begehung bestraft werden, soweit diese mit Strafe bedroht ist; vgl. hierzu § 25 RN 101. Dieses fahrlässige Verhalten verliert auch dann nicht ohne weiteres seine Bedeutung, wenn ein anderes vorsätzliches oder fahrlässiges Verhalten hinzutritt; eine Unterbrechung des Kausalzusammenhangs ist nicht anzuerkennen (RG **64** 316f.; vgl. 71 ff. vor § 13, § 25 RN 60); vgl. aber die aus dem Vertrauensgrundsatz sich ergebende Problematik bei § 15 RN 149. Uneingeschränkt gelten diese Grundsätze allerdings nur bei reinen Erfolgsdelikten (Jescheck 593); bei Tatbeständen, die bestimmte Handlungsmerkmale voraussetzen (z. B. §§ 163, 310b IV, 315c III Nr. 2, 316 II, 326 IV) kann eine Fahrlässigkeitshaftung nur in Betracht kommen, wenn der Mitwirkende die Handlungsmerkmale erfüllt (Jakobs AT 540). Im umgekehrten Fall einer vorsätzlichen Mitwirkung an einer Tat des fahrlässig Handelnden, die ihrem äußeren Erscheinungsbild nach als Teilnahme auftritt, ist regelmäßig mittelbare Täterschaft anzunehmen, weil die Gutgläubigkeit des Werkzeugs nicht dadurch entfällt, daß es sorgfaltswidrig handelt; vgl. u. 34, 80.

16 **II. Strafgrund und Wesen der Teilnahme** sind streitig.

17 1. Ihrem Wesen nach ist die Teilnahme Mitwirkung an fremder Tatbestandsverwirklichung, von der Regelungsmaterie her sind §§ 25, 26 Strafausdehnungsgründe gegenüber der Täterschaft (o. 7). Ihnen liegt die herrschende **Förderungs-** (oder **Verursachungs-)theorie** zugrunde, wonach der Strafgrund der Teilnahme darin liegt, daß der Teilnehmer ursächlich für die Haupttat wird, sei es durch die Erweckung des Tatentschlusses oder durch eine physische wie psychische Unterstützung des Täters (Baumann/Weber 553, Eser GA 58, 333, Heinitz aaO, Lange JR 49, 168, Notwendige Teilnahme aaO, Rudolphi aaO GA 70, 365; differenzierend Stratenwerth 241, Jakobs 545f. [Unrechtsteilnahmetheorie], Samson SK 12 ff. vor § 26). Nur auf der Grundlage dieses Standpunkts ist erklärbar, daß der Teilnehmer nicht selbst die im Deliktstatbestand liegende Norm verletzt, sondern sein Unrecht darin besteht, daß er an der Normverletzung des Täters mitwirkt (Jescheck 621). Das Unrecht der Teilnahme ist daher wie sich aus §§ 26 ff. ergibt, abhängig vom Unrecht der Haupttat. Dabei ist zu beachten, daß das vom Haupttäter begangene Unrecht, für das der Teilnehmer ursächlich wird, nach h. M. aus Erfolgsunrecht und Handlungsunrecht besteht. Daher ist einerseits Teilnahme an echten Sonderdelikten möglich (so jetzt auch Schmidhäuser I 279 f.); andererseits erklärt sich daraus der Umstand, daß eine Mitwirkung am untauglichen Versuch, der für den Haupttäter strafbar ist, beim Teilnehmer straflos bleibt, wenn er dessen Untauglichkeit kennt, weil es insoweit am Vorsatz und damit an einer Teilnahme am fremden, die Versuchsstrafbarkeit begründenden Handlungsunrecht fehlt (vgl. auch Langer aaO 466). Auch für den agent provocateur kommt man zur Straflosigkeit, weil ihm das Unrecht des Haupttäters, das nur im Handlungsunrecht besteht, nicht zugerechnet werden kann (vgl. dazu u. § 26 RN 16). In beiden Fällen entlastet den Teilnehmer der Umstand, daß sein Verhalten zu keiner Verletzung des geschützten Rechtsguts (Erfolgsunwert) führen kann und er dies weiß. Daß die Teilnahme aber auch einen eigenen Unwert verkörpert, also in ihr sowohl Elemente des Erfolgs- wie des Handlungsunwertes enthalten sind, zeigt sich darin, daß bei der Anstiftung zum untauglichen Versuch der Anstifter, der die Vollendung wollte, nach § 26 bestraft werden kann, obwohl auf seiten des Haupttäters nur Handlungsunrecht vorliegt. Ebensowenig ist zu leugnen, daß die Ursächlichkeit des Teilnehmerbeitrages für den Erfolgsunwert der Haupttat gleichzeitig ein eigenes Erfolgsunrecht beim Teilnehmer begründet (u. 41).

18 Im Ergebnis weitgehend übereinstimmend, in der Formulierung jedoch enger, sieht Schumann aaO 49 ff. den Strafgrund der Teilnahme in der **„Solidarisierung** mit **fremdem Unrecht"**, wobei die Teilnahmehandlung als solche schon einen besonderen Aktunwert beinhalte, der sie als ein für die Rechtsgemeinschaft „unerträgliches Beispiel" erscheinen läßt. Für die Anstiftung wird daraus abgeleitet, daß die Anstifterhandlung in einer „ausdrücklichen oder konkludenten Erklärung" geschehen müsse, die zum Inhalt habe, daß der Haupttäter die Tat begehen müsse (aaO 51); für die Beihilfe soll nicht bloße Ursächlichkeit genügen, sondern darüber hinaus erforderlich sein, daß die „fremde Tat gerade unter dem Aspekt gefördert wird, der den Kern ihres Unrechts" ausmache (aaO 57).

19 2. Im Anschluß an ältere Auffassungen sieht die **Schuldteilnahmetheorie** den Strafgrund der Teilnahme darin, daß der Teilnehmer das Schuldigwerden des Täters zu verantworten oder (als Gehilfe) mitzuverantworten habe: „Mag der Angriff des Anstifters auf das Rechtsgut nicht so intensiv sein, daß man sagen könnte, er hat den Mord gemacht, so hat er doch jedenfalls den Mörder gemacht" (H. Mayer 334; vgl. auch H. Mayer 319, Rittler-FS 254, Less ZStW 69, 43). Auch Kohlrausch aaO und Maurach aaO 61 neigen zu dieser Auffassung; in der schweiz. Literatur findet sie eine Restauration (vgl. Trechsel aaO). Überwiegend wird diese Lehre aber abgelehnt (Heinitz aaO 101, Lange, Notwendige Teilnahme 37, Jescheck 620, Rudolphi ZStW 78, 94, Schroeder, Der Täter hinter dem Täter 206 ff., weiter BGH **4** 358, Welzel 112, ZStW 61, 210). Für die Beihilfe ist die Schuldteilnahmetheorie evident verfehlt. Aber auch sonst läßt sie sich nicht mit dem Gesetz vereinbaren, weil § 29 auch die Teilnahme an schuldloser Tat ermöglicht (Jescheck 620, Stratenwerth AT 853, Samson SK 5 vor § 26). Im übrigen kommt in dieser Vorschrift der Grundsatz zum Ausdruck, daß jeder Beteiligte ohne Rücksicht auf die Schuld der anderen nach seiner Schuld zu bestrafen ist. Schließlich ist auch die Strafmilderung des § 28 I nach dieser Theorie nicht zu erklären. Wenn nämlich maßgeblich wäre, daß der Anstifter den Täter in Schuld verstrickt, läßt sich kein vernünftiger Grund ins Feld führen, warum bei strafbegründenden persönlichen Eigenschaften die Strafe für den Teilnehmer, dem sie fehlen, soll gemildert werden müssen.

3. Ebensowenig sind die Lehren anzuerkennen, die – mit Abweichungen im einzelnen – in **20** der Teilnahme ein „**selbständiges Teilnehmerdelikt**" sehen. So geht Lüderssen (aaO 119 ff.) davon aus, der Teilnehmer sei nicht wegen seines Beitrages zur fremden Tat, sondern für sein eigenes tatbestandliches Unrecht verantwortlich, die Akzessorietät sei „rein faktischer Natur" (i. E. ebenso Sax ZStW 90, 927); dagegen mit überzeugenden Gründen Jescheck 621. Mit dem Gesetz (§ 28 I) nicht vereinbar ist auch die Auffassung Schmidhäusers (I 268 f.), wonach die Teilnahme ein im Unrechtstatbestand losgelöstes Teilnehmerdelikt sei. Die noch in der 1. A. (438) daraus gezogene Konsequenz, daß der nichtqualifizierte Teilnehmer am echten Sonderdelikt straflos sei (Spendel Lange-FS 155 f. hält dieses Ergebnis für sachgerecht, wenn auch nicht gesetzeskonform), ist nunmehr aufgegeben (Schmidhäuser I 279; vgl. dazu auch Samson SK 16 vor § 26). Im übrigen lassen sich auch die Konsequenzen, die teilweise aus der Selbständigkeit des „Teilnahmedelikts" gezogen werden, mit dem Gesetz nicht vereinbaren. So soll z. B. die Teilnahme am Selbstmord strafbar, die Teilnahme an unterlassener Hilfeleistung durch positives Tun als Tötungsverbrechen zu werten sein (Lüderssen aaO 168, 192); zur Problematik der Teilnahme am Selbstmord vgl. RN 35 f. vor § 211. Ebensowenig haltbar ist die Auffassung von Herzberg (GA 71, 8 ff.), wonach die Teilnahmevorschriften „echte Deliktstatbestände" seien; die von ihm selbst gegen seinen Standpunkt vorgebrachten Einwände sind überzeugend (Jescheck 621).

III. Aus dem Wesen der Teilnahme als Mitwirkung an fremder Tatbestandsverwirklichung **21** (s. o. 17) ergibt sich auch deren **Akzessorietät,** wobei verschiedene Grade der Abhängigkeit der Teilnahme von der Haupttat (strenge, limitierte Akzessorietät) denkbar sind.

1. Vor der VO vom 29. 5. 1943 stand die überwiegende Meinung auf dem Standpunkt der **22 strengen Akzessorietät.** Sie forderte für die Strafbarkeit des Teilnehmers eine nach Tatbestandsmäßigkeit, Rechtswidrigkeit und Schuld, also volldeliktische Tat des Haupttäters, abgesehen von persönlichen Strafausschließungsgründen und Prozeßvoraussetzungen (vgl. nur RG **70** 27). Nach damals h. L. ergab sich daraus z. B., daß freigesprochen werden mußte, wer einem Zurechnungsunfähigen oder einem in schuldausschließendem Irrtum Befindlichen geholfen hatte (RG **57** 16, 273). Zum Schrifttum vgl. z. B. Frank § 48 Anm. II 2, 49 I mit Nachweisen; gegen diese Lehre etwa v. Hippel II 448, Wegner 240. Grundlage dieser Auffassung war die vor der VO vom 29. 5. 1943 geltende Gesetzesfassung, wonach der Anstifter (§ 48) einen anderen zu einer „**strafbaren Handlung**" bestimmt, der Gehilfe (§ 49) zur Begehung eines „**Verbrechens oder Vergehens**" einen Beitrag geleistet haben mußte. Nach der VO vom 29. 5. 1943 stand das StGB auf dem Standpunkt der sog. **limitierten Akzessorietät** in ihrem damaligen Verständnis (and. u. H. Mayer 327 ff., Wegner 244). Dies bedeutete, daß die Haupttat zwar tatbestandsmäßig und rechtswidrig begangen sein mußte, daß es jedoch für die Verantwortung der Teilnehmer nicht darauf ankam, ob der Haupttäter auch schuldhaft gehandelt hat. Dies brachte das Gesetz dadurch zum Ausdruck, daß es in den §§ 48, 49 a. F. von einer „**mit Strafe bedrohten Handlung**" sprach. Umstritten war bei dieser Regelung vor allem die Frage, ob die Möglichkeit der Teilnahme vorsätzliches Handeln beim Haupttäter voraussetzte (vgl. dazu Börker JR 53, 166). Dieser Streit ist inzwischen erledigt, weil heute in §§ 26, 27 die Haupttat als „vorsätzlich begangene rechtswidrige Tat" bezeichnet wird.

2. Die **limitierte Akzessorietät** in ihrem heutigen, durch §§ 26 ff. festgeschriebenen Ver- **23** ständnis bedeutet zunächst, daß Bezugspunkt der Teilnahme das vorsätzlich begangene Unrecht der Haupttat, d. h. die Schuld des Haupttäters ist, mag es sich auch um eine Tat handeln, die der Beteiligte selbst nicht täterschaftlich begehen könnte (eigenhändige Delikte, Sonderdelikte). Dieser Grundsatz kommt in § 29 zum Ausdruck, während sich andererseits aus § 28 ergibt, unter welchen Voraussetzungen die Akzessorietät durchbrochen (§ 28 II) oder in ihren Auswirkungen abgeschwächt wird (§ 28 I); vgl. § 28 RN 2 ff. Akzessorietät bedeutet damit, daß die fremde Tat in ihrer rechtlichen Qualifizierung bei der Haftung des Teilnehmers in Rechnung gestellt wird. Die Haupttat muß also bestimmte rechtliche Qualitäten besitzen.

Vorbem §§ 25 ff. 24–30   Allg. Teil. Die Tat – Täterschaft und Teilnahme

24   Der Streit welche Merkmale die Haupttat aufweisen muß, ist durch die **Neufassung** nicht gänzlich beigelegt. Dies gilt insb. für die Beteiligung an einer Notstandstat i. S. v. § 35. Die h. M. (vgl. Lackner § 29 1, D-Tröndle § 29 RN 3) bejaht hier die Möglichkeit strafbarer Teilnahme, während M-Gössel II 382 dieses Ergebnis als „unmöglich" und Rudolphi ZStW 78, 76 es de lege ferenda als korrekturbedürftig bezeichnen. Weiterhin ist streitig, ob eine Teilnahme dann möglich ist, wenn der Haupttäter sich über die Voraussetzungen eines Rechtfertigungsgrundes irrt; vgl. hierzu RN 32 ff.

25   Im übrigen ist man sich über die beiden wichtigsten Konsequenzen der (limitierten) Akzessorietät einig. Sie bedeutet – von § 30 abgesehen – erstens, daß der vom Anstifter oder Gehilfen geleistete Beitrag nur strafbar ist, wenn es zur Begehung einer Haupttat (Versuch oder Vollendung) kommt (statt aller Samson SK 23 vor § 26). Dies ergibt sich aus den Formulierungen der §§ 26, 27, die eine Mitwirkung an „vorsätzlich begangener rechtswidriger Tat" voraussetzen. Zum zweiten ergibt sich aus der Akzessorietät, daß Anstifter und Gehilfen nur im Umfang der Haupttat haften; bleibt diese hinter dem vom Teilnehmer Gewollten zurück (strafbarer Versuch statt Vollendung), so kommt – unbeschadet § 30 – nur eine Teilnahme zum tatsächlich Geleisteten in Betracht (Anstiftung oder Beihilfe zum Versuch); vgl. § 26 RN 17. Begeht der Täter z. B. statt des Raubes, zu dem geholfen werden sollte, nur einen Diebstahl, so kommt lediglich Beihilfe zu § 242 in Betracht.

26   3. Die **Haupttat** muß folgende **rechtliche Qualitäten** aufweisen:

27   a) Die Haupttat muß eine vorsätzlich begangene **rechtswidrige Tat** sein. Nach der Definition in § 11 I Nr. 5 (vgl. dort RN 40 ff.) ist eine „rechtswidrige Tat" „nur eine solche, die den Tatbestand eines Strafgesetzes erfüllt." Die Haupttat muß also **tatbestandsmäßig** sein, d. h. sie muß alle Merkmale eines Tatbestandes erfüllen, die das typische Unrecht eines Delikts beschreiben. Haupttat der Teilnahme kann auch eine Teilnahmehandlung an einem fremden Delikt sein. So ist Anstiftung zur Anstiftung (sog. Kettenanstiftung; vgl. § 26 RN 9) oder zur Beihilfe möglich, ebenso aber auch Beihilfe zur Anstiftung oder Beihilfe zur Beihilfe (vgl. § 27 RN 18). Zu den dabei auftretenden Konkurrenzfragen vgl. u. 49 f.

28   Schon unter der Geltung des früheren Rechts war unstrittig, daß auf seiten des Haupttäters die sog. **subjektiven Unrechtselemente** vorliegen müssen, weil der in §§ 48, 49 a. F. verwendete Begriff „mit Strafe bedrohte Handlung" nach h. M. jene subjektiven Elemente voraussetzt, die einem Verhalten die typische Unrechtsfärbung gaben. Aus der Bezugnahme des heute verwendeten Begriffs „rechtswidriger Tat" auf § 11 I Nr. 5 ergibt sich diese Konsequenz unmittelbar aus dem Gesetz. Daraus folgt, daß Anstiftung und Beihilfe nicht möglich sind, wenn der Haupttäter (z. B. bei Diebstahl, Betrug, Erpressung) ohne die erforderliche Absicht gehandelt hat (BGH 5 51). Andererseits brauchen die subjektiven Unrechtselemente nur beim Haupttäter vorzuliegen. So kann z. B. wegen Teilnahme an einem Diebstahl auch bestraft werden, wer selbst keine Zueignungsabsicht hat, sofern ihm nur die des Täters bekannt ist. Handelt es sich bei den die Haupttat charakterisierenden Merkmale um solche „besonderer persönlicher" Art, so kommt hinsichtlich strafbegründender § 28 I und strafmodizierender Merkmale § 28 II in Betracht. Es ist allerdings stets zu fragen, ob es sich um tatbezogene (vgl. § 28 RN 15 ff.) oder um solche Merkmale handelt, die der Regelung des § 28 unterfallen; bei den genannten Absichten (§§ 242, 253, 263) ist dies nicht der Fall.

29   b) Anstiftung und Beihilfe setzen eine „**vorsätzlich begangene**" Haupttat voraus (Bockelmann Gallas-FS 261 ff.). Dieses Erfordernis folgt zwar nicht unmittelbar aus der Legaldefinition der rechtswidrigen Tat in § 11 I Nr. 5 (vgl. § 11 RN 42), wohl aber aus dem Wortlaut der §§ 26 f. Damit hat der Gesetzgeber dem Streit, ob die Haupttat vorsätzlich begangen sein muß, ein voreiliges Ende bereitet (ebenso Schmidhäuser 539); zur früheren Kontroverse vgl. die 17. A. 83 ff., 114 ff. vor § 47. Die dadurch erzielte Einschränkung der Teilnahmemöglichkeiten gegenüber dem – richtig verstandenen – früheren Recht ist sachlich nicht berechtigt, die Reform insoweit ein rechtspolitischer Mißgriff (Roxin ZStW 83, 398, LK 23 vor § 26; krit. auch Jakobs 548, Maier MDR 86, 358 für den Bereich des Steuerstrafrechts; and. Samson SK 27 vor § 26, der die Regelung ausdrücklich begrüßt).

30   Diese Fehlentscheidung zeigt sich zunächst darin, daß eine strafbare Teilnahme selbst dann nicht vorliegt, wenn der Teilnehmer irrig davon ausgeht, der Haupttäter handele vorsätzlich; § 32 E 62 hatte diesen Fall noch der Teilnahme gleichgestellt, was aber angesichts der jetzigen Formulierung in §§ 26, 27 („vorsätzlich begangenen") nicht möglich ist (ebenso Roxin LK 24 vor § 26, § 25 RN 97 f., Jescheck 594 unter Aufgabe seines früheren Standpunkts; and. Baumann/Weber 547 f., der bei fahrlässiger Begehung des Vordermannes vollendete Anstiftung annehmen will, wenn der Initiator zur vorsätzlichen Tat anstiften wollte). Dies bedeutet, daß nur eine versuchte Teilnahme in Betracht kommt, wenn der Haupttäter nicht vorsätzlich handelt. Bei Verbrechen kommt hier wenigstens noch versuchte Anstiftung nach § 30 I in

Betracht. Alle anderen Fälle, also auch die versuchte Beihilfe zu einem Verbrechen, sind unter dem Gesichtspunkt einer Vorsatztat straflos. Wer also dem vermeintlich vorsätzlich Handelnden Gift besorgt, kann nicht wegen Beihilfe zu einem Tötungsverbrechen belangt werden, wenn der andere das Opfer unvorsätzlich zu Tode bringt. Was bleibt, ist die nicht tatangemessene Möglichkeit einer Bestrafung wegen fahrlässiger Tötung. Schlechthin nicht mehr erfaßbar sind die Fälle der **Urheberschaft** (vgl. 17. A. 114ff. vor § 47), in denen bei eigenhändigen Delikten oder Sonderdelikten der unmittelbar Handelnde die Deliktzusammenhänge nicht durchschaut, also nicht vorsätzlich handelt, während der vorsätzlich handelnde Hintermann mangels Täterqualität oder eigenhändiger Begehung nicht Täter sein kann (vgl. statt aller Roxin TuT 364ff., 420ff., 17. A. 114ff. vor § 47, 19. A. 37 vor § 25). In diesen Zusammenhang gehören auch die Fälle, in denen der Hintermann bei einer Anstiftung zu einem Grunddelikt bewirkt, daß der Vordermann ohne entsprechenden Vorsatz einen qualifizierten Tatbestand verwirklicht. Steckt z. B. der Anstifter zum Diebstahl dem Täter heimlich eine Waffe in die Tasche oder gibt er eine Gaspistole als harmloses Mittel aus, so hat er zwar hinsichtlich des qualifizierenden Umstands die Voraussetzungen mittelbarer Täterschaft verwirklicht, kann jedoch über diese Rechtsfigur deswegen nicht erfaßt werden, weil ihm die zur Täterschaft erforderliche Zueignungsabsicht fehlt. Will man hier nicht bei Anstiftung zum einfachen Diebstahl stehenbleiben, so müßte der qualifizierende Umstand (Waffe, § 244 Nr. 1, 2) im Wege der Urheberschaft dem Hintermann zugerechnet werden, was aber nach der jetzigen Fassung der §§ 26, 27 ausgeschlossen ist. Auch die Auffassung von Roxin (LK 22 vor § 26, JuS 73, 336), der zwischen Tatbestandsirrtum (§ 16) und Erlaubnistatbestandsirrtum (analog § 16; vgl. dort RN 13ff.) unterscheidet und Vorsätzlichkeit i. S. der §§ 26, 27 als „bloßen Tatvorsatz" verstehen will, überzeugt nicht, da er Gleichwertiges im Hinblick auf die Akzessorietät ungleich behandelt; ebenso Dreher Heinitz-FS 207ff., D-Tröndle § 16 RN 27, vgl. u. 32.

Dagegen sind auch nach heutiger Rechtslage diejenigen Fälle der sog. **Urheberschaft als** **31** **Anstiftung** zu erfassen, in denen der Hintermann bei Sonderdelikten oder eigenhändigen Delikten nicht einen vorsatzausschließenden Irrtum erregt oder ausnutzt, sondern den unmittelbar Handelnden durch **Gewalt** oder **Drohung** (vgl. § 25 RN 56) zu einer vorsätzlich begangenen Tat veranlaßt oder aber einen Verbotsirrtum (§ 25 RN 36ff.) des Sonderpflichtigen ausnutzt. Bei den Fällen einer „quasi mittelbaren Täterschaft" (= Urheberschaft), die bisher einheitlich als Anstiftung bewertet werden konnten, ist jetzt in einer vom Ergebnis her nicht zu rechtfertigenden Weise danach zu differenzieren, ob die Haupttat mittels Zwang bzw. Ausnutzung eines Verbotsirrtums oder durch Täuschung veranlaßt wird.

Da der Gesetzgeber die Regelung in §§ 26, 27 offensichtlich auf der Grundlage jener Mei- **32** nung getroffen hat, daß Anstiftung und Beihilfe aus **Gründen ihrer eigenen Struktur**, „aus der Logik der Sache", eine vorsätzlich begangene Haupttat voraussetzen (z. B. BGH **9** 370, Baumann/Weber 545, JuS 63, 132, Bockelmann, Verhältnis von Täterschaft u. Teilnahme 15ff., 46, GA 54, 205, Gallas-FS 261ff., Stratenwerth, Das rechtstheoretische Problem der Natur der Sache [1957] 15f., Tröndle GA 56, 136; vgl. auch Welzel JZ 54, 429), kann auch nicht zweifelhaft sein, was unter „vorsätzlich begangen" i. S. dieser Vorschriften zu verstehen ist. Gemeint ist, daß die **Haupttat vorsätzlich begangenes Unrecht** darstellen muß. Dies setzt zunächst **Tatvorsatz** voraus. In den Fällen des **Irrtums** über die **Voraussetzungen** eines **Rechtfertigungsgrundes** auf seiten des Täters fehlt es ebenfalls am vorsätzlichen Unrecht (vgl. § 16 RN 13ff.), weshalb eine (vollendete) Teilnahme ausscheidet; in Betracht kommt nur § 30, sofern der Beteiligte nicht gleichfalls dem Irrtum unterliegt (and. D-Tröndle § 16 RN 27, Dreher Heinitz-FS 224, Eser II 173, Roxin LK 22 vor § 26, Gallas Bockelmann-FS 166ff.). Kennt allerdings der an der Tat Mitwirkende das Fehlen der Rechtfertigungssituation, so kann er als mittelbarer Täter (vgl. § 25 RN 38) bestraft werden, sofern er im übrigen die Täterqualifikation aufweist. Zu einem mit dem Gesetz nicht zu vereinbarenden Standpunkt kommt Schmidhäuser (Vorsatzbegriff und Begriffsjurisprudenz [1968] 33ff.), der nur das Willenselement aus dem Vorsatzbegriff ausgliedert und dem Unrechtstatbestand zuweist, und dadurch auch in diesen Fällen zur Teilnahme an vorsätzlicher Tat kommt.

Für die Fälle des **Verbotsirrtums** beim **Vordermann** gelten folgende Grundsätze: Handelt **33** der Täter in einem Verbotsirrtum, so ist vorsätzliches Unrecht begangen und Teilnahme damit möglich. Dabei spielt es keine Rolle, ob der Verbotsirrtum vermeidbar oder unvermeidbar war, weil der Unrechtscharakter sich auch bei unvermeidbarem Verbotsirrtum nicht ändert (vgl. § 17 RN 38), Teilnahme nur Mitwirkung an fremdem Unrecht voraussetzt (vgl. o. 27) und nach § 29 jeder Beteiligte nach seiner Schuld zu bestrafen ist (Heinitz aaO 105, M-Gössel II 277; vgl. auch Welzel JZ 53, 763, Bockelmann I 182). **Kennt** der **Hintermann** allerdings den **Verbotsirrtum** und nützt er den gutgläubigen Vordermann zur Tat aus, so liegt mittelbare Täterschaft vor (BGH **35** 347), in der die Anstiftung als subsidiär aufgeht (zu dem Konkurrenzproblem vgl. u. 48ff.). Die Möglichkeit einer mittelbaren Täterschaft ergibt sich hier daraus, daß der Hintermann das Geschehen nicht nur in seiner tatsächlichen Bedeutung, sondern auch in seiner rechtlichen Tragweite kennt und daher den insoweit ahnungslosen Täter in der Hand hat; Einzelheiten hierzu bei § 25 RN 38.

34 c) Sonderprobleme bestehen bei den Tatbeständen mit einer **Vorsatz-Fahrlässigkeitskombination**. Hinsichtlich der erfolgsqualifizierenden Delikte wurde unter der Geltung des alten Rechts bezweifelt, ob es Anstiftung und Beihilfe überhaupt geben könne; vgl. dazu § 18 RN 7. Die gleichen Fragen tauchen aber auch bei Delikten auf, bei denen jeweils eine Tatbestandsmodalität so strukturiert ist, daß mit einem vorsätzlichen Element, z. B. der Herbeiführung einer Explosion oder einem bestimmten Fehlverhalten im Straßenverkehr, die fahrlässige Herbeiführung einer Gefahr für Leib und Leben anderer oder für bedeutende Sachwerte verknüpft ist. Die Entscheidung muß hier die gleiche sein wie bei den erfolgsqualifizierten Delikten. Anstiftung und Beihilfe sind danach möglich, sofern der Täter im Hinblick auf den Grundtatbestand eines erfolgsqualifizierten Delikts oder die gefährliche Handlung vorsätzlich handelt, wobei insoweit auf § 11 II verwiesen werden kann (vgl. dort RN 87; krit. Gössel Lange-FS 227, 236). Darüber hinaus ist aber in beiden Fällen erforderlich, daß auch der Teilnehmer in bezug auf die Herbeiführung der Gefahr seinerseits mindestens fahrlässig handelt; dazu Cramer § 315c RN 93. Dies ergibt sich daraus, daß bei Vorsatz-Fahrlässigkeitskombinationen auch der Teilnehmer für das erhöhte Unrecht nur unter den Voraussetzungen des § 18 haften kann.

35 d) Die Haupttat muß außerdem **rechtswidrig** sein. Steht dem Täter ein Rechtfertigungsgrund zur Seite, so sind Anstiftung und Beihilfe nicht strafbar. Dies war schon früher nahezu unstreitig; nur v. Hippel II 448, Sauer AT 203 wollten nach altem Recht auch vom Erfordernis der Rechtswidrigkeit der Haupttat absehen. Hält der Anstifter die Tat für rechtswidrig, so kommt versuchte Anstiftung nach § 30 in Betracht. Vgl. auch § 11 RN 42ff.

36 e) Die Haupttat braucht dagegen **nicht schuldhaft** begangen zu sein. Jeder an der Tat Beteiligte wird nach seiner Schuld und ohne Rücksicht auf die Schuld der übrigen Teilnehmer bestraft (§ 29). Daher werden Anstiftung und Beihilfe nicht dadurch ausgeschlossen, daß der Haupttäter nicht schuldfähig war (§§ 19, 20; vgl. M-Gössel II 387f., Tröndle GA 56, 131). Liegen in der Person des Täters, nicht aber in der Person des Teilnehmers Entschuldigungsgründe vor, so berührt dies nach h. M. dessen Strafbarkeit nicht (Bockelmann, Verhältnis von Täterschaft und Teilnahme 59, Dahm NJW 49, 809, Jescheck 598ff.). Nach anderer Auffassung (M-Gössel II 382f.) fehlt es an einer ausreichenden Bezugstat für die Teilnahme, wenn der Haupttäter in einer die Unzumutbarkeit normgerechten Verhaltens begründenden Notlage (§ 35) gehandelt hat; i. E. ähnlich Peters, Die Abtreibung in der Schau des Juristen 56.

37 Kennt der Tatbeteiligte die Schuldunfähigkeit des Täters oder veranlaßt er ein Kind (§ 19) zur Tat, so liegt regelmäßig **mittelbare Täterschaft** vor (vgl. § 25 RN 39). Das gleiche gilt, wenn die entschuldigende Notsituation vom Hintermann veranlaßt ist (RG **64** 32). Daneben liegen freilich auch die Voraussetzungen der Anstiftung vor, sofern der Haupttäter vorsätzlich handelt, da das psychische Vorstellungsbild des Täters nicht nur den Täterwillen, sondern auch die Veranlassung der Tatverwirklichung durch den anderen umfaßt, der Anstiftervorsatz somit Bestandteil des Täterwillens ist. Die Anstiftung ist regelmäßig subsidiär gegenüber der mittelbaren Täterschaft (vgl. u. 48ff.).

38 f) Persönliche **Strafausschließungs-, Strafaufhebungs-** und **Straftilgungsgründe** in der Person des Haupttäters lassen die Strafbarkeit des Anstifters unberührt. Dies gilt z. B. beim Rücktritt vom Versuch (§ 24), Indemnität des Abgeordneten nach Art. 46 I GG usw. Das ergibt sich aus § 28 II (vgl. dort RN 14). Dies war auch nach früherem Recht unstreitig (vgl. o. 28).

39 g) **Objektive Bedingungen der Strafbarkeit** wie z. B. die Zahlungseinstellung bei den Konkursdelikten (vgl. Stree JuS 65, 465), von denen die Strafbarkeit abhängt, ohne daß sie für die rechtliche Mißbilligung der Tat als solcher bedeutsam wären (vgl. 124f. vor § 13), sind auch für die Strafbarkeit des Teilnehmers relevant. Solange die Strafbarkeitsbedingung nicht eingetreten ist, können auch Anstiftung und Beihilfe nicht bestraft werden, weil insoweit für die Haupttat und damit auch für die Teilnahme noch kein Strafbedürfnis zu bejahen ist.

40 h) Die Akzessorietät erfährt in § 28 einige Ausnahmen. Neben der für die Beihilfe obligatorischen Milderung der Strafe nach §§ 27 II, 49 I, gilt für beide Teilnahmeformen (Beihilfe und Anstiftung) eine zusätzliche Akzessorietätslockerung bei strafbegründenden und strafmodifizierenden besonderen persönlichen Merkmalen. Die Vorschrift des § 28 I regelt zugunsten des Teilnehmers, bei dem die die Strafbarkeit begründenden besonderen persönlichen Merkmale fehlen, eine Strafmilderung nach § 49 I. Stiftet zum Beispiel ein Dritter einen Amtsträger i. S. d. § 11 I Nr. 2 zur Falschbeurkundung im Amt an (§§ 348, 26), so ist die Strafe für den Anstifter nach §§ 28 I, 49 I zu mildern. Darüber hinaus hat der Gesetzgeber in § 28 II bestimmt, daß besondere persönliche Merkmale, die die Strafe schärfen, mildern oder ausschließen, nur dem Täter oder Teilnehmer zugerechnet werden, bei dem sie vorliegen. Wird z. B. ein Amtsträger von einem Dritten zu einer Körperverletzung im Amt angestiftet, so wird der Täter (Amtsträ-

ger) gem. § 340 bestraft. Die Bestrafung des Anstifters hingegen richtet sich aufgrund des § 28 II nach dem betreffenden Grundtatbestand (§§ 223 I, 26); so die h. M. M-Gössel II 398, Wessels 164, Jescheck 595. Demgegenüber will eine Mindermeinung (Roxin LK § 28 RN 4, Cortes Rosa ZStW 90, 433) den vom Täter erfüllten Tatbestand auch auf den Anstifter anwenden (§§ 340, 26) und den Grundtatbestand (§ 223), der sich für den Teilnehmer nach § 28 II ergibt, lediglich bei der Strafzumessung in Betracht ziehen.

IV. Objektive und subjektive Voraussetzungen der Teilnahme. Zwar trägt die Teilnahme 41 ihren Unrechtsgehalt nicht vollständig in sich selbst, sondern bezieht ihn überwiegend aus der Veranlassung oder Förderung der fremden Tat. Gleichwohl muß zusätzlich festgestellt werden, worin das die Teilnahme spezifisch charakterisierende Unrecht liegt. Der Teilnehmer wird nicht bloß deshalb bestraft, weil sich ein anderer strafbar gemacht hat, sondern weil er selbst einen Beitrag zu dessen Tat geleistet hat. Dies entspricht der oben festgestellten (RN 17) Natur der Teilnahmevorschriften, wonach §§ 25, 26, 27 als Strafausdehnungsgründe anzusehen sind. Hinsichtlich der Umstände durch welche die Strafbarkeit auf Beteiligte ausgedehnt wird, ist für den Teilnehmer ein von der Täterschaft zwar abhängiges, aber insoweit eben auch eigenständiges Unrecht festzustellen.

1. In objektiver Beziehung setzt die Teilnahme einen Tatbeitrag voraus, der je nach ihrem 42 Charakter in der Veranlassung fremder Tat (Anstiftung) oder deren Unterstützung (Beihilfe) liegen kann, vgl. entsprechende Kommentierungen zu §§ 26, 27.

2. In subjektiver Beziehung müssen Anstifter und Gehilfen vorsätzlich handeln, d.h. sie 43 müssen die Haupttat in ihren wesentlichen Umrissen kennen. Daher liegt ein sog. **Exzeß** vor, wenn der Täter über die Grenzen hinausgeht, die der Teilnehmer eingehalten wissen wollte; der Teilnehmer haftet insoweit nicht wegen Anstiftung oder Beihilfe zu der begangenen Tat (Samson SK 39 vor § 26). Begeht z. B. der zum Diebstahl Angestiftete einen Raub, so ist der Anstifter nur wegen Anstiftung zum Diebstahl zu bestrafen, wenn er die Möglichkeit der Gewaltanwendung bei der Wegnahme nicht in Rechnung gezogen und gebilligt hat (RG **67** 343). Soweit jedoch der vom Haupttäter exzessiv bewirkte Erfolg einem erfolgsqualifizierten Tatbestand unterfällt, kann der Teilnehmer bei Fahrlässigkeit (§ 18) aus diesem bestraft werden (vgl. § 18 RN 7).

Unwesentliche Abweichungen der Haupttat vom Vorstellungsbild des Teilnehmers fallen 44 dagegen nicht ins Gewicht (RG **70** 295). Der Charakter der Tat und der Teilnahme werden dann durch das tatsächliche Geschehen bestimmt; z. B. liegt Anstiftung zu § 250 Nr. 1 vor, auch wenn der Anstifter den Vorsatz des § 250 Nr. 2 hatte. Unternimmt es z. B. jemand, einen Zeugen zum eidlichen Ableugnen einer ihm bekannten Tatsache zu bestimmen, und beschwört dieser daraufhin entgegen der Absicht des Anstifters nur, daß er über die Tatsache nichts wisse, so hat die Anstiftung ebenso einen vom Vorsatz des Anstifters umfaßten Erfolg (BGH LM **Nr. 37** zu § 154).

Umstritten ist schließlich die Frage, ob die Abweichung der vom Haupttäter oder von einem 45 Werkzeug vorgenommenen Tat von derjenigen, die der Hintermann sich vorgestellt hat, als dessen (unbeachtlicher) **error in objecto** oder als **aberratio ictus** anzusehen ist. Von der Unbeachtlichkeit der Objektsverwechslung ist dann auszugehen, wenn der Teilnehmer dem Haupttäter die Identifizierung des Objekts überläßt. Wenn dieser nämlich die Fähigkeit besitzt, das Tatobjekt zu individualisieren, muß dessen Irrtum auch zu Lasten des Teilnehmers gehen, der sich auf die Individualisierungsfähigkeit des Haupttäters verläßt. Unwesentlich ist daher ein error in objecto des Täters (Fall Rose-Rosahl; Pr. Obertribunal GA Bd. **7** 322. D-Tröndle § 26 RN 15, M-Gössel II 353, Welzel 75, 117, Loewenheim JuS 66, 314, Müller/Dietz/Backmann JuS 71, 416; a. A. Roxin LK § 26 RN 26, Jescheck 625f., Blei I 254f., Schmidhäuser I 561, Stratenwerth 103, Binding, Normen III 213, Bemmann MDR 58, 817, Roxin TuT 225. Dies gilt allerdings nicht, wenn der Teilnehmer selbst das Opfer der Objektsverwechslung wird. Richtet der Haupttäter infolge Irrtums die Tat gegen den Anstifter (B, der X verprügeln soll, fällt in der Dunkelheit über den Anstifter A her), so ist letzterer wegen Anstiftung zum Versuch nicht wegen Anstiftung zur vollendeten Tat zu bestrafen (vgl. Roxin TuT 286f., Puppe NStZ 91, 124; a. A. BGH **11** 268 m. Anm. Schröder JR 58, 427, 23. A.; § 26 RN 19. Zu den Grundfällen von error in persona und aberratio ictus bei Mittäter und Teilnehmer vgl. Schreiber JuS 85, 876 f. Überläßt der Teilnehmer die Individualisierung nicht dem Haupttäter, sondern gibt ihm genaue Handlungsanweisungen, so kommt bei einer Objektsverwechslung lediglich versuchte Teilnahme in Betracht, die allerdings nur im Rahmen des § 30 strafbar ist. Erst recht gilt dies, wenn der „Angestiftete" aus eigenem Entschluß etwas anderes tut. Will der Anstifter etwa den Täter veranlassen, den Vorsitzenden einer Partei zu erschießen, ermordet dieser jedoch deren Generalsekretär, so kommt auch dann nur versuchte Anstiftung in Betracht, wenn der Täter ohne die Beeinflussung überhaupt nicht auf die Idee gekommen wäre, jemanden zu töten. Erst recht gilt dies, wenn ein völliges aliud verwirklicht wird, der Täter etwa eine Vergewaltigung statt des ihm angesonnenen Raubes begeht.

46   **V. Notwendige Teilnahme.** Sie liegt vor, wenn ein Tatbestand begrifflich nur dadurch verwirklicht werden kann, daß mehrere Personen beteiligt sind, wie z. B. bei der Gläubigerbegünstigung (§ 283c); krit. zum Begriff der notwendigen Teilnahme, i. E. aber weitgehend übereinstimmend Otto Lange-FS 197ff. Droht das Gesetz nur bestimmten Beteiligten Strafe an, so sind die übrigen Beteiligten straflos, soweit sie nur das tun, was zur Verwirklichung des Delikts begrifflich notwendig ist (Samson SK 43ff. vor § 26, Zöller aaO). Tun sie dagegen mehr, so kommt eine Bestrafung wegen Anstiftung oder Beihilfe in Betracht (vgl. jedoch u. 48ff.). So kann z. B. der beteiligte Gläubiger wegen Anstiftung zu § 283c bestraft werden (RG **61** 314, **65** 416, Jescheck 631f., Otto Lange-FS 214, Roxin LK 36 vor § 26, Jakobs 575). Ist bei der Überschreitung von Höchstpreisen nur der Verkäufer mit Strafe bedroht, so ist der Käufer nicht wegen Beihilfe strafbar. Geht er jedoch darüber hinaus, z. B. durch Vorspiegelung der Erlaubtheit des Preises, so kann er wegen Teilnahme bestraft werden (vgl. RG **70** 347, Otto Lange-FS 215), es sei denn, der Täter habe ohne Vorsatz gehandelt. Näher zu diesen Fällen Baumann/Weber 576ff., Roxin LK 27ff. vor § 26, Gössel wistra 85, 125, Walter JuS 82, 343.

47   **Straflos** ist stets die **passive Beteiligung** der durch das Strafgesetz geschützten Person, so z. B. des Bewucherten (§ 302a) oder des sexuell Mißbrauchten in §§ 174, 174a, 174b. Entsprechendes gilt auch für die §§ 181, 181a (vgl. 181a RN 28); weitgehend übereinstimmend Otto Lange-FS 211f., Samson SK 46ff. vor § 26. Die geschützte Person ist aber strafbar, wenn sie durch ihr Verhalten einen eigenen Straftatbestand erfüllt; vgl. auch Jescheck 631f.

48   **VI. Zusammentreffen mehrerer Beteiligungsformen.**

49   1. Treffen mehrere Beteiligungsformen (einschl. der Mittäterschaft) einer Person an derselben Tat zusammen, so geht die weniger schwere in der schwereren auf (RG **63** 134, **70** 296). Dabei ist Mittäterschaft als Täterschaft gegenüber der Anstiftung die schwerere Form der Beteiligung (and. [Idealkonkurrenz] Less ZStW 69, 55, vom Standpunkt der Schuldteilnahmetheorie aus konsequent), Beihilfe die minderschwere Form im Vergleich mit der Anstiftung (RG **62** 74). In besonderen Fällen können aber Mittäterschaft und Beihilfe ideell konkurrieren (RG **70** 139, 296 m. Anm. Siegert JW 36, 31, 94, OLG Gera NJ **49** 292); so z. B. wenn sich der Mittäter, ohne Mitglied der Bande zu sein, an einem Bandendiebstahl beteiligt (Idealkonkurrenz zwischen Beihilfe zu § 244 und Mittäterschaft am Diebstahl), oder wenn ein Mittäter einer vorsätzlichen Tötung seinerseits ohne niedrige Beweggründe handelt, sein Tatbeitrag jedoch zugleich Beihilfe zum Mord der anderen ist (dies übersieht anscheinend BGH NJW **68** 1339 m. Anm. Steinlechner NJW **69**, 1790); vgl. auch § 27 RN 38 sowie Schröder JR 58, 428, Schroeder NJW **64**, 1113. Eine Wahlfeststellung zwischen Beteiligungsformen unterschiedlichen Gewichts (z. B. Mittäterschaft und Beihilfe) ist unzulässig (vgl. § 1 RN 94); nach dem Grundsatz „in dubio pro reo" ist bei Zweifeln wegen der weniger schwerwiegenden Beteiligungsform zu verurteilen (BGH **31** 136 m. Anm. Hruschka JR 83, 177). Liegt eine Anstiftung oder Beihilfe zu **mehreren Haupttaten** oder zu einer Fortsetzungstat vor oder wird in bezug auf eine Haupttat mehrfach angestiftet oder geholfen, so entstehen Konkurrenzprobleme, die bei § 52 RN 20 erläutert werden.

50   2. Beteiligt sich jemand an **korrespondierenden Straftaten** mehrerer Personen, für die das Gesetz unterschiedlich hohe Strafen vorsieht, so soll es nach RG **42** 384 darauf ankommen, welchem der Beteiligten Hilfe geleistet werden soll. Dieses Ergebnis ist mit dem allgemein anerkannten Satz, daß der Vorsatz der Beihilfe lediglich das Bewußtsein erfordert, der Tatbeitrag werde dem Haupttäter förderlich sein, unvereinbar. Vielmehr liegt, wenn ein und derselbe Teilnehmerbeitrag verschiedenen Beteiligten zugute kommt, tateinheitliche Beihilfe zu beiden Taten vor, so z. B. Beihilfe zur Untreue und zur Hehlerei, wenn der Gehilfe den ungetreuen Verwalter und den Käufer zusammenführt (vgl. auch § 259 RN 36f.); z. T. abweichend Meister NJW 49, 489. Jedoch kann sich aus dem Verhältnis der Tatbestände, zu denen Beihilfe geleistet wird, ergeben, daß die Strafe für den Gehilfen nur aus einem dieser Tatbestände zu entnehmen ist, so z. B. bei einer Vermittlung zwischen Bestecher und Bestochenem (§§ 332, 334) nur aus § 334 (Bell MDR 79, 719); vgl. dort RN 16.

51   **D. Die Abgrenzung zwischen Täterschaft und Teilnahme**

Obwohl die Fassung des § 25, die im Gegensatz zur alten Regelung auch die Allein- und mittelbare Täterschaft bestimmt, hinsichtlich ihrer Aussage sehr viel ergiebiger ist als § 47 a. F., bleibt umstritten, ob die Argumentationsbasis für die Abgrenzung von Täterschaft und Teilnahme verändert wurde, oder deren Bandbreite immer noch so weit ist, daß auch nach geltendem Recht alle bisherigen Standpunkte zur Abgrenzung aufrechterhalten werden können (vgl. u. 52ff.). Da eine Eingrenzung der Argumentationsbreite nur in begrenztem Maße angenommen werden kann (vgl. Cramer Bockelmann-FS 389ff.), weil das Gesetz die verschiedenen

Täterschaftsformen zwar als Phänomene akzeptiert, ohne sie jedoch in ihren Voraussetzungen näher zu umschreiben (vgl. E 62 Begr. zu § 29 [BT-Drs. IV/650 S. 147]), besteht weiterhin die Aufgabe, die Täterschaftsformen gegeneinander und insb. gegenüber Anstiftung und Beihilfe abzugrenzen. Es ist vorweg festzustellen, daß die extremen Positionen (vgl. u. 52ff.) nicht mehr vertretbar sind. Dabei ist allerdings wieder streitig, welche der einseitig orientierten Auffassungen dem Gesetz nicht mehr entspricht. Dies wird überwiegend etwa hinsichtlich der extrem subjektiven Theorie angenommen (vgl. u. 56), ebenso hinsichtlich der formal-objektiven (vgl. u. 53). Nach der h. M. ist allerdings davon auszugehen, daß die Neufassung der §§ 25ff. dazu zwingt, unter Aufgabe extremer Positionen die Standpunkte einander anzunähern. Mit Recht weist daher Küpper GA 86, 437ff. darauf hin, daß angesichts der gebotenen und tatsächlich auch vollzogenen Annäherung der Standpunkte im praktischen Ergebnis das effektive Gewicht des Meinungsstreits in keinem Verhältnis zu dem dabei erhobenen Anspruch als Dauerthema der Dogmatik steht.

I. Auf der Grundlage der heutigen Regelung läßt sich feststellen, daß **einige** der bisher 52 vertretenen **Auffassungen,** deren Richtigkeit allerdings früher schon angezweifelt wurde, jedenfalls jetzt **nicht** mehr **gesetzeskonform** sind (Roxin JuS 73, 333, Samson SK § 25 RN 17, Herzberg TuT 5, Küper GA 86, 438). Demgegenüber ist Schmidhäuser AT 581 der Auffassung, daß die Abgrenzung zwischen Täterschaft und Teilnahme der „Natur der Sache nach" nicht durch Gesetz regelbar sei, weil jede Gesetzesformulierung in einen neuen „Gesetzespositivismus" münde, mit Hilfe dessen eine Theorie nicht außer Kraft gesetzt werden könne (gegen ihn Roxin TuT 548). Schmidhäuser kann schon deshalb nicht zugestimmt werden, weil ansonsten dem Gesetzgeber das Recht abgesprochen werden müßte, verbindliche Regelungen zu erlassen, durch die die Spielwiese eines jeden Theorienstreits beschnitten werde; dies ist mit unserem Verfassungsverständnis jedoch nicht in Einklang zu bringen. Nach Lackner (Anm. 2c vor § 25) soll sich aus den Gesetzesmaterialien ergeben, daß der Gesetzgeber sich nicht gegen die extrem subjektive Theorie, die Lackner selbst nicht vertritt, entscheiden wollte (vgl. Sonderausschuß Prot. V, 1825); demgegenüber ist darauf hinzuweisen, daß in der Begründung zu E 1962, dem der Wortlaut von § 25 entstammt, die extrem subjektive Theorie ausdrücklich abgelehnt wird (BT-Drs. IV/650 S. 149). Geht man von dem hier vertretenen Standpunkt aus, so sind folgende Abgrenzungskriterien nicht mehr mit dem Gesetz in Einklang zu bringen:

1. Nicht mehr vertretbar sind die älteren **formal-objektiven Theorien** (eingehend hierzu 53 Roxin TuT 34ff.), deren Grundlage die Handlungsbeschreibung der einzelnen Tatbestände darstellt (ebenso Küpper GA 86, 437). Täter ist danach – ohne Rücksicht auf Tatinteresse oder sonstige subjektive Momente – jeder, dessen Verhalten die Merkmale erfüllt, die im Tatbestand beschrieben sind; umgekehrt kann jeder andere kausale Beitrag zur Tatbestandsverwirklichung – ohne Rücksicht auf sein objektives Gewicht – nur als Teilnahme aufgefaßt werden (vgl. Grünhut JW 32, 366, Hegler RG-FG V 307, v. Hippel II 453f., v. Liszt/Schmidt 334, Mezger 444, Zimmerl ZStW 49, 46).

a) Diese Theorien vermögen einerseits keine hinreichende Erklärung für die verschiedenen 54 Formen der Täterschaft zu geben. So versagen sie zunächst bei der **mittelbaren Täterschaft,** bei der der Hintermann den Tatbestand gerade nicht eigenhändig verwirklicht; ihre Bemühungen, vom „einfachen Lebenssprachgebrauch" her die Verhaltensmodalitäten auch auf die Fälle des Einsatzes eines anderen Menschen zur Tatbestandsverwirklichung zu erstrecken, wirken gestelzt und bedeuten im Ergebnis einen Verzicht auf hinreichende Abgrenzungskriterien (Stratenwerth 214f.). Weiterhin tragen die formal-objektiven Theorien bei der **Mittäterschaft,** die sie als Teilverwirklichung des Tatbestandes begreifen, der vereinbarten Arbeitsteilung nicht genügend Rechnung. Danach kommt Mittäterschaft nämlich nur dann in Betracht, wenn jeder der Beteiligten ein Stück der Ausführungshandlung vorgenommen hat (Beling 408, M. E. Mayer 381). Folglich kann, wer bei einem Einbruchdiebstahl Wache gestanden hat, nur Gehilfe sein, weil das Wachestehen keine Ausführungshandlung i. S. v. § 243 darstellt (v. Liszt/Schmidt I 335). Ebensowenig kann nach dieser Theorie ein Bandenchef, der sich auf die Planung und Leitung eines Einbruchdiebstahls beschränkt, als Mittäter bestraft werden, obwohl aufgrund seiner leitenden Funktion das Schwergewicht bei ihm liegt. Dies widerspricht jedoch der in § 25 II beschriebenen arbeitsteiligen Tatbegehung bei der Mittäterschaft. Andererseits versagen die formal-objektiven Theorien bei den reinen Erfolgsdelikten, bei denen allein die Verursachung des Erfolges tatbestandsmäßig umschrieben ist, ohne daß der Tatbestand zugleich die Modalitäten des Handlungsunrechts aufzeigt, nach denen allein eine Unterscheidung zwischen Täterschaft und Teilnahme möglich wäre (Bockelmann/Volk 187, Jescheck 587).

b) Samson (SK § 25 RN 7) meint, die formal-objektive Theorie sei durch § 25 I insoweit ins 55 Gesetz übernommen worden, als jedenfalls derjenige als Täter anzusehen sei, der eine Straftat selbst verwirklicht. Abgesehen davon, daß sich diese Konsequenz auch aus anderen Täterlehren

Vorbem §§ 25 ff. 56–58   Allg. Teil. Die Tat – Täterschaft und Teilnahme

ableiten läßt, ist es wenig sinnvoll, von der „Teilübernahme" einer Theorie ins Gesetz zu sprechen, wenn im kritischen Abgrenzungsbereich diese Theorie gerade nicht mehr mit der lex lata vereinbar ist.

56   2. Ebensowenig vertretbar sind nach geltendem Recht die **extrem-subjektiven** Theorien, die ausschließlich auf die psychische Anteilnahme der Tatbeteiligten am Tatgeschehen abstellen. Diese lassen also ausschließlich deren Willen, Absicht, Motive, Gesinnungen oder Interesse am Taterfolg maßgeblich sein. Schon in der grundlegenden Entscheidung RG **3** 181 wurden die maßgeblichen Kriterien für die subjektive Theorie festgelegt; der Mittäter will danach „seine eigene That zur Vollendung bringen, der Gehilfe aber nur eine fremde That, diejenige des Thäters unterstützen", woraus sich ergibt, „daß der Gehilfe nur einen von demjenigen des Thäters abhängigen Willen haben darf, er also seinen Willen demjenigen des Thäters dergestalt unterwirft, daß er es ihm anheimstellt, ob die That zur Vollendung kommen sollte oder nicht", während „der Mitthäter einen den seinen beherrschenden Willen" nicht anerkennt. Täter ist danach, wer den Täterwillen **(animus auctoris)** hat, wer die Tat als eigene will, während als bloßer Teilnehmer derjenige angesehen wird, der die Tat nur als fremde will **(animus socii)**, der sich und seinen Tatbeitrag dem Willen des anderen unterordnet. Obwohl die subjektiven Theorien schon zu Beginn des 19. Jh. vertreten worden sind (Nachweise hierzu bei Roxin TuT 51ff.), sind sie in ihrer dogmatischen Begründung in einen intrasystematischen Zusammenhang mit der erst später entwickelten Äquivalenztheorie des Reichsgerichts zu bringen (vgl. 73ff. vor § 13). Vom Postulat ausgehend, daß alle Kausalfaktoren gleichwertig sind (vgl. 77ff. vor § 13), kommen sie auf der Grundlage des extensiven Täterbegriffs (o. 8) zu dem Ergebnis, daß eine Abgrenzung zwischen Täterschaft und Teilnahme nur unter Heranziehung subjektiver Momente erfolgen kann. Zwar läßt sich, wie Bähr aaO 62, Gallas Mat. I 122 und Lange aaO 52 mit Recht betont haben, nicht bestreiten, daß vom Boden des extensiven Täterbegriffs nur die Entscheidung für die subjektive Teilnahmetheorie möglich ist (and. v. Liszt/Schmidt 334 und früher Mezger 443); die Ableitung des extensiven Täterbegriffs aus der Äquivalenztheorie mit der Konsequenz einer subjektiven Abgrenzung ist jedoch in sich nicht schlüssig. Die Kausalitätsfrage betrifft nämlich nur ein Element der objektiven Zurechenbarkeit des Erfolges und kann gerade deswegen auf der Grundlage der Verursachungstheorie (vgl. o. 17) keine brauchbare Grundlage für die Abgrenzung von Täterschaft und Teilnahme abgeben. Dies allein spricht jedoch nicht gegen die subjektive Theorie, da auch auf der Grundlage des restriktiven Täterbegriffs eine Abgrenzung mit subjektivem Einschlag möglich ist (and. Gallas Mat. I 122), sofern nur die Aussage unberührt bleibt, daß volle Tatbestandsverwirklichung stets Täterschaft bedeutet.

57   In dieser **extremen** Form bedeutet die subjektive Theorie, daß ohne Rücksicht auf die äußere Form und das Gewicht des Tatbeitrages allein subjektive Kriterien über die Rolle eines Beteiligten entscheiden (ebenso Küpper GA 86, 43f.). Nach dieser Auffassung soll auch derjenige, der alle Tatbestandsmerkmale durch sein Handeln in seiner Person erfüllt, bloßer Gehilfe sein können, wenn er lediglich den Teilnehmerwillen hatte (so im sog. „Badewannenfall" RG **74** 85, BGH **18** 87 „Stachinskyfall").

58   Die subjektive Theorie ist trotz mancherlei Schwankungen prinzipiell in **ständiger Rspr.** von RG und BGH vertreten worden (vgl. RG **31** 82, **44** 71, **55** 61, **63** 315, **64** 421, **66** 240, **76** 3). Obwohl der BGH vorübergehend einer Abgrenzung nach Täterschaftskriterien zuneigte (vgl. BGH **8** 393, **11** 272), folgte er im wesentlichen der subjektiven Linie des RG (vgl. BGH NJW **51** 121, 323, 410, BGH **3** 350, **8** 73, **16** 14, **13** 166 („Täterwille"), VRS **18** 416 („herrschende subjektive Teilnahmetheorie"), **23** 207, NJW **54** 1374, MDR **64** 69, DAR/M **69** 142). Dabei wird als wesentliches Kriterium zur Abgrenzung des animus auctoris vom animus socii in verschiedenen Urteilen der **Grad des eigenen Interesses** am Erfolg angesehen (RG JW **37** 2509, BGH GA **74** 511, wo allein wegen Handelns auf Befehl von Beihilfe ausgegangen wird; dagegen Baumann JZ 74, 513). Vgl. in diesem Zusammenhang die Entwicklung der Rspr. nach 1975 u. 87. Immerhin muß festgestellt werden, daß die Rspr. zu solchen extremen Entscheidungen regelmäßig nur kam, wenn es galt, die im Einzelfall als unbillig empfundene absolute Strafdrohung des § 211 zu umgehen (so ausdrücklich Hartung JZ 54, 430 zur Motivation der Entscheidung im sog. „Badewannenfall"). In anderen Entscheidungen ist versucht worden, der absoluten Strafdrohung durch die Annahme eines übergesetzlichen Schuldmilderungsgrundes auszuweichen (vgl. LG Hamburg NJW **76**, 1757 m. Anm. Hansch). Auf diesem Weg könnte sich jetzt eine Lösung für die Rspr. ergeben; auf dem bei einem Verzicht auf extreme Standpunkte in der Abgrenzungsfrage zwischen Täterschaft und Beihilfe die absolute Strafdrohung des § 211 unterlaufen werden kann. Bislang von der Rspr. nicht entschieden ist nämlich die Frage, ob durch BGH (GrS) **30** 105 ein allen Problemen gerecht werdender Weg eröffnet wird, um ohne Rückgriff auf die extrem subjektive Theorie bei Mord die lebenslange Freiheitsstrafe zu umgehen, sofern sie als unbillig empfunden wird. Die vom BGH in dieser Entscheidung aufgegriffe-

Die Abgrenzung zwischen Täterschaft und Teilnahme

ne „Rechtsfolgenlösung" (vgl. § 211 RN 10a f.) beschränkt sich nämlich nicht auf die Heimtükke, sondern enthält verallgemeinerungsfähige Grundsätze, die für alle korrekturbedürftigen Mordmerkmale Geltung beanspruchen; sie könnte durch die Anwendung von § 49 I Nr. 1 folglich unbillige Härten vermeiden und für die Rspr. Anlaß geben, auf die extrem-subjektive Theorie zu verzichten.

59 In der hier geschilderten Form ist die **subjektive Theorie** schon vor der Gesetzesänderung **vom Schrifttum nahezu einmütig abgelehnt** worden, auch der BGH hat sich jedenfalls in BGH 8 393 von ihr entfernt (ebenso BGH GA **65**, 149). Vereinzelt wird im Schrifttum allerdings die Auffassung vertreten, daß auch nach geltendem Recht eine generelle Annahme von Täterschaft bei „voller eigenhändiger Tatbestandserfüllung nicht erfolgen könne" (Baumann Jescheck-FS 108 ff., Baumann/Weber 532). Diese Auffassung ist abzulehnen, weil § 25 I der Meinung, daß trotz vollständiger Tatausführung mangels Täterwille eine Beihilfe in Betracht kommt, eine Absage erteilt hat (Blei 251, Bloy 96 f., Bockelmann/Volk 177 f., Cramer Bockelmann-FS 392, D-Tröndle vor § 25 RN 2, Niese DRiZ 52, 23, Herzberg TuT 5 f., ZStW 99, 52 f., Hünerfeld ZStW 99, 233, Jakobs 21/36, Jescheck 590, SchwZSt. 75, 31, Küpper GA 86, 444, Maiwald ZStW 88, 729, Roxin LK § 25 RN 25, 38 ff., TuT 548, Samson SK § 25 RN 17, Wessels 151). Ausdrücklich sagt hierzu das OLG Stuttgart (NJW **78**, 715) „Wer alle objektiven und subjektiven Merkmale eines Tatbestandes in eigener Person verwirklicht, ist nicht Gehilfe, sondern Täter". Eine derartige Festlegung ist durch den BGH allerdings noch nicht erfolgt. Eine weitere Begründung zur Ablehnung der von Baumann vertretenen Meinung liefert der Entwurf 1962, dem die heute geltende Gesetzesfassung entstammt. Der Entwurf versteht unter einem unmittelbaren Täter, „einen Täter, der die Straftat selbst begeht, d. h. alle Tatbestandsmerkmale in seiner Person verwirklicht ... Diese begriffliche Bestimmung macht deutlich, daß, wer die Tat selbst begeht, also z. B. in eigener Person tötet ..., stets Täter ist, und nicht etwa wegen fehlenden Täterwillens Teilnehmer sein kann .. " (E 1965 BT-Drs. IV/650, S. 149).

60 II. Auch nach der Reform des Strafgesetzbuches im Jahr 1975 und der damit verbundenen Neugestaltung der Vorschriften über die Beteiligung bleibt noch eine erhebliche Bandbreite möglicher Abgrenzungskriterien, die zu unterschiedlichen, heute noch vertretenen oder vertretbaren Standpunkten führen:

61 1. Die **materiell-objektiven Theorien** (eingehend hierzu Roxin TuT 38 ff.) versuchen, Täterschaft und Teilnahme nach dem Grad der Gefährlichkeit des Tatbeitrages zu unterscheiden. Die Kriterien, die dabei eine Unterscheidung von Täterschaft und Teilnahme ermöglichen sollen, sind allerdings nicht auf einen Nenner zu bringen. So wird nach der Notwendigkeitstheorie derjenige, ohne dessen Tatbeitrag die Tat nicht hätte ausgeführt werden können, als Mittäter eingestuft (Baumgarten ZStW 37, 526 ff., Kohlrausch ZStW 55, 394). Andere stellen – mit Abweichungen im einzelnen – darauf ab, wer die „entscheidenden Bedingungen" für den Erfolg gesetzt hat (Liepmann, Einleitung in das Strafrecht [1900] 70, Kohlrausch ZStW 55, 394, Dahm aaO 42 [Überordnungstheorie], vgl. weiter die Übersicht bei Mezger 439 ff.), teilweise wird der zeitliche Zusammenhang mit der Tatausführung als maßgeblich angesehen (Birkmeyer VDA II 19, weit. Nachw. bei Roxin TuT 41 ff.) oder aber als entscheidend betrachtet wird, ob die Kausalität physisch oder psychisch vermittelt wurde (Frank II vor § 47). Die hier genannten Gesichtspunkte überlagern sich gelegentlich (Dahm aaO 42, R. Schmidt Grundriß² 161), gehen aber insgesamt davon aus, daß Täter nicht nur derjenige ist, der mit eigener Hand den Tatbestand verwirklicht, sondern auch derjenige, der aufgrund seines Beitrags in einer intensiven Beziehung zum Tatgeschehen steht. Die materiell-objektiven Theorien vermögen keine befriedigende Abgrenzung zwischen Täterschaft und Teilnahme zu erbringen. Das Kriterium der besonders intensiven Kausalbeziehung zum tatbestandsmäßigen Erfolg hat sich als undurchführbar erwiesen, weil sich die notwendige oder unentbehrliche Ursache von der bloß förderlichen nicht abgrenzen läßt (Stratenwerth 215). Der zeitliche Zusammenhang ermöglicht als Abgrenzungskriterium ebenfalls keine sachgerechte Unterscheidung, weil es denjenigen, der nur an Vorbereitungshandlungen mitwirkt, lediglich als Gehilfen einzustufen vermag (Roxin TuT 41 ff.). Die an Frank aaO angelehnten Lehren (vgl. z. B. Gallas Mat. I 137, JZ 60, 687) stellen letztlich darauf ab, ob zwischen der Handlung und dem Erfolg noch der Wille eines anderen steht oder nicht; damit wird aber die Abgrenzungsfrage in die Nähe der Lehre vom Regreßverbot gerückt (vgl. hierzu 79 vor § 13). Im übrigen zeigen die rein objektiven Theorien, daß die Abgrenzung zwischen Täterschaft und Teilnahme ohne Berücksichtigung subjektiver Momente nicht möglich ist, weil der soziale Sinn eines Verhaltens ohne Berücksichtigung des hinter ihm stehenden Willens nicht hinreichend erfaßt werden kann (vgl. o. 55); ähnlich Jescheck 590, Stratenwerth 215.

62 2. Vorherrschend im Schrifttum ist die **Tatherrschaftslehre** (Blei 253 f., Bockelmann/Volk 177 f., Eser RN 14 ff., Gallas Mat. I 128, Jescheck 590, Lackner 2c vor § 25, Schroeder, Der Täter hinter dem Täter 70 f., Wessels 152). Täter ist danach, wer die Tat beherrscht, das

Tatgeschehen damit „in Händen hält", über „Ob" und „Wie" der Tat maßgeblich entscheidet, mithin als „Zentralgestalt des Geschehens" bei der Tatbestandsverwirklichung fungiert. Im theoretischen Ausgangspunkt versteht sich die Tatherrschaftslehre weder als eine rein objektive noch als eine rein subjektive Theorie. Sie versucht vielmehr eine Synthese der beiden Prinzipien, von denen jedes eine Seite der Sache richtig bezeichnet, aber, wenn sie isoliert angewandt wird, den Sinn des Ganzen verfehlt. Die tatbestandsmäßige Handlung wird demnach weder allein als ein Handeln mit einer bestimmten Einstellung noch als ein reines Außenweltgeschehen, sondern als objektiv-subjektive Sinneinheit verstanden. Die Tat erscheint damit als das Werk eines das Geschehen steuernden Willens. Aber nicht nur der Steuerungswille ist für die Täterschaft maßgebend, sondern auch das sachliche Gewicht des Tatanteils, den jeder Beteiligte übernimmt. Täter kann deshalb nur sein, wer auch nach der Bedeutung seines objektiven Beitrags den Ablauf der Tat mitbeherrscht (Jescheck 590f.). Begründet wurde die Tatherrschaftslehre von Lobe (LK^5 [133] Einl. 123); sie wurde weiterentwickelt von Welzel (ZStW 58, 539ff.), der von „finaler Tatherrschaft" spricht, Maurach (AT^2 517), für den die Tatherrschaft das „vom Vorsatz umfaßte In-den-Händen-Halten des tatbestandsmäßigen Geschehensablaufs" darstellt, Gallas (Mat. I 121ff.), der einen „final-objektiven" Tatherrschaftsbegriff vertritt, sowie R. Lange (ZStW 58, 494, 500), der von einer subjektiv orientierten Theorie ausgehend für die Täterschaft fordert, daß „der handelnde die Täterschaft gehabt und ausgeübt hat" (Kohlrausch/Lange § 47 I 4). Weitere Überlegungen zur Tatherrschaftslehre finden sich bei Niese (DRiZ 52, 21), Sax (ZStW 69, 430), Less (JZ 51, 550ff.) sowie v. Weber (Grundriß^2 65), der allerdings einer weitgehenden Subjektivierung das Wort redet und vom „Tatherrschaftswillen" spricht (ähnlich Baumann JZ 56, 230, Nowakowsky JZ 56, 548).

63 Zu einer in sich geschlossenen Theorie ist die Tatherrschaftslehre erst durch Roxin (TuT^1 60ff., 335ff.) entscheidend weiterentwickelt und zum Abschluß gebracht worden. Die **Tatherrschaftslehre Roxins** ist durch folgende Eckpfeiler gekennzeichnet: a) Zunächst anerkennt Roxin (LK^{10} § 25 RN 28), daß die Tatherrschaft kein Universalprinzip darstellt, das ausnahmslos bei sämtlichen Tatbeständen zur Bestimmung der Täterschaft herangezogen werden könnte. Bei den Pflichtdelikten (s. u. 71f.) und den eigenhändigen Delikten (s. u. 74) ist nach ihm die Täterschaft mit Hilfe anderer Gesichtspunkte zu bestimmen (Roxin TuT^1 352ff., 399ff.). b) Die Tatherrschaft als Element der Täterschaft ist damit auf die Herrschaftsdelikte beschränkt, die allerdings den quantitativ bedeutendsten Teil des BT ausmachen. Hier trägt die Tatherrschaftslehre der wegen ihrer Evidenz unbestreitbaren Erkenntnis Rechnung, daß der „Täter nichts anderes ist als das Subjekt der Deliktsbeschreibungen" eines Tatbestandes (Roxin LK^{10} RN 26). Für Roxin ist damit die formal-objektive Theorie der richtige Ansatz für die Tatherrschaftslehre (aaO). Deren einseitige Orientierung an der Eigenhändigkeit (vgl. o. 53) wird allerdings durch den Begriff der Tatherrschaft überwunden, der es ermöglicht, auch die mittelbare Täterschaft und Mittäterschaft zu erklären. c) Da die verschiedenen Formen der Täterschaft sich phänomenologisch nicht auf der gleichen Ebene vollziehen, ist auch die Tatherrschaft die der unmittelbaren Täterschaft, mittelbaren Täterschaft und Mittäterschaft durch jeweils differenzierende Merkmale (Nötigungsherrschaft, Irrtumsherrschaft, Organisationsherrschaft, funktionale Tatherrschaft usw.) gekennzeichnet (Roxin LK^{10} RN 28).

64 In dieser differenzierenden Betrachtung der verschiedenen Täterschaftsformen liegt der unbestreitbare Wert der Tatherrschaftslehre Roxins, zugleich aber auch deren erkenntnis-theoretische Begrenzung. Gerade weil die Tatherrschaft durch jeweils differenzierende Merkmale gekennzeichnet ist und sich einer auf gleiche Begriffselemente reduzierten Definition entzieht (Roxin LK^{10} RN 28), ist es nicht möglich, sie „vor die Klammer" aller Abgrenzungsprobleme zu ziehen, um im Problemfall deduktiv die Ergebnisse abzuleiten. Es bleibt daher ein Bereich, in dem die Abgrenzung unsicher bleibt und unter normativen Gesichtspunkten erfolgen muß, unter denen der Leitbildgedanke der Tatherrschaft zwar ein wichtiger, nicht aber der alleinige Gesichtspunkt sein kann. Dies zeigt anschaulich die weitere Entwicklung im Schrifttum nach dem Erscheinen der grundlegenden Arbeit von Roxin, an der sich nach 1962 die gesamte Diskussion orientiert hat. Auch unter den Anhängern der Tatherrschaftslehre sind die Ergebnisse bei der Bewertung einzelner Formen der mittelbaren Täterschaft durchaus kontrovers (vgl. § 25 RN 6ff.). Vor allem aber spielen bei der Abgrenzung von Mittäterschaft und Beihilfe zwei Fragen eine entscheidende Rolle: Die erste betrifft das Problem, ob ein Tatbeitrag im Vorbereitungsstadium die Täterschaft begründen kann. Von der h. M. wird dies bejaht (vgl. u. 86), während Roxin (zuletzt TuT^5 647), Schmidhäuser (14, 22) und Samson (SK § 25 RN 47) dies ablehnen, weshalb etwa der alle Fäden in Händen haltende Bandenchef, wenn er am Tatort nicht anwesend oder mit seinen Leuten dort nicht in Verbindung steht (walky-talky), nur wegen Beihilfe bestraft werden kann. Die zweite Frage betrifft das Problem, ob stets als Täter zu bestrafen ist, wer im Ausführungsstadium, ohne selbst den Tatbestand zu erfüllen, einen Tatbeitrag leistet, auch wenn er nach dem Tatplan nur zur Unterstützung tätig wird (vgl. Cramer Bockelmann-FS 400). Die von Roxin hierzu vertretene Auffassung (TuT^5 646), nach

der in diesem Fall Beihilfe ausgeschlossen sein soll, läuft auch hier auf eine örtlich und zeitlich erweiterte formal-objektive Theorie hinaus: Nicht erforderlich ist, daß der Täter selbst ein Tatbestandsmerkmal verwirklicht, wohl aber ist notwendig, daß er da ist, wenn andere dies tun; ist er aber anwesend, so kann sein Verhalten nur als Täterschaft bewertet werden (Roxin TuT[5] 647).

Kritik an der Tatherrschaftslehre als Leitprinzip wird heute in der Lit. nur noch von jenen **65** vertreten, die als alleinige und letzte Vertreter der subjektiven Theorie zu gelten haben (Baumann/Weber[9] 535 ff., Weber, Der strafrechtliche Schutz des Urheberrechts 296 ff., 327 ff., Arzt JA 80, 556, JZ 81, 414). Zu den Kritikern ist aber auch Schröder (17. Aufl. RN 65 f.) zu rechnen, der darauf hinweist, daß diese Lehre einseitig an der mittelbaren Täterschaft orientiert ist, bei der das Übergewicht des mittelbaren Täters mit dem Bild der Herrschaft über die Tat anschaulich dargestellt werden kann, ohne daß freilich damit mehr als ein Bild für eine Situation gegeben wäre, die im Einzelfalle genauerer Bestimmung bedarf (insoweit übereinst. H. Mayer Rittler-FS 247, Schmidhäuser 465). Nach Schröder befriedigt die Tatherrschaftslehre als Kennzeichnung einer bestimmten Übergewichtssituation (vgl. Hamm GA **73**, 185) bereits dort nicht, wo das Werkzeug voll vorsätzlich gehandelt und damit selbst die Tatherrschaft gehabt hat, wie z. B. beim absichtslosen dolosen Werkzeug. Der Gehilfe, der mit Ausnahme der Zueignungsabsicht sämtliche Tatbestandsmerkmale eines Diebstahls erfüllt, hat unzweifehaft den Ablauf der Tat „in den Händen", ohne doch deswegen als Täter bestraft werden zu können. Man hat daher hier Zuflucht bei einer „höherstufigen" Täterschaft gesucht, während doch in Wahrheit nur die mangelnde Zueignungsabsicht des Werkzeuges i. V. mit seinem Willen, die Tat des Hintermannes auszuführen, die Beherrschung des Tatablaufes in dessen Person begründen können. Damit wird nicht, wie Stratenwerth ([2. Aufl.] 219) meint, eine in der Sache selbst liegende Einschränkung verkannt (vgl. auch Samson SK § 25 RN 34 f.); als Kronzeuge kann hier Roxin (TuT 245 ff.) genannt werden, der sich gegen mittelbare Täterschaft mangels Tatherrschaft in diesem Fall ausspricht (ebenso Spendel Lange-FS 156 f.), aber dem unabweisbaren Strafbedürfnis durch eine Modifizierung der Zueignungsabsicht Rechnung trägt. Zu Schwierigkeiten führt die Lehre von der Tatherrschaft nach Schröder ferner in Fällen, in denen ein Tatbeteiligter zur Beseitigung eventueller Hindernisse auf Posten gestellt wird; dieser hat es u. U. völlig in der Hand, über Eintritt oder Nichteintritt des Erfolges zu entscheiden. Dennoch müsse bei bloßem Teilnehmerwillen eine Beihilfe möglich sein. Diese Lehre versage aber vor allem bei der Mittäterschaft, weil hier gleichrangige Partner einander gegenüberstehen und diese Partnerschaft und demgemäß die Rollen der Beteiligten nach § 25 grundsätzlich nur durch ihren Willen festgelegt werden können. Bei der Mittäterschaft habe jeder Beteiligte die Täterschaft an sich nur für seinen Tatanteil; diesen aber kann er völlig allein „in der Hand haben", ohne daß die mangelnde Einflußmöglichkeit der übrigen ihre Täterschaft beseitigen könnte. Diese wird durch den Täterwillen der Beteiligten überhaupt erst hergestellt, indem jeder die Herrschaft über die gesamte Tat gerade deswegen ausübt, weil der andere aufgrund des gemeinsamen Entschlusses sein Tatstück zugleich auch für den ersten verwirklichen will (BGH GA **68**, 18). Die Mittäterschaft ist für Schröder also ein Musterbeispiel dafür, daß jemand durch die Mitwirkung eines voll tatbestandsmäßig und verantwortlich Handelnden von der Täterschaft nicht etwa ausgeschlossen, sondern seine Täterschaft geradezu begründet wird (richtig daher im Ergebnis Gallas Mat. I 137). Denn die gegenseitige Zurechnung der Tatbeiträge bei der Mittäterschaft beruht auf dem gemeinsamen Täterwillen der Beteiligten, und die Tatherrschaft eines jeden wird durch die völlige Beherrschung eines Tatstückes von seiten eines Beteiligten nicht ausgeschlossen, sondern durch seinen Mittäterwillen erst hergestellt.

3. Eine gewisse Mittelstellung nehmen die Theorien ein, die **subjektive** und **objektive Elemente kombinieren,** wobei die Formulierung der einzelnen Autoren abweicht und bald stärker subjektive, bald objektive Gesichtspunkte im Vordergrund stehen. Dies gilt z. B. für Busch (LK[9] 21 vor § 47, § 47 RN 21, ebenso Mezger LK[8] 4 vor § 47), der neben dem Täterwillen verlangt, daß der Erfolg vom Täter mitverursacht wird und bei diesem Tatherrschaft vorliegt, oder für Lange (Kohlrausch/Lange § 47 Anm. I), der bei subjektivem Ausgangspunkt entscheiden läßt, ob die Tat dem Beteiligten als eigene zugerechnet werden kann", wobei Lange aber auch Elemente der Tatherrschaftslehre seinem Standpunkt integriert. Hierher dürfte auch Bokkelmann (Verhältnis von Täterschaft und Teilnahme 48 f., Beiträge 57) zu rechnen sein, obwohl er das subjektive Element der Unterordnung des Teilnehmerwillens unter den des Täters stärker betont. Auch ein Teil der Rspr. geht in diese Richtung, wenn sie aus dem objektiven Geschehen auf die Willensrichtung schließt (vgl. BGH **8** 396, **14** 129, MDR **60**, 939, NJW **66**, 1763, MDR **74**, 546). **66**

4. Eine Sonderstellung innerhalb der Mittelmeinungen nimmt die „Ganzheits"-abgrenzung **67** von Schmidhäuser (I 325 f.) ein, die sich allerdings nicht definitorisch, sondern phänomenologisch versteht; nach Schmidhäuser kann für die Täterschaft „nie ein einzelnes Moment allein", sondern nur innerhalb eines ganzheitlichen Zusammenhangs den Ausschlag geben, wobei „einmal diese, ein andermal jenes" (objektives oder subjektives) Moment den Kristallisationspunkt für bestimmte Grundtypen der Täterschaft bildet; krit. hierzu Roxin ZStW 83, 394ff., Küpper GA 86, 441. Dieser Standpunkt steht zwar nicht in der Begründung, wohl aber in den Ergebnissen dem hier vertretenen zumindest nahe.

68   5. Neue Vorschläge zur Abgrenzungsproblematik bringt Stein „Die strafrechtliche Beteiligungsformenlehre", 238ff. Er will die Beteiligungsformenlehre auf die allgemeine Zurechnungslehre gründen und in ein funtionales Straftatsystem einfügen. Dabei unterscheidet er im Rahmen einer allein am Handlungsunwert orientierten Unrechtslehre zwischen **Täter- und Teilnahmeverhaltensnormen,** wobei er diesen Normen hinsichtlich ihrer Appellfunktion verschiedene Dringlichkeitsstufen beimessen will. Danach stehe die Täterverhaltensnorm auf der obersten Stufe der Dringlichkeit, da deren Gefährlichkeit nicht durch das Verhalten Dritter vermittelt werde. Die Anstifter- und Gehilfenverhaltensnormen hingegen will Stein mit einer geringeren Dringlichkeit ausstatten und begründet dies damit, daß alle Verhaltensweisen der Teilnehmer im Gegensatz zur Täterschaft gemein haben, daß ihre Gefährlichkeit durch das künftige pflichtwidrige Verhalten einer dritten Person vermittelt werde, wobei erst deren Verhalten durch eine vollwertige Verhaltensnorm verboten oder geboten seien, folglich also nur der Haupttäter die vollständige Pflichtbefolgungsfähigkeit besitze. Diese dem Haupttäter auferlegte Pflicht errichte einen relativ stabilen „Schutzwall" für das gesetzlich geschützte Rechtsgutobjekt. Deshalb erscheine es gerechtfertigt, den Teilnehmerverhaltensnormen eine abgeschwächte Dringlichkeit beizumessen (Stein 239ff.). Allerdings sei durch das Gesetz der Anstifterverhaltensnorm der gleiche Dringlichkeitsgrad wie dem der Täterverhaltensnorm verliehen worden, da der Anstifter den vor dem Rechtsgut errichteten Schutzwall „durchlöchere", indem er die Motivationskraft der dem Angestifteten auferlegten Verhaltenspflicht beeinträchtige (Stein 243). Dagegen seien die Gehilfenverhaltensnormen lediglich „sekundärer Natur" und verbieten damit all diejenigen Verhaltensweisen, die nicht von den Täter- und Anstifterverhaltensnormen erfaßt seien. Sie besitzen daher eine geringere Dringlichkeit, woraus sich auch die im Gesetz angeordnete Strafmilderung (§ 27 II) erkläre (Stein 243f.). Diese von Stein vorgeschlagenen Ansätze vermögen jedoch keine praktikable Abgrenzung zwischen Täterschaft und Teilnahme zu erbringen. In Frage gestellt werden muß zunächst die Abstufung von Verhaltenspflichten nach dem Grad der Dringlichkeit. Denn gesetzwidriges Verhalten ist nicht mehr oder weniger verboten, sondern schlechthin verboten. Zu unterscheiden ist nicht die Intensität des Verbots, sondern vielmehr das Ausmaß der Bestrafung. Weiterhin kann die Abgrenzung von Täterschaft und Teilnahme nicht aus dem Gesichtspunkt der Dringlichkeit der Verhaltenspflichten vorgenommen werden, wenn die Dringlichkeit der Täterschafts- und Anstifterverhaltensnormen auf der gleichen Stufe angesiedelt sind. Die Unterscheidung liegt vielmehr darin, daß der Täter die Tat begeht, der Teilnehmer sich hingegen an ihr nur beteiligt. Bei der Feststellung, ob jemand durch seinen Tatbeitrag zum Täter oder Teilnehmer wird, kann aber aus der am Handlungsunwert orientierten Unrechtslehre Steins die Lösung gerade nicht abgeleitet werden. Auch wenn verschiedene Dringlichkeitsgrade der – jedenfalls, aber unverbrüchlichen – Verhaltenspflicht postuliert werden können, was hier dahingestellt sein soll, so läßt sich doch erst nach der Entscheidung, ob ein Verhalten als Täterschaft oder Teilnahme zu qualifizieren ist, die Feststellung treffen, welchen Dringlichkeitsgrad der Beteiligte verletzt hat. Insoweit wird also das Pferd am Schwanz aufgezäumt. Deshalb muß auch Stein auf die sich aus dem jeweiligen Tatbestand ergebenden Kriterien zurückgreifen, wie sich z. B. aus folgender Positionierung der mittelbaren Täterschaft ergibt: „Der ‚Hauptverantwortliche' ist derjenige, der die Tat ‚begangen' hat, und dies ist in der Regel (d. h. vor allem von den Fällen der mittelbaren Täterschaft abgesehen) der ‚Erfolgsnächste', der den letztlich entscheidenden Beitrag zur Erfolgsherbeiführung leistet. Ist der Vordermann z. B. schuldunfähig, verschiebt sich die ‚Hauptverantwortlichkeit' auf den Hintermann (= mittelbarer Täter)" (Stein 238).

69   III. Für die Abgrenzung von Täterschaft und Teilnahme ist nach dem **hier vertretenen Standpunkt** von folgenden Grundsätzen auszugehen:

70   1. Zunächst ist festzustellen, daß es **kein** für alle Deliktsarten geltendes **„oberstes Leitprinzip"** in der Abgrenzungsproblematik gibt (Cramer Bockelmann-FS 394ff., Roxin LK[10] RN 28). Diese Erkenntnis ist in der bisherigen Diskussion zwar gesehen, aber in der Argumentation insofern in den Hintergrund gedrängt worden, als die Problematik vorwiegend anhand der sog. Herrschaftsdelikte exemplifiziert wird, ohne darauf hinzuweisen, daß es sich insoweit nur um einen Teilaspekt des Grundproblems handelt. Dies beruht möglicherweise darauf, daß das Herrschaftsdelikt in quantitativer Beziehung im BT dominiert. Im Nebenstrafrecht ist dies allerdings schon nicht mehr so. Vor allem darf aber nicht verkannt werden, daß die durch das Gesetz gebotenen unterschiedlichen Abgrenzungskriterien in qualitativer Beziehung gleichwertig sind. Schließlich sind bei den Sonderdelikten und eigenhändigen Delikten die Kriterien, nach denen sich auf der Grundlage des restriktiven Täterbegriffs die Täterschaft bestimmt, enger als bei den Herrschaftsdelikten, so daß hier die Frage, wer als Täter oder nur als Teilnehmer zu beurteilen ist, jedenfalls nicht mit den bei den Herrschaftsdelikten auftauchenden Schwierigkeiten belastet ist. Hinsichtlich der unterschiedlichen Prinzipien, nach denen die Abgrenzungsfrage zu lösen ist, läßt sich folgendes feststellen:

a) Bei den **Sonderdelikten**, d. h. solchen Tatbeständen, bei denen nur Täter sein kann, wem eine – meist außerstrafrechtliche – Sonderpflicht obliegt, kann weder subjektiv noch nach Tatherrschaftskriterien zwischen Täterschaft und Teilnahme abgegrenzt werden. Der Sonderpflichtige ist stets Täter, ganz gleichgültig, wie sein Tatbeitrag sich phänotypisch nach sonstigen Kriterien darstellen würde. Dies ergibt sich daraus, daß der die Täterschaft begründende Faktor allein in der Pflichtverletzung liegen kann. Der zur Betreuung fremden Vermögens Verpflichtete (§ 266) ist also nicht nur dann Täter, wenn er eigenhändig das ihm anvertraute Vermögen schädigt, sondern auch, wenn er z. B. gegen eine Vermögensschädigung durch Dritte (§ 266) nicht einschreitet oder sich sein Beitrag nach den für Herrschaftsdelikte geltenden Kriterien als Anstiftung oder Beihilfe darstellen würde; die Vermögensfürsorgepflicht wird nämlich nicht bloß durch eigene vermögensmindernde Maßnahmen verletzt, sondern auch dadurch, daß andere an solchen nicht gehindert werden. Diese Auffassung entspricht der heute h. M.; vgl. BGH 9 203, 217f., Roxin LK § 25 RN 29f., Herzberg TuT 32f., Wessels I 160, Jakobs 541; and. Langer aaO 223ff. (gegen ihn treffend Roxin TuT³ 600 Anm. 224); krit. auch Stratenwerth 227. **71**

Dies gilt allerdings nur für die eigentlichen Sonderdelikte (**Pflichtdelikte**) die durch eine Schutzpflicht gegenüber dem Rechtsgut oder Treupflicht gegenüber dem Rechtsgutträger gekennzeichnet sind; zur materiellen Kennzeichnung der gesteigerten Verantwortlichkeit beim Sonderdelikt vgl. Langer aaO 400ff., Stratenwerth Bruns-FS 65ff. Bei den **uneigentlichen Sonderdelikten,** bei denen die Verengung des Täterkreises gegenüber den Allgemeindelikten nur der Kennzeichnung des tatbestandsmäßigen Verhaltens in einem bestimmten Lebensbereich zur näheren Bestimmung des Rechtsguts dient (z. B. § 175), kommen hingegen auch für denjenigen, auf den die „Tätermerkmale" zutreffen, Anstiftung und Beihilfe in Betracht, z. B. wenn ein Mann einen anderen zur Tat des § 175 bestimmt (vgl. hierzu § 25 RN 5). **72**

b) Ähnliche Differenzierungen ergeben sich für die **Unterlassungsdelikte**. Hat der Garant für die Verhinderung des Erfolges einzustehen, weil ihm aufgrund seiner besonderen Beziehung zu dem geschützten Rechtsgut eine Schutzpflicht für dessen Bestand zukommt, kann sein Nichteingreifen nur als Täterschaft bewertet werden; im übrigen kommen jedoch auch Anstiftung und Beihilfe in Betracht (vgl. hierzu u. 99ff.). Auch hier läßt sich also die Unterscheidung zwischen Täterschaft und Teilnahme überzeugend weder auf subjektive noch auf Tatherrschaftskriterien stützen. Die Unzulänglichkeit der subjektiven Theorie beruht darauf, daß aus einem bloßen Untätigbleiben keine Schlüsse auf den Täter- oder Teilnehmerwillen gezogen werden können, weil das äußere Geschehen „von selbst abläuft" und nicht als eigenes gewollt sein kann (vgl. Roxin LK § 25 RN 145ff.). Dies ist auch der Grund, warum auch auf der Grundlage der Tatherrschaftslehre die Täterschaft nicht brauchbar begründet werden kann, weil die Möglichkeit der Erfolgsabwendung Voraussetzung der Unterlassung ist und von einer „Beherrschung des Geschehensablaufs" i. S. einer aktiven Gestaltungsmöglichkeit nicht gesprochen werden kann (vgl. Roxin TuT 417f., LK § 25 RN 146). Bereits hieran wird deutlich, daß bei den Unterlassungsdelikten, so sehr auch bei ihnen die Abgrenzung von Täterschaft und Teilnahme im einzelnen umstritten ist (vgl. Gallas JZ 60, 651, Grünwald GA 59, 110ff., Rudolphi SK 36ff. vor § 13; krit. hierzu Ranft ZStW 94, 813, 857), andere als die für die Herrschaftsdelikte zutreffenden Abgrenzungskriterien maßgeblich sein müssen; die „Billigung" des Erfolges oder die „Hoffnung auf seinen Eintritt" vermag keiner der Theorien brauchbar untergeordnet zu werden. Vgl. zum Ganzen Busse aaO. **73**

c) Auch bei den **eigenhändigen Delikten,** deren Existenz grundsätzlich anerkannt ist (vgl. Auerbach aaO, Herzberg ZStW 82, 896, § 25 RN 45), wenn auch im einzelnen umstritten bleibt, welcher Tatbestand hierher zu rechnen ist, versagen einseitig orientierte Kriterien vollständig. Wer z. B. einen anderen unter Todesdrohungen zum Meineid zwingt (vgl. Jescheck 240, Welzel 106f., hier § 153 RN 33), ist ebensowenig Täter des § 154 wie derjenige, der den Meineid des anderen als „eigenen will". **74**

2. Für die **Herrschaftsdelikte** ist nach der hier vertretenen Tatherrschaftslehre davon auszugehen, daß eine Synthese zwischen rein subjektiven und rein objektiven Gesichtspunkten gefunden werden muß (vgl. Jescheck 590), um dem im Gesetz vorgezeichneten „Bild des Täters" gerecht zu werden. In § 25 werden in Gestalt der unmittelbaren, mittelbaren Täterschaft und der Mittäterschaft nur verschiedene Erscheinungsformen des rechtlich einheitlich als Täterschaft zu wertenden Sachverhalts beschrieben. Alle diese Formen der Täterschaft sind folglich **75**

gleichwertig. Ausgangspunkt ist dabei immer der restriktive Täterbegriff mit seiner Anknüpfung an den gesetzlichen Tatbestand. Bei der durch die Verwirklichung aller Tatbestandsmerkmale gekennzeichneten Alleintäterschaft ergeben sich alle objektiven und subjektiven Merkmale aus dem jeweils in Betracht kommenden Tatbestand des BT. Sind mehrere Personen an der Tatbestandsverwirklichung beteiligt, so ist jeder Täter, dem das Verhalten eines anderen so zugerechnet werden kann, als habe er es selbst vollzogen (BGH NJW **89**, 2826). Dabei ist die Frage zu stellen, wie würde sich das, was zugerechnet wird, aus der Sicht dessen darstellen, dem zugerechnet wird. Die Handlung des anderen wird also in ihrem Sosein, nicht in einer irgendwie gearteten rechtlichen Würdigung dem Hintermann oder Mittäter zugerechnet. Dies eröffnet u. a. die Möglichkeit einer mittelbaren Täterschaft durch ein nicht tatbestandsmäßig handelndes Werkzeug. Denn aus der Sicht des Hintermannes, dem das Geschehen als solches zugerechnet wird, erfüllt das Zugerechnete den Tatbestand.

76   Bei der mittelbaren Täterschaft ist das maßgebliche Zurechnungskriterium die beherrschende Stellung des Hintermanns kraft der ihm zukommenden, durch das Werkzeug vermittelten Tatherrschaft. Ohne die Tatherrschaft als Zurechnungsprinzip bliebe § 25 2. Alt. unverständlich: Die Tat „durch einen anderen begehen" kann nur, wer diesem anderen gegenüber eine beherrschende Stellung einnimmt, sonst bliebe es bei einem die „Tat durch einen anderen ‚begehen lassen'"; Anstiftung und mittelbare Täterschaft wären dann aber nicht voneinander abgrenzbar. Welchen Intensitätsgrad die beherrschende Stellung erreichen muß, um von mittelbarer Täterschaft sprechen zu können, ist damit noch nicht endgültig entschieden; die Frage spielt insb. beim dolosen Werkzeug (u. 80 ff., bei der Tötung in mittelbarer Täterschaft (§ 25 RN 38) sowie beim volldeliktisch handelnden Werkzeug (§ 25 RN 21) eine Rolle.

77   Auch bei der Mittäterschaft muß eine gegenseitige Zurechnung der jeweiligen Tatbeiträge erfolgen. (Mit-)Täter kann folglich nur sein, wem das Verhalten der anderen wie eigenes zugerechnet werden kann. Diese Zurechnung erfolgt hier aber aufgrund des auf Arbeitsteilung beruhenden gemeinschaftlichen Tatplanes. Innerhalb dieses Tatplanes ist für den Beitrag des einzelnen nicht bloß sein Steuerungswille, sondern auch das sachliche Gewicht seines Tatanteils maßgeblich. Mittäter kann daher nur sein, wer nach der Bedeutung der ihm nach dem Tatplan zufallenden Rolle den Ablauf der Tat mitbeherrscht und mitbeherrschen will (u. 84).

78   Daraus ergibt sich, daß alle Formen der Täterschaft auf einen Grundtypus des Täters zurückführbar sind, wie er sich aus dem restriktiven Täterbegriff ergibt: Täter ist damit jeder, der eigenhändig oder unter Zurechnung des Handelns anderer Personen einen Deliktstatbestand erfüllt. Das Bild des (unmittelbar handelnden) Täters, wie es in § 25 I 1. Alt. gezeichnet ist, wird durch die Beschreibung von mittelbarer Täterschaft (§ 25 I 2. Alt.) und Mittäterschaft (§ 25 II) folglich nur erläutert und nicht etwa ergänzt in dem Sinne, daß neben der Täterschaft im Gesetz Straferweiterungsgründe, wie sie in §§ 26, 27 für die Teilnahme bestehen (vgl. o. 7), vorzufinden wären. Der Täterbegriff wird durch das Gesetz nur dahin erläutert, daß die Täterschaft nicht Eigenhändigkeit voraussetzt, sofern ein zureichender Grund besteht, dem einen die Tatbestandsverwirklichung des anderen zuzurechnen. Daraus folgt z. B., daß die Mittäterschaft – ebensowenig wie die mittelbare Täterschaft – voraussetzt, daß der (Mit-)Täter zur Tatzeit am Tatort anwesend ist. So ist der Chef einer Einbrecherbande Mittäter, wenn er durch seine Organisations- und Leitungsfunktion das Geschehen mitbeherrscht; wer eine Blockade maßgeblich organisiert und anleitet, ist Mittäter nach §§ 105, 125, 125 a, auch wenn er sich nicht am Tatort befindet (BGH **32** 165, 180 [Startbahn West]; wer sich einem Agentenring eingliedert, ist Mittäter, auch wenn er nur Hilfsdienste leistet (BGH NStZ **84**, 287). Andererseits folgt daraus, daß die bloße Anwesenheit am Tatort noch kein zureichender Grund ist, den Anwesenden als Täter zu bestrafen, selbst wenn er seinen Tatbeitrag in diesem Stadium leistet. Wer erst am Tatort die Mordwaffe übergibt, um zu vermeiden, daß der andere schon vorher mit ihr Unheil anrichtet, wird nicht deswegen schon zum Täter, weil er seinen Tatbeitrag im Ausführungsstadium geleistet hat. Er bleibt vielmehr in der Rolle, die ihm nach dem Gesamtplan zugeteilt ist, d. h. er hilft dem anderen zu dessen vorsätzlicher Tat. Diese Rollenverteilung kann nicht, wie Roxin (LK § 25 RN 26) meint, nach einer „aufgelockerten" formal-objektiven Theorie, sondern nur unter Berücksichtigung der nach dem gemeinsamen Tatentschluß festgelegten Tatplan erfolgen.

79   a) Danach ist **unmittelbarer Täter,** wer in seiner Person alle Merkmale eines Deliktstatbestandes selbst (= eigenhändig) erfüllt (Stuttgart NJW **78**, 715 m. Anm. Puppe JR 78, 206). Dies ergibt sich daraus, daß die Motivation des Täters unerheblich ist, wenn sein Verhalten durch das Gesetz als Täterschaft bewertet wird (and. nur Baumann/Weber 526 ff.). Besonders deutlich zeigt sich dies bei Delikten, die, wie Betrug und Erpressung, auch ein altruistisches Handeln als voll tatbestandsmäßig erfassen. Diese Grundsätze gelten nicht nur für den im Fremdinteresse handelnden Täter, sondern auch bei einer Beteiligung mehrerer, bei der jeder in seiner Person den Deliktstatbestand erfüllt; wenn also mehrere gemeinsam in ein Haus eindringen (§ 123),

Die Abgrenzung zwischen Täterschaft und Teilnahme   80–83 **Vorbem §§ 25 ff.**

mit einem Rammbock eine Tür einschlagen (§ 303), ein Hindernis bereiten (§ 315b) usw., so ist jeder von ihnen unmittelbarer Täter. Notwendig ist allerdings, daß der unmittelbare Täter alle zur Erfüllung des Tatbestandes erforderlichen (Ausführungs-)Handlungen vornimmt (and. Roxin LK § 25 RN 43); verwirklicht er nur einen Teil derselben, so kommt Mittäterschaft oder Teilnahme in Betracht.

b) **Mittelbarer Täter** ist, wer die Tat „durch einen anderen begeht". Die mittelbare Täter- **80** schaft setzt daher voraus, daß der Täter das Verhalten seines Tatmittlers – des Werkzeugs – steuert oder sonst als der entscheidende Veranlasser der Tat Verwantwortung für das Gesamtgeschehen hat. Dieses Übergewicht kann auch in einer überschießenden Tendenz (z. B. der Zueignungsabsicht beim absichtslos-dolosen Werkzeug) liegen, die den Hintermann zum Täter abstempelt; sie muß aber stets vorhanden sein, da eine sonstige Möglichkeit, die Tat „durch einen anderen" zu begehen, nicht denkbar ist. Diese Steuerung beruht in erster Linie auf der objektiven Übermacht des Täters über sein Werkzeug, die damit das primäre – wenn auch nicht das einzige – Zurechnungskriterium darstellt. Worauf die beherrschende Stellung des Hintermannes beruht, ob auf überlegenem Wissen, auf einer Nötigung, auf dem dominierenden Willen oder sonstigen Faktoren, ist eine sekundäre Frage. Zu den Einzelfällen vgl. § 25 RN 6ff.

Danach ist auch der umstrittene Fall einer Tatausführung durch ein **absichtslos-doloses** **81** **Werkzeug** (vgl. dazu § 25 RN 18ff.) als mittelbare Täterschaft zu erfassen. Die fehlende Absicht des Werkzeugs führt – obwohl es im übrigen das Geschehen beherrscht – zu einem Übergewicht beim Hintermann, der das Werkzeug einsetzt, um seine Ziele zu verfolgen. Dies reicht aber aus, um den das Geschehen Veranlassenden als Täter einzustufen (i. E. ebenso Jescheck 607). Die Situation ist hier ähnlich wie beim Einsatz eines bewußt fahrlässig handelnden Werkzeugs durch einen Hintermann, der mit dolus eventualis handelt: In beiden Fällen reflektieren Werkzeug wie Hintermann über die Möglichkeit des Erfolgseintritts; ein Übergewicht des mittelbaren Täters ergibt sich nur daraus, daß er sich aus Gleichgültigkeit mit dem Erfolg abfindet, während das Werkzeug auf dessen Ausbleiben vertraut (vgl. hierzu § 25 RN 16).

Der von Roxin (zuletzt in LK § 25 RN 94f.) vorgeschlagene Weg, im Hauptfall des § 242 die **82** Lösung über die Interpretation des Zueignungsbegriffs zu suchen, erscheint außerordentlich problematisch. Bei einem bewußten Zusammenwirken der Beteiligten widerspricht die Bejahung der Zueignung in dem Zeitpunkt, in dem der Vordermann die Sache an den Hintermann weitergibt, der Auslegung, die der Begriff in der h. M. findet. Hier kann keine Rede davon sein, daß der Vordermann die Sache selbst oder den in ihr verkörperten Sachwert in irgendeiner Weise seinem Vermögen einverleiben will. Ein sachlicher Unterschied zu den Fällen, in denen der Täter sogleich nach der Wegnahme die Sache zerstört oder wegwirft (vgl. dazu § 242 RN 56) besteht nicht. Ein Ausweichen auf eine Unterschlagung eines Hintermannes unter Mithilfe des Vordermannes (vgl. Maiwald, Der Zueignungsbegriff im System der Eigentumsdelikte [1970] 236ff.) erschein hier kriminalpolitisch ebenfalls nicht vertretbar, da mit dieser Lösung die Strafdrohungen der §§ 242 ff. unterlaufen werden könnten.

Aus diesen Grundsätzen läßt sich auch die Entscheidung der viel diskutierten, aber wenig **83** praktischen **Irrtumsfälle** ableiten, wobei allerdings die gegenüber dem früheren Recht geänderten Akzessorietätsvoraussetzungen zu berücksichtigen sind (vgl. o. 21 ff.; i. E. teilweise noch and. 18. A. 72). Unterstellt der Veranlassende fälschlich den Vorsatz des Vordermannes, so geht er von einer Situation aus, bei der ihm grundsätzlich selbst keine Tatherrschaft zukommt, sofern sich diese nicht unter anderen Gesichtspunkten, wie z. B. beim absichtslos-dolosen Werkzeug ergibt. Er handelt daher mit Teilnehmervorsatz. Da es jedoch an einer vorsätzlichen Haupttat i. S. der §§ 26, 27 fehlt, kann eine Bestrafung nur nach Maßgabe des § 30 I wegen versuchter Anstiftung erfolgen (Bockelmann Gallas-FS 264ff., Jescheck 594, Letzgus, Vorstufen der Beteiligung [1972] 29ff., Roxin LK § 25 RN 97, Schmidhäuser I 307, Stratenwerth 262, Tenckhoff JuS 76, 528, Welzel 123f., vgl. auch o. 25). Die sich hieraus ergebende Strafbarkeitslücke für die versuchte Anstiftung zu einem Vergehen beruht auf der Entscheidung des Gesetzgebers, für die Teilnahme eine vorsätzliche Haupttat zu verlangen (Roxin LK § 25 RN 97; o. 29). Handelt der Vordermann dagegen vorsätzlich, jedoch schuldlos, so kommt bei im übrigen gleichartiger Fallkonstellation eine Bestrafung des Hintermannes wegen Anstiftung an der vom Vordermann begangenen Tat in Betracht; denn objektiv liegen wegen der tatsächlich bestehenden Tatherrschaft die Voraussetzungen der mittelbaren Täterschaft und somit ein Mehr gegenüber der Anstiftung vor, während subjektiv Anstiftervorsatz beim Hintermann und auch der für § 26 erforderliche Vorsatz beim Vordermann gegeben sind (vgl. Jescheck 607f., Lackner 4a, Roxin LK § 25 RN 99). Im umgekehrten Fall des nur vermeintlichen Tatherrn gilt Entsprechendes. Da der Hintermann hier objektiv wegen des Vorsatzes oder der Verantwortlichkeit des Vordermannes lediglich eine Anstiftung begeht, subjektiv aber die Voraussetzungen des mittelbaren Täters erfüllt, die wiederum den Anstiftervorsatz umfassen, ist auch hier wegen vollendeter Anstiftung zur Haupttat zu bestrafen (Jescheck 607f., Stratenwerth 262, Lackner § 25 1b cc; and. Herzberg JuS 74, 575, Samson SK § 25 RN 38: Versuch; wieder and. Roxin LK § 25 RN 100f.: Versuch in Tateinheit mit vollendeter Teilnahme).

84 c) Bei der **Mittäterschaft** wird die Notwendigkeit einer Berücksichtigung subjektiver Momente innerhalb einer grundsätzlich am Taterrschaftsgedanken orientierten Abgrenzungstheorie noch deutlicher. Eine der Alleintäterschaft entsprechende Tatherrschaft würde voraussetzen, daß jeder das Gesamtgeschehen in Händen hält. Mittäterschaft basiert aber auf dem Prinzip der Arbeitsteilung, die auf einem gemeinsamen Tatentschluß beruht. Für die Fälle nämlich, in denen jeder das gesamte objektive Tatgeschehen beherrscht und in Ausübung seiner (Gesamt-)Tatherrschaft alle Merkmale eines Tatbestandes erfüllt, bedürfte es einer besonderen Vorschrift über die Mittäterschaft nicht, weil hier jeder der Beteiligten unmittelbarer (Mit-)Täter ist, und damit Probleme einer gegenseitigen Zurechnung nicht auftauchen können. Darin besteht aber das Kardinalproblem der Mittäterschaft, weil es auf dem Boden des restriktiven Täterbegriffs (vgl. o. 6) nach Grundsätzen zu suchen gilt, die es erlauben, jedem Tatbeteiligten das zuzurechnen, was die anderen getan haben.

85 Da in § 25 II von einer ‚gemeinschaftlichen Tatbegehung' die Rede ist, versteht es sich von selbst, daß jeder Tatbeteiligte etwas zur Tatbestandsverwirklichung beigetragen haben muß. Ob sein Tatbeitrag als Teilstück der arbeitsteiligen Deliktsbegehung gewertet werden kann, richtet sich nach dem gemeinsamen Tatentschluß, durch den die Rollenverteilung festgelegt wird. Da es entscheidend auf den gemeinsamen Entschluß ankommt, muß notwendigerweise auch berücksichtigt werden, welche subjektiven Faktoren bei der Rollenverteilung maßgebend waren. Ohne Berücksichtigung des Vorstellungsinhalts des einzelnen Beteiligten kann folglich nicht festgestellt werden, welche „soziale Bewertung" dem einzelnen Tatbeitrag zukommt. Mittäter ist folglich, wer in der Rolle des gleichberechtigten Partners zur Tatbestandsverwirklichung beigetragen hat (BGH NStZ **84,** 413). Hier zeigt sich eine Parallele zur Unrechtslehre, die die subjektive Einstellung des Täters zu seinem Handeln heranzieht (vgl. 54 vor § 13), um das Tun im Hinblick auf das Tatunrecht sinnhaft zu bewerten und aus objektiven und subjektiven Momenten den „sozialen Gesamtsinn des Geschehens" zu erfassen (vgl. BGH **24** 121 im Anschluß an Roxin ZStW 74, 544; ähnlich BGH GA **77,** 307, Rudolphi GA 65, 33, 45). Dieser Grundsatz kann nicht allein für das qualitative Problem gelten, ob der Täter vorsätzliches Unrecht verwirklicht hat; vielmehr ist die innere Einstellung darüber hinaus auch in einem quantitativen Sinn für das Unrecht der Tat von Belang. Dies gilt auch für die Abgrenzung von Mittäterschaft und Teilnahme (Cramer Bockelmann-FS 402f.). Denn auch bei der Beteiligung handelt es sich um qualitativ wie quantitativ unterschiedliche Formen der Deliktsverwirklichung. Die innere Haltung des einzelnen zu seinem Tatanteil ist daher von erheblicher Bedeutung, da sich aus ihr ergibt, welche Rolle dem Beitrag eines Tatbeteiligten im Rahmen des Gesamtgeschehens beizulegen ist. Wer beispielsweise das Opfer festhält, damit ein anderer zustechen kann, muß nicht notwendigerweise Täter sein, sondern kann auch Gehilfe sein, sofern seinem Teilakt aufgrund seiner Einstellung lediglich untergeordnete Bedeutung gegenüber der Tätigkeit des anderen Beteiligten zuzumessen ist (vgl. § 25 RN 69, krit. Roxin TuT 646). Dagegen ist ohne Rücksicht auf seinen Willen oder sein Motiv stets Täter, wer im Beispielsfall dem Opfer den tödlichen Stich beibringt. Ist er jedoch in der Rolle des gleichberechtigten Partners zu sehen, so kommt Täterschaft in Betracht. Danach kann derjenige Täter sein, der – wie der Bandenchef (vgl. hierzu § 25 RN 72) – nicht an der Tatausführung unmittelbar beteiligt ist, sondern sich auf eine planerische Tätigkeit im Vorbereitungsstadium beschränkt; ebenso ist Täter, wer mit einem anderen übereinkommt einen Bewußtlosen auszuplündern, auch wenn er ohne physischen Beitrag nur zuschaut, wie der andere das Portefeuille aus der Jackentasche zieht.

86 Demgegenüber sieht ein Teil der Lehre das Kriterium gemeinsamer Tatherrschaft im „arbeitsteiligen Zusammenwirken im Ausführungsstadium" (vgl. Roxin LK § 25 RN 108); es wird von „funktioneller Tatherrschaft" gesprochen (Roxin TuT 275ff., 300ff., Jescheck 616, Lackner § 25 2b bb, M-Gössel II 291, Samson SK § 25 RN 43) – ein Begriff, der ohnehin nicht mehr dem ursprünglich gemeinten Leitbild entspricht – und daraus gefolgert, daß der einzelne auch bei bloßer Teilherrschaft über seinen Beitrag zum Mitherrn der Gesamttat wird (krit. Gimbernat Ordeig ZStW 80, 915ff., 933), so daß der Gesamtplan mit dem funktionsgerechten Beitrag des einzelnen „steht oder fällt", der Ausfall des einzelnen also „auch für die anderen den Plan zum Scheitern bringt" (Roxin LK § 25 RN 108). Abgesehen davon, daß diese Prämisse – jedenfalls in der hier zitierten Form – nicht stimmen kann, weil die Tatdurchführung u. U. völlig davon abhängig ist, ob der Gehilfe seinen Beitrag leistet (Anfertigung eines Schlüssels zur Öffnung des Tresors, Mitteilung des Terminkalenders eines Politikers an den Attentäter durch Bonner Sekretärin usw.), sind auch die Folgerungen, die aus dieser Prämisse gezogen werden, teilweise konträr, teilweise unbefriedigend. So soll nach Roxin (LK § 25 RN 129ff.) der Bandenchef nur

Täter sein, wenn er als Einsatzleiter wenigstens telefonisch oder per Funkgerät mit seinen Leuten am Tatort in Verbindung steht oder auf sie kraft Organisations- oder Nötigungsherrschaft i. S. v. § 35 (in letzterem Fall liegt aber mittelbare Täterschaft vor) in der Gewalt hat (krit. Jakobs 516), während Stratenwerth (233; ebenso Jescheck 614) es ausreichen läßt, daß die Planung im Vorbereitungsstadium bei der Tatausführung weiterwirkt. Aber auch in anderen Fällen ist es unbefriedigend, nur, aber auch stets denjenigen als Täter zu bestrafen, der in irgendeiner taterheblichen Form an den Ausführungshandlungen teilnimmt (so neuerdings auch Rudolphi Bockelmann-FS 369 ff. Zu Einzelheiten vgl. § 25 RN 61 ff.

IV. Die **Rechtsprechung** des **BGH** grenzt auch für das seit 1975 bestehende Recht verbal **87** nach subjektiven Kriterien ab. Dabei ist allerdings nicht zu verkennen, daß sie ihre früher rein subjektive Theorie inzwischen stark mit objektiven Kriterien durchsetzt hat und nunmehr auf eine Gesamtwertung abstellt, in der neben dem Tatinteresse auch die Tatherrschaft oder der Wille zur Tatherrschaft als Täterschaftsindizien auftauchen. Daß die Rspr. vom Ansatz her der subjektiven Theorie zuneigt, zeigen folgende Urteile. So spricht BGH NJW **75,** 837 von „Gehilfenwillen" und entscheidet in weiteren Urteilen danach, ob der Täter „die Tat als eigene oder nicht als eigene wollte", was in „wertneutraler Betrachtung zu entscheiden" sei (vgl. BGH JZ **79,** 483, NStZ **82,** 243, StV **86,** 384 m. abl. Anm. Roxin; ähnlich Bay VRS **60,** 188). Auch Unterlassungstäterschaft und Beihilfe durch Unterlassen werden durch BGH NStZ **85,** 24, StV **86,** 59 subjektiv abgegrenzt. Hinsichtlich der stärkeren Berücksichtigung objektiver Momente heißt es sinngemäß in BGH NStZ **85,** 165: Als Mittäter wird angesehen, wer auf der Grundlage gemeinsamen Wollens einen die Tatbestandsverwirklichung fördernden Beitrag in Form einer Vorbereitungs- oder Unterstützungshandlung oder durch psychische Einwirkung leistet und die Tat als eigene wollte (eine ganz untergeordnete Tätigkeit reicht dagegen in der Regel nicht aus [BGH 30. 1. 86, 2 StR 574/85]). Dabei muß die innere Willensrichtung beim Mittäter darauf ausgerichtet sein, daß seine Handlungen nicht nur als bloße Förderung fremden Tuns, sondern vielmehr als Teil der Tätigkeit aller Beteiligten, d. h. den Tatbeitrag der anderen als Ergänzung seines eigenen Tatanteils erscheinen läßt. Diese Frage müsse unter Berücksichtigung aller Umstände, die von der Vorstellung des Beteiligten umfaßt waren, in wertender Betrachtung beantwortet werden. Bei BGH NJW **89,** 2826 wird als obiter dictum sogar ausgeführt, daß nur als Täter in Betracht kommt, wer alle Merkmale des gesetzlichen Tatbestandes erfüllt, „also auch bei Wegdenken weiterer Beteiligter" als Täter zu betrachten wäre. Bei BGH NStZ **84,** 413 und BGH **34** 125 heißt es, Mittäterschaft komme vor allem in Betracht, wenn der Beteiligte in der Rolle des gleichberechtigten Partners mitgewirkt habe. Damit nähert sich die Rspr. dem hier vertretenen Standpunkt (vgl. o. 69 ff., Küpper GA **86,** 443).

Durch diesen Kompromiß — subjektive und objektive Indizien zu verbinden — werden fast **88** durchweg vertretbare Ergebnisse erzielt. Wesentliche Kriterien für diese Beurteilung stellen nach der Rspr. der Grad des Tatinteresses, der Umfang der Tatbeteiligung sowie die Tatherrschaft oder wenigstens der Wille der Tatherrschaft dar (so auch z. B. BGH GA **84,** 287; NStZ **82,** 27; **84,** 287; **87,** 224). Die Entwicklung der Rspr. soll anhand folgender Urteile aufgezeigt werden (vgl. hierzu auch die ausführliche Übersicht bei Roxin TuT 557 ff.).

In der Entscheidung vom 17. 3. 77 (BGH GA **77,** 306) wurde unter Berücksichtigung des **89** Tatinteresses und der Teilhabe an der Tatherrschaft ein Beteiligter als Mittäter an einem Raub bestraft, der weder Gewalt angewandt noch die Beute selbst weggenommen hatte. Sein Beitrag an der Tat beschränkte sich darauf, das Kfz, mit dem sein Komplize, der den eigentlichen Raub ausführte, zum Tatort fuhr, zu stehlen und seinen eigenen Pkw als Fluchtfahrzeug zur Verfügung zu stellen. Darüber hinaus erhielt er verabredungsgemäß einen Teil der Beute. Nach Ansicht des BGH stellte der zur Verurteilung als Mittäter führende Tatbeitrag die Ermöglichung der Flucht durch den Angeklagten dar, weil dieser Beitrag vor der Tat zugesagt und für das Gelingen der Tat wesentlich war. Dadurch besaß der Angeklagte die funktionelle Tatherrschaft, die die Mittäterschaft begründete. Anders in dem Urteil aus dem Jahre 1983 (BGH StV **83,** 501), in dem der Angeklagte als Fahrer bei umfangreichen Diebestouren fungierte. Hier ließ der BGH die Mittäterschaft an dem mangelnden Tatinteresse (lediglich 100 DM Fixum pro Fahrt) scheitern und nahm Beihilfe an (siehe auch BGH NStZ **82,** 243). Das Urteil vom 7. 6. 77 (BGH **27** 205) behandelt die Mittäterschaft bei einer Vergewaltigung. Unter Aufgabe der extrem-subjektiven Theorie, die der gleiche Senat noch in einem Urteil aus dem Jahre 1974 (BGH MDR/D **74,** 547; krit. dazu Schöneborn ZStW 87, 902) vertrat, kommt er nun zu einem völlig abweichenden Ergebnis und verurteilte den Angeklagten, der ein Bein des Opfers festhielt, um dem Mitangeklagten den Geschlechtsverkehr zu ermöglichen, den der Angeklagte weder vollzog noch beabsichtigte, ihn vollziehen zu wollen, als Mittäter. In erster Linie wurde diese Entscheidung allerdings auf den neuen Wortlaut des § 177 gestützt. Danach hat den Tatbestand erfüllt, „wer eine Frau zum außerehelichen Beischlaf mit ihm oder einem Dritten nötigt." Das bedeutet, daß auch der Beteiligte als Täter bestraft wird, dessen Tatbeitrag sich auf

Vorbem §§ 25 ff. 90–92   Allg. Teil. Die Tat – Täterschaft und Teilnahme

die Nötigung beschränkt, ohne daß es auf zusätzliche Erfordernisse (Tatinteresse) ankommt (vgl. ähnlich gelagerte Fälle BGH NStZ **85,** 70 und NStZ **85,** 71, NStE **Nr. 4** zu § 25). Das Urteil vom 15. 9. 81 (BGH NStZ **82,** 27) befaßte sich mit einem Fall, in dem der Angeklagte gemeinsam mit anderen einen gewalttätigen Angriff auf eine Gruppe ausgeführt hat. Zwar konnte ihm nicht nachgewiesen werden, ob er mit seinem Messer auf eine Person eingestochen hatte, fest stand jedoch, daß er mit einem Messer bewaffnet als Anführer auf die Gruppe losgestürmt war, und daß dabei eine Person durch einen Messerstich verletzt wurde. Der BGH verurteilte den Angeklagen als Mittäter, da er das Geschehen leitete und dabei eine zentrale Funktion inne hatte.

90   Eine weitere Entscheidung befaßt sich mit der Abgrenzung von Mittäterschaft und Beihilfe beim Mord (BGH GA **84,** 287). Der BGH verurteilte beide Angeklagte, die in der Vorinstanz wegen mittäterschaftlichen Mordes schuldig gesprochen worden sind, nur als Gehilfen. Unter Zugrundelegung der Kombinationstheorie (Tatinteresse, Umfang der Tatbeteiligung, Tatherrschaft) konnte der erste Angeklagte lediglich als Gehilfe verurteilt werden, weil ihm die Abgabe der tödlichen Schüsse nicht nachgewiesen werden konnte und der nachgewiesene Tatbeitrag relativ gering war. Nach den Feststellungen des BGH hat der zweite Angeklagte zwar höher zu wertende Tatbeiträge geleistet und die Tat gesteuert. Da ihm aber nicht nachgewiesen werden konnte, daß er die tödlichen Schüsse abgegeben hatte, war auch er nur als Gehilfe zu verurteilen. Eine Entscheidung, die sich mit den Beteiligungsformen beim Raub beschäftigt, stammt aus dem Jahre 1987 (BGH NStZ **87,** 364). Der Angeklagte und sein Komplize, der eine Waffe mit sich führte, beabsichtigten, einen Raubüberfall zu begehen. Kurz vor der Tat verließ den Angeklagten jedoch der Mut, so daß der Komplize die Tat allein ausführte. Der Angeklagte wurde als Gehilfe verurteilt, da er vor Beginn der Tat fördernde Tatbeiträge leistete und diese auch noch bei der Tatausführung fortwirkten, jedoch weder das Ob noch das Wie der Tat beherrscht oder beeinflußt haben. Ähnlich lag das Urteil aus dem Jahre 1979 (BGH **28** 346). Danach hatte der Angeklagte ebenfalls nur fördernde Tatbeiträge (Auskundschaften des Tatorts, psychische Unterstützung) im Vorbereitungsstadium geleistet. Darüber hinaus besaß er aber ein erhebliches Eigeninteresse an der Tat. Eine Tatherrschaft mußte hingegen verneint werden, da er Bedenken vor der Ausführung bekam und sich vom Tatort entfernte, so daß seine beiden Komplizinnen den Raubüberfall alleine durchführten. Auch hier wurde der Angeklagte mangels Tatherrschaft lediglich als Gehilfe verurteilt.

91   In einer Reihe von Entscheidungen wurden die Angeklagten als **mittelbare Täter** bestraft. So auch in dem Urteil vom 4. 3. 81 (BGH MDR **81,** 631). Der Angeklagte hatte wiederholt einem Geisteskranken Alkohol mitgebracht und ihn damit in den Zustand der Volltrunkenheit versetzt. Der Angeklagte wurde wegen Körperverletzung in mittelbarer Täterschaft verurteilt. Einer weiteren Entscheidung (BGH **30** 363) lag folgender Sachverhalt zugrunde: Der Angeklagte beabsichtigte, seinen Nebenbuhler aus Eifersucht zu töten. Deshalb überredete er drei Personen, dem Opfer ein vermeintliches Schlafmittel einzuflößen. In Wirklichkeit handelte es sich jedoch um Salzsäure. Nachdem die Mittelsmänner davon Kenntnis erlangten, nahmen sie vom Überfall Abstand. Daraufhin versuchte der Angeklagte eine weitere Person zu der Tat zu überreden und gab ihr eine Flasche, die angeblich essigsaure Tonerde, in Wahrheit jedoch tödliches Gift enthielt. Aber auch diese Person durchschaute den Plan und führte die Tat nicht aus. Der erkennende Senat nahm in beiden Fällen versuchten Mord in mittelbarer Täterschaft an, die nach BGH dann vorliegt, „wenn der Tatmittler infolge eines vom mittelbaren Täter erregten oder ausgenutzten Irrtums nicht vorsätzlich handelt, aber wenn der Tatmittler infolge des Irrtums glaubt, eine minderschwere Straftat zu begehen" (BGH **30** 364f.). So lag der Fall hier, denn „der Angeklagte täuschte die von ihm ausgewählten Tatmittler zwar nicht darüber, daß sie eine strafbare Handlung begehen sollten. Er verheimlichte ihnen aber Tatumstände, die den Tatbestand einer schwereren Staftat begründeten, als die Tatmittler sie sich vorstellten"; vgl. auch die aufgrund dieser Entscheidung entstandene Diskussion bei Sippel, Spiegel, Teubner aaO.

92   In zwei weiteren höchst eigenartigen Fällen mußte sich der BGH mit der Abgrenzungsproblematik zwischen der **mittelbaren Täterschaft** einerseits und der **straflosen Selbsttötungsteilnahme** („Sirius-Fall" BGH **32** 38) bzw. der Anstifung („Katzenkönig-Fall" BGH **35** 347) andererseits beschäftigen. In beiden Fällen kam der BGH zu dem Ergebnis, versuchten Mord in mittelbarer Täterschaft anzunehmen und stützte seine Entscheidung auf die Tatherrschaft der jeweiligen Hintermänner. Im ersten Fall verschleierte der Angeklagte seinem Opfer, daß es zu Tode kommen würde, wenn sie einen Fön in das Badewasser fallen läßt. Vielmehr hat das Opfer in der Überzeugung gehandelt, nach dem scheinbaren Unfalltod in einer neuen Identität weiterzuleben (vgl. auch Roxin TuT 593; NStZ 84, 357; Hassemer JuS 84, 148). Der zweiten Entscheidung lag folgender Sachverhalt zugrunde: H, P und R lebten in einer von Mystizismus und Irrglauben geprägten Gemeinschaft zusammen. H und P hatten dem labilen und leicht beeinflußbaren R eingeredet, er sei auserwählt worden, die Menschheit vor der Ausrottung

Die Abgrenzung zwischen Täterschaft und Teilnahme	93–96 **Vorbem §§ 25 ff.**

durch den „Katzenkönig" zu retten, indem er ihm ein Menschenopfer in Gestalt der Frau N bringt. Durch diese gezielte Irreführung des R verfolgten H und P die Tötung der Frau N aus Rache und Eifersucht. Entsprechend den Anweisungen versetzte der R dann der ahnungslosen N auf heimtückische Weise mehrere Messerstiche. In diesem Fall mußte die Frage entschieden werden, ob ein Hintermann eines schuldhaft handelnden Täters mittelbarer Täter sein kann. Dazu führt der erkennende Senat aus, daß die Abgrenzung im Einzelfall von Art und Tragweite des Irrtums und der Intensität der Einwirkung des Hintermannes abhängt. „Mittelbarer Täter eines Tötungs- oder versuchten Tötungsdelikts ist jedenfalls derjenige, der mit Hilfe des von ihm bewußt hervorgerufenen Irrtums das Geschehen gewollt auslöst und steuert, so daß der Irrende bei wertender Betrachtung als ein – wenn auch (noch) schuldhaft handelndes – Werkzeug anzusehen ist" (BGH **35** 354); vgl. auch die Besprechungen von Schaffstein NStZ 89, 153; Küper JZ 89, 617, 935, Herzberg Jura 90, 16, Schumann NStZ 90, 32.

In einem Urteil aus dem Jahre 1985 (BGH GA **86**, 508) befaßte sich der BGH mit einem **93** vorgetäuschten Doppelselbstmord. Die Angeklagte wollte ihren Ehemann umbringen. Zu diesem Zweck schlug sie ihm vor, gemeinsam Selbstmord zu begehen, jedoch in der Absicht, selbst nicht von dem tödlichen Gift zu trinken. Nachdem ihr Ehemann den ersten Schluck getrunken hatte, weigerte sie sich, das Gift einzunehmen. Er erkannte jetzt die Täuschung und nahm noch einen weiteren Schluck aus der Flasche. Der BGH verurteilte die Angeklagte wegen mittelbarer Täterschaft, da sie die Herrschaft über den von ihr geplanten Geschehensablauf fest in der Hand behalten wollte und behalten hat. Darüber hinaus hat sie die länger andauernde depressive Phase ihres Ehemannes ausgenutzt und die Ausführung in allen Einzelheiten bestimmt; kritisch hierzu Roxin TuT 605, Charalambakis GA 86, 485, Neumann JA 87, 244, Brandts u. Schlehofer JZ 87, 442).

Eine Vielzahl von Entscheidungen des BGH, die wegen ihrer besonderen Problematik hier **94** gesondert behandelt werden soll, beschäftigt sich mit der Abgrenzung von Täterschaft und Teilnahme bei dem **Handeltreiben mit** bzw. bei der Einfuhr von **Betäubungsmitteln** (§ 29 I Nr. 1 BtMG). Bedingt durch die vom BGH weit gefaßte Auslegung des Begriffs des Handeltreibens (jede eigennützige, auf Umsatz gerichtete Tätigkeit, wobei auch die einmalige sowie die bloß vermittelnde oder fördernde Handlung ausreicht [BGH NJW **74**, 1259, BGH **34** 124; vgl. auch BGH StV **88**, 205, NStE **Nr. 5** zu § 25 StGB]) treten in diesen Fällen bei der Abgrenzungsproblematik verstärkt subjektive Kriterien in den Vordergrund (vgl. auch Liemersdorf/Miebach MDR 79, 981).

Als Mittäter des Handeltreibens i. S. d. § 29 BtMG wurde der Angeklagte im Urteil vom **95** 4. 10. 78 (BGH NJW **79**, 1259) verurteilt, der eine entgeltliche Kuriertätigkeit bei selbständiger Gestaltung der Transporte von Rauschgift durchgeführt hat. Der Senat stützt seine Entscheidung auf die allgemeinen Abgrenzungskriterien, wie Umfang der Tatbeteiligung, Tatherrschaft und Tatinteresse. In einem weiteren Fall wurde ein Angeklagter als Mittäter bei der Einfuhr von Betäubungsmitteln bestraft, der, nachdem er Haschisch in Holland angekauft hatte, dieses nach Deutschland schmuggeln ließ und es hier wieder in Empfang genommen hat. Der Senat begründet seine Entscheidung damit, daß als Tatbeitrag die psychische Beeinflussung eines Beteiligten genügt, so daß die Regelung des § 30 BtMG auch derjenige erfüllen kann, der veranlaßt, daß das Haschisch durch einen anderen über die Grenze transportiert wird (BGH StV **86**, 384; vgl. auch BGH NStZ **90**, 130).

In dem Urteil aus dem Jahre 1981 (BGH NStZ **81**, 394) wurde der Angeklagte als Gehilfe **96** bestraft, der eine Vermittler- und Überbringertätigkeit zwischen den eigentlichen Partnern des Heroingeschäfts ausübte. Nach Ansicht des BGH war die Tätigkeit des Angeklagten für das Geschäft zwar unabdingbar, läßt aber die Täterschaft an dem nicht vorhandenen Eigeninteresse scheitern. In einem weiteren Urteil (BGH NStZ **82**, 243) verurteilte der gleiche Senat zwar auch Beihilfe eines Beteiligten an, der ein Rauschgiftgeschäft vermittelte, sich aber an den späteren Verhandlungen nicht mehr aktiv beteiligte. Durch seine Vermittlertätigkeit wurden ihm Schulden, die er bei einem Partner des Geschäfts hatte, erlassen bzw. gestundet. Diese Entscheidung basiert aber im Gegensatz zum vorstehenden Urteil darauf, daß der Angeklagte lediglich im Vorbereitungsstadium und nicht mehr im Ausführungsstadium mitgewirkt hat (ähnlich BGH StV 85, 106, in dem der Angeklagte im Vorbereitungsstadium bei der Einfuhr von Betäubungsmitteln mitgewirkt hat). Das Tatinteresse (finanzielle Vorteile), das in der Vorinstanz zur Verurteilung als Mittäter geführt hatte, mußte hier nach Ansicht des BGH in den Hintergrund treten. Ähnlich hat der BGH die Entlohnung für Kurierfahrten beim Handeltreiben mit Betäubungsmitteln nicht ausreichen lassen, um daraus den Schluß auf eine Mittäterschaft zu ziehen (BGH NStZ **84**, 413, JZ **85**, 100 m. Anm. Roxin StV 85, 278). Als Teilnehmer wurde der Angeklagte in der Entscheidung vom 6. 7. 83 (BGH StV **83**, 461) verurteilt, der lediglich auf Drängen seiner Begleiter, die Haschisch schmuggeln wollten, als Vorreiter die Grenze passieren und gegebenenfalls seine Freunde warnen sollte. Mit diesem Beitrag wollte er nach Ansicht des Senats lediglich die Tat seiner Begleiter fördern und sie nicht als eigene ansehen (vgl. auch BGH

StV **85**, 14). In der Entscheidung vom 25. 1. 84 (StV **84**, 286) ging es um den Fall, daß zwei Angeklagte jeweils für ihren Eigenbedarf Heroin angekauft und in ihrem Körper über die Grenze geschmuggelt haben. Das Gericht verurteilte die beiden hinsichtlich der Einfuhr des jeweils anderen als Gehilfen, da das Interesse der wesentliche Gesichtspunkt bei der Annahme der Mittäterschaft darstellt und es nicht ersichtlich sei, inwiefern der eine Angeklagte an dem Heroin des anderen interessiert gewesen sein solle. Dem Urteil vom 22. 1. 87 (NStE **Nr. 6** zu § 30 BtMG), in dem der Angeklagte ebenfalls als Gehilfe bestraft wurde, lag folgender Sachverhalt zugrunde: Der Angeklagte hatte in Holland telefonisch Haschisch bestellt, das durch einen Kurier nach Deutschland gebracht und von dem Angeklagten hier in Empfang genommen wurde. Die Mittäterschaft wurde abgelehnt, da es nach Ansicht des Gerichts an einer Mitwirkung des Angeklagten bei der Ausführung fehlte, sondern die Einfuhr überließ er allein dem Verkäufer bzw. dem Kurier. Das Eigeninteresse des Angeklagten ließ der erkennende Senat hier allerdings – und dies steht im Widerspruch zu der Entscheidung vom 29. 1. 86, BGH StV **86**, 384 (vgl. o.) – völlig außer Betracht. Ebenfalls als Teilnehmer wurde bestraft, wer nur nebensächliche Handlungen, wie z. B. das Verpacken von Heroinklumpen, vorgenommen hat, da diese Tätigkeiten eine völlig untergeordnete Rolle darstellen und zur Annahme von Täterschaft in der Regel nicht genügen (BGH NStE **Nr. 34** zu § 29 BtMG).

97 Eine Reihe weiterer Entscheidungen befassen sich mit der Abgrenzung von Täterschaft und Teilnahme bei Steuerhinterziehungen. Als Mittäter wurde z. B. ein Angeklagter verurteilt, der in einem Unternehmen, das auf die Begehung von Steuerstraftaten angelegt war, falsche Steuererklärungen unterzeichnet hat, obwohl er im übrigen nach seiner Stellung im Betrieb eher eine untergeordnete Rolle spielte (Urteil vom 24. 9. 86 – 3 StR 336/86); vgl. in diesem Zusammenhang auch BGH NStZ **89**, 370, **87**, 224 **86**, 463, wistra **88**, 261 und Düsseldorf wistra **88**, 119. Zur mittelbaren Täterschaft bei Steuerdelikten vgl. Maier MDR 86, 358. Zur mittelbaren Täterschaft bei Parteispenden vgl. Wüllenkemper wistra 89, 46.

E. Täterschaft und Teilnahme an Unterlassungsdelikten und Beteiligung durch Unterlassen

98 Besonderer Erörterung bedarf die Frage, in welchem Umfang eine Teilnahme am Unterlassungsdelikt und in welcher Weise eine Beteiligung durch Unterlassen an der Straftat eines anderen möglich ist.

99 **I. An Unterlassungsdelikten** ist Teilnahme möglich, und zwar Anstiftung uneingeschränkt, Beihilfe regelmäßig nur in der Form psychischer Beihilfe (Bestärkung des Entschlusses); physische Beihilfe ist zwar auch denkbar, z. B. wenn dem Unterlassungstäter Schlaftabletten besorgt werden, damit er sich handlungsunfähig macht, um seiner Pflicht nicht nachkommen zu können, entfällt jedoch meistens mangels Kausalität (vgl. RG 27 158, **48** 21, **51** 41, **77** 269, BGH **14** 280, Baumann/Weber 573, M-Gössel II 327 ff., Roxin TuT 510 ff., D-Tröndle § 13 RN 19, Kielwein GA 55, 228 ff., eingehend Stree GA 63, 1 ff.). Da in diesen Fällen der Teilnehmerbeitrag in einem positiven Tun besteht, gelten nicht die Regeln der Unterlassungsdelikte, sondern die der Begehungsdelikte; eine Pflicht zum Handeln braucht daher der Teilnehmer nicht zu treffen. Denkbar ist auch eine Teilnahme am Unterlassungsdelikt durch Unterlassen (der Aufsichtspflichtige unterläßt es, den zu Beaufsichtigenden zur Erfüllung seiner Handlungspflicht anzuhalten); vgl. dazu u. 101 ff.

100 Abweichend leugnen Kaufmann, Die Dogmatik der Unterlassungsdelikte 190 ff., 317 und Wetzel 206 f. die Möglichkeit einer Teilnahme an Unterlassungsdelikten und wollen insoweit beim „Teilnehmer", der positiv handelt, die Grundsätze der Täterschaft durch Begehung anwenden. So soll der Nichthandlungspflichtige, der einen Hilfspflichtigen auffordert, einem Ertrinkenden keine Hilfe zu leisten, Täter eines Tötungsdelikts sein, und wegen Beihilfe zu der geplanten Tat soll strafbar sein, wer den Anzeigepflichtigen von der Verbrechensanzeige „abstiftet". Dem kann aus dogmatischen wie aus praktischen Gründen nicht gefolgt werden. Auch bei einem Unterlassungsdelikt kann der Entschluß, nicht tätig zu werden, vorhanden sein und somit durch den Anstifter hervorgerufen werden. Daß das Willenselement des Vorsatzes den Verwirklichungswillen zum Inhalt hat, daher also bei Unterlassungsdelikten, bei denen nichts verwirklicht wird, ein solcher Wille denkunmöglich sei (Kaufmann aaO 73 ff., 110 ff., Welzel 201), ist eine petitio principii (dagegen auch Stree GA 63, 5, Meyer MDR 75, 286). Vor allem stehen aber praktische Bedenken entgegen. Sie muß bei solchen Tatbeständen, bei denen das Gesetz Handeln und Unterlassen gleich behandelt, zur Straflosigkeit des Anstifters führen, wenn diesem die Täterqualitäten fehlen. Veranlaßt z. B. A den Vermögensverwalter B, das Vermögen von dessen Auftraggeber durch positive Handlung zu benachteiligen, so haftet A wegen Anstiftung zu § 266. Würde dagegen A den B zur Unterlassung einer vermögenserhaltenden Maßnahme veranlassen, so müßte A, da er nicht Täter des § 266 sein kann, straflos bleiben. Entsprechendes gilt für einen erheblichen Teil seiner Amtsdelikte, bei denen der Deliktserfolg auch durch ein Unterlassen herbeigeführt werden kann, wie z. B. bei der Rechtsbeugung oder Verlängerung einer Strafvollstreckung (vgl. dazu auch Stree GA 63, 9). Der Hinweis auf die Straflosigkeit dessen, der einen Hilfswilligen – aber nicht Hilfspflichtigen zur Unterlassung veranlaßt (Welzel 206), verfängt nicht, da – ebenso wie bei der Veranlassung eines fremden Selbstmords – die Veranlassung einer fremden freien Entscheidung anderen rechtlichen Maßstäben unterliegt als die eigenhändige Herbeiführung des gleichen Erfolgs. Daher liegt Täterschaft zwar bei Anwendung von Gewalt oder Täuschung vor (vgl. § 25 RN 10), nicht dagegen bei einer Willensbeeinflussung, die eine freie Entscheidung offen läßt. Veranlaßt jemand einen Hilfspflichtigen zur Unterlassung der Hilfeleistung, so kann er nur wegen Anstiftung zu § 323 c, nicht dagegen als Täter einer Körperverletzung oder Tötung bestraft werden. Die gleichen Argumente gelten auch für den Hinweis auf die Begehung durch Einwirkung auf mechanische Rettungsmöglichkeiten, so wenn das auf den Ertrinkenden zutreibende Schlauchboot zerstört wird (Täterschaft, vgl. § 25 RN 10). Vgl. hierzu eingehend Roxin TuT 510ff., Engisch-FS 391. Zur Frage der mittelbaren Täterschaft im Rahmen der Unterlassungsdelikte vgl. § 25 RN 54ff. Zweifelhaft, ist, ob für die Teilnahme am Unterlassungsdelikt § 28 I deswegen Anwendung findet, weil die Täterschaft eine bestimmte Pflichtenstellung voraussetzt; vgl. dazu § 28 RN 18.

II. Zweifelhaft ist, ob eine **Teilnahme durch Unterlassen** in der Weise möglich ist, daß die Nichtverhinderung strafbarer Handlungen, die durch positives Tun begangen werden, teils als täterschaftliche Begehung durch Unterlassen, teils als bloße Beihilfe zu der anderen Straftat qualifiziert werden kann. Ein Teil der Rspr. und Lehre läßt die Unterscheidung nach Täter- und Teilnehmerwillen (in dieser Richtung z. B. RG 58 247, 64 275, 66 74, BGH 2 151, 4 21, 13 166, 27 12, VRS 18 415, LM Nr. 10 vor § 47, NJW 66, 1763, Bay VRS 60 188; vgl. auch BGH 19 167 m. Anm. Schröder JR 64, 227) oder aber nach Taterrschaftskriterien (M-Gössel II 328f., Kielwein GA 55, 227) maßgeblich sein. In letzter Hinsicht soll insb. entscheidend sein, ob ein Einschreiten gegen eine Handlung des Täters erforderlich war (Beihilfe) oder aber gegen die von dieser bereits in Gang gesetzte Kausalkette (Täterschaft; Gallas JZ 60, 686 f.). Diese Auffassungen sind aus folgenden Gründen abzulehnen: 101

Die Differenzierung zwischen Täterschaft und Teilnahme ist auf positive Handlungen zugeschnitten und findet bei Unterlassungen keine Parallele. Wer den Mörder an seiner Tat nicht hindert, „hilft" ihm nicht, sondern unterläßt die Abwendung des Deliktserfolgs (vgl. auch Kaufmann aaO 295). Die **Unterlassung,** gegen deliktische Angriffe einzuschreiten, ist daher ebenso wie die Unterlassung, Gefahren anderer Art von dem bedrohten Rechtsgut abzuwenden, eine **eigenständige Form** strafrechtlich relevanten Verhaltens, also bestenfalls ein analoger Sachverhalt zu Täterschaft und Teilnahme (Grünwald GA 59, 110, Stratenwerth 289). Das gilt für alle Unterlassungen, gleichgültig, ob es sich um die Nichtabwendung von rechtswidrigen Taten oder sonstigen Gefahren für ein Rechtsgut handelt, dem gegenüber dem Unterlassenden eine Schutzpflicht obliegt. Da jedoch das StGB keine Regeln für eine solche Form strafrechtlicher Verantwortlichkeit enthält, bleibt keine andere Lösung, als sie dennoch einer der beiden Kategorien Täterschaft oder Teilnahme zuzuordnen und in Kauf zu nehmen, daß aufgrund der strukturellen Unterschiedlichkeit nur eine sinngemäße Übertragung in Frage kommen kann. Freilich kann es dabei keine für alle Fälle einheitliche Lösung geben, wie dies Grünwald GA 59, 112 ff. und Kaufmann aaO 291ff. annehmen. Es ist weder möglich, ausschließlich Täterschaftsregeln anzuwenden, noch können hier in jedem Fall Beihilfegrundsätze maßgeblich sein. Gegen ersteres spricht, daß damit auf eine den Täter begünstigende Differenzierung, die bei positivem Tun über § 27 eine Strafmilderung vorschreibt und bei nur versuchter Beihilfe zur Straflosigkeit führt, verzichtet werden müßte, was zu einer wesentlich strengeren Behandlung im Bereich der Unterlassungsdelikte führen würde (and. Grünwald GA 59, 116, Kaufmann aaO 293, die einen Versuch hier immer für strafbar halten). Gegen die schematische Übertragung von Beihilfregeln spricht hingegen, daß in keinesweg allen der hier in Betracht kommenden Fälle eine obligatorische Strafmilderung wie bei § 27 gerechtfertigt ist (and. zum alten Recht Grünwald aaO, Kaufmann aaO 303). So ist der kriminelle Gehalt des Verhaltens der Mutter, die ihr Kind verhungern läßt, im Vergleich zur Herbeiführung dieses Erfolges durch positives Tun nicht generell schon deshalb geringer, weil ihr hier „nur" ein Unterlassen vorgeworfen wird (vgl. auch Welzel 222). Auch das Gesetz selbst setzt in vielen Fällen (z. B. §§ 123, 223b, 266 und zahlreichen Amtsdelikten) das Unterlassen dem positiven Tun gleich, woraus gleichfalls der Schluß zu ziehen ist, daß das Unterlassen in seinem Unwertgehalt nicht schlechthin hinter dem des vergleichbaren Tuns liegt, was auch durch die nur fakultative Strafmilderungsmöglichkeit des § 13 II zum Ausdruck kommt. Zur Differenzierung zwischen Täterschaft und Teilnahme beim Nichteinschreiten von Amtsträgern vgl. Schultz, Amtswalterunterlassen 176 ff., 204 ff. 102

Erforderlich ist vielmehr, auch innerhalb der Unterlassungsdelikte zwischen den Fällen zu unterscheiden, die wertmäßig dem Bereich der Täterschaft, und solchen, die dem Bereich der Beihilfe zuzuweisen sind, und zwar mit dem Ergebnis, daß bald die für die Täterschaft gelten- 103 den Regeln, bald Beihilferegeln eingreifen. Grundlage für eine Differenzierung bildet zunächst § 13. Als Erfolg, den es abzuwenden gilt, kommt nach § 13 nicht nur ein Erfolg i. S. eines Erfolgsdelikts (Schaden, konkrete Gefährdung), sondern auch die rechtswidrige Tat eines anderen als solche in Betracht (vgl. § 13 RN 3). Das Kriterium für eine solche Differenzierung kann jedoch nicht der Gesichtspunkt der Tatherrschaft sein, weil die hier allein in Betracht kommende potentielle Tatherrschaft schon Voraussetzung dafür ist, daß überhaupt eine Erfolgsabwendungspflicht besteht (vgl. Gallas JZ 60, 651, 686). Ebensowenig kann die Entscheidung, wie besonders BGH **13** 162 (Tötung auf Verlangen durch Unterlassen) zeigt, vom Vorliegen eines Täter- oder Gehilfenwillens abhängen (vgl. Roxin TuT 483 ff.). Maßgeblich sind vielmehr allein Qualität und Inhalt der Pflicht, die der Täter durch sein Unterlassen verletzt. Daraus ergibt sich:

104 1. Hat der Unterlassende aufgrund **besonderer Beziehung zu dem geschützten Rechtsgut** für dessen Bestand einzustehen, so gelten Täterschaftsregeln, wenn er es pflichtwidrig unterläßt, einen deliktischen Angriff auf das Rechtsgut abzuwenden (and. [Beihilfe] z. B. Frank § 49 Anm. I 2, Nagler GS 111, 73, Ranft ZStW 94, 858 f.; vgl. aber auch Gallas JZ 52, 372 u. 60, 687 Anm. 69, Schmidhäuser I 420 f., die hier eine Täterschaft jedenfalls nicht völlig ausschließen). Dies gilt z. B., wenn der Vater die Vergiftung seiner Kinder durch die Mutter nicht verhindert (and. BGH MDR/D **57,** 266: Beihilfe) oder wenn die Mutter gegen eine strafbare Schwangerschaftsunterbrechung ihrer Tochter nicht einschreitet (and. RG **72** 373: Beihilfe trotz Anerkennung einer Garantenstellung gegenüber der Leibesfrucht). Es besteht hier mithin kein Unterschied zu den Fällen, in denen die Gefahr für das Rechtsgut von Naturgewalten oder einem nicht verantwortlich Handelnden droht, da es, was den Unwert des Unterlassens betrifft, nichts ausmacht, ob z. B. der Vater sein Kind vor den Angriffen eines Tieres oder eines Menschen nicht rettet (vgl. auch Kaufmann aaO 296 f., Grünwald GA 59, 115). Das hiergegen vorgebrachte Argument (vgl. Gallas aaO), daß Naturgewalten eher beherrschbar seien als menschliches Handeln, ist in dieser Allgemeinheit nicht richtig. Ebensowenig macht es einen Unterschied, ob der Unterlassende vor oder nach dem Zeitpunkt nicht einschreitet, in dem der positiv handelnde Täter alles zur Tatbestandsverwirklichung Erforderliche getan hat. Verhindert daher z. B. der Vater nicht, daß seinem Kind von einem Dritten in Tötungsabsicht Gift beigebracht wird, so gelten ebenso Täterschaftsregeln, wie wenn er nichts unternimmt, nachdem das Gift dem Kind schon eingegeben, der Erfolg jedoch noch abwendbar ist (Kaufmann aaO 296; and. Kielwein GA 55, 227 und grundsätzlich auch Gallas JZ 60, 687: Täterschaft nur im letzteren Fall). Da der Unterlassende in diesen Fällen sämtliche Voraussetzungen des Deliktstatbestandes in seiner Person und in seinem Verhalten erfüllt, kommt es ferner nicht darauf an, ob er die Tat des anderen als „fremde" oder als „eigene" will (vgl. o. 79; and. die „Willensrichtung" oder den „Täterwillen" des Unterlassenden abgestellt wird, BGH NJW **66,** 1763; and. wohl auch BGH NJW **51,** 205). Ebensowenig kann sich ein Garant seiner täterschaftlichen Verantwortlichkeit durch eine Beteiligung an einem Delikt gegen das zu schützende Rechtsgut entziehen.

105 Trotz einer Garantenstellung der hier genannten Art gelten jedoch nur **Beihilferegeln,** wenn die Möglichkeit einer Täterschaft am Mangel der vom Tatbestand vorausgesetzten **Absicht** oder **Täterqualität** oder daran scheitert, daß das Delikt nur **eigenhändig** begangen werden kann (vgl. KG JR **56,** 150, Hamm VRS **15** 288, Roxin TuT 479 ff.). So ist z. B. bei einer Mitwirkung am Meineid ein Unterlassen nur in Form der Beihilfe denkbar, ebenso beim Diebstahl, wenn der Unterlassende selbst keine Zueignungsabsicht hat. Zu beachten ist jedoch, daß auch hier die Akzessorietätsregeln nicht ohne weiteres übertragen werden können. Dies ergibt sich daraus, daß der Unterlassende nur insoweit zur Verantwortung gezogen werden kann, als er Garant des verletzten Rechtsguts ist. Wer z. B. nur zum Schutz fremden Eigentums angestellt ist, ist nur wegen Beihilfe zum Diebstahl, nicht aber wegen Beihilfe zur Nötigung oder Körperverletzung strafbar, wenn er es geschehen läßt, daß der Haupttäter bei der Wegnahme gegenüber dem Eigentümer Gewalt anwendet (vgl. dazu auch Kaufmann aaO 297 ff.)

106 2. Daneben stehen die Fälle, in denen eine Handlungspflicht nicht wegen der besonderen Beziehung des Unterlassenden zu dem verletzten Rechtsgut besteht, seine Pflicht sich vielmehr darauf erstreckt, aber auch darin erschöpft, **deliktische Angriffe von Personen zu verhindern, für die er verantwortlich ist** (vgl. § 13 RN 51 ff.). Hier kommt wegen der qualitativ anderen Rechtspflicht grundsätzlich nur eine Bestrafung nach **Beilhilferegeln** in Betracht (and. BGH NJW **66,** 1763). So werden z. B. Eltern oder Lehrer nur wegen Beihilfe bestraft, wenn sie vorsätzlich begangene, rechtswidrige Taten ihrer minderjährigen Kinder oder Schüler nicht verhindern, ebenso ein Gefangenenaufseher, wenn er die von ihm zu beaufsichtigenden Gefangenen nicht an der Begehung von Diebstählen hindert (RG **53** 292), oder ein Schiffsoffizier, wenn er den Schmuggel seiner Mannschaft duldet (RG **71** 176); vgl. ferner z. B. RG **69** 349,

BGH NJW 66, 1763. Eine Ausnahme (Täterschaft) gilt nur, wenn die zu beaufsichtigende Person nicht schuldhaft handelt (z. B. kleines Kind, Geisteskranker) oder sonst die Voraussetzungen der mittelbaren Täterschaft gegeben sind; eine weitere – gesetzliche – Ausnahme enthält z. B. § 357, der die in dem wissenschaftlichen Geschehenlassen von strafbaren Handlungen Untergebener liegende Beihilfe als Täterschaft bestraft (vgl. § 357 RN 7 f.). Gemeinsam ist allen diesen Fällen jedoch, daß der Aufsichtspflichtige nur zur Verhinderung der strafbaren Handlung verpflichtet und daher z. B. wegen Beihilfe nur strafbar ist, wenn er die Begehung eines vorsätzlichen Delikts nicht verhindert. Beschränkt sich sein Unterlassen dagegen darauf, daß er, nachdem der zu Beaufsichtigende schon alles zur Tatbestandsverwirklichung Erforderliche getan hat, lediglich den Erfolgseintritt nicht verhindert, so ist er ggf. nur nach § 323c strafbar, es sei denn, er würde es unterlassen, den zu Beaufsichtigenden zur noch möglichen Erfolgsabwendung anzuhalten. Eine weitere Ausnahme gilt in diesem Falle, wenn der Aufsichtspflichtige die Begehung der deliktischen Handlung dadurch ermöglicht, daß er vorsätzlich den Täter nicht genügend beaufsichtigt hat; hier ist ebenfalls Beihilfe zu dem betreffenden Delikt anzunehmen. So ist z. B. der Vater wegen Beihilfe zu §§ 211 ff. strafbar, wenn er nicht verhindert, daß sein minderjähriger Sohn einen Dritten tötet (vgl. § 13 RN 51 ff.); kommt er dagegen erst hinzu, nachdem das Opfer schon verletzt ist, und unterläßt er die noch mögliche Rettung, so ist er nicht als Gehilfe strafbar, es sei denn, daß die Tat des Sohnes durch eine pflichtgemäße Beaufsichtigung hätte verhindern können oder daß er ein unechtes Unterlassungsdelikt des Sohnes (etwa nach dessen vorangegangenen Tun) nicht verhinderte. Auch hier kommt nur eine Haftung wegen Beihilfe und nicht wegen Täterschaft in Frage, weil anderenfalls der Umfang der strafrechtlichen Reaktion größer sein würde als bei einer Förderung des Deliktes durch positive Handlungen; auch im letzteren Fall wird das Verhalten nicht deswegen Täterschaft, weil der Gehilfe die Möglichkeit gehabt hätte, den vom Haupttäter in Gang gesetzten Kausalverlauf später aufzuhalten.

Wie bei der versuchten Beihilfe ist der Versuch auch hier nicht strafbar, so wenn der Aufsichtspflichtige nicht einschreitet in der irrigen Annahme, der zu Beaufsichtigende wolle vorsätzlich eine rechtswidrige Tat begehen.

Entsprechende Grundsätze gelten, wenn sich die Pflicht zur Verhinderung strafbarer Handlungen aus der **Verantwortlichkeit** für **Sachen** oder einen bestimmten **räumlichen Herrschaftsbereich** ergibt (vgl. § 13 RN 54). So ist z. B. der Ehemann wegen Beihilfe zur Abtreibung strafbar, wenn er Abtreibungshandlungen seiner Frau in der ehelichen Wohnung nicht verhindert (BGH GA **67**, 115), der Kraftfahrer wegen Beihilfe zum Raub, wenn er die Wegnahme dadurch ermöglicht, daß er das Kfz anhält und dem Opfer damit die Flucht unmöglich macht (vgl. Bay VRS **61** 213, wo jedoch Beihilfe durch positives Tun angenommen wird), oder der Eigentümer eines Gewehrs wegen Beihilfe zu §§ 211 ff. strafbar, wenn er zuläßt, daß dieses von einem anderen zur Tötung eines Dritten benutzt wird; hat der Täter den Schuß dagegen bereits abgegeben, so trifft ihn keine über § 323c hinausgehende Haftung, es sei denn, daß er die Benutzung des Gewehrs pflichtwidrig ermöglicht hat; vgl. hierzu auch § 15 RN 148 f.

3. Besondere Probleme tauchen bei den Pflichten aus **vorangegangenem Tun** auf, durch welches einem Dritten die Begehung eines Delikts ermöglicht und damit eine Gefahr für das bedrohte Rechtsgut geschaffen wird (vgl. hierzu Welp, Vorangegangenes Tun usw. [1968] 274 ff.). Hierher gehört z. B. der Fall, daß A eine Waffe an B verkauft und später erfährt, daß B damit einen Mord begehen will. Sicher ist zunächst, daß A, wenn er den Mord nicht verhindert, nicht als Täter bestraft werden kann. Dies ergibt sich daraus, daß A auch dann, wenn er die Tötungsabsicht des B schon beim Verkauf gekannt hätte, nur wegen Beihilfe (durch positives Tun), nicht aber wegen Täterschaft bestraft werden könnte, da der Gehilfe, der die Tat aktiv gefördert hat, nicht dadurch in die Rolle eines Täters aufrückt, daß er es unterläßt, den Haupttäter an der Ausführung der Tat zu hindern bzw. nach Ausführung der Tat den Deliktserfolg abzuwenden, (übereinstimmend Welp aaO 281; vgl. auch Gallas JZ 60, 686, Grünwald GA **73**, 113, Rudolphi, Die Gleichstellungsproblematik und die unechten Unterlassungsdelikte [1966] 146). Aber auch eine Bestrafung wegen Beihilfe ist zu verneinen, da dies in derartigen Fällen zu einer in ihren Konsequenzen unübersehbaren Erweiterung der Haftung aus dem Gesichtspunkt des vorangegangenen Tuns führen würde (vgl. auch Welp aaO 290 f.). Eine Ausnahme ist nur dann anzuerkennen, wenn das eigene vorangegangene Tun pflichtwidrig war (z. B. A hätte erkennen müssen, daß B einen Mord begehen will). Hier ist A wegen Beihilfe zu bestrafen, wenn er es unterläßt, den Mord zu verhindern; eine u. U. gleichzeitig begangene fahrlässige Tötung durch den Verkauf der Waffe tritt hinter die Beihilfe zurück (and. Rudolphi aaO 142 ff.). Vgl. im übrigen § 15 RN 148, 154.

III. Möglich ist in gewissem Rahmen auch eine **Teilnahme an Unterlassungsdelikten durch Unterlassen** (vgl. Ranft ZStW **94**, 861). So ist eine Beihilfe durch Unterlassen möglich, wenn dem „Gehilfen" eine Aufsichtspflicht gegenüber dem Unterlassungstäter obliegt. Ist z. B. nur der minderjährige Sohn als Garant aus vorausgegangenem Tun verpflichtet, den drohenden Tod eines Dritten abzuwenden, so ist der Vater als Gehilfe nach §§ 211 ff. strafbar, wenn er den Sohn nicht zur Erfolgsabwendung veranlaßt. Soweit den Vater außerdem eine eigene Hilfspflicht nach § 323 c trifft, tritt § 323 c hinter die Beihilfe zurück. Haben freilich alle Beteiligten dieselbe Rechtspflicht zum Handeln – sei es als Garanten, sei es aus einem echten Unterlassungsdelikt –, so ist jeder Täter (z. B. der Vater unternimmt nichts, wenn die Mutter das gemeinsame Kind verhungern läßt). Diese Fälle zeigen auch, daß es bei mehreren Garanten unmöglich ist, nach Täterschaft und Teilnahme zu differenzieren. Geschieht das Unterlassen in gegenseitigem Einverständnis, so kann man zwar von „Mittäterschaft" sprechen, jedoch bedarf es des § 25 hier nicht, da bei Unterlassungsdelikten eine gegenseitige Zurechnung der einzelnen „Tatbeiträge" weder möglich noch, um die Täterschaft bei eigener Rechtspflicht zu begründen, erforderlich ist (M-Gössel II 306; GA 59, 111, Armin Kaufmann, Die Dogmatik der Unterlassungsdelikte 189.

111 Bei Beihilfe durch Unterlassen ist eine **doppelte** Strafreduzierung (§§ 13 II, 27 II) möglich.

112 **I. Strafrechtliche Verantwortlichkeit von juristischen Personen, Personenverbänden usw.**

Schrifttum: Achenbach, Das Zweite Gesetz zur Bekämpfung der Wirtschaftskriminalität, NJW 86, 1835. – *Bender*, Die GmbH & Co KG als Bußgelddoase, ZfZ 71, 239. – *Bergmann*, Können Geldbußen gegen juristische Personen und Personenvereinigungen Betriebsausgaben sein?, DB 81, 2572. – *Blauth*, Zur kriminellen Strafbarkeit juristischer Personen, MDR 54, 466. – *ders.*, „Handeln für einen anderen" nach geltendem und kommendem Recht, 1968. – *Bockelmann*, Die moderne Entwicklung der Begriffe, Dt. Beiträge zum VII. Int. Strafrechtskongreß 1957, 46. – *Bode*, Geldbuße gegen juristische Personen und Personenvereinigungen im Strafrecht, NJW 69, 1286. – *Busch*, Grundfragen der strafrechtlichen Verantwortlichkeit der Verbände, 1903. – *Demuth/Schneider*, Die besondere Bedeutung des Gesetzes über Ordnungswidrigkeiten für Betrieb und Unternehmen, BB 70, 642. – *Engisch/Hartung*, Empfiehlt es sich, die Strafbarkeit der juristischen Person gesetzlich vorzusehen?, Verhandlungen des 40. DJT, Bd. II. – *Fleischer*, Vertreterhaftung bei Bankrotthandlungen einer GmbH, NJW 78, 96. – *Fuhrmann*, Die Bedeutung des „faktischen Organs" in der strafrechtlichen Rechtsprechung des BGH, Tröndle-FS (1989) 139. – *Göhler*, Das neue Gesetz über Ordnungswidrigkeiten, JZ 68, 583, 613. – *ders.*, Zur strafrechtlichen Verantwortlichkeit des Betriebsinhabers für die in seinem Betrieb begangenen Zuwiderhandlungen, Dreher-FS 611. – *Güntert*, Die Gewinnabschöpfung als strafrechtliche Sanktion, 1983. – *Gutzler/Nölkensmeier*, Das Bußgeldverfahren in Kartellsachen nach dem neuen Gesetz über Ordnungswidrigkeiten, WRP 69, 1. – *Hafter*, Die Delikts- und Straffähigkeit der Personenverbände, 1903. – *Hartung*, Empfiehlt es sich, die Strafbarkeit der juristischen Person gesetzlich vorzusehen?, Verhandlungen des 40. DJT, Bd. II, E 43. – *Heinitz*, Empfiehlt es sich, die Strafbarkeit der juristischen Person gesetzlich vorzusehen?, Verhandlungen des 40. DJT, Bd. I 68. – *Huss*, Die Strafbarkeit der juristischen Personen, ZStW 90, 237. – *Jescheck*, Die strafrechtliche Verantwortung der Personenverbände, ZStW 65, 210. – *ders.*, Die Behandlung der Personenverbände im Strafrecht, SchwZStr. 70, 243. – *ders.*, Zur Frage der Strafbarkeit von Personenverbänden, DÖV 53, 539. – *Kaiser*, Verbandssanktionen des Ordnungswidrigkeitengesetzes, 1975. – Karlsruher Kommentar zum Gesetz über Ordnungswidrigkeiten 1989. – *Kohler*, Die Straffähigkeit der juristischen Personen, GA 64, 500. – *Kohlhaas*, Die Straf- und Bußgeldvorschriften des Außenwirtschaftsgesetzes, NJW 61, 2294. – *Lange*, Zur Strafbarkeit von Personenverbänden, JZ 52, 261. – *Lang-Hinrichsen*, Verbandsunrecht, H. Mayer-FS 49 ff. – *ders.*, Zur Frage der Schuld bei Straftaten und Ordnungswidrigkeiten (Kriminelles Unrecht und Verwaltungsunrecht), GA 57, 225. – *Lilienthal*, Die Strafbarkeit juristischer Personen, VDA V, 87. – *Marcuse*, Die Verbrechensfähigkeit der juristischen Person, GA 64, 478. – *Müller*, Die Stellung der juristischen Person im Ordnungswidrigkeitenrecht, 1988. – *Neumann*, Aussageverweigerungsrecht der Organmitglieder eines Unternehmens, gegen das im Bußgeldverfahren ermittelt wird (Forschungsinstitut für Wirtschaftsverfassung und Wettbewerb e. V., Köln, Rechtsfragen der Ermittlung von Kartellordnungswidrigkeiten), 1974, 17. – *Ostermeyer*, Kollektivschuld im Strafrecht, ZRP 71, 75. – *Peltzer*, Die Berücksichtigung des wirtschaftlichen Vorteils bei der Bußgeldbemessung nach dem Ordnungswidrigkeitenrecht, DB 77, 1445. – *ders.*, Verfolgungsverjährung beim selbständigen Verfahren nach dem Ordnungswidrigkeitengesetz, NJW 78, 2131. – *Riebenfeld*, Die strafrechtliche Verantwortlichkeit von Verbänden, Jahrbuch der Basler Juristen-Fakultät (1934) 232. – *Rotberg*, Für Strafe gegen Verbände, DJT-FS 193. – *Rütsch*, Strafrechtlicher Durchgriff bei verbundenen Unternehmen. – *Schmitt*, Strafrechtliche Maßnahmen gegen Verbände, 1958. – *ders.*, Die strafrechtliche Organ- und Vertreterhaftung, JZ 67, 698, JZ 68, 123. – *Schroth*, Der Regelungsgehalt des 2. Gesetzes zur Bekämpfung der Wirtschaftskriminalität im Bereich des Ordnungswidrigkeitenrechts, wistra 86, 158. – *Schünemann*, Strafrechtsdogmatik und kriminalpolitische Grundfragen der Unternehmenskriminalität, wistra 82, 41. – *Schwander*, Der Einfluß der Fiktions- und Realitätstheorie auf die Lehre von der strafrechtlichen Verantwortlichkeit der Juristischen Personen, Gutzwiller-FG 603. – *Seiler*, Strafrechtliche Maßnahmen als Unrechtsfolgen gegen Personenverbände, 1967. – *Starck*, Das Auskunftsverlangen der Kartellbehörden, DB 59, 216. – *Tiedemann*, Die strafrechtliche

Täterschaft 1–4 § 25

Vertreter- und Unternehmerhaftung, NJW 86, 1842. – *Triffterer,* Umweltstrafrecht, 1980. – *v. Weber,* Über die Strafbarkeit juristischer Personen, GA 54, 237. – *Weber, U.,* Das Zweite Gesetz zur Bekämpfung der Wirtschaftskriminalität (2. WiKG), NStZ 86, 481. – *Wiesener,* Die strafrechtliche Verantwortlichkeit von Stellvertretern und Organen, 1971.

I. Als Täter können grundsätzlich nur natürliche Personen bestraft werden; **juristischen** **Personen** fehlt die Handlungsfähigkeit und damit die strafrechtliche Verantwortlichkeit für das, was ihre Organe in ihrer Vertretung tun (M-Zipf I 181). Unter den weiteren Voraussetzungen des § 30 OWiG kann gegen juristische Personen und Personenvereinigungen eine Geldbuße festgesetzt werden, wenn deren vertretungsberechtigte Organe usw. eine Straftat oder Ordnungswidrigkeit begangen haben; vgl. hierzu und im folgenden KK-Cramer § 30. Auch in der Einziehung von Verbandseigentum nach § 75 kann eine strafrechtliche Verantwortlichkeit juristischer Personen gefordert werden (vgl. dort RN 1). Eine Bestrafung von Körperschaften haben in weiterem Umfange gefordert v. Liszt-Schmidt 156, M. E. Mayer 96; mit dem Grundsatz: „keine Strafe ohne Schuld" ist diese Forderung aber schwer verträglich. Eingehend hierzu die Gutachten bzw. Referate von Heinitz, Engisch, und Hartung zum 40. DJT, ferner Lange JZ 52, 261, Siegert NJW 53, 527, Baumann/Weber 196, Bruns JZ 54, 12; Jeschek 203 ff., ZStW 65, 210, v. Weber GA 54, 237; Lang-Hinrichsen H. Mayer-FS 49 ff., der jede Strafe gegen Verbände für unzulässig hält und eine Ausnahme nur für die Gewinnabschöpfung machen will.   113

II. Im **Völkerrecht** wird z. T. die strafrechtliche Verantwortlichkeit der **Staaten** für völkerrechtswidriges Handeln befürwortet. Die Staatenpraxis hält sich insoweit aber zurück. So hat z. B. die Konvention über die Bestrafung des Völkermordes vom 9. 12. 1948 (vgl. Erl. zu § 220a) nur eine Verfolgung natürlicher Personen vorgesehen, obwohl es sich idR um ein typisches Führungsverbrechen handelt. Näher hierzu Jescheck, Die Verantwortlichkeit der Staatsorgane nach Völkerstrafrecht (1952) 8 ff., Dahm, Zur Problematik des Völkerstrafrechts (1956) 5 ff. Zum Problem der Schuld vgl. noch Henkel Kraft-FS 106 f.   114

§ 25 Täterschaft

(1) Als Täter wird bestraft, wer die Straftat selbst oder durch einen anderen begeht.

(2) Begehen mehrere die Straftat gemeinschaftlich, so wird jeder als Täter bestraft (Mittäter).

Übersicht

I. Allgemeines	1	III. Mittelbare Täterschaft	6
II. Unmittelbare Täterschaft	2	IV. Mittäterschaft	61

Schrifttum: Vgl. die Angaben zu den Vorbem. zu §§ 25 ff.

I. Im Gegensatz zum früheren Recht, in dem ausdrücklich nur die Mittäterschaft (§ 47 a. F.) als Form der Täterschaft gesetzlich geregelt war, will § 25 für möglichst **alle Formen der Täterschaft** eine Legaldefinition bringen (unmittelbare Täterschaft, mittelbare Täterschaft, Mittäterschaft); lediglich die Nebentäterschaft, bei der mehrere Personen unabhängig voneinander einen Tatbestand verwirklichen, ist nicht ausdrücklich geregelt. Zu den allgemeinen Lehren von Täterschaft und Teilnahme vgl. die Vorbem. zu § 25.   1

II. **Unmittelbare Täterschaft. Täter** ist zunächst jeder, der in seiner Person und in seinem Handeln **alle Deliktsvoraussetzungen** erfüllt, also voll tatbestandsmäßig handelt **(unmittelbarer Täter).**   2

1. Die **Funktion der Tatbestände** des BT besteht darin, die Voraussetzungen zu bestimmen, unter denen ein Verhalten der Straffolge unmittelbar unterworfen sein soll. Daraus ergibt sich, daß derjenige, der diese Voraussetzungen in vollem Umfang erfüllt, von der Rechtsfolge des Tatbestandes ergriffen wird und damit immer und notwendig Täter ist (vgl. BGH NJW 68, 1339 m. Anm. Steinlechner NJW 68, 1790, Stuttgart NJW 78, 715; Bockelmann, Beiträge 58, Gimbernat Ordeig ZStW 80, 932, Herzberg GA 71, 2, JuS 74, 238, H. Mayer AT 315, M-Gössel II 232, Sax ZStW 69, 432, JZ 63, 329 ff., Stratenwerth 214, Eser II 147, D-Tröndle 2, Jakobs 510, Roxin JuS 73, 335; vgl. aber Baumann/Weber 531 ff., JuS 63, 56, 88). Vgl. hierzu 79 vor § 25. Soweit die Rspr. auf dem Boden der (extrem) subjektiven Theorie (vgl. 56 f. vor § 25) eine von diesen Grundsätzen abweichende Abgrenzung von Täterschaft und Teilnahme versucht, ist sie abzulehnen.   3

2. Ebenso kann **nur Täter** sein, wer nach den Grundsätzen der unechten **Unterlassungsdelikte** für die Verhinderung des Erfolges einzutreten hat, weil ihm aufgrund seiner besonderen Beziehung zu dem geschützten Rechtsgut eine Schutzpflicht für dessen Bestand zukommt **(Beschützergarant);** vgl. 104 vor § 25. Wer z. B. die Körperverletzung oder Tötung eines   4

nahen Angehörigen nicht verhindert, ist als Täter nach den §§ 223, 211 ff. (also nicht nur wegen Beihilfe zu einer fremden Tat) zu bestrafen. Entsprechendes muß daher auch dann gelten, wenn die Tat eines Dritten nicht nur nicht verhindert, sondern unmittelbar veranlaßt oder unterstützt wird. Zu beachten ist jedoch, daß bestimmte Handlungspflichten (**Überwachungsgarantenpflicht**) nur zu einer Verantwortlichkeit wegen Beihilfe führen (vgl. dazu 106 vor § 25).

5 3. Auch bei eigentlichen **Sonderdelikten** (vgl. hierzu 71 vor § 25) kommt nur Täterschaft in Betracht, wenn der Sonderpflichtige sich in irgendeiner Form an der Tat beteiligt (Roxin JuS 73, 335; vgl. dagegen Langer, Sonderverbrechen 223). Dies ergibt sich, ähnlich wie bei den Unterlassungsdelikten (vgl. o. 4), aus der besonderen Pflichtenstellung des Täters. Dieser Standpunkt wird bestätigt durch die Tatbestandsfassungen einiger Sonderdelikte; so wird in § 340 nicht nur das Begehen, sondern auch das Nichteinschreiten gegen eine Körperverletzung erfaßt; vgl. auch § 354 II Nr. 3. Bei den uneigentlichen Sonderdelikten (vgl. 72 vor § 25) gelten allerdings die für Herrschaftsdelikte (vgl. 75 vor § 25) maßgeblichen Regeln; hier ist die Mitwirkung an fremder Tatbestandsverwirklichung nur Teilnahme (so z.B. im Rahmen des § 175).

III. Die mittelbare Täterschaft.

6 **Täter** ist auch, wer das Delikt dadurch begeht, daß er einen anderen (**Werkzeug, Tatmittler**) für sich handeln läßt. Die mittelbare Täterschaft wird mit der Neufassung des AT durch das 2. StrRG erstmalig im StGB erwähnt, ohne daß allerdings die Voraussetzungen dieser Täterschaftsfigur im einzelnen festgelegt werden; darauf hat der Gesetzgeber angesichts der Vielgestaltigkeit der Täterschaftsformen dieser Kategorie ausdrücklich verzichtet (Sonderausschuß BT-Drs. V/4095 S. 12 unter Hinweis auf BT-Drs. IV/650 S. 149), weil der Rechtsentwicklung nicht vorgegriffen werden sollte. Die Voraussetzungen der mittelbaren Täterschaft sind damit aus den allgemeinen Täterbegriffen (vgl. 52 ff. vor § 25), insb. dem der Herrschaftsdelikte, zu entwickeln. Bei den reinen Erfolgsdelikten glaubt Samson SK 22 auf die Figur der mittelbaren Täterschaft verzichten zu können, weil es gleichgültig sei, ob die Kausalkette über ein sachliches Werkzeug oder über einen anderen Menschen läuft; dem kann nicht zugestimmt werden, weil auch der Anstifter und der Gehilfe für die Tat kausal werden. Neuartige Wege beschreitet Schmidhäuser (I 298 f.), der auf der Grundlage seiner Ganzheitstheorie (vgl. 67 vor § 25) allein auf die objektive Zurechenbarkeit des Tatbeitrages des Werkzeuges bei dem Hintermann abstellt. Die mittelbare Täterschaft beruht auf dem (**vertikalen**) **Zurechnungsprinzip**, so daß für die Tatbestandserfüllung haften soll, wer einen anderen durch Zwang, Täuschung oder auf andere Weise (vgl. dazu 80 vor § 25) veranlaßt, die zur Tatbestandserfüllung notwendigen Handlungen als Teil des von ihm verfolgten Gesamtplanes für ihn vorzunehmen. Wie auch sonst bei den Herrschaftsdelikten im Rahmen der Tatbestandsverwirklichung durch mehrere Personen (vgl. 79 ff. vor § 25) wird diese durch ein objektives wie ein subjektives Moment bestimmt, wobei allerdings für die vertikale Zurechnung der mittelbaren Täterschaft (vgl. 80 vor § 25) das objektive Moment primäre Bedeutung erlangt. Erfüllt der mittelbare Täter die genannten Voraussetzungen, wird ihm das Handeln des Werkzeugs wie eigenes zugerechnet, so daß er rechtlich so zu behandeln ist, als habe er diese Tatteile eigenhändig verwirklicht. Und zwar wird ihm das Handeln als solches zugerechnet, nicht als „Tat" oder als Objekt einer irgendwie gearteten rechtlichen Wertung.

7 Folglich sind alle **Deliktsvoraussetzungen** allein auf die **Person des mittelbaren Täters** zu beziehen, während ohne Bedeutung bleibt, was rechtlich beim Werkzeug vorliegt, ob es voll, nur teilweise oder überhaupt nicht tatbestandsmäßig handelt (zust. Baumann JuS 63, 91). Daher ist die Frage der Strafbarkeitsvoraussetzungen beim Werkzeug gar nicht aufzuwerfen (ebenso Johannes aaO 59, Schmidhäuser I 298). Es liegt z. B. mittelbare Täterschaft des § 308 1. Alt. (nicht 2. Alt.) vor, wenn der Eigentümer durch Täuschung veranlaßt wird, sein Haus anzuzünden. Das gleiche gilt auch bei der Beurteilung der übrigen Deliktsvoraussetzungen, wie Rechtswidrigkeit, Schuld usw. Unerheblich ist auch, ob das Verhalten des mittelbaren Täters phänomenologisch, d.h. rein äußerlich, eher dem Bild einer „Anstiftung" oder einer „Beihilfe" entspricht; so ist z. B. ebenso mittelbarer Täter, wer einen Gutgläubigen zur Tat veranlaßt, wie äußerlich dem Bild einer Anstiftung entspricht, wie derjenige, der einem zur Tat entschlossenen Geisteskranken die Tatwaffe liefert, was äußerlich einer Beihilfe gleicht. Im einzelnen lassen sich die wichtigsten Fallgruppen wie folgt beschreiben:

8 1. Mittelbare Täterschaft kommt in Betracht, wenn das Werkzeug objektiv oder subjektiv **nicht tatbestandsmäßig**, nur teilweise tatbestandsmäßig oder voll tatbestandsmäßig handelt.

9 a) Am objektiven Tatbestand auf seiten des Werkzeugs fehlt es bei der Veranlassung oder Unterstützung einer Selbstverletzung, die als solche straflos ist, wie etwa bei der Beschädigung eigener Sachen, Selbstverletzung (RG **26** 242) oder dem Selbstmord. Wirkt hier der Täter z.B.

durch Täuschung auf den Entscheidungsprozeß des Geschädigten ein oder nutzt er dessen Defektzustand für die Herbeiführung des von ihm beabsichtigten Schadens aus, so ist er mittelbar Täter, z. B. bei der Veranlassung eines Geisteskranken zum Selbstmord (vgl. hierzu 37 vor § 211), der Täuschung des Eigentümers über den Wert der von ihm zerstörten Sache (A veranlaßt B, einen echten Picasso zu zerstören mit der Behauptung, es handle sich um einen wertlosen Nachdruck [and. M.-K. Meyer aaO 170, 185]; zu den ähnlich gelagerten Fällen einer Schadensquantifizierung vgl. u. 19) oder die Einnahme eines nicht medizinisch indizierten Medikaments, selbst wenn über dessen Nebenwirkungen aufgeklärt wurde. Freilich sind nicht alle Fälle einer Veranlassung zur Selbstschädigung als mittelbare Täterschaft zu erfassen:

α) Bei der **Nötigung** zur Selbstschädigung wird man mit der h. M. (vgl. Jakobs 534, Jescheck 603, Roxin LK 52, Samson SK 30, Schmidhäuser I 302, Stratenwerth 222f.; and. Herzberg TuT 13f., der auf „gewichtige" Drohung abstellen will) verlangen müssen, daß eine dem § 35 entsprechende Situation schafft oder ausnützt, die der des § 35 entspricht; vgl. auch M.-K. Meyer aaO 159f. Dies ist z. B. der Fall, wenn jemand durch Drohungen und Schläge zum Selbstmord getrieben (vgl. Lange, Moderner Täterbegriff 32: Fall Hildegard Höfeld; OGH **2** 5) oder ein politischer Gefangener mit der Drohung zur Selbsttötung veranlaßt wird, er würde demnächst Folterungen ausgesetzt. 10

β) Bei einer **Täuschung** liegt nach einhelliger Meinung mittelbare Täterschaft vor, wenn das Werkzeug „unvorsätzlich" handelt (Jakobs 527, Roxin LK 83): Das Werkzeug wird veranlaßt, eine Starkstromleitung zu berühren, die angeblich nicht unter Spannung stehen soll. Streitig ist dagegen die Behandlung der Fälle, in denen die Täuschung zu einem Motivirrtum führt, dem Opfer z. B. vorgespiegelt wird, es leide an einer unheilbaren Krankheit. Hier wird teilweise gefordert, daß das Opfer durch die Täuschung in eine § 20 entsprechende psychische Ausnahmesituation versetzt wird (Jescheck 603, Roxin LK 83, Samson SK 30; vgl. auch Schmidhäuser I 299f.). Dies ist jedoch zu eng; ausreichend muß sein, daß durch die Täuschung (z. B. über das Vorliegen einer Krebserkrankung) der seelische Leidensdruck beim Opfer so stark ist, daß es sich in seiner subjektiv empfundenen Ausweglosigkeit zur Selbsttötung entschließt (ähnlich noch Roxin TuT 225ff.). Nach BGH GA **86**, 508 kommt eine mittelbare Täterschaft auch bei einem Motivirrtum in Betracht, z. B. weil der sich selbst Tötende („Werkzeug") nur deswegen Hand an sich legt, weil der Partner verspricht, mit in den Tod zu gehen (vgl. hierzu Charalambakis GA 86, 485). Zu dieser Problematik M.-K. Meyer aaO, Küper JZ 86, 219. Nach BGH **32** 38 soll auch eine Täuschung zur mittelbaren Täterschaft führen, wenn das Opfer davon ausgeht, daß zwar sein „jetziger Körper" endgültig zerstört werden würde, es gleichwohl in anderer psycho-physischer Form weiterlebe (zust. Schmidhäuser JZ 84, 195, Sippel NStZ 84, 357; krit. Roxin NStZ 84, 70, Neumann JuS 85, 677). 11

γ) Bei Kindern, Jugendlichen oder Personen mit psychischen Defekten wird danach zu unterscheiden sein, ob sie die notwendige Einsicht in die Bedeutung einer Selbstschädigung haben. Bei endogenen oder exogenen Psychosen, die zu einem Selbstzerstörungstrieb führen, wird diese Voraussetzung regelmäßig gegeben sein, nicht ohne weiteres jedoch bei depressiven Gemütszuständen (vgl. auch Roxin LK 87). 12

b) Mittelbare Täterschaft kommt auch dann in Betracht, wenn das Werkzeug den objektiven Tatbestand nur teilweise verwirklicht, also z. B. durch eine § 35 entsprechende Drohung veranlaßt wird, Gewalt anzuwenden, um dem Hintermann die Wegnahme zu ermöglichen (§ 249). 13

c) Bei **subjektivem Tatbestandsmangel** kommen folgende Fallgruppen in Betracht: 14

α) Der klassische Fall einer mittelbaren Täterschaft liegt vor, wenn ein gutgläubiger, d. h. ein Werkzeug, das **mangels Vorsatzes** die Deliktszusammenhänge der vom Hintermann geplanten Tat nicht durchschaut, zur Tatbestandsverwirklichung eingesetzt wird (vgl. RG **39** 298, **47** 147f., **62** 369, **70** 212). Dabei ist gleichgültig, ob das Werkzeug völlig ahnungslos ist (gutgläubige Krankenschwester, die ein angebliches Medikament, in Wahrheit aber eine tödliche Spritze verabreicht) oder ob es sich die Verwirklichung eines anderen als des vom Hintermann angestrebten Erfolges vorstellt (Werkzeug geht von Betäubungsmittel aus [§ 223], während das Mittel tödlich wirkt); vgl. hierzu den Fall bei BGH **30** 363 (vgl. v. Spiegel NJW 84, 110, 1867; and. Sippel NJW 83, 2226, 84, 1866). Völlig unbestritten ist dabei der Fall, daß der „Handlungsschluß" des vorsatzlos die Tat Ausführenden durch den Hintermann hervorgerufen wird (statt aller Roxin LK 59), bestritten dagegen, ob dies auch so ist, wenn der Beitrag des Hintermanns sich nur als Beihilfe darstellen würde, sofern das Werkzeug vorsätzlich handelte; auch dies ist jedoch zu bejahen (vgl. M-Gössel II 272, Roxin LK 61, TuT 173f., Stratenwerth 221; and. Schmidhäuser 523, der hier straflose Beihilfe zur unvorsätzlichen Tat annimmt, was dann konsequenterweise aber auch für die „Anstiftung" = Veranlassung des Gutgläubigen gelten müßte). Nach Schumann aaO 89ff. setzt die seiner Auffassung nach zur mittelbaren Täterschaft erforderliche Handlungsherrschaft allerdings voraus, daß auf den Willen des Werk- 15 zeugs eingewirkt wird, während im übrigen unmittelbare Täterschaft in Betracht kommen kann (aaO 94ff.).

16 Gleichgültig ist dabei, ob dem unvorsätzlich handelnden Werkzeug ein Fahrlässigkeitsvorwurf gemacht werden kann oder nicht. Bei der unbewußten Fahrlässigkeit versteht sich dies von selbst; aber auch bei der bewußten Fahrlässigkeit, bei der auch das Werkzeug über den Erfolgseintritt reflektiert, aber auf dessen Ausbleiben vertraut (vgl. hierzu Jescheck 605, Roxin LK 62, Stratenwerth 221) liegt mittelbare Täterschaft des die Tat Veranlassenden vor. Dies gilt selbst dann, wenn der Hintermann die Chancen für den Erfolgseintritt nicht besser übersieht als das Werkzeug (and. insoweit noch Roxin TuT 180ff., 220ff.), weil das Übergewicht des mittelbaren Täters hier in dem zusätzlichen voluntativen Element des dolus eventualis liegt; er ist „spiritus rector" (Roxin LK 62) der Tat. Insoweit besteht eine Parallele zum absichtslos-dolosen Werkzeug (vgl. u. 18, 81 vor § 25).

17 Bei einem Irrtum des Tatmittlers über die **Voraussetzungen eines Rechtfertigungsgrundes** kommt mittelbare Täterschaft in Betracht, wenn der Hintermann das Fehlen dieser Voraussetzungen kennt und die Ahnungslosigkeit des Werkzeugs zur Tat ausnützt (vgl. Roxin LK 65).

18 β) Eine weitere Gruppe der mittelbaren Täterschaft durch ein tatbestandslos handelndes Werkzeug stellen die Fälle des sog. **absichtslosen Werkzeuges** (der Wegnehmende beim Diebstahl hat nicht die Absicht, die Sache sich zuzueignen) oder des **qualifikationslosen Werkzeuges** (der Ausführende besitzt nicht die zur Begehung des echten Sonderdelikts notwendige Eigenschaft) dar; vgl. RG **28** 109, **39** 37 m. Anm. Beling ZStW 28, 589, **41** 61, Welzel 104.

19 Mit einem ausschließlich auf objektive Momente gegründeten Begriff der Tatherrschaft lassen sich diese Fälle nicht befriedigend begründen; das dolose Werkzeug beherrscht hier die Tat im gleichen Maße wie ein Mittäter (vgl. Gallas Mat. I, 136, Jescheck 606f.); das Gesetz wertet nur sein Verhalten anders. Aus diesem Grund wollen M-Gössel II 273, Roxin TuT 341ff., LK 94, Schmidhäuser I 305f. und Spendel Lange-FS 156ff. auch das Werkzeug als Täter des Diebstahls usw. bestrafen. Jescheck (606f.) will in diesen Fällen dagegen die Tatherrschaft normativ auffassen und hier wegen des rechtlich beherrschenden Einflusses des Hintermannes stets zur mittelbaren Täterschaft (ebenso D-Tröndle 3, ähnlich Cramer Bockelmann-FS 398, Hünerfeld ZStW 99, 239). Mittelbarer Täter ist z. B. der Urkundsbeamte, der einen anderen Urkundsbeamten bei einer Falschbeurkundung (§ 348 I) als Werkzeug einsetzt (vgl. Roxin TuT 361, RG **28** 110 zu § 348 II a. F.; and. wohl Spendel Lange-FS 154, Wagner, Amtsverbrechen [1975] 379); wird ein Extraneus, der nicht Urkundsbeamter ist, zur Anfertigung einer Urkunde veranlaßt, so scheidet mittelbare Täterschaft nach § 348 allerdings aus, da das von ihm hergestellte Produkt keine öffentliche Urkunde darstellt. Jede Strafbarkeit in diesen Fällen lehnen ab Jakobs 537, Samson SK 34, Stratenwerth 228f.

20 Ein Unterfall des absichtslosen Werkzeugs liegt vor, wenn bei Delikten, bei denen eine straferhöhende Absicht lediglich den auf einen bestimmten Erfolg gerichteten Willen kennzeichnet, der Hintermann diese Absicht verfolgt, der Ausführende jedoch in Unkenntnis dieser Absicht die Tat begeht. Veranlaßt z. B. A den B zu einer Körperverletzung an C, wobei A die Absicht des § 225 verfolgt, B hingegen nicht, so ist A aus § 225 zu verurteilen. A hat insoweit den B als sein Werkzeug benutzt (i. E. ebenso Roxin Lange-FS 184).

21 d) Mittelbare Täterschaft ist aber auch bei einem Verhalten des Werkzeugs möglich, das in objektiver wie in subjektiver Beziehung den **Tatbestand voll erfüllt**. Dies gilt nicht bloß, wenn es beim Werkzeug an einem weiteren Verbrechenselement (z. B. Rechtswidrigkeit, Schuld) fehlt, sondern auch dann, wenn das Werkzeug alle Deliktsvoraussetzungen erfüllt. Es handelt sich hier um die Fälle des „Täters hinter dem Täter" (grundlegend hierzu Schroeder aaO; krit. zu diesem Begriff Spendel Lange-FS 147ff., M.-K. Meyer 175; abl. Jakobs 535). Hierzu gehören folgende Fallgruppen (vgl. auch die Beisp. bei Baumann JuS 63, 96):

22 α) Mittelbare Täterschaft liegt vor, wenn der Hintermann einen voll deliktisch Handelnden einsetzt, der sich über die Bedeutung des von ihm angerichteten Schadens unzutreffende Vorstellungen macht (Herzberg JuS 74, 375: Ausnutzung eines ‚**graduellen' Tatbestandsirrtums**; zu dieser Fallgruppe Roxin Lange-FS 184f., M.-K. Meyer aaO 175; abl. Jakobs 535, Schumann aaO 77). Veranlaßt A den B, eine wertvolle chinesische Vase des X zu zertrümmern unter der Vorspiegelung, es handele sich um eine billige Imitation, so ist A mittelbarer Täter nach § 303. Dies ergibt sich daraus, daß dem B die Tragweite seines Verhaltens verborgen bleibt und daher dem A hinsichtlich des quantitativ „überschießenden Schadens" kraft seiner Kenntnis der Zusammenhänge die Verantwortung für die „Unrechtssteigerung" zukommt. Dabei gelten ähnliche Grundsätze wie bei der Ausnutzung eines Verbotsirrtums (vgl. 33 vor § 25). Unerheblich ist deshalb, ob der Irrtum des unmittelbar Handelnden erregt oder ein bestehender ausgenutzt wurde, ob er vermeidbar war oder nicht. Zweifelhaft kann sein, welches Ausmaß die „Unrechtssteigerung" erreichen muß. Die Auffassung Roxins (Lange-FS 186), der Schaden müsse „mehr als doppelt so groß" sein, überzeugt schon deshalb nicht, weil sie nur bei Vermögenseinbußen, nicht aber bei höchstpersönlichen Rechtsgütern (Gesundheit, Freiheit) eine Grenze bietet; es reicht jede nicht unwesentliche Unrechtssteigerung (so jetzt Roxin LK 77).

β) Auch die Hervorrufung eines **error in persona vel obiecto** führt zur mittelbaren Täterschaft: A manövriert – ohne Kontakt mit B – den X in eine Situation, in der B ihn für Y hält und aufgrund dieses Irrtums erschießt; eingehend hierzu Roxin TuT 212 ff., Lange-FS 190. Hier liegt mittelbare Täterschaft vor, weil A, der die Fäden in der Hand hat, den Tod eines bestimmten Menschen verursacht; daß B nicht dadurch entlastet wird, daß er ein aus seiner Sicht falsches Opfer umbringt, spielt keine Rolle (and. [Nebentäterschaft] Welzel 111, Herzberg JuS 74, 576, Spendel Lange-FS 167ff., Schumann aaO 76: Anstiftung; Jakobs 536: Teilnahme; vgl. auch Stratenwerth 224f.).

γ) Eine Sonderform der mittelbaren Täterschaft bei voller Strafbarkeit des Werkzeugs besteht in den Fällen, in denen der **Hintermann** die Voraussetzungen eines **qualifizierten Tatbestandes** schafft, dem Werkzeug aber nur eine Tat nach dem Grunddelikt zur Last fällt (vgl. hierzu Roxin Lange-FS 186f.). Stiftet z. B. A den B zu einer Brandstiftung an, so kann B nur aus § 308 1. Alt. bestraft werden, wenn ihm A wahrheitswidrig eingeredet hat, das Gebäude sei kein Wohnhaus. A selbst muß aber aus § 306 Nr. 2 verurteilt werden können.

δ) Mittelbare Täterschaft des **„Schreibtischtäters"** wird trotz voll verantwortlichen Vordermanns auch dann angenommen, wenn hinter diesem ein „organisierter Machtapparat" steht (Roxin GA 63, 193, Lange-FS 192f., Eser II 154). Eingehende Untersuchung der Problematik bei Schroeder aaO und Roxin LK 88 ff. Dies wird damit begründet, daß der eigenhändig Tätige nur ein „auswechselbares Rädchen im Getriebe des Machtapparates" sei (so Roxin LK 88), seine Fungibilität also dem Inhaber der Befehlsgewalt bzw. einer Hierarchie von Befehlsgebern Tatherrschaft verleihe. Dem ist zuzustimmen (ebenso i. E. [mit teilweise anderer Begründung] Stratenwerth 226, Wessels I 159, Bockelmann/Volk 181, die teilweise Mittäterschaft oder Nebentäterschaft annehmen). Nach Jescheck 607, Samson SK 36 kommt in diesen Fällen mittelbare Täterschaft nur in Betracht, wenn der Ausführende nicht voll verantwortlich handelt; ist dies der Fall, so sei der Mann in der Zentrale Mittäter, weil er die Organisation beherrsche.

2. Eine mittelbare Täterschaft kommt auch bei **rechtmäßigem Handeln des Werkzeugs** in Betracht (vgl. Jakobs 528, Johannes aaO 59, Herzberg aaO, Samson SK 32). Während die Teilnahme nach den §§ 26, 27 voraussetzt, daß der unmittelbare Täter tatbestandsmäßig, widerrechtlich und vorsätzlich handelt, kommt es bei der mittelbaren Täterschaft nur darauf an, daß das dem mittelbaren Täter zugerechnete Verhalten bei diesem eine Verwirklichung des Delikttatbestandes ergibt (vgl. o. 15). So kann der mittelbare Täter sich eines rechtmäßig handelnden Staatsorgans zu einer Freiheitsberaubung bedienen, z. B. dadurch, daß er durch einen Meineid die Verurteilung zu Freiheitsstrafe erreicht.

a) Voraussetzung ist aber stets, daß der **rechtmäßig Handelnde** als **Werkzeug** eingesetzt wird. Hieran fehlt es bei der objektiv wahren Anzeige einer nach dem Recht der Tatzeit strafbaren Handlung; eine solche Anzeige, die zur Verurteilung durch den rechtmäßig handelnden Richter führt, begründet keine mittelbare Täterschaft der Freiheitsberaubung oder Tötung (BGH **3** 111, Roxin LK 64, M-Gössel II 276, Welzel 105; vgl. auch BGH **4** 66). Dagegen ist mittelbarer Täter einer Freiheitsberaubung, wer durch Täuschung einer Behörde die Festnahme oder Verurteilung eines anderen veranlaßt (BGH **3** 4, **10** 307, LM **Nr. 2** zu § 3, RG **13** 426); in einem solchen Fall benutzt der Hintermann die irregeleitete Behörde als Werkzeug. Zur Frage der politischen Denunziation vgl. Radbruch SJZ 46 Sp. 105, Coing SJZ 47 Sp. 61, Lange DRZ 48, 155, 185, SJZ 48 Sp. 302, Bamberg NJW **50**, 35 m. Anm. v. Weber u. Welzel DRZ 50, 303 u. Lange SJZ 50 Sp. 209. Hierher gehört auch der Fall, daß dem Werkzeug, nicht aber dem Hintermann § 193 zur Seite steht (vgl. RG **64** 23, Roxin LK 63). Mittelbare Täterschaft entfällt jedoch, wenn der Hintermann lediglich von den formal legalen Mitteln der Rechtsordnung Gebrauch macht, die er durch strafbare Mittel in die Hand bekommen hat. Wer ein Urteil auf Herausgabe einer Sache durch unwahre Angaben erschleicht und es dann durch den Gerichtsvollzieher vollstrecken läßt, kann zwar wegen Prozeßbetrugs belangt werden, nicht jedoch wegen Diebstahls oder Erpressung in mittelbarer Täterschaft. Vgl. zu diesen Fragen Herzberg GA 71, 1, M-Gössel II 273f., H. Mayer AT 306, Welzel 104f. Grundsätzlich abweichend Less JZ 51, 550.

b) Mittelbare Täterschaft kommt weiter in Betracht, wenn der mittelbare Täter absichtlich eine **Notwehrlage** herbeiführt, damit der Gefährdete als sein Werkzeug zu seiner Rettung den Angreifer verletze. Voraussetzung ist allerdings, daß der Hintermann bereits die Notwehrlage durch ein Werkzeug herbeiführt, so z. B., indem er ein Kind oder einen Geisteskranken mit der Absicht zu einem Angriff veranlaßt, daß der Angegriffene zu seiner Verteidigung den Angreifer verletzen möge; gleiches gilt, wenn der später Verletzte zum Angriff genötigt wird (Roxin LK 55). Der Täter benutzt also hier zwei Werkzeuge, den Angreifer und den Angegriffenen.

Bestimmt der Täter jedoch zu einem Angriff jemanden, der hierbei nicht als sein Werkzeug handelt, so ist er auch für die Notwehrhandlung nicht mehr Herr der Tat; mittelbare Täterschaft liegt somit z.B. nicht vor, wenn A den B durch falsche Angaben über angebliche Beleidigungen des C zum Angriff auf diesen verleitet, wobei B in Notwehr verletzt wird, der hierdurch verursachte Motivirrtum begründet keine mittelbare Täterschaft; vgl. auch Jescheck 604, Roxin TuT 162, Stratenwerth 226.

29 c) Ist bei einem **rechtswidrigen Befehl** der Untergebene hinsichtlich der sachlichen Voraussetzungen des ihm befohlenen Verhaltens gutgläubig, so handelt er unter den in 89 vor § 32 genannten Voraussetzungen nicht rechtswidrig mit der Konsequenz, daß der Vorgesetzte, der die Fehlerhaftigkeit seiner Weisung kennt, als mittelbarer Täter zu bestrafen ist. Zur Streitfrage, ob auf der Grundlage einer rechtswidrigen aber verbindlichen Weisung mittelbare Täterschaft möglich ist, spielt nach dem Wegfall der Übertretungen nur noch im Ordnungswidrigkeitenrecht eine Rolle; vgl. dazu 88a vor § 32, Cramer OWiG 66.

30 3. Bestritten ist die Zuordnung der Fälle, bei denen die Tat durch einen **nicht verantwortlich Handelnden** ausgeführt wird. Dies ist insb. der Fall, wenn der unmittelbar Handelnde schuldunfähig, vermindert schuldfähig ist oder ihm ein Entschuldigungsgrund zur Seite steht (vgl. RG 1 148, 31 82). Hier kann an sich sowohl Teilnahme wie mittelbare Täterschaft in Betracht kommen. Folgende Fallgruppen sind zu unterscheiden:

31 a) Bei **Unkenntnis der mangelnden Verantwortung** kommt für den die Tat Veranlassenden oder Unterstützenden wegen des fehlenden Bewußtseins der Tatherrschaft nur Teilnahme in Betracht; hier gilt der Grundsatz der Schuldunabhängigkeit mehrerer Tatbeteiligter (vgl. § 29).

32 b) Bei einer **Notlage** i. S. des § 35 wird man zu unterscheiden haben:

33 α) **Führt** der **Hintermann** die **Notlage herbei**, etwa durch eine Lebensbedrohung des Werkzeugs, so liegt ein klassischer Fall der mittelbaren Täterschaft vor (h. M.; vgl. etwa RG 64 32, M-Gössel II 276, Stratenwerth 222, Wessels I 157, M.-K. Meyer aaO 155). Insoweit handelt es sich um einen Fall des Täters hinter dem entschuldigten Täter (Cramer Bockelmann-FS 392f.); demgegenüber beschränkt Schumann aaO 81ff. die Möglichkeit mittelbarer Täterschaft auf die Fälle des Nötigungsnotstandes i. S. v. § 52 a. F. Weiterhin ist umstritten, ob bei einer schon vorhandenen Zwangslage mittelbare Täterschaft in Betracht kommen kann. Jedenfalls ist der bloße Rat oder die Willensbestärkung, sich durch eine rechtswidrige Tat aus der Notlage zu befreien, nur als Teilnahme zu erfassen (vgl. 80ff. vor § 25, Schumann aaO 87). Auch die physische Unterstützung des in Not geratenen Täters ist noch keine mittelbare Täterschaft (Blei I 259, Jescheck 606; and. Roxin LK 51). Mittelbare Täterschaft kann nur in dem Fall diskutiert werden, in dem der Hintermann die Notlage für seine Zwecke mißbraucht („ich rette Dich nur, wenn Du zuvor den X tötest"); vgl. hierzu Roxin LK aaO, Jakobs 524, 532.

34 β) Beim **Irrtum** des Tatmittlers über die **tatsächlichen Voraussetzungen des § 35** gelten folgende Grundsätze: Hat der Hintermann den Irrtum erregt, ist er ebenso mittelbarer Täter wie im Falle der Herbeiführung einer tatsächlichen Zwangslage, da der Motivationsdruck beim Werkzeug der gleiche ist (vgl. Roxin LK 72). Hat der Hintermann den Irrtum nicht erregt, weiß er aber, daß eine Notlage tatsächlich nicht besteht, so ist jede Beeinflussung des irrenden Werkzeugs mittelbare Täterschaft, weil der Hintermann kraft seines überlegenen Wissens Tatherrschaft hat; dies gilt also auch für die Fälle, die sich bei bestehender Notlage nur als Teilnahme darstellen würden (vgl. o. 10). Geht auch der Hintermann von einer Zwangslage i. S. v. § 35 aus, so gelten die für eine tatsächlich bestehende Notsituation entwickelten Grundsätze.

35 γ) Dagegen ist es fraglich, ob eine mittelbare Täterschaft auch dann in Betracht kommt, wenn die **Nötigung** nicht den Grad des § 35 erreicht. Schroeder (aaO 120ff.) will im „Grenzbereich der Entschuldigungsgründe", in denen die Anwendung der Schuldausschließungsgründe materiell geboten wäre und nur an deren zwangsläufig formalen Grenzen scheitert (aaO 130), mittelbare Täterschaft annehmen; so soll etwa bei der Bedrohung der wirtschaftlichen Existenzgrundlage das Übergewicht so stark sein, daß der die Tat Veranlassende als mittelbarer Täter zu betrachten sei (aaO 124, ähnlich M-Gössel II 277: sexuelle Hörigkeit). Dem kann nicht zugestimmt werden (eingehend hierzu Roxin TuT 147ff., Lange-FS 175f., Herzberg JuS 74, 241, Stratenwerth 222, Samson SK 30, 33, Jakobs 532). Allerdings gibt es Fälle, in denen durch Schaffung einer Situation, in der dem Täter ein normgemäßes Verhalten nicht zumutbar ist, der Hintermann als mittelbarer Täter haftet (vgl. auch M. K. Meyer aaO 156). Würde im Leinenfängerfall (RG 30 25) der mit Entlassung drohende Bauer den Tod eines Menschen aus Gleichgültigkeit in Kauf nehmen, so wäre er mittelbarer Täter einer vorsätzlichen Tötung, weil dem Knecht, der die Gefahr zwar erkennt, aber darauf vertraut, daß sie sich nicht realisiert, ein normgemäßes Verhalten nicht zumutbar ist (vgl. 4ff. vor § 32). Dies ist aber kein Fall im Grenzbereich der Entschuldigungsgründe, sondern – ohne Rücksicht auf die verbrechenssystematische Stellung der Zumutbarkeit – auf seiten des Vordermannes eine deliktische Defektsi-

tuation, die beim Hintermann, der sie geschaffen hat, als mittelbare Täterschaft zu Buche schlagen muß.

c) Beim **Verbotsirrtum des unmittelbar Handelnden** ergeben sich folgende Fallgruppen: 36

α) **Kennt** der die Tat Veranlassende oder Unterstützende den **Verbotsirrtum nicht,** so 37 kommt nur Teilnahme (§§ 26, 27) in Betracht. Das gleiche gilt, wenn auch der Tatbeteiligte das Geschehen für erlaubt hält, mag auch der Grund für den Verbotsirrtum unterschiedliche Wurzeln haben (A kennt die Verbotsnorm nicht, B glaubt, einen nicht existierenden Erlaubnissatz für sich in Anspruch nehmen zu können). Gleichgültig ist schließlich, ob der Verbotsirrtum für den einen oder anderen vermeidbar oder unvermeidbar war. Auch derjenige, der im vermeidbaren Verbotsirrtum einen anderen zu einem verbotenen Verhalten veranlaßt, das dieser unvermeidbar für erlaubt hält, ist nur Anstifter, da die Erkennbarkeit des Verbots nicht zur Tatherrschaft führt (ähnlich Roxin LK 68).

β) **Kennt** der **Hintermann** den **Verbotsirrtum** und nützt er den gutgläubigen Vordermann 38 zur Tat aus, so liegt mittelbare Täterschaft vor, in der die Anstiftung als subsidiär aufgeht (zu dem Konkurrenzproblem vgl. 33 vor § 25). Die Möglichkeit einer mittelbaren Täterschaft ergibt sich hier daraus, daß der Hintermann das Geschehen nicht nur in seiner tatsächlichen Bedeutung, sondern auch in seiner rechtlichen Tragweite kennt und daher den insoweit ahnungslosen Täter in der Hand hat; er ist Täter hinter dem Täter (zust. Schumann aaO 79). Dies gilt nicht nur, wenn der Vordermann einem unvermeidbaren Verbotsirrtum unterliegt (and. nur Welzel 103: Anstiftung), sondern auch dann, wenn der Verbotsirrtum vermeidbar ist (M-Gössel II 276, Schroeder aaO 126 ff., Roxin Lange-FS 178 ff.; and. Jescheck 605, Stratenwerth 224, Herzberg JuS 74, 374). Dies gilt ohne Rücksicht darauf, ob der Verbotsirrtum vom Hintermann veranlaßt oder ob er nur vorhandener ausgenutzt wurde (Roxin LK 66 ff.). Im Ergebnis ebenso BGH **35** 347, 352 f. („Katzenkönig"-Fall) m. Anm. Schaffstein NStZ 89, 153, Schumann NStZ 90, 32, Küper JZ 89, 617, 935. Nicht notwendig ist, daß der Vordermann neben der Rechtswidrigkeit den „sozialen Sinn" oder die Sozialschädlichkeit verkennt (zust. Schumann aaO 79; and. insoweit Roxin TuT 181, LK aaO), es genügt, daß sein Verbotsirrtum auf einem Subsumtionsirrtum (vgl. § 15 RN 16) beruht, da auch insoweit Wissensmacht auf Seiten des Hintermannes besteht, was vor allem im Nebenstrafrecht Bedeutung erlangen kann. Der im Verbotsirrtum handelnde Vordermann ist ebenso Werkzeug wie beim Tatbestandsirrtum. Erteilt z. B. ein Vorgesetzter einen widerrechtlichen Befehl, den der Untergebene – wie der Vorgesetzte weiß – für rechtmäßig hält, so ist er mittelbarer Täter der Befehlsausführung (vgl. o. 25). Kennt der Hintermann das Fehlen des Unrechtsbewußtseins nicht, verbleibt es bei der Möglichkeit einer Bestrafung wegen Teilnahme, sofern nicht Sondervorschriften (§ 357, § 33 WStG) eingreifen.

d) Bei strafunmündigen **Kindern** als Tatmittler ist der Hintermann stets mittelbarer Täter 39 (ebenso Roxin LK 85; differenzierend RG **61** 265, Baumann/Weber 545, Bockelmann/Volk 181, Jakobs 524, Jescheck 605: Bei hinreichendem Verständnis des Kindes für die Tat kommt Teilnahme in Betracht); dies ergibt sich daraus, daß der Hintermann einen strafrechtlich nicht verantwortlichen Tatmittler zum Einsatz bringt und daher selbst für die Tat einzustehen hat.

Hingegen ist bei **Jugendlichen** darauf abzustellen, ob der Hintermann die mangelnde Ein- 40 sichts- oder Steuerungsfähigkeit zur Tatbestandsverwirklichung einsetzt; nur in diesem Fall kommt mittelbare Täterschaft in Betracht, während er ansonsten nur wegen Teilnahme und – bei entsprechendem Irrtum – gegebenenfalls wegen Versuch haftet (weitgehend übereinstimmend Roxin LK 84).

e) Die gleichen Grundsätze gelten für die mittelbare Täterschaft bei **Schuldunfähigkeit** (§ 20) 41 und vermindert Schuldfähigen (§ 21); vgl. auch Schumann aaO 103 ff.

4. Liegen beim unmittelbar Handelnden **persönliche Strafausschließungsgründe** vor oder 42 kann bei ihm von Strafe abgesehen werden, so gelten die allgemeinen Regeln; die fehlende Bestrafung des „Täters" begründet keineswegs notwendig mittelbare Täterschaft (and. Mezger 431). Wer z. B. einen Ehegatten zu einer Strafvereitelung (§ 258 VI) veranlaßt, kann je nach den Umständen mittelbarer Täter oder Teilnehmer sein.

5. Da alle Deliktsvoraussetzungen auf den mittelbaren Täter zu beziehen sind (vgl. o. 6 ff.), 43 müssen auch die wesentlichen **Tätereigenschaften beim mittelbaren Täter** vorliegen, während ohne Bedeutung ist, ob das auch beim Werkzeug der Fall ist. Demgemäß beurteilen sich auch alle rechtlichen Konsequenzen ausschließlich nach der Person des mittelbaren Täters (vgl. Roxin TuT 352 ff., 360 ff., Eser II 155 f.).

a) **Ausgeschlossen** ist mittelbare Täterschaft daher bei **echten Sonderdelikten,** wenn der 44 Veranlassende nicht die Sondereigenschaft besitzt, mag auch der Ausführende sie haben (RG **63** 315, BGH **4** 359, Hamburg DStR **35,** 58). Fehlt diese Eigenschaft beim Hintermann, so sind lediglich Anstiftung und Beihilfe möglich (Samson SK 24 ff.); vgl. zu diesem Problem 71 ff. vor

§ 25. Umgekehrt ist der Inhaber der Sondereigenschaft bei eigentlichen Sonderdelikten (vgl. 71 ff. vor § 25) stets Täter, und zwar ohne Rücksicht auf Tatherrschaft oder animus auctoris; vgl. BGH 9 217, Herzberg TuT 10, Wessels I 160; ähnlich Schmidhäuser I 300, Jescheck 607 (normative Tatherrschaft); and. allein Stratenwerth 227 f., der zur Straflosigkeit kommt (gegen ihn Roxin LK 93). Zum ganzen Roxin, TuT 360.

45 b) **Ausgeschlossen** ist mittelbare Täterschaft weiter bei sog. **eigenhändigen Delikten,** bei denen die Auslegung des betreffenden Tatbestandes ergibt, daß nur die eigenhändige Vornahme der strafbaren Handlung den Unwert des Delikts realisiert, vgl. Haft JA 79, 651. Das einzige positivgesetzliche Beispiel ergibt sich aus § 160, in dem die Auffassung des Gesetzgebers zum Ausdruck kommt, ein Eides- oder Aussagedelikt nach §§ 153, 154, 156 könne nicht in mittelbarer Täterschaft begangen werden (vgl. RG 75 113); krit. Roxin TuT 394, der insoweit Eigenhändigkeit nur beim Meineid für möglich hält. Welche Tatbestände darüber hinaus eigenhändige Delikte enthalten, ist eine im einzelnen sehr bestrittene Frage der Auslegung (Auerbach aaO, Herzberg ZStW 82, 896). Dabei kommt es in allen Fällen darauf an, ob der Hintermann den Tatbestand durch einen Tatmittler verwirklichen, die Handlung des Werkzeugs ihm also zugerechnet werden kann; unerheblich ist, ob das Werkzeug selbst tatbestandsmäßig handelt. Nach Roxin (TuT 410; zust. Samson SK 26) ist zwischen „täterstrafrechtlichen Delikten", die eine bestimmte Lebenshaltung oder Täterpersönlichkeit (z. B. § 181a) beschreiben und „verhaltensgebundenen Delikten ohne Rechtsgüterverletzung", z. B. Blutschande, zu unterscheiden; dem kann nicht zugestimmt werden, weil das Strafrecht Rechtsfolgen nicht für eine verfehlte Lebenseinstellung vorsieht und auch § 173 ein konkret bestimmbares Rechtsgut schützt (vgl. dort RN 1), auch wenn dieses schwer zu bestimmen ist. Nach Jakobs (500) ist zwischen eigenhändigen und „nur selbst begehbaren" Delikten zu unterscheiden. In die ursprüngliche Diskussion sind nur die Vorsatzdelikte einbezogen worden; eigenhändige Delikte sind aber auch bei Fahrlässigkeitstatbeständen möglich (Schröder v. Weber-FS 234 ff.).

46 Als **eigenhändige Delikte** werden z. B. die Amtsanmaßung (§ 132, RG 55 266, OGH 1 304; a. A. Roxin LK 34), die Fahnenflucht (§ 16 WStG, Jakobs 501) oder die Rechtsbeugung angesehen (BGH NJW 68, 1339 m. Anm. Steinlechner NJW 68, 1790, Jakobs 501; vgl. auch Roxin TuT 428 f. [zu § 336], Samson SK 26). Nicht in mittelbarer Täterschaft begehbar ist die Blutschande (z. B. durch Verkuppelung gutgläubiger Geschwister), wohl aber die Vergewaltigung (§ 177; vgl. BGH 6 227, Jakobs 501); zur sexuellen Nötigung (§ 178) vgl. BGH MDR/D 58, 139 (ergangen zu § 176 Nr. 1 a. F.). Teilweise wird angenommen, daß alle reinen Tätigkeitsdelikte nur eigenhändig begehbar oder die sog. Fleischesverbrechen (M-Zipf I 284) eigenhändige Delikte seien. Dem kann in dieser Allgemeinheit nicht zugestimmt werden; allerdings ist zu beachten, daß viele Sexualdelikte echte Sonderdelikte sind.

47 Ausführlich zu den eigenhängigen Delikten Roxin TuT 399 ff., LK 31 ff. Vgl. weiter Engelsing, Eigenhändige Delikte, StrAbh. Heft 212 (1926), Herzberg ZStW 82, 896. Eb. Schmidt, Militärstrafrecht (1936) 41 Anm. 3, bezeichnet es als eine „Resterscheinung des positiven Naturalismus, daß man die Kategorie der ‚eigenhändigen Delikte' ersann, anstatt mit normativer Methode auf die entscheidenden Rechtsbeziehungen (Pflichten) abzustellen, von denen in den gesetzlichen Tatbeständen ausdrücklich oder stillschweigend ausgegangen wird." Je weiter man den Bereich der eigenhändigen Delikte zieht und damit mittelbare Täterschaft ausschließt, um so größer ist das Bedürfnis, Anstiftung und Beihilfe in Gestalt der Urheberschaft eingreifen zu lassen, was allerdings durch die jetzige Gesetzesfassung der §§ 26, 27 ausgeschlossen ist (vgl. 74 vor § 25).

48 Soweit nach dem Vorstehenden mittelbare Täterschaft ausgeschlossen ist (eigenhändige Delikte, mangelnde Täterqualität des Hintermannes), kommt es für die Haftung des Hintermannes auf dessen Tatherrschaft nicht an. In diesen Fällen kommt **allein Anstiftung** oder **Beihilfe** in Betracht, sei es in der Form der Vollendung, sei es auch nur als Versuch.

49 6. In der Person des mittelbaren Täters müssen auch **alle subjektiven Voraussetzungen** des Delikts gegeben sein, insb. muß er bei Absichtsdelikten mit der erforderlichen subjektiven Tendenz tätig geworden sein, z. B. beim Betrug oder bei der Erpressung die Absicht gehabt haben, sich oder einem Dritten einen widerrechtlichen Vermögensvorteil zu verschaffen (Samson SK 28). Für den **Vorsatz** ist erforderlich, daß der mittelbare Täter die Tat nach allen wesentlichen Merkmalen erfaßt. Er braucht zwar nicht alle Einzelheiten der Ausführung zu kennen, muß aber „eine Vorstellung von den besonderen Umständen haben, die der Tat im gegebenen Falle ihr strafrechtlich bedeutsames Gepräge geben" (RG 69 287, 302). Der mittelbare Täter muß weiter die Vorstellung haben, der eigentliche Verantwortliche zu sein, der sich des anderen nur als Werkzeug bedient; fehlt diese Kenntnis, dann kommt Anstiftung oder Beihilfe in Betracht, sofern der Hintermann Teilnehmerwillen hat.

50 a) Für einen **Exzeß** des Werkzeugs hat der mittelbare Täter nicht einzustehen (Baumann JuS 63, 95, Roxin LK 102); es fehlt insoweit am Vorsatz (i. E. ebenso Jescheck 609, M-Gössel II

326f.: fehlende Tatherrschaft). Es kommt nur eine Fahrlässigkeitshaftung (vgl. Roxin LK 102) und ggf. ein Versuch im Hinblick auf die vom Täter beabsichtigte Tatbestandsverwirklichung in Betracht. Bei einer Tatübersteigerung (Raub statt Diebstahl), haftet der mittelbare Täter für das von ihm beabsichtigte Grunddelikt.

b) Weitere Zweifel tauchen in den Fällen auf, in denen das **Werkzeug** aufgrund eines **Irrtums** 51 ein **anderes Objekt** trifft als das vom mittelbaren Täter beabsichtigte.

α) Überläßt der mittelbare Täter die **Individualisierung dem Werkzeug,** so kann die Entschei- 52 dung nicht anders lauten als bei der Anstiftung: Der error in obiecto des Werkzeugs fällt in vollem Umfang dem mittelbaren Täter zur Last (vgl. § 26 RN 19). So z. B., wenn A den B veranlaßt, für ihn ein bestimmtes von ihm genau beschriebenes Bild zu entwenden, B dann aber ein falsches bringt (Jakobs 538; and. Schmidhäuser I 308, Roxin LK 103). Der Grund hierfür liegt darin, daß nach der Vorstellung des Hintermannes das Werkzeug das Tatobjekt aufgrund bestimmter Charakteristika für ihn individualisieren soll, so daß er sich auch einen Auswahlfehler des Tatmittlers zurechnen lassen muß.

β) Handelt dagegen das (gut- oder bösgläubige) Werkzeug **ohne eigene Auswahlmöglichkeit** 53 bei der **Individualisierung** des Tatobjekts, so sind die Fälle auftragswidriger Ausführung nach den Regeln der aberratio ictus (vgl. § 15 RN 57) zu behandeln, da hier das Werkzeug nicht anders als ein mechanisches falsch funktioniert hat (ebenso Jakobs 538, Jescheck 608; gegen dieses Unterscheidungskriterium Schreiber JuS 85, 877). So liegt z. B. nur versuchte Tötung vor, wenn der Arzt die gutgläubige Schwester beauftragt, einem bestimmten Patienten ein Gift zu injizieren, diese aber aufgrund eines Hörfehlers die Injektion bei einem anderen Patienten vornimmt.

7. Bestritten ist, ob auch bei **Unterlassungsdelikten** eine mittelbare Täterschaft möglich ist 54 (bejahend Mezger 420, z. T. auch M-Gössel II 280, Sauer GS 114, 320; verneinend Armin Kaufmann, Die Dogmatik der Unterlassungsdelikte 195ff., Roxin TuT 471, Stratenwerth 287, Welzel 206). Auch hier bestätigt sich der Satz, daß die Begriffe Täterschaft und Teilnahme auf die Unterlassungsdelikte wegen ihrer besonderen Struktur im Grunde nicht passen (vgl. 98ff. vor § 25). Zu unterscheiden sind zwei Situationen:

a) Hat der **Hintermann** die **Pflicht,** einen **Erfolg abzuwenden,** der durch nicht verantwortli- 55 ches Handeln eines anderen verursacht zu werden droht, so kommt nur „Täterschaft" durch Unterlassen in Betracht. Dies gilt z. B., wenn der Apotheker, der Gift unvorsichtig aufbewahrt, die irrtümliche Abgabe als Heilmittel durch einen Angestellten nicht verhindert oder wenn der mit der Beaufsichtigung eines Geisteskranken beauftragte Irrenwärter es geschehen läßt, daß dieser einen anderen verletzt. Die in 104ff. vor § 25 getroffene Unterscheidung zwischen Pflichten gegenüber dem verletzten Rechtsgut und bloßen Aufsichtspflichten, deren Verletzung zur Beihilfe führt, spielt in diesem Zusammenhang keine Rolle, da sie nur bei verantwortlichem Handeln eines Dritten bedeutsam ist (and. Schmidhäuser 418f.). Mittelbare Täterschaft scheidet in diesen Fällen aus, weil es nichts ausmachen kann, ob der Kausalverlauf, in den nicht eingegriffen wird, durch Naturgewalten oder durch einen nicht verantwortlich handelnden Menschen in Gang gesetzt wird (Grünwald GA 59, 122, Jescheck 609).

b) Wirkt jemand mit den Mitteln der mittelbaren Täterschaft (Zwang, Täuschung usw.) auf 56 einen **Handlungswilligen** ein mit dem Ziel, ihn zu einer **Unterlassung zu veranlassen,** so handelt es sich ebenfalls nicht um mittelbare Täterschaft durch Unterlassen (i. E. ebenso Schmidhäuser I 422). Eine solche käme hier nach allgemeinen Grundsätzen nur in Betracht, wenn den „Hintermann" selbst eine Handlungspflicht träfe, da er nur dann die für ein Unterlassungsdelikt erforderliche persönliche Tätereigenschaft besäße. So könnte z. B. der Hintermann wegen Tötung in derartigen Fällen nur bestraft werden, wenn er eine Garantenstellung gegenüber dem Opfer innehat, so z. B. wenn der Vater einen rettungswilligen Dritten zwingt, die Rettung seines Kindes zu unterlassen, nicht aber, wenn der Dritte den Vater durch Anwendung von Zwang usw. von der Rettungshandlung abhält. In Wahrheit handelt es sich jedoch in allen diesen Fällen um unmittelbare Täterschaft durch positives Tun, da der „Hintermann" hier aktiv in den Geschehensablauf eingreift mit dem Ziel, die Erfolgsabwendung zu vereiteln (vgl. auch Roxin TuT 472, Stree GA 63, 12; and. wohl Ranft JuS 63, 342, Arthur Kaufmann/Hassemer JuS 64, 156, denen allerdings zuzugeben ist, daß eine echte Kausalität zwischen der Verhinderung der Rettungshandlung und dem Erfolgseintritt nicht vorliegt, was aber an der objektiven Zurechenbarkeit nichts ändert). Die Situation ist hier nicht anders, als wenn der Täter z. B. ein Boot zerstört, mit dem ein anderer den Ertrinkenden retten will (insoweit übereinstimmend Ranft JuS 63, 345). Es liegt daher ein vollendetes Delikt vor, wenn die verhinderte Handlung zur Erfolgsabwendung geführt hätte; andernfalls kommt Versuch in Betracht. Da es sich um ein Begehungsdelikt handelt, ist es unerheblich, ob den „Hintermann" oder den zur Unterlassung Gezwungenen oder beide eine Handlungspflicht trifft (vgl. auch Rudolphi, Die Gleichstellungsproblematik der unechten Unterlassungsdelikte [1966] 114f.).

57 Diese Konstruktion versagt allerdings dann, wenn dem Veranlassenden **eine Täterqualität** fehlt (z. B. A bestimmt den Vormund durch Täuschung, eine das Mündelvermögen schützende Maßnahme nicht vorzunehmen; eine nach § 139 nicht meldepflichtige Person veranlaßt einen Meldepflichtigen, keine Anzeige zu erstatten). In diesen Fällen ist Straflosigkeit die Konsequenz der geänderten Akzessorietätsvorschriften, da weder Täterschaft noch – mangels Vorsatzes des Unterlassenden – Anstiftung in Betracht kommen; vgl. 30 vor § 25. Veranlaßt der Extraneus den Sonderpflichtigen durch Zwang, handelt dieser also vorsätzlich, so ist der die Unterlassung erzwingende Hintermann als Anstifter zu bestrafen. Zur Kritik am neuen Rechtszustand vgl. 29 f. vor § 25.

58 Zu beachten ist schließlich, daß nicht Täterschaft durch positives Tun, sondern nur **Anstiftung zu einem Unterlassen** in Frage kommt, wenn mit den Mitteln des § 26, d. h. durch bloße Willensbeeinflussung, ein Handlungspflichtiger veranlaßt wird, seinen Rettungsentschluß aufzugeben (eingehend Roxin Engisch-FS 380 ff.; and. Kaufmann aaO 190 ff., Welzel 206). Zur Teilnahme am Unterlassungsdelikt vgl. näher 98 ff. vor § 25. Trifft den Anstifter eine eigene Handlungspflicht, so ist er selbst Täter (vgl. o. 4).

59 8. Bestritten ist, ob auch eine **fahrlässige mittelbare Täterschaft** möglich ist. Bejaht wird dies z. B. von Binding, Grundriß 152, 155, Exner Frank-FG I 570, Roxin, TuT² 538 ff., Schumann aaO 108. Die Gegenmeinung verweist darauf, daß hier das die mittelbare Täterschaft begründende Merkmal des Täterwillens fehle (z. B. Baumann JuS 63, 92, M-Gössel II 258 f., differenzierend Samson SK 41). Jedoch bedarf es bei Fahrlässigkeitsdelikten einer Hilfsfigur wie der mittelbaren Täterschaft nicht, um ein entsprechendes Ergebnis zu erzielen.

60 Mittelbare Täterschaft, Mittäterschaft, Anstiftung und Beihilfe sind Begriffe, die de lege lata ausschließlich auf die Formen einer Haftung für Vorsatztaten zugeschnitten sind und hier dazu dienen, die verschiedenen Möglichkeiten der Beteiligung voneinander abzugrenzen. Die Fahrlässigkeitstatbestände schließen regelmäßig alle entsprechenden Verhaltensweisen bereits in sich, d. h. sie finden aus sich Anwendung auf alle Formen menschlichen Verhaltens, die bei Vorsatztaten mit den Begriffen Täterschaft und Teilnahme unterschieden werden (M-Gössel II 274). Voraussetzung hierfür ist allerdings, daß sich das Verhalten für den Betreffenden als Verletzung der ihm gegenüber dem Rechtsgut obliegenden Sorgfaltspflichten darstellt (Jakobs 540). Dies ist z. B. nicht der Fall, wenn ein Fahrgast ein Taxi mit abgefahrenen Reifen besteigt, diesen Mangel erkennt und es daher für ihn durchaus voraussehbar ist, daß es zu einem Unfall kommen kann (vgl. Lenckner Engisch-FS 505 ff.). Mit dieser Einschränkung kann man in der Tat bei den Fahrlässigkeitsdelikten von einem „Einheitstäter" sprechen (vgl. Schmidhäuser I 277). Das gilt uneingeschränkt bei Fahrlässigkeitsdelikten, die die Verursachung eines bestimmten Erfolges voraussetzen, wie z. B. fahrlässige Tötung und Körperverletzung. Hier ist unbestritten, daß es möglich ist, die fahrlässige Handlung in unmittelbare Beziehung zum eingetretenen Erfolg zu setzen und in jeder Handlung, die Ursache für den Erfolg ist, eine täterschaftliche Begehung des Fahrlässigkeitsdelikts zu sehen (BGH VRS **18** 421 f., Schröder v. Weber-FS 236). Bei Fahrlässigkeitsdelikten, die in der Vornahme bestimmter Handlungen von gefährlicher Beschaffenheit bestehen, kann die Auslegung jedoch ergeben, daß nur eigenhändige Vornahme dieser Handlungen fahrlässige Täterschaft sein soll; so kann aus § 163 nur bestraft werden, wer selbst in der Aussagesituation steht, nicht dagegen, wer in sonstiger Weise einen Falscheid fahrlässig verursacht (Schröder v. Weber-FS 237 f., zust. Samson SK 41). Abzulehnen ist die Auffassung, es gäbe Tatbestände, bei denen aufgrund einer am Gesetzeszweck orientierten Auslegung folge, daß auch fahrlässige Urheberschaft, d. h. fahrlässige Veranlassung der Erfüllung des Tatbestandes durch einen anderen, als Täterschaft i. S. dieser Delikte behandelt werden soll. Ein Delikt nach § 315 c III kann nicht durch eine fahrlässige Mitwirkung an der fahrlässigen Trunkenheitsfahrt begangen werden, weil es eine fahrlässige Teilnahme nicht gibt und der Sonderdeliktscharakter des § 315 c eine fahrlässige Nebentäterschaft ausschließt (Cramer § 315 c RN 95, Rudolphi GA 70, 359; and. noch 17. A. 34 vor § 47; Samson SK 41); vgl. auch BGH **18** 6, **14** 24, die für den Halter eines Fahrzeugs, der sich an der Fahrt beteiligt, § 1 StVO zur Anwendung bringen, sofern es zu einem der dort genannten Erfolge kam.

IV. Mittäterschaft

Schrifttum: Vgl. die Angaben zu den Vorbem. zu §§ 25 ff.

61 Täter ist endlich, wer die Tat mit **mehreren gemeinsam** durchführt (Mittäterschaft); zu den Voraussetzungen der Mittäterschaft vgl. 84 vor § 25. Soweit mehrere Beteiligte dabei alle Tatbestandsmerkmale erfüllen (mehrere Diebe räumen zusammen ein Warenlager aus), ist jeder schon allein deswegen Täter (vgl. 79 vor § 25). Insofern würde es der Figur der Mittäterschaft zur Begründung der Täterschaft nicht bedürfen. Diese ist aber als Zurechnungsprinzip notwendig, wenn die **Tat arbeitsteilig durchgeführt** wird, d. h. jeder Mittäter regelmäßig nur einen bestimmten Teil der Tatbestandshandlung vornimmt (A fälscht einen Scheck, B legt ihn bei der

Bank vor: Urkundenfälschung und Betrug in Mittäterschaft) oder ein Beteiligter nur an Vorbereitungshandlungen mitwirkt (vgl. 85 vor § 25). In diesem Fall behandelt das StGB alle Mitwirkenden als Täter, weil der Tatanteil eines jeden von ihnen allen anderen Beteiligten als eigener zugerechnet wird und deshalb jeder so behandelt werden kann, als hätte er selbst alle Tatbestandsmerkmale erfüllt. Daraus folgt u. a., daß der Versuch der Mittäterschaft für jeden Tatbeteiligten beginnt, wenn auch nur einer von ihnen zur Tatbestandsverwirklichung ansetzt (vgl. § 22 RN 54a). Mittäterschaft setzt allerdings voraus, daß der einzelne Tatbeitrag in einem Deliktszusammenhang erbracht wird: mehrere an sich nicht strafbare Handlungen werden nicht deswegen strafbar, weil sie aufgrund eines gemeinsamen Tatentschlusses begangen werden; dies übersieht Hamburg NJW **69**, 626 m. abl. Anm. Rutkowsky in einem das OWiG betreffenden Fall, wonach ein einverständlicher Parkplatzwechsel an Parkuhren gegen § 13 I StVO verstoßen würde, obwohl der Wechsel des Parkplatzes als solcher nicht ahndbar ist (Cramer § 13 StVO RN 23).

Die Mittäterschaft wird teilweise als ein Fall mittelbarer Täterschaft bezeichnet (RG **58** 279, **66** 240, **62** hier bis zur 19. A. RN 45; dagegen Welzel 107, ZStW 58, 550, Busch LK^9 § 47 RN 29). Diese Auffassung ist aber nur auf der Grundlage der subjektiven Abgrenzungstheorie vertretbar, die auf den Täterwillen als das entscheidende Abgrenzungskriterium abstellt; auf ihrer Grundlage entspricht die gegenseitige Zurechnung der Tatanteile in der Tat der Zurechnung des Handelns des Werkzeugs bei der mittelbaren Täterschaft. Dem ist aber entgegenzuhalten, daß die entscheidenden Zurechnungskriterien bei der mittelbaren Täterschaft und der Mittäterschaft unterschiedlich sind. Ist es dort das (objektive oder subjektive) Übergewicht des Hintermannes, das es erlaubt, aufgrund vertikaler Zuordnungsprinzipien das Handeln des Tatmittlers dem Hintermann als sein Werk zuzurechnen, so beruht die horizontale Zurechnung bei der Mittäterschaft auf der arbeitsteiligen Tatausführung, die auf einem gemeinsamen Entschluß der Tatbeteiligten basiert (zum Zurechnungsproblem vgl. BGH **11** 268, 271, Jescheck 611 ff., Stratenwerth 232, M-Gössel II 290 ff., Küper JZ 79, 786). Zwar gibt es auch Fälle der mittelbaren Täterschaft, bei denen das Werkzeug nicht tatbestandsmäßig handelt (vgl. o. 21); diese Fälle unterscheiden sich aber von der Mittäterschaft dadurch, daß nicht gleichberechtigte Partner gemeinsam tätig werden, sondern der eine den anderen für seine Zwecke ausnützt.

1. In objektiver Beziehung setzt die Mittäterschaft voraus, daß der Tatbeteiligte aufgrund **63** und im Rahmen des gemeinsamen Tatplanes einen Beitrag zur Durchführung der Tat liefert.

a) Unbestritten ist, daß eine **Mitwirkung** bei der **Tatausführung** (vgl. hierzu § 22 RN 24 ff.) **64** ausreicht, sofern sie nicht bloß von untergeordneter Bedeutung und daher als Beihilfe zu bewerten ist. Mittäterschaft liegt also z. B. vor, wenn bei einem Raub der eine Gewalt anwendet, während der andere die Sache wegnimmt. Nicht notwendig ist ein physischer Tatbeitrag; auch ein psychischer Beitrag reicht aus, so z. B. die Anleitung, wie – etwa beim Diebstahl, bei der Urkundenfälschung, Brandstiftung usw. – ein technisches Problem gemeistert werden kann. Wer etwa körperlich nicht dazu in der Lage ist, ein schweres Brecheisen zu handhaben, kann Mittäter sein, wenn er aufgrund seiner Sachkunde sagt, wo es anzusetzen ist (vgl. RG **53** 138, **64** 273); ebenso derjenige, der bei der Zurichtung des Brandherdes sachkundig mitwirkt (RG HRR **34** Nr. 146); in diesen Fällen kommt freilich auch Beihilfe in Betracht (vgl. u. 73).

Bei **mehraktigen** oder verkümmert mehraktigen Straftaten (z. B. Raub, räuberische Erpres- **65** sung, Urkundenfälschung) genügt die Mitwirkung an einem Teilakt des Tatbestandes, so etwa am Fälschen oder Gebrauchmachen der Urkunde, an der Gewaltanwendung oder Wegnahme usw. (vgl. RG **71** 353 zu § 177 a. F.).

b) Umstritten ist, ob eine **Mitwirkung im Vorbereitungsstadium** oder nur solche Handlun- **66** gen zur Mittäterschaft ausreichen, die während oder unmittelbar nach der Tatausführung begangen werden. Dies wird von der h. M. bejaht (RG **71** 24, BGH **14** 128, **16** 12, **28** 346, NJW **51**, 410, **85**, 1035, **91**, 1068, Celle NdsRpfl. **47**, 26, Köln JR **80**, 422 m. Anm. Beulke, Jakobs 514); and. H. Mayer AT 315, Roxin LK 127 ff. TuT 275 ff., Rudolphi Bockelmann-FS 374, Samson SK 47, die aber andererseits nicht fordern, daß der Täter am Tatort anwesend ist, auch wenn ein Teil von ihnen allein auf (objektive) Tatherrschaftskriterien abstellt (vgl. Stratenwerth 233 f., Jescheck 616, Welzel 99, Seelmann JuS 80, 573). Der h. M. ist im Grundsatz zuzustimmen. Zunächst dürfte kaum zweifelhaft sein, daß ein Beitrag, der die Verwirklichung der eigentlichen Tatbestandsmerkmale (zeitlich oder örtlich) begleitend unterstützt, zur Mittäterschaft ausreicht, auch wenn er nicht als Tatbestandsverwirklichung im engsten Sinne anzusehen ist. Wer mit laufendem Motor vor dem Haus, in das eingebrochen wird, in seinem Fahrzeug sitzt, um seinen Genossen den schnellen Abtransport der Beute und die Flucht zu ermöglichen, hat Anteil am Gesamtgeschehen und ist daher Mittäter; hier besteht kein Zweifel, daß diese Tätigkeit eine wesentliche Funktion innerhalb der arbeitsteiligen Tatdurchführung zu erfüllen hat. Wenn dies aber richtig ist, so besteht kein Zweifel, daß die Beförderung zum Tatort und das spätere Abholen von dort Mittäterschaft sein können. Dies ergibt sich daraus, daß die „Tat" als Gesamtgeschehen, an der ein Beteiligter mitwirken muß, um Mittäter zu sein, nicht in den engen zeitlichen – oder gar räumlichen – Grenzen gesehen werden darf, wie dies von der Mindermeinung geschieht. Es genügt, daß ein Beitrag bei der Tatbestandserfüllung i. w. S. weiterwirkt (vgl. Stratenwerth 233), wobei z. B. ausreichen muß, daß die Deliktsverwirklichung ermöglicht oder in ihrem Risiko verringert wird, daß einem Beteiligten die Aufgabe zufällt, nach Tatvollendung für die Sicherung von Mittätern oder Beute zu sorgen. Erweitert man die Möglichkeit einer Mittäterschaft auf Akte vor oder unmittelbar nach der Tatausführung, dann bedarf es allerdings für die Abgrenzung zur Beihilfe der Berücksichtigung subjektiver Faktoren, um die soziale Wertigkeit des Beitrages zu bestimmen (vgl. 85 vor § 25).

67 α) **Mittäter beim Diebstahl** kann z. B. sein, wer die Mittel zur Ausführung der Tat herbeischafft (z. B. Einbrecherwerkzeuge bereitstellt) oder Hindernisse wegräumt. Hausfriedensbruch ist mittäterschaftlich auch durch den begehbar, der, ohne die Räume des Berechtigten selbst zu betreten, das widerrechtliche Eindringen oder Verweilen anderer ermöglicht (RG 55 61). Mittäter an einer Brandstiftung kann sein, wer den eigentlichen Brandstifter im Kfz in die Nähe des Tatortes befördert (vgl. Darmstadt JR 49, 512). Zur Mittäterschaft kann insb. auch eine geistige Mitwirkung ausreichen, z. B. ein vor oder bei der Ausführung erteilter Rat. Mittäter beim Diebstahl kann daher auch sein, wer den anderen Mitwirkenden Mittel und Wege nachweist, wie die Tat nach den gegebenen Verhältnissen erfolgreich auszuführen ist (RG 53 138). Der Organisator eines Diebesunternehmens ist Mittäter an sämtlichen Diebstählen, die seinem Willen entsprechend und unter seiner Beteiligung, wenn auch ohne seine Anwesenheit, begangen werden (RG DJ 40, 629).

68 β) **Nicht ausreichend** ist allerdings die bloße **Beteiligung an der Verabredung,** die sich nicht in irgendeiner Form in der Tat selbst niederschlägt. Ebensowenig reicht die bloße Zusage aus, die Verwertung der Diebesbeute zu übernehmen (BGH 8 390) oder Kurierdienste beim Betäubungsmittelhandel zu leisten (BGH StV 85, 14). Ein zuvor zugesagtes Verhalten, das erst nach Tatvollendung ausgeführt werden soll, wird zur Mittäterschaft – wie in den obigen Beispielen – regelmäßig nur dann ausreichen, wenn es die Durchführung der Tat erleichtert oder ermöglicht, das Entdeckungsrisiko vermindert usw. Auch hier ist jedoch entscheidend, welche Bedeutung dem Tatbeitrag nach dem gemeinsamen Tatentschluß und dem subjektiven Vorstellungsbild des Beteiligten zukommen soll.

69 c) Völlig **untergeordnete Tatbeiträge** können die Mittäterschaft nicht begründen (vgl. BGH 34 124, Roxin LK 131, Samson SK 47, Stratenwerth 233 f.). Ob der geplante Tatbeitrag wesentlich ist, richtet sich nach der zwischen den Beteiligten vereinbarten Arbeitsteilung, nicht nach dem späteren Tatablauf (RG 26 345). Beteiligt sich z. B. ein Sprengstoffspezialist an einem Bankeinbruch, um eingreifen zu können, wenn es nicht gelingt, den Tresor mit einem Nachschlüssel zu öffnen, so ist er Mittäter, auch wenn er selbst nicht eingreifen mußte.

70 **2.** Weiterhin setzt die Mittäterschaft einen **gemeinsamen Tatentschluß** voraus (vgl. BGH 8 396, 14 129). Da jedoch der Beitrag des einzelnen nicht während der Tatausführung geleistet werden muß (vgl. o. 66 ff.) und nicht jede Handlung in diesem Zeitraum notwendig zur Mittäterschaft führt, ist zur Bewertung des einzelnen Tatbeitrages auch die Vorstellung der Beteiligten heranzuziehen; vgl. 85 vor § 25.

71 a) **Gegenstand** des **gemeinschaftlichen Entschlusses** ist die Begehung eines bestimmten Deliktes dergestalt, daß jeder Beteiligte als **gleichberechtigter Partner** des anderen mit diesem gemeinsam die Tat durchführen will (BGH GA 68, 18, Hamm GA 73, 385). Der gemeinschaftliche Entschluß kann auch gegeben sein, wenn die Beteiligten oder ein Teil von ihnen einander nicht kennen, sofern sich nur jeder bewußt ist, daß neben ihm noch andere mitwirken und diese von dem gleichen Bewußtsein erfüllt sind, d. h. sofern sie alle in bewußtem und gewolltem Zusammenwirken handeln (BGH 6 249, NJW 87, 268; vgl. auch Köln JR 80, 422 m. krit. Anm. Beulke). Es genügt, daß die Willensübereinstimmung irgendwie hergestellt wird; eine besondere Verabredung oder Verhandlung ist nicht erforderlich (OGH 2 355, BGH MDR/D 71, 545, NStE **Nr. 4**). Dagegen reicht das einseitige Billigen oder Unterstützen des Vorgehens eines anderen – anders als bei der Beihilfe (§ 27 RN 14) – nicht aus, da dieser einseitige Akt die notwendige Willensübereinstimmung im Rahmen eines gemeinsamen Tatplans nicht herzustellen vermag (vgl. BGH NStZ **85**, 70 f.; vgl. auch BGH GA 85, 233). Bei Massenaktionen sind an die Willensübereinstimmung keine zu hohen Anforderungen zu stellen (BGH MDR/D **58**, 139). Nach Jakobs (512) soll schon ein einseitiger „Einpassungsentschluß" genügen, durch den ein Beteiligter seinen Beitrag mit dem Tun des anderen verbindet. In den von ihm genannten Fällen handelt es sich jedoch um Nebentäterschaft.

72 b) Da ein Tatbeitrag – wie übrigens auch das Verhalten des mittelbaren Täters (vgl. o. 6 ff.) – sich phänotypisch wie eine „Anstiftungs"- oder „Unterstützungs"handlung darstellen kann, kommt es darauf an, welche Funktion ihm nach dem subjektiven Vorstellungsbild der Beteiligten zukommen soll. Um als Mittäter beurteilt werden zu können, muß der einzelne aber auch

wissen, welche Rolle ihm im Rahmen des arbeitsteilig verwirklichten Gesamtgeschehens zukommt. Dies ist nicht identisch mit dem sog. animus auctoris der extrem subjektiven Theorie (vgl. 56f. vor § 25), sondern ein psychischer Sachverhalt, der dem Beteiligten das Bewußtsein vermittelt, an der Tat als gleichberechtigter Partner (vgl. o. 71) beteiligt zu sein. Daraus ergibt sich folgendes:

α) Auch wer an der Tatausführung beteiligt ist, muß nicht notwendig Mittäter sein (and. Roxin LK 132, TuT 646). Er ist es z. B. dann nicht, wenn er gegenüber dem oder den anderen in einer nur unterstützenden Rolle tätig wird. Wer etwa das Opfer festhält, damit ein anderer es verprügeln kann, muß nicht notwendig Täter, sondern kann u. U. bloßer Gehilfe sein, z. B. wenn er dem Täter nur gefällig sein will. Dagegen ist stets Täter, wer die Prügel selbst verabreicht; dies ergibt sich aus den Grundsätzen der unmittelbaren Täterschaft, bei der die Motivation eben keine Rolle spielt (vgl. o. 2). Diesen Grundsätzen kann auch nicht entgegengehalten werden, daß dem Beteiligten dadurch die Möglichkeit eingeräumt wird, sich durch einen „inneren Vorbehalt" der Rechtsfolge des § 25 II zu entziehen (so Roxin aaO); dieser Einwand zieht schon deswegen nicht, weil es nicht darauf ankommt, wie der Beteiligte sein Verhalten selbst rechtlich einschätzt, sondern darauf, wie es unter Berücksichtigung seiner Vorstellung, der Art seiner inneren Beziehung zum Tatgeschehen und der von ihm verfolgten Ziele in seiner Bedeutung einzuschätzen ist (Cramer Bockelmann-FS 403). Andererseits kann das Bewußtsein, die Tat mit zu beeinflussen, ein Manko an effektiver Mitgestaltung ausgleichen. Dies zeigt sich nicht bloß in dem Fall eines für den Notfall vorgesehenen Tatbeteiligten (vgl. o. 69: Sprengstoffspezialist soll erst eingreifen, wenn Nachschlüssel versagt), sondern z. B. auch dann, wenn nur einer der Mittäter – aus technischen oder anderen Gründen – handeln kann, wie beim Diebesgriff in die Rocktasche oder den Briefkastenschlitz oder beim Inbetriebsetzen eines Sprengkörpers. 73

β) Andererseits ergibt sich daraus, daß der bloße „Täterwille", dem keine Funktion im gemeinsamen Tatentschluß entspricht, nicht zur Mittäterschaft führen kann. Wird beispielsweise der am Tatort erscheinende Dorftrottel aus Ulk am Tatgeschehen „beteiligt", so ist er nicht Mittäter, selbst wenn ihm die anderen zum Schein eine „Führungsrolle" einräumen, und er sich in dieser Rolle sieht. 74, 75

γ) Bleibt **zweifelhaft**, ob ein Tatbeteiligter Täter oder Teilnehmer ist, so kann nur wegen Teilnahme verurteilt werden (vgl. § 1 RN 94, BGH **23** 203 m. Anm. Fuchs NJW 70, 1052, Schröder JZ 70, 422). 76

3. Mittäterschaft bei **Pflicht-, Unterlassungs-** und **eigenhändigen Delikten.** Die vom Herrschaftsdelikt abweichenden Abgrenzungskriterien zwischen Täterschaft und Teilnahme gelten nicht bloß bei der mittelbaren Täterschaft, sondern auch bei der Mittäterschaft. 77

a) Zu den **Pflichtdelikten** vgl. 72 vor § 25. Sind mehrere Sonderpflichtige an der Tat beteiligt, so kommt Mittäterschaft in Betracht, wobei es allerdings auf die Art des Tatbeitrages nicht ankommt. Hier kommt insb. auch eine Mittäterschaft durch positives Tun auf der einen und Unterlassen auf der Seite des anderen Beteiligten in Betracht (Roxin LK 111: Ein Wärter schließt die Zellentür auf, der andere stellt sich dem so befreiten Gefangenen nicht in den Weg). 78

b) Die gleichen Grundsätze gelten bei den **Unterlassungsdelikten.** Es wird daher auch bei ihnen die Möglichkeit der Mittäterschaft anerkannt (z. B. RG **66** 74, BGH DJW **90**, 2560, 2566, M-Gössel II 306, Schmidhäuser I 424f.). Es bedarf hier allerdings nicht der Konstruktion der Mittäterschaft, da jeder Unterlassungstäter bereits wegen seines pflichtwidrigen Nichthandelns als Täter angesehen wird (vgl. 73 vor § 25), ihm also zwecks Bestrafung als Täter kein Tatbeitrag eines anderen zuzurechnen ist. Dies gilt auch da, wo mehrere Personen nicht nur parallel laufende Pflichten haben, sondern gemeinsam zur Erfüllung bestimmter Aufgaben bestellt sind (and. Roxin TuT 469). Auch zwischen Begehungs- und Unterlassungsdelikten kommt eine Mittäterschaft in Betracht (vgl. Roxin TuT 470, Jescheck 618, Busch LK[9] § 47 RN 20). 79

c) Bei den **eigenhändigen Delikten** (vgl. o. 45ff.) ist (arbeitsteilige) Mittäterschaft ausgeschlossen. Bekunden zwei Zeugen aufgrund vorheriger Absprache übereinstimmend unter Eid etwas Falsches, so liegt jeweils unmittelbare Alleintäterschaft vor. Nach Bay **84** 137 ist § 184a ein eigenhändiges Delikt, weshalb nicht Mittäter sein kann, wer nicht selbst der Prostitution nachgeht. 80

4. Jeder Mittäter muß, da er Täter ist, sämtliche **Täterqualitäten** aufweisen. Setzt ein Tatbestand besondere persönliche Eigenschaften voraus, so kann Mittäter nur sein, wer diese besitzt (vgl. u. 82ff.). Der Mittäter haftet nämlich nicht wie der Teilnehmer für die Veranlassung einer fremden Tat, sondern für eigenes täterschaftliches Unrecht, wenn dieses auch teilweise durch Zurechnung fremder Tatbeiträge zustande kommt. Daraus ergibt sich, daß alle rechtlichen Voraussetzungen bei jedem Mittäter selbständig zu prüfen sind. Er ist so zu behandeln, wie wenn er alle Tatbeiträge eigenhändig vorgenommen hätte. Im einzelnen gilt folgendes: 81

82   a) Liegen **persönliche** Umstände nur bei einem Mittäter vor, so sind sie auch nur bei diesem zu berücksichtigen.

83   α) **Strafbegründende** persönliche Merkmale müssen als Voraussetzungen täterschaftlicher Verantwortlichkeit bei jedem Mittäter gegeben sein. Fehlen sie, so kommt nur Beihilfe, u. U. auch Anstiftung in Betracht. Dies gilt für sämtliche täterschaftsbegründenden Merkmale (vgl. RG **42** 382, ähnlich RG **51** 141, Bremen GRUR **56**, 230) sowie alle echten Sonderdelikte (BGH NStZ **86**, 463, Baumann JuS 63, 86, Langer aaO 468ff., o. 5); die Eigenschaft als Steuerpflichtiger i. S. v. § 370 AO ist kein die Mittäterschaft hinderndes Merkmal (BGH NStZ **86**, 463). Mittäter kann weiterhin nur der sein, bei dem auch die zur Tatbestandserfüllung notwendigen Absichten, Tendenzen usw. gegeben sind. So kann z. B. Mittäter bei der Hehlerei nur sein, wer selbst die Bereicherungsabsicht hat (vgl. Köln JMBlNRW **54**, 27), beim Diebstahl und Raub nur derjenige, der sich zueignen will (BGH NJW **87**, 77, GA **86**, 417, JZ **86**, 764, MDR/H **85**, 284, StV **86**, 475, **88**, 526, Köln aaO, Hamm JMBlNRW **65**, 68). In diesen Fällen ist die Qualifikation des Tatbeitrages nach den Abgrenzungskriterien zwischen Täterschaft und Teilnahme bedeutungslos.

84   β) Auch **strafmodifizierende** persönliche Umstände sind nur bei dem Mittäter zu berücksichtigen, bei dem sie vorliegen. Ergibt sich danach die Anwendung verschiedener Tatbestände auf mehrere Beteiligte, so wird Mittäterschaft dadurch nicht ausgeschlossen. So ist sie z. B. bei der Körperverletzung zwischen Beamten und Nichtbeamten möglich, obwohl für beide verschiedene Tatbestände anzuwenden sind (Baumann JuS 63, 86, Schmidhäuser 506). Im Widerspruch hierzu wollen BGH **12** 275, MDR **53**, 54 bei Mischtatbeständen des Ordnungswidrigkeitenrechts (zu diesem Begriff vgl. Göhler 33 vor § 1) auch bei dem Beteiligten auf Strafe erkennen, in dessen Person die die Straftat begründenden Merkmale nicht vorliegen; ausreichend sei, daß der Betreffende das Vorhandensein dieser Merkmale beim anderen kenne. Diese Rspr. ist durch § 14 IV OWiG überholt (Cramer OWiG 84, Göhler § 14 RN 19).

85   b) **Tatbezogene Unrechtsmerkmale** (Qualifizierungen) sind jedoch auch dem Mittäter, der sie nicht eigenhändig verwirklicht, nach allgemeinen Regeln zuzurechnen. So ist aus § 244 zu bestrafen, wer weiß, daß sein Mitbeteiligter eine Schußwaffe bei sich führt. Vgl. im übrigen die Erl. zu § 28.

86   c) Da im Verhältnis der Mittäter zueinander das Prinzip der **Akzessorietät nicht** gilt (o. 7), ergeben sich die folgenden weiteren Konsequenzen:

87   α) Mittäterschaft ist möglich, auch wenn das Handeln der Mittäter **verschiedene Strafgesetze** erfüllt. Da jedoch Ergebnis eine gemeinsame Tat aller Beteiligten sein muß, kommen verschiedene Strafgesetze nur insoweit in Betracht, als sie sich als Modifikationen des gleichen Grundtyps darstellen. So kann z. B. bei einer Tötung ein Mittäter des Totschlags, der andere des Mordes schuldig sein (RG DR **44**, 147; BGH JZ **90**, 96 m. Anm. Timpe; and. noch BGH **6** 330), oder der eine aus § 211 oder § 212, der andere aus § 217 strafbar sein (RG **72** 375; krit. hierzu Kohlrausch ZAkDR 39, 245). Erforderlich ist nur, daß den verschiedenen Strafdrohungen dasselbe strafrechtliche Verbot zugrunde liegt, so daß sie nur als Modifikationen der Strafe aufgrund verschiedener Unwertstufen erscheinen.

88   Nimmt ein Mittäter durch **eine Handlung** an Delikten **verschiedener Täter** teil, so gelten die zu § 52 RN 21 genannten Grundsätze.

89   β) Mittäterschaft ist auch möglich, wenn das **Handeln** des einen **Mittäters nicht tatbestandsmäßig** ist, aber dessen Handlung – vom anderen Beteiligten vorgenommen – tatbestandsmäßig wäre. So liegt z. B. Mittäterschaft vor, wenn B, der nach dem Tatplan eine Sache des X zerstören soll, irrtümlich seine eigene zerstört, oder wenn er sich zusammen mit A Sachen zueignet, die – ohne sein Wissen – durch Erbgang sein Eigentum geworden sind. Hier liegt Mittäterschaft in der Weise vor, daß dem A eine vollendete Tat, dem B nur ein (untauglicher) Versuch zur Last fällt (vgl. dazu u. 96). Entsprechendes gilt, wenn A und B sich des C, der selbst nicht tatbestandsmäßig handelt (Sonderdelikt; absichtslos doloses Werkzeug), als Werkzeug bedienen.

90   γ) Zweifelhaft ist, ob Mittäterschaft auch dann denkbar ist, wenn die Tatbeteiligten **verschiedene Ziele** verfolgen. Sie ist zu verneinen, wenn der Tatbeitrag eines jeden Beteiligten ausschließlich dem anderen zugewendet wird und damit letztlich nur wechselseitige Teilnahme an der Tat des anderen vorliegt (BGH NJW **58**, 350). Soweit ein Beteiligter lediglich einen weitergehenden Erfolg erstrebt, liegt ein **Exzeß** vor, der die Mittäterschaft nicht ausschließt, sondern nur zu einer verschiedenen Beurteilung der Täter führt (vgl. u. 95). Haben dagegen die Beteiligten von vornherein zwei verschiedene Taten geplant, so ist Mittäterschaft nur möglich, soweit die Täter eine Straftat gemeinsam zur Erreichung ihrer verschiedenen Ziele begehen **(teilweise Mittäterschaft).** Liegt Gemeinschaftlichkeit nicht mehr vor, kommt aber Teilnahme an der Tat des anderen in Betracht, sofern der eine die weitergehenden Absichten des anderen kennt (Roxin LK 120, D-Tröndle 7). Nach RG **44** 323 liegt Mittäterschaft vor, wenn bei einer

Täterschaft

gemeinsamen Mißhandlung der eine Täter mit Tötungsvorsatz, der andere nur mit Körperverletzungsvorsatz gehandelt hat, weil der Tötungsvorsatz notwendig den Vorsatz der Körperverletzung mitenthalte. Vgl. § 212 RN 13 ff.

5. Mittäterschaft kann auch vorliegen, wenn sich jemand an einer Tat beteiligt, die bereits 91 begonnen, aber noch nicht zum Abschluß gebracht ist **(sukzessive Mittäterschaft);** vgl. RG 8 43, BGH **2** 345, GA **69,** 214, **86,** 229. Sie setzt allerdings voraus, daß der die Mittäterschaft begründende gemeinsame Tatplan vor Beendigung der Tat gefaßt wird. Die erst danach einsetzende einseitige Ausnutzung der von dem früher Tätigen herbeigeführten Tatsituation reicht folglich nicht aus (BGH NStZ **84,** 548, **85,** 70); auch die Kenntnis, Billigung und Ausnutzung der von einem anderen geschaffenen Lage kann eine Mittäterschaft nicht begründen (vgl. auch BGH GA **66,** 210, **77,** 144, MDR/D **75,** 365, MDR/H **82,** 446). Zweifelhaft ist aber, ob von den vorher Beteiligten bereits verwirklichte qualifizierende Umstände auch dem später Hinzutretenden zugerechnet werden können, z. B. wegen Raubes bestraft werden kann, der sich erst nach der Gewaltanwendung an der Wegnahme beteiligt. Die h. M. bejaht diese Frage (BGH **2** 344, GA **66,** 210, JZ **81,** 596 m. abl. Anm. Küper JZ 81, 568, Baumann/Weber 540, Furtner JR 60, 369, M-Gössel II 301, Gössel Jescheck-FS 537, Niese NJW 52, 1146; and. RG **59** 82, Eser II 168, Küper JuS 86, 867, Roxin TuT 289 ff., Samson SK 48, Schmidhäuser I 291 f., Seelmann JuS 80, 573; einschränkend BGH GA **77,** 144, MDR/D **69,** 533, Frankfurt NJW **69,** 1915). Diese Auffassung ist abzulehnen, weil sie i. E. auf eine Haftung für das Verhalten Dritter hinausläuft.

Denkbar ist auch eine **sukzessive Nebentäterschaft,** bei der jedoch für den später Eintreten- 92 den keinerlei Zurechnung erfolgt, so z. B. wenn der zweite Dieb – wenn auch im Einverständnis mit dem ersten – die Öffnung des Gebäudes dazu benutzt, auch seinerseits einen Diebstahl zu begehen. Über sukzessive Beihilfe vgl. § 27 RN 17.

In den Bereich der sukzessiven Mittäterschaft soll auch der Fall gehören, daß ein Mittäter 93 während der Tatausführung einen **Exzeß** begeht, der von den übrigen stillschweigend geduldet wird. Soweit dies als psychische Bestärkung angesehen werden kann (BGH MDR/D **71,** 545), sind nunmehr alle Mittäter für die im Wege des Exzesses begangene Straftat verantwortlich; anders, wenn eine solche psychische Bestärkung nicht vorliegt, z. B. ein Mittäter von dem Exzeß überhaupt nichts erfährt (vgl. auch Samson SK 51).

6. In subjektiver Hinsicht ist **Vorsatz** erforderlich sowie das Bewußtsein gemeinschaftlichen 94 Handelns, 85 vor § 25. Hält sich die Durchführung der Tat im Rahmen des gemeinsamen Planes, dann kommt es nicht darauf an, ob jeder Mittäter die konkreten Umstände der Tat, wie sie tatsächlich durchgeführt wird, kennt (and. BGH GA **59,** 123). Zwar gelten auch hier die Regeln über die wesentliche Abweichung des Kausalverlaufs, wonach bei eigenmächtigen Handlungen eines Mittäters für den anderen nur Versuch vorliegen könnte; jedoch wird dies regelmäßig nicht der Fall sein, wenn der Erreichung des gemeinsamen Ziels dienende Handlungen, zu einer anderen Zeit oder von einem anderen Beteiligten vorgenommen werden (bedenklich daher Köln JMBlNRW **61,** 140). Denkbar ist aber auch, daß der gemeinsame Tatplan nur der Gattung nach bestimmte Taten umfaßt, deren Ausführung und Auswahl den einzelnen Mittätern überlassen bleibt. Vereinbaren z. B. mehrere Personen, bei einer Firma solange auf Kredit zu kaufen, bis weiterer Kredit verweigert wird, so haften alle für die einzelnen Handlungen, auch wenn die konkrete Tat nicht von vornherein in den Tatplan einbezogen war, sich aber im Rahmen dessen hält, was als gemeinsames Ziel ins Auge gefaßt war (bedenklich daher BGH NJW **72,** 649). Mittäterschaft ist nicht dadurch ausgeschlossen, daß ein Teil der Mittäter mit bedingtem Vorsatz, ein anderer Teil mit unbedingtem Vorsatz handelt (RG **59** 246).

a) Jeder Mittäter **haftet** für das Handeln der übrigen nur **im Rahmen seines Vorsatzes,** ist 95 also für den Erfolg nur insoweit verantwortlich, als sein Wille reicht; ein Exzeß der anderen fällt ihm nicht zur Last (RG **57** 308, **67** 369, BGH GA **86,** 450, Baumann JuS 63, 90; vgl. aber o. 93). Kein Exzeß liegt aber vor, wenn sich die Tätigkeit jedes Mittäters im Rahmen des Einverständnisses hält, aber einen Erfolg verursacht, für den auch der Alleintäter ohne volles Verschulden haftet RG **59** 390, Frankfurt HESt. **2** 309); jedoch ist bei erfolgsqualifizierten Delikten nach § 18 erforderlich, daß jeder Mittäter fahrlässig bezüglich des Erfolges gehandelt hat; vgl. § 18 RN 7. Keinen Exzeß stellen solche Abweichungen dar, mit denen nach den Umständen des Falles gewöhnlich gerechnet werden muß (BGH GA **85,** 270, MDR/H **85,** 446, Schleswig SchlHA **51,** 48). Ohne Vorsatz handelt, wer nur zum Schein einen Tatbeitrag verspricht und dabei weiß, daß die Tat ohne seine Mitwirkung nicht verwirklicht werden kann; hier liegt eine dem agent provocateur (vgl. § 26 RN 16) vergleichbare Situation vor (Küper JZ 79, 781).

b) Für den **Irrtum** eines Mittäters und seine Rückwirkung auf die übrigen gelten grundsätz- 96 lich die allgemeinen Regeln. So ist z. B. der error in obiecto des einen auch für die übrigen bedeutungslos. Dies kann zu Zweifeln führen, wenn aufgrund des Objektirrtums die Tat eines Mittäters sich gegen einen anderen Mittäter richtet, so z. B. wenn A auf den Komplicen B als einen vermeintlichen Verfolger schießt oder das Magazin des B (§ 308 1. Alt.) in Brand setzt in der Annahme, es handele sich um das ihres gemeinsamen Feindes. Da lediglich die Handlung den übrigen Beteiligten wie eine eigene zugerechnet wird, haftet der getroffene Komplice nur in dem gleichen Umfange, wie wenn er selbst irrtümlich die betreffende Handlung vorgenommen hätte. In den genannten Bsp. würde B also an sich nur wegen (untauglichen) Versuchs haften (vgl. BGH **11** 271 m. Anm. Schröder JR 58, 427; abl. Roxin LK 124, Schmidhäuser I 288f., Spendel JuS 69, 314, Eser II 155ff.), während bei den übrigen Beteiligten Vollendung vorliegt. Da jedoch aufgrund der Akzessorietät für die echte Teilnahme andere Grundsätze gelten (vgl. 17ff. vor § 25), würde der Umfang der Verantwortlichkeit für die Teilnahme über die für die Mittäterschaft hinausgehen (versuchte Täterschaft – Beihilfe zur Vollendung). Der allgemeine Satz, nach dem die Teilnahme hinter die Täterschaft zurücktritt, kann daher hier nicht gelten; vielmehr müssen die im Tatbeitrag der Mittäterschaft liegende Anstiftung und Beihilfe zur vollendeten Tat hier der Mittäterschaft in der Form des Versuchs vorgehen (Schröder JR 58, 428; and. Baumann JuS 63, 127).

97   c) Zum **Versuch** bei Mittäterschaft vgl. § 22 RN 54a; zum Rücktritt vgl. § 24 RN 87f.

98   7. In mehreren Tatbeständen ist für den Fall, daß die Handlung von **mehreren gemeinschaftlich begangen wird,** eine erhöhte Strafe angedroht (z. B. § 223a). In diesen Fällen genügt weder Mittäterschaft als solche, noch ist unbedingt gemeinsame Ausführung der Tat erforderlich. Entscheidend muß vielmehr – ohne Rücksicht auf die rechtliche Teilnahmeform – das Zusammenwirken mehrerer am Tatort sein (vgl. § 223a RN 11).

99   In diesen Fällen greift die Straferhöhung auch dann ein, wenn einer der Beteiligten nicht schuldfähig gewesen ist oder sonst nicht schuldhaft gehandelt hat. Z. B. ist der A, der vorsätzlich gehandelt hat, auch dann wegen gemeinschaftlich begangener Körperverletzung aus § 223a zu bestrafen, wenn der B, der mit ihm zusammen das Opfer mißhandelt hat, geisteskrank ist (BGH **23** 122, Hirsch LK § 223a RN 19 mwN). Demgegenüber fordert die Gegenmeinung in solchen Fällen strafschärfender gemeinschaftlicher Begehung für die Anwendung des strengeren Strafrahmens Mittäterschaft (so z. B. RG **17** 414, **19** 192); damit wird vorausgesetzt, daß die mehreren Beteiligten schuldfähig sind und schuldhaft als Täter zusammenwirken.

100   8. Von **Nebentäterschaft** (krit. zu diesem Begriff Fincke GA 75, 161, Samson SK 56, die ihn beide für überflüssig halten) oder Mehrtäterschaft spricht man dann, wenn mehrere Personen, ohne in bewußtem und gewolltem Zusammenwirken zu handeln, Bedingungen setzen, die zusammen oder auch für sich allein den Erfolg herbeizuführen geeignet sind (BGH MDR/D **57**, 526; and. [nur Versuch] für den ersten Fall M-Gössel II 305). Nebentäterschaft kommt z. B. in Betracht, wenn bei einem Brand mehrere Personen unabhängig voneinander plündern oder – wie bei Fahrlässigkeitsdelikten – wenn jemand bei einem Unfall, der auf die Unachtsamkeit zweier Kraftfahrzeugführer zurückzuführen ist, verletzt wird (vgl. BGH VRS **28** 202, Bay NJW **60**, 1964). Auch die Benutzung eines fahrlässig handelnden Werkzeugs durch einen mittelbaren Täter führt zur Nebentäterschaft. Bei der Nebentäterschaft ist der Tatbeitrag eines jeden Täters für sich zu dem strafrechtlich erheblichen Enderfolg in Beziehung zu setzen und zu würdigen (BGH **4** 20). Zur Kausalität vgl. 82f. vor § 13. Keine Nebentäterschaft, sondern Mittäterschaft liegt vor, wenn der Straftatbestand die Beteiligung mehrerer voraussetzt, wie z. B. bei § 173.

101   9. Bestritten ist, ob Mittäterschaft auch bei **fahrlässigen Delikten** möglich ist. Im Schrifttum wird teilweise die Möglichkeit einer fahrlässigen Mittäterschaft anerkannt (z. B. Roxin, TuT² 535ff., Schmidhäuser I 293f.; and. BGH VRS **18** 416, DAR/M **59**, 67, Baumann/Weber 527f., D-Tröndle 10 vor § 25, Jescheck 613, M-Gössel II 252; vgl. dazu auch Bindokat JZ 79, 434ff.). Da auch hier das Bewußtsein der Gemeinschaftlichkeit des Handelns vorliegen kann, wäre Mittäterschaft an sich denkbar. Jedoch ist dieser Begriff hier entbehrlich, da jeder Teilbeitrag des Fahrlässigkeitstäters zum Erfolg unmittelbar in Beziehung gesetzt werden kann (Nebentäterschaft; vgl. Bockelmann, Beiträge 60, M-Gössel II 252), und zudem das entscheidende Kriterium des § 25 II, die Gemeinsamkeit des Deliktsvorsatzes, bei Fahrlässigkeit nicht vorhanden sein kann (vgl. auch Roxin LK 156).

102   Soweit nur einer der Beteiligten fahrlässig handelt, der andere dagegen vorsätzlich, fehlt es ebenfalls an den Voraussetzungen einer Mittäterschaft. Für den fahrlässig Handelnden gilt das oben Gesagte; der vorsätzlich Handelnde ist mittelbarer Täter.

§ 26 Anstiftung

Als Anstifter wird gleich einem Täter bestraft, wer vorsätzlich einen anderen zu dessen vorsätzlich begangener rechtswidriger Tat bestimmt hat.

Schrifttum: Vgl. die Angaben in den Vorbem. vor §§ 25ff.

I. Anstiftung ist das **vorsätzliche Bestimmen** eines anderen zu der von diesem **vorsätzlich** 1
begangenen rechtswidrigen Straftat. Im Gegensatz zu den Formen der mittelbaren oder Mittäterschaft, bei denen das Verhalten objektiv dem in § 26 beschriebenen entsprechen kann (vgl. § 25 RN 6, 72), stellt die Anstiftung eine Willensbeeinflussung des Täters dar. Der Strafgrund liegt darin, daß der Anstifter als entfernterer Urheber die Begehung der Straftat herbeiführt und damit für die Rechtsgutverletzung der Haupttat ursächlich wird. Dagegen ist Strafgrund nicht, daß er das Schuldigwerden des Täters zu verantworten hat; vgl. dazu 17ff. vor § 25; ein kollusives Zusammenwirken zwischen Anstifter und Angestiftetem fordert Meyer aaO 136ff.

Nach der Neufassung der Vorschrift kann die Anstiftung nicht mehr die Funktion des fehlenden 2 Tatbestandes der Urheberschaft übernehmen, d. h. unabhängig vom Täter- oder Teilnehmerwillen dort einspringen, wo mittelbare Täterschaft nicht in Betracht kommt, weil es sich um ein eigenhändiges Delikt oder um ein Sonderdelikt handelt, für das der Veranlassende nicht die erforderliche Täterqualität besitzt. Die Änderung ist insoweit ein kriminalpolitischer Mißgriff; vgl. 29ff. vor § 25.

II. Der **Anstifter** muß den Täter zu der **Straftat bestimmen.** 3

1. Der Täter ist bestimmt, wenn der **Entschluß zur Tat** in ihm hervorgerufen wird; nicht 4 erforderlich ist, daß die Willensbeeinflussung die einzige Ursache für den Tatentschluß gewesen ist (RG HRR **39** Nr. 1315; vgl. auch BGH MDR/D **70,** 730). Zu den verschiedenen Formen des Veranlassens einer fremden Straftat vgl. Rogall GA 79, 11. Nach Puppe (GA 84, 111ff.) genügt hingegen nicht schon eine für den Täter unverbindliche Beinflussung; der Anstifter müsse vielmehr eine Art Pakt mit dem Täter schließen, ihm ein Versprechen oder eine Verpflichtung zur Tat abnehmen und ihm so faktisch das Aufgeben des Tatplans erschweren.

a) Ist der Täter bereits zu einer bestimmten Tat fest entschlossen (sog. **omnimodo facturus**), 5 so kommt regelmäßig nur psychische Beihilfe (RG **36** 404, **59** 27, **72** 375 m. Anm. Kohlrausch ZAkDR 39, 245, BGH wistra **88,** 108) oder versuchte Anstiftung (§ 30) in Betracht; krit. zu diesem Begriff Puppe GA 84, 116, vgl. Stork aaO. Wer noch schwankt, die Tat zu begehen, kann angestiftet werden (vgl. BGH MDR/D **72,** 569, Samson SK 3). Der nur allgemein zur Tat Bereite kann noch angestiftet werden, sofern er durch die Einwirkung zu einer konkreten Tat veranlaßt wird (RG **37** 172, JW **39,** 222, BGH MDR/D **57,** 395, **72,** 569). Anstiftung ist auch möglich, wenn der Täter die Ausführung noch von einer Belohnung abhängig macht (LG Göttingen NdsRpfl. **52,** 191, Samson SK 3). Die Anregung kann auch vom Angestifteten ausgehen, der sich bereit erklärt, die Tat gegen eine Belohnung auszuführen (vgl. H. Mayer AT 321).

b) Problematisch sind die Fälle, in denen der Anstifter erreicht, daß die Tat **in anderer Weise** 6 als vorgesehen begangen, der zur Tat entschlossene Täter insoweit also umgestimmt wird. Hier sind verschiedene Fälle zu unterscheiden. Soll der zur Tat entschlossene Haupttäter nach dem Willen des Anstifters einen **qualifizierten Tatbestand** erfüllen (z. B. Raub mit Waffen statt einfachen Raubes), so kann Anstiftung zum Raub nicht mehr begangen werden (zust. Samson SK 4; and. BGH **19** 339 m. krit. Anm. Cramer JZ 65, 31, Baumann JuS 63, 126, M-Gössel II 352, Roxin LK 6, Stree Heinitz-FS 277); insoweit haftet der Anstifter nur für die qualifizierenden Umstände, falls diese selbständig strafbar sind, oder wegen psychischer Beihilfe (so auch Jescheck 624, Eser II 187, Bemmann Gallas-FS 273). Wird der Täter veranlaßt, statt eines qualifizierten Delikts das Grunddelikt zu begehen (einfache statt gefährliche Körperverletzung), so scheidet Anstiftung schon deshalb aus, weil der Täter hinsichtlich des leichteren Delikts omnimodo facturus ist; wer zu einem Diebstahl mit Waffen entschlossen ist, wird nicht zum einfachen Diebstahl angestiftet, wenn ihm ausgeredet wird, bei der geplanten Tat eine Waffe mitzuführen (Bemmann Gallas-FS 279, Eser II 187, Roxin LK 5). Dies gilt auch, wenn die durch „Abstiftung" veranlaßte Tat gegenüber der geplanten ein minus ist, der den Täter Beeinflussende etwa erreicht, sich mit einem beabsichtigten Schaden in geringerem als dem beabsichtigten Umfang zu begnügen (vgl. zum entsprechenden Problem bei der Beihilfe Stuttgart NJW **79,** 2573). Soweit das Abwiegeln den Entschluß des Täters zur Tatbegehung bestärkt, z. B. wegen des geringeren Strafrisikos, kommt psychische Beihilfe in Betracht (Roxin LK 5), die dem Anstifter jedoch nach dem für die Erfolgszurechnung maßgeblichen Prinzip der Risikoverringerung (vgl. 94 vor § 13) regelmäßig nicht zuzurechnen ist (Roxin aaO: Anwendbarkeit von § 34, wenn die schwerere Tat sonst nicht hätte verhindert werden können). Vgl. zu diesen Fallgestaltungen auch Jakobs 532f. Krit. zu der hier vorgenommenen Unterscheidung Schulz (JuS 86, 933), der darauf hinweist, daß die Identität der Tat bei einer Änderung der Tatmodalitäten nicht festgestellt und daher nicht mehr von einem omnimodo facturus gesprochen werden könne; das von Schulz zur Diskussion gestellte Abgrenzungskriterium der „Planherrschaft", bei dessen Vorliegen der Beeinflussende Anstifter sei, ist aber deswegen nicht brauchbar, weil es einerseits keine Abgrenzung zur Mittäterschaft ermöglicht und andererseits nicht klarstellt, wann eine bloße Beihilfe durch Raterteilung vorliegt.

§ 26 7–13

7   2. Die **Mittel,** durch die der Anstifter den anderen bestimmt, sind im Gegensatz zu § 48 a. F. im Gesetz **nicht genannt.** Dieser Verzicht ist zu begrüßen, da die alte Vorschrift Mißverständnisse bei der Abgrenzung zwischen Anstiftung und mittelbarer Täterschaft zuließ. Ausreichend ist jede Art einer Willensbeeinflussung. Als Mittel kommen z. B. in Betracht Überredung (RG **53** 190), Einwirkung auf den Willen in der Form eines Wunsches oder einer Anregung (RG **36** 405), einer Bitte (RG HRR **42** Nr. 741), einer Frage (BGH GA **80**, 185), scheinbares Abraten usw.; jede ausdrückliche oder konkludente Aufforderung reicht aus, sofern damit eine psychische Beeinflussung verbunden ist; nicht ausreichend ist aber das bloße Schaffen einer zur Tat provozierenden Situation (vgl. H. Mayer AT 321, Meyer JuS 70, 529, Schmidhäuser I 311, Stratenwerth 246, Welzel 116; and. hier die 17. A. § 48 RN 5, Lackner 2, Samson SK 5 [Straflosigkeit jedoch aufgrund erlaubten Risikos], Widmaier JuS 70, 242). Durch reines Unterlassen kann Anstiftung nicht begangen werden (Baumann/Weber 562, Jescheck 625, Meyer MDR 75, 982, Roxin TuT 484; and. M-Gössel II 346, Bloy JA 87, 490). Wer allerdings fahrlässig einen fremden Tatentschluß verursacht hat und sodann die Anstiftung weiterwirken läßt, ist Garant aus Ingerenz für das „Zurückhalten" des Täters; er haftet daher strafrechtlich als Gehilfe (vgl. 109 a. E. vor § 25, Roxin LK 13, Langrock JuS 71, 533; krit. Welp, Vorangegangenes Tun usw. [1968] 286 f.). Die Anstiftung kann auch durch ein Werkzeug **(mittelbare Anstiftung)** geschehen; die Regeln der mittelbaren Täterschaft gelten für die Teilnahme durch ein Werkzeug entsprechend (BGH **8** 138). Haben mehrere gemeinschaftlich einen anderen zur Tat bestimmt, so finden die Regeln der Mittäterschaft auf die Anstiftung entsprechende Anwendung **(Mitanstiftung);** vgl. **71** 24, HRR **41** Nr. 727, BGH MDR/D **53**, 400. Ist der Entschluß zur Tat durch mehrere hervorgerufen worden, die nicht einverständlich handelten, so ist jede der mehreren auf den Täter einwirkenden Personen Anstifter zu der einen aus dieser Einwirkung hervorgehenden Tat (Düsseldorf SJZ **48** Sp. 470, Hamburg HESt. **2** 317). Hierbei ist zu beachten, daß der Tatentschluß schon dann hervorgerufen ist, wenn das Bestimmen mitursächlich war.

8   3. Nicht erforderlich ist das **Bewußtsein** des Angestifteten, zu einer rechtswidrigen Tat **angestiftet worden zu sein** (Samson SK 5, der daraus zu Unrecht folgert, daß eine psychische Beeinflussung, die aber auch unterschwellig erfolgen kann, zur Anstiftung nicht nötig sei).

9   4. Anstiftung zur Anstiftung ist mittelbare Anstiftung zur Haupttat (BGH **6** 361, Baumann/Weber 565, Jescheck 621, 631), sog. **Kettenanstiftung;** eingehend zu deren verschiedenen Fallgestaltungen, Meyer JuS 73, 755. Dabei ist ohne Bedeutung, wie viele Personen zwischen dem ersten Anstifter und dem Haupttäter stehen (BGH **6** 361, **8** 137, Jescheck 621, Eser II 192, Meyer JuS 73, 755, Sippel aaO). Wer mit dem Willen, die Tat des Haupttäters zu fördern, einen Dritten zur Beihilfe veranlaßt, leistet Beihilfe zur Haupttat (vgl. RG **59** 396, M-Gössel II 341), so daß ihm die Strafmilderung des § 27 zugute kommt. Die Anstiftung eines anderen zur Teilnahme an der vom Anstifter selbst begangenen Tat wird durch die Selbstbegehung aufgezehrt (RG **72** 77). Zur Konkurrenz verschiedener Teilnahmeformen vgl. auch 48 f. vor § 25.

10   Anstiftungen zu **mehreren Straftaten** eines oder mehrerer Täter stehen in Idealkonkurrenz, wenn sie durch eine Handlung vorgenommen worden sind (vgl. § 52 RN 20). Straftat i. S. der §§ 52, 53 ist die Anstiftung, nicht die tatbestandsmäßige Handlung des Täters (RG **70** 26, 335, Roxin LK 32). Fortgesetzte Anstiftung ist gegeben, wenn der Anstifter aufgrund eines einheitlichen Vorsatzes den Täter wiederholt zur Begehung der Tat bestimmt; es ist nicht erforderlich, daß die einzelnen Handlungen des Täters unter sich in Fortsetzungszusammenhang stehen (RG **70** 388; vgl. aber auch RG HRR **41** Nr. 727); vgl. § 52 RN 20.

11   5. Eine Verurteilung wegen Anstiftung setzt nicht voraus, daß der Haupttäter bekannt ist (RG JW **25**, 1512). Es genügt, wenn dem Anstifter nachgewiesen wird, daß er mit dem unbekannten Täter in Verbindung stand und auf ihn einwirkte. An die **rechtliche Beurteilung der Haupttat** ist der Richter im Verfahren gegen den Anstifter nicht gebunden (RG **58** 290).

12   III. Der Anstifter muß den anderen zu der Tat **vorsätzlich bestimmt haben;** bedingter Vorsatz genügt (RG **72** 29). Die fahrlässige Anstiftung ist als solche nicht strafbar. Evtl. kommt aber fahrlässige Täterschaft in Frage; vgl. § 25 RN 59, 101.

13   1. Der Vorsatz des Anstifters muß sich auf eine **bestimmte Straftat** beziehen. Die „Anstiftung", allgemein Straftaten oder Straftaten einer lediglich dem gesetzlichen Tatbestand nach beschriebenen Art zu begehen, ist nicht nach § 26 strafbar (RG **26** 361, **34** 328, BGH NJW **86**, 2770, M-Gössel II 343), ebensowenig ein Vorschlag, eine Tat zu begehen, die nur nach der Gattung der in Betracht kommenden Tatobjekte umrissen ist (BGH NJW **86**, 2770; and. Roxin LK 9); jedoch kommt § 111 in Betracht; vgl. dort RN 1. Hinsichtlich der Umstände, unter denen die Haupttat begangen werden soll (einfacher – schwerer Diebstahl – Raub) ist Eventualvorsatz möglich. Bestimmt z. B. A den B, gewisse Sachen um jeden Preis zu beschaf-

fen, und umfaßt seine Vorstellung mehrere Möglichkeiten der Tatdurchführung, so fällt ihm die von B dann tatsächlich gewählte Ausführung voll zur Last, möglicherweise in Idealkonkurrenz mit § 30, wenn nur eine geplante Ausführungsart ein Verbrechen darstellen würde.

Nicht erforderlich ist, daß sich die Anstiftung an eine **individuell bestimmte Person** richtet. 14
Genügend, aber auch erforderlich ist eine Aufforderung an einen individuell bestimmten Personenkreis (Hamm JMBlNRW **63**, 212, Roxin LK 10, Stratenwerth 248; and. Dreher Gallas-FS 321 ff.). Eine mittelbare Anstiftung ist auch dann möglich, wenn es dem Angestifteten überlassen bleibt, den Haupttäter auszuwählen, oder der Anstifter die Zahl der Zwischenglieder zwischen ihm und dem Haupttäter nicht kennt (BGH **6** 361, Nürnberg NJW **49**, 874).

2. Der Anstifter muß die **Umstände kennen,** welche die Strafbarkeit der Haupttat begründen; er muß wissen, daß es sich um eine „**rechtswidrige Tat**" handelt, die der Täter „**vorsätzlich begehen**" wird. Es genügt dabei, daß er sich der wesentlichen Punkte der dem Angestifteten angesonnenen Tat bewußt ist (Samson SK 6 ff., Jescheck 621 f.). Nicht erforderlich ist daß der Anstifter sich der Strafbarkeit der Haupttat bewußt ist (RG HRR **34** Nr. 835); es genügt der Vorsatz im gleichen Sinn und Umfang wie beim Haupttäter (vgl. § 15 RN 38 ff.). Der Irrtum des Anstifters über die Voraussetzungen eines Rechtfertigungsgrundes (A bestimmt B zu einer vermeintlichen Verteidigungshandlung, weil er glaubt, dieser handle in Notwehr), schließt ebenso wie beim Haupttäter vorsätzlich begangenes Unrecht aus (and. Welzel 117). Erliegt auch der Haupttäter einem derartigen Irrtum, scheitert die Anstiftung wegen Fehlens einer vorsätzlichen Haupttat (vgl. 32 vor § 25). Für den Verbotsirrtum gelten die gleichen Regeln wie beim Haupttäter (vgl. § 17 RN 7 ff.). Bei der Anstiftung zu einem Sonderdelikt muß der Anstifter wissen, daß der Täter die ihm obliegende besondere Pflicht verletzt.

3. Am Anstiftervorsatz fehlt es, wenn der Anstifter nicht die Vollendung der Tat, sondern 16 nur deren Versuch will. Der sog. **agent provocateur** (Lockspitzel) ist daher straflos (RG **15** 317, **44** 174, Rudolphi Maurach-FS 66, M-Gössel II 348, Schmidhäuser I 312, Baumann/Weber 565, Lackner 4a, D-Tröndle 8, Küper GA 74, 321, Jakobs 566, Sommer aaO 45 ff.). Die h. M. bestimmt die Grenze der Straflosigkeit formal nach der Vollendung des Deliktes. Wolle der Anstifter, daß es lediglich zum Versuch komme, so sei er straflos; dagegen würde er strafbar sein, wenn er die Vollendung der Haupttat ins Auge gefaßt habe (Welzel 117, Franzheim NJW 79, 2014; ähnl. Roxin LK 19 f., der zwischen formeller Vollendung und materieller Beendigung differenziert); vgl. auch Sommer JR 86, 485. Diese Grenzziehung überzeugt jedoch nicht; sie versagt bei allen Tatbeständen, bei denen ein Verletzungserfolg nicht vorausgesetzt wird. Entscheidend muß daher sein, daß der Wille des Anstifters darauf gerichtet ist, eine tatsächliche Verletzung des geschützten Rechtsguts nicht eintreten zu lassen, mag dies nun deswegen der Fall sein, weil es nur zum Versuch des Deliktes kommt, sei es aber auch, daß durch das Eingreifen des Anstifters trotz formeller Vollendung des Deliktes eine Schädigung des Rechtsguts verhindert werden soll (Maaß Jura 81, 517 ff.); ähnlich Jescheck 622, Herzberg GA 71, 12 und Plate ZStW 84, 306 ff., die allerdings schon auf die Gefährdung des Rechtsguts abstellen; nach Samson SK 38 vor § 26 kommt in diesen Fällen eine Rechtfertigung (§ 34, Einwilligung) in Betracht, während Jakobs 566 darauf abstellt, ob eine Rücktrittsmöglichkeit von vollendeten Delikt möglich ist. Bei der Anstiftung zum Diebstahl kann es z. B. nicht darauf ankommen, ob der Anstifter den Täter während der Ausführung zu verhaften trachtet oder ob er dies unmittelbar nach der Vollendung der Tat mit dem Ziel tun will, dem Dieb die gestohlene Sache sofort wieder abzunehmen. Ebenso kann nicht wegen Anstiftung zur Urkundenfälschung bestraft werden, wer es nicht zur Täuschung und damit zu einer Beeinträchtigung des Beweisverkehrs kommen lassen will (Maaß Jura 81, 519). Im gleichen Sinne stellt auch M-Gössel II 349 auf die „materielle Vollendung" (Irreparabilität des Schadens) ab; vgl. ferner jetzt Stratenwerth 248 (and. noch MDR 53, 717). Für die grundsätzliche Bestrafung des agent provocateur hingegen Olshausen § 48 Anm. 13, H. Mayer AT 336 (konsequent vom Boden der Schuldteilnahmetheorie), anders StuB 163. Vgl. zum Ganzen Sommer JA 86, 485.

Höchst umstritten sind die mit einem tatprovozierenden Verhalten **polizeilicher Lockspitzel** 17 zusammenhängenden Rechtsfragen (vgl. Pelchen KK[2] RN 78 ff. vor 48 StPO). Zunächst ist festzustellen, daß der Einsatz von polizeilichen V-Leuten zur Bekämpfung des organisierten Verbrechens zulässig ist (BVerfGE **57** 250, NJW **85**, 1767, BGH **32** 115, 121 ff. mwN), insb. um Rauschgiftverbrechen aufzudecken (vgl. auch BGH StV **84**, 4); eingehend zu diesen Fragen Rebmann NJW 85, 1, Drywa aaO, Diercks AnwBl. 87, 154, Meyer Jescheck-FS 1311 (rechtsvergleichend), Warner Kriminalistik 85, 291 (rechtsvergleichend). Zu den rechtsstaatlichen Grenzen vgl. BVerfG NJW **85**, 1767, NStZ **87**, 276. Solange sich ein tatprovozierendes Verhalten im Rahmen eines solchen Einsatzes darauf beschränkt, gegenüber bereits tatverdächtigen Personen etwa als Scheinkäufer aufzutreten, um deren latent vorhandenen Tatentschluß zu konkretisieren und sie dann in flagranti zu überführen, werden Bedenken nicht erhoben (BGH NJW **80**, 1761, GA **75**, 333, Körner StV 82, 382; and. Lüderssen Jura 85, 113 ff.; vgl. auch

Ostendorf/Meyer-Seitz StV 85, 80, die ein gesetzliches Verbot des polizeilichen Lockspitzel-Einsatzes befürworten). Nach der Rspr. soll es aber auch zulässig sein, einen Nichtverdächtigten als Mittel zur Verbrechensbekämpfung zu benutzen, also etwa zu veranlassen, mit Rauschgifthändlern Verbindung aufzunehmen, um der Polizei den Einstieg in einen Händlerring zu ermöglichen; hier ist die Zulässigkeit des Einsatzes bestritten (für die Zulässigkeit BGH NJW **81**, 1626, NStZ **85**, 131 m. Anm. Meyer; and. Dencker Dünnebier-FS 461 ff., Franzheim NJW 79, 2014, Mache StV 81, 599, Sieg StV 81, 636). Nur für den Fall, daß ein Nichtverdächtiger zur Tat verleitet wird, stellt sich die Frage, welche Folgen die Provokation auslöst; dabei ist gleichgültig, ob der Einsatz als solcher zulässig ist oder nicht. In der Rspr. wird hier teilweise ein Verfahrenshindernis wegen Verwirkung des staatlichen Strafanspruchs, teilweise ein übergesetzlicher Strafausschließungsgrund, teilweise ein Beweisverwertungsverbot eigener Art diskutiert. Die Frage ist bislang nicht endgültig geklärt (vgl. Bruns StV 84, 388). Der 1. Sen. (NJW **80**, 1761) hat ausgesprochen, daß die Nichtbeachtung der Grenzen tatprovozierenden Verhaltens durch einen Polizeispitzel, die allerdings nicht näher konkretisiert werden, als „ein dem Staat zuzurechnender Rechtsverstoß" wegen des Rechtsstaatsprinzips in das Strafverfahren in Gestalt eines Verfahrenshindernisses „hineinwirke" (vgl. jedoch NStZ **84**, 555); diese Ansicht hat der gleiche Sen. in einer späteren Entscheidung aufgegeben (NStZ **85**, 131 m. Anm. Meyer). Der 2. Sen. (NJW **81**, 1626; vgl. auch NStZ **84**, 519, **85**, 361) hat die Möglichkeit eines „zugunsten des Angekl." wirkenden Verfahrenshindernisses" mit der Begründung bejaht, der Staat würde sich dem Vorwurf widersprüchlichen Verhaltens aussetzen, wenn er es unternehme, den durch erhebliche Einwirkungen eines im Auftrag staatlicher Behörden tätigen agent provocateur vom Wege des Rechts abgebrachten Täter strafrechtlich zu verfolgen, um ihn wieder auf den Weg des Rechts zurückzuführen; auch dieser Sen. hat seine Meinung inzwischen geändert (NJW **86**, 76, vgl. auch NStZ **86**, 162) und erwägt jetzt eine Lösung unter Strafzumessungsgesichtspunkten. Der 3. Sen. (StV **81**, 276) und der 4. Sen. (NStZ **81**, 70, der diese Auffassung aufgegeben hat), haben sich jener Rspr. prinzipiell angeschlossen, ohne allerdings im konkreten Fall die Voraussetzungen eines Verfahrenshindernisses zu bejahen. Demgegenüber hat der 5. Sen. (NStZ **84**, 178) obiter dicens die Rspr. der anderen Sen. abgelehnt und zum Ausdruck gebracht, daß er dazu neige, in entspr. Fällen „einen aus dem Rechtsstaatsprinzip herzuleitenden Strafausschließungsgrund" zu bejahen. Nunmehr stellt der 1. Sen. (BGH **32** 345; siehe hierzu auch Bruns StV 84, 388 u. Schumann JZ 86, 66) alle bisher vertretenen Grundsätze schlechthin in Frage, indem er danach differenziert, ob der Angestiftete – generell tatbereit – nur die konkrete Gelegenheit wahrnimmt oder Personen durch die Provokation betroffen werden, die nicht von vornherein tatbereit sind. Nur im zweiten Fall soll, ohne Rücksicht darauf, ob der Spitzel seine Tätigkeit den Grenzen des Zulässigen angepaßt hat, eine Strafmilderung, gegebenenfalls eine Einstellung nach § 153 I StPO in Betracht kommen. Nachdem der GrS (BGH **33** 356) den Vorlagebeschluß des 2. Sen. (NJW **86**, 75) zwischenzeitlich wegen fehlender Vorlagevoraussetzungen (§ 137 GVG) abgelehnt hat, steht eine klärende Stellungnahme weiterhin aus. In seinem Beschluß bemerkt der GrS lediglich, daß die unzulässige Einflußnahme eines V-Mannes nach der derzeitigen Rspr. des BGH kein Verfahrenshindernis begründen könne. Zur Entwicklung der Rspr. vgl. Herzog NStZ 85, 153, Meyer NStZ 85, 134, Schünemann StV 85, 424 ff. Die Meinungen in der Lit. sind ebenfalls kontrovers. So wird etwa unter Bezugnahme auf das amerikanische „estoppel"-Prinzip ein Verfahrenshindernis angenommen (Lüderssen Peters-FS 349 ff., Seelmann ZStW 95, 797 ff.), teilweise ein Strafausschließungsgrund bejaht oder wenigstens de lege ferenda ein Beweisverbot in Anlehnung an § 136a StPO vertreten (vgl. Berz JuS 82, 416, Franzheim NJW 79, 2014, Seelmann ZStW 95, 825). Ferner wird ein „Sonderopfer" des Angestifteten, das bis zum Absehen von Strafe führen kann, diskutiert (vgl. Puppe NStZ 86, 406 unter Bezugnahme auf BGH NStZ **86**, 162). Da in Fällen dieser Art die materiellen Voraussetzungen einer strafbaren Handlung unbestritten vorliegen und ein Strafausschließungsgrund nicht deshalb in Betracht kommen kann, weil der Täter durch ein staatliches Organ provoziert wurde, kann die Lösung der Frage nur auf prozessualem Gebiet erfolgen. Der Staat, der Strafen im Interesse der Rechtsgemeinschaft und um des Rechtsgüterschutzes willen verhängt, schafft keinen straffreien Raum für den Fall, daß einer seiner Repräsentanten eine Straftat provoziert. Er kann daher nur an deren Verfolgung gehindert sein.

18   4. Die vom Angestifteten **ausgeführte Tat muß** dem **Vorsatz** des Anstifters in ihren wesentlichen Merkmalen **entsprechen,** um diesem zugerechnet zu werden. Soll z. B. der zum Meineid Angestiftete eine falsche Darstellung der Ereignisse geben, sagt er aber nur wahrheitswidrig aus, er wisse nichts über das Beweisthema, so liegt darin nur eine unwesentliche Abweichung (BGH LM Nr. **37** zu § 154), ebenso, wenn der Angestiftete wider Erwarten die Tat in Mittäterschaft mit einem Dritten begeht oder eine andere Alternative des gleichen Tatbestandes verwirklicht (BGH **23** 39 m. Anm. Dreher JR 70, 146). Vgl. zu diesen Fragen Montenbruck ZStW

84, 323. **Tut** der **Angestiftete weniger,** als er nach dem Willen und der Vorstellung des Anstifters tun soll, so haftet der Anstifter nur hinsichtlich dessen, was tatsächlich verwirklicht wurde (BGH **1** 133), es sei denn, daß die Voraussetzungen des § 30 vorliegen (vgl. dort RN 39); vgl. Baumann JuS 63, 134. Dies folgt aus Gründen der Akzessorietät der Teilnahme (vgl. 21 ff. vor § 25). Geht der Täter über das hinaus, was der Anstifter eingehalten wissen wollte (sog. **Exzeß**), so haftet der Anstifter hierfür nicht; insoweit handelt es sich um ein Vorsatzproblem (vgl. 43 vor § 25). Bei **erfolgsqualifizierten Delikten** haftet der Anstifter für den Erfolg nur dann, wenn ihm in bezug auf diesen wenigstens Fahrlässigkeit zur Last fällt (vgl. 34 vor § 25, § 18 RN 7); dabei ist es gleichgültig, ob auch den Haupttäter ein Fahrlässigkeitsvorwurf trifft (BGH **19** 341 m. zust. Anm. Cramer JZ 65, 32). Hat z. B. der Anstifter eine Körperverletzung veranlassen wollen, während der Täter Tötungsvorsatz gefaßt hat, so ist der Anstifter bei Fahrlässigkeit bzgl. des Erfolges aus § 226 zu bestrafen (BGH **2** 225). Zur Frage des aliud beim Haupttäter vgl. o. 6.

5. Ein **error in obiecto** des **Täters,** der für diesen unbeachtlich ist (vgl. § 15 RN 58), ist nach h. M. auch für den **Anstifter unbeachtlich** (Pr. Obertribunal GA Bd. **7** 322: Fall Rose-Rosahl, RG **70** 296, BGH NJW **91**, 933 m. Anm. Puppe NStZ 91, 124, M-Gössel II 353f., D-Tröndle 15, Baumann JuS 63, 135, Loewenheim JuS 66, 314, Welzel 75, 117). Dieser Auffassung ist jedenfalls dann zuzustimmen, wenn der Anstifter – wie in der Regel – dem Täter die Individualisierung des Opfers überläßt. Beschreibt z. B. der Anstifter die Person des Opfers nach bestimmten Merkmalen, die der Täter seiner Individualisierung zugrunde legt, so entspricht das Vorstellungsbild des Anstifters dem Geschehen am Tatort, d. h. der Anstifter stellt sich vor, daß der Täter eine Person tötet, auf die nach des Täters Vorstellung die Beschreibung paßt. Unterläuft dem Täter ein Fehler bei der Individualisierung, so muß der Anstifter sich dieses Ergebnis zurechnen lassen. Eine im Vordringen befindliche Meinung behandelt den error in obiecto des Täters als aberratio ictus des Anstifters und bestraft wegen Anstiftung zum Versuch (Blei I 285, Schmidhäuser I 316, Stratenwerth 104 f.) oder wegen versuchter Anstiftung (Bemmann MDR 58, 821, Hillenkamp aaO 63 ff., Jescheck 624, Letzgus, Vorstufen der Beteiligung [1972] 54 ff., Roxin LK 26, Sax ZStW 90, 946, Rudolphi SK § 16 RN 30, Schreiber JuS 85, 877), gegebenenfalls in Tateinheit mit fahrlässiger Tötung (dagegen Puppe NStZ 91, 124). Richtet sich die Tat versehentlich gegen ein Rechtsgut des Anstifters, so führt die Tatsache, daß er insoweit als Täter nicht tatbestandsmäßig würde handeln können, dazu, daß in seiner Person kein Unrecht vorliegt. Stiftet z. B. A den B zur Körperverletzung des X an, begeht jedoch B in der Dunkelheit die Tat an A, so kommt nur eine Anstiftung zum Versuch nicht aber eine Anstiftung zur vollendeten Tat in Betracht (vgl. Roxin TuT 268f., Puppe NStZ 91, 125; a. A. BGH **11** 268 m. Anm. Schröder JR 58, 427, 23. A.).

IV. Die Anstiftung setzt weiter voraus, daß die Handlung des Haupttäters eine vorsätzlich begangene rechtswidrige Tat darstellt **(Akzessorietät).** Zu den sich hieraus ergebenden Fragen vgl. 21 ff. vor § 25. Danach gilt:

1. Die Haupttat muß **alle das Unrecht verkörpernden Elemente** aufweisen. Sie muß die objektiven wie subjektiven (Absichten, Tendenzen) Tatbestandsmerkmale erfüllen und vorsätzlich begangen sein. Setzt ein Straftatbestand eine objektive Bedingung der Strafbarkeit voraus, so muß auch sie eingetreten sein. Einzelheiten hierzu bei 27 ff. vor § 25. Schuldhaft braucht die Haupttat nicht begangen zu sein; vgl. 36 f. vor § 25.

2. Anstiftung ist auch zu **(echten) Sonderdelikten** möglich, d. h. solchen, die der Anstifter als Täter nicht hätte begehen können, weil ihm die Täterqualität fehlt; vgl. § 25 RN 44, 48. So kann z. B. der Extraneus wegen Anstiftung zu einem echten Amtsdelikt (z. B. § 336) strafbar sein. Da dies wegen der Akzessorietät zu der Konsequenz führt, daß der Anstifter, ohne selbst Täter sein zu können, der gleichen Strafdrohung unterliegt wie der Täter, hat § 28 I für diese Fälle eine obligatorische Strafmilderung nach Maßgabe des § 49 I angeordnet. Vgl. § 28 RN 1, 8 und Cortes Rosa ZStW 90, 413.

3. Möglich ist weiterhin eine Anstiftung zu **eigenhändigen Delikten;** vgl. § 25 RN 48, 25 vor § 25. Die Eigenhändigkeit ist allerdings kein besonderes persönliches Merkmal i. S. v. § 28 (vgl. dort RN 19 a. E.), so daß eine Strafmilderung nicht in Betracht kommt.

4. Fehlt es an einem Verbrechen als Haupttat oder begeht der Haupttäter weniger als ihm angesonnen, so kommt § 30 in Betracht **(versuchte Anstiftung).**

V. Auf den Anstifter sind dieselben **Strafdrohungen** anzuwenden wie auf den Täter. Die für Amtsträger bestehende Sondervorschrift des § 357 geht aber der allgemeinen Strafdrohung für die Anstiftung vor (RG **68** 92). Über die Teilnahme an der Straftat mehrerer Personen, für die das Gesetz verschiedene Strafdrohungen vorsieht, vgl. 50 vor § 25. Zu der Möglichkeit einer Strafmilderung bei **besonderen persönlichen Merkmalen** vgl. die Erl. zu § 28.

Über den **Rücktritt** des Anstifters vgl. § 24 RN 73 ff.

27 VI. **Ort der Begehung** einer Teilnahme ist nach § 9 II u. a. sowohl der Ort, an dem der Teilnehmer gehandelt hat, wie auch jeder Ort, an dem einer der Erfolge der Teilnehmerhandlung eingetreten ist, also insb. auch der Tatort der Haupttat.

28 **Tatzeit** der Anstiftung ist nach § 8 die der eigentlichen Anstiftertätigkeit; daher kommt es z. B. für die Bestimmung des anzuwendenden Rechtes, für die Anwendung eines StFG (LG Kassel NJW **56**, 35) sowie für die allgemeinen Verbrechensvoraussetzungen beim Anstifter nicht darauf an, wann die Haupttat begangen worden ist. Anders bei der Verjährung, die die Möglichkeit der Strafverfolgung voraussetzt (vgl. § 78 b I).

§ 27 Beihilfe

(1) **Als Gehilfe wird bestraft, wer vorsätzlich einem anderen zu dessen vorsätzlich begangener rechtswidriger Tat Hilfe geleistet hat.**

(2) **Die Strafe für den Gehilfen richtet sich nach der Strafdrohung für den Täter. Sie ist nach § 49 Abs. 1 zu mildern.**

Schrifttum: Vgl. die Angaben zu den Vorbem. zu §§ 25 ff.

1–3 I. Beihilfe ist die **vorsätzliche Unterstützung** einer **fremden, vorsätzlich begangenen** und **rechtswidrigen Tat**. Im Gegensatz zum alten Recht spricht das Gesetz nur noch von „**Hilfeleistung**", ohne die Mittel der Beihilfe, die bisher mit „Rat und Tat" umschrieben waren, näher zu kennzeichnen. Eine sachliche Änderung des Anwendungsbereichs der Beihilfevorschrift ist damit nicht verbunden. Ganz **verselbständigt** ist die Beihilfe z. B. in §§ 120, 354 II Nr. 3, 357 (vgl. Sommer JR 81, 490). An diesen Beihilfedelikten ist wiederum Beihilfe möglich.

4 II. Umstritten ist das **Wesen** der Beihilfe. Der Streit betrifft im wesentlichen die Frage der Ursächlichkeit der Beihilfe (eingehend hierzu Roxin LK 3 ff., Vogler Heinitz-FS 295, Samson SK 4 ff., Peters-FS 121 ff., Dreher MDR 72, 553, Jakobs 556 ff.).

5 1. Für die Lösung des Problems, ob für die Beihilfe nur eine Förderung der **Handlung** des Haupttäters ausreicht oder ein ursächlicher Beitrag zur **Tatbestandsverwirklichung** notwendig ist, dürften folgende Gesichtspunkte ausschlaggebend sein:

6 a) Der Begriff **Hilfeleistung** ist farblos. Er sagt jedenfalls nicht mit der Deutlichkeit, wie dies in § 26 durch die Formulierung „zur Tat bestimmt hat" geschieht, darüber etwas aus, welche Anforderungen unter dem Gesichtspunkt der Kausalität an die Beihilfehandlung zu stellen sind. Daher sind vom Wortlaut her mehrere Deutungen möglich.

7 α) Man kann zunächst, wie es das Schrifttum überwiegend tut, fordern, daß der Tatbeitrag des Gehilfen für die **Haupttat ursächlich** geworden ist, d. h. zumindest die Art und Weise ihrer Durchführung beeinflußt hat (Jescheck 628 f., Spendel Dreher-FS 185, M-Gössel II 358 f., Seebald GA 69, 208, Dreher MDR 72, 556, Samson aaO 84 [mit modifizierter Anwendung der Äquivalenztheorie, 86], vgl. auch Samson Peters-FS 121 ff.).

8 β) Man könnte sich mit der Rspr. auf den Standpunkt stellen, daß der Gehilfenbeitrag nur die **Handlung** des Haupttäters **gefördert** zu haben, aber nicht ursächlich für die Haupttat selbst gewesen zu sein braucht (vgl. z. B. RG **58** 113, **67** 193, **71** 178, **73** 54, BGH **2** 130, VRS **8** 199, MDR/D **72**, 16, Bay **59**, 138, Stuttgart NJW **50**, 118, Hamburg JR **53**, 27). Beihilfe erfordert danach eine Handlung, welche die Rechtsgutsverletzung des Haupttäters ermöglicht oder verstärkt oder ihre Durchführung erleichtert, die Tat also fördert (BGH NStZ **85**, 318, MDR/D **72**, 16, Bay **84**, 8, Karlsruhe NStZ **85**, 78). Dieser Auffassung stimmen zu Baumann/Weber 571 f., JuS 63, 57, 136, Sauer AT 223, Herzberg GA 71, 6. Zur Entwicklung der Rspr. vgl. Samson aaO 57 ff., der zu Recht darauf hinweist, daß diese Rspr. insb. der Überwindung von Beweisschwierigkeiten dient, was vor allem bei der psychischen Beihilfe und der Beihilfe durch Unterlassen Bedeutung erlangt (Samson aaO 58 ff.).

9 γ) Denkbar ist schließlich auch, den Strafgrund der Beihilfe in der **Risikoerhöhung** für den Erfolg der Haupttat zu sehen (Schaffstein Honig-FS 169, dagegen Samson Peters-FS 125 f.); die Beihilfe wird danach zu einem konkreten Gefährdungsdelikt (Samson SK 8). Ähnlich, jedoch nicht auf den Erfolg, sondern schon auf die Handlung des Täters abstellend, Vogler Heinitz-FS 308. Diese Meinung entspricht der von der objektiven Eignung bei § 257 (vgl. dort RN 15); dagegen Samson aaO 203, Dreher MDR 72, 553. Schließlich sieht Herzberg (GA 71, 7) die Beihilfe als abstraktes Gefährdungsdelikt, das mit der Hilfeleistung erfüllt sei; diese Auffassung erscheint jedoch wenig praktikabel, weil nicht definiert wird, was unter „Hilfe" zu verstehen ist (zutr. Samson aaO 82 und Peters-FS 126 f., krit. auch Vogler Heinitz-FS 301).

10 b) Da der Wortlaut keine eindeutige Entscheidung ermöglicht, ist diese aus dem Strafgrund der Teilnahme abzuleiten. Teilnahme ist nach der herrschenden Verursachungstheorie (vgl. 17 vor § 25) Mitwirkung an fremdem Unrecht. An einer solchen fehlt es, wenn der Teilnehmer

keinen kausalen Beitrag zur fremden Tatbestandsverwirklichung geleistet hat. Wird auf die **Kausalität** der **Hilfeleistung** als Voraussetzung für die Beihilfe verzichtet, so läuft dies praktisch darauf hinaus, in § 27 in Gestalt eines (konkreten oder abstrakten) Gefährdungsdelikts ein selbständiges Teilnehmerdelikt zu sehen (dagegen 20 vor § 25), das etwa der Hilfeleistung i. S. v. § 257 vergleichbar wäre. Dies würde auf die Bestrafung auch der nur versuchten Beihilfe hinauslaufen und dem Verständnis der Beihilfe widersprechen (zust. Vogler Heinitz-FS 302). Außerdem würde sie die einheitliche Grundstruktur von Anstiftung und Beihilfe aufgeben. Aus der Aufhebung des § 49a III a. F., der das entscheidende Argument gegen die Lehre von der nichtkausalen Beihilfe bildete, kann nichts Gegenteiliges abgeleitet werden. Da überdies für die Beihilfe ein Zusammenwirken zwischen Täter und Teilnehmer nicht erforderlich ist, kann auf das Merkmal der Kausalität für die Haupttat und damit auf eine objektive Qualität des Gehilfenbeitrags nicht verzichtet werden. Kausalität i. S. v. § 27 liegt auch vor, wenn der Gehilfenbeitrag z. B. dafür sorgt, daß der Schaden geringer ist als vom Haupttäter ursprünglich beabsichtigt; dies ergibt sich aus der Äquivalenztheorie, die nur erfordert, daß die Handlung für den Schaden in seinem konkreten Umfang kausal geworden ist. Daher ist Samson (SK 10, Peters-FS 134f.), wonach die Beihilfe nur solche Handlungen umfaßt, die die durch „die Haupttat verursachte Rechtsgutverletzung ermöglichen oder verstärken oder dem Haupttäter die Durchführung der Tat erleichtern", in der Begründung nicht zuzustimmen. Wohl aber kann in Fällen der **Risikoverringerung** der geringere Erfolg dem Gehilfen nicht angerechnet werden (Stuttgart NJW **79**, 2573 m. Anm. Müller JuS 81, 258f., vgl. 94 vor § 13); zum Parallelproblem bei der Anstiftung vgl. § 26 RN 6.

2. Der Begriff der Hilfeleistung, der jetzt auch bei der Begünstigung auftaucht (vgl. § 257 **11** RN 15ff.), muß anders ausgelegt werden als bei § 257. Dies ergibt sich daraus, daß der Gesetzgeber durch die Neufassung der Beihilfevorschrift deren sachlichen Anwendungsbereich – mit Ausnahme der Einschränkung der Beihilfe auf die Teilnahme an vorsätzlicher Tat – nicht einengen, andererseits den der Begünstigung insoweit nicht ausdehnen wollte. Deswegen gibt es nach wie vor eine psychische Beihilfe, während etwa die Bestärkung des Entschlusses zum Verstecken der Beute noch nicht als Begünstigung bewertet werden kann (vgl. § 257 RN 20).

a) Nach wie vor ist zwischen **psychischer** oder **intellektueller** und **physischer** Beihilfe zu **12** unterscheiden (Samson SK 11ff.). Die frühere Nennung der Beihilfemittel als Rat oder Tat (§ 49 a. F.) hat auch jetzt noch Bedeutung. Rat bedeutet in diesem Zusammenhang jede geistige Unterstützung. Auch in der Stärkung des Entschlusses des Täters kann eine Beihilfe liegen (RG **73** 53, BGH VRS **23** 208, **59** 186, MDR/D **67**, 173, Stuttgart NJW **50**, 118), z. B. durch Vermittlung des Gefühls erhöhter Sicherheit durch Anwesenheit am Tatort (BGH MDR/D **67**, 173, JZ **83**, 462 m. Anm. Sieber JZ 83, 431, BGH NStE **Nr. 3**). Zur Abgrenzung zwischen Anstiftung und psychischer Beihilfe vgl. § 26 RN 6 sowie Engisch v. Weber-FS 269; zur Alternativfeststellung zwischen Anstiftung und psychischer Beihilfe vgl. Hruschka JA 83, 177. Psychische Beihilfe kann z. B. durch die Zusage späterer Hehlerei bzgl. der Beute begangen werden (BGH **8** 390). Auch einem zur Begehung seiner Tat bereits entschlossenen Täter kann noch psychische Beihilfe geleistet werden (BGH NJW **51**, 451). So leistet der Ehebrecher, der die Mitschuldige in ihrem Scheidungsprozeß darin bestärkt, bei ihrer Zeugenaussage das Verhältnis zu ihm zu verschweigen, Beihilfe zum Meineid durch positives Tun (RG HRR **38** Nr. 629). Andererseits ist nicht erforderlich, daß der Haupttäter schon zur Tat entschlossen ist; es reicht aus, wenn der Gehilfe seinen Beitrag „für alle Fälle" zur Verfügung stellt. Krit. zur psychischen Beihilfe, die nicht in einer technischen Rathilfe (Anleitung zur Tatdurchführung, Hinweis auf Einbruchsmöglichkeiten usw.), sondern in der „Bestärkung des Tatentschlusses" besteht, Samson aaO 189ff. u. SK 14f.

Die Beihilfe braucht nicht zur unmittelbaren Ausführung der Haupttat geleistet zu sein oder **13** sich auf ein Tatbestandsmerkmal der Haupttat zu erstrecken (RG **67** 193). Es genügt, daß sie zu bloßen **Vorbereitungshandlungen** der Tat geleistet ist, sofern nur die Haupttat mindestens zu einer strafbaren Versuchshandlung führt (RG **59** 379, **61** 361, DR **41**, 987 m. Anm. Bockelmann, Jakobs 559). Beihilfe leistet z. B. auch, wer im Auftrag des Täters nachprüft, ob die Mittel zur Tat in Ordnung sind (RG **71** 188). Durch das Mitwirken in einer „Bande" (Bandenschmuggel) ist nicht ohne weiteres Mittäterschaft gegeben; es kann auch Beihilfe vorliegen (BGH **8** 70, 205); vgl. dazu § 244 RN 27. Zur Frage inwieweit Beihilfe durch neutrale Handlungen möglich ist vgl. Meyer-Arndt wistra 89, 281.

b) Zwischen Haupttäter und Gehilfen braucht **keine Willensübereinstimmung** zu bestehen, **14** d. h. der Gehilfe ist auch dann strafbar, wenn er den Haupttäter ohne dessen Wissen unterstützt, indem er z. B. der Tatausführung entgegenstehende Hindernisse aus dem Weg räumt.

c) Die Beihilfe **durch Unterlassen** setzt voraus, daß eine Rechtspflicht zum Tätigwerden **15** bestand (BGH MDR/H **85**, 89, Jescheck 630f.). Sie kann sich aus den gleichen Tatbeständen ergeben wie bei der täterschaftlichen Begehung unechter Unterlassungsdelikte (vgl. § 13 RN 17ff.), z. B. aus vorausgegangenem Tun (BGH NJW 53, 1838, Köln NJW 73, 861). Es muß dabei festgestellt werden, durch welche konkrete Handlung die Tat hätte verhindert werden können, ob gerade dieses Verhalten zumutbar war usw. (vgl. Köln aaO). Beihilfe durch Unterlassen ist es z. B., wenn ein Gefangenenaufseher die Gefangenen während der Außenarbeit nicht an der Begehung von Diebstählen hindert (RG 53 292). Möglich ist auch eine Beihilfe zum Meineid durch Unterlassen; vgl. 98 vor § 25. Zur Frage, ob eine Steuerhinterziehung an einem umsatzsteuerpflichtigen Geschäft als Beihilfe zur Umsatzsteuerhinterziehung betrachtet werden kann vgl. BGH wistra 88, 261. Vgl. zum Ganzen Ranft ZStW 97, 268. (Schreiten Polizeibeamte gegen ein Deliktvorhaben erst nach dessen Versuch ein, so gelten die zum agent provocateur entwickelten Grundsätze (vgl. § 26 RN 16, BGH MDR/D 68, 727).

16 Auch bei der Beihilfe durch Unterlassen ist „**Kausalität**"(vgl. 139 vor § 13) in dem Sinne notwendig, daß durch das Einschreiten erreicht worden wäre, daß die Tat nicht oder nicht so hätte begangen werden können (vgl. auch Roxin LK 27). Demgegenüber läßt die Rspr. auch hier ausreichen, daß der Gehilfe in der Lage ist, ihre Vollendung durch seine Tätigkeit zu erschweren (RG **71** 178, **73** 54, BGH NJW **53**, 1838).

17 d) Ebenso wie eine sukzessive Mittäterschaft ist auch Beihilfe möglich, bis die Haupttat **beendet** ist, u. U. also auch über die tatbestandliche Vollendung hinaus (RG **67** 193, **71** 194, BGH **6** 248, VRS **16** 267, NJW **85**, 814, NStE **Nr. 1**, Köln NJW **56**, 154, Baumann/Weber 573; krit. Gallas ZAkDR 37, 438, Isenbeck NJW 65, 2326, Samson SK 18, Roxin LK 22, Jakobs 560; vgl. auch § 25 RN 91 ff.). Nach der Tatbeendigung ist eine Teilnahme nicht mehr möglich, auch wenn der Gehilfe davon ausgeht, daß die Tat noch beendet werden könne (BGH NJW **85**, 814: Straflose versuchte Beihilfe; JZ **89**, 759; vgl. Küper JuS 86, 862). Zur Abgrenzung von der Begünstigung vgl. Laubenthal Jura 85, 630; § 257 RN 7f. Bei **Dauerdelikten** ist Beihilfe durch Handlungen möglich, die der Aufrechterhaltung des Deliktszustandes dienen. Leistet der Gehilfe seinen Tatbeitrag erst nach Beginn der Tat, so sollen ihm durch den Täter vorher verwirklichte erschwerende Umstände zuzurechnen sein (RG **52** 202, BGH **2** 346), sofern der erschwerende Umstand in der weiteren Durchführung der Tat fortwirkt.

18 3. **Beihilfe zur Beihilfe** ist Beihilfe zur Haupttat (RG **23** 306, **59** 396, Hamburg JR **53**, 27). Zwar mag es dem Gehilfen nur darauf ankommen, dem Unterstützten die Möglichkeit zur Teilnahme zu geben, jedoch weiß er, daß sein Handeln auf diesem Wege auch der Förderung der Haupttat dient, was für den Gehilfenvorsatz ausreicht (and. [Beihilfe nur zur Teilnahme] Martin DRiZ 55, 290; vgl. auch Herzberg GA 71, 1). Eine doppelte Herabsetzung der Strafe bei der Beihilfe zur Beihilfe ist daher unzulässig (RG **23** 300, Jescheck 631). Entsprechendes gilt für die Anstiftung zur Beihilfe, sie ist Förderung der Haupttat und damit Beihilfe. Dagegen ist die Unterstützung des Anstifters keine mittelbare Beihilfe zur Haupttat, sondern unmittelbare Beihilfe zur Anstiftung, weil der Tatbeitrag die Ausführung der Tat nicht fördert (vgl. RG **14** 318; and. Samson SK 50 vor § 26: Beihilfe).

19 III. Für die Beihilfe ist **Vorsatz** erforderlich. Bedingter Vorsatz genügt (RG **72** 24); nach BGH StV **85**, 100 liegt dieser vor, wenn der Gehilfe nach den ihm bekannten Umständen nicht mehr auf ein Ausbleiben der Tatverwirklichung vertrauen konnte (vgl. BGH NJW **90**, 1055). Der Gehilfe muß wissen, daß er eine bestimmte fremde Tat unterstützt (RG **72** 24) und daß es mit Hilfe seines Beitrags zur Vollendung des Delikts kommen wird (BGH MDR/H **85**, 284), auch wenn ihm der Eintritt des Erfolges an sich unerwünscht ist (BGH MDR **89**, 305). Strafbare Beihilfe erfordert einen auf den Erfolg der Haupttat gerichteten Willen (RG **60** 23, 24); an diesem fehlt es, wenn jemand die Verkaufsverhandlungen beim Rauschgifthandel nur äußerlich fördert und fördern will, bis es ihm gelingt, den Rauschgifthändler der Polizei zuzuspielen (BGH MDR/D **73**, 554). Er muß die wesentlichen Merkmale des vom Täter zu verwirklichenden strafbaren Tuns erkennen (RG HRR 37 Nr. 1474, BGH GA **67**, 115, vgl. Eser II 202). Einzelheiten der Tat braucht der Gehilfe nicht zu kennen (BGH GA **81**, 133); er braucht nicht zu wissen, wann, wo, gegenüber wem und unter welchen besondern Umständen die Tat ausgeführt werden wird, z. B. beim Diebstahl nicht, welche Gegenstände gestohlen werden; vgl. entspr. für Schmuggel Köln GA **59**, 185. Auch braucht er von der Person des Täters keine genaue Kenntnis zu haben (BGH **3** 65). Soweit er Kenntnis von der Willensrichtung des Täters haben muß, braucht sie sich nicht weiter zu erstrecken, als der Wille des Täters selbst gehen muß (OGH **3** 41). Der Gehilfenvorsatz wird nicht dadurch ausgeschlossen, daß der Gehilfe dem Täter gegenüber erklärt, er mißbillige das mit seiner Unterstützung durchgeführte Unternehmen und überlasse dem Täter allein die Verantwortung (RG **56** 170, Stuttgart NJW **50**, 118, Bay **51**, 195). Zum Vorsatz bei der Beihilfe durch Unterlassen vgl. Oldenburg NdsRpfl. **51**, 75; zum Nachweis des Vorsatzes bei der Beihilfe zum Betrug vgl. BGH wistra **90**, 20.

1. Erfüllt die Haupttat die Voraussetzungen eines anderen als des vom Gehilfen ins Auge 20
gefaßten Tatbestandes, so kann fraglich sein, wann ein **Exzeß** des Haupttäters (vgl.
dazu 43 vor § 25) vorliegt und wann die Tat sich noch im Rahmen des Gehilfenvorsatzes hält. Dafür sind folgende Grundsätze maßgeblich:

a) Hat der Haupttäter zwar ein **anderes Delikt** begangen, sind aber in diesem die Vorausset- 21
zungen des vom Vorsatz des Gehilfen umfaßten enthalten, so haftet letzterer wegen Beihilfe zur vorgestellten Tat. So z. B., wenn der Haupttäter statt des Diebstahls einen Raub oder statt des Betruges eine mit einer betrügerischen Täuschung gekoppelte Erpressung begeht (BGH **11** 66; vgl. auch Lang-Hinrichsen Engisch-FS 378).

b) Anders liegt es, wenn sich die Haupttat als ein völliges **aliud** gegenüber dem Tatplan 22
darstellt, so z. B., wenn der Täter die geliehene Eisenstange statt zur Körperverletzung zum Einbruch benutzt oder wenn er in dem Raum, den er mit dem vom Gehilfen gelieferten Schlüssel geöffnet hat, statt des vorgestellten Diebstahls eine Urkundenvernichtung begeht. Im ersten Fall ist nur ein strafloser Beihilfeversuch gegeben, im zweiten nur eine Beihilfe zum Hausfriedensbruch.

c) Zweifelhaft sind die Fälle, in denen eine **tatbestandliche Verwandtschaft** zwischen dem 23, 24
vorgestellten und dem ausgeführten Delikt besteht (z. B. räuberische Erpressung statt Raub, Diebstahl statt Betrug), ohne daß die Voraussetzungen des einen in dem anderen mitliegen und damit die Einbeziehung der begangenen Tat möglich ist. Wo das nicht der Fall ist, sind die Grenzen für die Annahme vollendeter Beihilfe eng zu ziehen. Es handelt sich insoweit um ein Problem der Wesentlichkeit der Abweichung (Baumann/Weber 565ff., vgl. aber RG **67** 344; auch eine Wahlfeststellung kommt in Betracht).

2. Am Gehilfenvorsatz fehlt es, wenn der Gehilfe weiß oder glaubt, daß sein Tun kein 25
taugliches Mittel zur Förderung der Haupttat ist (RG **60** 23, BGH MDR/D **54**, 335; vgl. RG **44** 174); hier liegt eine dem agent provocateur vergleichbare Situation vor (ebenso Samson SK 19; vgl. § 26 RN 16). Der Gehilfenvorsatz fehlt z. B. demjenigen, der bewußt ein **untaugliches Mittel** zu einer (versuchten) Straftat liefert (RG JW **33**, 1727). Bei einer versuchten Abtreibung muß der Gehilfe mindestens damit rechnen, daß das Abtreibungsunternehmen nicht bloß von einer wirklich schwangeren Frau, sondern auch mit einem dafür geeigneten Mittel ins Werk gesetzt werde (RG **56** 27, 170). Bleibt die Haupttat gegen den Willen des Gehilfen Versuch, so ist aber eine strafbare Beihilfe möglich.

IV. Die Beihilfe ist nur strafbar, wenn der Haupttäter **vorsätzlich** eine **rechtswidrige Tat** 26
begeht (**Akzessorietät**); vgl. hierzu 27 ff. vor § 25. Nach dem Wegfall der Übertretungen, zu denen nach früherem Recht Beihilfe ausgeschlossen war (vgl. § 49 a. F.), kommt als Haupttat jede Straftat in Betracht. Soweit die früheren Übertretungen zu Ordnungswidrigkeiten umgestaltet sind (vgl. § 111ff. OWiG), ist eine Beteiligung an ihnen ahndbar (vgl. § 14 OWiG; krit. hierzu Cramer NJW 69, 1929).

1. Zur Bestrafung wegen Beihilfe ist eine genaue Feststellung der Person des Haupttäters 27
nicht erforderlich (Hamburg JR **53**, 27). Wie bei § 26 (vgl. dort RN 11) ist es ausreichend, wenn dem Gehilfen nachgewiesen wird, daß er eine fremde Tat unterstützt hat. An deren rechtlicher Beurteilung in einem früheren Verfahren ist der Richter im Verfahren gegen den Gehilfen nicht gebunden (vgl. RG **58** 290).

2. Zweifelhaft sind die Fälle, in denen der **Gehilfe** eine die Tat **qualifizierende** Voraussetzung 28
ohne Wissen des Haupttäters verwirklicht, z. B. bei § 244 Nr. 1, 2 eine Waffe bei sich führt. Hier ist zu unterscheiden:

a) Soweit es sich um Bestimmungen mit **eigenem Tatbestandscharakter** handelt, gilt der 29
Grundsatz der **Akzessorietät**. Kann der Haupttäter aus dem qualifizierenden Tatbestand nicht verurteilt werden, so ist die eigene Verwirklichung des qualifizierenden Umstandes durch den Gehilfen nur im Rahmen der Strafzumessung von Bedeutung.

b) Handelt es sich um Erschwerungsumstände, die als **Regelbeispiele** ausgestaltet sind (z. B. 30
§§ 113 II, 125 a Nr. 1, 2), so gilt der Grundsatz der Akzessorietät unmittelbar nicht, jedoch ist er analog anwendbar, sofern es sich um Umstände handelt, die tatbezogen sind (vgl. § 28 RN 9). Führt daher der Täter eines Landfriedensbruchs eine Waffe bei sich, so führt dies grundsätzlich auch beim Teilnehmer zur Anwendung des § 125 a. Nimmt dagegen umgekehrt nur der Teilnehmer eine Waffe mit, ohne daß der Täter es weiß, so kann der Akzessorietätsgrundsatz keine Anwendung finden, da die Struktur der Regelbeispiele eine selbständige Bewertung der Teilnahme möglich macht. Auf den Teilnehmer ist daher § 125 a anwendbar, wobei dahinstehen kann, ob dieser Fall unmittelbar als Regelbeispiel anzusehen oder ob er in die sonstigen besonders schweren Fälle einzuordnen ist.

c) Soweit das Gesetz die erschwerenden Umstände überhaupt nicht charakterisiert (**beson-** 31
ders schwerer Fall), ist anzuerkennen, daß das Gericht in der Einordnung der Täterschaft und

Cramer

Teilnahme nach Strafzumessungskriterien völlig frei ist, also beim Gehilfen einen besonders schweren Fall annehmen kann, ohne daß ein solcher beim Haupttäter vorliegen müßte.

32 **V.** Die **Strafe** für die Beihilfe richtet sich nach der Strafdrohung für den Täter, jedoch ist die Strafe nach Maßgabe des § 49 I zu mildern. Diese **Strafmilderung** ist im Gegensatz zum früheren Recht obligatorisch. Bei einem minder schweren Fall ist eine doppelte Strafmilderung geboten, vgl. BGH NStZ **88,** 128. Zu Einzelheiten vgl. die Erläuterungen bei § 49.

33 **VI.** Der **Versuch** der **Beihilfe** ist straflos. § 49a III a. F., der eine Bestrafung bei Verbrechen ermöglichte, wurde 1953 gestrichen. Über den Rücktritt des Gehilfen vgl. § 24 RN 73ff.

34 **VII.** Für **Ort** und **Zeit** der Beihilfe gilt das zu § 26 RN 27f. Gesagte entsprechend.

35 **VIII.** Bei der Beihilfe zu **mehreren Haupttaten** oder bei **mehrfacher Beihilfe** gilt folgendes:

36 1. Fördert der Gehilfe durch eine Handlung **mehrere Haupttaten** eines oder mehrerer Haupttäter, so liegt nur eine einzige Beihilfe vor (RG **70** 26), auf die u. U. die Regeln der Idealkonkurrenz anzuwenden sind.

37 2. Fördert der Gehilfe nur einen **Einzelakt einer Fortsetzungstat**, so fällt ihm nur Beihilfe zu diesem (nicht zur ganzen fortgesetzten Handlung) zur Last (RG **56** 328). Bei der Unterstützung mehrerer Einzelakte kann die Beihilfe in Fortsetzungszusammenhang oder in Realkonkurrenz stehen (RG HRR **39** Nr. 714).

38 3. **Mehrere Hilfeleistungen zu einer Haupttat** werden regelmäßig in Fortsetzungszusammenhang stehen, jedoch ist Realkonkurrenz möglich (Celle HannRpfl. **47,** 51, Roxin LK 36 ff.). Fortsetzungszusammenhang der Beihilfe ist auch dann möglich, wenn Haupttaten mehrerer oder desselben Täters durch mehrere Hilfeleistungen unterstützt werden (RG **70** 349). Dagegen ist Fortsetzungszusammenhang zwischen Beihilfe und Täterschaft ausgeschlossen (RG **67** 139, 407). Möglich ist jedoch Idealkonkurrenz zwischen Beihilfe und Mittäterschaft, wenn – echte Sonderdelikte – bei einem einzelnen Tatbestand Täterschaft ausscheidet (vgl. Roxin TuT 359, Hoffmann NJW 52, 963).

§ 28 Besondere persönliche Merkmale

(1) **Fehlen besondere persönliche Merkmale (§ 14 Abs. 1), welche die Strafbarkeit des Täters begründen, beim Teilnehmer (Anstifter oder Gehilfe), so ist dessen Strafe nach § 49 Abs. 1 zu mildern.**

(2) **Bestimmt das Gesetz, daß besondere persönliche Merkmale die Strafe schärfen, mildern oder ausschließen, so gilt das nur für den Beteiligten (Täter oder Teilnehmer), bei dem sie vorliegen.**

Schrifttum: Arzt, „Gekreuzte" Mordmerkmale, JZ 73, 681. – *Bockelmann,* Zur Problematik der Beteiligung an vermeintlich vorsätzlichen rechtswidrigen Taten, Gallas-FS 261. – *Börker,* Zur Bedeutung besonderer persönlicher Eigenschaften oder Verhältnisse bei der versuchten Anstiftung zu einem Verbrechen, JR 56, 286. – *Class,* Zum Verhältnis des § 211 zum § 50 StGB, NJW 49, 83. – *Cortes Rosa,* Teilnahme am unechten Sonderverbrechen, ZStW 90, 413. – *Furtner,* Zur Frage der Anrechnung erschwerender Umstände bei nachfolgender Beihilfe und nachfolgender Mittäterschaft, JR 60, 367. – *Gehrling,* Nochmals: § 50 Abs. 2 StGB n. F. und die Verjährung für Teilnahme an Mord, JZ 69, 416. – *Geppert,* Zur Problematik des § 50 Abs. 2, ZStW 82, 40. – *Gerl,* Die besonderen persönlichen Merkmale usw., 1975. – *Hall,* Über die Teilnahme an Mord und Totschlag, Eb. Schmidt-FS 343. – *Hardwig,* § 50 StGB und die Bereinigung des StGB, GA 54, 65. – *Heidland,* Die besonderen persönlichen Merkmale, 1971. – *Herzberg,* Die Problematik der „besonderen persönlichen Merkmale" im Strafrecht, ZStW 88, 68. – *ders.,* Der agent provocateur und die „besonderen persönlichen Merkmale" (§ 28 StGB), JuS 83, 737. – *ders.,* Akzessorietät der Teilnahme und persönliche Merkmale, GA 91, 145. – *Jakobs,* Niedrige Beweggründe bei Mord und die besonderen persönlichen Merkmale in § 50 Abs. 2 und 3 StGB, NJW 69, 489. – *Kantorowicz,* Tat und Schuld, 1933. – *Koffka,* Ist § 50 Abs. 2 StGB n. F. auf den Gehilfen anwendbar usw., JR 69, 41. – *Kohlrausch,* Täterschuld und Teilnehmerschuld, Bumke-FS (1939) 39 (50). – *Lange,* Die notwendige Teilnahme (1940) 52. – *ders.,* Die Schuld des Teilnehmers, JR 49, 165. – *Langer,* Das Sonderverbrechen, 1972. – *ders.,* Zum Begriff der „besonderen persönlichen Merkmale", Lange-FS 241. – *ders.,* Zur Strafbarkeit des Teilnehmers § 28 Abs. 1 StGB, Wolf-FS 335. – *Maurach,* Schuld und Verantwortung im Strafrecht, 1948. – *ders.,* Die Mordmerkmale aus der Sicht des § 50 StGB, JuS 69, 249. – *Niethammer,* Sinn und Wirkung des § 50 StGB, DRZ 46, 167. – *Samson,* § 50 Abs. 2 n. F. StGB und die Verjährung, ZRP 69, 27. – *Eb. Schmidt,* Zum Verhältnis der §§ 221 ff. zum § 50 StGB, DRZ 49, 272. – *Schröder,* Der § 50 StGB n. F. und die Verjährung beim Mord, JZ 69, 132. – *Schünemann,* Die Bedeutung der „besonderen persönlichen Merkmale" usw., Jura 80, 354, 568. – *Steinke,* Welche persönlichen Merkmale des Haupttäters muß sich der Teilnehmer zurechnen lassen?, MDR 77, 365. – *Stree,* Das Versehen des Gesetzgebers (§ 50 Abs. 2, 3), JuS 69, 403. – *Theis,* Das Merkmal der Böswilligkeit und die persönlichen Eigenschaften und Verhältnisse, SJZ 46 Sp. 213. – *Vogler,* Zur Bedeutung des § 28 StGB für die Teilnahme am unechten Unterlassungsdelikt, Lange-FS 265. Vgl. ferner das Schrifttum vor § 25 und zu § 14.

Besondere persönliche Merkmale 1–4 **§ 28**

I. Die Vorschrift entspricht in ihrem Anwendungsbereich dem früheren § 50 II, III, während 1 die Regel des früheren § 50 I sich jetzt in § 29 findet (zur Entwicklung eingehend Roxin LK 1, Vogler Lange-FS 274 f.). **Grundgedanke beider Vorschriften** ist es, die Konsequenzen einer in einem strengen Sinne verstandenen Akzessorietät zu mildern und dadurch zu erreichen, daß einerseits die Schuld eines Beteiligten selbständig beurteilt wird (§ 29), andererseits persönliche Umstände, welche das Unrecht oder die Schuld modifizieren oder ausschließen oder sonstige Strafbarkeitsvoraussetzungen oder Strafausschließungsgründe betreffen, in möglichst weitgehendem Umfang nur bei dem Beteiligten berücksichtigt werden, bei dem sie vorliegen. Bei § 28 geht es um die Frage, welche Strafnorm auf den einzelnen Beteiligten bzw. ob überhaupt eine Strafnorm auf ihn zur Anwendung kommen soll, während § 29 regelt, wie innerhalb des nach § 28 bestimmten Straftatbestandes die Strafe festgesetzt wird. Die Änderungen in §§ 28, 29 gegenüber dem früheren Recht bestehen zwar lediglich in einer Aufteilung der Regelungsmaterie auf zwei Vorschriften. Immerhin ist durch die Voranstellung von § 28 klargestellt, daß § 29 nur für den Schuld- und Strafzumessungsbereich eine Rolle spielen soll. Die schon bisher bestehenden Streitfragen bleiben durch die Neuregelung unberührt; dies gilt insbes. für das Verhältnis von § 28 zu § 29 und die Frage, ob im Einzelfall ein Merkmal mit persönlichem Bezug (z. B. grausam bei § 211, rücksichtslos bei § 315 c, Bereicherungsabsicht bei §§ 253, 263) als besonderes persönliches Merkmal i. S. des § 28 einzuordnen ist (vgl. u. 15). Die Auslegungsfragen werden noch dadurch verschärft, daß die Vorschrift in Abs. 1 auf die Legaldefinition der besonderen persönlichen Merkmale in § 14 verweist, obwohl dort diese Merkmale eine andere Funktion zu erfüllen haben als hier (vgl. Jakobs 562; and. Langer Lange-FS 254 f.); vgl. dazu § 14 RN 8.

1. Umstritten sind der sachliche Aussagegehalt und das **Verhältnis der Vorschriften zueinander.** Dabei geht es zunächst um den **Anwendungsbereich des § 29** und damit um die Abgrenzung zwischen Schuldmerkmalen, die nach § 29 zu behandeln sind, und besonderen persönlichen Merkmalen, für die § 28 gilt. Von dieser Streitfrage nicht ganz zu trennen, aber doch zu unterscheiden ist das Problem, ob § 28 nur Merkmale des personalen Unrechts betrifft (vgl. u. 6) und weiterhin, ob z. B. vertypte Schuldmerkmale einem eigenen Schuldtatbestand zu unterstellen sind oder ob auf letztere § 29 (direkt oder analog) Anwendung findet (vgl. dazu u. 5 f.).

a) Der überwiegende Teil des Schrifttums und ein Teil der Rspr. sind der Auffassung, daß 3 **§ 29 nur** die **Schuld** im eigentlichen Sinne (vgl. 118 ff. vor § 13) betreffe (trotz Abweichungen im einzelnen Lackner 1, Samson SK 8, 12 f., jetzt auch Stratenwerth 255, Vogler Heinitz-FS 267; vgl. auch OHG **1** 328, BGH **8** 209). Nach dieser Auffassung berührt die Vorschrift nur die allgemeinen Schuldausschließungs- und Entschuldigungsgründe, z. B. die Schuldunfähigkeit und verminderte Schuldfähigkeit (§§ 19 ff.), den Verbotsirrtum (§ 17), den entschuldigenden Notstand (§ 35) und die entschuldigende Notwehrüberschreitung (§ 33); zur Frage der Berücksichtigung von Strafzumessungsumständen vgl. u. 9 und § 29 RN 4. Daraus ergibt sich nun nach h. M. umgekehrt, daß alle anderen persönlichen Merkmale, welche die Strafe ausschließen oder modifizieren, in den Regelungsbereich des § 28 II fallen (vgl. u. 7). Nur nach dieser Vorschrift und nicht etwa nach § 29 kann eine Durchbrechung der limitieren Akzessorietät und damit eine **Tatbestandsverschiebung** (vgl. dazu u. 28) oder die Berücksichtigung eines persönlichen Strafausschließungsgrundes erfolgen (ebenso jetzt Stratenwerth 255). Während also nach § 28 II festgelegt wird, aus welchem Tatbestand gegebenenfalls ein Beteiligter zu bestrafen ist, folgt die Bemessung der Strafe aus dem so gefundenen Straftatbestand im Rahmen des § 29 nach Maßgabe der Schuld, bzw. wird ein etwa vorhandener allgemeiner Schuldausschließungs- oder Entschuldigungsgrund bei dem berücksichtigt, in dessen Person er vorliegt. Gegen diese Auffassung spricht nicht, daß § 29 in dieser Verengung nichts anderes sagt, als was sich aus allgemeinen Grundsätzen ohnehin schon ergibt, z. B. daß § 20 nur auf den Anwendung findet, der schuldunfähig ist, daß sich auf § 35 nur berufen kann, wer selbst in einem entschuldigenden Notstand handelt usw. (so z. B. Gallas, Beiträge zur Verbrechenslehre [1968] 154 ff.). In der Tat lassen sich jene Ergebnisse auch ohne § 29 erzielen (vgl. Herzberg ZStW 88, 73). Es ist jedoch dem Gesetzgeber unbenommen, zur Klarstellung Konsequenzen, die sich aus allgemeinen Grundsätzen ergeben, in einer Vorschrift legislatorisch festzuschreiben (Herzberg aaO), wie dies z. B. auch in § 15 geschehen ist (vgl. dort RN 1).

b) Demgegenüber wird teilweise die Auffassung vertreten, § 29 erfasse neben den allgemei- 4 nen auch die **tatbestandlich typisierten Schuldmerkmale** (vgl. 123 f. vor § 13), so daß auch auf diese § 28 nicht anzuwenden sei (so mit teils abweichender Begründung Jescheck 428, 597, Schmidhäuser I 278 f., Wessels I 164 f., Langer Lange-FS 252 f., Jakobs 563; unter Beschränkung auf die strafbegründenden Schuldmerkmale ebenso Roxin LK 13, Herzberg ZStW 88, 71 f.). Diese Auffassung kommt bei den strafmodifizierenden Schuldmerkmalen zu den gleichen Ergebnissen wie die h. M. (vgl. o. 3), weil die Rechtsfolgen von § 28 II und § 29 die gleichen sind, hat dabei jedoch erhebliche Begründungsschwierigkeiten zu bewältigen. Wer z. B. einer Mutter bei der Tötung ihres nichtehelichen Kindes hilft, dessen Strafe müßte sich nach der Mindermeinung mangels Anwendbarkeit des § 28 II nach § 217 statt nach § 212 richten, weil die Strafe für den Gehilfen sich gem. § 27 nach der für den Täter geltenden Strafdrohung richtet. Um dieses offensichtlich unbillige Ergebnis zu korrigieren, müßte dann auf allgemeine Grundsätze verwiesen oder aber die Strafrahmenverschiebung nach § 29 vorgenommen werden, obwohl diese Vorschrift insoweit nur die Festlegung der Rechtsfolgen innerhalb des schon vorher festgestellten Strafrahmens zuläßt, wie der gegenüber § 28 abweichende Wortlaut zeigt (insoweit übereinstimmend Roxin LK 14).

5   Unterschiede ergeben sich jedoch zwischen der Mindermeinung und der h. M. bei den **strafbegründenden Schuldmerkmalen**, wie z. B. der Böswilligkeit in § 90a I Nr. 1 oder der Rücksichtslosigkeit nach § 315c I Nr. 2, sofern man dieses Merkmal als Schuldmerkmal auffassen will (so Samson SK 10, Roxin LK 9, 12; vgl. auch die Unterscheidungen bei 122 vor § 13). Bei diesen Merkmalen kommt die Mindermeinung zu dem Ergebnis, daß eine Teilnahme straflos ist, wenn nicht auch der Teilnehmer das Schuldmerkmal aufweist; umgekehrt ist dieser auch strafbar, wenn beim Haupttäter das betreffende Merkmal nicht vorliegt, weil sich insoweit § 29 zu seinem Nachteil auswirkt (aus diesen Gründen wird die hier referierte Meinung abgelehnt von Samson SK 12, Vogler Lange-FS 267). Abweichend hiervon gelangt Roxin (LK 12f.) auch im letztgenannten Fall, nämlich daß nur beim Teilnehmer das strafbegründende Schuldmerkmal vorliegt, zur Straflosigkeit „wegen der Bindung jeder Teilnahme an den Garantietatbestand erfüllendes Täterverhalten"; d. h. insofern stimmt er i. E. mit der h. M. überein. Nicht akzeptieren läßt sich jedoch aus den o. 3f. genannten Gründen das den Mindermeinungen gemeinsame Ergebnis bezüglich der strafbegründenden Schuldmerkmal, daß der im Gegensatz zum Haupttäter dieses Merkmal nicht aufweisende Teilnehmer straflos ist, anstatt nach § 28 I nur milder bestraft zu werden. Im übrigen bringt die Auffassung der Mindermeinung neue Schwierigkeiten bei der Abgrenzung zwischen tatbestandlich vertypten Schuldmerkmalen und solchen personalen Unrechts wie z. B. bei den Merkmalen Bereicherungsabsicht, Habgier (vgl. hierzu die unterschiedlichen Bewertungen bei Jescheck 424f., Stratenwerth 255f., Jakobs NJW 69, 489), worauf Samson (SK 12) zutreffend hinweist.

6   c) Schließlich kann auch nicht jener Auffassung gefolgt werden, § 28 betreffe nur **Merkmale personalen Unrechts** (vgl. z. B. Baumann/Weber 579f., M-Gössel II 379ff., Lange JZ 49, 1945, Langer Lange-FS 260f., v. Weber MDR 52, 265, Welzel 120f., JZ 52, 74; Jakobs 563 [beschränkt akzessorische Unrechtsmerkmale]; dagegen Schröder NJW 52, 650, Hardwig GA 54, 74). Sie ist schon deswegen zu eng, weil Abs. 2 auch besondere persönliche Umstände nennt, welche die Strafe ausschließen, wozu – schon nach der ersten Fassung des § 50 – persönliche Strafausschließungs- und Strafaufhebungsgründe gehören, Merkmale also, die jenseits von Unrecht und Schuld liegen. Hier könnte zwar eingewandt werden, daß die Rechtsfolgen dieser Merkmale sich unmittelbar aus allgemeinen Erwägungen ergeben, wonach z. B. ein persönlicher Strafausschließungsgrund per se nur bei dem eingreifen soll, in dessen Person er vorliegt. Dagegen aber spricht der Wortlaut des § 28 II, der hinsichtlich der strafausschließenden Merkmale diese Gruppe mitumfassen muß, weil es persönliche Unrechtsausschließungsgründe nicht gibt, § 28 II also höchstens dort eingreifen könnte, wo besondere persönliche Merkmale das Unrecht schärfen oder mildern.

7   2. Der **Anwendungsbereich** des § 28 betrifft damit i. E. Fragen der durch täterbezogene Faktoren bestimmten Strafbarkeit mehrerer Beteiligter. Dabei hat die Inhaltsbestimmung des Begriffs „besonderes persönliches Merkmal", welcher in beiden Absätzen des § 28 vorkommt, besondere Bedeutung (vgl. dazu u. 10ff.). Der genannte Begriff ist innerhalb des § 28 einheitlich auszulegen (zur unterschiedlichen Auslegung im Verhältnis zu § 14 vgl. dort RN 8), wobei jedoch im Einzelfall – wegen der unterschiedlichen Gesetzesformulierung (bei Abs. 1 „begründen", bei Abs. 2 „schärfen, mildern oder ausschließen") – einige Merkmale nur für Abs. 1 bzw. nur für Abs. 2 in Betracht kommen.

8   3. Zum Regelungsgehalt der Vorschrift des § 28 sei noch folgendes bemerkt: Der Schwerpunkt der Regelung liegt auf § 28 II, der eine echte **Durchbrechung** der **Akzessorietät** bringt (a. A. Roxin LK 4ff., Cortes Rosa ZStW 90, 413; vgl. u. 28). Sind Tatbestand und Strafen auf persönliche Umstände zugeschnitten, so sollen sie nur auf den Anwendung finden, der diese Merkmale selbst aufweist, d. h. der Beteiligte wird aus dem Tatbestand bestraft, dessen persönliches Merkmal er selbst verwirklicht hat (zur Tatbestandsverschiebung vgl. u. 28). Demgegenüber bringt § 28 I keine echte Durchbrechung der Akzessorietät, da der Extraneus (Teilnehmer) aus dem gleichen Straftatbestand i. V. m. §§ 26, 27 bestraft wird, der auch für den Täter gilt, in dessen Person die strafbegründenden persönlichen Umstände vorliegen. Eine Verschiebung des Tatbestandes ist bei begründenden Merkmalen schon begrifflich nicht möglich. Dem geminderten Unrecht (Schuld) auf seiten des Extraneus trägt das Gesetz hier durch eine obligatorische Strafmilderung Rechnung.

4. Schließlich kann zweifelhaft sein, in welchem Umfang durch § 28 Akzessorietätsregeln 9
durchbrochen werden. Unmittelbar gilt die Vorschrift nur für solche Umstände, die nach dem
Wortlaut der einzelnen Vorschriften die Rechtsfolgen abschließend modifizieren. Dies ergibt
sich daraus, daß nur bei ihnen das Prinzip der Akzessorietät gilt. Die Grundsätze des § 28
müssen aber **analog** auch für die **Strafzumessung** gelten, für die die gleichen Fragen gegenseitiger Zurechnung auftauchen. Nimmt nämlich der Gesetzgeber zu strafmodifizierenden Umständen nicht selbst Stellung, sondern überläßt er es dem Richter, die Unwert- und Strafwürdigkeitsstufen der Tat im Einzelfall zu bestimmen, so taucht ebenfalls die Frage auf, inwieweit
das Gewicht der Tat bei der Strafzumessung auch den übrigen Beteiligten zuzurechnen ist. Dies
ist vor allem bedeutsam für die Regelbeispiele. Hier können sich Situationen ergeben, die denen
des § 28 I oder II entsprechen. Nach den hier aufgezeigten Grundsätzen (vgl. u. 15 ff.) sind
tatbezogene Unrechtsmodifizierungen allen Beteiligten zu berücksichtigen, soweit sie diese
gekannt haben. Benutzt z. B. der Haupttäter ein besonders gefährliches Mittel zur Tat, so trifft
dieses erhöhte Unrecht auch den Gehilfen, der die Tat in Kenntnis dieses Umstandes unterstützt. Vermindert sich die Strafe, weil ein Beteiligter durch die Folgen der Tat betroffen ist,
oder wird gar von Strafe abgesehen (§ 60), so sind diese Umstände nur bei dem Beteiligten in
Ansatz zu bringen, bei dem sie vorliegen.

II. Die Anwendung des § 28 setzt das Vorliegen eines **besonderen persönlichen Merkmals** 10
voraus. Neben der Begriffsbestimmung des persönlichen Merkmals (vgl. u. 11 ff.) ist jedoch
weiterhin die Unterteilung dieser Merkmale in tat- bzw. täterbezogen (vgl. u. 15 ff.) vorzunehmen, da auch erstere – wie die nicht persönlichen Merkmale – akzessorisch zu behandeln, d. h.
dem Teilnehmer zuzurechnen sind, der ein beim Haupttäter vorliegendes Merkmal kennt, und
nur für die täterbezogenen Merkmale § 28 Anwendung findet.

1. Persönliche Merkmale sind alle diejenigen, die einen Bezug zur Person des Täters haben. 11
Darunter fallen alle Merkmale, die persönliche Eigenschaften, Verhältnisse oder Umstände (zur
abweichenden Funktion des Begriffs bei § 14 vgl. dort RN 8) des Beteiligten betreffen, unabhängig davon, ob sie als objektive oder subjektive Merkmale dem Unrecht, der Schuld oder gar
nur der Strafzumessung (vgl. o. 3 ff.) oder Strafausschließung zuzurechnen sind.

a) Besondere **persönliche Eigenschaften** sind die untrennbar mit der Person eines Menschen 12
verbundenen Merkmale geistiger, körperlicher oder rechtlicher Art. Merkmale dieser Art sind
z. B. Geschlecht, Alter (vgl. § 173 III), Angehörigeneigenschaft (§ 258 VI), die Eigenschaft als
nichteheliche Mutter (§ 217) usw.

b) Besondere **persönliche Verhältnisse** sind solche, die die äußeren Beziehungen einer Person 13
zu anderen Menschen, Institutionen oder Sachen kennzeichnen (vgl. RG **25** 270, BGH **6** 262);
näher hierzu § 14 RN 10. Hierzu gehören z. B. die Eigenschaft als Amtsträger (RG **65** 102, **75**
289, BGH NJW **55**, 720), als Soldat, Richter (vgl. § 11 RN 32f.) oder für den öffentlichen
Dienst besonders Verpflichteter (vgl. § 11 RN 34ff.), das Anvertrautsein einer Sache (§ 246), da
die Tat hier wegen der besonderen Vertrauensstellung des Täters qualifiziert ist (RG **72** 328,
Jescheck 596, Roxin LK 44; vgl. auch BGH **2** 317; bestr., vgl. auch § 246 RN 26), der amtliche
Gewahrsam, z. B. in § 133 III (vgl. RG **75** 289, BGH LM Nr. **8** zu § 350) usw.

c) Besondere **persönliche Umstände** sind sonstige persönliche Merkmale, die nicht besondere Eigenschaften oder Verhältnisse darstellen. Hierzu gehören nicht nur solche Umstände, die 14
wie Rückfälligkeit (RG **54** 274, BGH MDR **52**, 407), die Gewerbs- oder Gewohnheitsmäßigkeit
(RG **26** 3, **61** 268, **71** 72) oder die Schwangerschaft von einer gewissen Dauer sind, sondern auch
solche nur vorübergehender Art, insbes. täterpsychische Merkmale wie Motive und Gesinnungen (vgl. dazu u. 20); hierzu gehört z. B. auch die Böswilligkeit bei § 90a. Ebenfalls ist hierzu
der Rücktritt vom Versuch (§ 24) zu rechnen; ferner Exemption und Indemnität, sofern man
diese dem materiellen Recht zuordnet (vgl. 42f. vor §§ 3–7, 131 vor § 32, § 36 RN 1).

2. Bei allen persönlichen Merkmalen ist jedoch zu fragen, ob es sich um **tatbezogene** oder 15
täterbezogene handelt (vgl. BGH **22** 375, **23** 39, 103, Dreher JR 70, 147, Geppert ZStW 82, 65,
grundsätzlich ebenso Samson SK 16, Vogler Lange-FS 268; nach jeweils anderen Kriterien
grenzen ab Roxin LK 24f., 30, Herzberg ZStW 88, 75, GA 91, 145ff., Jakobs 564, Langer
Lange-FS 260f., Stratenwerth 256 [vgl. dazu u. 16]), weil die in § 28 genannten Rechtswirkungen nur den täterbezogenen Merkmalen zukommen. vgl. hierzu den Streit um die Mordmerkmale, § 211 RN 6ff.). Einzelheiten dieser Unterscheidung sind allerdings höchst streitig. Die
Differenzierung resultiert aus folgender Überlegung:

a) In der ersten Fassung des § 50 war nur von „persönlichen Eigenschaften oder Verhältnissen" 16
strafmodifizierenden Charakters die Rede, unter denen nach herrschender Auffassung nur Merkmale
von einer gewissen Dauer, wie z. B. die Beamteneigenschaft, verstanden wurden. Bis zur Änderung
des § 50 durch das EGOWiG waren daher nach h. M. bloße Absichten, Tendenzen und ähnliche
seelische Einstellungen sowie Gesinnungsmerkmale akzessorisch zu behandeln. Die Neufassung des

§ 50, die neben die persönlichen Eigenschaften und Verhältnisse auch die „besonderen persönlichen Umstände" stellte, hatte dazu geführt, daß der Anwendungsbereich der Vorschrift auch auf jene vorübergehenden Gesinnungen usw. bezogen wurde. Darin lag insofern eine gewisse Konsequenz, als neben den bleibenden „Eigenschaften" und den wechselnden „Verhältnissen" auch sonstige persönliche Absichten usw. unbestreitbar persönlichen Charakter haben. Eine undifferenzierte Anwendung des § 50 auf alle diese subjektiven Merkmale hätte jedoch zur Konsequenz gehabt, daß beispielsweise der Anstifter zum Diebstahl milder bestraft werden müßte, weil ihm die Zueignungsabsicht fehlt; ein Ergebnis, das vom Gesetzgeber keineswegs beabsichtigt war und auch nicht berechtigt ist, weil die Absicht in § 242 nur das Unrecht der Tat, keineswegs aber eine besondere Pflichtenbindung des Täters kennzeichnet. Folglich ergab sich die Notwendigkeit, innerhalb der persönlichen Merkmale – und zwar nicht nur hinsichtlich der Absichten usw., sondern auch in bezug auf andere persönliche Eigenschaften und Verhältnisse – (zu den uneigentlichen Sonderdelikten vgl. 63 vor § 25) – eine Grenze zu ziehen zwischen solchen, die akzessorisch behandelt werden müssen und solchen, die in den Anwendungsbereich des § 28 fallen. Die Grenzziehung ist allerdings außerordentlich umstritten (vgl. Geppert ZStW 82, 40, Jescheck 595 f., Roxin TuT 515, Stratenwerth 256, der die Möglichkeit einer Grenzziehung leugnet). So hält der BGH ein Merkmal für tatbezogen, wenn es die „Verwerflichkeit der Tat als solcher" erhöht (BGH 5 StR 501/58 in BGH **22** 380) oder das äußere Bild der Tat prägt. Dies gelte z. B. für die Absichten, welche – wie bei den kupierten Erfolgsdelikten – die tatsächliche Beendigung kennzeichnen, d. h. „anstelle eines entsprechenden äußeren Merkmals" stünden (BGH **22** 380); täterbezogen seien dagegen Motive und Tendenzen, die das besondere Gesinnungsunrecht kennzeichnen (bei § 211 BGH **23** 39 [Verdeckungsabsicht], **22** 375 [niedrige Beweggründe], nach BGH **23** 103 nicht aber Heimtücke). Nach anderer Auffassung ist jede Absicht tatbezogen, die „außerhalb des Tatbestandes auf Verwirklichung in der Außenwelt zielt (überschießende Innentendenz)" (D-Tröndle 6, Dreher JR 70, 146; krit. Jakobs NJW 70, 1089). Schließlich wird zwischen tat- und täterbezogenen Merkmalen danach differenziert, ob sich das Merkmal auf eine „weitere Rechtsgutverletzung" bezieht (Samson SK 19; vgl. auch Jakobs NJW 69, 1089). Bereicherungs- und Zueignungsabsicht (§§ 253, 263, 242 usw.) sollen in eine Enteignungs- und eine Vorteilsintention zu spalten sein mit dem Ergebnis, daß § 28 I auf denjenigen zutrifft, der ohne Bereicherungstendenz oder Aneignungsabsicht handelt (Samson SK 20; and. Karlsruhe Justiz **75**, 314); dem ist jedoch schon deshalb nicht zu folgen, weil die Bereicherungsabsicht (Vermögensverschiebungsdelikt!) die Tat kennzeichnet (ebenso Stratenwerth 256). Herzberg (ZStW 88, 75 ff.) reduziert – bei im wesentlichen gleichen Ergebnissen – den Begriff der Tatbezogenheit auf den der Wertneutralität; akzessorisch seien diejenigen Merkmale des Tatbestandes, die für die Kennzeichnung des typischen Unrechts neutral seien (Beispiel: Bereicherungsabsicht, vgl. Herzberg ZStW 88, 89 f.); dem kann schon deswegen nicht zugestimmt werden, weil „tatbezogene" Merkmale gerade nicht wertneutral sind, beim Betrug z. B. die beabsichtigte Vermögensverschiebung den Unwertgehalt der Tat mitbestimmt (ebenso Vogler Lange-FS 271, 273, 277). Neuerdings ist nach Herzberg (GA 91, 145 ff., 176) ein persönliches Merkmal dann streng akzessorisch zu behandeln, wenn es entweder funktionell ein sachliches ist oder keine Bedeutung für den Tatunwert hat; diese Auffassung soll auf der grundsätzlich gleichen Wertentscheidung beruhen wie seine frühere. Endlich will Langer (Lange-FS 260 f., ebenso schon Sonderdelikte 280 ff., 338 ff., 390 ff., 436 ff.) die Unterscheidung danach treffen, ob ein Merkmal das von jedermann zu verwirklichende „Gemeinunrecht" oder „Sonderunrecht" betrifft, also solche Merkmale, „die das Besondere seines Unrechts (sc. des Intraneus) – nämlich das relative Unrechtselement – individualisieren"; außer neuen Bezeichnungen bringt auch dieser Abgrenzungsversuch keine durchgreifenden Erkenntnisse. Stratenwerth (257) schließlich wendet § 28 bei Sonderdelikten und solchen Merkmalen an, bei denen „nicht auszuschließen ist, daß ein subjektives Merkmal auch die Schuld betrifft" (ähnlich Roxin LK 30 ff.); eine Auslegungsregel „in dubio mitius" gibt es jedoch nicht (vgl. § 1 RN 53).

17 b) Bei der Unterscheidung zwischen tatbezogenen und täterbezogenen Merkmalen, an der hier festgehalten wird, wird man davon auszugehen haben, daß der Gesetzgeber bei der obligatorischen Strafmilderung des § 28 I die Fälle im Auge hatte, bei denen eine strenge Akzessorietät wegen der **höchstpersönlichen Pflichtenbindung** des Täters zu Ungerechtigkeiten führen würde. Daraus resultiert dann eine Differenzierung, die in jedem einzelnen Fall, in dem das Gesetz die Täterschaft durch persönliche Merkmale kennzeichnet, an die Frage anzuknüpfen ist, ob dieses Merkmal nur die Tat als solche in ihrem Unrechtscharakter beschreibt, wie bei den meisten Absichtsdelikten, oder ob darüber hinaus eine persönliche Inpflichtnahme des Täters vorliegt. Freilich bleiben auch bei diesem Standpunkt zahlreiche Zweifelsfragen. So wird bei § 266 überwiegend die Anwendbarkeit des § 28 I bejaht (vgl. BGH NJW **75**, 837; wN bei § 266 RN 52), obwohl dies zumindest beim Mißbrauchstatbestand nur möglich ist, wenn auch hier die Täterqualität als durch eine besondere Vertrauensstellung gekennzeichnet betrachtet wird (vgl. § 266 RN 2); andererseits ließe sich auch hier der Standpunkt vertreten, daß die Treuepflicht nur eine Garantenstellung des Täters gegenüber dem ihm anvertrauten Vermögen begründet, also – ähnlich wie bei den Unterlassungsdelikten – die persönliche Bindung nur zur Kennzeichnung der Tat ins Gesetz aufgenommen ist. Zweifelhaft kann z. B. auch sein, ob die Täterqualitäten des § 354 solche sind, die sich nach § 28 I regeln. Bei dem zu dieser Vorschrift vertretenen Standpunkt (vgl. § 354 RN 41) soll diese Frage zu verneinen sein, weil die Täterei-

Besondere persönliche Merkmale

genschaft hier nur eine Situation beschreibt, welche die faktische Zugriffsmöglichkeit auf das Postgeheimnis als Rechtsgut der Vorschrift kennzeichnet. Gleiches gilt ferner nach dem zu § 203 vertretenen Standpunkt, obwohl hier in Abs. 2 auch ein Amtsdelikt unter Strafe gestellt ist. Bei der Einordnung der persönlichen Merkmale in solche, die als „besondere" täterbezogen, und solche, die tatbezogen sind, dürften folgende Gesichtspunkte entscheidend sein:

α) Beschränkt das Gesetz die Strafbarkeit auf einen bestimmten Personenkreis, so muß dies seinen Grund nicht stets darin haben, daß diese Personen Sonderpflichten hätten, die die betreffende Handlung nur bei ihnen als strafwürdig oder strafwürdiger erscheinen läßt. Das Gesetz benutzt gelegentlich die Beschreibung des Täters nur dazu, um die tatbestandsmäßige Handlung einem bestimmten Lebensbereich oder einer sozialen Situation zuzuordnen, ohne daß dadurch eine Sonderpflicht und damit ein den Täter kennzeichnendes spezifisches Unrecht zum Ausdruck käme; in einigen Fällen dieser Art wird durch die Kennzeichnung des Täterkreises zugleich das Rechtsgut bestimmt (§§ 175, 177). Nur für die Gruppe von Fällen, in denen personale Unrechtselemente eine Sonderpflicht begründen, erscheint die Anwendung des § 28 I sachgerecht, während bei der zweiten mit dem Grundsatz der Akzessorietät anzuweichen ist. So ist die Rechtsbeugung u. a. gerade durch das Moment einer besonderen personalen Pflichtverletzung gekennzeichnet, so daß für den Extraneus zu Recht § 28 I angewendet werden kann. Bei der Vollstreckungsvereitelung (§ 288) dagegen ist zwar die Täterschaft auf den Vollstreckungsschuldner beschränkt, ohne daß jedoch seine Person für das Unrecht der Tat (Schädigung des Gläubigers) von entscheidender Bedeutung wäre. In die Situation des Vollstreckungsschuldners kann jedermann geraten; die Beschränkung des Täterkreises resultiert nicht aus einer etwaigen besonderen Treuepflicht gegenüber dem Gläubiger (personales Unrecht), sondern allein daraus, daß die Tat nur in einer bestimmten Lebenssituation begangen werden kann. Entsprechendes gilt auch für die Verletzung der Unterhaltspflicht (§ 170b), bei der Rädelsführerschaft (z. B. §§ 84, 85, 88), der Eigenschaft als Wehrpflichtiger (§ 109), Mitglied einer kriminellen Vereinigung (§ 129), Anzeigepflichtiger (§ 138), Verheirateter (§ 171), Verwandter (§ 173), Erziehungsberechtigter (§ 180 III), Bandenmitglied (§ 244 Nr. 3; vgl. Vogler Lange-FS 278), Konkursschuldner (§§ 283f.) usw. Auch bei der Verkehrsunfallflucht (§ 142) kann Täter nur derjenige sein, der möglicherweise den Unfall mitverursacht hat; gleichwohl liegt das Unrecht allein in der Verschlechterung der Beweislage für die übrigen Unfallbeteiligten; weitgehend übereinstimmend Jakobs 568.

β) Entsprechendes gilt auch für die **Garantenpflicht** bei den Unterlassungsdelikten mit der Konsequenz, daß § 28 I hier nicht zur Anwendung kommt (Geppert ZStW 82, 70, Lackner 2a, Jescheck 596; and. Baumann/Weber 584, D-Tröndle 6, Dreher JR 70, 146, Eser II 180ff., Roxin TuT 515, LK 40, Samson SK 21, Vogler Lange-FS 282f.); differenzierend Herzberg GA 91, 161 ff., der zwischen Beschützer- und Überwachungspflichten unterscheidet und Abs. I nur auf erstere anwendet. Zwar kann hier eine Bestrafung aus dem Begehungstatbestand nur dann erfolgen, wenn der Unterlassende eine besondere Pflicht zur Hilfe gegenüber dem Verletzten hatte. Aus diesem Grunde werden die unechten Unterlassungsdelikte auch zu Recht als Sonderdelikte angesehen. Diese Pflicht ist jedoch nur der Teilaspekt, unter dem die Gleichstellung der Unterlassung mit dem positiven Tun erfolgen kann. Das Unrecht der Tötung, Körperverletzung usw. ist grundsätzlich (vgl. § 13 RN 4) deswegen kein anderes, weil es durch Unterlassung geschaffen wird. Infolgedessen ist auch bei diesen Delikten § 28 I unanwendbar. Auch der von Vogler Lange-FS 281 zur Begründung seines gegenteiligen Ergebnisses herangezogene Gesichtspunkt des Vertrauensschutzes kann letztlich nicht entscheidend sein, weil er nur ein Reflex der Garantenpflicht ist; Aufgabe der Garantenstellung ist die Begrenzung des Täterkreises auf Personen, die zum Rechtsgut in einer bestimmten Beziehung stehen. Daraus ergibt sich zwar ein Vertrauenstatbestand aus der Sicht des Opfers, aber kein besonderer persönlicher Umstand, der die Anwendung von Abs. 1 rechtfertigen würde. Auch die **Eigenhändigkeit** eines Delikts (vgl. § 25 RN 45 f.) ist kein täterbezogenes persönliches Merkmal.

c) Die Abgrenzungsfrage ist vor allem für die **Absichten** und **Motive** erörtert worden, die zwar als persönliche Umstände, nicht notwendig aber als Merkmale des Abs. 1 anerkannt sind. Als **täterbezogen** bezeichnet man vor allem die Motive (vgl. § 15 RN 25), die wie Habgier, Not usw. die Einstellung des Täters zu seiner Tat kennzeichnen (vgl. Jakobs 567, Koffka JR 69, 41, Maurach JuS 69, 249). Auch die niedrigen Beweggründe des § 211 sind in diesem Sinn täterbezogen und führen auf der Grundlage der Rspr. zu den BGH zur Anwendung des Abs. 1 (BGH **22** 375 m. Anm. Körting NJW 69, 1093, **23** 23 [Absicht eine Straftat zu verdecken) m. Anm. Dreher JR 70, 146, Jakobs NJW 71, 1089, BGH StV **84**, 69). Vgl. auch Roxin LK 47ff. Zu § 211 vgl. dort RN 44ff. Dagegen handelt es sich um **tatbezogene** Unrechtsmerkmale, wo das Gesetz unter Absicht nur den auf einen Erfolg gerichteten Vorsatz versteht und damit lediglich die subjektive Wiederspiegelung eines das Unrecht der Tat modifizierenden Erfolges meint (Stratenwerth 256f.). Wer z. B. den Täter bei einer mittelbaren Falschbeurkundung unterstützt, die dazu dient, einem anderen Schaden zuzufügen, ist daher aus § 272 zu bestrafen, wenn er den Schädigungswillen kennt oder auch nur mit ihm rechnet. Ferner ist aus § 274 und nicht aus § 303 zu bestrafen, wer bei einer Urkundenvernichtung in Kenntnis des Willen, einem anderen Nachteil zuzufügen, Hilfe leistet. Ähnliches gilt z. B. für § 225 und § 307 Nr. 2 sowie für die Zweckverfolgung bei §§ 129, 234, 248 c, 267, 274, 278, 288, 289. Gemeinsam ist diesen Fällen, daß hier die Absicht einen Angriff des Täters auf weitere Rechtsgüter bezeichnet, die außerhalb des Grundtatbestandes liegen, und daß dieses Mittel-Zweck-Verhältnis nach Akzessorietätsregeln auch den Teilnehmer belastet, wie dies auch bei der Bereicherungsabsicht in §§ 253, 259 und 263 der Fall ist. Zur Spaltung der Bereicherungs- und Zueignungsabsicht vgl. o. 16. Nach Jakobs 566f. sind hingegen sowohl der Vorsatz wie auch Absichten besondere persönliche Mermale; i. E. stimmt seine Auffassung mit der h. M. weitgehend überein, weil auch beim Teilnehmer ein entsprechender Vollendungswille gefordert wird.

21 III. Erst nach der Feststellung, daß ein bestimmtes persönliches Merkmal täterbezogen und damit die Anwendbarkeit des § 28 gegeben ist, stellt sich die Frage, ob der Regelungsbereich des Abs. 1 oder 2 der genannten Vorschrift betroffen ist. Dabei gilt **§ 28 I** nur für die **strafbegründenden** Merkmale, während **§ 28 II** die Fälle betrifft, in denen das Gesetz bestimmt, daß besondere persönliche Merkmale die Strafe **schärfen, mildern oder ausschließen.**

22 1. Ob ein täterbezogenes Merkmal strafbegründenden oder strafmodifizierenden Charakter hat, ergibt sich durch **Auslegung** des **jeweiligen Tatbestandes,** kann hier also nicht abschließend, sondern nur grundsätzlich geklärt werden. Dabei ist zu beachten, daß das gleiche Merkmal bald strafbegründende, bald strafmodifizierende Funktion haben kann, so z. B. die Eigenschaft als Amtsträger bei den echten oder unechten Amtsdelikten (vgl. 6 ff. vor § 331).

23 2. Für die **Abgrenzung** von strafbegründenden und -modifizierenden Merkmalen bzw. solchen, welche die Strafe ausschließen, sind folgende allgemeine Grundsätze maßgeblich: Enthalten unselbständige Abwandlungen (Qualifizierungen, Privilegierungen) eines Grunddelikts besondere persönliche Merkmale i. S. v. § 28 (z. B. §§ 133 II, 213 II, 221, 223 II, 260, 292 III, 340), so ist eindeutig Abs. 2 zur Anwendung zu bringen. Das gleiche gilt aber auch bei selbständigen Abwandlungen (z. B. § 216) oder beim sog. delictum sui generis (zu diesem Begriff 59 vor § 38), sofern die Merkmale des einen Tatbestandes in dem anderen vollständig enthalten sind (vgl. Jescheck 597, Samson SK 23; anders M-Gössel II 395 f.). So schlägt vor Verlangen des Getöteten nach § 216 wegen § 28 II nur bei dem Beteiligten strafmildernd zu Buche, der sich durch den Wunsch des Getöteten hat motivieren lassen (vgl. § 216 RN 18). Bei den unechten Sonderdelikten wirkt die Sondereigenschaft wegen § 28 II straferhöhend, so z. B. bei den unechten Amtsdelikten (RG **65** 105, **68** 91, **75** 290, BGH **1** 389, LM **Nr. 1** zu § 351, **Nr. 12** zu § 50 a. F.), während bei echten Amtsdelikten § 28 I Anwendung findet. Die Eigenschaft als nichteheliche Mutter (RG HRR **33** Nr. 1056, BGH **1** 240) wirkt nach § 217 strafmildernd (§ 28 II), so daß nur die nichteheliche Mutter, die ihr neugeborenes Kind tötet, nach § 217 privilegiert wird, während für den Teilnehmer §§ 211, 212 Anwendung finden. Als strafbegründend sind der Sache nach auch die Merkmale der Mischtatbestände des Ordnungswidrigkeitenrechts, welche die Zuwiderhandlung wegen personaler Umstände erst zur Straftat machen, anzusehen (so zutreffend für die frühe Rechtslage BGH **12** 276, MDR **53**, 54); § 14 IV OWiG schreibt jedoch eine Behandlung dieser Umstände als strafmodifizierende Merkmale vor (Cramer OWiG 84, Göhler § 14 RN 19). Somit kann einerseits nur der Beteiligte strafrechtlich verantwortlich gemacht werden, der jene Merkmale erfüllt, während der Teilnehmer, der diese Merkmale nicht aufweist, wegen Beteiligung an einer Ordnungswidrigkeit verfolgt werden kann. Andererseits kann deshalb aber auch der qualifizierte Beteiligte Gehilfe einer Straftat sein, obwohl ein „Haupttäter" der Straftat fehlt (vgl. Bay **84** 137). Strafbegründend i. S. v. § 28 I sind auch (subjektive) Absichten und Motive (vgl. Gallas, Beiträge 39), soweit es sich um täterbezogene Merkmale handelt (vgl. o. 20); hierher gehört z. B. die Böswilligkeit bei § 90 a.

24 IV. Die Rechtsfolgen von § 28 I und II sind verschieden:

25 1. Die **Rechtsfolge** von § 28 I besteht in einer **obligatorischen Strafmilderung** nach Maßgabe des § 49 I (vgl. dort RN 2 ff.), die jedoch für die Frage der Verjährungsfrist gemäß § 78 IV ohne Bedeutung ist (vgl. § 78 RN 10). Kann ein Tatbeteiligter an einem echten Sonderdelikt mangels Täterqualität nur Gehilfe sein, so stellt sich die Frage, ob die Strafe sowohl nach § 28 I wie auch nach § 27 II gemildert werden muß (bejahend Samson SK 25, Herzberg GA 91, 163). BGH NJW **75**, 837, wistra **88**, 303 differenzieren hier danach, ob allein das Fehlen der Täterqualität zur Beihilfe führt oder ob der Tatbeteiligte sich in seinem Verhalten nur auf eine unterstützende Tätigkeit beschränkt, d. h. einen Tatbeitrag geleistet hat, der auch sonst nur als Beihilfe zu bewerten wäre; nur im zweiten Fall soll eine doppelte Strafmilderung nach den genannten Vorschriften in Betracht kommen.

Den **umgekehrten Fall** (strafbegründende Merkmale liegen lediglich beim Teilnehmer vor) 26
regelt § 28 I nicht. Insoweit gilt (von mittelbarer Täterschaft abgesehen) Akzessorietät mit der
Folge, daß der Teilnehmer straflos ist, weil und soweit es mangels der Sonderdeliktseigenschaft
beim Haupttäter an einer tatbestandsmäßigen Haupttat fehlt. Nach der Auffassung der Rspr.
über das Verhältnis der §§ 211, 212 zueinander könnte daher der mit niedrigen Beweggründen
handelnde Anstifter nicht aus §§ 211, 26 bestraft werden, sofern der Haupttäter nur § 212
verwirklicht (vgl. § 211 RN 44 ff.).

Trotz der obligatorischen Strafmilderung nimmt die Tat (and. als regelmäßig bei den unech- 27
ten Sonderdelikten; vgl. o. 23) weiterhin am **Deliktscharakter der Haupttat** teil. Dies hat
besondere Bedeutung im Rahmen des § 30 bei der Frage, ob die in Aussicht genommene
Haupttat Verbrechen ist (vgl. § 30 RN 12).

2. Die **Rechtsfolge** des Abs. 2 besteht darin, daß strafehöhende, strafmildernde oder straf- 28
ausschließende besondere persönliche Merkmale bei der **Wahl des Tatbestandes** (bzw. Anwendung des Strafausschließungsgrundes) nur bei dem Täter oder Teilnehmer zu berücksichtigen
sind, bei dem sie vorliegen. Als Teilnahme i. S. des § 28 gelten auch die Beteiligungsformen des
§ 30 (vgl. BGH 6 309, § 30 RN 11). So wird z. B. bei der Bereiterklärung zur Aussageerpressung der Beamte aus §§ 343, 30 bestraft, der anstiftende Nichtbeamte dagegen bleibt straflos,
weil sich die Tat für ihn als Vergehen (§ 240) darstellen würde, das von § 30 nicht erfaßt wird
(vgl. dort RN 11). Ebenso von einer **Tatbestandsverschiebung** durch § 28 II gehen aus
D-Tröndle 8 ff., Eser II 182, Baumann/Weber 529. Demgegenüber soll nach der Mindermeinung (Roxin LK 4, Cortes Rosa ZStW 90, 413; vgl. auch Wagner, Amtsverbrechen [1975]
386 ff.) der Teilnehmer aus dem vom Täter verwirklichten Tatbestand schuldig zu sprechen
sein, während lediglich bei der Strafzumessung auf den Tatbestand zurückgegriffen werden
solle, dessen Merkmale der Beteiligte aufweist (Strafrahmenverschiebung); § 28 II bringe daher
keine Durchbrechung der Akzessorietät. Dieser Auffassung kann nicht zugestimmt werden,
weil sie einseitig auf solche Fälle abstellt, in denen ein besonderes persönliches Merkmal beim
Täter die Strafe schärft; im umgekehrten Fall, etwa wenn der Beteiligte das für § 216 relevante
Sterbeverlangen des Getöteten nicht kennt (zur Frage der Unrechtsminderung bei § 216 vgl.
dort RN 18), ist dem Beteiligten das Unrecht der §§ 211, 212 zuzurechnen, was nur über eine
Durchbrechung der Akzessorietät ermöglicht wird.

Enthält ein qualifizierter Tatbestand mehrere persönliche Merkmale (nach h. L. beispielswei- 29
se § 211; vgl. dort RN 6, 44 ff.), so ist für die Anwendung des gleichen Tatbestandes nicht
erforderlich, daß Täter und Teilnehmer das gleiche Merkmal aufweisen (BGH 23 39, Jakobs
NJW 70, 1089, Jescheck 597, Samson SK 25; and. Arzt JZ 73, 681).

Wenn die besonderen persönlichen Merkmale für die Wahl des Strafrahmens nur bei dem 30
Täter oder Teilnehmer zu berücksichtigen sind, bei dem sie vorliegen, so schließt dies nicht aus,
die Verletzung einer besonderen Pflicht durch den Haupttäter bei der **Strafzumessung** für den
Teilnehmer strafschärfend zu berücksichtigen, sofern dadurch auch die Tat des Teilnehmers in
einem ungünstigen Licht erscheint. Leistet jemand in nichtamtlicher Eigenschaft einem Amtsträger zu einer Körperverletzung im Amt Beihilfe, dann ist der Nichtbeamte nach § 223 zu
bestrafen; es kann aber strafschärfend berücksichtigt werden, daß die Beihilfe zu einer Körperverletzung im Amt geleistet worden ist (RG JW 38, 1583, Lange aaO 57f, Jansen DJ 44, 181).

§ 29 Selbständige Strafbarkeit des Beteiligten

Jeder Beteiligte wird ohne Rücksicht auf die Schuld des anderen nach seiner Schuld bestraft.

Schrifttum: Vgl. die Angaben zu § 28.

I. Die Vorschrift des § 29 entspricht § 50 I a. F. Sein Grundsatz der **Schuldunabhängigkeit,** 1
wonach jeder Beteiligte ohne Rücksicht auf andere nur nach seiner Schuld zu bestrafen ist, war
auch vor Einführung des § 50 I durch die VO vom 29. 5. 1943 (RGBl. I 339) als strafrechtspolitischer Grundsatz anerkannt gewesen (vgl. RG 25 166); zur Entwicklung vgl. Roxin LK § 28
RN 1. Das gesetzgeberische Anliegen, das dem § 50 I a. F. zugrunde lag, war u. a. die Einführung der sog. limitierten Akzessorietät (vgl. hierzu 35 vor § 25). Die Funktion einer Anerkennung der limitierten Akzessorietät braucht § 29 nach geltendem Recht nicht mehr zu erfüllen,
da diese sich aus §§ 26, 27 unmittelbar ergibt (vgl. § 28 RN 3) und hinsichtlich ihres Umfanges
durch § 28 begrenzt wird (vgl. § 28 RN 6 ff.).

II. Die Vorschrift bringt zum Ausdruck, daß **jeder** an einer Straftat Beteiligte unabhängig 2
von der Schuld der anderen **nach seiner** Schuld zu bestrafen ist; sie betrifft nun die allgemeinen
Entschuldigungs-, Schuldausschließungs- und Schuldmilderungsgründe (vgl. § 28 RN 1 ff.).
Zur Frage der Teilnahme an einer entschuldigten Tat vgl. 70 vor § 25.

§ 30 1   Allg. Teil. Die Tat – Täterschaft und Teilnahme

3   **1. Beteiligte** i. S. der Vorschrift sind **Mittäter, Anstifter** und **Gehilfen;** vgl. § 28 RN 1. Bei **Nebentätern** bedarf es der Vorschrift nicht, da sie ohnehin unabhängig voneinander praktisch also wie Alleintäter beurteilt werden (vgl. § 25 RN 100).

4   **2.** Die Vorschrift betrifft nur die **Schuld** im eigentlichen Sinne (vgl. 118 ff. vor § 13), die innerhalb des nach § 28 festzustellenden Straftatbestandes für die **Strafzumessung** von Bedeutung ist. Unter Schuld sind danach alle seelischen Voraussetzungen zu verstehen, die dazu führen, dem Täter aus seiner Tat einen Vorwurf zu machen oder einen Vorwurf zu modifizieren oder auszuschließen (Lange JR 49, 166), wobei die tatbestandlich typisierten Schuldmerkmale jedoch nicht § 29 unterfallen, da diese nach § 28 zu behandeln sind (vgl. § 28 RN 4 f.). Die Anwendung des § 29 betrifft somit insbes. die Fälle, daß einer der Beteiligten als Kind (§ 19), wegen geistiger Mängel schuldunfähig (§ 20), vermindert schuldfähig (§ 21) ist, sich in einem entschuldigenden Notstand befindet (§ 35) usw. In allen diesen Fällen ist jedoch zu beachten, daß auch eine mittelbare Täterschaft in Betracht kommt, wenn ein „Beteiligter" den geistigen Defekt des anderen ausnutzt, ihn zur Begehung des Delikts in eine Notlage bringt usw. Näher zu diesen Fragen § 25 RN 10 ff.

5   Im Rahmen der Tatbewertung nach § 29 können also auch **persönliche Faktoren,** die das Unrecht betreffen und damit zu erhöhter Schuld führen, berücksichtigt werden, sofern sie nicht schon bei der Wahl des anzuwendenden Straftatbestandes nach § 28 eine Rolle spielen. Wenn z. B. ein Amtsträger und ein Nichtbeamter staatliche Gelder unterschlagen, so kann die Beamteneigenschaft ggf. bei den einen strafverschwerend berücksichtigt werden. Andererseits kann ein Ausschluß der Schuld beim Täter, z. B. nach § 35, beim Teilnehmer, der ihm „Nothilfe" leistet, strafmildernd berücksichtigt werden. Zur Strafzumessung vgl. auch § 46 I S. 1.

6   **III.** § 29 bestätigt zudem das Prinzip der **limitierten Akzessorietät;** vgl. hierzu 23 ff. vor § 25.

§ 30 Versuch der Beteiligung

(1) Wer einen anderen zu bestimmen versucht, ein Verbrechen zu begehen oder zu ihm anzustiften, wird nach den Vorschriften über den Versuch des Verbrechens bestraft. Jedoch ist die Strafe nach § 49 Abs. 1 zu mildern. § 23 Abs. 3 gilt entsprechend.

(2) Ebenso wird bestraft, wer sich bereit erklärt, wer das Erbieten eines anderen annimmt oder wer mit einem anderen verabredet, ein Verbrechen zu begehen oder zu ihm anzustiften.

Schrifttum: Börker, Zur Bedeutung besonderer persönlicher Eigenschaften oder Verhältnisse bei der versuchten Anstiftung zu einem Verbrechen, JR 56, 286. – *Bottke,* Strafrechtswissenschaftliche Methodik und Systematik bei der Lehre vom strafbefreienden und strafmildernden Täterverhalten, 1979. – *ders.,* Rücktritt vom Versuch der Beteiligung nach § 31 StGB, 1980. – *Busch,* Die Teilnahme an der versuchten Anstiftung, NJW 59, 1119. – *ders.,* Zur Teilnahme an den Handlungen des § 49a StGB, Maurach-FS 245. – *Dreher,* Grundsätze und Probleme des § 49a StGB, GA 54, 11. – *Kern,* Die Äußerungsdelikte, 1919. – *Kühl,* Grundfälle zu Vorbereitung, Versuch, Vollendung und Beendigung, JuS 79, 874. – *Küper,* Versuchs- und Rücktrittsprobleme bei mehreren Tatbeteiligten, JZ 79, 775. – *ders.,* Zur Problematik des Rücktritts von der Verbrechensverabredung, JR 84, 265. – *Letzgus,* Vorstufen der Beteiligung, 1972. – *Maurach,* Die Problematik der Verbrechensverabredung, JZ 61, 137. – *Meister,* Zweifelsfragen zur versuchten Anstiftung, MDR 56, 16. – *Roxin,* Die Strafbarkeit von Vorstufen der Beteiligung, JA 79, 169. – *Schmitt,* Rücktritt von der Verabredung zu einem Verbrechen, JuS 61, 25. – *Schröder,* Grundprobleme des § 49a StGB, JuS 67, 289. – *ders.,* Der Rücktritt des Teilnehmers vom Versuch nach § 46 und § 49a, MDR 49, 714.

1   **I.** Vorbereitungen des Einzeltäters sind auch bei schwersten Verbrechen in der Regel straflos; die Strafbarkeit beginnt erst mit dem Anfang der Ausführung nach § 22. Auch der Teilnehmer kann aus Gründen der Akzessorietät nur bestraft werden, wenn die Haupttat mindestens in das Stadium des strafbaren Versuchs getreten ist (vgl. 32 vor § 25). Hiervon macht § 30 eine Ausnahme für **gewisse Vorbereitungshandlungen,** die sich als **Vorstufen** der **Beteiligung** darstellen (Roxin LK 2). Erfaßt werden durch § 30 die versuchte Anstiftung (Abs. 1) sowie gewisse andere Vorbereitungshandlungen (Abs. 2), wie das Bereiterklären, die Annahme des Erbietens und die Verabredung. Die Vorschrift entspricht § 49a a. F. und ist wie ihr Vorbild in ihrer kriminalpolitischen Berechtigung umstritten (vgl. Kohlrausch-Lange § 49a Anm. II 3 [verfassungsrechtliche Bedenken], Baumann/Weber 590, Stratenwerth 251). Die Strafwürdigkeit resultiert nicht so sehr aus der objektiven Gefährlichkeit, sondern wird vor allem in der Kundgabe der Absicht, bestimmte Verbrechen zu begehen, oder in der Erklärung des Einverständnisses damit gesehen. Die daraus resultierende Festlegung und innere Bindung der Beteiligten stellen Strafgrund und Gefährlichkeitsindiz des § 30 dar; vgl. Letzgus aaO 126 ff., 222 ff. (zur Gefährlichkeit der Beteiligung an einem „konspirativen" Tatentschluß), Schröder JuS 67,

Versuch der Beteiligung 2–7 § 30

289, Roxin LK 9f., der die Strafwürdigkeit des Sich-Bereiterklärens in Frage stellt. Wegen der relativ **geringen objektiven Gefährlichkeit** ist § 30 **restriktiv zu interpretieren** (vgl. Schröder JuS 67, 290, Jakobs 631); zu eng jedoch Letzgus aaO 135, der Abs. 1 auf die Fälle beschränkt, in denen der Angestiftete zur Tat entschlossen ist, sie dann aber – aus welchen Gründen auch immer – nicht ausführt. Entsprechendes soll für die anderen Alternativen gelten (Letzgus aaO 175ff.).

Systematisch handelt es sich um die **Vorbereitung von Deliktstäterschaft oder Teilnahme**. § 30 2 enthält keine selbständigen Straftaten (Baumann/Weber 590f., Jescheck 634f., Roxin LK 1; and. Sax ZStW 90, 927), wie seine Stellung im Gesetz sowie die Anlehnung an eine, wenn auch nur geplante, Haupttat zeigen (vgl. Dreher GA 54, 14, Letzgus aaO 219f.). Das Verbrechen, das geplant oder vorbereitet war, muß daher im Urteilstenor erscheinen (BGH MDR/D **69**, 722, MDR/H **86**, 271). Außerdem ist z. B. bei der Strafzumessung zu berücksichtigen, ob das Gesetz minder schwere Fälle des geplanten Verbrechens vorsieht; gegebenenfalls ist bei Vorliegen der Voraussetzungen von dem milderen Strafrahmen auszugehen (BGH **32** 135f., MDR/H **68**, 739).

II. Die in § 30 genannten Vorbereitungshandlungen müssen sich auf **Verbrechen** oder die 3 **Anstiftung zu einem Verbrechen** beziehen. Da § 30 nur Bedeutung erlangt, wenn die angesonnene Bezugstat nicht einmal ins Versuchsstadium gelangt ist, besteht diese nur in der **Vorstellung des Beteiligten**. Als solche müßte sie – objektiv verwirklicht – ein Verbrechen sein, und zwar in der Form der Täterschaft, Mittäterschaft oder der Anstiftung (zur Straflosigkeit im Falle der Beihilfe vgl. u. 34).

1. Aus dem Umstand, daß § 30 weitestgehend den rechtsfeindlichen Willen und die durch ihn 4 zum Ausdruck kommende „innere Bindung" der Beteiligten zur Verbrechensbegehung bestrafen will (vgl. o. 1), folgt, daß es – wie beim Versuch – entscheidend auf die subjektive Tatseite, d. h. die **Vorstellung des jeweiligen Beteiligten** ankommt.

a) So muß der Täter nach § 30 I wollen, daß durch sein Verhalten der Tatentschluß im 5 Haupttäter geweckt und dieser eine als Verbrechen mit Strafe bedrohte Handlung begehen wird (zur Ernstlichkeit vgl. u. 26ff.). Seine Vorstellung muß ein Verhalten des Haupttäters umfassen, das die Voraussetzungen eines Verbrechenstatbestandes erfüllt. Sein Vorsatz muß daher ein Anstiftervorsatz sein, der alle für § 26 notwendigen Momente, insbes. auch die Vollendung der Haupttat (vgl. Schröder JuS 67, 290, Samson SK 7; and. der agent provocateur, der auch nicht unter § 30 fällt, vgl. § 26 RN 16), zu umfassen hat. Dies gilt für die Teilnahmeformen des § 30 II entsprechend. Der Vorsatz aller Beteiligten muß die Vollendung der geplanten Tat umfassen. Daher liegt z. B. ein Verabreden nicht vor, wenn jemand ein Gift zur gemeinschaftlichen Tötung eines anderen zu besorgen verspricht, aber von der Wirkungslosigkeit dieses Mittels überzeugt ist (vgl. BGH MDR/D **4**, 335 zu § 218 a. F.). Die geplante Tat muß nach der Vorstellung der Beteiligten tatbestandsmäßig und rechtswidrig sein. Ohne Bedeutung ist dagegen, ob sie schuldhaft begangen werden soll. Insoweit gelten hier die gleichen Grundsätze wie bei der Anstiftung; vgl. § 26 RN 15. Danach ist insb. auch erforderlich, daß in den Fällen des Abs. 1 der Anstifter in Abgrenzung zur Täterschaft mit Anstiftervorsatz handelt. Kennt er die mangelnde Schuldfähigkeit oder Vorsätzlichkeit des Täters, so liegt nach allgemeinen Regeln mittelbare Täterschaft vor, § 30 scheidet daher aus. Darüber, inwieweit hier eine Bestrafung aus § 22 erfolgen kann, vgl. u. 30ff. Geht der Anstifter irrtümlich davon aus, der Haupttäter würde vorsätzlich handeln, so schließt dies § 30 nicht aus, da es bei der versuchten Anstiftung nur auf die Vorstellung des Anstifters ankommt.

b) In der Vorstellung des Vorbereitenden muß die Tat einen weitgehenden Grad der **Konkreti-** 6 **sierung** erreicht haben, der freilich im Einzelfall unterschiedlich sein kann. So schließt Ungewißheit über die Art des vorbereiteten Verbrechens die Anwendung der Vorschrift aus, sofern noch kein bestimmtes Verbrechen ins Auge gefaßt ist. Dagegen liegt § 30 vor, wenn die Teilnehmer mehrere Begehungsmöglichkeiten, von denen nur eine verwirklicht werden soll, in ihren Willen aufnehmen (BGH MDR/D **73**, 554), die Art der Ausführung, sowie auch deren Zeit und Ort, brauchen nämlich noch nicht in den Einzelheiten festgelegt zu sein (RG **69** 165, BGH MDR **60**, 595, Köln NJW **51**, 612, Roxin LK 24, Lackner 1b, Schröder JuS 67, 293); vgl. auch BGH **18** 160, NJW **73**, 156. Das Ziel der Tat muß jedoch bestimmt sein, nicht aber bereits das Opfer (BGH **15** 276, MDR **60**, 595, Köln NJW **51**, 612, Bay NJW **54**, 1257 [jedenfalls bei Vermögensdelikten], Roxin LK 24, wohl auch Samson SK 19; vgl. aber Hamburg MDR **48**, 368).

c) Der Tatentschluß muß **endgültig** gefaßt sein. Daher reichen bloße Vorbesprechungen 7 oder ein Abwägen der Erfolgschancen nicht aus (BGH **12** 309, Maurach JZ 61, 139, Samson SK 19). Ebensowenig wie beim Versuch entfällt der Deliktswille, wenn nur die Durchführung der Tat von Bedingungen abhängig gemacht wird, die Entscheidung über das Ob der Tat aber getroffen ist (BGH **12** 306, KG GA **71**, 55; vgl. auch § 22 RN 18). Entsprechendes gilt auch dann, wenn alternativ mehrere Verbrechen ins Auge gefaßt sind (Roxin LK 68). Handelt es sich hier um mehrere, nur in der Durchführung von Bedingungen abhängige Verbrechenspläne, so

§ 30   8–14   Allg. Teil. Die Tat – Täterschaft und Teilnahme

liegt eine § 30 unterfallende Vorbereitung vor; ein unbedingter Tatentschluß ist z. B. dann gegeben, wenn eine bestimmte Reihenfolge der Taten eingehalten werden soll und das Gelingen der ersten jeweils die Bedingung für die Durchführung der späteren ist (vgl. BGH **12** 306, Maurach JZ 61, 139).

8   d) Nicht erforderlich ist, daß die geplante Tat überhaupt hätte begangen oder vollendet werden können. Nach den Grundsätzen des untauglichen Versuchs ist es z. B. ohne Bedeutung, ob bestimmte Merkmale, welche die Tat als Verbrechen qualifizieren, objektiv wirklich gegeben sind, wenn nur der Vorbereitende glaubt, sie lägen vor (vgl. D-Tröndle 4, Roxin LK 29). Hält z. B. der Anstifter zum echten Amtsdelikt den Nicht-Beamten für einen Beamten, glaubt er, der Täter werde etwas „Falsches" als Zeuge beschwören, während tatsächlich die Aussage der Wahrheit entsprechen würde, ist der in Aussicht genommene Raub undurchführbar, weil das Opfer bereits tot ist, so steht das der Bestrafung aus § 30 nicht entgegen (so i. E. auch BGH **4** 254, GA **63**, 126). Ebensowenig macht es etwas aus, wenn der Anstifter fälschlich verbrechensbegründende Eigenschaften beim Täter annimmt (vgl. RG DR **43**, 138, OGH **3** 79). Vgl. zum Vorsatz noch RG **60** 90, Bay NJW **55**, 1120.

9   e) Hat der Täter aus **grobem Unverstand** verkannt, daß die geplante Tat nach der Art des Gegenstandes, an dem, oder des Mittels, mit dem sie begangen werden sollte, überhaupt nicht zur Vollendung kommen konnte, so kann das Gericht die Strafe nach § 49 II mildern oder von Strafe absehen. Da auf § 30 Versuchsgrundsätze anzuwenden sind, gilt auch hier selbstverständlich das „Trottelprivileg" des § 23 III (vgl. Baumann/Weber 591, Roxin LK 67); Abs. 1 S. 3 dient insoweit nur der Verdeutlichung. Zur sachlichen Tragweite der Regelung vgl. § 23 RN 17.

10   2. § 30 spricht von einem **Verbrechen**. Auf Vergehen kommt § 30 nicht zur Anwendung; die versuchte Beteiligung daran ist nur ausnahmsweise z. B. in § 159, §§ 28, 34 WStG erfaßt. Verbrechen sind nach der Legaldefinition des § 12 I „rechtswidrige Taten" mit einer Mindeststrafdrohung von 1 Jahr Freiheitsstrafe. Für die Qualifikation der Tat als Verbrechen gilt im übrigen § 12 III und damit die abstrakte Betrachtungsweise (vgl. § 12 RN 7 ff.). Gerade hier würde eine konkrete oder spezialisierende Betrachtung, die die Strafzumessungserwägungen eines Beteiligten als für den anderen wesentlich einbezieht, zu unbilligen Ergebnissen führen. Soll die Tat im Ausland begangen werden, so ist die Frage, ob sie ein Verbrechen ist, nach deutschem Recht zu beurteilen (RG **37** 45, Schröder ZStW 61, 57 ff.).

11   a) Schwierigkeiten bereitet nach wie vor die Frage, ob § 30 bei **Verbrechen** anwendbar ist, die diese Qualität nur durch **besondere persönliche Merkmale** erlangen. Die praktische Bedeutung des Problems ist allerdings durch die Verminderung der Zahl solcher Tatbestände stark reduziert. Da es sich im § 30 um Sonderformen der Deliktsbeteiligung handelt, sind §§ 28, 29 anzuwenden, und zwar nicht nur für den maßgeblichen Strafrahmen, wie BGH **6** 308 meint, sondern für den Deliktscharakter selbst (Baumann/Weber 591). Bedeutung hat diese Frage allerdings nur für die Fälle des § 30, die bei Durchführung der Haupttat Teilnahme wären, wie die versuchte Anstiftung oder die Annahme des Anerbietens. Wo dagegen, wie bei der Verabredung oder dem Sichbereiterklären, die Durchführung der Tat zur Täter- bzw. Mittäterschaft führen würde, sind die besonderen persönlichen Merkmale in ihrer Wirkung schon deswegen auf den einzelnen Beteiligten beschränkt, weil für sie das Prinzip der Akzessorietät nicht gilt (vgl. § 25 RN 61 ff.). Danach gilt folgendes:

12   α) **Strafbegründende Merkmale beim Täter** fallen nach § 28 I auch dem Beteiligten des § 30 zur Last (ebenso Samson SK 9, Roxin LK 43, Jakobs 632; and. Schmidhäuser 645 f.), da § 28 I keine Durchbrechung der Akzessorietät bringt (vgl. dort RN 8). Die versuchte Anstiftung zur Rechtsbeugung ist daher Anstiftung zu einem Verbrechen. § 28 I kann hier lediglich bewirken, daß die Strafe obligatorisch nach Maßgabe des § 49 I zu mildern ist. Da dies nicht bloß bei der vollendeten Teilnahme, sondern auch nach § 30 I S. 2 zu geschehen hat, ist die Strafe zweimal zu mildern. Für die versuchte Anstiftung zu einem Tötungsdelikt (§§ 211, 212) kommt es nach der von der Rspr. zum Verhältnis von §§ 211/212 vertretenen Auffassung (vgl. RN 5 vor § 211) darauf an, ob die dem Anzustiftenden angesonnene Tat sich als Mord oder Totschlag darstellen würde (BGH MDR/H **86**, 794).

13   β) Im umgekehrten Falle, wenn **strafbegründende Merkmale** lediglich **beim Teilnehmer** vorliegen, ist zu differenzieren: Weiß dieser etwa im Falle der versuchten Anstiftung, daß dem Anzustiftenden die Täterqualität fehlt, so würde, da letzterer allenfalls Beihilfe begehen könnte (vgl. § 25 RN 81) und die versuchte Anstiftung zur Beihilfe nicht unter § 30 fällt (vgl. u. 17), eine Strafbarkeit nach § 30 ausscheiden. Allein die Tatsache, daß beim erfolglos Anstiftenden strafbegründende Merkmale vorliegen, vermag dessen Strafbarkeit nach § 30 nicht zu begründen. Glaubt der Anstifter dagegen, der Anzustiftende sei Inhaber der Sonderdeliktseigenschaften, so liegt ein untauglicher Versuch der Anstiftung vor, der schon nach allgemeinen Versuchsgrundsätzen, die auf § 30 anwendbar sind, die Strafbarkeit nach § 30 begründet. In beiden Fällen ist also die Tatsache, daß beim Anstifter strafbegründende Merkmale vorliegen, als solche irrelevant, weil und soweit Akzessorietätsregeln im Hinblick auf die (vorgestellte) Haupttat gelten.

14   γ) Bei **strafmodifizierenden Umständen** in der Person des Täters gilt § 28 II (Heinitz DJT-FS 117). Daher ist nicht zu fragen, ob die Tat in der Person des Haupttäters Verbrechen ist, sondern ob es die

Teilnahme wäre, falls sie Erfolg gehabt hätte. Das Problem hat vor allem bei § 218 a. F. eine Rolle gespielt, da hier die Selbstabtreibung Vergehen, die Fremdabtreibung Verbrechen war (vgl. BGH 3 228, **4** 18, **14** 355, NJW **60**, 1727). Nachdem die Fremdabtreibung nur noch Vergehen ist, hat sich dieses Problem erledigt. Faßt man aber z. B. § 343 als Qualifikation der Nötigung und damit als unechtes Amtsdelikt auf (vgl. § 343 RN 1), so ist zu entscheiden, ob die versuchte Anstiftung zur Aussageerpressung § 30 unterfällt, obwohl der allgemeine Tatbestand des § 240 nur ein Vergehen ist; § 30 ist zu verneinen, weil § 28 II schon für die Frage von Bedeutung ist, ob sich die Tat für den Anstifter als Verbrechen darstellen würde (Baumann/Weber 591, Maurach JZ 61, 141, Samson SK 11; and. Dreher GA 54, 20, MDR 55, 119, Börker aaO 287, Letzgus aaO 205 f., Niese JZ 53, 549, Stratenwerth 252, Welzel 118). Nach Roxin LK 39 soll danach zu unterscheiden sein, ob das Merkmal, welches den Deliktscharakter bestimmt, dem Unrecht oder der Schuld zuzuordnen ist (zu Roxins Konzeption hinsichtlich der persönlichen Merkmale vgl. LK § 28 RN 30 ff. und hier § 28 RN 4 ff.). Nach BGH **6** 309 soll § 28 II nur bei der Bestimmung der Strafhöhe, nicht bei der Bestimmung des Deliktscharakters für den Anstifter anzuwenden sein. Entsprechendes gilt auch für alle anderen Fälle unechter Sonderdelikte, bei denen der Extraneus nur ein Vergehen begehen würde. **Für** den hier vertretenen **Standpunkt** spricht, daß die Ergebnisse für diejenigen Fälle des § 30, die vorbereitende Teilnahme, und für diejenigen, die vorbereitende Täterschaft sind, gleich sein müssen. Bei der Verabredung besteht kein Zweifel, daß ein Mittäter, bei dem die verabredete Tat nur Vergehen sein würde, nach § 30 nicht bestraft werden kann. Daher ist z. B. bei § 343 eine Verabredung zwischen einem Beamten und einem Nichtbeamten für ersteren nach § 30 II strafbar, für letzteren straflos (vgl. BGH **12** 307, Maurach JZ 61, 141). Das gleiche muß aber dann auch für den Anstifter sowie für die Fälle des Sichbereiterklärens gelten (a. A. Jesche(c)k 635 f.).

δ) Entsprechend muß dann die **Person des Teilnehmers** für die Qualifikation der Haupttat maßgeblich sein, wenn die straferhöhende Eigenschaft bei ihm, nicht aber beim Täter vorliegt. **15**

b) Kann bei Taten gleicher Art keine eindeutige Feststellung darüber getroffen werden, welche Tat ausgeführt werden sollte, so hat der Richter nach dem Grundsatz **in dubio pro reo** die dem Täter günstigste Möglichkeit zugrunde zu legen; besteht z. B. die Möglichkeit, daß die verabredete Wegnahme nur Diebstahl (Vergehen) statt Raub wäre, so ist freizusprechen. Bei Verschiedenartigkeit der möglicherweise geplanten Taten kann der Richter eine **Wahlfeststellung** in dem gleichen Umfange treffen, wie sie bei vollendeten Delikten möglich wäre (Bay NJW **54**, 1257, Maurach JZ 61, 139, Roxin LK 25; vgl. auch BGH **12** 308, NJW **51**, 666) **16**

III. Die versuchte Anstiftung (Abs. 1) erfaßt den **Versuch,** einen anderen zu einem **Verbrechen zu bestimmen.** Ausdrücklich erwähnt wird auch die erfolglose Anstiftung zur Verbrechensanstiftung (sog. versuchte Kettenanstiftung), während die versuchte Anstiftung zur Beihilfe nicht erfaßt und damit straflos ist. § 30 I betrifft ebenso die versuchte Anstiftung zur Mittäterschaft, und zwar auch dann, wenn ein Mittäter einen weiteren Mittäter zu gewinnen trachtet. Daß die Begehung der Tat diese Anstiftung hinter der Mittäterschaft zurücktreten würde, steht dem nicht entgegen. **17**

1. Bestimmen ist gleichbedeutend mit Anstiften (Roxin LK 12); es bedeutet daher ein Handeln irgendwelcher Art, durch das in einem anderen der Verbrechensentschluß hervorgerufen werden soll. Wie bei der Anstiftung reicht jedes Mittel der intellektuellen Beeinflussung aus, auch wenn es als solches vom Anzustiftenden nicht erkannt wird, wie scheinbares Abraten usw. (Dreher GA 54, 15). Es genügt z. B. ein bloßer Rat (RG **53** 351, BGH NJW **51**, 666) oder die Übersendung eines Rezepts zur Verbrechensverwirklichung (vgl. RG Recht **12** Nr. 331). **18**

Zweifelhaft kann sein, in welchem Umfang die **Anstiftertätigkeit** bereits auf den Täter eingewirkt haben muß. BGH **8** 261 folgert aus der Ersetzung der früheren Fassung („auffordert") durch die Worte „zu bestimmen versucht", daß nunmehr allgemeine Versuchsgrundsätze maßgeblich seien. Dem ist grundsätzlich zuzustimmen (and. die 17. A. § 49a RN 9a). Danach beginnt der Strafbarkeitsbereich mit dem Beginn der Einwirkung auf den Anzustiftenden, z. B. mit dem Beginn des Gesprächs, durch das der andere zur Begehung eines Verbrechens veranlaßt werden soll, oder mit der Absendung eines entsprechenden Briefes. Ob die Erklärung den anderen erreicht, ist gleichgültig (BGH **8** 261, D-Tröndle 9, Lackner 2a, Roxin LK 12); unerheblich ist auch, ob er sie verstanden hat (RG **47** 230, M-Gössel II 304; Zugang der Erklärung bei schriftlicher Aufforderung verlangen Schröder JuS 67, 290, Samson SK 14, Stratenwerth 253). Zur Frage, ob das Bestimmen ernstlich versucht sein muß, vgl. u. 26 ff. **19**

2. Adressat der Tätigkeit des Anstifters muß eine **bestimmte Person** oder eine Mehrheit **individuell feststellbarer Personen** sein (Dreher GA 54, 15, Roxin LK 23; and. noch Busch LK[9] § 49a RN 17); ist das nicht der Fall, so greift § 111 ein (and. Dreher Gallas-FS 321 ff.). **20**

3. Aus welchen Gründen die **Tat unterbleibt,** ist ohne Bedeutung. Der Grund kann z. B. darin liegen, daß der in Aussicht genommene Täter das Handeln des Anstifters nicht versteht (vgl. RG **47** 230), daß er die Begehung der Tat von vornherein ablehnt (mißlungene Anstiftung), oder daß der zunächst entschlossene Täter seine Meinung später ändert (erfolglose Anstiftung). Eine nur versuchte Anstiftung liegt auch dann vor, wenn sie nicht ursächlich für **21**

die Haupttat geworden ist, weil der Täter bereits zur Tat entschlossen war (RG **72** 375, untaugliche Anstiftung) oder eine andere als die ihm bestimmte Tat begeht (zum Exzeß vgl. 43 vor § 25, § 26 RN 18, M-Gössel II 351ff., Roxin LK 26ff.); zu den verschiedenen Formen der versuchten Anstiftung vgl. Letzgus aaO 36ff., 40ff., Roxin LK 11.

22 **IV. Die sonstigen Vorbereitungshandlungen (Abs. 2)** erfassen das Sichbereiterklären, die Annahme des Erbietens und die Verabredung, wobei sich diese **Formen** der **Vorbereitung** auf ein Verbrechen oder die Anstiftung zu einem Verbrechen beziehen müssen; vgl. o. 3ff. Diese Modalitäten entsprechen in ihrer deliktischen Bedeutung z. T. der versuchten Anstiftung. So bezeichnet die Annahme des Anerbietens eine Situation, die auch als versuchte Anstiftung erfaßt werden könnte, da die Zustimmung des Annehmenden Voraussetzung für die Ausführung der Tat sein soll (ebenso Samson SK 23). Beim Sichbereiterklären dagegen liegt die besondere Gefährlichkeit und damit der Strafgrund in der Verpflichtungswirkung gegenüber dem Erklärungsempfänger, die dadurch entsteht oder angestrebt wird, daß der Täter sich auf dessen Einwirkung hin bereit erklärt, oder daß in der Erklärung die Ausführung der Haupttat von dessen Einverständnis abhängig gemacht ist. Bei der Verabredung endlich treffen Elemente des Sichbereiterklärens und der versuchten Anstiftung zusammen. Der Verabredende erklärt einerseits seine Bereitwilligkeit, an der Ausführung eines Verbrechens teilzunehmen, er veranlaßt aber überdies im Regelfall auch die übrigen Beteiligten, sich an der Verabredung zu beteiligen. Diese Differenzierung hat vor allem für die Frage Bedeutung, ob die abgegebenen Erklärungen ernst gemeint sein müssen (vgl. u. 26ff.).

23 1. Zunächst stellt Abs. 2 das **Sich-Bereiterklären** zu einem Verbrechen unter Strafe. Dazu reicht nicht aus, daß der Täter seine Bereitwilligkeit, ein Verbrechen zu begehen, nur irgendwie zum Ausdruck bringt, vielmehr muß dies gegenüber einer Person geschehen, die entweder dem Deliktsplan zustimmen soll oder den Täter zur Begehung des Verbrechens aufgefordert hat (vgl. Schröder JuS 67, 291). Im ersteren Fall muß der Täter davon ausgehen, daß der Adressat seiner Erklärung deswegen zustimmt, weil er an der Herbeiführung des Erfolges ein eigenes Interesse hat. Erfaßt wird daher sowohl das Sicherbieten wie die Annahme der Aufforderung, ein Verbrechen oder eine Anstiftung zu einem Verbrechen zu begehen (vgl. Schröder JuS 67, 291). Beide Fälle sind hinsichtlich der Frage, ob die Erklärung dem anderen Teil zugegangen sein muß, gleich zu behandeln (and. 17. A. § 49a RN 23). Es genügt, daß die Bereitwilligkeit erklärt wird (BGH GA **63**, 126, M-Gössel II 374, Roxin LK 83, Letzgus aaO 90, 94; differenzierend Jescheck 638f., Schröder JuS 67, 291 sowie die 17. A. § 49a RN 23, wonach nur beim Sicherbieten Zugang der Erklärung gefordert wurde, während D-Tröndle 10 für beide Fälle Zugang verlangt). Durch die Rücktrittsregelung des § 31 wird der Anwendungskreis dieser Alternative allerdings unangemessen eingeschränkt (vgl. dort RN 5).

24 2. Strafbar ist weiter die **Annahme des Erbietens.** Darunter ist die Erklärung des Einverständnisses damit zu verstehen, daß ein anderer, der sich zur Begehung des Verbrechens bereit erklärt hat, die Tat ausführt. Voraussetzung ist daher, daß ein Anerbieten vorausgegangen ist. Die Annahme kann ausdrücklich oder durch schlüssige Handlungen erklärt werden. Nicht erforderlich ist, daß das Anerbieten selbst ernst gemeint war (BGH **10** 388 gegen RG **57** 243, M-Gössel II 374, Lackner 3; a.M. Blei NJW 58, 30, Jescheck 638, Letzgus aaO 184f.); zur Frage, ob die Annahme ernst gemeint sein muß, vgl. u. 26ff. Entsprechend der Situation bei der erfolglosen Anstiftung ist zwar erforderlich, daß dem sich Erbietenden die Annahmeerklärung zugegangen ist, nicht aber, daß er von der Annahme auch Kenntnis erhalten hat (vgl. o. 16).

25 3. **Verabredung** ist die – auch konkludente (Maurach JZ 61, 139) – Willenseinigung von mindestens zwei Personen zur gemeinsamen mittäterschaftlichen Ausführung eines Verbrechens oder einer gemeinsamen Anstiftung dazu (Hamm NJW **59**, 1237, Busch LK [9] § 49a RN 31, Dreher GA 54, 14, Jescheck 638, Maurach JZ 61, 141, Letzgus aaO 110, Samson SK 19; zu weit RG **58** 393). Dies erfordert, daß die sich verabredenden Personen gleichrangig zueinanderstehen; d.h. eine „Verabredung" von Täter und Teilnehmer kommt nicht in Betracht (Roxin LK 70, Samson SK 19). Der Täter kann sich jedoch wegen der Bereiterklärung, ein Anstifter nach § 30 I strafbar machen, ein potentieller Gehilfe bleibt straflos. Auch wenn mehrere Täter eine Verabredung treffen, kann der Anstifter dazu nur über § 30 I erfaßt werden. Dabei sind an die Willensübereinstimmung weitgehend die Anforderungen zu stellen, die für die Annahme eines Verbrechensplanes bei der Mittäterschaft als erforderlich angesehen werden (BGH NStZ **88**, 406, BGH/H MDR **88**, 452, Roxin LK 65; vgl. § 25 RN 61ff., 71ff.). Zu Fällen, in denen die Tat nur in der Person des einen ein Verbrechen ist, vgl. o. 14f. Zweifelhaft ist, ob jeder der Beteiligten die Absicht haben muß, die Tat aufgrund der Verabredung durch weitere Tatbeiträge zu fördern. Dies kann nach dem hier zur Abgrenzung zwischen Täterschaft und Teilnahme vertretenen Standpunkt (vgl. § 25 RN 66f.) jedenfalls nicht in dem Sinne verlangt werden, daß zeitlich nach der Verabredung jeder der Beteiligten noch etwas zu tun hat. Ausreichen muß vielmehr, daß ein Beteiligter gleichzeitig etwas tut, was über seine Willensentscheidung hinausgeht, so z. B. daß A dem B, der ihm einen Raub mit Beuteteilung vorschlägt, seine Waffe zur Verfügung stellt, auch wenn er weitere Hilfsakte nicht vornehmen soll.

V. Problematisch ist, welche Bedeutung dem **Mangel der Ernstlichkeit** der Erklärung bei den verschiedenen Begehungsformen des § 30 zukommt. Es handelt sich hierbei um ein reines Vorsatzproblem. 26

1. Wer sich nur **zum Schein bereit erklärt,** ein Verbrechen zu begehen, dem fehlt der Wille zur Ausführung und Vollendung der Haupttat (vgl. o. 5). Strafbarkeit tritt mangels Vorsatzes nicht ein (BGH **6** 347). Dagegen kommt es nicht darauf an, ob die Aufforderung, auf die das Sichbereiterklären folgte, ihrerseits ernst gemeint war (BGH **10** 389). 27

2. In den Fällen der **versuchten Anstiftung** und der **Annahme des Erbietens** liegt der für § 30 erforderliche Vorsatz stets dann vor, wenn der Anstiftende oder Annehmende damit rechnet, daß der andere aufgrund seiner Erklärung die Haupttat ausführen und zur Vollendung bringen werde; ein etwaiger Vorbehalt, die Haupttat nicht zu wollen, wäre dann nur eine unbeachtliche reservatio mentalis (so für die versuchte Anstiftung BGH **18** 160, Bay NJW **70,**769, Roxin LK 18, Dreher GA 54, 15; für die Annahme des Anerbietens BGH **10** 388; and. RG **57** 245, Jescheck 638). Auch hier entfällt aber der Vorsatz, wenn der Anstifter die Tat verhindern will (agent provocateur; vgl. Roxin LK 20, § 26 RN 16). 28

3. Dieselben Grundsätze gelten für die **Verabredung.** Wenn von zwei Verabredenden der eine nur zum Schein mitwirkt, so liegt dennoch tatbestandlich eine Verabredung i. S. des § 30 vor (Busch LK[9] § 49a RN 30, Eser II 214, Letzgus aaO 183, Schröder JuS 67, 294; and. D-Tröndle 12, Lackner 3, M-Gössel II 372f., Maurach JZ 61, 139, Roxin LK 61, Schmidhäuser 646, die den ernstlich entschlossenen Mittäter wegen Sich-Bereiterklärens oder Annahme eines Anerbietens bestrafen wollen, was i. E. ebenfalls zur Bejahung des § 30II führt). Die hier vertretene Auffassung folgt aus dem Strafgrund der Modalität des Verabredens. Wie bei der beiderseitig ernstlichen Verabredung bestehen auch bei der einseitigen Mentalreservation objektiv aus der Empfängersicht übereinstimmende Willensäußerungen und damit der in Abs. 2 als Tatbestandsmerkmal vorausgesetzte Erklärungswert. Daraus folgt, daß der ernstlich entschlossene Partner wegen Verabredung strafbar ist. Hingegen fällt der andere unter § 30 I, soweit er davon ausgeht, daß die Erklärung seiner Bereitwilligkeit, an der Tat mitzuwirken, bei den Partnern den endgültigen Entschluß zur Tat erst hervorruft; anders nur dann, wenn er davon ausging, ohne seine spätere Mitwirkung könne die Tat von den anderen nicht begangen werden (BGH **18** 160; vgl. auch BGH NJW **56,** 30, RG **58** 393). 29

VI. Die Teilnahmeformen des § 30 sind gegenüber der **versuchten Täterschaft** abzugrenzen, da beim Vorliegen von Täterschaft § 30 nicht in Betracht kommt. 30

1. Bestritten ist, in welchem Umfang die **fehlende Verantwortlichkeit des Partners** die Anwendung des § 30 ausschließt. Bei der versuchten Anstiftung und der Annahme des Erbietens handelt es sich um die Veranlassung einer fremden Tat; hier ist deshalb erforderlich, daß der Täter des § 30 bei Ausführung der Tat nur deren Teilnehmer wäre. Daraus ergibt sich, daß zwar eine Verantwortlichkeit des anderen Beteiligten objektiv nicht zu fordern ist (RG **47** 230), § 30 aber ausscheidet, wenn der Täter die mangelnde Verantwortlichkeit des anderen kennt. In diesem Fall liegt u. U. versuchte mittelbare Täterschaft vor (vgl. § 22 RN 54, § 24 RN 32, ebenso Roxin LK 21, Dreher GA 54, 17). Entsprechendes gilt bei der Verabredung, da in ihr (vgl. o. 25) Elemente des Sichbereiterklärens mit solchen der versuchten Anstiftung zusammentreffen. Wer also ein Verbrechen mit einem Zurechnungsunfähigen verabredet, ist nur dann nach § 30 zu bestrafen, wenn er von dessen Verantwortlichkeit ausgeht (Dreher GA 54, 18; and. Roxin LK 63; vgl. auch Maurach JZ 61, 141), andernfalls liegt u. U. versuchte mittelbare Täterschaft vor. Beim Sichbereiterklären dagegen kommt es auf die Verantwortlichkeit des Adressaten nicht an, da der Strafgrund des Bereiterklärens in der durch die Erklärung hergestellten oder angestrebten Verpflichtung zu eigener Täterschaft liegt (vgl. o. 23). Näher zu diesen Fragen Kantorowicz, Tat und Schuld (1933) 166. 31

2. Die Fälle der Einwirkung auf ein Werkzeug bei der **mittelbaren Täterschaft** können durch § 30 I, der den Versuch einer Anstiftung regelt, nicht erfaßt werden, und zwar gleichgültig, ob es sich um ein doloses oder nicht doloses Werkzeug handelt. Folgt man der hier vertretenen Ansicht, daß die Einwirkung auf den Tatmittler bereits Versuch der Tat sein kann (§ 22 RN 54), so kommt in diesen Fällen eine unmittelbare Bestrafung aus § 22 in Betracht, soweit es sich um nicht verantwortliche Tatmittler handelt, deren Handeln, durch keinen verantwortlichen Willen gelenkt, in der Hand des Täters gleich einem Naturkausalismus wirkt. Hier kann ein Beginn der Ausführung, ein unmittelbarer Angriff gegen das geschützte Rechtsgut, schon 32

§ 30 33–40   Allg. Teil. Die Tat – Täterschaft und Teilnahme

durch Einwirkung auf das Werkzeug erfolgen. Beim verantwortlichen Werkzeug (absichtsloses oder qualifikationsloses, doloses Werkzeug) versagt diese Konstruktion. Hier beginnt die Ausführung erst mit der Ausführungshandlung, die durch das Werkzeug vorgenommen wird (vgl. dazu § 22 RN 54 mwN). In diesen Fällen kommt daher eine Anwendung des § 22 für die bloße Einwirkung auf das Werkzeug nicht in Betracht; auch eine Verabredung nach Abs. 2 scheidet hier aus, weil das Werkzeug nur Gehilfe ist (vgl. o. 25).

33   **VII.** In welchem Umfang **Teilnahme an versuchter Teilnahme** möglich ist, ist durch die Erwähnung der Anstiftung in Abs. 1 und 2 nun geklärt und wie folgt zu beurteilen:

34   **1. Beihilfe** kommt zu keiner der in § 30 genannten Beteiligungsformen in Betracht (BGH NStZ **82**, 244, Samson SK 25, Roxin LK 47, Lackner 2a, M-Gössel II 366f., D-Tröndle 14). Dies ergibt sich aus den gleichen Gründen, die zur Straflosigkeit der versuchten Anstiftung zur Beihilfe führen. Ist die Beihilfe straflos, die dem Täter gewährt wird, solange dieser nicht zumindest einen Versuch unternommen hat, so kann nicht strafbar sein, wer lediglich einem anderen bei der versuchten Anstiftung hilft, ihm z. B. Geld für einen vergeblichen Anstiftungsversuch gibt (BGH **14** 156 m. abl. Anm. Dreher NJW 60, 1163, Schröder JuS 67, 293, Roxin LK 49; and. Busch Maurach-FS 245, Dreher GA 54, 17, 18); Entsprechendes gilt für die Beihilfe zur Verabredung (Maurach JZ 61, 143; and. Dreher GA 54, 18).

35   **2.** Dagegen ist die **Anstiftung zur versuchten Anstiftung** ebenso strafbar wie die erfolglose Anstiftung zur Anstiftung (vgl. Maurach JZ 61, 143, Samson SK 25f., Roxin LK 46). Dies ergibt der systematische Zusammenhang der Vorschrift. Wenn nämlich nach Abs. 1 der Versuch strafbar ist, einen anderen zur Anstiftung zu einem Verbrechen zu bestimmen (versuchte Kettenanstiftung; zum früheren Meinungsstreit bei § 49a a. F. vgl. 20. A. RN 30), obwohl die Gefährlichkeit dieses Verhaltens sehr gering ist (vgl. 17. A. § 49a RN 24), weil der durch den Täter nach Abs. 1 Angesprochene das Ansinnen ablehnt, dann muß die gefährlichere Situation, daß der Angesprochene dem Wunsch nachgibt, seinerseits aber nicht erfolgreich ist, ebenfalls durch § 30 I erfaßt werden können.

36   Für die **Beteiligungsformen des Abs.** 2 gilt Entsprechendes. Strafbar ist daher die Anstiftung zur Verabredung ebenso wie die – ausdrücklich genannte – Verabredung zur Anstiftung usw.

37   **VIII.** Die Bestimmung des § 30 ist **subsidiär;** sie kommt nur in Betracht, soweit nicht das Gesetz eine andere Strafe androht (BGH **1** 135), und zwar gerade für das Verhalten, das § 30 erfüllt (Samson SK 4). Im übrigen ist Idealkonkurrenz möglich. Das bedeutet im einzelnen:

38   **1.** Kommt es zur **Vollendung** oder zum **Versuch** des geplanten Verbrechens, dann ist nur nach dessen Tatbestand, evtl. i. V. m. § 26 zu bestrafen; § 30 tritt zurück (BGH NStZ **83**, 364, Maurach JZ 61, 145). Dies gilt nicht, wenn die Verantwortlichkeit für die Durchführung der Tat aufgrund eines neuen Entschlusses eintritt; hier kommt – außer in Fällen eines Fortsetzungszusammenhangs – Realkonkurrenz in Betracht, so wenn der erfolglosen Anstiftung aufgrund eines neuen Entschlusses eine erfolgreiche Anstiftung folgt oder wenn nach einer Verabredung die Beteiligten den Plan aufgeben, ihn jedoch später trotzdem durchführen. Andererseits ist Subsidiarität auch dann gegeben, wenn die Aufforderung nicht ursächlich für das Verbrechen war, z. B. weil der Täter bereits zur Tat entschlossen war und der Auffordernde sich dann als Gehilfe am Verbrechen beteiligt; wie jede Form der strafrechtlichen Verantwortlichkeit für die Haupttat geht auch die **Beihilfe** dem § 30 vor (Roxin LK 55, Maurach JZ 61, 144, Schröder JuS 67, 295; and. Dreher GA 54, 21, z. T. auch Meister MDR 56, 16, Samson SK 4). Subsidiarität ist aber auch dann anzunehmen, wenn der Täter mehrere Personen vergeblich zur Teilnahme aufgefordert hat und die geplante Tat alsdann allein oder mit dritten Personen ausführt (BGH **8** 38). Ebenso ist es, wenn bei einer fortgesetzten Handlung eine Anstiftung zur Beteiligung an einem Einzelakt vorliegt, der dann nicht zur Ausführung kommt (BGH LM **Nr. 35** zu § 73). Endlich liegt Subsidiarität auch dann vor, wenn ein Teilakt einer Fortsetzungstat versucht worden ist; die Täter können dann nicht auch noch wegen Verabredung des nächsten verurteilt werden (BGH MDR/D **68**, 727).

39   **2.** Etwas anderes gilt jedoch, wenn die ausgeführte Tat hinter der geplanten in der Weise zurückbleibt, daß statt eines Verbrechens **nur ein Vergehen** zur Ausführung gelangt, das qualifizierende Umstände nicht enthält, die die geplante Tat enthalten sollte (BGH **1** 242, **9** 131; and. noch BGH **1** 135). Sagt z. B. der zum Meineid Angestiftete nur uneidlich falsch aus, so ist der Anstifter nach §§ 30, 154 in Idealkonkurrenz mit §§ 26, 153 zu bestrafen. Entsprechendes gilt (Idealkonkurrenz), wenn der Täter sich zum Meineid bereiterklärt, dann aber nur uneidlich falsch aussagt. Wie hier Roxin LK 52, Dreher GA 54, 20; and. Schneider GA 56, 262, der übersieht, daß § 154 den § 153 einschließt. Entsprechendes gilt für das Verhältnis des Abs. 2 zur Begehung der geplanten Tat (BGH **14** 379, Maurach JZ 61, 144). Dasselbe gilt, wenn der Haupttäter statt eines Mordes einen Totschlag begeht, sofern die Anstiftung ein tatbezogenes Mordmerkmal betraf. Betraf sie ein täterbezogenes Merkmal, dann greift dagegen § 28 II ein (vgl. § 211 RN 44ff., Maurach JuS 69, 256).

40   **3. Tritt der Teilnehmer** nach § 24 vom Versuch der Haupttat **zurück,** so kann auch aus § 30 keine Bestrafung erfolgen (BGH **14** 378, NStZ **83**, 364, Roxin LK 79, Bottke, Methodik 560ff., Maurach

JZ 61, 145). Die Wirkung des Rücktritts erstreckt sich auch auf die Strafbarkeit nach § 30, da diese Bestimmung lediglich die Gefährdung der gleichen Rechtsgüter erfaßt, für deren beabsichtigte Verletzung sich der Täter Straffreiheit verdient hat. Dies gilt auch dann, wenn die geplante Tat schwerer ist (z. B. § 250) als die versuchte (§ 249), von der dann zurückgetreten wird (Roxin LK 80; offengelassen von BGH **14** 380; and. Maurach JZ 61, 146, Busch LK[9] § 49a RN 11).

4. Gegenüber **anderen Strafvorschriften,** die nicht das geplante Verbrechen betreffen, tritt § 30 nicht zurück. Dies gilt zunächst, wenn die versuchte Anstiftung zugleich einen anderen Tatbestand erfüllt, weshalb z. B. Idealkonkurrenz zwischen versuchter Anstiftung und versuchter Nötigung vorliegen kann (BGH **1** 307). § 30 tritt auch dann nicht zurück, wenn die begangene Tat von der geplanten erheblich abweicht (es wird z. B. statt A der B umgebracht; vgl. Maurach JZ 61, 144); hier liegt Realkonkurrenz zwischen § 30 und der späteren Haupttat vor.

IX. Die **Strafe** ist einheitlich für alle Formen des § 30 die Versuchsstrafe nach § 23, jedoch ist die Strafmilderung im Gegensatz zu § 23 obligatorisch; liegt ein minder schwerer Fall vor, so ist dessen Strafrahmen nochmals nach § 49 I zu mildern, BGH NStE **Nr. 3.** Zur Strafmessung allgemein vgl. BGH NStZ **89,** 571. Zur grob unverständigen versuchten Teilnahme vgl. o. 9 und § 23 RN 14ff. I. E. wird also eine „dem Rechtsgut geringer gefährliche Vorbereitungshandlung" (BGH **1** 135) der intensiveren Gefährdung durch den Versuch gleichgestellt. Zur Strafzumessung vgl. BGH **32** 135f.

Hat ein Täter **mehrere** der **Handlungsformen** des § 30 verwirklicht, so kann er dennoch nur einmal aus § 30 verurteilt werden. Es handelt sich um gleichwertige, aber untereinander unselbständige Formen der Deliktsvorbereitung. Ein Subsidiaritätsverhältnis besteht nicht (and. Bay NJW **56,** 1000). Tateinheit oder -mehrheit ist jedoch möglich bei Beziehung auf verschiedene Verbrechen (D-Tröndle 15). Zwischen den einzelnen Begehungsformen ist Wahlfeststellung zulässig.

§ 31 Rücktritt vom Versuch der Beteiligung

(1) Nach § 30 wird nicht bestraft, wer freiwillig

1. den Versuch aufgibt, einen anderen zu einem Verbrechen zu bestimmen, und eine etwa bestehende Gefahr, daß der andere die Tat begeht, abwendet,
2. nachdem er sich zu einem Verbrechen bereit erklärt hatte, sein Vorhaben aufgibt oder,
3. nachdem er ein Verbrechen verabredet oder das Erbieten eines anderen zu einem Verbrechen angenommen hatte, die Tat verhindert.

(2) Unterbleibt die Tat ohne Zutun des Zurücktretenden oder wird sie unabhängig von seinem früheren Verhalten begangen, so genügt zu seiner Straflosigkeit sein freiwilliges und ernsthaftes Bemühen, die Tat zu verhindern.

Schrifttum: Vgl. die Angaben bei § 30.

I. Die Vorschrift ersetzt § 49a III und IV und bringt für die Fälle einer versuchten Beteiligung nach § 30, auf die § 24 mangels strafbarer Haupttat nicht paßt, eine **gesonderte Rücktrittsvorschrift.** Die neue Bestimmung ist den Bedürfnissen der verschiedenen Beteiligungsformen teilweise besser angepaßt als ihre Vorbilder.

II. Das **Rücktrittsverhalten** ist auf die verschiedenen Beteiligungsformen abgestellt. Die Vorschrift berücksichtigt also die Unterschiede zwischen versuchter Anstiftung, Verabredung usw. Im einzelnen gilt folgendes:

1. Versuchte Anstiftung wird straflos, wenn der Beteiligte den Versuch aufgibt, den anderen zur Tat zu bestimmen, und eine etwaige Gefahr, daß die Tat begangen werden könnte, abwendet. Die Vorschrift stellt insoweit eine gewisse Parallele zu § 24 I S. 1 dar, als sie dem Täter der versuchten Anstiftung das Risiko der Erfolgsabwendung aufbürdet (vgl. § 24 RN 76); sie spricht andererseits nicht davon, daß der Zurücktretende die „Vollendung verhindern" müsse, sondern begnügt sich damit, eine Pflicht zur Abwendung einer „etwaigen Gefahr" aufzustellen. Damit ist die Vorschrift hinsichtlich ihrer Rücktrittsvoraussetzungen in die Nähe der Unterscheidung zwischen unbeendigtem und beendigtem Teilnahmeversuch gerückt (vgl. Samson SK 9, 11), weil die Frage, ob eine etwaige Gefahr für die Tatbegehung besteht, nur nach der subjektiven Vorstellung des Zurücktretenden im Zeitpunkt des Rücktrittsverhaltens beurteilt werden kann: Glaubt er, durch sein Verhalten schon eine Beeinflussung des anderen erreicht zu haben, so besteht aus seiner Sicht eine Gefahr für die Durchführung der Tat, so daß er gehalten ist, durch entsprechende Gegenmaßnahmen dieser Gefahr zu begegnen; glaubt er, mit seinen bisherigen Beeinflussungsbemühungen erfolglos geblieben zu sein, so besteht für ihn auch keine Gefahr der Tatdurchführung, die es abzuwenden gilt (vgl. Bottke, Rücktritt usw. 27). Freilich ergeben sich insoweit gewisse Unterschiedlichkeiten zum Rücktrittsverhalten des Tatbeteiligten nach § 24 II, die aber angesichts des andersartigen Wortlauts hinzunehmen sind (vgl. § 24 RN 87).

4 Nach dem Wortlaut der Vorschrift des Abs. 1 Nr. 1 ist problematisch, ob der Zurücktretende nur eine **von ihm selbst geschaffene Gefahr** für die Tatbegehung oder auch eine solche beseitigen muß, zu der er nichts beigetragen hat. Es ist davon auszugehen, daß der Täter nur für die Beseitigung der Gefahren einzustehen hat, die auf seine Beeinflussung zurückgehen (E 62 Begr. 155, Roxin LK 12; ähnlich Samson SK 8: Gefahr vom Anstifter „mitverursacht"). Ist dies der Fall, so ist weiterhin zu fordern, daß der Täter nach § 30, falls die Haupttat zur Ausführung kommt, als Anstifter haften würde. Trifft er z. B. auf einen zur Tat fest Entschlossenen (omnimodo facturus), so besteht die Notwendigkeit einer Gefahrenabwehr für den Rücktritt nach Nr. 1 selbst dann nicht, wenn die Beeinflussung den Tatentschluß stärkt. Dies folgt daraus, daß sich die Bestärkung des Tatentschlusses im Rahmen der Teilnahme nur als Beihilfe darstellen würde, die versuchte Beihilfe aber durch § 30 nicht erfaßt wird (and. Baumann/Weber 593f., M-Gössel II 377f.). Hier sind demnach folgende Situationen zu unterscheiden. Kommt es zur Haupttat, so ist der den Tatentschluß Bestärkende wegen Beihilfe strafbar, die eine etwaige mit Anstiftervorsatz versuchte Anstiftung verdrängt (vgl. § 30 RN 38). Unterbleibt die Haupttat, so ist straflos, wer nur mit Gehilfenwillen die Tat psychisch unterstützen wollte (Straflosigkeit der versuchten Beihilfe). Wer hingegen mit Anstiftervorsatz den Tatentschluß herbeiführen wollte, kann nach Abs. 2 zurücktreten, wenn er sich freiwillig und ernsthaft bemüht, die Tat zu verhindern; die Abwendung der Gefahr für die Tatbegehung ist nicht notwendig, da seine Beeinflussung im Falle der Tatvollendung sich nur als Beihilfe darstellen würde. Erkennt er dagegen, daß seine mit Anstiftervorsatz vorgenommene Beeinflussung keinerlei Eindruck auf den Anzustiftenden macht, so liegt ein fehlgeschlagener Versuch vor (ebenso Samson SK 8).

5 Für den Normalfall sind **folgende Situationen** zu unterscheiden: Wird das Ansinnen des Anstifters, ein Verbrechen zu begehen, sofort bedingungslos zurückgewiesen, so ist für einen Rücktritt kein Raum; der Anstiftungsversuch ist gescheitert (vgl. § 24 RN 19f.); vgl. Samson SK 8, Roxin LK 3. Erklärt sich der Angestiftete zur Tat bereit, so besteht aus der Sicht des Zurücktretenden eine Gefahr für die Durchführung der Tat, die er z. B. dadurch abwenden muß, daß er dem Täter die Tatausführung ausredet, das Opfer von dem geplanten Anschlag unterrichtet, die Polizei einschaltet usw. (vgl. RG 38 225, 70 295, BGH 4 200 m. Anm. Maurach GA 54, 119). Denkbar ist schließlich der Fall, daß der Zurücktretende nicht sicher weiß, welchen Erfolg seine bisherigen Bemühungen zur Tatbestimmung gehabt haben; auch in diesem Fall besteht aus seiner Sicht eine Gefahr für die Tatdurchführung, weshalb er zu den genannten Maßnahmen greifen muß. Geht er allerdings davon aus, daß zur Tatbestimmung eine weitere Einflußnahme auf den Anzustiftenden notwendig sei, so genügt es, wenn er sie unterläßt. In allen Fällen ist auf das Vorstellungsbild des Zurücktretenden abzustellen, weil der Normappell, die Tat zu verhindern, vernünftigerweise nur daran orientiert werden kann, welche Vorstellungen der Täter nach § 30 I vom möglichen oder tatsächlichen Erfolg seiner bisherigen Beeinflussungstätigkeit hatte (Samson SK 11, Jesceck 639, Roxin LK 5; and. wohl D-Tröndle 5, Lackner 1a, M-Gössel II 375f., Bottke, Rücktritt 54ff.). Folglich kommt es auch nicht darauf an, ob der Anzustiftende ernsthaft oder nur zum Schein auf das an ihn gestellte Ansinnen einging; letzterenfalls genügt nach Abs. 2 das ernsthafte Bemühen des Zurücktretenden, die Tat zu verhindern.

6 Bei der **Kettenanstiftung** ergeben sich folgende Probleme: Da Abs. 1 Nr. 1 für den Rücktritt u. a. die Abwendung einer etwaigen Gefahr der Tatbegehung verlangt, die Tat nach § 30 I bei der Kettenanstiftung aber in der „versuchten Anstiftung zu einem Verbrechen" besteht, fragt es sich zunächst, auf welches Verhalten sich die Gefahrabwendung beziehen muß. In Betracht kommt sowohl die Einwirkung auf den (potentiellen) Anstifter als auch dessen unmittelbare Beeinflussung des Haupttäters. Aus dem Zweck der Rücktrittsvorschriften, Rechtsgüterverletzungen zu verhindern, ist zu schließen, daß sowohl die Abwendung der Gefahr einer Beeinflussung des Haupttäters als auch die Verhinderung der Haupttat selbst ausreichen muß (ebenso Samson SK 12, Roxin LK 14). Danach kommen folgende Situationen in Betracht: Wird das Ansinnen, einen anderen zu einem Verbrechen anzustiften, sofort bedingungslos zurückgewiesen, so ist für einen Rücktritt kein Raum; der Kettenanstiftungsversuch ist gescheitert (vgl. o. 5); Entsprechendes gilt, wenn der Angestiftete zur Anstiftung fest entschlossen ist (omnimodo facturus) und der Täter nach § 30 dies sofort erkennt (vgl. o. 4). Glaubt der Täter, das Ansinnen einer Anstiftung habe noch keinen Erfolg gehabt, so genügt es, wenn er seine weitere Beeinflussung unterläßt (vgl. o. 3). Geht er davon aus, daß der andere zur Anstiftung entschlossen, aber mit dem Haupttäter noch nicht in Kontakt getreten ist, so genügt es, wenn er ihm den Entschluß zur Anstiftung wieder ausredet oder den Haupttäter dazu bringt, das Ansinnen zur Tatbegehung zurückzuweisen. Ist nach seiner Vorstellung auch der Haupttäter schon beeinflußt oder zur Tat entschlossen, so muß er diesen von seinem Tatentschluß abbringen. In allen Fällen genügt es jedoch, wenn der Täter die Haupttat verhindert, sei es durch eine Benachrichtigung des durch die Tat Bedrohten oder der Polizei.

Kommt es in diesen Fällen zu einem strafbaren (untauglichen) Versuch des Haupttäters, so **7** liegt allerdings ein Rücktritt nach § 24 II vor. Bei Zweifeln an der Wirksamkeit bzw. der Entwicklung der Kettenanstiftung hat der Zurücktretende jeweils das zu tun, was nach seiner Vorstellung die Tat verhindert. Im übrigen gelten die o. 5 genannten Grundsätze entsprechend.

2. Bei der **Erklärung der Bereitwilligkeit,** ein Verbrechen zu begehen, genügt es, wenn der **8** Beteiligte sein Vorhaben aufgibt. Ein Widerruf wie nach § 49a a. F. ist nicht mehr erforderlich (Samson SK 17). Folglich genügt auch die bloße Sinnesänderung; nicht notwendig ist, daß der Täter sich gegenüber dem Adressaten seiner Bereiterklärung lossagt. Angesichts des eindeutigen Wortlauts wird man nicht einmal verlangen können, daß der ursprünglich Tatbereite auf andere Weise zu erkennen gibt, daß er nicht mehr bereit ist, die Tat auszuführen (Jakobs 635, Roxin LK 17, Samson SK 17, Bottke, Rücktritt 47 ff.; and. Jescheck 640: „in nach außen erkennbarer Weise", D-Tröndle 6; Baumann/Weber 593: „einfacher Widerruf"). Der Tatbereite kann also wie beim unbeendeten Versuch kraft Aufgabe des Tatentschlusses zurücktreten. Die Regelung stellt die Praktikabilität dieser Alternative des § 30 ernsthaft in Frage, weil die Aufgabe des Vorhabens anders als bei § 24 (vgl. dort RN 37 ff.) vielfach objektiv nicht nachprüfbar ist. Beim Rücktritt des Alleintäters ist es nämlich schon zu Ausführungshandlungen gekommen, von denen der Täter jetzt Abstand nimmt, während der Entschluß des Tatbereiten vor Versuchsbeginn noch keine objektiv erkennbaren Auswirkungen hatte. Wer also, nachdem er sich zum Verbrechen bereit erklärt hat, gestellt wird, kann allemal die Ausrede gebrauchen, er habe den Tatentschluß inzwischen aufgegeben. Ob ein Rücktritt als gegeben anzunehmen ist, unterliegt dann der freien richterlichen Beweiswürdigung, wobei Zweifel nach dem Grundsatz in dubio pro reo zu beurteilen sind. Indiz für den Rücktritt kann es sein, daß der Täter die in die Wege geleiteten Vorbereitungshandlungen nicht weiter verfolgt oder mit ihnen noch nicht begonnen hat, obwohl er nach dem Verbrechensplan dazu Anlaß gehabt hätte (vgl. auch Roxin LK 18).

3. Bei der **Verabredung** muß der Täter die Tat verhindern; gleiches gilt für die **Annahme des 9 Anerbietens.** Die Erschwerung des Rücktritts entspricht § 24 II (Samson SK 18). Grundgedanke dieser Regelung ist, daß der Beteiligte das Risiko seiner Beteiligung durch die Verhinderung der Tat beseitigen muß. Kann bei der Verabredung die Tat ohne den Zurücktretenden nicht begangen werden, so genügt folglich die Verweigerung weiterer Beteiligung, um die Begehung zu verhindern, die auch in einem bloß passivem Verhalten liegen kann (BGH **32** 133 m. Anm. Kühl JZ 84, 292 u. Küper JR 84, 265, NJW **84**, 2169). Insoweit kann nichts anderes gelten als bei der nur zum Schein erfolgenden Verabredung, wenn der Täter davon ausgeht, ohne ihn werde die Tat nicht begangen werden können (vgl. BGH **18** 160, Roxin LK 20, Küper JZ 79, 782). Sonst muß auf andere Weise erreicht werden, daß das Verbrechen nicht zur Ausführung kommt. Erforderlich ist, daß die Tat verhindert wird. Insoweit ergeben sich Parallelen zum Rücktritt des Tatbeteiligten nach § 24 II; vgl. dort RN 73 ff. Zur Frage des Rücktritts durch Unterlassen, wenn die Tatdurchführung von weiteren Tatbeiträgen des Zurücktretenden abhängt vgl. BGH GA **74**, 243.

III. In allen Fällen muß der Rücktritt **freiwillig** erfolgen. Damit ist die gleiche Freiwilligkeit **10** gemeint, die auch für § 24 verlangt wird; vgl. dort RN 44. Der Täter darf also nicht durch eine wesentliche Veränderung der seine Motivation bestimmenden Faktoren zur Aufgabe des Entschlusses veranlaßt worden sein. Entscheidend sind daher die Vorstellungen des Beteiligten nach § 30. Nimmt er z. B. irrtümlich an, die Anstiftung habe Erfolg gehabt, während der Versuch in Wahrheit fehlgeschlagen ist, so schließt das die Freiwilligkeit und damit die Möglichkeit des Rücktritts nicht aus. Bemüht er sich nunmehr ernstlich, den Haupttäter umzustimmen, so ist er, da die Haupttat jedenfalls unterbleibt, straffrei. Hat der Täter zwei Möglichkeiten der Tatausführung erwogen, von denen die eine unmöglich wird, so kann das Abstehen von der zweiten freiwillig sein (BGH **12** 306). Bleibt zweifelhaft, ob der Täter freiwillig gehandelt hat, so ist er ebenfalls straflos (BGH GA **63**, 126). Unfreiwillig ist dagegen die Verhinderung eines Meineides, die nur deswegen erfolgt, weil der Anstifterbrief dem Prozeßgegner in die Hände gefallen ist (Tübingen DRZ **49**, 44); vgl. auch Bottke, Rücktritt 35 ff.

IV. Dem Rücktrittsverhalten nach Abs. 1 steht das freiwillige und **ernsthafte,** aber **erfolglose 11 Bemühen** darum gleich (Abs. 2), sofern die Tat unterbleibt oder unabhängig von seinem früheren Verhalten begangen wird (vgl. Samson SK 14 f.). Zur Freiwilligkeit vgl. § 24 RN 44. **Ernsthaftigkeit** bedeutet, daß der Täter alles getan haben muß, was nach seiner Überzeugung und nach seinen Kräften geeignet erscheint, den Erfolg abzuwenden oder die Begehung der Tat zu verhindern (vgl. § 24 RN 72). Unterbleibt die Tat zwar, aber nicht, weil der Täter sie verhindert, so würde er, auch ohne jede Schuld an ihrem Mißerfolg, strafbar sein. So z. B. wenn der Anstifter einen omnimodo facturus umzustimmen versucht. Ernsthaftigkeit erfordert auch, daß der Täter andere Maßnahmen ergreift, wenn er merkt, daß das bisher Getane nicht ausreicht (BGH GA **65**, 283, Bay JR **61**, 270). Die Feststellung, daß das Bemühen des Täters objektiv ungeeignet war, schließt die Anwendung des Abs. 2 nur im Falle völlig irrealer Verhinderungsmaßnahmen aus (vgl. § 24 RN 103). Auch ein passives Verhalten kann ein ernsthaftes Bemühen sein, wenn dadurch die Tat verhindert wird, z. B. das potentielle Opfer nicht veranlaßt wird, an den Ort des geplanten Mordanschlages zu gehen (BGH GA **74**, 243). Immer aber ist Voraussetzung, daß die geplante Tat nicht zur Ausführung kommt. Wird sie begangen, so hilft das Bemühen dem Täter des § 30 nichts; er haftet dann wegen Beteiligung an ihr, nicht nur (Subsidiarität) aus § 30. Das jedoch nur unter der Voraussetzung, daß der Tatbeitrag des Teilnehmers fortwirkt. Wird die Haupttat **„unabhängig von seinem vorausgegangenen Verhalten"** begangen, so kann er mangels Kausalität wegen Teilnahme dann nicht bestraft werden, wohl aber könnte § 30 Anwendung finden, da der Tatbeitrag immerhin kausal werden sollte. Auch hier tritt aber Straflosigkeit ein, wenn der Beteiligte sich um die Verhinderung ernsthaft bemüht. Vgl. zu diesen Fällen Schröder MDR 49, 716.

12 V. Eine **entsprechende Anwendung** der Vorschrift kommt in den Fällen in Betracht, in denen eine Versuchs- oder Vorbereitungshandlung als selbständiger Tatbestand ausgestaltet, der Rücktritt davon aber nicht besonders geregelt ist (BGH **6** 87 für § 234a, Roxin LK 2; and. BGH **15** 198). Bottke, Methodik 340, 614ff. prüft die einzelnen Rücktrittsvorschriften des BT und kommt zu differenzierenden Lösungen.

13 VI. Liegen die Voraussetzungen des § 31 nicht vor, weil es z. B. dem Täter nicht gelungen ist, die geplante Tat zu verhindern, so kann sein Abstandnehmen von der Tat oder der Versuch, die anderen von einer Tatausführung abzuhalten, bei der **Strafzumessung** berücksichtigt werden (BGH MDR/H **86**, 271).

Vierter Titel. Notwehr und Notstand

Vorbemerkungen zu den §§ 32 ff.

Übersicht
A. Rechtfertigungsgründe

1. Allgemeine Grundsätze

I. Tatbestand u. Rechtfertigung 4	VIII. Provozierte Rechtfertigungslage ... 23
II. Rechtfertigungsprinzipien 6	IX. Europäische Menschenrechtskonvention 24
III. Rechtfertigungs- u. Unrechtsausschließungsgründe 8	X. Rechtfertigungsgründe u. Art. 103 II GG; Maßgeblichkeit des Tatzeitrechts 25
IV. Eingriffs- u. bloße Handlungsrechte . 9	
V. Subjektive Rechtfertigungselemente . 13	
VI. Irrtum............... 21	
VII. Teilweises Vorliegen von Rechtfertigungsgründen.............. 22	

2. Einzelne Rechtfertigungsgründe

I. Einwilligung................ 29	XI. Wahrnehmung berechtigter Interessen 79
II. Zivilrechtliche Verträge 53	XII. Festnahmerecht (§ 127 I StPO) ... 81
III. Mutmaßliche Einwilligung....... 54	XIII. Handeln auf Grund von Amtsrechten u. Dienstpflichten 83
IV. Behördliche Genehmigung u. Duldung 61	XIV. Rechtfertigung nach Völkerrecht .. 91
V. Notwehr 64	XV. Besonderheit der Rechtfertigung bei Fahrlässigkeitsdelikten.......... 92
VI. Widerstandsrecht 65	XVI. Soziale Adäquanz: Kein Rechtfertigungsgrund 107a
VII. Selbsthilfe 66	
VIII. Notstand 67	
IX. Pflichtenkollision 71	XVII. Bedeutung des erlaubten Risikos .. 107b
X. Züchtigungsrecht............ 78	

B. Entschuldigungsgründe

I. Schuldausschließungs- und Entschuldigungsgründe 108	III. Einzelne Entschuldigungsgründe 113
II. Grundprinzipien der Entschuldigung . 110	IV. Unzumutbarkeit normgemäßen Verhaltens 122

V. Irrtum................. 126a VI. Schuldminderung 126b

C. Strafausschließungs- u. Strafaufhebungsgründe

I. Strafausschließungsgründe....... 127
II. Strafaufhebungsgründe......... 133
III. In dubio pro reo b. Strafausschließungs- u. aufhebungsgründen 134

Stichwortverzeichnis

Absicht, als subjektives Rechtfertigungselement 16
Abwehr gerechtfertigten Handelns 9 ff.
Actio illicita in causa 23
Amtliches Handeln als Rechtfertigungsgrund 83 ff.
Anordnung, dienstliche als Rechtfertigungsgrund 87 ff.

Differenzierungstheorie 1, 67
Duldungspflicht des Betroffenen 10 ff., 86

Eingriffsrechte 10 ff.
Einverständnis, tatbestandsausschließendes 29 ff.
Einwilligung, rechtfertigende 29 f., 33 ff.
   Dispositionsbefugnis 36 f.
   Erklärung der – 43
   – und Einwilligungsfähigkeit 39 ff.
   Gegenstand der – 34
   – und Irrtum 52
   – und Mitwirkung an Selbstverletzung 52a
   – und Sittenwidrigkeit der Tat 36 ff.
   – und Stellvertretung 41, 43
   – und Willensrichtungs- bzw. erklärungstheorie 43
   – und Willensmängel 45 ff.
   Wirksamkeit der – 35 ff.
Entschuldigungsgründe 108 ff.
   – und Schuldausschließungsgründe 108 f.
   einzelne – 112 ff.
   Prinzipien der – 110 ff.
Erlaubnis, behördliche 61 ff., 130 a
Erlaubnisnorm, Rechtfertigungsgrund bei – 4
Erlaubnistatbestandsirrtum 21, teilweiser – 22 a
Ex ante-Beurteilung bei Rechtfertigungsgründen 10 a

Fahrlässigkeitsdelikte, Rechtfertigung bei – 92 ff.
– und Einwilligung in Gefährdungshandlungen 103 f.
– und Mitwirkung an fremder Selbstgefährdung 107
Festnahme, vorläufige 81 f.

Genehmigung, behördliche 61 ff., 130 a
Glaubens- und Gewissensfreiheit als Entschuldigungsgrund? 118 ff.
– bei Unterlassungsdelikten 119
– bei Begehungsdelikten 120

Handlungsbefugnis 11

Interesse, überwiegendes und mangelndes als allgemeines Rechtfertigungsprinzip 7

Irrtum, bei Rechtfertigungsgründen 21, bei Entschuldigungsgründen 126a, bei Strafausschließungsgründen 132

Menschenrechtskonvention, Europäische 24
Mißbräuchliche Herbeiführung einer Rechtfertigungslage 23, 63
Mutmaßliche Einwilligung 54 ff.
   Voraussetzungen der – 54 ff.
   – und entgegenstehender Wille 57
   – und Irrtum 60
   – und pflichtgemäße Prüfung 59

Notstand
   aggressiver – gem. § 904 BGB 68
   defensiver – gem. § 228 BGB 69
   entschuldigender – 114
   rechtfertigender – 67 ff.
   übergesetzlicher 115

Pflichtenkollision 71 ff.
Prüfung, pflichtgemäße 17 ff., 58, 86, 97 ff.

Rechtfertigungselemente, subjektive 13 ff.
   Kenntnis der Sachlage als – 14 f.
   besondere Absichten als – 16
   pflichtgemäße Prüfung s. dort
Rechtfertigungsgründe 4 ff.
   Eingriffs- und Handlungsrechte 9 ff.
   einzelne – 28 ff.
   Konkurrenz von – 28
   Prinzipien der – 6 f.
   – und sog. Unrechtsausschließungsgründe 8
   Verhältnis zum Tatbestand 4
Risiko, erlaubtes 11, 19, 100 ff., 107 b

Sachwehr 69
Selbsthilfe 66
Soziale Adäquanz 107 a
Strafausschließungsgründe 127 ff.
   Grundgedanken der – 128 ff.
   Irrtum bei – 132
   persönliche 131
   sachliche 131
Strafaufhebungsgründe 133

Tatbestandsmerkmale, negative 5

Übergesetzlicher entschuldigender Notstand 115 ff.
Unzumutbarkeit 110 f.
– kein allgemeiner Entschuldigungsgrund 122 ff.
– bei Begehungsdelikten 124

Vorbem §§ 32 ff. 1–3

- bei Unterlassungsdelikten 125
- bei Fahrlässigkeitsdelikten 126
Verfolgungshindernisse 127
Vertrag als Rechtfertigungsgrund 53
Völkerrechtliche Rechtfertigungsgründe 91

Waffengebrauch 85

Wahrnehmung berechtigter Interessen 79 f.
Widerstandsrecht 65

Ziviler Ungehorsam 79
Züchtigungsrecht 78
Zwang, Anwendung von unmittelbarem durch Vollzugsbeamte 84 ff.
Zwecktheorie 6

1 Der 4. Titel enthält eine Reihe von **Rechtfertigungs- und Entschuldigungsgründen** (zum Unterschied von Letzteren zu den Schuldausschließungsgründen vgl. u. 108), denen gemeinsam ist, daß eine besondere Notlage zur Straflosigkeit führt. Rechtfertigungsgründe enthalten die §§ 32 und 34, Entschuldigungsgründe die § 33 und § 35. Das Ergebnis der Straflosigkeit als Folge einer bestimmten Notsituation ist freilich das einzig Gemeinsame, was die §§ 32, 34 einerseits und die §§ 33, 35 andererseits miteinander verbindet. Schon in ihrer Wertstruktur und in ihren Voraussetzungen bestehen entsprechend der Abschichtung von Unrecht und Schuld (vgl. 12 ff. vor § 13) zwischen Rechtfertigungs- und Entschuldigungsgründen grundlegende Unterschiede (rechtmäßiges – rechtswidriges und nur entschuldigtes Verhalten), auch wenn diese sich erst in der neueren Rechtsentwicklung deutlich herauskristallisiert haben (vgl. zuletzt dazu z. B. Eser in: Eser/Fletcher aaO [u. vor 4] 26 ff., 34 ff., Hassemer ebd. 175 ff., Küper JuS 87, 82 ff., Perron aaO [u. vor 4], Roxin JuS 88, 425). Als „einer der stabilsten Grundpfeiler der deutschen Straftatsystematik" (Perron GA 89, 486) findet sich diese Differenzierung expressis verbis in den §§ 32 ff. (offengelassen lediglich in § 33), und auch in der Strafrechtsdogmatik der Gegenwart ist ihre Berechtigung nahezu unbestritten (and. von der Linde, Rechtfertigung und Entschuldigung im Strafrecht? [1988]; mit Recht krit. dazu Perron GA 89, 489 ff.). Verschieden sind aber auch die Konsequenzen, die sich, von der unterschiedlichen rechtlichen Bewertung abgesehen, in anderer Hinsicht aus der Einordnung eines Sachverhalts als Rechtfertigungs- oder Entschuldigungsgrund ergeben: Prinzipielle Zulässigkeit von Notwehr zwar gegen eine entschuldigte, nicht aber gegen eine gerechtfertigte Tat; Möglichkeit einer Teilnahme nur bei einer entschuldigten Haupttat; unterschiedliche Behandlung des Irrtums (vgl. u. 21, 126 a). Rechtsvergleichend zur Differenzierung zwischen Rechtfertigung und Entschuldigung vgl. die zahlreichen Beiträge in Eser/Fletcher aaO, speziell zum spanischen Recht Perron aaO (u. vor 4).

2 Die §§ 32–35 erfassen nur einen Teil der Rechtfertigungs- und Entschuldigungsgründe. Dies gilt schon im Hinblick auf den Notstand: Vorschriften über den rechtfertigenden Notstand enthalten außer § 34 z. B. auch die §§ 228, 904 BGB (vgl. u. 68 f.), und auch der entschuldigende Notstand wird durch § 35 nicht erschöpfend geregelt, da daneben noch ein übergesetzlicher entschuldigender Notstand anzuerkennen ist (vgl. u. 115). Völlig außerhalb des 4. Titels sind ferner die sonstigen Rechtfertigungsgründe geblieben, die sich nicht oder nur in einem weiteren Sinn als Notrechte darstellen und die vom Gesetz z. T. überhaupt nicht oder wegen des besonderen Sachzusammenhangs an anderer Stelle geregelt worden sind (vgl. im einzelnen u. 28 ff.). In einem anderen Zusammenhang hat das Gesetz schließlich auch die Schuldausschließungsgründe behandelt, die sich aus einem unvermeidbaren Verbotsirrtum (§ 17) oder der Schuldunfähigkeit des Täters (§§ 19, 20) ergeben.

3 Umstände, die zur Straflosigkeit führen, sind ferner die **Strafausschließungsgründe** und **Strafaufhebungsgründe**. Auch sie sind, obwohl sie z. T. ebenfalls auf einer notstandsähnlichen Lage beruhen (vgl. § 258 VI), wegen des besonderen Sachzusammenhangs an anderer Stelle geregelt. Mit den Rechtfertigungs- und Entschuldigungsgründen haben sie nur gemeinsam, daß auch sie eine Bestrafung ausschließen; i. U. zu diesen knüpfen sie jedoch an eine rechtswidrige und schuldhafte Tat an, bei der infolge besonderer Umstände lediglich das Strafbedürfnis entfällt (vgl. 13 vor § 13).

A. Rechtfertigungsgründe

1. Allgemeine Grundsätze

Schrifttum: *Alwart*, Der Begriff des Motivbündels im Strafrecht, GA 83, 433. – *Beling*, Grenzlinien zwischen Recht und Unrecht, 1913. – *Graf zu Dohna*, Die Rechtswidrigkeit als allgemeingültiges Merkmal im Tatbestand strafbarer Handlungen, 1905. – *ders.*, Recht und Irrtum, 1925. – *Engisch*, Die Einheit der Rechtsordnung, 1935. – *Eser/Fletcher* (Hrsg.), Rechtfertigung und Entschuldigung. Rechtsvergleichende Perspektiven, Bd. I 1987, Bd. II 1988. – *Frisch*, Vorsatz und Risiko, 1983. – *ders.*, Grund- u. Grenzprobleme des sog. subjektiven Rechtfertigungselements, Lackner-FS 113. – *Gallas*, Zur Struktur des strafrechtlichen Unrechtsbegriffs, Bockelmann-FS 155. – *Günther*, Strafrechtswidrigkeit und Strafunrechtsausschluß, 1983. – *ders.*, Mordunrechtsmindernde Rechtfertigungselemente, JR 85, 268. – *Heimberger*, Zur Lehre vom Ausschluß der Rechtswidrigkeit, 1907. – *ders.*, Rechtmäßiges und rechtswidriges Handeln, VDA IV, 1. – *Heinitz,* Das Problem der materiellen Rechtswidrigkeit, 1926 (StrAbh. 211). – *ders.*, Zur Entwicklung der Lehre von der materiellen Rechtswidrigkeit, Eb. Schmidt-FS 266. – *Hellmann*, Die Anwendbarkeit der zivilrechtlichen Rechtfertigungsgründe im Strafrecht, 1987. – *Herzberg*, Handeln in Unkenntnis einer Rechtfertigungslage, JA 86, 190. – *ders.*, Die Sorgfaltswidrigkeit im Aufbau der fahrlässigen und vorsätzlichen Straftat, JZ 87, 536. – *ders.*, Erlaubnistatbestandsirrtum und Deliktsaufbau, JA 89, 243, 294. – *Hirsch*, Strafrecht und rechtsfreier Raum, Bockelmann-FS 89. – *ders.*, Rechtfertigungsgründe und Analogieverbot, Zong Uk Tjong – GedS (1985) 50. – *Hruschka*, Extrasystematische Rechtfertigungsgründe, Dreher-FS 189. – *ders.*, Der Gegenstand des Rechtswidrigkeitsurteils nach heutigem Strafrecht, GA 80, 1. – *Kern*, Grade der Rechtswidrigkeit, ZStW 64, 255. – *Kindhäuser*, Gefährdung als Straftat, 1989. – *Küper*, Grundsatzfragen der „Differenzierung" zwischen Rechtfertigung und Entschuldigung, JuS 87, 81. – *Lampe*, Unvollkommen zweiaktige Rechtfertigungsgründe, GA 78, 7. – *Lange*, Gesetzgebungsfragen bei den Rechtfertigungsgründen, v. Weber-FS 162. – *Lenckner*, Der rechtfertigende Notstand, 1965. – *ders.*, Die Rechtfertigungsgründe und das Erfordernis pflichtgemäßer Prüfung, H. Mayer-FS 165. – *ders.*, Die Wahrnehmung berechtigter Interessen, ein „übergesetzlicher" Rechtfertigungsgrund?, Noll-GedS 243. – *ders.*, Der Grundsatz der Güterabwägung als Grundlage der Rechtfertigung, GA 85, 295. – *Loos*, Zum Inhalt der subjektiven Rechtfertigungselemente, Oehler-FS 227. – *Merkel*, Die Kollision rechtmäßiger Interessen und die Schadensersatzpflicht, 1895. – *Noll*, Übergesetzliche Rechtfertigungsgründe, im besonderen die Einwilligung des Verletzten, 1955. – *ders.*, Übergesetzliche Milderungsgründe aus vermindertem Unrecht, ZStW 68, 181. – *ders.*, Die Rechtfertigungsgründe im Gesetz und in der Rechtsprechung, SchwZStr. 80, 160. – *ders.*, Tatbestand und Rechtswidrigkeit: die Wertabwägung als Prinzip der Rechtfertigung, ZStW 77, 1. – *Paeffgen*, Der Verrat in irriger Annahme eines illegalen Geheimnisses (§ 97b StGB) und die allgemeine Irrtumslehre, 1979. – *ders.*, Anmerkungen zum Erlaubnistatbestandsirrtum, A. Kaufmann-GedS 399. – *Perron*, Rechtfertigung und Entschuldigung im deutschen und spanischen Strafrecht, 1988. – *ders.*, Rechtfertigung und Entschuldigung in rechtsvergleichender Sicht usw., ZStW 99, 902. – *Roxin*, Kriminalpolitik und Strafrechtssystem, 2. A. 1973. – *ders.*, Rechtfertigungs- und Entschuldigungsgründe in Abgrenzung von sonstigen Strafausschließungsgründen, JuS 88, 425. – *Rudolphi*, Die pflichtgemäße Prüfung als Erfordernis der Rechtfertigung, Schröder-GedS 73. – *ders.*, Rechtfertigungsgründe im Strafrecht, A. Kaufmann-GedS 371. – *Schmidhäuser*, Der Unrechtstatbestand, Engisch-FS 433. – *ders.*, Zum Begriff der Rechtfertigung im Strafrecht, Lackner-FS 77. – *Stratenwerth*, Prinzipien der Rechtfertigung, ZStW 68, 41. – *Triffterer*, Zur subjektiven Seite der Tatbestandsausschließungs- und Rechtfertigungsgründe, Oehler-FS 209. – *Waider*, Die Bedeutung der Lehre von den subjektiven Rechtfertigungselementen usw., 1970. – *Warda*, Zur Konkurrenz von Rechtfertigungsgründen, Maurach-FS 143. – *Wolter*, Objektive und personale Zurechnung von Verhalten, Gefahr und Verletzung in einem funktionalen Straftatsystem, 1981. – *Zielinski*, Handlungs- und Erfolgsunwert im Unrechtsbegriff, 1973.

Über weitere Schrifttumsnachweise zu den einzelnen Rechtfertigungsgründen vgl. u. vor 29, 54, 61, 71, 83, 92, ferner die Angaben zu §§ 32 und 34.

I. Tatbestand und Rechtfertigung. Die Rechtfertigung tatbestandsmäßigen Verhaltens (zum 4 Begrifflichen vgl. Schmidhäuser, Lackner-FS 77) ergibt sich daraus, daß der dem Tatbestand zugrundeliegenden generellen Verbots- bzw. Gebotsnorm andere, ihr vorgehende Normen gegenübertreten, die das Verbot (Gebot) bzw. die aus ihr folgende Pflicht für den Einzelfall aufheben oder jedenfalls nicht wirksam werden lassen, indem sie das rechtsgutsverletzende Verhalten ausnahmsweise gestatten oder u. U. sogar gebieten (z. B. gesetzlich angeordneter Freiheitsentzug; vgl. dazu aber auch Armin Kaufmann, Klug-FS 280). Gemessen an den allgemeinen Verboten und Geboten stellen sich diese „Gegennormen" als **„Erlaubnisnormen"** dar. Ihr sachliches Substrat sind die Rechtfertigungsgründe, die mithin – entsprechend den Verbotstatbeständen – **besondere Erlaubnistatbestände** enthalten.

Diese Sicht entspricht der wohl h. M. (vgl. z. B. Dreher, Heinitz-FS 218 ff., D-Tröndle 27 vor § 13, 5 Hirsch LK 6 vor § 32, Jescheck 289 f., Armin Kaufmann, Normentheorie usw. [1954] 238 ff., Lackner III 3a vor § 13, Noll ZStW 77, 8, Rudolphi, A. Kaufmann-GedS 377, Stratenwerth 71, Tiedemann, in: Eser/Fletcher aaO 1009 f., Welzel 80, Wessels I 80, Wolter aaO 38 ff., 134 ff.; vgl. ferner Gallas ZStW 67, 27, Hruschka, Dreher-FS 189 ff., GA 80, 1, Kindhäuser aaO 106 ff. u. krit. Schmidhäuser 285 f.). Konstruktiv anders verfährt hier die Lehre von den *Rechtfertigungsgründen als negativen Tatbestandsmerkmalen* (vgl. 15 ff. vor § 13), ohne daß dies, was die Feststellung der Rechtswidrigkeit betrifft, i. E. jedoch praktische Konsequenzen hätte (vgl. näher dazu und zum Verhältnis von Tatbestand und Rechtswidrigkeit 15 ff., 46 f. vor § 13). Zu der gleichfalls von der h. M. abweichenden Lehre von den „echten" und „unechten Strafunrechtsausschließungsgründen" vgl. u. 8.

II. Umstritten ist, auf welche **allgemeinen Prinzipien** die Rechtfertigungsgründe zurückzu- 6 führen sind bzw. ob es ein solches Prinzip mit genügender Aussagekraft überhaupt gibt. Nach den *„monistischen"* Theorien ist es ein einheitliches Grundprinzip, auf dem alle Rechtfertigungsgründe beruhen. Hierher gehört insbesondere die sog. Zwecktheorie, nach der die Tat nicht rechtswidrig ist, wenn sie sich als die Anwendung des angemessenen (rechten) Mittels zur Verfolgung eines rechtlich anerkannten Zwecks darstellt (Dohna, Die Rechtswidrigkeit usw. 48, Recht und Irrtum 14, Liszt/Schmidt 187). Monistisch ist ferner die Deutung aller Rechtfer-

Vorbem §§ 32 ff. 7, 8   Allg. Teil. Die Tat – Notwehr und Notstand

tigungsgründe unter dem einheitlichen Gesichtspunkt des „Mehr-Nutzen-als-Schaden"-Prinzips (Sauer AT 56), der „Beachtung des vorgehenden Gutsanspruchs" (Schmidhäuser 288, I 134), der „sozial richtigen Regulierung von Interessen und Gegeninteressen" (Roxin aaO 15, JuS 88, 426), des Vorliegens einer durch eine „Wertabwägung" zu lösenden „Wertkollision" (Noll ZStW 77, 9; vgl. auch Übergesetzliche Rechtfertigungsgründe usw. 75 sowie ZStW 68, 183, SchwZStr 80, 160 ff.). Demgegenüber arbeiten die *„pluralistischen" Theorien* mit einer Mehrheit allgemeiner Rechtfertigungsprinzipien, wobei als solche vor allem genannt werden: das „Prinzip des mangelnden Interesses" und das „Prinzip des überwiegenden Interesses" (bzw. des „mangelnden" und des „überwiegenden Schutzbedürfnisses", vgl. insbes. Mezger Lehrb. 207, 225, GS 89, 270, ferner Eser in: Eser/Fletcher aaO 48 f., Lenckner, Notstand 134; ähnl. Blei I 130: Prinzipien des „mangelnden Unrechts" und des „überwiegenden Rechts"), die Prinzipien der „Verantwortung durch das Eingriffsopfer", der „Interessendefinition durch das Opfer" und das „Solidaritätsprinzip" (Jakobs 287) sowie der „Güterabwägungs"- und der „Zweckgedanken" (Jescheck 291 f.). Krit. zu diesen Systematisierungsversuchen Hirsch LK 48 vor § 32, M-Zipf I 332.

7   Im wesentlichen sind es *zwei Grundsituationen,* auf die sich die Rechtfertigungsgründe zurückführen lassen (vgl. Dreher, Heinitz-FS I 218, Lenckner, Notstand 135, M-Zipf I 331): Entweder das Interesse am Schutz des verletzten Rechtsguts gerät in Widerstreit mit anderen wichtigeren Interessen und wird durch diese verdrängt (Notwehr, Notstand usw.), oder es entfällt deshalb, weil für das Recht kein Anlaß besteht, ein Gut gegen einen bestimmten Eingriff zu schützen, wenn es sein Inhaber gegen diese Verletzung in der konkreten Situation nicht geschützt wissen will (Einwilligung, mutmaßliche Einwilligung; dazu, daß diese nicht gleichfalls als eine durch eine Interessenabwägung zu lösende Wertkollision gedeutet werden können, vgl. Lenckner GA 85, 302 f.; and. Geppert ZStW 83, 952, Noll, Übergesetzliche Rechtfertigungsgründe usw. 74 ff., ZStW 77, 15, Rudolphi, A. Kaufmann-GedS 392 f.). Diese beiden Grundtypen sind es auch, die in dem System Mezgers wiederkehren, wonach die Rechtfertigungsgründe entweder auf dem **Prinzip des überwiegenden** oder des **mangelnden Interesses** beruhen (vgl. o. 6). In der Tat können die allermeisten Rechtfertigungsgründe mit dem einen oder anderen Prinzip erklärt werden (vgl. näher Lenckner Notstand 130 ff.), wobei die Wahrung überwiegender Interessen allerdings nicht mit dem Schutz des höherrangigen Guts gleichgesetzt werden darf (so das Mißverständnis von M-Zipf I 332), weil die „positiven und negativen Vorzugstendenzen" bei einem Interessenkonflikt nicht allein durch den abstrakten Wert der beteiligten Güter, sondern darüber hinaus noch durch zahlreiche weitere Faktoren bestimmt werden (vgl. näher dazu Lenckner GA 85, 295 ff., Noll-GedS 284 ff.). Nur bei der faktischen Unmöglichkeit allseitiger Normerfüllung im Fall der Pflichtenkollision genügt – insoweit ein weiteres Rechtfertigungsprinzip – anstelle des Schutzes überwiegender Interessen bereits der eines *gleichwertigen Interesses* (vgl. u. 71 ff., Lenckner GA 85, 304 ff.; weitergehend Küper, Grund- u. Grenzfragen der rechtfertigenden Pflichtenkollision usw. [1979], 91 ff.). Auch die Zwecktheorie (vgl. o. 6), die an sich mit Recht beansprucht, die oberste Zusammenfassung aller Rechtfertigungsgründe zu sein, führt, wenn sie in ihre einzelnen Elemente aufgelöst wird, zu diesen Rechtfertigungsprinzipien (Lenckner, Notstand 133 ff.). Freilich gelangt man durch eine solche Systembildung, wie immer sie auch aussehen mag, stets nur zu mehr oder weniger *formalen* Maximen, die als solche noch nichts aussagen und daher erst der Ausfüllung bedürfen. Hier können es dann von Rechtfertigungsgrund zu Rechtfertigungsgrund verschiedene und vom Gesetz in unterschiedlichem Umfang konkretisierte Wertgesichtspunkte sein, die darüber entscheiden, ob sich die Tat als Wahrnehmung „überwiegender Interessen" oder als das „angemessene" Mittel zum „rechten" Zweck darstellt (vgl. näher Lenckner GA 85, 295 ff.). Zwar lassen sich diese Gesichtspunkte alle auf eine begrenzte Zahl sozialer Ordnungsprinzipien zurückführen (Güterabwägungs-, Autonomie-, Rechtsbewährungs-, Veranlasserprinzip usw.; vgl. dazu Roxin aaO 26 ff., Rudolphi, A. Kaufmann-GedS 393 ff., und zum Autonomieprinzip Stratenwerth ZStW 68, 41). Da diese aber bei den einzelnen Rechtfertigungsgründen in sehr unterschiedlicher Weise zusammenspielen und weil sie z. T. selbst wieder in hohem Maße ausfüllungsbedürftig sind, sind dem Versuch einer *materialen* Systembildung von vornherein Grenzen gesetzt. Auch können solche (Teil-)Prinzipien ein richtig verstandenes Grundprinzip des überwiegenden Interesses niemals „modifizieren" (so aber Rudolphi aaO 395 f. zum Veranlasserprinzip), sondern immer nur konkretisieren.

8   III. Eine tatbestandsmäßige Handlung ist entweder **rechtswidrig oder gerechtfertigt;** eine dritte Möglichkeit i. S. einer nicht rechtmäßigen, aber auch nicht rechtswidrigen, sondern nur **„unverbotenen"** Handlung, bei der sich das Recht einer Wertung enthält, ist nicht anzuerkennen (vgl. z. B. Baumann/Weber 260, Günther aaO 263 f., Hirsch Bockelmann-FS 89, LK 16 ff., 64 vor § 32, Jescheck 299, Lenckner, Notstand 15 ff., M-Zipf I 328, Roxin JuS 88, 429 f.; and. z. B. Arthur Kaufmann, Maurach-FS 327 – gegen diesen eingehend Hirsch aaO 96 ff. –, Otto, Pflichtenkollision und

Rechtfertigungsgründe **9 Vorbem §§ 32 ff.**

Rechtswidrigkeit, Nachtr. 1978, 122ff., Schild JA 78, 449, 570, 631 u. 82, 585ff.). Es kann dahingestellt bleiben, ob und inwieweit es sonst für menschliches Verhalten einen „rechtsfreien Raum" gibt; im Bereich tatbestandsmäßigen Verhaltens jedenfalls muß jeder Ausnahme von der zunächst generellen Verbotsnorm eine entsprechende Wertung vorausgegangen sein, was eine rechtliche Indifferenz aber gerade ausschließt (näher dazu Hirsch Bockelmann-FS 99ff.). Auch die Begriffe „Rechtfertigungsgrund", „Unrechtsausschließungsgrund", „Gründe, welche die Rechtswidrigkeit beseitigen" bezeichnen insoweit daher alle ein und dasselbe Phänomen; ein sachlicher Unterschied ist damit nicht verbunden. Nicht anzuerkennen ist aber auch die neuere, an eine besondere „Strafrechtswidrigkeit" anknüpfende Unterscheidung zwischen **„echten"** und **„unechten Strafunrechtsausschließungsgründen"**, von denen nur die letzteren allgemeine, Recht und Unrecht abgrenzende Rechtfertigungsgründe sein sollen (§§ 32, 34), während die ersteren, ohne Erlaubnistatbestände zu sein, lediglich die Funktion haben sollen, das strafrechtliche Unrecht unter die Schwelle der Strafwürdigkeit zu senken (so Günther aaO 253ff. u. pass., JR 85, 275 sowie in: Eser/Fletcher aaO I 363ff.; vgl. auch Amelung JZ 82, 619, Die Einwilligung usw., 1981, 56f. [vgl. dazu u. 38], Armin Kaufmann, Klug-FS 291, Kratzsch, Verhaltenssteuerung usw. 1985, 324, Küper JZ 83, 95, Reichert-Hammer JZ 88, 618f., Schünemann GA 85, 352). Als Beispiele dafür werden genannt die §§ 193, 218a, die (mutmaßliche) Einwilligung, das Züchtigungsrecht, die Kollision gleichwertiger Handlungspflichten u. a. (Günther aaO 301ff.; zu § 240 II, der gleichfalls hierher gehören soll, vgl. 66 vor § 13, § 240 RN 16). Bei keinem dieser „echten Strafunrechtsausschließungsgründe" handelt es sich jedoch entgegen Günther aaO 258 nur um eine „Befreiung von der straftatbestandlichen Sekundärnorm (... ist zu bestrafen)" – dies mag ein Ansatz für bloße Strafausschließungsgründe sein –, sondern immer auch um Ausnahmen von dem dem Tatbestand zugrunde liegenden Verbot oder Gebot und damit um die Frage des rechtlichen Dürfens. So ist – mit entsprechenden Konsequenzen für § 823 BGB – eine in Wahrnehmung berechtigter Interessen (§ 193) begangene Ehrverletzung *erlaubt* (and. Günther aaO 309ff.), was sich von selbst versteht, soweit § 193 nur noch ein Anwendungsfall des Art. 5 GG ist, aber auch im Hinblick auf § 186 gilt, wo nach § 193 ehrenrührige Behauptungen unter bestimmten Voraussetzungen auf die Gefahr hin aufgestellt werden dürfen, daß sie sich hinterher nicht als wahr erweisen (vgl. § 193 RN 8, ferner u. 11, 79). Ebenso fehlt bei Schwangerschaftsabbrüchen unter den Voraussetzungen des § 218a nicht nur das „Strafunrecht", sondern sie *dürfen* vorgenommen werden, weil das Gesetz hier – aus guten Gründen oder nicht – die Interessen am Schutz des Embryos denen der Frau nachgeordnet hat (vgl. näher dazu § 218a RN 6). Nicht anders verhält es sich z.B. bei der Kollision zweier gleichwertiger Handlungspflichten: Auch hier ist nicht erst das „Strafunrecht" zu verneinen (vgl. Roxin, Oehler-FS 185ff. gegen Günther aaO 332ff.), sondern die Rechtswidrigkeit, weil es andernfalls dabei bliebe, daß von Rechts wegen jede Handlungsmöglichkeit blockiert sei (vgl. u. 71ff.). Umgekehrt bestimmt z. B. § 34 („unechter Strafunrechtsausschließungsgrund") nicht nur, wann Notstandshandlungen rechtlich erlaubt sind, vielmehr werden hier, wie schon die gesamte Entwicklungsgeschichte des „strafrechtlichen" rechtfertigenden Notstands bis zurück zu RG **61** 242 zeigt, zugleich abschließend die Grenzen von Strafunrecht gezogen, weshalb es mit § 34 nicht vereinbar ist, wenn nach Günther aaO 326ff. auch ein – rein quantitativ verstandenes – nicht „wesentlich" überwiegendes u. U. sogar nur gleichwertiges Interesse für einen Strafunrechtsausschluß genügen soll (vgl. näher Roxin aaO 183ff.). Auch in Fällen einer „Fast-Rechtfertigung", in denen die Grenzen eines Rechtfertigungsgrundes nur geringfügig überschritten sind, kann die Konsequenz nicht die Annahme eines „echten Strafunrechtsausschließungsgrundes" sein (so z. B. beim Züchtigungsrecht Günther aaO 352ff., Reichert-Hammer aaO), vielmehr ist dies ebenso zu bewerten wie ein „gerade noch" tatbestandsmäßiges Verhalten (vgl. 70a vor § 13): Hier wie dort ist die kriminelle Unrecht zwar deutlich gemindert (vgl. auch u. 22), nicht aber – dies liefe auf eine unzulässige Korrektur des Gesetzes hinaus – gänzlich ausgeschlossen (womit für die Erledigung solcher Fälle auch der Weg über die §§ 153, 153a StPO verbaut wäre, obwohl dieser gerade in Grenzsituationen einer Rechtfertigung – vgl. das genannte Beisp. der Überschreitung des Züchtigungsrechts – einer materiell-rechtlichen Lösung vorzuziehen sein kann; vgl. Roxin aaO 185, Rudolphi, A. Kaufmann-GedS 376f.). Nicht entkräftet (vgl. Günther in: Eser/Fletcher aaO 397) sind schließlich die Rechtssicherheitsbedenken, die gegen diese Lehre sprechen (Weber JZ 84, 277). Zur Kritik vgl. auch Bacigalupo, A. Kaufmann-GedS 467f., Baumann/Weber 260f., Hassemer NJW 84, 251, Hirsch LK 10, 64 vor § 32 u. näher Köln-FS 411ff., Roxin aaO 183ff., JuS 88, 431, Rudolphi aaO 374ff., Weber JZ 84, 276ff.

IV. Trotz der bei allen Rechtfertigungsgründen übereinstimmenden Bewertung der Tat als **9** rechtmäßig können die **Auswirkungen für den Betroffenen** unterschiedlich sein. Zwar steht diesem mangels eines rechtswidrigen Angriffs in keinem Fall ein Notwehrrecht zu (vgl. § 32 RN 19ff., aber auch Günther aaO 380ff.), noch nicht gesagt ist damit aber, daß er sich auch auf § 34 nicht berufen kann, wenn er sich gegen die (rechtmäßige) Tat wehrt. Im Zusammenhang damit ist auch die weitere und umstrittene Frage zu sehen, ob die objektiven Rechtfertigungsvoraussetzungen im Zeitpunkt der Tatbegehung grundsätzlich *realiter vorliegen* müssen und damit u. U. erst ex post verifizierbar sind (vgl. Gallas aaO 167, 178f., Jescheck 297, Paeffgen, A. Kaufmann-GedS 419f., Samson § 32 RN 6; i. E. weitgehend auch Jakobs 288ff.) oder ob bezüglich ihres Vorliegens auf eine objektive *ex ante-Betrachtung* abzustellen ist (vgl. z. B. Frisch

Vorsatz usw. 424ff., Herzberg JZ 87, 539f., JA 89, 247ff., Armin Kaufmann, Welzel-FS 401, Rudolphi, Schröder-GedS 81 f., A. Kaufmann-GedS 383ff., Wolter aaO 38, 137ff.; vgl. ferner Zielinski aaO 244ff.). Im einzelnen ist hier zu unterscheiden:

10   1. Überwiegend liegt den Rechtfertigungsgründen ein echtes **Eingriffsrecht** zugrunde (vgl. aber auch Frisch, Vorsatz usw. 424f., Günther aaO 158 u. pass.), nämlich immer dann, wenn das betroffene Gut in der konkreten Situation nicht mehr schutzwürdig ist, weil es entweder selbst *tatsächlich* nicht geschützt sein will oder weil es einem anderen, *tatsächlich* bedrohten und in concreto schutzwürdigerem Interesse geopfert werden muß (z. B. Einwilligung, Notwehr, Notstand usw.). In diesen Fällen wird nicht nur die Bestimmungsnorm, sondern zugleich die zu Gunsten des betroffenen Guts bestehende Gewährleistungsnorm suspendiert (vgl. 49 vor § 13), was bedeutet, daß die fragliche Rechtsgutsbeeinträchtigung auch in ihrem Ergebnis von Rechts wegen herbeigeführt werden darf, weil der mit der tatbestandsmäßigen Handlung an sich gegebene Erfolgsunwert (vgl. 57 vor § 13) seine rechtliche Relevanz verliert (Prinzip des mangelnden Interesses) bzw. durch einen entsprechenden „Erfolgswert" kompensiert wird (Prinzip des überwiegenden Interesses; vgl. aber auch Kindhäuser aaO 112). Hier korrespondiert daher auch das daraus folgende Eingriffsrecht mit einer entsprechenden **Duldungspflicht** des Betroffenen (vgl. auch BGH NJW **89**, 2479 u. dazu Küpper JuS 90, 187f., ferner Hirsch LK 65 vor § 32), die bei Gegenmaßnahmen eine Berufung auf § 34 von vornherein ausschließt (bei der Einwilligung allerdings nur für Dritte von Bedeutung, da der Betroffene selbst seine Einwilligung jederzeit widerrufen kann).

10a   Voraussetzung für das Entstehen eines solchen Eingriffsrechts und der ihr entsprechenden Duldungspflicht ist allerdings das **tatsächliche Vorliegen** der Umstände, die zum Rechtsschutzverzicht bei dem verletzten Gut bzw. zum Vorrang des durch die Tat verletzten Guts führen, bei § 32 also, daß ein gegenwärtiger rechtswidriger Angriff realiter stattfindet usw., bei der Einwilligung, daß eine solche tatsächlich erklärt wurde usw. Ist dies nicht der Fall, so kann auch eine „durchschnittlich vernünftige" oder „sachverständige", aber die tatsächlichen Gegebenheiten verfehlende **ex ante-Beurteilung** jedenfalls nicht zu einem Eingriffsrecht führen (vgl. im übrigen u. 11), weil sonst die Rechte des Betroffenen wegen der damit begründeten Duldungspflicht in unangemessener Weise eingeschränkt würden und außerdem Konflikte vorprogrammiert wären, in denen Eingriffsrecht gegen Eingriffsrecht steht (z. B. § 32 gegen § 34, wenn bei noch so objektiver ex ante-Beurteilung aus der Sicht des Angegriffenen nicht erkennbar ist, daß der Angreifer im Notstand handelt). Dies gilt auch, wenn die gesetzlichen Rechtfertigungsvoraussetzungen ausnahmsweise Merkmale enthalten, die, wie z. B. der „Fluchtverdacht" in § 229 BGB, § 127 I StPO, auf eine *ex ante-Betrachtung* bezüglich eines bereits *in der Gegenwart gegebenen Sachverhalts* – beim „Fluchtverdacht" also eine bereits jetzt vorhandene entsprechende Absicht des Verdächtigen – hinweisen, denn eine Duldungspflicht kann auch hier für den Betroffenen nur bestehen, wenn dieser Verdacht i. E. tatsächlich zutrifft (vgl. im übrigen u. 11). Grundlage von Eingriffsrechten kann eine ex ante-Beurteilung nur bei Merkmalen *prognostischer Art* sein (z. B. „Gefahr", „Erforderlichkeit", „Geeignetheit"), bei denen dann aber ebenfalls zu beachten ist, daß die der Prognose über die künftige Entwicklung als gegenwärtig zugrundegelegten Umstände tatsächlich gegeben sein müssen, soweit sie objektiv überhaupt erkennbar sind (vgl. z. B. § 32 RN 27, 34, § 34 RN 13, 18, ferner Gallas aaO 166 FN 27). Nur soweit es die Prognose selbst betrifft, ändert sich, weil niemand in die Zukunft blicken kann, am Wegfall des Erfolgsunwerts nichts, wenn sie sich ex post als falsch erweist (lediglich insoweit liegt daher auch Eingriffsrechten das Prinzip des erlaubten Risikos zugrunde). Andererseits ist für die Entstehung eines Eingriffsrechts i. d. R. aber auch nicht mehr erforderlich als die Preisgabe des verletzten Guts bzw. das Bestehen einer Konfliktlage, in der es einem schutzwürdigeren Interesse geopfert werden muß (zu den „unvollkommen zweiaktigen Rechtfertigungsgründen" vgl. jedoch u. 16). Deshalb ist das Eingriffsrecht selbst auch unabhängig davon, ob der Täter den Sachverhalt, durch den es begründet wird, kennt (and. Gallas aaO 174, nach dem hier zwischen der Einwilligung und den Notrechten zu differenzieren und z. B. im Fall des § 34 ein Eingriffsrecht „nur unter der Voraussetzung einer bewußten Rettungsaktion" anzuerkennen ist [S. 178]; vgl. dagegen mit Recht aber Frisch, Lackner-FS 120f., ferner hier die 23. A.).

11   2. Etwas anderes gilt dagegen, soweit bei einzelnen Rechtfertigungsgründen kein Eingriffsrecht in dem o. 10 genannten Sinn, sondern nur eine schlichte **Handlungsbefugnis** besteht (zu der Unterscheidung von Handlungserlaubnis und Eingriffsbefugnis vgl. auch Gallas aaO 167ff., Jescheck 361; krit. dazu aber Günther aaO 269f.). Im Unterschied zu den echten Eingriffsrechten (o. 10) handelt es sich dabei um Fälle, in denen für das betroffene Rechtsgut *tatsächlich* weder auf Rechtsschutz verzichtet wurde noch das Opfer seiner Beeinträchtigung durch ein schutzwürdigeres Gut gefordert wird und wo deshalb auch kein Anlaß gegeben ist, ihm den Schutz der Gewährleistungsnorm zu entziehen, dies mit der Folge, daß der Erfolgsunwert einer i. E. sachlich nicht gerechtfertigten Verletzung bestehen bleibt (vgl. auch 49, 57 vor § 13). Trotzdem können Handlungen, durch die fremde Güter i. E. zu Unrecht verletzt werden, unter besonderen Voraussetzungen erlaubt sein, dann nämlich, wenn sich das Recht im

Einzelfall damit begnügt, daß aufgrund eines objektiven Urteils ex ante das Vorliegen der ein Eingriffsrecht begründenden Umstände angenommen werden darf. Anders als bei den echten Eingriffsrechten, bei denen eine objektiv pflichtgemäße, sich ex post jedoch als falsch erweisende ex ante-Beurteilung nur genügt, soweit eine Prognose über eine künftige Entwicklung zu treffen ist (vgl. o. 10a), setzt sich hier also der Gedanke des **erlaubten Risikos** schon bei der Einschätzung eines objektiv bereits gegebenen Sachverhalts in der Weise durch, daß bestimmte Handlungen, um sie überhaupt erst zu ermöglichen, auch auf die Gefahr hin vorgenommen werden dürfen, daß sie den mit ihr verfolgten sozial wertvollen Zweck verfehlen und sich die dadurch bewirkte Rechtsgutsverletzung als sachlich ungerechtfertigt herausstellt (vgl. Jescheck 360f., Lenckner, H. Mayer-FS 178ff.). Tritt dieser Fall ein, so ergibt sich die Rechtfertigung zwar nicht aus einem Eingriffsrecht, wohl aber aus einer der genannten Handlungserlaubnis (ebenso Jescheck 361; vgl. auch 60a vor § 13). Zu diesen bereits an eine ex ante-Betrachtung anknüpfenden und auf einer bloßen Handlungsbefugnis beruhenden Rechtfertigungsgründen gehören bei Vorsatztaten (zu Fahrlässigkeitsdelikten vgl. u. 100ff.) jedoch nur diejenigen, die schon nach ihrer gesetzlichen Umschreibung oder ihrer Natur nach auf das Prinzip des erlaubten Risikos hin angelegt sind (weitergehend jedoch die o. 9 a. E. Genannten), wobei hier auch der begriffliche Unterschied zum objektiv nicht sorgfaltspflichtwidrigen Erlaubnistatbestandsirrtum (vgl. u. 21) liegt. So sind Freiheitsberaubungen nach § 229 BGB, § 127 I StPO auch dann gerechtfertigt, wenn sich der „Verdacht" der Flucht nicht bestätigt (was i. U. zu § 32, wo der Verdacht eines Angriffs nicht genügt, damit zu erklären sein dürfte, daß es sich hier um überschaubare und zeitlich begrenzte Eingriffe handelt). Ebenso kann eine üble Nachrede (§ 186) gem. § 193 auch dann gerechtfertigt sein, wenn bereits im Zeitpunkt der fraglichen Äußerung objektiv feststeht, daß der Betroffene i. E. zu Unrecht in seiner Ehre verletzt wird (z. B. weil er die ihm nachgesagte ehrenrührige Handlung nie begangen hat). Entsprechendes gilt für die mutmaßliche Einwilligung, die auch dann ein Rechtfertigungsgrund sein kann, wenn sich wirklicher und mutmaßlicher Wille des Verletzten tatsächlich nicht decken (vgl. u. 58). Nach überkommener Auffassung würde hierher ferner das „Irrtumsprivileg" des Staats gehören (vgl. Jescheck 363), wonach das Handeln von Staatsorganen bei pflichtgemäßer Prüfung der Eingriffsvoraussetzungen auch dann gerechtfertigt ist, wenn diese tatsächlich nicht gegeben sind (vgl. dazu aber auch u. 86). Für den Betroffenen bedeutet dies, daß er mangels eines rechtswidrigen Angriffs kein Notwehrrecht hat (vgl. § 32 RN 21). Weil in all diesen Fällen das verletzte Gut jedoch an sich schutzwürdig bleibt – auch der fortbestehende Erfolgsunwert wird hier allenfalls „hingenommen" –, muß es prinzipiell wenigstens nach Notstandsregeln in begrenztem Umfang geschützt werden dürfen (ebenso Jescheck 361; vgl. § 32 RN 21, § 34 RN 30f.), begrenzt deshalb, weil die Voraussetzungen des § 34 hier wesentlich strenger sind als diejenigen des § 32 (Unabwendbarkeit der drohenden Verletzung auf andere Weise, Güter- und Interessenabwägung).

Bei § 193 wird damit unter Vermeidung der Härten, die sich aus der Anwendung des § 32 ergeben **12** würden, in angemessener Weise dem Anliegen der Lehre Rechnung getragen, die in § 193 einen bloßen Entschuldigungsgrund sieht (vgl. dort RN 1), um auf diese Weise dem Betroffenen die Möglichkeit von Notwehr offen zu halten. Kann dieser z. B. die durch § 193 gedeckte Veröffentlichung einer üblen Nachrede nicht mehr auf andere Weise verhindern (z. B. durch einstweilige Verfügung), so handelt er nach der hier vertretenen Auffassung zwar nicht in Notwehr, wohl aber im rechtfertigenden Notstand, wenn er in das Redaktionsbüro einbricht und das druckfertige Manuskript vernichtet. Entsprechendes gilt bei der mutmaßlichen Einwilligung, wenn ein Dritter, der den wahren Willen des Betroffenen kennt, dem Täter entgegentritt; auch hier muß eine maßvolle Nothilfe unter den Voraussetzungen des § 34 möglich sein. Ebenso sind bei § 229 BGB oder § 127 I StPO bei einem ex ante zwar begründeten, tatsächlich aber nicht gerechtfertigten Fluchtverdacht Fälle denkbar, in denen der Betroffene, weil für ihn wichtige Interessen auf dem Spiel stehen, die Möglichkeit haben muß, sich gegen seine Festnahme zu wehren. Zur Frage eines Notstandsrechts bei rechtmäßigen hoheitlichen Eingriffen vgl. u. 86.

V. Subjektive Rechtfertigungselemente. Umstritten ist, ob und gegebenenfalls welche sub- **13** jektiven Voraussetzungen erfüllt sein müssen, damit eine vorsätzliche Tatbestandsverwirklichung gerechtfertigt ist (zu den verschiedenen Begründungsansätzen vgl. Frisch, Lackner-FS 116ff.). Während die Rspr. zu dieser Frage bisher nur bei einzelnen Rechtfertigungsgründen Stellung genommen hat (vgl. z. B. § 32 RN 63, § 34 RN 48f., § 193 RN 23, zum Züchtigungsrecht § 223 RN 24), gibt es nach der h. M. im Schrifttum subjektive Rechtfertigungselemente bei allen Rechtfertigungsgründen, wobei freilich bezüglich ihrer Beschaffenheit und der Folge ihres Fehlens keine Einigkeit besteht (vgl. z. B. Hirsch LK 50ff. vor § 32, Jakobs 294, Jescheck 294, Lenckner, Notstand 187ff., Loos aaO 229ff., M-Zipf I 337, Samson SK 23 vor § 32, Stratenwerth 149, Wessels I 81 sowie die Nachw. u. 15 zur Frage von Versuch oder Vollendung). Teilweise wird die Existenz subjektiver Rechtfertigungselemente aber auch generell geleugnet (z. B. Oehler, Das objektive Zweckmoment usw., 1959, 165ff., Spendel DRiZ 78,

329, Bockelmann-FS 251 f., Oehler-FS 197 ff., LK § 32 RN 138 ff.) oder zumindest in ihrer eigenständigen Bedeutung in Frage gestellt (Frisch aaO 126, 142 ff.) oder ihre Berechtigung nur bei einzelnen Rechtfertigungsgründen anerkannt (z. B. Gallas aaO 172 ff., Triffterer aaO 221 ff. [vgl. auch 211 ff. zum österreich. Recht]; zum Ganzen vgl. auch Waider aaO). Die Entscheidung dieser Frage ergibt sich zwangsläufig, wenn man davon ausgeht, daß sich das Unrecht einer Tat aus dem Handlungs- und Erfolgsunwert zusammensetzt. Da das Vorliegen eines Sachverhalts, der unter dem Gesichtspunkt des mangelnden oder des überwiegenden Interesses die Verletzung fremder Rechtsgüter zuläßt, nur den Erfolgsunwert beseitigt (vgl. auch o. 10 f.), kann die Tat nur rechtmäßig sein, wenn auch ihr Handlungsunwert entfällt. Dies aber setzt voraus, daß – sozusagen als Gegenstück zu den subjektiven Tatbestandselementen – subjektive Rechtfertigungselemente zu den objektiven Rechtfertigungsvoraussetzungen hinzukommen, die so beschaffen sein müssen, daß auch der Handlungsunwert der Tat ausgeräumt wird (i. d. S. z. B. auch Burgstaller, Das Fahrlässigkeitsdelikt usw. 175, Jescheck 295, M-Zipf 337, Rudolphi, Maurach-FS 58, Stratenwerth 149; krit. dazu aber und mit einer auf die Strafbarkeit des untauglichen Versuchs gestützten Begründung Frisch aaO 124 ff.). Das subjektive Rechtfertigungselement entspricht somit als „Rechtfertigungsvorsatz" strukturell dem Tatbestandsvorsatz (vgl. auch Paeffgen JZ 78, 744; and. Alwart GA 83, 450 ff.), was im einzelnen folgendes bedeutet:

14 1. Sind die Voraussetzungen, unter denen fremde Rechtsgüter verletzt werden dürfen, z. Z. der Tat objektiv gegeben (vgl. o. 10 ff.), so genügt es in der Regel, daß der Täter **in Kenntnis** der rechtfertigenden Sachlage das tut, was ihm objektiv erlaubt ist (vgl. Karlsruhe JZ **84**, 240 m. Anm. Hruschka [zu § 16 OWiG], Frisch, Vorsatz usw. 457 ff., Lackner-FS 133 f., Hruschka 437, GA 80, 15, Jakobs 295, Kindhäuser aaO 114 f., M-Zipf I 338, Rudolphi, Maurach-FS 57, Stratenwerth 150 u. jedenfalls für die Notrechte auch Loos aaO 229 ff.; vgl. auch M-Zipf I 338 [„Minimalvoraussetzung"] u. zum österreich. Recht die Nachw. b. Triffterer aaO 212; and. z. B. Alwart GA 83, 452, Hirsch LK 53, 56 vor § 32). Dies widerspricht z. B. bei § 34 auch nicht dem Gesetzeswortlaut (so aber Hirsch LK § 34 RN 47), da die Wendung „um ... abzuwenden" ebenso wie gleichlautende Formulierungen zur Kennzeichnung des Tatbestandsvorsatzes (vgl. § 15 RN 70) verschieden interpretierbar ist (vgl. daher auch § 35 RN 16). Dabei steht dem sicheren Kenntnis das bloße Für-Möglichhalten gleich, wenn der Täter im Vertrauen auf das Vorliegen der Rechtfertigungsvoraussetzungen handelt (vgl. Paeffgen JZ 78, 744, Stratenwerth 150, aber auch Arzt, Jescheck-FS 396 ff., Frisch, Vorsatz usw. 449 f., Lackner-FS 134, Jakobs 298 f.; für bloßen Schuldausschluß oder -minderung bei einem Handeln in ungewisser Vorstellung und unter Entscheidungszwang Warda, Lange-FS 126 ff.; vgl. auch § 32 RN 28). Dagegen ist, von Ausnahmen abgesehen (vgl. u. 16), eine besondere Intention i. S. eines Handelns zum Zweck der Ausübung der verliehenen Befugnis (z. B. zur Abwehr des Angriffs) nicht erforderlich, da es zur Neutralisierung des schon durch den gewöhnlichen Vorsatz begründeten Handlungsunwerts keiner weitergehenden „Rechtfertigungsabsicht" bedarf (vgl. Burgstaller, Das Fahrlässigkeitsdelikt usw. 175 f., Frisch, Lackner-FS 135 ff., Jakobs 295, Prittwitz GA 80, 386, Jura 84, 80, Stratenwerth 150, i. E. auch Alwart aaO 450, 453; and. z. B. – w. Nachw. in § 32 RN 63 – BGH GA **80**, 68, Hirsch LK 53 vor § 32: „Zweck der Angriffsabwehr"). Nicht notwendig ist aber auch, daß das Handeln des Täters durch die Situation motiviert ist, aus der seine Befugnis erwächst (für ein solches „rückschauendes Weil-Motiv" als subjektives Rechtfertigungselement jedoch Alwart aaO 452 ff.; dagegen mit Recht Frisch aaO 137 f.). Nicht notwendig ist deshalb z. B., daß der Täter „auf Grund der Einwilligung" handelt (vgl. u. 51). Ebenso sind z. B. Rechtsgutsverletzungen in Notwehr nicht erst dann „erlaubt, wenn der Täter handelt, weil er angegriffen wird" (Alwart aaO), sondern schon deshalb, weil er das Notwehrrecht hat, das ihm deshalb eingeräumt ist, weil er rechtswidrig angegriffen wird; auf die Gründe, aus denen er von diesem Recht Gebrauch macht – ob also (auch) wegen des Angriffs –, kann es dann nicht mehr ankommen, weil das Motiv desjenigen, der sich mit seinem Handeln objektiv in den Grenzen des Rechts hält, hier wie sonst rechtlich ohne Bedeutung ist. Nur wenn damit nicht eine besondere Absicht oder ein besonderes Motiv verbunden wird, ist es daher auch unbedenklich, wenn als subjektives Rechtfertigungselement bei der Notwehr der „Verteidigungswille" und beim Notstand (§ 34) der „Rettungswille" genannt wird (vgl. § 32 RN 63, § 34 RN 48).

15 Handelt der Täter in **Unkenntnis** einer objektiv gegebenen Rechtfertigungssituation (z. B. Schwangerschaftsabbruch in Unkenntnis einer Indikation i. S. des § 218a) oder nimmt er – entsprechend dem bedingten Vorsatz (vgl. 84 vor § 15) – aus Gleichgültigkeit in Kauf, daß eine solche nicht vorliegt, so fehlt es ihm an dem den Handlungsunwert ausräumenden „Rechtfertigungsvorsatz", weshalb die Tat rechtswidrig bleibt. Eine andere, auch unter den Befürwortern subjektiver Rechtfertigungselemente umstrittene Frage ist es, ob in einem solchen Fall wegen **Vollendung** oder nur wegen **Versuchs** zu bestrafen ist (für *Vollendung* z. B. BGH **2** 114 [Notstand], Alwart GA 83, 454f., D-Tröndle § 32 RN 14, § 34 RN 18, Foth JR 65, 369, Hirsch LK 59ff. vor § 32, Paeffgen aaO 156, A. Kaufmann-GedS 421ff., Schmidhäuser 292, I 137, R. Schmidt JuS 63, 65, Zielinski aaO 259ff., z. T. auch Gallas aaO 172ff.; für *Versuch* z. B. KG GA **75**, 213, Baumann/Weber 284f., Frisch, Lackner-FS 127f., 138ff., Eser I 112, Herzberg JA 86, 190ff., Hruschka GA 80, 16f., Jakobs 296, Jescheck 296, Lackner § 22 Anm. 2d, Lenckner, Notstand 192ff., M-Zipf I 339, Otto 202, Roxin, Offene Tatbestände usw. 161, Rudolphi, Maurach-FS 58, A. Kaufmann-GedS 380, Samson SK 24 vor § 32, Schaffstein MDR 51, 199, Stratenwerth 151, Wessels I 82, Wolter aaO 134f.; zum österreich. Recht vgl. die Nachw. b. Triffterer aaO 213f., 225). Richtig ist es, hier die Versuchsregeln jedenfalls entsprechend anzuwenden (für unmittelbare Anwendung z. B. Frisch aaO 138f., Herzberg JA 86, 193, Prittwitz Jura 84, 76, Schünemann GA 85, 373), womit zugleich der o. 13 dargestellte Theorienstreit an Bedeutung verliert, weil auch die Gegner subjektiver Rechtfertigungselemente ganz überwiegend zur Versuchsstrafbarkeit gelangen (and. aber z. B. Spendel aaO [vgl. o. 13]: Straflosigkeit). Mit dem Versuch hat die vorliegende Situation das Fehlen des Erfolgsunwerts gemeinsam: Dort, weil es zu einer Rechtsgutsverletzung überhaupt nicht gekommen ist, hier, weil das Rechtsgut objektiv verletzt werden durfte (vgl. o. 10f.). Ebenso wie dort ist es deshalb hier der bloße Handlungsunwert, der bestehen bleibt, was eine Gleichstellung mit dem Versuch rechtfertigt (dazu, daß eine solche Lösung entgegen Hirsch LK 61 vor § 32 auch nicht „den Boden der Realität verläßt", vgl. näher Herzberg JA 86, 193). Zu diesem Ergebnis müßte konsequenterweise übrigens auch die Auffassung kommen, für die der Erfolg lediglich das Strafbedürfnis begründet (vgl. 59 vor § 13), da auch unter diesem Gesichtspunkt die vorliegende Situation und der eigentliche Versuch nicht unterschiedlich behandelt werden können (vgl. auch Stratenwerth, Schaffstein-FS 189). Zur Abgrenzung vom Wahnverbrechen vgl. § 22 RN 78ff.

2. Ausnahmsweise ist neben dem Wissen um die objektiven Rechtfertigungsvoraussetzungen eine **besondere Absicht** erforderlich, wenn der Zweck, um dessen willen die Rechtsgutsverletzung zugelassen wird, nicht schon durch die Tat selbst (wie z. B. bei der Notwehr; vgl. aber auch Loos aaO 238f., Prittwitz GA 80, 388f.), sondern erst durch *weitere Handlungen* erreichbar ist. Hier hat der Täter ein zum Wegfall des Erfolgsunwerts führendes Eingriffsrecht nur, wenn er mit der Tat den fraglichen Zweck verfolgt, weshalb diese nur gerechtfertigt ist, wenn er in der entsprechenden Absicht handelt („unvollkommen zweiaktige Rechtfertigungsgründe" entsprechend den eine weitergehende Absicht als subjektives Unrechtselement [vgl. 63 vor § 13] enthaltenden unvollkommen zweiaktigen Tatbeständen; vgl. näher Lampe GA 78, 7, Loos aaO 236ff., Wolter aaO 157ff., ferner Stratenwerth 150, wobei freilich zweifelhaft ist, ob auch der dort genannte Fall des Züchtigungsrechts hierher gehört [vgl. dazu auch Loos aaO 234]; and. Frisch, Lackner-FS 146ff. [wie hier aber noch Vorsatz usw. 452, 460], Herzberg JA 86, 198ff., Hirsch LK 56 vor § 32, Jakobs 295). **16**

Dies gilt z. B. für § 127 StPO, weil die bloße Festnahme als solche noch nicht die Strafverfolgung ermöglicht, dazu vielmehr noch weitere Handlungen notwendig sind (z. B. Überstellung an die Polizei, vgl. RG **71** 52). Hier genügt es deshalb auch nicht, wenn der Täter das Vorliegen der Voraussetzungen des § 127 kennt, vielmehr muß er außerdem den Zweck verfolgen, um dessen willen § 127 eine Festnahme erlaubt (daher Strafbarkeit nach § 239 wegen vollendeter Tat, wenn die „Festnahme" erfolgt, um den Festgenommenen durch Einsperren selbst zu „bestrafen"). Auch beim Notstand gibt es solche Fälle: So ist z. B. dem Arzt bei der Fahrt zur Unfallstelle die Verletzung von Verkehrsvorschriften nur erlaubt, damit er dem Verletzten rechtzeitig helfen kann; dies aber setzt dann voraus, daß er diesen Zweck bei seinem verkehrswidrigen Handeln tatsächlich auch verfolgt. Hier zeigt sich auch, daß ein bloßes Fürmöglichhalten des den Erfolgsunwert kompensierenden „guten Erfolgs" nicht der maßgebliche Gesichtspunkt sein kann (so aber Herzberg JA 86, 199), denn daß der Täter die zu dessen Herbeiführung notwendige Handlung vornimmt, ist keine Frage des Fürmöglichhaltens, sondern muß von ihm gewollt sein, während es ein Problem der Erforderlichkeit (Geeignetheit des Mittels) ist, ob der positive Erfolg auf diese Weise erreicht werden kann: Daher mangels Erforderlichkeit der Notstandshandlung keine Rechtfertigung nach § 34, wenn in dem genannten Beispiel nicht damit zu rechnen ist, daß der Arzt dem Verunglückten am Unfallort noch wirksam Hilfe leisten kann (zum Erlaubnistatbestandsirrtum beim Handeln im Vertrauen darauf vgl. u. 21, § 34 RN 48), und das gleiche gilt für § 127 StPO, weil auch dort die Geeignetheit der Festnahme zur Erreichung des Gesetzeszwecks eine selbstverständliche Zulässigkeitsvoraussetzung ist. Unerheblich ist schließlich ein späterer „Verrat an der Rechtfertigung" (Herzberg aaO 199), d. h. die im Zeitpunkt der Tatbestandsverwirklichung mit der erforderlichen Absicht vorgenommene Tat bleibt auch dann rechtmäßig, wenn der Täter sich hinterher umbesinnt und seinen guten Vorsatz wieder aufgibt (vgl. auch Herzberg aaO 198f., Loos aaO 239): Ist z. B. die in der Absicht der Hilfeleistung begangene Trunkenheitsfahrt eines Arztes an den Unfallort nach § 34 gerechtfertigt, so wird der Arzt nicht deshalb nachträglich nach § 316 strafbar, weil er, bei dem Verletzten angekommen, dann doch nicht hilft (ebenso wie umgekehrt eine ohne Hilfeleistungsabsicht begangene Trunkenheitsfahrt nicht dadurch rechtmäßig wird, daß der Arzt zufällig an eine Unfallstelle gerät und den **16a**

Verletzten versorgt). Etwas anderes gilt selbstverständlich, wenn die Rechtfertigungsabsicht vor Abschluß der Tatbestandsverwirklichung wieder aufgegeben wird, so z. B. wenn der zunächst ordnungsgemäß Festgenommene später „zur Strafe" festgehalten wird; hier wird die zunächst gerechtfertigte Tat von diesem Zeitpunkt an rechtswidrig.

17   3. Keine allgemeine subjektive Rechtfertigungsvoraussetzung ist die **pflichtgemäße Prüfung** der Sachlage durch den Täter. Vielmehr ist hier zu unterscheiden:

18   a) Bei Rechtfertigungsgründen, die auf einem *Eingriffsrecht* beruhen (Notwehr, Notstand, Einwilligung usw.; vgl. o. 10f.), ist die pflichtgemäße Prüfung kein zusätzliches subjektives Rechtfertigungselement in dem Sinn, daß der Täter bei objektiv gegebenen Rechtfertigungsvoraussetzungen nur dann gerechtfertigt ist, wenn er deren Vorliegen gewissenhaft geprüft hat (and. die Rspr. zum früheren übergesetzlichen Notstand, vgl. § 34 RN 49). Hat er dies unterlassen, so mag dies zwar eine Sorgfaltspflichtverletzung sein; da der Erfolg jedoch von Rechts wegen eintreten durfte, ist dies ebenso unerheblich wie bei fahrlässigen Erfolgsdelikten das Ausbleiben des Erfolgs trotz sorgfaltswidrigen Handelns. Daher ist z. B. ein Schwangerschaftsabbruch nach § 218a I Nr. 2 nicht deshalb rechtswidrig, weil der Arzt auf Grund einer oberflächlichen Untersuchung der Frau zu dem (objektiv richtigen) Ergebnis kam, zu dem er auch bei einer sorgfältigen Untersuchung gekommen wäre (Hirsch LK 54 vor § 32, Jescheck 296, Samson SK 26 vor § 32 und näher Lenckner, H. Mayer-FS 173 ff., Paeffgen aaO 154 ff., Rudolphi, Schröder-GedS 78, 80 ff., Zielinski aaO 275); vgl. auch § 218a RN 61.

19   b) Etwas anderes gilt für die Rechtfertigungsgründe, denen lediglich eine mit dem Gedanken des erlaubten Risikos zu erklärende *Handlungsbefugnis* zugrundeliegt (vgl. o. 11). Beruht hier die Rechtfertigung nämlich darauf, daß bestimmte Handlungen auch auf die Gefahr hin vorgenommen werden dürfen, daß es im Einzelfall zu Rechtsgutsverletzungen kommt, für die an sich kein Anlaß bestand, so kann dies doch immer nur insoweit gelten, als der Täter alles getan hat, um das Risiko einer solchen Verletzung auf das nach den Umständen mögliche Minimum zu reduzieren. Dazu gehört auch, daß er die Sachlage mit der nach den Umständen gebotenen Sorgfalt geprüft hat; wird diese Prüfungspflicht verletzt, so bleibt die Tat daher rechtswidrig. Daraus ergibt sich das Erfordernis pflichtgemäßer Prüfung als subjektive Rechtfertigungsvoraussetzung bei § 193 (vgl. dort RN 11) und – sofern man darin einen eigenständigen Rechtfertigungsgrund sieht – beim „Irrtumsprivileg" des Staats (vgl. o. 11, u. 86), ferner im Fall der mutmaßlichen Einwilligung, wenn der wirkliche mit dem mutmaßlichen Willen des Verletzten nicht übereinstimmt (Jescheck 296f., Lenckner, H. Mayer-FS 178 ff., Roxin, Welzel-FS 453; weitergehend Paeffgen aaO 160; and. Hirsch LK 54 vor § 32, Jakobs 297, Rudolphi, Schröder-GedS 73, Samson SK 28 vor § 32). Das gleiche gilt, soweit sonst bei einzelnen Rechtfertigungsgründen Merkmale vorkommen, die sich bezüglich eines bereits in der Gegenwart realiter gegebenen Sachverhalts mit einer ex ante-Beurteilung begnügen (z. B. Fluchtverdacht in § 127 I StPO, § 229 BGB, vgl. o. 11) und diese sich i. E. als falsch erweist.

19a   Nur in dieser einen fehlenden objektiven Sachverhalt *ersetzenden* Funktion wird daher die pflichtgemäße Prüfung zum subjektiven Rechtfertigungselement. Dagegen soll es nach Rudolphi, Schröder-GedS 86 ff. auch hier genügen, daß der Täter in Kenntnis des Sachverhalts handelt, der das Wahrscheinlichkeitsurteil rechtfertigt, der Betroffene sei einverstanden usw. Damit jedoch der auch in anderer Hinsicht (vgl. o. 10 ff.) bedeutsame strukturelle Unterschied zwischen den beiden Gruppen von Rechtfertigungsgründen verkannt, der darin besteht, daß bei den bloßen Handlungsbefugnissen eine ex ante-Beurteilung bezüglich eines im Tatzeitpunkt bereits gegebenen Sachverhalts maßgeblich ist. Entspricht z. B. die ehrenrührige Behauptung nicht der Wahrheit oder – Fall der mutmaßlichen Einwilligung – die Handlung nicht dem wahren Willen des Betroffenen – jeweils Umstände, die objektiv bereits jetzt nicht gegeben sind –, so hat das Recht nicht schon deshalb Anlaß, seine Verbote zurückzunehmen, weil ein bestimmter Sachverhalt zunächst die Wahrscheinlichkeit des Vorliegens der fraglichen Umstände begründete, der Täter sich aber um diesen das Wahrscheinlichkeitsurteil tragenden Sachverhalt überhaupt nicht gekümmert hat, sondern nur zufällig das (ex ante) „Richtige" trifft. Daß dies bei den echten Eingriffsrechten anders ist, liegt allein daran begründet, daß es hier ein tatsächlich gegebener Sachverhalt ist, der dazu führt, daß das verletzte Gut – auch im Ergebnis zu Recht – seinen Schutz verliert. Richtig ist nur, daß bei den in den vorliegenden Zusammenhang gehörenden Rechtfertigungsgründen die Prüfungspflicht im Einzelfall praktisch entfallen kann, wenn die für die Zulässigkeit der Handlung sprechenden Umstände für jeden Einsichtigen so offensichtlich sind, daß es einer besonderen Prüfung nicht mehr bedarf (so in dem Beispiel von Rudolphi aaO 76).

20   Dabei verliert die Beschränkung auf die genannten Rechtfertigungsgründe allerdings an Bedeutung, wenn man davon ausgeht, daß auch sonst die irrtümliche Annahme der Voraussetzungen eines Rechtfertigungsgrundes (z. B. Putativnotwehr) vorsätzliches Unrecht ausschließt und das dann allein noch in Betracht kommende Fahrlässigkeitsunrecht gleichfalls entfällt, wenn der Irrtum trotz einer in jeder Hinsicht objektiv pflichtgemäßen Prüfung nicht zu vermeiden war (vgl. u. 21). Schon daraus erklärt sich dann auch die trotz Fehlens der sachlichen Eingriffsvoraussetzungen von der h. M. angenommene (strafrechtliche) Rechtmäßigkeit staatlichen Handelns auf Grund objektiv pflichtgemäßer Prüfung (vgl. u. 86), ohne daß es dazu der Bildung eines besonderen Rechtfertigungsgrundes bedürfte (and. jedoch bei § 193 und der mutmaßlichen Einwilligung, da diese nicht auf der irrigen Annahme eines rechtfertigenden Sachverhalts – z. B. einer tatsächlich erklärten Einwilligung – beruhen). Dennoch besteht kein Anlaß, die objektive Rechtfertigungslehre schlechthin durch eine rein subjektive zu ersetzen, weil es für die Frage, ob der Täter ein zu einer entsprechenden Duldungspflicht des Betroffenen führendes *Eingriffsrecht* hat, nach wie vor nicht darauf ankommt, was der Täter auf Grund einer sorgfaltspflichtgemäßen Prüfung glauben darf, sondern allein darauf, ob die objektiven Rechtfertigungsvoraussetzungen in Gestalt einer Notwehr-, Notstandslage usw. tatsächlich gegeben sind (vgl. o. 10a.).

VI. In der Sache nichts anderes als das isolierte Vorliegen subjektiver Rechtfertigungselemente (vgl. Schumann NStZ 90, 33) ist der **„Erlaubnistatbestandsirrtum"**, d. h. die irrige Annahme von Umständen, die, wenn sie realiter gegeben wären, die Tat rechtfertigen würden. Hier ist entsprechend § 16 der Vorsatz und damit auch das *vorsätzliche* (Handlungs-)Unrecht ausgeschlossen (vgl. 19, 60 vor § 13, § 16 RN 14ff., was auch für den abergläubischen bzw. grob unverständigen Erlaubnistatbestandsirrtum gelten muß, bei dem ein Rechtfertigungsvorsatz ebensowenig verneint werden kann wie der Tatbestandsvorsatz bei den entsprechenden Versuchsfällen; vgl. dazu aber auch Schumann aaO 33f.). In Betracht kommt daher nur eine Fahrlässigkeitstat (sofern diese unter Strafe gestellt ist, § 15), wobei jedoch auch *fahrlässiges* (Handlungs-)Unrecht ausgeschlossen ist, wenn sich der Täter objektiv sorgfaltsgemäß verhalten hat (vgl. 54 vor § 13, § 15 RN 121), d. h. wenn sein Irrtum auch bei objektiv pflichtgemäßer Prüfung nicht zu vermeiden war (Lenckner, Mayer-FS 182 und eingehend Zielinski aaO 271ff.). Da das Recht von niemand mehr als die Beachtung der objektiv gebotenen Sorgfalt verlangen kann, diese aber bei irriger Annahme eines Erlaubnistatbestandes (Putativnotwehr usw.) beachtet sein kann, ist es auch im Widerspruch, wenn die sog. „strenge" und „rechtsfolgeneinschränkende Schuldtheorie" (vgl. zu dieser § 16 RN 15ff.) dem unvermeidbaren Irrtum hier erst bei der Schuld Rechnung tragen (so z. B. auch Herzberg JZ 87, 539f., JA 89, 296). Der von der Handlung Betroffene hat hier daher auch kein Notwehrrecht, wohl aber kann eine Abwehr nach § 34 gerechtfertigt sein (vgl. § 32 RN 21, § 34 RN 30f.). Dazu, daß dies nicht, wie z. T. angenommen wird (z. B. Hirsch ZStW 94, 259ff., LK 52 vor § 32), zu einer subjektiven Rechtfertigungslehre führt, vgl. o. 20; zum Irrtum bei einzelnen Rechtfertigungsgründen vgl. u. 52, 60, 86ff., ferner § 32 RN 55, § 34 RN 50f. – Nur ein Fall des Verbotsirrtums (§ 17) ist dagegen der **Erlaubnis(norm)irrtum**, der vorliegt, wenn der Täter bei Kenntnis des generellen Verbots sein Tun ausnahmsweise für rechtmäßig hält, weil er fälschlich vom Bestehen eines Rechtfertigungsgrunds (Erlaubnisnorm) ausgeht, der vom Recht überhaupt nicht oder jedenfalls nicht in diesem Umfang anerkannt ist (vgl. § 16 RN 24, § 17 RN 10; zu Einzelfällen vgl. u. 52, 60, § 32 RN 65, § 34 RN 51).

VII. Bei nur **teilweisem Vorliegen** oder **Überschreitung der Grenzen eines Rechtfertigungsgrunds** bleibt die Tat – vorbehaltlich eines weitergehenden, das Handlungsunrecht insgesamt ausschließenden Erlaubnistatbestandsirrtums (vgl. o. 21) – rechtswidrig (z. B. Festnahme eines flüchtigen, aber nicht auf frischer Tat betroffenen Verbrechers durch Private; vorsätzlicher oder objektiv fahrlässiger Notwehrexzeß). Da zwar nicht die Rechtswidrigkeit, wohl aber das Unrecht ein abstufbarer Begriff ist (vgl. 51 vor § 13), sinkt hier jedoch der Unrechtsgehalt um so mehr ab, je näher die fragliche Situation an einen rechtfertigenden Sachverhalt heranreicht. Dabei sind es vor allem Merkmale mit einem quantitativen oder zeitlichen Einschlag, die mit der Folge einer entsprechend weitgehenden Unrechtsminderung bis zu „Fastrechtfertigung" erfüllt sein können (vgl. in diesem Zusammenhang die Klassifizierung der Rechtfertigungselemente von Günther JR 85, 270ff., Göppinger-FS 461f.). So werden z. B. durch eine im Notstand begangene Tat, bei der es an dem durch § 34 geforderten Übergewicht des geschützten Interesses fehlt, nicht nur Werte verletzt, sondern auch solche geschützt, weshalb das Unrecht um so geringer ist, je näher das geschützte Interesse jener Grenzmarke kommt, von der an die Tat in eine Wahrung des „wesentlich überwiegenden Interesses" umschlagen würde (vgl. dazu auch Günther JR 85, 273). Darauf beruht es auch, daß bei den Entschuldigungsgründen (z. B. § 35) schon das Unrecht der Tat gemindert ist (vgl. u. 111). Auch kann man bei minimalen Grenzüberschreitungen die Frage stellen, ob das fragliche Verhalten trotz fortbestehender Rechtswidrigkeit überhaupt noch strafwürdiges Unrecht ist (vgl. Günther, Strafrechtswidrigkeit usw. 114ff., 324ff., 341 u. pass.), die hier dann freilich nicht anders beantwortet werden kann als bei einer „gerade noch" tatbestandsmäßigen Handlung (vgl. o. 8). Im übrigen kann der Unrechtsminderung, soweit das Gesetz sie nicht zur Grundlage eines besonderen Entschuldigungsgrunds gemacht hat, jedoch nur im Rahmen der Strafbemessung Rechnung getragen werden (vgl. Hirsch LK 67 vor § 32, Jescheck 300 u. näher Günther JR 85, 268 [speziell zur Unrechtsminderung in Grenzfällen des Mords], Hillenkamp, Vorsatztat und Opferverhalten, 242ff., 269ff., 284ff., Kern ZStW 64, 263ff., Lenckner, Notstand 34ff., Noll ZStW 68, 184ff. u. 77, 17ff.).

22a Dieselbe Wirkung wie eine „Teilrechtfertigung" kann ein *„teilweiser Erlaubnistatbestandsirrtum"* haben. Entsprechend den Regeln über den Erlaubnistatbestandsirrtum (vgl. o. 21) wird auch hier das (Handlungs-)Unrecht gemindert, wenn der Täter fälschlich, aber unter Beachtung der objektiv gebotenen Sorgfalt einen Sachverhalt angenommen hat, bei dessen Vorliegen die Voraussetzungen eines Rechtfertigungsgrundes teilweise erfüllt wären. So ist z. B. die (vorsätzliche oder fahrlässige) Überschreitung der Grenzen der erforderlichen Verteidigung geringeres Unrecht nicht nur bei tatsächlichem Bestehen einer Notwehrlage, sondern auch bei irriger Annahme einer solchen, wenn dieser Irrtum objektiv nicht pflichtwidrig war (z. B. als solcher nicht erkennbarer Scheinangriff).

23 **VIII.** Bei der **pflichtwidrigen Herbeiführung einer Rechtfertigungslage** (Notwehrlage usw.), insbes. ihrer absichtlichen Verursachung nur zu dem Zweck, auf diese Weise die Tat „rechtmäßig" begehen zu können, kann der Ausschluß der Rechtfertigungswirkung nicht pauschal mit einer undifferenzierten Anwendung des Mißbrauchsgedankens (§ 226 BGB) und auch nicht schon mit dem Fehlen der subjektiven Rechtfertigungselemente (vgl. jedoch Hirsch LK 62 vor § 32) begründet werden, letzteres auch dann nicht, wenn man hier über die Kenntnis der rechtfertigenden Situation (vgl. o. 14) hinaus eine besondere Intention des Täters verlangt, da diese im Augenblick der Tatbestandsverwirklichung durchaus gegeben sein kann (z. B. der Verteidigungswille beim Notwehrprovokateur, vgl. § 32 RN 55). Vielmehr ist hier zu unterscheiden: Bei einer durch Täuschung oder Zwang erlangten Einwilligung sind schon die Voraussetzungen einer Rechtfertigung zu verneinen (vgl. u. 47f.: Unwirksamkeit der Einwilligung), während bei einer behördlichen Genehmigung hier in der Tat auf den Gesichtspunkt des Rechtsmißbrauchs zurückgegriffen werden muß (vgl. u. 63; generell dagegen aber Kindhäuser aaO 117). Bereits an den Rechtfertigungsvoraussetzungen fehlt es auch bei den auf einer Interessenkollision beruhenden Rechtfertigungsgründen (vgl. o. 7, u. 28), wenn diese, weil sie pflichtwidrig geschaffen wurde, zu Lasten des Täters zu lösen ist (so bei § 32, wenn der Provokateur dem Angriff ausweichen kann; vgl. dort RN 56, 60). Ist dies dagegen nicht möglich, die Tatbestandsverwirklichung „in actu" also gerechtfertigt, so ist auf die pflichtwidrige Schaffung der Kollisionslage als unrechtsbegründende Handlung abzustellen (sog. *actio illicita in causa;* gegen die hier erhobenen prinzipiellen Einwände mit Recht Bertel ZStW 84, 14ff., Dencker JuS 79, 782 u. eingehend Küper, Der „verschuldete" rechtfertigende Notstand [1983] 40ff.; zum Meinungsstand vgl. die Nachw. in § 32 RN 54, § 34 RN 42 u. umfassend bei Küper aaO FN 119). Nicht zulässig ist dies wegen Art. 103 II GG allerdings bei Tatbeständen mit einer speziellen Handlungstypisierung (vgl. Dencker aaO) und auch bei reinen Erfolgsdelikten nur dann, wenn der durch die „actio praecedens" verursachte Erfolg dem Täter nach allgemeinen Grundsätzen zurechenbar ist, was bei einem erst über das freie Handeln eines anderen vermittelten Kausalzusammenhang nicht der Fall ist. In diesen Grenzen aber ist nicht nur eine fahrlässige (näher Küper aaO 50ff.), sondern auch eine vorsätzliche a. i. i. c. möglich (and. insoweit Küper aaO 59ff.), je nachdem ob die Kollisionslage vorsätzlich oder fahrlässig herbeigeführt wurde. Damit beginnt bei Vorsatztaten auch bereits die Tatbestandsverwirklichung (and. Kindhäuser aaO 116, Küper aaO 61ff.), weil der Täter jetzt praktisch gezwungen ist, den Konflikt in seinem Sinn zu lösen (in dieser Zwangsläufigkeit des weiteren Geschehens liegt auch der Unterschied zur actio libera in causa durch das Sichversetzen in einen Rauschzustand; vgl. Lenckner GA 61, 304f., aber auch Küper aaO 73f.). Reizt der Täter z. B. in einer für ihn ausweglosen Situation einen fremden Hund, so kann er gegenüber dessen Angriff nicht deshalb schutzlos sein, weil er die Notstandslage (§ 228 BGB) in der Absicht provoziert hat, durch eine Tötung des Tiers den Eigentümer zu schädigen (insoweit ebenso Hruschka 371ff.; vgl. aber auch Küper aaO 32: „auf Null reduzierte" Schutzwürdigkeit); begonnen hat er die rechtswidrige Tatbestandsverwirklichung (§ 303) hier jedoch schon mit dem Reizen des Hundes, mag dieses auch erst über eine weitere, als solche rechtmäßige Handlung in den Erfolg einmünden (entsprechend beim Hetzen des Hundes auf ein Kind, wo der Täter, wenn er nicht wegen Tötung oder Körperverletzung verantwortlich sein will, praktisch gleichfalls zur Notstandshilfe gezwungen ist). Für die Notwehr des Betroffenen bedeutet dies, daß er u. U. zwar dem Schaffen der Kollisionslage (in dem genannten Beispiel: Reizen des Hundes), nicht aber deren Beseitigung (Abwehr des Hundes) entgegentreten darf (nicht berechtigt daher die Einwände von Küper aaO 79, Roxin ZStW 75, 548). Vgl. im übrigen u. 76, § 32 RN 54ff., § 34 RN 42 und zum Schußwaffengebrauch in einer durch Mißbrauch der Befehlsgewalt absichtlich herbeigeführten, den Waffeneinsatz an sich rechtfertigenden Gefahrenlage RG DR **39**, 346; zum Ganzen vgl. auch Hruschka 212f., Neumann GA 85, 389.

24 **IX.** Keine Auswirkungen auf die Rechtfertigungsgründe hat die **Europäische Konvention zum Schutz der Menschenrechte** v. 4. 11. 1950 (BGBl. 1952 II 686; innerstaatliches Recht im Rang eines einfachen Bundesgesetzes, vgl. BayVerfGH NJW **61**, 1619). Sie betrifft ohnehin nur das Verhältnis Staat-Bürger (vgl. § 32 RN 62), weshalb z. B. die medizinisch indizierte Perforation (vgl. 34 vor § 218), obwohl im Ausnahmekatalog des Art. 2 II MRK nicht genannt, weiterhin zulässig ist (Jescheck NJW 54, 784, Lenckner, Notstand 164). Aber auch für hoheitliches Handeln werden durch die MRK keine strengeren Rechtfertigungsvoraussetzungen aufgestellt als nach innerstaatlichem Recht (zur Notwehr vgl. § 32 RN 62). Da die MRK nur Mindestanforderungen enthält, führt sie hier umgekehrt aber auch nicht zu einer Erweiterung hoheitlicher Befugnisse (von Bedeutung z. B. für Art. 2 II b).

X. Die Garantiefunktion des Strafgesetzes (Art. 103 II GG) gilt, wenn überhaupt, für Rechtfertigungsgründe nur beschränkt (vgl. näher § 1 RN 14). Das Gesetzlichkeitsprinzip steht weder der gewohnheitsrechtlichen Bildung neuer Rechtfertigungsgründe entgegen (vgl. zum früheren „übergesetzlichen Notstand" als Rechtfertigungsgrund § 34 RN 2) noch folgt aus Art. 103 II GG die Pflicht des Gesetzgebers, bisher nur gewohnheitsrechtlich anerkannte Rechtfertigungsgründe (z. B. Einwilligung außerhalb der §§ 223 ff.) gesetzlich zu normieren. Auch unter dem Aspekt des Bestimmtheitsgebots unterliegen die Rechtfertigungsgründe nicht den strengen Anforderungen, die für die Umschreibung des Tatbestands als Deliktstypus gelten (vgl. auch Hirsch LK 40 vor § 32). Trotz ihres generalklauselartigen Charakters sind daher die §§ 34, 226 a (vgl. dort RN 6) und die „Wahrnehmung berechtigter Interessen" in § 193 nicht verfassungswidrig, was nicht ausschließt, daß sich bei der Anwendung dieser Vorschriften das Fehlen sicherer Wertmaßstäbe nicht zu Lasten des Täters auswirken darf (vgl. dazu Lenckner JuS 68, 308 ff.). Weil Art. 103 II, wenn das Gesetzlichkeitsprinzip nicht überfordert werden soll, uneingeschränkt nur für den Deliktstatbestand i. S. eines Unrechts- und Schuldtypus, nicht aber für die atypischen Erlaubnisnormen gelten kann, muß bei Rechtfertigungsgründen ferner neben der ausdehnenden Analogie (vgl. dazu Hirsch LK 36 ff. vor § 32, Tjong-GedS 53 ff.) auch eine vom Gesetzeswortlaut nicht mehr gedeckte teleologische Reduktion zulässig sein, bei der durch ein Zurückgehen auf den Grundgedanken eines Rechtfertigungsgrunds lediglich dessen immanente Schranken aktualisiert werden (vgl. Lenckner, Pfeiffer-FS 32 f.). Dies gilt unabhängig davon, ob es sich dabei um einen außerstrafrechtlichen oder strafgesetzlich geregelten Rechtfertigungsgrund handelt (and. insoweit z. B. Engels GA 82, 114 ff., Hirsch aaO; Bedenken dazu jetzt auch b. Eser hier § 1 RN 14 a mwN zum Meinungsstand): So ist z. B. unbestritten, daß für eine Rechtfertigung nach § 193 nicht schon die „Wahrnehmung berechtigter Interessen" genügt, sondern daß dazu – entgegen dem Gesetzeswortlaut – der berechtigte (!) Wahrnehmung solcher Interessen notwendig ist (woraus z. B. auch das Erfordernis einer pflichtgemäßen Prüfung abgeleitet wird; vgl. § 193 RN 9 a, 11), und ebenso versagt die h. M. bei Vorschriften, die das Merkmal einer rechtfertigenden behördlichen Genehmigung enthalten, dem Täter diesen Rechtfertigungsgrund, wenn die Ausnutzung der Erlaubnis trotz deren wirksamer Erteilung rechtsmißbräuchlich ist (vgl. u. 63). Dazu, daß auch bei Schuldausschließungsgründen solche teleologischen Reduktionen notwendig sein können, vgl. § 20 RN 35.

Uneingeschränkt gilt dagegen auch bei Rechtfertigungsgründen, daß sie nicht rückwirkend aufgehoben oder eingeschränkt werden können, und zwar unabhängig davon, ob sie gesetzlich geregelt oder nur gewohnheitsrechtlich anerkannt sind (vgl. Hirsch LK 41 vor § 32). Hier ist es ausschließlich das **Tatzeitrecht** – d. h. das Recht z. Z. der Ausführungshandlung und nicht des Erfolgseintritts (vgl. § 8) –, nach dem sich die Rechtswidrigkeit bzw. Rechtmäßigkeit eines Verhaltens bestimmt. Auch nach diesem waren jedoch die aufgrund geheimer Anordnungen oder Ermächtigungen begangenen NS-Gewaltverbrechen schon deshalb nicht gerechtfertigt, weil es hier an der für einen Rechtssatz erforderlichen formellen Verkündung fehlte (vgl. OGH **1** 324 m. Anm. Eb. Schmidt SJZ 49, 563 u. Welzel MDR 49, 375, Frankfurt SJZ **47**, 623 m. Anm. Radbruch, Hirsch LK 42 vor § 32 mwN); jedenfalls aus diesem Grund verstößt auch eine nachträgliche Bestrafung daher auch nicht gegen das Rückwirkungsverbot (vgl. näher Schünemann, Bruns-FS 227 ff.). Zweifelhaft ist dagegen, ob dies auch für „gesetzliches Unrecht", d. h. für formell zwar gültige, aber dem überpositiven „Kernbereich des Rechts" widersprechende Gesetze gilt: Auch diese konnten zwar keine Rechtfertigungsgründe schaffen (vgl. BGH **2** 237, **3** 362 ff., KG NJW **5**, 1570; vgl. auch BVerfGE **6** 198 f.), eine andere Frage ist es jedoch, ob hier Art. 103 II GG und § 2 I einer nachträglichen Bestrafung des Täters entgegenstehen (vgl. näher dazu Schünemann aaO 224 ff. mwN; vgl. auch § 336 RN 5). Werden umgekehrt Rechtfertigungsgründe erst nachträglich geschaffen oder erweitert (z. B. Erweiterung des Indikationenkatalogs durch § 218 a II gegenüber dem früheren Recht), so wird der Täter bezüglich der Frage seiner Strafbarkeit zwar so behandelt, wie wenn der Rechtfertigungsgrund schon zur Tatzeit gegolten hätte; an der bei der Tatbegehung tatsächlich gegebenen Rechtswidrigkeit ändert dies aber jedenfalls insoweit nichts, als davon Rechte Dritter abhängen (z. B. Notwehr; vgl. Hirsch LK 45 vor § 32).

2. Einzelne Rechtfertigungsgründe

Für die Rechtfertigungsgründe gilt das Prinzip der **Einheit der Rechtsordnung**, weshalb sie dem gesamten – geschriebenen wie ungeschriebenen – Recht zu entnehmen sind (vgl. z. B. Engisch aaO 55 ff., Eser in: Eser/Fletcher aaO 49 f., Hirsch LK 10, 34 vor § 32, Jescheck 293, Kern ZStW 64, 262, Lange aaO 166, M-Zipf I 333, Rudolphi, A. Kaufmann-GedS 371 f., ferner die Nachw. in § 32 RN 42 a, 34 RN 7; weitgehend and. Günther aaO 9 ff., Hellmann aaO 95 ff., z. T. auch Jakobs 287 f., Seebode, Klug-FS 362 f.; zur Bedeutung des Art. 103 II GG vgl. § 1 RN 14, o. 25 f.). Was nach bürgerlichem oder öffentlichem Recht erlaubt ist, stellt daher auch für das Strafrecht einen Rechtfertigungsgrund dar (vgl. z. B. RG **61** 247, BGH **11** 244), wobei

Vorbem §§ 32 ff. 28   Allg. Teil. Die Tat – Notwehr und Notstand

sich auch aus dem Landesrecht Rechtfertigungsgründe für Tatbestände des Bundesrechts ergeben können, wenn die Materie, welcher der fragliche Erlaubnissatz angehört, in die Gesetzgebungskompetenz der Länder fällt (BGH **11** 244 [Züchtigungsrecht des Lehrers]; vgl. auch RG **47** 276). Umgekehrt sind die Gründe, aus denen strafrechtliches Handlungsunrecht fehlt (vgl. z. B. o. 21), zwar nicht notwendig auch für andere Rechtsgebiete maßgebend (z. B. für die Rechtswidrigkeit eines Verwaltungsakts), wohl aber gelten spezielle, ihrer Herkunft nach strafrechtliche Erlaubnissätze, auch für diese, da insoweit eine Handlung nicht zugleich erlaubt und verboten sein kann (vgl. auch o. 8, § 32 RN 42a, § 34 RN 7). Dabei ist Voraussetzung allerdings immer, daß das fragliche Verbot, auf welches sich der Erlaubnissatz bezieht, für die verschiedenen Teilbereiche des Rechts ein und dasselbe ist, was z. B. wegen der unterschiedlichen Angriffsrichtung nicht der Fall ist bei einer unter dem Gesichtspunkt des § 223 gerechtfertigten, disziplinarrechtlich aber rechtswidrigen Züchtigung (vgl. BGH **11** 241, aber auch Günther aaO 41).

28   Da es **keinen numerus clausus** der Rechtfertigungsgründe gibt und geben kann, können sich auch neue und ihrer Herkunft nach außergesetzliche Rechtfertigungsgründe entwickeln (so der frühere „übergesetzliche" rechtfertigende Notstand, vgl. § 34 RN 2), wobei diese sich dann aber immer als mehr oder weniger weitgehende Konkretisierungen der o. 7 genannten allgemeinen Rechtfertigungsprinzipien des überwiegenden usw. Interesses darstellen. Soweit sie in eine entsprechende gesetzliche Regelung eingehen (z. B. jetzt § 34), ist daher auch deren Entscheidungsgehalt um so geringer, je näher der fragliche Rechtfertigungsgrund jenen allgemeinen und obersten Rechtfertigungsprinzipien steht; je „offener" der Rechtfertigungstatbestand damit ist, um so mehr ist er andererseits auch geeignet, sich den wechselnden gesellschaftlichen Wertvorstellungen anzupassen (vgl. Lenckner, Notstand 205 f.). Von den z. Z. **wichtigsten Rechtfertigungsgründen** sind die *Einwilligung* (u. 29 ff.) und *mußmaßliche Einwilligung* (u. 54 ff.) auf das Prinzip des mangelnden Interesses (o. 7) zurückzuführen; hierher gehört ferner die *behördliche Erlaubnis* (u. 61 ff.; and. Jescheck 331, Rudolphi ZfW 82, 201: Prinzip des überwiegenden Interesses; daß die Behörde bei der Frage, ob sie die Erlaubnis erteilen will, vor einer Interessenkollision steht, ist jedoch eine Situation, wie sie häufig auch bei der Einwilligung gegeben ist; ist die Erlaubnis jedoch wirksam erteilt, so ist – vergleichbar der Einwilligung – Grund der Rechtfertigung allein diese, unabhängig davon, ob sie tatsächlich einem überwiegenden Interesse entspricht). Von den Rechtfertigungsgründen, denen das Prinzip des überwiegenden Interesses (o. 7) zugrundeliegt, ist der *Notwehr* (u. 64), dem *Widerstandsrecht* nach Art. 20 IV GG (u. 65) und der *Selbsthilfe* (u. 66) gemeinsam, daß sie dem Schutz vor Gefahren dienen, die aus einem rechtswidrigen Verhalten drohen. Weitere Notrechte, die dem Schutz von Rechtsgütern vor sonstigen Gefahren dienen, ergeben sich aus den verschiedenen Fällen des *rechtfertigenden Notstands* (u. 67 ff.). Mit diesem verwandt, aber gleichwohl anderen Regeln folgend, ist die *Pflichtenkollision* (u. 71 ff.). Während die genannten Rechtfertigungsgründe von allgemeiner Bedeutung sind, haben das *Züchtigungsrecht*, die *Wahrnehmung berechtigter Interessen* und das *Festnahmerecht* nach § 127 I StPO (u. 78 ff.) nur einen begrenzten Anwendungsbereich. Weitere Rechtfertigungsgründe ergeben sich ferner z. B. speziell für Träger hoheitlicher Gewalt aus den verschiedenen *Amtsrechten und Dienstpflichten* (u. 83 ff.); zu den Rechtfertigungsgründen des *Völkerrechts* vgl. u. 91. Treffen mehrere Rechtfertigungsgründe (z. B. § 904 BGB und § 34) auf einen Sachverhalt zu (**„Konkurrenz" von Rechtfertigungsgründen;** vgl. Hirsch LK 46 vor § 32, Jakobs 293 u. näher Warda aaO 143 ff.), so ist durch Auslegung zu ermitteln, welcher von ihnen zum Zuge kommt, wobei der Grundsatz gilt, daß der speziellere dem allgemeineren Rechtfertigungsgrund vorgeht (zu § 34 vgl. dort RN 6; zum Ganzen vgl. aber auch Hellmann aaO 111 ff.).

I. Die Einwilligung

Schrifttum: Amelung, Die Einwilligung in die Beeinträchtigung eines Grundrechtsguts, 1981. – *ders.,* Die Zulässigkeit der Einwilligung bei den Amtsdelikten, Dünnebier-FS 487. – *ders.,* Die Einwilligung des Unfreien, ZStW 95, 1. – *ders.,* Probleme der Einwilligung in strafprozessuale Grundrechtsbeeinträchtigungen, StV 85, 257 (auch in: Rüthers-Stern, Freiheit u. Verantwortung im Verfassungsstaat, 1984, 1 ff.). – *Arzt,* Willensmängel bei der Einwilligung, 1970. – *Bichlmeier,* Die Wirksamkeit der Einwilligung in einen medizinisch nicht indizierten ärztlichen Eingriff, JZ 80, 53. – *Brandts/Schlehofer,* Die täuschungsbedingte Selbsttötung im Licht der Einwilligungslehre, JZ 87, 442. – *Eberbach,* Familienrechtliche Aspekte der Humanforschung an Minderjährigen, FamRZ 82, 450. – *Frisch,* Tatbestandsmäßiges Verhalten und Zurechnung des Erfolgs, 1988. – *Geerds,* Einwilligung u. Einverständnis des Verletzten im Strafrecht, GA 54, 262. – *ders.,* Einwilligung und Einverständnis des Verletzten im Strafgesetzentwurf, ZStW 72, 42. – *Geppert,* Rechtfertigende „Einwilligung" des verletzten Mitfahrers bei Fahrlässigkeitsstraftaten im Straßenverkehr?, ZStW 83, 947. – *Haefliger,* Über die Einwilligung des Verletzten im Strafrecht, SchwZStr. 67, 92. – *Hirsch,* Einwilligung und Selbstbestimmung, Welzel-FS 775. – *Honig,* Die Einwilligung des Verletzten, 1919. – *Kientzy,* Der Mangel am Straftatbestand infolge Einwilligung des Rechtsgutsträgers, 1970. – *Kothe,* Die rechtfertigende Einwilligung, AcP 185, 105. – *Kühne,* Die strafrechtliche Relevanz eines auf Fehlvorstellungen gegründeten Rechtsgutsverzichts, JZ 79, 241. – *Küper,* „Autonomie", Irrtum und Zwang bei mittelbarer Täterschaft und Einwilligung, JZ 86, 219. – *Lenckner,* Die Einwilligung Minderjähriger und deren gesetzlicher Vertreter, ZStW 72, 446. – *ders.*, Einwilligung in Schwangerschaftsabbruch u. Sterilisation, in: Eser/Hirsch, Sterilisation und Schwangerschaftsabbruch, 1980, 173 ff. – *Lesch,* Die strafrechtliche Einwilligung beim HIV-Antikörpertest an Minderjährigen, NJW 89, 2309. – *M.-K. Meyer,* Ausschluß der Autonomie durch Irrtum, 1984. – *Noll,* Übergesetzliche Rechtfertigungsgründe, im besonderen die Einwilligung des Verletzten, 1955. – *Roxin,* Die durch Täuschung herbeigeführte Einwilligung im Strafrecht, Noll-GedS 275. – *ders.,* Über die Einwilligung im Strafrecht, Coimbra 1987. – *Schlehofer,* Einwilligung u. Einverständnis, 1985. – *Schlosky,* Die Einwilligung des Verletzten, DStR 43, 19. – *R. Schmitt,* Strafrechtlicher Schutz des Opfers vor sich selbst?, Maurach-FS 113. – *Schrey,* Der Gegenstand der Einwilligung des Verletzten, 1928 (StrAbh. 248). – *Traeger,* Die Einwilligung des Verletzten und andere Unrechtsausschließungsgründe im zukünftigen Strafrecht, GS 94, 192. – *Trockel,* Die Einwilligung Minderjähriger in den ärztlichen Heileingriff, NJW 72, 1493. – *Weigend,* Über die Begründung der Straflosigkeit der Einwilligung des Betroffenen, ZStW 98, 44. – *Wimmer,* Die Bedeutung des zustimmenden Willens usw., 1980. – *Zipf,* Einwilligung und Risikoübernahme, 1970. – *ders.*, Die Bedeutung und Behandlung der Einwilligung im Strafrecht, ÖJZ 77, 379. – Vgl. weiter die Nachw. bei § 223 zum ärztlichen Heileingriff und zu § 226 a.

Während gewisse Delikte überhaupt nur mit Zustimmung des Betroffenen begehbar sind (z. B. § 302 a), schließt diese in anderen Fällen die Strafbarkeit aus. Umstritten (vgl. die Nachw. u. 29 a) sind allerdings die Gründe dafür und ihr systematischer Standort. Nach einer inzwischen verbreiteten Auffassung handelt es sich dabei ausschließlich um ein Tatbestandsproblem (vgl. dagegen u. 33 a). Demgegenüber unterscheidet die wohl immer noch h. M. in diesen Fällen mit Recht zwischen einem bereits tatbestandsausschließenden *„Einverständnis"* und der *„Einwilligung"* als Rechtfertigungsgrund. 29

Zur *h. M.* vgl. z. B. BGH **23**, 3, Bay JZ **79**, 146, Baumann/Weber 329, Blei I 133, D-Tröndle 3 a, b vor § 32, Geerds GA 54, 262, Geppert ZStW 83, 959 ff., Hirsch LK 96 ff. vor § 32, Jescheck 337, Kratzsch, Verhaltenssteuerung usw. 1985, 376 f., Lackner II 5 a vor § 32, Lenckner ZStW 72, 446, Noll aaO, Otto I 107, Samson SK 36 vor § 32, Stratenwerth 122 f., Wessels I 102; vgl. auch Hruschka 379 f. u. mit z. T. anderer Grenzziehung Jakobs 198 ff., 357 ff., Triffterer, Oehler-FS 219 f. Zur *Gegenmeinung* vgl. z. B. Eser I 185, Armin Kaufmann, Klug-FS 282, Kientzy aaO 65 ff., Kühne JZ 79, 242, Roxin Noll-GedS 275, Einwilligung 11 ff., ZStW 84, 1001, 85, 100 f., Rudolphi ZStW 86, 87, A. Kaufmann-GedS 374 f., Schlehofer aaO 4 u. pass., Schmidhäuser 267 ff., I 113 ff., Lackner-FS 90 f., Zipf aaO 28 ff., ÖJZ 77, 380, M-Zipf I 218 ff., Weigend ZStW 98, 47 f., 60 ff.; vgl. ferner auch Wimmer aaO 260. 29 a

1. Tatbestandsausschließendes Einverständnis

a) Schon nicht tatbestandsmäßig ist eine Handlung, wenn sie ihren **deliktischen Charakter** gerade dadurch erhält, daß sie **gegen den Willen** des Betroffenen erfolgt, dieser aber – i. U. zu einer bloßen Duldung (vgl. Jakobs 199 f.) – mit dem fraglichen Geschehen einverstanden ist. Das Vorliegen eines solchen Falles ergibt sich teils aus der Formulierung des Gesetzes (z. B. §§ 236, 237, 248 b), teils aus der besonderen Natur des Tatbestandes (vgl. aber auch Stratenwerth 123 f.). 30

Hierher gehören z. B. alle Delikte, die, wenn auch nur als Mittel zur Verletzung weiterer Rechtsgüter, einen Angriff auf die Freiheit der Willensbildung oder -betätigung enthalten (z. B. §§ 108, 177 f., 234 f., 239 [bestr.; vgl. dort RN 8], 240, 249 ff.). Setzt der betreffende Tatbestand Gewalt usw. voraus, so genügt es freilich nicht, daß der Betroffene zu dem fraglichen Verhalten „an sich", d. h. wenn er nicht genötigt worden wäre, bereit war, vielmehr muß er gerade mit der Gewaltanwendung einverstanden sein (Arzt aaO 25; vgl. auch BGH **21** 188). Hierher gehören ferner z. B. das „Eindringen" in § 123 (vgl. dort RN 11 ff.), die „Wegnahme" in § 242 (vgl. dort RN 39), die §§ 183, 183 a, die eine ungewollte Konfrontation mit den dort genannten Handlungen voraussetzen (vgl. dort RN 3 bzw. 5), gewisse Fälle der Beleidigung (vgl. § 185 RN 15) und die §§ 201 ff. (vgl. § 201 RN 13 f., 20, 29, § 202 RN 12, § 202 a RN 11, § 203 RN 22); ebenso kann bei Heileingriffen die Einwilligung bereits für die Tatbestandsmäßigkeit i. S. der §§ 223 ff. relevant sein (vgl. § 223 RN 32 ff.). Noch weitergehend für einen Tatbestandsausschluß im Bereich tauschbarer Güter Jakobs 201 f. 31

b) Die **Voraussetzungen** des Einverständnisses folgen nicht in jeder Beziehung den Regeln der Einwilligung (vgl. u. 35 ff.), sondern ergeben sich aus der Funktion des jeweiligen Tatbestands und dem Wesen des dort geschützten Rechtsguts (vgl. Hirsch LK 100 ff. vor § 32, Jakobs 198 f., Jescheck 336, Lenckner ZStW 72, 448, Stratenwerth 124). So ist dort, wo der Tatbestand an die Verletzung der natürlichen Handlungs- oder Entschließungsfreiheit oder eines faktischen Herrschaftsverhältnisses (z. B. Gewahrsam in § 242, vgl. dort RN 22) anknüpft, keine besondere (qualifizierte) Einwilligungsfähigkeit des Betroffenen erforderlich, vielmehr genügt hier schon dessen natürliche Willensfähigkeit. Deshalb kann z. B. auch eine Geisteskranke, die mit dem fraglichen Geschehen einverstanden ist, nicht i. S. des § 237 „wider ihren Willen" entführt werden (BGH **23** 1); ebensowenig kann einem Kind mit dessen Einverständnis eine Sache „weggenommen" werden (§ 242). In anderen Fällen setzt dagegen auch das Einverständnis eine natürliche Einsichts- und Urteilsfähigkeit oder gar die Geschäftsfähigkeit des Betroffenen voraus, ersteres z. B. bei ärztlichen Eingriffen (sofern hier schon der 32

Vorbem §§ 32 ff. 33, 33 a Allg. Teil. Die Tat – Notwehr und Notstand

Tatbestand des § 223 verneint wird; vgl. dort RN 28 ff.), bei § 202, z. T. bei § 203 (vgl. dort RN 24) und in den Fällen des § 185, in denen die Zustimmung der Äußerung ihren beleidigenden Charakter nimmt, letzteres z. B. beim Mißbrauchstatbestand des § 266, wenn durch die Zustimmung des Betroffenen der Rahmen des rechtlichen Dürfens erweitert wird (and. Labsch Jura 87, 415); zu § 142 vgl. Hamm VRS **23** 104, Karlsruhe GA **70**, 312 (jugendliches Alter nicht ausreichend). Entsprechend verschieden ist auch die Möglichkeit einer gesetzlichen Vertretung, die z. B. dort, wo ein Handeln gegen den natürlichen Willen des Betroffenen Voraussetzung ist, von vornherein entfällt. – Auch die Frage, ob der innere (zustimmende) Wille genügt oder ob dieser, wenn auch nur konkludent, zum Ausdruck gekommen sein muß, kann nicht einheitlich beantwortet werden. Ersteres ist z. B. für das Einverständnis in eine „Wegnahme" und bei den Freiheitsdelikten anzunehmen (daher keine vollendete Tat nach § 237, wenn die Entführte, ohne dies zu erkennen zu geben, mit dem Handeln des Täters einverstanden war; and. Roxin, Einwilligung 37 f.), letzteres z. B. in den genannten Fällen der §§ 185, 202, 203, 223, 266. – Verschieden ist endlich auch die Bedeutung von Willensmängeln: Ist sich der Betroffene der Aufhebung seiner Sachherrschaft oder der Eröffnung des Zugangs zu seinen Räumen bewußt, so liegt eine Wegnahme i. S. des § 242 oder ein Eindringen i. S. des § 123 nicht deshalb vor, weil das Einverständnis auf Täuschung oder Irrtum beruht (zu § 123 vgl. dort RN 22), und auch bei § 237 ist nicht jedes irrtumsbedingte, sondern nur das durch List erschlichene Einverständnis unbeachtlich; keine Bedeutung hat das Einverständnis dagegen z. B. bei der Heilbehandlung oder bei der Beleidigung, wenn der Betroffene infolge eines Irrtums die Bedeutung des fraglichen Tuns nicht erkennt. Auch bei der Drohung kann zu differenzieren sein: Soweit die Abnötigung des Einverständnisses sub specie Verletzung der Handlungs- und Entschließungsfreiheit strafbar ist, hängt es von dem jeweiligen Tatbestand ab, ob dafür jede Drohung mit einem empfindlichen Übel oder nur eine qualifizierte Drohung genügt (vgl. z. B. § 240 einerseits, § 177 andererseits). Dagegen kommt es z. B. bei § 123 darauf an, ob der Berechtigte, ohne seinen entgegenstehenden Willen aufzugeben, infolge der Drohung das Betreten des Raums durch den Täter lediglich duldet, ein Einverständnis also schon gar nicht vorliegt, oder ob er dem anderen, wenn auch nur gezwungenermaßen, den Zutritt erlaubt: Während es sich im ersten Fall um ein „Eindringen" handelt – ausreichend ist hier jede Drohung mit einem empfindlichen Übel –, kommt im zweiten nur § 240 in Betracht (vgl. dazu auch § 123 RN 22). Entsprechendes gilt z. B. für § 248 b und die Wegnahme in § 242, wo allerdings, wenn sich das abgenötigte Verhalten als Vermögensverfügung darstellt, die §§ 253, 255 in Betracht kommen (vgl. § 253 RN 8). Vgl. zum Ganzen – weitgehend wie hier – auch Hirsch LK 101 f. vor § 32, ferner – z. T. abw. – Schlehofer aaO, Wimmer aaO.

2. Rechtfertigende Einwilligung

33   a) Im Unterschied zum tatbestandsausschließenden Einverständnis ist die rechtfertigende Einwilligung (zur Abgrenzung von der Mitwirkung an einer Selbstverletzung vgl. u. 52 a), die in Betracht kommt, wenn ein Handeln gegen den Willen des Verletzten nicht bereits zum Tatbestand gehört, ihrem Wesen nach ein durch das Selbstbestimmungsrecht legitimierter **Verzicht auf Rechtsschutz** mit der Folge, daß die Verbotsnorm zurücktritt (z. B. BGH **17**, 360, Bichlmeier JZ 80, 54, D-Tröndle 3 b vor § 32, Geerds GA 54, 263, ZStW 72, 43, Lackner II 5 vor § 32, Lenckner ZStW 72, 453, Wessels I 104, i. E. weitgehend auch Hirsch LK 105 vor § 32; zur verfassungsrechtlichen Grundlage vgl. Amelung aaO 19 f.). Es handelt sich hier mithin um einen aus dem Prinzip des mangelnden Interesses (vgl. o. 7) folgenden Rechtfertigungsgrund, der auf dem Gedanken beruht, daß für das Recht kein Anlaß besteht, Güter zu schützen, die ihr Inhaber bewußt dem Zugriff Dritter preisgibt (vgl. aber auch Jakobs 358 f., Jescheck 339, Stratenwerth 122 f.; and. ferner Geppert ZStW 83, 952, Noll aaO 74 ff., ZStW 77, 15: Wertkollision mit Vorrang des Selbstbestimmungsrechts; vgl. dagegen Lenckner GA 85, 302 f., Weigend ZStW 98, 46 f.).

33 a   Demgegenüber beruft sich die Lehre, nach der die *Einwilligung stets tatbestandsausschließend* wirkt (vgl. die Nachw. o. 29 a), insbes. darauf, daß der Schutz disponibler Rechtsgüter nicht der Unversehrtheit der jeweiligen Objekte, sondern der autonomen Herrschaft des Berechtigten über sie gelte und es bei der Einwilligung daher an einer Rechtsgutsverletzung fehle. Abgesehen davon, daß sich diese Auffassung über den Wortlaut des § 226 a hinwegsetzt (D-Tröndle 3 b vor § 32) – das Gesetz geht hier ebenso wie in den §§ 32, 34 offensichtlich von der Tatbestandsmäßigkeit aus (and. Roxin, Einwilligung 23 f.), schützt das Strafrecht jedoch nicht die Selbstbestimmung in bezug auf Körperintegrität, Ehre, Eigentum usw., sondern diese selbst als Voraussetzung und Bezugsobjekt möglicher Selbstbestimmung (ebenso Jescheck 337; vgl. auch Amelung aaO 26 f., Hirsch LK 98 vor § 32, Geppert ZStW 83, 959 ff., Stratenwerth 122). § 303 z. B. sichert den Eigentümer nicht in der Ausübung seiner Befugnisse aus § 903 BGB, sondern die ungeschmälerte Existenz der konkreten Sache als notwendige Voraussetzung dieser Befugnisse: Wer ihn zwingt, seine Sache zu zerstören, ist deshalb wegen Sachbeschädigung in mittelbarer Täterschaft und Nötigung strafbar, nicht – wie sonst konsequenterweise angenommen werden müßte – nur nach § 303 (and. Roxin aaO 13 f.). Der Einwand, daß z. B. dem Fällen eines fremden Baums im Auftrag des Eigentümers von vornherein der Erfolgsunwert fehle (Roxin aaO 15), verkennt die lediglich unrechtstypisierende Funktion des Tatbestands (vgl. 18, 45 vor § 13), für die bei § 303 ein Sachverhalt zugrunde gelegt werden muß, der nicht mehr und nicht weniger als das Beschädigen usw. fremder Sachen verlangt. Nicht zutreffend ist

Rechtfertigungsgründe   34–37 **Vorbem §§ 32 ff.**

ferner der Hinweis auf die unter dem Aspekt der Opferzustimmung angeblich eher stilistische Zufälligkeit der gesetzlichen Tatbestandsformulierung (Schlehofer aaO 2): So ist es z. B. bei § 123 (Beispiel von Schlehofer aaO) gerade kein Zufall, daß die Tathandlung nicht als „rechtswidriges Betreten" umschrieben ist, weil ein Tatbestand „Betreten der Wohnung usw. eines anderen" keinen Sinn ergäbe. Ebensowenig handelt es sich hier um eine Frage der Erfolgszurechnung (vgl. aber auch Rudolphi, A. Kaufmann-GedS 374 f.), die zwar bei der Mitwirkung an einer Selbstverletzung, nicht aber bei einverständlicher Fremdverletzung ausgeschlossen sein kann (vgl. 101 vor § 13 sowie u. 107). Dafür, daß zwischen (tatbestandsausschließendem) Einverständnis und (rechtfertigender) Einwilligung in der Sache begründete Unterschiede bestehen, spricht schließlich auch, daß beide, was ihre Wirksamkeit betrifft, nicht notwendig denselben Regeln folgen und daß diese beim Einverständnis – i. U. zur Einwilligung (u. 35 ff.) – von Fall zu Fall verschieden sind (vgl. o. 32). Was die irrige Annahme bzw. die Unkenntnis der Einwilligung betrifft, so ist nach der hier dazu vertretenen Auffassung (vgl. u. 51 f.) der Theorienstreit im übrigen ohne praktische Bedeutung.

b) **Gegenstand** der Einwilligung ist bei Vorsatztaten die Handlung und der Erfolg (Hirsch LK 106 vor § 32, Jescheck 343, Roxin, Einwilligung 39, Schild Jura 82, 525; vgl. aber auch M-Zipf I 226), bei konkreten Gefährdungsdelikten also der Gefahrerfolg (vgl. Ostendorf JuS 82, 433). Den Erfolg muß der Einwilligende zumindest in Kauf nehmen; vertraut er, wenn auch „fahrlässig", auf dessen Ausbleiben, so willigt er nicht in eine (bedingt) vorsätzliche Tatbegehung ein (daher Strafbarkeit wegen Versuchs, wenn der Erfolg ausbleibt; vgl. aber auch Helgerth NStZ 88, 262). Auch sonst bleibt die Tat bei einem Exzeß rechtswidrig (vgl. Köln NJW 66, 1468, m. Anm. Schweichel), wobei dann allerdings das Unrecht gemindert sein kann (vgl. o. 22). Zur Einwilligung bei Fahrlässigkeitstaten vgl. u. 102 ff., beim Unterlassen 154 vor § 13, § 323c RN 26. 34

c) **Wirksam** ist die Einwilligung nur, wenn sie eine Reihe von Voraussetzungen erfüllt, wozu insbes. gehört, daß der Betroffene über das verletzte Rechtsgut verfügen kann (vgl. u. 35 a f.), daß er einwilligungsfähig ist (vgl. u. 39 f.), daß die Einwilligung vor der Tat nach außen hin zum Ausdruck gekommen ist (vgl. u. 43 f.) und daß sie sich als eine bewußte und freiwillige Gestattung der fraglichen Rechtsgutsverletzung darstellt (vgl. u. 45 ff.). Bei konkurrierenden Delikten ist für jedes getrennt festzustellen, ob diese Voraussetzungen vorliegen (vgl. Frankfurt DAR **65**, 217). 35

α) Eine wirksame Einwilligung setzt zunächst voraus, daß der **Einwilligende Inhaber** des **verletzten Rechtsguts** ist. Sie ist deshalb nur möglich bei Tatbeständen, die Individualrechtsgüter schützen (z. B. §§ 223 ff., 185 ff. [jedoch entfällt hier u. U. bereits der Tatbestand, vgl. § 185 RN 15 und o. 31], Eigentums- und Vermögensdelikte [zu § 246 vgl. RG **44** 42]; and. aber auch hier, wenn die Einwilligung zum gesetzlichen Tatbestand gehört [z. B. Wucher]). Unbeachtlich ist die Einwilligung bei Delikten gegen Gemeinschaftswerte, mag auch ein individuell „Betroffener" vorhanden sein, der mit der Tat einverstanden ist. Ausgeschlossen ist eine Einwilligung daher z. B. bei den §§ 153 ff., 164 (vgl. dort RN 1 f.), 169, 171, bei den gemeingefährlichen Delikten (zu § 315 c vgl. dort aber RN 33) und solchen Amtsdelikten, deren Rechtsgut ausschließlich staatliche Interessen sind (z. B. § 336; soweit zugleich zugleich Individualgüter geschützt sind – z. B. §§ 340, 343 ff. –, kann dagegen wegen der von der zugleich berührten staatlichen Interessen die Dispositionsbefugnis des Betroffenen ausgeschlossen oder eingeschränkt sein; vgl. § 340 RN 5, § 343 RN 17 u. näher Amelung, Dünnebier-FS 487, aber auch Roxin, Einwilligung 29 f.). 35a

β) Auch der Rechtsgutsinhaber kann in die Verletzung seiner Güter nur einwilligen, soweit diese seiner **Verfügungsmacht** unterliegen. Bezüglich des Lebens ist eine solche jedenfalls in dem Sinn zu verneinen, daß niemand in seine vorsätzliche Tötung durch einen anderen einwilligen kann (arg. § 216, vgl. dort RN 13; zur bloßen Lebensgefährdung vgl. jedoch u. 103 ff., Ostendorf JuS 82, 431 f.), und auch bei der Körperintegrität anerkennt § 226 a eine Dispositionsbefugnis nur, soweit die Tat nicht trotz der Einwilligung **gegen die guten Sitten** verstößt (zum Ganzen vgl. aber auch Weigend ZStW **98**, 62 ff.). Umstritten ist dagegen, ob und inwieweit auch in die Verletzung anderer Individualrechtsgüter nicht beschränkt eingewilligt werden kann (zu den Amtsdelikten vgl. schon o. 35 a). 36

Teilweise wird in § 226 a ein allgemeiner, für alle Fälle der Einwilligung geltender Rechtsgrundsatz gesehen (z. B. Baumann/Weber 328, z. T. auch Jakobs 361, Schmidhäuser 272, I 118; and. die h. M., z. B. Berz GA 69, 145, Eser I 89, Hirsch LK 124 vor § 32, Jescheck 340, Lackner II 5 c cc vor § 32, Kientzy aaO 96 f., Noll ZStW **77**, 21, Roxin, Einwilligung 34, Samson SK 45 vor § 32, Schlehofer aaO 80, Stratenwerth 126, Wessels I 105, Zipf aaO 35, M-Zipf I 230). Die Frage, ob eine Tat trotz Einwilligung wegen des verletzten Rechtsguts nicht hingenommen werden kann – und nur darum kann es hier gehen –, kann sich jedoch bei Eigentums- und Vermögensdelikten von vornherein nicht stellen, dies auch deshalb nicht, weil andernfalls z. B. die Strafbarkeit einer an sich sittenwidrigen Sachbeschädigung davon abhinge, ob der Eigentümer in diese nur eingewilligt oder ob er die Sache zugleich stillschweigend dereliquiert hat. Grenzen der Dispositionsmöglichkeit, wie sie § 226 a vorsieht, können vielmehr nur bei höchstpersönlichen Rechtsgütern bestehen, hier unter dem überge- 37

Vorbem §§ 32 ff. 38–40   Allg. Teil. Die Tat – Notwehr und Notstand

ordneten Gesichtspunkt der Wahrung der Menschenwürde, auf die wirksam nicht verzichtet werden kann (vgl. BVerwG NJW 82, 664 mwN, ferner Schmidhäuser aaO; and. Amelung StV 85, 259). Auch dies ist freilich bei den Freiheitsdelikten und bei den §§ 201 ff. ohne Bedeutung, weil das dort bereits im Tatbestand vorausgesetzte Handeln gegen den Willen des Betroffenen im Fall des Einverständnisses nicht durch die Sittenwidrigkeit ersetzt werden kann (and. für § 239 Schmidhäuser aaO). Für einen Ausschluß der Rechtfertigung bleiben damit im wesentlichen besonders schimpfliche, zugleich menschenunwürdige Ehrverletzungen, in die wirksam nicht eingewilligt werden kann.

38 γ) Unschädlich ist nach h. M. in allen Fällen die **Sittenwidrigkeit der Einwilligung als solcher** (z. B. RG **74** 95, DR **43** 234, BGH **4** 91, Bay **77** 106 [zu § 226a], Hirsch LK 124 vor § 32, M-Zipf I 231, Samson SK 46 vor § 32, Stratenwerth 126; and. Amelung aaO 56 f. [unter Hinweis auf die Schranke des Sittengesetzes in Art. 21 GG], Baumann/Weber 327 f., Geerds GA 54, 268; zum Zivilrecht vgl. Kohte aaO 131 ff. mwN). Ist damit der *Inhalt* der Einwilligung gemeint, so kommt diesem Gesichtspunkt jedoch keine eigenständige Bedeutung zu, da die Einwilligung als Gestattung eines Eingriffs in Rechtsgüter nur dann sittenwidrig sein kann, wenn auch die Tat, auf die sie sich bezieht, gegen die guten Sitten verstößt: Ist z. B. die Sachbeschädigung mit Einwilligung des Eigentümers zur Begehung eines Versicherungsbetrugs sittenwidrig, so ist dies zwar auch die Einwilligung; daran, daß die Eigentumsverletzung nicht rechtswidrig ist, vermag dies jedoch ebenso wenig etwas zu ändern wie die Sittenwidrigkeit der Sachbeschädigung selbst (vgl. o. 37). Ist umgekehrt bei einer unter wucherischen Bedingungen zur Verfügung gestellten Blutspende die Blutentnahme (§ 223) nicht sittenwidrig (vgl. § 226a RN 9), so gilt dies auch für die Einwilligung hierzu, die als solche nicht deshalb gegen die guten Sitten verstößt, weil sie an eine wucherische Gegenleistung geknüpft ist: Damit wird zwar der entsprechende zivilrechtliche Vertrag sittenwidrig und nichtig, nicht aber die Körperverletzung rechtswidrig (auch nicht i. S. des § 823 BGB, weshalb hier entgegen Amelung aaO nicht erst das strafrechtliche Unrecht ausgeschlossen ist). Dies zeigt zugleich, daß die Sittenwidrigkeit der *Begleitumstände*, unter denen die Einwilligung erteilt wurde, unschädlich ist. Dasselbe gilt für die sittenwidrige *Art und Weise*, in der die Einwilligung erlangt wurde: Unbeachtlich wird diese damit nur im Fall von Täuschung und Zwang (vgl. u. 47 f.), nicht aber, wenn dazu sonst unlautere Mittel eingesetzt werden.

39 δ) Erforderlich ist zur Wirksamkeit der Einwilligung ferner die **Einwilligungsfähigkeit,** für die nach h. M. generell die von Geschäftsfähigkeit und bestimmten Altersgrenzen unabhängige tatsächliche („natürliche") Einsichts- und Urteilsfähigkeit genügen soll (vgl. z. B. RG **71** 349, BGH **4** 90, **5** 362, **8** 357, **12** 382, **23** 1, GA **56**, 317, **63**, 50, Hirsch LK 118 vor § 32, Jescheck 343, M-Zipf I 227, Schmidhäuser 273, I 120, Stratenwerth 126 f., Wessels I 105). Richtigerweise ist hier jedoch zu differenzieren, wobei davon auszugehen ist, daß die Entscheidung für das Strafrecht nicht anders lauten kann als für das Zivilrecht und die Einwilligung in eine unerlaubte Handlung (vgl. o. 27; and. Günther, Strafrechtswidrigkeit usw. 347 ff., Kohte aaO 156 ff., Lesch NJW 89, 2310). Sie muß deshalb auch für beide Rechtsgebiete einheitlich aus dem Wesen der Einwilligung getroffen werden (vgl. Lenckner ZStW 72, 454 ff.), die zivilrechtlich zwar keine rechtsgeschäftliche Willenserklärung ist (vgl. z. B. BGHZ **29** 33, Karlsruhe FamRZ 83, 276, Gitter, Münchener Komm. zum BGB, 2. A., 94 vor § 104 mwN; and. München AfP 83, 276, Kohte aaO 152 ff.), als ein auf einen tatsächlichen Erfolg gerichtetes, vom Recht mit bestimmten Rechtsfolgen (Verlust des Rechtsschutzes) ausgestattetes Verhalten aber eine Rechtshandlung darstellt, auf die grundsätzlich die §§ 105 ff. BGB entsprechend anzuwenden sind (so früher für das Zivilrecht auch die ganz h. M., z. B. RGZ **68** 431, BGHZ **2** 159, **7** 207, NJW **58**, 905, Enneccerus-Nipperdey, AT des Bürgerl. Rechts, 15. A. 933 mwN; zum gegenwärtigen Meinungsstand vgl. einerseits z. B. Gitter aaO 13, 92 ff. vor § 104, andererseits z. B. Staudinger-Dilcher, BGB, 12. A., § 105 RN 11, ferner Kohte aaO 111 ff.). Jedenfalls bei der Verletzung von **Vermögensrechten** (z. B. § 303) muß es dabei auch bleiben, weshalb ein Geschäftsunfähiger (§ 104 BGB) nicht und ein beschränkt Geschäftsfähiger (§§ 106, 114 BGB [§ 114 aufgehoben m. W. v. 1. 1. 1992]) nur mit vorheriger Zustimmung seines gesetzlichen Vertreters oder unter den Voraussetzungen des § 110 BGB wirksam einwilligen kann (vgl. Baumann/Weber 324, D-Tröndle 3b vor § 32, Lenckner aaO, Samson SK 41 vor § 32, i. E. auch Jakobs 202 f.).

40 Etwas anderes gilt dagegen bei Eingriffen in **höchstpersönliche Rechtsgüter** (z. B. §§ 223 ff., 185 ff.). Hier sind Standards, wie sie die §§ 104 ff. BGB hinsichtlich der Geschäftsfähigkeit schaffen, nicht angemessen und auch nicht in derselben Weise notwendig wie bei Rechtsgeschäften: Ersteres nicht, weil die höchstpersönlichen Rechtsgüter zugleich integrierende Bestandteile des allgemeinen Persönlichkeitsrechts sind und dieses seiner Natur nach in viel stärkerem Maß Selbst- statt Fremdbestimmung verlangt, wenn die Fähigkeit hierzu tatsächlich vorhanden ist, letzteres nicht, weil die Einwilligung in die Verletzung höchstpersönlicher Rechtsgüter nicht zu den massenhaft vorkommenden Geschäften des täglichen Rechtsverkehrs gehört und das Bedürfnis nach Rechtssicherheit hier deshalb weniger dringend ist als dort (vgl. Gernhuber FamRZ 62, 94, Lenckner in: Eser/Hirsch 176 f., ZStW 72, 457). In diesen Fällen ist

deshalb für die Einwilligungsfähigkeit auf die von der Geschäftsfähigkeit unabhängige und auch mit der Schuld- oder Deliktsfähigkeit nicht identische tatsächliche („natürliche") Einsichts- und Urteilsfähigkeit in dem Sinn abzustellen, daß der Einwilligende Wesen, Bedeutung und Tragweite des fraglichen Eingriffs voll zu erfassen imstande ist (so für das Zivilrecht hier jetzt auch z. B. BGHZ **29** 33, NJW **64**, 1177, **74**, 1950, Bay FamRZ **87**, 87, Celle MDR **60**, 136, Hamm NJW **83**, 2095, Karlsruhe FamRZ **83**, 742, München NJW **58**, 633, vgl. ferner z. B. Gernhuber, Familienrecht, 3. A., 724ff., Soergel-Hefermehl, BGB, 12. A., § 107 RN 19; and. aber Düsseldorf FamRZ **84**, 1221, München AfP **83**, 276, Gitter [vgl. o. 39] 89 vor § 104 u. enger auch BGH NJW **72**, 337; zum Ganzen vgl. auch Kohte aaO 143ff.). Bei *Volljährigen* kann diese Fähigkeit, von ins Gewicht fallenden psychischen Störungen wie Geisteskrankheiten, Bewußtseinsstörungen infolge Trunkenheit usw. abgesehen (vgl. BGH **4** 90, **6** 234, Düsseldorf NJW **63**, 1679, Hamm NJW **83**, 2095), im allgemeinen ohne weiteres angenommen und nicht schon deshalb verneint werden, weil die Einwilligung offensichtlich unvernünftig ist (zu weitgehend daher BGH NJW **78**, 1206 m. Anm. Rogall S. 2344, Horn JuS 79, 29 u. Hruschka JR 78, 519). Ausnahmen, die deshalb nicht verallgemeinerungsfähig sind, gelten nur dort, wo das Gesetz zusätzlich zur Geschäftsfähigkeit noch die Einsichts- und Urteilsfähigkeit im Einzelfall (z. B. § 40 II Nr. 1 ArzneimittelG, § 41 I Nr. 8 StrlSchVO) oder die Erreichung einer höheren Altersgrenze verlangt (vgl. § 2 KastrG: 25 Jahre; vgl. dazu § 223 RN 56). Bei *Minderjährigen* kommt es auf den individuellen Reifegrad an, wobei die Frage der Urteilsfähigkeit nicht generell, sondern in bezug auf den konkreten Eingriff zu beurteilen ist; hier gelten deshalb umso strengere Anforderungen, je schwerwiegender dieser ist bzw. je schwieriger seine Folgen abzuschätzen sind (vgl. z. B. BGH **12** 379, Bay VRS **53** 349), während andererseits die Einwilligungsfähigkeit umso eher anzunehmen ist, je näher der Einwilligende der Volljährigkeitsgrenze ist. Die §§ 1631 c S. 2 BGB (ab 1. 1. 1992), 40 II Nr. 1 ArzneimittelG, 41 I Nr. 8 StrlSchVO, die Minderjährigen die Einwilligungsfähigkeit generell absprechen, betreffen Sonderfälle, die auch hier nicht verallgemeinerungsfähig sind (vgl. demgegenüber etwa § 81c III StPO u. näher Eberbach FamRZ 82, 452). Speziell zu Blutspenden vgl. Kern FamRZ 81, 738, zum HIV-Antikörpertest Lesch NJW **89**, 2309, zu Heileingriffen § 223 RN 38, Pichler MMW 85, 94, zu Humanexperimenten § 223 RN 50, zur Sterilisation § 223 RN 62, zum Schwangerschaftsabbruch § 218a RN 58.

Fehlt es einer Person hiernach an der Einwilligungsfähigkeit, so kann die Einwilligung – **41** allerdings nur in dem durch das Recht und die Pflicht zur Vermögens- bzw. Personensorge gesteckten Rahmen – von ihrem **gesetzlichen Vertreter** erteilt werden (vgl. BGH **12** 379, Bay **60**, 269, Hirsch LK 117 vor § 32, Jescheck 343, Lenckner ZStW **72**, 458ff., Samson SK 41a; zur Frage, inwieweit insbes. bei Heileingriffen die Einwilligung eines Elternteils genügt, vgl. BGH[Z] NJW **88**, 2946 und zur Heilbehandlung untergebrachter psychisch Kranker auch Kohte aaO 151; vgl. ferner § 223 RN 38, 56, 62). Überschreitet oder mißbraucht der gesetzliche Vertreter seine Befugnisse (vgl. §§ 1666, 1667, 1901 BGB), was auch bei einem entgegenstehenden Willen des Vertretenen der Fall sein kann, so bleibt die Tat rechtswidrig (vgl. Lenckner aaO 461). Ausdrücklich geregelt ist jetzt durch das am 1. 1. 1992 in Kraft tretende BetreuungsG v. 12. 9. 1990 (BGBl. I 2002), daß Eltern nicht in die Sterilisation ihrer minderjährigen Kinder einwilligen können (§ 1631c BGB), ferner die Einwilligung der an die Stelle der bisherigen Vormünder und Pfleger getretenen Betreuer in Heilbehandlungen, ärztliche Eingriffe und Sterilisationen bei Volljährigen, denen wegen einer psychischen Krankheit, einer körperlichen, geistigen oder seelischen Behinderung ein Betreuer bestellt worden ist (vgl. §§ 1904, 1905 BGB). Stellt die Verweigerung einer Einwilligung (z. B. in eine Operation) durch den gesetzlichen Vertreter einen Mißbrauch seines Sorgerechts dar, so hat zunächst das Vormundschaftsgericht die erforderlichen Maßnahmen zu treffen (§§ 1666ff. BGB). Über die Anwendung des § 34 in Eilfällen vgl. dort RN 8.

Besitzt ein nicht voll Geschäftsfähiger die für die Einwilligung in die Verletzung höchstpersönli- **42** cher Rechtsgüter erforderliche Einsichts- und Urteilsfähigkeit, so muß der Wille des gesetzlichen Vertreters grundsätzlich außer Betracht bleiben (vgl. Stuttgart FamRZ **65**, 515, Erman-Michalski, BGB, 8. A., § 1626 RN 16, Gernhuber [vgl. o. 40] 725, Lenckner ZStW **72**, 462ff., Lesch NJW 89, 2310; enger BGHZ **29** 33, Bay FamRZ **87**, 87; and. z. B. Eberbach FamRZ 82, 453 mwN). So fällt z. B. den Eltern die Entscheidungsbefugnis über eine Operation auch dann nicht wieder zu, wenn der Minderjährige sie etwa wegen Bewußtlosigkeit nicht ausüben kann. Vielmehr gelten dann die Regeln über die mutmaßliche Einwilligung (vgl. u. 54ff.). Etwas anderes gilt nur, wenn der Minderjährige trotz voller Erkenntnis von Bedeutung und Tragweite eines Eingriffs aus sachfremden Erwägungen eine offensichtliche Fehlentscheidung trifft. Hier muß das durch die fortgeschrittene Entwicklung des Minderjährigen zum bloßen Aufsichtsrecht abgesunkene Personensorgerecht wieder zum Entscheidungsrecht erstarken (Lenckner aaO; and. Jakobs 203 FN 176, Schmidhäuser 278 FN 32).

Vorbem §§ 32 ff. 43–46   Allg. Teil. Die Tat – Notwehr und Notstand

43   ε) Die Einwilligung muß erklärt, d. h. **nach außen kundbar** geworden sein (h. M., vgl. z. B. BGH NJW 56, 1106, Bay NJW 68, 665, Celle MDR 69, 69, VRS 26 292, Oldenburg NJW 66, 2132, D-Tröndle 3b vor § 32, Hirsch LK 109 vor § 32, Geerds GA 54, 264, Jescheck 343, Roxin, Einwilligung 35, Samson SK 42 vor § 32, Zipf ÖJZ 77, 381; i. E. auch Schleswig SchlHA 59, 15). Nicht notwendig ist, daß die Einwilligung an den Täter gerichtet ist, und erst recht nicht, daß sie diesem (oder einem anderen) im zivilrechtlichen Sinne zugegangen ist (so jedoch die sog. Willenserklärungstheorie von Zitelmann AcP 99, 1; vgl. ferner BGH NJW 56, 1106, Kohte aaO 121 ff.); genügend ist daher z. B. die Anweisung an einen Angestellten, gegen einen beobachteten Ladendiebstahl nicht einzuschreiten (zur Unkenntnis des Täters vgl. u. 51). Andererseits kann aus Gründen der Rechtssicherheit aber auch die nur innere Zustimmung nicht genügen (so jedoch die sog. Willensrichtungstheorie, z. B. KG JR 54, 428, Mezger 209, Samson SK 42, Schlehofer aaO 79 f., Schmidhäuser 278 f., I 119; vgl. auch Jakobs 203, 361). Sieht das Gesetz für eine Einwilligung ausnahmsweise eine besondere Form (z. B. Schriftform, Erklärung vor Zeugen, vgl. §§ 40 II Nr. 2, 41 Nr. 6 ArzneimittelG) vor, so macht ihre Nichtbeachtung die Einwilligung nur dann unwirksam, wenn das Formerfordernis nicht nur allgemeinen Beweisinteressen, sondern dem Schutz des Einwilligenden vor übereilten Entscheidungen dient oder wenn das Gesetz die Wirksamkeit der Einwilligung ausdrücklich von der Einhaltung der Form abhängig macht (so im ArzneimittelG aaO). Im übrigen kann eine Einwilligung auch konkludent erklärt werden, wofür ein bloß passives Dulden der Verletzungshandlung aber noch nicht genügt (vgl. Hirsch LK 111 vor § 32). Ob Formulareinwilligungen (z. B. vorformulierte Einwilligungserklärungen vor Operationen) unter das AGB-Ges. fallen, ist umstritten, dürfte aber, wenn auch nur i. S. einer entsprechenden Anwendbarkeit, zu bejahen sein (vgl. näher dazu Kohte aaO 128 ff. mwN). Eine **Stellvertretung** in der bloßen Erklärung der Einwilligung ist uneingeschränkt möglich, eine Vertretung im Willen dagegen nur bei gesetzlicher Vertretung (vgl. o. 41) und als gewillkürte Vertretung bei der Verfügung über Vermögensgüter (vgl. Baumann/Weber 325, Hirsch LK 117 vor § 32).

44   ζ) Die Einwilligung muß **vor der Tat** erklärt sein und sie muß **im Zeitpunkt der Rechtsgutsverletzung** noch bestehen. Eine nachträgliche Genehmigung ist daher unbeachtlich (z. B. BGH 7 295, 17 359, Frankfurt VRS 29 457, Hirsch LK 112 vor § 32, Samson SK 44 vor § 32); erfolgt sie nach Beginn, aber vor Vollendung der Tat, so kommt Versuch in Betracht. Die Einwilligung ist grundsätzlich frei widerruflich (vgl. z. B. § 40 II ArzneimittelG, RG 25 382, Baumann/Weber 326, Hirsch LK 113 vor § 32, Jescheck 344 u. zum Zivilrecht Kohte aaO 137 f.), es sei denn, daß sie als Bestandteil eines ein Eingriffsrecht und eine entsprechende Duldungspflicht begründenden Vertrags erklärt ist (z. B. Verkauf eines Hauses auf Abbruch; vgl. u. 53). Ebenso wie eine mutmaßliche Einwilligung die tatsächliche Einwilligung ersetzen kann (vgl. u. 54), ist auch die Möglichkeit eines mutmaßlichen Widerrufs anzuerkennen, durch den eine zuvor erklärte Einwilligung ihre Wirkung verliert (ebenso Hirsch LK 113 vor § 32).

45   ι) Eine Einwilligung ist nur die **bewußte** und **freiwillige Gestattung** der tatbestandsmäßigen Rechtsgutsverletzung (vgl. Oldenburg NJW 66, 2133). Sie verlangt deshalb mehr als bloßes Geschehenlassen oder Dulden. Andererseits setzt die Einwilligung keine in jeder Hinsicht autonome Entscheidung des Rechtsgutsinhabers voraus, vielmehr genügt es, wenn eine solche speziell im Hinblick auf die Preisgabe des durch den fraglichen Tatbestand geschützten Rechtsguts vorliegt (vgl. auch Küper JZ 86, 226: Unbeachtlichkeit solcher Autonomiemängel, deren Anerkennung die Güterschutzintention des jeweiligen Tatbestands verfälschen würde; zu den Konsequenzen für den Irrtum vgl. u. 46). Nur insoweit bilden daher **Willensmängel** auch ein Einwilligungshindernis, dies in dem Sinn, daß sie die Einwilligung eo ipso, d. h. ohne Anfechtung, unwirksam machen (vgl. für das Zivilrecht BGH NJW 64, 1177, aber auch Kohte aaO 139 ff.). Auch dem Problem des Vertrauensschutzes, das im Zivilrecht bei Willenserklärungen durch die Notwendigkeit einer Anfechtung (§ 122 BGB) gelöst wird, kann im Strafrecht deshalb nur auf andere Weise Rechnung getragen werden (vgl. u. 50). Im einzelnen gilt folgendes:

46   αα) Unbeachtlich ist die auf einem **Irrtum** beruhende Einwilligung, wenn es sich dabei um *rechtsgutsbezogene Fehlvorstellungen* handelt, d. h. um solche, bei denen sich der Einwilligende über die Folgen, Bedeutung und Tragweite seines Tuns für das verletzte Rechtsgut nicht im klaren ist (vgl. Arzt aaO 20 f., 30, Brandts/Schlehofer JZ 87, 446 f., Bichlmeier JZ 80, 55, Eser I 87, Jescheck 344, Küper JZ 86, 226, Meyer aaO 166 f., Michel JuS 88, 11, Müller-Dietz JuS 89, 281, Noll aaO 131, Rudolphi ZStW 86, 68, 82, Samson SK 43 vor § 32, Schlehofer aaO 77 f., i. E. auch Jakobs 204 f., 361, Schmidhäuser 274 f., I 121 f.; vgl. ferner Stuttgart NJW 62, 62, aber auch Kühne JZ 79, 243 ff.). Beachtlich ist deshalb z. B. ein Irrtum über Art und Umfang der Verletzung oder einer damit verbundenen weitergehenden Gefährdung, so z. B. wenn der Patient bei einem nicht gänzlich ungefährlichen Eingriff den Behandelnden fälschlich für einen Arzt oder zugelassenen Heilkundigen hält (BGH NStZ 87, 174 m. Anm. Sowada JR 88, 123; mit Recht verneint dagegen von BGH 16 309 für einen „zweifelsfrei" geringfügigen Eingriff).

Rechtfertigungsgründe **47 Vorbem §§ 32 ff.**

Dasselbe gilt für Fehlvorstellungen über die Bedeutung des preisgegebenen Guts (z. B. über dessen Verwendungsmöglichkeit), aber auch über die preisbildenden Eigenschaften und den Marktwert einer Sache (and. hier Meyer aaO 172 ff.), ferner für die per saldo falsche Einschätzung von Schaden und Nutzen bei dem verletzten Gut (z. B. Irrtum über Notwendigkeit und Zweck einer Operation). Schließlich gehören hierher unter der Voraussetzung ihrer Rechtsgutsbezogenheit die dem zivilrechtlichen Erklärungs- und Inhaltsirrtum entsprechenden Fälle (z. B. Versprechen, falsche Vorstellung über medizinische Fachausdrücke; z. T. and. Kühne JZ 79, 243 ff. u. für den Erklärungsirrtum auch Arzt aaO 48 ff. wegen des hier den Täter treffenden Notwehrrisikos [vgl. dazu jedoch u. 50]). Darauf, ob der Täter den Irrtum erkennt, kommt es in diesem Zusammenhang nicht an (and. Kühne aaO 247 f.; vgl. u. 50). Unbeachtlich sind dagegen Fehlvorstellungen lediglich über die Begleitumstände der Tat (Stuttgart NJW **62**, 62) und – soweit nicht rechtsgutsbezogen – bloße Motivirrtümer (vgl. z. B. RG **41** 396, Hirsch LK 121 vor § 32, Jescheck 344, Meyer aaO 174 ff., Schmidhäuser aaO; and. Kühne aaO 245 f.: nur „zukunftsbezogene" und „gegenwartsbezogene entgeltliche" Motivirrtümer). Auszuscheiden haben trotz ihrer Rechtsgutsbezogenheit schließlich solche Fehlvorstellungen, die bei Kenntnis der zugrundeliegenden Tatsachen oder ihnen gleichstehender wissenschaftlicher Erfahrungssätze lediglich in einer unrichtigen persönlichen Beurteilung bestehen, vor welcher der Betroffene hier so wenig wie sonst (z. B. § 263) geschützt ist (gegen BGH NJW **78**, 1206 m. Anm. Rogall S. 2344, Bichlmeier JZ 80, 53, Horn JuS 79, 29 u. Hruschka JR 78, 519: Verlangen einer nicht indizierten Zahnextraktion trotz entsprechender Hinweise des Arztes; vgl. aber auch Meyer aaO 219). Zu den Konsequenzen für die Aufklärung des Patienten bei ärztlichen Eingriffen, wo das Erfordernis einer irrtumsfreien Einwilligung besondere praktische Bedeutung hat, vgl. näher § 223 RN 39 ff.; zu der besonders umstr. Einwilligungsproblematik bei heimlichen Aids-Tests vgl. dort RN 41.

ββ) Umstritten ist, wann eine **Täuschung** die Einwilligung unwirksam macht. Vielfach wird **47** angenommen, daß dafür jede für die Einwilligung ursächliche Täuschung genüge (z. B. Baumann/Weber 325, D-Tröndle 3 b vor § 32, Hirsch LK 119 vor § 32 mwN; vgl. auch Stuttgart NJW **82**, 2267). Von grundsätzlichen Einwänden abgesehen – entscheidend ist hier nicht, daß, sondern in welcher Hinsicht die Entscheidung des Getäuschten fremdbestimmt war, weshalb hier auch § 123 BGB nicht als Vorbild dienen kann (vgl. Brandts/Schlehofer JZ 87, 445) –, sprechen dagegen aber schon die Ergebnisse: Allein unter dem Gesichtspunkt des § 263, nicht aber unter dem des § 223 könnte es z. B. relevant sein, wenn der Blutspender auf Grund einer Täuschung über ein zu erwartendes Entgelt in eine Blutentnahme einwilligt (vgl. Arzt aaO 21, Kühne JZ 79, 245, Roxin, Noll-GedS, 283 ff.), und noch weniger ist es eine rechtswidrige Körperverletzung, wenn die Einwilligung bei einer Blutspendeaktion mit der falschen Behauptung erschlichen wird, der Nachbar habe sich dafür gleichfalls zur Verfügung gestellt, mag hier auch die Aussicht auf Bezahlung bzw. der Gedanke, hinter dem Nachbar nicht zurückstehen zu wollen, das ausschlaggebende Motiv gewesen sein. Erst recht gilt dies für die Täuschung über – wenngleich motivationsrelevante – Begleitumstände (z. B. über die angemessene Höhe des ärztlichen Honorars bei einem Heileingriff; vgl. dazu auch Roxin aaO 288 ff.). Zwar wird auch in diesen Fällen jeweils ein Irrtum hervorgerufen, doch handelt es sich dabei nicht um einen solchen, der einer autonomen Verfügung über das Rechtsgut entgegensteht, wenn der Einwilligende im Hinblick auf dieses weiß, was er tut und seine Entscheidung insoweit das Ergebnis eines frei gefaßten Entschlusses ist. Nur dort, wo er auch *in dieser Hinsicht* nicht mehr autonom handelt, sondern heteronom bestimmt ist, kann daher auch eine Täuschung zur Unwirksamkeit seiner Einwilligung führen. Zu bejahen ist dies nur in folgenden Fällen: 1. wenn durch die Täuschung ein rechtsgutsbezogener Irrtum hervorgerufen wird (vgl. Arzt aaO 20 f., Eser I 87, Janker NJW 87, 2902, Jescheck 344, Meyer aaO 168 f., Michel JuS 88, 12, Roxin aaO 283, Rudolphi ZStW 86, 82 ff., Samson SK 43 vor § 32), wobei dies nur ein durch die besondere Entstehungsursache des Irrtums gekennzeichneter Anwendungsfall der o. 46 genannten Regeln ist und deshalb auch für eine „heilsame Täuschung" zu gelten hat (and. Hamm NStZ **88**, 546: Injektion eines Placebo-Mittels); 2. darüber hinaus auch, wenn zwar nicht der Irrtum als solcher rechtsgutsbezogen ist, durch ihn für den Einwilligenden aber eine Situation rechtsgutsbezogener Unfreiheit geschaffen wird, die, wäre sie durch eine entsprechende Drohung herbeigeführt worden, eine wirksame Einwilligung gleichfalls ausschließen würde (vgl. auch Brandts/Schlehofer JZ 87, 446, Jakobs 205, Roxin aaO 286). Unbeachtlich ist daher z. B. auch die Einwilligung einer Mutter in eine angeblich für ihr krankes Kind dringend benötigte Blutspende, weil diese zwangserzeugende Täuschung eine autonome Verfügung über das Rechtsgut Körperintegrität ebenso ausschließt wie die Drohung, das Kind andernfalls zu töten. Täuschungen anderer Art sind dagegen ohne Bedeutung. So werden für das Vorliegen einer autonomen Entscheidung über das betroffene Rechtsgut nicht mehr relevante Gesichtspunkte ins Spiel gebracht, wenn auch Täuschungen bezüglich eines mit der Einwilligung verfolgten altruistischen Zwecks zu deren Unwirksamkeit führen sollen: Wirksam bleibt daher z. B. die Einwilligung in eine angeblich wohltätigen Zwecken dienende Blutspende, die in Wahrheit kommerziell verwendet werden soll (vgl. Brandts/Schlehofer aaO 447; and. Roxin aaO 285 f.).

48 γγ) Unwirksam ist ferner die **unfreiwillig erteilte** Einwilligung. Dabei kann es allerdings nicht darum gehen, dem Einwilligenden die allgemeinen Lebensrisiken und die sich daraus ergebenden Zwänge abzunehmen, auch wenn diese von erheblichem Gewicht sind (z. B. Einwilligung in schwere Operation; z. T. and. für Einwilligungen im Grundrechtsbereich gegenüber staatlichen Organen Amelung aaO 82 ff., StV 85, 261 f., JuS 86, 333 f., ferner Schlehofer aaO 76). Selbst ein besonderer Status der Unfreiheit (Gefangene, Untergebrachte) macht eine Einwilligung nicht ohne weiteres unfreiwillig (vgl. BGH **19** 201 u. näher Amelung ZStW 95, 1; vgl. auch § 40 I Nr. 3 ArzneimittelG). In Betracht kommen hier im wesentlichen vielmehr nur heteronom bestimmte Entscheidungen auf Grund von Gewalt und Drohung. Auch dabei genügt freilich nicht jede harmlose, im sozialen Zusammenleben hinzunehmende Drohung. Zwar braucht diese nicht den Grad zu erreichen, der im Fall der Selbstverletzung des Opfers mittelbare Täterschaft des Nötigenden begründen würde (so aber z. B. RG **70** 107, Rudolphi ZStW 86, 85), da es hier um die ganz andere Frage geht, ob der Verzicht auf Rechtsschutz unbeeinflußt von sozialinadäquaten Pressionen erklärt ist (and. auch Meyer aaO 160 ff.: nur bei Motivationsdruck i. S. des § 35 oder bei einer „unausweichlichen Zwangssituation entsprechend § 34"; dagegen mit Recht Küper JZ 86, 224 f.). Wohl aber muß es sich um die Ankündigung oder Zufügung eines empfindlichen Übels i. S. des § 240 handeln (vgl. Hamm NJW **87**, 1035, Arzt aaO 33 f., Hirsch LK 120 vor § 32, Jescheck 344), für dessen Relevanz dann auch das Gewicht des preisgegebenen Guts von Bedeutung sein kann (vgl. Jakobs 205). Ist allerdings die Nötigung zu der Einwilligung nach § 240 II nicht rechtswidrig, so muß dies auch für die auf Grund dieser – an sich unwirksamen – Einwilligung begangenen Tat gelten. Daher kann z. B. beim dringenden Verdacht eines Warenhausdiebstahls eine vor den Augen des Publikums durchgeführte Sensorkontrolle (§ 186) auch dann gerechtfertigt sein, wenn die Einwilligung dazu durch die Drohung erlangt wurde, andernfalls die Polizei zu rufen (vgl. Hamm NJW **87**, 1034).

49 δδ) Weil die Einwilligung dem wahren Willen des Betroffenen entsprechen muß, muß sie auch **ernstlich** sein (vgl. Blei I 135, Hirsch LK 122 vor § 32). Eine Schein- oder Scherzerklärung genügt daher nicht, und zwar unabhängig davon, ob sie als solche erkennbar ist (and. insoweit Hirsch aaO; dazu, daß dies für den Täter keine unbillige Härte bedeutet, vgl. u. 50). Dagegen ist eine Einwilligung nicht schon deshalb unwirksam, weil sie leichtsinnig erteilt ist (Blei I 136, Hirsch aaO).

50 εε) Ist die Einwilligung wegen eines Willensmangels unwirksam, so trägt das Strafrecht dem Problem des **Vertrauensschutzes** beim Täter durch Ausschluß des – auch fahrlässigen – Handlungsunrechts Rechnung, wenn dieser sich wegen Nichterkennbarkeit des Willensmangels in einem auch bei objektiv pflichtgemäßer Prüfung nicht vermeidbaren Erlaubnistatbestandsirrtum befunden hat (vgl. o. 21, u. 52). Der Betroffene hat in einem solchen Fall mangels eines rechtswidrigen Angriffs auch kein Notwehrrecht, vielmehr kommt hier nur § 34 in Betracht (vgl. o. 21, § 32 RN 21, § 34 RN 30 f.), was allerdings voraussetzt, daß der Täter über den Willensmangel nicht aufgeklärt werden kann. Ist dagegen das Vertrauen des Täters auf die Erklärung nicht gerechtfertigt (z. B. erkennbar falsche Bezeichnung der Sache bei § 303), so liegt auch ein rechtswidriger Angriff vor; auch hier kann aber wegen des Irrtums des Täters das Notwehrrecht eingeschränkt sein (vgl. § 32 RN 52).

51 d) Als **subjektives Rechtfertigungselement** ist ein Handeln in Kenntnis der Einwilligung erforderlich (andernfalls Versuch), ebensowenig wie sonst aber die Motivation durch diese (z. B. Blei I 136, Stratenwerth 127, 149 f.; and. Hirsch LK 57, 125 vor § 32, Jescheck 345, Wessels I 106: Handeln „ in Kenntnis und auf Grund" der Einwilligung; and. auch Gallas, Bockelmann-FS 174); vgl. näher o. 13 ff.

52 e) Nimmt der Täter irrig einen Sachverhalt an, der, wenn er vorliegen würde, eine wirksame Einwilligung darstellen würde (**Putativeinwilligung**, z. B. Verhören, Fehlbeurteilung der Einsichtsfähigkeit eines Minderjährigen), so gilt § 16 entsprechend (BGH NStE § 16 **Nr. 1**; vgl. 19, 60 vor § 13, o. 21, § 16 RN 14 ff.). Ein den Erlaubnistatbestandsirrtum überlagernder Verbotsirrtum liegt dagegen vor, wenn auch der vom Täter irrig angenommene Sachverhalt keine wirksame Einwilligung begründen würde; hier gilt § 17 (BGH NJW **78**, 1206 m. Anm. Rogall S. 2344, Horn JuS 79, 29 u. Hruschka JR 78, 919). Ein Verbotsirrtum ist z. B. die falsche Annahme, eine Einwilligung mache die fragliche Handlung auch dann zu einer erlaubten, wenn der Betroffene die dafür wesentlichen Umstände nicht kennt (vgl. auch StA Mainz NJW **87**, 2947).

52a f) Von der einverständlichen Fremdverletzung, die nur gerechtfertigt sein kann, ist die bereits nicht tatbestandsmäßige **Veranlassung oder Förderung fremder Selbstverletzung** zu unterscheiden. Die Abgrenzung kann mitunter schwierig sein (vgl. zur entsprechenden Problematik bei § 216 dort RN 11) und hat danach zu erfolgen, ob die Tatherrschaft bei der letzten, unmittelbaren Verletzungshandlung beim Täter oder Verletzten liegt bzw. ob im ersten Fall der Verletzte noch die freie Entscheidung über das Rechtsgut durch eigene Verhaltensmöglichkeiten hat; wird die Tatherrschaft von beiden quasi-mittäterschaftlich ausgeübt, so bleibt dies für den Täter die Mitwirkung an einer fremden Selbstverletzung (vgl. näher Otto, Tröndle-FS 163 ff., 167, sowie die Nachw. u. 107; vgl. auch –

entsprechend zur Mitwirkung an einer Selbstgefährdung – Bay NJW **90**, 131 [ungeschützter Sexualkontakt eines HIV-Virusträgers mit einem über die Infizierung voll aufgeklärten Partner; vgl. näher dazu § 223 RN 6 a]). Die o. 36 zur Einwilligung genannten Beschränkungen gelten bei der Mitwirkung an fremder Selbstverletzung nicht. Dagegen sind auch bei dieser die Voraussetzungen dafür, daß von einer frei verantwortlichen Entscheidung des Opfers gesprochen werden kann, sinngemäß nach Einwilligungsregeln zu bestimmen, da an die Mangelfreiheit der Willensbildung (vgl. o. 39ff., 48ff.) hier keine anderen Anforderungen gestellt werden können als bei der Einwilligung in eine Fremdverletzung (vgl. z. B. Frisch aaO 162ff., Geilen JZ 74, 151, Herzberg JuS 84, 369, Meyer aaO 139ff., 148ff., 221ff., ferner 36 vor § 211 mwN; and. z. B. Dölling GA 84, 78ff., Roxin, Dreher-FS 343, NStZ 84, 412: Orientierung an §§ 19, 20, 35; offengelassen von München JZ **88**, 201 m. Bespr. Herzberg S. 182).

II. Zivilrechtliche Verträge

In gewissem Umfang kann sich ein **Rechtfertigungsgrund** auch aus zivilrechtlichen Verträgen ergeben (vgl. H.-D. Weber, Der zivilrechtliche Vertrag als Rechtfertigungsgrund im Strafrecht, 1986, insbes. S. 77ff. mwN zum Meinungsstand). Ebenso wie bei der Einwilligung beruht auch die rechtfertigende Wirkung eines Vertrags (z. B. Verkauf eines Hauses auf Abbruch) auf einer Interessenpreisgabe (Prinzip des mangelnden Interesses; vgl. aber auch Weber aaO 119ff.), die hier aber – anders als bei der Einwilligung als einer tatsächlichen und daher jederzeit widerruflichen Gestattung – rechtsverbindlich „festgeschrieben" ist und deshalb nicht nur ein Handlungsrecht für den Täter, sondern auch eine Duldungspflicht für den Betroffenen begründet (zum Verhältnis von Vertrag und Einwilligung vgl. auch Kohte AcP 185, 137f., Weber aaO 68ff.). Keine Bedeutung hat dies allerdings, solange der Verpflichtete mit der fraglichen Handlung tatsächlich einverstanden ist oder in sie einwilligt, weshalb es hier auch nicht auf die Wirksamkeit des Vertrags, sondern allein auf das Vorliegen der Voraussetzungen des Einverständnisses bzw. der Einwilligung ankommt. Zum eigenständigen Rechtfertigungsgrund wird der Vertrag aber als Ersatz für ein nicht mehr vorhandenes Einverständnis oder eine nicht mehr bestehende Einwilligung (weitergehend Weber aaO 86ff. u. pass.), z. B. wenn der Hausrechtsinhaber bei einem vertraglich vereinbarten Zutritts- oder Aufenthaltsrecht dem Berechtigten vertragswidrig den Zutritt verweigert oder ihn zum Verlassen des fraglichen Raums auffordert: Hier handelt dieser von dem fraglichen Zeitpunkt an zwar tatbestandsmäßig i. S. des § 123, aufgrund seiner vertraglich erworbenen und noch fortbestehenden Rechte trotz des entgegenstehenden Willens des Hausrechtsinhabers aber nicht rechtswidrig. Im einzelnen setzt eine Rechtfertigung in solchen Fällen zunächst voraus, daß das fragliche Rechtsgut überhaupt Gegenstand einer rechtsgeschäftlichen Bindung sein kann – was i. d. R. nur bei Gütern mit einem geringen Persönlichkeitsbezug und bei Vermögensgütern möglich ist (vgl. dazu auch Weber aaO 72, 115ff.) –, ferner daß der Vertrag auch sonst wirksam ist, was – anders als bei der Einwilligung – ausschließlich nach Bürgerlichem Recht zu beurteilen ist. Auch muß der vertragliche Anspruch gerade auf die Duldung der rechtsgutsverletzenden Handlung des Berechtigten gerichtet sein (z. B. Betreten des befriedeten Besitztums und Sachbeschädigung beim Verkauf eines Hauses auf Abbruch, nicht aber die Duldung von Kontrollen in Selbstbedienungsläden beim Verdacht eines Diebstahls; vgl. dazu aber auch Schlüchter JR 87, 311). Gerechtfertigt sind durch den Vertrag daher nur Eingriffe in diejenigen Güter, auf die sich die Duldungspflicht bezieht, nicht dagegen die gewaltsame Durchsetzung des Anspruchs unter Verletzung anderer Rechtsgüter; hier kann jedoch Selbsthilfe (§ 229 BGB) in Betracht kommen, ferner Notwehr (so wenn der Gastwirt einen sich vertragsgemäß verhaltenden Gast ohne berechtigten Grund und unter Anwendung von Gewalt aus seinem Lokal entfernen will). Wegen Unvereinbarkeit mit dem staatlichen Gewaltmonopol kann aus Verträgen ferner keine Rechtfertigung für die eigenmächtige Verwirklichung solcher Ansprüche hergeleitet werden, die nicht auf die Duldung von Eingriffen des Berechtigten, sondern auf die Vornahme einer Handlung des Verpflichteten gerichtet sind (daher z. B. keine durch Vertrag gerechtfertigte Sachbeschädigung beim eigenmächtigen Einreißen einer Grenzmauer, zu deren Beseitigung sich der Nachbar verpflichtet hat; dazu, daß bei den Zueignungsdelikten und bei §§ 253, 263 die eigenmächtige Verwirklichung eines fälligen Anspruchs schon nicht tatbestandsmäßig i. S. dieser Vorschriften ist, vgl. § 242 RN 59, § 246 RN 22, § 253 RN 19, § 263 RN 82f., 116, 170ff., aber auch Weber aaO 31ff., 44ff., 86ff. u. pass.: Rechtfertigungsgrund).

III. Die mutmaßliche Einwilligung

Schrifttum: Eichler, Handeln im Interesse des Verletzten als Rechtfertigungsgrund, 1931 (StrAbh. 284). – *v. Hippel*, Die Bedeutung der Geschäftsführung ohne Auftrag im Strafrecht, RG-FG Bd. V (1929) 1. – *Müller-Dietz*, Mutmaßliche Einwilligung und Operationserweiterung, JuS 89, 280. – *Roxin*, Über die mutmaßliche Einwilligung, Welzel-FS 447. – *Tiedemann*, Die mutmaßliche Einwilligung, JuS 70, 108. – *Zipf*, Einwilligung und Risikoübernahme, 1970.

1. Gerechtfertigt ist nach h. M. (vgl. die Nachw. bei Hirsch LK 129 vor § 32, aber auch Günther, Strafrechtswidrigkeit usw. 351) eine Tat auch bei **mutmaßlicher Einwilligung des Verletzten** bzw. seines gesetzlichen Vertreters (vgl. dazu o. 41). Von Bedeutung ist dies in zwei

Fällen: 1. wenn ein tatbestandsausschließendes Einverständnis (z. B. § 123) oder eine rechtfertigende Einwilligung (z. B. § 223) des Betroffenen nicht rechtzeitig eingeholt werden kann, eine Würdigung aller Umstände aber die Annahme rechtfertigt, daß er, wenn er gefragt werden könnte, seine Zustimmung erklären würde (vgl. z. B. BGH **35**, 246 m. Anm. Weitzel, Geppert, Giesen JZ 88, 1022 ff., Fuchs StV 88, 524 u. Hoyer StV 89, 245 sowie Bespr. Müller-Dietz JuS 89, 280, Bay JZ **83**, 268, Koblenz VRS **57** 13, StA Mainz NJW **87**, 2946); 2. darüber hinaus, wenn seine Einwilligung usw. zwar eingeholt werden könnte, zusätzlich aber – was freilich die Ausnahme sein dürfte – ohne weiteres davon ausgegangen werden kann, daß er auf eine Befragung keinen Wert legt (vgl. Hamburg NJW **60**, 1482, Jescheck 346, Tiedemann JuS 70, 109; and. hier LSG Celle NJW **80**, 1352 [zu § 203], Roxin aaO 461, Samson SK 50 vor § 32; differenzierend Hirsch LK 136 vor § 32). Die mutmaßliche Einwilligung ist kein Sonderfall des rechtfertigenden Notstands bzw. des Prinzips des überwiegenden Interesses – maßgebend ist hier allein der hypothetische Wille des Betroffenen und nicht eine objektive Interessenabwägung –, sondern ein eigenständiger Rechtfertigungsgrund (vgl. z. B. BGH **35** 249, Geppert JZ 88, 1025, Hirsch LK 129 vor § 32, Hruschka, Dreher-FS 205, Jescheck 346, Müller-Dietz JuS 88, 281, Roxin aaO 447, Stratenwerth 128 f.; and. z. B. Otto 141, Rudolphi, A. Kaufmann-GedS 393, Schmidhäuser 316 f., I 165 f., Welzel 92, Zipf aaO 53 [einschränkend M-Zipf 383]; vgl. auch D-Tröndle 4 vor § 32: „zwischen Einwilligung und rechtfertigendem Notstand", ähnl. Jakobs 370). Ebenso wie die Einwilligung beruht sie auf dem Prinzip des mangelnden Interesses (vgl. o. 7, u. 55), enthält strukturell i. U. zu dieser aber noch Elemente des erlaubten Risikos (vgl. o. 11, u. 58, ferner Geppert aaO, Jescheck 348, 363, Lenckner, H. Mayer-FS 183, Müller-Dietz aaO, Roxin aaO 453). Dennoch bleibt die mutmaßliche Einwilligung ein Einwilligungssurrogat, woraus zweierlei folgt: Tritt die mutmaßliche Einwilligung an die Stelle einer rechtfertigenden Einwilligung, so müssen, von der nicht vorhandenen Einwilligungserklärung abgesehen, deren sonstige Voraussetzungen erfüllt sein (vgl. Hirsch LK 135 vor § 32, Jescheck 349; zur Verfügungsbefugnis vgl. o. 35 a ff., zur Einwilligungsfähigkeit, bei deren Fehlen auf den mutmaßlichen Willen des gesetzlichen Vertreters abzustellen ist, vgl. o. 39 ff.); zum anderen ist die mutmaßliche Einwilligung subsidiär (vgl. Geppert aaO 1026, Müller-Dietz aaO 282), d. h. Rechtfertigungsvoraussetzung ist außer der Übereinstimmung der fraglichen Handlung mit dem mutmaßlichen Willen des Betroffenen auch, daß seine Entscheidung nicht oder nicht rechtzeitig erlangt werden kann und er auf seine Befragung nicht mit Sicherheit verzichtet hätte.

55 In tatsächlicher Hinsicht kommt eine mutmaßliche Einwilligung sowohl bei einem Handeln im Interesse des Betroffenen als auch bei einem solchen im eigenen Interesse bzw. dem eines Dritten in Betracht: ersteres bei einer „internen Güter- und Interessenkollision im Lebensbereich des Verletzten" (Jescheck 347; z. B. Aufbrechen der Tür eines fremden Hauses, aus dem Rauch dringt), letzteres bei einer zu vermutenden Interessenpreisgabe des Betroffenen zugunsten des Täters oder Dritter (z. B. schon wiederholt gestattetes Auflesen von Fallobst; vgl. Koblenz VRS **57** 13, Hirsch LK 133 vor § 32, Jescheck aaO, Müller-Dietz JuS 89, 282, Samson SK 48 vor § 32, Tiedemann JuS 70 109, Wessels I 106). Auch beim Handeln im Interesse des Verletzten ist Grund der Rechtfertigung dann freilich nicht die Wahrung des „intern" höherrangigen Interesses, entscheidend ist vielmehr – nicht anders als bei einer tatsächlich erklärten Einwilligung im Fall einer „internen Güter- und Interessenkollision" – das unter diesen Umständen anzunehmende Fehlen eines Schutzinteresses an dem in Anspruch genommenen Gut. Zur Bedeutung der mutmaßlichen Einwilligung beim Heileingriff vgl. § 223 RN 38, 42, 44, sowie BGH **35** 246 mit den o. 54 genannten Anm. (Sterilisation im Rahmen einer Operationserweiterung), bei der Züchtigung fremder Kinder vgl. § 223 RN 23, bei § 142 vgl. dort RN 66, bei der Zueignung vertretbarer Sachen in der Absicht, sie zu ersetzen vgl. § 246 RN 17 f.

56 2. Da die mutmaßliche Einwilligung nur ein Einwilligungssurrogat ist (vgl. o. 54), folgt ihre rechtfertigende Wirkung nicht aus dem Handeln im objektiven Interesse des Verletzten (vgl. aber auch die Nachw. o. 54, ferner z. B. Baumann/Weber 333), sondern aus der Übereinstimmung der Täterhandlung mit dem auf welchen Gründen auch immer beruhenden, i. U. zur Einwilligung freilich nur **hypothetischen Willen des Betroffenen** (vgl. o. 33), wie er aufgrund einer objektiv-sorgfältigen Prüfung aller Umstände zu vermuten ist (vgl. BGH **35** 246 m. den Anm. o. 54, Bay JZ **83**, 268, Hirsch LK 132 vor § 32, Jescheck 348, Lenckner, H. Mayer-FS 175, Roxin aaO 452 f., Stratenwerth 129). Daraus folgt:

57 a) Ein **erkennbar entgegenstehender Wille** – mag er auch bei objektiver Betrachtung noch so unvernünftig erscheinen – ist stets zu beachten und rechtfertigt ein davon abweichendes Verhalten jedenfalls nicht unter dem Gesichtspunkt der mutmaßlichen Einwilligung (RG **25** 382, Müller-Dietz JuS 89, 282), und zwar auch dann nicht, wenn der Verletzte zu der vom Täter vorgenommenen Handlung rechtlich verpflichtet gewesen wäre (and. Welzel 93 unter Hinweis auf § 679 BGB, wo jedoch nur die Ausgleichspflicht geregelt ist); möglich ist hier eine Rechtfertigung nur nach § 34 (Hirsch LK 137 vor § 32, Jescheck 348). Beim **Fehlen von Indizien**

für eine bestimmte Willensrichtung des Betroffenen kann dagegen davon ausgegangen werden, daß er eine nach objektiven Maßstäben vernünftige Entscheidung getroffen haben würde (so auch BGH 35 249f. m. der Anm. o. 54). Nur für die Ermittlung des mutmaßlichen Willens des Verletzten ist deshalb auch dessen objektives Interesse von Bedeutung (BGH aaO): Je größer dieses ist, umso eher kann bei Fehlen entgegenstehender Umstände daher eine mutmaßliche Einwilligung angenommen werden. Dies gilt auch für Rettungshandlungen, die für den Betroffenen hochgradig gefährlich sind, dies aber die einzige Chance ist, ihn vor dem sonst mehr oder weniger sicheren Tod zu bewahren (Handlungen mit bedingtem Tötungsvorsatz scheiden dabei allerdings aus, da es insoweit auch keine mutmaßliche Einwilligung gibt; vgl. o. 54, ferner u. 106).

b) Gerechtfertigt ist die Tat nicht nur, wenn die **Vermutung** über den Willen des Verletzten **58** im Ergebnis richtig ist, sondern auch dann, wenn sie sich **ex post als falsch** erweist, weil der Betroffene eine andere als die nach Lage der Dinge zu vermutende Entscheidung getroffen hätte, dies aber nicht erkennbar war (vgl. Bay JZ 83, 268, Geppert JZ 88, 1026 mwN). Die Rechtfertigung durch mutmaßliche Einwilligung beruht in diesem Fall auf dem Gedanken des erlaubten Risikos (vgl. o. 11, 54). Hier genügt es für die Rechtfertigung daher auch nicht, daß die Vermutung, der Betroffene würde zustimmen, ex ante objektiv begründet war und der Täter in dieser Annahme gehandelt hat (i. E. zutr. daher die Prüfung eines Erlaubnistatbestandsirrtums [u. 60] in BGH 35 246, wo es, obwohl dort nicht ausdrücklich verneint, an ersterem gefehlt haben dürfte; krit. zu BGH aaO insbes. Geppert JZ 88, 1026ff., Hoyer StV 89, 245f.). Hinzukommen muß vielmehr – wie stets beim erlaubten Risiko (vgl. o. 19) –, daß der Täter auch selbst gewissenhaft geprüft hat, ob Umstände vorliegen, die dieses hypothetische Wahrscheinlichkeitsurteil rechtfertigen. Insoweit ist die pflichtgemäße Prüfung hier echtes subjektives Rechtfertigungselement (Jescheck 349, Lenckner, H. Mayer-FS 181, Roxin aaO 453f., Wessels I 107 sowie o. 19; and. Geppert aaO 1026, Hirsch LK 140 vor § 32, Hoyer aaO 246, Rudolphi, Schröder-GedS 86ff.). Entspricht die Tat dagegen dem wahren Willen des Betroffenen, so ist die Verletzung der Prüfungspflicht ohne Bedeutung (Jescheck 349; i. E. auch Roxin aaO 460).

c) Ob die Voraussetzungen der mutmaßlichen Einwilligung vorliegen, bestimmt sich nach den **59** Umständen **z. Zt. der Tat.** Dazu gehört auch, daß in diesem Zeitpunkt die Zustimmung des Betroffenen – sofern sich dies nicht ausnahmsweise erübrigt (vgl. o. 54) – nicht beschafft werden kann. Wäre dies später möglich, so ist es eine Frage seines mutmaßlichen Willens, ob dennoch schon jetzt gehandelt werden darf oder ob seine Entscheidung abgewartet werden muß (vgl. zu diesem Problem bei Operationserweiterungen § 223 RN 44 und zu einer hier durchgeführten Sterilisation BGH **35** 246 m. den Anm. o. 54). Entsprechend stellt sich die Frage, ob der Betroffene unter diesen Umständen noch mit der fraglichen Handlung einverstanden wäre, wenn er früher hätte gefragt werden können. Ist dies jedoch zu bejahen, so entfällt die rechtfertigende Wirkung der mutmaßlichen Einwilligung nicht deshalb, weil der Täter vorher die Möglichkeit, eine ausdrückliche Entscheidung des Betroffenen herbeizuführen, fahrlässig ungenutzt gelassen hat (BGH aaO). Nicht ausgeschlossen ist damit allerdings bei reinen Erfolgsdelikten trotz einer für sich gesehen („in actu") gerechtfertigten Tat eine Strafbarkeit unter dem Gesichtspunkt einer fahrlässigen actio illicita in causa, sofern der Erfolg nach allgemeinen Grundsätzen zurechenbar ist (vgl. o. 23; and. Hoyer StV 89, 246). Möglich ist dies wegen des sonst fehlenden Pflichtwidrigkeitszusammenhangs (vgl. 99 vor § 13) jedoch nur, wenn sich der Betroffene, wäre er vorher pflichtgemäß gefragt worden, anders als nach seinem zu vermutenden Willen entschieden hätte (so in dem Fall BGH aaO: Verletzung der ärztlichen Aufkärungspflicht darüber, daß sich bei der vorgesehenen Operation zugleich die Frage einer Sterilisation stellen könnte, wenn bei deren Durchführung – dort zweifelhaft – von einer mutmaßlichen Einwilligung der Frau ausgegangen werden durfte).

3. Für den **Irrtum** gilt folgendes: Bei pflichtgemäßer Prüfung der für die Ermittlung des hypothe- **60** tischen Willens des Betroffenen bedeutsamen Umstände ist die Tat schon aus diesem Grund nicht mehr rechtswidrig (vgl. o. 58); auch die Frage eines Irrtums kann sich insoweit daher nicht stellen. Für einen analog § 16 zu behandelnden *Erlaubnistatbestandsirrtum* (vgl. o. 21) bleiben damit, wenn der wahre Wille des Betroffenen verfehlt wird, folgende Fälle: 1. die auf einer objektiv nicht pflichtgemäßen Prüfung beruhende irrige Annahme von Umständen, die, wenn sie vorgelegen hätten, das hypothetische Wahrscheinlichkeitsurteil über die Zustimmung des Betroffenen rechtfertigen würden (z. B. der Täter entfernt sich vom Unfallort, weil ihm infolge unsorgfältiger Prüfung des anderen Fahrzeugs entgeht, daß dieses nicht nur geringfügig beschädigt ist; and. Jescheck 420; vgl. auch Koblenz VRS **57** 13); 2. nach der für den Irrtum über ein normatives Erlaubnistatbestandsmerkmal geltenden Grundsätzen (vgl. § 16 RN 20) unter denselben Voraussetzungen bei richtig erkanntem Sachverhalt dessen unzutreffende Bewertung i.S. eines falschen hypothetischen Wahrscheinlichkeitsurteils (so wohl auch BGH **35** 250; and. Geppert JZ 88, 1029, Roxin aaO 458f.: Verbotsirrtum); 3. irrige Annahme von Umständen, die nicht erst den mutmaßlichen Willen des anderen betreffen (und die deshalb auch nicht durch eine pflichtgemäße Prüfung ersetzt werden können), die aber im Falle ihres Vorliegens gleichfalls die Annahme einer mutmaßlichen Einwilligung rechtfertigen wür-

den (z. B. der Täter züchtigt wegen einer vermeintlichen Unart ein fremdes Kind, von dessen Eltern er annehmen konnte, daß sie damit einverstanden wären, wenn das Kind tatsächlich die Unart begangen hätte; krit. dazu aber Herzberg JA 89, 246). – Ein *Verbotsirrtum* (§ 17) ist dagegen der Irrtum über die rechtlichen Voraussetzungen der mutmaßlichen Einwilligung (Stuttgart Justiz **83**, 265). Um einen solchen handelt es sich z. B., wenn der Täter fälschlich glaubt, auch ohne pflichtgemäße Prüfung oder schon dann handeln zu dürfen, wenn dies im „wohlverstandenen" Interesse des Betroffenen liegt, obwohl die Umstände darauf hindeuten, daß dieser die Tat nicht will. Näher zu den Irrtumsfragen vgl. – z. T. abweichend – *Müller-Dietz* JuS 89, 284 ff., *Roxin* aaO 458 ff.

IV. Behördliche Genehmigung und Duldung

Schrifttum: Brauer, Die strafrechtliche Behandlung genehmigungsfähigen aber nicht genehmigten Verhaltens, 1988. – *Breuer,* Empfehlen sich Änderungen des strafrechtlichen Umweltschutzes insbes. in Verbindung mit dem Verwaltungsrecht?, NJW 88, 2072. – *Dahs/Pape,* Die behördliche Duldung als Rechtfertigungsgrund im Gewässerstrafrecht, NStZ 88, 393. – *Dölling,* Umweltstrafrecht und Verwaltungsrecht, JZ 85, 461. – *Dolde,* Zur Verwaltungsakzessorietät von § 327 StGB, NJW 88, 2329. – *Ensenbach,* Probleme der Verwaltungsakzessorietät im Umweltstrafrecht, 1988. – *Franzheim,* Die Bewältigung der Verwaltungsrechtsakzessorietät in der Praxis, JR 88, 319. – *Goldmann,* Die behördliche Genehmigung als Rechtfertigungsgrund, 1967 (Diss. Freiburg). – *Hallwaß,* Die behördliche Duldung als Unrechtsausschließungsgrund im Umweltstrafrecht, 1987 (Diss. Kiel). – *Heine/ Meinberg,* Empfehlen sich Änderungen im strafrechtlichen Umweltschutz usw., 57. DJT, Gutachten D, 1988. – *Hermes/Wieland,* Die staatliche Duldung rechtswidrigen Verhaltens, 1988. – *Holthausen,* Die Strafbarkeit der Ausfuhr von Kriegswaffen und sonstigen Rüstungsgütern, NStZ 88, 256. – *Horn,* Strafbares Fehlverhalten von Genehmigungs- und Aufsichtsbehörden?, NJW 81, 1. – *ders.,* Umweltschutz-Strafrecht: eine After-Disziplin?, UPR 83, 362. – *ders.,* Bindung des Strafrechts an Entscheidungen der Atombehörde?, NJW 88, 2335. – *Hüwels,* Fehlerhafter Gesetzesvollzug und strafrechtliche Zurechnung, 1986. – *Keller,* Zur strafrechtlichen Verantwortlichkeit des Amtsträgers für fehlerhafte Genehmigungen im Umweltrecht, Rebmann-FS 241. – *Lenckner,* Behördliche Genehmigung und der Gedanke des Rechtsmißbrauchs im Strafrecht, Pfeiffer-FS 27. – *Randelzhofer/Wilke,* Die Duldung als Form flexiblen Verwaltungshandelns, 1981. – *Rengier,* Die öffentlich-rechtliche Genehmigung im Strafrecht, ZStW 101, 874. – *Rogall,* Gegenwartsprobleme des Umweltstrafrechts, Köln-FS 505. – *Rudolphi,* Primat des Strafrechts im Umweltschutz?, NStZ 84, 193. – *Samson,* Konflikte zwischen öffentlichem und strafrechtlichem Umweltschutz, JZ 88, 800. – *Tiedemann/Kindhäuser,* Umweltstrafrecht – Bewährung oder Reform?, NStZ 88, 337. – *Weber,* Strafrechtliche Verantwortlichkeit von Bürgermeistern und leitenden Verwaltungsbeamten im Umweltrecht, 1988. – *Winkelbauer,* Zur Verwaltungsakzessorietät des Umweltstrafrechts, 1985. – *ders.,* Die strafrechtliche Verantwortlichkeit von Amtsträgern im Umweltstrafrecht, NStZ 86, 149. – *ders.,* Atomrechtliches Genehmigungsverfahren und Strafrecht usw., JuS 88, 691. – *ders.,* Die Verwaltungsabhängigkeit des Umweltstrafrechts, DÖV 88, 723. – *ders.,* Die behördliche Genehmigung im Strafrecht, NStZ 88, 201.

61 1. Soweit das Einverständnis bzw. die Einwilligung des Rechtsgutinhabers (o. 29 ff.) bei den dafür in Betracht kommenden Tatbeständen die Tatbestandsmäßigkeit bzw. die Rechtswidrigkeit ausschließen, gilt dies auch für entsprechendes behördliches Handeln (vgl. zu solchen Fällen Winkelbauer NStZ 88, 201 ff.). Ihre eigentliche Bedeutung hat die in Form eines Verwaltungsakts erteilte behördliche **Erlaubnis** bzw. **Genehmigung** jedoch bei den zahlreichen „verwaltungsakzessorischen" Tatbeständen (z. B. §§ 284 ff., 324 ff., § 23 ApothekenG, § 29 BtMG, § 64 II Nr. 1 BSeuchenG, § 21 StVG, § 53 WaffenG). Hier ist bereits die Tatbestandsmäßigkeit ausgeschlossen, wenn das Handeln ohne Erlaubnis lediglich ein negativ gefaßtes Tatbestandsmerkmal ist, nämlich bei sog. präventiven Verboten mit Erlaubnisvorbehalt, bei denen das fragliche Verhalten an sich sozialadäquat ist und das Erfordernis einer behördlichen Genehmigung nur den Sinn hat, die Kontrolle über möglicherweise entstehende Gefahren zu ermöglichen („Kontrollerlaubnis", z. B. § 23 ApothekenG, § 21 StVG); ein Rechtfertigungsgrund ist die behördliche Erlaubnis dagegen bei sog. repressiven Verboten mit Befreiungsvorbehalt, bei denen nach Abwägung der hier kollidierenden Interessen ein an sich bestehendes Verbot im Einzelfall mit Rücksicht auf höherrangige Interessen aufgehoben wird („Ausnahmebewilligung", z. B. § 64 II Nr. 1 BSeuchenG, § 53 I Nr. 3 WaffenG; vgl. Blei I 156, Dölling JZ 85, 461, Hirsch LK 160 vor § 32, Jakobs 380, Jescheck 331, Lenckner aaO 27, M-Zipf I 397 f. u. näher z. B. Rengier ZStW 101, 878 ff., Tiedemann/Kindhäuser NStZ 88, 342 f., Winkelbauer aaO 16 ff., NStZ 88, 202 mwN). Ob es sich um den einen oder anderen Fall handelt, kann mitunter zweifelhaft sein (vgl. z. B. § 284 RN 18 u. 12 ff. vor § 324, ferner Winkelbauer NStZ 88, 203), ist aber nur bei einer durch Täuschung oder Drohung erlangten Erlaubnis von praktischer Bedeutung (vgl. u. 63), während im übrigen tatbestandsausschließende und rechtfertigende Genehmigung denselben Regeln folgen (vgl. u. 62). Dies gilt auch für den Irrtum: Das Handeln in Unkenntnis des Genehmigungserfordernisses ist hier wie dort Verbotsirrtum (and. Rengier ZStW 101, 884), während für den Irrtum, das fragliche Verhalten sei durch eine wirksame

Rechtfertigungsgründe **62 Vorbem §§ 32 ff.**

Erlaubnis gedeckt, auch bei der rechtfertigenden Genehmigung § 16 anzuwenden ist (Erlaubnistatbestandsirrtum, o. 21); zur Unkenntnis einer rechtfertigenden Erlaubnis vgl. o. 14 f.

a) **Gemeinsame Regeln** gelten für die tatbestandsausschließende und rechtfertigende Erlaubnis in folgender Hinsicht: 1. Ob und in welchem Umfang eine behördliche Erlaubnis diese Wirkung hat, bestimmt sich grundsätzlich nach *verwaltungsrechtlichen Kategorien* („**Verwaltungsaktsakzessorietät**"; h. M., vgl. 16 a vor § 324 mwN): Ist sie verwaltungsrechtlich nichtig, so ist sie auch strafrechtlich unbeachtlich (zur Nichtigkeit vgl. Kopp, VerwVerfG, 4. A., zu § 44 mwN; zu weitgehend Rengier ZStW 101, 897 f.), während eine z. Z. des Handelns verwaltungsrechtlich wirksame Genehmigung bis zu ihrer – strafrechtlich immer nur ex nunc wirkenden – Rücknahme auch dann zur Tatbestandslosigkeit bzw. Rechtfertigung führt, wenn sie inhaltlich rechtswidrig oder sonst fehlerhaft ist (über Ausnahmen vgl. u. 63; and. für die rechtfertigende Genehmigung Weber aaO 43 f., Winkelbauer aaO 68 ff. u. bei nicht ausdrücklich verwaltungsakzessorisch ausgestalteten Tatbeständen [z. B. § 324] Schall NJW 90, 1267 f.). Dies gilt auch für behördliche Gestattungsakte, die zwar nicht „dem Typ" der gesetzlich geregelten Genehmigung entsprechen, die aber, weil nicht nichtig, in der Sache gleichfalls eine wirksame, wenn u. U. auch nur vorläufige Erlaubnis darstellen (vgl. Bickel NStZ 88, 181, Burianek NJW 87, 2727, Lackner § 325 Anm. 3d, § 327 Anm. 2, Winkelbauer JuS 88, 693; and. LG Hanau NJW **88,** 571, NStZ **88,** 179 [für § 7 AtomG nicht entsprechende „Vorabzustimmung": keine tatbestandsausschließende Genehmigung i. S. des § 327 I, sondern nur Rechtfertigungsgrund], Dolde NJW 88, 2329 f., Heine/Meinberg, 57. DJT, Bd. I, Gutachten, Teil D, S. 46; vgl. auch Horn NJW 88, 2335). – 2. Handelt es sich um eine **Erlaubnis mit Nebenbestimmungen** (vgl. § 36 VwVfG), so ist zu unterscheiden: Bei Bedingungen oder Befristungen ist die fragliche Handlung nur tatbestandslos bzw. gerechtfertigt, wenn sie diesen entspricht, während die Nichterfüllung einer (echten) Auflage an der Zulässigkeit der Handlung, die Gegenstand der Erlaubnis ist, nichts ändert (vgl. z. B. zu § 21 StVG und einer Auflage nach § 12 II 1 StVZO BGH NJW **84,** 65, Bay JZ **82,** 300, zu § 327 II Bay NJW **87,** 2757; and. zu § 324 z. B. D-Tröndle § 324 RN 7 mwN, dagegen mit Recht aber Rudolphi ZfW 82, 204 ff., NStZ 84, 197); hier kommt, sofern der Verstoß gegen die Auflage nicht seinerseits straf- oder bußgeldbewehrt ist (z. B. § 69 a I Nr. 6 i. V. mit § 12 II 1 StVZO), nur eine Rücknahme der Erlaubnis in Betracht (vgl. § 49 II Nr. 2 VwVfG). – 3. Die bloße **Genehmigungsfähigkeit**, d. h. das Vorliegen eines Sachverhalts, bei dem die Erlaubnis erteilt werden könnte oder müßte, genügt grundsätzlich nicht. Bei präventiven Verboten mit Erlaubnisvorbehalt, die im Vorfeld von Rechtsgütern gerade dem Schutz staatlicher Überwachungsmöglichkeiten dienen, versteht sich dies von selbst (vgl. z. B. Dölling JZ 85, 462 f., Rudolphi NStZ 84, 198, Winkelbauer NStZ 86, 149 u. 88, 203 [in gewissen Fällen jedoch für Annahme eines Strafausschließungsgrunds]; and. Brauer aaO 104). Doch gilt das gleiche auch bei den repressiven Verboten mit einem Befreiungsvorbehalt, und zwar selbst dann, wenn die Erlaubnis erteilt werden müßte bzw. zu Unrecht versagt wurde, da der Täter hier zwar einen Anspruch auf deren Erteilung, nach dem Sinn des vorgeschalteten behördlichen Verfahrens aber keine Befugnis dazu hat, die fragliche Handlung eigenmächtig vorzunehmen (vgl. z. B. Frankfurt NJW **87,** 2755 f., Ensenbach aaO 174, Rengier ZStW 101, 882 ff., 902 ff., KK-OWiG 22 vor § 15, Rogall, Köln-FS 525 mwN, ferner 19 vor § 324; and. hier z. B. Bloy ZStW 100, 506 f., Rudolphi aaO, ZfW 82, 209, ferner Brauer aaO 123 ff.; zur späteren Aufhebung der rechtswidrigen Versagung der Erlaubnis als Strafaufhebungsgrund vgl. u. 130 a). Ausnahmen davon sind nur in verhältnismäßig seltenen Grenzfällen anzuerkennen, so wenn der materielle Genehmigungsakt bereits vorliegt und lediglich die formelle Erteilung noch fehlt (vgl. Rengier ZStW 101, 903 f.; vgl. auch Winkelbauer NStZ 88, 203 FN 29). – 4. Kommt es bei der Vornahme der erlaubten Handlung zur **Verletzung oder konkreten Gefährdung von Individualrechtsgütern** und damit zum tatbestandsmäßigen Erfolg eines anderen Delikts, so ist die Erlaubnis dafür nur dann von Bedeutung, wenn und soweit sie das fragliche Verhalten auch unter dem Gesichtspunkt solcher Gefahren deckt (zu verneinen z. B. bei der Fahrerlaubnis, deren Vorliegen oder Fehlen noch nichts über die Verantwortlichkeit für einen Verkehrsunfall aussagt; ebenso Steindorf LK § 324 RN 107). So wird z. B. eine Handlung, die trotz der damit verbundenen (Rest-)Risiken für andere nach den einschlägigen gesetzlichen Vorschriften mit Rücksicht auf andere Interessen erlaubt werden durfte, nicht dadurch rechtswidrig, weil sich die einkalkulierte Gefahr in einem entsprechenden Erfolg verwirklicht (Fall des gerechtfertigten Risikos, vgl. u. 100, Winkelbauer NStZ 88, 204). Umgekehrt ist eine nichtige Erlaubnis selbstverständlich auch insoweit bedeutungslos, wobei eine solche jedenfalls dann anzunehmen ist, wenn offensichtlich ist, daß die genehmigte Handlung mit mehr oder weniger hoher Wahrscheinlichkeit zur Verletzung strafrechtlich geschützter Individualgüter führen kann (dazu, daß § 44 I Nr. 5 VwVfG auch für die Erlaubnis einer strafbaren Handlung gilt, wenn die Rechtswidrigkeit der Gestattung offensichtlich ist, vgl. Kopp aaO, § 44 RN 45). Zweifelhaft sind dagegen die Fälle, in denen die Erlaubnis zwar wirksam, aber wegen Überschreitung des gesetzlich zulässigen Risikos rechtswidrig ist. Sofern man nicht auch hier von einer relativen Nichtigkeit der Erlaubnis ausgeht – Wirksamkeit z. B. zwar unter dem Aspekt des Umweltschutzes, nicht aber unter dem von Individualgütern, weil diese mangels einer gesetzlichen Ermächtigung der Verfügung durch die Verwaltungsbehörden schlechthin entzogen sind –, kann die Strafbarkeit in solchen Fällen nur mit dem Gedanken des Rechtsmißbrauchs begründet werden, was aber zumindest voraussetzt, daß sich der Täter der Gefährlichkeit seines Tuns bewußt ist (vgl. dazu z. B. LG Bonn NStZ **87,** 461, StA Mannheim NJW **76,** 586, Dölling JZ 85, 469, Horn NJW 81, 3, Lackner § 330a Anm. 6, Lenckner aaO 36, Steindorf LK § 324 RN 107, Tiedemann, Die Neuordnung des Umweltstrafrechts [1980] 26 f. unter Hinweis auf BGH 4 StR 28/75 u. näher zum Ganzen Winkelbauer NStZ 88, 205 f.; zum Rechtsmißbrauch vgl. auch u. 63).

63   b) Von dem Grundsatz, daß das Strafrecht an die Wirksamkeit, nicht dagegen an die Rechtmäßigkeit eines Verwaltungsakts anzuknüpfen hat (vgl. o. 62), macht die h. M. eine Ausnahme, wenn die **Ausnutzung der Erlaubnis rechtsmißbräuchlich** ist, insbes. weil sie durch Täuschung oder Drohung erlangt wurde (z. B. LG Hanau NJW **88,** 571, NStZ **88,** 179 m. Anm. Bickel, D-Tröndle § 324 RN 7, Dölling JZ 85, 469, Horn NJW 81, 3, Lackner § 324 Anm. 5a, aa, Rudolphi ZfW 82, 203, NStZ 84, 197, Seier JR 85, 27, Winkelbauer aaO 66; dazu, daß eine durch unwiderstehliche Nötigung herbeigeführte Erlaubnis bereits nichtig ist, vgl. Kopp aaO [o. 62] § 44 RN 14). Unbedenklich ist dies jedoch nicht (vgl. Lenckner aaO 29 f.; gegen die h. M. z. B. Rengier ZStW 101, 885 ff., Rogall, Köln-FS 526 f., ferner Holthausen NStZ 88, 256 ff., dessen Versuch, das Problem der durch Täuschung erschlichenen Genehmigung durch eine teleologische Interpretation zu lösen, mit dem Wortlaut der fraglichen Tatbestände jedoch nicht mehr zu vereinbaren ist). Auch auf diesem Weg nicht möglich ist ein „Durchgriff" auf die Rechtswidrigkeit des Verwaltungsakts jedenfalls bei der tatbestandsausschließenden Erlaubnis, weil der Gedanke des Rechtsmißbrauchs zwar zur Begrenzung von Rechtfertigungsgründen (vgl. o. 23, § 32 RN 46), entgegen dem Gesetzlichkeitsprinzip des Art. 103 II GG aber nicht dazu dienen kann, ein fehlendes Tatbestandsmerkmal – hier das Handeln ohne Erlaubnis – zu ersetzen bzw. sein Vorliegen zu fingieren: Ist der Täter z. B. im Besitz einer wirksam erteilten Fahrerlaubnis, so sind damit die Tatbestandsvoraussetzungen des § 21 StVG („... ein Kraftfahrzeug führt, obwohl er die dazu erforderliche Erlaubnis nicht hat") nicht mehr gegeben, selbst wenn er die Erlaubnis durch eine Täuschung erschlichen hat (vgl. Ensenbach aaO 115 f., Breuer NJW 88, 2080, Dolde ebd. 2331, Jescheck 331, Lenckner aaO 30 ff., Rengier KK-OWiG § 14 RN 82, Weber aaO 37 f., Winkelbauer aaO 67, NStZ 88, 201, JuS 88, 693 f., DÖV 88, 727, i. E. auch Dölling JZ 85, 464; and. jedoch Keller, Rebmann-FS 256). Auch bei der rechtfertigenden Erlaubnis ist deren mißbräuchliches Ausnutzen jedoch nicht ohne weiteres strafbar. Hier ist es vielmehr das Vorhandensein eines wirksamen Verwaltungsakts, welches das Strafrecht zunächst daran hindert, den Täter so zu behandeln, wie wenn die Erlaubnis nie erteilt worden wäre. Zwar sind es in diesen Fällen elementare Bedürfnisse materieller Gerechtigkeit, die dafür sprechen, der Genehmigung die rechtfertigende Wirkung zu versagen und das fragliche Handeln damit als von Anfang an strafwürdiges Unrecht zu qualifizieren. Ein Straf*bedürfnis* kann hier aber erst entstehen oder sich wegen der Tatbestandswirkung von Hoheitsakten – Ausdruck eines fundamentalen staatlichen Ordnungsprinzips – jedenfalls erst dann durchsetzen, wenn auch die Behörde die entsprechenden verwaltungsrechtlichen Konsequenzen zieht und die Erlaubnis mit ex tunc-Wirkung zurücknimmt (vgl. § 48 II 4 VwVfG, was – insoweit berechtigt die Kritik von Holthausen NStZ 88, 257 – bei einer durch ihre Ausnutzung bereits endgültig „verbrauchten" Genehmigung voraussetzt, daß hier eine nachträgliche Rücknahme gleichwohl noch möglich ist). Strafrechtssystematisch ist die Rücknahme hier deshalb eine objektive Bedingung der Strafbarkeit (vgl. 124 vor § 13 u. näher Lenckner aaO 39 ff., ferner Bloy ZStW 100, 504, Breuer NJW 88, 2080, Dolde ebd. 2334, Hüwels aaO 41 ff., Keller, Rebmann-FS 250, Lackner § 324 Anm. 5a aa, Weber aaO 55, Tiedemann/Kindhäuser NStZ 88, 344; vgl. auch Horn URP 83, 366: wirksame Erlaubnis als „objektive Straflosigkeitsbedingung"; and. Rengier ZStW 101, 896, Rogall, Köln-FS 527 FN 110; zur Bedeutung für die Amtsträgerhaftung vgl. Keller aaO 254 f., zum umgekehrten Fall der Aufhebung eines belastenden rechtswidrigen Verwaltungsakts als Strafausschließungs- bzw. Strafaufhebungsgrund vgl. u. 130a). Was schließlich die sachlichen Voraussetzungen eines Mißbrauchs betrifft, so kann ein solcher nur angenommen werden, wenn der Täter durch sein Verhalten eine im Hinblick auf den Zweck des Genehmigungserfordernisses autonome Entscheidung der Behörde unmöglich gemacht hat (vgl. auch Dolde NJW 88, 2334), was nur bei Täuschung oder Zwang, nicht aber bei einer Bestechung oder bei einem kollusiven Zusammenwirken mit der Behörde der Fall ist (vgl. näher Lenckner aaO 35 ff., ebenso Breuer NJW 88, 2080; and. Dölling JZ 85, 469 und für die Bestechung z. B. auch Bloy ZStW 100, 504, Ensenbach aaO 166, Horn NJW 81, 3, Lackner § 324 Anm. 5a aa, Rudolphi ZfW 82, 203; für strenge Verwaltungsakzessorietät – z. T. allerdings unter Annahme einer nichtigen Genehmigung – auch bei Täuschung und Zwang jedoch Rengier ZStW 101, 897 ff.). Dies entspricht auch den vergleichbaren Fällen bei der rechtfertigenden Einwilligung: Unwirksamkeit zwar der durch Täuschung oder Drohung erlangten Einwilligung (vgl. o. 47 f.), nicht aber, wenn diese sonst auf unlautere Weise erlangt ist (vgl. o. 38). Erst recht genügt für einen Mißbrauch nicht schon das bloße Wissen um die Rechtswidrigkeit der erteilten Erlaubnis (z. B. Dolde NJW 88, 2333 f., Horn ebd. 2336 f., Ensenbach aaO 170, Franzheim JR 88, 321; and. LG Hanau NJW **88**, 571, NStZ **88**, 179 m. Anm. Bickel, z. T. auch Winkelbauer aaO 71, JuS 88, 694, DÖV 88, 727).

2. Nach Verwaltungsrecht bestimmt sich auch die strafrechtliche Bedeutung einer **behördlichen** 63a **Duldung** (zu deren Erscheinungsformen vgl. Hermes/Wieland aaO 6 ff.). Keine Probleme ergeben sich hier, wenn die „Duldung" nach dem objektiven Erklärungswert des fraglichen Verhaltens in Wahrheit eine konkludent erteilte, verwaltungsrechtlich wirksame (wenn auch rechtswidrige) Gestattung darstellt, weil dann die o. 61 ff. genannten Regeln gelten (zur konkludenten Genehmigung vgl. z. B. Celle NdsRpfl. **86**, 217, Breuer NJW 88, 2082, Ensenbach aaO 201 f., Hermes/Wieland aaO 14 ff., Randelzhofer/Wilke aaO 28 ff., Winkelbauer JuS 88, 696, ferner 20 vor § 324, aber auch Hallwaß aaO 10 ff.; zu der auch im Verwaltungsrecht umstrittenen Frage der Wirksamkeit bei Fehlen der gesetzlich angeordneten Schriftform vgl. Dolde NJW 88, 2380 mwN). Im wesentlichen unbestritten ist auch, daß eine sog. „passive Duldung" i. S. eines bloßen Hinnehmens oder Untätigbleibens eine tatbestandsausschließende bzw. rechtfertigende Genehmigung nicht ersetzen kann (vgl. z. B. Stuttgart NJW **77**, 1408 m. Anm. Sack JR 78, 295, LG Bonn NStZ **88**, 224, Breuer aaO mwN, aber auch Karlsruhe Justiz **79**, 390). Zweifelhaft ist dagegen, ob ein in einem informellen Verwaltungshandeln bestehendes sog. „aktives Dulden", das keine stillschweigende Genehmigung ist, sondern einer solchen nur „gleichkommt", eine solche Ersatzfunktion haben kann bzw. als eigenständiger Rechtfertigungsgrund anzusehen ist (so z. B. LG Bonn aaO, StA Mainz NStE § 324 **Nr. 13,** Rudolphi, Dünnebier-FS 570, NStZ 84, 198; vgl. auch z. T. noch weitergehend – Dahs/Pape NStZ **88**, 393, Dolde aaO 2333, Randelzhofer/Wilke aaO 54 ff., 79 ff., Rengier ZStW 101, 905 f., Winkelbauer JuS 88, 696, DÖV 88, 727 f.). Doch ist schon die Möglichkeit einer solchen Unterscheidung fragwürdig: Gibt die Behörde – von Bedeutung vor allem in schwebenden Genehmigungsverfahren – „dem Adressaten erkennbar zu verstehen", daß sie die fragliche Handlung „billigend in Kauf nimmt" (LG Bonn aaO), so ist dies regelmäßig als eine stillschweigende, wenn auch nur vorläufige oder jederzeit widerrufliche Erlaubnis zu interpretieren, wobei dann alles weitere von der Wirksamkeit eines solchen Gestattungsakts abhängt. Ist einem „aktiven" Dulden dagegen nur die aufgrund des verwaltungsrechtlichen Opportunitätsprinzips getroffene Entscheidung zu entnehmen, daß lediglich von der Möglichkeit eines Einschreitens abgesehen werden soll, so heißt dies noch nicht, daß die fragliche Handlung damit auch verwaltungsrechtlich ohne die erforderliche Erlaubnis vorgenommen werden *darf* – daß sie illegal ist und bleibt, wird hier inzidenter vielmehr gerade vorausgesetzt –, weshalb sie auch strafrechtlich rechtswidrig bleibt (and. z. B. Dolde aaO, Winkelbauer aaO; dazu, daß dies auch für einen entsprechenden Duldungsverwaltungsakt gilt, vgl. Hermes/Wieland aaO 109, 115). Mit Recht wird deshalb von der h. M. eine Legalisierungswirkung „aktiven" Duldens, das nicht zugleich eine stillschweigende Erlaubnis enthält, nicht anerkannt (z. B. Breuer aaO, Ensenbach aaO 196 f., Hallwaß aaO 103 ff., Heine/Meinberg aaO 51 f., Hermes/Wieland aaO 103 ff., Herrmann ZStW 91, 300, Lackner § 324 Anm. 5a cc, Laufhütte/Möhrenschlager ZStW 92, 932, ferner 20 vor § 324 u. Steindorf LK § 324 RN 88 f. mwN; zu Grenzfällen bei Genehmigungsfähigkeit vgl. jedoch o. 62). Unberührt davon bleibt die Möglichkeit eines (Verbots-)Irrtums bei dem Adressaten.

V. Ein klassischer Rechtfertigungsgrund ist die **Notwehr,** die in § 32 – vgl. daher dort – 64 ausdrücklich geregelt ist (entsprechend § 227 BGB). Verwandte Fälle sind die *Besitzwehr* und *Besitzkehr* nach § 859 BGB.

VI. Ein Rechtfertigungsgrund ist auch das **Widerstandsrecht des Art. 20 IV GG,** das unter der 65 Voraussetzung, daß andere Abhilfe nicht möglich ist (vgl. dazu Köln NJW **70**, 1322, ferner schon BVerfGE **5** 377), allen Deutschen gegen jeden zusteht, der es unternimmt, die freiheitliche demokratische Grundordnung i. S. des Art. 20 I–III GG zu beseitigen (zu den Einzelheiten und der vielfach geäußerten Kritik vgl. das verfassungsrechtliche Schrifttum, z. B. Maunz-Dürig-Herzog Art. 20 IX mwN; dazu, daß ein „kleines Widerstandsrecht" [Karpen JZ 84, 251] in Gestalt des sog. *zivilen Ungehorsams,* der sich des Mittels der bewußten Normverletzung als Form politischer Auseinandersetzung bedient, nicht anzuerkennen ist, vgl. § 34 RN 41). Da dieses Recht sich entgegen dem klassischen Inhalt des Widerstandsrechts nicht nur gegen Staatsorgane („Staatsstreich von oben"), sondern auch gegen gesellschaftliche Kräfte richtet („Staatsstreich von unten"), handelt es sich insoweit um einen Unterfall der allgemeinen Staatsnotwehr (zu dieser vgl. § 32 RN 6 f.). Eine pflichtgemäße Prüfung auch hinsichtlich der subjektiven Rechtfertigungselement daher ebensowenig verlangt werden, wie bei der Notwehr oder beim Notstand (vgl. o. 17 ff., ferner Hirsch LK 91 vor § 32). Weil ein Widerstandsrecht wegen der Subsidiaritätsklausel nur in extremen Ausnahmesituationen besteht, dürfte als Irrtum hier in der Regel ohnehin nur ein Verbotsirrtum in Betracht kommen, der sich auf die rechtlichen Grenzen des Widerstandsrechts bezieht (vgl. den Fall von Köln aaO); liegt im Einzelfall dagegen tatsächlich ein echter Erlaubnistatbestandsirrtum vor, so besteht auch kein Anlaß, diesen nicht nach den dafür geltenden Regeln (vgl. 19, 60 vor § 13, o. 21, § 16 RN 14ff.) zu behandeln (vgl. Jakobs 365, aber auch D-Tröndle 10 vor § 32, Hirsch aaO). Zum Ganzen vgl. näher Blank, Die strafrechtliche Bedeutung des Art. 20 IV GG, 1982.

66   VII. Die **Selbsthilfe** ist ein Rechtfertigungsgrund in den Grenzen der §§ 229ff. BGB (Wegnahme, Zerstörung usw. von Sachen des Schuldners, Festnahme des fluchtverdächtigen Schuldners usw.; vgl. RG **69** 308, BGH **17** 87 u. näher die BGB-Kommentare sowie Hirsch LK 158 vor § 32, W. Schünemann, Selbsthilfe im Rechtssystem, 1985, H.-D. Weber aaO (o. vor 4) 90ff., aber auch Hellmann aaO (o. vor 4) 117ff.; zur Festnahme zwecks Feststellung der Personalien eines Schuldners [z. B. nach unerlaubter Handlung] vgl. Volk JR 80, 251). Ein Sonderfall ist das Selbsthilferecht des Vermieters (§ 561 BGB) und die Besitzkehr nach verbotener Eigenmacht (§ 859 II BGB; vgl. dazu Schleswig NStZ **87**, 75, aber auch Hellmann aaO 133ff. u. zu Schleswig Anm. NStZ **87**, 455).

67   VIII. Auch durch **Notstand** kann ein Handeln gerechtfertigt sein. Notstand ist ein Zustand gegenwärtiger Gefahr für rechtlich geschützte Interessen, der nur durch eine an sich verbotene (tatbestandsmäßige) Verletzung oder Gefährdung anderer rechtlich geschützter Interessen abgewendet werden kann (vgl. z. B. Jescheck 316, Küper JuS **87**, 80, Lenckner, Notstand 7, M-Zipf I 362, Wessels I 85). Freilich trifft diese Definition des Notstands auch auf zahlreiche andere Rechtfertigungsgründe zu; auszunehmen sind deshalb die Fälle, in denen die Gefahr aus einem rechtswidrigen Angriff droht (Notwehr), ferner sonstige Interessenkonflikte, die ihre Lösung in besonderen Rechtfertigungsgründen gefunden haben. Der eigentliche Notstand erfaßt damit nur den Restbereich, wobei er freilich auch hier noch eine uneinheitliche Erscheinung darstellt, weil er sowohl Rechtfertigungs- als auch bloßer Entschuldigungsgrund sein kann (sog. Differenzierungstheorie; vgl. näher zu dieser – auch entwicklungsgeschichtlich – Küper aaO 82ff. und zum entschuldigenden Notstand u. 114f. und § 35).

68   1. Ein Rechtfertigungsgrund ist zunächst der **Notstand nach § 904 BGB**, wo Eingriffe in fremdes Eigentum (z. B. Sachbeschädigung, Benutzung eines fremden Pkw nach § 248b) für zulässig erklärt werden, soweit sie zur Abwendung einer gegenwärtigen Gefahr erforderlich sind und „der drohende Schaden gegenüber dem aus der Einwirkung dem Eigentümer entstehenden Schaden unverhältnismäßig groß ist" (vgl. z. B. RG **23** 116: Benutzung fremder Sachen zur Verteidigung gegenüber dem Angreifer, Freiburg JZ **51**, 223: Rettung des eigenen Unternehmens durch Preisgabe anvertrauter Sachen). Doch genügt die Erfüllung dieser Voraussetzungen nicht immer für eine Rechtfertigung, da sich im Einzelfall Einschränkungen aus dem übergeordneten Rechtfertigungsprinzip der Wahrung überwiegender Interessen als notwendig erweisen können (vgl. dazu § 34 RN 6; ebenso, wenn auch mit anderen Konsequenzen Hellmann aaO [o. vor 4] 163f.: strafrechtlicher Vorrang des § 34). Sonderregelungen nach dem Vorbild des § 904 BGB enthalten z. B. die §§ 700ff. HGB, 25 II LuftverkehrsG.

69   2. Rechtfertigend wirkt auch die **Sachwehr nach § 228 BGB** (auch „Defensiv"-Notstand i. U. zum „Aggressiv"-Notstand des § 904 BGB). Rechtmäßig ist danach die im Rahmen des Erforderlichen erfolgende Beschädigung oder Zerstörung fremder Sachen, um eine durch sie drohende Gefahr abzuwenden, wenn „der Schaden nicht außer Verhältnis zu der Gefahr steht" (z. B. Abwehr von Tierangriffen, Einreißen einer vom Einsturz bedrohten Mauer, um Schaden auf dem Nachbargrundstück zu verhindern). Im Unterschied zu § 904 BGB richtet sich die Tat hier also gerade gegen die Sache, von der die Gefahr ausgeht. Weil die Gefahr im Fall des § 228 BGB ihren Ursprung im Herrschafts- und Verantwortungsbereich des Betroffenen hat, ist es hier auch gerechtfertigt, diesem eine Duldungspflicht schon dann aufzuerlegen, wenn der verursachte Schaden nicht unverhältnismäßig größer ist als der drohende Schaden (während umgekehrt in § 904 dieser unverhältnismäßig größer sein muß als jener, ein Gesichtspunkt, der auch für den rechtfertigenden Notstand nach § 34 von Bedeutung ist (vgl. dort RN 30f.), ohne daß § 228 BGB deshalb jedoch seine Bedeutung als strafrechtlicher Rechtfertigungsgrund verloren hätte (vgl. § 34 RN 6; and. Hellmann aaO [o. vor 4] 164ff.). Der früher wichtigste Anwendungsfall des § 228 BGB – Abschießen wildernder Hunde und Katzen; vgl. RG **34** 295 – ist heute durch Sondervorschriften der Länder geregelt (vgl. z. B. § 23 I Nr. 2 LJagdG Bad.-Württ.).

70   3. Die o. 68f. genannten Notstandsvorschriften sind zwar bei Gefahren aller Art anwendbar, lassen aber nur Sacheingriffe zu. Für Notstandshandlungen anderer Art kommt der **rechtfertigende Notstand** nach § 34 in Betracht, soweit nicht auf andere, speziellere Regelungen zurückgegriffen werden kann (z. B. § 218a, § 106 III SeemannsG [Notrecht des Kapitäns bei Gefahr für Menschen oder Schiff]). Über das Verhältnis von § 34 zu § 904 BGB vgl. § 34 RN 6. Für das Ordnungswidrigkeitenrecht vgl. entsprechend § 16 OWiG.

IX. Die Pflichtenkollision

Schrifttum: Dingeldey, Pflichtenkollision und rechtsfreier Raum, Jura **79**, 438. – *Gallas*, Pflichtenkollision als Schuldausschließungsgrund, Mezger-FS 311. – *Hruschka*, Pflichtenkollisionen u. Pflichtenkonkurrenzen, Larenz-Festschr. (1983) 257. – *Jansen*, Pflichtenkollision im Strafrecht, 1930 (StrAbh. 269). – *Joerden*, Dyadische Fallsysteme im Strafrecht, 1986. – *Küper*, Grund- und Grenzfragen der

Rechtfertigungsgründe   71–73 **Vorbem §§ 32 ff.**

rechtfertigenden Pflichtenkollision im Strafrecht, 1979. – *ders.*, Noch einmal: rechtfertigender Notstand, Pflichtenkollision und übergesetzliche Entschuldigung, JuS 71, 474. – *ders.*, Grundfragen der Differenzierung zwischen Rechtfertigung und Entschuldigung, JuS 87, 81. – *Lenckner,* Ärztliche Hilfeleistungspflicht und Pflichtenkollision, Med. Klinik 64 (1969), 1000. – *Mangakis,* Die Pflichtenkollision als Grenzsituation des Strafrechts, ZStW 84, 447. – *Otto,* Pflichtenkollision und Rechtswidrigkeitsurteil, 3. A., 1978. – *v. Weber,* Die Pflichtenkollision im Strafrecht, Kiesselbach-FS 233.

1. Die **Pflichtenkollision** kommt als **selbständiger Rechtfertigungsgrund** zunächst bei Unterlassungsdelikten in Betracht, wenn den Täter *mehrere rechtliche Handlungspflichten* treffen, er aber nur die eine oder andere erfüllen kann. Denkbar, wenngleich praktisch selten, ist ferner eine Kollision *mehrerer Unterlassungspflichten* in der Weise, daß mehrere Verbote den Verhaltensspielraum des Täters vollständig erschöpfen. Während in diesen Fällen besondere Regeln gelten (vgl. u. 73, 76), ist beim Zusammentreffen einer *Handlungs- mit einer Unterlassungspflicht* nach Notstandsgrundsätzen (§ 34 usw.) zu entscheiden, ob die an sich verbotene Handlung gerechtfertigt ist: Wenn ja, so erledigt sich damit auch die Unterlassungspflicht, wenn nicht, so entfällt insoweit schon die Handlungspflicht, weil diese nicht auf ein rechtswidriges Tun gerichtet sein kann; auch eine eigentliche Pflichtenkollision liegt hier deshalb nicht vor (vgl. im übrigen § 34 RN 4; näher zum Ganzen Hruschka aaO, Küper aaO u. JuS 87, 88 ff.). 71

Nur Notstandsregeln folgt auch die Kollision einer *rechtlichen* Handlungs- oder Unterlassungspflicht mit einer lediglich *sittlich* begründeten Handlungspflicht (vgl. z. B. BGH NJW **68**, 2288, Köln VRS **59** 438; vgl. auch RG **38** 62 [Verletzung der ärztlichen Schweigepflicht gegenüber Hausbewohnern bei Ansteckungsgefahr] und München MDR **56**, 565 m. Anm. Mittelbach, wo bei ärztlichen Mitteilungen an die Verkehrsbehörde über den Gesundheitszustand des Patienten in der Sache die Grundsätze des § 34 angewandt wurden). Keine Pflichtenkollision in dem hier gemeinten Sinn, wo die Pflichten logisch miteinander vereinbar und nur tatsächlich nicht nebeneinander erfüllt werden können („materielle" Kollision, Frank III vor § 51 [S. 144], v. Weber aaO 234 f. im Anschluß an Simmel, Einl. in die Moralwissenschaft 384), ist auch die *„logische"* Pflichtenkollision, bei der ein Konflikt in Wahrheit überhaupt nicht besteht, weil die eine Pflicht die andere beschränkt: So besteht nach BGB schon kein Herausgabeanspruch, wenn die fragliche Sache zur Begehung einer Straftat benutzt werden soll; die Herausgabe an den Eigentümer wäre hier vielmehr als Beihilfe strafbar (RG **56** 169, Blei I 332, Hirsch LK 77 vor § 32; vgl. auch Hruschka, Dreher-FS 192 f.). Zu weiteren, jedoch fragwürdigen Unterscheidungen vgl. Otto aaO 44 ff., 50 ff. und dagegen Küper aaO 37 ff. Nicht in den vorliegenden Zusammenhang gehört endlich auch der z. T. als entschuldigende Pflichtenkollision bezeichnete übergesetzliche entschuldigende Notstand (vgl. u. 115). 72

2. Bei einer **Kollision mehrerer Handlungspflichten** ist der Täter nach heute wohl h. M. nicht nur dann gerechtfertigt, wenn er die *höherwertige* auf Kosten der geringwertigen erfüllt (z. B. Rettung eines Schwerverletzten auf Kosten eines nur Leichtverletzten), sondern bei einer Kollision *gleichwertiger* Pflichten – z. B. er kann von zwei ihm anvertrauten Menschenleben nur eines retten – auch dann, wenn er wenigstens einer von ihnen nachkommt (z. B. Baumann/Weber 353, Hirsch LK 72 f., 75, 79 vor § 32, Jakobs 366, Armin Kaufmann, Dogmatik der Unterlassungsdelikte [1959] 137 f., Lackner § 34 Anm. 4, Lenckner aaO 1001, Nostand 5, GA 85, 304 f., Mangakis ZStW 84, 473, M-Zipf I 379 f., Rengier KK-OWiG 5 vor § 15, Rudolphi SK 29 vor § 13, Schmidhäuser 687, I 412, Stratenwerth 145, Wessels I 232 f. u. eingehend Küper aaO 19 ff., JuS 86, 89 f.; and. für den 2. Fall Blei I 334, Dingeldey Jura 79, 482, Arthur Kaufmann, Maurach-FS 337: „unverboten" [vgl. dagegen Hirsch, Bockelmann-FS 111 f., Joerden aaO 83 f. und o. 8], Günther, Strafrechtswidrigkeit usw. 333: „Strafunrechtsausschluß" [vgl. dazu o. 8], D-Tröndle 11 vor § 32, Jescheck 330, Gallas aaO 332: Schuldausschließungsgrund). Dies ergibt sich daraus, daß Recht als Verhaltensordnung mit seinen Geboten nichts Unmögliches verlangen kann. Hier muß der Verpflichtete deshalb eine Wahlmöglichkeit haben, mit der Folge, daß seine Entscheidung, wie immer sie auch lautet, vom Recht akzeptiert wird; andernfalls würde jegliche Rettung blockiert werden, da der Erfüllung der einen Pflicht immer zugleich die Anweisung im Wege stehen würde, auch der anderen nachzukommen und umgekehrt. Die Pflichtenkollision nimmt damit eine Sonderstellung innerhalb der Rechtfertigungsgründe ein, weil sich die Rechtfertigung hier – bedingt durch die besondere Situation, für die der Grundsatz „impossibilium nulla obligatio est" gelten muß – nicht erst aus dem Prinzip des überwiegenden Interesses ergibt (o. 7; dazu, daß ein solches nicht einmal begründet werden kann, daß überhaupt etwas geschieht, vgl. Küper aaO 33 FN 54); sie kann deshalb auch nicht lediglich als ein Unterfall des rechtfertigenden Notstands bezeichnet werden (vgl. § 34 RN 4, Hirsch LK 74 f. vor § 32 mwN). Fragen bleiben hier allerdings in anderer Hinsicht. Hängt nämlich die Rechtfertigung davon ab, daß der Täter wenigstens eine (d. h. die höher- oder eine gleichrangige) Pflicht erfüllt hat, so ist es schwer, plausibel zu machen, warum er dann, wenn er keinem der kollidierenden Handlungsgebote nachgekommen ist, nur im Umfang des für ihn Befolgbaren – d. h. nur wegen Nichtbefolgung der höher- oder einer gleichwertigen Pflicht – 73

bestraft wird, also z. B. nicht wegen zehnfacher, sondern nur wegen *einer* Tötung durch Unterlassen, wenn er nur eines der zehn ihm anvertrauten Menschenleben retten konnte (vgl. Hirsch LK 81 vor § 32). Hier könnte es deshalb naheliegen, den Grund der Rechtfertigung nicht erst in der tatsächlichen Pflichterfüllung, sondern schon in der Situation der Pflichtenkollision als solcher zu sehen, wobei es dann verbrechenssystematisch allerdings folgerichtiger wäre, die Rechtfertigungslösung überhaupt aufzugeben und die Kollision mehrerer Handlungspflichten als ein bereits dem Tatbestand zuzuordnendes Problem der Pflichtbegrenzung anzusehen (vgl. dazu Joerden aaO 84 ff.). – Was das Rangverhältnis der Pflichten betrifft, so gilt im übrigen folgendes:

74 a) Bei **Pflichten gleicher Art** (z. B. mehrere Garantenpflichten) bestimmt sich dieses nach dem *Grad der Schutzwürdigkeit der Rechtsgüter,* auf deren Erhaltung sie sich richten. Ebenso wie in § 34 (vgl. dort RN 25 ff.) kommt es dafür aber auch hier nicht allein auf den abstrakten Stellenwert der Rechtsgüter an, vielmehr können im Einzelfall noch weitere Umstände von Bedeutung sein, wie z. B. die unterschiedliche Nähe der drohenden Gefahren (z. B. entfernte Lebensgefahr einerseits, akute Gefahr eines schweren Gesundheitsschadens andererseits), das Ausmaß der drohenden Verletzung bei gleichwertigen Rechtsgütern (vgl. Hirsch LK 78 vor § 32, Jescheck 328, Küper aaO 33, Lenckner aaO 1002, Notstand 106, M-Zipf I 379). Hat daher z. B. der Verursacher eines Verkehrsunfalls die Pflicht, sowohl dem Verletzten zu helfen als auch das verkehrsbehindernde Unfallfahrzeug von der Straße zu entfernen, so hat die Pflicht den Vorrang, die auf die Beseitigung der größeren Gefahr gerichtet ist (vgl. Stuttgart DAR **58**, 222). Grundsätzlich keine Bedeutung hat dagegen das Verschulden eines der Betroffenen: Die unterlassene Hilfeleistung gegenüber einem der Unfallbeteiligten ist nicht schon deshalb rechtswidrig, weil der Arzt dem anderen hilft, der den Unfall verschuldet hat (Baumann/Weber 349, Lenckner aaO 1003; and. Blei I 168, Jakobs 349). Noch weitgehend ungeklärt ist, ob bei gleich schutzwürdigen Gütern die bereits begonnene Erfüllung der einen Pflicht deren Wert erhöht mit der Folge, daß sie den Vorrang hat. Davon hängt es z. B. auch ab, ob das als bloßes Unterlassen der Fortsetzung einer Rettung zu bewertende Abschalten einer Herz-Lungen-Maschine unter dem Gesichtspunkt der Pflichtenkollision gerechtfertigt ist, wenn dies geschieht, um einen anderen Patienten am Leben zu erhalten (vgl. dazu Küper JuS 71, 476; nur für einen übergesetzlichen Entschuldigungsgrund hier Welzel 185; für Strafbarkeit Bockelmann, Strafrecht des Arztes 126, Krey JuS 71, 248 u. grundsätzlich auch Hirsch LK 205 vor § 32; vgl. ferner Roxin, Engisch-FS 400).

75 b) Bei einer Kollision **ungleichartiger Pflichten** ist dagegen auch die Art der Pflicht zu berücksichtigen, was von Bedeutung ist, wenn eine Garantenpflicht mit einer schlichten Handlungspflicht konkurriert. Da der Garant speziell für die Unversehrtheit des einen Rechtsguts in besonderem Maß verantwortlich ist, muß dieses auch das bessere Recht auf Schutz haben, es sei denn, bei der anderen Pflicht stünden ungleich wichtigere Interessen auf dem Spiel (vgl. auch Jakobs 366 f., Joerden aaO 88 f., Stratenwerth 145; and. Blei I 333, Rudolphi SK 29 vor § 13, Schmidhäuser 689, I 413: bei Gleichwertigkeit der Güter auch Gleichwertigkeit der Pflichten; and. z. T. auch Hirsch LK 80 vor § 32). Soweit eine Garantenpflicht mit einer Hilfeleistungspflicht nach § 323 c zusammentrifft (z. B. der zu seinem Patienten gerufene Arzt soll unterwegs bei einem Unfall Hilfe leisten), ist zu beachten, daß die Pflicht des § 323 c von vornherein nicht entsteht, wenn der Täter „andere wichtige (nicht: wichtigere!) Pflichten" zu erfüllen hat, weshalb es in diesem Fall zu einer Pflichtenkollision gar nicht erst kommen kann (vgl. Wessels I 233 f.; näher dazu Lenckner Notstand 106 ff.). Entgegen Hirsch LK 80 vor § 32 kann es hier daher auch keine Wahlmöglichkeit geben, wenn es um mehrere Menschenleben geht: In dem genannten Fall muß der Arzt, dieselbe Dringlichkeit vorausgesetzt, mangels einer Hilfspflicht i. S. des § 323 c seinem Patienten helfen; tut er dies nicht und versorgt er statt dessen das Unfallopfer, so kommt bezüglich der Nichterfüllung des Garantengebots nur noch ein übergesetzlicher entschuldigender Notstand (vgl. u. 115 ff.) in Betracht.

76 3. Entsprechendes gilt für die **Kollision mehrerer Unterlassungspflichten**, bei der alle denkbaren Verhaltensalternativen gegen ein Handlungsverbot verstoßen (z. B. der Täter kann jeweils unter Gefährdung anderer nur bremsen oder weiterfahren; vgl. aber auch Hamm VM **70**, 86, Karlsruhe JZ **84**, 240 m. Anm. Hruschka, wo in ähnlichen Fällen § 16 OWiG angewandt wurde). Deshalb ist der Täter zunächst gerechtfertigt, wenn er – insoweit entsprechend dem auch für § 34 maßgeblichen Prinzip des überwiegenden Interesses – die *weniger wichtige* Unterlassungspflicht verletzt (z. B. die weniger gefährliche Handlung vornimmt); da ihm das Recht jedoch in einer Situation, in der er faktisch etwas tun *muß*, nicht jede Handlungsmöglichkeit verwehren kann, muß er auch hier die Wahlfreiheit haben, wenn es sich um *gleich wichtige* Unterlassungspflichten handelt (vgl. Hruschka JZ **84**, 242 f., Lenckner GA 85, 304 f., Rengier KK-OWiG 7 vor § 15; and. Jescheck 339). Möglich bleibt in diesen Fällen allerdings bei reinen Erfolgsdelikten eine Haftung unter dem Gesichtspunkt der actio illicita in causa (vgl. 23 vor § 32; and. Hruschka aaO).

Rechtfertigungsgründe 77–80 **Vorbem §§ 32 ff.**

4. Als **subjektives Rechtfertigungselement** genügt auch hier das Handeln in Kenntnis der rechtfertigenden Situation (vgl. o. 14); eine pflichtgemäße Prüfung oder ein achtenswertes Motiv ist hier so wenig erforderlich wie z. B. im Fall des § 34 (vgl. o. 17f., Küper aaO 28f.; z. T. and. Hirsch LK 82 vor § 32: Nichtbefolgung des einen Gebots zum Zweck der Erfüllung des anderen). 77

X. Das **Züchtigungsrecht** ist als Rechtfertigungsgrund von Bedeutung bei Körperverletzungen (vgl. § 223 RN 16ff.), u. U. auch bei Freiheitsentziehungen (vgl. § 289 RN 8). 78

XI. Wahrnehmung berechtigter Interessen

Ein Rechtfertigungsgrund ist bei den Beleidigungsdelikten nach h. M. auch die Wahrnehmung berechtigter Interessen gem. § 193 (vgl. dort RN 1). Er beruht auf dem Prinzip des „überwiegenden Interesses", wobei für dieses in § 185 u. § 186 – bei § 187 ist § 193 ohne Bedeutung (vgl. § 193 RN 2) – allerdings unterschiedliche Gesichtspunkte maßgeblich sind (vgl. § 193 RN 8 u. näher Lenckner, Noll-GedS 248 ff.): Bei ehrenrührigen Werturteilen i. S. des § 185 ist es vor allem das Grundrecht des Art. 5 GG, das gegenüber dem Recht auf Ehre den Vorrang haben und damit selbst vorsätzliche Ehrverletzungen rechtfertigen kann; dagegen ist die Wahrnehmung berechtigter Interessen bei § 186 ein Anwendungsfall des erlaubten Risikos, das sich seinerseits wieder auf einen nach dem Prinzip des überwiegenden Interesses gelösten Interessenkonflikt zurückführen läßt (vgl. auch o. 11 f.). Dagegen ist die Wahrnehmung berechtigter Interessen *kein allgemeiner Rechtfertigungsgrund*, weshalb sich § 193 auf andere Tatbestände nicht übertragen läßt (vgl. Herdegen LK § 193 RN 11, Hirsch LK 167 vor § 32 u. näher dazu Lenckner aaO 243 ff., JuS 88, 351 ff.). Nicht durch Wahrnehmung berechtigter Interessen gerechtfertigt sind daher z. B. Handlungen nach § 18 FAG (and. AG Gerau StV **83**, 247) oder Akte sog. „zivilen Ungehorsams", z. B. Taten nach §§ 123, 303 bei der „Besetzung" eines Militärlagers durch Atomwaffengegner (Stuttgart NStZ **87**, 121, Lenckner JuS 88, 352f.; vgl. auch § 34 RN 41a). 79

Daß § 193 nicht ohne weiteres verallgemeinert werden kann, ist unbestritten. Nach einer insbes. von Schröder (hier 17. A., 62a vor § 51) und Eser (Wahrnehmung berechtigter Interessen als allgemeiner Rechtfertigungsgrund, 1969) vertretenen Lehre soll dies jedoch möglich sein bei Tatbeständen mit besonders „gemeinschaftsbezogenen" Rechtsgütern, die „so tief in das zwischenmenschliche und gesellschaftliche Leben hineinverwoben sind, daß sich ihr Gebrauch in besonders starkem Maß an den Interessen anderer stößt" (Eser aaO 46; ähnl. z. T. Noll ZStW 77, 31, Tiedemann JZ 69, 721). Als Beispiele dafür werden insbes. die Freiheitsdelikte und die §§ 201 ff. genannt, wobei sich die Wahrnehmung berechtigter Interessen in diesen Fällen von anderen Rechtfertigungsgründen – insbes. § 34 – durch das ihr innewohnende „evolutive" bzw. „dynamische Element der Schaffung und Durchsetzung neuer Werte" sowie dadurch unterscheiden soll, daß die Interessendifferenz hier nicht den für § 34 erforderlichen Grad eines „erheblichen Wertunterschieds" erreichen müsse (Schröder aaO, Eser aaO 50f., 56ff., wobei dieser aber letztlich offenläßt, ob es sich hier nicht schon um eine Einschränkung des Tatbestands handelt [S. 20 f.]). Eine solche – auch nur begrenzte – Übertragung des § 193 auf andere Fälle ist jedoch weder sachgerecht noch notwendig (vgl. näher dazu Lenckner, Noll-GedS 244ff., JuS 88, 352f.). Überflüssig ist sie bei Tatbeständen mit Rechtsgütern, deren Schutz, weil sie in besonderer Weise sozialbezogen sind, von vornherein durch gleichfalls schutzwürdige Gegeninteressen anderer relativiert und wo es deshalb nicht erst eine Frage der Rechtswidrigkeit, sondern schon der Tatbestandsmäßigkeit ist, Interessen und Gegeninteressen so voneinander abzugrenzen, daß überhaupt von einer Rechtsgutsverletzung gesprochen werden kann. Dies gilt z. B. für § 240 (vgl. zur Tatbestandsergänzungsfunktion des § 240 II dort RN 16) oder für den in § 182 E 62 vorgesehenen Indiskretionstatbestand (zu diesem vgl. näher Arzt, Der strafrechtliche Schutz der Intimsphäre [1970] 143 ff.). Anders verhält es sich dagegen bei den gleichfalls in diesem Zusammenhang genannten §§ 201, 203. Hier handelt es sich nicht um Rechtsgüter, die durch eine „immanente Wertkollision" (Eser aaO 47) gekennzeichnet sind und deren Umfang daher im konkreten Fall erst durch eine Interessenabwägung festgelegt werden müßte. § 203, aber auch § 201 enthalten vielmehr „geschlossene" Tatbestände, bei denen die Rechtswidrigkeit nur durch die allgemeinen Rechtfertigungsgründe, nicht aber durch § 193 ausgeschlossen werden kann, weil dieser den Besonderheiten der §§ 185 ff. – besonders deutlich bei § 186 – Rechnung trägt (vgl. § 193 RN 1, 8ff.) und deshalb auch nicht auf die ganz andere Situation der §§ 201, 203 übertragen werden kann (Lenckner aaO 250 f., H. Mayer-FS 176 ff., Samson SK 7 ff. vor § 201, Suppert, Studien zur Notwehr usw. [1973], 262 ff.; vgl. auch M-Maiwald I 269). Auch daß die fraglichen Güter hier schon dann zurückzutreten hätten, „wenn ihnen Interessen entgegengestellt werden, die ihrerseits die Billigung der Rechtsgemeinschaft genießen" (Eser aaO 50), kann in dieser Form nicht anerkannt werden. Vielmehr sind auch hier Interessenkonflikte nur nach den allgemeinen Grundsätzen zu lösen, weshalb z. B. das Geheimhaltungsinteresse (§ 203) einem Offenbarungsinteresse erst dann zu weichen braucht, wenn letzteres überwiegt und, sofern besondere gesetzliche Vorschriften fehlen, die Voraussetzungen des § 34 erfüllt sind. Daß es in den Fällen des § 203 vielfach an einem „echten Gutsnotstand" fehle (Schröder aaO, ferner Eser aaO 14 FN 13, Rogall NStZ 83, 6; zu § 201 vgl. auch Arzt aaO 85), beruht auf einem Mißverständnis des § 34, weil notstandsfähig nicht nur existenzielle Rechtsgüter, sondern alle recht- 80 lich geschützten Interessen sind, eine „Gefahr" nicht nur der drohende Eintritt, sondern auch die zu befürchtende Fortdauer einer noch nicht abgeschlossenen Beeinträchtigung ist und weil mit dem Erfordernis eines „wesentlichen" Überwiegens der geschützten Interessen lediglich ein eindeutiger Wertunterschied gemeint ist (vgl. § 34 RN 9f., 12, 45; vgl. im übrigen § 201 RN 31ff., § 203 RN 30ff. u. näher Lenckner, Noll-GedS 251f.). Kein Anlaß zur Bildung eines allgemeinen Rechtfertigungsgrundes der Wahrnehmung berechtigter Interessen besteht schließlich dort, wo ausnahmsweise Rechtsgüter zur schöpferischen Wertverwirklichung durch den geistigen Inhalt einer künstlerischen oder wissenschaftlichen Aussage verletzt werden dürfen (z. B. § 131, vgl. dort RN 20), weil sich die Rechtfertigung hier bereits unmittelbar aus Art. 5 III GG ergeben würde (vgl. Lenckner aaO 252ff., aber auch Noll ZStW 77, 32).

81 **XII.** Einen Rechtfertigungsgrund bildet auch das in **§ 127 I StPO jedermann** gewährte **Recht,** einen auf frischer Tat betroffenen oder verfolgten Täter **vorläufig festzunehmen,** wenn Fluchtverdacht besteht (vgl. dazu o. 10a f., 19f.) oder seine Persönlichkeit nicht sofort festgestellt werden kann (zur rechtspolitischen Einschätzung des § 127 und zu den Zusammenhängen mit der Notwehr vgl. Arzt, Kleinknecht-FS 1ff.).

82 Im Unterschied zu dem erweiterten Festnahmerecht des Abs. 2 für Polizeibeamte usw. muß hier die (rechtswidrige und – sofern nicht eine Unterbringung in Betracht kommt – schuldhafte) Tat wirklich begangen oder – sofern der Versuch strafbar ist – versucht worden sein (zum Irrtum darüber vgl. o. 21). Demgegenüber soll es nach Bay **86**, 52 genügen, daß „die wahrzunehmenden Teile ohne weitere Indizien nach der Lebenserfahrung ohne vernünftige Zweifel den Schluß auf eine rechtswidrige Tat zulassen" (mit Recht krit. dazu Schlüchter JR 87, 310). Nicht genügend ist jedenfalls – anders als in Abs. 2 – ein dringender Verdacht, mag er auch objektiv begründet sein (Hamm NJW **72**, 1826 m. Anm. Fincke JuS 73, 87, NJW **77**, 591, Hirsch LK 156 vor § 32, Jakobs 377, Jescheck 358, M-Zipf I 396, Wiedenbrüg JuS 73, 418; ebenso wohl RG **12** 195, **19** 103; and. z. B. BGH [Z] NJW **81**, 745, Arzt, Kleinknecht-FS 6ff., Wendisch LR § 127 RN 9f., Fincke GA 71, 41, Frisch aaO 434f.; offengelassen in BGH GA **74**, 177, Zweibrücken NJW **81**, 2016, wo jedoch einem Privaten das Recht, die Fahrtüchtigkeit eines Kraftfahrers zu beurteilen und ihn dann festzuhalten, nur bei offenkundig schweren Ausfallerscheinungen zugebilligt wird). Gerechtfertigt sind nach § 127 StPO Eingriffe in die Freiheit (§§ 239, 240, u. U. auch Fesselung, RG **17** 128), Körperverletzungen dagegen nur, soweit sie über das mit der Festnahme bzw. dem Festhalten notwendig verbundene Maß (festes Anfassen oder Anpacken) nicht hinausgehen (RG **34** 446, KG VRS **19** 115; entsprechend zu § 229 BGB RG **69** 311; vgl. aber auch Arzt aaO 11) oder lediglich ungewollte Auswirkungen eines durch § 127 gedeckten Vorgehens sind (vgl. Stuttgart NJW **84**, 1694). Erst recht unzulässig ist der über eine bloße Drohung (vgl. RG **12** 197) oder das Abgeben eines Warnschusses hinausgehende Gebrauch von Schußwaffen (vgl. RG **34** 443, **65** 394, **69** 312, **71** 52, **72** 306, BGH EzSt § 32 **Nr. 9**; and. BGH MDR/H **79**, 985), was auch für Gaspistolen gilt (KG VRS **19** 114). Weitergehende Rechte können sich hier nur aus § 32 ergeben, wenn sich der Widerstand gegen die Festnahme als Angriff darstellt. Erlaubt sind nach § 127 dagegen auch Maßnahmen anderer Art, die gegenüber der Festnahme weniger einschneidend sind, aber den gleichen Zweck erreichen (Saarbrücken NJW **59**, 1191: Wegnahme des Zündschlüssels, RG **8** 288: Wegnahme von Sachen, die eine Identifizierung ermöglichen; and. Eb. Schmidt, StPO § 127 RN 19: unzulässige Beschlagnahme). Gerechtfertigt sind nach § 127 nur Maßnahmen, die der Ermöglichung der Strafverfolgung dienen (RG **17** 128), nicht dagegen solche zum Zwecke der Verhinderung künftiger Taten (BGH VRS **40** 106); über die daraus sich ergebenden Folgerungen für das subjektive Rechtfertigungselement vgl. o. 16. Wegen der Einzelheiten vgl. die StPO-Kommentare, ferner Arzt aaO 1ff.

XIII. Handeln auf Grund von Amtsrechten und Dienstpflichten

Schrifttum: Amelung, Die Rechtfertigung von Polizeivollzugsbeamten, JuS 86, 329 (vgl. auch in: Eser/Fletcher [o. vor 4] 1327ff., dort erweitert auf Fragen der Entschuldigung). – *Arndt*, Die strafrechtliche Bedeutung des militärischen Befehls, NZWehrR 60, 145. – *Baumann*, Rechtmäßigkeit von Mordgeboten? NJW 64, 1398. – *Bernsmann*, Zum Handeln von Hoheitsträgern aus der Sicht des „entschuldigenden Notstandes" (§ 35 StGB), Blau-FS 23. – *Bringewat*, Der rechtswidrige Befehl, NZWehrR 71, 126. – *Buchert*, Zum polizeilichen Schußwaffengebrauch, 1975. – *Doehring*, Befehlsdurchsetzung und Waffengebrauch, 1968. – *Fuhrmann*, Der höhere Befehl als Rechtfertigungsgrund im Völkerrecht, 1963. – *Gloria/Dischke*, Der „finale Todesschuß" im Landesrecht von Nordrhein-Westfalen, NWVBl. 89, 37. – *Grommek/Hergesell*, Der unmittelbare Zwang, 1970/74. – *Heise/Riegel*, Musterentwurf eines einheitlichen Polizeigesetzes, 2. A., 1978. – *Jescheck*, Befehl und Gehorsam in der Bundeswehr, in: Bundeswehr und Recht 1965, 63. – *Klinkhardt*, Der administrative Waffengebrauch der Bundeswehr, JZ 69, 700. – *Küper*, Grundsatzfragen der „Differenzierung" zwischen Rechtfertigungs- und Entschuldigungsgründen, JuS 87, 81. – *Krey/Meyer*, Zum Verhalten von Staatsanwaltschaft und Polizei bei Delikten mit Geiselnahme, ZRP 73, 1. – *Krüger*, Polizeilicher Schußwaffengebrauch, 4. A., 1979. – *ders.*, Die bewußte Tötung bei polizeilichem Schußwaffengebrauch, NJW 73, 1. – *R. Lange*, Der „gezielte Todesschuß", JZ 76, 546. – *W. Lange*, Probleme des polizeilichen Waffengebrauchsrechts, MDR 74, 357. – *ders.*, Der neue Musterentwurf eines einheitlichen Polizeigesetzes – Fragwürdiges Schußwaffengebrauchsrecht, MDR 77, 10. – *Merten*, Zum Streit um den Todesschuß, Doehring-FS (1989) 579. – *Oehler*, Handeln auf Befehl, JuS 63, 301. – *Ostendorf*, Die strafrechtliche Rechtmäßigkeit rechtswidrigen hoheitlichen Handelns, JZ 81, 165. – *Reindl/Roth*, Die Anwendung unmittelbaren Zwangs in der Bundeswehr, 1974. – *Rostek*, Der rechtlich unverbindliche Befehl, 1971. – *Rotthaus*, Zur Frage des Schußwaffengebrauchs gegenüber Strafgefangenen, MDR 70, 4. – *Roxin*, Der strafrechtliche Rechtswidrigkeitsbegriff beim Handeln von Amtsträgern – eine überholte Konstruktion, Pfeiffer-FS 45. – *Rupprecht*, Die tödliche Abwehr des Angriffs auf menschliches Leben, JZ 73, 263. – *ders.*, Polizeilicher Todesschuß und Wertordnung des Grundgesetzes, Geiger-FS (1974) 781. – *Schirmer*, Befehl und Gehorsam, 1965. – *Eb. Schmidt*, Befehlsdurchsetzung und Waffengebrauch, NZWehrR 68, 161. – *J. Schmidt*, Nochmals: Die bewußte Tötung bei polizeilichem Schußwaffengebrauch, NJW 73, 449. – *Schnorr*, Handeln auf Befehl, JuS 63, 293. – *Schreiber*, Befehlsbefugnis und Vorgesetztenverhältnis in der Bundeswehr, 1965. – *Schumann*, Strafrechtliches Handlungsunrecht und das Prinzip der Selbstverantwortung der Anderen, 1986. – *Schwabe*, Die Notrechtsvorbehalte des Polizeirechts, 1979. – *ders.*, Fürmöglichhalten und irrige Annahme von Tatbestandsmerkmalen bei Eingriffsrechten, Martens-GedS (1987) 419. – *Schwenck*, Die Gegenvorstellung im System von Befehl und Gehorsam, Dreher-FS 495. – *Stratenwerth*, Verantwortung und Gehorsam, 1958. – *Sundermann*, Polizeiliche Befugnisse bei Geiselnahmen, NJW 88, 3192. – *Thewes*, Rettungs- oder Todesschuß?, 1988. – *Triffterer*, Der tödliche Fehlschuß der Polizei, MDR 76, 355. – *ders.*, Ein rechtfertigender (Erlaubnistatbestands-) Irrtum – Irrtumsmöglichkeiten beim polizeilichen Einsatz, Mallmann-FS (1978) 373. – *Wagner*, Die Neuregelung der Zwangsernährung, ZRP 76, 1. – *Westerburg*, Die Polizeigewalt des Luftfahrzeugkommandanten, 1961. – *v. Winterfeld*, Der Todesschuß der Polizei, NJW 72, 1881. – Zum Züchtigungsrecht des Lehrers vgl. die Nachw. in § 223 RN 16.

Die **Ausübung hoheitlicher Gewalt** rechtfertigt als solche noch nicht die Verwirklichung **83** eines Straftatbestands. Nicht rechtswidrig ist diese vielmehr erst, wenn das fragliche Handeln auch nach öffentlichem Recht zulässig ist oder wenn speziell strafrechtliche Gründe jedenfalls die Strafrechtswidrigkeit ausschließen. Von Bedeutung ist dies nicht nur für Amtsträger und die in § 114 I genannten Personen, sondern auch für Private, wenn sie von dem zuständigen Staatsorgan in zulässiger Weise zur Mitwirkung zugezogen worden sind (z. B. § 114 II, § 758 II ZPO). Dagegen kommen bei freiwilligen Helfern nur die allgemeinen Rechtfertigungsgründe in Betracht (Hirsch LK 142 vor § 32, Jescheck 314).

1. a) Tatbestandsmäßiges hoheitliches Handeln auf Grund **eigener Entschließung** des Amts- **84** trägers ist zunächst dann gerechtfertigt, wenn hierfür eine besondere gesetzliche Ermächtigungsgrundlage gegeben ist und die dort genannten **Eingriffsvoraussetzungen objektiv erfüllt** sind. Einschlägige Vorschriften, deren Darstellung in das Prozeß-, Polizeirecht usw. gehört, enthalten die Prozeßordnungen (zum Anhalten von Briefen vgl. § 32 RN 42a), das StVollzG (zur Zwangsernährung nach § 101 vgl. Tröndle, Kleinknecht-FS 411 mwN), das UZwG, UZwGBw, BundesgrenzschutzG, die Polizei- und Unterbringungsgesetze der Länder (zur Suizidverhinderung durch die Polizei vgl. z. B. Bay NJW **89**, 1815 m. Anm. Bottke JR 89, 475; vgl. auch VG Karlsruhe JZ **88**, 208 u. dazu Herzberg aaO (188) und zahlreiche andere Gesetze. Dabei ist es dann z. B. eine Frage des Polizeirechts, ob dort auf einen anderen als den sonst üblichen Gefahrbegriff abzustellen ist (vgl. dazu z. B. Schwabe, Martens-GedS 430 ff.). *Allgemeine Rechtmäßigkeitsvoraussetzungen* sind ferner die sachliche und örtliche Zuständigkeit (vgl. § 113 RN 24 f.; zur Kompetenzverteilung zwischen StA und Polizei bei der Anwendung unmittelbaren Zwangs vgl. die bundeseinheitlichen Richtlinien v. 15. 12. 1973, BAnz. 1973 Nr. 240 und dazu Holland MDR 74, 374) und die Einhaltung der wesentlichen, dem Schutz der Betroffenen dienenden Form- und Verfahrensvorschriften (vgl. § 113 RN 26; von Schleswig JR **85**, 474 m. Anm. Amelung/Brauer z. B. verneint für das Erfordernis psychiatrischer Erfahrung des ärztlichen Sachverständigen in einem Unterbringungsverfahren). Für alle staatlichen Eingriffsrechte gilt schließlich, daß ihre Ausübung durch die allgemeinen rechtsstaatlichen Grundsätze der Erforderlichkeit (Geeignetheit, relativ mildestes Mittel) und der Verhältnismäßigkeit begrenzt ist, wodurch im Einzelfall die Zulässigkeitsvoraussetzungen noch weiter eingeschränkt werden können (vgl. z. B. BVerfGE **19** 348, BGH **4** 377, **26** 99, **35** 379 m. Anm. Dölling JR 90, 170 u. Waechter StV 90, 23, Bay **88** 72, Bremen NJW **64**, 735). Soweit die Amtshandlung den danach maßgeblichen rechtlichen Anforderungen tatsächlich entspricht, kommt es auf eine pflichtgemäße Prüfung durch den Amtsträger nicht an (vgl. o. 19a, Bay JR **81**, 28 m. Anm. Thiele [zu § 113], Küper JZ 80, 637, aber auch BGH **35** 387 u. dazu Dölling aaO 173 für die nach dem Verhältnismäßigkeitsgrundsatz vorzunehmende Abwägung). Entsprechendes gilt, wenn auch bei Vorliegen der sachlichen Eingriffsvoraussetzungen noch ein Handlungsermessen besteht und die Ermessensausübung wenigstens i. E. objektiv im Rahmen des Vertretbaren bleibt (vgl. aber auch BGH aaO, Amelung JuS 86, 131, Dölling aaO 174). Zur Anwendbarkeit allgemeiner Rechtfertigungsgründe vgl. § 32 RN 42 f., § 34 RN 7.

Über die besonderen *Voraussetzungen des Schußwaffengebrauchs* (z. B. § 10 ff. UZwG, §§ 100, 178 **85** StVollzG, §§ 39, 40 Bad.-Württ. PolizeiG usw.) vgl. das einschlägige Schrifttum (Nachw. vor 83)

Vorbem §§ 32 ff. 86   Allg. Teil. Die Tat – Notwehr und Notstand

und aus der Rspr. z. B. BGH VersR **64**, 536, BSG NJW **61**, 2038, BayVerfGH DÖV **68**, 283, Karlsruhe NJW **74**, 806. Ist gesetzlicher Zweck des Schußwaffengebrauchs nur, angriffs- oder fluchtunfähig zu machen (z. B. § 12 II UZwG), so ist dieser nicht schon deshalb unerlaubt, weil damit das Risiko einer Tötung verbunden ist (BGH **35** 386 m. Anm. Dölling JR 90, 170 u. Waechter StV 90, 23). Selbst der in § 41 II des Musterentwurfs für ein einheitliches Polizeigesetz (vgl. Rasch DVBl. 82, 126) vorgesehene sog. Todesschuß (mit an Sicherheit grenzender Wahrscheinlichkeit tödlich wirkender Schuß; bisher aufgenommen in die Polizeigesetze der Länder Bayern, Niedersachsen und Rhld.-Pfalz) wird durch solche Regelungen nicht völlig ausgeschlossen (vgl. z. B. W. Lange 77, 12 f., Merten aaO 603 f., Sundermann NJW 88, 3193 f., aber auch Zuck MDR 88, 920; zum Problem des Todesschusses vgl. im übrigen die Nachw. vor RN 83). Speziell zum tödlichen Fehlschuß vgl. Trifterer MDR 76, 355, zum Schußwaffengebrauch im Grenzdienst BGH **35** 379 m. Anm. Dölling u. Waechter aaO, gegen Strafgefangene LG Bielefeld MDR **70**, 74, Rotthaus MDR 70, 4, gegen einen aus der Untersuchungshaft entwichenen jugendlichen Straftäter BGH **26** 99 (tödlicher Fehlschuß; krit. dazu Trifterer aaO), wobei für den Schußwaffengebrauch durch Justizvollzugsbedienstete jetzt die §§ 99 f., 178 StVollzG gelten. Zum Waffengebrauch von Soldaten vgl. AG Schleswig SchlHA **60**, 224, ferner die Nachw. o. vor 83; zum Waffengebrauch der Forst- u. Jagdschutzberechtigten usw. vgl. Ges. v. 26. 2. 1935 (RGBl. I 313, in einzelnen Ländern aufgehoben); zum Schußwaffengebrauch der früheren DDR-Volkspolizei gegenüber Flüchtlingen vgl. LG Stuttgart NJW **64**, 63, Dichgans NJW 66, 2255, Grünwald JZ 66, 633 u. zur Verfolgbarkeit nach bundesdeutschem Recht 76 f. vor § 3. Unberührt von diesen die hoheitliche Befugnis zum Schußwaffengebrauch regelnden Vorschriften bleibt das allgemeine Notwehr- und Nothilferecht (vgl. § 32 RN 42 a).

86 b) Nach dem umstrittenen, von der h. M. aber auch zu § 113 vertretenen „**strafrechtlichen Rechtmäßigkeitsbegriff**" ist tatbestandsmäßiges hoheitliches Handeln darüber hinaus auch beim Fehlen der sachlichen Eingriffsvoraussetzungen nicht rechtswidrig, wenn der Amtsträger nach (objektiv) *pflichtgemäßer Prüfung* von deren Vorliegen ausgehen durfte (vgl. aus der umfangreichen, z. T. allerdings mißverständlichen Rspr. z. B. RG **26** 27, **38** 375, **61** 299, **72** 311, BGH **4** 161, **21** 363, **24** 125, VRS **38** 115, Bay NJW **65**, 1088, JR **81**, 28 m. Anm. Thiele u. Bespr. Küper JZ 80, 633 [Erweiterung auf das Formerfordernis des § 105 II StPO], Celle NJW **79**, 57, Hamm VRS **26** 436, ferner z. B. Hirsch LK 146 f. vor § 32, Jescheck 352, M-Zipf I 394, Stratenwerth aaO 170 f., Trifterer, Mallmann-FS 380 ff.; vgl. im übrigen u. näher zum Meinungsstand § 113 RN 21 ff., 27 ff., Roxin aaO 45 ff.). Dabei kann es allerdings nicht darum gehen – insoweit wäre die Kritik an der h. M. berechtigt (vgl. z. B. Amelung JuS 86, 335 f., Roxin aaO 48, Schwabe, Martens-GedS 425 f.) –, daß Eingriffsrechte auch durch den (objektiv nicht pflichtwidrigen) guten Glauben des Amtsträgers an das Vorliegen der gesetzlichen Eingriffsvoraussetzungen begründet werden können, wenn diese tatsächlich fehlen. Ebensowenig gibt es hier ein „Irrtumsprivileg des Staats", das bei einem tatbestandsmäßigen hoheitlichen Handeln weitergehend als sonst zum Ausschluß der Rechtswidrigkeit führt. So kann der „strafrechtliche Rechtmäßigkeitsbegriff" richtigerweise aber auch nicht verstanden werden. Dieser ist nicht etwa ein besonderer Rechtfertigungsgrund für Amtsträger, sondern lediglich ein Anwendungsfall allgemeiner strafrechtlicher Prinzipien: Soweit die Ermächtigungsnorm, wie bei den zahlreichen Verdachtstatbeständen (z. B. §§ 127 II, 163 b I StPO), auf die ex ante-Beurteilung eines in der Gegenwart objektiv bereits gegebenen Sachverhalts abstellt, folgt die Rechtmäßigkeit schon aus den o. 11, 19 f. genannten Regeln, wonach der Täter bei pflichtgemäßer Prüfung aufgrund der hier bestehenden Handlungsbefugnis auch dann gerechtfertigt ist, wenn sich seine Annahme i. E. als falsch erweist (wobei die Frage dann nur noch sein kann, ob in solchen Fällen, in denen das Gesetz selbst den Tatsachenirrtum bereits einkalkuliert, dem Betroffenen das ihm an sich verbleibende Notstandsrecht [vgl. o. 11 f.] wegen des Vorrangs öffentlicher Interessen hier nicht generell zu versagen ist, was auf diesem Weg auch zur Annahme einer allgemeinen Duldungspflicht führen würde; zu den Merkmalen, die, wie z. B. „Gefahr", eine Prognose erfordern – nicht beachtet ist dieser Unterschied zu den eben genannten Fällen b. Amelung aaO 326 – vgl. dagegen bereits o. 10 f.). Im übrigen aber kann es sich hier nur um Fälle eines Erlaubnistatbestandsirrtums handeln, bei dem, wenn er auch bei objektiv pflichtgemäßer Prüfung des Sachverhalts nicht zu vermeiden war, gleichfalls schon nach allgemeinen Regeln und unabhängig von der verwaltungsrechtlichen Kategorie der Rechtswidrigkeit eines Verwaltungsakts (vgl. o. 27) das strafrechtliche (Handlungs-)Unrecht und damit die Rechtswidrigkeit der tatbestandsmäßigen Handlung entfällt (vgl. o. 21; ebenso Roxin aaO 49 f., Schumann aaO 38). Für den Betroffenen bedeutet dies, daß er hier zwar ebenfalls kein Notwehrrecht hat, wohl aber kann angemessener Widerstand nach § 34 gerechtfertigt sein (vgl. o. 21, § 32 RN 21, § 34 RN 30 f.), dies freilich nur, wenn aus der Amtshandlung ein schwerer, nicht wiedergutzumachender Schaden droht und die Gefahr für den Betroffenen nicht auf andere Weise (z. B. Aufklärung, Rechtsbehelfe) abwendbar ist (vgl. auch Roxin aaO 51). – Rechtswidrig bleibt die Tat dagegen bei einer Fehlbeurteilung der *rechtlichen* Zulässigkeitsvoraussetzungen (h. M., z. B. BGH NStZ **81**, 22 u. die Nachw. in § 113 RN 29; and. außer den dort Genannten z. B. auch Schwabe aaO 424f.). Hier kommt lediglich § 17 in Betracht, was z. B. auch für eine falsche Abwägung des richtig erkannten Sachverhalts bei Anwendung des Verhältnismäßigkeitsgrundsatzes gilt (vgl. BGH JR **90,** 170 [insoweit in BGH **35** 379 nicht abgedr.] m.Anm. Dölling, Amelung in: Eser/Fletcher 1386f.).

2. Gerechtfertigt ist tatbestandsmäßiges Handeln, das in der **Vollstreckung** einer vollziehba- **86a** ren **Entscheidung mit Außenwirkung** (Urteil, Verwaltungsakt usw.) besteht, sofern diese nicht nichtig ist (vgl. näher § 113 RN 32; weitergehend für Rechtswidrigkeit dagegen Roxin aaO 49, Spendel LK § 32 RN 105ff.).

3. Zusätzliche Probleme entstehen beim tatbestandsmäßigen **Handeln auf dienstliche Wei-** **87** **sung** innerhalb eines echten Vorgesetzten-Untergebenenverhältnisses („Anordnung" im zivilen, „Befehl" im militärischen Bereich, vgl. § 56 II BBG, § 38 II BRRG, § 11 SoldatenG, § 2 Nr. 2 WStG; zur Erfüllung von Aufträgen außerhalb solcher Verhältnisse vgl. § 113 RN 31). Nach h.M. macht die Rechtswidrigkeit der Weisung auch deren Ausführung rechtswidrig, weil der Untergebene im Unterschied zum Vorgesetzten keine originäre, sondern nur eine abgeleitete Handlungsbefugnis habe (vgl. die Nachw. bei Hirsch LK 165 vor § 32, ferner z.B. M-Zipf I 394ff., Ostendorf JZ 81, 173, Samson SK 55 vor § 32, Spendel LK § 32 RN 90ff.). Eine Ausnahme wird z. T. jedoch gemacht, wenn die Weisung für den Untergebenen trotz ihres rechtswidrigen Inhalts verbindlich ist (z. B. Jescheck 354f., Schmidhäuser 323, Stratenwerth aaO 168, 182; vgl. u. 88a). Aber auch sonst handelt der Untergebene bei der Ausführung einer rechtswidrigen Weisung nicht stets (straf-)rechtswidrig, vielmehr ist auf der Grundlage der hier vertretenen Unrechtslehre (vgl. 19, 54, 60 vor § 13, o. 21) zu unterscheiden: Fehlen schon die *rechtlichen* Zulässigkeitsvoraussetzungen der befohlenen Maßnahme, so ist deren Durchführung durch den Untergebenen rechtswidrig, und zwar auch dann, wenn dieser gutgläubig war (vgl. Schumann aaO 35ff.; and. hier BGH **4** 161, Karlsruhe NJW **74,** 2142, KG NJW **72,** 781, Köln NJW **75,** 889 zu § 113: nur bei offensichtlicher Rechtswidrigkeit, wogegen jedoch spricht, daß damit der Geltungsanspruch des Rechts gerade bei staatlichem Handeln teilweise aufgehoben und Fälle des Verbotsirrtums als unrechtsausschließend behandelt werden; daß der Untergebene insoweit keine oder nur eine beschränkte Prüfungspflicht hat, ist hier nur für die Frage der Schuld von Bedeutung [vgl. dazu u. 121f.]). Fehlt es dagegen lediglich an den *tatsächlichen* Voraussetzungen einer rechtlich an sich zulässigen Maßnahme, so ist deren Vollzug durch den Untergebenen nur dann strafrechtliches (Handlungs-)Unrecht, wenn er das Fehlen dieser Voraussetzungen kennt oder objektiv pflichtwidrig nicht kennt (Erlaubnistatbestandsirrtum, vgl. o. 21, 86, Schumann aaO 32f., 36ff.). Da aber den Untergebenen bezüglich des die fragliche Maßnahme rechtfertigenden Sachverhalts keine Prüfungspflicht trifft (vgl. näher Schumann aaO 32ff., 38f., Stratenwerth aaO 178ff., aber z.B. auch Rostek aaO 94ff., NJW 75, 862) – die §§ 56 II BBG, 38 II BRRG und die entsprechenden Landesgesetze enthalten lediglich eine Remonstrationspflicht, die zudem voraussetzt, daß der Beamte bereits Bedenken hat –, ist dies nur dann der Fall, wenn es für einen gewissenhaften Beamten usw. in der Stellung des Untergebenen „ohne weiteres" (so § 75 II 3 Bad.-Württ. BeamtenG), d. h. ohne besondere Prüfung der Sachlage erkennbar ist, daß die sachlichen Voraussetzungen fehlen (vgl. Schumann aaO 38f.; and. hier Stratenwerth aaO 178ff., 198f.: nur bei positiver Kenntnis; doch werden Weisungsbefugnis und Gehorsamspflicht nicht schon deshalb in Frage gestellt, weil von dem Untergebenen verlangt wird, wenigstens hinzusehen, was er tut). Dies gilt auch für Soldaten und Vollzugsbeamte bei der Anwendung von unmittelbarem Zwang, da die Beschränkung in § 11 II 2 SoldatenG, § 7 II 2 UZwG, § 97 II 2 StVollzG usw. auf die dem Untergebenen „bekannten Umstände" nur die Schuld betrifft (vgl. u. 121a). Im einzelnen gilt folgendes:

a) Nicht rechtswidrig ist tatbestandsmäßiges Handeln in Ausführung einer von dem (abstrakt) **88** zuständigen Vorgesetzten in der vorgeschriebenen Form zu dienstlichen Zwecken erteilten Weisung, wenn diese selbst **inhaltlich rechtmäßig** (und damit in der Regel auch verbindlich) ist. Maßgebend dafür sind die o. 84ff. genannten Voraussetzungen. Rechtmäßig ist die Weisung daher auch, wenn die sachlichen Voraussetzungen für ein Einschreiten objektiv zwar fehlen, der Vorgesetzte sie nach pflichtgemäßer Prüfung aber für gegeben hält (RG **38** 373; and. wenn er in Verkennung der rechtlichen Voraussetzungen die fragliche Handlung für erlaubt hält, und zwar nicht nur – so im Fall BGH **15** 217 mit Anm. Jescheck JZ 63, 30 – infolge „Rechtsblindheit"). Hier ist auch die Ausführung der Weisung rechtmäßig, es sei denn, daß der Untergebene weiß oder pflichtwidrig nicht erkennt (vgl. o. 87), daß der Vorgesetzte von falschen Voraussetzungen ausgegangen ist (trotz pflichtgemäßer Prüfung durch den Vorgesetzten z. B. denkbar bei einem Sonderwissen des Untergebenen oder bei einer Änderung der Sachlage; vgl. Schumann aaO 38f., auch Jescheck 355; enger Hirsch LK 164 vor § 32, Samson SK 34 vor § 32: nur bei Kenntnis). In diesen Fällen darf der Untergebene die Weisung nicht ausführen (Fall einer rechtmäßigen, aber unverbindlichen Weisung; zur Unverbindlichkeit eines Befehls, wenn durch dessen Ausführung [!] eine Straftat begangen würde, vgl. § 22 I WStG); tut er dies dennoch, so handelt er rechtswidrig, und zwar gleichgültig, ob er zuvor Gegenvorstellungen erhoben hat oder erheben konnte (and. bezüglich der Möglichkeit von Gegenvorstellungen BGH **19** 231 und krit. dazu Schwenck, Dreher-FS 503 ff.). Erst recht gilt dies, wenn der Untergebene die Weisung durch eine bewußt unwahre Meldung veranlaßt hat (BGH **19** 33 zu § 47 MStGB).

88a b) Die Streitfrage, ob das Handeln auf Grund einer **rechtswidrigen, aber verbindlichen Weisung** gerechtfertigt oder nur entschuldigt ist (vgl. dazu Hirsch LK 165 vor § 32, Jescheck 354 mwN), stellt sich seit dem Wegfall der Übertretungen im wesentlichen nur noch für das Ordnungswidrigkeitenrecht (vgl. aber auch u. 90), wenn Soldaten oder Vollzugsbeamte bei der Anwendung von unmittelbarem Zwang weisungsgemäß eine Ordnungswidrigkeit begehen: Gibt das Gesetz hier, indem es von dem Untergebenen Gehorsam verlangt (vgl. § 11 II SoldatenG, § 7 II UZwG usw. im Unterschied zu § 56 II BBG, § 38 II BRRG usw.), einem für die Funktionsfähigkeit von Befehlsapparaten grundlegenden Ordnungsprinzip den Vorrang vor der Befolgung allgemeiner Rechtspflichten, so muß in diesen Fällen grundsätzlich auch die Ausführung der Weisung gerechtfertigt sein (ebenso Jakobs 377, Jescheck 354 f., Rengier KK-OWiG 29 vor § 15, Schmidhäuser 323, Schumann aaO 39 f.; and. z. B. Amelung JuS 86, 337, Baumann/Weber 340, D-Tröndle 16 vor § 32, Küper JuS 87, 82, M-Zipf I 395, Schölz/Lingens § 2 RN 32, Spendel LK § 32 RN 76 ff., 100 ff.; vgl. aber auch u. 90). Gegenüber dem Untergebenen hat der Betroffene daher auch kein Notwehrrecht, wohl aber ist hier, weil auf diese Weise im Außenverhältnis keine Eingriffsrechte mit entsprechenden Duldungspflichten geschaffen werden können, in engen Grenzen ein Notstandsrecht anzuerkennen (vgl. entspr. o. 9 ff., 86).

89 c) Unverbindlich sind dagegen Weisungen zur Begehung einer straftatbestandsmäßigen Handlung, wenn sie – abgesehen vom Fehlen der formellen Verbindlichkeitsvoraussetzungen (Zuständigkeit, Form) – **inhaltlich rechtswidrig** sind, weil die besonderen gesetzlichen Eingriffsvoraussetzungen nicht vorliegen und der Vorgesetzte deren Vorhandensein auch nicht pflichtgemäß geprüft hat. Dies gilt auch für den militärischen Bereich und den Vollzugsdienst (vgl. § 11 II 1 SoldatenG, § 7 II 1 UZwG usw.). Hier handelt daher der eine solche (unverbindliche) Weisung ausführende Untergebene grundsätzlich gleichfalls rechtswidrig. Dies gilt uneingeschränkt, wenn die befohlene Maßnahme, weil die rechtlichen Voraussetzungen dafür fehlen, schlechterdings unzulässig ist (vgl. z. B. BGH **2** 234 [Judendeportationen], **3** 272 [Prügelstrafe an Ostarbeitern], **5** 238, **15** 214, **22** 223, NStZ **86**, 313 [Tötung von Kriegsgefangenen, Zwangsarbeitern und Juden], NJW **70**, 519 [gesetzlich unzulässige Zwangsinjektion], ferner RG **6** 440, **54** 337, **71** 284, OGH **1** 312, Frankfurt HESt. **1** 67, Freiburg JZ **51**, 85, KG DRZ **47**, 198, Stuttgart HESt. **2** 223), und zwar unabhängig davon, ob der Untergebene auf die Rechtmäßigkeit der Weisung vertraut hat (and. die Rechtspr. zu § 113 [nur bei offensichtlicher Rechtswidrigkeit], vgl. dazu o. 87). Fehlt es dagegen lediglich an den sachlichen Voraussetzungen einer an sich zulässigen Maßnahme (z. B. Anordnung einer Festnahme nach § 127 II StPO, ohne daß der besondere Haftgrund jedoch tatsächlich besteht), so handelt der Untergebene nur dann rechtswidrig, wenn er dies weiß oder wenn dies ohne weiteres – d. h. ohne besondere Prüfung der Sachlage – erkennbar ist (vgl. o. 87). Im übrigen aber begeht hier zwar der Vorgesetzte eine rechtswidrige Tat durch den Untergebenen, nicht aber dieser selbst (mittelbare Täterschaft durch ein rechtmäßig handelndes Werkzeug, vgl. § 25 RN 26 ff.), weshalb auch Notwehr nur gegenüber dem ersteren möglich ist, während gegenüber dem Untergebenen lediglich § 34 in Betracht kommt (vgl. o. 11, 21, 86a, § 32 RN 21). Zur Frage der Notwehr bei rechtswidrigem Handeln vgl. auch § 32 RN 22; zur Schuld des Untergebenen vgl. u. 121 f.

90 d) Wird dem Untergebenen ein Verhalten befohlen, das mit **mehr oder weniger großer Wahrscheinlichkeit** zu einem **Fahrlässigkeitsdelikt** führen kann, so ist zu unterscheiden (vgl. dazu auch Hirsch LK 165 vor § 32, Rengier KK-OWiG 32 vor § 15; generell für Verbindlichkeit des Befehls im militärischen Bereich jedoch Jescheck 354 FN 13, Schwenck, Anm. zu Schleswig in: Kohlhaas-Schwenck § 5 WStG Nr. 2; offengelassen von BGH **19** 252 und Schleswig aaO): 1. Ist das befohlene, an sich objektiv sorgfaltswidrige Verhalten nach den Regeln über das erlaubte (gerechtfertigte) Risiko rechtmäßig (vgl. u. 100 ff.), so ist die Weisung für den Untergebenen verbindlich und ihre Ausführung bei Beachtung der hier noch möglichen Sorgfalt auch dann gerechtfertigt, wenn der deliktische Erfolg eintritt (z. B. Anordnung an Scharfschützen der Polizei, bei einer Geiselnahme als einziges Mittel zum Schutz der Geisel auf den Entführer zu schießen, obwohl sich auch Passanten in der Nähe befinden, von denen dann einer getroffen wird). – 2. Ist das aufgetragene Verhalten wegen seiner generellen Gefährlichkeit schon als solches strafrechtswidrig, so ist die Ausführung der Weisung – vorbehaltlich der o. 89 genannten Einschränkung – gleichfalls rechtswidrig, mit der Folge, daß der Untergebene auch für den eingetretenen Erfolg haftet (z. B. Befehl zu einer Trunkenheitsfahrt [§ 316], bei der es zu einem tödlichen Unfall kommt). Dasselbe gilt für Beamte, die nicht Vollzugsbeamte bei der Anwendung von unmittelbarem Zwang sind, wenn die befohlene Handlung eine Ordnungswidrigkeit darstellt (z. B. Anordnung, mit überhöhter Geschwindigkeit durch eine Ortschaft zu fahren [§§ 3, 49 StVO]; vgl. § 56 II 3 BBG, § 38 II BRRG usw. im Unterschied zu § 11 II 1 SoldatenG, § 7 II 1 UZwG). – 3. Ist das aufgetragene Verhalten zwar sorgfaltswidrig, aber als solches nicht strafrechtswidrig (Soldaten und Vollzugsbeamte) und auch nicht ordnungswidrig (sonstige Beamte), so darf der Untergebene die Weisung jedenfalls dann nicht mehr befolgen, wenn dadurch mit hoher Wahrscheinlichkeit strafrechtlich geschützte Güter verletzt werden. So muß der Soldat zwar grundsätzlich auch eine ihm befohlene Ordnungswidrigkeit begehen (vgl. o. 88a), doch kann dies z. B. dann nicht mehr gelten, wenn durch den – hier auch nach § 35 StVO nicht gerechtfertigten – Befehl, während eines Manövers auf einer belebten Straße mit unbeleuchteten Fahrzeugen zu fahren

(§§ 17, 49 StVO), andere Verkehrsteilnehmer in evidenter Weise aufs Schwerste gefährdet werden. Hier wäre daher auch die Rechtswidrigkeit einer fahrlässigen Tötung nicht unter dem Gesichtspunkt des Handelns auf Befehl ausgeschlossen.

XIV. Rechtfertigungsgründe können sich auch aus dem **Völkerrecht** ergeben. Dies gilt z. B. für 91 völkerrechtsgemäße Kriegshandlungen (näher Schwenck, Lange-FS 101 ff.); dagegen sind die früher unter gewissen Voraussetzungen als zulässig angesehenen Kriegsrepressalien jetzt durch Art. 33 I, III des IV. Genfer Abkommens zum Schutz der Zivilbevölkerung v. 12. 8. 1949 (BGBl. 1954 II, 781, 917) verboten. Die heimtückische Tötung von Zivilpersonen durch Gestapoangehörige zur Bekämpfung einer Widerstandsbewegung in den besetzten Gebieten während des 2. Weltkrieges war jedoch auch nach damaligem Recht weder eine rechtmäßige Kriegshandlung noch eine zulässige Kriegsrepressalie (BGH **23** 103). Kein allgemein anerkannter Rechtfertigungsgrund des Völkerrechts ist der Grundsatz des „tu quoque": Daher keine Rechtfertigung der Tötung von ausländischen Zivilarbeitern vor Kriegsende unter dem Gesichtspunkt der Gegenseitigkeit (z. B. Greueltaten an der deutschen Bevölkerung während der Besetzung); vgl. näher BGH **15** 214 mwN.

XV. Besonderheiten der Rechtfertigung bei Fahrlässigkeitsdelikten

Schrifttum: Baumann, Die Rechtswidrigkeit der fahrlässigen Handlung, MDR 57, 646. – *Bickelhaupt*, Einwilligung in die Trunkenheitsfahrt, NJW 67, 713. – *Becker*, Sportverletzung und Strafrecht, DJ 38, 1720. – *Dach*, Zur Einwilligung bei Fahrlässigkeitsdelikten, Diss. Mannheim, 1979. – *Dölling*, Fahrlässige Tötung bei Selbstgefährdung des Opfers, GA 84, 71. – *Donatsch*, Sorgfaltsbemessung und Erfolg beim Fahrlässigkeitsdelikt, 1987. – *Engisch*, Der Unrechtstatbestand im Strafrecht, DJT-FS 401. – *Fiedler*, Zur Strafbarkeit der einverständlichen Fremdgefährdung unter bes. Berücksichtigung des viktimologischen Prinzips, Europ. Hochschulschr. II, Bd. 898, 1990. – *P. Frisch*, Das Fahrlässigkeitsdelikt und das Verhalten des Verletzten, 1973. – *W. Frisch*, Grund- und Grenzfragen des subjektiven Rechtfertigungselements, Lackner-FS 113. – *Geppert*, Rechtfertigende „Einwilligung" des verletzten Mitfahrers usw., ZStW 83, 947. – *Himmelreich*, Notwehr und unbewußte Fahrlässigkeit, 1971. – *Hirsch*, Die Lehre von den negativen Tatbestandsmerkmalen, 1960. – *Kienapfel*, Das erlaubte Risiko im Strafrecht, 1966. – *Kientzy*, Der Mangel am Straftatbestand infolge Einwilligung usw., 1970. – *Kohlhaas*, Strafrechtlich wirksame Einwilligung bei Fahrlässigkeitstaten?, DAR 60, 348. – *Maiwald*, Zur Leistungsfähigkeit des Begriffs „erlaubtes Risiko" für die Strafrechtsdogmatik, Jescheck-FS 405. – *Oehler*, Die erlaubte Gefahrsetzung und die Fahrlässigkeit, Eb. Schmidt FS 232. – *Otto*, Eigenverantwortliche Selbstschädigung und -gefährdung sowie einverständliche Fremdschädigung und -gefährdung, Tröndle-FS 157. – *Preuß*, Untersuchungen zum erlaubten Risiko im Strafrecht, 1974. – *Rehberg*, Zur Lehre vom „Erlaubten Risiko", 1962. – *Schaffstein*, Handlungsunwert, Erfolgsunwert und Rechtfertigung bei den Fahrlässigkeitsdelikten, Welzel-FS 557. – *R. Schmitt*, Subjektive Rechtfertigungselemente bei den Fahrlässigkeitsdelikten? JuS 63, 64. – *Stoll*, Zum Rechtfertigungsgrund des verkehrsrichtigen Verhaltens, JZ 58, 137. – *Weimar*, Der „Rechtfertigungsgrund" des verkehrsrichtigen Verhaltens, JuS 62, 133. – *Welzel*, Fahrlässigkeit und Verkehrsdelikte, 1961. – *Wiethölter*, Der Rechtfertigungsgrund des verkehrsrichtigen Verhaltens, 1960. – *Zipf*, Einwilligung und Risikoübernahme im Strafrecht, 1970. – Vgl. ferner die Schrifttumsangaben zur Fahrlässigkeit vor § 15.

Bei Fahrlässigkeitsdelikten ist nach h. M. ein **Ausschluß der Rechtswidrigkeit** durch Recht- 92
fertigungsgründe ebenso möglich wie bei Vorsatzdelikten, wobei die Einzelheiten allerdings z. T. umstritten sind.

Aus dem Schrifttum vgl. z. B. Blei I 270, D-Tröndle § 15 RN 15, Eser II 23, Hirsch LK 49 vor 93
§ 32, Jakobs 299, Jescheck 530 ff., M-Gössel II 150 ff., Samson SK 31 nach § 16, Schmidhäuser 292 f., Stratenwerth 298 ff., Welzel 137 f., Wessels I 216 u. eingehend zum Ganzen zuletzt Preuß aaO., Schaffstein aaO; and. Donatsch aaO 76 ff. (Berücksichtigung der Rechtfertigungssituationen schon im Rahmen der Sorgfaltsbemessung). Aus der Rspr., die in diesem Zusammenhang z. T. freilich auch Fälle behandelt hat, die nicht hierher gehören (u. 107), vgl. z. B. RG **57** 172 (Übersetzen über einen Fluß bei stürmischem Wetter auf Drängen des Opfers), JW **25**, 2250 (Mitfahrt auf Motorrad trotz Kenntnis fehlender Fahrerlaubnis), BGH **4** 88 (einverständliche Rauferei) **7** 112 (Veranstalten einer Wettfahrt mit tödlichem Ausgang, **25** 229 (tödliche Verletzung des Angreifers, obwohl nur Warnschuß beabsichtigt war; vgl. dazu auch Hamm NJW **62**, 1169), BGH VRS **17** 277 (Fahrt von 4 Personen auf einem Motorroller), Bay NJW **61**, 2072 (Einwilligung in Sportverletzungen), VRS **53** 349 (Anhängen eines Radfahrers an Pkw), Bay NJW **68**, 665, KG VRS **7** 184 (Überlassen eines Fahrzeugs an einen Fahrunkundigen, der anschließend bei einem Unfall verletzt wird), Celle VRS **26** 294, Frankfurt VRS **29** 457, Hamm VRS **40** 25, Zweibrücken VRS **30** 285 (Mitfahrt mit einem unter Alkoholeinfluß stehenden Fahrer; zu § 315c vgl. dort RN 33), Celle VRS **36** 417 (Teilnahme an Fahrten im polizeilichen Einsatzwagen mit erhöhtem Risiko), Karlsruhe NJW **86**, 1358 (Verletzung des Angreifers bei riskantem Ausweichmanöver); vgl. ferner z. B. Oldenburg DAR **59**, 128, Schleswig SchlHA **59**, 154, DAR **61**, 310, Stuttgart NJW **84**, 1694; zum Zivilrecht vgl. auch BGHZ **24** 28 (verkehrsrichtiges Verhalten).

Auf das Vorliegen eines Rechtfertigungsgrundes kann es bei Fahrlässigkeitsdelikten nur an- 94
kommen, wenn das fragliche Verhalten an sich sorgfaltswidrig und damit tatbestandsmäßig ist

Vorbem §§ 32 ff. 95–97   Allg. Teil. Die Tat – Notwehr und Notstand

(vgl. § 15 RN 120ff., 188f.). Soweit der Gesichtspunkt des sozialadäquaten und deshalb von vornherein unverbotenen („erlaubten") Risikos schon das Maß der im Verkehr erforderlichen Sorgfalt begrenzt (vgl. § 15 RN 127ff.), bildet er daher nicht erst einen Rechtfertigungsgrund, sondern führt schon zur Verneinung der Tatbestandsmäßigkeit. Dies gilt für alle Handlungen, die zwar gefährlich, aber sozialadäquat sind, wobei sich im einzelnen aus teils geschriebenen, teils ungeschriebenen Regeln (z. B. Verkehrsvorschriften, Arbeitsschutzbestimmungen, technische Normen usw.) ergibt, wie weit hier wegen des Risikos von Verletzungen die für den fraglichen Lebensbereich geltenden generellen Sorgfaltspflichten reichen. Schon der Tatbestand des § 222 liegt daher nicht vor, wenn z. B. verkehrsrichtiges Verhalten, der Betrieb eines gefährlichen Unternehmens unter Beachtung der Arbeitsschutzbestimmungen oder noch tolerierte „Ausreißer" bei einer ordnungsgemäßen Produktion zum Tod eines Menschen führen (vgl. z. B. Blei I 300, B-Volk I 161, Engisch aaO 418, Goll [s. vor RN 71 vor § 13] 616, Hirsch LK 31f. vor § 32, ZStW 74, 94, Jakobs 169, Jescheck 534, Lenckner, Engisch-FS 499, Maiwald aaO 411ff., M-Gössel II 108ff., Schaffstein ZStW 72, 369, Welzel 132 u. näher § 15 RN 127ff.; and. z. B. BGHZ 24 21, Baumann/Weber 269, MDR 57, 646, Oehler aaO 243f., Samson SK 53 vor § 32, Schmidhäuser 298f., I 173ff., z.T. auch Kienapfel aaO 27: Rechtfertigungsgrund; dazu, daß dies entgegen Lampe ZStW 101, 18f. nicht die Schutzlosigkeit der Betroffenen zur Folge hat, vgl. § 32 RN 21, § 34 RN 30f.). Ist die Handlung dagegen an sich sorgfaltswidrig und damit tatbestandsmäßig, so gilt das gleiche wie bei den Vorsatzdelikten: Sie ist damit auch rechtswidrig, wenn nicht im Einzelfall ein Rechtfertigungsgrund vorliegt (vgl. aber auch Donatsch aaO 76ff.). Entsprechend der o. 10ff. getroffenen Unterscheidung von Eingriffs- und Handlungsrechten kommen auch hier zwei Fallgruppen in Betracht:

95 1. Denkbar ist zunächst, daß die fragliche Handlung zwar, was die Art und Weise ihrer Vornahme betrifft, gegen Sorgfaltspflichten verstößt, daß sie aber *im Ergebnis richtig* ist, weil ein Sachverhalt vorliegt, der bezüglich des betroffenen Guts ein **Eingriffsrecht** begründet, das zum **Wegfall des Erfolgsunwerts** führt und die Tat auch bei vorsätzlicher Begehung rechtfertigen würde.

96 *Beispiele:* Der rechtswidrig Angegriffene will zur Abwehr des Angriffs lediglich einen Warnschuß abgeben, trifft aber aus Unachtsamkeit den Angreifer, wobei die Verletzung aber auch dann durch Notwehr gerechtfertigt wäre, wenn der Täter vorsätzlich gehandelt hätte (BGH **25** 229, Hamm NJW **62**, 1169 m. Anm. R. Schmitt JuS 63, 64); die Angegriffene schießt auf einen von mehreren Angreifern, trifft aber versehentlich den anderen, auf den er jedoch ebenso hätte schießen dürfen (vgl. dazu auch Beulke Jura 88, 646f. zu LG München NJW **88,** 1860); ein Polizeibeamter, der durch einen Warnschuß einen fliehenden Täter zum Halten veranlassen will, trifft diesen fahrlässig, wobei er nach den Bestimmungen über das Waffengebrauchsrecht (vgl. dazu o. 85) jedoch auch zu einem gezielten Schuß berechtigt gewesen wäre (vgl. den Sachverhalt von Frankfurt NJW **50**, 119 m. Anm. Cüpers); Schlag mit der Peitsche auf Pferde, um an dem im Weg versperrenden Angreifer vorbeizukommen, wobei versehentlich dieser getroffen wird, der Schlag jedoch, auch wenn ihn der Täter vorsätzlich geführt hätte, nach § 32 gerechtfertigt gewesen wäre (Dresden JW **29**, 2760 m. Anm. Coenders); Ausweichen vor dem Angriff durch riskantes Fahrmanöver, durch das der Angreifer aber dann doch verletzt wird (Karlsruhe NJW **86**, 1358); Trunkenheitsfahrt nach § 316 zu einer Unfallstelle, um dort Hilfe zu leisten, wobei der Täter fahrlässig von seiner Fahrtauglichkeit ausgeht, die Tat auch bei vorsätzlicher Begehung nach § 34 gerechtfertigt gewesen wäre (Hamm VRS **20** 232); zu einem Fall nach § 904 BGB vgl. BGH(Z) NJW **85**, 490. Entsprechende Situationen sind bei der Einwilligung denkbar: z. B. der Verletzte hat in eine bestimmte vorsätzliche Körperverletzung eingewilligt, die ihm dann vom Täter jedoch aus Unachtsamkeit zugefügt wird; hier ist das Verhalten des Täters nicht schon deshalb nicht sorgfaltswidrig, weil der Verletzte mit einer vorsätzlichen Verletzung einverstanden war (so jedoch Noll, Übergesetzliche Rechtfertigungsgründe usw. 56), vielmehr bleibt der Täter trotz Einwilligung zu sorgfältigem Verhalten schon deshalb verpflichtet, um nicht die durch die Einwilligung gesteckten Grenzen zu überschreiten.

97 Umstritten ist, ob und in welcher Form hier **subjektive Rechtfertigungselemente** erforderlich sind. Z. T. wird deren Existenzberechtigung bei Fahrlässigkeitsdelikten überhaupt geleugnet (z. B. Hruschka GA 80, 18, Samson SK 32 nach § 16, Schaffstein aaO 573f., R. Schmitt JuS 63, 68, Spendel, Bockelmann-FS 257), z. T. werden sie aber auch hier teils unverändert (Alwart GA 83, 455; vgl. auch BGH[Z] NJW **85**, 490 zu § 904 BGB), teils in einer entsprechend modifizierten Form verlangt, z. B. bei Notwehr in Gestalt eines ebenfalls „generellen Verteidigungswillens" (Eser II 23, Niese, Finalität, Vorsatz usw. [1951] 47, M-Gössel II 154; offengelassen in BGH **25** 232; vgl. auch Geppert ZStW 83, 979, Hirsch LK 58 vor § 32 mwN). Doch ist dies schon deshalb zu eng, weil der Täter dann zwar in den Fällen von BGH **25** 229, Hamm NJW **62**, 1169 (Warnschuß zur Abwehr eines Angriffs, vgl. o. 96), nicht aber im Fall von Dresden JW **29**, 2760 u. Karlsruhe NJW **86**, 1358 (Schlag mit der Peitsche gegen das Pferd, um dem Angriff auszuweichen bzw. Ausweichen vor dem Angriff durch riskantes Fahrmanöver: kein Abwehrwille) gerechtfertigt wäre (vgl. R. Schmitt aaO 66; gegen eine Rechtfertigung auch im ersten Fall Frankfurt NJW **50**, 119). Richtigerweise ist hier folgendermaßen zu differenzieren (vgl. auch Jescheck 532, Stratenwerth 299f.):

a) Ein auf den *sozial wertvollen Erfolg gerichteter Wille* ist nur erforderlich, wenn dieser nicht **98** schon durch die Tat als solche, sondern erst durch eine weitere Handlung erreicht werden kann. Es gilt hier nichts anderes als bei vorsätzlicher Begehung, die in diesen Fällen ebenfalls nur bei Verfolgung einer entsprechenden Absicht gerechtfertigt wäre (vgl. o. 16). Eine in fahrlässiger Unkenntnis der eigenen Fahruntauglichkeit erfolgende Trunkenheitsfahrt (§ 316) zu einer Unfallstelle ist daher nur dann gerechtfertigt, wenn sie erfolgt, um dem Verletzten Hilfe zu bringen (vgl. auch Hamm VRS **20** 232, Jescheck 532; and. Rengier KK-OWiG 53 vor § 15); hat der Täter diese Absicht nicht oder gerät er nur aus Zufall an die Unfallstelle, so bleibt er daher nach § 316 strafbar, auch wenn er dann tatsächlich Hilfe leistet. Ist der fragliche Wille dagegen vorhanden, so ist es im übrigen gleichgültig, ob es sich um bewußte oder unbewußte Fahrlässigkeit handelt.

b) In allen übrigen Fällen ist dagegen *weder ein entsprechender Erfolgswille noch* auch nur die **99** *Kenntnis des rechtfertigenden Sachverhalts* erforderlich (so i. E. auch Karlsruhe NJW **86**, 1358, W. Frisch aaO 130ff.). Hier genügt es vielmehr, daß der (Verletzungs- oder Gefährdungs-) Erfolg von Rechts wegen eintreten durfte, weil objektiv die Voraussetzungen eines Rechtfertigungsgrundes gegeben waren. Damit entfällt der Erfolgsunwert, womit auch die Strafbarkeit wegen fahrlässiger Begehung ausscheidet, soweit sie gerade vom Eintritt des Erfolgsunwerts abhängt (ebenso Jescheck 477, Stratenwerth 299; vgl. auch Samson SK 32 nach § 16, R. Schmitt JuS 63, 68; and. Alwart GA 83, 455). Geht man davon aus, daß der Erfolgsunwert jedenfalls den Umfang des Unrechts mitbestimmt (vgl. 57f. vor § 13), so ergibt sich dies daraus, daß der hier verbleibende, in der Sorgfaltspflichtverletzung liegende Handlungsunwert für das Unrecht eines fahrlässigen Erfolgsdelikts ebensowenig genügt wie in den Fällen, in denen fahrlässiges Verhalten überhaupt folgenlos geblieben ist. Das Unrecht einer fahrlässigen Tötung bzw. Körperverletzung ist deshalb z. B. nicht nur in den o. 96 genannten Notwehrfällen ausgeschlossen, in denen der Täter wenigstens in Kenntnis der Notwehrlage handelt, sondern auch dann, wenn er von dieser überhaupt nichts weiß, durch sein sorgfaltswidriges Handeln aber einen Erfolg bewirkt, den er auch vorsätzlich hätte herbeiführen dürfen: So wenn sich bei unvorsichtigem Hantieren mit einer Waffe ein Schuß löst, der einen Angreifer verletzt, von dem der Täter jedoch nichts wußte (vgl. auch § 32 RN 64). Hier ist dieser nicht nach § 230 strafbar; bestraft werden könnte er vielmehr – wenn es einen solchen Tatbestand gäbe – wegen der sorgfaltswidrigen Handlung als solcher (unvorsichtiges Umgehen mit Schußwaffen). Darauf, ob es sich um bewußte oder unbewußte Fahrlässigkeit handelt, kommt es auch hier nicht an.

2. Die zweite Fallgruppe ist dadurch gekennzeichnet, daß schon das fahrlässige Handlungs- **100** unrecht beseitigt ist, weil der Täter ausnahmsweise auf Grund einer besonderen **Handlungsbefugnis** die an sich sorgfaltswidrige Handlung auf die Gefahr hin vornehmen durfte, daß es zu dem tatbestandsmäßigen Erfolg kommt. Es sind dies die Fälle des „erlaubten", d. h. **gerechtfertigten Risikos** (i. U. zu dem schon die Sorgfaltspflicht begrenzenden „erlaubten", d. h. wegen seiner Sozialadäquanz bereits unverbotenen Risiko; vgl. o. 94), das darin besteht, daß die im Verkehr erforderliche Sorgfalt wegen besonderer Umstände nach dem Prinzip des überwiegenden oder mangelnden Interesses und unter der Voraussetzung verletzt werden darf, daß alle in der konkreten Situation möglichen Vorkehrungen getroffen werden, um den deliktischen Erfolg zu vermeiden (für einen Rechtfertigungsgrund des „erlaubten" Risikos in diesem Sinn z. B. Hirsch ZStW 74, 99 [vgl. aber auch LK 94 vor § 32], Lenckner, Engisch-FS 499, M-Zipf I 388ff., Preuß aaO 161ff.; speziell zu Sportverletzungen vgl. Eser JZ 78, 372f.; zum Formalbegriff des „erlaubten Risikos", der unterschiedliche dogmatische Kategorien zusammenfaßt, denen das Fehlen eines Eingriffsrechts gemeinsam ist, vgl. im übrigen näher Maiwald aaO). Tritt hier der Erfolg dennoch ein, so ist die Tat nicht rechtswidrig. Bedeutung hat dies freilich nur bei bewußter Fahrlässigkeit: Denkt der Täter überhaupt nicht an den möglichen Erfolg, so hat er auch nicht die Möglichkeit, diesen nach Kräften abzuwenden. Voraussetzung ist hier ferner als subjektives Rechtfertigungselement die Kenntnis des Sachverhalts (bzw. das Vertrauen auf dessen Vorliegen), der das riskante Handeln ausnahmsweise erlaubt (vgl. auch Geppert ZStW 83, 979; and. z. B. Schaffstein aaO 573f., wobei die als Beleg dafür genannten Fälle auf S. 576f. z. T. jedoch zu der o. 95ff. behandelten Fallgruppe gehören). Eine besondere Absicht ist als subjektives Rechtfertigungselement auch hier nur unter den o. 98 genannten Voraussetzungen erforderlich (z. B. Tötung eines Passanten durch einen zu einer Unfallstelle fahrenden und dabei Verkehrsvorschriften verletzenden Arzt; vgl. dazu auch u. 101). Daraus, daß der Täter alles zur Vermeidung des Erfolgs Mögliche getan haben muß, folgt schließlich auch das Erfordernis pflichtgemäßer Prüfung. Als Fälle des gerechtfertigten Risikos kommen im einzelnen in Betracht:

Vorbem §§ 32 ff. 101–104   Allg. Teil. Die Tat – Notwehr und Notstand

101 a) Nach dem Prinzip des **überwiegenden Interesses** kann insbesondere bei Bestehen einer Notstandslage die Vornahme einer an sich sorgfaltswidrigen Handlung erlaubt sein, wobei der Notstand dem Täter hier freilich kein echtes Eingriffsrecht, sondern nur ein schlichtes Handlungsrecht verleiht (daher keine Duldungspflicht des Betroffenen; vgl. dazu o. 11). So ist z. B. zu schnelles Fahren auch dann ein Verstoß gegen die im Verkehr erforderliche Sorgfalt, wenn der Täter einen Verletzten, der sich in akuter Lebensgefahr befindet, so rasch als möglich in ein Krankenhaus bringen will; doch kann hier das Unrecht einer fahrlässigen Tötung – Überfahren eines Passanten – unter dem Gesichtspunkt eines durch Notstand geschaffenen gerechtfertigten Risikos ausgeschlossen sein (vgl. dazu auch Maiwald aaO 415f.). Ob dies im Einzelfall anzunehmen ist, hängt hier wesentlich von der Abwägung der jeweils drohenden Gefahren ab: Je größer das Risiko der Verletzung Dritter ist, umso weniger darf dieses vom Täter eingegangen werden. Das gleiche gilt z. B. für den trotz Anwesenheit zahlreicher Unbeteiligter erfolgenden Einsatz einer Schußwaffe zur Abwehr eines rechtswidrigen Angriffs, wenn dabei ein Dritter getroffen wird (vgl. dazu auch BGH NJW **78**, 2028, Maiwald aaO 418f., Schaffstein aaO 574ff.); zum Waffengebrauch der Polizei bei Gefährdung Unbeteiligter vgl. § 12 II UZwG und die entsprechenden landesrechtlichen Bestimmungen, ferner z. B. Bernsmann, Blau-FS 26ff., Krey/Meyer ZRP **73**, 4, Rupprecht JZ **73**, 263.

102 b) Ein gerechtfertigtes Risiko, dem das Prinzip des **mangelnden Interesses** zugrundeliegt, kann insbes. durch **Einwilligung** geschaffen werden (gegen die Versuche, die hierher gehörenden Fälle durch eine Begrenzung der Sorgfaltspflicht, des Schutzbereichs der Norm oder durch sonstige Zurechnungserwägungen zu lösen – so z. B. P. Frisch aaO 118f., Geppert ZStW **83**, 992f., M-Gössel II 121, Otto Jura **84**, 539f., Preuß aaO 133ff., Schünemann JA **75**, 723 – mit Recht Hirsch LK 94 vor § 32, Dölling GA **84**, 80ff.; krit. zu den bisherigen Erklärungsmodellen und für eine Tatbestandslösung unter viktimologischen Vorzeichen Fiedler aaO 59ff., 145ff.). Bei dieser von der Mitwirkung an einer fremden Selbstgefährdung (vgl. u. 107 sowie 101a vor § 13) zu unterscheidenden sog. „einverständlichen Fremdgefährdung" (z. B. Teilnahme an gefährlicher Autofahrt) braucht sich die Einwilligung nicht auf die Verletzung selbst zu beziehen – dann kann schon der o. 95 genannte Fall gegeben sein –, vielmehr genügt es, wenn der Verletzte in Kenntnis der besonderen Gefahr in die *Vornahme* der an sich *sorgfaltswidrigen Handlung* und damit in seine Gefährdung einwilligt, weil das hier bestehende gesteigerte Risiko einer Verletzung schon dann eingegangen werden darf, wenn der Einwilligende dieses bewußt auf sich nimmt (h. M., z. B. Bay **68**, 6, **77**, 105, Celle NJW **64**, 736, MDR **69**, 69, Frankfurt MDR **70**, 695, Hamm VRS **40** 26, KG JR **54**, 428, Karlsruhe NJW **67**, 2321, Oldenburg VRS **32** 38, Schleswig SchlHA **59**, 154, **68**, 229, Dölling aaO 82ff., D-Tröndle § 226a RN 5, Eser JZ **78**, 372f., Hirsch LK 107 vor § 32, § 226a RN 4, Jakobs 363, Jescheck 533f., Lackner § 226a Anm. 1, Schaffstein aaO 565ff., Schild Jura **82**, 523ff., Schroeder LK § 16 RN 178ff.; vgl. auch BGH **6** 234, VRS **17** 277: Einwilligung in „mögliche" Körperverletzung, Jakobs 363: Einwilligung in „Sozialbeziehung, die ohne das Risiko nicht zu definieren ist").

103 α) Zweifelhaft ist, **in welchem Umfang** in riskante Handlungen eingewilligt werden kann, insbes. ob eine Einwilligung auch in eine Lebensgefährdung möglich ist, die im Ergebnis zum Tode führt (grundsätzlich bejahend z. B. Berz GA **69**, 148, Kientzy aaO 97ff., Samson SK 33 nach § 16, Schaffstein aaO 570ff., i. E. auch RG **57** 172; z. T. unter Berufung auf § 216 verneinend dagegen z. B. BGH **4** 93, wo jedoch „unter besonderen Voraussetzungen" die „Pflichtwidrigkeit" verneint wird, VRS **17** 279, Bay NJW **57**, 1245, Bickelhaupt NJW **67**, 713, Geppert ZStW **83**, 953ff., Jescheck 533, Zipf aaO 70ff.). Soweit hier differenzierende Lösungen vorgeschlagen werden, wird z. T. ausschließlich auf die Schwere des tatsächlich eingetretenen Erfolgs (Hamm MDR **71**, 67), z. T. aber auch auf andere Kriterien abgestellt, so z. B. darauf, ob die Gefährdung, anknüpfend an § 226a, sittenwidrig ist (z. B. Karlsruhe NJW **67**, 2321, Hirsch LK 95 vor § 32, Ostendorf JuS **82**, 432), ob „der Wert der Selbstbestimmung gemeinsam mit den durch die Tat verfolgten Zwecken das Lebensrisiko überwiegt" (Dölling GA **84**, 90, Helgerth NStZ **88**, 263) oder ob die „einverständliche Fremdgefährdung unter allen relevanten Aspekten einer Selbstgefährdung gleichsteht" (Roxin, Gallas-FS 252, NStZ **84**, 412).

104 Sicher ist zunächst, daß die Einwilligung in eine Fremdgefährdung nicht schon deshalb wirksam ist, weil das Recht auch die Selbstgefährdung nicht verbietet (Roxin, Gallas-FS 250). Andererseits kann es aber auch nicht auf die Schwere des tatsächlich eingetretenen Erfolgs ankommen, da es hier ausschließlich um die Frage geht, ob die *riskante Handlung als solche* vorgenommen werden durfte (vgl. auch Eser JZ **78**, 373, Schaffstein aaO 573, Schild Jura **82**, 524). Entgegen BGH VRS **17** 277, Hamm MDR **71**, 67 ist es daher nicht möglich, die Wirksamkeit der Einwilligung davon abhängig zu machen, ob es später zum Tod bzw. zu einer besonders schweren Körperverletzung kommt: Wäre hier die Einwilligung in die riskante Handlung deshalb unbeachtlich gewesen, weil als deren Folge auch der Tod oder besonders gravierende Verletzungen hätten eintreten können, so bleibt die Handlung auch dann rechtswidrig, wenn es zufällig nur zu einer weniger schweren Körperverletzung gekommen ist (zu BGH VRS **17** 277 vgl. auch Schaffstein aaO 573; eine andere Frage ist es, ob in

solchen Fällen, in denen die Einwilligung wegen der Gefahr eines besonders schweren Erfolgs unbeachtlich ist, die Strafbarkeit wegen des tatsächlich eingetretenen leichteren Erfolgs unter dem – hier auf die Rechtfertigungsebene zu übertragenden – Gesichtspunkt des fehlenden Risikozusammenhangs [vgl. 95 f. vor § 13] zu verneinen ist). Das Problem ist mithin allein, ob und in welchem Umfang der Verletzte den Täter von der Beachtung an sich bestehender Sorgfaltspflichten befreien kann. Hier aber müssen auch bezüglich einer Lebensgefährdung andere Grundsätze gelten als bei der vorsätzlichen Tötung, da letztere den vom Leben ausgehenden Achtungsanspruch in ganz anderer Weise berührt als eine unvorsätzlich-sorgfaltswidrige Handlung. Deshalb ist es auch nicht möglich, aus § 216 entsprechende Schlüsse für die fahrlässige Tötung zu ziehen (so z. B. auch Hirsch LK 95 vor § 32, Kientzy aaO 97 ff., Ostendorf JuS 82, 431 f., Roxin NStZ 84, 412, Samson SK 33 nach § 16, Schaffstein aaO 571, Schroeder LK § 16 RN 188; vgl. aber auch Dölling GA 84, 85 ff. u. die Nachw. o. 103), vielmehr muß hier selbst bei Gleichartigkeit des äußeren Erfolgs eine Rechtfertigung in weiterem Umfang möglich sein (vgl. auch Stratenwerth 298 f.). So kann nicht zweifelhaft sein, daß der Unfallverletzte wirksam in einen von einem Arzt an Ort und Stelle mit völlig unzulänglichen Mitteln durchgeführten und damit an sich sorgfaltswidrigen Eingriff auch dann einwilligen kann, wenn dieser für ihn mit Lebensgefahr verbunden ist. Auch wäre bei einem generellen Ausschluß der Lebensgefährdung die Einwilligung in riskantes Verhalten, von minimalen Gefährdungen abgesehen, praktisch nahezu bedeutungslos, da gefährliche Handlungen, deren Risiko sich auf (nicht besonders schwere) Körperverletzungen begrenzen läßt, kaum vorkommen dürften (z. B. Teilnahme an einer gefährlichen Autofahrt). Andererseits ist das frivole Spiel mit fremdem Leben selbstverständlich nicht deshalb gerechtfertigt, weil der Betroffene damit einverstanden ist. Daher wird man die Frage, wo hier die Grenzen zu ziehen sind, nur nach den auch für § 226a maßgebenden Grundsätzen beantworten können, mit dem Unterschied, daß es hier nicht auf die Schwere des Erfolgs, sondern auf diejenige der Gefahr ankommt (zu § 226a als Anknüpfungspunkt vgl. auch die Nachw. o. 103, ferner Stratenwerth 299; dagegen über Dölling GA 84, 89 f.). In diesem Zusammenhang können dann auch „Anlaß und Zweck des Unternehmens" – in BGH **7** 115 bei der Mitwirkung an fremder Selbstgefährdung (vgl. u. 107) neben der Größe der Gefahr als weiteres Kriterium genannt – von Bedeutung sein: Je größer die Wahrscheinlichkeit eines tödlichen Ausgangs oder eines schweren Körperschadens ist, um so gewichtiger muß auch der verfolgte Zweck sein, damit dessen Realisierung um den Preis eines derartigen Risikos noch angemessen erscheint (vgl. das genannte Beispiel einer Operation mit unzulänglichen Mitteln), während umgekehrt bei verhältnismäßig entfernten Gefährdungen (z. B. Mitfahrt in einem nur geringfügig verkehrsunsicheren Auto) ein positiver Zweck nicht verlangt werden kann (so wohl auch Stratenwerth 299; weitergehend für Bedeutungslosigkeit des Zwecks Samson SK 33 nach § 16, Schaffstein aaO 569; enger Dölling GA 84, 90 ff.). Unerheblich ist dagegen, ob die fragliche Handlung als solche wegen ihrer Gefährlichkeit ausdrücklich verboten ist (vgl. Celle VRS **26** 292: Trunkenheitsfahrt, Bay VRS **53** 349: Verstoß gegen § 23 III 1 StVO). Ist allerdings die vorsätzliche Körperverletzung trotz Einwilligung sitten- und damit rechtswidrig (§ 226a), so gilt dies immer auch für eine dadurch verursachte fahrlässige Tötung; jedoch folgt die Sittenwidrigkeit einer vorsätzlichen Körperverletzung nicht schon daraus, daß mit ihr eine Lebensgefährdung verbunden ist (vgl. aber auch Roxin JuS 64, 379).

β) Für die **Wirksamkeit** der Einwilligung in die riskante Handlung gelten im übrigen grundsätzlich die gleichen Voraussetzungen wie bei Vorsatzdelikten (o. 35 ff.; vgl. Helgerth NStZ 88, 263, Schaffstein aaO 564). Erforderlich ist daher, daß der Einwilligende Inhaber des gefährdeten Rechtsguts ist (zu § 315c vgl. dort RN 33), daß er einwilligungsfähig ist (vgl. o. 39 ff.) und daß er die Einwilligung zumindest konkludent zum Ausdruck gebracht hat (vgl. z. B. BGH **17** 360, Frankfurt VRS **29** 457). Eine konkludent erklärte Einwilligung kann z. B. in der Teilnahme am Sportbetrieb bezüglich leichterer Regelverletzungen (vgl. Bay **61**, 182, aber auch Eser JZ 78, 372, Schild Jura 82, 576 f.) oder im Mitfahren in Kenntnis der Trunkenheit des Fahrers oder sonstiger Verkehrswidrigkeiten gesehen werden (vgl. BGH VRS **17** 279, Bay JR **63**, 27, Celle NJW **64**, 736, Hamm MDR **71**, 67, Zweibrücken VRS **30** 284; vgl. ferner Celle MDR **69**, 69 [Teilnahme an Fahrt im Einsatzwagen der Polizei]), nicht aber schon darin, daß die Mitfahrerin die Ehefrau des Täters ist (vgl. Oldenburg NJW **66**, 2132; and. KG JR **54**, 429, wo allein auf die innere Zustimmung [Willensrichtungstheorie, vgl. o. 43] abgestellt wird). Weitere Voraussetzung ist, daß der Einwilligende in klarer Erkenntnis des eingegangenen Risikos handelt; Willensmängel (vgl. o. 45 ff.), die sich darauf beziehen, führen auch hier zur Unwirksamkeit der Einwilligung. Rechtswidrig bleibt die Tat ferner immer dann, wenn der Täter riskante Handlungen vornimmt, die durch die Einwilligung nicht gedeckt sind und die Verletzung deshalb nicht mehr die Folge des eingegangenen Risikos, sondern anderer Sorgfaltspflichtverletzungen ist (so willigt z. B. auch derjenige, der an einer Trunkenheitsfahrt teilnimmt, nicht in jedes noch so gewagte Verkehrsmanöver ein). Unbeachtlich ist eine Einwilligung nicht deshalb, weil die Tat unter anderen Gesichtspunkten rechtswidrig bleibt (vgl. Hamm MDR **71**, 67 [§ 316], Bay VRS **53** 349 [§ 23 III 1 StVO]; vgl. aber auch Karlsruhe NJW **67**, 2322).

γ) Außer der Einwilligung kann auch die **mutmaßliche Einwilligung** ein gerechtfertigtes Risiko begründen. Dies gilt z. B., wenn ein Arzt mit unzulänglichen Mitteln einen Bewußtlosen operiert, weil dies die einzige Möglichkeit ist, dessen Leben zu erhalten (vgl. auch Frankfurt MDR **70**, 694: Schuß auf den Angreifer in Nothilfe, wobei jedoch der Angegriffene verletzt wird). Zu den Voraussetzungen der mußmaßlichen Einwilligung vgl. o. 54 ff.

107 3. **Nicht** in den vorliegenden Zusammenhang gehören die **Veranlassung** bzw. **Förderung fremder Selbstgefährdung,** die Zurechnungs- und damit bereits Tatbestandsfragen betrifft (vgl. 101 vor § 13, § 15 RN 155 ff.) und daher von der rechtfertigenden „einverständlichen Fremdgefährdung" (vgl. o. 102 ff.) zu unterscheiden ist (h. M., z. B. Bay NJW **90**, 131, D-Tröndle 19 vor § 13, Dölling GA 84, 75 ff., Herzberg JA 85, 272, Hillenkamp JuS 77, 171 f., Roxin, Gallas-FS 249, NStZ 84, 412, Rudolphi SK 81 a vor § 1, Schroeder LK § 16 RN 181, Stree JuS 84, 183; and. Otto Tröndle-FS 169 ff., Jura 84, 540). Während es bei dieser der Täter ist, der, wenn auch mit Zustimmung des Betroffenen, die diesen unmittelbar gefährdende und schließlich verletzende Handlung vornimmt, setzt dort das Opfer selbst die unmittelbare Ursache für den Verletzungserfolg, was z. B. auch dadurch geschehen kann, daß es sich bewußt in die von einem Dritten pflichtwidrig geschaffene Gefahrenlage begibt: Nur um eine Selbstgefährdung und die Veranlassung bzw. Förderung einer solchen handelt es sich daher z. B. bei der Teilnahme an einer leichtsinnigen, tödlich verlaufenden Motorradwettfahrt oder bei dem zu einer Ansteckung führenden Besuch eines von einem Dritten fahrlässig infizierten Pokkenkranken (von BGH **7** 112 bzw. **17** 359 zu Unrecht z. T. noch unter Einwilligungsgesichtspunkten behandelt; vgl. dagegen jetzt die Rspr.-Nachw. in RN 101 vor § 13 u. näher dazu § 15 RN 155 ff.). Ob der eine oder andere Fall vorliegt, kann mitunter zweifelhaft sein. Ebenso wie bei der Abgrenzung von einverständlicher Fremdverletzung und der Mitwirkung an fremder Selbstverletzung (vgl. o. 52a) muß auch hier letztlich entscheidend sein, ob es das Opfer (Selbstgefährdung) oder der Dritte (Fremdgefährdung) war, der bis zuletzt die Herrschaft über das den Erfolg unmittelbar herbeiführende Geschehen hatte (vgl. Bay NJW **90**, 131, ferner z. B. Dölling aaO 78, Prittwitz NJW 88, 2943, Roxin, Gallas-FS 249, Rudolphi aaO; and. u. gegen die Möglichkeit einer solchen Unterscheidung hier Otto aaO); lag sie bei beiden, so bleibt das Ganze dennoch eine Selbstgefährdung (vgl. Bay aaO [Sexualkontakt mit HIV-Virusträger in Kenntnis der Infizierung, vgl. § 223 RN 6a; and. z. B. Helgerth NStZ 88, 262, offengelassen von BGH **36** 17], ferner z. B. Prittwitz aaO, Meier GA 87, 219). Die o. 103 f. für die einverständliche Fremdgefährdung genannten Beschränkungen gelten bei der Mitwirkung an fremder Selbstgefährdung nicht; zu den an ein freiverantwortliches Opferverhalten zu stellenden Anforderungen vgl. o. 52a.

107a XVI. **Kein Rechtfertigungsgrund** ist die **soziale Adäquanz** eines Verhaltens (z. B. Baumann/ Weber 267, D-Tröndle 12 vor § 32, Hirsch LK 26 vor § 32, Lehre von den negativen Tatbestandsmerkmalen [1960] 283 ff., 289 ff., ZStW 74, 78, Jescheck 226 ff., M-Zipf I 215, 389, Roxin, Klug-FS 306 ff., Samson SK 15 vor § 32, Stratenwerth 117 f., Welzel 57; offengelassen in BGH **23** 228 [vgl. auch BGH **19** 154], Düsseldorf NJW **87**, 2453; and. Klug, Eb. Schmidt-FS 249 [Unterscheidung zwischen rechtfertigender „Sozialadäquanz" und tatbestandsausschließender „Sozialkongruenz"], Schmidhäuser 298 ff., I 173 ff.; zum Zivilrecht vgl. Deutsch, Welzel-FS 273 ff. mwN). Beschränkt man den nicht sehr präzisen und deshalb z. T. auch unterschiedlich verstandenen Begriff der Sozialadäquanz auf „gänzlich unverdächtige" (BGH **23** 228), weil „völlig im Rahmen der ‚normalen', geschichtlich gewordenen sozialen Ordnung des Lebens" (Welzel 56) liegende Verhaltensweisen, so ist es nicht erst eine spezielle Erlaubnis, die ein an sich verbotenes Verhalten ausnahmsweise rechtmäßig macht, vielmehr fehlt es schon an der Tatbestandsmäßigkeit der fraglichen Handlung, weil diese hier von dem betreffenden Tatbestand sinnvollerweise überhaupt nicht gemeint sein kann (vgl. 68 ff. vor § 13 u. näher Hirsch ZStW 74, 87 ff., Roxin, Klug-FS 304 ff.). Dies gilt z. B. auch für die allgemein üblichen und unter dem Gesichtspunkt ihrer „überindividuellen Zweckhaftigkeit" (Schmidhäuser 296 f., I 172) per saldo nützlichen Gefährdungshandlungen im Bereich von Verkehr und Technik, bei denen die Anerkennung eines gewissen „sozialadäquaten" Risikos schon zur Begrenzung der Sorgfaltspflicht führt (vgl. o. 94). Ist dagegen die Grenze der vom Tatbestand vorausgesetzten sozialen Handlungsfreiheit überschritten – wobei die Grenzziehung im Einzelfall schwierig sein kann –, so bedarf es zur Rechtfertigung eines solchen „sozialinadäquaten" Verhaltens eines besonderen, auf das Prinzip des mangelnden bzw. überwiegenden Interesses zurückführbaren Rechtfertigungsgrundes. Für die Anerkennung der sozialen Adäquanz ist, wenn darunter nicht etwas völlig anderes verstanden wird, hier mithin kein Raum.

107b XVII. **Kein** allgemeiner Rechtfertigungsgrund ist bei Vorsatztaten auch das sog. **erlaubte Risiko** (zur Bedeutung tatbestandsrelevanter „erlaubter" Risiken dort vgl. dagegen 70 c, 93 vor § 13). Zwar gibt es einzelne Rechtfertigungsgründe, bei denen dieses das gemeinsame Strukturprinzip darstellt, weil sie auf dem Gedanken beruhen, daß tatbestandsmäßige Handlungen infolge besonderer Umstände auch auf die Gefahr hin vorgenommen werden dürfen, daß der mit ihnen erstrebte sozial wertvolle Zweck verfehlt wird (vgl. o. 11, Jescheck 360), und auch bei anderen Rechtfertigungsgründen finden sich einzelne, zugleich ein erlaubtes Risiko umfassende Elemente (vgl. o. 10a). Darüber hinaus hat der Gedanke des erlaubten Risikos bei Vorsatztaten aber keine selbständige Bedeutung (so jetzt auch Jescheck 360). Dies gilt auch bei bedingtem Vorsatz (and. hier z. B. Hirsch ZStW 74, 99; vgl. aber auch LK 32 vor § 32). Selbst wenn man sich bei diesem z. B. mit dem bloßen „Inkaufnehmen" begnügt, sind es hier allemal bereits die allgemeinen Rechtfertigungsgründe, die dort, wo dies sachlich angebracht ist, zur Verneinung der Rechtswidrigkeit führen. So kommt § 34 in Betracht, wenn ein chemisches Werk zur Vermeidung einer schweren Explosion giftige Gase abbläst, wobei in Rechnung gestellt wird, daß einzelne Personen vorübergehende Gesundheitsschäden erleiden (Beisp. von Hirsch ZStW 74, 99), und ebenso ermöglichen bei gefährlichen Rettungshandlungen, bei denen Verletzungen des Betroffenen in Kauf genommen werden (z. B. Werfen eines kleinen Kindes aus dem Fenster eines brennenden Hauses), bereits die Rechtfertigungsgründe der Einwilligung, mutmaßlichen Einwilligung (vgl. o. 57), u. U. auch des Notstands (vgl. § 34 RN 8a) sachgerechte Lösungen. Kein eigenständiger Rechtfertigungsgrund ist das erlaubte Risiko schließlich auch bei § 266 (and. noch Jescheck³ 326): Soweit Risikogeschäfte noch im Rahmen einer ordnungsgemäßen Geschäftsführung liegen, fehlt es vielmehr bereits an der Tatbestandsmäßigkeit (vgl. § 266 RN 20); im übrigen kommen hier nur die allgemeinen Rechtfertigungsgründe in Betracht (vgl. § 266 RN 48). – Seine eigentliche Bedeutung hat das erlaubte Risiko als Rechtfertigungsgrund bei *Fahrlässigkeitsdelikten* („gerechtfertigtes" Risiko im Unterschied zum sozialadäquaten Risiko, das schon die Tatbestandsmäßigkeit ausschließt, vgl. o. 100), wobei sich hinter dem Begriff des „erlaubten Risikos" hier freilich recht unterschiedliche Fallgruppen verbergen, die sich selbst wieder auf die allgemeinen Rechtfertigungsprinzipien zurückführen lassen (vgl. o. 101ff. sowie Maiwald, Jescheck-FS 405ff.); gegen die Lehre vom erlaubten Risiko auch hier z. B. Hirsch LK 33 vor § 32, Kienapfel, Erlaubtes Risiko 26f.

B. Entschuldigungsgründe

Schrifttum: Achenbach, Wiederbelebung der allgemeinen Nichtzumutbarkeitsklausel im Strafrecht?, JR 75, 492 – *Bacigalupo*, Unrechtsminderung und Tatverantwortung, A. Kaufmann-GedS 459. – *Bernsmann*, „Entschuldigung" durch Notstand, 1989. – *Bopp*, Der Gewissenstäter und das Grundrecht der Gewissensfreiheit, 1974. – *Brauneck*, Der strafrechtliche Schuldbegriff, GA 59, 261. – *Ebert*, Der Überzeugungstäter in der neueren Rechtsentwicklung, 1975. – *End*, Existenzielle Handlungen im Strafrecht. Die Pflichtenkollision im Lichte der Philosophie Karl Jaspers, 1959. – *Eser/Fletcher* (Hrsg.), Rechtfertigung und Entschuldigung. Rechtsvergleichende Perspektiven, Bd. I 1987, Bd. II 1988. – *Gallas*, Pflichtenkollision als Schuldausschließungsgrund, Mezger-FS 311. – *Goldschmidt*, Der Notstand, ein Schuldproblem, Österr. Zeitschr. für Strafrecht 1913, 129, 224. – *Henkel*, Zumutbarkeit und Unzumutbarkeit als regulatives Rechtsprinzip, Mezger-FS 249. – *M. Herdegen*, Gewissensfreiheit und Strafrecht, GA 86, 97. – *Küper*, Noch einmal: Rechtfertigender Notstand, Pflichtenkollision und übergesetzliche Entschuldigung, JuS 71, 4/4. – *Lenckner*, Strafe, Schuld u. Schuldfähigkeit, in: Göppinger/Witter, Handb. d. forens. Psychiatrie I (1973), 68ff. – *Lücke*, Der allgemeine Schuldausschließungsgrund der Unzumutbarkeit als methodisches Problem, JR 75, 55. – *Mangakis*, Die Pflichtenkollision als Grenzsituation des Strafrechts, ZStW 84, 447. – *Marcetus*, Der Gedanke der Zumutbarkeit usw., StrAbh. 243 (1928). – *Maurach*, Kritik der Notstandslehre, 1935. – *ders.*, Schuld und Verantwortung im Strafrecht, 1948. – *Müller-Dietz*, Gewissensfreiheit und Strafrecht, Peters-FS 91. – *Nestler-Tremel*, Zivildienstverweigerung aus Gewissensgründen, StV 85, 343. – *Oehler*, Die Achtung vor dem Leben und die Notstandshandlung, JR 51, 481. – *Otto*, Pflichtenkollision und Rechtswidrigkeitsurteil, 1965 (m. Nachtrag 1978). – *Peters*, Überzeugungstäter und Gewissenstäter, H. Mayer-FS 257. – *Roxin*, Die Gewissenstat als Strafbefreiungsgrund, Maihofer-FS 389. – *ders.*, Rechtfertigungs- und Entschuldigungsgründe in Abgrenzung von sonstigen Strafausschließungsgründen, JuS 88, 425. – *Rudolphi*, Die Bedeutung des Gewissensentscheids für das Strafrecht, Welzel-FS 605. – *ders.*, Ist die Teilnahme an einer Notstandstat i. S. der §§ 52, 53 Abs. 3 und 54 strafbar? ZStW 78, 67. – *Sauerlandt*, Zur Wandlung des Zumutbarkeitsbegriffs im Strafrecht, 1936. – *Schaffstein*, Die Nichtzumutbarkeit als übergesetzlicher Schuldausschließungsgrund, 1933. – *Schulte* u. *Träger*, Gewissen im Strafprozeß, BGH-FS 251. – *Vogler*, Der Irrtum über Entschuldigungsgründe im Strafrecht, GA 69, 203. – *v. Weber*, Die Pflichtenkollision im Strafrecht, Kiesselbach-FS 23. – *W. Weber*, Zumutbarkeit und Nichtzumutbarkeit als rechtliche Maßstäbe, Juristen-Jahrbuch 3 (1962/63) 212. – *Welzel*, Zum Notstandsproblem, ZStW 63, 47. – *Wittig*, Der übergesetzliche Schuldausschließungsgrund der Unzumutbarkeit in verfassungsrechtlicher Sicht, JZ 69, 546. – Vgl. ferner die Schrifttumsangaben vor § 35.

I. Voraussetzung strafrechtlicher Schuld ist die Fähigkeit des Täters, das Unrecht der Tat einzusehen und nach dieser Einsicht zu handeln. Fehlt diese i. S. eines „normativ gesetzten Andershandelnkönnens" zu verstehende Fähigkeit (vgl. 118 vor § 13), so ist ein Schuldvorwurf von vornherein nicht möglich. Daher ist die Schuldunfähigkeit (vgl. §§ 19, 20, § 3 JGG) ein echter, d. h. zwingender **Schuldausschließungsgrund**. Dasselbe gilt für den nicht i. S. des § 20 defektbehafteten, sondern „normalpsychologischen" und dennoch unvermeidbaren Verbotsirrtum (§ 17): Hier kann ein Schuldvorwurf von vornherein nicht mehr erhoben werden, wenn sich der Täter zwar i. S. einer rein theoretischen Möglichkeit durch Ausschöpfung aller erdenklichen Erkenntnis- und Auskunftsmittel das erforderliche Wissen hätte verschaffen können, von ihm aber billigerweise nicht mehr, als er tatsächlich getan hat, erwartet werden konnte (entgegen Roxin, Bockelmann-FS 290 wird dem Täter hier daher auch nicht erst – wie z. B. in § 35 – „Nachsicht" gewährt; zur entsprechenden Bedeutung der Zumutbarkeit bei der Fahrlässigkeit vgl. u. 126). Davon zu unterscheiden sind die bloßen **Entschuldigungsgründe** (für diese Unter-

Vorbem §§ 32 ff. 109–110a Allg. Teil. Die Tat – Notwehr und Notstand

scheidung zumindest i. E. z. B. auch Amelung JZ 82, 621 f., B-Volk I 127, Eser I 194 sowie in: Eser/Fletcher aaO 57 f., Hirsch LK 182 vor § 32, § 35 RN 5, Jescheck 429, Armin Kaufmann, Dogmatik der Unterlassungsdelikte 151 ff., Lenckner aaO 68 f., Der rechtfertigende Notstand 35 ff., Rengier KK-OWiG 55 f. vor § 15, Rudolphi SK 5 f. vor § 19, ZStW 78, 80 ff., Vogler GA 69, 104, Welzel 179, Werner NZV 88, 88, Wessels I 121; vgl. auch RG **66** 224: „Schuldausschließungsgründe im weiteren Sinn", während sonst der Begriff „Schuldausschließungsgrund" vielfach unterschiedslos auch für die Entschuldigungsgründe gebraucht wird: z. B. Baumann/Weber 441 ff., Blei I 207, D-Tröndle 14 vor § 32; krit. zu dieser Unterscheidung Roxin aaO 288 ff., JuS 88, 427). Anders als bei den Schuldausschließungsgründen ist bei den Entschuldigungsgründen die Schuld nicht begriffsnotwendig ausgeschlossen, vielmehr handelt es sich hier um Situationen, in denen der Täter wegen einer außergewöhnlichen Konflikts- und Motivationslage die „Nachsicht der Rechtsordnung" findet (Schröder SchwZStr. 76, 4), indem diese faktisch auf die Erhebung des an sich noch durchaus möglichen Schuldvorwurfs verzichtet. Nur so ist es auch zu erklären, warum dem Gesetzgeber – zumindest in gewissem Umfang – die Entscheidung darüber freisteht, ob und unter welchen Voraussetzungen der Täter „entschuldigt" sein soll. Wäre dies nicht so und wäre z. B. im Fall des § 35 die Schuld zwingend ausgeschlossen, so hätten die §§ 52, 54 a. F. gegen das Schuldprinzip verstoßen, soweit die Notstandsvoraussetzungen dort enger waren als heute in § 35 (Notstand nur bei Lebens- und Leibesgefahr des Täters selbst oder eines Angehörigen); auch wäre dann nicht zu erklären, warum es bei § 35 nicht nur auf den „übermächtigen Motivationsdruck" ankommt, sondern dem Täter die Entschuldigung im Einzelfall aus Gründen versagt werden kann, die mit seinem individuellen Können ersichtlich nichts zu tun haben (z. B. Bestehen eines besonderen Rechtsverhältnisses nach Abs. 1 S. 2). Hier von einem „Verzicht" auf die Erhebung des Schuldvorwurfs zu sprechen, bedeutet entgegen Gallas aaO 323 Anm. 1 auch nicht, daß die Entschuldigungsgründe damit den persönlichen Strafausschließungsgründen angenähert werden, weil diese gerade keinen solchen Verzicht enthalten, der Täter vielmehr schuldig bleibt und nur aus anderen Gründen nicht bestraft wird.

109   Mit dieser Deutung der Entschuldigungsgründe ist auch einem wesentlichen Argument für die von Maurach (vgl. jetzt M-Zipf I 411 ff.) entwickelte, von der h. M. jedoch abgelehnten Lehre von der Tatverantwortung (vgl. 21 vor § 13) der Boden entzogen. An dieser ist zwar richtig, daß den §§ 33, 35 – nach h. M. die Hauptfälle eines Entschuldigungsgrundes, nach Tatverantwortungslehre „Gründe ausgeschlossener Tatverantwortung" – insofern eine „Generalisierung" bzw. „Standardisierung" zugrundeliegt, als hier nicht nach dem individuellen Können gefragt wird. Dies nötigt aber nicht dazu, als „Vorstufe" der eigentlichen Schuld einen besonderen, durch die „Verletzung der Durchschnittsanforderungen" (S. 405) gekennzeichneten Bereich der Tatverantwortung zu schaffen (vgl. i. E. auch Roxin JuS 88, 423), vielmehr kann die „standardisierende Methode" des Gesetzes hier auch damit erklärt werden, daß man in den §§ 33, 35 einen Verzicht auf die Erhebung des Schuldvorwurfs sieht, der ohne Rücksicht auf das individuelle Können im Einzelfall ausgesprochen wird und bei dem auch völlig offen bleibt, ob gerade dieser Täter in der konkreten Situation nicht doch hätte anders handeln können, ein Schuldvorwurf in der Sache also an sich durchaus möglich wäre (vgl. dazu auch Hirsch LK 174 vor § 32).

110   II. Das **Grundprinzip der Entschuldigungsgründe** ist nach h. M. der Gedanke der *Unzumutbarkeit normgemäßen Verhaltens* (z. B. RG **66** 398, Bay NStZ **90**, 391, Baumann/Weber 442, Blei I 207, B-Volk I 127, Gallas aaO 321 ff., Hirsch LK 181 vor § 32, Jakobs 409, Lackner III vor § 32, Stratenwerth 177, Welzel 179), was terminologisch insofern jedoch mißverständlich ist, als jedenfalls bei Begehungsdelikten die „Unzumutbarkeit" gerade keinen Dispens von der Befolgung der Norm bedeutet (vgl. auch Schmidhäuser 461; zu den Unterlassungsdelikten vgl. 155 vor § 13). Davon abgesehen ist diese Erklärung der Entschuldigungsgründe zwar nicht falsch, aber nichtssagend, weil der vielseitig verwendbare und auch in anderen Rechtsgebieten benutzte Begriff der „Unzumutbarkeit" nicht mehr als ein allgemeines „regulatives Rechtsprinzip" bezeichnet (Henkel, Mezger-FS 249, 260 ff.), das als solches noch keine sachlich-inhaltlichen Aussagen enthält (Jescheck 430, Roxin, Henkel-FS 173).

110a   Vielfach wird diese in der Unzumutbarkeitsformel selbst nicht enthaltene sachliche Begründung der Entschuldigungsgründe in der durch eine besondere Zwangslage erzeugten **psychischen Ausnahmesituation** des Täters („übermächtiger Motivationsdruck" u. ä.) gesehen (vgl. z. B. RG **66** 225, 398, BT-Drs. V/4095 S. 16 [zu § 35], Baumann/Weber 446, Brauneck GA 59, 269, Henkel, Mezger-FS 291). Eine solche rein psychologische Deutung der Unzumutbarkeit und der Entschuldigungsgründe befriedigt jedoch nicht (vgl. auch Bernsmann aaO 179 ff., Roxin JA 90, 98). Gegen sie spricht schon die objektive Fassung des § 35: Käme es nur auf die subjektive Zwangslage des Täters an, so wäre unerklärlich, warum das Gesetz in § 35 I an das objektive Vorliegen der Notstandssituation anknüpft, denn hinsichtlich des besonderen Motivationsdrucks besteht zwischen dem wirklichen und dem nur vermeintlichen Notstand kein

Unterschied. Diese Lehre gibt ferner keine Antwort auf die Frage, warum in § 35 nur Leben, Leib und Freiheit als notstandsfähige Güter anerkannt werden, obwohl bei demjenigen, der seine gesamte Habe zu verlieren droht, der Motivationsdruck ebenso groß sein kann (vgl. Stree JuS 73, 469). Auch vermag sie nicht zu erklären, warum im Fall des § 35 dem in einem „besonderen Rechtsverhältnis" stehenden Täter „zugemutet" wird, die Gefahr hinzunehmen, obwohl bei ihm der Selbsterhaltungstrieb nicht geringer zu sein braucht als bei anderen Personen. Überhaupt ist es bei einem einseitig psychologischen Ansatz ausgeschlossen, die Entschuldigungsgründe und ihre Grenzen als ein Problem nicht nur des Könnens, sondern auch des Sollens zu begreifen (näher zur Kritik vgl. Bernsmann aaO 179 ff.).

Zu erklären sind die Entschuldigungsgründe vielmehr erst unter Hinzunahme normativer Aspekte mit der **Kumulationswirkung zweier Schuldminderungsgründe,** von denen der eine seine Grundlage bereits in einer entsprechenden Unrechtsminderung hat (vgl. z. B. Eser I 193 u. in: Eser/Fletcher aaO 58, Hirsch LK 183 vor § 32, Jescheck 430 f., Armin Kaufmann, Dogmatik der Unterlassungsdelikte 156 ff., Küper JuS 71, 477, Lenckner, Der rechtfertigende Notstand 35 ff., Rudolphi SK 6 vor § 19, § 35 RN 2 ff., ZStW 78, 81 ff., JuS 69, 462, Welzel-FS 631, Stratenwerth 179, Vogler GA 69, 105, Welzel 178 f., Wessels I 121; and. Achenbach JR 75, 494, Bacigalupo aaO 461 ff., Jakobs 470 f., Otto I 239, Roxin JA 90, 98 f., Schmidhäuser 461 f., I 243 u. zu § 35 auch Bernsmann aaO 205 ff.). Auf einer Unrechtsminderung beruhen die Entschuldigungsgründe, weil sie, wie z. B. die objektive Fassung der §§ 33, 35 zeigt, ebenso wie die auf dem Prinzip des überwiegenden Interesses beruhenden Rechtfertigungsgründe an einer Güter- und Interessenkollision anknüpfen: Weil die fragliche Handlung nicht nur Rechtsgüter verletzt, sondern zugleich dem Schutz von Werten dient, sinkt hier der Unrechtsgehalt umso weiter ab, je näher das Geschehen an die Grenze zur Rechtfertigung heranreicht (vgl. o. 22, wobei dies entgegen Roxin JA 90, 98 auch für einen fehlgeschlagenen Rettungsversuch gilt, weil das Verfehlen des den Erfolgsunwert mindernden „Erfolgswerts" an dem geringeren Handlungsunrecht nichts ändert). Diese Reduzierung des Unrechts trägt für sich allein zwar keinen Entschuldigungsgrund – über die entsprechend geringere Schuld könnte sie isoliert immer nur zu einer mehr oder weniger ins Gewicht fallenden Strafmilderung führen -, wohl aber gemeinsam mit einem weiteren, speziell die Schuld betreffenden Milderungsgrund, der sich nun in der Tat daraus ergibt, daß die – auch hier „normativ gesetzte" – Motivierbarkeit zu normgemäßem Verhalten durch die psychische Ausnahmesituation des Täters („übermächtiger Motivationsdruck") zwar nicht ausgeschlossen, aber doch erheblich eingeschränkt ist. Weil schon das Unrecht der Tat geringer ist, sind es unter dieser weiteren Voraussetzung dann auch gute Gründe, die dafür sprechen, dem Täter die Befolgung der Norm nicht mehr „zuzumuten", dies nicht i. S. eines Dispenses, sondern in Form eines *Verzichts* auf die Erhebung des an sich noch durchaus möglichen Schuldvorwurfs. Darin liegt zugleich die Begründung dafür, warum hier auch eine „positiv"-generalpräventive Bestrafungsnotwendigkeit entfällt, während die Strafzwecklehre selbst für die Entschuldigungsgründe keine Erklärung liefert (zu deren unmittelbarer Ableitung aus den Strafzwecken vgl. jedoch Jakobs 471, Roxin, Henkel-FS 183, Bockelmann-FS 282 ff., Lackner-FS 311, JuS 88, 426 f., JA 90, 97, Schünemann GA 86, 300 f. u. dagegen 117 vor § 13; zum Ganzen vgl. auch Neumann, Zurechnung und „Vorverschulden" [1985]: mit den Regeln der Schulddogmatik nicht erklärbar). Nur aus dem Zusammenspiel dieser beiden, die Unrechts- und Schuldquantität der Tat berührenden Gesichtspunkte ergeben sich Grund und Grenzen der Entschuldigungsgründe, was sowohl für die Interpretation der §§ 33, 35 (vgl. dort RN 7 bzw. 18 ff.) als auch für die Frage eines übergesetzlichen entschuldigenden Notstands (u. 115) erhebliche Bedeutung hat.

III. Den **einzelnen Entschuldigungsgründen** liegen ausnahmslos besondere **Not- und Zwangslagen** zugrunde, unter deren Eindruck der Täter eine rechtswidrige Tat begeht. Kein Entschuldigungs-, sondern ein bloßer Strafaufhebungsgrund ist der Rücktritt vom Versuch (vgl. § 24 RN 4); nicht nur Entschuldigungs-, sondern bereits Rechtfertigungsgründe sind die Indikationen nach § 218 a (vgl. dort RN 5 f.).

1. Ein Entschuldigungsgrund ist, obwohl vom Gesetz nicht ausdrücklich als solcher bezeichnet, nach h. M. der **Notwehrexzeß** aus Verwirrung, Furcht und Schrecken gem. § 33.

2. Ein Entschuldigungsgrund ist auch – hier durch die Gesetzesfassung selbst kenntlich gemacht – der **Notstand** des § 35.

3. Als Entschuldigungsgrund wird zwar nicht von der Rspr., wohl aber von der h. M. im Schrifttum ferner der **übergesetzliche entschuldigende Notstand** anerkannt (vielfach auch als „entschuldigende Pflichtenkollision" bezeichnet). Das 2. StrRG hat hier auf eine Regelung bewußt verzichtet, um der weiteren Entwicklung nicht vorzugreifen.

Aus dem Schrifttum vgl. z. B. Achenbach JR 75, 495, Baumann/Weber 349, 452 f., B-Volk 131 f., D-Tröndle 15 vor § 32, Eser I 200, Gallas aaO 232 ff., Hartung NJW 50, 155, Henkel, Mezger-FS

Vorbem §§ 32 ff. 117 Allg. Teil. Die Tat – Notwehr und Notstand

300, Hirsch LK 200 ff. vor § 32, Jakobs 487, Jescheck 452 ff., Lackner III 3 vor § 32, Lenckner aaO 75, M-Zipf I 437 f., Roxin, Henkel-FS 194, Rudolphi SK 8 vor § 19, Schmidhäuser 476 ff., I 254 ff., Eb. Schmidt SJZ 49, 568, Stratenwerth 185, v. Weber aaO 250, Welzel 184, ZStW 63, 51, MDR 49, 375, Wessels I 127; vgl. auch BGH **6** 58, **35** 350, wo die Frage einer übergesetzlichen Entschuldigung jedoch offengelassen wird. Anlaß zur Anerkennung eines übergesetzlichen entschuldigenden Notstands waren die „Euthanasie"-Prozesse der Nachkriegszeit, wo über jene Fälle eines unlösbaren Gewissenskonflikts zu entscheiden war, in den sich Ärzte angesichts der Unausweichlichkeit eines totalitären Regimes gestellt sahen: Entweder an der von den Machthabern befohlenen Vernichtungsaktion gegen Geisteskranke in begrenztem Umfang mitzuwirken, um so möglichst viele Kranke zu retten, oder aber eine Beteiligung auf die Gefahr hin abzulehnen, daß andere, skrupellose Ärzte an ihre Stelle getreten wären, die alle Insassen der Anstalt in den Tod geschickt hätten (für einen bloßen Strafausschließungsgrund in diesen Fällen OGH **1** 335, **2** 126, Oehler JR 51, 489, Peters JR 49, 496; für bloße Strafmilderung Spendel, Engisch-FS 525; BGH NJW **53**, 513 versuchte hier mit der Annahme eines Verbotsirrtums zu helfen). Auf der gleichen Ebene liegen die im Schrifttum gebildeten Beispiele des quantitativen Lebensnotstands (vgl. § 34 RN 24); zum Abschalten einer Herz-Lungen-Maschine, um einen anderen Patienten anschließen zu können, vgl. o. 75.

117 Es handelt sich hier um Notstandssituationen, in denen der Täter die Nachsicht des Rechts verdient, obwohl eine Rechtfertigung nach § 34 ausgeschlossen und auch § 35 nicht anwendbar ist, ersteres weil die beteiligten Rechtsgüter eine quantitative oder qualitative Differenzierung nicht zulassen (so insbes., wenn Leben in verschiedener Zahl auf dem Spiel stehen, vgl. § 34 RN 23 f.), letzteres weil die Gefahr nicht dem Täter selbst oder einem Angehörigen usw. droht. Freilich kann in diesen Fällen, in denen jede Strafe eine grobe Ungerechtigkeit wäre (für einen von den Strafzwecken her begründeten Schuldausschluß daher Roxin, Henkel-FS 195), die Annahme eines übergesetzlichen Entschuldigungsgrundes nicht schon damit begründet werden, daß das Gesetz hier wegen der Ausweglosigkeit der Lage keine verbindliche Entscheidung mehr treffen und deshalb nicht mehr als ein gewissenhaftes Handeln verlangen könne (so z. B. Gallas aaO 332 f.; vgl. auch Stratenwerth 186), weil dann folgerichtig bereits die Rechtswidrigkeit verneint werden müßte (vgl. Blei I 213 f., Arthur Kaufmann, Maurach-FS 230, die hier zu einem „Unverbotensein" kommen; vgl. dazu o. 8). Auch daß die Ärzte in dem o. 116 genannten „Euthanasie"-Fall das „kleinere Übel" gewählt haben (Welzel 185), ist nur bei einer rein numerischen Betrachtungsweise richtig; wäre die Tat deshalb auch für das Recht das „kleinere Übel", so hätte den Ärzten bereits ein Rechtfertigungsgrund zugebilligt werden müssen, da gerade auf diesem Gesichtspunkt § 34 beruht (jede gerechtfertigte Notstandshandlung stellt sich für das Recht als das geringere Übel dar). Der eigentliche Grund der Straflosigkeit ergibt sich vielmehr auch hier – ebenso wie bei § 35 – aus dem Zusammentreffen zweier Gesichtspunkte (vgl. Küper JuS 71, 477, Rudolphi SK 8 vor § 19): Zwar bleibt z. B. im Falle des quantitativen Lebensnotstandes auch die Tötung eines einzelnen zur Rettung vieler rechtswidrig, weil das Recht das Verbot, Hand an unschuldiges Menschenleben zu legen, aus prinzipiellen Erwägungen nicht aufheben kann (was zugleich heißt, daß ein Geschehenlassen kein rechtswidriges Unterlassen sein kann, mag der Täter dadurch auch die gleiche sittliche Schuld auf sich laden wie durch ein Eingreifen; vgl. auch Schmidhäuser 480); wohl aber ist hier das Unrecht aus den gleichen Gründen und in derselben Weise gemindert wie im Fall des § 35, was wiederum das vom Unrechtsquantum abhängige Schuldmaß entsprechend reduziert. Hinzu kommt ein zweiter Schuldmilderungsgrund, der hier zwar nicht in dem durch die Angst um die eigene Person oder einen Angehörigen usw. ausgelösten besonderen Motivationsdruck seine Grundlage hat – auch der Begriff der Unzumutbarkeit in seiner üblichen Form paßt hier deshalb nicht (vgl. Stratenwerth 186) –, wohl aber in der vergleichsweise ebenso starken motivatorischen Kraft der Gewissensentscheidung eines Täters, der sich zum Handeln entschließt, weil er sich auch dann in schwerste sittliche Schuld verstricken müßte, wenn er den Dingen einfach ihren Lauf ließe. Die Grundstruktur dieser besonderen Notstandsfälle entspricht mithin der beim entschuldigenden Notstand (vgl. o. 111), was auch ihre entsprechende Behandlung rechtfertigt. Zweifelhaft könnte nur sein, ob hier – i. U. zu § 35 – Entschuldigungsvoraussetzung auch die „gewissenhafte Prüfung der Notstandslage" ist (vgl. BGH **35** 350 f. [„Katzenkönig"-Fall]), wofür immerhin sprechen könnte, daß ohne eine solche auch die subjektive Gewissensnot des Täters vielfach nicht sehr überzeugend sein dürfte; besteht eine solche freilich trotzdem, so kann kaum etwas anderes gelten als bei § 35, dies einschließlich der Irrtumsregelung des § 35 II, die hier entsprechend anzuwenden ist (z. B. Baumann/Weber 446, Schaffstein NStZ 89, 154 u. näher dazu Küper JZ 89, 626 ff. mwN). Insgesamt aber kann es sich hier immer nur um besondere und eng begrenzte Ausnahmefälle handeln, in denen auf diesen übergesetzlichen Entschuldigungsgrund zurückgegriffen werden darf (vgl. auch Hirsch LK 205 vor § 32, Rudolphi SK 8 vor § 19, Schmidhäuser 479). Nur wenn die Tat in jeder Hinsicht die ultima ratio darstellt, ihr Unrechtsgehalt erheblich gemindert ist und der Täter subjektiv aus schwerer Gewissensnot gehandelt hat, kann eine Analogie zu § 35 in Betracht kommen. Diese Voraussetzungen dürften in der

Regel nur gegeben sein, wenn die Tat dem Schutz von Leben dient (weitergehend Hirsch LK 203 vor § 32: auch Leib und Freiheit), weil nur hier der Gewissenskonflikt des Täters so schwer sein kann, daß seine Entscheidung hingenommen werden muß, hier dann allerdings unabhängig davon, ob gegenüber dem geschützten Gut eine Garantenpflicht bestand (vgl. das in § 34 RN 24 genannte Bergsteigerbeispiel, wo die Entschuldigung nicht davon abhängen kann, ob der Täter selbst zur Gefahrengemeinschaft [vgl. § 13 RN 23 ff.] gehörte). Auch in Extremsituationen einer aktiven direkten Sterbehilfe dürfte eine übergesetzliche Entschuldigung noch zu bejahen sein (Hirsch LK 204 vor § 32, Lenckner in: Forster, Praxis der Rechtsmedizin [1986] 604 mwN; vgl. aber auch 25 vor § 211; zu § 35 vgl. dort RN 33). Ausgeschlossen, weil nicht mehr der Wertstruktur des § 35 entsprechend, ist eine solche aber jedenfalls bei Abwendung einer nur wirtschaftlichen Notlage (vgl. Jakobs 488, aber auch Hamm NJW **76**, 721). Dasselbe gilt, weil kein beachtenswerter Gewissenskonflikt, wenn das Übel lediglich auf eine andere Person abgewälzt wird (z. B. der Täter nimmt dem A das rettende Medikament weg, um es dem B zu geben; vgl. Hirsch LK 205 vor § 32, Rudolphi SK 8 vor § 19).

4. Umstritten ist vor allem seit BVerfGE **32** 98 m. Anm. Blei JA **72**, 231, 303, 369, Deubner NJW **72**, 814, Dreher JR **72**, 342, Händel NJW **72**, 327 u. Peters JZ **72**, 83, ob und inwieweit auch aus der in Art. 4 GG garantierten **Glaubens- und Gewissensfreiheit** ein Entschuldigungsgrund abgeleitet werden kann (zur Unterscheidung von Gewissens- und Überzeugungstätern vgl. Bopp aaO 8 ff. [krit. dazu Bockelmann GA **76**, 317], Ebert aaO 59, Roxin, Maihofer-FS 392, Schulte/Träger aaO 251, wobei es hier ohnehin nur um erstere gehen kann). Nach dem BVerfG ist eine vom Recht abweichende, durch eine bestimmte religiöse Überzeugung motivierte Entscheidung (im konkreten Fall: Ehemann unterließ es, seine Frau zum Aufsuchen eines Krankenhauses zu überreden, was dem gemeinsamen Glauben widersprochen hätte) „nicht mehr in dem Maße vorwerfbar, daß es gerechtfertigt wäre, mit der schärfsten ... Waffe, dem Strafrecht, gegen den Täter vorzugehen"; dieses müsse vielmehr jedenfalls dann zurückweichen, „wenn der konkrete Konflikt zwischen einer nach allgemeinen Anschauungen bestehenden Rechtspflicht und einem Glaubensgebot den Täter in eine seelische Bedrängnis bringt, der gegenüber die kriminelle Bestrafung ... sich als eine übermäßige und daher seine Menschenwürde verletzende soziale Reaktion darstellen würde" (aaO 109; wesentlich zurückhaltender dagegen in einem ähnlichen Fall Hamm NJW **68**, 212: religiös motivierte Verweigerung der Zustimmung zu einem Blutaustausch bei einem Kind). Nicht zugelassen hat aber auch das BVerfG die Berufung auf Art. 4 GG bei sog. „Totalverweigerern", d. h. der Verweigerung auch des Ersatzdienstes nach § 53 ZDG (vgl. BVerfGE **19** 165, **23** 132 m. Anm. Arndt NJW **65**, 2195 bzw. **68**, 979; ebenso z. B. Bay MDR **66**, 693, JR **81**, 171 m. Anm. Peters, Bremen NJW **63**, 1932, Frankfurt NStE § 35 **Nr. 3** [and. LG Frankfurt ebd. **Nr. 1**], Hamm NJW **65**, 777, **70**, 69, Karlsruhe JZ **64**, 761, Köln NJW **66**, 1326, **67**, 2188, **70**, 67, Saarbrücken NJW **69**, 1782, Stuttgart NJW **63**, 796; and. AG Lüneburg StV **85**, 64; zur Frage der Doppelbestrafung bei Nichtbefolgen einer erneuten Einberufung vgl. z. B. BVerfGE **23** 191, Bay StV **83**, 369 m. Anm. Werner, **85**, 315, Celle JZ **85**, 954 m. Anm. Struensee, Düsseldorf NJW **85**, 2429, Karlsruhe NStZ **90**, 41). Im Schrifttum dürfte es zwar noch h. M. sein, daß Gewissenstäter weder gerechtfertigt noch entschuldigt sind (vgl. Hirsch LK 209 vor § 32 mwN), zunehmend wird aber auch hier aus Art. 4 GG ein Entschuldigungsgrund u. z. T. sogar ein Rechtfertigungsgrund abgeleitet, über deren Grenzen freilich keine Einigkeit besteht (vgl. z. B. Baumann/Weber 456, Bopp aaO 237 ff., Ebert aaO 58 ff., M. Herdegen GA **86**, 97 ff., Jakobs 477 ff., Jescheck 574 [nur bei Unterlassen], Müller-Dietz aaO 107, Nestler-Tremel StV **85**, 343 ff., Peters aaO 276, JZ **66**, 457 u. **72**, 85, Roxin aaO 391 ff., Rudolphi SK 7 vor § 19, Welzel-FS 630, Schulte/Träger aaO 263, Wittig JZ **69**, 547; zum verfassungsrechtlichen Schrifttum vgl. die Nachw. b. Herdegen, Müller-Dietz, Rudolphi jeweils aaO, ferner v. Mangoldt/Klein/Starck zu Art. 4 GG). Von vornherein nicht diskutabel erscheint dabei allerdings die Annahme eines Rechtfertigungsgrunds (vgl. dazu Hirsch LK 209, Roxin aaO 405).

a) Jedenfalls bei **Begehungsdelikten** kann die Glaubens- und Gewissensfreiheit als solche unter rechtsstaatlichen Verhältnissen gar nicht zur Anerkennung eines strafrechtlichen Entschuldigungsgrunds führen (vgl. z. B. Bockelmann, Welzel-FS 543, Heinitz ZStW **78**, 631, Hirsch LK 209 vor § 32, Jescheck 372 f., M-Zipf I 456, Schmidhäuser 425 ff., I 255). Aus Art. 4 GG kann sich zwar für den Gesetzgeber die Pflicht ergeben, daß er sich beim Erlaß von Strafvorschriften unter Wahrung der weltanschaulichen und religiösen Neutralität auf die Pönalisierung eindeutig sozialschädlicher Verhaltensweisen beschränkt. Ist dies jedoch geschehen, so sind damit auch unter dem Gesichtspunkt strafrechtlicher Schuld nach Maßgabe des eigenen Gewissens Grenzen gesetzt (grundlegend dazu Welzel DJT-FS I 309), und zwar unabhängig davon, ob die Gewissensentscheidung noch nachvollziehbar ist oder nicht – darauf dürfte, wenn es sich wirklich um eine solche handelt, nicht abgestellt werden – und ob sie religiös, politisch oder sonst rational motiviert ist (vgl. dazu aber auch M. Herdegen GA **86**, 116 ff. u. in diesem Sinn wohl auch Karlsruhe NStZ **90**, 42, wonach schon der Schutz der Gewissensfreiheit auf solche Wertentscheidungen beschränkt ist, die sich dem Verantwortungsbereich des einzelnen zuordnen lassen). Auch wenn Art. 4 GG keinen Gesetzesvorbehalt enthält, so gelten für ihn doch immanente Schranken, die überschritten sind, wenn unbedingt zu schützende Güter des einzelnen oder der Allgemeinheit – und nur mit solchen hat es das Strafrecht zu tun – verletzt werden. Hier ist daher auch kein Raum mehr für fallbezogene Einzelabwägungen (and. Roxin, Maihofer-FS 396 ff., wo die Annahme von Straflosigkeit dann allerdings auf eng begrenzte Ausnahmen beschränkt wird). Strafbar bleibt deshalb z. B. die Beschädigung von Wehrmitteln durch einen pazifistischen Gewissenstäter, gleichgültig, ob es sich dabei um eine Tat nach § 109e oder „nur" um eine solche nach § 303 handelt und wie schwer der entstandene Schaden ist (vgl. zu § 303 auch Roxin aaO 401, wenig folgerichtig zu § 248b dann aber S. 403). Dasselbe gilt für tatbestandsmäßigrechtswidrige Akte sog. „zivilen Ungehorsams" als Ausdruck des Protests gegen verfassungsrechtlich legitimierte politische Entscheidungen („gewaltfreie" Blockaden, Besetzungen usw.), dies schon deshalb, weil sich solcher Protest auch auf andere Weise artikulieren läßt (vgl. dazu auch Roxin aaO 397 f.; offengelassen von LG Kreuznach NJW **88**, 2625). Aber auch mit dem von BVerfGE **23** 133 im Rahmen der Gewissensentscheidung als solcher unterschiedenen „tatsächlich gegebenen Zustand" i. S. einer „übermächtigen Motivation" bzw. eines „unüberwindlichen psychischen Zwangs" beim Täter kann eine Entschuldigung in Fällen eines aktiven Tuns nicht begründet werden (vom BVerfG als Frage des einfachen Rechts offengelassen für eine Ersatzdienstverweigerung nach § 53 ZDG, bei der es – vgl. dazu u. 120 – primär allerdings um ein Unterlassen geht; krit. dazu auch Roxin aaO 406 f.). Ein Fall des § 35 liegt hier schon deshalb nicht vor, weil selbst ein drohender Identitätsverlust noch keine Gefahr i. S. des § 35 begründen würde. Da die Unzumutbarkeit normgemäßen Verhaltens bei Begehungsdelikten kein allgemeiner Entschuldigungsgrund ist (vgl. u. 122 ff.), könnte die „übermächtige Motivation" des Gewissenstäters daher nur unter den weiteren Voraussetzungen eines übergesetzlichen entschuldigenden Notstands (vgl. o. 117) zum Verzicht auf den strafrechtlichen Schuldvorwurf führen, wobei die hier notwendige erhebliche Unrechtsminderung beim Gewissenstäter jedoch nicht schon darin gesehen werden kann, daß er sich vor dem (für Gerichte ohnehin kaum prognostizierbaren) Verlust seiner persönlichen Identität bewahrt (so aber Rudolphi aaO 630, ähnl. Stratenwerth 183; vgl. dagegen auch Roxin aaO 408 f.). Denn der übergesetzliche entschuldigende Notstand ergänzt § 35 zwar in anderer Hinsicht; er erweitert aber nicht, wenn nur der Motivationsdruck entsprechend groß ist, den Kreis der dort als notstandsfähig anerkannten Güter (vgl. § 35 RN 4), weil hier jede Analogie auf einen Weg führen muß, auf dem es kein Halten mehr gibt. Die Situation des Gewissenstäters kann hier deshalb wegen geminderter Schuld (vgl. 119 vor § 13) nur bei der Strafzumessung berücksichtigt werden (vgl. BVerfGE **23** 134 [„Wohlwollensgebot"], Hirsch LK 211 vor § 32 mwN, ferner § 46 RN 15).

120 b) Auch bei **Unterlassungsdelikten** können Gewissensgründe nicht schon als solche, sondern erst über die Unzumutbarkeit des Handelns zur Straflosigkeit führen. Da die Grenzen der Unzumutbarkeit hier weiter gezogen sind als beim positiven Tun (vgl. u. 125, ferner 155 vor § 13), ist hier auch eine „Ausstrahlungswirkung" (BVerfGE **32** 98) des Art. 4 GG prinzipiell möglich (vgl. i. E. – wenngleich mit Unterschieden im einzelnen – z. B. auch Arndt NJW 66, 2205, Jescheck 574, Nestler-Tremel StV 85, 347 ff., Peters JZ 72, 85, Rudolphi aaO 622 ff., Schulte/Träger aaO 263 f.; and. Hirsch LK 209 vor § 32). Soweit es sich dabei um *Hilfs- und Rettungspflichten gegenüber Menschen* handelt (Garantenpflichten, § 323c), kommt eine Unzumutbarkeit infolge der „übermächtigen Motivation" durch eine entgegenstehende Glaubensüberzeugung oder Gewissensentscheidung allerdings nur in engen Grenzen in Betracht. Wenn Art. 2 II des 5. StrRG (vgl. § 218a RN 68 f.) z. B. vom Arzt bei einer anders nicht abwendbaren Lebens- oder schweren Gesundheitsgefahr verlangt, notfalls auch gegen sein Gewissen zu handeln und einen Schwangerschaftsabbruch vorzunehmen – und dies, obwohl ihm hier dann zugemutet wird, etwas zu tun, was nach seiner Überzeugung gegen das Tötungsverbot verstößt –, so muß dies auch und erst recht in anderen Fällen gelten. Auch in dem in BVerfGE **32** 98 behandelten Fall (vgl. o. 118) ergab sich die Straflosigkeit des Ehemanns daher nicht aus Art. 4 GG – er hätte sich auf seine Glaubensüberzeugung nicht berufen können, wenn die kranke Ehefrau von ihm verlangt hätte, ins Krankenhaus gebracht zu werden (Rudolphi aaO 627 gegen Peters JZ 72, 86) –, sondern schon aus allgemeinen Grundsätzen, weil auch die Frau selbst aus religiösen Gründen eine Krankenhausbehandlung abgelehnt hatte (vgl. z. B. Deubner NJW 72, 814, Dreher JR 72, 342, Roxin, Maihofer-FS 402; zum Problem der Hilfspflicht im Verhältnis zur Glaubensfreiheit vgl. auch Ranft, Schwinge-FS [1973] 111). Das gleiche gilt im Fall von Hamm NJW **68**, 212 m. Anm. Kreuzer (Vater verweigert aus religiösen Gründen die Zustimmung zu einer lebensnotwendigen Blutübertragung bei seinem Kind), wenn der Vater wegen seiner Glaubensüberzeugung unterlassen hätte, überhaupt einen Arzt zuzuziehen (vgl. auch Roxin aaO 400). Als unzumutbar ist ein an sich gebotenes Handeln für den Gewissentäter in solchen Fällen vielmehr erst dann anzusehen, wenn die Rettung, weil noch andere jederzeit realisierbare Alternativen zur Verfügung stehen, nicht gerade von ihm abhängt (vgl. Rudolphi aaO 623 u. allgemein dazu Roxin aaO 399 ff.), so wenn z. B. im Fall von Art. 2 II 5. StrRG davon ausgegangen werden kann, daß ein anderer zu dem Eingriff bereiter Arzt rechtzeitig erreichbar ist (vgl. auch Hamm aaO: Bestellung eines Pflegers zur Ersetzung der vom Vater verweigerten Zustimmung, wobei der Arzt freilich unabhängig davon hätte handeln dürfen und müssen [vgl. § 34 RN 8, 4]; dazu, daß der Gewissenstäter hier nicht erst entschuldigt ist, sondern schon seine Handlungspflicht entfällt, vgl. u. 125 u. näher 155 vor § 13, aber auch Hirsch LK 209 vor § 32 [Verneinung des Tatentschlusses]). – Eine *weitergehende Anerkennung* einer mit Art. 4 GG begründeten Unzumutbarkeit ist allenfalls bei *Rechtsgütern geringeren Ranges* möglich (vgl. Roxin aaO 399: Nichterfüllung der Impfpflicht). Dabei ist jedoch zu beachten, daß Gewissensentscheidungen i. S. des Art. 4 GG nur solche sind, bei denen es wegen ihrer Ernsthaftigkeit und ihres Gewichts bei dem Betreffenden um die Identität seiner Persönlichkeit geht (vgl. v. Mangoldt/Klein/Starck Art. 4 RN 36, ferner BVerfGE **12** 55); nicht jeder politisch motivierte Akt „zivilen Ungehorsams" ist daher auch schon das Ergebnis einer Gewissensentscheidung (vgl. dazu auch M. Herdegen GA 86, 107 ff.). Ausgeschlossen ist es ferner, gesetzliche Regelungen, die in verfassungsrechtlich zulässiger Weise einem Gewissenskonflikt abschließend Rechnung tragen, durch Art. 4 GG gestützte Unzumutbarkeitserwägungen noch zusätzlich einzuschränken. Nicht entschuldigt ist daher eine Kriegsdienstverweigerung (§§ 15 I, 20 I Nr. 2 WStG) ohne Rücksicht auf das Ergebnis des Anerkennungsverfahrens (vgl. Bay JR **77**, 117), und dasselbe gilt für die Ersatzdienst-("Total"-)Verweigerung nach § 53 ZDG (vgl. die Nachw. o. 118): Hat der Kriegsdienstverweigerer, der aus Gewissensgründen auch den Zivildienst verweigert, von der ihm durch § 15a ZDG eingeräumten Möglichkeit der Begründung eines freien Arbeitsverhältnisses in einem Krankenhaus usw. keinen Gebrauch gemacht, so kann er sich bei seiner Heranziehung zum Ersatzdienst auf den Gedanken der Unzumutbarkeit schon deshalb nicht mehr berufen, weil er diese Situation selbst herbeigeführt hat und hier nichts anderes gelten kann als nach § 35 I 2 bei der pflichtwidrigen Herbeiführung einer Notstandslage (nicht berücksichtigt von AG Lüneburg StV **85**, 64 m. Anm. Nestler-Tremel S. 343, Roxin aaO 399).

5. Das **Handeln auf dienstliche Weisung** stellt, sofern es rechtswidrig ist (vgl. o. 87 ff.), als solches keinen Entschuldigungsgrund dar (zum rechtswidrigen, aber bindenden Befehl, wo dies z. T. bejaht wird, vgl. o. 88a). Jedoch kann hier bei Fehlvorstellungen über die allgemeinen Irrtumsregeln hinaus unter gewissen Voraussetzungen die Schuld ausgeschlossen sein, was z. T. allerdings lediglich die Folge davon ist, daß den Untergebenen nur eine beschränkte Prüfungspflicht trifft (insoweit daher auch kein eigenständiger Entschuldigungsgrund; vgl. aber auch Jescheck 401). **121**

Im einzelnen gilt folgendes: 1. die irrige Annahme eines Sachverhalts, der die Ausführung der Weisung rechtmäßig machen würde (Erlaubnistatbestandsirrtum, vgl. § 16 RN 14 ff.), begründet den Vorwurf der Fahrlässigkeit mangels einer entsprechenden Prüfungspflicht des Untergebenen (vgl. o. 87) ohnehin nur dann, wenn es für diesen auch nach seinen persönlichen Fähigkeiten ohne weiteres – d. h. ohne besondere Prüfung der Sachlage – erkennbar war, daß die sachlichen Voraussetzungen für die Rechtmäßigkeit seines Handelns nicht gegeben sind (zur objektiven Erkennbarkeit als Voraussetzung der Rechtswidrigkeit vgl. o. 87). Eine zusätzliche Einschränkung enthalten hier § 11 II 2 SoldatenG, § 7 II 2 UZwG, § 97 II 2 StVollzG und die entsprechenden Landesgesetze für den militärischen Bereich und den Vollzugsdienst insofern, als der Untergebene nur dann schuldhaft handelt, wenn das Fehlen der fraglichen Voraussetzungen „nach den ihm bekannten (!) Umständen offensichtlich ist", der entsprechende Schluß sich dem Untergebenen also schon allein auf Grund der ihm bekannten Tatsachen geradezu aufdrängen mußte (noch weitergehend der frühere § 47 MStGB: nur bei sicherer Kenntnis). – 2. Ein Verbotsirrtum liegt hier auch vor, wenn der Untergebene zwar die Rechtswidrigkeit des befohlenen Verhaltens, nicht aber dessen Strafrechtswidrigkeit (so bei Soldaten und Vollzugsbeamten bei der Anwendung von unmittelbarem Zwang) oder Ordnungswidrigkeit (so bei sonstigen Beamten, vgl. § 56 II 3 BBG, § 38 II BRRG, § 75 II 3 Bad.-Württ. BeamtenG usw.) kennt, weil bei sonstiger Rechtswidrigkeit die Weisung, abgesehen von einem Verstoß gegen die Menschenwürde, befolgt werden müßte (vgl. Schumann, Strafrechtl. Handlungsunrecht usw. [1986] 40 f., Stratenwerth, Verantwortung und Gehorsam [1958] 184). Während hinsichtlich der Vermeidbarkeit bei gewöhnlichen Beamten davon auszugehen ist, daß ihre Prüfungspflicht zwar nicht aufgehoben, entsprechend ihren dienstlichen Aufgaben aber eingeschränkt ist, gilt für den militärischen Bereich und den Vollzugsdienst auch hier die Besonderheit, daß die Begehung strafbaren Unrechts für den Untergebenen nach den ihm bekannten Umständen offensichtlich gewesen sein muß (vgl. Schölz § 5 RN 8; weitergehend auch hier § 47 MStGB und dazu BGH **5** 239, **15** 214, **22** 223, LM Nr. 3 zu § 47 MStGB, NJW **54**, 401, NStZ **86**, 313). – 3. Der Normalfall eines Verbotsirrtums liegt dagegen vor, wenn der Untergebene glaubt, auch ein von ihm als verbrecherisch erkannter Befehl sei verbindlich und rechtfertige daher sein Tun (vgl. BGH **22** 223 zu § 47 MStGB, Jescheck 447; and. Schölz § 5 RN 8). – 4. Die Furcht vor persönlichen Nachteilen im Fall der Nichtausführung der Weisung entschuldigt den Untergebenen nur unter den Voraussetzungen des § 35 (vgl. die Nachw. dort RN 14). **121a**

IV. Die **Unzumutbarkeit** normgemäßen Verhaltens ist **kein allgemeiner übergesetzlicher Entschuldigungsgrund** (h. M., z. B. RG **66** 399, Achenbach JR 75, 492, Blei I 213, Eser I 200, Henkel aaO 295, Hirsch LK 184 vor § 32, Jescheck 455, Lackner III vor § 32, Lenckner aaO 69, M-Zipf I 435, Rudolphi SK 10 vor § 19, Stratenwerth 179, Welzel 182, Wessels I 127; offen gelassen in BGH NJW **53**, 513; and. Lücke JR 75, 55, Wittig JZ 69, 546, Nowakowski JBl. 72, 29 f. und mit Einschränkungen auch Baumann/Weber 455, Jakobs 490 f.). Ein solcher allgemeiner Entschuldigungsgrund läßt sich insbesondere auch nicht aus dem Verfassungsrecht ableiten (vgl. näher Achenbach aaO, Blei JA 60, 211 gegen Lücke aaO, Wittig aaO). **122**

Die früher zeitweilig vertretene Auffassung, daß der Täter entschuldigt sei, wenn ihm bzw. einem Durchschnittsmenschen nach den konkreten Umständen ein anderes Verhalten nicht hätte zugemutet **123**

Vorbem §§ 32 ff. 124–126   Allg. Teil. Die Tat – Notwehr und Notstand

werden können (Freudenthal, Schuld und Vorwurf im geltenden Strafrecht [1922] 25 ff., Goldschmidt, Frank-FG I 448 ff., v. Liszt/Schmidt 263), hat aus naheliegenden Gründen rasch wieder an Boden verloren (bereits damals ablehnend z. B. Grünhut ZStW 51, 466, Maurach, Notstandslehre 132 ff., Schaffstein aaO). Eine subjektive, auf den Täter abstellende Zumutbarkeitsbetrachtung müßte zu einer so extremen Individualisierung führen, daß dies praktisch auf eine Auflösung des Strafrechts hinauslaufen würde; aber auch ein auf die „durchschnittliche" Zumutbarkeit abstellender Maßstab ist so unbestimmt, daß die Anerkennung eines darauf aufbauenden allgemeinen Entschuldigungsgrundes schon aus Gründen der Rechtssicherheit nicht in Betracht kommen kann.

124   1. Dies gilt uneingeschränkt für die **vorsätzlichen Begehungsdelikte.** Hier ist über die gesetzlich anerkannten Fälle hinaus nur die Entstehung einzelner, inhaltlich begrenzter Entschuldigungsgründe im Wege vorsichtiger Analogie möglich, was voraussetzt, daß Unrecht und Schuld in gleichem Maß gemildert sind wie dort (vgl. o. 115 ff.). Im übrigen kann die Zumutbarkeit nur die Funktion eines „regulativen Prinzips" (Henkel) bei der Auslegung einzelner Vorschriften haben (vgl. z. B. zum Umfang der Wartepflicht in § 142 dort RN 30). Auch hat das Gesetz Zumutbarkeitsgesichtspunkten in Einzelfällen durch Anerkennung eines persönlichen Strafausschließungsgrundes (z. B. § 258 VI, vgl. u. 129) oder dadurch Rechnung getragen, daß von Strafe abgesehen oder diese gemildert werden kann (z. B. § 157).

125   2. Dagegen ist nach h. M. der Gedanke der Unzumutbarkeit normgemäßen Verhaltens bei **Unterlassungsdelikten** in weiterem Umfang anzuerkennen als bei Begehungsdelikten und über § 35 hinaus auch in anderen Fällen zu berücksichtigen, in denen die Vornahme der Handlung eigene billigenswerte Interessen gefährden würde (vgl. 155 vor § 13). Dies ist damit zu rechtfertigen, daß das Unterlassen vielfach weniger schwer wiegt als die Vornahme einer verbotenen Handlung; dies gilt auch für unechte Unterlassungsdelikte (vgl. § 13 II; and. Jescheck 574). Freilich ist die Unzumutbarkeit – auch soweit es sich um einen Fall des § 35 handelt – hier nicht erst ein Entschuldigungsgrund, vielmehr begrenzt sie bei Unterlassungsdelikten bereits den Umfang der Handlungspflicht und damit die Tatbestandsmäßigkeit des Unterlassens, was für die Teilnahme und den Irrtum von Bedeutung ist (bestr.; vgl. näher 155 vor § 13).

126   3. Auch bei **Fahrlässigkeitsdelikten** hat die Unzumutbarkeit die Funktion eines allgemeinen Regulativs. Abgesehen davon, daß Zumutbarkeitserwägungen schon die objektive Sorgfaltspflicht begrenzen können (vgl. Henkel aaO 284 mwN), gilt hier der Grundsatz, daß den Täter ein Fahrlässigkeitsvorwurf nicht trifft, wenn ihm die Erfüllung der objektiven Sorgfaltspflicht unzumutbar war. Dies ist heute im Prinzip weitgehend unbestritten (vgl. Hirsch LK 194 vor § 32 mwN); keine Einigkeit besteht allerdings darüber, ob dies daraus folgt, daß hier das Maß der vom Täter persönlich zu verlangenden Sorgfalt entsprechend begrenzt ist (so z. B. Frankfurt VRS **41** 35, Henkel aaO 285 ff., Jescheck 539 f.), oder ob die Unzumutbarkeit bei Fahrlässigkeitsdelikten einen allgemeinen übergesetzlichen Entschuldigungsgrund darstellt (vgl. z. B. RG **67** 18, BGH **2** 204, Baumann/Weber 455, Stratenwerth 301, Welzel 183, i. E. auch Schmidhäuser 477 f., I 253; zum Ganzen vgl. auch Jakobs 485 f., Studien zum fahrlässigen Erfolgsdelikt [1972] 141 ff., Samson SK 35 f.). Doch dürfte der Zumutbarkeitsgedanke in diesem Zusammenhang eine doppelte Funktion haben (Lenckner aaO 76). Geht es darum, was gerade dieser Täter hätte erkennen bzw. voraussehen können, so können Zumutbarkeitserwägungen schon die den Täter persönlich treffende Sorgfaltspflicht begrenzen und insoweit dem Fahrlässigkeitsvorwurf bereits die Grundlage entziehen, so wenn der Täter sich zwar durch Ausschöpfung aller ihm zugänglichen Erkenntnismittel das erforderliche Wissen hätte verschaffen können, von ihm aber billigerweise nicht mehr, als er tatsächlich getan hat, verlangt werden konnte. In seiner zweiten und hier interessierenden Bedeutung tritt der Zumutbarkeitsgedanke dagegen bei fahrlässigen Erfolgsdelikten (vgl. Köln VRS **59** 438) in Erscheinung, wenn der Täter zwar wußte oder (in für ihn zumutbarer Weise) erkennen konnte, daß er die objektiv gebotene Sorgfalt verletzt, ihm die Unterlassung des unsorgfältigen Tuns aber mit Rücksicht auf sonst eintretende Nachteile nicht zumutbar war (vgl. Frankfurt VRS **41** 32: mit Gefährdung von Fußgängern verbundenes Einbiegen eines Lkw, weil eine Geradeausfahrt mit Sicherheit zu einer Verletzung des Fahrers geführt hätte). In dieser Funktion stellt die Unzumutbarkeit einen übergesetzlichen Entschuldigungsgrund dar, übergesetzlich deshalb, weil sie wegen des geringeren Unwertgehalts der Fahrlässigkeit nicht auf den engen Bereich des § 35 beschränkt ist (vgl. den „Leinenfänger-Fall" in RG **30** 35: drohender Verlust des Arbeitsplatzes). Dabei ist der Täter um so eher entschuldigt, je erheblicher der ihm drohende Nachteil und je geringer die Gefahr nach Art, Umfang und Grad der Wahrscheinlichkeit des Erfolgseintritts ist (vgl. auch Hirsch LK 195 vor § 32, ferner Roxin, Henkel-FS 192 [Strafzwecklehre als Begrenzungsmaßstab, was zu den gleichen Ergebnissen führen dürfte]). Danach ist z. B. die vorzeitige Freigabe eines Produkts zur Serienanfertigung jedenfalls dann nicht entschuldigt, wenn im Weigerungsfall lediglich die Versetzung an einen anderen Arbeitsplatz droht (Produkthaftungshandb./Goll 622 f.).

V. Der **Irrtum über einen Entschuldigungsgrund** folgt anderen Regeln als der Irrtum über einen Rechtfertigungsgrund (vgl. o. 21). Bei irriger Annahme eines vom Recht als Entschuldigungsgrund anerkannten Sachverhalts ist § 35 II (vgl. dort RN 39ff.) in entsprechenden Fällen – so beim übergesetzlichen entschuldigenden Notstand (o. 117) – auch auf andere Entschuldigungsgründe anzuwenden (h. M. vgl. Jescheck 458 mwN), während der Irrtum über das Bestehen eines Entschuldigungsgrunds, den es überhaupt nicht oder nicht in diesem Umfang gibt, bedeutungslos ist (vgl. § 35 RN 45 u. näher zum Ganzen Tiedemann, in: Eser/Fletcher aaO 1014ff.). Kein Bedürfnis besteht für die Bildung eines eigenständigen Entschuldigungsgrundes bei *Ungewißheit des Täters* über das Vorliegen rechtfertigender oder entschuldigender Umstände (so aber z. B. Rudolphi SK 9a vor § 19, Warda, Lange-FS 132ff.), da diese Fälle schon nach allgemeinen Regeln befriedigend gelöst werden können (vgl. o. 14, § 16 RN 32, § 32 RN 28, § 35 RN 41). **126a**

VI. Überschreitet der Täter die Grenzen eines Entschuldigungsgrundes oder liegen sonst dessen Voraussetzungen wenigstens teilweise vor, so kann dies ein bei der Strafbemessung zu berücksichtigender **Schuldminderungsgrund** sein, der umso mehr Gewicht hat, je näher der fragliche Sachverhalt an eine Entschuldigung heranreicht (vgl. auch o. 22). Dagegen ist ein allgemeiner übergesetzlicher Schuldminderungsgrund der „Verstrickung in ein Unrechtssystem", der bei NS-Gewaltverbrechern die Unterschreitung der gesetzlich angedrohten Strafe rechtfertigen würde, nicht anzuerkennen (BGH NJW 77, 1544 gegen LG Hamburg NJW 76, 1756 m. Anm. Hanack). Auch von Verfassungs wegen besteht dazu kein Anlaß (BVerfGE 54 100; vgl. aber auch E. Hirsch JZ 80, 801). Dazu, daß hier die vom LG Hamburg angenommene „Strukturähnlichkeit" mit den §§ 35, 17, 21, 13 II nicht besteht, vgl. die 19. A, RN 126a. Im übrigen bedarf es dieses Auswegs auch nicht, um eine ungerechte Bestrafung aus § 211 – wo dieses Problem überhaupt nur entstehen dürfte – zu vermeiden (vgl. dort RN 8ff.). **126b**

C. Strafausschließungs- und Strafaufhebungsgründe

Schrifttum: Bloy, Die dogmatische Bedeutung der Strafausschließungs- und Strafaufhebungsgründe, 1976. – *Peters,* Zur Lehre von den persönlichen Strafausschließungsgründen, JR 49, 496. – *Roxin,* Rechtfertigungs- und Entschuldigungsgründe in Abgrenzung von sonstigen Strafausschließungsgründen, JuS 88, 425. – *Volk,* Entkriminalisierung durch Strafwürdigkeitskriterien jenseits des Deliktsaufbaus, ZStW 97, 871.

I. Von den Rechtfertigungs- und Entschuldigungsgründen sind die **Strafausschließungsgründe** zu unterscheiden, die einen Sachverhalt umschreiben, bei dem trotz Vorliegens einer rechtswidrigen und schuldhaften Tat die Strafbarkeit entfällt. Sie stellen insoweit das Gegenstück zu den objektiven Strafbarkeitsbedingungen (124ff. vor § 13) dar, deren Umkehrung sie z. T. auch in der Sache sind (and. Hirsch LK 213 vor § 32). Davon zu unterscheiden sind die Fälle des Absehens von Strafe, bei denen nicht Freispruch, sondern Schuldspruch ohne Strafausspruch erfolgt (vgl. 54 vor § 38), ferner die Verfahrenshindernisse, die zur Einstellung des Verfahrens führen (z. B. Fehlen des Strafantrags [vgl. § 77 RN 8], Verjährung [3 vor § 78]; zur Abgrenzung vgl. Jakobs 279 mwN). **127**

1. Ihrem **Inhalt** nach umfassen die Strafausschließungsgründe recht heterogene Sachverhalte (vgl. Volk ZStW 97, 881ff. u. die Übersicht b. Bloy aaO 32ff., Hirsch LK 214 vor § 32). Zurückzuführen sind sie jedoch alle auf dieselben Grundgedanken, mit denen auch die objektiven Strafbarkeitsbedingungen zu erklären sind (vgl. 124 vor § 13). Anknüpfend an die Unterscheidung von Strafwürdigkeit und Strafbedürftigkeit (vgl. 13 vor § 13) sind es hier z. T. kriminalpolitische Gründe, die trotz Vorliegens einer schuldhaften und damit strafwürdigen Tat zur Verneinung eines Strafbedürfnisses führen; z. T. sind die Strafausschließungsgründe aber auch Einfallstore für außerstrafrechtliche Interessen, dies mit dem Ergebnis, daß ein an sich durchaus vorhandenes Strafbedürfnis anderen staatlichen Interessen weichen muß (vgl. Jescheck 497, Lenckner, Pfeiffer-FS 41, Rudolphi SK 14 vor § 19, Stratenwerth 79; and. Jakobs 281, z. T. auch Roxin JuS 88, 432 [Beschränkung auf die 2. Fallgruppe], Schmidhäuser 487f., I 261; näher zum Ganzen Bloy aaO). **128**

a) Teilweise beruhen sie auf einer (wirklichen oder vom Gesetz unwiderleglich vermuteten) *Schuldminderung,* ohne daß diese hier freilich den Grad erreicht, bei dem, wie bei den Entschuldigungsgründen, auf den Schuldvorwurf ganz verzichtet wird. Dies gilt z. B. für §§ 173 III, 258 VI (vgl. z. B. Baumann/Weber 461, D-Tröndle 17 vor § 32, M-Zipf I 464, Wessels I 142, für § 173 III auch Rudolphi SK 14 vor § 19). Nach anderer Ansicht soll es sich hier dagegen um objektiv gefaßte Schuldausschließungsgründe bzw. um Entschuldigungsgründe handeln (so z. B. Hirsch LK 198 vor § 32, Jakobs 282f., Jescheck 424, Schmidhäuser 489, I 256, ähnl. Roxin JuS 88, 432). Im Fall des § 173 III spricht dagegen aber, daß dieser nicht einmal eine entfernte Ähnlichkeit zu den sonstigen Schuldausschließungs- und Entschuldigungsgründen aufweist und deshalb nur mit dem fehlenden Strafbedürfnis erklärt werden kann. § 258 VI dagegen mag dem § 35 zwar „nahestehen" (Roxin aaO), aber auch er läßt sich selbst bei einer drohenden Freiheitsstrafe nicht in das System der Entschuldigungsgründe **129**

Vorbem §§ 32 ff. 130–133   Allg. Teil. Die Tat – Notwehr und Notstand

einfügen, dies schon deshalb nicht, weil hier weder das Unrecht gemindert ist (vgl. § 35 RN 29) noch ein Loyalitäts- und Gewissenskonflikt für den Täter tatsächlich bestehen muß. Nicht erst ein Strafausschließungs-, sondern schon ein (übergesetzlicher) Entschuldigungsgrund ist dagegen der Notstand in den o. 115 ff. genannten Fällen (and. OGH 1 335, 2 126, Oehler JR 51, 489, Peters JR 49, 496).

130 b) In anderen Fällen ist es der *Vorrang außerstrafrechtlicher Interessen,* der, ohne am Unrechts- und Schuldgehalt der Tat etwas zu ändern, dazu führt, daß das Strafbedürfnis zurücktreten muß (zu einer solchen „überstrafrechtlichen Interessenabwägung" vgl. auch Bloy aaO 224 ff.). Dies gilt etwa für § 36 – Freistellung von Sanktionen im Interesse der Redefreiheit – und entsprechend für § 37 (vgl. dort RN 1), ferner für die Exterritorialität (vgl. 42 vor § 3).

130a c) Schließlich können Strafausschließungsgründe ein *Korrektiv* sein, um die Strafbarkeit in Fällen zu beschränken, in denen das Gesetz im Interesse eines möglichst wirksamen Rechtsgüterschutzes und auf der Grundlage bestimmter Vermutungen ein Verhalten generell, d. h. ohne Rücksicht darauf verbietet, ob das geschützte Rechtsgut im Einzelfall durch die fragliche Handlung überhaupt betroffen sein kann. Dies gilt z. B. für § 186, der auf der Vermutung eines ungeschmälerten Geltungsanspruchs jedes Menschen beruht und wo deshalb die Erweislichkeit der Wahrheit der ehrenrührigen Tatsachenbehauptung einen Strafausschließungsgrund darstellt (bzw., was in der Sache keinen Unterschied macht, die Nichterweislichkeit eine objektive Strafbarkeitsbedingung; vgl. 125 vor § 13, § 186 RN 1, 10). In diesen Zusammenhang gehören ferner die „verwaltungsakzessorischen" Strafvorschriften, nach deren Tatbestandsumschreibung es im Interesse eines wirksamen Rechtsgüterschutzes genügt, wenn die behördliche Anordnung, gegen die verstoßen wird, vollziehbar ist (vgl. z. B. §§ 325, 327 ff., 353 d Nr. 1, 2, §§ 23, 26 Nr. 1 VersG): Erweist sich hier die fragliche Anordnung entgegen der Vermutung der Rechtmäßigkeit von Staatsakten tatsächlich als rechtswidrig, so bleibt die Zuwiderhandlung zwar dennoch tatbestandsmäßig usw. (h. M.; zum Meinungsstand vgl. 16 a ff. vor § 324), zu vertreten ist aber jedenfalls das Strafbedürfnis, weil in einem solchen Fall, in dem das geschützte materielle Sachinteresse nicht beeinträchtigt ist und letztlich nur der rein verwaltungsrechtliche Ungehorsam übrig bleibt, jede kriminalpolitische Notwendigkeit einer strafrechtlichen Sanktion entfällt. Hier spricht deshalb vieles für die Anerkennung eines Strafausschließungsgrunds (oder umgekehrt für eine entsprechende objektive Strafbarkeitsbedingung; and. Stuttgart NJW **89**, 1870), jedenfalls aber ist in der späteren Aufhebung des rechtswidrigen Verwaltungsakts ein Strafaufhebungsgrund zu sehen (vgl. 21 vor § 324 sowie Frankfurt StV **88**, 301 m. Anm. Wolf [dort entsprechend auch zur Wiederherstellung der Fiktion des § 21 III 1 AuslängerG im einstweiligen Rechtsschutz], Heine/Meinberg, 57. DJT, Bd. I, Gutachten Teil D, S. 50, Lenckner, Pfeiffer-FS 40 FN 52, Winkelbauer, Zur Verwaltungsakzessorietät des Umweltstrafrechts [1985] 39 ff., DÖV 88, 726, Wüterich NStZ 87, 108, aber auch Rogall, Köln-FS 528 f., Schall NJW 90, 1268; vgl. i. E. auch Schenke JR 70, 451, Stern, Lange-FS 863). Entsprechendes gilt, wenn eine beantragte Genehmigung abgelehnt wurde und später festgestellt wird, daß die Genehmigung zu erteilen gewesen wäre (vgl. § 324 RN 21, Ensenbach aaO [vgl. o. vor 61] 175). Ein positivrechtliches Beispiel eines in diesen Zusammenhang gehörenden Strafausschließungsgrunds enthält schließlich auch § 326 V; zur Frage, ob und inwieweit auch sonst bei abstrakten Gefährdungsdelikten die Strafbarkeit entsprechend zu beschränken ist, vgl. 3 a vor § 306.

131 2. Der Strafausschließungsgrund ist ein **persönlicher,** wenn er an bestimmte, z. Z. der Tat gegebene persönliche Eigenschaften oder Verhältnisse anknüpft und deshalb auch nur demjenigen zugute kommt, der diese Voraussetzungen erfüllt. Hierher gehören z. B. die §§ 36 (and. Jakobs 281, Roxin JuS 88, 433), 173 III, 258 VI; nicht als Strafausschließungsgrund anzuerkennen ist dagegen der Umstand, daß der Täter durch einen polizeilichen Lockspitzel zu der Tat provoziert worden ist (BGH NJW **84**, 2300 gegen BGH NStZ **84**, 178, Seelmann ZStW 95, 831; vgl. dazu auch § 26 RN 17). Um **sachliche** Strafausschließungsgründe handelt es sich dagegen, wenn ein sonstiger, d. h. nicht personengebundener Sachverhalt zur Straflosigkeit führt (vgl. § 37 und die o. 130a genannten Fälle); sie gelten uneingeschränkt auch für Teilnehmer.

132 3. Bei der **irrtümlichen Annahme** eines Strafausschließungsgrundes ist zu unterscheiden: Beruht der Strafausschließungsgrund auf Erwägungen, die im Schuldbereich liegen (vgl. o. 129), so ist der Irrtum beachtlich, nicht dagegen, wenn es sonstige Gründe sind, die zum Ausschluß der Strafbarkeit führen (vgl. § 16 RN 34).

133 II. Während es sich bei den Strafausschließungsgründen um Umstände handelt, die z. Z. der Tat vorliegen, sind es bei den **Strafaufhebungsgründen** erst nach Begehung der Tat eintretende Umstände, welche die bereits begründete Strafbarkeit rückwirkend wieder beseitigen (krit. dazu Volk ZStW 97, 883 u. zum Begriff auch Hirsch LK 213 vor § 32). Dazu gehören insbesondere der Rücktritt nach §§ 24, 31, 310 usw. (vgl. § 24 RN 4; and Rudolphi SK § 24 RN 6: Entschuldigungsgrund), ferner die Begnadigung und Amnestie, die sowohl als Strafaufhebungsgrund wie als Prozeßhindernis wirken (vgl. z. B. RG 53 39, 55 231, 59 56, 69 126, BGH 3 136, 4 289, NJW 72, 262, D-Tröndle 17 vor § 32, Jescheck 498 f.; für bloßes Prozeßhindernis OVG Münster NJW 53, 1240, M-Zipf I 464). Das gleiche gilt für den Tod des Täters. Zur Aufhebung eines strafbewehrten, aber rechtswidrigen Verwaltungsakts vgl. o. 130 a.

Notwehr **§ 32**

III. Der Grundsatz „**in dubio pro reo**" ist prinzipiell auch bei Strafausschließungs- und Strafaufhebungsgründen anzuwenden (Bay NJW **61**, 1222, Hirsch LK 216 vor § 32, Stree, In dubio pro reo 61; and. OGH **1** 337, **2** 126 für den dort angenommenen Strafausschließungsgrund der unlösbaren Pflichtenkollision). Dies gilt auch für die Amnestie (D-Tröndle 17 vor § 32, Jescheck 499, Stree aaO 73; and. RG **56** 50, **71** 263, BGH JZ **51**, 655; differenzierend BGH NJW **58**, 392, Hamm NJW **55**, 75, 644). Ausnahmen ergeben sich jedoch, wenn und soweit der Strafausschluß gerade von der positiven Feststellung gewisser Tatsachen und Umstände abhängt (vgl. § 186: Erweislichkeit der Wahrheit, 326 V: offensichtliche Ungefährlichkeit). 134

§ 32 Notwehr

(1) **Wer eine Tat begeht, die durch Notwehr geboten ist, handelt nicht rechtswidrig.**

(2) **Notwehr ist die Verteidigung, die erforderlich ist, um einen gegenwärtigen rechtswidrigen Angriff von sich oder einem anderen abzuwenden.**

Übersicht

I. Allgemeines	1	IV. Einschränkungen	43
II. Notwehrlage	2	V. Subjektives Rechtfertigungselement	63
III. Erforderlichkeit der Verteidigung	29	VI. Irrtum	65

Stichwortverzeichnis

Absichtsprovokation 55 ff.
Abwehrprovokation 61 b
actio illicita in causa 54, 56 f., 61
Amtsträger, Notwehr gegen – 22
Angriff 3 ff.
– als hoheitliches Handeln 3, 22, 42 a
– auf einen Dritten 25, 32
– durch Unterlassen? 10, 30
– fahrlässiger 64
– gegenwärtiger 13 ff.
– objektiv nicht pflichtwidriger 21
– rechtswidriger 19 ff.
– schuldhafter bzw. schuldloser 23 f.
– unvorsätzlicher 3, 21
Ausweichen, Pflicht zum – 40, 47, 56 f., 60

Einschränkungen der Notwehr 38, 43 ff., 48 ff., 60
– Bagatellangriff 49
– Ehegatten, enge persönliche Beziehungen 53
– Mißverhältnis, grobes 50
– Provokation 54 ff.
– Rechtsmißbrauch 46, 54
– schuldlos Handelnde 52
– verschuldeter Angriff 58
Einverständliche Prügelei 23
Erforderlichkeit der Verteidigung 29 ff.

Gebotensein der Verteidigung 44
Geeignetheit der Verteidigung 35
Gegenwärtigkeit des Angriffs 13 ff.
Güter- und Schadensabwägung 1, 34, 50

Hoheitliche Eingriffsbefugnisse 42 a, 62

Irrtum s. Putativnotwehr

Menschenrechtskonvention, Europäische 62
Mildestes Gegenmittel 34, 36, 60

Nothilfe 25 f., 42, 61 a

Notwehrähnliche Lage 17
Notwehrexzeß s. § 33
Notwehrfähige Güter 4 ff.
Notwehrlage 2, 27

Präventivnotwehr 14, 16 f.
Provozierte Notwehr 46, 54 ff.
Putativnotwehr 65

Rechtsbewährungsprinzip 1, 40 f., 47, 52 f., 57
Rechtsgüterabwägung 34, 47
Rechtsmißbrauch 46, 54
Rechtswidrigkeit des Angriffs 19 ff.

Scheinangriff 3, 28 f.
Schuldlos Handelnde s. Einschränkungen
Schußwaffengebrauch 37 f., 42 b f., 60, 61 a
Schutzwehr 30
Selbstschutzanlagen 18, 37
Staatsnotwehr bzw. -nothilfe 6 f.
Subjektives Rechtfertigungselement s. Verteidigungswille

Tierangriff 3
Trutzwehr 30

Überwiegendes Interesse 1
Überschreitung der Notwehr s. § 33

Verhältnismäßigkeitsgrundsatz 42, 46
Verschulden des Angriffs 19, 23 f., 58
Verteidigungshandlung 38
Verteidigungswille 33, 63

Wertverhältnis angegriffenes/verletztes Rechtsgut 34
Widerstandsrecht Art. 20 IV GG 6

Zumutbarkeit des Ausweichens 46

Lenckner

§ 32

Allg. Teil. Die Tat – Notwehr und Notstand

Schrifttum: Amelung, Das Problem der heimlichen Notwehr gegen die erpresserische Androhung kompromittierender Enthüllungen, GA 82, 381. – *Arzt,* Notwehr gegen Erpressung, MDR 65, 344. – *ders.,* Notwehr, Selbsthilfe, Bürgerwehr, Schaffstein-FS 75. – *Baumann,* Notwehr im Straßenverkehr, NJW 61, 1745. – *ders.,* Rechtsmißbrauch bei Notwehr, MDR 62, 349. – *ders.,* § 53 StGB als Mittel der Selbstjustiz gegen Erpressung, MDR 65, 346. – *Baumgarten,* Notstand und Notwehr, 1911. – *Bernsmann,* Zum Handeln von Hoheitsträgern aus der Sicht des „entschuldigenden Notstandes" (§ 35 StGB), Blau-FS 23. – *Bertel,* Notwehr gegen verschuldete Angriffe, ZStW 84, 1. – *Berz,* An der Grenze von Notwehr und Notwehrprovokation, JuS 84, 340. – *Beulke,* Die fehlgeschlagene Notwehr zur Sachwertverteidigung, Jura 88, 641. – *Bitzilekis,* Die neue Tendenz zur Einschränkung des Notwehrrechts, 1984. – *Bockelmann,* Menschenrechtskonvention und Notwehrrecht, Engisch-FS 456. – *ders.,* Notwehr gegen verschuldete Angriffe, Honig-FS 19. – *ders.,* Notrechtsbefugnisse der Polizei, Dreher-FS 235. – *Born,* Die Rechtfertigung der Abwehr vorgetäuschter Angriffe, 1984. – *Bressendorf,* Notwehr und notwehrähnliche Lage im Straßenverkehr, 1990. – *Busse,* Notwehr im Straßenverkehr, 1968. – *Constadinidis,* Die „Actio illicita in causa", 1982. – *Courakis,* Zur sozialethischen Begründung der Notwehr. Die sozialethischen Schranken des Notwehrrechts nach deutschem und griechischem Recht, 1978. – *Engels,* Der partielle Ausschluß der Notwehr bei tätlichen Auseinandersetzungen zwischen Ehegatten, GA 82, 109. – *Erdsiek,* Notwehr bei Eingriff in die Intimsphäre, NJW 62, 2240. – *Felber,* Die Rechtswidrigkeit des Angriffs in den Notwehrbestimmungen, 1979. – *Frister,* Zur Einschränkung des Notwehrrechts durch Art. 2 MRK, GA 85, 553. – *ders.,* Die Notwehr im System der Notrechte, GA 88, 291. – *Fuchs,* Grundfragen der Notwehr, 1986. – *Geilen,* Eingeschränkte Notwehr unter Ehegatten, JR 76, 314. – *ders.,* Notwehr und Notwehrexzeß, Jura 81, 200, 256, 308, 370. – *Gribbohm,* Zumutbarkeitserwägungen im Notwehrrecht, SchlHA 64, 155. – *Gutmann,* Die Berufung auf das Notwehrrecht als Rechtsmißbrauch, NJW 62, 286. – *Haas,* Notwehr und Nothilfe, 1978. – *Haberstroh,* Notwehr gegen unbefugte Bildaufnahmen usw?, JR 83, 314. – *Haug,* Notwehr gegen Erpressung, MDR 65, 548. – *Hassemer,* Die provozierte Provokation oder über die Zukunft des Notwehrrechts, Bockelmann-FS 225. – *R. Hassemer,* Ungewollte, über das erforderliche Maß hinausgehende Auswirkungen einer Notwehrhandlung, JuS 80, 412. – *Himmelreich,* Erforderlichkeit der Abwehrhandlung usw., GA 66, 129. – *ders.,* Nothilfe und Notwehr, insbes. zur sog. Interessenabwägung, MDR 67, 361. – *ders.,* Notwehr und unbewußte Fahrlässigkeit, 1971. – *Hirsch,* Die Notwehrvoraussetzung der Rechtswidrigkeit des Angriffs, Dreher-FS 211. – *Hoyer,* Das Rechtsinstitut der Notwehr, JuS 88, 89. – *Kirchhof,* Notwehr und Nothilfe des Polizeibeamten aus öffentlich-rechtlicher Sicht, in: Merten, Aktuelle Probleme des Polizeirechts (1977), 67. – *ders.,* Polizeiliche Eingriffsbefugnisse und private Nothilfe, NJW 78, 969. – *Klose,* Notrecht des Staates aus staatlicher Rechtsnot, ZStW 89, 61. – *Kratzsch,* § 53 StGB und der Grundsatz nullum crimen sine lege, GA 71, 65. – *ders.,* Grenzen der Strafbarkeit im Notwehrrecht, 1968. – *ders.,* Das (Rechts-)Gebot zu sozialer Rücksichtnahme als Grenze des strafrechtlichen Notwehrrechts, JuS 75, 435. – *ders.,* Der „Angriff" – ein Schlüsselbegriff des Notwehrrechts, StV 87, 224. – *Krause,* Zur Problematik der Notwehr, Bruns-FS 71. – *ders.,* Zur Einschränkung der Notwehrbefugnis, GA 79, 329. – *ders.,* Notwehr bei Angriffen Schuldloser und bei Bagatellangriffen, H. Kaufmann-GedS 673. – *Krey,* Zur Einschränkung des Notwehrrechts bei der Verteidigung von Sachgütern, JZ 79, 702. – *Kunz,* Die organisierte Nothilfe, ZStW 95, 973. – *ders.,* Die automatisierte Gegenwehr, GA 84, 539. – *Lenckner,* Notwehr bei provoziertem und verschuldetem Angriff, GA 61, 299. – *ders.,* „Gebotensein" und „Erforderlichkeit" der Notwehr, GA 68, 1. – *Loos,* Zur Einschränkung der Notwehr in Gattenbeziehungen, JuS 85, 859. – *Marxen,* Die „sozialethischen" Grenzen der Notwehr, 1979. – *Maatz,* Zur materiell- u. verfahrensrechtl. Beurteilung verbotenen Waffenbesitzes in Notwehrfällen, MDR 85, 881. – *Mitsch,* Nothilfe gegen provozierte Angriffe, GA 86, 533. – *ders.,* Tödliche Schüsse auf flüchtende Diebe, JA 89, 79. – *Montenbruck,* Thesen zum Notwehrrecht, 1983. – *Münzberg,* Verhalten und Erfolg als Grundlagen der Rechtswidrigkeit und Haftung, 1966. – *Neumann,* Zurechnung und „Vorverschulden", 1985. – *Oetker,* Notwehr und Notstand, Frank-FG I 359. – *Otto,* Rechtsverteidigung und Rechtsmißbrauch im Strafrecht, Würtenberger-FS 129. – *ders.,* Die vorgetäuschte Notwehr-/Nothilfelage, Jura 88, 330. – *Puppe,* Die strafrechtliche Verantwortlichkeit für Irrtümer bei der Ausübung der Notwehr und für deren Folgen, JZ 89, 728. – *Prittwitz,* Zum Verteidigungswillen bei der Notwehr, GA 80, 381. – *ders.,* Der Verteidigungswille als subjektives Merkmal der Notwehr, Jura 84, 74. – *Roxin,* Die provozierte Notwehrlage, ZStW 75, 541. – *ders.,* Die „sozialethischen Einschränkungen" des Notwehrrechts, ZStW 93, 68. – *ders.,* Von welchem Zeitpunkt an ist ein Angriff gegenwärtig usw.?, Zong Uk Tjong-GedS (1985) 137. – *Sax,* Zur Frage der Notwehr bei Widerstandsleistungen gegen Akte sowjetzonaler Strafjustiz, JZ 59, 385. – *Schaffstein,* Notwehr und Güterabwägungsprinzip, MDR 52, 132. – *ders.,* Die strafrechtlichen Notrechte des Staats, Schröder-GedS 97. – *R. Schmidt,* Der rechtswidrige Angriff bei der Notwehr, NJW 60, 1706. – *Schmidhäuser,* Über die Wertstruktur der Notwehr, Honig-FS 185. – *ders.,* Notwehr und Nothilfe des Polizeibeamten aus strafrechtlicher Sicht, in: Merten, Aktuelle Probleme des Polizeirechts (1977), 53 ff. – *Schöneborn,* Zum Leitgedanken der Rechtfertigungseinschränkung bei Notwehrprovokation, NStZ 81, 201. – *F. C. Schroeder,* Die Notwehr als Indikator politischer Grundanschauungen, Maurach-FS 127. – *ders.,* Zur Strafbarkeit der Fluchthilfe, JZ 74, 113. – *ders.,* Notwehr bei Flucht aus der DDR, NJW 78, 2577. – *Schröder,* Notwehr bei schuldhaftem Vorverhalten, JuS 73, 157. – *Schroth,* Notwehr bei Auseinandersetzungen in engen persönlichen Beziehungen, NJW 84, 2562. – *Schumann,* Zum Notwehrrecht und seinen Schranken, JuS 79, 559.– *Schwabe,* Grenzen des Notwehrrechts, NJW 74, 670. – *ders.,* Zur Geltung von Rechtfertigungsgründen des StGB für Hoheitshandeln, NJW 72, 1902. – *ders., Notrechtsvorbehalte der Polizei,* 1979. – *Seebode,* Polizeiliche Notwehr und Einheit der Rechtsordnung, Klug-FS 359. – *Seelmann,* Grenzen privater Nothilfe, ZStW 89, 36. – *Seier,* Umfang und Grenzen der Nothilfe im Strafrecht, NJW 87, 2476. – *Spendel,* Gegen den „Verteidigungswillen" als Notwehrerfordernis, Bockelmann-FS 245. – *ders.,* Der Gegensatz rechtlicher und sittlicher Wertung am Beispiel der Notwehr, DRiZ 78, 327. – *ders.,* Keine Notwehreinschränkung unter Ehegatten, JZ 84, 507. – *ders.,* Notwehr und „Verteidigungswille", objektiver Zweck und subjektive Absicht, Oehler-FS 197. – *Stöckel,* Ungeklärte Notwehrprobleme bei Widerstand gegen die Staatsgewalt (§ 113 StGB), JR 67, 281. –*Suppert,* Studien zur Notwehr und „notwehrähnlichen Lage", 1973. – *Wagner,* Individualistische oder überindividualistische Notwehrbegründung, 1984. – *Warda,* Die Eignung der Verteidigung als Rechtfertigungselement bei der Notwehr, Jura 90, 344, 393. – *Wimmer,* Das Anhalten beleidigender Gefangenenbriefe aus der Untersuchungshaft, GA 83, 145.

I. Die Notwehr ist, wie sich schon aus dem Gesetzeswortlaut ergibt, ein **Rechtfertigungs-** 1 **grund,** und zwar ein solcher, der dem Prinzip des überwiegenden Interesses folgt (Lenckner GA 68, 2 u. 85, 300, 307, Spendel LK 6, Stratenwerth 134) und dem Täter ein echtes Eingriffsrecht verleiht (vgl. dazu 9ff. vor § 32). Dabei hat der hier bestehende Interessenkonflikt einen *doppelten Aspekt,* woraus sich die beiden Wurzeln des Notwehrrechts ergeben (zur geschichtlichen Entwicklung vgl. Bitzilekis aaO 24ff., Haas aaO 19ff., Krause, Bruns-FS 71ff., Suppert aaO 43ff.): Auch bei der Notwehr geht es – ebenso wie beim Notstand – zunächst einmal um den Schutz von Rechtsgütern des Täters – oder eines anderen (individualrechtlicher Aspekt: „**Schutzprinzip**"), wobei sie mit dem Defensivnotstand (vgl. § 34 RN 30) gemeinsam hat, daß die dem „Erhaltungsgut" drohende Gefahr von dem Inhaber des „Eingriffsguts" zu verantworten ist. Schon allein dies reduziert auch die Schutzwürdigkeit des Angreifers. Darüber hinaus dient § 32 aber auch der Erhaltung und Bewährung der Rechtsordnung im ganzen, weil bei der Notwehr die Gefahr für das bedrohte Gut speziell aus einem *rechtswidrigen* Angriff droht und – darin liegt auch der entscheidende Unterschied zu § 34 und zum bloßen Defensivnotstand (vgl. auch BGH NJW **89,** 2479) – hier der Grundsatz gilt, daß Recht dem Unrecht nicht zu weichen braucht (sozialrechtlicher Aspekt: „**Rechtsbewährungsprinzip**").

Diese „Zwei-Elemente-Theorie" zur Notwehr (Marxen aaO 35) ist zwar nicht unangefochten, **1a** entspricht aber jedenfalls i. E. der ganz h. M. (vgl. z. B. BGH **24,**356 m. Anm. Lenckner JZ 73, 253, Roxin NJW 72, 1821 u. Schröder JuS 73, 157, Baumann/Weber 308, Bertel ZStW 84, 7, Blei I 150, Courakis aaO 74, D-Tröndle 2, Fischer aaO 88ff., Hirsch aaO 216f., Jescheck 302, Krause, H. Kaufmann-GedS 674, Lackner 1, Lenckner GA 61, 309 sowie 68, 3 u. 85, 307, M-Zipf I 342, Roxin ZStW 75, 566 u. 93, 70, Rudolphi, A. Kaufmann-GedS 386, Samson SK 2, Spendel LK 3, 11ff., Stratenwerth 134; ähnl. Bitzilekis aaO. 57ff., Kratzsch StV 87, 227f., Schmidhäuser 340, I 149, Honig-FS 192ff.; gegen das Rechtsbewährungsprinzip bzw. einseitig auf das Individualschutzprinzip abstellend dagegen Constadinidis aaO 103ff., Frister GA 88, 301f., Hohmann/Matt JR 89, 162, Hoyer JuS 88, 89, Klose ZStW 89, 86f., Mitsch JA 89, 84, Neumann aaO 165ff., Wagner aaO 29ff., 56ff. u. zum österreich. Recht Fuchs aaO 41ff., 67ff.). Daß § 32 nicht allein mit dem Individualschutzprinzip, sondern nur unter Hinzunahme des Rechtsbewährungsprinzips erklärt werden kann, zeigt die besondere „Schneidigkeit" des Notwehrrechts (nicht einsichtig Fuchs aaO 29, Hoyer aaO 90f.: „Zirkelschluß"), die dieses aus allen anderen Rechtfertigungsgründen einschließlich des Defensivnotstands heraushebt, weil hier – beides i. U. zum Notstand – die Güter- und Schadensabwägung grundsätzlich keine Rolle spielt (vgl. u. 34, 50) und die Verteidigung regelmäßig auch dann zulässig ist, wenn der Angegriffene dem Angriff ausweichen, die Gefahr also auf andere Weise abwenden könnte (vgl. u. 40). Der Hinweis auf die eingeschränkte Handlungsfreiheit des Angegriffenen, seine Bedrängnissituation und seine angebliche Ungeübtheit in der Angriffsabwehr – Umstände, die sich auch beim Notstand finden – vermag ebensowenig einen Unterschied nicht plausibel zu machen, und noch weniger kann die Schärfe des u. U. bis zur Tötung des Angreifers reichenden Notwehrrechts unter Güterabwägungsgesichtspunkten mit dem hohen Rang des auch bei Angriffen auf Sachen „mitangegriffenen Guts der freien Entfaltung der Persönlichkeit" erklärt werden (so aber Wagner aaO 30ff., z. T. auch Kratzsch StV 87, 228). Nicht überzeugend ist auch eine rein individualrechtliche Notwehrbegründung, die mit dem Satz „Recht braucht dem Unrecht nicht zu weichen" das subjektive Recht des Angegriffenen und das „subjektive Unrecht" des Angreifers verkürzt (so Neumann aaO 165f.): Hier sind es allemal auch Interessen der Rechtsgemeinschaft und nicht nur solche des Angegriffenen, die dazu führen, daß einem rechtswidrigen Angriff grundsätzlich deshalb nicht ausgewichen werden muß, weil andernfalls der Angegriffene „mit seinen Gütern quasi ständig auf der Flucht sein müßte" (S. 166). Ebensowenig trägt der Gedanke der Risikoübernahme durch den Angreifer (vgl. Montenbruck aaO 33ff.) zur Erklärung des § 32 Wesentliches bei: Wird der Angreifer anders behandelt als der Angegriffene, der das Notwehrrecht nicht schon deshalb verliert, weil er sich bewußt dem Risiko des Angriffs ausgesetzt hat (vgl. u. 59), so kann der Grund dafür nur in der Rechtswidrigkeit des Angriffs liegen, was dann aber wieder auf das Rechtsbewährungsinteresse hinausläuft. Kein Spezifikum der Notwehr ist es schließlich auch, daß es hier der Angreifer ist, der es bis zum Schluß in der Hand hat, eine Beeinträchtigung seiner Güter abzuwenden (vgl. jedoch Frister GA 88, 301f., Mitsch JA 89, 84), da dies z. B. auch auf Fälle des Defensivnotstands, der Selbsthilfe und des § 127 StPO zutreffen kann (obwohl z. B. der Flüchtende lediglich stehen zu bleiben braucht, darf auf ihn nicht geschossen werden). – Andererseits kann die Notwehr aber auch nicht auf das überindividuelle Rechtsbewährungsprinzip reduziert werden, weil § 32 kein allgemeines Unrechtsverhinderungsrecht enthält (vgl. u. 8), sondern nur gilt, wenn der Täter einen Angriff „von sich oder einem anderen" abwehrt, das Rechtsbewährungsinteresse hier also „allein durch das Medium des Einzelschutzes" in Erscheinung tritt (Jescheck 270; vgl. aber auch Haas aaO 171ff., 216). Beide Grundgedanken der Notwehr stehen daher insofern gleichberechtigt nebeneinander, als sie sich gegenseitig ergänzen: Das Rechtsbewährungsprinzip, das keineswegs nur mit einem absoluten Staatsverständnis zu begründen ist und dessen Sinn sich auch nicht in bloßer Generalprävention erschöpft (so aber Frister GA 88, 295ff.), erweitert einerseits die aus dem Gesichtspunkt des Individualschutzes folgenden Rechte des Täters, wie sie sich aus § 34 ergeben würden; andererseits begrenzt der individualrechtliche den sozialrechtlichen Aspekt, indem die Notwehr eine „Gewaltermächtigung" (Merten, Rechtsstaat und Gewaltmonopol [1957] 57f.) zur Wahrnehmung der an sich dem Staat vorbehaltenen Rechtsbewährungsaufgabe nur insoweit enthält, als dies aus Gründen des Individualschutzes notwendig ist (weshalb es entgegen Wagner aaO 46ff. u. pass. auch kein Widerspruch ist, wenn die Merkmale des „Angriffs" usw. von der h. M. „rein individualistisch" gedeutet werden [zur Rechtswidrigkeit vgl. jedoch u. 19ff.]; nicht berechtigt auch die Kritik von Neumann aaO 162ff.). Zur kriminalpolitischen Funktion der Notwehr vgl. näher Arzt, Schaffstein-FS 75.

2 II. **Rechtfertigungsvoraussetzung** ist zunächst eine (tatsächlich bestehende, vgl. u. 27) **Notwehrlage**, die durch einen gegenwärtigen, rechtswidrigen Angriff auf den Täter selbst oder einen andern begründet wird (Abs. 2). Im Unterschied zum Notstand, wo die Gefahr beliebige Ursachen haben kann und deren Gegenwärtigkeit schon dann zu bejahen ist, wenn die Notwendigkeit zum Handeln eine gegenwärtige ist (vgl. § 34 RN 16f.), betrifft die Notwehr daher nur einen Teilausschnitt gegenwärtiger Rechtsgutsgefährdungen, nämlich solche, die das Ergebnis eines hic et nunc stattfindenden rechtswidrigen Angriffs sind (vgl. auch Kratzsch StV 87, 228).

3 1. **Angriff** ist die unmittelbare Bedrohung rechtlich geschützter Güter durch menschliches Verhalten. Ein Verhalten, das nur bedrohlich erscheint, dies aber in Wirklichkeit nicht ist (Scheinangriff), ist kein Angriff (vgl. u. 27). Obwohl der Begriff „Angriff" an sich eine finale Tätigkeit bezeichnet, ist ein Verletzungswille oder auch nur ein Gefährdungsbewußtsein keine generell erforderliche Voraussetzung für einen solchen (allgemein verneinend z. B. OGH 1 274, D-Tröndle 4, Hirsch aaO 224f., Jescheck 303, Spendel LK 24; and. z. B. Schaffstein MDR 52, 136; vgl. ferner die Nachw. u. 24). Vielmehr ist hier zu unterscheiden: Auch unvorsätzliche oder nicht einmal fahrlässige Handlungen sind dann ein Angriff (zur Rechtswidrigkeit vgl. jedoch u. 19ff.), wenn sie ihrer objektiven Tendenz nach unmittelbar auf eine Verletzung gerichtet sind (z. B. Anlegen und Abdrücken einer vermeintlich ungeladenen Schußwaffe; über die Einschränkungen der Notwehr bei einem Irrtum des Angreifers vgl. u. 52). Ist die Handlung dagegen äußerlich ambivalent, so wird sie zu einem Angriff nur durch eine entsprechende Absicht: Daher ist es z. B. noch kein Angriff, wenn jemand einem anderen bei dessen Flucht aus einem brennenden Haus lediglich im Weg steht (weshalb der Flüchtende hier auf die §§ 34, 35 angewiesen ist; vgl. BGH NJW 89, 2479 m. Anm. Eue JZ 90, 765 u. Bespr. Küpper JuS 90, 188), wohl aber dann, wenn er diesem den Fluchtweg absichtlich versperren will. Ob das fragliche Verhalten, von solchen Fällen abgesehen, wenigstens durch einen Willensentschluß vermittelt sein muß (so z. B. Jescheck 303; and. Baumann/Weber 295, D-Tröndle 4, Spendel LK 27), kann letztlich dahingestellt bleiben, da Nichthandlungen jedenfalls kein „rechtswidriger" Angriff sind (vgl. u. 21; zur Anwendbarkeit des § 34 in solchen Fällen vgl. dort RN 20f.). Spätestens daraus ergibt sich auch, daß Tierangriffe nur dann eine Notwehrlage begründen, wenn das Tier als Angriffsmittel benutzt wird (zugleich ein menschlicher Angriff); im übrigen gilt für Tierangriffe lediglich § 228 BGB (h.M., z. B. RG **34** 296, **36** 236, Krause, H. Kaufmann-GedS 676ff., M-Zipf I 344 mwN; and. im neueren Schrifttum nur Spendel LK 38ff. [im Widerspruch zu RN 13, da ein „Kampf gegen das Unrecht" bei Tierangriffen nicht in Betracht kommt]). Körperschaften (z. B. der Staat) können als solche nicht Angreifer i. S. des § 32 sein, sondern nur die für sie handelnden Personen (vgl. Spendel LK 33ff., aber auch Polzin ROW 57, 86 und zum Schießbefehl für Grenzsoldaten der ehemaligen DDR F. C. Schroeder JZ 74, 115f. [vgl. dazu auch 85 vor § 32]), wobei hier in Notwehr aber auch Rechtsgüter der Körperschaft verletzt werden dürfen (z. B. Aufbrechen der Tür durch den rechtswidrig Inhaftierten), da diese sich die rechtswidrigen Angriffe ihrer Organe zurechnen lassen muß.

4 a) **Notwehrfähig** ist jedes rechtlich geschützte Interesse des Täters oder eines anderen. Unerheblich ist, ob es sich dabei um strafrechtlich geschützte Güter handelt. Eine „Abschichtung" des „Umfelds" vom „Kernbereich" notwehrfähiger Güter (so Montenbruck aaO 12ff. mit z. T. nicht mehr akzeptablen Konsequenzen, z. B. S. 50ff.) ist weder durch den Wortlaut („von sich ... abzuwenden") noch durch die Entstehungsgeschichte noch in der Sache begründet.

α) Unbeschränkt notwehrfähig sind zunächst alle **Individualrechtsgüter**, wozu nicht nur die 5
in § 34 genannten Güter (Leben – einschließlich des werdenden Lebens, und zwar auch gegenüber einem unerlaubten Schwangerschaftsabbruch durch die Mutter [vgl. aber auch Spendel LK 171] – Leib, Freiheit usw.) gehören.

Zur Notwehrfähigkeit der **Ehre** vgl. RG **21** 168, **29** 240, BGH **3** 217, zur Erforderlichkeit der 5a
Verteidigung vgl. u. 36, zum Anhalten beleidigender Gefangenenpost vgl. u. 42d. Die **allgemeine Handlungsfreiheit** ist notwehrfähig nur, wenn die Schwelle der Nötigung einschließlich des § 240 II überschritten ist (Stuttgart NJW **66**, 745 m. Anm. Bockelmann u. Möhl JR 66, 229, LG Frankfurt NStZ **83**, 25, Samson SK 8; vgl. auch u. 9), was sich daraus ergibt, daß Rechtsgut und damit notwehrfähig nicht die Freiheit schlechthin, sondern nur die Freiheit vor sozialinadäquatem Zwang i. S. des § 240 II ist (vgl. Horn SK § 240 RN 2, Lenckner JuS 68, 254, Roxin JuS 64, 374; vgl. auch § 240 RN 16); speziell zur Freizügigkeit und zur Frage eines Notwehrrechts von sog. Republik-Flüchtigen in der ehem. DDR vgl. F. C. Schroeder JZ 74, 114, NJW 78, 2577. Notwehrfähig sind ferner: die **Intimsphäre** als Ausprägung des allgemeinen Persönlichkeitsrechts (vgl. den Fall RG **73** 385) – nicht aber die „Intimsphäre in der Öffentlichkeit" (z. B. Intimitäten auf einer Parkbank; vgl. Bay NJW **62**, 1782 m. Anm. Erdsiek, Jescheck 304, Rötelmann MDR 64, 208; and. Spendel LK 184) –, das **Recht am eigenen Bild**, das bereits durch unbefugtes Fotografieren verletzt wird (h. M., z. B. Karlsruhe NStZ **82**, 123, vgl. aber auch Haberstroh JR 83, 314; zum Fotografieren von Demonstranten durch Polizeibeamte vgl. BGH JZ **76**, 31 m. Anm. Schmidt, **78**, 762 m. Anm. Paeffgen S. 738; zum Fotografieren im Rahmen einer Observation des Verfassungsschutzes vgl. LG Bremen StV **83**, 427; zum Fotografieren von Polizeibeamten während eines Einsatzes vgl. Bremen NJW **77**, 158, Celle NJW **79**, 57 m. Anm. Dittmar S. 1311 u. Täubner JR **79**, 435 m. Anm. Franke S. 238, Hamburg NJW **72**, 1290 m. Anm. F. C. Schroeder JR 73, 70, Karlsruhe StV **81**, 408 m. Anm. Olenhusen u. Stechl u. näher zum Ganzen Franke NJW 81, 2033, JR 82, 48, Jarass JZ 83, 282, Krüger NJW 82, 89, Müller NJW 82, 863, Rebmann AfP 82, 193), die **Nachtruhe** (Koblenz VRS **42** 365), das **Hausrecht** (OGH **1** 275, BGH GA **56**, 49, MDR/H **79**, 986, StV **82**, 219), der **Hausfrieden** i. S. des geordneten Zusammenlebens der Hausbewohner (BGH NStZ **87**, 171), der **Besitz** (RG **60** 278), das **Vermögen** (RG **21** 168, **46** 348; zur Notwehrfrage bei erpresserischer Androhung von Enthüllungen vgl. u. 16), das **Jagdrecht** (RG **35** 403, **55** 167), das **Pfandrecht** (Bay NJW **54**, 1377), das **Recht auf Gemeingebrauch** (Bay NJW **53**, 1722, **63**, 824, Saarbrücken VRS **17** 27; and. Stuttgart NJW **66**, 745 m. Anm. Bockelmann: Unterfall der allgemeinen Handlungsfreiheit und notwehrfähig daher nur gegen Nötigungen; zur Notwehr im Straßenverkehr vgl. auch u. 9). Zweifelhaft ist, inwieweit **familienrechtliche Verhältnisse** notwehrfähig sind (allgemein bejahend Jescheck 304, zum Verlöbnis vgl. RG **48** 215). Wird dem sorgeberechtigten Gatten von dem anderen Gatten das Kind weggenommen, so begründet dies eine Notwehrlage. Dagegen ist die Ehe als solche nicht notwehrfähig, wenn die Verletzung mit Willen des anderen Gatten geschieht: Daher kein Notwehrrecht des Ehemannes, der seine Frau beim Ehebruch überrascht (vgl. Köln NJW **75**, 2344; anders – unter dem Gesichtspunkt der Verletzung des Hausrechts – wenn dies in der ehelichen Wohnung geschieht; vgl. aber auch Spendel LK 183). Zum Ganzen vgl. auch Felber aaO 177ff.

β) Zweifelhaft ist, ob und inwieweit auch **Rechtsgüter des Staates** für den einzelnen not- 6
wehrfähig sind. Da ein „anderer" i. S. des Abs. 2 auch eine juristische Person sein kann (RG **63** 220), ist dies jedenfalls für solche Güter zu bejahen, die – wie Eigentum, Besitz, Vermögen – dem Staat als Fiskus zustehen (Jescheck 304, Samson SK 9, Spendel LK 152). Bestritten ist dagegen, ob – Problem der sog. Staatsnotwehr – auch der Schutz von Rechtsgütern des Staates in seiner Eigenschaft als Hoheitsträger nach Notwehrregeln zu beurteilen ist (so grundsätzlich RG **63** 215, Baumann/Weber 339, D-Tröndle 7, Schmidhäuser 357, I 151, Spendel LK 153ff.; offengelassen in RG **56** 259, **64** 101; vgl. auch BGH **5** 247: „regelmäßig" nicht notwehrfähig) oder ob hier eine Rechtfertigung nur nach § 34 (Blei I 159, Jescheck 305, M-Zipf I 359f.) oder durch einen Rechtfertigungsgrund eigener Art (Baldus LK[9] 53 RN 39, Welzel 88; vgl. auch Jakobs 314f.) möglich ist. In den praktischen Ergebnissen besteht jedoch weitgehend Übereinstimmung: Rechtfertigung nur in den äußersten Fällen einer evidenten Bestandsbedrohung, d. h. nur dort, wo vitale staatliche „Lebens-Interessen" (RG **63** 220) auf dem Spiel stehen und wo der Staat nicht imstande ist, sich durch seine Organe selbst zu schützen. In diesem begrenzten Umfang ist ein Staatsnotwehrrecht auch weiterhin neben dem – einen besonderen Anwendungsfall darstellenden – Widerstandsrecht des Art. 20 IV GG (vgl. 65 vor § 32) anzuerkennen, da dieses nicht den gesamten, hier in Betracht kommenden Bereich abdeckt (z. B. Überwältigung des die Grenze mit wichtigen Staatsgeheimnissen überschreitenden Spions; vgl. dazu RG **63** 220).

Die nur begrenzte Zulässigkeit von Staatsnotwehr ergibt sich schon aus der richtig verstandenen 7
Notwehrregelung selbst (vgl. dazu auch Wagner aaO 47ff.), so daß kein Anlaß besteht, auf § 34 oder einen Rechtfertigungsgrund eigener Art auszuweichen, zumal die Probleme dadurch nur verschoben werden. Das Notwehrrecht muß dem einzelnen mit Rücksicht darauf zugestanden werden, daß er sonst vielfach schutzlos wäre, weil der für den Schutz seiner Bürger an sich zuständige Staat mit seinen Machtmitteln nicht allgegenwärtig sein kann. Bei Angriffen auf staatliche Rechtsgüter kann

dagegen im allgemeinen davon ausgegangen werden, daß sich der Staat durch seine Organe selbst wirksam schützen kann; hier wäre es unerträglich und mit dem Sinn des staatlichen Gewaltmonopols unvereinbar, wenn jedermann das Recht hätte, als Hilfspolizist im Wege der Nothilfe tätig zu werden (z. B. gegen Bestechungen, Amtsanmaßung usw.). Anders ist dies nur, wenn höchste Güter des Staates bedroht sind und ein Anrufen bzw. Einschreiten der zuständigen Staatsorgane nicht möglich ist, so daß dem Gemeinwesen ohne private Nothilfe schwerster Schaden drohen würde. Hier besteht dann auch kein Anlaß, die Schärfe des Notwehrrechts dadurch abzumildern, daß der Täter auf § 34 verwiesen wird (vgl. auch Stratenwerth 134), wobei jedoch schon zweifelhaft ist, ob § 34 in diesen Fällen, was das Maß der zulässigen Verteidigung betrifft, wirklich zu anderen Ergebnissen führen würde. Wird die Anwendbarkeit des § 32 in der genannten Weise begrenzt, so kommt auch dem Einwand, daß der einzelne häufig die Situation nicht sachgerecht beurteilen könne (Blei I 158), kein Gewicht zu, zumal diesem auch durch ein Ausweichen auf § 34 nicht Rechnung getragen werden könnte, da das Erfordernis einer pflichtgemäßen Prüfung dem § 34 so wenig entnommen werden kann wie dem § 32 (vgl. § 34 RN 49).

8 γ) Die Notwehrbefugnis ist nach Ursprung und Funktion *kein allgemeines Unrechtsverhinderungsrecht* und sie dient auch nicht der allgemeinen Verbrechensbekämpfung (BGH VRS **40** 107, Spendel LK 198). Unbestritten ist deshalb, daß die **Rechtsordnung** im ganzen und die **öffentliche Ordnung** als solche nicht notwehrfähig sind (vgl. z. B. BGH **5** 247, VRS **40** 107, NJW **75**, 1161, Düsseldorf NJW **61**, 1783, Stuttgart NJW **66**, 748). Das gleiche gilt für **Rechtsgüter der Allgemeinheit**, die kein Rechtssubjekt und daher auch kein „anderer" i. S. des § 32 II ist (Spendel LK 152): Keine Notwehr daher z. B. gegen Fahren ohne Fahrerlaubnis (BGH VRS **40** 104), gegen das Auslegen pornographischer Schriften in einem Bahnhofskiosk (BGH[Z] NJW **75**, 1161), Blutschande, Urkundenfälschung usw. Nur wenn mit dem Angriff auf Güter der Allgemeinheit unmittelbar zugleich Individualinteressen betroffen sind (z. B. ruhestörender Lärm, Tierquälerei; bei dieser deshalb, weil durch das TierschutzG jedenfalls auch das im Mitgefühl für Tiere sich äußernde menschliche Empfinden geschützt wird), besteht auch für den einzelnen eine Notwehrlage (BGH[Z] NJW **75**, 1161, Jescheck 305, Spendel LK 199, Stratenwerth 134; vgl. aber auch Bitzilekis aaO 68).

9 Zur Frage der **Notwehr im Straßenverkehr** (vgl. BGH VRS **40** 104, Bay NJW **53**, 1723, **63**, 824, Düsseldorf NJW **61**, 1783, Saarbrücken VRS **17** 27, Stuttgart NJW **66**, 745 m. Anm. Bockelmann u. Möhl JR 66, 229, Hamburg NJW **68**, 662, Hamm NJW **70**, 2074) gilt folgendes: Verkehrsverstöße als solche sind mangels eines wehrfähigen Rechtsguts kein Angriff i. S. des § 32 (Düsseldorf aaO, Stuttgart aaO, Rengier KK-OWiG § 15 RN 8, Spendel LK 198), wohl aber sind sie dies dann, wenn zugleich andere Verkehrsteilnehmer gefährdet werden (Eser I 106). Eine bloße Behinderung ist dagegen nur dann ein Angriff auf das Rechtsgut der allgemeinen Handlungsfreiheit, wenn die Schwelle der Nötigung einschließlich des § 240 II überschritten ist (vgl. o. 5a). Das volle Notwehrrecht besteht hier jedenfalls gegenüber „verkehrsfremden" Eingriffen (Karlsruhe NJW **86**, 1358, Schleswig NJW **84**, 1470: Verstellen des Wegs zur Verhinderung der Weiterfahrt). Speziell zu den sog. Parklückenfällen vgl. Cramer § 12 StVO RN 109ff., Rengier KK-OWiG § 15 RN 3 sowie Berz JuS 69, 367 u. näher zum Ganzen Baumann NJW 61, 1745, Bressendorf aaO, Busse aaO; vgl. auch u. 10 f.

10 b) Nach h. M. kann auch ein pflichtwidriges **Unterlassen** ein Angriff sein, wobei die Voraussetzungen im einzelnen jedoch umstritten sind (vgl. z. B. Bay NJW **63**, 825, Jakobs 319, Lackner 2a, M-Zipf I 344, Otto 94, Spendel LK 46ff. [genügend Rechtspflicht zum Handeln]; enger dagegen Samson SK 7, Stratenwerth 134 und i. E. Felber aaO 196, Fuchs aaO 79 [nur bei Garantenpflicht], Geilen Jura 81, 204, Jescheck 304 [nur bei straf- oder ordnungsrechtlich sanktionierter Handlungspflicht], Hruschka, Dreher-FS 201 [nur bei Gefahren aus der Sphäre des Unterlassenden]). Doch erfordert ein Angriff schon begrifflich ein aktives Tun (vgl. RG **19** 299, OGH **3** 123, BGH[Z] NJW **67**, 47), zumal es andernfalls nicht — jedenfalls nicht i. S. einer Verteidigung - abzuwehren gibt („abgewehrt" wird hier vielmehr eine nicht von dem „Angreifer" ausgehende Gefahr, die dieser lediglich abzuwenden unterläßt; vgl. Felber aaO 194, Schmidhäuser 345 f., I 151 f.). Aber auch eine analoge Anwendung des § 32 (Felber aaO 195) kommt in diesen Fällen nur in Betracht, soweit tatsächlich eine Regelungslücke besteht, d. h. nicht andere Vorschriften eine abschließende oder angemessenere Regelung enthalten.

11 Im einzelnen gilt folgendes: Da die Nichtbeendigung eines rechtswidrig geschaffenen Dauerzustands ein noch gegenwärtiger rechtswidriger Angriff durch aktives Tun ist (vgl. u. 15; z. B. Eindringen und anschließendes Verweilen in einer fremden Wohnung, Verstellen des Wegs zur Weiterfahrt [Karlsruhe NJW **86**, 1358, Schleswig NJW **84**, 1470], Versperren einer Parklücke [and. Bay NJW **63**, 825: Unterlassen]), bestehen gegen eine analoge Anwendung des § 32 keine Bedenken, wenn der „Angreifer" pflichtwidrig die Beendigung des von ihm zunächst rechtmäßig herbeigeführten Zustands unterläßt (z. B. Nichtweggehen nach § 123 2. Alt., vgl. Hamm GA **61**, 181, Schmidhäuser 346, I 151 f.). Allerdings gilt auch dies nur vorbehaltlich spezieller Regelungen (z. B. § 229 BGB; daher keine Notwehr gegen Nichtrückgabe der Mietsache, vgl. RG **19** 298, BGH[Z] NJW **67**, 47, i. E. auch Spendel LK 49). Im übrigen ist eine Notwehr gegen Unterlassen nur beschränkt möglich. Dabei ist davon auszugehen, daß eine solche nur auf zweierlei Weise denkbar ist: Entweder durch Nötigung des „Angreifers" zu der fraglichen Handlung oder dadurch, daß der Täter unter Verletzung von Rechtsgütern des „Angreifers" den Zustand, den dieser herbeiführen müßte, selbst herstellt bzw. daß er den drohenden Erfolg selbst abwendet. Im ersten Fall aber führt allein der elastischere § 240 II zu sachgerechten Ergebnissen (auch bezüglich einer mit der Gewaltanwendung verbundenen Körperverletzung, da diese in die Zweck-Mittelrelation mit einzubeziehen ist; vgl. auch Schmidhäuser 346, I 152; and. Felber aaO 194): So darf z. B. der Hauseigentümer als Garant nicht durch Prügel zur Erfüllung seiner Streupflicht, der Arzt ebenfalls nicht schlechthin auf diese Weise zur Erfüllung seiner Garanten- oder Hilfeleistungspflicht (§ 323c) gezwungen werden, selbst wenn dies mangels eines milderen Mittels i. S. des § 32 erforderlich wäre. Für die zweite Fallgruppe gelten dagegen primär die hier gegenüber § 32 spezielleren Selbsthilfe- und Notstandsregeln: Nimmt z. B. der Gläubiger die geschuldete Sache weg, so ist dies ausschließlich nach § 229 BGB zu beurteilen, der auch eine zur Durchführung der Wegnahme erforderliche Sachbeschädigung usw. rechtfertigen kann (Erman-Hefermehl, BGB, 8. A., § 229 RN 7). Unterläßt der Eigentümer einer Sache die Beseitigung einer von dieser ausgehenden Gefahr, so gilt vorrangig § 228 BGB; eine analoge Anwendung des § 32 bei Einwirkungen auf die Sache ist hier erst dann geboten, wenn sich der Eigentümer den gefahrdrohenden Zustand vorsätzlich in einer Weise zunutze macht, die der Benutzung der Sache als Angriffsmittel entspricht (weshalb z. B. abweichend von § 228 BGB einem Hund nicht ausgewichen werden muß, wenn der Eigentümer dessen „Angriff" vorsätzlich geschehen läßt; dazu im übrigen auch eine analoge Anwendung des § 32 hier vielfach lediglich zu den Ergebnissen des § 228 BGB führen würde, vgl. u. 52). Wird schließlich sonst eine Sache des Pflichtigen zur Abwendung einer Gefahr in Anspruch genommen (z. B. Benutzung eines PKW für einen Krankentransport, § 248b), so ist dafür § 34 bzw. § 904 BGB maßgebend (der freilich, wie S. 2 zeigt, von einem völlig Unbeteiligten ausgeht – was der Garant nicht ist – und wo es deshalb auch möglich sein muß, von dem Erfordernis der Unverhältnismäßigkeit des drohenden Schadens Abstriche zu machen). Vgl. zum Ganzen auch Arzt, Schaffstein-FS 81 f.

c) Ein Angriff ist nur ein für das angegriffene Rechtsgut **konkret gefährliches** Verhalten (vgl. auch BGH NJW **89,** 2479). Kein Angriff ist daher der untaugliche Versuch (D-Tröndle 4, Hirsch aaO 228, Spendel LK 29); erkennt der vermeintlich Angegriffene dies nicht, so liegt ein Fall der Putativnotwehr vor (vgl. u. 65). 12

2. **Gegenwärtig** ist der Angriff von seinem Beginn bis zu seiner Beendigung. Da es hier auf die Gegenwärtigkeit des den Angriff bildenden Verhaltens ankommt – nur dann rechtfertigt auch das Rechtsbewährungsprinzip die „scharfe Waffe" des Notwehrrechts (vgl. aber auch Frister GA 88, 307) –, liegt in einem gegenwärtigen Angriff zwar immer auch eine gegenwärtige Gefahr i. S. des Notstands, nicht aber gilt umgekehrt, daß eine von Menschen ausgehende gegenwärtige Gefahr deshalb auch schon ein gegenwärtiger Angriff ist (vgl. z. B. den u. 17 genannten Fall einer „notwehrähnlichen Lage"). 13

a) Der Angriff **beginnt,** wenn der Angreifer unmittelbar zu diesem ansetzt, d. h. mit einem Verhalten, das unmittelbar in die eigentliche Verletzungs*handlung* umschlagen soll oder – bei einem unvorsätzlichen Angriff – in eine solche umzuschlagen droht (vgl. RG **67** 339, aber auch BGH NJW **73,** 255, NStE **Nr. 5,** Bay **85,** 8, wo – was nicht dasselbe ist – von einem unmittelbaren Umschlagen in die „Verletzung" gesprochen wird; vgl. dazu auch Kratzsch StV 87, 225 ff.). Bei einem vorsätzlichen Angriff ist dies die Handlung, die dem Versuchsbeginn unmittelbar vorgelagert ist (vgl. Roxin, Tjong-GedS 142). Gegenwärtig ist der Angriff daher z. B. nicht erst mit dem Ausholen zum Schlag (vgl. RG HRR **40** Nr. 1102) oder mit dem Anlegen der Waffe, sondern auch schon mit dem Griff in die Brusttasche, in der sich die geladene Pistole befindet (BGH NJW **73,** 255) oder mit dem Zugehen auf den anderen in bedrohlicher Haltung (BGH **25** 229), hier freilich nur, wenn dies mit dem Willen geschieht, je nach Reaktion des anderen unmittelbar zum Angriff überzugehen (vgl. BGH NStE **Nr. 5**). Dagegen ist die Flucht mit einem geladenen Gewehr in der Absicht, bei passender Gelegenheit zu schießen, solange noch kein gegenwärtiger Angriff, als der Flüchtende keine Anstalten macht, dies zu tun (zu weitgehend daher RG **53** 132, **61** 216, **67** 337; vgl. dazu auch Jescheck 307, Samson SK 10, Spendel LK 120, Roxin aaO 144 f.), ebensowenig eine verbale Auseinandersetzung, solange der Wille, zu Tätlichkeiten überzugehen, nach außen hin noch in keiner Weise betätigt wird (Bay **85,** 7 m. Anm. Bottke JR 86, 292 u. Kratzsch StV 87, 224). Auch ist ein Angriff nicht schon deshalb gegenwärtig, weil das Hinausschieben der Abwehr den Erfolg gefährden würde (vgl. jedoch RG **53** 133, **67** 340, BGH NJW **73,** 255, NStE **Nr. 5,** Schmidhäuser 347). Diese Situation kann vielmehr auch bei einem erst künftig zu erwartenden Angriff gegeben sein (vgl. das Beispiel u. 17), wobei für die hier in Betracht kommende „Präventiv-Notwehr" dann aber nicht § 32, sondern § 34 gilt (vgl. u. 17). Vgl. im übrigen näher zum Ganzen Roxin aaO, Kratzsch aaO. 14

b) Gegenwärtig ist auch der noch **fortdauernde** Angriff, bis er endgültig aufgegeben (vgl. RG **29** 240, BGH **27** 339, NStE **Nr. 15**), fehlgeschlagen oder die Verletzung endgültig eingetreten ist, ein weiterer Schaden also nicht mehr abgewendet werden kann. Flieht der Dieb mit der 15

§ 32 16–18 Allg. Teil. Die Tat – Notwehr und Notstand

Beute, so dauert der Angriff bis zur Sicherung der Beute noch an (RG **55** 84, BGH MDR/H **79**, 985; vgl. auch RG **60** 277, BGH NJW **79**, 2053). Hat der Dieb den Tatort dagegen zunächst unbehelligt verlassen, wird er also nicht auf frischer Tat betroffen oder verfolgt, so ist eine spätere „Besitzkehr" (§ 859 II BGB) auch durch § 32 nicht mehr gerechtfertigt (vgl. näher Mitsch JA 89, 83, NStZ 89, 26, zu § 859 II BGB aber auch Schleswig NStZ **87**, 75 m. Anm. Hellmann S. 455). Flieht deshalb z. B. der Dieb, der, nachdem er zuvor bereits andere Autos aufgebrochen hatte, bei einem weiteren Diebstahl aus einem Auto überrascht wird, so besteht nur noch insoweit eine Notwehrlage, da bezüglich der früheren Taten kein gegenwärtiger Angriff mehr vorliegt (vgl. Mitsch aaO, Puppe JZ 89, 728 zu LG München NJW **88**, 1860; and. Beulke Jura 88, 641 f.). Bei Dauerdelikten endet der Angriff erst nach Beseitigung des rechtswidrigen Zustands (D-Tröndle 10, Jescheck 307, Spendel LK 115). Zum Ganzen näher Kühl, Die Beendigung des vorsätzlichen Begegnungsdelikts (1974) 151 ff.

16   c) Nicht gegenwärtig ist der bereits **abgeschlossene** bzw. endgültig abgeschlagene (vgl. RG **64** 103, BGH NStZ **87**, 20) und der erst **künftige** – also auch unmittelbar bevorstehende, aber noch nicht begonnene (o. 14) – Angriff (RG **43** 342, **48** 217, BGH NJW **79**, 2053). Ein Schuß, der einen Flüchtenden nach abgeschlossenem Angriff lediglich am künftigen Wiederkommen hindern soll, ist daher kein Fall der Notwehr (vgl. BGH NJW **79**, 2053). Bei der *erpresserischen Androhung* von Enthüllungen usw. ist mit dem Aussprechen der Drohung das den Angriff darstellende Verhalten (vgl. o. 3) abgeschlossen – gegenwärtig ist hier allenfalls die aus diesem Verhalten entstandene Gefahr einer künftigen Schädigung, was bis dahin Gegenmaßnahmen nur nach § 34 erlaubt –, weshalb Notwehr schon aus diesem Grunde ausscheidet (vgl. KG JR **81**, 254, Tenckhoff JR 81, 256, i. E. auch Arzt MDR 65, 344, Baumann MDR 65, 346, Fuchs aaO 116, Kratzsch StV 87, 229; and. Haug MDR 64, 548 u. eingehend Amelung GA 82, 381 ff., der bei heimlichen Selbstverteidigungshandlungen [„Kampf im Dunkel"] Einschränkungen des Notwehrrechts jedoch aus seinem Grundgedanken herleitet). Nach RG **65** 160 soll gegenüber einem künftigen Angriff nur die Vorbereitung der Abwehr gestattet sein, sofern – was dann freilich selbstverständlich ist – die fragliche Handlung nicht ihrerseits verboten ist. Doch können Präventivmaßnahmen (sog. *„Präventiv-Notwehr"*) gegen einen noch nicht unmittelbar bevorstehenden und damit noch nicht gegenwärtigen Angriff in besonderen Fällen nach § 34 gerechtfertigt sein (vgl. 34 RN 16 f., 30 f.), was allerdings u. a. voraussetzt, daß eine andere Abhilfe (z. B. polizeiliche Hilfe) nicht möglich ist und eine spätere Notwehrhandlung entweder keinen Erfolg verspricht oder den Angreifer wesentlich härter treffen würde.

17   Dies gilt z. B., wenn der Inhaber einer abgelegenen Gastwirtschaft hört, wie seine Gäste verabreden, ihn nach Eintritt der Polizeistunde zu überfallen, und er ihnen deshalb, weil er ihrem Angriff nicht gewachsen wäre, ein betäubendes Mittel in das Bier schüttet (Lenckner, Der rechtfertigende Notstand [1965] 102; vgl. auch die Beisp. b. Spendel LK 129 ff.). Seit BGHZ **27** 289 wird in solchen Fällen der Abwehr eines künftigen Angriffs von einer **„notwehrähnlichen Lage"** gesprochen, insbesondere im Hinblick auf heimliche Tonbandaufnahmen zur Abwehr einer späteren Nötigung, Erpressung usw. (vgl. auch BGH **14** 361, NStZ **82**, 254, Celle NJW **65**, 1679 m. Anm. R. Schmitt JuS 67, 19, Düsseldorf NJW **66**, 244, Frankfurt NJW **67**, 1047, KG JR **81**, 254, Arzt JZ 73, 508, Haug NJW 65, 2391, Jakobs 321, Klug, Sarstedt-FS 125, Samson SK 10, § 201 RN 65, Welzel 87 und eingehend Suppert aaO, insbes. 356 ff.). Zur sachgerechten Behandlung dieser Fälle bedarf es jedoch nicht der Bildung eines neuen Rechtfertigungsgrundes der „Präventiv-Notwehr" oder der „notwehrähnlichen Lage" in Analogie zu § 32 (ebenso z. B. Geilen Jura 81, 210, Hillenkamp, Vorsatztat und Opferverhalten, 116 ff., 150 f., 164 ff., Hirsch JR 80, 116, Otto I 120 f., Roxin, Tjong-GedS 147 f., Jescheck-FS 479 f., Schaffstein, Bruns-FS 92 f., F. C. Schroeder JuS 80, 341, Spendel LK 127, Stratenwerth 134 f., Tenckhoff JR 81, 257; vgl. aber auch Günther, Strafrechtswidrigkeit im Recht [1983], 326 ff., 338 ff.; zu § 201 vgl. dort RN 31 f.). Die hier erforderlichen weitgehenden Einschränkungen gegenüber dem „scharfen" Notwehrrecht, die sich daraus ergeben, daß ein Angriff überhaupt noch nicht vorliegt, sondern nur die Gefahr eines Angriffs besteht, lassen sich unmittelbar und zwanglos aus § 34 ableiten (vgl. dort RN 16 f., 30 f.). In Wahrheit sind denn auch die von Suppert (aaO 381 ff.) genannten zusätzlichen Rechtfertigungserfordernisse der „Präventiv-Notwehr" in der Sache Konkretisierungen des § 34; durch eine Analogie zu § 32 lassen sich nicht gewinnen, da dessen entscheidende Voraussetzung in Gestalt eines bereits gegenwärtigen rechtswidrigen Angriffs, die der Notwehr als „Kampf um das Recht" ihr spezifisches (auch sozialrechtliches) Gepräge gibt, hier gerade fehlt.

18   Nicht um die Abwehr eines künftigen Angriffs handelt es sich beim Anbringen von **selbständig wirkenden Selbstschutzanlagen** (Selbstschüsse, elektrischer Strom usw.), weil diese erst im Augenblick des stattfindenden Angriffs wirksam werden sollen (vgl. näher Kunz GA 85, 540 f.). Das Vorliegen oder Fehlen einer polizeilichen Genehmigung solcher Anlagen ist auch dort, wo eine Erlaubnispflicht besteht (vgl. § 11 LandesOWiG Bad.-Württ. v. 8. 2. 1978, GBl 102 u. früher § 368 Nr. 8 StGB), für § 32 ohne Bedeutung. Das Problem liegt hier bei der Erforderlichkeit der Verteidigung (vgl. u. 37).

3. Rechtswidrig ist der Angriff, wenn er objektiv im Widerspruch zur Rechtsordnung steht 19 (vgl. z. B. Jescheck 306; enger Schmidhäuser 348, I 153f., Honig-FS 193ff.: Angriff auf die „empirische Geltung" der Rechtsordnung, was eine offene und bewußte Auflehnung gegen das Recht voraussetze; überzeugend dagegen jedoch Hirsch aaO 218ff., Roxin ZStW 83, 387, da dies – entgegen dem Gesetz – auf das Erfordernis eines schuldhaften Angriffs hinausläuft). Dies ist aber nicht bereits dann der Fall, wenn der Angegriffene zur Duldung des Angriffs nicht verpflichtet ist (so jedoch z. B. RG **21** 171, **27** 46, OGH **1** 274, Baumann/Weber 294f., Geilen Jura 81, 256, Spendel LK 57). Ebensowenig ist der Angriff schon deshalb rechtswidrig, weil das Handeln des Angreifers nicht durch einen besonderen Erlaubnissatz gedeckt und daher nicht „befugt" ist (so aber Wessels I 94 u. wohl auch D-Tröndle 11; zum Unterschied vgl. u. 20). Maßgeblich ist vielmehr, ob der Angriff – was kein straftatbestandsmäßiges Handeln voraussetzt (z. B. furtum usus) – rechtlichen *Verhaltens*normen widerspricht. Dies folgt aus dem Grundgedanken der Notwehr, deren besondere Schärfe darauf beruht, daß sich hier zugleich das Recht als Verhaltensordnung gegenüber dem Unrecht behaupten soll: Nur wenn „ein *Verhaltensunwert* des Angreifers den Gesichtspunkt der Schadensproportionalität verdrängt" (Hirsch aaO 214), ist es auch legitim, den Umfang des Notwehrrechts prinzipiell allein nach der Erforderlichkeit der Verteidigung zu bestimmen (ebenso Bitzilekis aaO 114f., Lackner 2d, M-Zipf I 346, Samson SK 14, Roxin ZStW 93, 84, Jescheck-FS 458f., Schumann JuS 79, 560, i. E. auch Wagner aaO 53f. u. weitgehend Felber aaO 135ff.; vgl. ferner Münzberg aaO 342ff.).

Die Unterschiede dieser Auffassungen liegen darin, daß eine auf die Duldungspflicht des Betroffe- 20 nen abstellende Rechtswidrigkeitsdefinition strenggenommen auch dort zur Zulässigkeit der Notwehr führen müßte, wo dem Angreifer zwar kein Eingriffsrecht, wohl aber eine Handlungsbefugnis eingeräumt ist, da in diesem Fall der Betroffene gerade nicht zur Duldung des Eingriffs verpflichtet ist (so z. B. § 193, vgl. 11f. vor § 32). Dies wird zwar vermieden, wenn statt dessen auf eine Handlungsbefugnis des Angreifers abgehoben wird (ausdrücklich gegen Notwehr im Fall des § 193 daher z. B. Baldus LK⁹ § 53 RN 8), doch bleibt dann Notwehr nach wie vor zulässig gegen objektiv sorgfaltsgemäßes Handeln, für das eine besondere „Befugnis" fehlt (so ausdrücklich z. B. B-Volk I 90, Jescheck 306, dagegen mit Recht Hirsch aaO 213ff.).

a) Rechtswidrig ist der Angriff demnach, wenn die Verletzung rechtlich geschützter Interes- 21 sen aus einem **objektiv pflichtwidrigen Verhalten** droht (vgl. näher Hirsch aaO 211). Nicht rechtswidrig i. S. des § 32 ist der Angriff daher in folgenden Fällen: 1. wenn der Angreifer seinerseits ein *Eingriffsrecht* hat: daher z. B. keine Notwehr gegen Notwehr (RG **54** 198, **66** 289), rechtfertigenden Notstand (RG **23** 117 zu § 904 BGB), eine Festnahme nach § 127 I StPO (RG **54** 197, **57** 80; vgl. dazu auch 10a vor § 32), nach dem Arbeitsverhältnis zulässige Türkontrollen und Leibesvisitationen (vgl. Hamm NJW **77**, 590 mwN); 2. wenn das Handeln des Angreifers zwar nicht durch ein Eingriffsrecht, aber durch eine *besondere Handlungsbefugnis* gerechtfertigt ist (11, 19f. vor § 32): daher keine Notwehr gegen Wahrnehmung berechtigter Interessen gem. § 193 oder eine Festnahme gem. § 127 I StPO, auch wenn der ex ante begründete Fluchtverdacht sich ex post als falsch erweist; 3. wenn das Handeln des Angreifers zwar nicht durch eine spezielle Erlaubnis gedeckt ist, aber wegen des fehlenden Handlungsunrechts (unvorsätzliches und nicht objektiv sorgfaltswidriges Verhalten, vgl. 52ff. vor § 13, 21 vor § 32) nach *allgemeinen Grundsätzen* nicht rechtswidrig ist: daher z. B. keine Notwehr, wenn sich der Angreifer in einem unvermeidbaren (Erlaubnis-)Tatbestandsirrtum befindet oder wenn im Straßenverkehr aus einem den Verkehrsregeln entsprechenden Verhalten eine Verletzung droht (Hirsch 213ff., M-Zipf I 346; vgl. auch Samson SK 15 [subjektive Sorgfaltswidrigkeit]; and. z. B. B-Volk I 90, Jescheck 306). Dasselbe gilt, wenn – sofern dies überhaupt ein „Angriff" ist – kein willentliches Verhalten und daher keine Handlung im Rechtssinn (37ff. vor § 13) vorliegt (Samson SK 14 und hier i. E. auch Blei I 143). Das bedeutet nicht, daß der Betroffene hier völlig schutzlos ist: Entfällt die Rechtswidrigkeit aus anderen Gründen als infolge eines speziellen Eingriffsrechts und einer daraus sich ergebenden Duldungspflicht, so kann § 34 in Betracht kommen (§ 34 RN 30f.; vgl. auch BGH NJW **89**, 2479 m. Anm. Eue JZ 90, 765 u. Bespr. Küpper JuS 90, 184, Hirsch aaO 225, Münzberg aaO 371, Samson SK 15, Stratenwerth 135), dessen Regelung hier auch angemessener ist, weil sie im konkreten Fall zu einer Interessenabwägung führt und im Gegensatz zur Notwehr voraussetzt, daß ein Ausweichen nicht möglich ist. Unberührt bleibt in diesen Fällen ferner die Möglichkeit einer Entschuldigung nach § 35 (vgl. dazu den Fall von BGH aaO, bei dem auch § 34 zu verneinen wäre).

Diese Grundsätze gelten auch, wenn der Angriff in einem **hoheitlichen Handeln** besteht. Maßge- 22 bend dafür, ob dieser rechtswidrig ist, sind demnach die in 83ff. vor § 32 dargestellten Regeln (vgl. entsprechend zum strafrechtlichen Rechtmäßigkeitsbegriff in § 113 dort RN 21ff.; dazu daß Widerstandshandlungen gegen rechtswidrige Hoheitsakte unter dem Gesichtspunkt des § 113 nicht erst durch Notwehr gerechtfertigt, sondern insoweit schon nicht tatbestandsmäßig sind, vgl. § 113 RN 20, 36). Gegen eine Amtshandlung, die, obwohl sie von falschen sachlichen Voraussetzungen ausgeht, objektiv pflichtgemäß ist, kommt deshalb allenfalls § 34 in Betracht, der in solchen Fällen auch angemessenere Lösungen ermöglicht (vgl. 11, 21, 86a vor § 32; zur Ausführung einer rechtswidrigen Weisung durch einen – seinerseits rechtmäßig handelnden – Untergebenen vgl. 88a, 89 vor § 32). Dies ist kein Rückfall in „obrigkeitsstaatliches Denken" (so aber Spendel LK 68), sondern die Konsequenz daraus, daß Angreifer hier nicht der Staat, sondern der für diesen handelnde Amtsträger ist (vgl. o. 3), Notwehr gegen diesen aber nur unter den o. 19 genannten Voraussetzungen zulässig sein kann. Auch dann bleibt allerdings zu beachten, daß es bei der Möglichkeit, die drohende Beeinträchtigung auf dem Rechtsweg abzuwenden, an der Erforderlichkeit der Verteidigung fehlen kann (BGH JZ 76, 31 m. Anm. W. Schmidt; vgl. aber auch Paeffgen JZ 78, 743) und daß bei einem schuldlosen Irrtum des Beamten nur ein eingeschränktes Notwehrrecht besteht (vgl. u. 52). Zum Fotografieren eines Demonstrationszuges durch Polizeibeamte, um mit Hilfe der Bilder unbekannte Straftäter zu ermitteln, vgl. BGH JZ 76, 31 m. Anm. W. Schmidt, 78, 762, Paeffgen JZ 78, 732; zur Frage der Nothilfe bei § 120 vgl. KG JR 81, 513 und § 120 RN 1; zur Beurteilung von Hoheitsakten der ehemaligen DDR vgl. Hamm JZ 76, 610 (Notwehr bei Flucht aus der DDR), LG Stuttgart NJW 64, 64, ferner z. B. Grünwald JZ 66, 636, Roggemann ZRP 76, 243, Rosenthal ROW 67, 7, Sax JZ 59, 385, F. C. Schroeder JZ 74, 113, NJW 78, 2577.

23 b) Die Rechtswidrigkeit entfällt nicht deshalb, weil der Angegriffene den **Angriff schuldhaft verursacht** (RG 73 342, JW 26, 1171) oder gar provoziert hat (allerdings kann die Provokation – z. B. eine Beleidigung – selbst ein rechtswidriger Angriff sein, gegen den Notwehr zulässig ist). Über die Grenzen der Notwehr in diesen Fällen vgl. u. 54ff. Dagegen fehlt es bei einer im Rahmen des Üblichen bleibenden **einverständlichen Prügelei**, bei der beide Seiten gleichermaßen Angreifer und Verteidiger sind, an einem rechtswidrigen Angriff, weil die gegenseitigen Angriffshandlungen hier nach § 226a gerechtfertigt sind (vgl. dort RN 19). Wer dabei den Kürzeren zieht und deshalb zum Messer greift und auf den anderen einsticht, handelt daher nicht in Notwehr (vgl. BGH NJW 90, 2263, MDR/H 75, 724, 78, 109 mwN, LG Köln MDR 90, 1033, ferner z. B. D-Tröndle 14, Jescheck 304). Eine Notwehrlage entsteht erst, wenn die Gegenseitigkeit entfällt, einer also über das Maß der von beiden vorausgesetzten Rauferei hinausgeht (z. B. zur Waffe greift) oder weiter handelt, obwohl der andere aufgegeben hat (vgl. RG 73 341, BGH MDR/D 66, 23). Ist die Auseinandersetzung von vornherein darauf angelegt, die Grenzen des § 226a zu überschreiten, so sind beide rechtswidrige Angreifer, so daß sich keiner auf Notwehr berufen kann (and. auch hier erst, wenn der eine den Kampf aufgibt).

24 c) **Schuldhaft** – und noch weniger außerdem vorsätzlich – braucht der Angriff nicht zu sein (z. B. RG 27 44, BGH 3 217, München NJW 66, 1165, Bitzilekis aaO 111ff., D-Tröndle 11, Fuchs aaO 47ff., Jescheck 306, Lackner 2d, M-Zipf I 348, Roxin ZStW 93, 82, Jescheck-FS 459f., Spendel LK 26, 62f., Wagner aaO 52 u. näher Hirsch aaO 215ff.; einschr. Felber aaO 118ff.; and. Frister GA 88, 305, Haas aaO 236, Hoyer JuS 88, 89, Hruschka 140ff., Jakobs 316, Krause, Bruns-FS 83f., GA 80, 332f., Otto aaO 140ff., Schmidhäuser 348, I 154). Dies ergibt sich eindeutig schon aus dem Gesetzeswortlaut (and. Hoyer JuS 88, 89), der lediglich von der Rechtswidrigkeit, nicht aber von der Schuldhaftigkeit des Angriffs spricht, wobei diese auch nicht in das Merkmal „Angriff" hineingelesen werden kann (vgl. aber Otto aaO), da dort sonst implizit auch schon dessen Rechtswidrigkeit enthalten sein müßte, wovon das Gesetz jedoch ersichtlich nicht ausgegangen ist. Auch eine teleologische Reduktion des Gesetzeswortlauts – und nur durch eine solche könnte das zusätzliche Erfordernis eines schuldhaften Angriffs gewonnen werden (zur Frage ihrer Zulässigkeit bei Rechtfertigungsgründen vgl. 25 vor § 32, aber auch § 1 RN 14a) – ist hier weder in der Sache begründet noch besteht dafür ein Bedürfnis: Ersteres nicht, weil das Rechtsbewährungsprinzip in diesen Fällen zwar an Bedeutung verliert, aber nicht völlig außer Kraft gesetzt ist – auch hier steht Recht gegen Unrecht –, letzteres nicht, weil schon das „Gebotensein" der Notwehr (Abs. 1) eine hinreichende Grundlage für eine der jeweiligen Situationen angepaßte Einschränkung des Notwehrrechts bietet (vgl. u. 52). Erst recht sind Strafausschließungsgründe (vgl. 127ff. vor § 32) für das Vorliegen eines notwehrfähigen Angriffs ohne Bedeutung.

25 4. Bei einem **Angriff auf einen Dritten** fehlt es an einer zur Nothilfe berechtigenden Notwehrlage jedenfalls dann, wenn in dem Verzicht des Angegriffenen auf eine Verteidigung zugleich eine wirksame Einwilligung bzw. ein Einverständnis zu sehen ist (dann schon kein Angriff bzw. kein rechtswidriger Angriff). Aber auch wenn dies nicht der Fall ist – und nicht immer liegt in dem Entschluß, sich nicht zu verteidigen, eine Einwilligung in die Verletzung des bedrohten Guts – besteht das Nothilferecht als ein von dem Angegriffenen abgeleitetes Recht nur, wenn und soweit dies dem (wirklichen oder mutmaßlichen) Willen des Angegriffenen entspricht. Will der Angegriffene sich nicht oder will er sich selbst ohne fremde Hilfe verteidigen, so ist dies grundsätzlich auch von Dritten zu respektieren (zu den Ausnahmen vgl. u. 26; dazu, daß umgekehrt auch die Notwehr gegenüber der Nothilfe subsidiär sein kann, vgl. u. 41).

26 Dies entspricht im wesentlichen der h. M. (z. B. BGH 5 248, StV 87, 59, Bay 54 113, Baumann/Weber 300, Blei I 148, D-Tröndle 7, Jescheck 312, Kinnen MDR 74, 633, Lackner 2h, M-Zipf I 359, Samson SK 33; and. z. B. Bitzilekis aaO 72, Schmidhäuser 356, I 161, F. C. Schroeder, Maurach-FS

141, Spendel LK 145; differenzierend Seier NJW 87, 2478ff.). Zu begründen ist diese Abhängigkeit des Nothilferechts mit dem individualrechtlichen Aspekt der Notwehr (vgl. o. 1f.), aus dem sich ergibt, daß grundsätzlich nur der Angegriffene das Recht hat, darüber zu entscheiden, ob und durch wen das bedrohte Gut geschützt werden soll. Schließt er, gleichgültig aus welchen Gründen, eine Nothilfe aus, so fehlt dem Dritten auch im Außenverhältnis zum Angreifer die Legitimation, unter Individualschutzgesichtspunkten für das angegriffene Gut einzutreten (and. Seier aaO 2482): Hier besteht deshalb für den Dritten schon keine der Notwehrlage entsprechende Nothilfelage, jedenfalls aber ist seine Intervention nicht erforderlich oder spätestens nicht i. S. des Abs. 1 geboten (so D-Tröndle 7). Voraussetzung für eine derartige Nothilfesperre ist allerdings, daß der Angegriffene „einen solchen Entschluß fassen darf und kann" (BGH **5** 248). Nothilfe bleibt daher zulässig, wenn der Angegriffene von dem Angriff nichts weiß (vorbehaltlich eines entgegenstehenden mutmaßlichen Willens), wenn er die Situation nicht richtig einschätzt oder einschätzen kann (Irrtum über die Gefährlichkeit des Angriffs; Angriff auf ein Kind) oder wenn es sich um einen nicht einwilligungsfähigen Angriff auf nicht oder nur beschränkt disponible Güter handelt (vgl. BGH **5** 247f., Baumann/Weber 300, Lackner 2h): Kann er hier nicht wirksam in eine Verletzung einwilligen, so kann er auch nicht eine Nothilfe verbieten, wenn sie zu seinem Schutz erforderlich ist. Unbeachtlich, weil rechtsmißbräuchlich, ist ferner ein Verbot der Nothilfe, wenn es dem Angegriffenen nur darum geht, den Grundsatz des relativ mildesten Mittels zu unterlaufen und damit den Angreifer unnötig zu schädigen, weil er bei fremder Unterstützung auf ein milderes Mittel übergehen müßte (z. B. Möglichkeit gemeinsamer Abwehr auch ohne den sonst zulässigen Waffengebrauch). Im übrigen ist es eine Auslegungsfrage, ob die Ablehnung fremder Hilfe nur als Entbindung von einer bestehenden Hilfspflicht oder als Versagung des Nothilferechts zu verstehen ist (vgl. Seier aaO 2480ff.), wobei der Angegriffene für letzteres vor allem dann gute Gründe haben kann, wenn er eine Eskalation des Geschehens zu befürchten hat (and. Seier aaO 2482: Nur bei einer „Erklärung mit angreiferbegünstigendem Inhalt").

5. Ob eine Notwehrlage in dem genannten Sinn besteht, hängt vom **tatsächlichen Vorliegen** eines gegenwärtigen, rechtswidrigen Angriffs ab (vgl. 10a vor § 32, ferner z. B. RG **21** 190, **64** 102, OGH **3** 123, B-Volk 91f., Otto Jura 88, 330, Spendel LK RN 219). Ist dies nicht der Fall, so ist § 32 nicht anwendbar, auch wenn eine objektive ex ante-Betrachtung zum gegenteiligen (positiven) Ergebnis führt (zur Gegenmeinung vgl. 10a vor § 32) und an ein solches Urteil hier besonders hohe Anforderungen gestellt werden (vgl. Rudolphi, A. Kaufmann-GedS 386: „Sicherheit oder doch an Sicherheit grenzende Wahrscheinlichkeit"). Eine ex ante-Beurteilung findet hier nur statt, soweit das Merkmal des Angriffs eine Prognose erfordert, was zwar bezüglich der Gefahr einer Verletzung von Rechtsgütern des Angegriffenen der Fall ist (vgl. o. 12), nicht aber hinsichtlich des Angriffsverhaltens selbst, das tatsächlich vorliegen muß. Insoweit genügt daher auch der **äußere Anschein** nicht: Ein Scheinangriff ist noch kein Angriff und begründet daher auch keine Notwehrlage (vgl. Samson SK 6, aber auch RG **53** 133).

Hier kommt daher nur Putativnotwehr (vgl. u. 65) in Betracht. War freilich auch bei Anwendung der rechtlich gebotenen Sorgfalt nicht zu erkennen, daß ein wirklicher Angriff nicht vorlag (bzw. dieser nicht gegenwärtig usw. war), so ist die vermeintliche Notwehrhandlung schon nach allgemeinen Grundsätzen nicht rechtswidrig (vgl. 21 vor § 32; weitergehend Otto 160f. Jura 88, 330: Rechtfertigung bei vorgetäuschtem Angriff auch im Fall leichter Fahrlässigkeit); sie ist daher ihrerseits auch kein rechtswidriger Angriff i. S. des § 32 (vgl. o. 21), so daß sich der andere dagegen nur nach Notstandsregeln wehren darf (vgl. § 34 RN 30f.). Besondere Probleme ergeben sich, wenn der äußere Anschein für einen Angriff spricht und der Täter sich wehrt, um dem Risiko zu entgehen, daß es sich tatsächlich um einen Angriff handelt (vgl. BGH VRS **40** 107, wo das Problem jedoch an der falschen Stelle gesehen wurde: ein Verteidigungswille werde nicht dadurch ausgeschlossen, daß der Täter zugleich andere Zwecke verfolgt). Nach Schröder (17. A., § 53 RN 15ff.) sollte der Täter hier nur straffrei sein, wenn ihm in der konkreten Situation nicht zugemutet werden könne, das Risiko des Abwartens einzugehen (ähnl. Rudolphi SK 9a vor § 19, Warda, Lange-FS 126ff., Welzel-FS 514ff.: mangelnde oder geminderte Vorwerfbarkeit). Hält man jedoch das subjektive Rechtfertigungselement in Gestalt des Wissens um die objektiven Rechtfertigungsvoraussetzungen und entsprechend einen Erlaubnistatbestandsirrtum auch dann für gegeben, wenn der Täter im Vertrauen auf das Vorliegen des rechtfertigenden Sachverhalts handelt (vgl. 14 vor § 32, u. 65, § 16 RN 22), so bleiben strafbar nur die Fälle, in denen es dem Täter letztlich gleichgültig ist, ob die Notwehrvoraussetzungen gegeben sind (Bestrafung wegen vollendeter Tat, wenn sie fehlten, wegen Versuchs [vgl. u. 63], wenn sie tatsächlich vorlagen). Hier besteht dann, unabhängig von Zumutbarkeitserwägungen, auch kein Anlaß, den Täter straffrei zu lassen. Zum Ganzen vgl. auch Born aaO, Herzberg JA 89, 247f.

III. Besteht eine Notwehrlage (vgl. o. 2ff.), so ist die Notwehrhandlung **gerechtfertigt**, wenn und soweit sie die **erforderliche Verteidigung** darstellt.

1. Verteidigung, die u. U. auch in einem Unterlassen bestehen kann (vgl. Spendel LK 200), ist sowohl die rein defensive Abwehr des Angriffs (sog. Schutzwehr, z. B. Parieren eines Schlags, BGH MDR/D **58**, 12: Vorhalten eines Messers) als auch die Abwehr in Form eines Gegenangriffs (sog. Trutzwehr, vgl. RG **16** 71, Bay NJW **63**, 824); zur Erforderlichkeit der Trutzwehr vgl. u. 36.

31 a) Schon begrifflich muß sich die Verteidigung **gegen den Angreifer** richten, und auch von der Sache her kann die scharfe Waffe der Notwehr nur insoweit ein legitimes Mittel sein, als von der Notwehrhandlung Rechtsgüter des Angreifers betroffen sind. Dies können auch solche sein, die selbst nicht zum Angriff eingesetzt werden (vgl. Jakobs 322; vgl. aber auch u. 35). Wirkt sich die Verteidigung dagegen zugleich auf unbeteiligte Dritte aus, so ist dies durch Notwehr nicht gedeckt (h. M., z. B. RG **58** 29, BGH **5** 248, Celle NJW **69**, 1775, Frankfurt MDR **70**, 695, München VersR **61**, 454, Baumann/Weber 309, D-Tröndle 15, Spendel LK 205, Stratenwerth 135; and. Frank § 53 Anm. 11). Jedoch kann die Verletzung des Dritten hier aus anderen Gründen (z. B. Notstand, mutmaßliche Einwilligung) gerechtfertigt sein (vgl. z. B. Frankfurt MDR **70**, 694: mutmaßliche Einwilligung, wenn im Fall der Nothilfe die gegen den Angreifer gerichtete Abwehr versehentlich den Angegriffenen trifft; RG **23** 116: durch § 904 BGB gerechtfertigte Benutzung fremder Sachen zur Abwehr des Angriffs; zum Notstand vgl. auch 101 vor § 32). Wird ein Mensch als Angriffswaffe benutzt und fehlt es bei dem Werkzeug bereits an einer Handlung – A stößt B auf C –, so ist (rechtswidriger) Angreifer allein der Hintermann; gegen das Werkzeug kommt nur § 34 in Betracht (vgl. o. 3, 21 u. näher zu diesen Fällen Spendel LK 212ff.).

32 Von dem Grundsatz, daß die Verletzung von Rechtsgütern unbeteiligter Dritter als Nebenfolge einer Verteidigung durch Notwehr nicht gerechtfertigt ist, werden z. T. jedoch *zwei Ausnahmen* gemacht: Einmal, wenn sich der Angreifer bei Durchführung des Angriffs fremder Sachen bedient (z. B. RG **58** 29, Baumann/Weber 309f., Spendel LK 211 mwN), zum anderen, wenn im Zusammenhang mit der Verteidigung Vorschriften zum Schutz der öffentlichen Sicherheit und Ordnung verletzt werden (vgl. RG **21** 168 [§ 167 a. F.: Störung des Gottesdienstes bei Notwehr gegen beleidigende Angriffe des Predigers], JW **32**, 1971 [unerlaubtes Führen einer Schußwaffe; and. aber jetzt BGH NStZ **86**, 357: Notstand], Jescheck 299, M-Zipf I 358), wobei letzteres allerdings nur gelten soll, wenn die Verteidigung gegen den Angreifer und die Beeinträchtigung der öffentlichen Sicherheit und Ordnung zusammenfallen, nicht aber, wenn letztere nur die spätere Abwehr ermöglichen soll (Celle NJW **69**, 1775: Verletzung von Verkehrsvorschriften, um dem Angegriffenen rechtzeitig zu Hilfe zu kommen). Eine solche „Drittwirkung" der Notwehr ist, weil diese sich auf das Verhältnis zwischen Verteidiger und Angreifer beschränken muß, hier jedoch ebensowenig anzuerkennen wie sonst (Hirsch LK 66 vor § 32, Jakobs 322, Rengier KK-OWiG § 15 RN 23, Samson SK 18, Schmidhäuser 352, I 157, Widmaier JuS 70, 612 und für den ersten Fall auch Maatz MDR 85, 881 [zu BGH NStZ **81**, 299 betr. § 33], Spendel LK 208f.). Dafür besteht auch keinerlei Bedürfnis: Die Beschädigung von Sachen Dritter, die der Angreifer benutzt (z. B. als Angriffsmittel), ist nach §§ 228, 904 BGB zu beurteilen und in der Regel (über Ausnahmen vgl. Widmaier aaO 614) nach diesen Vorschriften gerechtfertigt; Beeinträchtigungen der öffentlichen Sicherheit und Ordnung – gleichgültig, ob sie mit der Verteidigungshandlung zeitlich zusammenfallen oder ihr, um die Abwehr erst zu ermöglichen, vorausgehen – können dagegen nach § 34 gerechtfertigt sein (zu § 53 WaffenG vgl. Maatz MDR 85, 882f. u. jetzt auch BGH NStZ **86**, 357: Hinweis auf §§ 34, 35; demgegenüber stammt RG **21** 168 aus einer Zeit, in welcher der übergesetzliche rechtfertigende Notstand – jetzt § 34 – noch nicht anerkannt war). Diese Lösung verdient schon deshalb den Vorzug, weil eine automatische „Drittwirkung" des § 32 der Vielfalt möglicher Fallgestaltungen nicht gerecht wird.

33 b) Zu dem in subjektiver Hinsicht erforderlichen **Verteidigungswillen** vgl. u. 63.

34 2. **Erforderlich** ist die Verteidigung, wenn und soweit sie einerseits zur Abwehr des Angriffs geeignet ist und andererseits das relativ mildeste Gegenmittel darstellt. Ob dies der Fall ist, bestimmt sich, soweit hier eine Prognose zu stellen ist, nach einem objektiven ex ante-Urteil, dies jedoch auf der Grundlage der z. Z. der Handlung tatsächlich gegebenen – und deshalb u. U. erst nachträglich bekannt werdenden – Umstände (vgl. 10a vor § 32). Was hiernach für erforderlich gehalten werden darf, muß der Angegriffene grundsätzlich hinnehmen (vgl. BGH NJW **69**, 802 [Beurteilung „vom zeitlichen Standpunkt des Angegriffenen aus im Weg der nachträglichen objektiven Prognose"], Bay NStZ **89**, 409, Frankfurt VRS **40** 425, Hamm JMBlNW **61**, 142, Jescheck 308, Spendel LK 219, Warda Jura 90, 347f.). Bei Fehlvorstellungen des Täters hierüber liegt je nachdem Putativnotwehr (u. 65) oder Versuch (u. 63; and. Spendel LK 220) vor. Prinzipiell ohne Bedeutung ist dagegen das Wertverhältnis zwischen den angegriffenen und den verletzten Rechtsguts bzw. das Verhältnis zwischen dem aus dem Angriff drohenden Schaden und der mit der Verteidigung verbundenen Verletzung, so daß auch höherwertige Güter des Angreifers verletzt werden dürfen, wenn eine weniger intensive Abwehr nicht ausreichen würde (h. M., z. B. RG **69** 310, **72** 58, BGH GA **68**, 183, **69**, 24, VRS **30** 281, StV **82**, 219, LM § 53 **Nr. 3,** Bay **54**, 65, Braunschweig NJW **53**, 997, KG VRS **19** 116, Köln OLGSt. § 32 S. 1, Baumann/Weber 301, Jescheck 308, Kratzsch, Grenzen usw. 52, Lackner 2g cc, Lenckner GA 68, 3, M-Zipf I 354, Samson SK 19, Spendel LK 224ff.; vgl auch o. 1); über die Grenzen dieses Grundsatzes vgl. jedoch u. 48ff.

35 a) An die **Eignung** der Verteidigungshandlung dürfen mit Rücksicht auf die Besonderheit der Notwehr keine allzu hohen Anforderungen gestellt werden (vgl. näher Warda Jura 90, 349f.). Dem

Grundsatz der Geeignetheit würde an sich nur eine Verteidigung entsprechen, die nach Art und Maß die Beendigung oder jedenfalls ein Abschwächen oder Hinausschieben des Angriffs erwarten läßt (vgl. Warda aaO 346f.). Diese Grenze muß aber auch unterschritten werden dürfen: Auch dem Schwachen muß es erlaubt sein, sich zu wehren, ebenso wie es dem Starken unbenommen bleiben muß, sich unter Inkaufnahme eigener Risiken freiwillig mit einem Weniger zu begnügen (vgl. dazu BGH **25** 229). Ausreichen muß es deshalb, wenn ein Abwehrerfolg, und sei es auch nur in Form einer Abschwächung des Angriffs oder Verringerung der Gefahr einer Verletzung, nicht von vornherein aussichtslos erscheint (vgl. auch Jakobs 324, Warda aaO 350 [ausreichend „jede, auch die geringste Aussicht"]; and. Rudolphi, A. Kaufmann-FS 386: naheliegende Möglichkeit einer erfolgreichen Abwehr). Nicht durch Notwehr gerechtfertigt ist danach z. B. zwar die Zerstörung von in keinem Zusammenhang mit dem Angriff stehenden Sachen, wenn klar ist, daß sich der Angreifer dadurch von der Fortsetzung seines Angriffs nicht abhalten lassen wird (vgl. auch BGH NStZ **83,** 500), wohl aber sind dies die nur schwächlich geführten Faustschläge gegen einen weit überlegenen Angreifer (vgl. auch Warda aaO 351). Erst recht ist der Schuß in das Bein eines flüchtenden Diebs nicht deshalb nicht erforderlich, weil dieser dann trotz der Verletzung seine Flucht fortsetzt (vgl. dazu auch Mitsch JA 89, 87 zu LG München NJW **88,** 1861). Bei mehreren Angreifern ist die Eignung nicht deshalb zu verneinen, weil der Angegriffene nur einen abwehren, die anderen dadurch aber von der Fortsetzung ihres Angriffs nicht abhalten kann (vgl. näher Warda aaO 393f.).

b) Gibt es mehrere geeignete Abwehrmöglichkeiten, so muß die Verteidigung nach **Art und** 36 **Maß** das **relativ mildeste Gegenmittel** sein. Ist sie dies, so ist das Notwehrrecht nicht deshalb eingeschränkt, weil sich der Täter auf die bevorstehende Notwehrsituation einstellen konnte (vgl. BGH StV **86,** 15) oder weil er sich für eine zu erwartende Auseinandersetzung, der er nicht auszuweichen braucht, mit besonderen Abwehrmitteln ausgerüstet hat (vgl. BGH NJW **80,** 2263 m. Anm. Arzt JR 80, 212), auch wenn dies unter einem anderen Gesichtspunkt – z. B. Verstoß gegen das WaffenG (vgl. auch u. 37) – rechtswidrig sein sollte (vgl. aber auch u. 61b). Maßgebend für die Bestimmung des relativ mildesten Gegenmittels sind die Stärke und Gefährlichkeit des Angriffs einerseits, die dem Angegriffenen zur Verfügung stehenden Verteidigungsmittel und -möglichkeiten und ihre Erfolgsaussichten andererseits, wobei die gesamten Umstände des Falles und die „konkrete Kampflage" zu berücksichtigen sind (h. M., z. B. RG **55** 83, BGH **26** 256, **27** 336, NJW **89,** 3027, NStZ **81,** 181, **83,** 117, **87,** 172, 322, **89,** 113, 474, NStE **Nr. 8, 14,** EzSt **Nr. 2, 5, 6,** MDR/He **56,** 649, Bay NStZ **88,** 409, Frankfurt VRS **40** 424, Köln JMBlNW **66,** 258, D-Tröndle 16c, d, Jakobs 322ff., Jescheck 308, Spendel LK 224ff., Stratenwerth 136f.). Auch hier bestimmt sich der Umfang des Notwehrrechts allein nach der objektiven „Kampflage", während es darauf, wie diese sich in der Vorstellung des Täters darstellt, allein beim subjektiven Rechtfertigungselement bzw. in Fällen des Irrtums ankommt (vgl. Bay NStZ **88,** 409, u. 63, 65; mißverständl. daher BGH NJW **89,** 3027, NStZ **83,** 117). Im einzelnen gilt folgendes:

α) Unter **mehreren verfügbaren Abwehrmitteln** muß das am wenigsten schädliche oder 36a gefährliche gewählt werden, sofern dafür noch genügend Zeit ist und dieses gleich wirksam ist (BGH GA **56,** 49, **65,** 147, **68,** 182, **69,** 23, Braunschweig NJW **53,** 997, Hamm JMBlNW **61,** 142, KG VRS **19** 116, Köln JMBlNW **66,** 258). Deshalb ist z. B. Trutzwehr (o. 30) unzulässig, wenn bloße Schutzwehr genügt (z. B. BGH **24** 356, **26** 147, was freilich nicht nur für provozierte Angriffe gilt), eine Verletzung des Angreifers, wenn der Angriff schon durch die Wegnahme des Angriffsmittels vereitelt werden kann (vgl. BGH NStE **Nr. 6**) oder die tätliche Abwehr eines (noch fortdauernden) Ehrangriffs durch Verbalinjurien, wenn der andere auch durch eine entsprechende Erwiderung zum Schweigen gebracht werden könnte (vgl. auch BGH **3** 217; zu weitgehend aber BGH MDR/D **75,** 195, wonach eine tätliche Abwehr „nur ausnahmsweise" erforderlich sein soll; zum Anhalten von beleidigenden Gefangenenbriefen vgl. u. 42d). Unmittelbare Gewaltanwendung ist nicht erforderlich, wenn bereits eine entsprechende Drohung Erfolg verspricht, was vor allem dann von Bedeutung ist, wenn es um den Einsatz besonders gefährlicher oder weit überlegener Abwehrmittel (Waffe, geübter Boxer) geht, die dem Angreifer unbekannt sind (vgl. z. B. BGH **26** 258, NStZ **88,** 451 m. Anm. Sauren, **89,** 113 sowie u. 37). Waffen u. a. gefährliche Werkzeuge dürfen erst verwendet werden, wenn eine Abwehr mittels einfacher körperlicher Gewalt (Fausthiebe) nicht ausreicht; der lebensgefährliche Einsatz einer (Schuß-)Waffe kann immer nur das letzte Mittel sein (vgl. u. 37). Der Grundsatz des relativ mildesten Mittels kann hier deshalb auch dazu führen, daß Notwehr nur in Form einer abgestuften Notwehrausübung zulässig ist (vgl. z. B. BGH **26** 147; zum Schußwaffengebrauch vgl. u. 37). Zur Inanspruchnahme fremder Hilfe, um dadurch zu einem milderen Mittel zu kommen, vgl. u. 41.

β) Das danach zulässige Verteidigungsmittel ist, was die **Art und Weise seiner Anwendung** 36b betrifft, so schonend wie möglich einzusetzen (vgl. auch u. 38). Faustschläge gegen den Kopf sind daher nicht erforderlich, wenn der Angegriffene als geübter Boxer den Angriff durch weniger gefährliche Schläge abwehren könnte (BGH **26** 256). Je gefährlicher das Abwehrmittel ist, um so mehr ist darauf Bedacht zu nehmen, daß durch die Art, wie es benutzt wird, die Gefährlichkeit des Angriffs nicht unnötig überboten wird, was auch hier zu einer abgestuften Verteidigung führen kann (vgl. z. B. BGH NJW **89,** 3027: Verwendung einer Eisenstange). Beim Gebrauch von Waffen u. a. lebensgefährlichen Werkzeugen muß deshalb, wenn möglich, zunächst ein das Leben des Angreifers nicht gefährdender Einsatz versucht werden (vgl. u. 37). Grenzen ergeben sich hier auch bezüglich des Umfangs der Verteidigung: Genügt z. B. ein Schlag, so ist jeder weitere nicht mehr erforderlich.

36c γ) Eine **Gefährdung eigener Güter,** um den Angreifer zu schonen, muß der Angegriffene aber **in keinem Fall hinnehmen** (z. B. RG HRR **39** Nr. 792, BGH NJW **80,** 2263 m. Anm. Arzt JR **80,** 211, GA **68,** 183, **69,** 24). Bieten daher die verschiedenen Verteidigungsmittel unterschiedliche Erfolgschancen, so darf der Täter nicht auf dasjenige verwiesen werden, das für den Angreifer zwar weniger riskant ist, aber eine sofortige und endgültige Beseitigung der Gefahr nicht erwarten läßt (vgl. BGH **25** 229, NStZ **81,** 138, **82,** 285, **83,** 117, 500, **87,** 172, 322, EzSt **Nr. 6,** Bay NStZ **88,** 409). Nach BGH **24** 358, GA **56,** 49, **65,** 147, **69,** 24, Bay **85,** 7, NStZ **88,** 409, Karlsruhe NJW **86,** 1358 darf der Täter hier sogar das Mittel benutzen, das „mit Sicherheit" eine erfolgreiche Abwehr gewährleistet. Doch kann dies nicht wörtlich verstanden werden, denn „sicher" ist letztlich nur die gezielte Tötung, die aber nur in Ausnahmefällen zulässig sein kann (vgl. u. 38); ein gewisses Risiko muß der Angegriffene daher in der Regel trotz allem hinnehmen (vgl. auch Spendel LK 237), wobei die Grenze freilich schon dort verläuft, wo die Wirkung einer milderen Abwehrmaßnahme zweifelhaft wird (vgl. näher Lenckner JZ 73, 253 u. zum Ganzen eingehend Warda Jura 90, 396 ff.).

37 δ) Diese Grundsätze gelten auch für die **Benutzung einer (Schuß-)Waffe** oder eines anderen gefährlichen Werkzeugs, die unter den genannten Voraussetzungen selbst dann zulässig ist, wenn der Angreifer unbewaffnet ist (vgl. z. B. RG **55** 83, **58** 27, BGH **24** 356, **25,** 229, **26** 143, **27** 336 m. Anm. Kienapfel JR 79, 72, NJW **80,** 2263 m. Anm. Arzt JR **80,** 211, **83,** 2667 m. Anm. Berz JuS 84, 340 u. Lenckner JR 84, 206, **84,** 986 m. Anm. Spendel JZ 84, 507, **86,** 2716, **89,** 3027, GA **56,** 49, **65,** 147, **68,** 182, NStZ **81,** 138, **82,** 285, **83,** 117, **87,** 172, 322, **88,** 450 m. Anm. Sauren, **89,** 113, 474, StV **86,** 15, NStE **Nr. 8,** 14, EzSt **Nr. 2,** 5, 6, MDR/He **55,** 649, MDR/H **77,** 281, **78,** 985, **79,** 985, LG München NJW **88,** 1860 m. Anm. bzw. Bespr. Beulke Jura 88, 641, Mitsch NStZ 89, 26, JA 89, 79, Puppe JZ **89,** 728, F. C. Schroeder JZ 88, 567). Ist der Angegriffene dem Angreifer nicht so überlegen, daß er den Angriff z. B. auch mit Fäusten abwehren kann, so braucht er sich nicht auf eine körperliche Auseinandersetzung und ein „Kräftemessen" einzulassen, sondern darf sich grundsätzlich einer (Schuß-)Waffe bedienen (vgl. z. B. BGH **24** 358, **27** 337, NJW **86,** 2716, NStZ **87,** 172, 322, **89,** 113, 474, NStE **Nr. 14**). Auch auf einen mit der Beute flüchtenden Dieb (vgl. o. 15) darf notfalls geschossen werden (z. B. BGH MDR/H **79,** 985, LG München NJW **88,** 1861 m. den o. genannten Anm., Spendel LK 246, 315 mwN), ebenso nach RG **61** 217 auf einen zum weiteren Schußwaffengebrauch entschlossenen Flüchtling. Auch die Grenzen zulässiger Notwehr mit Waffen ergeben sich aus den o. 36ff. genannten Grundsätzen: Jedenfalls ein für den Angreifer lebensgefährlicher Waffeneinsatz ist prinzipiell erst nach einer (erfolglosen) *Androhung* zulässig, es sei denn, daß eine solche keinen Erfolg verspricht oder wegen der Bedrohlichkeit der Situation nicht mehr möglich ist (vgl. dazu z. B. BGH NJW **86,** 2716, StV **86,** 15, EZSt **Nr. 6**). Dies gilt vor allem, wenn die Waffe dem Angreifer unbekannt ist (z. B. BGH **26** 258, NStZ **88,** 450, **89,** 114). Bei einer Schußwaffe muß deren Einsatz nach BGH NStZ **87,** 172, 322, LG München NJW **88,** 1861 i. d. R. zunächst angedroht und, sofern dies nicht ausreicht, nach Möglichkeit außerdem noch ein Warnschuß abgegeben werden (zur Notwendigkeit eines solchen vgl. auch BGH MDR/D **75,** 195, MDR/H **78,** 985; krit. zur Erforderlichkeit eines Warnschusses nach vorangegangener Androhung F. C. Schroeder JZ 88, 568). Ein Warnschuß, der als besonders deutliche Drohung stets – also auch ohne vorherige Ankündigung – zulässig ist, ersetzt jedoch immer zugleich die Androhung des Schußwaffengebrauchs, während das Umgekehrte nicht gilt, wenn aus der Sicht des Angreifers Zweifel bestehen können, ob der Angegriffene nicht blufft (z. B. entsprechender Anruf bei Dunkelheit, vgl. den Fall LG München aaO). Hier ist deshalb, soweit möglich und unabhängig davon, ob eine mündliche Androhung des Schußwaffengebrauchs vorausgegangen ist, zunächst die Abgabe eines Warnschusses notwendig (wobei ein Schuß genügt, vgl. BGH NStZ **89,** 475). Sofort geschossen werden darf hier nur, wenn bei einer ex ante-Beurteilung auf der Grundlage der im Zeitpunkt der Handlung tatsächlich gegebenen Umstände die Prognose gerechtfertigt ist, daß ein Warnschuß entweder wirkungslos bleiben oder wegen des damit verbundenen Zeitverlusts die weitere Verteidigung für den Angegriffenen, u. U. aber auch für den Angreifer riskanter machen wird (zu weitgehend in anderen Anforderungen daher LG München aaO; mit Recht krit. dazu Beulke Jura 88, 642, Puppe JZ 89, 729f., F. C. Schroeder aaO). Ist dies dagegen zu verneinen, so sind dem Angegriffenen die Folgen eines unzulässigen Waffengebrauchs auch dann zuzurechnen, wenn sich hinterher herausstellt, daß der Angreifer seinen Angriff ungeachtet eines Warnschusses fortgesetzt hätte (LG München aaO; and. Puppe aaO 729). Für den *Waffeneinsatz selbst* gilt, daß die Berechtigung dazu noch kein Freibrief dafür ist, wie die Waffe eingesetzt wird (vgl. Lenckner JZ 79, 253f.). Er darf nach Art und Weise nur so erfolgen, daß Intensität und Gefährlichkeit

des Angriffs nicht unnötig, d. h. ohne den Abwehrerfolg dadurch zu gefährden, überboten werden (vgl. BGH 26 147, 27 337, NJW 80, 2263, NStZ 87, 172, 322, GA 69, 24, MDR/H 77, 281 mwN). Nicht erforderlich ist daher z. B. der Stich mit einem Dolch, wenn dessen bloßes Vorhalten genügt. Ein das Leben des Angreifenden gefährdender Waffeneinsatz ist immer die ultima ratio; wenn möglich und erfolgversprechend, muß deshalb zunächst ein weniger gefährlicher Einsatz versucht werden (Schuß, Stich oder Schlag gegen nicht lebenswichtige Körperteile; vgl. z. B. BGH 26 146, NJW 89, 3027, NStZ 87, 172, 322, 89, 474). Ungezielte Schüsse oder Stiche gegen den Angreifer sind erst zulässig, wenn sie nicht mehr gezielt möglich sind (vgl. z. B. BGH 27 336 [Messerstich nach rückwärts], NStZ 86, 357 [ungezielter Schuß im Steinhagel mehrerer Angreifer]). Von der konkreten „Kampflage" hängt es auch ab, wie oft von der Waffe Gebrauch gemacht werden darf; genügt ein Schuß, so ist jeder weitere ein Exzeß (zu einer Vielzahl von Messerstichen vgl. BGH NStZ 88, 450, 89, 113; bedenkl. BGH NStZ 81, 139, NJW 83, 2267 m. Anm. Berz JuS 84, 340 u. Lenckner JR 84, 206 [zwei gezielte Messerstiche bzw. mehrere Schüsse in die Brust]; zumindest mißverständl. auch BGH NStE Nr. 9, wenn dort aus der Berechtigung zum lebensgefährdenden Einsatz eines Messers ohne weiteres die Zulässigkeit von drei Stichen in den Leib gefolgert wird). Ohne Bedeutung für § 32 ist dagegen, ob der Täter die Waffe rechtmäßig bei sich führte; daß er dazu keine Erlaubnis hatte oder dies sonst verboten war (§§ 28, 37 WaffenG), ändert deshalb nichts an der Rechtmäßigkeit einer erforderlichen Verteidigung mittels einer Waffe (BGH NJW 86, 27, NStZ 87, 172, LG München NJW 88, 1861), vielmehr ist hier für diesen Zeitraum auch der Verstoß gegen das WaffenG (§ 53) zwar nicht nach § 32 (vgl. o. 32), wohl aber nach § 34 gerechtfertigt (vgl. Maatz MDR 85, 881), nach BGH NJW 86, 2716 „zumindest entschuldigt" (zur verfahrensrechtlichen Beurteilung des Dauerdelikts nach § 53 WaffenG in einem solchen Fall vgl. Maatz aaO). Zum Schußwaffengebrauch durch Polizeibeamte vgl. u. 42 b f. – Bei **Selbstschutzanlagen** (vgl. o. 18) bestimmt sich die Erforderlichkeit nicht nach den Abwehrmöglichkeiten, die der Angegriffene hätte, wenn er dem Angreifer selbst gegenüber stünde, sondern danach, welche sonstigen Möglichkeiten neben der automatischen Gegenwehr er im Zeitpunkt der Errichtung der Anlage hatte (vgl. Kunz GA 85, 547 ff.; zur Maßgeblichkeit der Notwehrhandlung und nicht des Notwehrerfolgs vgl. auch u. 38). Diese ist deshalb so zu installieren, daß der selbständige Abwehrmechanismus mit den ihm funktionsbedingt anhaftenden Gefahren erst dann ausgelöst wird, wenn sich mildere Mittel einschließlich rein defensiver Schutzmaßnahmen als wirkungslos erweisen. Zu diesen gehört insbes. auch eine eindeutige - u. U. auch akustische – Vorwarnung; ohne eine solche sind Selbstschutzanlagen, die tödlich wirken können, schlechterdings unzulässig (vgl. Braunschweig MDR 47, 205, Spendel LK 251 f. u. näher mit allerdings z. T. zu weitgehenden Folgerungen Kunz aaO 550 ff.).

c) Maßgebend ist die **Erforderlichkeit** der Verteidigungs**handlung** und **nicht** diejenige des **38** Abweh**rerfolgs**: War daher die konkrete Abwehrhandlung trotz des Risikos eines weitergehenden Erfolgs erforderlich, so sind ihre ungewollten Auswirkungen durch Notwehr auch dann gedeckt, wenn sie im Ergebnis zur Abwehr des Angriffs nicht notwendig gewesen wären (BGH 27 313 [Schlag mit Pistole, aus der sich ein Schuß löst], 27 336, MDR/H 77, 281 [Messerstich], 79, 985 [Warnschuß], NStZ 86, 357 [ungezielter Schuß], Bay NStZ 89, 408 [zu Gehirnerschütterung führender, weil auch das Kinn treffender Schlag gegen den Arm], AG Köln MDR 85, 1047 [zum Verlust des Auges führender Faustschlag], Jescheck 308, Kunz GA 85, 549 f., Lenckner JZ 73, 253 f., Schmidhäuser 353, I 158, Spendel LK 222 f., JZ 84, 508; vgl. aber auch R. Hassemer JuS 80, 412, Jakobs 325). Insofern findet sich deshalb auch hier ein Element des erlaubten Risikos (vgl. dazu auch 10 f. vor § 32), das zugleich aber eine das Merkmal der Erforderlichkeit limitierende Funktion hat: Erforderlich ist danach die Verteidigung nur, wenn dabei, *wie* sie geführt wird, alle nach den Umständen vermeidbaren, über den notwendigen Abwehrerfolg hinausgehenden zusätzlichen Gefährdungen des Angreifers ausgeschlossen oder jedenfalls auf ein vertretbares Mindestmaß beschränkt werden (vgl. Lenckner JZ 73, 254). Je gefährlicher die Verteidigung nach Art und Maß ist, um so höher sind auch die hier zu stellenden Anforderungen. Zu den - entgegen R. Hassemer JuS 80, 413 - anders liegenden Fällen der unvorsätzlichen, an sich sorgfaltswidrigen Verursachung eines Erfolgs, den der Täter nach § 32 auch vorsätzlich hätte herbeiführen dürfen, vgl. 95 ff. vor § 32.

Unter diesen Voraussetzungen kann auch eine **Tötung des Angreifers** als Folge einer Verteidigungshandlung gerechtfertigt sein, obwohl vom Erfolg her in aller Regel ein bloßes Kampfunfähigmachen genügt hätte (vgl. z. B. BGH GA 56, 49, 65, 147, 68, 182, NJW 83, 2267 m. Anm. Berz JuS 84, 340 u. Lenckner JR 84, 206, StV 86, 15, EzSt Nr. 2, 5, 6, MDR/He 55, 650; vgl. aber auch RG 71 134, 72 58). Eine gezielte Tötung kann dagegen allenfalls in besonderen Ausnahmen erforderlich sein, so bei einem zum äußersten entschlossenen Gewalttäter, wenn das Risiko besteht, daß er durch eine bloße Verletzung nicht sofort kampfunfähig gemacht werden kann (vgl. auch Spendel LK 247; zu den Beschränkungen auch hier vgl. u. 50). **39**

d) Anders als beim Notstand (vgl. § 34 RN 20) entfällt bei der Notwehr die Erforderlichkeit **40** der Verteidigung grundsätzlich nicht wegen der **Möglichkeit mühelosen Ausweichens** (Jakobs 325, Kratzsch GA 71, 75, Lenckner GA 61, 309 u. 68, 3, Roxin ZStW 75, 541, Schröder JR 62,

188, Stratenwerth 136); über die Ausnahmen vgl. u. 48ff. Demgegenüber wird die Erforderlichkeit (bzw. das Gebotensein, vgl. u. 44) der Verteidigung vielfach verneint, wenn der Angegriffene ausweichen kann, „ohne seiner Ehre etwas zu vergeben oder sonst seine Belange zu verletzen" (z. B. RG **66** 245, **71** 134, **72** 58, BGH **5** 248, GA **68**, 183, **69**, 117, VRS **40** 107, Bay NJW **63**, 825, Braunschweig NdsRpfl. **53**, 166, Celle HannRpfl. **47**, 15, Düsseldorf NJW **61**, 1784, KG VRS **19** 117, Fuchs aaO 135ff., Spendel LK 232 mwN [vgl. aber auch RN 13]; vgl. auch BGH MDR/D **58**, 12, NJW **80**, 2263 m. Anm. Arzt JR 80, 211: nicht zumutbar „schimpfliche Flucht"; wesentlich zurückhaltender dagegen BGH GA **65**, 147, VRS **30** 281 und vor allem BGH **24** 356 m. Anm. Lenckner JZ 73, 253, Roxin NJW 72, 1821 u. Schröder JuS 73, 157, wo nach Blei JA 72, 210 eine „Wende in der Rechtsprechung" eingeleitet worden ist). Diese Auffassung, die, wie insbesondere BGH NJW **62**, 308 m. Anm. Baumann MDR 62, 349, Gutmann NJW **62**, 286 u. Schröder JR 62, 187 zeigt, zu einer weitgehenden Entwertung des Notwehrrechts führen muß, verkennt jedoch, daß die Notwehr nicht nur – wie der Notstand – dem Schutz des durch den Angriff betroffenen Guts dient, sondern zugleich auf dem Rechtsbewährungsprinzip (vgl. o. 1) beruht (so mit Recht auch Karlsruhe NJW **86**, 1358, Bitzilekis aaO 79f. mwN).

41   e) Könnte sich der Angegriffene zur Abwehr **fremder Hilfe bedienen,** so ist zu unterscheiden: Weil private Notwehr gegenüber staatlichem Schutz stets subsidiär ist – dies gerade auch sub specie Rechtsbewährungsprinzip –, ist die Erforderlichkeit der Selbstverteidigung nicht nur bei präsenter *polizeilicher Hilfe,* sondern auch dann zu verneinen, wenn eine solche ohne weiteres herbeigerufen werden kann (vgl. RG **32** 392, BGH VRS **30** 282; vgl. aber auch BGH NJW **80**, 2263 m. Anm. Arzt JR 80, 211: Keine Pflicht zur Inanspruchnahme der Hilfe eines Lehrers bei Auseinandersetzung unter 18jährigen Schülern; z. T. and. auch Spendel LK 234, Wagner aaO 61). Selbstverständliche Voraussetzung ist dabei allerdings, daß die Erfolgsaussichten staatlich organisierter Abwehr nicht geringer sind (vgl. Rudolphi, A. Kaufmann-GedS 392). Auf die Möglichkeit wirksamer *privater Hilfe* braucht sich der Angegriffene dagegen nur verweisen zu lassen, wenn sie ihm angeboten und dadurch eine Abwehr mit milderen Mitteln ermöglicht wird (z. B. durch bloße Faustschläge anstatt des sonst erforderlichen Einsatzes eines Messers; vgl. RG **66** 244, HRR **37** Nr. 16/17, BGH MDR/H **75**, 195). Daß er fremde Hilfe herbeiholen könnte, ist hier mithin ohne Bedeutung (RG **66** 244, Spendel LK 233, JZ 84, 508; zu weitgehend RG **71** 134; vgl. auch BGH **27** 337, NJW **80**, 2263, **84**, 986). Nur in den Fällen eines eingeschränkten Notwehrrechts (vgl. u. 43ff.) muß sich der Angegriffene notfalls auch um privaten Beistand bemühen, wenn er so zum Einsatz eines milderen Mittels gelangen kann (vgl. BGH NJW **84**, 986 zur Notwehr unter Ehegatten). Zum Ganzen vgl. auch Bitzilekis aaO 71ff., Felber aaO 169ff., Fuchs aaO 138ff., Haas aaO 279ff.

42   3. Besteht eine zur **Nothilfe** berechtigende Sachlage (vgl. o. 25), so ist auch die Nothilfehandlung eines Dritten gerechtfertigt, soweit sie in dem genannten Sinn erforderlich ist (vgl. BGH **27** 313, Spendel LK 145; and. Seelmann ZStW 89, 56ff.: Nur in den Grenzen des – unzulässig auf die Güterproportionalität verengten – Verhältnismäßigkeitsprinzips [Einbrecherbanden könnten danach z. B. also nahezu risikolos alte Menschen heimsuchen, da der Nothelfer, der angesichts der Übermacht nur noch zur Schußwaffe greifen kann, selbst zum rechtswidrigen Angreifer würde, gegen den die Einbrecher Notwehr üben dürften!]; näher zur Kritik Seier NJW **87**, 2477). Dies gilt auch für private Sicherheitsdienste (näher Kunz ZStW 95, 973; and. Hoffmann-Riem ZRP 77, 283, der diesen durch eine angeblich teleologische, aber schon im Ansatz verfehlte Auslegung des § 32 jedes Nothilferecht abspricht). Das Maß des Erforderlichen bestimmt sich hier, wenn der Nothelfer die schonenderen Mittel zur Verfügung hat, nach dessen Möglichkeiten und nicht nach denen des Angegriffenen (z. B. Nothilfe durch geübten Boxer, wenn sich der Angegriffene nur mittels einer Waffe wehren könnte); hat umgekehrt der Angegriffene selbst ebenso wirksame, aber mildere Mittel, so darf auch der Nothelfer, wenn seine Nothilfe überhaupt erforderlich ist, darüber nicht hinausgehen (vgl. Seier aaO 2476 u. die Umkehrung des genannten Beisp.). – Eine *Haftung des Angegriffenen* für einen *Exzeß des Nothelfers* besteht unter den Voraussetzungen der Mit- oder mittelbaren Täterschaft; im übrigen kommt nur Teilnahme in Betracht. Dagegen ist er nicht deshalb Fahrlässigkeitstäter, weil er die Unterstützung des Nothelfers erbeten hat, obwohl er dessen in eigener Verantwortung begangenen Exzeß hätte voraussehen können (vgl. aber BGH NStZ **89**, 113). Hier ist ihm schon der Erfolg nicht zurechenbar (vgl. 101c vor § 13); im übrigen könnte in diesen Fällen nichts prinzipiell anderes gelten als bei Verteidigungshandlungen des Angegriffenen selbst, die auch dann noch erforderlich sein können, wenn sie mit dem Risiko eines weitergehenden Erfolgs verbunden sind (vgl. o. 38).

42a   4. Umstritten ist dagegen, ob auch **hoheitliche Maßnahmen** zum Schutz des Angegriffenen nach § 32 gerechtfertigt sein können oder ob hier nur auf speziell öffentlich-rechtliche Ermächtigungsnormen zurückgegriffen werden darf.

Notwehr 42b, 42c § 32

a) Von Bedeutung ist dies insbes. beim **Schußwaffengebrauch,** der nach § 10 UZwG und einem 42b
Teil der Polizeigesetze der Länder (z. B. § 40 PolG Bad-Württ.) nur zulässig ist zur Verhinderung von
Verbrechen und solchen Vergehen, die mittels Schußwaffen oder Sprengstoff begangen werden (vgl.
die Übersicht bei Seebode aaO 361). Ausgeschlossen ist dieser danach z. B. – auch als ultima ratio –,
wenn eine Rockerbande in brutaler Weise Passanten zusammenschlägt, bei der Zerstörung von
Versorgungseinrichtungen (§ 316b) oder beim Diebstahl wertvoller Kunstschätze. Dagegen kennt
das Nothilferecht des § 32 eine solche Beschränkung nicht; nach ihm dürfte der Polizeibeamte in den
genannten Fällen vielmehr auch von der Schußwaffe Gebrauch machen, vorausgesetzt, daß dies
wirklich erforderlich ist (über weitere Unterschiede zwischen Polizei- und Notwehrrecht vgl. Schwabe, Notrechtsvorbehalte 23ff., Seebode aaO 361ff. u. zur Frage, ob einzelne polizeirechtliche Regelungen – z. B. Art. 66ff. Bay PAG v. 14. 9. 1990, GVBl. 397 – als Erweiterung des Notwehr- und
Nothilferechts zu verstehen sind, auch Bernsmann aaO 27ff., Spendel LK 276). Obwohl, wie schon
diese Beispiele zeigen, ein unbestreitbares Bedürfnis für die Anerkennung eines über die polizeirechtlichen Befugnisse hinausgehenden Nothilferechts besteht, soll hier nach einer verbreiteten Meinung
§ 32 nicht oder nur in den Grenzen des Polizeirechts anwendbar sein, und zwar z. T. nicht nur im
Falle der Nothilfe (so z. B. Amelung NJW 77, 840, Jus 86, 332, Blei JZ 55, 626, Hirsch LK 153 vor
§ 32, § 34 RN 18ff., Krey/Meyer ZRP 73, 4, Krüger NJW 70, 1484 u. 73, 1, Ostendorf JZ 81, 172,
Samson SK 35), sondern auch bei der Selbstverteidigung des angegriffenen Beamten (z. B. Jakobs
327ff., Kunz ZStW 95, 981ff., Lerche, v. d. Heyde-FS, Bd. II, 1977, 1041f., Seebode aaO 361ff.,
Seelmann ZStW 89, 50ff.). Begründet wird dies insbes. damit, daß – was in der Tat unbestreitbar sein
dürfte – der polizeiliche Schußwaffengebrauch immer hoheitliches Handeln sei (vgl. auch u. 62),
hoheitliche Eingriffsbefugnisse aber nicht durch das Strafrecht begründet werden könnten. Dies trifft
jedoch nicht zu: Wenn alle strafrechtlichen Verbotsnormen auch – und die §§ 331ff. z. T. sogar
ausschließlich – hoheitliches Handeln betreffen, so ist nicht ersichtlich, weshalb die ein solches Verhalten unter Verleihung eines Eingriffsrechts (vgl. 10f. vor § 32) ausnahmsweise gestattenden Erlaubnisnormen nicht auch solche sein können, die sich im Strafrecht finden (vgl. z. B. Gössel JuS 79,
164f., Schaffstein, Schröder-GedS 107, Wimmer GA 83, 153 und näher Schwabe, Notrechtsvorbehalte usw. 37ff., NJW 77, 1903f.; entsprechend bei § 34 vgl. dort RN 7 mwN). So gilt z. B. § 193
unzweifelhaft auch für ehrenrührige Äußerungen im Rahmen hoheitlicher Tätigkeit, was dort durch
den Hinweis auf „dienstliche Aussagen und Urteile" sogar noch ausdrücklich bestätigt wird. Ebenso
können sich auf § 127 I StPO sowohl Private als auch Amtsträger berufen, was gleichfalls die These
widerlegt, daß die „Jedermanns" Rechte nicht zugleich Ermächtigungsgrundlage für hoheitliches
Handeln sein können (so mit Recht Schwabe aaO 55, NJW 77, 1904). Die Frage kann deshalb nur
sein, ob die von Haus aus für das gesamte Recht geltenden strafrechtlichen Rechtfertigungsgründe im
Einzelfall durch besondere öffentlich-rechtliche Regelungen für den Bereich hoheitlichen Handelns
eingeschränkt worden sind. Abgesehen davon, daß dies durch Landesrecht ohnehin nicht möglich
wäre (z. B. Bockelmann, Dreher-FS 241, Schwabe aaO 39ff., JZ 74, 636; vgl. aber auch Kunz ZStW
95, 982), enthalten die Polizeigesetze eine solche Beschränkung der aus § 32 folgenden Befugnisse
aber gerade nicht: Zwar sprechen die Polizeigesetze einerseits davon, daß ein Schußwaffengebrauch
„nur" in den dort namentlich genannten Fällen zulässig sei (vgl. z. B. § 10 I UZwG, § 40 I PolGes. v.
Bad.-Württ.), andererseits aber sehen sie in einem anschließenden „Notrechtsvorbehalt" davon
vor, daß das Recht zum Schußwaffengebrauch auf Grund von „Notwehr und Notstand" bzw. „auf Grund
anderer gesetzlicher Vorschriften" unberührt bleiben soll. Da eine solche Regelung keinerlei Sinn
hätte, wenn sie nicht als eine ergänzende Verweisung zu verstehen wäre, kann dies nur heißen, daß
sich aus § 32 weitergehende Befugnisse zum Schußwaffengebrauch ergeben können als nach den
polizeirechtlichen Vorschriften, und daß die Polizeibeamte diese Rechte ebenso haben soll wie jedermann (and. z. B. Hirsch LK § 34 RN 18f., ferner Kunz ZStW 95, 981, dessen Interpretation die
Notrechtsvorbehalte jedoch gegenstandslos macht). Zwar erscheint es wenig folgerichtig, wenn die
Polizei zunächst („nur") auf bestimmte Befugnisse beschränkt, ihr dann aber anschließend das weitergehende allgemeine Notwehrrecht eingeräumt wird. Doch kann dieser Widerspruch nicht dadurch
ausgeräumt werden, daß man die Rechtfertigung nach § 32 auf den „Binnenbereich des Strafrechts"
bzw. „im Hinblick auf die Rechtsfolge Strafe" beschränkt, während die Rechtswidrigkeit nach Polizeirecht davon unberührt bleiben soll (so z. B. Cohen, Die Polizei 1973, 65, Klose ZStW 89, 79,
Kirchhof, in: Merten aaO 70, NJW 78, 969, Riegel NVwZ 85, 640, Schmidhäuser, in: Merten
77, Seebode aaO 368, v. Sydow JuS 78, 224). Eine solche Aufspaltung in eine strafrechtliche und
polizeirechtliche Rechtswidrigkeit wäre bei Rechtfertigungsgründen, die ein Eingriffsrecht gewähren, unvereinbar mit dem Prinzip der Einheit der Rechtsordnung (vgl. 27 vor § 32, ferner z. B. Lerche
aaO 1037, Schaffstein aaO 108, Schwabe aaO 46ff., NJW 77, 1904ff.; vgl. ferner Spendel LK 273ff.,
aber auch 279f.). Wo immer der Grund für die genannte Unstimmigkeit der Polizeigesetze liegen
mag (Redaktionsversehen [Blei JZ 55, 627 Anm. 10]?, politische „Optik"?), ausgeschlossen ist es
jedenfalls, die ausdrücklichen Notrechtsvorbehalte „einfach hinwegzueskamotieren" (so mit Recht
Schaffstein aaO 108; vgl. auch Seebode aaO 369). Schon nach dem Gesetzeswortlaut nicht
möglich ist es auch, die Notrechtsvorbehalte auf den Fall der Selbstverteidigung zu beschränken (so
z. B. Hirsch LK § 34 RN 19), da der Begriff der Notwehr – vgl. § 32 II – immer auch die Nothilfe
mitumfaßt.

Deshalb ist daran festzuhalten, daß sich für Polizeibeamte ein Recht zum Schußwaffengebrauch 42c
auch aus § 32 ergeben kann, und zwar sowohl im Fall der Selbstverteidigung (vgl. BGH NJW 58,

1405) als auch zum Zweck der Nothilfe (h. M., vgl. z. B. Bockelmann, Engisch-FS 467, Dreher-FS 235, D-Tröndle 6 vor § 32, Kinnen MDR 74, 631, Lackner 3b, R. Lange JZ 76, 547, W. Lange MDR 74, 358, MDR 77, 11, Otto I 127, Rupprecht JZ 73, 264, Schwabe aaO 54ff., NJW 77, 1902, Spendel LK 275, Wessels I 95). Dies bedeutet entgegen Hirsch LK § 34 RN 19 nicht, daß staatlichen Organen der Schußwaffengebrauch immer dann gestattet wäre, wenn auch ein Privater schießen dürfte, denn nicht selten stehen gerade dem Polizeibeamten auf Grund seiner Ausbildung und Erfahrung Möglichkeiten zu Gebote, die ebenso wirksam und zugleich schonender sind und wo deshalb ein Schußwaffengebrauch auch nach § 32 nicht erforderlich ist. Ist er dies jedoch, so kann dem Polizeibeamten nicht verwehrt sein, was jedem Privaten nach § 32 erlaubt wäre. Weitergehende Beschränkungen ergeben sich hier auch nicht aus der besonderen beruflichen Gefahrtragungspflicht von Polizeibeamten (vgl. jedoch Bernsmann aaO 32ff.) oder dem allgemeinen Verhältnismäßigkeitsprinzip (so aber z. B. Kunz ZStW 95, 982, Schaffstein aaO 111, Stratenwerth 139): Ersteres nicht, weil die besondere Gefahrtragungspflicht, die ohnehin nur unter dem individualrechtlichen Notwehraspekt (vgl. o. 1) von Bedeutung sein könnte, gegenüber einem rechtswidrigen Angreifer nicht bestehen kann (vgl. auch § 34 RN 34), letzteres nicht, weil das, was „verhältnismäßig" ist, bei der Notwehr entscheidend durch das Rechtsbewährungsinteresse mitbestimmt wird (vgl. o. 1), das nicht dadurch aufgehoben wird, daß sich der Angreifer einem Staatsorgan gegenübersieht (vgl. auch Seebode aaO 370). Dagegen spricht auch die rechtspolitische Überlegung, daß andernfalls der Grundsatz der Subsidiarität der privaten Notwehr gegenüber staatlichem Schutz nicht mehr durchgehalten werden könnte, wenn im Einzelfall eine intensivere und i. S. des § 32 erforderliche Verteidigung durch den Staat nicht sichergestellt werden kann. Würde diesem hier ein Recht zum wirksamen Schutz seiner Bürger abgesprochen, so bliebe als Alternative nur die Einrichtung von Bürgerwehren und privaten Selbstschutzorganisationen, vor deren Entwicklung, vor der schon Schröder (17. A., § 53 RN 22) und zuletzt wieder Schaffstein aaO 100ff. mit Recht gewarnt haben (zu ähnlichen Erscheinungen in den USA vgl. Arzt, Schaffstein-FS 77ff.). Zur Bedeutung des Art. 2 MRK vgl. u. 62.

42 d b) Ob auch das **Anhalten beleidigender Gefangenenpost** auf § 32 gestützt werden kann (so Celle NJW **68**, 1342, Hamburg JR **74**, 119 m. Anm. Peters, Kreuzer NJW 73, 1261, Pawlik NJW 67, 168, Wimmer GA 83, 151 mwN), ist für das Strafrecht ohne Bedeutung: Soweit es sich um die Briefkontrolle handelt (Öffnen von Briefen, § 202), kommt als Ermächtigungsgrundlage ohnehin nicht Notwehr, sondern nur § 29 StVollzG bzw. § 119 III StPO in Betracht; das eigentliche Anhalten (vgl. § 31 StVollzG) unterfällt dagegen keinem Straftatbestand. Der Anwendung des § 32 zum Schutz des Betroffenen stünde zwar auch hier nicht der hoheitliche Charakter der Maßnahme entgegen, wohl aber enthält in diesem Fall § 31 StVollzG für den Strafvollzug eine abschließende Sonderregelung, während für die Untersuchungshaft nach h. M. § 119 III StPO eine besondere Ermächtigungsnorm enthält (vgl. BVerfGE **35** 311 und zuletzt **57** 170, ferner Koblenz MDR **89**, 479, KK-Boujong § 119 RN 37 mwN; and. jedoch Wimmer GA 83, 147).

43 IV. Ist die Verteidigung in dem genannten Sinn erforderlich, so ist sie **grundsätzlich gerechtfertigt** (Folge: keine Gegen-Notwehr des Angreifers, keine Garantenstellung des Täters für das Leben des Angreifers [vgl. dazu § 13 RN 37]). Doch ist heute nahezu unbestritten, daß dies **nicht ausnahmslos** gilt, daß vielmehr das Notwehrrecht bei aller Strenge außer seiner Begrenzung durch das Erfordernis der Proportionalität von Abwehr- und Angriffsverhalten im Einzelfall noch **weitere Einschränkungen** erfahren kann. Mit Recht spricht Jescheck 309 davon, daß die moderne Entwicklung des Notwehrrechts die Geschichte seiner sozial-ethisch begründeten Einschränkungen sei (näher dazu Courakis aaO), in der sich freilich zeitweise auch die Gefahr einer Entwertung des Notwehrrechts abzeichnete (vgl. z. B. o. 40; krit. zu dieser Entwicklung Hassemer aaO 225ff., Spendel LK 308). Ein Verstoß gegen Art. 103 II GG liegt darin nicht, da es sich bei diesen Einschränkungen nur darum handeln kann, durch ein Zurückgehen auf den Grundgedanken des Notwehrrechts dessen immanente Schranken zu aktualisieren (vgl. Bitzilekis aaO 84ff., Jescheck 309, Lenckner GA 68, 9, Roxin ZStW 93, 78 sowie § 1 RN 14 u. 25 vor § 32; and. Engels GA 82, 119, Hillenkamp aaO [o. 17], 167ff., Kratzsch, Grenzen usw. 29ff., GA 71, 65, JuS 75, 435). Bei Nichtbeachtung dieser Schranken ist die Tat rechtswidrig und strafbares Unrecht (and. Günther, Strafrechtswidrigkeit usw. [1983] 341ff.: „echter Strafunrechtsausschließungsgrund" wegen notstandsähnlicher Lage; vgl. dagegen 8 vor § 32 u. näher Roxin, Oehler-FS 191ff.).

44 1. Bestritten ist, ob bei diesen zusätzlichen Einschränkungen an das Merkmal des „**Gebotenseins**" in Abs. 1 anzuknüpfen ist (so z. B. Baumann/Weber 303, Himmelreich GA 66, 129, Krey JZ 79, 714, Lackner 3, Schroth NJW 84, 2563; vgl. auch Roxin ZStW 75, 556 u. 93, 79) oder ob das maßgebliche Korrektiv in die „**Erforderlichkeit**" in Abs. 2 hineinzulesen ist, diese also noch zusätzliche normative Elemente enthält (so z. B. BGH **5** 248, NStZ **81**, 22, Düsseldorf NJW **61**, 1784, Bay NJW **63**, 825), oder ob beide Begriffe dasselbe bedeuten und der Streit über die richtige Einordnung daher müßig ist (Köln OLGSt § 32 S. 1, Bertel ZStW 84, 2, Bockelmann, Honig-FS 24, Fuchs aaO 36, Jescheck 309, Kratzsch JuS 75, 436, Krause, Bruns-FS 78, Lenckner GA 68, 1, Otto aaO 136, Schmidhäuser, Honig-FS 189, Spendel LK 256). Für § 53 a. F. ergab sich schon aus der Entstehungsgeschichte (vgl.

Bockelmann aaO, Lenckner aaO), daß die Merkmale des „Gebotenseins" und der „Erforderlichkeit" entsprechend dem allgemeinen Sprachgebrauch im gleichen Sinn zu verstehen waren. Dagegen wollte der Sonderausschuß mit der Wiedereinführung der Gebotenheitsklausel in § 32 I – § 37 E 62, § 14 AE hatten sie, weil überflüssig, nicht enthalten – die Möglichkeit offenhalten, solche Fälle einer an sich erforderlichen Verteidigung aus der Notwehr auszuschließen, die aus sozialethischen Gründen keine Rechtfertigung verdienen (BT-Drs. V/4095 S. 14; näher dazu Stree JuS 73, 461). Gewonnen ist damit in der Sache jedoch nichts, weil der Begriff des „Gebotenseins" – ebenso wie übrigens auch das Merkmal der Erforderlichkeit – völlig offen läßt, nach welchen zusätzlichen Kriterien das Notwehrrecht zu beschränken ist (vgl. auch Bitzilekis aaO 95 ff.); er stellt letztlich daher eine Leerformel dar, die allenfalls zum Ausdruck bringt, daß es überhaupt Fälle geben kann, in denen die Notwehr zusätzlichen Einschränkungen unterliegt.

2. Wesentlich bedeutsamer als die rein theoretische Frage nach dem richtigen Anknüpfungspunkt im Gesetz ist das Problem, nach welchem **materialen Prinzip** die Einschränkungen der Notwehr zu bestimmen sind. 45

In der Rspr. finden sich hier vielfach **Zumutbarkeitserwägungen,** indem das Notwehrrecht versagt wird, wenn dem Angegriffenen ein Ausweichen zumutbar sei, was schon dann der Fall sein soll, wenn er sich dem Angriff entziehen könne, ohne seiner eigenen Ehre etwas zu vergeben oder sonst seine Belange zu verletzen (vgl. die Nachw. o. 40, ferner Henkel, Mezger-FS 273, Himmelreich GA 66, 130). Abgesehen davon, daß damit im Grunde lediglich an die Stelle der einen Leerformel eine andere gesetzt wird, die über einen Appell an das Rechtsempfinden nicht hinausgeht, ist das sonst eine persönliche Opfergrenze andeutende Zumutbarkeitskriterium in diesem Zusammenhang aber auch in der Sache unzutreffend oder zumindest mißverständlich, weil dabei völlig außer acht bleibt, daß das Notwehrrecht nicht nur dem individuellen Selbstschutz dient, sondern auch der Bewährung des Rechts im ganzen (Lenckner GA 61, 308 u. 68, 2; vgl. auch Bitzilekis aaO 97 ff., Jescheck 310, Krause, Bruns-FS 81, Kratzsch, Grenzen usw. 45). Demgegenüber ist die von BGH NJW **69**, 802, Bay NJW **63**, 825 und Schröder (17. A., § 53 RN 19) in Anlehnung an Art. 33 des Schweiz. StGB benutzte Formel, daß die Abwehr in einer im ganzen den Umständen **angemessenen Weise** erfolgen müsse, zwar nicht unrichtig, doch bleibt auch hier die entscheidende Frage, wonach sich denn bestimmt, wann die Verteidigung im Einzelfall nicht mehr „angemessen" ist, völlig offen. Das gleiche gilt für den **Verhältnismäßigkeitsgrundsatz** als Regulativ (vgl. Eser I 97, F.C. Schroeder, Maurach-FS 137 ff.). Auch er ist zwar ein allgemeines und deshalb für alle Eingriffsrechte gültiges Rechtsprinzip, das aber im Einzelfall noch der Konkretisierung bedarf, so daß zusätzliche Kriterien notwendig sind, die nur der Eigenart des jeweiligen Eingriffsrechts entnommen werden können (krit. auch Krause, Bruns-FS 80 und eingehend Otto aaO 132 ff.). Wieder anders formuliert die heute wohl h.M. den maßgeblichen Gesichtspunkt, wenn sie die Einschränkungen des Notwehrrechts aus dem Gedanken des **Rechtsmißbrauchs** ableitet (vgl. z.B. BGH **24** 356 m. Anm. Lenckner JZ 73, 253, Roxin NJW 72, 1821 u. Schröder JuS 73, 153, **26** 143 m. Anm. Kratzsch NJW 75, 1933, NJW **62**, 308 m. Anm. Gutmann S. 286 u. Schröder JR 62, 187, **83**, 2267 m. Anm. Berz JuS 84, 340 u. Lenckner JR 84, 206, GA **68**, 183, **69**, 24, **75**, 305, MDR/D **54**, 335, Bay NJW **54**, 1377, **63**, 825, **65**, 163, Braunschweig NdsRpfl. **53**, 166, Frankfurt VRS **40** 425, Hamm NJW **72**, 1826, **77**, 590 m. Anm. Schumann JuS 79, 559, Karlsruhe NJW **86**, 1358, Köln JMBlNW **86**, 258, D-Tröndle 18, Gallas DRZ 49, 43, M-Zipf 355, Roxin ZStW 75, 556, Rudolphi JuS 69, 464, Schaffstein MDR 52, 135, Welzel 87; gegen die Mißbrauchslehre: Kiel HESt. **2** 207, Baumann MDR 62, 349, Bitzilekis aaO 100 ff., B-Volk 94, Hohmann/Matt JR 89, 162, Kratzsch, Grenzen usw. 38 ff., JuS 75, 437, Krause, Bruns-FS 79, Naukke, H. Mayer-FS 571 ff., Schmidhäuser 354, I 158 f., Honig-FS 188 f., Spendel LK 293, Wagner aaO 42 ff. u. in ihrer herkömmlichen Form auch Neumann aaO 154 ff., 180 ff.). Auch hier gilt jedoch, daß der Mißbrauchsgedanke seinen Inhalt erst aus den Besonderheiten des jeweiligen Rechtsstoffs empfängt und daß er daher als solcher keine Aussage darüber erlaubt, wann und warum eine Notwehr im Einzelfall unzulässig ist (Blei I 149, Lenckner GA 68, 5, Roxin ZStW 75, 583 ff.). 46

Die Lösung des Problems kann deshalb nicht in der formelhaften, die Rechtssicherheit gefährdenden Verwendung undifferenzierter Generalklauseln bestehen, vielmehr müssen die Einschränkungen des Notwehrrechts aus dessen Grundgedanken selbst hergeleitet werden (vgl. Bitzilekis aaO 106 ff., Blei I 149, B-Volk 94, Felber aaO 168, Jescheck 310, Krause, Bruns-FS 81 f., Lenckner GA 68, 1, Otto aaO 138, Roxin ZStW 75, 541 ff. u. 93, 70 ff., Schünemann GA 85, 367 ff., Wagner aaO 45). Beruht die besondere Strenge des Notwehrrechts – keine Güterproportionalität, Zulässigkeit auch bei der Möglichkeit des Ausweichens usw. – auf dem Zusammentreffen von Individualschutz mit Rechtsbewährungsinteressen (vgl. o. 1), so können sich auch die Beschränkungen der Notwehr nur daraus ergeben, daß diese Gesichtspunkte im Einzelfall nicht mehr voll zur Geltung kommen (and. insoweit, von einer rein individualrechtlichen Notwehrbegründung ausgehend, Neumann aaO 162 ff., Wagner aaO 64 ff.). Dabei folgt aus dem o. 1 gekennzeichneten Verhältnis der beiden Notwehraspekte, daß das Recht zur uneingeschränkten Notwehr nicht schon dann entfällt, wenn sich der Angegriffene dem Angriff ohne Preisgabe eigener Belange entziehen könnte (ein Ausweichen für ihn also „zumutbar" wäre), sondern erst dann, wenn ausnahmsweise auch das Interesse an der Rechtsbewäh- 47 rung in den Hintergrund tritt, sei es, daß das Recht wegen besonderer Umstände im konkreten Fall der Bewährung durch die scharfe Waffe der Notwehr nicht bedarf, sei es, daß es aus Rücksicht auf andere Wertgesichtspunkte nicht um den Preis der i. S. der Proportionalität von Angriff und Verteidigung „erforderlichen" Notwehr durchgesetzt werden will (vgl. krit. dazu aber auch Neumann aaO 162 ff.). Je mehr dieser überindividuelle Aspekt an Gewicht verliert, um so mehr reduziert sich das Notwehrrecht auf die Rechte, wie sie auch im (Defensiv-) Notstand bestehen, um schließlich dort, wo die Verteidigung auch unter dem Gesichtspunkt des Individualschutzes nicht mehr geboten ist, ganz zu entfallen. Hier findet dann in dem auch bei der Notwehr vorhandenen und sonst grundsätzlich zugunsten des Täters gelösten Interessenkonflikt eine Verlagerung der Gewichte in der Weise statt, daß der Täter das überwiegende Interesse nicht mehr auf seiner Seite hat (Lenckner GA 68, 2 ff.).

48 3. Auf dieser Grundlage ergeben sich **Beschränkungen der Notwehr** in **folgenden Fällen,** sei es, daß der Angegriffene dem Angriff nach Möglichkeit ausweichen muß, sei es, daß er in seinen Abwehrmöglichkeiten jedenfalls erheblich beschränkt ist:

49 a) Bei der sog. **Unfugabwehr,** d. h. gegenüber Bagatellangriffen, die an der Grenze zu den noch sozial üblichen Belästigungen liegen (z. B. Anleuchten mit Taschenlampe [vgl. jedoch KG JW **35**, 553], bloßes Anfassen des anderen bei einem Wortwechsel ohne Angriffsabsicht [BGH MDR **56**, 372], Körperberührungen in der Menge durch Vordrängen, Zudringlichkeiten, Belästigungen im Straßenverkehr [vgl. auch o. 9]), fehlt es vielfach schon an einem Angriff. Im übrigen tritt in diesem Bagatellbereich das Rechtsbewährungsprinzip völlig in den Hintergrund, und auch der Gesichtspunkt des Individualschutzes rechtfertigt hier im allgemeinen keine Abwehr, welche die Grenze zur Körperverletzung überschreitet (vgl. auch BGH MDR **56**, 372, StV **82**, 219, Arzt, Schaffstein-FS **54**, Jescheck 312, Krause, H. Kaufmann-GedS 684 f., Otto aaO 148, Wagner aaO 58 ff. und zum Ausschluß des § 34 in Bagatellfällen § 34 RN 40).

50 b) Besteht zwischen Art und Umfang der aus dem Angriff drohenden Verletzung und der mit der Verteidigung verbundenen Beeinträchtigung oder Gefährdung des Angreifers ein **grobes** („unerträgliches") **Mißverhältnis,** so ist Notwehr, mag sie auch das einzige Mittel sein, sowohl aus Rechtsbewährungs- als auch aus Individualschutzgründen unzulässig: Ersteres, weil die Rechtsordnung nicht durch jeden Rechtsbruch in gleicher Weise in Frage gestellt wird und auch das Recht nicht mit Mitteln verteidigt werden will, die im Hinblick auf das in dem Angriff liegende Unrecht eindeutig unverhältnismäßig sind, letzteres, weil sich in einem solchen Fall die bedrohten Individualinteressen auch nach Notstandsregeln nicht behaupten dürften (so i. E. auch die h. M., z. B. BGH NJW **76**, 41, MDR **56**, 372, MDR/H **79**, 985, GA **68**, 183, VRS **30** 281, NStZ **81**, 22 f., Frankfurt VRS **40** 426, Hamm NJW **77**, 590, Karlsruhe NJW **86**, 1358, Koblenz OLGSt § 32 S. 5, Köln OLGSt § 32 S. 1 sowie die Nachw. u. 51, ferner Bitzilekis aaO 131 f., D-Tröndle 20, Frister GA 88, 310 ff., Jescheck 311 f., Krause, Bruns-FS 86, Krey JZ 79, 702, Lackner 3a aa, Lenckner GA 68, 4, M-Zipf I 355, Otto aaO 146 f., Roxin ZStW 93, 94, Samson SK 22, Spendel LK 313 ff., Wessels I 97; and. Schmidhäuser 354, I 159, Honig-FS 198 [dagegen Roxin aaO 96]; vgl. ferner Jakobs 330 f., Wagner aaO 83 ff. u. zu der o. gegebenen Begründung auch Neumann aaO 169 ff.). Nur i. S. eines solchen (negativen) Korrektivs hat daher der Grundsatz der Güter- und Schadensabwägung auch bei § 32 Bedeutung, wobei sich aus dem Vergleich mit § 228 BGB ergibt, daß nicht schon die „einfache" Disproportionalität i. S. des § 228 BGB, sondern nur ein besonders grobes Mißverhältnis zum Verlust des Notwehrrechts führen kann, weil bei diesem noch der Rechtsbewährungsaspekt hinzukommt, der bei § 228 BGB keine Rolle spielt (vgl. auch Köln OLGSt § 32 S. 3, Spendel LK 318; and. Bay NJW **63**, 824, Stratenwerth 138 u. mißverständl. auch BGH NStZ **87**, 171 [172]). Auch ein Mißverhältnis, das „offensichtlich" ist, genügt deshalb noch nicht (so aber F. C. Schroeder, Maurach-FS 139; zum österreich. Recht vgl. Fuchs aaO 33 ff.). Auch Eigentum und Hausrecht dürfen daher mit scharfen Mitteln verteidigt werden (BGH StV **82**, 219), und selbst lebensgefährliche Abwehrhandlungen können zum Schutz von Sachgütern zulässig sein (z. B. Schuß auf den mit der Beute flüchtenden Dieb; vgl. o. 37; zu Art. 2 MRK vgl. u. 62). Sofern bei dem Angegriffenen lediglich Vermögensinteressen auf dem Spiel stehen (also z. B. nicht bei Wegnahme eines lebenswichtigen Medikaments oder bei Angriffen auf Versorgungsbetriebe), ist bei der Verteidigung von Sachen die Grenze hier erst erreicht, wenn sie mehr oder weniger sicher zum Tod des Angreifers führt (vgl. Roxin ZStW 93, 100 gegen Krey JZ 79, 709) oder wenn es sich um Sachen von unbedeutendem Wert handelt (vgl. BGH MDR/H **79**, 985 sowie u. 51 und näher zum Ganzen Beulke Jura 88, 645 f., Krey JZ 79, 702 ff.). Dabei können dafür dann zwar auch die persönlichen Verhältnisse des Betroffenen von Bedeutung sein (z. B. Verlust von 20 DM bei einem Millionär oder der letzte Spargroschen einer Rentnerin); daß nach diesen die drohende Einbuße für den Betroffenen „relativ geringfügig" gewesen wäre, weil die Sache „weder besonders wertvoll noch unersetzbar ist", genügt für eine Einschränkung des Notwehrrechts aber noch nicht (so jedoch LG München NJW **88**, 1862 [Autoradio und Fahrzeugpapiere] m. abl. Bespr. bzw. Anm. Beulke aaO, Mitsch JA 89, 88f., NStZ 89, 27 [z. T. allerdings unter Einbeziehung von Gesichtspunkten, die nicht in diesen Zusammenhang gehören], F. C. Schroeder JZ 88, 568; zu weitgehend auch Montenbruck JR 85, 117). Dem Eigentümer über die eigentlichen Bagatellfälle hinaus die Möglichkeiten des Selbstschutzes zu beschneiden, besteht zudem um so weniger Anlaß, je deutlicher die Ohnmacht des Staats gegenüber einer massenhaften Eigentumskriminalität wird. Zu weitgehend ist es auch, bei der Abwehr drohender Straftaten, für welche die §§ 153, 376, 383 II StPO gelten würden, eine mit lebensgefährlichen Verletzungen verbundene Verteidigung generell für unzulässig zu erklären (vgl. jedoch Krause, Bruns-FS 86f., GA 79, 334, H. Kaufmann-GedS 686, Roxin ZStW 93, 95), da ein fehlendes öffentliches Strafverfolgungsinteresse noch nicht bedeutet, daß einem rechtswidrigen Angriff nicht hic et nunc wirksam begegnet werden darf. Ebenso zweifelhaft ist die Konstruktion einer nur „entschuldigenden Notwehr" in den unsicheren Rand- und Übergangsbereichen (so Montenbruck JR 85, 118); da der Notwehrtäter grundsätzlich das eindeutig (i. S. des § 34 – vgl. dort RN 45 – „wesentlich") überwiegende Interesse auf seiner Seite hat und die Güter- und Schadensabwägung bei § 32 nur die Funktion eines Korrektivs in Grenzfällen hat, dürfen hier vielmehr – anders als bei § 34 – Wertungsschwierigkeiten auch nicht zu seinen Lasten gehen.

Beispiele aus der Rspr., in denen die Notwehr als unzulässig angesehen wurde: Schutz eines Pfirsichbaums durch tödlich wirkende elektrische Anlage (Braunschweig MDR **47**, 205); tödlicher Schuß auf den mit einer Sirupflasche im Wert von 0,10 DM entfliehenden Dieb (Stuttgart DRZ **49**, 42 m. Anm. Gallas); Verteidigung des Pfandrechts an einem Huhn durch Axthiebe auf den Kopf des Angreifers (Bay NJW **54**, 1377); Drohung eines Grundstückseigentümers, mit Hunden und Schußwaffen gegen Wanderer vorzugehen, die seinen nicht als gesperrt gekennzeichneten Privatweg benutzen (Bay NJW **65**, 163); schwere Gefährdung eines anderen Verkehrsteilnehmers als Verteidigung gegen geringfügige Einschränkung des Gemeingebrauchs (Saarbrücken VRS **17** 25); Drohen des Überfahrens zur Erzwingung der Freigabe einer Parklücke (Bay NJW **63**, 824) oder zur Erzwingung freier Durchfahrt bei einer nur kurzfristigen Beschränkung der Bewegungsfreiheit (Hamm NJW **72**, 1826; vgl. auch BGH VRS **30** 281; and. jedoch bei einem hartnäckigen Angriff auf die Bewegungsfreiheit, vgl. Karlsruhe NJW **86**, 1358). Vgl. ferner RG **23** 117 (Revolverschüsse zum Schutz von Biergläsern, wo es jedoch schon an einem rechtswidrigen Angriff fehlte); KG JR **73**, 72 m. Anm. Schröder; so weitgehend BGH NJW **62**, 309 m. Anm. Baumann MDR **62**, 349, Gutmann NJW **62**, 286 u. Schröder JR **62**, 187, LG München NJW **88**, 1860 (vgl. o. 50: tödlicher Schuß auf flüchtende „Autoaufbrecher" in der Annahme eines vollendeten Diebstahls von Autoradio, Fahrzeugpapieren und ADAC-Schutzbrief). **51**

c) Gegenüber Angriffen von **schuldlos Handelnden** (z. B. Kinder, Geisteskranke, Betrunkene, objektiv sorgfaltspflichtwidriger [vgl. andernfalls schon o. 21], aber schuldloser Irrtum des Angreifers) besteht nach h. M. nur ein beschränktes Notwehrrecht (vgl. z. B. BGH **3** 217, GA **65**, 148, MDR/D **74**, 722, **75**, 194, Bay **86**, 52 m. Bespr. Schlüchter JR 87, 309, Frankfurt VRS **40** 426, Bockelmann, Honig-FS 30, D-Tröndle 19, Felber aaO 171, Jescheck 310, Lenckner GA **61**, 313 u. 68, 3, M-Zipf I 354, Roxin ZStW 93, 81, Schumann JuS 79, 565, Wessels I 98; and. z. B. Krause GA 79, 335, Otto aaO 141, Samson SK 21, Schmidhäuser 348, Honig-FS 196 [nur Notstand], z. T. auch Spendel LK 235f., 309, Wagner aaO 76ff.; vgl. auch Hamm NJW **77**, 590 m. Anm. Schumann JuS 79, 565 u. zu BGH NStZ **87**, 171 Ranft JZ 87, 866, ferner Fuchs aaO 93ff. sowie zur Notwehr gegen ehemalige DDR-Grenzsoldaten F. C. Schroeder NJW 78, 2579). Zu begründen ist dies damit, daß das Rechtsbewährungsprinzip hier zwar nicht völlig zurücktritt (z. B. Betrunkene) – § 32 verlangt nur einen rechtswidrigen und einen schuldhaften Angriff (vgl. o. 24) –, aber erheblich an Bedeutung verliert und die Notwehr damit dem Defensiv-Notstand angenähert ist (vgl. aber auch Bitzilekis aaO 118f.). Daraus folgt, daß eine die bloße Schutzwehr nicht nur unwesentlich übersteigende Verteidigung unzulässig ist, wenn dem Angriff ohne nennenswerte Risiken ausgewichen oder der in einem Irrtum befindliche Angreifer auf diesen hingewiesen werden kann (vgl. auch Bay **86**, 52 m. Bespr. Schlüchter JR 87, 309). Ist dies nicht möglich, so ist zwar auch eine aktive Gegenwehr erlaubt, dies aber nach dem Vorbild des § 228 BGB nur unter Beachtung des Verhältnismäßigkeitsgrundsatzes (vgl. Blei I 150, Krause, H. Kaufmann-GedS 683, Lenckner GA 68, 4, Schumann JuS 79, 565, Suppert aaO 322, Stratenwerth 137, i. E. auch Hruschka, Dreher-FS 206). Dabei können je nach dem Gewicht, welches dem Rechtsbewährungsinteresse in diesen Fällen noch zukommt, die Grenzen im einzelnen verschieden zu ziehen sein – z. B. Angriff eines Kindes einerseits, eines Betrunkenen andererseits, der sich schuldhaft in diesen Zustand versetzt hat (für volles Notwehrrecht gegen Betrunkene Krause, H. Kaufmann-GedS 679) –, ebenso wie es unter Individualschutzgesichtspunkten von Bedeutung sein kann, wenn der Angegriffene den Irrtum des Täters selbst herbeigeführt hat (vgl. auch Hamm NJW **77**, 590, § 34 RN 42). Eine gewisse Proportionalität ist auch zu verlangen, wenn der Angreifer zwar nicht völlig ohne Schuld ist, diese aber in keinem Verhältnis zu der mit der Verteidigung verbundenen Verletzung steht **52**

(z. B. Waffengebrauch bei erheblich verminderter Schuldfähigkeit oder bei fahrlässigem Irrtum des Angreifers). Zur Haftung unter dem Gesichtspunkt der actio illicita in causa vgl. u. 61.

53   d) Nach BGH NJW **69**, 802 m. Anm. Deubner NJW 69, 1184, NJW **75**, 62 m. Anm. Kratzsch JuS 75, 435 u. Geilen JR 76, 314 gilt das Notwehrrecht unter **Personen mit engen persönlichen Beziehungen** (z. B. Ehegatten) nur beschränkt (vgl. auch BGH GA **69**, 117, Bitzilekis aaO 120ff., Jakobs 335, Jescheck 310, M-Zipf I 352, Otto aaO 148f.; offengelassen von BGH NJW **84**, 986; and. Engels GA 82, 109, Frister GA 88, 308f., Spendel LK 310, JZ 84, 507). Danach muß hier der Angegriffene, sofern der Angriff nur leichtere Körperverletzungen befürchten läßt, jedenfalls auf möglicherweise tödliche Abwehrmittel verzichten, auch wenn mit einer milderen Art der Abwehr nur eine „starke Wahrscheinlichkeit" der Beendigung des Angriffs verbunden sei (vgl. mit dieser Klarstellung BGH NJW **75**, 62; vgl. auch BGH NJW **84**, 986 m. Anm. Loos JuS 85, 859, Montenbruck JR 85, 115, Schroth NJW 84, 2562 u. Spendel JZ 84, 507, wo diese Voraussetzungen bei einem tödlichen Messerstich verneint und einer schwangeren Ehefrau das volle Notwehrrecht zuerkannt wurde). Eine Einschränkung der Notwehr läßt sich hier allerdings nicht schon mit dem Bestehen einer Garantenstellung gegenüber dem Angreifer rechtfertigen (vgl. jedoch Blei I 151, Marxen aaO 38ff., Roxin ZStW 93, 101, Schumann JuS 79, 566, Stratenwerth 139), verletzt hier doch umgekehrt auch dieser durch den Angriff seine besonderen Schutzpflichten gegenüber dem Angegriffenen (insoweit ebenso Engels GA 82, 113). Entscheidend ist vielmehr, daß auch hier das Rechtsbewährungsprinzip nicht voll zur Geltung kommt (vgl. aber auch Neumann aaO 171ff.), wenn und weil von dem Angegriffenen mit Rücksicht auf den Fortbestand einer rechtlich besonders geschützten Beziehung Zurückhaltung erwartet werden kann. Dies ist nur bei Auseinandersetzungen in Ehe und Familie der Fall – nicht dagegen unter Betriebsangehörigen (offengelassen von Hamm NJW **77**, 590) oder Mitschülern (vgl. BGH NJW **80**, 2263) –, und auch dies nur bei noch intakten, wenn auch nicht konfliktfreien Verhältnissen (daher z. B. nicht bei fortgesetzten Mißhandlungen durch den Ehemann oder – wie im Fall BGH NJW **84**, 986 – bei einer sonst zerrütteten Ehe; vgl. auch Bitzilekis aaO 125, Geilen JR 76, 317, Loos JuS 85, 863, Roxin ZStW 93, 103, Schroth NJW 84, 2563). Kein Kriterium ist, ob der Angegriffene bei früheren Tätlichkeiten auf eine wirksame Abwehr ganz oder z. T. verzichtet hat (so mit Recht Loos aaO gegen Montenbruck JR 85, 116); auch hängt davon nicht ab, ob ein gefährliches Abwehrmittel jetzt nur nach einer entsprechenden Vorwarnung eingesetzt werden darf (so Montenbruck aaO), vielmehr betrifft dies die allgemeine Frage der Erforderlichkeit (vgl. o. 36f.). Auch bedeutet die Einschränkung der Notwehr hier nur eine erhöhte Gefahrtragungs-, aber keine Duldungspflicht für den Angegriffenen, weshalb z. B. der Ehegatte in einer ausweglosen Situation auch gegenüber leichteren Körperverletzungen das volle Notwehrrecht behält. Zum Ganzen vgl. näher Marxen aaO.

54   e) Einschränkungen der Notwehr ergeben sich nach h. M. ferner bei einem von dem Angegriffenen **provozierten Angriff** (and. nur Bockelmann, Honig-FS 19, Frister GA 88, 310, Hassemer, Bockelmann-FS 243f., Mitsch GA 86, 544f., Spendel LK 281ff.; für eine Berücksichtigung nur bei der Strafzumessung Hillenkamp, Vorsatztat und Opferverhalten 125ff.). Nicht in diesen Zusammenhang gehört jedoch der Fall, daß die Provokation selbst ein gegenwärtiger und rechtswidriger Angriff ist und die Reaktion des Provozierten hierauf die erforderliche Verteidigung darstellt, vielmehr liegen die eigentlichen Provokationsfälle so, daß der Provozierte trotz der Provokation der rechtswidrige Angreifer ist. Begründet werden hier die Notwehreinschränkungen vor allem in der Rspr. mit dem Gesichtspunkt des Rechtsmißbrauchs (vgl. o. 46), z. T. aber auch mit dem Gedanken der Ingerenz (Marxen aaO 56ff., ähnl. Jakobs 332; mit Recht krit. Neumann aaO 144ff., Roxin ZStW 93, 92ff.), der „verständlichen und honorierungswürdigen Gemütserregung" des Angreifers (Schöneborn NStZ 81, 203), der Risikoübernahme (Montenbruck aaO 41f.) oder der Lehre von der actio illicita in causa (vgl. 23 vor § 32), die, ohne die Rechtmäßigkeit der Verteidigungshandlung selbst im Zeitpunkt der Notwehr in Frage zu stellen, an die vorausgegangene Provokation anknüpft (z. B. Baumann MDR 62, 349 [enger dagegen Baumann/Weber 308f.], Bertel ZStW 84, 14ff., D-Tröndle 23, Kohlrausch-Lange II 2 vor § 51, z. T. auch Lenckner GA 61, 301ff., Schröder JR 62, 168, JuS 73, 160 und i. E. weitgehend Schmidhäuser 358, I 162ff.; dagegen aber z. B. BGH NJW **83**, 2267, NStZ **88**, 450, **89**, 113, Bitzilekis aaO 139f., 153, Bockelmann, Honig-FS 28, Constadinidis aaO 46ff., 131f., Herrmann, in Eser/Fletcher [vor 4 vor § 32] 752ff., Neumann aaO 149ff., Roxin ZStW 75, 568ff. u. 93, 91, NJW 72, 1822, Samson SK 26). Speziell bei der Absichtsprovokation (vgl. u. 55) wird gelegentlich auch – dies allerdings zu Unrecht, weil es am psychischen Faktum eines solchen nicht fehlt – das Vorliegen des Verteidigungswillens verneint (z. B. RG HRR **40** Nr. 1143, BGH MDR/D **54**, 335, Blei I 144, Kratzsch, Grenzen usw. 39; dagegen mit Recht z. B. Bertel ZStW 84, 3) oder eine Einwilligung des Provokateurs angenommen (M-Zipf I 356; dagegen mit Recht z. B. Hillenkamp aaO [o. 17] 127ff.); vgl. in diesem Zusammenhang ferner Neumann aaO 176ff., dessen von allen herkömmlichen Überlegungen abweichender Lösungsvorschlag – Bildung von „dogmatischen Regeln zweiter Stufe" in Gestalt von „Argumentationsregeln" – den Beweis seiner Leistungsfähigkeit allerdings noch schuldig ist. Demgegenüber ist auch hier richtigerweise wieder vom Grundgedanken der Notwehr auszugehen (vgl. o. 47, Bitzilekis aaO 171, Blei I 150, Jescheck 310, Lenckner JR 84, 206, Otto aaO 142 ff., Roxin ZStW 93, 85 ff., Samson SK 27, Schumann JuS 79, 564), aus dem sich bei der „Angriffsprovokation" folgende Einschränkungen des Notwehrrechts (zur Nothilfe vgl. u. 61 a) ergeben:

α) Im Fall der sog. **Absichtsprovokation,** d. h. bei absichtlicher Herausforderung des Angriffs ausschließlich zu dem Zweck, den Angreifer unter Ausnutzung der so entstehenden Notwehrlage verletzen zu können, wird jedenfalls i. E. (zu den unterschiedlichen Begründungen vgl. o. 54a) eine Rechtfertigung von der h. M. seit jeher verneint (vgl. z. B. RG DR **39**, 346, HRR **40** Nr. 1143, BGH MDR/D **54**, 335, BGH NJW **83**, 2267 m. Anm. Berz JuS 84, 340 u. Lenckner JR 84, 206, Braunschweig NdsRpfl. **53**, 166 sowie die Schrifttumsnachw. o. 54 u. näher Lenckner GA 61, 299, Roxin ZStW 75, 558 ff.). Allerdings ist nicht jedes Verhalten, mit dem insgeheim eine solche Absicht verfolgt wird, deshalb auch schon eine Absichtsprovokation (vgl. Roxin aaO). Zwar braucht dieses hier i. U. zu den u. 58 ff. genannten Fällen als solches noch nicht rechtswidrig zu sein, erforderlich ist aber eine „Mitzuständigkeit" des Provokateurs für den Angriff (Jakobs 334), die dadurch begründet wird, daß er, um den Angriff auszulösen, die Situation bewußt entsprechend manipuliert (vgl. Lenckner JR 84, 208, Roxin ZStW 93, 87, Samson SK 27; zum Ganzen vgl. auch Bitzilekis aaO 144 ff., 170 ff.). Dies ist z. B. beim Vortäuschen eines eigenen Angriffs und wohl auch bei planmäßig auf die Provokation des anderen angelegten Sticheleien anzunehmen, nicht aber, wenn der Täter ein Lokal ausschließlich zu dem Zweck aufsucht, dort den späteren Angreifer schon durch sein bloßes Erscheinen zu einem Angriff herauszufordern. Auch sonst ist hier noch näher zu unterscheiden:

αα) Ist dem Provokateur ohne größere eigene Risiken ein *Ausweichen möglich,* so verliert er, soweit der Angriff nicht außer Verhältnis zu der Provokation steht, auch das Notwehrrecht. Hier würde das der Notwehr zugrunde liegende Rechtsbewährungsprinzip geradezu in sein Gegenteil verkehrt, wenn ohne Not Handlungen zugelassen würden, die in einem „unverantwortlichen Spiel mit dem Recht" (Baldus LK[9] § 53 RN 37) von vornherein einzig und allein auf die Schädigung des anderen angelegt sind; erst recht würde das Individualschutzinteresse bei bestehender Ausweichmöglichkeit eine Verletzung des Angreifers nicht rechtfertigen (für eine rein individualrechtliche Begründung dagegen Wagner aaO 69 ff.). In der Sache das gleiche besagt in diesem Zusammenhang die Mißbrauchslehre: Rechtswidrig, weil rechtsmißbräuchlich (vgl. § 226 BGB) ist danach die Verteidigung selbst, weshalb es in diesem Fall auch nicht der Figur der actio illicita in causa bedarf (vgl. u. 61).

ββ) Ist dagegen ein *Ausweichen nicht oder nur mit erheblichen Risiken möglich,* so kann dem Provokateur das Notwehrrecht als solches nicht versagt werden, und zwar auch nicht im Hinblick auf das Rechtsbewährungsprinzip: Denn das Recht kann auf die unbedingte Respektierung seines Geltungsanspruches notfalls zwar verzichten, wenn dies ohne Einbuße an Rechtsgütern möglich ist; ist der Konflikt aber auch so nicht mehr lösbar, so wäre die Verweigerung des Notwehrrechts nicht nur die Kapitulation vor dem Unrecht, sondern dessen ausdrückliche Sanktionierung, weil dem Provokateur damit im praktischen Ergebnis eine Pflicht zur Duldung eines rechtswidrigen Angriffs auferlegt würde (Bertel ZStW 84, 6, Berz JuS 84, 343, Jescheck 311, Lenckner GA 61, 301 f., JZ 73, 256; and. Bitzilekis aaO 175, Samson SK 26, Roxin ZStW 75, 568 ff. u. 93, 86, 91; vgl. dazu auch Neumann aaO 157 ff.). Dennoch bleibt die Provokation in diesen Fällen, in denen zwar nicht das Notwehr*recht,* wohl aber die *Institution* der Notwehr mißbraucht wird (Schröder JR 62, 188), nicht folgenlos, vielmehr kann der Täter hier – auch unter Individualschutzgesichtspunkten (zum Notstand vgl. § 34 RN 42) – um so eher auf ein milderes, aber weniger sicheres Mittel verwiesen werden, je schwerwiegender die Folgen einer ansonsten noch im Rahmen des Erforderlichen liegenden Abwehr sein würden. Auch kann das Bewirken des tatbestandsmäßigen Erfolgs bei einer danach an sich zulässigen Verteidigung nach den Regeln der actio illicita in causa rechtswidrig sein (vgl. u. 61; and. z. B. Jescheck 278).

β) Nach heute h. M. gelten Einschränkungen der Notwehr auch bei einem zwar nicht absichtlich provozierten, aber **auf andere Weise verschuldeten Angriff** (and. außer den o. 54 Genannten hier aber z. B. auch Wagner aaO 72 ff.). Zweifelhaft ist jedoch die Tragweite dieses Grundsatzes im einzelnen. Während die Rspr. ursprünglich Einschränkungen in dieser Richtung überhaupt nicht machte (vgl. Lenckner GA 61, 307, Schröder JR 62, 188 mwN), wurde später zunehmend die Tendenz sichtbar, dem Täter das volle Notwehrrecht mit der Begründung zu versagen, ein Ausweichen sei ihm um so eher zuzumuten, als er selbst Anlaß zu dem Angriff gegeben habe (vgl. z. B. RG **71** 134, BGH MDR/D **58**, 12, NJW **62**, 308 m. Anm. Gutmann S. 286, Baumann MDR 62, 349 u. Schröder JR 62, 187, Braunschweig NdsRpfl. **53**, 166, Celle HannRpfl. **47**, 15, Hamm JMBlNW **61**, 142, NJW **65**, 1928 m. Anm. Rudolphi JuS 69, 461, Neustadt NJW **61**, 2076; vgl. auch BGH GA **65**, 147, Frankfurt VRS **40** 426). Erst mit BGH **24** 356 m. Anm. Lenckner JZ 73, 253, Roxin NJW 72, 821 u. Schröder JuS 73, 157 hat die

Rspr. wieder zu einer Linie zurückgefunden, die dem Grundgedanken der Notwehr (vgl. o. 1) in angemessener Weise Rechnung trägt (zur daran anknüpfenden neueren Rspr. vgl. die Nachw. u. 59).

59 αα) Die Frage ist zunächst, *welche Qualität* das den Angriff auslösende Verhalten des Täters aufweisen muß, um eine Rechtfertigung nach § 32 ausschließen zu können. Nach BGH **24** 356 m. Anm. Lenckner JZ 73, 253, Roxin NJW 72, 1821 u. Schröder JuS 73, 157, NStZ **89**, 474 muß dieses „vorwerfbar" bzw. „von Rechts wegen vorwerfbar" gewesen sein, ohne daß freilich näher gesagt wäre, was darunter zu verstehen ist (offen geblieben auch in BGH **26** 143 m. Anm. Kratzsch NJW 75, 1933, **26** 256, GA **75**, 305, NStZ **83**, 117, 500, **88**, 450 m. Anm. Sauren, **89**, 113, JR **89**, 160 m. Anm. Hohmann/Witt, NStE **Nr. 14**, EzSt **Nr. 2**; auch aus BGH **27** 336 m. Anm. Kienapfel JR 79, 72, NStZ **89**, 474 ergibt sich lediglich, daß ein sozialethisch nicht zu mißbilligendes Verhalten nicht genügt, während in BGH EzSt **Nr. 5** letztlich darauf abgestellt wird, daß der Angegriffene das Verhalten des Angreifers als Einwilligung in seine homosexuellen Annäherungsversuche deuten durfte und deshalb „kein rechtswidriger Angriff" auf dessen Ehre vorlag). Sicher ist zunächst, daß ein rechtlich gebotenes oder erlaubtes Tun auch dann nicht zu Einschränkungen der Notwehr führen kann, wenn der Täter wußte oder wissen mußte, daß andere durch dieses Verhalten zu einem rechtswidrigen Angriff veranlaßt werden könnten (Bertel ZStW 84, 27, Lenckner GA 61, 309, Roxin ZStW 75, 574, 578 u. 93, 89, Samson SK 28, Schröder JuS 73, 160). Wer in einer politischen Veranstaltung heftige Kritik an der Gegenpartei übt oder sich in eine Gaststätte begibt, in der er mit tätlichen Auseinandersetzungen rechnen muß (vgl. dazu RG JW **26**, 1171), behält deshalb im Falle eines Angriffs das volle Notwehrrecht (verfehlt daher BGH NJW **62**, 308 m. Anm. Gutmann S. 286, Baumann MDR 62, 349 u. Schröder JR 62, 187, wo praktisch verlangt wurde, mit dem Betreten der eigenen Wohnung zu warten, wenn dabei mit dem Angriff eines Dritten gerechnet werden mußte). Nicht genügen kann aber auch ein nur sozialethisch mißbilligenswertes Vorverhalten (ebenso BGH **27** 336 m. Anm. Kienapfel JR 79, 72, NStZ **89**, 474; and. z. B. Schünemann JuS 79, 279), weil es hier allein der Angreifer ist, der den Rechtsfrieden bricht, während der Täter selbst den Boden des Rechts nie verlassen hat und deshalb auch nicht ohne jene „überpersönliche Legitimation" (Roxin ZStW 75, 567) handelt, die sich aus dem der Notwehr zugrundeliegenden Rechtsbewährungsprinzip ergibt (Lenckner JZ 73, 254). Erforderlich ist vielmehr, daß das fragliche Verhalten selbst *rechtswidrig* gewesen ist (vgl. Hamm NJW **77**, 590, Bitzilekis aaO 144ff., Jescheck 311, Lenckner aaO, M-Zipf I 357, Otto aaO 145, Roxin ZStW 93, 90 [and. noch 75, 570], Samson SK 28, Schumann JuS 79, 565; vgl. auch BGH EzSt **Nr. 5**), weshalb z. B. berechtigte Vorhaltungen nicht genügen (BGH NStZ **89**, 474). Hinzukommen muß ferner, daß zwischen ihm und dem Angriff ein enger zeitlicher Zusammenhang besteht und daß der Angriff – auch hinsichtlich seiner Art und Intensität – als eine adäquate Folge der vom Täter begangenen Pflichtverletzung erscheint (ebenso BGH **27** 338 m. Anm. Kienapfel JR 79, 72; vgl. auch BGH NStZ **81**, 138); denn nur unter der Voraussetzung, daß die Verteidigungshandlung selbst noch im Zeichen des vorausgegangenen eigenen Unrechts steht, ist sie in einer Weise diskreditiert, daß die Notwehr nicht mehr uneingeschränkt als Mittel der Rechtsbewährung angesehen werden kann (Lenckner GA 61, 311f., JZ 73, 254f., Schröder JuS 73, 160); i. E. weitgehend ebenso Bertel ZStW 84, 32ff.; von Bedeutung z. B. auch für die Verteidigung gegen einen Notwehrexzeß). Umgekehrt bleibt das Notwehrrecht daher auch erhalten, wenn das fragliche Verhalten seinerseits nur die adäquate Folge eines vorausgegangenen rechtswidrigen Verhaltens des späteren Angreifers ist, so wenn eine Beleidigung mit einer solchen erwidert wird und der Erstbeleidiger daraufhin angreift („provozierte Provokation"; vgl. dazu Hassemer aaO 232ff.). Ebenso geht das Notwehrrecht nicht schon deshalb verloren, weil der Angegriffene zuvor selbst einen Angriff geplant, diesen aber nicht verwirklicht hat (vgl. BGH NJW **83**, 2267 m. Anm. Berz JuS 84, 340 u. Lenckner JR 84, 206; vgl. auch RG **65** 261).

60 ββ) Liegen die genannten Voraussetzungen vor, so ist bezüglich der *Folgen* entsprechend dem o. 56f. Gesagten auch hier zu unterscheiden: Kann der Täter dem Angriff ohne größere Risiken ausweichen, so verliert er grundsätzlich das Notwehrrecht, und zwar unabhängig davon, ob er den Angriff vorausgesehen hat oder voraussehen konnte (vgl. BGH **24** 356 m. Anm. Lenckner JZ 73, 253, Roxin NJW 72, 1821 u. Schröder JuS 73, 157, **26** 143 m. Anm. Kratzsch NJW 75, 1933, GA **75**, 305, NStZ **88**, 450 m. Anm. Sauren, **89**, 113, JR **89**, 160 m. Anm. Hohmann/Matt, NStE **Nr. 9, 14**, Lenckner GA 61, 311, M-Zipf I 357, Roxin ZStW 75, 582; and. diejenigen, die auch hier den Gedanken der actio illicita in causa anwenden [vgl. o. 54], z. B. Bertel ZStW 84, 9f.); nur das Recht zu einer maßvollen, d. h. den Angreifer nur unerheblich verletzenden Verteidigung bleibt ihm auch hier erhalten (vgl. Jescheck 311, Lenckner JZ 73, 255). Ist ein solches Ausweichen dagegen nicht möglich, so bleibt das Notwehrrecht als solches zwar bestehen (vgl. hier auch Roxin ZStW 93, 87f.; and. z. B. Otto aaO 144: § 34), dies jedoch nur unter den o. 57 genannten Einschränkungen (zur Strafbarkeit nach den Regeln der actio illicita in causa vgl. u. 61). Der Täter muß hier deshalb im Rahmen des Möglichen und u. U. auch unter Inkaufnahme geringerer Verletzungen versuchen, über ein Ausweichen zu einem milderen Verteidigungsmittel zu gelangen oder, wenn dies nicht möglich ist, den Angriff durch ein weniger sicheres, aber auch weniger gefährliches Mittel bzw. bei der als ultima ratio notwendigen Verwendung einer lebensgefährlichen Waffe durch einen weniger gefährlichen Waffeneinsatz abzuwehren (vgl. BGH jeweils aaO; krit. Sauren NStZ 88, 451). Erst wenn alle diese Möglichkeiten verschlossen sind, bleibt das Notwehrrecht ungeschmälert bestehen (vgl. BGH aaO, aber auch u. 61). Allerdings gelten diese Beschränkungen nicht unbegrenzt; hat sich der Angegriffene eine angemessene Zeit mit der Abwehr zurückgehalten, ohne daß dies etwas gefruchtet hätte, so steht ihm wieder das volle Notwehrrecht zu (BGH 26 256).

γ) Nur wenn der Angegriffene dem Angriff nicht ausweichen kann und seine Verteidigung den o. **61** 57, 60 genannten Einschränkungen entspricht, ist ein Bedürfnis für die Begründung der Strafbarkeit nach den Regeln der **actio illicita in causa** anzuerkennen (zu der teils weitergehenden, teils gänzlich ablehnenden Gegenmeinung vgl. die Nachw. o. 54). Möglich ist dies allerdings nur bei der Veranlassung des Angriffs eines *unfrei Handelnden* (vgl. auch Baumann/Weber 308 f.; nicht berechtigt insoweit die Kritik von Neumann aaO 149 ff.), da es an dem zwischen der Provokation und dem späteren Erfolg notwendigen Zurechnungszusammenhang fehlt, wenn die Kausalität durch den freien Entschluß des Angreifers vermittelt wird (vgl. 23 vor § 32; weitergehend hier noch die 21. A. RN 57, 60). In diesen Fällen ist der Täter jedoch, trotz Rechtmäßigkeit der Verteidigungshandlung als solcher, wegen vorsätzlicher oder fahrlässiger Tat strafbar, je nachdem, ob er die Zwangslage, in der er den Angreifer verletzen mußte, vorsätzlich oder fahrlässig herbeigeführt hat: Daher kommt z. B. § 230 in Betracht, wenn der Täter den anderen, den er lediglich erschrecken wollte, der aber im Glauben an einen ernsthaften Überfall sofort zur Waffe greift, niederschlägt, weil ein Ausweichen bzw. die Aufklärung des Irrtums (vgl. o. 52) nicht mehr möglich ist (Lenckner GA 61, 313 f.). Hier ist es auch kein Widerspruch, wenn das Recht – gezwungenermaßen – den Interessenkonflikt i. S. des Provokateurs löst, dies aber zugleich zum Anlaß repressiver Maßnahmen gegen ihn macht, weil er diesen Konflikt heraufbeschworen hat. Über die eigentlichen Provokationsfälle hinaus kann es hier für die strafrechtliche Verantwortlichkeit des Notwehrtäters u. U. sogar schon genügen, daß er sich überhaupt der Gefahr des Angriffs eines schuldlos Handelnden ausgesetzt hat, wenn der Anlaß dazu in keinem angemessenen Verhältnis zu den evtl. notwendig werdenden Abwehrmaßnahmen steht: Strafbar kann daher auch sein, wer sich ohne Grund und sehenden Auges in die Nähe eines hochgradig gefährlichen Geisteskranken begibt und in der ausweglosen Situation, in die er dabei gerät, nur noch Notwehr üben kann (vgl. auch Schröder JR 62, 189, F. C. Schroeder NJW 78, 2579).

δ) Für die **Nothilfe** gilt folgendes: Hat der *Angegriffene* selbst den Angriff provoziert und ist oder **61a** wäre seine Verteidigung nach den o. 55 ff. genannten Grundsätzen rechtswidrig, so muß dies auch für die Nothilfe gelten. Soweit diese in einer bloßen Beihilfe zu der Notwehrhandlung des Angegriffenen besteht, folgt dies schon aus allgemeinen Teilnahmeregeln (vgl. § 27: Rechtswidrigkeit der Haupttat). Ist der Nothelfer dagegen (Mit-)Täter, so handelt es sich damit zwar um den Bereich, in dem die Nothilfe einen eigenen Rechtfertigungsgrund darstellt; da diese aber nur in demselben Umfang erlaubt sein kann wie die Notwehr selbst, muß deren Rechtswidrigkeit hier auch zur Unzulässigkeit der Nothilfe führen (Lenckner GA 61, 306; and. Mitsch GA 86, 534; vgl. auch Bitzilekis aaO 193). – Hat der *Nothelfer* den Angriff provoziert, so ist zu unterscheiden: Bei einem mittäterschaftlichen Zusammenwirken mit dem Angegriffenen wirken sich die Einschränkungen des Notwehrrechts bei diesem in gleicher Weise auf die Nothilfe aus. Behält der Angegriffene dagegen, weil er an der Provokation nicht mitbeteiligt ist, das volle Notwehrrecht, so ist, vorbehaltlich der allgemeinen Voraussetzungen (vgl. o. 25 f.), auch die Nothilfe durch den Provokateur zulässig. Dies gilt nicht nur für bloße Beihilfehandlungen (Rechtmäßigkeit der Haupttat!), sondern ebenso für die täterschaftlich geleistete Nothilfe, weil auch hier wegen des Angriffs auf einen Unschuldigen das Rechtsbewährungsinteresse nicht geleugnet werden kann (vgl. dazu auch Mitsch GA 86, 538 ff.); daß der Provokateur hier, wenn er selbst angegriffen würde, kein (volles) Notwehrrecht mehr hätte, steht dazu nicht im Widerspruch. Eine Strafbarkeit des Provokateurs kommt hier nur unter den Voraussetzungen der actio illicita in causa (vgl. o. 61) in Betracht.

f) Zweifelhaft ist, ob es neben der „Angriffsprovokation" (vgl. o. 54 ff.) auch eine „**Abwehrprovo-** **61b** **kation**" durch eine pflichtwidrige Auswahl der Abwehrmittel gibt: Der Täter hat sich für eine zu erwartende Auseinandersetzung, der er an sich nicht auszuweichen braucht, mit einer Abwehrwaffe (z. B. Schußwaffe) ausgerüstet, deren Einsatz in der konkreten Situation mangels anderer Möglichkeiten erforderlich ist; er hätte den Angriff jedoch auch mit einem weniger gefährlichen Mittel (z. B. Gaspistole) abwehren können, wenn er sich vorher mit diesem, statt mit der gefährlicheren Waffe versehen hätte. Zu bejahen dürfte dies, trotz der gleichen Konsequenzen wie bei der sonstigen Absichtsprovokation (vgl. o. 56 f.) nur sein, wenn er von vornherein in der entsprechenden Absicht handelt: Er läßt z. B. die (nach seiner Vorstellung genügende) Gaspistole nur deshalb zu Hause, um die wesentlich gefährlichere Schußwaffe zum Einsatz bringen zu können (vgl. aber auch Arzt JR 80, 211). Entsprechendes gilt, wenn der Täter, der sich in einem früheren Stadium des Angriffs mit weniger gefährlichen Mitteln verteidigen oder Hilfe herbeiholen könnte, absichtlich zuwartet, bis er zu einem schwereren Mittel greifen muß (vgl. auch Loos JuS 85, 861; and. Baldus LK[9] § 53 RN 20); nicht ausreichend ist es dagegen, wenn ein vorher möglicher Einsatz milderer Mittel vom Täter lediglich versäumt worden ist (vgl. BGH NStZ **86**, 357; vgl. dazu auch den Sachverhalt von BGH NStZ **87**, 322).

62   **4.** Umstritten ist, inwieweit das Notwehrrecht über die aus seinem Grundgedanken folgenden Einschränkungen hinaus (vgl. in diesem Zusammenhang o. 50) durch die **Europäische Menschenrechtskonvention** (vgl. 24 vor § 32) geändert worden ist. Verschiedentlich wird aus Art. 2 II a MRK entnommen, daß eine Tötung in Notwehr nur noch zur Abwehr von Angriffen auf Leben, Gesundheit und allenfalls die Freiheit zulässig sei, nicht aber bei Angriffen auf andere Rechtsgüter, insbesondere auf das Vermögen (z. B. Köln OLGSt. § 32 S. 1, Baumann/Weber 305, Echterhölter JZ 56, 143, Frister GA 85, 553, Maunz-Dürig Art. 1 RN 62, Art. 2 II RN 15, Samson SK 29, Woesner NJW 61, 1381), wo deshalb Art. 2 II a MRK auch in früher anerkannten Notwehrfällen zu einer Umwandlung des § 32 in einen bloßen Entschuldigungsgrund (Schröder, 17. A., § 53 RN 3; vgl. auch – über die MRK noch hinausgehend – Montenbruck aaO 77 ff.) oder sogar zur Strafbarkeit geführt habe (Frister aaO 565). Abgesehen von den höchst unbefriedigenden Konsequenzen, zu denen dies führt (vgl. dazu Lenckner, Der rechtfertigende Notstand [1965], 164f.), besteht aber auch nach Wortlaut, Sinn und Entstehungsgeschichte der MRK kein Anlaß, aus Art. 2 II a solche weitreichenden Folgerungen für das Notwehrrecht zu ziehen (vgl. vor allem Bockelmann, Engisch-FS 459 ff., Partsch in: Bettermann-Neumann-Nipperdey, Die Grundrechte I 1 [1966], 333 ff.). Mit Recht geht vielmehr die h. M. davon aus, daß Art. 2 nur das Verhältnis Staat-Bürger, nicht aber die Rechtsverhältnisse der Staatsbürger untereinander betreffe, was bedeutet, daß jedenfalls das Notwehrrecht der einzelnen durch die MRK nicht berührt wird (Gutachten des BJM, Niederschr. 2 Bd., Anh. Nr. 26, Bitzilekis aaO 133, Blei I 147, D-Tröndle 21, Guradze, Nipperdey-FS 760, Jescheck 313, Krey JZ 79, 708, Krüger NJW 70, 1485, Lenckner GA 68, 5, Lerche, v. d. Heydte-FS II 1050, M-Zipf 352, Schmidhäuser 343, Spendel LK 259, Wessels I 97; vgl. auch Wagner aaO 65 ff.). Die Frage kann dann allenfalls noch sein, ob Art. 2 II a MRK das Nothilferecht von staatlichen Organen über die o. 50 genannten immanenten Notwehrschranken hinaus noch zusätzlich einschränkt hat, und auch sie hat praktische Bedeutung nur im Fall eines bedingten Tötungsvorsatzes, weil ungewollte Tötungen von Art. 2 ohnehin nicht erfaßt sind und eine mit dolus directus begangene Tötung zum Schutz von Sachgütern schon nach allgemeinen Grundsätzen kaum jemals zulässig sein dürfte (vgl. o. 50). Zwar kann hier die Anwendbarkeit der MRK nicht schon deshalb verneint werden, weil sich diese gegen hoheitliche Eingriffe richte, ein Akt der Nothilfe aber nicht dadurch zu einem solchen werde, daß er von einem Polizeibeamten vorgenommen werde (so aber Bockelmann, Engisch-FS 466 f.); daß der Beamte, der in Ausübung seines Dienstes einen bedrohten Bürger schützt, hoheitlich tätig wird, sollte vielmehr schon im Hinblick auf die haftungsrechtlichen Konsequenzen (Art. 34 GG) nicht bestritten werden (näher Schwabe JZ 74, 635). Auch dürfte sich das Problem einer bedingt vorsätzlichen Tötung bei Art. 2 MRK nicht schon damit erledigen, daß dort nur von einer „absichtlichen" Tötung die Rede ist (so aber z. T. unter Berufung auf den englischen und französischen Text [„intentionally" bzw. „intentionellement"] Blei I 147f., Jescheck 313 FN 53, Krey JZ 79, 709, Roxin ZStW 93, 99 und hier die 22. A.; dagegen jedoch Frister GA 85, 560f.), weil hier mit einer – vom Wortlaut her durchaus naheliegenden – Beschränkung auf den dolus directus die Regelung des Abs. 2 lit. b (Tötung zur Durchführung einer ordnungsgemäßen Festnahme usw.) völlig unverständlich wäre (vgl. Frister aaO). Entscheidend aber ist, daß die Unterzeichnerstaaten der MRK kein neues Notwehrrecht schaffen wollten – so läßt z. B. das englische Recht eine Tötung in Notwehr auch bei Angriffen zu, die sich nicht gegen die Person selbst richten (vgl. Grünhut in: Mezger/Schönke/Jescheck, Das ausländische Strafrecht der Gegenwart, Bd. III [1959] 205) – und daß jedenfalls die englische und französische Fassung eine Auslegung zuläßt, die mit § 32 im wesentlichen übereinstimmt (vgl. dazu Lenckner GA 68, 6 FN 20, Spendel LK 260 ff. mwN). Im übrigen zwingt auch die Wendung „Verteidigung eines Menschen" nicht zu der Annahme, daß damit nur die Verteidigung höchstpersönlicher Rechtsgüter gemeint sei (dagegen mit Recht z. B. Lerche aaO 1051), eine Beschränkung, die von der MRK auch schon deshalb nicht gewollt sein kann, weil dies zu schweren Wertungswidersprüchen zu Art. 2 II b führen würde (vgl. Lenckner aaO, Spendel aaO, aber auch Frister GA 85, 562). Zuzustimmen ist daher der Auffassung, wonach Art. 2 MRK (nach Lange b. Spendel LK 258 FN 500 „erbärmlich schlecht gefaßt") weder im privaten noch im hoheitlichen Bereich zu einer Einschränkung des Notwehrrechts geführt hat (so i. E. z. B. auch Bockelmann aaO, Jakobs 327, Jescheck 313, Otto aaO 137, Roxin ZStW 93, 99, Spendel LK 258 ff., Schwabe, Notrechtsvorbehalte 28 f. mwN; zum Ganzen vgl. auch Kühl ZStW 100, 624 ff., Trechsel ZStW 101, 820 ff.).

63   **V.** Die h. M. verlangt als **subjektives Rechtfertigungselement** den **Verteidigungswillen** (vgl. z. B. RG **54** 199, BGH **2** 114, **3** 198, **5** 247, EzSt **Nr. 9**, NStE **Nr. 6**, VRS **40** 107, MDR/D **69**, 16, Bay **85**, 7 m. Anm. Bottke JR 86, 292, Baumann/Weber 299, Blei I 144, D-Tröndle 14, Jescheck 307, M-Zipf I 350, Mitsch JA 89, 85 f., Schmidhäuser 355 f.; and. z. B. Spendel DRiZ 78, 329, Bockelmann-FS 245 ff., Oehler-FS 197 ff., LK 138 ff. mwN, gegen diesen näher Herzberg JA 86, 200 f., Prittwitz, Jura 84, 74). Nach dem in 13 f. vor § 32 Gesagten kann dies jedoch nicht bedeuten, daß die Abwehr der Zweck oder der Angriff ein – wenn auch nur neben anderen Beweggründen wirksames – Motiv der Handlung sein muß, eine Rechtfertigung also entfällt, wenn der Täter ausschließlich oder ganz überwiegend aus anderen Gründen (z. B. Haß,

Rache usw.) handelt (so aber z. B. BGH **3** 198, VRS **40** 107, MDR/D **69**, 16, **72**, 16, MDR/H **79**, 634, GA **80**, 67, NStZ **83**, 117, StV **83**, 456; für Verteidigungsmotiv auch Alwart GA 83, 446 ff.). Dies folgt auch nicht aus dem Begriff der „Verteidigung" (so aber Alwart aaO), so wenig wie das Merkmal des „Angriffs" ein entsprechendes finales Element enthält (vgl. o. 3). Entscheidend ist vielmehr, ob der Täter in Kenntnis der Notwehrlage bzw. im Vertrauen auf deren Vorliegen von dem ihm zustehenden Notwehrrecht in objektiv zulässiger Weise Gebrauch macht. Daran wird es i. d. R. bei einem Handeln in Tötungsabsicht fehlen (Kenntnis der fehlenden Erforderlichkeit; and. BGH MDR/H **78**, 279). Ist dies aber der Fall, – wofür die Kenntnis der notwehrrelevanten Tatsachen genügt, während z. B. ein Irrtum über die Person des Bestohlenen im Fall der Nothilfe unschädlich ist (Beulke Jura 80, 643, Puppe JZ 89, 729; and. Mitsch JA 89, 85 f., NStZ 89, 26) –, so ist er ohne Rücksicht auf seine Beweggründe gerechtfertigt, da Motive allein niemals über die Frage der Rechtmäßigkeit entscheiden können, ihre Berücksichtigung vielmehr die Grenze zur sittlichen Beurteilung überschreiten würde (Gallas, Bockelmann-FS 176, Loos, Oehler-FS 229 ff., Prittwitz GA 80, 386, Roxin ZStW 75, 563, Rudolphi, Maurach-FS 57, Stratenwerth 149). Ohne Bedeutung ist es daher z. B. auch, daß der Nothelfer, der sich in einem (nicht relevanten) Irrtum über die Person des Bestohlenen befindet, sich für die tatsächlich Betroffenen nicht oder nur in geringerem Maß eingesetzt hätte (vgl. Beulke aaO, F. C. Schroeder JZ 88, 567 gegen LG München NJW **88**, 1861). Weiß der Täter dagegen nicht, daß die Voraussetzungen der Notwehr gegeben sind, handelt er also mit gewöhnlichem Deliktsvorsatz, so bleibt die Tat rechtswidrig; eine Bestrafung ist hier jedoch richtigerweise nur wegen Versuchs möglich (vgl. näher 15 vor § 32).

Bei *fahrlässigen Verletzungen* des Angreifers bei einer objektiv bestehenden Notwehrlage spielen **64** subjektive Rechtfertigungselemente dagegen überhaupt keine Rolle. Hier ist allein die objektive Sachlage maßgebend, weshalb in den Grenzen dessen, was als Abwehrhandlung objektiv erforderlich gewesen wäre, die Herbeiführung eines deliktischen Erfolgs auch dann gerechtfertigt ist, wenn er vom Täter nicht gewollt war und bei Anwendung der ihm möglichen Sorgfalt hätte vermieden werden können; vgl. näher dazu 97 ff. vor § 32 mwN.

VI. Bei irriger Annahme eines Sachverhalts, bei dessen Vorliegen das Handeln des Täters als **65** Notwehr gerechtfertigt wäre (**Putativnotwehr,** z. B. Irrtum über das Vorliegen eines Angriffs oder die Erforderlichkeit der Verteidigung, Unkenntnis eines das Notwehrrecht einschränkenden Sachverhalts), gilt § 16 entsprechend (Erlaubnistatbestandsirrtum, vgl. BGH **3** 195, NJW **68**, 1885, **89**, 3027, GA **69**, 23, MDR/H **79**, 985, **80**, 453, NStZ **83**, 500, **87**, 20, 172, 322, **88**, 269, Hamburg JR **64**, 265, Karlsruhe NJW **73**, 380, Neustadt NJW **61**, 2076, LG München NJW **88**, 1860 u. dazu Puppe JZ 89, 730 sowie 19 vor § 13, § 16 RN 14 ff. u. 21 vor § 32). Putativnotwehr liegt auch vor, wenn der Täter den Angriff bei zutreffender Kenntnis des Sachverhalts lediglich infolge falscher rechtlicher Bewertung irrig für rechtswidrig hält (vgl. § 16 RN 20, D-Tröndle 27, Engisch ZStW 58, 584, Jescheck 419, Spendel LK 344; and. Bay NJW **65**, 1926, Schaffstein, OLG Celle-FS 193: Verbotsirrtum). Hat der Täter Zweifel, so ist § 16 gleichfalls anwendbar, wenn er im Vertrauen auf das Vorliegen der Notwehrvoraussetzungen handelt (vgl. § 16 RN 22, o. 28; i. E. auch BGH JZ **78**, 762: kein Irrtum nach § 16, wenn der Täter Umstände in Betracht zieht, die den Angriff rechtmäßig machen würden, er jedoch auch für den Fall ihres Nichtvorliegens handelt; vgl. dazu ferner Paeffgen JZ 78, 745). Der **Irrtum über die rechtlichen Grenzen der Notwehr** ist Verbotsirrtum (vgl. BGH GA **69**, 24, JZ **78**, 762, NStZ **87**, 172, 322, **88**, 269, LM § 53 **Nr. 2,** Neustadt NJW **61**, 2076; vgl. § 17 RN 10), so wenn der Täter jede beliebige Verteidigung für zulässig hält oder wenn er glaubt, zu dem gefährlicheren Abwehrmittel auch dann greifen zu können, wenn ihm ein milderes zur Verfügung steht (vgl. dazu BGH NStZ **87**, 172, 322). Dasselbe gilt, wenn er die o. 48 ff. genannten Einschränkungen des Notwehrrechts nicht kennt (and. wenn er sich lediglich über den die fragliche Einschränkung begründenden Sachverhalt irrt, z. B. nicht sieht, daß der Angreifer geisteskrank ist: Putativnotwehr; vgl. Neustadt NJW **61**, 2076). Ausschließlich nach § 17 zu behandeln ist auch der sog. *Doppelirrtum* – irrige Annahme einer Notwehrlage oder der Erforderlichkeit der Verteidigung (Erlaubnistatbestandsirrtum) i. V. mit einem hinzukommenden Irrtum über die rechtlichen Grenzen der Notwehr (Verbotsirrtum) –, was daraus folgt, daß die strengeren Regeln des § 17 hier auch dann anzuwenden sind, wenn der vom Täter fälschlich angenommene Notwehrsachverhalt tatsächlich vorgelegen hätte. Um einen solchen Fall handelt es sich z. B., wenn auch bei Bestehen der irrig angenommenen Notwehrlage kein Notwehrrecht bestanden hätte (vgl. BGH GA **75**, 305) oder wenn der Täter bei irriger Annahme eines gegenwärtigen Angriffs in Verkennung der rechtlichen Grenzen der Notwehr mehr tut, als ihm objektiv erlaubt ist (vgl. BGH NStZ **87**, 322, MDR/D **75**, 366 sowie – dort auch zur Strafbemessung – MDR/H **78**, 985).

§ 33 Überschreitung der Notwehr

Überschreitet der Täter die Grenzen der Notwehr aus Verwirrung, Furcht oder Schrecken, so wird er nicht bestraft.

Schrifttum: Müller-Christmann, Der Notwehrexzeß, JuS 89, 717. – Otto, Grenzen der straflosen Überschreitung der Notwehr usw. Jura 87, 604. – Roxin, Über den Notwehrexzeß, Schaffstein-FS 105. – Rudolphi, Notwehrexzeß nach provoziertem Angriff, JuS 68, 461. – Sauren, Zur Überschreitung des Notwehrrechts, Jura 88, 567. – Timpe, Grundfälle zum entschuldigenden Notstand (§ 35 I StGB) und zum Notwehrexzeß (§ 33 StGB), JuS 85, 117.

1   I. Eine **Notwehrüberschreitung** ist in zweifacher Hinsicht denkbar: Zum einen so, daß der Täter bei einer objektiv bestehenden Notwehrlage – d. h. also bei einem schon und noch gegenwärtigen Angriff – (vgl. § 32 RN 13 ff.), wenn vielleicht auch bereits nachlassenden, aber noch nicht endgültig beendeten Angriff – über das Maß der zulässigen Verteidigung hinausgeht (sog. **intensiver Exzeß**; vgl. z. B. RG 21 190, 54 37, BGH NStZ 87, 20, Bay 51, 363), zum anderen in der Weise, daß er die zeitlichen Grenzen der Notwehr überschreitet, d. h. daß er sich wehrt, obwohl der Angriff noch nicht oder nicht mehr gegenwärtig ist (sog. **extensiver Exzeß**). In beiden Fällen kommt eine Rechtfertigung nach § 32 nicht in Betracht, u. U. jedoch nach § 34 bei der „Präventiv"-Notwehr, vgl. § 32 RN 16 f., § 34 RN 16 f., 30 f.). Zwar kann hier das (Handlungs-)Unrecht ausgeschlossen sein, wenn der Exzeß auf einem objektiv nicht sorgfaltspflichtwidrigen Erlaubnistatbestandsirrtum beruht (vgl. 21 vor § 32; zu den Gegenrechten des Betroffenen in einem solchen Fall vgl. § 32 RN 21, § 34 RN 30 f.), handelt der Täter aber vorsätzlich oder objektiv fahrlässig, so ist sein Tun auch rechtswidrig (dies mit der Folge, daß nunmehr der ursprüngliche Angreifer in einer Notwehrlage gerät; vgl. dazu aber auch § 32 RN 59). Nach allgemeinen Grundsätzen würde sich hier folgendes ergeben: Strafbarkeit wegen vorsätzlicher Tat, wenn der Täter weiß, daß er einen intensiven oder extensiven Exzeß begeht; Strafbarkeit wegen fahrlässiger Tat (sofern unter Strafe gestellt), wenn er irrig annimmt, daß seine Abwehr erforderlich oder ein gegenwärtiger Angriff gegeben sei (Putativnotwehr) und ihm der Vorwurf der Fahrlässigkeit gemacht werden kann (vgl. § 32 RN 65; zu minimalen Überschreitungen vgl. auch 22 vor § 32).

2   II. Diese Regeln modifiziert § 33 in der Weise, daß der Täter straffrei bleibt, wenn er die Grenzen der Notwehr aus Verwirrung, Furcht oder Schrecken überschritten hat. Seine **systematische Einordnung** ist mit der neutralen Fassung „so wird er nicht bestraft" bewußt offen gelassen worden. Die h. M. nimmt mit Recht einen **Entschuldigungsgrund** an (z. B. RG 56 33, BGH 3 198, GA 69, 24, NStZ 81, 299, NStE **Nr. 8**, Baumann/Weber 310 f., D-Tröndle 3, Hirsch LK 192 vor § 32, Jakobs 482, Jescheck 443, Lackner 1, Otto Jura 87, 607, Rudolphi SK 1, JuS 69, 461, Spendel LK 39 ff.; vgl. auch M-Zipf I 432, 453: Ausschluß der Tatverantwortung u. dazu 109 vor § 32). Zu erklären ist dieser i. U. zu den Schuldausschließungsgründen (vgl. 108 vor § 32) und ebenso wie § 35 durch das Zusammentreffen einer *doppelten Schuldminderung*, die einerseits auf dem verminderten Unrecht der Notwehrüberschreitung, andererseits auf dem durch das Gefühl des Bedrohtseins bestimmten psychischen Ausnahmezustand des Täters beruht (vgl. 111 vor § 32, ferner z. B. Rudolphi aaO, Otto aaO, Sauren Jura 88, 569, Spendel aaO, aber auch Timpe JuS 85, 118). Nach Roxin aaO 126, Henkel-FS 189 enthält § 33 trotz an sich bestehender Schuld einen aus Strafzweckerwägungen folgenden strafrechtlichen Verantwortlichkeitsausschluß, vgl. dazu 111 vor § 32, 117 vor § 13). Nicht beantwortet ist die Frage nach dem sachlichen Grund für die Privilegierung auch mit der Annahme einer bloßen Beweisregel für den Ausschluß von Fahrlässigkeit bei Vorliegen der genannten Affekte (Baldus LK[9] § 53 RN 48, Schröder ZAkDR 44, 124; vgl. auch u. 8) oder eines reinen Strafausschließungsgrundes (so Jagusch LK[8] § 53 Anm. 7 b). Zur Frage der Analogiefähigkeit des § 33 vgl. § 34 RN 52.

3   1. Voraussetzung ist, daß die Notwehrüberschreitung **auf Verwirrung, Furcht oder Schrecken beruht.**

4   a) Privilegiert sind nur *Verwirrung, Furcht* und *Schrecken*, denen gemeinsam ist, daß der normale psychologische Prozeß infolge des durch das Gefühl des Bedrohtseins ausgelösten Erregungszustandes gestört ist (sog. asthenische Affekte; vgl. dazu aber auch Spendel LK 59 ff.). Dabei wird man jedoch angesichts der vom Gesetz vorgesehenen völligen Straflosigkeit einen Störungsgrad verlangen müssen, bei dem die Fähigkeit, das Geschehen richtig wahrzunehmen und zu verarbeiten, erheblich reduziert ist. Dies gilt auch für die Furcht, weshalb hier nicht schon jedes Angstgefühl genügt (vgl. LG München NJW **88,** 1862). Die genannten Affekte sind zwar meist die Folge eines überraschenden Angriffs (vgl. RG **69** 270); zwingend ist dies – insbesondere bei der Furcht – jedoch nicht (BGH **3** 197, NJW **62,** 308, **80,** 2263). Eine Erweiterung der Vorschrift auf andere (sog. sthenische) Affekte wie Haß, Zorn, Empörung, Kampfeseifer usw. ist unzulässig (h. M., z. B. RG JW **32,** 2432, BGH NJW **69,** 802, Baumann/Weber 311, D-Tröndle 3, M-Zipf I 452, Rudolphi SK 3), und zwar auch dann, wenn diese gleichfalls zu einem Zustand der „Verwirrung" führen, da § 33, wie sich aus der Gleichsetzung mit der Furcht usw. ergibt, nur die auf „Schwäche" beruhenden Gemütserregungen privilegieren will (ebenso Sauren Jura 88, 568; and. insoweit Spendel LK 68 f.). Dies schließt jedoch nicht

aus, daß hier im Einzelfall der Schuldvorwurf der Fahrlässigkeit nach allgemeinen Grundsätzen entfallen kann.

b) Der Täter muß „aus" Verwirrung usw. die Grenzen der Notwehr überschritten haben, **5** womit gegenüber § 53 III a. F. („in" Bestürzung usw.) klargestellt ist, daß gerade der Affekt *die Ursache* für den Exzeß gewesen sein muß. Da es nach dem Grundsatz „in dubio pro reo" aber auch genügt, wenn ein solcher Zusammenhang nicht auszuschließen ist, dies aber immer der Fall sein dürfte, wenn der Täter „in" Verwirrung usw. gehandelt hat, hat sich im praktischen Ergebnis gegenüber § 53 III a. F. nichts Wesentliches geändert (vgl. auch Roxin aaO 106, Spendel LK 70 ff.). Auch schließt das Hinzukommen anderer Motive die Anwendbarkeit des § 33 nicht aus, wenn die hier genannten Erregungszustände in diesem Motivbündel dominieren (vgl. D-Tröndle 3, Jescheck 443, M-Zipf I 452, Roxin aaO 121 f.; and. BGH 3 198, GA **69,** 23, NStZ **87,** 20, NStE § 32 **Nr. 15,** Otto Jura 87, 606, Rudolphi SK 3: ausreichend schon die Mitursächlichkeit in der § 33 genannten Affekte).

2. Zweifelhaft ist, ob die Vorschrift nur bei **unbewußter Überschreitung** der Notwehr (so **6** z. B. Baldus LK[9] § 53 RN 43, Schmidhäuser 472, I 250, Welzel 88) oder auch für den **vorsätzlichen Exzeß** gilt (so die h. M. , z. B. RG **56** 34, BGH NStZ **87,** 20, **89,** 474, NStE § 32 **Nr. 15,** Bay JR **52,** 113, Oldenburg NdsRpfl. **51,** 212, Baumann/Weber 311, D-Tröndle 3, Hirsch LK 191 vor § 32, Jakobs 483, Jescheck 443, Lackner 3, Müller-Christmann JuS 89, 719, Otto Jura 87, 606, Rudolphi SK 4, JuS 69, 463, Roxin aaO 108 ff. u. Henkel-FS 189, Sauren Jura 88, 569, Spendel LK 52 ff., Stratenwerth 140, Timpe JuS 85, 117). Die Gesetzesfassung läßt diese Frage offen. Ihrem Sinn nach ist die Vorschrift jedoch zugeschnitten auf die Fälle, in denen die Wahrnehmungen des Täter infolge des Affekts fehlerhaft sind oder nur bruchstückhaft in sein Bewußtsein dringen und er sich deshalb entweder positiv falsche Vorstellungen oder aber überhaupt keine Gedanken mehr macht, sondern in dem Gefühl, in Gefahr zu sein, das tut, was ihm spontan in den Sinn kommt (vgl. dazu etwa den Sachverhalt von BGH NStZ **89,** 474). Beschränkt man außerdem die hier genannten Schwächeaffekte auf hochgradige Erregungszustände (vgl. o. 4), so ist eine Notwehrüberschreitung infolge Verwirrung usw., bei welcher der Täter aber trotzdem das Bewußtsein haben soll, daß er einen Exzeß begeht, kaum denkbar (and. Sauren aaO); hat er dieses, so spricht vielmehr alles dafür, daß er nicht aus Verwirrung usw. gehandelt hat, der fragliche Affekt nicht die vom Gesetz vorausgesetzte Starke erreicht hat (vgl. AE, AT, 2. A., Begr. 53, Schmidhäuser 472, I 250; vgl. dagegen aber Roxin aaO 198 f., dem zwar zuzugeben ist, daß sich in praxi die Grenzen zwischen vorsätzlicher und unvorsätzlicher Überschreitung bei affektbedingtem Handeln vielfach verwischen, wo es sich dann aber immer um Fälle handeln dürfte, in denen nach dem Grundsatz „in dubio pro reo" von einem unvorsätzlichen Exzeß auszugehen ist). Auch bei dieser Beschränkung ist § 33 keineswegs überflüssig (vgl. jedoch Eser I 116, Schmidhäuser aaO), da hier ungeachtet eines im Einzelfall u. U. noch möglichen Fahrlässigkeitsvorwurfs generell auf die Erhebung des Schuldvorwurfs verzichtet wird (vgl. auch Sauren aaO). Nicht zutreffend ist es deshalb auch, wenn nach BGH NStZ **87,** 20 § 33 mit § 16 „nichts zu tun" haben soll, vielmehr ist es gerade § 33, der bei affektbedingten Fehlvorstellungen z. B. über die Gefährlichkeit des Angriffs die sonst für die Putativnotwehr geltenden Regeln (vgl. § 32 RN 65) in der Weise modifiziert, daß hier ungeachtet des § 16 I 2 eine Strafbarkeit in jedem Fall ausgeschlossen sein soll. Auch ist damit die Straflosigkeit in den Fällen sichergestellt, in denen sich der Täter infolge seines Affekts keinerlei Gedanken mehr macht, sondern nur noch instinktiv reagiert und wo deshalb zweifelhaft sein könnte, ob ein analog § 16 zu behandelnder Irrtum (irrige Annahme einer rechtfertigenden Sachlage) überhaupt vorliegt (vgl. auch AE aaO).

3. Gleichfalls umstritten ist, ob § 33 nur für den **intensiven** oder auch für den **extensiven** **7** **Exzeß** (vgl. o. 1) gilt. Von der h. M. wird letzteres verneint; von der nur seltenen Anwendbarkeit des § 20 (vgl. dort RN 15) abgesehen, bleibt der Täter hier danach also nur straflos, wenn er in Putativnotwehr handelt und der Irrtum infolge des Affekts im Einzelfall tatsächlich unvermeidbar war (z. B. RG **62** 77, OGH **3** 124, BGH NStZ **87,** 20, NStE **Nr. 2,** Bay JR **52,** 113, Frankfurt GA **70,** 286, D-Tröndle 2, Eser I 116, Jescheck 444, Lackner 2, M-Zipf I 451, Rudolphi SK 2, JuS 69, 463, Schmidhäuser 473, Sauren Jura 88, 571, Stratenwerth 140). Aus dem Gesetzeswortlaut folgt diese Beschränkung auf den intensiven Exzeß jedoch nicht, da die „Grenzen der Notwehr" (nicht: „Grenzen der erforderlichen Verteidigung") auch in zeitlicher Hinsicht überschritten werden können, indem der Täter zu einem Zeitpunkt handelt, in dem ein bevorstehender bzw. bereits abgeschlossener Angriff noch nicht bzw. nicht mehr gegenwärtig ist (ebenso Müller-Christmann JuS 89, 718, Roxin aaO 112). Aber auch in der Sache besteht kein Anlaß, den extensiven Exzeß schlechthin auszuschließen (ebenso Blei I 211, Jakobs 483, Roxin aaO 111 ff., Henkel-FS 189, F.C. Schroeder JuS 80, 311, i. E. – z. T. unmittelbare, z. T. analoge Anwendung des § 33 – auch Otto Jura 87, 606 f. u. für den nachzeitig extensiven Exzeß Spendel LK 6 ff., Timpe JuS 85, 120 f.). Ob der Täter die Grenzen einer rechtmäßigen

§ 33 8, 9   Allg. Teil. Die Tat – Notwehr und Notstand

Verteidigung in der Intensität oder in zeitlicher Hinsicht überschreitet, macht keinen grundsätzlichen Unterschied: Unter Schuldgesichtspunkten nicht, weil die durch den Affekt bedingte Erschwerung einer normgemäßen Willensbildung hier wie dort die gleiche sein kann, unter Unrechtsgesichtspunkten nicht, weil das Unrecht auch gemindert sein kann (vgl. o. 2), wenn der Täter bei einem tatsächlich bevorstehenden Angriff einen Augenblick zu früh losschlägt (vgl. auch das in § 32 RN 17 genannte Beisp. einer „Präventiv-Notwehr": zwar keine Rechtfertigung nach § 34, aber geringeres Unrecht, wenn polizeiliche Hilfe rechtzeitig erreichbar gewesen wäre) oder wenn der nachträgliche Exzeß in einem so engen zeitlichen Zusammenhang mit der vorausgegangenen Verteidigung steht, daß sich beide, wäre nicht die im Wegfall der Rechtfertigung liegende Zäsur, als eine Bewertungseinheit („natürliche Handlungseinheit") darstellen würden (gegen eine Unrechtsminderung beim extensiven Exzeß aber Rudolphi aaO u. – i. E. dann jedoch wie hier – Roxin aaO 115; daß der Unterschied zum intensiven Exzeß hier aber unter normativen Aspekten zu einer Quantité négligeable werden kann, zeigt der Vergleich *eines,* aber zu kräftig geführten Schlags [intensiver Exzeß] mit *mehreren,* unmittelbar hintereinander geführten Schlägen, von denen jedoch bereits der erste genügte, dem Angreifer die Lust an einem weiteren Angriff zu nehmen [extensiver Exzeß]). Keine Bedenken gegen die Anwendbarkeit des § 33 bestehen deshalb auch beim Zusammentreffen eines extensiven und intensiven Exzesses (der Täter hält den Angriff fälschlich für schon oder noch gegenwärtig und überschreitet dabei außerdem noch die Grenzen der unter Zugrundelegung dieser Annahme erforderlichen Verteidigung); erst recht gilt dies, wenn bezüglich des extensiven Exzesses ein bereits objektiv nicht sorgfaltspflichtwidriger Erlaubnistatbestandsirrtum vorliegt, das Handlungsunrecht insoweit also ebenso gemindert ist wie bei einem ausschließlich intensiven Exzeß (vgl. 22a vor § 32).

8   Zu unterscheiden vom extensiven Exzeß ist der **Putativnotwehrexzeß**, bei dem eine Notwehrlage mangels eines Angriffs zu keinem Zeitpunkt bestand und auch nicht bevorsteht, der Täter sich aber irrtümlich für angegriffen hält und dabei außerdem die Grenzen der vermeintlichen Notwehr überschreitet (Roxin aaO 118, Spendel LK 28 ff.). Auch hier ist nach h. M. § 33 nicht anwendbar (vgl. z. B. BGH NJW **62**, 309, **68**, 1885, MDR **75**, 366, NStZ **83**, 453, Eser I 116, Jakobs 484, Jescheck 444, Spendel LK 33, Timpe JuS 85, 122), was freilich nicht ausschließt, daß das Handeln in Verwirrung usw. im Rahmen der Fahrlässigkeitsprüfung von Bedeutung sein kann (BGH NJW **68**, 1885). Doch sollten gegen eine analoge Anwendung des § 33 dann keine Bedenken bestehen, wenn das Fehlen der Notwehrlage trotz *objektiv pflichtgemäßer Prüfung* nicht erkennbar war (D-Tröndle § 32 RN 27 u. näher Rudolphi JuS 69, 464, Sauren Jura 88, 572; weitergehend Blei I 212: ausreichend schon der unverschuldete Irrtum; enger Otto 260, Jura 87, 607, Roxin aaO 120, Timpe aaO: nur bei einem vom Betroffenen vorgetäuschten Angriff bzw. von ihm verschuldeten Irrtum). Hält sich der Täter aufgrund eines solchen Irrtums fälschlich für angegriffen, so ist insoweit wenigstens das Handlungsunrecht in gleicher Weise gemindert wie beim tatsächlichen Vorliegen eines Angriffs (vgl. 22a vor § 32), weshalb es auch gerechtfertigt ist, ihn hier ebenso zu behandeln wie dort (and. Müller-Christmann JuS 89, 720). Noch weitergehend soll nach Schröder der Putativnotwehrexzeß aus Verwirrung usw. immer straflos sein, weil die Exzeßregelung allein die Schuld betreffe, für diese aber die subjektive Vorstellung entscheidend sei, die sich bei einer vermeintlichen Notwehrlage von der bei einer wirklich bestehenden nicht unterscheide (ZAkDR 44, 125, hier 17. A., § 53 RN 36). Dagegen spricht jedoch, daß es nach dem Gesetz, das auch an objektive Voraussetzungen anknüpft, nicht nur subjektive Gründe sind, auf denen die Straflosigkeit des Exzesses infolge Verwirrung usw. beruht (vgl. auch Roxin aaO 114, 120), und dagegen spricht ferner der Vergleich mit § 35, wo gleichfalls nicht schon das subjektive Empfinden einer (wirklichen oder vermeintlichen) Notsituation allein die Straflosigkeit begründet. Ebenso wie bei § 35 ist vielmehr auch für § 33 anzunehmen, daß die psychische Ausnahmesituation des Täters nur in ihrem Zusammentreffen mit dem bereits verminderten Unrecht zur Straflosigkeit führt (vgl. o. 2). Damit verbietet sich auch die Deutung des § 33 als einer bloßen Beweisregel (so Schröder aaO), da eine solche nur Sinn hätte, wenn § 33 ausschließlich den Affekt als solchen durch einen Schuldausschluß privilegieren würde.

9   **4.** Hat der Täter den Angriff **schuldhaft provoziert** (vgl. § 32 RN 54 ff.), so ist zu unterscheiden: Hat er die Grenzen des ihm verbliebenen (u. U. beschränkten) Notwehrrechts überschritten, so ist insoweit auch § 33 anwendbar (Jescheck 371, Müller-Christmann JuS 89, 729, Roxin aaO 123, Rudolphi SK 4, JuS 69, 465, Sauren Jura 88, 570, Schröder JR 62, 189). Hat er dagegen überhaupt kein Notwehrrecht mehr, so ist dieser Fall ebenso zu behandeln, wie wenn eine Notwehrlage nie bestanden hätte; hier gilt daher auch § 33 nicht (Roxin aaO 122, Rudolphi aaO, Sauren aaO, NStZ 88, 451; vgl. auch D-Tröndle 3). Demgegenüber soll § 33 nach BGH NJW **62**, 308 m. Anm. Gutmann 286, Baumann MDR 62, 349 u. Schröder JR 62, 187 immer unanwendbar sein, wenn der Täter die Notwehrlage durch ein vorwerfbares Verhalten mitverursacht hat (vgl. auch Hamm NJW **65**, 1928: jedenfalls dann, wenn es sich um ein schuldhaftes, grob mißbilligenswertes Verhalten handelt); generell für Anwendbarkeit des § 33 dagegen Spendel LK 74. Im Fall der Absichtsprovokation (vgl. § 32 RN 55) wird § 33 in der Regel auch schon deshalb nicht in Betracht kommen, weil der Täter hier durch den Angriff kaum jemals in Verwirrung usw. geraten kann.

Rechtfertigender Notstand **§ 34**

5. Bei der **Verletzung unbeteiligter Dritter** gilt § 33 nicht (vgl. RG 54 36, Roxin aaO 124, Spendel **10** LK 16ff.). Eine Ausnahme bei Verletzungen von Rechtsgütern der Allgemeinheit ist hier ebensowenig möglich wie bei § 32 (vgl. dort RN 32), an den § 33 anknüpft (Rudolphi SK 2; and. BGH NStZ **81**, 299 u. krit. dazu Maatz MDR 85, 881); in Betracht kommt hier jedoch ein Putativnotstand nach § 34.

§ 34 Rechtfertigender Notstand

Wer in einer gegenwärtigen, nicht anders abwendbaren Gefahr für Leben, Leib, Freiheit, Ehre, Eigentum oder ein anderes Rechtsgut eine Tat begeht, um die Gefahr von sich oder einem anderen abzuwenden, handelt nicht rechtswidrig, wenn bei Abwägung der widerstreitenden Interessen, namentlich der betroffenen Rechtsgüter und des Grades der ihnen drohenden Gefahren, das geschützte Interesse das beeinträchtigte wesentlich überwiegt. Dies gilt jedoch nur, soweit die Tat ein angemessenes Mittel ist, die Gefahr abzuwenden.

Übersicht

I. Allgemeines 1	VI. Subjektives Rechtfertigungselement . 48
II. Anwendungsbereich. 3	VII. Irrtum (Putativnotstand) 50
III. Notstandslage. 8	VIII. Notstandsexzeß. 52
IV. Abwägungsklausel. 22	IX. Einzelfälle 53
V. Angemessenheitsklausel 46	

Stichwortverzeichnis

Abwägungsklausel 22 ff.
Aggressivnotstand s. Notstand
Angemessenheitsklausel 2, 46 f.
Anscheinsgefahr s. Gefahr

Dauergefahr s. Gefahr
Defensivnotstand s. Notstand

Gefahr
– Anscheinsgefahr 13
– Dauergefahr 17
– Gegenwärtigkeit 8, 12, 17
– -engemeinschaft 24, 32
– Grad der 27
– Nicht-anders-Abwendbarkeit der – 18 ff.
– Prognose 13 ff.
– -enquelle 16
– -tragungspflicht 34 f.
Gefährdungsdelikte 28
Gegenwärtigkeit der Gefahr s. Gefahr
Garantenstellung bzw. -pflicht 5, 34, 42
Güterabwägung 2, 22 ff., 36, 43, 49

Interessenabwägung 1 f., 22 ff., 38 f., 43 ff.
– und Angemesenheitsklausel 46 f.
– Interesse, überwiegendes 22 ff., 45 f.
– Wertmaßstab 43 ff.
Irrtum 50 f.

Lockspitzel-Fälle 41 c

Mittel
– Geeignetheit des 19, 29, 42, 46
– relativ mildestes (Erforderlichkeit) 20

Nicht-anders-Abwendbarkeit der Gefahr
 s. Gefahr
Nötigungsnotstand 41 b

Notstand
– Aggressiv- 30
– Defensiv- 30
– im Nebenstrafrecht 53 f.
– -sprovokation 42
– übergesetzlicher 2
– beim Unterlassungsdelikt 5, 8
– Verhältnis zu anderen Rechtfertigungsgründen 6
Notstandsfähige Rechtsgüter 9
– der Allgemeinheit 10, 43
– Rangverhältnis 23
– staatliche 11
Notstandshilfe 9 f.
Notstandslage 8, 22
– unverschuldete/verschuldete 42
Notstandsexzeß 52

Pflichtenkollision 4
Pflichtgemäße Prüfung durch Täter 49
Putativnotstand s. Irrtum

Rechtsordnung, Bedeutung für die 40, 42
Rettungschancen 19, 29
Rettungswille s. subjektives Rechtferti-
 gungselement

Schadensgröße 26
– Bagatellschäden 40
Schutzpflichten, Berufe mit besonderen 34
Schutzwürdigkeit der Rechtsgüter 2, 9 f.,
 23 ff., 33, 36, 43
Sozialnot 41 e
Staatsgewalt, Eingriffe der 7
Subjektives Rechtfertigungselement 48

Ziviler Ungehorsam 41 b

Lenckner 553

§ 34

Schrifttum: Amelung, Erweitern allgemeine Rechtfertigungsgründe, insbes. § 34 StGB, hoheitliche Eingriffsbefugnisse des Staates?, NJW 77, 833. – *ders.,* Nochmals: § 34 StGB als öffentlich-rechtliche Eingriffsnorm, NJW 78, 623. – *ders.* u. *Schall,* Zum Einsatz von Polizeispitzeln, Hausfriedensbruch und Notstandsrechtfertigung usw., JuS 75, 565. – *Bergmann,* Die Grundstruktur des rechtfertigenden Notstands, JuS 89, 109. – *Delonge,* Die Interessenabwägung nach § 34 StGB und ihr Verhältnis zu den übrigen Rechtfertigungsgründen, 1988. – *Dencker,* Der verschuldete rechtfertigende Notstand, JuS 79, 779. – *Dimitratos,* Das Begriffsmerkmal der Gefahr in den strafrechtlichen Notstandsbestimmungen, 1989 (Diss. München). – *Gimbernat,* Der Notstand: Ein Rechtswidrigkeitsproblem, Welzel-FS 485. – *Gössel,* Über die Rechtmäßigkeit befugnisloser strafprozessualer rechtsgutsbeeinträchtigender Maßnahmen, JuS 79, 162. – *Grebing,* Die Grenzen des rechtfertigenden Notstands im Strafrecht, GA 79, 81. – *Grünhut,* Grenzen des übergesetzlichen Notstands, ZStW 51, 455. – *Günther,* Strafrechtswidrigkeit und Strafunrechtsausschluß, 1983. – *Heinitz,* Zur Entwicklung der Lehre von der materiellen Rechtswidrigkeit, Eb. Schmidt-FS 266. – *Henkel,* Der Notstand nach gegenwärtigem und künftigem Recht, 1932. – *Hruschka,* Rettungspflichten in Notstandssituationen, JuS 79, 385. – *ders.,* Rechtfertigung oder Entschuldigung im Defensivnotstand?, NJW 80, 21. – *Keller,* Rechtliche Grenzen der Provokation von Straftaten, 1989. – *Kienapfel,* Der rechtfertigende Notstand, ÖJZ 75, 421. – *Krekeler,* Darf der Staat im Rahmen der Verbrechensbekämpfung Straftaten begehen?, AnwBl. 87, 443. – *Krey,* Der Fall Peter Lorenz – Probleme des rechtfertigenden Notstands bei der Auslösung von Geiseln, ZRP 75, 97. – *Küper,* Noch einmal: Rechtfertigender Notstand, Pflichtenkollision und übergesetzliche Entschuldigung, JuS 71, 474. – *ders.,* Zum rechtfertigenden Notstand bei Kollision von Vermögenswerten, JZ 76, 515. – *ders.,* Grund- und Grenzfragen der rechtfertigenden Pflichtenkollision, 1979. – *ders.,* Die sog. „Gefahrtragungspflichten" im Gefüge des rechtfertigenden Notstandes, JZ 80, 755. – *ders.,* Tötungsverbot u. Lebensnotstand, JuS 81, 745. – *ders.,* Der „verschuldete" rechtfertigende Notstand, 1983 (zit.: Notstand). – *ders.,* Das „Wesentliche" am „wesentlich überwiegenden Interesse", GA 83, 289. – *ders.,* Darf sich der Staat erpressen lassen? Zur Problematik des rechtfertigenden Nötigungsnotstands, 1986 (zit.: Nötigungsnotstand). – *ders.,* Grundsatzfragen der „Differenzierung" zwischen Rechtfertigung und Entschuldigung, JuS 87, 81. – *O. Lampe,* Defensiver und aggressiver übergesetzlicher Notstand, NJW 68, 88. – *Lange,* Terrorismus kein Notstandsfall? Zur Anwendung des § 34 StGB im öffentlichen Recht, NJW 78, 784. – *de Lazzer/Rohlf,* Der „Lauschangriff", JZ 77, 207. – *Lenckner,* Der rechtfertigende Notstand, 1965. – *ders.,* Der Grundsatz der Güterabwägung als allgemeines Rechtfertigungsprinzip, GA 85, 295. – *ders.,* Das Merkmal der „Nicht-anders-Abwendbarkeit" der Gefahr in den §§ 34, 35 StGB, Lackner-FS 95. – *Maurach,* Kritik der Notstandslehre, 1935. – *Mitsch,* Trunkenheitsfahrt und Notstand, JuS 89, 965. – *Neumann,* Der strafrechtliche Nötigungsnotstand – Rechtfertigungs- oder Entschuldigungsgrund?, JA 88, 329. – *Otto,* Pflichtenkollision und Rechtswidrigkeitsurteil, 3. A., 1978. – *Peters, K.-H.,* „Wertungsrahmen" und „Konflikttypen" bei der „Konkurrenz" zwischen § 34 und den besonderen Rechtfertigungsgründen?, GA 81, 445. – *Riegel,* §§ 32, 34 StGB als hoheitliche Befugnisgrundlage?, NVwZ 85, 639. – *Roxin,* Zur Tatbestandsmäßigkeit und Rechtswidrigkeit der Entfernung von Leichenteilen (§ 168 StGB), insbes. zum rechtfertigenden strafrechtlichen Notstand (§ 34 StGB), JuS 76, 505. – *ders.,* Der durch Menschen ausgelöste Defensivnotstand, Jescheck-FS 457. – *ders.,* Die notstandsähnliche Lage – ein Strafunrechtsausschließungsgrund?, Oehler-FS 181. – *Ruppelt,* Maßnahmen ohne Rechtsgrundlage, 1983. – *Schaffstein,* Der Maßstab für das Gefahrurteil beim rechtfertigenden Notstand, Bruns-FS 89. – *ders.,* Die strafrechtlichen Notrechte des Staates, Schröder-GedS 97. – *Schall,* Die Relevanz der Arbeitsplätze im strafrechtlichen Umweltschutz, Osnabrücker Rechtswissenschaftl. Abhandlungen, Bd. 1 (1985) 1. – *Eb. Schmidt,* Das Reichsgericht und der „übergesetzliche Notstand", ZStW 49, 350. – *Schröder,* Die Not als Rechtfertigungs- und Entschuldigungsgrund, SchwZStr. 76, 1. – *ders.,* Die Notstandsregelung im Entwurf 1959 II, Eb.-Schmidt-FS 290. – *F. C. Schroeder,* Notstandslage bei Dauergefahr, JuS 80, 336. – *Schwabe,* Zur Geltung von Rechtfertigungsgründen des StGB für hoheitliches Handeln, NJW 77, 1902. – *Seelmann,* Das Verhältnis von § 34 StGB zu anderen Rechtfertigungsgründen, 1978. – *Siegert,* Notstand und Putativnotstand, 1931. – *Stree,* Rechtswidrigkeit und Schuld im neuen Strafgesetzbuch, JuS 73, 461. – *Sydow,* § 34 StGB – kein neues Ermächtigungsgesetz, JuS 78, 222. – *Wachinger,* Der übergesetzliche Notstand nach der neuesten Rechtsprechung des Reichsgerichts, Frank-FG I 469. – *v. Weber,* Das Notstandsproblem und seine Lösung in den deutschen Strafgesetzentwürfen von 1919 und 1925, 1925. – *Welzel,* Zum Notstandsproblem, ZStW 63, 47. – *ders.,* Der übergesetzliche Notstand und die Irrtumsproblematik, JZ 55, 142.

Materialien zu § 34 bzw. dem damit wörtlich übereinstimmenden § 39 I E 62: Niederschr. Bd. 2 S. 141ff., Anh. Nr. 22ff., Bd. 12, S. 152ff., Anh. Nr. 36ff. – Prot. V. 1638ff., 1736, 1735ff., 1792ff., 2110, 2907, 3159. – BT-Drs. V/4095 S. 15.

1 I. Der Notstand des § 34 stellt – im Unterschied zu dem des § 35 – einen **Rechtfertigungsgrund** dar, der ein echtes Eingriffsrecht gewährt (vgl. 10f. vor § 32; über das Verhältnis der hier bestehenden Duldungspflicht des Betroffenen zur Handlungspflicht des § 323c vgl. Hruschka JuS 79, 390); gegen eine nach § 34 gerechtfertigte Notstandshandlung kann der davon Betroffene daher weder Notwehr üben, noch kann er sich seinerseits auf § 34 berufen (and. Delonge aaO 178ff., was auf ein Recht des Stärkeren hinausläuft; zu § 35 vgl. dort RN 32). Grundgedanke der Vorschrift ist, daß das Recht in Konfliktsfällen die Inanspruchnahme fremder Rechtsgüter zulassen muß (vgl. näher Küper JuS 87, 86ff.), wenn dies im Vergleich zu dem sonst eintretenden Schaden als das geringere Übel erscheint, wobei ein Notstand jedoch nur dann vorliegt, wenn es um die Erhaltung bedrohter, nicht dagegen um die Schaffung neuer Werte geht (auch die Schaffung unsterblicher Kunstwerke rechtfertigt daher nicht den Diebstahl des dafür benötigten Materials durch den mittellosen Künstler; vgl. dazu Lenckner, Noll-GedS 255). Von der Wertstruktur der Notwehr (vgl. § 32 RN 1) unterscheidet sich diejenige des rechtfertigenden Notstands dadurch, daß das überwiegende Interesse hier nur mit dem Schutz des bedrohten Rechtsguts, nicht aber mit dem Rechtsbewährungsprinzip begründet werden kann. Daraus erklären sich auch die wichtigsten Unterschiede zur Notwehr: Kein Notrecht nach § 34, wenn der Gefahr ausgewichen werden kann; Berücksichtigung des Rangverhältnisses der beteiligten Rechtsgüter im Rahmen der Interessenabwägung, während bei der Notwehr die Güterabwägung grundsätzlich keine Rolle spielt.

Die durch das 2. StrRG in das StGB eingefügte, wörtlich dem § 39 I E 62 entsprechende Vorschrift 2 stellt eine gesetzliche Fixierung des vorher nur gewohnheitsrechtlich anerkannten Rechtfertigungsgrundes des **„übergesetzlichen Notstands"** (vgl. 17. A., 50ff. vor § 51) dar. Dieser hatte sich als notwendig erwiesen, weil die Notstandsregelungen des BGB (§§ 904, 228) und anderer Gesetze (vgl. 68 vor § 32) nur Eingriffe in Sachgüter, nicht aber die Verletzung anderer Rechtsgüter zulassen. In der Rspr. wurde ein rechtfertigender „übergesetzlicher Notstand" erstmals bei der medizinisch indizierten Schwangerschaftsunterbrechung angenommen (RG **61** 242, **62** 137, vgl. jetzt § 218a) und dabei der Grundsatz der Güterabwägung aufgestellt: Nicht rechtswidrig war danach die Verletzung eines geringerwertigen Rechtsguts als einziges Mittel zum Schutz eines höherwertigen Guts, wobei sich das Wertverhältnis der kollidierenden Rechtsgüter aus den zu ihrem Schutz aufgestellten Strafdrohungen ergeben sollte *(Güterabwägungstheorie)*. Tatsächlich war der Güterabwägungsgrundsatz in dieser Form jedoch von Anfang an zu eng, was sich schon daraus ergibt, daß auch die Rspr. trotz nominellen Festhaltens an ihm nie zögerte, soweit notwendig außer dem (abstrakten) Wertverhältnis der kollidierenden Rechtsgüter auch noch weitere Umstände in die Abwägung miteinzubeziehen (vgl. dazu Lenckner, Notstand 56ff. mwN, ferner GA 85, 296f.). Mit Recht hat daher auch das 2. StrRG den zu engen Güterabwägungsgrundsatz durch einen – diesen als ein Teilelement in sich aufnehmenden – umfassenden *Interessenabwägungsgrundsatz* ersetzt, der eine Abwägung *aller* die konkrete Kollisionslage kennzeichnenden „positiven und negativen Vorzugstendenzen" ermöglicht. Eine Änderung der Rechtslage ist damit, weil in der Sache schon die frühere Rspr. nach diesem Grundsatz verfuhr, nicht verbunden (vgl. auch BGH NJW **76**, 680). Im älteren Schrifttum wurde das maßgebliche Entscheidungsprinzip vielfach auch in der sog. *Zwecktheorie* gefunden („nicht rechtswidrig ist das angemessene Mittel zu einem berechtigten Zweck"; vgl. z.B. Henkel aaO 88, Eb. Schmidt ZStW 49, 375, Siegert aaO 24). Ihr ist die Angemessenheitsklausel des § 34 S. 2 entnommen; daß diese bei einem richtig verstandenen Interessenabwägungsgrundsatz überflüssig ist, vgl. u. 46. Näher zur Entwicklung vgl. Lenckner, Notstand 50ff.; zum österreichischen Recht vgl. Kienapfel ÖJZ 75, 421.

II. Der **Anwendungsbereich** der Vorschrift (zur Bedeutung bei Fahrlässigkeitsdelikten vgl. 3 95ff., 101 vor § 32) ist in verschiedener Hinsicht begrenzt, vor allem durch den Vorrang spezieller Regelungen, die in bezug auf § 34 eine „Rückgriffssperre" enthalten, soweit sie für einen bestimmten Sachverhalt abschließend sind. Im einzelnen ist auf folgendes hinzuweisen:

1. Die Vorschrift **gilt nicht** für die **Pflichtenkollision** (Kollision mehrerer Handlungspflich- 4 ten bzw. mehrerer Unterlassungspflichten), die anderen Regeln folgt (vgl. 71ff. vor § 32; vgl. auch E 62, Begr. 159). Gegenteilige Äußerungen beruhen meist darauf, daß der Begriff „Pflichtenkollision" auch für das Zusammentreffen einer Handlungs- und einer Unterlassungspflicht – Verwirklichung eines Verbotstatbestandes als Mittel zur Erfüllung einer Handlungspflicht – benutzt wird (vgl. z.B. RG **61** 254, D-Tröndle 11 vor § 32, Jescheck 328, Otto 158 u. aaO 120), wo in der Tat Notstandsregeln gelten, während es an einer wirklichen Pflichtenkollision hier gerade fehlt (vgl. 71 vor § 32). Denn ob die tatbestandsmäßige Handlung in diesem Fall eines „Pflichtennotstands" vorgenommen werden darf, folgt ausschließlich und unmittelbar aus § 34, ohne daß es dafür von Bedeutung ist, daß die Verletzung einer Unterlassungspflicht hier das einzige Mittel zur Erfüllung einer Handlungspflicht ist: Gerechtfertigt ist z.B. die ärztliche Schwangerschaftsunterbrechung in den Fällen des § 218a oder die Geheimnisoffenbarung zum Schutz der von einer Ansteckung bedrohten Angehörigen (§ 203), weil der Arzt hier die höheren Interessen wahrnimmt, was ganz unabhängig davon ist, ob er als Garant der Schwangeren bzw. den Angehörigen gegenüber eine Schutzpflicht hatte. Ist umgekehrt die erzwungene Blutentnahme zur Rettung des Lebens eines anderen nach § 34 nicht gerechtfertigt (vgl. u. 41e), so bleibt sie auch rechtswidrig, wenn der Arzt gegenüber dem gefährdeten Leben eine Garantenpflicht hatte. Daß in der konkreten Situation ein Verbot mit einem Gebot kollidiert, führt m. a. W. zu keinen weitergehenden Eingriffsrechten (h. M., vgl. z.B. Baumann/Weber 354, Hirsch LK 76 vor § 32, Jakobs 367, Küper JuS 71, 475, Pflichtenkollision 32ff., Lenckner, Notstand 5, Samson SK 4, 26, Stratenwerth 146; and. Otto aaO 100 [keine rechtswidrige (!) Tat, wenn der Vater zur Rettung seines Kindes einen unschuldigen Dritten tötet] und dagegen mit Recht Küper aaO 113ff.; vgl. auch Bay **54**, 114). Auch ein bloßer „Strafunrechtsausschluß" bei

fortbestehender Rechtswidrigkeit ist hier nicht anzuerkennen (so aber Günther aaO 333ff. u. dagegen mit Recht Roxin, Oehler-FS 186f.; vgl. auch 8 vor § 32). Die einzige Besonderheit dieser Situation besteht vielmehr darin, daß der Täter, wenn sein Tun nach § 34 gerechtfertigt ist, nicht nur handeln darf, sondern in der Regel – d. h. vorbehaltlich Zumutbarkeitserwägungen – handeln muß (vgl. BGH MDR/D **71**, 361 [Pflicht des Vaters, bei einem Brand seine Kinder trotz der Möglichkeit von Verletzungen aus dem Fenster zu werfen; vgl. dazu auch Spendel JZ 73, 140 und krit. Ulsenheimer JuS 72, 254], JZ **83**, 151 m. Anm. Geiger), während andernfalls schon seiner Handlungspflicht entsprechende Grenzen gesetzt sind.

5 2. Aus dem eben Gesagten folgt auch, daß § 34 bei **Unterlassungsdelikten** nur Bedeutung hat, wenn der Täter einer Handlungspflicht nicht nachkommt, um andere Güter schützen zu können, ohne daß er insoweit jedoch zum Handeln verpflichtet wäre. Stehen freilich diese Güter dem Täter selbst zu, so bedarf es auch hier des § 34 nicht, wenn man annimmt, daß bei Unterlassungsdelikten schon der Tatbestand durch Zumutbarkeitserwägungen begrenzt wird (vgl. dazu 155 vor § 13, aber auch Jakobs 368). Nach § 34 zu beurteilen ist dagegen die Nichterfüllung einer Garantenpflicht zugunsten fremder Güter (z. B. der Verwahrer rettet bei einem Brand auf Kosten der ihm anvertrauten Sache diejenigen eines Dritten); hier genügt es daher auch nicht, daß die Unterlassung der Wahrung eines gleichrangigen Werts dient, da das Gut, zu dessen Schutz eine besondere Rechtspflicht besteht, nur höherrangigen Interessen zu weichen braucht (and. Küper, Pflichtenkollision 92). Von BGH **32** 367 wurde § 34 in der Sache auch auf das Unterlassen ärztlicher Maßnahmen im Konflikt zwischen der Pflicht zum Lebensschutz und der Respektierung des Selbstbestimmungsrechts eines schwer und irreversibel geschädigten Suizidenten angewandt (ebenso Herzberg JA 85, 177ff., NJW 86, 1639ff., JZ **88**, 184ff.; vgl. auch München JZ **88**, 205); richtigerweise geht es hier aber bereits um die Tatbestandsfrage des Bestehens einer Erfolgsabwendungspflicht (vgl. 39ff. vor § 211, München aaO 203). Dies gilt auch – Fall eines „Unterlassens durch Tun" –, wenn der Ehemann auf Verlangen seiner im Todeskampf befindlichen Frau das Beatmungsgerät abschaltet (Roxin NStZ 87, 350; and. LG Ravensburg NStZ **87**, 229, Herzberg JZ 88, 186; vgl. auch 160 vor § 13).

6 3. Für das **Verhältnis des § 34 zu anderen Rechtfertigungsgründen** gilt folgendes: Da jede Notstandsregelung die Lösung eines Interessenkonflikts darstellt, bedarf es des § 34 nicht, wenn ein solcher Konflikt überhaupt nicht besteht, der Eingriff in das fremde Gut vielmehr schon unter dem Gesichtspunkt der *Einwilligung* oder *mutmaßlichen Einwilligung* zulässig ist (vgl. auch Müller-Dietz JuS 89, 281, Seelmann aaO 69ff. und u. 8a). Dagegen handelt es sich bei den *sonstigen rechtfertigenden Notstandsregelungen* (§§ 228, 904 BGB usw., vgl. 68f. vor § 32) im Verhältnis zu § 34 um Sonderregelungen, die das in § 34 nur ganz allgemein formulierte und in seinem Kern einer rein formalen Kategorie („überwiegendes Interesse", „angemessenes Mittel") angehörende Entscheidungsprinzip für bestimmte Notstandssituationen in unterschiedlichem Umfang näher konkretisieren (vgl. auch Lackner 3; and. Hellmann, Die Anwendbarkeit zivilrechtlicher Rechtfertigungsgründe im Strafrecht [1987] 157ff.: strafrechtlicher Vorrang des § 34). Daraus folgt jedoch nicht, daß diese Bestimmungen dem § 34 schlechthin vorgehen (so jedoch Hirsch LK 82). Sie sind abschließend zwar immer insofern, als der Eingriff in die dort genannten Güter nur unter den dort aufgestellten Voraussetzungen zulässig ist (Lenckner, Notstand 152f., Seelmann aaO 36ff., i. E. wie hier Warda, Maurach-FS 160ff.), nicht aber umgekehrt auch in dem Sinn, daß dieser bei Erfüllung der Erfordernisse der speziellen Notstandsregelung in jedem Fall rechtmäßig wäre. Seinen Grund hat dies darin, daß die dort vorgenommene Konkretisierung mit Vergröberungen verbunden sein kann, die es dann notwendig machen, auf die allgemeinen Grundsätze, von denen sie sich herleiten und die in § 34 ihren Ausdruck gefunden haben, als Korrektiv zurückzugreifen: Daher z. B. keine Rechtfertigung nach § 904 BGB, wenn der Täter durch Bedrohung mit dem Tode zur Teilnahme an einem Diebstahl gezwungen wird, wenn der zu einer lebenslangen Freiheitsstrafe Verurteilte zur Erlangung seiner Freiheit die Zellentür aufbricht oder wenn sich ein mittelloser Kranker das Geld für eine notwendige Kur stiehlt (vgl. z. B. Jescheck 321, Lenckner, Notstand 136, 153, Samson SK 33 vor § 32, Stratenwerth 141; and. Hirsch LK 82, Seelmann aaO 49f.). Um eine im Verhältnis zu § 34 in jeder Hinsicht abschließende, weil eine gesetzliche Vorwegbewertung bestimmter Einzelfälle enthaltende Sonderregelung handelt es sich dagegen bei dem Indikationenkatalog des § 218a, wo für eine weitere individualisierende Interessenabwägung nur in den dort gezogenen Grenzen Raum ist (vgl. dazu auch Hirsch LK 84, Küper, Notstand 119ff.; zweifelhaft könnte dies allerdings bei § 218 II Nr. 2 sein, wenn die Schwangerschaft z. B. die Folge einer alsbald verziehenen Vergewaltigung in einem eheähnlichen Verhältnis ist); ein Rückgriff auf § 34 ist hier nur möglich, wenn ein medizinisch-indizierter Schwangerschaftsabbruch in besonderen Notfällen durch einen Nichtarzt (Hebamme) vorgenommen werden muß (vgl. § 218 RN 22). Ebenso gehen die übrigen, dem Prinzip des überwiegenden Interesses folgenden Rechtfertigungsgründe (vgl. 7 vor § 32) dem § 34 vor, soweit sie diesen – in seiner allgemeinsten Form auch in § 34 enthaltenen – Grundsatz für bestimmte Interessenkonflikte abschließend konkretisieren. Dies ist z. B. in § 32 für den Fall geschehen, daß die Gefahr aus einem gegenwärtigen und rechtswidrigen Angriff droht; insoweit stellt daher § 32 eine abschließende Sonderregelung in dem Sinn dar, daß jede erforderliche Abwehr grundsätzlich gerechtfertigt ist. Dagegen folgt aus § 32 nicht, daß die Abwehr

Rechtfertigender Notstand 7 **§ 34**

rechtmäßiger Angriffe immer rechtswidrig wäre – nur das „schneidige" Notwehrrecht gilt hier nicht –, weshalb in solchen Fällen der Weg wieder frei ist für eine differenzierende Beurteilung nach § 34 (vgl. 9 ff. vor § 32, § 32 RN 21 sowie u. 30; and. Seelmann aaO 64); dasselbe gilt für den Fall der sog. Präventivnotwehr (vgl. § 32 RN 17, u. 31). Zum Ganzen vgl. auch Peters GA 81, 445.

4. Nach wohl h. M. ist § 34 grundsätzlich auch auf **staatliches Handeln** anwendbar, und zwar nicht 7 nur bei Eingriffen in staatliche oder Gemeinschaftsgüter (so aber z. B. Hirsch LK 20, Rudolphi SK 15 vor § 331), sondern auch bei solchen in Individualrechtsgüter (z. B. BGH **27** 260 [Kontaktsperre; offengelassen von Frankfurt NJW 77, 2177; vgl. jetzt §§ 31 ff. EGGVG], **31** 304 m. Anm. Gössel JZ 84, 361 [zu § 201], Frankfurt JZ **75**, 379 m. Anm. Geilen, Martens NJW 75, 1668 u. Roxin JuS 76, 505 [zu § 168; vgl. aber auch Frankfurt NJW **77**, 859], München NJW **72**, 2275 m. Anm. Otto NJW 73, 668 u. Amelung/Schall JuS 75, 565 [zu § 123], Bottke JA 80, 95, D-Tröndle 24, Delonge aaO 223 ff., Franzheim NJW **79**, 2017, Gössel JuS 79, 164 f., Krey/Meyer ZRP 73, 2, , Lackner 3, Lange NJW 78, 784, M-Zipf I 372, Ostendorf JZ 81, 169, Röhmel JA 78, 308, Schaffstein, Schröder-GedS 114 ff., Schwabe NJW 77, 1902, Stratenwerth 141; and. z. B. Amelung NJW 77, 833 u. 78, 623, JuS 86, 331 f., Böckenförde NJW 78, 1883 f., Hirsch LK 7 ff., Jakobs 354, Keller aaO 354 ff., de Lazzer/Rohlf JZ 77, 212, Riegel NVwZ 85, 639, Rudolphi SK 12 vor § 331, Ruppelt aaO 90 ff., Samson SK 3 a, 5 a, Sydow JuS 78, 222; zusfass. vgl. Küper, Nötigungsnotstand 77 ff.). § 34 liegt ein allgemeines Rechtsprinzip zugrunde, das hier zwar „nur" als strafrechtlicher Erlaubnistatbestand formuliert wurde, in dieser Eigenschaft aber nicht auf privates Handeln beschränkt sein kann, sondern wegen der Vielgestaltigkeit und Unvorhersehbarkeit möglicher und gesetzlich nicht typisierbarer Konfliktsituationen auch für die hoheitliche Tätigkeit von Staatsorganen gelten muß (vgl. z. B. D-Tröndle 24). Die dagegen erhobenen normtheoretischen Einwände – Geltung der strafrechtlichen Rechtfertigungsgründe nur für privates Handeln – treffen hier so wenig zu wie bei § 32, und ebenso wie dort ist es auch hier nicht möglich, ein und dieselbe Handlung öffentlich-rechtlich als rechtswidrig, strafrechtlich als gerechtfertigt anzusehen (vgl. näher dazu § 32 RN 42 b mwN, ferner Hirsch LK 15, Küper, Nötigungsnotstand 88 FN 177). Daß § 34 – ebenso wie andere Rechtfertigungsgründe – zugleich die Voraussetzungen einer öffentlich-rechtlichen Eingriffsnorm erfüllt, ist ferner nicht schon durch dessen generalklauselartigen Charakter in Frage gestellt (so jedoch Amelung NJW 77, 836, Hirsch LK 9 mwN). Sowohl im Verwaltungs- wie auch im Verfassungsrecht ist überwiegend anerkannt, daß auch Generalklauseln Eingriffsrechte gewähren können (vgl. z. B. BVerfGE **8** 326, **13** 161, Leibholz/Rinck/Hesselberger, GG, 6. A., Art. 20 RN 30, Schnapp, in: v. Münch, GG Art. 20 RN 25, Wolff-Bachof VerwR I, 9. A., 183; vgl. auch Gössel JuS 79, 163, Schwabe NJW 77, 1906), und mit Recht wird darauf hingewiesen, daß z. B. die polizeirechtlichen Generalklauseln dem § 34 an Unbestimmtheit keineswegs nachstehen (Schaffstein aaO 116). Wenn gleichwohl § 34 für hoheitliches Handeln nur beschränkt von Bedeutung ist, so deshalb, weil überall dort, wo ein bestimmter Interessenkonflikt durch **öffentlich-rechtliche Sondervorschriften abschließend geregelt** ist, ein Rückgriff auf § 34 versperrt ist (vgl. z. B. D-Tröndle 24 a, Lackner 3, Otto NJW 73, 668, Roxin JuS 76, 509 f., Schwabe NJW 77, 1907, Stratenwerth 141, Wessels I 84; ohne diese Einschränkung dagegen u. a. BGH **27** 260, Gössel JuS 79, 162, GA 80, 154; zum Ganzen vgl. aber auch Hirsch LK 14, ferner Ostendorf JZ 81, 171 f.). Dies folgt freilich nicht erst aus der Angemessenheitsklausel des S. 2 (so jedoch Grebing GA 79, 95 ff., Jescheck 326), die dem S. 1 hier so wenig wie sonst zusätzliche Gesichtspunkte hinzufügen kann (vgl. u. 46). Hat der Gesetzgeber vielmehr an anderer Stelle Spezialnormen geschaffen, die unter bestimmten Voraussetzungen den Eingriff in ein Rechtsgut zulassen, so liegt dem immer eine Interessenabwägung zugrunde, wie sie auch S. 1 verlangt; diese gesetzliche Interessenbewertung aber kann selbstverständlich nicht durch § 34 und eine abweichende richterliche Wertung im Rahmen der Interessenabwägung nach S. 1 überspielt werden. Das Problem der Anwendbarkeit des § 34 auf staatliches Handeln reduziert sich mithin auf die Frage, ob das Fehlen einer speziellen Eingriffsnorm für den fraglichen Fall zugleich bedeutet, daß der Gesetzgeber hier ein überwiegendes Interesse i. S. der S. 1 verneinen wollte. Dies ist z. B. anzunehmen bei Maßnahmen zum Zweck der Strafverfolgung, die in der StPO usw. keine Grundlage haben: So sind z. B. die Voraussetzungen für das heimliche Abhören und Aufnehmen des gesprochenen Worts (§ 201) zu Strafverfolgungszwecken (Gewinnung von Beweismitteln) abschließend in §§ 100 a, 100 b StPO, diejenigen für die Durchsuchung von Räumen abschließend in §§ 102 ff. StPO genannt; sie können deshalb, weil dies eine Korrektur des Gesetzes hinsichtlich derselben Materie wäre, auch durch § 34 nicht erweitert werden (vgl. z. B. BGH **31** 307, **34** 51 f.; and. Gössel JuS 79, 165). Auch nach § 34 nicht gerechtfertigt sind daher z. B. der Überführung eines Straftäters dienende „Lauschangriffe" (§ 201 II) außerhalb einer Telefonüberwachung nach § 100 a StPO, die Aufzeichnung von „Raumgesprächen" bei Gelegenheit einer solchen (vgl. BGH **31** 301 m. Anm. Gössel JZ 84, 361, die heimliche Aufzeichnung eines Telefonats ohne die erforderliche Anordnung (BGH **31** 307), die heimliche Tonbandaufnahme eines Gesprächs zum Zweck seiner auditiv-phonetisch-sprachwissenschaftlichen Auswertung als Beweismittel (BGH **34** 51 f.) oder ein Hausfriedensbruch, der die Voraussetzungen für eine sonst wenig aussichtsreiche Durchsuchung schaffen soll (vgl. aber München NJW **72**, 2275 m. Anm. Otto NJW 73, 668 u. Amelung/Schall JuS 75, 565, wo freilich schon der Tatbestand des § 123 zu verneinen gewesen wäre [vgl. dort RN 22]). Dagegen ist der Einsatz von polizeilichen Lockspitzeln (vgl. u. 41 c) in der StPO nicht nur nicht abschließend, sondern überhaupt nicht geregelt (and. z. B. Lüderssen Jura 85, 119, Ostendorf u. Meyer-Seitz StV 85, 79). Keine abschließende Regelung im Bereich der

§ 34 8–9   Allg. Teil. Die Tat – Notwehr und Notstand

Gefahrenabwehr stellt z. B. auch das nur der Abwehr bestimmter Gefahren dienende und speziell zu Art. 10 GG erlassene Ges. zur Beschränkung des Brief-, Post- und Fernmeldegeheimnisses v. 13. 8. 1968 (BGBl. I 949) dar: Nach § 34 gerechtfertigt kann deshalb z. B. auch der unmittelbare „Lauschangriff" auf Verdächtige sein, wenn dies das einzige Mittel zur Verhinderung eines Geiselmords oder gar eines atomaren Anschlags ist (and. Hirsch LK 14; vgl. auch die Beisp. in § 201 RN 34). Ebenso kann z. B. das Mitteilen fremder Geheimnisse durch einen Amtsträger (§ 203 II) nach § 34 gerechtfertigt sein (vgl. § 203 RN 53 c). Soweit überhaupt tatbestandsmäßig (vgl. § 168 RN 3), konnte mit § 34 bis zur Einfügung des § 1559 IV RVO ferner die Zulässigkeit der von einem öffentlich-rechtlichen Versicherungsträger angeordneten Entnahme von Leichenblut zu Beweiszwecken im Sozialversicherungsrecht begründet werden, da das frühere Fehlen einer speziellen Eingriffsermächtigung in der RVO nicht als gesetzliche Entscheidung gegen die Zulässigkeit solcher Eingriffe gedeutet werden konnte (vgl. Roxin JuS 76, 510, i. E. auch Frankfurt JZ **75**, 379 m. Anm. Geilen). Darauf, ob solche Fälle mehr oder weniger häufig sind und ob sie der Gesetzgeber deshalb ausdrücklich regeln könnte oder sollte, kann es – solange eine solche Regelung fehlt – hier nicht ankommen (Roxin aaO; vgl. aber auch Frankfurt NJW **77**, 859, Bottke JA 80, 95, Franzheim NJW 79, 2017, M-Zipf I 372, Seelmann ZStW 95, 811). Erst recht ist die Anwendung des § 34 unbedenklich, wenn es sich nicht um Eingriffe in die Rechts- und Freiheitssphäre des einzelnen handelt (hier auch Hirsch LK 20 mwN): Z. B. Freilassung von Gefangenen (§§ 120, 258a) zur Rettung von Geiseln (vgl. u. 41b); Ausstellen falscher Papiere (§ 348), um einem ehemaligen, von seinen Komplizen bedrohten Terroristen das Untertauchen zu ermöglichen; Gewässerverunreinigung bei einem staatlichen Katastropheneinsatz (vgl. § 324 RN 13).

8   **III.** Für die **Notstandslage** ist wesentlich das Bestehen einer Interessenkollision derart, daß eine gegenwärtige Gefahr für ein Rechtsgut nur durch Verletzung anderer rechtlich geschützter Interessen abgewendet werden kann. Insofern stellt daher das Merkmal der „Nicht-anders-Abwendbarkeit" der Gefahr in § 34 nicht nur bestimmte Anforderungen an die Notstandshandlung (vgl. u. 18), sondern kennzeichnet auch schon die Notstandslage (vgl. näher Lenckner, Lackner-FS 95f.; and. Hirsch LK 21, Samson SK 5, wonach dafür schon das Bestehen einer gegenwärtigen Gefahr genügen soll). Andererseits setzt die Notstandslage aber auch nicht mehr als eine solche Interessenkollision voraus. Insbes. können hier nicht bestimmte Gefahren – z. B. solche, die jeden treffen oder die sich als Folge einer gesetzlichen Regelung ergeben – von vornherein ausgenommen werden (so aber Hirsch LK 38), vielmehr betrifft dies Gesichtspunkte, die erst bei der Interessenabwägung zu Buche schlagen (vgl. u. 35, 41d). Erforderlich ist für eine Notstandslage allerdings immer, daß es sich um Gefahren handelt, die über die allgemeinen Lebensrisiken – auch diejenigen in einer modernen, durch die Fortschritte der Technik geprägten Gesellschaft (Atomkraft!) – hinausgehen (vgl. dazu auch u. 15).

8a   Was die **am Notstand Beteiligten** betrifft, so sind Inhaber der kollidierenden Güter – sog. „Eingriffs"- und „Erhaltungsgut" (Küper JZ 77, 516) – i. d. R. *verschiedene Personen;* denkbar ist aber auch, daß beide Güter derselben Person zustehen oder daß ein und dasselbe Rechtsgut aus einer akuten Gefahr nur dadurch gerettet werden kann, daß es einer anderen Gefahr ausgesetzt wird (Ebert JuS 76, 321, Hirsch LK 40, 59, 61, Jakobs 351, Lackner 2 c; vgl. dazu auch BGH MDR/D **71**, 361, Spendel JZ 73, 140, Ulsenheimer JuS 72, 254; and. Samson SK 6, Schmidhäuser 330, I 141). In den beiden letzten Fällen beurteilt sich die Zulässigkeit des Eingriffs freilich primär nach den Regeln der Einwilligung und mutmaßlichen Einwilligung (54 ff. vor § 32), so z. B. bei gefährlichen Rettungshandlungen (Geiselbefreiung usw.) oder bei der Vornahme einer lebensrettenden, aber riskanten Operation (vgl. Lackner 2 c, aber auch Stratenwerth 142; zur Einwilligung in Gefährdungshandlungen vgl. 102 ff. vor § 32). § 34 kommt hier erst in Betracht, wenn diese für eine Rechtfertigung nicht genügen (vgl. zur indirekten Sterbehilfe u. 23, 39) oder wenn es hierum geht, ob sich der Täter über den wirklichen oder zu vermutenden Willen des Betroffenen (bzw. bei Einwilligungsunfähigkeit: dessen Vertreter) hinwegsetzen darf. Dies ist jedoch grundsätzlich zu verneinen, weshalb es z. B. auch unter dem Gesichtspunkt des § 34 kein Zwangsbehandlungsrecht gegenüber einem Patienten gibt, der sich in ein ihm auferlegtes Krankheitsschicksal fügen will (ebenso Ebert JuS 76, 322, Müller-Dietz JuS 89, 281). Hier ist § 34 nur in Ausnahmefällen anwendbar, so z. B. bei der mißbräuchlichen Verweigerung der Einwilligung in eine dringend notwendige Operation eines nicht einwilligungsfähigen Kindes (vgl. RG **74** 350) oder bei Maßnahmen gegen einen Selbstmörder (vgl. u. 33).

9   **1. Notstandsfähig** ist jedes **Rechtsgut,** mag es dem Täter selbst oder einem Dritten zustehen (im letzteren Fall: *Notstandshilfe*). Der beispielhafte Hinweis in S. 1 auf Leben, Leib, Freiheit usw. dient lediglich der besseren Veranschaulichung und besagt nicht, daß auch die „anderen" Rechtsgüter solche des Strafrechts sein müßten. Es genügt vielmehr jedes rechtlich geschützte Interesse, gleichgültig, von welchem Teil der Rechtsordnung es diesen Schutz erfährt (Köln VRS **59** 438, wo dies jedoch zu Unrecht – vgl. u. a. § 12 II SonderurlaubsVO v. 18. 8. 1965, BGBl. I 902 – für den Wunsch, am Sterbebett der Mutter zu sein, verneint wird; vgl. näher Lenckner, Notstand 72 ff.). Notstandsfähig ist deshalb z. B. im Hinblick auf die zum Schutz des Arbeitsplatzes bestehenden Vorschriften und das Sozialstaatsprinzip des GG auch das Interesse an der Erhaltung der Arbeitsplätze in einem Betrieb (BGH MDR/D **75**, 723, Bay NJW **53**,

1602, Hamm NJW **52**, 838, Köln NJW **53**, 1844, StA Mannheim NJW **76**, 586 m. Anm. Wernicke S. 1233, Oldenburg NJW **78**, 1868, Randelzhofer/Wilke, Die Duldung als Form flexiblen Verwaltungshandelns [1981] 44 f., Schall aaO 6), ferner das Interesse der Versicherten an der ordnungsgemäßen Verwendung ihres Beitragsaufkommens für die Hinterbliebenenrente (Frankfurt JZ **75**, 379 m. Anm. Geilen u. Roxin JuS 76, 508), das Interesse an der Unfallaufklärung (Köln VRS **57** 143) oder das Recht auf ein gesetzmäßiges Strafverfahren (Frankfurt NJW **79**, 1172). Nur von theoretischer Bedeutung ist die Frage, ob schon das Bestehen einer Notstandslage zu verneinen ist, wenn das bedrohte Gut *im Einzelfall nicht schutzbedürftig* oder *nicht schutzwürdig* ist (Lenckner, Notstand 76, 121, Wessels I 87), oder ob dieser Umstand erst an späterer Stelle (Interessenabwägung [Hirsch LK 24, 39], nach M-Zipf I 366 sogar erst im Rahmen des S. 2) zu berücksichtigen ist. Im Ergebnis jedenfalls besteht Einigkeit: Bedarf das fragliche Gut in der konkreten Situation keines Schutzes, weil es von seinem Inhaber in rechtlich zulässiger Weise preisgegeben worden ist, oder verdient es diesen nicht, weil seine Beeinträchtigung vom Recht geradezu gewollt ist (z. B. Freiheit eines rechtskräftig Verurteilten), so kommt eine Rechtfertigung nach § 34 nicht in Betracht.

Zweifelhaft könnte nach dem Wortlaut sein, inwieweit auch **Rechtsgüter der Allgemeinheit** 10 notstandsfähig sind, weil § 34 bei der Notstandshilfe die Abwendung der Gefahr „von einem anderen" voraussetzt und dies ebenso verstanden werden könnte wie bei § 32 (vgl. dort RN 8: Notwehr nur, wenn unmittelbar zugleich Individualinteressen bedroht sind). Dem Wesen des Notstands würde eine solche Beschränkung jedoch nicht entsprechen und mit Recht hat die Rspr. daher z. B. auch die Sicherheit des Straßenverkehrs (Düsseldorf NJW **70**, 674, VRS **30** 39, Koblenz NJW **63**, 1991, München MDR **56**, 565; vgl. auch Rengier KK-OWiG § 16 RN 9ff.), die Volksgesundheit und damit das Interesse an der Bekämpfung des Rauschgifthandels (BGH StV **88**, 433, München NJW **72**, 2275) und das Interesse an der Aufrechterhaltung der Lebensmittelversorgung als notstandsfähig anerkannt (RG **77** 113, Stuttgart DRZ **49**, 93; vgl. auch RG **62** 46: Erhaltung der Wirtschaft im besetzten Ruhrgebiet durch Einfuhr unverzollter Waren). Der Hinweis auf den „anderen" ist deshalb in § 34 nur i. S. einer Klarstellung dahin zu verstehen, daß das geschützte Gut auch ein für den Täter fremdes sein kann. Der Möglichkeit einer Rechtfertigung sind hier jedoch schon unter dem Gesichtspunkt der Erforderlichkeit (vgl. u. 18) enge Grenzen gesetzt: Zulässig ist danach privates Handeln zum Schutz der Allgemeinheit wegen der primären Zuständigkeit staatlicher Organe nur im äußersten Notfall (vgl. Koblenz NJW **63**, 1991, Hirsch LK 23; vgl. auch BGH StV **88**, 433); erst recht liefert § 34 in einem demokratischen Rechtsstaat keine Legitimation für Straftaten, die zur Beseitigung (angeblicher oder wirklicher) öffentlicher Mißstände begangen werden (daher kein rechtfertigender Notstand bei gewaltsamen Demonstrationen; vgl. auch BGH **23** 56, Stuttgart NJW **69**, 1543). Ferner besteht auch hier eine „Rückgriffssperre" bezüglich des § 34, wenn die Abwendung der Gefahr nur in einem dafür zur Verfügung gestellten Verfahren und unter den dort genannten Voraussetzungen erfolgen kann (vgl. u. 41). So wenig wie aus § 32 folgt schließlich aus § 34 ein allgemeines Unrechtsverhinderungsrecht (vgl. auch Keller aaO 286 f.), weshalb z. B. ein verbotenes Glücksspiel, das kein Angriff i. S. des § 32 ist (vgl. dort RN 8), auch nicht nach § 34 verhindert werden kann.

Bei **staatlichen Rechtsgütern** (vgl. auch § 32 RN 6) ist unproblematisch die Notstandsfähigkeit 11 von Fiskalgütern u. a. rechtlich geschützten Interessen, die in gleicher Weise auch ein Privater haben könnte. Dagegen kommt in den Fällen des eigentlichen Staatsnotstands § 34 unter Beachtung der eben genannten Grundsätze nur bei Gütern in Betracht, die auch staatsnotwehrfähig sind (vgl. § 32 RN 6). Denkbar ist dies z. B. im Vorfeld der Staatsnotwehr („Präventivnotwehr", vgl. u. 17, 30 f.). Ein Recht zu Tötungen ist aber auch hier ausgeschlossen (vgl. die Fememordfälle in RG **63** 215, **64** 101; diskutabel nur im eindeutigen Fall eines Tyrannenmords [vgl. u. 30]). Ein notstandsfähiges Gut ist an sich auch das staatliche Strafverfolgungsinteresse (and. Keller aaO 286 f.), wo auf § 34 aber nur ausnahmsweise bei Fehlen einer erschöpfenden spezialgesetzlichen Regelung von Eingriffsbefugnissen zurückgegriffen werden kann (vgl. o. 8 u. zu § 201 dort RN 34).

2. Eine **Gefahr** liegt vor, wenn nicht nur die gedankliche Möglichkeit, sondern eine auf 12 festgestellte tatsächliche Umstände gegründete, über die allgemeinen Lebensrisiken hinausgehende (vgl. o. 8) Wahrscheinlichkeit eines schädigenden Ereignisses besteht (BGH **18** 272, Frankfurt NJW **75**, 840; vgl. auch BGH **8** 31, **19** 371, **22** 34, D-Tröndle 3, Hirsch LK 26, Lackner 2a, M-Zipf I 367 und näher Schaffstein, Bruns-FS 89). Bei einer bereits eingetretenen Schädigung genügt die Gefahr ihrer Intensivierung, bei einer noch nicht abgeschlossenen Einwirkung auch die ihrer Fortdauer (vgl. F. C. Schroeder JuS 80, 338).

a) Das **Vorliegen einer Gefahr** drückt sich demnach in einem **Urteil** über eine künftige 13 Entwicklung aus, das zwar, soweit dabei auf menschliches Kausalwissen zurückzugreifen ist, mit Hilfe einer generalisierenden ex-post-Betrachtung gewonnen, im Einzelfall aber ex-ante gefällt wird (vgl. auch Braunschweig VRS **26** 364, D-Tröndle 3). Dabei ist Grundlage dieses Urteils immer die Handlungssituation in ihrer ganz konkreten Gestalt (Blei I 163), wobei die Umstände, die der Prognose als gegenwärtig vorhanden zugrunde gelegt werden (z. B. ein krankhafter Zustand), tatsächlich gegeben sein müssen; insoweit genügt daher auch eine ex-ante-Beurteilung nicht, da diese sich lediglich auf die künftige Entwicklung bezieht (vgl. 10a vor § 32; and. Hirsch LK 28, Rudolphi, A. Kaufmann-GedS 383, Schaffstein, Bruns-FS 97, 101 ff., Wolter, Objektive u. personale Zurechnung, 1981, 171 ff., die z. T. die Möglichkeit einer solchen Unterscheidung zu Unrecht leugnen). Dies hat jedenfalls die im Prognosezeitpunkt gegebenen Umstände zu gelten, die objektiv feststellbar sind. Gefahr und Anscheinsgefahr sind nicht dasselbe (auch wenn polizeirechtlich letztere als eine solche behandelt wird), ebenso wie ein Scheinangriff, mag er auch noch so echt aussehen, kein Angriff i. S. des § 32 ist (vgl. dort RN 28) und deshalb folgerichtig auch keine Gefahr i. S. des § 34 begründen kann (vgl. dazu auch Herzberg JA 89, 249 f.). Benutzt z. B. der dringend zu einem angeblichen Unfall gerufene Arzt, weil sein eigenes Auto defekt ist, einen fremden PKW (§ 248b), so fehlt es bereits an einer Gefahr i. S. des § 34, wenn der Hilferuf nur vorgetäuscht war, mag dieser auch aus der Sicht eines „objektiven Betrachters ex ante" (Hirsch aaO) oder nach dem „objektiven Urteil eines verständigen Betrachters aus dem Verkehrskreis des Handelnden, der auch über dessen spezielle Kenntnisse verfügt" (Schaffstein aaO), noch so echt geklungen haben. Hier würde bei der „Rettungshandlung" mangels einer objektiven Sorgfaltspflichtverletzung zwar auch das Unrecht der Fahrlässigkeit entfallen (vgl. 21 vor § 32) – daher kein rechtswidriger Angriff und damit keine Notwehr des Betroffenen (vgl. § 32 RN 21) –, ein Eingriffsrecht, wie es § 34 gewährt, mit einer entsprechenden Duldungspflicht für den Betroffenen folgt daraus aber noch nicht (nicht folgerichtig daher Dimitratos aaO 178 ff.: Einräumung eines maßvollen Widerstandsrechts trotz Bejahung einer Notstandsgefahr, womit Eingriffsrecht gegen Eingriffsrecht steht; vgl. auch 9 ff., 21 vor § 32). Etwas anderes gilt nur für die im Prognosezeitpunkt bereits gegebenen Umstände, die objektiv nicht feststellbar sind (z. B. Auftreten einer in der Medizin noch unbekannten Krankheit): Hier genügt es, wenn sie ex ante als gegeben angenommen werden dürfen, wobei der Beurteilungsmaßstab ebenso zu bestimmen ist wie bei der Prognose selbst (vgl. u. 14).

14 α) Soweit eine Beurteilung ex ante erfolgt, muß *Beurteilungsmaßstab* die Sachkunde sein, welche das gesamte menschliche Erfahrungswissen im Zeitpunkt der Handlung umfaßt, wobei diese Sachkunde freilich insofern situationsgebunden ist, als besondere Erkenntnismittel, die in der konkreten Handlungssituation auch einem mit dem Höchstwissen seiner Zeit ausgestatteten Beobachter nicht zur Verfügung stünden, außer Betracht bleiben müssen (vgl. Baumann/Weber 346 f., Blei I 164 f., aber auch Rudolphi, A. Kaufmann-GedS 387). Maßgebend ist also nicht das Urteilsvermögen des individuellen Täters, ebensowenig aber dasjenige eines verständigen, über das Spezialwissen des Täters verfügenden Beobachters aus dem Verkehrskreis des Handelnden (so jedoch Rudolphi aaO 383, Schaffstein, Bruns-FS 101 ff.) und auch nicht schon das eines sachkundigen Beobachters (so z. B. Hirsch LK 29 ff., Jakobs 342, Lackner 2a, Samson SK 7; differenzierend Dimitratos aaO 168 ff.), wenn dabei nur ein durchschnittlicher Sachverstand vorausgesetzt wird. Dabei braucht dieser strenge Maßstab nicht immer zu gelten, wenn das Recht an den Gefahrbegriff anknüpft (z. B. §§ 35, 315a, 323c; daß ein und derselbe Begriff, je nach Sinn der Vorschrift, verschieden zu interpretieren ist, bedeutet entgegen Schaffstein aaO 100 keine Besonderheit; vgl. z. B. zu dem unterschiedlichen Sinn des „um zu" in §§ 34, 35 u. 48 sowie § 35 RN 16). Im Fall des § 34 ist er jedenfalls deshalb berechtigt, weil das Bestehen einer Gefahr hier Voraussetzung eines echten Eingriffsrechts ist, das auf Seiten des Betroffenen eine entsprechende Duldungspflicht begründet. Ist das Urteil objektiv falsch, so kann dem Betroffenen eine solche Pflicht aber nicht schon deshalb auferlegt werden, weil ein besonnener Beobachter aus dem Verkehrskreis des Handelnden oder ein durchschnittlich sachkundiger Beobachter zum gegenteiligen Ergebnis gekommen wäre.

15 β) Problematisch ist, *welchen Wahrscheinlichkeitsgrad* dieses objektive, sachkundige ex-ante-Urteil ergeben muß, damit von einer Gefahr gesprochen werden kann. Sicher ist hier zwar, daß eine nur ganz entfernte Möglichkeit nicht ausreicht (vgl. z. B. RG 68 433), ebensowenig die nur „gedankliche Möglichkeit", aber nicht auf „tatsächliche Umstände gegründete Wahrscheinlichkeit eines schädigenden Ereignisses" (BGH 18 272), weshalb z. B. auch die in der Vergangenheit von Nachrüstungsgegnern in Anspruch genommene Gefahr eines Atomkriegs zu verneinen war (vgl. auch Celle NdsRpfl. 86, 104, Köln NStZ 85, 551, Stuttgart OLGSt. § 123 Nr. 2, Lenckner JuS 88, 353 f., ferner BVerfGE 66 59, 77 170). Andererseits liegt eine Gefahr nicht erst vor, wenn der Schaden mit Sicherheit zu erwarten ist (so aber – versehentlich? – RG 61 255). Mit Recht aufgegeben (BGH 18 272, D-Tröndle 3) ist auch die in der Rspr. gelegentlich benutzte Formel, der Eintritt eines Schadens müsse wahrscheinlicher sein als sein Ausbleiben (BGH 8 31, 11 164, 13 70, Braunschweig VRS 21 346, Celle VRS 36 279). Im übrigen aber wird der Grad der zu fordernden Wahrscheinlichkeit unterschiedlich formuliert: Nach OGH 1 369 muß der Eintritt des schädigenden Ereignisses mit an „Gewißheit grenzender Wahrscheinlichkeit", nach RG 66 225, BGH MDR/H 82, 447 „sicher oder doch wahrscheinlich" zu erwarten sein; dagegen genügt es nach BGH NJW 51, 769, wenn die Befürchtung „in hohem Maß" begründet ist, während RG 30 179, BGH 18 217, 19 373, 22 345 darauf abstellen, ob die Möglichkeit eines Schadens „naheliegt" oder in „bedrohliche Nähe" gerückt ist. Dies zeigt jedoch nur, daß eine exakte begriffliche Fixierung im Grunde ebensowenig möglich ist wie eine Bestimmung des Gefahrbegriffs mit Hilfe von Prozentzahlen (vgl. auch Hirsch LK 32). Vielmehr wird man

sich mit dem allgemeinen Kriterium begnügen müssen, daß es ausreicht, wenn die Wahrscheinlichkeit einen über die allgemeinen Lebensrisiken – auch solcher in einer modernen Gesellschaft (Atomkraft!) – hinausgehenden Grad erreicht hat, von dem an man sich vernünftigerweise auf die Möglichkeit des schädigenden Ereignisses einzustellen pflegt (vgl. dazu auch Köln NStZ 85, 551 [Möglichkeit eines Atomkriegs], ferner Dimitratos aaO 112ff.). Das aber ist schon dann der Fall, wenn die Wahrscheinlichkeit eines Schadens zumindest meßbar ist, also nicht völlig fern liegt, ohne daß es dann noch darauf ankäme, ob sie nur in hohem oder höchstem Maß besteht. Bei § 34 ist dies um so unbedenklicher, als hier die Interessenabwägungsklausel, in deren Rahmen für den Grad der den betroffenen Rechtsgütern drohenden Gefahren zu berücksichtigen ist, ein Korrektiv liefert: Je schwerwiegender der Eingriff in fremde Güter ist und je geringer das geschützte Interesse wiegt, um so höher muß die Wahrscheinlichkeit eines Schadens sein, während umgekehrt die Anforderungen sinken, je höher das geschützte Gut zu veranschlagen ist und je leichter die Verletzungshandlung wiegt (vgl. auch Bergmann JuS 89, 110, Jakobs 342, Rudolphi, A. Kaufmann-GedS 385, Schaffstein, Bruns-FS 104f.).

b) Gleichgültig ist, wo die Gefahr ihren **Ursprung** hat (z. B. Naturereignisse, wirtschaftliche Verhältnisse usw.; vgl. aber auch u. 30f.). Gefahrenquelle kann deshalb auch ein menschliches Verhalten sein. Stellt sich dieses freilich als gegenwärtiger, rechtswidriger Angriff dar, so ist die Verletzung des Angreifers nicht Notstand, sondern Notwehr; Notstand kommt nur in den Fällen der „Präventiv"-Notwehr in Betracht (vgl. § 32 RN 16f. und u. 30f.; zu eng F. C. Schroeder JuS 80, 338f.), ferner dann, wenn zur Abwendung der von dem Angriff drohenden Gefahr unbeteiligte Interessen verletzt werden müssen, sei es z. B. als notwendige Nebenwirkung der Verteidigungshandlung (vgl. § 32 RN 31f.), sei es beim Ausweichen vor dem Angriff (z. B. der Angegriffene flüchtet in ein fremdes Haus und erfüllt damit den Tatbestand des § 123). Zum Fall des Nötigungsnotstandes vgl. u. 41b. Auch bei fremden Sachen als Gefahrenquelle gilt eine Einschränkung: Wird gerade die Sache beschädigt oder zerstört, von der die Gefahr ausgeht, so ist § 228 BGB lex specialis (vgl. o. 6).

3. Gegenwärtig ist die Gefahr zunächst, wenn sie – was gleichfalls nach den o. 13f. genannten Grundsätzen zu beurteilen ist – alsbald oder in allernächster Zeit in einen Schaden umschlagen kann. Dies ist auch bei der sog. Dauergefahr der Fall, bei der infolge eines gefahrdrohenden Zustands von längerer Dauer der Schaden jederzeit – also auch alsbald – eintreten kann (z. B. Einsturzgefahr eines baufälligen Hauses, Gefährlichkeit eines unberechenbaren Geisteskranken; vgl. z. B. RG **59** 69, **60** 318, **66** 225, OGH **1** 369, BGH **5** 373, NJW **66,** 1824, **79,** 2053). Darüber hinaus hat die Rspr. zu §§ 52, 54 a. F. die Gegenwärtigkeit der Gefahr mit Recht auch bejaht, wenn der Eintritt des drohenden Schadens – insoweit anders als bei der Dauergefahr – zwar erst in Zukunft zu erwarten ist, aber feststeht, daß er nur durch sofortiges Handeln abgewendet werden kann (z. B. RG **36** 339, **60** 318, **66** 100, in der Sache auch BGH NJW **79,** 2053 m. Anm. Hruschka NJW 80, 21, Hirsch JR 80, 115 u. F. C. Schroeder JuS 80, 336 [Gefährlichkeit eines flüchtenden „Spanners", dessen künftiges Wiederkommen zu befürchten ist], ferner z. B. D-Tröndle 4, Hirsch LK 37, Krey ZRP 75, 98, Küper, Nötigungsnotstand 24; offen gelassen in BGH **5** 373; vgl. auch BGH MDR/H **82,** 447). Dies muß auch für den rechtfertigenden Notstand gelten, bei dessen Ausgangsfall der medizinisch indizierten Schwangerschaftsunterbrechung dies übrigens praktisch immer anerkannt war (Zulässigkeit des Eingriffs, auch wenn die Gefahr erst im Augenblick der Geburt in ihr akutes Stadium tritt). Zwar ist hier streng genommen die Gefahr selbst noch nicht gegenwärtig, doch ist es gerechtfertigt, diese Fälle einer gegenwärtigen Gefahr gleichzustellen, weil es für den Notstand wesentlich ist, daß die Zwangslage, entweder zu handeln oder den drohenden Schaden hinzunehmen, eine gegenwärtige ist. So gesehen ist deshalb das entscheidende Kriterium die Notwendigkeit zu sofortigem Handeln (RG **66** 225, BGH NJW **51,** 769, GA **67,** 113). Eine solche besteht zwar noch nicht bei einem erst in der Ferne drohenden Schaden (vgl. auch BGH MDR/H **82,** 447); im übrigen aber ist es gleichgültig, ob dieser alsbald, jederzeit oder erst nach Ablauf einer gewissen Zeit eintreten kann (die Schranke ist hier das Erfordernis, daß die Gefahr nicht anders abwendbar sein darf). Die beiden zuletzt genannten Fälle machen zugleich deutlich, daß Notstandslagen auch im Vorfeld der Notwehr entstehen können, so bei der permanenten Gefährlichkeit eines Geisteskranken oder eines gewalttätigen Menschen, die sich jederzeit in entsprechenden Handlungen realisieren kann (vgl. RG **60** 319, BGH **13** 197, NJW **66,** 1823), ferner in dem § 32 RN 17 genannten Beispiel der „Präventiv-Notwehr".

4. Nach dem Wortlaut des § 34 ist erforderlich, daß die Gefahr **nicht anders abwendbar** ist. Diese Gesetzesfassung ist ebenso mißverständlich wie die in der Rspr. z. T. anzutreffende Wendung, daß die Tat das „einzige Mittel" zur Abwendung der Gefahr gewesen sein müsse (z. B. RG **61** 254, BGH **3** 9, NJW **51,** 770, GA **56,** 383, Bay JR **65,** 66, Köln VRS **75,** 118; vgl. auch M-Zipf I 367), weil sie in die Irre führt, wenn es nicht nur eine, sondern mehrere Möglichkeiten gibt, die Gefahr abzuwenden (vgl. dazu Lenckner, Lackner-FS 96, Stree JuS 73,

463). Was in der Sache mit der mißglückten Gesetzesfassung gemeint ist, ergibt sich jedoch auch hier aus dem Grundgedanken des Notstands: Die Notstandshandlung muß zur Abwendung der Gefahr erforderlich sein, dies unter dem doppelten Aspekt, daß sie unter den gegebenen Umständen zum Schutz des Erhaltungsguts so geeignet und im Hinblick auf das Eingriffsgut so schonend wie möglich ist (Grundsatz der Geeignetheit und Grundsatz des relativ mildesten Mittels; vgl. z. B. Karlsruhe JZ **84**, 240, Grebing GA 79, 85, Hirsch LK 50, Jakobs 344, Jescheck 324, Küper JZ 76, 516, Lackner 2b, Samson SK 9 u. näher Lenckner, Notstand 79ff., Lackner-FS 96f.). Dabei wird verschiedentlich betont, daß für die Erforderlichkeit strenge Maßstäbe zu gelten haben (Hamm NJW **76**, 721, Grebing GA 79, 85f., F. C. Schroeder JuS 80, 339). Festzustellen ist sie nach denselben Regeln, die auch über das Vorliegen einer Gefahr entscheiden (vgl. u. 13ff.): So wie dort unter Zugrundelegung der objektiv bereits gegebenen Umstände eine Prognose bezüglich eines in Zukunft möglichen Schadenseintritts zu stellen ist (vgl. o. 13), geschieht dies hier bei der Frage der Geeignetheit unter dem Gesichtspunkt der Schadensabwendung und bei der Frage nach dem relativ mildesten Mittel unter dem Aspekt eines mit diesem möglicherweise verbundenen zusätzlichen Verletzungsrisikos (vgl. Lenckner, Lackner-FS 98f., 100f.).

19   a) Der Grundsatz der **Geeignetheit des Mittels** (näher dazu Lenckner, Lackner-FS 97ff.; vgl. auch BGH **2** 245) umfaßt sowohl die zweckentsprechende Auswahl des Mittels als auch dessen sachgemäße Anwendung. Um erstere geht es selbstverständlich nur beim Vorhandensein mehrerer Handlungsalternativen, wo deshalb zunächst festzustellen ist, ob sie zur Erhaltung des bedrohten Guts gleich oder unterschiedlich geeignet sind (vgl. im übrigen u. 20f.); ist die Tat dagegen das einzige Mittel, so ist mit ihrer Geeignetheit auch ihre Erforderlichkeit zu bejahen. Dabei muß es für die Geeignetheit zunächst genügen, daß eine erfolgreiche Gefahrabwendung nicht ganz unwahrscheinlich ist (vgl. Lenckner aaO 99), während es erst eine Frage der Interessenabwägung ist, wie groß das Risiko eines Mißlingens im Einzelfall sein darf (vgl. u. 29). Als ungeeignet und damit als nicht erforderlich sind jedoch solche Handlungen von vornherein auszuscheiden, durch welche die Rettungschancen nicht oder nur ganz unwesentlich erhöht werden. Dies gilt z. B. für Blockade- u. ähnliche Aktionen als Mittel zur Abwendung eines Atomkriegs (vgl. Köln NStZ **85**, 551, Lenckner JuS 88, 354; zu § 16 OWiG i. V. mit § 29 I Nr. 2 VersG vgl. auch Celle NdsRpfl. **86**, 104), für die Trunkenheitsfahrt eines Arztes, der infolge des Alkoholgenusses zu effektiver Hilfe nicht mehr imstande ist (Koblenz MDR **72**, 885; zur „Rettungsfahrt" eines Betrunkenen vgl. auch Oldenburg VRS **29** 264) oder für Verkehrsverstöße bei einer Rettungsfahrt, die nur einen unwesentlichen Zeitgewinn bringt (vgl. z. B. Karlsruhe VRS **46** 276, KG VRS **53** 60, Stuttgart Justiz **63**, 37, aber auch Düsseldorf VRS **30** 444, Schleswig VRS **30** 462; zum Verkehrsrecht vgl. im übrigen Rengier KK-OWiG § 16 RN 17). Sind schon anderweitige Rettungsmaßnahmen eingeleitet, so ist die Tat nur dann ein geeignetes Mittel, wenn durch sie die Rettungschance erhöht wird (Hirsch LK 31). Zur Frage der Geeignetheit vgl. auch München NJW **72**, 2276 m. Anm. Amelung/Schall JuS 75, 569 (Hausfriedensbruch durch Kontaktpersonen der Polizei zur Aufdeckung von Rauschgifthandel, wenn vor dem Haus eingriffsbereite Polizisten stehen) und BGH NJW **76**, 680 m. Anm. Kienapfel JR 77, 27 (Veruntreuung von Mandantengeldern zur Tilgung von Bankforderungen, um durch die Verhinderung des sonst drohenden wirtschaftlichen Zusammenbruchs das Ansehen des Berufsstandes zu wahren), wo jedoch die Ungeeignetheit des Mittels mit dessen Unangemessenheit verwechselt wird (Küper JZ 76, 517).

20   b) Nach dem **relativ mildesten Mittel** ist erst zu fragen, wenn unter dem Gesichtspunkt der Geeignetheit mehrere Handlungsmöglichkeiten zur Verfügung stehen. Während es bei der Geeignetheit der vorhandenen Mittel um den Nutzen auf der Erhaltungsseite in Gestalt einer mehr oder weniger großen Rettungschance geht, ist hier zu entscheiden, welches auf der Eingriffsseite zu erbringenden Opfer nach den Maßstäben des Rechts das kleinste Übel ist. Dabei ist selbstverständlich, daß hier – anders als bei der Notwehr (vgl. § 32 RN 1, 40) – die Möglichkeit, der Gefahr auszuweichen oder sie abzuwenden, ohne dabei eigene oder fremde Güter opfern zu müssen, immer das mildeste Mittel ist (vgl. z. B. Koblenz NJW **88**, 2316; telefonischer Hilferuf statt Verbringen eines Verletzten in die Ambulanz durch Trunkenheitsfahrt); dasselbe gilt für die mögliche Inanspruchnahme staatlicher Hilfe, wenn sie in gleicher Weise rettungsgeeignet ist (Rudolphi, A. Kaufmann-GedS 391f.; vgl. auch BGH NJW **79**, 2053, StV **88**, 433). Kann dagegen die Gefahr nur durch Verletzung rechtlich geschützter Interessen *Dritter* abgewendet werden, so bedarf es zur Ermittlung des relativ mildesten Mittels einer Abwägung der hier in Betracht kommenden Eingriffsgüter unter dem Gesichtspunkt ihrer geringeren oder größeren Schutzwürdigkeit, wobei sich diese Abwägung von der im Rahmen der Interessenabwägung erforderlichen Güterabwägung zwar in ihrem Gegenstand unterscheidet, im übrigen aber denselben Regeln folgt wie dort (vgl. u. 23ff. u. näher Lenckner, Lackner-FS 101ff.). Dabei kann sich dann auch ergeben, daß die Inanspruchnahme eines strafrechtlich geschützten Guts im Vergleich zu einer nicht straftatbestandsmäßigen Handlung im Einzelfall das mildere Mittel ist (vgl. aber auch Hirsch LK 52), so z. B. eine nur geringfügige Sachbeschädigung gegenüber einer straflosen, für den Betroffenen aber mit schweren Nachteilen verbundenen Gebrauchsanmaßung. Kann die drohende Gefahr auch durch eine Handlung abgewendet werden, die schon aufgrund eines anderen Rechtfertigungsgrundes gerechtfertigt ist, so ist diese i. d. R. auch das mildere Mittel, so z. B. wenn der Inhaber eines der potentiellen Eingriffsgüter in dessen Verletzung zum Zweck des Schutzes des Erhaltungsguts einwilligt. Dagegen ist die Gefahr nicht schon deshalb anders abwendbar, weil der Inhaber des Eingriffsguts um seine Einwilligung gefragt werden könnte. Denn eine sinnvolle Alternative zum Notstand ist dies dann nicht, wenn die Notstandshandlung auch bei Verweigerung der Einwilligung zulässig wäre: Hier kann, da die Befragung des Betroffenen i. E. nichts ändern würde, die Erforderlichkeit der fraglichen Handlung nicht deshalb verneint werden, weil sie möglicherweise auch mit dessen Zustimmung straflos vorgenommen werden könnte (vgl. z. B. Geilen JZ 71, 47, Hirsch LK 52, Jakobs 345, Roxin JuS 76, 508, ferner § 168 RN 8 mwN auch zur Gegenmeinung). Eine zu Transplantationszwecken durchgeführte Organentnahme bei einem Toten kann danach, soweit sie überhaupt tatbestandsmäßig ist (vgl. § 168 RN 6), nach § 34 auch dann gerechtfertigt sein, wenn sich der Arzt, obwohl ihm dies möglich gewesen wäre, nicht um die Einwilligung der Angehörigen bemüht hat (vgl. § 168 RN 8). Entsprechend würde sich die Frage bei heimlichen Aids-Tests zum Schutze Dritter (eine gegenwärtige Gefahr für diese vorausgesetzt; vgl. dazu Eberbach NJW 87, 1477, Janker ebd. 2902 mwN) stellen. – Ist die Gefahr dagegen auch durch Inanspruchnahme *eigener Güter* des im Notstand Befindlichen abwendbar, so ist deren Einsatz prinzipiell auch das mildeste Mittel, und zwar selbst dann, wenn das fragliche Gut, stünde es einem Dritten zu, schutzwürdiger wäre als die anderen potentiellen Eingriffsgüter. Hier ist die Opfergrenze für den Betroffenen erst dann erreicht, wenn er dadurch in eine Situation geriete, die ihrerseits wieder nach Notstandsregeln die Inanspruchnahme der anderen in Betracht kommenden Eingriffsgüter rechtfertigen würde: Ließe sich z. B. ein medizinisch indizierter Schwangerschaftsabbruch nach § 218a I (Sonderfall des § 34) durch teure Kuren, medizinische Behandlungen und den Verzicht auf weitere Berufsausübung vermeiden, so könnte darin dennoch nicht das mildere Mittel gesehen werden, wenn die Frau dadurch in eine Bedrängnissituation geriete, die selbst wieder den Schwangerschaftsabbruch nach § 218a II Nr. 3 rechtfertigen würde. Zum Ganzen vgl. näher Lenckner, Lackner-FS 99ff.

c) Bei mehreren möglichen Handlungsalternativen ergibt sich daraus für die **Erforderlichkeit** der Notstandshandlung folgendes: Ist das mildeste Mittel zugleich das aussichtsreichste, so ist dieses auch das allein erforderliche. Das gleiche gilt für das geeignetste unter mehreren gleich oder annähernd gleich schweren Mitteln und umgekehrt für die am wenigsten gravierende unter mehreren (annähernd) gleich geeigneten Maßnahmen (vgl. z. B. BGH 3 7, NJW 51, 769, GA 56, 382, Bay JR 56, 307, Celle VRS 26 27, Düsseldorf VRS 63 384, Hamm VRS 36 37, Hirsch LK 51 f.), weshalb z. B. die Trunkenheitsfahrt (§ 316) eines Arztes zu einem Patienten nicht erforderlich ist, wenn er diesen auch mit einem Taxi erreichen könnte (Koblenz MDR 72, 885); zum Wenden auf der Autobahn durch „Geisterfahrer" vgl. Karlsruhe JZ 84, 240 m. Anm. Hruschka, aber auch 76 vor § 32. Divergieren dagegen die Schwere und Geeignetheit der möglichen Handlungsalternativen in der Weise, daß das mildere zugleich das weniger geeignete und umgekehrt das gravierendere zugleich das aussichtsreichere Mittel ist, so kann, weil bei § 34 die Grundsätze der Geeignetheit und des relativ mildesten Mittels von gleichem Gewicht sind – der eine soll gewährleisten, daß das Opfer auf der Eingriffsseite nicht vergeblich, der andere, daß es nicht unnötig groß ist –, unter dem Gesichtspunkt der Erforderlichkeit keine Auswahl mehr getroffen werden. Hier muß diese deshalb für jede der vorhandenen Rettungsmöglichkeiten bejaht und das Weitere der nach § 34 notwendigen Interessenabwägung überlassen werden (vgl. u. 29, 42). Vgl. näher zum Ganzen Lenckner, Lackner-FS 109ff. u. zu § 16 OWiG mwN insbes. zum Verkehrsrecht Rengier KK-OWiG § 16 RN 20ff.

5. Verlangt wird gelegentlich für das Bestehen eines Notstandes noch eine **spezifische Kollisionsbeziehung** zwischen den beteiligten Rechtsgütern derart, daß das geopferte Gut von vornherein als verfügbares Rettungsmittel für das bedrohte Gut erscheint; daraus soll sich ergeben, daß z. B. der Diebstahl von beliebigen Geldmitteln zur Behebung einer Notlage nicht nach § 34 gerechtfertigt ist (Bockelmann JZ 59, 495, Eser I 125). Letzteres ist i. E. richtig, folgt aber aus anderen Erwägungen (vgl. u. 41, ferner Hirsch LK 24). Daß im übrigen eine solche spezifische Zuordnung nicht verlangt werden kann, zeigt schon der Fall, daß zum Transport eines Schwerkranken in Notfällen jedes beliebige Kraftfahrzeug benutzt werden dürfte, wenn dem auch aus praktischen Gründen Grenzen gesetzt sind (näher dazu Grebing GA 79, 86f., Küper JZ 76, 516, der mit Recht darauf hinweist, daß das für § 34 erforderliche „Kollisionsverhältnis" schon durch das Erforderlichkeitsprinzip definiert wird).

22   **IV.** Mit der **Abwägungsklausel** des S. 1 wird ein **umfassender,** nicht auf die bloße Güterabwägung (vgl. o. 2) beschränkter **Interessenabwägungsgrundsatz** zum maßgeblichen Entscheidungsprinzip erhoben. Damit ist der Erkenntnis Rechnung getragen, daß das (abstrakte) „Wertverhältnis der im Widerstreit stehenden Rechtsgüter" (RG **61** 254) für sich allein noch keine Schlüsse zuläßt, eine an der allgemeinen Rangordnung der Güter orientierte Güterabwägung vielmehr immer nur Teil einer den konkreten Interessenkonflikt in allen seinen „positiven und negativen Vorzugstendenzen" (Hubmann AcP 155 [NF 35], 92) erfassenden *Gesamtabwägung* sein kann (vgl. z. B. D-Tröndle 8, Hirsch LK 53, 62, Jescheck 324, M-Zipf I 368, Mitsch JuS 89, 966, Roxin, Jescheck-FS 464f., Samson SK 3, 10 und näher dazu Lenckner, Notstand 90ff., GA 85, 295ff.). Eine solche Gesamtabwägung zu ermöglichen, ist der Sinn der Abwägungsklausel in S. 1, die sich dazu freilich nur eignet, wenn der Begriff des „Interesses" nicht zu eng, insbes. nicht nur i. S. von materiellen Interessen verstanden wird. Doch besteht weder vom Wortsinn noch von der Sache her Anlaß, den Interessenbegriff in dieser Weise zu beschränken, zumal die Interessenabwägung dann nicht wesentlich über die vom Gesetz selbst als unzulänglich erkannte bloße Güterabwägung hinausführen würde. Gegenstand eines Interesses (i. S. eines Verwirklichen- oder Erhaltenwollens) kann vielmehr jeder Wert, in § 34 also jeder Rechtswert sein, und zwar auch dann, wenn er sich nicht in einem konkreten Rechtsgut, sondern nur in allgemeinen Rechtsprinzipien niederschlägt (and. Gallas ZStW 80, 27, Grebing GA 79, 93). So ist z. B. das durch die Notstandshandlung „beeinträchtigte Interesse" nicht nur das Interesse des Betroffenen an der Integrität seines Rechtsguts, sondern auch das Interesse der Allgemeinheit an der Ordnungs- und Friedensfunktion des Rechts, die immer berührt wird, wenn ein drohender Schaden auf ein unbeteiligtes drittes Gut abgewälzt wird. Die Reichweite der Abwägungsklausel erschließt sich daher erst, wenn gefragt wird, ob nach der Gesamtlage des konkreten Falles (vgl. Frankfurt NJW **79,** 1172) das Interesse am Schutz des bedrohten Rechtsguts und damit an der Zulassung einer sonst verbotenen Handlung das Interesse an der Unterlassung dieser Handlung überwiegt (näher Lenckner, Notstand 123ff., GA 85, 308ff. u. ebenso Hirsch LK 62; zu eng dagegen Rudolphi, A. Kaufmann-GedS 395 für den Defensivnotstand [vgl. u. 30f.]). Dazu bedarf es zunächst einer sorgfältigen Analyse der konkreten Kollisionslage, um so den Interessenkonflikt in allen seinen Einzelheiten offenzulegen und die in die Gesamtabwägung einzustellenden Faktoren sichtbar zu machen. Eine abschließende Aufzählung der hier im Einzelfall etwa zu berücksichtigenden Umstände ist naturgemäß nicht möglich, doch lassen sich folgende allgemeine Richtlinien aufstellen:

23   1. Ausgangspunkt ist – insoweit in Übereinstimmung mit der herkömmlichen Güterabwägungstheorie – das **allgemeine Rangverhältnis der „betroffenen Rechtsgüter"** (S. 1; vgl. D-Tröndle 10, Hirsch LK 53, 58, Jakobs 345, Lenckner, Notstand 90ff., GA 85, 309f., Samson SK 11, Stratenwerth 142; zur Bedeutung des Strafrahmenvergleichs vgl. u. 43). Dabei ist, da nur die Rechtfertigung einer jeweils tatbestandsmäßigen Handlung in Frage steht, auf der Eingriffsseite zunächst allein auf die durch den betreffenden Tatbestand unmittelbar oder mittelbar geschützten Rechtsgüter abzustellen (vgl. Dencker JuS 79, 779, Keller aaO 303; and. Hirsch LK 55, Jakobs 351, Küper, Notstand 144 u. Nötigungsnotstand 117ff.), was allerdings nicht ausschließt, daß bei der über den abstrakten Rechtsgütervergleich hinausführenden Frage nach dem Grad der konkreten Schutzwürdigkeit des „Eingriffsguts" (vgl. u. 25ff.) dieses dann auch in seiner Bedeutung für die mit ihm jeweils verknüpften weiteren Interessen zu sehen ist (vgl. dazu auch BGH GA **55,** 178, MDR **79,** 1039, Jakobs 351, Küper, Notstand 144ff.). Dagegen sind auf der „Erhaltungsseite" bereits bei der abstrakten Güterabwägung alle irgendwie betroffenen Güter zu berücksichtigen. Hier kann dann schon der unterschiedliche Stellenwert der beteiligten Rechtsgüter so entscheidend ins Gewicht fallen, daß die Güterabwägung zugleich das Ergebnis der in S. 1 geforderten Interessenabwägung bestimmt. So spricht bereits auf Grund einer bloßen Güterabwägung die Vermutung für die Annahme eines überwiegenden Interesses i. S. des S. 1, wenn Güter von höchstem Rang durch Verletzung von untergeordneten Ordnungswerten geschützt werden (z. B. nach § 47 AusländerG strafbare Einreise eines Ausländers in das Bundesgebiet, um sein Leben in Sicherheit zu bringen; vgl. auch Frankfurt GA **87,** 552). Aus einem bloßen Wertvergleich zwischen den Gütern folgt umgekehrt auch, daß wirtschaftliche Interessen in der Regel nicht um den Preis der Gefährdung von Leben und Gesundheit anderer verfolgt werden dürfen (vgl. BGH MDR/D **75,** 723, StA Mannheim NJW **76,** 585, Müller NJW 64, 1352: Gewässerverunreinigung zur Aufrechterhaltung der Produktion; vgl. auch Stuttgart DB **77,** 347 und u. 35, 41). Erst recht gilt dies für eine Tötung zum Schutz von Sachgütern. Überhaupt sind *Tötungshandlungen* im Notstand grundsätzlich nicht gerechtfertigt (vgl. auch Hamm JZ **74,** 610). Ausnahmen sind hier nur in gewissen Sonderfällen eines Defensivnotstands (vgl. u. 30f.), bei bestimmten Formen der Sterbehilfe (vgl. u. 39) und in solchen Fällen anzuerkennen, in denen es schon bisher ein entsprechendes Gewohnheitsrecht gab (vgl. das u. 39 genannte Beisp.). Im übrigen bleibt eine Tötung aber auch rechtswidrig, wenn dadurch eine größere Zahl von Menschen gerettet wird, da jedes Leben für das Recht einen absoluten Höchstwert darstellt und quantitative Gesichtspunkte damit von vornherein ausscheiden (vgl. auch BGH **35** 350; and. Delonge aaO 118ff.).

Dies ist im wesentlichen unbestritten bei der **Tötung von Unbeteiligten** (so in dem Beispiel von **24** Welzel ZStW 63, 51: Um einen Zusammenstoß mit einem vollbesetzten Personenzug zu vermeiden, stellt der Bahnbeamte die Weiche auf ein Nebengleis um, wo drei Bahnarbeiter beschäftigt sind; and. Günther aaO 333f.: „Strafunrechtsausschluß"; vgl. dazu 8 vor § 32). Rechtswidrig bleibt die Tötung aber auch in den Fällen der sog. **Gefahrengemeinschaft**, in denen sich mehrere Personen in einer gemeinsamen Lebensgefahr befinden und der Täter vor der Alternative steht, entweder durch sein Untätigbleiben alle umkommen zu lassen oder durch die Tötung einzelner die übrigen zu retten (vgl. z. B. Gallas, Mezger-FS 327, Hirsch LK 65 vor § 32, § 34 RN 65, Jakobs 346, Jescheck 325, Kienapfel ÖJZ 75, 426, Küper, Pflichtenkollision 48ff., JuS 81, 785, Lackner 2e, Lenckner, Notstand 27ff., GA **85**, 309f., M-Zipf I 369, Roxin, Oehler-FS 193f., Samson SK 19; Schmidhäuser 333, Stratenwerth 143; and. Blei I 214, Arthur Kaufmann, Maurach-FS 327, [„unverboten", vgl. dazu 8 vor § 32], Otto 115ff., aaO 108ff.). Rechtswidrig war daher auch die Mitwirkung an den Massentötungen Geisteskranker im Zuge der von den NS-Machthabern befohlenen „Euthanasie"-Aktion mit dem Ziel, möglichst viele Kranke zu retten (h. M., vgl. BGH NJW **53**, 513, OGH **1** 321, **2** 117 u. die Nachw. o., umfassend b. Küper JuS 81, 791 FN 56; and. Klefisch MDR 50, 259, Otto aaO 108ff.; differenzierend Mangakis ZStW 84, 471ff.). Dabei kann es aus prinzipiellen Erwägungen auch keinen Unterschied machen, ob der Täter aus dem Kreise der Todgeweihten selbst die Auswahl getroffen hat (so in dem Fährmann-Beispiel von Klefisch MDR 50, 261: Der Fährmann stößt einen Teil der Kinder, die er überzusetzen hat, ins Wasser, weil er sonst infolge eines Lecks das andere Ufer nicht erreichen würde) oder ob der Getötete vom Schicksal insofern schon gezeichnet war, als gerade er unter keinen Umständen mehr gerettet werden konnte (so in dem Bergsteiger-Beispiel von Eb. Schmidt SJZ 49, 565: Der bei einer Bergpartie abgestürzte Teilnehmer droht die anderen mitzureißen, wenn das Seil nicht sofort gekappt wird; wie hier z. B. Jakobs 347, Jescheck 324, Samson SK 20 u. näher Küper JuS 81, 792ff.; and. Hirsch, Bockelmann-FS 108, Eb. Schmidt aaO). Ohne Bedeutung ist ferner, ob der Täter bzw. der Gerettete gerade durch das Opfer in die fragliche Situation geraten ist (vgl. das genannte Bergsteigerbeispiel), weil der bloße Umstand der Gefahrverursachung auch dort, wo Leben gegen Leben steht, noch kein Recht (mit einer entsprechenden Duldungspflicht des Betroffenen!) begründen kann, einen anderen zu töten (vgl. dazu auch u. 30f.; and. Roxin, Jescheck-FS 472, Oehler-FS 194; and. auch Günther aaO 345f.: Strafunrechtsausschluß). In allen diesen Fällen kommt nur ein übergesetzlicher Enschuldigungsgrund in Betracht (vgl. 115ff. vor § 32).

2. Entscheidend ist letztlich jedoch nicht, ob das durch die Tat geschützte Rechtsgut seinem **25** absoluten Rang nach höherwertig, sondern ob es in der **konkreten Lebenssituation schutzwürdiger** ist (Lenckner, Notstand 96ff., 127ff., GA 85, 310ff.; vgl. ferner Küper, Nötigungsnotstand 107ff.: „modifizierte, konkretisierende Güterabwägung"). Dies hängt zwar auch und u. U. sogar ausschließlich vom Stellenwert der kollidierenden Rechtsgüter in der allgemeinen Güterordnung ab (vgl. o. 23), meist sind hier jedoch noch weitere Faktoren zu berücksichtigen (so in der Sache schon die Rspr. zum übergesetzlichen Notstand, vgl. o. 2; vgl. ferner Blei I 166ff., Hirsch LK 53, 58, 62, Jescheck 324, Kienapfel ÖJZ 75, 428, M-Zipf I 368, Mitsch JuS 89, 966, Schmidhäuser 332, I 143f., Stratenwerth 142f.). So ist eine Körperverletzung nicht schon deshalb gerechtfertigt, weil sie zur Rettung des höherwertigen Rechtsguts Leben erforderlich ist; umgekehrt kann das zeitweise Einschließen eines Geisteskranken zum Schutz von Sachwerten gerechtfertigt sein (vgl. BGH **13** 197), obwohl die Freiheit wegen des Vorrangs personaler Werte als das höherwertige Rechtsgut anzusehen ist. Notwendig ist deshalb sowohl eine Konkretisierung als auch Individualisierung der hinter den beteiligten Rechtsgütern stehenden Interessen: Eine Konkretisierung, weil Rechtsgut nur der abstrakte Rechtswert (z. B. das Eigentum als solches), nicht aber das konkrete Objekt ist (z. B. die bestimmte einzelne Sache); eine Individualisierung, weil immer zu fragen ist, welche Interessen gerade die Betroffenen im Einzelfall tatsächlich haben und berechtigterweise haben dürfen (vgl. auch Frankfurt NJW **79**, 1172). Im einzelnen können u. a. folgende Gesichtspunkte von Bedeutung sein:

a) die **Art der konkreten Verletzung** und die **Größe des konkreten Schadens**, die einerseits **26** dem „Erhaltungsgut" drohen und die andererseits das „Eingriffsgut" erleidet (D-Tröndle 11, Hirsch LK 63, Lenckner, Notstand 100, GA 85, 311, Roxin JuS 76, 511, Samson SK 13, Stratenwerth 142f.). Daraus kann sich ergeben, daß das stärker betroffene Gut schutzwürdiger ist und daß sich möglicherweise sogar ein geringerwertiges Gut auf Kosten eines höherwertigen behaupten darf, wenn dieses nur geringfügig beeinträchtigt wird, jenem aber schwere Einbußen drohen. Gerechtfertigt kann danach u. U. auch eine harmlose Körperverletzung zum Schutz von Sachwerten sein (Hirsch LK 64, Jakobs 349, Jescheck 325). Bei Eingriffen in die Rechtspflege kann es darauf ankommen, ob diese durch eine unrichtige Rechtsentscheidung

§ 34 27, 28 Allg. Teil. Die Tat – Notwehr und Notstand

(bzw. durch die Verursachung einer solchen) in ihrem Kern getroffen oder ob sie nur faktisch, vorübergehend und „reparabel" gehemmt wird (Küper, Nötigungsnotstand 114ff., 121f.). Bei der Kollision gleichartiger Vermögensinteressen ist der quantitativ größere Verlust ein maßgeblicher Abwägungsfaktor (vgl. BGH **12** 301 m. Anm. Bockelmann JZ 59, 498, NJW **76**, 680 m. Anm. Kienapfel JR 77, 27 u. Küper JZ 76, 515, M-Zipf I 369). Voraussetzung für die Rechtmäßigkeit der Inanspruchnahme fremder Vermögenswerte ist hier jedoch entsprechend § 904 BGB immer, daß es sich um die Abwendung eines „unverhältnismäßig großen Schadens" handelt (vgl. Küper JZ 76, 517, Notstand 106 sowie u. 38), wofür es z. B. auch von Bedeutung sein kann, ob der angerichtete Schaden nur in einer vorübergehenden Blockierung von Geldmitteln oder in deren endgültigem Verlust besteht (vgl. BGH NJW **76**, 680). Weil sich die Abwägung aber auch bei einer Kollision von Vermögenswerten nicht in einem rein rechnerischen Schadensvergleich erschöpft (vgl. BGH NJW **76**, 680), kann trotz einer solchen Disparität ein überwiegendes Interesse aufgrund anderer Umstände, etwa der individuellen Bedeutung des Schadens (vgl. u. 33, Küper JZ 76, 518 zu BGH aaO), zu verneinen sein; auch die Unersetzlichkeit einer Sache für den Betroffenen kann hier deshalb eine Rolle spielen (Hirsch LK 63). Nur bei „internen" Kollisionen innerhalb ein und desselben Rechtsguts der Allgemeinheit kann u. U. auch schon eine rein quantitative Abwägung genügen (z. B. geringfügige Gewässerverunreinigung [§ 324] als einziges Mittel zur Abwendung größerer Umweltschäden, vgl. LG Bremen NStZ **82**, 164 m. Anm. Möhrenschlager zu AG Bremen NStZ **81**, 268, wo eine Rechtfertigung nach § 34 allerdings aus anderen Gründen zweifelhaft ist; zur Bedeutung des § 34 beim Weiterbetreiben einer überlasteten kommunalen Kläranlage vgl. Weber, Strafrechtliche Verantwortlichkeit von Bürgermeistern usw. im Umweltrecht [1988], 30ff.).

27 b) der in S. 1 besonders hervorgehobene **Grad** der den kollidierenden Gütern **drohenden Gefahren.** Das bedrohte Gut ist um so schutzwürdiger, der „Wertanruf" um so „dringlicher" (Schmidhäuser 332, I 143,), je mehr sich die in dem Gefahrbegriff liegende Wahrscheinlichkeit eines Schadens zu einer Schadensgewißheit verdichtet; umgekehrt kann die Notstandshandlung um so eher hingenommen werden, je geringer die Wahrscheinlichkeit ist, daß sie zu einer Verletzung führt. Daraus ergibt sich auch, daß für ein überwiegendes Interesse die Wahrscheinlichkeit des schädigenden Ereignisses um so größer sein muß, je schwerwiegender der Notstandseingriff und je geringer der drohende Schaden ist (vgl. auch o. 15).

28 Auf den Grad der Gefahr kommt es insbesondere auch bei *Gefährdungsdelikten* an. Danach kann z. B. die Begehung eines abstrakten Gefährdungsdelikts zulässig sein, wenn dies zur Abwendung einer konkreten Gefahr notwendig ist, und zwar auch dann, wenn das durch die Tat geschützte Rechtsgut gegenüber dem des abstrakten Gefährdungsdelikts nicht höherwertig ist (Hirsch LK 60, Jakobs 350, Jescheck 325, Küper, Notstand 131, Lenckner, Notstand 96f., GA 85, 311, M-Zipf I 373, Samson SK 15). Nach § 34 kann deshalb z. B. auch eine Trunkenheitsfahrt (§ 316) gerechtfertigt sein, wenn sie das einzige Mittel ist, zum Zweck der Hilfeleistung möglichst rasch an eine Unfallstelle zu gelangen bzw. einen Verletzten ins Krankenhaus zu bringen und das dabei eingegangene Risiko (Verkehrsverhältnisse, Grad der Trunkenheit) sich in angemessenen Grenzen hält (vgl. Celle VRS **63** 449, Hamm VRS **20** 233, aber auch Koblenz NJW **88**, 2316 m. Bespr. Mitsch JuS 89, 964; von Hamm NJW **58**, 271, VRS **36** 27, Karlsruhe MDR **72**, 885 aus anderen Gründen verneint). Über weitere, inzwischen zum größten Teil nach § 16 OWiG zu beurteilende Beispiele aus dem Verkehrsrecht vgl. RG HRR **40** Nr. 255, Düsseldorf VRS **30** 444, Schleswig VRS **30** 463 (Geschwindigkeitsüberschreitung bei Fahrt eines Arztes zu einem Patienten bzw. bei Transport eines Angehörigen in die Klinik, wo es jedoch auch darauf ankommt, ob durch den erzielten Zeitgewinn die Rettungshandlung wirklich gefördert wird; vgl. dazu auch Stuttgart Justiz **63**, 38 und o. 19), Bay JR **65**, 66 (verkehrswidriges Abstellen eines LKW wegen plötzlichen Unwohlseins des Fahrers), Düsseldorf VRS **30** 39, NJW **70**, 674 (Geschwindigkeitsüberschreitung, um einen vorausfahrenden Kraftfahrer auf den nicht verkehrssicheren Zustand seines Fahrzeugs hinzuweisen), VM **76**, 27 (Autofahrt ohne Fahrerlaubnis zum Vertreiben von Dieben), Frankfurt DAR **63**, 244 (Geschwindigkeitsüberschreitung, um zur Vermeidung eines Unfalls noch rechtzeitig eine vorausfahrende Radfahrergruppe überholen zu können), Hamm VRS **41** 141 (Geschwindigkeitsüberschreitung bei der Flucht vor einem rechtswidrigen Angriff, wo § 34 jedoch nur in Betracht kommt, wenn die Gefahr des Angriffs nicht durch Notwehr abgewendet werden konnte), NJW **77**, 1892 (Überfahren von Rotlicht bei dringendem Blutkonserventransport), Karlsruhe JZ **84**, 240 m. Anm. Hruschka (Wenden auf der Autobahn durch „Geisterfahrer"; vgl. dazu aber auch 76 vor § 32), Köln VRS **56** 63, **59** 53 (Rückwärtsfahren – § 18 VII StVO – als Notmaßnahme), **59** 438 (Geschwindigkeitsüberschreitung, um rechtzeitig an das Sterbebett der Mutter zu kommen; vgl. auch o. 9), **64** 298, **75** 116 (Parkverstöße). In allen Fällen sind letztlich jedoch die Umstände des Einzelfalles maßgeblich (Verkehrsverhältnisse, Geschicklichkeit des Fahrers, Art des Verstoßes usw.). Eine Rechtfertigung kommt hier nur in Betracht, wenn und soweit die abzuwendende Gefahr wesentlich größer ist als die mit der Rettungshandlung verbundene; werden andere Verkehrsteilnehmer konkret gefährdet, so bleibt die Tat, von vergleichsweise geringfügigen Risiken abgesehen, grundsätzlich auch dann rechtswidrig, wenn sie dem Schutz von Leben dient (vgl. Karlsruhe VRS **46** 275, Hirsch LK 60, Küper, Pflichtenkollision 102f. und zum Ganzen Kohlhaas DAR 68,

Rechtfertigender Notstand **29–31 § 34**

231, Mitsch JuS 89, 964, Strutz DAR 69, 183, ferner Rengier KK-OWiG § 16 RN 30ff.). Zur Bedeutung einer durch die Notstandshandlung nur mittelbar über das Verhalten eines Dritten geschaffenen Gefahr vgl. Küper, Nötigungsnotstand 125.

c) die **Größe** der **Rettungschancen** einerseits bzw. eines weitergehenden **Schadensrisikos** auf **29** der Eingriffsseite andererseits. Je geringer die Rettungschance ist, um so schwerer wiegt das durch die Notstandshandlung beeinträchtigte Interesse, m. a. W., das Risiko eines Mißlingens darf um so höher sein, je größer die Gefahr und je schutzwürdiger das Erhaltungsgut bzw. umgekehrt je unbedeutender der Schaden auf der Eingriffsseite ist (vgl. Hamm VRS **20** 232, D-Tröndle 11, Hirsch LK 66, Küper, Nötigungsnotstand 25, Rudolphi, A. Kaufmann-GedS 390). Entsprechend muß das geschützte Interesse um so höher zu veranschlagen sein, je größer das Risiko weiterer Opfer auf der Eingriffsseite ist. Eine Frage der Interessenabwägung ist es auch, ob und inwieweit in den o. 20a a. E. genannten Fällen (Divergenz von Geeignetheit und Schwere mehrerer Handlungsalternativen) das Risiko eingegangen werden muß, daß die weniger gravierende Maßnahme nicht zum gewünschten Erfolg führt (vgl. auch Hirsch LK 52), was um so eher zu bejahen ist, je geringer die Gefahr und je unbedeutender das bedrohte Gut ist.

d) das Vorliegen eines **Aggressiv-** oder **Defensivnotstands**, d. h. ob der Betroffene ein Unbe- **30** teiligter oder gerade derjenige ist, in dessen Herrschafts- und Verantwortungsbereich die abzuwendende Gefahr ihren Ursprung hat. Darauf, daß das durch die Tat verletzte Gut im zweiten Fall weniger schutzwürdig ist als bei der Inanspruchnahme eines völlig Unbeteiligten, beruhen die unterschiedlichen Schadensrelationen in den §§ 228, 904 BGB. Weil es sich dabei aber nur um spezielle Ausprägungen des allgemeinen Interessenabwägungsprinzips handelt, wie es sich in § 34 findet, muß dieser Unterschied selbstverständlich auch dort in der Weise zu Buche schlagen, daß beim Defensivnotstand ein überwiegendes Interesse wesentlich früher anzunehmen ist, d. h. qualitativ und quantitativ weitergehende Beeinträchtigungen zulässig sind als beim Aggressivnotstand (h. M., z. B. Blei I 167, Hirsch LK 72, JR 80, 116, Jescheck 327, Küper, Pflichtenkollision 72f., Lackner 2e cc, O. Lampe NJW 68, 91, Lenckner, Notstand 102f., 137, GA 85, 311, Roxin, Jescheck-FS 457ff., Oehler-FS 190, Samson SK 16, F. C. Schroeder JuS 80, 340; and. Günther aaO 339ff. [bloßer „Strafunrechtsausschluß"; vgl. dagegen Roxin, Oehler-FS 190f., Jescheck-FS 468 sowie 8 vor § 32], Hruschka, Dreher-FS 203, NJW 80, 22 [übergesetzliche Rechtfertigung analog § 228 BGB; vgl. dagegen Roxin, Jescheck-FS 461ff.], Jakobs 339, 356). Von Bedeutung ist dies insbes. in Fällen einer „*notwehrähnlichen Lage*", d. h. wenn die Gefahr aus einem menschlichen Verhalten droht, das (noch) keinen gegenwärtigen rechtswidrigen Angriff i. S. des § 32 darstellt, so daß § 32 Notwehr ausscheidet (ebenso z. B. BGH NJW **89**, 2479 m. Anm. Eue JZ 90, 765, Hirsch LK 73, Küpper JuS 90, 188 u. näher Roxin, Jescheck-FS 457ff.). Hier können Maßnahmen, die sich gegen den Urheber der Gefahr richten, nach § 34 gerechtfertigt sein, wobei u. U. auch zum Schutz bloßer Sachwerte höchstpersönliche Güter wie Körperintegrität und Freiheit verletzt werden dürfen, deren Beeinträchtigung sonst nach § 34 nur in seltenen Fällen zulässig ist (vgl. auch Schaffstein, Bruns-FS 92f. u. näher Roxin, Jescheck-FS 468ff.). Dagegen sind Tötungen grundsätzlich auch im Defensivnotstand unzulässig. Dies gilt selbst dann, wenn Leben gegen Leben steht, weil auch in diesem Fall der bloße Umstand der Gefahrverursachung durch das Opfer noch kein Recht begründen kann, dieses zu töten (and. hier Küper, Pflichtenkollision 74f., Roxin aaO 470ff.). Soweit hier Ausnahmen anzuerkennen sind – so bei der sog. Perforation (vgl. 34 vor § 218) wegen der dort bestehenden Nähe zum medizinisch indizierten Schwangerschaftsabbruch (vgl. § 157 II E 62, Jescheck 327, Lackner 2e cc u. näher Roxin aaO 475ff.; and. z. B. D-Tröndle 21) –, handelt es sich um Sonderfälle, die nicht verallgemeinerungsfähig sind. Davon abgesehen, bleibt es hier deshalb bei einer Entschuldigung nach § 35 bzw. bei einem übergesetzlichen entschuldigenden Notstand (vgl. 115ff. vor § 32).

Im einzelnen ist § 34 bei **von Menschen ausgehenden Gefährdungen** insbes. in folgenden Fällen **31** von Bedeutung: 1. Gefahrverursachung durch *Nicht-Handlungen* (z. B. durch einen bewußtlos gewordenen Kraftfahrer, vgl. 37ff. vor § 13; dazu, daß hier § 32 ausscheidet, vgl. dort RN 3). Hier können zum Schutz bedeutender Sachgüter auch leichtere, zum Schutz von Leib und Leben auch erhebliche Körperverletzungen zulässig sein (vgl. näher dazu, jedoch weitergehend auch für die Rechtmäßigkeit von Tötungen, Roxin, Jescheck-FS 468ff., 475ff.). – 2. Das gleiche gilt für die Gefahrverursachung durch ein Verhalten, das *kein rechtswidriger Angriff* i. S. des § 32 ist (BGH NJW **89**, 2479 m. Anm. Eue JZ 90, 765; vgl. dazu § 32 RN 19ff. sowie 12, 86a vor § 32; näher dazu – z. T. and. – Roxin, Jescheck-FS 473ff.). Soweit der Gefahrverursacher seinerseits gerechtfertigt ist, gilt dies allerdings nur in den Fällen einer bloßen Handlungsbefugnis (11 vor § 32), während dort, wo ihm ein Eingriffsrecht zusteht, § 34 wegen der damit korrespondierenden Duldungspflicht des Betroffenen von vornherein ausscheidet (10 vor § 32). – 3. Gefahrverursachung durch ein Verhalten, das noch *kein gegenwärtiger Angriff* i. S. des § 32 ist (sog. Präventiv-Notwehr, vgl. § 32 RN 16f.). Hierher gehört z. B. der in § 32 RN 17 genannte Fall (vgl. dazu auch Roxin, Jescheck-FS 483), ferner kann unter diesem Gesichtspunkt z. B. das zeitweise Einschließen eines gefährlichen Geisteskranken zulässig sein (BGH **13** 197 m. Anm. Sax JZ 59, 778, Roxin aaO 481), ebenso die gewaltsame Wegnahme des Zündschlüssels, um den betrunkenen Fahrer an der Benutzung seines Fahrzeugs zu hindern (Koblenz NJW **63**, 1991 m. Anm. Seidel NJW 64, 214). Rechtfertigung nach § 34 wäre auch in dem „Spanner"-Fall von BGH NJW **79**, 2053 m. Anm. Hirsch JR 80, 115, Hruschka NJW 80, 21 u. F. C. Schroeder JuS 80, 336 anzunehmen gewesen (vom BGH offen gelassen): Körperverletzung durch Schußwaffengebrauch, um einen flüchtenden „Spanner", der eine Familie durch wiederholtes nächtliches Eindringen in die Wohnung terrorisiert hatte, dingfest zu machen und so eine unerträglich gewordene Dauergefahr abzuwenden (wobei die den Schußwaffengebrauch rechtfertigende geringere Schutzwürdigkeit des Betroffenen allerdings nur solange anzunehmen ist, als noch ein enger zeitlicher Zusammenhang zu dem vorausgegangenen eigenen Angriff besteht [vgl. entsprechend zur verschuldeten Notwehrlage § 32 RN 59 und die zeitliche Begrenzung in § 127 I StPO]; unzulässig wäre das Verhalten des Täters daher gewesen, wenn er den „Spanner" erst Wochen später auf der Straße getroffen hätte; vgl. näher zu diesem Fall auch Roxin, Jescheck-FS 481 f.). Tötungen (z. B. des schlafenden Familientyrannen) sind grundsätzlich auch hier nicht gerechtfertigt (vgl. aber auch o. 30 a. E.), sondern allenfalls entschuldigt (so hier auch Roxin, Jescheck-FS 482 f.; vgl. § 35 RN 11).

32 e) das Bestehen einer **Gefahrengemeinschaft** derart, daß auch das in Anspruch genommene Gut gefährdet ist, und zwar so, daß der ihm drohende Schaden ohnehin nicht abwendbar ist, während das andere Gut auf seine Kosten noch gerettet werden kann. Hier kann das Gut, für das noch eine Chance besteht, schutzwürdiger sein, selbst wenn es nicht das höherwertige ist (Lenckner, Notstand 101); dies gilt allerdings nicht für das Rechtsgut Leben, da dieses allen Nützlichkeitserwägungen entzogen ist (vgl. o. 24).

33 f) die **individuellen Interessen,** welche **gerade die Beteiligten** in der konkreten Situation an ihren Gütern haben, was wesentlich von den damit jeweils verknüpften weiteren Interessen abhängt (vgl. Küper JZ 76, 518, Lenckner, Notstand 98 ff., Schröder SchwZStr. 75, 9; i. E. auch Samson SK 14). Bei Individualrechtsgütern ergibt sich dies daraus, daß diese nicht nur als Rechnungsposten im Güterhaushalt der Allgemeinheit zu Buche schlagen, sondern gerade in ihrer Zuordnung an den einzelnen geschützt sind. Dabei ist die Frage freilich nicht nur, welche besonderen Interessen der einzelne tatsächlich hat, sondern auch, ob und inwieweit sie vom Recht zu respektieren sind. Nicht zulässig ist danach zwar z. B. ein medizinisch indizierter Schwangerschaftsabbruch gegen den Willen der Frau (vgl. § 218 a) oder die zwangsweise Unterbringung eines lebensgefährlich Erkrankten in einer Klinik, wohl aber, auch wenn es § 101 StVollzG nicht gäbe, die Zwangsernährung in einem rechtsstaatlichen Strafvollzug bei einem politisch motivierten Hungerstreik (and. Ostendorf GA 84, 326). Ebenso kann bei einem Selbstmordversuch, wo meist alles auf Zeitgewinn ankommt, z. B. ein vorübergehendes Einsperren nach § 34 gerechtfertigt sein (vgl. näher Bottke GA 82, 356 ff.); handelt es sich allerdings um eine frei verantwortliche Suizidentscheidung in einer Situation, in welcher der Tod nur noch als Erlösung von einem schweren Leiden empfunden wird, so ist unabhängig davon, ob es ein „Recht auf Freitod" gibt (vgl. dazu Roxin aaO 350 mwN; offengelassen von BayVerfGH BayVBl. **89**, 205), eine gewaltsame Intervention auch durch § 34 nicht gedeckt (zu § 240 vgl. auch dort RN 32).

34 g) das Bestehen einer **besonderen Gefahrtragungspflicht** bei einem der beteiligten Rechtsgutsinhaber (vgl. z. B. Baumann/Weber 347, Bernsmann, Blau-FS 33 ff., Eser I 126, Hirsch LK 67, Lenckner, Notstand 101, Samson SK 17 u. näher Küper JZ 80, 755; dazu, daß es sich hier nicht erst um ein Problem des S. 2 handelt, vgl. u. 47). Hier sind die Güter des Betreffenden zwar nicht weniger wert als die anderer, wohl aber sind sie – eine notwendige Folge der Pflicht – wegen der Erhöhung der Opfergrenze weniger schutzwürdig. Dies gilt insbes. für die Angehörigen von Berufen mit besonderen Schutzpflichten gegenüber der Allgemeinheit (z. B. Soldaten, Polizeibeamte, Feuerwehr-, Seeleute usw., vgl. § 35 RN 23), aber auch bei einer Garantenstellung gegenüber dem gefährdeten Gut, weil sich die besondere Schutzpflicht hier – entsprechend den gegenüber § 323 c höheren Anforderungen an den Garanten (vgl. 155 vor § 13) – auch in einer höheren Opferpflicht auswirken muß (vgl. auch Hruschka 145 ff., Jakobs 350; and. Küper, Pflichtenkollision 107). Ein nicht unwesentlicher Unterschied besteht dabei allerdings insofern, als bei einem Notstandstäter der ersten Gruppe eine Rechtfertigung noch zusätzlich dadurch erschwert wird, daß hier mit der Folge einer entsprechend höher anzusetzenden Opfergrenze immer auch das Allgemeininteresse an der Funktionsfähigkeit von Institutionen ins Gewicht fällt, die in besonderer Weise für die Abwehr von Gefahren zuständig sind (vgl. auch Delonge aaO 113 ff.). Beiden Fallgruppen gemeinsam ist dagegen, daß nur solche Gefahrtragungspflichten zu berücksichtigen sind, die sich gerade auf Gefahren der fraglichen Art beziehen und die auch für die fragliche Kollisionsbeziehung gelten: So können die besonderen Pflichten eines Polizeibeamten zwar ein Abwägungsfaktor sein, wenn dieser sich durch einen Hausfriedensbruch bei einem Unbeteiligten vor einem ihn bedrängenden Angreifer in Sicherheit bringt, nicht aber, wenn er dazu dessen am Straßenrand abgestellten PKW benützt

(§ 248b). Schlechthin ausgeschlossen ist eine Rechtfertigung nach § 34, wenn dem Inhaber des bedrohten Guts nicht nur eine erhöhte Gefahrtragungspflicht auferlegt ist, sondern dessen Beeinträchtigung vom Recht geradezu gewollt ist (so z. B. wenn der Strafgefangene zur Erlangung der Freiheit eine Fensterscheibe zertrümmert; vgl. auch o. 6).

h) die **Entstehung der Gefahr als** eine vom Gesetzgeber **einkalkulierte Folge einer gesetzlichen Regelung.** Von Bedeutung ist dies, wenn z. B. Maßnahmen zum Schutz der Wirtschaft, des Umwelt-, Arbeitsschutzes usw. für einzelne zu der Gefahr von Einbußen führen, die nur durch einen Verstoß gegen die fragliche Vorschrift beseitigt werden kann. Hier ist davon auszugehen, daß jedenfalls die gesetzesadäquaten Risiken und Einschränkungen – d. h. diejenigen, die bei Verfolgung des Gesetzeszwecks als mögliche Nebenfolge der Gesetzesausführung in Kauf genommen werden müssen – von dem Betroffenen hinzunehmen sind, weil der Gesetzgeber insoweit die gesamtgesellschaftlichen Interessen offensichtlich als schutzwürdiger angesehen hat. Mit Recht war deshalb die Nachkriegs-Rspr. bei Preisverstößen und verbotenen Kompensationsgeschäften zur Erhaltung eines Betriebs und der dort vorhandenen Arbeitsplätze in der Annahme eines rechtfertigenden Notstands außerordentlich zurückhaltend (OGH NJW **49,** 472, **50,** 182, Bay NJW **53,** 1602, Hamm NJW **52,** 838, Köln NJW **53,** 1844, Stuttgart DRZ **49,** 93; vgl. in diesem Zusammenhang auch BGH GA **56,** 382: keine Rechtfertigung bei Verstoß gegen Devisenbestimmung zum Schutz des Vermögens von Bankkunden). Ebenso sind z. B. Umweltdelikte nicht deshalb gerechtfertigt, weil die Produktionsfähigkeit eines Betriebs durch gesetzlich vorgesehene Umweltschutzmaßnahmen in Frage gestellt wird (zu § 325 vgl. Rudolphi NStZ 84, 253; vgl. auch o. 23). Eine Rechtfertigung ist hier nur ausnahmsweise möglich, wenn es sich um die Abwendung einer außergewöhnlichen, vom Gesetzgeber nicht einkalkulierten Gefahr handelt (vgl. RG **62** 35, Rengier KK-OWiG § 16 RN 41 f.), wobei es in solchen Fällen dann allerdings auch nicht mehr auf die Zahl der bedrohten Arbeitsplätze ankommen kann, da dem größeren Betrieb nicht erlaubt sein kann, was dem kleineren verboten ist (vgl. Bay NJW **53,** 1603; and. Hamm aaO, Köln aaO; zum Ganzen vgl. auch Randelzhofer/Wilke aaO [o. 9] 44 ff.). Voraussetzung ist aber auch hier immer, daß für die Abwendung der Gefahr kein eigens dafür vorgesehenes Verfahren zur Verfügung steht (vgl. u. 41).

3. Auch eine derart modifizierte Güterabwägung, die unter dem Gesichtspunkt der geringeren oder größeren Schutzwürdigkeit der kollidierenden Güter erfolgt, erschöpft die nach S. 1 erforderliche Gesamtabwägung jedoch nicht, weil dabei noch unberücksichtigt ist, daß sich beim Notstand typischerweise **Güter in unterschiedlicher Lage** gegenüberstehen.

Sie ermöglicht eine endgültige Entscheidung nur unter der Voraussetzung, daß sich zwei Güter unter den gleichen Vorzeichen gegenüberstehen, d. h. beide in Gefahr sind und infolge der Unmöglichkeit, beide zu erhalten, eine Wahl zu treffen ist, welches gerettet und welches seinem Schicksal überlassen werden soll (Fall der Kollision zweier Handlungspflichten, vgl. Lenckner, Notstand 106, GA 85, 311 f.). Demgegenüber sind die typischen Fälle des § 34 dadurch gekennzeichnet, daß der Täter den drohenden Schaden durch eine an sich verbotene Handlung von dem zunächst allein betroffenen auf ein anderes, im Regelfall unbeteiligtes Gut abwälzt oder daß er durch ein an sich pflichtwidriges Unterlassen ein Gut opfert, um ein anderes zu retten, obwohl nur ersteres den Anspruch hatte, von ihm geschützt zu werden. Hier genügt auch eine modifizierte Güterabwägung nur dann, wenn auf beiden Seiten Rechtsgüter der Allgemeinheit stehen, weil der Täter in diesem Fall schon dann gerechtfertigt ist, wenn das von ihm geschützte Gut für die Gemeinschaft in concreto wichtiger, d. h. schutzwürdiger ist (vgl. Lenckner, Notstand 109, Schröder SchwZStr. 76, 11). Im übrigen aber sind die nach S. 1 notwendige Interessenabwägung noch weitere Faktoren miteinzubeziehen.

a) Da dem Betroffenen mit der Notstandshandlung ein Sonderopfer durch einen von außen her erfolgenden Eingriff in seine Rechts- und Herrschaftssphäre aufgezwungen wird, ist bei der Interessenabwägung nicht nur der Gutsverlust als solcher, sondern auch die **Mißachtung fremder Autonomie** zu berücksichtigen (vgl. Hirsch LK 68, Lenckner, Notstand 111 ff., GA 85, 312, Roxin, Kriminalpolitik u. Strafrechtssystem 27, Stratenwerth ZStW 68, 50, aber auch Delonge aaO 141 ff.). Richtet sich die Tat gegen einen Unbeteiligten, so kann daher ein überwiegendes Interesse gem. S. 1 nur angenommen werden, wenn das gerettete Gut *unverhältnismäßig* mehr Schutz verdient, denn nur dann wird auch die Verletzung fremder Selbstbestimmung aufgewogen (vgl. auch § 904 BGB; i. E. ebenso Stratenwerth 144).

b) Von Bedeutung kann ferner die **Begehungsart** (unterschiedlicher Unwertgehalt von Tun und – vgl. § 13 II – Unterlassen, bei ersterem auch die besondere Art der Ausführung) und die Größe des **Handlungsunwerts** sein, wobei hier auch eine Rolle spielen kann, ob sich die Notstandshandlung unmittelbar gegen das fremde Rechtsgut richtet (dolus directus i. S. von zielgerichtetem Handeln) oder ob dessen Verletzung nur eine als unvermeidbar vorhergesehene Nebenfolge eines seiner Art und Tendenz nach an sich unverbotenen Tuns ist (Lenckner, Notstand 114 ff., Noll ZStW 77, 29; vgl. auch BGH NJW **76,** 680 m. Anm. Kienapfel JR 77, 27,

Küper JZ 76, 515 [Veruntreuung von Mandantengeldern zur Tilgung von Bankforderungen]; and. Hirsch LK 71). Nur so ist es auch zu begründen, daß zwar die indirekte, nicht aber die direkte Euthanasie – diese auch nicht im Fall des § 216 – unter Notstandsgesichtspunkten gerechtfertigt sein kann (vgl. 25f. vor § 211, zu § 216 aber z. B. auch LG Ravensburg NStZ **87**, 229, Herzberg NJW 86, 1640, JZ 88, 185 ff.), weil der Handlungsunwert im ersten Fall geringer zu veranschlagen ist als bei dem zielgerichteten Tötungsvorsatz der direkten Euthanasie (vgl. Lenckner in: Forster, Praxis der Rechtsmedizin [1986] 604; zur Frage der Entschuldigung vgl. 117 vor § 32, § 35 RN 33). Dasselbe gilt für das nach Seegewohnheitsrecht als zulässig angesehene Schließen der Schotten bei einer drohenden Schiffskatastrophe, wobei ein Teil der Besatzung den Tod findet (vgl. H. Mayer AT 179).

40 c) Die Basis, auf der die Interessenabwägung zu erfolgen hat, wird schließlich noch dadurch erweitert, daß die Frage der Zulässigkeit der Notstandshandlung auch in ihrer **Bedeutung für die Rechtsordnung im ganzen** zu sehen ist (vgl. Lenckner, Notstand 113 f., 116 ff., 128, GA 85, 312, ferner Küper, Nötigungsnotstand 120). Hier tritt zunächst in der Abwälzung des Schadens auf einen Dritten liegende Störung des allgemeinen Rechtsfriedens als eine selbständige Größe auf, woraus sich z. B. die Unzulässigkeit von Notstandshandlungen bei der Gefahr bloßer Bagatellschäden ergibt (Blei I 166, Jakobs 351, Lenckner aaO; vgl aber auch Hirsch LK 69). Daneben kann im Einzelfall das Interesse an der Wahrung allgemeiner Rechtsprinzipien und oberster Rechtswerte mit der Folge zu berücksichtigen sein, daß insgesamt ein überwiegendes Interesse trotz der an sich ungleich größeren Schutzwürdigkeit des geretteten Guts zu verneinen ist (insoweit auch Hirsch aaO). Von Bedeutung ist dies z. B. in folgenden Fällen:

41 α) Ist die Lösung bestimmter Konflikte ausschließlich einem **besonderen Verfahren** oder besonderen Institutionen vorbehalten, so ist eine eigenmächtige Beseitigung der Gefahr durch Private, selbst wenn sie in der konkreten Situation das einzige Mittel sein sollte, schon deshalb nicht gerechtfertigt, weil hier auch fundamentale Ordnungsprinzipien auf dem Spiel stehen, die in die nach S. 1 erforderliche Gesamtabwägung miteinzubeziehen sind und dort zur Verneinung eines „überwiegenden Interesses" führen: Daher z. B. keine Rechtfertigung nach § 34, wenn der unschuldig Inhaftierte nach Ausschöpfung aller legalen Möglichkeiten seine Freiheit nur durch eine Sachbeschädigung wieder erlangen kann (vgl. auch Bernsmann JuS 89, 111; zu § 904 BGB vgl. o. 6, zu § 35 vgl. dort RN 26) oder wenn ein Privater zur Wahrung staatlicher Strafverfolgungsinteressen – z. B. Sicherstellung wichtiger Beweismittel, die andernfalls verloren wären – einen Hausfriedensbruch begeht, desgleichen bei einer Gewässer- oder Luftverunreinigung zum Zweck der Arbeitsplatzsicherung, wenn die dafür erforderliche Genehmigung nicht eingeholt oder versagt wurde oder gegen eine behördliche Anordnung verstoßen wird (vgl. § 324 RN 13, § 325 RN 25, Möhrenschlager NStZ 82, 166, Rudolphi ZfW 82, 208 ff., NStZ 84, 196, 252 u. näher Schall aaO 6 ff., der dies jedoch mit S. 2 begründet); zum Ganzen vgl. auch Grebing GA 79, 95 ff., Jakobs 352 ff., Jescheck 326, Rengier KK-OWiG § 16 RN 43, Samson SK 3b, 22, die darin freilich ein Problem des S. 2 sehen (vgl. u. 46), ferner Keller aaO 317 ff.

41a β) Ebensowenig gerechtfertigt ist der sog. **zivile Ungehorsam,** d. h. – so die Denkschrift „Evangelische Kirche und freiheitliche Demokratie" (1985) 21f. – „das Widerstehen des Bürgers gegenüber einzelnen gewichtigen staatlichen Entscheidungen, um einer für verhängnisvoll und ethisch illegitim gehaltenen Entscheidung durch demonstrativen, zeichenhaften Protest bis zu aufsehenerregenden Regelverletzungen zu begegnen" (vgl. BVerfG NJW **87**, 47f. jedenfalls für solche Akte zivilen Ungehorsams, die, wie bei Verkehrsbehinderungen, in die Rechte Dritter eingreifen, die ihrerseits unter Verletzung ihres Selbstbestimmungsrechts als Instrument zur Erzwingung öffentlicher Aufmerksamkeit benutzt werden; vgl. ferner z. B. Bay JZ **86** 406, Stuttgart OLGSt § 123 **Nr. 2**, D-Tröndle 10a vor § 32, Hassemer, Wassermann-FS 325 ff., Kühl StV 87, 133 f., Lenckner JuS 88, 353 f.; zur Diskussion über den zivilen Ungehorsam vgl. im übrigen die umfassenden Nachw. b. BVerfG aaO 43, D-Tröndle aaO). Auch auf § 34 kann die Rechtfertigung zivilen Ungehorsams nicht gestützt werden (vgl. aber Schüler-Springorum in: Glotz, Ziviler Ungehorsam im Rechtsstaat [1983] 87 ff.), dies, von anderen Gründen abgesehen (vgl. Lenckner aaO), schon deshalb nicht, weil bei der dort erforderlichen Interessenabwägung stets auch zu berücksichtigen wäre, daß bewußte Normverletzungen als Mittel einer Minderheit, auf den öffentlichen Willensbildungsprozeß einzuwirken, mit den Grundprinzipien des demokratischen Rechtsstaates schlechterdings unvereinbar sind. Abgesehen davon hat es das BVerfG (aaO 48) mit Recht als „widersinnig" bezeichnet, den Gesichtspunkt des zivilen Ungehorsams, der per definitionem illegale Mittel einschließt, als Rechtfertigungsgrund für Gesetzesverletzungen geltend zu machen.

41b γ) Nicht nach § 34 gerechtfertigt sind ferner Handlungen im **Nötigungsnotstand** (§ 52 a. F.; vgl. § 35 RN 11), bei dem sich der Täter zur Abwendung eines ihm angedrohten oder zugefügten Übels zum Werkzeug eines rechtswidrig handelnden Dritten machen läßt, und zwar auch nicht im Falle eines ungleich wertvolleren Erhaltungsgutes, so z. B. wenn der Täter durch Bedrohung mit dem Tod zur Mitwirkung an einem Diebstahl gezwungen wird (vgl. Baumann/Weber 343, Blei I 170, Kienapfel ÖJZ 75, 430, Lange NJW 78, 785, Lenckner, Notstand 117, Spendel LK § 32 RN 212, Weber ZStW 96, 396, Wessels I 123f.; and. Bernsmann, „Entschuldigung" durch Notstand [1989] 147, Delonge aaO 133ff., Hirsch LK 69, Jakobs 343, Keller aaO 308ff., Krey Jura 79, 321, Roxin Oehler-FS 187ff., Samson SK 8, Schmidhäuser 331, 466, I 140 u. näher i. S. der Gegenmeinung Küper, Nötigungsnotstand 47ff.; differenzierend nach Art des Eingriffs – u. Erhaltungsguts Neumann JA 88, 334f.; für bloßen „Strafunrechtsausschluß" Günther aaO 336 u. dagegen mit Recht Roxin aaO). Dies folgt daraus, daß der Täter hier, wenn auch gezwungenermaßen, auf die Seite des Unrechts tritt, was das Recht jedoch, wenn es nicht auf eine elementare Voraussetzung seines eigenen Geltungsanspruchs verzichten will, grundsätzlich nicht billigen kann (vgl. Lenckner aaO; dagegen aber Küper aaO 56ff., krit. auch Neumann JA 88, 334f.). Auch eine „gespaltene Rechtswidrigkeitsbeurteilung" – rechtswidriges Handeln in der Person des Nötigers, auf die Gefahrenabwendung beschränktes Eingriffsrecht des Genötigten – entgeht diesem Einwand nicht (so aber Küper aaO 56ff.): Auch sie ändert nichts daran, daß das „Vertrauen in die Geltungskraft der Rechtsordnung zutiefst erschüttert" würde (so mit Recht Wessels aaO), wenn – Konsequenz einer dann auch „gespaltenen" Duldungspflicht für das Eingriffsgut – der Betroffene der unmittelbaren Bedrohung durch den Vordermann völlig schutzlos ausgeliefert wäre und auf seine Notwehrbefugnis gegenüber dem Hintermann beschränkt bliebe, obwohl diese vielfach wenig effektiv oder überhaupt nicht realisierbar ist (so z. B. wenn dieser gar nicht anwesend ist). Jedenfalls bei Eingriffen in Individualrechtsgüter ist deshalb in Übereinstimmung mit § 52 a. F. und der dort zum Ausdruck gekommenen gesetzlichen Wertung daran festzuhalten, daß der Genötigte – vorbehaltlich eines anderen Rechtfertigungsgrundes, z. B. weil wegen der Zwangslage des Täters eine mutmaßliche Einwilligung des Betroffenen angenommen werden darf – nur entschuldigt sein kann (§ 35 bzw. übergesetzlicher entschuldigender Notstand, wenn der angedrohte Nachteil weder den Täter noch eine Sympathieperson trifft [vgl. 115ff. vor § 32]). Aber auch wenn sich die abgenötigte Tat gegen überindividuelle Güter richtet, gilt grundsätzlich nichts anderes, weshalb die Rspr. z. B. einen durch Drohungen mit gegenwärtiger Gefahr für Leib oder Leben abgenötigten Meineid mit Recht nur als entschuldigt angesehen hat (vgl. z. B. RG **66** 98, 397, JW **25**, 961, BGH **5** 371; lediglich für Entschuldigung hier z. B. auch Hirsch LK § 35 RN 27, Neumann JA 88, 335). Nur in extremen Situationen, in denen es um die Abwendung schwerster Schäden für die Allgemeinheit geht (z. B. atomare Erpressung), kann hier auch § 34 in Betracht kommen, und dasselbe dürfte in den „Freipressungsfällen" gelten, in denen die zuständige politische Instanz zum Schutz des bedrohten Lebens der Geisel die Freilassung von Gefangenen anordnet („Fall Lorenz"; vgl. näher dazu Krey ZRP 75, 97, Küper aaO 14ff., 77ff.; and. aber auch hier z. B. D-Tröndle 24, Lange NJW 78, 785). Dies ergibt sich hier daraus, daß sich in diesem Fall – letztlich ein verfassungsrechtliches Problem – auch die Legitimationsfrage einer solchen Entscheidung anders stellt, weil es nur dem Staat als dem Hüter des Rechts vorbehalten sein kann, im Rahmen seiner politischen Gesamtverantwortung den Gedanken der Rechtsbewährung, der sonst einer Rechtfertigung entgegensteht, im Einzelfall zwingenden anderen Interessen – hier der Schutzpflicht gegenüber seinen Bürgern – nachzuordnen (vgl. auch BVerfGE **46** 160).

δ) Besonders problematisch ist die Anwendbarkeit des § 34 auf die **staatlich gesteuerte oder gebilligte Deliktsbegehung oder -beteiligung** durch Untergrundagenten, Kontaktpersonen oder Lockspitzel als ultima ratio bei der Bekämpfung des immer bedrohlicher werdenden organisierten Verbrechens (Rauschgiftkriminalität usw.; zur Zulässigkeit „verdeckter" Ermittlungen als solcher vgl. die Nachw. in § 26 RN 17, für Bay Art. 30ff. PolizeiaufgabenGes. v. 14. 9. 1990 [GVBl. S. 397], ferner die bundeseinheitlich erlassenen Länder-Richtlinien über den Einsatz verdeckter Ermittler im Rahmen der Strafverfolgung, z. B. Bad.-Württ. GABl. 86, 291, NRW JMBlNW 86, 64 und jetzt den Entwurf eines Ges. zur Bekämpfung des illegalen Rauschgifthandels u. a. Erscheinungsformen der organisierten Kriminalität, BT-Dr. 11/7663). Hier geht es über die unmittelbar betroffenen Güter hinaus immer auch um die Frage, welchen Schaden die Autorität des Rechts und die Rechtstreue der Bevölkerung nehmen, wenn der Rechtsstaat selbst sich illegaler Mittel bedient. Aus bloßen Strafverfolgungsgründen ist dies in keinem Fall zulässig; insoweit sind Eingriffe in die Rechte Dritter nur nach den Vorschriften der StPO möglich, die durch § 34 nicht überspielt werden können. Etwas anderes muß aber gelten, wenn nicht (repressive) Strafverfolgungsinteressen – und nur im Hinblick auf diese sind die prozessualen Eingriffsbefugnisse mit der Folge einer weitergehenden Eingriffssperre konzipiert –, sondern Zwecke der Gefahrenabwendung im Vordergrund stehen. Bei einer solchen „Prädominanz der Prävention" (Schäfer GA 86, 49) ist bis zum Erlaß spezieller gesetzlicher Regelungen (vgl. Art. 30ff. Bay PAG [s. o.] und den o. genannten Gesetzesentwurf) jedenfalls prinzipiell auch § 34 anwendbar (vgl. o. 7, München NJW **72** 2275 m. Anm. Otto NJW 73, 668 u. Amelung/Schall JuS 75, 565, Suhr JA 85, 632; and. Dencker, Dünnebier-FS 457, Franzheim NJW 79, 2014, Keller aaO 377ff., Krekeler AnwBl. 87, 445f., Lüderssen Jura 85, 119, Ostendorf/Meyer-Seitz StV 85, 79, Riegel NVwZ 85, 639, Seelmann ZStW 95, 808ff.; vgl. auch die o. genannten Richtlinien, wonach einerseits bei Eingriffen in Rechte Dritter § 34 „als gesetzliche Generalermächtigung nicht herangezogen werden darf" [Ziff. 3.2], andererseits aber eine Rechtfertigung des Verhaltens des einzelnen Polizeibeamten z. B. unter den Voraussetzungen des § 34 unberührt bleiben soll [Ziff. 3.3]). Soll der Rechtsstaat nicht selbst ins Zwielicht geraten, so müssen einer Rechtfertigung nach § 34 hier allerdings enge Grenzen gesetzt sein: Sie setzt einerseits das Bestehen schwerer und schwerster Gefahren im sozialen Raum voraus, denen wegen des hier bestehenden Ermittlungsnotstands nur noch mit unorthodoxen Mitteln beizukommen ist (zur Notstandsfähigkeit von Gütern der Allgemeinheit vgl. o. 10, zur Gegenwärtigkeit der Gefahr o. 17), und sie kommt andererseits nur bei Taten in Betracht, die im Vergleich dazu nach Art und Schwere nicht ins Gewicht fallen und deshalb eine Irritation des allgemeinen Rechtsbewußtseins nicht besorgen lassen (vgl. im einzelnen zu den dort zwar in anderem gesetzlichen Zusammenhang genannten, in der Sache aber auch bei § 34 maßgeblichen Abwägungskriterien Evers NJW 87, 156 u. näher zu den hier in Betracht kommenden Delikten – z. T. sehr weitgehend – den Bericht des Arbeitskreises II der Innenministerkonferenz StV 84, 350 sowie krit. dazu die Stellungnahme des Justizmin. NRW ebd. 354; zum Fall einer primär allerdings Tatbestandsfragen betreffenden staatlich inszenierten „Befreiungsaktion" für Terroristen, um über Lockspitzel in den harten Kern von Terrorgruppen einzudringen, vgl. Evers aaO 153, Kühne JuS 87, 188). Davon unberührt bleibt die Anwendbarkeit des § 34 in Fällen, in denen der Untergrundagent usw. selbst bei der Ausübung seiner Tätigkeit in eine besondere Notstandssituation gerät, in der sich auch andere auf § 34 berufen dürften (vgl. auch Rebmann NJW 85, 5). Zur Bedeutung des tatprovozierenden Verhaltens für den provozierten Täter vgl. § 26 RN 17, ferner 131 vor § 32.

41 d   ε) In ihrer Bedeutung für die Rechtsordnung im ganzen sind auch Notstandshandlungen zu sehen, wenn die drohende Gefahr einer allgemeinen Notlage (sog. **Sozialnot**) entspricht. Hier ist eine Rechtfertigung grundsätzlich zu verneinen, weil andernfalls das, was dem Täter erlaubt ist, auch allen anderen gestattet werden müßte, damit aber das verletzte Gesetz gegenstandslos würde (Lenckner, Notstand 118; vgl. auch Hirsch LK 38, wonach es hier schon an einer Gefahr i. S. des § 34 fehlen soll); nicht gerechtfertigt war daher das zusätzliche Sichbeschaffen bewirtschafteter Lebensmittel vor der Währungsreform, um einen infolge der mangelhaften Versorgung drohenden Gesundheitsschaden abzuwenden (vgl. dazu Celle HESt. **1** 139, Kiel HESt. **1** 140, v. Weber MDR 47, 78).

41 e   ζ) **Weitere Beispiele:** Nicht gerechtfertigt nach § 34 ist eine zwangsweise Blutentnahme als einziges Mittel zur Erhaltung fremden Lebens, da dies dem Freiheitsprinzip schlechthin und der Menschenwürde widersprechen würde (E 62, Begr. 160, Blei I 167, Gallas, Mezger-FS 326, Jescheck 327, Lenckner, Notstand 117, Samson SK 18, Schmidhäuser 332, Wessels I 91; einschränkend Hirsch LK 68; z. T. and. Baumann/Weber 349 f.; and. auch Delonge aaO 150 ff., ferner Roxin, Kriminalpolitik und Strafrechtssystem 27 f. unter Hinweis auf § 81 a StPO und die Impfgesetze, womit jedoch der von Wessels aaO mit Recht als entscheidend hervorgehobene Unterschied übersehen wird, daß es sich bei einer Blutspende um einen Akt mitmenschlicher Hilfsbereitschaft handelt, die nicht mit Brachialgewalt erzwungen werden darf). Ebensowenig rechtfertigt § 34 den Diebstahl von Geld, den ein mittelloser Kranker begeht, um einen für die Heilung von seinem schweren Leiden erforderlichen Sanatoriumsaufenthalt zu finanzieren. Hier ist es Aufgabe des Staates, solche Not zu beheben; wo dieser nicht einspringt, kann deshalb auch dem einzelnen keine weitergehende Opferpflicht auferlegt werden (Lenckner, Notstand 161 mwN; i. E. auch Hirsch LK 69, Jakobs 353).

42   4. **Keine Voraussetzung** für die Annahme eines überwiegenden Interesses ist das Bestehen einer **Schutzpflicht** des Täters zugunsten des bedrohten Guts (Düsseldorf VRS **30** 40, NJW **70**, 674, Hirsch LK 25), ebenso wie umgekehrt aus einer solchen keine weitergehenden Eingriffsrechte folgen (vgl. o. 4). Jedenfalls keine generelle Rechtfertigungsvoraussetzung ist, wie sich schon aus § 228 S. 2 BGB ergibt, nach h. M. auch das **Unverschuldetsein** der Notstandslage (z. B. RG **61** 255, BGH VRS **36** 24, Bay NJW **78**, 2046 m. Anm. Dencker JuS 79, 779 u. Hruschka JR 79, 125, Celle VRS **63** 449, Düsseldorf VRS **30** 444, Hamm VM **70**, 86, Köln VRS **56** 63, Baumann/Weber 347, D-Tröndle 6, Delonge aaO 136 ff., Hirsch LK 70, Jescheck 325, Küper, Notstand 21 ff., Lenckner, Notstand 103 ff., M-Zipf I 376). Die Frage ist jedoch, ob die schuldhafte Herbeiführung der Gefahren- oder Notstandslage durch den Inhaber des bedrohten Guts (bzw. durch das ihm zurechenbare Verhalten eines Dritten, vgl. dazu Küper aaO 151 ff.) die Beurteilung der Notstandshandlung selbst überhaupt beeinflussen kann (so z. B. Dencker aaO, Herrmann, in: Eser/Fletcher [vor 4 vor § 32] 762, Hirsch LK 70, Jakobs 349, Lackner 2a, Otto 149, Rengier KK-OWiG § 16 RN 54 u. eingehend Küper aaO 24 ff.; vgl. auch BGH NJW **76**, 680 m. Anm. Kienapfel JR 77, 27 u. Küper JZ 76, 515, **89**, 2479 m. Anm. Eue JZ 90, 765 u. Bespr. Küpper JuS 90, 184, Delonge aaO 141 ff.; and. Hruschka aaO, GA 81, 241). Zu bejahen ist dies zwar insofern, als der Täter hier eher auf ein milderes, aber weniger sicheres Mittel verwiesen werden kann (vgl. auch zu § 32 dort RN 57, 60). Ist die Erforderlichkeit aber gegeben, so kommt es dafür, ob das an sich schutzwürdigere Gut seiner noch hoffnungslosen Lage die Solidarität der Rechtsgemeinschaft verdient, anders als bei § 35 (vgl. dort RN 20) grundsätzlich nicht mehr darauf an, wie es in diese Situation geraten ist (and. Dencker JuS 79, 780 f., Küper aaO 25 ff.). So ist z. B. die Rechtfertigung einer Geschwindigkeitsüberschreitung zur Rettung eines Schwerkranken nicht deshalb zu verneinen, weil dieser sich nicht rechtzeitig um ärztliche Hilfe bemüht hat (vgl. Düsseldorf VRS **30** 446), einer Unfallflucht nicht deshalb, weil der Täter den Unfall bedingt vorsätzlich herbeigeführt und dabei auch die Gefahr schwerer körperlicher Mißhandlung durch aufgebrachte Unfallzeugen miteinkalkuliert hat (and. Küper aaO 91 ff.; offengelassen in BGH VRS **36** 23). Ausnahmen, in denen ein Verschulden zu Lasten des „Erhaltungsguts" auf das Abwägungsergebnis durchschlägt, sind allenfalls bei der vorsätzlichen Gefährdung eines disponiblen Guts denkbar, sofern dabei nur verhältnismäßig geringfügige Einbußen drohen (vgl. auch Jakobs 349). Im übrigen aber kann selbst eine absichtliche Notstandsprovokation eine i. S. des „Erhaltungsguts" positive Interessenbilanz nicht verändern (and. Küper aaO 33): So kann etwa die Schwangere nicht deshalb durch das Verbot eines lebensnotwendigen Schwangerschaftsabbruchs dem Tod überantwortet werden, weil sie, um den nach § 218a I (Anwendungsfall des § 34) zulässigen Eingriff zu erzwingen, die Lebensgefahr selbst herbeigeführt hat (vgl. aber auch BGH **3** 7, Küper aaO 123 ff.). In diesen Fällen einer „in actu" gerechtfertigten Notstandshandlung kann Anknüpfungspunkt für eine Strafbarkeit des Täters bei reinen Erfolgsdelikten jedoch bereits der Umstand sein, daß dieser den Notstand – d. h. nicht nur die Gefahr, sondern auch die Notwendigkeit der Verletzung des „Eingriffsguts" – pflichtwidrig veranlaßt hat (daher Strafbarkeit der Schwangeren – nicht dagegen des Arztes – in dem genannten Beispiel nach § 218; sog. actio illicita in causa, vgl. 23 vor § 32, ferner Bay NJW **78**, 2046 [i. E. zutr., da Erfolgsdelikt; vgl. dazu auch Delonge aaO 136 ff., Küper aaO 136 ff.; and. Dencker JuS 79, 783], Celle VRS **63** 449, Hamm VM **70**, 86 [mit Recht abl. hier aber Küper aaO 133 ff.], Baumann/Weber 346, Blei I 163, Henkel aaO 135, Jakobs 529, 541, Lenckner, Notstand 105, Weber aaO [o. 26 a. E.] 32; and. jedoch Herrmann, in: Eser/Fletcher [vor 4 vor § 32] 762 ff., Hruschka 356 ff., JR 79, 125, JZ 84, 243 u. bei der vorsätzlichen a. i. i. c. auch Küper aaO 59 ff.; offengelassen von BGH VRS **36** 25).

5. Die **Abwägung** der widerstreitenden Interessen geschieht durch ein vergleichsweises Bewerten, was einen entsprechenden **Wertmaßstab** voraussetzt. In der Auffindung dieses Maßstabes, der es gestattet, die unterschiedlichen Wertgehalte der kollidierenden Interessen und ihre Rangfolge zu bestimmen, liegen die eigentlichen Probleme der Vorschrift. Selbstverständlich ist hier zunächst immer das (gesamte) **positive Recht** als Auskunftsmittel heranzuziehen (vgl. auch Köln VRS **75** 118), wobei es vielfach auch möglich sein wird, an Hand der einzelnen gesetzlichen Bestimmungen, ihrem Zusammenhang, allgemeinen Rechtsgrundsätzen usw. zu entnehmenden Wertungen zu entscheiden, welche Interessen im Einzelfall höher zu bewerten sind (vgl. näher Lenckner, Notstand 157 ff.). Von besonderer Bedeutung ist hier der Vergleich mit der gesetzlichen Entscheidung paralleler Kollisionsfälle (vgl. z. B. Küper, Nötigungsnotstand 112 ff. zur Bedeutung des § 455 II StPO bei der Bestimmung der unterschiedlichen Schutzwürdigkeit der Strafrechtspflege und des Lebens einer bedrohten Geisel in den „Freipressungsfällen"). Nur von sehr begrenztem Erkenntniswert sind dagegen die in ihrer Aussagekraft früher weit überschätzten (vgl. z. B. RG **61** 266, München NJW **72**, 2276) gesetzlichen Strafdrohungen, die für den Rang eines Rechtsguts nur indizielle Bedeutung haben (vgl. auch BGH MDR/D **75**, 722), weil die Höhe der angedrohten Strafe auch durch mannigfache andere Faktoren (Begehungsmodalität, kriminalpolitische Gesichtspunkte usw.) bestimmt wird (Hirsch LK 56, Lenckner, Notstand 157 f., Roxin JuS 76, 510, Samson SK 11, Stratenwerth 142). Auch kann daraus, daß ein Gut nur zivilrechtlich geschützt ist, nicht schlechthin auf seine Geringerwertigkeit gegenüber den strafrechtlichen Rechtsgütern geschlossen werden (z. B. allgemeines Persönlichkeitsrecht einerseits, Eigentum andererseits). Davon abgesehen würden Art und Höhe einer Sanktion Schlüsse auch nur bezügl. der abstrakten gesetzlichen Bewertung des fraglichen Guts zulassen, auf die es bei der Interessenabwägung nach S. 1 zwar auch, aber nicht ausschließlich ankommt (vgl. o. 2, 22). Lediglich einen Anhaltspunkt gibt auch die Reihenfolge der in § 34 genannten Güter (BGH MDR/D **75**, 723). Nur als Grundsatz ist es deshalb auch zu verstehen, daß Persönlichkeitswerten im allgemeinen Vorrang vor Sachgütern zukommt (vgl. Hirsch LK 56, aber auch Jakobs 348); im Einzelfall kann freilich auch hier etwas anderes gelten, so z. B. aus den o. 30 genannten Gründen oder wegen der Vielzahl der ihnen gegenüberstehenden Interessen (vgl. Krey ZRP 75, 99) oder bei nur geringfügigen Eingriffen in Persönlichkeitsgüter (z. B. Entnahme von Leichenblut zur Feststellung einer die Hinterbliebenenrente ausschließenden Trunkenheitsfahrt, Frankfurt JZ **75**, 379, Roxin JuS 76, 511; and. Geilen JZ 75, 383). Angesichts der Notwendigkeit derart komplexer Erwägungen, wie sie § 34 voraussetzt (instruktiv Küper JZ 76, 517 zu BGH NJW **76**, 680), wird man allenfalls als grobe Richtlinie den Satz aufstellen können, daß eine Rechtfertigung am ehesten bei Verletzung formaler Ordnungsbelange möglich ist (vgl. Köln VRS **75** 116: Parkverstoß) und daß sie an umso strengere Anforderungen gebunden ist, je persönlichkeitsnäher das verletzte Rechtsgut ist, um schließlich im Bereich der Höchstwerte überhaupt auszuscheiden (Blei I 168, Wessels I 90). Daß Güter des einzelnen schlechthin den Vorrang vor solchen der Allgemeinheit haben, kann dagegen dem geltenden Recht ebensowenig entnommen werden wie der umgekehrte Grundsatz (vgl. auch Bay NJW **53**, 1603, Köln NJW **52**, 839, Küper, Nötigungsnotstand 106, M-Zipf I 371).

44 Auch bei Ausschöpfung aller Erkenntnismöglichkeiten kann an Hand des positiven Rechts jedoch nicht immer mit Sicherheit entschieden werden, welche Interessen im Einzelfall höher zu bewerten sind. Hier liegt es daher nahe, auf **außerrechtliche Wertungen** zurückzugreifen, wobei in diesem Zusammenhang vielfach auf die „anerkannten Wertvorstellungen der Allgemeinheit", die „Anschauungen der Sozialethik", die „in der Gemeinschaft herrschenden Kulturanschauungen" usw. verwiesen wird (Nachw. bei Lenckner, Notstand 166, ferner Hirsch LK 57). Aber auch hier ergeben sich Schwierigkeiten, weil darüber, was in der konkreten Situation höher zu bewerten ist, die in der Gemeinschaft bestehenden Anschauungen oft ebensowenig eine eindeutige Antwort geben wie die einer sicheren Einsicht nicht zugängliche Wertordnung selbst. Nicht selten wird daher die im Rahmen der Interessenabwägung erforderliche Wertentscheidung auf eine Eigenwertung des Richters hinauslaufen, was dann in der Tat dazu führt, daß hier immer „ein letzter Schuß irrationaler Erwägung" hinzukommt (Gallas, Niederschr. Bd. 12, 164/165, Roxin JuS 76, 511); näher zum Ganzen vgl. Heinitz aaO 283ff., Lenckner, Notstand 180ff.

45 6. Mißverständlich ist das in S. 1 genannte Erfordernis eines **„wesentlichen"** Überwiegens des geschützten Interesses. Nach dem E 62 (Begr. S. 159) sollte damit verhindert werden, daß eine Rechtfertigung schon dann eintritt, wenn die kollidierenden Interessen im Wert nicht wesentlich verschieden sind (vgl. dagegen Delonge aaO 167 ff., 178ff., wonach – entgegen dem Gesetzeswortlaut – sogar Gleichwertigkeit genügen soll; für die Möglichkeit eines „Strafunrechtsausschlusses" in diesen Fällen auch Günther aaO 328). Vielfach wird daher für das Überwiegen ein „qualifiziertes" Interessenübergewicht verlangt (z. B. Bergmann JuS 89, 111, Blei I 166, Hirsch LK 76, M-Zipf I 373, Rengier KK-OWiG § 16 RN 38). Nach dem Grundgedanken der Vorschrift kann es auf ein solches aber nicht ankommen: Da S. 1 in der Sache nichts anderes sein kann als die Wiedergabe des allgemeinen Rechtfertigungsprinzips des überwiegenden Interesses, bei dem zu fragen ist (vgl. o. 22), ob das mit der Tat geschützte Interesse höher zu veranschlagen ist als das Interesse an der Unterlassung der fraglichen Handlung – dazu, daß S. 2 für die Bewertung der Notstandshandlung keine zusätzlichen Gesichtspunkte mehr liefert, vgl. u. 46 –, sind begrifflich die Voraussetzungen für eine Rechtfertigung schon gegeben, wenn überhaupt ein Übergewicht in diesem Sinn besteht. Richtigerweise hat deshalb das Merkmal „wesentlich" nur eine – im Hinblick auf die o. 43f. genannten Wertungsschwierigkeiten allerdings berechtigte – Klarstellungsfunktion: Es soll sicherstellen, daß ein „überwiegendes Interesse" (und damit eine Rechtfertigung) nur dann angenommen wird, wenn dies zweifelsfrei oder jedenfalls nahezu eindeutig ist (vgl. auch D-Tröndle 8 [„klarer Rechtswertunterschied"], Jakobs 352, Lackner 2e, Roxin, Oehler-FS 184, Stratenwerth 143 u. näher Küper GA 83, 296, Lenckner, Notstand 150ff.; für einen „Beurteilungsspielraum" in Ausnahmefällen jedoch Krey ZRP 75, 100 u. krit. dazu Küper, Nötigungsnotstand 98ff.). Die Unsicherheit des Maßstabs dem Täter zugute zu halten und Zweifel in der Bewertung daher zu seinen Gunsten zu berücksichtigen (vgl. Grünewald ZStW 73, 35ff.), ist hier schon deshalb nicht möglich, weil es bei § 34 immer auch darum geht, was der von der Tat Betroffene an Einbußen hinnehmen muß, diesem aber eine Duldungspflicht nur auferlegt werden kann, wenn feststeht, daß der Täter ein vorzugswürdiges Interesse schützt (Küper GA 83, 297, Lenckner, Notstand 177ff.; vgl. auch Stratenwerth 144). Empfehlenswert ist daher nach Bejahung eines überwiegenden Interesses immer auch eine Überprüfung des Abwägungsergebnisses aus der Sicht des Betroffenen, indem gefragt wird, ob dieser sich den Eingriff wirklich gefallen lassen muß („Notwehrprobe"; vgl. § 15 AE, Küper GA 83, 297f., M-Zipf I 370, Stree JuS 73, 464). Zu den Folgen beim Irrtum vgl. jedoch u. 51.

46 V. Die der sog. Zwecktheorie (vgl. 6 vor § 32 und o. 2 a. E.) entnommene **Angemessenheitsklausel** des § 34 S. 2 ist der Interessenabwägungsklausel des S. 1 angefügt worden, um ein zusätzliches Korrektiv zu gewinnen, durch das sichergestellt werden soll, daß eine Rechtfertigung nur dann angenommen wird, wenn „das Verhalten des Notstandstäters auch nach den anerkannten Wertvorstellungen der Allgemeinheit als eine sachgemäße und dem Recht entsprechende Lösung der Konfliktslage erscheint" (Begr. zu § 39 E 62, S. 159, BT-Drs. V/4095 S. 15; für diese selbständige Funktion des S. 2 auch Amelung/Schall JuS 75, 569, D-Tröndle 12, Gallas ZStW 80, 26, Grebing GA 79, 93ff., Hruschka JuS 79, 390, Jakobs 339, 352, Jescheck 326, Lackner 2e, Stratenwerth 144; enger Samson SK 22; vgl. auch BGH NJW **76**, 680 m. Anm. Kienapfel JR 77, 27 u. Küper JZ 76, 517). In Wahrheit läuft S. 2 jedoch leer, weil auch die Frage, ob die Handlung das zum Schutz des bedrohten Guts „angemessene Mittel" ist, nur durch eine umfassende Abwägung aller im konkreten Fall für und gegen ihre Zulässigkeit sprechenden Umstände beantwortet werden kann. Eben diese Abwägung erfolgt aber schon in S. 1, und zwar, wenn die Interessenabwägungsklausel richtig verstanden wird, in der gleichen umfassenden Weise. Raum für einen selbständigen Wertungsvorgang nach S. 2 bliebe deshalb nur, wenn der Rahmen der Abwägung nach S. 1 enger gezogen und dort nur ein Teil der für die Gesamtentscheidung relevanten Gesichtspunkte in Ansatz gebracht würde. Doch wäre dies eine willkürliche Verengung des Interessenabwägungsgrundsatzes, die in der Sache nichts einbringt und die überdies auch gar nicht möglich ist, weil es keine Kriterien gibt, nach denen eine solche partielle Umverteilung der insgesamt abzuwägenden Faktoren von S. 1 auf S. 2 möglich ist. Ebensowenig sind die für S. 2 in Anspruch genommenen „anerkannten Wertvorstellungen der Allgemeinheit" ein neuer und zusätzlicher Gesichtspunkt, der erst mit S. 2 zur Geltung gebracht würde, denn in Wahrheit sind diese nichts anderes als ein (möglicher) Abwägungsmaßstab, wie er schon nach S. 1 notwendig ist, wenn es um die Frage geht, ob das geschützte Interesse wesentlich überwiegt (vgl. o. 44). S. 2 ist daher überflüssig (AE, AT, 2 A., Begr. 53, Baumann/Weber 351, Hirsch LK 3, 78 ff., Krey ZRP 75, 98, Lenckner, Notstand 70 ff., 128 ff., 146 ff., Otto 149, Schröder, Eb. Schmidt-FS 293, Stree JuS 73, 464, i. E. bzw. weitgehend auch Noll ZStW 77, 29, Roxin, Jescheck-FS 466 FN 30). Wenn überhaupt, hat S. 2 nur die Bedeutung, einer bloßen „Kontroll-Klausel", was praktisch auf die „Notwehrprobe" hinausläuft (Hirsch aaO).

Dies zeigen auch die Beispiele, mit denen die angebliche Notwendigkeit des S. 2 begründet wird. **47** So folgt nicht erst aus S. 2, daß das Bestehen einer besonderen Gefahrtragungspflicht einer Rechtfertigung entgegenstehen kann (so jedoch E 62 S. 159, BT-Drs. V/4095 S. 15, D-Tröndle 13 ff., Jescheck 326, M-Zipf I 374), vielmehr kann dieser Umstand, der ebenso wie z. B. der Grad der Gefahr das Maß der Schutzwürdigkeit des Interesses an der Erhaltung des fraglichen Guts mitbestimmt, ebensogut und mit dem gleichen Ergebnis bei der Interessenabwägung nach S. 1 berücksichtigt werden (vgl. o. 34, Küper JZ 80, 755). Ebensowenig bedarf es des S. 2, wenn das bedrohte Gut in der konkreten Situation nicht schutzbedürftig ist (and. M-Zipf I 374), da hier schon das Bestehen einer Notstandslage zu verneinen sein dürfte (vgl. o. 9), spätestens aber die Abwägung nach S. 1 zu einem negativen Ergebnis führt. Ferner ergibt sich die für staatliches Handeln u. U. bestehende „Rückgriffssperre" auf § 34 und die Bindung an ein besonders geregeltes Verfahren bereits aus S. 1 (vgl. o. 7, 41). Auch der hier immer wieder ins Feld geführte Fall der erzwungenen Blutentnahme zur Rettung eines Schwerverletzten (E 62 aaO, BT-Drs. V/4095 S. 15, D-Tröndle 16), kann nicht erst durch S. 2, sondern schon mit Hilfe des S. 1 gelöst werden: Hier ist es nicht nur das Interesse an der Körperintegrität, das gegen das Lebensinteresse des Verletzten abzuwägen ist, vielmehr ist in diese Abwägung auch das Interesse der Rechtsgemeinschaft an der Wahrung der Personenautonomie als einem Grundprinzip unserer Rechtsordnung einzubeziehen (vgl. o. 38; and. Gallas ZStW 80, 26). Schließlich folgt auch nicht erst aus dem „soweit" des S. 2, daß der Täter stets das schonendste Mittel zu wählen hat (E 62, Begr. 160), vielmehr ergibt sich diese Einschränkung schon aus dem in S. 1 enthaltenen Grundsatz der Erforderlichkeit; dasselbe gilt für die Fälle, in denen für die Gefahrenabwendung ein rechtlich geordnetes Verfahren zur Verfügung steht (and. Samson SK 22).

VI. Als **subjektives Rechtfertigungselement** (vgl. 13 ff. vor § 32) wird meist der **Rettungs- 48 wille** verlangt (vgl. z. B. BGH **2** 114, Schleswig VRS **30** 464, Baumann/Weber 283 ff., 292, D-Tröndle 18, Hirsch LK 45 ff., Jescheck 327, Lackner 2 d, Samson SK 24, Schmidhäuser 335). Doch ist hier zu unterscheiden: Ein tatsächlicher Rettungswille i. S. einer Rettungsabsicht ist nur in den in 16 vor § 32 genannten Fällen erforderlich, während im übrigen genügt, wenn der Täter in Kenntnis der rechtfertigenden Sachlage oder jedenfalls im Vertrauen auf ihr Vorliegen das objektiv Richtige tut; daß er zum Zweck der Rettung handelt oder durch die Gefahr motiviert ist, kann hier für den „Rettungswillen" dagegen nicht verlangt werden (vgl. auch Karlsruhe JZ **84**, 240 m. Anm. Hruschka; z. T. and. Alwart GA 83, 455 f.; näher dazu 14 vor § 32, Lenckner, Notstand 189 u. entsprechend zum Verteidigungswillen bei § 32 dort RN 63). Auch die Worte „um ... abzuwenden" haben in § 34 insoweit daher eine andere Bedeutung als in § 35 (vgl. dort RN 16: Motiv). So rechtfertigt z. B. der Transport des schwerverletzten Unfallopfers in das nächste Krankenhaus das Sich-Entfernen vom Unfallort (§ 142 I) auch dann, wenn der Täter darin nur eine willkommene Gelegenheit sieht, den polizeilichen Ermittlungen vorläufig zu entgehen (vgl. auch Rengier KK-OWiG § 16 RN 47 f.); ebenso ist § 34 nicht deshalb unanwendbar, weil es dem professionellen Fluchthelfer nur um den Gewinn und nicht um die Gründe des Flüchtlings geht (and. BGH MDR **79**, 1039). Handelt der Täter in Unkenntnis der rechtfertigenden Notstandslage, so bleibt die Tat zwar rechtswidrig, doch handelt es sich hier nur um das Unrecht des Versuchs (umstr., vgl. näher 15 vor § 32; and. auch hier nur in den in 16 vor § 32 genannten Fällen: Vollendung). Nur ein Wahndelikt liegt vor, wenn der Täter infolge falscher Interessenbewertung und -abwägung glaubt, Unrecht zu tun (vgl. auch u. 51).

Keine subjektive Rechtfertigungsvoraussetzung ist die **pflichtgemäße Prüfung** durch den **49** Täter. Die von der Rspr. zum früheren übergesetzlichen Notstand erhobene Forderung, der Täter müsse das Bestehen einer Notstandslage gewissenhaft geprüft und die kollidierenden Güter pflichtgemäß abgewogen haben (so schon RG **61** 255, **62** 138, ferner z. B. BGH **2** 114, **3** 10, **14** 2, NJW **51**, 769, Bay NJW **53**, 1603, JR **56**, 307, Celle MDR **69**, 778, Hamm VRS **20** 233, **36** 27), ist bei der h. M. im Schrifttum mit Recht auf Ablehnung gestoßen (vgl. z. B. D-Tröndle 18, Hirsch LK 77, 90, Jescheck 296, Küper, Notstand 115 ff., Lackner 2 e gg, Lenckner, Notstand 168 ff., H. Mayer-FS 165, M-Zipf I 376, Rudolphi, Schröder-GedS. 78, 84 f., Samson SK 25, Schmidhäuser 335, Stratenwerth 146, Welzel JZ 55, 142, Wolter, Objektive u. personale

Zurechnung 169f.; and. Blei I 170). Ist der Täter – i. E. zutreffend – vom Vorliegen der objektiven Rechtfertigungsvoraussetzungen ausgegangen, so kann ihm die Rechtfertigung nicht deshalb versagt werden, weil er, obwohl dies nichts geändert hätte, die Sachlage nicht sorgfältig geprüft hat; denn das Eingriffsrecht besteht nicht, wenn und weil der Täter das Vorliegen einer Gefahr pflichtgemäß geprüft hat, sondern es folgt unabhängig davon aus der Gefahr selbst. Waren umgekehrt die objektiven Notstandsvoraussetzungen nicht gegeben, so handelt es sich um ein Problem des Irrtums. Für § 34 kann die frühere Rspr. ohnehin nicht aufrechterhalten werden, da dessen Wortlaut eine solche Einschränkung nicht zuläßt (and. Blei I 170) und dies nach der Begr. zu § 39 E 62 (160) offensichtlich auch nicht gewollt war, wo darauf hingewiesen wird, daß die Verletzung einer Prüfungspflicht nur beim Irrtum von Bedeutung sei. Daran hat sich auch durch den Verzicht auf die besondere Irrtumsvorschrift des § 39 II E 62 nichts geändert.

50 VII. Bei irriger Annahme eines nach § 34 rechtfertigenden Sachverhalts (**Putativnotstand**, z. B. irrige Annahme einer Gefahr oder eines Sachverhalts, der im Fall seines Vorliegens die Bejahung eines überwiegenden Interesses gerechtfertigt hätte) gilt § 16 entsprechend (z. B. Koblenz NJW **88**, 2316 m. Bespr. Mitsch JuS 89, 964 u. zu § 12 OWiG a. F. Hamm VRS **41** 143, **43** 289; vgl. auch Hamm VRS **14** 431, Düsseldorf VRS **30** 446, Oldenburg VRS **29** 266; näher dazu 18, 60 vor § 13, § 16 RN 14ff. u. 21 vor § 32), wobei, was die Fahrlässigkeit betrifft, die besondere Situation des Täters (Zwang zur raschen Entscheidung) zu berücksichtigen ist. Die in der Reformdiskussion abgelehnte Sonderregelung des § 39 II E 62 (z. B. Arthur Kaufmann ZStW 76, 571, Roxin ZStW 76, 587, Schröder, Eb. Schmidt-FS 294; vgl. aber auch Dreher, Heinitz-FS 226ff.) ist bewußt nicht übernommen worden; unzulässig wäre es deshalb auch, wenigstens die Rechtsfolgen des Putativnotstands nach den Regeln der strengen Schuldtheorie zu bestimmen oder – was ein Verstoß gegen Art. 103 II GG wäre – § 35 II analog anzuwenden (and. Hirsch LK 91).

51 Ein **Verbotsirrtum** (§ 17) liegt dagegen vor, wenn sich der Täter über die rechtlichen Grenzen des § 34 irrt (zum Fall des sog. Doppelirrtums vgl. Koblenz NJW **88**, 2316 m. Bespr. Mitsch JuS 89, 964 u. entsprechend § 32 RN 65). Um einen – praktisch besonders wichtigen – Fall des Verbotsirrtums handelt es sich auch, wenn der Täter die den Interessenkonflikt kennzeichnenden Umstände zwar richtig erkennt, aber auf Grund fehlerhafter Bewertung und Abwägung zu dem unzutreffenden Ergebnis kommt, daß das geschützte Interesse wesentlich überwiege bzw. – was das gleiche bedeutet – die Tat das angemessene Mittel sei (BGH **35** 350 u. näher zu der besonderen Problematik dort [„Katzenkönig-Fall"] Küper JZ 89, 621ff., Schumann NStZ 90, 34ff., ferner Hamm VRS **41** 143, Köln NJW **82**, 2740, Koblenz NJW **88**, 2316, Grebing GA 79, 94). Ein Verbotsirrtum ist dies deshalb, weil die fraglichen Rechtfertigungsvoraussetzungen der besonderen Gruppe der „gesamttatbewertenden" Merkmale zuzurechnen sind und der Irrtum hier nicht die Bewertungsgrundlagen, sondern die Bewertung selbst betrifft (vgl. Jescheck 198, 376 im Anschluß an Roxin, Offene Tatbestände und Rechtspflichtmerkmale, 1959; vgl. dazu § 16 RN 20). Von besonderer Bedeutung ist in diesem Fall die Frage der Vermeidbarkeit des Irrtums. Bleibt das Ergebnis der Abwägung zweifelhaft, so hat dies nach dem o. 45 Gesagten zwar nicht die Folge, daß zugunsten des Täters von der Rechtmäßigkeit seines Tuns auszugehen wäre; wohl aber wird man dem Täter, der sich hier immer darauf berufen wird, daß er seine Abwägung für richtig gehalten habe, diesen Irrtum nicht vorwerfen dürfen (näher Lenckner JuS 68, 310). Hier – aber auch erst an dieser Stelle – erweist sich deshalb der Satz als richtig, daß die Unsicherheit des Wertmaßstabs dem Täter zugute gehalten werden muß.

52 VIII. Bei Überschreitung der Grenzen des Erforderlichen (**Notstandsexzeß**; vgl. Bay **59**, 40) bleibt die Handlung zwar rechtswidrig, doch ist das Unrecht gemindert, was bei der Strafzumessung zu berücksichtigen ist (vgl. 22 vor § 32). Bei unvorsätzlicher Überschreitung gilt das o. 50 Gesagte; eine entsprechende Anwendung des § 33 ist hier allenfalls in den Fällen des Defensivnotstandes (vgl. o. 30) vertretbar (vgl. Hirsch LK 92, Dreher-FS 229f.; and. Spendel LK § 33 RN 76), im übrigen aber angesichts der eindeutigen gesetzlichen Regelung nicht möglich (Roxin, Bockelmann-FS 283). Um Fälle geminderten Unrechts handelt es sich auch, wenn sonst eine Situation gegeben ist, welche die Voraussetzungen des § 34 nicht erfüllt, diesen aber doch mehr oder weniger nahekommt (Bsp. deutlich, wenn das geschützte Interesse nicht wesentlich hinter dem beeinträchtigten zurückbleibt).

53 IX. **Einzelfälle.** Einen rechtfertigenden Notstand hat die Rspr. u. a. in folgenden Fällen *bejaht oder für möglich gehalten*: *§ 123:* Hausfriedensbruch von Kontaktpersonen der Polizei zur Aufdeckung von Rauschgifthandel (München NJW **72**, 2275; vgl. o. 41c). – *§ 142:* Verlassen der Unfallstelle, um Mißhandlungen zu entgehen (BGH VRS **25** 196, **30** 281, **36** 25). – *§ 168:* Organtransplantation, sofern Einwilligung der Angehörigen nicht eingeholt werden kann (LG Bonn JZ 71, 56; vgl. o. 20); Entnahme einer Blutprobe bei einem tödlich Verunglückten zur Feststellung einer die Hinterbliebenenrente ausschließenden Trunkenheit (Frankfurt JZ **75**, 379, aber auch Frankfurt NJW **77**, 859; vgl. dazu jetzt die ausdrückliche Regelung in § 1559 IV RVO). – *§ 201:* heimliche Aufnahme von beleidigenden Äußerungen zur Ermöglichung einer Privatklage oder zivilrechtlichen Ehrenschutzklage (BGH NStZ **82**, 254, Frankfurt NJW **67**, 1047), Abhören u. Aufnehmen von Gesprächen als Beweismittel

Rechtfertigender Notstand **54 § 34**

für Scheidungsverfahren (KG NJW **67**, 115; and. Stuttgart MDR **77**, 683); Vorlage des einem Verteidiger zugespielten Tonbands mit einem Gespräch zwischen Staatsanwalt und Richter, wenn nur auf diese Weise ein Ablehnungsantrag nach § 24 StPO glaubhaft gemacht werden kann (Frankfurt NJW **79**, 1172; vgl. ferner § 201 RN 31 ff.). – *§ 203:* Verletzung der Schweigepflicht zur sachgemäßen Verteidigung im Strafprozeß (RG JW **35**, 2637, BGH **1** 366) bzw. im Interesse der Verkehrssicherheit (BGH NJW **68**, 2288, München MDR **56**, 565) bzw. zur Verhinderung einer gefährlichen Ansteckung (RG **38** 62) bzw. zur Aufklärung von Angehörigen über lebensgefährlichen Zustand eines Patienten (BGH JZ **83**, 151); vgl. § 203 RN 30 ff. – *§ 218:* Medizinisch indizierte Schwangerschaftsunterbrechung (RG **61** 242, **62** 137, BGH **2** 111, **3** 7); vgl. jetzt § 218a. – *§ 223:* Operation eines nichteinwilligungsfähigen Kindes bei pflichtwidriger Verweigerung der Einwilligung durch die Eltern (RG **74** 350). – *§ 239:* zeitweilige Einschließung eines gefährlichen Geisteskranken (BGH **13** 197; vgl. o. 31). – *§ 240:* gewaltsame Wegnahme des Zündschlüssels zur Verhinderung der Fahrt eines betrunkenen Kraftfahrers (Koblenz NJW **63**, 1991; vgl. o. 31). – *§ 246* (auch *§ 266*): vorübergehende Inanspruchnahme anvertrauter Gelder zur Abwendung eines hohen materiellen und immateriellen Schadens (BGH **12** 299; vgl. o. 26). – *§ 259:* Beschaffung von Wehrmachtsbenzin zur Versorgung der Zivilbevölkerung mit lebenswichtigen Gütern (RG **77** 115). – *§ 316:* Einsatzfahrt eines Fahrers der freiwilligen Feuerwehr (Celle VRS **63** 449); Trunkenheitsfahrt zur Unfallstelle zum Zweck der Hilfeleistung (Hamm VRS **20** 233; vgl. aber auch Hamm NJW **58**, 271, VRS **36** 27, Karlsruhe MDR **72**, 885, Koblenz NJW **88**, 2316); vgl. o. 28. – *§ 324:* Gewässerverunreinigung durch Erfüllung der Gewässerunterhaltungspflicht (GenStA Celle NJW **88**, 2394) oder durch Einsatz eines Bilgenentölerboots zur Abwendung größerer Umweltschäden (LG Bremen NStZ **82**, 164; vgl. o. 26). – *Nebenstrafrecht:* Einfuhr unverzollter Waren in das besetzte Ruhrgebiet zur Erhaltung der Wirtschaft (RG **62** 46); Ablagerung von Fäkalien entgegen §§ 4, 18 AbfG zur Vermeidung des Umkippens eines LKW (Bay NJW **78**, 2046; vgl. o. 42); zur Frage der Rechtfertigung von Verstößen gegen Preis- und Bewirtschaftungsvorschriften zur Sicherung von Produktion und Arbeitsplätzen eines Betriebs vgl. die Nachw. o. 9, 35; zum rechtfertigenden Notstand bei Verkehrsordnungswidrigkeiten vgl. die Nachw. o. 28.

Verneint wurde ein rechtfertigender Notstand u. a. in folgenden Fällen, wobei die genannten **54** Entscheidungen freilich nicht ohne weiteres verallgemeinert werden können, da die Frage der Interessenabwägung z. T. mit dem Hinweis darauf offengelassen wurde, daß die Tat nicht das erforderliche oder geeignete Mittel gewesen sei oder daß der Täter seiner Prüfungspflicht (vgl. o. 49) nicht nachgekommen sei: *§ 123:* „Hausbesetzungen" und begleitende Aktionen unter Berufung auf Fehlentwicklungen in der Wohnungs- oder Baupolitik (Düsseldorf NJW **82**, 2678); „Besetzung" eines Militärlagers als demonstrativer Akt gegen Raketenaufstellung (Stuttgart OLGSt. § 123 **Nr. 2** [auch zu § 303]). – *§ 129:* Teilnahme an einer kriminellen Vereinigung zur Durchsetzung des Selbstbestimmungsrechts der Südtiroler (BGH NJW **66**, 310). – *§ 142:* Entfernung vom Unfallort trotz einer nicht dringenden ärztlichen Behandlung (Koblenz VRS **57** 13) oder zur Wahrnehmung geschäftlicher Angelegenheiten (Stuttgart MDR **56**, 245). – *§ 154:* Meineid vor DDR-Gericht zur Abwendung einer Lebensgefahr, aber unter gleichzeitiger Gefährdung eines anderen (BGH GA **55**, 178). – *§ 201:* Abhören von Telefongesprächen zur Beschaffung von Beweisen für Ehescheidungsverfahren (Stuttgart MDR **77**, 683; and. KG NJW **67**, 115); heimliche Aufnahme eines Gesprächs zum Zweck seiner auditiv-phonetisch-sprachwissenschaftlichen Auswertung als Beweismittel (BGH **34** 39); vgl. näher § 201 RN 31 ff. – *§ 212:* Tötung angeblicher Landesverräter in der „Schwarzen Reichswehr" (RG **63** 224, **64** 104); Tötung von DDR-Grenzsoldaten bei Flucht aus der DDR (Hamm JZ **76**, 610). – *§ 222:* andere Verkehrsteilnehmer gefährdende Fahrweise (mit tödlichem Unfall) zur Rettung einer Selbstmörderin (Karlsruhe VRS **46** 275). – *§ 223a:* Prügelstrafe gegen Kriegsgefangene zur Bekämpfung von Diebstählen (BGH NJW **51**, 769). – *§§ 239, 240:* Blockadeaktionen gegen Atomwaffengegnern (Köln NStZ **85**, 550; zu § 16 OWiG i. V. mit § 29 I Nr. 2 VersG vgl. Celle NdsRpfl. **86**, 104). – *§ 259:* Erwerb von gestohlenen Paßformularen für den Betrieb eines gewerblichen Fluchthilfeunternehmens (BGH MDR **79**, 1039). – *§ 266:* Verwendung von Mandantengeldern zur Verhinderung des Zusammenbruchs einer Anwaltspraxis (BGH NJW **76**, 680; vgl. o. 26). – *§ 316:* Trunkenheitsfahrt (1,81‰) zum Transport eines nicht lebensgefährlich Verletzten ins Krankenhaus (Koblenz NJW **88**, 2316; vgl. auch Köln BA **78**, 219 sowie o. 28). – *§§ 324 ff.:* gesundheitsschädliche Emissionen bzw. Gewässerverunreinigung zur Sicherung der Arbeitsplätze und Produktion eines Betriebes (BGH MDR/D **75**, 723, Stuttgart DB **77**, 347, StA Mannheim NJW **76**, 585; vgl. auch o. 23, 35, 41). – *§ 354:* Öffnung eines beleidigenden Briefs (RG JW **28**, 662). – *Nebenstrafrecht:* Devisenvergehen zum Schutz von Vermögenswerten von Bankkunden (BGH GA **56**, 382); Besitz von Betäubungsmitteln (§ 29 I Nr. 3 BtmG), um diese der Polizei zuzuspielen (BGH StV **88**, 232); Befahren einer gesperrten Straße zur Durchführung eines Transports (Bay JR **56**, 307); Abschuß von Wild während der Schonzeit zur Abwehr von Wildschaden (Bay NJW **53**, 1563); Kriegsdienstverweigerung (§§ 15, 20 WStG) ohne Rücksicht auf das Ergebnis des Anerkennungsverfahrens (Bay JR **77**, 117). Zum Verkehrsrecht vgl. o. 28.

§ 35 Entschuldigender Notstand

(1) Wer in einer gegenwärtigen, nicht anders abwendbaren Gefahr für Leben, Leib oder Freiheit eine rechtswidrige Tat begeht, um die Gefahr von sich, einem Angehörigen oder einer anderen ihm nahestehenden Person abzuwenden, handelt ohne Schuld. Dies gilt nicht, soweit dem Täter nach den Umständen, namentlich weil er die Gefahr selbst verursacht hat oder weil er in einem besonderen Rechtsverhältnis stand, zugemutet werden konnte, die Gefahr hinzunehmen; jedoch kann die Strafe nach § 49 Abs. 1 gemildert werden, wenn der Täter nicht mit Rücksicht auf ein besonderes Rechtsverhältnis die Gefahr hinzunehmen hatte.

(2) Nimmt der Täter bei Begehung der Tat irrig Umstände an, welche ihn nach Absatz 1 entschuldigen würden, so wird er nur dann bestraft, wenn er den Irrtum vermeiden konnte. Die Strafe ist nach § 49 Abs. 1 zu mildern.

Schrifttum: Bernsmann, „Entschuldigung" durch Notstand, 1989. – *ders.,* Zum Handeln von Hoheitsträgern aus der Sicht des „entschuldigenden Notstands" (§ 35 StGB), Blau-FS 23. – *Broglio,* Der strafrechtliche Notstand, 1928. – *J. Goldschmidt,* Der Notstand, ein Schuldproblem, Österreich. Zeitschr. für Strafrecht 1913, 129, 224.– *Arthur Kaufmann,* Die Irrtumsregelung im Strafgesetz-Entwurf 1962, ZStW 76, 543. – *Küper,* Der entschuldigende Notstand, ein Rechtfertigungsgrund?, JZ 83, 88. – *Kuhnt,* Pflichten zum Bestehen des strafrechtlichen Notstands (§§ 52, 54 StGB), Diss. Freiburg, 1966. – *Lenckner,* Das Merkmal der „Nicht-anders-Abwendbarkeit" der Gefahr in den §§ 34, 35 StGB, Lackner-FS 95. – *Maurach,* Kritik der Notstandslehre, 1935. – *Neumann,* Zurechnung und „Vorverschulden", 1985. – *Oetker,* Notwehr und Notstand, Frank-FG I 359. – *Roxin,* Die Behandlung des Irrtums im E 1962, ZStW 76, 582. – *ders.,* Der entschuldigende Notstand nach § 35 StGB, JA 90, 97 u. 137. – *Rudolphi,* Ist die Teilnahme an einer Notstandstat strafbar?, ZStW 78, 67. – *Schröder,* Die Notstandsregelung des Entwurfs 1959 II, Eb. Schmidt-FS 290. – *Stree,* Rechtswidrigkeit und Schuld im neuen StGB, JuS 73, 461. – *Timpe,* Strafmilderungen des Allgem. Teils des StGB u. das Doppelverwertungsverbot, 1983. – *Ulsenheimer,* Zumutbarkeit normgemäßen Verhaltens bei Gefahr eigener Strafverfolgung, GA 72, 1. – *Vogler,* Der Irrtum über Entschuldigungsgründe im Notstand, GA 69, 103. – *Watzka,* Die Zumutbarkeit normgemäßen Verhaltens im strafrechtlichen Notstand, Diss. Freiburg, 1967. – Vgl. ferner die Nachw. vor 108 vor § 32 u. zu § 34. – *Materialien:* Niederschr. Bd. 2 S. 141 ff., Anh. Nr. 21 ff., Bd. 12, S. 152 ff., 495 ff. – Prot. V 1839 ff., 2111 ff., 2138. – BT-Drs. V/4095, S. 16.

1 I. Der Notstand kann nicht nur Rechtfertigungs-, sondern auch Entschuldigungsgrund sein (and. zuletzt noch Gimbernat Ordeig, Welzel-FS 485; gegen diesen eingehend Küper JZ 83, 88). Entsprechend der bereits zum früheren Recht vertretenen sog. Differenzierungstheorie (vgl. Bernsmann aaO 15, Küper aaO, JuS 87, 82 ff. mwN, ferner 1 vor § 32) behandelt § 35 im Anschluß an den rechtfertigenden Notstand (§ 34), die §§ 52, 54 a. F. in einer Vorschrift zusammenfassend, den **entschuldigenden Notstand** (zu den Unterschieden zum früheren Recht vgl. die 21. A. RN 1 f., Hirsch LK vor RN 1). Dabei ergibt sich nicht erst aus der Reihenfolge der Vorschriften, sondern schon aus Gründen der allgemeinen Verbrechenssystematik – § 35 setzt eine rechtswidrige Tat voraus –, daß § 35 nur anwendbar ist, wenn eine Rechtfertigung nach § 34 ausscheidet (vgl. Hirsch JR 80, 115, LK 1, Hruschka NJW 80, 23 gegen BGH NJW 79, 2053, wo dies nicht beachtet wurde; auch das Entfernen vom Unfallort, um der schwerverletzten Ehefrau bei der Fahrt im Krankenwagen menschlich beizustehen, dürfte entgegen Köln VRS 66 128 bereits gerechtfertigt sein). Obwohl nach beiden Vorschriften Straflosigkeit eintritt, hat die Entscheidung, ob § 34 oder § 35 anzuwenden ist, nicht nur für die unterschiedliche rechtliche Bewertung der Tat Bedeutung, sondern auch erhebliche praktische Konsequenzen: Kein Notwehrrecht des von der Notstandshandlung Betroffenen im Fall des § 34, wohl aber – wenn auch eingeschränkt (vgl. § 32 RN 52) – in dem des § 35; Möglichkeit strafbarer Teilnahme zwar im Fall des § 35 (vgl. u. 46), nicht aber in dem des § 34; verschieden ist endlich auch die Behandlung des Irrtums (vgl. § 34 RN 50 f. und u. 38 ff.).

1a Praktische Bedeutung hatte die Frage eines entschuldigenden Notstands in der bisherigen Rspr. vor allem bei der Beteiligung an NS-Gewaltverbrechen (vgl. BGH **2** 251, **3** 271, **18** 311, NJW **64**, 370, **72**, 834, OGH **1** 311), bei der Leistung von Spitzeldiensten für und gegen totalitäre Regime (BGH ROW **58**, 81, MDR/D **56**, 395, OGH **3** 121, Freiburg HESt **2** 200), bei der Tötung von gewalttätigen, eine Dauergefahr darstellenden Angehörigen (RG **60** 318, JW **34**, 422, BGH NJW **66**, 1823, OGH **1** 369), bei Eidesdelikten zur Vermeidung drohender Körperverletzung oder Tötung (RG **66** 98, 222, 397, JW **25**, 961, BGH **5** 371), bei Straftaten aus Furcht vor Strafverfolgung (RG **54** 338, **72** 19, BGH LM § 52 **Nr. 8**, ROW **58**, 34); vgl. ferner z. B. RG **38** 123 (Entziehung eines Minderjährigen vor der Fürsorge auf dessen Selbstmorddrohung hin), **64** 30 (durch die Drohung, andernfalls selbst umgebracht zu werden, erzwungene Tötung), BGH GA **67**, 113 (Beischlaf zwischen Mutter und Sohn unter der Drohung des Ehemanns mit Schlägen).

II. Trotz der Formulierung: „... handelt ohne Schuld" (vgl. dazu Horstkotte, Prot. V 1841) ist der **2** in § 35 geregelte Notstandsfall *kein echter Schuldausschließungs-*, sondern ein **bloßer Entschuldigungsgrund** (zum Unterschied vgl. 108 vor § 32; z. T. für bloßen Strafausschließungsgrund jedoch Bernsmann aaO 379ff.). Er beruht auf dem Zusammentreffen zweier, teils mit der geringeren Unrechtsquantität, teils mit der besonderen seelischen Zwangslage des Täters erklärbarer Schuldminderungsgründe, dies mit dem Ergebnis, daß hier auf die Erhebung des an sich noch möglichen Schuldvorwurfs verzichtet wird (vgl. näher 117 vor § 13, 111 vor § 32; zu abweichenden Theorien des entschuldigenden Notstands vgl. ebd. u. 109ff. vor § 32, ferner Bernsmann aaO 174ff., 305ff., dessen u. a. staatsphilosophisch begründeter Erklärungsansatz die Annahme eines unverbotenen Notstands jedoch wesentlich näher legen würde). Daß es vergleichbare Reduzierungen des Unrechts auch in anderen Kollisionsfällen gibt, widerspricht dem nicht, da die Unrechtsminderung zwar immer eine notwendige, aber nicht die einzige Voraussetzung für eine Entschuldigung ist: Weil Leben, Leib und Freiheit die „fundamentalsten persönlichen Güter" sind (Hirsch LK 9; vgl. auch die Reihenfolge in § 34) und weil auch die Erschwerung der Motivierbarkeit zu rechtmäßigem Verhalten nicht allein als rein psychischer Sachverhalt, sondern zugleich unter normativen Vorgaben zu sehen ist, sind es hier gute Gründe, wenn das Gesetz dem Täter zwar in den Fällen des § 35 mit Nachsicht begegnet, nicht aber wenn z. B. bloße Vermögenswerte auf dem Spiel stehen (nicht berechtigt daher die Kritik von Bernsmann aaO 205ff. u. pass., Timpe aaO 293; vgl. dagegen auch Rudolphi SK 3a).

Was **die Struktur des § 35** betrifft, so ist Abs. 1 S. 1 als Grundsatz gedacht, der seine Begrenzung **2a** erst durch die als Ausnahmeregelung konzipierte Zumutbarkeitsklausel des S. 2 erfahren soll. In Wahrheit enthält jedoch schon S. 1 mit dem Merkmal der „nicht anders abwendbaren" Gefahr ein Einfallstor für Zumutbarkeitserwägungen, neben denen die Zumutbarkeitsklausel des S. 2 erheblich an Bedeutung verliert (vgl. u. 13f., 18). Doch auch davon abgesehen, erscheint es zumindest zweifelhaft, ob S. 1 und 2 wirklich in einem Regel-Ausnahmeverhältnis stehen, wie dies durch die äußerliche Lösung des Zumutbarkeitsgedankens von der Grundnorm des S. 1 verdeutlicht werden sollte (vgl. BT-Drs. V/4095 S. 16). Nur bei der Abwendung einer Lebensgefahr kann S. 1 als Regel gelten; im übrigen aber sind die aus S. 2 folgenden Einschränkungen so erheblich (vgl. dazu 18ff.), daß S. 1 nicht nur zahlenmäßig, sondern auch begrifflich kaum noch als Regel gelten kann.

III. Die **Notstandlage** setzt eine gegenwärtige, nicht anders abwendbare Gefahr für Leben, **3** Leib oder Freiheit entweder des Täters selbst oder eines Angehörigen bzw. einer anderen ihm nahestehenden Person voraus (and. bzgl. der Nicht-anders-Abwendbarkeit der Gefahr Hirsch LK 8, 41ff.; vgl. dagegen Lenckner aaO 95f.). Im Unterschied zu § 34 sind hier nur bestimmte Rechtsgüter notstandsfähig; ferner ist die Notstandshilfe nur zugunsten besonderer „Sympathiepersonen" möglich, wobei dann aber auch hier – entsprechend zu § 34 (vgl. dort RN 8a) – Situationen denkbar sind, in denen der andere Inhaber sowohl des geschützten wie des verletzten Guts ist (vgl. das u. 33 genannte Beisp. zu § 216). Diese Voraussetzungen müssen objektiv gegeben sein. Ihre irrige Annahme erzeugt zwar die gleiche psychische Zwangslage wie eine wirklich bestehende Notstandslage, genügt aber für Abs. 1 nicht, sondern ist nur im Rahmen des Abs. 2 von Bedeutung; darin liegt zugleich eine Absage an die Lehre, daß schon der besondere Motivationsdruck den Täter entschuldige (vgl. 111 vor § 32, Hirsch LK 4).

1. Als **notstandsfähige Rechtsgüter** werden in § 35 – anders als in § 34 – nur Leben, Leib und **4** Freiheit anerkannt. Darin liegt eine gewollte Beschränkung auf die Rechtsgüter, welche die physische Existenz des Menschen ausmachen oder für diese von elementarer Bedeutung sind (vgl. E 62, Begr. 161; krit. Stree JuS 73, 469). Gefahren für andere Rechtsgüter rechtfertigen daher, mag der Motivationsdruck auch noch so groß sein – z. B. drohender Verlust der gesamten, mühsam erarbeiteten Habe oder eines „gewissenskonformen Lebens mit der Folge des inneren Zerbrechens" (LG Frankfurt NStE **Nr. 1**) – keine entsprechende Anwendung der Vorschrift (Frankfurt NStE **Nr. 3**, Hirsch LK 10, Lackner 2b, Roxin JA 90, 100f., Rudolphi SK 5, zu § 54 a. F. auch RG **60** 120; and. LG Frankfurt aaO, Baumann/Weber 455, Stratenwerth 180; vgl. auch Jakobs 472, Timpe JuS 84, 863) oder die Anerkennung eines übergesetzlichen entschuldigenden Notstands (vgl. 117 vor § 32, aber auch Hamm NJW **76**, 721, wo dies bei einer Tat nach § 15 I WStG zur Behebung einer wirtschaftlichen Notlage für möglich gehalten wird).

a) Ungeachtet des geringeren Strafrechtsschutzes, den das *werdende Leben* genießt, ist auch **5** dieses **Leben** und damit notstandsfähig i. S. des § 35. Rechtswidrige Handlungen zum Schutz der Leibesfrucht können deshalb nach § 35 entschuldigt sein, auch wenn der Nasciturus noch kein „Angehöriger" bzw. noch keine dem Täter „nahestehende Person" im Vollsinn des Wortes ist (D-Tröndle 3, Rudolphi SK 5; and. Hirsch LK 12, Roxin JA 90, 101). Nicht entschuldigt ist allerdings die rechtswidrige Verhinderung einer gerechtfertigten Schwangerschaftsunterbrechung (vgl. u. 32); auch für die Verhinderung einer rechtswidrigen Abtreibung hat § 35 keine Bedeutung, weil hier Notwehr in Betracht kommt (vgl. § 32 RN 5).

b) Mit dem **Leib** als schutzfähigem Gut ist nur die leibliche Unversehrtheit – nicht auch die **6** geistig-seelische (vgl. aber Frankfurt NStE **Nr. 3**) –, diese jedoch im ganzen gemeint. Ein

Leibesnotstand besteht daher nicht nur bei Gefahren für die Gesundheit (so in RG JW 33, 700: Gefahr von Erkrankungen durch Aufenthalt in durchnäßten Räumen), sondern z. B. auch bei einer drohenden Mißhandlung oder einem gewaltsamen sexuellen Mißbrauch i. S. der §§ 177, 178 (was sich bei Anwendung des Nötigungsmittels einer Drohung mit gegenwärtiger Gefahr für Leib und Leben von selbst versteht, bei der dort vorausgesetzten physischen Gewalt aber nicht anders ist; and. insoweit z. T. Hirsch LK 15, Roxin JA 90, 104 [Gefahr für die Freiheit]). Dabei können auch nur vorübergehende Beeinträchtigungen genügen (RG 29 78). Immer aber muß es sich, wie schon die Gleichstellung mit dem Leben zeigt, um die Gefahr nicht völlig unerheblicher Verletzungen handeln (vgl. RG 29 78, 66 399, BGH DAR 81, 226, D-Tröndle 4, Hirsch LK 16, Jescheck 433, Rudolphi SK 8, Stratenwerth 180; krit. dazu Bernsmann aaO 69 ff.: Problem des Abs. 1 S. 2); weitere Einschränkungen können sich im Einzelfall – insbes. unter dem Gesichtspunkt der Verhältnismäßigkeit – aus S. 2 ergeben (vgl. u. 18 ff., 33).

7 Beeinträchtigungen der Gesundheit und des körperlichen Wohlbefindens, die mit einer in einem rechtsstaatlichen Verfahren angeordneten und vollzogenen Freiheitsentziehung üblicherweise verbunden sind, sind von dem Betroffenen ebenso hinzunehmen wie diese selbst (vgl. RG 54 341, BGH LM § 52 **Nr. 8** m. Anm. Martin). Ein Leibesnotstand kommt hier erst bei Krankheit, gesundheitsschädlicher Unterbringung, unzureichender Verpflegung oder der Gefahr von Mißhandlungen in Betracht (BGH aaO; vgl. auch RG 41 216: Mißstände bei Fürsorgeerziehung; zur Haft in DDR-Gefängnissen vgl. BGH ROW 58, 34), wobei aber weitere Voraussetzung ist, daß die Gefahr auf andere Weise, insbes. durch die entsprechenden Rechtsbehelfe, nicht abwendbar ist. Jedenfalls aus diesem Grund sollte ein Leibesnotstand von Gefangenen in einem Rechtsstaat ausgeschlossen sein.

8 c) Die **Freiheit** ist durch das 2. StRG in den Kreis der notstandsfähigen Güter aufgenommen worden, weil sie in der vom Gesetz vorausgesetzten Wertordnung „einen ähnlichen hohen Rang genießt wie Leib und Leben" (E 62, Begr. 161). Gemeint ist damit jedoch allein der durch § 239 geschützte Freiheitsbereich, weil nur dieser eine mit Leib und Leben annähernd vergleichbare existentielle Bedeutung hat (D-Tröndle 5, Hirsch LK 14, Jescheck 433, Lackner 2b, Stree JuS 73, 469; vgl. auch Bernsmann aaO 75 ff., 391; and. Schmidhäuser I 240). Daß der Täter aus Furcht vor einem Straftäter nachts die Wohnung nicht mehr verläßt, genügt daher nicht (Hirsch JR 80, 115, LK 14, Hruschka NJW 80, 23; and. BGH NJW 79, 2053 [Beeinträchtigung der „häuslichen Bewegungsfreiheit" durch einen „Spanner"], F. C. Schroeder JuS 80, 338), ebensowenig wie dafür sonstiger Beschränkungen der allgemeinen Handlungs- und Entscheidungsfreiheit i. S. des § 240 (für eine Ausdehnung des Freiheitsbegriffs auf Fälle gewaltsamen sexuellen Mißbrauchs jedoch Hirsch LK 15, Roxin JA 90, 101; vgl. dazu jedoch o. 6: Leibesgefahr). Im übrigen gelten auch hier die gleichen Beschränkungen wie beim Leibesnotstand (vgl. o. 6): Geringfügige Beeinträchtigungen bleiben schlechthin außer Betracht; darüber hinaus können sich noch weitergehende Einschränkungen im Einzelfall aus S. 2 ergeben.

9 Nach Einbeziehung der persönlichen Freiheit in den Kreis der schutzfähigen Güter kann eine Notstandslage i. S. des S. 1 an sich zwar auch durch eine *Freiheitsentziehung* auf Grund eines rechtmäßigen Hoheitsakts (z. B. Strafurteil, Haftbefehl usw.) begründet werden, sofern die Gefahr des (weiteren) Freiheitsverlusts nicht auf andere Weise (Rechtsbehelfe) abwendbar ist. Trotz Vorliegens der Voraussetzungen des Abs. 1 S. 1 sind Taten, mit denen der Täter seine verlorene Freiheit wieder erlangen will, in aller Regel nach S. 2 nicht entschuldigt, und nicht anwendbar ist hier auch die Rechtsfolgenregelung des S. 2 2. Halbs. (vgl. dazu u. zu den Ausnahmen u. 24 ff.; dazu, daß dies auch gilt, wenn die Tat von Angehörigen begangen wird, vgl. u. 29).

10 2. Erforderlich ist, daß für die genannten Rechtsgüter eine **gegenwärtige, nicht anders abwendbare Gefahr** besteht.

11 a) Zum Begriff der **Gefahr** vgl. zunächst § 34 RN 12 ff. Dafür, daß bezüglich der ex-ante-Beurteilung in § 35 derselbe Maßstab gilt wie in § 34 (vgl. dort RN 14), könnte zwar sprechen, daß § 35 auch an eine Unrechtsminderung anknüpft (vgl. o. 1). Da im Fall des § 35 i. U. zu § 34 für den Betroffenen aber keine Duldungspflicht besteht, begegnet es hier keinen Bedenken, für die Gefahrprognose durchgängig das ex ante-Urteil eines durchschnittlich sachkundigen Beobachters – ergänzt freilich um das Sonderwissen des Täters – ausreichen zu lassen (vgl. auch Hirsch LK 17). Dagegen kommt es auch hier auf den *Ursprung der Gefahr* nicht an (RG 60 318, Bernsmann aaO 141, Hirsch LK 20, Rudolphi SK 6); sie kann daher nicht nur auf Naturereignisse (z. B. RG 72 246 [drohende Schlagwetterexplosion], JW 33, 700 [Überschwemmung]), den Zustand von Sachen (z. B. RG 59 69: Baufälligkeit eines Hauses), eine wirtschaftliche Notlage (zur sog. Sozialnot vgl. u. 35), sondern auch auf menschliches Verhalten zurückzuführen sein (z. B. RG 60 318, JW 34, 422, BGH NJW 66, 1823, OGH 1 369 [durch ständige Gewalttätigkeiten von Angehörigen begründete Notlage; vgl. auch BGH NStZ 84, 20 m. Anm. Rengier], RG 60 319, 66 222 [politischer Aufruhr bzw. Terror]), wobei hier allerdings schon § 32 in Betracht kommt, wenn es sich um einen rechtswidrigen Angriff handelt und die

Entschuldigender Notstand   12, 13   § 35

Tat sich gegen den Angreifer richtet. Auch Mißstände infolge behördlicher Maßnahmen oder Unterlassungen können eine Gefahr i. S. des § 35 sein (vgl. RG **41** 214, **60** 319, Bay GA **73**, 208 [rechtswidriger militärischer Befehl], Neustadt NJW **51**, 852; vgl. auch RG DR **43**, 1136); doch dürfte die Gefahr hier i. d. R. auf andere Weise abwendbar sein. Insbesondere kann jetzt, nachdem § 52 a. F. in § 35 aufgegangen ist, die Gefahr auch durch eine Nötigung (Gewalt, Drohung) herbeigeführt sein, durch die der Täter zu der Tat gezwungen wird *(Nötigungsnotstand)*. Soweit es sich um Gewalt handelt, kommt freilich nur vis compulsiva in Betracht (vgl. 15 vor § 234; bei vis absoluta fehlt es bereits an einer Handlung, vgl. 38 vor § 13); auch müssen Gewalt und Drohung immer mit einer gegenwärtigen Gefahr für Leben, Leib oder Freiheit verbunden sein, was bei der Gewalt voraussetzt, daß mit der Übelszufügung fortgefahren werden soll. Nicht notwendig ist, daß die Gefahr für den Betroffenen von außen kommt; daher kann auch die Selbstmordgefahr bei einem Angehörigen eine Notstandslage i. S. des § 35 begründen (Hirsch LK 25ff., Rudolphi SK 6; vgl. auch RG **38** 127, HRR **37** Nr. 133).

b) Zur **Gegenwärtigkeit** der Gefahr einschließlich der sog. Dauergefahr vgl. § 34 RN 17.   **12**

c) Daß die Gefahr **nicht anders abwendbar** sein darf (zur Kritik an der Gesetzesfassung vgl.   **13**
§ 34 RN 18), bedeutet – ebenso wie in § 34 – auch hier die Erforderlichkeit der Notstandshandlung in dem doppelten Sinn, daß diese unter den gegebenen Umständen zum Schutz des Erhaltungsguts so geeignet und im Hinblick auf das Eingriffsgut so schonend wie möglich sein muß (vgl. § 34 RN 18, ferner z. B. Bernsmann aaO 106f., Hirsch LK 42, Jescheck 434, Lenckner aaO 97, Rudolphi SK 10). Dabei ist methodisch hier ebenso vorzugehen wie bei § 34 (vgl. dort RN 18ff.), während bei inhaltlich, bedingt durch den Unterschied zum rechtfertigenden Notstand, gewisse Abweichungen ergeben (vgl. näher dazu Lenckner aaO 97ff.). Im einzelnen gilt hier folgendes: 1. Auch hier ist zunächst zu fragen, ob die gegebenen Handlungsmöglichkeiten zur Abwendung der Gefahr **geeignet** sind, was schon dann anzunehmen ist, wenn dies nicht ganz unwahrscheinlich ist (vgl. § 34 RN 19). Ist die Notstandshandlung das einzige geeignete Mittel, so ist damit auch ihre Erforderlichkeit zu bejahen, wobei es hier dann eine Frage des S. 2 ist, wie groß das Risiko eines Mißlingens im Einzelfall sein darf (vgl. u. 34). – 2. Unter mehreren – gleich oder unterschiedlich – geeigneten Handlungsmöglichkeiten ist sodann das **relativ mildeste Mittel** festzustellen. Dafür gelten zunächst dieselben Grundsätze wie in § 34 (vgl. dort RN 20): Kann die Gefahr ohne Verletzung rechtlich geschützter (fremder oder eigener) Interessen abgewendet werden, so ist dies immer auch das mildeste Mittel (z. B. Bay GA **73**, 209: Beschreiten des Beschwerdewegs nach der WehrbeschwerdeO statt Fahnenflucht; vgl. auch Hamm NJW **76**, 721); ist dies dagegen nur durch Beeinträchtigung von Rechtsgütern Dritter möglich, so bedarf es auch hier einer Abwägung der potentiellen Eingriffsgüter unter dem Gesichtspunkt ihrer größeren oder geringeren Schutzwürdigkeit, wobei deren Inanspruchnahme, soweit sie rechtmäßig erfolgen könnte (z. B. nach §§ 32, 34), gegenüber der § 35 vorausgesetzten rechtswidrigen Notstandshandlung stets die weniger einschneidende Maßnahme darstellt (vgl. auch Hirsch LK 44). Dasselbe gilt, wenn das Eingriffsgut selbst rechtmäßig hätte verletzt werden können (vgl. BGH **2** 245: medizinisch indizierter Schwangerschaftsabbruch durch Arzt statt Abtreibung durch Laien). Besonderheiten ergeben sich, wenn der Täter die Gefahr auch durch Aufopferung eigener Güter – bei der Notstandshilfe auch von solchen der Sympathieperson – abwenden kann. Hier ist diese das mildeste Mittel, es sei denn, sie wäre deshalb unzumutbar, weil der Täter usw. dadurch in eine Situation geriete, die ihrerseits wieder die Inanspruchnahme der anderen potentiellen Eingriffsgüter nach § 35 entschuldigen würde (vgl. näher Lenckner aaO 105ff.). Dies bedeutet z. B., daß die unberechtigte Aussageverweigerung eines Zeugen, der bei einer wahrheitsgemäßen Aussage um Leib und Leben fürchten muß, gegenüber einem Meineid das kleinere Übel ist, wenn der Zeuge gem. § 70 StPO lediglich mit der Festsetzung von Ordnungsgeld rechnen muß, nicht aber, wenn ihm Erzwingungshaft und damit eine Gefahr i. S. des S. 1 droht und keine Umstände von der Art des S. 2 vorliegen, aufgrund derer ihm die Hinnahme dieser Gefahr zugemutet werden könnte (vgl. auch Eser I 195, Hirsch LK 45, F. C. Schroeder JuS 80, 340f., Wessels I 124f.; and. Roxin JA 90, 100; überholt RG **66** 227, BGH LM § 52 Nr. **8** zu §§ 52, 54 a. F., wo die Freiheit als notstandsfähiges Rechtsgut noch nicht genannt war). – 3. Unter den mehreren, unterschiedlich oder gleich geeigneten und schweren Handlungsmöglichkeiten ist sodann das **erforderliche Mittel** zu bestimmen. Erforderlich ist die Notstandshandlung danach, wenn sie das mildeste und zugleich das geeignetste Mittel ist oder wenn sie unter mehreren annähernd gleich geeigneten die am wenigsten einschneidende oder unter mehreren annähernd gleich schweren Maßnahmen die geeignetste ist (vgl. § 34 RN 20a). Besonderheiten ergeben sich auch hier, wenn Schwere und Geeignetheit in der Weise divergieren, daß das mildere zugleich das weniger geeignete und umgekehrt das gravierendere zugleich das aussichtsreichere Mittel ist. Während bei § 34 in einem solchen Fall jede der gegebenen Alternativen als erforderlich angesehen und das Weitere der Interessenabwägung überlassen werden kann (vgl. dort RN 20a), ist der

entsprechende Weg bei § 35 über eine Korrektur durch Abs. 1 S. 2 nicht möglich, weil es hier nicht um die Frage geht, ob dem Täter die Hinnahme der den Notstand begründenden Gefahr zugemutet werden kann, sondern darum, ob für ihn das verbleibende Risiko zumutbar ist, wenn er statt der aussichtsreicheren, aber gravierenden die weniger schwere und dafür auch weniger geeignete Maßnahme ergreift (vgl. näher Lenckner aaO 110f.).

13a Schon das Merkmal der Nicht-anders-Abwendbarkeit der Gefahr (Erforderlichkeit der Notstandshandlung) wird deshalb in weitem Umfang durch **Zumutbarkeitserwägungen** mitbestimmt (ebenso Jescheck 434 FN 9, Roxin JA 90, 100; and. Bernsmann aaO 73, 107ff., Hirsch LK 46). Dies war schon für das frühere Recht unbestritten (vgl. z. B. RG 59 72, 66 227, BGH NJW 52, 113, 72, 834, GA 67, 113, MDR/D 56, 395, Bay GA 73, 208, Baldus LK[9] § 52 RN 21, § 54 RN 17), und daran hat sich auch durch die Neufassung, welche die Zumutbarkeit in den als Ausnahmeregelung gedachten S. 2 verwiesen hat, nichts geändert. Dort ist lediglich der Fall geregelt, daß dem Täter die Hinnahme der den Notstand begründenden Gefahr, obwohl sie nicht anders abwendbar ist, zugemutet werden kann, während es hier um die bereits nach S. 1 zu entscheidende Frage geht, ob die Gefahr deshalb anders abwendbar ist, weil es für den Täter zumutbar ist, zu diesem Zweck eigene Güter aufzuopfern bzw. die Risiken hinzunehmen, die mit dem Ausweichen auf ein milderes, aber weniger geeignetes Mittel verbunden sind. Ist dies zu bejahen, so hat S. 2 keine Bedeutung mehr, weil es dann bereits an den Voraussetzungen einer Entschuldigung nach S. 1 fehlt. Dabei sind für die hier anzustellenden Zumutbarkeitserwägungen dann allerdings die gleichen Umstände von Bedeutung, die auch bei S. 2 eine Rolle spielen. So ist z. B. dem in einem „besonderen Rechtsverhältnis" stehenden Polizeibeamten, der im Dienst angegriffen wird, eher als einem sonstigen Bürger zuzumuten, Notwehr zu üben, anstatt sich auf Kosten eines unbeteiligten Dritten aus der Gefahr zu retten. Schon bisher anerkannt war auch, daß dem Täter bei einer selbstverschuldeten Notstandslage in der Regel andere Maßnahmen zur Abwendung der Gefahr zuzumuten sind, als wenn er unverschuldet in diese Lage geraten wäre (z. B. BGH GA 67, 113, OGH 2 228, Baldus LK[9] § 52 RN 8), ferner daß ihm die Benutzung eines milderen Mittels um so eher zuzumuten ist, je schwerer die Tat bzw. je geringer die abzuwendende Gefahr ist (vgl. z. B. BGH 18 311, NJW 52, 113). Soweit hier aus Gründen, die nach S. 2 die Hinnahme der Gefahr zumutbar machen würden, bereits die Erforderlichkeit nach S. 1 verneint wird, weil es dem Täter zugemutet werden konnte, die Gefahr auf andere Weise abzuwenden, bestehen übrigens auch keine Bedenken, die Strafmilderungsmöglichkeit des S. 2 2. Halbs. einschließlich der dort gemachten Ausnahme entsprechend anzuwenden (ebenso Jescheck 440, Roxin JA 90, 141 u. wohl auch Rudolphi SK 18b; and. Bernsmann aaO 108, Hirsch LK 70). Dabei bedeutet eine entsprechende Anwendung auch, daß von einer Strafmilderung um so eher abzusehen ist, je offensichtlicher es ist, daß dem Täter ein anderer Ausweg aus der Gefahr zugemutet werden konnte.

14 Aus der **bisherigen Rspr.**: Zumutbar sind sonstige Maßnahmen, die der „durchschnittliche, sittlich denkende Mensch unter den gegebenen individuellen Begleitumständen ergreifen würde"; dabei wird einerseits kein „Heldenmut" verlangt, andererseits entschuldigen Charakter- oder Willensschwäche nicht (BGH MDR/D 51, 537). Der Täter darf daher nicht den einfachsten und bequemsten Weg gehen (BGH NJW 52, 113, 72, 834), sondern muß sich mit allen Kräften bemüht haben, der Gefahr auf andere Weise zu entgehen (BGH 18 311; vgl. auch Hamm NJW 76, 721). Eine Tötung ist deshalb nicht entschuldigt, solange die nicht fernliegende Möglichkeit eines anderen Auswegs besteht (BGH 5 StR 353/54 v. 14. 12. 1954). Zumutbar können auch mit einem Risiko verbundene Auswege sein (BGH NJW 52, 113), u. U. sogar bis zum Einsatz des eigenen Lebens (BGH 5 StR 21/52 v. 30. 4. 1952: SS-Mann als Hilfspolizist; wesentlich zurückhaltender dagegen NJW 64, 730). Die bloße Verzögerung des Schadenseintritts kommt als andere Möglichkeit der Abwendung nur in Betracht, wenn sie die Möglichkeit weiterer Maßnahmen eröffnet (RG 66 102; vgl. ferner BGH 5 375, NJW 66, 1825: sofortiges Beenden einer Dauergefahr). Als *unzumutbar* wurde im einzelnen angesehen: Inanspruchnahme eines nur vorübergehenden und daher ungenügenden gerichtlichen oder polizeilichen Schutzes bei einer Dauergefahr (RG 60 322: Tötung eines gewalttätigen Angehörigen, 66 226: Meineid; vgl. ferner JW 22, 1583, BGH 5 375, GA 67, 113); das Wohnen in einem vom Einsturz bedrohten Haus bzw. die mit einem Auszug verbundene Obdachlosigkeit statt einer Brandstiftung (RG 59 69); das Betreiben der Ehescheidung oder der Unterbringung wegen Trunksucht statt Tötung des gewalttätigen Ehemannes, weil bis zum etwaigen Erfolg dieser Maßnahmen die unmenschliche Behandlung durch den Mann fortgedauert hätte (BGH NJW 66, 1825; vgl. aber auch RG 60 322, OGH 1, 369); das sofortige Verlassen der damaligen DDR unter Aufgabe der bisherigen Existenzgrundlage statt Leistung von Spitzeldiensten (BGH MDR/D 56, 395). Als *zumutbar* wurde dagegen angesehen: die mit einem Verfahren nach § 70 StPO verbundene Nachteile im Vergleich zu einem Meineid (RG 66 227 [zu §§ 52, 54 a. F.; jetzt überholt, vgl. o. 13]; vgl. aber auch BGH 5 375); das Vortäuschen der Ausführung eines verbrecherischen Befehls oder das Untertauchen im Verborgenen statt Begehung eines Mords durch SS-Angehörigen (OGH 2 228), Befehlsverweigerung statt Beihilfe zum Mord im Zusammenhang mit der „Röhm-Revolte" (BGH 2 257); zu den zumutbaren Möglichkeiten, dem Zwang zur Ausführung eines verbrecherischen oder sonst rechtswidrigen Befehls zu entgehen, vgl. auch BGH NJW 52, 113 (Mitwirkung an Entführung in den früheren Ostsektor Berlins), NJW 72, 834 (Massenerschießungen durch Angehörige eines Einsatz-Kommandos; vgl. dazu auch Roesen NJW 64, 135), Bay GA 73, 209 (Fahnenflucht wegen des Befehls zum Uniformtragen trotz Allergie).

3. Die Gefahr muß dem **Täter selbst** oder einem **Angehörigen** oder einer **anderen ihm** 15 **nahestehenden Person** drohen; zur Frage eines übergesetzlichen entschuldigenden Notstands, wenn die Gefahr sonstigen Dritten droht, vgl. 115 ff. vor § 32. Der Kreis der *Angehörigen* bestimmt sich nach § 11 I Nr. 1 (vgl. dort RN 3 ff.); auf das tatsächliche Bestehen einer engen persönlichen Beziehung kommt es hier nicht an (ebenso Bernsmann aaO 83, Hirsch LK 32, Rudolphi SK 9). Der Begriff der *„nahestehenden Person"* setzt, wie sich aus der Gleichstellung mit den Angehörigen ergibt, das Bestehen eines auf eine gewisse Dauer angelegten zwischenmenschlichen Verhältnisses voraus, das ähnliche Solidaritätsgefühle wie (in der Regel) unter Angehörigen hervorruft und das deshalb im Fall der Not auch zu einer vergleichbaren psychischen Zwangslage führt (vgl. auch Koblenz NJW **88**, 2317, Bernsmann aaO 89, Hirsch LK 33, Roxin JA 90, 102, Rudolphi SK 9). Personen, die dem Täter außerhalb eines solchen zwischenmenschlichen Verhältnisses nur sonst „nahestehen" (z. B. als Arbeitskollege, durch gemeinsame politische Überzeugung usw.), sind in § 35 nicht gemeint. Auch wird es sich hier, um den fraglichen Personenkreis in angemessenen Grenzen zu halten, immer um ein Verhältnis handeln müssen, das auf Gegenseitigkeit beruht; die „heimliche Liebe" eines jungen Mannes ist daher keine diesem nahestehende Person (ebenso Roxin aaO). Anders als bei den Angehörigen, zu denen nach § 11 I Nr. 1 z. B. auch der geschiedene Gatte zählt, ist schließlich bei den sonst nahestehenden Personen zu verlangen, daß die fragliche Bindung zur Zeit der Tat noch besteht; die ehemalige Freundin des Täters gehört deshalb nicht hierher, selbst wenn sich dessen Gefühle für sie nicht geändert haben sollten. Als einander nahestehende Personen i. S. des § 35 kommen z. B. in Betracht: die Partner eheähnlicher Gemeinschaften, aber auch ein naher Freund (Koblenz aaO) oder die „feste" Freundin, die Mitglieder von Großfamilien („Kommunen"), in denen neue Formen des Zusammenlebens praktiziert werden, Personen, die in den Haushalt des Täters aufgenommen worden sind (z. B. die langjährige Haushälterin). Nicht genügend sind dagegen Betreuungsverhältnisse, wie sie z. B. zwischen der Lehrerin und einem Schulkind bestehen (ebenso Hirsch LK 35; and. Horstkotte Prot. V 1843).

IV. Als **„subjektives Entschuldigungselement"** ist erforderlich, daß der Täter gehandelt hat, 16 **um die Gefahr abzuwenden.** Ob dieser Erfolg tatsächlich erreicht wird, ist gleichgültig, vielmehr genügt insoweit die bloße Eignung der Handlung (vgl. o. 13); unter dieser Voraussetzung gilt § 35 auch für Taten, welche der Rettung nicht unmittelbar herbeiführen, sondern für diese lediglich die Voraussetzungen schaffen sollen. Anders als nach § 34 (vgl. dort RN 48) muß hier die Rettung des bedrohten Guts das oder jedenfalls ein *Motiv* der Tat gewesen sein, d. h. der Täter muß unter dem Druck der Gefahr und zum Zwecke ihrer Abwendung gehandelt haben (vgl. BGH **3** 275, OGH **1** 313, Baumann/Weber 448, Bernsmann aaO 105, Hirsch LK 38, Jescheck 435, Roxin JA 90, 102, Rudolphi SK 10, Stratenwerth 182, Welzel 180). Soweit § 35 auf einer Unrechtsminderung beruht (vgl. o. 2, 111 vor § 32), bestünde zwar kein Anlaß, den Rettungswillen hier anders zu bestimmen als in § 34. Da dies aber nur die eine Wurzel des Notstands ist, während die andere in der aus der besonderen psychischen Zwangslage des Täters folgenden Schuldminderung liegt, ist der Entschuldigung insgesamt die Grundlage entzogen, wenn der Täter nicht unter dem Eindruck der Not, sondern aus anderen Beweggründen handelt. Das Handeln in Kenntnis der Gefahr genügt im Fall des § 35 daher nicht (so aber Jakobs 473; vgl. dagegen auch Küper JZ 89, 625, Roxin aaO): Daher z. B. keine Entschuldigung bei Ausführung eines verbrecherischen Tötungsbefehls, wenn der Täter aus Ergebenheit oder Gleichgültigkeit handelt, auch wenn ihm im Fall der Nichtbefolgung eine Lebensgefahr gedroht hätte (OGH **1** 313, BGH **3** 276, **18** 311). Auch wird die Kausalität der Not für den Handlungsentschluß nicht präsumiert (vgl. jedoch D-Tröndle 8, Hirsch LK 39), sondern ist im Einzelfall festzustellen (was selbstverständlich eine Anwendung des Satzes „in dubio pro reo" nicht ausschließt).

Nicht erforderlich ist dagegen eine **pflichtgemäße Prüfung** der Notstandsvoraussetzungen, wenn 17 diese objektiv vorliegen und der Täter mit der o. 16 genannten Motivation gehandelt hat. Entgegen der Rspr. ist es daher keine „Voraussetzung für die Anerkennung eines wirklichen ... Notstands, daß der Täter die Frage, ob die Gefahr auf andere, ihm zumutbare Weise abwendbar ist, gewissenhaft geprüft hat" (so aber BGHR § 35 Abs. 2 S. 1, Gefahr, abwendbare 1 im Anschluß an BGH **18** 311 mwN). Die pflichtgemäße Prüfung ist vielmehr nur bei der Frage der Vermeidbarkeit eines Irrtums nach Abs. 2 von Bedeutung (vgl. u. 43).

V. Liegen die genannten Voraussetzungen vor, so handelt der Täter nach S. 1 **ohne Schuld,** 18 d. h. er ist entschuldigt. Nach dem Aufbau des Gesetzes ist dies jedoch nur ein **Grundsatz,** der durch die **Zumutbarkeitsklausel** des S. 2 wieder **eingeschränkt** wird. Dabei ist freilich die Bedeutung des S. 2 dadurch erheblich reduziert, daß Zumutbarkeitserwägungen auch schon bei der Bestimmung der Erforderlichkeit der Notstandshandlung eine Rolle spielen können (vgl. o. 13 f.), weshalb es zu einer selbständigen Prüfung des S. 2 nur kommen kann, wenn die Gefahr auch unter Zumutbarkeitsgesichtspunkten nicht anders abwendbar gewesen ist. Hier wie dort erfolgt die Zumutbarkeitsprüfung durch eine Abwägung der im Einzelfall relevanten Gesichtspunkte, wobei die beiden in S. 2 genannten Beispiele nur den Sinn haben, den sachlichen Gehalt des Zumutbarkeitskriteriums zu verdeutlichen. Daß es sich hier nicht um eine abschließende Aufzählung in dem Sinn handelt, daß die Hinnahme der Gefahr nur in den genannten und nicht auch in anderen Fällen zumutbar sein kann, folgt schon aus der Gesetzesfassung („namentlich"). Umgekehrt kann das Notstandsprivileg aber auch in den beiden Beispielsfällen nicht stets versagt werden, vielmehr kommt es auch hier immer noch darauf an, ob dem Täter, weil er die Gefahr verursacht hat usw., ein normgemäßes Verhalten tatsächlich zugemutet werden konnte, was im Einzelfall weiterer Prüfung bedarf (Horstkotte Prot. V 1858, D-Tröndle 10, Hirsch LK 48, 50, Jescheck 436, Lackner 3a, M-Zipf I 445). Immerhin machen die beiden Beispielsfälle klar, daß nur Gesichtspunkte von ähnlichem Gewicht die Bejahung der Zumutbarkeit trotz Vorliegens einer Notstandssituation i. S. des S. 1 rechtfertigen können, und sie zeigen auch die Richtung an, in der die fraglichen Umstände zu suchen sind. Für diese liefert im übrigen schon der Grundgedanke des § 35 den richtigen Ansatz: Beruht die Entschuldigung auf einer doppelten Schuldminderung, wobei die eine ihre Grundlage in dem verminderten Unrecht hat, während die andere auf den besonderen Motivationsdruck und die dadurch normalerweise bedingte Erschwerung eines normgemäßen Verhaltens zurückzuführen ist, so kann auch der Ausschluß der Entschuldigung seine Ursache nur darin haben, daß besondere Umstände von der Art hinzukommen, bei denen einem der beiden Schuldminderungsgründe die Basis entzogen ist (vgl. auch Jescheck 436ff.; nur für Wegfall der Unrechtsminderung Rudolphi SK 11; für eine Konkretisierung der Zumutbarkeitsgrenze mit Hilfe der Strafzwecklehre – vgl. dazu jedoch 117 vor § 13, 111 vor § 32 – Jakobs, Schuld u. Prävention [1976] 8ff., Roxin, Henkel-FS 184; zum Ganzen vgl. ferner Neumann aaO 207ff., 269f.). Außer Betracht bleiben deshalb solche Umstände, die keinen der beiden Schuldminderungsgründe berühren (z. B. ein vom Täter früher in ähnlichen Fällen gezeigtes besonderes Beharrungsvermögen).

19 Bereits *unrechtsbezogene Erwägungen* liegen dem vom Gesetz genannten *zweiten Beispiel* (Bestehen eines besonderen Rechtsverhältnisses) zugrunde. Hier ist es der bezüglich des geschützten Guts gesteigerte bzw. hinsichtlich des verletzten Guts geringere „Wertanruf", der die für § 35 erforderliche Unrechtsminderung und die Folge ausschließen kann, mit daß auch der darauf basierende Schuldminderungsgrund entfällt (ebenso z. B. Hirsch LK 47, Jescheck 438, Rudolphi SK 11; krit. dazu jedoch Bernsmann aaO 212, Neumann aaO 221f.). Dabei geht es um besondere Schutz- und damit korrespondierende Gefahrtragungspflichten sowie um Duldungspflichten, die schon bei § 34 das Wertverhältnis der kollidierenden Interessen zu Lasten des Täters verschieben und eine Rechtfertigung ganz ausschließen können (vgl. § 34 RN 34) und die deshalb auch im Fall des § 35 für die Quantität des Unrechts von Bedeutung sein müssen. Entsprechende höhere Anforderungen gelten hier für den zweiten, speziell im Schuldbereich wurzelnden Schuldminderungsgrund, der hier gleichfalls nicht voll zum Tragen kommt. – Dagegen betrifft das *erste Beispiel* (Verursachung der Gefahr durch den Täter) jedenfalls nicht primär das Unrecht (so aber Hirsch LK 47, Rudolphi SK 11), was sich gleichfalls schon daran zeigt, daß eine Rechtfertigung nach § 34 in keinem Fall allein deshalb ausgeschlossen ist, weil der Täter die Notstandsgefahr verschuldet hat (vgl. § 34 RN 42). In diesem Fall ist es vielmehr der zweite, aus *besonderen psychischen Zwangslage* des Täters folgende *Schuldminderungsgrund*, der nach dem Prinzip, das auch der actio libera in causa zugrunde liegt (vgl. § 20 RN 35), wieder in einem Umfang aufgehoben wird, daß der Täter nicht mehr die (volle) Nachsicht des Rechts verdient: So wie dort gegen den Täter der volle Schuldvorwurf erhoben wird, obwohl er sich im Augenblick der Tat aus den Gründen des § 20 nicht mehr normgemäß motivieren lassen konnte (Wegfall der Steuerungsfähigkeit), so braucht hier seine Schuld nicht wesentlich gemindert zu sein, wenn er sich in eine Situation begibt, in der seine Steuerungsfähigkeit wegen des besonderen Motivationsdrucks beeinträchtigt ist (vgl. dazu auch Hruschka JZ 89, 313ff., Stratenwerth, A. Kaufmann-GedS 496 sowie § 20 RN 34). Die dagegen erhobenen Einwände (vgl. insbes. Hirsch LK 47, Neumann aaO 224ff., Roxin JA 90, 137f.) sind nicht begründet, denn es geht hier weder um eine Verneinung der seelischen Zwangslage z. Z. der Tat noch um eine Bestrafung der Herbeiführung der Notstandslage (actio praecedens), sondern darum, daß dem Täter die bei der Tatbegehung bestehende und an sich schuldmindernde Erschwerung normgemäßen Verhaltens nicht zugute gehalten wird, wenn er sich selbst im Hinblick auf diese Tat um seine normale Motivierbarkeit gebracht hat. Da das Vorverschulden bei § 35 i. U. zu § 20 nicht die z. Zt. der Tat fehlenden Schuldvoraussetzungen ersetzen soll, sondern nur dazu dient, den auf dem Täter lastenden Motivationsdruck in dem Maß zu kompensieren, daß er als eigenständiger Schuldminderungsgrund nicht mehr das für eine Entschuldigung erforderliche Gewicht hat, dies aber auch bei einer lediglich fahrlässigen Herbeiführung der Notstandslage der Fall sein kann, ist es hier ferner kein Widerspruch, den Täter wegen vorsätzlicher Tat zu bestrafen, obwohl das Vorverhalten nur fahrlässig war.

20 1. Während § 54 a. F. einen „unverschuldeten Notstand" vorausgesetzt hatte, ist nach S. 2 1. Beispielsfall das Notstandsprivileg ausgeschlossen, wenn dem Täter die **Hinnahme der Gefahr** deshalb **zuzumuten** ist, **weil er diese selbst verursacht** hat. In der Sache bedeutet dies jedoch keine Änderung (ebenso Blei I 209, JA 75, 307, Jescheck 437; and. z. B. Stree JuS 73, 470:

ungerechtfertigte Verschärfung), zumal eine solche entgegen BT-Drs. V/4095 S. 16 auch nach den Gesetzesberatungen nicht gewollt war (vgl. dazu näher Blei JA 75, 307). Das bloße Verursachen der Gefahr ist als solches noch ein völlig schuldindifferenter Vorgang, der deshalb auch nicht zum Ausschluß der Entschuldigung führen kann (h. M., z. B. Hirsch LK 50, Jescheck 437, Rudolphi SK 16; vgl. aber auch Baumann/Weber 449). Auch nach dem Gesetzeswortlaut ist der Täter nicht schon deshalb nicht entschuldigt, weil er die Gefahr selbst verursacht hat – dies hat z. b. auch der Zeuge, der wahrheitsgemäß einen anderen belastet und von diesem dann mit dem Tode bedroht wird, wenn er bei der nächsten Vernehmung seine Aussage nicht „richtigstelle" –, vielmehr ist ihm die Entschuldigung erst zu versagen, wenn und soweit ihm *wegen der eigenen Verursachung* der Gefahr *zugemutet* werden kann, diese hinzunehmen (vgl. auch D-Tröndle 11, Stratenwerth 181). Dies aber ist nach dem Gedanken der actio libera in causa, der hier zum Wegfall des einen den entschuldigenden Notstand tragenden Schuldminderungsgrundes führt (vgl. o. 19), erst dann der Fall, wenn der Täter die *Notstandslage verschuldet* hat (ebenso i. E. Hamm JZ **76** 612, Blei I 209, Jescheck 437 und in der Sache weitgehend auch Roxin JA 90, 139 f.; nur für objektive Pflichtwidrigkeit dagegen Hirsch LK 39, M-Zipf I 445, Rudolphi SK 15, Wessels I 121; and. ferner Jakobs 475, Neumann aaO 231 ff., Timpe aaO 289 ff., 307 ff., JuS 85, 37 f.; offengelassen von Oldenburg NJW **88,** 3217). Auch die Rspr. zu § 54 a. F. hat insoweit daher ihre Bedeutung behalten (z. B. BGH ROW **58,** 34: Einreise in die frühere DDR in Kenntnis einer dort drohenden Strafverfolgung; vgl. auch RG **54** 339, **72** 19, 249). „Verschuldet" ist die Notstandslage in dem hier gemeinten Sinn einer dem Täter zum Vorwurf gereichenden Obliegenheitsverletzung nicht schon mit dem bewußten oder leichtsinnigen Herbeiführen der Gefahrensituation, sondern erst, wenn dies objektiv ohne zureichenden Grund geschieht und der Täter subjektiv vorausgesehen hat oder voraussehen konnte, daß er dadurch in eine Zwangslage gerät, in der er sich nur noch auf Kosten anderer würde retten können (vgl. dazu Hruschka 287 f. u. näher Roxin JA 90, 139 f.). Dabei gilt im einzelnen folgendes: Bei einem vorsätzlichen Vorverschulden ist die Hinnahme der Gefahr immer zumutbar und auch zu einer Strafmilderung (S. 2, 2. Halbs.) besteht hier keinerlei Anlaß; bei einer nur fahrlässigen Verursachung kommt es dagegen auf die näheren Umstände an, wobei nicht nur der Grad des Verschuldens von Bedeutung sein kann, sondern z. B. auch, wie schwer die Gefahr einerseits und die Folgen der Tat andererseits wiegen (zur Bedeutung bei der Bestimmung des relativ mildesten Mittels vgl. o. 13a).

Von diesem Ansatz her ist schließlich auch zu erklären, daß und warum bei der **Notstandshilfe** für **20a** eine **Sympathieperson** eine Entschuldigung im 1. Beispielsfall nur ausgeschlossen ist, wenn der Täter den Notstand verschuldet hat, nicht aber, wenn das Verschulden den Angehörigen usw. trifft (so z. B. auch M-Zipf I 445). Diese früher umstrittene Frage (vgl. 17. A., § 54 RN 9) sollte jetzt auch durch die Gesetzesfassung ausdrücklich in dem genannten Sinn entschieden werden (BT-Drucks. V/ 4095 S. 16; krit. dazu Baumann/Weber 449 f., Stree JuS 73, 470). Nach h. M. soll hier allerdings die Zumutbarkeitsklausel dennoch zu anderen Ergebnissen führen können: Danach soll eine Entschuldigung des Täters auch möglich sein, wenn er den Angehörigen usw. pflichtwidrig in die Zwangslage gebracht hat, weil er sich hier vielfach besonders und u. U. sogar noch mehr als bei einer ihm drohenden Gefahr zu der Tat gedrängt fühle (vgl. z. B. D-Tröndle 11, Hirsch LK 51, Jescheck 439 f., Roxin JA 90, 140, Rudolphi SK 17, Wessels I 123); umgekehrt soll bei einem von dem Angehörigen verschuldeten Notstand die Hinnahme der Gefahr auch für den Notstandshelfer zumutbar sein (z. B. Bernsmann aaO 437, Blei I 210, Hirsch LK 65, Jakobs aaO, Lackner 3 a, Rudolphi aaO, Timpe JuS 85, 38). Beides ist jedoch zumindest zweifelhaft: Im ersten Fall spricht gegen eine Entschuldigung, daß der Täter auch hier in seiner Person keine Nachsicht mehr verdient, weil er sich auch hier den besonderen Motivationsdruck (einschließlich des Drangs zur Wiedergutmachung), der ihm normgemäßes Verhalten erschwert und der sonst seine Schuld mindert, selbst zuzuschreiben hat (i. E. hier ebenso Jakobs 420, z. T. auch Bernsmann aaO); im zweiten Fall dagegen kann ein Verschulden des Angehörigen nicht dem Täter entgegengehalten werden, weil die besondere psychische Zwangslage, die in seiner Person zu einer Erschwerung rechtmäßigen Verhaltens führt, nicht von ihm, sondern von dem andern zu verantworten ist (so hier auch Jescheck 437, Roxin JA 90, 140 u. zu § 54 a. F. Köln NJW **53,** 116; nicht ausgeschlossen ist damit eine Versagung des Notstandsprivilegs aus anderen Gründen).

2. Als weiteres Beispiel, in dem eine Entschuldigung ausgeschlossen ist, nennt S. 2 den Fall, **21** daß dem Täter die **Hinnahme der Gefahr zuzumuten** ist, weil er **in einem besonderen Rechtsverhältnis steht.** Hier ist es die Neutralisierung des sonst zu einer Schuldminderung führenden Unrechtsminderungsgrunds, die auch zur Versagung des Privilegs nach S. 1 führt (vgl. o. 19).

a) Der Begriff des „**besonderen Rechtsverhältnisses**" kennzeichnet die Fälle, die hier erfaßt **22** werden sollen, nur unvollkommen (krit. zur Vieldeutigkeit dieses Begriffs auch Bernsmann aaO 116 ff., 398 f., Blau-FS 39 ff.). Von einem „besonderen Rechtsverhältnis" in dem hier fraglichen Sinn könnte immer dann gesprochen werden, wenn für den Täter auf Grund einer schon vor der Tat bestehenden Sonderpflicht die Opfergrenze erhöht ist, was z. B. auch auf

Garantenpflichten im Rahmen einer Individualbeziehung zutreffen kann (z. B. der Vater kann sich nur durch eine Tat gegenüber dem Kind aus der Gefahr retten). In diesem umfassenden Sinn ist der Begriff des „besonderen Rechtsverhältnisses" hier jedoch nicht gemeint, wie sich aus dem gleichfalls an diesen Begriff anknüpfenden Ausschluß der Strafmilderung im 2. Halbs. ergibt (krit. dazu Bernsmann aaO, Jakobs 476). Der Gesetzgeber hatte hier vielmehr Fälle im Auge, „in denen die betreffenden Personen eine besondere Schutzpflicht gegenüber der Allgemeinheit übernommen haben, aufgrund derer sie verpflichtet sind, eine Gefahr für ihre Person hinzunehmen" (BTDrs. V/4095 S. 16). Dies entspricht auch dem bereits bei § 34 angelegten Unterschied zwischen einer gewöhnlichen Garantenstellung und solchen Schutz- und damit verbundenen Gefahrtragungspflichten, bei denen eine Rechtfertigung des Notstandstäters nach § 34 zusätzlich dadurch erschwert wird, daß als weiterer Abwägungsfaktor das Interesse der Allgemeinheit an der Funktionsfähigkeit speziell für die Abwehr von Gefahren zuständiger Einrichtungen und Dienste ins Gewicht fällt (vgl. § 34 RN 34). Entsprechend vermag auch bei § 35 nur eine derart qualifizierte Gefahrtragungspflicht die mit der Notstandslage an sich vorprogrammierte Unrechtsminderung in der Weise zu kompensieren, daß selbst eine Strafmilderung in jedem Fall ausgeschlossen ist (vgl. z. B. auch Hirsch LK 53, Jescheck 438, Roxin JA 90, 138; Rudolphi SK 3; krit. Bernsmann aaO 210ff.). Ebenso ändern sich hier die normativen Vorgaben, unter denen das Recht dem besonderen Motivationsdruck mit Nachsicht begegnet. Auf diese Weise sind auch die generalpräventiven Erwägungen legitimierbar, die nach der Entstehungsgeschichte dazu geführt haben, bei Bestehen eines „besonderen Rechtsverhältnisses" eine Strafmilderung nach § 49 I generell zu versagen (vgl. Prot. V 1845 ff., 1853 ff., 2111 ff., 2138; vgl. auch Roxin, Henkel-FS 184, JA 90, 137). Für andere Gefahrtragungspflichten gilt dies nicht in gleichem Maß; sie bleiben daher auch außerhalb des gesetzlichen Beispielsfalls. Im einzelnen gilt folgendes.

23   α) Kraft eines „besonderen Rechtsverhältnisses" ergeben sich **Gefahrtragungspflichten** in dem genannten Sinn zunächst aus den *besonderen Schutzpflichten gegenüber der Allgemeinheit*, die sich für bestimmte Personengruppen aus ihrer besonderen sozialen Rolle ergeben und deren Erfüllung typischerweise mit erhöhten Gefahren verbunden ist (z. B. Jescheck 438, M-Zipf I 447, Rudolphi SK 12 u. mit Einschränkungen Hirsch LK 53; vgl. auch BGH **NJW 64,** 730; krit. zur Möglichkeit einer hinreichenden Konkretisierung Bernsmann aaO 121 ff. u. pass.). Ob dieses besondere Pflichtverhältnis durch Gesetz begründet wird – nur bei einseitiger Auferlegung solcher Pflichten bedarf es auch einer besonderen gesetzlichen Grundlage (vgl. aber auch Bernsmann, Blau-FS 43 ff.) – oder durch freiwillige Übernahme, ist unerheblich. Hierher gehören z. B. Soldaten (§ 6 WStG; vgl. näher Scholz/Lingens), Zivildienstleistende (§ 27 III ZDG), Polizeibeamte (vgl. dazu Amelung in: Eser/Fletcher [vor 4 vor § 32] 1379ff.), Angehörige des Bundesgrenzschutzes, des Katastrophenschutzes, Feuerwehrleute, Wettermänner in Bergwerken (RG **72** 249), Seeleute (§§ 106, 109 SeemannsG), fliegendes Personal (vgl. Weimer, Zeitschr. f. Luftrecht 1956, 107), Ärzte, Krankenpflegepersonal, Angehörige privater Schutzorganisationen (Bergwacht usw.), Beamte als Geheimnisträger, u. U. auch Richter. Was den Inhalt der hier bestehenden Gefahrtragungspflichten betrifft, so beziehen sie sich immer nur auf die mit der fraglichen Tätigkeit typischerweise verbundenen Gefahren (BGH **NJW 64,** 730, Rudolphi SK 13; vgl. im übrigen entsprechend auch § 34 RN 34).

24   β) In diesen Zusammenhang gehören ferner bestimmte gesetzlich institutionalisierte **Duldungspflichten.** Zwar spricht das Gesetz nur von der Zumutbarkeit, „die Gefahr" hinzunehmen, doch muß S. 2 erst recht gelten, wenn der Täter nicht nur die Gefahr einer Beeinträchtigung, sondern – noch weitergehend – diese selbst von Rechts wegen hinzunehmen hat. Für die Interpretation des gesetzlichen Beispiels bedeutet dies, daß von ihm solche auf einem „besonderen Rechtsverhältnis" beruhenden Duldungspflichten mitumfaßt sein müssen, bei denen die Gründe für den Ausschluß der Strafmilderung nach S. 2 2. Halbs. von ähnlichem Gewicht sind wie bei den o. 22 f. genannten Gefahrtragungspflichten. Dies trifft auf Rechtsverhältnisse zu, die durch hoheitliche Maßnahmen begründet sind und bei denen der Betroffene wegen besonders wichtiger *öffentlicher Interessen* Eingriffe in seine Freiheit und Körperintegrität – das Rechtsgut Leben scheidet hier ohnehin aus – hinnehmen muß. Unter das gesetzliche Beispiel fallen daher insbes. solche der Pflichten, körperliche Eingriffe gem. § 81 a StPO über sich ergehen zu lassen und Freiheitsentziehungen aufgrund eines rechtmäßigen Hoheitsakts zu dulden (ebenso z. B. Jakobs 474, Rudolphi SK 12, Stratenwerth 182, Timpe JuS 85, 336; and. Hirsch LK 50. Fälle der Generalklausel, Roxin JA 90, 138: kein Notstand i. S. des S. 1; zum Ganzen vgl. ferner Bernsmann aaO 126 ff., 428 u. zu den Grenzen u. 25 f.).

25   b) Auch für den 2. Beispielsfall gilt, daß der Täter nicht schon deshalb nicht entschuldigt ist, weil er in einem Rechtsverhältnis mit den entsprechenden Sonderpflichten steht, sondern erst dann, wenn ihm *deshalb* **die Hinnahme der Gefahr** bzw. der Einbuße selbst **zugemutet** werden kann (vgl. auch o. 18). Für *Gefahrtragungspflichten* ergibt sich daraus spätestens an dieser Stelle (vgl. schon o. 23), daß das Nichtbestehen von Gefahren, die für das fragliche Rechtsverhältnis atypisch sind, eine Entschuldigung nicht ausschließt (vgl. Hirsch LK 55). Nicht zumutbar ist die Erfüllung einer besonderen Gefahrtragungspflicht ferner dort, wo

dies den sicheren oder höchstwahrscheinlichen Tod bedeuten würde (Bernsmann aaO 417f., 430, Roxin JA 90, 138); dies gilt auch für Soldaten, da auch die soldatische Pflicht (§ 6 WStG) in keinem Fall die bewußte Selbstaufopferung verlangt (ebenso D-Tröndle 12, Hirsch LK 56, M-Zipf I 447). Im übrigen kommt es für die Zumutbarkeit auf die konkreten Umstände an: Je verantwortungsvoller die fragliche Stellung ist, je geringer die drohenden Einbußen und je gewichtiger die zu schützenden Interessen sind, umso eher ist dem Täter die Hinnahme der Gefahr zuzumuten. Für *Duldungspflichten* (o. 24) gilt dagegen, daß der Betroffene Einbußen, die ihm von Rechts wegen auferlegt sind, grundsätzlich zu akzeptieren hat und sie ihm deshalb auch zumutbar sind. Davon ist jedenfalls auszugehen, wenn der zu duldende Eingriff und das ihm zugrunde liegende Verfahren rechtsstaatlichen Grundsätzen entspricht (vgl. auch RG 54 341, BGH LM § 52 **Nr.** 8 mit Anm. Martin; zu den Unrechtsakten einer Gewalt- und Willkürherrschaft, wo schon die §§ 32, 34 in Betracht kommen, vgl. dagegen BGH ROW 58, 33f., 82, Kiel SJZ 47 330, Hirsch LK 60 mwN). Ausnahmen sind hier lediglich bei in dieser Form nur im Ausland vorkommenden und nach unseren Maßstäben die Grenzen des Zumutbaren eindeutig übersteigenden Duldungspflichten (vgl. Bernsmann aaO 430ff.) und in Extremfällen auch bei materiell unrichtigen Entscheidungen anzuerkennen.

In den letzteren Zusammenhang gehört die auch im Sonderausschuß (vgl. Prot. V 1850f.) umstrittene Frage, ob die Berufung auf § 35 ausgeschlossen ist, wenn der Täter zur Rettung seiner Freiheit, die ihm zwar in einem rechtsstaatlich ordnungsgemäßen Verfahren, materiell aber zu Unrecht entzogen worden ist (z. B. Strafverfahren gegen einen Unschuldigen), eine strafbare Handlung begeht. Hier wird man vor dem rechtskräftigen Abschluß des Verfahrens einen entschuldigenden Notstand schon deshalb verneinen müssen, weil die Gefahr, solange das weitere Verfahren die Unschuld des Betroffenen ergeben kann, noch auf andere Weise abwendbar ist; jedenfalls hier muß der Betroffene auf die verfahrensrechtlichen Rechtsbehelfe als die ihm im Interesse eines geordneten Verfahrensgangs zumutbaren milderen Mittel verwiesen werden. Zweifelhaft wird dies angesichts der engen Voraussetzungen eines Wiederaufnahmeverfahrens erst nach Rechtskraft der Verurteilung. In diesem Fall kann dem Täter das Privileg des § 35 nicht schlechthin versagt werden. Zwar besteht formal auch hier auf Grund des rechtskräftigen Urteils eine besondere Duldungspflicht und damit ein besonderes Rechtsverhältnis i. S. des S. 2; trotzdem erscheint es etwa für den zu lebenslanger Freiheitsstrafe Verurteilten, der Opfer eines Justizirrtums geworden ist und der alle legalen Möglichkeiten ausgeschöpft hat, unzumutbar, den lebenslangen Verlust seiner Freiheit nur deshalb hinzunehmen, weil übergeordnete Rechtskraftgesichtspunkte einer Beseitigung des Urteils entgegenstehen. Hier hat eine Rechtsgemeinschaft, die Fehlurteile nicht ausschließen kann, allen Anlaß, jedenfalls Nachsicht i. S. des § 35 zu üben, was selbstverständlich nicht heißt, daß jede Tat, z. B. auch eine Tötung, zu entschuldigen wäre (vgl. auch Bernsmann aaO 433f.; and. Hirsch LK 60, Jakobs ZStW 101, 521, Jescheck 439, Rudolphi SK 12, Timpe aaO 306, JuS 85, 36). Das gleiche muß dann auch für die Angehörigen gelten, ungeachtet des Bedenkens, daß diese vielfach zu Unrecht an die Unschuld des verurteilten Ehemanns, Vaters usw. glauben, was ihnen zumindest immer eine obligatorische Strafmilderung nach Abs. 2 sichern würde.

c) Nach der Gesetzesfassung ist maßgebend, ob der Täter in einem besonderen Rechtsverhältnis stand, was zu Sonderproblemen bei der **Notstandshilfe zugunsten von Angehörigen usw.** führt. Hier ist zu unterscheiden:

α) Befindet sich der *Täter* in einem besonderen Rechtsverhältnis, so ist er schon nach dem gesetzlichen Beispiel nicht entschuldigt, wenn – die Zumutbarkeit im übrigen vorausgesetzt – seine Sonderpflicht auch Gefahren betrifft, die nicht ihm, sondern der Sympathieperson drohen. Eine dahingehende Pflicht kann nicht generell deshalb verneint werden, weil damit der Sympathieperson eine „erhöhte Gefahrtragungslast" auferlegt würde (so jedoch Hirsch LK 55, i. E. auch Rudolphi SK 14), denn entschuldigt wird die Notstandshilfe nicht aus Rücksicht auf den Angehörigen usw., sondern wegen der Zwangslage, in welcher sich der Täter befindet, wenn er einen solchen in Gefahr weiß. Vielmehr hängt es von Art und Inhalt des in Frage stehenden Rechtsverhältnisses und der daraus sich ergebenden Pflichten ab, ob diese auch die Hinnahme von Gefahren für Angehörige einschließen. Zu bejahen ist dies jedenfalls im Prinzip bei den o. 23 genannten Schutzaufgaben gegenüber der Allgemeinheit, weil auf deren Erfüllung durch die dafür Zuständigen bei Kollisionsfällen dieser Art i. d. R. ebenso Verlaß sein muß, wie wenn sie selbst in Gefahr wären. Hier kann daher für den Angehörigennotstand grundsätzlich nichts anderes gelten als in Fällen eigener Not: Zwar ist bei diesem das geschützte Gut nicht selbst mit einer entsprechenden Gefahrtragungspflicht belastet; hat der Täter aber von Rechts wegen auch solche Gefahren wie eigene zu bestehen, so fehlt es wegen dieses besonderen Pflichtverhältnisses in seiner Person ebenfalls bereits an der für § 35 erforderlichen Unrechtsminderung (vgl. i. E. auch Bernsmann aaO 439, Roxin JA 90, 138). Sofern hier die Zumutbarkeitsgrenze im Einzelfall nicht überschritten ist – wobei diese dort verläuft, wo im Fall eigener Gefahr zu ziehen wäre –, ist danach z. B. nicht entschuldigt der Soldat, der bei einem Katastropheneinsatz (vgl. Art. 35 GG) eigenmächtig seine Truppe verläßt (§ 15 WStG), um Angehörigen beizustehen, ebenso der Polizeibeamte, der aus Furcht vor seiner Frau angedrohten Repressalien eine Strafvereitelung im Amt begeht. Etwas anderes gilt dagegen für die besonderen Rechtsverhältnisse, die sich in einer Duldungspflicht erschöpfen (vgl. o. 24). Bei diesen kann es schon ihrem Inhalt nach eine solche Drittwirkung nicht geben, weshalb z. B. der Gefangene, der sich durch die Verletzung eines Aufsichtsbeamten befreit, um seine Angehörigen schützen zu können, nicht deshalb nicht entschuldigt ist, weil er den Eingriff in seine Freiheit hinnehmen muß.

29 β) Befindet sich dagegen nicht der Täter, sondern nur die *Sympathieperson* in einem besonderen Rechtsverhältnis, so ergibt sich der Ausschluß der Entschuldigung zwar nicht aus dem gesetzlichen Beispielsfall, wohl aber – entgegen dem hier nach dem Wortlaut naheliegenden Umkehrschluß – aus der übergreifenden Zumutbarkeitsklausel des S. 2 (ebenso z. B. Bernsmann aaO 439, D-Tröndle 12, Hirsch LK 64, Jakobs 420, Lackner 3 a, Roxin JA 90, 139, Rudolphi SK 14). Auch in diesem Fall steht schon das nicht oder nicht wesentlich geminderte Unrecht einer Entschuldigung entgegen, hier deshalb, weil das geschützte Gut selbst mit einer besonderen Gefahrtragungs- oder Duldungspflicht belastet ist. Hinzu kommt, daß der Wert solcher Pflichten von vornherein in Frage gestellt wäre, wenn damit nicht auch den Angehörigen usw. des Pflichtigen als den davon mittelbar Mitbetroffenen zugemutet würde, das fragliche Verhältnis zu respektieren. Eine derart „abgeleitete" Zumutbarkeit (vgl. Bernsmann aaO) muß es bereits bei den besonderen Gefahrtragungs-, erst recht aber bei Duldungspflichten geben: Nicht entschuldigt sind daher z. B. Handlungen nach § 109, um einem Angehörigen einen für ihn gefährlichen Einsatz zu ersparen, und noch weniger sind dies Straftaten, die zur Vereitelung einer einem Angehörigen drohenden Freiheitsstrafe begangen werden (vgl. z. B. auch Jescheck 394, Krey Jura 79, 333, Timpe JuS 85, 38 f.), zumal sonst auch die §§ 157, 258 VI gegenstandslos und bei Wertungswidersprüche unvermeidlich wären (z. B. Straflosigkeit bei Abwendung einer Geldstrafe nur im Fall des § 258 VI, bei einer drohenden Freiheitsstrafe dagegen auch bei anderen Delikten und nicht nur bei Angehörigen; vgl. näher 22. A., RN 28).

30 **3.** Auch in **anderen Fällen** ist der Täter nicht entschuldigt, wenn es ihm **nach den Umständen zuzumuten** ist, die **Gefahr hinzunehmen.** Dabei können die „Umstände", von denen S. 2 hier spricht, immer nur solche sein, die ebenso wie die namentlich genannten Beispiele (vgl. o. 19) trotz Bestehens einer Notstandslage einer Unrechts- und Schuldminderung in dem vom Gesetz für einen völligen Verzicht auf die Erhebung des Schuldvorwurfs vorausgesetzten Umfang entgegenstehen. Im Unterschied zum 2. Beispielsfall müssen sie allerdings nicht von dessen Gewicht sein, weil hier nach S. 2 2. Halbs. eine Strafmilderung möglich ist. Zu diesen Umständen, welche die Hinnahme der Gefahr zumutbar machen können, gehören insbesondere:

31 a) **solche besonderen Gefahrtragungspflichten,** die nicht schon dem gesetzlich genannten Beispiel des Bestehens eines „besonderen Rechtsverhältnisses" zugeordnet werden können (vgl. o. 22 f.). Eine Gefahrtragungspflicht in diesem Sinn kann sich insbes. aus einer Garantenpflicht speziell gegenüber dem Opfer der Notstandstat ergeben (vgl. Hirsch LK 59, Jescheck 439, Roxin JA 90, 140, Rudolphi SK 18, aber auch Bernsmann aaO 135 f.): So im Verhältnis des Vaters zu seinem Kind, wenn dieser sich nur durch eine Tat gegenüber dem Kind retten könnte, ferner aus der Übernahme einer Gefahrenabwehr (vgl. § 13 RN 26 ff.) im Verhältnis zu demjenigen, für dessen Schutz der Täter einzustehen hat (z. B. der Täter übernimmt es, einen schwerverletzten Skiläufer zu bergen und nimmt diesem dann, weil ihm selbst schwere Erfrierungen drohen, die Kleider weg). Gesteigerte Gefahrtragungspflichten bestehen insbesondere auch zwischen den Mitgliedern einer freiwillig eingegangenen Gefahrengemeinschaft (vgl. § 13 RN 23 ff.); nur unter diesem Gesichtspunkt kann deshalb auch für die Angehörigen einer in der politischen Illegalität eines Terrorsystems tätigen Widerstandsgruppe eine gesteigerte Zumutbarkeit begründet werden (vgl. OGH **3** 130, Freiburg DRZ **49,** 423, Hirsch LK 59, Roxin JA 90, 141; vgl. auch Neumann aaO 237 f.). Über die Zumutbarkeit auf Grund einer besonderen Gefahrtragungspflicht vgl. im übrigen o. 31.

32 b) das Bestehen einer **Duldungspflicht,** die nur deshalb nicht unter den 2. Beispielsfall des S. 2 subsumierbar ist, weil sie ihre Grundlage nicht in einem „besonderen Rechtsverhältnis" in dem o. 24 genannten Sinn hat. In diesem Zusammenhang gehören insbes. Eingriffe, die aufgrund eines fremden Not- oder Selbsthilferechts hinzunehmen sind. Auch für sie gilt, daß eine von Rechts wegen auferlegte Einbuße für den Betroffenen immer zumutbar ist (vgl. auch o. 25). Deshalb gibt es keine entschuldigte „Gegenwehr" gegen berechtigte Notwehr (vgl. z. B. D-Tröndle 11, Hirsch LK 59, 61, aber auch Bernsmann aaO 139, 418 ff.). Für den schuldhaft handelnden Angreifer folgt dies bis hin zum Duldenmüssen einer für ihn lebensgefährlichen Verteidigung schon aus dem 1. Beispielsfall des S. 2 und dem Wegfall des diesem zugrunde liegenden speziellen Schuldminderungsgrunds (vgl. o. 19 f.), wobei die Kumulierung mit dem hier infolge der Duldungspflicht ungeminderten Unrecht eine Strafmilderung nach S. 2 2. Halbs. von vornherein ausschließt. Bei einem nicht schuldhaften Angriff besteht zwar nur ein eingeschränktes Notwehrrecht (vgl. § 32 RN 52) und damit eine entsprechend beschränkte Duldungspflicht; in diesen Grenzen ist aber auch hier die Hinnahme von Körperverletzungen oder Freiheitsbeeinträchtigungen immer zumutbar, wofür außer der fehlenden Unrechtsreduzierung der Umstand spricht, daß dem Angegriffenen in keinem Fall das Risiko einer straflosen „Gegenwehr" des Angreifers aufgebürdet werden darf. Schon deshalb ist auch eine Nothilfe nicht entschuldigt, wenn Angreifer eine Sympathieperson ist. Ebenso ist die Hinnahme nach § 34 gerechtfertigter Notstandshandlungen – bei Eingriffen in Körperintegrität und Freiheit ohnehin nur in Ausnahmefällen denkbar – stets zumutbar, dies schon deshalb, weil die Gesichtspunkte, die einer

Zumutbarkeit für den Betroffenen entgegenstehen könnten, bereits bei der Interessenabwägung nach § 34 zu berücksichtigen waren und mit der Bejahung eines überwiegenden Interesses daher schon dort ihre Erledigung gefunden haben (vgl. aber auch Stree JuS 73, 464, Welzel 92). Bei der Notstandshilfe zu Gunsten einer duldungspflichtigen Sympathieperson ergibt sich die Zumutbarkeit aus den o. 29 genannten Erwägungen.

c) die **Unverhältnismäßigkeit** des dem Täter bzw. Angehörigen usw. **drohenden Schadens** 33 einerseits und den **Folgen der Tat** andererseits (vgl. D-Tröndle 14, Hirsch LK 62, Lackner 3b, Rudolphi SK 10, Roxin JA 90, 141, Stratenwerth 181 u. näher Bernsmann aaO 401 ff.). Zwar setzt § 35 keine Abwägung in dem Sinn voraus, daß der Täter nur entschuldigt wäre, wenn er ein höher- oder gleichrangiges Gut schützt (vgl. RG 61 249, 66 399, BGH 2 243, NJW 64, 730). Da der entschuldigende Notstand u. a. jedoch auf dem geringeren Unrecht der Tat beruht und für den Umfang der Unrechtsminderung auch die Relation von Wertverletzung und Werterhaltung eine entscheidende Rolle spielt, wurde schon früher mit Recht eine gewisse Verhältnismäßigkeit zwischen der Schwere des drohenden Nachteils und der Schwere der Tat verlangt (vgl. RG 66 399, Baldus LK[9] § 52 RN 7, § 54 RN 18). Damit ist zwar – vorbehaltlich der übrigen Zumutbarkeitskriterien – die Entschuldigung selbst von Tötungshandlungen im Lebensnotstand in keinem Fall ausgeschlossen, dies nach BGH NJW 64, 730 auch nicht bei einer Vielzahl von Opfern (Mitwirkung an Massenerschießungen; vgl. auch Bernsmann aaO 408f.). Zu einer erheblichen Einschränkung des S. 1 führt dieser Grundsatz aber beim Leibes- und Freiheitsnotstand (womit zugleich zweifelhaft wird, ob zwischen S. 1 und 2 wirklich das in BT-Drs. V/ 4095 S. 16 angenommene Regel-Ausnahmeverhältnis besteht; vgl. auch o. 2). Auch bei einer das Maß des Geringfügigen übersteigenden Leibes- oder Freiheitsgefahr – bei der Gefahr nur unerheblicher Beeinträchtigungen scheidet § 35 ohnehin aus, vgl. o. 6, 8 – ist hier nicht jede Tat entschuldigt, vielmehr sind durchweg strengere Anforderungen an das Beharrungsvermögen des Täters zu stellen, je schwerer die fragliche Tat wiegt (ebenso Hirsch LK 63). Tötungen können deshalb nur in ganz besonders schwerwiegenden Fällen eines Leibesnotstands entschuldigt sein, so z. B. bei der Gefahr ständig sich wiederholender schwerster Mißhandlungen durch das gewalttätige Opfer (vgl. o. 1a) oder bei einer Tötung auf Verlangen (§ 216), wenn diese erfolgt, um einem schwer leidenden Angehörigen die Qualen des Todeskampfes zu verkürzen (vgl. dazu auch den Fall von LG Ravensburg NStZ 87, 229 m. Bespr. Herzberg JZ 88, 185 ff., wo bei Annahme eines aktiven Tuns – dagegen mit Recht Roxin NStZ 87, 350 – jedoch keine Rechtfertigung, sondern nur § 35 in Betracht kommen konnte; zur aktiven direkten Sterbehilfe als übergesetzlichem Entschuldigungsgrund außerhalb des von § 35 privilegierten Personenkreises vgl. 117 vor § 32). Bei weniger schwerwiegenden Notstandshandlungen in einem Leibes- oder Freiheitsnotstand ist zwar auch die Grenze der Disproportionalität entsprechend später erreicht. Auch bei einem Meineid genügt aber nicht schon die Drohung mit Schlägen, wenn nicht zu befürchten ist, daß diese das Ausmaß einer erheblichen Mißhandlung angenommen hätten (vgl. RG 66 400, Hirsch aaO; vgl. zur Entschuldigung eines Meineids auch RG 66 98, 222, JW 32, 3068, BGH 5 271).

d) der **Grad** der dem Täter usw. **drohenden Gefahr** (zur Bedeutung dieses Gesichtspunkts 34 bei § 34 vgl. dort RN 27). Je geringer die Wahrscheinlichkeit eines Schadens ist, umso eher kann dem Täter zugemutet werden, die Gefahr hinzunehmen (vgl. aber auch Hirsch LK 63). In Verbindung mit dem Verhältnismäßigkeitsgrundsatz (vgl. o. 33) gilt dies umso mehr, je geringer der drohende Schaden ist und je schwerer die zur Abwendung der Gefahr erforderliche Tat wiegt.

e) soweit die Tat das erforderliche Mittel ist (vgl. o. 13 ff.), die **Größe der Rettungschance** 34a einerseits, eines **weiteren Schadensrisikos** andererseits. Hier gelten unter Zumutbarkeitsgesichtspunkten die gleichen Regeln wie bei § 34 (vgl. dort RN 29). Daher kann dem Täter die Hinnahme der Gefahr z. B. umso eher zuzumuten sein, je größer das Risiko eines Mißlingens der Rettungshandlung ist, wobei auch dies in Verbindung mit dem Verhältnismäßigkeitsprinzip umso mehr gilt, je geringer der drohende Schaden ist und je schwerer die Tat wiegt.

f) das Bestehen einer sog. **Sozialnot** (z. B. drohende Gesundheitsschäden infolge allgemeiner Le- 35 bensmittelknappheit; zu § 34 vgl. dort RN 41). Soweit hier die dem Täter usw. drohende Gefahr über die allgemeine Notlage nicht hinausgeht, ist ihm die Hinnahme der Gefahr schon deshalb zuzumuten, weil sie auch allen anderen zugemutet wird; andernfalls müßte jedermann das Privileg des § 35 eingeräumt werden, was für einen weiten Bereich des Strafrechts einer völligen Suspendierung gleichkäme. Hier kann daher nur eine besondere, über die der Allgemeinheit hinausgehende Notlage zu einer Entschuldigung nach § 35 führen (vgl. Neustadt NJW 51, 852, Baumann/Weber 450, M-Zipf I 446 und i. E. auch Hirsch LK 18, Rudolphi SK 6, die hier jedoch bereits eine Gefahr i. S. des § 35 verneinen; enger Celle HESt. 1 139; weitergehend, wenn auch unter Beschränkung auf Ausnahmefälle Kiel SJZ 47, 674 m. Anm. v. Weber).

36 4. Kann dem Täter die Hinnahme der Gefahr zugemutet werden, obwohl die Voraussetzungen des S. 1 vorliegen, so ist er zwar nicht entschuldigt, doch **kann** hier nach S. 2 2. Halbs. **die Strafe nach § 49 I gemildert** werden. Ausgenommen davon sind jedoch die Fälle, in denen eine Entschuldigung deshalb ausgeschlossen ist, weil der Täter in einem besonderen Rechtsverhältnis stand (o. 21 ff.); hier kann die Notstandslage nur innerhalb des Regelstrafrahmens strafmildernd berücksichtigt werden (vgl. Hirsch LK 68, aber auch Jakobs 476 sowie u. 37). Dagegen muß die Regelung des 2. Halbs. auch gelten, wenn schon die Voraussetzungen des S. 1 fehlen, weil der Täter die Gefahr auf eine andere für ihn zumutbare Weise hätte abwenden können (vgl. o. 13a). Strafmilderung bedeutet auch hier Übergang auf den milderen Sonderstrafrahmen des § 49 I, wobei es ausschließlich notstandsspezifische Gesichtspunkte sind, die über die Rahmenwahl entscheiden (vgl. Hirsch LK 69 u. im übrigen 51 vor § 38, § 46 RN 49, § 50 RN 1 ff. u. entsprechend auch § 21 RN 13, 23, § 23 RN 4 ff.).

37 Die Strafmilderung i. S. des § 49 I steht im *pflichtgemäßen richterlichen Ermessen,* dessen Grenzen sich aus dem Grundgedanken des entschuldigenden Notstands ergeben: Beruht dieser auf dem Zusammentreffen eines Unrechts- und eines Schuldminderungsgrunds, die das Maß der Schuld insgesamt so wesentlich reduzieren, daß ein völliger Verzicht auf Strafe angebracht erscheint, so ist auch eine Strafmilderung nach S. 2 2. Halbs. umso eher angezeigt, je deutlicher der Schuldgehalt der nach S. 2 nicht entschuldigten Tat dieser den Übergang zur völligen Straflosigkeit rechtfertigenden Grenze angenähert ist (z. B. bei nur geringfügiger Überschreitung des Verhältnismäßigkeitsgrundsatzes). Da solche Grenzsituationen einer „Fast-Entschuldigung" auch bei einem besonderen Rechtsverhältnis (o. 21 ff.) denkbar sind – z. B. Vorliegen einer nur knapp unter der Grenze des noch Zumutbaren liegenden Gefahr –, ist der generelle Ausschluß einer Strafmilderung nach S. 2 2. Halbs. hier nicht unproblematisch (krit. dazu auch Jescheck 439 f., Stree JuS 73, 471). Umgekehrt besteht für eine Strafmilderung kein Anlaß, wenn die besonderen Zumutbarkeitsgesichtspunkte von solchem Gewicht sind, daß trotz Vorliegens der Voraussetzungen des S. 1 die Schuld des Täters nicht oder nur geringfügig gemindert ist. Dies gilt vor allem, wenn weder das Unrecht noch speziell die Schuld gemindert ist (z. B. Notwehr-„Abwehr" bei schuldhaftem Angriff, vgl. o. 32), aber auch in anderen Fällen, in denen das Bestehen einer Notstandslage unter Unrechts- oder Schuldgesichtspunkten in einer Weise vernachlässigt werden kann, daß auch eine Strafmilderung nicht mehr angemessen erscheint, so bei einem extremen Mißverhältnis zwischen der Schwere der Tat und der drohenden Gefahr (o. 33) oder bei der vorsätzlichen Herbeiführung der Notstandslage (o. 20; vgl. dazu aber auch Hirsch LK 69). Auch bei der Notstandshilfe zugunsten einer gefahrtragungs- oder duldungspflichtigen Sympathieperson dürfte dies meist anzunehmen sein, insbes. wenn diese sich in einem besonderen Rechtsverhältnis befindet (o. 22 ff.; vgl. auch Bernsmann aaO 439, Hirsch aaO). Hier steht zwar, weil vom gesetzlichen Beispielsfall nicht erfaßt (o. 29), die Ausschlußklausel des S. 2 2. Halbs. einer Strafmilderung nicht schlechthin entgegen; ein Widerspruch wäre es aber z. B., dem Strafgefangenen, der bei einem Ausbruchsversuch einen Aufsichtsbeamten schwer verletzt, eine solche zu versagen, sie dem Angehörigen, der die gleiche Tat begeht, jedoch zu gewähren (vgl. auch Timpe aaO 305).

38 VI. Überschreitet der Täter die Grenzen des Erforderlichen (**Notstandsexzeß,** vgl. z. B. Bay DAR 56, 15; vgl. auch BGH ROW 58, 163), so ist er nicht entschuldigt. Im Fall eines Irrtums gilt jedoch Abs. 2 (vgl. u. 42); im übrigen kann das Vorliegen der Notstandslage strafmildernd berücksichtigt werden. Eine entsprechende Anwendung des § 33 ist auch hier – zu § 34 vgl. dort RN 52 – angesichts der eindeutigen gesetzlichen Regelung nicht möglich.

39 VII. Ein **Putativnotstand** liegt vor, wenn der Täter irrig Umstände annimmt, bei deren Vorliegen er nach § 35 I entschuldigt wäre. Es handelt sich hier um einen *Irrtum eigener Art,* da er weder den Vorsatz ausschließt (der Täter kennt alle Umstände, die das Unrecht der Tat begründen), noch das Unrechtsbewußtsein berührt (daher kein Verbotsirrtum).

40 Dessen Behandlung im früheren Recht war umstritten (vgl. die 21. A. RN 45, Hirsch LK 73 u. näher Vogler GA 69, 106). Das 2. StrRG hat sich hier mit der besonderen Irrtumsregelung des **Abs. 2** der sog. Vorsatzlösung angeschlossen (zur Begr. näher Vogler aaO 113 ff.; krit. Baumann/Weber 416), d. h. der Täter wird bei einem vermeidbaren Irrtum mit der nach § 49 I gemilderten Vorsatzstrafe bestraft. Dabei trägt die hier i. U. zu § 17 obligatorische Strafmilderung dem besonderen Motivationsdruck Rechnung, unter dem der Täter steht und der sich von dem bei einer wirklich bestehenden Notstandslage nicht unterscheidet; hinzukommt, daß die Fälle der Rechtsfeindschaft, die bei § 17 das Absehen von Strafmilderung rechtfertigen, hier keine Parallele haben (Roxin JA 90, 142). Beim Zusammentreffen eines Putativnotstands mit einem Verbotsirrtum (der Täter hält sein Tun außerdem für rechtmäßig), sind beide Irrtümer gesondert zu prüfen (vgl. näher Roxin aaO).

41 1. Geregelt ist in Abs. 2 nur der Fall, daß der Täter **irrig Umstände annimmt,** die ihn **nach Abs. 1 entschuldigen würden.** Dabei sind dem Irrtum auch hier die Fälle gleichzustellen, in denen der Täter Zweifel hat, aber im Vertrauen auf das Vorliegen der fraglichen Umstände handelt (ebenso Bernsmann aaO 443, Hirsch LK 74; vgl. aber auch Rudolphi SK 19a, Warda, Lange-FS 138).

a) Dieser *Irrtum* kann zunächst darin bestehen, daß der Täter irrig von einem Sachverhalt **42** ausgeht, der die Voraussetzungen des S. 1 erfüllen würde (z. B. irrige Annahme einer gegenwärtigen Gefahr [vgl. BGH 5 374], Unkenntnis eines milderen Auswegs [vgl. RG 64 32, Hamm NJW **58**, 271, VRS **35** 342]). Ein solcher Irrtum liegt ferner vor, wenn der Täter die Umstände nicht kennt, die für ihn nach S. 2 die Hinnahme der Gefahr zumutbar machen: z. B. er weiß nicht, daß er selbst durch eigene Fahrlässigkeit die Notstandslage heraufbeschworen hat oder daß der andere, den er verletzt, ein Angehöriger ist, dem gegenüber er eine erhöhte Gefahrtragungspflicht hat (vgl. aber auch Jakobs 422). Zweifelhaft sind dagegen die Fälle, in denen der Irrtum nicht im Bereich des Tatsächlichen, sondern des Normativen liegt: z. B. der Täter glaubt, die Gefahr sei nicht anders abwendbar, weil er infolge falscher Bewertung den ihm bekannten milderen Ausweg für unzumutbar hält; der Täter kennt zwar seine Gefahrtragungspflicht, macht sich aber falsche Vorstellungen darüber, was ihm in der konkreten Situation zugemutet wird. Obwohl es sich hier streng genommen noch nicht um einen Irrtum über die Grenzen des entschuldigenden Notstands handelt (vgl. u. 45), wird man Fehlvorstellungen dieser Art für unbeachtlich halten müssen; denn ebenso wie dort muß auch hier entscheidend sein, daß der Täter das Unrecht der Tat kennt (sonst Verbotsirrtum) und sein Irrtum sich darauf beschränkt, daß er dem Recht fälschlich mehr Nachsicht unterstellt als es tatsächlich zu üben bereit ist (vgl. auch Bernsmann aaO 443, Hirsch LK 75 f., Jescheck 440; and. offenbar BGH 5 StR 344/63 v. 8. 10. 1963, D-Tröndle 17: Irrtum über die Zumutbarkeit eines anderen Auswegs als Verbotsirrtum, was jedoch voraussetzen würde, daß der Täter sein Tun für rechtlich erlaubt hält).

b) War der Irrtum für den Täter *unvermeidbar*, so ist er *entschuldigt;* war er *vermeidbar*, so *muß* **43** die *Strafe nach § 49 I gemildert* werden, d. h. die Strafe ist auf der Grundlage des sich aus § 49 ergebenden milderen Sonderstrafrahmens zu bemessen, wobei die größere oder geringere Vorwerfbarkeit des Irrtums, aber auch sonstige erschwerende oder mildernde Umstände innerhalb dieses Sondertrafahmens zu berücksichtigen sind. Nur bei der Frage der Vermeidbarkeit ist auch die von der Rspr. für die Erforderlichkeit der Notstandshandlung aufgestellte Prüfungspflicht von Bedeutung (vgl. z. B. BGH **18** 311, NJW **52**, 113, BGHR § 35 Abs. 2 S. 1, Gefahr, abwendbare 1 u. dazu o. 17; vgl. auch Lackner 5). Danach muß der Täter umso sorgfältiger prüfen, ob die Tat den einzigen Ausweg darstellt, je schwerer diese ist. Dies ist richtig, gilt jedoch nicht nur für die Erforderlichkeit, sondern auch für die übrigen Notstandsvoraussetzungen. Andererseits ist aber auch zu berücksichtigen, daß der Täter gerade in einer Situation, in der er seine physische Existenz unmittelbar bedroht sieht, durch eine sorgfältige Abwägung der bestehenden Möglichkeiten überfordert sein kann (zu weitgehend jedoch Schmidhäuser 470, I 248). Nicht vorgesehen ist vom Gesetz die Möglichkeit eines völligen Absehens von Strafe. Hier wäre deshalb eine analoge Anwendung des § 157 (Vogler GA 69, 115) eine eindeutige Entscheidung contra legem; ebenso wie in § 258 VI liegt in § 157 eine bewußte Beschränkung, die nicht beliebig erweiterungsfähig ist (wie hier Jescheck 458, Hirsch LK 78).

2. Nicht geregelt ist in Abs. 2 der Fall eines **Irrtums lediglich** über die **Voraussetzungen des Abs. 1** **44** **S. 1**, wobei aber eine **Entschuldigung nach Abs. 1 S. 2** ohnehin ausgeschlossen wäre: z. B. der Soldat hält irrtümlich eine Notstandslage i. S. des Abs. 1 S. 1 für gegeben oder der Täter wähnt sich fälschlich in einer Notstandssituation, von der er glaubt, daß er sie selbst schuldhaft herbeigeführt habe. Hier ist Abs. 2, der eine obligatorische Strafmilderung vorsieht, nicht anwendbar, da auch dann, wenn die vom Täter angenommene Notstandslage tatsächlich bestanden hätte, allenfalls eine fakultative Strafmilderung nach Abs. 1 S. 2 2. Halbs. in Betracht gekommen wäre. Abgesehen von dem Fall des Bestehens eines „besonderen Rechtsverhältnisses", bei dem eine Strafmilderung nach Abs. 1 S. 2 2. Halbs. ausgeschlossen wäre, muß hier jedoch nach dem Grundgedanken des Abs. 2 eine fakultative Strafmilderung jedenfalls dann möglich sein, wenn der Irrtum über die Voraussetzungen des Abs. 1 S. 1 für den Täter unvermeidbar war (ebenso Hirsch LK 77, Roxin JA 90, 142). Aber auch bei Vermeidbarkeit des Irrtums spricht für die Möglichkeit einer Strafmilderung, daß sowohl das Verschulden bezüglich des Irrtums als auch die Überschreitung der Zumutbarkeitsgrenze nach Abs. 1 S. 2 außerordentlich gering sein kann (z. B. bei nur geringfügiger Überschreitung des Verhältnismäßigkeitsgrundsatzes, wobei für den Täter nur schwer erkennbar war, daß eine Gefahr überhaupt nicht bestand; and. Hirsch aaO, Roxin aaO).

3. Nicht geregelt ist in Abs. 2 ferner der **Irrtum über die rechtlichen Grenzen des entschuldigen-** **45** **den Notstands** nach Abs. 1 (z. B. der Täter hält auch eine bloße Vermögensgefahr für ausreichend oder er kennt nicht die Beschränkungen bei Bestehen einer besonderen Gefahrtragungspflicht). Es ist unbestritten, daß dieser Irrtum ebenso wie die irrige Inanspruchnahme eines vom Recht überhaupt nicht anerkannten Entschuldigungsgrundes unbeachtlich ist, da die Entscheidung darüber, in welchem Umfang der Täter die Nachsicht des Rechts finden soll, allein beim Gesetzgeber liegt (vgl. z. B. D-Tröndle 17, Eser I 199, Hirsch LK 75, 188 vor § 32, Jescheck 440, Rudolphi SK 19). Ein Verbotsirrtum liegt hier nur vor, wenn der Täter glaubt, daß sein Handeln unter den genannten Umständen überhaupt kein Unrecht sei (ebenso Hirsch LK 72).

§ 36 Allg. Teil. Die Tat – Straflosigkeit parlamentarischer Äußerungen und Berichte

46 **VIII. Sind an der Tat mehrere beteiligt,** so ist nur der entschuldigt, in dessen Person § 35 vorliegt. Ist dies nur der Täter, so schließt dies eine Bestrafung des Teilnehmers nicht aus (B-Volk 195, D-Tröndle 9, Hirsch LK 71, Jescheck 429, Lackner 6, Roxin JuS 88, 427, JA 90, 143; and. M-Zipf I 443, Rudolphi ZStW 78, 67). Dies folgt aus § 29: Hier führt das geringere Unrecht der Haupttat zwar auch zu einer Minderung des Unrechts der Teilnahme, jedoch trifft der zweite, in dem besonderen Motivationsdruck liegende Schuldminderungsgrund, der zur Entschuldigung hinzukommen muß, nur für den Haupttäter selbst zu. Das geringere Unrecht der Teilnahme kann hier nur bei der Strafzumessung berücksichtigt werden (Hirsch LK 71, Roxin LK § 29 RN 3; vgl. auch Rudolphi SK 21); völlig straffrei ist der Teilnehmer nur, wenn für ihn ein übergesetzlicher entschuldigender Notstand gegeben ist (so in dem Beispiel von Welzel 185; vgl. dazu 115 ff. vor § 32). Umgekehrt gilt § 35 in der Person eines Teilnehmers oder Mittäters nicht für den Täter bzw. den anderen Mittäter. Ist der Täter durch einen anderen unter den Voraussetzungen des § 35 zu der Tat genötigt worden, so ist der Hintermann mittelbarer Täter (vgl. § 25 RN 33), eine Beihilfe also schon als solche zu dessen Tat strafbar.

47 **IX.** Bei **Fahrlässigkeitsdelikten** ist die Unzumutbarkeit normgemäßen Verhaltens als regulatives Prinzip nicht auf den engen Bereich des § 35 beschränkt (vgl. § 15 RN 204, 126 vor § 32); das gleiche gilt nach h. M. bei **vorsätzlichen Unterlassungsdelikten** (vgl. 155 vor § 13). Zum **übergesetzlichen entschuldigenden Notstand** bei vorsätzlichen Begehungsdelikten vgl. 115 ff. vor § 32; zur Frage eines **übergesetzlichen Schuldminderungsgrunds** bei Verstrickung in ein Gewaltsystem vgl. 126b vor § 32; zu den notstandsähnlichen Lagen im Bes. Teil vgl. §§ 139 III, 157, 258 VI, 313 II.

Fünfter Titel. Straflosigkeit parlamentarischer Äußerungen und Berichte

Vorbemerkungen

1 **I.** Die §§ 36, 37, regeln einheitlich für den Bundestag, die Bundesversammlung und die Gesetzgebungsorgane der Länder die **Straflosigkeit parlamentarischer Äußerungen und Berichte** (für den Bundestag vgl. bereits Art. 42 III, 46 GG, für die Bundesversammlung § 7 Ges. über die Wahl des Bundespräsidenten v. 25. 4. 1959, BGBl. I 230). In der Sache entsprechen sie trotz Erweiterung der §§ 11, 12 a. F. auf Bundestag und Bundesversammlung dem früheren Recht (vgl. näher die 20. A.). Dies gilt auch für die Ersetzung der „Gesetzgebungsorgane eines zur Bundesrepublik Deutschland gehörenden Landes" (§§ 11, 12 a. F.) durch die „Gesetzgebungsorgane eines Landes", da dadurch lediglich Zweifel ausgeschlossen werden sollten, daß die Vorschrift auch für Westberlin gilt (BT-Drs. V/4095 S. 17).

2 **II.** Trotz der weitergehenden, in Anpassung an Art. 46 I und 42 III GG gewählten Formulierung „dürfen zu keiner Zeit … zur Verantwortung gezogen werden" (§ 36) bzw. „bleiben von jeder Verantwortlichkeit frei" (§ 37) können die §§ 36, 37 in der Sache nur die **Freiheit von strafrechtlicher Verantwortung** meinen (StaatsGH Bremen MDR 68, 24, München JuS 75, 326, Samson SK § 36 RN 2, Tröndle LK 2 vor § 36; vgl. auch BGH NJW 80, 780 mwN; and. Rinck JZ 61, 250). Inwieweit sich die Indemnität auch auf die disziplinar- und standesrechtlichen Maßnahmen oder zivilrechtlichen Klagen (vor allem Unterlassungs- und Schadensersatzklagen) bezieht (vgl. dazu Maunz in Maunz-Dürig Art. 46 RN 19, Rinck aaO), ist daher kein Problem der §§ 36, 37, sondern bestimmt sich nach Art. 42 III, 46 I GG bzw. den entsprechenden Landesverfassungen.

3 **III.** Eine vom Verfassungsrecht zu entscheidende Frage ist es, ob die §§ 36, 37 wenigstens in strafrechtlicher Hinsicht (vgl. o. 2) eine **abschließende Regelung** darstellen, mit der Folge, daß die z. T. abweichenden Bestimmungen den Landesverfassungen (z. B. Art. 37 Verf. v. Bad.-Württ.) nach Art. 31 GG als gegenstandslos anzusehen sind. Der Sonderausschuß hatte die Aufnahme eines entsprechenden Vorbehalts in § 36 zu Gunsten weitergehender Vorschriften des Landesrechts, der dann auch für das Strafrecht von Bedeutung gewesen wäre, abgelehnt (BT-Drs. V/4095; für eine abschließende Regelung z. B. auch Lackner § 36 Anm. 1, M-Zipf I 147, Rinck JZ 61, 249; vgl. auch BGH NJW 80, 780). Neuerdings mehren sich jedoch die verfassungsrechtlichen Bedenken am Bestehen einer entsprechenden bundesrechtlichen Regelungskompetenz (vgl. D-Tröndle § 36 RN 2, Friesenhahn DÖV 81, 512, M. Schröder, Der Staat 82, 49, Wolfrum DÖV 82, 674, Tröndle LK 3 vor § 36).

§ 36 Parlamentarische Äußerungen

Mitglieder des Bundestages, der Bundesversammlung oder eines Gesetzgebungsorgans eines Landes dürfen zu keiner Zeit wegen ihrer Abstimmung oder wegen einer Äußerung, die sie in der Körperschaft oder einem ihrer Ausschüsse getan haben, außerhalb der Körperschaft zur Verantwortung gezogen werden. Dies gilt nicht für verleumderische Beleidigungen.

Parlamentarische Äußerungen 1–5 **§ 36**

Schrifttum: Bockelmann, Die Unverfolgbarkeit der Abgeordneten nach deutschem Immunitätsrecht, 1950. – *Friesenhahn,* Zur Indentität von Abgeordneten in Bund und Ländern, DÖV 81, 512 – *Herlan,* Die Immunität der Abgeordneten, JR 51, 325. – *ders.,* Neues zum Immunitätsrecht, MDR 51, 82. – *Meyer,* Die Immunität der Abgeordneten, GA 53, 109. – *Rinck,* Die Indemnität des Abgeordneten usw., JZ 61, 248. – *Schneider,* Immunität und Verfahrenseinstellung, DVBl. 56, 363. – *M. Schröder,* Rechtsfragen des Indemnitätsschutzes, Der Staat 1982, 25 ff. – *Wolfrum,* Indemnität im Kompetenzkonflikt zwischen Bund Ländern, DÖV 82, 674. –

I. Die Bestimmung regelt die sog. **Indemnität,** die vor dem Forum des Parlaments eine möglichst freie Diskussion ermöglichen soll (vgl. BGH NJW **80,** 781) und die, soweit das Strafrecht in Betracht kommt, einen **persönlichen Strafausschließungsgrund** (vgl. 127 ff. vor § 32) darstellt, dessen Wirkungen auch nach Beendigung des Mandats fortdauern (h. M.; vgl. z. B. StaatsGH Bremen MDR **68,** 24, BT-Drs. V/4095 S. 17, Baumann/Weber 73, Jescheck 165, M-Zipf I 146, Samson SK 5, Tröndle LK 2; and. Jakobs 281 [„rollenbezogene Bedingung des Ausschlußes der Straftatbestandlichkeit"], Mezger Lehrb. 74: Prozeßhindernis; vgl. näher Bloy, Die dogmatische Bedeutung der Strafausschließungs- und Strafaufhebungsgründe [1976] 58 ff.). Voraussetzung für die Anwendung des § 36 ist mithin, daß die fragliche Äußerung alle Merkmale einer Straftat erfüllt; ist sie schon aus anderen Gründen nicht strafbar (z. B. § 193), so bedarf es des § 36 nicht. 1

Demgegenüber ist die in Art. 46 II GG und entsprechenden Bestimmungen des Landesrechts geregelte **Immunität** ein Prozeßhindernis. Sie soll verhindern, daß ein Abgeordneter ohne Genehmigung seines Parlaments strafrechtlich verfolgt wird; vgl. dazu auch § 152a StPO. Zu Fragen der Immunität vgl. z. B. BGH **15** 274, Schleswig MDR **51,** 56 m. Anm. Herlan JR 51, 325. 2

II. Der Strafausschließungsgrund des § 36 ist in persönlicher Hinsicht beschränkt auf **Mitglieder des Bundestags,** der **Bundesversammlung** (Art. 54 GG, Ges. über die Wahl des Bundespräsidenten v. 25. 4. 1959, BGBl. I 230) und der **Gesetzgebungsorgane der Länder** (einschließlich West-Berlin, vgl. 1 vor § 36). Zu den letzteren gehören auch die Bürgerschaften der Freien Städte; maßgebend sind im einzelnen die Landesverfassungen. Versammlungen, die nur einen Teil eines Landes vertreten und keine Befugnis zum Erlaß formeller Gesetze haben (z. B. Kreistage, Landschaftsversammlungen in Nordrhein-Westf.), gehören nicht hierher. „Mitglieder" dieser Gesetzgebungskörperschaften sind nur Abgeordnete (vgl. auch Art. 46 I GG), nicht dagegen Beamte und Angestellte des Organs oder in einem „Hearing" angehörte Sachverständige (BGH NJW **81,** 2117). Auch Minister, die zugleich Abgeordnete sind, genießen den Schutz des § 36 nicht, wenn sie in ihrer Eigenschaft als Minister handeln (vgl. z. B. Maunz in: Maunz-Dürig Art. 46 RN 8, Tröndle LK 4). 3

III. In sachlicher Hinsicht ist der Strafausschließungsgrund des § 36 beschränkt auf Straftaten bei **Abstimmungen und Äußerungen** (d. h. Tatsachenbehauptungen, Meinungsäußerungen, Willenskundgebungen jeder Form mit Ausnahme von Tätlichkeiten; vgl. Maunz in Maunz-Dürig Art. 46 RN 13, Tröndle LK 7) **in der Körperschaft oder einem ihrer Ausschüsse;** ausgenommen sind nach S. 2 lediglich verleumderische Behauptungen (§§ 90 III, 103, 109 d, 187, 187 a). Dabei heißt „in" der Körperschaft bzw. „in" einem ihrer Ausschüsse, daß die fragliche Äußerung in einer Sitzung des Plenums oder eines Ausschusses im Zusammenhang mit der parlamentarischen Tätigkeit erfolgt sein muß (vgl. näher Maunz aaO RN 14, Tröndle LK 8); für Privatgespräche unter Abgeordneten gilt § 36 daher nicht. Der Begriff des „Ausschusses" ist nach h. M. (vgl. Maunz aaO RN 15) nicht im technischen Sinn zu verstehen, so daß z. B. auch Äußerungen im Präsidium oder Ältestenrat den Schutz des § 36 genießen. Zu weitgehend ist jedoch die Erstreckung des § 36 auf Äußerungen in Fraktionsbesprechungen (so z. B. StaatsGH Bremen MDR **68,** 24, Jescheck 165, Maunz aaO RN 16, Tröndle LK 9; wie hier Samson SK 4), da das Privileg des § 36 seinem Grunde nach – Schutz der parlamentarischen Redefreiheit – nur dort berechtigt ist, wo es sich um die unmittelbare politische Willensbildung handelt. Kein Ausschuß i. S. des § 36 ist auch der Vermittlungsausschuß nach Art. 77 II GG, da dieser kein Ausschuß (nur) des Bundestags ist (Maunz aaO RN 15; and. Tröndle LK 10), wohl aber der gemeinsame Ausschuß nach Art. 53a GG (Herzog in: Maunz/Dürig Art. 53a RN 24; and. Lackner 5). Äußerungen außerhalb des Parlaments oder eines seiner Ausschüsse fallen nicht unter § 36, und zwar auch dann nicht, wenn der Abgeordnete dabei „in Ausübung seines Berufs" (so § 11 i. d. F. bis zum 3. StÄG v. 8. 4. 1953) handelt, wie z. B. bei Verhandlungen mit der Regierung bei Erklärungen vor der Presse (StaatsGH Bremen MDR **68,** 24), auch wenn es sich dabei um die Weitergabe einer schriftlichen Parlamentsanfrage handelt (BGH NJW **80,** 780 m. Anm. Meyer-Hesemann DÖV 81, 288, Friesenhahn DÖV 81, 518). 4

IV. Da es sich bei § 36 um einen persönlichen Strafausschließungsgrund handelt (vgl. o. 1), ist eine **strafbare Teilnahme** Dritter möglich, soweit sie nicht ebenfalls Mitglieder des fraglichen Gesetzgebungsorgans sind. 5

§ 37 Parlamentarische Berichte

Wahrheitsgetreue Berichte über die öffentlichen Sitzungen der in § 36 bezeichneten Gesetzgebungsorgane oder ihrer Ausschüsse bleiben von jeder Verantwortlichkeit frei.

1   I. Die Vorschrift ergänzt den Schutz, den § 36 den Abgeordneten gewährt, zugunsten der Parlamentsberichterstattung, indem sie ungezwungene Erörterungen bei gleichzeitiger Gewährleistung der Publizität der Parlamentsarbeit sicherstellt (vgl. BGH NJW **80**, 781 mwN). Die **Rechtsnatur** dieser Privilegierung ist umstritten: z. T. wird ein Rechtfertigungsgrund angenommen (Braunschweig NJW **53**, 516 [Irrtum über die Zulässigkeit der Berichterstattung als Verbotsirrtum], Jakobs 381, Maunz in: Maunz-Dürig Art. 42 RN 36, Samson SK 3, Schmidhäuser I 184, Ruhrmann NJW **54**, 1513, Tröndle LK 2), wogegen jedoch spricht, daß § 37 keine weitergehende Wirkung haben kann als die Indemnität der Abgeordneten selbst (Jescheck 166); auch kann das Verbreiten ehrenrühriger Tatsachen (§§ 186, 187) nicht schon deshalb erlaubt sein, weil dies durch Wiedergabe entsprechender Äußerungen im Parlament geschieht. Auch hier handelt es sich deshalb um einen bloßen Strafausschließungsgrund, im Unterschied zu § 36 freilich nicht um einen persönlichen, sondern um einen sachlichen, der auch dritten Beteiligten zugute kommt und daher eine strafbare Teilnahme ausschließt (Baumann/Weber 73, Jescheck 166, Lackner 1). Soweit es sich um die Wiedergabe beleidigender Werturteile handelt, ist zu beachten, daß diese nur bei einer Identifikation mit dem Inhalt der wiedergegebenen Äußerung tatbestandsmäßig i. S. des § 185 ist (vgl. dort RN 1). § 37 schließt auch eine selbständige Anordnung der Einziehung nach § 76 a aus.

2   II. Ausgeschlossen ist die Strafbarkeit nur bei **wahrheitsgemäßen Berichten über öffentliche Sitzungen** der in § 36 genannten Gesetzgebungsorgane oder ihrer Ausschüsse; eine Erweiterung auf andere Gesetzgebungskörperschaften ist unzulässig (BGH NJW **54**, 1252, Braunschweig NJW **53**, 516 für die Volkskammer der ehem. DDR).

3   1. **Bericht** ist jede Wiedergabe i. S. einer erzählenden Darstellung (RG **18** 210), gleichgültig, in welcher Form dies geschieht (mündlich, schriftlich), ob der Empfänger ein einzelner oder ein größerer Personenkreis ist (Presse, Hör- und Bildfunk) und auf wen sich die Berichterstattung stützt (eigene Pressebeobachter, Mitteilung von Abgeordneten; vgl. BGH NJW **80**, 781). Dagegen genießen eigene Betrachtungen des Berichterstatters nicht den Schutz des § 37, weil es sich dann nicht mehr um einen Bericht handelt (RG aaO), es sei denn, daß sie völlig am Rande liegen und deshalb an dem Berichtscharakter im ganzen nichts ändern (Tröndle LK 4).

4   2. Bericht über eine öffentliche **Sitzung** (vgl. Art. 42 I GG; also z. B. nicht über eine schriftliche Parlamentsanfrage, vgl. BGH NJW **80**, 780) ist nur die Schilderung des Gesamtverlaufs der Sitzung über einen bestimmten Verhandlungsgegenstand (näher dazu RG **18** 210, Maunz aaO [vgl. o. 1] RN 31, Tröndle LK 5). Die Wiedergabe einzelner Reden oder Äußerungen fällt daher nicht unter § 37 (and. Samson SK 2). Dies bedeutet nicht, daß die gesamte Verhandlung in allen Einzelheiten wiedergegeben werden muß; vielmehr genügt es, wenn über die Sitzung insgesamt ein objektives Bild vermittelt wird (vgl. auch u. 5).

5   3. **Wahrheitsgetreu** ist der Bericht, wenn er das Geschehen richtig und vollständig wiedergibt. Die Weglassung einzelner Teile ist nur dann unschädlich, wenn dies nicht zu einer Entstellung führt. Eine wortgetreue Wiedergabe ist dagegen nicht erforderlich (RG **18** 210, Maunz aaO [vgl. o. 1] RN 33, Samson SK 2, Tröndle LK 6). Es genügt daher auch ein gekürzter Bericht, wenn er nur in der Sache alles Wesentliche wiedergibt.

Dritter Abschnitt. Rechtsfolgen der Tat

Erster Titel. Strafen

Vorbemerkungen zu den §§ 38 ff.

Schrifttum: Ancel, Die geistigen Grundlagen der Lehren von der sozialen Verteidigung (Défense sociale), MschrKrim. 1956 Sonderheft S. 51. – *ders.,* La défense sociale nouvelle, 2. A. 1966. – *ders.,* La défense sociale, 1985. – *Baumgarten,* Die Idee der Strafe, 1952. – *Bianchi,* Ethik des Strafens, 1966. – *Bockelmann,* Strafe und Erziehung, v. Gierke-FS (1950) 27, sowie *ders.,* JZ 51, 494. – *Cramer,* Das Strafensystem des StGB nach dem 1. 4. 1970, JurA 70, 183. – *Dreher,* Die Vereinheitlichung von Strafen und sichernden Maßregeln, ZStW 65, 481. – *Ebert,* Das Vergeltungsprinzip im Strafrecht, in Geisteswissenschaften – wozu? 1988, 35. – *Eisenberg,* Strafe und freiheitsentziehende Maßnahme, 1967. – *Exner,* Sinnwandel in der neuesten Entwicklung der Strafe, Kohlrausch-FS 24. – *Frey,* Ausbau des Strafensystems?, ZStW 65, 3. – *Gimbernat-Ordeig,* Hat die Strafrechtsdogmatik eine Zukunft?, ZStW 82, 379. – *Gössel,* Wesen und Begründung der strafrechtlichen Sanktionen, Pfeiffer-FS 3. – *Gramatica,* Principi di difesa sociale, 1961. – *Grasnick,* Über Schuld, Strafe und Sprache, 1987. – *Graven,* Die Zukunft des Freiheitsentzuges im schweizerischen und deutschen Strafrecht, ZStW 80, 199. – *Hall,* Die Freiheitsstrafe als kriminalpolitisches Problem, ZStW 65, 77. – *Heinitz,* Der Ausbau des Strafensystems, ZStW 65, 26. – *v. Hentig,* Die Strafe, I. Frühformen und kulturgeschichtliche Zusammenhänge (1954), II. Die modernen Erscheinungsformen (1955). – *Kadecka,* Von der Schädlichkeit zur Schuld und von der Schuld zur Schädlichkeit, SchwZStr. 50, 343. – *Klee,* Die Krise der Sühnetheorie, DStR 42, 68. – *Klug,* Die zentrale Bedeutung des Schutzgedankens für den Zweck der Strafe, 1938. – *Köhler,* Der Begriff der Strafe, 1986. – *Lang-Hinrichsen,* Das Strafensystem, Mat. II AT 33. – *ders.,* Zum System der Strafen und bessernden und sichernden Maßnahmen im englischen Recht, Kraft-FS 138. – *Lenckner,* Strafe, Schuld und Schuldfähigkeit, in: Göppinger-Witter, Handb. d. forens. Psychiatrie, 1972, 9 ff. – *Ludwig,* Der Sühnegedanke im schweizerischen Strafrecht, 1952. – *Nagler,* Die Strafe, 1. Hälfte, 1918. – *Noll,* Schuld und Prävention usw., H. Mayer-FS 219. – *Ostmann von der Leye,* Vom Wesen der Strafe (1959). – *Pfander,* Der zentrale Begriff „Strafe", SchwZStr. 61, 173. – *Prins,* La défense sociale, 1910. – *Roxin,* Sinn und Grenzen staatlicher Strafe, JuS 66, 377. – *Schlotheim,* Sinn und Zweck des Strafens und der Strafe, MSchrKrim. 1967, 1. – *E. Schmidt,* Vergeltung, Sühne und Spezialprävention, ZStW 67, 177. – *Schmidhäuser,* Vom Sinn der Strafe, 2. A. 1971. – *Schröder,* Zur Verteidigung der Rechtsordnung, JZ 71, 241. – *Schwalm,* Schuld und Schuldfähigkeit, JZ 70, 487. – *Stratenwerth,* Zur Rechtsstaatlichkeit der freiheitsentziehenden Maßnahmen im Strafrecht, SchwZStr. 82, 337. – *ders.,* Tatschuld und Strafzumessung (1972). – *Streng,* Schuld, Vergeltung, Generalprävention, ZStW 92, 637. – *Volk,* Der Begriff der Strafe in der Rechtsprechung des BVerfG, ZStW 83, 405. – *Warda,* Die dogmatischen Grundlagen des richterlichen Ermessens im Strafrecht, 1962. – *v. Weber,* Die Sonderstrafe, DRiZ 51, 153. – *Wessels,* Zur Problematik der Regelbeispiele usw., Maurach-FS 295. – *Würtenberger,* Défense sociale, MschrKrim. 1956 Sonderheft S. 60. *Rechtsvergleichend:* Darstellungen der Strafensysteme der verschiedenen Länder im Recueil IV, VI, XIV S. 241 ff. mit Ergänzungen im International Review of Criminal Policy, z. B. 1952 Nr. 2 S. 53 ff. – *H. Pfander,* Le problème de l'unification des peines privatives de liberté.

I. Dem Strafrecht obliegt im System des Rechtsganzen in besonderem Maße der Schutz der Rechtsordnung, genauer gesagt: der **Rechtsgüterschutz.** Ohne strafrechtliche Reaktionsmittel wäre ein geordnetes und gedeihliches Zusammenleben in einer menschlichen Gemeinschaft auf die Dauer undenkbar. Das Strafrecht mit seinen Sanktionen ist mithin ein unentbehrlicher Beitrag zur Aufrechterhaltung der Ordnung in einer Gemeinschaft. In dieser rationalen Aufgabe ist der eigentliche Rechtsgrund für die strafrechtlichen Rechtsfolgen zu erblicken, die sich an eine den Strafvorschriften zuwiderlaufende Tat knüpfen (staatspolitische Rechtfertigung der strafrechtlichen Rechtsfolgen; vgl. Jescheck 57, ferner Lenckner aaO 21 f., M-Zipf I 80 f., Schmidhäuser 56 ff., 76 ff.). Dementsprechend hat BVerfGE **45** 254 als oberstes Ziel des Strafens die Aufgabe herausgestellt, die Gesellschaft vor sozialschädlichem Verhalten zu bewahren und die elementaren Werte des Gemeinschaftslebens zu schützen. Dieser Funktion sind die Zwecke, die mit der im Einzelfall auszusprechenden Sanktion verfolgt werden, unterzuordnen. Eine für den Schutz der Rechtsordnung nicht gebotene Rechtsfolge ist vom Gemeinschaftsschutz her nicht gerechtfertigt; ihr Ausspruch kann infolgedessen als unnötig belastender, entbehrlicher staatlicher Eingriff nicht Rechtens sein. 1

1. Nach diesem relativen, auf den Gemeinschaftsschutz bezogenen Ansatzpunkt sind sämtliche Aspekte staatlichen Strafens, die man im allgemeinen als **Strafzwecke** bezeichnet, auszurichten. Der Strafe kommt zunächst ein generalpräventiver Aspekt zu. Mit ihr wird der Allgemeinheit gegenüber zum Ausdruck gebracht, daß das Recht sich zum Schutz der Rechtsgüter durchsetzt und welche Rechtsfolgen jemand zu erwarten hat, wenn er sich über die strafrechtlichen Verbote und Gebote hinwegsetzt. Potentielle Täter sollen hierdurch von der Begehung von Straftaten abgeschreckt werden (negative Generalprävention, Abschreckungsgeneralprävention). Vor allem aber soll im Bewußtsein der Allgemeinheit die Unverbrüchlichkeit des Rechts erwiesen werden. Mit einer solchen Einwirkung auf das Rechtsbewußtsein soll die Rechtstreue der Allgemeinheit erhalten und gestärkt werden (positive Generalprävention, Integrationsgeneralprävention; vgl. dazu Müller-Dietz Jescheck-FS 813, auch Arthur Kaufmann H. Kaufmann-GedS 431 [soziale Wiedergutmachung], Dölling ZStW 102, 1). Ohne die strafrechtliche Ahndung von Straftaten würde diese Rechtstreue auf die Dauer abnehmen und dem Bewußtsein weichen, daß es sich bei Straftaten um kein Unrecht handele. Zum neueren Verständnis von Generalprävention vgl. Wolff ZStW 97, 786. Zur Generalprävention vgl. ferner die Beiträge in Pallin-FS, 1989, 31 (Bertel), 283 (Moos), 479 (Zipf). Neben den generalpräventiven Faktor tritt ein spezialpräventiver Aspekt. Die Strafe soll den Täter selbst ansprechen und ihn von weiteren Straftaten abhalten. Mit ihr sollen speziell bei ihm das Rechtsbewußtsein und die Rechtstreue geweckt und gestärkt werden. Sie soll so bemessen sein, daß sie nachhaltig auf ihn einwirkt und er demzufolge nicht wieder die Strafrechtsvorschriften mißachtet. Allgemein zur Prävention im 2

§§ 38 ff. Vorbem 3–6

Strafrecht Hassemer JuS 87, 258. Geschichtlich vgl. Frommel, Präventionsmodelle in der deutschen Strafzweck-Diskussion, 1987. Empirisch vgl Vilsmeier MSchrKrim 90, 273.

3 2. Ihre general- und spezialpräventiven Zwecke vermag die Strafe in hinreichendem Maße nur zu erfüllen, wenn sie gerecht ist **(Gerechtigkeitserfordernis;** vgl. dazu Müller-Dietz Jescheck-FS 823 mwN). Die öffentliche Mißbilligung, die gegenüber dem Täter mit der Strafe ausgesprochen wird, ist nur dann gerecht und wird von der Allgemeinheit und vom Verurteilten auch nur dann als gerecht empfunden, wenn dieser sie nach Art und Höhe der Strafe auf Grund seines Fehlverhaltens verdient. Eine unverdiente Strafe mag vielleicht vorübergehend abschrecken; das erforderliche Rechtsbewußtsein erzeugt oder bekräftigt sie nicht (vgl. Kunz ZStW 98, 832). Verdient hat der Täter nur die Strafe, die gerade ihm wegen seines Fehlverhaltens und der persönlichen Verantwortlichkeit hierfür aufzuerlegen ist. Sie muß mithin an der begangenen Tat orientiert sein, und zwar am verschuldeten Unrecht. Eine hiervon losgelöste Strafe aus generalpräventiven Gründen würde den Täter zum bloßen Objekt machen. Er würde als Sache behandelt werden und nicht mehr als Mensch, der für seine Tat einzustehen hat. Aber auch aus spezialpräventiven Gründen darf die Strafe sich nicht vom verschuldeten Unrecht lösen. Sie würde sonst dem Verurteilten nicht hinreichend verständlich machen, weswegen er die Strafe erhält und daß er gerade für seine Tat zur Verantwortung gezogen wird. Hinzu kommen die Rechtssicherheitsbelange. Nur für eine an der begangenen Tat ausgerichtete Strafe lassen sich einigermaßen sichere Maßstäbe aufstellen, an Hand derer das richterliche Urteil zu fällen ist und nachgeprüft werden kann.

4 3. Die hiernach zu bemessende Strafe kann u. U. nicht ausreichen, um dem Bedürfnis der Allgemeinheit nach Sicherung vor einem gefährlichen Täter gerecht zu werden, oder nicht hinreichend lange dauern, um durch pädagogische Einwirkung auf den Verurteilten seine Resozialisierung zu fördern. Andererseits können die Aufgaben der Strafe aber auch dafür sprechen, auf die begangene Tat nicht mit der ganzen Strenge des Gesetzes zu antworten und das der Tat entsprechende Strafmaß nicht voll auszuschöpfen oder sogar von Strafe abzusehen. So kann u. U. davon Abstand genommen werden, eine Freiheitsstrafe zu vollstrecken, weil schon die Verurteilung als solche für den Täter eine hinreichende Warnung bedeutet und sich durch Auflagen und Weisungen resozialisierend auf den Täter einwirken läßt (vgl. §§ 56ff.). Von Strafe kann u. a. bei schweren Tatfolgen, die den Täter getroffen haben, abgesehen werden (§ 60). Daß auch dies seine Grenzen hat, zeigt das Straflimit als Voraussetzung für die Strafaussetzung nach § 56 oder für das Absehen von Strafe nach § 60.

5 4. Dem Umstand, daß die Strafe u. U. zum Schutz der Gemeinschaftsordnung nicht ausreicht, trägt das Strafrecht durch seine Entscheidung für die sog. **Zweispurigkeit** der strafrechtlichen Reaktionsmittel Rechnung. Die Strafe stellt die Antwort auf die begangene schuldhafte Tat dar und ist somit das eigentliche Reaktionsmittel. Ihre präventive Aufgabe, künftige Straftaten zu verhindern, hat sie im Rahmen dieser Antwort zu erfüllen. Was darüber hinaus zur Resozialisierung des Täters und zur Sicherung der Allgemeinheit zwecks Verhinderung künftiger Rechtsverletzungen zu verlangen ist, läßt sich nicht mittels der Strafe verwirklichen. Insoweit kommen selbständige Maßnahmen neben der Strafe in Betracht, vor allem die *Maßregeln der Besserung und Sicherung.* Die Maßregeln sind rein präventiver Natur. Sie werden nicht als Antwort auf eine Tat, sondern aus Anlaß der Tat im Hinblick auf eine aus dieser hervorgehende Gefährlichkeit des Täters angeordnet. Daher gibt diese und nicht das verschuldete Unrecht das Maß für sie ab. Ihre Rechtfertigung und ihr Umfang werden durch das Bedürfnis der Allgemeinheit nach Sicherung vor dem gefährlichen Täter bestimmt (vgl. Anm. vor § 61).

6 II. Den vorhergehenden Ausführungen entsprechend ist das Strafrecht des StGB ein **Schuldstrafrecht.** Die Schuld des Täters ist zwar nicht der ausschlaggebende Grund für die Strafe; sie ist für diese aber Voraussetzung, nicht bloße Straflimitierung (vgl. Bruns Leitf. 92, Arth. Kaufmann JZ 67, 555, JuS 86, 230, Lange-FS 32, Kunz ZStW 98, 829, Lenckner aaO 18, Otto ZStW 87, 584ff., Schöneborn ZStW 88, 352, 359; and. Roxin JuS 66, 384, Henkel-FS 186). Ein reiner Straflimitierungsfaktor kann sie nicht sein, da ein strafbegrenzender Faktor immer zugleich eine Voraussetzung für die Strafe und ihre Höhe ist. Das zeigt sich deutlich bei fehlender Schuld. Hier wird die Strafe nicht bloß auf Null begrenzt; sie wird vielmehr gar nicht ausgelöst. Dem Grundsatz, daß jede Strafe Schuld voraussetzt, hat das BVerfG Verfassungsrang zugemessen und dies aus den Grundlagen der Rechtsstaatlichkeit abgeleitet (BVerfGE **6** 439, **20** 331, **23** 132, **25** 285f., **41** 125, **45** 259f., **50** 133; vgl. auch BayVerfGHE **3** II 109, BGH **13** 192, Jescheck 19, Lenckner aaO 17ff., M-Zipf I 84, Schmidhäuser 108, 366, Stree, Deliktsfolgen und Grundgesetz, 1960, 51ff., Warda aaO 135, 146). Strafe ist daher nur dort möglich, wo der Täter durch sein Fehlverhalten Schuld auf sich geladen hat. Dies bedeutet zugleich, daß Strafe auch nur im Umfang der Schuld verhängt werden darf (vgl. BGH NStZ **85**, 415: gerechter Schuldausgleich); denn sobald eine Strafe dieses Ausmaß überschreiten würde, ließe sich jedenfalls ein

Teil von ihr nicht mehr als eine Strafe für Schuld ansehen (Jescheck 19, Stree aaO). Gegen eine schuldübersteigende Strafe ebenfalls BVerfGE **45** 260, **50** 12, **54** 108.

Die programmatische Erklärung für das Schuldstrafrecht, die ursprünglich in den Entwürfen 7 gestanden hatte, ist zwar in das StGB nicht hineingenommen worden; es bestimmt lediglich im § 46, daß die Schuld die Grundlage für die Zumessung der Strafe sein soll. Obwohl diese Entscheidung nur im Rahmen der Strafzumessungsregeln getroffen ist, ergibt sich aus ihr aber, daß der Gesetzgeber den Grundsatz „keine Strafe ohne Schuld" und „jede Strafe nur im Ausmaß der Schuld" akzeptieren wollte. Danach ist die Schuld des Täters Grundlage für die Zumessung der Strafe nicht nur in dem Sinne, daß die Voraussetzung für eine jede Strafe in der Feststellung einer schuldhaften Tat liegt, sondern es ist zugleich anerkannt, daß Schuld und Strafe in ein Gleichgewichtsverhältnis zueinander zu bringen sind (BGH **20** 267, **24** 134; vgl. dazu aber Foth NStZ 90, 219). Eine strafrechtliche Reaktion, die ihre Grundlage nach Art und Umfang nicht in der Schuld des Täters hat, kann nach dem Willen des StGB den Namen Strafe nicht zu Recht tragen.

Die amtliche Begründung (BT-Drs. V/4094 S. 5) glaubte zwar eine Formulierung gefunden 8 zu haben, die es als zulässig erscheinen läßt, die Strafhöhe auch über das Maß dessen hinaus auszudehnen, was schuldangemessen ist. Wenn jedoch die Schuld des Täters die Grundlage für die Zumessung der Strafe ist, so bedeutet dies, daß sie zugleich auch Voraussetzung der Strafe ist, denn wie sollte etwas für das angemessene Quantum der Strafe von entscheidender Bedeutung sein können, das nicht zugleich auch Voraussetzung darstellt; diesen Zwiespalt zeigt deutlich Stratenwerth auf (Tatschuld und Strafzumessung, 1972). Daraus ergibt sich, daß entgegen der Annahme des Sonderausschusses die Überschreitung der schuldangemessenen Strafe unzulässig ist, weil jeder Tag, der über dieses Maß hinaus festgesetzt wird, seine Grundlage nicht mehr in der Schuld des Täters findet (vgl. Cramer JurA 70, 189, Gallas ZStW 80, 1, Schwalm JZ 70, 488).

Einen anderen Weg hat die beachtenswerte Lehre von der „**défense sociale**" beschritten, die in ihrer 9 radikalen Richtung (Gramatica, De Vincentiis; vgl. Sax in: Bettermann-Nipperdey-Scheuner, Die Grundrechte, III/2, S. 935 FN 86) die Art und die Stärke der erforderlichen Deliktsreaktion nicht von der Schuld des Täters, sondern allein von seiner sozialen Gefährlichkeit abhängig sein lassen will. Ein solches soziales Schutzrecht wird jedoch der Aufgabe des Strafrechts, die Rechtsordnung zu schützen, nicht hinreichend gerecht, da bei fehlender Sozialgefährlichkeit eine strafrechtliche Sanktion entfallen müßte, selbst wenn der Täter ein schweres Verbrechen begangen hat. Daß sich in solchen Fällen nicht auf eine Deliktsreaktion verzichten läßt, zeigen deutlich die NS-Verbrechen, deren Ahndung aus spezialpräventiven Gründen auf Grund der längst erfolgten Resozialisierung des Täters häufig überflüssig ist, indem man im Hinblick auf das Bedürfnis des Rechts, die Unverbrüchlichkeit des Rechts zu erweisen und auf das Rechtsbewußtsein der Allgemeinheit einzuwirken. Zum andern läßt sich ein solches soziales Schutzrecht nicht uneingeschränkt mit den Postulaten der Rechtsstaatlichkeit vereinbaren. Weder ist es ein angemessenes Mittel, im Falle einer geringfügigen Tat einen Täter wegen seiner Gefährlichkeit, die nur mit einer langandauernden Freiheitsentziehung behoben werden kann, einer solchen Behandlung auszusetzen, noch vermag der Gefährlichkeitsaspekt einen den Rechtssicherheitsbelangen genügenden Maßstab für die Sanktion zu liefern. Zu den Bedenken gegen die Lehre von der défense sociale vgl. H. Kaufmann v. Weber-FS 418 ff., Lenckner aaO 16 f., Sax aaO 936 f., Tröndle LK 12 vor § 38. Die Bedenken richten sich auch gegen die vor allem von Marc Ancel vertretene gemäßigte Richtung, die das Schuldprinzip und die Verantwortlichkeit des Menschen anerkennt, ihn aber trotzdem einer resozialisierenden „Behandlung" unterwirft, deren Ergebnisse sich zugegebenermaßen durch das Schuldstrafrecht nicht in gleichem Maße erreichen lassen. Vgl. zum Ganzen Schulz JA 82, 532.

III. Wenn sonach jede Strafe sich am Umfang der Schuld auszurichten hat, so ist damit nicht 10 gesagt, daß sie dem Schuldmaß voll entsprechen muß (vgl. dazu u. 18 a). Außerdem fragt sich, ob der Schuld eines jeden Täters eine feste Strafhöhe entspricht, die als einzige als schuldangemessene Strafe bezeichnet werden kann, oder ob das Verhältnis zur Schuld nur so zu verstehen ist, daß sich bei der Gegenüberstellung von Schuld und Strafe nur Annäherungswerte, jedenfalls im praktischen Bereich, ergeben können. Die Meinungen zu dieser Frage sind geteilt. Während z. T. die Auffassung vertreten wird, daß jeder einzelnen Tatschuld eine feste Strafgröße entspreche (Punktstrafe), möge diese auch vielleicht bei der richterlichen Strafbemessung nicht genau feststellbar sein, wird nicht überwiegend die sog. **Spielraumtheorie** vertreten (BGH **7** 32, **20** 267, **24** 133, MDR/D **71**, 720, Köln MDR **57**, 247, Bruns StrZR 281 ff., M-Zipf II 562 [Schuldrahmen], H. Mayer AT 363, Roxin Schultz-FG 466 ff., Schaffstein Gallas-FS 101 ff., Spendel, Zur Lehre vom Strafmaß, 1954, v. Weber, Die richterliche Strafzumessung, 1956, 12). Danach besteht innerhalb der Strafrahmen ein gewisser Spielraum, innerhalb dessen jede Strafe noch als schuldangemessen angesehen werden kann, wobei allerdings zuzugeben ist, daß es sich nur um die Unmöglichkeit exakter Bestimmung der Schuldangemessenheit handelt. Deshalb ist der praktische Unterschied der Auffassungen gering (vgl. Bruns NJW 79, 289 ff.). Lediglich die Überschreitung oder Unterschreitung dieses Spielraums würde zu einer Strafe führen, die nicht mehr dem Schuldmaß entspricht. Innerhalb des Spielraums kann die Festsetzung der Strafe mit der Begründung, sie sei ungerecht, nicht angegriffen werden. Zur Kritik an der Spielraumtheorie vgl. aber Dreher JZ 67, 45 f., Jescheck 786. Zum Ganzen vgl. Grasnick aaO.

11   IV. Für die Aufgaben, die dem Strafrecht in einer staatlichen Gemeinschaft gestellt sind, bleibt daher innerhalb des Instituts der Strafe nur Raum, soweit sie durch die Strafe in dem oben gekennzeichneten Sinn und Umfang verwirklicht werden können.

12   1. Dies gilt einmal für die sog. **Generalprävention** (vgl. o. 2). Die Strafdrohung soll nicht nur die Voraussetzungen dafür schaffen, daß das Gericht eine Strafe anordnen kann, sondern bedeutet zugleich einen Appell an die Allgemeinheit, Taten der beschriebenen Art nicht auszuführen. Die Realisierung des Strafrechtes durch Verfolgung und Verurteilung der Delinquenten verschafft dieser Forderung im Bewußtsein der Allgemeinheit Geltung und wirkt so sozialpädagogisch und sittenbildend. Der kritische Punkt in der Beurteilung der generalpräventiven Aufgabe des Strafrechts wird erst dann erreicht, wenn die Vorstellung von der abschreckenden Wirkung der Strafdrohungen und Strafen zu Reaktionen führt, die den Umfang schuldangemessener Strafe überschreiten.

13   Die Geschichte unseres Strafrechts bietet genügend Beispiele dafür, daß sowohl Gesetzgeber wie Gerichte immer wieder der Versuchung erlegen sind, aus generalpräventiven Gründen überhöhte Strafen anzudrohen oder zu verhängen. Die Generalprävention wurde als gleichberechtigter Strafzweck neben dem Sühnegedanken anerkannt und daraus die Folgerung abgeleitet, daß eine Strafe aus generalpräventiven Gründen über das schuldadäquate Maß hinaus ausgedehnt werden könne (vgl. RG **58** 109, DR **43**, 138; vgl. auch BGH **17** 324, NJW **66**, 1276). Erst nach langen Auseinandersetzungen hat die Rspr. den Standpunkt akzeptiert, daß das Schuldprinzip verbietet, einen Täter mit einer das Schuldmaß übersteigenden Strafe deswegen zu belegen, weil dies für die Abschreckung der Allgemeinheit wichtig sei. Heute kann auch in der Rspr. die Erkenntnis als gesichert gelten, daß eine Strafschärfung nur im Rahmen der **Schuldangemessenheit** zulässig ist (vgl. BGH **7** 33, **10** 264, **20** 264, **28** 326, **34** 151, JR **69**, 187 m. Anm. Koffka, GA **74**, 78, DAR/S **89**, 249, StV **90**, 109, Hamm MDR **72**, 254, Roxin JuS 66, 384; vgl. jedoch Hamburg MDR **64**, 691, D-Tröndle § 46 RN 12). Ausnahmen sind auch nicht bei bestimmten Deliktsgruppen gerechtfertigt. Zutreffend hat sich der BGH MDR/H **76**, 812 daher gegen die einseitige Heranziehung generalpräventiver Erwägungen bei Wirtschaftsdelikten ausgesprochen. Das Gericht darf ferner nicht das Sicherungsbedürfnis unter Verzicht auf eine Sicherungsmaßregel durch eine höhere Strafe befriedigen (BGH **20** 264, NJW **88**, 2748). Dennoch kann nicht verkannt werden, daß bei Entscheidungen über die Auswahl der Strafarten, über die Strafhöhe und über die Strafaussetzung der Gedanke der Generalprävention immer wieder übermäßig durchschimmert (vgl. Bruns v. Weber-FS 75 ff., StrZR 236 ff., Tröndle GA 68, 299).

14   Abweichend sind Warda aaO 163 ff. und Badura JZ 64, 337 ff. der Auffassung, daß die Gedanken der Generalprävention bei der Bestimmung strafrechtlicher Konsequenzen überhaupt keine Berechtigung besäßen und insoweit ein Verstoß gegen Art. 1 GG vorliege. Der Täter würde andernfalls zum bloßen Objekt für die Zwecke anderer gemacht. Diese Argumentation überzeugt jedoch deswegen nicht, weil es sich bei der Berücksichtigung der Generalprävention nicht allein darum handelt, vom Täter im Interesse kriminalpolitischer Bedürfnisse ein persönliches Opfer zu verlangen. Seine Sonderbehandlung ergibt sich vielmehr u. a. auch daraus, daß er selbst durch seine Tat dazu beigetragen hat, daß das Bedürfnis nach Generalprävention entstanden ist. Sein eigenes böses Exempel gegenüber der Allgemeinheit ist daher mit Anlaß dafür, daß die Rechtsordnung an ihm ein Exempel statuiert (vgl. Stree, Deliktsfolgen und Grundgesetz, 1960, 45, 49). Vgl. auch BVerfGE **28** 386, Lange ZStW 95, 609 ff., Ostendorf ZRP 76, 281, Roxin JuS 66, 383. Zum Verhältnis der Strafzwecke vgl. auch Arthur Kaufmann JZ 67, 553. Umgekehrt baut Schmidhäuser (aaO) seine Lehre von der Strafe auf der Generalprävention, d. h. der staatlichen Notwendigkeit des Strafens auf, der er alle anderen Gesichtspunkte unterordnet.

15   2. Neben der generalpräventiven stehen die **spezialpräventiven** Aufgaben des Strafrechts. Diese bestehen einmal in der Resozialisierung des Täters, für den die Tatsache seiner Bestrafung nicht nur eine Übelszufügung bedeuten soll, sondern bei dem versucht werden soll, ihn derart in die soziale Gemeinschaft wieder einzugliedern, daß er in Zukunft als ihr vollwertiges Mitglied ohne Straftaten in ihr zu leben vermag. Diesen Gedanken stellt § 46 I 2 neben das Postulat der schuldgerechten Strafe. Berücksichtigt werden sollen bei der Zumessung der Strafe danach die Wirkungen, die von ihr für das künftige Leben des Täters in der Gesellschaft zu erwarten sind. Daraus ergibt sich die Forderung, Art und Umfang der Strafe so zu bestimmen, daß diese Resozialisierungsaufgabe möglichst vollkommen erfüllt werden kann, wobei diese Forderung nicht nur an das Gericht gerichtet ist, sondern auch und vor allem den Strafvollzug angeht, in dem die Weichen für das künftige Leben des Täters in der Gesellschaft gestellt werden können.

Vgl. Frankfurt VRS **44** 184. Ferner ist zu berücksichtigen, daß eine Freiheitsstrafe bei einem sozial integrierten Täter u. U. eine desintegrierende Wirkung haben kann (Frankfurt VRS **44** 184, Lenckner aaO 180). Insoweit sind namentlich ihre Auswirkungen auf das Berufsleben, z. B. Verlust des Arbeitsplatzes, Beendigung eines Beamtenverhältnisses (vgl. § 46 RN 55), auf persönliche Bindungen oder auf Wohnverhältnisse zu beachten (vgl. Hamm VRS **67** 425). Andererseits kann eine berufsbedingte Anfälligkeit für bestimmte Straftaten, etwa Zolldelikte, unter spezialpräventiven Gesichtspunkten bei der Strafzumessung ins Gewicht fallen (BGH NJW **71**, 2141).

Beide Forderungen, die nach schuldangemessener Strafe und die nach Resozialisierung des **16** Täters, stehen häufig nicht in einer völligen Harmonie. Die Resozialisierung des Täters kann u. U. Maßnahmen nach Art und Dauer erfordern, die über das Maß dessen hinausgehen, was an schuldangemessener Strafe zulässig ist. So könnte z. B. die pädagogische Einwirkung durch den Strafvollzug ohne Effektivität bleiben, wenn der Täter ihr nicht hinreichend lange ausgesetzt wird. Umgekehrt gibt es Fälle, in denen der Resozialisierungsgedanke zu der Forderung führt, das Maß der schuldäquaten Strafe nicht auszuschöpfen. Vgl. dazu Müller-Dietz MDR 74, 4.

Das Bedürfnis, längere Zeit auf den Täter resozialisierend einzuwirken, darf indes nicht dazu **17** führen, diesem eine höhere Strafe aufzuerlegen, als er sie nach dem von ihm schuldhaft verursachten Unrecht verdient hat. Nicht nur die Reihenfolge, in der in § 46 I auf die Schuld und auf spezialpräventive Aspekte abgehoben wird, sondern auch der absolute Vorrang des Schuldprinzips für das Strafrecht ergibt, daß die spezialpräventive Aufgabe der Resozialisierung des Täters nur im Rahmen einer schuldangemessenen Strafe verwirklicht werden kann und daß daher, falls zur Resozialisierung des Täters mehr erforderlich ist, dieses Mehr nur im Rahmen von Rechtsinstituten erreicht werden kann, die außerhalb der Strafe stehen (BGH **24** 133 m. Anm. Blei JA 71, 165; vgl. auch Braunschweig GA **70**, 87).

Das gleiche gilt für die **übrigen** spezialpräventiven **Aufgaben.** Weder die Forderung nach **18** Sicherung der Allgemeinheit vor dem gefährlichen Täter noch der Gedanke, dieser müsse für die Zukunft von weiteren Straftaten abgeschreckt werden, kann eine Strafe rechtfertigen, die über das schuldangemessene Maß hinausgeht. Auch hier ist der Richter auf die Maßregeln der Besserung und Sicherung verwiesen. Vgl. BGHR § 46 Abs. 1 Schuldausgleich **21**.

3. Das Schuldprinzip steht nur einer schuldübersteigenden, nicht jedoch einer **schuldunter-** **18a** **schreitenden Strafe** entgegen. Denn die Strafe hat nicht die Aufgabe, die Schuld um ihrer selbst willen auszugleichen, sondern ist nur gerechtfertigt, wenn sie sich zugleich als notwendiges Mittel zur Erfüllung der präventiven Schutzaufgabe des Strafrechts erweist (BGH **24** 42; vgl. auch o. 1). Spezialpräventive Gründe können und dürfen dazu führen, hinter dem zurückzubleiben, was dem verschuldeten Unrecht entspricht. Dies geht insb. aus den §§ 47, 56, 59, 60 hervor. Berührt sind aber nicht nur die Strafart, die Strafaussetzung, die Verwarnung mit Strafvorbehalt und das Absehen von Strafe, sondern auch die Strafhöhe (and. Horn Schaffstein-FS 246 ff., Schöch Schaffstein-FS 259 ff.). Wenn z. B. bei schweren Tatfolgen, die den Täter getroffen haben, auf Grund präventiver Erwägungen gänzlich von Strafe abgesehen werden kann, muß es ebenfalls zulässig sein, auf einen Teil der Strafe zu verzichten, d. h. die Strafe zu mildern (vgl. § 46 RN 55, § 60 RN 12). Bei der Herabsetzung der Strafe bleibt das Gericht allerdings an die gesetzliche Mindeststrafe gebunden. Darüber hinaus sind der aus spezialpräventiven Gründen angebrachten Unterschreitung der schuldangemessenen Strafe weitere Grenzen gesetzt. Ihre Aufgabe des Gemeinschaftsschutzes vermag die Strafe nicht hinlänglich zu erfüllen, wenn sie gegenüber dem verschuldeten Unrecht zu niedrig ist und dadurch das Rechtsbewußtsein der Allgemeinheit ernstlich beeinträchtigen kann. Diese Gefahr ist vorhanden, wenn die auf einen Rechtsbruch erfolgende Antwort, die außer Verhältnis zur Schuld des Täters steht, die Sachgerechtheit der Milde nicht genügend ersichtlich macht. Unverständliche Unterschreitung der schuldentsprechenden Strafe macht die Bestrafung unglaubwürdig (vgl. Schmidhäuser 794). Die schuldunterschreitende Strafzumessung muß daher auf besondere Gründe gestützt sein, die dem allgemeinen Rechtsbewußtsein den Verzicht auf die volle Strafhöhe als angemessen erscheinen lassen (vgl. auch u. 22). Ein solcher Grund kann z. B. die Tatprovokation einer an sich nicht tatbereiten Person durch einen V-Mann sein (BGH NJW **86**, 1764, StV **88**, 296; and. Bruns MDR 87, 177, D-Tröndle § 46 RN 35c), ein erheblicher Eigenschaden des Täters durch die Tat, die überlange Verfahrensdauer oder eine schwere Erkrankung des Angekl., die ihm nur noch eine geringe Lebenserwartung läßt (Köln StV **88**, 67). Wie hier Lackner, Über neue Entwicklungen in der Strafzumessungslehre und ihre Bedeutung für die richterliche Praxis, 1978, 23 ff., Roxin Schultz-FG 473 ff., ZStW 96, 657; ähnlich Frisch ZStW 99 369, Günther JZ 89, 1029. Gegen eine schuldunterschreitende Strafzumessung jedoch Bruns Leitf. 92, MDR 87, 178, Welzel-FS 746 f., Hirsch LK 16 vor § 46, Jescheck 20, 786, Schaffstein Gallas-FS 105; vgl. auch BGH **24** 132, **29** 321, JZ **76**, 650, NJW **78**, 175, Hamm NJW **77**, 2087. Zum Ganzen vgl. Bruns Dreher-FS 251.

19   **4. Generalpräventive** und **spezialpräventive** Strafzwecke können in einem **Spannungsverhältnis** zueinander stehen. Es ist daher erforderlich, entsprechend der kriminalpolitischen Gesamtkonzeption des Strafgesetzes eine Rangordnung zwischen beiden Prinzipien festzulegen. Die Tendenz des § 46 geht dahin, spezialpräventiven Gesichtspunkten, insb. dem Resozialisierungsgedanken, vor generalpräventiven Erwägungen den Vorrang einzuräumen (vgl. insb. § 46 I, ferner Lenckner aaO 181, JurA 71, 325 f.). Aus diesem Grunde wird auf die resozialisierungsfeindliche Verhängung kurzer (§ 47) und die Vollstreckung mittlerer Freiheitsstrafen (§ 56) i. d. R. verzichtet. Ausnahmen gelten nur dann, wenn die **Verteidigung der Rechtsordnung** dies gebietet (zur Einschränkung der Spezialprävention durch das Erfordernis der Verteidigung der Rechtsordnung vgl. auch Schwalm JZ 70, 491). Diese Formulierung ist im Laufe der Vorarbeiten immer wieder geändert worden („Bewährung der Rechtsordnung"), enthält aber kein Novum, sondern sollte nur der Verdeutlichung dienen (vgl. BGH 24 40, zur Entstehungsgeschichte vgl. insb. Horstkotte NJW 69, 1603, JZ 70, 126, Gerkau K + V 69, 291 f., Kunert MDR 69, 709, Sturm JZ 70, 85).

20   a) Nach h. M. handelt es sich bei der Verteidigung der Rechtsordnung um generalpräventive Gesichtspunkte (vgl. Horstkotte NJW 69, 1602, Kunert MDR 69, 705), wobei allerdings Generalprävention in einem weiteren Sinne gemeint ist (vgl. Schröder JZ 71, 241); vgl. auch D-Tröndle § 46 RN 6, Eser I 29. Sie bedeutet einmal die Abschreckung der Allgemeinheit von der Begehung strafbarer Handlungen durch die Verhängung bzw. Vollstreckung einer Freiheitsstrafe. Hinzukommen muß aber, daß die Sanktion in so starkem Maße geboten erscheint, daß der Verzicht auf sie die Rechtstreue der Bevölkerung und ihr Vertrauen in die Unverbrüchlichkeit des Rechts erschüttern würde (BGH 24 40, 64, Bay NJW 70, 1382, 71, 107, Celle NJW 70, 872, DAR 70, 188, Stuttgart Justiz 70, 237, Frankfurt NJW 71, 1813, Düsseldorf VRS 41 22; krit. zu dieser Rspr. Schröder JZ 71, 241, Eickhoff NJW 71, 272). Nach der Rspr. des BGH sind der Gesichtspunkt der Sühne für das begangene Unrecht und die Rücksicht auf die Belange des Verletzten vom Begriff der Verteidigung der Rechtsordnung nicht umfaßt (vgl. BGH aaO und VRS 38 334; für Einbeziehung der Belange des Verletzten aber Köln NJW 70, 258). Auch die Schwere der Schuld soll für sich allein die Verhängung oder Vollstreckung einer Freiheitsstrafe nicht rechtfertigen können (BGH aaO, Köln NJW 70, 258 m. Anm. Koch NJW 70, 842, Düsseldorf VRS 39 328, Celle DAR 70, 188), ebensowenig die Tatfolgen allein (Hamm VRS 39 330); zust. Lenckner JurA 71, 347. Bei der Gesamtwürdigung aller Umstände des Einzelfalles – die der Entscheidung darüber, ob der Verzicht auf eine Freiheitsstrafe oder deren Aussetzung die Rechtstreue der Bevölkerung erschüttern kann, vorauszugehen hat – soll die Schwere der Schuld jedoch eine mittelbare Bedeutung erlangen (BGH aaO, Köln NJW 70, 258, Hirsch LK § 47 RN 34, Hohler NJW 69, 1227, Kunert MDR 69, 709, NJW 70, 539; and. Zipf Bruns-FS 211). Ferner können bei der Gesamtabwägung berücksichtigt werden: die besonderen Tatfolgen (vgl. BGH GA 79, 60: Steuerhinterziehung in Millionenhöhe), eine sich aus der Tatausführung ergebende besondere verbrecherische Intensität, ein hartnäckiges rechtsmißachtendes Verhalten (vgl. Koblenz VRS 40 99), die Verletzung von Rechtsgütern mit ungewöhnlicher Gleichgültigkeit, häufige besonders herausfordernde Mißachtung entsprechender Normen, rasche Wiederholungstaten sowie einschlägige Vorstrafen. Bei den genannten Faktoren handelt es sich sämtlich um solche, die die Rspr. schon früher, und zwar im Rahmen des Sühnebedürfnisses, berücksichtigt hat. Aus dieser Tatsache sowie daraus, daß auch die Schwere der Schuld immerhin mittelbar Berücksichtigung findet, hat Schröder JZ 71, 241 entgegen der Auffassung des BGH gefolgert, daß mit dem Begriff Verteidigung der Rechtsordnung letztlich nichts anderes beabsichtigt ist, als allen übrigen Straffaktoren, die neben der Resozialisierung des Täters stehen, Geltung zu verschaffen. Dieser Ansicht steht entgegen, daß die spezialpräventiven Aspekte nur zurücktreten sollen, wenn sonst der Schutz der Rechtsordnung nicht hinlänglich gewährleistet ist. Dafür ist maßgebend, wie das Urteil auf Personen der Allgemeinheit, denen es bekannt wird, wirken muß. Einschränkend zum Ganzen Zipf Bruns-FS 214 ff.

21   b) In § 47 kann mit Verteidigung der Rechtsordnung nichts anderes gemeint sein als in § 56 (Hamm VRS 39 331, Cramer JurA 70, 203), so daß für beide Vorschriften qualitativ die gleichen Auslegungskriterien maßgeblich sind. Da die generalpräventive Intention aber im Bereich der kleinen und mittleren Kriminalität i. d. R. schon durch die *Verhängung* einer Freiheitsstrafe als solche erreicht wird (vgl. BGH 24 45), sind in quantitativer Beziehung bei der *Vollstreckung* kurzer und mittlerer Freiheitsstrafen strengere Maßstäbe anzuwenden als bei § 47 (vgl. BGH 24 164, Schröder JZ 71, 243; and. Cramer aaO unter Berufung auf die rein plakative Wirkung nicht vollstreckter Freiheitsstrafen, Köln NJW 70, 258).

22   c) Das in den §§ 47, 56 und auch in § 59 sich abzeichnende Verhältnis zwischen spezialpräventiven und generalpräventiven Aspekten ist ebenfalls für die Bemessung der Strafhöhe von Bedeutung. Generalpräventive Gründe können demgemäß einer das Schuldmaß aus spezialpräventiven Gründen unterschreitenden Strafhöhe nur entgegenstehen, wenn der Schutz der

Rechtsordnung es gebietet (vgl. Lenckner aaO 183). Das ist allerdings schon der Fall, wenn es an besonderen Gründen fehlt, die im allgemeinen Rechtsbewußtsein die schuldunterschreitende Strafhöhe als angemessen erscheinen lassen (vgl. o. 18a). Sonst würde der Eindruck erweckt, ein Rechtsbrecher habe nicht die verdiente Strafe zu erwarten. Das Strafrecht würde dann seine Aufgabe, die Rechtsordnung zu sichern, nicht mehr zur Genüge erfüllen.

V. Das **Prinzip der Zweispurigkeit,** das dem StGB zugrunde liegt, ist durch die Entscheidung für die schuldangemessene Strafe vorgegeben (Jescheck 682). Die §§ 61 ff. enthalten das Maß dessen, was das Gesetz als für die Sicherung der Allgemeinheit und die Besserung des Täters unbedingt erforderlich ansieht. Sie stellen bereits eine gewisse Entscheidung und einen gewissen **Ausgleich** in dem Widerstreit zwischen den Freiheitsrechten des Einzelnen und den Bedürfnissen der Allgemeinheit dar, einen Ausgleich, den überdies auf Grund des § 62 das Gericht im Einzelfall zu überprüfen hat (vgl. § 61 RN 2). 23

Im Gegensatz dazu kennt das Prinzip der **Einspurigkeit** nur eine Deliktsreaktion, die die Aufgaben der Strafe und der Maßregeln in sich vereinigt. Es könnte z. B. der Gewohnheitsverbrecher unter Verzicht auf Strafe nur in die zeitlich nicht begrenzte Sicherungsverwahrung genommen werden, oder es könnte eine zeitlich unbestimmte Strafe die Funktionen der Sicherungsmaßregel mit übernehmen. In beiden Fällen würde das Ausmaß der Deliktsreaktion allein durch präventive Notwendigkeiten bestimmt sein, deren Fixierung nicht einmal im Urteil möglich wäre, sondern erst auf die Erfahrungen des Vollzuges gestützt werden könnte. Das Problem besteht freilich nur für solche Maßregeln, die mit einer Freiheitsentziehung verbunden sind. Zur Diskussion um Monismus und Dualismus der Deliktsreaktionen vgl. Dt. Landesreferate zum 6. Intern. Strafrechtskongreß in Rom 1953, ZStW 65, 481 (Dreher), 66, 172 (Mezger-Schröder), Revue internationale de droit pénal 1953, Nr. 1 und 2; Gr. Strafrechtskommission Niederschriften Bd. 11; vgl. ferner Bockelmann Mat. 140ff., Dünnebier ZStW 72, 42, Grünwald ZStW 76, 633, Hall ZStW 70, 41, Hellmer, Der Gewohnheitsverbrecher und die Sicherungsverwahrung, 1961, Röhl JZ 55, 145, Stooß SchwZStr. 41, 54. 24

VI. Aus dem Schuldprinzip ergibt sich ferner, daß der Gesetzgeber in der Bestimmung seiner **Strafen und Strafrahmen** nicht frei ist, sondern Mindest- und Höchststrafe so festzusetzen hat, daß den möglichen Schuldstufen eines Deliktstypus Rechnung getragen werden kann (vgl. Geerds Engisch-FS 406). Tatbestand und Rechtsfolge müssen insoweit sachgerecht aufeinander abgestimmt sein (vgl. BVerfGE **25** 285f., **41** 125). Überschreitet eine Strafvorschrift diesen Rahmen, so kann eine Strafdrohung verfassungswidrig sein (BayVerfGHE **3** II 109; vgl. auch Art. 3 MRK). Vgl. zum Ganzen Raiser JZ 63, 663 mwN, gegen ihn Seibert JZ 63, 749. 25

VII. Das **Strafensystem.** Zu unterscheiden ist zwischen Haupt- und Nebenstrafen. Hauptstrafen sind solche, auf die allein erkannt werden kann, Nebenstrafe als solche, die nur zusammen mit einer Hauptstrafe verhängt werden können. Das Strafensystem des StGB hat sich durch die Einführung der sog. **Einheitsfreiheitsstrafe** mit der Beseitigung von Zuchthaus, Gefängnis, Einschließung und Haft wesentlich vereinfacht. Die im StGB vorgesehenen Strafdrohungen der Freiheitsstrafe und der Geldstrafe sind nach Art. 315c EGStGB auch für fortgeltende Straftatbestände der ehemaligen DDR an Stelle der bisherigen Strafdrohungen maßgebend. Zur Ausnahme für Vermögenseinziehung vgl. 88 vor § 3. 26

Die **Todesstrafe** ist durch Art. 102 GG abgeschafft. Zum Kampf um die Beibehaltung oder **Abschaffung** der Todesstrafe und über die Stellungnahme in den Arbeiten an der Strafrechtsreform vgl. Kohlrausch Handwörterbuch der Kriminologie Bd. II, 1936, 795, v. Liszt-Schmidt 373. E 1927 sah die Todesstrafe vor; die Reichskommission lehnte sie aber ab (Mezger 488). Zu ausländischen und internationalen Bestrebungen gegen die Todesstrafe vgl. Möhrenschlager Dünnebier-FS 611. Vgl. ferner Möhrenschlager, Tagungsbericht über internat. Konferenz über die Todesstrafe in Syrakus, ZStW 100, 252. 27

Schrifttum: Baumann, Diskussion um die Todesstrafe, Archiv für Rechts- und Sozialphilosophie, 1960, 73. – *Dreher,* Für und wider die Todesstrafe, ZStW 70, 543. – *Düsing,* Die Geschichte der Abschaffung der Todesstrafe, 1952. – *Greinwald,* Die Todesstrafe, 1948. – *Hagemann,* Gedanken zur Todesstrafe, Rosenfeld-FS (1949) 193. – *Helfer,* Todesstrafe, Handwörterbuch der Kriminologie Bd. III, 2. A., 1975, 326. – *Keller,* Die Todesstrafe in kritischer Sicht, 1968. – *Malaniuk,* Die Todesstrafe, JurBl. 57, 85. – *Middendorff,* Todesstrafe – Ja oder Nein?, 1962. – *v. Weber,* Vom Sinn der Todesstrafe, ZAkDR 40, 156. – *Todesstrafe?,* Theologische Argumente (Dorfmüller, Krämer, Künneth, Maurach, Wolf), Kirche und Volk, 1960 Heft 24. – Niederschriften über die Sitzungen der großen Strafrechtskommission, 1959 Bd. 11 (Beratung zur Todesstrafe). – Vgl. auch *Beristain,* Katholizismus und Todesstrafe, ZStW 89, 215. – *Frankowski,* Die Todesstrafe in den USA, ZStW 100 951. – *Wieck,* Wider alle Vernunft: Die Todesstrafe in den Vereinigten Staaten, MDR 1990, 113

1. Hauptstrafen sind die Freiheitsstrafe und die Geldstrafe sowie für Soldaten der Strafarrest (§ 9 WStG). In der Regel ist nur auf eine von ihnen zu erkennen (vgl. Art. 12 III EGStGB). Eine 28

§§ 38 ff. Vorbem 29–36 Allg. Teil. Rechtsfolgen der Tat – Strafen

Verbindung von Hauptstrafen kommt nur ausnahmsweise in Betracht, so nach den §§ 41, 53 II 2 die gleichzeitige Verhängung von Freiheits- und Geldstrafe und nach § 13 II 2 WStG die gleichzeitige Verhängung von Freiheitsstrafe und Strafarrest.

29 2. Zur **Nebenstrafe** rechnet das StGB nur noch das Fahrverbot (§ 44). Den Verlust der Amtsfähigkeit, der früher z. T. als Nebenstrafe angesehen wurde (vgl. BGH MDR/D **56**, 9), ordnet das Gesetz den Nebenfolgen zu. Verfall und Einziehung zählen nach § 11 I Nr. 8 zu den Maßnahmen. Außerhalb des StGB ist das i. V. mit einer Strafe ausgesprochene Verbot der Jagdausübung gem. § 41a BJagdG als Nebenstrafe anzusehen.

30 3. Als **Nebenfolge** bezeichnet man Rechtsfolgen der Straftat, die keinen spezifischen Strafcharakter haben. Die Grenze zwischen Nebenstrafe und Nebenfolge ist flüssig. Den Nebenfolgen zugerechnet werden die Rechtsinstitute mit Doppelcharakter, bei denen zwar ein repressives Element vorhanden ist, aber nicht eindeutig ihren Charakter bestimmt.

31 a) Ausdrücklich als Nebenfolge anerkannt ist der **Verlust der Amtsfähigkeit**, der Wählbarkeit und des Stimmrechts (§ 45). And. noch § 56 E 62: Nebenstrafe. Ferner gehört hierzu die **Bekanntgabe der Verurteilung** (§§ 165, 200). Zu ihrer Rechtsnatur vgl. § 165 RN 1.

32 b) Dagegen hat das Gesetz in § 11 I Nr. 8 **Verfall** und **Einziehung** der Gruppe der Maßnahmen zugeordnet. Gegen diese Systematisierung M-Zipf II 487. Nach BGH NJW **83**, 2710 hat die Einziehung gem. § 74 II Nr. 1 den Charakter einer Nebenstrafe (vgl. auch BGH StV **89**, 529). Zur Rechtsnatur vgl. näher 12 ff. vor § 73.

33 4. Zweifelhaft kann der Charakter der in § 56b vorgesehenen **Auflagen** sein. Da § 56b es ausdrücklich als ihre Aufgabe bezeichnet, der Genugtuung für das begangene Unrecht zu dienen, kann man ihnen einen strafähnlichen Charakter nicht absprechen. Vgl. § 56b RN 2.

33a 5. Ein Reaktionsmittel eigener Art ist die **Verwarnung mit Strafvorbehalt** (§ 59). Zu ihrer Rechtsnatur vgl. § 59 RN 3. Einem Genugtuungsbedürfnis dient hierbei die nach § 59a mit der Verwarnung verbundene Erteilung von Auflagen (vgl. § 59a RN 4).

34 VIII. Das Strafensystem des StGB und seine rechtliche Regelung gelten **nur** für das **kriminelle Strafrecht**, wie es im StGB und in den strafrechtlichen Nebengesetzen kodifiziert ist. Für andere Deliktsreaktionen sind andere Grundsätze maßgebend. Dies gilt z. B. für den Jugendarrest, der keine Strafe, sondern ein Zuchtmittel ist (§ 13 JGG), ferner für die sog. **Disziplinarstrafen** des Beamtenrechts oder die Reaktionen innerhalb der Ehrengerichtsbarkeit für Ärzte, Rechtsanwälte usw. Das bedeutet z. B., daß Geldbußen, die in diesem Bereich verhängt werden, nicht nach § 43 in Freiheitsstrafen umgewandelt werden können. Auch die sog. Prozeßstrafen des Zivil- und Strafprozeßrechtes (Ordnungsgeld, Ordnungshaft) sind keine Strafen i. S. des StGB. Sie dienen entweder der Ahndung prozessualer Verstöße oder der Erzwingung bestimmter prozessual notwendiger Handlungen des Täters.

35 IX. Ebensowenig gelten die Sanktionen des StGB für das sog. **Ordnungs-** oder **Verwaltungsstrafrecht**. Dieses ist vom eigentlichen Kriminalstrafrecht jedenfalls quantitativ dadurch unterschieden, daß es weniger schwere Beeinträchtigungen rechtlich geschützter Interessen erfaßt und daher für diese keine Strafen, sondern nur sog. Geldbußen vorsieht. Streitig ist dagegen, ob es darüber hinaus auch eine qualitative Unterscheidung zwischen Strafrecht und Ordnungswidrigkeitenrecht gibt. Gewiß kann der Gesetzgebung bislang noch keine klare Grenzziehung entnommen werden, da nicht selten gleich schwere Rechtsverstöße teils mit krimineller Strafe, teils nur mit Buße bedroht werden (vgl. Jescheck 52). Dennoch wird das Bemühen sichtbar, das mit der Kriminalstrafe verbundene sittliche Unwerturteil auf solche Taten zu beschränken, die über die Interessenverletzung hinaus durch einen besonderen sozialethischen Unwertgehalt gekennzeichnet sind. In diesem Sinne einer Abgrenzung nach Strafwürdigkeits- und Strafbedürftigkeitskriterien insb. Sax in Bettermann-Nipperdey-Scheuner, Grundrechte III/2, S. 909 ff., Eser aaO 123 ff., Hamann, Grundgesetz und Strafgesetzgebung, 1963, 25 ff. Ähnlich abstellend auf den Mangel eines sozialethischen Unwerturteils bei den reinen Ordnungsstrafen und Geldbußen RG **64** 195, **75** 235, BGH (GrS) **11** 266, Lange GA 53, 3. Vgl. auch Hamm GA **69**, 156. Für einen rein graduellen Unterschied hingegen Baumann/Weber 40, Hafter I 90, H. Mayer AT 72; vgl. auch Göhler, OWiG, 2 ff. vor § 1, Jescheck 52 sowie dessen Bericht über das Vorkolloquium zur Vorbereitung des XIV. Int. Strafrechtskongresses in ZStW 101, 237. Eingehend zum Ganzen Krümpelmann aaO, Mattes aaO, Wolff in: Hassemer, Strafrechtspolitik, 137 ff.

36 Eine umfassendere gesetzliche **Kodifizierung** hat das Ordnungsunrecht erstmals durch das OWiG erhalten.

Schrifttum: Eser, Die Abgrenzung von Straftaten und Ordnungswidrigkeiten, Diss. Würzburg 1961. – *Göhler*, Das neue Gesetz über Ordnungswidrigkeiten, JZ 68, 583. – *Goldschmidt*, Das Verwaltungsstrafrecht, 1902. – *Jescheck*, Das deutsche Wirtschaftsstrafrecht, JZ 59, 457. – *Krümpelmann*, Die Bagatelldelikte, 1966. – *Mattes*, Untersuchungen zur Lehre von den Ordnungswidrigkeiten, 1966. – *Michels*, Strafbare Handlung und Zuwiderhandlung, 1963. – *E. Schmidt*, Das neue westdeutsche Wirtschaftsstrafrecht, 1950. – *E. Wolf*, Die Stellung der Verwaltungsdelikte im Strafrechtssystem,

Frank-FG II 516. – Rechtsvergleichend: *Schottelius,* Die Trennung zwischen kriminellem Unrecht und Verwaltungsunrecht, Mat. II 11.

Zur privaten „**Strafjustiz**" in **Betrieben** vgl. Baur, Betriebsjustiz, JZ 65, 163, Feest, Betriebsjustiz, ZStW 85, 1125, Franzheim. Die Verfassungsmäßigkeit der sog. Betriebsjustiz, JR 65, 459, Kienapfel, Betriebskriminalität und Betriebsstrafen, JZ 65, 599, Meyer-Cording, Betriebsstrafen und Vereinsstrafen im Rechtsstaat, NJW 66, 225, Zöllner, Betriebsjustiz, ZZP 83, 365, Galperin, Betriebsjustiz, BB 70, 933 sowie den von Kaiser/Metzger-Pregizer herausg. Sammelband „Betriebsjustiz" 1976. Vgl. auch Entwurf eines Ges. zur Regelung der Betriebsjustiz in: Recht und Staat, 1975, H. 447/448 und dazu Rössner ZRP 76, 14, Pfarr ZRP 76, 233. Über Vereinsstrafen vgl. Flume Bötticher-FS 101. **37**

X. Die **Strafdrohungen** sind entweder absolut oder relativ bestimmt oder unbestimmt. **38**

Schrifttum: Creifelds, Die unbestimmte Strafe im geltenden und künftigen Recht, GA 54, 289. – *Dohna,* Die gesetzliche Strafzumessung, MonKrimBiol. 43, 138. – *Dreher,* Die erschwerenden Umstände im Strafrecht, ZStW 77, 202. – *Lange,* Die Systematik der Strafdrohungen, Mat. 169. – *Mezger,* Strafzweck und Strafzumessungsregeln, Mat. I 1. – *Radbruch,* Die gesetzliche Strafänderung, VDA 3 S. 189. – *Schmidt,* Strafzweck und Strafzumessung in einem künftigen StGB, Mat. 19. – *Schröder,* In welcher Weise empfiehlt es sich, die Grenzen des strafrechtlichen Ermessens im künftigen Strafgesetzbuch zu regeln?, Gutachten zum 41. DJT (1955). – *Sieverts,* Würde sich für ein neues StGB die Einführung der unbestimmten Verurteilung empfehlen?, Mat. I 107. – *Würtenberger,* Die unbestimmte Verurteilung, Mat. I 89.

1. Absolut bestimmt ist die Strafdrohung dann, wenn die Strafe vom Gesetz so festgelegt ist, daß für das richterliche Ermessen kein Spielraum bleibt. Das ist in § 211 und in § 220a I Nr. 1 mit der ausschließlichen Möglichkeit einer lebenslangen Freiheitsstrafe der Fall. **39**

2. Relativ bestimmt ist die Strafdrohung, wenn das Gesetz einen *Strafrahmen* gibt, innerhalb dessen der Richter die genaue Strafe für den Einzelfall zu bestimmen hat. Der Strafrahmen kann mehrere *Strafarten* zur Wahl stellen oder kann *innerhalb* einer bestimmten Strafart einen Ermessensraum zwischen einem Mindest- und einem Höchstmaß geben (so z. B., wenn Freiheitsstrafe schlechthin oder nicht unter 6 Monaten oder bis zu 2 Jahren angedroht ist). Relative Strafdrohungen verstoßen nicht gegen den Grundsatz nulla poena sine lege; vielmehr ist es auch hiernach zulässig, daß dem Richter ein Strafrahmen zur Aburteilung einer Straftat zur Verfügung steht. Die Weite eines Strafrahmens findet ihr Gegengewicht in den verpflichtenden Grundsätzen der Strafzumessung (BGH **1** 308). **40**

3. Unbestimmt ist die Strafdrohung dann, wenn das Gesetz keinen Strafrahmen enthält. Solche Strafdrohungen enthielt das frühere Recht in Gestalt der in unbeschränkter Höhe angedrohten Geldstrafe. Heute sind diese Fälle beseitigt. Vgl. § 40, Art. 3 I, 12 II EGStGB. **41**

4. Mit dem **Strafrahmen** bei einer relativ bestimmten Strafdrohung legt das Gesetz die Grenzen fest, innerhalb derer das richterliche Ermessen über die für den Einzelfall angemessene Strafe entscheidet. Mindest- und Höchstmaß sind allerdings nicht lediglich einer Grenzwerte, sondern zugleich Orientierungspunkte für die Strafzumessung (vgl. Bruns Leitf. 46ff., Dreher Bruns-FS 149). Das **Mindestmaß** ist für die leichtesten Fälle vorgesehen, d. h. für Fälle, in denen die Schuld des Täters an der unteren Grenze liegt (BGH NStZ **84**, 117), ohne jedoch auf die denkbar leichteste Schuld beschränkt zu sein (BGH NStZ **84**, 359 m. Anm. Zipf, **88**, 497). Es darf nur verhängt werden, wenn neben erheblichen Strafmilderungsgründen keine wesentlichen Strafschärfungsgründe vorliegen (Frankfurt NJW **80**, 654). Liegen Erschwerungsgründe vor, so müssen die strafmildernden Umstände so deutlich überwiegen, daß die Erschwerungsgründe dadurch nicht mehr ins Gewicht fallen (BGH NStZ **84**, 117, 410). Das **Höchstmaß** kommt bei Taten in Betracht, die in ihrem Schweregrad an der Spitze liegen und die der Täter in voller Verantwortung begangen hat (vgl. RG **69** 317, Mösl DRiZ 79, 166; vgl. auch BayVRS **59** 187, Schleswig SchlHA/E-L **86**, 97). Dementsprechend ist für den denkbaren Durchschnittsfall die Mitte des Strafrahmens maßgebend (vgl. dagegen aber Bruns JZ 88, 1057, Horn SK § 46 RN 94). Die Strafzumessung in den übrigen Fällen ist je nach deren Unrechts- und Verschuldensgrad an dieser **Wertskala** auszurichten. Der denkbare Durchschnittsfall ist nicht mit dem Regelfall, d. h. dem erfahrungsgemäß immer wieder vorkommenden Fällen, gleichzusetzen (vgl. BGH **27** 4 m. Anm. Bruns JR 77, 164 u. Frank NJW 77, 686, Bruns StrZR 85ff., D-Tröndle § 46 RN 14). Die Mehrzahl der Straftaten erreicht nicht den Schweregrad des denkbaren Durchschnittsfalles (vgl. BGH aaO), so daß die Strafrahmenmitte nicht als Strafmaß für den Regelfall angesetzt werden darf (vgl. BGH NStZ **83**, 217, **84**, 20, Horn StV 86, 168). Das gilt jedoch nur für den Normalstrafrahmen, nicht für einen Ausnahmestrafrahmen (BGH **34** 355 m. Anm. Meyer NStZ 88, 87). Zum Regelfall als Funktionswert für die Strafzumessung vgl. Horn SK § 46 RN 87ff., Bruns JZ 88, 1057 und zu den Bedenken gegen einen solchen Ansatzpunkt vgl. Frisch GA 89, 352. Zur Ausrichtung der Strafzumessung an normativen **42**

Kategorien der einzelnen Tatbestände (Regeltatbild) vgl. Frisch GA 89, 355 ff. Grundsätzliches zu Orientierungspunkten für die Strafzumessung Streng NStZ 89, 393. Vgl. ferner Giehring in Pfeiffer/Oswald, Strafzumessung, 1989, 79 ff., der eine homogene Strafzumessungspraxis unter Berücksichtigung der Wirkungen einer Strafe zu erreichen sucht. Zum Ganzen vgl. Montenbruck, Strafrahmen und Strafzumessung, 1983.

42a Verschiedentlich engt der Gesetzgeber die Weite des richterlichen Ermessens dadurch ein, daß er dem Grundtyp einer Straftat qualifizierte und privilegierte Fälle (**Strafschärfungs-** und **Strafmilderungsgründe**) hinzufügt. Diese sind durch Umstände gekennzeichnet, die sonst bei der Strafzumessung des Richters eine Rolle spielen würden. Die gesetzliche Abschichtung schwerer und leichter Fälle geschieht auf unterschiedliche Weise:

43 a) Durch *abschließende gesetzgeberische Nominierung* der strafändernden Umstände (z. B. §§ 244, 250, 313 II). Hier kann der Richter die modifizierte Strafdrohung *nur* anwenden, sofern einer der im Gesetz genannten Umstände festgestellt wird, und er muß es in diesem Falle *immer* tun. Er hat demnach keine Freiheit der Wahl zwischen der Anwendung und der Nichtanwendung des modifizierten Falles (sog. **benannte Strafänderungsgründe**). Diese können den Charakter des Deliktes als Verbrechen oder Vergehen ändern. Die modifizierenden Umstände können entweder den Umfang des Unrechts (z. B. § 244) oder den der Schuld (z. B. § 217) verändern. Beides kann aber auch zusammentreffen. Neben diesen besonderen modifizierten Tatbeständen bestehen *allgemeine,* die Strafhöhe beeinflussende Erschwerungs- oder Milderungsgründe (z. B. in den §§ 23, 27, 28). Solche allgemeinen Strafänderungsgründe bleiben jedoch für die Einteilung der Delikte in Verbrechen und Vergehen außer Betracht (§ 12 III).

44 b) Durch **Regelbeispiele** (z. B. §§ 94 II, 113 II, 176 III, 235 II, 243). Mit ihnen kennzeichnet das Gesetz ohne eine abschließende Regelung die wichtigsten Fälle, in denen eine Abschichtung bei der Strafe in Betracht kommt. Es handelt sich hierbei um eine Strafzumessungsregel, nicht um eine tatbestandliche Änderung (vgl. BGH **23** 256, **26** 105, NJW **70**, 2120, Schröder Mezger-FS 427, Wessels Maurach-FS 298). Allerdings sind die Regelbeispiele auf Grund ihrer „Indizfunktion" den Tatbestandsmerkmalen angenähert. Der Deliktscharakter ändert sich nicht, mag auch für den modifizierten Fall eine abweichende Mindestfreiheitsstrafe angedroht sein, gleichgültig, ob ein Regelbeispiel vorliegt oder nicht (vgl. § 12 RN 10).

44a Sind die Voraussetzungen eines Regelbeispiels erfüllt, so ist die Strafe i. d. R. dem geänderten Strafrahmen zu entnehmen. Die indizielle Bedeutung eines Regelbeispiels kann jedoch durch andere Strafzumessungsfaktoren kompensiert werden, so daß dann auf den normalen Strafrahmen zurückzugreifen ist (vgl. BGH **23** 257, **24** 249). Das ist der Fall, wenn diese Faktoren jeweils für sich oder als Gesamtheit so gewichtig sind, daß sie bei der Gesamtabwägung die Regelwirkung entkräften. Die Tat muß in ihrem Unrechts- und (oder) Schuldgehalt im konkreten Einzelfall derart vom Normalfall des Regelbeispiels abweichen, daß die Anwendung des modifizierten Strafrahmens als unangemessen erscheint (BGH NJW **87**, 2450, StV **89**, 432). Das läßt sich im Falle eines strafschärfenden Regelbeispiels u. a. bei einer nachhaltigen Einwirkung auf den Täter durch einen V-Mann annehmen (BGH StV **85**, 323, **86**, 100). Bei der Gesamtabwägung darf der Sinn, der einem Regelbeispiel zugrunde liegt, nicht außer acht gelassen werden (vgl. Karlsruhe NJW **78**, 1699), ebensowenig, in welchem Maß der Schutzzweck der Strafvorschrift beeinträchtigt worden ist (BGH StV **89**, 432). Zur Entkräftung der Regelwirkung bei besonders schweren Fällen reicht ein spezieller gesetzlicher Milderungsgrund (z. B. verminderte Schuldfähigkeit) allein nicht aus (vgl. § 50 RN 7), ebensowenig allein ein Milderungsgrund allgemeiner Art (etwa Reue, Bereitschaft zur Schadenswiedergutmachung, besondere Strafempfänglichkeit), da er die Gründe, die zur Typisierung des Regelbeispiels geführt haben, nicht auszuräumen vermag (vgl. Wessels Maurach-FS 302). Hält ein Gericht die Indizwirkung eines Regelbeispiels für widerlegt, so hat es die Besonderheiten, auf die es das Abweichen vom modifizierten Strafrahmen stützt, in den Urteilsgründen darzulegen (Bay NJW **73**, 1808). Fehlen solche Besonderheiten und liegen sie auch nicht nahe, so kann das Gericht andererseits sich mit einem kurzen Hinweis hierauf begnügen.

44b Das Gesagte gilt uneingeschränkt für die Fälle, in denen die Regelbeispiele ausdrücklich nur „in der Regel" dem geänderten Strafrahmen zuzuordnen sind. Fraglich ist, ob in den sonstigen Fällen (z. B. §§ 241a IV, 292 II) die modifizierte Strafdrohung bei Vorliegen eines Regelbeispiels immer anzuwenden ist. Es handelt sich hier um eine Frage der Auslegung. Ist die Strafänderungsvorschrift nur eine Kann-Bestimmung (wie § 241a IV), so steht nichts entgegen, im Falle besonderer Faktoren dem Regelbeispiel die strafändernde Bedeutung abzusprechen. Aber auch sonst ist auf Grund allgemeiner Bedenken gegen Kasuistik und des Umstandes, daß die Beispiele in einem unbenannten Strafänderungsgrund eingebettet sind, angezeigt, im Zweifel anzunehmen, daß der Richter auch in Beispielsfällen den modifizierten Strafrahmen nicht anzuwenden braucht, wenn deren Gewicht durch andere Strafzumessungsfaktoren kompensiert wird (vgl. § 292 RN 22; and. Hirsch LK 49 vor § 46).

Außer bei Vorliegen eines Regelbeispiels kann das Gericht auch aus anderen Gründen die 44c modifizierte Strafdrohung anwenden. Das setzt voraus, daß sich die objektiven und (oder) subjektiven Umstände der Tat von den erfahrungsgemäß vorkommenden und deshalb beim normalen Strafrahmen bereits berücksichtigten Fällen wesentlich abheben. Eine Ähnlichkeit mit den Regelbeispielen ist nicht erforderlich, mag auch sie in erster Linie den Rückgriff auf den Sonderstrafrahmen begründen; es genügt, daß die Umstände nur in ihrem Gewicht den Regelbeispielen entsprechen (BGH NJW **90**, 1489). Ebensowenig ist eine Vergleichbarkeit mit einem der den Regelbeispielen zugrunde liegenden Leitbilder zu verlangen (and. Eser IV 69 für § 243). Als entscheidender Maßstab läßt sich auch nicht der Wertgruppencharakter der Regelbeispiele mit der Folge heranziehen, daß diesem die besonderen Umstände des Falles qualitativ entsprechen müssen (and. Wessels Maurach-FS 303). Ein solcher Wertgruppencharakter ist als Maßstab vor allem ungeeignet, wenn das Gesetz, wie in § 235 II (Gewinnsucht), nur ein Regelbeispiel nennt (vgl. BGH NJW **90**, 1489). Besteht Ähnlichkeit mit einem Regelbeispiel, erreichen die ähnlichen Umstände aber nicht seinen Unrechts- oder Schuldgehalt, so ist der Rückgriff auf den Sonderstrafrahmen i. d. R. nicht zulässig (Gegenschlußwirkung der Regelbeispiele; vgl. D-Tröndle § 46 RN 46). Hier müssen zur Anwendbarkeit der modifizierten Strafdrohung weitere Besonderheiten hinzukommen.

Bei der Strafzumessung für die **Teilnahme** ist in eigener Gesamtbewertung unter Mitberück- 44d sichtigung der Haupttat zu beurteilen, ob vom modifizierten Strafrahmen auszugehen ist (BGH MDR/H **80**, 814, **82**, 101, NStZ **81**, 394, **83**, 217, NStZ/D **90**, 175, MDR **82**, 1031, D-Tröndle § 46 RN 49). Das gilt auch bei Vorliegen eines Regelbeispiels. In diesem Fall ist zwar, soweit es sich um tatbezogene Unrechtsmodifizierungen handelt, der geänderte Strafrahmen in der Regel ebenfalls für den Teilnehmer maßgebend, der die unrechtsmodifizierenden Umstände gekannt hat. Die indizielle Bedeutung des Regelbeispiels kann aber durch Strafzumessungsfaktoren, die nur beim Teilnehmer zu verzeichnen sind, kompensiert werden, so daß die Regelwirkung allein für den Teilnehmer entkräftet ist. Umgekehrt kann sich ein Regelbeispiel auch nur auf die Strafzumessung bei der Teilnahme auswirken. So kann es sein, obwohl es beim Haupttäter mangels Vorsatzes nicht berücksichtigt werden kann, dem Teilnehmer bei vorliegendem Vorsatz zugerechnet werden (vgl. das Beispiel § 283a RN 10). Zur analogen Anwendung des § 28 vgl. § 28 RN 9. Handelt es sich bei der Teilnahme um Beihilfe, so ändert sich bei Anwendung des modifizierten Strafrahmens nichts an der obligatorischen Strafmilderung nach den §§ 27 II, 49 I. Zum Ganzen vgl. Bruns GA 88, 346ff.

Zu den Problemen der Regelbeispiele vgl. Arzt JuS 72, 385, 515, 576, Blei Heinitz-FS 419, Wessels Maurach-FS 295. Bedenken gegen Regelbeispiele erhebt Maiwald Gallas-FS 137ff). Vgl. auch Calliess JZ 75, 112ff. und gegen ihn Blei JA 75, 237. Zur Bindung an die Feststellungen, aus denen sich ein Regelbeispiel ergibt, bei Berufungsbeschränkung auf den Strafausspruch vgl. BGH **29** 359.

c) Durch *kasuistische, aber nicht bindende Aufzählung*, wie es für § 211 anzunehmen ist. Hier kann 45 der Richter auf Mord nur in den genannten Fällen erkennen. Er muß es jedoch nicht immer tun, sondern kann die indizierende Wirkung der Umstände des § 211 als durch mildernde Umstände kompensiert ansehen. Vgl. Schröder aaO 84, § 211 RN 10.

d) Durch *einfache Änderung der Strafrahmen* ohne gesetzliche Normierung der Voraussetzun- 46 gen, unter denen die modifizierte Strafe anzuwenden ist. Dies gilt für die besonders schweren Fälle (z. B. §§ 263, 266) auf der einen, für die minder schweren Fälle (z. B. §§ 154, 217, 249) auf der anderen Seite. Hier bleibt es dem Richter ganz überlassen, in welchen Tatumständen er die Voraussetzungen des schweren oder leichten Falles sehen will (einschränkend Neuhaus DRiZ 89, 95). Seine Stellung ist keine andere, als wenn lediglich der Strafrahmen des Grunddeliktes um die Möglichkeiten des modifizierten Falles erweitert würde. Vgl. Warda aaO 106; vgl. auch Bruns StrZR 106f.). Soweit ein veränderter Strafrahmen in Betracht kommt, hat der Richter vor der Strafzumessung im engeren Sinne zunächst zu klären, von welchem Strafrahmen auszugehen ist (BGH NStZ **83**, 407). Bei der Teilnahme ist unter Mitberücksichtigung der Haupttat in eigener Gesamtbewertung zu beurteilen, ob auf den veränderten Strafrahmen zurückzugreifen ist (vgl. BGH StV **85**, 411 zu minder schweren Fall, ferner o. 44d.) Besondere persönliche Merkmale (§ 28) sind beim Teilnehmer nur zu berücksichtigen, wenn sie bei ihm vorliegen (§ 28 RN 9; and. Bruns GA 88, 354).

Bei der Entscheidung darüber, ob ein **besonders schwerer Fall** vorliegt, sind die äußeren und 47 inneren Tatumstände unter Heranziehung sämtlicher hierfür belangreicher Umstände gegeneinander abzuwägen (BGH **2** 181). Es steht dazu die Gesamtheit aller Strafzumessungsgründe zur Verfügung, sofern sie an die Tat selbst anknüpfen (einschränkend Neuhaus DRiZ 89, 97: nur tatbestandsbezogene Umstände). Der Gesamtwürdigung bedarf es auch dort, wo sich angesichts bestimmter Tatumstände, etwa Tatumfang und Schadenshöhe, die Annahme eines besonders schweren Falles aufdrängt (BGH wistra **89**, 305). Ein besonders schwerer Fall ist dann anzunehmen, wenn die objektiven und subjektiven Umstände der Tat selbst (Jescheck 778) die erfahrungsgemäß gewöhnlich vorkommenden und deshalb für den ordentlichen Strafrahmen bereits berücksichtigten Fälle an Strafwürdigkeit übertreffen, daß dieser Strafrahmen zur Ahndung der Tat nicht ausreicht (BGH 5 130, **28** 319, **29** 322, NStZ **81**, 391). Das bedeutet nicht die Notwendigkeit einer Strafe, die das Höchstmaß des ordentlichen Strafrahmens überschreitet, sondern nur die Unangemessenheit, die Strafe nach diesem Strafrahmen zu bestimmen. Bei Annahme eines besonders schweren Falles kann die nach dem Sonderstrafrahmen bemessene Strafe daher durchaus unter dem Höchstmaß des ordentlichen Strafrahmens liegen (vgl. Bruns StRZ 107). Ein besonders schwerer Fall kann etwa auf Grund einer außergewöhnlichen Hartnäckigkeit und Stärke des verbrecherischen Willens oder auf Grund der besonderen Gefährlichkeit des angewandten Mittels zu bejahen sein (BGH MDR/D **76**, 17), ferner bei außergewöhnlich großen Schaden, den die Tat verursacht hat (BGH NStZ **82**, 465), bei einer Beute von besonders hohem Wert (BGH **29** 322), bei erheblichen Auswirkungen auf einen größeren Personenkreis oder die Allgemeinheit, bei Ausnutzung der Amtsträgerstellung zur Tat (BGH **29** 322), bei gewerbsmäßigem Handeln (BGH NStZ **81**, 392) sowie bei einem außergewöhlich niederträchtigen Verhalten, dagegen noch nicht auf Grund des bewußten Genießens der Früchte eines Vermögensdelikts (BGH wistra **89**, 98). Trotz Vorliegens von an sich hinreichenden Umständen kann ein besonders schwerer Fall auf Grund strafmildernder Faktoren entfallen, so etwa bei einem außergewöhnlich hohen Schaden, wenn Wiedergutmachungsleistungen des Täters den Schaden behoben oder erheblich gemindert haben (vgl. BGH NStZ **84**, 413) oder eine besondere Nachlässigkeit des Opfers die Tat leicht gemacht hat (BGH wistra **86**, 172), ferner bei nachhaltiger Beeinflussung durch einen polizeilichen V-Mann (BGH NJW **86**, 1764), auch wenn dieser im Dienst eines ausländischen Staates steht (BGH MDR/H **88**, 626). Es ist daher stets eine Gesamtwürdigung aller für und gegen den Angekl. sprechenden Umstände vorzunehmen (BGH JZ **88**, 472). Zur Verfassungsmäßigkeit der Rechtsfigur „besonders schwerer Fall" vgl. BVerfGE **45** 371 ff.; zu den Bedenken gegen diese Rechtsfigur vgl. Maiwald NStZ 84, 435 f. mwN, Montenbruck NStZ 87, 311.

48 Ebenfalls ist bei der Entscheidung darüber, ob ein **minder schwerer Fall** vorliegt, auf die Gesamtheit der äußeren und inneren Tatumstände und die hierfür belangreichen Faktoren abzustellen (vgl. BGH **4** 8, **26** 97 m. Anm. Zipf JR 76, 24, GA **76**, 304, MDR/D **75**, 542, MDR/H **80**, 105). Frühere Versuche, minder schwere Fälle gegenüber mildernden Umständen abzugrenzen (vgl. 17. A. 44 vor § 13), sind mit der generellen Umstellung der mildernden Umstände auf minder schwere Fälle überholt (vgl. BGH **26** 97). Grundlage für die Annahme eines minder schweren Falles ist die Intensität des Unrechts und des Verschuldens, die hinter der in den erfahrungsgemäß gewöhnlich vorkommenden und beim ordentlichen Strafrahmen berücksichtigten Fällen wesentlich zurückbleiben muß. Bei der Beurteilung sind alle Umstände, die für die Wertung von Tat und Täter in Frage kommen, gegeneinander abzuwägen (vgl. BGH StV **88**, 248, 249), so zum Nachteil des Täters das Vorliegen tateinheitlicher Gesetzesverstöße (BGH NStZ **89**, 72). Für die Abwägung genügt nicht, daß gegenüber den strafmildernden Umständen das Fehlen bestimmter Milderungsgründe in den Vordergrund gestellt wird (BGH StV **90**, 206). Dagegen ist zulässig, Tatsachen heranzuziehen, die außerhalb des Tathergangs liegen, aber Schlüsse auf das Maß der Schuld zulassen (BGH **4** 8: Persönlichkeit des Täters, Not, Mitleid, Konfliktslage u. dgl; vgl. auch BGH NJW **81**, 135, GA **86**, 450, NStZ/D **90**, 174), so u. a. Umstände, die der Tat nachfolgen (BGH StV **82**, 421: freiwillige Offenlegung der Straftat), z. B. unverzügliche, freiwillige Schadenswiedergutmachung oder freiwilliges Absehen von der Tatbeendigung (vgl. § 146 RN 28). Nicht erforderlich ist, daß sowohl das Unrecht als auch die Schuld wesentlich gemildert sind. Eine Abweichung vom ordentlichen Strafrahmen kann bereits gerechtfertigt sein, wenn eines von beiden wesentlich herabgesetzt ist (BGH StV **83**, 202). Nach dem BGH genügt auch ein besonderer Strafmilderungsgrund, wie die verminderte Schuldfähigkeit (vgl. § 50 RN 2 f. und die dortigen Gegenargumente), ferner die Wirkung der Strafe auf das künftige Leben des Täters, so daß auch eine besondere Strafempfindlichkeit (BGH StV **89**, 152: stark belastende, schwere Erkrankung) sowie Nebenfolgen wie der Verlust der Beamtenrechte zu berücksichtigen sind (BGH **35**, 148 m. abl. Anm. Bruns JZ 88, 467; gegen den BGH ferner Streng NStZ 88, 485, wie BGH jedoch Schäfer Tröndle-FS 404; vgl. auch BGH GA **89**, 515).

49 e) Die Einstufung einer Tat als besonders bzw. minder schweren Fall braucht in der **Urteilsformel** nicht angegeben zu werden, auch nicht, wenn die Strafzumessungsnorm Regelbeispiele aufweist oder in einer besonderen Strafbestimmung (z. B. § 243) enthalten ist (BGH **27** 289, NJW **88**, 779, Granderath MDR 84, 988, Willms DRiZ 76, 83). Andererseits bestehen – mit der Ausnahme bei Anwendung von Jugendstrafrecht (BGH MDR **76**, 769, MDR/H **82**, 625) abgesehen – gegen eine Kennzeichnung „in einem besonders (bzw. minder) schweren Fall" keine rechtlichen Bedenken (vgl. BGH NJW **70**, 2120, **77**, 1830, MDR/D **75**, 543, Börtzler NJW 71, 682; and. K-Meyer § 260 StPO RN 28); sie ist vielmehr dem richterlichen Ermessen (§ 260 IV 6 StPO) überlassen. Die den besonders bzw.

Absehen von Strafe 50–57 **Vorbem §§ 38 ff.**

minder schweren Fall regelnde Vorschrift ist unabhängig von der Fassung der Urteilsformel nach dieser anzuführen (§ 260 V StPO).

Die Annahme eines besonders (minder) schweren Falles ist als Strafzumessungsakt vom **Revisions-** 50 **gericht** nur darauf überprüfbar, ob die für das Ergebnis angeführten Gründe vertretbar sind. Vgl. dazu BGH NStZ **82**, 464. Das Fehlen naheliegender Erörterungen stellt einen sachlich-rechtlichen Mangel dar (BGH NStZ **82**, 465).

f) Treffen **mehrere selbständige Milderungsgründe** (z. B. §§ 21, 23 II) zusammen, so ist eine 51 mehrfache Herabsetzung der Strafe möglich. Vgl. § 50 RN 6. Zweifelhaft war früher, wie sich **allgemeine** mildernde Umstände (minder schwere Fälle) zu **speziellen** Möglichkeiten der Strafherabsetzung (z. B. §§ 21, 49 I) verhalten (vgl. 17. A. 47 vor § 13). Diese Zweifel sind durch § 50 z. T. behoben worden. Vgl. Anm. zu § 50. Zum Verhältnis zwischen einem besonders schweren Fall und einem besonderen Strafmilderungsgrund vgl. § 50 RN 7.

g) Die materielle **Bedeutung** aller **strafmodifizierenden Umstände** ist die gleiche, gleichgültig, ob 52 sie vom Gesetzgeber bei der Bildung abschließend benannter modifizierter Tatbestände berücksichtigt wurden oder ob der Richter dies bei der Strafzumessung tut. Immer sind es entweder Unrechts- (Kern ZStW 64, 255, Noll ZStW 68, 181) oder Schuldstufen, die ermittelt werden müssen (Bruns StrZR 102, Koffka JR 55, 323, Sauer GA 55, 325), und es ist nicht angängig, die eine Gruppe von Gesichtspunkten entweder nur dem Gesetzgeber oder nur dem Richter vorzubehalten (vgl. auch § 46 RN 26).

h) Treffen bei einer Handlung **sowohl** die Voraussetzungen eines **qualifizierenden** wie **privi-** 53 **legierenden** Umstandes zusammen (Tötung auf Verlangen mit gemeingefährlichen Mitteln), so kann zweifelhaft sein, ob der mildere Tatbestand den schweren ausschließt oder umgekehrt. Die Entscheidung kann nur aus dem Rangverhältnis der einzelnen Deliktsstufen getroffen werden; jedoch schließt bei Verselbständigung in der Form eines eigenständigen Verbrechens (u. 59) der Sondertatbestand (z. B. § 216) alle Modifikationen des Grunddelikts unzweifelhaft aus (vgl. Maurach Mat. I 255).

i) In zahlreichen Fällen bestimmt das StGB, daß der Richter **von Strafe absehen** kann. Hier 54 erfolgt ein Schuldspruch ohne Strafausspruch (v. Weber MDR 56, 707). Zu beachten ist, daß es sich um Fälle von unterschiedlicher Bedeutung handelt. Neben dem Fall des § 60 gehören hierhin die Bestimmungen, in denen wegen des Bagatellcharakters, insb. wegen geringen Unrechts oder geringer Schuld des Täters, ein Strafbedürfnis nicht besteht. Hier fehlt der Tat die Strafwürdigkeit (vgl. Schröder aaO 94, v. Weber aaO). In diesem Zusammenhang gehören z. B. die §§ 86 IV, 139 I, 174 IV, 175 II. Diese Fälle haben ihre Parallele in den §§ 153ff. StPO. In anderen Fällen läßt dagegen das StGB ein Absehen von Strafe deswegen zu, weil der Täter durch sein späteres Verhalten bewiesen hat, daß er zur Beseitigung der Tatfolgen und zur Tilgung seiner Schuld bereit war. Insb. in zahlreichen Rücktrittsvorschriften (z. B. §§ 311c II, 315 VI, 316a II) ist das Absehen von Strafe eine Vergünstigung für den Rücktritt des Täters. Abgesehen vom Fall des § 60 erscheint es nur für die erste Gruppe berechtigt, den Angekl. der ihm zur Last gelegten Tat für schuldig zu sprechen und daran die Kostenfolge nach § 465 I 2 StPO zu knüpfen (BGH **4** 176). Bei der zweiten Gruppe dagegen hat sich der Täter die Straflosigkeit durch seinen Rücktritt „verdient", so daß nicht zu begründen ist, daß er bei Rücktrittsvorschriften dieses Typs anders zu behandeln sein sollte als in Fällen der §§ 24, 31, 310. Da jedoch neuere Regelungen des Rücktrittsproblems nicht mehr auf der Alternative Verurteilung oder Freispruch aufgebaut sind, sondern – der Sache nach zu Recht – dem Richter die volle Skala der Milderungsmöglichkeiten bis zum Absehen von Strafe eröffnen, müssen de lege ferenda die §§ 24, 31 usw. den neuen Regelungen angepaßt werden; de lege lata ist die Unstimmigkeit nicht zu beseitigen. Vgl. Schröder H. Mayer-FS 390. Im BZR wird das Urteil nicht vermerkt, da nicht auf Strafe erkannt ist (vgl. § 4 BZRG, v. Weber aaO 707). Zur Reform vgl. Lange Mat. I 80, der die Möglichkeit des Absehens von Strafe neben § 153 StPO für unnötig hält (hiergegen Schröder aaO 94; vgl. auch v. Weber aaO 707).

Daß der Richter von Strafe absehen kann, legitimiert ihn nicht, die Strafe gegenüber dem 55 gesetzlichen Mindestmaß zu reduzieren (BGH **21** 139). Wohl aber kann er eine Strafe verhängen, die das schuldentsprechende Maß unterschreitet (vgl. o. 18a, § 60 RN 12).

Liegen die Voraussetzungen vor, unter denen das Gericht von Strafe absehen kann, so kann die StA 56 mit Zustimmung des zuständigen Gerichts bereits davon absehen, öffentliche Klage zu erheben (§ 153b I StPO; näher hierzu Dallinger JZ 51, 623). Nach Klageerhebung kann das Gericht bis zum Beginn der Hauptverhandlung mit Zustimmung der StA und des Angeschuldigten das Verfahren einstellen (§ 153b II StPO).

Auch die Einstellung des Verfahrens wegen „geringer Schuld" (**§§ 153f. StPO**) wird z. T. als 57 Institut des materiellen Rechts bezeichnet (Naucke Maurach-FS 197, Schmidhäuser 805). Die Konsequenzen wären, wie Eser (Maurach-FS 258) nachweist, erheblich, jedoch dürfte die systematische gesetzgeberische Entscheidung den Ausschlag geben.

§§ 38 ff. Vorbem 58–61   Allg. Teil. Rechtsfolgen der Tat – Strafen

Schrifttum: Eser, Absehen von Strafe usw., Maurach-FS 257. – *Maiwald,* Das Absehen von Strafe nach § 16 StGB, ZStW 83, 663. – *v. Weber,* Das Absehen von Strafe, MDR 56, 705.

58 j) Eine weitere Besonderheit in der Gestaltung der Strafdrohungen stellt die Regelung dar, die sich in einigen Rücktrittsvorschriften, Irrtumsvorschriften oder besondere Umstände berücksichtigenden Vorschriften findet. Danach kann das Gericht auch bei Androhung einer Mindeststrafe die Strafe **nach seinem Ermessen mildern** (§ 49 II), wenn der Täter freiwillig zurückgetreten ist (vgl. z. B. § 83 a I, § 84 V, § 98 II) oder ihm eine Konfliktslage zugute gehalten wird (vgl. § 157). Hier steht dem Gericht die gesamte Variationsbreite der Strafmöglichkeiten zur Verfügung. Es kann also zwischen einer Geldstrafe von 5 Tagessätzen und der im einzelnen Tatbestand vorgesehenen Höchststrafe auswählen. Die Bedenken gegen eine derart weite Ausdehnung des strafrichterlichen Ermessens lassen sich damit beschwichtigen, daß beim Rücktritt der Grad der Freiwilligkeit, mit dem der Täter gehandelt hat, nicht quantifizierbar ist und daher nur im Einzelfall bestimmt werden kann, in welchem Umfang die Strafwürdigkeit durch den Rücktritt gemindert oder beseitigt wird. Ähnliches gilt für die sonstigen Voraussetzungen, an die das Gesetz die Möglichkeit der Strafmilderung nach § 49 II knüpft.

59 5. Einen Sonderfall der Tatbestandsmodifizierungen bilden die sog. **eigenständigen Verbrechen** (delicta sui generis). Sie haben mit den benannten Modifizierungsgründen gemeinsam, daß das Gesetz unter Zugrundelegung der Elemente eines Tatbestandes einen neuen bildet, dessen Voraussetzungen abschließend umrissen sind. Der Unterschied zwischen den beiden Formen liegt jedoch darin, daß der Zusammenhang zwischen Grundtypus und Sonderfall beim eigenständigen Delikt stärker gelöst ist, die hinzutretenden Deliktsmerkmale dem Delikt eine so eigene Note geben, daß es nicht mehr nur als Spezialfall des Grundtypus angesehen werden kann (Maurach Mat. I 249 ff.). Das ist zunächst bei den zusammengesetzten Delikten der Fall; der Raub ist kein Tatbestand des § 242, obwohl er dessen Voraussetzungen enthält. Aber auch innerhalb einzelner Deliktsgruppen sind delicta sui generis denkbar, die sich vom Grundtypus durch Intensitätsmerkmale unterscheiden, wie z. B. § 216 gegenüber §§ 211 ff. Hier kann freilich zweifelhaft sein, ob angesichts der Tatbestandsähnlichkeit der Begriff delictum sui generis oder eigenständiges Verbrechen eine richtige Kennzeichnung darstellt (vgl. Hardwig GA 54, 258, Schneider NJW 56, 702). Dennoch hat dieser Begriff seine Berechtigung insoweit, als er zur Kennzeichnung der Tatsache dient, daß der gesetzestechnische Zusammenhang zwischen Grundtypus und delictum sui generis derart gelöst ist, daß auf Modifikationen des Grunddeliktes unter keinen Umständen zurückgegriffen werden darf (vgl. § 216 RN 1 f.). Über weitere Folgerungen aus der Unterscheidung vgl. Maurach Mat. I 253 ff. Der Begriff „delictum sui generis" dient also nur zur Kennzeichnung einer bestimmten „Relation"; insoweit ist er sinnvoll (and. Schneider NJW 56, 702; gegen ihn treffend Hillebrand NJW 56, 1270). Auch künftig wird man auf die Unterscheidung zwischen Abwandlung des Grunddelikts und eigenständigem Verbrechen nicht verzichten können (Maurach Mat. I 256). Vgl. zum Ganzen Hassemer, Delictum sui generis, 1974.

60 XI. Nach zahlreichen Bestimmungen des StGB ist zu entscheiden, ob und in welchem Umfang frühere Verurteilungen zu Lasten des Täters berücksichtigt werden können, so z. B. bei der allgemeinen Strafzumessung oder bei Anordnung der Sicherungsverwahrung (§ 66). Diese Frage hat das BZRG ausdrücklich geregelt, und zwar mit der Tendenz, die Resozialisierung eines Verurteilten stets zu fördern, so daß ihm nach Ablauf bestimmter Fristen frühere Verfehlungen nicht mehr vorgehalten werden dürfen. Vor allem können diese Grundsätze des BZRG von Bedeutung sein, wo an die Straftat lebenslange Berufsverbote geknüpft sind.

61 Sämtliche rechtskräftigen Verurteilungen durch ein Strafgericht werden in das **Bundeszentralregister** eingetragen (§§ 3, 4 BZRG). Unbeschränkte Auskünfte über Verurteilungen dürfen nur den Strafverfolgungsbehörden und den weiteren in § 41 I BZRG abschließend aufgeführten Behörden mitgeteilt werden. Andere Behörden und Privatpersonen erhalten nur Auskunft in Form von Führungszeugnissen nach § 30 BZRG. Die Frist für die endgültige Tilgung richtet sich nach der Höhe der Strafe (5–15 Jahre); vgl. § 46 BZRG. Getilgte oder tilgungsreife Verurteilungen dürfen – ausgenommen die im § 52 BZRG geregelten Fälle – im Rechtsverkehr, insb. in einem neuen Strafverfahren, nicht zum Nachteil des Täters verwendet werden (§ 51 BZRG). So darf eine bei Ende der Hauptverhandlung in der (letzten) Tatsacheninstanz tilgungsreife (BGH NStZ **83**, 30, Stuttgart MDR **85**, 341) oder bereits getilgte Vorstrafe bei der Strafzumessung nicht strafschärfend berücksichtigt werden (BGH **24** 378, Bay NJW **72**, 443); vgl. auch § 46 RN 31. Ebensowenig können bereits getilgte Strafen samt der ihnen zugrunde liegenden Taten für die Anordnung von Sicherungsmaßregeln herangezogen werden (BGH **25** 100, StV **85**, 322). Eine Ausnahme gilt für die Fahrerlaubnisentziehung, sofern die Verurteilung wegen der früheren Tat in das Verkehrszentralregister einzutragen war (§ 52 II BZRG). Diese Ausnahmeregelung gestattet dem Gericht jedoch nicht, die in Frage stehende Vortat strafschärfend zu berücksichtigen (Karlsruhe VRS **55** 284; vgl. auch Düsseldorf VRS **54** 50). Zur Verfas-

sungsmäßigkeit des § 51 BZRG vgl. BVerfGE **36** 174 m. Anm. Klinghardt NJW 74, 491, aber auch Willms JZ 74, 224f. Zur Frage, ob ein im BZR getilgtes Strafurteil als Wahrheitsbeweis i. S. des § 190 gelten kann, vgl. § 190 RN 3. Zum Ganzen vgl. Güllemann-Spellenberg NJW 72, 1969, Creifelds GA 74, 129, Haffke GA 75, 65, Schoreit GA 75, 362. Zu weiteren Problemen des BZRG vgl. Sawade/Schomburg NJW 82, 551.

– Freiheitsstrafe –

§ 38 Dauer der Freiheitsstrafe

(1) **Die Freiheitsstrafe ist zeitig, wenn das Gesetz nicht lebenslange Freiheitsstrafe androht.**

(2) **Das Höchstmaß der zeitigen Freiheitsstrafe ist fünfzehn Jahre, ihr Mindestmaß ein Monat.**

I. Entsprechend dem früheren Recht sieht das Gesetz die lebenslange und die zeitige **Freiheitsstrafe** vor. Das Mindestmaß ist wegen der mehr schädlichen als nützlichen Wirkungen einer allzu kurzen Freiheitsstrafe auf einen Monat festgesetzt worden. Ein noch höheres Mindestmaß hat der Gesetzgeber für verfehlt gehalten, weil die Geldstrafe nicht in allen Fällen die Aufgabe der kurzzeitigen Freiheitsstrafe übernehmen könne und andere ausreichende Ersatzmaßnahmen nicht zur Verfügung ständen (BT-Drs. V/4095 S. 18). 1

1. Lebenslange Freiheitsstrafe ist u. a. in §§ 80, 81, 211, 220a, 229, 251, 307, 316a angedroht. Sie gilt ebenfalls für den Anstifter. Auch bei Versuch kann, allerdings nur ausnahmsweise, auf lebenslange Freiheitsstrafe erkannt werden (vgl. LG Frankfurt NJW **80**, 1402), ebenso bei einer Tat im Zustand der verminderten Schuldfähigkeit (BGH StV **90**, 157). Liegt Beihilfe oder versuchte Anstiftung vor oder ist die Strafe nach § 28 I zu mildern, dann kann gegen den Beteiligten nur eine zeitige Freiheitsstrafe verhängt werden. 2

Das BVerfG (BVerfGE **45** 187) hat entgegen LG Verden NJW **76**, 980 (dazu Erichsen NJW 76, 1721, Triffterer ZRP 76, 91) die lebenslange Freiheitsstrafe als verfassungsgemäß angesehen (vgl. dazu aber Schmidhauser JR 78, 265; wie das BVerfG schon BGH NJW **76**, 1755), auch bei verminderter Schuldfähigkeit (BVerfGE **50** 5) und beim Totschlag in besonders schweren Fällen (BVerfG JR **79**, 28 m. Anm. Bruns). Aus verfassungsrechtlichen Gründen hält es jedoch eine gesetzliche Regelung für geboten, die dem zu dieser Strafe Verurteilten eine konkrete und grundsätzlich realisierbare Chance gibt, die Freiheit wiederzugewinnen. Dem entspricht nunmehr § 57a. Bedenken gegen die lebenslange Freiheitsstrafe gründen sich vor allem auf den Persönlichkeitsverfall, zu dem eine Haft von 20 Jahren und mehr führen soll (vgl. dagegen Bresser JR 74, 264, ZRP 76, 265; zum Meinungsstreit vgl. auch BVerfGE **45** 229ff.). De lege ferenda sprechen sich z. B. Arzt ZStW 83, 23f., Schmidhäuser 761, Weber MSchrKrim 90, 65 gegen eine lebenslange Freiheitsstrafe aus. Vgl. noch Hanack u. Kerner in: Kriminolog. Gegenwartsfragen, 1974, H. 11 S. 72ff., 85ff., Röhl, Über die lebenslange Freiheitsstrafe, 1969, Zipf in Roxin-Stree-Zipf-Jung, Einführung in das neue Strafrecht, 2. A. 1975, 65, aber auch Jescheck 690. Zu kriminologischen Aspekten vgl. Kreuzer ZRP 77, 49. Zum Ganzen vgl. Jescheck/ Triffterer, Ist die lebenslange Freiheitsstrafe verfassungswidrig?, 1978, Beckmann GA 79, 441. Vgl. zur Problematik auch Baltzer StV 89, 42. 3

2. Der Höchstbetrag der **zeitigen Freiheitsstrafe** ist 15 Jahre (Abs. 2), auch im Falle einer Gesamtstrafe (§ 54 II 2). Eine 15 Jahre überschreitende Vollzugsdauer kann indes eintreten, wenn mehrere Verurteilungen zu Freiheitsstrafe, nicht aber die Voraussetzungen des § 55 vorliegen (RG **4** 54, BGH **33** 368f., Hamm NJW **71**, 1373). 4

Das Mindeststrafmaß der Freiheitsstrafe ist ein Monat (Abs. 2). Freiheitsstrafe unter einem Monat darf auch wegen solcher Taten nicht verhängt werden, die vor dem 1. 1. 1975 begangen worden sind (Art. 298 I EGStGB). Das Mindestmaß des Abs. 2 ist dagegen nicht für die Ersatzfreiheitsstrafe maßgebend; ihr Mindestbetrag ist ein Tag (§ 43 S. 3). 5

Die **Strafeinheiten** der zeitigen Freiheitsstrafe werden in § 39 bestimmt. 6

II. Andere Höchst- und Mindestbeträge gelten für den **Strafarrest** nach dem WStG. Bei ihm beträgt das Höchstmaß 6 Monate, das Mindestmaß 2 Wochen (§ 9 WStG). Wäre nach den §§ 53ff. eine Gesamtstrafe von mehr als 6 Monaten Strafarrest zu bilden, so ist statt auf Strafarrest auf Freiheitsstrafe zu erkennen; die Gesamtstrafe darf dann 2 Jahre nicht überschreiten (§ 13 I WStG). Ist die Ersatzfreiheitsstrafe Strafarrest (§ 11 WStG), so bestimmt sich das Mindestmaß nach § 43 S. 3 (vgl. BT-Drs. 7/550 S. 335). 7

III. Gegen Jugendliche kommt, von der Nebenstrafe des Fahrverbots abgesehen, als einzige Strafart die **Jugendstrafe** in Betracht (§§ 5 II, 17ff. JGG). Es handelt sich hierbei um eine besondere Strafart, die sich von der Freiheitsstrafe des Erwachsenenstrafrechts ihrer Art, Tragweite und Durchführung nach unterscheidet (vgl. BGH NJW **80**, 1967). Das Höchstmaß der 8

§ 40 Allg. Teil. Rechtsfolgen der Tat – Strafen

Jugendstrafe ist 5 Jahre; bei Verbrechen, für die das allgemeine Strafrecht eine Höchststrafe von mehr als 10 Jahren androht, erhöht es sich auf 10 Jahre. Das Mindestmaß der Jugendstrafe beträgt 6 Monate (§ 18 I JGG).

§ 39 Bemessung der Freiheitsstrafe

Freiheitsstrafe unter einem Jahr wird nach vollen Wochen und Monaten, Freiheitsstrafe von längerer Dauer nach vollen Monaten und Jahren bemessen.

1   Die Vorschrift bestimmt die **zeitlichen Einheiten,** die von den Gerichten bei der zeitigen Freiheitsstrafe zugemessen werden dürfen. Unterschieden wird hierbei zwischen der Freiheitsstrafe unter einem Jahr und der über einem Jahr.

2   1. Freiheitsstrafe **unter einem Jahr** ist stets nach vollen Wochen oder Monaten zu bemessen. Auf den Bruchteil einer Woche darf ebensowenig erkannt werden wie auf den Bruchteil eines Monats oder eines Jahres. Fehlerhaft ist z. B. die Festsetzung der Freiheitsstrafe auf 7½ Monate; es muß statt dessen heißen: 7 Monate 2 Wochen Freiheitsstrafe (vgl. BGH **7** 322, RG **46** 304, Düsseldorf NStE Nr. **15** zu § 56). Zulässig ist dagegen die Bemessung nur nach Wochen, wie etwa die Verhängung einer Freiheitsstrafe von 6 Wochen (Bay NJW **76,** 1951, Koblenz VRS **51** 350; krit. dazu Blei JA 76, 801).

3   2. Die Strafe **über einem Jahr** darf nur nach vollen Monaten oder Jahren bemessen werden. Der Gesetzgeber ist davon ausgegangen, daß bei einer solchen Strafe weder die Möglichkeit noch ein Bedürfnis besteht, die schuldangemessene Strafe genauer als nach Monaten oder Jahren zu bestimmen (BT-Drs. V/4095 S. 20). Unzulässig ist daher eine Freiheitsstrafe von 1 Jahr 3½ Monaten oder von 1 Jahr 6 Wochen. Andererseits steht § 39 einer Bemessung nur nach Monaten, z. B. der Verhängung einer Freiheitsstrafe von 15 Monaten, nicht entgegen.

4   3. Die Maßeinheiten sind auch bei einer **Gesamtstrafe** zu beachten. Ist etwa aus zwei Freiheitsstrafen von je 4 Monaten eine Gesamtstrafe zu bilden, so beträgt deren Mindestmaß 4 Monate und 1 Woche. Eine Ausnahme ist jedoch zu machen, wenn sonst die Summe der Einzelstrafen erreicht wird (vgl. BGH **16** 167, RG **60** 289). In einem solchen Fall geht § 54 II 1 dem § 39 vor. Sind also eine Freiheitsstrafe von 1 Jahr und eine von 1 Monat (oder Geldstrafe von 30 Tagessätzen) zu einer Gesamtstrafe zusammenzufassen, so ist diese etwa auf 1 Jahr und 2 Wochen festzusetzen. Ferner kann eine Freiheitsstrafe über 1 Jahr auch nach Wochen bemessen werden, wenn der erforderliche Härteausgleich für die Nichtheranziehbarkeit einer vollstreckten Strafe zur Gesamtstrafmilderung es bedingt (BGH NJW **89,** 236 m. Anm. Bringewat JR 89, 248).

5   4. Für eine **Ersatzfreiheitsstrafe** ist § 39 nicht maßgebend. Vgl. § 43. Ebensowenig hat sich die Anrechnung von U-Haft usw. gem. § 51 nach § 39 zu richten.

– Geldstrafe –

Vorbem. Die §§ 40–43 gelten gem. Art. 315 II EGStGB auch für Taten in der früheren DDR vor Wirksamwerden des Beitritts zur BRep. Deutschland mit der Maßgabe, daß die Geldstrafe nach Zahl und Höhe der Tagessätze insgesamt das Höchstmaß der bisher angedrohten Geldstrafe nicht übersteigen darf, sofern für die Tat das Strafrecht der BRep. nicht schon vor dem Beitritt gegolten hat (Art. 315 IV EGStGB). Die Regeln der Geldstrafe sind nach Art. 315 c EGStGB auch für fortgeltende Straftatbestände der ehemaligen DDR maßgebend.

§ 40 Verhängung in Tagessätzen

(1) **Die Geldstrafe wird in Tagessätzen verhängt. Sie beträgt mindestens fünf und, wenn das Gesetz nichts anderes bestimmt, höchstens dreihundertsechzig volle Tagessätze.**

(2) **Die Höhe eines Tagessatzes bestimmt das Gericht unter Berücksichtigung der persönlichen und wirtschaftlichen Verhältnisse des Täters. Dabei geht es in der Regel von dem Nettoeinkommen aus, das der Täter durchschnittlich an einem Tag hat oder haben könnte. Ein Tagessatz wird auf mindestens zwei und höchstens zehntausend Deutsche Mark festgesetzt.**

(3) **Die Einkünfte des Täters, sein Vermögen und andere Grundlagen für die Bemessung eines Tagessatzes können geschätzt werden.**

(4) **In der Entscheidung werden Zahl und Höhe der Tagessätze angegeben.**

Schrifttum: Albrecht, Strafzumessung und Vollstreckung bei Geldstrafen, 1980. – *Brandis,* Geldstrafe und Nettoeinkommen, 1987. – *Frank,* Das „Nettoeinkommen " des § 40 II 2 StGB, MDR 76, 626. –

ders., Probleme der Tagessatzhöhe im neuen Geldstrafensystem, NJW 76, 2329. – *Grebing,* Recht und Praxis der Tagessatz-Geldstrafe, JZ 76, 745. – *ders.,* Probleme der Tagessatz-Geldstrafe, ZStW 88, 1049. – *Horn,* Das Geldstrafensystem des neuen Allgemeinen Teils des StGB und die Ratenzahlungsbewilligung, NJW 74, 625. – *ders.,* Alter Wein in neuen Schläuchen?, JZ 74, 287. – *D. Meyer,* Zu Fragen bei der Festsetzung der Höhe eines Tagessatzes im neuen Geldstrafensystem, MDR 76, 274. – *ders.,* Probleme bei der Berechnung der Höhe des Tagessatzes gemäß § 40 Abs. 2 StGB, MDR 81, 275. – *Nowakowski,* Das Tagesbußensystem nach § 19 der Regierungsvorlage (1971) eines Strafgesetzbuches, ÖJZ 72, 197. – *Schaeffer,* Die Bemessung der Tagessatzhöhe unter Berücksichtigung der Hausfrauenproblematik, 1978. – *Seib,* Die Strafzumessung nach Einführung der Tagessätze, DAR 76, 104. – *Tröndle,* Die Geldstrafe im neuen Strafensystem, MDR 72, 461. – *ders.,* Die Geldstrafe in der Praxis und Probleme ihrer Durchsetzung unter besonderer Berücksichtigung des Tagessatzsystems, ZStW 86, 545. – *ders.,* Geldstrafe und Tagessatzsystem, ÖJZ 75, 589. – *Würtenberger,* Die Reform des Geldstrafenwesens, ZStW 64, 17. – *Zipf,* Die Geldstrafe, 1966. – *ders.,* Zur Ausgestaltung der Geldstrafe im kommenden Recht, ZStW 77, 526. – *ders.,* Probleme der Neuregelung der Geldstrafe in Deutschland, ZStW 86, 513.

Rechtsvergleichend: *Finkler,* Vermögensstrafen und ihre Vollstreckung, Mat. II 105. – *Jescheck,* Die Geldstrafe als Mittel moderner Kriminalpolitik in rechtsvergleichender Sicht, Würtenberger-FS 257. – *Jescheck-Grebing,* Die Geldstrafe im deutschen und ausländischen Recht, 1978. – *Driendl,* Die Reform der Geldstrafe in Österreich, 1978.

I. Die Vorschrift regelt die Bemessung einer Geldstrafe nach dem **Tagessatzsystem** entsprechend skandinavischen Vorbildern (zu den skandinavischen Erfahrungen mit diesem System vgl. Thornstedt ZStW 86, 595). Der Strafzumessungsvorgang gliedert sich hiernach in 2 Phasen. Zunächst ist die Zahl der Tagessätze nach der Tatschwere zu bestimmen, anschließend die Höhe der Tagessätze nach den persönlichen und wirtschaftlichen Verhältnissen des Täters. Mit dieser Zweiaktigkeit soll erreicht werden, daß die wirtschaftliche Bemessungsgrundlage sachgerecht in Ansatz gebracht und damit Opfergleichheit bei Tätern hergestellt wird, deren Taten im Unrechts- und Schuldgehalt vergleichbar sind. D. h. für die Täter, die Taten gleicher Schwere begangen haben, soll die mit der Geldstrafe verbundene finanzielle Belastung gleichermaßen fühlbar sein. Da Zahl und Höhe der Tagessätze in der Entscheidung anzugeben sind (Abs. 4), wird zugleich die jeweilige Tatschwere nach außen hin sichtbar. Mit dieser größeren Transparenz gegenüber dem früheren Recht verknüpft sich eine bessere Vergleichbarkeit der Geldstrafe mit der Freiheitsstrafe. Dem Strafzumessungsvorgang schließt sich sodann als dritter Akt die Prüfung an, ob und welche Zahlungserleichterungen (§ 42) zu bewilligen sind. 1

II. Zunächst ist die **Zahl der Tagessätze** zu bestimmen. Dieser Vorgang stellt die eigentliche Strafzumessungstätigkeit dar, die sich wie bei der Verhängung einer Freiheitsstrafe am Unrechts- und Schuldgehalt der Tat und an präventiven Gesichtspunkten auszurichten hat. Dementsprechend ist die Tagessatzzahl auch maßgebend dafür, ob eine im BZR allein eingetragene Geldstrafe in das Führungszeugnis aufgenommen wird (§ 32 II Nr. 5a BZRG: Nichtaufnahme einer Geldstrafe von nicht mehr als 90 Tagessätzen). 2

1. Das **Mindestmaß** beträgt 5 Tagessätze. Es darf auch bei Vorliegen eines besonderen Strafmilderungsgrundes (Versuch usw.) nicht unterschritten werden. Ist eine geringere Zahl von Tagessätzen verhängt worden, so ist der Strafausspruch nicht unwirksam; an ihm ist festzuhalten, wenn der Angekl. allein ein Rechtsmittel eingelegt hat (BGH **27** 176; and. Köln MDR **76**, 597). Das **Höchstmaß** beläuft sich, soweit eine Vorschrift nichts anderes bestimmt, auf 360 Tagessätze (Abs. 1 S. 2). Eine geringere Höchstzahl enthalten z. B. die §§ 106a, 107b, 160, 184a, 284a. Ferner ermäßigt sich die Höchstzahl in den Fällen, in denen eine Strafmilderung nach § 49 I vorgeschrieben ist, wie etwa bei der Beihilfe oder der versuchten Beteiligung, auf drei Viertel des angedrohten Höchstmaßes (§ 49 I Nr. 2), also i. d. R. auf 270 Tagessätze. Andererseits erweitert sich das Höchstmaß im Falle einer Gesamtstrafe auf 720 Tagessätze (§ 54 II). Zu verhängen sind stets volle Tagessätze; Bruchteile von Tagessätzen sind nicht zulässig. 3

2. Maßgebend für die Tagessatzzahl sind die **allgemeinen Strafzumessungsgrundsätze** des § 46 (vgl. dazu Anm. zu § 46). Der Richter hat sich hierbei der korrespondierenden Ersatzfreiheitsstrafe bewußt zu sein. Da einem Tagessatz ein Tag Ersatzfreiheitsstrafe entspricht (§ 43), darf die Zahl der Tagessätze nicht höher sein als eine das Schuldmaß nicht übersteigende Freiheitsstrafe. Daß für die Ersatzfreiheitsstrafe keine anderen Strafzumessungsgrundsätze als für eine sonstige Freiheitsstrafe gelten und nicht etwa ein Zuschlag für mangelnde Zahlungsmoral in Ansatz zu bringen ist, dürfte sich von selbst verstehen. Der Richter hat danach zu erwägen, welche Freiheitsstrafe zur Ahndung der Straftat unter Berücksichtigung präventiver Gesichtspunkte angemessen wäre (vgl. BGH **27** 72, Horn SK 4; and. Tröndle LK 11). Ihr hat dann die Tagessatzzahl zu entsprechen. Unmaßgeblich ist, daß die Geldstrafe im allgemeinen den Täter nicht so hart trifft wie eine zu verbüßende Freiheitsstrafe. Würde deswegen die Tagessatzzahl erhöht, so würde der Täter im Falle einer zu verbüßenden Ersatzfreiheitsstrafe 4

§ 40 5–7

eine Freiheitseinbuße erleiden, die er nicht verdient hat. Bei der Bemessung der Tagessatzzahl sind ferner die wirtschaftlichen Verhältnisse des Täters grundsätzlich außer Betracht zu lassen. Sie sind erst bei der Festsetzung der Tagessatzhöhe heranzuziehen. Nur wenn die wirtschaftlichen Verhältnisse des Täters den Unrechts- und Schuldgehalt seiner Tat beeinflussen, können sie bereits für die Tagessatzzahl von Bedeutung sein, so etwa beim Handeln aus Not. Werden diese Gesichtspunkte beachtet, so entfallen Bedenken (vgl. etwa Tröndle JR 76, 163) gegen den Umrechnungsschlüssel nach § 43 S. 2 (Hamm JMBlNW **83**, 29). Zur Anforderung an die Begründung der Strafzumessung bei einer Tagessatzzahl, die den Tagen der U-Haft entspricht, vgl. Hamburg JR **82**, 160 m. Anm. v. Spiegel.

5   III. Der zweite Akt des Strafzumessungsvorgangs betrifft die **Höhe eines Tagessatzes**. Er ist vom ersten Akt klar zu trennen und erst dann vorzunehmen, wenn die Tagessatzzahl feststeht. Wird nicht so verfahren, sondern statt dessen die Endsumme als Ausgangspunkt gewählt und in Tagessätze zerlegt, so wird das Tagessatzsystem unterlaufen und verfälscht. Zum Erfordernis der strikten Einhaltung des in 2 Phasen aufgegliederten Verfahrens vgl. auch Tröndle LK 61 vor § 40. Die Zweiaktigkeit des Strafzumessungsvorgangs bedeutet indes nicht, daß Zahl und Höhe der Tagessätze in aufeinanderfolgenden Verfahrensgängen durch getrennte Entscheidungen festzusetzen sind; beides ist vielmehr in einem einheitlichen Verfahrensgang in ein und derselben Entscheidung zu bestimmen (vgl. E 62 Begr. 170).

6   Die Bemessung der Tagessatzhöhe ist das Kernproblem des Tagessatzsystems (vgl. E 62 Begr. 170). Von ihrer sachgemäßen Handhabung hängt es wesentlich ab, ob die Geldstrafe zum echten Ersatz für die kurze Freiheitsstrafe wird und darüber hinaus bis hinein in die mittlere Kriminalität die Freiheitsstrafe zurückdrängt. Soll nicht durch die vermehrte Verhängung von Geldstrafen ein Verlust an Präventionswirkung eintreten, so müssen sie annähernd so fühlbar sein wie Freiheitsstrafen. Andererseits darf die Tagessatzhöhe nicht so extrem hoch bemessen sein, daß die Geldstrafe den Täter (und mit ihm evtl. dessen Familie) in seiner sozialen Existenz über Gebühr beeinträchtigt. Die Geldstrafe würde sonst ihr Ziel verfehlen und eine mit den Strafzwecken unvereinbare Wirkung entfalten, nämlich den Täter entsozialisieren. Die Schwierigkeiten bestehen somit darin, das richtige Maß für die Tagessatzhöhe zu finden. Zu beachten ist, daß den allgemeinen Strafzumessungsgrundsätzen in der zweiten Phase des Strafzumessungsvorgangs grundsätzlich kein Platz mehr eingeräumt werden darf. Unrechts- und Schuldgesichtspunkte sind allein bei der Tagessatzzahl von Bedeutung. Die Tagessatzhöhe bestimmt sich nach der wirtschaftlichen Leistungsfähigkeit des Täters im Rahmen seiner persönlichen und wirtschaftlichen Verhältnisse. Fraglich kann sein, ob daneben *präventive Gesichtspunkte* herangezogen werden dürfen. Die Frage ist damit verneint worden, daß die Tagessatzhöhe mit Präventionsbedürfnissen bei der Strafzumessung nichts zu tun habe (so Zipf ZStW **86**, 523; vgl. auch Frank NJW 76, 2330, Grebing ZStW **88**, 1094). Indes lassen sich präventive Aspekte hier nicht gänzlich ausscheiden. Nach § 46 I 2 sind bei der Strafzumessung die Wirkungen zu berücksichtigen, die von der Strafe für das künftige Leben des Täters in der Gesellschaft zu erwarten sind. Für diese Wirkungen ist aber nicht allein die Tagessatzzahl ausschlaggebend, sondern ebenso der zu zahlende Betrag, damit also auch die Tagessatzhöhe. Dementsprechend ist bei deren Bemessung das Augenmerk nicht ausschließlich auf den einzelnen Tagessatz zu richten, dessen Höhe dann für die gesamte Zahl der Tagessätze maßgebend ist, sondern auch auf die Endsumme, da gerade diese dafür entscheidend ist, ob und wie sich die Geldstrafe auf den Betroffenen auswirkt. Würden spezialpräventive Aspekte nur dem ersten Akt des Strafzumessungsvorgangs zugeordnet, so würden sie, soll die Relation zur Ersatzfreiheitsstrafe stimmen, u. U. unvollkommen zu Buche schlagen, oder es müßten Unstimmigkeiten bei der Ersatzfreiheitsstrafe in Kauf genommen werden. Denn spezialpräventive Gesichtspunkte können beim Freiheitsentzug und bei der Geldabschöpfung durchaus unterschiedliches Gewicht haben. Bei Tätern, denen gegenüber spezialpräventiv die gleiche Ersatzfreiheitsstrafe angezeigt ist, gilt keineswegs immer Entsprechendes für die Höhe der Geldstrafe. Außerdem ist zu bedenken, daß eine Strafe sich im notwendigen Rahmen halten muß. Eine das notwendige Maß übersteigende Strafe ist nicht mehr sachgerecht. Dieser Gesichtspunkt berührt aber nicht nur die Tagessatzzahl, sondern ebenso die Höhe der Geldstrafe. Vgl. auch Horn JR 77, 98, Jescheck 702, Lackner 6b cc, Tröndle LK 19.

7   1. Die **Mindesthöhe** eines Tagessatzes beträgt 2 DM, sein **Höchstbetrag** 10000 DM (Abs. 2 S. 3). Der Mindestsatz soll der Geldstrafe eine gewisse Mindestwirkung sichern. Zu geringe Sätze würden der Geldstrafe jegliche Eignung nehmen. Der Höchstsatz soll aus rechtsstaatlichen Gründen die staatliche Strafgewalt begrenzen. Er ist indes so hoch angesetzt, daß eine im Einzelfall zu niedrige Geldstrafe kaum zu befürchten ist. Der Streit darüber, ob überhaupt ein Höchstsatz angebracht ist, dürfte deshalb nach den derzeitigen Verhältnissen rein theoretische Bedeutung haben. Krit. zur Weite des Höchstmaßes Naucke, Tendenzen in der Strafrechtsentwicklung (1975) 7 ff., Tröndle LK 23 vor § 40 mwN. Der Betrag des Tagessatzes muß stets auf volle DM lauten (Köln MDR **76**, 597); unzulässig ist etwa, ihn auf 2,50 DM festzusetzen.

2. Bei der **Berechnung der Tagessatzhöhe** ist nach Abs. 2 S. 2 i. d. R. vom Nettoeinkommen 8
auszugehen. Das Gesetz hat damit das nach dem 2. StrRG ursprünglich vorgesehene Einbuße-
prinzip (vgl. dazu BT-Drs. V/4095 S. 20) durch das rigorosere **Nettoeinkommensprinzip** ersetzt (zu den Gründen vgl. Prot. VII 632 ff., Horn JZ 74, 287). Nicht zu verkennen ist jedoch,
daß die Geldstrafe mit ansteigender Tagessatzzahl zunehmend bedrückender für den Täter
wird. Bei einer größeren Tagessatzzahl kann der Rückgriff auf das Nettoeinkommen zu einer
derartigen Belastung werden, daß die Gefahr einer entsozialisierenden Wirkung und damit
einer zweckwidrigen Geldstrafe entsteht. Die Möglichkeit, Härten durch Zahlungserleichterungen (vgl. § 42, § 459a StPO) und Nichtvollstreckung der Ersatzfreiheitsstrafe (vgl. § 459f
StPO) zu unterbinden, stellt nur einen unvollkommenen Ausgleich dar. So kann etwa die
Einräumung langfristiger Ratenzahlungen zu einer bedenklich langen Belastungsdauer führen,
die nicht dem Gewicht der Tat und dementsprechend auch nicht dem Verhältnismäßigkeitsgrundsatz entspricht. Es ist daher eine möglichst flexible, den Besonderheiten des Einzelfalles
entsprechende Handhabung der Bemessungsgrundsätze geboten. Diese Flexibilität wird dadurch ermöglicht, daß nur i. d. R. vom Nettoeinkommen auszugehen ist. Ein Abweichen von
der Regel ist nicht auf besonders gelegene Ausnahmefälle zu beschränken. Es ist aber nachvollziehbar zu begründen (BGH NStZ **89**, 178). Die Voraussetzungen für Ausnahmen dürfen,
sollen unbillige oder gar untragbare Härten vermieden werden, nicht zu eng gefaßt werden.
Die Tagessatzhöhe muß so ausfallen, daß sich die Geldstrafe von Rigorismus freihält (vgl.
Prot. VII 636). Für ein möglichst flexibles Vorgehen und gegen eine zu kleinliche Begrenzung
der Ausnahmefälle spricht zudem, daß gem. Abs. 2 S. 1 die Tagessatzhöhe unter Berücksichtigung der persönlichen und wirtschaftlichen Verhältnisse des Täters zu bestimmen ist. Bei
gleichem Nettoeinkommen können diese Verhältnisse erhebliche Unterschiede aufweisen. Solchen Gegebenheiten ist dann durch eine unterschiedliche Tagessatzhöhe Rechnung zu tragen.
Im übrigen ist vom Nettoeinkommen nur auszugehen. Es hat also bloßer Ausgangspunkt,
bloßer Einstieg zu sein (Köln NJW **77**, 307; and. Tröndle LK 21) und nicht den schlechthin
ausschlaggebenden Faktor zu bilden. Vgl. dazu Horn JZ 74, 288f., der allerdings insoweit zu
einseitig auf das Fehlen verwertbaren Vermögens abstellt. Vgl. auch Schleswig MDR **76**, 243,
NStZ **83**, 317, Hamm NJW **80**, 1534 m. Anm. D. Meyer NJW **80**, 2481. Bedenklich ist jedoch,
eine nach dem Nettoeinkommen sich ergebende niedrige Tagessatzhöhe nur deswegen anzuheben, weil sonst kein angemessenes Verhältnis zur Bedeutung der Straftat besteht (so aber
Hamburg NJW **78**, 551 m. Anm. Naucke NJW 78, 1171; vgl. dagegen Schleswig SchlHA/E-L
83, 82, Grebing SchwZStr 98, 63 f.). Zur Festsetzung der Tagessatzhöhe auf mehr als 2 DM auf
Grund des Lebenszuschnitts bei einem Angekl. ohne feststellbares Einkommen vgl. Hamburg
JR **82**, 160 m. Anm. v. Spiegel.

a) Ausgangspunkt für die Bemessung der Tagessatzhöhe ist das **Nettoeinkommen,** das der 9
Täter durchschnittlich an einem Tag hat oder haben könnte. Abzuziehen vom Einkommen sind
also Steuern, Sozialabgaben, vergleichbare Ausgaben für private Kranken- oder Altersversiche-
rung (Bay DAR/R **79**, 235, **82**, 248), Werbungskosten, Betriebsausgaben und -verluste, Beiträge zur Weiterversicherung, nicht jedoch Unterhaltsverpflichtungen und Schulden (zu deren
Berücksichtigung vgl. u. 14), wohl aber Steuerersparnisse auf Grund der Anerkennung außergewöhnlicher Belastungen als Sonderausgaben (vgl. u. 15). Zum Einkommen zählen außer den
Einkünften aus selbständiger und nichtselbständiger Arbeit die Einkünfte aus einem Gewerbebetrieb (einschließlich unbarer Vorteile; vgl. Hamm MDR **83**, 1043), aus Land- und Forstwirtschaft, aus dem Vermögen (Miet- und Pachtzinsen, Kapitalzinsen, Dividenden usw.), Renten,
Versorgungsleistungen und Unterhaltsbezüge, auch Sozialhilfeleistungen (Bay DAR/R **78**,
206, Köln NJW **77**, 307). Bei diesen Einkünften ist aber nur der Überschuß der Einnahmen über
die damit verbundenen Aufwendungen zu berücksichtigen. So sind z. B. bei Pachtzinsen Aufwendungen des Verpächters für Grundsteuer, Grundstücksgebühren, Versicherungen, etwaige
Instandhaltungskosten hinsichtlich des Pachtobjekts sowie Zinsen für Belastungen des Pachtobjekts usw. abzuziehen (Bay DAR/R **76**, 173). Andererseits kommt es bei Einnahmen aus
einer Geschäftsbeteiligung nicht darauf an, ob sie voll dem Geschäft entzogen werden. Als
Nettoeinkommen eines Kommanditisten ist daher dessen Gewinnauszahlungsanspruch (§ 169
HGB) abzüglich der hierauf fallenden Einkommensteuer und ohne Rücksicht auf die Höhe der
tatsächlichen Entnahmen anzusehen (Bay DAR/R **76**, 173, vgl. aber auch u. 9a). Bei unterbe-
zahlter Mitarbeit des Hoferben auf dem Hof kann ihm im Hinblick auf die künftige Hofübernahme
der volle wirtschaftliche Wert der Arbeit in Ansatz gebracht werden (Köln MDR **79**, 691). Zu
den Unterhaltsbezügen zählen auch Sachbezüge, die sonst notwendige Aufwendungen für den
Lebensunterhalt ersetzen, wie freie Kost und Wohnung im Elternhaus (Hamm MDR **76**, 418)
oder Verpflegung, Unterkunft und Dienstbekleidung bei Soldaten (Tröndle LK 33). Bei be-
rufstätiger Ehefrau kann auch das wesentlich höhere Einkommen des Ehemannes bedeutsam
sein (Bay DAR/R **83**, 247). Unerheblich ist, ob der Täter über die Einnahmen verfügen kann.

Auch gepfändete Einnahmen sind zu berücksichtigen. Nicht einzubeziehen sind dagegen Kindergeld und andere familienbezogene Zuwendungen (vgl. u. 14). Vgl. zum Ganzen Frank MDR 76, 626, NJW 76, 2332 (keine Berücksichtigung einmaliger Vermögenszuflüsse wie Schenkungen, Erbschaften, Lottogewinne). Zur Berücksichtigung steuerlicher Grundsätze bei der Ermittlung der Einkommenshöhe vgl. Hamm MDR 83, 1043.

9a Aus der **Rspr.**: Beim Zusammentreffen von Gewinn aus einer und Verlust aus einer anderen Einkommensart sind Gewinn und Verlust zu saldieren (Bay NJW **77**, 2088). Den Einkünften aus Vermietung ist auch der Mietwert der eigengenutzten Wohnung zuzurechnen (Bay aaO). Einkommensmindernd sind nach Bay aaO normale Abschreibungen (dagegen zutreffend Frank JR **78**, 31, Tröndle LK 22; vgl. auch Hamm MDR **83**, 1043), nicht Sonderabschreibungen. Ratenzahlungen auf Verkaufspreis für Vermögenswerte sind nur in Höhe des Zinsanteils Einkommen (Hamm JR **78**, 165). Von Pachteinnahmen ist der hierin enthaltene Anteil für die Übereignung des Inventars abzuziehen (Hamm JR **78**, 166). Kein Einkommen sind Beträge, die der alleinige Komplementär einer mit Verlust arbeitenden KG zwar vertragsgemäß entnehmen kann, tatsächlich aber nicht in Anspruch genommen hat (Bay DAR/R **78**, 207). Zum Einkommen gehören jedoch Vorteile aus der privaten Nutzung von Geschäftseinrichtungen (Hamm MDR **83**, 1043). Ausgaben für den Kauf von Betriebsfahrzeugen mindern das Einkommen nicht, ebensowenig Kreditrückzahlungen, wohl aber Kreditzinsen (Bay DAR/R **84**, 238). Bei Strafgefangenen ist der Lohn für die Arbeit in der Justizvollzugsanstalt heranzuziehen, nicht auch Unterkunft und Verpflegung als Sachbezüge (Bay NJW **86**, 2842, Zweibrücken OLGSt S. **35**). Bei Sozialhilfe für Familie ist zu berücksichtigen, daß Hilfe jedem Hilfesuchenden selbständig zusteht (Düsseldorf NStZ **87**, 556). Bei Ordensgeistlichen sind die Zuwendungen seitens des Ordens maßgebend (Frankfurt NJW **88**, 2624). Zur Tagessatzberechnung bei Asylbewerbern AG Lübeck NStZ **89**, 75.

10 b) Auszugehen ist vom **durchschnittlichen** Nettoeinkommen (vgl. dazu Frank MDR 76, 628f.). Es ist somit nicht irgendein Tag herauszugreifen. Ein bestimmtes Nettotageseinkommen könnte u. U. ein völlig falsches Bild über die wirtschaftliche Leistungsfähigkeit des Täters ergeben. Abzuheben ist vielmehr auf einen längeren Zeitraum (nicht nur Arbeitstage; BGH DAR/S **80**, 200), und aus den in dieser Zeit erzielten Nettoeinkünften ist der Tagesdurchschnitt zu ermitteln. Maßgeblich ist dabei der Zeitpunkt der Urteilsverkündung, nicht der Zeitpunkt, in dem die Geldstrafe zu zahlen ist (and. Horstkotte Prot. VII 635; vgl. auch BGH **26** 328, Frank MDR 76, 629). Eine auf den Fälligkeitszeitpunkt abstellende Berechnung würde zu viele Unsicherheiten enthalten. Nur soweit sich bereits im Urteilszeitpunkt eine sichere Veränderung der Einkommenslage abzeichnet (z.B. Täter steht unmittelbar vor Pensionierung oder Beförderung), kann dies berücksichtigt werden (zur Nichtberücksichtigung unsicherer Einkommensveränderungen vgl. BGH NStE Nr. 10). Dabei läßt sich jedoch nur der Zeitraum heranziehen, der der Tagessatzzahl entspricht (vgl. D. Meyer MDR **77**, 17 ff.), nicht ein Zeitpunkt in absehbarer Zukunft (so aber Celle NdsRpfl. **77**, 108), auch nicht der Zeitpunkt, in dem die Geldstrafe zu zahlen ist (so aber BGH **26** 328, Hamm JR **78**, 165), da sonst Stundung oder Bewilligung von Ratenzahlungen unzulässigerweise (vgl. u. 16) die Tagessatzhöhe beeinflussen könnte. Es ist dann nicht ohne weiteres allein von der als sicher bevorstehenden Einkommensveränderung auszugehen. Das durchschnittliche Nettoeinkommen wird vielmehr i.d.R. auch durch die bisherigen Einkünfte mitbestimmt. Bei einem seit längerer Zeit Erwerbslosen ist daher nicht nur auf den demnächst zu erwartenden Arbeitslohn abzustellen (vgl. aber Hamburg NJW **75**, 2030, MDR **76**, 156), da die Erwerbslosigkeit für seine wirtschaftliche Lage nicht sogleich völlig bedeutungslos wird. Hat der Erwerbslose allerdings die Wiederaufnahme der Arbeit bewußt bis nach Verfahrensabschluß hinausgeschoben, so kommen die u. 11 erörterten Grundsätze des potentiellen Nettoeinkommens zum Tragen.

11 c) Zu berücksichtigen ist auch das Nettoeinkommen, das der Täter durchschnittlich haben könnte, d.h. das **potentielle Nettoeinkommen** (vgl. BGH MDR/D **75**, 541). Der Rückgriff hierauf ist indes auf Fälle beschränkt, in denen der Zweck der Geldstrafe ihn gebietet, weil ohne ihn deren Wirksamkeit herabgesetzt wäre (vgl. Tröndle LK 37). Das sind namentlich die Fälle, in denen der Betroffene zumutbare Einkommensmöglichkeiten aus unbeachtlichen Gründen nicht ausnutzt (vgl. Hamm NJW **78**, 230, Bay DAR/R **84**, 238). Hierzu gehört noch nicht, wer aus persönlichen Gründen, etwa als Ordensgeistlicher (Frankfurt NJW **88**, 2624) oder aus Bequemlichkeit, sich mit einem geringeren Einkommen begnügt, als er nach seinen Fähigkeiten haben könnte (vgl. M-Zipf II 514, Tröndle LK 37). Ebensowenig darf ein potentielles Einkommen deswegen herangezogen werden, weil jemand selbstverschuldet an der Erzielung eines höheren Einkommens verhindert ist, z.B. eine langfristige Freiheitsstrafe verbüßt (Zweibrücken GA **79**, 72). Dagegen kann dem Arbeitsscheuen nicht zugute kommen, daß er ohne nennenswertes Einkommen ist. Er ist vielmehr bei der Tagessatzhöhe so zu stellen, wie er bei Ausnutzung der ihm zumutbaren Erwerbsmöglichkeiten stände. Ferner gewinnt das potentielle Nettoeinkommen Bedeutung bei Tätern, die im Hinblick auf die zu erwartende Geldstrafe

Einkommensmöglichkeiten ungenutzt lassen. Wer zur Vermeidung einer höheren Geldstrafe seine wirtschaftliche Leistungsfähigkeit nach der Tat bewußt herabsetzt, indem er seine Arbeitsstelle aufgibt oder zu einer schlechter bezahlten Arbeitsstelle überwechselt, ist nach der tatsächlich vorhandenen Möglichkeit zur Ausschöpfung seiner Erwerbskraft zu beurteilen. Entsprechendes gilt für den Täter, der nach der Tat eine Verbesserung seiner wirtschaftlichen Lage ausschlägt oder verschiebt, um einer höheren Geldstrafe zu entgehen. Bei einem Arbeitslosen kann die ihm zustehende, aber nicht in Anspruch genommene Arbeitslosenunterstützung Berechnungsmaßstab sein (vgl. Hamburg NJW **75**, 2031). Zu potentiellen Vermögenserträgnissen vgl. Celle NStZ **83**, 315 m. Anm. Schöch.

Als weitere Beispiele sind bei den gesetzgeberischen Beratungen noch **Hausfrauen** und **Studenten** genannt worden. Insoweit ist auf das Nettoeinkommen hingewiesen worden, das diese Personen haben könnten, wenn sie einer ihren Fähigkeiten entsprechenden Arbeit nachgegangen wären, ohne ihre Verpflichtungen gegenüber anderen zu vernachlässigen (vgl. Prot. VII 635). Eine derartige Berücksichtigung potentieller Einkünfte ist jedoch unangemessen. Wer in der Berufsausbildung steht, kann schwerlich darauf verwiesen werden, daß er die Möglichkeit gehabt hätte, Geld zu verdienen (vgl. Celle NdsRpfl. **77**, 108), etwa bei Aufgabe der Ausbildung (Köln VRS **61** 344). Bei ihm sind daher, soweit er keine Nebeneinkünfte bezieht, grundsätzlich nur die Beträge zugrunde zu legen, die ihm als Unterhaltsleistung einschließlich der Naturalbezüge und staatlicher Förderungsleistungen zufließen (vgl. Frankfurt NJW **76**, 635, VRS **51** 120, Köln NJW **76**, 636, Hamm MDR **77**, 596, Grebing ZStW 88, 1078, Jescheck 704, Lackner 6 a cc; z. T. and. D. Meyer MDR 81, 279, Seib NJW **76**, 2203, Tröndle LK 31; zu Leistungen nach dem BAföG vgl. Nierwetberg JR **85**, 316). Hat er allerdings auf Nebeneinkünfte wegen der drohenden Geldstrafe verzichtet, so sind sie als potentielles Nebeneinkommen heranzuziehen. Verfehlt ist dagegen, auch sonst mögliche Nebeneinkünfte zu berücksichtigen (and. Köln VRS **61** 344). Wer sich auf seine Ausbildung konzentriert, läßt nicht Einkommensmöglichkeiten aus unbeachtlichen Gründen (vgl. o. 11) ungenutzt. Er kann nicht gehalten sein, nach vorhandenen Möglichkeiten und Kräften für begangenes Unrecht derart einzustehen, daß er mit Nebeneinkünften eine höhere Geldstrafe bezahlen kann (vgl. dagegen aber BGH **27** 214). Entsprechendes gilt für eine nichtberufstätige Ehefrau (oder Ehemann, der den Haushalt versieht). Ihr kann grundsätzlich – unabhängig von der Belastung durch den Haushalt (einschränkend Tröndle LK 26 a. E. mwN.) – ebensowenig angerechnet werden, daß sie erwerbstätig hätte sein können, auch dann nicht, wenn keine Kinder zu versorgen sind (vgl. Köln NJW **79**, 277, D. Meyer MDR 79, 899, MDR **86**, 103; and. Baumann NStZ **85**, 393). Maßgebend ist auch hier der ihr gewährte Unterhalt einschließlich des Taschengeldes (Köln JMBlNW **83**, 126, Düsseldorf JZ **84**, 683, Tröndle LK 26), nicht etwa der Unterhaltsanspruch, den sie bei Scheidung oder Getrenntleben hätte (so aber Grebing ZStW 88, 1081), oder der Betrag, der sonst für eine Haushälterin oder Wirtschafterin aufzubringen wäre, auch nicht ein prozentualer Anteil am Einkommen des erwerbstätigen Ehepartners (so aber Schall JuS 77, 313, der hiermit Schwierigkeiten bei Ermittlung des tatsächlichen Unterhalts überwinden will), es sei denn, der Richter ist auf eine Schätzung angewiesen. Demgegenüber will Hamm MDR **76**, 595 bei nicht berufstätigen Ehefrauen von der Hälfte des Gesamtbetrages ausgehen, der beiden Eheleuten für den Lebensunterhalt zur Verfügung steht (zust. Seib NJW **76**, 2202; abl. BGH **27** 228, Düsseldorf NJW **77**, 260, Hamm NJW **77**, 724, Horn JZ 76, 585, Grebing JZ 76, 748, D. Meyer NJW 76, 1110, Schall JuS 77, 312, Tröndle LK 29); noch weitergehend Frommel NJW 78, 862 (vgl. auch Blei JA 76, 527), wonach auf die Hälfte der Summe von Manneseinkommen und Wert der Hausfrauenarbeit abzuheben ist (hiergegen mit Recht Tröndle LK 29 FN 70). Besonderheiten können sich bei unentgeltlicher Mitarbeit im Betrieb des Ehegatten ergeben. Hier kann u. U. das von diesem erzielte ersparte Entgelt potentielles Einkommen des Mitarbeitenden sein. Es kommt jedoch stets auf die konkreten Verhältnisse an. Bleibt die Hauptlast der Haushalt, so berechtigt die unentgeltliche Mithilfe nicht zur Annahme eines potentiellen Einkommens (so Bay DAR/R **78**, 206, wenn Ehefrau für 5 Kinder zu sorgen hat). Ebenso ist bei einer nur gelegentlichen Aushilfe ohne Entgelt zu urteilen.

Soweit das potentielle Nettoeinkommen nicht genau feststellbar und auf eine Schätzung (vgl. u. 20) zurückzugreifen ist, muß das Gericht klären, welche Erwerbsmöglichkeiten dem Täter zur Verfügung standen und welchen Verdienst sie ihm eröffnet hätten. Es kann sich dabei mit der Feststellung des allgemein üblichen Durchschnittslohns begnügen, der im Rahmen dieser Erwerbsmöglichkeiten gezahlt wird (Koblenz NJW **76**, 1276), und hiernach das potentielle Nettoeinkommen berechnen.

3. Da das Nettoeinkommen bloßer Ausgangspunkt für die Bemessung der Tagessatzhöhe ist, fragt sich, welche weiteren Faktoren von Bedeutung sind. Von den wirtschaftlichen Verhältnissen her gesehen bietet sich als zusätzlicher Faktor das **Vermögen** an. Daß es in die Betrachtung einzubeziehen ist, läßt Abs. 3 erkennen, in dem das Vermögen nach den Einkünften ausdrück-

lich als Grundlage für die Bemessung eines Tagessatzes genannt wird. Inwieweit es zu berücksichtigen ist, läßt das Gesetz jedoch offen. Sicher ist zunächst, daß nur das bei Erlaß des Urteils (noch) vorhandene Vermögen berücksichtigt werden darf (BGH NStE Nr. 10). Es dürfte ferner sicher sein, daß bei seiner Heranziehung weitgehende Zurückhaltung geboten ist. Mit Recht ist bei den gesetzgeberischen Beratungen die Unzulässigkeit konfiskatorischer Eingriffe hervorgehoben worden (vgl. Prot. VII 645). Es ist nicht Aufgabe der Geldstrafe, Vermögen zu konfiszieren (vgl. Hamm NJW **68**, 2255, Bay NJW **87**, 2029). Unzulässig wäre demnach, ganz bestimmte Teile des Vermögens, etwa ein Stück Land oder ein wertvolles Gemälde, in der Weise herauszugreifen, daß bei der Bemessung der Tagessatzhöhe ein Zuschlag erfolgt, der mit der Tagessatzzahl multipliziert dem Wert dieser Vermögensbestandteile entspricht. Zurückhaltung ist im übrigen auch deswegen geboten, weil die Schwierigkeiten, vorhandene Vermögenswerte richtig zu erfassen und bei der Bemessung der Tagessatzhöhe sachgemäß einzubeziehen, kaum zu bewältigen sind, abgesehen davon, daß der hierfür erforderliche Arbeitsaufwand und das insoweit notwendige Eindringen in den privaten Bereich des Betroffenen ohnehin schwerlich in einem angemessenen Verhältnis zu der Straftat und deren Ahndung stehen. Zur Vereinfachung des Verfahrens darf in solchen Fällen nicht vorschnell auf Schätzungen gem. Abs. 3 ausgewichen werden; vgl. u. 20. Unsachgemäß wäre es auch, in allen Fällen wenigstens auf das leichter feststellbare liquide Vermögen, etwa Bankguthaben, zurückzugreifen. Wer gespart hat, darf nicht schlechter wegkommen als jemand, der sein Geld, anstatt es zu sparen, in Sachwerten angelegt oder es immer sogleich ausgegeben hat (vgl. Hamm NJW **68**, 2255, Tröndle JR 76, 163). Bei den gesetzgeberischen Beratungen ist daher zu Recht betont worden, daß die Heranziehung des Vermögens als Bemessungsgrundlage nur in beschränktem Umfang in Betracht komme. Das Vermögen soll danach (nur) insoweit zu berücksichtigen sein, als seine Nichtberücksichtigung eine unangemessene Bevorzugung darstellen würde (Prot. VII 647).

13 Von dieser Warte aus erscheint es sinnvoll, kleinere und mittlere Vermögen im allgemeinen unberücksichtigt zu lassen (Bay NJW **87**, 2029), z. B. ein Eigenheim mittlerer Art (vgl. Bay DAR/R **78**, 207). Ein solches Verfahren würde der schwedischen Gerichtspraxis entsprechen (vgl. Thornstedt ZStW 86, 611: Vermögen unter 100000 Kronen wird nicht berücksichtigt). Nur wenn sich im Einzelfall herausstellt, daß ohne Erfassen des Vermögens die mit der Geldstrafe bezweckte Strafwirkung nicht erreichbar ist, darf solches Vermögen bei der Bemessung der Tagessatzhöhe ins Gewicht fallen. So können dann etwa mit Rücksicht auf vorhandenes Vermögen sonst zu beachtende Faktoren, die zu einer Verringerung der Tagessatzhöhe führen, außer Ansatz bleiben, z. B. bei hoher Tagessatzzahl (Tröndle LK 57). Bei größerem Vermögen kann erforderlich sein, es in einem weiteren Umfang heranzuziehen, um in etwa gleiche Strafwirkung zu gewährleisten (Bay DAR/R **78**, 207; vgl. aber auch D. Meyer MDR 80, 16, der sich gegen jegliche Heranziehung des Vermögens bei der Bemessung der Tagessatzhöhe wendet). Nicht zu befürworten ist allerdings die schwedische Praxis, ab einem bestimmten Vermögen schematisch dem einzelnen Tagessatz einen bestimmten Zuschlag je nach Höhe des Vermögens hinzuzufügen (vgl. zu dieser Praxis Thornstedt aaO; ihre Übernahme befürwortet Seib aaO 108; vgl. auch Krehl NStZ 88, 63). Vielmehr ist auf die besonderen Umstände des Einzelfalles abzuheben. Hierbei ist zu bedenken, daß bei den Vermögenswerten, die als Einnahmequellen dienen (z. B. Betriebsvermögen), die hieraus erzielten Einkünfte bereits im Rahmen des Nettoeinkommens in Ansatz gebracht werden. Solche Vermögenswerte können deshalb nicht mehr die Bedeutung erlangen wie etwa anderweitiges Vermögen, das ohne weiteres verwertbar ist und mit dem der Betroffene die durch die Geldstrafe erlittenen Einbußen sofort ausgleichen könnte (vgl. Bay NJW **87**, 2029 und dazu Krehl NStZ 88, 63). Jedes Übermaß bei der Einbeziehung des Vermögens als Bemessungsgrundlage hat aber auch hier zu unterbleiben. Die Geldstrafe soll den Täter fühlbar treffen; allein auf das hierfür notwendige Maß ist abzustellen. Vgl. dazu Frank NJW 76, 2333f., MDR 79, 100f. Soweit auf Vermögenswerte zurückgegriffen wird, sind die mit ihnen verbundenen Schulden abzuziehen (vgl. Bay DAR/R **78**, 207: belastetes Grundstück).

14 4. Andererseits können wirtschaftliche Belastungen des Täters eine Verringerung der Tagessatzhöhe bedingen. Da die Tagessatzhöhe unter Berücksichtigung der persönlichen und wirtschaftlichen Verhältnisse des Täters zu bestimmen ist (Abs. 2 S. 1), diese Verhältnisse sich aber nicht allein im Nettoeinkommen und im Vermögen widerspiegeln, ist auf die wirtschaftlichen Belastungen von vornherein Rücksicht zu nehmen, nicht erst zur Vermeidung von Härten (and. Horstkotte Prot. VII 636; wie hier Seib aaO 106f., Tröndle ZStW 86, 584). Zu berücksichtigen sind vor allem **Unterhaltsverpflichtungen,** und zwar sämtliche, nicht nur außergewöhnliche (Oldenburg MDR **75**, 1038, Celle NJW **75**, 2029, JR 77, 382 m. Anm. Tröndle, Hamburg MDR **76**, 156, Hamm NJW **76**, 733, Bay NJW **77**, 2088). Einem Täter, der eine Familie ernährt, würde sonst ein größeres Opfer abverlangt als einem Alleinstehenden mit gleichem Nettoeinkommen. Bestritten ist, wie die Unterhaltspflichten in Ansatz zu bringen

Verhängung in Tagessätzen 14a § 40

sind. Bei Unterhaltspflichten gegenüber *Kindern* wird z. T. die RegelunterhaltsVO (vgl. Palandt BGB-Komm., 49. A. 1990, Anhang zu §§ 1615f, 1615g) herangezogen (so z. B. Hamm NJW **76**, 722, Frankfurt NJW **76**, 2220, Seib aaO 107, NJW **76**, 2202; krit. dazu Celle NJW **77**, 1248, JR **77**, 384, Tröndle LK 44), ferner die Düsseldorfer Tabelle (vgl. Frank NJW **76**, 2333; zu dieser Tabelle vgl. NJW **88**, 2352) oder eine ähnliche Tabelle (vgl. Tabellenüberblick in NJW **88**, 2354 u. 89, 91); z. T. wird ein prozentualer Abschlag vom Nettoeinkommen befürwortet (vgl. Tröndle LK 44 mwN). Indes kann es sich bei diesen Bewertungsmaßstäben stets nur um Anhaltspunkte handeln. Auszugehen ist – entsprechend der Ermittlung des Nettoeinkommens bei Unterhaltsempfängern (vgl. o. 11a) – an sich von den tatsächlich erbrachten geldwerten Unterhaltsleistungen (Bay NStZ **88**, 499 m. Anm. Terhorst; vgl. dazu auch Krehl NStZ 89, 464), so daß eine Minderung der Tagessatzhöhe entfällt, wenn solche Leistungen nicht erbracht werden (vgl. Hamm NJW **76**, 2221). Vielfach werden genaue Ermittlungen jedoch unmöglich oder unangebracht sein (vgl. u. 20). Hier ist dann unter Berücksichtigung der konkreten Verhältnisse des Einzelfalles (vgl. etwa Celle NJW **77**, 1248) auf pauschalierte Werte der genannten Art als Orientierungshilfen zurückzugreifen (Frankfurt NStE Nr. 9). Entsprechendes gilt für den Unterhalt, der dem *Ehegatten* gewährt wird. Abzustellen ist ebenfalls auf die tatsächlichen Leistungen oder, falls genaue Feststellungen unmöglich oder unangebracht sind, auf pauschalierte Werte – Düsseldorfer Tabelle (Hamm DAR **77**, 304); prozentualer Abzug (Tröndle LK 46) – unter Einbeziehung der konkreten Verhältnisse. Mit beachtenswerten Gründen befürwortet Frank MDR 79, 103, Unterhaltsleistungen nur z. T. zu berücksichtigen, wenn der Ehegatte mit häuslichen Diensten dem Unterhaltleistenden wirtschaftliche Vorteile erbracht hat. Diesem Vorschlag stehen allerdings manche Bedenken entgegen, namentlich die Unangemessenheit, insoweit nähere Ermittlungen vorzunehmen oder auf vage Schätzungen zurückzugreifen. Nicht sachgemäß ist die von Hamm NJW **76**, 723 und Frankfurt NJW **76**, 2220 (dagegen Frankfurt NStE Nr. 9) vertretene Ansicht, beim alleinverdienenden Ehegatten sei nur die Hälfte des Nettoeinkommens Berechnungsgrundlage für die Tagessatzhöhe (vgl. Düsseldorf NJW **77**, 260, Celle JR **77**, 382 m. Anm. Tröndle, Grebing JZ 76, 747, Schall JuS **77**, 311, Seib NJW **76**, 2203, Tröndle LK 48). Aus dem Erfordernis, familiäre Verhältnisse zu berücksichtigen, folgt ferner, daß Kindergeld und andere familienbezogene Zuwendungen wegen ihrer Zweckbestimmung nicht dem Nettoeinkommen zuzurechnen sind (Frank MDR 76, 627, Grebing in Jescheck-Grebing aaO 101, Jescheck 703, M-Zipf II 512; and. Düsseldorf NJW **77**, 260, Lackner 6a, aa, Tröndle LK 22). Die Berücksichtigung der Unterhaltslast ist hierauf jedoch nicht beschränkt (vgl. Düsseldorf aaO).

Umstritten ist, ob und inwieweit sonst wirtschaftliche Belastungen, insb. **Schulden,** die 14a Tagessatzhöhe beeinflussen können. In Betracht kommen nur überdurchschnittliche Belastungen. Solche, die i. d. R. jeder Täter hat, wie Aufwendungen für Wohnung, Verpflegung, Kleidung u. dgl., sind für die Tagessatzhöhe bedeutungslos (Celle NJW **75**, 2029 m. Anm. Tröndle JR 75, 472, Karlsruhe MDR **77**, 65), da sie keine Faktoren sind, die eine Abweichung vom Ansatz des Nettoeinkommens zwecks Opfergleichheit (vgl. o. 1) bedingen. Ebensowenig sind Verpflichtungen zu berücksichtigen, die aus übermäßigem Aufwand, namentlich aus leichtsinniger Lebensführung, erwachsen sind (Karlsruhe MDR **77**, 65, Braunschweig VRS **53** 263, Düsseldorf JMBlNW **78**, 194), da ihre Heranziehung zu einer unsachgemäßen Bevorzugung führen würde. Hingegen kommt solchen Schulden Gewicht zu, die zum Zwecke einer angemessenen Lebensführung gemacht worden sind (vgl. Karlsruhe MDR **77**, 65, das indes eine deutliche Abweichung von Durchschnittsverhältnissen verlangt, ferner Braunschweig VRS **53** 262, Düsseldorf JMBlNW **78**, 194, Köln VRS **64** 115, Horstkotte Prot. VII 636, Jescheck 703, Lackner 6b aa, Schall JuS 77, 310; and. Horn SK 7, M-Zipf II 515), auch dann, wenn sie der Vermögensbildung dienen (vgl. Tröndle LK 49; and. Celle JR **77**, 384, Grebing ZStW 88, 1078). Beachtlich sind etwa krankheits- oder ausbildungsbedingte Schulden (vgl. Karlsruhe NStZ **88**, 500: Ausbildungskosten je nach den Umständen zu berücksichtigen, und dazu Krehl NStZ 89, 465), Hypotheken auf Einfamilienhaus, soweit sie eine sonst zu zahlende Miete übersteigen, Raten für angemessene Anschaffungen. Demgegenüber sind nach Hamm JR **78**, 165 Schuldzahlungen – ausgenommen Tilgungsleistungen bei Vermögensbildung – ohne irgendwelche Differenzierungen auf Vermögenseinkünfte und nur auf diese anzurechnen. Diese Ansicht stellt ohne überzeugenden Grund die Bezieher von Vermögenseinkünften besser als andere Einkommensbezieher und ist daher abzulehnen (vgl. Grebing JR **78**, 145). Anrechenbar sind ferner rückständige Steuerschulden, die sich bei der Berechnung des Nettoeinkommens nicht ausgewirkt haben und den Täter in dem für die Bemessung der Tagessatzhöhe maßgeblichen Zeitraum wirtschaftlich belasten (vgl. Hamm JR **78**, 165, das auf Fälligkeitszeitpunkt abstellt, und dazu Grebing JR 78, 146). Entsprechendes gilt für Nachversicherungen (Bay DAR/R **84**, 238). Fraglich ist, ob finanzielle Verbindlichkeiten, die sich aus der Straftat ergeben (Schadenswiedergutmachung, Anwalts- und Verfahrenskosten), berücksichtigt werden können. Zumeist wird der Vorrang der Geldstrafe als Einwand hervorgehoben und auf die Möglichkeit der Bewilligung von Zahlungserleichterungen hingewiesen (vgl. Tröndle LK 50 mwN.). Bei starken Belastungen läßt sich jedoch mit guten Gründen vertreten, sie sowohl bei der Tagessatzzahl (so Tröndle aaO) als auch bei der Tagessatzhöhe strafmildernd in Ansatz zu bringen. Zu denken wäre etwa an eine Fahrlässigkeitstat mit erheblichen Folgekosten. Vgl. zur Berücksichtigung von Tatfolgen für den Täter § 46 RN 55 und allgemein zu den Verfahrenskosten als Strafzumessungsfaktor Bruns StrZR 496 f.

14 b Soweit wirtschaftliche Belastungen sich auf die Tagessatzhöhe auswirken, ist wie beim Nettoeinkommen von einem durchschnittlichen Betrag auszugehen, der an einem Tag anfällt. Das o. 10 Gesagte gilt entsprechend. Das Maß der Berücksichtigung liegt weitgehend in der Hand des Tatrichters. Die Revisionsgerichte haben wiederholt dargetan, daß es nicht ihre Sache sei, insoweit bindende Regeln aufzustellen, die Berücksichtigung der wirtschaftlichen und persönlichen Verhältnisse vielmehr dem pflichtgemäßen Ermessen des Tatrichters überlassen bleibe (vgl. Celle NJW 75, 2030, JR 77, 382, Braunschweig VRS 53 262, Hamm NJW 76, 722, DAR 77, 304; zust. Tröndle LK 43). Der Tatrichter hat aber zwecks Nachprüfungsmöglichkeit die für ihn maßgeblichen Umstände und Erwägungen in den Urteilsgründen darzulegen (Celle JR 77, 383).

15 5. Zu den persönlichen und wirtschaftlichen Verhältnissen des Täters, die zur Flexibilität bei der Bemessung der Tagessatzhöhe zwingen und im Einzelfall deren Herabsetzung erfordern können, gehören auch **außergewöhnliche Belastungen.** Wer etwa als Körperbehinderter (vgl. Bay JR 76, 161) zu besonderen finanziellen Aufwendungen genötigt ist, die ihm laufend infolge der Körperbehinderung erwachsen, würde von der Geldstrafe bei Nichtberücksichtigung dieser Belastungen härter getroffen als ein Gesunder. Zumindest wird man die Steuerersparnisse auf Grund der Anerkennung solcher außergewöhnlichen Belastungen als Sonderausgaben vom Nettoeinkommen abzuziehen haben. Den Belastungen kann aber auch in weiterem Umfang Rechnung zu tragen sein, wenn es erforderlich ist, eine andernfalls entstehende Opferungleichheit auszugleichen. Außergewöhnlichen Belastungen ist auch jemand ausgesetzt, der alters- oder krankheitsbedingt zusätzliche Hilfe für die Haushaltsführung benötigt, ferner der Witwer, der zur Betreuung seiner unmündigen Kinder auf eine Hilfe angewiesen ist. Je nach den Umständen des Einzelfalles kann auch hier ein Ausgleich in Gestalt einer niedriger bemessenen Tagessatzhöhe zu erfolgen haben.

15 a 6. Eine **Verringerung der Tagessatzhöhe** kann ferner **auf Grund der Tagessatzzahl** angebracht sein (BGH 26 331, Bay DAR/R 81, 243, Düsseldorf StV 87, 489, Horn SK 13, Jescheck 702, Würtenberger-FS 268, Lackner 6 b cc, Tröndle JR 76, 162, LK 57; and. Frank NJW 76, 2331, Grebing JZ 76, 750, ZStW 88, 1089, D. Meyer NJW 76, 2219, MDR 78, 445, Vogler JR 78, 355); denn mit zunehmender Zahl steigert sich die Fühlbarkeit der Geldstrafe bei gleichbleibender Tagessatzhöhe nicht in entsprechender Weise, sondern wächst progressiv. Vor allem können dann spezialpräventive Gesichtspunkte (vgl. o. 6) zugunsten des Täters eine Senkung der Tagessatzhöhe gebieten. Bloße **Billigkeitserwägungen** wegen wahrheitsgemäßer Angaben über hohe Einkünfte oder der Umstand, daß eine Schätzung des Nettoeinkommens erheblich günstiger für den Angekl. als dessen Angaben ausgefallen wäre, rechtfertigen dagegen keine Senkung der Tagessatzhöhe (BGH DAR/S 81, 191).

16 7. Für die Tagessatzhöhe ist die vorgesehene Bewilligung von **Ratenzahlungen** unerheblich. Insb. darf der einzelne Tagessatz nicht im Hinblick darauf angehoben werden, daß Ratenzahlungen den Täter weniger belasten als die Sofortzahlung (Tröndle LK 54). Zur Begründung vgl. 19. A.

17 8. Die Tagessatzhöhe ist unabhängig davon zu bemessen, ob vermutlich ein **anderer** dem Verurteilten das **Geld** für die Zahlung der Geldstrafe **zur Verfügung stellen** wird. Daher darf die Vermutung, der Arbeitgeber des Täters werde die Geldstrafe bezahlen, nicht zu einer Erhöhung der Tagessätze führen (vgl. Hamm VRS 12 188), ebensowenig die Vermutung, der vermögende Vater werde für seinen in der Ausbildung befindlichen Sohn die Geldstrafe aufbringen. Dementsprechend bestimmt sich die Tagessatzhöhe gegenüber einem Vertreter, der beim Handeln für einen anderen straffällig geworden ist, allein nach seinen wirtschaftlichen Verhältnissen, nicht nach denen des Vertretenen (vgl. § 14 RN 46), mag auch damit zu rechnen sein, daß der Vertretene die Zahlung der Geldstrafe übernimmt.

18 9. Ferner ist für die Höhe eines Tagesatzes **ohne Bedeutung**, ob der Täter für seine Tat oder aus ihr **Vermögensvorteile** erlangt hat. Die Entziehung solcher Vorteile ist dem Verfall (§ 73) vorbehalten. Die Abschöpfung des Tatgewinns oder des Tatentgelts im Rahmen der Geldstrafe würde mit dem Tagessatzsystem unvereinbar sein. Vgl. auch BGH NJW 76, 634, wonach der Tatgewinn allenfalls berücksichtigt werden darf, wenn sich durch diesen die wirtschaftliche Belastbarkeit des Täters erhöht.

19 IV. Um die Höhe eines Tagessatzes sachgemäß festsetzen zu können, müssen dem Gericht die **Bemessungsgrundlagen** bekannt sein. Deren genaue **Feststellung** stößt aber häufig auf große Schwierigkeiten. Verläßliche Angaben des Angekl. über seine wirtschaftlichen Verhältnisse sind oftmals nicht zu erreichen. Zwar mag die im § 172 Nr. 2 GVG vorgesehene Möglichkeit, für die Verhandlung oder einen Teil davon die Öffentlichkeit auszuschließen, wenn ein wichtiges Steuergeheimnis zur Sprache kommt, die Bereitschaft zu Auskünften erleichtern. Der Angekl. ist aber nicht verpflichtet, sich zu seinen wirtschaftlichen Verhältnissen zu äußern. Auch ist nicht stets Gewähr gegeben, daß Auskünfte der Wahrheit entsprechen. Der im Art. 19 Nr. 51 EEGStGB enthaltene Vorschlag, die Finanzbehörden zu verpflichten, Gerichten und Staatsanwaltschaften auf deren Ersuchen Auskünfte über die ihnen bekannten wirtschaftlichen Verhältnisse des Beschuldigten zu erteilen (vgl. BT-Drs. 7/550 S. 300f.), ist nicht Gesetz geworden (vgl. Prot. VII 1070ff., 1275). Sonstige Beweisermittlungen können äußerst schwierig sein und einen übermäßigen Aufwand erfordern, der in keinem angemessenen Verhältnis zur Aufgabe und Bedeutung der Verhängung einer Geldstrafe steht. Überdies können sie den Täter über Gebühr belasten. Zur Problematik vgl. auch Krehl, Die Ermittlung der Tatsachengrundlage für die Bemessung der Tagessatzhöhe bei der Geldstrafe, 1985 (Frankfurter kriminalwiss. Studien Bd. 14).

1. Zur Überwindung dieser Schwierigkeiten räumt Abs. 3 dem Gericht die Befugnis ein, die **20** Einkünfte des Täters, sein Vermögen und andere Grundlagen für die Bemessung eines Tagessatzes zu **schätzen.** Offen läßt er jedoch, wann sich das Gericht mit einer Schätzung begnügen darf. Nach dem Bericht des Sonderausschusses (BT-Drs. V/4095 S. 21) soll es verpflichtet sein, zunächst die ihm zur Verfügung stehenden Beweismittel voll auszuschöpfen. Die Bemessungsgrundlagen soll es nur schätzen dürfen, soweit solche Beweismittel fehlen. Die Schätzung wäre damit die ultima ratio (so M-Zipf II 519). Indes engt diese Ansicht die Schätzungsmöglichkeit zu sehr ein. Sie fordert u. U. Ermittlungen, die für die Organe der Strafrechtspflege und den Betroffenen unzumutbare oder gar unerträgliche Belastungen darstellen können (vgl. Tröndle ZStW 86, 589). Die h. M. sieht daher zu Recht von einer Ausschöpfung der Beweismittel als Voraussetzung für eine Schätzung ab (vgl. Bay DAR **78,** 206, D-Tröndle 26, Tröndle LK 61). Jedoch darf das Gericht nicht vorschnell zu Schätzungen übergehen und hierbei willkürlich verfahren. Insb. darf es die Schätzung, etwa durch bewußte Überschätzung der wirtschaftlichen Leistungsfähigkeit, nicht als Druckmittel einsetzen, um den Betroffenen zu veranlassen, seine wirtschaftlichen Verhältnisse offen zu legen. Die Schätzung unterliegt vielmehr seinem pflichtgemäßen Ermessen (vgl. Meyer DAR 76, 148), das an konkreten Grundlagen ausgerichtet sein muß (Koblenz NJW **76,** 1275, Frankfurt StV **84,** 157), und ist stets nur als Ersatzmittel, wenn auch nicht unbedingt als ultima ratio, heranzuziehen (vgl. Grebing ZStW 88, 1102). Sie kommt in Betracht, wenn der Angekl. keine oder unzureichende (auch unglaubhafte) Angaben über seine wirtschaftlichen Verhältnisse macht, genaue Feststellungen der Bemessungsgrundlagen nicht möglich sind oder unverhältnismäßig große Schwierigkeiten bereiten und einen übermäßigen, der jeweiligen Strafsache nicht entsprechenden Aufwand erfordern (vgl. zum letzteren aber Bay VRS **60** 104). Um weitgehend genaue Schätzwerte zu erlangen, sind die Grundlagen für das zu schätzende Einkommen dann aber so konkret zu ermitteln, wie es ohne große Schwierigkeiten und ohne übermäßigen Aufwand möglich ist (Stree JR 83, 206; vgl. dazu Koblenz VRS **65** 355). Zu geringe Anforderungen stellt insoweit Celle NJW **84,** 185. Zweifel bei Schätzungsgrundlagen sind nach dem Grundsatz in dubio pro reo zu werten (vgl. BGH NStZ **89,** 361). Mit vorliegenden Ergebnissen der Beweisaufnahme darf die Schätzung nicht in Widerspruch stehen (E 62 Begr. 171). Zur Schätzung der Einkünfte eines Gesellschafters vgl. Bay DAR/R **79,** 235. Bei unzureichenden und unglaubhaften Angaben des Angekl. ist zu begründen, warum sie für unvollkommen gehalten werden (Bay DAR/B **89,** 364).

2. Erfolgt eine Schätzung, so muß dem Angekl. Gelegenheit gegeben werden, nachteilige **21** Folgen, die mit einer Fehleinschätzung verknüpft sind, dadurch zu begegnen, daß er nunmehr seine wirtschaftlichen Verhältnisse offen legt und deren Überprüfung ermöglicht. Das Gericht hat dann im Rahmen der Prozeßordnung etwaige angebotene Beweise zu erheben (vgl. Bay DAR/R **78,** 206, Tröndle ZStW 86, 589, LK 63). Die Möglichkeit, auf Überprüfung seiner wirtschaftlichen Verhältnisse hinzuwirken, muß dem Angekl. bereits in der jeweiligen Instanz zustehen. Das setzt voraus, daß er mit den Schätzungsergebnissen nicht im Urteil überrascht wird. Es sind daher jedenfalls die konkreten Schätzungsgrundlagen im wesentlichen vorher zu erörtern (vgl. D-Tröndle 26).

3. Das Gericht hat zwecks Überprüfbarkeit seiner Entscheidung in den Urteilsgründen darzulegen, **21a** warum eine Schätzung erfolgt ist, auf welchen tatsächlichen Grundlagen sie beruht und welche Maßstäbe ihr zugrunde liegen. Vgl. BGH NJW **76,** 635, Bay DAR/R **76,** 174, **79,** 235, **84,** 238, Meyer DAR 76, 149. Bei mehreren, voneinander unabhängigen Einkommensgrundlagen sind die Schätzwerte für die Einzelposten anzugeben; eine globale Einkommensschätzung ist unangemessen (Stree JR 83, 205). Das Revisionsgericht hat nur nachzuprüfen, ob die Schätzung sich in einem vertretbaren Rahmen hält.

22 V. Die **Entscheidung** muß **Zahl** und **Höhe der Tagessätze** enthalten (Abs. 4). Höhe der Tagessätze bedeutet nicht die Endsumme. Es reicht aus, wenn im Urteil neben der Tagessatzzahl die Höhe des einzelnen Tagessatzes angegeben wird, der Urteilstenor etwa lautet: Der Angekl. wird wegen ... zu einer Geldstrafe von 100 Tagessätzen in Höhe von je 50 DM verurteilt. Es kann jedoch angebracht sein, daneben auch die Gesamtsumme im Urteil zu nennen (Lackner 8a, Naucke NJW 78, 408, Tröndle LK 68, Vogler JR 78, 353; and. Horn SK 16, K-Meyer § 260 RN 32). Die Ersatzfreiheitsstrafe ist nicht in das Urteil aufzunehmen (vgl. § 43 RN 3).

23 VI. **Rechtsmittel** und Urteilsaufhebung können auf Tagessatzhöhe beschränkt werden (BGH **27** 70 m. Anm. Grünwald JR 78, 71, MDR **86**, 947, NStZ **89**, 178, Bay JR **76**, 161 m. Anm. Tröndle, VRS **51** 22, Hamm NJW **76**, 723, Koblenz NJW **76**, 1275, Frankfurt StV **84**, 157, NStE Nr. **9**; and. Hamburg MDR **76**, 156). Eine Beschränkung auf die Tagessatzzahl ist dagegen unzulässig (Grünwald JR 78, 73, Lackner 8b, Tröndle LK 77; z. T. abw. Koblenz NJW **76**, 1275, Schall JuS 77, 308; and. Vogler JR 78, 356); denn von der Zahl der Tagessätze kann deren Höhe abhängen (vgl. o. 15a). Legt allein der Angekl. ein Rechtsmittel ein, so dürfen sich wegen des **Verschlechterungsverbots** die Tagessatzzahl und der Gesamtbetrag der Geldstrafe nicht erhöhen (Köln VRS **60** 46, Düsseldorf JR **86**, 122 m. Anm. Welp, Tröndle LK 79; and. Grebing JR 81, 3, Schröter NJW 78, 1302 beim Gesamtbetrag; hiergegen D. Meyer NJW 79, 148); ein Anheben der Tagessätze bei Verringerung ihrer Zahl ist dagegen zulässig (Celle NJW **76**, 121, Köln VRS **60** 46; and. Kadel GA 79, 463). Eine Erhöhung der Tagessatzzahl widerspricht dem Verschlechterungsverbot auch dann, wenn ein neben der Geldstrafe angeordnetes Fahrverbot aufgehoben wird (Bay MDR **76**, 602, NJW **80**, 849; and. Grebing JR 81, 4). Demgegenüber will Lackner (§ 44 Anm. 7) in einem solchen Fall eine Erhöhung unter der Voraussetzung zulassen, daß die Ersatzfreiheitsstrafe entgegen § 43 auf die ursprüngliche Höhe festgesetzt wird. Eine solche Möglichkeit sieht das Gesetz jedoch nicht vor. Ein Ausgleich für den Wegfall des Fahrverbots läßt sich allenfalls bei der Tagessatzhöhe vornehmen, wenn bei deren Bemessung das Fahrverbot wegen wirtschaftlicher Auswirkungen berücksichtigt worden ist (vgl. Bay MDR **76**, 602, NStZ/J **88**, 267, **89**, 257, KG VRS **52** 113; für weitergehende Berücksichtigung wirtschaftlicher Faktoren des Fahrverbots anscheinend Bay NJW **80**, 849; zu eng D. Meyer DAR 81, 33; abl. Kadel, Die Bedeutung des Verschlechterungsverbots für Geldstrafenerkenntnisse nach dem Tagessatzsystem, 1984, 64 ff.). Vom Verschlechterungsverbot unberührt bleibt die Möglichkeit, die unangetastete Tagessatzhöhe neu zu berechnen und inzwischen eingetretene Vermögensverbesserungen zu berücksichtigen (Hamm NJW 77, 724).

24 VII. Zur **Fälligkeit der Geldstrafe** und zur Möglichkeit von Zahlungserleichterungen vgl. Anm. zu § 42. Zur Vollstreckung der Geldstrafe vgl. §§ 459, 459c StPO und § 43 RN 6. Eine Vollstreckung in den Nachlaß des Verurteilten ist unzulässig (§ 459c StPO). Zur Ersatzfreiheitsstrafe vgl. § 43. Zur Möglichkeit von Regelungen, nach denen die Vollstreckungsbehörde dem Verurteilten gestatten kann, eine uneinbringliche Geldstrafe durch freie Arbeit zu tilgen, vgl. § 43 RN 1.

25 VIII. Zur Anwendung des § 40 auf **Straftaten vor dem 1. 1. 1975** vgl. 22. A.

§ 41 Geldstrafe neben Freiheitsstrafe

Hat der Täter sich durch die Tat bereichert oder zu bereichern versucht, so kann neben einer Freiheitsstrafe eine sonst nicht oder nur wahlweise angedrohte Geldstrafe verhängt werden, wenn dies auch unter Berücksichtigung der persönlichen und wirtschaftlichen Verhältnisse des Täters angebracht ist.

1 I. Im allgemeinen ist als Hauptstrafe entweder Geld- oder Freiheitsstrafe zu verhängen. Bei Vorschriften, die bisher Geldstrafe neben Freiheitsstrafe vorgeschrieben oder zugelassen haben, entfällt die kumulative Geldstrafe (Art. 12 III EGStGB; vgl. auch Art. 290 III EGStGB). Ausnahmsweise sieht § 41 die Möglichkeit vor, bei Tätern, die sich durch die Tat bereichert oder zu bereichern versucht haben, **neben einer Freiheitsstrafe** eine sonst nicht oder nur wahlweise angedrohte **Geldstrafe** zu verhängen. Mit dieser Möglichkeit soll erreicht werden, daß Täter, die es auf Vermögensvorteile abgesehen haben, durch die Strafe auch wirtschaftlich getroffen werden (E 62 Begr. 172), zumal derartige Täter häufig gerade Geldstrafen gegenüber besonders empfindlich sein sollen (BT-Drs. V/4095 S. 22). Ob für eine solche Regelung ein kriminalpolitisches Bedürfnis besteht, ist indes zweifelhaft (vgl. Tröndle LK 2, Zipf in Roxin-Stree-Zipf-Jung, Einführung in das neue Strafrecht, 1974, 70 f.; vgl. auch die Bedenken im AE, AT 2. A. 1969, 101). Die Entziehung eines Vermögensvorteils, den der Tat eingebracht hat, ist der Verfallanordnung (§ 73) vorbehalten. Wirtschaftlich getroffen wird der Täter im übrigen regelmäßig bereits durch die Freiheitsentziehung. Ist die Strafe zur Bewährung ausgesetzt worden, so läßt sich eine fühlbare Belastung des wirtschaftlichen Bereiches durch eine Auflage nach § 56b II Nr. 2 erreichen. Anderseits muß eine kumulative Geldstrafe zur Reduzierung der Freiheitsstrafe führen, die der oberen Grenze des Schuldmaßes entspricht (vgl. u. 8). Sie darf

Geldstrafe neben Freiheitsstrafe   2–6 § 41

keineswegs als bloßer Zusatz hinzukommen, da die Strafe dann nicht mehr unrechts- und schuldangemessen ist. Weshalb es nun sinnvoll sein soll, allein bei Tätern, die es auf ihre Bereicherung abgesehen haben, die Strafe zwischen Freiheits- und Geldstrafe aufzugliedern, nicht jedoch bei sonstigen Tätern, ist nicht ohne weiteres einleuchtend. In der Anwendung des § 41 ist daher weitgehend Zurückhaltung geboten (and. Eberbach NStZ 87, 488). Für Ausnahmecharakter des § 41 auch BGH **26** 330, **32** 65, Lackner 1, Tröndle LK 2.

II. **Voraussetzung** für eine kumulative Geldstrafe ist, daß der Täter sich durch die Tat 2 bereichert oder zu bereichern versucht hat. Die einem Dritten verschaffte oder zugedachte Bereicherung genügt nicht. Unerheblich ist dagegen, ob die Bereicherung zum Tatbestand des begangenen Delikts gehört. Ferner muß es angebracht sein, neben der Freiheitsstrafe eine Geldstrafe zu verhängen, namentlich auch unter Berücksichtigung der persönlichen und wirtschaftlichen Verhältnisse des Täters.

1. **Bereichert** hat sich der Täter, wenn er sich einen Vermögensvorteil verschafft hat. Mittel- 3 bar durch die Tat erlangte Vorteile genügen (BGH **32** 60). Unerheblich ist an sich, ob der erlangte oder erstrebte Vermögensvorteil rechtswidrig ist. Es kommt allein darauf an, daß die Tat, die den Vermögensvorteil einbringt oder einbringen soll, gegen das Recht verstößt. Bei nicht rechtswidrigen Vermögensvorteilen wird aber das Bedürfnis nach einer kumulativen Geldstrafe im allgemeinen geringer sein als bei einer rechtswidrigen Bereicherung. Eine Bereicherung liegt auch dann vor, wenn der Täter eine Minderung seines Vermögens verhindert (vgl. BGH NJW **76**, 526: Steuerhinterziehung). Der Vermögensvorteil muß vorsätzlich erlangt sein. Das ergibt sich aus der Gesetzesformulierung „sich durch die Tat bereichert" und aus der Alternative des Bereicherungsversuchs (vgl. BT-Drs. 7/550 S. 212). Gewinnsucht ist nicht erforderlich, ebensowenig Bereicherungsabsicht (and. Hamm NJW **75**, 1370) oder direkter Vorsatz (and. Düsseldorf GA **76**, 118); bedingter Vorsatz genügt (D-Tröndle 3, Lackner 2, Tröndle LK 4). Das Vorsatzerfordernis betrifft nur die Bereicherung, nicht auch die Tat. Bei einer mit Bereicherungsvorsatz begangenen Fahrlässigkeitstat, z. B. Baugefährdung (§ 330 IV), ist § 41 daher anwendbar.

2. Die kumulative Geldstrafe muß nach den allgemeinen Strafzumessungsgrundsätzen **ange- 4 bracht** sein. Als besonders gewichtigen Gesichtspunkt hebt das Gesetz insoweit die **Berücksichtigung der persönlichen und wirtschaftlichen Verhältnisse** des Täters hervor. Sie sind jedoch, wie aus dem Wort „auch" hervorgeht, nicht die einzigen Faktoren, auf die bei der Entscheidung, ob zur Freiheitsstrafe eine Geldstrafe hinzutreten soll, abzustellen ist.

a) Die *persönlichen und wirtschaftlichen Verhältnisse* sind – anders als sonst bei der Entscheidung, 5 ob Geld- oder Freiheitsstrafe zu verhängen ist – bereits beim Ob der kumulativen Geldstrafe zu berücksichtigen (BGH **26** 327, MDR/H **86**, 97). Sie sind in diesem Rahmen schon deswegen heranzuziehen, weil eine kumulative Geldstrafe im Einzelfall die Resozialisierung des Täters gefährden kann (vgl. BT-Drs. V/4095 S. 22, 7/550 S. 212). Zeichnet sich wegen der zum Freiheitsentzug hinzutretenden Wirkungen der Geldstrafe eine solche Gefahr ab, so wäre es verfehlt, Freiheits- und Geldstrafe miteinander zu kombinieren. Nicht angebracht ist die zusätzliche Geldstrafe i. d. R. bei vermögens- und einkommenslosen Tätern (BGH JR **86**, 71). Für das Ob der kumulativen Geldstrafe ist auch die Tagessatzzahl von Bedeutung. Den persönlichen und wirtschaftlichen Verhältnissen ist daher – anders als grundsätzlich bei der alleinigen Verhängung einer Geldstrafe (vgl. § 40 RN 4) – auch bei der Tagessatzhöhe Rechnung zu tragen. Überdies behalten sie ihr entscheidendes Gewicht bei der Tagessatzhöhe (vgl. auch u. 9). Maßgeblich sind grundsätzlich die wirtschaftlichen Verhältnisse z. Z. der Entscheidung. Nach BGH **26** 328 f. sollen auch sichere Erwerbsaussichten zu berücksichtigen sein. Es ist insoweit jedoch Zurückhaltung geboten, da die Zukunft mit zu vielen Unsicherheitsfaktoren belastet ist. Zumindest sind den Erwerbsaussichten sämtliche Zahlungsverpflichtungen des Täters gegenüberzustellen. Dabei ist zu klären, ob der Täter einer zusätzlichen Belastung mit einer Geldstrafe gewachsen ist und diese nicht zu einer finanziellen Überforderung führt, die mit der Gefahr der Entsozialisierung behaftet ist (vgl. BGH aaO).

b) Ob eine kumulative Geldstrafe *angebracht* ist, richtet sich im übrigen nach den allgemeinen 6 Strafzumessungsgrundsätzen. Zu prüfen ist insb., ob es auf Grund des Bereicherungsvorsatzes angezeigt erscheint, zur Einwirkung auf den Täter nicht nur seine Freiheit zu entziehen, sondern ihm außerdem eine besondere finanzielle Belastung aufzubürden. Zwar enthält § 41 im Gegensatz zu seiner Fassung nach dem 2. StrRG keinen Hinweis auf ein solches Einwirkungserfordernis; mit dem Verzicht auf den Hinweis sollte dieser Gesichtspunkt aber nicht entfallen (vgl. BT-Drs. 7/550 S. 212). Der Bereicherungsvorsatz kann in dieser Hinsicht seine Bedeutung verlieren, wenn der Täter sich nach der Tat bemüht hat, den Schaden, der zu seiner Bereicherung geführt hat oder führen sollte, wiedergutzumachen (vgl. BGH **26** 327). Ein Bedürfnis für eine kumulative Geldstrafe wird ferner angenommen, wenn die Freiheitsstrafe

§ 42 1   Allg. Teil. Rechtsfolgen der Tat – Strafen

zur Bewährung auszusetzen ist, es aber angebracht erscheint, den Täter auch mit einer sofort vollstreckbaren Strafe zu treffen (so D-Tröndle 4). Indes fragt sich, weshalb unter diesen Umständen die kumulative Geldstrafe auf Täter beschränkt ist, die sich bereichert oder zu bereichern versucht haben, andererseits aber auch, warum eine Auflage nach § 56b II Nr. 2 nicht genügen soll. Bedenklich ist auch, zusätzlich eine Geldstrafe zu verhängen, um die Freiheitsstrafe in ihrer Höhe senken und dann nach § 56 Strafaussetzung bewilligen zu können (BGH NJW **85**, 1719; and. anscheinend BGH **32** 66 m. Anm. Horn JR 84, 211). Abgesehen davon, daß die Strafe unabhängig von einer etwaigen Strafaussetzung zu bemessen ist (vgl. § 56 RN 6), würde die kumulative Geldstrafe nicht auf Grund des Bereicherungsvorsatzes angezeigt sein und Täter mit Bereicherungswillen gegenüber sonstigen Tätern grundlos begünstigen.

7   **III.** Die Entscheidung über eine kumulative Geldstrafe steht im pflichtgemäßen **Ermessen** des Richters. Er darf Freiheits- und Geldstrafe nur dann nebeneinander verhängen, wenn er beide Strafen für erforderlich hält. Eine nicht erforderliche Strafe kann nicht angebracht sein (vgl. Baumann/Weber 609). Werden Unrecht und Schuld durch die Freiheitsstrafe hinreichend ausgeglichen, so erübrigt sich eine kumulative Geldstrafe (D-Tröndle 4). Wegen des Ausnahmecharakters (o. 1) ist die Verhängung einer kumulativen Geldstrafe näher zu begründen (Tröndle LK 8).

8   **1.** Wird eine kumulative Geldstrafe als erforderlich angesehen, so sind die **Höhe der Freiheitsstrafe** und die **Zahl der Tagessätze aufeinander abzustimmen.** Beides zusammen darf das Schuldmaß nicht überschreiten (BGH NJW **85**, 1719), da der Täter sonst eine Strafe erleiden würde, die von seiner Tatschuld nicht gedeckt ist. Daraus folgt die Notwendigkeit, die der oberen Grenze des Schuldmaßes entsprechende Höhe der Freiheitsstrafe um die Zahl der Tagessätze herabzusetzen, so daß der Täter im Falle der evtl. zu verbüßenden Ersatzfreiheitsstrafe keiner längeren Freiheitsentziehung ausgesetzt ist als bei alleiniger Verhängung einer zulässigen Freiheitsstrafe. Demgemäß dürfen Freiheitsstrafe und Tagessatzzahl insgesamt nicht über das Höchstmaß einer angedrohten Freiheitsstrafe hinausgehen (Horn SK 3, Tröndle LK 11; and. Lackner 3, D-Tröndle 4). In BGH **32** 67 bleibt diese Frage offen; der BGH billigt hier aber die Berücksichtigung der Geldstrafe durch Herabsetzen der sonst gebotenen Dauer der Freiheitsstrafe. Für die Gegenmeinung, nach der § 41 einen allgemeinen Strafschärfungsgrund enthält (Lackner 3, D-Tröndle 4), muß das Höchstmaß der angedrohten Freiheitsstrafe jedenfalls dort eine Schranke bilden, wo die anzuwendende Strafvorschrift bereits den Bereicherungswillen berücksichtigt. Hier darf der Bereicherungswille nicht strafschärfend wirken (Doppelverwertungsverbot; vgl. § 46 RN 45), auch dort nicht, wo die Drittbereicherungsabsicht genügt. Daß § 41 nur auf die eigene Bereicherung des Täters abstellt, rechtfertigt keine Strafschärfung beim eigennützigen Betrüger gegenüber dem fremdnützigen Betrüger.

9   **2.** Die **Höhe eines Tagessatzes** ist gem. § 40 II zu bemessen. Es ist also in diesem Rahmen nochmals auf die persönlichen und wirtschaftlichen Verhältnisse des Täters abzustellen. Hierbei sind Einkommensverluste, die der Täter als Folge des Freiheitsentzugs erleidet, zu berücksichtigen. Auch die den Täter treffenden Verfahrenskosten lassen sich u. U. als relevanter Faktor für die Tagessatzhöhe heranziehen (vgl. § 40 RN 14a, Tröndle LK 12).

10   **IV.** Ein **Rechtsmittel** kann wegen der Einheit der kumulierten Strafe weder auf die Freiheitsstrafe noch auf die Geldstrafe beschränkt werden, ausgenommen die Tagessatzhöhe (vgl. Tröndle LK 11).

11   **V.** Ist die abzuurteilende **Tat vor dem 1. 1. 1975** begangen worden, so darf unter den genannten Voraussetzungen eine kumulative Geldstrafe nur verhängt werden, wenn nach bisherigem Recht Geldstrafe neben Freiheitsstrafe vorgeschrieben oder zugelassen war (Art. 299 III EGStGB).

§ 42 Zahlungserleichterungen

Ist dem Verurteilten nach seinen persönlichen oder wirtschaftlichen Verhältnissen nicht zuzumuten, die Geldstrafe sofort zu zahlen, so bewilligt ihm das Gericht eine Zahlungsfrist oder gestattet ihm, die Strafe in bestimmten Teilbeträgen zu zahlen. Das Gericht kann dabei anordnen, daß die Vergünstigung, die Geldstrafe in bestimmten Teilbeträgen zu zahlen, entfällt, wenn der Verurteilte einen Teilbetrag nicht rechtzeitig zahlt.

1   **I.** Eine Geldstrafe ist an sich mit Eintritt der Rechtskraft der sie aussprechenden Entscheidung **fällig,** und zwar in voller Höhe. Je nach Höhe der Geldstrafe und nach den jeweiligen persönlichen und wirtschaftlichen Verhältnissen des Verurteilten kann diesem jedoch die sofortige Zahlung des ganzen Betrages unmöglich oder für ihn untragbar sein. Dem trägt § 42 Rechnung, indem er vorschreibt, daß bei Unzumutbarkeit sofortiger Zahlung eine **Zahlungsfrist** oder **Ratenzahlung** zu bewilligen ist.

II. Voraussetzung einer Zahlungserleichterung ist, daß dem Verurteilten nach seinen per- 2
sönlichen oder wirtschaftlichen Verhältnissen nicht zuzumuten ist, die Geldstrafe sofort zu
zahlen. Für eine Zahlungserleichterung genügt demnach, daß entweder die persönlichen oder
die wirtschaftlichen Verhältnisse des Betroffenen einer sofortigen Zahlung entgegenstehen.
Eine saubere Trennung zwischen beiden Faktoren ist allerdings nicht immer möglich, aber auch
nicht erforderlich. Zu den persönlichen Verhältnissen, aus denen sich die Unzumutbarkeit
sofortiger Zahlung ergeben kann, zählen in erster Linie die familiären Verhältnisse. Rücksicht
zu nehmen ist etwa darauf, daß jemand für eine große Familie zu sorgen oder für kranke oder in
der Ausbildung befindliche Angehörige hohe Beträge aufzuwenden hat. Auch die eigenen
Belange des Verurteilten, wie etwa krankheits- oder altersbedingte Belastungen, sind zu berücksichtigen. Infolge der wirtschaftlichen Verhältnisse ist sofortige Zahlung unzumutbar,
wenn der Verurteilte auf Grund seiner laufenden Einkünfte die Geldstrafe nicht auf einmal
aufbringen kann, ohne in Not zu geraten. Ob und inwieweit erwartet werden kann, auf
vorhandenes Vermögen zurückzugreifen oder Kredit aufzunehmen, hängt von den Umständen
des Einzelfalles ab. Insoweit ist zu beachten, daß die Zumutbarkeit der Vermögensverwertung
zwecks Zahlung der Geldstrafe nicht nur bei unentbehrlichen Vermögensgegenständen zu
verneinen ist, sondern auch bei Objekten, die für ein angemessenes Lebensdasein benötigt
werden. So kann z. B. vom Verurteilten nicht verlangt werden, sein bescheidenes Einfamilienhaus zu veräußern, um die Geldstrafe alsbald entrichten zu können. Unzumutbar kann eine
sofortige Zahlung der Geldstrafe auch dann sein, wenn der Verurteilte ihretwegen außerstande
ist, Schuldverpflichtungen nachzukommen.

1. Ob die Voraussetzungen einer Zahlungserleichterung vorliegen, hat das erkennende Ge- 3
richt **von Amts wegen zu prüfen** (Bremen NJW **54**, 522). Eines Antrags oder einer Anregung
seitens des Betroffenen bedarf es nicht. Diesem steht es jedoch frei, auf eine solche Prüfung
hinzuwirken und Zahlungserleichterungen zu beantragen. Das Fehlen einer Entscheidung über
Zahlungserleichterungen ist im allgemeinen nicht zu beanstanden, wenn die Geldstrafe ein
Monatsnettoeinkommen nicht übersteigt (Schleswig NJW **80**, 1535 m. Anm. Zipf JR 80, 425).

2. Liegen die Voraussetzungen vor, so **muß** das Gericht Zahlungserleichterungen von Amts 4
wegen bewilligen (RG **64** 208, Bremen NJW **54**, 522, Bay NJW **56**, 1166, Köln NJW **77**, 308).
Die Bewilligung hat in diesen Fällen nur dann zu unterbleiben, wenn Zahlungserleichterungen
keinerlei Sinn haben. Das ist der Fall, wenn nicht zu erwarten ist, daß der Verurteilte innerhalb
einer angemessenen Frist oder in angemessenen Teilbeträgen zahlt (BGH **13** 356). Zahlungserleichterungen dürfen allerdings nicht schon deswegen versagt werden, weil im Augenblick
nicht absehbar ist, in welcher Zeit der Verurteilte die Geldstrafe in voller Höhe ratenweise
tilgen kann (Bremen NJW **62**, 217). In solchen Fällen sind sie durchaus noch sinnvoll. Dagegen
ist von ihnen abzusehen, wenn damit zu rechnen ist, daß sich der Täter seiner Zahlungspflicht
entziehen wird, etwa durch Absetzen ins Ausland. Auch der Umstand, daß der Täter seinen
Wohnsitz im Ausland hat oder demnächst auswandern will, kann der Zahlungserleichterung
entgegenstehen (D-Tröndle 3). Kein Versagungsgrund ist der Umstand, daß die Geldstrafe auf
Grund der Zahlungserleichterungen zu milde wird (RG **64** 208), ebensowenig, daß der Angekl.
genug Zeit gehabt hat, sich auf eine sofortige Zahlung einzurichten (Schleswig SchlHA/E-L **80**,
169, das jedoch Ausnahmen zuläßt).

3. **Welche Zahlungsfrist,** welche Raten und welche Fälligkeitstermine hierfür festzusetzen 5
sind, obliegt dem pflichtgemäßen **Ermessen** des Gerichts. Die Zeiten und die Zahl und Höhe
der Raten sind so zu bestimmen, daß dem Verurteilten nach seinen persönlichen und wirtschaftlichen Verhältnissen zumutbar ist, die bestimmten Beträge zu den festgelegten Zeiten zu
zahlen. Es besteht weder eine zeitliche Begrenzung – Vollstreckungsverjährung tritt nicht zu
befürchten, weil sie ruht, solange Zahlungserleichterung bewilligt ist (§ 79a Nr. 2c) – noch ein
Mindestmaß für Teilbeträge. Die Zahlungserleichterungen dürfen jedoch nicht so ausgestaltet
werden, daß sie die Geldstrafe in ihrem Wesen verändern (BGH **13** 357). Unzulässig sind z. B.
derart minimale Teilbeträge oder derart lange Zeitabstände zwischen den Fälligkeitsterminen
der einzelnen Raten, daß der Verurteilte die Geldstrafe nicht mehr als Strafe empfindet (vgl.
Bremen NJW **62**, 217). Die Zahlungen müssen für den Verurteilten stets eine fühlbare finanzielle Einbuße bedeuten. Muß er sich erst (wieder) eine neue Existenz aufbauen, so kann es
angemessen sein, die Geldstrafe für eine längere Zeitspanne zu stunden, um ihm eine Chance
zum Aufbau der neuen Existenz einzuräumen. Bei einer Geldstrafe gegen eine nicht berufstätige
Ehefrau ist zu beachten, daß ihr nicht zugemutet werden kann, ihren Taschengeldanspruch
gegen den Ehemann einzuklagen (vgl. LG Essen FamRZ **70**, 494).

4. Der **Ausspruch der Zahlungserleichterung** hat im **Urteilstenor** zu erfolgen (RG **60** 16, 6
BGHR Zahlungserleichterungen 1). Zahlungsfrist oder Raten und deren Fälligkeit sind genau
zu bestimmen. Ihre Bewilligung darf nicht mit einer Klausel verbunden werden, die der Zahlung der Verfahrenskosten dient. Unzulässig ist, Ratenzahlungen unter der Auflage zu bewilli-

gen, daß gezahlte Teilbeträge zunächst auf die Verfahrenskosten zu verrechnen sind (Bay NJW 56, 1166). Vgl. auch § 459b StPO.

7   5. In das Urteil kann eine **Verfallklausel** aufgenommen werden. Mit der Bewilligung von Ratenzahlungen kann das Gericht zugleich anordnen, daß die Vergünstigung entfällt, wenn der Verurteilte einen Teilbetrag nicht rechtzeitig zahlt (S. 2). Die Aufnahme einer solchen Klausel in das Urteil steht im Ermessen des Gerichts. Bleibt der Verurteilte mit einer Teilzahlung im Rückstand, so wird, wenn das Urteil eine Verfallklausel enthält, die gesamte Reststrafe automatisch fällig. Eines besonderen Widerrufs der Zahlungserleichterung bedarf es nicht. Etwaige sich hieraus ergebende Unbilligkeiten können dadurch ausgeglichen werden, daß die Vollstreckungsbehörde gem. § 459a III StPO erneut Zahlungserleichterung bewilligt. Enthält das Urteil keine Verfallklausel, so kann im Falle einer nicht rechtzeitigen Teilzahlung die Vollstreckungsbehörde gem. § 459a II StPO die Entscheidung über Zahlungserleichterungen aufheben. Zu den hierbei zu berücksichtigenden Gesichtspunkten vgl. Hamm GA 75, 56.

8   6. Ob ein Urteil dem § 42 entspricht, ist in der **Revisionsinstanz** nachprüfbar. Das Revisionsgericht kann eine unterbliebene Entscheidung über Zahlungserleichterungen aber selbst grundsätzlich nicht nachholen (and. BGH JR 79, 73, MDR/H 80, 453, Karlsruhe MDR 79, 515, D. Meyer MDR 76, 714), sondern muß die Sache zurückverweisen (Bremen NJW 54, 522, D-Tröndle 4; vgl. auch Schleswig b. Meyer MDR 76, 715). Hat jedoch das Tatsachengericht Zahlungserleichterungen verfehlt in einem Beschluß nach seinem Urteil bestimmt, so kann das Revisionsgericht entsprechende Zahlungserleichterungen zum Bestandteil seines Urteils machen (BGHR Zahlungserleichterungen 1). Zur Frage des Verschlechterungsverbots vgl. Schleswig NJW 80, 1535 m. Anm. Zipf JR 80, 425, Hamburg MDR 86, 518, Kadel, Die Bedeutung des Verschlechterungsverbots für Geldstrafenerkenntnisse nach dem Tagessatzsystem, 1984, 70ff.

9   III. **Zahlungserleichterungen** können auch noch **nach Rechtskraft des Urteils** bewilligt werden. Zuständig ist die Vollstreckungsbehörde (§ 459a I StPO; vgl. dazu Kölsch NJW 76, 408). Über die gerichtliche Befugnis nach § 42 hinaus kann sie Zahlungserleichterungen auch gewähren, wenn ohne diese die Schadenswiedergutmachung durch den Verurteilten erheblich gefährdet wäre (§ 459a I 2 StPO). Sie kann ihre Entscheidung, aber auch eine im Urteil getroffene Entscheidung über Zahlungserleichterungen nachträglich ändern oder aufheben, zum Nachteil des Verurteilten jedoch nur auf Grund neuer Tatsachen oder Beweismittel (§ 459a II StPO). Die Entscheidung über Zahlungserleichterungen erstreckt sich auch auf die Verfahrenskosten und kann zudem allein hinsichtlich dieser Kosten getroffen werden (§ 459a IV StPO).

§ 43 Ersatzfreiheitsstrafe

An die Stelle einer uneinbringlichen Geldstrafe tritt Freiheitsstrafe. Einem Tagessatz entspricht ein Tag Freiheitsstrafe. Das Mindestmaß der Ersatzfreiheitsstrafe ist ein Tag.

1   I. Da die Zahlung einer Geldstrafe nicht in jedem Fall durchgesetzt werden kann, bedarf es, soll die Geldstrafe nicht ihre Wirksamkeit als Strafsanktion einbüßen, einer Ersatzsanktion. § 43 läßt mangels einer sonstigen hinreichend geeigneten Sanktion an die Stelle einer uneinbringlichen Geldstrafe die Freiheitsstrafe (**Ersatzfreiheitsstrafe**) treten. Der Gesetzgeber hat damit notgedrungen um der Effektivität der Strafe willen kurze Freiheitsstrafen in Kauf genommen. Um diese jedoch weitgehend zu beschränken, hat er in der StPO Möglichkeiten zur Vermeidung ihrer Vollstreckung vorgesehen (vgl. dazu u. 6ff.). Abgesehen hat er indes von einer dem § 28b a. F. entsprechenden Regelung, nach der die Vollstreckungsbehörde dem Verurteilten gestatten kann, eine uneinbringliche Geldstrafe durch freie Arbeit zu tilgen (vgl. BT-Drs. 7/550 S. 455). Er hat in Art. 293 EGStGB idF des 23. StÄG lediglich die Landesregierungen ermächtigt, durch Rechtsverordnung Regelungen zu treffen, wonach die Vollstreckungsbehörde dem Verurteilten gestatten kann, die Vollstreckung einer Ersatzfreiheitsstrafe durch freie Arbeit abzuwenden (vgl. dazu BR-Drs. 370/84 S. 18). Soweit der Verurteilte die freie Leistung erbracht hat, ist die Ersatzfreiheitsstrafe erledigt. Zu den Regelungen der Länder vgl. D-Tröndle 8. Zu den Problemen der gemeinnützigen Arbeit als Surrogat der Geldstrafe vgl. Schall NStZ 85, 104. Zum Projekt „Gemeinnützige Arbeit" in Hessen auf Grund des Art. 293 EGStGB vgl. Zimmermann Bewährungshilfe 82, 113. Vgl. auch Kerner/Kästner, Gemeinnützige Arbeit in der Strafrechtspflege, 1986. Gegen Arbeit als Geldstrafenersatz Köhler GA 87, 159 (Zwangsarbeitsstrafe). Vgl. auch Mrozynski JR 87, 275 (Abarbeiten statt Absitzen), Albrecht/Schädler ZRP 88, 278.

2   II. Die Ersatzfreiheitsstrafe ist eine **echte Strafe** (BGH 20 16, Köln NJW 67, 1727, Frankfurt VRS 31 184), nicht nur ein Zwangsmittel, die Zahlung der Geldstrafe durchzusetzen. Dementsprechend ist auch bei ihr die Aussetzung des Strafrestes zulässig (vgl. § 57 RN 4), nicht jedoch die Strafaussetzung zur Bewährung gem. § 56, da die erkannte Strafe die Geldstrafe ist. Ist die

Ersatzfreiheitsstrafe verbüßt, so kann die Geldstrafe nicht mehr vollstreckt werden, mag auch der Verurteilte später Vermögen erworben haben (vgl. RG 45 333). Zur verfassungsrechtlichen Problematik der Ersatzfreiheitsstrafe vgl. Tiedemann GA 64, 366 mwN.

1. Der **Umrechnungsmaßstab** ist in S. 2 einheitlich auf 1:1 festgelegt worden. Einem Tagessatz entspricht ein Tag Freiheitsstrafe. Auf Grund dieses Umrechnungsmaßstabes erübrigt sich, im Urteil die Ersatzfreiheitsstrafe auszusprechen (Bremen NJW 75, 1524).

2. Das **Mindestmaß** der Ersatzfreiheitsstrafe ist ein Tag (S. 3). Der Hinweis soll das Mißverständnis verhindern, daß § 38 II auch für die Ersatzfreiheitsstrafe maßgebend ist. Zugleich stellt er klar, daß Ersatzfreiheitsstrafe auch dann vollstreckt werden kann, wenn von der verhängten Geldstrafe nur ein Tagessatz uneinbringlich ist. Bei einem darunter liegenden Teilbetrag entfällt dagegen die Ersatzfreiheitsstrafe (vgl. § 459e III StPO).

III. Die Vollstreckung der Ersatzfreiheitsstrafe setzt voraus, daß die **Geldstrafe uneinbringlich** ist. Dem Verurteilten steht nicht zur Wahl, ob er die Geldstrafe entrichten oder die Ersatzfreiheitsstrafe verbüßen will. Zahlt er nicht, so ist die Geldstrafe beizutreiben. Nur wenn sie mittels Vollstreckung nicht eingebracht werden kann oder die Vollstreckung gem. § 459c II StPO unterblieben ist, weil ein Erfolg in absehbarer Zeit nicht zu erwarten war, darf die Vollstreckungsbehörde anordnen, die Ersatzfreiheitsstrafe zu vollstrecken (§ 459e II StPO).

1. Für die **Vollstreckung der Geldstrafe** gilt grundsätzlich die Justizbeitreibungsordnung (§ 459 StPO). Vor Ablauf von 2 Wochen nach Fälligkeit wird die Geldstrafe oder ihr Teilbetrag nicht beigetrieben, es sei denn, daß auf Grund bestimmter Tatsachen der Wille des Verurteilten erkennbar ist, sich der Zahlung zu entziehen (§ 459c I StPO). Das Gericht kann – auch noch nach der Anordnung, die Ersatzfreiheitsstrafe zu vollstrecken (Koblenz MDR 78, 248) – anordnen, daß die Vollstreckung ganz oder z. T. unterbleibt, wenn in demselben Verfahren Freiheitsstrafe vollstreckt oder zur Bewährung ausgesetzt worden ist oder in einem anderen Verfahren Freiheitsstrafe ohne die Möglichkeit einer nachträglichen Gesamtstrafenbildung verhängt ist und die Vollstreckung der Geldstrafe die Wiedereingliederung des Verurteilten erschweren kann (§ 459d StPO). Vgl. dazu Hamm JMBlNW 76, 107.

2. Soweit die Geldstrafe entrichtet oder beigetrieben wird, entfällt die Vollstreckbarkeit der Ersatzfreiheitsstrafe. Gleiches gilt, soweit das Gericht nach § 459d StPO angeordnet hat, daß die Vollstreckung der Geldstrafe unterbleibt (§ 459e IV StPO). Zu **vollstrecken** ist nur die **Ersatzfreiheitsstrafe, die dem uneinbringlichen Teil der Geldstrafe entspricht.** Ausgenommen sind Teilbeträge, die keinem vollen Tag Freiheitsstrafe entsprechen (§ 459e III StPO). Der Verurteilte kann die Vollstreckung der Ersatzfreiheitsstrafe jederzeit, auch nach Antritt dieser Strafe, dadurch abwenden, daß er den noch ausstehenden Betrag zahlt. Durch Teilzahlungen kann er die Verbüßung eines Teiles der Ersatzfreiheitsstrafe verhindern.

3. Trotz Uneinbringlichkeit der Geldstrafe kann das Gericht anordnen, daß die **Vollstreckung der Ersatzfreiheitsstrafe unterbleibt,** wenn die Vollstreckung für den Verurteilten eine unbillige Härte wäre (§ 459f StPO). Entgegen § 29 IV a. F. genügt noch nicht, daß die Geldstrafe ohne Verschulden des Verurteilten nicht eingebracht werden kann (vgl. BGH 27 93, Düsseldorf VRS 77 455). Es muß sich vielmehr um einen besonderen Härtefall handeln. Eine unbillige Härte ist die Vollstreckung der Ersatzfreiheitsstrafe für den Verurteilten aber noch nicht allein deswegen, weil er unverschuldet zahlungsunfähig geworden ist (Düsseldorf MDR 83, 341). Die Freiheitsstrafe nach § 43 dient nicht allein als Ersatz für eine Geldstrafe, deren Nichtdurchsetzbarkeit auf Verschulden des Verurteilten beruht. Sie soll schlechthin die nicht durchsetzbare Geldstrafe um der Effektivität der Strafe willen ersetzen. Nur wenn die mit ihrer Vollstreckung verbundene Härte für den Verurteilten unbillig wird, ist von der Verwirklichung der Ersatzsanktion abzusehen. Anknüpfungspunkt für die Annahme einer unbilligen Härte bleibt allerdings i. d. R. die unverschuldete Zahlungsunfähigkeit. Gegenüber einem Verurteilten, dessen Zahlungsunfähigkeit auf eigenes Verschulden zurückzuführen ist, stellt die Vollstreckung der Ersatzfreiheitsstrafe im allgemeinen keine unbillige Härte dar. Diese kommt etwa in Betracht, wenn der Verurteilte infolge Krankheit oder unverschuldeten Verlustes des Arbeitsplatzes zur Zahlung der Geldstrafe, auch ratenweise, nicht imstande ist und eine günstige Täterprognose die Einwirkung auf ihn mittels Vollstreckung der Ersatzsanktion als nicht erforderlich erscheinen läßt. Zu berücksichtigen sind stets alle Umstände des Einzelfalles, die für die Entscheidung, ob die Vollstreckung eine unbillige Härte ist, von Bedeutung sind. Vgl. noch Tröndle ZStW 86, 570 f., LK 14, der die Härteklausel eng auslegt und die Vollstreckung der Ersatzfreiheitsstrafe als regelmäßige Folge der Uneinbringlichkeit verstanden wissen will. Vgl. auch Düsseldorf VRS 77 455, LG Frankfurt StV 83, 292, LG Flensburg Rpfleger 83, 226.

a) Liegt ein Härtefall vor, so ist das Gericht zur Anordnung *verpflichtet,* daß die Vollstreckung der Ersatzfreiheitsstrafe unterbleibt. Die Entscheidung steht nicht in seinem Ermessen (BT-Drs. 7/550 S. 311). Zur Zuständigkeit und zum Verfahren vgl. §§ 462, 462a StPO.

§ 44 1–3 Allg. Teil. Rechtsfolgen der Tat – Strafen

10   b) Die Anordnung nach § 459f StPO bedeutet *keinen Erlaß der Strafe.* Sie ist zu widerrufen, wenn nachträglich die unbillige Härte entfällt. Auch ohne Widerruf ist eine Vollstreckung der Geldstrafe weiterhin möglich, so z. B., wenn sich nachträglich die wirtschaftlichen Verhältnisse des Verurteilten bessern (vgl. § 49 II 2 StVollstrO).

– Nebenstrafe –

§ 44 Fahrverbot

(1) **Wird jemand wegen einer Straftat, die er bei oder im Zusammenhang mit dem Führen eines Kraftfahrzeuges oder unter Verletzung der Pflichten eines Kraftfahrzeugführers begangen hat, zu einer Freiheitsstrafe oder einer Geldstrafe verurteilt, so kann ihm das Gericht für die Dauer von einem Monat bis zu drei Monaten verbieten, im Straßenverkehr Kraftfahrzeuge jeder oder einer bestimmten Art zu führen. Ein Fahrverbot ist in der Regel anzuordnen, wenn in den Fällen einer Verurteilung nach § 315c Abs. 1 Nr. 1 Buchstabe a, Abs. 3 oder § 316 die Entziehung der Fahrerlaubnis nach § 69 unterbleibt.**

(2) **Darf der Täter nach den für den internationalen Kraftfahrzeugverkehr geltenden Vorschriften im Inland Kraftfahrzeuge führen, ohne daß ihm von einer deutschen Behörde ein Führerschein erteilt worden ist, so ist das Fahrverbot nur zulässig, wenn die Tat gegen Verkehrsvorschriften verstößt.**

(3) **Das Fahrverbot wird mit der Rechtskraft des Urteils wirksam. Für seine Dauer wird ein von einer deutschen Behörde erteilter Führerschein amtlich verwahrt. In ausländischen Fahrausweisen wird das Fahrverbot vermerkt.**

(4) **Ist ein Führerschein amtlich zu verwahren oder das Fahrverbot in einem ausländischen Fahrausweis zu vermerken, so wird die Verbotsfrist erst von dem Tage an gerechnet, an dem dies geschieht. In die Verbotsfrist wird die Zeit nicht eingerechnet, in welcher der Täter auf behördliche Anordnung in einer Anstalt verwahrt worden ist.**

Schrifttum: Bode, Voraussetzungen des Fahrverbots, DAR 70, 57. – *Cramer,* Die Austauschbarkeit der Entziehung der Fahrerlaubnis gegen ein Fahrverbot, NJW 68, 1764. – *Herlan,* Entziehung der Fahrerlaubnis und Fahrverbot durch Strafrichter und Verwaltungsbehörden (1972). – *Himmelreich-Hentschel,* Fahrverbot, Führerscheinentzug, 6. A. 1990. – *Pohlmann,* Das Fahrverbot in vollstreckungsrechtlicher Sicht, Rpfl. 65, 73. – *Warda,* Das Fahrverbot gem. § 37 StGB, GA 65, 56. – *Wollentin-Breckerfeld,* Verfahrensrechtliche Schwierigkeiten bei der Durchsetzung des Fahrverbots, NJW 66, 632. – Vgl. ferner das Schrifttum zu § 315c.

1   I. Die Bestimmung enthält als **Nebenstrafe** die Möglichkeit, dem Täter das Führen von Kraftfahrzeugen jeder oder einer bestimmten Art für die Dauer von 1 bis zu 3 Monaten zu verbieten. Im Gegensatz zur Entziehung der Fahrerlaubnis (§ 69), die als Maßregel der Besserung und Sicherung zum Führen von Kraftfahrzeugen ungeeignete Personen aus dem Straßenverkehr ausschließen will (vgl. § 69 RN 2), soll das Fahrverbot bei schuldhaft begangenen Verkehrsverstößen, die noch nicht die mangelnde Eignung des Täters ergeben, der Repression und Warnung dienen, wobei die spezialpräventive Einwirkung auf den Täter im Vordergrund steht („Denkzettelstrafe", vgl. BVerfGE 27 36, Stuttgart NJW 67, 1766, Celle MDR 68, 862, NJW 69, 1187, Lackner JZ 65, 94, Warda GA 65, 72f.), jedoch auch die Abschreckung anderer in Betracht kommt (Bay DAR 67, 138). Das **Fahrverbot** hat deshalb **Strafcharakter** (vgl. E 62 Begr. 175ff., Hamburg DAR 65, 215). Es ist daher eine ungeeignete und unzulässige Sanktion, wenn altersbedingter Abbau einen Eignungsmangel ergibt (LG München II DAR 76, 22). Da es sich nur gegen bestimmte Tätergruppen richtet, stellt es eine Sonderstrafe dar (vgl. dazu v. Weber DRiZ 51, 153). Zur Entstehungsgeschichte vgl. Lackner JZ 65, 94.

2   *Fahrverbot* und *Entziehung der Fahrerlaubnis* schließen sich grundsätzlich gegenseitig aus, da ein Fahrverbot nur bei Tätern in Betracht kommt, die sich noch nicht als ungeeignet zum Führen von Kraftfahrzeugen erwiesen haben, die Entziehung der Fahrerlaubnis hingegen gerade den Eignungsmangel des Täters voraussetzt (Braunschweig VRS 31 104, Nüse JR 65, 43). Ausnahmsweise kann ein Fahrverbot neben der Entziehung in Betracht kommen, wenn auch das Führen fahrerlaubnisfreier Fahrzeuge (z. B. Mofas) untersagt werden soll (Düsseldorf VM 70, 68, LG Bonn DAR 78, 195) oder der Täter auf Grund einer Ausnahme von der Sperre eine beschränkte Fahrerlaubnis (vgl. § 69a II) besitzt und eine Tat gemäß § 44 geahndet werden soll (vgl. Warda GA 65, 66f., Cramer 10). Über die Wirkung des Fahrverbots für die Verwaltung vgl. OVG Lüneburg NJW 71, 956.

3   Trotz der unterschiedlichen Ausgestaltung von Fahrverbot und Entziehung der Fahrerlaubnis als Nebenstrafe und Maßregel ähneln sich beide in ihrer Auswirkung auf den Betroffenen (krit. Cramer

Fahrverbot 4–12 § 44

§ 69 RN 8); deshalb steht das Verbot der **reformatio in peius** einem Austausch von Entziehung gegen Fahrverbot durch das Rechtsmittelgericht nicht entgegen (Frankfurt NJW 68, 1793, Stuttgart NJW 68, 1792, Celle NdsRpfl. 69, 192, Schleswig SchlHA 71, 57, Koblenz VRS 47 416, Cramer NJW 68, 1764). Ferner verstößt das in 2. Instanz angeordnete Fahrverbot nicht gegen das Verschlechterungsverbot, wenn es zusammen mit einer Geldstrafe an die Stelle einer Freiheitsstrafe tritt und seine Dauer und die Tagessatzzahl die Höhe der Freiheitsstrafe nicht übersteigen (Bay MDR 78, 422). Wohl aber ist die Verhängung eines Fahrverbots in 2. Instanz mit dem Verschlechterungsverbot unvereinbar, wenn zum Ausgleich lediglich die Tagessatzzahl einer Geldstrafe herabgesetzt wird (vgl. Himmelreich-Hentschel aaO RN 313, Lackner 7; and. Schleswig NStZ 84, 90, das auf die konkreten Umstände des jeweiligen Falles abstellt). Zur Auswirkung des Verschlechterungsverbots auf eine Geldstrafe bei Aufhebung des Fahrverbots in der Rechtsmittelinstanz vgl. § 40 RN 23.

II. Die **Voraussetzungen** des Fahrverbots sind folgende:

1. Der Täter muß eine **Straftat** begangen haben. Nach § 25 StVG kann zwar auch wegen 4 einer Verkehrsordnungswidrigkeit ein Fahrverbot ergehen. Es ist dann aber keine Strafe, sondern eine erzieherische Nebenfolge (vgl. BVerfGE 27 36).

a) *Straftat* ist nur die tatbestandsmäßig-rechtswidrige und schuldhafte Tat. Im Gegensatz 5 zur Entziehung der Fahrerlaubnis, die auch gegen schuldunfähige Fahrer ausgesprochen werden kann (vgl. § 69 RN 23 ff.), setzt das Fahrverbot als Nebenstrafe volldeliktisches Handeln voraus. Deshalb kann es zwar gegen vermindert schuldfähige, nicht aber gegen schuldunfähige Täter ausgesprochen werden. Unerheblich ist, ob die Tat vorsätzlich oder fahrlässig begangen wurde. Auch eine versuchte Tat reicht aus. Dagegen ist ein Fahrverbot nicht (mehr) möglich, wenn die Straftat verjährt oder ein erforderlicher Strafantrag nicht gestellt ist.

b) Außer den u. 7 genannten Voraussetzungen enthält § 44 keine Einschränkungen hin- 6 sichtlich der Straftat. Grobe oder beharrliche Verletzung der Pflichten eines Kraftfahrzeugführers, wie sie § 25 StVG voraussetzt, ist daher nicht erforderlich (BGH 24 350). Auszuscheiden haben aber, sofern der Täter sich nicht bereits mehrfach über die Verkehrsregeln hinweggesetzt hat, *Straftaten von geringem Gewicht*, wie etwa eine durch eine Verkehrsordnungswidrigkeit verursachte leichtfahrlässige Körperverletzung geringen Ausmaßes. Einem Fahrverbot in solchen Fällen steht der Verhältnismäßigkeitsgrundsatz (vgl. § 46 RN 74) entgegen.

2. Wie bei § 69 muß die Straftat entweder **beim Führen eines Kraftfahrzeuges** oder im 7 Zusammenhang damit oder unter Verletzung der Pflichten eines Kraftfahrzeugführers begangen werden. Vgl. dazu § 69 RN 10 ff.

3. Weiter muß der Täter wegen der Straftat zu einer **Freiheits-** oder **Geldstrafe verurteilt** 8 worden sein.

a) Da das Fahrverbot nur Nebenstrafe sein soll, setzt es die Verurteilung des Täters zu 9 einer Freiheits- oder Geldstrafe voraus. Gegenüber Jugendlichen kann es jedoch auch neben Erziehungsmaßregeln und *Zuchtmitteln* verhängt werden (vgl. §§ 8 III, 76 JGG; dazu Warda GA 65, 68, Bay DAR/R 70, 261) sowie neben der Aussetzung der Verhängung der Jugendstrafe gem. § 27 JGG (Brunner JGG, 8. A. 1986, § 27 Anm. 17, Cramer 34, Lackner 2 c; and. D-Tröndle 2, Eisenberg § 27 RN 20, Himmelreich-Hentschel aaO RN 272, Horn SK 6, Schäfer LK 6, Warda GA 65, 68).

b) Das Fahrverbot wird nicht dadurch ausgeschlossen, daß das Gericht gem. § 56 die 10 Hauptstrafe zur *Bewährung aussetzt* (D-Tröndle 8); denn auch in diesem Fall liegt eine Verurteilung zur Hauptstrafe vor; daß die Strafe einstweilen nicht vollstreckt wird, ändert daran nichts. Vgl. auch § 69 RN 21. Wird dagegen trotz Schuldspruches *von Strafe abgesehen* (nach § 60 oder z. B. §§ 315 VI, 315b VI, 316a II), so ist auch ein Fahrverbot ausgeschlossen, da es an einer Hauptstrafe fehlt (Warda GA 65, 67f., Schäfer LK 6). Ebensowenig ist mangels einer Verurteilung zu einer Hauptstrafe ein Fahrverbot zulässig, wenn eine Verwarnung mit Strafvorbehalt ausgesprochen wird (§ 59 RN 5). Es kann auch nicht in den Strafvorbehalt einbezogen werden (Bay NJW 76, 301).

4. **Nicht** erforderlich ist hingegen, daß die Straftat die **mangelnde Eignung** des Täters 11 zum Führen von Kraftfahrzeugen ergibt. Liegen hierfür Anzeichen vor, so hat das Gericht gegebenenfalls eine Entziehung der Fahrerlaubnis nach § 69 anzuordnen (Lackner JZ 65, 94f.).

5. **Unerheblich** ist, ob der Täter z. Z. der Tat oder der Aburteilung eine **Fahrerlaubnis** 12 besitzt. Deshalb kann ein Fahrverbot insb. auch dann verhängt werden, wenn der Täter im Zeitpunkt der Entscheidung kurz vor Erlangung einer Fahrerlaubnis oder vor Ablauf einer Sperrfrist steht (vgl. Warda GA 65, 68f.).

Stree

III. Die **Anordnung** des **Fahrverbots**.

13 1. Das Fahrverbot kann durch **Urteil** oder durch Strafbefehl (§ 407 II Nr. 1 StPO) ausgesprochen werden, ebenso im beschleunigten Verfahren (§§ 212ff. StPO). Zur Aufrechterhaltung im Berufungsverfahren trotz teilweisen Freispruches vgl. Bay DAR **66**, 270.

14 2. Die Verhängung des Fahrverbots steht im **Ermessen** des Gerichts (vgl. Abs. 1).

15 a) Im Gegensatz zur Fahrerlaubnisentziehung (vgl. § 69 RN 57) braucht ein Fahrverbot nicht angeordnet zu werden, wenn die Voraussetzungen hierfür an sich gegeben sind. Der Richter hat vielmehr nach pflichtgemäßem Ermessen darüber zu entscheiden, ob die **Strafzwecke** (vgl. o. 1) durch eine Hauptstrafe allein oder besser durch deren Verbindung mit einem Fahrverbot erreicht werden können. Reicht die Hauptstrafe aus, so bedarf es eines Fahrverbots nicht (BGH **24** 350, Bremen DAR **88**, 389). Zu prüfen ist, ob der Täter seine Fahrerlaubnis derart zur Störung der Rechtsordnung mißbraucht hat, daß die Verhängung eines Fahrverbots neben der Hauptstrafe angebracht erscheint. Insoweit ist weder erforderlich, daß der Täter Verkehrsregeln wiederholt und hartnäckig mißachtet hat, noch, daß er besonders verantwortungslos gehandelt hat (BGH **24** 348). Straftaten von geringem Gewicht reichen jedoch für sich allein i. d. R. nicht aus (vgl. o. 6). Ein wesentlicher Faktor für die Ermessensentscheidung ist der Umfang, in dem der Täter auf das Fahren angewiesen ist (Celle VRS **62** 39). In Fällen außergewöhnlicher Härte ist vom Fahrverbot abzusehen (vgl. Celle DAR **86**, 152, Bay NJW **89**, 2004 zu § 25 StVG). Dagegen ist grundsätzlich nicht zu berücksichtigen, daß dem Täter der Führerschein nach §§ 94, 111a StPO einstweilen entzogen worden war (and. Warda GA **65**, 78ff.); dieser Gesichtspunkt ist bei der Anrechnung gemäß § 51 V zur Geltung zu bringen (Schäfer LK 14). Wäre das Fahrverbot wegen der Anrechnung allerdings nur noch von symbolischer Bedeutung, so kann das Gericht u. U. mangels eines kriminalpolitischen Bedürfnisses für die Nebenstrafe bereits von deren Verhängung absehen (vgl. § 51 RN 36). Ein Fahrverbot kann sich ferner erübrigen, wenn die Tat lange Zeit vor der Aburteilung liegt und der Täter seitdem nicht mehr aufgefallen ist (Düsseldorf VRS **68** 263).

16 b) Das *Ermessen* des Richters ist jedoch *eingeschränkt*, wenn der Täter wegen vorsätzlicher oder fahrlässiger **Trunkenheitsfahrt** (§ 315c I Nr. 1a, III, § 316) verurteilt wird und die Fahrerlaubnisentziehung nach § 69 unterbleibt (Abs. 1 S. 2). In diesen Fällen ist das Fahrverbot i. d. R. anzuordnen. Von seiner Anordnung darf der Richter nur absehen, wenn besondere Gründe dies rechtfertigen. Die Gründe sind in der Urteilsbegründung darzulegen. Ein Ausnahmefall, der das Absehen vom Fahrverbot begründet, kann etwa vorliegen, wenn die Fahrerlaubnis für längere Zeit vorläufig entzogen und deshalb eine endgültige Entziehung unterblieben war (Bay MDR **76**, 772, LG Frankfurt StV **81**, 628, Hentschel DAR **78**, 102; and. BGH **29** 58, Frankfurt VRS **50** 418, Bay NStZ/J **89**, 257, Zweibrücken StV **89**, 251, Lackner 2d bb); denn für ein Fahrverbot, das wegen der Anrechnung der vorläufigen Entziehung nach § 51 V nur symbolische Bedeutung hat, besteht i. d. R. kein kriminalpolitisches Bedürfnis (ebenso Frankfurt VRS **55** 41 bei nachhaltigen Auswirkungen der vorläufigen Entziehung). Dagegen läßt sich eine Ausnahme nicht allein darauf stützen, daß es sich um einen Ersttäter handelt (vgl. Hamm NJW **74**, 1778) oder nichts passiert war. Vom Fahrverbot läßt sich auch nicht ohne weiteres absehen, wenn mit ihm Nachteile wirtschaftlicher oder beruflicher Art verbunden sind, wohl aber, wenn es den Täter insoweit außergewöhnlich hart trifft (vgl. Hamm NJW **75**, 1983). Die Einschränkung des Ermessens bezieht sich allein auf das Fahrverbot wegen einer Trunkenheitsfahrt, auch im Falle des § 315c III trotz der Verweisung auf den ganzen Abs. 3, da der Fahrlässigkeitstäter nicht schlechter gestellt werden darf als der vorsätzlich Handelnde. In den anderen Fällen, in denen ein Regelbeispiel des § 69 II vorliegt und die Fahrerlaubnisentziehung unterbleibt, ist das Ermessen des Richters nicht eingeschränkt (vgl. Koblenz VRS **47** 97, Bay VRS **58** 362).

17 c) Im Ermessen des Gerichts steht ferner, ob es das Fahrverbot auf jede Art von Kraftfahrzeugen erstrecken oder aber auf bestimmte Arten **beschränken** will (Abs. 1). Letzteres sollte die Ausnahme sein, da Verkehrsverstöße i. d. R. nicht auf Fahrzeugarten, sondern auf das Verkehrsverhalten des Täters zurückzuführen sind und eine Beschränkung auf bestimmte Fahrzeugarten den Zweck des Fahrverbots u. U. beeinträchtigen würde. Das trifft insb. auf Verkehrsverstöße zu, die auf charakterlicher Unzuverlässigkeit beruhen (vgl. Celle BA **89**, 288). Eine Beschränkung des Fahrverbots ist nur zulässig, soweit nach § 5 I 2 StVZO eine Beschränkung der Fahrerlaubnis auf bestimmte Fahrzeugarten möglich ist (vgl. Schäfer LK 26, Warda GA **65**, 77; weitergehend LG Göttingen NJW **67**, 2320, wonach auch eine räumliche Begrenzung möglich sei). Unzulässig ist daher die Beschränkung auf Taxis (Stuttgart DAR **75**, 305; vgl. auch BGH VRS **40** 263); ebensowenig darf ein einzelnes bestimmtes Kfz. vom Fahrverbot ausgenommen werden (Hamm NJW **75**, 1983). Im übrigen gelten die für § 69a II maßgeblichen Gesichtspunkte entsprechend (vgl. § 69a RN 3f.). Eine nachträgliche Beschränkung des Fahrverbots (Herausnahme bestimmter Fahrzeugarten) entsprechend der vorzeitigen Aufhebung

Fahrverbot

einer Sperre für bestimmte Fahrzeugarten (vgl. § 69a RN 22) ist allerdings nicht zulässig (LG Aschaffenburg DAR **78**, 277).

d) Hinsichtlich der **Dauer** des Fahrverbots steht dem Richter ein Rahmen von 1 bis 3 Monaten zur Verfügung. Damit hat das Gesetz das Fahrverbot von der Fahrerlaubnisentziehung, deren Mindestfrist 6 Monate beträgt, deutlich abgesetzt. Auch wenn mehrere Taten i. S. des § 44 zur Verurteilung kommen, darf das Fahrverbot die Höchstgrenze von 3 Monaten nicht übersteigen; vgl. näher u. 26f. **18**

e) Für das richterliche Ermessen bei der Verhängung des Fahrverbots und der Bemessung der Dauer sind die **allgemeinen Strafzumessungsregeln** maßgebend. Demgemäß darf zum Nachteil des Täters dessen Prozeßverhalten nur ausnahmsweise berücksichtigt werden (vgl. § 46 RN 41ff., Köln VM **85**, 8), so z. B., wenn es das Maß zulässiger Verteidigung überschreitet und sich hieraus eine verfehlte Einstellung des Angekl. zu seiner Tat ergibt (Bay DAR/R **85**, 239). **18a**

3. Die **Wirkung** des Fahrverbots besteht darin, daß der Täter innerhalb des festgesetzten Zeitraums von seiner Fahrerlaubnis keinen Gebrauch machen darf. Im Gegensatz zur Fahrerlaubnisentziehung nach § 69 führt das Fahrverbot nicht zum Verlust der durch die Verwaltungsbehörde erteilten Fahrerlaubnis. Das Verbot bezieht sich nur auf den Straßenverkehr (vgl. hierzu § 315b RN 2). **19**

a) Das Fahrverbot wird mit Rechtskraft des Urteils bzw. der richterlichen Entscheidung, auf der das Fahrverbot beruht, **wirksam** (Abs. 3 S. 1), und zwar ohne Rücksicht darauf, ob bereits eine andere Verbotsfrist läuft (vgl. dazu u. 21, 25). Ein von einer deutschen Behörde erteilter Führerschein ist daraufhin bis zum Ablauf der Verbotsfrist in amtliche Verwahrung zu nehmen (Abs. 3 S. 2). Dies wird auch dann zu gelten haben, wenn das Fahrverbot nur auf bestimmte Kraftfahrzeugarten beschränkt ist; damit der Fahrer im übrigen von seiner Fahrerlaubnis Gebrauch machen kann, muß ihm die Verwaltungsbehörde für die Dauer des Fahrverbots einen Ersatzführerschein ausstellen, aus dem die Beschränkung ersichtlich ist (vgl. E 62 Begr. 178). Dieser komplizierte Weg ist jedenfalls für den Betroffenen günstiger als ein Vermerk im Führerschein, da dieser sonst für immer den Stempel einer früheren Verurteilung tragen würde. Gibt der Verurteilte den Führerschein nicht freiwillig heraus, dann kann dieser nach § 463b I StPO beschlagnahmt werden. Ist der Führerschein bereits in amtlicher Verwahrung, bleibt diese fortbestehen, wobei sich nur ihre Rechtsgrundlage ändert. Hinsichtlich ausländischer Führerscheine vgl. u. 28f. Über die verfahrensrechtliche Durchsetzung des Fahrverbots vgl. Wollentin-Breckerfeld NJW 66, 632. In Härtefällen wird in Analogie zum Berufsverbot (§ 456c StPO) ein Aufschub des Verbotseintritts oder eine Aussetzung des Verbots in Betracht zu ziehen sein (vgl. Köln NJW **87**, 82; and. AG Mainz MDR **67**, 683, Schäfer LK 39; vgl. dazu Mürbe DAR **83**, 47, der für Aufschub im Gnadenwege eintritt). Ein Härtefall kann z. B. bei Versäumung der Rechtsmittelfrist vorliegen, gegen die Wiedereinsetzung in den vorigen Stand beantragt worden ist; der Wiedereinsetzungsantrag als solcher beseitigt die Wirksamkeit des Fahrverbots noch nicht (Köln NJW **87**, 80). **20**

b) Für die **Berechnung** der tatsächlichen Fahrverbotsdauer ist nicht der Zeitpunkt maßgebend, in dem das Fahrverbot wirksam wurde, sondern der Tag, an dem der Führerschein zwecks Vollstreckung des Fahrverbots in amtliche Verwahrung gegeben wird (Abs. 4 S. 1); über den für den Beginn der Verwahrung entscheidenden Zeitpunkt vgl. Koch DAR 66, 343f. Dadurch verlängert sich das Fahrverbot um die Zeit, die zwischen Rechtskraft und Beginn der amtlichen Verwahrung verstreicht. Durch diese Regelung soll verhindert werden, daß der Täter durch Verweigerung der Herausgabe des Führerscheins das Fahrverbot praktisch umgeht (vgl. Warda GA 65, 88, auch Uhlenbruck DAR **67**, 158f., Weigelt DAR **65**, 15). Über den Beginn der Verbotsfrist ist der Täter zu belehren (§ 268c StPO), damit sich die Frist nicht unbegründet zu dessen Lasten verlängert. § 268c StPO ist jedoch nur eine Ordnungsvorschrift, so daß die unterbliebene Belehrung den Fristbeginn unberührt läßt. Wird der Führerschein bereits amtlich verwahrt, etwa weil bereits eine andere Fahrverbotsfrist läuft (vgl. u. 25), so beginnt die Verbotsfrist mit Rechtskraft des Fahrverbots (vgl. o. 20) zu laufen, nicht etwa erst mit Ablauf der anderen Verbotsfrist (vgl. Bay VRS **51** 223, LG Münster NJW **80**, 2481, AG Augsburg NZV **90**, 244 [zu § 25 StVG] m. abl. Anm. Hentschel, Karl NJW **87**, 1063, Lackner 6; and. Himmelreich-Hentschel aaO RN 294, D-Tröndle 2). Die Gegenmeinung (vgl. Himmelreich-Hentschel aaO) unterläuft den Gesetzeswortlaut damit, daß sie die amtliche Verwahrung des Führerscheins auf das jeweils zu vollstreckende Fahrverbot bezieht. Ein derartiger Bezug geht jedoch weder aus dem Wortlaut des Abs. 4 noch aus dessen Sinn hervor. Die Rechtskraft ist für den Fristbeginn ebenfalls maßgebend, wenn der Verurteilte bei Eintritt der Rechtskraft keine Fahrerlaubnis besitzt (vgl. Weigelt DAR 65, 15). **21**

Zweifelhaft ist der Beginn der Verbotsfrist, wenn der vom Fahrverbot Betroffene behauptet, seinen Führerschein verloren zu haben. Es ist dann an sich nach § 463b StPO zu verfahren, so daß der **21a**

Stree

Betroffene bei Nichtvorfinden des Führerscheins eine eidesstattliche Versicherung über dessen Verbleib abzugeben hat. Mit deren Abgabe, die als Ersatz für die Inverwahrnahme anzusehen ist, beginnt nunmehr die Verbotsfrist. Wer statt dessen auf die Wirksamkeit des Fahrverbots abstellt (vgl. Grohmann DAR 88, 47), gelangt zu einer unangebrachten Besserstellung des Betroffenen gegenüber demjenigen, dessen Führerschein gefunden und beschlagnahmt wird. Zulässig dürfte auch die Aufforderung sein, sich einen Ersatzführerschein ausstellen zu lassen und diesen abzugeben. Die Abgabe des Ersatzführerscheins ist dann der maßgebliche Zeitpunkt, nach dem sich die Verbotsfrist berechnet (vgl. Seib DAR 82, 283 und dagegen Grohmann DAR 88, 47).

22 Die Zeit, in der sich der Täter auf Grund einer behördlichen Anordnung in einer *Anstalt* befindet (z. B. Verbüßung einer Freiheitsstrafe), wird in die Verbotsfrist *nicht eingerechnet* (Abs. 4 S. 2), da sonst der Zweck des Fahrverbots vereitelt werden könnte. Dies gilt nicht nur für die Zeit nach Rechtskraft des Fahrverbots, sondern muß sinngemäß auch bei der Anrechnung einer vorläufigen Entziehung der Fahrerlaubnis gelten (vgl. § 51 RN 36). Zur Anstaltsverwahrung zählt auch die Zeit des Urlaubs aus der Anstalt und des Freigangs (Stuttgart NStZ **83**, 429, Frankfurt NJW **84**, 812).

23 c) Zur **Anrechnung einer vorläufigen Fahrerlaubnisentziehung** gem. § 111 a StPO bzw. einer Verwahrung, Sicherstellung oder Beschlagnahme des Führerscheins gem. § 94 StPO vgl. § 51 V und RN 36 zu § 51.

24 Hat sich auf Grund der Anrechnung das Fahrverbot erledigt, so ist der Führerschein mit Verkündung des Urteils an den Verurteilten zurückzugeben.

25 IV. Ist bereits ein Fahrverbot verhängt, so steht der Anordnung eines **weiteren Fahrverbots** wegen einer anderen Tat grundsätzlich nichts im Wege; denn § 44 setzt nicht einmal voraus, daß der Täter eine Fahrerlaubnis besitzt (vgl. o. 12). Auch kann die erneute Straffälligkeit des Täters zeigen, daß das erste – und vielleicht zu kurz bemessene – Fahrverbot kein ausreichender Denkzettel war. Werden mehrere Fahrverbote notwendig, so wird freilich zu prüfen sein, ob nicht bereits die Voraussetzungen des § 69 vorliegen.

26 Für die Behandlung des mehrfachen Fahrverbots gelten die für die isolierte Sperrfrist entwickelten Grundsätze entsprechend (vgl. § 69a RN 23 ff.). Danach darf jedes der einzelnen Fahrverbote bis zur zulässigen Höchstgrenze von 3 Monaten gehen, so daß dem Betroffenen u. U. über einen viel längeren Zeitraum das Fahren untersagt ist.

27 Dies gilt jedoch gemäß § 53 III i. V. m. § 52 IV **nicht** für die Fälle, in denen die Voraussetzungen für die Bildung einer **Gesamtstrafe** gegeben sind (§§ 53, 55 bzw. § 460 StPO); vgl. hierzu § 53 RN 31, § 55 RN 61. Hier darf die Höchstgrenze von 3 Monaten nicht überschritten werden. Dies gilt auch dann, wenn gemäß § 53 II 2 aus Freiheits- und Geldstrafe keine Gesamtstrafe gebildet wird (vgl. § 53 RN 33) oder die nachträgliche Gesamtstrafenbildung deshalb ausscheidet, weil die frühere Strafe bereits verbüßt ist (vgl. § 55 RN 54). Vgl. auch LG Stuttgart NJW **68**, 461, Warda GA 65, 84 ff., Cramer 41.

28 V. Ein Fahrverbot kann für den inländischen Verkehrsbereich auch gegen den Inhaber eines **ausländischen** oder internationalen **Führerscheins** ausgesprochen werden. Zu dem hierbei erfaßten Personenkreis vgl. § 69b RN 2 f. Auf Grund des Internationalen Abkommens über den Straßenverkehr vom 19. 9. 1949 können jedoch nur Taten, durch die gegen Verkehrsvorschriften verstoßen wird (vgl. dazu § 69b RN 4), Grundlage eines Fahrverbots sein (Abs. 2).

29 Die **Wirkung** ist die gleiche wie beim Fahrverbot, das gegen Inhaber eines deutschen Führerscheins ausgesprochen wird (vgl. o. 19 f.). An die Stelle der amtlichen Verwahrung tritt jedoch beim ausländischen Führerschein ein Vermerk über das Fahrverbot (Abs. 3 S. 3). Zur Eintragung des Vermerks kann der Führerschein beschlagnahmt werden (§ 463 b II StPO). Er ist jedoch nach Eintragung sofort an den Verurteilten zurückzugeben.

30 VI. **Zuwiderhandlungen** gegen das Fahrverbot sind nach § 21 StVG strafbar, und zwar bei vorsätzlicher Mißachtung des Fahrverbots mit Freiheitsstrafe bis zu einem Jahr oder Geldstrafe, bei fahrlässiger Tatbegehung mit Freiheitsstrafe bis zu 6 Monaten oder Geldstrafe bis zu 180 Tagessätzen. Gleiche Strafe trifft den Halter eines Fahrzeugs, der vorsätzlich oder fahrlässig anordnet oder zuläßt, daß sein Fahrzeug von jemandem geführt wird, gegen den gem. § 44 ein Fahrverbot verhängt ist. Nach § 21 III StVG ist außerdem die **Einziehung** des Fahrzeugs zulässig, wobei die §§ 74 ff. zu beachten sind. Auch die Verhängung eines weiteren Fahrverbots ist nicht ausgeschlossen (vgl. o. 25).

31 VII. Ein **Rechtsmittel** läßt sich grundsätzlich nicht auf das Fahrverbot beschränken, da Haupt- und Nebenstrafe zumeist einen inneren Zusammenhang aufweisen (vgl. Händel NJW 71, 1472). Ausnahmsweise ist eine Beschränkung zulässig, wenn das Fahrverbot erkennbar Art und Höhe der Hauptstrafe nicht beeinflußt hat und selbst unabhängig von der Bemessung der Hauptstrafe ist (Hamm VRS **49** 275, Bay DAR/R **85**, 239).

– Nebenfolgen –

§ 45 Verlust der Amtsfähigkeit, der Wählbarkeit und des Stimmrechts

(1) **Wer wegen eines Verbrechens zu Freiheitsstrafe von mindestens einem Jahr verurteilt wird, verliert für die Dauer von fünf Jahren die Fähigkeit, öffentliche Ämter zu bekleiden und Rechte aus öffentlichen Wahlen zu erlangen.**

(2) **Das Gericht kann dem Verurteilten für die Dauer von zwei bis zu fünf Jahren die in Absatz 1 bezeichneten Fähigkeiten aberkennen, soweit das Gesetz es besonders vorsieht.**

(3) **Mit dem Verlust der Fähigkeit, öffentliche Ämter zu bekleiden, verliert der Verurteilte zugleich die entsprechenden Rechtsstellungen und Rechte, die er innehat.**

(4) **Mit dem Verlust der Fähigkeit, Rechte aus öffentlichen Wahlen zu erlangen, verliert der Verurteilte zugleich die entsprechenden Rechtsstellungen und Rechte, die er innehat, soweit das Gesetz nichts anderes bestimmt.**

(5) **Das Gericht kann dem Verurteilten für die Dauer von zwei bis zu fünf Jahren das Recht, in öffentlichen Angelegenheiten zu wählen oder zu stimmen, aberkennen, soweit das Gesetz es besonders vorsieht.**

I. Die Vorschrift läßt als automatische Nebenfolge bei bestimmten schwerwiegenden Verurteilungen den zeitlich begrenzten **Verlust der Amtsfähigkeit** und der **Wählbarkeit** eintreten (krit. dazu Jekewitz GA 77, 169). Außerdem räumt sie dem Gericht die Befugnis ein, diese Fähigkeiten oder das aktive Wahlrecht für eine bestimmte Dauer abzuerkennen, soweit das Gesetz diese Möglichkeit besonders vorsieht. Unabhängig von § 45 ist ferner vom Wahlrecht und von der Wählbarkeit ausgeschlossen, wer nach § 63 in einem psychiatrischen Krankenhaus untergebracht ist (§§ 13 Nr. 3, 15 II BWahlG vom 1. 9. 1975). Andererseits ist § 45 auf Jugendliche nicht anwendbar (§ 6 JGG); bei Heranwachsenden kann das Gericht anordnen, daß die Folgen des Abs. 1 nicht eintreten (§ 106 II 2 JGG). Gegen § 45 und für dessen Streichung Baumann/Weber 602, 615, Nelles JZ 91, 17; vgl. auch AE AT, 2. A., Begr. 77. Aus kriminalpolitischer Sicht ist § 45 in der Tat mehr als fragwürdig und durchaus entbehrlich.

II. Amtsunfähigkeit und Verlust des passiven Wahlrechts

1. Die Unfähigkeit, öffentliche Ämter zu bekleiden und Rechte aus öffentlichen Wahlen zu erlangen, ist nach Abs. 1 die **automatische Folge** der Verurteilung wegen eines Verbrechens zu einer Freiheitsstrafe von mindestens **einem Jahr**. Es genügt die Verurteilung wegen Versuchs, Teilnahme oder nach § 30, da diese Begehungsformen ebenfalls Verbrechen sind. Abs. 1 gilt auch, wenn die Strafe wegen U-Haft als verbüßt gilt. Bei Gesamtstrafenbildung sind die jeweiligen Einzelstrafen maßgebend, nicht die Gesamtstrafe (Tröndle LK 12; and. BGH NStZ **81**, 342). Verhängt das Gericht bei einem Verbrechen auf Grund einer Strafmilderungsvorschrift eine Freiheitsstrafe unter einem Jahr, so ist Abs. 1 nicht anwendbar. Abs. 1 erfaßt auch Ausländer (Diether Rpfleger 81, 219).

2. Das Gericht hat ferner die **Möglichkeit,** die in Abs. 1 genannten Fähigkeiten für die Dauer von 2 bis 5 Jahren **abzuerkennen (Abs. 2),** soweit das Gesetz es besonders vorsieht, wie z. B. in §§ 92a, 101, 109i, 358. Diese in das Ermessen des Gerichts gestellte Anordnung ist nicht von den in Abs. 1 genannten Voraussetzungen abhängig, kann also auch bei Vergehen und bei Freiheitsstrafe unter einem Jahr erfolgen. Welche Voraussetzungen im einzelnen vorliegen müssen, ist jeweils in den genannten Bestimmungen des BT gesagt. Zweifelhaft ist, ob es sich um eine Nebenfolge mit strafähnlichem oder präventivem Charakter handelt. Je nach der Einstufung bestimmt sich die Bemessung der Aberkennungsdauer (vgl. u. 13). Für strafähnlichen Charakter spricht die systematische Einordnung innerhalb des StGB. Die Nebenfolge ist als Annex in einem Titel „Strafen" und vor dem Titel „Strafbemessung" geregelt. Wer hingegen die Notwendigkeit, den Täter angesichts der abgeurteilten Straftat für eine bestimmte Zeit von öffentlichen Funktionen und Rechten fernzuhalten, in den Vordergrund stellt, läßt das präventive Moment überwiegen und löst sich von der systematischen Einordnung. Dem ist entgegenzuhalten, daß hiernach das Schuldprinzip seine begrenzende Wirkung verliert, was mit der systematischen Einordnung schwer vereinbar ist. Unter dem Gesichtspunkt des strafähnlichen Charakters ist die Dauer der Aberkennung nach den allgemeinen Zumessungsregeln des § 46 zu bemessen (vgl. u. 13). Die Aberkennung der in Abs. 1 genannten Fähigkeiten ist auch gegenüber Ausländern möglich (BGH NJW **52**, 234).

3. Der Verlust der in Abs. 1 genannten Fähigkeiten hat zugleich den **Verlust des bisherigen Besitzstandes** zur Folge. Nach Abs. 3 verliert der Verurteilte mit der Amtsunfähigkeit die entsprechenden Rechtsstellungen und Rechte, die er innegehabt hat; nach Abs. 4 gilt Entspre-

chendes für Rechtsstellungen und Rechte, die aus öffentlichen Wahlen hervorgegangen sind. Letzteres geschieht allerdings nur unter der Einschränkung, daß das Gesetz nichts anderes bestimmt. Eine solche abweichende Bestimmung enthält § 47 BWahlG für den Verlust des Mandats im Bundestag.

6   Diese Folgen treten nicht nur dann ein, wenn nach Abs. 1 die genannten Fähigkeiten automatisch verlorengehen, sondern **auch bei** der ausdrücklichen Aberkennung nach **Abs. 2**.

7   **4. Öffentliche Ämter** sind alle (inländischen) Stellungen, in denen Dienstverrichtungen wahrzunehmen sind, die sich aus der Staatsgewalt ableiten und staatlichen Zwecken dienen (RG **62** 26). Dazu gehören nicht nur alle Ämter der staatlichen Exekutive und der Justiz, sondern auch die der Körperschaften des öffentlichen Rechtes und der öffentlichen Anstalten, soweit sie staatlichen Zwecken dienen (OVG Münster DÖV **54**, 439). Dies ist z. B. im Bereich der Sozialversicherung, der Eisenbahn oder Post der Fall (vgl. RG **41** 229). Ein öffentliches Amt bekleiden ebenfalls die Laienrichter und die Notare. Kirchliche Ämter werden nicht erfaßt, auch dann nicht, wenn es sich um religiöse Gesellschaften handelt, die Körperschaften des öffentl. Rechts sind, da diese keine staatlichen Zwecke verfolgen (RG **47** 51).

8   **Nicht** erfaßt ist die **Anwaltschaft.** Für sie führen aber die §§ 7 Nr. 2, 14 I Nr. 3 BRAO zur entsprechenden Rechtsfolge.

9   **5. Die Unfähigkeit,** Rechte aus öffentlichen Wahlen zu erlangen, betrifft nur **Wahlen in öffentlichen Angelegenheiten.** Es brauchen nicht notwendig solche des Staates wie die Bundestags- oder die Landtagswahlen zu sein; es kommen auch andere Wahlen in Frage, soweit sie Betätigungen des Verurteilten im öffentlich-rechtlichen Bereich betreffen. Daher gehören zu den Wahlen auch solche zu den Gremien der Körperschaften des öffentlichen Rechts. Ebensowenig wie kirchliche Ämter (o. 7) werden aber Wahlen zu kirchlichen Organen erfaßt.

10 **6.** Für Beamte spricht das **Beamtenrecht** die sich aus § 45 ergebenden Folgen **noch einmal** aus. Mit der Rechtskraft eines Urteils mit den Wirkungen des § 45 scheidet der Beamte aus dem Amte aus (§ 48 BBG). Er hat keinen Anspruch auf Dienstbezüge und Versorgung und darf die Amtsbezeichnung und die Titel, die ihm in seinem Amt verliehen worden sind, nicht führen (vgl. § 49 BBG). Wird eine nach § 45 amtsunfähige Person zum Beamten ernannt, dann ist die Ernennung nichtig (§ 11 II Nr. 3 BBG). Sie ist jedoch Amtsträger i. S. des Strafrechts (RG **54** 15), solange ihr nicht die weitere Führung der Dienstgeschäfte untersagt worden ist (vgl. § 13 BBG). Vgl. auch § 24 BRRG.

11 **7.** § 45 verbindet mit der Amtsunfähigkeit nicht den Verlust der **Würden, Titel, Orden** und Ehrenzeichen. Insoweit gelten die Gesetze, die sich mit der Verleihung von Titeln usw. beschäftigen und Vorschriften darüber enthalten, unter welchen Voraussetzungen und auf welche Weise diese Titel usw. wieder entzogen werden können. Vgl. Ges. über Titel, Orden und Ehrenzeichen vom 26. 7. 1957, BGBl. I 844, Ges. über die Führung akademischer Grade vom 7. 6. 1939, RGBl. I 985.

12 **8. Weitere Rechtsfolgen** knüpfen sich an eine Verurteilung i. S. von § 45 nach anderen gesetzlichen Vorschriften, so z. B. der Verlust der Wählbarkeit als Personalratsmitglied (§ 14 I PersonalvertretungsG), der Ausschluß vom Wehrdienst (§ 10 I WehrpflichtG) und vom Zivildienst (§ 9 I ZDG) usw.

13 **III.** Das Gericht hat ferner die Möglichkeit, dem Verurteilten für die Dauer von 2 bis 5 Jahren das **aktive Wahlrecht abzuerkennen,** soweit das Gesetz es besonders vorsieht. Eine solche Anordnung ist z. B. in den §§ 92a, 101, 102 II, 109 i enthalten. Bei der richterlichen Entscheidung sind, sofern der Nebenfolge strafähnlicher Charakter zugesprochen wird (vgl. o. 4), die allgemeinen Zumessungsregeln des § 46 einschließlich präventiver Aspekte zu berücksichtigen (Tröndle LK 15, D-Tröndle 9, Lackner 3). Wird dagegen der Nebenfolge präventiver Charakter zuerkannt, so ist allein auf Präventivgesichtspunkte abzustellen (so Horn SK 12; ähnlich Jescheck 714).

14 **IV.** Wird ein Strafurteil, das die Wirkungen des § 45 ausgelöst hat, im **Wiederaufnahmeverfahren** aufgehoben und durch ein Urteil ersetzt, das diese Folgen nicht hat, so entfallen damit die Wirkungen des § 45. Ausgenommen sind die nach Abs. 3, 4 eingetretenen Folgen, da sie sich nicht ohne weiteres rückgängig machen lassen (vgl. RG **57** 313, Diether Rpfleger 81, 220, Tröndle LK 43). Das gilt auch für einen Abgeordneten, der nach Abs. 4 sein Mandat verloren hat. Für den Verlust der Amtsfähigkeit bei Beamten vgl. § 51 BBG.

15 **V. Die Folgen** des § 45 treten **von Rechts wegen** ein, und zwar mit Rechtskraft des Urteils (§ 45 a I). Einer besonderen Anordnung bedarf es nur dort, wo § 45, wie in Abs. 2 und 5, die Entscheidung in das Ermessen des Gerichtes stellt. Ohne Bedeutung ist, ob die Freiheitsstrafe später verbüßt wird. Bei Beamten bedarf es zum Erlöschen ihrer Rechtsstellung keines Disziplinarverfahrens, die Wirkungen treten nach Abs. 3 automatisch ein (vgl. § 48 BBG).

16 **VI.** Das **Begnadigungsrecht** kann auch in die Rechtsfolgen des § 45 eingreifen. Es umfaßt außer den Hauptstrafen auch die Nebenstrafen und Nebenfolgen, die im Urteil ausgesprochen sind oder

sich kraft Gesetzes aus ihm ergeben (§ 3 II GnadenO). Der Gnadenerweis muß sich jedoch ausdrücklich auf die genannten Nebenwirkungen erstrecken. Wird eine wegen eines Verbrechens ausgesprochene Strafe von 2 Jahren im Gnadenwege in eine solche von 10 Monaten umgewandelt, so werden dadurch die Wirkungen des § 45 nicht beseitigt.

Für die **beamtenrechtlichen Folgen** sieht § 50 BBG eine Beseitigung der Wirkungen im Gnadenwege vor. Geschieht dies, so sind die Folgen die gleichen, wie wenn ein solches Urteil im Wiederaufnahmeverfahren beseitigt werden würde (§ 51 BBG). **17**

VII. Zur Berücksichtigung der Nebenfolgen, namentlich des Verlustes der Beamtenrechte, bei der Strafzumessung vgl. § 46 RN 55, bei der Strafrahmenwahl vgl. 47 vor § 38. **18**

§ 45a Eintritt und Berechnung des Verlustes

(1) **Der Verlust der Fähigkeiten, Rechtsstellungen und Rechte wird mit der Rechtskraft des Urteils wirksam.**

(2) **Die Dauer des Verlustes einer Fähigkeit oder eines Rechts wird von dem Tage an gerechnet, an dem die Freiheitsstrafe verbüßt, verjährt oder erlassen ist. Ist neben der Freiheitsstrafe eine freiheitsentziehende Maßregel der Besserung und Sicherung angeordnet worden, so wird die Frist erst von dem Tage an gerechnet, an dem auch die Maßregel erledigt ist.**

(3) **War die Vollstreckung der Strafe, des Strafrestes oder der Maßregel zur Bewährung oder im Gnadenweg ausgesetzt, so wird in die Frist die Bewährungszeit eingerechnet, wenn nach deren Ablauf die Strafe oder der Strafrest erlassen wird oder die Maßregel erledigt ist.**

I. Die Vorschrift enthält Regelungen über den Zeitpunkt, in dem die Folgen des § 45 wirksam werden und von dem an die Dauer dieser Folgen zu rechnen ist. **1**

II. Die **Wirkungen** des Verlustes der in § 45 genannten Fähigkeiten und Rechte treten mit der **Rechtskraft des Urteils** ein (Abs. 1). Die damit verbundenen Folgen nach § 45 III, IV werden mit der Aufhebung des Urteils im Wiederaufnahmeverfahren nicht rückgängig gemacht (vgl. § 45 RN 14). **2**

III. Für die in § 45 vorgesehenen **Fristen** bestimmt Abs. 2, daß sie von dem Tage an zu berechnen sind, an dem die **Freiheitsstrafe verbüßt,** verjährt oder erlassen ist (krit. dazu Jekewitz GA 77, 170). Dabei ist nur auf die Hauptfreiheitsstrafe abzuheben, nicht auf eine daneben eventl. zu verbüßende Ersatzfreiheitsstrafe (§ 43), auch dann nicht, wenn aus beiden eine Gesamtfreiheitsstrafe gebildet wurde (§ 53 RN 26 f.). Bei einer sonstigen Gesamtfreiheitsstrafe ist dagegen deren Verbüßung maßgebend. Ist neben der Strafe eine freiheitsentziehende **Maßregel** der Besserung und Sicherung angeordnet worden, dann beginnt die Frist erst von dem Tage an, an dem auch die Maßregel **erledigt** ist. Treten die Rechtswirkungen des § 45 auf Grund einer Verurteilung in verschiedenen Verfahren ein, so läuft jede Frist von dem Ende der Verbüßung der jeweiligen Hauptstrafe an, also ohne Rücksicht darauf, ob der Verurteilte jetzt Freiheitsstrafen aus anderen Verfahren zu verbüßen hat (RG JW 37, 2643). **3**

Dies muß auch dann gelten, wenn das zweite Urteil die Wirkungen des § 45 nicht nach sich zieht, wohl aber der Verurteilte eine Freiheitsstrafe zu verbüßen hat. Die Anwendung des Grundsatzes des § 45b II, wonach die Fristen nur laufen, wenn der Verurteilte in Freiheit ist, wäre unzulässige Analogie zuungunsten des Täters (Tröndle LK 4; and. Horn SK 6). **4**

Erledigt ist eine **Maßregel,** wenn sie verbüßt oder verjährt ist, das Gericht sie für erledigt erklärt oder bei einer nicht widerrufenen Aussetzung der Vollstreckung die damit verbundene Führungsaufsicht beendet ist. Von einer Erledigung durch Verbüßung kann aber nur bei der Unterbringung gesprochen werden, für die eine Höchstfrist besteht und bei der die Entlassung erst nach Ablauf der Höchstfrist erfolgt (vgl. § 67d). In allen anderen Fällen erfolgt die Entlassung, wenn die weitere Vollstreckung der Unterbringung ausgesetzt wird. Hier erledigt sich die Maßregel, sofern die Aussetzung der Unterbringung nicht widerrufen wird, erst mit dem Ende der Führungsaufsicht (§ 67g V). Diesen Fall regelt Abs. 3 (u. 8). **5**

Ist die erkannte **Strafe** nach § 51 **durch** die Anrechnung der **U-Haft vollständig getilgt,** so ist damit der Zustand der Verbüßung eingetreten; die Fristen laufen daher hier bereits von der Rechtskraft des Urteils an, vorausgesetzt, daß neben der Strafe keine freiheitsentziehende Maßregel angeordnet worden ist. **6**

Wird eine Freiheitsstrafe, nachdem sich der Täter bewährt hat, gemäß § 56g erlassen, so betreffen die Wirkungen dieser Entscheidung nur die Freiheitsstrafe als solche. Die Wirkungen des § 45 bleiben dadurch unberührt. U. U. ist aber die Frist für diese Wirkungen wegen der Anrechnung der Bewährungszeit auf ihren Ablauf bereits verstrichen (vgl. u. 8). **7**

8   **IV. Abs. 3** ergänzt die Regelung des § 45 a für die Fälle der **Aussetzung der Strafe,** des Strafrestes oder der Maßregel. Wird z. B. dem Verurteilten nach § 56 Strafaussetzung gewährt oder wird er nach § 57 bedingt entlassen, so werden die in § 45 bestimmten Fristen um die Dauer der Bewährungszeit verkürzt, wenn auf Grund der Bewährung die Strafe oder der Strafrest erlassen wird oder die Maßregel erledigt ist. Der Grund dafür liegt darin, daß ein Teil der Rechtswohltaten, die dem Verurteilten durch die Zubilligung einer Bewährungszeit gewährt werden, ihm sonst wieder dadurch genommen werden würde, daß auch nach Erlaß der Strafe oder der Erledigung der Maßregel die Wirkungen des § 45 in vollem Umfang eintreten würden. Entsprechend diesem Sinn ist in die Frist entgegen dem Gesetzeswortlaut nicht nur die Bewährungszeit einzurechnen, sondern auch die zwischen ihrem Ende und dem Straferlaß liegende Zeit (Hamann Rpfleger 81, 220; and. Diether Rpfleger 81, 218). Außerdem besteht nach Bewährung die Möglichkeit einer Verkürzung der Fristen nach § 45 b.

§ 45 b Wiederverleihung von Fähigkeiten und Rechten

(1) **Das Gericht kann nach § 45 Abs. 1 und 2 verlorene Fähigkeiten und nach § 45 Abs. 5 verlorene Rechte wiederverleihen, wenn**
1. **der Verlust die Hälfte der Zeit, für die er dauern sollte, wirksam war und**
2. **zu erwarten ist, daß der Verurteilte künftig keine vorsätzlichen Straftaten mehr begehen wird.**

(2) **In die Fristen wird die Zeit nicht eingerechnet, in welcher der Verurteilte auf behördliche Anordnung in einer Anstalt verwahrt worden ist.**

1   **I.** Die Vorschrift ermöglicht dem Gericht, die Amtsfähigkeit, die Wählbarkeit und das Wahlrecht **vorzeitig wiederzuverleihen.** Ihr Sinn besteht darin, nach einer bestimmten Zeit gerichtlich überprüfen zu lassen, ob im Interesse der Resozialisierung des Verurteilten die verlorenen Fähigkeiten und Rechte schon vor Ablauf der nach § 45 festgesetzten Frist zurückgegeben werden können. Ergibt sich bei der Überprüfung, daß vom Verurteilten künftig keine vorsätzlichen Straftaten zu erwarten sind, so soll ihm mit der vorzeitigen Wiederverleihung der Fähigkeiten und Rechte die Resozialisierung erleichtert werden.

2   **II.** Die **Voraussetzungen** für die Wiederverleihung sind folgende:

3   **1.** Es muß die **Hälfte** der Zeit, für die der Verlust nach § 45 wirksam war, **abgelaufen** sein. Dabei ist zu beachten, daß in die Frist die Zeit nicht einzurechnen ist, während der der Verurteilte in einer Anstalt verwahrt wird (Abs. 2). Ferner muß zu erwarten sein, daß der Verurteilte künftig keine vorsätzlichen Straftaten mehr begehen wird. Entsprechend der in §§ 56, 57 getroffenen Regelung bezieht sich die Erwartung lediglich auf die Unterlassung zukünftiger Straftaten (zu deren Art und Schwere vgl. jedoch § 56 RN 15), wobei es sich hier um vorsätzliche Taten handeln muß, während in den §§ 56, 57 alle Straftaten ausreichen. Nichtbehebbare Zweifel gehen zu Lasten des Verurteilten.

4   **2.** Liegen die genannten Voraussetzungen vor, so **kann** das Gericht die verlorenen Fähigkeiten und Rechte wiederverleihen. Es handelt sich um eine Ermessensentscheidung (pflichtgemäßes Ermessen). Das richterliche Ermessen hat sich am Sinn des § 45 auszurichten. Ist im Verlust der Amtsfähigkeit usw. eine Nebenfolge strafähnlicher Art (vgl. § 45 RN 4, 13) zu erblicken, so können insb. Tatschwere und generalpräventive Aspekte für die Entscheidung maßgebend sein. Für die Wiederverleihung verlorener Fähigkeiten kann es danach z. B. einen erheblichen Unterschied ausmachen, ob der Verlust der Amtsfähigkeit nach § 45 I auf eine wegen eines Verbrechens erfolgte Verurteilung zu 1 Jahr oder zu 5 Jahren Freiheitsstrafe zurückgeht. Bei Aberkennung von Fähigkeiten und Rechten nach § 45 II, V sind u. a. die Gründe hierfür zu berücksichtigen. Die Wiederverleihung der verlorenen Fähigkeiten und Rechte hängt hiernach davon ab, ob auf Grund einer Gesamtwürdigung von Tat und Täter einschließlich des Verhaltens nach der Verurteilung sich verantworten läßt, dem Verurteilten das Verlorene zurückzugeben. Sie ist sowohl bei den Wirkungen des § 45 Abs. 1 und 2 wie auch des Abs. 5 möglich, auch getrennt (D-Tröndle 4, Tröndle LK 6).

5   **III.** Die Wiederverleihung der verlorenen Fähigkeiten und Rechte wirkt **nur für die Zukunft;** die nach § 45 III, IV verlorenen Positionen werden nicht wiedererlangt.

6   **IV.** Zum **Verfahrensrecht** vgl. § 462 StPO. Der Verurteilte kann mit einem **Antrag** auf eine Entscheidung nach § 45 b hinwirken. Der Antrag ist bereits vor Ablauf der Mindestdauer des Verlustes der Amtsfähigkeit usw. zulässig; er darf jedoch nicht zu früh gestellt werden, sondern erst in einem Zeitraum, den das Gericht voraussichtlich benötigt, um die Voraussetzungen der Wiederverleihung der Amtsfähigkeit usw. zu klären. Ein abgelehnter Antrag kann jederzeit erneuert werden (D-Tröndle 5); die Möglichkeit einer den §§ 57 VI, 67e III, 68e II entsprechenden Beschränkung räumt § 45b den Gerichten nicht ein.

Zweiter Titel. Strafbemessung

§ 46 Grundsätze der Strafzumessung

(1) **Die Schuld des Täters ist Grundlage für die Zumessung der Strafe. Die Wirkungen, die von der Strafe für das künftige Leben des Täters in der Gesellschaft zu erwarten sind, sind zu berücksichtigen.**

(2) **Bei der Zumessung wägt das Gericht die Umstände, die für und gegen den Täter sprechen, gegeneinander ab. Dabei kommen namentlich in Betracht:**
die Beweggründe und die Ziele des Täters,
die Gesinnung, die aus der Tat spricht, und der bei der Tat aufgewendete Wille,
das Maß der Pflichtwidrigkeit,
die Art der Ausführung und die verschuldeten Auswirkungen der Tat,
das Vorleben des Täters, seine persönlichen und wirtschaftlichen Verhältnisse sowie sein Verhalten nach der Tat, besonders sein Bemühen, den Schaden wiedergutzumachen, sowie das Bemühen des Täters, einen Ausgleich mit dem Verletzten zu erreichen.

(3) **Umstände, die schon Merkmale des gesetzlichen Tatbestandes sind, dürfen nicht berücksichtigt werden.**

Vorbem. Abs. 2 a. E. ergänzt durch OpferschutzG vom 18. 12. 1986, BGBl I 2496

Übersicht

I. Bedeutung des § 46 . . . . 1, 2	IX. Auswahl der Straftat 60–64
II. Gegenstand der richterlichen Bewertung 3–5	X. Revisibilität der Strafzumessung. . 65–67
III. Abwägung der Umstände 6, 7	XI. Die Strafzumessung als Ermessensentscheidung und der Gleichheitssatz 68
IV. Schuld des Täters und äußere Umstände 8–9a	XII. Nebenstrafen und Maßregeln . . . 69
V. Der Katalog des § 46 Abs. 2 10–44	XIII. Gesamtkonzeption des Gerichts . . 70, 71
VI. Verbot der Doppelverwertung . . . 45–51	XIV. Zur Strafrechtsreform 72, 73
VII. Weitere Gesichtspunkte für die Strafzumessung 52–57a	XV. Der Rechtsgrundsatz der Verhältnismäßigkeit 74
VIII. Normalstrafe. 58, 59	

Stichwortverzeichnis
Die Zahlen bedeuten die Randnoten

Abwägen der Umstände (Abs. 2 S. 1) 6
Alter eines Getöteten 20
Anreize zur Tat 13
Ausführung, Art der – 18ff.
Ausgleich für Tat 40
Ausländereigenschaft 36
Auswirkungen der Tat 18f.
– und Schuld 26

Beweggründe 12ff.
Bewährung 50
Beziehungen des Täters zum Opfer 23

Doppelverwertung, Verbot der – (Abs. 3) 45ff., 60

Einwilligung (des Verletzten als Strafmilderungsgrund) 25
Ermessen, strafrichterl. – 7, 66ff.

Folgen, verschuldete – s. Auswirkungen
–, für Täter 55
Freiheitsstrafe 38

Geldstrafe 37
Generalprävention 5
Gesamtkonzeption des Gerichts 70f.
Gesamtwürdigung der Strafzumessungsfaktoren 6
Geständnis 41a
Gewissenstäter 15
Gleichheitssatz 36, 68

Ideologietäter 15
In dubio pro reo 57a

Kompensation mehrerer Deliktsreaktionen 70f.
– von strafmildernden mit strafschärfenden Umständen 6

Lebensführung 8, 30
Leugnen 42

Maßregeln 69
Mitwirkendes Verschulden des Verletzten oder eines Dritten 24

Stree

Nebenstrafen 69
Normalstrafe 59
Not, Handeln aus – 13, 37

Opferverhalten 24

Persönliche Verhältnisse 34 ff.
Pflichtwidrigkeit, Maß der – 17
Präventivzwecke 5, 28

Revisibilität der Strafzumessung 7, 65 f.
Richterliche Wertungen 51

Schadenshöhe 19
Schadensvertiefung 40
Schuldstrafrecht 1, 4, 8
Schweigen 42
Soziale Stellung 35
Spurenbeseitigung 16, 39
Stellenwerttheorie 5
Strafart, Auswahl der – 60 ff.
Strafempfänglichkeit des Täters 54
Strafempfindlichkeit 54
Strafzumessungsgründe allgem. 2 ff.
– nicht geregelte – 52 ff.

Strafzumessungsschuld 9 a

Tatstrafrecht 4, 8
Tätergesinnung 16
Taterstrafrecht 4, 8
Täterwille 16
Trunkenheit 22, 46

Überzeugungstäter 15

Verfahrensdauer 57
Verhalten des Täters vor der Tat, s. Vorleben;
 bei der Tat, s. Ausführung; nach der Tat 39 f.
– im Strafverfahren 41 f.
Verhältnismäßigkeitsgrundsatz 74
Verkehrsdelikte 63
Verteidigung der Rechtsordnung 64
V-Mann 13, 16, 19
Vorleben 29 ff.
Vorstrafen 31 ff.

Wiedergutmachung des Schadens 40
Wirtschaftl. Verhältnisse 37 f.

Ziele 12 ff.

Schrifttum: Bader, Das Ermessen des Strafrichters, JZ 55, 525. – *Baumann,* Das Verhalten des Täters nach der Tat, NJW 62, 1793. – *Bruns,* Zum gegenwärtigen Stand der Strafzumessungslehre, NJW 56, 241. – *ders.,* Zum Verbot der Doppelverwertung usw., H. Mayer-FS 353. – *ders.,* Alte Grundfragen und neue Entwicklungstendenzen im modernen Strafzumessungsrecht, Welzel-FS 739. – *ders.,* Neues Strafzumessungsrecht?, 1988. – *Dreher,* Über die gerechte Strafe, 1947. – *ders.,* Doppelverwertung von Strafzumessungsumständen, JZ 57, 155. – *ders.,* Zur Spielraumtheorie als der Grundlage der Strafzumessungslehre des Bundesgerichtshofs, JZ 67, 41. – *ders.,* Gedanken zur Strafzumessung, JZ 68, 209. – *Drost,* Das Ermessen des Strafrichters, 1930. – *Ebert,* Der Überzeugungstäter in der neueren Rechtsentwicklung, 1975. – *Exner,* Über Gerechtigkeit im Strafmaß, 1920. – *Exner,* Studien über die Strafzumessungspraxis der deutschen Gerichte, 1931 (KrimAbh. Heft 16). – *Frisch,* Die verschuldeten Auswirkungen der Tat, GA 72, 321. – *ders.,* Gegenwärtiger Stand und Zukunftsperspektiven der Strafzumessungsdogmatik, ZStW 99, 349, 751. – *ders.,* Über die „Bewertungsrichtung" von Strafzumessungstatsachen, GA 89, 338. – *Graßberger,* Die Strafzumessung, 1932. – *Greffenius,* Der Täter aus Überzeugung und der Täter aus Gewissensnot, 1969. – *Hanack,* Zur Frage geminderter Schuld des vom Unrechtsstaat geprägten Täter, Verhandlungen d. 46. DJT Bd. II C 53. – *Heinitz,* Strafzumessung und Persönlichkeit, ZStW 63, 57. – *Henkel,* Die „richtige" Strafe, 1969. – *Hertz,* Das Verhalten des Täters nach der Tat, 1973. – *Hillenkamp,* Vorsatztat und Opferverhalten, 1981. – *Hofmann* und *Sax,* Der Ideologie-Täter, 1967. – *Hülle,* Anleitung zur Bemessung zeitiger Freiheitsstrafen, DRiZ 51, 4, 35. – *Jakobs,* Schuld und Prävention, 1976. – *Kern,* Grade der Rechtswidrigkeit, ZStW 64, 255. – *Koffka,* Welche Strafzumessungsregeln ergeben sich aus dem geltenden StGB?, JR 55, 322. – *Krumme,* Ermessensfreiheit oder gesetzliche Bindung des Richters bei der Verhängung der Strafe und sonstiger Unrechtsfolgen, DRiZ 55, 208. – *Lackner,* § 13 StGB – eine Fehlleistung des Gesetzgebers?, Gallas-FS 117. – *Lang-Hinrichsen,* Bemerkungen zum Begriff der Tat im Strafrecht, Engisch-FS 353. – *Lenckner,* Strafe, Schuld und Schuldfähigkeit, in: Göppinger-Witter, Handb. d. forens. Psychiatrie, 1972, 179 ff. – *Maeck,* Opfer und Strafzumessung, 1983. – *Mösl,* Tendenzen der Strafzumessung in der Rspr. des BGH, DRiZ 79, 165. – *Montenbruck,* Strafrahmen und Strafzumessung, 1983. – *ders.,* Abwägung und Umwertung, Schriften zum Strafrecht H. 83, 1989. – *Oswald,* Was wird gemessen bei der Strafzumessung?, GA 88, 147. – *Pallin,* Die Strafzumessung in rechtlicher Sicht, 1982. – *Peters,* Die kriminalpolitische Stellung des Strafrichters bei der Bestimmung der Strafrechtsfolgen, 1932. – *ders.,* Strafzumessung, in: Handwörterbuch der Kriminologie, 2. A. 1977, Erg. Bd. S. 132. – *ders.,* In welcher Weise empfiehlt es sich, die Grenzen des strafrichterlichen Ermessens im künftigen StGB zu regeln?, Gutachten zum 41. DJT 1955. – *ders.,* Überzeugungstäter und Gewissenstäter, H. Mayer-FS 257. – *Pfeiffer/Oswald,* Strafzumessung (Symposionsbeiträge zur unterschiedlichen Strafzumessung), 1989. – *Pfenninger,* Die Freiheit des Richters in der Strafzumessung, SchwJZ 34, 193, 209. – *Rabl,* Strafzumessungspraxis und Kriminalitätsbewegung, 1936 (KrimAbh. Heft 25). – *Sarstedt-Hamm,* Die Revision in Strafsachen, 5. A. 1983, 316. – *Seelig,* Lehrb. der Kriminologie (3. A. 1963) 344 ff. – *Sauer,* Kriminologie (1950) 363. – *Schaffstein,* Spielraum-Theorie, Schuldbegriff und Strafzumessung nach den Strafrechtsreformgesetzen, Gallas-FS 99. – *L. Schmidt,* Die Strafzumessung in rechtsvergleichender Darstellung, 1961. – *Schöch,* Strafzumessungspraxis und Verkehrsdelinquenz, 1973. – *Schöneborn,* Die regulative Funktion des Schuldprinzips bei der Strafzumessung, GA 75, 272. – *Schröder,* Gesetzliche und richterliche Strafzumessung, Mezger-FS 415. – *ders.*, In welcher Weise empfiehlt es sich, die Grenzen des strafrichterlichen Ermessens im künftigen StGB zu regeln?, Gutachten zum 41. DJT 1955. – *Seibert*, Fehler bei der Strafzumessung, MDR 1952, 457, 1959, 258, 1966, 805. – *Spendel*, Zur Lehre vom Strafmaß, 1954. – *ders.*, Die Begründung des richterlichen Strafmaßes, NJW 64, 1758. – *ders.*, Der conditio-sine-qua-non-Gedanke als Strafmilderungsgrund, Engisch-FS 509. – *ders.*, Zur Entwicklung der Strafzumessungslehre, ZStW 83, 203. – *Stratenwerth*, Tatschuld und Strafzumessung (1972). – *Stree*, Deliktsfolgen und Grundgesetz, 1960. – *Stöckel*, Zur Revisibilität des Strafuntermaßes, NJW 68, 1862. – *Streng*, Strafzumessung und relative Gerechtigkeit, 1984. – *Tröndle*, Gedanken zur Strafzumessung, GA 68, 258. – *Warda*, Dogmatische Grundlagen des richterlichen Ermessens im Strafrecht, 1962. – *v. Weber*, Die richterliche Strafzumessung, 1956. – *Wimmer*, Die rechtlichen Einschränkungen der Strafzumessungsfreiheit, DRZ 50, 268. – *Zipf*, Die Geldstrafe, 1966. – *ders.*, Die Strafmaßrevision, 1969. – Vgl. auch die Angaben zu Vorbem. vor § 38.

I. Die **Richtlinien für** die **Strafzumessung** tragen den Forderungen Rechnung, die wichtigsten Kriterien für die Strafzumessung gesetzlich festzulegen. Ob und inwieweit § 46 diesen Forderungen gerecht wird, ist zweifelhaft. So wird etwa die Grundlagenformel des Abs. 1 S. 1 als gesetzgeberische Fehlleistung von besonderem Rang gerügt (so Stratenwerth aaO 13, gegen ihn Lackner Gallas-FS 117 ff.) oder die ganze Regelung wegen ihrer Unklarheit und Widersprüche als nicht geglückt gekennzeichnet (so Schaffstein Gallas-FS 102). Andererseits ist nicht zu verkennen, daß bereits der Vorläufer des § 46 (§ 13 a. F.) zu fruchtbaren Diskussionen über die Strafzumessung geführt hat. Eine gesetzgeberische Lösung, die alle zufriedenstellt, konnte ebensowenig erwartet werden wie die Lieferung fester Rechengrößen, die die Strafbemessung zu einem reinen Subsumtionsvorgang machen würden. Es konnte sich vielmehr nur darum handeln, die Gesichtspunkte zusammenzustellen, auf die der Richter bei der Strafbemessung sein besonderes Augenmerk zu richten hat. Zudem besteht die fundamentale Bedeutung des § 46 darin, die Schuld des Täters expressis verbis jedenfalls zur Grundlage für die Strafzumessung gemacht zu haben; vgl. dazu 7 vor § 38. Zu den systematischen Grundlagen der Strafzumessung vgl. Günther JZ 89, 1025 (8 Stufen der Strafzumessung). 1

Die Strafzumessungsgrundsätze des § 46 ergänzen als Richtlinien den Wertmaßstab, den das Gesetz bereits mit der Strafdrohung als Grundlage für die Strafbemessung aufstellt. Zur Bedeutung der **Strafrahmen als Wertmaßstab** vgl. 42 vor § 38. 2

II. Oberste Richtschnur für jede Strafzumessung müssen die **Strafzwecke** sein. Da die Aufgabe des Gerichts in der Konkretisierung des gesetzlichen Werturteils und in der Vollziehung der im Gesetz vorgezeichneten Ziele besteht, kann sein Ermessen nur durch die gleichen Kriterien bestimmt werden, die den Gesetzgeber bei der Bewertung menschlicher Handlungen leiten; vgl. dazu Bruns StrZR 193 ff., Jescheck 782. Insoweit gilt das in 1 ff. vor § 38 Gesagte. 3

Gegenstand der richterlichen Bewertung sind bei der Strafzumessung die **Tat** und der **Täter** (vgl. BGH NStZ **81**, 389: Ganzheitsbetrachtung von Tatgeschehen und Täterpersönlichkeit). Da das Strafrecht des StGB ein Schuldstrafrecht ist und Schuld als Tatschuld, d. h. die in bestimmten Handlungen oder Unterlassungen aktualisierte Schuld, zu verstehen ist, bildet die Tat *einen* der wesentlichen Bewertungsgegenstände bei der Bemessung der Strafe. Ihr Gewicht, die durch sie bewirkte Rechtsverletzung, ist daher der eine Faktor, der bei der Strafzumessung zu berücksichtigen ist. Daneben steht die Bewertung des Täters. Er ist es, der die Tat begangen hat, für den sie also ein Stück seiner menschlichen Aktivität darstellt. Er hat die Strafe zu erleiden, und gegen ihn soll sie als ein wirksames kriminalpolitisches Instrument eingesetzt werden. Die Persönlichkeit des **Täters** ist daher der zweite wesentliche Faktor, dem die Aufmerksamkeit des Richters bei der Bemessung der Strafe zu gelten hat, und zwar in dem Sinn, daß Art und Umfang der strafrechtlichen Reaktion auf die Persönlichkeit des Angekl. abzustellen sind, zum anderen aber auch gefragt werden muß, in welchem Umfang die Persönlichkeit des Täters sich in der Tat manifestiert hat, inwieweit also die Tat als ein spezifischer Ausdruck der Täterpersönlichkeit gelten kann. Unter diesem Aspekt sind die in Abs. 2 genannten Umstände in einen größeren Zusammenhang einzuordnen. Sie gewinnen ihre Bedeutung, indem sie zu den Strafzwecken und zu Tat und Täter in Beziehung gesetzt werden. 4

Dementsprechend dürfen **Präventionszwecke** (vgl. 2, 12 ff. vor § 38) bei der Strafbemessung bis zum Ausgleich des verschuldeten Unrechts berücksichtigt werden, nicht darüber hinaus (vgl. 6 ff., 13, 17 f. vor § 38); eine aus spezialpräventiven Gründen schuldunterschreitende Strafe ist dagegen zulässig (vgl. 18a vor § 38). Soweit es sich vertreten läßt, ist die Strafe so zu bemessen, daß sie einen bisher sozial eingeordneten Täter nicht aus der sozialen Ordnung herausreißt (vgl. BGH **24** 42, wistra **89**, 306). Demgegenüber wird die Ansicht vertreten, Präventionsgesichtspunkte seien ausschließlich bei der Frage der Strafart, der Strafaussetzung, der Verwarnung mit Strafvorbehalt und des Absehens von Strafe heranzuziehen, bei der Strafhöhe sei nur auf das Tatunrecht und die Schuld abzustellen (Stellenwert- oder Stufentheorie; so Henkel aaO 23 ff., Horn Schaffstein-FS 241, Bruns-FS 165, Schöch Schaffstein-FS 259). Eine 5 solche Einschränkung entspricht jedoch nicht dem § 46 I (Lackner III 3a, Über neue Entwicklungen in der Strafzumessungslehre und ihre Bedeutung für die richterliche Praxis, 1978, 18 ff., Roxin Bruns-FS 186 ff.). Nach anderer Ansicht sollen allein generalpräventive Zwecke, jedenfalls in der Form der Abschreckung, bei der Bemessung der Strafhöhe ausscheiden (Frisch ZStW 99 371, Roxin Schultz-FG 470 f., Bruns-FS 196, Schmidhäuser 798; and. die Rspr., vgl. BGH **20** 267, GA **79**, 60, MDR/H **80**, 813). Zur Begründung wird auf § 46 (Roxin) oder das Doppelverwertungsverbot (Schmidhäuser) verwiesen. Indes steht beides der Berücksichtigung generalpräventiver Zwecke nicht entgegen. Deren Nichterwähnung in § 46 bedeutet nicht die Unzulässigkeit, solchen Zwecken Bedeutung für die Strafbemessung einzuräumen (vgl. Jescheck 787, auch Bruns StrZR 325). Das Doppelverwertungsverbot greift nicht ein, weil der Strafrahmen als solcher nichts darüber besagt, welche Strafe im konkreten Fall generalpräventiven Erfordernissen dient. Reine Abschreckungsgesichtspunkte haben allerdings, wie das sich in den §§ 47, 56, 59, 60 abzeichnende Verhältnis zwischen spezial- und generalpräventiven Aspekten erkennen läßt, keinen Vorrang vor spezialpräventiven Erfordernissen; eine Strafmaßbeschränkung aus spezialpräventiven Gründen hat jedoch zu unterbleiben, wenn zur Verteidigung der Rechtsordnung eine höhere Strafe geboten ist (vgl. 22 vor § 38). Soweit jedoch die Spezialprävention ohnehin keine oder nur eine untergeordnete Rolle spielt, wie bei geheimdienstlicher Agententätigkeit, bestehen keine Bedenken, auf die bloße Abschreckung anderer abzuheben (vgl. BGH **28** 326). Deren Zulässigkeit setzt aber deren Notwendigkeit für den Gemeinschaftsschutz voraus (vgl. 1 vor § 38). Diese ist gegeben, wenn bereits eine gemeinschaftsgefährliche Zunahme von Straftaten, die der abzuurteilenden Tat entsprechen oder ähneln, festzustellen ist (BGH StV **82**, 522, **83**, 195, NStZ **84**, 409, **86**, 358, NStE Nr. **62**, Düsseldorf NJW **85**, 276, Bay NJW **88**, 3165, NStZ **88**, 571). Dagegen genügt nicht allein das erhebliche Aufsehen, das die Tat in der Öffentlichkeit erregt hat (BGH NStZ/T **86**, 494), ebensowenig, auch dem Angekl. politisch Gleichgesinnte generell die Herausnahme des abgeurteilten Geschehens aus dem Strafbereich fordern (BGH NStZ/T **86**, 494), auch nicht der Zweck, einzelne Personen abzuschrecken, z. B. Familienangehörige des Täters (BGH wistra **87**, 60). Zur generalpräventiven Strafschärfung bei ausländischen Drogenhändlern vgl. BGH NStZ **82**, 112 m. Anm. Wolfslast. Für Berücksichtigung generalpräventiver Zwecke auch BGE 107 IV 63. Zum Ganzen vgl. auch Zipf ÖJZ 79, 197. Vgl. ferner Köhler, Über den Zusammenhang von Strafrechtsbegründung und Strafzumessung, 1983, der sich zwar gegen die Heranziehung generalpräventiver Gesichtspunkte ausspricht, aber bei „Ansteigen einer bestimmten Deliktsart" für die hierunter fallende Tat eine gesteigerte Allgemeinbedeutung annimmt, die eine strafzumessungserhebliche Unrechtssteigerung begründet.

6 III. Nach Abs. 2 S. 1 hat das Gericht die **Umstände,** die für und gegen den Täter sprechen, **gegeneinander abzuwägen.** Milderungs- und Schärfungsgründe sind demnach nicht einfach einander gegenüberzustellen; sie müssen vielmehr nach ihrer Bedeutung und ihrem Gewicht gegeneinander abgewogen werden (vgl. BGH NStZ/T **86**, 495: Gesamtwürdigung). Das kann zu einer gegenseitigen Kompensation führen, so daß auch bei Vorliegen von Umständen, die die Tat zu einem schweren Delikt machen würden, dennoch die Regelstrafe angemessen erscheint, weil diese Umstände durch mildernde Umstände aufgewogen werden. Eine objektiv schwere Rechtsverletzung kann dadurch kompensiert werden, daß der Täter aus Not oder durch einen verständlichen Affekt zur Tat hingerissen wurde. Eine solche Kompensation findet ihre Stütze im Gesetz selbst, das bei seinen mildernden Vorschriften häufig Umstände berücksichtigt, die auch dann eingreifen, wenn die Tat sich als ein objektiv schweres Delikt darstellt. So können z. B. die Strafmilderungsgründe des § 213 dazu führen, daß nicht nur der Totschlag in seinem Gewicht erheblich vermindert wird, sondern auch Fälle, die ein Mordmerkmal aufweisen, dennoch nur als Totschlag bestraft werden (vgl. § 211 RN 10).

7 Welche Umstände für oder gegen den Täter sprechen, bestimmt das Gesetz nicht selbst. Es dürfte auch kaum einen Strafzumessungsgrund geben, der unter allen denkbaren Umständen entweder straferschwerend oder strafmildernd wirken müßte. Die Beurteilung der Bedeutung von Strafzumessungstatsachen ist also eine Aufgabe des **strafrichterlichen Ermessens.** Die endgültige Tatbewertung ist aus der gesetzgeberischen Ebene weitgehend in die des Richters verschoben worden. Die sich daraus ergebende Gefahr für die Rechtssicherheit und die Gleichmäßigkeit der Entscheidungen wird durch den Katalog des Abs. 2 gemildert. Zudem wird das Minus an fester gesetzlicher Regelung durch ein Plus an **Revisibilität** der Ermessensentscheidungen („rechtlich gebundenes Ermessen") ausgeglichen (vgl. § 267 StPO, Bruns Engisch-FS 709). Im übrigen ist die Möglichkeit einer Uneinheitlichkeit der gerichtlichen Entscheidungen im Bereich der Strafhöhe gegenüber der Willkür, die die Folge gesetzlicher Kasuistik sein kann, das kleinere Übel.

8 IV. Da das Strafrecht des StGB ein Schuldstrafrecht ist und Schuld insoweit die in der Tat aktualisierte Schuld bedeutet, ist für die Strafzumessung in erster Linie erheblich, wie groß die

Schuld des Täters gewesen ist, der sich in einer konkreten Situation über die strafrechtlichen Ge- oder Verbote hinweggesetzt hat. Dies schließt jedoch nicht aus, auch solche Umstände zu berücksichtigen, die in keinem unmittelbaren Zusammenhang mit der Tat stehen, sondern ihr vorhergehen oder ihr nachfolgen (Bruns StrZR 562ff., BGH MDR 54, 693). So können z. B. Umstände im Verhalten des Täters vor Begehung der Tat seine Persönlichkeit kennzeichnen und damit für die Art der strafrechtlichen Reaktionsmittel oder die Höhe der Strafe wesentlich sein. Ein Beispiel hierfür ist das schuldhafte Verweilen in einer kriminellen Umgebung, in der die potentielle Bereitschaft zu Straftaten offen hervorgetreten ist (BGH NStZ/T **86**, 494). Ein unsteter Lebenswandel genügt dagegen allein noch nicht (BGH NStZ/T **86**, 494). Ebensowenig kann ein krankhaft bedingtes Verhalten dem Täter angelastet werden (BGH MDR/D **72**, 569). Zu berücksichtigen sind auch Umstände, die erst nach der Tat eingetreten sind, insb. das Verhalten des Angekl. nach der Tat. So wie nach § 56b Auflagen der Genugtuung für das begangene Unrecht dienen können, das verletzte Rechtsgefühl der Allgemeinheit also durch Leistungen des Verurteilten wieder versöhnt werden kann, muß bei der Strafzumessung berücksichtigt werden können, wie sich der Täter nach der Tat verhalten hat, ob er z. B. den angerichteten Schaden wiedergutgemacht oder sich jedenfalls darum bemüht hat (Baumann NJW 62, 1797).

Die Einbeziehung dieser Umstände verstößt nicht gegen den Grundsatz, daß das Strafrecht 9 des StGB ein Tat- und ein Schuldstrafrecht ist. Zwar wird verschiedentlich die Auffassung vertreten, daß in den Bewertungsbereich der Strafzumessung nur solche Tatsachen einbezogen werden dürfen, die sich an der Peripherie des eigentlichen deliktischen Geschehens bewegen und damit der Charakterisierung der Tat als solcher dienen können, wie z. B. der Schaden, der über den tatbestandlich vorausgesetzten Schaden hinausgeht, und die Verwirklichung der deliktischen Absicht, die zur Vollendung des Delikts nicht mehr erforderlich ist, z. B. in § 235 II (vgl. z. B. Spendel, Zur Lehre vom Strafmaß, 231, Heinitz aaO 72). Da die Tat als Bewertungsobjekt jedoch nicht eine isolierte Erscheinung im Leben des Täters sein kann, sondern in seine gesamte Lebensführung eingebettet ist, ist es durchaus legitim, auch solche **Umstände** zu berücksichtigen, die **außerhalb des** eigentlichen **Tatbereichs** liegen, soweit sie geeignet sind, Maßstäbe für den Schuldumfang zu setzen, und damit zur Ermittlung der schuldgerechten Strafe dienen (vgl. BGH MDR **80**, 240, MDR/H **83**, 984, Bruns StrZR 575ff., Arthur Kaufmann, Schuldprinzip, 259, Lang-Hinrichsen Engisch-FS 355, der das Problem über einen erweiterten Begriff der „Tat" zu lösen sucht). Vgl. dazu auch Schaffstein Gallas-FS 113f. Soweit Umstände in der bezeichneten Richtung nichts auszusagen vermögen, ist ihre Verwertung bei der Strafzumessung allerdings unzulässig (BGH MDR **80**, 240, StV **85**, 102).

Die hiernach maßgebende Schuld (**Strafzumessungsschuld**) ist mit der Strafbegründungsschuld 9a (vgl. 111 vor § 13) nicht gleichbedeutend. Sie ist zwar nicht völlig unabhängig (vgl. Rudolphi SK 1 vor § 19, aber auch Roxin Bockelmann-FS 304); sie betrifft aber einen anderen Aspekt der Schuld. Mit ihr wird der gesamte Umfang dessen gekennzeichnet, was dem Täter in bezug auf die begangene Tat einschließlich des insoweit relevanten Vor- und Nachverhaltens subjektiv zuzurechnen und dementsprechend vorzuwerfen ist. An diesem Umfang schuldrelevanter Faktoren hat sich die Bemessung der Strafe gegen den schuldig gewordenen Täter auszurichten. Zur Strafzumessungsschuld vgl. noch Achenbach, Historische und dogmatische Grundlagen der strafrechtssystematischen Schuldlehre, 1974, 4, 10ff., Bruns StrZR 395, D-Tröndle 4, Frisch ZStW 99 380 (388: Strafzumessungsschuld ist die der Tat entsprechende Rechtsfriedensstörung, die dem Täter nach der Rechtsordnung immanenten Maßstäben angelastet werden kann).

V. **Abs. 2** enthält sodann eine Zusammenfassung von **Umständen,** die bei der Strafzumes- 10 sung **namentlich zu berücksichtigen** sind. Seine Formulierung ergibt, daß die genannten Umstände zwar diejenigen sind, die am häufigsten bei der Strafzumessung eine Rolle spielen, daß aber das Gericht auch alle übrigen für die Strafhöhe bedeutsamen Umstände zu berücksichtigen hat (vgl. u. 52). Zum anderen ergibt sie, daß das Gesetz eine Entscheidung über Gewicht und Bedeutung der einzelnen Strafzumessungsgründe nicht getroffen hat, sondern dem Gericht überläßt, ob eines der aufgeführten Merkmale zu einer Erhöhung oder einer Milderung der Strafe führen soll. Die Merkmale des Abs. 2 sind im übrigen so formuliert, daß eine eindeutige Fixierung i. S. einer Straferhöhung oder -milderung nicht möglich ist. Jeder der dort genannten Umstände kann in der einen wie in der anderen Richtung bedeutsam sein. Allerdings kann im konkreten Fall ein und derselbe Umstand nicht sowohl strafmildernd als auch straferschwerend gewertet werden (BGH StV **87**, 62).

Die Umstände, die in Abs. 2 genannt sind, können entweder das Gewicht der Tat betreffen 11 oder aber dazu führen, die Persönlichkeit des Täters als des Adressaten der Strafe zu erhellen. Abs. 2 hat freilich diese beiden Gesichtspunkte nicht unterschieden, sondern stellt **subjektive und objektive Kriterien** der Strafzumessung ohne innere Konsequenz nebeneinander. Danach kommen folgende Umstände für die Strafzumessung in Betracht:

12   1. Als einen wesentlichen Strafzumessungsfaktor nennt Abs. 2 zunächst die **Beweggründe und Ziele des Täters.** Beide Faktoren sind gewichtige Erkenntnismittel zur Beurteilung der Täterpersönlichkeit und der Verwerflichkeit der Tat. Vgl. zum Ganzen Bruns StrZR 549 ff.

13   a) Die **Beweggründe,** denen wertungsmäßig äußere Anreize zur Tat als motivierende Kraft gleichstehen, sind unter zwei Gesichtspunkten für die Strafzumessung bedeutsam: nach ihrer Qualität und nach ihrem Stärkegrad (Bruns StrZR 550). Bei ihrer Bewertung sind sozialethische Maßstäbe anzulegen. Je nach ihrem sozialethischen Wert sind die Motive auf die Plus- oder Minusseite der Strafzumessung zu setzen. Strafschärfend können sich niedrige Beweggründe auswirken, etwa reiner Egoismus (BGH NJW **66**, 788), Habgier, Gewinnsucht, nicht jedoch das bloße Fehlen eines nachvollziehbaren Anlasses für die Tat (BGH StV **82**, 419), etwa eines vom Opfer gegebenen Anlasses bei Sexualdelikten (BGH NStZ **82**, 463). Zum Eigennutz in Form des Strebens nach beruflichem Erfolg und geschäftlichem Gewinn vgl. BGH GA **79**, 59. Strafschärfende Eigenschaft ist aber nicht ohne weiteres darin zu erblicken, daß jemand zur Wahrung seines Ansehens ein bloßstellendes Verhalten des Opfers mit einer Straftat beantwortet (BGH NStZ **88**, 125). Achtenswerte (vgl. § 34 Nr. 3 öst. StGB, Art. 64 schweiz. StGB) oder jedenfalls begreifliche Beweggründe können zur Strafmilderung führen, z. B. das Motiv, der Bitte einer nahestehenden Person um materielle Hilfe entsprechen zu können (BGH StV **82**, 522), oder mittels der Straftat (über §§ 34, 35 hinaus) eigene Rechtsgüter oder Rechtsgüter nahestehender Person zu retten, etwa in einer gegenwärtigen, nicht anders abwendbaren Gefahr für wertvolle persönliche Habe oder ein ans Herz gewachsenes Tier. Ein strafmildernder Beweggrund kommt ferner in Betracht bei einem Handeln aus Mitleid, aus Not oder einer sonstigen Zwangslage, aber auch bei einem menschlich verständlichen Vergeltungsbedürfnis nach einer Provokation. Ist etwa der Täter vom Verletzten gereizt worden, so kann dies bei einer Körperverletzung zugunsten des Täters ins Gewicht fallen (vgl. § 224 RN 11). Der Beweggrund der Vergeltung ist jedoch nicht stets strafmildernd. Wer erst nach längerer Zeit Vergeltung übt, steht einem Täter, der auf der Stelle zur Vergeltungstat hingerissen worden ist, nicht gleich. Artet der Beweggrund in eine reine Rachsucht aus, so kann darin ein strafschärfender niedriger Beweggrund zu erblicken sein. Bei einem Sexualdelikt kann sich eine strafmildernde Zwangslage aus einem sexuellen Notstand ergeben (BGH MDR **80**, 240). Beim Handeln aus Not setzt eine Strafmilderung nicht unbedingt eine unverschuldete Notlage voraus; sie entfällt jedoch, wenn der Täter die Not auf zumutbar redliche Weise hätte beheben können. Politische Beweggründe können achtenswert, aber auch ethisch neutral oder gar verwerflich sein (vgl. BGE 104 IV 245; 107 IV 30). Unterschiedliche Bedeutung kann auch dem Beweggrund zukommen, sich der eigenen Verantwortung für eine Straftat zu entziehen. Soweit er z. B. zu einer Straftat gegen höchstpersönliche Rechtsgüter anderer führt, namentlich zur Tötung eines anderen (vgl. § 211, BGH MDR/H **88**, 277), aber auch zu einer erheblichen Körperverletzung oder zu einer Freiheitsberaubung (eigene Straftat wird einem Unschuldigen in die Schuhe geschoben), kann er als besonders verwerflich anzusehen sein. Denn hier soll ein anderer höchst individuell für den Täter geopfert werden. In anderen Fällen, namentlich bei Delikten gegen die Rechtspflege, kann das Motiv, sich strafrechtlicher Verantwortung zu entziehen, dagegen zugunsten des Täters wirken (vgl. § 157 I, § 258 V, ferner § 145d RN 15). Bei diesen Delikten kann auch ein Handeln zugunsten einer nahestehenden Person, soweit nicht § 157 I oder § 258 VI eingreift, die milder zu beurteilende Tat sein (vgl. § 258 RN 39a). **Äußere Anreize** als motivierende Kraft können die Tat in einem milderen Licht erscheinen lassen, wenn sich Verständnis dafür aufbringen läßt, daß der Täter ihnen nicht widerstanden hat. Das kann u. a. der Fall sein, wenn jemand einer Versuchung erliegt, sich z. B. durch eine höchst verlockende Gelegenheit verführen läßt, oder dem Drängen eines anderen nachgibt (vgl. BGH **32** 355, StV **84**, 200, NJW **86**, 1764, KG NJW **82**, 838: Tatveranlassung durch V-Mann), auch wenn der Tatprovokateur im Dienst eines ausländischen Staates steht (BGH MDR/H **88**, 626).

13a   b) Für die verfolgten **Ziele,** d. h. die mit der Tat erstrebten Erfolge, gilt Entsprechendes, zumal Zielsetzung und Beweggrund korrespondieren können. Egoistische Ziele sind zumeist anders zu werten als uneigennützige. Bei der Untreue eines Testamentsvollstreckers hat das RG (DR **41**, 2179) als wesentlich angesehen, ob der Täter zum eigenen Vorteil oder zum Besten des Nachlasses gehandelt hat. OLG München (JFG Erg. **17** 150) hat bei der Untreue strafmildernd berücksichtigt, daß der Täter sie zur Erhaltung des vom Vater ererbten Geschäfts begangen hat. Wer eine Trunkenheitsfahrt unternimmt, um eine vermeintlich erforderliche Hilfe zu leisten, verdient Nachsicht (Bay DAR/R **78**, 207), so auch idR, wer im Trunkenheitszustand mangels sonstiger Hilfe einen Verletzten ins Krankenhaus fährt, obwohl die Voraussetzungen der §§ 34, 35 nicht vorliegen. Eine Strafschärfung ist zulässig, wenn der über ein ausreichendes Einkommen verfügende Täter Geld entwendet hat, um augenblicklichen Vergnügungen nachgehen zu können (BGH MDR/D **74**, 544), so z. B. der Spieler, der nach Verlust seines Geldes im Spielkasino einen anderen bestiehlt, um sofort weiterspielen zu können.

Erschwerend kann berücksichtigt werden, daß der Täter ein deliktisches Ziel angestrebt hat, das **14**
über die verwirklichte Tat hinausgeht, er also mehr als das Erreichte an Unrecht hat bewirken wollen
(vgl. BGH 1 136, NJW 82, 2265). Wer mehr als das Erlangte zu erbeuten suchte, verdient grundsätzlich eine höhere Strafe als beim alleinigen Absehen auf die tatsächliche Beute. Dem Anstifter kann auch ohne das Vorliegen der Voraussetzungen des § 30 strafschärfend zur Last fallen, daß er versucht hat, den Angestifteten, der sich nur zum Grunddelikt hat verleiten lassen, zu einer qualifizierten Tat zu bestimmen.

c) Zu den Motiven des Täters gehört auch seine Überzeugung, auf Grund derer er sich zu **15**
seiner Tat für verpflichtet hielt. Der **Überzeugungstäter** kann sich zwar weder auf Rechtfertigung noch auf Entschuldigung seines Tuns berufen. Das Strafrecht, das im Interesse der Allgemeinheit Mindestforderungen an jeden einzelnen stellt, kann von diesem die Respektierung seiner Verbote verlangen. Der Überzeugungstäter kann aber im Rahmen der Strafzumessung anders behandelt werden, weil und insoweit seine Überzeugung als achtenswert anzuerkennen ist (vgl. BGH **8** 163, Bremen NJW **63**, 1932, GA **53**, 60, Hamm NJW **65**, 787 m. abl. Anm. Peters JZ **65**, 488, Bay **70**, 122, MDR **66**, 693, JZ **76**, 530 m. Anm. v. Hippel JR 77, 119, NJW **80**, 2424, Gallas Mezger-FS 320, Bockelmann Welzel-FS 543 ff., aber auch Horn SK 114). Politische Überzeugung und Pflichtgefühl gegenüber dem Heimatland entlasten ausländische Agenten jedoch nicht (vgl. BGE 101 IV 209). Zur Differenzierung zwischen Überzeugungs- und **Gewissenstäter** vgl. Peters H. Mayer-FS 257, Ebert aaO 59 ff. Vgl. weiter Greffenius aaO, Hofmann und Sax aaO (zum **Ideologietäter**), Müller-Dietz Peters-FS 91 ff. (zum Gewissenstäter), Bopp, Der Gewissenstäter und das Grundrecht der Gewissensfreiheit, 1974, Schünemann in: Politisch motivierte Kriminalität – echte Kriminalität?, Schriftenreihe des Inst. f. Konfliktforschung, H. 4, 1978, 78 ff. Zu den Beweggründen eines Terroristen vgl. BGE 104 IV 245 ff.; 107 IV 63.

2. Zu berücksichtigen sind des weiteren die **Gesinnung** des Täters und der bei der Tat **16**
aufgewendete **Wille**. Die Gesinnung muß aus der Tat sprechen (BGH NJW **79**, 1835), also in der Tat zum Ausdruck gekommen sein, wie etwa eine besondere Niederträchtigkeit, Skrupellosigkeit, Böswilligkeit, Gewissenlosigkeit oder Rücksichtslosigkeit. Eine klare Grenze zur Beurteilung der Beweggründe und Ziele des Täters läßt sich allerdings nicht ziehen, da deren Bewertung die entscheidenden Kriterien für die Beurteilung der Tätergesinnung liefert. Dagegen ist der bei der Tat aufgewendete Wille ein neues Kriterium für die Strafzumessung. Die Nachhaltigkeit eines solchen Willens ist ein wesentliches Indiz für die verbrecherische Energie des Täters (gegen Verwendung dieses Begriffs Walter GA 85, 197). Je größer die Schwierigkeiten waren, die der Täter bei der Tat zu überwinden hatte, und je hartnäckiger er sein Ziel verfolgte, desto mehr läßt sich ihm vorwerfen und desto größer ist demgemäß seine Schuld. Die Stärke des Tatwillens kann sich auch aus einer sorgfältigen Tatvorbereitung ergeben. Eine Strafschärfung kann sich mithin bereits darauf gründen, daß es sich um keine Gelegenheitstat, sondern um eine geplante Tat gehandelt hat (BGH MDR/D **74**, 544, NJW **82**, 2265), insb. bei monatelangen Aktivitäten zur Tatvorbereitung (BGH NStZ/D **90**, 177). Straferschwerend kann sich u. U. sogar die Spurenbeseitigung auswirken, nämlich soweit sich aus der Art und Weise ihrer Durchführung auf eine besondere verbrecherische Energie schließen läßt (BGH MDR/H **77**, 982). Generell läßt sich aus ihr indes kein Strafschärfungsgrund herleiten (vgl. u. 39). Auch die Intensität des Unrechtsbewußtseins ist für die Strafzumessung bedeutsam (vgl. BGH **11** 266). Die Absicht der Erfolgsherbeiführung deutet für sich allein noch nicht auf eine besondere Stärke des verbrecherischen Willens (BGH NJW **81**, 2204 m. Anm. Bruns JR 81, 512), ebensowenig der direkte Vorsatz (BGH MDR/H **84**, 980, NStZ/D **90**, 177), das bewußte Inkaufnehmen des Scheiterns der Tat (BGH MDR/H **81**, 981) oder die Fortsetzung des Heroinkonsums nach Entdeckung eines Teils des Heroins, sofern sie auf Betäubungsmittelabhängigkeit beruht (BGH StV **88**, 385). Strafmildernd kann eine Willensschwäche zu werten sein, z. B. eine nicht erhebliche (und somit von § 21 nicht erfaßte) Verminderung der strafrechtlichen Verantwortlichkeit, etwa infolge jahrelangen Rauschgiftgenusses (BGH MDR/D **74**, 544). Einer solchen Willensschwäche darf nicht strafschärfend entgegengehalten werden, der Täter habe es nicht geschafft, mit seiner Drogenabhängigkeit fertig zu werden (BGH MDR/H **80**, 813). Entsprechendes gilt für sonstige psychische Störungen. Verfehlt wäre es daher, eine Strafschärfung dem Umstand zu entnehmen, daß es trotz Beistands dem Täter nicht gelungen sei, die Zerrüttung seiner Ehe zu verkraften und zu einer ausgeglichenen psychischen Verfassung zurückzufinden (BGH MDR/H **80**, 813). Strafmildernd kann auch zu berücksichtigen sein, daß jemand die Tat nur aus Unbesonnenheit begangen hat (vgl. § 34 Nr. 7 öst. StGB) oder dem Täter die Tatausführung leicht gemacht worden ist und er deswegen keine besondere Willensstärke zur Tat hat aufwenden mussen, so etwa, wenn sorgloses und nachlässiges Verhalten eines Beamten ein betrügerisches Vorgehen gegen den Staat erleichtert hat (BGH StV **83**, 326). Hat der Täter jedoch planmäßig auf das Erleichtern der Tat hingewirkt, etwa die Sorg-

losigkeit eines Beamten durch geschicktes Zerstreuen jeglicher Bedenken herbeigeführt, so entfällt eine auf Erleichtern der Tatausführung beruhende Strafmilderung. Ferner können Willensbeeinflussungen sich strafmildernd auswirken. Wer mittels einer Drohung zur Tat gedrängt worden ist, hat wegen der Willensbeeinträchtigung mit einem geringeren Maß an verbrecherischer Willensstärke gehandelt. Ebenfalls kann sonstiges Drängen zur Tatbegehung (z. B. durch V-Mann) oder ein Überreden die verbrecherische Willensstärke mindern. Eine Strafmilderung kann trotz Erfolgseintritts zudem bei freiwilliger Aufgabe des verbrecherischen Willens vor Tatvollendung angebracht sein, etwa dann, wenn der Täter sich freiwillig und ernsthaft bemüht, die Tatvollendung zu verhindern, und ein Dritter den erfolgreichen Rücktritt vereitelt.

17   3. Ferner ist das **Maß der Pflichtwidrigkeit** zu berücksichtigen. Dieser Faktor hat seine Bedeutung vor allem bei Fahrlässigkeitsdelikten. Die Größe der Pflichtverletzung, die dem Täter zur Last fällt, und das Maß seiner Nachlässigkeit bei der Tat bestimmen hier die Höhe seiner Strafe. Das StGB differenziert zwar im allgemeinen nicht zwischen den verschiedenen Graden der Fahrlässigkeit (vgl. aber z. B. §§ 176 IV, 251). Für die Strafzumessung aber ist von entscheidender Bedeutung, ob leichte oder schwere Fahrlässigkeit vorgelegen hat (vgl. BGH VRS **18** 201, Bay DAR/R **66**, 260, Köln VRS **58** 26, Koblenz VRS **63** 44). Leichtfertigkeit enthält ein wesentlich höheres Maß an Pflichtwidrigkeit als geringfügige Fahrlässigkeit. Dagegen ist grundsätzlich unerheblich, ob der Täter bewußt oder unbewußt fahrlässig gehandelt hat. Bei Vorsatzdelikten ist das Maß der Pflichtwidrigkeit insb. bei Verstößen gegen besondere Pflichten als Strafzumessungsfaktor beachtlich. So kommt es bei der Untreue für das Strafmaß u. a. darauf an, wie weit sich der Täter von den ihm gegebenen Richtlinien entfernt hat. Bei geheimdienstlicher Agententätigkeit ist die Verletzung einer erhöhten Treupflicht gegenüber der BRep. ein Strafschärfungsgrund (BGH MDR/H **81**, 453). Das Maß der Pflichtwidrigkeit kann auch bei der Bestechlichkeit (§ 332) für die Strafhöhe bedeutsam sein. Das Fordern eines Vorteils für eine geringfügige Pflichtwidrigkeit wiegt nicht so schwer wie das Fordern eines Vorteils für eine erhebliche Pflichtverletzung.

18   4. Die nächste Gruppe von Strafzumessungsfaktoren – **Art der Ausführung** und **verschuldete Auswirkungen** der Tat – betrifft die objektive Tatseite. Mit ihr wird der Umfang der Rechtsverletzung als wesentlich für die Strafzumessung herausgestellt.

19   a) Für den Umfang der Straftat, d. h. die **Größe der Rechtsverletzung,** ist die Höhe des angerichteten Schadens von entscheidendem Gewicht, so u. a. bei Vermögensdelikten (vgl. z. B. RG HRR **40** Nr. 1214) oder bei Körperverletzungs- und Sexualdelikten (RG JW **39**, 752). Köln JR **47**, 124 konnte demgemäß für den Begünstiger eine höhere Strafe als für den Begünstigten für angemessen halten, weil ohne die Begünstigung der unermeßliche Schaden in mäßigen Grenzen geblieben wäre. Beim Schaden sind die Verhältnisse des Opfers zu berücksichtigen, soweit sie maßgebend dafür sind, in welchem Ausmaß das Opfer von der Tat betroffen ist (vgl. dazu Pallin aaO RN 28; and. Kunst Wiener Komm. zum StGB, § 32 RN 53b). In Ansatz zu bringen sind auch Nachteile, die außerhalb des tatbestandlichen Schadens liegen, da das Gewicht einer Tat nicht allein durch den vom Tatbestand vorausgesetzten Schaden bestimmt wird. So können bei Tötungsdelikten die Folgen für Hinterbliebene berücksichtigt werden (BGH NStZ/Mü **85**, 161) oder beim Betrug die über den eigentlichen Betrugsschaden hinausgehenden wirtschaftlichen Einbußen (BGH VRS **15** 112), z. B. die Vernichtung der wirtschaftlichen Existenz auf Grund der erschlichenen Leistung. Für die Strafzumessung erheblich sind alle Arten von Schäden, nicht nur materielle, körperliche und, auch bei Vermögensdelikten (vgl. Hillenkamp StV 89, 533), seelische, sondern auch ideelle (RG **69** 241). Auch der Schaden, der auf sozial bedeutsamen Eigenschaften des Opfers beruht, kann berücksichtigt werden, ohne daß dies dem Gleichheitsgrundsatz widerstreiten würde (Bay NJW **54**, 1211, Stree aaO 75f.). Für die Größe der Rechtsverletzung ist ferner das Ausmaß von Gefährdungen von Bedeutung, und zwar außer bei Gefährdungsdelikten und beim Versuch auch bei vollendeten Erfolgsdelikten (vgl. BGH VRS **14** 285; and. Hamm VRS **15** 45 für § 230, wohl auch Celle VRS **14** 305). Hat z. B. eine Körperverletzung, eine Sachbeschädigung oder eine Brandstiftung über den eingetretenen Schaden hinaus andere Objekte erheblich gefährdet, so kann dies zu einer Strafschärfung führen. Entsprechendes gilt bei Sexualdelikten für die konkrete Gefahr seelischer Schäden (vgl. § 176 RN 27), dagegen noch nicht für die bloße Möglichkeit einer konkreten Gefahr (BGH StV **88**, 250). Andererseits spricht bei einer Tatveranlassung durch einen V-Mann zugunsten des Täters, daß die Tat kontrolliert werden kann und daher weniger gefährlich ist (BGH NJW **86**, 1764, NStE Nr. 26). Zur Strafmilderung bei weitgehendem Ausschluß einer Gefährdung der Allgemeinheit auf Grund der Täterüberwachung durch V-Mann vgl. BGH NStZ **88**, 133; vgl. auch BGH NStZ/D **90**, 176 (polizeiliche Überwachung der Tat). Bei der Bewertung der Tat und ihrer Folgen darf berücksichtigt werden, daß in der Tat zugleich Verstöße gegen mehrere als Warnung dienende polizeiliche Verbote oder Gebote enthalten sind (RG JW **25**, 487, BGH VRS **26** 429), z. B. Verstöße gegen Unfallverhütungsvorschriften, ebenso die Verletzung meh-

rerer Strafgesetze (BGH VRS **37** 365). Es genügt allerdings noch nicht, daß der Täter lediglich die objektiven Merkmale eines weiteren Strafgesetzes verwirklicht hat (BGH NStE Nr. **58**). Eine Strafmilderung ist andererseits angezeigt, wenn die Tat Schlimmeres verhütet, ohne daß ein rechtfertigender oder entschuldigender Notstand vorliegt (vgl. Bruns StrZR 402, Spendel Engisch-FS 509ff., Bruns-FS 249ff.). Das ist insb. der Fall, wenn die Tat einem rechtfertigenden Notstand nahekommt (vgl. § 34 RN 52). Bei abstrakten Gefährdungsdelikten, mit denen im Durchschnittsfall ein Schaden oder eine konkrete Gefährdung verknüpft ist, kann das Ausbleiben jeglicher Gefahr strafmildernd wirken (vgl. BGH StV **86**, 149).

Kein beachtlicher Strafzumessungsfaktor ist das **Alter eines Getöteten,** da hiervon nicht der Wert **20** eines Menschen abhängt (vgl. BGH VRS **5** 213, Köln DAR **63**, 306, Bay NJW **74**, 250 m. Anm. Schroeder, Koblenz VRS **48** 181, Frankfurt JR **80**, 76 m. Anm. Bruns, Stree aaO 75), ebensowenig das Ansehen eines Getöteten. Dagegen kann sich strafmildernd auswirken, daß der Getötete bereits im Sterben lag. Bei Nötigung zu sexuellen Handlungen ist unzulässig, die Strafe zu mildern, weil das Opfer (nur) eine Prostituierte war (BGH MDR/D **71**, 895).

b) Das Gewicht der Tat bestimmt sich ferner nach der **Art und Weise** der Tatausführung. **21** Von Bedeutung sind insoweit vor allem die eingesetzten Mittel (z. B. relativ ungefährliche oder besonders gefährliche Werkzeuge), die Art des Vorgehens (z. B. besondere Brutalität oder Hinterhältigkeit), das Ausnutzen besonderer Umstände (etwa Hilflosigkeit, Zwangslage oder Willensschwäche des Opfers), das Zusammenwirken mit anderen, u. U. auch der Tatort (vgl. BGH MDR/D **73**, 16: Vergewaltigung in Kirche), die Tatzeit (Nacht; jedoch nicht schlechthin; vgl. BGH StV **86**, 58) und die Tatdauer, namentlich bei Dauerdelikten (vgl. BGH NJW **86**, 598 zu § 180a: ungewöhnlich kurzer Tatzeitraum als Milderungsgrund). Soweit diese Umstände bereits Tatbestandsmerkmale sind, wie das Beisichführen von Waffen nach § 244 I Nr. 1, 2, dürfen sie jedoch nicht nochmals bei der Strafzumessung herangezogen werden (Abs. 3; vgl. u. 45ff.). Zulässig ist aber, das Vorliegen mehrerer Modalitäten des Tatbestands strafschärfend zu berücksichtigen, so bei der gefährlichen Körperverletzung die Tatbegehung mittels einer Waffe und eines hinterlistigen Überfalls. Außerdem kann die größere oder geringere Intensität des angewandten Mittels bei der Strafzumessung verwertet werden, z. B. die besondere Raffinesse beim Betrug, die Stärke der Gewalt beim Raub, die gewissenlose und rohe Ausführung einer Körperverletzung (RG DR **43**, 754) oder den Druckausübung über längere Zeit bei der Erpressung (BGH NJW **67**, 61). Bei einem einfachen Diebstahl kann das gewaltsame Vorgehen des Täters die Strafhöhe beeinflussen (RG JW **36**, 737), bei Verkehrsdelikten u. a. der Grad der Fahruntüchtigkeit oder das Maß der überhöhten Geschwindigkeit. Die überhöhte Geschwindigkeit kann bei Verkehrsunfällen auch dann zu einer Strafschärfung führen, wenn sie für den Unfall nicht ursächlich war (BGH VRS **12** 46). Zugunsten des Täters kann sich bei Trunkenheit am Steuer die Benutzung einer wenig befahrenen Nebenstraße auswirken (and. LG Verden DAR **76**, 137, wenn Täter die Nebenstraße zumindest auch als Schleichweg benutzt, um polizeiliche Kontrolle zu vermeiden).

c) Für die Strafzumessung erheblich kann zudem die **Trunkenheit** bei der Tat sein, z. B. bei **22** einer durch sie verursachten fahrlässigen Tötung (BGH VRS **21** 45). Ihre Bedeutung als Strafzumessungsfaktor ist jedoch bei den einzelnen Straftaten unterschiedlich. So kann sie, selbst wenn sie verschuldet ist, strafmildernd wirken (BGH MDR/D **74**, 365), etwa dann, wenn der Angetrunkene unerwartet einen Rivalen trifft und ihn beleidigt oder verprügelt. Strafschärfende Wirkung kann sie haben, wenn der Täter beim Alkoholgenuß mit der späteren Tat rechnete oder rechnen mußte (vgl. BGH NStZ **90**, 537), z. B. erkannt hat, daß er gegenüber anderen aggressiv werde (BGH MDR/H **88**, 98) oder möglicherweise in eine Lage gerate, eine bei sich geführte Waffe zu benutzen, und die Waffe infolge seines Zustands wahlloser und risikobereiter einsetzen werde (BGH MDR/D **73**, 899). Namentlich bei Trunkenheit am Steuer ist zu berücksichtigen, ob der Täter wußte oder damit rechnen mußte, daß er noch fahren werde (Hamm VRS **22** 217). Unbeachtlich ist die Trunkenheit, die ohne Einfluß auf die Tat geblieben ist. Das gilt auch für Verkehrsdelikte. Ist der Nachweis der Fahruntüchtigkeit infolge Alkoholgenusses nicht möglich, so kann dieser bei der Strafzumessung für ein Verkehrsdelikt nicht strafschärfend berücksichtigt werden (and. BGH VRS **43** 419, Bay VRS **44** 180, DAR/R **80**, 263; vgl. jedoch BGH DAR **63**, 353). Vgl. zum Ganzen Foth DRiZ **90**, 417.

d) Kennzeichnend für die Tat sind auch die **Beziehungen** zwischen **Täter** und **Opfer,** insb. **23** nahe Bindungen zwischen beiden, Schutzpflichten gegenüber dem Opfer sowie besondere Vertrauensverhältnisse. Vgl. dazu Schultz SchwZStr 71, 188, Maeck aaO 85, 103. Bei den Beziehungen zum Opfer zeigt sich augenfällig die Ambivalenz der Strafzumessungstatsachen. Das trifft namentlich auf Delikte zu, bei denen der Täter das ihm vom Opfer entgegengebrachte Vertrauen mißbraucht. Ein solcher Mißbrauch kann die Tat besonders verwerflich und eine

Strafschärfung angezeigt erscheinen lassen. Das ist insb. der Fall, wenn der Täter hinterlistig vorgeht, etwa mittels Vortäuschen der Hilfsbedürftigkeit, amtlicher Befugnisse oder harmloser Auskünfte, und die ihm hierbei entgegengebrachte Arglosigkeit zur Tatausführung ausnutzt. Andererseits kann die Tatsache, daß Vertrauensseligkeit die Tat erleichtert hat, häufig Anlaß sein, die Tat milder zu beurteilen, namentlich dann, wenn den Täter eine günstige Gelegenheit, die nicht auf ihn zurückgeht, zur Tat verleitet hat. Eine Strafschärfung kommt bei Taten in Betracht, bei denen der Täter eine Obhutspflicht gegenüber seinem Opfer verletzt hat. Die Körperverletzung von Schutzbefohlenen kann nicht nur unter den Voraussetzungen des § 223b, sondern auch bei der Zumessung der Strafe aus § 223 strenger geahndet werden. Nahe Beziehungen zum Opfer sind für den Täter stets belastend; sie können sich ebensogut strafmildernd auswirken, etwa bei Vermögensdelikten.

24 In diesen Zusammenhang gehören auch das **Opferverhalten** und seine Auswirkungen auf die Tat (vgl. dazu Hillenkamp aaO 211 ff., Schüler-Springorum Honig-FS 201 ff.), vor allem das **Mitverschulden** des Verletzten als Strafmilderungsgrund. Dabei ist gleichgültig, ob dieses sich vor, bei oder nach der Tat ausgewirkt hat. Ein Mitverschulden vor der Tat kann etwa darin liegen, daß ungenügende Kontrolle oder bestimmte Anreizen die Tatbegehung erleichtert hat, z. B. bei der Unterschlagung oder Untreue durch unzureichend beaufsichtigte Angestellte (vgl. BGH wistra **86**, 172) oder bei der durch das Opfer provozierten Vergewaltigung (vgl. BGH StV **86**, 149 m. Anm. Hillenkamp). Eine tatauslösende Provokation kann für die Strafzumessung auch dann noch bedeutsam sein, wenn der Täter seinerseits die Provokation ausgelöst hat (BGH StV **84**, 151). Zur Notwehrnähe als Strafzumessungsfaktor vgl. Hillenkamp aaO 269 ff. Mitverschulden spielt namentlich bei Fahrlässigkeitstaten, insb. Verkehrsdelikten, eine große Rolle (vgl. BGH **3** 220, VRS **14** 191, **15** 430, **19** 108, **22** 446, **23** 438, **29** 277, **30** 351, **36** 273, 362, Celle DAR **56**, 17, Köln JMBlNW **58**, 83, KG VRS **31** 67, **36** 202, Karlsruhe VRS **46** 425). Bei Verkehrsdelikten mit tödlichem Ausgang oder mit Körperschäden kann als Mitverschulden auch das Nichtanlegen des Sicherheitsgurts seitens des Opfers zugunsten des Täters berücksichtigt werden (Bay VRS **55** 269, Hamm VRS **60** 32). Soweit ein Mitverschulden nach der Tat, wie schuldhafte Vergrößerung des Schadens, vorliegt, kann die Schadensausweitung dem Täter zumeist nicht zugerechnet werden. Der Richter (Tatrichter; BGH VRS **36** 273) entscheidet die Frage des Mitverschuldens selbständig, auch wenn der andere Beteiligte rechtskräftig freigesprochen ist (Köln DAR **57**, 104). Bei Fahrlässigkeitstaten braucht es sich nicht um ein Mitverschulden im technischen Sinn zu handeln, auch rechtswidrige Mitverursachung, z. B. durch Kinder, ist strafmildernd zu berücksichtigen (BGH VRS **18** 123, Celle NdsRpfl **58**, 80, Hamm VRS **25** 445). Auch Mitverschulden eines Dritten kann strafmildernd wirken, z. B. Taterleichterung durch mangelnde Kontrolle bei Untreue (BGH JZ **88**, 472) oder durch sorgloses und nachlässiges Verhalten eines Beamten bei Betrug gegen den Staat (BGH StV **83**, 326), Unterlassung der Polizei, Warnschilder aufzustellen (BGH VRS **16** 131), Verzögerung der Operation zur Abwendung des Todes (BGH MDR/H **79**, 986) oder Verfahrensverstöße bei der Vernehmung oder Vereidigung (vgl. 24 vor § 153), u. U. auch die Mitwirkung eines agent provocateur (KG NJW **82**, 838). Mängel der Dienstaufsicht ergeben aber nicht stets einen Strafmilderungsgrund, so nicht bei Bestechlichkeit oder Verletzung von Dienstgeheimnissen (BGH NJW **89**, 1938). Bei Zweifeln über das Vorliegen eines Mitverschuldens gilt der Grundsatz in dubio pro reo (BGH VRS **19** 126, **25** 113, **27** 125, **28** 208, **36** 362, KG VRS **17** 142, **23** 133, **31** 67). Fehlt es an einem Mitverschulden, so läßt sich daraus noch kein Strafschärfungsgrund herleiten (BGH VRS **21** 263, **22** 121, **23** 232, Schleswig SchlHA/E–L **86**, 97). Trotz überwiegenden Verschuldens eines Beteiligten ist es zulässig, gegen beide die gleiche Strafe zu verhängen (Bay NJW **68**, 2157). Vgl. zum Ganzen Bruns StrZR 430 ff., Frisch ZStW 99 759 ff.

25 e) Wo die **Einwilligung** des Verletzten die Tat nicht rechtfertigt, wie bei einer sittenwidrigen Körperverletzung (§ 226a), kann sie strafmildernd berücksichtigt werden (BGH MDR/D **69**, 194). Vgl. näher Hillenkamp aaO 240 ff., Maeck aaO 56 ff.

26 f) Soweit danach objektive Umstände für die Strafzumessung maßgeblich sind, können sie dem Täter nur zur Last gelegt werden, wenn er sie gekannt hat bzw. hätte kennen müssen. Überholt ist die frühere Rspr., die bei Tatfolgen von diesem Erfordernis abgesehen, allerdings nahezu allgemein Ablehnung gefunden hat (vgl. 19. A.). § 46 räumt ausdrücklich nur den **verschuldeten Auswirkungen der Tat** Bedeutung für die Strafzumessung ein. Er klärt freilich nicht, ob das Verschuldetsein sich nach den Regeln der §§ 15, 16 oder des § 18 bestimmt, ob also beim Vorsatzdelikt allein die vom Täter vorausgesehenen Tatfolgen berücksichtigt werden können oder auch Tatfolgen, die für ihn voraussehbar waren. Mehr spricht dafür, den Grundgedanken der §§ 15, 16 anzuwenden. Seine Anwendung liegt bei den sonstigen Strafzumessungstatsachen, die objektiv den Umfang der Rechtsverletzung kennzeichnen, auf der Hand, da sie letzten Endes nichts anderes sind als individualisierte Tatmerkmale. Hätte der Gesetzgeber diese in seine Tatbestände aufgenommen, so würde kein Zweifel daran bestehen können, daß

§ 16 anwendbar wäre. Gleiches ist bei Umständen anzunehmen, die der Richter bei der Strafzumessung heranzuziehen hat. Bei besonders schweren Fällen ist dies anerkannt, soweit es sich um die Voraussetzungen eines Regelbeispiels handelt. So setzt § 243 I Nr. 1 z. B. beim Nachschlüsseldiebstahl das Wissen des Diebes voraus, daß er einen falschen Schlüssel benutzt. Für andere Umstände, die einen besonders schweren Fall ergeben oder im Rahmen des Regelstrafrahmens zu berücksichtigen sind, kann nichts anderes gelten. Wer Edelsteine stiehlt, die er für Imitationen hält, dem darf deren hoher Wert nicht zur Last gelegt werden (vgl. BGH MDR/D **69**, 533); ebenso darf der Umstand, daß der Verletzte Schwerkriegsbeschädigter ist, nur dann strafschärfend verwertet werden, wenn dies dem Täter bekannt war (vgl. BGH MDR/D **66**, 26). Beim Handel mit Rauschgift kann dessen besondere Gefährlichkeit nur bei Kenntnis des Täters hiervon eine strengere Strafe begründen (BGH MDR/S **89**, 1037). Da zwischen den Tatauswirkungen und den sie auslösenden Umständen als Strafzumessungsfaktor kein entscheidender Unterschied besteht, ist auch bei den Tatauswirkungen auf die §§ 15, 16 zurückzugreifen. Muß der Diebstahlsvorsatz sich z. B. auf den Wert der Beute erstrecken, so ist es geboten, Entsprechendes bei den Diebstahlsfolgen vorauszusetzen, etwa bei der wirtschaftlichen Not, in die der Bestohlene gerät. Demgegenüber soll nach BGH NStE Nr. **55** für eine Strafschärfung bei einer Vergewaltigung genügen, daß schwere seelische Schäden beim Opfer als Folge der Tat für den Täter voraussehbar waren. Ferner soll nach BGH **26** 182 (krit. dazu Backmann MDR 76, 976) zulässig sein, im Rahmen eines aus § 113 II Nr. 1 (Waffe) herzuleitenden besonders schweren Falles strafschärfend zu berücksichtigen, daß der Täter den betroffenen Amtsträger fahrlässig in die Gefahr des Todes gebracht hat. Jedoch ist hier nicht anders zu entscheiden als im Diebstahlsfall. Wie das gefährliche Tatmittel müssen bei Vorsatzdelikten auch die Folgen seines Einsatzes vom Vorsatz umfaßt sein, sollen sie strafschwerend herangezogen werden können (and. Hirsch LK 57). Anderes gilt nur für erfolgsqualifizierte Delikte (§ 18) sowie allgemein für Delikte, bei denen auch fahrlässiges Verhalten strafbar ist. Hier steht die fahrlässige Erfolgsverursachung zwar nicht in Tateinheit zum Vorsatzdelikt; einem Erfolg, der über den vorsätzlich herbeigeführten hinausgeht, ist aber im Rahmen der Vorsatztat eine strafschärfende Bedeutung zuzumessen, soweit er fahrlässig verursacht worden ist. Wer vorsätzlich einen anderen körperlich verletzt, hat auch für nicht vorausgesehene, jedoch voraussehbare Körperschäden als Tatfolgen einzustehen.

Eine differenzierende Lösung vertritt Frisch GA 72, 321, dem sich Bruns StrZR 424 anschließt. **27** Danach sollen die Grundsätze für erfolgsqualifizierte Delikte auf die typischen Gefahren einer Tat und die hieraus erwachsenden Folgen entsprechend anwendbar sein, sonst die allgemeinen Grundsätze für Vorsatz und Fahrlässigkeit (ebenso Horn SK 109, Jescheck 794; vgl. dazu noch Frisch ZStW 99 752 ff.). Gegen diese Lösung spricht, daß § 18 als solcher schon erheblichen Bedenken ausgesetzt ist (vgl. Hirsch GA 72, 65) und daher nicht erweiternd als Richtlinie für das Verschulden an Tatfolgen heranzuziehen ist. Vgl. auch § 15 RN 35.

g) Eine andere Frage ist, ob unverschuldete Auswirkungen der Tat für die strafzumessungserheblichen **Präventivzwecke** Bedeutung erlangen dürfen. Da das Präventionsbedürfnis von der Schuld des Täters nicht abhängt, steht nichts entgegen, solche Tatauswirkungen, soweit sie präventionsrelevant sind, innerhalb der Präventionszwecke zu berücksichtigen. Die Annahme einer „Sperrwirkung" in dem Sinne, daß unverschuldete Tatauswirkungen auch unter präventiven Zielsetzungen bei der Strafzumessung nicht ins Gewicht fallen dürfen, würde den Präventivzwecken eine sachwidrige Schranke setzen. Vgl. dazu Karlsruhe VRS **49** 346, Bruns NJW 74, 1747, StrZR 358, Zipf, Strafmaßrevision S. 126. Daraus folgt jedoch nicht, daß die Strafe über den Schuldausgleich hinausgehen darf. Entsprechend der durch das Schuldmaß begrenzten Strafhöhe (vgl. 6 ff. vor § 38) dürfen unverschuldete Tatauswirkungen nur im Rahmen der Schuldangemessenheit unter präventiven Gesichtspunkten die Strafhöhe beeinflussen.

5. Ferner sind für die Strafzumessung das **Vorleben** des Täters und seine **persönlichen und** **29** **wirtschaftlichen Verhältnisse** bedeutsam. Diese Merkmale stellen nur Ausschnitte aus der Gesamtpersönlichkeit des Angekl. dar. In erster Linie ist auf die Persönlichkeit selbst abzustellen, und zwar in dem Sinn, daß die Struktur des Charakters zu erforschen und zu berücksichtigen ist, die Stärke und Schwäche gegenüber Versuchungen und die daraus zu gewinnende Erkenntnis über die Wirkung der Strafe auf diesen Täter (vgl. BGH MDR/D **72**, 196).

a) Ein wesentlicher Faktor für die Erkenntnis der Persönlichkeit des Täters ist sein **Vorleben.** **30** Bisherige gute Führung und Straflosigkeit können mildernd berücksichtigt werden (BGH MDR/H **80**, 628, NStZ **82**, 376, **88**, 70; vgl. dazu Frisch GA 89, 358 FN 82, der zutreffend darauf hinweist, daß die bisherige Unbestraftheit ein Indiz für besondere situative oder habituelle Umstände der Tat ist). So ist z. B. die Unbestraftheit eines Beamten grundsätzlich ein Milderungsgrund (BGH GA **56**, 154); ebenso seine gute Führung (BGH **8** 186, VRS **56** 191). Auch Verdienste durch soziale Leistungen können zugunsten des Täters sprechen, etwa sein Einsatz in Katastrophenfällen, seine Betätigung in gemeinnützigen Einrichtungen usw. Umgekehrt kann erschwerend berücksichtigt werden, daß sich der Täter keine Kenntnis von Vorschriften oder Rechtsregeln verschafft hat (Bay NJW **64**, 364), derer er in seinem Beruf oder auf einem anderen Gebiet bedarf. Langjähriges unfallfreies Fahren kann bei Verkehrsdelikten strafmildernd wirken (KG VRS **8** 43). Immer aber muß es sich um Umstände handeln, die mit dem Tatgeschehen eine konkrete Sinneinheit bilden (BGH MDR/H **89**, 857) und für die Schuld des Täters von Bedeutung sind. Handlungen ohne jede Beziehung zur Tatschuld dürfen bei der Strafzumessung nicht herangezogen werden, da sonst eine Lebensführungsschuld oder die Gesinnung des Täters als solche bestraft werden würde. Vgl. BGH **5** 132, NJW **54**, 1416, **79**, 1835, StV **82**, 419, 568, **88**, 148, NStZ/D **90**, 221, v. Weber aaO 10. An der erforderlichen Beziehung zur Tatschuld kann es sogar dann mangeln, wenn eine verfehlte, strafrechtlich aber noch nicht bedeutsame Lebensführung mitursächlich für die spätere Tat geworden ist (vgl. BGH MDR/H **84**, 89). So läßt z. B. bei einer Tat, für die finanzielle Schwierigkeiten mitursächlich waren, das vorherige Verspielen erheblicher Geldbeträge nicht ohne weiteres Rückschlüsse auf die Tatschuld zu, ebensowenig das vorherige Aufgeben eines gesicherten Arbeitsplatzes (BGH StV **85**, 102). Fehlerhaft ist auch, als Strafzumessungsfaktor den Umstand heranzuziehen, daß der Angekl. sein bisheriges Leben nicht zu gestalten gewußt und wenig gearbeitet hat oder daß er eine Anspruchshaltung eingenommen hat, ohne sich selbst etwas abzuverlangen (BGH NStZ/D **90**, 221). Zur Verwertung strafbarer Handlungen, die von der Anklage nicht erfaßt sind, vgl. BGH NJW **51**, 770, MDR/D **75**, 195.

31   In der Praxis spielen eine große Rolle vor allem die **Vorstrafen** (gegen ihre Berücksichtigung Geiter ZRP **88**, 376). Dabei ist sorgfältig zwischen einschlägigen und nicht einschlägigen Vorstrafen, zwischen solchen, die ein Licht auf die kriminelle Persönlichkeit des Täters werfen können, und solchen, bei denen das nicht der Fall ist, zu differenzieren (RG JW **25**, 2138, München JFG Erg. **17** 150). Die Heranziehung nicht einschlägiger Vorstrafen ist freilich nicht unzulässig (BGH **24** 199, Koblenz OLGSt Nr. 2), so etwa nicht, wenn die abgeurteilten Taten erkennen lassen, daß der Täter sich rücksichtslos über Strafvorschriften hinwegsetzt, um eigene Interessen zu verfolgen (vgl. BGH NStE Nr. **13**). Einschlägige Vorstrafen entfalten jedoch zumeist mehr an Warnfunktion im Hinblick auf die neue Tat und sagen i. d. R. mehr über den Grad der inneren Verbundenheit zwischen dem Täter und der zur Aburteilung anstehenden Tat aus (vgl. BGH MDR/D **54**, 18, Hamm NJW **59**, 305). Deshalb kann es z. B. fehlerhaft sein, bei Fahrlässigkeitstaten nicht einschlägige Vorsatztaten zu berücksichtigen (BGH VRS **28** 420, Bremen NJW **57**, 355). Bei fahrlässiger Tötung kann eine Strafschärfung jedoch u. U. auf Grund einer Vorstrafe wegen vorsätzlicher Körperverletzung berechtigt sein (BGH MDR/D **76**, 13). Auch einschlägige Vorstrafen dürfen aber nicht schematisch strafschärfend berücksichtigt werden (vgl. Bremen NJW **54**, 1899). Dies gilt insb., wenn sie längere Zeit zurückliegen und deshalb fraglich ist, ob sie für die Beurteilung der jetzigen Tat noch maßgeblich sein können (BGH **5** 131). Der Berücksichtigung von Vorstrafen sind durch das BZRG (§ 51) Grenzen gesetzt; vgl. Rn. 60f. vor § 38. Vorstrafen, die im BZR getilgt oder tilgungsreif sind, dürfen danach dem Täter nicht mehr entgegengehalten und daher auch bei der Strafzumessung nicht mehr berücksichtigt werden (vgl. BGH **24** 378, Bay NJW **72**, 443), auch nicht unter dem Gesichtspunkt, daß der Vollzug der getilgten Freiheitsstrafe nicht ausgereicht hat, um den Täter von weiteren Straftaten abzuhalten (BGH NStZ **83**, 19). Krit. zum Verwertungsverbot Dreher JZ **72**, 618. Ausnahmen von diesem Grundsatz finden sich im § 52 BZRG. Das Verwertungsverbot gilt jedoch nicht für eine Warnung, die der Täter durch ein Verfahren erhalten hat, das mit Einstellung (BGH **25** 64) oder Freispruch mangels Beweises endete (BGH MDR/H **79**, 635; und. Köln NJW **73**, 378). Auch darf eine nicht in das BZR einzutragende Verurteilung grundsätzlich zum Nachteil des Täters berücksichtigt werden (Bay NJW **73**, 1091). Ferner darf eine noch nicht tilgungsreife Vorstrafe, deren Höhe nunmehr getilgte Vorstrafen beeinflußt haben, ohne Einschränkung strafschärfend herangezogen werden (Hamm NJW **74**, 1717, Koblenz VRS **49** 379). Ebensowenig begründet der Straferlaß (§ 56g) oder die Beseitigung des Strafmakels gem. § 100 JGG ein Verwertungsverbot (BGH MDR/H **82**, 972).

32   Unter Vorstrafen sind hier nur rechtskräftige Verurteilungen vor der neuen Straftat zu verstehen (Hamburg HESt **3** 68). Bei Strafbefehlen ist insb. sorgfältig zu prüfen, ob das Nichteinlegen des Einspruches Schlüsse auf die Schuld des Täters zuläßt (Hamm NJW **59**, 305). Die Vorverurteilung nach Gesetzen, die inzwischen aufgehoben oder abgeändert worden sind, kann im Rahmen des § 46 berücksichtigt werden (Hamburg NJW **72**, 265). Auch Verurteilungen im Ausland sind bei der Strafzumessung verwertbar (Bay JZ **78**, 449; vgl. auch BGE 105 IV 226). Allgemein zur Rückfälligkeit als Strafzumessungsfaktor Zipf Tröndle-FS 439.

33   Daneben können aber auch **frühere Handlungen** des Täters, für die er **nicht bestraft** worden ist, die Strafzumessung zu seinen Lasten beeinflussen, soweit sich aus ihnen nachteilige Schlüsse auf die zur Aburteilung anstehende Tat und die Täterpersönlichkeit ergeben. Unter dieser Voraussetzung lassen sich etwa nicht (mehr) verfolgbare Taten, z. B. verjährte (vgl. BGH

MDR/D **74**, 721, MDR/H **77**, 809, NStZ/D **89**, 468, wistra **90**, 146), strafschärfend berücksichtigen. Entsprechendes gilt für jetzt nicht mehr strafbare Handlungen (vgl. BGH MDR/D **70**, 559) oder für Taten, deretwegen das Verfahren nach § 154 II StPO eingestellt ist oder die nach § 154a II StPO aus dem Verfahren ausgeschieden worden sind (Terhorst MDR 79, 17; and. BGH MDR/H **77**, 982, **80**, 813, GA **80**, 311 m. Anm. Rieß), jedenfalls dann, wenn das Gericht den Angekl. auf ihre mögliche Berücksichtigung als Strafzumessungsfaktor hingewiesen hat (BGH **30** 197, **31** 302 m. krit. Anm. Terhorst JR **84**, 170, NStZ **81**, 100, MDR **81**, 769, **86**, 1040, NJW **87**, 510, wistra **89**, 303, Bruns NStZ **81**, 85f.). Gleiches gilt für Tatteile, die nach § 154a I StPO aus dem Verfahren ausgeschieden sind (BGH **30** 147), oder für Taten, bei denen die StA gem. § 154 I StPO von der Verfolgung abgesehen hat (BGH **30** 165 m. Anm. Terhorst JR **82**, 247, NStZ **83**, 20). Vgl. dazu Vogler Kleinknecht-FS 429, Appl, Die strafschärfende Verwertung von nach §§ 154, 154a eingestellten Nebendelikten und ausgeschiedenen Tatteilen bei der Strafzumessung, 1987. Selbst ein nicht strafbares Vorverhalten kann sich strafschärfend auswirken (vgl. BGH **6** 245, NJW **51**, 769, Bay HESt. **3** 65), so bei einem Diebstahl, daß der Täter ihn als Raub vorbereitet hat, bei fahrlässiger Körperverletzung, daß eine Mordvorbereitung sie verursacht hat (and. Bay NStZ **82**, 288 m. abl. Anm. Bruns), oder bei einer Verurteilung aus § 170b, daß der Täter Angehörige in Notsituationen im Stich gelassen hat. Ferner können frühere Strafverfahren, die nicht zu einer Verurteilung geführt haben, z. B. wegen Rücknahme des Strafantrags, bei der Strafzumessung ins Gewicht fallen, wenn sie für die Schuld des Täters bedeutsam sind, dieser sich etwa das Verfahren nicht hat zur Warnung dienen lassen (vgl. BGH VRS **44** 183, MDR/D **54**, 151, NStZ/T **87**, 162, Oldenburg NdsRpfl. **50**, 63, Schleswig SchlHA **56**, 362, Hamm JMBlNW **60**, 93, NJW **65**, 924, Stuttgart NJW **61**, 1491 m. Anm. Seibert; einschränkend Köln NJW **60**, 449). Unzulässig ist dagegen, unschuldig erlittene U-Haft (BGH MDR/H **79**, 635) oder eine Auslandstat, für die die Auslieferung nicht bewilligt wurde, zu berücksichtigen (BGH **22** 319), unstatthafte Wahlfeststellungen strafschärfend heranzuziehen (BGH MDR/H **84**, 89) oder den bloßen Verdacht auf Straftaten als Strafzumessungsgrund zu verwerten (Kiel SchlHA **47**, 296, Bay NJW **52**, 314, Köln NJW **60**, 449). Der Richter kann oder muß jedoch u. U. einem solchen Tatverdacht nachgehen und darf dann hierbei festgestellte Tatsachen, die für die Schuld des Angekl. bedeutsam sind, in die Strafzumessungserwägungen einbeziehen (BGH NStZ **82**, 326). Zur strafmildernden Berücksichtigung einer Jugendstrafe, für die eine Gesamtstrafenbildung mit einer Strafe des allgemeinen Strafrechts ausgeschlossen ist, vgl. BGH **14** 287 sowie § 55 RN 34. Zum Nachteil des Täters darf nicht verwertet werden, daß er bei einer früheren Strafverbüßung seine Einwilligung zur Aussetzung des Strafrestes (§ 57) verweigert hat (BGH NJW **69**, 244). Zum Ganzen vgl. Bruns StrZR 562ff., Frisch ZStW **99** 770ff. (einschränkend).

b) Im Rahmen der **persönlichen Verhältnisse** des Täters sind alle Umstände zu berücksichtigen, die für die Bewertung seiner Tat und seiner Schuld und für die Notwendigkeit bestimmter strafrechtlicher Reaktionsmittel von Bedeutung sein können. Familienstand, Beruf, Gesundheit und Wohnungsverhältnisse sind häufig der äußere Rahmen, in dem sich der Wille zur Straftat bildet, so daß die Beurteilung des Täters davon abhängen kann, in wie starkem Maße widrige oder günstige Lebensumstände die Voraussetzung für die Tatbegehung gebildet haben. Derartige Verhältnisse können sowohl zugunsten wie auch zuungunsten des Täters ins Gewicht fallen. So wurde z. B. bei der Vergewaltigung die Zubilligung mildernder Umstände (nach heutigem Recht: Annahme eines minder schweren Falles) abgelehnt, weil der Angekl. „aus geordneten Verhältnissen stamme, verheiratet sei und niemals die Not kennengelernt habe" (RG JW **38**, 3157); infolgedessen bedeute seine bisherige Straflosigkeit kein Verdienst. Beim Strafmaß selbst hat das RG aaO aber die strafmildernde Berücksichtigung bisheriger Straflosigkeit gebilligt. Vgl. insoweit auch BGH NStZ **82**, 376, o. 30. Vgl. zum Ganzen Bruns StrZR 484ff. 34

Bei Delikten, die sich im Rahmen sozialer Gemeinschaften oder innerhalb von Betrieben ereignen, kann auch das Maß der Verantwortung, die der einzelne übernommen hat, von Bedeutung für seine Strafwürdigkeit sein, jedoch ist dabei nur eine Entscheidung im Einzelfall möglich. Ein allgemeiner Grundsatz, daß der Vorgesetzte kraft höherer Verantwortung härter zu bestrafen sei, besteht nicht (OGH **3** 125). Ebensowenig ist ein allgemeiner Rechtssatz anzuerkennen, demzufolge den Angehörigen bestimmter Berufssparten, etwa Staatsbediensteten, grundsätzlich eine erhöhte Pflicht zum normgemäßen Verhalten obliegt und diese Personen somit eine höhere Strafe verdienen (Stree aaO 67; vgl. auch BGH NStZ/T **86**, 496: Beamteneigenschaft kein Strafschärfungsgrund bei Sexualdelikten). Auch bei Verkehrsdelikten kann die **gehobene soziale Stellung** i. d. R. eine Strafschärfung nicht begründen (Hamm NJW **56**, 1849, JMBlNW **59**, 173; krit. v. Gerkan MDR **63**, 269, Bruns StrZR **492**), so z. B. nicht bei Abgeordneten (Hamm DAR **58**, 192), Ortsbürgermeistern (Köln NJW **61**, 1593 m. Anm. Arndt) oder Rechtsanwälten (Köln VRS **33** 31, Bay DAR/R **81**, 243). Es kann auch keine Rolle spielen, ob 35 der Täter Autoverkäufer (Hamm DAR **59**, 48), Müllwagenfahrer (Hamm VRS **68** 441) oder Angehöriger der Bundeswehr ist (BGH VRS **24** 47). Die berufliche oder amtliche Stellung kann aber dann strafschärfend wirken, wenn zwischen ihr und der Straftat eine innere Beziehung besteht (BGH MDR/H **82**, 280, NStZ **88**, 175), z. B. beim Mißbrauch der Stellung als Rechtsanwalt zur Begehung einer Straftat (BGH NStZ **88**, 126). Bringt sie die Pflicht mit sich, für die Erhaltung bestimmter Rechtsgüter besondere Sorge zu tragen, so kann sich bei Verletzung dieser Rechtsgüter aus der beruflichen Stellung die Rechtfertigung für eine erhöhte Strafe ergeben. Bei Verkehrsdelikten hat die Rspr. Polizisten, Verkehrsrichter und Fahrlehrer als in diesem Sinne besonders verpflichtet angesehen (Hamm NJW **57**, 1449). Gleiches soll gelten für die Trunkenheitsfahrt von Taxifahrern (Oldenburg NJW **64**, 1333; bedenklich), Kriminalbeamten (Braunschweig NJW **60**, 1073) oder Ärzten (Frankfurt NJW **72**, 1524 m. abl. Anm. Hanack NJW **72**, 2228; bedenklich) und für den Schwangerschaftsabbruch durch Ärzte (BGH NJW **61**, 1591 m. abl. Anm. Arndt). Vgl. auch Schleswig SchlHA/E-J **79**, 201: unterlassene Hilfeleistung eines Polizeibeamten im Sonntagsdienst. Für die innere Sicherheit der BRep. trifft einen ausländischen Soldaten keine besondere Verantwortlichkeit, so daß insoweit keine Strafschärfung aus dessen beruflicher Stellung hergeleitet werden kann (BGH NStZ **81**, 258). Andererseits verpflichten mangelnde oder geringe Fähigkeiten zu besonderer Vorsicht; eine Verletzung dieser Pflicht kann – z. B. bei ungeübten Kraftfahrern – strafschärfend berücksichtigt werden (BGH VRS **34** 272). Ist der Täter in bestimmten Berufen bereits mehrfach straffällig geworden, so kann von ihm ein Berufswechsel erwartet werden. Dessen Nichtvornahme geht zu seinen Lasten (and. Bay NJW **64**, 1580 m. abl. Anm. Braun NJW **65**, 25; vgl. auch Seibert NJW **65**, 679). Nach Oldenburg NdsRpfl. **57**, 122 und KG DAR **67**, 325 kann auch die Vorbildung (Kraftfahrer) bei der Strafzumessung berücksichtigt werden, auch wenn die Tat nicht im Zusammenhang mit der Berufsausbildung steht. Vgl. andererseits aber BGH MDR/H **78**, 985, wonach eine frühere Tätigkeit als Polizeibeamter keine Schärfung der Strafe für Steuerhinterziehung rechtfertigt, ferner BGHR § 46 Abs. 2 Wertungsfehler **17**, wonach bei Steuerhinterziehung hohe Intelligenz und gründliche Kenntnisse des Steuerrechts nicht ohne weiteres strafschärfend berücksichtigt werden dürfen, sondern nur dann, wenn eine innere Beziehung zur Straftat besteht und das Maß der Schuld erhöht.

36 Die in **Art. 3 III GG** genannten Eigenschaften dürfen weder strafschärfend noch strafmildernd berücksichtigt werden, so z. B. nicht die Ausländereigenschaft (BGH NJW **72**, 2191, Celle NJW **53**, 1603, Karlsruhe NJW **74**, 2062), auch nicht unter dem Aspekt des „Mißbrauchs der Gastfreundschaft" (BGH MDR/D **73**, 369, DAR/S **80**, 200, StV **91**, 105) und des alsbaldigen Ausnutzens des Inlandsaufenthalts zu Straftaten (vgl. BGH NStZ/T **86**, 496) oder der Erwägung, ein Ausländer habe sich des Vertrauens, das ihm als Ausländer ausnahmsweise entgegengebracht werde, in besonderem Maße würdig zu erweisen (BGH MDR/H **76**, 986). Bei Frauen kann aber u. U. eine größere Strafempfindlichkeit von Bedeutung sein (Hamm JR **65**, 234); ebenso sind die aus Schwangerschaft usw. sich ergebenden Schuldmilderungsgründe zu berücksichtigen (vgl. Bay VRS **15** 41, Köln VRS **58** 23). Zu den Grundsätzen, die sich aus dem **Gleichheitssatz** ergeben, vgl. auch Bruns StrZR 508 ff., Stree aaO 61 ff., Tiedemann GA **64**, 360 ff. Gegen den Gleichheitssatz verstößt nicht die strafschärfende Erwägung, der Täter sei als Ausländer mit seiner Tat bewußt das Risiko der Ausweisung und damit des Verlustes einer gesicherten Existenz zum Nachteil seiner Familie eingegangen (BGH MDR/H **76**, 812), oder die Strafschärfung wegen Mißbrauchs besonderer Vorteile, die dem Täter mit Rücksicht auf seine Ausländereigenschaft gewährt worden waren (BGH DAR/S **78**, 149). Nicht vertretbar ist jedoch, das Strafmaß an den vom inländischen Recht abweichenden Strafdrohungen des Heimatlandes auszurichten (vgl. Nestler-Tremel NJW **86**, 1408 gegen Grundmann NJW **85**, 1252).

37 c) Die **wirtschaftlichen Verhältnisse des Täters** sind vor allem für die Bemessung von **Geldstrafen** von Bedeutung. Sie bestimmen insoweit in erster Linie die Tagessatzhöhe (vgl. § 40 II 1). Bei der Bemessung der Tagessatzzahl können sie nur dann ins Gewicht fallen, wenn sie den Unrechts- und Schuldgehalt der Tat beeinflussen (vgl. § 40 RN 4), so z. B., wenn der Täter aus Not gehandelt hat.

38 Die **wirtschaftlichen Verhältnisse** des Täters sind aber auch **bei Freiheitsstrafen** zu berücksichtigen, nicht nur insoweit, als sie das Motiv des Täters in seiner Bedeutung für den Tatentschluß kennzeichnen können (z. B. finanzielle Schwierigkeiten; BGH NStZ **82**, 113), sondern auch hinsichtlich der Lebensverhältnisse des Täters, die für die Beurteilung seiner Tat von Bedeutung sein können. Diese Gründe sind also ambivalent (BGH MDR/D **73**, 369). Eine ungünstige wirtschaftliche Lage, durch die der Täter zu einem Vermögensdelikt verleitet worden ist, verliert ihr strafmilderndes Gewicht nicht schon deshalb, weil der notwendigste Lebensunterhalt des Täters auch vor der Tat gesichert war (BGH wistra **88**, 145). Ob andererseits eine gute wirtschaftliche Lage des Täters bei Vermögensdelikten strafschärfend wirken kann, hängt von den Umständen des Einzelfalles ab (BGH GrS **34** 345 m. Anm. Bruns NStZ 87, 451 u. Grasnick JZ 88, 157; vgl. dazu Frisch GA 89, 366, Streng NStZ 89, 399).

6. Als Strafzumessungsfaktor nennt Abs. 2 schließlich noch das **Verhalten** des Täters **nach 39 der Tat.** Neben dem besonders hervorgehobenen Bemühen, den Schaden wiedergutzumachen oder einen Ausgleich mit dem Verletzten zu erreichen, kann jedes Tun oder Unterlassen berücksichtigt werden, das Schlüsse auf die Tat oder die Schuld bzw. die Gefährlichkeit des Täters zuläßt, etwa dessen Einstellung zu seiner Tat kennzeichnet (vgl. RG **67** 280, JW **26**, 1820, BGH VRS **40** 418, NJW **71**, 1758, NStZ **81**, 257, **85**, 545), z. B. Anzeichen von Reue (vgl. KG VRS **30** 200, v. Weber aaO 10). Es muß stets eine gewisse innere Beziehung zwischen dem Verhalten nach der Tat und der Tat selbst vorhanden sein, da andernfalls die Gefahr einer Gesinnungsstrafe besteht (BGH NJW **54**, 1416, Baumann aaO; vgl. auch Dreher ZStW 77, 224ff.) oder die Gefahr einer Strafe dafür, daß der Täter sich der Strafverfolgung entziehen wollte. Insoweit genügen nicht ohne weiteres bewußte Erschwerungen der Tataufklärung, wie das Begraben des Getöteten im Wald (BGH NJW **71**, 1758, NStE Nr. **29**), die Beseitigung von Tatwerkzeugen (BGH StV **90**, 259) oder eine sonstige Spurenbeseitigung (BGH MDR/H **77**, 982, NStZ **85**, 21, StV **89**, 12), auch dann nicht, wenn der Täter hierbei kaltblütig vorgeht (BGH StV **90**, 16), ebensowenig das bloße Vortäuschen entlastender Umstände (BGH StV **88**, 340: Vortäuschen mehrerer Selbstmordversuche, das die Tat als Verzweiflungstat hinstellen soll). Derartige Handlungen sind als solchen ebenso wie einem aufsässigen Verhalten in der U-Haft (Köln NStZ **84**, 75) noch keine Schlüsse auf den Täter in Beziehung zu seiner Tat zu entnehmen. Berechtigen sie jedoch zu einem derartigen Schluß, so können sie strafschärfend herangezogen werden. Das ist etwa der Fall, wenn die Tatverdeckung vorausgeplant war und sich hieraus eine besondere kriminelle Energie ergibt (BGH NStZ/T **86**, 158), u. U. auch beim Nachtrunk nach unerlaubtem Entfernen vom Unfallort (BGH **17** 143; krit. dazu Baumann aaO) oder einem sonstigen Verkehrsdelikt (Oldenburg NJW **68**, 1293, Bruns StrZR 610) oder beim Vertauschen einer Blutprobe (Frankfurt NJW **72**, 1525 m. abl. Anm. Hanack NJW **72**, 2228). Strafschärfend kann ferner berücksichtigt werden, daß der Täter nach einem Tötungsdelikt die Leiche besonders verabscheuungswürdig behandelt (vgl. BGH NJW **71**, 1758, NStZ/D **90**, 221), sich nach der Tat seinem Opfer gegenüber besonders roh verhalten (RG DR **43**, 754) oder nach der Tat weitere Delikte begangen hat, wodurch die zur Aburteilung anstehende Tat in ihrer Bedeutung erhellt und verändert wird (Hamburg HRR **32** Nr. 298, BGH MDR/D **57**, 528, GA **86**, 371, wistra 89, 267, Schleswig MDR **76**, 1036 [Berücksichtigung nicht rechtskräftig abgeurteilter Taten], Zweibrücken VRS **56** 24, Bruns NStZ 81, 81; and. RG JW **28**, 2993, auch Saarbrücken NJW **75**, 1040 m. krit. Anm. Zipf JR 75, 470, soweit die spätere Tat Gegenstand eines selbständigen, noch nicht abgeschlossenen Strafverfahrens ist), nicht dagegen, daß er sich nicht um die Witwe des Getöteten gekümmert (BGH VRS **40** 418, MDR/D **71**, 721) oder seinem Opfer kein Mitleid entgegengebracht hat, sofern eine solche Gemütsregung als Eingeständnis gewertet werden kann (BGH StV **82**, 418). Ein längerer Zeitraum zwischen Tat und Aburteilung, in dem sich der Täter gut geführt hat, kann zu seinen Gunsten sprechen (BGH StV **88**, 487, Karlsruhe MDR **73**, 240). Ferner kann sich zugunsten des Täters auswirken, daß er freiwillig zur Aufdeckung der Tat über den eigenen Tatbeitrag hinaus beigetragen (vgl. § 31 BtMG), sich hierum bemüht (BGH NStZ/T **88**, 304), sich selbst gestellt (vgl. Hirsch LK 96, auch § 34 Nr. 16 öst. StGB) oder einer Rückfälligkeit vorgebeugt hat, z. B. durch freiwillige Entmannung (vgl. BGH **19** 206), Suchtbehandlung oder Teilnahme an einem Nachschulungskurs für alkoholauffällige Kraftfahrer (vgl. Rspr.-Nachweise b. Bode DAR 83, 40). Insoweit kann schon das ernsthafte Bemühen ein tätergünstiger Umstand sein (Bode BA 84, 32; unklar Koblenz VRS **66** 41). Zum Ganzen vgl. Hertz aaO und dazu krit. Stratenwerth ZStW 87, 969, ferner Bottke, Strafrechtswiss. Methodik u. Systematik bei der Lehre vom strafbefreienden und strafmildernden Täterverhalten, 1979, 662ff., Frisch ZStW 99 776ff.

a) Strafmildernd kann berücksichtigt werden, daß der Täter den eingetretenen **Schaden** (ganz **40** oder teilweise) **wiedergutgemacht** oder sich jedenfalls darum bemüht hat (vgl. Köln NJW **58**, 2079). Eine Wiedergutmachung durch Dritte ist jedoch grundsätzlich ohne Bedeutung (vgl. BGH VRS **14** 59; and. M-Zipf II 612), z. B. die Ersatzleistung im Rahmen einer Diebstahlsversicherung (vgl. BGH MDR/D **66**, 560), es sei denn, für den Täter ist auf dessen Bemühen hin ein Dritter eingesprungen. Vgl. jedoch Schleswig SchlHA/E-L **80**, 170, das die Schadensbeseitigung durch Dritte zwar nicht dem Katalog des Abs. 2 zuordnet, sie aber als zusätzlichen Faktor zugunsten des Täters anerkennt. Vgl. ferner § 34 Nr. 14 öst. StGB, wonach auch die Schadenswiedergutmachung für den Täter einen Strafmilderungsgrund ergibt, nicht jedoch eine sonstige Ersatzleistung durch Dritte (Kunst Wiener Komm. zum StGB § 34 RN 43). Strafmildernd wirkt nur die freiwillige Schadenswiedergutmachung (and. Kunst aaO). Ein erzwungenes Verhalten (z. B. Verletzter hat mit Strafanzeige gedroht) läßt keinen günstigen Schluß auf die Einstellung des Täters zu seiner Tat zu. Überdies darf der Täter, der vor

Verurteilung zum Schadensersatz gezwungen wird, nicht besser gestellt werden als der Täter, der auf Grund einer Bewährungsauflage den Schaden wiedergutmacht. Neben der Schadenswiedergutmachung kann ein anderweitiger **Ausgleich für die Tat,** den der Verletzte vom Täter erhält, diesem strafmildernd zugute kommen. Auch insoweit genügt schon das Bemühen, einen Ausgleich mit dem Verletzten zu erreichen. In Betracht kommen Leistungen jeglicher Art, die das aufwiegen, was dem Opfer mit der Straftat zugefügt worden ist, namentlich Genugtuungsleistungen. Strafmildernd kann sich für den Täter ferner auswirken, wenn er nach Tatvollendung den Eintritt oder die Ausweitung eines Schadens verhindert, z. B. ärztliche Hilfe herbeiholt (BGH MDR/H 79, 806) oder vor Tatbeendigung freiwillig zurücktritt. Das gilt etwa für den Falschmünzer, der freiwillig vom Inverkehrbringen der hergestellten Falschstücke absieht, oder, sofern man nicht Rücktrittsregeln eingreifen läßt (vgl. § 257 RN 27), für den Begünstiger, der nach seiner Hilfeleistung einer endgültigen Vorteilssicherung entgegenwirkt, nicht jedoch für den Brandstifter, der den Brand gelegt hat, um sich beim Löschen hervorzutun. Andererseits kann eine **Schadensvertiefung** oder -aufrechterhaltung dem Täter strafschärfend zur Last fallen. Es müssen jedoch besondere Umstände vorliegen, die Rückschlüsse auf die Tat oder den Täter zulassen. Die bloße Verwertung der Beute genügt noch nicht, auch nicht deren sinnloses Verprassen (BGH MDR/D 73, 899), ebensowenig die bloße Nichtwiedergutmachung des Schadens (BGH MDR/D 66, 560, NStZ 81, 343, wistra 87, 98, MDR/H 87, 798, Köln VRS 64 259, StV 89, 533), wie etwa, wenn der Täter keine Angaben zur Sache macht und nur Freispruch beantragt, ohne sich um eine Wiedergutmachung zu bemühen (Stuttgart Justiz 72, 322), oder das Nichtherbeiholen ärztlicher Hilfe (BGH MDR/H 79, 806). Auch die Weigerung, den Schaden wiedergutzumachen, reicht nicht aus, wenn die Bereitschaftserklärung als Schuldeingeständnis gewertet werden könnte (BGH NJW 79, 1835). Eine Strafschärfung ist dagegen berechtigt, wenn der überführte Täter durch irreführende Angaben über den Beuteverbleib seine fehlende Bereitschaft zur Schadenswiedergutmachung erkennen läßt (BGH GA 75, 84) oder die Wiedergutmachung verhindert, indem er die Beute verheimlicht, um sie nach Strafverbüßung verwerten zu können (vgl. BGH MDR/D 66, 560). Entsprechendes gilt, wenn ein Verkehrsdelinquent bewußt eine verzögerliche Schadensabwicklung seiner Versicherung verursacht, z. B. durch falsche Sachverhaltsschilderung (Koblenz VRS 51 122).

41 b) Das **Verhalten** des Täters im **Strafverfahren** kann für die Strafzumessung Bedeutung haben, wenn sich daraus Schlüsse auf die Täterpersönlichkeit ziehen lassen (RG 67 279, BGH 1 106, MDR/D 71, 545, Düsseldorf VRS 34 294, Saarbrücken VRS 34 391). Straferschwerend kann z. B. wirken, daß der Täter versucht hat, Zeugen in unzulässiger Weise zu beeinflussen (OGH 2 333, BGH MDR 80, 240, StV 85, 147; vgl. auch Köln MDR 80, 594), oder bewußt wahrheitswidrig zu eigenem Vorteil einen anderen beschuldigt (BGH StV 85, 147), etwa den Tatverdacht von sich auf einen anderen lenkt; nicht dagegen das Abschieben der Schuld auf Mittäter (BGH StV 89, 388), das Herunterspielen des eigenen Tatbeitrags zu Lasten des Mittäters (BGH StV 90, 403), das Fallen des Tatverdachts auf einen anderen als Folge einer Tatvertuschung (BGH StV 85, 455), auch nicht bei Inkaufnahme einer solchen Folge (BGH MDR/D 74, 721) oder der Folge, daß ein Zeuge in ein schlechtes Licht rückt (BGH StV 82, 523), ebensowenig das bloße Benennen eines Entlastungszeugen, von dem eine unwahre Aussage erwartet wird, das Dulden des Meineides eines Zeugen (Bay DAR/R 84, 238), das Hinstellen eines Belastungszeugen als unglaubwürdig (BGH StV 81, 620, 85, 147) oder die wahrheitswidrige Beschuldigung eines Polizeibeamten, es sei denn, das Verhalten lasse eine rechtsfeindliche Einstellung erkennen (vgl. BGH MDR 80, 240f.), ferner nicht ein Verteidigungsverhalten, das den Tatvorgang zu bagatellisieren versucht (BGH NStZ 85, 545) oder auf bloße Ausflüchte deutet (Köln MDR 81, 69), die Verweigerung von Angaben über Tatbeteiligte, etwa Rauschgiftlieferanten, mag auch von diesen weiterer Schaden drohen (BGH NStZ 81, 257), oder die Ablehnung einer Einstellung gem. § 153 StPO durch den Angekl. aus Starrsinn (Köln MDR 81, 954).

41a Umstritten ist, ob und wann ein **Geständnis** strafmildernd zu werten ist. Die Gerichte ziehen es häufig als Strafmilderungsgrund heran, obwohl schon BGH 1 105 für eine Einschränkung eingetreten ist und das Geständnis nur dann für strafzumessungsrelevant erklärt hat, wenn es Schlüsse auf das Schuldmaß und die Gefährlichkeit des Täters ermöglicht. Mit der weitergehenden Berücksichtigung des Geständnisses als Strafzumessungsfaktor wird anscheinend ein kooperatives Verhalten des Angekl. belohnt, das die Tataufklärung fördert und den Rechtspflegeorganen Zeit, Kosten und sonstigen Aufwand erspart (vgl. Niemöller StV 90, 36). Ein solcher Gesichtspunkt hat jedoch weder nach Abs. 1 noch nach Abs. 2 Bedeutung für die Strafzumessung (vgl. Dencker ZStW 102 58ff.). Die gegenteilige Meinung, nach der mit dem Geständnis die Auswirkungen der Tat begrenzt werden (Schmidt-Hieber StV 86, 356, Wassermann-FS 998), verkennt, daß mit den Tatauswirkungen i. S. des Abs. 2 nicht der Strafverfolgungsaufwand gemeint sein kann (vgl. Grünwald StV 87, 454). Ebensowenig läßt sich entgegen Schmidt-Hieber NStZ 88, 304 das Geständnis unter dem Aspekt einer Genugtuungs- und Friedensfunktion dem Bemühen eines Ausgleichs mit den Verletzten zuordnen. Daß der Täter seine Tat eingesteht, ergibt für die Verletzten noch keinen Ausgleich für das ihnen Zugefügte. Strafmilderung kommt bei einem Geständnis nur in Betracht, wenn es auf eine geringere Tatschuld, auf Einsicht in das begangene Unrecht sowie auf Reue schließen läßt (vgl. hierzu BGH MDR/D **71**, 545, M-Zipf II 613, ferner § 34 Nr. 17 östStGB: reumütiges Geständnis, Kunst Wiener Komm. zum StGB, § 34 RN 47ff.). Es ist allerdings höchst fraglich, ob sich derartiges wirklich einem Geständnis entnehmen läßt (vgl. die Bedenken bei Dencker ZStW 102 56f. mwN). Auf die erforderliche Einsicht und Reue läßt zumindest ein eingeschränktes Geständnis nicht schließen (BGHR § 46 Abs. 2 Verteidigungsverhalten 7). Gibt das Geständnis für geringere Tatschuld usw. keinen Anhaltspunkt, so läßt sich mangels eines möglichen Ansatzes auch nicht über den Grundsatz in dubio pro reo hierauf abstellen (vgl. Grünwald StV 87, 454 gegen Schmidt-Hieber StV 86, 356). Zugunsten des Täters kann sich aber auswirken, wenn er freiwillig sich zu seiner Tat bekennt, obwohl er keine Entdeckung zu befürchten hatte (vgl. o. 39). Andererseits kann ein rein prozeßtaktisches Geständnis dem Täter nicht zugute kommen, etwa das Zugeben der Tat bei erdrückenden Beweisen (vgl. BGH MDR/D **66**, 727). Auf bloße Verdachtsmomente, die auf ein solches angepaßtes Geständnis deuten, darf insoweit jedoch nicht zurückgegriffen werden (BGH NStZ/D **90**, 221). Strafmildernde Bedeutung kann dagegen dem Umstand zukommen, daß der Täter mit seinem Geständnis weitere Nachteile vom Opfer abwendet, etwa dadurch, daß sich die Vernehmung eines sexuell mißbrauchten Kindes erübrigt (vgl. BGH GA **62**, 339). Ferner kann der mit einem Geständnis verbundene Beitrag zur Aufklärung der Tat über den eigenen Tatanteil hinaus zu einer Strafmilderung führen (vgl. o. 39).

Das **Leugnen** des Angekl. kann grundsätzlich nicht zu dessen Ungunsten verwertet werden **42** (BGH MDR **80**, 240, StV **82**, 418, **83**, 501, NStZ **83**, 118), auch nicht bei klarer Beweislage (Köln MDR **80**, 510) oder nach rechtskräftigem Schuldspruch im Rahmen der Verhandlung über den Strafausspruch (BGH NStZ **87**, 181, wistra **89**, 57). Unerheblich ist insoweit, daß ein Geständnis dem Tatopfer die Unannehmlichkeiten einer Zeugenaussage erspart hätte (BGH StV **87**, 100), mag es sich auch um jugendliche Opfer eines Sexualdelikts handeln (Düsseldorf StV **90**, 13), oder daß das Leugnen zwangsläufig die Verdächtigung enthält, ein Zeuge habe falsch ausgesagt (Bay NJW **86**, 442). Nach § 243 IV StPO ist das Gericht daran gehindert, das **Schweigen** des Angekl. zu dessen Nachteil zu verwenden. Das schließt nicht aus, daß aus einem hartnäckigen substantiierten Leugnen, das die Ermittlungen des Gerichts in eine falsche Richtung lenken soll, nachteilige Schlüsse gezogen werden. Wahrheitswidrige Behauptungen, aus denen sich auf Verstocktheit, Verschlagenheit, Mangel an Reue oder Einsicht schließen läßt, können daher strafhöhend berücksichtigt werden (vgl. BGH 1 104, 106, 3 199, NJW **55**, 1158, Braunschweig NJW **48**, 150, Hamm JMBlNW **55**, 83, KG JR **66**, 355, Köln GA **58**, 251; vgl. auch Bay MDR **65**, 318, Koblenz VRS **50** 205, BGE 113 IV 56). Mangel an Reue und Einsicht ist allerdings für sich allein noch kein Strafschärfungsgrund, insb. nicht, wenn das auf einen solchen Mangel deutende Verhalten des Angekl. von dessen Willen getragen ist, die Verteidigungsposition nicht zu beeinträchtigen (BGH StV **87**, 5, wistra **88**, 304); hinzu kommen muß Rechtsfeindschaft, die auf die Gefahr künftiger Rechtsbrüche schließen läßt (vgl. BGH NStZ **83**, 453).

Bei Fahrlässigkeits-, insb. Verkehrsdelikten, wird man aus dem Bestreiten des Angekl. nur **43** ausnahmsweise auf Uneinsichtigkeit schließen können (Saarbrücken VRS **17** 431, KG VRS **18** 59, **23** 115, **35** 287, Frankfurt NJW **65**, 2312, Hamm VRS **33** 130, Düsseldorf VRS **34** 294, Koblenz VRS **51** 122). Vgl. zum Ganzen auch BGH VRS **31** 428, DAR/S **78** 150, Bruns StrZR 595ff., 604ff., Wessels JuS 66, 174, Seibert DRiZ 66, 183.

7. Diese Grundsätze gelten auch für **Fortsetzungstaten** und die Bemessung von **Gesamtstrafen** **44** (vgl. § 54 RN 14ff.). Bei Fortsetzungstaten dürfen nur zweifelsfrei festgestellte Akte zur Straferhöhung führen (unbeachtlich Dunkelziffer der Einzelakte fortgesetzter Sexualdelikte; BGH MDR/D **71**, 895, NStZ/T **86**, 494). Vgl. dazu noch 65 vor § 52.

VI. Nach Abs. 3 dürfen Umstände, die schon Merkmale des gesetzlichen Tatbestands sind, **45** bei der Strafzumessung nicht berücksichtigt werden **(Verbot der Doppelverwertung)**. Unzulässig ist danach, **Tatbestandsmerkmale** als Argument für die Erhöhung oder die Reduzierung der Strafe zu verwenden. So darf z. B. die Strafe nach § 142 nicht mit der Begründung erhöht werden, der Täter habe sich den Feststellungen über seine Unfallbeteiligung bewußt entzogen, auch dann nicht, wenn er damit seine alkoholbedingte Fahruntüchtigkeit verbergen wollte (Düsseldorf VRS **69** 282; vgl. auch BGH DAR/S **88**, 225). Bei einer Verurteilung aus § 222 darf nicht die Vernichtung eines Menschenlebens straferschwerend herangezogen werden (RG JW **25**, 962; vgl. auch BGH StV **82**, 418), bei § 212 der Vernichtungswille (BGH MDR/H **84**, 276) oder bei der Untreue, daß dem Opfer ein Schaden zugefügt worden ist (vgl. BGH MDR/D **72**, 923). Beim Diebstahl (Raub) mit Waffen darf die Gefährlichkeit, die vom Besitz der Waffe ausgeht, die Bereitschaft, die vom Waffeneinsatz ausgehenden Wirkungen auszunutzen (BGH JZ **82**, 868 m. Anm. Hettinger JZ 82, 849), oder der Umstand, daß der Täter sich zur Tatdurchführung mit einer Waffe „versorgt" hat (BGH StV **82**, 417), bei der Strafzumessung nicht berücksichtigt werden, ebensowenig beim schweren Raub der Einsatz der Waffe als Drohmittel (BGH NJW 90, 2570) sowie bei Raub und Vergewaltigung das Streben nach Geld oder sexueller Befriedigung (BGH MDR/D 71, 15). Dementsprechend genügt bei einer Erpressung nicht, dem Täter ohne nähere Begründung egoistische Beweggründe strafschärfend zur Last zu legen, da nicht auszuschließen ist, daß der Tatrichter die Bereicherungsabsicht bei der Strafzumessung verwertet hat (BGH MDR/D 76, 14). Bei der Wilderei nach § 292 II ist unzulässig, die besondere Verwerflichkeit der Verwendung von Schlingen bei der Strafzumessung zu verwerten (RG 70 223). Bei der Zuhälterei darf das Ausbeuten nicht zu einer Strafenhöhung führen, da es Tatbestandsmerkmal ist (vgl. RG HRR 37 Nr. 898). Beihilfe darf nicht wegen des gemeinschaftlichen Handelns mit einem anderen strenger geahndet werden (BGH MDR/H 82, 101).

45 a   Fehlerhaft ist zudem die Verwertung von Umständen, die für die Durchführung der **Tat typisch** sind und diese nicht über den Tatbestand hinaus besonders kennzeichnen (vgl. BGH MDR/D 72, 923: Schußwaffe als Tötungswerkzeug, MDR/H 78, 985: fehlende Notwendigkeit der Fahrt bei Straßenverkehrsgefährdung) oder die **regelmäßige Begleitumstände** eines Delikts sind, z. B. bei der Vergewaltigung die Erniedrigung des Opfers zum Sexualobjekt (BGH NStZ/T 86, 496) oder die Gefahr der Schwängerung (BGH NStZ 85, 215; and. BGH NStZ 91, 34), bei der Blutschande der Vertrauensbruch gegenüber Ehefrau (BGH MDR/D 71, 362, vgl. auch BGH MDR/D 71, 750), beim Raub, daß der Täter das Opfer durch die Drohung mit einer Waffe in Todesangst versetzt hat (BGHR § 46 Abs. 3 Raub 3), bei Tötungsdelikten das Leid für die Familie des Opfers und des Täters (BGH NStZ/T 89, 174). Weichen allerdings die Begleitumstände vom Typischen beträchtlich ab, so steht einer Berücksichtigung bei der Strafzumessung das Doppelverwertungsverbot nicht entgegen (vgl. u. 48). Anderseits ergibt das Fehlen typischer Begleitumstände noch keinen Strafmilderungsgrund. So kann dem Vergewaltiger nicht zugute kommen, daß die Vergewaltigte nicht schwanger werden kann, oder dem Totschläger, daß das Opfer alleinstehend war und damit keine leidtragende Familie vorhanden ist. Für einen Totschlag typisch ist die Tötung mit direktem Vorsatz, so daß dieser als solcher nicht strafschärfend herangezogen werden darf (BGHR § 46 Abs. 3 Tötungsvorsatz 3). Bei anderen Delikten verhält es sich vielfach entsprechend (vgl. Düsseldorf MDR 90, 564).

45 b   Das Verbot der Doppelverwertung gilt nicht nur für Tatbestandsmerkmale, sondern auch für sonstige **unrechts- und schuldbegründende Merkmale** (Stuttgart MDR 76, 690). Verfehlt ist daher, das Vorliegen eines minder schweren Falles mit der Begründung zu verneinen, der Täter habe gewußt, daß er die Handlung habe nicht vornehmen dürfen (BGH MDR/D 74, 366). Das Fehlen eines strafmildernden Umstandes ergibt nicht umgekehrt schon einen strafschärfenden Gesichtspunkt (BGH MDR 80, 240 m. Anm. Bruns JR 80, 336, NStZ 84, 359). So darf einem nach § 323a strafbaren Täter nicht strafschärfend zur Last gelegt werden, daß er ohne triftigen Grund zuviel Alkohol getrunken habe (BGH MDR/D 75, 541). Ebensowenig ist eine Strafschärfung zulässig wegen Alleinschuld des Täters bei einem Verkehrsunfall (BGH VRS 23 232), wegen Fehlens einer sexuellen Notlage bei einer Vergewaltigung (BGH MDR 80, 240, NStZ/T 86, 496) oder wegen Fehlens einer Notlage bei einem Vermögensdelikt (BGH MDR/H 80, 272, NJW 81, 2073, NStZ 81, 343, 82, 113) oder einer Geldfälschung (BGH StV 87, 195). Beim Versuch ist für die Strafhöhe unerheblich, daß der Täter nicht zurückgetreten ist (BGH NStZ 83, 217, NStZ/D 90, 176). Weitere Fälle bei Bruns StrZR 365ff., Mösl NStZ 83, 164. Zu den Grenzen des Doppelverwertungsverbots vgl. Seebald GA 75, 230, Hettinger, Das Doppelverwertungsverbot bei strafrahmenbildenden Umständen, 1982. Zur Begründung des Doppelverwertungsverbots vgl. Timpe, Strafmilderungen des AT des StGB und das Doppelverwertungsverbot, 1983, 32ff.

46   1. Das Verbot der Doppelverwertung von Tatbestandsmerkmalen gilt nicht nur für diese selbst, sondern auch für die Berücksichtigung der **gesetzgeberischen Intention** eines Tatbestands insgesamt (vgl. BGH NStZ 84, 358, Bay NStE Nr. 46). Dem Gericht ist daher verwehrt, bei der Strafzumessung die Gründe, die den Gesetzgeber veranlaßt haben, bestimmte Verhaltensweisen unter Strafe zu stellen, noch einmal zu verwerten. So ist unzulässig, bei Geldfälschungen eine höhere Strafe darauf zu stützen, daß die Sicherheit des Zahlungsverkehrs eine abschreckend wirkende Ahndung bedingt (BGH NStE Nr. 20), beim Diebstahl aus dem bedenkenlosen Hinwegsetzen über die Eigentumsordnung einen Strafschärfungsgrund herzuleiten (BGH NStZ/D 90, 177), bei Trunkenheit am Steuer (§§ 315c, 316) straferhöhend zu berücksichtigen, daß der Straßenverkehr durch fahruntaugliche Fahrer erheblich gefährdet wird, oder im Rahmen des § 306 die Höhe der Strafe damit zu begründen, daß das Inbrandsetzen von Wohngebäuden Menschenleben gefährden kann. Ebensowenig darf die Gefährlichkeit der Abgabe rezeptpflichtiger Arzneimittel ohne Verschreibung strafschärfend gewertet werden (BGH NStZ 82, 113). Bei einer Verurteilung aus § 113 darf nicht berücksichtigt werden, daß Vollstreckungsbeamte energisch geschützt werden müßten (KG JW 28, 1070), bei einer Verurteilung nach § 153 nicht, daß der Rechtspflege durch wahrheitswidrige Zeugenaussagen erheblicher Schaden droht (Düsseldorf NJW **85**, 277), bei einer Verurteilung wegen Meineids nicht, daß die hervorragende Bedeutung des Eides für die Rechtspflege eine strenge Bestrafung fordere (RG HRR **37** Nr. 616, BGH **17** 324, NJW **58**, 1832, **66**, 1276, MDR/D **53**, 148, Schleswig HESt. **2** 253), ebensowenig der nichteheliche Verkehr bei einer Verurteilung aus § 217 (BGH GA **73**, 26) oder bei der Verurteilung wegen Rauschgifthandels, daß der Täter sich am Unglück anderer zu bereichern suchte (BGH MDR/H **77**, 808) oder sich vom Gewinnstreben hat leiten lassen (BGH GA **79**, 27, NJW **80**, 1344, StV **85**, 102, MDR/S **89**, 1037). Bei § 259 darf die Gleichgültigkeit des Täters gegenüber fremdem Rechtsgut nicht strafschärfend berücksichtigt werden (Hamm MDR **58**, 326). Erfolgt die Verurteilung aus § 260, so ist unzulässig, die Höhe der Strafe damit zu begründen, daß die Existenz eines gewerbsmäßigen Hehlers einen Anreiz für präsumtive Vortäter bilden kann (BGH NJW **67**, 2416, vgl. ferner Köln JMBlNW **58**, 83, Neustadt DAR **52**, 236, Hamburg NJW **66**, 682). Eine Strafe nach § 142 darf nicht deswegen höher ausfallen, weil der Täter seinem persönlichen Interesse gegenüber dem Interesse des Geschädigten den Vorrang eingeräumt hat (Bay DAR/R **84**, 238). Bei einem Totschlag darf der Täter nicht deswegen mit einer höheren Strafe belegt werden, weil er das mit der Tötung bewältigte Problem auf einem anderen, einfacheren Weg hätte lösen können (BGH NStZ/T **86**, 496: Scheidung als einfacherer Weg zur Trennung gegenüber Tötung). Zur Frage der Doppelverwertung bei Bildung einer Gesamtstrafe vgl. § 53 RN 10, § 54 RN 15.

2. **Keine Doppelverwertung** liegt vor, wenn die Begehung mehrerer Alternativen desselben Tatbestands als Strafërhöhungsgrund verwertet wird (BGH MDR/D **71**, 363), z.B. bei einer gemeinschaftlichen Körperverletzung i.S. des § 223a strafschärfend berücksichtigt wird, daß die Täter mit gefährlichen Werkzeugen, hinterlistig und lebensgefährdend vorgegangen sind. Gegen das Verbot der Doppelverwertung verstößt es auch nicht, wenn die Strafschärfung sich darauf stützt, daß der Täter in gleichartiger Idealkonkurrenz eine weitere Person angegriffen (BGH NJW **82**, 2265) oder sich für mehrere mißbilligte Ziele eingesetzt hat (vgl. BGH MDR/H **76**, 986 zu § 89). Ebensowenig steht Abs. 3 einer Strafschärfung wegen fehlender Bereitschaft zur Schadenswiedergutmachung entgegen (BGH GA **75**, 84) oder einer Strafmilderung innerhalb eines milderen Strafrahmens, wenn dessen Voraussetzungen mehrfach erfüllt sind, z.B. die des § 157 (vgl. BGH **5** 377, GA **67**, 52, Stuttgart NJW **78**, 713). 47

3. Die durch das Verbot der Doppelverwertung gesetzten Grenzen gelten nur, soweit die Vorabwertung durch das Gesetz reicht. Darüber hinaus kann die **konkrete Ausgestaltung eines Tatbestandsmerkmals** oder das konkrete Ausmaß der Gefährdung, die das Verhalten des Täters ausgelöst hat (vgl. Koblenz VRS **55** 278), den Strafumfang bestimmen. Zulässig ist z.B., bei § 222 straferschwerend zu werten, daß mehrere Menschen getötet worden sind (BGH MDR **57**, 369, VRS **23** 231, vgl. aber o. 26), ferner die dem Tode vorangegangenen Leiden der Getöteten (BGH NJW **82**, 393), die Wirkungen der Verletzungen und des Todes sowie die über die Verletzung hinausgehende Gefahr für andere, dagegen beim Totschlag nicht die besondere Gefährlichkeit des Angriffsmittels für das Opfer (BGH StV **84**, 152: besonders gefährliche Munitionsart). Ferner kann z.B. beim Meineid die besonders raffinierte Form der Täuschung des Gerichts oder die Intensität der Beeinträchtigung der Rechtspflege straferschwerend berücksichtigt werden (BGH NJW **58**, 1832), ebenso bei einer Verurteilung aus § 176 das besonders jugendliche Alter des Opfers (vgl. BGH MDR/D **69**, 193, Bruns H. Mayer-FS 362), bei einer Vergewaltigung eine die üblichen Fälle erheblich übertreffende Demütigung des Opfers (BGH NStZ/T **86**, 496), bei der Untreue die enorme Höhe des dem Opfer zugefügten Nachteils und beim Betrug ein Vermögensschaden, der über den tatbestandlich festgesetzten hinausgeht (BGH VRS **15** 112), sowie die Zahl der Täuschungshandlungen. In diesem Sinne ist auch der Satz zu verstehen, es bestünden keine Bedenken dagegen, bei der Strafzumessung „den Grundgedanken der Vorschrift nicht aus den Augen zu verlieren" (BGH MDR/D **53**, 148; vgl. auch Bruns NJW 56, 243, StrZR 372ff., Koffka JR 55, 323). In Anwendung dieser Grundsätze kann z.B. bei § 244 Nr. 1, 2 die besondere Gefährlichkeit der mitgeführten Waffe berücksichtigt werden oder bei § 250 die aus dem gewöhnlichen Rahmen erheblich herausfallende Beeinträchtigung des Opfers (BGH NStZ/T **86**, 495), bei § 306 die Tatsache, daß durch den Brand Menschen tatsächlich in erhöhte Gefahr gebracht worden sind (BGH NStZ/D **89**, 468) oder daß es sich um ein Wohnhaus mit besonders vielen Bewohnern gehandelt hat. Bei Trunkenheit im Verkehr können der besondere Grad der Fahruntüchtigkeit und die besonders gefährlichen Umstände der Fahrt in Ansatz gebracht werden. Beim Handeln mit Heroin kann dessen besondere Gefährlichkeit eine Strafschärfung begründen (BGH MDR/H **79**, 986), ebenfalls ein Gewinnstreben, das den üblichen Rahmen weit übersteigt. Dagegen darf die Strafe wegen Vollrausches idR nicht wegen der hohen Blutalkoholkonzentration erhöht werden (Bay DAR/R **84**, 238). 48

4. Zweifelhaft ist, ob ein Umstand sowohl für die Wahl des **Strafrahmens** wie auch für die Bemessung der **konkreten Strafe** herangezogen werden darf. Insoweit kann das Verbot der 49

Doppelverwertung nicht schlechthin eingreifen (Bruns H. Mayer-FS 371 f., StrZR 375 ff.; and. Dreher JZ 57, 156). Zulässig muß sein, Umstände, die zur Annahme eines besonders schweren Falles führen, bei der Strafbemessung innerhalb des erhöhten Strafrahmens zu berücksichtigen (BGH VRS **9** 352, MDR/D **75**, 541, Bruns StrZR 377), weil mit der Annahme eines besonders schweren Falles nur festgestellt wird, daß der Regelstrafrahmen zur Ahndung nicht ausreicht. Diese Feststellung klärt nicht, welches Gewicht den Umständen im einzelnen für die Höhe der Strafe zukommt. Die innerhalb des besonderen Strafrahmens angemessene Strafe muß daher unter Berücksichtigung der einzelnen Umstände festgesetzt werden, mögen sie auch Anlaß dafür gewesen sein, einen besonders schweren Fall anzunehmen. Die Situation ist nicht anders, als wenn das Gesetz, statt besonders schwere Fälle vorzusehen, nur einen erweiterten Strafrahmen enthalten würde (vgl. insoweit auch Dreher JZ 57, 158). Entsprechendes gilt für minder schwere Fälle (BGH MDR/H **80**, 453). Die Urteilsgründe müssen das Gewicht der einzelnen Umstände für die Strafhöhe wiedergeben; eine pauschale Bezugnahme auf die Gesichtspunkte, die für die Strafrahmenwahl maßgebend waren, genügt für die Begründung der Strafzumessung nicht (BGH NStZ **84**, 214). Soweit eine Strafherabsetzung nach § 49 I wegen eines besonderen Strafmilderungsgrundes (Versuch, verminderte Schuldfähigkeit, Beihilfe usw.) in Betracht kommt, darf der besondere Strafmilderungsgrund als solcher, also z. B. der Umstand, daß die Tat im Versuch stecken geblieben ist oder der Täter im Zustand verminderter Schuldfähigkeit gehandelt hat, innerhalb des milderen Strafrahmens nicht nochmals strafmildernd berücksichtigt werden (BGH **16** 354, **26** 311, NStZ **87**, 504, NJW **89**, 3230, Bruns StrZR 378, 448, 527, Hirsch LK 107, Jescheck 788). Zulässig ist dagegen, den Besonderheiten des speziellen Strafmilderungsgrundes für die Strafzumessung innerhalb des milderen Strafrahmens Bedeutung einzuräumen, etwa dem Versuchsgrad, bis zu dem die Tat gediehen war (vgl. BGH **17** 267, **26** 312, NStZ **87**, 504), der Gefährlichkeit eines fehlgeschlagenen Versuchs (BGH StV **86**, 378), der Unvollkommenheit einer Verbrechensverabredung (BGH NStZ **86**, 453) oder deren an den Versuchsbeginn nahe heranreichenden Ausführung (BGH NStZ **89**, 571), der Art und Stärke der Beihilfe, dem Grad und der mehr oder weniger verschuldeten Herbeiführung der verminderten Schuldfähigkeit (BGH NStZ **84**, 548, DAR/S **88**, 226) oder einer zusätzlichen Verminderung der Schuldfähigkeit bei einem Täter, der bereits auf Grund eines Hirnschadens vermindert schuldfähig ist (Bay VRS **67** 221). Stellt man in den Fällen des besonderen Strafmilderungsgrundes bei der Wahl des milderen Strafrahmens auf eine Gesamtbeurteilung der Tat ab (so BGH **16** 351, **17** 266; vgl. dagegen § 13 RN 64, § 23 RN 7, auch BGH **36** 18, wonach bei § 23 II den spezifisch versuchsbezogenen Umständen besonderes Gewicht zukommt), so können die für diese Wahl maßgebenden Gründe – außer dem besonderen Strafmilderungsgrund als solchem – bei der Strafbemessung innerhalb des gewählten Strafrahmens verwertet werden (BGH aaO, StV **84**, 151, Bruns StrZR 379). Hat andererseits die Gesamtbeurteilung die Wahl des Regelstrafrahmens bewirkt (vgl. hiergegen die Bedenken in RN 19 zu § 21), so ist dem Richter ebensowenig die nochmalige Berücksichtigung schulderhöhender Umstände verwehrt (BGH MDR **80**, 241, Bruns StrZR 448, 526). Bei mehrfacher Abstufung der Strafdrohungen (z. B. § 292 II, III) ist zulässig, die Annahme eines besonders schweren Falles auf Umstände zu stützen, die Merkmale eines wegen der Spezialität des schweren Falles nicht zur Anwendung kommenden Qualifizierungsgrundes sind. So kann z. B. ein besonders schwerer Fall des § 292 III damit begründet werden, daß der Täter einen der Umstände des Abs. 2 verwirklicht hat.

50 Ferner ist zulässig, bei der Entscheidung über die **Strafaussetzung zur Bewährung** dieselben Umstände zu verwerten, die für die Strafzumessung maßgeblich sind (vgl. BGH NStZ/T **86**, 498). Die besondere Schuld des Täters oder die besonders strafwürdigen Tatumstände können daher zur Strafschärfung und zur Versagung der Strafaussetzung führen (Bruns GA 56, 203, H. Mayer-FS 370).

51 5. Unzulässig ist jedoch, daß der Richter seine eigenen moralischen oder rechtlichen Wertungen dem Gesetz entgegensetzt und dies bei der Strafzumessung berücksichtigt (BGH **24** 178, OGH **3** 135; and. LG Hamburg NJW **51**, 853). Fehlerhaft ist daher die Verhängung der Mindeststrafe in einem Fall mittlerer Schwere, weil das Mindestmaß als für leichtere Fälle zu hoch beurteilt wird (BGH NStZ **84**, 117). Auf der anderen Seite ist jedoch nichts dagegen einzuwenden, daß der Richter Umwertungsprozesse, die sich in der staatlichen Gemeinschaft vollziehen, bei der Strafzumessung beachtet, auch wenn sie zu neuen gesetzgeberischen Entscheidungen noch nicht geführt haben (LG Frankenthal NJW **68**, 1685 [Ehebruch]).

52 VII. Außer den in Abs. 2 genannten Umständen sind bei der Strafzumessung viele **andere Gesichtspunkte** von Bedeutung. Der Katalog des § 46 ist nicht abschließend (vgl. o. 10, BGH MDR/D **71**, 721).

53 1. Für alle Straftaten lassen sich **Grundsätze** für die Strafzumessung **aus** solchen **Tatbestandsmerkmalen** ableiten, die das Gesetz bei einzelnen Straftatbeständen zur Kennzeichnung schwerer oder weniger schwerer Fälle verwendet (vgl. Bruns StrZR 71, Koffka JR 55, 323, v. Weber aaO 7). So können z. B. Eigennützigkeit, Handeln gegen Entgelt, Grausamkeit, Hinterlist, Heimtücke, Gewerbs- oder Gewohnheitsmäßigkeit und gemeinschaftliche Tatausführung, Umstände also, die bei einzelnen Delikten die Tat als schwerer erscheinen lassen, auch bei anderen Delikten für die Höhe der Strafe von Bedeutung sein (BGH **11** 19). Entsprechendes gilt für die in § 213 genannte Provokation als Strafmilderungsgrund, z. B. bei der Körperverletzung mit Todesfolge (vgl. § 226 RN 8). Dennoch muß der gleiche Umstand nicht bei allen Delikten die gleiche Bedeutung haben. So ist z. B. ein Handeln zur Verdeckung einer Straftat in § 211 Strafschärfungs-, in § 157 Strafmilderungsgrund (vgl. Koffka JR 55, 324, o. 13). Wie bei § 157 läßt sich der Selbstbegünstigungswille etwa bei § 145d strafmildernd berücksichtigen (Stree JR 79, 254).

2. Auch **Strafempfindlichkeit** und **Strafempfänglichkeit** des Täters sind bei der Strafzumessung zu berücksichtigen (BGH **7** 31, NStZ **83**, 408, NStE Nr. 38; vgl. auch Pallin aaO RN 74, 110, Schäfer Tröndle-FS 398). Alter (vgl. BGHR § 46 Abs. 1 Schuldausgleich 20, Hamm VRS **33** 344), Geschlecht (Hamm JR **65**, 324), Vorleben sowie sonstige Lebensumstände lassen das Gewicht einer Freiheitsstrafe für den einzelnen Verurteilten sehr unterschiedlich erscheinen. So ist vom Freiheitsentzug besonders betroffen, wer an einer Haftpsychose leidet oder weiß, daß er nicht mehr lange zu leben hat. Dem ist bei der Strafzumessung Rechnung zu tragen (vgl. RG **65** 230, 309, DR **43**, 754, BGH StV **84**, 151 [Haftpsychose], StV **87**, 101, 346 [nur noch kurze Lebenserwartung], StV **89**, 152 [stark belastende, schwere Erkrankung], StV **90**, 259 [Krebs], Hamm NJW **57**, 1003, Neustadt GA **60**, 285, Köln StV **88**, 67, Bruns StrZR 497ff., Henkel H. Lange-FS [1970] 179ff.). Zum Unterschied zwischen Strafempfindlichkeit und Strafempfänglichkeit vgl. Henkel aaO, M-Zipf II 593 (das erste bezieht sich auf die repressive, das zweite auf die präventive Wirkung der Strafe).

3. Ferner sind die **Folgen der Tat** für den Täter nicht nur zu berücksichtigen, soweit ein Absehen von Strafe in Frage kommt (§ 60), sondern auch für die Strafhöhe, so etwa die erhebliche Verletzung, die der Täter selbst beim Mordversuch erlitten hat (BGH MDR/D **74**, 547). Vgl. § 18a vor § 38 und näher Bruns StrZR 407ff. sowie 496 (Berücksichtigung von Verfahrenskosten). Zu den Folgen, die Anlaß zur Strafmilderung sein können, gehören auch die Beendigung eines Beamtenverhältnisses (BGH MDR/H **79**, 634, NStZ **81**, 342, **85**, 215, NStZ/T **88**, 305, NStZ/D **90**, 221, wistra **83**, 145, Köln MDR **84**, 162) oder des Dienstverhältnisses als Zeitsoldat (BGH **32** 79), eine obligatorische Disziplinarmaßnahme (BGH NStZ **82**, 507), der Wegfall der Versorgungsbezüge eines Ruhestandsbeamten (BGH GA **85**, 566) und die Ausschließung aus der Rechtsanwaltschaft (BGH MDR **86**, 794, NStZ **87**, 550, NStZ/D **90**, 221). Ferner können Angriffe in der Presse den Täter erheblich mitnehmen, so daß ihm dies strafmildernd verbucht werden kann (BGH NStZ/D **90**, 222). Auch zivilrechtliche Folgen können für die Strafzumessung bedeutsam sein (vgl. BGH NStZ/T **86**, 496, Hamm VRS **67** 423: Verlust des Arbeitsplatzes). So kann sich strafmildernd auswirken, daß der Täter zur Zahlung von Schmerzensgeld verurteilt worden ist, jedenfalls soweit das Genugtuungsbedürfnis des Verletzten die Schmerzensgeldhöhe beeinflußt hat (vgl. D. Meyer JuS 75, 87). Nachteilige Folgen für den Täter sind jedoch nicht schlechthin strafmildernd. Wer bei seiner Tat bestimmte Nachteile für sich selbst bewußt auf sich genommen hat, verdient idR keine strafmildernde Berücksichtigung solcher Folgen. Ebensowenig wirken nachteilige Folgen strafmildernd, die der Täter mit einer Vorsatztat herbeiführt, indem er die Quelle für Leistungen an ihn zum Versiegen bringt (Unterhaltsberechtigter tötet Unterhaltsverpflichteten). Vgl. dazu BGH NStE Nr. **57** (vorsätzliche Tötung eines Beamten, aus dessen Rechtsverhältnis mit dem Staat der Täter eigene Versorgungsansprüche gehabt hätte, sie aber als Folge seiner Tat verliert). Gemäß dem Doppelverwertungsverbot (vgl. o. 45) sind von der Strafmilderung ferner Folgen auszunehmen, die als Tatbestandsmerkmal (vgl. z. B. § 109) oder als typische Auswirkungen einer Tat anzusehen sind (vgl. Terhorst JR **89**, 187). Keine strafmildernde Bedeutung kommt ebenfalls den Folgen zu, die der Täter mit seiner strafaufschiebenden Flucht ins Ausland erlitten hat (BGH NStZ/M **83**, 404).

4. Auch die dem Gedanken der Verteidigung der Rechtsordnung (§§ 47, 56) zugrundeliegenden Erwägungen gehören ganz allgemein zu den Strafzumessungsgesichtspunkten (BGH MDR/D **72**, 196, **73**, 16).

5. Zugunsten des Angekl. ist eine **überlange Verfahrensdauer** zu berücksichtigen (BGH **24** 239, GA **77**, 275, NStZ **82**, 292, **87**, 232, **88**, 552, StV **83**, 502, **85**, 322, **89**, 394, MDR/H **84**, 89, Karlsruhe NJW **72**, 1908, Bay wistra **89**, 318, Düsseldorf MDR **89**, 935, vgl. auch BVerfG NStZ **84**, 128, das in extrem gelegenen Fällen sogar ein Verfahrenshindernis annehmen will; ähnlich BGH **35** 137, Zweibrücken NStZ **89**, 134). Dieser Milderungsgrund entfällt nicht deswegen, weil das Leugnen des Angekl. die Verurteilung verzögert hat (BGH wistra **83**, 106).

Ebenso muß sich ein längerer Zeitraum zwischen der Tat und deren Aburteilung auswirken (BGH NStZ 83, 167, 86, 217, StV 90, 17) und zwar unter Beachtung des Verhältnisses zu den jeweiligen Verjährungsfristen. Andererseits sind verfahrensrechtliche Vorgänge, die weder mit der Tat selbst zusammenhängen oder strafähnliche Auswirkungen haben noch die MRK verletzen, für die Strafzumessung unbeachtlich (BGH NStZ 89, 526: Verfahrensverstöße).

57a 6. Unzulässig ist dagegen, aus dem bloßen **Fehlen eines** bestimmten **Strafmilderungsgrundes** einen strafschärfenden Umstand herzuleiten (vgl. BGH NJW 80, 2821, NStZ 82, 463, NStZ/T 86, 496, o. 45, auch 24, 40). Ebensowenig darf das Fehlen eines bestimmten Strafschärfungsgrundes strafmildernd berücksichtigt werden. Vgl. dazu BGH NStZ/M 83, 163, Bruns JR 80, 337 mwN, 87, 89, aber auch die Bedenken bei Foth JR 85, 397, Horn StV 86, 168. Ein Verstoß gegen diese Grundsätze liegt indes nicht vor, wenn bei der Abwägung der für und gegen den Täter sprechenden Umstände nur auf das Fehlen bestimmter strafmildernder oder strafschärfender Faktoren hingewiesen wird (vgl. BGH NJW 80, 2821 m. Anm. Bruns NStZ 81, 60). Soweit keine sicheren Feststellungen über wesentliche Strafzumessungsfaktoren getroffen werden können, ist nach dem Grundsatz **in dubio pro reo** zu entscheiden (BGH StV 86, 5, NStZ/T 88, 174), auch bei möglichem Vorliegen strafmildernder Umstände (BGH NStZ/T 86, 493), etwa bei möglichen Tatfolgen für den Täter (Terhorst JR 89, 185).

58 VIII. Die verschiedenen **objektiven** und **subjektiven** Gesichtspunkte haben für die Strafzumessung grundsätzlich die **gleiche Bedeutung**. Bei der Bewertung des Gewichts einer Straftat ist nicht allein die Tat mit ihren unmittelbaren Begleitumständen als Einzelvorgang, sondern in Verbindung mit der Persönlichkeit des Täters zu würdigen (KG DRZ 48, 181). Trotz grundsätzlicher Gleichwertigkeit von objektiven und subjektiven Strafzumessungsgründen ist aber möglich, im Einzelfall einem dieser Gründe erhöhte Bedeutung beizulegen (vgl. BGH VRS 31 429). Wertvolle Hilfe für die Erfassung und Abwägung dieser Gründe bietet die kriminologische Verbrechensformel von Mezger ZAkDR 44, 100; vgl. hierzu Hülle aaO 5.

59 Man hat versucht, für den Normalfall eine **Normalstrafe** zu errechnen (vgl. Graßberger aaO 78 ff.), um die Einheitlichkeit der Rspr. nach Möglichkeit zu gewährleisten. Ein solcher Versuch kann nicht gelingen, weil es bei der Strafzumessung in jedem Einzelfall der Gesamtwürdigung aller Umstände (OGH 2 71, 3 34) bedarf und jede Schablone dem Gerechtigkeitsprinzip widerspricht (Hamm MDR 64, 254, Köln NJW 66, 895, vgl. auch BGH VM 61, 63, Hamburg NJW 63, 2387, Zipf, Strafmaßrevision, 78 f.). Andererseits ist nicht zu verkennen, daß bei der Massenkriminalität, vor allem im Bereich des Verkehrsstrafrechts, eine wesentliche Verschiedenheit der strafrechtlichen Reaktionen zu nachteiligen Vergleichen unter den Betroffenen führt und das Gefühl für Gerechtigkeit beeinträchtigen kann, etwa bei einer Trunkenheitsfahrt gemäß § 316. Aus diesem Grund sind Versuche verständlich, die in Richtung auf eine gewisse Schematisierung der Strafzumessung bei Massendelikten deuten, wie sie z. B. von Schöne NJW 68, 635 berichtet werden (vgl. aber u. 63). Zur Frage, ob und inwieweit durch Strafzumessungsempfehlungen und Absprachen die Strafzumessungspraxis einander angeglichen und divergierenden Strafsätzen begegnet werden kann, vgl. einerseits Jagusch NJW 70, 401, 1865, andererseits Seebald GA 74, 193, DRiZ 75, 4; vgl. auch Leonhard DAR 79, 89, Würzburg DAR 79, 96 (Trunkenheitsfahrt). Soweit die Strafzumessung vom Üblichen in vergleichbaren Fällen abweicht, muß der Tatrichter jedenfalls die Abweichung verständlich machen (BGH GA 74, 78, NStE Nr. 59). Geht es jedoch nur um den Vergleich mit vereinzelten Entscheidungen, so darf der Richter sich ihnen nicht ohne weiteres anpassen, sondern hat nach eigener Überzeugung die Strafe zu bemessen (BGH 28 324; vgl. dazu Bruns JR 79, 355). Gegen vergleichende Strafzumessung Terhorst JR 88, 272. Zu deskriptiven Analysen unterschiedlicher Strafzumessung und deren Ursachen vgl. Symposionsbeiträge in Pfeiffer/Oswald aaO.

60 IX. Die Strafzumessungsgrundsätze gelten auch bei der **Auswahl der Strafart**. Dies macht dann Schwierigkeiten, wenn Geld- oder Freiheitsstrafe zur Wahl steht, da Geld und Freiheit keine vergleichbaren Größen sind. Da das Gesetz bei der Bestimmung der Strafart allein das Gewicht der Tat berücksichtigt und jedenfalls die finanzielle Leistungsfähigkeit des Täters dabei ausscheidet, muß auch der Richter bei der Entscheidung, ob Geld- oder Freiheitsstrafe zu verhängen ist, in erster Linie davon ausgehen, ob die Tat in den mit Geldstrafe ausreichend geahndeten Deliktsbereich fällt, wobei dem Gewicht der Tat und der Schuld des Täters entscheidende Bedeutung zukommt. Die **finanziellen Verhältnisse** des Verurteilten müssen daher zwar bei der Bemessung einer Geldstrafe im Rahmen der Tagessatzhöhe berücksichtigt werden (vgl. § 40), sie können aber die Entscheidung, ob Geld- oder Freiheitsstrafe zu verhängen ist, nicht tragen (BGH 3 263, MDR/H 78, 986, Tröndle LK 46 vor § 40). Dabei muß in Kauf genommen werden, daß nach § 43 der Mittellose das Strafübel voll in Form einer Freiheitsentziehung zu spüren bekommt. I. E. ebenso Bay 57 106, Cramer JurA 70, 200, D-Tröndle § 40 RN 3, Stree aaO 71; and. Tiedemann GA 64, 359, Zipf MDR 65, 633.

Grundsätze der Strafzumessung 61–65 § 46

Unzulässig ist demgemäß, eine Freiheitsstrafe nur deswegen anzuordnen, weil der Täter eine 61
Geldstrafe voraussichtlich nicht bezahlen kann (BGH GA **68**, 84, Bay NJW **58**, 919; and. RG **65**
230) oder sie voraussichtlich nicht aus eigenen Mitteln wird aufbringen müssen (Bay NJW **64**,
2120; and. RG **65** 309). Sieht das Gesetz für vorsätzliche oder fahrlässige Begehung gleichermaßen Freiheits- oder Geldstrafe vor, so ist die Freiheitsstrafe für eine Fahrlässigkeitstat besonders
zu begründen (Köln NJW **62**, 825).

Für die Wahl zwischen Freiheitsstrafe und Geldstrafe ist unerheblich, daß in einer Vorschrift 62
Freiheitsstrafe zuerst genannt wird (Hamm wistra **89**, 234). Das Gesetz stellt die schwerere
Strafdrohung voran, ohne mit dieser Reihenfolge andeuten zu wollen, daß sie die Regelstrafe
sein soll. Es hängt vielmehr in allen Fällen von den jeweiligen Umständen des Einzelfalles ab,
auf welche Strafart zu erkennen ist (vgl. BT-Drs. 7/550 S. 192f.).

Frühere Versuche in der Strafzumessungspraxis zu den **Verkehrsdelikten,** insb. im Rahmen der 63
§§ 56, 316, ein Regel-Ausnahme-Verhältnis zu begründen, um auf diese Weise eine Rechtsungleichheit innerhalb der Massenkriminalität nach Möglichkeit auszuschalten, waren verfehlt. In BGH **22**
192 werden die Tatsacheninstanzen zutreffend darauf hingewiesen, daß gerade auf diesem Gebiet ein
Schematismus nicht Rechtens sei, vielmehr der Richter sich über das Neben- und Ineinander der
verschiedenen strafrechtlichen Reaktionen im Einzelfall Klarheit verschaffen und danach die angemessene Strafe festsetzen müsse.

Bei der Wahl zwischen Freiheits- und Geldstrafe ist § 47 zu beachten. Das dort enthaltene 64
Ausnahmeprinzip für Freiheitsstrafen unter 6 Monaten ist nicht schlechthin auch für die Wahl
zwischen höherer Freiheitsstrafe und Geldstrafe maßgebend (Hirsch LK § 47 RN 9; vgl. aber
Horn SK § 47 RN 7). Die Beschränkung des § 47 I auf Freiheitsstrafen unter 6 Monaten wäre
andernfalls unverständlich. Freiheitsstrafe von 6 Monaten kann der Richter daher bereits verhängen, wenn er Geldstrafe für nicht ausreichend hält. Er braucht dann nicht darzulegen, daß
Freiheitsstrafe zur Einwirkung auf den Täter oder zur Verteidigung der Rechtsordnung unerläßlich ist. Reicht jedoch Geldstrafe aus, so wäre Freiheitsstrafe verfehlt. Anders als grundsätzlich im Falle des § 47 (vgl. dort RN 19) ist aber zu begründen, weshalb Geldstrafe genügt.

X. Die Strafzumessung ist **revisibel.** Das richterliche Ermessen findet darin das notwendige 65
rechtsstaatliche Korrektiv. Der Richter hat in den Urteilsgründen die Umstände anzuführen,
die für die Strafzumessung bestimmend gewesen sind (§ 267 III StPO; vgl. BGH **24** 268, VRS
18 423); das Revisionsgericht hat die Strafzumessungsgründe nachzuprüfen. Damit dies möglich ist, genügt nicht, daß der Tatrichter sich mit gehaltlosen Floskeln begnügt, z. B. die Strafe
als „angemessen und ausreichend" bezeichnet (Frankfurt VRS **37** 60), oder bloße Wertungen
ausspricht, etwa die „Schwere der Schuld" ohne nähere Darlegung als Strafschärfungsgrund
hinstellt (BGH NStE Nr. **52**). Er darf sich auch nicht mit einer Aufzählung der Milderungs-
und Schärfungsgründe begnügen. Vielmehr muß er die Abwägung der einzelnen Umstände
nach Bedeutung und Gewicht erkennbar machen (BGH GA **79**, 60, Koblenz VRS **56** 338). Er
hat hierbei die Tatsachen anzugeben, die seine Wertung stützen (BGH MDR/D **70**, 559), und
zwar soweit, daß die rechtlichen Überlegungen nachprüfbar sind. Unzureichend ist etwa, eine
Strafschärfung mit erheblichen Vorstrafen ohne nähere Angaben (BGH MDR/D **76**, 13, Bay
MDR **76**, 598, Koblenz VRS **71** 444) oder mit zu pauschalen Angaben zu begründen (BGH StV
84, 151, wistra **88**, 64). Eine unzureichende Begründung führt zur Zurückverweisung, da das
Urteil an einem sachlich-rechtlichen Mangel leidet (vgl. BGH **24** 268, NJW **76**, 2220 m. Anm.
Bruns JR 77, 162, Düsseldorf NStZ **88**, 326). Die Strafzumessungsgründe brauchen freilich
nicht erschöpfend angeführt zu werden (vgl. BGH NJW **82**, 393, 86, 598). So schadet das
Fehlen weniger bedeutsamer Erwägungen nichts, wohl aber das Fehlen wesentlicher Gesichtspunkte (vgl. BGH b. Seibert MDR **59**, 259, Koblenz VRS **47** 256), wie etwa Feststellungen über
die Persönlichkeit des Täters (BGH NStZ **81**, 389), insb. dessen persönliche Verhältnisse (BGH
NJW **76**, 2220, NStZ **81**, 299, MDR/H **79**, 105f., StV **83**, 456), wozu auch Feststellungen zu
seinem Lebensweg und über seine familiären und wirtschaftlichen Verhältnisse gehören (BGH
NStZ **85**, 309), oder Feststellungen zu den Auswirkungen der Strafe auf das künftige Leben des
Verurteilten (BGH StV **83**, 456; vgl. auch Frankfurt VRS **44** 184, Hamm VRS **67** 423, Bay
DAR/R **80**, 263). Einer besonderen Begründung bedarf es z. B., wenn das Berufungsgericht
die erstinstanzliche Gesamtstrafe bestätigt, obwohl es die Einzelstrafen ermäßigt (Köln NJW **55**,
356) oder die erstinstanzliche Strafe trotz eines nunmehr zugrunde gelegten niedrigeren Strafrahmens nicht mildert (BGH StV **89**, 341, Schleswig SchlHA/E-L **84**, 82, Köln NJW **86**, 2328,
Karlsruhe StV **89**, 347, Düsseldorf NJW **89**, 2408). Gleiches gilt, wenn ein Gericht nach Zurückverweisung eine gleich hohe Strafe wie im aufgehobenen Urteil verhängt, obwohl ihr
nunmehr ein niedrigerer Strafrahmen zugrunde gelegt wird (BGH NJW **83**, 54 m. Anm. Terhorst JR 83, 376). Bei extrem hohen oder niedrigen Strafen ist die Abweichung vom Üblichen
anhand der Besonderheiten des Falles verständlich zu machen (BGH MDR/H **78**, 623, StV **83**, 102,
86, 57). Je mehr sich die Strafe dem Höchstmaß nähert, desto ausführlicher müssen die Strafzu-

messungserwägungen sein (BGH StV **84**, 152). Wird die Höchststrafe verhängt, so ist darzulegen, daß strafmildernde Gesichtspunkte in die Prüfung einbezogen sind, es sei denn, der Sachverhalt legt solche Gesichtspunkte nicht nahe (BGH MDR/H **78**, 623, NStZ **83**, 269; vgl. auch Bay VRS **59** 187). Das Nichteingehen auf einen sich aufdrängenden Milderungsgrund ist fehlerhaft (vgl. BGH NJW **86**, 598), z. B. die Nichterörterung eines Mitverschuldens des Verletzten, wenn nach den Urteilsgründen ein Mitverschulden naheliegt (vgl. BGH **3** 220, VRS **19** 30). Darzulegen ist ebenfalls, ob und wie sich die Einziehung von Gegenständen auf die Strafzumessung ausgewirkt hat, es sei denn, der eingezogene Gegenstand hat einen geringen Wert oder wegen ähnlicher Gründe hat die Einziehung für die Strafzumessung ersichtlich keine wesentliche Bedeutung (BGH StV **89**, 529). Vgl. noch Sarstedt-Hamm aaO 316ff., v. Weber aaO 12ff. Über das Verhältnis von Tatrichter und Revisionsinstanz vgl. BGH **17** 36, MDR/D **74**, 721, Köln VRS **22** 115, Hamm NJW **67**, 1333, **77**, 2087, VRS **33** 346, Bruns Engisch-FS 708.

66 Ferner hat das Revisionsgericht das Urteil im Strafausspruch aufzuheben, wenn sich aus den Strafzumessungsgründen ein **Ermessensfehler** ergibt (vgl. BGH **17** 36). Ein solcher liegt u. a. vor, wenn der Tatrichter sich von Fehlvorstellungen über die Bedeutung der Strafzwecke oder über die Methode des Einordnens der konkreten Tat in den Strafrahmen (vgl. dazu 42 vor § 38) hat leiten lassen (vgl. BGH MDR **76**, 1032). Ebenso verhält es sich, wenn das Gericht „grundsätzlich nur auf Freiheitsstrafe" erkennt, obwohl das Gesetz Freiheits- oder Geldstrafe androht (Celle NJW **56**, 1249; and. Celle MDR **58**, 364, Hamm JMBlNW **58**, 81, Martin NJW **57**, 1708). Denn durch das Wort „grundsätzlich" wird ein Regel-Ausnahme-Verhältnis geschaffen, das der Gesetzgeber nicht beabsichtigt hat und durch das die Geldstrafe auf minder schwere Fälle abgedrängt wird. Entsprechendes gilt, wenn gesagt wird, bei Trunkenheit am Steuer sei die Verhängung von Geldstrafen die Ausnahme von der Regel (Schleswig DAR **57**, 55; vgl. auch Köln DAR **57**, 130). Dies gilt vor allem für § 316, bei dem die Geldstrafe in der Praxis eine Zeitlang nahezu völlig in den Hintergrund gedrängt war. Unvertretbar ist andererseits die Verhängung einer Geldstrafe mit der Begründung, die Freiheitsstrafe habe keine abschreckende Wirkung gezeigt (Hamm VRS **30** 450). Fehlerhaft ist ferner der Ausspruch, dieselbe Gesamtstrafe wäre verhängt worden, wenn die eine oder andere Rechtsverletzung nicht festzustellen sei (BGH LM **Nr. 17** zu § 74), oder das Gericht wäre zur gleichen Strafe auch dann gekommen, wenn ein tatsächlich oder rechtlich abweichender Sachverhalt der Strafzumessung zugrunde zu legen wäre (Schleswig SchlHA/E-L **80**, 170; z. T. and. Bruns Leitf. 288f.), etwa verminderte Schuldfähigkeit vorgelegen hätte (RG **71** 104, BGH **7** 359; and. Hamm NJW **57**, 434). Das Gleiche gilt für das Offenlassen der Wahl zwischen zwei Strafrahmen mit der Begründung, die festgesetzte Strafe liege innerhalb der beiden möglichen Strafrahmen (Schleswig NStZ **86**, 511), oder für den Satz, „nach dem heutigen Stande der Rspr." sei eine bestimmte Strafe die mildeste (Hamburg VRS **26** 121). Zur Revisibilität unvertretbar milder Strafen vgl. BGH NJW **77**, 1247 m. Anm. Bruns JR 77, 160, NJW **90**, 846 (Verstoß gegen BtMG), Bay NStZ **88**, 408 m. krit. Anm. Meine NStZ 89, 353.

67 Vgl. näher zur Revisibilität der Strafzumessung *Bruns* StrZR 645ff., Leitf. 296, Henkel-FS 287ff., *Frisch*, Revisionsrechtliche Probleme der Strafzumessung (1971), Hirsch LK 123ff., *Schmid* ZStW 85, 392ff., *Zipf*, Strafmaßrevision.

68 XI. Trotz aller Bemühungen um Rationalisierung und Systematisierung der Strafzumessungsgründe bleibt die Strafzumessung eine echte **Ermessensentscheidung** mit allen Unwägbarkeiten persönlicher Entscheidungen (vgl. Bruns StrZR 87ff., aber auch Engisch-FS 708, Engisch Peters-FS 21ff., Schmidhäuser 786). Sie kann daher zwar auf Ermessensfehler, aber letztlich nicht auf ihre Gerechtigkeit nachgeprüft werden (Heinitz aaO, v. Weber aaO 13; vgl. auch BGH VRS **31** 428, NStZ/D **90**, 173; enger Zipf, Strafmaßrevision S. 164ff.). Diese Feststellung ist von Bedeutung für die Entscheidung der Frage, ob unterschiedliche Strafsätze bei gleichartigen Taten den **Gleichheitssatz des Art. 3 GG** verletzen. Mit BVerfGE **1** 345f. ist diese Frage zu verneinen (so auch BGH VRS **21** 54, BayVerfGH GA **64**, 151, Bay **54**, 56, Hamburg NJW **54**, 1737). Das gilt auch für die Änderung der Strafzumessungspraxis desselben Gerichts. Die Abweichung von Strafsätzen in anderen Fällen stellt als solche keinen Rechtsfehler dar (BGH DAR/S **78**, 149), auch nicht die unterschiedliche Strafhöhe bei Mittätern und Mitangeklagten (BGH MDR/H **77**, 808, **79**, 986, StV **90**, 403), wobei allerdings ein gerechtes Verhältnis zueinander bestehen muß (BGH JZ **88**, 264). Dies bedeutet jedoch nicht, daß im Einzelfall die Strafbemessung nicht gegen Art. 3 GG verstoßen könnte. Vgl. z. B. Bay **58**, 54, wonach die Entscheidung über Freiheits- oder Geldstrafe von den Einkommensverhältnissen der Angekl. abhängig gemacht werden dürfe. Art. 3 GG gewährleistet also nicht nur die Anwendung des vorgeschriebenen Strafrahmens, wie BGH **1** 184 meint, sondern ist auch bei der Ermessensausübung im Rahmen der Strafzumessung zu beachten (vgl. auch o. 36).

XII. Die vorstehend für die Hauptstrafen entwickelten Strafzumessungserwägungen gelten 69 auch für **Nebenstrafen.** Für die **Maßregeln** der Besserung und Sicherung dagegen und für die Nebenfolgen ohne Strafcharakter sind die aus den Strafzwecken abgeleiteten Grundsätze nicht anwendbar (zust. Frankfurt VRS **44** 186). Vielmehr erfolgt die Entscheidung über Art und Umfang dieser Deliktsreaktionen nach den ihnen zugrunde liegenden Aufgaben.

XIII. Eine andere Frage ist, ob und in welchem Umfang die Entscheidung über sämtliche 70 Deliktsreaktionen von einer **Gesamtkonzeption des Gerichts** abhängen kann und die Entscheidung über eine von ihnen entsprechende Konsequenzen für die anderen hat. So fragt sich z. B., ob die Höhe einer Freiheitsstrafe oder die Tagessatzzahl bei der Geldstrafe davon abhängen kann, ob neben einer solchen Strafe ein Fahrverbot nach § 44 angeordnet wird. Ebenso kann erwogen werden, eine Geldstrafe mit Rücksicht darauf, daß wertvolles Eigentum des Täters eingezogen wird, geringer zu bemessen. Die Rspr. läßt nicht immer erkennen, ob sie sich die Bedeutung dieser Fragestellung, die sich aus dem Grundsatz der Verhältnismäßigkeit ergibt (vgl. dazu u. 74), bewußt gemacht hat. Aus Äußerungen höchstrichterlicher Entscheidungen läßt sich jedoch rückschließen, daß die Tatgerichte bereit sind, das Gewicht aller von ihnen angeordneten Deliktsreaktionen gemeinsam in die Waagschale zu werfen und demgemäß bei der Entscheidung über eine Reaktion die Tatsache zu berücksichtigen, daß eine andere den Verurteilten ebenfalls belastet (vgl. etwa BGH **10** 338, **16** 288, VRS **4** 361, GA **74**, 177, Bay VRS **75** 215, KG VRS **3** 127, Hamm VRS **32** 32, NJW **73**, 719). Zur Berücksichtigung der Einziehung bei der Hauptstrafe vgl. BGH NJW **83**, 2710, JZ **84**, 104, NStZ **85**, 362, StV **87**, 389, **89**, 529, Saarbrücken NJW **75**, 65, Eser, Die strafrechtlichen Sanktionen gegen das Eigentum, 1969, 356f.; zur Berücksichtigung des Berufsverbots bei der Strafzumessung vgl. BGH wistra **90**, 99. Zur Herabsetzung einer an sich angemessenen Freiheitsstrafe bei Anordnung des Vorwegvollzugs der Strafe vor der zugleich verhängten Maßregel vgl. BGH MDR/H **85**, 90. BGH **24** 132 lehnt allerdings eine Unterschreitung der schuldadäquaten Strafe mit Rücksicht auf eine daneben verhängte Maßregel ab. Im Rahmen des § 47 ist aber unabweisbar, die Kombination von Geldstrafe und Maßregel der kurzen Freiheitsstrafe als Alternative gegenüberzustellen.

Zu beachten ist jedoch, daß eine summarische Kompensation mehrerer Deliktsreaktionen 71 mit der Tatsache unvereinbar ist, daß den verschiedenen strafrichterlichen Reaktionsmitteln verschiedene Aufgaben gestellt sind und aus diesem Grunde sorgsam zu prüfen ist, ob allen gesetzgeberischen Aufgaben, die den Strafen und Maßregeln gestellt sind, entsprochen wird. Eine Kompensation erscheint daher nur insoweit legitim, als die verschiedenen Reaktionen auf einen Generalnenner gebracht werden können. So kann z. B. auf eine Maßregel der Besserung und Sicherung dann verzichtet werden, wenn ihre Aufgabe durch eine Freiheitsstrafe übernommen werden kann. Maßstäbe für eine solche Vergleichbarkeit der einzelnen Reaktionsmittel lassen sich der Möglichkeit des Vikariierens von Strafen und Maßregeln entnehmen, aus der jedenfalls so viel zu erkennen ist, daß eine völlige gegenseitige Ersetzung von Strafen und Maßregeln nicht in Betracht kommen kann. Vgl. zum Vorstehenden vor allem Bruns StrZR 221 ff. und dazu Frisch ZStW 99 373. Über das Verhältnis von Kriminal- und Disziplinarstrafen vgl. BVerfG NJW **67**, 1651 m. Anm. Rupp, ferner Baumann JZ 67, 657. Zum Verschlechterungsverbot beim Austausch von Deliktsreaktionen vgl. Köln VRS **40** 257, Hamm NJW **71**, 1190, Koblenz VRS **47** 416.

XIV. Die Diskussion der Strafzumessungsprobleme ist vom Bestreben getragen, die Prinzipien zu 72 ermitteln, nach denen über das subjektive Ermessen des Richters hinaus die Strafzumessung gleichartiger und nachprüfbarer gemacht werden kann (vgl. Spendel aaO). Strafrahmen, die ohne nähere Kennzeichnung der Wertabstufungen und ohne gesetzgeberische Akzentuierung von 1 Monat bis zu 15 Jahren Freiheitsstrafe reichen, sind mit so hohen Risiken der Rechtsungleichheit belastet, daß durch einen Katalog von Strafzumessungsregeln versucht werden muß, eine größere Einheitlichkeit der Entscheidung zu erreichen. Dagegen sollte das „Wie" der Wirkung der Regeln, ob sie also straferhöhend oder strafmindernd zu berücksichtigen sind, nicht oder jedenfalls nicht regelmäßig festgelegt werden, da ein und derselbe Umstand bei der Strafzumessung von durchaus verschiedener Bedeutung sein kann (vgl. Bruns NJW 56, 243, Peters, Gutachten S. 35, Schröder, Gutachten S. 79).

Vgl. noch Heinitz, Der Strafzweck bei der richterlichen Strafbemessung mit besonderer Berück- 73 sichtigung der deutschen Entwürfe, Archiv für Rechts- und Wirtschaftsphilosophie, Bd. 27 S. 259, Mezger, Strafzumessung im Entwurf, ZStW 51, 855 sowie die Symposionsbeiträge in Pfeiffer/ Oswald aaO.

XV. Als staatliche Eingriffe in die Rechtssphäre des Bürgers unterliegen Strafen ebenso wie 74 Maßregeln dem **Grundsatz der Verhältnismäßigkeit.** Im StGB ausgesprochen ist dies freilich nur für die Maßregeln der Besserung und Sicherung (§ 62). Gleiches ist aber auch für Strafen anzunehmen. Das BVerfG hat wiederholt ausgesprochen, daß für jede Grundrechtsbeschränkung das Prinzip der Verhältnismäßigkeit gelte, der Staat also seine eigenen Zwecke in eine angemessene Relation zu den Rechten seiner Bürger zu setzen habe (BVerfGE **16** 302, **19** 342).

§ 47 1–3   Allg. Teil. Rechtsfolgen der Tat – Strafen

Dies bedeutet, daß jede staatliche Deliktsreaktion im Einzelfall darauf hin zu prüfen ist, ob es zur Erreichung der staatlichen Aufgaben erforderlich ist, gerade diesen Eingriff in die Sphäre des Bürgers vorzunehmen, und ob Wert und Wichtigkeit des wahrgenommenen staatlichen Interesses in einem angemessenen Verhältnis zur Beschränkung der Rechte des Betroffenen stehen. Diesen Grundsatz hat BVerfGE **23** 134 m. Anm. Arndt NJW 68, 979 (ebenso BVerwG NJW **69**, 630) für alle Deliktsreaktionen aufgestellt und es z. B. für unzulässig erklärt, wenn Art und Umfang der Sanktionen so beschaffen seien, daß sie die Persönlichkeitssubstanz des Verurteilten zerstören könnten: „den Gewissenstäter durch übermäßig harte Strafen als Persönlichkeit mit Selbstachtung zu brechen, ist verfassungswidrig". Vgl. auch BVerfGE **45** 260 zum Verhältnismäßigkeitsgrundsatz bei der lebenslangen Freiheitsstrafe gem. § 211.

§ 47 Kurze Freiheitsstrafe nur in Ausnahmefällen

(1) **Eine Freiheitsstrafe unter sechs Monaten verhängt das Gericht nur, wenn besondere Umstände, die in der Tat oder in der Persönlichkeit des Täters liegen, die Verhängung einer Freiheitsstrafe zur Einwirkung auf den Täter oder zur Verteidigung der Rechtsordnung unerläßlich machen.**

(2) **Droht das Gesetz keine Geldstrafe an und kommt eine Freiheitsstrafe von sechs Monaten oder darüber nicht in Betracht, so verhängt das Gericht eine Geldstrafe, wenn nicht die Verhängung einer Freiheitsstrafe nach Absatz 1 unerläßlich ist. Droht das Gesetz ein erhöhtes Mindestmaß der Freiheitsstrafe an, so bestimmt sich das Mindestmaß der Geldstrafe in den Fällen des Satzes 1 nach dem Mindestmaß der angedrohten Freiheitsstrafe; dabei entsprechen dreißig Tagessätze einem Monat Freiheitsstrafe.**

Schrifttum: Blei, Die Verteidigung der Rechtsordnung, JA 70, 397, 461. – *Cramer,* Das Strafensystem des StGB nach dem 1. 4. 1969, JurA 70, 183. – *Dünnebier,* Die Strafzumessung bei Trunkenheitsdelikten im Straßenverkehr nach dem ersten Gesetz zur Reform des Strafrechts, JR 70, 241. – *Eickhoff,* Das Verhältnis von Fahrerlaubnisentziehung und kurzfristiger Freiheitsstrafe, NJW 71, 272. – *Hohler,* Die Strafrechtsreform – Beginn einer Erneuerung, NJW 69, 1225. – *Horstkotte,* Der Allgemeine Teil des Strafgesetzbuches nach dem 1. 9. 1969, NJW 69, 1601. – *ders.,* Die Vorschriften des Ersten Gesetzes zur Reform des Strafrechts über die Strafbemessung, JZ 70, 122. – *Koch,* Die „Verteidigung der Rechtsordnung" bei Verkehrsvergehen, NJW 70, 842. – *Kunert,* Kurze Freiheitsstrafe und Strafaussetzung zur Bewährung ... MDR 69, 705. – *ders.,* Der zweite Abschnitt der Strafrechtsreform, NJW 70, 537. – *Lackner,* Strafrechtsreform und Praxis der Strafrechtspflege, JR 70, 1. – *Lenckner,* Die kurze Freiheitsstrafe nach den Strafrechtsreformgesetzen, JurA 71, 319. – *Maiwald,* Die Verteidigung der Rechtsordnung – Analyse eines Begriffs, GA 83, 49. – *Naucke* u. a., „Verteidigung der Rechtsordnung". Kritik an der Entstehung und Handhabung eines strafrechtlichen Begriffes (1971). – *Payer,* § 14 StGB i. d. F. des 1. StrRG (1971). – *Schröder,* Zur Verteidigung der Rechtsordnung, JZ 71, 241. – *Sturm,* Die Strafrechtsreform, JZ 70, 81.

1   I. Die Bestimmung dient dazu, die **kurzzeitige Freiheitsstrafe** möglichst weit **zurückzudrängen**. Freiheitsstrafen unter 6 Monaten sind danach nur zulässig, wenn dies zur Einwirkung auf den Täter oder zur Verteidigung der Rechtsordnung unerläßlich ist. Den frei werdenden Raum füllt die **Geldstrafe** aus. Ist sie allerdings uneinbringlich, so tritt an ihre Stelle gem. § 43 Ersatzfreiheitsstrafe. Die weitergehende Forderung, die kurzzeitige Freiheitsstrafe in diesem Bereich völlig zu beseitigen, hat das Gesetz nicht berücksichtigt, da es für sie keinen adäquaten Ersatz gibt (vgl. BT-Drs. V/4094 S. 6, Schmidhäuser 762). Es läßt also die Möglichkeit, in besonderen Fällen eine kurzzeitige Freiheitsstrafe zu verhängen, offen und behält in vollem Umfang die Ersatzfreiheitsstrafe (§ 43) bei, die dazu dient, daß eine nicht beitreibbare Geldstrafe nicht praktisch zur Straflosigkeit führt. Zur Verfassungsmäßigkeit des § 47 vgl. BVerfGE **28** 386. Zu den Gesichtspunkten für und wider die kurze Freiheitsstrafe vgl. Weigend JZ 86, 260, auch Kunz SchwZStr 103, 182, insb. zum „short sharp shock". Zum Programm, kurze Freiheitsstrafen als Freizeitstrafen zu vollziehen, vgl. Dolde/Rössner ZStW 99 424.

2   Bei **Straftaten von Soldaten** darf Geldstrafe nicht verhängt werden, wenn besondere Umstände, die in der Tat oder der Persönlichkeit des Täters liegen, die Verhängung von Freiheitsstrafe zur Wahrung der Disziplin gebieten (§ 10 WStG). In solchen Fällen ist, wenn eine Freiheitsstrafe von mehr als 6 Monaten nicht in Betracht kommt, auf Strafarrest zu erkennen (§ 12 WStG). Entsprechende Einschränkungen für die Geldstrafe gelten nach § 56 ZDG für Dienstleistende, die eine Straftat nach diesem Gesetz begangen haben.

3   Aus § 47 ergibt sich jedoch nicht, daß dann, wenn Geldstrafe zur Einwirkung auf den Täter nicht ausreicht, Freiheitsstrafe von 6 Monaten und mehr zu verhängen wäre, weil der Gesetz-

geber davon ausging, kürzere Freiheitsstrafen hätten keinen Resozialisierungseffekt (verfehlt Braunschweig GA **70**, 87). Vielmehr hat das Gericht in diesen Fällen die Freiheitsstrafe nach allgemeinen Gesichtspunkten (vgl. § 46) zu bemessen. Zur Wahl zwischen Geldstrafe und Freiheitsstrafe von 6 Monaten und mehr vgl. § 46 RN 64.

II. **Freiheitsstrafen unter 6 Monaten** werden grundsätzlich **durch** die **Geldstrafe ersetzt.** 4 Wird ausnahmsweise eine Freiheitsstrafe verhängt, so ist das näher zu begründen (vgl. u. 19).

1. Ohne Bedeutung ist, ob es sich um **Verbrechen oder Vergehen** handelt. Bei Verbrechen 5 kann eine Freiheitsstrafe von 6 Monaten oder darüber nicht geboten sein, wenn ein minder schwerer Fall vorliegt (vgl. etwa §§ 146 II, 224 II, 226 II) oder eine spezifische Möglichkeit der Strafherabsetzung (z. B. beim Versuch) besteht.

Unzulässig ist, bestimmte Straftaten, wie Unterhaltspflichtverletzungen (Köln NJW **81**, 64, 6 Bay **87**, 71), Amtsdelikte, Trunkenheit am Steuer oder Dienstflucht nach ZDG (Zweibrücken StV **89**, 397), von § 47 auszunehmen (vgl. RG **68** 227, **71** 47, BGH VRS **27** 102). Unrichtig wäre daher, die Anwendung des § 47 wegen der „enormen Verkehrsgefahren, die von angetrunkenen Kraftfahrern ausgehen", abzulehnen (Frankfurt NJW **71**, 667; vgl. auch RG JW **30**, 909, BGH MDR/D **53**, 15, VRS **27** 102); vgl. auch u. 14. Ferner hat das Berufungsgericht bei alleiniger Berufung des Angekl. die Voraussetzungen des § 47 auch dann zu prüfen, wenn es entgegen dem Erstgericht einen besonders schweren Fall mit einer Mindestfreiheitsstrafe von 6 Monaten für gegeben hält, die erstinstanzliche Freiheitsstrafe unter 6 Monaten aber wegen des Verschlechterungsverbots nicht erhöhen darf (Köln MDR **74**, 774).

2. Für die **Bemessung der Geldstrafe,** die an die Stelle der Freiheitsstrafe tritt, ist § 40 7 maßgebend. Ist für die Tat ein erhöhtes Mindestmaß der Freiheitsstrafe angedroht, so richtet sich im Falle des Abs. 2 das Mindestmaß der Geldstrafe nach diesem Mindestmaß, wobei 30 Tagessätze einem Monat Freiheitsstrafe entsprechen (Abs. 2 S. 2). Andererseits ist das Mindestmaß des § 38 II unbeachtlich, so daß in den Fällen, in denen kein besonderes Mindestmaß der Freiheitsstrafe angedroht ist, Geldstrafe ab 5 Tagessätzen verhängt werden kann. Das ergibt sich daraus, daß Geldstrafe wahlweise neben Freiheitsstrafe tritt, wenn das Gesetz Freiheitsstrafe ohne besonderes Mindestmaß androht (Art. 12 I EGStGB). Bei einer nach Abs. 2 verhängten Geldstrafe muß die Tagessatzzahl unter 180 liegen, da sonst eine Diskrepanz gegenüber der nicht verhängten Freiheitsstrafe entstehen würde (vgl. Grünwald Schaffstein-FS 220).

3. Stehen **mehrere Straftaten** zur Aburteilung, so fragt sich, ob die zeitlichen Grenzen des 8 § 47 für jede Einzelstrafe oder für die nach § 54 zu bildende Gesamtstrafe gelten. Der Sinn des § 47 spricht für die erste Lösung (so auch BGH **24** 164, VRS **37** 350, **39** 95, Frankfurt NJW **71**, 667, Hamm GA **70**, 117, Hamburg MDR **70**, 437, D-Tröndle 10, Hirsch LK 8). Aus der Tatsache, daß der Täter mehrere, wenn auch für sich betrachtet, geringfügige Straftaten begangen hat, kann sich jedoch ergeben, daß eine Freiheitsstrafe unerläßlich ist (BGH MDR/D **70**, 196, D-Tröndle 10, Hirsch LK 8; vgl. auch § 53 RN 10). Die Unerläßlichkeit ist jedoch auch in diesen Fällen im einzelnen zu begründen (BGH NStE Nr. 2). Als Begründung genügt nicht der bloße Hinweis auf die Vielzahl der Einzelfälle (BGH StV **82**, 366). Möglich ist, Geldstrafen nur für einen Teil der mehreren Straftaten zu verhängen, so etwa beim Zusammentreffen von Vorsatz- mit Fahrlässigkeitsdelikten. Vgl. § 53 RN 21.

Vor Anwendung des § 47 hat sich das Gericht **zunächst** darüber schlüssig zu werden, **welche** 8a **Strafe** an sich angemessen ist. Bei einer Freiheitsstrafe unter 6 Monaten ist dann weiter zu prüfen, ob die besonderen Umstände des Abs. 1 eine Freiheitsstrafe unerläßlich machen. Ist dies nicht der Fall, so ist auf Geldstrafe zu erkennen.

III. Um in den Fällen, in denen die einzelnen **Strafgesetze** eine **Geldstrafe nicht vorsehen,** 9 eine entsprechende Möglichkeit zu eröffnen, bestimmt **Abs. 2,** daß auch in diesen Fällen auf Geldstrafe erkannt werden kann, sofern im übrigen die Voraussetzungen des Abs. 1 vorliegen. Des Rückgriffs auf Abs. 2 bedarf es freilich nicht bei den Gesetzen, die Freiheitsstrafe ohne besonderes Mindestmaß androhen, da bei ihnen bereits nach Art. 12 I EGStGB stets die wahlweise Androhung der Geldstrafe neben die Freiheitsstrafe tritt. Für die Ausübung der Wahl sind die in Abs. 1 festgelegten Grundsätze zu beachten.

IV. Der Grundsatz, daß Freiheitsstrafe bis zu 6 Monaten nicht verhängt werden soll, wird für 10 die Fälle durchbrochen, in denen die Verhängung einer **Freiheitsstrafe unerläßlich** ist. Dies ist der Fall, wenn die notwendige Einwirkung auf den Täter oder die Verteidigung der Rechtsordnung eine Freiheitsstrafe unverzichtbar erscheinen läßt (Düsseldorf StV **86**, 64, D-Tröndle 7, Lackner 2 d).

1. Eine Freiheitsstrafe kann einmal verhängt werden, wenn dies **zur Einwirkung auf den** 11 **Täter unerläßlich** ist. Damit ist die spezialpräventive Funktion der Strafe gemeint, so daß der Richter zu klären hat, ob eine täterungünstige Prognose (drohende weitere Straftaten) die

Freiheitsstrafe bedingt (vgl. dazu Frisch, Prognoseentscheidungen im Strafrecht, 1983, 83, 128) und ob irgendeine den Täter weniger belastende und dennoch kriminalpolitisch erfolgversprechende Alternative zur Freiheitsstrafe besteht. Dies ist der Fall, wenn durch eine Geldstrafe i. V. mit einer Maßregel, z. B. der fühlbaren Fahrerlaubnisentziehung (Frankfurt NJW **71**, 669, Eickhoff NJW 71, 272, Lenckner aaO 332f.), der gleiche kriminalpolitische Zweck erreicht werden kann. Gleiches gilt für die Verhängung einer Geldstrafe i. V. mit einer Nebenstrafe (D-Tröndle 7, Cramer JurA 71, 201, Lenckner aaO 332). Ist mit solchen Reaktionsmitteln die erforderliche Einwirkung auf den Täter nicht zu erreichen, so ist die Verhängung einer Freiheitsstrafe unerläßlich. Dies soll nach Bay JZ **89**, 696 m. abl. Anm. Köhler sogar dann gelten, wenn die Freiheitsstrafe ihrerseits den Täter voraussichtlich unbeeindruckt lassen wird. Aber was keinen Eindruck macht, kann zur Einwirkung auf den Täter schwerlich unerläßlich sein. Besondere Umstände, die eine Freiheitsstrafe zur Einwirkung auf den Täter unerläßlich machen, können z. B. einschlägige Vorstrafen sein (Hamm VRS **38** 178, **40** 100, GA **71**, 57, Frankfurt NJW **70**, 956, Koblenz MDR **70**, 693; vgl. auch Hamburg MDR **70**, 437), u. U. aber auch nicht einschlägige Vorstrafen (Koblenz OLGSt § 46 Nr. 2). Bei Wiederholungstätern läßt sich die Unerläßlichkeit einer Freiheitsstrafe jedoch nicht schematisch bejahen (Schleswig NJW **82**, 116); es sind vielmehr die besonderen Umstände des Einzelfalles (Zahl der Vorstrafen, Dauer des Zurückliegens usw.) zu berücksichtigen (Hamm VRS **38** 257, **39** 444, MDR **70**, 779, JMBlNW **70**, 265, Karlsruhe VRS **38** 331, Frankfurt NJW **70**, 956, Celle DAR **70**, 188, Horstkotte NJW 69, 1602, Lenckner JurA 71, 333; bedenklich daher Koblenz MDR **70**, 693, VRS **40** 11, wonach bei Wiederholungstätern die Verhängung einer Freiheitsstrafe zur Einwirkung auf den Täter „meist" erforderlich sein wird). So rechtfertigt etwa die erneute Straffälligkeit nach § 316 allein noch keine kurze Freiheitsstrafe (AG Landstuhl MDR **75**, 1039; vgl. auch Köln GA **80**, 267, StV **84**, 378). Als zusätzliche besondere Umstände können das Trinken in Fahrbereitschaft und eine nicht unerhebliche Blutalkoholkonzentration sowie das Fahren nach erstinstanzlicher Aburteilung trotz vorläufig entzogener Fahrerlaubnis ausreichen (Koblenz VRS **51** 428) oder mehrfache Rückfälligkeit und Tatbegehung kurz nach Zustellung der Anklageschrift wegen gleicher Tat (Koblenz VRS **54** 31). Aber auch bei Erstbestrafungen können besondere Umstände die Unerläßlichkeit einer Freiheitsstrafe ergeben, nämlich dann, wenn sich klar abzeichnet, daß diese das einzige Mittel ist, dem Täter vom Fortsetzen seines strafbaren Verhaltens abzubringen (Bay NJW **88**, 2750). Allerdings ist bei einem Ersttäter idR eine kurze Freiheitsstrafe nicht unerläßlich (Hamm wistra **89**, 234). Keine besonderen Umstände sind günstige Einkommensverhältnisse; sie gebieten nicht die Verhängung einer Freiheitsstrafe (BGH MDR/ H **78**, 986). Ebensowenig ist bei einer Tat nach § 170b ein besonderer Umstand, der eine Freiheitsstrafe gebietet, darin zu erblicken, daß eine Geldstrafe die Leistungsfähigkeit des Täters beeinträchtigt (Bay NJW **88**, 2751).

12 Worin die Einwirkung auf den Täter besteht, wenn der Richter sich für eine Freiheitsstrafe entscheidet, ist strittig (vgl. D-Tröndle 4, Lackner 2b, Horstkotte NJW 69, 1602, Kunert MDR 69, 708f.). Unstreitig ist nur, daß u. U. der psychologische Effekt, der von der Anordnung der Freiheitsstrafe ausgeht, bereits eine Einwirkung auf den Täter sein kann. Ferner ist zu beachten, daß Freiheitsstrafen unter 6 Monaten nach § 56 grundsätzlich ausgesetzt werden und sich damit dem Richter das besondere Instrumentarium der §§ 56a ff. eröffnet, das bei der Verhängung einer Geldstrafe nicht zur Verfügung stehen würde (vgl. BGH **24** 164). Die effektive Verbüßung einer Freiheitsstrafe unter 6 Monaten sollte nach der Vorstellung des Gesetzgebers zur Einwirkung auf den Täter niemals notwendig sein, da er ja von der These der Schädlichkeit kurzzeitiger Freiheitsstrafen ausgeht. Ob sich dies eines Tages ändern wird, muß dahinstehen (vgl. Lenckner JurA 71, 341).

13 Wegen der verschiedenartigen Wirkungen, die von einer ausgesetzten und einer vollstreckten Freiheitsstrafe ausgehen, hat sich der Richter bereits bei der Entscheidung darüber, ob die Verhängung einer Freiheitsstrafe zur Einwirkung auf den Täter unerläßlich ist, darüber klarzuwerden, ob er die Strafe vollstrecken lassen oder zur Bewährung aussetzen soll (so auch Grünwald Schaffstein-FS 227, Lackner JR **70**, 5f., Lenckner JurA 71, 337, Horstkotte NJW 69, 1602; and. Kunert MDR 69, 708).

14 2. Ferner kann die **Verteidigung der Rechtsordnung** eine kurze Freiheitsstrafe erforderlich machen. Zum Begriff vgl. 19ff. vor § 38. Krit. Grünwald Schaffstein-FS 228ff. Die Verhängung einer Freiheitsstrafe zur Verteidigung der Rechtsordnung ist unerläßlich, wenn ohne sie ernstlich zu befürchten ist, daß die Allgemeinheit ihr Vertrauen in die Wirksamkeit der Strafrechtspflege verliert und dadurch das allgemeine Rechtsbewußtsein nachhaltig beeinträchtigt wird. Dies darf jedoch nicht zu der Annahme führen, daß sie bei Schädigungen der Allgemeinheit, etwa bei Vergehen gegen die Umwelt, oder bei häufig auftretenden Deliktstypen, wie etwa Trunkenheitsfahrten, generell geboten wäre. Vielmehr müssen stets besondere Umstände in der Tat oder der Person des Täters hinzutreten, die den Verstoß von den Durchschnittsfällen negativ abheben und als so schwerwiegend erscheinen lassen, daß das Absehen von Freiheitsstrafe die Rechtstreue der Bevölkerung und ihr Vertrauen in die Unverbrüchlichkeit des Rechts ernstlich erschüttern würde (Frankfurt NJW **70**, 956, **71**, 667, Hamm NJW **71**, 1384, JMBlNW **70**, 265, DAR **70**, 328, VRS **39** 330, 480, **40** 345, MDR **70**, 693, Düsseldorf NJW **70**, 767). Bei einer Straßenverkehrsgefährdung durch Trunkenheit am Steuer, die einen mittleren Schweregrad erreicht, ist dies i. d. R. noch nicht der Fall (Köln NJW **70**, 258, VRS **38** 27, Hamm DAR **70**, 190, Frankfurt DAR **72**, 49). Jedoch gilt dies nicht ausnahmslos (Frankfurt DAR **72**, 48, Bay DAR **72**, 130, KG VRS **44** 92). Zur Verteidigung der Rechtsordnung kann eine Freiheitsstrafe unerläßlich sein bei Wiederholungstätern, die vorsätzlich gehandelt haben (Celle NJW **70**, 872, Hamm VRS **41** 410; weitergehend Koblenz MDR **70**, 693, VRS **40** 11, wonach auch fahrlässige Begehung ausreichen soll), u. U. dann auch bei einer Bagatelle (vgl. Düsseldorf NStZ **86**, 512: Diebstahl einer Sache im Wert von 8,80 DM, Bay VRS **76** 130), oder bei besonders gefährlichen oder hartnäckigen Rechtsbrechern (Bay NJW **70**, 871; vgl. auch Hamm DAR **72**, 245), ferner bei einer lokalen Häufung bestimmter Rechtsverletzungen (Stuttgart NJW **71**, 629), dagegen nicht ohne weiteres beim Übergriff (Körperverletzung im Amt) eines unbestraften Polizeibeamten gegenüber einem Demonstranten (Köln NJW **81**, 411). Bei fahrlässiger Straßenverkehrsgefährdung darf die Entscheidung, ob Freiheitsstrafe zur Verteidigung der Rechtsordnung unerläßlich ist, nicht schlechthin oder überwiegend von den Tatfolgen abhängig gemacht werden (Hamm VRS **39** 330). So genügt noch nicht eine fahrlässige Tötung, die zwar auf grober Unaufmerksamkeit beruht, nicht aber Ausfluß einer verkehrsfeindlichen Grundeinstellung ist (vgl. Bay DAR/R **76**, 174: Ablenkung durch Anzünden einer Zigarre während der Fahrt). Jedoch hat bei alkoholbedingtem tödlichem Verkehrsunfall das Gericht zu begründen, warum es keine der Ausnahmen für gegeben hält (Stuttgart NJW **71**, 2181). Im übrigen bietet die Judikatur nur Kasuistik; vgl. z. B. Karlsruhe DAR **71**, 188 (einschlägige Vorstrafen), Schleswig SchlHA/E-L **84**, 83 (Zunahme von Falschaussagen zugunsten Trunkenheitsfahrer).

Für die Entscheidung darüber, ob die Verteidigung der Rechtsordnung die Verhängung einer 15 Freiheitsstrafe gebietet, kann die Schuld des Täters wesentlich ins Gewicht fallen. Je größer die Schuld ist, desto eher wird das Vertrauen in die Unverbrüchlichkeit des Rechts erschüttert, wenn statt auf Freiheitsstrafe nur auf Geldstrafe erkannt wird. Unzulässig ist jedoch, allein auf die Schuldschwere abzuheben und ausschließlich aus ihr die Notwendigkeit der Freiheitsstrafe herzuleiten. Trotz erhöhter Schuld kann eine Geldstrafe das Rechtsbewußtsein und die Rechtstreue der Allgemeinheit unbeeinträchtigt lassen. Das kann u. a. der Fall sein, wenn die Folgen der Tat den Täter schwer getroffen haben, die Verhängung einer Strafe aber noch nicht offensichtlich verfehlt ist und somit ein Absehen von Strafe nach § 60 ausscheidet, ferner dann, wenn der Täter sich nach der Tat verdienstvoll verhält, z. B. den angerichteten Schaden ersetzt oder sich ernsthaft bemüht, ihn wiedergutzumachen (vgl. Lenckner JurA 71, 347 f.). Die Schuld kann demgemäß nur mittelbar von Bedeutung dafür sein, ob eine Freiheitsstrafe zur Verteidigung der Rechtsordnung unerläßlich ist (vgl. Koblenz VRS **65** 29, Hirsch LK 34; vgl. aber auch Maiwald GA 83, 52 ff.).

3. Grundlage der Entscheidung über die Verhängung einer Freiheitsstrafe sollen **besondere Um-** 16 **stände** sein, die in der Tat oder in der Persönlichkeit des Täters liegen. Dies sind alle Umstände, die für die qualitative und quantitative Strafzumessung bedeutsam sind, die sich ihrerseits wieder an den Strafzwecken zu orientieren hat. Sie müssen gegenüber dem durchschnittlichen Täter, für den Geldstrafe in Betracht kommt, einen Unterschied ergeben, der die Verhängung einer Freiheitsstrafe unerläßlich macht (vgl. Düsseldorf StV **86**, 64, Bay VRS **76** 131). Hierauf hätte auch ohne Erwähnung der besonderen Umstände abgestellt werden müssen. Letztlich könnte daher der Hinweis auf diese besonderen Umstände fehlen, ohne daß § 47 einen anderen Inhalt bekäme (vgl. Lenckner JurA 71, 330).

4. Wird eine Freiheitsstrafe unter 6 Monaten verhängt, so ist zu beachten, daß nach § 56 eine 17 **obligatorische Aussetzung** der Strafe bei entsprechend günstiger Prognose erfolgen muß. Dem Gericht ist daher verwehrt, die Gründe, die für die Verhängung einer kurzen Freiheitsstrafe maßgeblich gewesen sind, bei der Entscheidung über die Strafaussetzung zur Bewährung noch einmal zu berücksichtigen, soweit sie nicht die Prognose betreffen.

5. Grundsätzlich ohne Bedeutung ist für die Anwendbarkeit des § 47, **ob** der **Verurteilte** eine 18 **Geldstrafe selbst bezahlen** kann und wird und nicht andere für ihn eintreten (Bay NJW **64**, 2120, Hamm JMBlNW **69**, 53, MDR **75**, 329, D. Meyer SchlHA **77**, 111; and. Lenckner JurA 71, 335). Im Institut der Geldstrafe liegt das Risiko mangelnder Leistungsfähigkeit des Verurteilten eingeschlossen. Dieser Gesichtspunkt darf daher nicht bei einer Entscheidung nach § 47 maßgebend sein (Düsseldorf MDR **70**, 1024 mit der Einschränkung, daß die Mittellosigkeit des Angekl. nicht auf einem sozialschädlichen Verhalten beruhen darf). Dann kann aber die Annahme, der Verurteilte werde die Geldstrafe nicht selbst zu tragen haben, eine solche nicht ohne weiteres ausschließen (and. Horn SK 29). Nur wenn sich klar abzeichnet, daß die Geld-

strafe den Verurteilten unbeeindruckt läßt, weil ein anderer sie für ihn bezahlt, kann es zur Einwirkung auf den Täter unerläßlich sein, eine Freiheitsstrafe zu verhängen. Vgl. dazu Hillenkamp Lackner-FS 467. Auch die Tatsache, daß der Angekl. sich den Geldstrafenbetrag durch Kredit beschaffen würde, ist kein in seiner Person liegender Umstand, der eine Freiheitsstrafe rechtfertigt (Frankfurt NJW **61**, 669).

19 V. Liegt keiner der Ausnahmefälle vor, dann **muß** auf **Geldstrafe** erkannt werden. Einer **Begründung,** weshalb Freiheitsstrafe nicht in Betracht gekommen ist, bedarf es nur, wenn Freiheitsstrafe unter 6 Monaten beantragt worden ist (Gollwitzer Löwe-Rosenberg § 267 StPO RN 101) oder auf Grund des Falles nahegelegen hat (Stuttgart VRS **41** 413, Koblenz VRS **45** 176; vgl. auch Bay DAR/R **78**, 207). Dagegen sind nach § 267 III 2 StPO bei Verhängung einer Freiheitsstrafe die hierfür maßgebenden Umstände in den Urteilsgründen so eingehend darzulegen, daß die Entscheidung nachprüfbar ist (Braunschweig GA **70**, 87, Köln NJW **81**, 411, Hamm wistra **89**, 235). Summarische Hinweise auf frühere Bestrafungen genügen diesem Erfordernis nicht (Celle DAR **70**, 188), ebensowenig der bloße Hinweis auf die Vielzahl der abzuurteilenden Einzelfälle (BGH StV **82**, 306) oder auf die Rigorosität eines Verhaltens (Koblenz OLGSt Nr. 1). Einer Begründung bedarf es grundsätzlich auch, wenn die Einzelstrafe in eine Gesamtfreiheitsstrafe einbezogen wird (zu Ausnahmen vgl. Köln NStZ **83**, 264). Die tatrichterliche Beurteilung ist vom Revisionsgericht nur zu beanstanden, wenn sie auf unrichtigen oder unvollständigen Erwägungen beruht oder die ihr gesetzten Grenzen überschreitet (vgl. Hamm VRS **41** 96, Koblenz VRS **51** 429, Köln StV **84**, 378).

§ 48 [Rückfall] *aufgehoben durch 23. StÄG vom 13. 4. 1986, BGBl I 393.*

§ 49 Besondere gesetzliche Milderungsgründe

(1) **Ist eine Milderung nach dieser Vorschrift vorgeschrieben oder zugelassen, so gilt für die Milderung folgendes:**
1. An die Stelle von lebenslanger Freiheitsstrafe tritt Freiheitsstrafe nicht unter drei Jahren.
2. Bei zeitiger Freiheitsstrafe darf höchstens auf drei Viertel des angedrohten Höchstmaßes erkannt werden. Bei Geldstrafe gilt dasselbe für die Höchstzahl der Tagessätze.
3. Das erhöhte Mindestmaß einer Freiheitsstrafe ermäßigt sich
   im Falle eines Mindestmaßes von zehn oder fünf Jahren auf zwei Jahre,
   im Falle eines Mindestmaßes von drei oder zwei Jahren auf sechs Monate,
   im Falle eines Mindestmaßes von einem Jahr auf drei Monate,
   im übrigen auf das gesetzliche Mindestmaß.

(2) Darf das Gericht nach einem Gesetz, das auf diese Vorschrift verweist, die Strafe nach seinem Ermessen mildern, so kann es bis zum gesetzlichen Mindestmaß der angedrohten Strafe herabgehen oder statt auf Freiheitsstrafe auf Geldstrafe erkennen.

1 I. Die Vorschrift bestimmt für eine Reihe von Fällen, in denen das Gesetz Strafmilderungen vorsieht und auf § 49 verweist, den Strafrahmen, innerhalb dessen die mildere Strafe festzusetzen ist. Sie enthält zwei allgemeine **Maßstäbe,** nach denen sich die **Strafrahmen** ändern, wenn das Gericht die vorgeschriebene oder zugelassene Milderung der Strafe vornimmt, nämlich einen Maßstab für eine begrenzte Strafherabsetzung (Abs. 1) und einen für eine nahezu schrankenlose, nur durch das gesetzliche Mindestmaß begrenzte Reduzierung des Strafrahmens (Abs. 2). Dagegen regelt sie nicht, wann in den Fällen, in denen eine Gesetzesbestimmung eine Strafmilderung gem. § 49 fakultativ zuläßt, auf dessen Sonderstrafrahmen zurückzugreifen ist. Insoweit sind die allgemeinen Grundsätze über die Strafzumessung maßgebend. Vgl. etwa zur Strafmilderung bei verminderter Schuldfähigkeit § 21 RN 14ff., BGH NStZ **86**, 115.

2 II. Abs. 1 begrenzt die **Herabsetzung des Regelstrafrahmens** auf ein bestimmtes Maß. Auf ihn ist in den Fällen verwiesen worden, in denen das Gesetz nur eine umfangmäßig beschränkte Strafmilderung gewähren will, so in §§ 13 II, 17, 21, 23 II, 27 II, 28 I, 30, 35 I, 239a III. Eine entsprechende Strafmilderung ist entgegen LG Hamburg NJW **76**, 1756 m. Anm. Hanack nicht deswegen zulässig, weil jemand in ein System staatlich befohlener Verbrechen in Straftaten verstrickt worden ist (BGH NJW **77**, 1544, **78**, 1336; zur Verfassungsmäßigkeit dieser Ansicht vgl. BVerfGE **54** 100). Der Sonderstrafrahmen nach Abs. 1 ist unterschiedlich, je nachdem, an welchen Regelstrafrahmen er anknüpft.

3 1. An die Stelle einer **lebenslangen Freiheitsstrafe** tritt zeitige Freiheitsstrafe von 3–15 Jahren (Nr. 1). Droht eine Vorschrift lebenslange Freiheitsstrafe neben einer zeitigen wahlweise an

Besondere gesetzliche Milderungsgründe   4–7 **§ 49**

(z. B. §§ 229 II, 251, 307), so steht dem Gericht der Strafrahmen der Nr. 1 neben dem sich aus Nr. 2 und 3 ergebenden Strafrahmen zur Verfügung. Die Wahl richtet sich danach, welche Regelstrafe ohne die Strafmilderung angemessen ist; der Richter hat also vor Rückgriff auf § 49 I zu klären, ob bei Fehlen des besonderen Milderungsgrundes lebenslange oder zeitige Freiheitsstrafe verhängt werden müßte (BGH MDR/H **79**, 279).

2. Bei **zeitigen Freiheitsstrafen** ändern sich das Höchst- und das Mindestmaß. Das *Höchst-* **4** *maß* ist auf drei Viertel ermäßigt worden (Nr. 2). Es beträgt somit, wenn der Regelstrafrahmen 10 Jahre Freiheitsstrafe als Höchstmaß enthält, 7 Jahre 6 Monate. Ein Höchstmaß von 6 Monaten mindert sich auf 4 Monate 2 Wochen (Anpassung an § 39; and. D-Tröndle 5). Das *Mindestmaß* ist bei einer Mindeststrafe von 5 oder 10 Jahren auf 2 Jahre, bei einer Mindeststrafe von 2 oder 3 Jahren auf 6 Monate, bei einer Mindeststrafe von 1 Jahr auf 3 Monate und im übrigen auf das gesetzliche Mindestmaß, also 1 Monat (§ 38 II), herabgesetzt worden (Nr. 3). Keine besondere Regelung ist für den Übergang zu einer Geldstrafe getroffen worden. Soweit der Regelstrafrahmen kein erhöhtes Mindestmaß der Freiheitsstrafe aufweist, ist ohnehin Geldstrafe neben Freiheitsstrafe wahlweise angedroht (Art. 12 I EGStGB). Kommt in den Fällen, in denen sich das Mindestmaß auf weniger als 6 Monate ermäßigt, Freiheitsstrafe von 6 Monaten oder mehr nicht in Betracht, so ist § 47 II zu beachten. Wird danach statt Freiheitsstrafe von mindestens 3 Monaten eine Geldstrafe verhängt, so beträgt gem. § 47 II 2 ihr Mindestmaß 90 Tagessätze.

3. Bei **Geldstrafen** ermäßigt sich das Höchstmaß auf drei Viertel der Höchstzahl der Tages- **5** sätze (Nr. 2). Die Höchststrafe beläuft sich somit, falls der Regelstrafrahmen nicht von § 40 I abweicht, auf 270 Tagessätze. Das Mindestmaß nach § 40 I bleibt dagegen unberührt; es darf also bei Anwendung des § 49 I nicht unterschritten werden (vgl. § 40 RN 3).

4. Treffen **mehrere Strafmilderungsgründe** zusammen, bei denen eine Strafherabsetzung **6** nach Abs. 1 vorgeschrieben oder zugelassen ist, so ist eine mehrfache Herabsetzung des Strafrahmens gem. Abs. 1 zulässig (vgl. § 50 RN 6). Das Mindestmaß der Freiheitsstrafe für Beihilfe zum versuchten Mord beträgt demnach 6 Monate. Ist allerdings ein Tatbeteiligter allein mangels eines besonderen persönlichen (Täter-)Merkmals nur wegen Beihilfe zu verurteilen, so kommt die in § 27 II und in § 28 I vorgeschriebene Milderung der Strafe nach § 49 I nur einmal in Betracht, da sonst derselbe Umstand bei der Strafmilderung doppelt verwertet würde (BGH **26** 53 m. Anm. Bruns JR 75, 511, wistra **88**, 303; and. Roxin LK § 28 RN 60). In sonstigen Fällen des Fehlens der besonderen persönlichen Merkmale beim Gehilfen ist die Strafe dagegen nach den §§ 27 II, 28 I zweimal zu mildern (BGH MDR/H **79**, 105, NStZ **81**, 299, NStZ/D **90**, 177).

5. Bei der **Strafzumessung** ist zunächst zu klären, ob die Strafe dem Sonderstrafrahmen des § 49 I **7** oder dem Regelstrafrahmen zu entnehmen ist. Für diese Entscheidung sind die jeweiligen Vorschriften, die auf § 49 I verweisen, i. V. mit den allgemeinen Strafzumessungsregeln maßgebend (vgl. etwa § 13 RN 64, § 17 RN 26, § 21 RN 14 ff., § 23 RN 4 ff.). Bei verminderter Schuldfähigkeit auf Grund von Trunkenheit kann z. B. der Rückgriff auf den Sonderstrafrahmen entfallen, wenn der Täter schon früher unter Alkoholeinfluß straffällig geworden ist und deshalb wußte, daß er in einem solchen Zustand zu Straftaten neigt (BGH NStZ/D **90**, 175). Der herangezogene Strafrahmen muß in den Urteilsgründen ersichtlich gemacht werden (Schleswig SchlHA/E-L **84**, 82, Celle NdsRpfl **85**, 284). Soweit die Entscheidung im richterlichen Ermessen steht, ist zudem in den Urteilsgründen darzulegen, welche Umstände für den Rückgriff auf den Strafrahmen des § 49 I bzw. den Regelstrafrahmen bestimmend gewesen sind (vgl. BGH MDR/H **82**, 169, DAR/S **89**, 249). Wird der Sonderstrafrahmen angewandt, so bedeutet das nicht, daß die verhängte Strafe unter dem Mindestmaß des Regelstrafrahmens liegen muß. Vielmehr hat sie sich nach der durch den Sonderstrafrahmen vorgezeichneten Wertskala (vgl. dazu 42 vor § 38) zu richten. Innerhalb der Grenzen des Sonderstrafrahmens bestimmen die allgemeinen Strafzumessungsgrundsätze die konkrete Strafe. Zur Zulässigkeit der nach dem Sonderstrafrahmen möglichen Höchststrafe vgl. BGH MDR/H **77**, 106. Zur Frage, ob und inwieweit der besondere Strafmilderungsgrund innerhalb des Sonderstrafrahmens bei der Bemessung der konkreten Strafe herangezogen werden darf, vgl. § 46 RN 49. Wird auf den Regelstrafrahmen zurückgegriffen, so ist der besondere Milderungsgrund innerhalb dieses Rahmens zu berücksichtigen. Die Verhängung der Höchststrafe kann hier unzulässig sein (vgl. § 21 RN 23, § 23 RN 9). Ist die Strafe beim Regelstrafrahmen lebenslange Freiheitsstrafe, so müssen besonders erschwerende Umstände vorliegen, die den besonderen Milderungsgrund so ausgleichen, daß die Verhängung der lebenslangen Freiheitsstrafe angebracht ist (BGH StV **90**, 157 zum Mord bei verminderter Schuldfähigkeit). Beim Mord ist die Heimtücke als solche, da sie Mordmerkmal ist, kein derartiger Umstand; sie käme insoweit nur dann in Betracht, wenn das heimtückische Vorgehen besonders gravierende Momente aufweist und damit mehr als eine Heimtücke im allgemeinen in höchstem Maß verwerflich ist (vgl. BGH aaO). Zum Verhältnis zwischen besonderen Strafmilderungsgründen und minder schweren oder besonders schweren Fällen vgl. Anm. zu § 50.

§ 50 1, 2   Allg. Teil. Rechtsfolgen der Tat – Strafen

8   **III.** Abs. 2 weitet den Regelstrafrahmen in erheblichem Maße aus und begrenzt die Strafherabsetzung nur durch das gesetzliche Mindestmaß. Da andererseits eine Herabsetzung des im Regelstrafrahmen enthaltenen Höchstmaßes nicht erfolgt ist, wird dem Richter z. T., etwa in § 83 a I, ein fast uferloser Strafrahmen zur Verfügung gestellt, so daß von einem Maßstab kaum noch gesprochen werden kann (vgl. dazu Baumann/Weber 120, 639). Auf Abs. 2 verweist das Gesetz, wenn es dem Richter die Befugnis zu einer **umfangmäßig unbeschränkten Strafmilderung** einräumen will, so u. a. in § 23 III, 83 a I, 90 II, 98 II, 113 IV, 129 VI, 157, 158 I, 233, 311 c, 315 VI, 316 a II. Außer der Strafmilderung nach Abs. 2 lassen diese Vorschriften durchweg auch das Absehen von Strafe zu. Zu den Gesichtspunkten, die bei Anwendung des Abs. 2 zu beachten sind, vgl. Bergmann, Die Milderung der Strafe nach § 49 Abs. 2 StGB, 1988. Für die Strafmilderung gilt folgendes:

9   **1.** Das Gericht kann bis auf das **gesetzliche Mindestmaß** der Freiheitsstrafe, also auf einen Monat (§ 38 II), herabgehen, wenn das anzuwendende Strafgesetz an sich eine höhere Mindeststrafe androht. Hält es eine Freiheitsstrafe unter 6 Monaten für angemessen, so hat es § 47 zu beachten und darf sie nur unter den dort genannten Voraussetzungen verhängen.

10   **2.** Statt auf Freiheitsstrafe kann auf **Geldstrafe** erkannt werden. Diese Regelung hat nur dort Bedeutung, wo das anzuwendende Strafgesetz allein Freiheitsstrafe androht und die zeitlichen Grenzen des § 47 überschritten werden. Kommt eine Freiheitsstrafe von 6 Monaten oder mehr nicht in Betracht, so geht die strengere Regel des § 47 vor (D-Tröndle 7, Hirsch LK 14). Bei Straftaten von Soldaten darf Geldstrafe allerdings nicht verhängt werden, wenn besondere Umstände, die in der Tat oder der Persönlichkeit des Täters liegen, die Verhängung von Freiheitsstrafe zur Wahrung der Disziplin gebieten (§ 10 WStG). Entsprechendes gilt für Zivildienstleistende (§ 56 ZDG).

11   **3.** Die Verhängung der **Höchststrafe** ist, obwohl Abs. 2 sie an sich zuläßt, unangemessen (vgl. Frisch JR 86, 93). Sind nämlich die Voraussetzungen einer Milderungsmöglichkeit gegeben, so liegt die Tat in ihrem Schweregrad nicht an der Spitze, wie es für das Höchstmaß erforderlich ist (vgl. 42 vor § 38). Sind sowohl die Voraussetzungen des Abs. 2 als auch die eines minder schweren Falles erfüllt, so bildet die Höchststrafe für den minder schweren Fall die obere Strafgrenze (Frisch JR 86, 93). Demgegenüber sollen nach BGH 33 93 zwei Milderungsmöglichkeiten – die des Abs. 2 und die des minder schweren Falles – zur Wahl stehen und der nach den Besonderheiten des Einzelfalles für den Angekl. günstigste Strafrahmen zu wählen sein.

§ 50 Zusammentreffen von Milderungsgründen

Ein Umstand, der allein oder mit anderen Umständen die Annahme eines minder schweren Falles begründet und der zugleich ein besonderer gesetzlicher Milderungsgrund nach § 49 ist, darf nur einmal berücksichtigt werden.

1   **I.** Enthält eine Vorschrift einen Sonderstrafrahmen für **minder schwere Fälle,** so war früher deren **Verhältnis zu den besonderen gesetzlichen Strafmildungsgründen** (Versuch, verminderte Schuldfähigkeit usw.) zweifelhaft (vgl. 17. A. 47 vor § 13). § 50 klärt diese Zweifel insofern, als er eine Doppelverwertung spezieller Milderungsgründe verbietet. Er wirkt damit einer zu milden Bestrafung entgegen. Indes hat er nicht alle Zweifelsfragen beseitigt.

2   **1. Unzulässig** ist, den besonderen gesetzlichen **Strafmilderungsgrund zweimal** bei der Strafmilderung zu **berücksichtigen,** etwa bei einem von einem vermindert Schuldfähigen begangenen Totschlag auf Grund der verminderten Schuldfähigkeit einen minder schweren Fall nach § 213 anzunehmen und dann die Strafe nochmals nach den §§ 21, 49 I zu mildern. Das Gesetz geht hierbei anscheinend davon aus, daß allein der besondere Strafmilderungsgrund zur Annahme eines minder schweren Falles und zur Anwendbarkeit des hierfür geltenden Sonderstrafrahmens berechtigt (so auch BGH 16 360, 21 57, MDR/D 75, 542, MDR/H 76, 813, 78, 987, 80, 104, 85, 627, NStZ 82, 246, 86, 117, StV 88, 385, NStZ/D 90, 174; zur BGH-Rspr. zu § 213 vgl. dort RN 14, Eser NStZ 84, 54, Middendorff-FS 77 ff.). Es sieht er also als möglich an, daß die Strafe dem Strafrahmen für minder schwere Fälle oder dem des § 49 entnommen wird. Verboten ist lediglich eine doppelte Herabsetzung des normalen Strafrahmens. Offen bleibt allerdings, ob auf den Strafrahmen für minder schwere Fälle nur dann zurückgegriffen werden darf, wenn dessen Mindeststrafe niedriger ist als die des Strafrahmens für den besonderen Milderungsgrund (so BGH 16 360), oder auch dann, wenn die Mindeststrafe höher ist (so BGH 21 57), wobei insoweit die Fälle auszuscheiden, in denen der besondere Milderungsgrund, wie etwa die Beihilfe, eine obligatorische Strafherabsetzung gem. § 49 I nach sich zieht. Will der Tatrichter bei einem besonderen Milderungsgrund einen minder schweren Fall verneinen, so muß nach BGH MDR/H 79, 105 aus den Urteilsgründen hervorgehen, daß der Tatrichter sich der Wahlmöglichkeit bewußt war. Die Wahl, die vorrangig zu treffen ist (BGH NStZ **84**, 357), muß auf der Grundlage einer Gesamtwürdigung aller wertungserheblichen Umstände erfolgen, wobei auch außerhalb der Tatausführung liegende Umstände, die Schlüsse auf den Unrechts- und Schuldgehalt zulassen, zu berücksichtigen sind (BGH MDR/H **84**, 275). Vgl. dazu noch BGH StV **87**, 245, **88**, 385.

Fraglich erscheint jedoch, ob der Ausgangspunkt – Annahme eines minder schweren Falles 3 allein auf Grund des besonderen Strafmilderungsgrundes – zu billigen ist. Für ihn könnte sprechen, daß ein besonderer Milderungsgrund das Unrecht und die Schuld ebenso wesentlich mindern kann wie andere Umstände, die einen minder schweren Fall begründen. Indes ist nicht zu verkennen, daß das Gesetz bei speziellen Milderungsgründen die Herabsetzung der Strafe auf ein bestimmtes Maß limitiert hat. Diese Limitierung würde unterlaufen, dürfte bei Versuch, verminderter Schuldfähigkeit usw. allein ihretwegen ein minder schwerer Fall angenommen und auf dessen niedrigeren Strafrahmen zurückgegriffen werden. Diese gesetzliche Wertung, die in der Limitierung der Strafherabsetzung zum Ausdruck kommt, ist daher auch dann zu beachten, wenn für minder schwere Fälle eine niedrigere Mindeststrafe vorgesehen ist (and. D-Tröndle 2, Horstkotte Dreher-FS 275, Lackner 2a). Der Strafrahmen für minder schwere Fälle, dessen Mindeststrafe niedriger ist als die sich aus § 49 I ergebende, darf demnach nicht allein wegen Vorliegens eines speziellen Milderungsgrundes herangezogen werden. Die Strafe für versuchten Totschlag etwa ist, falls keine sonstigen Umstände einen minder schweren Fall ergeben, den §§ 212, 23 II, 49 I zu entnehmen, nicht dem § 213 (zur abw. BGH-Rspr. vgl. § 213 RN 14, Eser NStZ **84**, 55 und krit. dazu Timpe JR **86**, 76). Beihilfe zur Vergewaltigung ist ohne Vorliegen sonstiger mildernder Umstände nach den §§ 177 I, 27 II, 49 I zu ahnden, nicht nach § 177 II (and. Horn SK 5; vgl. auch BGH NStZ/D **90**, 177 zur Annahme eines minder schweren Falles allein auf Grund § 27). Eine Strafmilderung für eine Tötung durch Unterlassen ist ohne sonstige Milderungsgründe nach §§ 13 II, 49 I vorzunehmen, nicht nach § 213. Ist die Mindeststrafe für minder schwere Fälle höher als die für einen fakultativen besonderen Milderungsgrund, so hängt die Wahl des Strafrahmens davon ab, ob die Strafmilderung tatsächlich dem Ermessen des Richters unterliegt (vgl. § 21 RN 14 ff.). Steht es im richterlichen Ermessen, ob er den Regelstrafrahmen oder den Sonderstrafrahmen für den besonderen Milderungsgrund heranzieht, so kann dem Richter auch nicht verwehrt werden, die Strafe aus dem Strafrahmen für minder schwere Fälle festzusetzen.

2. Entscheidende Bedeutung erlangt § 50 danach erst, wenn der **besondere Strafmilderungs-** 4 **grund** zusammen **mit anderen Umständen** die Annahme eines minder schweren Falles begründet. Diese können sich auch aus speziellen Eigenheiten des besonderen Strafmilderungsgrundes ergeben, so etwa beim Versuch das Vorliegen von Merkmalen, die den Voraussetzungen des § 23 III nahe kommen, bei der Beihilfe deren geringe Bedeutung für die Tat, bei verminderter Schuldfähigkeit eine fast an Schuldunfähigkeit heranreichende Erheblichkeit oder bei einer Unterlassungstat des Heranreichenden der Handlungspflicht an die Schwelle der Unzumutbarkeit. Hier bestehen keine Bedenken, auf den Strafrahmen für minder schwere Fälle mit niedrigerer Mindeststrafe gegenüber der für den besonderen Milderungsgrund geltenden zurückzugreifen. Nur darf der Strafrahmen nicht zusätzlich nach § 49 I reduziert werden. Das Verbot der doppelten Berücksichtigung des besonderen Milderungsgrundes betrifft die Strafrahmenwahl. Hat sich der Richter für den Strafrahmen des minder schweren Falles entschieden, so kann er die einzelnen Umstände, die zur Annahme eines minder schweren Falles geführt haben, bei der Festsetzung der konkreten Strafe nochmals berücksichtigen. Vgl. näher § 46 RN 49, auch BGH StV **83**, 60, NStZ/D **90**, 177, Horstkotte Dreher-FS 278 ff.

II. Nicht berührt werden von § 50 die Fälle, in denen ein **minder schwerer Fall unabhängig** 5 **von einem besonderen Strafmilderungsgrund** vorliegt und dieser hinzu kommt. Bei ihnen ist es möglich, den Strafrahmen für den minder schweren Fall nach § 49 I zu reduzieren (vgl. BGH **27** 300, NJW **80**, 950 m. Anm. Bruns JR **80**, 226, MDR/H **77**, 107, **79**, 107, **85**, 445 f., StV **84**, 283), so etwa bei einem provozierten Totschlag (§ 213) im Zustand erheblich verminderter Schuldfähigkeit (BGH NStZ **86**, 115), beim Versuch eines minder schweren Totschlags (§ 213; vgl. BGH **30** 167) oder Raubes (§ 249 II) oder bei der Beihilfe, die bereits wegen ihrer geringen Auswirkung auf die Tat als minder schwer zu werten ist (BGH GA **80**, 255; vgl. auch BGH NStZ **88**, 128). Will der Richter § 49 I anwenden, so hat er zuvor zu entscheiden, ob der Fall ohne Berücksichtigung des besonderen Milderungsgrundes als minder schwer zu beurteilen ist. Unberührt von § 50 bleibt ferner die Anwendbarkeit des § 60 (BGH **27** 298), ebenso die Berücksichtigung sonstiger Milderungsgründe, die nicht zu denen des § 49 zählen (BGH NStZ **87**, 504).

III. Ebenfalls erfaßt § 50 nicht die Fälle, in denen **mehrere besondere Strafmilderungsgrün-** 6 **de** zusammentreffen, wie etwa bei der Beihilfe eines vermindert Schuldfähigen zu einer ver-

§ 51

suchten Tat. In solchen Fällen ist eine mehrfache Herabsetzung des Strafrahmens zulässig (BGH 26 54, **30** 167, VRS **36** 267, Bay NJW **51**, 284, Bruns StrZR 515; vgl. auch BT-Drs. V/4095 S. 24). Vgl. auch § 49 RN 6. Bei einer Beihilfe zur Beihilfe entfällt jedoch eine doppelte Herabsetzung des Strafrahmens (vgl. § 27 RN 18).

7 IV. Liegt ein **besonderer Strafmilderungsgrund** bei einer Tat vor, die ohne ihn als **besonders schwerer Fall** zu werten ist (z. B. i. d. R. Versuch eines Einbruchdiebstahls), so ist grundsätzlich der Strafrahmen für den besonders schweren Fall nach § 49 I herabzusetzen (vgl. BGH **33** 377 m. Anm. Schäfer JR 86, 522, Braunsteffer NJW 76, 736, Horn SK § 46 RN 77, Lackner § 46 Anm. II 2d). Die abweichende Ansicht, derzufolge der besondere Milderungsgrund den Strafrahmen für besonders schwere Fälle nicht verändert (so D-Tröndle § 46 RN 48), wird dem Milderungsgrund nicht gerecht. Wie der Strafrahmen für benannte Strafschärfungsgründe muß auch der Strafrahmen für besonders schwere Fälle bei Versuch usw. nach § 49 I reduziert werden können. Andererseits läßt sich aber auch nicht ohne weiteres ein besonders schwerer Fall verneinen (so aber Arzt JuS 72, 517 für Diebstahlsversuch unter den Voraussetzungen eines Regelbeispiels gem. § 243) oder den Regelbeispielen die Regelwirkung absprechen (so Wessels Maurach-FS 306 f.; vgl. auch Bay NJW **80**, 2207 m. abl. Anm. Zipf JR 81, 119, Stuttgart NStZ **81**, 222, Düsseldorf NJW **83**, 2712, Lieben NStZ 84, 538). Das damit verbundene Zurückgehen auf den Regelstrafrahmen würde, wenn dieser den Strafrahmen unterschreitet, der sich aus § 49 I i. V. mit dem Strafrahmen für besonders schwere Fälle ergibt, die nach § 49 I limitierte Strafherabsetzung unterlaufen. Ein solches Vorgehen mißachtet die gesetzliche Wertung des besonderen Milderungsgrundes und ist entsprechend dem zur Annahme eines minder schweren Falles Gesagten (vgl. o. 3) nicht zu billigen. Der besondere Milderungsgrund kann daher grundsätzlich nur zusammen mit anderen Umständen den Ausschluß eines besonders schweren Falles und soweit die Anwendung des Regelstrafrahmens begründen (and. BGH NJW **86**, 1699 bei verminderter Schuldfähigkeit). Dessen Herabsetzung nach § 49 I hat dann allerdings entsprechend dem Grundgedanken des § 50 zu unterbleiben (BGH NJW **86**, 1699). Der Richter muß sich infolgedessen überlegen, ob er es bei der Annahme eines besonders schweren Falles belassen und die Strafe über § 49 I festsetzen oder ob er die Strafe dem Regelstrafrahmen entnehmen soll.

§ 51 Anrechnung

(1) **Hat der Verurteilte aus Anlaß einer Tat, die Gegenstand des Verfahrens ist oder gewesen ist, Untersuchungshaft oder eine andere Freiheitsentziehung erlitten, so wird sie auf zeitige Freiheitsstrafe und auf Geldstrafe angerechnet. Das Gericht kann jedoch anordnen, daß die Anrechnung ganz oder zum Teil unterbleibt, wenn sie im Hinblick auf das Verhalten des Verurteilten nach der Tat nicht gerechtfertigt ist.**

(2) **Wird eine rechtskräftig verhängte Strafe in einem späteren Verfahren durch eine andere Strafe ersetzt, so wird auf diese die frühere Strafe angerechnet, soweit sie vollstreckt oder durch Anrechnung erledigt ist.**

(3) **Ist der Verurteilte wegen derselben Tat im Ausland bestraft worden, so wird auf die neue Strafe die ausländische angerechnet, soweit sie vollstreckt ist. Für eine andere im Ausland erlittene Freiheitsentziehung gilt Absatz 1 entsprechend.**

(4) **Bei der Anrechnung von Geldstrafe oder auf Geldstrafe entspricht ein Tag Freiheitsentziehung einem Tagessatz. Wird eine ausländische Strafe oder Freiheitsentziehung angerechnet, so bestimmt das Gericht den Maßstab nach seinem Ermessen.**

(5) **Für die Anrechnung der Dauer einer vorläufigen Entziehung der Fahrerlaubnis (§ 111a der Strafprozeßordnung) auf das Fahrverbot nach § 44 gilt Absatz 1 entsprechend. In diesem Sinne steht der vorläufigen Entziehung der Fahrerlaubnis die Verwahrung, Sicherstellung oder Beschlagnahme des Führerscheins (§ 94 der Strafprozeßordnung) gleich.**

Vorbem. Abs. 2 ergänzt durch 23. StÄG vom 13. 4. 1986, BGBl I 393.

Schrifttum: Baumgärtner, Die Auswirkungen der Neufassung des § 60 Abs. 1, MDR 70, 190. – *Dencker*, Die Anrechnung der Untersuchungshaft, MDR 71, 627. – *Dreher*, Zweifelsfragen zur Anrechnung der Untersuchungshaft nach der Neufassung des § 60 StGB, MDR 70, 965. – *Gross*, Die Anrechnung der Untersuchungshaft bei Zurücknahme eines Rechtsmittels, NJW 70, 127. – *Würtenberger*, Die Anrechnung der Untersuchungshaft, JZ 52, 545. – Zum schweiz. Recht vgl. *Ruedin*, Die Anrechnung der Untersuchungshaft, 1979.

1 I. Die Vorschrift regelt die Anrechnung von U-Haft und anderen Freiheitsentziehungen (Abs. 1, 3 S. 2) und von verbüßten Strafen (Abs. 2, 3 S. 1) auf eine erkannte Freiheits- oder

Anrechnung 2–9 **§ 51**

Geldstrafe sowie die Anrechnung einer vorläufigen, das Führen von Kraftfahrzeugen verhindernden Maßnahme auf das Fahrverbot (Abs. 5). Sie stellt hierbei auf eine **gesetzliche Anrechnung** ab mit dem Ergebnis, daß es einer richterlichen Anordnung in dieser Richtung nicht bedarf, sondern die Strafvollstreckungsbehörde von sich aus die Anrechnung zu beachten hat (vgl. BT-Drs. V/4094 S. 24). Dogmatisch handelt es sich um eine Strafvollstreckungsbestimmung. Eine richterliche Entscheidung ist nur noch erforderlich, wenn eine Anrechnung nicht erfolgen soll, sowie in den Fällen, in denen Freiheits- und Geldstrafe nebeneinander verhängt werden (§§ 41, 52 III, 53 II) und deshalb klarzustellen ist, welche Strafe von der Anrechnung betroffen sein soll, außerdem noch in den Fällen, in denen das Gesetz dem richterlichen Ermessen die Entscheidung überlassen hat, nach welchem Maßstab die Anrechnung zu erfolgen hat (Abs. 4 S. 2). Vgl. dazu BGH **27** 288.

Verweigert das Gericht die Anrechnung der U-Haft, so betrifft dies **nur** den **Teil bis** zur **Verkündung des Urteils** (Horn SK 6, Lackner 1f; and. Dreher MDR 70, 965, D-Tröndle 6). Über den später vollzogenen Teil kann das Gericht nicht disponieren; er wird automatisch auf die Strafe angerechnet. Dies schließt nicht aus, daß das Rechtsmittelgericht nach § 51 völlig neu zu befinden hat und dabei die Entscheidung des Vorderrichters abändern kann. Liegen jedoch die Voraussetzungen des § 450 StPO vor, so ist der von dieser Bestimmung erfaßte Zeitraum uneingeschränkt anzurechnen und damit der Disposition des Rechtsmittelrichters entzogen (vgl. Tröndle LK 24). 2

Sonderregelungen für eine Anrechnung enthalten § 56f III (Anrechnung von erbrachten Leistungen bei Widerruf der Strafaussetzung), § 67 IV (Anrechnung eines Maßregelvollzugs), § 36 I, III BtMG (Anrechnung von Suchtbehandlungszeiten). 2a

II. **Gegenstand der Anrechnung** nach Abs. 1 ist eine erlittene Untersuchungshaft oder eine andere Freiheitsentziehung. 3

1. **Untersuchungshaft** ist i. S. der §§ 112 ff. StPO zu verstehen. Es muß sich jedoch um wirkliche U-Haft gehandelt haben. Nicht anrechenbar ist die Zeit, in der der Verurteilte in Unterbrechung der U-Haft eine andere Strafe verbüßt hat (BGH **22** 303, Hamm MDR **69**, 407) oder der Vollzug des Haftbefehls nach § 116 StPO ausgesetzt war. 4

2. Anzurechnen ist auch **jede andere Freiheitsentziehung** aus Anlaß einer Tat, die Gegenstand des Verfahrens ist oder gewesen ist. Dazu gehört die einstweilige Unterbringung nach §§ 81, 126a StPO, 71 II, 72 III, 73 JGG (vgl. BGH **4** 325, Köln JMBlNW **66**, 227), eine Haftmaßnahme der Polizei, z. B. nach §§ 127, 128 StPO (RG DR **39**, 362), die zwangsweise erfolgte Vorführung zur Untersuchung (LG Osnabrück NJW **73**, 2256, D-Tröndle 3; and. Lackner 1a, Waldschmidt NJW **79**, 1921), Haft gem. § 230 II StPO (Löffler MDR **78**, 726), nicht jedoch Vorführung zur Hauptverhandlung. Auch die Unterbringung in einem Internierungslager hat die Praxis für anrechenbar erklärt (vgl. 14. A. § 60 RN 2). Erfaßt werden ferner militärische Arreststrafen (vgl. BVerfGE **21** 378, Celle NdsRpfl. **68**, 286, Oldenburg NJW **68**, 2256, Frankfurt NJW **71**, 852, ferner BVerwG NJW **69**, 629, Baumann JZ **67**, 657, H. Arndt DÖV **66**, 809; vgl. aber auch Lackner 6). Anrechenbar ist auch eine Freiheitsentziehung nach den Unterbringungsgesetzen der Länder (BGH MDR/D **71**, 363, Düsseldorf MDR **90**, 172), nicht dagegen der Arrest des Strafgefangenen nach § 103 StVollzG (Hamm NJW **72**, 593). Keine Freiheitsentziehung i. S. des Abs. 1 ist die einem Soldaten auferlegte Ausgangssperre (vgl. Zweibrücken NJW **75**, 509). Zur Anrechnung von inländischer Auslieferungshaft vgl. Köln MDR **82**, 70, von Abschiebehaft vgl. Hamm NJW **77**, 1019, von Disziplinarbußen auf Geldstrafe vgl. Hamm NJW **78**, 1063. 5

3. Anzurechnen ist die **gesamte während des Verfahrens erlittene** U-Haft bis zur Rechtskraft des Urteils. Vgl. Celle NJW **70**, 768, Frankfurt NJW **70**, 1140, München NJW **70**, 1141, **71**, 2276, Düsseldorf MDR **90**, 172. Nach Rechtskraft erlittene Freiheitsentziehungen sind entsprechend § 450 StPO anzurechnen. Zur Abschiebehaft nach Rechtskraft des Urteils vgl. aber Frankfurt NJW **80**, 537. 6

4. Die Anrechnung erfolgt **nach vollen Tagen** (§ 39 IV StVollstrO). Tagesteile einer U-Haft oder einer anderen Freiheitsentziehung sind zusammenzuziehen, so daß z. B. eine auf 2 Tage verteilte vorläufige Festnahme von insg. 17 Stunden Dauer mit einem Tag anzurechnen ist (Stuttgart NStZ **84**, 381, LG Bayreuth Rpfleger **81**, 243). Das gilt auch bei längeren Freiheitsentziehungen (Pohlmann/Jabel StVollstrO, 6. A. 1981, § 39 RN 66; and. München Rpfleger **81**, 317). 7

III. U-Haft und sonstige Freiheitsentziehung müssen **aus Anlaß** einer Tat erlitten sein, die Gegenstand des jetzigen Verfahrens (gewesen) ist. Zweifel darüber, ob dieser Zusammenhang besteht, gehen zugunsten des Betroffenen. 8

1. Der erforderliche Zusammenhang ist einmal gegeben, wenn die U-Haft wegen der Tat angeordnet ist, die den jetzigen Urteilsgegenstand bildet. 9

Stree

10   2. Ein die Anrechnung rechtfertigender Zusammenhang besteht aber auch dann, wenn die **Tat,** wegen der die U-Haft angeordnet wurde, **Gegenstand** des jetzigen Verfahrens **gewesen ist** (Grundsatz der Verfahrenseinheit). Ist jemand in einem Verfahren wegen mehrerer Taten angeklagt und in Haft genommen worden und wird er nur wegen einer dieser Taten verurteilt, so wird ihm die U-Haft voll angerechnet. Dabei ist gleichgültig, ob sie wegen aller Taten angeordnet war (Celle NJW **67**, 405, Frankfurt MDR **88**, 794). Ohne Bedeutung ist ferner, ob die Tat, wegen der die Verurteilung erfolgt, im Haftbefehl angeführt war (RG **71** 142) oder zu welchem Zeitpunkt die den Haftgrund ergebende Tat aus dem Verfahren ausgeschieden ist. Dies kann z. B. durch Freispruch, durch Abtrennung während der Hauptverhandlung (BGH GA **66**, 210) oder bereits vor der Hauptverhandlung (z. B. durch Einstellung) geschehen sein (vgl. dazu Karlsruhe MDR **75**, 250). Der Anrechnung der U-Haft steht dann nicht entgegen, daß diese bereits beendet war, bevor der Täter die zur Verurteilung führende Tat begangen hat (BGH **28** 29 m. Anm. Tröndle JR 79, 73, Schleswig NJW **78**, 115). Ein einheitliches Verfahren liegt auch dann vor, wenn ein schwebendes Verfahren während der U-Haft durch Nachtragsanklage ausgedehnt und die Verbindung beider Verfahren angeordnet worden ist (RG **71** 143). Es genügt ferner, daß zwei Verfahren nur vorübergehend verbunden waren, auch wenn während der Verbindung keine U-Haft mehr vollzogen wurde (Frankfurt MDR **88**, 794, Tröndle LK 33; and. Celle NJW **67**, 405). Dagegen reicht die Möglichkeit, daß eine Verfahrenseinheit hätte hergestellt werden können, nicht aus. Nicht anrechenbar ist daher U-Haft in einem anderen Verfahren, das nach § 154 II StPO eingestellt worden ist und das mit dem Verfahren, in dem auf Strafe erkannt wird, hätte verbunden werden können (Hamm NStZ **81**, 480, Stuttgart NJW **82**, 2083, Oldenburg MDR **84**, 212, Celle NStZ **85**, 168 m. abl. Anm. Maatz, Düsseldorf NJW **86**, 268 m. abl. Anm. Puppe StV **86**, 394, LG München I NStZ **88**, 554; and. Schleswig MDR **80**, 70, Frankfurt MDR **81**, 69, StV **89**, 490, Nürnberg NStZ **90**, 406, D-Tröndle 5, Lackner 1c, Maatz MDR 84, 712). Ebensowenig ist die U-Haft in einem zweiten Verfahren auf eine frühere Strafe anrechenbar, deren Aussetzung wegen der die U-Haft auslösenden Tat widerrufen wird (vgl. BGE 104 IV 9).

11   IV. Die **Anrechnung** erfolgt auf die **erkannte Strafe.** Anrechenbar ist die U-Haft auf alle Strafen, die ihrer Natur nach mit ihr vergleichbar sind. Dies gilt für alle zeitigen Freiheitsstrafen sowie für Geldstrafen. Übersteigt die Dauer der U-Haft die erkannte Strafe, so kann sie nur in deren Höhe zur Anrechnung herangezogen werden (BGH MDR/D **74**, 544). Bei lebenslanger Freiheitsstrafe ist für die Anrechnung § 57a II maßgebend.

12   Ist die U-Haft auf **Geldstrafe** anzurechnen, so ist ein Tag Freiheitsentziehung einem Tagessatz gleichzusetzen (Abs. 4 S. 1). Ist Geldstrafe neben Freiheitsstrafe verhängt worden (§§ 41, 53 II 2), so bestimmt das Gericht, auf welche der Strafen die Anrechnung erfolgt (vgl. dazu u. 16).

13   Zur Anrechnung von U-Haft auf **Jugendstrafe** vgl. § 52a JGG und auf Jugendarrest vgl. § 52 JGG.
14   Auf **Nebenstrafen** und **Nebenfolgen** ist U-Haft **nicht** anrechenbar. Dies ist unbestritten für die Einziehung nach §§ 74 ff. sowie für Verlust der Amtsfähigkeit oder Fahrverbot. Dagegen hat die Rspr. (BGH **10** 235) Anrechenbarkeit auf die Einziehung des Entgelts nach § 92b II a. F. angenommen. Diese Rspr. ist überholt, da § 92b II durch die allgemeinen Verfallvorschriften (§§ 73 ff.) ersetzt worden ist. Bei ihnen hat aber der Gesetzgeber in Anlehnung an § 86 AE und dessen Begründung bewußt von der Übernahme der Anrechnungsvorschrift des § 111 II E 1962 abgesehen, weil es an einer funktionellen Vergleichbarkeit der Maßnahmen fehlt (vgl. BT-Drs. V/4095 S. 41). Ebenfalls kann U-Haft oder eine andere Freiheitsentziehung nicht auf Sicherungsmaßnahmen angerechnet werden. Das gilt auch für die einstweilige Unterbringung nach § 126a StPO.

15   Bei **nachträglicher Gesamtstrafenbildung** nach § 55 wird die U-Haft des gegenwärtigen Verfahrens in vollem Umfang angerechnet, auch dann, wenn sie die gegenwärtige Einzelstrafe übersteigt (BGH **23** 297 m. Anm. Koffka JR 71, 336; and. RG **41** 318, **71** 143); es hat hier dasselbe wie bei der Gesamtstrafenbildung nach § 54 zu gelten (vgl. o. 10). Das gilt auch bei U-Haft im Ausland wegen einer Einzeltat (Hamm NJW **72**, 2192).

16   V. Die **Anrechnung** der U-Haft erfolgt **kraft Gesetzes.** Einer gerichtlichen Entscheidung bedarf es nicht (BGH **24** 30, **27** 288; and. Dreher MDR 70, 966). Es ist Aufgabe der Vollstreckungsbehörde, bei der Strafzeitberechnung die bis zur Rechtskraft des Urteils erlittene U-Haft abzuziehen. Dies gilt auch für Geldstrafen, für die Abs. 4 den Umrechnungsmaßstab enthält. Einer ausdrücklichen Anordnung bedarf es jedoch dann, wenn Zweifel über die Art der Anrechnung entstehen können, z. B. U-Haft auf mehrere Freiheitsstrafen anrechenbar ist (vgl. Frankfurt NStZ **90**, 147: Anrechnung derart, daß möglichst früh gemeinsame Aussetzungsreife beim Strafrest eintritt). Sie ist ebenfalls erforderlich, wenn der Angekl. sowohl zu Freiheits- wie zu Geldstrafe verurteilt wird (BGH **24** 30, Bay NJW **72**, 1632). Das Gericht bestimmt dann nach seinem pflichtgemäßen Ermessen, ob die U-Haft auf die Freiheitsstrafe oder auf die Geldstrafe anzurechnen ist. Zulässig ist auch die Anordnung, daß die Anrechnung in erster Linie auf die Geldstrafe erfolgt (Tröndle LK 42), z. B., wenn die Dauer der U-Haft die Tagessatzzahl übersteigt. Soweit wegen der gesetzlichen Anrechnung ein richterlicher Ausspruch über die Anrechnung von U-Haft nur deklaratorische Bedeutung hat, kann er keine die gesetzliche Anrechnung verändernde Wirkung haben (BGH NStZ 83, 524, Düsseldorf MDR 90, 172).

Das Gericht kann im Hinblick auf das Verhalten des Verurteilten nach der Tat **anordnen,** daß die **Anrechnung** ganz oder teilweise **unterbleibt** (Abs. 1 S. 2); dies hat im Urteilstenor zu geschehen (BGH **24** 30). Zur Frage, ob die Anordnung nur eine bis zur Urteilsverkündung erlittene U-Haft ergreift oder auch die Zeit bis zur Rechtskraft des Urteils, vgl. o. 8. 17

1. Die **Gründe** für eine **Versagung** der Anrechnung hat die frühere Rspr. in einem Verschulden des Verurteilten an der Haft oder deren Dauer erblickt (vgl. 14. A. § 60 RN 13). Da der Übergang von der fakultativen zur obligatorischen Anrechnung seinen Grund darin hat, daß auch die U-Haft eine Freiheitsentziehung bedeutet, die durch Umstände notwendig wird, die ein Strafverfahren mit sich bringt (Schröder JR 71, 28, Dencker MDR 71, 627), können diese Grundsätze für § 51 nicht gelten. Anrechnung der U-Haft kann dem Verurteilten vielmehr nur dann verweigert werden, wenn er die Anordnung oder Fortdauer der U-Haft um der Anrechnung willen provoziert hat (BGH **23** 307 m. Anm. Schröder JR 71, 28, wistra **89**, 96). Bloße Flucht reicht nicht aus (BGH aaO), auch nicht die verfahrensverzögernde Stellung unbegründeter Beweisanträge (BGH NStE Nr. 7). Ebensowenig ist Haftanrechnung allein deswegen zu versagen, weil ein von der Verurteilung unabhängiger Grund zum Ausschluß der Entschädigung nach dem StrEG vorliegt, z. B. (§ 5 III StrEG) Haft nach § 230 II StPO schuldhaft verursacht worden ist (Löffler MDR 78, 726) oder nach § 116 IV Nr. 1 StPO (BGH MDR/H **79**, 454). Wohl aber kann nach BGH **23** 307 die böswillige bzw. nach BGH MDR/H **79**, 454 die absichtliche Verfahrensverschleppung die Versagung der Haftanrechnung rechtfertigen. Vgl. auch BGH StV **86**, 293, LG Freiburg StV **82**, 338. 18

Daß der Angekl. keine das Verfahren fördernden Handlungen vorgenommen hat, ist kein Grund für die Nichtanrechnung, da eine Pflicht zur Förderung des Strafverfahrens nicht besteht (BGH MDR/D **53**, 272). Anrechnung der U-Haft ist kein Gnadenakt für Geständige; sie darf daher dem Leugnenden nicht allein wegen des Leugnens versagt werden (BGH NJW **56**, 1845, Bremen NJW **51**, 286, Ackermann NJW **50**, 367, Würtenberger aaO 546). Dagegen kann Leugnen unter den oben genannten Voraussetzungen die Nichtanrechnung rechtfertigen (BGH **1** 107, GA **61**, 171, MDR/D **69**, 722, Hamburg SJZ **50**, 432). Ebenso rechtfertigt die unlautere Zeugenbeeinflussung (nur) dann die Nichtanrechnung, wenn mit ihr die Anordnung oder Verlängerung der U-Haft bezweckt wird (BGH MDR/H **78**, 459). 19

Keine Berücksichtigung kann die frühere Rspr. insoweit finden, als dem Angekl. aus der „mutwilligen" Einlegung von Rechtsmitteln Nachteile erwachsen sind (vgl. RG JW **38**, 29, Hamm MDR **63**, 333). Gleiches gilt für das Einlegen von Haftbeschwerden (BGH MDR/D **54**, 150). Das Einlegen von Rechtsmitteln gehört zu den prozessualen Rechten des Beschuldigten und kann ihm daher regelmäßig nicht zum Nachteil gereichen (vgl. BT-Drs. V/4094 S. 25). Eine Entscheidung des Rechtsmittelgerichts gemäß Abs. 1 S. 2 ist damit nicht schlechthin ausgeschlossen (and. für Revisionsgericht Tröndle LK 53), wenn sich im Rechtsmittelverfahren andere Versagungsgründe ergeben. Eine dem früheren Gerichtsgebrauch (vgl. 14. A. § 60 RN 17) entsprechende bloß teilweise Anrechnung der „weiteren" U-Haft ist jedoch nicht möglich. 20

2. Zur Anrechnung ist in den **Urteilsgründen** nur Stellung zu nehmen, soweit Entscheidungen vom Gericht noch zu treffen sind. Insb. ist die Nichtanrechnung von U-Haft näher zu begründen. Bietet sich die Nichtanrechnung nach den Umständen an, so ist darzulegen, warum von dieser Möglichkeit kein Gebrauch gemacht worden ist. Zur Begründungspflicht vgl. auch BGH MDR/H **90**, 885. Soweit das Gericht die Nichtanrechnung von U-Haft hätte aussprechen können, kann es die Entscheidung nicht nachholen, wenn sie versehentlich unterblieben ist (Köln VRS **44** 15). 21

3. Die Anrechnung gilt als **Verbüßung** der Strafe. Vgl. §§ 57 IV, 66 III sowie Tröndle LK 54f. Vgl. auch § 57a II. 22

VI. Abs. 2 regelt die Anrechnung von **Strafen,** die in einem **früheren Verfahren** rechtskräftig verhängt wurden und mindestens zum Teil schon vollstreckt oder durch Anrechnung erledigt sind. Daß die Anrechnung hier obligatorisch ist, wenn die Strafe neu festgesetzt oder in eine neue Strafe einbezogen wird, ergibt sich schon aus der Rechtskraft (Art. 103 III GG, vgl. BGH **21** 187). Abs. 2 hat daher nur deklaratorischen Charakter. 23

1. Die Anrechnung setzt voraus, daß eine rechtskräftig verhängte Strafe später **durch eine andere Strafe ersetzt** wird. Dies geschieht vor allem bei Anwendung der §§ 55 StGB, 460 StPO. Entsprechendes kann sich auch im Wiederaufnahmeverfahren ergeben, wenn die früher ausgesprochene Strafe geändert wird. Bei Freispruch im Wiederaufnahmeverfahren ist die bereits erlittene Freiheitsentziehung in entsprechender Anwendung des Abs. 2 auf eine Strafe 24 anzurechnen, mit der bei erneuter Verurteilung im Wiederaufnahmeverfahren eine Gesamtstrafe hätte gebildet werden müssen (Frankfurt GA **80**, 262).

25 2. Die obligatorische Anrechnung gilt nicht nur für Strafen im eigentlichen Sinn, sondern **für alle Deliktsreaktionen,** also auch für Nebenstrafen, Nebenfolgen und Maßregeln der Besserung und Sicherung (and. D-Tröndle 14, Horn SK 17, Tröndle LK 59). Zur Art und Weise der Anrechnung bei den verschiedenen Nebenfolgen usw. vgl. § 55 RN 61 ff. Zur Anrechnung eines Fahrverbots zwischen Rechtskraft und Wiedereinsetzung in den vorigen Stand vgl. Mürbe JR 89, 1.

26 3. Die frühere Strafe wird nur angerechnet, soweit sie **vollstreckt** oder **durch Anrechnung erledigt** ist, etwa gem. Abs. 1 oder 3, gem. § 67 IV oder gem. § 56 f III 2. Auch eine Erledigung der früheren Strafe durch gnadenweise Anrechnung genügt (vgl. Hamann Rpfleger 86, 355). Dagegen reicht es nicht aus, daß sie sich auf andere Weise (Begnadigung, Verjährung usw.) erledigt hat.

27 4. Die Anrechnung erfolgt auch hier automatisch kraft Gesetzes (vgl. o. 1). Damit ist der Gesetzgeber BGH **18** 36, **21** 186 gefolgt, wonach die Anrechnung rechtskräftig verhängter Strafen eine Frage der Strafzeitberechnung und deshalb Sache der Strafvollstreckungsbehörde sei (and. Tröndle LK 58). Soweit eine Geldstrafe auf Freiheitsstrafe oder eine Freiheitsstrafe auf Geldstrafe angerechnet wird, entspricht ein Tag Freiheitsstrafe einem Tagessatz (Abs. 4 S. 1). Zur Anrechnung einer Geldstrafe nach altem Recht auf eine Geldstrafe nach neuem Recht vgl. Bay NJW **76**, 2139.

28 VII. Abs. 3 bestimmt u. a., daß auf eine inländische Strafe eine wegen derselben Tat bereits im Ausland vollstreckte Strafe anzurechnen ist.

29 1. Aus den §§ 3 ff. ergibt sich, daß die Aburteilung im Ausland die inländische Strafverfolgung nicht ausschließt, so daß der Täter für dieselbe Tat u. U. zweimal verurteilt wird. Abs. 3 gleicht damit verbundene Härten dadurch aus, daß die **im Ausland vollstreckte Strafe** auf die inländische Strafe **anzurechnen** ist. Unerheblich ist, ob es sich um eine im Ausland oder im Inland begangene Tat handelt (Tröndle LK 65). Ohne Bedeutung ist auch, ob Freiheits- oder Geldstrafe vorliegt (Bay NJW **72**, 1632). Daneben besteht die Möglichkeit, auf die Durchführung des inländischen Strafverfahrens nach § 153 c I Nr. 3 StPO zu verzichten.

30 2. Die ausländische Verurteilung muß **wegen derselben Tat** erfolgt sein. Dieser Begriff ist nach § 264 StPO zu bestimmen und bezeichnet den gleichen historischen Vorgang ohne Rücksicht auf die rechtliche Würdigung, die die Tat nach ausländischem Recht gefunden hat (BGH NJW **53**, 1522, Bay NJW **51**, 370, Tröndle LK 63). Dies gilt auch bei ausländ. Verwaltungsstrafverfahren (Bay NJW **72**, 1632). Bei Verurteilung wegen einer Fortsetzungstat ist auch eine Auslandsstrafe anzurechnen, die nur wegen eines Einzelakts der Fortsetzungstat verhängt und vollstreckt worden ist (BGH **29** 65). Wie bei der Anrechnung inländischer Freiheitsentziehung (vgl. o. 10) genügt es, daß die im Ausland vollstreckte Strafe eine Tat betrifft, die Gegenstand des inländischen Strafverfahrens gewesen ist (BGH **35** 172), so bei einer Tat, bei der die StA von der Verfolgung gem. § 153 c I StPO abgesehen hat (BGH NJW **90**, 1428). An der Tatgleichheit fehlt es, wenn die Handlung im Ausland im gegenläufigen Sinn strafbar ist und geahndet wurde (KG NJW **89**, 1374).

31 3. Die Anrechnung setzt voraus, daß die Strafe im Ausland bereits **vollstreckt** ist. Sie erfolgt also nicht, wenn die Strafe ausgesetzt, erlassen oder verjährt ist; zur Erfüllung von Auflagen erbrachte Leistungen sind jedoch entsprechend § 56 f III anrechenbar. Die Anrechnung erfolgt auch bei einer Teilvollstreckung. Entsprechend Abs. 2 ist auch die durch Anrechnung erledigte Strafe anzurechnen, etwa bei einer auf die Strafe angerechneten U-Haft (Bay NJW **63**, 2238, D-Tröndle 16a; and. Horn SK 21). Entgegen Bay NJW **51**, 370 hat das Gericht nicht zu berücksichtigen, ob eine Geldstrafe aus Mitteln des Verurteilten oder von dritter Seite bezahlt wurde. Die Anrechenbarkeit beschränkt sich auf die Strafe für dieselbe Tat. Übersteigt die im Ausland vollstreckte Strafe die im Inland verhängte, so darf der überschießende Teil nicht auf eine Strafe wegen einer anderen Tat angerechnet werden (vgl. Hamm NJW **72**, 2193). Bei einer Gesamtstrafe ist daher die Einzelstrafe wegen derselben Tat für die Anrechnung maßgebend.

32 4. Nach welchem **Maßstab die Anrechnung** zu erfolgen hat, insb. bei Strafen und Maßnahmen, die mit den deutschen nicht vergleichbar sind, bestimmt das Gesetz nicht. Es überläßt die Entscheidung hierüber dem richterlichen Ermessen (Abs. 4 S. 2; vgl. dazu BGH **30** 283). Das Gericht hat deshalb eine ausdrückliche Entscheidung über den Anrechnungsmaßstab zu treffen (BGH NStZ **82**, 326, **83**, 455, Tröndle LK 75; vgl. auch RG **35** 42). Bei seiner Entscheidung hat es das im Ausland erlittene Übel in ein dem inländischen Strafsystem zu entnehmendes Äquivalent umzusetzen und hierbei zu erwägen, wieviel dieses Übel von dem vorweggenommen hat, das den Angekl. mit dem inländischen Urteil belasten soll (BGH NStZ **86**, 312). So

Anrechnung 33–36 **§ 51**

kann es z. B. berücksichtigen, daß die Freiheitsentziehung im Ausland unter besonders belastenden Haftumständen erfolgt ist, und demgemäß eine längere als die tatsächliche Zeit anrechnen (vgl. BGH StV **82**, 468, NStZ **85**, 497, Stuttgart OLGSt Nr. **2**, LG Landau NStZ **81**, 64, LG Stuttgart NStZ **86**, 362). Das ist auch dann zulässig, wenn die schweren Haftumstände bereits bei der Strafzumessung berücksichtigt worden sind (BGH StV **82**, 468, NStZ **85**, 21). Zur Anrechnung einer Geldstrafe auf Freiheitsstrafe vgl. BGH 30 282, MDR/S **86**, 973.

5. Die Anrechnung der ausländischen Strafe **gilt als Verbüßung** der inländischen Strafe, so 33 daß die Vorschriften, die eine durch Anrechnung erledigte Strafe als verbüßt werten, anwendbar sind, z. B. § 57 IV.

6. Hat der Verurteilte im Ausland **U-Haft** oder eine andere Freiheitsentziehung aus Anlaß der 34 Strafverfolgung erlitten, so ist Abs. 1 entsprechend anwendbar (Abs. 3 S. 2). Erfaßt werden insoweit aber nur Freiheitsentziehungen, die nicht auf eine ausländische Strafe angerechnet worden sind. Eine auf die Auslandsstrafe angerechnete Freiheitsentziehung ist als vollstreckte Strafe zu behandeln und nach Abs. 3 S. 1 anzurechnen (D-Tröndle 16 a, Lackner 3 a; and. Horn SK 21). Den Maßstab der Anrechnung bestimmt das Gericht nach seinem (pflichtgemäßen) Ermessen (Abs. 4 S. 2), wobei es die ausländischen Haftbedingungen berücksichtigen muß (vgl. o. 32, Frankfurt StV **88**, 20, LG Zweibrücken NStZ **88**, 71 zur Auslieferungshaft). Soweit das ausländische Recht eine Teilanrechnung auf die Strafe zuläßt (vgl. BGE 113 IV 118: Anrechnung von ⅔ der Unterbringung in einem Männerheim), kann dies auch bei der Anrechnung auf die im Inland ausgesprochene Strafe geschehen, da es nicht darauf ankommen kann, ob bereits in einem ausländischen Urteil eine gekürzte Anrechnung erfolgt ist. Wie bei Anrechnung einer ausländischen Strafe ist somit eine gerichtliche Entscheidung erforderlich (BGH NStZ **84**, 214, wistra **87**, 60). Eine unterbliebene Entscheidung ist über § 458 StPO nachholbar (Lackner 5; and. Oldenburg NJW **82**, 2741, D-Tröndle 21). Aus der entsprechenden Anwendung des Abs. 1 folgt, daß die ausländische Freiheitsentziehung voll auf eine Gesamtstrafe auch dann anzurechnen ist, wenn die Einzelstrafe für die Tat, deretwegen die Freiheitsentziehung erfolgt ist, die Dauer der Freiheitsentziehung unterschreitet (Hamm NJW **72**, 2192). Ferner kann die Anrechnung unter den in Abs. 1 genannten Voraussetzungen versagt werden.

Anzurechnen ist ebenfalls **Auslieferungshaft** (vgl. RG 38 183, BGH GA **56**, 120, **65**, 56, **68**, 336), 35 auch dann, wenn sie nicht zur Auslieferung geführt hat (Wendisch LR § 450 a RN 6). Soweit der Verurteilte sie in einem Auslieferungsverfahren zum Zwecke der Strafverfolgung erlitten hat, ergibt sich die Anrechnung aus Abs. 3 S. 2. Für eine nach Rechtskraft des Urteils erfolgte Auslieferungshaft zum Zwecke der Strafvollstreckung schreibt § 450 a StPO Entsprechendes vor. Ihre Anrechnung kann das Gericht auf Antrag der StA ganz oder z. T. versagen, wenn sie im Hinblick auf das Verhalten des Verurteilten nach Erlaß des Urteils, in dem die dem Urteil zugrunde liegenden tatsächlichen Feststellungen letztmalig geprüft werden konnten, nicht gerechtfertigt ist (§ 450 a III StPO). Versagungsgrund soll etwa sein, daß der Verurteilte die Strafvollstreckung durch Absetzen ins Ausland beim Urlaub aus der Strafhaft böswillig verschleppt hat (Hamburg MDR **79**, 603; vgl. dagegen zutreffend Karlsruhe MDR **84**, 165, Zweibrücken GA **83**, 280). Die Flucht allein genügt nicht. Ähnlich den Versagungsgründen bei der Anrechnung von U-Haft (o. 18) muß bei einer Anrechnung entgegenstehenden Verhalten eine enge Beziehung zur an sich anrechenbaren Freiheitsentziehung auf Kosten der Strafvollstreckung aufweisen, wie bei der vorwerfbaren Verschleppung der Strafvollstreckung durch Verlängern der Auslieferungshaft. Kein Versagungsgrund ist daher schon das Mitnehmen der Beute bei der Flucht ins Ausland (and. Chlosta KK § 450 a RN 10, Wendisch LR § 450 a RN 15). Wäre der flüchtende Täter mit seiner Beute kurz vor der Grenze gefaßt worden, so stünde, wenn die Festnahme zur U-Haft führt, einer Anrechnung der Wille, die Beute ins Ausland zu verbringen, nicht entgegen. Eine Festnahme kurz nach der Grenze mit anschließender Auslieferungshaft kann hinsichtlich deren Anrechnung keine andere Beurteilung nach sich ziehen. Kein Versagungsgrund ist auch ein deliktisches Verhalten, mit dem sich der Geflohene die Mittel für eine Verlängerung des Aufenthalts in Freiheit verschafft hat. Entgegen Koblenz OLGSt § 450 a StPO **Nr. 2** läßt sich die Anrechnung der Auslieferungshaft nicht deswegen versagen, weil der Verurteilte Mittel eines deutschen Konsulats, die er für die Rückkehr ins Inland zwecks Strafverbüßung in Anspruch genommen hat, für eine weitere Flucht eingesetzt hat. Erfolgt die Auslieferung sowohl zum Zwecke der Strafverfolgung als auch zum Zwecke der Strafvollstreckung, so ist die Auslieferungshaft vorrangig auf die zur Vollstreckung anstehende Strafe anzurechnen (BGH NStZ **85**, 497). Der Auslieferungshaft steht Abschiebehaft nicht gleich (Koblenz GA **81**, 575).

VIII. Nach Abs. 5 ist eine **vorläufige Entziehung der Fahrerlaubnis** oder eine sonstige das 36 Führen von Fahrzeugen verhindernde Maßnahme (Verwahrung, Sicherstellung oder Beschlagnahme des Führerscheins) in entsprechender Anwendung des Abs. 1 auf das Fahrverbot (§ 44) anzurechnen. Auf andere Strafen ist eine solche vorläufige Maßnahme nicht anzurechnen. Abs. 5 berührt auch nicht die Fahrerlaubnisentziehung (einschließlich der Fälle des § 69 b; LG Köln MDR **81**, 954, Hentschel MDR **82**, 107). Für diesen Fall gelten die besonderen Vorschriften des § 69 a IV–VI. Abs. 5 ist grundsätzlich auch dann nicht anwendbar, wenn das Fahrverbot

Vorbem §§ 52 ff. Allg. Teil. Rechtsfolgen – Mehrere Gesetzesverletzungen

neben der Fahrerlaubnisentziehung ausgesprochen wird (vgl. Karl DAR 87, 283); ausgenommen ist die Zeit, die eine nach § 69a V 2 abgelaufene Sperrfrist überschreitet. Bei der Anrechnung auf das Fahrverbot ist nicht erforderlich, daß die vorläufige Maßnahme gerade wegen der Tat, die zum Fahrverbot geführt hat, getroffen worden ist. Es genügt die Anordnung wegen einer Tat, die entsprechend dem o. 10 Gesagten Gegenstand des Verfahrens (gewesen) ist (D-Tröndle 19, Lackner 4; and. Warda GA 65, 82). Angerechnet wird, ohne daß es eines besonderen Ausspruchs im Urteil bedarf, die gesamte Zeit ab Zustellung des Beschlusses über die vorläufige Entziehung (auch wenn Führerschein nicht abgegeben wurde; LG Frankenthal DAR 79, 341, Maatz StV 88, 85) bis zur Rechtskraft des Urteils. Auszunehmen ist jedoch die Zeit, in der sich der Täter in amtlicher Verwahrung befunden hat, da das Fahrverbot die Zeit in Freiheit erfaßt (§ 44 IV 2) und für die anrechenbare Zeit nicht anderes gelten kann. Erreicht oder übersteigt die anrechenbare Zeit die Dauer des Fahrverbots, so ist diese Nebenstrafe damit abgegolten. Deren Verhängung kann dennoch sinnvoll sein, weil sie zum Ausdruck bringt, daß die vorläufige Maßnahme auch als endgültige Reaktion auf die Tat sachlich begründet war (Tröndle LK 77, vgl. auch Düsseldorf VRS **39** 133, Lackner 4; and. LG Aachen NJW **67**, 1287 m. abl. Anm. Keller). Das Gericht kann aber auch wegen der nur noch symbolischen Bedeutung des Fahrverbots von dessen Verhängung absehen, wenn es ein sachliches Bedürfnis für die Nebenstrafe als nicht mehr gegeben ansieht (vgl. § 44 RN 16). Entsprechend Abs. 1 kann eine Anrechnung ganz oder teilweise versagt werden, so etwa, wenn der Angekl. die vorläufige Maßnahme mißachtet hat und weiterhin gefahren ist. Insoweit genügt allerdings nicht die auf polizeiliche Weisung erfolgte weitere Trunkenheitsfahrt zur Polizeistation (Frankfurt VRS **55** 181). Die Anrechnung darf nicht versagt werden, soweit die Voraussetzungen des § 450 II StPO vorliegen.

Dritter Titel. Strafbemessung bei mehreren Gesetzesverletzungen

Vorbemerkungen zu den §§ 52 ff.

Schrifttum: v. Buri, Einheit und Mehrheit der Verbrechen, 1879. – *Blei,* Die natürliche Handlungseinheit, JA 72, 711; 73, 95. – *Coenders,* Über die Idealkonkurrenz, 1921. – *Geerds,* Zur Lehre von der Konkurrenz im Strafrecht, 1961. – *Höpfner,* Einheit und Mehrheit der Verbrechen, Bd. I 1901, Bd. II 1908. – *Honig,* Studien zur juristischen und natürlichen Handlungseinheit, 1925. – *Hartung,* Tateinheit und künstliche Verbrechenseinheiten in der neueren Rspr. des RG, SJZ 50 326. – *Hellmer,* Das Zusammentreffen von natürlicher Handlungs- und rechtlicher Tateinheit, GA 56, 65. – *Jescheck,* Die Konkurrenz, ZStW 67, 529. – *Krauss,* Zum Begriff der straflosen Nachtat, GA 65, 173. – *Maiwald,* Die natürliche Handlungseinheit, 1964. – *P. Merkel,* Konkurrenz, VDA V, 269. – *R. Schmitt,* Die Konkurrenz im geltenden und künftigen Strafrecht, ZStW 75, 43, 179. – *Schneidewin,* Inwieweit ist es möglich und empfehlenswert, die Art der Konkurrenz zwischen mehreren Straftatbeständen im Gesetz auszudrücken?, Mat. I 221. – *Vogler,* Funktion und Grenzen der Gesetzeseinheit, Bockelmann-FS 715. – *Warda,* Grundfragen der strafrechtlichen Konkurrenzlehre, JuS 64, 81. – *Werle,* Die Konkurrenz bei Dauerdelikt, Fortsetzungstat und zeitlich gestreckter Gesetzesverletzung, 1981 (StrAbh. N. F. 42).

Rechtsvergleichend: *Nickel,* Der Begriff des fortgesetzten Delikts, 1931. – *Stoecker,* Die Konkurrenz, Mat. II 449. – *Wegscheider,* Echte und scheinbare Konkurrenz, 1980 (öst. Recht).

Übersicht

I. Allgemeines	1–9	V. Die Sammelstraftat	93–100
II. Die Einheit der Handlung	10–29	VI. Die Konkurrenzstraftaten	101
III. Das fortgesetzte Delikt	30–80	VII. Die Formen der Gesetzeskonkurrenz	102–141
IV. Das Dauerdelikt	81–92		

Stichwortverzeichnis

Die Zahlen bedeuten die Randnoten

Alternativität 133
Äußerungen in einer Schrift 29

Dauerdelikte 27, 81 ff.
Durchgangsdelikte 120 ff.

Einheitlicher Deliktserfolg 17
Eventualität 105

Fortgesetzte Handlung, s. Fortsetzungszusammenhang
Fortsetzungsvorsatz 52
Fortsetzungszusammenhang, allgem. 27, 30 ff.
  Auswirkungen des – 64 ff.
  Beendigung bei – 64
  – bei Fahrlässigkeitstaten 55
  – bei Gefährdungsdelikten 45 a

674   *Stree*

- bei gewerbs- und gewohnheitsmäßigen Straftaten 95, 99
- bei Handlungen gegen verschiedene Rechtsgutsträger 43
Gleichartigkeit der objektiven Sachlage 36
Konkurrenzen bei – 78
- und rechtliche Handlungseinheit 31 f.
Rechtskraft bei – 68 ff.
Strafantrag 33
Täterwechsel bei – 80
Teilnehmer bei – 79
- bei Unterlassungsdelikten 58
Urteilsformel bei – 64
Verjährung 33
Voraussetzungen des – 33 ff.
- zwischen Vorsatz- und Fahrlässigkeitstaten 56
Vorsatz bei – 47 ff.

Gefährdungsdelikt 129
Gesamthandlungswille 55
Gesamtvorsatz 48 ff., erweiterter – 53, Abbruch des – 50
Geschäftsmäßigkeit 97
Gesetzeseinheit 5, 6, 102
Gesetzeskonkurrenz, allgem. 5, 102 ff.
Arten der – 104 ff.
Folge der – 134 ff.
Strafzumessung bei – 141
Gewerbsmäßigkeit 95 f.
Gewohnheitsmäßigkeit 98
Gleichartige Verbrechensmenge 60
Grundgedanken der Konkurrenzregelung 4

Handlung
fortgesetzte –, s. Fortsetzungszusammenhang
- im natürlichen Sinne 11
- im Rechtssinne 12
Handlungseinheit, allgem. 2, 7, 10
- bei Äußerungen in einer Schrift 29
- und Idealkonkurrenz 21
natürliche – 22 f.
rechtliche – 12 ff., 27, 31
tatbestandliche – 13

- bei Unterlassungsdelikt 28
Handlungskomplex 15 ff.
Handlungsmehrheit 3, 7
- bei Unterlassungselikten 28

Idealkonkurrenz 2, 21
scheinbare –, s. Gesetzeskonkurrenz
In dubio pro reo bei Fortsetzungstat 50, 63, 70

Klammerwirkung 20
Kollektivdelikt 93 ff.
Konkursstraftaten 101
Konsumtion 131

Lebenslange Freiheitsstrafe 4

Massenverbrechen 27
Mehraktige Delikte 14
Mitbestrafte Nachtat 112

Realkonkurrenz 3, 7 f.
scheinbare –, s. Gesetzeskonkurrenz

Sammelstraftaten 93 ff.
Sperrwirkung des milderen Gesetzes 141
Spezialität 110 f., 135
Straflose Nachtat, allgem. 112 ff.
Folge der – 140
Teilnahme an – 118
Straflose Vortat 119 ff.
Subsidiarität 105 ff., 112, 138 f.

Tateinheit 2
Tatmehrheit 3
Tatplan, einheitlicher 22 f.

Unterlassungseinheit 28

Verkehrsunfall 85
Versuch 120 ff.

Zusammengesetzte Delikte 14
Zustandsdelikte 82

I. Allgemeines.

1. Die in den Tatbeständen des BT festgelegten Strafrahmen sind auf Fälle zugeschnitten, in denen der Täter einen Straftatbestand einmal erfüllt hat. Sie besagen nichts darüber, wie zu verfahren ist, wenn der Täter durch eine oder mehrere Handlungen denselben Tatbestand mehrmals (Körperverletzung mehrerer Personen) oder mehrere Tatbestände erfüllt hat (Körperverletzunge und Raub). Diese Frage regeln die §§ 52 ff. Sie stellen für die **Art und Weise der Straffestsetzung** entscheidend darauf ab, ob die mehreren Tatbestandserfüllungen durch eine Handlung oder durch mehrere Handlungen des Täters erfolgt sind. **1**

a) Liegt nur **eine Handlung** vor, so wird nur auf **eine einheitliche Strafe** erkannt, gleichviel, ob diese Handlung verschiedene Strafgesetze oder dasselbe Strafgesetz mehrmals verletzt. Diese Strafe wird dem Tatbestand entnommen, der die schwerste Strafe androht. Dies ist die Regelung des § 52: sog. **Idealkonkurrenz** oder nach dem Sprachgebrauch der Rspr. (vgl. etwa BGH **4** 304, 346, **8** 243, **24** 80) und der Überschrift zu § 52 **Tateinheit**. **2**

b) Liegen den mehrfachen Tatbestandserfüllungen **mehrere Handlungen** zugrunde, hat der Täter also „mehrere Straftaten begangen" (vgl. § 53), so wird zunächst für jede von ihnen eine eigene Strafe festgesetzt. Diese Einzelstrafen werden sodann zu einer **Gesamtstrafe** zusammen- **3** gezogen, und zwar durch Erhöhung der schwersten Einzelstrafe. **Dies ist die Regelung der §§ 53, 54: sog. Realkonkurrenz** oder **Tatmehrheit**.

4 c) Die gesetzliche Regelung von Ideal- und Realkonkurrenz in den §§ 52ff. wird von dem **Grundgedanken** getragen, daß beim Zusammentreffen mehrerer Gesetzesverletzungen (zur Terminologie krit. Schmidhäuser Dünnebier-FS 407) die Addition der in Betracht kommenden Strafen nicht angebracht ist. Bei der addierenden Aneinanderreihung von Freiheitsstrafen wächst das Leiden des Verurteilten progressiv und daher über das Maß seiner Schuld hinaus (vgl. RG 25 307, OGH 2 359, Bay JZ **51**, 524); im übrigen würde die Vollstreckung längerzeitiger Freiheitsstrafen hintereinander deren Charakter ändern: sie würden zu lebenslangen Strafen werden (vgl. Frank § 74 Anm. II). Die Strafe muß deshalb nach anderen Gesichtspunkten festgesetzt werden (wie in §§ 53, 54 durch Erhöhung der verwirkten schwersten Einzelstrafe). Ähnliche Überlegungen gelten für die Geldstrafe; ihre Erhöhung potenziert die Belastung des Verurteilten (vgl. E 62 Begr. 193). Deshalb ist in § 53 auch für Geldstrafen die Gesamtstrafenbildung vorgeschrieben. Soweit eine der Strafen auf lebenslange Freiheitsstrafe lautet, ist auf diese zugleich als Gesamtstrafe zu erkennen (§ 54 I 1).

5 2. Auch wenn der Täter durch eine oder mehrere Handlungen denselben Tatbestand mehrmals oder mehrere Tatbestände erfüllt hat und damit Ideal- und Realkonkurrenz gegeben scheint, kann dennoch die Auslegung dieser Tatbestände oder deren Wertverhältnis zueinander ergeben, daß sie nicht alle nebeneinander, sondern nur ein einziger von ihnen anzuwenden ist. Man bezeichnet diese Fälle nur scheinbarer Ideal- oder Realkonkurrenz als **Gesetzeskonkurrenz** oder **Gesetzeseinheit** (vgl. u. 102ff.).

6 3. Die Konkurrenzlehre ist teminologisch und z. T. auch sachlich umstritten. Sachliche Meinungsverschiedenheiten betreffen etwa die Handlungseinheit, vor allem die Zusammenfassung mehrerer Handlungen als natürliche Handlungseinheit (vgl. u. 22ff.) oder als fortgesetzte Tat (vgl. u. 31ff.). Der terminologische Streit namentlich die Fälle der Gesetzeskonkurrenz, die auch als unechte Konkurrenz (so z. B. Stratenwerth 311) oder zunehmend als Gesetzeseinheit (so u. a. BGH **25** 377, Jescheck 664, Wessels I 248) bezeichnet wird. Insb. geht es hierbei um den Begriff der Konsumtion und der Alternativität (vgl. u. 131ff.). Vgl. zum Ganzen auch R. Schmitt ZStW 75, 48ff.

7 4. Die auf der Unterscheidung von Handlungseinheit und Handlungsmehrheit aufbauende gesetzliche Differenzierung zwischen Ideal- und Realkonkurrenz und damit zwischen einheitlicher und Gesamtstrafe wurde vielfach als kriminalpolitisch verfehlt abgelehnt (zum Meinungsstand vgl. Geerds aaO 244ff.). Denn häufig entscheiden Zufälle darüber, ob es zu einheitlicher Strafe nach § 52 oder zu Gesamtstrafe nach § 53 kommt: nimmt z. B. der Vater seine beiden im Kinderwagen liegenden Kinder nacheinander heraus, um sie ins Wasser zu werfen, so liegt Realkonkurrenz vor, dagegen ist Idealkonkurrenz gegeben, wenn er den Wagen mitsamt den Kindern ins Wasser wirft. Deshalb wurde gefordert, die Unterscheidung zwischen Ideal- und Realkonkurrenz aufzugeben und stattdessen eine **Einheitsstrafe** für alle Konkurrenzformen zu schaffen (vgl. E 27 §§ 65, 66, Coenders aaO, Geerds aaO 483ff., Honig aaO 60, Jescheck ZStW 67, 541ff., Niese Mat. I, 159ff., Peters Kohlrausch-FS 199, Rebmann Bengl-FS [1984] 99, R. Schmitt ZStW 75, 193ff., 219). Auch das geltende Jugendstrafrecht (§§ 31, 66 JGG) kennt nur die Einheitsstrafe.

8 Dennoch hat der Gesetzgeber in den §§ 52ff. an der Unterscheidung zwischen Ideal- und Realkonkurrenz festgehalten. Maßgeblich dafür waren insb. pragmatische Erwägungen (vgl. E 62 Begr. 190, BT-Drs. V/4094 S. 25): zum einen die Beeinträchtigung der Verfahrensökonomie dadurch, daß auch bei Teilaufhebung eines wegen mehrerer selbständiger Straftaten ergangenen Urteils die Straffrage stets bezüglich aller Taten neu erörtert werden müßte; zum anderen die Befürchtung, die Strafzumessung könne summarisch und oberflächlich werden, wenn bei mehreren Straftaten nur eine pauschale Einheitsstrafe – ohne die Zwischenstufe der Einzelstrafen – festzusetzen sei. Diese Bedenken gegen die Einheitsstrafe sind nicht zu unterschätzen; fraglich ist jedoch, ob sie die Nachteile der geltenden Regelung aufwiegen. Weitere Stellungnahmen gegen die Einheitsstrafe z. B. bei Mezger 480.

9 5. Die Grundsätze, nach denen die Strafe bei den einzelnen Konkurrenzformen zu finden ist, sind verschieden. Es ist daher unzulässig, daß das Gericht im Urteil erklärt, es hätte auch dann die gleiche Strafe verhängt, wenn ein anderes Verhältnis zwischen den einzelnen Straftaten bestünde (RG **70** 403).

10 II. Für die Abgrenzung der Konkurrenzformen ist danach zunächst die Feststellung erforderlich, wann **eine Handlung** (gleichbedeutend mit: „**Handlungseinheit**") vorliegt (vgl. R. Schmitt ZStW 75, 46). Maßgebend hierfür ist nicht in erster Linie der „Mindestbegriff" der Handlung als einer gewillkürten Körperbewegung, eine Handlung i. S. der §§ 52ff. kann vielmehr auch aus einer Vielzahl solcher natürlicher (Minimal-)Handlungen bestehen, wenn diese rechtlich (nämlich durch den betreffenden Gesetzestatbestand) zu einer Einheit zusammengefaßt sind (**rechtliche Handlungseinheit**; vgl. u. 12ff.).

1. Eine Handlung liegt zunächst dann vor, wenn ein Willensentschluß eine Körperbewegung 11 hervorgerufen hat (BGH **1** 21, **18** 26). Man spricht hier von einer Handlung **im natürlichen Sinne** (nicht zu verwechseln mit der sog. „natürlichen Handlungseinheit"; vgl. u. 22ff.). Dabei ist ohne Bedeutung, wieviele tatbestandliche Erfolge die Handlung hervorgerufen hat. Auch dann, wenn ein Schuß mehrere Menschen tötet oder eine Äußerung mehrere Personen beleidigt, liegt nur eine Handlung vor. Gleichgültig ist, ob höchstpersönliche Rechtsgüter verletzt werden (vgl. dazu Baumann/Weber 654). Dagegen genügt nicht bereits, daß mehrere Straftatbestände zur gleichen Zeit erfüllt werden. Notwendig ist, daß dies durch dieselbe Willensbetätigung (Handlung) geschieht (vgl. BGH **18** 32ff.). Die Gleichzeitigkeit zweier Bewegungen begründet daher keine Handlungseinheit, so wenn A den B tritt und auf C schießt. Verschiedene Willensbetätigungen sind auch das Mitführen von Waffen (Verstoß gegen WaffenG) und das Vorzeigen eines verfälschten Personalausweises (BGH MDR/D **74**, 13).

2. Eine Handlung i. S. einer „**rechtlichen Handlungseinheit**" liegt aber auch dann vor, 12 wenn mehrere natürliche Handlungen durch den Tatbestand des Gesetzes zu einer Bewertungseinheit verknüpft werden (vgl. Schleswig SchlHA/L-G **88**, 104, Maiwald aaO 70ff., Jescheck 644).

a) Häufig ergibt die Auslegung, daß die einmalige Verwirklichung eines Tatbestandes eine 13 Mehrheit natürlicher Einzelhandlungen voraussetzt oder jedenfalls zuläßt (vgl. R. Schmitt ZStW 75, 46): „**tatbestandliche Handlungseinheit**".

α) Dies gilt einmal bei **mehraktigen** oder **zusammengesetzten Delikten,** die auf mehreren 14 Einzelhandlungen im natürlichen Sinne aufbauen (z. B. Raub: Nötigung und Wegnahme), auch dann, wenn der objektiv verwirklichte zweite Akt an sich vom Tatbestand nur als subjektives Tatbestandsmerkmal (Absicht) vorausgesetzt wird, wie etwa bei §§ 239a, 267, 307 Nr. 2 (and. aber die Rspr. zu § 265 [Realkonkurrenz zwischen §§ 265, 263]; vgl. § 265 RN 16). Hierzu gehören auch die Fälle, in denen bestimmte Vorbereitungstätigkeiten der rechtsgutsbeeinträchtigenden Tathandlung gleichgestellt sind, wie z. B. das Nachmachen von Geld zwecks Inverkehrbringens (§ 146); vorbereitende Tätigkeit und eigentliche Tathandlung bilden eine deliktische Einheit (vgl. § 146 RN 26).

β) Zahlreiche weitere Tatbestände behandeln ganze **Handlungskomplexe** pauschal als eine 15 Tat, so daß insgesamt eine tatbestandliche Handlungseinheit vorliegt.

Z. T. ergibt sich dies unmittelbar aus dem Gesetzeswortlaut, wenn dort pauschalisierende 16 Handlungsbeschreibungen verwandt werden. Das gilt z. B. für zahlreiche Staatsschutzdelikte, z. B. die Rädelsführerschaft in §§ 84, 85 (vgl. BGH **15** 259), für die nachrichtendienstliche Tätigkeit nach §§ 98, 99 (vgl. BGH **16** 32 zu § 92 a. F., **28** 169) und ähnliche Fälle, ferner etwa für das Handeltreiben mit Betäubungsmitteln (BGH **30** 28). In diesen Zusammenhang gehören auch die Dauerdelikte; vgl. näher u. 81ff.

In anderen Fällen ergibt erst die Auslegung, daß der Tatbestand sowohl durch eine Einzel- 17 handlung im natürlichen Sinne wie auch durch einen Handlungskomplex (einmal) verwirklicht werden kann. Dies gilt vor allem dann, wenn der Täter durch mehrere Einzelhandlungen einen **einheitlichen Deliktserfolg** herbeiführt, von denen jede an sich den Tatbestand erfüllen würde, die jedoch als Teilstücke eines einheitlichen Ganzen erscheinen und daher zu einer rechtlichen Einheit zusammengefaßt sind. Dies ist in gewissem Sinn ein Gegenstück zur fortgesetzten Handlung: die wiederholte Erfüllung des gleichen Tatbestandes in engem räumlichen und zeitlichen Zusammenhang und der einheitliche Vorsatz des Täters lassen die verschiedenen Einzelhandlungen als einheitliche Tat erscheinen (für Einbeziehung in die Gruppe fortgesetzter Taten Schmoller, Bedeutung und Grenzen des fortgesetzten Delikts, 1988, 19). Hierher gehören etwa verschiedene Sexualdelikte (vgl. RG **70** 335, BGH **1** 170), weiter § 185 (Beleidigung durch mehrere Schimpfworte), § 223 (Mißhandlung durch mehrere Schläge), § 292 („Nachstellen"), §§ 331, 332 (ratenweise Annahme von Vorteilen) oder § 153 (Aussage enthält mehrere falsche Angaben; vgl. Köln StV **83**, 507), § 132a (mehrfaches Tragen derselben Uniform oder Führen desselben Titels; vgl. § 132a RN 21). Auch beim Diebstahl sind entsprechende Situationen denkbar, so wenn der Dieb die Beute stückweise aus dem Haus trägt und auf den bereitstehenden Wagen lädt oder bei einer Gelegenheit mehrere Sachen entwendet. Hierbei ist ohne Bedeutung, ob sein Vorsatz von vornherein alle Sachen umfaßte oder sich erst während der Tat erweitert hat (vgl. § 242 RN 45).

Handlungseinheit liegt auch vor, wenn der Täter seinen teilweise ausgeführten Plan zwar im 18 Augenblick aufgegeben oder irrig für voll verwirklicht gehalten hat, ihn aber sofort danach aufgreift und zu Ende führt (vgl. BGH **4** 219, NJW **90**, 2896; and. Jakobs 736) oder mit gleichem Erfolg mit mehreren, nacheinander benutzten Mitteln hinwirkt (BGH **10** 129). Dementsprechend sind mehrere Einwirkungshandlungen des Anstifters, die auf Hervorrufen desselben Tatentschlusses abzielen, nur eine Anstiftung (BGH StV **83**, 456). Besteht dagegen zwischen dem Versuch einer Tat und ihrer Vollendung kein enger räumlicher und zeitlicher Zusammenhang oder benutzt der Täter nach einer Handlung, bei der es ihm auf eine ganz bestimmte Beschaffenheit (z. B. Giftbeibringen) ankam, auf Grund eines neuen Entschlusses ein anderes Tatmittel (BGH **10** 129), so liegt eine Mehrheit von Taten vor, wobei allerdings der Versuch als subsidiär zu beurteilen ist (vgl. u. 123). Die Rspr. spricht in den oben genannten Fällen häufig von natürlicher Handlungseinheit, z. B. RG **58** 116, BGH **1** 21, 170, **4** 219, **10** 129, 230, **20** 272, **36** 116; vgl. auch u. 23. Über das Verhältnis dieser Fälle zur fortgesetzten Tat vgl. Maiwald aaO 77 ff.

19   Zu beachten ist jedoch, daß dabei eine gewisse Kontinuität und innere Beziehung der einzelnen Handlungsakte zueinander vorausgesetzt wird. Beruhen diese auf einem neuen Entschluß und besteht keine innere Beziehung zur früheren Tatbestandserfüllung, so liegt auch keine rechtliche Handlungseinheit vor. Wird z. B. der Täter wegen unbefugter Titelführung rechtskräftig verurteilt und führt er danach den Titel erneut, so liegen zwei selbständige Handlungen vor. Die Voraussetzungen entsprechen also weitgehend denen der fortgesetzten Tat.

20   b) Eine Folge der tatbestandlichen Handlungseinheit ist die Idealkonkurrenz durch sog. **Klammerwirkung:** treffen mit den verschiedenen natürlichen Einzelhandlungen einer tatbestandlichen Handlungseinheit jeweils andere, an sich selbständige Straftaten zusammen, so werden diese unter bestimmten Voraussetzungen durch die „durchlaufende" Handlungseinheit zu Idealkonkurrenz verbunden. Vgl. näher hierzu § 52 RN 14 ff.

21   c) Tatbestandliche **Handlungseinheit** in diesem Sinne ist **nicht identisch mit Idealkonkurrenz,** sondern nur deren Voraussetzung (vgl. Warda Oehler-FS 244). Deshalb liegt gleichartige Idealkonkurrenz nicht schon dann vor, wenn ein Tatbestand durch eine aus mehreren Einzelhandlungen bestehende Handlungseinheit erfüllt wird, wie z. B. bei einer Körperverletzung durch mehrere Schläge oder einer Beleidigung durch mehrere Schimpfworte usw. Regelmäßig liegt hierin nur eine einmalige, nicht, wie § 52 voraussetzt, eine mehrmalige Verletzung desselben Strafgesetzes. Zu den Erfordernissen der gleichartigen Idealkonkurrenz vgl. § 52 RN 22 ff.

22   3. Soweit jedoch weder der Tatbestand die mehreren Handlungen verklammert noch die mehrfache Deliktsbegehung entsprechend den Regeln für die fortgesetzte Tat zu einer Einheit zusammengefaßt werden kann, ist die **natürliche Handlungseinheit** (vgl. hierzu Maiwald aaO; Blei JA 72, 711 ff.; 73, 95 ff.) als Form der rechtlichen Verbundenheit mehrerer natürlicher Handlungen **nicht anzuerkennen** (vgl. Jakobs 745, M-Gössel II 410 ff., Samson SK 21 vor § 52, R. Schmitt ZStW 75, 58, Stratenwerth 319, Wessels I 241; vgl. jedoch Warda JuS 64, 83, Oehler-FS 257 ff., Wahle GA 68, 110 f., auch Wolter StV 86, 320, der für eine normative Handlungseinheit eintritt). Der einheitliche Plan, dessen Verwirklichung die mehreren Handlungen dienen, stellt insb. keine Klammer dar, die eine Handlungseinheit im Rechtssinne herstellen kann. Diebstahl der Mordwaffe und Tötung sind zwei Handlungen auch da, wo sie zeitlich und räumlich nahe beieinander liegen. Vgl. weiter die Beispiele in § 52 RN 6.

23   Demgegenüber hat die **Rspr.** häufig mit einem sehr weiten und nicht nur auf die o. 12 ff. genannten Fälle beschränkten Begriff der „natürlichen Handlungseinheit" operiert. Diese soll vorliegen, wenn mehrere gleichartige strafrechtlich bedeutsame Betätigungen durch einen engen räumlichen und zeitlichen Zusammenhang so verbunden sind, „daß sich das gesamte Tätigwerden an sich (objektiv) auch für einen Dritten als ein einheitliches zusammengehöriges Tun bei natürlicher Betrachtungsweise erkennbar macht" (vgl. z. B. RG **58** 116, **74** 375, **76** 140, HRR **39** Nr. 391, BGH **4** 219, **10** 130 f., 231, VRS **13** 135, **36** 354, **56** 142). Dies soll auch bei Angriffen auf verschiedene höchstpersönliche Rechtsgüter (RG HRR **39** Nr. 391, BGH MDR/H **84**, 981 f., JZ **85**, 250, NStZ **85**, 217, StV **90**, 544; dagegen mit Recht Maiwald NJW 78, 301, JR 85, 514, Wolter StV 86, 321), beim Zusammentreffen von positivem Tun und Unterlassen (Bremen JR **53**, 388) sowie bei Fahrlässigkeitstaten gelten (vgl. z. B. RG **53** 227, DJ **39**, 1284, Hamm VRS **25** 258, JMBlNW **64**, 167); vgl. ferner BGH GA **70**, 84, MDR/D **73**, 17, VRS **48** 345. Einen Gesamtvorsatz verlangt die Rspr. für die natürliche Handlungseinheit nicht (BGH MDR/D **73**, 17, VRS **48** 18, Bay DAR/R **76**, 174; vgl. aber auch BGH NJW **77**, 2321, wonach einheitlicher Tatentschluß erforderlich sein soll, und dazu krit. Maiwald NJW 78, 300, ferner BGH NStZ **84**, 215, **86**, 314, JZ **85**, 250, StV **90**, 544, wonach die Einzelhandlungen Ausdruck eines einheitlichen Willens sein müssen, aber auch BGH **36** 116, wonach eine nachfolgende Handlung auch auf einem neuen Entschluß beruhen kann).

24   Während diese auf das einheitliche *objektive Erscheinungsbild* abstellende Definition noch einigermaßen klare Abgrenzungen ermöglicht, hat die Rspr. in zahlreichen anderen Fällen den Begriff der natürlichen Handlungseinheit dadurch überdehnt, daß sie vor allem auf die *Einheitlichkeit des Willensentschlusses* abstellte. So sollen nach RG HRR **39** Nr. 391 mehrere Schüsse auf mehrere Personen eine einheitliche Handlung sein, wenn der Täter „die verschiedenen Schüsse

Mehrere Gesetzesverletzungen   25–29 **Vorbem §§ 52 ff.**

aufgrund des einheitlichen Willensentschlusses, in die Gegend zu feuern und dabei gegebenenfalls wen auch immer zu treffen und zu verletzen, in enger Aufeinanderfolge abgegeben hat" (ebenso RG HRR 34 Nr. 764; vgl. auch Hellmer GA 56, 65; dagegen jedoch BGH **16** 397 und § 52 RN 10). Ähnlich Celle SJZ **47**, 272 m. Anm. Leß, wonach der Diebstahl und das nachfolgende Schlachten eines Tieres eine Handlung seien (and. insoweit Hamburg HESt **1** 145). Vgl. weiter BGH MDR/H **81**, 452 (Kfz-Diebstahl und anschließende Urkundenfälschung durch Veränderung der Motor- und Fahrgestellnummern), Bremen JR **53**, 388 (gegen RG **76** 144). Vollends führt BGH VRS **28** 359 den Begriff der natürlichen Handlungseinheit ad absurdum, indem das Urteil den einheitlichen Fluchtwillen des Angekl. dazu benutzt, um zwischen Fahren ohne Führerschein, gefährlicher Körperverletzung, Widerstand gegen Vollstreckungsbeamte und Unfallflucht Handlungseinheit herzustellen. Vgl. ferner BGH **22** 76, VRS **48** 191, **57** 277, **65** 428, **66** 20, MDR **89**, 834 zur natürlichen Handlungseinheit bei Verkehrsstraftaten im Verlauf einer ununterbrochenen Flucht vor der Polizei („Polizeiflucht") und dagegen Warda Oehler-FS 250 ff.

Durch BGH VRS **36** 354 wird dies vorsichtig dahin korrigiert, daß Einheitlichkeit des Willensentschlusses oder Gesamtzieles nicht schlechthin zur Begründung natürlicher Handlungseinheit ausreiche, sondern daß der Entschluß sich auf gleichartige Betätigungen gerichtet haben müsse. Nach BGH MDR/D **74**, 13 begründet der Fluchtwille keine natürliche Handlungseinheit bei Straftaten, die der vor der Polizei zu Fuß fliehende Täter begeht. Die Verletzung höchstpersönlicher Rechtsgüter gebietet nach BGH MDR/H **79**, 987 eine Aufspaltung in mehrere Tatkomplexe (vgl. auch BGH NStZ **84**, 311). Keine natürliche Handlungseinheit bildet nach BGH NJW **84**, 1568 die (versuchte) Tötung mit der vorher abgeschlossenen Körperverletzung, die mittels der Tötung verdeckt werden soll (vgl. dazu Kindhäuser JuS 85, 100). Vgl. auch BGH StV **86**, 293: keine natürliche Handlungseinheit, wenn Täter nach Körperverletzung oder Tötungsversuch dem Opfer Hilfe leistet und es anschließend auf Grund eines neuen Entschlusses tötet (krit. dazu Wolter StV 86, 315). Rechtlich selbständig ist nach BGH DRiZ/H **79**, 149 i. d. R. das Fahren ohne Fahrerlaubnis bis zum Zeitpunkt, in dem der Täter beschließt, die von ihm bemerkte Polizeistreife durch verkehrsfeindlichen Einsatz seines Fahrzeugs abzuschütteln. 25

Auch in der bisherigen Rspr. finden sich zahlreiche Entscheidungen, die i. E. dem hier vertretenen Standpunkt entsprechen. Vgl. z. B. RG **44** 31, **59** 318, **66** 362, **72** 123, OGH **3** 37. 26

4. Besondere Formen der rechtlichen Handlungseinheit sind die **fortgesetzte Tat** (u. 30 ff.) und das **Dauerdelikt** (u. 81 ff.). Dagegen ist das „Massenverbrechen", d. h. die wiederholte Verwirklichung gleichliegender Tatbestände auf Grund derselben charakterlichen Grundhaltung, als rechtliche Handlungseinheit nicht anzuerkennen (BGH **1** 221, NJW **51**, 666). 27

5. Die Regeln für Handlungseinheit und Handlungsmehrheit gelten grundsätzlich auch für (echte wie unechte) **Unterlassungsdelikte**. Da jedoch das Wesen der Unterlassung in der Nichtvornahme bestimmter Handlungen besteht (vgl. 139 ff. vor § 13), beurteilt sich die „Handlungseinheit" hier nach der Identität der vom Täter geforderten Handlungen (RG **76** 140, BGH **18** 379, JR 85, 244 m. Anm. Puppe, NJW 90, 2560, Bay NJW **60**, 1730, Köln wistra **86**, 275). Dient ein und dieselbe Handlung dem Schutze mehrerer Rechtsgutträger, so liegt bei ihrer Nichtvornahme **Unterlassungseinheit** vor (Schrankenwärter unterläßt es, Schranke zu schließen; § 222 in gleichartiger Idealkonkurrenz). Unterläßt es der Täter jedoch, eine Mehrzahl verschiedener Handlungen vorzunehmen, so liegt Handlungsmehrheit vor (BGH MDR/H **79**, 987), so wenn er mehreren Meldepflichten nicht nachkommt (RG **76** 140), Lohnsteuer und Arbeitnehmeranteile zur Sozialversicherung weder anmeldet noch abführt (BGH JR **88**, 25 m. Anm. Otto) oder mehrere Kinder nicht rettet (Herzberg MDR 71, 883, Spendel JZ 73, 144). Vgl. auch BGH **18** 376, Bay NJW **60**, 1730, Celle MDR **64**, 862 zu § 170b (and. insoweit Düsseldorf MDR **62**, 923), ferner Schleswig SchlHA/E-J **79**, 209. Die Einheit der Tat kann bei einer Handlung verschiedener notwendiger Handlungen nur über die rechtliche Handlungseinheit herbeigeführt werden. So liegt nur eine Handlung vor, wenn der Wächter eines Lagerhauses es unterläßt, Waren verschiedener Eigentümer bei einem Brand zu retten, i. d. R. auch, wenn der Unterhaltspflichtige sich seiner Pflichten gegenüber mehreren Unterhaltsberechtigten entzieht. Vgl. dazu Geerds JZ 64, 593 ff., Jakobs 743, Struensee, Die Konkurrenz bei den Unterlassungsdelikten (1971). 28

6. Umstritten ist, ob mehrere **Äußerungen** strafbarer Art (Beleidigung, Falschverdächtigung usw.) **in einer Schrift** stets eine Handlungseinheit bilden. Das RG hat diese nur bejaht, wenn die Äußerungen durch ihren inhaltlichen Zusammenhang oder ihre Fassung so eng miteinander verbunden sind, daß sie nach natürlicher Auffassung als Einheit erscheinen; Handlungsmehrheit soll dagegen bei einem nur losen Zusammenhang vorliegen (vgl. u. a. RG **33** 46, **34** 134, **66** 4, JW **35**, 2961, **36**, 389, DR **39**, 623; ähnlich Bay GA **73**, 112 bei verschiedenen Steuerstraftaten 29

Stree

in einer Steuererklärung durch unrichtige Angaben). Andererseits hat der BGH (GA **62**, 24) die falsche Verdächtigung mehrerer Personen in einem Schreiben ohne Einschränkung als Handlungseinheit gewertet (gleichartige Idealkonkurrenz). Die Meinungen im Schrifttum sind geteilt. Z. T. wird darauf abgestellt, ob die Äußerungen in einem materiellen Zusammenhang stehen (Handlungseinheit) oder voneinander unabhängig sind (Handlungsmehrheit; vgl. etwa Blei I 344, D-Tröndle 9 vor § 52, M-Gössel II 415, Vogler LK § 52 RN 10). Nach anderer Ansicht ist allein die Kundgabe als einheitlicher Realakt das entscheidende Moment; das Überlassen einer Schrift mit verschiedenen strafbaren Äußerungen an einen anderen begründet danach eine Handlungseinheit (so z. B. Herdegen LK § 185 RN 46, Rudolphi SK § 185 RN 25). Für diese Ansicht spricht an sich der Umstand, daß die in einer Schrift niedergelegten Äußerungen erst mit dem Entäußerungsakt, d. h. mit der Übergabe der Schrift an einen anderen, strafrechtliche Bedeutung erlangen. Gegen sie ist jedoch einzuwenden, daß sie der Äußerlichkeit des Übermittlungsvorgangs zu viel Gewicht beimißt. Es besteht sachlich kein sinnvoller Grund, verschiedene strafbare Äußerungen unter dem Gesichtspunkt der Handlungseinheit bzw. -mehrheit unterschiedlich zu behandeln, je nachdem, ob sie schriftlicher oder mündlicher Art sind. Strafbare Äußerungen in einer Rede etwa können, da sie sofort mit ihrer Kundgebung Bedeutung erlangen, nur unter den Voraussetzungen einer rechtlichen Handlungseinheit als einheitliches Geschehen beurteilt werden. Für eine durch Tonband (Schrift gem. § 11 III) übermittelte Rede kann nichts anderes gelten, will man nicht sachlich Gleiches ungleich werten. Ebensowenig kann für die Frage der Handlungseinheit oder Handlungsmehrheit maßgeblich sein, ob ein Schreiben diktiert oder vom Täter selbst hergestellt worden ist. Schriftliche Äußerungen sind daher nur auf Grund ihres materiellen Zusammenhangs zu einer Handlungseinheit zusammenzufassen.

III. Das fortgesetzte Delikt.

30   *Schrifttum: Buchholz*, Die Selbständigkeit der Einzelakte beim fortgesetzten und Kollektivdelikt, 1940 (StrAbh. Heft 413). – *Doerr*, Die Lehre vom fortgesetzten Delikt, FG Frank II 210. – *Graf zu Dohna*, Betrachtungen über das fortgesetzte Verbrechen, DStR 42, 19. – *Jähnke*, Grenzen des Fortsetzungszusammenhangs, GA 89, 376. – *Koch*, Zur fortgesetzten Fahrlässigkeitstat, NJW 56, 1267. – *Mann*, Materielle Rechtskraft und fortgesetzte Handlung, ZStW 75, 251. – *Mezger*, Der Fortsetzungszusammenhang im Strafrecht, JW 38, 3265. – *Nickel*, Der Begriff des fortgesetzten Delikts usw., 1931. – *Nowakowski*, Fortgesetztes Verbrechen und gleichartige Verbrechensmenge, 1950. – *Preiser*, Aufspaltung der Sammelstraftat, insb. der fortgesetzten Handlung, ZStW 58, 743. – *Roth-Stielow*, Kritisches zur fortgesetzten Handlung, NJW 55, 450. – *Schirmeyer*, Wesen und Voraussetzungen des fortgesetzten Verbrechens, 1941 (StrAbh. Heft 425). – *Schlosky*, Über Tateinheit und fortgesetztes Verbrechen, ZStW 61, 245. – *Schmoller*, Bedeutung und Grenzen des fortgesetzten Delikts, 1988. – *Schroeder*, Die Zusammenrechnung im Rahmen von Qualitätsbegriffen bei Fortsetzungstat und Mittäterschaft, GA 64, 225. – *Stree*, Teilrechtskraft und fortgesetzte Tat, Engisch-FS 676. – *ders.*, Probleme der fortgesetzten Tat, Krause-FS, 1990, 393. – *v. Weber*, Zur Behandlung des zum Teil im Ausland begangenen fortgesetzten Delikts, ZStW 57, 490. – Über das ältere Schrifttum vgl. die Nachw. b. Frank, § 74 Anm. V 2c.

31   Die Fortsetzungstat ist ein Fall der **rechtlichen Handlungseinheit** (nicht schlechthin Tateinheit). Sie ist überwiegend aus Strafwürdigkeitsbelangen (vgl. Jung JuS 89, 290), aus praktischen Bedürfnissen (Prozeßökonomie, Vereinfachung der Rechtsanwendung) und auf Grund einer natürlichen Betrachtungsweise entwickelt worden (z. B. RG **70** 244, DJ **41**, 553, OGH **1** 346, BGH **35** 323, **36** 109, BGE 114 IV 3; vgl. aber auch Kratzsch JR 90, 177, der auf einen normativen Ansatz abstellt; krit. R. Schmitt ZStW 75, 60: „eine zur Vermeidung des § 74 [a. F.] aufgestellte Fiktion"; ablehnend auch Jakobs 751, Schmidhäuser 726, Schultz ZBernJV 66, 55, Wahle GA 68, 109). Entnimmt z. B. ein Tankwart monatelang Benzin unberechtigt aus dem Tank oder verteilt ein Dieb aus physischen Gründen seine Tat auf mehrere Nächte, so würde es „als eine lästige, überflüssige und wunderlich anmutende Arbeit erscheinen", wollte man für jedes einzelne Handeln eine Strafe festsetzen und dann nach § 53 eine Gesamtstrafe bilden (RG **70** 244). Jede einzelne Handlung stellt sich hier nach natürlicher Betrachtungsweise nur als unselbständiger Teil (Einzelakt) einer einheitlichen fortgesetzten Tat dar (vgl. Jähnke GA 89, 383).

32   Das Dilemma bei der Fortsetzungstat besteht jedoch darin, daß sie einerseits als rechtliche Einheit, d. h., als eine einzige Tat behandelt wird, auf der anderen Seite aber nicht zu übersehen ist, daß sie sich aus einer Anzahl äußerlich selbständiger und tatbestandsmäßiger Handlungen zusammensetzt. Infolgedessen ist bei jeder rechtlichen Konsequenz gesondert zu entscheiden, ob der Fortsetzungszusammenhang in jeder Beziehung einheitliche Tat begründet oder ob einzelnen **Teilakten** eine **gewisse rechtliche Selbständigkeit** zuzusprechen ist (vgl. z. B. u. 33, auch BGH **35** 36: Straffreiheit bei Selbstanzeige wegen unentdeckter Einzelakte einer fortgesetzten Steuerhinterziehung, LG Bielefeld NStZ **86**, 282 m. Anm. Peters: Zulässigkeit der Verfahrenswiederaufnahme hinsichtlich einzelner Teilakte). Auch die Gewohnheitsmäßigkeit wird durch den Fortsetzungszusammenhang nicht eo ipso ausgeschlossen, was der Fall wäre, wenn man einerseits eine Mehrheit gleichartiger Taten verlangt, gleichzeitig aber die Fortsetzungstat als eine einzige Straftat behandelt (näher dazu u. 99). Im übrigen ist zu bedenken, daß es sich bei der fortgesetzten Tat nicht um ein gesetzlich geschaffenes Gebilde handelt und daher mit ihrer Annahme täternachteilige Folgen, die bei Annahme von Tatmehrheit unterbleiben, nicht ohne weiteres verbunden sein dürfen (vgl. Ostendorf DRiZ 83, 426). Krit. zum Fortsetzungszusammenhang Stratenwerth 319f.; vgl. auch die Bedenken bei Jagusch NJW 72, 455, Jescheck 647. Für Einschränkung des Fortsetzungszusammenhangs Jähnke GA 89, 376.

1. Voraussetzung für eine fortgesetzte Tat ist zunächst, daß jeder **Einzelakt alle Deliktsvoraussetzungen** erfüllt, also tatbestandsmäßig, rechtswidrig und schuldhaft begangen worden ist. Handlungen, die vor Erlaß des anzuwendenden Gesetzes liegen und bis dahin keinen Tatbestand erfüllen, bleiben außer Betracht (RG **62** 3, **71** 343, Schleswig SchlHA **50**, 49), auch wenn sie Ordnungswidrigkeiten sind (BGH MDR/H **87**, 280). Soweit Teilakte nur auf **Antrag** verfolgt werden, bleiben sie unberücksichtigt, wenn der Strafantrag fehlt (BGH **17** 157, wistra **87**, 218, RG **72** 44; and. RG **71** 287). Der Strafantrag ist hinsichtlich der Einzelakte teilbar, so daß der Berechtigte die Strafverfolgung auf einen Teil von ihnen beschränken kann (vgl. § 77 RN 43). Entsprechendes gilt für die Möglichkeit der Strafverfolgungsbehörde, das besondere öffentliche Interesse nur für einen Teil der Einzelakte zu bejahen. Auch die Antragsfrist ist für jeden Teilakt selbständig zu bestimmen (vgl. § 77b RN 8, Vogler LK 80 vor § 52; and. RG **40** 319, **61** 303). Entsprechendes muß für die **Verjährung** gelten. Zwar ist eine Fortsetzungstat erst beendet, wenn alle Teilakte ausgeführt sind (RG **66** 36). Dennoch ist entgegen RG **62** 214, **64** 40, BGH **1** 91, **36** 109, MDR/H **84**, 796, NJW **85**, 1719 m. abl. Anm. Puppe JR 85, 245 (and. BGH **27** 18 bei presserechtlicher Verjährung) nicht anzunehmen, daß die Verjährung erst mit Beendigung des letzten Teilakts beginnt (vgl. LG Hanau MDR **80**, 72). Sonst würde bei echtem Gesamtvorsatz eine Verjährung von der Ausführung des Gesamtplanes abhängen. Wenn man anerkennt, daß der Teilakt seine rechtliche Selbständigkeit darin äußert, daß für ihn fristgerecht Strafantrag gestellt sein muß, so muß man auch bei der Verjährung entsprechend verfahren. Daher verjährt jeder Teilakt selbständig und kann in die Fortsetzungstat nicht einbezogen werden, wenn die Verjährungsfrist abgelaufen ist (Baumann/Weber 672, Noll ZStW 77, 4, Jakobs 741, Ostendorf DRiZ 83, 429, Rüping GA 85, 446, Jung D. Schultz-FS, 1987, 183; and. Jähnke LK § 78a RN 10, Schlüchter NStZ 90, 181, Kratzsch JR 90, 183, Vogler LK 78 vor § 52). Aus demselben Grund sind solche Teilakte nicht in den Fortsetzungszusammenhang einzubeziehen, die vor dem Stichtag eines StFG begangen worden sind (and. BGH NJW **56**, 1079). Für die Verselbständigung der Teilakte in den genannten Fällen spricht überdies das Erfordernis (vgl. o. 32), täternachteilige Folgen mit der Annahme einer fortgesetzten Tat zu vermeiden; dieser Gesichtspunkt bleibt bei BGH NJW **85**, 1719 unberücksichtigt. Der Täternachteil als Folge der BGH-Rspr. tritt eklatant hervor, wenn ein späterer Teilakt entgegen dem ursprünglichen Plan in qualifizierter Form begangen wird und deswegen eine längere Verjährungsfrist eingreift, der Täter etwa beim letzten Teilakt eines fortgesetzten Diebstahls eine Waffe bei sich führt. Außerdem spricht für die Selbständigkeit der Teilakte im Hinblick auf die Verjährung deren Sinn, nach Ablauf einer gewissen Zeit ein strafbares Verhalten auf sich beruhen zu lassen. Das wird besonders deutlich, wenn Teilakte weit zurückliegen (vgl. den Fall bei BGH MDR/H **88**, 454: erster möglicher Teilakt einer Steuerhinterziehung vor 27 Jahren). Ihre Einbeziehung in die Strafverfolgung läßt sich dann nicht allein auf Grund der Verknüpfung mit dem späteren Tatgeschehen durch den Gesamtvorsatz als sachgerecht hinstellen. Vgl. näher zum Verjährungsproblem Stree Krause-FS 398 ff. Die Selbständigkeit der Teilakte kann auch beim **Rücktritt** vom Versuch hervortreten. Der Rücktritt vom Versuch des letzten Teilakts kann sich nur auf diesen strafbefreiend auswirken, sofern vorhergehende Teile der Fortsetzungstat vollendet oder unfreiwillig abgebrochen sind. Soweit Fortsetzungsvorsatz als hinreichend für den Fortsetzungszusammenhang angesehen wird (vgl. u. 52), scheiden versuchte Teilakte aus, bei denen ein freiwilliger Rücktritt vorliegt. Eine gewisse Selbständigkeit der Teilakte zeigt sich schließlich noch bei Hilfeleistungen. Eine Hilfeleistung, die sich ausschließlich auf die Sicherung bereits erlangter Vorteile erstreckt, ohne sich auf noch ausstehende Teilakte auszuwirken, ist als **Begünstigung**, nicht etwa als Beihilfe zu beurteilen (vgl. § 257 RN 8). Entsprechendes gilt für die Strafvereitelung (vgl. RG **57** 82).

2. Weitere Voraussetzung ist in **objektiver** Beziehung die wesentliche **Gleichartigkeit der Ausführungshandlungen** (u. 37 ff.) und **subjektiv** ein **einheitlicher Vorsatz**, der jeden Einzelakt als die Fortsetzung der früheren Handlungen erscheinen läßt (u. 47 ff.).

Diese subjektiv-objektive Theorie stellt sich als eine Synthese zwischen den vom RG entwickelten Grundsätzen dar, die durch die Forderung eines von vornherein den Gesamterfolg umfassenden

Vorsatzes Widerspruch herausgefordert haben, und den objektiven, von der Wissenschaft entwickelten Theorien, die dem Wesen der fortgesetzten Tat nicht voll gerecht werden (u. 59 ff.).

36   3. Zunächst ist wesentliche **Gleichartigkeit der objektiven Sachlage** erforderlich. Maßgebend für die Beurteilung ist die natürliche Lebensauffassung; z. T. kritisch hierzu Nowakowski aaO 36, Schmoller aaO 66. Der Einwand hiergegen, das Merkmal der natürlichen Lebensauffassung sei zu unbestimmt und lasse die Zuordnung zur fortgesetzten Tat von der Intuition des jeweiligen Richters abhängen, stellt den Rückgriff auf eine natürliche Betrachtung jedoch nicht in Zweifel, sofern täternachteilige Folgen mit der Annahme eines Fortsetzungszusammenhangs vermieden werden (vgl. o. 32).

37   a) Im wesentlichen gleichartig ist die Sachlage regelmäßig nur dann, wenn **derselbe Deliktstatbestand verwirklicht** wird, der **Tathergang gleichartig** ist und in einem gewissen zeitlichen und räumlichen Zusammenhang steht und wenn **dasselbe Rechtsgut** verletzt wird.

38   α) Die Einzelakte müssen grundsätzlich **denselben Tatbestand** erfüllen. Entscheidend ist insofern nicht, ob dieser seine Regelung im selben Paragraphen gefunden hat, sondern ob den Strafdrohungen dasselbe strafrechtliche Verbot zugrunde liegt, so daß sie nur die Ausgestaltung desselben Gedankens mit Rücksicht auf besondere Erschwerungs- oder Erleichterungsgründe enthalten (RG **51** 308, **56** 323, **70** 388, DJ **37**, 285, BGH **8** 35; vgl. auch ÖstOGH **52**, 220). Fortsetzungszusammenhang ist z. B. möglich zwischen Diebstahl nach § 242 und § 244 (vgl. RG **53** 263), zwischen Diebstahl und Unterschlagung, wenn man das in § 242 RN 2 dargelegte Verhältnis zugrunde legt (and. RG **58** 229, BGH GA **62**, 78), ferner zwischen leichter und gefährlicher Körperverletzung, denn Ohrfeigen und Stockschläge sind nur „verschiedene Ausführungsformen desselben Tatbestandes" (RG **57** 81). Auch falsche uneidliche Aussage und Meineid können in Fortsetzungszusammenhang stehen (vgl. § 153 RN 18), ebenso Verletzung der Buchführungspflicht (§ 283b) und Bankrott (§ 283; vgl. § 283b RN 10), Vorteilsannahme und Bestechlichkeit (vgl. § 331 RN 7) sowie Einkommens- und Körperschaftssteuerhinterziehung (Bay MDR **82**, 955).

39   **Ausgeschlossen** ist Fortsetzungszusammenhang wegen Verschiedenheit des Tatbestands dagegen z. B. zwischen Diebstahl und räuberischem Diebstahl (BGH MDR/D **74**, 14), räuberischer Erpressung oder Raub (BGH NJW **68**, 1292), denn diese Taten richten sich nicht nur gegen das Eigentum, sondern auch gegen die Entschlußfreiheit (vgl. BGH MDR/D **73**, 554); zwischen § 306 Nr. 2 und § 308 (RG DJ **38**, 1190), zwischen Beleidigung und Verleumdung (RG HRR **38** Nr. 186), zwischen Begünstigung und Hehlerei (vgl. § 259 RN 64), zwischen Urkundenfälschung und Urkundenvernichtung (vgl. § 267 RN 100), zwischen Steuerhinterziehung und Steuerhehlerei (BGH **8** 34), zwischen Täterschaft und Teilnahme (vgl. u. 57), zwischen normaler Tat und Vollrausch (Hein NStZ 82, 235).

40   Eine fortgesetzte Tat wird weder dadurch ausgeschlossen, daß die mehreren Einzelhandlungen gegen dasselbe Strafgesetz in der Form der Vollendung oder des Versuchs verstoßen, noch dadurch, daß die Einzelhandlungen z. T. von Amts wegen zu verfolgen sind, z. T. erst auf Antrag, sofern der Antrag vorliegt (vgl. o. 33; and. RG **71** 287). Auch steht einem Fortsetzungszusammenhang nicht entgegen, daß einzelne Handlungen im Inland und andere im Ausland ausgeführt worden sind.

41   β) Weiter muß der **Tathergang** einander im wesentlichen entsprechen. An dieses Erfordernis sind bei Massendelikten wie Diebstahl, Betrug usw. keine allzu großen Anforderungen zu stellen. Insb. ist Fortsetzungszusammenhang nicht deswegen ausgeschlossen, weil es sich um unterschiedliche Handlungsobjekte und Tatmodalitäten (Einbrechen, Einsteigen, Eindringen mittels Nachschlüssel usw.) beim Diebstahl oder verschiedene Begehungsweisen beim Betrug handelt. Zwischen einem Darlehensschwindel und der betrügerischen Erlangung von Sachen, die angeblich für den Eigentümer verkauft werden sollen, ist daher Fortsetzungszusammenhang möglich (and. RG DJ **39**, 307, Eser II 227; vgl. RG HRR **37** Nr. 1559). Bei betrügerischen Verträgen können unterschiedliche Vertragsbedingungen bloße unwesentliche Modifikationen gleichartiger Handlungen sein (BGH wistra **88**, 66). Beim Diebstahl ist unerheblich, was der Täter stiehlt und zu welchem Zweck. Daher kann Fortsetzungszusammenhang zwischen dem Diebstahl der Diebeswerkzeuge und dem damit begangenen Einbruch sowie zwischen dem Diebstahl des Transportmittels und einem Diebstahl, dessen Beute mit dem gestohlenen Transportmittel abgefahren werden soll, vorliegen (BGH VRS **13** 41, StV **82**, 468, MDR/D **57**, 526, **67**, 13, **68**, 727, MDR/H **78**, 623, **83**, 621; and. BGH DAR **55**, 282). Fortsetzungszusammenhang liegt somit vor, wenn der Täter einen Gegenstand entwendet, um damit einen bestimmten weiteren Diebstahl zu begehen (BGH MDR/D **73**, 554, MDR/H **90**, 488) oder ihn dabei zur Verständigung mit Mittätern zu verwenden (vgl. Düsseldorf JZ **84**, 1000: Funkgeräte). Bei einer Bestechung ist die Begehungsweise noch gleichartig, wenn je nach den Wünschen der Beteiligten Vermögensteile unterschiedlicher Art gewährt werden (BGH NStZ **87**, 551). Beim Rauschgifthandel entfällt die Gleichartigkeit noch nicht bei Abweichungen in der Art des

Rauschgifts oder dessen Bezugs (BGH StV 88, 254). An der Gleichartigkeit fehlt es aber i. d. R., wenn die Straftat einmal durch positives Handeln, ein anderes Mal durch Unterlassung begangen wird (vgl. u. 58). Die Verschiedenheit von Begleitumständen, die nicht zum gesetzlichen Tatbestand gehören, schließt nicht stets die Gleichartigkeit des Tathergangs aus (Düsseldorf JMBlNW **51**, 18). Es muß ferner ein gewisser zeitlicher (vgl. BGH **36** 110, öst. OGH 52, 60) und räumlicher Zusammenhang bestehen. Bei großen Zwischenräumen dürfte nach natürlicher Lebensauffassung (u. 46) der Fortsetzungszusammenhang ausgeschlossen sein (RG HRR **39** Nr. 1318; and. RG DJ **38**, 516). An einem solchen Zwischenraum fehlt es jedoch, wenn jemand seine Begleitperson auf einer Weltreise nacheinander an jeweils entfernten Orten bestiehlt, da hier eine räumlich enge Beziehung zum Opfer besteht. Ebenso verhält es sich, wenn jemand auf einer Kreuzfahrt Diebstähle gegen verschiedene Mitreisende in jeweils entfernten Häfen verübt. Bei der Einkommensteuerhinterziehung soll einem Fortsetzungszusammenhang nicht entgegenstehen, daß zwischen den Steuererklärungen jeweils 1 Jahr liegt (vgl. BGH MDR/H **88**, 454, wonach aber der zeitliche Abstand es gebieten soll, sorgfältige Feststellungen zur inneren Tatseite zu treffen). Eine solche Annahme ist jedoch keineswegs bedenkenfrei. Der zeitliche Abstand ist immerhin so beträchtlich, daß sich nach natürlicher Betrachtung das Ganze kaum noch als einheitlicher Vorgang ansehen läßt (vgl. auch die Bedenken bei Schmoller aaO 77).

γ) Die Einzelakte müssen sich zudem gegen das **gleiche Rechtsgut** richten (RG **57** 140, JW **36**, 3318, BGE **91** IV 64, 66). Fehlt es hieran, so kann die Einheitlichkeit des Zwecks nicht zur Annahme eines fortgesetzten Delikts führen (RG **51** 7). Gleiches Rechtsgut bedeutet jedoch nicht unbedingt, daß derselbe Rechtsgutsträger betroffen sein muß. Insoweit ist zwischen höchstpersönlichen und materiellen Rechtsgütern zu unterscheiden. **42**

δ) Nach h. M. (BGH **26** 26, KG NJW **89**, 1373, D-Tröndle 29 vor § 52, Geerds aaO 304, Jescheck 648, ZStW 67, 552, Maiwald aaO 80, M-Gössel II 427, Vogler LK 55 vor § 52) ist trotz Einheitlichkeit der verletzten Rechtsgüter **Fortsetzungszusammenhang ausgeschlossen,** wenn es sich um **höchstpersönliche Rechtsgüter** verschiedener Personen handelt. Fortsetzungszusammenhang kommt danach nicht in Frage: bei Nötigung (Schleswig SchlHA/E-J **79**, 203), Beraubung oder Erpressung mehrerer Personen (RG HRR **37** Nr. 981, BGH LM **Nr. 7** zu § 253, Bay NJW **65**, 2166), bei Schwangerschaftsabbruch an verschiedenen Frauen (RG **59** 98, BGH MDR/D **66**, 727, Kiel HESt. **2** 14) bzw. bei Abbruch mehrerer Schwangerschaften derselben Frau (RG HRR **38** Nr. 1209), bei sexuellen Handlungen an mehreren Männern (RG **70** 284, **72** 258, JW **38**, 2334, Hamm HESt. **1** 294) oder an verschiedenen Kindern (RG **53** 274, **70** 243) oder Frauen (BGH **18** 26), bei Zuhälterei gegenüber mehreren Prostituierten (BGH StV **87**, 243, NStZ **90**, 80), bei Tötung (RG **70** 245) oder Körperverletzung mehrerer Personen (OGH **1** 204), bei Aussageerpressung gegenüber mehreren Personen (BGH NJW **53**, 1034); i. gl. S. RG **68** 14, HRR **37** Nr. 981. Entsprechend der Verletzung höchstpersönlicher Rechtsgüter ist nach natürlicher Betrachtungsweise die Möglichkeit eines Fortsetzungszusammenhangs ebenfalls bei Taten eingeschränkt, deren Unwert vor allem durch die Beeinträchtigung höchstpersönlicher Pflichten geprägt ist. Demgemäß ist Fortsetzungszusammenhang nicht möglich bei Bestechung mehrerer Amtsträger (RG **72** 175, Hamburg NJW **51**, 813, Lackner IV 3a bb, D-Tröndle 29, Vogler LK 55; and. Jescheck LK § 334 RN 9, Rudolphi SK § 334 RN 12). Anderes gilt für die Bestechlichkeit; hier ist Fortsetzungszusammenhang nicht deswegen ausgeschlossen, weil der Amtsträger von verschiedenen Personen Bestechungsgelder annimmt (vgl. BGHR vor § 1, fortges. Handlung Gesamtvorsatz, erweiterter **10**, wistra **90**, 190). Zur Bestechlichkeit in Tateinheit mit Erpressung vgl. BGH NJW **87**, 510. Bei **Taten gegen Vermögensrechte** ist, da diese keinen höchstpersönlichen Charakter haben, Fortsetzungszusammenhang auch möglich, wenn sich die Taten gegen verschiedene Personen richten (RG **70** 244, HRR **42** Nr. 674, BGH MDR/He **55**, 16, wistra **88**, 66), namentlich bei Betrug, Diebstahl, Sachbeschädigung, Vollstreckungsvereitelung oder Verletzung der Unterhaltspflicht. Trotz des Vorgehens gegen verschiedene Rechtsgutsträger ist das gesamte Geschehen entsprechend dem Vorgehen gegen eine einzige Person nur als Handlungseinheit und nicht zugleich auch als Tateinheit zu beurteilen (vgl. § 52 RN 29). **43**

Gegen die Einschränkung der Fortsetzungstat bei höchstpersönlichen Rechtsgütern ist in der 18. A. eingewandt worden, so wenig die Einheitlichkeit der Tat deswegen ausgeschlossen sei, weil der Täter mit einer Handlung eine Vielzahl höchstpersönlicher Rechtsgüter verletzt habe (Tötung mehrerer Menschen durch einen Schuß), so wenig schließe die Höchstpersönlichkeit der verletzten Interessen einen Fortsetzungszusammenhang aus. Die Tatsache, daß mehrere höchstpersönliche Rechtsgüter verletzt worden seien, komme in einer Verurteilung wegen ideell konkurrierender Taten zum Ausdruck (gleichartige Idealkonkurrenz). Die Bedenken gegen die h. M. haben in der Tat manches für sich. Ob jemand mit einer Bombe oder mit mehreren, unmittelbar nacheinander abgegebenen Schüssen eine Reihe von Menschen tötet, macht keinen großen Unterschied. Vgl. auch die Bedenken bei **44**

Vorbem §§ 52 ff. 45–48   Allg. Teil. Rechtsfolgen – Mehrere Gesetzesverletzungen

Samson SK 36 vor § 52, Stratenwerth 320. Die stärkeren Gründe sprechen jedoch gegen die Meinung, nach der höchstpersönliche Rechtsgüter verschiedener Personen in die Möglichkeit eines Fortsetzungszusammenhangs einzubeziehen sind. Die Zusammenfassung mehrerer Einzelhandlungen zur rechtlichen Handlungseinheit der fortgesetzten Tat ist an einer natürlichen Betrachungsweise ausgerichtet (vgl. o. 31). Dieser widerspricht es, wenn mehrere Handlungen, die verschiedene Personen in ihren höchstpersönlichen Gütern treffen, als eine einzige Tat behandelt werden. Man denke nur an den Fall, daß Geiselnehmer ihre Drohung wahrmachen und mit einem Abstand von je zwei Stunden mehrere Geiseln nacheinander erschießen. In einem solchen Fall läßt sich kaum sagen, nach natürlicher Betrachtungsweise sei das Geschehen als eine Tat zu beurteilen. Die Höchstpersönlichkeit und die damit verbundene Individualität der Betroffenen stehen einer Zusammenfassung zu einer Einheit entgegen (vgl. auch Jung JuS 89, 291). Demgegenüber kann aus dem Vergleich mit einer Handlung, die mehrere Erfolge auslöst, kein durchschlagendes Gegenargument hergeleitet werden. Das zeigt das Beispiel des Angriffs auf unterschiedliche Rechtsgüter. Soweit eine Handlung verschiedenartige Rechtsgüter verletzt (z. B. Körperverletzung und Sachbeschädigung), liegt Tateinheit vor. Haben jedoch zwei Handlungen diese Erfolge herbeigeführt, so ist der Weg zur Tateinheit versperrt, auch dann, wenn sie unmittelbar nacheinander und zu demselben Zweck begangen werden (vgl. o. 22, 42). Einer entsprechenden Beurteilung bei Verletzungen höchstpersönlicher Rechtsgüter steht nichts entgegen. Mit der h. M. sind daher, mögen auch gewisse Fallkonstellationen gegen eine Differenzierung nach der Art der verletzten Rechtsgüter sprechen, Taten gegen höchstpersönliche Rechtsgüter verschiedener Personen vom Fortsetzungszusammenhang auszuschließen. Nur Eingriffe in höchstpersönliche Güter desselben Rechtsgutsträgers können als fortgesetzte Tat gewertet werden.

45   In einzelnen Entscheidungen ist die Rspr. von diesem Standpunkt abgewichen. So soll nach BGH MDR/D **68**, 727 Fortsetzungszusammenhang zwischen § 249 und § 250 bestehen, wenn der Täter Waffen raubt, um damit einen räuberischen Überfall (auf eine andere Person) zu begehen. Ähnlich BGH VRS **35** 420, wo Fortsetzungszusammenhang zwischen mehreren Widerstandshandlungen gegen verschiedene Polizisten nur abgelehnt wurde, weil der Täter nicht mit Gesamtvorsatz gehandelt habe. Andererseits wird in BGH **26** 26 an der h. M. festgehalten; der BGH verneint dort generell die Möglichkeit eines Fortsetzungszusammenhangs bei Verletzung höchstpersönlicher Rechtsgüter verschiedener Personen und schließt demgemäß Fortsetzungszusammenhang zwischen Raub und räuberischer Erpressung aus, soweit diese sich gegen eine andere Person richtet (ebenso BGH MDR/H **90**, 1065). Ist allerdings der Schutzzweck eines Gesetzes auf ein das höchstpersönliche Einzelinteresse umgreifendes Allgemeininteresse ausgerichtet, so können mehrere Gesetzesverstöße in Fortsetzungszusammenhang stehen, auch wenn verschiedene Personen betroffen sind (BGH NJW **78**, 600: Verstöße gegen HeilpraktikerG).

45a   Gleich der Verletzung höchstpersönlicher Rechtsgüter ist auch bei **konkreten Gefährdungsdelikten**, soweit höchstpersönliche Rechtsgüter betroffen sind, im Falle der Gefährdung jeweils verschiedener Personen die Annahme eines Fortsetzungszusammenhangs ausgeschlossen. Das gilt z. B. dann, wenn der Täter wiederholt Fürsorge- oder Erziehungspflichten gegenüber mehreren Jugendlichen verletzt und diese dadurch in ihrer körperlichen oder psychischen Entwicklung gefährdet (vgl. § 170d RN 12). Ebenso scheidet Fortsetzungszusammenhang aus, wenn bei mehrfacher Gefährdung des Straßenverkehrs gemäß § 315c jeweils verschiedene Personen in Gefahr geraten (vgl. § 315c RN 42; unklar D-Tröndle § 315c RN 22). Anders verhält es sich bei **abstrakten Gefährdungsdelikten**. Hier entfällt Fortsetzungszusammenhang nicht deswegen, weil verschiedene Personen betroffen sind. Auch in solchen Fällen kann etwa das aufeinanderfolgende Inbrandsetzen von Wohngebäuden (§ 306) oder die mehrmalige Fahrt ohne Fahrerlaubnis (§ 21 StVG) eine fortgesetzte Tat bilden.

46   b) Ob bei Vorliegen der genannten Anhaltspunkte die objektive Sachlage als im wesentlichen gleichartig anzusehen ist, ist auf Grund der *natürlichen Lebensauffassung* zu entscheiden. Dabei kann je nach Art des angegriffenen Rechtsguts dem einen oder anderen Gesichtspunkt unterschiedliches Gewicht zukommen (vgl. BGH NStZ **87**, 551 entsprechend zum Gesamtvorsatz). Auch können Verschiedenheiten mehrerer Umstände, die für sich gesehen der Gleichartigkeit der Sachlage noch genügen, zusammen ein solches Gewicht haben, daß sie einen Fortsetzungszusammenhang ausschließen (BGH wistra **90**, 147).

47   4. Außerdem muß **Einheitlichkeit des Vorsatzes** gegeben sein. Es herrscht jedoch Streit darüber, wie dieses Erfordernis zu bestimmen ist.

48   a) Nach der **Rspr. des RG** muß der Vorsatz von vornherein die mehreren in Aussicht genommenen Akte strafbarer Tätigkeit als Teilstücke eines einheitlichen Ganzen so umfassen, daß die einzelnen Akte als unselbständige Ausführungen einer Straftat erscheinen (**Gesamtvorsatz**; z. B. RG **51** 308, **66** 239, **72** 213, **75** 209). Dieser Rspr. folgen OGH **1** 346, Bamberg NJW **48**, 390, Frankfurt NJW **48**, 393, Schleswig SchlHA **49**, 346, Hamm HESt. **1** 187, Nürnberg MDR **50**, 177 und zunächst auch der **BGH** (**1** 315, **2** 167, **8** 35, **15** 268, NJW **53**, 1112, GA **71**, 83, **74**, 307, DRiZ **73**, 24). Die neuere **Rspr. des BGH** ist hiervon allerdings abgerückt und läßt es genügen, daß der Täter vor Tatbeendigung den Entschluß zur Fortsetzung der Tat faßt (vgl. u. 53).

Der Gesamtvorsatz im strengen Sinn muß sich von vornherein auf einen gegenständlich und 49 zeitlich in gewisser Weise vorgestellten, nach und nach zu verwirklichenden *Gesamterfolg* richten und hierbei die geplanten Handlungsreihen in den wesentlichen Grundzügen (etwa Angriffsobjekte, deren Rechtsgutsträger, Ort, Zeit und ungefähre Begehungsweise) umfassen (vgl. BGH wistra **89**, 58, **90** 146). Dies kann z. B. der Fall sein, wenn der Täter, der keine Fahrerlaubnis besitzt, ein Kfz. erwirbt, um damit nach Belieben zu fahren (BGH VRS **29** 114); vgl. aber Düsseldorf VRS **74** 180, wonach der allgemeine Entschluß, bei sich bietender Gelegenheit ein Kfz. ohne Fahrerlaubnis zu führen, nicht genügt (nach natürlicher Auffassung dürfte indes kein nennenswerter Unterschied bestehen, je nachdem, ob der Täter sich vorher auf bestimmte Zeiten festlegt oder günstige Umstände maßgebend sein läßt), sowie Bay VRS **35** 421, wonach die Absicht, auf einer Fahrt immer wieder gleichartige Verkehrsverstöße zu begehen, nicht ausreicht. Unter Gesamtvorsatz kann nur der auf den Gesamterfolg gerichtete Wille verstanden werden. Dieser kann vorliegen, auch wenn der Täter nicht „vorsätzlich" i. S. des § 15 gehandelt hat (vgl. u. 55). Als Gesamterfolg kommt nur ein tatbestandsmäßiges, nicht ein darüber hinausgehendes Endziel in Betracht (Bay **51**, 418). Die Einheitlichkeit des Ziels, z. B. sich Geld zu verschaffen, um bis zur Scheidung ungestört durch die Ehefrau leben zu können, rechtfertigt daher allein noch nicht die Annahme eines Gesamtvorsatzes (RG DJ **39**, 521). Ebensowenig genügt nach der höchstrichterlichen Rspr. der allgemeine Entschluß, bei künftiger Gelegenheit gleiche oder ähnliche, in ihrer tatsächlichen Gestalt noch gar nicht vorgestellte Taten zu begehen (BGH wistra **89**, 96), z. B. der allgemeine Entschluß, von Heiratsschwindeleien oder Zechprellereien zu leben (RG JW **38**, 1808, BGH GA **60**, 375), gegenüber Krankenkassen oder Sozialamt künftig in einer Vielzahl von Fällen falsch abzurechnen (BGH wistra **90**, 146, NJW **90**, 2697) oder durch Handeln mit Betäubungsmitteln eine Einnahmequelle zu erlangen (BGH MDR/H **79**, 106, **83**, 622, StV **82**, 102, MDR/S **89**, 1033). Nicht ausreichend ist hiernach auch der Entschluß, sich durch Straftaten eine bestimmte Geldsumme zu verschaffen, wenn die Ausführung nach Ort, Zeit und Art noch ganz ungewiß ist (RG **66** 239, **70** 52, **71** 232, **72** 213, JW **39**, 275, HRR **39** Nr. 480), oder zahlreiche Diebstähle zu begehen, deren Ausführung nach Ort, Zeit und Art noch gar nicht konkretisiert ist (RG **72** 214, BGH MDR/D **72**, 197, JZ **86**, 968; vgl. aber RG DR **42**, 1321 m. Anm. Bruns ZAkDR **43**, 35; and. Fleischer NJW **79**, 250 für Serienstraftaten), mag auch bereits eine Liste mit möglichen Tatobjekten erstellt sein (BGH NStE Nr. 21 zu § 52). Gesamtvorsatz läßt sich demgemäß noch nicht auf Grund des allgemeinen Entschlusses annehmen, sich durch Gaststätteneinbrüche Geld zu beschaffen (BGH GA **74**, 307), über längere Zeit in Tiefgaragen einer Großstadt Fahrzeuge auszuplündern (BGH NStE Nr. 9 zu § 52) oder LKWs zu stehlen, die sich zum Absatz im Ausland eignen (BGH MDR/H **78**, 624). Vgl. auch BGH MDR/D **72**, 197, 752, **75**, 367, NJW **83**, 2827, NStZ **88**, 25. Bei betrügerischen Warenbestellungen (Lieferantenbetrug) soll, soweit unterschiedliche Waren bei verschiedenen Lieferanten bestellt werden, der allgemeine Wille nicht genügen, auf die gleiche Begehungsweise gegenüber allen Geschäftspartnern zwecks Fortführung der Firma vorzugehen (BGH NJW **89**, 3232). Beim Leiter einer Finanzbuchhaltung soll nicht der Plan genügen, sich benötigte Barmittel über längere Zeit mittels unberechtigter Lohnzahlungen (Untreue) zukommen zu lassen (BGH wistra **90**, 351). Daß diese Einschränkungen nicht in allem bei den Untergerichten Zustimmung finden, liegt auf der Hand. So bestehen etwa erhebliche Bedenken gegen die Annahme, bei einem Scheckbetrüger entfalle der Gesamtvorsatz, weil er nicht von vornherein im einzelnen festgelegt hat, wann, wo und wie er die gestohlenen Scheckformulare betrügerisch verwerten will. Ein hinreichender Gesamtvorsatz liegt jedenfalls vor, wenn jemand aus einem bestimmten Geschäft oder einer bestimmten Art von Geschäften unter Ausnutzung bestimmter für ihn günstiger Verhältnisse nach und nach bestimmte Sachen entwenden will, z. B. möglichst viele Fahrräder aus einer bestimmten Werkstatt oder von einem bestimmten Aufbewahrungsort (RG DJ **39**, 521), ebenso, wenn der Täter in einem bestimmten Stadtbereich mehrere Bürohäuser durchsuchen will, um einen gewissen Geldbetrag zu erbeuten (BGH StV **82**, 222). Dem Fortsetzungszusammenhang steht dann nicht entgegen, daß der Täter bei Tatbeginn kein bestimmtes zeitliches Ende für sein Vorhaben festgelegt hat, sondern die Tat so lange wie möglich fortsetzen will (BGH **26** 4, wistra **89**, 302). Bei Taten gegen Allgemeininteressen braucht der Gesamtvorsatz nicht die einzelnen Bezugspersonen zu umfassen. So braucht der Rauschgifthändler nicht von vornherein zu wissen, von wem er kaufen und an wen er verkaufen will (BGH MDR/H **79**, 106), der Heilbehandler bei Verstößen gegen das HeilpraktikerG nicht, welche Personen er behandeln will (BGH NJW **78**, 600). Wer im Rahmen einer kriminellen Vereinigung die Kuriertätigkeit beim Rauschgifthandel organisiert, braucht nicht von vornherein die Person der eingesetzten Kuriere und den Zeitpunkt der einzelnen Transporte zu kennen (BGH MDR/H **81**, 809).

Gesamtvorsatz entfällt nicht deswegen, weil der Täter spätere Teilakte von **Bedingungen** 50 abhängig macht, z. B. einen zweiten Diebstahl nur dann begehen will, wenn die Beute des ersten für seine Zwecke nicht ausreicht oder wenn es ihm gelingt, sie zweckmäßig zu verwerten

Vorbem §§ 52 ff. 51–53   Allg. Teil. Rechtsfolgen – Mehrere Gesetzesverletzungen

(and. RG DJ **39**, 521). Gleiches gilt, wenn der Täter den Diebstahl davon abhängig macht, daß es ihm glückt, die Schlüssel zum Behältnis zu stehlen (BGH MDR/D **67**, 13). Am Gesamtvorsatz fehlt es bei einer Bestechung nicht deswegen, weil der Zeitpunkt für die einzelnen Bestechungshandlungen von entsprechenden Wünschen des zu Bestechenden abhängt (BGH NStZ **87**, 551). Liegen jedoch zwischen einzelnen Handlungen erhebliche Zwischenräume, so liegt die Annahme eines Gesamtvorsatzes fern (RG HRR **37** Nr. 1559); er ist in diesen Fällen aber nicht schlechthin ausgeschlossen (vgl. BGH MDR/H **88**, 454 und dazu o. 41). Ein Gesamtvorsatz läßt sich nach der Rspr. nicht mehr annehmen, wenn der Täter zwischenzeitlich seinen Vorsatz aufgegeben und später erneut einen gleichliegenden Tatentschluß gefaßt hat. Nicht erforderlich für den Gesamtvorsatz ist, daß der Täter alle Einzelheiten der Verwirklichung seines Vorsatzes übersieht (RG DJ **41**, 553). Dadurch, daß der Täter bei jeder späteren Einzelhandlung einen neuen Entschluß faßt, etwa die günstigste Gelegenheit abwartet, wird bei Vorliegen eines Gesamtvorsatzes die Annahme einer fortgesetzten Tat nicht ausgeschlossen (RG HRR **41** Nr. 1017). Nach BGH MDR/D **66**, 558 soll ein **Abbruch** des Gesamtvorsatzes bei U-Haft in Betracht kommen, ebenso nach AG Landstuhl MDR **75**, 681 bei teilweise erfolgter Entdeckung der Tat. Ob ein Abbruch erfolgt ist, soll von den Umständen des Einzelfalles abhängen und der Beurteilung des Tatrichters unterliegen (BGH wistra **89**, 301). Dessen Annahme, eine kurzfristige Festnahme habe den Gesamtvorsatz unberührt gelassen, soll nicht zu beanstanden sein (BGH StV **84**, 367). Vgl. auch Koblenz OLGSt S. **4** zu § 52 (Verbüßung einer Freiheitsstrafe von 8 Monaten). Bleibt der Abbruch des Gesamtvorsatzes zweifelhaft, so beurteilt sich die Lage nach dem Grundsatz in dubio pro reo (Stree Krause-FS 406 FN 39).

51   Die Feststellung, ob Gesamtvorsatz vorliegt, muß mit besonderer Sorgfalt getroffen werden, insb. bei größerem zeitlichen Abstand zwischen den Einzelhandlungen (vgl. RG **75** 209, BGH MDR/H **88**, 454, Hamm DAR **69**, 162) und bei Sexualdelikten (BGH GA **72**, 125); die höchstrichterliche Rspr. ist immer wieder der Neigung der Tatgerichte zu allzu großzügiger Annahme von Fortsetzungszusammenhang entgegengetreten (vgl. RG **72** 213, BGH MDR/D **72**, 197, 752); vgl. hierzu Schäfer DJ 38, 666. Die Mahnungen dürfen aber nicht dazu führen, eine fortgesetzte Tat auch dann ohne Begründung abzulehnen, wenn die eigenen tatsächlichen Feststellungen des Urteils eine Prüfung nach dieser Richtung erforderlich machen (RG ZAkDR **42**, 60 m. Anm. Nagler). Näher zum Gesamtvorsatz Nowakowski aaO 31. Für den Standpunkt der Rspr. auch H. Mayer AT 409, Baumann/Weber 667. Zum Gesamtvorsatz gehört nicht das Unrechtsbewußtsein (Bay NJW **63**, 725). Vgl. Hamm NJW **72**, 1060 (für Ordnungswidrigkeiten).

52   b) Im Gegensatz zur Auffassung der Rspr. dürfte indes nicht zu fordern sein, daß der Willensentschluß von vornherein den Gesamterfolg umfaßt. Vielmehr muß für den einheitlichen Vorsatz ausreichen, daß jeder spätere Entschluß als Fortsetzung des vorausgegangenen erscheint, weil diese Einzelentschlüsse eine fortlaufende psychische Linie bilden (**Fortsetzungsvorsatz**). I. E. ebenso Bringewat, Die Bildung der Gesamtstrafe, 1987, 37, M-Gössel II 424, Blei I 354, Roth-Stielow NJW **55**, 451, Samson SK 44 vor § 52; vgl. dagegen Jescheck 649, Vogler LK 61 vor § 52. Dieser Standpunkt wird auch von uns in der schweiz. Strafrecht vertreten (vgl. Nachweise bei Stratenwerth, Schweiz. Strafrecht AT I, 1982, 435); das schweiz. BG verlangt jedoch einen einheitlichen Willensentschluß (BGE 72 IV 134, 184; 83 IV 161; 102 IV 77). Läßt man einen Fortsetzungsvorsatz genügen, so kann z. B. die Hausangestellte, die ihrer Hausfrau zunächst nur ein Handtuch entwendet und deren Vorsatz auch nur darauf gerichtet ist, dann aber später, durch die Nichtentdeckung kühner geworden, weitere gleichartige Diebstähle begeht, wegen eines fortgesetzten Delikts bestraft werden. Ebenso bietet sich nach natürlicher Betrachtung die Annahme eines Fortsetzungszusammenhangs an, wenn ein Dieb gleich nach der Tat zu Hause feststellt, daß er mit der Beute nicht auskommt, und daraufhin unverzüglich das noch Benötigte stiehlt. Ähnlich verhält es sich, wenn ein Unterhaltspflichtiger, der geschuldeten Unterhalt nicht erbracht hat, nach einer einmaligen zwischenzeitlichen Leistung sein früheres Verhalten wieder aufnimmt. Die Rspr. engt durch das Erfordernis eines den Gesamterfolg umfassenden Willensentschlusses den Begriff der fortgesetzten Tat zu sehr ein. Auch privilegiert sie unberechtigt den vorplanenden Täter gegenüber dem Augenblickstäter, der wiederholt in derselben Versuchung erliegt; vgl. auch R. Schmitt ZStW 75, 61. Die Ansicht der Rspr. läßt sich auch nicht damit rechtfertigen, daß eine andere Auffassung gerade denjenigen Täter vor der Sicherungsverwahrung nach § 66 bewahre, der durch beständiges Versagen in derselben Situation seinen Hang zu bestimmten Straftaten besonders deutlich erkennbar gemacht habe (so aber Jescheck ZStW 67, 553).

53   c) Die **neuere BGH-Rspr.** läßt eine deutliche Hinwendung zum hier vertretenen Standpunkt erkennen. So reicht nach BGH **19** 323 m. Anm. Schröder JR 65, 106 aus, wenn der Täter den Entschluß, die Tat fortzusetzen, vor Beendigung der Tat faßt (vgl. auch BGH StV **83**, 104, MDR/H **84**, 796, GA **87**, 225), nach BGH **21** 322 sogar, wenn er ihn in dem Augenblick faßt, in dem der erste Versuch gescheitert ist. BGH **23** 33 hat dies dahin erweitert, daß der Gesamtvorsatz bis zur Beendigung des letzten der ursprünglich geplanten Einzelakte auf weitere Handlungen ausgedehnt werden könne (ebenso Köln GA **75**, 124, wistra **88**, 275); einschränkend BGH **36** 105 m. Anm. Schlüchter NStZ 90, 180, NJW **89**, 2141, wistra **90**, 23 bei Hinterziehung von Einkommensteuer im Gegensatz zur Lohnsteuerhinterziehung (BGH wistra **88**, 109) und zur Umsatzsteuerhinterziehung (BGH wistra **89**, 303). Auch eine mehrfache **Erweiterung des Gesamtvorsatzes** ist nach diesen Grundsätzen möglich (Dallinger MDR 66, 198). Damit wird der eigentliche Begriff des Gesamtvorsatzes praktisch aufgegeben; vom Fortsetzungsvorsatz im hier vertretenen Sinn unterscheidet sich der „Gesamtvorsatz" des BGH nur noch dadurch, daß der Entschluß zur Fortsetzung spätestens bei Abschluß des vorangegangenen Teilaktes gefaßt werden muß. Vgl. dazu Honig Schröder-GedS 167, auch Eser II 227. Nicht genügen soll nach der BGH-Rspr. der Entschluß zu weiteren Straftaten, wenn dem Täter nicht bewußt ist, daß z. Z. der Entschlußfassung die begangene Tat noch nicht beendet ist, weil ein solcher Entschluß nicht als Erweiterung des früher gefaßten Vorsatzes zu begreifen ist (vgl. BGH NJW **84**, 376), ebensowenig die bloße zeitliche Überschneidung mehrerer Straftaten ohne sachlichen Zusammenhang (BGH MDR **89**, 1115). Im übrigen müssen die weiteren Handlungen den vorhergehenden in der Begehungsweise entsprechen (BGH NJW **87**, 510), wobei geringfügig abgeänderte Tatvarianten genügen (BGH NStE Nr. **15** zu § 52). Bei Taten gegen das BtMG soll nach BGH NStZ **90**, 239 ein erweiterter Gesamtvorsatz um so eher zu bejahen sein, je mehr sich die Einzelakte nach der Art des Betäubungsmittels und der Begehungsweise gleichen, je weniger neue Überlegungen und Entschlüsse zu den neuen Handlungen erforderlich sind und je mehr die Einzelakte durch ein besonderes Handlungsziel verknüpft sind (ähnlich BGH wistra **90**, 148 bei Untreue). Mit solchen Anforderungen liegt, vom Zeitpunkt des neuen Handlungsentschlusses abgesehen, die Parallele zum Fortsetzungsvorsatz auf der Hand.

Gegen die Möglichkeit, den Gesamtvorsatz während der Tatausführung zu bilden oder zu erweitern und demgemäß das zusätzliche Geschehen in einen Fortsetzungszusammenhang einzubeziehen, hat sich Jähnke GA 89, 386 gewandt, u. a. mit dem Haupteinwand, die Rspr. schaffe hier einen dolus subsequens und es werde gegen das Rückwirkungsverbot verstoßen. Der Einwand greift jedoch nicht durch. Ein dolus subsequens wird ebensowenig ins Spiel gebracht wie bei der in natürlicher Handlungseinheit stehenden Tatausweitung. Daß die fortgesetzte Tat im Falle des Vorliegens strafschärfender Merkmale beim hinzugekommenen Teilakt insgesamt unter die strengere Strafvorschrift fällt, bedeutet keine rückwirkende Strafschärfung. Denn bei der Strafzumessung ist zu berücksichtigen, daß die vorherigen Teilakte die Voraussetzungen der strengeren Strafdrohung nicht erfüllen (vgl. u. 64). Eine rückwirkende Strafschärfung liegt auch dann nicht vor, wenn erst der weitere Teilakt zum Überschreiten einer nicht geringen Menge führt, etwa im Falle des § 30 I Nr. 4 BtMG. Hier ist der zusätzliche Teilakt das Geschehen, das dem Täter eine Strafschärfung einbringt. Wertungsmäßig verhält es sich nicht anders als bei der strafschärfenden Taterweiterung im Rahmen einer natürlichen Handlungseinheit. Im übrigen beachtet Jähnke nicht hinreichend die natürliche Betrachtungsweise, nach der ein Täter mit der während der Tatausführung beschlossenen Erweiterung des Tatumfangs sein strafbares Verhalten fortsetzt und keineswegs eine selbständige, vom vorherigen Geschehen losgelöste Tat begeht. Ob der Täter auf Grund des Erweiterungsentschlusses das zunächst Vorgesehene an Ort und Stelle unmittelbar ausbaut (dann natürliche Handlungseinheit) oder erst am folgenden Tag, begründet keinen tiefgreifenden Unterschied. Zum Ganzen näher Stree Krause-FS 394 ff. **53a**

d) Der Zweck des Begriffs der fortgesetzten Tat ist, den Richter von „einer erdrückenden, gar nicht zu bewältigenden und im letzten Grunde völlig nutzlosen Arbeit freizumachen" (Graf zu Dohna DStR 42, 21; vgl. dagegen Schmoller aaO 45). Dieser Zweck spricht für die o. 52 dargelegte Auffassung. Ein erheblicher Unterschied in der Beurteilung ist z. B. nicht gegeben, ob ein Geldfälscher nicht berechtigt, je nachdem, ob dieser kurz vor oder gleich nach Abschluß seiner Tätigkeit beschließt, noch weiteres Falschgeld herzustellen. Auch unter Schuldgesichtspunkten besteht kein wesentlicher Unterschied, ob kurz vor oder kurz nach Tatbeendigung der Entschluß gefaßt wird, die Tat auszuweiten. Worin soll denn die Notwendigkeit einer unterschiedlichen Bewertung zu erblicken sein, wenn ein Fahruntüchtiger sich vor oder nach einer längeren Ruhepause für die Weiterfahrt nach der Pause entscheidet? In Zweifelsfällen bietet die natürliche Betrachtungsweise des täglichen Lebens einen wichtigen Fingerzeig, ob fortgesetzte Tat oder mehrere Taten anzunehmen sind. In einem typischen Fall des bloßen Fortsetzungsvorsatzes (fortgesetzte Kindesmißhandlung) hat auch BGH NJW **62**, 115 eine fortgesetzte Tat angenommen. Für Zusammenfassung von Einzelakten über die fortgesetzte Tat i. S. der Rspr. hinaus auch Peters Kohlrausch-FS 214 Anm. 23, Schwarz DJ 43, 497. Krit. zum Gesamtvorsatz ferner Hartung SJZ 50, 331. **54**

e) Bei **Fahrlässigkeitstaten** soll ein einheitlicher Vorsatz als Gesamtvorsatz unmöglich sein; bei ihnen hat daher die Rspr. Fortsetzungszusammenhang ausgeschlossen (RG **73** 231, **76** 70, JW **34**, 2145 m. Anm. Mezger, BGH **5** 376, **22** 71, JR **52**, 445, Hamm MDR **52**, 122, Hamburg VRS **49** 258; ebenso Baumann/Weber 668, Jescheck 650; and. die Vertreter der objektiven Theorie [u. 59], z. B. Frank § 74 Anm. 2c). In dieser Allgemeinheit vermag diese Ansicht bereits auf der Grundlage des Gesamtvorsatzes nicht zu überzeugen. Bei einem auf den Gesamterfolg gerichteten Willen kann z. B. der Vorsatzvorwurf infolge eines Irrtums entfallen und ein Fahrlässig- **55**

Vorbem §§ 52 ff. 56–60 Allg. Teil. Rechtsfolgen – Mehrere Gesetzesverletzungen

keitsvorwurf übrig bleiben (vgl. Celle JR **58**, 388 m. Anm. Schröder). Ferner gibt es zahlreiche Tatbestände, bei denen das Gesetz einen Vorsatztatbestand mit einem fahrlässig herbeigeführten Erfolg kombiniert, wie z. B. in § 315 b IV (Fahrlässigkeit nur in bezug auf die Gefahr; vgl. BGH **22** 71, wo die Möglichkeit einer Fortsetzungstat indes offen bleibt) und § 97 (Fahrlässigkeit bezüglich der Staatsgefährdung). In diesen Fällen müßte auch nach dem Standpunkt der Rspr. Fortsetzungszusammenhang angenommen werden (Celle VRS **37** 24, Lackner IV 3 a cc; vgl. jedoch für § 84 a. F. BGH GA/W **60**, 15). Nach der hier vertretenen Meinung kann auch darüber hinaus Fortsetzungszusammenhang bei Fahrlässigkeitstaten vorliegen. Das trifft zunächst auf Tatbestände zu, in denen neben dem Vorsatzerfordernis ähnlich dem fahrlässigen Handlungserfolg hinsichtlich eines bestimmten Tatbestandsmerkmals Fahrlässigkeit genügt. So kommt eine fortgesetzte Tat nach § 283 in Betracht, wenn ein Kaufmann vorsätzlich seine Handelsbücher mangelhaft führt und seiner Bilanzierungspflicht mangelhaft nachkommt, wobei er sich fahrlässig seiner Überschuldung nicht bewußt ist. Eine fortlaufende psychische Linie (o. 52) ist auch in sonstigen Fällen denkbar, so etwa, wenn der Kaufmann in dem o. gebrachten Fall eines Konkursdelikts fahrlässig hinsichtlich der mangelhaften Buchführung und Bilanzierung handelt, wenn jemand innerhalb kurzer Zeit mehrfach in gleicher Weise fahrlässig bestimmte Anlagen in Brandgefahr bringt (§ 310 a II), einem Kranken mehrere Tage nacheinander fahrlässig eine falsche Arzneimenge mit der Folge einer fortschreitenden Verschlechterung des Gesundheitszustands einflößt oder einen anderen bei einer Bauausführung durch Verstöße gegen die allgemein anerkannten Regeln der Technik wiederholt gefährdet (§ 323 IV); ebenso bei mehrfachen gleichartigen Verkehrsstraftaten (vgl. Hamm VRS **25** 237, wo die Einheit mit „natürlicher Handlungseinheit" begründet wird; and. [Realkonkurrenz] Hamburg VRS **27** 144). Ebenso nimmt das schweiz. BG auch bei Fahrlässigkeitstaten Fortsetzungszusammenhang an (BGE 56 I 78). Ähnlich OGH **1** 347 (da „der Gesamthandlungswille, nicht notwendig der Gesamtvorsatz" entscheidend sei). Wie hier KG JR **50**, 405, Koch NJW **56**, 1267, M-Gössel II 426 und auf der Grundlage eines beweglichen Systems (vgl. u. 62a) auch Schmoller aaO 85 (vorgefaßter Willensentschluß nicht notwendig); einschränkend Vogler LK 72 vor § 52. Vgl. auch Nowakowski aaO 33, östOGH 40 193 (Gesamtfahrlässigkeit), andererseits östOGH 48 1 (Fahrlässigkeit begrifflich ausgeschlossen).

56   f) Zwischen *vorsätzlichen* und *fahrlässigen* Taten ist jedoch ein Fortsetzungszusammenhang nicht möglich, da es an der fortlaufenden psychischen Linie fehlt (BGH JR **52**, 445, Köln NJW **53**, 676, Bay **70**, 52).

57   g) Zwischen *Beihilfehandlungen* und *Täterhandlungen* ist ein Fortsetzungszusammenhang nicht möglich, weil sich Beihilfe- und Tätervorsatz ausschließen (RG **67** 139, 177, BGH LM **Nr. 2** zu § 331 StPO, MDR/D **66**, 558, MDR/H **81**, 629, wistra **90**, 146; vgl. auch BGH **23** 206).

58   h) Liegt die Einheitlichkeit des Vorsatzes vor, dann kann ein wiederholtes **Unterlassen** ein fortgesetztes Delikt bilden (Köln VRS **26** 384), so z. B., wenn ein Kaufmann keine Handelsbücher führt und keine Bilanzen erstellt (vgl. § 283 RN 37, § 283b RN 10) oder ein Unterhaltspflichtiger wiederholt seiner Unterhaltspflicht nicht nachkommt (vgl. § 170b RN 36). Dagegen ist Fortsetzungszusammenhang zwischen Handlungs- und Unterlassungsdelikten grundsätzlich ausgeschlossen (BGH GA **55**, 211, Bremen NJW **55**, 1607). Ausgenommen sind Fälle, in denen der Tathergang beim Handeln und beim Unterlassen keinen wesentlichen Unterschied aufweist, wie bei der Steuerhinterziehung mittels unrichtiger Erklärungen und fehlender Angaben (BGH **30** 207, wistra **89**, 302, Köln wistra **86,** 275) oder bei der Verletzung der Buchführungspflicht (§ 283b) auf Grund nicht geführter Handelsbücher und einer mangelhaften Bilanzaufstellung.

59   5. Im Gegensatz zu dieser subjektiv-objektiven Theorie steht die rein **objektive Theorie,** die früher überwiegend vom Schrifttum vertreten wurde; so z. B. Frank § 74 Anm. V 2, Mezger 466. Danach sind für den Fortsetzungszusammenhang nur gewisse äußere Merkmale entscheidend. Abgestellt wird weit auf die Ähnlichkeit des Tatbestands, die Gleichartigkeit der Begehung, die Gleichheit des Rechtsguts, auf den zeitlichen Zusammenhang, auf die Ausnutzung desselben Verhältnisses und derselben Gelegenheit; subjektiv wird nicht ein einheitlicher Vorsatz verlangt, sondern nur Gleichartigkeit der Schuld. Wenn gegen die subjektive Theorie darauf hingewiesen wird, daß ein Gesamtvorsatz selten ist, so mag das gegenüber der Ansicht der Rspr. (o. 49 f.) zutreffen; gegenüber der hier vertretenen Auffassung (o. 52) greift dieser Hinweis aber nicht durch.

60   Weitergehend hat Nowakowski aaO zwischen fortgesetztem Verbrechen und gleichartiger Verbrechensmenge unterschieden. Letztere bestehe darin, „daß ein und derselben Person eine Menge dem gleichen Deliktstypus unterfallender Taten zur Last liegt, deren individuelle prozessuale Feststellung und Behandlung sinnlos oder unmöglich ist" (Nowakowski aaO 51). Der Gegensatz zum fortgesetzten Verbrechen bestehe darin, „daß die Verbrechensmenge nicht durch materiellrechtliche Kriterien zwingend umgrenzt wird, sondern durch die Auswahl der individualisierenden Merkmale den jeweiligen Bedürfnissen entsprechend umschrieben werden kann" (Nowakowski aaO 72). Daran

ist so viel richtig, daß unter dem Begriff der fortgesetzten Tat 2 Gruppen verschiedenartiger Fälle zusammengefaßt werden:

a) Delikte mit ratenweiser Ausführung, d. h. Taten, bei denen der Täter einen Gesamtvorsatz **61** stückweise verwirklicht. Diese Fälle sieht die Rspr. ausschließlich als solche der fortgesetzten Tat an.

b) Fälle der Deliktsgleichheit oder -gleichartigkeit. Sie stellen das eigentliche Problem dar. Ihre **62** Einbeziehung ist zumindest aus praktischen Gründen notwendig; Gerichte der Tatsacheninstanzen sind daher i. E. nicht selten von der höchstrichterlichen Rspr. abgewichen. Vom Standpunkt der hier vertretenen Meinung aus sind auch diese Fälle durch den einheitlichen Vorsatz in die Figur der fortgesetzten Tat einzubeziehen.

6. Für eine Neubestimmung der Kriterien der fortgesetzten Tat mittels eines **beweglichen Systems** **62a** tritt Schmoller aaO ein. Nach ihm ist eine fortgesetzte Tat anzunehmen, wenn der Täter bei mehreren Einzelhandlungen die „entscheidende Hemmstufe" für das Gesamtgeschehen einheitlich bereits mit dem ersten Teilakt überwindet. Ob das der Fall ist, soll an Hand „beweglicher" Kriterien durch einen typisierenden Fallvergleich zu bestimmen sein. Typische Kriterien, die bei Beurteilung eines Sachverhalts nicht jeweils als zwingendes Merkmal heranzuziehen, sondern im Vergleich mit anderen Kriterien zu gewichten und daher als „beweglich" einzustufen sind, sollen danach ergeben, ob die entscheidende Hemmstufe für das weitere Geschehen bereits mit der ersten Einzelhandlung überwunden ist (dann fortgesetzte Tat) oder ob bei einem weiteren Tätigwerden erneut die Hemmstufe überwunden werden muß (dann Handlungsmehrheit). Zu diesen Kriterien sollen in erster Linie die Merkmale zählen, die herkömmlich für eine Fortsetzungstat herangezogen werden, wie zeitliche und räumliche Nähe, Gleichartigkeit der Begehungsweise, Opferidentität, einheitlicher Tatentschluß, detaillierte Tatplanung. Ergänzende Kriterien sollen hinzukommen, wie Beseitigung eines gemeinsamen Hindernisses, gemeinsame Vorbereitungen, Gesamtziel, Absehbarkeit des Endes, gemeinsamer Vertrauensbruch, wirtschaftliche Einheit. Dieses bewegliche System soll die erforderliche Flexibilität sichern, zugleich aber auch als rational nachprüfbar der rechtsstaatlichen Bestimmtheit entsprechen.

7. Der **Gegensatz** der Auffassungen **tritt** praktisch weitgehend **zurück,** wenn man für das **63** Verhältnis Einzeltat – Fortsetzungstat den Grundsatz „in dubio pro reo" maßgeblich sein läßt (Stree, In dubio pro reo, 1962, 24 ff.). Zwar hat die Rspr. den Standpunkt eingenommen, daß eine selbständige Tat anzunehmen sei, wenn sich der Gesamtvorsatz nicht zweifelsfrei feststellen lasse (BGH 23 35, 35 324; StV 83, 109, 414, Hamm NJW 53, 1724, DAR 69, 162, Braunschweig NJW 54, 973, Stuttgart NJW 78, 712, Köln NJW 88, 2487, ebenso D-Tröndle 28 vor § 52). Soweit sich jedoch die Fortsetzungstat gegenüber der Handlungsmehrheit als eine für den Täter mildere rechtliche Wertung darstellt (über andersartige Sonderfälle vgl. Stree aaO, auch BGH GA 74, 307, MDR/H 83, 449, 84, 89, Karlsruhe MDR 75, 595, Schleswig SchlHA/E-L 80, 179), muß insoweit der Grundsatz **„in dubio pro reo"** zur Annahme des Fortsetzungszusammenhangs führen (ebenso Jescheck 649, Lackner IV 3 a cc vor § 52, Samson SK 46 vor § 52, Sarstedt-Hamm, Die Revision in Strafsachen, 5. A. 1983, 299, Vogler LK 75 vor § 52, Bohnert KK OWiG § 19 RN 87). Bis zum Beweis des Gegenteils ist somit davon auszugehen, daß der Täter mit dem erforderlichen Vorsatz gehandelt hat. Bleibt das Vorliegen sonstiger Voraussetzungen des Fortsetzungszusammenhangs zweifelhaft, soll auch nach dem BGH der Grundsatz „in dubio pro reo" maßgebend sein, so, wenn unaufklärbar ist, ob der Täter noch vor Beendigung eines Tatgeschehens den Entschluß zum Weiterhandeln gefaßt hat (vgl. BGH StV 84, 242, auch BGH 35 324). Läßt sich die Zahl der Einzelakte nicht genau feststellen, so ist dem Urteil unter Berücksichtigung des Grundsatzes „in dubio pro reo" die sichere Mindestzahl zugrundezulegen (BGH StV 84, 243). Nach BGH GA 87, 180 sind zugunsten des Angekl. auch möglicherweise vorliegende Tatsachen heranzuziehen, die Rückschlüsse auf den Gesamtvorsatz zulassen (and. Jähnke GA 89, 391). Offen ist dagegen, wie der BGH entscheiden würde, wenn ungeklärt bleibt, ob prozessuale Maßnahmen zu einem Abbruch des Gesamtvorsatzes geführt haben. Zur Problematik vgl. auch Montenbruck, In dubio pro reo, 1985, 115 ff., Stree Krause-FS 401 ff.

8. Die Einzelakte der fortgesetzten Tat bilden zusammen eine **einzige Straftat** (RG 68 297; **64** vgl. hierzu Nowakowski aaO 42; hiergegen Preiser ZStW 58, 743; vgl. auch o. 32). Deshalb fallen dem Täter alle Rechtsfolgen zur Last, die sich nur aus einem Einzelakt ergeben. Der fortgesetzte Diebstahl fällt unter § 244, wenn auch nur ein Teilakt in der dort erfaßten qualifizierten Weise begangen ist (vgl. RG 67 188). Gleiches gilt, wenn sich während einer fortgesetzten Tat das Gesetz ändert (vgl. aber BGE 114 IV 13, wonach ein geändertes Gesetz, das strenger ist, die früheren Verjährungsfristen für Teilakte vor der Gesetzesänderung unberührt läßt). Bei der Strafzumessung ist aber zu berücksichtigen, daß Teilakte als solche nicht die Voraussetzungen der strengeren Strafdrohung erfüllt haben (vgl. BGH StV 84, 202, auch § 2 RN 14). Ferner entfällt für Teilakte, die den Tatbestand eines Antragsdelikts erfüllen, nicht das Erfordernis eines Strafantrags, weil die festgesetzte Tat auf Grund eines qualifizierten Teilakts ein Offizialdelikt darstellt (and. D-Tröndle unter Berufung auf RG 57 81); an dem o. 33 Gesagten ändert sich insoweit nichts. Vollendet ist die Fortsetzungstat mit Abschluß des ersten Teilakts. Dage-

Vorbem §§ 52 ff. 65–72   Allg. Teil. Rechtsfolgen – Mehrere Gesetzesverletzungen

gen ist sie erst beendet, wenn das letzte Teilstück verwirklicht ist (RG **66** 36). Mit Beginn des ersten Teilakts liegt im Falle eines Gesamtvorsatzes bereits der Versuch der gesamten Fortsetzungstat vor (vgl. dazu Schmoller aaO 56). In der **Urteilsformel** braucht der Fortsetzungszusammenhang nicht angegeben zu werden (BGH **27** 289). Seine Erwähnung unterliegt dem richterlichen Ermessen (§ 260 IV 6 StPO); sie dürfte jedoch idR angebracht sein (and. Meyer-Goßner NStZ 88, 529; wie hier Gollwitzer LR § 260 RN 65: empfehlenswert).

65   Da es sich um eine einzige Tat handelt, ist nur **eine Strafe** festzusetzen, deren Höchstmaß sich aus dem schwersten verwirklichten Tatbestand ergibt (RG **46** 19); vgl. auch BGH MDR/D **73**, 18. Jedoch sind Art, Schwere und Zahl der Einzelakte bei der Strafzumessung zu berücksichtigen (BGH MDR/D **75**, 724, Koblenz OLGSt § 46 Nr. 3). Mindest- und Nebenstrafen, die nur einen Einzelakt betreffen, sind bei der Straffestsetzung zu beachten (and. Köln NJW **53**, 1762). Zugunsten des Täters muß sich auswirken, daß bei Einzelakten Milderungsgründe vorliegen, z. B. bei einer fortgesetzten uneidlichen Falschaussage, daß ein Einzelakt unter den Voraussetzungen des § 157 begangen worden ist und daher geringere Bedeutung für die Strafhöhe haben kann. Da die Einzelakte insgesamt für die Strafzumessung bedeutsam sind, muß die Beweiserhebung sich auf alle erstrecken; prozeßökonomische Gründe rechtfertigen nicht ohne weiteres eine Einschränkung (BGH MDR/H **71**, 895, MDR/H **78**, 803). Zulässig ist allerdings, nach § 154a StPO das Verfahren auf Tatteile zu beschränken (K-Meyer § 154a RN 5, Rieß LR § 154a RN 6, Schoreit KK § 154a RN 5). Zu den notwendigen Feststellungen in den Urteilsgründen vgl. BGH wistra **90**, 21, NStZ/D **90**, 174.

66   Auch im übrigen gelten für das Verhältnis der Teilakte zueinander die Grundsätze der Handlungseinheit. Wird die Fortsetzungstat teils in der Form des Versuchs, teils in der der Vollendung begangen, so ist nur wegen vollendeter Tat zu verurteilen (RG JW **36**, 2232, BGH NJW **57**, 1288, MDR/D **75**, 542, Celle VRS **37** 24). Ist allerdings nur der Versuch in der Form eines erschwerten Tatbestandes (z. B. § 244) begangen, so ist wegen Vollendung des einfachen Delikts in **Idealkonkurrenz** mit Versuch des schwereren zu verurteilen (BGH MDR/D **58**, 564, NJW **57**, 1288); insoweit kann nichts anderes gelten als bei einer Einzeltat (vgl. § 52 RN 2). Im übrigen ist bei der Strafzumessung zu berücksichtigen, daß ein oder mehrere Einzelakte über einen Versuch nicht hinausgekommen sind.

67   Die Einheit der Fortsetzungstat zeigt sich ferner bei der Rückfallverjährung nach § 66 III. Deren Voraussetzungen liegen auch dann nicht vor, wenn nur ein Teilakt einer Fortsetzungstat in die 5-Jahresfrist fällt (vgl. auch Celle NJW **57**, 113 zu § 25 I Nr. 1 a. F.). Kommt es für die Beurteilung auf den Wert der Deliktsbeute an (§ 248a) oder auf eine Menge beim Tatgegenstand (§ 30 I Nr. 4 BtMG), so sind im Falle eines Gesamtvorsatzes alle Teilakte zusammenzuziehen. Das gilt auch für den während der Tatausführung erst gebildeten oder erweiterten Gesamtvorsatz, nicht dagegen bei Annahme einer Fortsetzungstat auf Grund eines Fortsetzungsvorsatzes.

68   **9.** Auch im **Prozeßrecht** wird die fortgesetzte Tat als Einheit behandelt. Dies gilt z. B. für den Eröffnungsschluß (vgl. Bay MDR **85**, 957: unzulässig, für einzelne Teilakte die Eröffnung abzulehnen), vor allem aber für die **Rechtskraft**.

69   a) Eine Verurteilung wegen einer fortgesetzten Tat umfaßt alle vor der Verkündung des letzten tatrichterlichen Urteils (oder vor Erlaß des rechtskräftig gewordenen Strafbefehls; BGH **6** 122) begangenen und in den Fortsetzungszusammenhang gehörigen Taten, gleichviel, ob das Gericht sie gekannt und berücksichtigt hat oder nicht (vgl. RG **72** 212, BGH **6** 95, **15** 168, GA **58**, 366, Düsseldorf StV **84**, 425, Vogler LK 93 vor § 52; and. München DJ **37**, 82, **38**, 724; abw. auch BGE 90 IV 130; krit. Jagusch NJW **72**, 455, Mann ZStW **75**, 251). Hiervon wollte BGH **3** 165 eine Ausnahme machen, wenn Teilakte der früher abgeurteilten Fortsetzungstat mit schwereren Delikten tateinheitlich zusammentrafen; auf diese sollte sich die Rechtskraft des früheren Urteils nicht erstrecken. Dagegen mit Recht BGH **6** 96; vgl. ferner BGH **21** 147 (zu § 60 StPO). Auch eine gerichtliche Einstellung nach § 153a StPO steht einer späteren Verurteilung übersehener Teilakte entgegen, wenn die beurteilten Handlungen als Teilakte einer Fortsetzungstat bewertet wurden (BGH StV **84**, 366).

70   Bei der Beurteilung der Frage, ob frühere, jetzt angeklagte Taten wegen ihrer Einbeziehung in eine bereits abgeurteilte Fortsetzungstat rechtskräftig erledigt sind, ist das jetzt erkennende Gericht an die Feststellungen des **früheren Urteils nicht gebunden** und kann deshalb sowohl annehmen, daß ein Fortsetzungszusammenhang überhaupt nicht bestanden hat, wie auch, daß die jetzt angeklagten Taten nicht dem früher angenommenen Fortsetzungszusammenhang zugehören (vgl. BGH **15** 268, **33** 123, Hamburg VRS **45** 31, Düsseldorf StV **84**, 425, Köln wistra **86**, 275, Stratenwerth JuS 62, 220). Bleibt zweifelhaft, ob eine Tat Einzelakt einer abgeurteilten Fortsetzungstat und deswegen Strafklageverbrauch eingetreten ist, so greift der Grundsatz in dubio pro reo ein (BGH StV **89**, 190).

71   b) Umstritten ist, ob dem früheren Urteil die weite Rechtskraftwirkung nur zukommt, wenn es den Angekl. einer fortgesetzten Tat schuldig gesprochen hat. Rspr. und Rechtslehre haben z. T. angenommen, daß **Einschränkungen bei der Rechtskraftwirkung** zu machen sind,

72   α) wenn das frühere Urteil auf **Freispruch** von der Anklage einer Fortsetzungstat lautet. Die Strafklage soll hier nur für die im Eröffnungsschluß aufgeführten Einzelakte verbraucht sein (vgl.

RG **47** 399, **54** 335, Düsseldorf JMBlNW **87**, 102, Gollwitzer LR § 264 RN 37, Vogler LK 99 vor § 52; and. Neuhaus JuS 86, 968, MDR 88, 1014, Samson SK 54 vor § 52). Erst recht soll das der Fall sein, wenn nur ein Einzelakt zur Aburteilung angestanden hat und ein Freispruch erfolgt ist (Düsseldorf aaO). Wegen anderer Einzelakte soll hiernach ein neues Verfahren auch dann eingeleitet werden können, wenn sie dem früheren Richter bekannt waren und in der Hauptverhandlung erörtert wurden (vgl. Celle NdsRpfl. **63**, 44). Begründet wird die Einschränkung der Rechtskraftwirkung damit, daß die mit dem Freispruch als nicht strafbar erkannten Vorgänge nicht Teil einer Fortsetzungstat sein können (vgl. Gollwitzer aaO). Dem steht jedoch entgegen, daß eine Bindung an die Feststellungen für oder gegen eine Fortsetzungstat nicht eintritt und das später erkennende Gericht eigene Feststellungen zur fortgesetzten Tat treffen kann (vgl. o. 70). Kommt dieses zu dem Ergebnis, daß die bereits abgeurteilten und dabei für straflos gehaltenen Vorgänge Teil einer fortgesetzten Tat sind, so hat es die Rechtskraftwirkung des früheren Urteils ebenso zu beachten wie bei Verurteilung wegen einzelner Teilhandlungen, die als fortgesetzte Tat gewertet worden sind. Ebenso für öst. Recht Schmoller aaO 43, ÖJZ 87, 325.

β) Einschränkungen bei der Rechtskraftwirkung werden ferner gemacht, wenn das frühere Urteil **73** nur wegen einer **Einzeltat** schuldig gesprochen hat, ohne zu erkennen, daß sie Teilakt einer fortgesetzten Tat war. Nach BGH MDR/D **53**, 273 soll dies auch dann gelten, wenn im früheren Urteil mehrere Teilakte als selbständige Taten abgeurteilt wurden (vgl. auch BGH StV **84**, 366: Einstellung nach § 153a StPO bei mehreren als selbständige Taten beurteilten Teilakten). Der Strafklageverbrauch soll nur diese(n) Teilakt(e) umfassen; im übrigen soll das frühere Urteil der Bestrafung wegen dieser fortgesetzten Tat nicht entgegenstehen (RG **51** 253, **54** 283, 333, **72** 258, BGH GA **58**, 367, NJW **63**, 549, **85**, 1174 m. Anm. Gössel JZ 86, 45, Hamburg JZ 64, 34, Hamm VRS **74** 194, Gollwitzer LR § 264 RN 37; and. BGH **15** 272, **33** 122, Koblenz JR **81**, 521 m. Anm. Rieß, D-Tröndle 39 vor § 52, Kniffka wistra 86, 92, Neuhaus JuS 86, 968, MDR 88, 1015, Samson SK 55 vor § 52, Stratenwerth JuS 62, 220; vgl. auch Dallinger MDR 53, 273). Unerheblich soll sein, ob die weiteren Teilakte nur vor oder auch nach dem bereits abgeurteilten Teilakt begangen worden sind. Bei der Bemessung der Strafe soll nach Köln NJW **52**, 437 die Strafe für den bereits abgeurteilten Teilakt nicht einbezogen werden dürfen. Zur Vermeidung der hiermit verbundenen Schlechterstellung des Täters ist in der 22. A. § 55 entsprechend herangezogen worden (ebenso Vogler LK 97 vor § 52). Der Einschränkung der Rechtskraftwirkung steht wie beim Freispruch (o. 72) jedoch entgegen, daß das später erkennende Gericht unabhängig von den Feststellungen im früheren Urteil über das Vorliegen einer fortgesetzten Tat zu befinden hat (vgl. BGH **33** 123, Neuhaus JuS 86, 968, o. 70). Es hat daher bei Feststellung eines Fortsetzungszusammenhangs mit den als selbständige Taten abgeurteilten Einzelakten einen Strafklageverbrauch ebenso anzunehmen wie in den o. 69 behandelten Fällen. Ebenso für öst. Recht Schmoller aaO 42, ÖJZ 87, 325. Strafklageverbrauch tritt nach BGH NJW **89**, 1288 auch ein, wenn die StA bei einer fortgesetzten Tat die Strafverfolgung nach § 154a StPO beschränkt und Anklage nur hinsichtlich eines Einzelakts erhebt.

c) Der Verbrauch der Strafklage reicht bei rechtskräftiger Aburteilung einer Fortsetzungstat ande- **74** rerseits auch nicht über den Zeitpunkt des letzten tatrichterlichen Urteils hinaus. Wurde der Täter wegen einer Fortsetzungstat rechtskräftig abgeurteilt und führt er diese danach durch Begehung weiterer Teilakte fort, so liegt darin für das Verfahrensrecht die Begehung einer neuen fortgesetzten Tat: das **Urteil bewirkt** eine **Zäsur der Fortsetzungstat.** Die neuen Handlungen können weder in den bereits abgeurteilten Fortsetzungszusammenhang einbezogen werden, noch steht ihrer Verfolgung die Rechtskraft dieses Urteils entgegen (vgl. RG **66** 48, Düsseldorf StV **84**, 426, Köln wistra **86**, 275, auch BGE 104 IV 231; vgl. dagegen Neuhaus JuS 86, 967), weil Gegenstand des Urteils nur Vergangenes, nicht Zukünftiges sein kann. Dies gilt nur für das rechtskräftige Urteil; wird ein Urteil im Rechtsmittelverfahren aufgehoben, so kann der mit der Sache erneut befaßte Tatrichter zwischenzeitlich begangene Teilakte einbeziehen (BGH **9** 324).

Dies gilt (vgl. aber Stree Engisch-FS 676) auch bei bloßer **Teilrechtskraft:** solche Teilakte, die nach **75** Rechtskraft des Schuldspruchs, aber vor Rechtskraft des Strafausspruchs begangen wurden, können im anhängigen Verfahren nicht mehr (auch nicht im Strafmaß) abgeurteilt werden; die Strafklage ist insoweit nicht verbraucht (vgl. BGH **9** 327, MDR/H **80**, 272, GA **86**, 228). Denn da eine Korrektur des rechtskräftigen Schuldspruchs nicht mehr möglich ist, könnte nicht mehr berücksichtigt werden, wenn die weiteren Teilakte einem qualifizierten Tatbestand unterfallen oder mit anderen Delikten in Tateinheit stehen.

d) Fraglich ist, ob **Teilfreispruch** zu erfolgen hat, wenn der Eröffnungsbeschluß eine Fortsetzungs- **76** tat angenommen hat, aber nicht alle Teilakte oder sogar nur ein Teilakt nachzuweisen sind, ebenso, wenn der Eröffnungsbeschluß von mehreren selbständigen Handlungen ausgeht und sich dann ergibt, daß diese eine Fortsetzungstat bilden. Vgl. hierzu Gollwitzer LR § 260 RN 47ff., K-Meyer § 260 RN 13ff. mwN., auch BGH MDR/H **80**, 987, NJW **84**, 501, Ostendorf DRiZ 83, 450f.

e) Hat der Täter eine Fortsetzungstat begangen, von der Teilakte nach Jugendstrafrecht, andere **77** nach Erwachsenenstrafrecht abzuurteilen wären, so findet ausschließlich **Jugendstrafrecht** Anwendung, wenn das Schwergewicht bei den Jugendverfehlungen liegt; anderenfalls ist nur das allgemeine Strafrecht anzuwenden (vgl. § 32 JGG; BGH **6** 6, MDR/H **88**, 1003).

Vorbem §§ 52 ff. 78–84   Allg. Teil. Rechtsfolgen – Mehrere Gesetzesverletzungen

78   10. Bei den **Konkurrenzen** mit anderen Delikten bestehen keine Abweichungen von den sonstigen Fällen. Erfüllt ein Einzelakt zugleich den Tatbestand eines anderen Delikts, so steht dieses in Idealkonkurrenz zur Fortsetzungstat (z. B. fortgesetzter Betrug, bei dem eine Täuschungshandlung mittels einer gefälschten Urkunde vorgenommen wird, oder fortgesetztes Fahren ohne Fahrerlaubnis, bei dem für eine Fahrt ein Kfz mit gefälschtem Kennzeichen benutzt wird; BGH DAR/S **88**, 223). Mehrere unter sich selbständige Handlungen, die mit Einzelakten einer Fortsetzungstat zusammentreffen, werden durch die Fortsetzungstat zu einer Einheit verbunden, es sei denn, die selbständigen Handlungen sind schwerer als die Fortsetzungstat (BGH **3** 165, **18** 26 m. Anm. Hellmer NJW **63**, 116) Ist letzteres der Fall, so steht die fortgesetzte Tat jeweils in Tateinheit mit den realkonkurrierenden Taten (BGH NStE Nr. **19** zu § 52). Vgl. näher § 52 RN 16 ff. Treffen mehrere Fortsetzungstaten zusammen, wenn auch nur in einem Einzelakt, der auf einer Willensbetätigung beruht, so stehen sie in Idealkonkurrenz (RG HRR **37** Nr. 1349, BGH **6** 81, **18** 26), selbst dann, wenn sie sich gegen höchstpersönliche Rechtsgüter richten (BGH **6** 81; dagegen Hellmer GA **56**, 67 ff.).

79   11. Für **Teilnehmer** ist selbständig zu ermitteln, ob für sie die Voraussetzungen einer fortgesetzten Tat vorliegen; die Einheitlichkeit der Haupttat hat für den Teilnehmer keine Wirkung. Es ist daher zulässig, mehrere Hilfeleistungen zu verschiedenen Taten mehrerer Täter oder desselben Täters als fortgesetzte Tat zu betrachten (RG **70** 349, BGH StV **84**, 329); umgekehrt können auch mehrere selbständige Teilnahmehandlungen an einer Fortsetzungstat vorliegen (BGH MDR/H **78**, 803, NStE Nr. **25** zu § 52). Ferner kann jemand bei einem Teil der Einzelakte Mittäter, Anstifter oder Gehilfe, beim anderen Begünstiger sein.

80   12. Möglich ist, daß bei einem Teil der in Fortsetzungszusammenhang begangenen Einzelhandlungen **Mittäterschaft**, bei einem anderen Teil **Alleintäterschaft** vorliegt (RG **66** 51, BGH NStZ **84**, 414). Ein Wechsel in der Person der Mittäter steht der Annahme fortgesetzter Handlung bei Vorliegen der sonstigen Voraussetzungen nicht entgegen (RG JW **37**, 2961).

IV. Rechtliche Handlungseinheit kann auch bei den **Dauerdelikten** vorliegen.

81   1. Dies sind solche Straftaten, bei denen der Täter einen andauernden rechtswidrigen Zustand herbeiführt oder pflichtwidrig nicht beseitigt und diesen Zustand dann willentlich aufrechterhält (z. B. bei der Freiheitsberaubung und beim Hausfriedensbruch) oder bei denen er sein Verhalten kontinuierlich fortsetzt (wie beim Fahren ohne Fahrerlaubnis [§ 21 StVG] oder in fahruntüchtigem Zustand. BGH VRS **49** 185] sowie beim unbefugten Waffenbesitz [vgl. RG **58** 13, Hamm NJW **79**, 117]) oder bei der andauernden Verletzung der Unterhaltspflicht (vgl. § 170b RN 36). Nimmt hier der Täter Handlungen vor, die, indem sie den Dauerzustand aufrechterhalten, den Tatbestand noch einmal erfüllen, so liegt dennoch nur eine einzige Tat vor, so z. B., wenn er das Entweichen eines Eingesperrten, der die Tür aufzubrechen sucht, durch Vernageln der Tür unmöglich macht (vgl. Hruschka GA **68**, 193 ff., Geerds aaO 266 mwN). Kein Dauerdelikt liegt vor, wenn der Täter mehrfach dasselbe Verkehrszeichen mißachtet (vgl. Bay DAR **57**, 271). Zur verbotenen Beschäftigung mehrerer Kinder als Dauerdelikt nach dem JugendarbeitsschutzG vgl. Bay GA **75**, 54. Zum Unterlassungsdauerdelikt und zur Abgrenzung gegenüber dem fortgesetzten Unterlassungsdelikt vgl. Struensee, Die Konkurrenz bei Unterlassungsdelikten, 1971, 58 ff., 69.

82   2. Nicht alle Delikte, die das Herbeiführen eines widerrechtlichen Zustands unter Strafe stellen, sind Dauerdelikte. Vielmehr ergibt die Auslegung einer ganzen Anzahl derartiger Tatbestände, daß bei ihnen der Vorwurf nur an die Herbeiführung, nicht aber an die Aufrechterhaltung des widerrechtlichen Zustandes anknüpft; so etwa bei §§ 169, 171, 223 ff., 242, 246, 271, 303. Man pflegt diese Gruppe als **Zustandsdelikte** zu bezeichnen. Die Bedeutung dieses Begriffes erschöpft sich in der negativen Abgrenzung zu den Dauerdelikten. Das Zustandsdelikt kann allerdings mit einem Dauerdelikt verknüpft sein, so beim unbefugten Waffenbesitz nach Diebstahl der Waffe (Hamm NJW **79**, 117). Dagegen wird es selbst trotz fortdauernder Nachwirkungen nicht zum Dauerdelikt, wie bei längerer Nichtbenutzbarkeit einer beschädigten Sache oder bei Lähmung eines Beins, auch nicht bei anhaltenden Schmerzen als Folge einer Körperverletzung (vgl. LG Frankfurt NStZ **90**, 592; z. T. and. Jakobs 144). Dementsprechend beginnt die Verjährung auch bei fortbestehenden Nachwirkungen mit Herbeiführung des rechtswidrigen Zustands.

83   3. Dauerdelikte können **vorsätzlich** und **fahrlässig** begangen werden (vgl. z. B. RG **59** 53, **76** 70); fahrlässige Begehung kann in vorsätzliche übergehen, ohne daß dadurch die Einheitlichkeit des Dauerdelikts unterbrochen würde (so z. B., wenn dem betrunkenen Autofahrer erst während der Fahrt seine Fahruntüchtigkeit bewußt wird, vgl. Bay MDR **80**, 867, § 315c RN 46, auch RG **73** 230).

84   4. Das Dauerdelikt **endet** mit Aufhebung des rechtswidrigen Zustands, z. B. der Freilassung des Gefangenen bei § 239. Problematisch ist, ob auch vorübergehende Unterbrechungen des Dauerzustands dessen rechtliche Beendigung herbeiführen (z. B. bei § 123, wenn der des Hauses verwiesene Täter sofort wieder eindringt, oder bei § 170b, wenn der Täter vorübergehend leistungsunfähig wird [vgl. § 170b RN 36]). Praktisch wird dies insb. bei Verkehrsdelikten

(vorübergehende Fahrtunterbrechungen). Unzweifelhaft wird z. B. die Tat nach § 316 nicht dadurch unterbrochen, daß der Täter vor einer Ampel oder Bahnschranke anhält (vgl. Bay NJW **60**, 879, Stuttgart NJW **64**, 1913, Celle VRS **33** 113). Nicht anders kann es sein, wenn er in einen Stau gerät und immer wieder, sei es auch für eine längere Zeit, anhalten muß oder wenn er anhält, um eine Person aus- oder einsteigen zu lassen (vgl. BGH VRS **47** 178), zu tanken oder kurz eine Gaststätte zu besuchen (vgl. Karlsruhe VRS **35** 267, Bay DAR/R **83**, 247, NStZ/J **87**, 114). Vgl. aber auch Bay VRS **35** 421, wonach das Dauerdelikt des Linksfahrens auf der Autobahn durch jedes Zurückkehren auf die rechte Fahrspur unterbrochen wird, so daß allenfalls fortgesetzte Handlung in Betracht kommt. Legt der führerscheinlose oder fahruntüchtige Kraftfahrer eine längere Ruhepause ein (etwa Nachtruhe), so unterbricht er das Dauerdelikt; das mit der Weiterfahrt wieder aufgenommene Dauerdelikt kann jedoch mit der Fahrt vor der Pause als fortgesetzte Tat eine Einheit bilden.

Durch einen **Verkehrsunfall** soll nach neuerer Rspr. grundsätzlich die Einheitlichkeit der **85** Fahrt **unterbrochen** werden, gleichviel ob der Täter vorübergehend anhält (vgl. § 315c RN 47, bes. BGH VRS **13** 121, Stuttgart NJW **64**, 1913, Hamm VRS **42** 21, auch Krüger NJW 66, 489) oder ohne Halt weiterfährt (BGH **21** 203, VRS **48** 191, Granicky SchlHA **66**, 60; and. Bay DAR/R **66**, 260, **78**, 206), so daß z. B. Tatmehrheit zwischen Trunkenheitsfahrt und Unfallflucht anzunehmen ist (Celle JR **82**, 79 m. Anm. Rüth). Als Begründung wird angeführt, der Täter sei durch den Unfall „nunmehr sowohl im äußeren Geschehen wie in seiner geistig-seelischen Verfassung vor eine neue Lage gestellt" (BGH VRS **13** 122), deshalb beruhe die Weiterfahrt nach dem Unfall, selbst wenn der Täter sein ursprüngliches Fahrtziel nicht ändere, notwendig auf einem neuen und selbständigen Tatentschluß (BGH **21** 205). Dem kann nicht gefolgt werden (ebenso Samson SK 27 vor § 52). Der Entschluß, mit einem Kfz. zu fahren, wird durch das Hinzutreten des Fluchtvorsatzes weder beseitigt noch geändert, auch dann nicht, wenn der Täter auf der Flucht die ursprünglich eingeschlagene Fahrstrecke verläßt (ebenso BGH VRS **48** 354, **49** 185, NJW **83**, 1744, sofern Täter mit der Flucht lediglich einer Polizeikontrolle entgehen will). Eine Unterbrechung kommt demnach nur dann in Betracht, wenn sowohl im äußeren wie im inneren Geschehen eine eindeutige Zäsur vorliegt; das mag etwa der Fall sein, wenn der Täter nach einem Unfall anhält, um sich mit dem anderen Unfallbeteiligten zu einigen, und sich erst zur Flucht entschließt, als dieser die Polizei herbeiholt. Auf demselben Standpunkt stehen BGH VRS **9** 353, Braunschweig NJW **54**, 933, KG VRS **10** 52, DAR **61**, 145, Bay **70**, 52, NJW **63**, 168, Cramer § 315c RN 104. Fehlt es an einer Unfallflucht, so ist auch nach der neueren Rspr. die Weiterfahrt nach einem Verkehrsunfall nicht als selbständige Tat gegenüber dem vorhergegangenen Fahrtablauf zu beurteilen (vgl. BGH **25** 76, Hamm VRS **48** 266, Bay VRS **59** 195, DAR/R **82**, 251). Zum Ganzen vgl. noch Geerds BA **66**, 134, Wahle GA **68**, 97 ff., 106, Seier NZV **90**, 129.

Möglich ist auch eine mehrmalige Begehung des gleichen Dauerdelikts, so bei verschiedenen **86** Fahrten ohne Fahrerlaubnis an verschiedenen Tagen (BGH VRS **29** 114); es kommt dann aber Fortsetzungszusammenhang in Betracht (vgl. Bay **70**, 52, Geerds aaO).

5. Die **Verurteilung** wegen eines Dauerdelikts bewirkt dessen **Zäsur**. Es gilt insoweit Ent- **87** sprechendes wie bei der Fortsetzungstat (vgl. o. 74). Da die Verurteilung nur die Herbeiführung und die Aufrechterhaltung des rechtswidrigen Zustands bis zum Urteilszeitpunkt erfaßt, ist das Aufrechterhalten des Dauerzustands nach dem Urteil als selbständige Tat zu werten. Eine neue Verurteilung ist daher möglich, so z. B., wenn der Täter die Waffe weiterhin unerlaubterweise in Besitz behält oder weiterhin einer Unterhaltspflicht nicht nachkommt (vgl. Bay **77**, 39, das auf Erlaß des Ersturteils abstellt).

6. Die **Konkurrenzverhältnisse** zwischen Dauerdelikten und anderen Straftaten, die wäh- **88** rend des Dauerzustands begangen werden, sind umstritten. Zur Problematik vgl. Lippold, Die Konkurrenz bei Dauerdelikten als Prüfstein der Lehre von den Konkurrenzen, 1985.

a) Unstreitig besteht **Idealkonkurrenz** dann, wenn sich die Ausführungshandlungen der **89** Dauerstraftat und des anderen Delikts zumindest teilweise decken (vgl. § 52 RN 9ff.), wie z. B. beim Widerstand nach § 113, wenn dadurch die Weiterfahrt bei Trunkenheit im Verkehr ermöglicht wird (Koblenz VRS **56** 38) oder der Täter eines Hausfriedensbruchs von einem Beamten entfernt werden soll (Bay GA **57**, 219), oder beim Fahren ohne Fahrerlaubnis, das zu Unfall und Körperverletzung führt. Die Rspr. (vgl. z. B. RG **54** 289, **66** 347, BGH **18** 29, 70, LM **Nr. 8** zu § 177, VRS **30** 283) beschränkt zumeist die Idealkonkurrenz auf diese Fälle; vgl. dagegen u. 91. Soweit das Dauerdelikt mit Taten, die unter sich in Tatmehrheit stehen, eine Tateinheit bildet, kann es unter den in § 52 RN 14ff. genannten Voraussetzungen die anderen Taten durch Klammerwirkung zur Tateinheit verbinden (vgl. BGH NStE Nr. **26** zu § 52).

b) Unstreitig ist außerdem, daß die nur **gelegentlich eines Dauerdelikts** vorgenommenen **90** Straftaten, z. B. betrügerisches Kartenspiel mit einem Eingesperrten oder sexuelle Nötigung einer Beifahrerin durch Fahruntüchtigen (Koblenz NJW 78, 716), mit dem Dauerdelikt in Realkonkurrenz stehen (vgl. auch BGH NJW 52, 795). Das gilt auch für zwei zeitlich zusammenfallende Dauerdelikte (vgl. BGH VRS 49 177: unbefugtes Führen einer Schußwaffe bei Trunkenheitsfahrt).

91 c) Problematisch sind die Fälle, in denen das *Dauerdelikt* dazu *dient,* eine *andere Straftat vorzunehmen,* ohne daß sich die beiden Ausführungshandlungen decken. Hier ist Idealkonkurrenz anzunehmen, wenn der Dauerzustand eine Voraussetzung für die Begehung der anderen Tat schafft und zu diesem Zweck herbeigeführt worden ist, so z. B., wenn der Täter Hausfriedensbruch begeht, um einen Hausbewohner zu ermorden (and. RG 32 138, 54 289, 66 347, BGH 18 32, LM Nr. 8 zu § 177, Hamm JMBlNW 54, 67, Schmidhäuser 738), oder wenn das unbefugte Führen einer Schußwaffe von vornherein eine bestimmte Tat ermöglichen soll (RG 59 361, JW 30, 2963 m. abl. Anm. Coenders, JW 32, 407 m. abl. Anm. Hoche, HRR 41 Nr. 945). Erforderlich ist, daß sich der Vorsatz schon bei Beginn des Dauerdelikts auf eine konkretisierte andere Tat gerichtet hat. Bei späterer Konkretisierung des Vorsatzes, mag auch der Täter von Anfang an zu Delikten bestimmter Art entschlossen gewesen sein, liegt Tatmehrheit zwischen dem Dauerdelikt und dem anderen Delikt vor, so etwa, wenn jemand eine Schußwaffe unbefugt führt, um sie bei passender Gelegenheit zu einer nicht von vornherein konkretisierten Tat einzusetzen. Ebenso ist Tatmehrheit gegeben, wenn der Täter sich erst während des Dauerdelikts entschließt, es zu einer anderen Tat auszunutzen, z. B. mit der unbefugt geführten Schußwaffe die andere Tat verübt (RG 59 361, JW 30, 2963, 33, 441, BGH 36 154 m. Anm. Mitsch JR 90, 162, Zweibrücken NJW 86, 2841, D-Tröndle § 211 RN 15; and. BGH 31 30, NStE Nr. 7, 20 zu § 52, Hamm NStZ 86, 278 m. Anm. Puppe JR 86, 205, Maatz MDR 85, 883). Nach diesen Grundsätzen ist auch das Verhältnis zwischen der Tat nach § 129 und einer dem Zweck der kriminellen Vereinigung entsprechenden Tat zu beurteilen (vgl. § 129 RN 28).

91a d) Ferner ist problematisch der Fall, daß der Täter die Beseitigung des von ihm geschaffenen Dauerzustands mit einer Straftat vereitelt, ohne daß diese mit der Begehung des Dauerdelikts zusammentrifft. In solchen Fällen ist Idealkonkurrenz anzunehmen, wenn die Straftat die Beendigung des Dauerdelikts unmittelbar verhindert und hierauf ausgerichtet ist, so z. B., wenn ein Dritter beim Versuch, einen Eingesperrten zu befreien, niedergeschlagen wird oder wenn der Fahrer ohne Fahrerlaubnis bei einer Kontrolle einen gefälschten Führerschein vorzeigt, um weiterfahren zu können (and. BGH VRS 30 185, Köln VRS 61 349). Realkonkurrenz ist dagegen anzunehmen, wenn dieser unmittelbare Berührungspunkt fehlt, mag auch ein enger Zusammenhang bestehen, so etwa, wenn der Fahrer ohne Fahrerlaubnis einen Kanister Benzin stiehlt, um die Weiterfahrt zu ermöglichen.

91b e) Außerdem sind die Fälle problematisch, in denen das Dauerdelikt zu einem fahrlässigen Verletzungsdelikt führt, ohne daß die dem Dauerdelikt zugrundeliegende Pflichtwidrigkeit für die Verletzung ursächlich war. Da bei Fahrlässigkeitsdelikten der Erfolg gerade auf der Pflichtwidrigkeit beruhen muß, ist hier Tatmehrheit gegeben. Unrichtig Bay 56, 162, das zwischen § 25 II StVG a. F. (jetzt § 22 II StVG) und § 230 Tateinheit angenommen hat. Idealkonkurrenz kommt nur in Betracht, wenn sich die Pflichtwidrigkeit, die Ursache der Verletzung war, mit der des Dauerdelikts deckt.

92 6. **Mehrere Dauerdelikte** stehen zueinander im Verhältnis der Tateinheit, wenn die Ausführungshandlungen sich mindestens teilweise überschneiden, so z. B. Fahren ohne Fahrerlaubnis (§ 21 StVG) mit Trunkenheitsfahrt gem. § 316 (vgl. auch Neustadt VRS 27 28).

93 V. Keine rechtliche Handlungseinheit bildet die **Sammelstraftat** (Kollektivdelikt).

Schrifttum: Kohlrausch, Der Sammelbegriff der Sammelstraftat, ZAkDR 38, 473. – *Preiser,* Aufspaltung der Sammelstraftat, ZStW 58, 743. – *Schwarz,* Sammelstraftat und fortgesetzte Handlung, ZAkDR 38, 539. Vgl. auch *Buchholz,* Die Selbständigkeit der Einzelakte beim fortgesetzten und Kollektivdelikt, 1940 (StrAbh. Heft 413). – Über die Frage der Beihilfe zu gewerbs- oder gewohnheitsmäßig begangenen Straftaten vgl. *Goedel* JW 37, 715. Über die täterrechtliche Bedeutung der Gewerbs- und Gewohnheitsmäßigkeit vgl. *Bockelmann,* Studien zum Täterstrafrecht, Teil II, 1940, 4.

94 1. Unter dem Begriff der Sammelstraftat oder des Kollektivdelikts werden die Fälle der gewerbsmäßigen, geschäftsmäßigen und gewohnheitsmäßigen Straftaten zusammengefaßt.

95 a) Gewerbsmäßigkeit ist nicht gleichbedeutend mit dem Begriff des Gewerbes nach der GewO (Selbständigkeit) oder mit dem Begriff des kriminellen Gewerbes (BGH NJW 53, 955). Für die **gewerbsmäßige** Straftat ist vielmehr kennzeichnend die Absicht des Täters, sich durch wiederholte Begehung des Verbrechens eine fortlaufende Einnahmequelle von einiger Dauer und einigem Umfang zu verschaffen (RG 58 20, 64 154, 66 21, BGH 1 383, GA 55, 212; vgl. auch östOGH JBl 89, 732: Zeitspanne von 3 Monaten genügt). Die Einnahmequelle braucht jedoch nicht den hauptsächlichen oder regelmäßigen Erwerb zu bilden. Die erforderliche Absicht kann sich schon aus der ersten Einzelhandlung ergeben (RG 54 230, BGH MDR/S 89, 1033, östOGH ÖJZ 61, 404; 63, 103; 64, 244). Es genügt jedoch nicht, daß die Vergütung für ein Einzelgeschäft in Teilbeträgen gezahlt werden soll (BGH MDR/S 89, 1033). Handlungseinheit in der Form des Fortsetzungszusammenhangs schließt die Gewerbsmäßigkeit nicht aus (RG **58** 19, Düsseldorf JMBlNW **55**, 43; and. RG JW **22**, 1682), so daß diese vorliegen kann, wenn sich der Täter die fortlaufende Einnahmequelle nur mittels einer fortgesetzten Tat verschaffen will (BGH **26** 5). Als Teil einer fortlaufenden Einnahmequelle fällt unter die Gewerbsmäßigkeit auch die Handlung noch, mit der jemand seine bisherigen gewerbsmäßigen Taten abschließen will (letzter Coup). Gewerbsmäßigkeit ist nicht gleichbedeutend mit Gewinnsucht (Braunschweig MDR **47**, 136); ein Erwerbssinn in einem ungewöhnlichen und sittlich anstößigen Maß ist für sie nicht Voraussetzung (BGH StV **83**, 281). Der Täter braucht das Entgelt nicht ausdrücklich zu fordern; es genügt, wenn er es regelmäßig entgegennimmt (vgl. östOGH JBl. 60, 24). Ferner ist nicht erforderlich, daß der Täter die erlangten Sachen weiterveräußern will; es genügt, wenn er sie im eigenen Bereich verwenden will (vgl. BGH MDR/H **76**, 633, östOGH JBl 89, 732). Es kommt zudem nicht darauf an, ob die Tat unmittelbar oder nur mittelbar die Einnahmequelle dient (BGH MDR/H **83**, 622). Zur Gewerbsmäßigkeit vgl. aber auch Stratenwerth Schultz-FG 88.

Bezgl. des Erwerbs muß der Täter mit Absicht i. S. zielgerichteten Willens gehandelt haben; **96** hinsichtlich der übrigen Deliktsvoraussetzungen kann bedingter Vorsatz ausreichen (Bay **51**, 502). Die Gewerbsmäßigkeit wirkt in einzelnen Tatbeständen straferhöhend (so z. B. bei der Hehlerei im § 260, bei der Wilderei in §§ 292 III, 293 III). Ferner kann sie bei der Strafzumessung straferschwerend wirken. Vgl. etwa § 243 I Nr. 3, § 302a II Nr. 2.

b) Für die **geschäftsmäßige** Straftat ist kennzeichnend, daß der Handelnde beabsichtigt, sie in **97** gleicher Art zu wiederholen und sie dadurch zu einem dauernden oder wenigstens zu einem wiederkehrenden Bestandteil seiner wirtschaftlichen oder beruflichen Betätigung zu machen (RG **61** 52, **72** 315, Bay NStZ **81**, 29). Bei Vorliegen dieser Absicht erfüllt bereits die erste Handlung das Merkmal der Geschäftsmäßigkeit (Bay aaO). Die Absicht, sich einen Vermögensvorteil zu verschaffen, braucht nicht vorzuliegen (RG **61** 52, Frank § 74 Anm. V 1b). Geschäftsmäßigkeit wird z. B. gefordert in § 144.

c) Für die **Gewohnheitsmäßigkeit** ist kennzeichnend ein durch wiederholte Begehung erzeugter, eingewurzelter und selbständig fortwirkender Hang (RG **32** 397, **59** 143, BGH **15** 377 m. Anm. Bindokat NJW 61, 1731, GA **71**, 209, Bay MDR **62**, 325). Der Täter hat sich dadurch an die Begehung von Straftaten „so gewöhnt, daß ihm jeder weitere Förderungsakt gleichsam von der Hand geht, ohne daß es in diesem Augenblick für ihn noch zu einer Auseinandersetzung mit irgendwelchen sittlichen Bedenken kommt" (BGH **15** 380; vgl. auch RG **32** 397, Bay MDR **62**, 325). Gewohnheitsmäßigkeit setzt daher voraus, daß mindestens zwei Einzeltaten begangen sind; diese können auch in Fortsetzungszusammenhang stehen (vgl. o. 32, u. 99). Auch aus bereits abgeurteilten Fällen kann die Gewohnheit gefolgert werden (RG **58** 25; vgl. auch östOGH ÖJZ 60, 75). Das Motiv für die Begehung der einzelnen Taten ist zwar grundsätzlich bedeutungslos (vgl. BGH **15** 381), jedoch muß die Begehung der späteren Delikte gerade auf dem Hang beruhen, so daß Gewohnheitsmäßigkeit ausgeschlossen ist, wenn der Täter zu der letzten Tat ausschließlich durch die gleichen Motive veranlaßt ist, die schon seiner ersten zugrunde lagen, z. B. Freundschaft, Unerfahrenheit, Schwäche ihn bestimmt haben (vgl. auch Bay MDR **62**, 325). Stehen mehrere Handlungen zur Aburteilung, so treten daher die Straffolgen der Gewohnheitsmäßigkeit nur bei den Taten ein, die auf dem Hang beruhen. Gewohnheitsmäßige Handlungen werden häufig in ihrem äußeren Erscheinungsbild ähnlich sein, jedoch schließt dies nicht aus, daß gewohnheitsmäßig auch handelt, wer stets nur ganz bestimmte Handlungen oder Handlungen im Zusammenwirken mit ganz bestimmten Personen begeht (RG **58** 25). Der **Strafgrund** der Gewohnheitsmäßigkeit ist weitgehend ungeklärt (vgl. Bockelmann, Studien zum Täterstrafrecht, 1. Teil 1939, 29ff., 2. Teil 1940, 4ff.). Die Auslegung dieses Merkmals deutet jedoch darauf, daß eine Art von Lebensführungsschuld erfaßt werden sollte, jedenfalls aber in der erhöhten Strafe für Gewohnheitsmäßigkeit präventive Überlegungen keine Rolle gespielt haben. Die Gewohnheitsmäßigkeit ist straferhöhend in §§ 292 III, 293 III. Sie ist strafbegründend nach § 30a I BundesnaturschutzG idF vom 20. 3. 1987, BGBl I 890.

Bei **fortgesetzten Taten** kann die Gewohnheitsmäßigkeit noch nicht daraus gefolgert werden, daß **99** eine Mehrheit einzelner Teilakte vorliegt. Läßt man für die Fortsetzungstat jedoch den Fortsetzungsvorsatz genügen (vgl. o. 52), so kann eine in diesem Sinne fortgesetzte Tat von einem bestimmten Einzelakt an den Charakter der Gewohnheitsmäßigkeit erlangen und dann als Ganzes gewohnheitsmäßig wirken. Entsprechendes gilt in den Fällen des erweiterten Gesamtvorsatzes, in denen der Entschluß, die Tat fortzusetzen, spätestens bei Beendigung des letzten der ursprünglich geplanten Teilakte gefaßt wird (vgl. o. 53). Auch hier kann sich der Hang zu wiederholter Tatbegehung in dem Entschluß, das bisher Begangene auszudehnen, niedergeschlagen haben. Einem Gesamtvorsatz, der von vornherein das gesamte Tatgeschehen umfaßt (vgl. o. 48), läßt sich dagegen keine Gewohnheitsmäßigkeit entnehmen. Die späteren Teilakte beruhen hier auf dem anfangs gefaßten Entschluß und daher nicht auf dem Hang zu wiederholter Tatbegehung. Möglich ist natürlich, daß die Fortsetzungstat als Ganzes gewohnheitsmäßig begangen wird, wenn entsprechende einschlägige Taten vorliegen (vgl. RG 72 286, Bay 51, 490, Geerds aaO 270).

100 2. Die **Einzeltaten** bilden **nicht** allein wegen Gewerbs- oder Gewohnheitsmäßigkeit oder Geschäftsmäßigkeit eine **Handlungseinheit**. Auch bei ihnen steht die einzelne Verfehlung im Vordergrund, die wegen der inneren Einstellung des Täters strafwürdiger erscheint und deshalb nicht auf dem Wege der rechtlichen Handlungseinheit privilegiert werden darf. Dabei macht es keinen Unterschied, ob bei gewerbsmäßigen Delikten die Gewerbsmäßigkeit straferhöhend oder strafbegründend ist (RG **72** 164, 258, 285, 401, **73** 216, BGH **1** 42, NJW **53**, 955, Kiel HESt. **2** 14, KG JR **51**, 213, Geerds aaO 268ff., Kohlrausch ZAkDR 38, 474, Jescheck 651, M-Gössel II 467, Blei I 349, Hartung SJZ 50, 333, Schmidhäuser 729, R. Schmitt ZStW 75, 62). Abweichend ist Verbrechenseinheit von H. Mayer AT 410, E. Schmidt JZ 52, 136, Welzel 230 angenommen worden. Handlungseinheit kann sich jedoch aus einem Fortsetzungszusammenhang ergeben.

101 VI. Von der Rspr. des RG wurden verschiedene **Konkursstraftaten** durch dieselbe Zahlungseinstellung oder Konkurseröffnung zu einer Einheit verbunden (RG **66** 269). Diese Auffassung ist nicht begründet; auch hier sind die einzelnen Handlungen als selbständige Taten anzusehen (BGH **1** 191, Hartung SJZ 50, 333). Vgl. § 283 RN 66.

102 VII. Zu scheiden von den im Gesetz behandelten echten Konkurrenzformen ist die sog. **Gesetzeskonkurrenz** oder unechte Konkurrenz. Bei ihr treffen auf die Straftat zwar dem Wortlaut nach mehrere Strafgesetze zu; aus dem Verhältnis der Vorschriften zueinander ergibt sich aber, daß in Wirklichkeit nur eine von ihnen anwendbar ist. Der Ausdruck Gesetzeskonkurrenz ist daher irreführend, da in Wahrheit die Gesetze nicht konkurrieren (vgl. auch Eser II 229, Geerds aaO 166, Jescheck 665, M-Gössel II 432, R. Schmitt ZStW 75, 45). Es wird daher zunehmend der Begriff **Gesetzeseinheit** vorgezogen (so z. B. BGH **25** 377, **28** 13, 19). Eine solche unechte Konkurrenz kommt sowohl bei Handlungseinheit wie bei Handlungsmehrheit in Betracht (abw. Baumann MDR 59, 10). Gemeinsam ist allen Fällen der Vorrang eines Tatbestands gegenüber den anderen und damit das Zurücktreten der letzteren. Dieser Vorrang ergibt sich daraus, daß mit der Anwendung des einen Tatbestands das deliktische Geschehen erschöpfend erfaßt und abgegolten wird (vgl. BGH **31** 380, Lenckner JR 78, 425). Zur Funktion und zu den Grenzen der Gesetzeseinheit vgl. zudem Vogler Bockelmann-FS 715ff.

103 Hervorzuheben ist jedoch, daß die **Bedeutung der Unterscheidung** zwischen Tateinheit und Gesetzeseinheit von der Praxis nahezu **auf Null reduziert** wird, indem durch den Grundsatz der Sperrwirkung des verdrängten Gesetzes nahezu sämtliche für die Tateinheit geltenden Grundsätze auch bei Gesetzeseinheit angewendet werden. Sieht man von der Fassung des Tenors ab, so werden Tateinheit und Gesetzeseinheit fast gleich behandelt (vgl. dazu u. 141). Andererseits ist aber auch zu beachten, daß in vielen Fällen, in denen die Rspr. Gesetzeseinheit mit Sperrwirkung annimmt, in Wahrheit Tateinheit vorliegt (zu dieser sog. **Klarstellungsfunktion der Idealkonkurrenz** vgl. § 52 RN 2).

104 Die Gründe, die zum Ausschluß eines der mehreren scheinbar zutreffenden Gesetze führen, lassen sich unter der Bezeichnung **Subsidiarität, Spezialität** und **straflose Nachtat** (Vortat) zusammenfassen, wobei letztere nur als Sonderfall der Subsidiarität verstanden werden kann (vgl. u. 112ff.). Wichtig für die Abgrenzung dieser Konkurrenzformen ist die vom Gesetz als typisch vorausgesetzte Form der Deliktsbegehung (Grünhut Frank-FG I 9, 18). Gemeinsam ist allen diesen Fällen, daß das Gesetz nur scheinbar mehrfach anzuwenden ist; in Wahrheit ergeben die Auslegung und das Verhältnis der Tatbestände, daß nur die Bewertung unter *einem* der in Betracht kommenden Gesichtspunkte zulässig sein soll. Die anderen treten nach dem Willen des Gesetzes zurück.

Schrifttum: Baumann, Straflose Nachtat und Gesetzeskonkurrenz, MDR 59, 10. – *Baumgarten*, Die Lehre von Idealkonkurrenz und Gesetzeskonkurrenz, 1909 (StrAbh. Heft 103). – *Hirschberg*, Zur Lehre von der Gesetzeskonkurrenz, ZStW 53, 34. – *Honig*, Straflose Vor- und Nachtat, 1927. – *Köhler*, Die Grenzlinien zwischen Idealkonkurrenz und Gesetzeskonkurrenz, 1900 – *Klug*, Zum Begriff der Gesetzeskonkurrenz, ZStW 68, 399. – *Krauß*, Zum Begriff der straflosen Nachtat, GA 65, 173. – *Seier*, Die Gesetzeseinheit und ihre Rechtsfolgen, Jura 83, 225.

105 1. Von **Subsidiarität** (oder Eventualität; Sauer AT 231) spricht man dann, wenn von mehreren auf eine oder mehrere Handlungen zutreffenden Gesetzen das eine nur hilfsweise für den Fall zur Anwendung kommt, daß nicht bereits das andere durchgreift.

106 a) Die Subsidiarität ist bisweilen **ausdrücklich im Gesetz** ausgesprochen. Dies kann in der Weise geschehen, daß das subsidiäre Gesetz hinter jede anderweitige Bestrafungsmöglichkeit zurücktritt oder ein Vorrang nur für das Gesetz begründet wird, das eine schwerere Strafe vorsieht (dies ist die Regel; vgl. §§ 125, 248b, 265a). Bestritten ist, ob in diesen Fällen das subsidiäre Gesetz gegenüber allen Tatbeständen zurücktritt oder nur gegenüber solchen, die das gleiche Rechtsgut schützen oder jedenfalls die gleiche Angriffsrichtung erfassen sollen (vgl. Jescheck 668). Die Entscheidung kann nur durch Auslegung der einzelnen Bestimmungen getroffen werden. Im Zweifel ist unbedingtes Zurücktreten anzunehmen (and. Jakobs 719, M-Gössel II 435: im Zweifel Idealkonkurrenz). Zuweilen schränkt das Gesetz selbst die subsidiäre Wirkung ein, so in §§ 98, 99, 145 II, 145d. Vgl. im übrigen noch RG **42** 428, BGH **6** 297, OGH **3** 111, Bay NJW **56**, 1768, Schneidewin Mat. I 223.

b) Die **Subsidiarität** kann sich aber auch **aus Zweck und Zusammenhang** der Vorschriften **107** ergeben. Sie bedeutet dann, daß nach dem Willen des Gesetzes ein Tatbestand die ausschließliche Qualifikation der Tat enthält. Insb. schließt bei einem Angriff auf das gleiche Rechtsgut die intensivere Angriffsform die weniger intensive aus. So sind z. B. bei derselben Haupttat Beihilfe gegenüber der Anstiftung, Anstiftung und Beihilfe gegenüber der Täterschaft subsidiär (vgl. 51 vor § 25); das gilt auch bei Unterlassungsdelikten, so wenn ein Elternteil den anderen veranlaßt, gleichfalls von der Rettung des Kindes abzusehen (zum Ausschluß der Strafmilderung nach § 13 II in solchen Fällen vgl. § 13 RN 64). Entsprechendes gilt für das Verhältnis der Täterschaft zur Anstiftung eines Mittäters. Subsidiär ist auch die fahrlässige Begehungsform eines Delikts gegenüber der am selben Objekt begangenen vorsätzlichen. So wird z. B. der Täter, der fahrlässig sein Wohnhaus in Brand setzt, nur wegen vorsätzlicher Brandstiftung bestraft, wenn er den Brand rechtzeitig entdeckt und nicht löscht. Anders, wenn die Vorsatztat nur versucht ist (untauglicher Versuch); dann liegt Realkonkurrenz zwischen dem Versuch und der Fahrlässigkeitstat vor (so für das Verhältnis der §§ 211 ff. und § 222 BGH **7** 287). Ferner ist § 323 c subsidiär gegenüber den unechten Unterlassungsdelikten (vgl. § 323 c RN 34). Subsidiarität ist auch da anzunehmen, wo ein Tatbestand so gefaßt ist, daß seine Verwirklichung regelmäßig zugleich einen anderen Tatbestand erfüllt und mit seiner Anwendung der Unrechtsgehalt des anderen Tatbestandes mitabgegolten wird. Das kann auch dann der Fall sein, wenn verschiedene Rechtsgüter betroffen sind. So wird z. B. die im Eingriff zum Schwangerschaftsabbruch liegende Körperverletzung der Schwangeren nach § 223 durch § 218 verdrängt (vgl. BGH **28** 11 m. Anm. Wagner JR 79, 295). Die mit dem unbefugten Öffnen eines verschlossenen Briefes verbundene Sachbeschädigung tritt hinter § 202 zurück (vgl. § 202 RN 22). Ferner besteht Subsidiarität dort, wo der Gesetzgeber bei qualifizierten Tatbeständen deren regelmäßige Verknüpfung mit leichteren Begleittaten vorausgesetzt und bei der Strafdrohung des schwereren Tatbestandes berücksichtigt hat. Entsprechendes gilt bei strafschärfenden Regelbeispielen; so sind z. B. Hausfriedensbruch und Sachbeschädigung gegenüber dem Einbruchsdiebstahl subsidiär (vgl. § 243 RN 59). Subsidiarität kommt jedoch nicht in Betracht, wenn es sich nicht um einen bloßen Begleitumstand handelt, sondern es dem Täter gerade auf den Erfolg des Nebendeliktes ankommt. So tritt zwar die Freiheitsberaubung als Folge einer Körperverletzung regelmäßig als subsidiär zurück, jedoch liegt Idealkonkurrenz vor, wenn die Verletzung Mittel der Freiheitsberaubung ist. Kein regelmäßiger Begleitumstand der Tat nach § 202, sondern eine darüber hinausgehende Beschädigung ist das anschließende Verbrennen des Briefes, so daß § 202 und § 303 in Realkonkurrenz stehen (vgl. Lenckner JR 78, 425).

Auch hier kann zweifelhaft sein, ob eine Bestimmung hinter jede andere Vorschrift oder nur **108** hinter bestimmte Vorschriften zurücktritt. Die Entscheidung ergibt sich aus der Auslegung der einzelnen Bestimmungen. So tritt z. B. § 30 nur hinter Versuch oder Vollendung der Tat, zu der angestiftet worden ist, zurück, nicht hinter andere Straftaten. Vgl. § 30 RN 38 f.

Über weitere Fälle der Subsidiarität, insb. das Verhältnis von Versuch und Vollendung, der Ge- **109** fährdungs- zu den Verletzungsdelikten, vgl. u. 112 ff., 120 ff. Krit. Übersicht über die verschiedenen Fälle bei Schneidewin Mat. I 223 ff. Vgl. ferner Geerds aaO 179 ff., Dünnebier GA 54, 271.

2. **Spezialität** liegt vor, wenn mehrere Strafgesetze denselben Sachverhalt erfassen und sich **110** in ihren Voraussetzungen nur dadurch unterscheiden, daß das eine Gesetz eines oder mehrere der Begriffsmerkmale enger begrenzt und spezieller ausgestaltet (RG **14** 386, **60** 122, Geerds aaO 193). So ist z. B. der Tatbestand der Tötung auf Verlangen spezieller ausgestaltet als der Tatbestand des Totschlags. Das Verhältnis der Spezialität besteht ferner etwa zwischen Diebstahl und Raub. Die §§ 176, 177 sind gegenüber § 185 die speziellen Gesetze (RG **68** 25); innerhalb der Sexualdelikte ist z. B. § 177 speziell gegenüber § 178. Weiter ist etwa § 357 die spezielle Bestimmung gegenüber § 26 (RG **68** 92).

Zwischen *Straferhöhungsgründen* und *Strafmilderungsgründen* einerseits und dem Grundtatbe- **111** stand andererseits besteht stets Spezialität. Zweifelhaft ist jedoch, ob Ideal- oder Gesetzeskonkurrenz vorliegt, wenn **gleichzeitig verschiedene Qualifikationen** desselben Grundtatbestandes erfüllt sind. Für die Entscheidung ist maßgeblich, ob der deliktische Unwert einer Qualifikation durch eine andere bereits voll ausgeschöpft wird oder neben dem des anderen Tatbestandes erhalten bleibt. So ist z. B. möglich, daß die durch § 223a erfaßte Gefahr größer ist als die nach § 224 eingetretene Verletzung. Dies wird nur mit der Annahme von Idealkonkurrenz hinreichend berücksichtigt. Für den Fall, daß es nur zum Versuch des schwersten Delikts gekommen ist (§§ 224, 22), hat auch die Rspr. (BGH **21** 195 m. Anm. Schröder JZ 67, 370) die Möglichkeit von Idealkonkurrenz mit dem vollendeten Qualifikationstatbestand (§ 223a) eingeräumt (sonst soll Gesetzeseinheit mit Vorrang des schwersten Delikts anzunehmen sein; vgl. BGH JR **67**, 146 m. abl. Anm. Schröder zum Verhältnis der §§ 223a, 224). Auch zwischen §§ 223a ff., 226 kann Idealkonkurrenz vorliegen (and. RG **70** 359, **74** 311, Bay **60**, 285). Die gleichen Grundsätze sind auf das Verhältnis zwischen §§ 251, 250 anzuwenden (and. BGH **21** 183). In einem ähnlichen Fall (Verhältnis der §§ 223ff. zu § 340) hat auch RG **75** 359 Idealkonkurrenz angenommen. Vgl. im übrigen 2 vor § 223, § 223a RN 16, § 251 RN 9. Vgl. zum Ganzen Geerds aaO 200ff., Vogler Bockelmann-FS 722ff.

112   **3. Straflose Nachtat** (oder „mitbestrafte Nachtat"; vgl. BGH MDR/D **55**, 269) ist eine tatbestandsmäßige und schuldhafte Handlung, die nicht bestraft wird, weil die Auslegung des Gesetzes ergibt, daß der Gesamtkomplex der Straftaten nur unter dem Gesichtspunkt einer vorhergehenden Tat geahndet werden soll. Es handelt sich daher um einen Fall der Subsidiarität der Nachtat gegenüber der Vortat; insoweit zustimmend R. Schmitt ZStW 75, 55. Andere erblicken hierin einen Fall der Konsumtion (so u. a. Vogler LK 137 vor § 52; vgl. aber auch Vogler Bockelmann-FS 733ff.).

113   In der Begründung der Straflosigkeit gehen die Meinungen auseinander (vgl. M-Gössel II 461, Geerds aaO 205ff., Warda JuS 64, 90; schlechthin ablehnend das schweiz. BG, vgl. BGE 71 IV 205, 77 IV 16, 92). Auszugehen ist davon, daß es sich nicht um eine Konsumtion der einen Strafe durch die andere, sondern darum handelt, daß Vor- und Nachtat eine Bewertungseinheit bilden, dergestalt, daß der Eingriff in die fremde Rechtssphäre gegenüber dem Ausbau und der Vertiefung dieser Interessenverletzung eine exklusive Wirkung besitzt (vgl. Baumann/Weber 679ff., Krauß GA 65, 177, Welzel 235; and. BGH MDR/D **55**, 269, Jescheck 669; vgl. u. 116). Die Ausnutzung, Verwertung oder Sicherung der durch eine Straftat erlangten Position kommt gegenüber dem rechtswidrigen Einbruch in die fremde Rechtssphäre weder zum selbständigen strafrechtlichen Ansatz, noch kann sie dessen Gewicht übersteigen (vgl. Schröder MDR 50, 398). Das bedeutet im einzelnen:

114   a) Die Straflosigkeit tritt nur ein, soweit es sich um den Ausbau oder die Sicherung der durch die Vortat erlangten Position handelt. Eine straflose Nachtat liegt also nur dort vor, wo **kein neues Rechtsgut** verletzt wird, sondern nur das bereits durch die Vortat angegriffene erneut beeinträchtigt wird (vgl. Geerds aaO 209f.). Daher ist nach Diebstahl oder Unterschlagung eine Sachbeschädigung straflose Nachtat (h. M.; and. Jakobs 727, Jescheck 669; vgl. § 303 RN 16), ebenso eine Unterschlagung nach einem Betrug (RG **62** 62; and. [fehlende Tatbestandsmäßigkeit] BGH [GrS] **14** 38 m. abl. Anm. Baumann NJW 61, 1141, Bockelmann JZ 60, 621, Schröder JR 60, 305; gegen diese Entscheidung vgl. § 263 RN 185). Auch die Vernichtung einer gestohlenen Urkunde ist gegenüber dem Diebstahl straflose Nachtat (RG **35** 64, **59** 175, BGH LM **Nr. 5** zu Vorbem. § 73 [Gesetzeseinheit]; and. M-Gössel II 462), ferner die der Untreue nachfolgende Unterschlagung, wenn der Täter schon bei der Untreue die erhaltenen Gegenstände für sich behalten wollte (BGH GA **55**, 271). Unerheblich ist, ob das angegriffene Rechtsgut bei der Nachtat noch dem durch die Vortat Verletzten gehört (Jakobs 727; and. M-Gössel II 463); straflos bleibt die Sachbeschädigung daher auch dann, wenn der Bestohlene die gestohlenen Sachen inzwischen nach § 931 BGB veräußert hat (andernfalls müßte der Verbrauch nach Veräußerung eine selbständige Unterschlagung sein). Dagegen ist der Verkauf der gestohlenen Sache gegenüber dem gutgläubigen Erwerber als Betrug zu bestrafen, da insoweit ein neues Rechtsgut verletzt wird (RG **49** 18, 407). Entsprechendes gilt etwa für die einer Unterschlagung oder einem Diebstahl nachfolgende Urkundenfälschung (RG **60** 371, BGH MDR/D **57**, 652). Ebenfalls ist die Nachtat nicht straflos, die den durch die Vortat angerichteten Schaden noch vergrößert und somit über eine bloße erneute Beeinträchtigung hinausgeht. Daher liegt keine straflose Nachtat beim Betrug vor, der mittels der gestohlenen Urkunde gegenüber dem Bestohlenen begangen wird (RG **64** 283). An Beispielen, in denen eine straflose Nachtat abgelehnt wurde, vgl. noch RG **68** 229, JW **33**, 2287, BGH NJW **55**, 508, Frankfurt NJW **62**, 1879 [verfehlt] m. abl. Anm. Kohlhaas, Hamm NJW **79**, 117 (illegaler Besitz der vom Täter gestohlenen Waffe). Eine straflose Nachtat kommt nicht nur bei Vermögensdelikten, sondern auch bei der Verletzung anderer Rechtsgüter in Betracht (Kiel SchlHA **47**, 163, M-Gössel II 462; and. Frankfurt NJW **48**, 392); immer muß es sich aber um die Verwertung oder Sicherung von Vorteilen handeln, die der Täter durch die Vortat erlangt hat. Dies ist auch der Fall, wenn der Dieb die Realisierung eines gegen ihn wegen Untergangs der gestohlenen Sache erhobenen Schadensersatzanspruchs vereitelt; dagegen liegt Realkonkurrenz zum Betrug vor, wenn der Täter nach einer Sachbeschädigung den Geschädigten durch Täuschung veranlaßt, den Schadensersatzanspruch nicht geltend zu machen. Greift die Nachtat nicht nur in dasselbe Rechtsgut ein, sondern auch in ein anderes, so kommt nur diesem Eingriff ein Eigenwert neben der Vortat

zu. Eine Sicherungserpressung ist daher nur als realkonkurrierende Nötigung zu bestrafen (BGH NJW **84**, 501, StV **86**, 530). Vgl. näher Schröder MDR 50, 398, SJZ 50, 98.

b) Es ist *ohne Bedeutung,* ob die Verwertungs- oder Sicherungstat mit einer *höheren Strafe* **115** bedroht ist oder einen anderen Deliktscharakter (Verbrechen, Vergehen) besitzt. Vgl. Braunschweig NJW **63**, 1936, Baumann/Weber 682, Jakobs 728, Jescheck 669, Krauß GA 65, 179; and. Maurach JZ 56, 258, M-Gössel II 463, Kohlmann JZ 64, 492.

c) *Ohne Bedeutung* ist auch, ob der Täter wegen der Vortat *tatsächlich bestraft* werden kann **116** oder Hindernisse der Bestrafung entgegenstehen (and. Schmidhäuser 734, Vogler LK 146 vor § 52, auch BGH MDR/D **55**, 269, NJW **68**, 2115; weitgehend wie hier Baumann/Weber 684, Blei I 363, Jakobs 731, Jescheck 669, M-Gössel II 465, Samson SK 74 vor § 52; vgl. auch u. 134ff.). Denn nicht die eine Strafe verdrängt die andere, sondern der Eingriff in die fremde Rechtssphäre ist ausschließliche Bewertungsgrundlage und schließt die selbständige strafrechtliche Beurteilung der Sicherung und Verwertung der durch die Vortat erlangten Vorteile aus. Die Nachtat ist daher auch dann straflos, wenn die Vortat wegen Verjährung nicht geahndet werden kann (Braunschweig NJW **63**, 1936 m. krit. Anm. Dreher MDR 64, 168 u. Kohlmann JZ 64, 492, Baumann/Weber 684, Krauß GA 65, 178, Blei I 363, Welzel 235; and. BGH MDR/D **55**, 269, NJW **68**, 2115 [offengel. jedoch in GA **71**, 84], Geerds aaO 169, 229, Vogler LK 146 vor § 52, auch noch Braunschweig NdsRpfl. **60**, 90; vgl. zu dieser Entscheidung auch § 267 RN 79d). Ebensowenig lebt die Strafbarkeit der Nachtat wieder auf, weil die Vortat mangels eines Strafantrags oder auf Grund eines StFG nicht verfolgt werden kann.

d) Die Nachtat bleibt aber **nicht straflos,** wenn eine Bestrafung der Vortat unterbleibt, weil **117** diese **nicht nachgewiesen** werden kann (BGH MDR/D **55**, 269, GA **71**, 84, Baumann/Weber 683, Stree, In dubio pro reo, 28; vgl. auch BGH **23** 360 m. Anm. Schröder JZ 71, 141, Hamm JMBlNW **67**, 138, die Wahlfeststellung annehmen) oder den Täter für die Vortat kein Verschulden (z. B. wegen Schuldunfähigkeit) trifft. In diesen Fällen fällt die Vortat als ausschließliche Bewertungsgrundlage fort. Daher schließt der Umstand, daß der Täter die unterschlagene Sache möglicherweise bereits durch Betrug erlangt hatte, die Verurteilung wegen Unterschlagung nicht aus (Hamm JMBlNW **55**, 236; vgl. aber auch Hamm NJW **74**, 1957 [Wahlfeststellung]). Sofern jedoch die unbewiesene Vortat leichter wäre als die feststehende Nachtat, müssen ihre Strafsätze die Bestrafung aus der Nachtat begrenzen (vgl. Stree, In dubio pro reo, 28f.).

e) Die Nachtat bleibt **für Dritte** eine **Straftat,** weil bei ihnen eine strafbare Vortat nicht **118** vorhanden ist. Teilnahme an ihr ist daher strafbar (RG **67** 77; vgl. weiter Geerds aaO 229, Siegert GA Bd. 77, 98). Ferner bildet die Nachtat eine taugliche Vorhandlung für eine Hehlerei (BGH NJW **59**, 1378, **69**, 1261) oder Begünstigung (vgl. § 257 RN 4). Delikte, die mit der Nachtat tateinheitlich zusammentreffen, stehen mit der Vortat in Tatmehrheit.

4. Entsprechendes gilt für die **straflose Vortat.** Sie wird nicht bestraft, weil das Schwerge- **119** wicht bei der Nachtat liegt und der Gesamtkomplex der Straftaten nur unter dem Gesichtspunkt der nachfolgenden Tat zu bewerten ist (Fall der Subsidiarität). Wie bei der straflosen Nachtat ist Voraussetzung, daß die Vortat sich nicht gegen ein anderes Rechtsgut richtet. Das Vortäuschen einer Straftat nach § 145d als Vorbereitung eines Betrugs ist daher keine straflose Vortat (vgl. ÖstOGH 54, 276).

Die wichtigste Gruppe der straflosen Vortaten bilden die sog. **Durchgangsdelikte,** die da- **120** durch gekennzeichnet sind, daß sie als notwendige oder auch nur zufällige Durchgangsstufe des Handlungsgeschehens das geschützte Rechtsgut weniger intensiv beeinträchtigen als die Nachtat. Dies ist nicht bei den selbständig strafbaren Vorbereitungshandlungen (z. B. §§ 30, 83, 234a III) und dem **Versuch** gegenüber dem **vollendeten Delikt** der Fall, sondern ist auch typisch für das Verhältnis der **Gefährdungs-** zu den **Verletzungsdelikten** (z. B. § 149 zu §§ 146ff.). Ferner gehören hierher die Fälle, in denen die Straftat notwendig die **Verletzungsstufen verschiedener Tatbestände** durchläuft, wie z. B. bei Körperverletzungs– und Tötungsdelikten (vgl. aber auch § 212 RN 17ff.), sexueller Nötigung und Vergewaltigung (§§ 178, 177) oder uneidlicher Falschaussage und Meineid (§§ 153, 154). Diese Beispiele sind jedoch nicht abschließend. So kommt eine straflose Vortat etwa auch dort in Betracht, wo ein Betrug zur Vorbereitung einer Unterschlagung dient (z. B. der Verwahrer täuscht dem Eigentümer den Untergang der Sache vor, damit er sie sich unbehelligt von Rückforderungsansprüchen zueignen kann; vgl. näher Schröder MDR 50, 339). Vgl. auch Hamm MDR **79**, 421 (Unterschlagung eines Fahrzeugschlüssels als straflose Vortat gegenüber Diebstahl des dazugehörenden Fahrzeugs).

Diese Problematik besteht nicht nur in Fällen der Handlungsmehrheit, sondern auch dort, **121** wo in **einer Handlung** im rechtlichen Sinne sowohl Versuchs- wie Vollendungselemente enthalten sind, so wenn der Täter mit Mordvorsatz auf sein Opfer einsticht, bis es stirbt. Vgl. auch Maiwald 90ff., Schröder JZ 67, 396f. **Im einzelnen** gilt folgendes:

122 a) Soweit die Vortat lediglich die **Durchgangsstufe** eines durch die Nachtat noch weiter vergrößerten oder **vertieften Unrechts** darstellt, bleibt in entsprechender Anwendung der für die straflose Nachtat geltenden Grundsätze (o. 114) die deliktische Vor- oder Zwischenstufe straflos. Anders ist jedoch zu entscheiden, wenn sich die Durchgangsstufe nicht in dem durch die Nachtat gezogenen Bewertungsrahmen hält. Hier muß die Eigenbedeutung des bei alleiniger Bestrafung der Nachtat nicht hinreichend erschöpften Unwerts durch Annahme von Ideal- bzw. Realkonkurrenz noch besonders zum Ausdruck gebracht werden.

123 b) Das ist insb. für das Verhältnis des **Versuchs** zur **Vollendung** von Bedeutung. Beziehen sich Versuch und Vollendung auf den gleichen Tatbestand, so tritt der Versuch als subsidiär zurück. Der Täter, der mit mehreren Handlungen sich bemüht, einen Diebstahl zu begehen, ist bei Erfolg nur wegen vollendeten Diebstahls zu bestrafen (vgl. BGH NJW **67**, 61).

124 Problematisch sind jedoch die Fälle, in denen Versuch und Vollendung verschiedene Deliktstatbestände erfüllen. Hier kommt Subsidiarität insoweit nicht in Betracht, als durch beide Handlungen ein jeweils **eigenwertiges Unrecht** verwirklicht wird.

125 α) Das ist insb. dort anzunehmen, wo die Vorbereitungshandlung oder der **Versuch** auf einen Tatbestand gerichtet ist, der **gegenüber** dem **nachfolgenden** vollendeten **Delikt** eine **Qualifizierung** darstellt. Würde hier nur nach dem vollendeten einfachen Delikt bestraft, so käme der Täter besser weg, als wenn er nach dem Mißlingen des Versuchs die Tat ganz aufgegeben hätte. Dies gilt z. B. im Verhältnis von versuchtem Raub und vollendetem Diebstahl (vgl. BGH **21** 78); vgl. ferner RG **15** 281, BGH **10** 230.

126 Entsprechendes hat für den Fall zu gelten, daß der **qualifizierte Versuch zugleich** ein **vollendetes Durchgangsdelikt** enthält (z. B. der Mordversuch zu einer vollendeten Körperverletzung führt, vgl. § 212 RN 23; ähnliche Fälle bei § 244 RN 35, § 177 RN 15). Würde man hier die vollendete Körperverletzung neben der versuchten Tötung nicht in Ansatz bringen, so würde der Tötungsversuch, der noch nicht bis zur Körperverletzung gediehen ist (Täter schießt vorbei), seiner Unwertkennzeichnung nach nicht anders behandelt als ein bis zur Körperverletzung gelangter Tötungsversuch. Entsprechendes gilt für das Verhältnis zwischen § 223a und §§ 225, 22 (vgl. BGH **21** 194 m. Anm. Schröder JZ 67, 369f.), zwischen § 223 und §§ 218, 22 (BGH **28** 11) sowie zwischen § 303 und §§ 305, 22. Vgl. dagegen Jakobs 729.

127 β) Für die Straflosigkeit der Vortat ist ferner dort kein Raum, wo diese nicht nur den Charakter eines Durchgangsdelikts hat, sondern ihr auf Grund des gesamten Handlungsgeschehens oder nach der Vorstellung des Täters ein von der Nachtat abhebbares **Eigengewicht** zukommt, so etwa, wenn der Tötungsvorsatz erst nach einer Körperverletzung (vgl. BGH NJW **84**, 1568) oder einer Kindesmißhandlung gefaßt wird (vgl. RG **42** 214, BGH NJW **62**, 115; weitere Beispiele bei § 212 RN 20).

128 γ) Die gleichen Grundsätze haben zu gelten, wenn das versuchte und das vollendete Delikt **jeweils arteigenes Unrecht** verkörpern: nachdem die Täuschung mißlingt, nötigt der Täter das Opfer zur Herausgabe des Gegenstandes. Hier ist je nach den Umständen Ideal- oder Realkonkurrenz zwischen versuchtem Betrug und vollendeter Erpressung anzunehmen. Ein derart unterschiedlicher Unrechtsgehalt besteht dagegen nicht zwischen Raub und räuberischer Erpressung, so daß Raubversuch hinter eine vollendete, auf dieselbe Sache gerichtete räuberische Erpressung zurücktritt (BGH NJW **67**, 60), ebenso umgekehrt Erpressungsversuch hinter vollendeten Raub (BGH MDR/H **82**, 280). Vgl. auch Mohrbotter GA 68, 112ff.

129 c) Auch das **Gefährdungsdelikt** bleibt gegenüber der **nachfolgenden Verletzungstat** nur dann straflos, wenn es sich jeweils um dasselbe Rechtsgut handelt und die Gefährdung nicht über die Verletzung hinausreicht (vgl. RG **59** 113, **70** 402, BGH **8** 244, Geerds aaO 213, Jakobs 723, Vogler LK 121 vor § 52). Das trifft i. d. R. nur auf konkrete Gefährdungsdelikte zu, da die abstrakten Gefährdungstatbestände nicht nur dem Schutz bestimmter Rechtsgüter, sondern auch der Allgemeinheit dienen. Deshalb werden zwar § 221 durch §§ 211ff. (RG **25** 322), § 310a durch §§ 306ff. verdrängt, nicht aber § 227 durch § 226 oder § 224 (RG **59** 112). Auch eine konkrete Gefährdung kann aber über die nachfolgende Verletzung hinausgehen; deshalb tritt § 223a, wenn lebensgefährdende Behandlung begangen wurde, hinter §§ 224, 225 zurück, anders bei Behandlung mittels eines gefährlichen Werkzeugs (vgl. Schröder JR 67, 147f.). Keinesfalls kann ein vorsätzliches Gefährdungsdelikt gegenüber einer fahrlässigen Verletzungstat (z. B. § 308 2. Alt. im Verhältnis zu § 309) straflos sein, da sonst sein intensiveres Fehlverhalten unberücksichtigt bliebe (vgl. § 308 RN 20).

130 5. Im Schrifttum werden z. T. die Fälle der Gesetzeseinheit noch zu **anderen Gruppen** zusammengefaßt. Vgl. die Übersicht bei Klug aaO 400ff., ferner Geerds aaO 161ff. Auch de lege ferenda empfiehlt sich eine gesetzliche Festlegung nicht; die Klärung der Streitfragen muß Rspr. und Rechtslehre überlassen bleiben (Schneidewin Mat. I 229).

131 a) Eine Reihe von Fällen wird verschiedentlich unter dem Begriff der **Konsumtion** zusammengefaßt (vgl. D-Tröndle 20 vor § 52, Jescheck 668, Stratenwerth 313, Geerds aaO 203ff.).

So wird z. B. angenommen, daß der Raub die Nötigung und den Diebstahl konsumiere. Sehr verschieden ist dabei die Abgrenzung der hierher gehörigen Fälle. Einigkeit herrscht im wesentlichen darüber, daß nur Fälle in Betracht kommen, bei denen nicht bereits Spezialität oder Subsidiarität vorliegt; zweifelhaft ist aber, wie die Fälle der Konsumtion von denen der Spezialität zu trennen sind (vgl. etwa die Abgrenzung bei Frank § 73 Anm. VII 2c, Vogler LK 108, 118, 131 ff. vor § 52, R. Schmitt ZStW 75, 49 ff., Welzel 234 f., D-Tröndle 20 vor § 52, Baumann/Weber 662; nach Mezger 472 gehören alle Fälle der Gesetzeskonkurrenz, die nicht unter die Spezialität fallen, zum Begriff der Konsumtion). Der Begriff der Konsumtion befriedigt nicht, weil er namentlich nicht den Vorgang erklärt, daß eine geringere Strafdrohung eine schwerere verdrängen kann, wie z. B. die unbefugte Benutzung eines Kraftfahrzeugs (§ 248b) den Diebstahl durch Treibstoffverbrauch. Es ist auch nicht notwendig, diese Gruppe zu bilden; man darf nur nicht die Begriffe der Subsidiarität und Spezialität unnötig einengen (Klug aaO 414; and. Meister DStR 43, 27).

Vogler LK 131 ff. vor § 52 faßt als Fälle der Konsumtion die *mitabgegoltenen Begleittaten* zusammen, **132** deren Unrechts- oder Schuldgehalt durch die Bestrafung der Haupttat ausgeglichen sein soll, so daß kein weiteres Strafbedürfnis mehr bestehe (vgl. ferner Geerds aaO 216 ff.). Ein Teil dieser Fälle ist bereits als straflose Vor- oder Nachtat zu werten. Aber auch soweit die unwesentliche Begleittat mit der Haupttat zusammentrifft, läßt sie sich unter die Fälle der Subsidiarität oder Spezialität einordnen. So ergeben z. B. Zweck und Zusammenhang der Vorschriften im Falle des Benzinverbrauchs bei unbefugter Ingebrauchnahme eines Kraftfahrzeugs, daß der Diebstahl des Benzins als subsidiäre Erscheinung hinter den unbefugten Gebrauch zurücktritt.

b) Verschiedentlich wird als Fall der Gesetzeskonkurrenz auch die **Alternativität** angeführt. Wird **133** dieselbe Handlung von mehreren Gesetzen unter verschiedenen rechtlichen Gesichtspunkten mit verschiedenen Strafen bedroht, so soll nicht Spezialität, sondern Alternativität vorliegen, wenn anzunehmen ist, daß jedes dieser Gesetze nur insoweit Anwendung finden will, als nicht das andere eine schwerere Strafdrohung enthält (so Binding Handb. 349; ihm folgend z. B. Jagusch LK[8] C 8 vor § 73). Dieser Begriff erscheint ebenfalls überflüssig; auch nicht genügen Subsidiarität und Spezialität (Frank § 73 Anm. VII 3, Geerds aaO 224 ff., M-Gössel II 434, Vogler LK 106 vor § 52, R. Schmitt ZStW 75, 52). I. E. wie hier Klug aaO 414, Baumann/Weber 665.

6. Die **Folge** der Gesetzeseinheit ist, daß das ausgeschlossene Gesetz i. d. R. nicht mehr die **134** Grundlage für strafrechtliche Sanktionen bilden kann. Es sind jedoch einige Ausnahmen zu beachten, sowohl in den Fällen der Spezialität als auch in den Fällen der Subsidiarität.

a) Bei **Spezialität** kann auf das allgemeine Delikt nur zurückgegriffen werden, wenn es für **135** das spezielle Delikt an einem Merkmal des objektiven oder subjektiven Tatbestandes fehlt (BGH **30** 236). Soweit Verfahrenshindernisse oder Strafausschließungsgründe die Anwendung der Spezialvorschrift unmöglich machen, ist zwischen privilegierender und qualifizierender Spezialität zu unterscheiden:

α) Bei **privilegierender** Spezialität ist der allgemeine Tatbestand unanwendbar; die Privile- **136** gierung würde sonst unterlaufen (RG **47** 388). So kann z. B. beim Fehlen eines Strafantrages im Falle des § 237 nicht Anklage aus § 239 I erhoben werden (BGH **19** 320 m. abl. Anm. Händel NJW 64, 1733, MDR/H **80**, 455; and. RG JW **34**, 2919, Jakobs 731), wohl aber aus § 239 III (BGH **28** 19). Entsprechendes gilt für eine Amnestie. Desgleichen kann der Versuch eines speziellen Delikts nicht bestraft werden, wenn nur beim Vollendungsdelikt der Versuch für strafbar erklärt worden ist (vgl. BGH **30** 236 zu den §§ 113, 240).

β) Bei **qualifizierender** Spezialität kann dagegen grundsätzlich auf den allgemeinen Tatbe- **137** stand zurückgegriffen werden (vgl. BGH **30** 236: versuchte Freiheitsberaubung strafbar als Nötigungsversuch; vgl. dazu aber auch § 240 RN 41). Praktisch wird dies vor allem beim Rücktritt vom Spezialdelikt. Ist hier das allgemeine minderschwere Delikt tatbestandlich bereits vollendet, so kann aus ihm eine Bestrafung erfolgen, da nach § 24 nur der Versuch als solcher straflos ist. Wer z. B. vom Vergewaltigungsversuch zurücktritt, kann noch wegen Beleidigung (BGH StV **82**, 15) oder, soweit er bereits gewaltsam sexuelle Handlungen vorgenommen hat, nach § 178 zu bestrafen sein (vgl. § 177 RN 15). Entsprechendes gilt bei einer Amnestie, die sich nur auf den qualifizierenden Tatbestand bezieht (vgl. BGH **24** 265).

b) Anders liegen die Dinge z. T. bei der **Subsidiarität**. Hier kann die Bewertung des Verhält- **138** nisses zwischen subsidiärem und primärem Deliktstatbestand ergeben, daß nur eine tatsächliche Möglichkeit der Bestrafung das subsidiäre Delikt verdrängt. Das gilt vor allem bei den gesetzlichen Subsidiaritätsklauseln. Zwar stellen sie zumeist nur auf die Bedrohung mit einer schwereren Strafe (vgl. o. 106) ab; aber ihrem Sinn ist zu entnehmen, daß das Wort „bedroht" i. S. von „verwirkt" zu verstehen ist (Vogler LK 128 vor § 52), das subsidiäre Gesetz also nur zurücktritt, soweit der Täter tatsächlich aus dem schwereren Gesetz bestraft werden kann (Bay NJW **78**, 2563). Die subsidiäre Norm ist regelmäßig auch anzuwenden, wenn dem Täter hinsichtlich

§ 52 Allg. Teil. Rechtsfolgen – Strafbemessung bei mehreren Gesetzesverletzungen

des primären Delikts ein Strafausschließungsgrund zur Seite steht, z. B. der Täter durch Vortäuschen einer Straftat (§ 145 d) sich selbst oder einen Angehörigen der Bestrafung entziehen will (§ 258 V, VI; vgl. Bay aaO, Celle NJW **80**, 2205) oder insoweit eine Verfolgungsvoraussetzung (Strafantrag) fehlt. Bricht z. B. der Sohn bei seinen Eltern ein und stellt nur der Hauseigentümer Strafantrag wegen Beschädigung einer Tür, so ist der Täter aus § 303 zu bestrafen. Wer eine Sachbeschädigung vornimmt, indem er ein Warnzeichen usw. i. S. des § 145 II zerstört, ist nach dieser Vorschrift trotz ihrer Subsidiaritätsklausel zu bestrafen, wenn eine Strafverfolgung wegen Sachbeschädigung mangels Strafantrags unzulässig ist (vgl. § 145 RN 22).

139 In anderen Fällen ergibt aber die Bewertung des Gesamtkomplexes, daß es auf eine tatsächliche Bestrafung aus dem primären Delikt nicht ankommt. Das ist vor allem der Fall, wenn das primär anwendbare Gesetz günstiger für den Täter ist (vgl. Vogler LK 129 vor § 52). Hier folgt aus dem Bewertungsvorrang des primären Tatbestands, daß der Täter nicht schlechter gestellt sein darf, wenn seiner Bestrafung aus diesem Tatbestand ein Hindernis entgegensteht (vgl. Dreher JZ 71, 33). Wer unbefugt ein Kfz. benutzt, kann nicht wegen Benzindiebstahls bestraft werden, wenn der Verletzte keinen Strafantrag stellt (Celle NJW **53**, 37; krit. Dreher JZ 71, 33). Aus dem Rangverhältnis zwischen dem primären und subsidiären Deliktstatbestand ergibt sich auch die Lösung der Frage, wieweit sich ein strafbefreiender Rücktritt vom primären Delikt auf das bereits vollendete subsidiäre Delikt auswirkt. Es folgt daraus, daß z. B. der Täter bei einem solchen Rücktritt insgesamt straffrei bleibt, wenn das primär anwendbare Gesetz günstiger für ihn ist. Dagegen schließt der Rücktritt von einem schwereren Delikt nicht die Bestrafung wegen des bereits vollendeten leichteren und subsidiären Delikts aus. Das gilt auch, wenn das subsidiäre Delikt Durchgangsstadium, z. B. Vorbereitungshandlung, für das primäre Delikt ist (z. B. § 149 gegenüber §§ 146 ff.; vgl. RG JW **24**, 1525), nicht dagegen in den Fällen der §§ 310 a, 30, die ausschließlich die gefährliche Vorstufe der Verletzungsdelikte bilden, für deren Versuch der Täter sich Straffreiheit verdient hat.

140 c) Entsprechend ergibt bei der **straflosen Nachtat** das Rangverhältnis zwischen dem Eingriff in ein Rechtsgut und dessen späterer erneuter Verletzung, daß die Tat ausschließlich nach den Vorschriften zu behandeln ist, die für den ersten Eingriff gelten (vgl näher o. 115 f.).

141 d) Bei der **Strafzumessung** darf das ausgeschlossene Delikt in gewissem Umfang mitberücksichtigt werden (RG **26** 314, **59** 148, **63** 424, JW **39**, 337, BGH **1** 155, **6** 26; krit. M-Gössel II 437; gegen jede Berücksichtigung Geerds aaO 167, 231 f.), sofern die Umstände, die die Erhöhung der Strafe begründen sollen, nicht schon zu den Merkmalen des primären Delikts gehören und bei dessen Strafdrohung in Ansatz gebracht sind, wie regelmäßig im Verhältnis des Grundtatbestands zum qualifizierten Delikt. Zur straflosen Nachtat vgl. RG **62** 61. Die Mindeststrafe des ausgeschlossenen milderen Gesetzes, sofern es nicht verjährt ist, darf nicht unterschritten (BGH **1** 156, **30** 167; and. Köln NJW **53**, 1762) und seine Nebenstrafen und Maßregeln müssen ebenfalls verhängt werden (BGH **8** 52, **19** 189); „Sperrwirkung des milderen Gesetzes" (vgl. auch § 52 II 2 und hierzu § 52 RN 34). Eine strenge Bindung an die Höchststrafe des verdrängten Gesetzes besteht dagegen nicht (BGH **30** 167 m. Anm. Bruns JR 82, 166; and. Jakobs 729). Zum Entzug der ausländischen Fahrerlaubnis bei subsidiären Verkehrsdelikten vgl. BGH **7** 307, § 69b RN 4. Diese Grundsätze gelten nicht ausnahmslos; es kommt immer auf die Auslegung der einzelnen Vorschriften an (and. z. T. Dünnebier GA 54, 274, der generell die Rechtsfolgen eines verdrängten Gesetzes berücksichtigt wissen will, soweit sie dem verdrängenden Gesetz nicht zu entnehmen sind). Enthält das speziellere oder in Subsidiaritätsfällen das primäre Gesetz eine Privilegierung, so darf diese nicht mittels des verdrängten Gesetzes ausgeschlossen werden (Cramer JurA 70, 207). Andererseits kann der verdrängte Tatbestand als Teil einer fortgesetzten Tat Idealkonkurrenz zwischen dem primären Tatbestand und dem Teil der fortgesetzten Tat begründen, der nicht zugleich den primären Tatbestand erfüllt. So besteht z. B. zwischen § 174 I und § 185 Idealkonkurrenz, wenn die in § 174 enthaltenen Beleidigungen nach Beendigung des in § 174 geschützten Verhältnisses fortgesetzt werden (BGH LM **Nr. 22** zu § 73). Vgl. dazu § 52 RN 18.

§ 52 Tateinheit

(1) **Verletzt dieselbe Handlung mehrere Strafgesetze oder dasselbe Strafgesetz mehrmals, so wird nur auf eine Strafe erkannt.**

(2) **Sind mehrere Strafgesetze verletzt, so wird die Strafe nach dem Gesetz bestimmt, das die schwerste Strafe androht. Sie darf nicht milder sein, als die anderen anwendbaren Gesetze es zulassen.**

(3) **Geldstrafe kann das Gericht unter den Voraussetzungen des § 41 neben Freiheitsstrafe gesondert verhängen.**

(4) **Auf Nebenstrafen, Nebenfolgen und Maßnahmen (§ 11 Abs. 1 Nr. 8) muß oder kann erkannt werden, wenn eines der anwendbaren Gesetze sie vorschreibt oder zuläßt.**

Schrifttum: Baumgarten, Die Idealkonkurrenz, Frank-FG II 188. – *Bockelmann,* Zur Lehre von der Idealkonkurrenz, ZAkDR 41, 293. – *Bürk,* Über das Wesen der Idealkonkurrenz, 1927. – *Coenders,* Die Idealkonkurrenz, 1931. – Graf von *Dohna,* Grenzen der Idealkonkurrenz, ZStW 61, 131. – *Hartung,* Die Strafe bei Tateinheit, DR 39, 1484. – *ders.,* Nochmals die Strafe der Tateinheit, DRM 40, 49. – *Köhler,* Die Grenzlinien zwischen Idealkonkurrenz und Gesetzeskonkurrenz, 1900. – *Kubisch,* Tateinheit und Tatmehrheit, DJ 42, 97, und *Maschinsky* DJ 42, 503. – *Puppe,* Idealkonkurrenz und Einzelverbrechen, 1979. – *dies.,* Funktion und Konstitution der ungleichartigen Idealkonkurrenz, GA 82, 143. – *Rippich,* Die verfahrensrechtlichen Auswirkungen der Idealkonkurrenz und der Realkonkurrenz, 1935 (StrAbh. Heft 352). – *Schwarz,* Die Straffestsetzung bei der Tateinheit, ZAkDR 39, 672. – *Wahle,* Die sogenannte „Handlungseinheit durch Klammerwirkung", GA 68, 97. – Vgl. ferner das Schrifttum zu Vorbem. vor § 52.

I. **Für eine Handlung** ist stets **nur eine Strafe** zu verhängen. Dies gilt nach § 52 auch dann, 1 wenn die Handlung mehrere Straftatbestände oder denselben Tatbestand mehrmals erfüllt **(Idealkonkurrenz, Tateinheit).** Gemäß § 52 II bleibt es für die Festsetzung dieser „einen Strafe" trotz Zusammentreffens mehrerer Gesetzesverletzungen bei den Normalstrafrahmen dieser Tatbestände: die Strafe ist unmittelbar entweder dem mehrmals verletzten Strafgesetz oder bei Erfüllung mehrerer Tatbestände dem strengsten dieser Strafgesetze zu entnehmen; deren Strafrahmen dürfen nicht überschritten werden. Diese gegenüber der Realkonkurrenz nach §§ 53, 54 mildere Regelung beruht darauf, daß (bei sonst gleichen Verhältnissen) das Maß der Schuld geringer ist, wenn mehrere Gesetzesverletzungen durch eine einzige Handlung anstatt durch mehrere begangen werden (RG **70** 29; vgl. auch E 62 Begr. 191).

Die Idealkonkurrenz hat einmal die Aufgabe, die Art und Weise der Straffestsetzung bei 2 Erfüllung mehrerer Tatbestände durch eine Handlung zu regeln. Daneben wird durch die Verurteilung wegen idealkonkurrierender Taten zugleich der Umfang des deliktischen Handelns klargestellt **(Klarstellungsfunktion der Idealkonkurrenz):** der Täter erhält nur eine Strafe; da er aber aus allen von ihm verwirklichten Tatbeständen oder wegen mehrmaliger Tatbestandsverwirklichung verurteilt wird, dokumentiert der Tenor, welche Deliktstatbestände erfüllt worden sind oder wie oft der Täter einen Tatbestand erfüllt hat. Dies führt z. B. dazu, bei Versuch eines qualifizierten Delikts den zugleich vollendeten Grundtatbestand als in Idealkonkurrenz verwirklicht im Tenor anzugeben, also z. B. wegen versuchter Vergewaltigung in Idealkonkurrenz mit einer vollendeten Tat nach § 178 zu verurteilen. Aus demselben Grund ist Idealkonkurrenz zwischen versuchter Tötung und vollendeter Körperverletzung anzunehmen, da sonst aus dem Urteilsspruch nicht zu ersehen ist, ob das Opfer nur gefährdet oder tatsächlich verletzt worden ist. Die Rspr. neigt demgegenüber dazu, in solchen Fällen wegen des Übergewichts der schwereren Tat Gesetzeseinheit anzunehmen (vgl. hiergegen z. B. § 212 RN 23). Für Tateinheit aber BGH **28** 11 bei versuchtem Schwangerschaftsabbruch und vollendeter Körperverletzung. Vgl. auch 126 vor § 52.

II. Streitig ist die **theoretische Konstruktion** der Idealkonkurrenz. Die sog. **Mehrheitstheorie** 3 sieht in der Verletzung mehrerer Strafgesetze mehrere Delikte und daher in der Idealkonkurrenz eine Verbrechensmehrheit oder Verbrechenskonkurrenz (so z. B. Frank § 73 Anm. I, Jakobs 738, H. Mayer AT 142, Niese Mat. I 156, D-Tröndle 4 vor § 52, Schmidhäuser 736, RG **57** 81, **62** 87). Die **Einheitstheorie** dagegen betont, daß eine Handlung stets nur ein Verbrechen sei, auch wenn sie mehrere Strafgesetze verletze (so z. B. Baumann/Weber 651, Baumgarten aaO, Mezger 469). Der Gegensatz beider Auffassungen besteht nur scheinbar; er beruht auf unterschiedlicher Bestimmung des Begriffes „Delikt" (vgl. Geerds aaO 325 f.). Der Sache nach besteht Einigkeit darüber, daß Idealkonkurrenz die mehrfache Bewertung einer Handlung bedeutet: Idealkonkurrenz ist die **auf Handlungseinheit aufbauende Bewertungsmehrheit.** Beide Merkmale sind gleich wichtig; ob von „Deliktseinheit" oder „-mehrheit" zu reden ist, ist überwiegend eine Frage der Formulierung. Deshalb kommen, etwa für den Schuldspruch (vgl. u. 49), auch beide Auffassungen zu denselben Ergebnissen (vgl. Cramer JurA 70, 205, Jescheck 653, ZStW 67, 533, Mezger 470; and. Frank § 73 Anm. II).

III. Idealkonkurrenz setzt voraus, daß **eine Handlung mehrere Gesetzestatbestände oder** 4 **denselben Tatbestand mehrmals erfüllt.** Erforderlich ist also Handlungseinheit im o. 10ff. vor § 52 dargelegten Sinne; es reicht nicht aus, daß mehrere Straftaten am selben Ort und zur gleichen Zeit begangen werden (RG **57** 178, **66** 362, BGH MDR/D **74**, 13).

1. Zu den Erfordernissen der **Handlungseinheit** vgl. näher 10ff. vor § 52. Zur fortgesetzten 5 Tat als Handlungseinheit vgl. 31 ff. vor § 52; zum Dauerdelikt als Handlungseinheit vgl. 81 ff. vor § 52.

2. Idealkonkurrenz ist das **Zusammentreffen** mehrerer Strafgesetze in einer Handlung, also 6 **im objektiven Tatbestand;** Zusammentreffen nur in subjektiven Tatbestandsteilen genügt

§ 52 7–12   Allg. Teil. Rechtsfolgen – Strafbemessung bei mehreren Gesetzesverletzungen

nicht. Idealkonkurrenz zwischen mehreren Delikten wird also weder dadurch begründet, daß der Täter ein einheitliches Ziel verfolgt (RG **58** 116, **60** 241, BGH **14** 109, wistra **85**, 19) oder daß sie demselben Beweggrund entspringen (BGH **7** 151, wistra **85**, 19), noch dadurch, daß der Täter den Entschluß zur Begehung mehrerer Taten gleichzeitig gefaßt hat (RG **58** 116, BGH **14** 109; vgl. aber H. Mayer AT 407), auch dann nicht, wenn nach seinem Plan die eine Tat Voraussetzung für die Begehung der anderen war (also keine Idealkonkurrenz zwischen Diebstahl der Mordwaffe und Mord oder zwischen Verbrechensverabredung und Diebstahl einer Sache zur Ermöglichung des verabredeten Verbrechens; vgl. BGH NJW **84**, 2170).

7   Da es nur auf das Zusammentreffen im objektiven Tatbestand ankommt, wird Idealkonkurrenz durch Verschiedenheit der Schuldformen nicht ausgeschlossen. Sie ist daher z. B. zwischen vorsätzlichem und fahrlässigem Delikt möglich (RG **48** 251, **49** 272, **59** 319, **72** 123, BGH **1** 278, NJW **71**, 153), etwa zwischen vorsätzlicher und fahrlässiger Brandstiftung oder zwischen Sachbeschädigung und fahrlässiger Körperverletzung.

8   3. Idealkonkurrenz liegt danach zunächst dann vor, wenn sich die objektiven Ausführungshandlungen der mehreren Tatbestände im konkreten Fall **völlig decken,** wie z. B. Körperverletzung und Sachbeschädigung, wenn ein Schuß beide Erfolge herbeiführt, oder Tötung durch Brandstiftung oder Tötung mehrerer Personen durch eine Explosion.

9   4. Ausreichend ist aber auch **Teilidentität,** also bloße **Überschneidung** der objektiven Ausführungshandlungen. Dies ist der Fall, wenn ein objektiver Teil der einen Tatbestandshandlung zur Verwirklichung des anderen Tatbestandes mitgewirkt hat (RG **56** 59, **66** 362, BGH MDR/D **70**, 382, NStE Nr. 18, Geerds aaO 279, Jescheck 654, M-Gössel II 447; vgl. auch R. Schmitt ZStW 75, 57; gegen die Teilidentität Wahle GA 68, 110). Ein Beispiel ist das Zusammentreffen von Körperverletzung und Raub nur in dessen einem Element, der Gewaltanwendung (BGH **22** 362; vgl. auch BGH **20** 272, VRS **60** 102) oder das Zusammentreffen von Vergewaltigung und Raub nur im Merkmal der Drohung (BGH MDR/H **90**, 294), ferner die gleichzeitige Gewaltanwendung gegenüber zwei Frauen (Einschließen in einem Raum) mit anschließender Vergewaltigung (vgl. BGH MDR/H **80**, 272). Hingegen führt das Ausnutzen einer durch Gewalt verursachten Einschüchterung zu neuer Gewalt nicht zu einer Überschneidung der Gewalttaten (BGH MDR/H **79**, 987). Voraussetzung für Teilidentität ist stets die Überschneidung unmittelbarer **Ausführungs**handlungen.

10   a) Idealkonkurrenz zwischen (in ihrer weiteren Ausführung selbständigen) Delikten wird deshalb weder durch Einheitlichkeit der **Vorbereitungshandlungen** (Kauf von Gift, um damit zwei Morde zu begehen; vgl. auch BGH NStZ **85**, 70: Inserat zum Ausfindigmachen von in Betracht kommenden Betrugsopfern, ferner Bay NStZ **86**, 173), einheitliche Zielsetzung, übereinstimmenden Beweggrund, Verfolgung eines Endzwecks (BGH **33** 165) noch durch das Zusammentreffen solcher **Versuchshandlungen** geschaffen, die die verschiedenen Tatbestände nicht bereits teilweise verwirklichen, sondern nur „tatbestandsnahe Gefährdungshandlungen" sind (vgl. § 22 RN 32 ff.). Lauert der Täter zugleich drei Personen auf, um sie nacheinander zu erschlagen, so besteht zwischen den einzelnen Morden Tatmehrheit, obwohl das Auflauern einheitliche Versuchshandlung aller drei Morde war (BGH **16** 397; and. Samson SK 12). Ausnahmsweise kann sich allerdings in solchen Fällen Idealkonkurrenz durch sog. Klammerwirkung ergeben (vgl. u. 14 ff.): das verklammernde Band ist die zwischen Vollendungshandlung einerseits und Versuchs- und selbständig strafbarer Vorbereitungshandlung andererseits (z. B. § 30) bestehende rechtliche Handlungseinheit (vgl. 12 ff. vor § 52). So besteht Idealkonkurrenz etwa zwischen Raub und versuchter Nötigung, wenn der Täter des Raubes zuvor vergeblich versucht hatte, einen anderen durch Drohung zur Mittäterschaft anzustiften (§ 30); ebenso zwischen Mord und zweifachem Mordversuch, wenn im vorangegangenen Beispiel nur eines der drei Opfer tödlich verletzt wurde.

11   b) Tatbestandsverwirklichende Ausführungshandlungen in diesem Sinne können unter bestimmten Voraussetzungen auch noch im **Zeitraum zwischen Vollendung und Beendigung** des Delikts gegeben sein (vgl. Jescheck 654, BGH **26** 27, StV **83**, 104), so z. B., wenn ein Räuber die angewandte Gewalt vor Tatbeendigung zusätzlich zu einer Vergewaltigung einsetzt (BGH MDR/H **79**, 106), ein Dieb die Beute mittels einer Trunkenheitsfahrt wegbringt (Bay NJW **83**, 406) oder sich ein Kfz. zum Fortschaffen der Beute erpresserisch verschafft (vgl. BGH StV **83**, 413), ein Erpresser zur Sicherung der Beute Widerstand gegen Vollstreckungsbeamte leistet (BGH MDR/H **88**, 453).

12   Dies gilt insb. für **Absichtsdelikte:** Idealkonkurrenz wird hier auch bei Überschneidung mit solchen Handlungen begründet, die nach Vollendung zum Zwecke der Verwirklichung der im Tatbestand vorausgesetzten Absicht vorgenommen werden. So besteht etwa Idealkonkurrenz zwischen § 239a und § 255, wenn der Entführer später seiner Absicht gemäß einen anderen räuberisch erpreßt; vgl. § 239a RN 47. Der mit dem Gebrauchmachen einer falschen Urkunde

verbundene Betrug steht in Idealkonkurrenz zur Urkundenfälschung (vgl. § 267 RN 100). Gleiches gilt bei Steuerhinterziehung mittels gefälschter Urkunde (BGH wistra **88**, 345). Vgl. noch BGH **18** 70, DRiZ/H **78**, 85, NStZ **84**, 409.

Diese Grundsätze gelten auch für **Dauerdelikte.** Insoweit genügt es, daß eine Tat mit einem 13 Dauerdelikt nach dessen Vollendung, aber vor dessen Beendigung zusammentrifft. Es können sich jedoch einige Besonderheiten ergeben. Zu den hier besonders zahlreichen Konkurrenzproblemen vgl. 88 ff. vor § 52.

5. Treffen die Ausführungshandlungen verschiedener Tatbestände nicht unmittelbar zusam- 14 men, so kann Idealkonkurrenz dadurch hergestellt werden, daß sie sich jeweils mit der („durchlaufenden") Ausführungshandlung eines dritten Tatbestandes überschneiden (**Idealkonkurrenz durch Klammerwirkung**; vgl. zur Entwicklung dieser Rechtsfigur Wahle GA 68, 97 ff.). Die Einheit wird dadurch geschaffen, daß verschiedene Teilhandlungen des verbindenden Delikts zur Erfüllung der anderen Tatbestände mitwirken (vgl. 20 vor § 52). Wenn ein Geheimagent (§ 99) Unterlagen stiehlt (§ 242) und später Ferngespräche abhört (§ 201 II), so bestünde an sich zwischen § 242 und § 201 Realkonkurrenz; da beide Delikte jedoch zugleich Ausübungen derselben geheimdienstlichen Tätigkeit nach § 99 I waren, werden sie durch dieses Delikt zur Idealkonkurrenz verbunden (vgl. auch § 98 RN 36). Krit. dazu Jakobs 756, R. Schmitt ZStW 75, 48 und Wahle GA 68, 103 ff., der statt dessen entscheidend auf die „natürliche Betrachtung" abstellen will, ferner Schmidhäuser 737.

Als **verbindende Straftaten** kommen rechtliche Handlungseinheiten aller Arten in Betracht, 15 also neben tatbestandlichen Handlungseinheiten (vgl. dazu 13 ff. vor § 52) insb. auch fortgesetzte Handlungen (so wenn ein Teilakt eines fortgesetzten Betrugs mit Untreue, ein anderer mit Urkundenfälschung und ein dritter mit Hehlerei in Tateinheit stehen). Nicht erforderlich ist, daß die verbindende Straftat mitabgeurteilt werden kann; ein insoweit fehlender Strafantrag steht der Klammerwirkung nicht entgegen (BGH JR **83**, 210 m. Anm. Keller, NStE Nr. **14**), ebensowenig eine die verbindende Tat erfassende Verfahrensbeschränkung nach § 154 a StPO (BGH StV **83**, 457, NStZ **89**, 20).

a) Die Verbindungswirkung besteht jedoch nur, wenn zwischen den an sich selbständigen 16 Straftaten und dem das Bindeglied bildenden Tatbestand annähernde **Wertgleichheit** besteht oder die verbindende Tat die schwerste darstellt. Vgl. RG **60** 243, **66** 120, **68** 218, **72** 195, BGH NJW **75**, 986, MDR **80**, 685, 860, StV **82**, 524. Der Wertvergleich ist nicht an einer abstrakten generalisierenden Betrachtungsweise auszurichten; maßgebend ist die konkrete Gewichtung der Taten. Ein Vergehen in einem besonders schweren Fall kann daher durchaus ein gleichwertiges Bindeglied zwischen Verbrechen in minder schweren Fällen sein (vgl. BGH **33** 6).

Ist die **verbindende Tat leichter** als die verbundenen Taten, so würde der Satz, daß die dritte 17 Tat Idealkonkurrenz zwischen den beiden anderen schafft, dazu führen, daß die an sich begründete Realkonkurrenz zwischen schweren Delikten aufgehoben wird und diese zur leichteren Form der Idealkonkurrenz zusammengefügt werden könnten, wenn jede Tat mit einem leichteren Delikt zusammentrifft. So wenn der Täter zum Zwecke des Raubes alle Bewohner eines Hauses nacheinander tötet (RG **44** 223, BGH **2** 246). Die Rspr. vertritt daher zutreffend den Standpunkt, daß das Prinzip der Verklammerung durch eine dritte Tat dann nicht gelte, wenn die selbständigen Handlungen gegenüber der dritten einen unverhältnismäßig größeren Unwert verkörpern (BGH **1** 68, **3** 165, **6** 97, **18** 26 m. Anm. Hellmer NJW **63**, 116, NJW **52**, 795, **63**, 57, VRS **35** 420, MDR/H **82**, 969, KG NJW **89**, 1374). So kann z. B. die vor und nach einem Unfall begangene fahrlässige Verkehrsgefährdung (§ 315 c III) nicht fahrlässige Tötung und Verkehrsunfallflucht zur Idealkonkurrenz verbinden (Bay NJW **57**, 1485, Oldenburg NdsRpfl. **64**, 18, Stuttgart NJW **64**, 1913, Oldenburg NJW **65**, 117). Der Täter ist in einem solchen Fall aus § 222 und § 142, beide jeweils in Idealkonkurrenz mit § 315 c III, zu verurteilen (BGH VRS **8** 49, **9** 353, **21** 422, Köln MDR **64**, 524; z. T. abw. Neustadt NJW **60**, 546). Ebensowenig kann § 142 die §§ 222 und 211, 22 zur Idealkonkurrenz verbinden (BGH VRS **17** 191) oder ein Vergehen nach § 21 StVG Kfz.-Diebstähle (BGH **18** 66; vgl. auch BGH DAR/M **69**, 149, BGHR § 52 Abs. 1 Handlung, dieselbe 20). Einschränkend ferner Bremen JZ **51**, 20 m. Anm. E. Schmidt. Vgl. noch BGH **23** 149, Geerds aaO 280 f., M-Gössel II 449, Schöneborn NJW 74, 734.

Fraglich ist, ob die Verklammerung auch dann entfällt, wenn nur eines der zu verbindenden 17a Delikte schwerer wiegt als die an sich verklammernde Tat. Mit BGH **31** 29, MDR/H **83**, 620 ist dies entgegen BGH **3** 165 zu verneinen. Die rechtliche Folge einer Verklammerung wird nur untragbar, soweit eine minderschwere Tat mehrere schwerere Taten zur Tateinheit verbinden könnte. Wer mehrere selbständige Taten begeht, darf sich nicht auf Grund einer zusätzlichen leichteren Tat besser stehen als ohne diese. Ist dagegen nur eine Tat schwerer als das verbindende Delikt, so besteht kein Grund, anders zu entscheiden als bei gleichwertigen Taten, da ihnen gegenüber der Täter nicht

§ 52 18–21   Allg. Teil. Rechtsfolgen – Strafbemessung bei mehreren Gesetzesverletzungen

ungleich besser gestellt wird. Zu denken ist etwa an einen Raub, zu dessen Zweck der Täter entweder nacheinander jemanden tötet und einen anderen niederschlägt oder zwei Personen nacheinander verletzt. Ein wesentlicher Unterschied im Konkurrenzverhältnis ergibt sich erst bei mehreren Tötungshandlungen zum Zwecke des Raubes. Zutreffend daher BGH NStZ **88**, 70, wonach eine Freiheitsberaubung eine versuchte Vergewaltigung und eine Straßenverkehrsgefährdung zur Tateinheit verklammern kann, ferner BGH NStZ **89**, 20, wonach ein Verstoß gegen das WaffenG einen Diebstahlsversuch mit anschließender Nötigung zur Tateinheit verbinden kann, sowie BGHR § 52 Abs. 1 Klammerwirkung **6**, wonach einem Verstoß gegen § 53 I WaffenG bei einem Totschlagsversuch, einer versuchten gefährlichen Körperverletzung und einer fahrlässigen Körperverletzung Klammerwirkung zukommen kann. Vgl. auch Celle NStE Nr. 27.

18   b) Sind zwei *fortgesetzte Taten* derart miteinander verbunden, daß ein Einzelakt der einen und ein Einzelakt der anderen in Tateinheit zueinander stehen, so ist Idealkonkurrenz zwischen den Fortsetzungstaten anzunehmen (RG HRR **37** Nr. 1349, BGH **6** 81, **18** 26 m. abl. Anm. Hellmer NJW 63, 116; krit. Blei I 356). Nach der Rspr. kann jedoch ein minderschweres Bindeglied keine Idealkonkurrenz der Fortsetzungstaten begründen (BGH NJW 63, 57). Reicht von zwei gesetzlich konkurrierenden Fortsetzungstaten die verdrängte über die Beendigung der vorgehenden hinaus, so besteht Idealkonkurrenz zwischen beiden (vgl. für § 174 Nr. 1 a. F. und § 185 BGH LM **Nr. 22** zu § 73). Das gilt jedoch nicht, wenn das verdrängte Delikt später ideell mit einem anderen Delikt konkurriert. Hat etwa ein Lehrherr die Fortsetzung der sexuellen Handlungen an einem Lehrmädchen, das inzwischen das Schutzalter überschritten hat, durch Drohung mit der Entlassung erzwungen, so steht § 174 in Realkonkurrenz mit den ideell konkurrierenden §§ 185, 240.

19   6. Auch bei **Unterlassungsdelikten** setzt Idealkonkurrenz sinngemäß Identität der „Ausführungshandlung" voraus (vgl. RG **76** 140 und 28 vor § 52). Daran fehlt es aber im Verhältnis zwischen (echten und unechten) Unterlassungsdelikten und Begehungstaten (RG **68** 317, BGH **6** 230, Jescheck 657, Vogler LK 12; and. Jakobs 755, auch D-Tröndle 3 vor § 52 bei unechten Unterlassungsdelikten), es sei denn, das Unterlassungsdelikt ist ein Dauerdelikt und das Begehungsdelikt dient der Aufrechterhaltung dieses Zustands (z. B. Vollstreckungsvereitelung, um sich auf eine Weise der Unterhaltspflicht zu entziehen; vgl. auch 91 a vor § 52). So liegt z. B. keine Idealkonkurrenz zwischen § 323c und der z. Z. der Hilfepflicht begangenen Vergewaltigung vor, ebensowenig zwischen § 323c und § 142 (Begehungsdelikt; and. RG **75** 359, BGH GA **56**, 120, Oldenburg VRS **11** 54) oder zwischen § 212 durch Unterlassen und § 142 (and. Bay NJW **57**, 1485). Die Gleichzeitigkeit beider Delikte kann gegenüber der Verschiedenartigkeit des Verhaltens nichts ausmachen.

20   7. Für **Teilnehmer** ist selbständig zu ermitteln, ob ihr Tatbeitrag eine einheitliche Handlung ist; es hängt dies nicht von der Bewertung der Haupttat ab (BGH MDR/D **76**, 14). So liegt Idealkonkurrenz vor, wenn durch eine Handlung zu einer Mehrheit selbständiger Handlungen angestiftet oder Beihilfe geleistet wird (M-Gössel II 417, Vogler LK 18; ebenso die Rspr. seit RG **70** 26 m. Anm. Mezger JW 36, 728, JW **38**, 2198, BGH MDR/D **57**, 266, Hamburg NJW **53**, 1684, Bay NJW **89**, 2142). Hiergegen Schnedewin Mat. I 222. Umgekehrt können mehrere Hilfeleistungen zu einer Tat in Realkonkurrenz stehen (RG HRR **38** Nr. 564), jedoch wird regelmäßig Fortsetzungszusammenhang vorliegen (vgl. aber Baumann/Weber 575, JuS 63, 138). Andererseits liegt nur eine Anstiftung vor, wenn jemand mit mehreren Einwirkungshandlungen (z. B. Anstiftung in mehreren Gesprächen) darauf abzielt, denselben Tatentschluß hervorzurufen (BGH StV **83**, 456). Realkonkurrenz kann dagegen bei mehreren Einwirkungshandlungen bestehen, die sich auf verschiedene Teilakte einer fortgesetzten Tat erstrecken (vgl. 79 vor § 52).

21   Diese Grundsätze können auf die Sonderformen der Täterschaft (**Mittäterschaft, mittelbare Täterschaft**) nicht ohne weiteres übertragen werden (and. RG **70** 387, **76** 358, BGH MDR/D **68**, 551, **76**, 14, MDR/H **79**, 280, Bay **51**, 184, Vogler LK 19). Denn bei beiden handelt es sich um eigene Täterschaft, bei der jeder wie ein voll eigenhändig handelnder Täter behandelt wird. Es kann daher bei der Mittäterschaft an mehreren Taten nichts ausmachen, ob ein Mittäter einen besonderen Tatbeitrag zu jeder einzelnen Tat geleistet hat oder einen Beitrag, der allen einzelnen Deliktsausführungen gleichermaßen zugute kommt; es ist auch im letzten Fall wegen jeder der realkonkurrierenden Taten getrennt zu verurteilen (§ 53). Wer z. B. als Mittäter zwei getrennte Morde begehen läßt, hat diese Verbrechen auch dann tatmehrheitlich begangen, wenn er das Werk seiner unabhängig voneinander vorgehenden Mittäter durch eine Handlung in Gang gesetzt hat. Entsprechendes gilt für die mittelbare Täterschaft, nur daß hier die Deliktsausführung verschieden zu bestimmen ist, je nachdem, ob das Werkzeug gut- oder bösgläubig gewesen ist (vgl. § 22 RN 54). Während beim gutgläubigen Werkzeug dessen Beeinflussung die eigentliche Tatbegehung des mittelbaren Täters darstellt und daher dieser, wenn er durch die Beeinflussung zwei Taten veranlaßt, nicht anders zu behandeln ist, als wenn er ein mechani-

sches Werkzeug oder ein Tier einsetzt, durch das nacheinander mehrere deliktische Erfolge hervorgerufen werden, beginnt beim bösgläubigen Werkzeug die Tatausführung erst mit dessen Tatdurchführung. Daher ist hier wie bei der Mittäterschaft Realkonkurrenz anzunehmen, wenn das Werkzeug durch mehrere Handlungen mehrere Deliktstatbestände verwirklicht. Vgl. zum Ganzen auch Hartung DJ 36, 1804.

IV. Gleichartige und ungleichartige Idealkonkurrenz.

1. § 52 erfaßt sowohl den Fall, daß eine Handlung mehrere Strafgesetze verletzt (sog. **ungleichartige Idealkonkurrenz**), als auch die mehrfache Verletzung desselben Strafgesetzes durch eine Handlung (sog. **gleichartige Idealkonkurrenz**).

2. Die gesetzliche Anerkennung der gleichartigen Idealkonkurrenz löst jedoch nicht das Problem der **Abgrenzung von einfacher und mehrfacher Erfüllung desselben Tatbestandes** durch eine Handlung. Diese Frage stellt sich vor allem, wenn ein Tatbestand durch verschiedene Einzelhandlungen jeweils voll erfüllt wird, diese aber nach den o. 12 ff. vor § 52 genannten Grundsätzen zu einer rechtlichen Handlungseinheit zusammengefaßt sind. Rein begrifflich läge hier zwar mehrfache Erfüllung desselben Tatbestandes durch eine Handlungseinheit vor. Die Annahme gleichartiger Idealkonkurrenz widerspräche jedoch dem Wesen solcher tatbestandlicher Handlungseinheiten, die gerade darauf beruhen, daß der Gesetzeswortlaut die Ausführungshandlung mehr oder weniger als Handlungskomplex beschreibt; dieser erfüllt den Tatbestand nur einmal; so etwa bei einer Körperverletzung durch mehrere Schläge, einer Beleidigung durch mehrere Schimpfworte oder einem Diebstahl, bei dem der Dieb die Beute stückweise aus dem Hause trägt (vgl. weitere Beispiele bei 15 ff. vor § 52). Ebensowenig erfüllt die fortgesetzte Tat den betreffenden Tatbestand schon deshalb „mehrmals", weil sie aus mehreren Einzelakten besteht (vgl. 31 vor § 52); fortgesetzter Diebstahl in 50 Einzelfällen ist nicht „fünfzigfacher Diebstahl"; § 242 ist vielmehr nur einmal verletzt.

Gleichartige Idealkonkurrenz kann demnach nur dann vorliegen, wenn im Rahmen desselben Tatbestandes **mehrere**, trotz ihrer Gleichartigkeit **selbständige Tatobjekte** durch eine Handlung beeinträchtigt werden. Sie kommt nicht in Betracht bei solchen Tatbeständen, die auf die Verletzung von Gesamtheiten abstellen, also die quantitative Steigerung des Angriffsobjekts schon einschließen. Wann dies der Fall ist, richtet sich nach Wortlaut und Charakter des jeweiligen Tatbestandes. Vgl. BGH MDR/D 72, 386.

a) Gleichartige Idealkonkurrenz **ist** danach bei zwei Fallgruppen **möglich**: bei Delikten gegen höchstpersönliche Rechtsgüter verschiedener Rechtsgutträger sowie bei Delikten gegen sonstige Rechtsgüter mit individuellem Eigenwert.

α) Bei Delikten gegen **höchstpersönliche Rechtsgüter** (Leib und Leben, geschlechtliche Integrität, Freiheit, Ehre u. dgl.) kommt gleichartige Idealkonkurrenz in Betracht, weil die Rechtsgutträger in ihrer Individualität betroffen sind. Ein gleichzeitiger Angriff auf mehrere Individuen ist deshalb mehrfache Tatbestandserfüllung und nicht nur quantitative Intensivierung innerhalb des einmal erfüllten Tatbestandes (vgl. dagegen [allerdings zum früheren Rechtszustand] Geerds aaO 272 ff.). Gleichartige Idealkonkurrenz besteht also etwa, wenn mehrere Menschen durch eine Explosion getötet werden, der Täter zwei Kinder gleichzeitig zur Duldung sexueller Handlungen auffordert (BGH **1** 21, **6** 82) oder mehrere Personen in einem Raum eingesperrt werden.

β) Die Individualität ist ebenso für die Annahme gleichartiger Idealkonkurrenz maßgebend bei Delikten gegen sonstige Rechtsgüter mit **individuellem Eigenwert**. Dies gilt z.B. bei verschiedenen Rechtsgütern des Staates oder der Allgemeinheit. So liegt gleichartige Idealkonkurrenz vor bei gleichzeitiger Strafvereitelung zugunsten mehrerer Täter oder falscher Verdächtigung mehrerer Personen (vgl. BGH GA **62**, 24), bei gleichzeitigem Gebrauchmachen von mehreren Urkunden, bei Bestechung mehrerer Amtsträger durch ein gemeinsames Geschenk, bei Anstiftung mehrerer Personen zum Meineid in einer Besprechung (RG **70** 335).

b) Gleichartige Idealkonkurrenz **kommt nicht in Betracht**, wenn verschiedene Tatmodalitäten eines Tatbestandes erfüllt sind, z.B. mehrere gemeinschaftlich eine gefährliche Körperverletzung mittels Waffen und eines hinterlistigen Überfalls begehen; hier liegt nur eine Gesetzesverletzung vor (vgl. § 176 RN 25, § 244 RN 33, § 250 RN 27, auch Bay JZ **87**, 788, ÖstOGH **54**, 286). Anders ist es nur, wenn die Tatmodalitäten unterschiedlichen Schutzzwecken zuwiderlaufen (vgl. § 184 RN 68, auch östOGH **56** 140) oder in unterschiedlichen Taterfolgen mit selbständigem Unwertgehalt bestehen (vgl. § 283b RN 10). Zudem scheidet gleichartige Idealkonkurrenz aus:

α) bei Straftaten gegen **materielle Rechtsgüter**. So stellt § 242 nicht darauf ab, ob die Beute aus einem oder mehreren Stücken besteht oder einem oder mehreren Eigentümern gehört; es liegt gleichermaßen nur ein Diebstahl vor, wenn der Täter in einem Geschäft mehrere Sachen stiehlt, die Eigentum des Geschäftsinhabers sind oder teilweise unter Eigentumsvorbehalt stehen, oder wenn er aus dem gewaltsam geöffneten Tresor ein oder mehrere Wertpapiere eines oder verschiedener Eigentümer nimmt (Jakobs 793, Vogler LK 35; and. Jescheck 654). Dem entspricht es, daß die Praxis bei fortgesetztem Diebstahl gegen verschiedene Eigentümer keine gleichartige Idealkonkurrenz angenommen hat. Diese Grundsätze gelten auch für § 263 (and. BGH MDR/D **70**, 382) und § 266: hier besteht zwar wegen der Täuschung bzw. Treupflichtverletzung ein gewisser „höchstpersönlicher" Einschlag; letztlich ist in beiden Tatbeständen aber nur fremdes Vermögen geschützt. Gleichartige Idealkonkurrenz ist jedoch bei Delikten anzunehmen, die wie Raub und Erpressung auch höchstpersönliche Rechtsgüter schützen: wer zugleich mehrere Personen erpreßt, verletzt § 253 mehrmals.

30   β) bei solchen **abstrakten Gefährdungsdelikten,** die zwar an die Herbeiführung eines konkreten Einzelerfolges anknüpfen, bei denen aber eine Erfolgsmehrheit nur die (quantitative) Intensivierung der einheitlichen Gefahrenlage bedeutet. Dies gilt etwa für Brandstifung: wer durch ein Zündmittel einen ganzen Straßenzug in Brand setzt, erfüllt § 306 ebenso nur einmal, wie wenn er ein Hochhaus angezündet hätte.

31   c) Letztlich ist allerdings – dies ist Geerds aaO 273 zuzugeben – der praktische Unterschied zwischen gleichartiger Idealkonkurrenz und einfacher Erfüllung eines Tatbestandes gering (vgl. auch Dallinger MDR 70, 382 Anm. 12); auch bei gleichartiger Idealkonkurrenz kann die Höchststrafe des betreffenden Tatbestandes nicht überschritten werden (vgl. u. 33), andererseits kann auch bei nur einfacher Tatbestandserfüllung der Umfang des Erfolges bei der Strafzumessung voll berücksichtigt werden. Nur die Tenorierung ist verschieden: bei gleichartiger Idealkonkurrenz ist wegen mehrfacher Gesetzesverletzung schuldig zu sprechen (vgl. u. 49).

32   V. In den Fällen der Idealkonkurrenz ist für die mehreren Gesetzesverstöße nur **eine Strafe** verwirkt.

33   1. Ihre Festsetzung ist bei **gleichartiger Idealkonkurrenz** unproblematisch: sie ist unmittelbar dem mehrmals verletzten Strafgesetz zu entnehmen, wie wenn dieses nur einmal verletzt wäre. Bei der Strafbemessung ist es jedoch im allgemeinen angebracht, die mehrfache Erfüllung des Tatbestandes strafschärfend zu berücksichtigen. Dabei darf die angedrohte Höchststrafe nicht überschritten werden. Im Einzelfall kann jedoch die mehrfache Tatbestandserfüllung zur Annahme eines besonders schweren Falles führen (vgl. BGH StV **81**, 545, NJW **82**, 2265); so etwa bei mehrfacher Erfüllung des § 176, wenn der Täter mehrere Kinder dazu bestimmt, sexuelle Handlungen an anderen vorzunehmen (Gruppensex). Vgl. auch u. 47.

34   2. Bei **ungleichartiger Idealkonkurrenz** richtet sich die Straffestsetzung nach Abs. 2–4. Danach sind die Strafdrohungen aller verletzten Strafgesetze zu einer „gemeinsamen Strafdrohung" zu kombinieren, der dann die einheitliche Strafe (Abs. 1) entnommen wird **(Kombinationsprinzip).** Diese Kombinationsstrafdrohung weist für die Hauptstrafe einen Strafrahmen auf, der nach unten durch die höchste der Mindeststrafen und nach oben durch die höchste der Höchststrafen der verletzten Einzelstrafgesetze begrenzt wird (Abs. 2); vgl. u. 36. Neben der Hauptstrafe muß oder kann auch auf Nebenstrafen, Nebenfolgen oder Maßnahmen erkannt werden, wenn nur eines der verletzten Gesetze sie vorschreibt oder zuläßt (Abs. 4); vgl. u. 43. Diese Sperrwirkung des milderen Gesetzes beruht auf der Überlegung, daß der Rechtsbrecher nicht deshalb bessergestellt sein darf, weil seine Handlung mehrere Tatbestände erfüllt.

35   Der Wortlaut des Abs. 2 S. 1 lehnt sich ebenso wie der Sprachgebrauch der Rspr. noch an das Absorptionsprinzip an (vgl. etwa BGH MDR/D **70**, 560). Dies ist jedoch irreführend. Der Satz, daß die Strafe „nach dem Gesetz bestimmt wird, das die schwerste Strafe androht", begründet **keinen Vorrang** des strengeren Straftatbestandes (vgl. u. 49), sondern hat nur technische Bedeutung für die obere Grenze des Kombinationsstrafrahmens und für die Fälle, daß in den verschiedenen Tatbeständen verschiedene Strafarten angedroht sind (vgl. u. 38 ff.).

a) **Die Bildung der Kombinationsstrafdrohung**

36   α) Ist in den verschiedenen Gesetzen übereinstimmend **dieselbe Strafart** angedroht, so wird der Strafrahmen nach unten durch die höchste Mindeststrafe, nach oben durch die höchste Höchststrafe der einzelnen Gesetze begrenzt. Unerheblich ist, ob bei Tateinheit eines Verbrechens und eines Vergehens das Höchstmaß im ersteren oder im letzteren Tatbestand angedroht ist (vgl. BGH MDR/D **70**, 560 und o. 35).

37   Der Kombinationsstrafrahmen ist nach den Umständen des Einzelfalles **konkret zu ermitteln.** Sehen also eines oder mehrere der verletzten Strafgesetze bei erschwerenden oder mildernden Umständen andere Höchst- oder Mindeststrafen vor, so sind, wenn Erschwerungs- oder Milderungsgründe vorliegen, die veränderten Strafrahmen zu kombinieren.

β) Sind in den idealkonkurrierenden Strafgesetzen **verschiedene Strafarten** angedroht, so 38 wird für die Bildung des Kombinationsstrafrahmens die mildere durch die schwerere Strafart verdrängt (vgl. o. 35). Dies kann in drei Fällen praktisch werden:

αα) Wenn eines der Gesetze Freiheitsstrafe, das andere nur Geldstrafe androht (im Bereich des 39 StGB nicht praktisch), so hat der Täter Freiheitsstrafe verwirkt, da diese stets schwerer als Geldstrafe ist (vgl. § 54 RN 5). Auf eine Geldstrafe kann also nur über § 47 erkannt werden.

ββ) Entsprechendes gilt, wenn im einen Gesetz Freiheitsstrafe, im anderen wahlweise Frei- 40 heits- oder Geldstrafe (wie etwa in §§ 123, 303) angedroht ist; hier entfällt die gegenüber der ausschließlichen Androhung von Freiheitsstrafe mildere Wahlmöglichkeit; d. h., daß der Täter hier primär Freiheitsstrafe verwirkt hat und auf Geldstrafe nur über § 47 erkannt werden kann.

γγ) Droht das eine Gesetz Freiheitsstrafe an, das andere Strafarrest nach dem WStG (etwa bei 41 Tateinheit von militärischen und nichtmilitärischen Straftaten; vgl. BGH **12** 244), so ist Freiheitsstrafe verwirkt, da Strafarrest ihr gegenüber milder ist (vgl. § 54 RN 5).

γ) Auf **Geldstrafe** kann unter den Voraussetzungen des § 41 gesondert **neben Freiheitsstrafe** 42 erkannt werden **(Abs. 3)**.

δ) Ebenso müssen oder können nach **Abs. 4** auch alle **Nebenstrafen, Nebenfolgen** und 43 **Maßnahmen** i. S. des § 11 I Nr. 8 angeordnet werden, die in den verschiedenen verletzten Strafgesetzen vorgeschrieben oder zugelassen sind. So kann bei Idealkonkurrenz von (öffentlicher) Beleidigung und Körperverletzung im Amt sowohl gemäß § 358 der Verlust der Fähigkeit, öffentliche Ämter zu bekleiden, wie gemäß § 200 die Bekanntgabe der Verurteilung ausgesprochen werden. Die gesetzlichen Höchstgrenzen für Nebenstrafen usw. dürfen auch dann nicht überschritten werden, wenn sie aufgrund mehrerer der in Idealkonkurrenz stehenden Strafgesetze angeordnet werden können oder müssen; denn § 52 ordnet nicht Addition, sondern Kombination der verschiedenen Sanktionen an.

ε) Der Kombinationsstrafdrohung dürfen **nur die** idealkonkurrierenden **Strafgesetze** zu- 44 grundegelegt werden, nach denen im Einzelfall **eine Bestrafung erfolgen** kann.

αα) Außer Ansatz bleiben deshalb einmal solche Strafgesetze, die wegen **Fehlens einer Pro-** 45 **zeßvoraussetzung** nicht anwendbar sind, so wenn der nach einem Gesetz erforderliche Strafantrag nicht gestellt oder Verjährung eingetreten ist (RG **47** 388, **62** 88). So sind bei Idealkonkurrenz von §§ 177, 223a, 237 nur die §§ 177, 223a anwendbar, wenn der für § 237 erforderliche Strafantrag fehlt. Entsprechend sind auch die Voraussetzungen eines StFG für jedes der konkurrierenden Gesetze gesondert zu prüfen (RG **67** 235, BGH **7** 305).

ββ) Außer Ansatz bleiben auch solche Strafgesetze, bei denen ein **Strafausschließungs- oder** 46 **Strafaufhebungsgrund** vorliegt. So ist bei Idealkonkurrenz zwischen Beleidigung und Bedrohung der gemäß § 199 für straffrei erklärte Angekl. zwar aus beiden Vorschriften schuldig zu sprechen, die Strafe ist aber allein § 241 zu entnehmen (vgl. Naumburg HöchstRR **1** 254, Nürnberg MDR **50**, 503). Dasselbe gilt, wenn einer der konkurrierenden Tatbestände die Möglichkeit des Absehens von Strafe eröffnet. Macht der Richter hiervon Gebrauch, so ist die Strafe nur den anderen Tatbeständen zu entnehmen; daneben ist im Tenor das Absehen von Strafe zum Ausdruck zu bringen (z. B.: „Der Angeklagte ist des Meineids in Tateinheit mit Verleumdung schuldig. Von einer Strafe wegen Meineids wird gemäß § 158 abgesehen; wegen Verleumdung wird der Angeklagte zu ... verurteilt."). Gegen diese Möglichkeit anscheinend Celle JZ **59**, 541 m. Anm. Klug. Sind freilich die Wirkungen der Bestimmung, die ein Absehen von Strafe ermöglicht, auf das ideell konkurrierende Delikt zu erstrecken (vgl. z. B. § 158 RN 11), so entfällt eine Bestrafung ganz.

b) Bei der **Strafzumessung** ist zu berücksichtigen, daß der Unrechts- und Schuldgehalt der Tat 47 sich mit der Verletzung mehrerer Strafgesetze erhöht hat. Die Strafe ist dementsprechend anzuheben (vgl. Jakobs 753; einschränkend RG **22** 193, **49** 402, BGH GA **87**, 28, Hamburg JR **51**, 86: keine Pflicht zur Strafschärfung; nach BGH VRS **80** 126 idR Strafschärfungsgrund).

VI. Strafprozessuale Bedeutung der Idealkonkurrenz.

1. Ist zweifelhaft, ob die tatsächlichen Voraussetzungen der Tateinheit oder der Tatmehrheit 48 vorgelegen haben, so ist nach dem Grundsatz **in dubio pro reo** zu entscheiden (vgl. BGH MDR/D **72**, 923, MDR/H **80**, 455, 628, **82**, 101, NStZ **83**, 365, StV **88**, 202). Dementsprechend ist, wenn zweifelhaft bleibt, ob die einem Diebstahl vorangegangene Körperverletzung die Wegnahme ermöglichen sollte, von Tateinheit zwischen beiden Taten auszugehen, da der möglicherweise vorliegende Raub beide Handlungen zu einer Einheit verbunden hätte (BGH StV **84**, 242). Vgl. dazu aber auch Montenbruck, In dubio pro reo, 1985, 108 ff.

2. Der **Schuldspruch** hat sich auf **alle idealkonkurrierenden Strafgesetze** zu erstrecken. Bei 49 gleichartiger Idealkonkurrenz ist anzugeben, wie oft der Tatbestand erfüllt wurde (dreifacher

Mord usw.) Ein im Eröffnungsbeschluß als idealkonkurrierend angeführtes Delikt, das nicht nachzuweisen ist, bleibt im Urteilstenor unerwähnt; es erfolgt insoweit kein Freispruch (RG **52** 190, BGH NJW **84**, 136). Nur wenn nach Ansicht des erkennenden Gerichts Tatmehrheit vorgelegen hätte, ist insoweit freizusprechen (Köln NJW **58**, 838, Bay NJW **60**, 2014).

50   3. Der strafprozessuale Tatbegriff (§ 264 StPO) ist weder identisch mit materiell-rechtlicher Handlungseinheit noch mit Tateinheit; vielmehr kann eine Tat i. S. des § 264 StPO auch bei Tatmehrheit vorliegen (vgl. K-Meyer § 264 RN 6). Umgekehrt liegt aber bei materiell-rechtlicher Handlungseinheit und damit auch bei Idealkonkurrenz stets eine Tat i. S. des Prozeßrechts vor. Aus diesem Grund erstreckt sich die **Rechtskraft** stets auf idealkonkurrierende Delikte (vgl. RG **51** 241, BGH MDR/H **81**, 457, NStZ **84**, 135), auch bei Verurteilung nur wegen des milderen der tateinheitlich zusammentreffenden Gesetzesverstöße (RG **3** 210). Nach BGH **29** 288 m. Anm. Werle NJW **80**, 2671 soll dies jedoch nicht bei einer Verurteilung nach § 129 für schwerer wiegende Straftaten gelten. Ferner kann ein Rechtsmittel nicht auf eine idealkonkurrierende Straftat beschränkt werden (RG **65** 125).

51   4. Sind bei idealkonkurrierenden Taten teils **Freispruch**, teils **Einstellung** wegen eines nicht behebbaren Verfahrenshindernisses geboten, so kann nur eins von beiden zum Tragen kommen (vgl. RG **66** 54). Grundsätzlich ist dann insgesamt auf Freispruch zu erkennen (vgl. § 77 RN 48), da der Sachentscheidung der Vorrang gebührt (Eb. Schmidt StPO II § 260 RN 27). Einstellung kann allenfalls angebracht sein, wenn das Delikt, deretwegen sie geboten ist, an sich den schwerer wiegenden Vorwurf begründet hätte, was nur ausnahmsweise der Fall sein dürfte. Demgegenüber soll nach h. M. Freispruch nur erfolgen, wenn das Prozeßhindernis den leichteren Anklagepunkt berührt, so daß bei Gleichwertigkeit das Verfahren einzustellen ist (vgl. Gollwitzer LR § 260 RN 103 f. mwN). Zum Problem vgl. auch Frankfurt DAR **80**, 282, Düsseldorf NJW **82**, 2884.

§ 53 Tatmehrheit

(1) **Hat jemand mehrere Straftaten begangen, die gleichzeitig abgeurteilt werden, und dadurch mehrere Freiheitsstrafen oder mehrere Geldstrafen verwirkt, so wird auf eine Gesamtstrafe erkannt.**

(2) **Trifft Freiheitsstrafe mit Geldstrafe zusammen, so wird auf eine Gesamtstrafe erkannt. Jedoch kann das Gericht auf Geldstrafe auch gesondert erkennen; soll in diesen Fällen wegen mehrerer Straftaten Geldstrafe verhängt werden, so wird insoweit auf eine Gesamtgeldstrafe erkannt.**

(3) **§ 52 Abs. 3 und 4 gilt entsprechend.**

Vorbem. In Abs. 1 und 2 das Wort „zeitige" gestrichen durch 23. StÄG vom 13. 4. 1986, BGBl I 393.

Schrifttum: Bringewat, Die Bildung der Gesamtstrafe, 1987. – Montenbruck, Gesamtstrafe – eine verkappte Einheitsstrafe?, JZ 88, 332. – *ders.*, Abwägung und Umwertung, Schriften zum Strafrecht H. 83, 1989. – Niederreuther, Die prozessuale Behandlung der Realkonkurrenz im geltenden und künftigen Recht, 1930 (StrAbh. Heft 278). – *Niese,* Empfiehlt sich die Einführung einer einheitlichen Strafe auch im Falle der Realkonkurrenz?, Mat. I 155. – Schweling, Die Bemessung der Gesamtstrafe, GA 55, 289. Vgl. auch das Schrifttum zu Vorbem. vor § 52.

1   I. Die §§ 53, 54 regeln die Art und Weise der Straffestsetzung für den Fall, daß in einem Strafverfahren mehrere selbständige Straftaten desselben Täters abgeurteilt werden **(Realkonkurrenz, Tatmehrheit)**. Danach sind grundsätzlich die verschiedenen verwirkten Strafen nicht zusammenzurechnen, sondern es ist durch Erhöhung der verwirkten schwersten Strafe eine **Gesamtstrafe** zu bilden. Zum Grundgedanken dieser Regelung vgl. 4 vor § 52.

2   Ebenso wie bei der Idealkonkurrenz ist auch hier zwischen ungleichartiger und gleichartiger Konkurrenz zu unterscheiden. *Ungleichartige* Realkonkurrenz liegt vor, wenn durch mehrere selbständige Handlungen mehrere verschiedene Straftaten begangen werden; *gleichartige* Realkonkurrenz ist gegeben, wenn durch mehrere selbständige Handlungen die gleiche Straftat mehrmals begangen wird. Besondere Bedeutung kommt dieser Unterscheidung jedoch nicht zu.

3   II. Abs. 1 setzt für Realkonkurrenz voraus, daß der Täter „mehrere Straftaten begangen" hat. Erforderlich ist danach eine **Mehrheit selbständiger Straftaten.** Dabei ist gleichgültig, ob die in Realkonkurrenz stehenden Einzeltaten jeweils nur nach einem Tatbestand oder aber nach verschiedenen idealkonkurrierenden Straftatbeständen strafbar sind.

4   Wann mehrere selbständige Handlungen vorliegen, richtet sich nach den o. 10ff. vor § 52 dargelegten Grundsätzen. **Handlungsmehrheit** liegt danach vor, wenn mehrere natürliche Einzelhandlungen (i. S. einer willkürlichen Körperbewegung) jeweils rechtlich selbständig bewertet werden, so etwa, wenn durch drei Schüsse drei Menschen getötet werden; drei Verbrechen nach § 212 in Realkonkurrenz. Realkonkurrenz liegt aber auch vor, wenn mehrere rechtliche

Handlungseinheiten (z. B. fortgesetzte Taten) selbständig nebeneinander stehen. Dagegen besteht keine Realkonkurrenz zwischen den Einzelakten einer rechtlichen Handlungseinheit; vgl. 12ff. vor § 52.

Beispielsweise liegt Realkonkurrenz vor, wenn von derselben falschen Urkunde gegenüber verschiedenen Personen wiederholt Gebrauch gemacht wird (RG **58** 35), es sei denn, es liegt Fortsetzungszusammenhang vor (BGH **17** 97 m. Anm. Häußling JZ 63, 70), zwischen Vorteilsgewährung (§ 333) und Diebstahl, auch wenn erstere der Durchführung des letzteren dienen soll (vgl. RG **56** 59), zwischen Vortäuschen einer Straftat und dem dadurch vorbereiteten Betrug (vgl. 119 vor § 52), weiter zwischen Hinterziehung der Schlachtsteuer und Hinterziehung der Umsatzsteuer (RG HRR **39** Nr. 1148), zwischen Diebstahl entwerteter amtlicher Wertzeichen und ihrer Wiederverwendung nach § 148 II (vgl. BGH **3** 289), zwischen mehreren während einer Fahrt begangenen Verkehrsverstößen ohne innere Beziehung (Hamm VRS **46** 338, 370). Zum Verhältnis zwischen Hausfriedensbruch und den dann folgenden Delikten vgl. 88ff. vor § 52, § 123 RN 37. 5

III. Eine Gesamtstrafe kann nach § 53 nur gebildet werden, wenn die mehreren selbständigen Straftaten **gleichzeitig abgeurteilt** werden (Abs. 1), wenn also die Aburteilung in demselben Verfahren vor demselben Gericht erfolgt. Bloße Verhandlungsverbindung eines Berufungsverfahrens mit erstinstanzlichem Verfahren nach § 237 StPO genügt nicht (BGH NJW **90**, 2697). Eine nachträgliche Gesamtstrafenbildung ist unter den Voraussetzungen von § 55 oder § 460 StPO möglich; vgl. die Anm. zu § 55. 6

Zweifelhaft ist, ob auch dann nach § 53 auf eine einheitliche Gesamtstrafe erkannt werden kann, wenn die mehreren abzuurteilenden Taten **teils vor, teils nach einem früheren Urteil begangen** worden sind. Vgl. hierzu § 55 RN 14ff. Kommt es nach den dort angegebenen Grundsätzen zur getrennten Bildung mehrerer Gesamtstrafen, so ist es nicht möglich, diese zu einer Gesamtstrafe zusammenzuziehen: es gibt **keine Gesamtstrafe aus Gesamtstrafen**. 7

Werden mehrere Taten nacheinander abgeurteilt, ohne daß die Voraussetzungen des § 55 oder des § 460 StPO vorliegen, so kann eine Gesamtstrafe nicht gebildet werden; es verbleibt bei Einzelstrafen. Dies kann bei zeitigen Freiheitsstrafen zur Überschreitung der Höchstgrenze (15 Jahre) führen: so könnte ein zu 12 Jahren Freiheitsstrafe Verurteilter, der nach Verbüßung eines halben Jahres ausgebrochen ist und eine neue schwere Straftat begangen hat, deretwegen erneut zu 10 Jahren Freiheitsstrafe verurteilt werden, so daß jetzt insgesamt über 21 Jahre Freiheitsstrafe vor ihm lägen. Das steht zwar mit dem Wesen zeitiger Freiheitsstrafen (vgl. dazu 4 vor § 52) nicht voll im Einklang. Eine Korrektur durch Reduzierung der Strafe für die zweite Tat scheidet aber aus (vgl. Hamm NJW **71**, 1373, D-Tröndle § 38 RN 3). Der Täter verdient sie nicht, weil er eine frühere Verurteilung nicht ernst genug genommen hat. Zudem führt eine Korrektur zu Ungereimtheiten. Sie würde dem Täter, der die erste Strafe noch nicht voll verbüßt hat, einen unverdienten Vorteil gegenüber einem Täter bringen, der wegen der neuen Tat gleich nach Verbüßung der ersten Strafe verurteilt wird. Zudem wäre das Ergebnis unangemessen, wenn das erste Urteil im Wiederaufnahmeverfahren aufgehoben würde (vgl. Jakobs 759). Es läßt sich auch nicht § 57a analog anwenden, wenn ⅔ der kumulierten Strafen 15 Jahre überschreiten (and. Jakobs 759). Auch insoweit würden sonst Ungereimtheiten entstehen, so gegenüber einem Verurteilten, der die zweite Strafe nach Aussetzung des Restes der ersten Strafe erhält. 8

IV. Die Gesamtstrafenbildung richtet sich danach, welche **konkreten Einzelstrafen** der Täter für die verschiedenen Straftaten verwirkt hat. 9

1. Zunächst ist **für jede Straftat eine Einzelstrafe** nach dem für sie maßgebenden Strafrahmen auszuwerfen. Da gemäß § 54 I 2 bei der Festsetzung der Gesamtstrafe eine eigene „Gesamt-Strafzumessung" zu erfolgen hat (vgl. § 54 RN 14ff.), werden sich die Erwägungen bei der **Strafzumessung** für die Einzeltaten regelmäßig auf solche Umstände beschränken, die sich gerade aus der jeweiligen Einzeltat ergeben (also z. B. § 21; vgl. BGH NJW **66**, 509, aber auch Schoreit Rebmann-FS 457). Dies gilt auch für die Anwendung des § 47 (BGH **24** 165, MDR **69**, 1022); jedoch kann die Tatsache, daß der Täter mehrere – wenngleich einzeln gesehen leichte – Delikte begangen hat, gegebenenfalls als ein in seiner Persönlichkeit liegender Umstand angesehen werden, der die Verhängung von Einzelfreiheitsstrafen unerläßlich macht (BGH **24** 271, MDR/D **70**, 196, Hamburg MDR **70**, 437, D-Tröndle § 54 RN 6); dies ist schon deswegen geboten, weil aus mehreren Einzelgeldstrafen auch dann keine Gesamtfreiheitsstrafe gebildet werden könnte, wenn dies nach dem Gesamtgewicht aller Taten erforderlich wäre. 10

Aus dem Urteil muß hervorgehen, welche Einzelstrafen für die verschiedenen Straftaten festgesetzt wurden (BGH **4** 346) und welche Strafzumessungsgründe für jede Einzelstrafe maßgebend waren (BGH LM **Nr. 4** zu § 74). Die Festsetzung der Einzelstrafen hat, wenn aus ihnen eine Gesamtstrafe gebildet wird, nur in den Entscheidungsgründen zu erfolgen, nicht im Tenor (RG **2** 235, **74** 389). 11

2. Nach der Art der verschiedenen verwirkten Einzelstrafen bestimmt sich, **ob eine Gesamtstrafe gebildet werden muß oder kann.** 12

§ 53 13–20   Allg. Teil. Rechtsfolgen – Strafbemessung bei mehreren Gesetzesverletzungen

13   a) Eine **Gesamtstrafe muß gebildet werden:**

14   α) wenn **mehrere Freiheitsstrafen** verwirkt sind (Abs. 1). Hierher gehört auch der Strafarrest nach dem WStG. Danach ist eine Gesamtstrafe sowohl dann zu bilden, wenn die Einzelstrafen ausschließlich auf Strafarrest lauten, wie auch, wenn teils Freiheitsstrafe, teils Strafarrest verwirkt ist (vgl. § 13 WStG, Köln NJW 66, 165 und § 54 RN 5, 8). U. U. ist jedoch nach § 13 II 2 WStG auf Freiheitsstrafe und Strafarrest gesondert zu erkennen.

15   β) wenn **mehrere Geldstrafen** verwirkt sind; es ist dann auf eine **Gesamtgeldstrafe** zu erkennen (Abs. 1). Zum kriminalpolitischen Zweck dieser Regelung vgl. 4 vor § 52. Ob die Einzelgeldstrafen unmittelbar der eingreifenden Strafvorschrift entnommen oder gem. § 47 verhängt wurden, ist unerheblich.

16   **Geldbußen** nach dem **OWiG** sind keine Geldstrafen und können deshalb, wenn in einem Strafverfahren zugleich (tatmehrheitliche) Straftaten und Ordnungswidrigkeiten abgeurteilt werden (vgl. §§ 42, 45, 83 OWiG), nicht in die Gesamtgeldstrafe einbezogen werden (Köln NJW 79, 379, LG Verden NJW 75, 127). Sie sind vielmehr kumulativ neben der (Gesamt-)Geldstrafe auszusprechen. Das Ergebnis befriedigt nicht, denn die kriminalpolitischen Überlegungen, die zur Einführung der Gesamtgeldstrafe führten (vgl. 4 vor § 52), gelten der Sache nach auch für Geldbußen (krit. auch Cramer JurA 70, 205). Andererseits sind die verfahrensrechtlichen Schwierigkeiten nicht zu verkennen, die sich im Bereich des OWiG durch die Einführung einer Gesamtgeldbuße ergäben und die den Gesetzgeber von der Angleichung des § 20 OWiG an die §§ 53, 54 StGB abgehalten haben: die Ahndung mehrerer Ordnungswidrigkeiten kann jeweils verschiedenen Verwaltungsbehörden zustehen, so daß es an einer gemeinsamen Instanz zur Festsetzung der Gesamtgeldbuße fehlt (vgl. BR-Drs. 420/66 S. 54).

17   b) Eine **Gesamtstrafe kann gebildet werden,** wenn **Freiheits- mit Geldstrafe** zusammentrifft **(Abs. 2).**

18   α) Das Gesetz gibt nicht ausdrücklich an, **wann** der Richter von dieser Möglichkeit Gebrauch machen soll; die Formulierung des Abs. 2 läßt jedoch erkennen, daß im Regelfall (nach BGH 23 260 [ob. dict.]: „grundsätzlich") eine Gesamtstrafe zu bilden sei. Dies ist nicht unbedenklich. Denn die Gesamtstrafenbildung bedeutet hier – im Gegensatz zu Abs. 1 – eine Strafverschärfung, soweit nicht eine lebenslange Freiheitsstrafe vorliegt. Gemäß § 54 I 1 wird auch bei Zusammentreffen von Geld- und Freiheitsstrafe die Gesamtstrafe durch Erhöhung der höchsten Einzelstrafe gebildet, d. h., der Täter erkauft sich den Wegfall der Geldstrafe durch eine höhere Freiheitsstrafe (vgl. auch § 54 RN 5). Dies widerspricht dem auch hier verbindlichen (Vogler LK 16; and. D-Tröndle 3) Grundgedanken des § 47, wonach im Bereich der kleineren Kriminalität die Geldstrafe Vorrang hat. Im übrigen zeigt gerade die Verhängung von Einzelgeldstrafen, daß wegen dieser Taten eine Freiheitsstrafe nicht „zur Einwirkung auf den Täter oder zur Verteidigung der Rechtsordnung unerläßlich" (§ 47 I) war. Vgl. auch Samson SK 14.

19   Eine Gesamtstrafe aus Freiheits- und Geldstrafen muß demnach auf die Fälle beschränkt bleiben, in denen erst die zusammenfassende Würdigung aller Taten (vgl. § 54 I 2) – im Gegensatz zu den bei der Bemessung der Einzelgeldstrafen getroffenen Erwägungen – ergibt, daß nur eine Gesamt-Freiheitsstrafe, nicht aber eine geringere Freiheitsstrafe und daneben Geldstrafe „zur Einwirkung auf den Täter oder zur Verteidigung der Rechtsordnung" ausreicht. Außerdem ist auf sie zurückzugreifen, wenn auch ohne Berücksichtigung der Geldstrafe das Höchstmaß der Gesamtfreiheitsstrafe (15 Jahre, lebenslang) erreicht ist; sonst würde die zusätzliche Geldstrafe den Täter schlechter stellen und im Falle der Ersatzfreiheitsstrafe, sofern sie nicht in die Gesamtstrafe einbezogen wird (vgl. u. 27), sogar insgesamt eine Freiheitsstrafe über 15 Jahre ermöglichen. Das durch Abs. 2 angedeutete Regel-Ausnahmeverhältnis ist irreführend.

20   Im **Regelfall** ist danach auf **Freiheits- und Geldstrafe gesondert** zu erkennen (and. Bringewat aaO RN 117, Cramer JurA 70, 209, D-Tröndle 3, Jescheck 661, Lackner 3b, die jedes Regel-Ausnahme-Verhältnis ablehnen und nur die Umstände des Einzelfalles entscheiden lassen wollen). Der BGH (MDR/D 73, 17, GA 87, 80, JR 89, 425 m. Anm. Bringewat) sieht die Gesamtstrafenbildung als Regel an, verlangt jedoch vom Tatrichter eine genaue Darlegung der Gründe für oder gegen eine der beiden Möglichkeiten (ebenso Koblenz GA 78, 188, Schleswig SchlHA/L-G 88, 104; vgl. aber auch BGH VRS 43 422, Celle NdsRpfl. 76, 263). Nach BGH MDR/H 85, 793, wistra 86, 256, NJW 89, 2900 sei eine Gesamtstrafe jedenfalls dann besonders zu begründen, wenn nach den Umständen des Falles eine Gesamtstrafe als das schwerere Übel erscheint, so etwa, wenn bei Bestehenlassen der Geldstrafe die Freiheitsstrafe zur Bewährung ausgesetzt werden kann oder beamtenrechtliche Folgen ausbleiben, die sonst wegen der Höhe der Gesamtstrafe eintreten. Steht die Gesamtstrafe wegen ihrer Höhe einer sonst anzuordnenden Strafaussetzung entgegen, so ist auch nach der Rspr. (BGH GA 87, 80, NJW 90, 2897, Bay MDR 82, 770) i. d. R. von einer Gesamtstrafe abzusehen (nach LG Flensburg GA 84, 577 i. d. R. bei jeder Strafaussetzung). Nach Stuttgart Justiz 88, 489 soll eine Gesamtstrafe bei Verschiedenartigkeit des Unrechtsgehalts der jeweiligen Delikte entfallen. Sind mehrere Einzelfreiheits-

Tatmehrheit

oder Einzelgeldstrafen verwirkt, so sind u. U. selbständig nebeneinandertretende Gesamt-Freiheits- und Gesamt-Geldstrafen zu bilden (Abs. 1, Abs. 2 S. 2).

β) Sind neben Freiheitsstrafe mehrere Einzelgeldstrafen verwirkt, so ist es möglich, aus einem **Teil dieser Geldstrafen** mit der Freiheitsstrafe eine Gesamtstrafe zu bilden und auf die übrigen Einzelgeldstrafen gesondert zu erkennen. Dies kann etwa angebracht sein, wenn die Gesamtfreiheitsstrafe alle Vorsatztaten erfaßt, eine wegen einer nebensächlichen Fahrlässigkeitstat ausgesprochene Geldstrafe aber selbständig verhängt werden soll. Nicht möglich ist allerdings, eine Einzelgeldstrafe aufzuteilen und nur zu einem Teil in eine Gesamtfreiheitsstrafe einzubeziehen. Ist eine Geldstrafe in eine Gesamtfreiheitsstrafe einbezogen worden, so muß dennoch die Tagessatzhöhe in den Urteilsgründen festgesetzt werden (BGH **30** 96, MDR/H **78**, 985, VRS **60** 192, Hamm MDR **78**, 420); ihre fehlerhafte Festsetzung kann in der Rechtsmittelinstanz zur Aufhebung des Urteils führen (Köln JMBlNW **77**, 139). Wird auf das Rechtsmittel des Angekl. hin aufgehoben, so haben Einkommensverbesserungen nach der aufgehobenen Entscheidung unberücksichtigt zu bleiben (BGH **30** 97, VRS **60** 192). Hat das Erstgericht die Tagessatzhöhe nicht festgesetzt, so kann das Berufungsgericht das Versäumte nachholen (Bay DAR/R **80**, 262, D. Meyer MDR **78**, 894, K. Meyer JR **79**, 389; and Hamm MDR **78**, 420), auch bei Teilrechtskraft (Karlsruhe Justiz **82**, 233). Das Verschlechterungsverbot steht nicht entgegen (BGH **30** 97). Unterläßt auch das Berufungsgericht die Festsetzung der Tagessatzhöhe, so hat das Revisionsgericht die Sache an das Berufungsgericht zurückzuverweisen (Hamm MDR **79**, 518), wobei es sich auf die Nachholung der Bestimmung der Tagessatzhöhe beschränken kann (BGH **34** 90). Zur revisionsgerichtlichen Zurückverweisung aus dem Tatgericht vgl. auch BGH **30** 93 m. Anm. D. Meyer JR **82**, 73, Bay NStZ **85**, 202. Die in die Gesamtstrafe einbezogene Geldstrafe kann durch Zahlung nicht mehr getilgt werden (Kaiserslautern Rpfleger **72**, 373).

γ) Eine Gesamtstrafenbildung aus Freiheits- und Geldstrafen kommt allerdings bei solchen Geldstrafen regelmäßig **nicht** in Betracht, die nach § 41 für eine oder mehrere der verschiedenen Taten neben Freiheitsstrafe als **zweite Hauptstrafe** verhängt worden sind (**Abs. 3 i. V. m. § 52 III**). Dies gilt auch dann, wenn im übrigen aus Freiheits- und Geldstrafen eine Gesamtstrafe gebildet wird. Denn eine als zweite Hauptstrafe ausgesprochene Geldstrafe verfolgt eigenständige Strafzwecke; auf sie kann auch im Falle der Gesamtstrafenbildung im allgemeinen nicht verzichtet werden. Vgl. dazu Bringewat aaO RN 125.

Wird jedoch auf mehrere derartige Geldstrafen erkannt, so ist insoweit auf eine Gesamtgeldstrafe zu erkennen (vgl. BGH **23** 260). Sie tritt zwar selbständig neben die Freiheitsstrafe; andere Geldstrafen sind jedoch einzubeziehen, wenn der Richter auf sie gesondert neben der Freiheitsstrafe erkennen und sie nicht gemäß Abs. 2 S. 1 in die Gesamt-Freiheitsstrafe aufnehmen will (BGH **25** 380 m. Anm. Küper NJW 75, 548).

δ) Ist in der 1. Instanz auf Freiheits- und Geldstrafe gesondert erkannt worden, so steht, wenn der Angekl. allein ein Rechtsmittel eingelegt hat, der Abänderung in eine Gesamtfreiheitsstrafe das *Verschlechterungsverbot* entgegen. Das gilt auch dann, wenn die Freiheitsstrafe in der 2. Instanz niedriger ausfällt und die Gesamtfreiheitsstrafe zur Bewährung auszusetzen wäre (vgl. Hamburg MDR **82**, 776).

c) Eine Gesamtstrafe kann auch zusammen mit einer *lebenslangen Freiheitsstrafe* gebildet werden, wobei unerheblich ist, ob die sonstigen Einzelstrafen in einer Geldstrafe, in einer zeitigen oder in einer lebenslangen Freiheitsstrafe bestehen. In diesem Fall ist die lebenslange Freiheitsstrafe zugleich als Gesamtstrafe auszusprechen (§ 54 I 1). Zur Bedeutung der weiteren Einzelstrafen für die Strafvollstreckung vgl. § 57 b und die dortigen Anm.

3. Die §§ 53, 54 geben keine Auskunft darüber, ob auch aus Freiheits- und Ersatzfreiheitsstrafe eine Gesamtstrafe gebildet werden kann. Ersatz- neben (Primär-) Freiheitsstrafe kumulativ zu vollstrecken, wäre unbefriedigend. Der gesondert zu Freiheits- und Geldstrafe Verurteilte wäre bei Uneinbringlichkeit der Geldstrafe schlechter gestellt, als wenn das Gericht von vornherein von der erschwerenden Möglichkeit des Abs. 2 S. 1 Gebrauch gemacht hätte, aus Freiheits- und Geldstrafe eine Gesamt(freiheits)strafe zu verhängen: er hätte – entgegen dem Grundgedanken des 53 (vgl. 4 vor § 52) – die Summe beider Strafen zu verbüßen, während die Gesamtstrafe nach Abs. 2 S. 1 wegen § 54 III notwendig niedriger liegen würde (vgl. KG JR **71**, 254). Dem Prinzip der Gesamtstrafenbildung ist nur dann voll genügt, wenn sämtliche nebeneinandertretenden Freiheitsstrafen in eine Gesamtstrafe einbezogen sind.

In die **Gesamtstrafenbildung** sind deshalb **auch Ersatzfreiheitsstrafen einzubeziehen** (Cramer JurA 70, 210, Samson SK 15; and. LG Flensburg GA **84**, 577, Bringewat aaO RN 130, D-Tröndle 2, Jescheck 662). Welche Gesamtfreiheitsstrafe bei Uneinbringlichkeit der Geldstrafe verbüßt werden muß, ist schon im Urteil, nicht etwa erst später nach § 460 StPO auszusprechen. Der Urteilstenor könnte etwa wie folgt lauten: „Der Angeklagte wird zu einem Jahr

Stree

Freiheitsstrafe und zu einer Geldstrafe von 150 Tagessätzen in Höhe von ..., für den Fall der Uneinbringlichkeit zu der Gesamtfreiheitsstrafe von fünfzehn Monaten verurteilt." Schwierigkeiten, die entstehen können, wenn die Geldstrafe teilweise bezahlt worden ist, lassen sich durch anteilmäßige Berücksichtigung der verbliebenen Ersatzfreiheitsstrafe beheben.

28 **V. Nebenstrafen, Nebenfolgen, Maßnahmen (Abs. 3 i. V. m. § 52 IV).**

29 1. Ebensowenig wie bei der Idealkonkurrenz die einzelnen Strafgesetze verlieren bei der Realkonkurrenz die einzelnen Straftaten mit der Bildung der Gesamtstrafe ihre Eigenbedeutung: Nebenstrafen, Nebenfolgen und Maßnahmen i. S. des § 11 I Nr. 8 müssen oder können nicht nur verhängt werden, wenn sie auf Grund aller Einzeldelikte zugleich, sondern auch, wenn sie nur **neben einer Einzelstrafe** notwendig oder möglich sind. Vgl. zur entsprechenden Regelung bei der Idealkonkurrenz § 52 RN 43.

30 Die genannten Folgen sind **einheitlich neben der Gesamtstrafe**, nicht neben den verwirkten Einzelstrafen zu verhängen. Das folgt aus der entsprechenden Anwendbarkeit des § 52 IV. Wenn es nämlich dort heißt: „... muß oder kann erkannt werden, wenn eines der anwendbaren Gesetze sie vorschreibt oder zuläßt", so ergibt sich hieraus, daß zwar alle Einzeltaten für den Umfang der Nebenstrafen usw. maßgeblich sind, diese aber insgesamt und einheitlich verhängt werden. Für die Zulässigkeit einer Nebenstrafe usw. kommt es allerdings auf die Einzeltat und die Art und Höhe der insoweit festgesetzten Einzelstrafe an (BGH **12** 87; vgl. auch § 68 RN 5). Ob z. B. nach § 358 die Fähigkeit, öffentliche Ämter zu bekleiden, aberkannt werden darf, hängt nicht von der Gesamtstrafe ab, sondern von der betreffenden Einzelstrafe.

31 Ordnen die verschiedenen Gesetze **verschiedene Nebenstrafen** u. dgl. an, so sind sie **nebeneinander** zu verhängen (BGH **12** 85). Ist **dieselbe Folge mehrmals** angedroht, so ist **nur einmal** auf sie zu erkennen (RG **36** 89; vgl. auch Bay VRS **51** 221); etwaige Höchstgrenzen dürfen nicht überschritten werden (vgl. z. B. § 69a RN 27 zur Sperrfrist).

32 Zur Frage, ob sich die Aufhebung der Gesamtstrafe im Rechtsmittelverfahren auch auf die gemeinsam angeordneten Nebenstrafen usw. erstreckt, vgl. § 54 RN 23.

33 2. Nebenstrafen, Nebenfolgen und Maßnahmen sind bei gleichzeitiger Aburteilung mehrerer Taten gemäß Abs. 3 **auch dann einheitlich** anzuordnen, **wenn** es **nicht zur Gesamtstrafenbildung** (etwa zum Nebeneinander von Freiheits- und Geldstrafe) kommt (vgl. Bay VRS **51** 223; Lackner 4b; and. Bringewat aaO RN 145). Mehrfache Anordnung gleichartiger Nebenstrafen hat also auch hier zu unterbleiben (vgl. o. 31); jede Folge kann nur einmal verhängt werden; die Höchstgrenzen (etwa beim Fahrverbot) sind zu beachten. Von besonderer Bedeutung ist dies im Rahmen des § 55; vgl. dort RN 52.

34 **VI.** Hat ein **Jugendlicher** mehrere Straftaten begangen, so setzt der Richter abweichend von § 53 nur **eine** Strafe, **ein** Zuchtmittel oder **eine** Erziehungsmaßregel derselben Art fest (§ 31 JGG). Die Höchstgrenzen der Jugendstrafe und des Jugendarrests dürfen nicht überschritten werden. Hat jemand mehrere Taten teils als Jugendlicher (Heranwachsender), teils als Erwachsener begangen, so erfolgt bei einheitlicher Aburteilung nur eine einheitliche Reaktion. Liegt das Schwergewicht der Taten bei den Jugendverfehlungen, so ist ausschließlich Jugendstrafrecht, anderenfalls allgemeines Strafrecht anzuwenden (§ 32 JGG). Vgl. dazu BGH **29** 67. Eine bereits erfolgte Verurteilung zur Höchstjugendstrafe stellt kein Hindernis für die Verfolgung von Straftaten dar, die der Täter als Erwachsener vor dieser Verurteilung begangen hat (BGH **36** 294).

§ 54 Bildung der Gesamtstrafe

(1) **Ist eine der Einzelstrafen eine lebenslange Freiheitsstrafe, so wird als Gesamtstrafe auf lebenslange Freiheitsstrafe erkannt. In allen übrigen Fällen wird die Gesamtstrafe durch Erhöhung der verwirkten höchsten Strafe, bei Strafen verschiedener Art durch Erhöhung der ihrer Art nach schwersten Strafe gebildet. Dabei werden die Person des Täters und die einzelnen Straftaten zusammenfassend gewürdigt.**

(2) **Die Gesamtstrafe darf die Summe der Einzelstrafen nicht erreichen. Sie darf bei zeitigen Freiheitsstrafen fünfzehn Jahre und bei Geldstrafe siebenhundertzwanzig Tagessätze nicht übersteigen.**

(3) **Ist eine Gesamtstrafe aus Freiheits- und Geldstrafe zu bilden, so entspricht bei der Bestimmung der Summe der Einzelstrafen ein Tagessatz einem Tag Freiheitsstrafe.**

Vorbem. Geändert durch 23. StÄG vom 13. 4. 1986, BGBl I 393.

Schrifttum: Cramer, Das Strafensystem des StGB (Die Bildung der Gesamtstrafe), JurA 70, 205. – Schweling, Die Bemessung der Gesamtstrafe, GA 55, 289. Vgl. auch die Angaben bei § 53 und den Vorbem. vor § 52.

Bildung der Gesamtstrafe   1–14 **§ 54**

I. § 53 regelt die Voraussetzungen, § 54 die **Art und Weise der Gesamtstrafenbildung**. Be- 1
denken gegen deren Regeln bei Schoreit Rebmann-FS 458.

II. Zunächst sind bei Realkonkurrenz für die verschiedenen Taten **Einzelstrafen** festzusetzen 2
(vgl. BGH **4** 346 und § 53 RN 10), aus denen sodann die Gesamtstrafe gebildet wird. Soweit
eine der Einzelstrafen auf lebenslange Freiheitsstrafe lautet, ist auf diese zugleich als Gesamtstrafe zu erkennen (Abs. 1 S. 1). In den übrigen Fällen erfolgt die Gesamtstrafenbildung durch
Erhöhung der verwirkten höchsten Einzelstrafe (Abs. 1 S. 2; sog. **Asperationsprinzip**). Die
Gesamtstrafe darf dabei die Summe der Einzelstrafen nicht erreichen und gewisse absolute
Höchstgrenzen nicht übersteigen (Abs. 2).

1. Abgesehen vom Fall der lebenslangen Freiheitsstrafe als Gesamtstrafe ist zunächst zu er- 3
mitteln, welche der verschiedenen Einzelstrafen die schwerste ist; diese wird als **Einsatzstrafe**
bezeichnet. Sie bildet die Grundlage der „Asperation".

a) Sind ausschließlich **gleichartige** Einzelstrafen verwirkt, so ist Einsatzstrafe die **quantitativ** 4
höchste Einzelstrafe. Dies gilt sowohl für Freiheitsstrafen i. S. des StGB, für mehrfach verwirkten Strafarrest (vgl. aber § 13 WStG) wie für Geldstrafen.

b) Sind **ungleichartige** Einzelstrafen verwirkt, so ist Einsatzstrafe die **ihrer Art nach** 5
schwerste Strafe (bzw. bei mehreren Einzelstrafen der „schwersten" Art deren quantitativ
höchste). Als schwerste Strafart ist, wie besonders § 47 zeigt, stets die Freiheitsstrafe anzusehen.
Beim Zusammentreffen von Freiheits- und Geldstrafe ist also immer die Freiheitsstrafe die
Einsatzstrafe, mag sie noch so gering und die Zahl der Tagessätze noch so hoch sein. (Gerade
dies spricht gegen das durch § 53 II angedeutete Regel-Ausnahme-Verhältnis; vgl. § 53 RN
17 ff.). Der Strafarrest nach § 9 WStG ist ebenfalls milder als die Freiheitsstrafe des StGB (vgl.
BGH **12** 244); Geldstrafe wiederum ist auch im Verhältnis zu Strafarrest milder.

2. Ist die Einsatzstrafe ermittelt, dann wird die Gesamtstrafe durch deren **Erhöhung** gebildet. 6
Eine der Einsatzstrafe entsprechende Gesamtstrafe ist rechtsfehlerhaft (BGH NStE Nr. 4), es sei
denn, die Einsatzstrafe erreicht bereits das Höchstmaß der Gesamtstrafe (vgl. u. 11). Das
Ausmaß der Erhöhung bestimmt sich nach richterlichem Ermessen (vgl. u. 14 ff.), dem jedoch
durch § 54 zwei **Grenzen** gezogen sind (zur Begrenzungswirkung des strafprozessualen Verschlechterungsverbots vgl. BGH **8** 205, Bay NJW **71**, 1193).

a) Die Gesamtstrafe darf **nicht die Summe der verwirkten Einzelstrafen erreichen;** sie muß 7
also um mindestens eine Strafeinheit niedriger sein (Abs. 2 S. 1). Für die Bestimmung der
Summe bei ungleichartigen Einzelstrafen gilt folgendes:

α) Trifft *Freiheitsstrafe* des StGB mit **Strafarrest** nach § 9 WStG zusammen, so ist trotz des 8
unterschiedlichen Gewichts beider Strafarten (vgl. o. 5) gleichwohl ohne eine Umwandlung zu
addieren. Dies hat deswegen zu geschehen, weil § 13 WStG erkennen läßt, daß Freiheitsstrafe
und Strafarrest, was die Länge der Freiheitsentziehung betrifft, als gleichwertig zu behandeln
sind.

β) Beim Zusammentreffen von **Freiheitsstrafe** mit **Geldstrafe** ist gemäß Abs. 3 einem Tag 9
Freiheitsstrafe ein Tagessatz gleichzustellen, so daß sich die Summe der Einzelstrafen aus der
Dauer der Freiheitsstrafe und der Zahl der Tagessätze zusammensetzt.

b) Die Gesamtstrafe darf bestimmte **absolute Grenzen** nicht übersteigen. 10

α) Bei zeitigen Freiheitsstrafen beträgt die Höchstgrenze für die Gesamtfreiheitsstrafe **15** 11
Jahre (Abs. 2 S. 2). Erreicht bereits eine Einzelstrafe dieses Höchstmaß (vgl. § 38 II), so kann sie
nicht mehr zur Bildung einer Gesamtstrafe erhöht werden (RG **63** 243, BGH MDR/D **71**, 545).

β) Eine Gesamtfreiheitsstrafe, die bei auf Strafarrest lautenden Einzelstrafen an Stelle einer 12
Gesamtstrafe von mehr als 6 Monaten *Strafarrest* zu bilden ist, darf gem. § 13 I 2 WStG 2 Jahre
nicht übersteigen. Wird dagegen eine Gesamtfreiheitsstrafe aus einer zeitigen Freiheitsstrafe und
aus Strafarrest gebildet, so bleibt die in Abs. 2 S. 2 festgesetzte Höchstgrenze von 15 Jahren
maßgebend. Wird auf Freiheitsstrafe und Strafarrest gesondert erkannt, dann sind beide Strafen
so zu kürzen, daß ihre Summe die Dauer der sonst zu bildenden Gesamtstrafe nicht überschreitet (§ 13 II 3 WStG).

γ) Für **Gesamtgeldstrafen** besteht eine Höchstgrenze von 720 Tagessätzen (Abs. 2 S. 2). Das 13
gilt sowohl für eine selbständige Gesamtgeldstrafe nach § 53 I als auch für eine nach § 53 II 2
gesondert neben einer Freiheitsstrafe verhängte Gesamtgeldstrafe.

3. Die Festsetzung der Gesamtstrafe innerhalb der genannten Grenzen ist echte **Strafzumes-** 14
sung und unterliegt den Grundsätzen des § 46, insb. § 46 I. Da jedoch bei den Einzeltaten eine
Einzelstrafzumessung bereits stattgefunden hat, beschränken sich die Gesichtspunkte für die
Bemessung der Gesamtstrafe notwendig auf solche, die auf einer **Gesamtschau aller Taten**
beruhen. Dem enstpricht **Abs. 1 S. 3,** wonach bei der Gesamtstrafbemessung „die Person des

§ 54 15–22   Allg. Teil. Rechtsfolgen – Strafbemessung bei mehreren Gesetzesverletzungen

Täters und die einzelnen Straftaten zusammenfassend gewürdigt" werden müssen (vgl. auch RG **44** 306, Bremen HESt. **2** 232, BGH **24** 268 m. Anm. Jagusch NJW 72, 454, Bringewat aaO RN 182ff., Schweling aaO 291ff.). Das bedeutet im einzelnen:

15   a) Zu berücksichtigen sind einmal das **Verhältnis der einzelnen Straftaten** zueinander, ihr Zusammenhang, ihre größere oder geringere Selbständigkeit, ihr Gesamtgewicht (vgl. BGH **24** 269). Ein enger zeitlicher, sachlicher und situativer Zusammenhang zwischen den einzelnen Straftaten muß i. d. R. zu einer geringeren Erhöhung der Einsatzstrafe führen (BGH NStZ/T **86**, 158, NStZ **88**, 126). Bei ihnen ist die Schuldsteigerung auf Grund der zusätzlichen Delikte nicht so groß wie bei Straftaten, die keinerlei Zusammenhang aufweisen. Bei Serienstraftaten ist insb. deren besonderen Erscheinungsformen im Rahmen der zusammenfassenden Würdigung der gesamten Taten Rechnung zu tragen, namentlich dann, wenn sie ihre Wurzel in einer krankheitswertigen Anomalie haben (vgl. BGHR § 54 Abs. 1 Bemessung **4**: Telefonterror zu sexueller Befriedigung). Argumente, die ausschließlich für die Bemessung einer Einzelstrafe maßgeblich waren und deshalb bereits „verbraucht" sind, dürfen nicht nochmals berücksichtigt werden (vgl. Bremen HESt. **2** 232, Köln NJW **53**, 275, Dreher JZ 57, 157, Jakobs 761, Jescheck 788; vgl. auch Schweling aaO 294; and. z.T. Bruns H. Mayer-FS 374, StrZR 473, wohl auch BGH **8** 210). Dies entspricht in etwa dem Doppelverwertungsverbot des § 46 III. Eine völlige Trennung der für Einzel- und Gesamtstrafenfestsetzung maßgeblichen Argumente läßt sich jedoch nicht durchführen; vgl. § 53 RN 10, BGH **24** 270, Bruns aaO, Vogler LK 11. Umstände aber, die für die Strafzumessung nur bei einer Einzelstrafe bedeutsam sein können (z. B. § 21), müssen bei dieser berücksichtigt werden und nicht erst bei der Gesamtstrafe (vgl. § 53 RN 10).

16   b) Maßgeblich ist weiter die **zusammenfassende Würdigung der Person des Täters** (vgl. auch § 46 RN 4). Es wird hier vor allem darauf ankommen, ob die mehreren Straftaten einem kriminellen Hang (oder bei Fahrlässigkeitstaten einer allgemeinen gleichgültigen Einstellung) entspringen oder ob es sich um Gelegenheitsdelikte ohne innere Verbindung handelt (BGH **24** 270). Zu prüfen ist ferner, welchen Einfluß die Verlängerung der Strafzeit auf den Verurteilten nach dessen besonderen Verhältnissen voraussichtlich haben wird (RG **44** 302, Bremen HESt. **2** 232, Schweling aaO 291ff.).

17   c) **Nicht vereinbar** mit dem richterlichen Ermessen ist es, wenn die Einzelstrafen nach einem gleichen Verhältnis gekürzt und darauf die Einsatzstrafe zugezählt werden (RG **44** 303, HRR **40** Nr. 325), wenn statt Erhöhung der Einsatzstrafe die Summe der Einzelstrafen vermindert wird (BGH DAR/M **67**, 95/96) oder wenn ohne nähere Begründung die Spanne zwischen Einsatz- und Gesamtstrafe ungewöhnlich groß ist (Köln NJW **53**, 1684), bei annähernd gleich hohen Einzelstrafen die höchste nur unwesentlich erhöht wurde (BGH **5** 57, **8** 205; vgl. auch BGH **24** 271, Köln NJW **63**, 1513) oder die Gesamtstrafe weit hinter der Summe der Einzelstrafen zurückbleibt (Hamm MDR **77**, 947). Überhaupt ist die Gesamtstrafenbildung weder ein „Rechenexempel" (BGH **24** 269), noch sind die Einzelstrafen ohne wesentliche Bedeutung.

18   d) Die **Gründe** der Gesamtstrafenbemessung sind **im Urteil** anzugeben, da es sich auch insoweit um einen Strafzumessungsakt handelt (BGH **24** 268, Köln NJW **53**, 275, Düsseldorf StV **83**, 333, Bruns StrZR 471; and. BGH **8** 210; vgl. auch Hamm JMBlNW **68**, 100, § 46 RN 65). Eine nähere Begründung ist geboten, wenn die Einsatzstrafe nur geringfügig überschritten oder die Summe der Einzelstrafen fast erreicht wird (BGH **24** 271, StV **83**, 237).

III. Verhältnis von Gesamtstrafen und Einzelstrafen

19   1. Nur die Gesamtstrafe wird in den **Urteilstenor** aufgenommen; die ihr zugrundeliegenden Einzelstrafen erscheinen nur in den Entscheidungsgründen (RG **2** 235, **74** 389; and. Frank § 74 Anm. IV). Allein die Gesamtstrafe bildet auch die Grundlage der Vollstreckung; deshalb wird U-Haft nur auf sie angerechnet, und deshalb ist die Rechtskraft der Gesamtstrafe für den Beginn der Vollstreckungsverjährung maßgebend (vgl. § 79 RN 3).

20   2. Für die **Verbüßung** bildet die Gesamtstrafe eine **Einheit**: jeder Teil von ihr, der verbüßt wird, ist wegen aller bezeichneten Straftaten verbüßt (RG **60** 206, **77** 152). Dies hat Bedeutung im Rahmen des § 66, wenn zu entscheiden ist, ob eine verbüßte Freiheitsstrafe sich auf eine vorsätzliche Straftat bezog (vgl. § 66 RN 14).

21   3. Andererseits verlieren die **Einzelstrafen** durch die Gesamtstrafenbildung nicht ganz ihre Bedeutung. Sie sind nicht nur Rechnungsfaktoren, sondern bewahren eine **gewisse rechtliche Selbständigkeit**. Dies hat Bedeutung vor allem im **Strafverfahrensrecht**:

22   a) Wird das die *Gesamtstrafe* aussprechende Urteil bezüglich der einer Einzelstrafe zugrunde liegenden Feststellungen *aufgehoben*, so bleiben die auf andere Feststellungen gegründeten Einzelstrafen als solche regelmäßig bestehen (RG **25** 297, BGH **1** 253, Oldenburg NdsRpfl. **48**, 203; and. RG **2** 204); Entsprechendes gilt für die Teilaufhebung im Wiederaufnahmeverfahren (vgl. Bay NJW **71**, 1194). Das Verschlechterungsverbot der §§ 331, 358 II StPO erfaßt auch die

Einzelstrafen (BGH **1** 252). Der Tatrichter ist jedoch nicht gehindert, dieselbe Gesamtstrafe wie im früheren Urteil festzusetzen, auch wenn eine der mehreren Einzelstrafen weggefallen ist (BGH **7** 86, Vogler LK 14; and. D-Tröndle 5). Bei einer Teilanfechtung wird die nicht angefochtene Verurteilung zur Einzelstrafe rechtskräftig.

Bei Aufhebung der Gesamtstrafe entfallen die neben ihr angeordneten Nebenstrafen, Nebenfolgen und Maßnahmen insoweit, als sie von einer Ermessensentscheidung abhängig sind, da diese durch die Höhe der Gesamtstrafe beeinflußt sein kann (vgl. BGH **14** 381). Solche Nebenfolgen usw., die neben einer rechtskräftig gewordenen Einzelstrafe zwingend vorgeschrieben sind, erwachsen dagegen in Rechtskraft und bleiben von der Aufhebung der Gesamtstrafe unberührt. Zu ihrer weiteren Aufrechterhaltung vgl. BGH NJW **79**, 2113. 23

b) Ist bei einem Urteil, das auf eine Gesamtstrafe lautet, ein Teil der **Einzelstrafen** (z. B. wegen beschränkter Revision) **bereits rechtskräftig** geworden, so dürfen diese nicht vollstreckt werden, solange nicht auch das Urteil über die Gesamtstrafe rechtskräftig ist (RG **74** 387, Frankfurt NJW **56**, 1290, Oldenburg NJW **60**, 62, Eb.Schmidt StPO II § 449 Anm. 7ff., D-Tröndle 5, Vogler LK 15; and. Bremen NJW **55**, 1243, Celle NJW **58**, 153, K-Meyer § 449 RN 5). Sonst könnten durch Verbüßung der Einzelstrafen die Vorausssetzungen des § 53 bei der später neu festzusetzenden Gesamtstrafe entfallen sein (vgl. § 55 RN 19ff.). 24

IV. Anders als bei Idealkonkurrenz (vgl. § 52 RN 50) erstreckt sich bei Realkonkurrenz die **Rechtskraft** grundsätzlich nur auf die abgeurteilten Fälle; andere selbständige Taten, auf die auch § 264 StPO nicht zutrifft, können Gegenstand eines neuen Verfahrens sein. 25

§ 55 Nachträgliche Bildung der Gesamtstrafe

(1) **Die §§ 53 und 54 sind auch anzuwenden, wenn ein rechtskräftig Verurteilter, bevor die gegen ihn erkannte Strafe vollstreckt, verjährt oder erlassen ist, wegen einer anderen Straftat verurteilt wird, die er vor der früheren Verurteilung begangen hat. Als frühere Verurteilung gilt das Urteil in dem früheren Verfahren, in dem die zugrundeliegenden tatsächlichen Feststellungen letztmals geprüft werden konnten.**

(2) **Nebenstrafen, Nebenfolgen und Maßnahmen (§ 11 Abs. 1 Nr. 8), auf die in der früheren Entscheidung erkannt war, sind aufrechtzuerhalten, soweit sie nicht durch die neue Entscheidung gegenstandslos werden.**

Schrifttum: Bender, Art und Weise nachträglicher Gesamtstrafenbildung, NJW 71, 791. – *Küper,* Zur Problematik der nachträglichen Gesamtstrafenbildung, MDR 70, 885. – Vgl. auch das Schrifttum zu § 53.

I. Eine Gesamtstrafe für realkonkurrierende Straftaten kann nach den §§ 53, 54 nur bei gemeinsamer Aburteilung gebildet werden. Häufig hängt es jedoch von Zufällen ab, ob es zu einem einheitlichen Strafverfahren kommt. Dies darf sich nicht zu Lasten des Täters auswirken, soll aber auch nicht zu seiner Besserstellung führen (BGH **35** 211, Lackner 1; vgl. aber die u. 40 gen. Rspr.). Deshalb bestimmt § 55, daß die Vorschriften über die Gesamtstrafenbildung auch dann anzuwenden sind, wenn mehrere selbständige Handlungen zwar nicht einheitlich abgeurteilt wurden, aber – nach ihren Begehungszeitpunkten – **hätten einheitlich abgeurteilt werden können**. Damit erlaubt § 55 in beschränktem Maß einen Eingriff in die Rechtskraft früherer Urteile; vgl. dazu u. 38ff., 45, 56. Eine Gesamtstrafe nach § 55 ist aber auch dann zu bilden, wenn eine einheitliche Verurteilung nur wegen eines Teilfreispruchs unterblieben ist und dann nach dessen Aufhebung durch das Revisionsgericht die erneute Verhandlung zur Verurteilung führt (BGH NJW **83**, 1131 m. Anm. Bloy JR 84, 123). 1

Im *Jugendstrafrecht* ist die Möglichkeit vorgesehen, auch bei getrennter Aburteilung mehrerer Taten eine Einheitsstrafe zu bilden. Weiß das später erkennende Gericht, daß eine rechtskräftige Vorverurteilung vorliegt, so erfolgt eine Einbeziehung gemäß § 31 II JGG; ergibt sich das Vorliegen mehrerer Verurteilungen erst später, so erfolgt eine Zusammenfassung gemäß § 66 JGG. Vgl. auch u. 34. 2

II. **Voraussetzung** für die nachträgliche Bildung einer Gesamtstrafe nach § 55 ist, daß die später abgeurteilte Tat schon vor der früheren Verurteilung begangen war und daher mit ihr zusammen hätte abgeurteilt werden können (u. 5ff.) und daß die früher erkannte Strafe z. Z. der späteren Aburteilung noch nicht völlig vollstreckt, auch nicht verjährt oder erlassen ist (u. 19ff.). Weiter erforderlich ist die Rechtskraft der früheren Verurteilung (u. 32). 3

1. Nur frühere Verurteilungen durch **inländische Gerichte** können in eine Gesamtstrafe einbezogen werden. Wegen des mit ihr verbundenen Eingriffs in die Vollstreckbarkeit früherer Verurteilungen sind solche durch ausländische Gerichte (Hamm JMBlNW **50**, 144, Bremen NJW **50**, 918) von der Gesamtstrafe ausgeschlossen. Vgl. auch BGH LM **Nr. 1** zu § 335 (Besatzungsgerichte). 4

5 **2. Vor der früheren Verurteilung** muß die später abgeurteilte Tat begangen sein. Für eine danach begangene Tat verdient der Täter die Zusammenziehung der Strafen zu einer Gesamtstrafe, mit der die progressive Wirkung der Strafen vermieden werden soll, nicht mehr, weil er seine frühere Verurteilung nicht hinreichend ernst genommen hat.

6 a) Als **Zeitpunkt der früheren Verurteilung** gilt gemäß **Abs. 1 S. 2** der Verkündungszeitpunkt desjenigen Urteils im früheren Verfahren, „in dem die zugrundeliegenden tatsächlichen Feststellungen letztmals geprüft werden konnten", also des letzten tatrichterlichen Urteils. § 55 will den Täter so stellen, wie wenn im früheren Verfahren sämtliche Taten gemeinsam nach § 53 abgeurteilt worden wären. Das hätte dort aber nur bis zur Verkündung des letzten tatrichterlichen Urteils geschehen können; dieser Zeitpunkt ist deshalb entscheidend, nicht der der Rechtskraft (seit RG **3** 213 ständ. Rspr.; vgl. aber u. 32).

7 Die Formulierung des Abs. 1 S. 2: „... das Urteil, in dem die zugrundeliegenden tatsächlichen Feststellungen letztmals geprüft werden konnten", ist irreführend, da sie scheinbar nur auf solche Urteile zutrifft, in denen die den Schuldspruch tragenden Feststellungen erörtert wurden, nicht dagegen auf solche, in denen nur über die Straffrage zu befinden war. Eine solche Einschränkung entspricht jedoch nicht dem Sinn des § 55. Nach dem o. 1 Gesagten muß entscheidender Zeitpunkt der sein, bis zu dem es nach den Vorschriften des Prozeßrechts noch möglich gewesen wäre, die weitere (jetzt abzuurteilende) Tat in das frühere Verfahren einzubeziehen. Das hätte aber – rechtzeitige Anklageerhebung vorausgesetzt – bis zur Verkündung schlechthin des **letzten tatrichterlichen Sachurteils** im früheren Verfahren geschehen können, auch wenn sich dieses nicht mehr mit der Schuld-, sondern nur noch mit der Straffrage zu befassen hatte (vgl. vor allem BGH **15** 69, 70).

8 α) **Tatrichterliche** Entscheidungen sind das erstinstanzliche Urteil oder eine ihm gleichstehende Entscheidung (Strafbefehl), das Berufungsurteil (RG **53** 145, **60** 382, BGH **15** 69) und die Entscheidung nach Zurückverweisung durch das Revisionsgericht (RG **60** 382, BGH **15** 69), nicht das Revisionsurteil (RG **60** 384).

9 β) Tatrichterliche **Sachurteile** sind alle Entscheidungen zur Schuld- oder Straffrage, auch solche, in denen nur noch über die Strafaussetzung zur Bewährung (BGH **15** 66, Hamm GA **59**, 183) oder eine in früherer Instanz unterbliebene Gesamtstrafenbildung zu entscheiden war (vgl. BGH **15** 71, Celle NJW **73**, 2214; and. insoweit Hamm NJW **54**, 324, GA **59**, 183, Bay NJW **56**, 480, die sich zu Unrecht auf BGH **4** 366, NJW **53**, 389 berufen [in diesen Urteilen geht es nicht um den Zeitpunkt der Tatbegehung, sondern um den der Verbüßung der früher erkannten Strafe; vgl. BGH **15** 71, u. 26 a. E.]). **Nicht** um ein **Sachurteil,** sondern um eine reine Prozeßentscheidung handelt es sich dagegen bei einem Berufungsurteil, das die Berufung als unzulässig (RG **33** 231, **60** 382, BGH **15** 69) oder wegen Ausbleibens des Angekl. (BGH **17** 173) verwirft. Ferner genügt nicht ein Gesamtstrafenbeschluß nach § 460 StPO (Karlsruhe GA **74**, 347) oder eine Entscheidung nach § 42 (Celle NdsRpfl. **79**, 207; and. Bringewat aaO RN 200).

10 γ) Beim **Strafbefehl** soll nach BGH **33** 230 der Zeitpunkt seines Erlasses maßgebend sein (ebenso D-Tröndle 1, Remmele NJW **74**, 486; and. [Zustellung] München b. Remmele NJW **74**, 1855, Schleswig SchlHA/E–L **82**, 99, Sieg NJW **75**, 530, Vogler LK 7), und zwar deswegen, weil nur bis zu diesem Zeitpunkt richterliche Überprüfungen möglich sind. Die Ansicht mißt indes zu einseitig der richterlichen Lage Bedeutung zu. Sie wird dem Grundgedanken der Gesamtstrafenregelung, eine Addition der Einzelstrafen wegen ihrer progressiven Wirkung bei der Strafvollstreckung zu vermeiden (vgl. 4 vor § 52), nicht vollauf gerecht. Die Berücksichtigung dieses Grundgedankens verdient der Mehrfachtäter nur dann nicht, wenn er seine Verurteilung nicht hinreichend ernst genommen hat und erneut straffällig geworden ist. Das ist bei einem Strafbefehl erst bei einer Tat nach dessen Zustellung der Fall, so daß dieser Zeitpunkt maßgebend sein muß. Bei Einspruch gegen den Strafbefehl gilt das o. 6 f. Gesagte.

11 δ) Wird in einem **Wiederaufnahmeverfahren** erneut auf Strafe erkannt, so ist der Zeitpunkt dieses Urteils maßgeblich, nicht der des aufgehobenen (Bremen NJW **56**, 316, Bay JR **82**, 335 m. Anm. Stree, Bringewat aaO RN 199, 205).

12 b) Der **Zeitpunkt der** Begehung der jetzt abzuurteilenden **Tat** richtet sich grundsätzlich nach deren Beendigung (Hamm NJW **54**, 324 für ein Dauerdelikt; vgl. auch BGH wistra **88**, 69; and. Bringewat aaO RN 219, der auf Tatvollendung abstellt). Nach RG **59** 168, BGH **9** 383, Hamm DAR **69**, 162 gilt dies auch für die fortgesetzte Tat; sind deren Einzelakte teils vor, teils nach einer früheren Verurteilung begangen worden, so soll die gesamte Fortsetzungstat als nach der früheren Verurteilung begangen gelten und damit eine Gesamtstrafe ausgeschlossen sein. Dies überzeugt nicht, wenn man mit dem in 32 vor § 52 Gesagten anerkennt, daß die Einzelakte in gewisser Beziehung rechtlich selbständig sind. Die Fortsetzungstat ist daher aufzuspalten; die vor der früheren Verurteilung vorgenommenen Teilakte sind in die Gesamtstrafenbildung einzubeziehen (vgl. auch u. 14). Für Gesamtstrafe insgesamt dagegen Bringewat aaO RN 217, JZ **79**, 556. Hängt die Strafbarkeit der abzuurteilenden Tat von einer objektiven Strafbarkeitsbedingung ab, so ist entscheidender Zeitpunkt für die Gesamtstrafenfähigkeit die Tatbegehung, nicht der Bedingungseintritt (RG **7** 300, Bay wistra **83**, 164). Zwar hätte eine gemeinsame Aburteilung im früheren Urteil nicht erfolgen können, wenn nur die Tatbegehung diesem vorausgegangen ist. Der Täter darf aber nicht darunter leiden, daß die objektive Strafbarkeitsbedingung erst später eingetreten ist, da sie nicht zum Unrechtstatbestand gehört und der Täter insoweit die frühere Verurteilung nicht unbeachtet gelassen hat. Entsprechendes gilt bei Antragsdelikten; der Gesamtstrafe steht hier nicht entgegen, daß Strafantrag erst nach dem früheren Urteil gestellt worden ist.

Bei Zweifeln, ob die Tat vor oder nach der früheren Verurteilung begangen ist, muß zugunsten des **13** Angekl. die erste Möglichkeit angenommen werden (Oldenburg GA **60**, 28). Vgl. auch BGH NStZ/ D **89**, 470: Gesamtstrafe, wenn zweifelhaft ist, ob der letzte Tatakt einer Fortsetzungstat noch vor dem früheren Urteil liegt.

c) Hat der **zweite Richter mehrere Taten abzuurteilen,** die teils vor, teils nach einer frühe- **14** ren Verurteilung liegen, so ist bestritten, ob er aus allen Einzelstrafen (einschließlich der vom ersten Richter festgesetzten) eine einheitliche Gesamtstrafe bilden muß (so i. E. Sacksofsky NJW 63, 894, Samson SK § 53 RN 9) oder ob die erste Verurteilung eine Zäsur bildet mit der Folge, daß nur für die vor dem ersten Urteil begangenen Straftaten zusammen mit den schon abgeurteilten eine Gesamtstrafe zu verhängen ist, während für die späteren Taten eine neue Gesamtstrafe (bzw. Einzelstrafe) festgesetzt werden muß (so h. M.; vgl. RG **4** 53, BGH **9** 383, **33** 367, GA **55**, 244, **56**, 51, **63**, 374, StV **81**, 620, Bay **55**, 123, 152, NJW **71**, 1193, Celle GA **57**, 56, NdsRpfl. **66**, 22, Zweibrücken NJW **73**, 2116, Karlsruhe GA **74**, 347, Köln VRS **60** 426, Bender NJW **64**, 807).

Die Problematik beruht auf einem gewissen Spannungsverhältnis zwischen § 53 und § 55. **15** Nach § 55 können in eine nachträgliche Gesamtstrafe nur solche Taten einbezogen werden, die vor der früheren Verurteilung begangen wurden. § 53 andererseits ordnet für die gleichzeitige Aburteilung mehrerer Taten schlechthin Gesamtstrafenbildung an (es sei denn, es liegt ein Fall von § 53 II vor) und hebt nicht darauf ab, ob etwa zeitlich zwischen diesen Taten eine Verurteilung wegen eines weiteren Deliktes liegt. Für den Regelfall ist mit der h. M. dem aus § 55 zu entnehmenden Gedanken den Vorrang zu geben. Die Vergünstigung der Gesamtstrafenbildung soll nicht dem Täter zugute kommen, der sich von der früheren Verurteilung nicht von weiteren Straftaten hat abhalten lassen (vgl. Bender aaO). Die **frühere Verurteilung bildet** also **eine Zäsur:** für die danach begangenen Taten ist eine selbständige Strafe (Gesamt- oder Einzelstrafe) festzusetzen. Kommt es auf Grund dessen zur Bildung mehrerer Gesamtstrafen, so stehen diese selbständig nebeneinander; es ist nicht möglich, sie ihrerseits zu einer „Gesamtstrafe aus Gesamtstrafen" zusammenzuziehen (vgl. § 53 RN 7).

Dies kann jedoch dann nicht schlechthin gelten, wenn die frühere Verurteilung nach der Art **16** der abgeurteilten Tat **nicht geeignet** sein konnte, im Hinblick auf die spätere Tat einen **warnenden Appell** auf den Täter auszuüben (and. Bringewat aaO RN 227). So kann etwa, wenn der Täter mehrere Raubüberfälle oder Meineide begangen hat, die Einbeziehung der hierfür verhängten Einzelstrafen in eine Gesamtstrafe nach § 53 nicht dadurch gehindert sein, daß der Täter in der Zeit zwischen den Verbrechen wegen fahrlässiger Körperverletzung oder fahrlässiger Trunkenheit im Verkehr verurteilt worden ist. Andernfalls könnte allein deshalb die Höchstgrenze des § 54 II unbeachtlich bleiben. Mit dem Grundgedanken des Gesamtstrafensystems (vgl. 4 vor § 52, auch Sacksofsky NJW 63, 894) wäre dies unvereinbar. Eine Zäsur kann der Verurteilung demgemäß in solchen Fällen nur zukommen, wenn sonst eine Schlechterstellung des Täters eintreten würde. So muß die Verurteilung wegen Raubes ihre Zäsurwirkung behalten, wenn danach eine fahrlässige Körperverletzung begangen worden und diese zusammen mit einem Verbrechen abzuurteilen ist, das der Angekl. vor seiner Verurteilung wegen Raubes verübt hat. Ist aber die Gesamtstrafenbildung nach § 53 für den Angekl. günstiger, so hat § 55 zurückzustehen (ähnlich Vogler LK 13). Keine Zäsur bildet ferner die bereits vollstreckte Verurteilung (BGH **32** 193, NJW **82**, 2080, **88**, 1801, NStZ **88**, 552, Schleswig SchlHA **80**, 188, Saarbrücken NStZ **89**, 120, D-Tröndle 5a; and. BGH **33** 369 m. abl. Anm. Stree JR 87, 73 u. Maatz NJW **87**, 478, Bringewat aaO RN 228, JR **88**, 216). Der Bildung einer Gesamtstrafe steht dann nicht entgegen, daß eine vollstreckte Strafe zu einer Milderung der einzubeziehenden Strafe durch Härteausgleich geführt hat (Hamm MDR **82**, 595).

d) Entsprechendes gilt, wenn **mehrere Vorverurteilungen** vorliegen und nunmehr eine oder **17** mehrere Taten abzuurteilen sind, die vor einer der früheren Verurteilungen liegen. Hier wird durch das erste Urteil eine erste **Zäsur,** durch die nächstfolgende Aburteilung solcher Taten, die nach dem ersten Urteil begangen sind, eine weitere Zäsur gebildet, usw., es sei denn, es liegt der o. 16 genannte Fall vor. Es wird also mitunter zu mehreren Gesamtstrafen kommen, und zwar hat der Richter jeweils Gesamtstrafengruppen bezüglich sämtlicher vor dem ersten oder zwischen den weiteren Urteilen begangener Taten zu bilden (vgl. Zweibrücken NJW **68**, 310,

Stree

Hamm MDR **76**, 162; vgl. auch BGH MDR/H **79**, 987, Köln VRS **60** 426). Das kann u. U. auch zur Nichtanwendung des § 55 führen: hat etwa bereits das frühere Urteil gemäß § 55 eine nachträgliche Gesamtstrafe gebildet, so darf im späteren (also dritten) Verfahren wegen einer dritten Tat nur dann eine alle drei Urteile umfassende nachträgliche Gesamtstrafe gebildet werden, wenn auch die dritte Tat vor dem ersten Urteil begangen worden ist. Wurde sie dagegen zwischen den beiden früheren Verurteilungen begangen, so ist eine Einzelstrafe auszusprechen, obwohl die Voraussetzungen des § 55 im Verhältnis der zweiten zur dritten Tat gegeben sind (Zäsurwirkung des ersten Urteils; BGH **32** 193, **33** 367, Stuttgart NJW **50**, 316, Celle NdsRpfl. **66**, 22; and. LG Frankenthal NJW **67**, 794 m. abl. Anm. Mecker NJW **68**, 1382; vgl. auch Zweibrücken NJW **68**, 310). Damit bleibt, da § 55 nicht anwendbar ist, auch die alte Gesamtstrafe bestehen. Vgl. dazu BGH **32** 190. Zur Zäsurwirkung einer Vorverurteilung, in der nach § 53 II 2 Geld- und Freiheitsstrafe nebeneinander verhängt worden sind, vgl. Karl MDR **88**, 365. Die Rechtskraft einer rechtsfehlerhaft gebildeten nachträglichen Gesamtstrafe hindert nicht deren Auflösung und eine anderweitige richtige Gesamtstrafenbildung, wenn früher begangene Straftaten später abgeurteilt werden (BGH **35** 243 m. Anm. Stree JR **88**, 517, Karlsruhe NStZ **87**, 186, LG Ulm NStZ **84**, 361 m. Anm. Sick; and. Schleswig SchlHA **87**, 102, LG Koblenz NStZ **81**, 392. Vgl. ferner Bay VRS **64** 259, Bringewat aaO RN 235 ff.

18 e) Bleibt zweifelhaft, ob von mehreren abzuurteilenden Taten eine vor einer früheren Verurteilung begangen worden ist, so richtet sich die Entscheidung, ob mit der früheren Strafe oder der Strafe für die andere abzuurteilende Tat eine Gesamtstrafe zu bilden ist, nach dem Grundsatz **in dubio pro reo**. Es ist also von der tätergünstigeren Möglichkeit auszugehen (and Bringewat aaO RN 229, der bei Zweifeln eine Tatbegehung vor dem früheren Urteil annehmen und damit u. U. zuungunsten des Täters verfahren will). Gleiches gilt, wenn in den o. 17 genannten Fällen zweifelhaft bleibt, vor welcher Verurteilung die abzuurteilende Tat begangen worden ist.

19 3. Die früher erkannte Strafe darf dann **nicht** mehr in eine nachträgliche Gesamtstrafe **einbezogen** werden, wenn sie zum Zeitpunkt der späteren Verurteilung **vollstreckt, verjährt oder erlassen** ist. Diese Klausel ist an sich sinnvoll; es wäre ein Widerspruch, wenn eine durch Vollstreckung, Verjährung oder Erlaß endgültig erledigte Strafe dennoch förmlich in eine Gesamtstrafe einbezogen werden könnte. Dieser Widerspruch würde auch durch die Anrechnung der früheren Vollstreckung nicht beseitigt. Bedenklich ist die gesetzliche Regelung dagegen insoweit, als sie eine Strafmilderung nach §§ 53, 54 von Zufällen abhängig macht (vgl. auch Merkel VDA V 392, Schrader MDR **74**, 719). Denn nicht nur der Zeitraum zwischen früherem und späterem Verfahren, sondern ebenso dessen Dauer selbst hängt von Zufällen ab (z. B. Unterbrechung der Hauptverhandlung wegen Erkrankung eines Richters oder langdauerndes Rechtsmittelverfahren infolge Überlastung der höheren Gerichte usw.); der Zufall bestimmt also, ob sich die frühere Strafe zum Zeitpunkt der maßgeblichen Entscheidung im späteren Verfahren bereits erledigt ist. § 55 will dem Angekl. aber gerade die nachteiligen Auswirkungen solcher Zufälligkeiten ersparen und ihn so stellen, wie wenn seine Taten einheitlich nach §§ 53, 54 abgeurteilt worden wären. Das Gesetz hätte es also nicht beim Ausschluß der nachträglichen Gesamtstrafenbildung bewenden lassen dürfen; vielmehr hätte durch eine zusätzliche Vorschrift sichergestellt werden müssen, daß der Täter durch die getrennte Bestrafung nicht benachteiligt wird. Indessen ergibt sich dies zwingend – auch ohne eine solche Vorschrift – unmittelbar aus dem Grundprinzip des Gesamtstrafensystems.

20 a) Zunächst ist also zu klären, **wann die Erledigung** der früheren Strafe **ihre Einbeziehung** in die nachträgliche Gesamtstrafe **hindert**.

21 α) Die *frühere Strafe* muß durch Vollstreckung, Verjährung oder Erlaß *endgültig* erledigt sein. Zu den Fragen der Teilerledigung vgl. u. 27. Handelt es sich bei der früheren Strafe um eine Gesamtstrafe, so gilt diese hinsichtlich der Erledigung als Einheit (Bay NJW **57**, 1810; vgl. auch § 54 RN 20).

22 αα) Eine Freiheitsstrafe ist *vollstreckt,* wenn sie verbüßt wurde, eine Geldstrafe, wenn sie bezahlt oder die Ersatzfreiheitsstrafe verbüßt wurde oder sich durch Leistung freier Arbeit (vgl. § 43 RN 1) erledigt hat. Als verbüßte Strafe gilt auch die auf sie angerechnete Freiheitsentziehung, z. B. nach § 67 IV, oder die Strafe, die sonstwie durch Anrechnung erledigt ist (vgl. § 57 RN 6).

23 ββ) Die *Verjährung* früherer Strafen richtet sich nach § 79. Liegt eine frühere Gesamtstrafe vor, so ist ihre Rechtskraft, nicht die der Einzelstrafen für den Beginn der Verjährungsfrist und ihre Höhe für die Dauer der Verjährungsfrist maßgebend. Vgl. im einzelnen die Anm. zu § 79.

24 γγ) Der *Straferlaß* i. S. des § 55 muß endgültig sein; das ist bei der bedingten Begnadigung noch nicht der Fall (vgl. Hamm JMBlNW **52**, 35); auch bei der Strafaussetzung gemäß §§ 56, 57 tritt der Erlaß gemäß § 56g I erst nach Ablauf der Bewährungszeit ein. Im übrigen ist gleichgültig, ob die Strafe aufgrund einer allgemeinen Amnestie, eines Gnadenakts oder nach den Vorschriften des StGB erlassen wurde. Zur Frage, ob ein Straferlaß zurückzustellen ist, damit eine Gesamtstrafenbildung noch möglich ist, vgl. § 56g RN 1.

β) Nach Abs. 1 S. 1 ist die Gesamtstrafenbildung ausgeschlossen, wenn sich die frühere Strafe **25** *vor der späteren Verurteilung* erledigt hat. Dies führt zu Schwierigkeiten, wenn sich die frühere Strafe erst im Verlauf des späteren Verfahrens erledigt. An sich müßte hier auf den Eintritt der Rechtskraft des späteren Urteils abgestellt werden; denn erst damit wird der Ausspruch der Gesamtstrafe wirksam. Dies läßt sich jedoch praktisch nicht durchführen, da im Zeitpunkt der Urteilsfällung nicht abzusehen ist, wann das Urteil rechtskräftig wird. Maßgebend muß deshalb die *letzte richterliche Entscheidung vor dem Eintritt der Rechtskraft* (bzw. Teilrechtskraft für den Strafausspruch) sein, also die letzte Entscheidung, in der eine durch die Vorinstanz erfolgte Gesamtstrafenbildung noch – falls sich inzwischen die frühere Strafe erledigt – beseitigt werden kann. Dies braucht keine tatrichterliche Entscheidung zu sein (etwa Berufungsurteil); auch der Revisionsrichter muß die nachträgliche Gesamtstrafe aufheben, wenn sich im Laufe des Revisionsverfahrens die frühere Strafe erledigt hat; denn es fehlt jetzt an den materiellrechtlichen Voraussetzungen des § 55. Es kann hier nicht anders sein, als wenn während des Revisionsverfahrens eines der dem Urteil zugrundeliegenden Strafgesetze aufgehoben worden wäre. Ohne Rest geht dies nicht auf: erledigt sich die frühere Strafe nach der letzten richterlichen Entscheidung, aber vor Eintritt der Rechtskraft, so besteht keine Möglichkeit, das Wirksamwerden der Gesamtstrafe zu verhindern, obwohl ihre Voraussetzungen jetzt nicht mehr vorliegen. Das Vollstreckungsgericht wird jedoch in solchen Fällen durch Anrechnung u. dgl. geeigneten Ausgleich schaffen können.

Demgegenüber hält die h. M. das letzte tatrichterliche Urteil des späteren Verfahrens, das **26** zur Schuld- oder Straffrage ergeht, für den entscheidenden Zeitpunkt (RG **32** 7, **39** 275, BGH **2** 230, **4** 367, **12** 94, **15** 71, NJW **82**, 2081, Jescheck 664; and. Schrader MDR 74, 719, der auf das erstinstanzliche Urteil abstellt). Eine in erster Instanz vorgenommene Gesamtstrafenbildung soll also im Berufungsurteil (nicht aber im Revisionsurteil) rückgängig gemacht werden, wenn sich die frühere Strafe zwischen beiden Urteilen erledigt; hat allerdings nur der Angekl. Rechtsmittel eingelegt, so soll wegen des Verbots der reformatio in peius die Strafe im Berufungsurteil zusammen mit der verbüßten Strafe die frühere Gesamtstrafe nicht übersteigen dürfen (BGH **12** 94, Bay **59**, 80, NJW **58**, 1406, and. Braunschweig NJW **57**, 1644, dessen Begründung sich aber ebenfalls nur auf § 331 I StPO stützt; vgl. auch BGH NJW **53**, 1880). Entsprechendes soll gelten, wenn der Erstrichter fehlerhaft eine Gesamtstrafenbildung unterlassen hat und das Berufungsgericht sie wegen Verbüßung einer Einzelstrafe nicht nachholen kann (Bay DAR/R **80**, 263). Hat sich allerdings das letzte tatrichterliche Urteil des späteren Verfahrens nur mit der Bildung einer Gesamtstrafe zu befassen, so soll die Anwendung des § 55 nicht deswegen entfallen, weil die frühere Strafe noch vor dieser Entscheidung verbüßt ist, denn andernfalls könne eine in der Vorinstanz fehlerhaft vorgenommene oder unterbliebene Gesamtstrafenbildung entgegen dem Zweck des § 55 nicht nachgeholt werden (BGH **15** 71, StV **82**, 569, NStE Nr. **13**, Stuttgart Justiz **68**, 233, MDR **83**, 337, Hamm JMBlNW **82**, 104; and. BGH NJW **53**, 1880 [aufgegeben durch BGH 4 StR 501/55, zit. b. Düsseldorf NJW **59**, 59], Schleswig MDR **81**, 866, Bringewat aaO RN 248); i. E. gleich BGH **4** 366, NJW **53**, 389, Düsseldorf NJW **59**, 59, jedoch mit der unzutreffenden Begründung, eine Gesamtstrafe sei keine „tatrichterliche Entscheidung i. S. d. § 79 [a. F.]" (vgl. dagegen BGH **15** 71, o. 9).

γ) Sonderprobleme bestehen, wenn die frühere Strafe zum maßgeblichen Zeitpunkt nur *zum* **27** *Teil erledigt* ist. Ist die Teilerledigung durch Vollstreckung eingetreten, so ist dennoch die gesamte frühere Strafe in die nachträgliche Gesamtstrafe einzubeziehen; dies kann sich für den Angekl. wegen § 51 II nicht zum Nachteil auswirken. Anderes gilt dagegen bei Teilerlaß; wurde ein Teil der früheren Strafe endgültig erlassen (Reduzierung von Freiheits- und Geldstrafen durch allgemeine Amnestie oder Einzelgnadenakt), so kann nur noch der Rest der Strafe gem. § 55 in die nachträgliche Gesamtstrafe einbezogen werden (Vogler LK 20; and. Bringewat aaO RN 264). Bei der Strafbemessung müssen jedoch die u. 28ff. genannten Grundsätze entsprechend berücksichtigt werden.

b) Kommt es **nicht zur nachträglichen Gesamtstrafenbildung,** weil sich die frühere Strafe **28** vor der späteren Verurteilung (vgl. o. 25f.) erledigt hatte, so ist dennoch dem Grundgedanken des § 55 durch eine **Strafmilderung** im späteren Urteil Rechnung zu tragen, es sei denn, das Urteil lautet auf lebenslange Freiheitsstrafe. Der Umfang der Strafmilderung liegt nicht im freien Ermessen des Richters. Die neue Strafe ist vielmehr unter **entsprechender Anwendung der §§ 53, 54** zu bilden: sie darf nicht höher sein als die Differenz zwischen einer nachträglichen Gesamtstrafe, wie sie bei Anwendung des § 55 zu bilden gewesen wäre, und der früheren (jetzt erledigten) Strafe. Geringfügige Abweichungen ergeben sich insoweit bei verjährten und erlassenen Strafen; vgl. hierzu u. 30.

Stree

29 Bei der *Strafzumessung* ist wie folgt zu verfahren: Zunächst ist für die jetzt abzuurteilende Tat eine Einzelstrafe nach den bei § 53 RN 10 genannten Grundsätzen festzusetzen und sodann aus dieser und der früheren (erledigten) Strafe unter Anwendung des § 55 i. V. m. §§ 53, 54 eine (fiktive) Gesamtstrafe zu bilden. Von dieser Gesamtstrafe ist die frühere Strafe entweder voll oder nach einem bestimmten Verhältnis gekürzt (u. 30) abzuziehen. Die verbleibende Differenz ist die im späteren Urteil auszuwerfende Strafe (vgl. auch BGH NStZ **83**, 260, Zweibrücken NJW **80**, 2265, MDR **88**, 874, Bay DAR/R **86**, 244, wonach ein solches Vorgehen jedoch nur zulässig, nicht geboten sein soll). Sie ist auch maßgebend, wenn sie eine gesetzliche Mindeststrafe unterschreitet.

30 Die frühere Strafe ist voll von der als Rechengröße gebildeten Gesamtstrafe abzuziehen, wenn sie sich durch Vollstreckung erledigt hat. Dies ergibt § 51 II, der hier sinngemäß heranzuziehen ist. Ist dagegen die frühere Strafe durch Verjährung oder Erlaß weggefallen, so kann sie nicht voll, sondern nur in Höhe ihres verhältnismäßigen Anteils an der (fiktiven) Gesamtstrafe abgesetzt werden; denn andernfalls würde der Täter von dieser Art der Strafzumessung ungerechtfertigt profitieren. Betrugen etwa die frühere erlassene Strafe und die Strafe, die der Richter für die jetzt abzuurteilende Tat allein verhängen würde, je 1 Jahr, und würde der Richter daraus, wenn die Voraussetzungen des § 55 noch vorgelegen hätten, eine Gesamtstrafe von 1 Jahr und 6 Monaten gebildet haben, so beträgt danach die im späteren Verfahren effektiv zu verhängende Strafe nicht nur 6 Monate, sondern die Hälfte dieser fiktiven Gesamtstrafe, also 9 Monate. Der Härteausgleich kann auch dazu führen, daß die 1 Jahr übersteigende Freiheitsstrafe nach Wochen zu bemessen ist (BGH NJW **89**, 236 m. Anm. Bringewat JR 89, 249; vgl. auch § 39 RN 4).

30a Hat sich die frühere Strafe auf Grund der **Anrechnung einer Freiheitsentziehung** erledigt (vgl. o. 22) und hätte die Anrechnung sich auch auf den die frühere Strafe überschreitenden Teil der Gesamtstrafe ausgewirkt, die sonst hätte gebildet werden müssen, so ist im Urteil zur Vermeidung einer Härte die Anrechnung der Freiheitsentziehung auf die neue Strafe auszusprechen. Ist die anrechenbare Zeit kürzer als die Gesamtstrafe, die an sich in Betracht gekommen wäre, so ist die Anrechnung entsprechend auf einen Teil der neuen Strafe zu beschränken (and. Bringewat aaO RN 259).

31 Die **Rspr.** hat bisher keine festen Regeln für eine Strafmilderung aufgestellt. So wird in BGH **2** 233 nur ausgeführt, der Tatrichter habe die Möglichkeit, auftretende Härten für den Angekl. bei der Strafzumessung auszugleichen (vgl. auch Bay DAR/R **80**, 263). Nach BGH GA **79**, 189, MDR/H **79**, 987, Schleswig MDR **81**, 866, Koblenz VRS **64** 22, Frankfurt StV **82**, 116 muß die Härte, die infolge der Nichtanwendbarkeit des § 55 wegen Verbüßung der früheren Strafe entsteht, bei der Strafzumessung berücksichtigt werden. Entgegen dem o. 28ff. Ausgeführten soll der Umfang der Strafmilderung im richterlichen Ermessen liegen (BGH NStZ **83**, 260 m. abl. Anm. Loos), wobei jedoch die Höchstgrenze des § 54 II 2 zu beachten ist (BGH **33** 131). Der Härteausgleich darf aber auch hiernach zum Unterschreiten einer gesetzlichen Mindeststrafe führen (BGH MDR/H **80**, 454), so zum Unterschreiten der Untergrenze des § 54 I 2 (BGH NStZ **83**, 260, NStZ/T **88**, 307). Strafmilderung ist nach BGH NStZ **83**, 261 indes nicht stets geboten, wenn die Gesamtstrafenbildung entfällt, weil die frühere Strafe inzwischen erlassen ist. Maßgebend soll hier sein, ob im Einzelfall mit Entfallen der Gesamtstrafenbildung ein ausgleichsbedürftiger Nachteil entstanden ist. Vgl. dazu Bringewat NStZ 87, 385

32 4. Die frühere Strafe kann nur dann in eine nachträgliche Gesamtstrafe einbezogen werden, wenn das **frühere Urteil rechtskräftig** ist; andernfalls hinge die nachträgliche Gesamtstrafe vom Bestand des früheren Urteils ab und fiele mit dessen Aufhebung weg. (Dagegen kommt es bei der Frage, ob die jetzt abzuurteilende Straftat vor dem früheren Urteil begangen wurde, auf den Zeitpunkt der Rechtskraft nicht an; vgl. Abs. 1 S. 2 und o. 6.) Die Rechtskraft des früheren Urteils muß bis zur Entscheidung über die Gesamtstrafe im späteren Verfahren eingetreten sein. Vgl. auch BGH LM Nr. 7 zu § 79 a. F.; einer Revision, die sich darauf stützt, daß der Tatrichter eine nicht rechtskräftige Verurteilung einbezogen hat, wird die Grundlage entzogen, wenn die Rechtskraft inzwischen eintritt. Die Anwendung des § 55 hat zu unterbleiben, wenn die Rechtskraft des früheren Urteils wegen eines Wiedereinsetzungsantrags voraussichtlich entfallen wird (BGH **23** 98 m. Anm. Küper MDR 70, 885; vgl. u. 72). Sonst ist die Rechtskraft des früheren Urteils verbindlich, so daß nicht zu prüfen ist, ob dieses zu Recht ergangen ist (vgl. BGH MDR **82**, 1031: keine Nachprüfung, ob der Verurteilung ein Verfahrenshindernis entgegengestanden hat, etwa auf Grund eines Auslieferungsvertrags).

33 Trotz Vorliegens der Voraussetzungen des § 55 dürfen solche Einzelstrafen zur Gesamtstrafenbildung nicht herangezogen werden, die bereits zur Bildung einer anderen noch nicht rechtskräftigen Gesamtstrafe gedient haben; denn andernfalls besteht die Gefahr einer Doppelbestrafung (BGH **9** 192, **20** 292).

34 5. Zweifelhaft ist, ob eine Gesamtstrafe nach § 55 mit einer früher ausgesprochenen **Jugendstrafe** gebildet werden kann. Dies wäre an sich wünschenswert, weil andernfalls die für die gleichzeitige

Aburteilung geltende Regel des § 32 JGG bei getrennter Aburteilung keine Anwendung finden könnte und damit der Grundgedanke des § 55, dem Angekl. aus einer getrennten Aburteilung keine Nachteile erwachsen zu lassen, nicht berücksichtigt werden könnte (für analoge Anwendung des § 55 daher Schoreit NStZ 89, 462; vgl. auch Schoreit ZRP 90, 175 mit der Forderung an den Gesetzgeber, die Einbeziehung von Jugendstrafen in Gesamtstrafen zu ermöglichen). Angesichts des eindeutigen Gesetzeswortlauts wird man aber mit BGH **10** 100, **14** 287, **36** 270, 295 die Frage verneinen (ebenso Schleswig NStZ **87**, 225 m. abl. Anm. Knüllig-Dingeldey), jedoch dem zweiten Richter auferlegen müssen, bei der Strafzumessung die Ungerechtigkeit des Gesetzes auszugleichen (vgl. BGH **36** 297, MDR/H **79**, 106, aber auch Dallinger-Lackner § 32 RN 5), und zwar bereits bei Festsetzung der Einzelstrafen (BGH **36** 270; vgl. aber auch BGH **36** 297). Die Anwendung des § 55 ist auch dann unzulässig, wenn gemäß § 92 II JGG angeordnet worden ist, die Jugendstrafe nach den Vorschriften des Strafvollzugs für Erwachsene zu vollziehen (so aber LG Braunschweig MDR **65**, 594). Ist gegenüber einem Heranwachsenden, der wegen eines Teils seiner Straftaten bereits rechtskräftig nach allgemeinem Strafrecht verurteilt worden ist, bei der Aburteilung weiterer Straftaten Jugendstrafrecht anzuwenden, so kann gem. §§ 105 II, 31 II 1 JGG unter Einbeziehung des früheren Urteils einheitlich auf Sanktionen nach dem JGG erkannt werden, sofern die rechtskräftige Strafe noch nicht vollständig erledigt ist (vgl. dazu BT-Drs. 7/550 S. 332f.).

III. Liegen die Voraussetzungen des § 55 vor, so sind die Vorschriften über die Realkonkurrenz (§§ 53, 54) ebenso anzuwenden, **wie wenn alle Taten einheitlich abgeurteilt** würden. 35

1. Für den Bereich der **Strafen** ist also zunächst nach den Grundsätzen des § 53 (vgl. dort RN 36 12ff.) zu prüfen, **ob eine Gesamtstrafe zu bilden ist.** Dabei sind die neue und die frühere Strafe als Einzelstrafen zugrunde zu legen (vgl. § 53 RN 10). Eine nach § 41 neben einer Freiheitsstrafe verlängerte Geldstrafe behält idR ihre Eigenständigkeit und ist nicht in eine Gesamtfreiheitsstrafe aufzunehmen (vgl. § 53 RN 22). Zur Gesamtgeldstrafe in solchen Fällen vgl. § 53 RN 23. Ist die frühere Strafe eine Gesamtstrafe, so ist sie aufzulösen und unmittelbar auf die ihr zugrundeliegenden Einzelstrafen zurückzugreifen (vgl. u. 38). Die Grundsätze über eine Gesamtstrafe aus Freiheits- und **Ersatzfreiheitsstrafe** (§ 53 RN 26f.) gelten im Rahmen des § 55 ebenfalls, so daß eine Einbeziehung des früheren Urteils in einen einheitlichen nachträglichen Urteilsspruch auch dann zu erfolgen hat, wenn das eine Urteil auf Freiheits-, das andere auf Geldstrafe lautet und der Richter gemäß § 53 II 2 von einer Gesamtfreiheitsstrafe absehen will. Vgl. auch u. 51f.

a) Ergibt sich in Anwendung des § 53, daß eine *Gesamtstrafe zu bilden* ist, so ist hierfür gemäß 37 § 54 zu verfahren (vgl. die Anm. zu § 54). Gegenüber der Gesamtstrafenbildung bei gleichzeitiger Aburteilung aller Taten bestehen jedoch verschiedene Besonderheiten:

α) Eine **Gesamtgeldstrafe** ist bei gleicher Tagessatzhöhe der Einzelstrafen durch Erhöhung 37a der Tagessatzzahl der Einsatzstrafe zu bilden. Weisen die Einzelstrafen unterschiedliche Tagessatzhöhen auf, so muß nach der Rspr. des BGH für die Gesamtstrafe eine einheitliche Tagessatzhöhe bestimmt werden. Diese ist hiernach an den wirtschaftlichen Verhältnissen des Täters z. Z. der Gesamtstrafenbildung mit folgender Einschränkung auszurichten: bei Verschlechterung der Verhältnisse gegenüber dem Zeitpunkt des früheren Urteils muß sie so bemessen sein, daß das Produkt aus ihr und der Tagessatzzahl zumindest die Gesamtgeldsumme jeder einbezogenen Einzelstrafe gerade noch überschreitet (BGH **27** 359); bei Verbesserung der wirtschaftlichen Lage des Täters muß die Summe der Gesamtgeldstrafe mindestens noch eben hinter der Gesamtgeldsumme aller Einzelstrafen zurückbleiben (BGH **28** 360). Bereits erbrachte Teilzahlungen sollen nach § 51 II entsprechend dem Maßstab des früheren Urteils anzurechnen sein (BGH **28** 364, Bringewat aaO RN 301; vgl. LG Konstanz Rpfleger **90**, 221, Lackner 2 e bb; vgl. dazu u. a. E.). Eine solche Gesamtstrafenbildung ist zwar praktikabel; zu bezweifeln ist aber, ob sie bei Verbesserung der wirtschaftlichen Lage sachgerecht ist. Sie benachteiligt dann den Täter, da nunmehr ein gegenüber dem früheren Urteil höherer Tagessatz einem Tag Ersatzfreiheitsstrafe gegenübersteht. Das Argument bei BGH **28** 363, das Strafübel werde durch Angleichung der Tagessatzhöhe an die verbesserte wirtschaftliche Lage nicht verstärkt, vermag nicht zu erklären, warum der Täter bei der nachträglichen Gesamtstrafenbildung anders behandelt wird als sonst bei der Geldstrafe, bei der eine Anpassung der Tagessatzhöhe an spätere Einkommensverbesserungen nicht erfolgt. Mehr für sich hat daher die vom BGH abgelehnte Aufspaltung der Tagessatzhöhe, wonach die Tagessatzzahl, die der Einzelstrafe mit der größeren Tagessatzhöhe entspricht, mit dieser Höhe festzusetzen ist und der Rest mit der niedrigeren Tagessatzhöhe (vgl. 20. A., Oldenburg MDR **78**, 70, Hamburg MDR **78**, 505, Regel MDR 77, 446, aber auch Vogler LK 31, JR 78, 358, Kadel, Die Bedeutung des Verschlechterungsverbotes für Geldstrafenerkenntnisse nach dem Tagessatzsystem, 1984, 85ff.). Wie der BGH jedoch D-Tröndle 7c, Tröndle LK § 40 RN 72ff., Lackner 2e. Vgl. zum Ganzen Vogt NJW 81, 899. Mißlich kann auch die Anrechnung bereits erbrachter Teilzahlungen nach der BGH-Rspr. sein. Bei Verschlechterung der Einkommensverhältnisse stellt diese Rspr. den Zahlungswilligen schlechter als den Zahlungssäumigen (vgl. Hamann Rpfleger 90, 222); sie kann sogar dazu führen, daß der Verurteilte trotz der Gesamtstrafenbildung mehr als die Summe der Einzelstrafen zahlen müßte (vgl. LG Konstanz Rpfleger **90**, 221). Zur Vermeidung einer solchen Schlechterstellung ist die Anrechnung daher an der Tagessatzhöhe der Gesamtgeldstrafe auszurichten (vgl. LG Konstanz aaO m. Anm. Hamann). Haben sich dagegen die Einkommensverhältnisse verbessert, so ist entsprechend dem früheren Urteil anzurechnen, da dem Verurteilten sonst nachträglich etwas genommen würde; zudem war die Zahlung für den Verurteilten im Zahlungszeitpunkt zumeist noch so fühlbar, wie sie nach dem Urteil sein sollte (vgl. auch D-Tröndle 7e).

38 β) Eine **Gesamtstrafe im früheren Urteil** wird durch die nachträgliche Gesamtstrafenbildung **gegenstandslos.** Dieser Eingriff in die Rechtskraft (vgl. BGH **7** 181 f.) ergibt sich daraus, daß § 55 i. V. m. §§ 53, 54 eine Gesamtstrafenbildung wie bei gleichzeitiger Aburteilung aller Taten, also ein Zurückgehen auf die Einzelstrafen (zu dem Fall, daß das frühere Gesamtstrafenurteil versehentlich keine Einzelstrafen enthält, vgl. Stuttgart NJW **68**, 1731) vorschreibt (RG **6** 283, **44** 302, **48** 277, BGH **15** 164, MDR/H **79**, 280). Dies gilt auch, wenn nicht alle dort erkannten Einzelstrafen einbezogen werden können (BGH **9** 5), etwa wegen des auslieferungsrechtlichen Spezialitätsgrundsatzes (vgl. BGH GA **67**, 154). Auch steht nicht entgegen, daß in die frühere Gesamtfreiheitsstrafe Geldstrafen einbezogen sind, bei denen die Tagessatzhöhe fehlt (Karlsruhe Justiz **82**, 374).

39 γ) Für die **Bemessung der neuen Gesamtstrafe** gilt § 54 I 2 (vgl. dort RN 14 ff.). Dabei ist der Richter an die Feststellungen des früheren Urteils zu den Einzelstrafen gebunden und hat auch deren Strafzumessungserwägungen zu berücksichtigen (BGH NJW **53**, 1360, Braunschweig NJW **54**, 569; vgl. auch Karlsruhe Justiz **65**, 119). Dagegen ist er in der eigentlichen Gesamtstrafenbildung frei und nicht an die Gründe einer früheren Gesamtstrafenbildung gebunden (vgl. BGH **7** 182, NJW **53**, 1360). Er kann etwa bei mehrfacher Begehung von Taten, die jeweils als minder schwer gewertet worden sind, in einer Gesamtbetrachtung zur Beurteilung des gesamten Verhaltens als besonders verwerflich gelangen (vgl. BGH NStZ **88**, 126). Es können auch Umstände berücksichtigt werden, die dem ersten Richter noch nicht bekannt waren oder die erst später entstanden sind, z. B. nachträgliches Verhalten (Schweling GA 55, 297).

40 Nach h. M. soll eine *frühere Gesamtstrafe* allerdings insoweit *fortwirken*, als die neue Gesamtstrafe nicht niedriger sein dürfe als die alte (RG **6** 285, **44** 302, BGH **7** 183, Vogler LK 26, Schorn JR 64, 46) und andererseits die alte Gesamtstrafe, vermehrt um die neue Einzelstrafe, nicht übersteigen dürfe (RG **48** 277, DR **40**, 1417, BGH **8** 203, **9** 383, **15** 164, Karlsruhe Justiz **65**, 119, Stuttgart NJW **68**, 1731, Bay NJW **71**, 1194). Dem ist nicht zu folgen (ebenso Bringewat aaO RN 274, MDR 87, 793). Auch im Falle des § 55 bestehen, wie sich aus der uneingeschränkten Verweisung auf § 54 ergibt, nur die Grenzen, daß die Gesamtstrafe die Einsatzstrafe übersteigen muß und die Summe der Einzelstrafen nicht erreichen darf (ebenso Dresden HRR 37 Nr. 606, D-Tröndle 5, Schulz MDR 64, 559). Wenn RG **6** 285 die Unterschreitung der früheren Gesamtstrafe als unzulässige Korrektur des früheren Urteils ansieht, so widerspricht dies dem im selben Urteil (ebenso auch BGH VRS **44** 22, Köln JMBlNW **64**, 107) enthaltenen Satz, daß andererseits die neue Gesamtstrafe nicht höher zu sein brauche als die alte (vgl. auch BGH GA **73**, 148); auch dies kann nur auf einer Korrektur des früheren Urteils beruhen (vgl. Schulz aaO). Ebensowenig trägt die Begründung der Rspr. die These, daß die neue Gesamtstrafe die alte, vermehrt um die neue Einzelstrafe, nicht überschreiten dürfe; weder schafft die alte Gesamtstrafe ein „wohlerworbenes Recht" des Täters (RG **46** 183), noch ist § 55 eine den Täter nur begünstigende Vorschrift, deren Anwendung ihn nicht benachteiligen dürfe (RG **48** 277, BGH **15** 166). § 55 will den Täter so stellen, wie wenn seine verschiedenen Taten einheitlich abgeurteilt worden wären; darüber hinausgehende Vorteile können ihm aus § 55 nicht erwachsen. Insb. wäre es auch falsch, hier die Grundsätze des Verschlechterungsverbots (§ 331 I StPO) heranzuziehen (in dieser Richtung aber BGH **8** 203), dessen Grundgedanke, den Angekl. nicht vom Gebrauch der ihm zustehenden Rechtsmittel abzuschrecken, mit der Situation des § 55 nichts gemeinsam hat (Hamm NJW **64**, 1285, Düsseldorf VRS **36** 179, LG Hamburg MDR **65**, 760). Vgl. aber auch u. 42, 75.

41 Eine Limitierung der neuen durch die alte Gesamtstrafe, wie sie die h. M. annimmt, würde auch zu unbefriedigenden Ergebnissen führen. Stellt sich etwa im neuen Verfahren heraus, daß alle Taten auf Grund einer einheitlichen Notlage begangen wurden, so kann u. U. begründeter Anlaß bestehen, trotz Einbeziehung der neuen Tat unter die frühere Gesamtstrafe heruntergehen. Umgekehrt kann das Hinzutreten der neuen Tat eine besondere, bei der ersten Verurteilung noch nicht erkannte Gefährlichkeit des Täters erweisen, so daß eine die Summe der alten Gesamt- und neuen Einzelstrafe übersteigende neue Gesamtstrafe angebracht erscheint.

42 δ) Das Verbot der **reformatio in peius** (§ 331 I StPO) hindert, wenn in der 1. Instanz § 55 übersehen wurde, nicht daran, im Berufungsurteil eine nachträgliche Gesamtstrafe zu bilden,

die die in 1. Instanz verhängte (Einzel-)Strafe überschreitet (vgl. o. 40 a. E.). Wurde allerdings bereits in 1. Instanz eine Gesamtstrafe gebildet und ergibt sich in der Berufungsinstanz die Notwendigkeit, ein (im erstinstanzlichen Urteil nicht berücksichtigtes) früheres Urteil gemäß § 55 einzubeziehen, so darf dabei unter den Voraussetzungen des § 331 I StPO der dem Angekl. durch die Gesamtstrafenbildung in 1. Instanz erwachsene Vorteil nicht mehr genommen werden; d. h. hier darf die Summe der Gesamtstrafe aus der 1. Instanz und der in der Berufungsinstanz einzubeziehenden Einzelstrafe durch die neue Gesamtstrafe nicht überschritten werden (vgl. BGH **15** 166, LG Hamburg MDR **65**, 760). U. U. kann sich aus dem Zusammenwirken von § 55 mit dem Verschlechterungsverbot auch eine Gesamtstrafe ergeben, die die Einsatzstrafe entgegen § 54 I 1 unterschreitet (BGH **8** 205, Saarbrücken MDR **70**, 65, Bay NJW **71**, 1194). Ist in 1. Instanz davon abgesehen worden, aus einer Freiheitsstrafe mit bereits rechtskräftiger Geldstrafe eine Gesamtfreiheitsstrafe zu bilden, so läßt das Verschlechterungsverbot es nicht zu, in 2. Instanz eine solche Entscheidung nachzuholen (BGH **35** 212, MDR/H **77**, 109, Bay MDR **75**, 161). Dagegen gilt das anfangs Gesagte, wenn dem erstinstanzlichen Gericht die Geldstrafe unbekannt und deshalb eine Gesamtstrafenbildung unterblieben war (vgl. Hamm MDR **77**, 861, Bay JZ **79**, 652 m. abl. Anm. Maiwald JR **80**, 353). Anders soll es sich nach Karlsruhe NStZ **83**, 137 m. abl. Anm. Ruß u. Gollwitzer JR **83**, 165 verhalten, wenn das erstinstanzliche Gericht eine Geldstrafe verhängt und eine Gesamtstrafe mangels Kenntnis von einer Freiheitsstrafe nicht bildet. Hier soll einer Gesamtstrafenbildung in 2. Instanz das Verschlechterungsverbot entgegenstehen. Dem läßt sich nicht zustimmen (BGH **35** 208 m. Anm. Böttcher JR **88**, 205), da kein wesentlicher Unterschied gegenüber dem umgekehrten Fall besteht (vgl. Ruß NStZ **83**, 138). Bedenken gegen die Entscheidung ergeben sich zudem aus dem dort gegebenen Hinweis auf die Möglichkeit einer Gesamtstrafenbildung nach § 460 StPO. Was im Nachtragsverfahren zulässig ist, kann in der 2. Instanz schwerlich untersagt sein (vgl. auch BGH **35** 213, Hamm NStZ **87**, 557, Gollwitzer JR **83**, 167).

ε) Zur Gesamtstrafenbildung bei mehreren Vorverurteilungen oder mehreren abzuurteilenden Taten vgl. o. 14f. **43**

ζ) In die neu zu bildende Gesamtstrafe sind *auch solche Strafen einzubeziehen*, für die **Strafaussetzung zur Bewährung** gewährt worden war. Dies ergibt sich unmittelbar aus § 58 II. Gleichgültig ist, ob die Strafaussetzung unmittelbar auf dem früheren Urteil beruht (§ 56) oder ob erst später gem. § 57 die Vollstreckung des Strafrests ausgesetzt wurde. **44**

αα) Ebenso wie eine frühere Gesamtstrafe (vgl. o. 38) wird also auch eine *Strafaussetzung durch das frühere Urteil* mit der nachträglichen Gesamtstrafenbildung *gegenstandslos;* ein Widerruf ist nicht erforderlich (BGH **7** 180, NJW **55**, 1485, Bay GA **62**, 375, Celle NJW **57**, 1644). Es kann jedoch zweckmäßig sein, den Wegfall der Strafaussetzung im neuen Urteil klarzustellen. **45**

ββ) Gegenstandslos wird aber auch die Aussetzung der Restvollstreckung gem. § 57. Dies leuchtet ohne weiteres in den Fällen ein, in denen sich die bereits verbüßte Strafzeit auf weniger als zwei Drittel (§ 57 I) bzw. die Hälfte (§ 57 II) der nachträglich gebildeten Gesamtstrafe beläuft; hier fehlt es, da ausschließlich die nachträgliche Gesamtstrafe Gegenstand der Vollstreckung ist (vgl. § 54 RN 20), bereits an den Voraussetzungen des § 57. Die Aussetzung entfällt aber auch dann, wenn die Höhe des bereits verbüßten Strafteils an sich die sofortige Aussetzung auch der Gesamtstrafe gestatten würde. Das ergibt sich daraus, daß § 57 kein Verfahren vorsieht, wonach die Aussetzung des Strafrestes widerrufen werden könnte, wenn ihre Voraussetzungen nachträglich wegfallen (vgl. § 57 i. V. mit § 56f I). In geeigneten Fällen wird deshalb das zur Entscheidung nach § 57 berufene Gericht alsbald nach Rechtskraft des Gesamtstrafenurteils den Strafrest (nunmehr auf die Gesamtstrafe bezogen) erneut aussetzen. **46**

γγ) Im übrigen ist die Art und Weise der Strafaussetzung bei nachträglichen Gesamtstrafen durch § 58 II geregelt; vgl. dort RN 5ff. **47**

η) Die *Anrechnung* bereits *verbüßter Teile* der früher verhängten Strafe richtet sich nach § 51 II; vgl. dort RN 23ff. **48**

ϑ) Über die *Anrechnung von U-Haft* vgl. § 51 RN 15. **49**

ι) Die *neue Gesamtstrafe* ist im *Tenor* des neuen Urteils *auszusprechen*. Da die Einzelstrafen Bestandteil der neuen Gesamtstrafe sind, darf ihr Wegfall im Tenor nicht angeordnet werden (BGH **12** 99). Dagegen muß eine frühere Gesamtstrafe, die in die neue Gesamtstrafe einbezogen wird, durch den Tenor aufgehoben werden (BGH MDR/He **55**, 527). Über die Bemessung der neuen Gesamtstrafe ist nach § 267 III StPO Rechenschaft abzulegen (BGH NJW **53**, 1360; ähnl. Bremen NJW **56**, 1329; vgl. auch § 54 RN 18). **50**

b) Ergibt die Anwendung des § 53 dagegen, daß eine **Gesamtstrafe nicht zu bilden** ist, so ist eine nur deklaratorische Wiederholung des früheren Urteils entbehrlich. Dies bezieht sich vor allem auf die Fälle gesonderter Verhängung von Freiheits- und Geldstrafen nach § 53 II 2, wenn **51** man mit der h. M. (and. § 53 RN 26 f., o. 36) die Bildung einer Gesamtstrafe aus Freiheits- und Ersatzfreiheitsstrafe ablehnt. Gegen die von Bender NJW 71, 791 vorgeschlagene Einbeziehung des früheren Urteils in derartigen Fällen vgl. KG JR **86**, 119, Stuttgart NStZ **89**, 47.

52 Dies kann jedoch nicht gelten, wenn die einheitliche Verhängung von Nebenstrafen, Nebenfolgen oder Maßnahmen gem. §§ 53 III, 52 IV, 55 II in Betracht kommt; hier ist anders zu verfahren, damit etwaige *Höchstsätze* (etwa beim Fahrverbot und der Fahrerlaubnisentziehung) *nicht überschritten* werden (vgl. § 53 RN 33, u. 53 ff.). Kann allerdings die neue Straftat auf eine im früheren Urteil verhängte Nebenfolge usw. – oder umgekehrt – offensichtlich keinen Einfluß haben, so ist auch insoweit auf die bloße deklaratorische Wiederholung zu verzichten; so etwa, wenn im früheren Urteil wegen eines Straßenverkehrsdelikts Fahrverbot verhängt wurde und jetzt ein Diebstahl abzuurteilen ist.

53 2. Liegen die Voraussetzungen des § 55 vor, so sind – wie bei gleichzeitiger Aburteilung aller Taten – **Nebenstrafen, Nebenfolgen und Maßnahmen einheitlich durch das spätere Urteil** anzuordnen (Abs. 1 i. V. m. §§ 53 III, 52 IV; § 55 II). Dies gilt unabhängig davon, ob aus den Hauptstrafen eine Gesamtstrafe gebildet oder ob gesondert auf sie erkannt wird (vgl. § 53 RN 33; and Bringewat aaO RN 302, D-Tröndle 8).

54 Über den Wortlaut des § 55 hinaus sind Nebenstrafen usw. auch dann einheitlich anzuordnen, wenn z. Z. der späteren Aburteilung **nur** noch **Nebenstrafen, Nebenfolgen** oder **Maßnahmen** aus dem früheren Urteil **unerledigt** sind, dessen Hauptstrafe aber bereits vollstreckt, verjährt oder erlassen ist (so daß für diese die Anwendung des § 55 ausscheidet). Wurden etwa im früheren Urteil Geldstrafe und 3 Monate Fahrverbot verhängt und steht nach Zahlung der Geldstrafe, aber noch vor Ablauf der Dreimonatsfrist ein weiteres, vor dem früheren Urteil begangenes Verkehrsdelikt zur Aburteilung, so könnte der zweite Richter sonst ein zusätzliches Fahrverbot verhängen, so daß insgesamt die Höchstgrenze des § 44 überschritten wäre. Dieses unbefriedigende und dem Anliegen des § 55 zuwiderlaufende Ergebnis kann nur dadurch vermieden werden, daß in derartigen Fällen wenigstens für die noch unerledigten Deliktsfolgen des früheren Urteils § 55 i. V. m. §§ 53 III, 52 IV heranzuziehen ist. And. Bringewat aaO RN 303.

55 a) Diese Alleinzuständigkeit des späteren Richters für die Anordnung von Nebenstrafen, Nebenfolgen und Maßnahmen hat **Eingriffe in die Rechtskraft des früheren Urteils** zur Folge: dessen Ausspruch hierzu wird ebenso gegenstandslos (vgl. Abs. 2, BGH **7** 182) und bindet den späteren Richter ebensowenig wie eine im früheren Urteil verhängte Gesamtstrafe (zu eng Hamm NJW **64**, 1285; vgl. dagegen o. 38 ff.). Er hat, sofern es sich nicht um zwingende Folgen handelt, sein eigenes Ermessen auszuüben, wobei er freilich die Erwägungen des früheren Urteils berücksichtigen muß und sich über dessen Feststellungen zum Schuldspruch und zu den Einzelstrafen nicht hinwegsetzen kann (vgl. BGH **7** 182: „er hat sich auf den Standpunkt des zuerst erkennenden Gerichts zu stellen"; ebenso Hamm NJW **64**, 1285, Zweibrücken NJW **68**, 312, Düsseldorf VRS **36** 180, Frankfurt VRS **55** 197).

56 α) Das spätere Urteil kann also bereits früher ausgesprochene Folgen **verschärfen** (z. B. Erhöhung der Sperrfrist nach § 69 a bei Hinzutreten eines weiteren Verkehrsdelikts; vgl. Hamm NJW **64**, 1285, Düsseldorf VRS **36** 180); es kann eine bereits früher angeordnete Folge durch eine schwerere ersetzen (Fahrerlaubnisentzug statt Fahrverbot, Sicherungsverwahrung statt Führungsaufsicht; vgl. RG **75** 212) oder auch erstmals eine der Folgen verhängen (etwa Sicherungsverwahrung, wenn sich durch die jetzt abgeurteilte Tat der Angekl. als gefährlicher Hangverbrecher erweist; and. Hamm NJW **64**, 1285, das sich zu Unrecht auf ein „Verschlechterungsverbot" beruft [vgl. dazu o. 40 f.]).

57 β) Umgekehrt kann auch eine **Milderung** erfolgen, sofern eine frühere Gesamtstrafe hinfällig wird und die frühere Gesamtbeurteilung für den Umfang der Folgen maßgebend war. Insoweit gilt Entsprechendes wie zur früheren Gesamtstrafe; vgl. o. 40 f. Dagegen darf das neue Urteil eine Folge, für die allein eine Einzeltat ausschlaggebend war, nicht mildern (unzulässiger Eingriff in die Rechtskraft).

58 Die Milderungsmöglichkeit muß allerdings auf *Sonderfälle* beschränkt sein; der spätere Richter kann nicht solche früher angeordneten Folgen mildernd „korrigieren", die mit der neu hinzutretenden Straftat nichts zu tun haben (vgl. o. 52 a. E.). So kann etwa der spätere Richter, der einen Diebstahl aburteilt, an der im früheren Urteil festgesetzten Sperrfrist bei der Fahrerlaubnisentziehung wegen mehrerer Trunkenheitsfahrten nichts ändern.

59 γ) Das spätere Urteil hat nicht nur die neu hinzutretenden, sondern auch die bestehenbleibenden Folgen auszusprechen **(Abs. 2)**. Dies hat zu geschehen, weil – nicht zuletzt aus Gründen der Praktikabilität – ausschließlich das spätere Urteil Grundlage der Vollstreckung ist (vgl. Köln NJW **53**, 1564). Die **Aufrechterhaltung** (vgl. dazu BGH NJW **79**, 2113) ist also auch dann nicht entbehrlich, wenn dies bei zwingenden Folgen nur eine Wiederholung bedeutet. Nicht erforderlich ist dagegen, den Wegfall gegenstandslos gewordener Nebenstrafen usw. im Tenor des späteren Urteils auszusprechen. Gegenstandslos ist eine Rechtsfolge geworden, wenn sie in ihren Wirkungen von den neuen Rechtsfolgen voll erfaßt wird, wie etwa die Aberkennung der Amtsfähigkeit nach § 45 II im Falle einer Gesamtstrafe, die ohnehin den Verlust der Amtsfähigkeit nach § 45 I zur Folge hat. Eine früher angeordnete Folge ist auch dann nicht aufrechtzuerhalten, wenn sie nicht durch die neue Entscheidung, sondern aus anderen Gründen gegenstandslos geworden ist, so etwa, wenn die früher angeordnete Einziehung durch Eigentumsübergang auf den Fiskus mit Rechtskraft des früheren Urteils bereits erledigt ist (vgl. Köln NJW **53**, 1564) oder wenn bei einer Fahrerlaubnisentziehung die Sperre abgelaufen und dem Verurteilten bereits eine neue Fahrerlaubnis erteilt worden ist. Ist nur die Sperre abgelaufen, so ist die Sperrfrist nicht aufrechtzuerhalten (BGH DAR/S **78**, 152, Schleswig SchlHA/L-G **88**, 104), wohl aber die Fahrerlaubnisentziehung (BGH StV **83**, 14).

b) Da im späteren Urteil die Nebenfolgen, Nebenstrafen und Maßnahmen einheitlich festgesetzt werden, dürfen die jeweiligen **Höchstgrenzen nicht überschritten** werden (etwa bei §§ 44, 69a; zust. BGH **24** 205, Köln JMBlNW **72**, 19) – sowenig wie bei gleichzeitiger Aburteilung aller Taten (vgl. § 53 RN 31). Gleichartige oder ähnliche, schon im früheren Urteil ausgesprochene Folgen, die bereits ganz oder teilweise durch Fristablauf erledigt sind, müssen deshalb bei der einheitlichen Neufestsetzung im späteren Urteil **angerechnet** oder, falls eine Anrechnung wegen Artverschiedenheit nicht möglich ist, sonst berücksichtigt werden. Dies ergibt sich aus § 51 II, der sich nicht nur auf Strafen, sondern auf Deliktsreaktionen aller Art bezieht (vgl. § 51 RN 25). 60

Im früheren Urteil verhängte **Folgen** sind *auch dann anzurechnen,* wenn sie zur Zeit des späteren Urteils *schon vollständig erledigt* sind. Dem steht nicht entgegen, daß § 55 nur eingreift, wenn die früheren Strafen noch nicht vollstreckt, verjährt oder erlassen sind; denn die entsprechende Anwendung dieser Klausel auf die hier in Frage stehenden Fälle wäre unzulässige Analogie in malam partem (vgl. auch o. 19). 61

α) Bei der Unterbringung in einem *psychiatrischen Krankenhaus* entsteht kein Anrechnungsproblem, weil diese Maßregel keine zeitliche Begrenzung aufweist. Daß die Unterbringung zur Bewährung ausgesetzt worden ist, hindert nicht daran, die Maßregel im späteren Urteil aufrechtzuerhalten. Gleichzeitig ist darüber zu befinden, ob bei der neuen Sachlage die Aussetzung zu widerrufen ist. 62

β) Bei der Unterbringung in einer *Entziehungsanstalt* (§ 64) ist die früher ausgesprochene Anordnung aufrechtzuerhalten (vgl. § 67f RN 5). Anrechnungsprobleme entstehen daher nicht. 63

Gleiches gilt für die *Führungsaufsicht* (§ 68), die Aberkennung der Fähigkeit, öffentliche Ämter zu bekleiden (§ 45 II), und die Aberkennung des Stimmrechts (§ 45 V), wenn dem früheren Urteil bereits die Höchstfrist als Dauer der Maßregel bzw. Nebenfolge zu entnehmen ist. Andernfalls kann im Gesamtstrafenurteil die Dauer verlängert werden. Bereits abgelaufene Fristen sind dann anzurechnen. 64

Für das *Berufsverbot* nach § 70 gilt Entsprechendes wie für die Entziehung der Fahrerlaubnis; vgl. näher u. 69f. 65

γ) Die Anordnung der *Sicherungsverwahrung* ist auch dann aufrechtzuerhalten, wenn sie in dem Urteil, das in die Gesamtstrafenbildung einbezogen wird, erstmalig angeordnet worden ist. Der Umstand, daß die nunmehr abgeurteilte Tat ebenfalls Anlaß für die Anordnung der Sicherungsverwahrung bietet, berechtigt nicht zur Anordnung einer weiteren Sicherungsverwahrung. Vielmehr ist die Unterbringung weiterhin als erste anzusehen, für die gem. § 67d I die Höchstfrist von 10 Jahren besteht, wie es auch bei gleichzeitiger Aburteilung aller Taten der Fall gewesen wäre. 66

δ) Praktische Bedeutung hat die Anrechnung ganz oder zum Teil erledigter Folgen vor allem beim *Fahrverbot* und bei der *Entziehung der Fahrerlaubnis*. 67

αα) Soll im späteren Urteil ein *Fahrverbot* verhängt werden, so ist, wenn es bereits im früheren Urteil enthalten war, die abgelaufene Frist in vollem Umfang anzurechnen; da es sich um eine Nebenstrafe handelt, kann hier nichts anderes als bei den Hauptstrafen gelten. Ein Fahrverbot kann im späteren Verfahren also nicht mehr verhängt werden, wenn bereits das frühere auf die Höchstfrist von 3 Monaten lautete und diese Frist abgelaufen ist. Ist diese Frist noch nicht abgelaufen, so ist das Fahrverbot von 3 Monaten lediglich aufrechtzuerhalten. 68

ββ) Eine bereits im einbezogenen Urteil angeordnete **Fahrerlaubnisentziehung** wird aufrechterhalten. Es kann jedoch eine gem. § 69a II erfolgte Ausnahme von der Sperre aufgehoben sowie eine neue Sperrfrist festgesetzt werden. In diesem Fall fragt sich, ob der abgelaufene Teil der früheren Sperrfrist voll auf die einheitliche neue Sperrfrist anzurechnen ist (so Zweibrücken NJW **68**, 312) oder ob der spätere Richter nur allgemein bei der Neubemessung der Sperre auf 69

§ 55 70–75   Allg. Teil. Rechtsfolgen – Strafbemessung bei mehreren Gesetzesverletzungen

die frühere Entziehung „Rücksicht zu nehmen" hat (so Stuttgart NJW **67**, 2071). Eine förmliche Anrechnung widerspricht zwar in gewissem Sinne dem Wesen einer Maßregel, die auf einer Prognose für die Zukunft basiert (vgl. Stuttgart aaO). Diese Bedenken haben aber zurückzutreten, weil ohne vollständige Anrechnung der abgelaufenen Sperrfrist keine Gewähr dafür bestünde, daß die Höchstgrenze von 5 Jahren eingehalten wird (BGH **24** 205, Köln JMBlNW **72**, 19, VRS **61** 348, Schleswig SchlHA/E-J **79**, 202, Stuttgart VRS **71** 276). Dies folgt schon daraus, daß nach § 69a V die Sperre erst mit der Rechtskraft beginnt, der Richter des späteren Verfahrens also noch nicht wissen kann, wann der Lauf der früheren Sperrfrist durch den Beginn der neuen einheitlichen beendet wird. Die Gegenmeinung (Geppert MDR **72**, 285 f., Hentschel Rpfleger **77**, 282 f., Himmelreich-Hentschel, Fahrverbot, Führerscheinentzug, 5. A. 1986, RN 147) wird dem Grundgedanken des § 55 nicht gerecht, da nach ihr die gleichzeitige Aburteilung sich zu Lasten des Täters auswirken kann. Vgl. auch Frankfurt VRS **55** 199, Karlsruhe VRS **57** 112. Zum Ganzen vgl. Bringewat aaO RN 315 ff.

70 *Auf welche Weise* die *Anrechnung* der früheren Sperrfrist *auszusprechen* ist, richtet sich danach, ob diese zum Zeitpunkt des späteren Urteils noch läuft oder schon abgelaufen ist. Ist sie schon erledigt, so wird der spätere Richter im Urteil nur noch den Differenzbetrag zwischen der eigentlich anzuordnenden einheitlichen und der abgelaufenen Sperrfrist aussprechen, wobei er nicht an die Mindestfristen des § 69a gebunden ist. Läuft sie dagegen noch, so muß im späteren Urteil die neue einheitliche Sperrfrist voll verhängt und gleichzeitig ausgesprochen werden, daß die frühere Sperrfrist, soweit sie bis zum Eintritt der Rechtskraft des späteren Urteils abgelaufen ist, anzurechnen ist (vgl. auch Tenorierungsvorschlag bei Mecker NJW **68**, 1382). Anders als bei Freiheitsstrafen ist hier ein ausdrücklicher Ausspruch der Anrechnung im Urteil angebracht, weil sonst für die Vollstreckungsbehörde (vgl. Diether Rpfleger **68**, 179) nicht die nötige Klarheit über den Fristablauf bestünde (vgl. auch Köln VRS **61** 349, Stuttgart VRS **71** 275: Klarstellung, daß Sperrfrist mit Rechtskraft des einbezogenen Urteils läuft).

71 Ein *Fahrverbot* aus dem früheren Urteil kann dagegen auf die im späteren Urteil ausgesprochene Sperrfrist wegen der unterschiedlichen Zielsetzung von Nebenstrafe und Maßregel nicht förmlich angerechnet werden. Bei Bemessung der Sperrfrist ist es jedoch zu berücksichtigen.

72 **IV.** Die **Anwendung** des § 55 ist zwingend; die Bildung der Gesamtstrafe darf grundsätzlich nicht dem Beschlußverfahren nach § 460 StPO vorbehalten werden (RG **64** 413, BGH [GrS] **12** 1, **23** 98 [hierzu Küper MDR **70**, 885], StV **83**, 60, NStZ/D **90**, 223). Dies gilt jedoch bei ausreichender Terminsvorbereitung (vgl. Köln MDR **83**, 423) dann nicht, wenn der Tatrichter bei Entscheidungsreife weitere umfangreiche Ermittlungen hätte anstellen müssen, um eine Gesamtstrafe bilden zu können (vgl. RG **34** 267, **37** 284, BGH MDR/He **55**, 527, StV **82**, 569, Hamburg JR **55**, 308, Hamm NJW **70**, 1200 m. Anm. Küper NJW **70**, 1559; vgl. auch BGH [GrS] **12** 10), oder wenn der Angekl. mit Aussicht auf Erfolg um Wiedereinsetzung gegen die Versäumung der Rechtsmittelfrist bezügl. des früheren Urteils nachgesucht hat (vgl. BGH **23** 98, Küper MDR **70**, 885). Andererseits darf der Tatrichter die Bildung einer Gesamtgeldstrafe nicht allein deswegen dem Beschlußverfahren nach § 460 StPO überlassen, weil er bei Ausspruch einer Freiheitsstrafe keinen Gebrauch von der Möglichkeit macht, eine Gesamtfreiheitsstrafe mit mehreren in anderen Verfahren rechtskräftig erkannten Geldstrafen zu bilden; er muß diese vielmehr gem. § 55 auf eine Gesamtgeldstrafe zurückführen (BGH **25** 382 m. Anm. Küper NJW **75**, 547). Ferner steht der Verpflichtung aus § 55 nicht entgegen, daß die einzubeziehenden Einzelstrafen möglicherweise auch zur Bildung einer anderen Gesamtstrafe hätten herangezogen werden können (BGH MDR/H **80**, 454).

73 Ist die Anwendung des § 55 rechtsirrig unterblieben, so ist im Revisionsverfahren auf die Sachrüge hin das Urteil im Strafausspruch aufzuheben (BGH [GrS] **12** 4, Hamm NJW **70**, 1200 m. Anm. Küper NJW **70**, 1559). Ausnahmsweise kann jedoch auch die Verfahrensrüge angezeigt sein; vgl. hierzu Küper aaO.

74 Über die **Begründung** der Entscheidung vgl. RG HRR **33** Nr. 1545, **38** Nr. 1316, BGH NJW **57**, 509, Karlsruhe MDR **55**, 413, o. 50, § 54 RN 18.

75 **V.** Ist jemand durch verschiedene rechtskräftige Urteile zu Strafen verurteilt worden und sind dabei aus tatsächlichen Gründen die Vorschriften über eine Gesamtstrafe außer Betracht geblieben, dann kann noch im Beschlußverfahren gemäß **§ 460 StPO** nachträglich eine Gesamtstrafe gebildet werden. Dagegen scheidet eine Gesamtstrafenbildung nach § 460 StPO aus, wenn § 55 bereits geprüft und auf Grund eines Rechtsirrtums für nicht anwendbar gehalten worden ist; das Beschlußverfahren nach § 460 StPO ist nicht dazu bestimmt, Rechtsfehler des erkennenden Gerichts zu beseitigen (Düsseldorf VRS **78** 291 mwN). § 460 StPO verweist auf § 55; die zu dieser Vorschrift entwickelten Grundsätze sind also entsprechend anzuwenden (vgl. z. B. zu den Fragen, welche Zeitpunkte für die Verbüßung oder die Rechtskraft eines der früheren Urteile im Verfahren nach § 460 StPO maßgeblich sind, Frankfurt NJW **56**, 1609, Bay NJW **57**, 1810). Auszugehen ist grundsätzlich von der Rechtslage z. Z. der Entscheidung, in der die Gesamtstrafenbildung unterblieben ist. § 460 StPO ist

Strafaussetzung 1, 2 § 56

jedoch nicht mehr anwendbar, wenn inzwischen sämtliche Strafen verbüßt oder sonst erledigt sind. Zur Frage, ob und wann nachträglich erledigte Einzelstrafen noch zu berücksichtigen sind, vgl. KG JR **76**, 202. Anders als bei § 55 (vgl. o. 56) darf der Gesamtstrafenrichter nach § 460 StPO den Verurteilten nicht durch zusätzliche Nebenstrafen, Nebenfolgen und Maßnahmen belasten; er hat nur die bisher in den einzelnen Urteilen verhängten Folgen zu koordinieren. Dieses „Verschlechterungsverbot" hat allerdings mit § 331 I StPO nichts zu tun. Es ergibt sich vielmehr daraus, daß die Neuverhängung oder Verschärfung von Deliktsreaktionen dem Erkenntnisverfahren vorbehalten sein muß, während es sich beim Nachtragsverfahren nach § 460 StPO um ein Beschlußverfahren handelt, das nur mit geringeren verfahrensmäßigen Garantien ausgestattet ist (vgl. RG 73 368, BGH **12** 7, Frankfurt VRS **55** 200). Zur Zuständigkeit für die nachträgliche Gesamtstrafenbildung vgl. BGH NJW **76**, 1512. Zur Begründung der nachträglich gebildeten Gesamtstrafe vgl. Düsseldorf StV **86**, 376.

Vierter Titel. Strafaussetzung zur Bewährung

§ 56 Strafaussetzung

(1) **Bei der Verurteilung zu Freiheitsstrafe von nicht mehr als einem Jahr setzt das Gericht die Vollstreckung der Strafe zur Bewährung aus, wenn zu erwarten ist, daß der Verurteilte sich schon die Verurteilung zur Warnung dienen lassen und künftig auch ohne die Einwirkung des Strafvollzugs keine Straftaten mehr begehen wird. Dabei sind namentlich die Persönlichkeit des Verurteilten, sein Vorleben, die Umstände seiner Tat, sein Verhalten nach der Tat, seine Lebensverhältnisse und die Wirkungen zu berücksichtigen, die von der Aussetzung für ihn zu erwarten sind.**

(2) **Das Gericht kann unter den Voraussetzungen des Absatzes 1 auch die Vollstreckung einer höheren Freiheitsstrafe, die zwei Jahre nicht übersteigt, zur Bewährung aussetzen, wenn nach der Gesamtwürdigung von Tat und Persönlichkeit des Verurteilten besondere Umstände vorliegen.**

(3) **Bei der Verurteilung zu Freiheitsstrafe von mindestens sechs Monaten wird die Vollstreckung nicht ausgesetzt, wenn die Verteidigung der Rechtsordnung sie gebietet.**

(4) **Die Strafaussetzung kann nicht auf einen Teil der Strafe beschränkt werden. Sie wird durch eine Anrechnung von Untersuchungshaft oder einer anderen Freiheitsentziehung nicht ausgeschlossen.**

Vorbem. Abs. 2 geändert durch 23. StÄG vom 13. 4. 1986, BGBl I 393.

Schrifttum: Bruns, Die Strafaussetzung zur Bewährung, GA 56, 193. – *von Caemmerer*, Probation, 1952. – *Frisch*, Prognoseentscheidungen im Strafrecht, 1983. – *Grethlein*, Probleme der Strafaussetzung zur Bewährung und des Entzuges der Fahrerlaubnis, DAR 57, 253. – *Grünhut*, Bedingte Verurteilung, ZStW 64, 127. – *Jagusch*, Über die Strafaussetzung zur Bewährung, JZ 53, 689. – *Armin Kaufmann*, Die Strafaussetzung zur Bewährung und das Verbot der reformatio in peius, JZ 58, 297. – *Kunert*, Kurze Freiheitsstrafe und Strafaussetzung zur Bewährung, MDR 69, 705. – *Lackner*, Die Strafaussetzung zur Bewährung und die bedingte Entlassung, JZ 53, 428. – *Lorenz*, Die bedingte Verurteilung und die bedingte Entlassung, JR 49, 393. – *Mittelbach*, Die Strafaussetzung zur Bewährung durch den Richter, JR 55, 5. – *Peters*, Die kriminalpolitische Stellung des Strafrichters (1932) S. 127. – *Schröder*, Bedingte Verurteilung, NJW 52, 6. – *Schulze*, Inwieweit ist die Strafaussetzung eine Ermessensentscheidung?, NJW 57, 172. – *Schumacher*, Die vorläufige Entlassung (§§ 23–26 StGB) unter besonderer Berücksichtigung der Entwürfe, 1934 (StrAbh. Heft 336). – *Simson*, Bedingte Verurteilung, ZStW 64, 140. – *Umhauer*, Vorläufige Entlassung und Beurlaubung auf Wohlverhalten in: Bumke, Deutsches Gefängniswesen 1928, 393. – *Vrij*, Zum Problem der Strafaussetzung, ZStW 66, 218. – Zur Reform vgl. *Bietz* ZRP 77, 62.

I. Das 1953 in das StGB eingefügte und 1969 ausgebaute Institut der **Strafaussetzung zur** 1 **Bewährung** hat die Funktion, kurz und mittelfristige Freiheitsentziehungen zurückzudrängen und die Resozialisierung des Täters zu fördern. Hinter diesen Zweck treten bei Freiheitsstrafen unter 6 Monaten generalpräventive Zwecke zurück. Die Strafaussetzung ist insofern im Falle einer günstigen Resozialisierungsprognose zwingend vorgeschrieben. Erst bei Strafen ab 6 Monaten ist sie trotz günstiger Prognose zu versagen, wenn die Verteidigung der Rechtsordnung die Vollstreckung gebietet (Abs. 3).

Von der Aussetzung der Strafvollstreckung zu unterscheiden ist die **Zurückstellung der Strafvoll-** 2 **streckung** gem. § 35 BtMG. Sie kommt bei Freiheitsstrafen von nicht mehr als 2 Jahren in Betracht, wenn die Verurteilung wegen einer Straftat erfolgt ist, die auf Grund einer Betäubungsmittelabhängigkeit begangen worden ist, und der Verurteilte sich wegen seiner Abhängigkeit in einer seiner Rehabilitation dienenden Behandlung befindet oder zusagt, sich einer solchen zu unterziehen, und deren Beginn gewährleistet ist. Bei einer Gesamtfreiheitsstrafe von nicht mehr als 2 Jahren genügt es, daß die Drogenabhängigkeit für den ihrer Bedeutung nach überwiegenden Teil der abgeurteilten Taten bestimmend gewesen ist. Die Zurückstellung der Strafvollstreckung ist der Strafaussetzung nachgeordnet. Liegen die Voraussetzungen des § 56 vor, so hat die Strafaussetzung Vorrang vor der Zurückstellung der Strafvollstreckung (Tröndle MDR 82, 2). Sie darf nicht unter Berufung auf die Möglichkeit, die Vollstreckung zurückzustellen, versagt werden. Zur Möglichkeit einer späteren Strafaussetzung nach Zurückstellung der Vollstreckung vgl. § 36 BtMG. Das Prognoseerfordernis weicht in diesem Fall von § 56 ab und entspricht dem des § 57.

3 II. **Grundgedanke** der Strafaussetzung ist, dem Täter Gelegenheit zu geben, sich durch straffreies Leben und Erfüllung von Auflagen und Weisungen nach der Verurteilung **Straferlaß** zu **verdienen,** um so seine Resozialisierung zu fördern und Schäden durch den Vollzug kurzer Freiheitsstrafen zu vermeiden. Die Strafaussetzung findet ihre Rechtfertigung sowohl in präventiven wie auch in Gerechtigkeitserwägungen (Schröder NJW 52, 9). Der Gedanke der gerechten Antwort auf ein Fehlverhalten ist aus ihr nicht wegzudenken (vgl. Bruns GA 56, 196 ff.). Dies ergibt sich auch aus § 56 b, der den Auflagen ausdrücklich die Aufgabe zuweist, der Genugtuung für das begangene Unrecht zu dienen. Im Vordergrund steht jedoch der Resozialisierungsgedanke, also eine Erwägung aus dem spezialpräventiven Bereich. Der Täter soll Gelegenheit haben, sich auch ohne Verbüßung der Strafe wieder in die Gemeinschaft einzufügen. Diese Tatsache hat die Auslegung des § 56 zu bestimmen.

4 Ihrem **Wesen** nach ist die Strafaussetzung eine **Modifikation der Freiheitsstrafe,** und zwar ihrer Vollstreckung (vgl. BGH **7** 184, **31** 28, JZ **56,** 101, Lackner 2a, Ruß LK 2). Der Täter ist zu Freiheitsstrafe verurteilt und hat die Chance, sich durch Bewährung von der Strafverbüßung zu befreien (Bruns aaO 201, Maassen MDR 54, 2). Demgegenüber wird z. T. angenommen, es handle sich bei der Strafaussetzung um ein Rechtsinstitut eigener Art, eine „dritte Spur" strafrechtlicher Reaktionsmittel (Baumann/Weber 694, Horn SK 2). In diese Richtung gehen die Meinungen von Jagusch JZ 53, 688, Jescheck 752, Welzel 252; vgl. auch Dreher ZStW 65, 481 ff. Vgl. ferner BGH **24** 43, 166, wonach die Strafaussetzung zwar eine Modifikation der Strafvollstreckung ist, ihr aber „Eigenständigkeit im Sinne einer besonderen ambulanten Behandlungsart" zukommt.

5 Damit ist das deutsche Strafrecht Vorbildern nicht gefolgt, die – wie der belgische und französische „sursis" – das Urteil selbst als bedingt erlassen behandeln, so daß es nach der Bewährung automatisch zusammenfällt und als niemals ergangen gilt. Und ebensowenig ist das System der angelsächsischen „probation" insoweit übernommen, als entweder die Strafverfolgung überhaupt mit Rücksicht auf die Bewährungsfrist unterbleibt oder aber der Täter zwar verurteilt, die Strafe gegen ihn jedoch nicht festgesetzt wird. Die letztere Möglichkeit beruht auf der Unterscheidung zwischen conviction und sentence, die dem kontinentalen Recht unbekannt ist (vgl. dazu Schröder NJW 52, 6).

6 Die Strafaussetzung ist Teil der **Entscheidung über die Straffrage.** Von ihr unabhängig ist jedoch die Strafe als solche zu bemessen (BGH NStZ **88,** 309, wistra **89,** 306). Der Richter darf sich insoweit nicht von dem Gedanken leiten lassen, er werde Strafaussetzung bewilligen oder versagen (BGH NJW **54,** 40, MDR **81,** 64, Frankfurt NJW **56,** 113). Er darf z. B. die schuldangemessene Strafe nicht unterschreiten, um Strafaussetzung bewilligen zu können (BGH **29** 321 m. Anm. Bruns JR 81, 335, **32** 65, NStZ **84,** 117). Vgl. auch § 41 RN 6. Ein Rechtsmittel kann demgemäß auf die Entscheidung über die Aussetzung beschränkt werden (vgl. u. 53).

7 Für die Strafaussetzung zur Bewährung beim Strafarrest und bei Freiheitsstrafen, die nach dem WStG verhängt werden, gelten einige Besonderheiten. Vgl. §§ 14, 14 a WStG.

III. Die Voraussetzungen der Strafaussetzung.

8 1. Ausgesetzt werden können nach Abs. 1 **Freiheitsstrafen bis zu einem Jahr** einschließlich; über die Aussetzung von Strafen bis zu zwei Jahren vgl. u. 25. Für Maßregeln der Besserung und Sicherung gilt § 56 nicht; bei ihnen ist jedoch eine sofortige Aussetzung nach § 67 b möglich.

9 a) Unerheblich ist, ob ein Vergehen oder ein Verbrechen vorliegt und ob der zeitliche Rahmen nur durch Anwendung des § 49 oder wegen Annahme eines minder schweren Falles eingehalten wird.

10 b) § 56 bezieht sich **nicht** auf **Geldstrafen,** ein Umstand, der verschiedentlich gerügt worden ist. Jedoch hat sich der Gesetzgeber einer Erweiterung in dieser Richtung verschlossen. Dies kann dazu führen, daß die an sich mildere Geldstrafe den Täter schwerer trifft, falls er nicht imstande ist, sie zu bezahlen, und sodann die Ersatzfreiheitsstrafe, für die § 56 unanwendbar ist, vollstreckt werden muß (vgl. Bruns aaO 205). Die Möglichkeiten der Verwarnung mit Strafvorbehalt (§ 59), der Einstellung nach § 153 a StPO, der Zahlungserleichterungen (§ 42 StGB, § 459 a StPO) und des Absehens von der Vollstreckung der Ersatzfreiheitsstrafe (§ 459 f StPO) stellen insoweit keinen vollkommenen Ausgleich dar.

c) Bei einer **Gesamtstrafe** ist ihre Höhe, nicht die der Einzelstrafen für die Zulässigkeit der Strafaussetzung entscheidend (§ 58). Es ist daher ohne Bedeutung, ob infolge Verbüßung einer Einzelstrafe der von der Gesamtstrafe noch zu verbüßende Rest weniger als ein Jahr beträgt (Schleswig SchlHA **54**, 358). Bei nachträglicher Bildung einer Gesamtstrafe (§ 55) entfällt mit der Einbeziehung einer nach § 56 ausgesetzten Strafe die Strafaussetzung (BGH **7** 180). Es kann dann aber die Gesamtstrafe ausgesetzt werden, sofern sie 1 Jahr (2 Jahre) nicht übersteigt. Dies gilt auch dann, wenn zuvor die Aussetzung der früheren Strafe rechtskräftig widerrufen worden war (LG Bayreuth NJW **70**, 2122, Ruß LK § 58 RN 5). Die Aussetzung der Gesamtstrafe setzt eine einheitliche Würdigung aller erfaßten Taten voraus. Eine Ausnahme kann gegeben sein, wenn eine Einzelfreiheitsstrafe für die nach Abs. 2 vorzunehmende Gesamtwürdigung ersichtlich kein Gewicht hat (BGH **25** 143). Vgl. im einzelnen § 55 RN 44ff., § 58 RN 2ff. **11**

d) Ohne Bedeutung für die Strafaussetzung ist, ob **neben** der **Freiheitsstrafe** noch eine **Geldstrafe** verhängt wird, auch wenn die Freiheitsstrafe 1 Jahr beträgt. Unzulässig ist andererseits allerdings, Geldstrafe allein deswegen zu verhängen, um die Höhe der Freiheitsstrafe dem § 56 anpassen zu können (vgl. § 41 RN 6). Ferner ist Strafaussetzung trotz einer gleichzeitig angeordneten **Maßregel der Besserung und Sicherung** zulässig. So kann z. B. die Strafe bei Entziehung der Fahrerlaubnis ausgesetzt werden (Stuttgart NJW **54**, 611, Köln NJW **56**, 113, Celle NJW **56**, 1648, KG VRS **11** 277). Bei freiheitsentziehenden Maßregeln schließt jedoch die Notwendigkeit einer Anstaltsunterbringung die Prognose des Abs. 1 regelmäßig aus. Diese geht davon aus, daß sich der Täter in Freiheit bewährt. Zudem läßt sich die positive Wirkung des Maßregelvollzugs kaum hinreichend voraussagen. Können erst bestimmte Maßregeln, z. B. Unterbringung in Entziehungsanstalt, die Voraussetzungen für eine günstige Prognose schaffen, so wird die Maßregel gem. § 67 I vor der Strafe zu vollziehen sein. Die Zeit des Maßregelvollzugs wird dann auf die Strafe angerechnet, bis ⅔ der Strafe erledigt sind. Der verbleibende Strafrest kann zur Bewährung ausgesetzt werden, wenn die Hälfte der Strafe erledigt ist (§ 67 V). **12**

e) Maßgebliche Strafdauer ist stets die verhängte, nicht die zu verbüßende Freiheitsstrafe. Unberücksichtigt bleibt die **Anrechnung von U-Haft** oder sonstiger Freiheitsentziehung gem. § 51 (BGH **5** 377, **6** 394). Abs. 1 ist daher nicht anwendbar, wenn auf Freiheitsstrafe von 15 Monaten erkannt wird, von der 10 Monate als durch U-Haft verbüßt gelten. Hier kann allein auf § 57 zurückgegriffen werden. Andererseits wird die Strafaussetzung bei einer Freiheitsstrafe bis zu einem Jahr durch Anrechnung von U-Haft oder sonstiger Freiheitsentziehung nicht ausgeschlossen (Abs. 4 S. 2). Auszusetzen ist dann die gesamte Strafe, nicht etwa der nach Anrechnung verbleibende Strafrest. Strafaussetzung ist im Hinblick auf § 34 I Nr. 1b BZRG auch zulässig, wenn auf Grund der Anrechnung die Strafe als voll verbüßt anzusehen ist (and. BGH **31** 25 m. abl. Anm. Stree NStZ 82, 327, NStZ/T **87**, 498, D-Tröndle 2, Lackner 3c, Ruß LK 7; vgl. aber auch Haberstroh NStZ 84, 293). In diesem Fall ist aber eine Auflage nach § 56b i. d. R. unangebracht (vgl. § 41 IV AE). **13**

2. Erforderlich ist weiter eine günstige **Resozialisierungsprognose**. Es muß zu erwarten sein, daß der Verurteilte schon unter dem Eindruck der Verurteilung auch ohne Strafvollstreckung keine Straftaten mehr begehen wird, und zwar zeitlich unbegrenzt über die Bewährungszeit hinaus (Bay VRS **62** 37). **14**

Andererseits stellt die Erwartung, daß der Verurteilte in Zukunft irgendwelche **Straftaten** begehen wird, nicht schon die Grundlage einer ungünstigen Prognose dar. Die zu erwartenden Straftaten müssen in ihrer **Art** oder **Schwere** den bereits begangenen Taten entsprechen; diese bilden ja auch die Grundlage für die Prognose (vgl. BGHR § 57 Abs. 1 Erprobung 1). Es ist deshalb nicht möglich, einem Dieb die Strafaussetzung deshalb zu versagen, weil von ihm etwa in Zukunft (leichtere) Verkehrsstraftaten zu erwarten sind. Ähnliche Grundsätze haben für die Art und Schwere der Straftaten zu gelten, vor denen der Verurteilte durch Weisungen nach § 56c bewahrt werden soll. **15**

Auf welche Weise und mit welchen Mitteln die Prognose zu erstellen ist, überläßt das Gesetz der richterlichen Verantwortung. Es gibt nur einige Kriterien für die Prognose an, ohne sie abschließend zu umreißen. Die strafgerichtliche Praxis läßt sich allgemein unter Berücksichtigung der gesetzlichen Kriterien von einer intuitiven Prognose leiten. Da dieses Vorgehen mit erheblichen Fehlerquellen behaftet ist, bemüht sich die kriminologische Forschung, zuverlässigere **Prognoseverfahren** zu entwickeln. Nach der *klinischen Methode* haben Sachverständige die individuelle Täterpersönlichkeit zu erforschen. Unter Einbeziehung des Sozialbereichs sind die besonderen Verhältnisse des Täters zu untersuchen und zu werten; gezielte Explorationen, psychodiagnostische Tests usw. sollen die Prognoseentscheidung empirisch stützen. Der hiermit verbundene große Aufwand läßt diese Methode angesichts der großen Zahl der Prognoseentscheidungen allerdings prozeßökonomisch kaum praktikabel erscheinen. Demgegenüber arbeitet die *statistische Methode* mit Prognosetafeln, mit deren Hilfe die Wahrscheinlichkeit eines **15a**

Rückfalls ermittelt werden soll. Aussagekräftige Faktoren für und gegen die Straffälligkeit werden nach Schlecht- und Gutpunkten in Zahlen umgesetzt. Die danach ermittelte Gesamtzahl soll ergeben, ob die Prognose günstig oder ungünstig ist. Die Schwächen dieser Methode liegen vor allem darin, daß sie die wechselseitigen Beziehungen und Zusammenhänge der einzelnen Faktoren und deren Auswirkung auf Erfolg oder Mißerfolg im Resozialisierungsbemühen nicht hinreichend erfaßt und daß auf diese Weise in einer großen Mittelgruppe mit etwa gleichen Erfolgs- und Mißerfolgswahrscheinlichkeiten keine ausreichend treffsichere Kriminalprognose mehr möglich ist. Diese Schwächen versucht die *Strukturprognose* zu überwinden. Nach ihr soll die Unterschiedlichkeit der Straffälligen durch spezifische Strukturen erfaßt werden, die sich ihrerseits nach dem Vorhandensein oder Fehlen von Merkmalen, die mit dem Kriterium Rückfall oder Nichtrückfall verschiedene Grade des Zusammenhangs aufweisen, voneinander unterscheiden. Für jede der strukturell relativ homogenen Risikogruppen werden dann die Prognosemerkmale miteinander kombiniert. Obgleich die Zuverlässigkeitsprüfungen der Strukturprognosetafeln in den USA gute Ergebnisse zeigten, bedarf diese Methode noch breiterer empirischer Erprobung. Insb. müssen die nordamerikanischen Strukturprognoseinstrumente auf deutsche Verhältnisse umgearbeitet werden. Selbst dann sind sie dem Richter nur ein – allerdings wertvolles – Hilfsmittel.

Vgl. näher zu den verschiedenen Prognosemethoden, deren jeweiligen Schwächen und zu den Bedenken gegen sie Eisenberg, Kriminologie, 1979, 126 ff., Frisch aaO 108 ff., Göppinger, Kriminologie, 4. A. 1980, 337 ff., Horstkotte LK § 67 c RN 48 ff., Kaiser, Kriminologie, 2. A. 1988, 875 ff., Mannheim, Handwörterbuch der Kriminologie, 2. A. 3. Band 1974, 38 ff., Mey, Handbuch der Psychologie, 11. Band 1967, 511 ff., Schneider, Handwörterbuch der Kriminologie, 2. A. Ergänzungsband 1979, 273 ff. und Kriminologie, 1987, 313 ff., Tenckhoff DRiZ 82, 95 jeweils mwN. Vgl. auch Hinkel, Zur Methode deutscher Rückfallprognosetafeln, Krim. Studien Band 21, 1975, Hinz, Gefährlichkeitsprognosen bei Straftätern: Was zählt?, 1987.

16 Eine günstige Prognose setzt voraus, daß ein künftiges (über Bewährungszeit hinaus; Bay VRS **62** 37) straffreies Leben des Verurteilten zu **erwarten** ist. Erwartung bedeutet nicht Gewißheit oder sichere Gewähr (vgl. BGH **7** 10). Sie läßt ein gewisses Risiko der Fehlprognose zu. Der Richter muß aber von der Wahrscheinlichkeit eines straffreien Lebens fest überzeugt sein (vgl. BGH NStZ **86**, 27, NStE Nr. **18**: ausreichend die Überzeugung, daß weitere Straftaten nicht wahrscheinlich sind). **Zweifel** gehen zu Lasten des Verurteilten (Koblenz VRS **53** 31, **74** 272, NJW **78**, 2044, Karlsruhe NJW **80**, 134, Bay **88**, 34, DAR/R **80**, 264, **86**, 244, Köln BA **81**, 17, Düsseldorf OLGSt Nr. **9**, NStE Nr. **15**, D-Tröndle 5, Lackner 4 a, Jescheck 753, Stree, In dubio pro reo, 1962, 112; and. Terhorst MDR 78, 976). Das gilt indes nicht für die Tatsachen, die der Prognose zugrunde zu legen sind; insoweit greift der Grundsatz in dubio pro reo ein (Ruß LK 14; vgl. aber auch Montenbruck, In dubio pro reo, 1985, 102 ff., der wahrscheinlich gegebene Tatsachen als Prognosefaktoren genügen lassen will).

16a Für eine abweichende Lösung der Prognoseprobleme tritt Frisch aaO ein, wobei er den Weg einer Gesetzeskorrektur wählt. Von der Aussetzung soll nur abzusehen sein, wenn der Täter erwiesenermaßen eine Persönlichkeitsstruktur aufweist, die unter gewissen, naheliegenden situativen Voraussetzungen zur Begehung weiterer Straftaten führt. In einem breiten Mittelfeld soll dies nicht feststellbar sein („Fraglich-Fälle"). Das Gericht soll insoweit sogar auf eine Individualprognose verzichten können und sich nur bei greifbaren Anhaltspunkten für eine Schlechtprognose näher mit dieser befassen müssen. Eine Vollstreckung der Strafe soll überdies i. d. R. erst dann in Betracht kommen, wenn dem Täter gegenüber bereits erfolglos eine zur Bewährung ausgesetzte Strafe samt entsprechender Weisungen eingesetzt worden ist. Zudem soll die Strafvollstreckung einen „normativ ausreichenden Abschreckungs- oder Besserungserfolg als realistische Chance" ausweisen müssen. Vgl. namentlich Frisch aaO 53, 59, 84 ff., 136 ff. und dazu Bock NStZ 90, 458.

17 Maßgeblicher **Zeitpunkt** der Prognose ist der des Urteils, nicht der der Tat. Die Prognose kann also auch dann ungünstig ausfallen, wenn z. Z. der Tat zwar eine günstige Prognose zu stellen gewesen wäre, der Täter aber vor Urteilsfällung erneut straffällig geworden ist (Köln NJW **57**, 472). Andererseits sind, da die Prognose zukunftsgerichtet ist, auch Umstände zu berücksichtigen, die sich erst nach der Verurteilung auswirken, so zugunsten des Täters Umstände, die eine positive Wirkung erst erwarten lassen (BGH NJW **78**, 599), etwa Weisungen oder eine bevorstehende Arbeitsaufnahme. Die Erwartung, durch einen Maßregelvollzug die Voraussetzung für eine günstige Prognose zu schaffen, genügt allerdings nicht (vgl. o. 12).

18 **Grundlage für die Prognose** ist die Gesamtheit aller Umstände, die Rückschlüsse auf die künftige Straflosigkeit des Verurteilten ohne Einwirkung des Strafvollzugs zulassen (vgl. dazu Düsseldorf VRS **77** 212). Wie sich dieser voraussichtlich auswirkt, ist dagegen für die Prognose unerheblich (Dencker NStZ 82, 155, Greger JR 88, 75, Ruß LK 10; and. Frisch aaO 138, Horn SK 11). Das Gesetz gibt in Abs. 1 S. 2 einige Faktoren an, die zu berücksichtigen sind. Sie bedeuten jedoch keine abschließende Aufzählung (vgl. u. 24c).

a) Ein wesentlicher Faktor für die Prognose ist nach Abs. 1 S. 2 die **Persönlichkeit des** 19
Täters. Der Richter darf sich bei deren Beurteilung nicht mit einzelnen Merkmalen begnügen, sondern muß sich ein Gesamtbild in Hinsicht darauf verschaffen, ob ohne Strafverbüßung mit einem straffreien Leben des Täters zu rechnen ist (vgl. Köln NJW **63**, 63, Koblenz VRS **67** 29). Zu berücksichtigen sind auch Wesenszüge, die auf krankhafter Grundlage beruhen (BGH **10** 287). Ferner gehören zur Persönlichkeit des Täters dessen Gesinnungen und Überzeugungen. Bei Gesinnungs- oder *Überzeugungstätern,* insb. bei politischen Delikten, führt indes das Festhalten an der Gesinnung bzw. Überzeugung allein noch nicht zu einer ungünstigen Prognose (vgl. BGH **6** 192, **7** 8, Stuttgart GA **64**, 60, Schleswig SchlHA **69**, 67, aber auch Oldenburg MDR **66**, 943, LG Göttingen NJW **79**, 173). Es muß jedoch zu erwarten sein, daß der Täter trotz seiner Gesinnung bzw. Überzeugung die Strafgesetze künftig achten wird (vgl. BGH GA **76**, 114, BGHR § 57 Abs. 1 Erprobung **1**, Hamm NJW **65**, 777, **69**, 890, Oldenburg MDR **66**, 943). Ergab sich die strafbare Rechtspflichtverletzung aus einem Gewissenskonflikt (z. B. Zivildienstverweigerung), so kommt es auf die künftige Erfüllung dieser Pflicht nicht an, wenn der erneute Verstoß nicht mehr als Straftat verfolgt werden kann, weil es sich um eine unzulässige Doppelbestrafung handeln würde (vgl. BVerfGE **23** 191, auch Schleswig SchlHA **69**, 97, Bay MDR **70**, 344, Hamm NStZ **84**, 456, Oldenburg NJW **89**, 1231, Bremen StV **89**, 395; und. Hamm NStZ **84**, 457 m. Anm. Bringewat; vgl. auch Bringewat MDR **85**, 93, Friedeck NJW **85**, 782, Struensee StV **90**, 444 f.). Auf ein straffreies Leben ist ebenfalls bei einer Dirne abzustellen; allein der Umstand, daß sie weiterhin ihrem Gewerbe nachgehen wird, rechtfertigt die ungünstige Prognose noch nicht (BGH **20** 203). Zur Prognose bei Alkoholikern vgl. Stuttgart DAR **71**, 271, auch Karlsruhe VRS **55** 342.

Für die Persönlichkeitsbeurteilung ist auch die **Einsicht** des Täters in die Verwerflichkeit 20
seiner Tat bedeutsam. Sie ist eine der wesentlichen, aber nicht unabdingbaren (Ruß LK 15) Voraussetzungen einer Besserung und damit der Strafaussetzung. Leugnen des Täters spricht jedoch grundsätzlich noch nicht gegen eine günstige Prognose (vgl. BGH VRS **26** 22, Köln VRS **56** 147, BG Pr. 1956, 322), insb. nicht bei Fahrlässigkeitstaten (vgl. Köln VRS **33** 100), wohl aber das Verheimlichen des Beuteverbleibs (vgl. Karlsruhe MDR **78**, 71), soweit es sich nicht als bloße Konsequenz des Ableugnens der Tat erweist.

b) Für die Persönlichkeitsbeurteilung können sich wichtige Erkenntnisse aus dem **Vorleben** 21
des Täters ergeben. Zu dessen Gunsten kann z. B. sprechen, daß er sich sonst im Leben bewährt hat (vgl. BGH **6** 301). Ungünstig können Verfehlungen jeglicher Art ins Gewicht fallen, vor allem frühere Straftaten. Zu verwerten sind auch Straftaten, die unter ein StFG fallen (Hamm NJW **54**, 1498) oder bei denen die Strafe verbüßt ist. Zweifelhaft ist, in welchem Umfang Straftaten, die noch nicht rechtskräftig abgeurteilt sind, herangezogen werden können. Mit Hamm NJW **65**, 924 muß man jedenfalls eine Verurteilung berücksichtigen, die wegen einer gleichartigen Tat vor der nunmehr abgeurteilten Tat erfolgt ist, da dem Täter dadurch das Verbotswidrige seines Verhaltens vor Augen geführt worden ist. Dagegen hat ein schwebendes Verfahren, in dem ein Urteil noch aussteht, grundsätzlich unberücksichtigt zu bleiben, da es hier an einem verläßlichen Anhalt für das Vorleben des Täters fehlt (KG GA **54**, 314, Köln NJW **67**, 839), es sei denn, das Gericht erlangt im eigenen Verfahren die feste Überzeugung von der Tatbegehung (Angekl. gibt die Tat glaubhaft zu; vgl. BGH NStZ/T **87**, 498, Koblenz BA **77**, 272). Deren Berücksichtigung steht dann die Unschuldsvermutung nicht entgegen (vgl. BVerfG NJW **88**, 1715). Hat der Täter die neue Tat während des schwebenden Verfahrens begangen, so kann bedeutsam sein, daß er sich das Verfahren nicht hat zur Warnung dienen lassen. Sogar ein Freispruch, z. B. wegen unvermeidbaren Verbotsirrtums, kann einen Warnappell enthalten (vgl. Horn SK 16), so daß er nicht schlechthin unverwertbar ist. Eine unbefristete Freiheitsentziehung in anderer Sache z. Z. der Aburteilung (z. B. Sicherungsverwahrung) schließt eine günstige Prognose grundsätzlich aus (Hamburg MDR **76**, 773 m. Anm. Grunau JR **77**, 516).

Vorstrafen, auch einschlägige (Koblenz VRS **53** 29), stehen nicht ohne weiteres der Strafaus- 22
setzung entgegen, wie umgekehrt bisherige Straflosigkeit allein die Strafaussetzung nicht rechtfertigt. Sie sind aber, soweit sie nicht getilgt oder tilgungsreif sind (§ 51 I BZRG), stets bei der Prognose zu beachten (and. H. Mayer SchlHA **61**, 59). Maßgeblich sind vor allem die Zahl der Vorstrafen und der zeitliche Abstand der früheren Straftaten, aber auch die Gründe für die Rückfälligkeit. Vgl. Horn SK 17, Ruß LK 16 mwN., ferner KG JR **70**, 227 m. Anm. Dreher, Koblenz VRS **43** 258, **60** 36, Karlsruhe VRS **50** 98 und die Rspr.-Nachweise bei Rüth DAR **71**, 205. Kommt das Gericht trotz der Vorstrafen zu einer günstigen Prognose, so hat es die Gründe hierfür eingehend darzulegen (BGH VRS **17** 183, Stuttgart VRS **39** 420, Frankfurt NJW **77**, 2176, Hamm VRS **54** 30, Koblenz VRS **55** 47, **56** 146, **59** 33, **60** 451, **62** 442, **71** 48, 446). Der Hinweis auf die vom Täter erlittenen beruflichen Nachteile genügt bei einschlägigen Vorstrafen allein nicht als Begründung (Koblenz VRS **51** 429), ebensowenig die Angabe, der Täter habe

einen guten Eindruck gemacht (Karlsruhe VRS **55** 342), wohl aber die Feststellung, daß der Täter sich von einem ungünstigen Umfeld gelöst hat (Bay DAR/B **89**, 365) oder die Annahme eines Gesinnungswandels auf Grund einer freiwilligen Entziehungskur (Bay DAR/R **78**, 207 **85**, 239), wofür jedoch nicht ausreicht, daß ein Trunkenheitstäter nach längerer Heilbehandlung glaubt, so gefestigt zu sein, daß er ohne nachteilige Folgen in Fahrbereitschaft einige Gläser Bier trinken könne (vgl. Koblenz VRS **60** 33). Hat der Verurteilte die neue Tat innerhalb einer Bewährungszeit begangen, so ist die Strafaussetzung zwar nicht zwingend ausgeschlossen (BGH NStZ **83**, 454, NStZ/D **90**, 223, Hamm VRS **67** 423, Bay DAR/R **85**, 239, Köln VRS **70** 276), sie kommt aber – vor allem bei Vorsatztaten – nur unter besonderen Umständen in Betracht (vgl. KG VRS **38** 330, Saarbrücken NJW **75**, 2215, Düsseldorf OLGSt Nr. **9**, JMBlNW **89**, 154). Der Widerruf einer früheren Strafaussetzung ist allein kein solcher Umstand (vgl. KG VRS **50** 98). Wesentlich kann indes sein, daß der Verurteilte infolge des Widerrufs längere Freiheitsstrafen aus früheren Verfahren zu verbüßen hat (vgl. Köln MDR **72**, 437). War der Täter bereits wiederholt bewährungsbrüchig geworden, so wirkt sich das besonders negativ auf die Prognose aus (BGH NStZ **88**, 452, Karlsruhe NJW **80**, 134). Andererseits ist eine auf Vorstrafen gestützte ungünstige Prognose näher zu begründen, wenn ihnen kein eindeutiges Übergewicht bei den Prognosefaktoren zukommt, so z. B., wenn die Vortaten zeitlich erheblich zurückliegen oder nur zu niedrigen Strafen geführt haben und familiäre sowie berufliche Bindungen zugunsten des Täters sprechen (BGH StV **86**, 293).

23   c) Ferner lassen sich aus den **Tatumständen** Schlüsse auf die Persönlichkeit des Täters ziehen. Für die Bewährungsfrage können vor allem die psychischen Wurzeln der Tat aufschlußreich sein (D-Tröndle 6c), etwa die Beweggründe, die den Täter zu seiner Tat veranlaßt haben. Aber auch die Art der Tatausführung kann ein Indiz für oder gegen eine Bewährung sein. Nur eine begrenzte Indizwirkung kommt dem Taterfolg zu. So läßt sich bei Fahrlässigkeitstaten aus der Größe des angerichteten Schadens kaum etwas für die Prognose herleiten.

24   d) Mit dem **Verhalten nach der Tat** ist nicht nur die Einstellung des Täters zu seiner Tat (z. B. Reue) gemeint, sondern die gesamte Lebensführung seit der Tat unter Berücksichtigung der Lebensumstände (Stuttgart NJW **54**, 1418; vgl. auch BGH **5** 238). Gute Führung über längere Zeit nach der Tat (vgl. BGH **6** 301, StV **88**, 385) ist zugunsten des Täters zu berücksichtigen, auch dann, wenn er sich während dieser Zeit verborgen gehalten hat (BGH NStE Nr. **20**), ebenso das Bemühen, einer Rückfälligkeit vorzubeugen (z. B. Teilnahme an Nachschulungskurs für alkoholauffällige Kraftfahrer; vgl. Bode BA **84**, 33, auch LG Hannover VRS **72** 360), oder die freiwillige Schadenswiedergutmachung. Die Nichtwiedergutmachung allein ist kein Grund, die Strafaussetzung zu versagen (BGH **5** 238), schon deswegen nicht, weil die Wiedergutmachung ausdrücklich als Auflage in § 56b vorgesehen ist. Sie ist nur ein Faktor innerhalb der prognoseerheblichen Gesamtumstände. Zurückhaltung ist gegenüber der Verwertung des Prozeßverhaltens geboten. Es kann nur ausnahmsweise gegen künftige Straflosigkeit sprechen (vgl. Hamm NJW **60**, 61), wie etwa das Verhalten, das eine rechtsfeindliche Einstellung klar erkennen läßt, z. B. das beharrliche Verheimlichen des Beuteverbleibs (vgl. o. 20). Soweit der Täter weder Reue noch Schuldeinsicht erkennen läßt, darf dies, sofern ein anderes Verhalten die Verteidigungsposition gefährden würde, nicht zur Prognose herangezogen werden (BGH StV **89**, 149). Auch ein sonstiges Nachtatverhalten, das der Strafverteidigung dienen soll, darf nicht nachteilig berücksichtigt werden (BGH NStZ **87**, 406).

24a   e) Prognostischer Aussagewert kommt zudem den **Lebensverhältnissen** des Täters zu. Wesentlich kann etwa sein, ob dieser in geordneten oder ungeordneten Verhältnissen lebt. Bevorstehende Änderungen sind mitzuberücksichtigen. Ungünstige Verhältnisse allein schließen die Strafaussetzung nicht aus (vgl. KG GA **55**, 183). Zu prüfen ist, ob sie durch Weisungen nach § 56c beeinflußt und geändert werden können. Umweltschwierigkeiten ergeben keine ungünstige Prognose, wenn zu erwarten ist, daß der Täter ihrer Herr wird oder behördliche (z. B. vormundschaftsgerichtliche) Maßnahmen sie beseitigen (BGH **8** 182). Andererseits kann für ihn positiv ins Gewicht fallen, daß er sich von Personen, die ihn negativ beeinflußt haben, gelöst hat.

24b   f) Zu berücksichtigen sind des weiteren die **Wirkungen,** die von **der Aussetzung** für den Täter zu erwarten sind. Von Bedeutung kann sein, daß er seinem bisherigen Lebenskreis nicht entrissen wird, etwa in der Familie verbleibt, seinen Arbeitsplatz behält oder seine Ausbildung beenden kann, anderseits aber auch die Gefahr, daß er die Verurteilung zu leicht nimmt (D-Tröndle 6f). Zu den Wirkungen der Aussetzung gehört auch die Beeinflussung des Täters durch Auflagen und Weisungen (vgl. BGH StV **87**, 63). Für eine günstige Prognose genügt es, wenn anzunehmen ist, daß der Verurteilte auf Grund der Weisungen künftig straflos bleibt. Zur psychiatrischen Behandlung vgl. BGH StV **82**, 222.

g) Die genannten Faktoren sind nicht isoliert zu werten, sondern in eine umfassende Gesamt- 24c
würdigung einzubetten. Sie bedeuten zudem **keine abschließende Aufzählung** der zu berücksichtigenden Umstände. Neben ihnen sind alle Umstände heranzuziehen, die Indiz für oder gegen eine Bewährung sind. Das können auch Umstände sein, die schon die Strafzumessung beeinflußt haben (vgl. § 46 RN 50). Bedeutsam können ebenfalls Rechtsfolgen sein, die neben der zur Aussetzung anstehenden Strafe ausgesprochen werden, z. B. die Wirkung eines Fahrverbots oder der Fahrerlaubnisentziehung (BGH DAR/M **59**, 67; vgl. auch Bremen DAR **62**, 210). Entsprechendes gilt für sonstige Nachteile (z. B. berufliche), die der Täter auf Grund seiner Tat, des Verfahrens oder der Verurteilung erlitten hat. Andererseits ist für die Prognose unerheblich, ob die Strafverbüßung den Verurteilten außergewöhnlich hart trifft (Hamm VRS **68** 441).

h) Auch bei **Ausländern** ist die Strafaussetzung nicht generell ausgeschlossen, selbst dann 24d
nicht, wenn sie im Ausland wohnen oder ihre Abschiebung bevorsteht (vgl. Celle StV **83**, 290). Hier wird jedoch eine Strafaussetzung nur dann in Betracht kommen, wenn keine Auflagen oder Weisungen gemacht werden sollen, deren Innehaltung von deutschen Gerichten nicht überwacht werden kann (vgl. BGH **6** 138). Andererseits läßt sich eine günstige Prognose nicht allein darauf stützen, daß der Verurteilte infolge Abschiebung im Inland keine Straftaten mehr begehen kann (Stuttgart Justiz **88**, 104).

3. Liegen nach der Gesamtwürdigung von Tat und Persönlichkeit des Verurteilten besondere 25
Umstände vor, so kann auch eine **Freiheitsstrafe bis zu 2 Jahren** einschließlich zur Bewährung ausgesetzt werden (**Abs. 2**). Der Aussetzung steht eine neben einer zweijährigen Freiheitsstrafe verhängte Geldstrafe nicht entgegen (BGH NJW **85**, 1719 m. Anm. Bruns JR 86, 70; krit. dazu Stein Bewährungshilfe 86, 99). Abs. 2 wurde ursprünglich als eine eng zu handhabende Ausnahmeregelung verstanden, nach der vor allem eine Konfliktslage beim Täter zu berücksichtigen war (vgl. BGH **24** 3, **25** 144, VRS **43** 172, **50** 340). Inzwischen hat sich jedoch zu Recht die Ansicht durchgesetzt, daß Abs. 2 nicht zu eng ausgelegt werden darf und die Berücksichtigung aller Umstände besonderen Gewichts zuläßt, die trotz des erheblichen Unrechts- und Schuldgehalts die Strafaussetzung „als nicht unangebracht und als den allgemeinen vom Strafrecht geschützten Interessen nicht zuwiderlaufend erscheinen lassen" (BGH **29** 371, wistra **85**, 20, NStZ **87**, 21, DAR/S **88**, 226f.). Nicht erforderlich ist, daß es sich um eine Tat als minder schweren Fall erscheinen lassen (BGH NStE Nr. 21). Die besonderen Umstände müssen jedoch um so gewichtiger sein, je näher die Freiheitsstrafe an der Zweijahresgrenze liegt (BGH JR **86**, 71). Unerheblich ist, daß die besonderen Umstände bei der Strafzumessung bereits berücksichtigt worden sind (BGH NStZ **85**, 261). Bei Mitangeklagten ist bei jedem Angekl. selbständig zu prüfen, ob besondere Umstände vorliegen (vgl. BGH NStE Nr. 19).

a) Zunächst müssen die Voraussetzungen des Abs. 1 vorliegen, d. h. dem Täter muß eine 26
günstige Prognose gestellt werden können (vgl. BGH DAR/S **89**, 250 sowie o. 14ff.).

b) Dazu müssen **besondere Umstände** kommen, die trotz der Schwere der Tat eine Strafaus- 27
setzung vertretbar erscheinen lassen. Ihr Vorliegen muß sich nach der Gesamtwürdigung von Tat und Täter ergeben, wobei es genügt, daß sie sich nicht ausschließen lassen (in dubio pro reo; vgl. BGH MDR/D **73**, 900). Die frühere Regelung, nach der besondere Umstände sowohl in der Tat als auch in der Persönlichkeit des Täters vorliegen mußten, wurde der Tatsache nicht hinreichend gerecht, daß die verschiedenen Umstände sich vielfach nicht scharf voneinander trennen lassen. Die Rspr. ist dementsprechend zu einer Gesamtbewertung übergegangen und hat Tat und Täterpersönlichkeit in einer Gesamtbetrachtung gewürdigt (vgl. BGH NJW **76**, 1413 m. Anm. Schreiber JR 77, 167, GA **80**, 106; vgl. auch Schreiber Schaffstein-FS 288f.). Dieser Rspr. trägt die jetzige Fassung des Abs. 2 Rechnung (vgl. BR-Drs. 370/84 S. 10). Umstände, die weder die Tat noch die Täterpersönlichkeit betreffen, bleiben außer Betracht, so der Umstand, daß die Freiheitsentziehung sich auf die Kinder des Verurteilten auswirkt (vgl. BGH GA **78**, 81, aber auch BGH VRS **62** 122). Die tatrichterliche Beurteilung ist vom Revisionsgericht nur darauf zu überprüfen, ob die für das Ergebnis angeführten Gründe vertretbar sind (BGH NJW **76**, 1413, **77**, 639, DRiZ **79**, 188, GA **79**, 314, 399, MDR/H **79**, 107, NStZ **81**, 61, 343, 390, **82**, 286, **84**, 360).

Es müssen Umstände sein, die über die allgemeinen Voraussetzungen der positiven Sozial- 28
prognose hinaus zusätzlich (vgl. BGH NStZ **81**, 389) einen *Verzicht auf* die in der Strafvollstreckung liegende Reaktion auf ein Fehlverhalten zulassen. Hierauf ist abzustellen, weil die zeitliche Begrenzung des § 56 ihren Grund allein in der Erwägung haben kann, bei Straftaten mit höherer Strafe und damit höherem Gewicht sei es zum Schutz der Rechtsordnung grundsätzlich nicht vertretbar, auf eine Vollstreckung der Strafe als Reaktion auf ein Fehlverhalten zu verzichten. Demgemäß darf ein einzelner Umstand nicht isoliert gewürdigt werden; er muß vielmehr im Zusammenhang mit allen Umständen des Falles diesem das besondere Gepräge geben, das zu einer Ausnahme vom Gebot der Strafvollstreckung berechtigt (vgl. BGH **29** 324, Koblenz StV **89**, 451). Das Bedürfnis nach Strafvollstreckung kann sich auch auf Grund von Umständen

nach der Tat verringern, so daß diese in die Gesamtwürdigung einzubeziehen sind (vgl. BGH 29 372: erheblicher Abstand zwischen Tatzeit und Aburteilung; BGH StV 83, 502, 85, 411: überlange Verfahrensdauer; vgl. auch u. 30). Auch die durch die Tat bedingten beruflichen Nachteile sind zu berücksichtigen (BGH NStZ 87, 172), ebenso Folgen der Bestrafung (BGH wistra 90, 190: Verlust der Beamtenstellung). Der Anwendung des Abs. 2 steht nicht entgegen, daß die Tat als besonders schwerer Fall gewertet worden ist (BGH wistra 89, 262).

29 Besondere Umstände *der Tat* liegen vor, wenn bestimmte, gewichtige Tatsachen die begangene Tat zugunsten des Täters von durchschnittlichen, gewöhnlich vorkommenden Taten ähnlicher Art abheben, so etwa, wenn der Täter aus Not oder zur Behebung einer angespannten wirtschaftlichen Lage (vgl. BGH NStE Nr. 23) gehandelt hat, zur Tat gereizt (z. B. durch Erpressung), mittels intensiver Beeinflussung durch Polizeiinformanten bestimmt (Hamburg StV 84, 157) oder durch eine besondere Gelegenheit verlockt worden ist, aber auch, wenn der Täter selbst Verletzungen mit schweren Dauerfolgen erlitten hat (Bay VRS 65 279). Eine besondere „Konfliktslage" ist nicht erforderlich (BGH NJW 77, 639, GA 78, 78, 79, 313, MDR/ H 79, 107, Zweibrücken MDR 73, 514 m. Anm. Blei JA 73, 535, Frankfurt NJW 74, 2062), wird aber häufig die Anwendung des Abs. 2 tragen (BGH 24 5). Zu eng ist die noch in BGH 25 144 vertretene Ansicht, eine Aussetzung komme regelmäßig nur in Betracht, wenn die Tat einer unerwarteten und unausweichlichen Konfliktslage entsprungen sei, die an Rechtfertigungs- oder Schuldausschließungsgründe heranreiche (vgl. Lackner 6a, Römer JR 73, 453). Weniger eng die spätere BGH-Rspr.; vgl. BGH StV 82, 419, NStZ 86, 27. Kein besonderer Umstand ist jedoch ein allgemeiner, bei Durchschnittstaten häufig vorkommender Strafmilderungsgrund (BGH 29 324), grundsätzlich auch nicht der Alkoholgenuß vor der Tat (BGH MDR/D 74, 544, Köln VRS 48 424), die Gefahr, die Polizei werde das Fehlen der Fahrerlaubnis oder die auf Alkoholgenuß beruhende Fahruntüchtigkeit feststellen (BGH VRS 43 172, 46 101), oder die Gefahr von Nachteilen bei Ausscheiden aus einem zu Straftaten neigenden Personenkreis (BGH 25 144). Ebensowenig stellt bereits eine mangelhafte Kontrolle (BGH 29 324), die Erleichterung einer Tat durch behördliches Verhalten (BGH wistra 83, 187) oder eine eheliche Krisensituation einen besonderen Umstand dar (BGH VRS 50 342; vgl. aber auch Köln NJW 86, 2328). Wohl aber kann das Zusammentreffen mehrerer einfacher Gründe zu einem besonderen Umstand führen (BGH GA 82, 39, StV 82, 167, NStZ 82, 286, 83, 119, 84, 360, 86, 27, DAR/S 88, 227, 89, 250, NStZ/D 90, 224). Vgl. auch den Überblick über nichtveröffentlichte BGH-Entscheidungen bei Römer JR 73, 453f. sowie Schreiber Schaffstein-FS 282ff.

30 In der *Persönlichkeit* des Täters liegende Umstände sind z. B. Gebrechen (vgl. BGH NJW 77, 1247: Hirnverletzung) oder eine besondere nervliche Belastung zur Tatzeit. Ein den Täter durch die Tat treffendes Opfer ist ebenfalls zu berücksichtigen, so etwa, wenn er durch ein Verkehrsdelikt eine nahestehende Person getötet hat (vgl. Hamm NStZ 81, 352, auch § 60). Da die persönlichkeitsbezogenen Umstände vom Tatzeitpunkt unabhängig sind, genügt es, wenn sie erst bei Urteilsfällung vorliegen (BGH MDR/D 74, 365, DAR/S 79, 185). Ausreichend ist daher auch, wenn der Täter unter dem Eindruck der Tat ein „neues Leben" begonnen, einer Rückfälligkeit mit geeigneten Schritten vorgebeugt (vgl. BGH NStZ/T 88, 307, Köln NJW 86, 2328: Suchtbehandlung, Anschluß an Selbsthilfegruppe) oder Leistungen erbracht hat, die das Vollstreckungsbedürfnis entfallen lassen (z. B. Schadenswiedergutmachung, sonstige Leistungen für das Tatopfer, außergewöhnliche Mitwirkung bei der Tataufklärung). Vgl. BGH GA 72, 208, NStZ 81, 62, 454, 83, 218, LG Bonn NJW 75, 2112. Z. T. abw. Karlsruhe MDR 73, 240; vgl. aber Karlsruhe GA 79, 469 (Kastration nach Sexualdelikt). Ferner kann freiwilliges Absehen von der Tatbeendigung einen besonderen Umstand ergeben (BGH StV 85, 404 zu § 316a). Auch Haftpsychose mit Krankheitswert auf Grund längerer U-Haft kann ein besonderer Umstand sein (BGH MDR/H 81, 452), ebenso eine schwere Erkrankung mit nur noch kurzer Lebenserwartung (Krebs usw.). Vgl. ferner BGH StV 86, 529, NStZ/D 90, 224 (Stabilisierung der Lebensverhältnisse), Bremen VRS 62 268 (Verlobung zwischen Täter und Verletzten). Keine besonderen Umstände in der Persönlichkeit des Täters sind jedoch Umstände, die allgemein die für die Strafaussetzung notwendige günstige Prognose begründen (BGH 25 144, GA 78, 78), ebensowenig bisheriges straffreies Leben (BGH GA 78, 81), sonstige persönlichkeitsbezogene Strafmilderungsgründe allgemeiner Art (BGH GA 78, 80), eine auf einem Charaktermangel beruhende fehlerhafte Grundeinstellung des Täters und dessen eigensüchtige Rücksichtslosigkeit (Hamm MDR 74, 857) oder der Verlust an Ansehen als soziale Folge der Verfehlung (BGH NStZ 82, 286).

31 c) Sind die Voraussetzungen des Abs. 2 gegeben, so liegt die Strafaussetzung im richterlichen **Ermessen** (Ruß LK 19; vgl. dagegen Ventzke StV 88, 367). Das Gericht hat zu entscheiden, ob die festgestellten besonderen Umstände eine Aussetzung rechtfertigen oder ob trotzdem das Tatunrecht eine Strafvollstreckung erfordert (Oldenburg b. Ventzke aaO). Je näher die Strafe an die Zwei-Jahres-Grenze heranreicht, um so gewichtiger müssen die besonderen Umstände

Strafaussetzung 32–38 **§ 56**

sein und um so mehr muß das Gericht von der günstigen Entwicklung des Täters überzeugt sein. Ferner ist Abs. 3 (dazu u. 33 ff.) zu beachten; doch dürfte dann, wenn die besonderen Umstände des Abs. 2 vorliegen, i. d. R. die Verteidigung der Rechtsordnung die Strafvollstreckung nicht gebieten.

4. Nicht erforderlich ist, daß der Angekl. in die Strafaussetzung **einwilligt.** Über die Bedeu- 32 tung seines Antrags auf Strafaussetzung für die Urteilsbegründung vgl. u. 50.

IV. Bei Freiheitsstrafen **unter 6 Monaten** ist die Strafaussetzung bei günstiger Prognose 33 **zwingend vorgeschrieben.** Der Richter ist nicht befugt, sie aus generalpräventiven Gründen zu versagen, auch nicht „zur Verteidigung der Rechtsordnung". Die günstige Prognose ist nicht deswegen ausgeschlossen, weil die Verhängung einer Freiheitsstrafe zur Einwirkung auf den Täter unerläßlich war (vgl. BGH **24** 164).

Bei Freiheitsstrafen **von 6 Monaten bis zu 1 Jahr** schreibt § 56 die Strafaussetzung grundsätz- 34 lich vor, gibt jedoch im Abs. 3 dem Richter die **Möglichkeit, sie zu versagen,** wenn die Verteidigung der Rechtsordnung dies gebietet. Entsprechendes gilt für die nach Abs. 2 mögliche Aussetzung von Strafen **bis zu 2 Jahren**; hier ist das Erfordernis der Verteidigung der Rechtsordnung schon im Rahmen der Ermessensentscheidung zu prüfen.

Der Begriff der **Verteidigung der Rechtsordnung** ist hier grundsätzlich derselbe wie in § 47 35 (vgl. BGH **24** 64, Schröder JZ **71**, 241). Es genügt nicht, wenn die Strafvollstreckung bloß „erforderlich" ist, die Verteidigung der Rechtsordnung muß sie „gebieten", d. h. also, daß für die Vollstreckung ein unabweisbares Bedürfnis bestehen muß (vgl. auch Ruß LK 36). Dem Richter ist damit allerdings kein eindeutiger Maßstab dafür gegeben, nach welchen Kriterien er die Frage der Versagung einer Strafaussetzung zu entscheiden hat. Die Formel ist jedoch enger als die des öffentlichen Interesses an der Vollstreckung der Strafe, wovon früher auszugehen war, so daß die frühere Rspr. nur noch bedingt verwertbar bleibt.

Die Verteidigung der Rechtsordnung gebietet die Strafvollstreckung, wenn „die Tat einen so 36 rechtsmißachtenden Angriff auf die Rechtsordnung darstellt, daß die erkannte Freiheitsstrafe auch vollstreckt werden muß, um die rechtliche Gesinnung der Bevölkerung zu erhalten" (Hamm NJW **70**, 1614), oder „wenn die Strafaussetzung den Bestand und die Verbindlichkeit der Rechtsordnung oder doch wenigstens das Vertrauen auf die Wirksamkeit des Rechtsgüterschutzes selbst gefährden würde" (Stuttgart Justiz **69**, 328), so z. B. auch, wenn sie von der Bevölkerung als ungerechtfertigte Nachgiebigkeit empfunden wird (vgl. BGH NStZ **85**, 165: Rechtsradikalismus). Vgl. dazu noch BGH **24** 40, NJW **72**, 832 m. Anm. Naucke, Frankfurt NJW **71**, 1814, **77**, 2176, Bay **87**, 149, NJW **70**, 1382, VRS **69** 284, Hamm NJW **73**, 1891, Koblenz MDR **74**, 768, VRS **48** 185, **49** 176, Karlsruhe VRS **48** 341, Saarbrücken NJW **75**, 2216, D-Tröndle 8, Ruß LK 31, je mwN. Liegen diese Voraussetzungen vor, so steht der Versagung nicht die Beeinträchtigung des Resozialisierungsprozesses entgegen (Hamm NJW **74**, 1884), etwa die ungünstige Einwirkung der Strafverbüßung auf den Täter (Frankfurt NJW **71**, 1814).

Im einzelnen gilt folgendes: Das Gericht hat im Hinblick auf die Verteidigung der Rechts- 37 ordnung Tat und Täter allseitig zu würdigen (vgl. BGH **24** 46, 66, Saarbrücken NJW **75**, 2216), und zwar nach den Verhältnissen z. Z. der Aburteilung (BGH NJW **56**, 919). Generalpräventive Überlegungen, die sich auf Abschreckung potentieller Täter richten, sind kein selbständiger Versagungsgrund neben dem Gesichtspunkt der Verteidigung der Rechtsordnung, sondern nur eines der Elemente, die zu berücksichtigen sind (BGH VRS **19** 31, **20** 429, **23** 203). Dabei dürfen Gesichtspunkte, die bereits bei der Festsetzung des Strafrahmens vom Gesetzgeber berücksichtigt sind, nicht nochmals verwertet werden (vgl. BGH NJW **58**, 1100, VRS **24** 118). Dagegen ist es unbedenklich, die gleichen Strafzumessungstatsachen bei der richterlichen Strafbemessung und der Entscheidung nach § 56 zu verwerten (Bruns H. Mayer-FS 370, Ruß LK 33; vgl. auch § 46 RN 50), z. B. Mitverschulden des Opfers (Karlsruhe VRS **46** 423), Schadenshöhe (vgl. BGH GA **79**, 60: Steuerhinterziehung in Millionenhöhe, BGHR § 56 III Verteidigung **4**: Betrugsschaden in Millionenhöhe) oder Verfahrensdauer (Bay VRS **69** 285; vgl. auch BGH VRS **24** 183).

1. Zunächst sind **generalpräventive** Überlegungen i. S. der Abschreckung potentieller Täter 38 von Bedeutung (vgl. D-Tröndle 8, BGH NStZ **85**, 165, Bay NJW **70**, 871, 1382 mwN, Hamburg NStZ **84**, 141). Diese reichen allein jedoch nicht aus (vgl. BGH **24** 45) und können vor allem nicht dazu führen, generell für bestimmte Deliktsgruppen oder Deliktstypen (z. B. Verkehrs- oder Sexualdelikte) die Strafaussetzung zu versagen (BGH **6** 125, 299, **20** 138, **22** 192, **24** 46, 64, StV **89**, 59, u. 40 ff.), auch nicht bei Taten nach dem BtMG (BGH NStZ/T **86**, 498, StV **89**, 150, **90**, 548), bei Straftaten gegen die Umwelt oder bei Fahnenflucht (LG Koblenz StV **83**, 245, LG Hildesheim NStE Nr. **24**). Denn entscheidend ist nicht das Gewicht des Tatbestandes (BGH GA **55**, 209), sondern die Schwere der konkreten Tat einschließlich aller ihrer Umstände, insb. auch ihrer Folgen (vgl. BGH **24** 47, KG VRS **23** 27) und täterbezogener Umstände (vgl. BGH **24** 47, wonach erhebliche verbrecherische Intensität, hartnäckiges rechtsmißachtendes Verhalten, ungewöhnliche Gleichgültigkeit gegenüber der Verletzung von Rechtsgütern und dreistes Spekulieren auf Strafaussetzung die Strafvollstreckung gebieten können). Hierauf kommt es an, weil zu entscheiden ist, ob ausnahmsweise die spezialpräventiven Erwägungen, die der Strafaussetzung zugrunde liegen, hinter die Forderung nach Vollstreckung der Strafe zurückzutreten haben (BGH 24 40, Celle GA 54, 123, MDR 69, 327, Bremen NJW 62, 928; vgl. auch Frankfurt NJW 70, 956). Ein Zurücktreten spezialpräventiver Belange kann bei bestimmten Straftaten u. U. aber wegen großer Deliktshäufigkeit und stark ansteigender Tendenz geboten sein (Hamm NJW 74, 1884; vgl. auch BGH StV 89, 341: Feststellung der gemeinschaftsgefährdenden Zunahme von Straftaten der abgeurteilten Art). So kann die Strafvollstreckung z. B. notwendig sein, wenn die Tat Ausdruck einer verbreiteten Einstellung ist, die eine erhebliches Unrecht umfassende Norm nicht ernst nimmt und von vornherein auf Strafaussetzung vertraut (BGH wistra 84, 29). Zur Berücksichtigung generalpräventiver Gesichtspunkte bei Wirtschaftsdelikten vgl. BGH JZ 75, 185 m. Anm. Tiedemann. Zur Verteidigung der Rechtsordnung bei Straftaten extremistischer Prägung vgl. BGH NStZ 85, 165.

39 Ein in der *Person des Täters* liegender Grund, der die Strafvollstreckung zur Verteidigung der Rechtsordnung als notwendig erscheinen läßt, kann u. U. darin gesehen werden, daß ein Rechtsanwalt wiederholt ein Rechtspflegedelikt begeht (Bay NJW 88, 3026; vgl. auch BGH NStZ 88, 126), der wegen Trunkenheit am Steuer Verurteilte Verkehrsstaatsanwalt (BGH VRS 15 412) oder Fahrlehrer ist (Hamm NJW 57, 1449); vgl. auch BGH LM Nr. 17, VRS 18 424; jedoch wird zu Recht betont, daß auch in einem solchen Fall alle übrigen Gesichtspunkte zu beachten sind; vgl. Köln MDR 67, 514 (Offizier der Bundeswehr). Ein Versagungsgrund kann insoweit noch nicht allein darin erblickt werden, daß die Strafaussetzung zu einem Vertrauensschaden für öffentliche Einrichtungen führen würde (vgl. aber zum früheren Recht BGH NJW 60, 491). Ferner ist zu beachten, daß durch die Verhängung der Strafe als solche bereits eine präventive Wirkung gegenüber der Allgemeinheit erzielt werden kann (BGH JZ 54, 450). Es gibt andererseits keinen Erfahrungssatz, daß die Verbüßung kurzer Freiheitsstrafen keine generalpräventive Wirkung erzielt (Hamm VRS 12 107). Auch bei jugendlichen Tätern gelten grundsätzlich die vorstehenden Regeln (Düsseldorf VRS 30 175). Vgl. auch Mühlhaus DAR 65, 143. Ebensowenig kann zwischen Männern und Frauen ein grundsätzlicher Unterschied gemacht werden (BGH 17 354; and. Köln NJW 61, 1937). Auch ist ohne Bedeutung, ob Tat und Urteil einem größeren Personenkreis bekannt werden; maßgebend ist vielmehr, wie das Urteil auf Personen, denen es mit den Besonderheiten des Falles bekannt wird, wirken muß (BGH GA 76, 144, StV 89, 150, Bay NJW 67, 300). Abzustellen ist insoweit auf die Allgemeinheit, nicht auf einen bestimmten Personenkreis, so daß unbeachtlich ist, wie die Tat und das Urteil gerade auf die Dorfgemeinschaft wirken, in der der Täter lebt (Koblenz GA 77, 25, VRS 75 39, Bay NJW 78, 1337 m. Anm. Horn JR 78, 514), wie Unfallzeugen auf die fahrlässige Tötung durch verkehrswidriges Verhalten reagiert haben (BGH NStZ/T 86, 498) oder wie die örtliche Presse die Tat und das Urteil bewertet (BGH NStE Nr. 9).

40 Diese Grundsätze gelten für alle Arten von Delikten (vgl. z. B. Schleswig SchlHA 58, 315, Braunschweig NJW 57, 111, Oldenburg MDR 66, 943, Frankfurt MDR 66, 862). Es ist also unzulässig, bei bestimmten Deliktsarten von vornherein anzunehmen, die Verteidigung der Rechtsordnung erfordere die Vollstreckung der Strafe (vgl. o. 38).

41 Diese Frage hat früher vor allem bei der **Trunkenheit im Verkehr** eine große Rolle gespielt und zu unzähligen höchstrichterlichen Entscheidungen geführt (vgl. 15. A. § 23 RN 44). Ein gewisser Schlußpunkt wurde durch BGH 22 192 m. Anm. Geerds JZ 69, 341 gesetzt. Der BGH hat in dieser Entscheidung ausgesprochen, daß auch in den Durchschnittsfällen von Trunkenheitsfahrten eine Strafaussetzung nicht i. d. R. ausgeschlossen sei. Strafaussetzung ist auch bei einer Trunkenheitsfahrt mit Todesfolge möglich (BGH NJW 90, 193), etwa bei erheblichem Mitverschulden des Getöteten oder eines anderen und geringem Trunkenheitsgrad.

42 BGH 22 192 bildet auch den Ausgangspunkt für die Rspr. **nach** der gesetzlichen Einschränkung der Versagungsgründe. Die Verteidigung der Rechtsordnung gebietet eine Strafvollstreckung nur dann, wenn besondere Umstände vorliegen, z. B. schwere Unfallfolgen (auch einer Rauschtat beim Vollrausch; vgl. Karlsruhe GA 75, 369, VRS 57 189) oder zahlreiche einschlägige Vorstrafen. Auch in diesen Fällen ist die Strafaussetzung jedoch nicht schon in aller Regel ausgeschlossen, es kommt auf die Umstände des Einzelfalles und auf die Täterpersönlichkeit an; vgl. für den Fall einer fahrlässigen Tötung anläßlich einer Trunkenheitsfahrt BGH 24 64, VRS 38 333, Bay NJW 71, 107, Stuttgart NJW 70, 258, Koblenz VRS 49 176, 317, 52 179, 54 349, 59 33, 75 39, GA 77, 25; für den Fall einschlägiger Vorstrafen vgl. BGH VRS 38 333, Frankfurt NJW 70, 956, Koblenz MDR 71, 235, Köln VRS 39 418, Stuttgart VRS 39 332, KG VRS 41 254. Vgl. ferner Oldenburg NJW 70, 820, die Rspr.-Nachweise bei Rüth DAR 71, 205 und zu dieser Rspr. Dede MDR 70, 721, Koch NJW 70, 842. Jedenfalls bedarf die Frage bei Vorstrafen besonders eingehender Prüfung (Hamm DAR 72, 245, JMBlNW 72, 213), namentlich wenn

Strafaussetzung 43–47 § 56

eine (einschlägige) Tat während einer Bewährungszeit begangen worden ist (Saarbrücken NJW **75,** 2215, Bay DAR/R **85,** 239) oder während eines Hafturlaubs (Hamburg NStZ **84,** 140: Strafvollstreckung i. d. R. geboten). Getilgte oder tilgungsreife Vorstrafen sind allerdings nicht zu berücksichtigen (§ 51 I BZRG). Vgl. andererseits auch Bay VRS **47** 96, wonach erhebliche Vorstrafen regelmäßig nicht die Annahme rechtfertigen, trotz günstiger Täterprognose sei die Strafvollstreckung zur Verteidigung der Rechtsordnung geboten.

2. Für die Entscheidung darüber, ob die Verteidigung der Rechtsordnung die Strafvollstrek- 43
kung gebietet, kann auch die **Schwere der Schuld** wesentlich ins Gewicht fallen. Sie rechtfertigt allerdings für sich allein nicht die Versagung der Strafaussetzung, sondern kann nur im Rahmen der Gesamtabwägung Bedeutung erlangen (BGH **24** 44, Koblenz VRS **49** 176, **54** 349, Ruß LK 30). So kann z. B. wegen besonders großen Verschuldens die Verteidigung der Rechtsordnung die Strafvollstreckung gebieten (vgl. auch Köln NJW **70,** 259, Bay NJW **70,** 1383, Hamm NJW **70,** 870, Karlsruhe VRS **46** 423, Dreher JR **70,** 228; i. E. ebenso BGH MDR/D **70,** 380). Dies ist jedoch nicht schon deshalb der Fall, weil es sich z. B. bei einer Trunkenheitsfahrt um eine reine Vergnügungsfahrt handelte (BGH VRS **18** 268). Auch das Interesse an einer Genugtuung für das begangene Unrecht ist bei der Gesamtabwägung zu berücksichtigen (D-Tröndle 8; and. BGH **24** 44, Bay NJW **78,** 1337), und zwar auf Grund objektiver Maßstäbe, wobei jedoch die Möglichkeit einer Auflage zu beachten ist. Dieser Gedanke tritt bei eigenem Verschulden des Verletzten zurück (Koblenz DAR **57,** 213, Hamm DAR **60,** 140), wie überhaupt das Mitverschulden des Verletzten zu berücksichtigen ist (BGH VRS **30** 272, Karlsruhe VRS **46** 423). Ohne Bedeutung ist, ob der Verletzte Wert auf die Bestrafung legt (Bay NJW **57,** 1644). Berücksichtigt kann jedoch werden, daß gegen den Täter in einem anderen Verfahren eine Freiheitsstrafe verhängt worden ist, die dieser verbüßen muß (Hamm NJW **63,** 361). Auch das Alter kann eine Rolle spielen (Hamm VRS **33** 344).

3. Stets ist erforderlich, daß das Gericht das Bedürfnis nach Resozialisierung des Täters und 44
die Interessen der Allgemeinheit einander gegenüberstellt und sorgfältig **abwägt** (Köln NJW **55,** 802, Preiser NJW **56,** 1012, Ruß LK 36). Vgl. auch BGH VRS **13** 28, **24** 184 (Präponderanz des Unrechtsgehaltes der Tat), Hamm VM **66,** 83, KG VRS **31** 259, Koblenz GA **75,** 121 (Kindesmißhandlung). Dabei ist zu prüfen, ob der vorliegende Fall geeignet erscheint, an ihm die Verteidigung der Rechtsordnung zu exemplifizieren (Köln NJW **55,** 802, DAR **57,** 130); daran kann es fehlen, wenn den Verletzten ein Mitverschulden trifft (Hamm DAR **60,** 140), etwa der fahrlässig verursachte Unfalltod beim Anlegen des Sicherheitsgurts durch den Getöteten ausgeblieben wäre (LG Koblenz StV **87,** 397), ferner wenn der fahrlässig verursachte Tod eines anderen den Täter schwer trifft (vgl. AG Alzey DAR **78,** 166: Tötung eines Freundes) oder eine schwere Selbstverletzung des Täters die Folge war (Köln NJW **66,** 895, VRS **53** 265), jedoch nicht schon deswegen, weil die Verurteilung zum Verlust einer rechtswidrig erlangten Existenzgrundlage führt (Stuttgart Justiz **88,** 376). Kann eine ausreichende Genugtuung mit einer **Auflage** gem. § 56b erreicht werden, so ist eine Strafverbüßung zur Verteidigung der Rechtsordnung nicht geboten.

Gebietet die Verteidigung der Rechtsordnung die Vollstreckung, so kommt es nicht ent- 45
scheidend darauf an, ob die Persönlichkeit des Täters und die Aussicht auf Resozialisierung günstig zu beurteilen sind (BGH **6** 125, Braunschweig NJW **55,** 879; vgl. aber auch Celle NJW **55,** 33); denn diese Sachlage wird von Abs. 3 gerade vorausgesetzt. Das bedeutet jedoch nicht, daß die Resozialisierungsprognose offen gelassen werden kann (vgl. Köln VRS **53** 264). Es bedarf auf jeden Fall einer sorgfältigen Abwägung aller Umstände und einer eingehenden Würdigung von Tat und Täter; denn nur so kann festgestellt werden, ob gerade gegenüber diesem Täter die Rechtsordnung verteidigt werden muß. Vgl. etwa Köln GA **56,** 156 (Berücksichtigung der Kriegsgefangenschaft), MDR **67,** 514 (schwere Kriegsbeschädigung). Übersicht über die frühere Rspr. bei Preiser NJW 56, 1009.

4. Die Verteidigung der Rechtsordnung kann auch bei **Fahrlässigkeitstaten** die Strafvoll- 46
streckung gebieten (Hamm NJW **70,** 870). Zu beachten ist, daß die Rechtsordnung bei fahrlässiger und damit geringerer Schuld die Nichtvollstreckung der Strafe eher hinnehmen kann. Dieser Gesichtspunkt tritt jedoch in den Hintergrund, wenn eine fahrlässige Tötung auf eine bewußte Mißachtung von Sicherheitsvorschriften zurückgeht (vgl. BGH DAR/S **86,** 187) oder der Täter höchst leichtfertig gehandelt hat. Andererseits gewinnt er an Bedeutung, wenn das Opfer seinen Tod durch bewußte Mißachtung von Sicherheitsvorschriften mitverschuldet hat (vgl. LG Koblenz MDR **87,** 602: Nichtanlegen des Sicherheitsgurts).

5. Hat der Verurteilte **U-Haft** verbüßt, die nach § 51 anzurechnen ist, so ist zu fragen, ob 47
gerade die Reststrafe zur Verteidigung der Rechtsordnung vollstreckt werden muß (vgl. auch BGH StV **90,** 496). Ausgesetzt wird aber die gesamte Strafe; Aussetzung der Reststrafe ist allein nach § 57 möglich.

Stree

§ 56 48–53   Allg. Teil. Rechtsfolgen der Tat – Strafaussetzung zur Bewährung

48   **V.** Die **Entscheidung** über die Strafaussetzung erfolgt durch **richterliches Urteil.** Sie kann in der Revisionsinstanz nur darauf nachgeprüft werden, ob ein Rechts- oder ein Ermessensfehler vorliegt (vgl. BGH **6** 392, MDR/H **79,** 987, Hamburg NJW **66,** 1468, MDR **76,** 773, Koblenz VRS **51** 24, Düsseldorf NStE Nr. **17**). Die bloße Fragwürdigkeit einer immerhin vertretbaren Prognose berechtigt z. B. nicht zur Urteilsaufhebung (BGH NJW **78,** 599), wohl aber das Verkennen entscheidungserheblicher Umstände oder deren unzureichende Würdigung (Düsseldorf JMBlNW **89,** 154). Die Entscheidung darüber, ob die Verteidigung der Rechtsordnung die Strafvollstreckung gebietet, kann vom Revisionsgericht nur auf Rechtsfehler überprüft werden (BGH NStZ **85,** 459, Bay **87,** 150). Zum Ganzen näher Ruß LK 52.

49   **1.** Das Gericht kann Strafaussetzung nur in vollem Umfang oder überhaupt nicht gewähren. Eine **teilweise Aussetzung** der Strafe ist **ausgeschlossen** (Abs. 4; für den Fall der Gesamtstrafenbildung vgl. § 58 RN 3). Das schließt nicht aus, daß eine Freiheitsstrafe trotz einer daneben verhängten Geldstrafe oder angeordneten Maßregel der Besserung und Sicherung, für die eine Aussetzung nicht gewährt werden kann, zur Bewährung ausgesetzt wird. Vgl. o. 12.

50   **2.** Das Gericht hat im Urteil zu **begründen,** weshalb es die Strafe zur Bewährung ausgesetzt hat (§ 267 III StPO). Dabei hat es sich auch mit der Frage zu befassen, ob ein Ausnahmefall des Abs. 3 vorliegt. Jedoch genügt es, wenn aus dem Zusammenhang der Urteilsgründe mit hinreichender Sicherheit entnommen werden kann, diese Frage sei weder übersehen noch aus rechtsirrigen Erwägungen verneint worden (BGH LM **Nr. 19**; vgl. auch BGH NStZ **87,** 21). Eine ausdrückliche Erörterung des Abs. 3 ist unerläßlich, wenn der Sachverhalt, der Grundlage der Verurteilung ist, die Notwendigkeit der Strafvollstreckung zur Verteidigung der Rechtsordnung nicht von vornherein als ausgeschlossen erscheinen läßt, wie idR ein hoher Schaden und der grobe Mißbrauch einer besonderen beruflichen Stellung (BGH NStZ **89,** 527). Fehlende oder unzureichende Begründungen stellen einen sachlich-rechtlichen Mangel dar, der zur Zurückverweisung durch das Revisionsgericht führt (vgl. BGH wistra **83,** 146, NStZ **89,** 527, Braunschweig NJW **54,** 484, Koblenz VRS **69** 300, BA **88,** 333, Düsseldorf NStZ **88,** 326). Die Versagung der Aussetzung ist nach § 267 III StPO an sich nur zu begründen, soweit ein Antrag auf Aussetzung gestellt ist; diesen sieht die Rspr. allerdings bereits in der Bitte um milde Beurteilung (Braunschweig NJW **54,** 284), im Antrag, die Berufung der StA zu verwerfen (Bremen NJW **54,** 613), oder im Antrag auf Freispruch (BGH VRS **66** 445, KG JR **64,** 110). Auch ohne entsprechenden Antrag ist das Urteil fehlerhaft, wenn es den Schluß nahelegt, daß der Tatrichter die Anwendbarkeit des § 56 nicht geprüft hat (BGH **6** 68), oder wenn die Umstände für Strafaussetzung sprechen, so daß deren Ablehnung einer durch das Revisionsgericht nachprüfbaren Begründung bedarf (BGH **6** 172, NJW **83,** 1624). Ohne Vorliegen solcher Umstände ist im Fehlen einer Stellungnahme zur Frage der Strafaussetzung kein Sachmangel zu erblicken (BGH NStZ **86,** 374). Nach Köln VRS **67** 119 müssen dagegen die Urteilsgründe stets erkennen lassen, daß die Frage der Strafaussetzung geprüft ist, sofern diese nicht offensichtlich ausscheidet. Vgl. zum Ganzen Ruß LK 48.

51   **3.** Die Entscheidung über die Dauer der Bewährungsfrist erfolgt im Beschlußwege (§§ 268a, 453 StPO), wie auch alle übrigen nach §§ 56a ff. notwendig werdenden Entscheidungen. Zur Begründungspflicht vgl. Ruß LK § 56a RN 2. Dagegen kann die Strafaussetzung selbst nicht nachträglich angeordnet werden (Hamm JMBlNW **54,** 84), ausgenommen die Strafaussetzung nach Bildung einer Gesamtstrafe gemäß § 460 StPO (BGH **7** 183). Ein versehentlich unterbliebener Beschluß nach § 268a StPO ist gem. § 453 StPO unverzüglich nachzuholen; vgl. Celle MDR **70,** 68, Koblenz MDR **81,** 423, LG Osnabrück NStZ **85,** 378, K-Meyer § 453 StPO RN 2 (§ 453 StPO entsprechend anwendbar), KMR § 453 StPO RN 3 (ergänzende Entscheidung); and. LG Kempten NJW **78,** 839 (Beschluß nicht nachholbar).

52   **4.** Der Verurteilte ist über die Bedeutung der Strafaussetzung und der erteilten Auflagen und Weisungen sowie über die Möglichkeit des Widerrufs der Aussetzung zu **belehren** (§ 268a III StPO). Die unterbliebene oder fehlerhafte Belehrung schließt allerdings einen Widerruf der Aussetzung nicht aus (and. Koch NJW **77,** 421); über Ausnahmen vgl. § 56f RN 8. Zur Beschwerdemöglichkeit vgl. § 305a StPO.

53   **VI.** Die Entscheidung über die Strafaussetzung ist Teil der Entscheidung über die Straffrage. Jedoch läßt die Rspr. eine **isolierte Anfechtung** der Entscheidung nach § 56 dann zu, wenn die zugrundeliegenden Erwägungen von denen der eigentlichen Strafzumessung getrennt werden können (BGH VRS **18** 347, DAR **63,** 353, MDR/D **55,** 394, NJW **83,** 1624, Bay **54,** 55, KG VRS **12** 184, Oldenburg NJW **59,** 1983, Köln NJW **71,** 1417, Koblenz VRS **43** 256, **46** 337, **51** 25, Saarbrücken NJW **75,** 2215, Frankfurt NJW **77,** 2176, MDR **80,** 425, Hamburg JZ **78,** 655, Karlsruhe NJW **80,** 133). Nach BGH NStZ **82,** 286, NJW **83,** 1624 soll die Rechtsmittelbeschränkung sogar nur ausnahmsweise unwirksam sein. Maßgebend bleibt stets die jeweilige Ausgestaltung des Einzelfalles. Eine enge Verknüpfung mit den Strafzumessungserwägungen, die einer Rechtsmittelbeschränkung entgegensteht, wird zumeist vorliegen, wenn die StA die Berufung damit begründet, daß der Angekl. einschlägig vorbestraft sei (vgl. Hamm VRS **13** 449). Ferner werden sich besondere Tatumstände i. S. des Abs. 2 vielfach nicht von der Strafzumessung trennen lassen. Wird allerdings die Berufung auf eine reine Falschbewertung bestimmter Umstände als besonders i. S. des Abs. 2 gestützt, so bestehen gegen eine isolierte Anfechtung keine Bedenken (vgl. BGH NStZ **82**, 286). Andererseits erfaßt die auf das Strafmaß beschränkte Berufung stets auch die Entscheidung über die Strafaussetzung (Düsseldorf NJW **56**, 1889). Mangels Beschwer ist ein auf Aufhebung der Strafaussetzung gerichtetes Rechtsmittel des Angekl. unzulässig (vgl. BGH NJW **61**, 1220).

In der Rechtsmittelinstanz gilt auch für die Strafaussetzung das Verbot der **reformatio in peius**. 54
Der Angekl. ist schlechter gestellt, wenn entweder die Strafe erhöht wird oder die Strafaussetzung wegfällt. Daher ist nicht nur die Aufhebung einer Strafaussetzung bei gleicher Strafhöhe eine Schlechterstellung (Hamm NJW **55**, 1000), sondern auch der Wegfall einer Strafaussetzung bei geringerer Strafhöhe (and. Bruns aaO 237, Mittelbach JR **55**, 8; wie hier Kaufmann aaO 300, Ruß LK 50). Ebenso verstößt die Ersetzung einer kürzeren Freiheitsstrafe ohne Strafaussetzung durch eine längere mit Strafaussetzung gegen das Verbot der Schlechterstellung (Oldenburg MDR **55**, 436, Köln MDR **76**, 71, Kaufmann aaO 299, Preiser NJW **56**, 1222). Dagegen werden die Weisungen nach § 56c vom Verschlechterungsverbot nicht berührt; and. jedoch die Auflagen gem. § 56b (vgl. § 56b RN 4). Nach BGH JZ **56**, 101 soll „die Anordnung der Strafaussetzung bei der Prüfung der Schlechterstellung außer Betracht" zu bleiben haben, was Hellmer JZ **56**, 715 dahin interpretiert, daß es ausschließlich auf die Höhe der Strafe ankommen solle. Das würde jedoch bedeuten, daß das Rechtsmittelgericht ohne Verstoß gegen §§ 331, 358 StPO bei gleichhoher Strafe die bewilligte Strafaussetzung streichen könnte (dagegen Bruns aaO 234). Auch der Widerruf nach § 56f ist dem Berufungsgericht versagt (vgl. § 56f RN 12), gleichgültig, ob Widerrufsgrund eine andere Beurteilung der Aussetzungsvoraussetzungen oder ein neues deliktisches Verhalten des Angekl. sein soll (and. Bay NJW **57**, 1119). Über die Verhängung von Jugendarrest an Stelle einer zur Bewährung ausgesetzten Freiheitsstrafe vgl. Düsseldorf NJW **61**, 891.

§ 56a Bewährungszeit

(1) **Das Gericht bestimmt die Dauer der Bewährungszeit. Sie darf fünf Jahre nicht überschreiten und zwei Jahre nicht unterschreiten.**

(2) **Die Bewährungszeit beginnt mit der Rechtskraft der Entscheidung über die Strafaussetzung. Sie kann nachträglich bis auf das Mindestmaß verkürzt oder vor ihrem Ablauf bis auf das Höchstmaß verlängert werden.**

Schrifttum: Oske, Strittige Fragen zur Bewährungszeit, MDR **70**, 189.

I. Das **Gericht** bestimmt die **Dauer der Bewährungszeit** (Abs. 1). Ebenso wie die Entscheidungen über die sonstige Ausgestaltung der Bewährungszeit (Auflagen, Weisungen) erfolgt die Bestimmung der Frist nicht im Tenor des Urteils, sondern gemäß § 268a StPO durch Beschluß, der aber mit dem Urteil zu verkünden ist. Vgl. dazu BGH **25** 337. 1

II. Die **Dauer der Bewährungszeit** ist elastisch gestaltet. Sie beträgt mindestens 2 Jahre, da 2 ein nachhaltiger Erfolg, insb. der Weisungen, in kürzerer Zeit nicht erwartet werden kann, höchstens aber 5 Jahre. Die Entscheidung innerhalb dieses Spielraums trifft das Gericht nach seinem Ermessen. Wesentlich ist insoweit, welche Zeit benötigt wird, um auf den Verurteilten nachhaltig einzuwirken. Auch die Strafdauer ist zu berücksichtigen (D-Tröndle 1; and. Horn SK 3), allerdings nachrangig. Soweit die Frist nicht vom Einwirkungserfordernis abhängt, hat die Bewährungszeit bei geringerer Strafhöhe kürzer auszufallen als bei längerer Strafdauer, da nur so der Verhältnismäßigkeitsgrundsatz gewahrt bleibt. Bedarf es dagegen einer längeren Zeit der Einwirkung auf den Verurteilten, so tritt die Strafdauer in den Hintergrund. Denn hier ist die Einwirkungsmöglichkeit maßgebend für die günstige Prognose (vgl. § 56 RN 24b) und damit für die Strafaussetzung. Zur Abhängigkeit der Dauer der Bewährungszeit von Auflagen und Weisungen vgl. auch Düsseldorf NStE Nr. 1. Über Fristen bei nachträglicher Gesamtstrafenbildung vgl. § 58 RN 11.

III. Die **Frist beginnt** mit Rechtskraft des Urteils, in dem die Strafaussetzung angeordnet 3 worden ist. Obgleich das Institut der Strafaussetzung auf eine Bewährung in der Freiheit zugeschnitten ist, verschiebt sich der Fristbeginn mangels gesetzlicher Regelung nicht, solange der Verurteilte auf behördliche Anordnung in einer Anstalt verwahrt wird (Düsseldorf MDR **73**, 426, Hamm MDR **74**, 947, D-Tröndle 2, Horn SK 4, Lackner 1, Oske MDR **70**, 189, grundsätzlich auch Braunschweig NJW **64**, 1581 m. Anm. Dreher; and. Zweibrücken MDR **69**, 861 m. abl. Anm. Pohlmann Rpfleger **69**, 352). Eine noch während der Anstaltsverwahrung begangene Straftat kann daher nach § 56f S. 1 Nr. 1 den Widerruf der Strafaussetzung auslösen (vgl. § 57 RN 33), zumal nach § 56f S. 2 ohnehin die Entscheidung über die Aussetzung, nicht erst ihre Rechtskraft insoweit maßgebender Zeitpunkt ist.

Stree

§ 56b 1–3   Allg. Teil. Rechtsfolgen der Tat – Strafaussetzung zur Bewährung

4   Wird in einem **Wiederaufnahmeverfahren** erneut Strafaussetzung gewährt, so beginnt mit der Rechtskraft dieses Urteils eine neue Frist. Unerheblich ist, ob das frühere Urteil aufrechterhalten oder anderweit in der Sache erkannt wird. Auf die neue Bewährungszeit ist jedoch die Zeit, in der der Verurteilte auf Grund des früheren Urteils unter Bewährung stand, anzurechnen, da vom Täter wegen einer Tat nur eine bestimmte Dauer der Bewährung abverlangt werden darf. U. U. kann also eine neue Bewährungszeit völlig entfallen. Bei der Wiederaufnahme zuungunsten des Verurteilten ist indes die Bewährungszeit entsprechend § 56f II zu verlängern, wenn sich nur auf diese Weise die Aussetzung der Strafvollstreckung vertreten läßt, weil es sonst an der für eine günstige Prognose benötigten Zeit des Einwirkens auf den Verurteilten fehlen würde.

5   **IV.** Eine **nachträgliche** (auch mehrmalige) Verkürzung oder Verlängerung (vgl. Stuttgart MDR **78**, 1044) ist zulässig, und zwar innerhalb des Spielraums zwischen 2 und 5 Jahren. Eine Verlängerung kommt etwa in Betracht, wenn sich herausstellt, daß die Schadenswiedergutmachung durch Ratenzahlungen in der festgesetzten Bewährungszeit nicht möglich ist (Hamburg MDR **80**, 246). Sie ist ausgeschlossen, wenn die ursprünglich festgesetzte Frist abgelaufen ist, ausgenommen im Fall des § 56f II (vgl. § 56f RN 10). Das Verfahren richtet sich nach § 453 StPO.

6   **V.** Während der Bewährungszeit **ruht** die **Vollstreckungsverjährung** (§ 79a Nr. 2b).

§ 56b Auflagen

(1) **Das Gericht kann dem Verurteilten Auflagen erteilen, die der Genugtuung für das begangene Unrecht dienen. Dabei dürfen an den Verurteilten keine unzumutbaren Anforderungen gestellt werden.**

(2) **Das Gericht kann dem Verurteilten auferlegen,**
1. **nach Kräften den durch die Tat verursachten Schaden wiedergutzumachen,**
2. **einen Geldbetrag zugunsten einer gemeinnützigen Einrichtung oder der Staatskasse zu zahlen oder**
3. **sonst gemeinnützige Leistungen zu erbringen.**

(3) **Erbietet sich der Verurteilte zu angemessenen Leistungen, die der Genugtuung für das begangene Unrecht dienen, so sieht das Gericht in der Regel von Auflagen vorläufig ab, wenn die Erfüllung des Anerbietens zu erwarten ist.**

Schrifttum: Baumann, Der Auflagenkatalog im Strafrecht, GA 58, 193. – *Baur,* Die Bewährungsauflagen der Schadenswiedergutmachung und das Zivilrecht, GA 57, 338. – *Bruns,* Rechtsgrundlage und Zulässigkeit strafrechtlicher Auflagen usw., GA 59, 191. – *Stree,* Deliktsfolgen und Grundgesetz, 1960.

1   **I.** Um sich zu bewähren und dadurch Straferlaß zu verdienen, genügt es im allgemeinen nicht, daß der Täter keine neuen Straftaten begeht. Ein Sichbewähren, das einen Erlaß der Strafe rechtfertigt, setzt voraus, daß der Verurteilte in der Bewährungszeit mehr tut, als ohne neue Delikte zu leben. § 56 stellt zwar auf die bloße **Erwartung** ab, der Verurteilte werde ohne Einwirkung des Strafvollzugs „keine Straftaten" mehr begehen". Er geht aber davon aus, daß dem Verurteilten nach § 56b regelmäßig Auflagen erteilt werden, die einen Teil der Reaktion auf ein Fehlverhalten zu übernehmen haben, und daß daher die nach § 56b auferlegten Leistungen Voraussetzung für die Strafaussetzung sind. Da zudem der gröbliche oder beharrliche Verstoß gegen Auflagen den Widerruf der Strafaussetzung begründet, ist somit zu prüfen, ob unter Berücksichtigung der Auflagen des § 56b eine günstige Prognose gestellt werden kann.

2   Daneben wird vom Verurteilten aber auch erwartet, er werde die **Weisungen** befolgen, die ihm nach § 56c erteilt werden können. Während die **Auflagen** einen ausgesprochen repressiven Charakter tragen (strafähnliche Sanktion; vgl. Lackner 1, Schmidhäuser 821; verfehlt Frankfurt NJW **71**, 720: Auflage diene im wesentl. der Resozialisierung), sollen die Weisungen dem Verurteilten helfen, nicht wieder straffällig zu werden, und sind damit Hilfsmittel, die nach Auffassung des Gerichts erforderlich sind, um das Bewährungsziel zu erreichen. Auch die Befolgung dieser Weisungen ist daher Bestandteil der Strafaussetzung und Voraussetzung dafür, daß sich der Verurteilte bewährt. Zur Abgrenzung von Auflagen und Weisungen vgl. ferner § 56c RN 2.

3   **II.** Dem Verurteilten können **Auflagen** gemacht werden, die der Genugtuung für das begangene Unrecht dienen. Das Gericht kann sich insoweit auf eine bestimmte Auflage beschränken oder mehrere Auflagen nebeneinander erteilen. Es kann aber auch verschiedene Auflagen alternativ nebeneinander stellen und dem Verurteilten überlassen, welche der Auflagen er erfüllen will (Schleswig OLGSt Nr. 1). So kann es z. B. verschiedene gemeinnützige Einrichtungen benennen, an die ein Geldbetrag zu zahlen ist, und die Auswahl dem Verurteilten anheimstel-

Auflagen 4–9 **§ 56b**

len. Dagegen darf es die Auswahl nicht einer anderen Person übertragen, etwa einem Bewährungshelfer.

1. Der **Genugtuung für das begangene Unrecht** dienen die Auflagen einmal dann, wenn sie **4** in der Rechtsgemeinschaft ein Gefühl der Befriedigung darüber hervorrufen, daß die vom Täter verursachte Rechtsverletzung nicht ohne Sanktion geblieben ist. Zweck der in § 56b getroffenen Regelung ist es deshalb, einen Ausgleich für das begangene Unrecht zu schaffen. Die in Abs. 2 Nr. 2 und 3 genannten Auflagen stellen eine echte Reaktion auf die Straftat dar. Zugleich können sie zwar, wie Strafen auch, präventiv und erzieherisch wirken; dies ist aber nicht ihre eigentliche Aufgabe. Als strafähnliche Sanktion unterliegen solche Auflagen dem Verschlechterungsverbot des § 331 I StPO (Koblenz NJW **77**, 1074 m. abl. Anm. Gollwitzer JR 77, 346, Frankfurt NJW **78**, 959, Jescheck 760; and. Hamm NJW **78**, 1596, Hamburg MDR **80**, 598, Koblenz NStZ **81**, 154, Düsseldorf JMBlNW **86**, 273; vgl. dazu Horn MDR 81, 14, Loos NStZ 81, 363; and. auch BGH NJW **82**, 1544 m. Anm. K. Meyer JR 82, 338, wenn nach der früheren Entscheidung neue Umstände eingetreten sind, die eine Auflage rechtfertigen).

Genugtuung leistet der Täter aber auch, wenn er das beeinträchtigte Rechtsgefühl dadurch **5** aussöhnt, daß er den **Schaden ausgleicht** und damit symbolisch das begangene Unrecht wiedergutmacht. Auch hier ist Grundgedanke der Regelung nicht eine Erziehung des Täters, sondern die Überlegung, daß bei manchen Straftaten, vor allem bei solchen gegen materielle Interessen, eine Strafvollstreckung nicht erforderlich ist, wenn der Täter Ersatz leistet. Die vorübergehende Beeinträchtigung kann dann hingenommen werden. Der Genugtuung dient jedoch nicht die Zahlung der Gerichtskosten (vgl. BGH **9** 365) oder der Kosten der Nebenklage (vgl. Frankfurt MDR **80**, 516), so daß eine hierauf gerichtete Auflage unzulässig ist.

2. Durch die Auflage wird dem Verurteilten ein **besonderes Opfer** abverlangt. Eine Ausnahme bildet der Fall der Schadenswiedergutmachung, soweit hier der Verurteilte einer zivilrechtlichen Ersatzpflicht nachkommt. Aber auch in diesem Fall setzt er Teile seines Vermögens ein, um Genugtuung zu leisten, so daß die Sachlage ähnlich ist. **6**

Da die Genugtuung durch Opfer auf verschiedenen Wegen erreicht werden kann, ist es auch **7** bei Vermögensdelikten möglich, dem Verurteilten die Zahlung eines Geldbetrags zugunsten der Staatskasse aufzuerlegen, ohne daß die Wiedergutmachung des Schadens angeordnet wird. Entsprechend der Funktion der Auflage ist jedoch das Gericht verpflichtet, dem Täter ein **tatadäquates Opfer** abzuverlangen, z. B. die gemeinnützige Einrichtung, an die ein Geldbetrag zu zahlen ist oder für die sonstige Leistungen zu erbringen sind, so auszuwählen, daß eine Beziehung zur begangenen Tat besteht.

III. Abs. 2 enthält eine **abschließende Aufzählung** der möglichen Auflagen. Auflagen, die in **8** Abs. 2 keine Grundlage haben, sind unzulässig, so daß ihre Nichterfüllung keinen Widerrufsgrund abgibt.

1. Im Vordergrund steht die Auflage, den **Schaden wiedergutzumachen** (Nr. 1). Sie ist bei **9** Vermögensdelikten i. d. R. – möglicherweise neben weiteren Auflagen – anzuordnen. Die Auflage bezieht sich auf den Ausgleich des Schadens, auch des ideellen, der durch die Straftat entstanden ist, und zwar in erster Linie im Rahmen einer zivilrechtlichen Ersatzpflicht (vgl. auch Baur GA 57, 340, Müller-Dietz D. Schultz-FS, 1987, 253). Daneben kommt aber auch eine Wiedergutmachung – etwa bei immateriellen Schäden – in den vom BGB nicht geregelten Fällen in Betracht (Dilcher NJW 56, 1346 f.; and. LG Bremen NJW **71**, 153, Stuttgart MDR **71**, 1025, Horn SK 4, Ruß LK 4; krit. zur Gegenmeinung Frehsee NJW 81, 1253). Die Verjährung des privatrechtlichen Ersatzanspruchs schließt die Anwendung der Nr. 1 jedenfalls nicht aus (Stuttgart MDR **71**, 1025, Hamm NJW **76**, 527, Schall NJW **77**, 1045). Die Ersatzpflicht kann einen finanziellen Ausgleich, aber auch jede andere Art der Wiedergutmachung zum Inhalt haben. Bei betrügerisch erlangter Vorleistung des Kaufpreises für ein Grundstück darf dem Täter jedoch nicht auferlegt werden, den Kaufvertrag nachzuholen (Stuttgart NJW **80**, 1114 m. krit. Anm. Frhr. v. Spiegel NStZ 81, 101). Ebensowenig darf, um die Schadenswiedergutmachung zu ermöglichen, die Auflage ergehen, unverzüglich ein Arbeitsverhältnis zu begründen (BVerfGE **58** 358). Es genügt die Auflage, den angerichteten Schaden zu ersetzen, und zwar in voller Höhe oder zu einem Bruchteil (z. B. bei mitwirkendem Verschulden des Verletzten). Die Schadenshöhe braucht der Strafrichter nicht festzustellen; er kann dies dem Verletzten und dem Verurteilten oder einem zivilgerichtlichen Verfahren überlassen. U. U. empfiehlt es sich, die Modalitäten der Wiedergutmachung festzulegen, z. B. einen bestimmten Tilgungsplan aufzustellen. Ist vor der Entscheidung nach § 56b über den Schadensersatzanspruch in einem Zivilurteil entschieden worden, so ist der Strafrichter grundsätzlich hieran gebunden, sofern dem Verurteilten keine die Grenzen zivilrechtlicher Ersatzpflichten überschreitende Wiedergutmachung auferlegt werden soll. Ist jedoch die Klage auf Schadenersatz erfolglos geblieben, weil der Verletzte die erforderlichen Beweise nicht erbringen konnte, so steht die Abweisung der

Schadensersatzklage einer Auflage, den Schaden wiedergutzumachen, nicht entgegen, wenn der Strafrichter die Voraussetzungen für eine Schadensersatzpflicht festgestellt hat (Oldenburg NdsRpfl **90**, 40). Bei einem später ergehenden, von der Auflage abweichenden Zivilurteil oder bei sonstiger Feststellung einer anderen Schadenshöhe (vgl. Hamburg MDR **80**, 246, **82**, 340) ist die Auflage gemäß § 56e zu modifizieren. Vgl. § 56e RN 3, Pentz NJW **56**, 1867, Dilcher NJW **56**, 1346, Hellmer, AcP **155**, 527, Schnitzerling DAR **59**, 201. Zu Problemen der Wiedergutmachung bei Konkurs des Verurteilten vgl. Schreiner DRiZ **77**, 336. Zur Auflage, Schmerzensgeld zu zahlen, vgl. LG Bremen NJW **71**, 153. Zur Unzulässigkeit der Auflage, die Gerichtskosten oder die Kosten der Nebenklage zu zahlen, vgl. o. 5.

10   Die Auflage ist darauf zu beschränken, daß der Verurteilte der Verpflichtung nur **nach Kräften** nachzukommen hat. Das hat zur Folge, daß der Widerruf der Strafaussetzung nicht erfolgen darf, wenn der Verurteilte sich ernsthaft um die Wiedergutmachung bemüht hat, diese jedoch ohne sein Verschulden vereitelt worden ist. Deshalb kann dem Verurteilten auch dann die Schadenswiedergutmachung auferlegt werden, wenn z. Z. der Urteilsfällung zweifelhaft ist, ob ihm dies gelingen wird. So z. B., wenn zur Wiedergutmachung die Mitwirkung des Verletzten erforderlich, dessen Bereitschaft hierzu aber ungewiß ist. Zur Schadenswiedergutmachung gehört nicht die Pflicht, dem Geschädigten Auskunft über den Verbleib der Beute zu erteilen, so daß eine derartige Auflage im Abs. 2 Nr. 1 keine gesetzliche Grundlage hat (vgl. Bremen StV **86**, 253). Zum Ganzen vgl. Frehsee, Schadenswiedergutmachung als Instrument strafrechtlicher Sozialkontrolle, 1987, 231 ff.

11   2. **Geldbeträge** zugunsten einer gemeinnützigen Einrichtung (Nr. 2), die nicht unbedingt steuerrechtlich als solche anerkannt sein muß, sind in ihrer Höhe unabhängig von § 40 (Stuttgart NJW **54**, 522, D-Tröndle 7; and. Horn SK 9; vgl. dazu Fünfsinn NStZ **87**, 98, ferner Frankfurt StV **89**, 250, wonach die Grundsätze für die Tagessatzhöhe herangezogen werden können). Sie müssen sich jedoch in einem angemessenen und zumutbaren Rahmen halten (vgl. Hamm VRS **12** 61, Braunschweig NdsRpfl. **68**, 89); dieser ergibt sich aus der Zumutbarkeitsgrenze des Abs. 1 S. 2 und dem Verhältnismäßigkeitsgrundsatz (vgl. auch Ruß LK 12). Danach ist zwar eine empfindliche Geldbuße nicht ausgeschlossen; der Betrag kann auch erheblich höher sein als eine neben der ausgesetzten Freiheitsstrafe verhängte Geldstrafe (vgl. Nürnberg GA **59**, 157); er muß aber in einem angemessenen Verhältnis zur Tatschwere und Tatschuld stehen. Zudem sind die persönlichen und wirtschaftlichen Verhältnisse des Täters zu berücksichtigen. Ein Betrag, den der Verurteilte auch nicht in Raten aufbringen kann, ist unzulässig (Düsseldorf VRS **74** 358). Mit der Geldauflage hat das Gericht zugleich eine Zahlungsfrist festzusetzen, wobei es auch Zahlung in bestimmten Raten zu bestimmten Fälligkeitsterminen zubilligen kann. Es darf die Festlegung von Fristen und Raten nicht einem Bewährungshelfer überlassen, ebensowenig der Vollstreckungsbehörde (vgl. u. 35). Die Zahlung kann unmittelbar an die begünstigte Einrichtung erfolgen oder in der Weise, daß die Gerichtskasse sie entgegennimmt und weiterleitet (Händel JR **55**, 377). Ein Rechtsverhältnis zwischen dem Täter und der Einrichtung entsteht nicht (Ruß LK 10). Zu ergangenen Regelungen des Verfahrens bei der Zuweisung von Geldauflagen vgl. D-Tröndle 7 a. E.

12   Da die Rspr. den **Staat** nicht als gemeinnützige Einrichtung betrachtet hatte (Köln NJW **67**, 455), sieht Nr. 2 vor, daß dem Verurteilten auferlegt werden kann, einen Geldbetrag an die Staatskasse statt an eine gemeinnützige Einrichtung zu zahlen. Damit übernimmt diese Auflage – vor allem im Hinblick auf den von § 56b verfolgten Zweck – die Funktion einer Geldstrafe (vgl. auch Bruns GA **56**, 210, Baumann GA **58**, 198). Bedenken daraus, daß letztere nach § 40 an bestimmte Regelungen gebunden ist, während dies bei § 56b nicht der Fall ist, bestehen jedoch nicht, da es sich darum handelt, hier eine schwerere Freiheitsentziehung durch eine für den Täter leichtere Reaktion zu ersetzen (vgl. Ruß LK 11). Nr. 2 ermächtigt jedoch nicht zu der Auflage, eine neben der ausgesetzten Freiheitsstrafe verhängte Geldstrafe zu zahlen (Ruß LK 12). Die Wirksamkeit einer Geldstrafe als Sanktion soll die Ersatzfreiheitsstrafe nach § 43 sichern und im Falle einer Auflage und der Möglichkeit des Widerrufs der ausgesetzten Freiheitsstrafe nach § 56f sicherzustellen. Ebensowenig kann als Geldauflage die Entrichtung des Wertersatzes nach § 74c auferlegt werden (vgl. Köln NJW **57**, 1120, Ruß LK 12). Eine derartige Geldauflage hätte nicht die vorausgesetzte Genugtuungsfunktion; sie würde vielmehr als Druckmittel zur Leistung des Wertersatzes dienen. Da mittels einer Auflage nicht die Herausgabe eines eingezogenen Gegenstandes erzwungen werden kann, darf dies auch nicht beim Wertersatz geschehen.

13   3. Außerdem kann dem Verurteilten auferlegt werden, **sonstige gemeinnützige Leistungen** zu erbringen (Nr. 3). Als solche kommen Leistungen jeder Art in Betracht, also sowohl finanzielle Opfer wie auch Handlungen, die der Allgemeinheit zugute kommen. Dazu gehören aber nicht „Bußzahlungen" an Verbrechensopfer, auch wenn deren finanzielle Unterstützung im Interesse der Allgemeinheit liegt (LG Bremen NJW **71**, 153).

Zweifel bestehen jedoch **an der Verfassungsmäßigkeit** dieser Bestimmung.

a) Einmal fragt sich, ob Nr. 3 in Einklang mit dem **Bestimmtheitsgrundsatz** des Art. 103 II **14** GG steht, da hier die Rechtsfolge einer Straftat nicht vom Gesetz, sondern nach Qualität und Quantität vom Richter bestimmt wird. Die Tatsache, daß überwiegend die Auffassung vertreten worden war, Auflagen könnten nur in dem vom Gesetz ausdrücklich umrissenen Rahmen gemacht werden (vgl. 15. A. § 24a RN 16), hat den Gesetzgeber zu dem Versuch veranlaßt, die möglichen Auflagen gesetzlich festzulegen (vgl. BT-Drs. V/4094 S. 12). Dabei wurde übersehen, daß Nr. 3 weiterhin eine Generalklausel darstellt, die dem Richter – abgesehen von der Gemeinnützigkeit – keinerlei Anhaltspunkte für Art und Umfang der aufzuerlegenden Leistungen gibt. Aus diesem Grunde stehen Nr. 3 ebenso verfassungsrechtliche Bedenken entgegen wie § 24 i. d. F. vor dem 1. StrRG, soweit es sich um Auflagen außerhalb der dort genannten handelte (vgl. ferner Stree aaO 144 FN 26, S. 147 FN 34).

b) Zweifel an der Verfassungsmäßigkeit sind aber auch insofern angebracht, als zwar finan- **15** zielle Leistungen an eine gemeinnützige Institution (z. B. unentgeltliche Lieferung von Lebensmitteln an Altersheime) keinen Bedenken begegnen, wohl aber fraglich ist, ob die Anordnung sonstiger Leistungen, als welche praktisch nur Dienst- und Arbeitsleistungen in Frage kommen, mit **Art. 12 GG** vereinbar ist. Auch diese Frage ist schon für § 24 i. d. F. vor dem 1. StrRG verneint worden (Hamburg NJW **69**, 1780, Stree aaO 185, hier 14. A. § 24 RN 8, 21), und an dieser Problematik hat sich in § 56b nichts geändert (vgl. Zöbeley Faller-FS, 1984, 354f., Mrozynski JR 87, 274, auch Köhler JZ 88, 749, Gerken/Henningsen MSchrKrim 89, 226). Danach ist es unzulässig, dem Verurteilten Arbeitsleistungen in gemeinnützigen Anstalten, wie Krankenhäusern, Kinderheimen usw. (vgl. BT-Drs. V/4094 S. 12) oder Dienst bei der Feuerwehr aufzuerlegen oder von ihm zusätzliche Dienstleistungen innerhalb seines Berufes (z. B. Sonntagsdienst, unbezahlte Überstunden usw.) zu verlangen (and. BVerfG NJW **91**, 1043, Schleswig OLGSt Nr. 1, SchlHA **88**, 168, Jescheck 758, D-Tröndle 8, Lackner 3c). Daß solche Tätigkeiten „Arbeit" i. S. des Art. 12 II GG sind, kann nicht bezweifelt werden (vgl. Mrozynski JR 83, 400). Ebensowenig kann verkannt werden, daß die Alternative für den Verurteilten, nämlich Widerruf der Strafaussetzung, einen Zwang auf ihn ausübt, die auferlegte Arbeit zu leisten. Nur im Wege freiwilligen Anerbietens gem. Abs. 3 kann eine „Arbeitsauflage" gemacht werden, deren Befolgung jedoch nicht durchgesetzt werden kann (vgl. dazu u. 26ff.). Zudem ist eine Geldauflage mit der Maßgabe zulässig, daß der Verurteilte die Geldauflage nach seinem Belieben durch freie gemeinnützige Arbeit nach einem bestimmten Schlüssel, etwa 10 DM pro Arbeitsstunde, tilgen darf (Celle NStZ **90**, 148 m. Anm. Arloth).

c) Zulässig soll nach der Rspr. sein, einem Zivildienstverweigerer aufzuerlegen, den gesetzlichen **16** **Zivildienst** abzuleisten (Hamburg NJW **69**, 1782, Hamm StV **81**, 75; and. LG Köln NJW **89**, 1171) oder ein Arbeitsverhältnis gem. § 15a ZDG einzugehen (Bay **70**, 122, Hamm aaO, Nürnberg NStZ **82**, 429). Der Auflage, ein Arbeitsverhältnis einzugehen, stehen jedoch die o. 15 angeführten Bedenken entgegen. § 15a ZDG geht von einer freiwilligen Arbeit aus, so daß entgegen Hamm aaO eine Pflicht auferlegt würde, die ohne die Auflage nicht bestünde. Die Auflage, eine Arbeitsleistung gem. § 15a ZDG zu erbringen, ist daher allenfalls vertretbar, wenn der Verurteilte sich gem. Abs. 3 zu einer solchen Tätigkeit erboten hat und sich zudem mit der Auflage einverstanden erklärt hat. Sie dient dann nur dazu, das freiwillige Angebot auf sichere Füße zu stellen, da der Verurteilte nunmehr, wenn er sein Angebot nicht erfüllt, den Widerruf der Strafaussetzung zu erwarten hat. Bedenklich ist aber auch die Auflage, den gesetzlichen Zivildienst abzuleisten. Sie hat eher den Zweck, den Willen des Verurteilten zu beugen und diesen zur Pflichterfüllung anzuhalten, als eine Genugtuungsfunktion. Ein solcher Zweck darf jedoch nicht die wesentliche Funktion einer Auflage sein (vgl. Bay NJW **80**, 2425).

IV. Die Anordnung der Auflagen steht im **Ermessen** des Gerichts, sie wird aber die Regel **17** bilden, da § 56b nicht nur die Möglichkeit gibt, der Rechtsgemeinschaft Genugtuung für das begangene Unrecht zu gewähren, sondern zugleich zum Ausdruck bringt, daß die Gemeinschaft hierauf ein Anrecht hat.

1. Bei der Anordnung hat der Richter den Zweck der Auflage im Auge zu behalten, also **18** darauf zu achten, daß die Auflage der Genugtuung für das begangene Unrecht zu dienen hat. Zweckwidrig wäre z. B., wenn dem Verurteilten aufgegeben würde, eine wegen einer anderen Tat verhängte Geldstrafe zugunsten der Staatskasse zu zahlen (vgl. auch Köln NJW **57**, 1120).

2. Ferner dürfen nach Abs. 1 S. 2 an den Verurteilten **keine unzumutbaren Anforderungen** **19** gestellt werden. So kann z. B. nicht die Erstattung eines hohen Geldbetrags verlangt werden, wenn der Verurteilte in besonders schlechten wirtschaftlichen Verhältnissen lebt (vgl. Hamburg VRS **40** 349). Dasselbe gilt etwa für die Auflage, als gemeinnützige Leistung eine Blutspende zu erbringen oder sich zum Entwicklungsdienst zu melden. Dies ist nur zulässig, wenn es vom Verurteilten freiwillig angeboten wird (vgl. dazu u. 30). Unzumutbar ist ferner die

Auflage, mit dem Geschädigten einen Vertrag über die Schadensregulierung zu treffen, da der Verurteilte insoweit dem Geschädigten ausgeliefert sein kann (vgl. Bremen StV **86**, 253).

20 3. Eine weitere Schranke bildet der **Verhältnismäßigkeitsgrundsatz**. Er ist schon in dem Gedanken der Genugtuung enthalten und bedeutet, daß die Auflage auch in ihrer Art und Höhe dem Maß der Tatschuld angemessen sein muß. Verhängt z. B. das Gericht nach § 47 I eine Freiheitsstrafe, so darf der an die Staatskasse etwa zu zahlende Geldbetrag keinesfalls den Betrag der Geldstrafe überschreiten, die das Gericht normalerweise verhängt hätte.

21 4. Die Auflage darf ferner nicht gegen **Grundrechte** verstoßen. Grundrechtswidrige Auflagen sind als Verstoß gegen das GG auch dann unzulässig und für den Verurteilten unverbindlich, wenn dieser in ihre Erteilung eingewilligt hat.

22 a) **Unzulässig** sind daher z. B. Auflagen, die die Glaubens- und Gewissensfreiheit (Art. 4 GG) einschränken, so wenn etwa die gemeinnützige Leistung in einer kirchlichen Tätigkeit bei einer dem Täter fremden Konfession bestehen sollte. Ebenso verhält es sich mit einer Auflage, deren Befolgung nach außen hin den Anschein erweckt, der Verurteilte habe sich die Ziele eines Vereins zu eigen gemacht (Verstoß gegen Art. 9 GG). Nicht zu billigen ist daher die von Buse DAR 59, 205 befürwortete Auflage an einen Verkehrssünder, sich an bestimmten Aufklärungsaktionen der Verkehrswacht zu beteiligen. Durch die Auflage, einem bestimmten Verein einen Geldbetrag zu zahlen, wird Art. 9 GG nicht verletzt. Ferner darf niemand durch eine Auflage zu einer bestimmten Berufs- oder Arbeitswahl angehalten oder zu einer Arbeitsleistung gezwungen werden (vgl. o. 15). Vgl. im einzelnen Stree aaO 151 ff., ferner Lang-Hinrichsen, Verhandlungen des 43. DJT (1960) Bd. I, 3. Teil B S. 77 ff.

23 b) Eingriffe in Grundrechte sind im genannten Umfang nur unzulässig, wenn die Auflage eine Grundrechtseinschränkung zum Ziel hat. Grundrechtseinschränkungen, die sich lediglich als unerläßliche **Nebenwirkung** einer an sich zulässigen Auflage einstellen, führen nicht zum Verbot der Auflage (Stree aaO 149). Wer etwa infolge einer Auflage daran gehindert ist, Versammlungen zu besuchen, kann sich nicht auf Art. 8 GG berufen.

24 c) Zur Bedeutung des **Art. 19 I 2 GG** für grundrechtseinschränkende Auflagen vgl. Bruns GA 59, 213, NJW 59, 1395, Maunz-Dürig Art. 2 Abs. 1 Anm. 78, Stree aaO 238 ff.

25 d) Eine **weitergehende** Beschränkung der Grundrechte hat Braunschweig NJW **57**, 760 für zulässig gehalten (ebenso Heinitz ZStW 70, 13; ähnlich Grasnick NJW 59, 2000); dies sollte sich daraus ergeben, daß der Verurteilte im Strafvollzug einem besonderen Gewaltverhältnis unterworfen ist, das von sich aus eine Einschränkung der Freiheit der Person und der Meinungsäußerung mit sich bringt (vgl. dagegen BVerfGE **33** 1, **58** 366 f.). Diese Argumentation überzeugt nicht (vgl. Hamburg NJW **64**, 1814). Die über den Freiheitsentzug hinausgehenden Beschränkungen im Strafvollzug sind dessen notwendige Nebenwirkungen, nicht aber als solche beabsichtigte Eingriffe in Grundrechte, wie sie es bei ihrer Verselbständigung als Auflage sein würden. Ferner würde sich bei den Weisungen, für die Entsprechendes zu gelten hat, die Dauer der Beschränkung zuungunsten des Verurteilten verlängern; als Strafvollzug käme in den Fällen des § 56 bis höchstens 2 Jahre in Betracht, während bei der Strafaussetzung die Bewährungszeit mindestens 2 Jahre beträgt. Es lassen sich daher aus den mit dem Strafvollzug verbundenen Beschränkungen keine Schlüsse auf die Auflagen ziehen (BVerfGE **58** 366). Ähnlich Bruns GA 59, 216, Peters JZ 57, 65, Stree aaO 141. Vgl. weiter die Ausführungen zu § 56 c.

26 V. Eine weitere Einschränkung des Ermessens ergibt sich aus Abs. 3. Erbietet sich der Verurteilte **freiwillig** zu entsprechenden Leistungen, so ist i. d. R. von Auflagen vorläufig abzusehen, wenn die Erfüllung des **Anerbietens** zu erwarten ist.

27 1. Eine **angemessene Leistung** ist in erster Linie eine solche i. S. von Abs. 2 Nr. 3, es kommen jedoch auch Leistungen der in Abs. 2 Nr. 1 und 2 genannten Art in Betracht. Die angebotenen Leistungen brauchen nicht denen des Abs. 2 zu entsprechen, z. B. nicht gemeinnützig zu sein. Zu denken ist z. B. an die Beschaffung einer Wohnung oder eines günstigen Arbeitsplatzes für den Verletzten oder für dessen Angehörige. Die Angemessenheit der Leistung setzt idR voraus, daß der Verurteilte hinreichende Fristen nennt, innerhalb derer er das Angebotene erfüllen will.

28 2. Erforderlich ist aber auch hier, daß die Leistung der **Genugtuung** für das begangene Unrecht dient; sie muß also ein Opfer enthalten, das demjenigen entspricht, das vom Gericht sonst nach Abs. 1, 2 für erforderlich gehalten würde. Wenn das angebotene Opfer unter dieser Grenze bleibt, kann das Gericht von der Annahme des Anerbietens absehen. Ein weitergehendes Ermessen in dieser Hinsicht kann ihm nicht eingeräumt werden, obwohl der Wortlaut des Abs. 3 auf eine solche Auslegung deuten könnte. Da Zweck der Auflage die Genugtuung für das begangene Unrecht ist, kann nicht zugelassen werden, daß das Gericht eine andersartige Genugtuung verlangt, wenn die angebotene ausreicht. Auch besondere Gründe rechtfertigen keine Ausnahme (and. Ruß LK 16). Dem Genugtuungszweck entspricht allerdings ein tatinadäquates Angebot nicht zur Genüge, wenn tatadäquate Leistungen in Betracht kommen, weil die angebotene Leistung dann als Genugtuung nicht angemessen ist. An der Angemessenheit kann es z. B. fehlen, wenn statt der gebotenen Schadenswiedergutmachung Geldzahlungen an eine gemeinnützige Einrichtung ohne jegliche Beziehung zur Tat angeboten werden.

3. Die Erfüllung des Anerbietens muß (in einer genannten Frist) **zu erwarten** sein, d. h. die 29 Persönlichkeit des Verurteilten und seine Lebensverhältnisse müssen eine gewisse Gewähr für die Ernsthaftigkeit des Angebotes bieten. Da nur vorläufig von einer Auflage abzusehen ist (vgl. u. 31), sollte das Gericht auch bei Zweifeln zunächst auf das Angebot des Verurteilten eingehen.

4. Das Anerbieten kann sich auch auf ein Opfer beziehen, dessen **Auferlegung sonst nicht** 30 **zulässig** wäre, vgl. o. 15. So kann sich der Verurteilte freiwillig zu einer Blutspende melden, eine (unentgeltliche) Arbeitsleistung anbieten (o. 15) oder sich etwa als Helfer im Entwicklungsdienst verpflichten. Aber auch hier ist jedenfalls die Schranke des Art. 1 GG zu beachten. Deshalb kann sich der Verurteilte beispielsweise nicht zu medizinischen Experimenten erbieten, durch welche seine Persönlichkeit verändert wird (Hirnoperation) oder die sonst ein erträgliches Maß überschreiten (Unterkühlungsversuche). Ebensowenig ist das Angebot, seinen Leichnam einer Klinik zu vermachen, annehmbar. Möglich wäre aber z. B. im Rahmen der Wiedergutmachung (Abs. 2 Nr. 1) das Angebot, zur Heilung des Verletzten ein Auge oder eine Niere zu spenden. Die Zulässigkeit ergibt sich aus dem vorläufigen Charakter des Angebots; seine Nichterfüllung hat für den Verurteilten keine Nachteile, sondern nur die Anordnung einer anderen Auflage zur Folge, so daß er sich keinem Zwang ausgesetzt fühlen muß. Anders könnte es jedoch mit der Organspende an Dritte sein oder etwa mit dem Angebot, sich sterilisieren zu lassen. Zwar würde hier der Genugtuungszweck erreicht, da das moderne Strafrecht aber keine in die Körperintegrität eingreifenden Strafen mehr kennt, sind solche Angebote zur Genugtuung nur beschränkt zulässig. Unzulässig sind ferner Anerbieten zu verbotenen oder sittenwidrigen Handlungen.

5. Geht das Gericht auf das Angebot des Verurteilten ein, so sieht es **nur vorläufig** von 31 Auflagen nach Abs. 2 ab. Dem Verurteilten ist, soweit er nicht von sich aus eine Frist genannt hat, eine angemessene Frist zu setzen, in der das Anerbieten zu erfüllen ist. Unterbleibt die Erfüllung des Anerbietens innerhalb dieser Frist, so berechtigt dies nicht zum Widerruf der Strafaussetzung gem. § 56f. Das Gericht wird nunmehr selbst nach Abs. 2 eine Auflage erteilen, und erst, wenn gegen diese Auflage gröblich oder beharrlich verstoßen wird, kommt ein Widerruf der Strafaussetzung in Betracht.

6. Besteht das Angebot in der Wiedergutmachung des Schadens, so reicht es aus, wenn sich der 32 Verurteilte **nach Kräften** um die Erfüllung seines Anerbietens bemüht hat (vgl. o. 10).

7. Gem. § 265a StPO ist der Angekl. in geeigneten Fällen zu **befragen,** ob er sich zu Leistungen 33 i. S. von Abs. 3 erbieten wolle. Das Gericht kann hierbei Vorschläge machen. Dabei darf jedoch kein Druck auf den Angekl. ausgeübt werden; es kann ihm auch nicht „nahegelegt werden", eine Leistung anzubieten, gegen deren zwangsweise Anordnung Bedenken bestehen. Zu den Folgen der Nichtbefragung vgl. § 56e RN 4.

VI. Die Auflagen müssen **klar** und **bestimmt** sein, andernfalls ist bei Nichtbefolgung der 34 Widerruf der Strafaussetzung ausgeschlossen (vgl. LG Berlin DAR **61,** 144). Ihre nähere Ausgestaltung darf nicht einem Bewährungshelfer überlassen werden (vgl. § 56d RN 4). Zu unbestimmt ist etwa die Auflage, einen bestimmten Geldbetrag an eine nicht näher bezeichnete gemeinnützige Einrichtung zu zahlen (entsprechend Schleswig SchlHA/L-G **90,** 109 bei nicht näher gekennzeichneter gemeinnütziger Arbeit). Ferner ist nach § 268a StPO der Verurteilte über die Auflagen und die Widerrufsmöglichkeit des § 56f zu belehren.

VII. Hat das Gericht den Verurteilten nicht der Aufsicht eines Bewährungshelfers unterstellt (§ 56d), 35 so hat es selbst (nicht die StA) zu **überwachen,** ob der Verurteilte die Auflagen erfüllt (§ 453b StPO). Es ist ferner unzulässig, die Ausgestaltung der Auflagen der Vollstreckungsbehörde zu überlassen. So müssen z. B. Fristen und Raten einer Geldleistung vom Gericht bestimmt werden (Köln NJW **57,** 1120). § 459a StPO ist nicht entsprechend anwendbar.

VIII. § 56e sieht die Möglichkeit vor, daß Auflagen auch **nachträglich** angeordnet, geändert oder 36 aufgehoben werden. Vgl. hierzu und zu den sich aus dem besonderen Charakter der Auflagen ergebenden Einschränkungen § 56e RN 3.

IX. Gegen den Beschluß nach § 268a StPO ist **Beschwerde** zulässig (§ 305a StPO). Das Beschwer- 37 degericht kann die Auflagen ändern, aufheben oder durch andere ersetzen. Zum Verbot der reformatio in peius gilt dasselbe wie für die nachträgliche Anordnung einer Auflage; vgl. § 56e RN 5. Zum Verschlechterungsverbot vgl. auch o. 4. Gegen den Auflagenbeschluß allein ist Revision nicht zulässig (vgl. auch Hamm NJW **69,** 890).

Stree

§ 56c Weisungen

(1) **Das Gericht erteilt dem Verurteilten für die Dauer der Bewährungszeit Weisungen, wenn er dieser Hilfe bedarf, um keine Straftaten mehr zu begehen.** Dabei dürfen an die Lebensführung des Verurteilten keine unzumutbaren Anforderungen gestellt werden.

(2) **Das Gericht kann den Verurteilten namentlich anweisen,**
1. Anordnungen zu befolgen, die sich auf Aufenthalt, Ausbildung, Arbeit oder Freizeit oder auf die Ordnung seiner wirtschaftlichen Verhältnisse beziehen,
2. sich zu bestimmten Zeiten bei Gericht oder einer anderen Stelle zu melden,
3. mit bestimmten Personen oder mit Personen einer bestimmten Gruppe, die ihm Gelegenheit oder Anreiz zu weiteren Straftaten bieten können, nicht zu verkehren, sie nicht zu beschäftigen, auszubilden oder zu beherbergen,
4. bestimmte Gegenstände, die ihm Gelegenheit oder Anreiz zu weiteren Straftaten bieten können, nicht zu besitzen, bei sich zu führen oder verwahren zu lassen oder
5. Unterhaltspflichten nachzukommen.

(3) **Die Weisung,**
1. sich einer Heilbehandlung oder einer Entziehungskur zu unterziehen oder
2. in einem geeigneten Heim oder einer geeigneten Anstalt Aufenthalt zu nehmen,

darf nur mit Einwilligung des Verurteilten erteilt werden.

(4) **Macht der Verurteilte entsprechende Zusagen für seine künftige Lebensführung, so sieht das Gericht in der Regel von Weisungen vorläufig ab, wenn die Einhaltung der Zusagen zu erwarten ist.**

1   I. Ein weiteres Mittel zur Einwirkung auf den Täter sind die **Weisungen**. Während die Auflagen strafähnliche Deliktsreaktionen darstellen, die an das begangene Unrecht anknüpfen, dienen die Weisungen **nur** der Beeinflussung und **Resozialisierung** des Verurteilten. Sie haben deshalb allein Einwirkungen auf die künftige Lebensführung des Verurteilten zum Inhalt und sollen ihn vor weiteren Straftaten (vgl. dazu § 56 RN 15) bewahren.

2   Die Regelung der Auflagen und Weisungen in zwei verschiedenen Vorschriften verfolgt offensichtlich den Zweck, die Maßnahmen, die der Genugtuung für das begangene Unrecht dienen, klar von denen zu trennen, die dem Verurteilten bei seiner Resozialisierung helfen sollen. Dennoch ist nicht zu verkennen, daß die in § 56b genannten Anordnungen auch die Funktion haben können, den Resozialisierungsvorgang zu unterstützen. Z. B. kann die Anordnung, für eine bestimmte Zeit wöchentlich einen bestimmten Betrag für ein Altersheim zu spenden (§ 56b II Nr. 2), auch die Resozialisierung des Täters fördern. Aus diesem Grund hat das **Gericht klarzustellen,** ob es seine Anordnung auf § 56b oder § 56c stützt, damit das Rechtsmittelgericht nachprüfen kann, ob die Voraussetzungen der herangezogenen Bestimmung vorliegen.

3   II. Das Gericht kann dem Verurteilten Weisungen erteilen, von deren Befolgung die Bewährung abhängen kann. Die in Abs. 2 und 3 genannten Maßnahmen werden am häufigsten in Betracht kommen. Jedoch ist die **Aufzählung nicht abschließend.** Das Gericht kann auch andere ihm zweckmäßig erscheinende Anordnungen treffen, etwa den Verurteilten anweisen, sich jeglichen Alkoholgenusses zu enthalten (Düsseldorf NStZ 84, 332) oder sich einem Trainingsprogramm für Trunkenheitsfahrer zu unterziehen (vgl. näher Schädler BA 84, 319; zu diesem Programm vgl. auch Kunkel BA 84, 332). Insoweit kann es dem Verurteilten auch Handlungen auferlegen, die dazu beitragen, die Kontrolle des Bewährungsverhaltens zu erleichtern, vorausgesetzt, hiermit sind zugleich Auswirkungen auf dieses Verhalten verbunden (vgl. Stree JR 90, 122). Zulässig ist daher die Weisung, an einem Urinkontrollprogramm teilzunehmen (Stuttgart Justiz 87, 235; vgl. auch u. 6), oder die Weisung, die Erfüllung von Unterhaltspflichten nachzuweisen. Die in § 56c enthaltene Generalklausel verstößt nicht gegen rechtsstaatliche Grundsätze (Stree aaO 146f., Maunz-Dürig Art. 103 GG RN 118; and. Bruns GA 59, 207ff., NJW 59, 1395), da die Weisungen allein präventiven Zwecken dienen und ihr Zweck eine hinreichende Bestimmbarkeit und Meßbarkeit vermittelt.

4   1. Bei der **Auswahl** der Weisungen hat das Gericht besonders sorgfältig zu verfahren, um den Hebel dort anzusetzen, wo die kriminogenen Faktoren sitzen. Die Anordnung von Weisungen soll die Regel bilden. Von ihr hat das Gericht jedoch abzusehen, wenn zu erwarten ist, daß der Verurteilte auch ohne sie keine Straftat mehr begehen wird (Abs. 1); vgl. auch Warda, Richterliches Ermessen (1962) S. 93. Der Hilfe durch Weisungen bedarf der Verurteilte dann nicht, wenn seine Straftat das Ergebnis einer Ausnahmesituation war, deren Wiederholung unwahr-

scheinlich ist, und wenn auch sonst die Persönlichkeit des Verurteilten weitere Straftaten als unwahrscheinlich erscheinen läßt.

2. Die **Grenzen,** innerhalb derer sich bei der Auswahl der Weisungen das **richterliche Ermessen** zu bewegen hat, können nach vielen Richtungen hin zweifelhaft sein. Das Gesetz selbst bestimmt diese Frage nur insofern, als es in Abs. 1 S. 2 festlegt, daß an die Lebensführung des Verurteilten keine unzumutbaren Anforderungen gestellt werden dürfen, und indem es in Abs. 3 die Erteilung der dort genannten Weisungen von der Einwilligung des Verurteilten abhängig macht. Im einzelnen gilt folgendes:

a) Die Auswahl der Weisungen ist zunächst *durch* ihre *Funktion begrenzt.* Der Erziehungszweck (Bruns GA 56, 209), die Tendenz zur Unterstützung der Resozialisierung, ist das spezifische Merkmal der Weisungen. Sie müssen wenigstens mittelbar den Zweck haben, weitere Straftaten zu verhüten (vgl. auch Ruß LK 2), wie es etwa der Fall ist, wenn dem Verurteilten auferlegt wird, Urinproben zum Nachweis seiner Drogenfreiheit abzugeben (vgl. Zweibrükken NStZ **89,** 578 m. Anm. Stree JR 90, 122, aber auch Lackner 2c, Mrozynski JR 83, 402). Durch diese Zielsetzung ist das richterliche Ermessen gebunden (BGH **9** 365). Aus diesem Grund sind solche Weisungen unzulässig, die, wie die Weisung, die Prozeßkosten zu zahlen, fiskalischen Interessen dienen (BGH **9** 365, Hamm NJW **56,** 1887, München MDR **57,** 500; and. LG Wiesbaden Rpfleger **58,** 266, Schneble DRiZ 55, 162) oder die, wie die Weisung, Anfragen der Strafvollstreckungskammer unverzüglich zu beantworten, allein die richterliche Tätigkeit erleichtern sollen (Karlsruhe Justiz **84,** 427) oder die eine Genugtuung für das begangene Unrecht bezwecken. Für die letztere Aufgabe sind die Auflagen vorgesehen, die in § 56b ihre abschließende Regelung gefunden haben. Über Überschneidungen vgl. o. 2. Unzulässig sind auch Weisungen, die die Vollstreckung einer neben der Freiheitsstrafe verhängten anderen Strafe oder einer Maßnahme sichern sollen; deren Durchsetzung regelt sich allein nach den allgemeinen Vollstreckungsvorschriften. So kann z. B. der Verurteilte nicht angewiesen werden, eine Geldstrafe oder Wertersatz (§§ 73a, 74c) zu entrichten (Köln NJW **57,** 1120). Unzulässig ist ferner, einen Zivildienstverweigerer anzuweisen, der von ihm mißachteten Pflicht nachzukommen (Bay NJW **80,** 2425, Hamm NStZ **84,** 456; vgl. dazu Struensee JZ 84, 651 FN 71).

b) Die Weisung darf **keine** einschneidenden **unzumutbaren Eingriffe** in die Lebensführung des Verurteilten enthalten. Unzulässig wäre etwa, den Verurteilten anzuweisen, sich einer besonders gefährlichen ärztlichen Behandlung oder Kur zu unterziehen, selbst wenn er einverstanden wäre. Für einen Berufstätigen kann u. U. unzumutbar sein, einen längeren Weg zur Arbeitsstätte zu Fuß oder mit öffentlichen Verkehrsmitteln zurückzulegen; ein Verbot, das eigene Moped zu benutzen, wäre dann unzulässig (vgl. LG Rottweil DAR **58,** 193). Unzumutbar ist auch, den Kontakt zu nahen Angehörigen abzubrechen.

c) Da die Art der Weisungen nicht abschließend geregelt ist, sind hier vor allem die **Grundrechtsschranken** von Bedeutung. So sind Weisungen, die in ein unter einem Gesetzesvorbehalt stehendes Grundrecht eingreifen, nur zulässig, soweit sie ausdrücklich in § 56c genannt sind (Maunz-Dürig Art. 2 Abs. 1 RN 78, Stree aaO 142ff.; and. Stuttgart Justiz **87,** 235, Ruß LK 7), so z. B. Einschränkungen, die sich auf die Freiheit der Art. 2 II GG beziehen. Hierbei macht es nichts aus, daß der Gesetzgeber Inhalt und Ausmaß der Eingriffe nicht genau festgelegt, sondern die nähere Ausgestaltung dem Richter überlassen hat (Stree aaO 143; zu eng Baumann GA 58, 202). Verfassungsmäßig ist daher die Weisung, ins Elternhaus zurückzukehren (Bremen GA **57,** 415). Allgemein gedeckt von § 56c sind Einschränkungen der freien Entfaltung der Persönlichkeit (Art. 2 I GG), da Weisungen den Verurteilten lenken sollen (i. E. daher richtig Stuttgart Justiz **87,** 235; vgl. auch Zweibrücken NStZ **89,** 578 m. Anm. Stree JR 90, 122). Dagegen deckt der Gesetzesvorbehalt nicht solche Eingriffe, für die § 56c keinerlei Richtlinien enthält, wie etwa eine Postkontrolle durch einen Bewährungshelfer (Verstoß gegen Art. 10 GG). Ferner darf niemand zu einer bestimmten einzelnen Arbeit (vgl. Zöbeley Faller-FS, 1984, 354f.) oder einer bestimmten Berufstätigkeit (z. B. Wechsel der Lehrstelle oder Aufnahme einer bestimmten Lehre) angewiesen werden; für einen solchen Eingriff in die Berufsfreiheit läßt der Gesetzesvorbehalt des Art. 12 GG keinen Raum (and. Kohlhaas NJW 65, 1068, Birmanns NJW 65, 2001). Anders kann dies jedoch sein, wenn der auferlegte Berufswechsel nur der Verwirklichung sozialer Pflichten dient, der Verurteilte z. B. nur so seine Unterhaltspflichten erfüllen kann (vgl. dazu § 170b RN 21, Celle NJW **71,** 718); die Zumutbarkeit ist hier jedoch besonders zu beachten. Aus den gleichen Gründen kann auch die Weisung, seine Arbeitskraft voll auszunutzen, zulässig sein. Verfassungswidrig sind ferner Weisungen, die die Menschenwürde verletzen (Art. 1 GG), z. B. die Anordnung, § 315c hundertmal abzuschreiben (and. Maunz-Dürig Art. 1 RN 29 FN 1), oder die Weisung, der Täter solle die nichteheliche Mutter seines Kindes heiraten oder die Heirat einer bestimmten Person unterlassen. Vgl. ferner die Beispiele § 56b RN 16, 23 ff.

Stree

§ 56 c 9–17 Allg. Teil. Rechtsfolgen der Tat – Strafaussetzung zur Bewährung

9 d) Die Weisung darf in keinen *Lebensbereich* eingreifen, der nach dem Willen des Gesetzgebers *keinem staatlichen Zwang ausgesetzt* sein soll. Unzulässig ist daher die Weisung, die eheliche Lebensgemeinschaft wiederherzustellen (Verstoß gegen § 888 II ZPO; Bruns NJW 59, 1396, der die Menschenwürde als verletzt ansieht, Stree aaO 165; and. Nürnberg NJW **59**, 1452).

10 e) Ebenso wie bei den Auflagen ist der *Verhältnismäßigkeitsgrundsatz* zu beachten. Dem Verurteilten dürfen keine Weisungen gegeben werden, die seine ganze Lebensführung erheblich beeinträchtigen, wenn er lediglich von unbedeutenden Straftaten abgehalten werden soll. Entsprechendes gilt, wenn er nur eine geringfügige Straftat begangen hat. Genügt eine die Lebensführung weniger beeinträchtigende Weisung, so verbietet sich eine strengere.

11 III. Problematisch ist das **Verhältnis zu den Maßregeln** der Besserung und Sicherung, insb., ob der Richter bei Weisungen an der Grenze einer Maßregel haltzumachen hat oder ob er, was als Maßregel möglich wäre, auch als Weisung anordnen kann.

12 1. Z. T. wird angenommen, daß die besonderen Voraussetzungen der Maßnahmen das Eindringen der Weisungen in deren Bereich blockieren (Hamm NJW **55**, 34, Bruns GA 56, 213 f., 222 ff., Horn SK 7, Peters JZ 57, 65, Ruß LK 10; vgl auch Hamm VRS **10** 49, Düsseldorf NJW **68**, 2156). Dies erscheint jedoch angesichts der Tatsache wenig überzeugend, daß Abs. 3 ausdrücklich die Möglichkeit einräumt, in den Bereich der §§ 63, 64 vorzudringen. Es wäre überdies auch pädagogisch durchaus zu rechtfertigen, dem Richter z. B. zu gestatten, einem jugendlichen Rowdy die Benutzung eines Mopeds zu untersagen (eingehend hierzu Köln JMBlNW **64**, 221 mwN; vgl. auch BGE 102 IV 77) oder eine Beschränkung der Berufsausübung anzuordnen (Abs. 2 Nr. 1, 3), die durch § 70 nicht vorgesehen ist. Die Beschränkung der Berufsausübung darf jedoch nicht in einem Berufsverbot bestehen (vgl. u. 17).

13 2. Daher muß grundsätzlich anerkannt werden, daß der Richter auch solche Weisungen erteilen kann, die in den Wirkungsbereich der §§ 61 ff. fallen, z. B. eine Alkoholentziehungskur anordnen (vgl. auch Schnitzerling MDR 57, 202). Jedoch ergeben sich für den Einzelfall aus dem Inhalt und den Funktionen der Maßregeln Grenzen. So kann z. B. der Täter nicht angewiesen werden, sich für länger als 2 Jahre in eine Entziehungsanstalt zu begeben (vgl. u. 25 ff.).

14 3. Im übrigen zeigen sich hier deutlich die Grenzen der Spezialprävention, die sich der rechtsstaatlichen Tatbestandsgarantie weitgehend entzieht und letztlich das Strafrecht in den Bereich der Verwaltung hineinführt. Vgl. dazu kritisch Bruns GA 59, 204 f.

15/16 IV. Ebenso wie die Auflagen müssen die Weisungen **klar** und **bestimmt** sein, andernfalls ist bei Nichtbefolgung der Widerruf der Strafaussetzung ausgeschlossen. So muß z. B. die Weisung, Unterhaltspflichten nachzukommen, ergeben, welcher Betrag zu einer bestimmten Zeit an eine bestimmte Person zu leisten ist (Schleswig SchlHA **85**, 91). Die genaue Eingrenzung muß, von untergeordneten Detailergänzungen abgesehen, bereits das Gericht vornehmen; es darf sie nicht einem Bewährungshelfer überlassen (vgl. näher § 56 d RN 4). Zu unbestimmt ist etwa die Weisung, sich tadelfrei zu führen (Düsseldorf OLGSt § 56 f Nr. 5).

17 1. Bei den Weisungen hinsichtlich des **Aufenthaltsorts,** der Ausbildung, Arbeit oder Freizeit oder der Ordnung der wirtschaftlichen Verhältnisse (Abs. 2 Nr. 1) ist besonders auf die Zumutbarkeit zu achten (vgl. o. 7). Zulässig ist z. B., den Verurteilten anzuweisen, Spielkasinos oder sonstige bestimmte Vergnügungsstätten zu meiden, nicht dagegen, einen Ausländer anzuweisen, das Bundesgebiet zu verlassen (Bay **80**, 106, Karlsruhe Justiz **64**, 90, Stuttgart Justiz **88**, 104) und es während der Bewährungszeit nicht wieder zu betreten (Koblenz GA **85**, 517 m. Anm. M.-K. Meyer NStZ 87, 25). Ferner kann ein Verurteilter angewiesen werden, auf eigene Kosten eine Fahrerlaubnis nach der StVZO zu erwerben (AG Berlin-Tiergarten DAR **71**, 21; vgl. dazu Seiler DAR 74, 260, Händel DAR 77, 309) oder an einem Nachschulungskurs für alkoholauffällige Kraftfahrer teilzunehmen (vgl. Schreiber BA 79, 21, Dittmer BA 81, 283, die eine solche Schulung aber als Heilbehandlung ansehen). Weisungen hinsichtlich der Arbeit können sich auf Einschränkungen der Berufsausübung oder einer Nebentätigkeit beziehen. So kann dem Verurteilten untersagt werden, als Nebenbeschäftigung Nachrichten zu sammeln und zu verbreiten (BGH **9** 258). Auch kann einem Friseur aufgegeben werden, Kinder nur zu bestimmten Geschäftsstunden zu bedienen, in denen erfahrungsgemäß viele Kunden anwesend sind (BGH b. Bruns GA **56**, 210). Streitig ist, ob solche Weisungen einem Berufsverbot i. S. des § 70 gleichkommen dürfen. BGH **9** 258, Hamm JMBlNW **69**, 285, Hamburg NJW **72**, 168 bejahen diese Frage, verneinend dagegen Hamm NJW **55**, 34. Da ein Berufsverbot zumeist allein der Sicherung der Allgemeinheit dient, also nicht den Zwecken einer Weisung entspricht, ist eine solche Weisung unzulässig (vgl. auch Peters JZ 57, 65). Aber auch ein Berufsverbot aus erzieherischen Gründen ist gesetzwidrig, da es mit Art. 12 GG unvereinbar ist (Stree aaO 177 ff.). Ebensowenig darf der Verurteilte zu einer bestimmten Arbeit gezwungen werden (vgl. jedoch Gusy JuS **89**, 715). Zulässig ist dagegen, ihn anzuweisen, eine seinen Fähigkeiten entsprechende Tätigkeit mit festen Einkünften aufzunehmen, so etwa, wenn ihm dadurch die Erfüllung von Unterhaltsverpflichtungen möglich wird (Ruß LK 13 mwN). Dem Verurteilten kann demgemäß die Weisung erteilt werden, binnen 2 Monaten eine Bescheinigung über die Aufnahme und die Art der Arbeit oder eine Bescheinigung des Arbeitsamts über die Meldung als Arbeitsuchender vorzulegen (Koblenz OLGSt § 57 Nr. 6; vgl. auch Hamm NStZ **85**, 310). Zur Weisung an eine werdende Mutter, sich nach der Entbindung um eine versicherungspflichtige Tätigkeit zu bemühen, vgl. BVerfG NJW **83**, 442, LG Würzburg NJW **83**, 463.

Weisungen, die sich auf die **Ordnung der wirtschaftlichen Verhältnisse** des Verurteilten 18 beziehen, sind z. B. die Anweisung, Schulden nach einem Tilgungsplan zu begleichen, jeden Monat einen bestimmten Betrag zu sparen, über die Ausgaben Buch zu führen, Börsenspekulationen zu unterlassen oder ein wirtschaftlich aussichtsloses Unternehmen aufzugeben. Hierbei ist jedoch besonders darauf zu achten, daß durch übertriebene Sparmaßnahmen keine unzumutbaren Anforderungen gestellt werden.

2. Gemäß Abs. 2 Nr. 2 kann der Verurteilte ferner angewiesen werden, sich zu bestimmten 19 Zeiten **bei Gericht** oder einer anderen Stelle **zu melden.** Als andere Stelle kommt neben dem Bewährungshelfer nur eine Behörde in Betracht, die das Gericht bei der Überwachung des Verurteilten unterstützt (and. Ruß LK 14). Eine Meldepflicht bei Privatpersonen (z. B. Verwandten), sofern diese nicht besondere Amtspflichten ausüben, ist regelmäßig als unzumutbar anzusehen. Vgl. im übrigen § 68 b RN 12.

3. Dem Verurteilten kann ferner der **Kontakt mit bestimmten Personen** oder mit Personen 20 einer bestimmten Gruppe untersagt werden, wenn ihm diese Anreiz oder Gelegenheit zu weiteren Straftaten bieten können (Abs. 2 Nr. 3). Das Kontaktverbot kann sich auf mögliche Opfer oder auf mögliche Anstifter erstrecken. Möglich ist danach das Verbot, fremde Kinder oder Jugendliche anzusprechen (vgl. Hamburg NJW **64**, 1814) oder in die Wohnung bzw. auf das eigene Boot mitzunehmen (BGH MDR/H **78**, 623) oder minderjährige Lehrlinge auszubilden, auch die Weisung, jeden Kontakt zum geschiedenen Ehepartner zu unterlassen (BGH MDR/H **88**, 1001). Auch der Besuch von Gaststätten zweifelhaften Rufes oder der Verkehr mit Dirnen oder Zuhältern kann hiernach untersagt werden, ebenso der Kontakt mit früheren Komplizen. Die Weisungen nach Nr. 1 und Nr. 3 ergänzen sich so gegenseitig.

4. Der Verurteilte kann des weiteren angewiesen werden, **bestimmte Gegenstände,** die ihm 21 Gelegenheit oder Anreiz zu weiteren Straftaten bieten können, **nicht zu besitzen,** bei sich zu führen oder verwahren zu lassen (Abs. 2 Nr. 4). In Frage kommt vor allem das Verbot, bestimmte Waffen zu besitzen, oder etwa die Anweisung, ein Motorrad oder ein sonstiges Fahrzeug für eine bestimmte Zeit der Polizei zur Aufbewahrung zu geben. Vgl. auch § 68 b RN 10.

5. Die Weisung, **Unterhaltspflichten nachzukommen** (Abs. 2 Nr. 5), ist ein Sonderfall der 22 Nr. 1 (Ordnung der wirtschaftlichen Verhältnisse); wegen ihrer Bedeutung ist sie besonders aufgeführt. Sie ist i. d. R. bei Verletzung der Unterhaltspflicht nach § 170 b angebracht (vgl. Bremen JR **61**, 226, Celle NJW **71**, 718), aber auch bei einem Betrug oder Eidesdelikt in einem Unterhaltsprozeß. Rückständige Unterhaltsbeträge, sofern sie noch geschuldet werden, dürfen einschließlich eines Tilgungsplans in die Weisung einbezogen werden. Es darf jedoch kein höherer Unterhaltsbetrag festgesetzt werden, als er sich aus der gesetzlichen Unterhaltspflicht ergibt (Schleswig NStZ **85**, 269). Bei mehreren Unterhaltsberechtigten ist die Rangfolge zu beachten; bei Gleichrangigkeit darf die Weisung keinen Berechtigten benachteiligen.

6. Zwei weitere, in Abs. 3 aufgeführte Weisungen dürfen **nur mit Einwilligung** des Verur- 23 teilten erteilt werden. Dabei darf auf ihn keinerlei Druck ausgeübt werden. Der Verurteilte sieht sich ohnehin einer Zwangssituation ausgesetzt, da die Strafaussetzung allein von seiner Einwilligung abhängt, wenn eine sonstige Weisung nicht in Betracht kommt. Deshalb ist auch bei Weisungen nach Abs. 3 die Zumutbarkeitsschranke zu beachten, d. h. Weisungen, die in die Lebensführung in unzumutbarer Weise eingreifen, sind selbst mit Einwilligung nicht möglich (vgl. auch u. 32). Gibt der Verurteilte seine Einwilligung nach Abs. 3 ab, so wird damit i. d. R. auch eine Zusage i. S. von Abs. 4 vorliegen. Dennoch erübrigt sich die Weisung nach Abs. 3 nicht ohne weiteres, da nicht gesichert ist, daß der Verurteilte später nach Nichteinhalten der Zusage seine Einwilligung in die dann erforderliche Weisung nach Abs. 3 erteilen wird. Vgl. im übrigen Ruß LK 18.

Die Einwilligung muß nur **im Zeitpunkt der Weisungserteilung** vorliegen (BGH **36** 99). Bis 24 zu diesem Zeitpunkt ist sie frei widerruflich. Ist der Verurteilte später mit der erteilten Weisung nicht mehr einverstanden, so ändert dies an ihrer Wirksamkeit nichts. Es ist jedoch zu beachten, daß die Weisung nicht zwangsweise vollstreckt werden kann. Begibt sich der Verurteilte z. B. nicht freiwillig in die Entziehungsanstalt oder bricht er die Entziehungskur ab, dann kann die Befolgung der Weisung nicht durchgesetzt werden. Der Verurteilte ist vielmehr wie sonst zu behandeln, wenn er einer Weisung nicht nachkommt (Widerruf der Strafaussetzung [Karlsruhe

MDR **82**, 341; and. Ruß LK 18] oder andere Weisung; vgl. Düsseldorf StV **86**, 25, Celle MDR **87**, 956). Ob der mit der Rücknahme der Einwilligung verbundene Verstoß gegen die Weisung gröblich oder beharrlich ist und einen Widerrufsgrund nach § 56f I Nr. 2 bildet, hängt von den jeweiligen Umständen ab. Vgl. dazu BGH **36** 97: kein Widerrufsgrund, wenn Verurteilter aus seiner Sicht die Einwilligung nachträglich aus verständlichen Gründen für verfehlt hält und er sich die Strafaussetzung nicht unter Vortäuschen seines Einverständnisses erschlichen hat; krit. dazu Terhorst JR 90, 72.

25   a) Die Weisungen des Abs. 3 stehen **neben den Maßregeln** des § 63 und § 64. Das Gericht kann also im Wege der Weisung dasselbe anordnen, was es auch als Maßregel anordnen könnte, ohne daß jedoch die Voraussetzungen einer derartigen Anordnung hier gesetzlich festgelegt wären. Ein Unterschied besteht nur darin, daß § 56c eine Einwilligung des Verurteilten voraussetzt, ein Faktor, dessen Wert deswegen gering zu veranschlagen ist, weil bei Verweigerung der Einwilligung die Verbüßung der Strafe droht. Diese Regelung, die den Richter von den Kautelen der §§ 61 ff. befreit, ist nicht unbedenklich. Diesen Bedenken sollte zumindest dadurch Rechnung getragen werden, daß die in den §§ 61 ff. dargelegten Grundsätze analog anzuwenden sind, z. B. die Unterbringung in einer Entziehungsanstalt, die aufgrund des § 56c erfolgt, nicht für mehr als 2 Jahre angeordnet werden darf und ferner der gleiche Überprüfungsmodus gilt, den § 67e vorsieht. Vgl. aber auch Mrozynski JR 83, 401.

26   b) Als **Heilbehandlung** (Abs. 3 Nr. 1) kommt vor allem eine (stationäre oder ambulante) nervenärztliche in Betracht (vgl. dazu Redhardt MschrKrim. 58, 164, Demski NJW 58, 2100), seltener eine internistische (vgl. dazu Schumann JR 77, 269). Elektroschockbehandlungen sind i. d. R. unzumutbar (vgl. Bruns GA 56, 213), ebenso Insulinschockbehandlungen und sonstige vergleichbar gefährliche Eingriffe. Ferner darf z. B. ein Sexualtäter nicht angewiesen werden, sich entmannen zu lassen. Dies gilt trotz der notwendigen Einwilligung des Verurteilten, da bei solch schwerwiegenden Eingriffen in den Persönlichkeitsbereich keinerlei Zwang ausgeübt werden darf, der schon darin zu sehen wäre, daß bei Nichtbefolgen der Weisung der Widerruf der Strafaussetzung droht (für das freiwillige Angebot einer solchen Maßnahme vgl. u. 33).

27   **Entziehungskuren** dienen der Entwöhnung von Alkohol- oder Rauschgiftsüchtigen. Auch hier kommt eine ambulante Behandlung in Betracht, in diesem Zusammenhang verschiedentlich erwähnte Alkoholentwöhnung mit Disulfirampräparaten (Antabus) ist trotz Einwilligung (vgl. o. 26) wegen ihrer unverhältnismäßigen Gefährlichkeit (vgl. Kuschinsky, Lehrb. d. Pharmakologie, 8. A. 1978, 408) bedenklich.

28   Die Weisungen nach Nr. 1 setzen aber voraus, daß die Heilbehandlung bzw. Entziehungskur eine gewisse **Aussicht auf Erfolg** hat. Eine von vornherein aussichtslose Behandlung darf ebensowenig angeordnet werden wie die Unterbringung in einer Entziehungsanstalt. Die Anordnung darf sich nicht als strafähnliche Maßnahme darstellen.

29   c) Die Weisung gem. Abs. 3 Nr. 2 ergänzt die des Abs. 3 Nr. 1, sie kann aber auch selbständige Bedeutung haben. I. d. R. kommt hier der **Aufenthalt** in einem **psychiatrischen Krankenhaus** oder einer **Entziehungsanstalt** in Betracht. Möglich ist aber auch die Anweisung, in einem Schwesternheim usw. Aufenthalt zu nehmen. Da es sich bei der Weisung, in ein Heim oder eine Anstalt einzutreten, um einen Spezialfall einer Bestimmung über den Aufenthalt des Verurteilten handelt, fragt sich, wie sich Abs. 3 Nr. 2 zu Abs. 2 Nr. 1 verhält. Zwischen beiden Bestimmungen besteht insofern ein quantitativer Unterschied, als bei der Weisung, in ein Heim einzutreten, eine intensivere und dauerhaftere Bestimmung über den Aufenthalt des Verurteilten erfolgt, als es im Rahmen des Abs. 2 Nr. 1 der Fall wäre. Daraus ergibt sich, daß Weisungen, die auf Abs. 2 Nr. 1 gestützt werden, jedoch ihrer Intensität nach denen des Abs. 3 Nr. 2 gleichstehen (z. B. die Weisung, für ein Jahr auf einem Bauernhof zu wohnen), von einer Einwilligung des Verurteilten abhängig sein müssen.

30   V. Wie § 56b sieht § 56c in Abs. 4 die Möglichkeit eines **freiwilligen Angebots** des Verurteilten vor. Macht er Zusagen für seine künftige Lebensführung, so hat das Gericht, wenn die Zusagen dem Weisungsziel entsprechen, regelmäßig von Weisungen vorläufig abzusehen.

31   1. Die Zusagen des Verurteilten müssen **geeignet und ausreichend** sein, um ihn voraussichtlich von Straftaten abzuhalten. Ferner muß eine gewisse Wahrscheinlichkeit für die Einhaltung der Zusagen bestehen. Bei Zweifeln hieran ist jedoch Abs. 4 gleichfalls anzuwenden, da nur vorläufig von Weisungen abgesehen wird. Reichen die Zusagen nicht aus, so kann das Gericht sie durch Weisungen ergänzen oder völlig ersetzen. Hat der Verurteilte etwa zugesagt, keinen Alkohol mehr zu trinken oder seinen Unterhaltspflichten künftig pünktlich nachzukommen, so kann das Gericht sich damit begnügen, den Verurteilten zu Urinkontrollen oder zum Nachweis der Unterhaltszahlungen anzuhalten.

32   a) Auch wenn es sich um einen freiwilligen Vorschlag des Verurteilten handelt, ist die **Zumutbarkeitsschranke** des Abs. 1 S. 2 zu beachten; bietet der Verurteilte erhebliche Ein-

schränkungen seiner Lebensführung an, obwohl er nur geringfügige Delikte zu begehen droht, dann hat das Gericht den Umfang der Zusagen auf ein vernünftiges Maß zu beschränken. Angesichts der Freiwilligkeit der Zusage kann sich allerdings die Zumutbarkeitsgrenze hinausschieben, zumal das Einhalten der Zusage nicht erzwungen werden kann.

b) Mit Rücksicht darauf, daß der Verurteilte durch die Zusage nicht gebunden ist und kein Zwang auf ihn ausgeübt werden kann, sind **auch Zusagen** zulässig, **die als Weisungen** gem. Abs. 1 **nicht angeordnet werden können.** So kann der Verurteilte anbieten, sich entmannen zu lassen, sofern die Voraussetzungen des KastrG vorliegen; andernfalls ist das Angebot ebensowenig annehmbar wie die Zusage, rechtswidrig zu handeln. In diesen Fällen ist jedoch sorgfältig zu prüfen, ob der hierdurch erreichbare Resozialisierungseffekt nicht durch eine wesentlich weniger belastende Weisung erzielt werden kann. Aus Gründen der Verhältnismäßigkeit wäre dann das Angebot abzulehnen. 33

2. Sind die genannten Voraussetzungen gegeben, so **hat das Gericht von Weisungen** (gänzlich oder jedenfalls teilweise) vorläufig **abzusehen.** Ausgenommen ist eine an sich erforderliche Weisung nach Abs. 3 (vgl. o. 23). Sonst entfällt ein richterliches Ermessen (and. Ruß LK 21 bei besonderen Gründen), da der Verurteilte bei hinreichenden Zusagen nicht der Hilfe anderer Weisungen bedarf, um keine Straftaten mehr zu begehen (Abs. 1 S. 1). In Betracht käme allein noch eine Weisung nach § 56d; Aufgabe des Bewährungshelfers wäre dann nur, den Verurteilten bei der Einhaltung seiner Zusagen zu unterstützen und dem Gericht die Nichteinhaltung von Zusagen mitzuteilen. 34

3. Hält der Verurteilte seine **Zusage nicht ein,** so kommt kein Widerruf der Strafaussetzung in Betracht; vielmehr kann das Gericht nunmehr nachträglich Weisungen nach Abs. 2 bzw. 3 erteilen; vgl. auch § 56e RN 2. 35

VI. Gem. § 265a StPO ist der Angekl. in geeigneten Fällen **zu befragen,** ob er eine Zusage nach Abs. 4 machen möchte, ferner im Falle einer möglichen Weisung nach Abs. 3, ob er dazu seine Einwilligung gibt. Zu den Folgen der Nichtbefragung vgl. § 56e RN 4. 36

§ 56d Bewährungshilfe

(1) **Das Gericht unterstellt den Verurteilten für die Dauer oder einen Teil der Bewährungszeit der Aufsicht und Leitung eines Bewährungshelfers, wenn dies angezeigt ist, um ihn von Straftaten abzuhalten.**

(2) **Eine Weisung nach Absatz 1 erteilt das Gericht in der Regel, wenn es eine Freiheitsstrafe von mehr als neun Monaten aussetzt und der Verurteilte noch nicht siebenundzwanzig Jahre alt ist.**

(3) **Der Bewährungshelfer steht dem Verurteilten helfend und betreuend zur Seite. Er überwacht im Einvernehmen mit dem Gericht die Erfüllung der Auflagen und Weisungen sowie der Anerbieten und Zusagen. Er berichtet über die Lebensführung des Verurteilten in Zeitabständen, die das Gericht bestimmt. Gröbliche oder beharrliche Verstöße gegen Auflagen, Weisungen, Anerbieten oder Zusagen teilt er dem Gericht mit.**

(4) **Der Bewährungshelfer wird vom Gericht bestellt. Es kann ihm für seine Tätigkeit nach Absatz 3 Anweisungen erteilen.**

(5) **Die Tätigkeit des Bewährungshelfers wird haupt- oder ehrenamtlich ausgeübt.**

Vorbem. Abs. 1 geändert durch 23. StÄG vom 13. 4. 1986, BGBl I 393.

I. Die Vorschrift enthält den wichtigsten Fall einer Weisung, die Unterstellung des Verurteilten unter die Aufsicht und Leitung eines **Bewährungshelfers.** Zu den Problemen der Bewährungshilfe bei der faktischen Gestaltung und aus kriminologischer Sicht vgl. Bockwoldt GA 83, 546. Zur Rechtsstellung des Bewährungshelfers vgl. Jung Göppinger-FS 511. 1

1. Die **Aufgabe** des Bewährungshelfers besteht darin, unter der Aufsicht des Gerichts die Lebensführung des Verurteilten zu überwachen, ihm als Ratgeber zur Seite zu stehen und die Erfüllung etwaiger Auflagen oder Weisungen sowie der Anerbieten und Zusagen zu überprüfen. Gem. Abs. 3 hat er ferner in vom Gericht bestimmten Zeitabständen über die Lebensführung des Verurteilten zu berichten. Gröbliche oder beharrliche Verstöße gegen Auflagen oder Weisungen hat er unabhängig von den Berichtszeiten dem Gericht mitzuteilen, ebenso das Nichteinhalten von Anerbieten oder Zusagen. Gleiches hat für Straftaten zu gelten, die einen möglichen Widerruf begründen (vgl. Ruß LK 5). 2

§ 56d 3–6 Allg. Teil. Rechtsfolgen der Tat – Strafaussetzung zur Bewährung

3 Im Vordergrund steht die Aufgabe der **Betreuung**. Sie erschöpft sich nicht in bloßen Ratschlägen. Soweit die Resozialisierung es bedingt, ist aktive (auch rechtliche; vgl. Bringewat MDR 88, 618) Hilfe zu leisten, etwa als Mitwirkung bei der Arbeits- oder Wohnungssuche, bei Anträgen gegenüber Behörden oder bei Absprachen über eine Schuldenregulierung (Stundung, Ratenzahlung usw.). Hierbei muß es sich stets nur um Hilfe handeln. Der Bewährungshilfe kommt nicht die Aufgabe zu, dem Verurteilten jegliche Schwierigkeiten aus dem Weg zu räumen, da er lernen muß, selbständig das Leben ohne Straftaten zu meistern.

4 2. Ein **Anweisungsrecht** gegenüber dem Verurteilten hat der Bewährungshelfer **nicht**. Diese Befugnis kann ihm auch nicht in der Weise verliehen werden, daß eine Weisung erteilt wird, Anweisungen des Bewährungshelfers zu befolgen. Das Recht, Auflagen zu erteilen und die Lebensführung des Verurteilten durch Anordnungen zu beeinflussen, ist durch § 56b und § 56c ausschließlich dem Gericht übertragen worden; es kann dies nicht delegieren (vgl. Pentz NJW 58, 1768, Stree Deliktsfolgen und Grundgesetz 148). Dem Bewährungshelfer darf demgemäß, von untergeordneten Detailergänzungen abgesehen, nicht die nähere Ausgestaltung einer Auflage oder einer Weisung überlassen werden (Schleswig OLGSt § 56b Nr. **1**, **2**; einschränkend Schleswig SchlHA **88**, 168 bei Bestimmung der Art der auferlegten gemeinnützigen Arbeit), so nicht die Festlegung von Raten und Fristen bei einer Geldauflage oder die Auswahl der gemeinnützigen Einrichtung, der eine Geldauflage zukommen soll. Er kann auch nicht dadurch bei der Ausgestaltung der Weisungen eingeschaltet werden, daß der Richter dem Verurteilten ein Verbot mit dem Vorbehalt einer Erlaubnis seitens des Bewährungshelfers erteilt (Stree aaO 149 FN 41). Unzulässig wäre etwa, den Kinobesuch von der Erlaubnis des Bewährungshelfers abhängig zu machen. Wohl aber kann dem Verurteilten vom Gericht aufgegeben werden, bestimmte Handlungen vorher mit dem Bewährungshelfer zu besprechen, etwa einen Wohnungs- oder Arbeitsplatzwechsel (Hamm NStZ **85**, 310); dieser darf aber nicht die Zustimmung des Bewährungshelfers zur Voraussetzung haben. Ferner hat der Bewährungshelfer anders als nach § 24 II 4 JGG kein Recht auf Zutritt zum Verurteilten. Insoweit kann das Gericht diesen aber nach § 56c anweisen, dem Bewährungshelfer zu bestimmten Zeiten Zutritt zu gewähren (D-Tröndle 5). Es genügt die Angabe eines (nicht zu weit gespannten) Zeitraums, innerhalb dessen der Bewährungshelfer die genaue Terminstunde festlegen kann. Auch in anderen Fällen steht der Bestimmtheit nicht entgegen, daß es dem Bewährungshelfer überlassen wird, die Weisung in Einzelheiten, etwa zum technischen Ablauf ihrer Durchführung, zu ergänzen, sofern die Weisung bereits das Wesentliche enthält und nur in untergeordneten Punkten präzisiert wird (recht weit insoweit Schleswig SchlHA **88**, 168, Zweibrücken NStZ **89**, 578 m. Anm. Stree JR 90, 122).

5 3. Die Bewährungshelfer werden aus dem Kreis der zur Verfügung stehenden Personen für den einzelnen Fall **vom Gericht bestellt**. Als dessen Beauftragte und nach dessen Weisungen haben sie ihr Amt zu führen. Das Gericht kann sie im einzelnen Fall abberufen, wenn sie ihren Aufgaben nicht gerecht werden oder die Notwendigkeit einer Bewährungshilfe entfallen ist. In seiner Kontrollfunktion nimmt der Bewährungshelfer aus der Staatsgewalt abgeleitete Aufgaben wahr und ist damit Amtsträger i. S. des § 11 I Nr. 2 (Düsseldorf NStZ **87**, 340. Seine Tätigkeit übt er haupt- oder ehrenamtlich aus. Die nähere Regelung seiner Rechtsstellung ist durch die Landesgesetzgebung erfolgt; vgl. z. B. die Landesgesetze in Berlin (Ges. vom 13. 5. 1954, GVBl. 285), Nordrhein-Westfalen (Ges. i. d. F. vom 2. 2. 1968, GVBl. 26), Rheinland-Pfalz (Ges. vom 11. 7. 1956, GVBl. 86), Schleswig-Holstein (Ges. i. d. F. v. 24. 3. 1970, GVBl. 66), Niedersachsen (Ges. vom 25. 10. 1961, GVBl. 315, AV vom 23. 1. 1984, NdsRpfl 84, 29). Vgl. dazu D-Tröndle 5.

6 4. Die Bestellung eines Bewährungshelfers steht im **Ermessen** des Gerichts; sie erfolgt, sofern dies angezeigt ist, um den Verurteilten von weiteren Straftaten abzuhalten. Diese Voraussetzung liegt vor, wenn die günstige Prognose nach § 56 I von der Unterstellung des Verurteilten unter einen Bewährungshelfer abhängt. Wie bei den sonstigen Weisungen (vgl. § 56c RN 10) ist der Verhältnismäßigkeitsgrundsatz zu beachten. Genügt eine Weisung, die den persönlichen Lebensbereich des Verurteilten weniger beeinträchtigt als die Beaufsichtigung und Leitung durch einen Bewährungshelfer, so scheidet eine Anordnung nach § 56d aus. Wird indes eine Freiheitsstrafe von mehr als 9 Monaten ausgesetzt und ist der Verurteilte noch nicht 27 Jahre alt, dann soll die Bestellung eines Bewährungshelfers die Regel bilden (Abs. 2). In solchen Fällen besteht eine gesetzliche Vermutung, daß die Weisung angezeigt ist, so daß das Gericht einen Verzicht auf diese begründen muß. Abzusehen von dieser Weisung wäre in solchen Fällen insb. dann, wenn die Tat lediglich die Reaktion auf einen Ausnahmezustand war, dessen Wiederholung nicht zu erwarten ist (so idR bei § 56 II), oder wenn der Verurteilte ohnedies der Aufsicht einer Autoritätsperson unterstellt ist (z. B. beim Wehrdienst). In den nicht von Abs. 2 erfaßten Fällen hat das Gericht andererseits darzutun, weshalb es die Bestellung eines Bewährungshelfers für geboten hält. Die Bestellung kann je nach den Erfordernissen für die gesamte Bewährungszeit oder für einen Teil erfolgen. Eine Beschränkung auf einen Teil der Bewährungszeit ist auch im Falle des Abs. 2 zulässig. Nachträgliche Änderungen sind nach § 56e möglich.

II. Außer in § 56d kennt das Gesetz die Bestellung eines Bewährungshelfers noch in den Fällen der §§ 57 III, 57a III, 68a, 70a III; vgl. dazu die dortigen Anm. Andererseits entfällt die Möglichkeit, einen Bewährungshelfer zu bestellen, bei Aussetzung eines Strafarrests (§ 14a WStG).

§ 56e Nachträgliche Entscheidungen

Das Gericht kann Entscheidungen nach den §§ 56b bis 56d auch nachträglich treffen, ändern oder aufheben.

I. Mit § 56e sollen eine Variabilität der Maßnahmen und eine möglichst elastische Ausgestaltung der Bewährungszeit gewährleistet werden. Nachträgliche Entscheidungen trifft das Gericht, das in der Strafsache im ersten Rechtszug erkannt oder nach § 460 StPO die Gesamtstrafe gebildet hat (§ 462a II, III StPO). Es kann auch die Entscheidungen dem AG – d. h. dem Amtsrichter (BGH **10** 288) – übertragen, in dessen Bezirk der Verurteilte seinen Wohnsitz hat. Die Übertragung kann nachträglich aufgehoben oder geändert werden (BGH **11** 80).

1. Handelt es sich um **Weisungen** i. S. von §§ 56c, 56d, so bestehen gegen die Möglichkeit beliebiger Veränderung keine Bedenken. Da die Weisungen die Aufgabe haben, die Lebensführung des Verurteilten zu beeinflussen, und ihre Zweckmäßigkeit nur aufgrund einer Prognose im Urteilszeitpunkt beurteilt werden kann, muß die Möglichkeit bestehen, sie zu verändern, sobald sich die Umstände ändern haben oder sich die mangelnde Effektivität einer Weisung herausgestellt hat. Erforderlich ist jedoch in allen Fällen, daß neue Umstände eingetreten oder bekannt geworden sind (vgl. Stuttgart NJW **69**, 1220, Ruß LK 2).

2. Anders ist die Sachlage bei den **Auflagen** des § 56b. Da diese eine strafähnliche Sanktion darstellen (vgl. § 56b RN 2, 4ff.) und die Entscheidung darüber, welche Leistungen des Verurteilten zur Genugtuung erforderlich sind, im Urteilszeitpunkt abschließend erfolgen kann, erscheint es weder kriminalpolitisch noch rechtsstaatlich legitim, dem Gericht die Befugnis zuzuerkennen, das Genugtuungsbedürfnis während der Bewährungszeit anders zu beurteilen, als dies bei Erlaß des Urteils geschehen ist (vgl. Jescheck 760 FN 44; and. D-Tröndle 1, Ruß LK 4; vgl. auch Horn MDR 81, 13). Für die Auflage der **Schadenswiedergutmachung** sind jedoch Einschränkungen zu machen. Da im Urteilszeitpunkt die Leistungsfähigkeit des Verurteilten und zumeist auch die Schadenshöhe nicht abschließend beurteilt werden können, ist eine Bezifferung der Schadenshöhe nur als vorläufig anzusehen. Erhöht sich nachträglich der Schaden oder bessert sich die Leistungsfähigkeit des Verurteilten, so kann die Auflage zu dessen Ungunsten abgeändert werden; in Wirklichkeit wird damit aber von ihm auch nicht mehr verlangt, als „den Schaden nach Kräften wiedergutzumachen". Läßt sich sonst im Urteilszeitpunkt eine genaue Auflage mangels der erforderlichen Kenntnis von der Leistungsfähigkeit des Verurteilten noch nicht festlegen, so kann sich das Gericht die Auferlegung einer Leistung vorbehalten; die nachträgliche Anordnung einer Auflage in diesem Rahmen ist dann zulässig (vgl. Hamm NJW **76**, 527). Hat der Tatrichter ohne Vorbehalt von einer Auflage abgesehen, so kann eine solche im übrigen nicht nachträglich angeordnet werden. Eine Abänderung von Auflagen ist jedoch als zulässig anzusehen, soweit sie für den Verurteilten keine zusätzliche Belastung bedeutet und sich etwa der Erfüllung der ursprünglichen Auflage Hindernisse entgegenstellen. So kann z. B. der Empfänger der gemeinnützigen Leistung nachträglich anders bestimmt werden, nicht dagegen eine Erhöhung der Zahlungen an eine gemeinnützige Einrichtung mit der Begründung festgesetzt werden, die Vermögensverhältnisse des Verurteilten hätten sich verbessert. Unter den genannten Voraussetzungen kann z. B. auch eine Auflage gem. § 56b II Nr. 1 durch eine solche der Nr. 2 oder 3 ersetzt werden oder umgekehrt (vgl. Hamm NJW **76**, 527). Weigert sich der Verurteilte, eine Auflage zu erfüllen, so gelten dieselben Grundsätze; er darf für diese Weigerung nicht durch Abforderung eines größeren Opfers „bestraft" werden.

Hatte das Gericht nach § 56b III **zunächst von** der Anordnung einer **Auflage abgesehen**, so ist deren nachträgliche Anordnung uneingeschränkt möglich, wenn sich herausstellt, daß der Verurteilte sein Angebot nicht erfüllt hat. Hat das Gericht eine Auflage oder Weisung angeordnet, ohne den Verurteilten gemäß § 265a S. 1 StPO zu befragen, so kann der Verurteilte auch nachträglich ein Anerbieten nach § 56b III bzw. § 56c IV machen und die vorläufige Aufhebung der Anordnung beantragen; für die Behandlung seines Anerbietens gelten dann die für den Urteilszeitpunkt aufgestellten Grundsätze (vgl. K-Meyer § 265a StPO RN 7).

II. Entsprechendes gilt für die Entscheidung des **Beschwerdegerichts.** Dieses kann die Weisungen ohne Einschränkung abändern oder zusätzliche Weisungen erteilen (LG Nürnberg NJW **59**, 1452,

Stree

§ 56 f 1–3   Allg. Teil. Rechtsfolgen der Tat – Strafaussetzung zur Bewährung

KMR § 305 a StPO Anm. 7). Soweit es sich um Auflagen handelt, gilt aus den oben genannten Gründen jedoch das Verbot der reformatio in peius (vgl. § 56 b RN 4).

6   III. Einen **Sonderfall** der nachträglichen Anordnung von Auflagen und Weisungen enthält **§ 56 f II**. Danach kann das Gericht von einem Widerruf der Strafaussetzung trotz Vorliegens der Voraussetzungen von § 56 f I absehen, wenn es seiner Auffassung nach ausreicht, die Bewährungszeit zu verlängern oder weitere Auflagen oder Weisungen zu erteilen. § 56 f II setzt also eine Pflichtverletzung voraus und damit ein Mehr gegenüber § 56 e. Er ist aber doch nur ein Spezialfall des § 56 e, so daß der Umfang der richterlichen Möglichkeiten nicht größer sein kann als dort. Dies bedeutet, daß eine Auflage nicht nachträglich durch eine andere ersetzt werden kann, die den Verurteilten stärker beschwert, selbst dann nicht, wenn der Verurteilte die Erfüllung der zunächst angeordneten Auflage beharrlich verweigert hat (ähnlich Horn SK § 56 f RN 27 f.; and. Frankfurt NJW **71**, 720, D-Tröndle 1; vgl. auch § 56 f RN 11). Dagegen können Weisungen nachträglich uneingeschränkt geändert werden (vgl. o. 2).

7   IV. Zum **Verfahren** und zur Beschwerdemöglichkeit vgl. § 453 StPO.

§ 56 f Widerruf der Strafaussetzung

(1) **Das Gericht widerruft die Strafaussetzung, wenn der Verurteilte**
1. **in der Bewährungszeit eine Straftat begeht und dadurch zeigt, daß die Erwartung, die der Strafaussetzung zugrunde lag, sich nicht erfüllt hat,**
2. **gegen Weisungen gröblich oder beharrlich verstößt oder sich der Aufsicht und Leitung des Bewährungshelfers beharrlich entzieht und dadurch Anlaß zu der Besorgnis gibt, daß er erneut Straftaten begehen wird, oder**
3. **gegen Auflagen gröblich oder beharrlich verstößt.**

Satz 1 Nr. 1 gilt entsprechend, wenn die Tat in der Zeit zwischen der Entscheidung über die Strafaussetzung und deren Rechtskraft begangen worden ist.

(2) **Das Gericht sieht jedoch von dem Widerruf ab, wenn es ausreicht,**
1. **weitere Auflagen oder Weisungen zu erteilen, namentlich den Verurteilten einem Bewährungshelfer zu unterstellen, oder**
2. **die Bewährungs- oder Unterstellungszeit zu verlängern.**

In den Fällen der Nummer 2 darf die Bewährungszeit nicht um mehr als die Hälfte der zunächst bestimmten Bewährungszeit verlängert werden.

(3) **Leistungen, die der Verurteilte zur Erfüllung von Auflagen, Anerbieten, Weisungen oder Zusagen erbracht hat, werden nicht erstattet. Das Gericht kann jedoch, wenn es die Strafaussetzung widerruft, Leistungen, die der Verurteilte zur Erfüllung von Auflagen nach § 56 b Abs. 2 Nr. 2 oder 3 oder entsprechenden Anerbieten nach § 56 b Abs. 3 erbracht hat, auf die Strafe anrechnen.**

Vorbem. Abs. 1 S. 2 eingefügt, Abs. 2 geändert durch das 23. StÄG v. 13. 4. 1986, BGBl. I 393.

Schrifttum: Kratzsch, Verstoß gegen Auflagen und Weisungen usw., JR 72, 369.

1   I. Bewährt sich der Verurteilte nicht, so hat das Gericht die **Strafaussetzung** zu **widerrufen**. Zur Zuständigkeit vgl. § 462 a StPO. Die Maßstäbe für die Bewährung ergeben sich aus § 56 I und aus dem Wesen des Instituts der Strafaussetzung. Nach § 56 wird vom Verurteilten zwar nur erwartet, daß er keine Straftaten mehr begeht; von der Vollstreckung der Strafe kann aber nur abgesehen werden, wenn der Verurteilte auch die ihm auferlegten Auflagen erfüllt und die Weisungen befolgt, die den Resozialisierungsvorgang erfolgreich gestalten sollen.

2   Die **Widerrufsgründe** sind in Abs. 1 Nr. 1–3 **abschließend aufgezählt**. Sie müssen im Beschlußverfahren positiv festgestellt sein: Zweifel gehen zugunsten des Verurteilten (vgl. Ruß LK 2, Schulze NJW 57, 772, Terhorst MDR 78, 977). Das bedingt nicht nur der Gesetzeswortlaut, sondern auch die Sachgerechtigkeit, der die Entziehung eines Vorteils bei Ungewißheit über das Vorliegen der Voraussetzungen zuwiderlaufen würde.

3   1. Der Widerruf nach **Nr. 1** setzt voraus, daß der Verurteilte in der Bewährungszeit oder in der Zeit zwischen der Entscheidung über die Strafaussetzung und deren Rechtskraft (Abs. 1 S. 2) eine **Straftat** begeht und dadurch zeigt, daß die Erwartung, die der Strafaussetzung zugrunde lag, sich nicht erfüllt hat. Bei Aussetzung einer nachträglichen Gesamtstrafe kommt es auf diese Entscheidung und die Bewährungszeit für die Gesamtstrafe an (vgl. § 58 RN 8). Bleibt zweifelhaft, ob die neue Straftat innerhalb oder außerhalb des genannten Zeitraums begangen worden ist, kommt ein Widerruf nicht in Betracht (vgl. Hamm StV **87**, 69). Maßgeblich ist die Tatbegehung, d. h. das Vorliegen der materiellen Strafbarkeitsvoraussetzungen (einschließlich objektiver Strafbarkeitsbedingungen und fehlender Strafausschließungsgründe). Von ihrem Vorliegen muß das Gericht überzeugt sein (Düsseldorf StV **86**, 346, KG StV **88**, 26); Zweifel an

der Schuldfähigkeit stehen einem Widerruf entgegen (Bremen StV **84**, 125, 382). Rechtskräftige Aburteilung ist nicht erforderlich (Stuttgart Justiz **72**, 318, NJW **76**, 200, Hamm NJW **73**, 911, Koblenz VRS **60** 427, 428, BA **81**, 111, Zweibrücken StV **85**, 465, Bremen StV **86**, 165, D-Tröndle 3b, Lackner 1a aa; and. Celle StV **90**, 504, Schleswig StV **91**, 173, Bamberg StV **91**, 174, München StV **91**, 174, Mrozynski JZ 78, 255, Ostendorf StV 90, 230, Vogler Kleinknecht-FS 442, Tröndle-FS 423, die unter Berufung auf die Unschuldvermutung jedoch sachlich unberechtigt strengere Anforderungen an den Widerruf wegen einer Straftat als beim Widerruf wegen eines Weisungsverstoßes stellen); ein vorheriger Widerruf ist bei hinreichend fundierter Tatsachengrundlage mit der Verfassung vereinbar (BVerfG NStZ **87**, 118, NJW **88**, 1715), er kann aber untunlich sein (vgl. Karlsruhe MDR **74**, 245, Hamm NJW **74**, 1520, Stuttgart NJW **77**, 1249). Bei rechtskräftiger Aburteilung hat das Gericht seine Überzeugung aus dem neuen Urteil zu gewinnen, ohne zu weiterer Beweiserhebung verpflichtet zu sein (Zweibrücken StV **85**, 466); eine Bindung an die Feststellungen im Urteil besteht jedoch nicht (Düsseldorf NStZ **90**, 541, Ruß LK 2a). Zu berücksichtigen sind alle Straftaten, auch fahrlässige (Hamm MDR **71**, 942) oder im Ausland begangene (Köln MDR **72**, 438; ebenso BGE 106 IV 8 für schweiz. Recht), sofern sie in der maßgeblichen Zeit verübt worden sind. Vor der Entscheidung über die Strafaussetzung begangene Taten rechtfertigen keinen Widerruf, ebensowenig Delikte nach Ablauf der Bewährungszeit (Stuttgart Justiz **72**, 390, Hamm MDR **74**, 947). Bei einer fortgesetzten Tat genügt es, daß ein Teilakt in die maßgebliche Zeit fällt (Celle NJW **57**, 113). Entsprechendes gilt für Dauerdelikte. Nicht erforderlich ist das Bewußtsein des Täters, seine Tat könne den Widerruf zur Folge haben (Düsseldorf NJW **67**, 1380, H. W. Schmidt SchlHA 63, 110, Schmitt NJW **69**, 1332; and. Neustadt NJW **59**, 951). Unbeachtlich ist auch, daß er wegen der neuen Tat aus prozessualen Gründen, z. B. mangels Strafantrags oder bei Verfahrenseinstellung nach den §§ 153ff. StPO, nicht verurteilt wird (Hamburg MDR **79**, 515 m. Anm. Zipf JR 79, 380).

Zum Widerruf führt die Straftat aber nur, wenn sich mit ihr die *Erwartung nicht erfüllt* hat, **4** die der Strafaussetzung zugrunde lag. Aus der Einschränkung geht hervor, daß nicht jede Straftat die Erwartung widerlegt. Es muß sich vielmehr um eine Tat handeln, die erkennen läßt, daß sich der Verurteilte die Verurteilung nicht hat zur Warnung dienen lassen und er sich nicht ohne die Einwirkung des Strafvollzugs straffrei verhält (vgl. dazu Düsseldorf StV **83**, 338). An dieser Voraussetzung fehlt es vielfach bei Fahrlässigkeitstaten, so etwa, wenn jemand wegen eines Vermögensdelikts verurteilt worden war und in der Bewährungszeit ein fahrlässiges Verkehrsdelikt begeht (vgl. Ruß LK 3). Auch Bagatelldelikte, die der abgeurteilten Tat nicht entsprechen, stehen der an die Strafaussetzung geknüpften Erwartung zumeist nicht entgegen (vgl. auch Zweibrücken MDR **89**, 477, das den Verhältnismäßigkeitsgrundsatz heranzieht). Bei Aussetzung einer Freiheitsstrafe wegen Dienstflucht nach § 53 ZDG aus Gewissensgründen (z. B. bei Zeugen Jehovas) kann nicht erwartet werden, daß einer erneuten Einberufung Folge geleistet wird; ein Widerruf wegen Nichtbefolgung der erneuten Einberufung ist daher unzulässig (BVerfGE **78** 391 m. krit. Anm. Struensee StV 90, 443, NdsRpfl **89**, 239). Andererseits wird die Erwartung regelmäßig nicht erfüllt sein, wenn eine erhebliche Straftat vorliegt oder die neue Tat in ihrer Art der abgeurteilten entspricht. Fahrlässigkeitsdelikte können demnach z. B. den Widerruf bewirken, wenn sie eine Wiederholung der abgeurteilten Tat sind (erneute fahrlässige Trunkenheitsfahrt usw.) oder dieser ähneln (fahrlässige Trunkenheitsfahrt nach Verurteilung wegen vorsätzlicher Trunkenheitsfahrt; vgl. Koblenz VRS **68** 214). Beim Vollrausch kann genügen, daß die Rauschtat der abgeurteilten Tat entspricht (Koblenz VRS **54** 192, BA **81**, 111). Als erhebliche Straftat, die den Widerruf rechtfertigt, auch wenn sie der früher abgeurteilten Tat nicht gleicht, ist nach Koblenz VRS **48** 263 ein schwerwiegendes Verkehrsdelikt anzusehen, bei dem der Täter neben einer Verkehrsgefährdung infolge Trunkenheit noch Unfallflucht begeht (vgl. auch Koblenz VRS **52** 24: zwei vorsätzliche Trunkenheitsfahrten). Die Notwendigkeit des Widerrufs darf aber nicht isoliert nach der neuen Straftat beurteilt werden. Zu berücksichtigen ist auch die weitere Entwicklung des Verurteilten nach dieser Tat (Karlsruhe MDR **76**, 863; vgl. aber Schöch JR 81, 164). Läßt sie erwarten, daß der Verurteilte sich künftig straffrei verhalten wird, so erübrigt sich der Widerruf. Das ergibt sich auch aus Abs. 2. Wenn danach weniger einschneidende Maßnahmen als der Widerruf zum Absehen von ihm ausreichen, muß hierzu auch das eigene Verhalten des Verurteilten genügen können, sofern es erkennen läßt, daß von diesem weitere Straftaten nicht mehr zu befürchten sind. Umgekehrt kann das spätere Verhalten aber auch sichtbar machen, daß der Verurteilte mit der neuen Straftat die Erwartung nicht erfüllt hat (vgl. Hamm JMBlNW **82**, 167). Für den Widerruf unerheblich ist dagegen, ob der Verurteilte gem. § 268a III StPO belehrt worden ist (vgl. § 56 RN 52).

Bei mehreren Strafaussetzungen ist für jede von ihnen selbständig zu prüfen, ob sie auf **5** Grund der neuen Straftat zu widerrufen ist (vgl. Klussmann NJW **73**, 685, Ruß LK 3 a. E.). Der Widerruf ist auch möglich, wenn die Strafe für die neue Tat zur Bewährung ausgesetzt wird (and. LG Bochum StV **90**, 270). Er kommt dann aber nur in Ausnahmefällen in Betracht (zur Verfassungsmäßigkeit vgl. BVerfG NStZ **85**, 357, **87**, 118, LG Berlin MDR **88**, 794); i. d. R. ist nach Abs. 2 zu verfahren.

6 2. Der Widerruf nach **Nr. 2** erfolgt, wenn der Verurteilte gegen **Weisungen** gröblich oder beharrlich **verstößt** oder sich der Aufsicht und Leitung des **Bewährungshelfers** beharrlich **entzieht** und dadurch Anlaß zu der Besorgnis gibt, er werde erneut Straftaten begehen. Die Weisungen müssen dem Verurteilten bekanntgemacht worden sein (Düsseldorf StV **85**, 464: öffentl. Zustellung des Weisungsbeschlusses genügt nicht). Sie müssen zudem zulässig gewesen sein; Zuwiderhandlungen gegen unzulässige Weisungen rechtfertigen nicht den Widerruf (vgl. München NStZ **85**, 411, LG Aachen NJW **57**, 1120, H. W. Schmidt SchlHA 63, 110, Stree, Deliktsfolgen und Grundgesetz, 1960, 215), auch dann nicht, wenn der Verurteilte sich nicht auf die Unzulässigkeit beruft (Karlsruhe Justiz **84**, 427). Unter gröblichen Verstößen sind die objektiv erheblichen und schuldhaften Zuwiderhandlungen zu verstehen, wobei es auf eine vorherige Mahnung nicht ankommt. Beharrlich ist der Verstoß, wenn der Verurteilte durch wiederholtes Handeln oder andauerndes Verhalten (Flucht, Verbergen usw.) seine endgültige Weigerung, die Weisungen zu befolgen, zum Ausdruck bringt oder trotz Mahnung den Weisungen nicht nachkommt. Zu diesen Merkmalen bei Rücknahme einer Einwilligung zu einer Heilbehandlung (§ 56c III) vgl. § 56c RN 24. Ein Sonderfall des beharrlichen Verstoßes gegen Weisungen liegt vor, wenn der Verurteilte sich der Aufsicht und Leitung des Bewährungshelfers beharrlich entzieht. Erforderlich ist hiernach, daß der Verurteilte die Einflußmöglichkeiten des Bewährungshelfers durch wiederholtes oder andauerndes Verhalten ausschaltet, das erkennen läßt, daß er nicht gewillt ist, sich vom Bewährungshelfer beaufsichtigen und leiten zu lassen. Das Widersetzen gegen einzelne Maßnahmen des Bewährungshelfers reicht nicht aus, auch wenn es beharrlich geschieht. Ebensowenig berechtigt allein die beharrliche Weigerung, sich leiten zu lassen, den Widerruf. Solange der Verurteilte sich nicht zugleich der Aufsicht beharrlich entzieht, bleibt nur die Möglichkeit, mit gerichtlichen Weisungen einzugreifen.

7 Für den Widerruf relevant sind die Verstöße indes nur, wenn sie *befürchten* lassen, daß der Verurteilte *erneut straffällig* wird. Das Gericht hat somit unter Abwägung des Verstoßes und des gesamten Verhaltens des Verurteilten in der Bewährungszeit eine erneute Prognose zu stellen (vgl. Hamm MDR **76**, 505, LG Bayreuth NJW **70**, 2123, LG Kassel NJW **71**, 475, LG Hamburg MDR **76**, 946). Sie hat sich an der für die Strafaussetzung maßgebenden Erwartung auszurichten. Es muß Anlaß zu der Besorgnis bestehen, daß der Verurteilte sich die Verurteilung nicht zur Warnung dienen läßt und sich nicht ohne die Einwirkung des Strafvollzugs straffrei verhält. Der Weisungsverstoß indiziert dies nicht ohne weiteres (Frankfurt GA **75**, 243, Düsseldorf StV **83**, 70), wie sich etwa zeigt, wenn der Verurteilte die Weisung, die Erfüllung von Unterhaltspflichten nachzuweisen, mißachtet hat, den Unterhaltspflichten aber nachgekommen ist (vgl. Zweibrücken OLGSt. S. **1** zu § 56c). Es muß die Begehung neuer Straftaten, nicht bloßer rechtswidriger Taten zu befürchten sein (KG JR **83**, 423).

8 3. Der Widerruf nach **Nr. 3** bedingt einen gröblichen oder beharrlichen **Verstoß gegen Auflagen.** Weitere Erfordernisse verlangt das Gesetz im Gegensatz zum Fall der Nr. 2 nicht, weil bei Auflagen die an die Strafaussetzung geknüpfte Erwartung primär darauf gerichtet ist, daß der Verurteilte für das begangene Unrecht Genugtuung leistet, und bereits mit der Nichterfüllung der Auflage ein entscheidendes Moment für die Strafaussetzung entfällt (vgl. auch BT-Drs. 7/550 S. 213). Verstöße gegen unzulässige Auflagen genügen ebensowenig wie bei Nr. 2 Verstöße gegen unzulässige Weisungen (vgl. o. 6). Zu den Merkmalen „gröblich" und „beharrlich" vgl. o. 6, auch Bremen StV **90**, 118 (Verstoß muß Einsichtslosigkeit im Hinblick auf die Bedeutung der Auflage erkennen lassen; Verurteilter muß sich der Schwere und der Bedeutung des Verstoßes bewußt gewesen sein). Ein gröbliches Zuwiderhandeln kann hier aber u. U. zu verneinen sein, wenn keine vorherige Mahnung erfolgt (insb. bei Geldauflagen; vgl. LG Karlsruhe NJW **60**, 495, LG Mainz MDR **75**, 772) oder eine Belehrung gem. § 268a III StPO unterblieben ist (vgl. Celle NJW **58**, 1009). Aus dem schuldhaften Verstoß muß hervorgehen, daß der Verurteilte nicht genugtuungswillig ist. Zu ermitteln sind daher die Gründe für die Nichterfüllung der Auflage (vgl. Oldenburg NJW **61**, 1368). Ein gröblicher Verstoß gegen eine Geldauflage kann bei Zahlungsunfähigkeit vorliegen, wenn der Verurteilte diese verschuldet hat, z. B. durch Ausschlagen angebotener Arbeitsstellen mit der Folge der Einstellung von Arbeitslosenunterstützung (Hamm JMBlNW **79**, 247).

9 4. Eine Einschränkung der Widerrufsmöglichkeit enthält **Abs. 2,** der eine Kodifizierung des **Verhältnismäßigkeitsgrundsatzes** darstellt. Reichen weniger einschneidende Maßnahmen als der Widerruf aus, um den Verurteilten von Straftaten abzuhalten und dem Genugtuungsinteresse zu genügen, z. B. andere Weisungen oder Auflagen, so hat das Gericht zunächst diese Möglichkeit zu ergreifen (vgl. Bremen MDR **74**, 593, das jedoch an die günstige Zukunftsprognose strengere Anforderungen stellt als bei § 56 und hohe Wahrscheinlichkeit straffreien Lebens verlangt; gegen diese Einschränkung mit Recht Schleswig NJW **80**, 2320 m. Anm. Schöch

JR 81, 164). Als mögliche Maßnahmen nennt Abs. 2 die Erteilung weiterer Auflagen oder Weisungen einschließlich der Unterstellung unter einen Bewährungshelfer (Nr. 1) sowie die Verlängerung der Bewährungszeit oder der Zeit, in der der Verurteilte einem Bewährungshelfer unterstellt ist (Nr. 2). Nach Schleswig aaO sollen diese Maßnahmen ausreichen, wenn mit ihnen das Resozialisierungsziel eher erreicht werden kann als mit dem Strafvollzug. Eine solche vergleichende Prognose ist bedenklich (vgl. Dencker NStZ 82, 155, Klier NStZ 81, 302, Ruß LK 11, aber auch Schöch JR 81, 165). Entscheidend ist, ob auf Grund der Maßnahmen des Abs. 2 der Widerrufsgrund ausgeräumt und ein straffreies Leben des Probanden erwartet werden kann. Ist dies nicht der Fall, so ist die Aussetzung unabhängig davon, wie sich der Strafvollzug auf den Verurteilten auswirken kann, zu widerrufen. Umgekehrt steht der Anordnung nach Abs. 2 nicht entgegen, daß der Strafvollzug eine noch größere Resozialisierungsaussicht bietet. Zur Berücksichtigung des Sühnegesichtspunkts vgl. LG Saarbrücken MDR **89**, 179. Zum Ganzen vgl. Horn JR 81, 5.

a) Die **Verlängerung der Bewährungszeit** ist auch noch nach Ablauf der „regulären" Bewährungszeit möglich. Zu dieser Ansicht hat sich 1981 der Gesetzgeber mit der Streichung der bisherigen Verweisung auf § 56a II bekannt (vgl. BT-Drs. 8/3857 S. 12). Der Meinungsstreit, der wegen dieser Bezugnahme in Abs. 2 a. F. bestanden hat (vgl. 20. A.), sollte hiernach der Vergangenheit angehören (and. Hein NStZ 82, 252). Die Möglichkeit, die Bewährungszeit noch nach deren Ablauf zu verlängern, entspricht allein den sachlichen Erfordernissen. Die abschließende Beurteilung des Verhaltens des Verurteilten nach Abs. 1 ist vielfach erst möglich, nachdem die Bewährungszeit abgelaufen ist. Es wäre unverständlich, wenn gerade jetzt bei entsprechenden Verfehlungen nur noch der Widerruf der Strafaussetzung in Betracht käme und eine am Verhältnismäßigkeitsgrundsatz ausgerichtete mildere Maßnahme nach Abs. 2 nicht mehr möglich wäre. Andererseits wäre ein Absehen vom Widerruf trotz eines vorliegenden Widerrufsgrundes ohne eine Maßnahme nach Abs. 2 sachwidrig (vgl. Stuttgart MDR **81**, 69, aber auch Celle StV **90**, 117, nach dem bei Entfallen einer Verlängerungsmöglichkeit die Strafe zu erlassen ist). Fraglich ist, ob eine nach Ablauf der Bewährungszeit angeordnete Verlängerung sich (rückwirkend) unmittelbar an die abgelaufene Bewährungszeit anschließt (so KG StV **86**, 165, Schleswig NStZ **86**, 363, Celle StV **89**, 118, Lackner 3 c aa, Dölling NStZ 89, 348) oder die Bewährungszeit sich ab dem Zeitpunkt des Verlängerungsbeschlusses fortsetzt (vgl. dazu Frank MDR 82, 360, Horn NStZ 86, 356). Das Wort „verlängern" spricht für einen unmittelbaren Anschluß an die alte Bewährungszeit, zumal ihm damit auch dieselbe Bedeutung für eine Verlängerung der Bewährungszeit vor und nach deren Ablauf beigelegt wird. Dem Sinn einer weiteren Bewährungszeit, die der Vermeidung des Widerrufs dienen soll, entspricht jedoch nur deren Neubeginn ab dem Zeitpunkt des Verlängerungsbeschlusses, da der von einer Rückwirkung erfaßte Zeitraum schwerlich als Bewährungszeit angesehen werden kann. Denn das Verhalten des Verurteilten in diesem Zeitraum kann keinen Widerruf begründen (vgl. KG StV **86**, 165, Schleswig NStZ **86**, 363, Horn SK 30, Lackner 1 a aa), so daß es sich auch nicht als ein Sichbewähren werten läßt. Zudem kann eine Verlängerung, die sich rückwirkend an die abgelaufene Bewährungszeit anschließt, als mildere Maßnahme gegenüber dem Widerruf ihren Sinn verlieren, wenn die Entscheidung nach § 56f erst erhebliche Zeit nach Ablauf der Bewährungszeit erfolgt und infolge des mit der Rückwirkung einzubeziehenden Zeitraums wenig oder gar keine Bewährungszeit mehr zur Einwirkung auf den Verurteilten verbleibt. Wenig sachgerecht ist die von Celle StV **90**, 117 befürwortete Lösung, in solchen Fällen die Strafe zu erlassen; sie mißachtet den Umstand, daß sich der Verurteilte nicht bewährt hat, und entwertet damit ohne hinreichenden Grund das bewährungswidrige Verhalten als Widerrufsgrund. Die Verlängerung der Bewährungszeit führt nicht zur Unbeachtlichkeit aller vor der Verlängerung liegender Widerrufsgründe für einen späteren Widerruf. Dieser kann z. B. auf erst später bekannt gewordene Straftaten des Verurteilten während der alten Bewährungszeit gestützt werden (vgl. Hamburg MDR **80**, 600).

Die **Verlängerung** der Bewährungszeit ist **begrenzt** auf nicht mehr als die Hälfte der zunächst bestimmten Bewährungszeit. Die Auslegung dieser etwas unklaren Vorschrift hat entsprechend dem Verhältnismäßigkeitsgrundsatz (vgl. o. 9) nach Möglichkeit günstig für den Verurteilten zu erfolgen. Zweifelhaft ist, was unter „zunächst bestimmte" zu verstehen ist. Nach der Wortbedeutung ist das Merkmal als anfangs, d. h. zuerst festgesetzte Bewährungszeit aufzufassen (and. Maatz MDR 88, 1020, der auch die bisherige und somit die zuletzt festgesetzte Bewährungszeit vom möglichen Wortsinn getragen wissen will; vgl. auch LG Itzehoe SchlHA **87**, 186, D-Tröndle 8: die im letzten Beschluß bestimmte Bewährungszeit). Sachgerecht wäre es an sich, an die zuletzt (zuvor) festgesetzte Bewährungszeit anzuknüpfen (vgl. 22. A.). Der Wortlaut steht jedoch entgegen (vgl. Zweibrücken NStZ **87**, 328 m. Anm. Horn JR 88, 31, Celle StV **90**, 118, Lackner 3 c bb). Fraglich ist ferner, ob bei der Verlängerung das nach § 56a I 2 bestehende Höchstmaß überschritten werden darf. Obwohl die in § 56f II a. F.

ausdrücklich erlaubte Höchstmaßüberschreitung in der Neufassung nicht mehr erwähnt ist, bestehen keine durchgreifenden Bedenken gegen eine Überschreitung des Höchstmaßes, da eine Einschränkung insoweit gesetzgeberisch nicht gewollt war und die Begrenzung der Verlängerung auf die Hälfte der ursprünglichen Bewährungszeit erst bei der Höchstmaßüberschreitung einen vernünftigen Sinn erhält (vgl. Oldenburg NStZ **88**, 502 m. abl. Anm. Kusch, Schleswig SchlHA **88**, 31, Braunschweig StV **89**, 25, Dölling NStZ **89**, 347, Maatz MDR **88**, 1018; and. LG Kiel NStZ **88**, 501, Schrader MDR **90**, 391). Hatte z. B. das erkennende Gericht eine Bewährungszeit von 4 Jahren festgesetzt, so darf daher ihre gesamte Dauer nach der Verlängerung 6 Jahre betragen. Eine Bewährungszeit von 5 Jahren kann demnach bis zu 2½ Jahren verlängert werden. Soweit mit der Verlängerung insgesamt die Dauer von 5 Jahren nicht überschritten wird, entfällt die an der Hälfte der ursprünglichen Bewährungszeit ausgerichtete Begrenzung, da mit ihr keine Einschränkung gegenüber § 56a II 2 bezweckt sein kann (Hamm JMBlNW **87**, 6, Celle StV **87**, 496, Düsseldorf StV **90**, 118). Das gilt ebenfalls für die Verlängerung nach Ablauf der Bewährungszeit (and. Maatz MDR **88**, 1018, Stein BewH **88**, 218), da es vom Zufall abhängen kann, ob die Entscheidung vor oder nach Ablauf der Bewährungszeit ergeht, und der Zufall nicht für die Reichweite der Vergünstigung des Abs. 2 an Stelle des Widerrufs maßgebend sein darf. Eine Bewährungszeit von 2 Jahren kann somit bis zum Höchstmaß von 5 Jahren verlängert werden. Auch eine wiederholte Verlängerung anläßlich eines erneuten Widerrufsgrundes ist begrenzt möglich (Zweibrücken NStZ **87**, 328 m. Anm. Horn JR **88**, 31, Frankfurt NStE Nr. **13**, Hamm NStZ **88**, 292, Dölling NStZ **89**, 347, Lackner 3c bb). Über das Höchstmaß von 5 Jahren hinaus darf die Verlängerung die Hälfte der zunächst bestimmten Bewährungszeit nicht überschreiten (vgl. Dölling aaO).

11 b) Die **nachträgliche Anordnung von Weisungen oder Auflagen** als mildere Maßnahme ist nach Ablauf der ursprünglichen Bewährungszeit nur möglich, nachdem das Gericht die Bewährungszeit verlängert hat. Zu beachten ist jedoch, daß Auflagen nachträglich grundsätzlich nur unter besonderen Voraussetzungen angeordnet werden können (vgl. § 56e RN 3, 6; and. Frankfurt NJW **71**, 720, Schöch JR **81**, 165; vgl. auch Horn MDR **81**, 14). Ferner stellen die Auflagen, die der Genugtuung dienen sollen, kaum das geeignete Mittel dar, um die künftige Lebensführung des Verurteilten zu beeinflussen. Sie behalten jedoch ihre volle Bedeutung für eine Genugtuung, wenn der Widerrufsgrund nach Nr. 3 vorliegt und mit einer anderen Leistung eine hinreichende Genugtuungswirkung, die einen Widerruf unnötig macht, erreicht werden kann. Das Gericht darf allerdings keine neuen Maßstäbe für das Genugtuungsbedürfnis aufstellen. Die auferlegte Leistung darf demgemäß in ihrem Genugtuungswert den früheren nicht übersteigen; eine verschärfte Auflage ist unzulässig (vgl. § 56e RN 6). Eine Beschränkung hinsichtlich der nachträglichen Anordnung von Weisungen besteht nicht, da diese im Fall des Abs. 2 immer durch eine Änderung der Umstände oder durch neue Tatsachen erforderlich geworden ist. In Betracht kommt vor allem auch die Unterstellung unter einen Bewährungshelfer oder eine Verlängerung der Unterstellungszeit, u. U. eine Auswechslung des Bewährungshelfers.

11a 5. Eine weitere Einschränkung der Widerrufsmöglichkeit läßt die Rspr. zu, wenn gem. § 35 BtMG eine Strafvollstreckung zurückgestellt ist. Hier soll es angebracht sein, die Entscheidung über den Widerruf zurückzustellen und den Erfolg der Therapie abzuwarten (vgl. Zweibrücken MDR **83**, 150, Düsseldorf StV **89**, 159 m. Anm. Hellebrand).

12 II. Der Widerruf kann erst **nach Rechtskraft des Urteils** erfolgen, da abgesehen von einer neuen Straftat (vgl. o. 3) nur Handlungen in der Bewährungszeit ihn rechtfertigen und diese mit der Rechtskraft der Entscheidung über die Strafaussetzung beginnt. Zudem muß das, was widerrufen werden soll, erst einmal (rechtskräftig) gewährt sein (Hamm NJW **55**, 1000).

13 1. Nach Rechtskraft des Urteils kann der Widerruf sowohl **während** der **Bewährungszeit** als auch **nach** ihrem **Ablauf** erfolgen (KG JR **58**, 189, Oldenburg NJW **57**, 1372, Schleswig SchlHA **59**, 270, Karlsruhe Justiz **64**, 153, Hamm MDR **66**, 165, NJW **74**, 1520, Kaiser NJW **63**, 673, Oske MDR **66**, 291), bis der Erlaß der Strafe rechtskräftig geworden ist. Nach diesem Zeitpunkt kommt ein Widerruf des Straferlasses nach § 56g II in Frage. Eine Frist, innerhalb derer der Widerruf nach Ablauf der Bewährungszeit auszusprechen ist, besteht nicht (LG Weiden MDR **70**, 940, Hamm NJW **74**, 1520), jedoch hat das Gericht nach rechtsstaatlichen Grundsätzen so bald wie möglich zu entscheiden (Oldenburg NJW **57**, 1372, KG JR **67**, 307, LG Hamburg MDR **77**, 159; nach Schleswig SchlHA **59**, 270, Hamm MDR **66**, 165, LG Tübingen JZ **74**, 682 m. krit. Anm. Schroeder sollen nicht mehr als 6 Monate verstreichen; and. Hamburg NJW **70**, 65, Karlsruhe MDR **74**, 245, Schleswig MDR **79**, 1042). Andernfalls wird der Widerruf unzulässig (vgl. Celle NdsRpfl. **80**, 91, Oske MDR **66**, 291f.; and. Ruß LK 12). Die neuere Rspr. läßt insoweit den Vertrauensschutz des Betroffenen maßgeblich sein (vgl. Stuttgart MDR **82**, 949, Hamm NStZ **84**, 362, Koblenz VRS **72** 288). Aus Gründen der Rechtssicherheit soll der

Widerruf dann unzulässig sein, wenn die Entscheidung ungebührlich lange hinausgezögert worden ist und der Verurteilte mit ihr nicht mehr zu rechnen braucht (Düsseldorf GA **83**, 87, Braunschweig StV **83**, 72, Celle StV **87**, 30). Auf dieser Linie liegt auch Hamm JMBlNW **82**, 166, das den Widerruf noch 3 Jahre nach Ablauf der Bewährungszeit zuläßt, wenn bis dahin der rechtskräftige Abschluß des Strafverfahrens wegen der Straftat noch aussteht, die u. U. zum Widerruf berechtigt (vgl. aber Koblenz MDR **85**, 70, wonach der 2 Jahre nach Ablauf der Bewährungszeit erfolgte Widerruf rechtsstaatlichen Grundsätzen widerspricht, ferner Zweibrücken NStZ **88**, 501). Indes ist das Merkmal des (konkreten) Vertrauens darauf, es werde kein Widerruf mehr erfolgen, reichlich vage, so daß die Gerichte zu leicht die Entscheidung hinausschieben können. Es ist daher **§ 56g II analog** anzuwenden (Jescheck 761; and. Hamm NJW **72**, 500, **74**, 1520, Karlsruhe MDR **74**, 245, Schrader NJW **73**, 832), damit der Verurteilte nicht über Gebühr mit der Ungewißheit eines Widerrufs belastet bleibt. Die Widerrufsmöglichkeit beschränkt sich danach auf einen Zeitraum bis zum Ablauf eines Jahres nach Ende der Bewährungszeit (ebenso § 44 II AE). Ein späterer Widerruf läßt sich im Hinblick auf den Vertrauensschutz allenfalls vertreten, wenn dem Verurteilten innerhalb des genannten Zeitraums mitgeteilt wird, daß und warum eine Entscheidung über den Straferlaß oder den Widerruf erst später ergehen kann (vgl. Celle StV **89**, 117), nach LG Kiel StV **90**, 556 aber nicht mehr nach 4 Jahren seit Ablauf der Bewährungszeit. Zur Problematik vgl. auch Horn H. Kaufmann-GedS 545, der bei ungebührlicher Verzögerung des zulässigen Widerrufs durch das zuständige Gericht Straferlaß fordert.

Nicht erforderlich ist, daß der Widerruf nach Abs. 1 Nr. 1 entsprechend § 56g II spätestens 6 **14** Monate nach Rechtskraft des Strafurteils erfolgt (Düsseldorf MDR **69**, 683 gegen Hamm MDR **66**, 165), da das Gericht trotz der Verurteilung möglicherweise erst mit Ablauf der Bewährungszeit unter Würdigung aller Umstände feststellen kann, ob der Verurteilte die in ihn gesetzten Erwartungen erfüllt hat (vgl. dazu o. 4).

2. Einen Widerrufsgrund kann nur ein Verhalten in der Bewährungszeit einschließlich der **15** Verlängerungszeit nach Abs. 2 oder eine Straftat in der Zeit zwischen der Entscheidung über die Strafaussetzung und deren Rechtskraft ergeben. Das schließt aber nicht die **Mitberücksichtigung eines Verhaltens** vor dieser Zeit oder **nach Ablauf der Bewährungszeit** aus. Ein solches Verhalten kann für die Beurteilung aufschlußreich sein, ob der Verurteilte mit der neuen Straftat die Erwartung nach Abs. 1 Nr. 1 nicht erfüllt hat oder ob ein Weisungsverstoß Anlaß zu einer ungünstigen Prognose gibt. Ferner kann es für die Beurteilung bedeutsam sein, ob statt des Widerrufs nach Abs. 2 zu verfahren ist. Das Verhalten nach Ablauf der Bewährungszeit kann sich insoweit günstig oder ungünstig für den Verurteilten auswirken. Vgl. dazu Braunschweig NJW **64**, 1581 m. Anm. Dreher, Hamm JMBlNW **82**, 167.

3. Zur **Anhörung des Verurteilten** vor dem Widerruf vgl. § 453 StPO und dazu Hamm MDR **87**, **16** 341, Stuttgart MDR **87**, 342, Düsseldorf NStZ **88**, 243, Koblenz MDR **88**, 992, KG JR **88**, 39. Zur Frage der Nachholung vgl. BGH **26** 127, Ruß LK 13 mwN. Bei Vorliegen hinreichender Gründe für den Widerruf kann das Gericht bis zur Rechtskraft des Widerrufsbeschlusses vorläufige Maßnahmen treffen, um sich der Person des Verurteilten zu versichern, u. U. auch einen Haftbefehl erlassen (§ 453c StPO). Zur Zulässigkeit eines Sicherungshaftbefehls zwecks Anhörung eines untergetauchten Verurteilten vgl. Hamburg MDR **75**, 1042, **77**, 512, LG München II NJW **75**, 2307, Krause NJW **77**, 2249 und dagegen Bremen MDR **76**, 865, Frankfurt MDR **78**, 71. Zum Sicherungshaftbefehl vgl. auch Düsseldorf JR **89**, 166 m. Anm. Wendisch. Zur öffentlichen Zustellung eines Widerrufsbeschlusses vgl. Celle MDR **76**, 948, KG JR **76**, 424, Hamburg MDR **78**, 861, StV **88**, 161 m. Anm. Burmann u. Johann/Johnigk NStZ **88**, 292, Zweibrücken MDR **88**, 1077, Düsseldorf JR **89**, 166 m. Anm. Wendisch, auch Hamburg MDR **75**, 1042, Celle StV **87**, 30. Zur **Aufhebung des Widerrufs** bei Vorliegen von Wiederaufnahmegründen vgl. Oldenburg NJW **62**, 1169, Hanack JR **74**, 115, Lemke ZRP **78**, 281, Ruß LK 14, bei Zahlung einer auferlegten Geldbuße vor Rechtskraft des Widerrufs vgl. Koblenz NStZ **81**, 101, LG Mainz MDR **73**, 600. Ist der Widerruf wegen einer Straftat vor deren rechtskräftiger Aburteilung erfolgt (vgl. o. 3), so kann er aufgehoben werden, wenn das Verfahren wegen dieser Tat mit einem rechtskräftigen Freispruch endet (D-Tröndle 9), nicht dagegen bei Verfahrenseinstellung, etwa bei Rücknahme des Strafantrages. Gegen Aufhebung eines rechtskräftigen Widerrufs LG Hamburg MDR **75**, 246, LG Freiburg JR **79**, 161 m. abl. Anm. Peters, AG Lahn-Gießen MDR **80**, 595 m. abl. Anm. Groth. Zum Problem vgl. auch Gössel LR 64 vor § 359.

III. Hat der Verurteilte zur Erfüllung von Auflagen, Anerbieten, Weisungen oder Zusagen **17** Leistungen erbracht (z. B. an Wohltätigkeitseinrichtungen Bußen bezahlt), so hat er keinen Anspruch auf **Rückerstattung,** wenn die Strafaussetzung widerrufen wird (Abs. 3). Das gilt für Wiedergutmachungsleistungen aber nur, soweit dadurch der Schaden behoben worden ist. Stellt sich nachträglich heraus, daß der Schaden geringer war, so können Mehrleistungen als Bereicherung zurückgefordert werden (Ruß LK 15). Zuständig für Entscheidungen über die Rückerstattung ist der Zivilrichter (LG Frankfurt MDR **69**, 684).

18 IV. Beim Widerruf können die vom Verurteilten auf Grund von Auflagen erbrachten Leistungen **auf die Strafe angerechnet** werden. Dabei kommen nach Abs. 3 S. 2 nur Leistungen in Betracht, die zur Erfüllung von Auflagen nach § 56b II Nr. 2, 3 oder entsprechenden Anerbieten nach § 56b III erbracht worden sind. Leistungen zur Schadenswiedergutmachung (§ 56b II Nr. 1) sind nicht zu berücksichtigen, da der Verurteilte hiermit idR nur einer zivilrechtlichen Ersatzpflicht nachgekommen ist. Bei einer gleichwohl erfolgten Anrechnung gilt jedoch das Verschlechterungsverbot (München JZ **80**, 365). Leistungen zur Schadenswiedergutmachung sind auch Schmerzensgeldzahlungen (Funck MDR 88, 878). Leistungen in Erfüllung einer Weisung sind nicht anzurechnen, da sie nicht der Genugtuung dienen, sondern resozialisierend auf den Verurteilten einwirken sollen. Ist jedoch die Leistung wie im Falle des § 56c III Nr. 2 mit erheblichen Freiheitseinschränkungen verbunden, so ist analog § 36 I 1, III BtMG, § 67 IV die Zeit der Freiheitsbeschränkung bis zu ⅔ auf die Strafe anzurechnen. Wer sich auf Grund einer Weisung nach § 56c III Nr. 2 in eine Entziehungsanstalt begibt und dort Freiheitsbeschränkungen auf sich nimmt, darf grundsätzlich nicht schlechter stehen als jemand, der sich gemäß dem BtMG einer Suchtbehandlung mit Freiheitseinschränkungen unterzieht (vgl. Düsseldorf NJW **86**, 1588; and. LG Saarbrücken MDR **89**, 763, D-Tröndle 10a). Ist jedoch der Widerruf nach Abs. 1 Nr. 2 erfolgt, weil der Verurteilte jegliche Behandlung gröblich verweigert hat, so ist entsprechend § 67d IV 2 von einer Anrechnung abzusehen.

19 Den **Maßstab der Anrechnung** hat das Gericht nach pflichtmäßigem Ermessen zu bestimmen (vgl. BGH **33** 327 m. Anm. Stree NStZ 86, 163, LG Frankfurt NJW **70**, 2121, D-Tröndle 10; and. Horn SK 40: Anwendung des Tagessatzsystems). Zu berücksichtigen ist hierbei das Gewicht einer Auflage innerhalb der Bewährungsfaktoren im Hinblick auf die Genugtuung für das begangene Unrecht und als Ausgleich für die Nichtvollstreckung der Freiheitsstrafe (vgl. Stree aaO). Das Tagessatzsystem kann dabei Anhaltspunkte geben (BGH NJW **90**, 1675). Da den Verurteilten mit dem Widerruf der Strafaussetzung nur die Strafvollstreckung treffen soll, nicht ein zusätzliches Übel für die Nichtbewährung, hat die Anrechnung grundsätzlich zu erfolgen (Frank MDR 82, 361, Horn SK 39, Janiszewski NStZ 81, 333, Jescheck 761; and. Bamberg MDR **73**, 154, Koblenz VRS **71** 181, Bloy JR 81, 516, D-Tröndle 10a). Ausnahmen kommen nur bei Vorliegen besonderer Umstände in Betracht. Diese sind in den Urteilsgründen anzuführen. Solche Umstände sind etwa gegeben, wenn das Geleistete (unmittelbar oder mittelbar) aus einer Straftat des Verurteilten stammt (D-Tröndle 10a, Ruß LK 15), zu geringfügig ist oder ihm kein materieller Wert beigemessen werden kann (z. B. bei einer Blutspende, für die zwar eine „Entschädigung" gezahlt wird, deren eigentlicher Wert aber nicht entgolten werden kann). Die Anrechnung hat mit dem Widerruf zu erfolgen; sie ist nicht nachholbar (Bay VRS **67** 427, Celle NdsRpfl **88**, 142, LG Saarbrücken MDR **89**, 763, Neumann NJW 77, 1185).

20 V. Abs. 3 ist **entsprechend** anzuwenden, wenn die Strafaussetzung nicht durch Widerruf, sondern dadurch entfällt, daß nachträglich durch Bildung einer Gesamtstrafe eine Freiheitsstrafe von mehr als einem Jahr (2 Jahren) verhängt wird, für die eine Aussetzung nach § 56 nicht in Betracht kommt (§ 58 II 2).

§ 56g Straferlaß

(1) **Widerruft das Gericht die Strafaussetzung nicht, so erläßt es die Strafe nach Ablauf der Bewährungszeit. § 56f Abs. 3 Satz 1 ist anzuwenden.**

(2) **Das Gericht kann den Straferlaß widerrufen, wenn der Verurteilte im räumlichen Geltungsbereich dieses Gesetzes wegen einer in der Bewährungszeit begangenen vorsätzlichen Straftat zu Freiheitsstrafe von mindestens sechs Monaten verurteilt wird. Der Widerruf ist nur innerhalb von einem Jahr nach Ablauf der Bewährungszeit und von sechs Monaten nach Rechtskraft der Verurteilung zulässig. § 56f Abs. 1 Satz 2 und Abs. 3 gilt entsprechend.**

Vorbem. Abs. 2 S. 3 ergänzt durch 23. StÄG vom 13. 4. 1986, BGBl. I 393.

1 I. Durch den Ablauf der Bewährungszeit, ohne daß die Strafaussetzung widerrufen wäre, ist die Strafe nicht automatisch getilgt. Es bedarf vielmehr eines ausdrücklichen **Erlasses durch gerichtlichen Bescheid,** der auf der Feststellung beruht, daß keine Widerrufsgründe vorliegen. Das Gericht hat sich also vor Straferlaß davon zu überzeugen, daß Widerrufsgründe nicht gegeben sind. Besteht der Verdacht, daß ein Widerrufsgrund vorliegt, so ist es geboten, den Straferlaß eine angemessene Zeit zurückzustellen, u. U. im Rahmen des § 56a II 2 (nicht § 56f II) die Bewährungszeit zu verlängern (Lackner 1) und eine Klärung des Verdachts abzuwarten (Zweibrücken MDR **89**, 178). Fraglich ist, ob der Straferlaß zurückzustellen ist, wenn hiermit die zum Straferlaß anstehende Strafe einer Gesamtstrafenbildung nach § 55 zugänglich bleibt. Das BVerfG wistra **90**, 262 hat weder § 55 und § 56g Priorität zugesprochen, sondern die

Belange der beiden Vorschriften für gleichrangig erklärt. Das Spannungsverhältnis sollen die Gerichte unter Beachtung des Verhältnismäßigkeitsgrundsatzes im Einzelfall auflösen. Diesem Grundsatz entspricht es, nach § 56g die Strafe jedenfalls dann zu erlassen, wenn sonst auf Grund der zu bildenden Gesamtstrafe eine Strafaussetzung entfällt (vgl. Thietz-Bartram wistra 90, 259). Mit Erlaß der Strafe ist diese abgetan und deren Vollstreckung ausgeschlossen. Unberührt bleibt dagegen die Verurteilung, so daß der Täter weiterhin vorbestraft ist. Die Wirkungen treten nur für die ausgesetzte Strafe ein; andere Deliktsfolgen (z. B. Verlust von Rechtsstellungen) bleiben unberührt (Ruß LK 1; vgl. § 66 RN 11).

Die Wirkungen des Straferlasses ergreifen auch den Teil der Strafe, der infolge Anrechnung 2 von **U-Haft** (§ 51) als **verbüßt** gilt. D. h., mit dem Straferlaß ist die angerechnete U-Haft nicht mehr als verbüßte Strafe (etwa i. S. v. § 66 III 1) zu werten. Andernfalls würde sich die mit der Anrechnung gewährte Rechtswohltat negativ auswirken (vgl. § 66 RN 15).

Der Straferlaß ist nach § 453 II 3 StPO mit der **sofortigen Beschwerde** anfechtbar (vgl. näher 3 Wendisch LR § 453 Rn 16, aber auch LG Frankfurt StV **82**, 118).

II. Leistungen, die der Verurteilte zur Erfüllung von Auflagen, Anerbieten, Weisungen oder 4 Zusagen erbracht hat, werden **nicht erstattet** (Abs. 1 S. 2); insoweit gilt § 56f III 1; vgl. dort RN 17. Eine Anrechnung der Leistung auf die Strafe kommt bei deren Erlaß nicht in Frage. Hat der Verurteilte jedoch zur Erfüllung einer zivilrechtlichen Pflicht (Wiedergutmachung, Unterhalt) zuviel geleistet, so kann dies wie im Fall des § 56f III als Bereicherung zurückgefordert werden.

III. Unter engen Voraussetzungen ist der **Widerruf des Straferlasses** zulässig (Abs. 2). Diese 5 Regelung entspricht einem dringenden Bedürfnis, da das Gericht zwar aus rechtsstaatlichen Gesichtspunkten nach Ablauf der Bewährungsfrist so bald wie möglich über den Straferlaß zu entscheiden hat, dabei aber die Gefahr besteht, daß erhebliche Straftaten des Verurteilten während der Bewährungszeit übersehen werden.

1. Der Widerruf setzt zunächst die **Rechtskraft des Beschlusses über den Straferlaß** voraus. 6 Vor diesem Zeitpunkt hat das Gericht nach § 56f vorzugehen, da hier einmal die Möglichkeit der Verlängerung der Bewährungszeit gegeben ist (§ 56f II) und ferner der Widerruf der Strafaussetzung nach § 56f I wegen seiner weniger engen Voraussetzungen Vorrang hat.

2. Der Verurteilte muß während der Bewährungszeit oder in der Zeit zwischen der Entschei- 7 dung über die Strafaussetzung und deren Rechtskraft (Abs. 2 S. 3 i. V. mit § 56f I 2) eine **vorsätzliche Straftat** begangen haben und wegen dieser im räumlichen Geltungsbereich des StGB zu Freiheitsstrafe von mindestens 6 Monaten rechtskräftig **verurteilt** worden sein. Eine Verurteilung wegen Versuchs oder einer Vorbereitungshandlung genügt. Der Tatort kann auch im Ausland liegen. Die Tat darf dem Gericht bei Straferlaß noch nicht so bekannt gewesen sein, daß es von ihrem Vorliegen überzeugt war (D-Tröndle 2, Ruß LK 5; weitergehend Horn SK 13, nach dem bereits ein hinreichender Verdacht bei Straferlaß dem Widerruf entgegenstehen soll). Sonst würde unzulässigerweise auf Grund einer bloßen anderen Gesamtwürdigung (u. 10) die Rechtskraft durchbrochen. Die erforderliche Verurteilung liegt auch dann vor, wenn die Vollstreckung der neuen Strafe zur Bewährung ausgesetzt worden ist. In diesem Fall wird es aber vielfach an der u. 10 genannten Widerrufsvoraussetzung fehlen. Unerheblich ist, ob die Verurteilung vor oder nach Rechtskraft des Straferlasses erfolgt und rechtskräftig geworden ist (Ruß LK 4). Erfolgt sie wegen **mehrerer Straftaten,** so ist erforderlich, daß sich unter ihnen mindestens eine Vorsatztat befindet, für die eine Einzelstrafe von mindestens 6 Monaten festgesetzt wird (Hamburg MDR **87**, 1046, Hamm NStZ **89**, 191). Es genügt nicht, daß Einzelstrafen für Vorsatztaten insgesamt die Summe von 6 Monaten erreichen, da nur bei einer Vorsatztat von einigem Gewicht die Durchbrechung der Rechtskraft sachgerecht ist (Ruß LK 4). Ebensowenig genügt eine Freiheitsstrafe von 6 Monaten für eine fortgesetzte Tat, wenn wesentliche Teilakte außerhalb der Bewährungszeit liegen (Hamm NStZ **89**, 191). Zu einer Nachprüfung, ob die Verurteilung berechtigt war, ist der Richter nicht befugt (vgl. Hamm GA **57**, 57). Eine Verurteilung im Ausland reicht nicht aus.

3. Der Widerruf ist nur innerhalb von einem Jahr nach Ablauf der Bewährungszeit und von 8 6 Monaten nach Rechtskraft der Verurteilung zulässig. Diese **Fristbestimmung** schränkt die Anwendung des Abs. 2 erheblich ein. Erfolgt nämlich eine Verurteilung vor Rechtskraft des Erlaßbeschlusses, so ist idR davon auszugehen, daß die ihr zugrundeliegende Straftat dem für den Widerruf der Strafaussetzung gem. § 56f zuständigen Gericht noch so rechtzeitig bekannt wird, daß § 56f Anwendung finden kann (vgl. o. 6). Erfolgt die Verurteilung aber erst nach Rechtskraft des Straferlasses, so stehen dem Verurteilten angesichts der hohen Freiheitsstrafe normalerweise genügend Möglichkeiten offen, die Rechtskraft dieser Verurteilung so lange hinauszuzögern, bis die Jahresfrist abgelaufen ist. Mit einem „Schnellverfahren" auch der

Stree

§ 57

Allg. Teil. Rechtsfolgen der Tat – Strafaussetzung zur Bewährung

Rechtsmittelgerichte zur Wahrung dieser Frist dürfte angesichts der Überlastung der Gerichte kaum zu rechnen sein. Andererseits ist schon aus Gründen der Rechtsstaatlichkeit nicht möglich, die nachteilige Folge des Widerrufs allein auf Grund einer nicht rechskräftigen Verurteilung 1. Instanz eintreten zu lassen.

9 Daß die weitere Frist von **6 Monaten nach Rechtskraft** der erneuten Verurteilung gewahrt wird, dürfte i. d. R. zu erwarten sein, da im neuen Verfahren schon aufgrund eines Strafregisterauszuges die Anwendbarkeit des Abs. 2 bekannt sein wird. Erfolgt der Widerruf innerhalb der genannten Frist, so schadet es nicht, wenn er erst nach deren Ablauf rechtskräftig wird.

10 4. Liegen die genannten Voraussetzungen vor, so hat das Gericht ferner zu prüfen, ob der Verurteilte durch die Straftat gezeigt hat, daß die der Strafaussetzung zugrundeliegenden Erwartungen sich nicht erfüllt haben (vgl. dazu § 56f RN 4). Diese **Einschränkung** ergibt sich aus einem Vergleich mit § 56f, auch hier ist nicht einzusehen, daß in Fällen, in denen nach § 56f die Strafaussetzung nicht widerrufen würde, ein Widerruf des Straferlasses möglich sein sollte. Wird jedoch auch diese Voraussetzung bejaht, so **hat** das Gericht – wie wiederum ein Vergleich mit § 56f zeigt – den Straferlaß **zu widerrufen**. Ein Ermessen ist ihm trotz des zweifelhaften Wortlautes des Abs. 2 nicht eingeräumt (and. Lackner 2a, Ruß LK 5, D-Tröndle 2; wie hier Horn SK 12). Andernfalls könnte das Ergebnis aus rein formalen Gründen (bereits ausgesprochener Erlaß oder nicht) unterschiedlich sein. Um dies zu vermeiden, müßte der Erlaß möglichst lange hinausgezögert werden, was aber wiederum nicht den Intentionen des Gesetzgebers entsprechen würde. Die für ein Ermessen angeführte Erwägung, positive Entwicklungen des Verurteilten bis zum Bekanntwerden der neuen Verurteilung könnten einen Widerruf erübrigen, steht einem obligatorischen Widerruf nicht entgegen; denn zu den Widerrufsvoraussetzungen gehört auch das Fehlen solcher Entwicklungen (vgl. § 56f RN 4).

11 5. Die **Wirkung des Widerrufs** besteht in der Wiederherstellung des Zustands vor Straferlaß. Ob darüber hinaus zugleich auch die Strafe vollstreckbar wird, ohne daß es noch eines ausdrücklichen Widerrufs der Aussetzung bedarf (so Düsseldorf MDR **87**, 865, Lackner 2c, Ruß LK 6; and. Hamm NStZ **89**, 323), ist fraglich. Für die Entbehrlichkeit dieses zusätzlichen Widerrufs spricht an sich Abs. 2 S. 3, der sonst wenig Sinn hätte. Andererseits muß dem Gericht auch bei Widerruf des Straferlasses die Möglichkeit offenstehen, nach § 56f II zu verfahren und damit die Strafvollstreckung (zumindest vorläufig) abzuwenden. Der Verurteilte darf nicht deswegen schlechter gestellt sein, weil das Gericht mangels rechtzeitiger Kenntnis von der neuen Straftat die Strafe erlassen hat und nicht nach § 56f vorgegangen ist. Die Schlechterstellung läßt sich nicht dadurch unterbinden, daß vom Widerruf abgesehen wird, wenn das Gericht bei Anwendung des § 56f auf dessen Abs. 2 zurückgegriffen hätte. Ein Absehen vom Widerruf auf dieser Grundlage wäre sachwidrig (vgl. Hamm NStZ **89**, 323). Mit dem Widerruf des Straferlasses hat daher das Gericht zugleich zu klären, ob die Strafvollstreckung angebracht ist oder ein Vorgehen nach § 56f II ausreicht. Diese Klärung muß in einer Entscheidung neben dem Widerruf des Straferlasses zum Ausdruck kommen (Widerruf der Aussetzung oder Entscheidung nach § 56f II; vgl. Hamm aaO).

12 6. Ist der Widerruf des Straferlasses erfolgt, dann gilt nach Abs. 2 S. 3 bzgl. der erbrachten **Leistungen** § 56f Abs. 3 entsprechend (vgl. § 56f RN 17ff.).

13 7. Zum **Verfahren** und zur Möglichkeit der **sofortigen Beschwerde** gegen den Widerruf des Straferlasses vgl. § 453 StPO.

§ 57 Aussetzung des Strafrestes bei zeitiger Freiheitsstrafe

(1) Das Gericht setzt die Vollstreckung des Restes einer zeitigen Freiheitsstrafe zur Bewährung aus, wenn

1. zwei Drittel der verhängten Strafe, mindestens jedoch zwei Monate, verbüßt sind,
2. verantwortet werden kann zu erproben, ob der Verurteilte außerhalb des Strafvollzugs keine Straftaten mehr begehen wird, und
3. der Verurteilte einwilligt.

Bei der Entscheidung sind namentlich die Persönlichkeit des Verurteilten, sein Vorleben, die Umstände seiner Tat, sein Verhalten im Vollzug, seine Lebensverhältnisse und die Wirkungen zu berücksichtigen, die von der Aussetzung für ihn zu erwarten sind.

(2) Schon nach Verbüßung der Hälfte einer zeitigen Freiheitsstrafe, mindestens jedoch von sechs Monaten, kann das Gericht die Vollstreckung des Restes zur Bewährung aussetzen, wenn

1. der Verurteilte erstmals eine Freiheitsstrafe verbüßt und diese zwei Jahre nicht übersteigt oder

2. die Gesamtwürdigung von Tat, Persönlichkeit des Verurteilten und seiner Entwicklung während des Strafvollzugs ergibt, daß besondere Umstände vorliegen, und die übrigen Voraussetzungen des Absatzes 1 erfüllt sind.

(3) Die §§ 56a bis 56g gelten entsprechend; die Bewährungszeit darf, auch wenn sie nachträglich verkürzt wird, die Dauer des Strafrestes nicht unterschreiten. Hat der Verurteilte mindestens ein Jahr seiner Strafe verbüßt, bevor deren Rest zur Bewährung ausgesetzt wird, so unterstellt ihn das Gericht in der Regel für die Dauer oder einen Teil der Bewährungszeit der Aufsicht und Leitung eines Bewährungshelfers.

(4) Soweit eine Freiheitsstrafe durch Anrechnung erledigt ist, gilt sie als verbüßte Strafe im Sinne der Absätze 1 bis 3.

(5) Das Gericht kann davon absehen, die Vollstreckung des Restes einer zeitigen Freiheitsstrafe zur Bewährung auszusetzen, wenn der Verurteilte unzureichende oder falsche Angaben über den Verbleib von Gegenständen macht, die dem Verfall unterliegen oder nur deshalb nicht unterliegen, weil dem Verletzten aus der Tat ein Anspruch der in § 73 Abs. 1 Satz 2 bezeichneten Art erwachsen ist.

(6) Das Gericht kann Fristen von höchstens sechs Monaten festsetzen, vor deren Ablauf ein Antrag des Verurteilten, den Strafrest zur Bewährung auszusetzen, unzulässig ist.

Vorbem. Geändert durch 23. StÄG vom 13. 4. 1986, BGBl. I 393. § 57 ist gem. Art. 315 III EGStGB auch auf Verurteilungen auf Bewährung nach § 33 StGB der früheren DDR sowie auf Freiheitsstrafen anwendbar, die wegen vor dem Wirksamwerden des Beitritts zur BRep. in der früheren DDR begangener Taten verhängt worden sind, soweit sich nicht aus den Grundsätzen des § 2 III etwas anderes ergibt.

Schrifttum: Mittelbach, Die bedingte Entlassung, JR 56, 165. – Mrozynski, Aussetzung des Strafrests und Resozialisierung, JR 83, 133. – Müller-Dietz, Probleme der Sozialprognose, NJW 73, 1065. – Simson, Die bedingte Freilassung im modernen Recht, ZStW 67, 48. – Terhorst, Aussetzung einer Strafe zur Bewährung, MDR 73, 627.

I. Die notwendige Ergänzung der Strafaussetzung zur Bewährung ist die Aussetzung des Strafrestes **(bedingte Entlassung)**. Die kriminalpolitische Aufgabe ist bei beiden Instituten gleich. Soll die Strafaussetzung dem Verurteilten die Verbüßung der Strafe für den Fall der Bewährung ganz ersparen, so hat die bedingte Entlassung die Aufgabe, dem Verurteilten nach Verbüßung eines Teils der Strafe Gelegenheit zu geben, sich in der Freiheit Befreiung vom Strafrest zu verdienen. Während aber bei der Strafaussetzung neben spezialpräventiven Gründen die Verteidigung der Rechtsordnung zu berücksichtigen ist, steht bei der bedingten Entlassung eindeutig die spezialpräventive Frage im Vordergrund, ob mit der Teilverbüßung der Strafe dieser Strafzweck als erreicht gelten kann (vgl. auch u. 14ff.). 1

Ihrem **Wesen** nach ist die Aussetzung des Strafrestes eine Maßnahme der **Strafvollstreckung** (BGH MDR/H 82, 101, Dreher JR 55, 31, Jescheck 762), nicht eine Revision des Urteils in Gestalt einer Modifizierung des Strafausspruchs (Mittelbach JR 56, 165, Ruß LK 1). Es handelt sich um den Versuch einer Resozialisierung des Täters unter Verzicht auf einen Teil der Strafvollstreckung. Eingehende rechtsvergleichende Darstellung bei Simson ZStW 67, 48. 2

Eine andere Möglichkeit, den Verurteilten von der Vollstreckung eines Strafrestes zu verschonen, bietet die **Zurückstellung der Strafvollstreckung** gem. § 35 BtMG. Sie kann sich auf einen Strafrest bis zu 2 Jahren erstrecken. Voraussetzungen sind eine Verurteilung wegen einer Straftat, die der Verurteilte auf Grund einer Betäubungsmittelabhängigkeit begangen hat, und eine der Rehabilitation dienende Behandlung wegen der Abhängigkeit bzw. die Zusage, sich einer solchen Behandlung, deren Beginn gewährleistet ist, zu unterziehen. Die Aussetzung des Strafrestes geht der Zurückstellung der Vollstreckung vor und darf nicht unter Berufung auf die Möglichkeit der Zurückstellung versagt werden. Zur Möglichkeit einer späteren Aussetzung des Strafrestes nach Zurückstellung der Vollstreckung vgl. § 36 BtMG und dazu München MDR **84**, 514, LG Nürnberg-Fürth NStZ **84**, 175 (mindestens Strafverbüßung zur Hälfte; and. insoweit Stuttgart NStZ **86**, 187 m. krit. Anm. Katholnigg, Celle MDR **86**, 519, Düsseldorf StV **90**, 214), Hamm NStZ **87**, 246, Zweibrücken GA **90**, 569 (Strafrest darf 2 Jahre nicht übersteigen). Vgl. auch § 56 RN 2. 2a

II. Die Voraussetzungen der bedingten Entlassung nach Abs. 1.

1. Der Verurteilte muß zu einer **zeitigen Freiheitsstrafe** rechtskräftig (BGH NStZ **81**, 493, Düsseldorf JMBlNW **72**, 214, Schleswig SchlHA **76**, 44; z. T. and. Sandermann JZ 75, 628) verurteilt worden sein und **zwei Drittel** der Strafe, mindestens jedoch 2 Monate dieser Strafe, **verbüßt** haben. Danach ist § 57 auch bei Freiheitsstrafen von weniger als 3 Monaten anwendbar, nur müssen dann 2 Monate der Strafe verbüßt sein (Köln MDR **59**, 57, Ruß LK 5). Wegen der Reduzierung kurzer Freiheitsstrafen durch § 47 sowie der nach § 56 zwingend vorgeschriebenen Aussetzung kurzer Freiheitsstrafen bei günstiger Prognose dürfte dieser Fall jedoch keine 3

§ 57 4–7   Allg. Teil. Rechtsfolgen der Tat – Strafaussetzung zur Bewährung

große Rolle spielen. Zur Aussetzung des Strafrestes bei Jugendstrafe vgl. §§ 88 f. JGG, bei Strafarrest vgl. § 14a II WStG, bei lebenslanger Freiheitsstrafe vgl. § 57a.

4   § 57 ist auch bei der **Ersatzfreiheitsstrafe** anwendbar, da sich bei deren Vollstreckung der Verurteilte in der gleichen Situation befindet, wie wenn er allein zu Freiheitsstrafe verurteilt worden wäre (Zweibrücken NJW 76, 155 m. Anm. Preisendanz JR 76, 467, MDR 87, 782, Hamm MDR 76, 159, Düsseldorf NJW 77, 308, Koblenz MDR 77, 423, NStZ 87, 120, Doller NJW 77, 288, Dölling NStZ 81, 86, D-Tröndle 2a, Weber Schröder-GedS 175, M-Zipf II 655; and. Celle MDR 77, 65, München NJW 77, 309, Hamm MDR 77, 422, KG GA 77, 237, Stuttgart MDR 78, 331, 86, 1043, Karlsruhe MDR 78, 506, Düsseldorf NJW 80, 250, JMBlNW 86, 262, Köln OLGSt Nr. 7, Oldenburg MDR 88, 1071, Bamberg NESt Nr. 43, Frank NJW 78, 141, Horn SK 3, Ruß LK 4). Bei der Berechnung der Verbüßungszeit ist von der Tagessatzzahl auszugehen, auch wenn vor Verbüßung die Geldstrafe teilweise gezahlt (beigetrieben) ist (Zweibrücken MDR 87, 782). Die Gegenmeinung, die auf die noch zu vollstreckende Ersatzfreiheitsstrafe abstellt (Koblenz MDR 77, 423, D-Tröndle 2a, M-Zipf II 655), ist mit Abs. 4 unvereinbar; wenn nämlich eine angerechnete Geldstrafe oder Geldauflage zu berücksichtigen ist, kann für die Zahlung eines Teils der Geldstrafe vor Verbüßung der Ersatzfreiheitsstrafe nichts anderes gelten. Zahlung der Geldstrafe in der Bewährungszeit ist möglich und läßt diese hinfällig werden. Auch Beitreibung der Geldstrafe während der Bewährungszeit ist an sich zulässig (and. D-Tröndle 2); ihr Unterbleiben sollte indes entsprechend § 459d I Nr. 1 StPO angeordnet werden. Mit Erlaß der Strafe entfällt die Zulässigkeit, die Geldstrafe beizutreiben (Preisendanz JR 76, 469). Zur gesamten Problematik vgl. Bublies, Die Aussetzung des Restes der Ersatzfreiheitsstrafe, 1989, der selbst sich gegen eine Aussetzung unter Betonung des Zwangscharakters der Ersatzfreiheitsstrafe ausspricht.

5   Wird die Strafe im **Gnadenweg** reduziert, so ist für die Berechnung der zwei Drittel von der **reduzierten Strafe** auszugehen, da nur diese verbüßt werden muß (Hamm NJW 70, 2126, Horn SK 4, M-Zipf II 652, Ruß LK 5; and. Saarbrücken NJW 73, 2037, Hamm MDR 75, 859, Oldenburg MDR 84, 772, D-Tröndle 4b, Lackner 2a aa). Wird z. B. eine lebenslange Freiheitsstrafe in eine zeitige umgewandelt, so kann trotz qualitativer Veränderung der Strafe § 57 nicht deshalb unanwendbar sein, weil das Urteil ursprünglich nicht auf „zeitige Freiheitsstrafe" gelautet hat (and. Düsseldorf NStZ 84, 218, Hamm NStZ 89, 267 m. Anm. Laubenthal JR 89, 434 u. Hohmann StV 89, 493: Anwendbarkeit des § 57a). Auf § 57a ist allerdings abzustellen, wenn die Umwandlung in eine Freiheitsstrafe erfolgt, die 15 Jahre so weit überschreitet, daß auch ⅔ von dieser höher liegen (vgl. Fall des OLG Hamm: 28 Jahre); sonst wäre der Verurteilte durch die Gnadenentscheidung benachteiligt. Ist aber die lebenslange Freiheitsstrafe in die zeitige Höchststrafe von 15 Jahren umgewandelt worden, so würde das Festhalten an § 57a die Vollverbüßung der neuen Strafe bedeuten und dem Verurteilten die Bewährungsmöglichkeit vorenthalten, sofern nicht wiederum eine Gnadenentscheidung ergeht. Das widerspricht dem Sinn des § 57. Bei einer Gesamtstrafe, die auslieferungsbedingt nur z. T. vollstreckt werden darf, ist die verhängte Strafe als innerstaatliche Tatbewertung Anknüpfungspunkt (Düsseldorf JMBlNW 86, 43; and. München NStZ 89, 278).

6   2. Als verbüßte Strafe gilt auch der Teil der Freiheitsstrafe, der durch **Anrechnung** erledigt ist (**Abs. 4**). Bei dem Angerechneten braucht es sich, wie die Neufassung des Abs. 4 ergibt, nicht um eine Freiheitsentziehung zu handeln. Der Streit, der zum bisherigen Recht bestanden hat (vgl. 22. A. RN 7), ist damit gesetzgeberisch geklärt worden. Zu berücksichtigen ist hiernach auch eine gem. § 51 II angerechnete Geldstrafe, eine nach § 56f III 2 angerechnete Leistung oder eine nach § 36 I, III BtMG angerechnete Behandlungszeit. Der Aussetzung des Strafrestes steht in den Anrechnungsfällen nicht entgegen, daß der Verurteilte keinen Augenblick in Strafhaft gewesen ist, wie bei Anrechnung von 2 Jahren U-Haft bei einer Freiheitsstrafe von 3 Jahren. Auch im Gnadenweg angerechnete U-Haft ist zu berücksichtigen (Hamburg MDR 77, 771, Ruß LK 6), ferner **Hafturlaub**, da er gem. § 13 V StVollzG die Strafvollstreckung nicht unterbricht (and. noch Nürnberg MDR 75, 949 für gnadenweise gewährten Urlaub, Hamburg MDR 77, 771 für gnadenweise angerechnete Strafunterbrechungszeiten).

7   Beträgt die verhängte Strafe nicht mehr als 1 Jahr (2 Jahre), so können die Möglichkeiten des § 56 und des § 57 **nebeneinander** stehen. Sind zwei Drittel der Strafe durch U-Haft verbüßt, so kann das Gericht, wenn die Voraussetzungen des § 56 vorliegen, für die ganze Strafe Strafaussetzung gewähren (vgl. § 56 RN 13). Wenn zugleich die Voraussetzungen des § 57 gegeben sind, kann aber auch Aussetzung des Strafrestes angeordnet werden. Dies selbst dann, wenn der Täter bei Erlaß des Urteils bereits aus der U-Haft entlassen war oder sich aus anderen Gründen, z. B. wegen Unterbrechung der Strafhaft, auf freiem Fuß befindet (vgl. BGH MDR 59, 1022, Hamm JMBlNW 54, 180, Köln NJW 54, 205, Oldenburg MDR 55, 54, München NJW 56, 1210; vgl. auch Mittelbach JR 56, 167). Es kann dann auch nichts ausmachen, ob die Vollstreckung wegen Krankheit unterbrochen ist oder ob sich der Verurteilte nach Widerruf einer gnadenweisen Strafaussetzung noch in Freiheit befindet (and. KG JR 55, 473). Da die bedingte Entlassung im Beschlußverfahren (§ 454 i. V. mit § 462a StPO) angeordnet wird, hat die

Strafaussetzung nach § 56 jedoch **Vorrang** (vgl. Ruß LK 6). Andererseits wird die Aussetzung nach § 57 nicht dadurch ausgeschlossen, daß zunächst nach § 56 ausgesetzt war, diese Aussetzung jedoch widerrufen wurde.

3. Ist der Täter zu **mehreren selbständigen Strafen** verurteilt worden und sind sie unmittelbar nacheinander zu vollstrecken, so sind die Entscheidungen nach § 57 erst zu treffen, wenn über die Aussetzung der Vollstreckung der Reste aller Strafen gleichzeitig entschieden werden kann (§ 454b III StPO). Zu entscheiden hat dann ein und dieselbe Strafvollstreckungskammer (§ 78a I 3 GVG). Damit die gleichzeitige Entscheidung sinnvoll erfolgen kann, hat die Vollstreckungsbehörde die Vollstreckung der zunächst zu vollstreckenden Freiheitsstrafe nach Verbüßung der Strafhälfte, mindestens jedoch von 6 Monaten, zu unterbrechen, wenn die Voraussetzungen des Abs. 2 Nr. 1 vorliegen, im übrigen nach Verbüßung von ⅔ der Strafe, mindestens jedoch von 2 Monaten (§ 454b II StPO; für Zulässigkeit der Unterbrechung im Halbstrafenzeitpunkt auch im Fall des § 57 II Nr. 2 LG Itzehoe SchlHA **89**, 144; zurückhaltend insoweit Celle OLGSt Nr. 18; vgl. dazu auch Zweibrücken MDR **90**, 463 m. Anm. Wendisch JR 90, 212). Die Unterbrechung ist obligatorisch und hängt weder von einer Einwilligung noch vom Fehlen eines Widerspruchs des Verurteilten ab. Bei einer verspäteten Unterbrechung ist die Zeit, die den nicht eingehaltenen Unterbrechungszeitpunkt überschreitet, bei der weiteren Strafverbüßung anzurechnen, so daß sich am Zeitpunkt der Entscheidung nach § 454b III StPO nichts ändert (Frankfurt Rpfleger **88**, 502, LG Marburg NStZ **88**, 273); zur Verrechnung bei fehlerhaften Unterbrechungszeiten vgl. auch Celle NStZ **90**, 252. Zur rückwirkenden Unterbrechung bei Eintritt der Rechtskraft einer im Anschluß zu vollstreckenden Strafe, die im Unterbrechungszeitpunkt noch nicht rechtskräftig war, vgl. Frankfurt StV **90**, 122. Zur Folgenbeseitigung bei verspäteter oder unterbliebener Unterbrechung vgl. noch Maatz NStZ 90, 214, Wolf NStZ **90**, 575. Zu unterbrechen ist auch dann, wenn der Aussetzung des Strafrestes zum Unterbrechungszeitpunkt eine ungünstige Prognose entgegenstehen würde oder wenn die Aussetzung bereits abgelehnt worden ist und später eine weitere Freiheitsstrafe vollstreckbar wird (vgl. BR-Drs. 370/84 S. 15). Von der Unterbrechung ausgenommen sind Strafreste, die auf Grund des Widerrufs ihrer Aussetzung vollstreckt werden (§ 454b II 2 StPO). Gleichzeitige Entscheidung nach § 57 bedeutet bei ungünstiger Prognose, daß auch die Aussetzung des Strafrestes, der erst im Anschluß an einen anderen Strafrest zu vollstrecken ist, in die Ablehnung einzubeziehen ist. Es steht jedoch nichts im Wege, später erneut über die Frage der Aussetzung zu entscheiden. Da in § 454b II StPO eine Unterbrechung der Vollstreckung nach Verbüßung der Strafhälfte bei Vorliegen der Voraussetzungen des Abs. 2 Nr. 2 nicht vorgesehen ist, soll nach Oldenburg MDR **87**, 75 eine Entscheidung, ob nach Abs. 2 Nr. 2 auszusetzen ist, auf Antrag schon vor der Entscheidung nach § 454b III StPO ergehen.

4. Weitere Voraussetzung für die Aussetzung ist die Feststellung, daß **verantwortet** werden kann **zu erproben, ob** der Verurteilte außerhalb des Strafvollzugs **keine Straftaten mehr** begehen wird. § 57 weicht in seinem Prognoseerfordernis von § 56 ab, der die Erwartung fordert, der Verurteilte werde ein straffreies Leben in Freiheit führen (vgl. dazu Hamm StV **88**, 348). Zur Art und Schwere der zu erwartenden Straftaten gilt jedoch Entsprechendes wie zu § 56; vgl. dort RN 15, auch BGHR § 57 Abs. 1 Erprobung **1**. Straftat in diesem Sinne soll nach Koblenz NJW **84**, 1978 auch die fortdauernde Zivildienstverweigerung sein, auch wenn eine erneute Ahndung unzulässig ist (vgl. dagegen § 56 RN 19, Bringewat MDR 85, 93, Friedeck NJW 85, 782). Zur Prognose bei Ausländern vgl. Frankfurt StV **85**, 23.

a) Mit der gegenüber § 56 veränderten Formulierung wollte der Gesetzgeber zum Ausdruck bringen, daß bei einem Verurteilten, bei dem eine Freiheitsstrafe vollstreckt worden ist, die Aussicht auf Resozialisierung durch Aussetzung des Strafrestes relativ geringer erscheint als bei einem Verurteilten, bei dem eine Strafaussetzung zur Bewährung möglich ist. Das Gericht geht also in Anwendung des § 57 stets ein gewisses *Risiko* ein.

b) Es handelt sich um eine Probe, und eine solche muß *verantwortet werden* können, d.h., es muß eine reelle Chance für das positive Ergebnis dieses Versuches bestehen (and. Meynert MDR 74, 808, der grundsätzlich auf negative Prognose als Entlassungshindernis abstellt). Dabei hat das Gericht insb. die Tat und die Persönlichkeit des Täters umfassend zu würdigen und danach zu entscheiden, ob ein Versuch verantwortet werden kann.

c) Die Frage ist jedoch, welches *Maß an Wahrscheinlichkeit* bei der positiven Beurteilung der Resozialisierungsmöglichkeit zu verlangen ist. Sicher ist, daß keine Gewißheit notwendig ist (vgl. KG VRS **16** 20); denn das Gesetz selbst spricht von einer „Erprobung". Auf der anderen Seite genügt aber auch keine nur geringe Möglichkeit für das Gelingen des Versuches (vgl. Hamburg NJW **55**, 72), da auch das Sicherungsbedürfnis der Allgemeinheit zu berücksichtigen ist (vgl. u. 16). Ausreichend muß also eine Prognose sein, bei der unter Berücksichtigung der Bewährungshilfen (Weisungen, Bewährungshelfer) die begründete Aussicht auf Resozialisierung des Täters besteht (vgl. Köln MDR 70, 862, 71, 154, KG NJW 73, 1420, aber auch BGH JR 70, 347 m. abl. Anm. Meyer, wonach der Resozialisierungserfolg nicht eben wahrscheinlich zu sein braucht). Durch Sachverständigengutachten läßt sich diese Frage nur in begrenztem Umfang klären, da die Wissenschaft nach ihrem heutigen Erkenntnisstand zumeist keine hinreichende Prognose liefern kann (ganz abl. KG NJW 72, 2228; krit. dazu Müller-Dietz NJW 73, 1065, Sonnen JuS 76, 364; vgl. auch F. Meyer MschrKrim 65, 225, Stuttinger in Blau [Hrsg.], Gerichtl. Psychologie, 1962, 305). Gleichwohl können Sachverständigengutachten durchaus eine wertvolle Hilfe für die richterliche Prognose sein. Das gilt insb. für Gutachten durch Personen, die in einer sozialtherapeutischen Abteilung der Vollzugsanstalt an der Resozialisierung des Täters mitgewirkt haben (vgl. Sonnen aaO). Eine günstige Beurteilung zwingt allerdings noch nicht zu dem Schluß, ein weiterer Vollzug der Strafe sei nicht mehr erforderlich. Das Verhalten in Haft unterscheidet sich oft grundsätzlich von dem in Freiheit (vgl. Terhorst MDR 73, 627, Middendorff, Die kriminol. Prognose, 1967, 116); zudem gibt es für eine Kriminaltherapie noch kein Behandlungskonzept mit wissenschaftlich gesichertem Erfolg (vgl. KG NJW 73, 1420 und dazu Sonnen aaO). Bei Erstverbüßern soll nach Schleswig SchlHA/E-L 80, 171 aber i. d. R. davon auszugehen sein, daß sie aus dem Strafvollzug dessen Lehren für das künftige Leben ziehen werden. Zur problematischen sexualphallographischen Untersuchung vgl. Düsseldorf NJW 73, 2255, LG Hannover NJW 77, 1110. Bei der Prognose ist das Gericht grundsätzlich an die tatsächlichen Feststellungen des der Vollstreckung zugrundeliegenden Urteils gebunden (Braunschweig StV 83, 338); ein Sachverständigengutachten, das sich auf eine im Urteil widerlegte Tatdarstellung stützt, ist daher im Ansatz verfehlt und wertlos (Hamm NJW 77, 1071).

13 d) *Fraglich* ist, ob neben der spezialpräventiven Aufgabe der Resozialisierung bei der Entscheidung nach § 57 *auch andere Aufgaben der Strafe zu berücksichtigen* sind.

14 Zunächst ist hervorzuheben, daß *generalpräventive* Erwägungen bei der Entscheidung *keine Rolle* spielen dürfen (vgl. auch Kunert MDR 69, 711). Eine dem § 56 III entsprechende Regelung ist im § 57 ausdrücklich nicht getroffen (Hamm NJW 70, 2124). Sie ist aber auch entbehrlich, da sich sachliche Gründe dafür, den Strafrest aus Gründen der Generalprävention zu vollstrecken, kaum werden denken lassen. Durch Erlaß eines Urteils und Überweisung des Täters in den Strafvollzug ist den Forderungen der Generalprävention meist hinreichend Rechnung getragen (vgl. Braunschweig MDR 54, 245, KG GA 54, 344; and. z. B. Schleswig SchlHA 54, 385, Bremen MDR 54, 118, Oldenburg NJW 54, 1297).

15 Ebensowenig ist die Schuldschwere bei der begangenen Tat zu berücksichtigen (Hamm NJW 70, 2124, 72, 1583, StV 88, 348, D-Tröndle 8, Horn SK 11, Lackner 2b bb, Ruß LK 12; vgl. aber auch Bamberg NStZ 89, 389). § 57 I beschränkt die materiellen Voraussetzungen der bedingten Entlassung auf spezialpräventive Gesichtspunkte, so daß schuldbezogene Erwägungen auszuscheiden haben. Einem noch bestehenden Genugtuungsbedürfnis ist mittels einer Auflage zu entsprechen.

16 e) Andererseits ist bei der Frage, ob die Aussetzung verantwortet werden kann, das **Sicherungsbedürfnis** der Allgemeinheit zu beachten. Von Bedeutung ist, welche Gefahren für die Allgemeinheit mit der bedingten Entlassung möglicherweise bestehen. Bei Tätern, die besonders gefährliche Delikte begangen haben (z. B. Sexualverbrecher; vgl. KG JR 70, 428 zu § 42f a. F., Hamm StV 88, 348), ist der Versuch, sie probeweise zu entlassen, weniger leicht zu verantworten als bei anderen Verurteilten. Vgl. auch Düsseldorf NJW 73, 2255, Koblenz NJW 81, 1522, Karlsruhe Justiz 82, 437 sowie Schleswig SchlHA/L–G 90, 110 (Heroinhändler). Zur Prognose bei Geheimagenten vgl. H. W. Schmidt MDR 77, 901, bei Terroristen BGHR § 57 Abs. 1 Erprobung **1**.

17 f) Im übrigen erfolgt die Prognose nach den gleichen Grundsätzen und unter Berücksichtigung der gleichen Umstände, die bei der Strafaussetzung zur Bewährung maßgeblich sind. Abs. 1 S. 2 stimmt weitgehend wörtlich mit § § 56 I 2 überein. Nur ist an die Stelle des „Verhaltens nach der Tat" das „Verhalten im Vollzug" getreten. Daraus folgt jedoch nicht die Unbeachtlichkeit des Verhaltens nach der Tat außerhalb des Strafvollzugs (Ruß LK 13). Bei der Entscheidung werden die Persönlichkeitsentwicklung, etwa eine geänderte Einstellung zu Straftaten, und die Führung des Verurteilten während der Haft von wesentlicher Bedeutung für die Annahme sein, er könne sich in Freiheit bewähren (vgl. BGH JR 70, 347, ferner Köln MDR 71, 155; krit. Middendorff, Die kriminol. Prognose, 1967, 116, Terhorst MDR 73, 629). Um eine hinreichende Berücksichtigung der im Vollzug erlangten Erkenntnisse über den Verurteilten zu gewährleisten, ist in § 454 I 2 StPO die Anhörung der Vollzugsanstalt vorgeschrieben (zu deren Aussagekraft vgl. Düsseldorf NStZ 88, 273). Das Verhalten im Vollzug ist allerdings für die Prognose nur bedingt aussagekräftig. Die reibungslose Einordnung in den Anstaltsbetrieb läßt noch keineswegs auf ein straffreies Leben in der Freiheit schließen, so etwa nicht bei Verurteilten, die leicht verführbar sind und deren Taten auf Beeinflussung durch Dritte zurückgehen (vgl. Ruß LK 13). Die gute Führung im Vollzug verliert für die Prognose auch dann an

Aussetzung des Strafrestes bei zeitiger Freiheitsstrafe   17a–20 § 57

Bedeutung, wenn der Verurteilte einschlägige Taten wiederholt jeweils kurz nach Strafverbüßung begangen hat (Hamm BA 81, 109). Umgekehrt schließt der Umstand, daß der Verurteilte sich in den Anstaltsbetrieb nicht voll eingefügt und mehrfach Schwierigkeiten gemacht hat, eine günstige Prognose nicht aus (Ruß LK 13), auch nicht die mangelnde Mitarbeit am Vollzugsziel (Düsseldorf StV 86, 346) oder das Entweichen aus dem Vollzug (München StV 86, 25). Dennoch kann im Einzelfall das Verhalten im Vollzug, namentlich bei der Arbeit, beim Unterricht, beim Sport, gegenüber Mitgefangenen (vgl. Hamm MDR 74, 1038) und vor allem im Rahmen der Vollzugslockerungen nach § 11 StVollzG, gewichtige Anhaltspunkte für die Beurteilung der zu erwartenden Lebensführung in der Freiheit liefern. Besonderes Gewicht können auch die nach der Entlassung zu erwartenden Lebensverhältnisse erlangen, wobei die Möglichkeit, mit Bewährungshilfen ungünstigen Umständen zu begegnen, zu berücksichtigen ist. Andere Straftaten, z. B. im Hafturlaub begangene, lassen sich für die Prognose auch dann verwerten, wenn sie noch nicht rechtskräftig abgeurteilt sind (Stuttgart Justiz 76, 262, Schleswig SchlHA/E-L 81, 89, 83, 83, Karlsruhe Justiz 87, 192). Von ihrem Vorliegen muß das Gericht fest überzeugt sein (vgl. Düsseldorf JMBlNW 84, 35: Tat muß zweifelsfrei beweisbar oder vom Täter zugegeben worden sein). Zur Verfassungsmäßigkeit einer hierauf gestützten Ablehnung der Reststrafenaussetzung vgl. BVerfG NJW 88, 1716. Gegen eine günstige Prognose spricht das weitere Verheimlichen des Beuteverbleibs (Karlsruhe MDR 78, 81, Hamburg NStZ 88, 274). Fällt trotz eines solchen Verhaltens die Prognose ausnahmsweise günstig aus, so kann dennoch von der Aussetzung abgesehen werden (Abs. 5; vgl. dazu u. 20a). Andererseits ist für eine günstige Prognose nicht erforderlich, daß der Verurteilte geständig ist (Hamm StV 88, 348); ständig weiteres Leugnen der Tat kann ihr aber nach den Umständen entgegenstehen (Hamm NStZ 89, 27 m. Anm. Eisenberg NStZ 89, 366). Zweifel an einer günstigen Prognose gehen zu Lasten des Verurteilten (Terhorst MDR 78, 977).

g) Abweichend von den vorhergehenden Ausführungen sollen nach Frisch (Prognoseentscheidungen im Strafrecht, 1983, 90ff., 142ff.) Prognosegesichtspunkte die Aussetzung des Strafrestes nur ausschließen, wenn der Verurteilte erwiesenermaßen immer noch eine Persönlichkeitsstruktur aufweist, die unter gewissen, naheliegenden situativen Voraussetzungen zur Begehung weiterer Straftaten führt. Zudem soll die Weitervollstreckung geeignet sein müssen, das Risiko weiterer Straftaten maßgebend zu mindern. Reine Sicherungsmomente sollen insoweit nur bedeutsam sein, wenn die Vollverbüßung zur Sicherung vor weiteren erheblichen, etwa im Schwellenbereich der Sicherungsverwahrung liegenden Straftaten erforderlich erscheint. Von diesen Fällen abgesehen soll die erforderliche Eignung angesichts der Erfolglosigkeit der bisherigen Vollstreckung i. d. R. entfallen, so daß dann der Strafrest ausgesetzt werden soll. Vgl. Frisch aaO 143ff. 17a

5. Ferner ist erforderlich, daß der Verurteilte in die Aussetzung **einwilligt** (Abs. 1 Nr. 3). 18
Das Gesetz verlangt dies, weil von einem Verurteilten, der gegen seinen Willen vorzeitig entlassen wird, eine Resozialisierung weniger erwartet werden kann als von anderen. Die Zustimmung kann noch im Beschwerdeverfahren erteilt werden (Karlsruhe MDR 77, 333, Koblenz GA 77, 374, Stuttgart MDR 90, 845), auch wenn der Verurteilte sie zuvor verweigert hat, und bis zur Rechtskraft des Aussetzungsbeschlusses zurückgenommen werden (Celle NJW 56, 1608, Koblenz MDR 81, 425). Spätere Rücknahme ist unbeachtlich (D-Tröndle 7).

6. Aus dem wesentlichen Zweck der bedingten Entlassung (o. 1) folgt, daß diese grundsätz- 19
lich dem Verurteilten die Freiheit verschaffen muß. **Schließen sich** an die Strafvollstreckung **freiheitsentziehende Maßregeln** der Besserung und Sicherung **an**, so kommt die bedingte Entlassung nicht in Frage, es sei denn, daß zugleich gemäß § 67c I die Aussetzung des Maßregelvollzugs angeordnet wird (vgl. Köln GA 55, 311, KG GA 56, 155, 57, 148, JR 58, 30, 62, 227 m. Anm. Mittelbach, Neustadt NJW 56, 70, Schleswig SchlHA 58, 206, Stuttgart MDR 75, 241 [Sicherungsverwahrung], Frankfurt NJW 80, 2535; auch Mittelbach JR 56, 169, Ruß LK 20). Der Aussetzung steht ferner die Anschlußvollstreckung einer Freiheitsstrafe wegen einer anderen Tat entgegen, und zwar solange, bis über die Aussetzung aller Strafreste entschieden werden kann (vgl. o. 8). Dementsprechend entfällt bereits die Entscheidung über die Aussetzung, wenn Verurteilter in anderer Sache zu Freiheitsstrafe verurteilt worden ist, das Urteil alsbald rechtskräftig wird und die Anschlußvollstreckung bevorsteht (vgl. Karlsruhe NStZ 88, 73: Prognose noch nicht möglich, ob Verurteilter sich in Freiheit bewähren kann). U-Haft in anderer Sache schließt dagegen die Aussetzung nicht aus (Bremen StV 84, 384). Andererseits steht nach Düsseldorf MDR 85, 165 die Unterbringung nach einem UnterbringungsG der Aussetzung des Strafrestes ebenso entgegen wie eine freiheitsentziehende Maßregel.

7. Die Aussetzung des Strafrestes ist nach Abs. 1 **zwingend** vorgeschrieben, wenn ihre Vor- 20
aussetzungen vorliegen. Sie setzt eine vorherige, rechtzeitige Prüfung voraus. Das Interesse an einer sachgerechten Entlassungsvorbereitung zur Förderung der sozialen Wiedereingliederung des Verurteilten setzt zudem eine frühzeitige Kenntnis vom Entlassungszeitpunkt voraus und demgemäß eine frühzeitige Entscheidung über die Aussetzung des Strafrestes. Zeitliche Ein-

Stree

schränkungen im Hinblick auf mögliche Prognoseänderungen (vgl. 22. A.) sind mit dem neuen § 454a StPO entfallen (Bedenken hiergegen bei Karlsruhe Justiz **87**, 192). Nach dessen Abs. 2 kann das Gericht den Aussetzungsbeschluß bis zur Entlassung des Verurteilten wieder aufheben, wenn auf Grund neuer Tatsachen nicht mehr verantwortet werden kann zu erproben, ob der Verurteilte außerhalb des Strafvollzugs keine Straftaten mehr begehen wird. Der Aussetzungsbeschluß braucht in diesem Fall im Gegensatz zur Regelung des § 454a I StPO nicht mindestens 3 Monate vor der Entlassung ergangen zu sein. Die Aufhebungsgründe decken sich nicht mit den Widerrufsgründen des § 56f. Sie umfassen alle auf neuen Tatsachen beruhenden Gründe, die eine ungünstige Sozialprognose ergeben. Eine bloße andere Beurteilung bereits bekannter Tatsachen reicht nicht aus. Bekannte Tatsachen können aber im Zusammenhang mit neuen Tatsachen in einem anderen Licht erscheinen und demgemäß anders zu beurteilen sein. Neu sind Tatsachen, die sich nach der Aussetzungsentscheidung ergeben (LG Köln StV **86**, 542). Es genügt insoweit, daß eine der Aussetzung entgegenstehende Tatsache erst nach dem Aussetzungsbeschluß bekanntgeworden ist (Schleswig NStZ **88**, 293, Stuttgart NStZ **89**, 492; and. K-Meyer § 454a RN 4, Maatz StV 89, 39). Die Aufhebung des Aussetzungsbeschlusses ist an sich nicht zwingend vorgeschrieben (Kann-Vorschrift). Sie ist jedoch geboten, wenn die Erprobung eines straffreien Lebens außerhalb des Strafvollzugs nicht mehr verantwortet werden kann und dementsprechend auch nicht die Entlassung. Nur wenn die neuen Tatsachen, die für eine ungünstige Prognose sprechen, sich kompensieren lassen, etwa mittels weiterer Weisungen, ist es berechtigt, an der Aussetzung festzuhalten. Der Aussetzungsbeschluß darf nur bis zur Entlassung des Verurteilten aufgehoben werden; danach kommt allein der Widerruf nach § 56f in Betracht. Die Aufhebung erfolgt ohne mündliche Verhandlung durch Beschluß nach Anhörung der StA, des Verurteilten und der Vollzugsanstalt und ist mit der sofortigen Beschwerde anfechtbar (§ 454a II i. V. mit § 454 I 1, 2, II 1 StPO). Sie schließt eine erneute Aussetzung des Strafrestes in einem späteren Zeitpunkt nicht aus. Unberührt von der Aufhebungsmöglichkeit bleibt die Zulässigkeit des Widerrufs nach § 56f (vgl. u. 33). Zur Prüfung der Aussetzungsmöglichkeit ist das Gericht von Amts wegen verpflichtet (Celle NJW **72**, 2054, Hamm NJW **73**, 337, Zweibrücken MDR **74**, 329; and. KG JR **72**, 430, **73**, 120 m. Anm. Peters; vgl. auch Blei JA 73, 327). Die StA und der Verurteilte können durch Anträge auf eine Entscheidung hinwirken (vgl. K-Meyer § 454 RN 4). Ein zu früh vor dem möglichen Entlassungszeitpunkt gestellter Antrag gibt jedoch keinen Anlaß zu einer Sachentscheidung (Hamm JMBlNW **81**, 11). Ein formeller Beschluß braucht nur zu ergehen, wenn ein formeller Antrag und Einwilligung nach Abs. 1 Nr. 3 (vgl. Hamburg MDR **79**, 516) vorliegen oder das Gericht die Aussetzung der Vollstreckung anordnet (Celle NJW **72**, 2054, Wolf NJW 75, 1962; and. Zweibrücken MDR **74**, 329, Ruß LK 29). Er kann indes in anderen Fällen zweckmäßig sein (vgl. Düsseldorf MDR **79**, 956). Die Anordnung wird mit ihrer Rechtskraft oder der eindeutigen Entschließung der StA, keine sofortige Beschwerde einzulegen, wirksam (Karlsruhe NJW **76**, 814, Doller NJW 77, 2153; and. Zweibrücken JR **77**, 292 m. Anm. Schätzler, Lackner 8e), es sei denn, der Aussetzungstermin ist auf einen Zeitpunkt nach Rechtskraft der Anordnung festgesetzt. Im Aussetzungsbeschluß sollte zur Klarstellung angeordnet werden, daß der Verurteilte nach ⅔ der Strafverbüßung oder zu einem bestimmten Termin, jedoch nicht vor Rechtskraft des Beschlusses zu entlassen ist (Stree JR 78, 340). Rückwirkend kann die Aussetzung nicht angeordnet werden (Zweibrücken JR **77**, 292, Stuttgart NStZ **81**, 393). Ist die Strafvollstreckung zur Vollstreckung einer Anschlußstrafe unterbrochen worden, so ist über die Aussetzung des Restes der ersten Strafe erst angemessene Zeit vor Verbüßung von ⅔ der Anschlußstrafe zu entscheiden (vgl. o. 8). Wird die Strafvollstreckung aus anderen Gründen, z. B. nach § 455a StPO, unterbrochen, so bleibt die Pflicht, nach § 57 zu entscheiden, unberührt (KG NStZ **83**, 334). Zu den Problemen, die sich nach Aussetzung des Strafrestes im Zusammenhang mit der Unterbrechung der Strafvollstreckung stellen, vgl. Maatz MDR 85, 100. Zur Zustellung des Aussetzungsbeschlusses vgl. Celle JR **78**, 337, Hamm NJW **78**, 175, Schleswig SchlHA **78**, 87, Herrmann NJW 78, 653.

20a 8. Eine **Ausnahme von der obligatorischen Aussetzung** nach Abs. 1 bei günstiger Sozialprognose und Einwilligung des Verurteilten sieht **Abs. 5** vor, wenn der Verurteilte unzureichende oder **falsche Angaben über** den **Verbleib von Gegenständen** macht, die als Vermögensvorteil für die begangene Tat oder aus ihr erlangt worden sind, etwa falsche Angaben über den Verbleib der Beute. Hierbei kommt es auf die Sachlage z. Z. der Entscheidung über die Aussetzung an; unmaßgeblich ist, daß die unzureichenden Angaben im Erkenntnisverfahren nicht widerlegt werden konnten und daher nicht strafschärfend berücksichtigt werden durften (München JR **88**, 294 m. Anm. Terhorst). Unerheblich ist, ob die Gegenstände dem Verfall (§ 73) unterliegen oder ob der Verletzte auf sie i. S. des § 73 I 2 zur Erfüllung seines Schadensersatzanspruchs zurückgreifen kann. Das nach Abs. 5 maßgebliche Verhalten kann in einem völligen Schweigen, im Vortäuschen des Nichtwissens, in lückenhaften Angaben oder in erlogenen

Hinweisen bestehen. Es genügt, wenn es sich auf einen Teil der erlangten Gegenstände beschränkt. Erforderlich ist jedoch, daß der Verurteilte vorsätzlich handelt. Nur wer bewußt den Zugriff auf die erlangten Vermögensvorteile zu vereiteln oder zu erschweren sucht, verdient die weitere Strafvollstreckung (vgl. BR-Drs. 370/84 S. 12, aber auch Terhorst JR 88, 296). Im allgemeinen wird das bewußte Verheimlichen des Verbleibs der erlangten Vermögensvorteile, insb. der Beute, bereits eine ungünstige Sozialprognose ergeben, so daß deswegen die Aussetzung des Strafrestes ohnehin zu unterbleiben hat (vgl. o. 17). Denkbar sind aber auch Fälle, in denen trotz der falschen Angaben die Sozialprognose günstig ist, so etwa, wenn der Verurteilte sich aus Furcht vor Repressalien seiner Mittäter in der genannten Weise verhält (vgl. BR-Drs. 370/84 S. 12). Nur für diese Fälle ist den Gerichten die Entscheidung nach Abs. 5 eingeräumt worden (Hamburg NStZ **88**, 274 m. Anm. Geiter/Walter StV 89, 212). Es steht dann im pflichtgemäßen richterlichen Ermessen, ob der Strafrest noch zur Bewährung ausgesetzt oder die Aussetzung versagt wird. Macht der Verurteilte später richtige und vollständige Angaben, so ist nunmehr der noch verbleibende Strafrest auszusetzen.

9. Zur gerichtlichen Zuständigkeit vgl. § 462a StPO, auch BGH **27** 302 m. Anm. Paeffgen NJW 78, 1443, NJW **76**, 249, 860, D-Tröndle 12. Zum **Verfahren** vgl. § 454 StPO. Zu der dort vorgeschriebenen Anhörung des Verurteilten und den Ausnahmen hiervon vgl. Karlsruhe NJW **76**, 302 m. abl. Anm. Kuckuk NJW 76, 815, Hamm NJW **76**, 1907, Stuttgart MDR **76**, 1041, NStZ **86**, 574, Hamburg MDR **78**, 331, **81**, 599, W. Schmidt NJW 75, 1485 u. **76**, 224, Treptow NJW 75, 1105 u. 76, 222. Zur Frage, wer den Verurteilten anzuhören hat, vgl. BGH **28** 138, Schleswig MDR **79**, 518, Düsseldorf NJW **76**, 158, 256, München NJW **76**, 254, Karlsruhe MDR **76**, 512, Stuttgart NJW **76**, 2274, Koblenz MDR **77**, 160, 514, **80**, 956, Hamburg NJW **77**, 1071, Hamm MDR **77**, 249, 952, NJW **78**, 284, Franke JZ 77, 125, K-Meyer § 454 RN 11, Peters GA 77, 105, D-Tröndle 14.

20b

10. Hat das Gericht bei Ablauf von ⅔ der Strafdauer noch nicht über die Aussetzung entschieden, so ist der Strafvollzug fortzuführen. Die Entscheidung ist unverzüglich nachzuholen. Fraglich ist, welche Möglichkeiten bestehen, nach einem Antrag auf Aussetzung auf ein alsbaldiges Nachholen der Entscheidung hinzuwirken. Vgl. dazu § 67e RN 6.

20c

III. Eine Erweiterung bringt Abs. 2, indem er dem Gericht ermöglicht, die Aussetzung des Strafrestes schon **nach Verbüßung der Hälfte** einer zeitigen Freiheitsstrafe anzuordnen. Die Voraussetzungen sind jedoch gegenüber denen des Abs. 1 enger und strenger.

21

1. Der Täter muß bereits **mindestens 6 Monate** der Freiheitsstrafe **verbüßt** haben. Diese 6 Monate müssen mindestens die Hälfte der Strafe ausmachen, die daher mehr als 9 Monate betragen muß, da sonst schon Abs. 1 eingreifen würde (vgl. Stuttgart Justiz **87**, 112). Auch hier gilt die durch Anrechnung erledigte Strafe als verbüßt (Abs. 4).

22

2. Ferner muß der Täter erstmals eine 2 Jahre nicht übersteigende Freiheitsstrafe verbüßen (Nr. 1) oder die Gesamtwürdigung seiner Tat, seiner Persönlichkeit und seiner Entwicklung während des Strafvollzugs ergeben, daß besondere Umstände vorliegen (Nr. 2).

23

a) Bei der **Erstverbüßung** ist den Gerichten die Möglichkeit, die Vollstreckung des Strafrestes schon mit der Hälfte der Vollstreckungsdauer auszusetzen, eingeräumt worden, weil der erste Freiheitsentzug idR am spürbarsten empfunden wird und es daher aus spezialpräventiven Gründen oft ausreicht, nur die Hälfte der Strafe zu vollstrecken (vgl. BR-Drs. 370/84 S. 11). Die Regelung beschränkt sich auf Freiheitsstrafen bis zu 2 Jahren einschließlich. Fälle schwererer Kriminalität sind damit von der Vergünstigung ausgeklammert, ebenso Fälle mehrerer Straftaten, bei denen die Gesamtstrafe 2 Jahre übersteigt. Eine Erstverbüßung liegt vor, wenn der Täter zuvor noch nicht wegen einer Freiheitsstrafe oder einer Jugendstrafe (Hamm JMBlNW **87**, 7, Oldenburg MDR **87**, 338, Stuttgart MDR **88**, 250, Karlsruhe NStZ **89**, 323; and. Eisenberg NStZ 87, 169) im Strafvollzug gewesen ist oder im Falle einer früheren Strafverbüßung die Eintragung der ihr zugrundeliegenden Verurteilung im BZR z.Z. der neuen Verurteilung getilgt oder tilgungsreif ist und somit ein Verwertungsverbot nach § 51 BZRG besteht. Andere vorherige Freiheitsentziehungen schließen die Erstverbüßung nicht aus, auch dann nicht, wenn auf Grund ihrer Anrechnung eine Freiheitsstrafe als verbüßt gilt, etwa bei U-Haft (Stuttgart NStZ **90**, 103, Lackner 3a bb, Stuttgart StV **90**, 119 m. abl. Anm. Groß, Greger JR 86, 356, D-Tröndle 9c). Ebensowenig entfällt bei einer nachträglichen Gesamtfreiheitsstrafe die Erstverbüßung deswegen, weil eine einbezogene Einzelfreiheitsstrafe schon teilweise vollstreckt ist. Aber auch dann, wenn eine nachträgliche Gesamtstrafe nicht mehr gebildet werden kann, weil die vorher verhängte Freiheitsstrafe bereits vollständig vollstreckt ist, muß die Verbüßung der späteren Strafe noch als Erstverbüßung gewertet werden. Nur so bleibt der Grundgedanke gewahrt, der für die nachträgliche Gesamtstrafe maßgebend und ebenfalls bei ihrem Ausschluß auf Grund der vollständigen Strafvollstreckung zu berücksichtigen ist (vgl. dazu § 55 RN 1, 28). Andernfalls würde der Täter entgegen diesem Grundgedanken durch die getrennte Bestrafung benachteiligt. Keine Erstverbüßung liegt je-

23a

doch vor, wenn eine teilweise verbüßte Strafe in eine zur Bewährung ausgesetzte Gesamtstrafe einbezogen worden ist und die Gesamtstrafe nach Widerruf der Aussetzung vollstreckt wird (Zweibrücken GA **87**, 182 m. Anm. Bietz JR 87, 518). Ebenso verhält es sich bei der Verbüßung einer Restfreiheitsstrafe nach Widerruf der gnadenweise erfolgten Strafrestaussetzung (Karlsruhe NStE Nr. **41**). Zweifelhaft ist, ob eine Anschlußvollstreckung noch zur Erstverbüßung zu rechnen ist. Hierfür spricht trotz formeller Selbständigkeit der jeweiligen Vollstreckung eine materielle Betrachtungsweise, wonach die nacheinander vollstreckten Freiheitsstrafen vollzugsbezogen als Ganzes erscheinen und vom Verurteilten insgesamt als erster Freiheitsentzug empfunden werden. Der kriminalpolitische Grund für die Erstverbüßerregelung erstreckt sich daher auch auf die Anschlußvollstreckung (Oldenburg NStZ **87**, 174, MDR **87**, 602, Zweibrücken NStZ **86**, 572 m. abl. Anm. Greger, Karlsruhe Justiz **87**, 319, NStZ **89**, 324, Stuttgart NStZ **88**, 128, Nürnberg NStE Nr. **32**, Düsseldorf StV **89**, 215, Celle NdsRpfl **90**, 122; and. Hamm MDR **87**, 512, Bietz JR 89, 513, Lackner 3a cc, D-Tröndle 9c). Etwaigen Bedenken, die sich bei der Anschlußvollstreckung einer Strafe für eine Tat während der vorhergehenden Strafverbüßung ergeben (vgl. etwa Lackner aaO), läßt sich im Rahmen der „Kann-Vorschrift" Rechnung tragen. Für eine solche Strafe ist in der Tat die Vergünstigung für Erstverbüßer unangebracht. Wird die Anschlußvollstreckung zur Erstverbüßung gerechnet, so ist insoweit für die Obergrenze von 2 Jahren die Summe der einzelnen Strafen maßgebend (Stuttgart MDR **88**, 879, Karlsruhe Justiz **88**, 436, NStZ **89**, 324; and. Zweibrücken MDR **87**, 73, **88**, 983, Oldenburg MDR **87**, 602, München MDR **88**, 601, Düsseldorf StV **89**, 215, Maatz MDR **85**, 801, NStZ **88**, 115, auch Stuttgart NStZ **87**, 575, soweit die Anschlußvollstreckung eine Jugendstrafe betrifft). Sonst würde der Verurteilte sich bei selbständigen Strafen unverhältnismäßig besser stehen als bei einer Gesamtstrafe, wofür kein sachlicher Grund gegeben ist. Mitzuberücksichtigen sind aber nur vorher (teilweise) vollstreckte Strafen, nicht anschließend noch zu vollstreckende (and. Karlsruhe Justiz **87**, 319, Nürnberg NStE Nr. **32**). Sind also mehr als 2 Strafen nacheinander zu vollstrecken, so kann sich ergeben, daß die ersten beiden Strafen noch unter der Obergrenze liegen und die weiteren nicht mehr. Der Anschlußvollstreckung soll nach Zweibrücken MDR **87**, 73 eine weitere Strafverbüßung, die mit einem zeitlichen Abstand von der vorhergehenden erfolgt, gleichstehen, wenn die ihr zugrundeliegende Tat vor Beginn der ersten Strafvollstreckung begangen worden ist (and. Maatz StV 87, 62, NStZ 88, 115). Für diese Ansicht spricht, daß es vom Zufall abhängen kann, ob die weitere Strafverbüßung sich an die vorhergehende sofort anschließt oder erst später erfolgt, und daß der kriminalpolitische Grund für die Erstverbüßerregelung sich noch nicht erledigt hat. Dagegen handelt es sich nicht mehr um eine Erstverbüßung, wenn der Verurteilte nach Entweichen aus der Strafhaft erneut Straftaten begeht und die hierfür verhängte Freiheitsstrafe im Anschluß an die nach seinem Wiederergreifen weiter vollstreckte Strafe verbüßt (Stuttgart MDR **88**, 250). Fraglich ist ferner, ob eine Erstverbüßung noch anzunehmen ist, wenn der Täter bereits einen Strafarrest, eine Ersatzfreiheitsstrafe oder im Ausland eine Freiheitsstrafe verbüßt hat. Trotz des Strafcharakters dieser Freiheitsentziehungen ist die Frage zu verneinen. Der Strafarrest entspricht wegen seiner militärbezogenen Aspekte und seiner geringeren Mindestdauer nicht vollauf einer verbüßten Freiheitsstrafe (and. D-Tröndle 9c), ebensowenig die Ersatzfreiheitsstrafe wegen ihres Mindestmaßes von 1 Tag (Zweibrücken MDR **88**, 984). Ihre Wirkungen sind denen des Strafvollzugs wegen einer Freiheitsstrafe nicht völlig gleichzusetzen (vgl. dazu BR-Drs. 370/84 S. 11) und können somit der vorzeitigen Aussetzung nach Abs. 2 Nr. 1 nicht gleichermaßen entgegenstehen. Ähnliches gilt mangels einer hinreichenden Vergleichbarkeit für die im Ausland verbüßte Freiheitsstrafe (Lackner 3a bb; and. D-Tröndle 9c). Vgl. zum Ganzen Maatz MDR **85**, 797.

23 b b) Zu den **besonderen Umständen** vgl. grundsätzlich § 56 RN 27 ff. Bei der Gesamtwürdigung, zu der auch bereits im Urteil berücksichtigte Umstände heranzuziehen sind (Düsseldorf StV **89**, 214), soll nach Abs. 2 zusätzlich die Entwicklung des Verurteilten während des Strafvollzugs zu berücksichtigen sein. Mit diesem Faktor kommt indes nicht wirklich Zusätzliches mit eigenständiger Bedeutung hinzu. Auch ohne besondere Erwähnung wäre die Täterentwicklung während des Strafvollzugs in die Gesamtwürdigung einzubeziehen, nämlich wie bei § 56 II die Entwicklung nach der Tat (vgl. § 56 RN 30) als ein in der Täterpersönlichkeit liegender Umstand. Wie im Rahmen der Prognose (vgl. o. 17) läßt sich der Entwicklung während des Strafvollzugs nur eine begrenzte Aussagekraft beimessen. Ist jedoch ein die vorzeitige Entlassung rechtfertigender Persönlichkeitswandel feststellbar, so kann er den Ausschlag bei der Gesamtwürdigung geben (vgl. Celle NStZ **86**, 573). Zum Persönlichkeitswandel während des Strafvollzugs vgl. Zweibrücken MDR **79**, 601, Hamburg StV **83**, 114. Zu berücksichtigen ist auch eine Haftpsychose mit Krankheitswert. Zur Kastration als besonderem Umstand vgl. Karlsruhe GA **79**, 469. Im übrigen sind bei der Gesamtwürdigung entsprechend die Umstände heranzuziehen, die für die Gesamtwürdigung nach § 56 II bedeutsam sein können. Wie dort genügt es, wenn Milderungsgründe vorliegen, die gegenüber gewöhnlichen, einfachen Milderungsgründen von besonderem Gewicht sind (Stuttgart StV **85**, 381; enger Düsseldorf JMBlNW **86**, 23: nur außergewöhnliche Fälle), so auch bei Zusammentreffen mehrerer einfacher Gründe (Düsseldorf NStE Nr. 36). Sie sind nicht deswegen ausgeschlossen, weil das erkennende Gericht bei der Aburteilung einen minderschweren Fall verneint hat (München NStZ **88**, 129). Die Gesamtwürdigung beschränkt sich auf tat- und täterbezogene Umstände, so daß dem Verurteilten gemachte Zusagen, die nicht eingehalten werden konnten, unbeachtlich sind (Koblenz wistra **88**, 238). Zu besonderen Umständen bei NS-Verbrechen vgl. einerseits Hamburg MDR **76**, 947 m. Anm. Schreiber JR 77, 167, andererseits Karlsruhe JR **77**, 517 m. Anm. Bruns, Frankfurt NJW **79**, 1903. Zu besonderen Umständen bei Verstrickung in Rauschgiftgeschäfte auf Grund intensiver Einwirkung durch polizeilichen V-Mann vgl. Stuttgart MDR **80**, 1038, Düsseldorf StV **88**, 160, Saarbrücken StV **90**, 121). Vgl. auch Düsseldorf NStZ **87**, 328 (Geldfälschung auf Veranlassung seitens V-Mannes). Bei einer Gesamtstrafe gilt RN 3 zu § 58 entsprechend. Für großzügige Handhabung des Abs. 2 Nr. 2 Walter/Geiter/Fischer NStZ 90, 16.

3. Außerdem müssen die **Voraussetzungen des Abs. 1** erfüllt sein, d. h., daß die in Abs. 1 Nr. 2 verlangte Prognose positiv ausfällt (vgl. o. 9ff.) und der Verurteilte in die Aussetzung einwilligt (vgl. o. 18).

4. Im Gegensatz zu Abs. 1 enthält Abs. 2 eine **Kannbestimmung,** bei der das Gericht alle Strafzwecke, auch Gesichtspunkte positiver Generalprävention, berücksichtigen kann (BGH NStZ **88**, 495, Köln MDR **70**, 861, Hamm MDR **72**, 961, **74**, 55 [mit Betonung des Ausnahmecharakters von Abs. 2], Karlsruhe MDR **75**, 160 m. Anm. Zipf JR 75, 296, JR **77**, 517 m. Anm. Bruns, MDR **87**, 782, Frankfurt MDR **80**, 597, Düsseldorf JMBlNW **86**, 23, NStE Nr. **29** [Verteidigung der Rechtsordnung], München NStZ **87**, 74, Ruß LK 18, D-Tröndle 9g; and. Roxin Bruns-FS 193, Bruns Leitf. 113, Mrozynski JR 83, 138). Dies kann damit begründet werden, daß die längere Dauer des Strafvollzugs die Bedeutung der Generalprävention und der Strafverbüßung als Reaktion auf ein Fehlverhalten immer stärker zurücktreten läßt und daher bei Verbüßung nur der halben Strafe strengere Maßstäbe für die Aussetzung angelegt werden können. Den generalpräventiven Erwägungen ist nur die Tat in ihrem tatsächlichen Unrechts- und Schuldgehalt zugrunde zu legen, nicht der Eindruck von der Tat, den Pressemitteilungen erwecken (Celle NStZ **86**, 458). Zu berücksichtigen sind auch unzureichende und/oder falsche Angaben über den Verbleib von Gegenständen, die als Vermögensvorteil für die begangene Tat oder aus ihr erlangt worden sind (Abs. 5; vgl. dazu o. 20a). Für Ermessensbeschränkung im Falle von Abs. 2 Nr. 1 Düsseldorf JR **88**, 292 m. Anm. Zipf u. Maatz NStZ **88**, 116 sowie (Bedenken) Stein BewH 89, 486; vgl. aber auch Karlsruhe MDR **88**, 879.

5. Nach München MDR **87**, 74 braucht das Gericht die Möglichkeit einer Aussetzung des Strafrestes nach Abs. 2 grundsätzlich nur auf Antrag zu prüfen (vgl. dagegen Maatz NStZ **88**, 116; für Beschränkung des Antragserfordernisses auf Abs. 2 Nr. 2 Celle NdsRpfl **89**, 300). Wird ein **Antrag** nach Abs. 2 **abgelehnt,** so kann nach weiterem Zeitablauf eine Aussetzung **nach Abs. 1** möglich sein, u. U. auch nach Abs. 2 vor Verbüßung von ⅔ der Strafe (Hamburg MDR **76**, 66, LG Osnabrück StV **88**, 161). Beruft sich der Antragsteller nunmehr auf Abs. 1, so kann die Fristsetzung nach Abs. 6 keine Geltung haben (vgl. dazu Schleswig SchlHA/L-G **88**, 105, das eine Fristsetzung über den ⅔ Zeitpunkt hinaus bei Ablehnung eines Halbstrafengesuchs für unzulässig hält).

IV. Zum Schutz vor aussichtslosen Aussetzungsanträgen kann das Gericht **Fristen** von höchstens 6 Monaten festsetzen, vor deren Ablauf ein Aussetzungsantrag des Verurteilten unzulässig ist (**Abs. 6**). Da die Fristsetzung eine Belastung des Gerichts mit unfruchtbarer Mehrarbeit durch ständige Wiederholung sachwidriger Anträge verhindern soll (vgl. E 62 Begr. 206), kommt sie in erster Linie bei Ablehnung eines Aussetzungsantrags in Betracht. Abs. 6 beschränkt sie jedoch nicht hierauf. Das Gericht kann daher auch dann, wenn es von Amts wegen die Möglichkeit der Aussetzung geprüft und diese mangels einer günstigen Prognose abgelehnt hat, nach Abs. 6 verfahren (Hamm NStZ **83**, 265). Maßgeblich ist allein die ungünstige Prognose, die sich nach richterlicher Überzeugung nicht alsbald ändert. Da auch ein Widerruf der Aussetzung von einer ungünstigen Prognose abhängen kann und der Widerruf eine erneute Aussetzung nicht ausschließt (vgl. u. 33), ist es ebenfalls zulässig, ihn mit einer Fristsetzung nach Abs. 6 zu verbinden. Die Fristsetzung hat sich an der Zeit auszurichten, in der eine günstige Veränderung der Prognose nicht zu erwarten ist (Stuttgart Justiz **76**, 212, Düsseldorf MDR **83**, 247). Fristbeginn ist der Zeitpunkt der ersten Entscheidung, nicht der ihrer Rechtskraft (Hamm NJW **71**, 949, Braunschweig NJW **75**, 1847); nur so wird dem Gesetzeszweck genügt, dem Verurteilten spätestens nach 6 Monaten zu ermöglichen, eine erneute Prüfung der Aussetzung in die Wege zu leiten. Ist ein verfrüht gestellter Antrag bei Fristablauf noch nicht abgewiesen, so ist er als zulässig zu behandeln (KG NStZ **85**, 523). Das Gericht ist an sich an seine Entscheidung gebunden und darf sie nicht beliebig umstoßen (München MDR **87**, 783); die Selbstbindung entfällt jedoch, wenn eine grundlegende positive Veränderung in der Lage des Verurteilten eingetreten ist (Schleswig SchlHA **84**, 85, Ruß LK 25, Wittschier NStZ **86**, 112; and. Bay GA **88**, 188, Neumann NJW **85**, 1889). Die Bindung an die Sperrfrist entfällt zudem beim Übergang der Zuständigkeit auf eine andere Strafvollstreckungskammer (vgl. BGH **26** 280).

28 V. Gegen die Ablehnung des Antrags auf bedingte Entlassung oder gegen deren Anordnung ist sofortige **Beschwerde** gegeben (§ 454 StPO). Sie steht ebenfalls dem Verurteilten zu, auch gegen die Anordnung (Celle JR **78**, 337 m. Anm. Stree).

29 VI. Gemäß **Abs. 3** gelten die §§ 56a bis 56g für die bedingte Entlassung entsprechend; vgl. dazu die dortigen Anm. Als Besonderheit gilt neben der veränderten Zuständigkeit (§ 462a I StPO) folgendes:

30 1. Die **Bewährungszeit** darf auch bei nachträglicher Verkürzung die Dauer des Strafrestes nicht unterschreiten. Die Bewährungsfrist beginnt entsprechend § 56a mit Rechtskraft der Entscheidung (Düsseldorf MDR **73**, 426, Celle JR **78**, 337, Schleswig SchlHA **78**, 87, Stuttgart MDR **79**, 954, **86**, 687; vgl. § 56a RN 3). Vorherige oder spätere Entlassung verändert den Fristbeginn nicht (Stree JR 78, 340, Horn JZ 81, 15, Frank MDR 82, 358; and. Hamm NJW **78**, 2207 bei vorheriger Entlassung, Peters GA 77, 104, z. T. Ruß LK 21 bei späterer Wirksamkeit des Beschlusses). Ist der Aussetzungsbeschluß 3 oder mehr Monate vor der Entlassung ergangen, so verlängert sich die Bewährungszeit um die Zeit von der Rechtskraft des Beschlusses bis zur Entlassung (§ 454a I StPO).

31 2. Anders als in § 56d II ist die regelmäßige Unterstellung des Verurteilten unter die Aufsicht und Leitung eines **Bewährungshelfers** nicht von seinem Alter, sondern von der Dauer der bisherigen Strafverbüßung (mindestens 1 Jahr) abhängig (Abs. 3 S. 2). Diese Regelung ersetzt jedoch nicht § 56d II. Sie läßt diese Vorschrift vielmehr unberührt und sieht daneben zusätzlich bei allen Verurteilten, die eine längere Freiheitsentziehung erlitten haben, die grundsätzliche Unterstellung unter einen Bewährungshelfer vor, damit ihnen beim Übergang in die Freiheit Hilfe zur Seite steht. Vgl. dazu Ruß LK 23. Zu beachten bleibt stets der Verhältnismäßigkeitsgrundsatz. Er soll nach Koblenz MDR **76**, 946 der Bestellung eines Bewährungshelfers entgegenstehen, wenn nur ein geringer Strafrest zur Bewährung ausgesetzt wird (Strafrest von 11 Tagen bei Freiheitsstrafe von 4 Jahren). Das kann indes nicht für die Fälle gelten, in denen bei Vollverbüßung Führungsaufsicht eintreten würde (§ 68 f I) und dann gem. § 68a I ein Bewährungshelfer zu bestellen wäre. Wer nach Vollverbüßung einem Bewährungshelfer zu unterstellen wäre, wird in seinem persönlichen Lebensbereich nicht unverhältnismäßig beeinträchtigt, wenn ihm bei Aussetzung eines geringen Strafrestes eine entsprechende Weisung erteilt wird. Anders verhält es sich, wenn bei Vollverbüßung die Anordnung gem. § 68f II, daß Führungsaufsicht entfällt, zu erwarten wäre. Die Betreuung durch einen Bewährungshelfer kann auf einen Teil der Bewährungszeit beschränkt werden. Sie kann auch schon für die Bewährungszeit vor der Entlassung sinnvoll sein, etwa bei Freigängern oder Beurlaubten.

32 3. Sind die Genugtuungsbelange durch die bisherige Strafverbüßung nicht erreicht, so können nach den für § 56b geltenden Grundsätzen **Auflagen** gemacht werden, wobei zu beachten ist, daß schon die bisherige Strafverbüßung der Genugtuung für die begangene Tat gedient hat (vgl. Celle StV **81**, 554). Insb. kommt die Auflage der Schadenswiedergutmachung in Betracht. Vgl. dazu Horn MDR 81, 14. Für Zurückhaltung bei Geldauflagen mit Recht Frankfurt StV **89**, 115. **Weisungen** müssen gem. § 56c als Resozialisierungshilfen für die Lebensführung außerhalb des Strafvollzugs erteilt werden. Verfehlt ist daher die Weisung, bis zum Entlassungstag in Strafhaft zu bleiben (vgl. aber Hamburg NJW **79**, 2623; gegen die Entscheidung Frank MDR 82, 355) und die Anstaltsordnung zu beachten (München NStZ **85**, 411, Horn JZ 81, 16). Auf keinen Fall läßt sich derartiges dem Aussetzungsbeschluß als stillschweigende Weisung entnehmen (Stuttgart MDR **86**, 687).

33 4. Für den **Widerruf** der bedingten Entlassung, den Straferlaß (Strafrest) und dessen Widerruf gelten keine Besonderheiten. Der Widerruf ist unter den Voraussetzungen des § 56f auch dann zulässig, wenn der Verurteilte noch nicht aus der Strafhaft entlassen ist und die Aussetzung nach § 454a II StPO aufgehoben werden kann (§ 454a II 2 StPO i. V. mit § 57 III 1). Auch eine Straftat, die in der Zeit zwischen dem Aussetzungsbeschluß und dessen Rechtskraft begangen worden ist, kann nach Abs. 3 i. V. mit § 56f I 2 zum Widerruf führen, nicht jedoch eine Tat vor dem Aussetzungsbeschluß. Im Falle einer neuen Straftat ist entsprechend den Voraussetzungen für die Aussetzung zu widerrufen, wenn die Probe i. S. des Abs. 1 nicht weiter verantwortet werden kann (vgl. Meynert MDR 74, 808f., Ruß LK 24). Zweifel sind zugunsten des Verurteilten zu buchen (vgl. § 56f RN 2; and. Terhorst MDR 78, 977). Vom Widerruf ist wie bei der Strafaussetzung nach § 56f II abzusehen, wenn weitere Auflagen oder Weisungen oder die Verlängerung der Bewährungszeit ausreichen. Der Widerruf schließt eine erneute Aussetzung des Strafrestes zu einem späteren Zeitpunkt nicht aus (vgl. Frankfurt NStZ **83**, 48, Stuttgart MDR **83**, 150, Schleswig SchlHA/L-G **88**, 105, **90**, 110); sie ist bereits vor Beginn der Strafvollstreckung nach dem Widerruf möglich (Stuttgart NStZ **84**, 363 m. Anm. Ruß, Frankfurt StV **85**, 25). Zur Zuständigkeit vgl. Zweibrücken MDR **78**, 954.

§ 57a Aussetzung des Strafrestes bei lebenslanger Freiheitsstrafe

(1) **Das Gericht setzt die Vollstreckung des Restes einer lebenslangen Freiheitsstrafe zur Bewährung aus, wenn**
1. **fünfzehn Jahre der Strafe verbüßt sind,**
2. **nicht die besondere Schwere der Schuld des Verurteilten die weitere Vollstreckung gebietet und**
3. **die Voraussetzungen des § 57 Abs. 1 Satz 1 Nr. 2 und 3 vorliegen.**

§ 57 Abs. 1 Satz 2 und Abs. 5 gilt entsprechend.

(2) **Als verbüßte Strafe im Sinne des Absatzes 1 Satz 1 Nr. 1 gilt jede Freiheitsentziehung, die der Verurteilte aus Anlaß der Tat erlitten hat.**

(3) **Die Dauer der Bewährungszeit beträgt fünf Jahre.** § 56a Abs. 2 Satz 1 und die §§ 56b bis 56g und 57 Abs. 3 Satz 2 gelten entsprechend.

(4) **Das Gericht kann Fristen von höchstens zwei Jahren festsetzen, vor deren Ablauf ein Antrag des Verurteilten, den Strafrest zur Bewährung auszusetzen, unzulässig ist.**

Vorbem. Eingefügt durch das 20. StÄG v. 8. 12. 1981, BGBl. I 1329. Abs. 1 S. 2 ergänzt durch 23. StÄG vom 13. 4. 1986, BGBl. I 393.

Schrifttum: Beckmann, Die Aussetzung des Strafrestes bei lebenslanger Freiheitsstrafe, NJW 83, 537. – *Bode,* Die bedingte Aussetzung der lebenslangen Freiheitsstrafe, Faller-FS, 1984, 325. – *Böhm,* Zusammentreffen von lebenslanger Freiheitsstrafe mit anderen Strafen und freiheitsentziehenden Maßregeln, NJW 82, 135. – *v. Bubnoff,* Zur Problematik des Mehrfachtäters im Rahmen des § 57a StGB, JR 82, 441. – *Haffke,* Besondere Schwere der Schuld ..., in: Antrieb und Hemmung bei Tötungsdelikten, Schriftenreihe des Inst. f. Konfliktforschung H. 9, 1982, 19. – *Kunert,* Gerichtliche Aussetzung des Restes der lebenslangen Freiheitsstrafe kraft Gesetzes, NStZ 82, 89. – *Lackner,* Zur rechtlichen Behandlung der Mehrfachtäter bei Aussetzung des Restes einer lebenslangen Freiheitsstrafe, Leferenz-FS 609. – *Laubenthal,* Lebenslange Freiheitsstrafe, 1987. – *Lenzen,* Die besondere Schwere der Schuld i. S. des § 57a StGB in der Bewertung durch die Oberlandesgerichte, NStZ 83, 543. – *Mysegades,* Zur Problematik der Strafrestaussetzung bei lebenslanger Feiheitsstrafe, 1988. – *Revel,* Anwendungsprobleme der Schuldschwereklausel des § 57a StGB, 1989. – *Stree,* Das Merkmal der besonders schweren Schuld im Rahmen des § 57a StGB, NStZ 83, 289.

I. Mit der Einbeziehung der lebenslangen Freiheitsstrafe in die Möglichkeit, einen Strafrest zur Bewährung auszusetzen, hat der Gesetzgeber der Entscheidung in BVerfGE **45** 187 Rechnung getragen. Nach dieser Entscheidung muß aus verfassungsrechtlichen Gründen auch für den zu lebenslanger Freiheitsstrafe Verurteilten eine konkrete und grundsätzlich realisierbare Chance bestehen, die Freiheit wiederzuerlangen. Da die bisherige Möglichkeit der Begnadigung diesem Erfordernis nicht genügte, vielmehr Rechtssicherheits- und Gerechtigkeitsbelange eine gesetzliche Regelung der Voraussetzungen, unter denen die lebenslange Freiheitsstrafe ausgesetzt werden kann, gebieten, hat der Gesetzgeber in § 57a im einzelnen festgelegt, wann der Rest einer lebenslangen Freiheitsstrafe zur Bewährung auszusetzen ist, und die Entscheidung in den jeweiligen Fällen den Gerichten übertragen. Er hat hierbei berücksichtigt, daß im Interesse der Allgemeinheit nicht immer eine Aussetzung in Betracht kommt. Sie ist unvertretbar, solange der Allgemeinheit von seiten des Verurteilten Gefahr droht, u. U. also bis zum Lebensende des Verurteilten (BT-Drs. 8/3218 S. 5). Aber auch bei besonders schwerer Tatschuld kann die weitere Vollstreckung geboten sein, insoweit allerdings nicht für immer (vgl. u. 10). Verzichtet hat der Gesetzgeber auf die zunächst vorgesehene Versagung der Aussetzung, wenn die Verteidigung der Rechtsordnung die weitere Vollstreckung gebietet. Er hat den Gesichtspunkt der besonderen Schuldschwere als Maßstab für eine Ablehnung der Aussetzung für ausreichend und die Verteidigung der Rechtsordnung als zusätzliches Kriterium für unangemessen gehalten (vgl. BT-Drs. 8/3857 S. 12).

II. Die Vollstreckung der lebenslangen Freiheitsstrafe ist frühestens zur Bewährung auszusetzen, wenn der Verurteilte **15 Jahre der Strafe verbüßt hat.** Mit diesem Zeitpunkt soll ein deutlicher Abstand zu den Aussetzungsmöglichkeiten bei einer zeitigen Freiheitsstrafe gewahrt bleiben und andererseits dem Verurteilten eine überschaubare Frist eingeräumt werden, die eine Resozialisierung noch zuläßt (vgl. BT-Drs. 9/450 S. 8). Eine vorherige gerichtliche Aussetzung ist unzulässig, auch dann, wenn die Strafvollstreckung den Verurteilten wegen seines hohen Alters besonders hart trifft (Hamburg MDR **84**, 163). Eine spätere Aussetzung kommt in

§ 57 a 3–5 Allg. Teil. Rechtsfolgen der Tat – Strafaussetzung zur Bewährung

Betracht, wenn bei Verbüßung von 15 Jahren die Voraussetzungen für eine Aussetzung nicht vorliegen, sondern erst nachher. Die Aussetzung nach 15 Jahren hat ferner im Falle einer Anschlußvollstreckung zu unterbleiben; die Vollstreckung der lebenslangen Freiheitsstrafe ist dann aber nach 15jähriger Verbüßungsdauer zu unterbrechen (§ 454b II Nr. 3 StPO).

3   1. Bei der **Berechnung der verbüßten Zeit** ist jede Freiheitsentziehung zu berücksichtigen, die der Verurteilte aus Anlaß der Tat erlitten hat (Abs. 2). Unwesentlich ist, ob es sich um eine Freiheitsentziehung handelt, die bei einer zeitigen Freiheitsstrafe nicht angerechnet worden wäre. Von einer dem § 57 IV angepaßten Beschränkung ist abgesehen worden, weil es im Hinblick auf den Verhältnismäßigkeitsgrundsatz nicht vertretbar sein soll, die Mindesthaftzeit wegen eines Verhaltens, das i. d. R. nicht einmal strafbar ist, zu verlängern (vgl. BT-Drs. 8/3218 S. 8). Überdies fallen bei einer lebenslangen Freiheitsstrafe die Gründe für die Nichtanrechnung von U-Haft usw. nicht ins Gewicht, so daß schon deswegen Einschränkungen nicht geboten sind. Aus Anlaß der Tat hat der Verurteilte eine Freiheitsentziehung erlitten, wenn eine der Taten, die Gegenstand des Verfahrens waren, zur Freiheitsentziehung geführt hat. Abs. 2 beschränkt sich nicht auf die mit lebenslanger Freiheitsstrafe geahndete Tat (Bode aaO 328). Freiheitsentziehungen auf Grund von Taten, die in einem anderen Verfahren abgeurteilt worden sind, bleiben dagegen unberücksichtigt, mag auch die Verbüßung der lebenslangen Freiheitsstrafe sich sofort anschließen.

4   2. Die Aussetzung nach 15 Jahren Strafverbüßung hat zu unterbleiben, wenn die **besondere Schwere der Schuld** die weitere Vollstreckung gebietet (Abs. 1 Nr. 2). Bei dieser Regelung, die Beckmann NJW 83, 543 und Haffke aaO 70 für verfassungswidrig halten (vgl. dagegen BVerfGE **72** 114 = NJW **86**, 2241, ferner Stree NStZ 83, 293, auch Bode aaO 341, D-Tröndle 7, Lackner 2b, Laubenthal aaO 210), hat der Gesetzgeber sich von der Erwägung leiten lassen, daß eine lebenslange Freiheitsstrafe auf ein höchst unterschiedliches Schuldmaß gegründet sein kann und es daher sachwidrig ist, für alle zur Höchststrafe Verurteilten ohne Rücksicht auf ihre Schuld den Aussetzungszeitpunkt unterschiedslos festzusetzen (vgl. BT-Drs. 8/3218 S. 7). Der Massenmörder, der unter widerwärtigsten Umständen vorgegangen ist, verdient eine längere Strafverbüßung als der Täter, der einen Einzelmord ohne eine über die Mordvoraussetzungen hinausgehende Schuld verübt hat. Es kommt allein auf die besondere Schuldschwere an, nicht darauf, ob der Verurteilte seine Schuld verarbeitet hat und einsichtig geworden ist; eine etwaige Uneinsichtigkeit kann aber u. U. einer günstigen Prognose nach Abs. 1 Nr. 3 entgegenstehen. Allgemein zur Problematik der Regelung Haffke aaO, Müller-Dietz StV 83, 162.

5   a) Mit der besonderen Schuldschwere knüpft Nr. 2 an die **Strafzumessungsschuld** i. S. von § 46 I an. Diese muß, soll eine weitere Strafvollstreckung nach 15 Jahren geboten sein, deutlich das Maß an Schuld übersteigen, das zur Verhängung der lebenslangen Freiheitsstrafe erforderlich ist (Koblenz NStZ **84**, 167). Ein bloßes Mehr an Schuld genügt noch nicht (and. Hamm NStZ **83**, 318, Kunert NStZ 82, 511); nur eine wesentlich ins Gewicht fallende Schuldsteigerung kann eine Verlängerung der Strafverbüßungszeit gebieten (vgl. Karlsruhe NStZ **83**, 75, Laubenthal aaO 219). Ausgangspunkt für die Bewertung ist insoweit die Mindestschuldvoraussetzung (Karlsruhe aaO, JR **88**, 164 m. Anm. Müller-Dietz, Koblenz aaO, Düsseldorf NStZ **90**, 509, Bode aaO 333, Laubenthal aaO 217), nicht eine höchst unbestimmte und variable „Regelschuld" oder der „Durchschnittsfall" eines mit lebenslanger Freiheitsstrafe geahndeten Verbrechens (and. Nürnberg NStZ **82**, 509 m. abl. Anm. Kunert, **83**, 319, Celle StV **83**, 156, Revel aaO 53). Faktoren für eine wesentliche Schuldsteigerung gegenüber dem Ausgangspunkt können u. a. sein: Zahl der Opfer, erhebliches Ausmaß der Leiden des Ermordeten vor Eintritt des Todes, besondere Begleitumstände der Tat, wie überaus grausame Behandlung des Opfers bei der Ermordung (vgl. Nürnberg NStZ **83**, 319), übermäßig brutales oder hinterhältiges Vorgehen, sonst außerordentlich niederträchtiges Verhalten (vgl. Koblenz MDR **83**, 338: barbarische Art des geschlechtlichen Mißbrauchs eines Kindes vor dessen Ermordung) oder rücksichtslose Gefährdung weiterer Menschenleben bei einem Mordanschlag, ferner mehrere Beweggründe allerniedrigster Art. Auch das Vorliegen mehrerer Mordmerkmale kann die Tatschuld erheblich steigern (vgl. Karlsruhe JR **88**, 164 m. Anm. Müller-Dietz); jedoch ist dies nicht schlechthin der Fall. Andererseits können den schuldsteigernden Faktoren schuldmindernde Umstände gegenüberstehen, etwa mitwirkendes Verschulden des Opfers (vgl. Koblenz GA **83**, 280) und verständliche Reaktionen auf äußere Anreize zur Tat (z. B. Provokation), Zwangssituationen oder ähnliche Konfliktlagen, verminderte Schuldfähigkeit, u. U. auch Verstrickung des Täters in ein Unrechtssystem (vgl. Karlsruhe NStZ **83**, 75). Besonders schwere Schuld ist dann auf Grund einer Gesamtwürdigung (vgl. Karlsruhe JR **88**, 165 m. Anm. Müller-Dietz) nur anzunehmen, wenn die schuldmindernden Faktoren die schuldsteigernden Momente nicht hinreichend ausgleichen. Ist eine besonders schwere Schuld gegeben, so kann auch bei einem Verurteilten hohen Alters die weitere Vollstreckung geboten sein (Frankfurt NJW **85**, 598, NStZ **87**, 329; vgl. dazu BVerfGE **72** 118 = NJW **86**, 2241 m. Anm. Beckmann StV 86,

486). Neben der Feststellung, daß die besondere Schuldschwere die weitere Vollstreckung gebietet, bedarf es für eine Strafvollstreckung über 15 Jahre hinaus nicht der zusätzlichen Feststellung, daß sonst generalpräventive Zwecke beeinträchtigt würden oder eine empfindliche Störung des Rechtsbewußtseins der Allgemeinheit zu befürchten wäre (and. Nürnberg NStZ **82**, 509 m. abl. Anm. Kunert, **83**, 319). Wohl aber kann trotz der besonderen Schuldschwere eine 15 Jahre übersteigende Vollstreckungsdauer nicht geboten sein, wenn die Allgemeinheit Verständnis für eine bedingte Entlassung nach 15 Jahren haben und damit ihr Rechtsbewußtsein ungetrübt bleiben wird. In einem solchen Fall ist die weitere Vollstreckung zur Aufrechterhaltung der Rechtsordnung nicht erforderlich und ist daher ein unnötig belastender Eingriff. Voraussetzung hierfür sind besondere Gründe, die dem allgemeinen Rechtsbewußtsein den Verzicht auf eine der besonderen Schuldschwere entsprechende Strafvollstreckung als angemessen erscheinen lassen. In Betracht kommt etwa eine schwere Dauererkrankung bei alten Strafgefangenen oder ein sich anbahnendes Siechtum (vgl. Karlsruhe NStZ **83**, 75, auch Hamm NStZ **86**, 315), u. U. auch ein besonders verdienstvolles Verhalten des Gefangenen (Lebensrettung usw.). Zum Ganzen vgl. näher Stree NStZ **83**, 289, auch Fünfsinn GA **88**, 169, Revel aaO 67 ff.

b) Nach der Schuldschwereklausel ist auch bei einem **Mehrfachtäter** zu verfahren, der wegen **6** anderer Straftaten, die mit dem der lebenslangen Freiheitsstrafe zugrundeliegenden Verbrechen gleichzeitig aburteilbar waren, zu weiteren (zeitigen oder lebenslangen) Freiheitsstrafen verurteilt worden ist. Das geht nunmehr aus dem durch das 23. StÄG eingefügten § 57 b hervor (vgl. dort RN 1). Die Anwendbarkeit der Schuldschwereklausel beschränkt sich beim Mehrfachtäter indes nicht auf die Fälle, in denen die lebenslange Freiheitsstrafe nach Inkrafttreten des 23. StÄG in eine Gesamtstrafenbildung einbezogen und auf die dann als Gesamtstrafe gem. § 54 I 1 erkannt worden ist. Die Klausel erfaßt ebenso die Fälle, in denen die lebenslange Freiheitsstrafe nach bisherigem Recht noch von der Gesamtstrafenbildung ausgeschlossen war und erst auf Grund der sinngemäßen Anwendung des § 460 StPO i. V. mit Art. 316 II EGStGB zu einer Gesamtstrafe mit den weiteren Strafen zusammengefaßt worden ist. Eine nachträgliche Schlechterstellung des Verurteilten ist darin nicht zu erblicken, da die Mehrfachtäterschaft bereits nach bisherigem Recht im Rahmen der Schuldschwereklausel berücksichtigt worden ist (vgl. 22. A.). Unerheblich ist, ob es sich um Verurteilungen vor Inkrafttreten des § 57 a (vgl. Karlsruhe NStZ **83**, 75 m. Anm. Horn JR **83**, 380, KG NStZ **83**, 77, Celle StV **83**, 157) oder danach handelt, ob sie im selben oder in verschiedenen Verfahren erfolgt sind (Böhm NJW **82**, 137 f., Bode aaO 339), ob die weiteren Strafen aus dem Urteilstenor oder nur aus den Urteilsgründen ersichtlich sind (Karlsruhe NStZ **83**, 75, KG NStZ **83**, 77) und ob eine weitere Freiheitsstrafe, die in die Urteilsformel aufgenommen worden ist, formell zunächst vollstreckt worden ist (Koblenz StV **83**, 510).

Zur **Gesamtwürdigung der einzelnen Straftaten** vgl. § 57 b RN 2. Entsprechend den **7** Grundsätzen, die sonst bei der Bemessung der Gesamtstrafe und deren Verbüßung gelten, darf die auf der Mehrfachtäterschaft beruhende tatschuldausgerichtete Verlängerung der Vollstreckungsdauer nicht die Mindestverbüßungszeit (§ 57 oder § 57 a) der zusätzlichen Strafen erreichen (vgl. dazu § 57 b RN 3). Straftaten, deren Verfolgung nach § 154 StPO unterblieben ist, berechtigen nicht zur Annahme einer besonderen Schuldschwere, die eine weitere Vollstreckung gebietet (and. Lenzen NStZ **83**, 545). Sonst würde dem Verurteilten nachträglich etwas angelastet, das keine endgültige Klärung in einem Erkenntnisverfahren gefunden hat. Soweit zusätzliche Strafen durch Anrechnung erledigt sind, gelten sie hinsichtlich der Verlängerung der Vollstreckungsdauer, die auf die Mehrfachtäterschaft zurückgeht, entsprechend § 57 IV als verbüßte Strafe (vgl. § 57 b RN 4).

c) Die **Ermittlung der Schuldschwere** kann auf große Schwierigkeiten stoßen, insb. in Altfällen, **8** weil das erkennende Gericht sich darauf beschränken konnte, den Schuldumfang festzustellen, der bereits die Verhängung der lebenslangen Freiheitsstrafe rechtfertigt. Soweit es an hinreichenden Feststellungen über den gesamten Schuldumfang fehlt, ist fraglich, ob sie für die Entscheidung über die Aussetzung der lebenslangen Freiheitsstrafe nachzuholen sind (bejahend D-Tröndle 8, Lackner 2 b bb; einschränkend Nürnberg NStZ **82**, 509, auch Karlsruhe NStZ **90**, 337, das spätere Feststellungen nur beim Gebotensein weiterer Vollstreckung maßgeblich sein läßt). Gegen nachträgliche Feststellungen bestehen erhebliche Bedenken, da mit ihnen Aufgaben übernommen werden, die an sich dem Erkenntnisverfahren vorbehalten sind. Werden nachträgliche Feststellungen für zulässig gehalten, so ist es selbstverständlich, daß Unaufklärbares zugunsten des Verurteilten zu buchen ist (in dubio pro reo). Die Feststellungen dürfen nur ergänzender Art sein; zu früheren Feststellungen darf sich die Aussetzungsentscheidung nicht in Widerspruch setzen (Bamberg NStZ **83**, 321). In Neufällen hat das erkennende Gericht im Hinblick auf § 57 a die für die Vollstreckungsdauer notwendigen Feststellungen über die Schuldschwere zu treffen und in den Urteilsgründen niederzulegen. Ein Verstoß hiergegen begründet aber nicht die Urteilsaufhebung, weil der Strafausspruch hiervon nicht betroffen ist (Lackner 2 b bb, Ruß LK 8; and. D-Tröndle 8 a).

9 d) **Kein Fall** einer von **der Schuldschwereklausel** erfaßten Mehrfachtäterschaft ist die Tat, für die der Täter bereits vor Begehung des mit lebenslanger Freiheitsstrafe geahndeten Verbrechens verurteilt worden ist. Gleiches gilt für eine Tat nach Verurteilung zu lebenslanger Freiheitsstrafe. Wer etwa im Strafvollzug einen weiteren Mord verübt, hat zumindest weitere 15 Jahre wegen der erneuten Verurteilung zu lebenslanger Freiheitsstrafe zu verbüßen. Unabhängig voneinander zu bemessende Strafverbüßungszeiten sind hier schon deswegen geboten, weil der Verurteilte sich durch die Vorverurteilung nicht hat beeindrucken lassen. Zudem würden sich sonst Unstimmigkeiten gegenüber der Vollstreckung von zeitigen Freiheitsstrafen ergeben. Zur Unterbrechung einer vor der lebenslangen Freiheitsstrafe vollstreckten zeitigen Freiheitsstrafe nach ⅔ der Verbüßung vgl. Hamm NStZ **84**, 236. Zur Unterbrechung der Vollstreckung einer lebenslangen Freiheitsstrafe nach 15 Jahren im Falle einer Anschlußvollstreckung vgl. o. 2 a. E.

10 e) Steht die besondere Schuldschwere der Aussetzung entgegen, so bedeutet das nur, daß eine Aussetzung noch nicht nach 15 Jahren Strafverbüßung erfolgen darf, **nicht** hingegen, daß der Verurteilte die Strafe **voll** zu **verbüßen** hat. Je nach der Schuldschwere ist die Reststrafe später auszusetzen, etwa nach 18, 20 oder mehr Jahren (vgl. BT-Drs. 8/3218 S. 7; für Mindeststrafzeitverlängerung von 2 Jahren Bode aaO 334). Obwohl das Gesetz insoweit keinen Endzeitpunkt aufweist, verbietet sich eine schuldorientierte Vollverbüßung, auch bei ganz ungewöhnlich schwerer Schuld (vgl. Hamm NStZ **86**, 315). Sie widerspricht dem Sinngehalt des § 57a und ist daher unzulässig (Beckmann NJW **83**, 542, Stree NStZ **83**, 293; vgl. auch Bode aaO 334f., Laubenthal aaO 263, JZ **86**, 850f., Müller-Dietz Jura **83**, 634, Revel aaO 17). Auch aus BVerfGE **45** 187ff. (229, 239, 245) läßt sich eine solche Einschränkung herauslesen. Nach BVerfGE **64** 272 soll jedoch die besondere Schuldschwere im Einzelfall zu einer lebenslangen Vollstreckungsdauer führen können, weil sonst die lebenslange Freiheitsstrafe zwangsläufig entwertet und über die Strafaussetzungsregelung praktisch abgeschafft würde (vgl. dagegen Mahrenholz in BVerfGE **64** 297); ebenso Frankfurt NJW **86**, 598, Ruß LK 5, D-Tröndle 7a.

11 f) Das Gericht, das wegen der besonderen Schuldschwere die Aussetzung versagt, hat sich auf diese Entscheidung zu beschränken. Es hat mit ihr noch **nicht festzulegen, bis zu welchem Zeitpunkt** die besondere Schuldschwere die **weitere Vollstreckung** der Strafe gebietet (Frankfurt NStZ **83**, 555, NJW **86**, 599; and. LG Marburg NStZ **83**, 525). Es fehlt insoweit an einer gesetzlichen Grundlage. Auch bestehen von der Sache her Bedenken, vorzeitig mit bindender Wirkung die Vollstreckungsdauer auf Grund der besonderen Schuldschwere festzusetzen (vgl. Frankfurt aaO). Nicht verwehrt ist dem Gericht aber, gem. Abs. 4 eine an der besonderen Schuldschwere ausgerichtete Frist zu setzen, vor deren Ablauf ein Aussetzungsantrag des Verurteilten unzulässig ist (Frankfurt NJW **86**, 599).

12 3. Wie bei der zeitigen Freiheitsstrafe ist für die Aussetzung des Strafrestes eine **günstige** Sozialprognose erforderlich (Abs. 1 Nr. 3). Das in RN 9ff. zu § 57 Ausgeführte gilt insoweit entsprechend. Zu berücksichtigen sind namentlich die in § 57 I 2 genannten Faktoren. Bei der Frage, ob die Aussetzung verantwortet werden kann, ist insb. das Sicherungsbedürfnis der Allgemeinheit zu beachten (vgl. auch Bode aaO 343, Ruß LK 9). Wenn auch ein straffreies Leben in der Freiheit nicht mit Gewißheit feststehen muß, so muß jedoch die Möglichkeit eines neuen schweren Verbrechens sehr entfernt liegen. Vor allem bei Mördern läßt es sich nicht verantworten, sie vorzeitig zu entlassen, wenn noch eine geringe Gefahr eines erneuten Tötungsdelikts besteht. Zweifel an einer günstigen Prognose gehen zu Lasten des Verurteilten. Vor seiner Entscheidung hat das Gericht das Gutachten eines Sachverständigen über den Verurteilten einzuholen, namentlich darüber, ob keine Gefahr mehr vorhanden ist, daß dessen in der Tat zutage getretene Gefährlichkeit fortbesteht (§ 454 I 5 StPO; vgl. dazu Laubenthal aaO 228ff.). Kann ein sachgemäßes Gutachten wegen der Weigerung des Verurteilten, an seiner Begutachtung mitzuwirken, nicht erstellt werden, so entfällt die Aussetzungsmöglichkeit (Koblenz MDR **83**, 1044, Karlsruhe NStZ **91**, 207). Der Einholung eines Gutachtens bedarf es an sich nur für die Aussetzung. Ein Gutachten ist jedoch grundsätzlich ebenfalls angebracht, wenn die Ablehnung der Aussetzung auf eine ungünstige Prognose gestützt werden soll. Dagegen erübrigt es sich bei einer Ablehnung aus dem u. 12a genannten Grund oder auf Grund der besonderen Schuldschwere.

12a Entsprechend § 57 V kann das Gericht von der Aussetzung des Strafrestes absehen, wenn der Verurteilte unzureichende oder falsche Angaben über den Verbleib von Gegenständen macht, die als Vermögensvorteil für die begangene Tat oder aus ihr erlangt worden sind (Abs. 1 S. 2). Vgl. dazu § 57 RN 20a.

13 4. Weitere Voraussetzung ist die **Einwilligung** des Verurteilten in die Aussetzung des Strafrestes (Abs. 1 Nr. 3). Vgl. dazu § 57 RN 18, Ruß LK 10. Eine zunächst verweigerte Einwilligung schließt die Einwilligung zu einem späteren Zeitpunkt nicht aus, so daß von dann ab die Aussetzung zulässig ist. Gegen das Einwilligungserfordernis Laubenthal aaO 238.

5. Die Aussetzung hat **von Amts wegen** zu erfolgen, auch dann, wenn die Strafvollstreckung 14
wegen Haftunfähigkeit unterbrochen ist (Bamberg NStZ 83, 320). Ihre Voraussetzungen sind
so rechtzeitig zu prüfen, daß die Entscheidung über die Aussetzung vor dem Entlassungstermin
zu einer Zeit ergehen kann, die einen hinreichenden Spielraum für eine sachgerechte Entlassungsvorbereitung zuläßt. Vgl. dazu und zur Möglichkeit, den Aussetzungsbeschluß bis zur
Entlassung des Verurteilten wieder aufzuheben, § 57 RN 20. Zum Verfahren vgl. § 454 StPO;
zur mündlichen Anhörung vgl. Karlsruhe MDR 83, 863. Der Verurteilte kann neben der StA
durch einen Antrag auf eine Entscheidung hinwirken. Ein Antrag des Verurteilten vor Verbüßung von 13 Jahren Freiheitsstrafe kann jedoch ohne dessen Anhörung wegen verfrühter Antragsstellung abgelehnt werden (§ 454 I 4 Nr. 2b StPO). Ein abgelehnter Antrag kann wiederholt werden. Zum Schutz vor häufig wiederholten Anträgen kann das Gericht gem. Abs. 4
Fristen von höchstens 2 Jahren festsetzen, vor deren Ablauf ein Aussetzungsantrag unzulässig
ist (vgl. dazu § 57 RN 27). Die Fristsetzung kann auch an einer besonderen Schuldschwere
ausgerichtet sein.

III. Die **Dauer der Bewährungszeit** beträgt 5 Jahre (Abs. 3 S. 1). Da sie bereits gesetzlich 15
festgelegt ist, hat das Gericht hierüber keine Entscheidung zu treffen. Es darf die Bewährungszeit auch nachträglich nicht verkürzen. Eine Verlängerung bis zu 2½ Jahren ist dagegen entsprechend § 56f II möglich (vgl. u. 17). Die Bewährungsfrist beginnt entsprechend § 56a mit
der Rechtskraft des Aussetzungsbeschlusses und verlängert sich nach § 454a I StPO um die Zeit
bis zur Entlassung, wenn der Aussetzungsbeschluß 3 oder mehr Monate vor der Entlassung
ergangen ist (vgl. dazu § 57 RN 30).

IV. Für die **Ausgestaltung der Bewährungszeit** gelten die §§ 56b–56e sowie § 57 III 2 ent- 16
sprechend (Abs. 3 S. 2). Vgl. dazu die dortigen Anm. Eine Auflage dürfte allerdings kaum in
Betracht kommen (vgl. auch Ruß LK 14). Besondere Bedeutung kommt dagegen den Weisungen zu. Gerade jemand, der eine sehr lange Zeit im Strafvollzug verbracht hat, bedarf beim
Übergang in die Freiheit der Resozialisierungshilfe. Ihm ist i. d. R. namentlich ein Bewährungshelfer an die Seite zu stellen.

V. Für den **Widerruf** der Aussetzung, den Straferlaß und dessen Widerruf sind die §§ 56f, 17
56g entsprechend anwendbar (Abs. 3 S. 2). Beim Widerruf ist zu beachten, daß nicht jede
Straftat oder Nichtbefolgung einer Weisung dazu zwingt, die Aussetzung zu widerrufen. Ein
Widerruf ist nur geboten, wenn es nicht weiter verantwortet werden kann zu erproben, ob der
Verurteilte außerhalb des Strafvollzugs keine Straftaten mehr begehen wird. Fahrlässigkeitstaten und geringfügige Vorsatztaten genügen im allgemeinen nicht den Widerrufsvoraussetzungen. Vgl. auch § 56f RN 4, 7. Reicht zur Einwirkung auf den bedingt Entlassenen eine Maßnahme nach § 56f II aus, insb. die Verlängerung der Bewährungszeit oder eine neue Weisung,
so hat sie den Vorrang vor dem Widerruf. Die Bewährungszeit kann um eine Dauer bis zu 2½
Jahren verlängert werden, auch noch nach Ablauf der „regulären" Bewährungszeit (vgl. § 56f
RN 10).

Der Widerruf schließt eine **erneute Aussetzung** nicht aus. Er kann jedoch, um einem zu 18
frühen Aussetzungsantrag entgegenzuwirken, bereits mit einer Fristsetzung nach Abs. 4 verbunden sein (vgl. § 57 RN 27). Da es für die erneute Aussetzung neben der Einwilligung allein
auf eine günstige Prognose ankommt, ist nicht unbedingt erforderlich, daß der Verurteilte
einen weiteren Teil der lebenslangen Freiheitsstrafe verbüßt hat. Erfolgt der Widerruf wegen
einer Straftat und ist wegen dieser Tat schon z. Z. des Widerrufs eine neue Freiheitsstrafe zu verbüßen, so ist diese zunächst zu vollstrecken. Bei günstiger Prognose ist dann mit der Aussetzung
des Strafrestes zugleich die lebenslange Freiheitsstrafe erneut auszusetzen. Entsprechendes gilt
nach Vollverbüßung der neuen Strafe, wenn die Prognose nunmehr günstig ausfällt.

§ 57b Aussetzung des Strafrestes bei lebenslanger Freiheitsstrafe als Gesamtstrafe

Ist auf lebenslange Freiheitsstrafe als Gesamtstrafe erkannt, so werden bei der Feststellung der besonderen Schwere der Schuld (§ 57a Abs. 1 Satz 1 Nr. 2) die einzelnen Straftaten zusammenfassend gewürdigt.

Vorbem. Eingefügt durch 23. StÄG vom 13. 4. 1986, BGBl. I 393.

I. Die Vorschrift trägt der Einbeziehung der lebenslangen Freiheitsstrafe in eine Gesamtstrafe 1
(§ 54 I 1) Rechnung. Sie stellt klar, daß im Falle der lebenslangen Freiheitsstrafe als Gesamtstrafe bei der **Feststellung einer besonderen Schuldschwere** i. S. des § 57a I Nr. 2 alle Straftaten,
die den in der Gesamtstrafe aufgegangenen Strafen zugrunde liegen, zu berücksichtigen sind.
Wie sonst bereits bei der Bildung einer Gesamtstrafe aus zeitigen Freiheitsstrafen (§ 54 I 3) sind

nunmehr bei der Bemessung der tatschuldausgerichteten Vollstreckungsdauer die einzelnen Straftaten zusammenfassend zu würdigen.

2   **II.** Bei der **zusammenfassenden Würdigung der einzelnen Straftaten** ist grundsätzlich entsprechend den Regeln, die bei der Bemessung einer Gesamtstrafe aus zeitigen Freiheitsstrafen gelten (vgl. § 54 RN 14), zu verfahren. Die Bemessung der tatschuldausgerichteten Vollstreckungsdauer muß dementsprechend auf einer Gesamtschau aller Taten beruhen. Eine besondere Schuldschwere bei der Tat, die zur lebenslangen Freiheitsstrafe geführt hat, behält hierbei ihr besonderes Gewicht. Wie bei der lebenslangen Freiheitsstrafe als Einzelstrafe genügt noch nicht ein bloßes Mehr an Schuld auf Grund der mehreren Taten, sondern nur eine erhebliche Schuldsteigerung (vgl. § 57a RN 5; einschränkend D-Tröndle 2). Ohne eine solche Schuldsteigerung fehlt es an der besonderen, d. h. deutlich sich abzeichnenden erhöhten Schuldschwere, die eine Verlängerung der Strafverbüßungszeit über 15 Jahre hinaus gebietet. Eine geringfügige Straftat hat, da mit ihr keine erhebliche Schuldsteigerung verbunden ist, somit unberücksichtigt zu bleiben (Bode Faller-FS 338; and. Lenzen NStZ 83, 545). Allenfalls bei mehreren Straftaten solcher Art kann auf Grund ihrer Quantifizierung eine wesentlich ins Gewicht fallende Schuldsteigerung zu verzeichnen sein. Für die zusammenfassende Würdigung der einzelnen Straftaten kann deren Verhältnis zueinander von großer Bedeutung sein. Ein enger zeitlicher, sachlicher und situativer Zusammenhang zwischen den einzelnen Straftaten bewirkt im allgemeinen eine geringere Schuldsteigerung als völlig selbständige Straftaten ohne jeglichen Zusammenhang. Wer etwa zwei Morde kurz nacheinander (z. B. 2 Schüsse) um eines einheitlichen Zieles willen begangen hat, steht hinsichtlich der Schuldsteigerung kaum anders da als der Täter, der mit einer Handlung (z. B. mit einer Handgranate) zwei Personen ermordet hat. Ein zusätzlicher und von der ersten Tat völlig losgelöster Mord fällt dagegen stärker ins Gewicht. Für andere Straftaten gilt Ähnliches. Wer sich die Mordwaffe zur Durchführung seiner Tat mittels eines Raubes verschafft hat, lädt i. d. R. weniger zusätzliche Schuld auf sich als jemand, der unabhängig von der Mordtat einen Raub begangen hat.

3   **III.** Stellt das Gericht auf Grund der zusammenfassenden Würdigung der einzelnen Straftaten eine besondere Schuldschwere fest, die eine weitere Vollstreckung der Strafe gebietet, so hat seine daran anknüpfende Entscheidung sich wie im Falle einer besonderen Schuldschwere bei einer Einzeltat (vgl. § 57a RN 11) auf die **Versagung der Aussetzung** zu beschränken. Es hat noch nicht festzulegen, bis zu welchem Zeitpunkt die weitere Vollstreckung geboten ist. Wohl aber kann es gem. § 57 VI eine an der besonderen Schuldschwere ausgerichtete Frist setzen, vor deren Ablauf ein Aussetzungsantrag des Verurteilten unzulässig ist. Im übrigen unterliegt es einer späteren gerichtlichen Würdigung, ob die besondere Schuldschwere noch der Aussetzung entgegensteht. Eine Höchstgrenze, bis zu der die Aussetzung aus schuldbezogenen Gründen versagt werden kann, enthält das Gesetz ebensowenig wie genauere Richtlinien für die Bemessung der Vollzugsverlängerung. Aus dem entsprechend anzuwendenden Grundgedanken, der für Gesamtstrafen maßgebend ist (vgl. 4 vor § 52), ergibt sich jedoch, daß eine tatschuldausgerichtete Verlängerung der Vollstreckungsdauer auf Grund der Mehrfachtäterschaft zumindest nicht die Mindestverbüßungszeit (§ 57) der zusätzlichen Strafen erreichen darf. Lautet auch die weitere Freiheitsstrafe auf lebenslang, so wäre dann zumindest die für sie nach § 57a geltende Mindestverbüßungszeit unter Berücksichtigung der insoweit isoliert heranzuziehenden Schuldschwereklausel zu beachten. Indes ist es angesichts der ohnehin langen Vollzugsdauer und der damit verbundenen schweren Belastungen für den Verurteilten durch den weiteren Freiheitsentzug im allgemeinen geboten, bei der Verlängerung der Vollzugsdauer erheblich unter der Mindestverbüßungszeit der zusätzlichen Strafen zu bleiben. Nur so läßt sich im übrigen eine allzu starke Diskrepanz gegenüber einer Gesamtstrafe aus zeitigen Freiheitsstrafen vermeiden, bei denen bereits die Einsatzstrafe das Höchstmaß von 15 Jahren aufweist und die Gesamtstrafe daher nicht höher ausfallen kann, so daß sich an der Mindestverbüßungszeit gegenüber der der Einsatzstrafe nichts ändert.

4   **IV.** Bei der Feststellung der besonderen Schuldschwere sind auch die Straftaten, deren Strafe teilweise durch Anrechnung erledigt ist, in vollem Umfang zu berücksichtigen. Die **durch Anrechnung erledigte Strafe** gilt dann aber, soweit auf Grund der Mehrfachtäterschaft und der sich daraus ergebenden besonderen Schuldschwere an sich eine Verlängerung der Vollstreckungsdauer geboten ist, entsprechend § 57 IV als verbüßte Strafe.

5   **V.** In **Altfällen,** in denen jemand neben der lebenslangen Freiheitsstrafe noch eine weitere lebenslange oder zeitige Freiheitsstrafe erhalten hat, ist § 460 StPO sinngemäß anzuwenden, wenn nach neuem Recht auf eine lebenslange Freiheitsstrafe als Gesamtstrafe erkannt worden wäre (**Art. 316 II EGStGB**). Unerheblich ist, ob die mehreren Strafen in einem Urteil oder in verschiedenen Urteilen enthalten sind.

§ 58 Gesamtstrafe und Strafaussetzung

(1) **Hat jemand mehrere Straftaten begangen, so ist für die Strafaussetzung nach § 56 die Höhe der Gesamtstrafe maßgebend.**

(2) **Ist in den Fällen des § 55 Abs. 1 die Vollstreckung der in der früheren Entscheidung verhängten Freiheitsstrafe ganz oder für den Strafrest zur Bewährung ausgesetzt und wird auch die Gesamtstrafe zur Bewährung ausgesetzt, so verkürzt sich das Mindestmaß der neuen Bewährungszeit um die bereits abgelaufene Bewährungszeit, jedoch nicht auf weniger als ein Jahr. Wird die Gesamtstrafe nicht zur Bewährung ausgesetzt, so gilt § 56f Abs. 3 entsprechend.**

I. Die Vorschrift enthält Regeln über die **Strafaussetzung zur Bewährung** bei primären und nachträglichen **Gesamtstrafen**. Zu ihrer Reform vgl. Sieg MDR 81, 273. 1

II. § 56 knüpft die Strafaussetzung je nach Strafhöhe an unterschiedliche Bedingungen. In Übereinstimmung damit, daß bei einer Gesamtstrafe nur sie Grundlage der Vollstreckung ist (vgl. § 54 RN 20), bestimmt **Abs. 1,** daß im Rahmen des § 56 die **Höhe der Gesamtstrafe** maßgeblich ist. 2

Aus Abs. 1 i. V. m. § 56 IV 1 ergibt sich des weiteren, daß auch eine **Gesamtstrafe nur insgesamt,** nicht aber auf einen Teil der Einzelstrafen beschränkt, **zur Bewährung ausgesetzt** werden kann (BGH **25** 143). Bei Anwendung des § 56 II sind bei der Gesamtwürdigung die Umstände der Einzeltaten zu berücksichtigen (BGH **25** 143). Das gilt uneingeschränkt für Einzeltaten, für die als Einzelstrafe mehr als 1 Jahr Freiheitsstrafe verhängt worden ist (BGH NJW **76,** 1413). Bei den Einzeltaten, für die als Einzelstrafe Geldstrafe festgesetzt worden ist oder die für die Gesamtwürdigung ersichtlich kein Gewicht haben, brauchen jedoch die nach § 56 II erforderlichen besonderen Umstände nicht vorzuliegen (BGH **25** 143). Nach BGH **29** 370, wistra **86,** 106, Bay StV **83,** 66 kommt es, soweit keine Einzelstrafe 1 Jahr Freiheitsstrafe übersteigt, für die Annahme besonderer Umstände in der Tat nur auf eine Gesamtwürdigung aller Taten an. Vgl. auch BGH VRS **52** 115, GA **78,** 80, NJW **80,** 649, NStZ **82,** 420. Entsprechendes gilt für § 57 II (vgl. Karlsruhe GA **79,** 470). 3

Abs. 1 gilt für **alle Arten** der Bildung von Gesamtfreiheitsstrafen. Es kommt also weder darauf an, ob die Gesamtstrafe ausschließlich aus Freiheits- oder aus Freiheits- und Geldstrafen gebildet wurde (§ 53 II 1), noch darauf, ob es sich um gleichzeitige Aburteilung aller Taten gem. §§ 53, 54 oder um nachträgliche Gesamtstrafenbildung nach § 55 handelt. 4

III. Abs. 2 regelt für den Fall nachträglicher Gesamtstrafenbildung die **Anrechnung** bereits abgelaufener Bewährungszeit und solcher Leistungen des Verurteilten, die er zur Erfüllung von Bewährungsauflagen erbracht hat. 5

1. Aus Abs. 2 ergibt sich zunächst, daß in eine nachträglich gebildete Gesamtstrafe auch Strafen **einzubeziehen** sind, deren Vollstreckung im früheren Urteil zur Bewährung ausgesetzt worden war (vgl. § 55 RN 44f.). Dies gilt auch für Strafen, bei denen gem. § 57 nur der Strafrest zur Bewährung ausgesetzt ist (vgl. § 55 RN 46). 6

Nicht einbezogen werden können allerdings frühere Strafen, die zum Zeitpunkt der späteren Verurteilung bereits **gem. § 56g I erlassen** waren (vgl. § 55 RN 19ff.). In diesem Falle richtet sich die Aussetzung der neuen Strafe allein nach deren Höhe; für die Länge der Bewährungszeit ist aber Abs. 2 entsprechend anzuwenden (vgl. § 55 RN 19, 28). 7

2. Die im früheren Urteil gem. § 56 gewährte Strafaussetzung wird durch die nachträgliche Gesamtstrafenbildung **gegenstandslos,** ebenso die Aussetzung des Strafrestes nach § 57 (vgl. § 55 RN 45f.). Der Richter hat also in dem späteren Verfahren über die Aussetzung der Gesamtstrafe unter Anwendung der §§ 56, 58 I neu zu befinden (vgl. o. 2ff.). Daraus folgt, daß die Aussetzung der Gesamtstrafe nicht auf Grund einer Straftat widerrufen werden kann, die der Verurteilte zwar während der früheren Bewährungszeit, aber vor der Entscheidung über die Gesamtstrafe begangen hat (Karlsruhe MDR **76,** 862, NStZ **88,** 364, Hamburg MDR **82,** 246, Düsseldorf JR **84,** 508 m. Anm. Beulke, Koblenz MDR **87,** 602, Hamm NStZ **87,** 382, MDR **88,** 74, Stuttgart MDR **89,** 282; and. Stuttgart MDR **84,** 867, Justiz **87,** 73). Die ursprünglich gewährte Strafaussetzung kann schon vor Rechtskraft der Entscheidung über die Gesamtstrafe nicht mehr widerrufen werden, wenn nur noch der Verurteilte den Eintritt der Rechtskraft verhindern kann (Düsseldorf MDR **83,** 862); sonst ist bis zur Rechtskraft der Gesamtstrafenentscheidung der Widerruf zulässig (Celle NStE § 56f Nr. **19**). Die Strafaussetzung behält ihre eigenständige Bedeutung, wenn in der späteren Entscheidung von der nachträglichen Bildung einer Gesamtstrafe aus der ausgesetzten Freiheitsstrafe und einer Geldstrafe abgesehen wird; ein Widerruf der Aussetzung läßt sich dann auf ein bewährungsbrüchiges Verhalten vor der Entscheidung stützen (Karlsruhe MDR **85,** 160 m. abl. Anm. Horn StV **85,** 243). 8

Der Richter ist in dem späteren Verfahren an die Entscheidungen und Erwägungen zur 9

Strafaussetzung im früheren Urteil nicht gebunden (vgl. BGH 7 182); es gilt Ähnliches wie bei der Frage der Fortwirkung einer früheren Gesamtstrafe (vgl. § 55 RN 39 ff.). Die Aussetzung der Gesamtstrafe, auch wenn sie 1 Jahr nicht übersteigt, kann trotz Aussetzung der früheren Strafe unterbleiben; umgekehrt kann die Gesamtstrafe ausgesetzt werden, wenn dies im früheren Urteil abgelehnt worden war (Bay 56, 86, Hahnzog NJW 68, 1663), auch dann, wenn eine frühere Strafaussetzung bereits widerrufen ist (vgl. § 56 RN 11). Ist allerdings eine erneute Gesamtstrafenbildung erforderlich, weil einige der in der früheren Gesamtstrafe enthaltenen Einzelstrafen in eine andere Gesamtstrafe einbezogen worden sind, so ist es unzulässig, die für die frühere Gesamtstrafe bewilligte Strafaussetzung wegfallen zu lassen (Hamm MDR 75, 948).

10 Ob die Vollstreckung des Strafrestes ausgesetzt werden kann, wenn die Voraussetzungen des § 57 auch für die Gesamtstrafe gegeben sind, ist dagegen **nicht im späteren Urteil,** sondern durch Beschluß gem. § 454 StPO zu entscheiden (vgl. näher § 55 RN 46).

11 3. Wird die nachträglich gebildete Gesamtstrafe zur Bewährung ausgesetzt, so **verkürzt** sich das **Mindestmaß der Bewährungszeit** um eine bereits abgelaufene (und nicht widerrufene) Bewährungszeit aus der früheren Verurteilung, jedoch nicht auf weniger als 1 Jahr. Es erfolgt danach keine volle Anrechnung einer verstrichenen Bewährungszeit. Vielmehr ist nur das in § 56a I festgelegte Mindestmaß von 2 Jahren herabgesetzt; das Höchstmaß von 5 Jahren bleibt unverändert. Bei der Bemessung der neuen Bewährungszeit hat das Gericht sich somit danach zu richten, welche Zeit nunmehr erforderlich ist, um auf den Verurteilten nachhaltig einzuwirken. Dabei hat es allerdings zu berücksichtigen, daß der Verurteilte sich bereits in einem bestimmten Zeitraum bewährt hat. Dieser Umstand kann vor allem dann, wenn schon ein großer Teil der ersten Bewährungszeit abgelaufen ist, ins Gewicht fallen. Er kann dazu führen, daß nur noch eine relativ kurze Bewährungsdauer geboten ist. Die neue Bewährungszeit darf aber das in § 56a I bestimmte Mindestmaß von 2 Jahren nur um die Zeit einer bereits erfolgten Bewährung unterschreiten. Sie muß also, wenn der Verurteilte ein halbes Jahr hinter sich gebracht hat, mindestens anderthalb Jahre betragen. Hat die frühere Bewährung schon länger als 1 Jahr gedauert, so ist das Mindestmaß stets 1 Jahr.

12 Zu berücksichtigen sind auch Leistungen, die der Verurteilte zur Erfüllung von Auflagen usw. erbracht hat. Neue Auflagen oder Weisungen können sich daher u. U. erübrigen. Sollen frühere Auflagen oder Weisungen aufrechterhalten werden, so ist dies im Beschluß über die Bewährungsausgestaltung auszusprechen (vgl. LG Berlin JR 87, 218).

13 4. Wird die Gesamtstrafe **nicht zur Bewährung ausgesetzt,** so gilt die Regelung des § 56f III entsprechend (Abs. 2 S. 2). Erbrachte Leistungen zur Erfüllung früherer Auflagen usw. werden nicht erstattet. Leistungen zur Erfüllung von Auflagen nach § 56b II Nr. 2, 3 können auf die Gesamtstrafe angerechnet werden. Nach dem Grundgedanken des § 55 (vgl. dort RN 1) besteht jedoch unabhängig von der Auslegung des § 56f III beim Widerruf der Strafaussetzung grundsätzlich eine Anrechnungspflicht (BGH **33** 326 m. Anm. Frank JR 86, 378 u. Stree NStZ 86, 163, BGH NJW **90**, 1675, Bay JR **81**, 514 m. Anm. Bloy, Bamberg MDR **88**, 600). Zu Ausnahmen vgl. § 56f RN 19. Zur Erweiterung der Anrechnung auf Leistungen zur Erfüllung bestimmter Weisungen vgl. § 56f RN 18. Unterbleibt eine Anrechnung, so müssen die Urteilsgründe das Nichtvorliegen der Voraussetzungen für eine Anrechnung erkennen lassen (Bay MDR **85**, 70). Die Anrechnung ist wie beim Widerruf der Strafaussetzung auf die Strafvollstreckung zu beschränken (BGH **36** 378, Bay NStZ **87**, 458, **89**, 432 m. Anm. Stree, Funck MDR 88, 879, Lackner 2b, D-Tröndle 4; and. – Minderung der Gesamtstrafe im Strafmaß – BGH **33** 326 m. abl. Anm. Stree NStZ 86, 163, NStE Nr. 1).

Fünfter Titel. Verwarnung mit Strafvorbehalt. Absehen von Strafe

§ 59 Voraussetzungen der Verwarnung mit Strafvorbehalt

(1) **Hat jemand Geldstrafe bis zu einhundertachtzig Tagessätzen verwirkt, so kann das Gericht ihn neben dem Schuldspruch verwarnen, die Strafe bestimmen und die Verurteilung zu dieser Strafe vorbehalten, wenn**
1. zu erwarten ist, daß der Täter künftig auch ohne Verurteilung zu Strafe keine Straftaten mehr begehen wird,
2. eine Gesamtwürdigung der Tat und der Persönlichkeit des Täters besondere Umstände ergibt, nach denen es angezeigt ist, ihn von der Verurteilung zu Strafe zu verschonen, und
3. die Verteidigung der Rechtsordnung die Verurteilung zu Strafe nicht gebietet.

§ 56 Abs. 1 Satz 2 gilt entsprechend.

(2) Die Verwarnung mit Strafvorbehalt ist in der Regel ausgeschlossen, wenn der Täter während der letzten drei Jahre vor der Tat mit Strafvorbehalt verwarnt oder zu Strafe verurteilt worden ist.

(3) Neben der Verwarnung kann auf Verfall, Einziehung oder Unbrauchbarmachung erkannt werden. Neben Maßregeln der Besserung und Sicherung ist die Verwarnung mit Strafvorbehalt nicht zulässig.

Vorbem. Abs. 1 Nr. 2 geändert durch 23. StÄG vom 13. 4. 1986, BGBl. I 393.

Schrifttum: Baumann, Über die Denaturierung eines Rechtsinstituts, JZ 80, 464. – *Dreher,* Die Verwarnung mit Strafvorbehalt, Maurach-FS 275. – *Grau,* Verwarnung mit Strafvorbehalt, in Gürtner, Das kommende deutsche Strafrecht, AT, 2. A. 1935, 183. – *Peters,* Verwarnung mit Strafvorbehalt, DStR 34, 310. – *Rezbach,* Die Verwarnung unter Strafvorbehalt, 1970.

I. Die Vorschrift stellt bei Straftaten geringeren Gewichts ein **Reaktionsmittel eigener Art** 1 zur Verfügung (zur Entstehungsgeschichte vgl. Dreher aaO 276 ff.). Sie eröffnet die Möglichkeit, Täter, die eine Geldstrafe bis zu 180 Tagessätzen verwirkt haben, schuldig zu sprechen, sie daneben ausdrücklich zu verwarnen und die Verurteilung zu der bereits bestimmten Strafe für die Dauer einer nach § 59a festzusetzenden Bewährungszeit vorzubehalten. Bewährt sich der Täter innerhalb dieser Zeit nicht, so erfolgt die Verurteilung zu der schon festgesetzten Strafe; im Falle der Bewährung stellt dagegen das Gericht fest, daß es bei der Verwarnung sein Bewenden hat (§ 59b). Im Unterschied zur Strafaussetzung (§ 56) unterbleibt also vorerst die Verurteilung zu einer Strafe; sie entfällt gänzlich, wenn sich der Täter bewährt. Er bleibt somit von einer Bestrafung vorerst und bei Bewährung überhaupt verschont und ist demgemäß nicht vorbestraft, es sei denn, die Strafe wird nachträglich verhängt. Gegenüber anderen Konzeptionen (vgl. § 57 AE) ist der Anwendungsbereich der Verwarnung mit Strafvorbehalt allerdings erheblich begrenzt. Wie insb. Abs. 1 Nr. 2 zeigt, hat das Rechtsinstitut Ausnahmecharakter. Dementsprechend darf es nicht losgelöst von seinen Voraussetzungen auf andere Fälle ausgedehnt werden, wie etwa auf Fälle überlanger Verfahrensdauer (BGH **27** 274 m. krit. Anm. Peters JR 78, 247).

1. Sinn der Regelung ist, im unteren Bereich der Kriminalität dem Täter, vor allem dem 2 Ersttäter, unter bestimmten Voraussetzungen die Bestrafung zu ersparen, gleichwohl aber auf diesen spezialpräventiv einzuwirken. Die Einwirkung soll einmal mit dem Schuldspruch und der neben ihm ausgesprochenen Verwarnung geschehen, zum anderen mit einer Bewährungszeit und dem Vorbehalt der Strafverhängung für den Fall der Nichtbewährung.

2. Zweifelhaft ist die **Rechtsnatur** der Verwarnung mit Strafvorbehalt. Es handelt sich weder 3 um eine Strafe noch um eine rein präventive Maßnahme. Mit der Mißbilligung der Tat durch den Schuldspruch als poenalem Element und der Erteilung von Auflagen (§ 59a) als Genugtuungselement verbindet sich ein präventives Element in Gestalt der spezialpräventiven Einwirkung auf den Täter. Die Verwarnung mit Strafvorbehalt ist daher ein Rechtsinstitut eigener Art. Ihr wird jedoch maßnahmeähnlicher Charakter zugeschrieben (so D-Tröndle 3 vor § 59, Dreher aaO 294, Lackner 2, Ruß LK 2 vor § 59), aber auch eine strafähnliche Art (so Jescheck 765).

3. Gegen das Rechtsinstitut der Verwarnung werden unterschiedliche **Bedenken** geltend gemacht. 4 Z. T. hält man seine Voraussetzungen für zu eng und seine weitgehende Anpassung an die Strafaussetzung zur Bewährung für verfehlt (so Baumann/Weber 703 f.; vgl. auch Rezbach aaO 129 f.). Nach entgegengesetzter Ansicht soll die Verwarnung mit Strafvorbehalt bedenklich sein, weil eine Beeinträchtigung der kriminalpolitischen Effektivität der Strafmittel und eine übermäßige Spannung zum Ordnungswidrigkeitenrecht befürchtet wird (so insb. Zipf ZStW 86, 536 sowie in Roxin-Stree-Zipf-Jung, Einführung in das neue Strafrecht, 2. A. 1975, 88). Zudem werden noch Bedenken schuldstrafrechtlicher Art erhoben (so D-Tröndle 3 vor § 59). Gegen derartige Bedenken Jescheck 766. Für vermehrte Anwendung des Rechtsinstituts in der Praxis Horn NJW 80, 106, Dencker StV 86, 399, für Entbehrlichkeit der Verwarnung dagegen Cremer NStZ 82, 449.

II. Voraussetzungen der Verwarnung mit Strafvorbehalt:

1. Der Täter muß wegen seiner Tat eine **Geldstrafe bis zu 180 Tagessätzen** verwirkt haben. 5 Bei mehreren Taten ist die Gesamtgeldstrafe maßgebend, die bei einer Verurteilung auszusprechen wäre (vgl. § 59c RN 2). Die verwirkte Strafe muß sich auf eine Geldstrafe beschränken, wobei ausreicht, daß diese nach § 47 II an die Stelle einer kurzfristigen Freiheitsstrafe tritt. Ist noch eine andere Strafe verwirkt, so ist die Verwarnung mit Strafvorbehalt unzulässig. Sie kommt dann nicht in Betracht, weil der Zweck, den Täter von einer Bestrafung zu verschonen (vgl. o. 2), wegen der anderen Strafe nicht erreichbar ist. § 59 ist daher nicht anwendbar, wenn Geldstrafe neben einer Freiheitsstrafe (§§ 41, 53 II 2) zu verhängen ist. Die Verwarnung kann auch nicht mit einem Fahrverbot (§ 44) kombiniert werden (vgl. dazu Berz MDR 76, 332). Das

Fahrverbot, dessen Anordnung nicht vorbehalten werden darf (Bay NJW **76**, 301 m. krit. Anm. Schöch JR 78, 74), setzt eine Verurteilung zu Freiheits- oder Geldstrafe voraus. Hält das Gericht ein Fahrverbot für unerläßlich, so muß es die verwirkte Geldstrafe verhängen. Unzulässig ist ferner, nur für einen Teil der Geldstrafe die Verwarnung, für den anderen Teil dagegen die Verurteilung auszusprechen. Des weiteren scheidet die Verwarnung neben einer Maßregel der Besserung und Sicherung aus (Abs. 3 S. 2). Sie ist hier wegen der täterungünstigen Prognose ausgeschlossen. Andererseits kann neben ihr auf Verfall, Einziehung oder Unbrauchbarmachung erkannt werden (Abs. 3 S. 1). Diese Maßnahmen sind dann aber nicht Teil des Vorbehalts, sondern endgültig. Für sie gelten dementsprechend selbständig die Regeln über die Vollstreckungsverjährung.

6   2. Einer Verwarnung mit Strafvorbehalt steht nicht entgegen, daß der Täter zuvor anrechnungsfähige **U-Haft** oder andere Freiheitsentziehung erlitten hat (Lackner 3, Ruß LK 2). Eine andere Ansicht wird weder dem Sinn der Anrechnung noch dem der Verwarnung gerecht. Allein die Anrechenbarkeit erlittener Freiheitsentziehung gibt keinen sachgerechten Grund ab, den Täter von der Vergünstigung des § 59 auszuschließen. Das gilt auch dann, wenn auf Grund der Anrechnung eine verhängte Geldstrafe nicht zu vollstrecken wäre. Der Täter bleibt bei einer Verwarnung immerhin vom Strafmakel verschont und kann sich ihn im Falle der Nichtbewährung noch zuziehen.

7   3. Weitere Voraussetzung ist eine **günstige Täterprognose.** Es muß zu erwarten sein, daß der Täter künftig auch ohne Verurteilung zu Strafe keine Straftaten mehr begehen wird (Abs. 1 Nr. 1). Maßgeblicher Zeitpunkt der Prognose ist der des Urteils (vgl. § 56 RN 17). Erwartung bedeutet nicht Gewißheit oder feste Überzeugung des Gerichts, der Täter werde nicht wieder straffällig werden. Es genügt die begründete Annahme, daß in Zukunft mit einem straffreien Leben des Täters zu rechnen ist. Zweifel gehen zu Lasten des Täters (vgl. § 56 RN 16).

8   a) Eine ungünstige Prognose ist bereits dann gegeben, wenn die Wahrscheinlichkeit künftiger *Straftaten geringfügiger Art* nicht auszuschließen ist. Sind solche Straftaten vom Täter zu befürchten, so besteht kein sachlicher Grund, dem Täter die Bestrafung zu ersparen. Daß Bagatelldelikte bei der Prognose zu berücksichtigen sind, ergibt sich auch aus Abs. 2. Wenn danach eine in den letzten 3 Jahren ergangene Verwarnung mit Strafvorbehalt, also eine Sanktion für eine Tat der unteren Kriminalität, die erneute Verwarnung i. d. R. ausschließt, so müssen auch zu erwartende Straftaten dieser Art der Verwarnung entgegenstehen.

9   b) Die Prognose muß sich auf eine *Gesamtwürdigung* des Täters und seiner Tat stützen. Zu berücksichtigen sind namentlich die Persönlichkeit des Täters, sein Vorleben, die Umstände seiner Tat, seine Lebensverhältnisse und die Wirkungen, die von dem Vorbehalt des Strafausspruchs ausgehen (Abs. 1 S. 2 i. V. mit § 56 I 2; vgl. zu dieser Gesamtwürdigung auch § 56 RN 19ff.). Zu den Wirkungen des Strafvorbehalts zählen auch die Wirkungen, die etwaige nach § 59a II, III erteilte Auflagen oder Weisungen auslösen. Ferner kann für die Prognose eine überlange Verfahrensdauer von Bedeutung sein (BGH **27** 275).

10   c) Zuungunsten des Täters fällt eine *frühere Verwarnung* mit Strafvorbehalt oder *Verurteilung* ins Gewicht. Ist der Täter in den letzten 3 Jahren vor der Tat, die zur Aburteilung ansteht, mit Strafvorbehalt verwarnt oder zu Strafe verurteilt worden, so ist die Verwarnung mit Strafvorbehalt i. d. R. ausgeschlossen (Abs. 2). Es handelt sich insoweit um eine Richtlinie, die vor allem für die Täterprognose von Bedeutung ist. Wer trotz Verwarnung oder Verurteilung innerhalb verhältnismäßig kurzer Zeit eine erneute Straftat verübt, bietet wenig Gewähr dafür, daß er künftig auch ohne Verurteilung zu Strafe keine Straftaten mehr begeht. Eine Verurteilung zu Jugendstrafe genügt, ebenfalls eine Verurteilung im Ausland (D-Tröndle 3). Abs. 2 schließt indes nur i. d. R. die Verwarnung aus. Ausnahmen kommen etwa in Betracht, wenn sich die abzuurteilende Tat von der früheren derart unterscheidet, daß keine Zusammenhänge ersichtlich sind und sich der früheren Aburteilung keine Warnfunktion hinsichtlich der neuen Tat beimessen läßt. Zu denken ist z. B. an ein geringfügiges Vermögensdelikt nach Aburteilung wegen fahrlässiger Körperverletzung oder an den umgekehrten Fall.

11   4. Ferner muß es im Hinblick auf **besondere Umstände,** die sich aus einer Gesamtwürdigung der Tat und der Persönlichkeit des Täters ergeben, angezeigt sein, ihn von der Verurteilung zu Strafe zu verschonen (Abs. 1 Nr. 2). Diese Voraussetzungen, die den Ausnahmecharakter der Verwarnung mit Strafvorbehalt kennzeichnen (vgl. dazu aber Dencker StV 86, 404), sind dann gegeben, wenn bestimmte Umstände, die das deliktische Geschehen von den Durchschnittsfällen deutlich abheben (vgl. Bay MDR **76**, 333 m. Anm. Zipf JR 76, 512) und ihnen gegenüber das Tatunrecht, die Schuld und die Strafbedürftigkeit wesentlich mindern, einen bedingten Verzicht auf die Verurteilung rechtfertigen (and. Horn SK 10ff.). Das kann auch bei Taten mit schweren Folgen der Fall sein (vgl. AG Alzey DAR **75**, 163). Die besonderen Umstände können in der Tat und in der Persönlichkeit des Täters liegen. Da sich jedoch zwischen den tatbezogenen und den täterbezogenen Umständen vielfach nicht scharf trennen läßt, hat der

Gesetzgeber mit der Neufassung des Abs. 1 Nr. 2 auf eine Gesamtwürdigung der Tat und der Täterpersönlichkeit abgestellt (vgl. auch § 56 RN 27). Wie bei § 56 II (vgl. dort RN 29) kann der besondere Umstand sich auch aus dem Zusammentreffen mehrerer allgemeiner Milderungsgründe ergeben. Geringe Schuld und geringe Tatfolgen bei Verkehrsdelikten reichen nach Düsseldorf JR **85**, 376 m. Anm. Schöch indes noch nicht aus.

a) Besondere Umstände liegen insb. dann vor, wenn die Tat aus einer Konfliktslage erwachsen ist, namentlich, wenn es sich um eine unerwartete und unausweichliche Konfliktslage handelt, die an Rechtfertigungs- oder Entschuldigungsgründe heranreicht. Zu eng wäre es jedoch, allein oder regelmäßig nur in solchen Fällen besondere Umstände anzunehmen (vgl. § 56 RN 29). Es kommen auch sonstige Umstände in Betracht, die einer Tat gegenüber Durchschnittsfällen ein besonderes Gepräge geben (vgl. Bay NJW **90**, 58 zur Verkehrsblockade). Eine solche Besonderheit ergibt aber nicht der Umstand, daß es sich um „Zeiterscheinungen verständlicher Reaktion auf Mißstände" handelt (vgl. Köln NStZ **82**, 333: Hausbesetzung). Bei den gesetzgeberischen Beratungen des § 59 wurde die Rezeptfälschung durch eine Krankenschwester hervorgehoben, die sich mittels des gefälschten Rezepts Beruhigungstabletten verschaffen wollte (vgl. Prot. V 45, 812). Ein besonderer Umstand kann auch sein, daß der Täter zur Tat gereizt, etwa durch Erpressung, zur Tat gedrängt (vgl. BGH **32** 355: Tatveranlassung durch V-Mann) oder durch eine besondere Gelegenheit verlockt worden ist, ferner das Mitverschulden des Opfers oder eines Dritten. Vgl. dazu noch § 56 RN 29. Nach BGH MDR/D **76**, 15 soll die Besonderheit des Falles schon darin liegen, daß die Tathandlung in Umfang und Intensität ungewöhnlich geringes Gewicht hat. Eine solche Ansicht schränkt den Ausnahmecharakter des § 59 ein und erweitert – kriminalpolitisch allerdings sinnvoll – die Vorschrift auf Fälle der Kleinstkriminalität. Vgl. auch Celle NdsRpfl. **77**, 89, 191, Zweibrücken StV **90**, 265, LG Ellwangen StV **89**, 112 (Sitzblockade) sowie Koblenz GA **78**, 207, das mit Recht an die besonderen Umstände keine so strengen Anforderungen stellt wie bei den §§ 56 II, 57 II. Für weite Auslegung Baumann JZ 80, 469.

b) Zu den in der *Persönlichkeit des Täters* liegenden besonderen Umständen vgl. § 56 RN 30. Allein die Tatsache, daß der Täter nicht vorbestraft ist, stellt noch keinen besonderen Umstand dar. Sie kann aber zusammen mit anderen Faktoren die Besonderheit des Falles ergeben, so etwa, wenn sich die Tat als einmalige Entgleisung abzeichnet. Besondere Umstände beim Täter sind auch bei ungewöhnlichen außerstrafrechtlichen Folgen gegeben (BGH MDR/D **76**, 15; vgl. auch Grünwald Schaffstein-FS 239), etwa dann, wenn eine Bestrafung ihm voraussichtlich außergewöhnliche soziale Schwierigkeiten bereiten wird (Dreher aaO 293), z. B. berufliche Nachteile wie Entlassung oder Nichteinstellung befürchten läßt. Ferner läßt sich als besonderer Umstand die unverzügliche Schadenswiedergutmachung noch vor Tatentdeckung werten, ebenso die beispielhafte Betreuung des Opfers nach einer fahrlässigen Körperverletzung (Zweibrücken NStZ **84**, 312 m. Anm. Lackner/Gehrig).

c) Im Hinblick auf die besonderen Umstände muß es *angezeigt* sein, den Täter von der Verurteilung zu Strafe zu verschonen. Gedacht ist an Fälle, in denen sich die Strafe sozial unverhältnismäßig auswirkt (so Güde Prot. V 46; vgl. auch D-Tröndle 4; krit. Grünwald Schaffstein-FS 238). Indes ist § 59 nicht auf solche Fälle zu beschränken. Ein Täter, bei dem die sonstigen Voraussetzungen für eine Verwarnung vorliegen, darf nicht allein deswegen einer Verurteilung zu Strafe ausgesetzt werden, weil für ihn keine sozialen Härten entstehen (Zweibrücken VRS **66** 200, Lackner 4b bb, Ruß LK 6). Ist z. B. eine Tat nicht ehrenrührig und läßt daher die Bestrafung keine sozialen Härten befürchten, so wäre es verfehlt, aus diesem Grund § 59 auszuschließen (and. Hamm NJW **76**, 1221). Verschonung von einer Bestrafung ist vielmehr schon dann angezeigt, wenn es sich wegen der Besonderheiten des Falles erübrigt, eine Strafe zu verhängen. Das ist insb. der Fall, wenn für eine an sich angebrachte Verfahrenseinstellung nach den §§ 153, 153a StPO die erforderliche Zustimmung fehlt (vgl. Dencker StV 86, 400, Horn NJW 80, 106, Lackner 4b bb). Der Annahme, die Verhängung einer Strafe erübrige sich, steht i. d. R., wenn auch nicht ausnahmslos, eine frühere Bestrafung oder Verwarnung mit Strafvorbehalt in den Grenzen des Abs. 2 entgegen.

5. Ausgeschlossen ist die Verwarnung, wenn die **Verteidigung der Rechtsordnung** die Verurteilung zu Strafe gebietet (Abs. 1 Nr. 3). Vgl. zu diesem Merkmal § 56 RN 35ff. Eine Verurteilung zu Strafe ist danach stets geboten, wenn sonst das Vertrauen auf wirksamen Rechtsgüterschutz erschüttert und die Rechtstreue der Bevölkerung ernstlich beeinträchtigt wird. Das käme z. B. in Betracht, wenn eine zu großzügige Handhabung des Rechtsinstituts der Verwarnung den Eindruck erweckt, bei minder schweren Fällen gelte der Grundsatz „einmal ist keinmal". Der Gesichtspunkt der Verteidigung der Rechtsordnung darf jedoch nicht dazu führen, bestimmte Deliktsgruppen schlechthin von der Verwarnung auszunehmen. Auch bei häufig vorkommenden Delikten wie Verkehrsstraftaten kann im Einzelfall eine Verwarnung mit Strafvorbehalt gerechtfertigt sein (vgl. AG Alzey DAR **75**, 163: fahrlässige Verursachung

§ 59a 1   Allg. Teil. Rechtsfolgen der Tat – Verwarnung mit Strafvorbehalt

eines Verkehrsunfalls bei eiligem Transport einer Blutkonserve; AG Landstuhl MDR **76**, 66: grobfahrlässiges Mitverschulden eines überfahrenen Fußgängers bei Sichtbehinderung; vgl. auch Zweibrücken NStZ **84**, 312, AG Wennigsen NJW **89**, 787). Bei Verkehrsstraftaten entfällt sie allerdings zumeist schon deswegen, weil solche Taten nur selten von den Durchschnittsfällen abweichen und die erforderlichen Besonderheiten aufweisen. Sind diese gegeben, so ist sorgfältig zu prüfen, ob die Verteidigung der Rechtsordnung eine Verurteilung zu Strafe nicht gebietet. Insoweit kann auch eine überlange Verfahrensdauer ins Gewicht fallen (BGH **27** 275) oder die Möglichkeit, mit einer Auflage nach § 59a eine ausreichende Genugtuuung zu erreichen.

16   **III.** Liegen die genannten Voraussetzungen vor, so **ist** die Verwarnung mit Strafvorbehalt **auszusprechen** (Celle StV **88**, 109, Lackner 6, D-Tröndle 2; and. Ruß LK 8). Zwar stellt § 59 nach seinem Wortlaut eine bloße Kannvorschrift dar, die dem richterlichen Ermessen überläßt, ob der Täter nur mit Strafvorbehalt zu verwarnen ist. Sind aber sämtliche Voraussetzungen erfüllt, ist es also namentlich angezeigt, den Täter von der Verurteilung zu Strafe zu verschonen, so besteht vorerst keine Notwendigkeit, die Strafe zu verhängen. Eine unnötige Bestrafung ist eine nicht sachgerechte und damit nicht vertretbare Belastung des Täters; sie hat daher zu unterbleiben.

17   1. In das **Urteil** ist zunächst der Schuldspruch aufzunehmen. Daneben ist der Täter ausdrücklich zu verwarnen. Die an sich verwirkte Geldstrafe muß nach Zahl und Höhe der Tagessätze bestimmt werden. Maßgebend hierfür sind die §§ 40, 46, wobei sich die Tagessatzhöhe nach den Verhältnissen des Täters z. Z. der Verwarnung bestimmt. Ferner ist der Vorbehalt der Verurteilung zu dieser Strafe auszusprechen. Außerdem sind dem Täter die Verfahrenskosten aufzuerlegen (§ 465 I 2 StPO). Dagegen ist noch nicht über Zahlungserleichterungen für den Fall der Verurteilung zur vorbehaltenen Strafe zu entscheiden (Ruß LK 9; and. Horn SK 19).

18   2. Die **Urteilsgründe** müssen ergeben, weshalb der Täter mit Strafvorbehalt verwarnt worden ist. Umgekehrt sind die Versagungsgründe darzutun, wenn in der Verhandlung ein Antrag auf Verwarnung gestellt worden ist (§ 267 III 4 StPO) oder die besonderen Umstände des Falles die Verwarnung nahelegen, dagegen noch nicht bei durchschnittlichen Taten (Düsseldorf JR **85**, 376). Anzuführen sind auch die Umstände, die für die Zumessung der vorbehaltenen Strafe (Zahl und Höhe der Tagessätze) bestimmend gewesen sind.

19   3. Die Entscheidung über die **Bewährungszeit** und etwaige Auflagen und Weisungen (§ 59a) ist gem. § 268a StPO in einem **Beschluß** zu treffen, der mit dem Urteil zu verkünden ist. Über die Bedeutung der Verwarnung mit Strafvorbehalt und etwaiger Auflagen und Weisungen ist der Täter zu belehren (§ 268a III StPO). Während der Bewährungszeit ruht die Verfolgungsverjährung (vgl. § 78b RN 3).

20   4. Die Verwarnung kann auch in einem **Strafbefehl** erfolgen (§ 407 II StPO). Zur Formulierung des Strafbefehls vgl. K-Meyer § 407 RN 5. Mit dem Strafbefehl hat zugleich der erforderliche Beschluß (§ 268a I StPO) über die Bewährungszeit und etwaige Auflagen und Weisungen gem. § 59a zu ergehen. Ebenfalls zugleich hat die Belehrung nach § 268a III StPO zu erfolgen (§ 409 I 2 StPO).

21   **IV.** Ein **Rechtsmittel** kann i. d. R. nicht auf die Prüfung beschränkt werden, ob § 59 anwendbar ist oder nicht (Celle MDR **76**, 1041, Ruß LK 11).

22   **V.** Zur **Eintragung** einer Verwarnung mit Strafvorbehalt **in das BZR** vgl. § 4 Nr. 3, § 5 I Nr. 6 BZRG. Die Eintragung wird, dem Sinn des § 59 entsprechend, nicht in ein Führungszeugnis aufgenommen (§ 32 II Nr. 1 BZRG).

§ 59a Bewährungszeit, Auflagen und Weisungen

(1) **Das Gericht bestimmt die Dauer der Bewährungszeit. Sie darf drei Jahre nicht überschreiten und ein Jahr nicht unterschreiten.**

(2) **Für die Erteilung von Auflagen gelten die §§ 56b und 56e entsprechend.**

(3) **Das Gericht kann den Verwarnten anweisen,**
1. **Unterhaltspflichten nachzukommen oder**
2. **sich einer ambulanten Heilbehandlung oder einer ambulanten Entziehungskur zu unterziehen.**

§ 56c Abs. 3 und 4 und § 56e gelten entsprechend.

Vorbem. Abs. 3 eingefügt durch 23. StÄG vom 13. 4. 1986, BGBl. I 393.

1   I. Die Vorschrift enthält in Abs. 1 die Regelung für die **Bewährungszeit,** innerhalb derer der Verwarnte zeigen muß, daß er die ihm gewährte Vergünstigung verdient hat und es daher bei der Verwarnung sein Bewenden haben kann. Zudem ermächtigt sie im Abs. 2 die Gerichte,

dem Verwarnten **Auflagen** nach Maßgabe der §§ 56b und 56e zu erteilen. Außerdem ermöglicht sie im Abs. 3 die Weisung, Unterhaltspflichten nachzukommen oder sich einer ambulanten Heilbehandlung oder Entziehungskur zu unterziehen. Dagegen ist den Gerichten die Möglichkeit versagt, dem Verwarnten sonstige Weisungen zu erteilen oder ihn einem Bewährungshelfer zu unterstellen. Der Gesetzgeber ist davon ausgegangen, daß für eine Verwarnung kein Raum ist, wenn der Verwarnte einer derartigen Hilfe bedarf, um mit dem Strafgesetz nicht mehr in Konflikt zu geraten (BT-Drs. V/4095 S. 25). Die Entscheidung über die Bewährungszeit, etwaige Auflagen und die nach Abs. 3 zulässigen Weisungen ist in einem mit dem Urteil zu verkündenden Beschluß zu treffen (§ 268a StPO).

II. Die **Dauer der Bewährungszeit** ist auf mindestens 1 Jahr festzusetzen; sie darf 3 Jahre 2 nicht überschreiten (Abs. 1 S. 2). Die gegenüber § 56a verkürzten Fristen rechtfertigen sich auf Grund der weniger schwerwiegenden Tat, die der Verwarnte begangen hat, und der Unangemessenheit, die Verurteilung zu der Strafe hierfür zu lange vorzubehalten. Zu den Fristen bei nachträglicher Gesamtstrafenbildung vgl. § 59c RN 4. Die Bewährungszeit beginnt entsprechend § 56a II 1 mit Rechtskraft der Entscheidung über die Verwarnung.

Eine *Verkürzung* oder *Verlängerung der Bewährungszeit*, wie sie § 56a II 2 bei der Strafaussetzung zur 3 Bewährung ermöglicht, sieht § 59a nicht vor. Sie wird dennoch entsprechend § 56a II 2 für zulässig gehalten, und zwar mit der Begründung, der Ausschluß einer Verkürzung sei nicht begründbar und der einer Verlängerung beeinträchtige sachwidrig die nach § 59b I vorgesehene entsprechende Anwendung des § 56f, sowie mit dem Hinweis auf § 453 I StPO, der nachträgliche Entscheidungen im Gesamtbereich des § 59a vorauszusetzen soll (so Lackner 1, auch Horn SK 2). Dieser Ansicht ist nicht zuzustimmen (ebenso D-Tröndle 1, Ruß LK 2). Dem § 453 StPO ist nicht zu entnehmen, daß er die Regeln über die Bewährungszeit klarstellen oder § 59a korrigieren soll. Auch ein sachliches Bedürfnis, die festgesetzte Bewährungszeit nachträglich zu verkürzen, ist anders als bei der Strafaussetzung nicht festzustellen. Der Verwarnte erleidet, da er ohne die Verurteilung zur Strafe nicht vorbestraft ist, keine besonderen Nachteile, wenn ihm zugemutet wird, in der ursprünglich bestimmten Bewährungszeit straffrei zu leben und sich während der gesamten Zeit die ihm gewährte Vergünstigung zu verdienen. Eine nachträgliche Verlängerung stellt den Verwarnten ohne gesetzliche Grundlage schlechter. Nur wenn mit ihr die Verurteilung zur vorbehaltenen Strafe vermieden werden kann, ist nach § 59f i. V. mit § 56f II eine Verlängerung zulässig (vgl. § 59h RN 8).

III. Für die **Erteilung von Auflagen** gelten die §§ 56b und 56e entsprechend (Abs. 2). Die 4 Auflagen haben wie bei der Strafaussetzung der Genugtuung für das begangene Unrecht zu dienen (vgl. dazu § 56b RN 4ff.). Von den in § 56b genannten Auflagen kommt vor allem die Wiedergutmachung des angerichteten Schadens in Betracht (vgl. zu dieser Auflage § 56b RN 9). Angebracht kann aber auch die Auflage sein, einen Geldbetrag zugunsten einer gemeinnützigen Einrichtung oder der Staatskasse zu zahlen (vgl. dazu § 56b RN 11f.). Eine solche Auflage bietet sich namentlich dann an, wenn sich sonst unbillige Ergebnisse gegenüber Tätern abzeichnen, die eine bloße Ordnungswidrigkeit begangen und deswegen eine Geldbuße zu entrichten haben. Ist etwa der Täter, der mittels einer Verkehrsstraftat einen Verkehrsunfall verursacht hat, ausnahmsweise mit Strafvorbehalt zu verwarnen, so kann es ungereimt sein und auf Unverständnis stoßen, wenn er ohne eine besondere Vermögenseinbuße davon kommt, während ein anderer Unfallbeteiligter, dem nur eine Ordnungswidrigkeit zur Last fällt, mit einer Geldbuße zu belegen ist. Hier vermag die Auflage einer Geldleistung einen sinnvollen Ausgleich zu bewirken (vgl. auch Dreher Maurach-FS 291). Die Höhe der Geldleistung ist nicht durch die vorbehaltene Geldstrafe begrenzt (D-Tröndle 2, Ruß LK 3; and. Horn SK 4), sollte diese aber zumindest nicht wesentlich übersteigen. Gemeinnützige Leistungen i. S. des § 56b II Nr. 3 kommen allenfalls als finanzielle Opfer in Betracht. Anderen Leistungen steht der Verhältnismäßigkeitsgrundsatz entgegen.

Der Verwarnte kann sich entsprechend § 56b III zu angemessenen Leistungen erbieten, die 5 der Genugtuung für das begangene Unrecht dienen (vgl. dazu § 56b RN 26ff.). Insoweit ist er gem. § 265a StPO auch zu befragen. Bietet er solche Leistungen an, so ist i. d. R. von Auflagen vorläufig abzusehen. Die Nichterfüllung des Angebotenen berechtigt nicht zur Verurteilung zu der vorbehaltenen Strafe; sie gibt nur Anlaß, nunmehr eine zurückgestellte Auflage zu erteilen.

Die Entscheidung über Auflagen kann entsprechend § 56e *nachträglich* getroffen, geändert 6 oder aufgehoben werden. Vgl. dazu § 56e RN 3ff. Das dort Ausgeführte einschließlich der Einschränkungen für nachträgliche Entscheidungen gilt sinngemäß auch für die Auflagen bei der Verwarnung mit Strafvorbehalt.

IV. Die **Erteilung von Weisungen** ist in Abs. 3 auf bestimmte Weisungen beschränkt. Der 7 Verwarnte kann zum einen angewiesen werden, Unterhaltspflichten nachzukommen. Vgl. dazu § 56c RN 22. Zum andern kann das Gericht anordnen, daß der Verwarnte sich einer ambulanten Heilbehandlung (vgl. § 56c RN 26) oder einer ambulanten Entziehungskur (vgl. § 56c RN 27) unterzieht. Diese Anordnung setzt jedoch die Einwilligung des Verwarnten voraus (vgl. dazu § 56c RN 23 f.). Anders als nach § 56c III darf eine stationäre Behandlung nicht angeordnet werden. Die Einschränkung beruht wie bei der Unzulässigkeit sonstiger Weisungen (vgl. o. 1) auf der Erwägung, daß für eine Verwarnung kein Raum ist, wenn mit einer derartigen Hilfe weiteren Straftaten entgegengewirkt werden muß. Die zulässigen Weisungen können entsprechend § 56 e nachträglich erteilt, geändert oder aufgehoben werden. Von ihnen kann vorläufig abgesehen werden, wenn der Verwarnte entsprechende Zusagen macht und deren Einhaltung zu erwarten ist (Abs. 3 S. 2 i. V. mit § 56c IV). Hält er seine Zusage nicht ein, so darf deswegen die Verurteilung zu der vorbehaltenen Strafe noch nicht ausgesprochen werden. Vielmehr hat das Gericht erforderlichenfalls nunmehr die zulässigen Weisungen zu erteilen. Da die Weisung, sich einer ambulanten Heilbehandlung oder Entziehungskur zu unterziehen, von der Einwilligung des Verwarnten abhängt, diese aber beim Nichteinhalten der auf die Heilbehandlung oder die Entziehungskur gerichteten Zusage kaum zu erwarten ist, dürfte es zweckmäßig sein, eine solche Weisung trotz einer entsprechenden Zusage von vornherein auszusprechen.

§ 59 b Verurteilung zu der vorbehaltenen Strafe

(1) **Für die Verurteilung zu der vorbehaltenen Strafe gilt § 56 f entsprechend.**

(2) **Wird der Verwarnte nicht zu der vorbehaltenen Strafe verurteilt, so stellt das Gericht nach Ablauf der Bewährungszeit fest, daß es bei der Verwarnung sein Bewenden hat.**

1 I. Bewährt sich der Verwarnte innerhalb der Bewährungszeit nicht, so hat ihn das Gericht, sofern nicht die Erteilung einer weiteren Auflage oder einer Weisung nach § 59a III entsprechend § 56 f II ausreicht (vgl. u. 8), zu der **vorbehaltenen Strafe zu verurteilen**. Die Voraussetzungen bestimmen sich sinngemäß nach den Widerrufsgründen des § 56 f, der für die Verurteilung zur vorbehaltenen Strafe entsprechend anwendbar ist (Abs. 1).

2 1. Entsprechend § 56 f I Nr. 1 hat die Verurteilung zur vorbehaltenen Strafe zu erfolgen, wenn der Verwarnte in der Bewährungszeit eine **Straftat** begeht und dadurch zeigt, daß die Erwartung, die dem Strafvorbehalt zugrunde lag, sich nicht erfüllt hat. Die Einschränkung, die sich für den Widerruf der Strafaussetzung aus der Erwartungsklausel ergibt (vgl. § 56 f RN 4), hat für § 59 b keine nennenswerte Bedeutung. Der Maßstab für die Erwartung, die an den Verwarnten gestellt wird, ist strenger als der Maßstab, der bei der Strafaussetzung zugrunde gelegt wird (ebenso Lackner 1, Ruß LK 2). Der Strafvorbehalt gründet sich auf die Annahme, daß der Täter künftig überhaupt keine Straftaten, auch nicht solche geringfügiger Art, mehr begeht (vgl. § 59 RN 8). Die Erwartung erfüllt sich daher bereits bei einem Bagatelldelikt nicht, so daß dann die Verurteilung zur vorbehaltenen Strafe geboten ist. Im übrigen gilt für die Begehung einer Straftat das in RN 3 zu § 56 f Ausgeführte sinngemäß.

3 2. Die Verurteilung zur vorbehaltenen Strafe ist ferner entsprechend § 56 f I Nr. 3 auszusprechen, wenn der Verwarnte gegen **Auflagen** gröblich oder beharrlich **verstößt**. Vgl. dazu § 56 f RN 8. Entsprechend § 56 f I Nr. 2 ist der Verwarnte zur vorbehaltenen Strafe zu verurteilen, wenn er gegen die ihm nach § 59 a III erteilten **Weisungen** gröblich oder beharrlich verstößt und dadurch Anlaß zu der Besorgnis gibt, er werde erneut Straftaten begehen. Vgl. dazu § 56 f RN 6 f.

4 3. Die genannten Voraussetzungen müssen nach fester Überzeugung des Gerichts vorliegen. **Zweifel** sind zugunsten des Verwarnten zu buchen und stehen der Verurteilung entgegen. Zur Begründung gilt das in RN 2 zu § 56 f Gesagte entsprechend.

5 4. Liegen die genannten Voraussetzungen vor, so **hat** das Gericht die **vorbehaltene Strafe zu verhängen**. Eine Ausnahme besteht nur, wenn die Erteilung weiterer Auflagen oder Weisungen gem. § 59a III ausreicht, um hinreichend auf den Verwarnten einzuwirken (vgl. u. 8). Zu erkennen ist auf die im Verwarnungsurteil vorbehaltene Geldstrafe. Abänderungen sind unzulässig, auch dann, wenn sich die persönlichen und wirtschaftlichen Verhältnisse des Verwarnten verändert haben und deshalb die Tagessatzhöhe nunmehr anders zu bemessen wäre. Zulässig ist aber, Zahlungserleichterungen gem. § 42 zu bewilligen. Härten können auch nach § 459 f StPO ausgeglichen werden.

6 5. Die Verhängung der vorbehaltenen Strafe kann sowohl **während** der **Bewährungszeit** als auch **nach** deren **Ablauf** erfolgen. Vgl. dazu das Entsprechende zum Widerruf der Strafaussetzung in RN 13 f. zu § 56 f. Die Entscheidung trifft das Gericht ohne mündliche Verhandlung durch Beschluß (§ 453 I StPO; zur Zuständigkeit vgl. § 462a II, IV StPO). Zuvor sind jedoch die StA und der Verwarnte zu hören. Der Beschluß kann mit sofortiger Beschwerde angefochten werden. Die rechtskräftige Entscheidung wird in das BZR eingetragen (§ 12 II 1 BZRG). Sie kann anders als der Widerruf der Strafaussetzung bei Vorliegen von Wiederaufnahmegründen nicht ohne weiteres aufgehoben werden; es ist vielmehr ein Wiederaufnahmeverfahren erforderlich (Lackner 2, Ruß LK 4).

6. Leistungen, die der Verwarnte zur **Erfüllung einer Auflage** oder eines Anerbietens erbracht hat, werden entsprechend § 56f III nicht erstattet. Gleiches gilt für Leistungen zur Erfüllung von Weisungen oder Zusagen. Soweit es sich um auferlegte Geldbeträge zugunsten einer gemeinnützigen Einrichtung oder der Staatskasse oder um Leistungen auf Grund eines entsprechenden Anerbietens handelt, können sie durch das Gericht auf die erkannte Strafe angerechnet werden. Vgl. dazu § 56f RN 18f.

7. Die **Verurteilung** zur vorbehaltenen Strafe kann entsprechend § 56f II **zurückgestellt** werden, wenn die Erteilung weiterer Auflagen oder Weisungen gem. § 59a III ausreicht, um hinreichend auf den Verwarnten einzuwirken (vgl. dazu § 56f RN 11). Diese Möglichkeit kommt indes nur in Ausnahmefällen in Betracht. Hat der Verwarnte in der Bewährungszeit eine Straftat begangen oder hat er gröblich oder beharrlich gegen Auflagen oder Weisungen verstoßen, so ist es i. d. R. nicht angezeigt, ihn weiterhin von der Verurteilung zu der Geldstrafe zu verschonen (Ruß LK 6). Unzulässig ist, dem Verwarnten andere als die in § 59a III genannten Weisungen zu erteilen oder ihn einem Bewährungshelfer zu unterstellen, um dadurch die Verurteilung abzuwenden. Dagegen darf an sich die Bewährungszeit verlängert werden. Eine sachliche Berechtigung, dem Verwarnten, der die an ihn gestellten Anforderungen nicht erfüllt hat, durch Verlängerung der Bewährungszeit die Verurteilung nochmals zu ersparen, besteht im allgemeinen aber nicht.

II. Unterbleibt eine Verurteilung nach Abs. 1, so stellt das Gericht nach Ablauf der Bewährungszeit fest, daß es **bei der Verwarnung sein Bewenden** hat (Abs. 2). Die Entscheidung erfolgt durch Beschluß und ist mit der sofortigen Beschwerde anfechtbar (§ 453 StPO). Mit Rechtskraft der Entscheidung bleibt der Verwarnte endgültig von der Verurteilung zu Strafe verschont und bleibt damit nicht vorbestraft. Die Eintragung über die Verwarnung wird aus dem BZR entfernt (§ 12 II 2 BZRG); nach § 51 I BZRG entsteht ein Verwertungsverbot (BGH 28 338). Die gerichtliche Feststellung nach Abs. 2 kann anders als der Straferlaß nach § 56g II nicht widerrufen werden. Leistungen zur Erfüllung von Auflagen usw. werden ebensowenig wie beim Straferlaß erstattet. Zwar fehlt in § 59 eine derartige Regelung; sie ergibt sich aber aus dem Sinn solcher Leistungen.

§ 59c Gesamtstrafe und Verwarnung mit Strafvorbehalt

(1) **Hat jemand mehrere Straftaten begangen, so sind bei der Verwarnung mit Strafvorbehalt für die Bestimmung der Strafe die §§ 53 bis 55 entsprechend anzuwenden.**

(2) **Wird der Verwarnte wegen einer vor der Verwarnung begangenen Straftat nachträglich zu Strafe verurteilt, so sind die Vorschriften über die Bildung einer Gesamtstrafe (§§ 53 bis 55 und 58) mit der Maßgabe anzuwenden, daß die vorbehaltene Strafe in den Fällen des § 55 einer erkannten Strafe gleichsteht.**

I. Die Vorschrift betrifft die **Gesamtstrafenbildung** im Zusammenhang mit einer **Verwarnung.** Sie ergänzt die §§ 53 ff., die auf verhängte Strafen abstellen. Eine Ergänzung war einmal für die Fälle notwendig, in denen der Täter trotz mehrerer, gleichzeitig aburteilbarer Straftaten mit Strafvorbehalt zu verwarnen ist. Diese Fälle erfaßt Abs. 1. Zum anderen bedurfte es einer Ergänzung für die Fälle, in denen ein Verwarnter nach der Verwarnung wegen einer vorher begangenen Straftat zu Strafe verurteilt wird. Insoweit greift Abs. 2 ein.

II. Abs. 1 geht davon aus, daß der Täter auch für die Begehung mehrerer Straftaten mit Strafvorbehalt verwarnt werden kann. Voraussetzung ist, daß sämtliche Einzeltaten und ihre Gesamtbeurteilung den Erfordernissen des § 59 I Nr. 1–3 entsprechen. Außerdem darf die an sich verwirkte Gesamtgeldstrafe, d. h. die Gesamtgeldstrafe, die bei einer Verurteilung zu Strafe zu verhängen wäre, 180 Tagessätze nicht überschreiten. Das ergibt sich aus dem Erfordernis der Gesamtbeurteilung. Läßt bereits eine Tat die Verwarnung mit Strafvorbehalt nicht zu, so darf diese auch wegen der anderen Taten nicht ausgesprochen werden, da sie neben einer Strafe unzulässig ist (vgl. § 59 RN 5).

1. Werden mehrere **Straftaten** eines Täters **gleichzeitig abgeurteilt** und ist er mit Strafvorbehalt zu verwarnen, so hat die Bestimmung der vorzubehaltenden Strafe entsprechend den §§ 53, 54 zu erfolgen. Es ist also für jede Tat eine Geldstrafe als Einzelstrafe zu bestimmen und daraus gem. § 54 I die Gesamtgeldstrafe zu bilden (vgl. näher Anm. zu §§ 53, 54). Die Verurteilung zu dieser Gesamtgeldstrafe ist dann im Urteil vorzubehalten. Entsprechend § 53 III i. V. mit § 52 IV ist neben der Verwarnung auf Verfall, Einziehung oder Unbrauchbarmachung zu erkennen, wenn eine solche Maßnahme bereits wegen einer Tat zu treffen ist.

4 2. Möglich ist auch, daß eine vor der Verwarnung begangene Tat erst **nachher** zur **Aburteilung** gelangt und unter Berücksichtigung der bereits abgeurteilten Tat wiederum eine Verwarnung auszusprechen ist. Die frühere Verwarnung ist dann entsprechend § 55 in die spätere Entscheidung einzubeziehen. Aus der im früheren Urteil vorbehaltenen Strafe und der Strafe, die für die nunmehr abzuurteilende Tat verwirkt ist, hat das Gericht eine Gesamtgeldstrafe zu bilden und die Verurteilung zu dieser Strafe vorzubehalten. War im früheren Urteil die Verurteilung zu einer Gesamtgeldstrafe vorbehalten, so gilt für die Bestimmung der neuen Gesamtgeldstrafe das in RN 38 ff. zu § 55 Ausgeführte entsprechend. Eine in der früheren Entscheidung ergangene Anordnung des Verfalls, der Einziehung oder der Unbrauchbarmachung ist entsprechend § 55 II aufrechtzuerhalten. Bei der neu festgesetzten Bewährungszeit ist die bereits abgelaufene Bewährungszeit entsprechend RN 11 zu § 58 zu berücksichtigen.

5 III. Wird der Verwarnte wegen einer vor der Verwarnung begangenen Straftat nachher **zu Strafe verurteilt,** so ist nach Abs. 2 die vorbehaltene Strafe in die Gesamtstrafenbildung einzubeziehen. Einer Strafe, wie sie § 55 an sich voraussetzt, steht danach die vorbehaltene Strafe gleich. Aus dieser und der nunmehr zu verhängenden Strafe ist eine Gesamtstrafe zu bilden. Das gilt allerdings nur, wenn vor der neuen Entscheidung noch keine Feststellung nach § 59b II getroffen worden ist, daß es bei der Verwarnung sein Bewenden hat. Andernfalls ist die vorbehaltene Strafe einer erlassenen Strafe gleichzustellen, die nach § 55 I einer Gesamtstrafenbildung nicht mehr zugänglich ist. Wird die vorbehaltene Strafe in das neue Urteil einbezogen, so ist damit die Verwarnung mit Strafvorbehalt gegenstandslos geworden. Ist neben der Verwarnung auf Verfall, Einziehung oder Unbrauchbarmachung erkannt worden, so ist diese Maßnahme gem. § 55 II aufrechtzuerhalten. Leistungen, die der Verwarnte zur Erfüllung von Auflagen, Anerbieten, Weisungen oder Zusagen erbracht hat, werden entsprechend § 58 II 2 i. V. mit § 56 f III nicht erstattet. Handelt es sich um Geldbeträge zugunsten einer gemeinnützigen Einrichtung oder der Staatskasse oder um Leistungen auf Grund eines entsprechenden Anerbietens, so können die Leistungen durch das Gericht auf die Strafe angerechnet werden (vgl. dazu § 56 f RN 18 f., § 58 RN 13). Wird die in der neuen Entscheidung erkannte Strafe zur Bewährung ausgesetzt, so ist die mit der Verwarnung verbundene Bewährungszeit, die schon abgelaufen ist, entsprechend § 58 II zu berücksichtigen (vgl. dazu § 58 RN 11). Auf § 460 StPO läßt sich Abs. 2 nicht entsprechend anwenden (D-Tröndle 2; and. Lackner 3, Ruß LK 4).

6 Keine Besonderheiten gelten, wenn vor der neuen Entscheidung bereits die Verurteilung zu der vorbehaltenen Strafe gem. § 59b I erfolgt ist. Da hier auf Strafe erkannt worden ist, sind die allgemeinen Regeln des § 55 ohne besondere Maßgabe anwendbar.

§ 60 Absehen von Strafe

Das Gericht sieht von Strafe ab, wenn die Folgen der Tat, die den Täter getroffen haben, so schwer sind, daß die Verhängung einer Strafe offensichtlich verfehlt wäre. Dies gilt nicht, wenn der Täter für die Tat eine Freiheitsstrafe von mehr als einem Jahr verwirkt hat.

Schrifttum: Eser, Absehen von Strafe, Maurach-FS 257. – *Maiwald,* Das Absehen von Strafe nach § 16 StGB, ZStW 83, 663. – *Müller-Dietz,* Absehen von Strafe (§ 60 n. F.), Lange-FS 303. – *Wagner,* Die selbständige Bedeutung des Schuldspruchs usw., GA 72, 33.

1 I. Schwere Tatfolgen, die den Täter (oder Teilnehmer) unmittelbar oder mittelbar getroffen haben, können eine Strafe als unangebracht erscheinen lassen. § 60 eröffnet daher in solchen Fällen die Möglichkeit, von Strafe abzusehen, wenn diese offensichtlich verfehlt wäre, z. B. der Täter infolge der Tat einen nahen Angehörigen verloren hat. Die Bestimmung betrifft als Ausdruck einer präventiven Betrachtungsweise den Bereich der Strafzumessung. Tat und Schuld erscheinen durch die Folgen, die den Täter mit seiner Tat getroffen haben, als hinreichend kompensiert, so daß das Strafbedürfnis entfällt. Krit. dazu Maiwald ZStW 83, 691, JZ 74, 775.

2 II. Das Absehen von Strafe ist **obligatorisch**, wenn die Voraussetzungen des § 60 vorliegen. Eine Ermessensentscheidung ist dem Gericht nicht eingeräumt worden. **Voraussetzungen** für das Absehen von Strafe sind:

3 1. Die **Folgen** der Tat, die den Täter getroffen haben, müssen **schwer** sein. Dabei kommen nicht nur Folgen in Betracht, die der Täter am eigenen Leib zu spüren hat, sondern auch solche, die nahe Angehörige oder sonst nahestehende Personen treffen und so mittelbar für den Täter eine schwere Folge sind, wie bei der fahrlässigen Tötung oder schweren Verletzung des Ehegatten durch einen verschuldeten Verkehrsunfall (vgl. Bay NJW **72**, 696, Karlsruhe NJW **74**, 1006, AG Köln DAR **80**, 188) oder beim mißlungenen Doppelselbstmord. Daß daneben auch Dritte

Absehen von Strafe 4–9 § 60

von den Folgen betroffen sind, schließt § 60 nicht aus (Celle NJW 71, 575, Frankfurt NJW 71, 767, Köln NJW 71, 2036, Bay NJW 72, 696, Karlsruhe NJW 74, 1007; vgl. aber D-Tröndle 4). Die Folgen brauchen nicht unverschuldet zu sein. Der Grad des Verschuldens kann jedoch wie auch das Mitverschulden des Verletzten für die Beurteilung von Bedeutung sein, ob die Verhängung einer Strafe offensichtlich verfehlt ist (vgl. Karlsruhe NJW 74, 1007).

a) Zu berücksichtigen sind nicht nur **Folgen** an Leib oder Leben des Täters oder eines 4 Angehörigen, sondern auch Folgen **materieller Art** (D-Tröndle 3, Horn SK 6). Hat z. B. der Täter durch eine Untreue bei dem treuwidrig durchgeführten Geschäft nicht nur seinem Auftraggeber Schaden zugefügt, sondern auch selbst sein ganzes Vermögen verloren, so kann diese Tatsache im Rahmen des § 60 bedeutsam sein. Bei fahrlässiger Brandstiftung kann der erhebliche Sachschaden des Täters die Anwendung des § 60 bedingen (D-Tröndle 3). Beschädigung des eigenen PKWs bei einem Verstoß gegen § 315 oder § 315c genügt zumeist jedoch nicht, auch nicht bei Fahrlässigkeit (vgl. Bay NJW 71, 766).

b) Die Maßstäbe, die bei der Frage, ob eine Folge „schwer" ist, anzulegen sind, haben auf die 5 individuelle Situation, d. h. darauf Rücksicht zu nehmen, ob die Folge gerade diesen Täter schwer trifft (Zweibrücken VRS 45 107, Wagner GA 72, 51). Es darf daher kein Durchschnittsmaßstab angelegt werden. Zu beurteilen ist, ob sich der eingetretene Schaden gerade für diesen Angekl. als ein schwerer Nachteil darstellt, den er wie eine Strafe des Schicksals gleich schwer oder schwerer als eine staatliche Strafe empfinden würde. Erschütterung und Reue über die Tat können nicht als Folge i. S. des § 60 gelten (BT-Drs. V/4094 S. 7), wohl aber erhebliche psychische Störungen krankhafter Art und längerer Dauer (D-Tröndle 3).

c) Was im übrigen als Folge der Tat gelten kann, ist zweifelhaft. Nach Horn SK 5, Jescheck 6 771 sollen nur unmittelbare Folgen zu berücksichtigen sein, nicht z. B. eine wegen der Tat erfolgte Kündigung. Da aber sicher die durch eine Straftat bewirkte Arbeitsunfähigkeit relevant wäre, kann die Berücksichtigung **mittelbarer Folgen nicht ausgeschlossen** werden, wie der Verlust des Arbeitsplatzes (vgl. auch Hirsch LK 30, Schäfer Tröndle-FS 401). Maßgeblicher Faktor ist allein, ob das, was dem Täter selbst auf Grund seiner Tat widerfahren ist, eine Strafe als Antwort auf die Tat schlechterdings erübrigt (vgl. Hirsch LK 26). Dementsprechend kann nicht nur eine schwere Verletzung, die das Opfer dem Täter in Notwehr zugefügt hat, zum Absehen von Strafe führen, sondern ebenfalls ein schwerer Verlust als Folge einer Notwehrüberschreitung oder einer Vergeltungsmaßnahme.

d) Treffen bei einer Straftat Schädigungen eines Angehörigen mit solchen von dritten Perso- 7 nen zusammen, so ist einheitlich darüber zu entscheiden, ob die Folge, die den Täter durch die Verletzung des Angehörigen trifft, ausreicht, das Strafbedürfnis hinsichtlich der Verletzung des Dritten auszuschließen (Bay NJW 72, 696). Da § 60 eine Strafzumessungsregel enthält, ist er in die allgemeine Vorschrift des § 46 eingebettet zu interpretieren. Dies bedeutet, daß nicht ausschließlich die Folgen, die den Täter treffen, maßgeblich sein können, sondern auch zu berücksichtigen ist, wie schwer die von ihm verursachten Folgen an anderen Rechtsgütern sind (Hamm MDR 72, 66). Dies gilt sowohl bei Schäden an der Person wie an Sachen (vgl. Frankfurt NJW 72, 456).

2. Die Verhängung einer Strafe muß **offensichtlich verfehlt** sein. Es muß sich demnach das 8 Urteil aufdrängen, daß eine Strafe unter keinem der für sie maßgebenden Gesichtspunkte eine sinnvolle Funktion hat. Das ist dann der Fall, wenn im Verhältnis zu der schweren Folge der Tat die Zufügung des staatlichen Strafübels für den Täter nicht mehr ins Gewicht fällt, er also als durch die schwere Folge hinreichend „bestraft" gelten kann und auch keine der üblichen Aufgaben der Strafe mehr als sinnvoll erscheinen (vgl. Hamm VRS 43 19, ferner BGH 27 298, MDR/D 72, 750, Frankfurt NJW 71, 768, Zweibrücken VRS 45 107, Karlsruhe NJW 74, 1006 m. krit. Anm. Maiwald JZ 74, 773). Daß sich eine Strafe unter täterbezogenen Gesichtspunkten erübrigt, reicht allein nicht aus. Außerdem muß von den Tatfolgen eine hinreichende generalpräventive Wirkung ausgehen, eine Bestrafung des Täters als weitere Folge der Tat muß sich demgemäß für die Allgemeinheit erübrigen. An dieser Voraussetzung fehlt es nach BGH MDR/D 73, 899, wenn ein Abtreibungseingriff bei der eigenen Ehefrau deren Tod verursacht hat. Zur Gesamtwürdigung vgl. Köln NJW 71, 2036, Müller-Dietz aaO 311 ff. Zu beachten ist, daß § 60 eine Ausnahmevorschrift darstellt (Stuttgart Justiz 70, 423, Bay NJW 71, 766 [Schreck über Gefährdung naher Angehöriger genügt nicht], Hamm MDR 72, 66). Der Grundsatz in dubio pro reo ist nicht anwendbar, soweit Zweifel bestehen, ob die Bestrafung verfehlt ist, wohl aber, soweit Zweifel die zugrunde zu legenden Tatsachen betreffen (BGH 27 298). Dem Ausnahmecharakter entsprechend bedarf es einer Prüfung des § 60 nur, wenn sich die Möglichkeit des Absehens von Strafe unmittelbar aufdrängt (Karlsruhe NJW 74, 1006).

3. § 60 ist auf **alle Arten von Straftaten** anwendbar. Weder Verbrechen allgemein noch 9 bestimmte Gruppen von Deliktsarten wie etwa Trunkenheitsfahrten sind ausgenommen (vgl.

Stree

Karlsruhe NJW **74**, 1007 m. Anm. Maiwald JZ 74, 773, Celle NStZ **89**, 385). So ist z. B. eine Strafe für fahrlässige Trunkenheitsfahrt nach § 316 offensichtlich verfehlt, wenn diese zu schweren Verunstaltungen im Gesicht des Täters geführt hat (LG Frankenthal DAR **79**, 337; vgl. auch Celle aaO). Auch bei vorsätzlichen Tötungsdelikten (z. B. § 216) kann § 60 zur Anwendung kommen (BGH **27** 298, MDR/D **72**, 750). Bei mehreren Gesetzesverletzungen sind die Voraussetzungen des § 60 bezüglich jedes einzelnen Tatbestandes zu prüfen. Im Falle der Idealkonkurrenz ist jedoch die Frage, ob von Strafe abzusehen ist, einheitlich zu beantworten (Bay NJW **72**, 696, Karlsruhe NJW **74**, 1007 m. Anm. Zipf JR 75, 162).

10   **III. Ausgeschlossen** sind die Fälle, in denen Freiheitstrafe (auch Jugendstrafe) von **mehr als einem Jahr** verwirkt wäre, gleichgültig, ob für ein Verbrechen oder ein Vergehen. Entscheidend ist nur, daß eine höhere Freiheitsstrafe als 1 Jahr verhängt werden müßte. Das Gericht hat also zunächst zu entscheiden, ob es Freiheitsstrafe von oder bis zu einem Jahr festsetzen würde (krit. dazu Maiwald ZStW 83, 691, JZ 74, 775, Müller-Dietz aaO 318 f.), und zwar unter Berücksichtigung aller Zumessungsgründe (D-Tröndle 2, Lackner 3a; and. Horn SK 3, der insoweit nur der Tatschuld Bedeutung zumißt). Dann erst ist darüber zu befinden, ob § 60 anwendbar ist. Es ist jedoch nicht erforderlich, die „an sich verwirkte" Freiheitsstrafe exakt zu bestimmen; es genügt, daß das Gericht sich darüber klar wird, ob Freiheitsstrafe bis zu oder über einem Jahr zu verhängen wäre (Hirsch LK 16, Lackner 3a, D-Tröndle 2). Unschädlich ist, daß die Strafe bis zu einem Jahr auf einem besonderen gesetzlichen Milderungsgrund beruht; § 50 schränkt § 60 nicht ein (BGH **27** 298).

Auch in den Fällen einer Strafe über einem Jahr könnte die Strafe „offensichtlich verfehlt" sein (Maiwald ZStW 83, 686). Der Gesetzgeber hat jedoch einen Kompromiß mit der Forderung nach hinreichender Reaktion auf ein Fehlverhalten schließen müssen, die bei schweren Taten ein Absehen von Strafe auch unter den Voraussetzungen des § 60 nicht zuläßt.

11   **IV.** Über **Absehen von Strafe** vgl. 54 ff. vor § 38. Der Täter ist der begangenen Straftat schuldig zu sprechen, und es sind ihm die Verfahrenskosten aufzuerlegen. Außerdem ist im Urteilstenor das Absehen von Strafe auszusprechen. Zulässig bleibt die Anordnung einer Maßregel der Besserung und Sicherung, soweit diese nicht an eine Bestrafung anknüpft, namentlich die Entziehung der Fahrerlaubnis (vgl. § 69 RN 22, Hirsch LK 45). In den Urteilsgründen sind im einzelnen die Erwägungen anzugeben, die zum Absehen von Strafe geführt haben. Aus den Gründen muß sich insbesondere auch nachprüfbar ergeben, weshalb die verwirkte Strafe nicht mehr als ein Jahr betragen hätte. Zur begrenzten revisionsgerichtlichen Nachprüfbarkeit vgl. Karlsruhe NJW **74**, 1006, Hirsch LK 48.

12   **V.** Soweit das Absehen von Strafe entfällt, weil trotz der schweren Tatfolgen die Verhängung einer Strafe nicht unter allen maßgebenden Gesichtspunkten offensichtlich verfehlt ist oder weil die verwirkte Freiheitsstrafe ein Jahr übersteigt, sind die schweren Folgen bei der Strafzumessung **strafmildernd** zu berücksichtigen (Hirsch LK 44, D-Tröndle 7, Zipf JR 75, 164). Das gesetzliche Mindestmaß darf jedoch nicht unterschritten werden. Das Strafmaß braucht andererseits nicht dem Schuldmaß voll zu entsprechen. Ein Unterschreiten der schuldangemessenen Strafe ist zulässig (vgl. 18a vor § 38), und zwar nicht nur, wenn das Absehen von Strafe nach § 60 S. 2 ausgeschlossen ist (so aber anscheinend Hirsch LK 44).

Sechster Titel. Maßregeln der Besserung und Sicherung

Vorbemerkungen zu den §§ 61 ff.

Schriftum: Albrecht, Die Bekämpfung der Asozialität, Mat. II 229. – *Baumann*, Unterbringungsrecht, 1966. – *Blei*, Verhältnismäßigkeitsgrundsatz und Maßregeln der Sicherung und Besserung, JA 71, 235. – *Bockelmann*, Studien zum Täterstrafrecht, Teil I 1939, Teil II 1940. – *Bruns*, Sicherungsmaßregeln und Verschlechterungsverbot, JZ 54, 730. – *Exner*, Die Theorie der Sicherungsmittel, 1914. – *Gribbohm*, Der Grundsatz der Verhältnismäßigkeit usw., JuS 67, 349. – *Horstkotte*, Über die Maßregeln der Sicherung und Besserung, JZ 70, 152. – *Lenckner*, Strafe, Schuld und Schuldfähigkeit, in: Göppinger-Witter, Handbuch der forensischen Psychiatrie (1972). – *Müller*, Anordnung und Aussetzung freiheitsentziehender Maßregeln der Besserung und Sicherung, 1981. – *Pfander*, Inwiefern unterscheiden sich Strafen und Maßnahmen?, SchwZStr. 59, 60. – *Rietzsch*, Gesetz gegen gefährliche Gewohnheitsverbrecher und über Maßregeln der Sicherung und Besserung (2. A.), in: Pfundtner-Neuberg, Das neue Deutsche Reichsrecht II c 10 (im folgenden angeführt als Rietzsch). – *E. Schäfer*, in: Die Rechtsentwicklung der Jahre 1933 bis 1935/36 S. 369. – *L. Schäfer-Wagner-Schafheutle*, Gesetz gegen gefährliche Gewohnheitsverbrecher und über Maßregeln der Sicherung und Besserung, 1934. – *Schröder*, Die Erforderlichkeit von Sicherungsmaßregeln, JZ 70, 92. – *Stooß*, Zur Natur der sichernden Maßnahmen, SchwZStr. 44, 261. – *Stratenwerth*, Zur Rechtsstaatlichkeit der freiheitsentziehenden Maßnahmen im Strafrecht, SchwZStr. 82, 337.

Wertvolle Beiträge auch rechtsvergleichender Art enthält: *Römischer Kongreß für Kriminologie* (Beiträge zur Rechtserneuerung Heft 8), 1939. Über die Bestrebungen zur Vereinheitlichung von Strafen und Sicherungsmaßnahmen vgl. Dt. Landesreferate für den 6. Internationalen Strafrechtskongreß (Rom 1953) in ZStW 65, 481 (Dreher), 66, 172 (Mezger, Schröder). Vgl. ferner *Heldmann,* Die Maßnahmen der Sicherung und Besserung ohne Freiheitsentziehung, Mat. II 239. – *Herrmann,* Die mit Freiheitsentziehung verbundenen Maßnahmen der Sicherung und Besserung, Mat. II 193.

I. Da das Strafrecht des StGB ein Schuldstrafrecht ist (vgl. 6ff. vor § 38), können nicht alle Bedürfnisse der Allgemeinheit nach Sicherung vor gefährlichen Verbrechern und nach heilender Einwirkung auf kranke Täter durch das Institut der Strafe erfüllt werden. Dies bedingt die Entscheidung für die sog. **Zweispurigkeit,** indem die Strafe von reiner Prävention freigehalten und den weitergehenden präventiven Notwendigkeiten durch besondere Maßregeln außerhalb der Strafe Rechnung getragen wird.

Die Maßregeln finden ihre **Rechtfertigung** im Sicherungsbedürfnis der staatlichen Gemeinschaft sowie in deren Verpflichtung, besserungsfähige Täter nach Möglichkeit zu resozialisieren. Beide Aufgaben sind mit den Prinzipien des Rechtsstaats vereinbar. Die im Staat organisierte menschliche Gemeinschaft muß und darf sich vor gefährlichen Mitgliedern in einem Umfang schützen, der ihr Sicherungsbedürfnis befriedigt (vgl. Stree, Deliktsfolgen und Grundgesetz, 1960, 217ff., Stratenwerth SchwZStr. 82, 337ff. u. 105, 105ff., Jescheck 77, Lenckner aaO 185f.).

Die Maßregeln werden, soweit die Schuldfähigkeit des Betroffenen erwiesen ist, neben der Strafe angeordnet und, abgesehen von der Sicherungsverwahrung, gemäß § 67 grundsätzlich vor der Strafe vollzogen, wenn es sich um eine freiheitsentziehende Maßregel handelt. Das Gericht darf sich die Anordnung von Maßregeln nach §§ 61ff. nicht vorbehalten (vgl. RG **68** 384, BGH **5** 350). Da dies bei Vollzug der Strafe vor dem Maßregelvollzug zu Schwierigkeiten in der Beurteilung der Frage führt, ob noch Verbüßung der Freiheitsstrafe ein Sicherungsbedürfnis besteht, bestimmt § 67c, daß das Gericht vor dem Ende des Strafvollzugs zu prüfen hat, ob der Zweck der Maßregel die Unterbringung noch erfordert.

II. Entgegen der allgemeinen Meinung hat H. Mayer AT 378, 379 in der Sicherungsverwahrung und im Berufsverbot echte Strafen gesehen; auch die anderen Maßregeln sind für ihn keine echten Sicherungsmaßnahmen, vielmehr „personenrechtlicher Natur und den entsprechenden Maßnahmen des bürgerlichen oder Verwaltungsrechts wesensgleich". Vgl. auch Cramer NJW 68, 1764, der die Fahrerlaubnisentziehung als Strafe ansieht, wenn sie wegen charakterlicher Mängel erfolgt (vgl. § 69 RN 2).

Die Maßregeln der Besserung und Sicherung sind in das deutsche Strafrecht durch das GewohnheitsverbrecherG vom 24. 11. 1933 eingeführt worden. Dies stellt die tiefgreifendste Maßnahme im Rahmen der allmählichen Anpassung des StGB an die Reformforderungen dar. Denn die Vorschriften über die sichernden Maßnahmen entsprechen jahrzehntealten Forderungen an den Gesetzgeber; eines der Hauptziele der Strafrechtsreformbewegung ist damit verwirklicht worden.

III. Liegen die Voraussetzungen für die Anordnung einer Maßregel vor, dann **muß** diese grundsätzlich erfolgen; nur die Anordnung der Sicherungsverwahrung nach § 66 II, der Führungsaufsicht und des Berufsverbots steht im pflichtmäßigen Ermessen des Gerichts. Drängen die Umstände des Falles zu einer Maßregelanordnung, so ist das Absehen von ihr näher zu begründen (BGH MDR/H **90**, 886).

IV. Die Maßregeln sind sowohl gegen **Inländer** wie gegen **Ausländer** zulässig (vgl. RG JW **39**, 87, HRR **34** Nr. 1718, **40** Nr. 179). Gegen **Jugendliche** dürfen nur Unterbringung in einem psychiatrischen Krankenhaus oder einer Entziehungsanstalt sowie Führungsaufsicht und Entziehung der Fahrerlaubnis angeordnet werden (§ 7 JGG). Zur Unterbringung eines Jugendlichen in einem psychiatrischen Krankenhaus beim Zusammentreffen entwicklungsbedingter und krankhafter Störungen vgl. BGH **26** 67 m. Anm. Brunner JR 76, 116. Zur Unterbringung Jugendlicher in einer Entziehungsanstalt vgl. § 93a JGG und dazu LG Bonn NJW **77**, 345.

V. Alle Maßregeln der Besserung und Sicherung erfordern als in die Zukunft gerichtete richterliche Maßnahmen eine **Prognose** über die **zukünftige Gefährlichkeit** des Täters. Zur Prognoseerstellung vgl. § 56 RN 15a und näher Hanack LK 100ff. vor § 61, Horstkotte LK § 67c RN 48ff. Zweifelhaft kann sein, welche Maßstäbe für die Beurteilung der Gefährlichkeit maßgeblich sind und auf welchen Zeitpunkt die Beurteilung zu beziehen ist.

1. Für alle Maßregeln gilt der Grundsatz, daß die bloße Möglichkeit weiterer Straftaten nicht ausreicht, sondern deren **Wahrscheinlichkeit** erforderlich ist. Ist die Gefahr nur möglich oder läßt sich ein sicheres Urteil über die Wahrscheinlichkeit nicht abgeben, so darf die Maßregel nicht angeordnet werden (BGH **5** 352, Bruns JZ 58, 651, D-Tröndle 3 vor § 61, Hanack LK 49 vor § 61, Lackner § 61 Anm. 4a, Müller aaO 133, Stree, In dubio pro reo [1962] 96ff.; vgl. weiter BGH GA **55**, 151, RG **73** 304; and. Geerds MSchrKrim 60, 94; vgl. auch Schröder JZ 70, 93). Vgl. aber auch Frisch, Prognoseentscheidungen im Strafrecht, 1983, 61ff., der das Vorhan-

§ 61 Allg. Teil. Rechtsfolgen d. Tat – Maßregeln d. Besserung u. Sicherung

densein einer Persönlichkeitsstruktur beim Täter verlangt, die unter bestimmten, naheliegenden situativen Voraussetzungen zur Begehung von Straftaten führt.

10 2. Bei der Gefährlichkeitsprognose ist im allgemeinen nur auf den **Zeitpunkt des Urteils** abzustellen und die Wirkung, die von der Strafverbüßung auf den Täter ausgehen kann, außer Betracht zu lassen. Das gilt auch bei freiheitsentziehenden Maßregeln, die erst nach Verbüßung einer Freiheitsstrafe vollzogen werden. Dies ergibt § 67c, nach dem vor dem Ende des Strafvollzugs die fortdauernde Notwendigkeit des Maßregelvollzugs festgestellt werden muß. Das erkennende Gericht hat sich somit darauf zu beschränken, die Gefährlichkeit des Täters im Urteilszeitpunkt zu prüfen (BGH 25 29 m. Anm. Schröder JR 73, 160, Lenckner aaO 190, Schröder JZ 70, 93). Nach dem BGH (vgl. § 66 RN 57) soll es aber zulässig sein, bei einer im richterlichen Ermessen liegenden Maßregelanordnung später zu erwartende Entwicklungen beim Täter zu berücksichtigen. Auch bei den Maßregeln ohne Freiheitsentziehung ist grundsätzlich der Urteilszeitpunkt für die Prognose maßgebend (vgl. § 68 RN 7, § 69 RN 52, § 70 RN 13). Zu den Ausnahmen vgl. § 68 RN 8, § 70 RN 13.

11 3. Bei der Gefährlichkeitsprognose sind nur Delikte zu berücksichtigen, die vom Täter in der Zeit drohen, in der ihm die Freiheit belassen wird. Delikte, die als fluchttypische Taten nur bei oder nach Entweichen aus einer Vollzugsanstalt begangen werden, bleiben außer Betracht (vgl. BGH StV 81, 71 m. Anm. Plähn), ebenso Delikte im Straf- oder Maßregelvollzug. Solchen Gefahren ist mit der Gestaltung des Vollzuges zu begegnen, nicht mit einer Maßregel.

12 VI. Da die Maßregeln der Besserung und Sicherung ihre Rechtfertigung allein im Sicherungsbedürfnis der Allgemeinheit sowie in ihrer pädagogischen oder therapeutischen Aufgabe gegenüber einem gefährlichen Täter finden, ist gerade bei ihnen der **Grundsatz der Verhältnismäßigkeit** von besonderer Bedeutung. Die durch die §§ 61ff. vorgesehenen Eingriffe in die Freiheitssphäre des Staatsbürgers müssen in einem angemessenen Verhältnis zu den Gefahren stehen, die der Allgemeinheit von diesen Tätern drohen. Vgl. näher Anm. zu § 62.

13 VII. Soweit die Voraussetzungen einer Maßregel der Besserung und Sicherung zu prüfen sind, dürfen getilgte oder tilgungsreife Vorstrafen nach § 51 I BZRG nicht verwertet werden (vgl. BGH 25 100). Ausgenommen ist die Entziehung der Fahrerlaubnis, soweit die Verurteilung wegen der früheren Tat in das Verkehrszentralregister einzutragen war (§ 52 II BZRG).

14 VIII. Bei **Rechtsmitteln** gilt das Verbot der **reformatio in peius** nach §§ 331 II, 358 II, 373 II StPO nicht für die Unterbringung in einem psychiatrischen Krankenhaus oder einer Entziehungsanstalt. Eine solche Unterbringung kann daher in der Rechtsmittelinstanz neu angeordnet oder ausgetauscht werden oder auch nach Zurückverweisung von der 1. Instanz zusätzlich angeordnet werden. Für die übrigen Maßregeln besteht dagegen das Verbot der Schlechterstellung (BGH 5 168). Demnach ist zwar der Übergang von der Sicherungsverwahrung auf die Unterbringung in einem psychiatrischen Krankenhaus zulässig, nicht dagegen umgekehrt (BGH 25 38; and. BGH 5 314, dem jedenfalls i. E. Bruns JZ 54, 737 und Dallinger MDR 54, 334 zustimmen; es überzeugt jedoch nicht, daß der Rechtsmittelrichter bei unrichtiger Anordnung der Unterbringung in einem psychiatrischen Krankenhaus auf die Sicherungsverwahrung übergehen kann, während ihrer Anordnung das Verbot der Schlechterstellung entgegensteht, wenn der Erstrichter die Sicherungsverwahrung zu Unrecht abgelehnt hat; krit. auch Cramer NJW 68, 1765). Mit BGH 5 314 ist allerdings anzuerkennen, daß es keine feste Rangordnung zwischen den einzelnen Maßregeln gibt, die eine Maßregel als den Angekl. belastender erscheinen läßt (vgl. Bruns JZ 54, 731). Zum Austausch von Fahrerlaubnisentzug gegen Fahrverbot vgl. § 44 RN 3.

15 IX. Zur Möglichkeit **vorläufiger Maßnahmen** vgl. § 126a StPO (einstweilige Unterbringung in einem psychiatrischen Krankenhaus oder in einer Entziehungsanstalt), § 111a StPO (vorläufige Fahrerlaubnisentziehung), § 132a StPO (vorläufiges Berufsverbot).

§ 61 Übersicht

Maßregeln der Besserung und Sicherung sind
1. die Unterbringung in einem psychiatrischen Krankenhaus,
2. die Unterbringung in einer Entziehungsanstalt,
3. die Unterbringung in der Sicherungsverwahrung,
4. die Führungsaufsicht,
5. die Entziehung der Fahrerlaubnis,
6. das Berufsverbot.

Vorbem. Geändert durch Art. 4 StVollzÄndG.

Grundsatz der Verhältnismäßigkeit 1, 2 **§ 62**

I. Die Vorschrift enthält nur einen **Katalog** der möglichen Maßregeln der Besserung und 1
Sicherung. Die näheren Voraussetzungen für deren Anordnung sind in den folgenden Vorschriften geregelt. Der Katalog umfaßt nur die Maßregeln des StGB. Weitere Maßregeln enthält das Nebenstrafrecht, so § 41 BJagdG (Entziehung des Jagdscheins), § 20 TierschutzG (Verbot der Tierhaltung).

II. Weder auf Grund der Reihenfolge der aufgezählten Maßregeln noch allgemein läßt sich 2
sagen, wie die **Maßregeln im Vergleich zueinander** zu bewerten sind; insb. kann nicht allgemein die eine Maßregel als leichter oder schwerer als die andere bezeichnet werden; es kommt vielmehr immer auf den einzelnen Fall an (RG **69** 79, BGH **5** 314). Es ist möglich, verschiedene Maßregeln nebeneinander anzuordnen (§ 72). Bei der Wahl zwischen verschiedenen Maßregeln ist zunächst zu prüfen, welche von ihnen gesetzlich zulässig ist, sodann, welche dem Schutzbedürfnis der Allgemeinheit am besten genügt und den Umständen nach am zweckmäßigsten ist. Stehen dann noch mehrere Maßregeln zur Wahl, dann ist die den Täter am wenigsten beschwerende anzuordnen (§ 72 I 2; vgl. auch RG **73** 102, OGH **1** 197). Hierbei ist insb. der Grundsatz der Verhältnismäßigkeit zu beachten, so daß auch solche Maßnahmen ausscheiden, die dem Schutzbedürfnis der Allgemeinheit zwar optimal dienen, aber gegen das Übermaßverbot verstoßen. Vgl. noch Anm. zu § 72 sowie Bruns ZStW 60, 474.

III. Das Einschreiten gegen Geisteskranke sowie gewohnheitsmäßige Trinker und Rauschmittel- 3
süchtige, deren Gefährlichkeit sich nicht aus einer rechtswidrigen Tat i. S. des § 11 I Nr. 5, sondern aus sonstigen Umständen ergibt, erfolgt nicht nach den Vorschriften dieses Abschnittes; hierfür sind vielmehr die **Verwaltungsbehörden** zuständig. Diese benötigen jedoch bei Freiheitsentzug eine richterliche Anordnung oder Bestätigung (vgl. Art. 104 II GG). Für das richterliche Verfahren sind, da die Verwaltungsbehörden auf Grund Landesrechts gegen Geisteskranke oder Süchtige einschreiten, landesrechtliche Vorschriften maßgebend, nicht das Bundesges. vom 29. 6. 1956, BGBl. I 599; vgl. z. B. für Bremen Ges. vom 9. 4. 1979, GBl. 123, Baden-Württemberg UnterbringungsG vom 11. 4. 1983, GBl. 133, Bayern UnterbringungsG vom 20. 4. 1982, GVBl. 202, Berlin PsychKG vom 8. 3. 1985, GVBl. 586, Hamburg Ges. vom 22. 9. 1977, GVBl. 261, Hessen Ges. vom 19. 5. 1952, GVBl. 111, Niedersachsen Ges. vom 30. 5. 1978, GVBl. 443, Nordrhein-Westfalen Ges. vom 2. 12. 1969, GVBl. 251, Saarland UnterbringungsG vom 10. 12. 1969, ABl. 1970, 22. Vgl. Baumann, Unterbringungsrecht, 1966, Saage-Göppinger, Freiheitsentziehung und Unterbringung, 2. A. 1975

IV. Rechtliche **Nebenfolgen:** Wird die Unterbringung in einer Entziehungsanstalt oder in der 4
Sicherungsverwahrung angeordnet, so ist der Betroffene vom Wehrdienst ausgeschlossen, solange die Maßregel nicht erledigt ist (§ 10 I Nr. 3 WehrpflichtG). Ist er bereits Soldat, so ist er von der Bundeswehr ausgeschlossen und verliert seinen Dienstgrad (§ 30 I WehrpflichtG). Entsprechendes gilt für die Begründung und die Beendigung eines Dienstverhältnisses als Berufssoldat oder als Soldat auf Zeit (§ 38 I Nr. 3, § 48 Nr. 1, § 54 II Nr. 2 SoldatenG). Die Anordnung der Unterbringung nach den §§ 64, 66 bewirkt ferner den Ausschluß vom Zivildienst (§ 9 I Nr. 3 ZDG). In einem psychiatrischen Krankenhaus Untergebrachte werden vom Wehrdienst und vom Zivildienst zurückgestellt (§ 12 I Nr. 2 WehrpflichtG, § 11 I Nr. 2 ZDG). Bei ihnen ruhen, soweit die Unterbringung i. V. mit § 20 steht, zudem das Wahlrecht und die Wählbarkeit (§ 13 Nr. 3, § 15 II BWahlG).

§ 62 Grundsatz der Verhältnismäßigkeit

Eine Maßregel der Besserung und Sicherung darf nicht angeordnet werden, wenn sie zur Bedeutung der vom Täter begangenen und zu erwartenden Taten sowie zu dem Grad der von ihm ausgehenden Gefahr außer Verhältnis steht.

I. Da die Maßregeln der Besserung und Sicherung tief in Grundrechte des Betroffenen 1
eingreifen, hebt die Vorschrift den als allgemeines Rechtsprinzip geltenden **Grundsatz der Verhältnismäßigkeit** (vgl. dazu BVerfGE **16** 202) besonders hervor und stellt ihn den sonstigen Voraussetzungen für die Anordnung einer Maßregel voran. Der Verhältnismäßigkeitsgrundsatz gilt für alle Maßregeln. Nur bei der Entziehung der Fahrerlaubnis hat der Gesetzgeber ihn auf Grund der hierfür aufgestellten Voraussetzungen bereits als ohne weiteres gewahrt angesehen und dementsprechend in § 69 I 2 angeordnet, daß es insoweit der in § 62 vorgeschriebenen Prüfung nicht bedarf (vgl. dazu aber AG Bad Homburg NJW **84**, 2840). Bei der nach § 69a zu bestimmenden Sperre für die Erteilung einer neuen Fahrerlaubnis ist dagegen § 62 zu beachten.

II. Die Anordnung einer Maßregel hat zu unterbleiben, wenn sie zur Bedeutung der vom 2
Täter begangenen und von ihm zu erwartenden Taten sowie zu dem Grad der von ihm ausgehenden Gefahr **außer Verhältnis** steht. Bei den begangenen Taten sind nicht nur ihre Art und Schwere, sondern auch ihre Häufigkeit, der zeitliche Abstand zwischen ihnen und ihre indizielle Bedeutung für künftige Rechtsverletzungen zu berücksichtigen. Für die zu befürchtenden Taten ist insb. ihr Ausmaß für die Allgemeinheit von Bedeutung. Der Grad der vom Täter ausgehenden Gefahr hängt davon ab, wie groß die Wahrscheinlichkeit weiterer Taten und

§ 63 1

deren zeitliche Nähe (vermutliche Rückfallgeschwindigkeit) sind. Die genannten Merkmale sind in einer Gesamtwürdigung zu der Schwere des mit der Maßregel verbundenen Eingriffs ins Verhältnis zu setzen (BGH **24** 134). Da die Maßregeln der Besserung und Sicherung künftigen Taten vorbeugen sollen, wird bei dieser Gesamtwürdigung regelmäßig der Gefährlichkeit des Täters für die Zukunft besonderes Gewicht zukommen, so daß die Anordnung einer Maßregel auch dann zulässig ist, wenn die begangenen Taten für sich betrachtet weniger gewichtig erscheinen, für die Zukunft aber Taten von erheblicher Schwere zu erwarten sind (vgl. BT-Drs. V/4094 S. 17, BGH **24** 135). Vgl. auch BGH MDR/H **78**, 110. Bei der Gesamtwürdigung der widerstreitenden Interessen ist auch der Grad der Besserungschancen zu berücksichtigen (vgl. Frisch, Prognoseentscheidungen im Strafrecht, 1983, 101, 148). Wenn auch der Besserungszweck den Sicherungsbelangen untergeordnet ist (Besserung zur Sicherung der Allgemeinheit), so bleibt er doch für den Betroffenen von wesentlicher Bedeutung. Je weniger Besserungschancen sich mit dem Vollzug einer freiheitsentziehenden Maßregel verbinden, desto belastender ist der Freiheitsentzug für den Betroffenen (vgl. Horstkotte LK § 67d RN 54, Stratenwerth 28).

3   III. Die vorzunehmende Gesamtwürdigung ist auch für die Entscheidung der Frage maßgebend, welche von mehreren in Betracht kommenden Maßregeln im Einzelfall anzuordnen sind. Ferner ist der Verhältnismäßigkeitsgrundsatz, obwohl § 62 ausdrücklich nur auf die Anordnung einer Maßregel abhebt, im gesamten Bereich des Maßregelrechts zu beachten, also auch bei **nachträglichen Entscheidungen,** etwa im Falle des § 67c oder § 67d II (vgl. BT-Drs. V/4094 S. 17, BVerfGE **70** 312, Hamm NJW **70**, 1982, Karlsruhe NJW **71**, 204) oder beim Widerruf der Aussetzung dem. § 67g (vgl. dort 4). Die Verhältnismäßigkeit ist hier wie bei der Anordnung an den Sicherungsbelangen zu messen, nicht am Besserungszweck (Horn SK 6, Hanack LK 17). Das bedeutet jedoch nicht die Unbeachtlichkeit jeglicher Besserungsgesichtspunkte. Im Rahmen der Gesamtwürdigung der widerstreitenden Interessen ist der Grad der Besserungschancen wegen der unterschiedlichen Belastung des Freiheitsentzugs für den Betroffenen mitzuberücksichtigen (vgl. o. 2). U. U. kann der Verhältnismäßigkeitsgrundsatz auch dazu führen, eine Maßregel für erledigt zu erklären (vgl. Celle NStZ **89**, 491 zur Maßregel des § 63, deren Vollstreckung mit fortschreitendem Freiheitsentzug im Hinblick auf die Bedeutung der Anlaßtat und das Gewicht der drohenden Taten unverhältnismäßig geworden ist).

– Freiheitsentziehende Maßregeln –

§ 63 Unterbringung in einem psychiatrischen Krankenhaus

Hat jemand eine rechtswidrige Tat im Zustand der Schuldunfähigkeit (§ 20) oder der verminderten Schuldfähigkeit (§ 21) begangen, so ordnet das Gericht die Unterbringung in einem psychiatrischen Krankenhaus an, wenn die Gesamtwürdigung des Täters und seiner Tat ergibt, daß von ihm infolge seines Zustandes erhebliche rechtswidrige Taten zu erwarten sind und er deshalb für die Allgemeinheit gefährlich ist.

Vorbem. Abs. 2 aufgehoben durch Art. 2 StVollzÄndG.

Schrifttum: Bruns, Die Bedeutung des krankhaft oder rauschbedingten Irrtums für die Feststellung „einer mit Strafe bedrohten Handlung" i. S. der §§ 42b, 330a StGB, DStR 39, 225. – *ders.,* Zur Problematik rausch-, krankheits- oder jugendbedingter Willensmängel des schuldunfähigen Täters im Straf-, Sicherungs- und Schadensersatzrecht, JZ 64, 473. – *Cramer,* Der Vollrauschtatbestand als abstraktes Gefährdungsdelikt, 1962. – *Creutz,* Psychiatrische Erfahrungen mit §§ 42b und 42c des Gesetzes gegen gefährliche Gewohnheitsverbrecher, Allg. Zeitschr. für Psychiatrie Bd. 111 (1939) S. 137. – *Haisch,* § 42b – Erfahrungen aus der Sicht des Krankenhauspsychiaters, NJW 65, 330. – *In der Beck,* Zwangsunterbringung oder § 42b StGB, NJW 63, 2358. – *Last,* Zur Anwendung des § 42b StGB, NJW 69, 1558. – *Lenckner* (angeführt vor § 61) 187ff. – *Müller-Dietz,* Rechtsfragen der Unterbringung nach § 63 StGB, NStZ 83, 145, 203. – *Rietzsch* (angeführt vor § 61). – *Schmitz,* Die Unterbringung minderjähriger Rechtsbrecher nach § 42b StGB, MSchrKrim. 64, 152. – *Schottky,* Psychiatrische und kriminalbiologische Fragen bei der Unterbringung in einer Heil- oder Pflegeanstalt nach § 42b und c, Allg. Zeitschr. für Psychiatrie Bd. 117 (1941) S. 287. – *Rechtsvergleichendes Material im Recueil* XIV 90, 100, XV 259.

1   I. Die Bestimmung überträgt dem Strafrichter den Schutz vor gemeingefährlichen Geisteskranken durch Anordnung der **Unterbringung in einem psychiatrischen Krankenhaus** für die Fälle, in denen der Kranke eine rechtswidrige Tat (§ 11 I Nr. 5) begangen hat. Auch in diesen Fällen sind die Strafgerichte indes nicht ausschließlich zuständig; das Recht und die Pflicht der Verwaltungsbehörden, nach den für sie maßgebenden Vorschriften für die Unterbringung zu sorgen, bleiben unberührt (vgl. § 61 RN 3). Ebenso sind die Aufgaben des Strafrichters grundsätzlich unabhängig von Maßnahmen, die auf Grund landes- oder bundesrechtlicher Unterbrin-

gungsgesetze angeordnet worden sind (BGH **7** 63, **19** 348, **24** 98, NJW **67**, 686). Zweifelhaft kann jedoch sein, ob von der Anordnung der Unterbringung abzusehen ist, weil auf Grund der nach einem UnterbringungsG erfolgten Einweisung die Unterbringung nach § 63 nicht erforderlich ist. Vgl. zum früheren Recht 17. A. § 42b RN 1. Da § 63 nicht die Erforderlichkeitsklausel des § 42b a. F. enthält, wird man der Unterbringung nach § 63 grundsätzlich den Vorrang einräumen müssen (vgl. Baumann/Weber 715, auch Saage-Göppinger, Freiheitsentziehung und Unterbringung, 2. A. 1975, Teil III RN 195f.; z.T. and. Hanack LK 113ff.). Zumindest muß, soll von einer Unterbringung nach § 63 abgesehen werden, auf Grund des jeweiligen UnterbringungsG sichergestellt sein, daß das in § 63 zum Ausdruck kommende Sicherheitsbedürfnis befriedigt wird. Vorzuziehen ist jedoch eine Anordnung nach § 63, die dann mit einer Aussetzung der Vollstreckung nach § 67b verbunden wird (vgl. dazu Horstkotte LK § 67b RN 66f., auch BGH **34** 313, MDR/H **85**, 979). Die Unterbringung ist nicht auf Personen beschränkt, die im eigentlich medizinisch-psychiatrischen Sinn behandlungs- oder pflegebedürftig sind (Hanack JR 75, 442f.; and. Karlsruhe NJW 75, 1572; vgl. auch Lackner 1). Da die Unterbringung sowohl dem Heilungs- wie dem Sicherungszweck dienen kann, setzt ihre Anordnung Heilungs- oder Pflegebedürftigkeit nicht voraus (vgl. BG Pr. 55, 327 gegen BGE 73 IV 151, auch BGH NStZ/D **90**, 224). Der Sicherungszweck ist nach BGH MDR/H **78**, 110 vorrangig.

II. Die **Voraussetzungen** für die Unterbringung:

1. Der Unterzubringende muß **eine rechtswidrige Tat** (§ 11 I Nr. 5) begangen haben. Ordnungswidrigkeiten genügen ebensowenig wie vermutlich rechtswidrige Taten, die nicht hinreichend nachweisbar sind. Die rechtswidrige Tat muß noch z. Z. der Aburteilung unter Strafe gestellt sein.

a) Zunächst ist erforderlich, daß der Täter den *äußeren Tatbestand* eines Verbrechens oder Vergehens verwirklicht hat, und zwar durch ein Verhalten mit Handlungsqualität (Hanack LK 22; and. Baumann/Weber 715).

b) Die Handlung muß *rechtswidrig* sein; liegt ein Rechtfertigungsgrund vor, dann ist § 63 nicht anwendbar (vgl. RG HRR **38** Nr. 40). Eine Unterbringung bleibt auch dann unzulässig, wenn der Schuldunfähige einen rechtswidrigen Angriff provoziert hat, ohne dabei jedoch einen Straftatbestand erfüllt zu haben, und seine Verteidigung sich im Rahmen des nach § 32 Erlaubten gehalten hat.

c) Ein *innerer Tatbestand* im technischen Sinne braucht nicht erfüllt zu sein. Allerdings ist den Vorstellungen und Regungen des Täters, aus denen die Handlung hervorgegangen ist, nachzugehen, soweit dies bei der Geistesverfassung des Täters möglich ist; dies ist erforderlich, um z. B. festzustellen, ob er eine Brandstiftung nach § 308 versuchen wollte (RG **71** 220, JW **35**, 2368 m. Anm. Richter, HRR **37** Nr. 603) oder ob eine „vorsätzliche" oder „fahrlässige" Brandstiftung vorgelegen hat (BGHR Tat **2**). Sind keine sicheren Feststellungen möglich, dann ist von der dem Täter günstigsten Deutung auszugehen. In bezug auf das, was der Täter gewollt hat, spricht man z. T. von einem natürlichen Vorsatz (so z. B. BGH **3** 288), z. T. von natürlichem Tatwillen (so z. B. RG HRR **40** Nr. 177). Mit Recht bemerkt Engisch Kohlrausch-FS 172, daß dieses subjektive Erfordernis aus dem besonderen Sinn und Zweck der Vorschrift (§ 42b a. F.) heraus zu entwickeln ist. Vgl. auch Bruns JZ 64, 473ff., Cramer aaO 116ff. Fehlt allerdings eine subjektive Tatvoraussetzung, ohne daß dies auf den krankhaften Geisteszustand zurückzuführen ist, so ist § 63 nicht anwendbar (vgl. BGH MDR/H **83**, 90 zur Bereicherungsabsicht beim Betrug).

Soweit die innere Tatseite festgestellt werden kann, ist auch der „Versuch" eine für die Unterbringung ausreichende Handlung. Die Unterbringung hat hier jedoch zu unterbleiben, wenn der Täter gem. § 24 freiwillig vom Versuch zurückgetreten ist (BGH **31** 132, D-Tröndle 2, Hanack LK 34, Horn SK 8, Jescheck 729; einschränkend Geilen JuS 72, 79).

Ein **Irrtum,** der allein auf den die Schuldunfähigkeit begründenden seelischen Störungen beruht, ist nicht zugunsten des Täters zu berücksichtigen (RG **73** 315 für Putativnotstand, BGH **3** 289, MDR/H **83**, 90 für subjektiven Betrugstatbestand, BGH **10** 355 für Putativnotwehr, Baumann/Weber 716, Hanack LK 24ff., Lackner 2a, Lenckner aaO 189; and. Horn SK 4, Jescheck 729, D-Tröndle 2a, M-Zipf II 674). Dieser kriminalpolitisch gebotenen Lösung werden zwar mit Hinweis auf die systematische Zuordnung des Vorsatzes zum Tatbestand dogmatische Gründe entgegengehalten (vgl. etwa Jescheck 729). Sie sind aber nicht zwingend und werden dem Sinn des § 63 nicht gerecht, wie u. a. ein Vergleich mit einem Irrtum bei Fahrlässigkeitstaten zeigt. Wenn bei Fahrlässigkeitstaten das subjektive Versagen (Fehlbeurteilung), das auf die seelischen Störungen zurückgeht, die Anwendbarkeit des § 63 nicht ausschließt (vgl. Lenckner aaO 189 FN 85), darf für ein entsprechendes subjektives Versagen bei Vorsatztaten nichts anderes gelten. Dem steht die abweichende Lösung bei § 323a nicht entgegen (and. D-Tröndle 2a), da es bei § 63 nicht um die Bestrafung des Täters geht, sondern um

Stree

§ 63 8–13   Allg. Teil. Rechtsfolgen d. Tat – Maßregeln d. Besserung u. Sicherung

die Sicherung der Allgemeinheit vor gefährlichen Tätern. Unerheblich ist, ob es sich um einen Tatbestandsirrtum oder um einen Irrtum über Rechtfertigungsmerkmale handelt. Die Gegenmeinung (vgl. etwa Jescheck 729) geht von einem qualitativen Unterschied zwischen dem Tatbestandsirrtum und dem Irrtum über einen Erlaubnistatbestand aus. Abgesehen von den Bedenken gegen die Annahme eines solchen qualitativen Unterschieds (vgl. 17 vor § 13, § 16 RN 18) sprechen die Ergebnisse gegen eine Differenzierung. Wer wahnbedingt fremde Sachen als sein Eigentum ansieht und wegnimmt, darf im Rahmen des § 63 nicht anders behandelt werden als der Täter, der auf Grund eines Verfolgungswahns sich angegriffen fühlt und den vermeintlichen Angreifer verletzt.

8   d) Zur Anordnung der Unterbringung kann an sich jede rechtswidrige Tat führen; auf die Schwere oder besondere Gefährlichkeit der einzelnen Straftat kommt es nicht entscheidend an (BGH LM **Nr. 10** zu § 42b, NStZ **86**, 237), ebensowenig auf die Höhe des angerichteten Schadens (RG JW **38**, 166, BGH **5** 140). Vgl. jedoch u. 18.

9   e) Ist die rechtswidrige Tat nur **auf Antrag** verfolgbar, so setzen auch die Einleitung eines selbständigen Sicherungsverfahrens nach §§ 413 ff. StPO und die Anordnung der Unterbringung den Strafantrag voraus (RG **73** 156, BGH **31** 132, Geilen JuS 72, 78, Lackner 2a, Schlegl NJW 68, 26; and. BGH **5** 140, Bruns JZ 54, 731). Da bei verminderter Schuldfähigkeit ein isoliertes Sicherungsverfahren gegen einen verhandlungsfähigen Täter ausgeschlossen ist, in diesen Fällen also der Verletzte mit dem Strafantragsrecht auch die Entscheidung über die Anordnung der Maßregel in der Hand hat, kann für die Fälle der Schuldunfähigkeit nichts anderes gelten. Vgl. § 77 RN 49 und § 71 RN 3.

10   2. Der Täter muß bei der Tat **schuldunfähig** (§ 20) oder **vermindert schuldfähig** (§ 21) gewesen sein. Diese Voraussetzungen müssen feststehen (BGH **34** 26, NStZ **90**, 538); die bloße Möglichkeit genügt nicht (RG **70** 128, **72** 355). Festzustellen und im Urteil darzulegen ist auch, ob die Einsichts- oder die Steuerungsfähigkeit gefehlt hat (BGH MDR/H **87**, 93, NStE Nr. **16**). Bleibt zweifelhaft, ob volle Schuldunfähigkeit oder nur verminderte Schuldfähigkeit vorgelegen hat und ist deshalb wegen des Satzes in dubio pro reo freizusprechen, so kann § 63 wegen seines Sicherungszwecks trotzdem zur Anwendung kommen (vgl. zu § 42b a. F. BGH **18** 167 m. abl. Anm. Foth JZ 63, 604, **22** 4 m. Anm. Sax JZ 68, 533, vgl. dazu Geilen JuS 72, 75). Wird dagegen § 21 angewendet, weil sich die Möglichkeit verminderter Schuldfähigkeit nicht ausschließen läßt, so kommt eine Einweisung nach § 63 nicht in Betracht (BGH MDR/H **81**, 98, NJW **83**, 350, NStZ **86**, 237; and. Montenbruck, In dubio pro reo, 1985, 132 ff.). Vgl. auch u. 21.

11   Ebenso wie bei § 21 ist erforderlich, daß der Täter bei der Tat, wegen der er verurteilt worden ist, die Unrechtskenntnis tatsächlich nicht gehabt hat. Es genügt nicht, daß nur festgestellt wird, seine geistigen Fähigkeiten seien vermindert gewesen (BGH **21** 27 m. Anm. Schröder JZ 66, 451 u. Dreher JR 66, 350; vgl. auch BGH NStE Nr. **13**, § 21 RN 4). Liegen bei einem Jugendlichen die Voraussetzungen des § 21 vor, so steht der Unterbringung nicht entgegen, daß er zugleich nach § 3 JGG mangels Verantwortungsreife schuldunfähig ist (BGH **26** 67).

12   Die z. Z. der Tat bestehende Schuldunfähigkeit muß auf einer **geistigen Erkrankung** oder jedenfalls auf einem **länger andauernden Zustand** beruhen (BGH MDR/D **75**, 724, NStZ **85**, 310); es genügt nicht, daß sich jemand, mag er auch psychopathische Wesenszüge aufweisen (BGH GA **76**, 221, MDR/H **78**, 803), in einem vorübergehenden Zustand von krankhafter Störung der Geistestätigkeit, der auf Alkoholwirkung beruht, strafbar gemacht hat (RG **73** 46, BGH **7** 35, **34** 27, JZ **51**, 695, BGH NStE Nr. **19**), es sei denn, die Alkoholsucht beruhe auf geistiger Erkrankung (BGH NStZ **82**, 218, GA **86**, 34). Die Unterbringung kann jedoch angeordnet werden, wenn die Erkrankung i. V. mit dem Alkoholsucht zu gefährlichen Zuständen führt (BGH **7** 36) oder infolge der Erkrankung geringe Mengen Alkohol bereits die Schuldunfähigkeit bewirken (BGH **10** 57, **34** 313, MDR/D **75**, 724, NStZ **86**, 332); daher kann § 63 neben einer Verurteilung aus § 323a Anwendung finden (RG HRR **38** Nr. 190, Oldenburg NJW **58**, 1200). Gleiches gilt, wenn der Täter süchtig ist und die Unterbringung in der Entziehungsanstalt nicht in Betracht kommt, weil infolge der Haft z. Z. keine Süchtigkeit, wohl aber die akute Gefahr des Rückfalls besteht (BGH **10** 353) oder weil eine Entziehungskur von vornherein aussichtslos erscheint. Der länger andauernde Zustand, auf dem die Schuldunfähigkeit beruht, muß Krankheitswert haben; bloßer Charaktermangel reicht nicht aus (BGH **10** 60, MDR/H **81**, 265 f., **83**, 448; krit. Müller-Dietz NStZ 83, 150). Altersmäßig bedingtem Hirnabbau kommt nicht ohne weiteres Krankheitswert zu (BGH MDR/H **76**, 633; krit. dazu Hanack LK 66). Dem Krankheitswert stehen schwere seelische, nicht pathologisch bedingte Abartigkeiten gleich, die in ihrem Gewicht den krankhaften seelischen Störungen entsprechen (BGH **34** 28, NStZ **90**, 122). Nicht pathologisch bedingte Störungen infolge hochgradigen Affekt genügen insoweit noch nicht, sofern sie nicht als länger dauernde Störungen den Zustand des Täters widerspiegeln (BGH StV **90**, 260).

13   3. Die Anordnung setzt weiter die **Gefährlichkeit des Täters** für die Allgemeinheit voraus. Die Gesamtwürdigung des Täters und seiner Tat muß ergeben, daß von ihm infolge seines

Zustandes erhebliche rechtswidrige Taten zu erwarten sind und er deshalb für die Allgemeinheit gefährlich ist. Die Gefährlichkeitsprognose ist auf den Zeitpunkt der Entscheidung abzustellen (vgl. 10 vor § 61); unberücksichtigt hat die Wirkung einer bevorstehenden Strafverbüßung zu bleiben (BGH MDR/H 77, 460).

a) Vom Täter müssen in Zukunft erhebliche rechtswidrige Taten zu *erwarten* sein. Es muß die **14** Wahrscheinlichkeit solcher Taten bestehen; die bloße Wiederholungsmöglichkeit genügt ebensowenig (vgl. RG **73** 305, DR **43**, 233, BGH NJW **51**, 724, MDR/H **79**, 280, NStZ **86**, 572) wie eine nur latente Gefahr (vgl. BGH NJW **52**, 836). Kurz- oder mittelfristige Ungefährlichkeit steht einer Gefährlichkeitsprognose nicht entgegen, da diese längerfristig zu stellen ist (BGH NStE Nr. **17**).

b) Die zu erwartenden Taten müssen *erhebliche* sein. Verfehlungen geringeren Gewichts **15** reichen nicht aus (vgl. RG DR **45**, 18, BGH NJW **55**, 837, **89**, 2959, Hamm NJW **70**, 1982). Die Unterbringung darf daher nicht angeordnet werden, wenn z. B. mit schriftlichen Eingaben an Behörden zu rechnen ist, in denen die Ehre einzelner Personen angegriffen wird, ohne daß diese dadurch ernsthaft in ihrem Rechtskreis bedroht werden (vgl. RG JW **35**, 2367, HRR **38** Nr. 40, KG DRZ **48**, 255, auch BGH NJW **51**, 724). Ebensowenig genügen kleine Diebstähle (vgl. BGH NJW **55**, 837; auf den dort zusätzlich herausgestellten Gesichtspunkt der sofortigen Entdeckung wegen der Ungeschicklichkeit des Täters kommt es nicht mehr an), kleine Betrügereien, wie etwa Zechprellereien geringen Umfangs (Hamm NJW **70**, 1982; vgl. aber noch BGH NJW **67**, 297) oder idR exhibitionistische Handlungen (Koblenz OLGSt Nr. 2). Auch dauerndes Randalieren, das zu nervlichen Schädigungen führt, rechtfertigt nicht ohne weiteres die Unterbringung (and. noch Stuttgart Justiz **67**, 99); es müssen erhebliche Schädigungen zu befürchten sein. Die Anforderungen an die Erheblichkeit sind allerdings nicht so hoch anzusetzen wie bei der Sicherungsverwahrung (BGH NJW **76**, 1949, D-Tröndle 8, Lackner 2c aa). Taten mittlerer Kriminalität können genügen (BGH **27** 248), so der Versuch räuberischer Erpressungen (BGH NStE Nr. **18**). Soweit erhebliche Taten zu erwarten sind, kommt es nicht darauf an, welcher Art sie sind; das Gesetz hat insoweit keine Beschränkungen auf bestimmte Taten vorgenommen (vgl. aber E 62 Begr. 209). Eigentums-und Vermögensdelikte der mittleren Kriminalität genügen zumindest bei Serientaten (BGH MDR/D **75**, 724, NJW **76**, 1949 m. Anm. Hanack JR 77, 170); sie können aber auch in anderen Fällen genügen (BGH MDR/H **89**, 1051). Künftige Unterlassungstaten reichen jedoch nicht aus (Hanack LK 57).

c) Auf Grund der zu erwartenden Taten muß der Täter eine *Gefahr für die Allgemeinheit* **16** bedeuten. Das setzt nicht unbedingt eine Gefahr für eine unbestimmte Vielzahl von Personen voraus. Es genügt, wenn der Täter für einen begrenzten Personenkreis (vgl. BGH LM **Nr. 3** zu § 42b) oder für eine Einzelperson gefährlich ist (vgl. BT-Drs. V/4095 S. 26, BGH **26** 321). Dagegen ist die Allgemeinheit noch nicht erheblich betroffen, wenn sich der Täter Opiate verschafft, um damit ausschließlich seine eigene Rauschgiftsucht zu befriedigen (vgl. Düsseldorf JMBlNW **50**, 255, aber auch KG JR **59**, 391); anders kann es jedoch sein, wenn sich der Täter diese Mittel durch Betrug, Urkundenfälschung oder Rauschgifthandel verschafft. An der Gefährlichkeit für die Allgemeinheit fehlt es ferner, wenn beleidigende Schriftstücke, etwa Flugblätter, ohne weiteres als nicht ernstzunehmende Machwerke eines Geisteskranken zu erkennen sind (vgl. BGH NJW **68**, 1683). Entsprechendes gilt für sofort durchschaubare Betrugsversuche.

d) Die Gefährlichkeit des Täters muß *infolge seines Zustandes* bestehen. Das bedeutet nicht, **17** daß ausschließlich die geistige Störung die Gefährlichkeit hervorrufen muß und die erforderliche Kausalitätsbeziehung entfällt, wenn der Täter auch ohne diese Störung gefährlich wäre (BGH **27** 249 m. krit. Anm. v. Hippel JR 78, 387, Hanack LK 61). Es muß nur zu erwarten sein, daß er erneut im Zustand der Schuldunfähigkeit oder der verminderten Schuldfähigkeit rechtswidrige Taten begehen wird. Dieser Zustand muß auf dem geistigen Defekt beruhen, auf den die abzuurteilende Tat zurückzuführen ist (BGH NStZ **86**, 572). Der Tat selbst brauchen die zu erwartenden Taten nicht zu entsprechen; sie können anderer Art sein (BGH **24** 136, MDR/H 77, 106).

e) Die Wahrscheinlichkeit künftiger erheblicher Rechtsverletzungen muß sich aus der *Ge-* **18** *samtwürdigung* des Täters und seiner Tat ergeben (vgl. BGH **27** 248). Zwischen der Tat, die das Verfahren veranlaßt, und der künftigen Gefahr muß ein gewisser Zusammenhang bestehen. Die Tat muß symptomatisch sein, „und zwar symptomatisch für einen Zustand von nicht lediglich vorübergehender Natur, der eine ungünstige Prognose zu begründen geeignet ist" (Exner, Kriminologie, 3. A. 1949, 297; vgl. auch Lenckner aaO 189f.). Es genügt hierfür, daß sie Ausfluß der geistigen Erkrankung ist, die seine künftige Gefährlichkeit begründet, und daß sie die künftige Gefahr für die Allgemeinheit auf irgendeine Weise erkennen läßt; nicht erforderlich ist, daß die Tat selbst die Allgemeinheit gefährdet oder für sich allein die Gefährlichkeit des Täters ergibt (vgl. RG **69** 243, DR **43**, 890, BGH **5** 140, **20** 232, **24** 136; vgl. auch BGH MDR/D **72**, 196). So reicht aus, wenn die Tat im Zusammenhang mit dem sonstigen Verhalten des Täters auf die künftige Gefahr schließen läßt (vgl. BGH **5** 140). Andererseits darf die Gefährlichkeit nicht ohne weiteres allein aus der Tat gefolgert werden; die Gesamtwürdigung erfordert eine umfassende Rückschau auf das frühere Verhalten im Krankheitszustand (vgl. BGH MDR/H **79**, 280), insb. auch auf die Gründe für die Begehung der bisherigen Delikte (BGH NJW **83**, 350). Reine Gelegenheits- oder Konfliktstaten scheiden aus der Gesamtwürdigung aus (BGH StV **84**, 508). Ergibt die Gesamtwürdigung die künftige Gefahr erheblicher Rechtsverletzungen, so steht der Unterbringung nicht entgegen, daß die Tat selbst, die den Anlaß hierzu bietet, von geringerem Gewicht ist (vgl. BGH **24** 134, LM **Nr. 10** zu § 42 b, MDR/D **70**, 730). Die bei der Gesamtwürdigung berücksichtigten und die Gefährlichkeitsprognose begründenden Umstände sind eingehend darzulegen (vgl. BGH NStZ **86**, 237), so insb., wenn die Tat, auf Grund derer die Unterbringung angeordnet wird, sich gegen eine ganz bestimmte Person gerichtet hat (BGH DAR **90**, 70). Es genügt nicht die bloße Bezugnahme auf die Überzeugungskraft eines ärztlichen Gutachtens (BGH StV **81**, 605).

19   4. Entgegen dem früheren Recht setzt die Anordnung der Unterbringung nicht voraus, daß diese zur Gefahrenbeseitigung erforderlich ist. Das früher maßgebliche **Subsidiaritätsprinzip ist entfallen** (BGH NJW **78**, 599, Baumann/Weber 717, D-Tröndle 11, Horn SK 18, M-Zipf II 675; and. Hanack LK 83, Horstkotte LK § 67b RN 11, Müller-Dietz NStZ 83, 149). Auch wenn – abgesehen von einer anderen Maßregel (vgl. § 72 RN 4) – ein weniger einschneidendes Mittel zur Verfügung steht, etwa Übernahme der Betreuung und Überwachung des Täters durch zuverlässige Verwandte, kommt die Anordnung der Unterbringung in Betracht (vgl. BGH NJW **78**, 599, MDR/H **89**, 110). In solchen Fällen bietet § 67b aber die Möglichkeit, die Vollstreckung der Unterbringung auszusetzen. Diese Regelung sichert eine Kontrolle darüber, ob die täterschonenden Mittel zur Gefahrenbeseitigung ausreichen.

20   III. Liegen die genannten Voraussetzungen vor, dann **muß** die Unterbringung angeordnet werden; sie steht nicht im Ermessen des Gerichts (RG JW **36**, 1971). Die Anordnung kann auch erfolgen, wenn die Unterbringung bereits in einem früheren Verfahren ausgesprochen war (BGH MDR/D **56**, 525, Bay JR **54**, 150) oder auf Grund bestehender Unterbringungsgesetze verfügt wurde (vgl. o. 1). Darauf, ob die Unterbringung eine Heilung des Betroffenen oder Besserung seines Zustandes erwarten läßt, kommt es nicht an (BGH MDR/H **78**, 110, NStZ **90**, 123).

21   Bei Schuldunfähigkeit tritt die Unterbringung an die Stelle der Strafe; bei verminderter Schuldfähigkeit tritt sie neben die Strafe. Letzteres bedeutet nicht, daß eine Strafe effektiv verhängt werden müßte. Scheitert dies z. B. an § 358 II 1 StPO, so kann auch bei verminderter Schuldfähigkeit die Einweisung isoliert erfolgen (BGH **11** 323). Entsprechendes gilt, wenn zweifelhaft ist, ob die Voraussetzungen des § 20 **oder** des § 21 vorliegen. Hier ist wegen des Satzes in dubio pro reo eine Bestrafung unmöglich. Die Möglichkeit, daß der Täter nur vermindert schuldfähig war, schließt, da auch bei ihm eine Unterbringung nach Abs. 1 vorgesehen ist, die Unterbringung nicht aus (vgl. o. 10). Allerdings muß feststehen, daß er mindestens vermindert schuldfähig war. Ist nicht auszuschließen, daß er geistig gesund war, so ist weder Strafe noch Maßregel möglich (vgl. Geilen JuS 72, 75). Andererseits ist nach BGH **26** 67 die Unterbringung anzuordnen, wenn bei einem Jugendlichen eine zur verminderten Schuldfähigkeit nach § 21 führende krankhafte Störung und eine die Nichtverantwortlichkeit nach § 3 JGG begründende Entwicklungshemmung zusammentreffen und die besonderen Voraussetzungen des § 63 vorliegen (vgl. auch Hanack LK 16).

22   Vielfach werden neben den Voraussetzungen des § 63 auch die für die Anordnung einer anderen Maßregel vorliegen. Reicht zur Bekämpfung der Gefahr keine von ihnen allein aus, so können beide nebeneinander angeordnet werden (§ 72); andernfalls ist nur die allein erforderliche Maßnahme anzuordnen (RG **69** 152, 154, JW **39**, 621). Vgl. Anm. zu § 72.

23   1. Wird ein Strafverfahren eingeleitet, dann wird die Unterbringung in diesem angeordnet. Hierzu ist in der Hauptverhandlung ein Sachverständiger über den geistigen und körperlichen Zustand des Angekl. zu vernehmen (§ 246a StPO; vgl. dazu BGH **9** 1). Eine kurze Untersuchung in der Hauptverhandlung genügt nicht (BGH NJW **68**, 2298). Zur Vorbereitung des Gutachtens schon im Vorverfahren vgl. § 80a StPO.

24   2. Steht von vornherein oder nach den Ergebnissen des Ermittlungsverfahrens die Schuldunfähigkeit des Täters fest und kann es daher nicht zu einer Bestrafung kommen, dann kann die StA ein **selbständiges Sicherungsverfahren** einleiten (§§ 413 ff. StPO). Gegen vermindert Schuldfähige ist dieses Verfahren zulässig, wenn das Strafverfahren wegen Verhandlungsunfähigkeit des Täters undurchführbar ist (§ 71 I).

IV. Wird die **Unterbringung** neben einer Freiheitsstrafe angeordnet, so wird sie grundsätz- 25
lich **vor der Strafe vollzogen.** Ein Vorwegvollzug der Strafe ist aber nicht ausgeschlossen (vgl.
§ 67 und die dort Anm.).

Die Auswahl der Anstalt ist Sache der Vollstreckungsbehörde; das Gericht kann nur die Unterbrin- 26
gung in einem psychiatrischen Krankenhaus anordnen (OGH 3 112, BGH MDR/D 72, 196). Die
Anordnung der Unterbringung in einer bestimmten Anstalt durch das Gericht ist nicht zulässig (RG
70 177, Hamm SJZ 50, 213 m. Anm. E. Schmidt).

Die Unterbringung **dauert** so lange, wie ihr Zweck es erfordert; sie kann also auch lebens- 27
lang dauern (für gesetzliche Befristung der Unterbringung Baur MDR 90, 485). Vor Ablauf
bestimmter Fristen ist jedoch zu prüfen, ob die weitere Vollstreckung auszusetzen ist (§ 67e).
Das erkennende Gericht kann keine frühere Frist für die Überprüfung festsetzen (Karlsruhe
MDR 78, 158). Zur Aussetzung der Vollstreckung vgl. § 67d II.

V. Die Anordnung der Unterbringung ist mit **Rechtsmitteln** selbständig anfechtbar, gleichgültig, 28
ob sie auf Grund der Annahme des § 20 oder des § 21 angeordnet wird (BGH NJW 63, 1414, 69, 1578;
die Entscheidung RG 71 266 ist überholt). Sachlich-rechtlich wird sich freilich die Anordnung von der
Schuldfrage kaum trennen lassen (BGH 5 267). Zulässig ist auch die Beschränkung des Rechtsmittels
auf die Nichtanordnung der Unterbringung (BGH MDR/H 77, 460). Der Angekl. kann die Nichtanordnung jedoch mangels Beschwer nicht rügen.

§ 64 Unterbringung in einer Entziehungsanstalt

(1) **Hat jemand den Hang, alkoholische Getränke oder andere berauschende Mittel
im Übermaß zu sich zu nehmen, und wird er wegen einer rechtswidrigen Tat, die er
im Rausch begangen hat oder die auf seinen Hang zurückgeht, verurteilt oder nur
deshalb nicht verurteilt, weil seine Schuldunfähigkeit erwiesen oder nicht auszuschließen ist, so ordnet das Gericht die Unterbringung in einer Entziehungsanstalt an, wenn
die Gefahr besteht, daß er infolge seines Hanges erhebliche rechtswidrige Taten begehen wird.**
(2) **Die Anordnung unterbleibt, wenn eine Entziehungskur von vornherein aussichtslos erscheint.**

Schrifttum: Creutz (angeführt zu § 63). – *Lenckner* (angeführt vor § 61). – *Neumann,* § 42c StGB und
seine heutige Anwendungspraxis aus der Sicht eines Krankenhauspsychiaters, MschrKrim. 62, 24. –
Penners, Zum Begriff der „Aussichtslosigkeit" einer Entziehungskur in § 64 Abs. 2 StGB, 1985 (Diss.
Berlin).

I. Zweck der **Unterbringung in einer Entziehungsanstalt** ist, zur Sicherung der Allgemein- 1
heit (vgl. BGH 28 332) den gefährlichen Süchtigen durch Behandlungsmaßnahmen zu bessern
(physische und psychische Entwöhnung; vgl. Köln NJW 78, 2350). Nicht dagegen wird mit ihr
ein bloßer Sicherungszweck verfolgt, so daß die Anordnung zu unterbleiben hat, wenn eine
Entziehungskur von vornherein aussichtslos erscheint (vgl. u. 11). Die Strafgerichte sind allerdings nicht ausschließlich für eine Unterbringung in einer Entziehungsanstalt zuständig; das
Recht und die Pflicht der Verwaltungsbehörden (vgl. § 61 RN 3), nach den für sie maßgebenden Vorschriften für die Unterbringung zu sorgen, bleiben unberührt (vgl. Hanack LK 112).
Andererseits kann die Unterbringung nach § 64 auch dann angeordnet werden, wenn die
Verwaltungsbehörden bereits tätig geworden sind (vgl. § 63 RN 1).

II. Für die Anordnung bestehen drei **Voraussetzungen:** Der Täter muß den Hang haben, 2
alkoholische Getränke oder andere berauschende Mittel im Übermaß zu sich zu nehmen; ferner
muß eine rechtswidrige Tat des Süchtigen vorliegen, die er im Rausch begangen hat oder die
auf seinen Hang zurückgeht; außerdem muß die Gefahr bestehen, daß er infolge seines Hanges
erhebliche rechtswidrige Taten begehen wird.

1. Einen Hang, alkoholische Getränke oder andere berauschende Mittel im Übermaß zu sich 3
zu nehmen, hat der Täter dann, wenn der durch Gewöhnung erworbene Hang ihn so beherrscht, daß er ihm immer wieder nachgibt (vgl. BGH 3 340), also eine psychische Abhängigkeit besteht (BGHR Hang 1). Nicht erforderlich ist, daß die Gewöhnung auf täglichen oder
häufig wiederholten Genuß geht (vgl. RG 74 218); es genügt, daß jemand von Zeit zu Zeit
(Quartalsäufer) oder bei passender Gelegenheit dem Hang folgt. Wer jedoch nur gelegentlich
zu viel Alkohol trinkt, ohne daß sich ein Hang entwickelt hat, erfüllt nicht die Voraussetzungen
des § 64, mag er auch im Rausch zu rechtswidrigen Taten neigen. Der Hang muß sich auf einen
übermäßigen Verbrauch berauschender Mittel erstrecken. Die Unterbringung nach § 64 ist
daher unzulässig, wenn jemand, der gewohnheitsmäßig Alkohol in geringen Mengen zu sich

§ 64 4–10   Allg. Teil. Rechtsfolgen d. Tat – Maßregeln d. Besserung u. Sicherung

nimmt, einmal zu viel trinkt und dann eine rechtswidrige Tat begeht. Das Merkmal „*im Übermaß*" bezieht sich auf die körperliche Verträglichkeit, nicht auf die wirtschaftliche Leistungsfähigkeit. Im Übermaß nimmt jemand daher berauschende Mittel zu sich, wenn die Mengen so groß sind, daß er sie körperlich nicht vertragen kann, sei es, daß er in einen Rausch gerät oder daß seine Gesundheit oder seine Arbeits- und Leistungsfähigkeit erheblich beeinträchtigt wird (vgl. BGH 3 339). Nicht dagegen kommt es darauf an, ob der Täter mehr trinkt, als er bezahlen kann.

4   Neben alkoholischen Getränken kommen alle Mittel in Betracht, die berauschend oder betäubend wirken, z. B. Cannabis (Marihuana), Haschisch, Kokain, Opium, Morphium, Heroin, Mescalin, LSD, Amphetamin (vgl. BGH **33** 169), MDMA (vgl. LG Stuttgart NStZ **89**, 326, dazu Endriß/Logemann NStZ 90, 286), Barbiturate, Psychopharmaka. Vgl. Göppinger Kriminologie (4. A. 1980) 229, Hanack LK 56 ff., Rommeney Handwörterbuch der Kriminologie II, 2. A. 1977, 473 sowie die Anlagen zu § 1 I BtMG.

5   2. Erforderlich ist weiter, daß der Süchtige wegen einer **rechtswidrigen Tat** (§ 11 I Nr. 5), die er im Rausch begangen hat oder die auf seinen Hang zurückgeht, verurteilt oder nur deshalb nicht verurteilt wird, weil seine Schuldunfähigkeit erwiesen oder nicht auszuschließen ist. Unerheblich ist die Art der rechtswidrigen Tat. Diese braucht nicht erheblich zu sein. Sie muß jedoch ihre Wurzeln im Hang zum übermäßigen Genuß von berauschenden Mitteln haben (vgl. Celle NJW **58**, 270), auch die Tat im Rausch (BGH NJW **90**, 3282 m. Anm. Stree JR **91**, 162).

6   a) Zu den *Taten im Rausch* zählen nicht nur die Fälle des § 323 a oder der hangbedingten actio libera in causa, sondern auch sonstige Taten, bei denen der Täter hangbedingt unter dem Einfluß eines Rausches handelt. Verminderte Schuldfähigkeit braucht nicht vorzuliegen (BGH NJW **57**, 637). Ein Irrtum, der auf der rauschbedingten Schuldunfähigkeit beruht, ist unbeachtlich (Hanack LK 24). Das in RN 7 zu § 63 Gesagte gilt entsprechend.

7   b) *Auf den Hang* zum übermäßigen Genuß von berauschenden Mitteln *geht eine Tat zurück*, wenn sie mit der Gewöhnung in ursächlichem Zusammenhang steht. Es ist dann nicht erforderlich, daß sie im akuten Rausch begangen wird. Es genügt ein indirekter symptomatischer Zusammenhang der Art, daß die Sucht den sozialen Verfall des Täters verursacht, der ihn auf kriminelle Wege führt (BGH MDR/D **71**, 895, Celle NJW **58**, 270). Dieser Zusammenhang ist z. B. gegeben, wenn jemand einen Diebstahl, einen Betrug oder eine Urkundenfälschung (Rezeptfälschung) begeht, um berauschende Mittel zu erhalten (vgl. Hanack LK 37). Unerheblich ist, ob die Tat sich unmittelbar auf den Erwerb berauschender Mittel erstreckt oder auf Sachen (Geld usw.), mit denen berauschende Mittel erworben werden sollen (vgl. BGH MDR/H **90**, 886).

8   c) Wegen der rechtswidrigen Tat muß entweder eine *Verurteilung* des Täters erfolgen (Schuldspruch bei Absehen von Strafe genügt, aber auch lebenslange Freiheitsstrafe; BGH NJW **90**, 3281) oder die Verurteilung lediglich deswegen unterbleiben, weil die Schuldfähigkeit des Täters erwiesen oder nicht auszuschließen ist. Sonstige der Verurteilung entgegenstehende Umstände (z. B. Strafausschließungsgrund, Verjährung, fehlender Strafantrag) schließen die Unterbringung aus.

9   3. Die Anordnung setzt zudem die **Gefahr** voraus, daß der Täter infolge seines Hanges **erhebliche rechtswidrige Taten** begehen wird. Die Gefahr geringfügiger Taten reicht hier ebensowenig aus wie bei der Unterbringung in einem psychiatrischen Krankenhaus (vgl. § 63 RN 15). Im Unterschied zum § 63 verlangt § 64 aber nicht, daß der Täter wegen der zu erwartenden erheblichen Rechtsverletzungen für die Allgemeinheit gefährlich ist. Auf dieses Zusatzmoment ist wegen des mit der Maßregel verknüpften Besserungszwecks verzichtet worden (vgl. E 62 Begr. 211). Von großer Bedeutung für die Tragweite des § 64 ist das Fehlen dieses Zusatzmomentes nicht, da mit der Gefahr erheblicher Rechtsverletzungen regelmäßig eine Gefahr für die Allgemeinheit (Gefahr für Einzelpersonen genügt) verbunden sein wird. Unter Berufung auf den Sicherungszweck der Maßregel stuft LG Köln MDR **86**, 339 nur solche Taten als erheblich ein, die geeignet sind, das Gefühl der Rechtssicherheit der Bevölkerung zu beeinträchtigen, was bei Rezeptfälschungen zwecks Beschaffung von Medikamenten nicht der Fall sein soll. Die Gefahr künftiger erheblicher Rechtsverletzungen besteht nur, wenn die Wahrscheinlichkeit gegeben ist, daß der Täter infolge seines Hanges rückfällig, also erhebliche Rechtsverletzungen vornehmen wird, die mit seinem Hang in ursächlichem Zusammenhang stehen. Bloße Wiederholungsmöglichkeit genügt nicht.

10   4. Ob die Gefahr künftiger erheblicher Rechtsverletzungen besteht, ist unabhängig davon zu beurteilen, ob mit geeigneten Gegenmaßnahmen zu rechnen ist, die eine Abwendung der Gefahr ermöglichen. Das **Subsidiaritätsprinzip ist** in § 64 ebenso wie in § 63 mit dem gesetzgeberischen Verzicht auf das in § 42 c a. F. enthaltene Erforderlichkeitsmerkmal **entfallen** (and. Hanack LK 82, Jescheck 732). Die Anordnung der Unterbringung hat daher nicht deswegen zu

unterbleiben, weil andere Vorkehrungen, z. B. freiwillige Entziehungskur oder Anschluß an Enthaltsamkeitsverein, der Gefahr entgegenstehen. Für solche Fälle sieht aber § 67b die Möglichkeit vor, die Vollstreckung der Unterbringung auszusetzen. Vgl. auch § 63 RN 19.

5. Ist allerdings die Unterbringung in einer Entziehungsanstalt wegen **Aussichtslosigkeit der** 11 **Entziehungskur** nicht erforderlich, so hat die Anordnung zu unterbleiben (Abs. 2). Die Einschränkung ist eingefügt worden, weil mit der Maßregel des § 64 ein Besserungszweck verfolgt wird, nicht ein von diesem losgelöster Sicherungszweck (vgl. BT-Drs. V/4095 S. 26). Nach Abs. 2 muß eine Entziehungskur von vornherein aussichtslos erscheinen. Das Gericht muß demnach im Zeitpunkt der Aburteilung zweifelsfrei davon ausgehen, daß die Unterbringung nicht geeignet ist, den Süchtigen zu bessern. Hält es dagegen eine Besserung für nicht gänzlich aussichtslos, mag auch die Chance gering erscheinen, so hat es die vorhandene Chance zu nutzen und die Unterbringung anzuordnen (vgl. BGH MDR/H **87**, 799, NJW **89**, 2337, Neustadt NJW **64**, 2435). Die Aussichtslosigkeit der Entziehungskur ist noch nicht bei Fehlen einer Anstalt für eine erfolgversprechende Behandlung anzunehmen; in einem solchen Fall ist vielmehr die Unterbringung anzuordnen (BGH **28** 327, NJW **89**, 2337; and. LG Dortmund StV **82**, 371). Erweist sich erst im Vollzug die Aussichtslosigkeit der Behandlung, und zwar aus Gründen, die in der Person des Verurteilten liegen, so bestimmt das Gericht unter der Voraussetzung eines mindestens einjährigen Vollzugs der Unterbringung, daß diese nicht weiter zu vollziehen ist (§ 67d V). Geht die Aussichtslosigkeit nicht auf Gründe in der Person des Verurteilten zurück, so verbleibt es bei der Unterbringung (vgl. § 67d RN 15).

Kriterien für die Aussichtslosigkeit sind in erster Linie suchtbezogene Umstände, insb. Art und 11a Stadium der Sucht, bereits eingetretene physische und psychische Veränderungen und Schädigungen, frühere Therapieversuche und aktuelles Fehlen einer Therapiebereitschaft (BGH **36** 199). Aber auch sonstige Umstände in der Person des Täters können einer erfolgversprechenden Suchtbehandlung entgegenstehen; fehlende Sprachkenntnisse begründen jedoch nicht ohne weiteres die Aussichtslosigkeit einer Entziehungskur (BGH aaO; vgl. dazu Lorbacher NStZ 90, 80).

III. Liegen die Voraussetzungen des § 64 vor, dann **muß** das Gericht grundsätzlich die 12 **Unterbringung anordnen.** Es hat aber weder deren Dauer festzusetzen noch zu bestimmen, in welcher Entziehungsanstalt der Süchtige unterzubringen ist. Die Anordnung der Unterbringung tritt neben die Strafe oder sie, sofern die Schuldunfähigkeit erwiesen oder nicht auszuschließen ist, allein auszusprechen. Zulässig ist auch die selbständige Anordnung (§ 71).

Beruht die Sucht des Täters auf einer geistigen Erkrankung, so können neben den Voraussetz- 13 ungen des § 64 auch die des § 63 gegeben sein. Es können dann beide Maßregeln nebeneinander angeordnet werden, wenn keine für sich allein ausreicht, den erstrebten Zweck zu erreichen (§ 72). U. U. können auch noch andere Maßregeln in Betracht kommen. Zur Verbindung von Maßregeln und zur Beschränkung auf einzelne Maßregeln vgl. Anm. zu § 72.

IV. Wird die **Unterbringung** neben einer Freiheitsstrafe angeordnet, so ist die Maßregel 14 grundsätzlich **vor der Strafe zu vollziehen.** Vgl. § 67 und die dort. Anm., insb. auch zu einem möglichen Vorwegvollzug der Strafe.

Die Unterbringung **dauert** höchstens 2 Jahre (§ 67d I). Diese Frist darf auch im Falle des 15 Widerrufs der Aussetzung einer Unterbringung nicht überschritten werden (vgl. § 67g IV). Zur Überprüfung der Unterbringung vgl. § 67e.

V. Ein **Rechtsmittel** kann auf die Nichtanordnung der Unterbringung beschränkt werden. Der 16 Angekl. kann sie jedoch nicht rügen, da er nicht beschwert ist, auch nicht im Hinblick auf § 67 (BGH **28** 327 m. abl. Anm. Janssen/Kausch JA 81, 202, NStE Nr. **3**, Köln NJW **78**, 2350).

VI. Zur Möglichkeit, die **Vollstreckung** der Maßregel **zurückzustellen,** vgl. § 35 BtMG. Voraus- 17 setzung ist, daß der Verurteilte die der Maßregelanordnung zugrundeliegende Straftat auf Grund einer Betäubungsmittelabhängigkeit begangen und deswegen eine Freiheitsstrafe von nicht mehr als 2 Jahren erhalten hat (selbständige Anordnung der Unterbringung läßt Zurückstellung nicht zu; Maatz MDR 88, 11). Ferner muß er sich wegen seiner Abhängigkeit in einer seiner Rehabilitation dienenden Behandlung befinden oder zusagen, sich einer solchen Behandlung zu unterziehen; bei der Zusage muß der Behandlungsbeginn gewährleistet sein. Die Zurückstellungsmöglichkeit gilt nach § 35 II BtMG entsprechend bei Gesamtfreiheitsstrafe von nicht mehr als 2 Jahren oder für einen zu vollstreckenden Rest gleicher Höhe bei höheren Freiheits- oder Gesamtfreiheitsstrafen. Von der Zurückstellungsmöglichkeit unberührt bleibt die Möglichkeit der Aussetzung nach § 67b. Diese geht der Zurückstellung vor.

§ 65 [Unterbringung in einer sozialtherapeutischen Anstalt]

aufgehoben durch Art. 2 StVollzÄndG zugunsten einer Vollzugslösung. Vgl. §§ 9, 123ff. StVollzG.

§ 66 Unterbringung in der Sicherungsverwahrung

(1) Wird jemand wegen einer vorsätzlichen Straftat zu zeitiger Freiheitsstrafe von mindestens zwei Jahren verurteilt, so ordnet das Gericht neben der Strafe die Sicherungsverwahrung an, wenn

1. der Täter wegen vorsätzlicher Straftaten, die er vor der neuen Tat begangen hat, schon zweimal jeweils zu einer Freiheitsstrafe von mindestens einem Jahr verurteilt worden ist,
2. er wegen einer oder mehrerer dieser Taten vor der neuen Tat für die Zeit von mindestens zwei Jahren Freiheitsstrafe verbüßt oder sich im Vollzug einer freiheitsentziehenden Maßregel der Besserung und Sicherung befunden hat und
3. die Gesamtwürdigung des Täters und seiner Taten ergibt, daß er infolge eines Hanges zu erheblichen Straftaten, namentlich zu solchen, durch welche die Opfer seelisch oder körperlich schwer geschädigt werden oder schwerer wirtschaftlicher Schaden angerichtet wird, für die Allgemeinheit gefährlich ist.

(2) Hat jemand drei vorsätzliche Straftaten begangen, durch die er jeweils Freiheitsstrafe von mindestens einem Jahr verwirkt hat, und wird er wegen einer oder mehrerer dieser Taten zu zeitiger Freiheitsstrafe von mindestens drei Jahren verurteilt, so kann das Gericht unter der in Absatz 1 Nr. 3 bezeichneten Voraussetzung neben der Strafe die Sicherungsverwahrung auch ohne frühere Verurteilung oder Freiheitsentziehung (Absatz 1 Nr. 1 und 2) anordnen.

(3) Im Sinne des Absatzes 1 Nr. 1 gilt eine Verurteilung zu Gesamtstrafe als eine einzige Verurteilung. Ist Untersuchungshaft oder eine andere Freiheitsentziehung auf Freiheitsstrafe angerechnet, so gilt sie als verbüßte Strafe im Sinne des Absatzes 1 Nr. 2. Eine frühere Tat bleibt außer Betracht, wenn zwischen ihr und der folgenden Tat mehr als fünf Jahre verstrichen sind. In die Frist wird die Zeit nicht eingerechnet, in welcher der Täter auf behördliche Anordnung in einer Anstalt verwahrt worden ist. Eine Tat, die außerhalb des räumlichen Geltungsbereichs dieses Gesetzes abgeurteilt worden ist, steht einer innerhalb dieses Bereichs abgeurteilten Tat gleich, wenn sie nach deutschem Strafrecht eine vorsätzliche Tat wäre.

Vorbem. Abs. 3 geändert durch 23. StÄG vom 13. 4. 1986, BGBl. I 393.

Geltungsbereich: Nach Art. 1a EGStGB ist § 66 nur anwendbar, wenn der Täter die zur Verurteilung führende Tat an einem Ort begangen hat, an dem das StGB bereits vor dem Einigungsvertrag galt, oder in diesem Bereich seine Lebensgrundlage hat. Außerdem entfällt nach Art. 315 I 2 EGStGB Sicherungsverwahrung wegen Taten auf dem Gebiet der früheren DDR vor Wirksamwerden des Beitritts zur BRep., es sei denn, deren Strafrecht hat für die Tat schon vor dem Beitritt gegolten (Art. 315 IV EGStGB).

Schrifttum: Allen, Die Behandlung der gefährlichen Gewohnheitsverbrecher im englischen Strafrecht, ZStW 80, 163. – *Beyer,* Die Gesamtstrafe als Vorverurteilung usw., NJW 71, 1597. – *Bockelmann,* Studien zum Täterstrafrecht, Teil I 1939, Teil II 1940. – *Dreher,* Liegt die Sicherungsverwahrung im Sterben?, DRiZ 57, 51. – *ders.,* Zur Auslegung des § 42e Abs. 1 StGB usw., MDR 72, 826. – *Engisch,* Zur Idee der Täterschuld, ZStW 61, 166. – *Frey,* Der frühkriminelle Rückfallverbrecher, 1951. – *Geisler,* Die Sicherungsverwahrung im englischen und deutschen Strafrecht, 1967. – *Greiser,* Die Serientat und der schwere wirtschaftliche Schaden, NJW 71, 789. – *Heinke,* Die Frühkriminellen in der Sicherungsverwahrung, Blätter für Gefängniskunde Bd. 73 S. 2f. – *Hellmer,* Der Gewohnheitsverbrecher und die Sicherungsverwahrung, 1934–1945, 1961. – *ders.,* Hangtäterschaft und Berufsverbrechertum, ZStW 73, 441. – *ders.,* Verurteilung als gefährlicher Gewohnheitsverbrecher, NJW 62, 2040. – *Lang-Hinrichsen,* Probleme der Sicherungsverwahrung, Maurach-FS 311. – *Lenckner* (angeführt vor § 61) 199ff. – *Lotz,* Der gefährliche Gewohnheitsverbrecher, 1939 (KrimAbh. Heft 41). – *Maetzel,* Überleitungsprobleme der „alten" Sicherungsverwahrten, MDR 71, 85. – *ders.,* Zum Zweck der Maßregel der Sicherungsverwahrung, NJW 70, 1263. – *H. Mayer,* Behandlung der Rezidivisten (gefährliche Gewohnheitsverbrecher) im deutschen Strafrecht, ZStW 80, 139. – *Mezger,* Täterstrafrecht, DStR 34, 125, 145. – *Möller,* Die Entwicklung der Lebensverhältnisse von 135 Gewohnheitsverbrechern und über Maßregeln der Sicherung und Besserung (2. A.), in: Pfundtner-Neubert, Das neue Reichsrecht II c 10. – *Neu,* Die erhebliche Straftat gemäß § 42e Abs. 1 Nr. 3 usw., MDR 72, 915. – *Röhl,* Fragen und Fragwürdigkeit der Sicherungsverwahrung, JZ 55, 145. – *Sauerlandt,* Zur Praxis der Sicherungsverwahrung in Rechtsprechung und Vollzug, MonKrimBiol. 38, 305. – *L. Schäfer-Wagner-Schafheutle,* Gesetz gegen gefährliche Gewohnheitsverbrecher und über Maßregeln der Sicherung und Besserung, 1934. – *Schafheutle,* Anwendbarkeit des § 20a bei Begehung von Straftaten in zeitlich rascher Folge aufgrund eines einheitlichen Entschlusses, JZ 53, 45. – *Schnell,* Anlage und Umwelt bei fünfhundert Rückfallverbrechern, 1935 (KrimAbh. Heft 22). – *Schwaab,* Die soziale Prognose bei rückfälligen Vermögensverbrechern, 1939 (KrimAbh. Heft 43). – *Seibert,* Gewohnheitsverbrecher und Sicherungsverwahrung, DRiZ 55, 137. – *Stree,* Deliktsfolgen und Grundgesetz, 1960. – *Sveri*, Die Behandlung der gefährlichen Gewohnheitsverbrecher in den nordischen Ländern, ZStW 80, 176. – *Weihrauch,* Die materiellen Voraussetzungen der Sicherungsverwahrung, NJW 70, 1897. – Vgl. auch *Krebs,* Sicherungsverwahrung, in: Handwörterbuch d. Kriminologie III, 2. A. 1975, 168.

I. Die Vorschrift über **Sicherungsverwahrung** entspricht weitgehend § 42e a. F. Gesetzesänderungen, die am 1. 1. 1985 in Kraft treten sollten (vgl. 21. A.), sind durch Art. 2 StVollzÄndG aufgehoben worden. Lediglich Abs. 3 ist durch das 23. StÄG auf Grund der Streichung des § 48 neu formuliert worden, ohne daß sich sachlich etwas geändert hat. 1

Die Sicherungsverwahrung stellt die einschneidendste Maßregel des Strafrechts dar. Bei ihr überwiegt die **Sicherungsfunktion.** Ihr Zweck ist in erster Linie, die Allgemeinheit vor gefährlichen Hangtätern zu sichern. Der Besserungsgesichtspunkt scheidet jedoch nicht völlig aus (vgl. Baumann/Weber 724, auch § 67a II). 2

Gegen die Sicherungsverwahrung sind aus **verfassungsrechtlicher** Sicht (Art. 1 I GG) **Bedenken** geltend gemacht worden (vgl. Weichert StV 89, 265). Wer um des Sicherungsbedürfnisses der Gemeinschaft willen seine Freiheit verliere, werde zum bloßen Mittel für die Zwecke anderer herabgewürdigt (H. Mayer AT 36, 380). Mit der Sicherungsverwahrung werde der Verbrecher wie „unbrauchbares Material" behandelt, das unschädlich gemacht werden müsse (Hall ZStW 70, 54). Diese Ansicht verkennt jedoch, daß der Freiheit des Einzelnen die Sozialbindung immanent ist (vgl. BVerfGE **4** 15, **7** 323). Wer die so gebundene Freiheit verbrecherisch mißbraucht und voraussichtlich weiterhin mißbrauchen wird, wird in seiner Menschenwürde nicht verletzt, wenn die Gemeinschaft ihm die Freiheit entzieht und dadurch weiterem Mißbrauch zwecks Aufrechterhaltung der Rechtsordnung vorbeugt (Stree aaO 223; vgl. auch Bockelmann, Niederschriften Band 1 S. 56, 247, Welzel ebenda S. 60, 267, Bruns ZStW 71, 211, Hanack LK 21, Jescheck 734): I. E. ebenso Sax in Bettermann-Nipperdey-Scheuner, Die Grundrechte III/2 S. 964ff., der zwar einen Eingriff in die Menschenwürde bejaht, ihn aber für zulässig hält, weil er „zur Sozialverteidigung faktisch unerläßlich notwendig, aber auch notwehrrechtlich erforderliche Verteidigung" sei, sofern er sich „nach Reaktionsanlaß und Reaktionsmaß" auf das Unerläßliche beschränke. Dieser Beschränkung hat der Gesetzgeber durch Fixierung des Verhältnismäßigkeitsgrundsatzes in § 62 Rechnung getragen. 3

II. Die Sicherungsverwahrung bei Tätern mit mehreren Vorstrafen (Abs. 1) 4

1. Vorausgesetzt wird zunächst, daß der Täter wegen vorsätzlicher Straftaten, die er vor der jetzt abzuurteilenden Tat begangen hat, schon **zweimal verurteilt** worden ist, und zwar jeweils zu Freiheitsstrafe von mindestens einem Jahr. 5

a) Es muß sich um **vorsätzliche Straftaten** handeln. Fahrlässigkeitsdelikte scheiden hier auch dann aus, wenn eine Freiheitsstrafe von über einem Jahr verhängt worden sein sollte. Zu den Vorsatztaten zählen auch die Delikte, bei denen das Gesetz Vorsatz und Fahrlässigkeit kombiniert (§ 11 II). Im übrigen kommen Straftaten aller Art in Betracht, sowohl Verbrechen wie auch Vergehen, ebenso Versuchs- oder Teilnahmehandlungen oder Taten nach § 30. 6

b) Die Straftaten müssen **vor** der Tat, die jetzt zur Aburteilung steht, **begangen und** auch, da andernfalls eine Gesamtstrafe (vgl. u. 8) zu bilden wäre, vor Begehung der jetzt abzuurteilenden Tat **abgeurteilt** worden sein. Weitere Voraussetzungen für die Reihenfolge der Taten oder Verurteilungen stellt das Gesetz nicht auf (D-Tröndle 5a; and. BGH **35** 6, Hanack LK 30: die zur 2. Vorverurteilung führende Tat muß nach Rechtskraft der 1. Vorverurteilung begangen sein). Zur Nichtberücksichtigung länger zurückliegender Taten vgl. u. 60f. 7

c) Maßgebend können nur **rechtskräftige** Vorverurteilungen sein (auch Verurteilungen im Ausland; vgl. u. 63). Dabei gilt auch Abs. 3 die Verurteilung zu Gesamtstrafe als eine einzige Verurteilung. Werden mehrere Strafen nachträglich gem. **§ 55 oder § 460 StPO** zu einer Gesamtstrafe zusammengezogen, so verlieren sie dadurch ebenfalls ihren Charakter als selbständige Strafen; es liegt dann wie bei der ursprünglichen Gesamtstrafe nur eine Verurteilung vor (vgl. RG **68** 151, JW **39**, 619, BGH StV **82**, 420, NStZ/T **87**, 166, D-Tröndle 5, Lackner 3c aa), auch dann, wenn Einzelstrafen zu Unrecht rechtskräftig zu einer Gesamtstrafe zusammengezogen worden sind (and. RG HRR **34** Nr. 829). Zwei i. S. des Abs. 1 selbständige Vorverurteilungen liegen ebenfalls nicht vor, wenn eine Gesamtstrafe nur deshalb nachträglich nicht gebildet werden konnte, weil die Strafe des früheren Urteils bereits verbüßt oder erlassen war (vgl. § 55 RN 1, 19). Zweimalige Verurteilung setzt im übrigen 2 gesonderte Urteile voraus. An ihr fehlt es, wenn 2 in einem Urteil verhängte Einzelstrafen nachträglich gem. § 460 StPO in 2 gesonderte Gesamtstrafen einbezogen werden (BGH **30** 220). 8

d) Bei beiden Verurteilungen muß **Freiheitsstrafe von mindestens einem Jahr** verhängt worden sein, eines der Kriterien, denen das Gesetz die Gefährlichkeit des Täters und damit das Bedürfnis nach verstärkter Sicherung vor diesem Täter entnimmt. Stützt sich die Verurteilung auf die Annahme einer fortgesetzten Tat, so entspricht sie den Voraussetzungen auch dann, 9 wenn Fortsetzungszusammenhang rechtsirrtümlich angenommen worden ist (BGH GA **74**, 307). Unerheblich ist, ob die Strafe zur Bewährung ausgesetzt war.

10 Bei einer **Gesamtstrafe** sind die in ihr enthaltenen Einzelstrafen maßgebend. Ausreichend, aber auch erforderlich ist, daß eine der Einzelstrafen auf Freiheitsstrafe von mindestens einem Jahr lautet. Vgl. BGH **24** 243, 345, **30** 221, **34** 321, NJW **72**, 1869, Horstkotte JZ **70**, 155, Hanack LK 32, Jescheck 734, Lackner 3c aa, Beyer NJW **71**, 1597, Koffka JR **71**, 427, Blei JA **72**, 310; and. RG JW **34**, 3130, Lenckner aaO 202. Entsprechendes gilt für eine einheitliche **Jugendstrafe** nach § 31 JGG; sie muß erkennen lassen, daß der Täter wenigstens bei einer der ihr zugrundeliegenden Vorsatztaten eine Jugendstrafe von mindestens einem Jahr verwirkt hätte (BGH **26** 152; vgl. auch BGH MDR/H **80**, 628, StV **89**, 248), und zwar nach der Bewertung des früheren Richters (BGH MDR/H **87**, 799).

11 e) Die Verurteilung ist auch dann zu berücksichtigen, wenn die zur Bewährung ausgesetzte **Strafe erlassen** wurde. Die abgeurteilte Tat bleibt trotz der Bewährung des Täters für die Feststellung seines Hanges und seiner Gefährlichkeit immer noch ein Indiz. Anders ist es nur, wenn die in Abs. 3 festgelegte Frist eingreift. Vgl. dazu u. 60 ff.

12 f) Erforderlich ist eine Verurteilung zu Freiheitsstrafe; die Anordnung einer **Unterbringung** nach § 63 **genügt nicht** (RG DJ **39**, 479), ebensowenig die an Stelle einer Geldstrafe tretende Ersatzfreiheitsstrafe (RG DJ **35**, 1769), wohl aber Jugendstrafe (BGH **12** 129, **26** 153, Bay **60**, 272; zweifelnd BGH **21** 11; and. Eisenberg § 17 JGG RN 37).

13 2. Der Täter muß weiter wegen einer oder mehrerer dieser früheren Taten eine **Freiheitsstrafe von mindestens 2 Jahren verbüßt** haben oder sich für die gleiche Zeit im Vollzug einer freiheitsentziehenden Maßregel befunden haben.

14 a) Ohne Bedeutung ist, ob die Freiheitsstrafe von mindestens 2 Jahren nur wegen einer der mehreren Taten **verbüßt** ist oder ob sie die Summe von Freiheitsstrafen geringeren Umfangs, die für mehrere der Taten verhängt worden sind, darstellt (vgl. Lenckner aaO 202). Für die Maßregeln der Besserung und Sicherung gilt Entsprechendes; es genügt auch vorherige Sicherungsverwahrung. Ausreichend ist auch, wenn der Täter wegen einer Tat 2 Jahre, wegen der anderen überhaupt keine Freiheitsstrafe verbüßt hat oder wenn sich die zweijährige Freiheitsentziehung aus Strafverbüßung und Maßregelvollzug zusammensetzt. Wird eine Gesamtstrafe verbüßt, so bezieht sich die Verbüßung auf sämtliche darin einbezogenen Einzelstrafen; in der Gesamtstrafe muß aber mindestens 1 Jahr Freiheitsstrafe für eine Vorsatztat enthalten sein.

15 b) Der Strafverbüßung ist gem. Abs. 3 die **Anrechnung der Untersuchungshaft** oder einer anderen Freiheitsentziehung gleichzusetzen, auch dann, wenn durch die Anrechnung von U-Haft die Freiheitsstrafe in vollem Umfang als verbüßt gilt oder es sich um eine nach § 51 III angerechnete Freiheitsentziehung im Ausland handelt. Das kann jedoch dann nicht gelten, wenn zwar die U-Haft angerechnet, die Strafe aber zur Bewährung ausgesetzt und erlassen wurde, da dann eine „Verbüßung" trotz § 51 nicht erfolgt ist. Sonst würde sich die dem sich bewährenden Täter gewährte Wohltat negativ für ihn auswirken (Hanack LK 37). Hat sich der Täter nicht bewährt, dann besteht für diese Einschränkung kein Anlaß. Vgl. für die Frage der Verurteilung aber o. 11. Den angerechneten Freiheitsentziehungen sind anders als nach § 57 IV sonstige Anrechnungen nicht gleichzustellen, auch nicht eine nach § 36 BtMG angerechnete Behandlungszeit (D-Tröndle 6).

16 3. Nach den 2 Verurteilungen und einem Freiheitsentzug von mindestens 2 Jahren muß der Täter eine neue **Vorsatztat** begangen haben, durch die **zeitige** (nicht lebenslange; BGH **33** 398 m. Anm. Maatz NStZ **86**, 476 u. Müller-Dietz JR **87**, 28) **Freiheitsstrafe** von **mindestens 2 Jahren** verwirkt ist. Unerheblich ist, daß der Täter daneben wegen einer anderen Tat lebenslange Freiheitsstrafe verwirkt hat (BGH NJW **85**, 2839 m. Anm. Müller-Dietz JR **86**, 340) und dann auf lebenslange Freiheitsstrafe als Gesamtstrafe erkannt wird (BGH **34** 138). Zweifelhaft ist, ob die Tatzeit stets nach Rechtskraft der Vorverurteilungen liegen muß. Der Gesetzeszweck bedingt hier keine solche Einschränkung (and. BGH **35** 12, Hanack LK 43, Lackner 3b). Der Warnappell, dessen Mißachtung auf die kriminelle Intensität des Täters deutet, ist von der Rechtskraft unabhängig (vgl. auch D-Tröndle 5a). Rechtskraft der Vorverurteilungen muß jedoch bei Aburteilung der neuen Tat vorliegen. Diese Tat muß eine vorsätzliche Straftat sein; es genügt eine Tat i. S. des § 11 II. Es macht keinen Unterschied, ob es sich um Täterschaft oder Teilnahme handelt, ob die Tat vollendet oder nur versucht ist (RG **71** 15, BGH NJW **56**, 1078). Bei Gesamtstrafen muß mindestens eine Einzelstrafe die Höhe von 2 Jahren erreicht haben, da die erforderliche Freiheitsstrafe wegen *einer* vorsätzlichen Straftat verwirkt sein muß (BGH NJW **72**, 834, 1869, MDR/H **80**, 272, Lenckner aaO 202). Eine nach § 55 in die Gesamtstrafe einbezogene Strafe genügt jedoch nicht (BGH MDR/H **82**, 447). Eine fortgesetzte Tat ist als eine Tat zu werten.

Auch ein Vergehen nach § 323a reicht aus (vgl. RG **73** 177 m. Anm. v. Weber DR 39, 1150, BGH **17/18** GA **63**, 146), da derjenige, der wiederholt im Vollrausch Gewalttätigkeiten begangen hat, für die Allgemeinheit eine Gefahr bildet, sofern er Alkohol zu sich nimmt. Dabei ist ohne Bedeutung, ob die Rauschtat vorsätzlich oder fahrlässig begangen worden ist; das Delikt des § 323a muß jedoch vorsätzlich begangen sein.

4. Die **Gesamtwürdigung** des Täters und seiner Taten muß ergeben, daß er einen **Hang** zu 19 erheblichen Straftaten besitzt und deshalb für die Allgemeinheit gefährlich ist (vgl. BGH **1** 98, NJW **53**, 673). Nicht ausdrücklich angeführt ist das Merkmal der Erforderlichkeit der Sicherungsverwahrung im Interesse der öffentlichen Sicherheit. Es ist entbehrlich, da die Kriterien des Hangtäters und seiner Gefährlichkeit ausreichen, um die Erforderlichkeit der Sicherungsverwahrung hinreichend exakt zu bestimmen. Es handelt sich um eine Ausprägung des Verhältnismäßigkeitsgrundsatzes (Köln MDR **71**, 154).

Das Gesetz begnügt sich daher für die Bestimmung der Gefährlichkeit eines Hangtäters 20 weder mit einer Anzahl bestimmter Straftaten noch überläßt es die Bestimmung der Gefährlichkeit völlig dem Richter. Beide Möglichkeiten werden vielmehr kombiniert. Die Feststellung, daß der Angekl. mehrere Straftaten begangen hat, stellt bereits ein gewisses Indiz für seine Rückfälligkeit und damit seinen Hang zu Straftaten dar. Daneben muß das Gericht die Persönlichkeit des Täters würdigen und feststellen, ob seine Taten, die jetzige ebenso wie die früheren, den Schluß auf einen Hangverbrecher rechtfertigen. Zu den Voraussetzungen der Gesamtwürdigung vgl. auch BGH NStE Nr. 13.

Da der Gesetzgeber die Sicherungsverwahrung auf die ganz schweren Fälle der Kriminalität 21 beschränken wollte, ist Abs. 1 Nr. 3 **restriktiv** auszulegen (vgl. Schleswig SchlHA **71**, 67, Weihrauch NJW 70, 1897).

a) Maßgebend ist zunächst, ob die Gesamtwürdigung der Persönlichkeit das Bild des **Hang-** 22 **täters** ergibt. Die Täterpersönlichkeit ist nicht nur aus den Straftaten zu beurteilen; heranzuziehen sind vielmehr auch Handlungen und Vorgänge, die außerhalb dieser Taten liegen, z.B. ständiger Verkehr in Verbrecherkreisen. Als Symptome des Hangtäters kommen u.a. folgende Merkmale in Betracht (Exner, Kriminologie [3. A. 1949] 284, 293, DJ 43, 377):

α) Wichtig ist einmal die Herkunft des Täters. Stammt er aus einer Familie, in der Psychopa- 23 thie, Trunksucht oder Kriminalität vorkommt, so kann dies für anlagemäßiges und daher auch dispositionelles Verbrechertum sprechen. Von Bedeutung sind ferner die Erziehungsverhältnisse, in denen er aufgewachsen ist. Zerrüttung der elterlichen Ehe, frühe Verwaisung, Trunksucht oder Kriminalität der Eltern sind die wichtigsten Faktoren, die einen ungünstigen Einfluß ausüben. Dagegen haben die wirtschaftlichen Verhältnisse, unter denen der Jugendliche aufwächst, anscheinend geringere Bedeutung. Möller aaO fand, daß mehr als die Hälfte der von ihm untersuchten Gewohnheitsverbrecher aus guten oder auskömmlichen wirtschaftlichen Verhältnissen stammte. Zu untersuchen ist ferner das Verhalten in der Jugendzeit. Dauerndes Versagen in der Schule, Versagen in der Lehre, äußerlich unbegründeter Berufswechsel ergeben Anhaltspunkte für eine ungünstige Diagnose.

β) Von erheblicher Bedeutung ist die *bisherige kriminelle Betätigung*. Der Umstand, daß eine 24 Tat im Rückfall begangen worden ist, genügt jedoch allein nicht, um sie als Ausfluß eines verbrecherischen Hanges anzusehen (RG **68** 175). In der Praxis wird meist das Hauptgewicht auf die Zahl der Vorstrafen gelegt; diese ist sehr wichtig, aber nicht allein entscheidend. Ebenso bedeutsam ist die zeitliche Verteilung der Straftaten; für den Hangtäter ist hohe Rückfallgeschwindigkeit kennzeichnend. Bei den von Möller untersuchten Sicherungsverwahrten hatten zwei Drittel ein durchschnittliches Rückfallintervall von 4 Monaten. Lange straffreie Pausen hingegen sprechen dafür, daß es sich nicht um einen Hangtäter handelt (vgl. auch BGH GA **69**, 25). Für die Bewertung der kriminellen Vergangenheit können jedoch auch bereits verjährte Straftaten noch von Bedeutung sein (vgl. RG **69** 11), nicht jedoch Taten, bei denen das Verwertungsverbot des § 51 I BZRG eingreift (vgl. BGH **25** 104).

Wichtige Schlüsse auf die Persönlichkeit läßt der Zeitpunkt des Beginns der kriminellen 25 Betätigung zu. Frühkriminalität ist meist ein wichtiges Symptom für Hangtäterschaft (vgl. Hanack LK 101). Zu klären ist hierbei allerdings, ob im Jugenddelikt eine Episode oder ein Symptom liegt. Einen Anhaltspunkt kann die Art des Delikts geben, z. B. ob der Rückfalldieb schon in der Jugend gestohlen hat. Aber auch Spätkriminelle können Hangtäter sein. Dies ist vor allem bei Betrügern und gewissen Sexualverbrechern der Fall.

γ) Bedeutsam ist weiter die *Art der Straftaten*. Gewerbsmäßige Verbrecher sind meist Speziali- 26 sten, in der Hauptsache Vermögensverbrecher. Auch die Ausführungsart ist bei ihnen oft die gleiche, etwa Geschäftseinbruch oder Taschendiebstahl. Der Hang kann jedoch auch umfassender sein und sich auf verwandte Rechtsgüter erstrecken.

Auch aus dem Ort der Tatbegehung lassen sich Schlüsse ziehen. Berufsverbrecher und 27 gewisse andere Zustandsverbrecher wechseln häufig den Ort ihrer Tätigkeit.

28 δ) Anhaltspunkte ergeben sich weiter aus dem *sozialen Verhalten des Täters*. Rückschlüsse lassen z. B. zu der Personenkreis, mit dem er verkehrt, seine Trinkgewohnheiten, seine ehelichen Verhältnisse, die Verwendung der Freizeit. Besonders wichtig ist auch das Verhältnis des Täters zur Arbeit (vgl. auch BGH **1** 100). Von Bedeutung kann zudem ein bindungsloses Leben sein, etwa Abbruch familiärer Beziehungen oder Fehlen eines festen Wohnsitzes (vgl. Jescheck 735).

29 ε) Für die Gesamtwürdigung bedeutsam ist vor allem der *Charakter* des Täters. Wesentliche Indizien für einen verbrecherischen Hang sind etwa Gemütsarmut und Gefühlskälte, weiter Willensschwäche und Haltosigkeit. Ein wichtiges und besonders ernst zu nehmendes Persönlichkeitsmerkmal des Zustandsverbrechers ist seine Arbeitsscheu (Villinger, in: Der nichtseßhafte Mensch [1938] 213, Seelig-Weindler, Die Typen der Kriminellen [1949] 180).

30 b) Aber auch bezüglich der **Taten** ist eine Gesamtwürdigung vorzunehmen. Bei jeder einzelnen Tat muß eine gleichgeartete innere Beziehung zum Wesen des Täters nachgewiesen werden, die jede Tat als Ausfluß seines verbrecherischen Hanges erscheinen läßt (RG **68** 156 m. Anm. Schafheutle JW 34, 1664, JW **34**, 1666, BGH MDR/He **54**, 528, KG JR **48**, 164). Die drei Taten müssen als Anzeichen für die dem Täter eigentümliche Art und Richtung des verbrecherischen Hanges angesehen werden können; es müssen sog. **Symptomtaten** sein (vgl. BGH **21** 263, GA **69**, 25, Exner ZStW **53**, 639, Hanack LK 162, Mezger aaO 151, Lenckner aaO 204); doch braucht nicht schon jede einzelne Symptomtat für eine endgültige Persönlichkeitsbeurteilung auszureichen. Die Feststellung, daß die einzelne Tat symptomatisch für den Hang zum Verbrechen und für die Gefährlichkeit des Täters ist, kann nicht getroffen werden, ohne den Beziehungen zwischen der Persönlichkeit des Täters und der Tat nachzugehen. Taten in einer außergewöhnlichen Situation sind zumeist keine Symptomtaten, wie etwa ein Vermögensdelikt aus dem alleinigen Motiv, der Mutter entliehenes Geld zurückzuerstatten und damit das enge Verhältnis zu ihr wiederherzustellen (BGH MDR/H **79**, 987). Nicht erforderlich ist, daß die Straftaten gleichartig sind oder ihrem inneren Ursprung nach derselben Gattung angehören oder dieselbe Richtung aufweisen. Geht jemand im Laufe der Zeit von einer Verbrechensart zur anderen über, so kann dies gerade auf verbrecherischer Veranlagung beruhen (RG DJ **34**, 1351). Bei ungleichartigen Taten ist aber besonders sorgfältig zu prüfen, ob sie für einen verbrecherischen Hang und die Gefährlichkeit des Täters kennzeichnend sind (RG **68** 156, JW **35**, 932, BGH MDR/H **87**, 445). Liegen nur Taten mit gänzlich verschiedenartigen Beweggründen und seelischen Einstellungen vor, so kann ihre Gesamtwürdigung kaum zur Beurteilung als Hangtäter führen (Exner, Kriminologie [3. A. 1949] 291); zu weitgehend daher BGH **16** 296 m. Anm. Hellmer NJW 62, 543, wo die Gefährlichkeit aus mehreren Fällen von Betrug und Blutschande geschlossen wird. Symptomtat kann auch der Vollrausch gem. § 323a sein, sofern sich der Täter jeweils vorsätzlich berauscht. Ohne Bedeutung ist, ob die Rauschtaten vorsätzlich oder fahrlässig begangen wurden. Vortaten, die nicht selbst erheblich i. S. v. Abs. 1 Nr. 3 sind, scheiden bei der Gesamtwürdigung als Symptomtaten aus (BGH **24** 156, NStZ **84**, 309); sie lassen sich nur bei der Würdigung der Täterpersönlichkeit berücksichtigen (BGH **24** 157).

31 Soweit die Gesamtwürdigung **rechtskräftig abgeurteilte Taten** umfaßt, darf nicht nur berücksichtigt werden, was bei den früheren Verurteilungen schon zur Würdigung der Taten herangezogen und ausgesprochen worden ist; das Gericht ist befugt und nach Maßgabe des § 155 II StPO verpflichtet, sich weitere Unterlagen für die Gesamtwürdigung – erforderlichenfalls durch neue Beweisaufnahme – zu verschaffen (RG JW **35**, 934). In Betracht kommen z. B. weitere Ermittlungen über äußere Verhältnisse und innere Beweggründe, insb. darüber, ob die früheren Taten auf einem fest eingewurzelten verbrecherischen Hang beruhen oder auf Not, Verführung oder Gelegenheit zurückzuführen sind (RG JW **35**, 165; vgl. auch die AV in DJ 38, 323; weiter noch RG HRR **39** Nr. 1060). Unzulässig sind aber neue Feststellungen, die den Sachverhalt der früheren Urteile ändern könnten; ferner darf das Gericht auch nicht die Vortat rechtlich anders würdigen, z. B. nicht Diebstahl feststellen, wo das frühere Gericht Hehlerei angenommen hatte (RG JW **38**, 165; zu eng in dieser Richtung aber RG DR **44**, 901).

32 c) Weiter ist erforderlich, daß der Täter infolge eines auf charakterlicher Veranlagung beruhenden oder durch Übung erworbenen **Hanges** zur Wiederholung neigt (RG **68** 155 m. Anm. Schafheutle JW 34, 1664, **72** 295, DR **43**, 747, HRR **39** Nr. 1551). Es genügt, daß der Täter auf Grund einer fest eingewurzelten Neigung bei sich bietender Gelegenheit immer wieder straffällig wird, mögen auch äußere Einflüsse mitbestimmend sein (vgl. BGH MDR/H **89**, 682). Krit. zum Merkmal des Hanges Schüler-Springorum MSchrKrim 89, 147. Hangtäter ist vor allem der Berufsverbrecher, also der Verbrecher, der einen kriminellen Lebensstil und ein kriminelles Selbstbild entwickelt hat (vgl. Schneider, Kriminologie, 1987, 316) und der entschlossen ist, seinen Unterhalt ganz oder teilweise durch Verbrechen zu bestreiten, wie z. B. der berufsmäßige Dieb, der Hochstapler; aber auch andere Täter können Hangtäter sein. Den Gegensatz zu Hangtätern bilden die Zufalls- oder Gelegenheitsverbrecher (vgl. RG **68** 175, DR **39**, 1849,

1979, DJ **39**, 1473, BGH GA **69**, 25). Von ihnen unterscheidet sich der Hangtäter darin, daß er von kriminellen Schwächen beherrscht wird, die ihn immer wieder straffällig werden lassen (vgl. Hanack LK 73, auch BGH wistra **88**, 304).

α) Für den Begriff des Hangtäters ist es *unerheblich, worauf der Hang zum Verbrechen beruht* (RG **33** **68** 155 m. Anm. Schafheutle JW 34, 1664, **69** 131, BGH NJW **68**, 1485, **80**, 1055, MDR/H **89**, 682). Es macht keinen Unterschied, ob er angeboren oder durch irgendwelche Umstände erworben oder gesteigert worden ist (Hanack LK 64, 86 f.); Hangtäter kann z. B. auch der sein, bei dem ein angeborener Hang durch ein unverschuldetes Leiden gesteigert worden ist (RG **69** 130). Der innere Hang kann auch darauf beruhen, daß der Täter willensschwach ist und aus innerer Haltlosigkeit dem Anreiz zum Verbrechen nicht widerstehen kann und jeder neuen Versuchung zum Opfer fällt (RG **73** 46, DJ **39**, 869, BGH NJW **80**, 1055 m. Anm. Hanack JR 80, 340, StV **81**, 622; and. wohl Horstkotte JZ 70, 155 für sog. „passiv-antriebsschwache" Täter). Die besondere Gefährlichkeit dieser Personen liegt darin, daß sie auf einen äußeren Anstoß reagieren, dem andere Menschen nicht nachgeben würden (vgl. BGH **24** 161, Mayer ZStW 80, 148). Eine Neigung zu Sexualdelikten auch auf Erscheinungen des Rückbildungsalters beruhen (RG **73** 277; hierzu aber RG DR **42**, 889). Vermindert Schuldfähige können Hangtäter sein (RG JW **36**, 2805, HRR **39** Nr. 650, BGH **24** 161, GA **65**, 249), ebenso unreife Menschen, bei denen die Möglichkeit der Nachreife besteht (RG HRR **40** Nr. 33; vgl. aber RG DR **43**, 747). Auch ein auf Spielleidenschaft beruhender Hang zu Betrügereien kann den Täter als Hangtäter kennzeichnen (RG DR **44**, 231), ferner weltanschaulicher Fanatismus (Hanack LK 87). Unberücksichtigt bleiben jedoch Delikte, die als fluchttypische Taten nur bei oder nach Entweichen aus der Vollzugsanstalt begangen werden (BGH StV **81**, 71 m. Anm. Plähn; vgl. auch 11 vor § 61).

β) Gleichgültig ist auch der äußere Anlaß zur Tat, sofern nur der Täter aus seinem verbrecheri- **34** schen Hang heraus auf ihn reagiert (RG DJ **39**, 1473). Taten, bei denen Not (RG **73** 46), Alkoholgenuß (RG **74** 218 m. Anm. Mezger DR 40, 1278, BGH MDR/D **56**, 143, NJW **66**, 894), Haß oder Verleitung (RG DR **44**, 901) der äußere Anlaß gewesen ist, können trotz dieser mitwirkenden Umstände Ausfluß des verbrecherischen Hanges sein (RG **73** 181, HRR **39** Nr. 650, BGH NJW **80**, 1055). Denn Hangtäter ist auch, wer einem ihm innewohnenden Hang zum Verbrechen in solchen Fällen nachgibt, in denen andere Auswege finden und den Anreiz zur Straftat überwinden (RG **72** 296, BGH NJW **55**, 800). Nur dann, wenn eine äußere Situation (z. B. Notlage, Trunkenheit) oder Augenblickserregungen allein die Straftaten verursacht haben, ist § 66 nicht anwendbar (RG DJ **38**, 1878, HRR **39** Nr. 387, **41** Nr. 726, DR **43**, 137, BGH NJW **80**, 1055 m. Anm. Hanack JR 80, 340, MDR/H **79**, 987). Zweifel gehen jedoch zugunsten des Täters (BGH NJW **80**, 1055).

d) Der Hangtäter muß für die Allgemeinheit **gefährlich** sein. Das ist der Fall, wenn die **35** Wahrscheinlichkeit (vgl. 9 f. vor § 61) besteht, daß er auch in Zukunft Straftaten begehen wird und diese eine erhebliche Störung des Rechtsfriedens darstellen (vgl. auch RG **72** 260, 295, JW **39**, 620, BGH **1** 100, GA **65**, 28, NJW **68**, 997). Vgl. auch § 63 RN 16 sowie u. 39 f. Eine extrem hohe Wiederholungsgefahr braucht nicht gegeben zu sein (BGH NStE Nr. 10). Gefährlich kann ein Täter nicht nur sein, wenn er aus starker Willenskraft heraus handelt, sondern auch dann, wenn sein verbrecherischer Hang auf Willensschwäche oder leichter Beeinflußbarkeit beruht (RG **72** 260, BGH **24** 161, GA **67**, 111). Daher schließen die von Täter in der Hauptverhandlung gezeigte Reue und die bekundete ernsthafte Absicht, den kriminellen Lebensweg aufzugeben, die Gefährlichkeit nicht ohne weiteres aus. Es muß vielmehr zu erwarten sein, daß er den Umkehrwillen nach der Hauptverhandlung mindestens über eine längere Zeit hinweg durchhalten wird (BGH MDR/Schnarr **90**, 97).

α) **Die Wahrscheinlichkeit weiterer Straftaten** ist regelmäßig gegeben, wenn die Eigenschaft **36** als Hangtäter festgestellt ist (BGH NStZ **88**, 496). Nur wenn außergewöhnliche Umstände vorliegen (zwischenzeitliche Entmannung eines Sexualverbrechers; vgl. auch RG **72** 358), kann die Gefährlichkeit verneint werden. Diese Umstände müssen feststehen (BGH NStZ/T **88**, 308: statistische Wahrscheinlichkeit der Delinquenzabnahme ab bestimmtem Alter genügt nicht). Ungewisse zukünftige Entwicklungen bleiben unberücksichtigt (vgl. BGH MDR/H **89**, 682: fortschreitender Alterungsprozeß, NStZ **90**, 334: bloße Möglichkeit von Veränderungen). Die Wahrscheinlichkeit wird nicht ohne weiteres dadurch ausgeschlossen, daß sich Angehörige des Täters bereit erkärt haben, ihn später aufzunehmen. Es bedarf dann der Nachprüfung, ob sie dazu fähig sind und ernstlich erwartet werden kann, daß der Angekl. sich ihrer überwachenden Betreuung fügen wird (RG DJ **39**, 269). Zutreffend gibt Hanack LK 155 zu bedenken, daß sich diese Verhältnisse ändern können (Tod des Angehörigen usw.); Betreuung durch Angehörige ist daher idR erst im Rahmen des § 67 c I zu berücksichtigen.

β) Zur Berücksichtigung des Grundsatzes in dubio pro reo und der Wirkung des zukünftigen **37** Strafvollzugs vgl. 8 ff. vor § 61 und u. 44.

38 e) Die für die Gesamtwürdigung maßgeblichen Umstände sind in den **Urteilsgründen** anzugeben, damit eine revisionsgerichtliche Nachprüfung möglich ist. Insoweit ist regelmäßig auch eine kurze Schilderung der berücksichtigten Vortaten erforderlich (BGH MDR/H **80**, 454).

39 5. Die zu erwartenden Straftaten müssen eine **erhebliche Störung des Rechtsfriedens** bilden (vgl. BGH NStZ **86**, 165). Ob dies der Fall ist, läßt sich nur bedingt nach dem Charakter des Straftatbestandes beurteilen. In den meisten Fällen entscheidet die Schwere der zu erwartenden konkreten Taten, aber auch die Häufigkeit der zu erwartenden Straftaten und die Rückfallgeschwindigkeit (BGH NStE Nr. **16**). Bei Verbrechen bedarf die Erheblichkeit keiner weiteren Erörterung. Das gilt auch für Raub (BGH NJW **80**, 1055; krit. dazu Frommel NJW 81, 1083). Bei Vergehen unterscheidet die Rspr. zwischen mittlerer und unterer Kriminalität und erklärt für diese die Sicherungsverwahrung als unzulässig (BGH **24** 154, 162, MDR/D **70**, 560, 730, Köln MDR **71**, 154, Nürnberg NJW **71**, 1573). Taten mittlerer Kriminalität von hohem Schweregrad sollen dagegen ausreichen (BGH **24** 154, 162, GA **74**, 176, **80**, 423, **84**, 331, NStE Nr. **10**). Einen Anhaltspunkt für die Erheblichkeit ergibt die Tatsache, daß formelle Voraussetzung des § 66 die Vorverurteilung des Täters zu Freiheitsstrafen von mindestens einem Jahr ist. Trifft diese Voraussetzung zu, so muß es sich bei der einzelnen Tat um eine solche von erheblichem Gewicht gehandelt haben. Sind solche Taten in Zukunft zu erwarten, so ist die Sicherungsverwahrung regelmäßig gerechtfertigt (vgl. dazu Hanack LK 109). Bedenklich ist die von BGH JZ **80**, 532 vertretene Ansicht, der Tatrichter habe bei Grenzfällen einen Spielraum in der Beurteilung der Erheblichkeit (vgl. dagegen A. Mayer JZ 80, 533). An der Erheblichkeit kann es trotz des Hanges zu Straftaten mittlerer oder höherer Kriminalität jedoch fehlen, wenn die zu erwartenden Taten so stümperhaft sind, daß sie über das Versuchsstadium nicht hinausgelangen, etwa Betrügereien so dilettantisch angelegt sein werden, daß sie leicht zu durchschauen sind (BGH MDR/Schnarr **90**, 97).

40 Zweifelhaft ist, ob sich die Erheblichkeit auch aus einer **Vielzahl** von **weniger schweren Taten** ableiten läßt. Während Hamm NJW **71**, 205 die Auffassung vertritt, daß eine Vielzahl von Verfehlungen der unteren Kriminalität die Sicherungsverwahrung nicht rechtfertigen könne, ist nach BGH **24** 155, MDR/D **70**, 560, GA **84**, 331, Hamm MDR **71**, 155, Köln MDR **71**, 154, Celle NJW **71**, 1199 („Gesamtschau"), Hamburg NJW **71**, 1574 wenigstens bei „mittlerer" Kriminalität auch der Quantitätsfaktor der Straftaten zu berücksichtigen (and. Horn SK 16, Lackner 6a bb, Weihrauch NJW 70, 1897, Neu aaO 915), wobei auch die Rückfallgeschwindigkeit von Bedeutung sein soll (vgl. BGH GA **84**, 331, NStZ **88**, 496). Dieser Auffassung ist deswegen zuzustimmen, weil die Allgemeinheit auch dann als gefährdet anzusehen ist, wenn Delikte geringeren Gewichts in großem Stil verübt werden, z. B. Diebstahl aus geparkten Fahrzeugen in rascher Folge. Für die Allgemeinheit ist der Täter, der mit vielen Einzeltaten insgesamt einen erheblichen Schaden verursacht, nicht weniger gefährlich als der Täter, der den gleichen Schaden mittels einer fortgesetzten Tat herbeiführt. Auszuscheiden hat nur die **Bagatellkriminalität**, die auch bei zahlreichen Taten nur eine Belästigung der Allgemeinheit darstellt. Für diese Fälle wäre die Sicherungsverwahrung unverhältnismäßig (BGH MDR/D **70**, 730; vgl. ferner Karlsruhe Justiz **71**, 358, Blei JA 71, 235, Beyer aaO 1597). Vgl. zum Ganzen Hanack LK 110ff.

41 Einen weiteren Anhaltspunkt für die Erheblichkeit von Straftaten gibt § 66, indem er solche nennt, „durch welche die Opfer seelisch oder körperlich **schwer geschädigt** werden oder schwerer wirtschaftlicher Schaden angerichtet wird" (vgl. dazu auch Greiser NJW 71, 789), wobei nach der Rspr. des BGH die Schadensbetrachtung bei wirtschaftlichen Schäden an der materiellen Lebenshaltung der Durchschnittsbürger auszurichten sein soll (BGH **24** 163, MDR/H **76**, 986 [4000 DM als schwerer wirtschaftlicher Schaden], GA **84**, 331; vgl. aber u. 43). Bei den wirtschaftlichen Schäden ist auch die empfindliche Wertminderung neuer und hochwertiger Fahrzeuge durch vorübergehende Nutzung zu berücksichtigen (BGH MDR/H **81**, 266). Die Anordnung der Sicherungsverwahrung ist jedoch nicht („namentlich") auf diese Fälle beschränkt (BGH **24** 154, Hamburg NJW **71**, 1574; vgl. auch BGH GA **74**, 175 [Zuhälterei]). Zudem hängt die Erheblichkeit von Vermögensdelikten nicht allein von der Schadenshöhe ab. Sie kann sich auch aus anderen Umständen ergeben (BGH **24** 163, MDR/H **76**, 986), so z. B. bei nächtlichen Wohnungseinbrüchen (BGH NJW **80**, 1055). Umgekehrt können andere Gründe der Erheblichkeit der zu erwartenden Vermögensdelikte entgegenstehen (vgl. BGH StV **83**, 503). Bei der Frage schwerer wirtschaftlicher Schäden ist allerdings unerheblich, ob die Beute mangels Absatzmöglichkeiten später sichergestellt werden kann (BGH StV **81**, 622).

42 a) Die **seelische** oder **körperliche** (nicht nur nach § 224; BGH MDR/D **72**, 16) **Schädigung** zeigt, daß es auf die konkrete Ausgestaltung der einzelnen Tat und ihre Wirkung auf das Opfer ankommt und daher ein genereller Maßstab für die Beurteilung der Erheblichkeit nicht angelegt werden kann und soll. Auch in ihrer generellen Bedeutung weniger erhebliche Straftaten können bestimmte Gruppen von Menschen seelisch oder körperlich schwer schädigen (vgl. § 224 RN 2, Lang-Hinrichsen, Maurach-FS 322f.). Vgl. näher Hanack LK 130ff.

b) Obwohl der Gesetzestext bei schweren wirtschaftlichen Schäden auf die Relation zum **43** Opfer keinen Bezug nimmt und dadurch nur die Erheblichkeit der Tat charakterisiert werden soll, ist nicht auf einen von den gefährdeten Opfern völlig losgelösten objektiven Maßstab abzustellen (and. BGH **24** 155, Greiser NJW **71**, 789) und dieser etwa an den Folgen für die gesamte Ökonomie des Staates oder (so BGH **24** 163, MDR/H **76**, 986, NStZ **84**, 309) an der materiellen Lebenshaltung des Durchschnittsbürgers auszurichten. Ein solcher Maßstab ist zu pauschal und wird der jeweiligen Gefährlichkeit des einzelnen Täters für die Allgemeinheit nicht vollauf gerecht. Diese ist z. B. höchst unterschiedlich betroffen, wenn bei drohenden Schäden gleicher Höhe das Vermögen des Staates oder einer finanzkräftigen Kapitalgesellschaft gefährdet ist oder die Habe eines mittellosen Rentners. Es ist daher der Kreis der Gefährdeten in die Betrachtung einzubeziehen. Zu berücksichtigen ist, wie sich der **Schaden für den Betroffenen** als Teil der Allgemeinheit auswirkt. Hierbei kommt es nicht auf eine konkrete individuelle Schadensempfindlichkeit an, sondern auf die objektiven Verhältnisse der gefährdeten Bevölkerungsschicht (Hanack LK 128, Lackner 6a bb). In zahlenmäßigen Grenzen läßt sich der insoweit anzulegende Maßstab allerdings nicht, wie Lang-Hinrichsen, Maurach-FS 319, meint, festlegen. Dies bestätigt die o. 40 dargelegte These, wonach sich die Schwere des Schadens auch aus einer Addition von kleineren Schädigungen ergeben kann. So beim reisenden Betrüger, der alten Leuten ihre Ersparnisse abgaunert, auch wenn die Summe des jeweiligen Betruges sich objektiv nicht als schwerer finanzieller Verlust darstellt (vgl. BT-Drs. V/4094 S. 20, Hamburg NJW **71**, 1574, Blei JA **71**, 444). Vgl. zum Ganzen Hanack LK 122 ff.

6. Welche Wirkung die Strafverbüßung auf die Gefährlichkeit des Täters haben wird, hat **44** der Richter nicht zu entscheiden, da er seine Beurteilung auf den Urteilszeitpunkt abzustellen hat (BGH **24** 164, GA **78**, 308, NStZ **85**, 261). Wohl aber ist zu prüfen, ob für den Urteilszeitpunkt anstelle der Sicherungsverwahrung eine andere Maßregel den gleichen Sicherungseffekt gewährleisten würde (vgl. § 72 I). Nach dem Grundsatz der **Verhältnismäßigkeit** (vgl. Celle NJW **70**, 1199) wäre dann auf die weniger einschneidende Maßnahme zu erkennen, z. B. auf Führungsaufsicht, wo diese ausreichend erscheint (vgl. aber BGH NJW **80**, 1056 m. Anm. Hanack JR 80, 341), oder auf Unterbringung in einem psychiatrischen Krankenhaus (vgl. RG **72** 358, HRR **35** Nr. 1094). Die Bereitwilligkeit eines gefährlichen Sexualverbrechers, sich entmannen zu lassen, macht allein die Verwahrung nicht entbehrlich (BGH **1** 66).

7. Hat der Angekl. die Tat im Zustand **verminderter Schuldfähigkeit** begangen, so wird **45** dadurch die Anordnung der Sicherungsverwahrung nicht ausgeschlossen (RG JW **35**, 2731, BGH **24** 161); das Gericht muß aber erörtern, ob die Unterbringung in einem psychiatrischen Krankenhaus gem. § 63 ausreicht (vgl. RG HRR **35** Nr. 1094); vgl. näher u. 68.

8. Liegen die genannten Voraussetzungen vor, so **muß** die Sicherungsverwahrung angeordnet werden (BGH NJW **68**, 997 m. Anm. Hellmer JZ 69, 197), auch dann, wenn sie bereits in einem früheren Verfahren angeordnet wurde (vgl. u. 65). Es ist unzulässig, von ihr „noch einmal abzusehen" (RG JW **38**, 2889; vgl. weiter RG HRR **40** Nr. 634). Die Anordnung kann auch nicht aus der Erwägung unterbleiben, in dem Verurteilten könnte sonst jede Besserungsmöglichkeit abgetötet werden (RG **73** 155, BGH GA **66**, 181). Die Frage der Sicherungsverwahrung ist auch ohne Antrag der StA zu prüfen. **46**

III. Die Sicherungsverwahrung bei Tätern mit mehreren Vortaten (Abs. 2)

Neben der obligatorischen Sicherungsverwahrung von mehrmals verurteilten Hangtätern **47** steht die **fakultative** Anordnung der **Sicherungsverwahrung** für Täter, bei denen lediglich mehrere Vortaten gegeben sind. Aufgabe des Abs. 2 ist, auch den gefährlichen Hangtäter zu erfassen, der sich bis jetzt der Strafverfolgung entziehen konnte (vgl. BGH NJW **76**, 300), namentlich den gefährlichen Serientäter (BGH NStZ **89**, 67). Abs. 2 hat nur subsidiäre Bedeutung gegenüber Abs. 1, so daß zunächst zu prüfen ist, ob dessen Voraussetzungen vorliegen (vgl. RG DR **40**, 682). Da nach Abs. 1 die Anordnung der Sicherungsverwahrung zwingend vorgeschrieben ist, die nach Abs. 2 jedoch im Ermessen des Gerichts steht, ist klarzustellen, welcher Absatz angewandt wird.

1. **Voraussetzung** für die Sicherungsverwahrung ist hier zunächst, daß der Täter einschließ- **48** lich der jetzt zur Aburteilung anstehenden Tat **3 vorsätzliche Straftaten** begangen hat, durch die er jeweils Freiheitsstrafe von mindestens einem Jahr verwirkt hat. Versuch oder Teilnahme genügt (vgl. RG **68** 169, **71** 15). Bei Anwendung des Abs. 2 wird also keine Vorverurteilung verlangt, andererseits schließt aber eine solche Abs. 2 auch nicht aus, ist auch dann anwendbar, wenn eine abgeurteilte und eine nicht abgeurteilte Straftat der jetzigen Verurteilung vorangegangen sind (RG **68** 330) oder wenn die Anwendung des Abs. 1 deshalb scheitert, weil gem. §§ 53, 55 eine Gesamtstrafe zu bilden war (vgl. dazu o. 8, 10). Nur muß dann

für die Tat auf mindestens 1 Jahr Freiheitsstrafe erkannt sein. Die Verbüßung einer Freiheitsstrafe ist ebenfalls nicht erforderlich.

49 Zumindest eine der Taten muß der Täter, wie § 106 II 1 JGG ergibt, als Erwachsener begangen haben (BGH NJW **76**, 301). Zur Anordnung der Sicherungsverwahrung bei Tätern unter 25 Jahren vgl. BGH NJW **76**, 300, 301 m. Anm. v. Bubnoff JR 76, 423. Besonders sorgfältige Prüfung fordert BGH NStZ **89**, 67 bei Tätern, die das 21. Lebensjahr noch nicht wesentlich überschritten haben.

50 2. Abs. 2 setzt 3 **rechtlich selbständige** Taten voraus, die einer selbständigen Aburteilung fähig sind (RG **75** 381; and. Nagler ZAkDR 39, 386). Daraus ergibt sich, daß die **fortgesetzte Tat** nur als eine Straftat anzusehen ist (RG **68** 297, BGH **1** 314 m. Anm. Eb. Schmidt JZ 51, 756, Kassel SJZ **49**, 570, D-Tröndle 8, Lackner 4a, Eb. Schmidt SJZ 50, 286; and. RG **77** 26, 99, Düsseldorf SJZ **50**, 284, Welzel 267). Die Auffassung führt dann nicht zu unerträglichen Ergebnissen, wenn man in der Annahme von Fortsetzungszusammenhang die gebotene Zurückhaltung übt (BGH **1** 315). Bei **gewerbsmäßigen** Taten ist jede einzelne Handlung als selbständige Tat anzusehen (vgl. 95 ff. vor § 52, Hanack LK 56). Auch rasch aufeinanderfolgende, auf einheitlichem Entschluß beruhende, aber nicht in Fortsetzungszusammenhang stehende Taten (z. B. mehrere Morde) können die Voraussetzung des Abs. 2 erfüllen (BGH **3** 170).

51 3. Ferner ist zu verlangen, daß der Täter wegen der **früheren Taten** hätte **verfolgt** werden können. Daher kommen Delikte, für die der erforderliche Strafantrag fehlt (BGH **1** 386, Hanack LK 61) oder die im Zustand der Schuldunfähigkeit begangen worden sind (vgl. RG DR **43**, 1033), nicht in Betracht, auch wenn im letzteren Fall Maßregeln angeordnet werden könnten. Die Rspr. (RG **75** 381, BGH **1** 386) schließt auch Vortaten aus, die im Zeitpunkt der jetzigen Verurteilung verjährt sind. Dies erscheint zweifelhaft, führt jedoch zu keinen praktischen Konsequenzen, da die Verjährungsfristen so bemessen sind, daß Vortaten wegen der Fünfjahresfrist (Abs. 3 S. 3) nicht mehr zu berücksichtigen wären. Vortaten mit geringerer Verjährungsfrist spielen für Abs. 2 praktisch keine Rolle. Über weitere Ausnahmen vgl. u. 59 ff.

52 4. Zweifelhaft kann sein, ob der Richter, der nach § 66 zu entscheiden hat, über alle 3 Straftaten, die Voraussetzung des Abs. 2 sind, zu urteilen hat oder ob Abs. 2 auch dann anwendbar ist, wenn die beiden anderen Taten bei anderen Gerichten anhängig sind oder anhängig werden könnten. Da dem Angekl. bei Anwendung des § 66 II Gelegenheit gegeben werden muß, sich gegen alle Voraussetzungen, die die Anwendbarkeit dieser Bestimmung begründen, zu verteidigen, ist mit BGH **25** 44 zu verlangen, daß alle 3 Taten beim gleichen Gericht anhängig sind. Ist dies nicht der Fall, so kann nur der letzte Richter nach Abs. 2 entscheiden, vorausgesetzt, daß nach Aburteilung der beiden ersten Taten nicht schon die Voraussetzungen des Abs. 1 vorliegen (and. noch RG **75** 381).

53 5. Voraussetzung ist weiter, daß der Angekl. für jede der 3 Taten **Freiheitsstrafe von mindestens einem Jahr** verwirkt hat. Die Entscheidung dieser Frage hat das Gericht selbst zu treffen, wenn alle 3 Taten bei ihm anhängig sind. Ist eine dieser Taten bereits früher abgeurteilt worden, so ist die damals erkannte Strafe maßgeblich. Bei früherer Verurteilung zu Gesamtstrafe entscheiden die Einzelstrafen, da Abs. 2 allein auf die Schwere der Vortaten, nicht dagegen auf die Tatsache der Vorverurteilung abstellt. Erreichen z. B. bei einer Gesamtstrafe zwei Einzelstrafen 1 Jahr Freiheitsstrafe, so sind beide Taten heranzuziehen (Horn SK 24).

54 Fraglich erscheint allerdings, ob der Richter bei erfolgter Vorverurteilung an die Feststellung der Vortatbegehung gebunden ist. Da Abs. 2 nicht wie Abs. 1 auf die Verurteilung und deren Warnfunktion, sondern auf die mehrfache *Begehung* von Straftaten abstellt, ließe sich daran denken, auch die früher abgeurteilten Taten wiederum der freien Beweiswürdigung gemäß § 261 StPO zu unterstellen. Dies würde jedoch zu erheblichen praktischen Schwierigkeiten führen, weil der Richter dann gezwungen wäre, die Vortaten immer erneut aufzurollen. Weitere Bedenken bei Hanack LK 60. Es ist daher von einer Bindung an die Feststellung der Vortatbegehung auszugehen.

55 6. Endlich ist Voraussetzung, daß der Täter wegen einer oder mehrerer der 3 Taten zu zeitiger **Freiheitsstrafe von mindestens 3 Jahren** verurteilt wird (wobei hier eine Gesamtstrafe genügt). Diese Bestimmung hat die Aufgabe, sicherzustellen, daß sich unter den drei Straftaten mindestens eine mit einer Strafe von über einem Jahr befindet (vgl. § 54 II). Unerheblich ist, ob der Täter neben einer zeitigen Freiheitsstrafe von mindestens 3 Jahren noch eine lebenslange Freiheitsstrafe erhält (BGH NJW **85**, 2839) und eine zu bildende Gesamtstrafe auf lebenslang lautet (BGH **34** 138). Dagegen ist Abs. 2 nicht anwendbar, wenn als Einzelstrafen ausschließlich lebenslange Freiheitsstrafen ausgesprochen werden (BGH **33** 398 m. Anm. Maatz NStZ 86, 476) oder die neben der lebenslangen Freiheitsstrafe verhängten zeitigen Freiheitsstrafen nicht den Voraussetzungen des Abs. 2 entsprechen.

56 7. Ebenso wie in Abs. 1 wird auch in Abs. 2 vorausgesetzt, daß eine Gesamtwürdigung des Täters und seiner Taten seine **Eigenschaft als Hangtäter** und damit seine Gefährlichkeit für die Allgemeinheit ergibt. Vgl. hierzu. o. 22 ff.

8. Im Gegensatz zu Abs. 1 ist die Anordnung der Sicherungsverwahrung hier in das **Ermessen des Gerichts** gestellt (BGH NStZ **85**, 261, **88**, 496), eine Entscheidung, die deswegen nicht überzeugt, weil die Möglichkeit, Abs. 2 anzuwenden, von der Feststellung abhängt, daß der Angekl. ein gefährlicher Hangtäter ist. Ist er das aber, so erfordert die allgemeine Sicherheit die Anordnung der Sicherungsverwahrung. Ausnahmsweise kann die Anordnung unterbleiben, wenn die Sicherungsverwahrung nach der Strafverbüßung nicht mehr sinnvoll ist, weil die Gefährlichkeit des Täters nach Verbüßung einer langen Freiheitsstrafe nicht mehr besteht, so z. B., wenn gegen einen 60jährigen Fassadendieb eine Freiheitsstrafe von 10 Jahren verhängt wird. Dagegen ist es bedenklich, von der Anordnung deswegen abzusehen, weil zu erwarten ist, daß der Täter sich eine längere Strafverbüßung hinreichend zur Warnung dienen läßt (and. BGH NJW **76**, 300, StV **82**, 114, NStZ **85**, 261, **88**, 496, **89**, 67, Hanack LK 173). In einem solchen Fall ist die Möglichkeit vorzuziehen, nach der Strafverbüßung die Vollstreckung der Sicherungsverwahrung auszusetzen (§ 67c I). Entsprechendes gilt für die mit fortschreitendem Lebensalter erfahrungsgemäß eintretenden Verhaltensänderungen (and. BGH StV **82**, 114, NStZ **85**, 261). 57

IV. Für die Beurteilung der Erforderlichkeit der Verwahrung ist allein der **Zeitpunkt des Urteils** maßgebend (vgl. BGH NStZ **85**, 261, **88**, 496, Schröder JZ 70, 92 sowie 10 vor § 61). Das Gericht hat sich mit dem voraussichtlichen Einfluß der Strafvollstreckung auf den Täter nicht auseinanderzusetzen. Aus Vernunftgründen kann dem Gericht jedoch nicht verwehrt werden, von der Anordnung der Sicherungsverwahrung deshalb abzusehen, weil der Täter etwa zu einer so hohen Freiheitsstrafe verurteilt wird, daß er keine Gefahr mehr für die Allgemeinheit darstellen kann (vgl. o. 57 sowie Hanack LK 151). 58

V. Gewisse **frühere Taten** sind bei der Anwendung des § 66 **auszuscheiden**. Einmal darf eine im BZR getilgte oder eine tilgungsreife Strafe weder für Abs. 1 noch für Abs. 2 als Vortat gerechnet werden (§§ 51, 66 BZRG). Zum anderen werden durch die in Abs. 3 S. 3, 4 geregelte **Rückfallverjährung** noch weitere Straftaten ausgeschieden. 59

1. Eine frühere Tat bleibt außer Betracht, wenn zwischen dem Tag ihrer Begehung und dem Tag der folgenden Tat mehr als **5 Jahre verstrichen** sind. Der Zeitpunkt der Verurteilung ist für die Rückfallverjährung nicht maßgebend. Abs. 3 bezieht sich sowohl auf die Zeit zwischen den jeweiligen Vortaten als auch auf die Zeit zwischen der letzten Vortat und der neuen Tat (vgl. BGH **25** 107 zur früheren Rückfallvorschrift). Bei fortgesetzten Taten kommt es auf deren letzten Teilakt an. Zu berücksichtigen sind nur Taten, die als Voraussetzung für eine Sicherungsverwahrung relevant sind (BGH NStZ **87**, 85). 60

2. Nicht eingerechnet wird in die Frist die Zeit, in welcher der Täter auf behördliche Anordnung in einer Anstalt verwahrt wird (Abs. 3 S. 4), z. B. eine Freiheitsstrafe verbüßt. Verwahrung im Ausland genügt. Als Anstaltsverwahrung sind auch U-Haft (vgl. aber Hanack LK 40) und Einweisung in eine Fürsorgeerziehungsanstalt anzusehen (RG JW **35**, 523), nicht aber der Aufenthalt in einem Konzentrationslager, da ein widerrechtlicher Freiheitsentzug dem Täter nicht nachteilig sein darf (BGH **7** 160, LM **Nr.** 12 zu § 42e, OGH **1** 35, Hamburg HESt. **1** 5; and. BGH **2** 12, Celle HannRpfl. **46**, 135). Die zwischen den Taten liegenden Verwahrungszeiten müssen im Urteil genau angegeben werden, damit eine etwaige Rückfallverjährung überprüft werden kann (BGH NStZ/D **90**, 225). 61

3. Abs. 3 S. 3 schließt nur die Berücksichtigung gewisser Taten bei der Feststellung der formellen Voraussetzungen aus; sie hindert nicht, verjährte Taten als **Beweisanzeichen** bei der Gesamtwürdigung des Täters als gefährlichen Hangtäter zu verwerten (BGH NStZ **83**, 71, Hanack LK 42; vgl. o. 24). 62

VI. Eine Tat, die **außerhalb des räumlichen Geltungsbereichs** dieses Gesetzes abgeurteilt worden ist, steht einer in dessen Geltungsbereich abgeurteilten Tat gleich, wenn sie nach deutschem Recht eine vorsätzliche Straftat wäre (Abs. 3 S. 5). Ausländische Urteile können auf Ordnungsmäßigkeit ihres Verfahrens nachgeprüft werden (and. RG HRR **41** Nr. 452). 63

VII. Die Sicherungsverwahrung tritt **neben** die **Strafe**; deren Schuldangemessenheit kann jedoch nicht mit Rücksicht auf die Anordnung der Sicherungsverwahrung unterschritten werden (BGH **24** 132). 64

Ist gegen einen Angekl. bereits rechtskräftig auf Sicherungsverwahrung erkannt, so ist dies kein Grund, in einer neuen Sache von der Anordnung abzusehen (RG **70** 204, JW **37**, 630, Hamm MDR **66**, 166), da nicht gewährleistet ist, daß das erste Urteil Bestand hat. Im übrigen kann eine zweite Anordnung bedeutsam sein, weil sie unbefristet ist (vgl. § 67d RN 4). 65

Rechtsmittel können auf die Anordnung oder Ablehnung der Sicherungsverwahrung beschränkt werden. Vgl. Hennke GA 56, 41 mwN aus der Rspr. 66

67 **VIII.** Die **Dauer** der Unterbringung wird bei deren Anordnung nicht festgesetzt. Sie beträgt bei der ersten Unterbringung höchstens 10 Jahre (§ 67 d I). Der nach 10 Jahren Entlassene steht dann aber noch unter Führungsaufsicht (§ 67 d IV). Bei wiederholter Unterbringung ist die Sicherungsverwahrung zeitlich unbeschränkt. Zur Möglichkeit, die Vollstreckung auszusetzen, vgl. § 67 c I, § 67 d II; zur Überprüfung, ob die Vollstreckung auszusetzen ist, vgl. § 67 e.

68 **IX.** Sind auch die Voraussetzungen für andere Maßregeln der Besserung und Sicherung gegeben, so kann die Sicherungsverwahrung **neben diesen anderen Maßregeln** angeordnet werden, wenn keine Maßregel allein zum Schutze der Allgemeinheit ausreicht (§ 72). Zulässig ist z. B. die Verbindung von Sicherungsverwahrung und Unterbringung in einem psychiatrischen Krankenhaus (RG 72 151, DJ 40, 597). Sie vermindert Schuldfähigen ist die Unterbringung in einem psychiatrischen Krankenhaus allerdings das nächste Mittel, um die Allgemeinheit vor weiteren Störungen zu schützen (vgl. auch o. 44). Das Gericht darf daher nicht, ohne die Unterbringung gem. § 63 zu erörtern, sofort die Sicherungsverwahrung anordnen (BGH NStZ **81**, 390), sondern zu dieser Maßnahme erst greifen, wenn die Unterbringung gem. § 63 nach der besonderen Lage des Falles nicht oder nicht dauernd ausreicht, um die Allgemeinheit genügend zu schützen (RG JW **35**, 2136, **36**, 2553, **37**, 1066; vgl. auch BGH **5** 312). Insoweit genügt nicht die Begründung, das psychiatrische Krankenhaus biete keine hinreichende Sicherung gegen Entweichung (vgl. BGH MDR/D **73**, 16). Bei einem erheblich vermindert Schuldfähigen, der weder heilbar noch pflegebedürftig ist, wird i. d. R. nicht die Unterbringung in einem psychiatrischen Krankenhaus, sondern die Sicherungsverwahrung anzuordnen sein, wenn auch sie zulässig ist (RG **73** 103, BGH **5** 312, Celle SJZ **50**, 510 m. Anm. Sieverts; and. Freiburg DRZ **49**, 117). Maßgebend für die Auswahl zwischen beiden Maßregeln ist die Gesamtpersönlichkeit des Angekl., die Art seiner Erkrankung und die Einwirkung, die jede der beiden Maßregeln voraussichtlich auf ihn haben wird (Celle SJZ **50**, 510 m. Anm. Sieverts). Bei gleicher Eignung des erstrebten Zwecks kommt es darauf an, welche Maßregel den Angekl. am wenigsten beschwert (BGH NStZ **81**, 390). Zum Verhältnis Sicherungsverwahrung – Entziehungsanstalt vgl. BGH GA **65**, 342. Vgl. ferner Anm. zu § 72.

69 **X.** Gegen **Jugendliche** und **Heranwachsende** darf Sicherungsverwahrung nicht angeordnet werden (vgl. §§ 7, 106 II 1 JGG).

70 **XI.** Zur Berücksichtigung von **Taten**, die **vor dem 1. 4. 1970** begangen worden sind, und zur weiteren Vollstreckung der vor diesem Zeitpunkt rechtskräftig angeordneten Sicherungsverwahrung vgl. 17. A. § 42e RN 65. Vgl. dazu auch Köhler NJW 75, 1150.

§ 67 Reihenfolge der Vollstreckung

(1) **Wird die Unterbringung in einer Anstalt nach den §§ 63 und 64 neben einer Freiheitsstrafe angeordnet, so wird die Maßregel vor der Strafe vollzogen.**

(2) **Das Gericht bestimmt jedoch, daß die Strafe oder ein Teil der Strafe vor der Maßregel zu vollziehen ist, wenn der Zweck der Maßregel dadurch leichter erreicht wird.**

(3) **Das Gericht kann eine Anordnung nach Absatz 2 nachträglich treffen, ändern oder aufheben, wenn Umstände in der Person des Verurteilten es angezeigt erscheinen lassen.**

(4) **Wird die Maßregel ganz oder zum Teil vor der Strafe vollzogen, so wird die Zeit des Vollzugs der Maßregel auf die Strafe angerechnet, bis zwei Drittel der Strafe erledigt sind. Dies gilt nicht, wenn das Gericht eine Anordnung nach § 67 d Abs. 5 Satz 1 trifft.**

(5) **Wird die Maßregel vor der Strafe vollzogen, so kann das Gericht die Vollstreckung des Strafrestes unter den Voraussetzungen des § 57 Abs. 1 Satz 1 Nr. 2 und 3 zur Bewährung aussetzen, wenn die Hälfte der Strafe erledigt ist. Wird der Strafrest nicht ausgesetzt, so wird der Vollzug der Maßregel fortgesetzt; das Gericht kann jedoch den Vollzug der Strafe anordnen, wenn Umstände in der Person des Verurteilten es angezelgt erscheinen lassen.**

Vorbem. Abs. 2, 4, 5 geändert durch 23. StÄG vom 13. 4. 1986, BGBl. I 393.

Schrifttum: Marquardt, Dogmatische und kriminologische Aspekte des Vikariierens von Strafe und Maßregel, 1972.

1 **I.** Wird eine freiheitsentziehende Maßregel neben Freiheitsstrafe angeordnet, so fragt sich, welche **Reihenfolge des Vollzugs** am besten ist, um eine möglichst optimale Wirkung zu erzielen. § 67 löst das Problem in elastischer Weise. Er räumt grundsätzlich – mit Ausnahme der Sicherungsverwahrung – dem Maßregelvollzug den Vorrang ein. Dem Gericht wird jedoch

Reihenfolge der Vollstreckung 2–5 § 67

ermöglicht, im Einzelfall eine andere Reihenfolge zu bestimmen. § 67 gilt allerdings nur (sonst § 44b I StVollstrO; vgl. dazu Stuttgart NStZ **89**, 344, Müller-Dietz NJW 80, 2789), wenn Strafe und Maßregel in derselben Entscheidung angeordnet werden (Nürnberg MDR **78**, 72, Hamm MDR **79**, 957, Stuttgart MDR **80**, 778, Karlsruhe Justiz **82**, 163, Celle NStZ **83**, 188, Düsseldorf NStZ **83**, 383, Schleswig SchlHA/E-L **84**, 85, München NStZ **88**, 94, LG Limburg NStZ **82**, 219; and. Köln MDR **80**, 511, München MDR **80**, 686, Brandstätter MDR 78, 453). Zumindest sind die Abs. 4, 5 nicht analog anwendbar, wenn verschiedene Urteile vorliegen (München MDR **80**, 686). Eine vorgesehene gesetzliche Änderung (vgl. BR-Drs. 370/84) ist unterblieben.

II. Nach Abs. 1 ist eine freiheitsentziehende **Maßregel,** die neben einer Freiheitsstrafe angeordnet wird, grundsätzlich **vor der Strafe zu vollziehen.** Ausgenommen ist die Sicherungsverwahrung, die nach wie vor stets im Anschluß an die Strafverbüßung vollzogen wird (vgl. u. 11). Bei den sonstigen freiheitsentziehenden Maßregeln ist ihrem Vollzug der Vorrang eingeräumt worden, weil sie mit spezieller Therapie auf die Besserung des Täters ausgerichtet sind und ein Bedürfnis besteht, den Täter zwecks Resozialisierung so bald wie möglich der seiner Eigenart Rechnung tragenden besonderen Behandlung zuzuführen (vgl. BT-Drs. V/4095 S. 31). Wird die Maßregel vor der Strafe vollzogen, und sei es auch nur teilweise, so gilt für den nachfolgenden Strafvollzug folgendes: 2

1. Die Zeit des Maßregelvollzugs wird grundsätzlich auf die Strafe **angerechnet,** bis zwei Drittel der Strafe erledigt sind (Abs. 4). Mit der Anrechnung wird berücksichtigt, daß beim Maßregelvollzug dem Täter auch die Freiheit entzogen und insoweit dem Strafzweck weitgehend Genüge getan wird. Die Anrechnung tritt von Gesetzes wegen automatisch ein, auch dann, wenn nach Abs. 3 (vgl. u. 9) der Vorwegvollzug der Maßregel nachträglich angeordnet wird oder die Strafe zur Bewährung ausgesetzt ist (Hamm MDR **79**, 157, Hanack LK 14; and. Horn SK 5, Horstkotte LK § 67 d RN 13). Sie ist höchstens zwei Drittel der Strafe beschränkt. Diese Regelung hat den Zweck, beim Verurteilten unter dem Druck eines noch vollstreckbaren Teiles der Strafe die Bereitschaft zu stärken, am Erfolg der Behandlung mitzuwirken, damit das letzte Drittel der Strafe zur Bewährung ausgesetzt werden kann (vgl. BR-Drs. 370/84 S. 13). Die **Anrechnung** des Vollzugs der Unterbringung in einer Entziehungsanstalt **entfällt** gänzlich, wenn das Gericht nach § 67d V bestimmt hat, daß die Unterbringung wegen Aussichtslosigkeit der Suchtbehandlung aus Gründen, die in der Person des Untergebrachten liegen, nicht weiter zu vollziehen ist. Der Ausschluß der Anrechnung soll dem Untergebrachten den Anreiz nehmen, sich der Mitarbeit an der Behandlung zu entziehen und mit seiner negativen Haltung einen möglichen Behandlungserfolg zu vereiteln. Ist eine Entscheidung nach § 67d V ergangen, so ist der sofortige Strafvollzug anzuordnen. Zu verfassungsrechtlichen Bedenken gegen Abs. 4 S. 2, insb. aus Art. 3 GG im Verhältnis zu § 36 BtMG, vgl. Celle NStZ **90**, 453, Ungewitter MDR 89, 685, auch Werner StV 89, 508; gegen solche Bedenken zutreffend Hamm NStZ **90**, 298. Voll anzurechnen auf die Strafe, auch im Fall einer Anordnung nach § 67d V, ist die Zeit, in der ein in U-Haft befindlicher Verurteilter aus organisatorischen Gründen nach Rechtskraft des Urteils nicht sofort in den Maßregelvollzug gelangt und in der JVA verblieben ist (Hamm NStZ **89**, 549). Ferner ist die Zeit im Maßregelvollzug anzurechnen, wenn die Entscheidung nach § 67d V auf Therapieunfähigkeit des Untergebrachten gestützt wird, weil hier der Grund für den Ausschluß der Anrechnung entfällt. 3

2. Endet der Maßregelvollzug, so ist bei günstiger Sozialprognose und Einwilligung des Verurteilten die Vollstreckung des von der Anrechnung ausgenommenen Drittels der Strafe zur Bewährung auszusetzen. Darüber hinaus läßt Abs. 5 S. 1 die **Aussetzung des Strafrestes** zu, wenn die Hälfte der Strafe durch Anrechnung erledigt ist und eine günstige Sozialprognose sowie die Einwilligung des Verurteilten vorliegen. Trotz gewisser Bedenken, die sich daraus ergeben, daß der gefährliche Täter, der neben der Strafe einer freiheitsentziehenden Maßregel unterworfen wird, günstiger gestellt ist als der nur zu Freiheitsstrafe verurteilte Täter, hat der Gesetzgeber aus spezialpräventiven Erwägungen die Aussetzungsmöglichkeit erweitert. In vielen Fällen, in denen der Maßregelzweck erreicht ist, kann es, soll der Behandlungserfolg nicht beeinträchtigt werden, unangebracht sein, den Verurteilten noch im Vollzug zurückzuhalten, bis zwei Drittel der Strafe verbüßt sind. Einer zu weitgehenden Privilegierung wirkt die Beschränkung der Aussetzung auf die Hälfte der Strafe entgegen. Nicht erforderlich ist, daß die durch Anrechnung erledigte Hälfte der Strafe mindestens 6 Monate beträgt. Eine Mindestzeit, wie sie § 57 II enthält, fehlt in Abs. 5 S. 1. 4

3. Wird die Vollstreckung des Strafrestes nicht zur Bewährung ausgesetzt, so wird der **Vollzug der Maßregel** grundsätzlich **fortgesetzt** (Abs. 5 S. 2). Diese Regelung berücksichtigt das allgemeine Vollstreckungsprinzip, daß die Anstalten so wenig wie möglich gewechselt werden sollen, und soll vermeiden, daß die zuvor erzielten Erfolge im Maßregelvollzug durch 5

§ 67 6, 7 Allg. Teil. Rechtsfolgen d. Tat – Maßregeln d. Besserung u. Sicherung

einen Strafvollzug beeinträchtigt werden (vgl. BT-Drs. V/4095 S. 32). Die Fortsetzung des Vollzugs schließt eine spätere Aussetzung des Strafrestes nicht aus. Diese ist dann nicht an die zeitliche Grenze des § 57 I gebunden; sie kann entsprechend Abs. 5 S. 1 auch schon vor Ablauf von zwei Dritteln der Strafzeit erfolgen (Marquardt aaO 166). Andererseits kann das Verbleiben im Maßregelvollzug eine sonst hierfür bestehende Höchstfrist überschreiten (vgl. Horstkotte LK § 67c RN 17). Wird der Maßregelvollzug fortgesetzt und erweist sich dann jegliche Weiterbehandlung wegen der Therapieunwilligkeit des Untergebrachten als aussichtslos, so ist der sofortige Strafvollzug anzuordnen. Die zusätzliche Zeit im Maßregelvollzug ist auf die Strafe anzurechnen; Abs. 4 S. 2 und § 67d V 2 sind nicht anwendbar.

6   4. Da die Fortsetzung des Maßregelvollzugs nicht stets die zweckmäßigste Lösung ist, räumt der 2. Halbsatz des Abs. 5 S. 2 dem Gericht die Befugnis ein, den **Vollzug der Strafe** anzuordnen. Voraussetzung für die Anordnung ist, daß Umstände in der Person des Verurteilten es angezeigt erscheinen lassen, von einer Fortsetzung des Maßregelvollzugs abzusehen und den Verurteilten dem Strafvollzug zuzuführen. Andere Gründe, etwa generalpräventive Gesichtspunkte, berechtigen nicht zur Anordnung des Strafvollzugs. Umstände in der Person des Verurteilten können neben den Fällen des § 67d V z. B. die Überweisung in den Strafvollzug angezeigt erscheinen lassen, wenn neben einer mehrjährigen Freiheitsstrafe die Unterbringung in einer Entziehungsanstalt angeordnet worden und eine Weiterbehandlung in der Entziehungsanstalt wenig sinnvoll ist (vgl. Karlsruhe MDR **81**, 867, Celle NStZ **83**, 384). Vgl. auch Hamm MDR **77**, 334. Die Anordnung des Strafvollzugs kann auch noch erfolgen, wenn zunächst der Maßregelvollzug fortgesetzt worden ist (vgl. o. 5).

7   III. Ist der Zweck der angeordneten Maßregel durch den **Vorwegvollzug der Strafe** oder eines Teiles der Strafe leichter zu erreichen, so bestimmt das Gericht, daß die Strafe oder ein Teil von ihr vor der Maßregel zu vollziehen ist (**Abs. 2**). Abzustellen ist auf leichteres Erreichen des Maßregelzwecks. Aus anderen Gründen, etwa Platzmangel in einer Anstalt (LG Dortmund NJW **75**, 2251, NStZ **89**, 340; and. Hamm MDR **78**, 864; vgl. auch LG Bonn NJW **77**, 345), Fehlen einer geeigneten Therapiestätte (BGH NStZ **81**, 492 m. Anm. Scholz, **82**, 132, **90**, 102, Hamburg NStZ **88**, 242, LG Köln StV **88**, 215), unzureichenden Sicherungsmöglichkeiten in einer Anstalt, Sühnebedürfnis, Schuldvergeltung oder generalpräventiven Erwägungen, darf das Vorziehen des Strafvollzugs nicht angeordnet werden (vgl. BGH MDR/H **78**, 803). Auch die Erwartung, daß nach dem Strafvollzug die Vollstreckung der Maßregel ausgesetzt werden kann, genügt nicht (BGH NJW **83**, 240), desgleichen nicht die beabsichtigte Zurückstellung der Vollstreckung gem. § 35 BtMG (BGH NStZ **84**, 573 m. Anm. Müller-Dietz JR 85, 119, **90**, 102), es sei denn, die freiwillige Therapie biete bessere Erfolgsaussichten als eine Behandlung in einer Entziehungsanstalt und der vorweggezogene Strafvollzug fördere die freiwillige Therapie (BGH NStZ **85**, 571). Vorwegvollzug der Strafe kommt in Betracht, wenn er als Vorstufe der Behandlung für deren Zweck erforderlich ist (BGH **33** 285, NJW **83**, 240, NStZ **86**, 332). Das kann z. B. der Fall sein, wenn es sich als angezeigt erweist, dem Verurteilten zunächst einmal die Schwere seiner Tat durch den Vollzug der Strafe vor Augen zu führen, damit er auf die besondere Behandlung im Maßregelvollzug hinreichend anspricht (krit. dazu Karlsruhe NJW **75**, 1572, Hanack LK 34f., JR 75, 444, Lackner 2b, Müller-Dietz NStZ 83, 150). Es reicht hiernach aus, wenn durch eine Art „Leidensdruck" günstigere Voraussetzungen für die besondere Behandlung geschaffen werden, etwa Behandlungsunwillige, die an sich behandlungsfähig sind (vgl. BGH NJW **83**, 350), unter dem Eindruck des Strafvollzugs zu einer Behandlungsmotivation gelangen können (BGH **33** 285, MDR/H **81**, 98, **86**, 442, NStZ **88**, 216 m. krit. Anm. Volckart zu EzSt Nr. 8, Maul/Lauven NStZ 86, 398; vgl. aber auch Streng StV 87, 41). Nach BGH MDR/H **86**, 443, Bay NJW **81**, 1522 genügt insoweit aber noch nicht, daß der Vorwegvollzug der Strafe zweckmäßig ist; er muß vielmehr notwendig sein, um der Maßregel zum Erfolg zu verhelfen oder jedenfalls den Täter dem Maßregelziel näher zu bringen (vgl. BGH StV **86**, 489). Diese Notwendigkeit entfällt bei Therapiebereitschaft (BGH NStZ **84**, 573). Ebensowenig genügt nach BGH NStZ **84**, 428 die Gefahr der Behandlungsunwilligkeit für den Vorwegvollzug der Strafe. Ist aber der Vorwegvollzug der Strafe mehr als der sofortige Maßregelvollzug geeignet, die Behandlungsbereitschaft zu fördern und den Verurteilten dem Maßregelziel näher zu bringen, so ist nach Abs. 2 zu verfahren (BGH NStZ **85**, 571). Ferner kann der nachfolgende Maßregelvollzug bei der Anordnung der Unterbringung in einer Entziehungsanstalt neben einer mehrjährigen Freiheitsstrafe geboten sein, damit der Verurteilte nach der besonderen Behandlung in der Entziehungsanstalt sofort in die Freiheit entlassen werden kann. Vgl. zu diesen Fällen BT-Drs. V/4095 S. 31, BGH NStZ **86**, 428, **87**, 574 m. krit. Anm. Hanack JR 88, 379, NStZ **88**, 216 m. krit. Anm. Volckart zu EzSt Nr. 8, NStZ **90**, 52, Celle NdsRpfl **89**, 260, aber auch Hanack LK 36, JR 78, 402, Marquardt aaO 161f. Entsprechendes kann sich bei der Unterbringung in einem psychiatrischen Krankenhaus ergeben, etwa bei schwerer anderer seelischer Abartigkeit des Verurteilten (BGH NJW **90**, 1124 m. Anm.

Funck NStZ 90, 509). Bei lebenslanger Freiheitsstrafe scheidet jedoch ein Vorwegvollzug der Strafe idR aus (BGH NJW **90**, 3281). Die Notwendigkeit der Entlassung in die Freiheit nach dem Maßregelvollzug muß begründet werden, da eine Abweichung von dem der gesetzlichen Wertung entsprechenden Regelfall vorliegt (vgl. BGHR § 67 II Vorwegvollzug, teilweiser **4**). Der Vorwegvollzug der Strafe ist aber auch dann anzuordnen, wenn der Strafvollzug bessere Behandlungsmöglichkeiten bietet als der Maßregelvollzug (BGH **33** 285, MDR/H **81**, 98, Karlsruhe NJW **75**, 1571, Hamm NJW **79**, 2359, Hanack JR 75, 444 f.; vgl. aber Hamm NStZ **87**, 44: unzulässig, Maßregel in der Vollzugsanstalt als sozialtherapeutischer Anstalt zu vollziehen). Zum Erfordernis einer ausreichenden Begründung des Vorwegvollzugs der Strafe vgl. BGH NStZ **86**, 524.

Die von Abs. 1 abweichende Reihenfolge *muß* das Gericht anordnen, wenn es zu der Über- 8 zeugung gelangt, der Vorwegvollzug der Strafe erleichtere das Erreichen des Maßregelzwecks. Die Anordnung kann sich auf den **Vorwegvollzug eines Teiles der Strafe** beschränken, wenn bereits mit dem Teilvollzug der Maßregelzweck leichter zu erreichen ist. Die Beschränkung des Vorwegvollzugs auf einen Teil der Strafe kommt etwa in Betracht, wenn bereits ein zeitlich begrenzter Aufenthalt im Strafvollzug beim Verurteilten voraussichtlich die Behandlungsbereitschaft erweckt, die für die Erreichbarkeit des Maßregelzwecks erforderlich ist. Zu denken ist aber auch an die Fälle einer langen Freiheitsstrafe, in denen nach erfolgreicher Behandlung im Maßregelvollzug trotz Anrechnung der Zeit auf die Strafe noch ein Strafrest zu verbüßen ist, mag die Verbüßung auch nach Abs. 5 im weiteren Vollzug der Maßregel erfolgen. Hier kann es zur Förderung des Maßregelzwecks geboten sein, einen Teil der Strafe vorweg zu vollziehen (vgl. BR-Drs. 370/84 S. 12, auch BGH MDR/H **89**, 1051). Zeigt sich nach der Teilverbüßung der Strafe die Erforderlichkeit, den Verurteilten weiterhin im Strafvollzug zu behalten, so hat das Gericht nach Abs. 3 die ursprüngliche Anordnung zu ändern (vgl. u. 10). Umgekehrt kann nach Abs. 3 beim angeordneten Vorwegvollzug der gesamten Strafe der Wechsel zum Maßregelvollzug bereits nach Teilverbüßung der Strafe bestimmt werden (vgl. u. 10). Entsprechendes gilt, wenn beim angeordneten Vorwegvollzug eines Teiles der Strafe sich schon vorher ergibt, daß eine Überweisung in den Maßregelvollzug angezeigt ist (vgl. Maul/Lauven NStZ **86**, 400, Hanack JR 88, 380). Wird die gesamte Strafe vor der Maßregel verbüßt, so ist vor Ende des Strafvollzugs zu prüfen, ob der Zweck der Maßregel die Unterbringung noch erfordert (§ 67 c).

IV. Da sich die Lage, von der Abs. 1 oder das Gericht nach Abs. 2 ausgeht, im Verlauf des 9 Vollzugs ändern kann, ermächtigt Abs. 3 das nach § 462 a StPO zuständige Gericht, **nachträgliche Änderungen** in der Reihenfolge des Vollzugs vorzunehmen. Wird gemäß Abs. 1 zunächst die Maßregel vollzogen, so kann das Gericht eine Anordnung nach Abs. 2, d. h. die Anordnung des Vollzugs der Strafe, nachträglich treffen, wenn Umstände in der Person des Verurteilten es angezeigt erscheinen lassen. Aus dem gleichen Grund kann es eine nach Abs. 2 getroffene Anordnung nachträglich ändern oder aufheben. Es kann also anordnen, daß nach einer Teilverbüßung der Strafe nunmehr der Maßregelvollzug zu erfolgen hat.

Die nachträgliche Entscheidung darf sich nur auf *Umstände in der Person des Verurteilten* 10 stützen, nicht auf sonstige Umstände. Wenn auch eine nachträgliche Änderung in der Reihenfolge des Vollzugs aus den genannten Umständen nur angezeigt zu erscheinen braucht, nicht also zwingend geboten sein muß, so hat das Gericht dennoch zu beachten, daß Änderungen nur in besonderen Fällen in Betracht kommen. So darf z. B. nicht allein der Umstand, daß der Untergebrachte in der Anstalt Schwierigkeiten bereitet, schon dazu führen, diesen einfach in den Strafvollzug abzuschieben (vgl. BT-Drs. V/4095 S. 31). Die Gründe für eine nachträgliche Anordnung nach Abs. 2 sind jedoch nicht auf dessen Voraussetzung der leichteren Erreichbarkeit des Maßregelvollzugs beschränkt, da Abs. 3 hierauf nicht abhebt, sondern eine eigene Zulässigkeitsvoraussetzung enthält (vgl. Stree JR 80, 510; and. Schleswig MDR **80**, 1038). Überweisung in den Strafvollzug ist daher an sich zulässig, wenn sich bei einer Entziehungskur deren Aussichtslosigkeit herausgestellt hat und diese auf den Süchtigen zurückzuführen ist (Marquardt aaO 164, Stree aaO Celle JR **82**, 468 m. Anm. Stree, soweit Suchtbehandlung nur gegenwärtig aussichtslos ist); die Maßregel als solche bleibt dann aufrechterhalten (and. Düsseldorf JR 80, 508 m. abl. Anm. Stree). Einem solchen Vorgehen steht § 67 d V nicht schlechthin entgegen. Es ist allerdings nach Einfügung dieser Vorschrift nur zweckmäßig, soweit noch eine, wenn auch nur geringe, Aussicht besteht, daß der Strafvollzug beim Verurteilten zu Änderungen führt, die eine spätere Wiederaufnahme des Maßregelvollzugs sinnvoll erscheinen lassen. Ist dagegen anzunehmen, daß die Aussichtslosigkeit der Suchtbehandlung auch nach der Strafverbüßung unvermindert andauert, so ist nach § 67 d V zu verfahren. Beim Vorwegvollzug der Strafe ist die Anordnung nach Abs. 2 aufzuheben, wenn bereits die Teilverbüßung die leichtere Erreichbarkeit des Maßregelzwecks bewirkt hat (vgl. Hamm MDR **80**, 952). Ist der Vorwegvollzug von vornherein schon auf einen Teil der Strafe beschränkt worden,

Stree

so kommt eine Aufhebung der Anordnung in Betracht, wenn die Verbüßung eines geringeren Teiles der Strafe bereits genügt hat, die Erreichung des Maßregelzwecks zu erleichtern. Andererseits ist der Vorwegvollzug bei einer Beschränkung auf einen Teil der Strafe zu verlängern, wenn er noch nicht die Erwartungen erfüllt hat, ein weiteres Verbleiben im Strafvollzug aber das leichtere Erreichen des Maßregelzwecks erwarten läßt. Die gebotene Überstellung in den Maßregelvollzug darf nicht aus Platzmangel in einer Anstalt unterbleiben (vgl. Hamm MDR 80, 952, das in einem solchen Fall jedoch der Vollstreckungsbehörde eine angemessene Frist für die Durchführung der Entscheidung einräumt). Die Umstände in der Person müssen nachträglich, insb. während des Vollzugs in Erscheinung getreten sein. Eine lediglich abweichende Auffassung des Gerichts von der gleich gebliebenen Beurteilungsgrundlage rechtfertigt eine Entscheidung nach Abs. 3 nicht (vgl. E 62 Begr. 217, KG JR **79**, 77 m. Anm. Horn, Düsseldorf MDR **89**, 1012).

11   **V.** Die **Sicherungsverwahrung** wird ausnahmslos nach der Strafverbüßung vollzogen. Zur Begründung vgl. BT-Drs. V/4095 S. 31. Zu einer Änderung der Reihenfolge des Vollzugs ist das Gericht nicht befugt. Unzulässig ist auch, nach Teilverbüßung der Strafe anzuordnen, daß nunmehr die Sicherungsverwahrung zu vollziehen ist. Abs. 3 bezieht sich ausschließlich auf die in Abs. 1 genannten Maßregeln. Vor Ende des Strafvollzugs hat das Gericht aber zu prüfen, ob der Zweck der Sicherungsverwahrung die Unterbringung noch erfordert (§ 67 c).

§ 67a Überweisung in den Vollzug einer anderen Maßregel

(1) **Ist die Unterbringung in einem psychiatrischen Krankenhaus oder einer Entziehungsanstalt angeordnet worden, so kann das Gericht nachträglich den Täter in den Vollzug der anderen Maßregel überweisen, wenn die Resozialisierung des Täters dadurch besser gefördert werden kann.**

(2) **Unter den Voraussetzungen des Absatzes 1 kann das Gericht nachträglich auch einen Täter, gegen den Sicherungsverwahrung angeordnet worden ist, in den Vollzug einer der in Absatz 1 genannten Maßregeln überweisen.**

(3) **Das Gericht kann eine Entscheidung nach den Absätzen 1 und 2 ändern oder aufheben, wenn sich nachträglich ergibt, daß die Resozialisierung des Täters dadurch besser gefördert werden kann. Eine Entscheidung nach Absatz 2 kann das Gericht ferner aufheben, wenn sich nachträglich ergibt, daß mit dem Vollzug der in Absatz 1 genannten Maßregeln kein Erfolg erzielt werden kann.**

(4) **Die Fristen für die Dauer der Unterbringung und die Überprüfung richten sich nach den Vorschriften, die für die im Urteil angeordnete Unterbringung gelten.**

1   **I.** Die Vorschrift dient dem Bedürfnis, das System der Maßregeln so weit wie möglich Zweckmäßigkeitsgesichtspunkten unterzuordnen, und beruht auf der Erfahrung, daß sich oftmals erst im Vollzug herausstellt, welche besondere Behandlung für die Resozialisierung des Täters am geeignetsten ist. Voraussetzung für eine nachträgliche Überweisung in den Vollzug einer anderen Maßregel ist stets, daß die Resozialisierung des Täters dadurch besser gefördert werden kann. Bloßer Platzmangel in Entziehungsanstalt berechtigt daher nicht zur Überweisung in psychiatrisches Krankenhaus (BGH MDR/H **81**, 266; vgl. aber Hamm MDR **78**, 950, JMBlNW **80**, 226). Anders ist es, wenn in einer Anstalt ohne Platzmangel Behandlungen möglich sind und deswegen die besseren Resozialisierungsmöglichkeiten bestehen. Umgekehrt kann ein Platzmangel in der vorgesehenen Anstalt das Absehen von einer Überweisung begründen, weil er einer besseren Förderung der Resozialisierung entgegensteht (Horstkotte LK 7). Die Überweisung darf nur in ein psychiatrisches Krankenhaus oder eine Entziehungsanstalt erfolgen, nicht in die sozialtherapeutische Anstalt einer JVA (Hamm NStZ **87**, 44). Sie kann schon vor Beginn des Vollzugs der angeordneten Maßregel erfolgen, so etwa, wenn sich im vorausgegangenen Strafvollzug (§ 67 II) herausstellt, daß eine andere Anstalt zur Resozialisierung besser geeignet ist. Zu den Resozialisierungsgesichtspunkten vgl. Horstkotte LK 14. Zur Zuständigkeit für die Überweisung vgl. § 462a StPO i. V. mit §§ 463 V, 462 StPO.

2   **II.** Die nach Abs. 1 zulässige **Überweisung in den Vollzug der anderen Maßregel** bedeutet nicht deren Anordnung. Die eigentliche Vollzugsgrundlage bleibt vielmehr die ursprüngliche Anordnung. Dementsprechend bestimmt Abs. 4, daß sich die Fristen für die Dauer der Unterbringung und die Überprüfung nach den Vorschriften richten, die für die im Urteil angeordnete Maßregel gelten. Mit dieser Regelung wird vermieden, daß der Täter auf Grund der nachträglichen Entscheidung eine Benachteiligung erfährt, zugleich aber auch verhindert, daß sich die Höchstdauer der Unterbringung auf Grund der Überweisung verkürzt. Ist der in einer Entziehungsanstalt Untergebrachte in den Vollzug der Unterbringung in einem psychiatrischen Krankenhaus überwiesen worden, so ist, da die Anordnung nach § 64 Vollzugsgrundlage bleibt, § 67d V anwendbar (vgl. § 67d RN 15).

III. In den Vollzug der in Abs. 1 genannten Maßregeln kann auch ein Täter, gegen den 3
Sicherungsverwahrung angeordnet worden ist, überwiesen werden, sofern dessen Resozialisierung dadurch besser gefördert werden kann (Abs. 2). Überweisung in die Sicherungsverwahrung ist dagegen nicht zulässig, wohl aber Rücküberweisung durch Aufhebung der nach Abs. 2 erfolgten Überweisung (vgl. u. 5). Auch bei Überweisung nach Abs. 2 bleibt gem. Abs. 4 die ursprünglich angeordnete Maßregel, hier also die Sicherungsverwahrung, für die Fristen maßgebend, die für die Dauer der Unterbringung und die Überprüfung gelten. Da die Anordnung der Sicherungsverwahrung die eigentliche Vollzugsgrundlage bildet und Sicherungsverwahrung stets nach der Strafverbüßung zu vollziehen ist (vgl. § 67 RN 11), kann eine Entscheidung nach Abs. 2 mangels einer anderen Regelung erst für die Zeit nach der Strafverbüßung getroffen werden.

IV. Die Überweisungen nach Abs. 1 und 2 sind keine endgültigen Entscheidungen darüber, 4
mit welchem Maßregelvollzug auf den Täter einzuwirken ist. Da sich während des Vollzugs herausstellen kann, daß die Behandlung in einer anderen Anstalt, sei es in der ursprünglich vorgesehenen oder in einer sonstigen, für die Resozialisierung des Täters besser geeignet erscheint, läßt Abs. 3 die **Abänderung** oder die **Aufhebung einer** nach Abs. 1 oder 2 getroffenen **Entscheidung** zu. Die Entscheidungen können danach immer dann (auch wiederholt) abgeändert oder aufgehoben werden, wenn sich nachträglich ergibt, daß die Resozialisierung des Täters dadurch besser gefördert werden kann.

Ferner ist es unangebracht, einen gefährlichen Hangtäter, gegen den Sicherungsverwahrung 5
angeordnet und der dann nach Abs. 2 zwecks Behandlung in den Vollzug einer anderen Maßregel überwiesen worden ist, bei fehlenden Resozialisierungsaussichten in einer Anstalt zu belassen, die nicht in erster Linie Sicherungsfunktionen zu erfüllen hat. Dementsprechend sieht Abs. 3 S. 2 die Möglichkeit vor, eine nach Abs. 2 getroffene Entscheidung aufzuheben, wenn sich nachträglich ergibt, daß mit dem Vollzug der in Abs. 1 genannten Maßregel kein Erfolg erzielt werden kann (Aussichtslosigkeit einer Entziehungskur, Irrtum über psychische Erkrankung; vgl. D-Tröndle 4). Mit der Aufhebung der Entscheidung hat der Täter nunmehr die Sicherungsverwahrung auf sich zu nehmen. Die Rücküberweisung in die Sicherungsverwahrung hat aber auch zu erfolgen, wenn der Untergebrachte von seiner Sucht oder psychischen Erkrankung geheilt worden ist, seine Gefährlichkeit jedoch aus anderen Gründen fortbesteht (sonst § 67d II) Mangels weiterer Erfolgsmöglichkeiten durch spezielle Behandlung ist ein Verbleib in der anderen Anstalt ebenso unangebracht wie bei Aussichtslosigkeit der Suchtbehandlung usw.

§ 67b Aussetzung zugleich mit der Anordnung

(1) Ordnet das Gericht die Unterbringung in einem psychiatrischen Krankenhaus oder einer Entziehungsanstalt an, so setzt es zugleich deren Vollstreckung zur Bewährung aus, wenn besondere Umstände die Erwartung rechtfertigen, daß der Zweck der Maßregel auch dadurch erreicht werden kann. Die Aussetzung unterbleibt, wenn der Täter noch Freiheitsstrafe zu verbüßen hat, die gleichzeitig mit der Maßregel verhängt und nicht zur Bewährung ausgesetzt wird.

(2) Mit der Aussetzung tritt Führungsaufsicht ein.

I. Die Vorschrift regelt die sofortige **Aussetzung** der Vollstreckung **einer freiheitsentziehen-** 1
den Maßregel. Sie beschränkt sich auf die zugleich mit der Anordnung einer Maßregel zu erfolgende Aussetzung; die Möglichkeiten einer späteren Aussetzung sind in den §§ 67c, 67d geregelt. Der Vorschrift liegt das Bestreben zugrunde, die Maßregeln so elastisch wie möglich auszugestalten und eine nicht unbedingt erforderliche Freiheitsentziehung zu vermeiden. Mit der Möglichkeit, die Vollstreckung einer angeordneten Maßregel sogleich auszusetzen, konnte der Subsidiaritätsgrundsatz bei der Anordnung einer Maßregel entfallen (vgl. § 63 RN 19, § 64 RN 10, aber auch Horstkotte LK 11). Er gilt nunmehr erst für deren Vollstreckung.

II. Als **Voraussetzung** für eine sofortige Aussetzung der Vollstreckung bestimmt Abs. 1, daß 2
die Unterbringung in einem psychiatrischen Krankenhaus oder einer Entziehungsanstalt angeordnet wird und besondere Umstände die Erwartung rechtfertigen, daß der Zweck der Maßregel, d. h. die Verhinderung erheblicher rechtswidriger Taten, auch durch die Aussetzung erreicht werden kann.

1. Die Aussetzung ist danach nur zulässig, wenn die Unterbringung in einem **psychiatrischen** 3
Krankenhaus oder einer **Entziehungsanstalt** angeordnet wird. Ausgenommen ist die Sicherungsverwahrung. Da ihr Vollzug erst nach der Strafverbüßung erfolgt und ihre Vollstreckung nach § 67c I auszusetzen ist, wenn die Überprüfung am Ende des Strafvollzugs ergibt, daß der Zweck der Maßregel die Unterbringung nicht mehr erfordert, erübrigt sich bei ihr die Möglichkeit einer sofortigen Aussetzung.

Stree

4 2. Erforderlich ist ferner eine **tätergünstige Prognose**. Besondere Umstände müssen die Erwartung rechtfertigen, daß der Zweck der Maßregel auch durch die Aussetzung erreicht werden kann.

5 a) Die Erwartung muß sich auf *besondere Umstände* stützen. Eine allgemeine Annahme, die Aussetzung reiche aus, genügt nicht. Als besondere Umstände kommen etwa in Betracht: bei Anordnung der Unterbringung in einem psychiatrischen Krankenhaus die Entmündigung des Täters und die Bestellung eines Vormunds, die Übernahme der Betreuung und Überwachung durch zuverlässige Verwandte, der freiwillige Eintritt in eine Anstalt, die Unterbringung des Täters auf Grund einer vormundschaftsgerichtlich genehmigten Anordnung seines Pflegers (BGH MDR/H **85**, 979) oder Vormunds (BGHR § 67b Abs. 1 besondere Umstände **3**) oder nach einem landesrechtlichen Unterbringungsgesetz (vgl. BGH **34** 313, Horstkotte LK 66f.), eine psychotherapeutische oder medikamentöse Behandlung (BGH StV **88**, 260), die Entmannung eines Triebtäters (vgl. BGH MDR/D **75**, 724); bei Anordnung der Unterbringung in einer Entziehungsanstalt der freiwillige Eintritt in eine solche Anstalt, eine Entziehungskur außerhalb einer Anstalt, der Anschluß an einen Enthaltsamkeitsverein oder an eine auf Therapie ausgerichtete Gruppe (vgl. Horstkotte LK 48), nicht jedoch bereits die Erklärung, sich freiwillig einer Suchtbehandlung unterziehen zu wollen (BGH NStZ **83**, 167).

6 b) Die besonderen Umstände müssen die *Erwartung* rechtfertigen, daß der *Maßregelzweck auch durch die Aussetzung erreicht werden kann*. Hierbei ist zu berücksichtigen, daß nach Abs. 2 mit der Aussetzung automatisch Führungsaufsicht eintritt (vgl. u. 9). Es sind bei der Prognose somit die Einwirkungsmöglichkeiten, die mit der Führungsaufsicht verbunden sind, einzubeziehen, etwa die Bestellung eines Bewährungshelfers oder bestimmte Weisungen (vgl. BGH NStE Nr. **1**, NStZ **88**, 309). Infolge der besonderen Umstände muß zu erwarten sein, daß die Gefährlichkeit des Täters auch durch die Aussetzung der Vollstreckung i. V. mit der Führungsaufsicht behoben werden kann. Nach BGH MDR/D **75**, 724 genügt, daß die vom Täter ausgehende Gefahr so herabgemindert wird, daß es angebracht erscheint, den Verzicht auf den Maßregelvollzug zu wagen. Erwarten bedeutet nicht sichere Gewißheit. Das Gericht muß aber, soll die Aussetzung verantwortet werden können, fest damit rechnen, daß die vom Täter ausgehende Gefahr erheblicher Rechtsverletzungen, die zur Anordnung der Maßregel geführt hat, auch bei ausgesetzter Vollstreckung gebannt ist. Hat es Zweifel, so fehlt es an einer tätergünstigen Prognose. Es darf dann das mit einer Aussetzung verbundene Risiko nicht eingehen; die Aussetzung hat vielmehr zu unterbleiben (vgl. aber auch Horstkotte LK 25).

7 III. Liegen die genannten Voraussetzungen für eine Aussetzung vor, so ist das Gericht **verpflichtet**, die Vollstreckung der angeordneten Maßregel zur Bewährung **auszusetzen**. Zur Möglichkeit des Widerrufs der Aussetzung vgl. § 67g.

8 IV. Trotz Vorliegens der genannten Voraussetzungen ist die **Aussetzung** jedoch **unzulässig**, wenn der Täter noch Freiheitsstrafe zu verbüßen hat, die gleichzeitig mit der Maßregel verhängt und nicht zur Bewährung ausgesetzt wird (Abs. 1 S. 2). Mit dieser Einschränkung wird berücksichtigt, daß der mit der Aussetzung angestrebte Zweck nicht erreicht werden kann, wenn der Täter in den Strafvollzug gelangt und damit ohnehin seine Freiheit verliert (vgl. BT-Drs. V/4095 S. 33). Wird in einem solchen Fall nach § 67 II der Vorwegvollzug der Strafe angeordnet, so ist die Vollstreckung der Maßregel indes am Ende des Strafvollzugs auszusetzen, sofern die Voraussetzungen des § 67c I vorliegen. Strafe, die in einem anderen Verfahren verhängt worden und noch zu verbüßen ist, steht der Aussetzung der Maßregelvollstreckung nicht entgegen (zur Problematik vgl. Horstkotte LK 89ff.).

9 V. Wird die Vollstreckung der angeordneten Maßregel zur Bewährung ausgesetzt, so tritt nach Abs. 2 kraft Gesetzes **Führungsaufsicht** ein. Eine besondere gerichtliche Entscheidung ergeht insoweit nicht. Wohl aber kann das Gericht die Dauer der Führungsaufsicht bis zum Mindestmaß von 2 Jahren gem. § 68c I 2 abkürzen. Ferner ist für die Ausgestaltung der Führungsaufsicht eine Entscheidung notwendig, soweit es hierfür einer solchen Entscheidung bedarf. Derartige Entscheidungen trifft das Gericht durch Beschluß, der mit dem Urteil zu verkünden ist (§ 268a II StPO).

§ 67c Späterer Beginn der Unterbringung

(1) **Wird eine Freiheitsstrafe vor einer zugleich angeordneten Unterbringung vollzogen, so prüft das Gericht vor dem Ende des Vollzugs der Strafe, ob der Zweck der Maßregel die Unterbringung noch erfordert. Ist das nicht der Fall, so setzt es die Vollstreckung der Unterbringung zur Bewährung aus; mit der Aussetzung tritt Führungsaufsicht ein.**

(2) **Hat der Vollzug der Unterbringung drei Jahre nach Rechtskraft ihrer Anordnung noch nicht begonnen und liegt ein Fall des Absatzes 1 oder des § 67b nicht vor, so darf die Unterbringung nur noch vollzogen werden, wenn das Gericht es anordnet.** In die Frist wird die Zeit nicht eingerechnet, in welcher der Täter auf behördliche Anordnung in einer Anstalt verwahrt worden ist. Das Gericht ordnet den Vollzug an, wenn der Zweck der Maßregel die Unterbringung noch erfordert. Ist der Zweck der Maßregel nicht erreicht, rechtfertigen aber besondere Umstände die Erwartung, daß er auch durch die Aussetzung erreicht werden kann, so setzt das Gericht die Vollstreckung der Unterbringung zur Bewährung aus; mit der Aussetzung tritt Führungsaufsicht ein. Ist der Zweck der Maßregel erreicht, so erklärt das Gericht sie für erledigt.

I. Die **Erforderlichkeit**, eine angeordnete **Maßregel zu vollziehen**, ist stets besonders zu prüfen, wenn vor einer freiheitsentziehenden Maßregel eine zugleich mit ihr verhängte Freiheitsstrafe vollzogen wird (Abs. 1) oder wenn sich der Beginn des Vollzugs einer Maßregel aus anderen Gründen um 3 Jahre nach Rechtskraft ihrer Anordnung verzögert hat (Abs. 2). Beim Vorwegvollzug einer Freiheitsstrafe wird berücksichtigt, daß der Richter im Zeitpunkt des Urteils eine einigermaßen sichere Prognose, wie sich der Strafvollzug auf den Verurteilten auswirken wird und ob nach der Strafverbüßung noch ein Maßregelvollzug erforderlich ist, kaum erstellen kann. Abs. 1 geht deshalb davon aus, daß sich die bei Urteilsfällung erforderliche Prognose auf den Zeitpunkt der Entscheidung zu beschränken hat und eine freiheitsentziehende Maßregel anzuordnen ist, wenn festgestellt wird, daß der Täter in diesem Zeitpunkt gefährlich und die Anordnung der Maßregel begründet ist. Wie sich der Strafvollzug auf den Täter ausgewirkt hat und ob danach der Maßregelvollzug noch erforderlich ist, soll erst am Ende des Strafvollzugs geprüft werden. Ähnliche Erwägungen liegen der Regelung des Abs. 2 zugrunde. Sind nämlich seit der Rechtskraft des Urteils 3 Jahre verstrichen, ohne daß mit dem Vollzug der Maßregel begonnen worden ist, so kann dies ebenfalls bedeuten, daß der Zweck der Maßregel ihren Vollzug nicht mehr erfordert. Eine Prüfung hat demgemäß hier ebenfalls zu erfolgen. Vgl. ferner § 72 III zu dem Fall, daß vor dem Vollzug der Maßregel eine andere mit ihr zugleich angeordnete Maßregel vollzogen worden ist.

II. Zu einer Prüfung, ob der Zweck einer angeordneten freiheitsentziehenden Maßregel die Unterbringung des Verurteilten noch erfordert, ist das Gericht nach Abs. 1 im Falle des **Vorwegvollzugs einer** mit der Maßregel zugleich verhängten **Freiheitsstrafe** verpflichtet. Zur Zuständigkeit des Gerichts vgl. § 462a StPO i. V. mit den §§ 463 III, 454 StPO.

1. Die Freiheitsstrafe, die vor der Maßregel vollzogen wird, muß mit dieser **zugleich** verhängt worden sein. Strafverbüßung auf Grund eines anderen Urteils genügt nicht (and. Koblenz MDR 83, 863), es sei denn, daß sie im Anschluß an den Vollzug der mit der Maßregel verhängten Freiheitsentziehung erfolgt. So entfällt insb. eine Prüfungspflicht bei Verbüßung einer anderen Strafe auf Grund einer Tat, die während der Aussetzung der Unterbringung begangen worden ist und zum Widerruf der Aussetzung geführt hat (Hamm JMBlNW 78, 90). Im Falle einer Anschlußvollstreckung ist die Erforderlichkeit der Unterbringung zu prüfen, wenn das Gericht sich gem. § 454b III StPO (vgl. § 57 RN 8) damit befaßt, ob die Vollstreckung aller Strafreste zur Bewährung auszusetzen ist (vgl. KG NStZ 90, 54). Wird die Erforderlichkeit der Unterbringung bejaht und deswegen die Vollstreckung der Strafreste nicht ausgesetzt, so hat die nächste Prüfung zu erfolgen, wenn das Gericht sich erneut mit einer Aussetzung der Strafreste befaßt, oder so rechtzeitig vor dem Ende des gesamten Strafvollzugs, daß die Entscheidung bis zum Vollzugsende rechtskräftig werden kann (vgl. u. 5). Eine Freiheitsstrafe wird stets vor einer zugleich angeordneten Sicherungsverwahrung vollzogen. Im Falle einer anderen freiheitsentziehenden Maßregel erfolgt der Vorwegvollzug einer Freiheitsstrafe, wenn das Gericht dies gemäß § 67 II bestimmt. Als Voraussetzung für Abs. 1 genügt auch, daß gemäß § 67 III die Reihenfolge des Vollzugs geändert und nach einem Teilvollzug der Maßregel der sofortige Vollzug der Strafe angeordnet worden ist. Für die Anwendung des Abs. 1 ist ferner ohne Bedeutung, ob der Verurteilte die volle Strafe verbüßt oder der Strafrest nach § 57 ausgesetzt wird. Eine Aussetzung des Strafrestes darf allerdings im allgemeinen nicht erfolgen, wenn das Gericht die Notwendigkeit der Unterbringung bejaht (vgl. § 57 RN 19).

2. Zu prüfen ist, ob der **Zweck der Maßregel die Unterbringung noch erfordert.** Das ist nur dann zu bejahen, wenn im gegenwärtigen Zeitpunkt noch die für die Maßregelanordnung maßgebliche Gefährlichkeit des Täters festgestellt wird und nicht zu erwarten ist, daß der Maßregelzweck auch durch die Aussetzung der Vollstreckung erreicht werden kann. Es muß also die Wahrscheinlichkeit weiterer rechtswidriger Taten bestehen, und zwar solcher Taten, wie sie für die Anordnung der Maßregel vorausgesetzt werden. Eine bloß mögliche Gefährlichkeit genügt nicht. Der Annahme, daß der Maßregelzweck die Unterbringung erfordert, stehen ebenfalls Zweifel an der Gefährlichkeit entgegen. Entsprechend § 67b gilt ferner hinsichtlich

§ 67c 5–10   Allg. Teil. Rechtsfolgen d. Tat – Maßregeln d. Besserung u. Sicherung

der Vollstreckung der Unterbringung der Subsidiaritätsgrundsatz. Danach erfordert der Zweck der Maßregel nicht die Unterbringung, wenn besondere Umstände die Erwartung rechtfertigen, daß er auch durch die Aussetzung der Vollstreckung erreicht werden kann (vgl. dazu Anm. zu § 67b). Insoweit bestehende Zweifel schließen wie im Falle des § 67b (vgl. dort RN 6 a. E.) die Aussetzung aus. In Anlehnung an § 67d II ist die Erforderlichkeit der Unterbringung schon dann zu verneinen, wenn verantwortet werden kann zu erproben, ob der Verurteilte außerhalb des Maßregelvollzugs keine rechtswidrigen Taten mehr begehen wird (vgl. dazu § 67d RN 9ff.). Zur Anwendbarkeit der Formel des § 67d II auf § 67c vgl. D-Tröndle 3a, Horstkotte LK 46. Zum Prognoseverfahren vgl. § 56 RN 15a, Horstkotte LK 48ff.

5   3. Die **Prüfung** hat **vor dem Ende des Strafvollzugs** stattzufinden. Sie ist so rechtzeitig vorzunehmen, daß die daraufhin zu treffende Entscheidung bis zum Vollzugsende rechtskräftig werden kann (zur Anfechtbarkeit der Entscheidung vgl. §§ 463 III, 454 II StPO). Andererseits darf sie nicht zu früh erfolgen, da sich die Prognose noch ändern kann (vgl. Hamm GA **72**, 373, Düsseldorf NJW **74**, 198) und dem Gericht die Möglichkeit, die Aussetzung bis zur Entlassung des Verurteilten aufzuheben, anders als bei der Aussetzung eines Strafrestes (vgl. § 454a II StPO) nicht eingeräumt worden ist (die Widerrufsmöglichkeit nach § 67f II entspricht nicht vollständig der Aufhebungsmöglichkeit nach § 454a II StPO). Ein zu früh gestellter Antrag auf Prüfung ist demgemäß als unzulässig zurückzuweisen (Köln JMBlNW **77**, 77, Koblenz OLGSt Nr. **2**; vgl. auch KG NStZ **90**, 54 zur Anschlußvollstreckung). Nach Horstkotte LK 39 soll mit der Prüfung i. d. R. 6 Monate vor Vollzugsende zu beginnen sein (vgl. auch Stuttgart NStZ **88**, 45: Prüfungsbeginn frühestens 6 Monate vor Vollzugsende). Bei der Prüfung sind die StA, die Vollzugsanstalt und grundsätzlich auch der Verurteilte zu hören (§§ 463 III, 454 I StPO). Liegt bei Vollzugsende noch keine rechtskräftige Entscheidung vor, so ist jedenfalls dann, wenn sie in angemessener Zeit zu erwarten ist, die Maßregel zunächst zu vollstrecken (D-Tröndle 3a; ebenso Horstkotte LK 28f., sofern das Prüfungsverfahren bei Vollzugsende schon eingeleitet ist). Ein solcher Maßregelvollzug ist nicht verfassungswidrig (BVerfGE **42** 1; and. Hirsch in BVerfGE **42** 12ff.).

6   4. Erfordert der Zweck der Maßregel nicht mehr die Unterbringung, so hat das Gericht die **Vollstreckung** der Unterbringung zur Bewährung **auszusetzen** (Abs. 1 S. 2). Die Möglichkeit, die Maßregel schon in diesem Zeitpunkt für erledigt zu erklären, ist dem Gericht – anders als im Falle des Abs. 2 – nicht eingeräumt worden. Dem liegt die Erwägung zugrunde, daß die Einwirkung auf den Verurteilten allein mit den Mitteln des Strafvollzugs grundsätzlich noch kein abschließendes Urteil darüber erlaubt, ob auf den Vollzug der Maßregel endgültig verzichtet werden kann (vgl. E 62 Begr. 237). Eine Ausnahme läßt sich auch dann nicht befürworten, wenn sich bei der Prüfung die Aussichtslosigkeit einer Entziehungskur herausstellt. Würde in entsprechender Anwendung des § 64 II die Unterbringung für erledigt erklärt, so würden die Einwirkungsmöglichkeiten im Rahmen der sonst eintretenden Führungsaufsicht ohne berechtigten Grund entfallen. Es ließe sich allenfalls daran denken, bei Aussichtslosigkeit einer Entziehungskur entsprechend § 67d V zu verfahren. Mit der Aussetzung tritt kraft Gesetzes Führungsaufsicht ein (Abs. 1 S. 2 2. Halbsatz; vgl. dazu § 67b RN 9).

7   III. Die Prüfung, ob der Maßregelzweck die Unterbringung noch erfordert, hat außerdem zu erfolgen, wenn der **Vollzug 3 Jahre nach Rechtskraft der Anordnung noch nicht begonnen** hat (Abs. 2), vorausgesetzt, die Vollstreckung ist noch nicht nach § 79 IV, V verjährt. Von Abs. 2 ausgenommen sind die Fälle, in denen die Verzögerung auf dem Vorwegvollzug einer mit der Maßregel zugleich verhängten Freiheitsstrafe beruht; sie sind ausschließlich nach Abs. 1 zu beurteilen. Des weiteren erfaßt Abs. 2 nicht die Fälle, in denen wegen der sofortigen Aussetzung der Vollstreckung einer Maßregel gemäß § 67b der Vollzug nicht begonnen hat. Zur Frage, welches Gericht zuständig ist, und zum Verfahren vgl. §§ 463 V, 462, 462a StPO.

8   1. In die Frist des Abs. 2 wird die **Zeit nicht eingerechnet**, in welcher der Täter auf behördliche Anordnung **in einer Anstalt verwahrt** worden ist. Diese Zeit bleibt außer Betracht, weil regelmäßig nur die in Freiheit verbrachte Zeit Aufschlüsse darüber geben kann, ob es des Vollzuges der Maßregel noch bedarf. Zu der Anstaltsverwahrung auf Grund behördlicher Anordnung gehört etwa die Verbüßung einer Freiheitsstrafe oder U-Haft, nicht dagegen die Unterbringung durch Vormund oder Pfleger (Horstkotte LK 115). Unerheblich ist, ob die Verwahrung im In- oder Ausland erfolgt ist.

9   2. Ergibt die Prüfung, daß der Zweck der Maßregel die Unterbringung noch erfordert (vgl. dazu o. 4), so hat das Gericht den **Vollzug anzuordnen**. Ohne eine solche Anordnung darf mit Ablauf der Dreijahresfrist die Maßregel nicht mehr vollstreckt werden (Vollstreckungshindernis; vgl. Horstkotte LK 123).

10   3. Ist der Zweck der Maßregel zwar noch nicht erreicht, lassen aber besondere Umstände erwarten, daß er auch durch Aussetzung der Vollstreckung erreicht werden kann (vgl. dazu

§ 67b RN 4ff.), so ist die **Vollstreckung der Unterbringung zur Bewährung auszusetzen.** Mit der Aussetzung tritt kraft Gesetzes Führungsaufsicht ein (vgl. dazu § 67b RN 9).

4. Stellt das Gericht dagegen fest, daß der Zweck der Maßregel erreicht ist, so hat es sie **für erledigt zu erklären.** Diese Entscheidung ist auch dann zu treffen, wenn Zweifel bestehen, ob der Zweck der Maßregel erreicht ist (in dubio pro reo; and. Horstkotte LK 120). 11

IV. Abs. 2 gilt entsprechend, wenn ein Ausgelieferter oder Ausgewiesener, bei dem im Hinblick auf die Auslieferung oder die Ausweisung von der Vollstreckung einer Maßregel abgesehen worden ist, in die BRep. Deutschland zurückkehrt und die Maßregel nachgeholt werden soll (§ 456a II 2 StPO). 12

§ 67 d Dauer der Unterbringung

(1) Es dürfen nicht übersteigen
die Unterbringung in einer Entziehungsanstalt zwei Jahre und
die erste Unterbringung in der Sicherungsverwahrung zehn Jahre.
Die Fristen laufen vom Beginn der Unterbringung an. Wird vor einer Freiheitsstrafe eine daneben angeordnete freiheitsentziehende Maßregel vollzogen, so verlängert sich die Höchstfrist um die Dauer der Freiheitsstrafe, soweit die Zeit des Vollzugs der Maßregel auf die Strafe angerechnet wird.

(2) Ist keine Höchstfrist vorgesehen oder ist die Frist noch nicht abgelaufen, so setzt das Gericht die weitere Vollstreckung der Unterbringung zur Bewährung aus, sobald verantwortet werden kann zu erproben, ob der Untergebrachte außerhalb des Maßregelvollzugs keine rechtswidrigen Taten mehr begehen wird. Mit der Aussetzung tritt Führungsaufsicht ein.

(3) Ist die Höchstfrist abgelaufen, so wird der Untergebrachte entlassen. Die Maßregel ist damit erledigt.

(4) Wird der Untergebrachte wegen Ablaufs der Höchstfrist für die erste Unterbringung in der Sicherungsverwahrung entlassen, so tritt Führungsaufsicht ein.

(5) Ist die Unterbringung in einer Entziehungsanstalt mindestens ein Jahr vollzogen worden, so kann das Gericht nachträglich bestimmen, daß sie nicht weiter zu vollziehen ist, wenn ihr Zweck aus Gründen, die in der Person des Untergebrachten liegen, nicht erreicht werden kann. Mit der Entlassung aus dem Vollzug der Unterbringung tritt Führungsaufsicht ein.

Vorbem. Abs. 5 eingefügt durch 23. StÄG vom 13. 4. 1986, BGBl. I 393.

I. Die Vorschrift über die **Dauer der Unterbringung** bei freiheitsentziehenden Maßregeln ist erforderlich, weil entsprechend dem Zweck dieser Maßregeln für die Unterbringung nicht wie bei der Strafe schon im Urteil eine bestimmte Zeit festgesetzt werden kann. Freiheitsentziehende Maßregeln haben die Aufgabe, mittels der Unterbringung resozialisierend auf einen gefährlichen Täter einzuwirken und die Allgemeinheit vor ihm zu sichern. Die Unterbringung hat daher grundsätzlich so lange zu dauern, wie es notwendig ist, um den mit ihr verfolgten Zweck zu erreichen. Bedarf es jedoch der Unterbringung nicht mehr, so fehlt jeder Grund für ihre Fortdauer. Eine bloße Fürsorge für einen Kranken etwa vermag die Fortdauer nicht zu rechtfertigen (Karlsruhe Justiz **71**, 358). Ist andererseits bei der Unterbringung in einer Entziehungsanstalt der Maßregelzweck aus Gründen, die in der Person des Untergebrachten liegen, nicht zu erreichen, so kann das Gericht bei mindestens einjährigem Vollzug bestimmen, daß die Unterbringung nicht weiter zu vollziehen ist (Abs. 5; vgl. dazu u. 15). Im übrigen ist es aus rechtsstaatlichen Gründen geboten, nicht in allen Fällen die Dauer der Unterbringung allein von deren Notwendigkeit abhängen zu lassen, sondern z. T. Höchstgrenzen festzulegen. 1

II. **Höchstfristen** enthält Abs. 1 für die Unterbringung in einer Entziehungsanstalt und für die erste Unterbringung in der Sicherungsverwahrung. Eine nach § 67a erfolgte Überweisung in den Vollzug einer anderen Maßregel ändert hieran nichts (§ 67a IV). Die Fristen laufen von Beginn der Unterbringung ab, d. h. ab Aufnahme in die Anstalt zum Vollzug (vgl. Stuttgart NStZ **85**, 332) oder beim Verbleib in der Anstalt nach einer einstweiligen Unterbringung (§ 126a StPO) ab Rechtskraft des Urteils (Hamm OLGSt § 67e Nr. **1**). Die Aufnahme in den Maßregelvollzug bleibt auch dann maßgebend, wenn der in U-Haft befindliche Verurteilte nach Rechtskraft des Urteils aus organisatorischen Gründen noch einige Zeit in der JVA verblieben ist (Hamm NStZ **89**, 549), jedenfalls, wenn diese Zeit auf die neben der Maßregel verhängte Strafe angerechnet werden kann (Stuttgart aaO). Zur Anrechnung dieser Zeit auf die Strafe vgl. § 67 RN 3. Wird die Vollstreckung nach einem Teilvollzug ausgesetzt und später 2 nach Widerruf der Aussetzung fortgeführt, so ist der erste Teilvollzug mitzuberücksichtigen. Die Dauer der Unterbringung vor und nach dem Widerruf darf insgesamt die Höchstfristen nicht überschreiten (§ 67g IV).

3 1. Die Höchstfrist für die Unterbringung in einer **Entziehungsanstalt** beträgt 2 Jahre. Sie gilt auch bei einer wiederholten Anordnung dieser Maßregel. Zur Bedeutung der Höchstfrist bei mehrfach erfolgter Anordnung der Maßregel vgl. Anm. zu § 67f.

4 2. Bei der **Sicherungsverwahrung** besteht nur für die erste Unterbringung eine Höchstfrist. Sie beträgt 10 Jahre. Bei der wiederholten Anordnung der Sicherungsverwahrung ist im Interesse der Allgemeinheit von einer Höchstfrist abgesehen worden (vgl. BT-Drs. V/4095 S. 33). Um eine erste Unterbringung handelt es sich noch, wenn ihr Vollzug zeitweilig ausgesetzt war und nach Widerruf der Aussetzung fortgesetzt wird (Horstkotte LK 7). Dagegen ist eine zweite Anordnung auch dann unbefristet, wenn sich die erste Unterbringung noch nicht erledigt hat.

5 3. Die **Höchstfrist kann sich verlängern,** wenn eine freiheitsentziehende Maßregel vor einer zugleich verhängten Freiheitsstrafe vollzogen wird. Sie verlängert sich dann um die Dauer der verhängten Freiheitsstrafe, soweit die Zeit des Vollzugs der Maßregel auf die Strafe angerechnet wird (Abs. 1 S. 3). Auch eine zur Bewährung ausgesetzte Freiheitsstrafe ist zu berücksichtigen, wenn die Voraussetzungen für den Widerruf der Aussetzung vorliegen (Hamm MDR **79**, 157; and. Horstkotte LK 13). Eine Verlängerung kann nur bei der Unterbringung in einer Entziehungsanstalt eintreten, da die Sicherungsverwahrung stets nach der Strafverbüßung vollzogen wird. Zum Sinn der Verlängerung vgl. E 62 Begr. 219, Hamm MDR **79**, 157. In die Verlängerung ist nicht die Zeit der Freiheitsstrafe einzubeziehen, die auf Grund von angerechneter U-Haft oder anderweitig durch Anrechnung erledigt ist, da insoweit keine Anrechnung des Maßregelvollzugs nach § 67 IV erfolgt. Zur Begrenzung der Höchstfristverlängerung vgl. D-Tröndle 3a, Volckart NStZ 87, 215.

6 4. Spätestens mit **Ablauf der Höchstfrist** ist der Untergebrachte zu entlassen (Abs. 3), auch dann, wenn der Zweck der Unterbringung nicht erreicht worden ist. Eine vorherige Entlassung wegen Unerreichbarkeit des Unterbringungszwecks ist nur unter den Voraussetzungen des Abs. 5 zulässig (vgl. u. 15). Mit der **Entlassung des Untergebrachten** ist die Maßregel erledigt. Sie entfällt damit als Grundlage für irgendwelche Einwirkungen des Staates auf den Täter. Etwas anderes gilt nur für die Entlassung aus der Sicherungsverwahrung wegen Ablaufs der Höchstfrist für die erste Unterbringung und für die Entlassung aus einer Entziehungsanstalt nach Abs. 5. Mit der Entlassung tritt kraft Gesetzes Führungsaufsicht ein (Abs. 4, 5 S. 2; vgl. dazu § 67b RN 9).

7 III. Vor Ablauf der Höchstfrist oder bei unbefristeter Unterbringung hat das Gericht die weitere **Vollstreckung der Unterbringung zur Bewährung auszusetzen,** sobald verantwortet werden kann zu erproben, ob der Untergebrachte außerhalb des Maßregelvollzugs keine rechtswidrigen Taten mehr begehen wird (Abs. 2). Zur Frage der Zuständigkeit vgl. § 462a StPO i. V. mit §§ 463 III, 454 StPO. Zur Berücksichtigung des Verhältnismäßigkeitsgrundsatzes vgl. BVerfGE **70** 313ff. Insoweit ist auch die Dauer der Unterbringung von Bedeutung. Je länger der Freiheitsentzug andauert, um so strenger sind die Voraussetzungen für die Verhältnismäßigkeit des Freiheitsentzugs (BVerfGE **70** 315f.; vgl. dazu Müller-Dietz JR 87, 45, Teyssen Tröndle-FS 407). Trotz des Wortlauts des Abs. 2 (weitere Vollstreckung) braucht mit der Unterbringung noch nicht begonnen zu sein; Aussetzung ist möglich, wenn nach § 35 BtMG die Vollstreckung zurückgestellt und die Therapie erfolgreich war (Maatz MDR 88, 13; vgl. auch LG München I MDR **89**, 91).

8 1. Die Aussetzung ist zulässig, wenn **verantwortet** werden kann **zu erproben,** ob der Untergebrachte außerhalb des Maßregelvollzugs **keine rechtswidrigen Taten** mehr begehen wird. Wie bei der Aussetzung des Strafrestes nach § 57 läßt das Gesetz ein gewisses Risiko zu, das mit der Aussetzung der Vollstreckung verbunden ist. Es handelt sich um eine Probe, und eine solche muß verantwortet werden können. Die Erprobung kann immer dann verantwortet werden, wenn eine reelle Chance für das positive Ergebnis dieses Versuches vorhanden ist, d. h. eine begründete Aussicht besteht, daß der Täter mit dem Strafgesetz nicht mehr in Konflikt gerät. Die Maßstäbe für das Wagnis, das zu verantworten ist, können je nach Gefährlichkeit des Täters verschieden sein (KG JR **70**, 428, Düsseldorf NJW **73**, 2255; vgl. auch Köln MDR **71**, 154). So kann bei Tätern, die zu Vermögensdelikten neigen, ein größeres Risiko eingegangen werden als bei Tätern, von denen weitere Delikte gegen Leib oder Leben zu befürchten sind (vgl. BT-Drs. V/4095 S. 22, Horstkotte LK 72f.). Bestehen Zweifel, ob die Voraussetzungen für eine Aussetzung vorliegen, so kann die Erprobung, ob der Untergebrachte in der Freiheit keine rechtswidrigen Taten begehen wird, nicht verantwortet werden (vgl. dazu Baur MDR 90, 476, 481 mit Hinweisen zum Meinungsstand). Zum Ganzen vgl. aber auch Frisch, Prognoseentscheidungen im Strafrecht, 1983, 154ff. und dazu Horstkotte MSchKrim 86, 339.

a) Auf welche Weise und mit welchen Mitteln die **Prognose** zu erstellen ist, überläßt das Gesetz der 9
richterlichen Verantwortung. Entsprechend heranzuziehen sind die Kriterien, die § 57 I 2 für die
Prognose bei der Aussetzung des Strafrestes enthält. Mit der Pflicht, die Vollzugsanstalt zu hören
(§§ 454 I 2, 463 III StPO), soll sichergestellt werden, daß die im Vollzug erlangten Erkenntnisse über
den Verurteilten hinreichend berücksichtigt werden. Wie bei der Aussetzung des Strafrestes ist allerdings das Verhalten im Vollzug für die Prognose nur bedingt aussagekräftig (vgl. § 57 RN 17).
Entsprechendes gilt für Behandlungsergebnisse. Eine erfolgreich verlaufende Beurlaubung von gewisser Dauer als Behandlungsmaßnahme spricht für eine günstige Prognose (Hamm StV **88**, 115 m.
Anm. Pollähne). Zu den Gesichtspunkten, die bei der Prognose zu beachten sind, vgl. näher Horstkotte LK 34 ff. Zu Prognosemethoden und zum Verfahren der Prognose vgl. auch Baur MDR 90,
478 ff.

b) Bei der Prognose ist, obwohl Abs. 2 nur auf rechtswidrige Taten abhebt, entsprechend 10
dem Verhältnismäßigkeitsgrundsatz (§ 62; vgl. dort RN 3, ferner BVerfGE **70** 313) auf solche
Taten abzustellen, deren Begehung zur Anordnung der Maßregeln führen kann. Nur die fortbestehende **Gefahr erheblicher Taten** begründet die Fortsetzung des Maßregelvollzugs (vgl.
Celle NJW **70**, 1199, Hamm NJW **70**, 1332, 1982, Hamburg NJW **70**, 1933, Karlsruhe NJW **71**,
204, **74**, 1390, Koblenz OLGSt Nr. **1**, Düsseldorf MDR **87**, 957). Sind nur noch geringfügige
Rechtsverletzungen zu erwarten, so ist die Vollstreckung der Unterbringung auszusetzen.
Soweit zustandsbedingte Gefahren Voraussetzung für die Maßregel sind, dürfen nur sie bei der
Prognose verwertet werden. Ist etwa die Alkoholsucht so weit behoben, daß von ihr wahrscheinlich keine Gefahr erheblicher Taten mehr ausgeht, so ist die Maßregel des § 64 auszusetzen, mögen auch aus anderen Gründen erhebliche Straftaten zu befürchten sein (Düsseldorf
MDR **80**, 779). Unerheblich ist, daß Straftaten möglicherweise nur im Ausland zu erwarten
sind. Die Unterbringung eines Ausländers ist nicht schon deswegen auszusetzen, weil er nach
der Entlassung ausgewiesen wird (Celle NStZ **89**, 589).

c) Ferner ist bei der Prognose zu prüfen, ob *besondere Umstände erwarten* lassen, daß der 11
Zweck der Maßregel auch durch die Aussetzung erreicht werden kann (vgl. dazu § 67b
RN 4 ff.). Bei Vorliegen solcher Umstände erübrigt sich eine weitere Unterbringung; sie läßt
sich daher mit dem Verhältnismäßigkeitsgrundsatz (§ 62) nicht vereinbaren. Zu berücksichtigen sind auch die Einwirkungsmöglichkeiten im Rahmen der Führungsaufsicht, die mit der
Aussetzung eintritt. Besteht auf Grund dieser Möglichkeiten die begründete Aussicht, daß die
Gefahr erheblicher Taten gebannt ist, so kann die Aussetzung verantwortet werden. Zur medikamentösen Behandlung von Triebtätern vgl. Hamm NJW **72**, 2230. Gegen Berücksichtigung
eines erst vorzunehmenden hirnstereotaktischen Eingriffs bei Sexualtätern und gegen eine Weisung, sich einem solchen Eingriff zu unterziehen, vgl. Hamm NJW **80**, 1909. Nach Düsseldorf
JMBlNW **79**, 167 genügt nicht, daß der Vormund mit vormundschaftsgerichtlicher Genehmigung den Aufenthalt in einer Anstalt angeordnet hat.

2. Zur **Pflicht,** in bestimmten Abständen zu **prüfen,** ob die weitere Vollstreckung auszusetzen ist, 12
vgl. § 67 e.

3. Liegen die Voraussetzungen für eine Aussetzung vor, so ist diese anzuordnen. Einer 13
Einwilligung des Verurteilten bedarf es anders als bei der Strafaussetzung nicht. Mit der Aussetzung, d. h. mit der Rechtskraft des Aussetzungsbeschlusses, tritt kraft Gesetzes **Führungsaufsicht** ein (Abs. 2 S. 2; vgl. dazu § 67b RN 9). Gegen die Aussetzung steht dem Verurteilten
mangels Beschwer kein Rechtsmittel zu, auch dann nicht, wenn sie nur wenige Monate vor
Ablauf der Höchstfrist für die Unterbringung erfolgt und mit erheblich belastenden Weisungen
verbunden ist (Düsseldorf NStZ **85**, 27).

IV. Nicht geregelt ist der Fall, daß der **Maßregelzweck erreicht** ist, z. B. der nach § 63 14
Untergebrachte nicht mehr an einem Defekt i. S. des § 20 leidet. Auch wenn auf Grund anderer
Umstände erneute Straftaten des Untergebrachten in der Freiheit zu befürchten sind, verbietet
sich eine weitere Unterbringung, da diese eine verkappte Sicherungsverwahrung bedeuten
würde (Frankfurt NJW **78**, 2347, Hamm JMBlNW **82**, 58, Karlsruhe MDR **83**, 151, Justiz **87**,
463). Die Aussetzung nach Abs. 2 scheidet aus, da nur Vollstreckbares ausgesetzt werden kann
(vgl. LG Göttingen NStZ **90**, 300, aber auch Hamburg MDR **86**, 1044, Horstkotte LK § 67c
RN 9, Lackner 2e). Eine mit der endgültigen Entlassung verbundene Führungsaufsicht, die
entgegen Frankfurt aaO an sich sinnvoll sein kann, sieht das Gesetz nur bei der ersten Sicherungsverwahrung und bei der Entlassung aus der Entziehungsanstalt wegen Aussichtslosigkeit
weiterer Behandlung vor. Diese Regelung läßt sich nicht zuungunsten des Untergebrachten auf
andere Fälle erweitern. Es bleibt somit nur die Möglichkeit, entsprechend § 67 c II 5 die Maßregel für erledigt zu erklären (i. E. ebenso Frankfurt aaO, Hamm aaO, Karlsruhe aaO, Nürnberg
OLGSt Nr. **1**, Schleswig SchlHA/L-G **88**, 106). Gleiches gilt in den Fällen, in denen sich im
Vollzug ergibt, daß bei der Verurteilung auf Grund einer Fehldiagnose zu Unrecht ein Defekt

Stree

i. S. des § 20 angenommen worden ist (Nürnberg OLGSt Nr. 1). Eine nur vorübergehende, medikamentengestützte „Gesundung" berechtigt nicht zur Erledigterklärung, sondern nur zur Aussetzung der Unterbringung (Schleswig SchlHA/L-G **90**, 110).

15   V. Stellt sich im Verlauf der Unterbringung in einer Entziehungsanstalt die **Aussichtslosigkeit der Suchtbehandlung** heraus, so kann das Gericht unter der Voraussetzung eines mindestens einjährigen Vollzugs nachträglich bestimmen, daß die Unterbringung nicht weiter zu vollziehen ist (**Abs. 5**). Die Aussichtslosigkeit muß auf Gründen beruhen, die in der Person des Untergebrachten liegen, etwa auf dessen Behandlungsunwilligkeit. Auch die Therapieunfähigkeit des Untergebrachten ist ein in seiner Person liegender Grund (Hamm JMBlNW **90**, 129; and. LG Stade StV **90**, 260). Sonstige Gründe reichen nicht aus; z. B. nicht das Fehlen eines geeigneten Therapieplatzes (vgl. Hamburg NStZ **88**, 242). Die Nichterreichbarkeit des Unterbringungszwecks muß feststehen. Solange noch eine Chance für einen Behandlungserfolg vorhanden ist, mag sie auch gering sein, ist sie weiterhin zu nutzen. Für die Entscheidung nach Abs. 5 ist unerheblich, ob die Unterbringung neben der Strafe oder selbständig angeordnet und ob sie vor oder nach der Strafe vollzogen worden ist. Auch eine nach § 67a erfolgte Überweisung in den Vollzug der Unterbringung in einem psychiatrischen Krankenhaus steht der Anwendung des Abs. 5 nicht entgegen (Hamm MDR **89**, 664). Auf die Strafe wird die Zeit des Unterbringungsvollzugs nicht angerechnet (§ 67 IV 2). Dem Untergebrachten wird damit ein Anreiz genommen, selbst die Aussichtslosigkeit der Behandlung herbeizuführen, um eine frühere Entlassung aus der Entziehungsanstalt zu erreichen. Zur Ausnahme von Ausschluß der Anrechnung bei Therapieunfähigkeit vgl. § 67 RN 3. Mit der Entlassung aus dem Vollzug der Unterbringung tritt kraft Gesetzes Führungsaufsicht ein (Abs. 5 S. 2; vgl. dazu § 67b RN 9), und zwar sowohl bei der selbständig als auch bei der unselbständig angeordneten Unterbringung. Von der zunächst vorgesehenen Beschränkung auf die Entlassung bei einer selbständig angeordneten Unterbringung ist mit Recht abgesehen worden. Zur Möglichkeit, an Stelle einer Entscheidung nach Abs. 5 unter Aufrechterhalten der Maßregel den Untergebrachten gem. § 67 III in den Strafvollzug zu überweisen, vgl. § 67 RN 10.

§ 67 e Überprüfung

(1) **Das Gericht kann jederzeit prüfen, ob die weitere Vollstreckung der Unterbringung zur Bewährung auszusetzen ist. Es muß dies vor Ablauf bestimmter Fristen prüfen.**

(2) **Die Fristen betragen bei der Unterbringung**

in einer Entziehungsanstalt sechs Monate,
in einem psychiatrischen Krankenhaus ein Jahr,
in der Sicherungsverwahrung zwei Jahre.

(3) **Das Gericht kann die Fristen kürzen. Es kann im Rahmen der gesetzlichen Prüfungsfristen auch Fristen festsetzen, vor deren Ablauf ein Antrag auf Prüfung unzulässig ist.**

(4) **Die Fristen laufen vom Beginn der Unterbringung an. Lehnt das Gericht die Aussetzung ab, so beginnen die Fristen mit der Entscheidung von neuem.**

1   I. Die Verwirklichung des Grundsatzes, daß eine Unterbringung auf Grund einer freiheitsentziehenden Maßregel nicht länger als notwendig dauern darf (vgl. § 67d RN 1), bedingt eine gerichtliche **Überwachung der Unterbringungsdauer**. Um eine ausreichende Kontrolle darüber zu ermöglichen, ob es der Unterbringung noch bedarf, räumt § 67e dem Gericht die Befugnis ein, jederzeit zu prüfen, ob die weitere Vollstreckung der Unterbringung nach § 67d II zur Bewährung auszusetzen ist. Zudem wird dem Gericht vorgeschrieben, dies vor Ablauf bestimmter Fristen zu prüfen.

2   II. Die **Prüfung**, ob die weitere Vollstreckung der Unterbringung zur Bewährung auszusetzen ist, kann das Gericht **jederzeit** vornehmen (Abs. 1 S. 1), auch dann, wenn die Unterbringung unterbrochen ist und der Verurteilte sich nicht im Maßregelvollzug befindet (Hamm JMBlNW **78**, 90, OLGSt Nr. 1). Es kann sich von Amts wegen oder auf Grund eines Antrags zu einer solchen Prüfung veranlaßt sehen. Da jedoch vorzeitig gestellte und häufig wiederholte Anträge die an der Prüfung Beteiligten unfruchtbare Mehrarbeit aufbürden und den ungestörten Fortgang des Maßregelvollzugs beeinträchtigen können, ist das Gericht befugt, **Fristen** festzusetzen, vor deren Ablauf ein Antrag auf Prüfung unzulässig ist (**Abs. 3 S. 2**). Die Fristen dürfen allerdings die gesetzlichen Prüfungsfristen nicht überschreiten. Gegen die Festsetzung einer solchen Frist ist sofortige Beschwerde zulässig (§§ 463 III, 454 II StPO). Fristbeginn ist der Zeitpunkt der Entscheidung, nicht der ihrer Rechtskraft (Hamm NJW **71**, 949). Zur Frist-

setzung und zu ihrer Wirkung vgl. auch § 57 RN 27, Horstkotte LK 16 ff. Ein verfrüht gestellter Antrag ist als zulässig zu behandeln, wenn er bei Fristablauf noch nicht abgewiesen ist (Düsseldorf MDR **90**, 173: Heilung des Mangels in Beschwerdeinstanz genügt). Im Rahmen der Prüfung, ob die weitere Vollstreckung auszusetzen ist, hat das Gericht die StA, die Vollzugsanstalt und grundsätzlich auch den Untergebrachten zu hören (§§ 463 III, 454 I StPO). Zur Anhörung des Untergebrachten vgl. Koblenz MDR **84**, 163. Ihm muß grundsätzlich auch Gelegenheit gegeben werden, sich zur Stellungnahme der Vollzugsanstalt zu äußern (vgl. BVerfGE **17** 139). Die Prüfung kann ohne Anhörung des Untergebrachten abgelehnt werden, wenn der Antrag gemäß Abs. 3 S. 2 unzulässig ist (§§ 463 III, 454 I Nr. 3 StPO).

III. Um eine hinreichende Kontrolle darüber zu gewährleisten, ob es der weiteren Unterbringung noch bedarf, wird dem Gericht im Abs. 1 S. 2 die **Pflicht** auferlegt, vor Ablauf bestimmter Fristen **zu prüfen**, ob die weitere Vollstreckung auszusetzen ist. Diese Fristen sind bei den einzelnen Maßregeln verschieden. Sie betragen bei der Unterbringung in einer Entziehungsanstalt 6 Monate, in einem psychiatrischen Krankenhaus 1 Jahr und bei der Sicherungsverwahrung 2 Jahre (Abs. 2). 3

1. Das **Gericht** kann sich innerhalb der gesetzlichen Fristen einen anderen zeitlichen Rahmen für die Prüfung setzen und die in Abs. 2 bestimmten **Fristen kürzen** (Abs. 3 S. 1). Es hat hiernach die Möglichkeit, den Zeitpunkt für die Überprüfung den Besonderheiten und Erfordernissen des einzelnen Unterbringungsfalles anzupassen. Eine Abkürzung der gesetzlichen Prüfungsfrist kommt in Betracht, wenn bestimmte Umstände dafür sprechen, daß schon vor Ablauf dieser Frist eine weitere Unterbringung nicht mehr erforderlich ist (vgl. E 62 Begr. 219). Eine solche Fristbestimmung kann allerdings das erkennende Gericht noch nicht vornehmen (Karlsruhe MDR **78**, 158). Im übrigen bleibt die abgekürzte Frist aus Gründen des Vertrauensschutzes auch beim Übergang der Zuständigkeit auf eine andere Strafvollstreckungskammer maßgebend (Horstkotte LK 15). 4

2. **Fristbeginn** ist nach Abs. 4 S. 1 der Beginn der Unterbringung. Lehnt das Gericht – sei es von Amts wegen, sei es auf (zulässigen) Antrag tätig geworden – die Aussetzung ab, so beginnen die in Abs. 2 bzw. nach Abs. 3 festgesetzten Fristen mit der Entscheidung von neuem zu laufen (Abs. 4 S. 2). Da die Fristen das Mindestmaß dessen bestimmen, was an Kontrolle über die Berechtigung für die Fortdauer einer Unterbringung erforderlich ist, muß für den erneuten Fristbeginn der Zeitpunkt der ablehnenden Entscheidung und nicht der ihrer Rechtskraft maßgebend sein (Hamm NJW **71**, 949, MDR **76**, 159, Horstkotte LK 13, Lackner 1). Nur so kann vermieden werden, daß dem Untergebrachten aus einer Beschwerde gegen die Ablehnung Nachteile erwachsen können. 5

3. Ein **Verstoß gegen** die **Prüfungspflicht** durch Untätigbleiben läßt den weiteren Maßregelvollzug unberührt (Horstkotte LK 14). Die Prüfung ist unverzüglich nachzuholen. Fraglich ist, welche Möglichkeiten der Verurteilte hat, auf eine alsbaldige Prüfung hinzuwirken, wenn er bereits einen Antrag auf Aussetzung des Vollzugs gestellt hat. Vgl. dazu Horstkotte LK 14, der die Untätigkeit des Gerichts als Ablehnung des Antrags mit der Möglichkeit der sofortigen Beschwerde (§§ 463 III, 454 II StPO) wertet, sofern ein rechtzeitig gestellter Antrag noch nicht bei Ablauf der Prüfungsfrist oder ein danach gestellter Antrag nicht unverzüglich beschieden worden ist. 6

§ 67f Mehrfache Anordnung der Maßregel

Ordnet das Gericht die Unterbringung in einer Entziehungsanstalt an, so ist eine frühere Anordnung der Maßregel erledigt.

I. Die Vorschrift klärt die Frage, welche Bedeutung der Höchstfrist für eine Unterbringung in einer Entziehungsanstalt in Fällen zukommt, in denen die **Unterbringung mehrfach angeordnet** wird. Sie beruht auf der Erwägung, daß bei der befristeten Maßregel die Einhaltung der Höchstfrist auch bei mehrfacher Anordnung der Maßregel kriminalpolitisch angebracht ist (vgl. BT-Drs. V/4094 S. 22/23). Dementsprechend bestimmt sie, daß mit der weiteren Anordnung der Unterbringung in einer Entziehungsanstalt eine frühere Anordnung der Maßregel erledigt ist. 1

II. Im einzelnen folgt daraus:

1. Wird die Unterbringung in einer Entziehungsanstalt nochmals angeordnet, bevor die zuerst angeordnete Maßregel erledigt ist, so ist die **frühere Anordnung** mit Rechtskraft der späteren Anordnung **rechtlich erledigt**. Aus ihr darf eine Fortsetzung der Unterbringung nicht mehr erfolgen. War die Vollstreckung der ersten Unterbringung ausgesetzt worden 2

(§ 67b, § 67c, § 67d II), so ist ein Widerruf dieser Anordnung nunmehr unzulässig. Die Aussetzung ist, ohne daß es eines Widerrufs bedarf, ipso jure erledigt, und zwar einschließlich der mit ihr verbundenen Führungsaufsicht (LG Heilbronn NStE Nr. 1) und deren Ausgestaltung.

3 2. Die auf Grund der früheren Anordnung erfolgte **Unterbringung wird** ohne Unterbrechung kraft der späteren Anordnung **fortgesetzt** (Horstkotte LK 6). War die Vollstreckung der ersten Unterbringung ausgesetzt, so wird die Unterbringung ohne Widerruf der Aussetzung auf Grund der neuen Anordnung vollstreckt, es sei denn, daß mit dieser zugleich gemäß § 67b die Vollstreckung der Unterbringung ausgesetzt wird.

4 3. Für die **Höchstfrist der Unterbringung** ist nunmehr allein die **spätere Anordnung maßgebend**. Das gilt nicht nur, wenn sie vor Vollstreckung der Unterbringung auf Grund der früheren Anordnung ergangen ist, sondern auch, wenn bereits ein Teilvollzug stattgefunden hat. Weder sind eine Restfrist aus der ersten Unterbringung und die Höchstfrist aus der zweiten Anordnung zusammenzurechnen, noch wird die bisherige Unterbringungszeit auf die Höchstfrist der neuen Maßregel angerechnet.

5 III. Anders ist die Rechtslage bei Bildung einer **Gesamtstrafe**. Wird nach Anordnung der Unterbringung eine Tat abgeurteilt, die gem. § 55 I 2 vor der Anordnung begangen worden ist, so ist, obwohl die nunmehr abzuurteilende Tat die Grundlage für die gleiche Maßregel bildet, nach § 55 II zu verfahren und die frühere Anordnung aufrechtzuerhalten (BGH **30** 305). Nur so wird vermieden, daß sich die nicht gleichzeitige Aburteilung der begangenen Taten zu Lasten des Täters auswirkt. Mit der Aufrechterhaltung der Anordnung wird erreicht, daß der Täter dem Maßregelvollzug nicht länger unterworfen werden kann, als es bei gleichzeitiger Aburteilung aller Taten der Fall gewesen wäre. Nach § 55 II ist auch dann zu verfahren, wenn zwar keine Gesamtstrafe mehr gebildet werden kann, weil die erste Strafe schon völlig vollstreckt war, aber die im früheren Urteil angeordnete Maßregel noch nicht erledigt ist (vgl. § 55 RN 54, Horstkotte LK 12).

§ 67g Widerruf der Aussetzung

(1) **Das Gericht widerruft die Aussetzung einer Unterbringung, wenn der Verurteilte**
1. **während der Dauer der Führungsaufsicht eine rechtswidrige Tat begeht,**
2. **gegen Weisungen gröblich oder beharrlich verstößt oder**
3. **sich der Aufsicht und Leitung des Bewährungshelfers oder der Aufsichtsstelle beharrlich entzieht**

und sich daraus ergibt, daß der Zweck der Maßregel seine Unterbringung erfordert.

(2) **Das Gericht widerruft die Aussetzung einer Unterbringung nach den §§ 63 und 64 auch dann, wenn sich während der Dauer der Führungsaufsicht ergibt, daß von dem Verurteilten infolge seines Zustandes rechtswidrige Taten zu erwarten sind und deshalb der Zweck der Maßregel seine Unterbringung erfordert.**

(3) **Das Gericht widerruft die Aussetzung ferner, wenn Umstände, die ihm während der Dauer der Führungsaufsicht bekannt werden und zur Versagung der Aussetzung geführt hätten, zeigen, daß der Zweck der Maßregel die Unterbringung des Verurteilten erfordert.**

(4) **Die Dauer der Unterbringung vor und nach dem Widerruf darf insgesamt die gesetzliche Höchstfrist der Maßregel nicht übersteigen.**

(5) **Widerruft das Gericht die Aussetzung der Unterbringung nicht, so ist die Maßregel mit dem Ende der Führungsaufsicht erledigt.**

(6) **Leistungen, die der Verurteilte zur Erfüllung von Weisungen erbracht hat, werden nicht erstattet.**

1 I. Die Vorschrift verpflichtet ähnlich den für die Strafaussetzung zur Bewährung geltenden Grundsätzen das Gericht, die Aussetzung zu widerrufen, wenn sich der Verurteilte in der Freiheit nicht bewährt und sich zeigt, daß der Zweck der Maßregel seine Unterbringung erfordert. Zudem legt sie fest, wann eine Maßregel erledigt ist.

2 II. Die Voraussetzungen für den **Widerruf der Aussetzung** sind in den Abs. 1–3 abschließend umschrieben. Das kann dazu führen, daß eine zugleich vorliegende Strafaussetzung zu widerrufen ist (z. B. nach § 56f I Nr. 3), nicht jedoch die Aussetzung des Maßregelvollzugs. Die Widerrufsgründe gelten sowohl für die Fälle, in denen noch keine Unterbringung noch nicht vollzogen war, wie bei der sofortigen Aussetzung der Vollstreckung nach § 67b, als auch dann, wenn nach einem Teilvollzug die Aussetzung der weiteren Unterbringung angeordnet war. Zur gerichtlichen Zuständigkeit und zum Verfahren beim Widerruf vgl. §§ 463 V, 462, 462a StPO.

1. Zu widerrufen ist die Aussetzung, wenn der Verurteilte während der Dauer der Führungs- 3
aufsicht eine **rechtswidrige Tat** begeht und sich daraus die Notwendigkeit seiner Unterbringung ergibt (Abs. 1 Nr. 1). Zu berücksichtigen sind alle rechtswidrige Taten i. S. des § 11 I Nr. 5, auch fahrlässige, nicht schuldhafte oder im Ausland begangene Taten. Voraussetzung ist allerdings, daß sie während der Dauer der Führungsaufsicht verübt worden sind. Zu seiner Dauer zählt auch die Zeit, in der die Führungsaufsicht gem. § 68b II ruht (Karlsruhe MDR **89**, 663). Vor Eintritt der Führungsaufsicht begangene Taten rechtfertigen keinen Widerruf nach Abs. 1 Nr. 1, u. U. aber nach Abs. 3. Es genügt jedoch, wenn bei einer fortgesetzten Tat ein Teilakt in die Zeit der Führungsaufsicht fällt. Maßgeblich ist die Tatbegehung, von der das Gericht überzeugt sein muß (Karlsruhe GA **75**, 86). Rechtskräftige Aburteilung ist nicht erforderlich. Ein vorher erfolgter Widerruf kann jedoch bei einem rechtskräftigen, nicht auf Schuldunfähigkeit beruhenden Freispruch aufgehoben werden (Horstkotte LK 20; vgl. auch § 56f RN 16).

Zum Widerruf führt die rechtswidrige Tat aber nur, wenn sich aus ihr ergibt, daß der *Zweck* 4
der Maßregel die Unterbringung des Verurteilten erfordert. Der Unterbringung bedarf es, wenn die rechtswidrige Tat die für die Unterbringung vorausgesetzte Gefährlichkeit indiziert (Karlsruhe Justiz **82**, 25). Auf Grund der begangenen Tat müssen mithin vom Verurteilten erhebliche Rechtsverletzungen zu befürchten sein. Die bloße Möglichkeit solcher Delikte oder die Gefahr geringfügiger Taten reicht nicht aus. Bei einer ausgesetzten Unterbringung, deren Anordnung zustandsbedingte Gefahren voraussetzt, genügen nur solche Gefahren für den Widerruf (Karlsruhe Justiz **82**, 25, Düsseldorf NStE Nr. **5**). Er hat daher bei einem Süchtigen zu unterbleiben, wenn die Tat lediglich auf die Gefahr suchtunabhängiger Delikte schließen läßt, auch dann, wenn eine Strafaussetzung wegen dieser Tat widerrufen wird. Nach Karlsruhe MDR **89**, 664 erfordert der Widerruf der Aussetzung einer nach § 64 angeordneten Unterbringung zudem einen symptomatischen Zusammenhang der neuen Verfehlungen zu den Anlaßtaten nach Art, rechtlicher Qualität und Gewicht. Bei Aussetzung der Sicherungsverwahrung ist ein Widerruf erst zulässig, wenn sich aus der neuen Tat die Gefährlichkeitsprognose i. S. des § 66 I Nr. 3 herleiten läßt. Insoweit wird eine nicht schuldhafte Tat nur ausnahmsweise genügen (Horstkotte LK 18). Im übrigen ist für den Widerruf erforderlich, daß der Verhältnismäßigkeitsgrundsatz gewahrt ist (vgl. § 62 RN 3, Düsseldorf NStE Nr. **5**, Horstkotte LK 8). Die Erforderlichkeit entfällt, wenn zur Einwirkung auf den Verurteilten Mittel zur Verfügung stehen, mit deren Einsetzen ein weiteres Belassen in der Freiheit entsprechend den Voraussetzungen für eine Aussetzung nach § 67d II verantwortet werden kann.

2. Die Aussetzung ist ferner zu widerrufen, wenn der Verurteilte **gegen Weisungen** gröblich 5
oder beharrlich **verstößt** und sich daraus ergibt, daß der Zweck der Maßregel seine Unterbringung erfordert (Abs. 1 Nr. 2). Ein gröblicher Verstoß liegt vor, wenn der Verurteilte in objektiv erheblicher Weise dem ihm nach § 68b Auferlegten zuwiderhandelt. Schuldhaftes Verhalten ist hier anders als beim Widerruf der Strafaussetzung (vgl. § 56f RN 6) nicht unbedingt erforderlich. Auch kommt es auf eine vorherige Mahnung nicht an. Beharrlich ist der Verstoß, wenn der Verurteilte durch wiederholtes Handeln oder andauerndes Verhalten (Flucht, Verbergen usw.) seine endgültige Weigerung, die Weisungen zu befolgen, zum Ausdruck bringt oder trotz Mahnung den Weisungen nicht nachkommt. Voraussetzung ist in beiden Fällen, daß die nicht befolgten Weisungen genau bestimmt gewesen sind (vgl. § 68b RN 3).

Die Verstöße begründen den Widerruf jedoch nur, wenn aus ihnen die *Notwendigkeit der* 6
Unterbringung folgt. Das Gericht hat somit unter Abwägung des Verstoßes und des gesamten Verhaltens des Verurteilten in der Zeit der Führungsaufsicht sowie der zur Verfügung stehenden Mittel, auf den Verurteilten einzuwirken, eine erneute Prognose zu stellen. Diese hat sich am Zweck der Maßregel auszurichten. Es muß, soll der Widerruf erfolgen, Anlaß zu der Besorgnis bestehen, daß der Verurteilte ohne die Unterbringung erhebliche rechtswidrige Taten begehen wird. Demgemäß muß der Weisungsverstoß bei Aussetzung einer Sicherungsverwahrung symptomatisch für den verbrecherischen Hang i. S. des § 66 I Nr. 3 sein (Karlsruhe MDR **80**, 71). Zum Verhältnis der Widerrufsmöglichkeit und der Bestrafungsmöglichkeit nach § 145a vgl. dort RN 12.

3. Ein Widerrufsgrund liegt des weiteren vor, wenn der Verurteilte **sich der Aufsicht und** 7
Leitung des Bewährungshelfers oder der **Aufsichtsstelle** beharrlich **entzieht** und sich daraus die Notwendigkeit der Unterbringung ergibt (Abs. 1 Nr. 3). Erforderlich ist hiernach, daß der Verurteilte die Aufsichts- und Einflußmöglichkeiten des Bewährungshelfers oder der Aufsichtsstelle (vgl. dazu § 68a) durch wiederholtes oder andauerndes Verhalten ausschaltet, das erkennen läßt, daß er nicht gewillt ist, sich beaufsichtigen und leiten zu lassen. Das Widersetzen gegen einzelne Maßnahmen des Bewährungshelfers oder der Aufsichtsstelle reicht nicht aus, auch wenn es beharrlich geschieht, ebensowenig die bloße Weigerung, sich leiten zu lassen, ohne zugleich der Aufsicht aus dem Weg zu gehen. Wohl aber kann es genügen, wenn sich der

Verurteilte nur einem Betreuungsorgan, also nur dem Bewährungshelfer oder nur der Aufsichtsstelle, beharrlich entzieht. I. d. R. wird sich allerdings aus diesem Verhalten noch nicht ergeben, daß der Zweck der Maßregel die Unterbringung erfordert (vgl. Horstkotte LK 24). Zum Schluß aus dem beharrlichen Entziehen auf die Notwendigkeit der Unterbringung gilt das o. 6 Ausgeführte entsprechend.

8   4. Die Aussetzung einer Unterbringung in einem psychiatrischen Krankenhaus oder einer Entziehungsanstalt ist außerdem zu widerrufen, wenn sich während der Dauer der Führungsaufsicht ergibt, daß vom Verurteilten **infolge seines Zustandes rechtswidrige Taten zu erwarten** sind und deshalb der Zweck der Maßregel seine Unterbringung erfordert (Abs. 2). Während der Führungsaufsicht muß sich danach herausstellen, daß der körperliche oder seelische Zustand des Verurteilten — nicht auch ein sonstiger Umstand, wie die Veränderung der häuslichen Verhältnisse oder der Tod eines Betreuers — zu der ernsthaften Besorgnis Anlaß gibt, der Verurteilte werde erneut mit dem Strafgesetz in Konflikt geraten. Abs. 2 kann insb. bei Verschlimmerung des Krankheitszustandes oder bei erneutem Alkohol- oder Rauschmittelmißbrauch (and. Horstkotte LK 26) bedeutsam werden, aber auch, wenn das Ausbleiben einer positiven Entwicklung des Verurteilten auf die Gefahr weiterer rechtswidriger Taten schließen läßt (Schleswig SchlHA **81**, 160), etwa bei Therapieabbruch (Horstkotte LK 36). Da die Maßregelzweck die Unterbringung nur bei Gefahr erheblicher Rechtsverletzungen erfordert, genügt für den Widerruf nicht, daß vom Verurteilten infolge seines Zustandes rechtswidrige Taten von geringem Gewicht zu befürchten sind, ebensowenig die bloße Möglichkeit erheblicher Rechtsverletzungen.

9   5. Bei allen freiheitsentziehenden Maßregeln können schließlich noch **nachträglich bekanntgewordene Umstände** den Widerruf einer Aussetzung begründen (Abs. 3). Voraussetzung für den Widerruf ist hier, daß das Gericht während der Dauer der Führungsaufsicht Kenntnis von Umständen erlangt, die z. Z. der Aussetzung bereits vorgelegen haben und zur Versagung der Aussetzung geführt hätten; diese Umstände müssen zudem zeigen, daß der Maßregelzweck die Unterbringung erfordert. Ein solcher Umstand kann auch eine ärztliche Fehlbeurteilung sein, wobei unerheblich ist, ob sie auf nicht richtig erkannten Befundtatsachen oder auf falschen Schlußfolgerungen beruht (Stuttgart OLGSt Nr. **2**). Dagegen scheiden alle Umstände aus, die dem Gericht schon bei der Aussetzung bekannt waren. Eine lediglich abweichende Beurteilung solcher Umstände rechtfertigt den Widerruf nicht. Ebensowenig genügt das Bekanntwerden von Versagungsgründen nach dem Ende der Führungsaufsicht. Zur Kenntniserlangung während der Dauer der Führungsaufsicht muß hinzukommen, daß die Umstände, die der Aussetzung entgegengestanden hätten, weiterhin relevant sind. Erforderlich ist eine Gesamtwürdigung dieser Umstände und des gesamten Verhaltens des Verurteilten während der Führungsaufsicht. Läßt dessen Verhalten in dieser Zeit darauf schließen, daß trotz der nachträglich bekanntgewordenen Umstände von ihm keine erheblichen Rechtsverletzungen mehr zu befürchten sind, so bedarf es der Unterbringung nicht. Andererseits setzt der Widerruf nicht zwingend voraus, daß der Verurteilte bereits aus der Anstalt entlassen war. Hat sich die Entlassung nach Rechtskraft des Aussetzungsbeschlusses aus irgendwelchen Gründen verzögert, so ist der sofortige Widerruf der Aussetzung geboten, wenn das Gericht in dieser Zeit Kenntnis von Umständen erlangt, die zur Versagung der Aussetzung geführt hätten und die weiterhin die Notwendigkeit der Unterbringung ergeben (vgl. Bamberg NJW **69**, 564).

10 6. Liegt ein Widerrufsgrund vor, so **muß** das Gericht die Aussetzung **widerrufen,** sofern nicht der Verhältnismäßigkeitsgrundsatz entgegensteht. Es läßt sich dann nicht verantworten, den Verurteilten in Freiheit zu belassen. Eine dem § 56f II entsprechende Regelung weist § 67g nicht auf. Sie ist auch nicht entsprechend anzuwenden (Düsseldorf NStZ **86**, 525). Reichen allerdings andere Mittel, die weniger schwer wiegen als der Widerruf, zur Förderung des Maßregelzwecks aus, etwa eine andere Ausgestaltung der Führungsaufsicht, so fehlt es an dem für den Widerruf vorausgesetzten Umstand, daß der Zweck der Maßregel die Unterbringung erfordert. Vgl. dazu Horstkotte LK 36. Keine Einschränkung des Widerrufs folgt aus § 64 II. Die dort geregelte Ausnahme von der Anordnung der Unterbringung in einer Entziehungsanstalt ist für den Widerruf nicht maßgebend (Düsseldorf MDR **84**, 772, Nürnberg NStZ **90**, 253 m. abl. Anm. Baur; and. Hamm MDR **82**, 1038). Sie ist auch verfassungsrechtlich nicht geboten (BVerfG NStZ **85**, 381). Das Gericht kann jedoch, wenn der Verurteilte vor der Aussetzung bereits 1 Jahr in der Entziehungsanstalt verbracht hat und in seiner Person liegende Gründe die Aussichtslosigkeit weiterer Behandlung ergeben, entsprechend § 67d V bestimmen, daß die Unterbringung nicht zu vollziehen ist. Es wäre wenig sinnvoll, den Verurteilten für kurze Zeit in den Vollzug zurückzubringen und dann nach § 67d V zu verfahren. Mit der Anordnung entsprechend § 67d V tritt erneut Führungsaufsicht ein. Ist Widerrufsgrund ein Verstoß gegen eine Weisung der in § 68b I bezeichneten Art, so entfällt bei entsprechender Anwendung des § 67d V die in RN 12 zu § 145a gemachte Einschränkung der Bestrafungsmöglichkeit. Der

Widerruf muß vor dem Ende der Führungsaufsicht ausgesprochen werden (vgl. u. 14). Rechtskräftig braucht er zu diesem Zeitpunkt nicht zu sein (D-Tröndle 6).

7. Die Voraussetzungen für den Widerruf müssen nach der Überzeugung des Gerichts feststehen. **Zweifel** gehen zugunsten des Verurteilten und stehen dem Widerruf entgegen (vgl. Celle NJW 58, 33, Schleswig NJW 58, 1791, Hamm NJW 74, 915, aber auch Horstkotte LK 35). 11

8. Mit der erneuten Unterbringung nach dem Widerruf der Aussetzung ändert sich nichts an den **Höchstfristen** des § 67d I. Die Dauer der Unterbringung vor und nach dem Widerruf darf insgesamt die Höchstfrist der Maßregel nicht überschreiten (Abs. 4), auch dann nicht, wenn der Verurteilte in den Vollzug einer anderen Maßregel überwiesen wird (§ 67a IV). Ist die Unterbringung in einer Entziehungsanstalt nach einem Jahr ausgesetzt worden, so darf die erneute Unterbringung nach dem Widerruf nur für die Dauer eines Jahres erfolgen. 12

9. Der Widerruf schließt eine **erneute Aussetzung** der Unterbringung nicht aus. Sie kann auf Grund neuer Tatsachen sogar schon dann erfolgen, wenn der Betroffene noch nicht wieder in Verwahrung ist (Hamm JMBlNW 76, 93, Frankfurt StV 85, 25). Ein Antrag auf abermalige Aussetzung, der sich auf neue Tatsachen stützt, ist daher vor der weiteren Unterbringung zulässig. Vgl. Hamm NStZ 90, 251 (Antrag nach längerer Zeit im Strafvollzug unter Berufung auf günstige Veränderung der Prognose unter Hinweis auf Vollzugsverhalten). 13

III. Kommt es nicht zum Widerruf der Aussetzung, so ist die **Maßregel** mit dem Ende der Führungsaufsicht **erledigt** (Abs. 5). Ihr Widerruf ist von diesem Zeitpunkt ab nicht mehr zulässig (Koblenz MDR 81, 336, Düsseldorf NStZ 86, 525). Einer besonderen Entscheidung über die Erledigung der Maßregel bedarf es nicht. Die Führungsaufsicht endet mit Ablauf der in § 68c festgesetzten Höchstfrist von 5 Jahren oder der vom Gericht abgekürzten Höchstfrist. Sie endet schon vorher, wenn das Gericht sie nach § 68e aufhebt. 14

IV. Entsprechend der Regelung bei der Strafaussetzung ordnet Abs. 6 an, daß **Leistungen**, die der Verurteilte **zur Erfüllung von Weisungen** erbracht hat, **nicht erstattet** werden. Unerheblich ist, ob es zum Widerruf der Aussetzung oder zur Erledigung der Maßregel gekommen ist. 15

– Führungsaufsicht –

§ 68 Voraussetzungen der Führungsaufsicht

(1) **Hat jemand wegen einer Straftat, bei der das Gesetz Führungsaufsicht besonders vorsieht, zeitige Freiheitsstrafe von mindestens sechs Monaten verwirkt, so kann das Gericht neben der Strafe Führungsaufsicht anordnen, wenn die Gefahr besteht, daß er weitere Straftaten begehen wird.**

(2) **Die Vorschriften über die Führungsaufsicht kraft Gesetzes (§§ 67b, 67c, 67d Abs. 2, 4, 5 und § 68f) bleiben unberührt.**

Vorbem. Fassung des 23. StÄG vom 13. 4. 1986, BGBl I 393. Führungsaufsicht nach Abs. 1 darf gem. Art. 315 I 2 EGStGB nicht wegen einer Tat angeordnet werden, die in der früheren DDR vor Wirksamwerden des Beitritts zur BRep. Deutschland begangen worden ist, es sei denn, deren Strafrecht hat für die Tat schon vor dem Beitritt gegolten (Art. 315 IV EGStGB).

Schrifttum: Braun, Vorübungen zur Führungsaufsicht, Bewährungshilfe 69, 202. – Bruns, Die Maßregeln der Besserung und Sicherung im StGB-Entwurf 1956, ZStW 71, 210. – Grünwald, Sicherungsverwahrung, Arbeitshaus, vorbeugende Verwahrung und Sicherungsaufsicht im Entwurf 1962, ZStW 76, 633. – Jescheck, Die kriminalpolitische Konzeption des Alternativ-Entwurfs eines Strafgesetzbuches (AT), ZStW 80, 54. – Kutschenbach, In Konkurrenz mit der Polizei?, Bewährungshilfe 64, 203. – Lenckner (angeführt vor § 61) 220. – Maurach, Die kriminalpolitische Bedeutung der Strafrechtsreform, Gutachten zum 43. DJT 1960. – Preiser, Bewährungs- und Sicherungsaufsicht, Kritik und Vorschläge zur Strafrechtsreform, ZStW 81, 249. – ders., Die Führungsaufsicht, ZStW 81, 912. – Raabe, Die Führungsaufsicht im 2. Strafrechtsreformgesetz, Diss. Hamburg 1973. – Schröder, Die kriminalpolitischen Aufgaben der Strafrechtsreform, Verhandlungen 43. DJT Bd. II S. E 3. – Schultz, Kriminalpolitische Bemerkungen zum Entwurf eines Strafgesetzbuches, E 62, JZ 66, 113.

I. Die **Führungsaufsicht** stellt eine verhältnismäßig neuartige Maßregel des Strafrechts dar. Ihr vergleichbare Maßregeln hat das frühere Recht nicht enthalten. Insb. läßt sich mit ihr das frühere Institut der Polizeiaufsicht nicht vergleichen (vgl. D-Tröndle 2 vor § 68). 1

1. Gegen die Führungsaufsicht und ihre Ausgestaltung sind erhebliche und beachtliche **Bedenken** geltend gemacht worden. Vgl. u. a. AE, AT 2. A. 1969, Begr. 159, Zipf JuS 74, 277. In der Praxis hat sich die Führungsaufsicht jedoch ständig ausgeweitet. Zu Erfahrungen aus der Praxis und zur Reform vgl. v. Glasenapp ZRP 79, 31, Jacobsen, Führungsaufsicht und ihre Klientel, 1985. 2

§ 68 3–8   Allg. Teil. Rechtsfolgen d. Tat – Maßregeln d. Besserung u. Sicherung

3   **2. Zweck** der Führungsaufsicht ist, gefährliche oder gefährdete Täter in ihrer Lebensführung in der Freiheit über gewisse kritische Zeiträume hinweg zu unterstützen und zu überwachen, um sie von weiteren Straftaten abzuhalten (Lenckner aaO 220). Die Führungsaufsicht hat hiernach eine Doppelfunktion. Mit ihr sollen sowohl Resozialisierungshilfe gewährt als auch Sicherungsaufgaben zum Schutz der Allgemeinheit wahrgenommen werden.

4   **3.** Führungsaufsicht kann **kraft richterlicher Anordnung** oder **kraft Gesetzes** eintreten. Eine richterliche Anordnung kommt nach Abs. 1 in Betracht, wenn jemand wegen einer Straftat, bei der das Gesetz Führungsaufsicht besonders vorsieht, zeitige Freiheitsstrafe von mindestens 6 Monaten verwirkt. Hinzu kommen muß die Gefahr, daß der Täter weitere Straftaten begehen wird. Führungsaufsicht kraft Gesetzes tritt ein bei sog. Vollverbüßern (§ 68 f), bei Aussetzung einer freiheitsentziehenden Maßregel (§§ 67b II, 67c, 67d II), bei Entlassung aus der Sicherungsverwahrung wegen Ablaufs der Höchstfrist für die erste Unterbringung (§ 67d IV) sowie bei vorzeitiger Entlassung aus der Entziehungsanstalt wegen Aussichtslosigkeit der Suchtbehandlung (§ 67d V).

II. Führungsaufsicht kraft richterlicher Anordnung (Abs. 1).

5   **1.** Führungsaufsicht kann neben der Strafe angeordnet werden, wenn jemand wegen einer Straftat, bei der das **Gesetz Führungsaufsicht besonders vorsieht,** zeitige Freiheitsstrafe von mindestens 6 Monaten verwirkt. Besonders vorgesehen ist Führungsaufsicht z. B. in den §§ 129a, 181b, 218, 228, 239c, 245, 256, 262, 263, 263a, 321. Wegen einer solchen Tat muß Freiheitsstrafe von mindestens 6 Monaten verwirkt sein. Bei tateinheitlichen Delikten genügt es, daß eines der anwendbaren Gesetze Führungsaufsicht zuläßt (§ 52 IV). Entsprechendes gilt für die Verurteilung zu einer Gesamtstrafe bei realkonkurrierenden Taten (§ 53 III). Für die Zulässigkeit der Führungsaufsicht ist jedoch nicht die Höhe der Gesamtstrafe entscheidend, sondern die Einzelstrafe für das Delikt, bei dem das Gesetz Führungsaufsicht besonders vorsieht (vgl. § 53 RN 30, BGH **12** 87, ferner BGH GA **58**, 367, NJW **68**, 115); diese Einzelstrafe muß mindestens 6 Monate Freiheitsstrafe sein. Werden allerdings mehrere derartige Delikte gleicher Art abgeurteilt, so genügt es, wenn die für sie gebildete Gesamtstrafe die Mindesthöhe erreicht (vgl. D-Tröndle 4; and. Hanack LK 6). Mit Recht weist Tröndle aaO darauf hin, daß in solchen Fällen hinsichtlich der Führungsaufsicht kriminalpolitisch kein wesentlicher Unterschied gegenüber der fortgesetzten Tat besteht. Ob die gleichartigen Einzelakte in Fortsetzungszusammenhang stehen und zu einer Freiheitsstrafe von 6 Monaten oder mehr führen oder ob sie als realkonkurrierende Taten abzuurteilen sind und die Gesamtfreiheitsstrafe 6 Monate erreicht, vermag keine Abweichungen bei der Führungsaufsicht zu begründen. In beiden Fällen lassen sich die Einzelakte zusammenfassend nicht als Bagatellen abtun. Unerheblich ist, ob die Verurteilung wegen Vollendung, Versuchs oder strafbarer Vorbereitung (z. B. nach §§ 30 II, 249) und wegen Täterschaft oder Teilnahme erfolgt.

6   **2.** Es muß zudem die **Gefahr** weiterer Straftaten bestehen. Erforderlich ist somit die Wahrscheinlichkeit, daß der Verurteilte erneut straffällig wird; die bloße Möglichkeit genügt nicht. Der Richter muß von der Gefahr überzeugt sein; kann er nur die Gefahr nicht ausschließen, bestehen also Zweifel an der Wahrscheinlichkeit künftiger Straftaten, so darf Führungsaufsicht nicht angeordnet werden (BGH MDR/H **78**, 623). Die zu befürchtenden Straftaten brauchen nicht unbedingt erheblich zu sein (D-Tröndle 5, Lackner 2b; and. Hanack LK 10, Horn SK 8). Zu beachten ist jedoch der Verhältnismäßigkeitsgrundsatz. Zur Bedeutung der zu erwartenden Straftaten darf die Führungsaufsicht nicht außer Verhältnis stehen (§ 62). Ist nur mit Bagatelldelikten zu rechnen, so ist die Anordnung der Führungsaufsicht demnach i. d. R. unzulässig.

7   a) Fraglich ist, ob das Gericht bei seiner **Prognose** nur auf den Zeitpunkt des Urteils abzustellen oder den der Entlassung aus dem Strafvollzug einzubeziehen hat. Diese Frage stellt sich in voller Schärfe allerdings nur bei Freiheitsstrafen bis zu 2 Jahren. Beträgt die Freiheitsstrafe mindestens 2 Jahre und wird sie voll verbüßt, so ist bei der Entlassung anzuordnen, daß die Führungsaufsicht entfällt, wenn zu erwarten ist, daß der Verurteilte auch ohne Führungsaufsicht keine Straftaten mehr begehen wird (vgl. u. 15). Wird ein Strafrest ausgesetzt, weil verantwortet werden kann zu erproben, ob der Verurteilte außerhalb des Strafvollzugs keine Straftaten mehr begehen wird, so kann das Ruhen der Führungsaufsicht bis zum Ablauf der Bewährungszeit angeordnet werden (§ 68g II 1); die Führungsaufsicht endet dann, wenn der Strafrest nach Ablauf der Bewährungszeit erlassen wird (§ 68g III). Es ist also stets vor Durchführung der Führungsaufsicht eine Täterprognose zu erstellen, bei der die Wirkungen des Strafvollzugs auf den Täter berücksichtigt werden. Aus diesem Grunde erübrigt sich, schon bei der im Urteilszeitpunkt zu erstellenden Prognose die Wirkungen des Strafvollzugs auf den Täter einzubeziehen. Das ist auch sachlich gerechtfertigt, weil diese Wirkungen bei längeren Freiheitsstrafen vom erkennenden Gericht unmöglich sicher bewertet werden können.

8   b) Anders sieht es dagegen bei einer Freiheitsstrafe bis zu 2 Jahren aus. Hier ist nicht gesichert, daß vor Durchführung der Führungsaufsicht eine erneute Täterprognose erstellt wird. Bei voller Strafverbüßung hat der Verurteilte die angeordnete Führungsaufsicht mindestens 2 Jahre auf sich zu nehmen, da diese frühestens nach zweijähriger Dauer, in die gemäß § 68 c II 2 die Zeit des Strafvollzugs nicht eingerechnet wird, aufgehoben werden kann (§ 68 e I 2). Es wäre hier daher verfehlt, die Wirkungen des Strafvollzugs auf den Täter unberücksichtigt zu lassen und Führungsaufsicht auch dann anzuordnen, wenn auf Grund dieser Wirkungen damit zu rechnen ist, daß der Täter nicht erneut straffällig wird. Wer allerdings mit Hanack LK § 68 e RN 18 eine Bindung an die Zweijahresfrist gem. § 68 e bei Vollverbüßung aus Gründen des § 57 I Nr. 1, 3 verneint, hat bei der Prognose nur auf den o. 7 genannten Zeitpunkt abzustellen (vgl. Hanack LK 15).

3. Die Anordnung der Führungsaufsicht ist stets **fakultativ**. Dem Gericht wird dadurch 9 ermöglicht, dem Subsidiaritätsgrundsatz, der bei den Voraussetzungen für die Anordnung nicht ins Gesetz aufgenommen worden ist, Rechnung zu tragen. Stehen zur Einwirkung auf den Täter und zur Abwendung der von ihm ausgehenden Gefahr weiterer Straftaten weniger einschneidende Mittel zur Verfügung, so ist Führungsaufsicht nicht erforderlich. Fehlt es jedoch an solchen Einwirkungsmöglichkeiten, so besteht, sofern der Verhältnismäßigkeitsgrundsatz nicht entgegensteht (vgl. o. 6), im allgemeinen kein Grund, gleichwohl von der Führungsaufsicht abzusehen, es sei denn, daß auch die Voraussetzungen für andere Maßregeln erfüllt sind und daher § 72 zu beachten ist. Weitergehend Hanack LK 19 ff.

4. Die Anordnung der Führungsaufsicht erfolgt im **Urteil** neben der Verhängung der Strafe. 10 Entscheidungen zur Ausgestaltung der Führungsaufsicht nach den §§ 68 a–68 c trifft das Gericht durch Beschluß, der mit dem Urteil zu verkünden ist (§ 268 a II StPO). Es kann sich aber auch mit der bloßen Anordnung der Führungsaufsicht begnügen und deren nähere Ausgestaltung einer nachträglichen Entscheidung gem. § 68 d überlassen (Hamm NStZ 82, 260). Ein solches Verfahren empfiehlt sich vielfach, damit die notwendigen Maßnahmen den Verhältnissen des Verurteilten bei Entlassung aus dem Strafvollzug angepaßt werden können (vgl. Lackner 4).

5. Führungsaufsicht kann auch gegen **Jugendliche** angeordnet werden (§ 7 JGG). Vgl. dazu Eisen- 11 berg § 7 JGG RN 28 ff., der jedoch RN 32 dafür eintritt, § 68 I nur in Ausnahmefällen anzuwenden.

6. Wegen einer **Tat, die vor dem 1. 1. 1975** begangen worden ist, darf Führungsaufsicht nicht 12 angeordnet werden (Art. 303 I EGStGB).

III. Führungsaufsicht kraft Gesetzes (Abs. 2)

1. Kraft Gesetzes tritt Führungsaufsicht ein, wenn die **Vollstreckung einer freiheitsentzie-** 13 **henden Maßregel zur Bewährung ausgesetzt** wird, sei es, daß die Aussetzung schon mit der Anordnung der Maßregel durch das erkennende Gericht erfolgt (§ 67 b), sei es, daß sie nach Vorwegvollzug einer Freiheitsstrafe, nach einer anderweitigen Verzögerung des Beginns des Maßregelvollzugs oder im Laufe des Maßregelvollzugs angeordnet wird (§ 67 c, § 67 d II).

2. Ferner schließt sich Führungsaufsicht kraft Gesetzes an die **Entlassung aus der Sicherungs-** 14 **verwahrung** wegen Ablaufs der Höchstfrist an (§ 67 d IV). Gleiches gilt bei der vorzeitigen Entlassung aus der Entziehungsanstalt wegen Aussichtslosigkeit der Suchtbehandlung (§ 67 d V) sowie bei der Entlassung aus dem **Strafvollzug**, wenn der Verurteilte wegen einer vorsätzlichen Straftat eine Freiheitsstrafe von mindestens 2 Jahren voll verbüßt hat (§ 68 f), es sei denn, die Freiheitsstrafe ist wegen einer vor dem 1. 1. 1975 begangenen Tat verhängt worden (Art. 303 II EGStGB).

3. Die Vorschriften über die Führungsaufsicht kraft Gesetzes bleiben nach Abs. 2 von der 15 Anordnung der Führungsaufsicht nach Abs. 1 **unberührt**. Das ist insb. für die Führungsaufsicht nach der vollen Verbüßung einer Freiheitsstrafe von mindestens 2 Jahren bedeutsam. Die für diesen Fall im § 68 f II vorgesehene Möglichkeit, die Führungsaufsicht entfallen zu lassen, wenn auch ohne Führungsaufsicht keine weiteren Straftaten vom Verurteilten zu erwarten sind, besteht auch dann, wenn bereits im Urteil Führungsaufsicht angeordnet worden ist. Die sonst geltende Beschränkung im § 68 e I 2, nach dem die Aufhebung der Führungsaufsicht frühestens nach Ablauf der gesetzlichen Mindestdauer von 2 Jahren zulässig ist, greift hier also nicht ein. Vgl. dazu § 68 f RN 12, Horn SK 16.

§ 68 a Aufsichtsstelle, Bewährungshelfer

(1) **Der Verurteilte untersteht einer Aufsichtsstelle; das Gericht bestellt ihm für die Dauer der Führungsaufsicht einen Bewährungshelfer.**

(2) **Bewährungshelfer und Aufsichtsstelle stehen im Einvernehmen miteinander dem Verurteilten helfend und betreuend zur Seite.**

(3) **Die Aufsichtsstelle überwacht im Einvernehmen mit dem Gericht und mit Unterstützung des Bewährungshelfers das Verhalten des Verurteilten und die Erfüllung der Weisungen.**

(4) **Besteht zwischen der Aufsichtsstelle und dem Bewährungshelfer in Fragen, wel-**

che die Hilfe für den Verurteilten und seine Betreuung berühren, kein Einvernehmen, so entscheidet das Gericht.

(5) **Das Gericht kann der Aufsichtsstelle und dem Bewährungshelfer für ihre Tätigkeit Anweisungen erteilen.**

(6) **Vor Stellung eines Antrags nach § 145a Satz 2 hört die Aufsichtsstelle den Bewährungshelfer; Absatz 4 findet keine Anwendung.**

1 I. Die Vorschrift betrifft die **Organe, die für die Durchführung der Führungsaufsicht** verantwortlich sind, und regelt insoweit ihren Aufgabenbereich. Beteiligte Organe sind die Aufsichtsstelle, der Bewährungshelfer und das Gericht.

2 II. Während der Führungsaufsicht untersteht der Verurteilte kraft Gesetzes einer **Aufsichtsstelle** (Abs. 1 1. Halbsatz). Ihre örtliche Zuständigkeit ergibt sich aus § 463a II StPO. Bezeichnung in der Praxis: Führungsaufsichtsstelle.

3 1. Die Aufsichtsstellen gehören zum **Geschäftsbereich der Landesjustizverwaltungen** (Art. 295 I EGStGB). Bei welcher Justizbehörde sie zu errichten sind, bleibt den einzelnen Ländern überlassen (vgl. für Bayern VO v. 2. 12. 1974, GVBl. 808, für Nordrhein-Westfalen AV v. 18. 11. 1974, JMBlNW 75, 3, ferner den Überblick bei D-Tröndle 6a vor § 68). Die Aufgaben der Aufsichtsstelle werden von Beamten des höheren Dienstes, von staatlich anerkannten Sozialarbeitern oder Sozialpädagogen oder von Beamten des gehobenen Dienstes wahrgenommen (Art. 295 II EGStGB). Eine bestimmte Besetzung ist hiernach den Ländern nicht vorgeschrieben. Es ist ihnen vielmehr nur ein Spielraum eingeräumt worden. Nur für die Spitze der Aufsichtsstelle bestimmt Art. 295 II EGStGB, daß der Leiter die Befähigung zum Richteramt besitzen oder Beamter des höheren Dienstes sein muß. Zulässig ist aber auch, die Leitung einem Richter zu übertragen.

4 2. Aufgabe der **Aufsichtsstelle** ist, den unter Führungsaufsicht gestellten Verurteilten zu überwachen sowie ihm helfend und betreuend zur Seite zu stehen.

5 a) Nach Abs. 3 *überwacht* die Aufsichtsstelle im Einvernehmen mit dem Gericht und mit Unterstützung des Bewährungshelfers das Verhalten des Verurteilten und die Erfüllung der Weisungen. Der Überwachung unterliegt danach einmal allgemein das Verhalten des Verurteilten. Zweck dieser Überwachung ist, gefährliche Entwicklungen beim Verurteilten rechtzeitig festzustellen und erforderlichenfalls für Abhilfe zu sorgen, namentlich dem Gericht Grundlagen für notwendige Änderungen der Anordnungen zu liefern. Zum anderen wird die Erfüllung der Weisungen überwacht, die das Gericht gemäß § 68b dem Verurteilten erteilt hat. Zur Erfüllung ihrer Überwachungsaufgaben kann die Aufsichtsstelle von allen öffentlichen Behörden Auskunft verlangen und Ermittlungen jeder Art, ausgenommen eidliche Vernehmungen, vornehmen oder durch andere Behörden im Rahmen ihrer Zuständigkeit vornehmen lassen (§ 463a I StPO). Bei Verstößen gegen Weisungen steht ihr das Strafantragsrecht nach § 145a S. 2 zu. Sie hat jedoch vor Stellung des Antrags den Bewährungshelfer zu hören (Abs. 6). Diese Regelung dient der Zusammenarbeit mit dem Bewährungshelfer und soll diese vor unnötigen Belastungen bewahren. Da die Antragstellung in den Aufgabenbereich der Überwachung fällt, behält die Aufsichtsstelle ihre Entscheidungsbefugnis über den Antrag auch dann, wenn kein Einvernehmen mit dem Bewährungshelfer erzielt wird, wie Abs. 6 2. Halbsatz ausdrücklich klarstellt. Die Wirksamkeit des Strafantrags hängt überdies nicht davon ab, ob der Bewährungshelfer gehört worden ist (vgl. § 145a RN 11; and. Hanack LK 22).

6 Die Überwachung hat im Einvernehmen mit dem Gericht und mit Unterstützung des Bewährungshelfers zu erfolgen. Zweckmäßig dürfte es zudem sein, die Überwachungsmaßnahmen so weit wie möglich mit dem Bewährungshelfer abzustimmen, damit dessen Resozialisierungsarbeit nicht unnötig durch irgendwelche Aktionen beeinträchtigt wird. Die Aufsichtsstelle ist jedoch in ihrer Entscheidungsbefugnis, soweit es sich um Überwachungsmaßnahmen handelt, vom Bewährungshelfer unabhängig. Bei Meinungsverschiedenheiten braucht anders als in Fragen der Hilfe und Betreuung eine Entscheidung des Gerichts nicht eingeholt zu werden. Der Bewährungshelfer kann sich allerdings an das Gericht wenden, das dann der Aufsichtsstelle gemäß Abs. 5 Anweisungen erteilen kann.

7 b) Neben der Überwachungstätigkeit obliegt der Aufsichtsstelle die Aufgabe, im Einvernehmen mit dem Bewährungshelfer dem Verurteilten *helfend* und *betreuend* zur Seite zu stehen (Abs. 2). Ein einvernehmliches Zusammenarbeiten ist erforderlich, damit eine unmittelbare Doppelbetreuung des Verurteilten durch Aufsichtsstelle und Bewährungshelfer vermieden wird. Der Aufsichtsstelle kommt in diesem Aufgabenbereich keine vorrangige Stellung gegenüber dem Bewährungshelfer zu. Wird in Fragen der Hilfe und der Betreuung kein Einvernehmen zwischen beiden Organen hergestellt, so entscheidet das Gericht (Abs. 4). Die Betreuungsaufgabe steht trotz der Bezeichnung „Aufsichtsstelle" im Vordergrund. Hilfe ist etwa zu leisten durch Vermittlung geeigneter Ausbildungs- oder Arbeitsstellen und sonstiger Berufsförderungsmaßnahmen wie Umschulung, durch Vermittlung therapeutischer Behandlungen oder

von Heimplätzen sowie durch Unterstützung bei der Geltendmachung von Ansprüchen auf Sozialleistungen, der Beschaffung notwendiger Papiere oder der Regelung finanzieller Verpflichtungen.

III. Der Verurteilte wird ferner für die Dauer der Führungsaufsicht einem **Bewährungshelfer** 8 unterstellt (Abs. 1 2. Halbsatz). Dieser wird ihm vom Gericht zugeordnet. Nachträgliche Änderungen sind zulässig (§ 68d). Das Gericht kann also einen Bewährungshelfer abberufen und einen neuen bestellen, nicht jedoch die Unterstellung unter einen Bewährungshelfer aufheben (Hamm JMBlNW 81, 227). Bewährungshelfer kann auch ein Bediensteter einer zum Vormund bestellten Behörde sein (BGH NStZ 82, 132).

1. Der Bewährungshelfer hat in erster Linie dem Verurteilten **helfend** und **betreuend** (vgl. 9 § 56d RN 3) zur Seite zu stehen (Abs. 2). Er hat in diesem Rahmen mit der Aufsichtsstelle zusammenzuarbeiten, wobei ihm vor allem der persönliche, betreuende Kontakt mit dem Verurteilten zufällt. Kommt zwischen beiden Organen ein Einvernehmen in Fragen der Hilfe und Betreuung nicht zustande, so entscheidet das Gericht (Abs. 4). Weisungsrechte können dem Bewährungshelfer nicht übertragen werden (vgl. § 56d RN 4).

2. Der Bewährungshelfer hat daneben die Aufsichtsstelle bei ihrer **Überwachungstätigkeit** 10 zu **unterstützen** (Abs. 3). Diese Unterstützung dient zugleich seiner eigenen Betreuungstätigkeit, so etwa, wenn er dadurch Überwachungsmaßnahmen polizeilicher Art entbehrlich macht, die sich für die Entwicklung des Verurteilten nachteilig auswirken könnten. Sie hat aber auch die Interessen der Allgemeinheit zu wahren und ist insoweit darauf ausgerichtet, einem sozialschädlichen Verhalten entgegenzuwirken. In diesem Rahmen hat der Bewährungshelfer ähnlich wie im Falle der Bewährungshilfe bei der Strafaussetzung Berichtspflichten. So ist er z. B. verpflichtet, einen Verstoß gegen Weisungen, der den Zweck der Führungsaufsicht gefährdet, der Aufsichtsstelle mitzuteilen, sofern er nicht selbst für Abhilfe sorgen kann (Hanack LK 20).

IV. Das **Gericht** hat bei der Durchführung der Führungsaufsicht eine übergeordnete Stel- 11 lung. Es hat den Bewährungshelfer zu bestellen (Abs. 1) und entscheidet bei Meinungsverschiedenheiten, die zwischen diesem und der Aufsichtsstelle in Fragen bestehen, welche die Hilfe für den Verurteilten und dessen Betreuung berühren (Abs. 4). Ferner kann es in den gesamten Tätigkeitsbereich beider Organe mit Anweisungen eingreifen (Abs. 5). In diesem Rahmen kann es sich auch über den Verurteilten berichten lassen (einschränkend Mainz NStZ 87, 541). Soweit es erforderlich ist, kann es dem Verurteilten für die Dauer der Führungsaufsicht oder für eine kürzere Zeit Weisungen erteilen (§ 68b). Es kann des weiteren die Höchstdauer der Führungsaufsicht abkürzen (§ 68c I 2) und die Führungsaufsicht aufheben (§ 68e I). Zur Möglichkeit nachträglicher Entscheidungen vgl. § 68d.

Zur Frage, welches Gericht zuständig ist, vgl. § 462a StPO i. V. mit §§ 453, 463 II, VI StPO. Vgl. 12 auch Stuttgart MDR **75**, 685 zur Zuständigkeit bei Führungsaufsicht kraft Gesetzes.

§ 68b Weisungen

(1) **Das Gericht kann den Verurteilten für die Dauer der Führungsaufsicht oder für eine kürzere Zeit anweisen,**
1. **den Wohn- oder Aufenthaltsort oder einen bestimmten Bereich nicht ohne Erlaubnis der Aufsichtsstelle zu verlassen,**
2. **sich nicht an bestimmten Orten aufzuhalten, die ihm Gelegenheit oder Anreiz zu weiteren Straftaten bieten können,**
3. **bestimmte Personen oder Personen einer bestimmten Gruppe, die ihm Gelegenheit oder Anreiz zu weiteren Straftaten bieten können, nicht zu beschäftigen, auszubilden oder zu beherbergen,**
4. **bestimmte Tätigkeiten nicht auszuüben, die er nach den Umständen zu Straftaten mißbrauchen kann,**
5. **bestimmte Gegenstände, die ihm Gelegenheit oder Anreiz zu weiteren Straftaten bieten können, nicht zu besitzen, bei sich zu führen oder verwahren zu lassen,**
6. **Kraftfahrzeuge oder bestimmte Arten von Kraftfahrzeugen oder von anderen Fahrzeugen nicht zu halten oder zu führen, die er nach den Umständen zu Straftaten mißbrauchen kann,**
7. **sich zu bestimmten Zeiten bei der Aufsichtsstelle oder einer bestimmten Dienststelle zu melden,**
8. **jeden Wechsel des Wohnorts oder des Arbeitsplatzes unverzüglich der Aufsichtsstelle zu melden oder**
9. **sich im Falle der Erwerbslosigkeit bei dem zuständigen Arbeitsamt oder einer anderen zur Arbeitsvermittlung zugelassenen Stelle zu melden.**

Das Gericht hat in seiner Weisung das verbotene oder verlangte Verhalten genau zu bestimmen.

(2) **Das Gericht kann dem Verurteilten für die Dauer der Führungsaufsicht oder für eine kürzere Zeit weitere Weisungen erteilen, namentlich solche, die sich auf Ausbildung, Arbeit, Freizeit, die Ordnung der wirtschaftlichen Verhältnisse oder die Erfüllung von Unterhaltspflichten beziehen. § 56c Abs. 3 ist anzuwenden.**

(3) **Bei den Weisungen dürfen an die Lebensführung des Verurteilten keine unzumutbaren Anforderungen gestellt werden.**

1 I. Um die Führungsaufsicht möglichst wirksam auszugestalten, räumt die Vorschrift dem Gericht die Befugnis ein, dem Verurteilten für die Dauer der Führungsaufsicht oder für eine kürzere Zeit **Weisungen** zu erteilen. Aufgabe der Weisungen ist, den Verurteilten von weiteren rechtswidrigen Taten abzuhalten. Entsprechend der mit der Führungsaufsicht verbundenen Zielsetzung können die mittels Weisungen erfolgenden Einwirkungen auf den Verurteilten dazu dienen, ihm bei seinen Bemühungen um die Wiedereingliederung in die Gemeinschaft Hilfe zu geben oder der Allgemeinheit Schutz vor ihm zu gewähren. Sie können aber auch bezwecken, der Aufsichtsstelle die notwendigen Überwachungsmöglichkeiten zu verschaffen. Die Vorschrift sieht hierfür 2 Gruppen von Weisungen vor. Abs. 1 enthält einen Katalog bestimmter Weisungen, deren Befolgung durch eine Strafvorschrift (§ 145a) abgesichert wird. Außerdem ist das Gericht nach Abs. 2 befugt, andere ihm zweckmäßig erscheinende Weisungen zu erteilen. Sie sind weder inhaltsmäßig im Gesetz genau festgelegt worden, noch ist für ihre Nichtbefolgung eine Strafe angedroht.

2 II. Der erstgenannten Gruppe von **Weisungen,** die in Abs. 1 **abschließend aufgezählt** und in ihrem **Inhalt fest umrissen** sind, kommt besonderes Gewicht zu, weil ein Verstoß gegen eine solche Weisung, der den Zweck der Führungsaufsicht gefährdet, nach § 145a mit Strafe bedroht ist. Die Strafvorschrift soll die Einhaltung dieser Weisungen sicherstellen (vgl. E 62 Begr. 221). Zur Strafvorschrift und zu den Bedenken gegen sie vgl. Anm. zu § 145a.

3 1. Da § 145a seine genaueren Konturen erst auf Grund der richterlichen Weisung erhält, hat das Gericht mit Rücksicht auf Art. 103 II GG das verbotene oder verlangte **Verhalten genau zu bestimmen** (Abs. 1 S. 2). Es muß also inhaltlich und dem Umfang nach genau festlegen, was der Verurteilte zu tun oder zu lassen hat (vgl. dazu Karlsruhe Justiz **87**, 196). Hierzu gehören auch genaue Angaben über die Zeit, in der vom Verurteilten ein bestimmtes Verhalten gefordert wird. Damit jeder Irrtum über die Grundlage der Strafandrohung ausgeschlossen ist, hat das Gericht zudem ausdrücklich klarzustellen, daß es seine Weisung auf Abs. 1 (und nicht auf Abs. 2) stützt (vgl. auch Hamm JMBlNW **82**, 153). Das Erfordernis einer genau bestimmten Weisung hat aber nicht nur für die Bestrafungsmöglichkeit Bedeutung, sondern auch für den Widerruf der Aussetzung einer Unterbringung. Entspricht eine Weisung nicht diesem Erfordernis, so ist ein Widerruf nach § 67g I Nr. 2 unzulässig (vgl. § 67g RN 5).

4 2. Der **Katalog** des Abs. 1 enthält folgende Möglichkeiten **von Weisungen:**

5 a) Das Gericht kann den Verurteilten anweisen, den *Wohn- oder Aufenthaltsort* oder einen bestimmten (genau abgegrenzten) Bereich *nicht ohne Erlaubnis* der Aufsichtsstelle zu *verlassen* (**Nr. 1**). Der Sinn eines solchen Verbots besteht darin, der Aufsichtsstelle eine planmäßige Überwachung zu ermöglichen. Der Verurteilte soll sich dieser Aufsicht nicht dadurch entziehen, daß er den Bereich, in dem sie wirksam ausgeübt werden kann, verläßt. Als Bereich kommt auch ein größerer in Betracht, etwa ein Land der BRep. Zur Zulässigkeit, das Grundrecht der Freizügigkeit einzuschränken, vgl. Art. 11 II GG. Versagt die Aufsichtsstelle die Genehmigung eines beantragten Aufenthaltswechsels, so kann sich der Verurteilte an das Gericht wenden, das der Aufsichtsstelle Anweisungen geben, selbst die Erlaubnis erteilen oder die Weisung aufheben kann. Das Gericht kann aber auch bereits bei Erteilung der Weisung das Genehmigungserfordernis auflockern. Da an sich schon ein kurzzeitiges Verlassen des genannten Bereichs ohne Genehmigung weisungswidrig ist (and. Hanack LK 19), ein solcher Verstoß jedoch den Maßregelzweck vielfach nicht gefährdet, kann es tunlich sein, nur das Verlassen eines Bereichs für längere Zeit (2 oder mehr Tage) unter Erlaubnisvorbehalt zu stellen.

6 b) Ferner kann das Gericht dem Verurteilten *untersagen, sich an bestimmten Orten aufzuhalten,* die diesem Gelegenheit oder Anreiz zu weiteren Straftaten bieten können (**Nr. 2**). Die Weisung kann sich auf einen einzelnen, genau konkretisierten Ort, z. B. einen bestimmten Zuhältertreffpunkt, beziehen oder auf Orte, die nur der Art nach gekennzeichnet sind. In Betracht kommt etwa das Verbot, Kinderspielplätze oder bestimmte Lokale zu betreten, Spielkasinos, sonstige bestimmte Vergnügungsstätten oder Jahrmärkte aufzusuchen oder sich zur Nachtzeit in bestimmte öffentliche Anlagen zu begeben. Das Aufenthaltsverbot kann sich auch auf größere Gebiete erstrecken. So kann z. B. einem Schmuggler auferlegt werden, sich nicht in einem

bestimmten Grenzbereich oder einem Freihafen aufzuhalten. Ein Aufenthaltsverbot kann namentlich gegenüber Verurteilten, die einer bestimmten Tätergruppe angehören, angebracht sein, so z. B. gegenüber Sexualdelinquenten, Rauschmittelsüchtigen oder Agenten.

c) Des weiteren kann dem Verurteilten *verboten* werden, *bestimmte Personen* oder Personen einer bestimmten Gruppe, die ihm Gelegenheit oder Anreiz zu weiteren Straftaten bieten können, zu *beschäftigen, auszubilden* oder zu *beherbergen* (**Nr. 3**). Diese Weisungsmöglichkeit entspricht weitgehend der in § 56 c II Nr. 3 genannten Weisung. Im Unterschied zu dieser Vorschrift läßt Nr. 3 jedoch nicht das Verbot zu, mit bestimmten Personen oder mit Personen einer bestimmten Gruppe zu verkehren. Von ihm hat der Gesetzgeber im Hinblick auf § 145a abgesehen, weil er die gesetzliche Ermächtigung für zu unbestimmt und eine hinreichende Kontrolle der Beachtung des Verbots für unmöglich gehalten hat (vgl. BT-Drs. V/4095 S. 36). Das Gericht kann ein solches Verbot aber nach Abs. 2 aussprechen (vgl. u. 23). Nr. 3 ermächtigt u. a. zu dem Verbot, minderjährige Lehrlinge auszubilden, Jugendliche weiblichen Geschlechts zu beschäftigen oder Jugendlichen Unterkunft zu gewähren. 7

d) Nach **Nr. 4** kann dem Verurteilten *verboten* werden, *bestimmte Tätigkeiten* auszuüben, die er nach den Umständen zu Straftaten mißbrauchen kann. Eine solche Anordnung kann auch dann zulässig sein, wenn sie einem Berufsverbot i. S. des § 70 gleichkommt (Lackner 2; and. D-Tröndle 6, Hanack LK 24, Horn SK 10). Sie muß allerdings zum Schutz der Allgemeinheit geboten sein. Ein Berufsverbot aus erzieherischen Gründen wäre mit Art. 12 GG unvereinbar (vgl. § 56c RN 17); das gilt indes nicht für eine Anweisung nach Abs. 2, da ihre Befolgung nicht unter dem Druck der Strafandrohung im § 145a steht (vgl. u. 19). Soweit Sicherungsgründe das Berufsverbot gebieten, darf es mit Rücksicht auf den Verhältnismäßigkeitsgrundsatz (§ 62) nur angeordnet werden, wenn die Gefahren, die es abwenden soll, denen entsprechen, die ein Berufsverbot nach § 70 voraussetzt. Weitergehende Einschränkungen, die bei den gesetzgeberischen Beratungen vertreten wurden (vgl. BT-Drs. V/4095 S. 36), haben im Gesetz keinen Niederschlag gefunden, so nicht das Erfordernis, daß sämtliche Voraussetzungen des § 70, also auch die Tatbegehung unter Mißbrauch des Berufs oder unter Verletzung der Berufspflichten, vorliegen müssen. Ebensowenig ist dem Gesetz zu entnehmen, daß in den Fällen, in denen das erkennende Gericht trotz Vorliegens der Voraussetzungen für ein Berufsverbot auf dessen Anordnung verzichtet hat, das Nachholen eines solchen Verbots im Wege einer Weisung zu unterbleiben hat. Dennoch sollte das Gericht sich in derartigen Fällen zurückhalten und allenfalls ausnahmsweise, wenn es ein Berufsverbot für unerläßlich hält, eine solche Weisung erteilen. 8

Außer auf ein Berufsverbot kann die Weisung sich auf bestimmte Tätigkeiten innerhalb der Berufsausübung erstrecken, z. B. einem Masseur auferlegen, keine Jugendlichen zu massieren. Diese Berufsbeschränkungen sind an die besonderen Voraussetzungen für ein Berufsverbot (vgl. o. 8) nicht gebunden. So kann das Verbot, als Kellner in einem Nachtlokal zu arbeiten, auch aus erzieherischen Gründen zulässig sein. Es können zudem außerberufliche Tätigkeiten untersagt werden, wie etwa die ehrenamtliche Leitung einer Jugendgruppe oder die Tätigkeit in einem Jugendfreizeitlager während des Urlaubs. 9

e) Der Verurteilte kann zudem angewiesen werden, *bestimmte Gegenstände,* die ihm Gelegenheit oder Anreiz zu weiteren Straftaten bieten können, *nicht zu besitzen,* bei sich zu führen oder verwahren zu lassen (**Nr. 5**). Diese Weisung kann sich insb. gegen den Besitz von bestimmten Diebeswerkzeugen, Waffen, Munition, Sprengstoff, Schlagringen, pornographischen Schriften oder Gegenständen, bestimmten Fälschungsmitteln oder Wildereigerät richten (vgl. E 62 Begr. 222). 10

f) Ebenfalls kann dem Verurteilten *verboten* werden, *Kraftfahrzeuge* oder bestimmte Arten von Kraftfahrzeugen oder von anderen Fahrzeugen zu *halten* oder zu *führen,* die er nach den Umständen zu Straftaten mißbrauchen kann (**Nr. 6**). Neben den durch Maschinenkraft bewegten Landfahrzeugen kommen z. B. Motorboote, Kähne oder Sportflugzeuge in Betracht. Soweit das Lenken eines Fahrzeugs einen Führerschein voraussetzt, kann das Verbot, Kraftfahrzeuge oder bestimmte Arten von Kraftfahrzeugen zu halten, auch sinnvoll sein, wenn die Fahrerlaubnis bereits entzogen worden ist. Zu denken ist etwa an einen Täter, der dazu neigt, sich auch ohne Fahrerlaubnis ans Steuer zu setzen, oder der seinen Wagen bei der Begehung von Straftaten durch andere fahren läßt. Gegen das Verbot, Kraftfahrzeuge zu führen, D-Tröndle 8 unter Berufung auf den Vorrang des § 69. Indes leuchtet wenig ein, daß zur Einwirkung auf den Täter (vgl. o. 1) diesem das Radfahren, nicht aber z. B. das Mopedfahren verboten werden kann; zudem geht eine Einschränkung aus dem Gesetz nicht hervor. 11

g) Um die Überwachung des Verurteilten zu erleichtern, kann ihm auferlegt werden, sich zu bestimmten Zeiten *bei der Aufsichtsstelle* oder einer bestimmten Dienststelle (nicht bei Privatpersonen) zu *melden* (**Nr. 7**), z. B. bei einer bestimmten Polizeidienststelle (and. Hanack LK 32) 12 oder bei der Dienststelle des ihm bestellten Bewährungshelfers (Stuttgart NStZ **90**, 279). Bei dieser Weisung ist auf eine berufliche Tätigkeit Rücksicht zu nehmen. Es sind daher nach Möglichkeit Zeiten zu wählen, die der Verurteilte ohne nennenswerte Beeinträchtigung seiner Berufsausübung einhalten kann. Aufzunehmen ist in die Weisung, daß er persönlich bei der angegebenen Dienststelle zu erscheinen hat. Eine telefonische Meldung entspricht nicht dem Sinn dieser Weisung. Die Meldezeiten sind an sich vom Gericht zu bestimmen. Um eines sinnvollen Ablaufs der Meldung willen kann aber der Aufsichtsstelle (Dienststelle) die Festlegung der genauen Terminstunde übertragen werden. Diese muß sich innerhalb der gerichtlich bestimmten Zeit halten, da sonst die gerichtliche Zuständigkeit für die Weisung mißachtet würde. Vgl. dazu KG JR **87**, 125. In Nr. 7 ist nur die Auferlegung einer Meldepflicht eingeräumt worden. Nicht gedeckt durch Nr. 7 ist eine mit der Meldepflicht verbundene Weisung, sich einem Betreuungsgespräch mit dem Bewährungshelfer zu stellen; eine solche Weisung ist nur nach Abs. 2 zulässig (Stuttgart NStZ **90**, 279).

13 h) Dem Zweck, die Überwachung des Verurteilten zu erleichtern, dient auch die nach **Nr. 8** zulässige Weisung, jeden *Wechsel des Wohnorts* oder des *Arbeitsplatzes* unverzüglich der Aufsichtsstelle zu *melden*. Anders als nach Nr. 7 darf der Verurteilte hiernach nur zu einer Meldung bei der Aufsichtsstelle, nicht bei einer anderen Dienststelle verpflichtet werden. Nähere Angaben darüber, wie die Meldepflicht wahrzunehmen ist, dürften sich hier erübrigen. Ob der Verurteilte persönlich erscheint oder die Meldung telefonisch, schriftlich oder durch einen Boten erstattet, dürfte anders als nach Nr. 7 i. d. R. unwesentlich sein. Sinnvoll ist jedoch, das Merkmal „unverzüglich" durch Fristen zu ergänzen, etwa durch „spätestens nach 3 Tagen". Die Pflicht, jeden Arbeitsplatzwechsel unverzüglich zu melden, kann sich auch erzieherisch auf den Verurteilten auswirken. Um nicht wegen allzu häufigen Wechsels der Arbeitsstelle aufzufallen, wird er sich veranlaßt sehen, einer geregelten Arbeit nachzugehen.

14 i) Schließlich kann dem Verurteilten noch aufgegeben werden, sich im Falle der Erwerbslosigkeit bei dem zuständigen *Arbeitsamt* oder einer anderen zur Arbeitsvermittlung zugelassenen Stelle zu *melden* (**Nr. 9**). Zweck dieser Weisung ist, die Resozialisierung des Verurteilten durch eine geregelte Arbeit zu fördern. Trotz dieses Zweckes darf sie nur eine Meldepflicht zum Inhalt haben, nicht auch die Pflicht, eine angebotene Arbeit anzunehmen. In die Weisung ist eine bestimmte Frist aufzunehmen, innerhalb derer die Meldung jeweils zu erfolgen hat.

15 3. Ob das Gericht von der ihm in Abs. 1 eingeräumten Befugnis Gebrauch macht, liegt in seinem pflichtgemäßen **Ermessen.** Soweit nach § 68 Führungsaufsicht angeordnet wird, ist es wegen der ungünstigen Täterprognose i. d. R. angebracht, dem Verurteilten eine Weisung zu erteilen, die er zu befolgen hat, will er sich nicht einer erneuten Bestrafung aussetzen. Anders kann es in den Fällen liegen, in denen kraft Gesetzes Führungsaufsicht eintritt. Ist z. B. gemäß § 67b die Vollstreckung einer Unterbringung sofort ausgesetzt worden, so kann eine Weisung nach Abs. 1 durchaus entbehrlich sein. Auch die Auswahl der Weisungen steht im richterlichen Ermessen. Das Gericht hat sich hierbei von den Zwecken der Führungsaufsicht und den jeweiligen Bedürfnissen des Einzelfalles leiten zu lassen. Es kann, wenn es ihm notwendig erscheint, mehrere Verbote und Gebote zugleich aussprechen. Weisungen nach Abs. 1 können auch mit Weisungen nach Abs. 2 verbunden werden. Begrenzt werden Auswahl und Inhalt der Weisungen durch die den Weisungen zukommende Funktion (vgl. o. 1) sowie durch das in Abs. 3 enthaltene Verbot, an die Lebensführung des Verurteilten unzumutbare Anforderungen zu stellen (vgl. dazu u. 25).

16 4. Werden dem Täter Weisungen nach Abs. 1 erteilt, so ist er über die Möglichkeit einer Bestrafung nach § 145a zu **belehren.** Vgl. dazu § 268a III StPO, auch §§ 453a, 463 II StPO. Zur Bedeutung einer unterlassenen Belehrung für die Strafbarkeit nach § 145a vgl. dort RN 8.

17 III. Außer den nach Abs. 1 möglichen Weisungen kann das Gericht gemäß Abs. 2 dem Verurteilten **weitere Weisungen** erteilen. Sie stehen nicht unter dem Strafrechtsschutz des § 145a. Ein gröblicher oder beharrlicher Verstoß gegen sie kann jedoch, wenn sie im Rahmen der Führungsaufsicht bei der Aussetzung einer Unterbringung erteilt worden sind, zum Widerruf der Aussetzung führen (vgl. § 67g RN 5f.). Entsprechendes gilt für den Widerruf der Strafaussetzung oder der Aussetzung des Strafrestes, wenn gem. § 68g I die Weisungen nach § 68b an die Stelle der Weisungen nach § 56c treten. Von diesen Fällen abgesehen hat der Verurteilte aus dem Nichtbefolgen einer nach Abs. 2 erteilten Weisung keine Nachteile zu erwarten. Möglich ist allerdings, nichtbefolgte Weisungen durch Weisungen nach Abs. 1 zu ersetzen (vgl. § 68d).

18 1. Abs. 2 zählt einige **Beispiele von Weisungen** auf, ohne diese jedoch scharf zu umreißen.

19 a) Weisungen können sich danach auf *Ausbildung, Arbeit* oder *Freizeit* beziehen. So kann etwa einem ungelernten Verurteilten aufgegeben werden, eine seinen Fähigkeiten und Neigungen entsprechende Ausbildung aufzunehmen. Ein Arbeitsscheuer kann angewiesen werden, einer geregelten Arbeit nachzugehen oder pünktlich zur Arbeit zu erscheinen. Anordnungen hinsichtlich der Freizeit können sich etwa auf eine soziale Tätigkeit oder eine Fortbildung richten. Arbeitsbezogene Weisungen können über die für Abs. 1 Nr. 4 bestehenden Einschränkungen hinausgehen, sofern der Verurteilte, und zwar für ihn ersichtlich, aus der Nichtbefolgung der Weisung keine Nachteile zu erwarten hat. Die Weisung, einen bestimmten Beruf nicht auszuüben, ist dann auch aus erzieherischen Gründen zulässig. Sie ist mangels eines mit ihr verbundenen Druckes auf den Verurteilten als eine Art Richtlinie für diesen zu verstehen, die ihm den Weg zu einem straffreien Leben weisen und ebnen soll.

b) Weisungen können ferner die *Ordnung der wirtschaftlichen Verhältnisse* betreffen. Dem Verurteilten kann z. B. auferlegt werden, einen Plan zur Schuldentilgung aufzustellen und die Schulden regelmäßig abzutragen, über Ausgaben Buch zu führen, nicht lebensnotwendige Ausgaben einzuschränken, Börsenspekulationen zu unterlassen, ein wirtschaftlich aussichtsloses Unternehmen aufzugeben oder monatlich bestimmte Beträge zu sparen. 20

c) Als Sonderfall der Ordnung der wirtschaftlichen Verhältnisse ist die *Erfüllung von Unterhaltspflichten* wegen ihrer Bedeutung besonders aufgeführt. Der Verurteilte kann hiernach angewiesen werden, die geschuldeten Unterhaltsbeträge regelmäßig und termingerecht zu zahlen. Höhere Beträge als die zivilrechtlich geschuldeten dürfen jedoch nicht festgesetzt werden. Soweit rückständige Beträge zivilrechtlich noch geschuldet werden, können sie in die Weisung einbezogen werden. 21

d) Abs. 2 verweist außerdem auf § 56c III. Dementsprechend kann mit Einwilligung des Verurteilten die Weisung ergehen, sich einer *Heilbehandlung* oder einer *Entziehungskur* zu unterziehen bzw. in einem geeigneten Heim bzw. in einer geeigneten Anstalt Aufenthalt zu nehmen. Vgl. dazu § 56c RN 23 ff. 22

2. Die **Aufzählung von Weisungsmöglichkeiten** ist in Abs. 2 **nicht abschließend**. Das Gericht ist auch zu anderen ihm zweckmäßig erscheinenden Weisungen befugt. So kann es z. B. das in § 56c II Nr. 3 genannte, in Abs. 1 Nr. 3 aber nicht aufgenommene Kontaktverbot aussprechen. Dem Verurteilten kann also untersagt werden, mit bestimmten Personen oder mit Personen einer bestimmten Gruppe, die ihm Gelegenheit oder Anreiz zu weiteren Straftaten bieten können, zu verkehren. Die Kontaktbeschränkungen können sich auf mögliche Opfer oder auf Personen beziehen, die den Verurteilten zu Straftaten bestimmen können. Zulässig ist u. a. das Verbot, fremde Kinder auf der Straße, in öffentlichen Anlagen usw. anzusprechen, aber auch die Weisung, den Kontakt mit früheren Komplizen abzubrechen, ferner eine Weisung, die den Verurteilten zur Mitwirkung an bestimmten Kontrollen seines Verhaltens anhält, etwa zur Abgabe von Urinproben (vgl. § 56c RN 3, 6). Soweit ein Weisungsverstoß zum Widerruf einer ausgesetzten Vollstreckung (vgl. o. 17) führen kann, darf die Ausgestaltung einer Weisung nicht einem Bewährungshelfer übertragen werden (vgl. § 56d RN 4). Unzulässig ist danach die Weisung, Arbeits- oder Ausbildungsstelle und Wohnung nur mit Zustimmung des Bewährungshelfers aufzugeben oder zu wechseln (vgl. dazu Hamm JMBlNW 82, 154), ebenso die Weisung, einer vom Bewährungshelfer gebilligten, versicherungspflichtigen Arbeit nachzugehen. Sind dagegen aus dem Nichtbefolgen einer Weisung für den Verurteilten ersichtlich keine Nachteile zu erwarten, so steht der Einbeziehung des Bewährungshelfers in die Ausgestaltung einer Weisung nichts entgegen. Hier handelt es sich um eine Resozialisierungshilfe ohne jeglichen Zwang. Ein solcher Fall hat BVerfGE 55 28 zugrunde gelegen; das BVerfG hat allerdings die Weisung, einer vom Bewährungshelfer gebilligten Arbeit nachzugehen, nicht unter dem hier angeschnittenen Aspekt erörtert, sondern nur unter dem Gesichtspunkt des Art. 12 GG für verfassungsmäßig erklärt. Keinerlei Bedenken bestehen gegen die Weisung, bestimmte Handlungen (Arbeitsplatzwechsel usw.) vorher mit dem Bewährungshelfer zu besprechen, ebensowenig gegen die Weisung, sich einem Betreuungsgespräch mit dem Bewährungshelfer zu stellen (Stuttgart NStZ 90, 279). 23

3. Auch die Weisungen nach Abs. 2 müssen **klar** und **bestimmt** sein. Unklare Weisungen berechtigen nicht dazu, im Falle eines Verstoßes gegen sie gem. § 67g I Nr. 2 die Aussetzung einer Unterbringung zu widerrufen. 24

IV. Bei sämtlichen Weisungen, gleichgültig, ob sie sich auf Abs. 1 oder auf Abs. 2 gründen, ist die **Zumutbarkeitsschranke** des Abs. 3 zu beachten. Danach dürfen an die Lebensführung des Verurteilten keine unzumutbaren Anforderungen gestellt werden. Zu berücksichtigen sind hierbei die Umstände des Einzelfalles wie etwa die besonderen Verhältnisse des Verurteilten und dessen Interessen, soweit diese nicht zu mißbilligen sind. Unzumutbar kann z. B. eine Weisung sein, die dem Verurteilten die Chance nimmt, sich beruflich zu verbessern. Ihm kann ferner nicht zugemutet werden, die eheliche Lebensgemeinschaft wiederherzustellen. Andererseits dürfen ihm aber auch nicht die Kontakte zu nahen Angehörigen 25 abgeschnitten werden. Unvereinbar mit Abs. 3 sind des weiteren zu kurz bemessene Zeitabstände bei einer Meldepflicht oder berufsschädigende Meldezeiten. Weitere Beispiele bei Ruß LK § 56c RN 12.

26 V. Weisungen sind mit der **Beschwerde** anfechtbar, soweit diese auf Gesetzwidrigkeit der Weisung gestützt wird (§§ 453 II, 463 II StPO). Das gilt auch für Weisungen nach Abs. 2 (Hanack LK 42).

§ 68c Dauer der Führungsaufsicht

(1) **Die Führungsaufsicht dauert mindestens zwei und höchstens fünf Jahre. Das Gericht kann die Höchstdauer abkürzen.**

(2) **Die Führungsaufsicht beginnt mit der Rechtskraft der Anordnung. In ihre Dauer wird die Zeit nicht eingerechnet, in welcher der Verurteilte flüchtig ist, sich verborgen hält oder auf behördliche Anordnung in einer Anstalt verwahrt wird.**

1 I. Abs. 1 bestimmt die **Mindest- und Höchstdauer** der Führungsaufsicht entsprechend der für die Bewährungszeit bei der Strafaussetzung geltenden Regelung. Im Unterschied zu dieser Regelung bedarf es indes bei der Führungsaufsicht keiner besonderen gerichtlichen Entscheidung über die Dauer. Das erkennende Gericht bzw. das nach den §§ 463 II und VI, 453, 462a StPO zuständige Gericht kann jedoch durch Beschluß die Höchstdauer abkürzen (Abs. 1 S. 2), und zwar bis zur Mindestdauer von 2 Jahren. Ob es von dieser Möglichkeit Gebrauch macht, liegt in seinem Ermessen. Wesentlicher Faktor hierfür ist, wie lange Hilfe, Betreuung und Überwachung nötig sein werden, um den Verurteilten zu resozialisieren. Zu berücksichtigen ist hierbei auch, wie lange Weisungen auf den Verurteilten einwirken müssen, um hinreichende Wirksamkeit entfalten zu können. Trifft das Gericht keine Entscheidung über die Dauer der Führungsaufsicht, so ist die Höchstfrist von 5 Jahren maßgebend. Möglich ist aber auch dann noch eine Verkürzung der Dauer bis zur Mindestfrist von 2 Jahren entweder durch eine nachträgliche gerichtliche Entscheidung (§ 68d) oder durch Aufhebung der Führungsaufsicht (§ 68e). Über Fristen bei nachträglicher Gesamtstrafenbildung vgl. § 55 RN 64.

2 II. Die Führungsaufsicht beginnt mit Rechtskraft der Anordnung (Abs. 2). Das trifft allerdings nur für die Fälle zu, in denen sie auf einer Anordnung beruht, also entweder durch Urteil angeordnet worden (§ 68) oder an die Aussetzung einer freiheitsentziehenden Maßregel geknüpft ist (§§ 67b, 67c, 67d II). Dagegen beginnt sie in den Fällen des § 67d IV, V und des § 68f mit der Entlassung des Verurteilten. Die Entlassung ist ebenfalls bei der Aussetzung einer Unterbringung praktisch der entscheidende Zeitpunkt, wenn sie sich nach Rechtskraft der Aussetzungsanordnung aus irgendwelchen Gründen verzögert hat. Insoweit wirkt sich die Nichtanrechnung (vgl. u. 3) der in der Anstalt verbrachten Zeit aus.

3 1. In die Dauer der Führungsaufsicht wird die Zeit **nicht eingerechnet,** in welcher der Verurteilte flüchtig ist, sich verborgen hält oder auf behördliche Anweisung in einer Anstalt verwahrt wird (Abs. 2 S. 2). Die Anrechnung entfällt, weil während dieser Zeit der Zweck der Führungsaufsicht, einen gefährlichen oder gefährdeten Täter in der Freiheit zu betreuen und zu überwachen, nicht erreicht werden kann.

4 a) *Flüchtig* ist ein Verurteilter etwa dann, wenn er, um längere Zeit für die Organe, die für die Durchführung der Führungsaufsicht verantwortlich sind, unerreichbar zu sein, seine Wohnung mit einem für sie unbekannten Ziel verläßt. Auch wer nach einer Reise im Ausland verbleibt, kann flüchtig sein. Es kommt dann nicht darauf an, ob er seinen Aufenthaltsort geheim hält.

5 b) *Verborgen* hält sich ein Verurteilter, der seinen Aufenthalt bewußt den für die Führungsaufsicht verantwortlichen Organen vorenthält. Das kann z. B. in der Weise geschehen, daß er an einem für sie unbekannten Ort unter einem falschen Namen lebt.

6 c) Zu der behördlich angeordneten *Verwahrung in einer Anstalt* gehören nicht nur die Strafverbüßung und die Unterbringung im Falle einer freiheitsentziehenden Maßregel, sondern auch die U-Haft und die Einweisung in eine Anstalt durch eine Verwaltungsbehörde. Nicht hierzu gehört der Aufenthalt in einer Anstalt auf Grund einer Weisung nach § 68b II; er ist der Aufnahme in eine Anstalt ohne behördliche Anordnung gleichzustellen. Ebensowenig gehört hierzu die anstaltliche Unterbringung durch Vormund oder Pfleger (vgl. § 67c RN 8; and. LG Hamburg NStZ 87, 187, Hanack LK 23).

7 2. Die **Voraussetzungen** für die Nichtanrechnung **müssen feststehen.** Zweifel über ihr Vorliegen sind zugunsten des Verurteilten zu werten, so etwa, wenn nicht geklärt werden kann, ob und wie lange der Verurteilte flüchtig gewesen ist. Zur verfahrensmäßigen Feststellung einer Nichtanrechnung vgl. Hanack LK 25.

§ 68 d Nachträgliche Entscheidungen

Das Gericht kann Entscheidungen nach § 68a Abs. 1 und 5, den §§ 68b und 68c Abs. 1 Satz 2 auch nachträglich treffen, ändern oder aufheben.

I. Um eine möglichst elastische Ausgestaltung der Führungsaufsicht zu gewährleisten, ermächtigt die Vorschrift das Gericht zu **nachträglichen Entscheidungen**. Bestimmte Maßnahmen zur Durchführung der Führungsaufsicht kann es hiernach auch nach Verkündung des Beschlusses gemäß § 268a StPO oder nach Eintritt der Führungsaufsicht kraft Gesetzes treffen, ändern oder aufheben. Die Variabilität dieser Maßnahmen ermöglicht deren Anpassung an die im Laufe der Führungsaufsicht sich ergebenden Erfordernisse. Zulässig sind auch mehrfache Änderungen. 1

1. Zu den modifizierbaren Maßnahmen gehört die **Bestellung eines Bewährungshelfers**. Das Gericht kann einen Bewährungshelfer, wenn erforderlich, abberufen und einen neuen bestellen, nicht jedoch die Unterstellung unter einen Bewährungshelfer aufheben (vgl. § 68a RN 8), auch dann nicht, wenn der Verurteilte in einer anderen Sache eine Freiheitsstrafe verbüßt (Düsseldorf MDR 85, 866). Denkbar ist aber auch, daß die erste Bestellung eines Bewährungshelfers nachträglich erfolgt, so z. B., wenn der Verurteilte zunächst eine Freiheitsstrafe zu verbüßen hat und abgewartet werden soll, welcher Bewährungshelfer nach der Strafverbüßung in Frage kommt. 2

2. Variabel sind stets die **Anweisungen** an die Aufsichtsstelle und den Bewährungshelfer gem. § 68a V. 3

3. **Weisungen** nach § 68b sind einer nachträglichen Entscheidung zugänglich, wenn sich das Gericht zunächst mit der bloßen Anordnung der Führungsaufsicht begnügt hat (vgl. § 68 RN 10) oder wenn später hervorgetretene oder bekanntgewordene Umstände eine Anpassung an die veränderte Lage bedingen. Eine lediglich andere Beurteilung der unverändert gebliebenen Umstände genügt nicht (vgl. § 56e RN 2), wohl aber die erst später erlangte Kenntnis von unveränderten Umständen. Besonderes Gewicht kommt dieser Möglichkeit zu, wenn eine Weisung nach § 68b II vom Verurteilten mangels zu befürchtender Nachteile nicht ernst genommen wird. An die Stelle dieser Weisung kann dann eine unter Strafrechtsschutz stehende Weisung nach § 68b I treten. Haben Weisungen vorzeitig ihren Zweck erfüllt, so sind sie aufzuheben. 4

4. Schließlich kann das Gericht nachträglich (aber nur vor Ablauf der Führungsaufsicht; vgl. Düsseldorf MDR 89, 88) noch eine Entscheidung über die **Dauer der Führungsaufsicht** treffen, ändern oder aufheben. Es kann also, wenn noch keine Entscheidung über die Dauer ergangen war, die Höchstfrist von 5 Jahren bis auf 2 Jahre herabsetzen. War die Höchstfrist bereits verkürzt worden, so kann es, wenn die gerichtlich bestimmte Frist die Mindestdauer überstieg, eine weitere Verkürzung bis auf 2 Jahre anordnen. Andererseits ist auch eine Verlängerung der Dauer möglich, indem das Gericht die Entscheidung über eine Fristverkürzung aufhebt. Der Festsetzung einer neuen Frist bedarf es dann nicht unbedingt. Wird keine neue Frist bestimmt, so ist die gesetzliche Höchstdauer von 5 Jahren wieder maßgebend. Friständerungen sind wie die Änderungen von Weisungen nur zulässig, wenn nachträglich hervorgetretene oder bekanntgewordene Umstände sie erfordern, nicht dagegen, wenn gleich gebliebene Umstände lediglich anders beurteilt werden (vgl. o. 4). 5

II. Ob das Gericht eine nachträgliche Entscheidung trifft, liegt in seinem **Ermessen**. Es hat sie zu treffen, wenn der Zweck der Führungsaufsicht sie erfordert. Stirbt etwa der Bewährungshelfer, fällt er aus anderen Gründen aus oder versagt er, so muß unverzüglich ein neuer bestellt werden. Ist eine Weisung infolge veränderter Umstände zu einer unzumutbaren Belastung des Verurteilten geworden, so ist sie aufzuheben. Stellt sich nach Verkürzung der Dauer der Führungsaufsicht auf Grund neuer Umstände heraus, daß die verkürzte Dauer zu erfolgversprechenden Einwirkungen auf den Verurteilten nicht ausreicht, so ist die Dauer der Führungsaufsicht zu verlängern. Einzugreifen hat das Gericht auch dann, wenn die Aufsichtsstelle ihre Überwachungstätigkeit vernachlässigt oder sonst ihre Aufgaben in unangemessener Weise erfüllt, z. B. die Genehmigung zum Verlassen des Wohnorts sachwidrig versagt. 6

III. Zur **Zuständigkeit** für nachträgliche Entscheidungen vgl. §§ 463 II u. VI, 453, 462a StPO. Die Entscheidung trifft das Gericht ohne mündliche Verhandlung durch Beschluß. Gegen sie ist Beschwerde zulässig. Diese kann jedoch nur darauf gestützt werden, daß die getroffene Anordnung gesetzwidrig ist, ausgenommen die Verlängerung der Dauer der Führungsaufsicht. Vgl. dazu § 453 II StPO i. V. mit § 463 II StPO. 7

§ 68e Beendigung der Führungsaufsicht

(1) **Das Gericht hebt die Führungsaufsicht auf, wenn zu erwarten ist, daß der Verurteilte auch ohne sie keine Straftaten mehr begehen wird.** Die Aufhebung ist frühestens nach Ablauf der gesetzlichen Mindestdauer zulässig.

(2) **Das Gericht kann Fristen von höchstens sechs Monaten festsetzen, vor deren Ablauf ein Antrag auf Aufhebung der Führungsaufsicht unzulässig ist.**

(3) **Die Führungsaufsicht endet, wenn die Unterbringung in der Sicherungsverwahrung angeordnet ist und deren Vollzug beginnt.**

1   I. Die Vorschrift regelt die **vorzeitige Beendigung der Führungsaufsicht.** Kommt es nicht zu einem solchen vorzeitigen Ende, so endet die Führungsaufsicht mit Ablauf der gesetzlichen oder der vom Gericht verkürzten Höchstfrist, unabhängig davon, ob der Zweck der Führungsaufsicht erreicht worden ist. U. U. kann allerdings eine besondere Klarstellung erforderlich sein, nämlich dann, wenn der Fristablauf gehemmt war, etwa weil der Verurteilte sich eine Zeitlang verborgen gehalten hat, und es einer Klärung bedarf, welche Zeitspanne in die Frist nicht eingerechnet werden kann.

2   II. Vorzeitig **aufzuheben** ist die Führungsaufsicht, wenn zu erwarten ist, daß der Verurteilte auch ohne sie keine Straftaten mehr begehen wird (Abs. 1). Diese Regelung entspricht dem allgemeinen Grundsatz, daß eine Maßregel nur so lange wie notwendig dauern soll, d. h. so lange, wie ihr Zweck es erfordert.

3   1. Voraussetzung für die Aufhebung ist die Prognose, daß vom Verurteilten auch ohne Führungsaufsicht **keine weiteren Straftaten** zu erwarten sind. Diese Erwartung kann auf der begründeten Annahme beruhen, daß der Verurteilte von sich aus nicht mehr straffällig wird. Der Grund hierfür kann auch in einer schweren, nicht nur vorübergehenden Erkrankung des Verurteilten liegen (vgl. Koblenz OLGSt § 68c S. 7: multiple Sklerose). Die erforderliche Erwartung kann sich aber auch aus besonderen Umständen ergeben, etwa auf Grund von Änderungen des persönlichen Umfelds und der Lebensbedingungen des Verurteilten (vgl. Düsseldorf OLGSt § 68f Nr. 5) oder daraus, daß nunmehr zur Einwirkung auf den Täter weniger einschneidende Mittel zur Verfügung stehen, die zur Abwendung der von ihm ausgehenden Gefahr genügen und die daher die Führungsaufsicht entbehrlich machen. Entsprechend dem Grundsatz der Verhältnismäßigkeit, der auch bei nachträglichen Entscheidungen über Maßregeln zu beachten ist (vgl. § 62 RN 3), reicht für die Aufhebung aus, daß nur noch mit Bagatelldelikten zu rechnen ist, denen gegenüber die Aufrechterhaltung der Führungsaufsicht außer Verhältnis stehen würde. Im übrigen ist für die Aufhebung nicht die Gewißheit künftigen straffreien Lebens erforderlich; es genügt die begründete Erwartung. Diese muß sich jedoch auf nachträglich hervorgetretene oder bekanntgewordene Umstände stützen. Eine lediglich andere Beurteilung unverändert gebliebener Umstände berechtigt nicht zur Aufhebung der Führungsaufsicht, es sei denn, während der Führungsaufsicht zu verzeichnende Umstände rücken sie in ein anderes Licht und führen zu einer anderen Beurteilung. Zweifel bei der Prognose gehen – wie bei der Strafaussetzung (vgl. § 56 RN 16) – zu Lasten des Verurteilten.

4   2. Ist die genannte Voraussetzung gegeben, so **muß** das Gericht die Führungsaufsicht aufheben. Ein Ermessen ist ihm insoweit nicht eingeräumt worden. Die Aufhebung darf **nicht vor Ablauf der gesetzlichen Mindestdauer** von 2 Jahren erfolgen (Abs. 1 S. 2), auch nicht bei Führungsaufsicht kraft Gesetzes (Hanack LK 19ff., Maier NJW 77, 371; and. Horn SK 7), ausgenommen der Fall des § 68f II. Die Einschränkung soll verhindern, daß die Bewährung des Verurteilten voreilig bejaht wird (vgl. E 62 Begr. 223). Indes erscheint zweifelhaft, ob sich die Einschränkung mit dem allgemeinen Grundsatz vereinbaren läßt, daß eine Maßregel nur so lange wie notwendig dauern soll. Auf eine Bewährung im eigentlichen Sinne kommt es nicht an, sondern auf die Notwendigkeit präventiver Gefahrenabwehr. Stellt sich vor Ablauf der Mindestfrist heraus, daß die Führungsaufsicht unnötig geworden ist, so erübrigen sich präventive Belastungen des Betroffenen. Das Gericht sollte daher in solchen Fällen wenigstens dafür sorgen, daß Führungsaufsicht so milde wie möglich gehandhabt wird. Im übrigen befreit die Einschränkung das Gericht davon, schon alsbald die Aufhebungsmöglichkeit prüfen zu müssen. Gegen Bindung an die Zweijahresfrist im Falle einer voll verbüßten Strafe unter 2 Jahren Hanack LK 18, wenn gem. § 57 I Nr. 1, 3 die Aussetzung des Strafrestes unterblieben ist, sowie RN 25, wenn Ungefährlichkeit des Verurteilten feststeht.

5   3. Ob die Führungsaufsicht vorzeitig aufzuheben ist, hat das Gericht **von Amts wegen** zu prüfen. Eine bestimmte Frist, innerhalb derer es eine Prüfung vorzunehmen hat, ist ihm jedoch nicht vorgeschrieben. Es muß indes tätig werden, wenn ihm Anhaltspunkte bekannt werden, die auf die Möglichkeit der Aufhebung deuten.

4. Der Anstoß zur Aufhebung der Führungsaufsicht kann auch vom Verurteilten mittels 6
eines **Antrags** ausgehen. Der Antrag ist bereits vor Ablauf der gesetzlichen Mindestdauer
zulässig (and. D-Tröndle 9), wenn auch nicht zu viel früher; das insoweit zu § 69a RN 21a u.
§ 70a RN 8 Ausgeführte gilt entsprechend. Damit nicht das Gericht laufend mit Anträgen
überhäuft wird, ist es befugt, Fristen von höchstens 6 Monaten festzusetzen, vor deren Ablauf
ein Aufhebungsantrag unzulässig ist (Abs. 2). Für den Fristbeginn gilt das in § 57 RN 27
Gesagte entsprechend. Wird ein Aufhebungsantrag gestellt, so hat das Gericht hierüber nach
Anhörung der StA ohne mündliche Verhandlung durch Beschluß zu entscheiden (§§ 463 III,
454 I StPO). Einer mündlichen Anhörung des Verurteilten bedarf es nicht (§ 463 III 2 StPO),
auch dann nicht, wenn das Gericht den Antrag ablehnen will. Zur Möglichkeit der sofortigen
Beschwerde gegen die gerichtliche Entscheidung vgl. §§ 463 II, 454 II StPO.

5. Zur gerichtlichen **Zuständigkeit** vgl. §§ 463 III, VI, 454, 462a StPO. 7

III. Kraft Gesetzes endet die Führungsaufsicht vorzeitig, wenn die Unterbringung in der 8
Sicherungsverwahrung angeordnet ist und deren Vollzug beginnt (Abs. 3). Mit Vollzugsbeginn wird die Führungsaufsicht automatisch gegenstandslos. Wird die Unterbringung später zur Bewährung ausgesetzt oder erledigt sich die erste Unterbringung in der Sicherungsverwahrung wegen Ablaufs der Höchstfrist, so tritt erneut Führungsaufsicht ein (§§ 67d II, IV). Sie stellt jedoch keine Fortsetzung der zuvor beendeten Führungsaufsicht dar, sondern ist von dieser völlig losgelöst, so daß sich ihre Dauer unabhängig von der Zeit der früheren Führungsaufsicht bestimmt.

Die Unterbringung in einem psychiatrischen Krankenhaus oder einer Entziehungsanstalt 9
sowie ein sonstiger behördlich angeordneter Anstaltsaufenthalt (Strafverbüßung usw.) beenden die Führungsaufsicht nicht (Düsseldorf MDR **85**, 866). Sie führen nur zum Ruhen des Fristablaufs gem. § 68c II. Demgegenüber geht Hanack LK 31 von einem Versehen des Gesetzgebers aus und läßt im Wege einer gesetzeskorrigierenden Auslegung die Führungsaufsicht auch mit Vollzug der in Abs. 3 nicht erwähnten Maßregeln enden (vgl. dagegen Hamm MDR **86**, 255 m. Anm. Ranft JR 87, 123, LG Hamburg MDR **80**, 420, LG Köln MDR **86**, 513 m. Anm. Mainz, LG Kiel SchlHA **88**, 187; and. LG Regensburg MDR **83**, 423). Zum Fall der Verbüßung einer Freiheitsstrafe von mindestens 2 Jahren vgl. § 68f RN 14.

IV. Zu sonstigen Möglichkeiten der Beendigung der Führungsaufsicht vgl. die §§ 68f II, 68g III. 10

§ 68f Führungsaufsicht bei Nichtaussetzung des Strafrestes

(1) **Ist eine Freiheitsstrafe von mindestens zwei Jahren wegen einer vorsätzlichen Straftat vollständig vollstreckt worden, so tritt mit der Entlassung des Verurteilten aus dem Strafvollzug Führungsaufsicht ein. Dies gilt nicht, wenn im Anschluß an die Strafverbüßung eine freiheitsentziehende Maßregel der Besserung und Sicherung vollzogen wird.**

(2) **Ist zu erwarten, daß der Verurteilte auch ohne die Führungsaufsicht keine Straftaten mehr begehen wird, so ordnet das Gericht an, daß die Maßregel entfällt.**

Vorbem. Wegen einer Tat in der früheren DDR vor Wirksamwerden des Beitritts zur BRep. Deutschland tritt gem. Art. 315 I 3 EGStGB Führungsaufsicht nicht ein, es sei denn, für die Tat hat das Strafrecht der BRep. schon vor dem Beitritt gegolten (Art. 315 IV EGStGB).

I. Die Vorschrift läßt **Führungsaufsicht kraft Gesetzes bei Vollverbüßern** eintreten, d. h. bei 1
Tätern, die eine wegen einer vorsätzlichen Straftat verhängte Freiheitsstrafe von mindestens
2 Jahren vollständig verbüßt haben. Sie beruht auf der Erwägung, daß ein kriminalpolitisches
Bedürfnis besteht, Täter, die eine schwere Straftat begangen haben und dafür eine längere
Freiheitsstrafe voll verbüßen, nach der Entlassung ebensowenig wie bei der Strafaussetzung
sich selbst zu überlassen, sondern für eine Übergangszeit zu betreuen und zu überwachen (vgl.
E 62 Begr. 223, auch BT-Drs. V/4095 S. 36f., Stree NStZ 90, 455). Unbilligkeiten und Härten
für Vollverbüßer, von denen keine Straftaten mehr zu befürchten sind, werden dadurch ausgeschlossen, daß in solchen Fällen gem. Abs. 2 das Entfallen der Führungsaufsicht anzuordnen ist.
Zur Verfassungsmäßigkeit des § 68f vgl. BVerfGE **55** 30.

II. Voraussetzung für den Eintritt der Führungsaufsicht ist, daß **Freiheitsstrafe von minde-** 2
stens 2 Jahren wegen einer vorsätzlichen Straftat **vollständig vollstreckt** worden ist (Abs. 1
S. 1). Ausgenommen sind die Verurteilten, die eine derartige Freiheitsstrafe wegen einer Tat
verbüßt haben, die vor dem 1. 1. 1975 begangen worden ist (Art. 303 II EGStGB).

1. Die Strafe muß wegen einer **vorsätzlichen Straftat** verhängt worden sein. Zu den Vor- 3
satztaten zählen auch die Delikte, bei denen das Gesetz Vorsatz und Fahrlässigkeit kombiniert
(§ 11 II). Auf die Art der vorsätzlichen Tat kommt es nicht an. Es genügt auch die Verurteilung

wegen einer Straftat, deretwegen Führungsaufsicht nach § 68 nicht angeordnet werden kann. Unerheblich ist ferner, ob Täterschaft oder Teilnahme vorgelegen hat oder ob die Tat versucht oder vollendet war.

4 2. Wegen der Tat muß **Freiheitsstrafe von mindestens 2 Jahren** verhängt worden sein. Wird eine Gesamtstrafe gebildet, so ist nicht sie maßgebend. Es muß wenigstens eine der Einzelstrafen für eine Vorsatztat auf Freiheitsstrafe von mindestens 2 Jahren lauten (KG JR **79**, 421, Koblenz MDR **80**, 71, OLGSt S. 21, Bremen MDR **80**, 512, Karlsruhe NStZ **81**, 182, Schleswig JR **82**, 339 m. Anm. Kürschner, Celle StV **82**, 227, Zweibrücken GA **86**, 424, LG Osnabrück StV **86**, 26, LG Heilbronn MDR **87**, 691, 866, Hanack LK 14; and. Nürnberg MDR **78**, 858, Hamburg JR **79**, 116 m. Anm. Zipf, MDR **82**, 689, Hamm MDR **79**, 601, Düsseldorf MDR **81**, 70, 336, Stuttgart NJW **81**, 2710, Frankfurt MDR **82**, 164, München NStZ **84**, 315, D-Tröndle 2a). Hierfür sprechen der Gesetzeswortlaut und der Umstand, daß nur schwerwiegende Taten und nicht eine Summe von leichteren Delikten den automatischen Eintritt der Führungsaufsicht rechtfertigen können. Die Gegenmeinung stützt sich darauf, daß die Eingliederungsschwierigkeiten, denen § 68 f entgegenwirken soll, unabhängig davon sind, ob eine Gesamtstrafe oder eine Einzelstrafe zum längeren Strafvollzug geführt hat. Dieser Gesichtspunkt erklärt jedoch nicht, warum nur vorsätzliche Straftaten für § 68 f ausreichen und warum trotz gleicher Eingliederungsschwierigkeiten keine Führungsaufsicht eintritt, wenn der mehrjährige ununterbrochene Freiheitsentzug auf verschiedenen Urteilen mit nicht gesamtstrafenfähigen Freiheitsstrafen unter 2 Jahren beruht (Anschlußvollstreckung; vgl. Celle StV **82**, 227). Vgl. auch Stein Bewährungshilfe 79, 269 u. 81, 260 sowie zu entsprechenden Grundsätzen bei der Einheitsjugendstrafe LG Hamburg StV **90**, 508.

5 3. Die verhängte Freiheitsstrafe muß **vollständig vollstreckt** worden sein. Das gilt auch für Strafen, die 2 Jahre übersteigen. Zur vollstreckten Strafe zählt auch die nach § 51 angerechnete U-Haft, auch wenn die Anrechnung die Strafvollstreckung voll entfallen läßt (and. Hanack LK 18), oder sonstige Freiheitsentziehung, ebenfalls die nach § 67 IV angerechnete Maßregelvollzug (D-Tröndle 2) oder eine nach § 36 BtMG angerechnete Behandlungszeit (München NStZ **90**, 454 m. Anm. Stree). Aber auch die Anrechnung von Einbußen nichtfreiheitseinschränkender Art (vgl. § 57 RN 6) steht der Vollverbüßung nicht entgegen (Stree NStZ 90, 456; and. anscheinend D-Tröndle 2, der eine Parallele zu § 66 III 2 zieht). Wird ein Strafrest zur Bewährung ausgesetzt (§ 57), so entfällt Führungsaufsicht nach § 68 f, gleichviel, wie lange der Verurteilte im Strafvollzug gewesen ist. Ebensowenig tritt Führungsaufsicht ein, wenn ein Teil der Strafe im Gnadenwege ausgesetzt oder erlassen wird oder der Verurteilte auf Grund eines StFG die Strafe nicht voll zu verbüßen hat, mögen auch nur wenige Tage fehlen (KG JR **79**, 293). Dagegen ist bei Vorverlegung der Entlassung nach § 16 III StVollzG eine Vollverbüßung anzunehmen (Schleswig SchlHA/E-L **82**, 100, Düsseldorf MDR **87**, 603). Wird die Aussetzung des Strafrestes widerrufen und verbüßt der Verurteilte nunmehr den Strafrest, so steht er einem Täter gleich, der seine Strafe ohne zeitweilige Aussetzung vollständig verbüßt (Köln OLGSt S. **14**). Trotz der mißverständlichen Überschrift ist für den Eintritt der Führungsaufsicht allein entscheidend, ob die gesamte Strafe vollstreckt worden ist. Unerheblich ist, ob sie ununterbrochen oder mit Unterbrechungen vollzogen wird. Auch mehrmalige Unterbrechungen stehen der Führungsaufsicht nicht entgegen. Wird eine Gesamtstrafe gebildet, so muß sie vollständig vollstreckt worden sein. Es genügt nicht, daß die Dauer des Strafvollzugs die Zeit der Einzelstrafe erreicht hat, die an sich (vgl. o. 4) für die Führungsaufsicht maßgebend ist. Wird die Strafe nicht vollständig vollstreckt, so bleibt hiervon die gem. § 68 angeordnete Führungsaufsicht unberührt. Es kann dann jedoch u. U. deren Ruhen angeordnet werden (vgl. § 68 g II).

6 4. Liegen die Voraussetzungen des Abs. 1 S. 1 vor, so tritt **Führungsaufsicht automatisch mit der Entlassung** des Verurteilten aus dem Strafvollzug ein, es sei denn, es schließt sich sofort der Vollzug einer Maßregel der Besserung und Sicherung an (Abs. 1 S. 2; vgl. dazu u. 8) oder das Gericht ordnet das Entfallen der Führungsaufsicht an (Abs. 2; vgl. dazu u. 9 ff.). Einer richterlichen Anordnung bedarf es nicht. Das Gericht hat zwar zu prüfen, ob die Führungsaufsicht entbehrlich ist (vgl. u. 10). Hält es sie aber nicht für entbehrlich, so hat es nur Entscheidungen über die Ausgestaltung der Führungsaufsicht zu treffen, z. B. einen Bewährungshelfer zu bestellen, Weisungen zu erteilen oder evtl. die Höchstdauer zu verkürzen. Im Fall der Anschlußvollstreckung einer anderen Strafe ist deren Verbüßung der ausschlaggebende Entlassungszeitpunkt, nicht das Ende der für § 68 f maßgebenden Strafe (Bremen MDR **80**, 512, Hamm OLGSt S. **11**, Schleswig MDR **81**, 1034 m. Anm. Kürschner JR **82**, 340).

7 Führungsaufsicht nach § 68 f tritt auch dann ein, wenn nach § 68 Führungsaufsicht angeordnet war. Auf den ursprünglich für diesen Fall vorgesehenen Ausschlußgrund hat der Gesetzgeber verzichtet (vgl. Prot. VII 744). § 68 II, nach dem § 68 die Vorschriften über Führungsaufsicht kraft Gesetzes unberührt läßt, kommt somit voll zum Tragen. Es obliegt dann dem Gericht, evtl. notwendige Angleichungen vorzunehmen. Zu den Auswirkungen vgl. u. 12.

III. **Führungsaufsicht** tritt **nicht** ein, wenn der Strafverbüßung unmittelbar der **Vollzug** 8 **einer freiheitsentziehenden Maßregel** folgt (Abs. 1 S. 2). Sie kann dann aber später gem. § 67d II, IV oder V eintreten. Nur der tatsächliche Vollzug einer Maßregel schließt Führungsaufsicht aus. Wird am Ende des Strafvollzugs die Vollstreckung einer angeordneten Unterbringung ausgesetzt, so tritt Führungsaufsicht sowohl nach § 68f als auch nach § 67c I ein. Das hat zur Folge, daß Abs. 2 unanwendbar ist, weil § 67c keine entsprechende Möglichkeit bietet (vgl. dazu Simons NJW 78, 985). Beim Vollzug einer Maßregel entfällt Führungsaufsicht nur dann, wenn er sich unmittelbar an den Strafvollzug anschließt. Einem späteren Vollzugsbeginn kommt diese Wirkung nicht zu. Er führt entweder zur Beendigung der Führungsaufsicht (§ 68e III) oder hemmt ihren Fristablauf (§ 68c II 2).

IV. Der automatische Eintritt der Führungsaufsicht nach Abs. 1 S. 1 wäre mit deren Aufga- 9 ben unvereinbar, wenn vom Entlassenen keine Gefahr weiterer Straftaten droht. Würde man diesen dennoch der Führungsaufsicht unterstellen, so würde sein Freiheitsraum ohne innere Berechtigung beschnitten. Abs. 2 bestimmt deshalb, daß in den Fällen, in denen vom Verurteilten auch ohne Führungsaufsicht **keine Straftaten mehr zu befürchten** sind, vom Gericht anzuordnen ist, daß die **Führungsaufsicht entfällt.** Mit dieser Regelung wird insb. auch den Belangen eines Verurteilten Rechnung getragen, der seine Strafe nur deswegen voll verbüßen muß, weil er in die Aussetzung des Strafrestes nicht eingewilligt hat.

1. Die Entscheidung nach Abs. 2 bedingt eine vorherige **Prüfung, ob es der Führungsauf-** 10 **sicht** nach dem Strafvollzug **bedarf.** Die Prüfung hat vor Ende des Strafvollzugs von Amts wegen zu erfolgen (Bremen MDR 77, 772, Celle NStZ 86, 238), bei Vollstreckung mehrerer Freiheitsstrafen nacheinander vor Entlassung aus der letzten Strafe (Bremen MDR 80, 512, Hamm MDR 80, 597), und zwar – von den Fällen des Abs. 1 S. 2 abgesehen – ausnahmslos und so rechtzeitig, daß die zu treffende Entscheidung bis zur Entlassung des Verurteilten rechtskräftig werden kann (zur Anfechtbarkeit der Entscheidung vgl. §§ 463 III, 454 II StPO). Sie darf andererseits nicht zu früh stattfinden, weil sich die Prognose noch ändern kann. Bei der Prüfung sind die StA, die Vollzugsanstalt (zu einer Ausnahme vgl. Koblenz OLGSt Nr. 2) und grundsätzlich auch der Verurteilte zu hören (§§ 463 III, 454 I StPO; vgl. dazu Hamm JMBlNW 80, 106, 107, Düsseldorf MDR 86, 255, Celle NStZ 86, 238). Bei einer nachträglichen Entscheidung (vgl. u. 13) verwirkt der Verurteilte sein Anhörungsrecht, wenn er sich nach der Entlassung in Kenntnis der noch ausstehenden Entscheidung für das Gericht nicht erreichbar hält (Hamm MDR 88, 75).

2. Zu prüfen hat das Gericht, ob zu erwarten ist, daß der Verurteilte auch ohne Führungsauf- 11 sicht **keine Straftaten mehr** begehen wird. Zu den maßgeblichen Gesichtspunkten für die Prognose vgl. das in RN 3 zu § 68e Ausgeführte, das hier entsprechend gilt. Abweichend vom dort Gesagten ist für das Entfallen der Führungsaufsicht jedoch nicht zu fordern, daß die Prognose unzweifelhaft günstig ausfällt. Sie darf nur nicht ungünstig sein. Zweifel darüber, ob ein straffreies Leben zu erwarten ist, müssen sich wie bei Anordnung der Führungsaufsicht (vgl. § 68 RN 6) zugunsten des Täters auswirken. Dieser darf bei Führungsaufsicht kraft Gesetzes nicht schlechter gestellt sein als bei der gerichtlichen Anordnung (and. Karlsruhe MDR 82, 595, Hanack LK 25, Lackner 2). Das von der Gegenmeinung dagegen angeführte Argument, die Vollverbüßung nach Unterbleiben einer Reststrafenaussetzung indiziere idR eine ungünstige Sozialprognose (Karlsruhe MDR 87, 784), berücksichtigt nicht genügend, daß die Aussetzung des Strafrestes bereits bei bloßen Zweifeln an einer günstigen Prognose oder mangels Einwilligung des Verurteilten unterblieben sein kann. Zudem entwertet die Gegenmeinung die Entscheidungsfreiheit des Verurteilten bei der Frage der Einwilligung in die Aussetzung des Strafrestes. Da die Anforderungen an den Prognosemaßstab nach § 57 geringer sind als an eine Entscheidung nach Abs. 2 (vgl. dazu KG JR 88, 295, Düsseldorf MDR 90, 356), kann die Wahl des Verurteilten, die Strafe voll zu verbüßen, höchst nachteilig für ihn sein. Eine echte Wahlfreiheit besteht dann kaum noch.

3. Fällt die Prognose in der genannten Weise positiv aus, so **muß** das Gericht anordnen, daß 12 die Führungsaufsicht entfällt. Diese Entscheidung ist auch dann zu treffen, wenn Führungsaufsicht nach § 68 angeordnet war. Da nach § 68 II die Vorschriften über die Führungsaufsicht kraft Gesetzes unberührt bleiben, kann auch die Beschränkung in § 68e I 2, nach dem die Aufhebung der Führungsaufsicht frühestens nach Ablauf der gesetzlichen Mindestdauer von 2 Jahren zulässig ist, hier nicht eingreifen. Streng genommen dürfte die Anordnung, daß Führungsaufsicht entfällt, allerdings nur die sonst nach § 68f kraft Gesetzes eintretende Führungsaufsicht erfassen. Es wäre indes wenig sinnvoll, allein die gerichtlich angeordnete Führungsaufsicht fortbestehen zu lassen. Der Verurteilte dürfte hierfür kaum Verständnis aufbringen. Allenfalls ließe sich daran denken, allein an der gerichtlich angeordneten Führungsaufsicht festzuhalten, wenn unaufklärbar ist, ob die Gefahr künftiger Rechtsverletzungen noch besteht. Eine

solche Entscheidung würde dem Absehen von einer vorzeitigen Beendigung der Führungsaufsicht gem. § 68e entsprechen. Ist aber zu erwarten, daß der Entlassene keine Straftaten mehr begeht, so ist angesichts der unterschiedslosen Interessenlage über die Führungsaufsicht kraft Gesetzes und die gerichtlich angeordnete Führungsaufsicht einheitlich in der Weise zu befinden, daß beide Maßregeln entfallen. § 68e I 2 hat hinter § 68f II zurückzutreten (AG Hamburg MDR **89**, 180, Hanack LK 10, Horn SK 8, Simons NJW **78**, 984; and. Hamm MDR **83**, 953, D-Tröndle 3, Lackner 1d).

13 4. Zum **Verfahren** und zur Zuständigkeit vgl. §§ 463 III, VI, 454, 462a StPO. Eine Entscheidung nach Abs. 2 ist auch nach der Strafverbüßung noch zulässig, wenn die Akten dem Gericht versehentlich zu spät zugegangen sind (Schleswig SchlHA/E-L **83**, 83, Koblenz NStZ **84**, 189, Düsseldorf MDR **86**, 255) oder aus einem anderen Grund eine rechtzeitige Entscheidung unterblieben ist (vgl. Düsseldorf NStZ **84**, 428). Sie darf aber nur nachgeholt werden, wenn die Voraussetzungen des Abs. 2 bereits im Entlassungszeitpunkt gegeben waren, da sonst § 68e unterlaufen würde (Hanack LK 22 f., Lackner 2). Kommt eine Anordnung nach Abs. 2 nicht in Betracht, so ist eine förmliche Entscheidung nicht unbedingt geboten, es sei denn, der Verurteilte hat einen Antrag gestellt, nach Abs. 2 zu verfahren (Saarbrücken MDR **83**, 598; and. Hamm JMBlNW **80**, 106, Koblenz NStZ **84**, 189). Sie kann jedoch im Einzelfall zweckmäßig sein. Beschlüsse zu Abs. 2 sind mit sofortiger Beschwerde anfechtbar, ausgenommen die eines OLG (BGH **30** 250).

14 V. Führungsaufsicht nach § 68f kann unabhängig von der Frist des § 68e I 2 **aufgehoben** werden, wenn der Verurteilte eine neue Freiheitsstrafe von mindestens 2 Jahren zu verbüßen hat (LG Hamburg MDR **80**, 419, LG Regensburg MDR **83**, 423; and. LG Köln MDR **86**, 513 m. Anm. Mainz). Aufzuheben ist die Führungsaufsicht jedenfalls, wenn die neue Freiheitsstrafe voll verbüßt ist und eine neue Führungsaufsicht nach § 68f nach sich gezogen hat (LG Bonn MDR **88**, 880 m. Anm. Mainz; and. Nürnberg NStZ **90**, 301). Andererseits darf das Entfallen der Führungsaufsicht nach Abs. 2 nicht deswegen angeordnet werden, weil bereits Führungsaufsicht besteht.

§ 68 g Führungsaufsicht und Aussetzung zur Bewährung

(1) **Ist die Strafaussetzung oder Aussetzung des Strafrestes angeordnet oder das Berufsverbot zur Bewährung ausgesetzt und steht der Verurteilte wegen derselben oder einer anderen Tat zugleich unter Führungsaufsicht, so gelten für die Aufsicht und die Erteilung von Weisungen nur die §§ 68a und 68b. Die Führungsaufsicht endet nicht vor Ablauf der Bewährungszeit.**

(2) **Sind die Aussetzung zur Bewährung und die Führungsaufsicht auf Grund derselben Tat angeordnet, so kann das Gericht jedoch bestimmen, daß die Führungsaufsicht bis zum Ablauf der Bewährungszeit ruht. Die Bewährungszeit wird dann in die Dauer der Führungsaufsicht nicht eingerechnet.**

(3) **Wird nach Ablauf der Bewährungszeit die Strafe oder der Strafrest erlassen oder das Berufsverbot für erledigt erklärt, so endet damit auch eine wegen derselben Tat angeordnete Führungsaufsicht.**

1 I. **Führungsaufsicht** kann im Einzelfall in **Konkurrenz mit** einer **Aussetzung zur Bewährung** treten. Um zu verhindern, daß in solchen Kollisionsfällen Führungsaufsicht und Bewährungszeit unterschiedlich ausgestaltet werden, räumt § 68g im Abs. 1 der Führungsaufsicht den Vorrang ein und schreibt dort vor, daß für die Aufsicht und die Erteilung von Weisungen nur die §§ 68a und 68b gelten. Grundgedanke dieser Lösung ist, daß die Führungsaufsicht als die für den Betroffenen einschneidendere Maßnahme die Aufgaben der Bewährungsaufsicht mit übernehmen kann, während das Umgekehrte im allgemeinen nicht zutrifft (vgl. E 62 Begr. 224). Ausnahmen von dieser Lösung ermöglicht Abs. 2, nach dem das Gericht in den Fällen, in denen die Aussetzung zur Bewährung und die Führungsaufsicht auf Grund derselben Tat angeordnet werden, das Ruhen der Führungsaufsicht bis zum Ablauf der Bewährungszeit bestimmen kann. Außerdem sieht § 68g zeitliche Angleichungen vor. Nach Abs. 1 S. 2 endet die Führungsaufsicht nicht vor Ablauf der Bewährungszeit, und nach Abs. 3 endet die wegen derselben Tat angeordnete Führungsaufsicht, wenn nach Ablauf der Bewährungszeit die Strafe oder der Strafrest erlassen oder das Berufsverbot für erledigt erklärt wird.

2 II. Abs. 1 knüpft an die Fälle an, in denen **Strafaussetzung** (§ 56), **Aussetzung eines Strafrestes** (§ 57, § 67 V) oder **Aussetzung eines Berufsverbots** (§ 70a) angeordnet worden ist und der Täter zugleich unter Führungsaufsicht steht. Unerheblich ist, ob Führungsaufsicht kraft Gesetzes oder auf Grund richterlicher Anordnung besteht und ob der Aussetzung zur Bewährung und der Führungsaufsicht dieselbe Tat oder jeweils eine andere Tat zugrun-

Führungsaufsicht und Aussetzung zur Bewährung 3–9 § 68 g

de liegt. Nicht einbezogen ist die Aussetzung eines Maßregelvollzugs, weil in diesen Fällen stets Führungsaufsicht kraft Gesetzes eintritt (vgl. §§ 67 b II, 67 c I, II, 67 d II) und die Bewährungszeit ohnehin allein nach den Regeln für die Führungsaufsicht auszugestalten ist.

1. Für die genannten Kollisionsfälle begründet Abs. 1 S. 1 den **Vorrang der Führungsaufsicht**, soweit es sich um die **Aufsicht** über den Verurteilten und die Erteilung von **Weisungen** handelt. Zum Grundgedanken dieser Lösung vgl. o. 1.

a) Maßgebend ist danach für die Führung der *Aufsicht* allein § 68 a. Der Verurteilte untersteht der Aufsichtsstelle und dem obligatorisch zu bestellenden Bewährungshelfer, denen das Gericht übergeordnet ist. § 56 d ist nicht anwendbar. Das bedeutet jedoch nicht, daß sich der Inhalt der Aufsicht ausschließlich nach § 68 a bestimmt. Aufsichtsstelle und Bewährungshelfer haben vielmehr die in § 56 d genannten Aufgaben mit zu übernehmen. Es ist also nicht nur das Verhalten des Verurteilten und die Erfüllung von Weisungen zu überwachen (§ 68 a III), sondern ebenfalls die Erfüllung von Auflagen oder Anerbieten (§ 56 d III).

b) Ferner sind *Weisungen* allein nach den für die Führungsaufsicht geltenden Regeln zu erteilen. § 56 c tritt hinter § 68 b zurück. Die Auswahl der Weisungen braucht sich dementsprechend nicht nur an den Zwecken der Bewährungshilfe auszurichten. Es können auch Weisungen ergehen, die eine planmäßige Überwachung sichern sollen. Anwendbar ist der gesamte Weisungskatalog des § 68 b. Für nachträgliche Entscheidungen ist § 68 d maßgebend.

2. Um den Erfolg der Aussetzung zur Bewährung nicht durch Veränderungen in der Aufsicht über den Verurteilten zu gefährden (vgl. E 62 Begr. 224), gleicht Abs. 1 S. 2 die Dauer der Führungsaufsicht einer längeren Bewährungszeit an. Die Führungsaufsicht **endet** hiernach **nicht vor Ablauf der Bewährungszeit**. Die damit bewirkte Verlängerung der Führungsaufsicht gilt sowohl für deren gesetzliche Höchstfrist als auch für eine gerichtlich festgesetzte Dauer. Ferner ist dem Gericht verwehrt, nachträglich nach § 68 d die Dauer der Führungsaufsicht zu verkürzen, sofern dadurch die Dauer der Bewährungszeit unterschritten wird. Umgekehrt gilt nichts Entsprechendes; die Dauer der Bewährungszeit bleibt von der Dauer der Führungsaufsicht unabhängig. Die Bewährungszeit kann also ohne weiteres vor Ablauf der Führungsaufsicht enden. Sie kann u. U. nachträglich (§ 56 a II) so verkürzt werden, daß sie vor der Führungsaufsicht endet, mag auch im allgemeinen kein sachdienlicher Anlaß hierfür bestehen. Zulässig ist auch ihre Verlängerung, die sich dann auf die Dauer der Führungsaufsicht auswirken kann. Unberührt von Abs. 1 S. 2 bleibt die Möglichkeit, die Führungsaufsicht gem. § 68 e I aufzuheben (Hamm NStZ **84**, 188, Hanack LK 17).

3. Abs. 1 schließt nur die Anwendbarkeit der Vorschriften aus, die bei der Aussetzung zur Bewährung sonst für die Aufsicht und die Erteilung von Weisungen gelten. Alle anderen Regelungen läßt er unberührt. Außer der Bewährungszeit (vgl. o. 6) sind namentlich die Zulässigkeit, **Auflagen** nach § 56 b zu erteilen, und die Voraussetzungen für den **Widerruf der Aussetzung** (§§ 56 f, 70 b) nicht betroffen. Kommt als Widerrufsgrund ein Verstoß gegen Weisungen in Betracht, so kann allerdings das Verhältnis zur Bestrafungsmöglichkeit nach § 145 a zweifelhaft sein. Vgl. dazu § 145 a RN 12. Trotz noch laufender Führungsaufsicht kann die Strafe oder der Strafrest erlassen sowie das Berufsverbot für erledigt erklärt werden. Eine wegen derselben Tat angeordnete Führungsaufsicht endet damit (vgl. u. 14).

III. Der Vorrang der Führungsaufsicht ist nicht unter allen Umständen die zweckmäßigste Lösung. Beruhen Führungsaufsicht und Aussetzung zur Bewährung auf derselben Tat, so kann es angezeigt sein, dem Verurteilten die Möglichkeit zu geben, sich auch ohne die einschneidenden Belastungen zu bewähren, die sich mit der Führungsaufsicht verknüpfen. Dem trägt Abs. 2 dadurch Rechnung, daß er dem Gericht die Befugnis einräumt, das **Ruhen der Führungsaufsicht** bis zum Ablauf der Bewährungszeit anzuordnen. Wird diese Anordnung getroffen, so richtet sich die Ausgestaltung der Bewährungszeit nach den für sie geltenden Vorschriften. Etwaige Anordnungen zur Ausgestaltung der Führungsaufsicht werden wirkungslos, so daß die Nichtbefolgung einer bereits nach § 68 b ergangenen Weisung weder zu einer Bestrafung nach § 145 a noch zu einem Widerruf der Aussetzung nach § 67 g berechtigt. Dagegen behält der Widerrufsgrund des § 67 g I Nr. 1 auch während des Ruhens der Führungsaufsicht seine Bedeutung (Karlsruhe MDR **89**, 663).

1. Voraussetzung für die Anordnung des Ruhens der Führungsaufsicht ist, daß Führungsaufsicht und Aussetzung zur Bewährung **auf derselben Tat** beruhen. Bei der Aussetzung des Strafrestes ist es auch dann der Fall, wenn eine Gesamtstrafe gebildet war und die Führungsaufsicht nur auf eine der in die Gesamtstrafe einbezogenen Taten zurückzuführen ist. Dagegen stellt bei der Aussetzung eines Berufsverbots die Gesamtstrafenbildung nicht den erforderlichen Zusammenhang her, wenn dem Berufsverbot eine andere Einzeltat zugrunde liegt als der Führungsaufsicht.

§ 68 g 10–16   Allg. Teil. Rechtsfolgen d. Tat – Maßregeln d. Besserung u. Sicherung

10 2. Zweifelhaft kann sein, ob das Ruhen nur der **Führungsaufsicht kraft gerichtlicher Anordnung** (§ 68 I) oder auch der Führungsaufsicht kraft Gesetzes bestimmt werden kann. Für eine Beschränkung auf die gerichtlich angeordnete Führungsaufsicht könnte der Wortlaut des Abs. 2 („angeordnet") sprechen. Mit dem Sinn des Abs. 2 läßt sich eine solche Einschränkung jedoch schwerlich vereinbaren. Ist etwa gem. § 68 f Führungsaufsicht eingetreten und sodann ein Berufsverbot nach § 70 a zur Bewährung ausgesetzt worden, so kann es wie bei einer gerichtlich angeordneten Führungsaufsicht durchaus sinnvoll sein, das Ruhen der Führungsaufsicht zu veranlassen und damit dem Verurteilten zu ermöglichen, sich ohne deren einschneidende Eingriffe in seinen Freiheitsbereich zu bewähren. Da der Wortlaut des Abs. 2 der Einbeziehung der gesetzlich eingetretenen Führungsaufsicht nicht zwingend entgegensteht – statt des Gerichts hat das Gesetz Führungsaufsicht „angeordnet" –, muß daher in beiden Fällen der Führungsaufsicht deren Ruhen zugelassen werden. Zur Gleichstellung der Führungsaufsicht kraft Gesetzes mit der gerichtlich angeordneten Führungsaufsicht vgl. auch u. 15, ferner Hanack LK 19, Lackner 3, D-Tröndle 3; and. Hamm OLGSt S. **1**.

11 3. Die Entscheidung nach Abs. 2 liegt im pflichtgemäßen **Ermessen** des Gerichts. Sie ist etwa zu treffen, wenn bei der Aussetzung des Strafrestes die Täterprognose derart günstig ist, daß eine Bewährung in der Freiheit auch ohne Führungsaufsicht zu erwarten ist. I. d. R. hat die Anordnung, daß die Führungsaufsicht ruht, zusammen mit der Entscheidung über die Aussetzung zur Bewährung zu ergehen. Eine spätere Anordnung ist nach dem Gesetzeswortlaut nicht ausgeschlossen (vgl. auch Lackner 3); sie dürfte indes wegen der Veränderungen in der Aufsicht zumeist untunlich sein.

12 4. Die Führungsaufsicht ruht bis zum Ablauf der Bewährungszeit. Sie setzt sich anschließend automatisch wieder fort. Die **Bewährungszeit** wird **in die Dauer der Führungsaufsicht nicht eingerechnet** (Abs. 2 S. 2).

13 Diese Regelung ist berechtigt, wenn sich der Verurteilte nicht bewährt hat. Dagegen ist es im Falle der Bewährung unangebracht, ihn nach Ablauf der Bewährungszeit wieder der Führungsaufsicht auszusetzen. Das Gesetz hätte daher die Möglichkeit vorsehen müssen, die Führungsaufsicht bis zum Erlaß der Strafe oder des Strafrestes bzw. bis zu der Erklärung, daß das Berufsverbot erledigt ist, weiterhin ruhen zu lassen. Um Unzuträglichkeiten zu begegnen, ist entgegen dem Gesetzeswortlaut das Ruhen der Führungsaufsicht bis zur Klärung der Bewährungsfrage zu verlängern (ebenso Hanack LK 27). Wer sich hieran durch das Gesetz gehindert sieht, wird jedenfalls vom Gericht fordern müssen, rechtzeitig zu prüfen, ob die Führungsaufsicht nach § 68 e aufzuheben ist, so daß es mit Ablauf der Bewährungszeit die Aufhebung aussprechen kann. Es darf diese Entscheidung nicht zurückstellen, weil nach Abs. 3 die Führungsaufsicht ohnehin endet, wenn die Strafe oder der Strafrest erlassen oder das Berufsverbot für erledigt erklärt wird. Zumindest hat es dafür zu sorgen, daß die Führungsaufsicht so milde wie möglich gehandhabt wird, bis die Frage der Bewährung geklärt ist.

14 IV. Wird nach Ablauf der Bewährungszeit die Strafe oder der Strafrest erlassen oder das Berufsverbot für erledigt erklärt, so **endet** damit die wegen derselben Tat angeordnete **Führungsaufsicht** (Abs. 3). In diesen Fällen erübrigt sich das Fortbestehen der Führungsaufsicht, weil sich der Verurteilte in der Freiheit bewährt hat und mithin die Voraussetzungen für eine Führungsaufsicht entfallen sind. Diese endet dann kraft Gesetzes; einer gerichtlichen Entscheidung bedarf es nicht. Die Regelung gilt sowohl für die Fälle des Abs. 1 als auch für die des Abs. 2. Sie ist allerdings auf die Führungsaufsicht beschränkt, die wegen derselben Tat, auf der die erfolgreiche Aussetzung zur Bewährung beruht, angeordnet worden ist (vgl. dazu o. 9). Hat die Aussetzung zur Bewährung in einer anderen Strafsache zum Erfolg geführt, so bleibt die Führungsaufsicht bestehen. Das zuständige Gericht hat jedoch zu prüfen, ob die Führungsaufsicht aufgehoben werden kann, und hat ggf. diese Entscheidung unverzüglich zu treffen.

15 Zu der wegen derselben Tat „angeordneten" Führungsaufsicht zählt auch die wegen derselben Tat kraft Gesetzes eingetretene Führungsaufsicht (vgl. o. 10; and. Hamm NStZ **84**, 188). Es wäre sinnwidrig, diese auszuklammern, obwohl im Falle der Bewährung auch für sie kein Bedürfnis mehr besteht, und ihre Aufhebung einer richterlichen Entscheidung zu überlassen.

16 Wird der Erlaß der Strafe oder des Strafrestes gem. § 56 g II widerrufen, so wird damit die Beendigung der Führungsaufsicht nicht hinfällig. Da dieser Widerruf in die Rechtskraft eingreift, kommen ihm nur die gesetzlich ausdrücklich vorgesehenen Wirkungen zu. Hinsichtlich der Führungsaufsicht schweigt aber das Gesetz. Sie ist daher weiterhin als beendet anzusehen. Erneut Führungsaufsicht tritt jedoch nach § 68 f ein, wenn der Verurteilte nach dem Widerruf seine Strafe voll verbüßt, sofern diese mindestens 2 Jahre beträgt und keine Anordnung nach § 68 f II ergeht.

– Entziehung der Fahrerlaubnis –

§ 69 Entziehung der Fahrerlaubnis

(1) **Wird jemand wegen einer rechtswidrigen Tat, die er bei oder im Zusammenhang mit dem Führen eines Kraftfahrzeugs oder unter Verletzung der Pflichten eines Kraftfahrzeugführers begangen hat, verurteilt oder nur deshalb nicht verurteilt, weil seine Schuldunfähigkeit erwiesen oder nicht auszuschließen ist, so entzieht ihm das Gericht die Fahrerlaubnis, wenn sich aus der Tat ergibt, daß er zum Führen von Kraftfahrzeugen ungeeignet ist. Einer weiteren Prüfung nach § 62 bedarf es nicht.**

(2) **Ist die rechtswidrige Tat in den Fällen des Absatzes 1 ein Vergehen**
1. **der Gefährdung des Straßenverkehrs (§ 315c),**
2. **der Trunkenheit im Verkehr (§ 316),**
3. **des unerlaubten Entfernens vom Unfallort (§ 142), obwohl der Täter weiß oder wissen kann, daß bei dem Unfall ein Mensch getötet oder nicht unerheblich verletzt worden oder an fremden Sachen bedeutender Schaden entstanden ist, oder**
4. **des Vollrausches (§ 323a), der sich auf eine der Taten nach den Nummern 1 bis 3 bezieht,**

so ist der Täter in der Regel als ungeeignet zum Führen von Kraftfahrzeugen anzusehen.

(3) **Die Fahrerlaubnis erlischt mit der Rechtskraft des Urteils. Ein von einer deutschen Behörde erteilter Führerschein wird im Urteil eingezogen.**

Schrifttum: Arndt, Entziehung der Fahrerlaubnis und Fahrverbot, SchlHA 69, 10. – *Bruns,* Die Entziehung der Fahrerlaubnis, GA 54, 161. – *Cramer,* Die Austauschbarkeit der Entziehung der Fahrerlaubnis gegen ein Fahrverbot, NJW 68, 1764. – *ders.,* Voraussetzungen für eine gerichtliche Entziehung der Fahrerlaubnis, MDR 72, 558. – *Granicky,* Zum Entzug der Fahrerlaubnis insb. bei Trunkenheitstätern, SchlHA 68, 153. – *Guelde,* Die Entziehung der Fahrerlaubnis, 1956. – *Hartung,* Der BGH zur Entziehung der Fahrerlaubnis, JZ 54, 137. – *ders.,* Entziehung der Fahrerlaubnis zum Führen von Kraftfahrzeugen als gerichtliche Maßnahme der Sicherung und Besserung, DRiZ 53, 120. – *Herlan,* Entziehung der Fahrerlaubnis und Fahrverbot durch Strafrichter und Verwaltungsbehörden, 1972. – *Himmelreich-Hentschel,* Fahrverbot, Führerscheinentzug, 6. A. 1990. – *Jagusch,* Der BGH zur Entziehung der Fahrerlaubnis, DAR 55, 97. – *Lenckner,* s. Schrifttum vor § 61. – *Lackner,* Der Strafrechtsteil des Gesetzes zur Sicherung des Straßenverkehrs, MDR 53, 73. – *Krehl,* Regel und Ausnahmen bei der Entziehung der Fahrerlaubnis, DAR 86, 33. – *Schendel,* Doppelkompetenz von Strafgericht und Verwaltungsbehörde zur Entziehung der Fahrerlaubnis, 1974. – *Schmidt-Leichner,* Alkohol und Kraftfahrer, insb. die Entziehung der Fahrerlaubnis, NJW 53, 1849. – *v. Weber,* Die Rechtsnatur der Entziehung der Fahrerlaubnis, JZ 60, 52. – *Wimmer,* Entziehung der Fahrerlaubnis, Strafe und Strafaussetzung zur Bewährung, NJW 59, 1513. Vgl. auch das Schrifttum zu § 315c.

Zur *Reform: Beine* ZRP 77, 295, *Cramer,* Unfallprophylaxe durch Strafen und Geldbußen?, 1975, *ders.* Schröder-GedS 533, *Gontard* Rebmann-FS 211, *Himmelreich* DAR 77, 85, *Janiszewski* DAR 77, 312, GA 81, 385, *Koch* DAR 77, 90, 316, *Kürschner* ZRP 86, 305, *R. Peters* DAR 78, 184, *Rebmann* DAR 78, 300, *Scherer* DAR 80, 107, *Preisendanz* BA 81, 93, DAR 81, 307, *Schultz* BA 82, 325.

I. Die Vorschrift enthält die Voraussetzungen für die Entziehung der Fahrerlaubnis. Die Regelung **1** der gleichzeitig oder allein anzuordnenden Sperrfrist für die Erteilung einer (neuen) Fahrerlaubnis enthält § 69a, die über ausländische Fahrerlaubnisse § 69b. Eine vorläufige Entziehung der Fahrerlaubnis kann nach § 111a StPO erfolgen (vgl. dazu u. 62).

1. Die Fahrerlaubnisentziehung ist eine **Maßregel der Besserung und Sicherung** (BGH **7** 168, **2** **15** 393). Im Unterschied zum Fahrverbot (§ 44), das als kurzfristige Warnung dienen soll (vgl. § 44 RN 1), bezweckt sie, ungeeignete Kraftfahrer aus dem Straßenverkehr auszuschalten (BGH VRS **16** 424). Sie läßt sich nicht deswegen als Sonderstrafe ansehen, weil sie vom Betroffenen als Übel empfunden wird; denn dies trifft ebenso auf die meisten anderen Maßregeln zu. Eine Maßregel bleibt sie auch dann, wenn sie wegen charakterlicher Mängel erfolgt; and. Cramer NJW 68, 1764, der ihr in diesen Fällen Strafcharakter zumißt („Etikettenschwindel"); vgl. auch Cramer RN 4.

2. Der **präventive Charakter** der Fahrerlaubnisentziehung ist nicht nur für ihre Dauer (vgl. **3** § 69a RN 10) und für die Auslegung der einzelnen Voraussetzungen von maßgeblicher Bedeutung, sondern verbietet auch, sie im Einzelfall mit einem Sühnebedürfnis zu rechtfertigen (BGH VRS **11** 425). Er wirkt sich überdies bei Gesetzesänderungen aus (vgl. u. 70).

3. Neben der Entziehung durch den Richter steht die Fahrerlaubnisentziehung durch die **Verwal- 4 tungsbehörden** gem. § 4 StVG, § 15b StVZO (vgl. eingehend Cramer 11ff., Schendel aaO). Die richterliche Entziehung ist jedoch insofern vorrangig, als die Verwaltungsbehörde einen Sachverhalt,

§ 69 5–12   Allg. Teil. Rechtsfolgen d. Tat – Maßregeln d. Besserung u. Sicherung

der Gegenstand eines Strafverfahrens ist, während der Anhängigkeit des Strafverfahrens nicht selbst zur Grundlage einer Entziehung machen darf (§ 4 II 1 StVG) und nach Abschluß des Strafverfahrens hinsichtlich des Sachverhalts, der Schuldfrage und der Eignung zum Fahren von Kraftfahrzeugen von den Feststellungen des Urteils bzw. der diesem gleichgestellten richterlichen Entscheidungen (Strafbefehl, Ablehnung der Eröffnung des Hauptverfahrens) zuungunsten des Betroffenen nicht abweichen darf (§ 4 III StVG; vgl. dazu VG Frankfurt VRS **74** 394). Zur Bindungswirkung von Strafbefehlen in diesem Rahmen vgl. BVerwG VRS **49** 303. Auf der anderen Seite ist die Befugnis der Verwaltungsbehörde weiter, da diese alle Eignungsmängel zum Anlaß nehmen kann, die Fahrerlaubnis zu entziehen (Cramer MDR 72, 558), nicht nur solche, die in der Tat ihren Ausdruck gefunden haben (Geppert MDR 72, 281). Zur Nichtbindung bei fehlender Beurteilung der Fahreignung durch das Strafgericht vgl. BVerwG NJW **89**, 116 und dazu Himmelreich DAR 89, 285.

5   4. Über das Verhältnis des Fahrerlaubnisentzugs zum Fahrverbot vgl. § 44 RN 2f.

     II. Die **Voraussetzungen** der Entziehung der Fahrerlaubnis sind folgende:

6   1. Der Täter muß eine **rechtswidrige Tat** begangen haben.

7   a) Die Tat muß rechtswidrig den Tatbestand eines Strafgesetzes verwirklicht haben (vgl. § 11 I Nr. 5). Hinsichtlich der subjektiven Voraussetzungen darf nur die Schuldfähigkeit fehlen (krit. Cramer 18), da der Täter entweder verurteilt oder nur wegen erwiesener bzw. nicht auszuschließender Schuldunfähigkeit nicht verurteilt worden sein muß (vgl. dazu u. 23 ff.). Fehlen dagegen andere Gründe subjektiver Verantwortung, etwa der Vorsatz, oder liegt ein Entschuldigungsgrund vor, so kann die Fahrerlaubnisentziehung nicht angeordnet werden (Hamm VRS **26** 279).

8   b) Es muß der *Tatbestand eines Strafgesetzes* verwirklicht worden sein; eine Ordnungswidrigkeit genügt nicht. Dagegen ist gleichgültig, ob es sich bei der Tat um ein Verbrechen oder ein Vergehen handelt (BGH VM **55**, 34). Es genügt auch das Vorliegen eines unter Strafe gestellten Versuchs, es sei denn, der Täter ist vom Versuch mit strafbefreiender Wirkung zurückgetreten (BGH DRiZ/H **83**, 183).

9   c) Da nur eine Verurteilung wegen einer rechtswidrigen Tat erfolgt sein muß, kommt es nicht darauf an, daß eine Strafe verhängt worden ist. Vgl. u. 19 ff.

10   2. Die rechtswidrige Tat muß **beim Führen eines Kraftfahrzeuges** oder im Zusammenhang damit oder unter Verletzung der Pflichten eines Kraftfahrzeugführers begangen werden.

11   a) Der Begriff des *Kraftfahrzeugs* ist durch §§ 1 II StVG, 4 StVZO festgelegt. Er gilt auch für § 69. Dabei ist ohne Bedeutung, ob für das Kfz. eine Fahrerlaubnis erforderlich ist. Auch sog. führerscheinfreie Kraftfahrzeuge (Mofa) fallen unter § 69, da auch sie mit der für den Verkehr erforderlichen Sorgfalt geführt werden müssen (Oldenburg NJW **69**, 199, Schleswig SchlHA/E-J **79**, 201). Ebenfalls ist ein Bagger, der selbständig durch Maschinenkraft fortbewegt werden kann, ein Kfz. (Düsseldorf GA **83**, 275), nicht dagegen ein geschleppter PKW (vgl. Frankfurt NJW **85**, 2961) oder ein Fahrrad (LG Mainz NJW **86**, 1769).

12   b) Das **Führen** eines Kraftfahrzeugs erfaßt zunächst alle Verkehrsdelikte, daneben aber auch Taten allgemeiner Art (fahrlässige oder vorsätzliche Tötung), sofern sie durch das Führen des Fahrzeugs begangen werden. Ein Führen liegt nur vor, wenn der Täter eine Handlung vornimmt, zu der bei fahrerlaubnispflichtigen Fahrzeugen eine Fahrerlaubnis erforderlich wäre. Da dies nach § 2 StVG nur dann der Fall ist, wenn sich der Täter des Fahrzeugs auf öffentlichen Wegen oder Plätzen bedient, scheidet eine Fahrt im nichtöffentlichen Verkehrsraum aus, so daß hierbei begangene rechtswidrige Taten (Körperverletzung usw.) nicht zur Fahrerlaubnisentziehung berechtigen (and. Oldenburg VRS **55** 120, D-Tröndle § 44 RN 5, Lackner § 44 Anm. 2b). Ein Kfz. führt zudem nur, wer auf dessen Fortbewegung verantwortlich einwirkt. Handlungen, die den Bewegungsvorgang erst einleiten sollen, genügen nicht (Cramer § 44 RN 24), wie Besteigen des Fahrzeugs, Platznehmen am Steuer, auch wenn Motor läuft (Köln NJW **64**, 2026), Lösen der Handbremse, Anlassen des Motors (BGH NJW **80**, 723, Celle NStZ **88**, 411, LG Hamburg VRS **74** 273; and. BGH **7** 315, Hamburg VRS **8** 290, Oldenburg DAR **62**, 130, Braunschweig VRS **74** 363), Betätigung des Blinkerhebels (vgl. Hamm NJW **84**, 137). Ebensowenig reicht ein Verhalten nach Abschluß des Bewegungsvorgangs aus, z. B. ungenügende Absicherung des Fahrzeugs gegen Abrollen auf abschüssiger Straße (and. BGH **19** 372). Zur Fortbewegung des Fahrzeugs muß nicht unbedingt dessen motorische Kraft eingesetzt werden. Ein Führen liegt auch vor, wenn das Inbewegungsetzen mittels anderer Kräfte (Anschieben, Anschleppen) unmittelbar (Karlsruhe DAR **83**, 365) dazu dient, den Motor zum Anspringen zu bringen (vgl. KG VRS **27** 237, Oldenburg DAR **55**, 165, MDR **75**, 421, Celle NJW **65**, 63), oder wenn die Schwerkraft des Fahrzeugs zur Fortbewegung ausgenutzt wird (Abrollenlassen; BGH **14** 185, Bay NJW **59**, 111, Köln VRS **15** 334, Düsseldorf DAR **83**, 301; and. Hamm VRS **13** 450, **15** 134). Das bloße Inbewegungsetzen durch andere Kräfte genügt dagegen nicht. Der Lenker eines geschobenen oder gezogenen Fahrzeugs führt dieses nicht i. S. des § 2 StVG (vgl. BGH

DAR/M **70**, 113, Koblenz VRS **49** 366), grundsätzlich auch nicht der Lenker eines abgeschleppten Fahrzeugs (vgl. KG VRS **26** 125, Celle NJW **65**, 63, Bay VRS **62** 42, **65** 435). Ist ein Führen zu verneinen, so kann gleichwohl eine Verletzung der Pflichten eines Kraftfahrzeugführers in Betracht kommen (vgl. u. 15).

c) *Im Zusammenhang mit dem Führen* *eines Kraftfahrzeugs* ist eine Tat dann begangen, wenn **13** die Benutzung des Fahrzeugs der Förderung anderer Straftaten dient (z. B. zum Transport beim Schmuggel oder Diebstahl [vgl. BGH **5** 179, Düsseldorf VRS **67** 255], zur Hehlerei [BGH DAR/M **67**, 96] oder zur eingeplanten Flucht vom Tatort, etwa nach einem Banküberfall) oder das Geschehen die Benutzung in ihrer Gefährlichkeit steigert, so z. B. die Anordnung des Halters, verkehrsunsichere Fahrzeuge in Betrieb zu nehmen (Schleswig SchlHA **62**, 148, Stuttgart NJW **61**, 690; vgl. auch Oldenburg NdsRpfl. **61**, 134; and. Himmelreich-Hentschel aaO RN 25), oder die Beschädigung des Fahrzeugs, so daß dieses verkehrsunsicher wird. Weitergehend BGH DAR/M **68**, 124, wonach bereits ausreicht, daß der Täter zum Tatort fuhr, um im Kfz. die Tat (§ 175) zu begehen.

Ausreichen kann z. B. das Vorzeigen eines gefälschten Führerscheins bei einer Fahrzeugkon- **14** trolle (Hamm VRS **63** 346) oder die grobe Mißhandlung anderer Verkehrsteilnehmer (Bay NJW **52**, 2127, Hamm VRS **25** 186, Köln NJW **63**, 2379). Bei Beteiligung mehrerer ist ohne Bedeutung, wer das Fahrzeug eigenhändig gelenkt hat (BGH **10** 333, VRS **37** 350, MDR/H **78**, 986, **81**, 453, Bay DAR/R **66**, 259, H. W. Schmidt DAR 65, 153; and. Himmelreich-Hentschel aaO RN 24). Auch auf den Mitfahrer kann § 69 Anwendung finden, wenn er zu einer Verkehrsgefährdung Anlaß gegeben hat (vgl. Hamm JMBlNW **62**, 285, ferner BGH VRS **18** 420). Vgl. auch KG VRS **11** 357. Wer jedoch nur vortäuscht, an Stelle des betrunkenen Fahrers gefahren zu haben, erfüllt die Voraussetzungen des § 69 nicht (Hamm VRS **13** 452). Vgl. auch Köln VRS **41** 356 (Fälschung des Führerscheins, um Kfz. anzumieten).

d) Eine **Verletzung der Pflichten eines Kraftfahrzeugführers** ist anzunehmen, wenn nicht **15** die eigentlichen Fahrvorschriften, sondern andere Pflichten des Kraftfahrers verletzt sind, der Täter z. B. sich unerlaubt vom Unfallort entfernt (§ 142) oder einem Vollstreckungsbeamten bei Maßnahmen zur Entnahme einer Blutprobe Widerstand leistet (Hamm VRS **8** 46). Auch das Überlassen des Steuers an eine Person, die keinen Führerschein besitzt, oder an einen Fahruntüchtigen kann zum Entzug der Fahrerlaubnis führen (Hamm VRS **12** 272, Koblenz NJW **88**, 152, Rüth LK 20), selbst dann, wenn der Fahrzeughalter an der Fahrt teilnimmt (vgl. BGH **13** 226, Celle DAR **57**, 106, Braunschweig NdsRpfl. **59**, 163). Eine Verletzung der Fahrerpflichten kann auch in der ungenügenden Absicherung eines geparkten Fahrzeugs gegen Abrollen auf abschüssiger Straße liegen sowie in ähnlichen Fällen, in denen kein „Führen" des Kraftfahrzeugs gegeben ist (vgl. o. 12). Ebenso reicht die unzulängliche Kenntlichmachung eines haltenden oder liegengebliebenen Fahrzeugs aus (vgl. § 315c I Nr. 2g).

e) Gemeinsam ist allen Fällen, daß es sich um die Verletzung der spezifisch dem *Kraftfahrer* **16** *obliegenden Pflicht* handelt. Daher ist § 69 nicht anwendbar, wenn das Kfz. nur Objekt einer Straftat, z. B. eines Diebstahls, Betrugs oder einer Gebrauchsanmaßung (§ 248b), war (Hartung JZ 54, 139, Himmelreich-Hentschel aaO RN 27; and. BGH **17** 218, Bruns GA 54, 188, Rüth LK 20). Ebensowenig genügt, daß der Täter Delikte begeht, bei denen lediglich der Besitz des Fahrzeugs ihm die Möglichkeit dazu gibt (vgl. Lenckner aaO 225; and. BGH **5** 179, VRS **15** 114, Bruns aaO), z. B. Kreditbetrug mit Hilfe eines Fahrzeugs, gleichgültig, ob der Täter nur auf den Besitz verweist oder ihn durch Vorfahren beim Betrogenen demonstriert (Hartung JZ 54, 139, Schmidt-Leichner NJW 54, 162; and. BGH **5** 179, VRS **30** 275, Rüth LK 15). Zur Entziehung der Fahrerlaubnis reicht somit nicht aus, wenn der Täter das Kfz. als Versteck für Diebesbeute benutzt (Köln MDR **72**, 622). Auch Fahrten, die nach beendeter Hehlerei der Verwertung und Aufbewahrung des Hehlerguts dienen, genügen als solche nicht (Stuttgart NJW **73**, 2213). Ferner findet § 69 keine Anwendung, wenn allgemeine Delikte bei Gelegenheit der Benutzung begangen werden (vgl. Hamm VRS **28** 260), so z. B. bei Diebstahl, Beleidigung oder Sexualdelikten gegenüber Mitfahrer (auch wenn der Täter dabei noch mit einer Hand fährt; and. BGH **7** 167) oder bei Verursachung einer Brandgefahr beim Picknick im Wald. Vergewaltigt der Täter eine Mitfahrerin, so kann § 69 nur dann angewendet werden, wenn das Opfer mit Hilfe eines Fahrzeugs an einen geeigneten Ort geschafft wird (vgl. BGH LM Nr. **7** zu § 42m, VRS **36** 266, Saarbrücken NJW **65**, 2314), nicht dagegen, wenn die Tat in einem in der Garage stehenden Kfz. oder anläßlich einer Rast erfolgt (BGH DRiZ **81**, 338), ebensowenig, wenn sich der Täter erst nach Ende der Fahrt zur Tat entschließt (BGH **22** 328). Vgl. auch § 316a RN 6. Das Vorzeigen eines gefälschten Führerscheins verletzt nur dann eine spezifische Kraftfahrerpflicht, wenn dies in unmittelbarem Zusammenhang mit der Teilnahme am Verkehr geschieht (vgl. Celle MDR **67**, 1026, Hamm VRS **63** 346). Weitergehend Cramer MDR 72, 559 (Fälschung zwecks Fahrenkönnens). An einer spezifischen Pflichtwidrigkeit fehlt es des weiteren bei einem Kraftfahrer, der nach einem Verkehrsunfall ohne fremden Schaden das Unfallfahr-

§ 69 17–28   Allg. Teil. Rechtsfolgen d. Tat – Maßregeln d. Besserung u. Sicherung

zeug als gestohlen meldet, um Ermittlungen gegen sich abzuwenden (Bremen VRS **49** 102; and. Hamm VRS **57** 184, wenn Diebstahlsanzeige unmittelbar nach dem Unfall erfolgt), oder nach einem Verkehrsunfall die Versicherungsgesellschaft durch falsche Angaben über die Unfallursache betrügt (vgl. Bay VRS **69** 281: angeblicher Wildschaden).

17   3. Weiterhin muß der Täter wegen einer der vorgenannten Taten entweder **verurteilt** (1. Alt.) oder lediglich wegen erwiesener oder nicht auszuschließender **Schuldunfähigkeit nicht verurteilt** worden sein (2. Alt.).

18   a) Abs. 1 spricht nur von *Verurteilung,* nicht von Verurteilung zu einer Strafe. Daraus ergibt sich folgendes:

19   α) Es genügt die Anordnung von Erziehungsmaßregeln (Cramer 24) und *Zuchtmitteln* des Jugendstrafrechts (vgl. E 62 Begr. 226; so schon nach § 42m a. F. BGH **6** 394), ferner die Schuldfeststellung nach § 27 JGG.

20   β) Auch eine Verurteilung aus § 323a wegen eines im Vollrausch begangenen Verkehrsdelikts reicht aus (vgl. Braunschweig DAR **64**, 349). Die Fahrerlaubnisentziehung ist aber auch dann zulässig, wenn ein Freispruch erfolgt, weil nicht feststellbar ist, ob der Täter im Vollrausch gehandelt oder die Tat in schuldfähigem Zustand begangen hat (Bay DAR/R **82**, 248).

21   γ) Ebensowenig ist die Fahrerlaubnisentziehung dadurch ausgeschlossen, daß dem Täter gem. § 56 *Strafaussetzung* bewilligt wurde (so bereits BGH **15** 316, VRS **25** 426, **28** 420, 423, Bremen VRS **10** 176, Düsseldorf NJW **61**, 979); denn auch dann ist der Täter verurteilt, nur die Vollstreckung der Strafe ist einstweilen ausgesetzt. Es bedarf jedoch einer eingehenden Begründung, warum trotz günstiger Prognose i. S. des § 56 eine Gefährlichkeit des Täters i. S. von § 69 gegeben sein soll (BGH VRS **19** 197, **29** 14, Hamm JMBlNW **57**, 53). Der Entzug kann nicht damit begründet werden, daß ohne fühlbare Sühne der Täter bei Strafaussetzung erneut straffällig werden könnte (Hamm DAR **57**, 186). Umgekehrt zwingt die Versagung der Strafaussetzung nicht zur Fahrerlaubnisentziehung (Celle NJW **56**, 1648).

22   δ) Außerdem ist die Entziehung der Fahrerlaubnis möglich, wenn (etwa gemäß § 60) von *Strafe abgesehen* wird; denn auch hier wird der Täter verurteilt (Bay DAR **72**, 215, Hamm VRS **43** 19, vgl. 54 ff. vor § 38). Dagegen sind Fahrerlaubnisentziehung und Verwarnung mit Strafvorbehalt miteinander unvereinbar (§ 59 III 2).

23   b) Ferner ist die Entziehung der Fahrerlaubnis zulässig, wenn der Täter wegen erwiesener oder nicht auszuschließender **Schuldunfähigkeit** (§ 20, § 3 JGG; vgl. Hamm VRS **26** 279, 281) **nicht verurteilt** wird.

24   Die Fahrerlaubnisentziehung ist hiernach allein oder in Verbindung mit einer sonstigen Maßregel der Besserung und Sicherung möglich, etwa neben der Unterbringung in einem psychiatrischen Krankenhaus (vgl. Grethlein DAR 57, 256, Rüth LK 9). Da es nur darauf ankommt, daß der Täter mangels Schuldfähigkeit nicht verurteilt wird, ist sie auch dann möglich, wenn eine formelle Freisprechung von der Tat, die den Entzug nach § 69 rechtfertigt, unterbleibt, weil sie mit einer anderen, deretwegen die Verurteilung erfolgt, ideell konkurriert (vgl. Grethlein aaO, Rüth LK 6). Außerdem kann die Fahrerlaubnis in einem Sicherungsverfahren nach den §§ 413 ff. StPO selbständig entzogen werden (§ 71 II).

25   c) Über die Tat, auf die die Fahrerlaubnisentziehung gestützt werden soll, muß nicht notwendig durch **Urteil** entschieden werden. Nach § 407 II Nr. 2 StPO ist dies auch durch *Strafbefehl* möglich (bedenklich, da ohne Hauptverhandlung eine Prognose kaum möglich ist, vgl. Warda MDR 65, 7). Auch bei einer Aburteilung im beschleunigten Verfahren ist die Entziehung zulässig (§ 212b I StPO).

26   Dagegen darf eine Entziehung nicht im Privatklageverfahren (§ 384 StPO) ausgesprochen werden, ebensowenig bei Einstellung des Verfahrens nach § 153 StPO oder bei einer Amnestie, es sei denn, es wäre im StFG eine Ausnahme gemacht, wie in § 13 StFG 1954 (Rüth LK 8, D-Tröndle 7; and. – generell bei Amnestie zulässig – Köln NJW **54**, 1456; vgl. auch Bay **54**, 168, Schleswig SchlHA **54**, 328). Entsprechendes gilt für sonstige Verfahrenshindernisse, z. B. Verfolgungsverjährung (Bay DAR **55**, 44) oder fehlenden Strafantrag.

27   4. Weiter muß sich aus der Tat ergeben, daß der Täter zum Führen von Kraftfahrzeugen **ungeeignet** ist (Abs. 1); sie muß also **Indiz** für den Eignungsmangel sein.

28   Dabei muß immer die abgeurteilte *Tat selbst* die maßgebliche *Beurteilungsgrundlage* bilden (Düsseldorf VRS **36** 96); Charaktermängel, die nur anläßlich der Tataufklärung zu Tage getreten sind, müssen deshalb ebenso außer Betracht bleiben (Celle MDR **66**, 431, Hamm VRS **48** 339) wie Leugnen in der Hauptverhandlung (Hamm VRS **36** 95; vgl. auch LG Hannover NdsRpfl. **66**, 224). Auch mangelndes Fahrvermögen auf Grund fehlender Fahrpraxis oder sonstige bei der Fahrerlaubniserteilung zu kontrollierende Mängel begründen für sich allein keinen Eignungsmangel i. S. des § 69 (Hamm VRS **13** 32; bedenklich Düsseldorf VM **66**, 60).

Entziehung der Fahrerlaubnis 29–36 § 69

Da durch die Fahrerlaubnisentziehung der gefährliche Kraftfahrer aus dem Straßenverkehr 29
ausgeschaltet werden soll (BGH VRS **16** 424), ist ein Eignungsmangel immer, aber auch nur
dann anzunehmen, wenn vom Täter *für die Zukunft* weitere Verletzungen der Kraftfahrerpflichten zu befürchten sind, also gerade aus der Belassung der Fahrerlaubnis Gefahren für die
Allgemeinheit erwachsen (vgl. BGH **7** 165, 168, DAR/M **66**, 92).

Fraglich ist, welche *Faktoren* für die Feststellung *der Ungeeignetheit* des Täters maßgeblich 30
sind. Während ein Teil der Rspr. den Standpunkt vertreten hat, daß die mangelnde Eignung des
Täters „unwiderleglich vermutet" werde, sofern sich der Täter durch die Tat als ungeeignet
erwiesen habe (dagegen Schmidhäuser 834f.), ohne daß es darüber hinaus einer weiteren richterlichen Prognose für das künftige Verhalten des Täters bedürfte (BGH **5** 168, Bay **54**, 11,
Stuttgart NJW **53**, 1882, Karlsruhe NJW **54**, 1945; ebenso Bruns GA 54, 166ff., Lackner MDR
53, 74, Lenckner aaO 226), verlangten andere Entscheidungen für den Einzelfall zu Recht den
Nachweis, daß der Täter auch für die Zukunft als für die Allgemeinheit gefährlich erscheinen
müsse; denn die Entziehung kann als Maßregel der Sicherung nur sinnvoll sein, wenn auch
weiterhin dem Täter gegenüber ein Sicherungsbedürfnis besteht.

Hieran ändert sich nichts durch Abs. 2. Zwar enthält er einen Katalog von Tatbeständen, bei 31
deren Verwirklichung der Täter i. d. R. als ungeeignet zum Führen von Kraftfahrzeugen anzusehen ist. Damit kommt in diesen Fällen zweifellos der den Eignungsmangel indizierenden Tat
die ausschlaggebende Bedeutung zu, so daß für eine weitere Prognose des Richters im Regelfall
kaum noch Raum bleibt (so bereits zum früheren Recht BGH **7** 168). Dennoch hat dadurch die
auf alle Umstände gestützte richterliche Prognose nicht jede Bedeutung verloren; denn da das
sich aus der Tat ergebende Indiz nur für den Regelfall gilt, hat der Richter zu prüfen, ob im
Entscheidungsfall nicht gerade eine Ausnahme vorliegt; darüber aber kann er ohne Berücksichtigung der Gesamtumstände, insb. ohne Würdigung der Persönlichkeit des Täters und seines
voraussichtlichen Verhaltens in der Zukunft, ebensowenig entscheiden wie über die Frage, ob
nicht auch eine in Abs. 2 nicht genannte Tat im Einzelfall auf mangelnde Eignung des Täters
schließen läßt. Der Sicherungszweck der Fahrerlaubnisentziehung bedingt demgemäß eine Berücksichtigung der Gesamtumstände (vgl. Stuttgart VRS **42** 347, Krehl DAR 86, 33, Lackner
JZ 65, 121). Daraus ergibt sich **im einzelnen:**

a) Für den in **Abs. 2** aufgestellten **Katalog** von Tatbeständen hat der Gesetzgeber die richterli- 32
che Prognose und Bewertung gewissermaßen vorweggenommen; ist nämlich einer dieser Tatbestände verwirklicht, so ist der Täter i. d. R. als ungeeignet zum Führen von Kraftfahrzeugen
anzusehen. Das Gesetz geht davon aus, daß die aufgeführten Taten im Regelfall einen solchen
Grad des Versagens und der Verantwortungslosigkeit des Täters offenbaren, daß damit zugleich auch dessen Eignungsmangel feststeht, ohne daß es einer weiteren Prognose bedürfte
(vgl. E 62 Begr. 227). Damit ist dem Richter die Feststellung eines Eignungsmangels wesentlich erleichtert. Der Richter kann sich mit summarischen Ausführungen begnügen (Zweibrücken VRS **54** 115), wobei erkennbar sein muß, daß er die Möglichkeit einer Ausnahme geprüft
hat (Düsseldorf JMBlNW **86**, 11). Er ist jedoch der Aufgabe enthoben, im einzelnen zu begründen, warum er auf Grund dieser Tat einen Eignungsmangel für erwiesen ansieht; denn
liegen keine Anhaltspunkte dafür vor, daß die Tat ausnahmsweise von der Regel abweicht
(dazu u. 40ff.), kann er aus der Indiztat auf die Ungeeignetheit des Täters schließen (vgl. Bay JR
66, 107, Köln VRS **31** 263, Koblenz VRS **55** 357, **64** 127, Lackner JZ 65, 121, Warda MDR 65,
3). Eine derartige Indizwirkung kann im allgemeinen aber nur bei volldeliktischen Taten angenommen werden, nicht dagegen dort, wo der Täter wegen nicht alkoholbedingter Schuldunfähigkeit freizusprechen war (vgl. u. 40ff.).

Tatbestände, die in dieser Weise einen Eignungsmangel des Täters indizieren, sind nach 33
Abs. 2 jedoch davon abhängig, daß die Tat unter den Voraussetzungen des Abs. 1, also beim
Führen eines Kraftfahrzeugs usw., mithin nicht beim Radfahren (vgl. Köln VRS **63** 118, LG
Mainz NJW **86**, 1769), begangen worden ist. Mit dieser Einschränkung kommen folgende
Tatbestände in Betracht:

α) **Gefährdungen des Straßenverkehrs** i. S. von § 315c (Nr. 1). Dazu gehört einmal das 34
Führen von Fahrzeugen in fahruntüchtigem Zustand, wenn dadurch Leib, Leben oder bedeutende Sachwerte eines anderen gefährdet werden (§ 315c I Nr. 1). Versuchte oder fahrlässige
Tatbegehung genügt (§ 315c II, III), ebenso die Tatbegehung mittels eines führerscheinfreien
Kraftfahrzeugs.

Zum anderen fallen hierunter die sog. „sieben Todsünden im Verkehr" (§ 315c I Nr. 2a–g). 35
Fahrlässige Tatbegehung oder Gefährdung genügt auch hier (§ 315c III), wobei es sich allerdings fragt, ob nicht manche Fahrlässigkeitsfälle bereits unterhalb der von Abs. 2 gewollten
Grenze liegen (vgl. u. 40ff.).

β) Indiztat ist nach Nr. 2 ferner die **einfache Trunkenheit** im Verkehr (§ 316) bei Führen 36
eines Kraftfahrzeugs, auch führerscheinfreien (and. LG Oldenburg BA **85**, 186 bei Jugendli-

chen; einschränkend auch LG Oldenburg DAR **90**, 72 bei Trunkenheitsfahrt mit Leichtmofa; vgl. gegen diese Entscheidung Janiszewski NStZ 90, 272). Es sind jedoch Fälle denkbar, die aus dem Regelrahmen des Abs. 2 fallen, z. B. das bloße Besteigen oder Anlassen des Motorrads. Dies gilt insb. dann, wenn man den Begriff des Führens von Kraftfahrzeugen so weit faßt, wie es z. T. die Rspr. (vgl. o. 12) tut. Die Indizwirkung kann zudem bei einmaligen Ausnahmesituationen entfallen (vgl. Bay DAR/R **84**, 239). Vgl. näher u. 42. War der Genuß von Alkohol für einen Verkehrsverstoß nicht ursächlich und lag auch sonst nicht Fahruntüchtigkeit vor, so kann die Entziehung nicht darauf gestützt werden, daß das Trinken vor Fahrtantritt einen Charaktermangel beweise (vgl. Düsseldorf VRS **36** 96).

37 γ) **Unerlaubtes Entfernen vom Unfallort** (§ 142) ist nach Nr. 3 nur dann Indiztat, wenn der Täter weiß oder wissen kann, daß beim Unfall ein Mensch getötet oder nicht unerheblich verletzt worden oder an fremden Sachen bedeutender Schaden entstanden ist. Eine Verletzung ist grundsätzlich erheblich, wenn unverzüglich ärztliche Hilfe geboten ist (Rüth LK 43). Als unerheblich anzusehen sind Prellungen oder Schnittwunden leichter Art sowie bloße Hautabschürfungen. Bedeutender Sachschaden ist nicht schon jeder, der für die Tatbestandsmäßigkeit des § 142 ausreicht. Vielmehr sind die Werte maßgebend, die im Rahmen des § 315c bei der Feststellung zugrunde gelegt werden, ob eine Sache von bedeutendem Wert gefährdet worden ist (Hamm DAR **74**, 21, Karlsruhe DAR **78**, 50; Frankfurt VRS **52** 116: Schaden unter 1000 DM nicht bedeutend; Bay VRS **59** 190: Schaden von 1100 DM nicht bedeutend; Schleswig VRS **54** 33, DAR **84**, 122: Schaden erst über 1200 DM bedeutend; Celle VRS **64** 366: Schaden über 1300 DM bedeutend; Bremen StV **84**, 335, LG Baden-Baden NJW **81**, 1569, LG Hamburg MDR **89**, 477: Schaden mindestens 1500 DM; Düsseldorf NZV **90**, 197: Schaden erst über 1500 DM bedeutend; Düsseldorf VRS **71** 275: Schaden über 1900 DM bedeutend; LG Oldenburg VRS **65** 361, LG Nürnberg-Fürth MDR **90**, 173: Schaden ab 2000 DM bedeutend). Zu beachten sind hierbei die allgemeinen Veränderungen der Einkommen und des Geldwertes (Düsseldorf NZV **90**, 197). Zu berücksichtigen ist auch der Schaden, der am unbefugt benutzten Fluchtfahrzeug entstanden ist (Hamburg NStZ **87**, 228). Zu den Berechnungsfaktoren vgl. Schleswig VRS **54** 33, Stuttgart Justiz **82**, 97. Krit. hierzu Mollenkott DAR 80, 328. Zur Berücksichtigung der Möglichkeit, den Schaden mit geringeren Kosten beseitigen zu lassen, vgl. LG Oldenburg MDR **84**, 163.

38 Die Indizwirkung der Nr. 3 greift nicht nur ein, wenn der Täter weiß, daß erhebliche Folgen eingetreten sind, sondern auch dann, wenn er dies nur „wissen kann". Entsprechend Nr. 1, durch die auch fahrlässige Verkehrsgefährdungen als Indiztaten einbezogen werden, genügt, daß der Täter die schweren Folgen fahrlässig nicht erkannt hat. Wie bei anderen Fahrlässigkeitstaten bedarf jedoch die Frage eingehender Untersuchung, ob einer bloßen Fahrlässigkeit eine Indizwirkung für den Eignungsmangel tatsächlich zukommt (vgl. u. 40 ff.).

39 δ) Schließlich stellt auch der **Vollrausch** (§ 323a), sofern er zur Verwirklichung einer der o. 34–38 genannten Tatbestände führt, eine Tat dar, von der regelmäßig auf die Ungeeignetheit des Täters zum Führen von Kraftfahrzeugen zu schließen ist. Zur subjektiven Tatseite bei den Rauschtaten vgl. § 323a RN 16 ff. Im Fall des unerlaubten Entfernens vom Unfallort (Nr. 3) liegt das erforderliche Wissensmoment außer bei Kenntnis vor, wenn die Voraussetzungen objektiver Fahrlässigkeit gegeben sind und der Täter im nüchternen Zustand die erheblichen Unfallfolgen hätte erkennen können.

40 b) Da den Tatbeständen des Abs. 2 jedoch nur „in der Regel" eine **Indizwirkung** zukommen soll, kann diese im Einzelfall ausnahmsweise **entfallen** (Stuttgart VRS **35** 19, NJW **87**, 142, Saarbrücken NJW **74**, 1393, Koblenz VRS **66** 41). Für die praktische Handhabung hat dieses Regel-Ausnahme-Verhältnis zur Folge, daß der Richter in Fällen, in denen er von der Fahrerlaubnisentziehung absieht, im einzelnen begründen muß, warum er den Täter trotz der Indiztat weiterhin zum Führen von Kraftfahrzeugen für geeignet hält (Braunschweig NdsRpfl. **69**, 214, Stuttgart Justiz **72**, 207, Koblenz VRS **71** 279).

41 Die Gesichtspunkte, mit denen die Indiztat entkräftet werden kann, können sich sowohl aus der Tat selbst wie aus einer Würdigung der Gesamtpersönlichkeit des Täters einschließlich seines Verhaltens nach der Tat ergeben. Soweit solche Gesichtspunkte nicht zweifelsfrei feststellbar sind, ist nach dem Grundsatz **in dubio pro reo** zu entscheiden, so etwa, wenn zweifelhaft ist, ob der wegen Trunkenheit Fahrtüchtige sein Kfz lediglich zur Behebung eines verkehrsstörenden Zustands (vgl. u. 42) ein Stück versetzen wollte.

42 α) Bereits die *Tat selbst* kann trotz Erfüllung aller Tatbestandsmerkmale so aus dem Rahmen der typischen Begehungsweisen fallen, daß sie nicht mehr als der Regelfall anzusehen ist, dem der Gesetzgeber durch Vorwegnahme der Prognose eine den Eignungsmangel indizierende Wirkung beilegen wollte. Das gilt für alle Bagatelltaten an der unteren Grenze der in Abs. 2 genannten Tatbestände. Wenn z. B. der Täter in leichtfahrlässiger Verkennung der Absichten eines Fußgängers zu schnell an einen Fußgängerüberweg heranfährt und dadurch den Passanten

gefährdet, so ist zwar der Tatbestand einer fahrlässigen Straßenverkehrsgefährdung nach § 315c I Nr. 2c, III erfüllt; der Fahrer hat aber damit noch nicht jenen Grad des Versagens und der Verantwortungslosigkeit gezeigt, den der Gesetzgeber bei Aufstellung der Regel im Auge hatte. Gleiches trifft für alle Fälle zu, in denen der Täter bei einer Straßenverkehrsgefährdung nur leicht fahrlässig handelt (Cramer 48). Hier reicht es aus, dem Täter durch ein Fahrverbot nach § 44 einen Denkzettel zu geben. Bei einer auf Übermüdung zurückzuführenden Straßenverkehrsgefährdung (§ 315c I Nr. 1b) kann eine Ausnahme vom Regelfall vorliegen, wenn der Fahrer nur noch eine kurze Strecke zu bewältigen hatte und glaubte, sie noch bewältigen zu können (Bay NStZ/J **88**, 543). Auch bei der Trunkenheitsfahrt nach § 316 sind Fälle denkbar, denen die Indizwirkung des Abs. 2 nicht zukommt, so z. B., wenn der Täter sein Kfz innerhalb einer Parklücke versetzt (LG Köln NStZ/J **89**, 257), wenn er sein Fahrzeug nur ein kurzes Stück vor- oder zurücksetzen will, um einen verkehrsstörenden Zustand zu beseitigen (vgl. Hamburg VRS **8** 290, Hamm VRS **52** 25, Stuttgart NJW **87**, 142, Düsseldorf VRS **74** 259, AG Bonn DAR **80**, 52), wenn er nach Benachrichtigung vom Unfall einem nahen Angehörigen an der Unfallstelle fährt, um sich um diesen zu kümmern (LG Heilbronn DAR **87**, 29), oder wenn er vor einer körperlichen Auseinandersetzung fliehen will (Nüse JR 65, 43). Entsprechendes gilt für gleichliegende Taten im Vollrausch (einschränkend D-Tröndle 14), ferner für § 142, so wenn der Täter entschlossen war, sich beim Geschädigten zu melden und den Schaden zu ersetzen (vgl. Bay DAR/R **68**, 225).

β) Darüber hinaus kann sich auch aus *außerhalb der Tat liegenden Umständen* ergeben, daß der **43** Eignungsmangel des Täters zu verneinen ist. So kann die Würdigung der Gesamtpersönlichkeit des Täters unter Berücksichtigung sämtlicher Tatumstände den Schluß rechtfertigen, daß es sich bei der Indiztat nur um einen einmaligen, durch besondere Umstände bedingten Verkehrsverstoß handelt, dessen Wiederholung nicht wahrscheinlich ist. Vgl. etwa den Sachverhalt bei Hamm JMBlNW **58**, 80. Vgl. auch BGH **7** 176, VRS **10** 213, DAR/M **61**, 78, Bay VRS **40** 12, Celle DAR **56**, 248, Braunschweig NdsRpfl. **69**, 214. Bei dem maßgeblichen Gewicht, das nach Abs. 2 der Indiztat zukommt, kann die Tatsache, daß es sich um das erste Versagen des Fahrers handelt, für sich allein jedoch nicht ausreichen, um die Indizwirkung zu verneinen, insb. nicht bei einer Trunkenheitsfahrt (vgl. Bay DAR/R **67**, 290). Ebensowenig entfällt die Indizwirkung normalerweise allein deswegen, weil der Täter zwischen der Tat und ihrer Aburteilung einige Monate lang unbeanstandet Kraftfahrzeuge geführt hat (Stuttgart VRS **46** 103, Frankfurt VRS **55** 181) oder mehrere Monate keinen Führerschein besaß (Stuttgart aaO, KG VRS **60** 109). Entscheidend ist vielmehr die auf alle Umstände, einschließlich der Täterpersönlichkeit, gestützte richterliche Prognose (vgl. Zabel BA 80, 393). Ist z. B. seit der Indiztat bis zur Aburteilung über ein Jahr vergangen und ist der Täter in dieser Zeit eine beträchtliche Zahl von km gefahren, so spricht dies gegen einen noch bestehenden Eignungsmangel (vgl. LG Wuppertal NJW **86**, 1769).

Bei der Beurteilung der **Gesamtpersönlichkeit** ist insb. die Zuverlässigkeit des Fahrers unter **44** Würdigung seiner Lebensumstände, seines Vorlebens (jahrelange straflose Fahrpraxis oder aber frühere Verkehrsverfehlungen, vgl. BGH VRS **13** 212, **17** 25, LG Saarbrücken DAR **81**, 395) und seines Verhaltens bei und nach der Tat zu berücksichtigen; so etwa einerseits die ernstliche Fürsorge für die Unfallverletzten oder die gewissenhafte Wiedergutmachung des Schadens, andererseits die Beschimpfung der übrigen Tatbeteiligten oder jugendliche Uneinsichtigkeit (vgl. Dallinger-Lackner JGG § 7 Anm. 7). Im Rahmen der Gesamtwürdigung ist auch die erfolgreiche Teilnahme an einem Kursus zur **Nachschulung alkoholauffälliger Kraftfahrer** (vgl. dazu § 69a RN 20 sowie allgemein Legat BA 85, 130) als tätergünstiger Umstand heranzuziehen (Köln VRS **59** 25, **60** 375, **61** 119, Hamburg VRS **60** 192, LG Kleve NJW **79**, 558, LG Duisburg DAR **80**, 349, LG Hamburg DAR **83**, 60; vgl. dazu Preisendanz BA 81, 91, Gebhardt DAR 81, 207, Dittmer BA 81, 281, Middendorff BA 82, 129, Schultz BA 82, 327, Himmelreich BA 83, 91, Himmelreich-Hentschel aaO RN 57ff., Zabel BA 85, 115; zu den Bedenken vgl. Seib DRiZ 81, 166). Von Bedeutung ist insoweit, wie sich der Kursus auf den Täter ausgewirkt hat. Die Teilnahme allein rechtfertigt noch keine Ausnahme von der Regel des Abs. 2 (Koblenz VRS **66** 40). Frühere Taten können, soweit die deswegen erfolgte Verurteilung in das Verkehrszentralregister einzutragen war, auch dann noch berücksichtigt werden, wenn die Verurteilung bereits im BZR getilgt oder tilgungsreif ist (§ 52 II BZRG; vgl. Düsseldorf VRS **54** 50). Dagegen kann das bloße Bestreiten der bei Verkehrsdelikten oft schwer zu beurteilenden Schuld für sich allein nicht negativ bewertet werden (Rüth LK 29), ebensowenig eine sonst zulässige Verteidigung vor Gericht, die darauf abzielt, die Fahrerlaubnisentziehung zu verhindern (Celle DAR **84**, 93). Allgemeine Charaktermängel dürfen nur herangezogen werden, soweit sie zur Verletzung der spezifisch dem Kraftfahrer obliegenden Pflichten führen können (vgl. BGH DRiZ/H **78**, 278, OVG Münster VRS **12** 471, Weigelt DAR 65, 15, and. BGH **5** 180 m. abl. Anm. Schmidt-Leichner NJW 54, 163, **17** 218, VRS **30** 275; zu weitgehend auch Warda MDR 65, 3). Auch sonstige Umstände, die einen Schluß auf das künftige Verhalten im Straßenverkehr zulassen, sind zu berücksichtigen, z. B. die voraussichtliche Wirkung der Strafe auf den Täter. Ist anzunehmen, daß schon die Verhängung der Strafe einen derartigen Einfluß auf den Täter ausübt, daß weitere Verstöße nicht zu erwarten sind, so kann damit die Notwendigkeit für die Fahrerlaubnisentziehung entfallen (vgl. Stuttgart VRS **10** 130; and. BGH MDR/D **54**, 398). Entsprechendes gilt für den Fall, daß der Täter bereits durch ein Fahrverbot nach § 44 zu einem verkehrsgerechten Verhalten veranlaßt werden kann oder durch die vorläufige Entziehung nachhaltig beeindruckt ist (vgl. u. 52). Unmaßgeblich ist dagegen, wie sich der Strafvollzug auf den Täter auswirkt (BGH MDR/H **78**, 986).

45 c) Der Eignungsmangel kann sich aber auch aus **anderen** als den in Abs. 2 genannten **Taten** ergeben, da Abs. 2 keine abschließende Regelung enthält (vgl. o. 31). Da aber nur den in Abs. 2 genannten Taten eine indizierende Wirkung zukommt, ist in anderen Fällen der Richter gezwungen, im einzelnen zu begründen, warum er auf Grund dieser Tat den Fahrer für die weitere Teilnahme am Kraftverkehr als ungeeignet ansieht (Lackner JZ 65, 122, Warda MDR 65, 3). Dabei ist **im einzelnen** folgendes zu beachten:

46 α) Grundlage für die Beurteilung des Eignungsmangels ist auch hier die *Tat*. Das ergibt sich aus Abs. 1, auf den hier unmittelbar zurückzugreifen ist. Da aber Abs. 2 einen allgemeinen Bewertungsmaßstab für die Annahme eines Eignungsmangels abgibt (vgl. E 62 Begr. 227), können außerhalb des Abs. 2 nur Taten herangezogen werden, die in ihrem Gewicht den in Abs. 2 aufgeführten Taten gleichkommen (vgl. dazu Hamm VRS **57** 186). Das ist etwa der Fall beim verkehrsfremden Einsatz eines Kraftfahrzeugs im Straßenverkehr i. S. des § 315b oder bei hartnäckiger Mißachtung eines Fahrverbots (vgl. dazu Hamm VRS **63** 347). Charakterlicher Eignungsmangel liegt i. d. R. vor, wenn der Fahrer im Zusammenhang mit einem Verkehrsvorgang einem anderen Faustschläge versetzt (Karlsruhe MDR **80**, 246) oder das Kfz planmäßig zur Durchführung eines Verbrechens einsetzt. Dabei ist ausnahmsweise denkbar, daß schon die Tat als solche den Schluß zuläßt, der Täter werde auch in Zukunft eine Gefahr für die Allgemeinheit sein (vgl. BGH **7** 175, Stuttgart NJW **54**, 1657, VRS **10** 130), ohne daß es darüber hinaus noch einer besonderen Würdigung der Gesamtpersönlichkeit bedürfte. Auf keinen Fall genügt jedoch, daß sich die mangelnde Eignung nur anläßlich der Tat offenbart hat, ohne in dieser wirksam geworden zu sein (BGH **15** 395, Düsseldorf MDR **58**, 621, Köln DAR **57**, 23; vgl. auch KG VRS **15** 416, Lenckner aaO 226 f.).

47 β) Erlaubt nicht schon die Tat als solche einen eindeutigen Schluß auf die Ungeeignetheit, so ist für die Beurteilung des Eignungsmangels die *Gesamtpersönlichkeit* des Täters von entscheidender Bedeutung (BGH **5** 176, **7** 175, RdK **55**, 10, VRS **13** 212, DAR/M **68**, 124, KG DAR **55**, 92, Braunschweig NJW **53**, 1882, DAR **58**, 193, Düsseldorf NJW **54**, 165, RdK **55**, 29, Schleswig GA **53**, 127, Hamburg NJW **55**, 1000, Rüth LK 25). Dies gilt in zweifacher Richtung:

48 Begründet die Tat als solche zwar schon die Wahrscheinlichkeit der Ungeeignetheit, ohne aber im Gegensatz zu o. 46 zu einem solchen Schluß zu zwingen, so kann die Wahrscheinlichkeit durch ein günstiges Persönlichkeitsbild des Täters widerlegt werden. Voraussetzung ist allerdings der Nachweis dieser Persönlichkeitsfaktoren, so daß bei Zweifeln der durch die Tat nahegelegte Eignungsmangel zu bejahen ist (BGH **7** 176, Braunschweig DAR **58**, 193).

49 Enthält die Tat dagegen nur gewisse Anzeichen eines Eignungsmangels, ohne für sich schon eine Vermutung in diesem Sinn zu begründen, so kann die Fahrerlaubnis nur dann entzogen werden, wenn das Persönlichkeitsbild zusätzliche Anhaltspunkte für die Ungeeignetheit ergibt. Zweifel wirken sich zugunsten des Täters aus (Braunschweig aaO).

50 Über die für die Beurteilung der Gesamtpersönlichkeit maßgeblichen Gesichtspunkte vgl. o. 43f.

51 d) Nicht erforderlich ist, daß sich der Eignungsmangel auf *jede Art von Kraftfahrzeugen* erstreckt (and. Bode DAR 89, 447). Die früher von der Rspr. (BGH **6** 183, Karlsruhe DAR **59**, 48) vertretene abweichende Ansicht entspricht nicht dem geltenden Recht (vgl. dagegen aber E 62 Begr. 226, Oldenburg NJW **65**, 1287). Da § 69a II die Möglichkeit eröffnet, bestimmte Fahrzeugarten von der Sperre auszunehmen (vgl. dort RN 3), wäre es ein innerer Widerspruch, einerseits den Täter für ungeeignet zu erklären, irgendein Kfz. zu führen, zugleich aber zu gestatten, dem Täter für bestimmte Fahrzeuge eine neue Fahrerlaubnis zu erteilen (vgl. dazu Bode aaO, der für Einschränkung der Fahrlaubnisentziehung und Streichung des § 69a II eintritt). Deshalb kann z. B. dem Inhaber eines Führerscheins der Klasse 3 die Fahrerlaubnis schon dann entzogen werden, wenn er sich als ungeeignet zum Führen von PKWs erwiesen hat, aber auf einem Moped ungefährlich wäre (vgl. Hamm NJW **71**, 1618). In diesem Fall müßte das Gericht die Mopedklasse gem. § 69a II von der Sperre ausnehmen. Vgl. auch u. 58 und § 69a RN 3f.

52 e) Der für die mangelnde Eignung des Täters maßgebende **Zeitpunkt** ist der des **Urteils** (BGH **7** 175, Cramer 39, Rüth LK 31, D-Tröndle 15). Statt dessen auf die Tatzeit abzustellen,

verbietet sich nicht nur aus dem Sinn des Wortlauts in Abs. 1 (vgl. E 62 Begr. 226), sondern wäre auch mit dem Charakter der Entziehung als Sicherungsmaßregel unvereinbar (Lackner JZ 65, 122). Daher können zwischen der Tat und dem Urteil liegende Umstände bei der Gefährlichkeitsprognose berücksichtigt werden, so daß – auch bei Indiztaten i. S. des Abs. 2 (Zweibrücken StV **89**, 250) – etwa dann von der Fahrerlaubnisentziehung abgesehen werden kann, wenn der Täter nach Überzeugung des Gerichts durch die langdauernde vorläufige Entziehung nach § 111a StPO hinreichend gewarnt worden ist (Bay NJW **71**, 206, **77**, 445, Saarbrücken NJW **74**, 1393, Hamm NJW **77**, 208), insb., wenn diese schwere wirtschaftliche oder berufliche Nachteile verursacht hat. Dies gilt auch dann, wenn die vorläufige Entziehung kürzer war als die Mindestsperrfrist (Bay aaO, Zweibrücken StV **89**, 251). Ferner kann eine Nachschulung den Eignungsmangel behoben haben (vgl. LG Kleve NJW **79**, 558, LG Krefeld VRS **56** 283). Der Annahme eines Eignungsmangels kann u. U. auch entgegenstehen, daß der Täter nach der Tat lange Zeit verkehrsgerecht gefahren ist (vgl. BGH VRS **14** 286, LG Wuppertal NJW **86**, 1769, aber auch Hamm DAR **57**, 190, Stuttgart VRS **46** 103), jedoch nicht in Fällen schwerwiegender Straftaten im Zusammenhang mit dem Führen eines Kraftfahrzeugs, da der hier die Ungeeignetheit begründende Charaktermangel sich beim alltäglichen Fahren nicht auszuwirken braucht (BGH MDR/H **78**, 986). Der Fahrerlaubnisentzug kann sich erübrigen, wenn der Täter durch den Unfall so schwer verletzt wurde, daß er künftig nicht mehr fahren kann (and. BGH **7** 174, Rüth LK 31).

f) Bei der Beurteilung der mangelnden Eignung hat außer Betracht zu bleiben, wie sich die Fahrerlaubnisentziehung **wirtschaftlich** auf den Betroffenen **auswirkt** (Oldenburg NdsRpfl. **54**, 232; vgl. auch Warda MDR 65, 2, BGH MDR/D **54**, 398, Rüth LK 32). Vgl. aber auch Grohmann DAR **78**, 63 sowie Celle DAR **56**, 248, das erwägen will, inwieweit der Umstand, daß der Täter beruflich auf die Fahrerlaubnis angewiesen ist, für dessen künftiges Verhalten von Bedeutung sein kann. Auch das Interesse des Dienstherrn an einer weiteren Führung des Kfz. durch den Täter hat außer Betracht zu bleiben (Köln MDR **67**, 514). Zu berücksichtigen sind aber wirtschaftliche Auswirkungen, die auf Grund einer vorläufigen Fahrerlaubnisentziehung bereits eingetreten sind und den Täter so nachhaltig beeindruckt haben, daß der Eignungsmangel entfallen ist (vgl. o. 52). 53

5. Der Entziehung der Fahrerlaubnis steht nicht entgegen, daß der Täter auf Grund eines Fahrverbots nach § 44 oder § 25 StVG kein Fahrzeug führen darf. Hat er keine Fahrerlaubnis, so kommt eine isolierte Sperre in Betracht (vgl. § 69a RN 23). 54

6. Wie bei allen Maßregeln der Besserung und Sicherung gilt bei der Prognose über die Gefährlichkeit des Täters der Grundsatz **in dubio pro reo** nicht in dem Sinne, daß künftiges Fehlverhalten zur Gewißheit des Gerichtes festgestellt werden müßte. Es genügt, daß mit Wahrscheinlichkeit damit zu rechnen ist. Die Kontroverse zwischen Hamm NJW **71**, 1618 und Geppert NJW **71**, 2154 ist deshalb um ein Scheinproblem erfolgt. Der Grundsatz in dubio pro reo behält aber seine Bedeutung für die tatsächlichen Prognosegrundlagen sowie für Zweifel an der Wahrscheinlichkeit künftigen Fehlverhaltens (vgl. 9 vor § 61). 55

7. Nach § 62 stehen die Maßregeln der Besserung und Sicherung unter dem Grundsatz der **Verhältnismäßigkeit**, so daß das allgemeine Bedürfnis nach Sicherung zu dem Eingriff in Beziehung zu setzen ist, den die Maßregel für den Verurteilten bedeutet. § 69 I 2 bestimmt jedoch, daß eine solche Prüfung bei der Fahrerlaubnisentziehung **nicht** erforderlich sein soll. Dies erklärt sich damit, daß einerseits die Feststellung, der Täter sei zur Führung von Kraftfahrzeugen ungeeignet, hinreichende Möglichkeiten bietet, die Frage der Verhältnismäßigkeit zu prüfen, und andererseits die Beeinträchtigung der Rechte des Verurteilten durch Entziehung seiner Fahrerlaubnis nicht von dem gleichen Gewicht ist, wie dies bei den anderen Maßregeln der Fall ist. Liegen also die Voraussetzungen des § 69 vor, so ist die Fahrerlaubnis zu entziehen, ohne daß es einer weiteren Prüfung nach § 62 bedarf (and. AG Bad Homburg NJW **84**, 2840). 56

III. Die Maßregel besteht in der **Entziehung der Fahrerlaubnis.**

1. Die Entziehung steht nicht im Ermessen des Gerichts, sondern **muß** erfolgen, sofern die Voraussetzungen des § 69 vorliegen (BGH **5** 176, DRiZ/H **78**, 278), auch dann, wenn die in Betracht kommende Sperrfrist bereits während der Haftzeit abläuft (BGH DAR/S **88**, 227). Unerheblich ist, ob der Täter die Fahrerlaubnis schon z. Z. der Tat besessen oder sie erst danach erlangt hat (BGH NStE Nr. **5**). 57

2. Zu entziehen ist die **Fahrerlaubnis als solche.** Einschränkungen sind unzulässig (BGH NStZ **83**, 168), z. B. die Beschränkung auf die Erlaubnis zur Fahrgastbeförderung (BGH MDR/H **82**, 623). Das Gesetz hat die Frage, ob dem Täter gestattet bleiben soll, bestimmte Arten von Fahrzeugen weiterhin zu benutzen, nicht als eine Einschränkung bei der Entscheidung über die 58

mangelnde Eignung geregelt, sondern geht davon aus, daß der Eignungsmangel schlechthin festzustellen sei. Dies ist insofern ein innerer Widerspruch, als das Gericht gleichzeitig dem Täter gestatten kann, eine Fahrerlaubnis für bestimmte Fahrzeuge zu erwerben (vgl. § 69a II; dort RN 3f. und o. 51). Zur bedingten Eignung hinsichtlich verschiedener Fahrzeugarten vgl. Stephan DAR 89, 1.

59 3. Die Fahrerlaubnis **erlischt mit Rechtskraft** des Urteils bzw. der diesem gleichgestellten richterlichen Entscheidungen (Abs. 3 S. 1). Der Führerschein ist, soweit er von inländischen Behörden ausgestellt war, im Urteil einzuziehen (Abs. 3 S. 2; vgl. noch § 56 StVollstrO), auch ein bereits sichergestellter (BGH VRS **65** 361) oder ein von deutschen Behörden ausgestellter internationaler Führerschein (vgl. § 69b RN 6).

60 4. **Betroffen** ist **jede Fahrerlaubnis,** die der Täter besitzt. Eine ausländische Fahrerlaubnis berechtigt, solange die Sperrfrist läuft, nicht zum Fahren in der BRep. Das gilt auch für eine erst nach dem Urteil erworbene ausländische Fahrerlaubnis (vgl. § 4 II VO über int. Kfz-verkehr i. d. F. vom 23. 11. 1982, BGBl. I 1533). Bei ausländischer Fahrerlaubnis ist jedoch in Anlehnung an § 69b die Einschränkung zu machen, daß die Tat, die zur Fahrerlaubnisentziehung geführt hat, gegen Verkehrsvorschriften verstoßen haben muß.

61 5. Mit der Entziehung wird eine **Sperrfrist** angeordnet; vgl. dazu § 69a.

62 6. Eine **vorläufige Fahrerlaubnisentziehung** (zur Verfassungsmäßigkeit vgl. BVerfG NStZ **82**, 78) ist nach § 111a StPO möglich, wenn dringende Gründe für die Annahme vorhanden sind, daß die Fahrerlaubnis nach § 69 entzogen werden wird. Damit ist auch die vorläufige Entziehung an den voraussichtlichen Nachweis eines der in § 69 genannten Entziehungstatbestände gebunden. Als Maßregel der Sicherung darf sie ferner nur angeordnet werden, wenn sie zum Schutz der Allgemeinheit vor weiteren Gefährdungen durch den Betroffenen erforderlich erscheint. Von ihr können bestimmte Arten von Kraftfahrzeugen ausgenommen werden (§ 111a I 2 StPO).

63 Anstelle der vorläufigen Entziehung ist auch eine **Beschlagnahme** des Führerscheins nach § 94 StPO möglich. Die dafür maßgeblichen Voraussetzungen bestimmen sich jedoch praktisch nach denen der vorläufigen Entziehung, da eine richterliche Entscheidung über die Beschlagnahme als Entscheidung über die vorläufige Entziehung ergeht (§ 111a IV StPO) und eine Ablehnung bzw. Aufhebung der vorläufigen Entziehung auch zur Rückgängigmachung der Beschlagnahme zwingt (§ 111a V StPO). Vgl. BGH **22** 385, K-Meyer § 111a RN 15, 17, Warda MDR **65**, 6.

64 Hat ein Urteil 1. Instanz die Fahrerlaubnisentziehung abgelehnt, so kann eine Anordnung nach § 111a StPO nur auf Grund neuer Tatsachen erfolgen (Karlsruhe NJW **60**, 2113, Koblenz VRS **55** 45).

65 Über die Berücksichtigung der vorläufigen Entziehung bei der endgültigen Sperrfrist vgl. § 69a RN 11ff.; über die Aufhebung der vorläufigen Entziehung während des Revisionsverfahrens vgl. § 69a RN 17a.

66 IV. Die **Urteilsformel** sollte nach BGH LM **Nr. 8** zu § 42m lauten: „Dem Angeklagten wird die Erlaubnis zum Führen von Kraftfahrzeugen entzogen. Der ihm erteilte Führerschein wird eingezogen. Die Verwaltungsbehörde darf vor Ablauf von .... keine neue Fahrerlaubnis erteilen." Da § 69a I eine Weisung an die Verwaltungsbehörde nicht vorsieht, wird man formulieren müssen: „Dem Angeklagten darf für die Dauer von .... keine neue Fahrerlaubnis erteilt werden." Vgl. auch BGH DAR/M **67**, 96, Köln JMBlNW **56**, 179. Einer Festsetzung des Fristbeginns bedarf es nicht; vgl. § 69a RN 18.

67 Wird die Fahrerlaubnis nicht entzogen, obwohl dies beantragt war bzw. nach der Art der Straftat in Betracht gekommen wäre, so muß der Nichtentzug in den **Urteilsgründen** ausdrücklich begründet werden (§ 267 VI StPO). Das ist geboten, um den Verwaltungsbehörden Klarheit über den Umfang der Bindungswirkung (§ 4 III StVG) zu verschaffen (vgl. Warda MDR 65, 6f.).

68 V. Ein **Rechtsmittel** kann auf die Entscheidung nach § 69 beschränkt werden (BGH **6** 184, VRS **18** 348, KG VRS **26** 198, Schleswig SchlHA **54**, 261, VRS **54** 33, aber auch Bay DAR/R **65**, 284, Düsseldorf VRS **70** 137, Köln VRS **76** 352), u. U. auch auf die bloße Dauer der Entziehung (BGH VRS **21** 262, 263, Karlsruhe VRS **48** 425, Koblenz VRS **52** 432; and. D-Tröndle 18). Wegen der inneren Abhängigkeit von Strafzumessung und Fahrerlaubnisentziehung vertritt die Rspr. (BGH **10** 379, **24** 12, Bay NJW **66**, 678, Hamm NJW **55**, 194, Frankfurt NJW **55**, 1331, Braunschweig NJW **55**, 1333, Celle VRS **10** 210, Stuttgart MDR **64**, 615, KG GA **71**, 157, Schleswig MDR **77**, 1039; and. Bay NJW **57**, 511, Celle MDR **61**, 1036, KG VRS **26** 24, Müller NJW **60**, 804) den Standpunkt, das gegen das Strafmaß gerichtete Rechtsmittel umfasse regelmäßig auch die Fahrerlaubnisentziehung (vgl. auch Rüth LK 61). Eine Ausnahme kommt etwa bei Beschränkung des Rechtsmittels auf die Tagessatzhöhe in Betracht (vgl. Bay VRS **60** 104, NStZ/J **88**, 267). Umgekehrt soll dagegen die Aufhebung des Strafausspruchs die Fahrerlaubnisentziehung nicht notwendig ergreifen (BGH VRS **17** 192, Hamburg MDR **83**, 863; and. BGH VRS **19** 110; vgl. auch BGH VRS **20** 117). Nach Braunschweig NJW **58**, 679, Köln NJW **59**, 1237 kommt eine isolierte Anfechtung der Entscheidung nach § 69 nicht in Betracht, wenn zugleich die Strafe zur Bewährung ausgesetzt ist, nach Bay MDR **89**, 89 nicht bei Rechtsmittel zuungunsten des Angekl. War die Entziehung auf realkonkurrierende Taten gestützt, so wird

sie von der Anfechtung auch nur einer der Taten ergriffen (Bay VRS **31** 186, NJW **66**, 2369, Hamm NJW **77**, 208). Auf ein auf die Anwendung des § 69 beschränktes Rechtsmittel der StA hin ist auch zu prüfen, ob nicht „wenigstens" ein Fahrverbot zu verhängen ist (Celle MDR **68**, 775); es gelten hierfür ähnliche Überlegungen wie bei § 44 RN 3.

Als Sicherungsmaßregel unterliegt die Fahrerlaubnisentziehung dem Verbot der **reformatio in peius** (§§ 331 II, 358 II StPO; vgl. BGH **5** 178, VRS **30** 272, Stuttgart NJW **53**, 1882, NJW **67**, 2071, Köln NJW **65**, 2309, Bender DAR 58, 202, Dettinger MDR 54, 148). Das Verschlechterungsverbot betrifft auch die Sperrfrist (Karlsruhe VRS **48** 425), auch dann, wenn ihre Verlängerung als Ausgleich für eine erst vom Berufungsgericht vorgenommene Strafaussetzung dient (vgl. Oldenburg MDR **76**, 162). Die Einziehung des Führerscheins kann dagegen, wenn sie versehentlich unterblieben ist, als bloßes Akzessorium des Entzugs der Fahrerlaubnis nachgeholt werden (BGH **5** 178), nicht jedoch die Fahrerlaubnisentziehung, wenn der Erstrichter in der irrigen Annahme, der Täter besitze keine Fahrerlaubnis, nur eine isolierte Sperre gem. § 69a I 3 angeordnet hat (Hamm Verkehrsblatt **59**, 396, Karlsruhe VRS **59** 112) oder dem Täter trotz der isolierten Sperre zwischenzeitlich eine Fahrerlaubnis erteilt worden ist (Koblenz VRS **51** 96, 60 431, Bremen VRS **51** 278, Bay DAR/R **84**, 239). In diesen Fällen kann das Berufungsgericht ebensowenig ein Fahrverbot verhängen (Frankfurt VRS **64** 12), sondern nur die Anordnung der isolierten Sperre wiederholen (Bremen aaO, Karlsruhe aaO, Bay aaO). Der Ersatz einer in erster Instanz angeordneten Fahrerlaubnisentziehung durch ein Fahrverbot verstößt dagegen nicht gegen das Verbot der Schlechterstellung (vgl. § 44 RN 3, Rüth LK 62). Die Fahrerlaubnisentziehung ohne Anordnung einer Sperrfrist ist, wenn deren Nachholung das Verschlechterungsverbot entgegensteht, in der Revisionsinstanz nicht stets aufzuheben, da sie nicht völlig zwecklos ist (and. Düsseldorf MDR **79**, 602). I.d.R. wird aber das Gericht, das von einer Sperrfrist absieht, die Voraussetzungen der Fahrerlaubnisentziehung als solcher verkannt haben, so daß diese deswegen aufzuheben ist. 69

VI. Wegen ihres Sicherungscharakters (vgl. o. 2) bestimmen sich die Voraussetzungen und Folgen des Fahrerlaubnisentzugs gem. § 2 VI nach dem Recht des Anordnungszeitpunkts. Deshalb werden auch bereits begangene Taten von nachfolgenden **Gesetzesänderungen** ergriffen (Oldenburg VM **65**, 36, Schleswig VM **66**, 3; vgl. ferner H. W. Schmidt SchlHA 65, 223). 70

VII. Führt der Täter **trotz Entzugs der Fahrerlaubnis** ein Kfz., so ist er nach § 21 StVG **strafbar**, und zwar bei vorsätzlicher Tatbegehung mit Freiheitsstrafe bis zu einem Jahr oder Geldstrafe (Abs. 1), bei fahrlässiger mit Freiheitsstrafe bis zu 6 Monaten oder Geldstrafe bis zu 180 Tagessätzen (Abs. 2). Gleiche Strafe trifft den Halter eines Fahrzeugs, der vorsätzlich oder fahrlässig anordnet oder zuläßt, daß sein Kfz. von jemandem geführt wird, der keine Fahrerlaubnis mehr besitzt. Außerdem ist die Einziehung des Fahrzeugs zulässig, wenn es dem Täter oder einem Teilnehmer gehört (Abs. 3). U.U. kommt auch eine weitere Sperrfrist in Betracht (vgl. § 69a RN 23 ff.). 71

§ 69a Sperre für die Erteilung einer Fahrerlaubnis

(1) **Entzieht das Gericht die Fahrerlaubnis, so bestimmt es zugleich, daß für die Dauer von sechs Monaten bis zu fünf Jahren keine neue Fahrerlaubnis erteilt werden darf (Sperre). Die Sperre kann für immer angeordnet werden, wenn zu erwarten ist, daß die gesetzliche Höchstfrist zur Abwehr der von dem Täter drohenden Gefahr nicht ausreicht. Hat der Täter keine Fahrerlaubnis, so wird nur die Sperre angeordnet.**

(2) **Das Gericht kann von der Sperre bestimmte Arten von Kraftfahrzeugen ausnehmen, wenn besondere Umstände die Annahme rechtfertigen, daß der Zweck der Maßregel dadurch nicht gefährdet wird.**

(3) **Das Mindestmaß der Sperre beträgt ein Jahr, wenn gegen den Täter in den letzten drei Jahren vor der Tat bereits einmal eine Sperre angeordnet worden ist.**

(4) **War dem Täter die Fahrerlaubnis wegen der Tat vorläufig entzogen (§ 111a der Strafprozeßordnung), so verkürzt sich das Mindestmaß der Sperre um die Zeit, in der die vorläufige Entziehung wirksam war. Es darf jedoch drei Monate nicht unterschreiten.**

(5) **Die Sperre beginnt mit der Rechtskraft des Urteils. In die Frist wird die Zeit einer wegen der Tat angeordneten vorläufigen Entziehung eingerechnet, soweit sie nach Verkündung des Urteils verstrichen ist, in dem der der Maßregel zugrunde liegenden tatsächlichen Feststellungen letztmals geprüft werden konnten.**

(6) **Im Sinne der Absätze 4 und 5 steht der vorläufigen Entziehung der Fahrerlaubnis die Verwahrung, Sicherstellung oder Beschlagnahme des Führerscheins (§ 94 der Strafprozeßordnung) gleich.**

(7) Ergibt sich Grund zu der Annahme, daß der Täter zum Führen von Kraftfahrzeugen nicht mehr ungeeignet ist, so kann das Gericht die Sperre vorzeitig aufheben. Die Aufhebung ist frühestens zulässig, wenn die Sperre sechs Monate, in den Fällen des Absatzes 3 ein Jahr gedauert hat; Absatz 5 Satz 2 und Absatz 6 gelten entsprechend.

Schrifttum: Geppert, Die Bemessung der Sperrfrist bei der strafgerichtlichen Entziehung der Fahrerlaubnis, 1968 (StrAbh. N. F. 3). – *ders.,* Totale oder teilweise Entziehung der Fahrerlaubnis, NJW 71, 2154. – *ders.,* Auswirkung einer früheren strafgerichtlichen Entziehung einer Fahrerlaubnis usw., MDR 72, 280. – *Gollner,* Verschlechterungsverbot bei vorläufiger und endgültiger Entziehung der Fahrerlaubnis, GA 75, 129. – *Kaiser,* Ablauf der Sperrfrist ... vor Rechtskraft des Urteils usw., NJW 73, 493. – *Krekeler,* Sperre für Erteilung der Fahrerlaubnis bei rein tatsächl. Ausschluß vom Kfz-Verkehr?, NJW 73, 690. – Vgl. ferner das Schrifttum zu § 69.

1 **I.** Bei einer Entziehung der Fahrerlaubnis ist das Gericht verpflichtet, zugleich eine **Sperrfrist** festzusetzen, innerhalb derer die Erteilung einer neuen Fahrerlaubnis unzulässig ist. Die Sperrfrist soll sicherstellen, daß dem Betroffenen für die voraussichtliche Dauer seiner Gefährlichkeit beim Führen eines Kraftfahrzeugs keine Fahrerlaubnis mehr erteilt wird.

2 **1.** An die Sperrfrist ist die **Verwaltungsbehörde gebunden;** sie darf während der Frist keine neue Fahrerlaubnis erteilen. Nach Fristablauf besteht kein Rechtsanspruch auf Wiedererteilung der Fahrerlaubnis. Die Verwaltungsbehörde ist vielmehr frei, den Antrag auf Wiedererteilung genauso zu behandeln wie jeden Antrag auf Ersterteilung (vgl. BVerfGE **20** 365 m. krit. Anm. Rupp NJW 68, 147, BVerwG NJW **64,** 608, OVG Münster NJW **56,** 966, VGH Kassel NJW **65,** 125, Schendel aaO 56ff.; and. Friedrich DVBl. 57, 523, W. H. Schmid DAR 68, 1ff.). Vgl. dazu auch Beine Lange-FS 845ff., Czermak NJW 62, 1265, Theuerkauf DÖV 64, 446.

3 **2.** Von dem Grundsatz, daß sich nicht nur die Fahrerlaubnisentziehung, sondern auch die Sperre auf **jede Art von Kraftfahrzeugen** erstreckt, macht Abs. 2 eine bedeutsame **Ausnahme.** Danach kann das Gericht bestimmte Arten von Kraftfahrzeugen von der Sperre ausnehmen, wenn besondere Umstände die Annahme rechtfertigen, daß der Zweck der Fahrerlaubnisentziehung dadurch nicht gefährdet wird (vgl. Hamm NJW **71,** 1618 m. Anm. Geppert NJW 71, 2154). Damit soll jenen Fällen Rechnung getragen werden, in denen etwa ein Landwirt seinen Trecker unbeanstandet führt, am Steuer seines Pkws aber die Verkehrsregeln mißachtet. Ähnliches gilt für einen Berufskraftfahrer, der einen LKW stets verkehrsgerecht steuert, nicht jedoch nach Feierabend einen PKW (vgl. LG Hannover VRS **65** 430). Hier reicht aus, wenn dem Fahrer die Erlangung einer Fahrerlaubnis nur für solche Kraftfahrzeuge versperrt wird, mit denen er erfahrungsgemäß für die Verkehrssicherheit gefährlich werden kann (vgl. E 62 Begr. 228). Aus ähnlichen Erwägungen ist auch eine unterschiedlich bemessene Sperrfrist bezüglich verschiedener Fahrzeugarten möglich (LG Verden VRS **48** 265, Rieger DAR 67, 45). Die Ausnahme von der Sperre darf sich nur auf Umstände stützen, die trotz des generellen Eignungsmangels ergeben, daß der Täter keine Gefahrenquelle ist, wenn er die von der Sperre ausgenommene Fahrzeugart benutzt. Umstände, die allein für den generellen Eignungsmangel Bedeutung haben, wie die Teilnahme an einem Nachschulungskurs für alkoholauffällige Kraftfahrer, rechtfertigen keine Ausnahme von der Sperre (Bay JZ **83,** 33). Bei Charaktermängeln (Trunksucht) werden die Voraussetzungen für eine Ausnahme von der Sperre i. d. R. nicht gegeben sein (Bay JZ **83,** 34, Hamm NJW **71,** 1618, Koblenz VRS **60** 44, **76** 369, Celle BA **88,** 196; vgl. aber AG Saarburg DAR **80,** 155, AG Hamburg-Blankenese DAR **80,** 377, AG Hanau DAR **80,** 377), auch nicht die sportlichen Interessen eines Amateurrennfahrers (Stuttgart VRS **45** 273) oder wirtschaftlichen Interessen des Betroffenen (vgl. Düsseldorf VRS **66** 43, Celle BA **88,** 196, Zabel BA 83, 484 mwN). Ausnahmen in solchen Fällen, wie u. U. für LKW oder Busse bei einem Berufskraftfahrer, der mit dem eigenen PKW eine Trunkenheitsfahrt nach Feierabend gemacht hat (vgl. aber Celle DAR **85,** 90 m. Anm. Grohmann sowie das von Celle aufgehobene Urteil des AG Hildesheim DAR **85,** 86), sind eingehend zu begründen (Karlsruhe VRS **55** 122, **63** 200, Hamm VRS **62** 124). Ob die angeführten besonderen Umstände eine Ausnahme rechtfertigen, ist vom Revisionsgericht nur darauf überprüfbar, ob sie sich im Rahmen des Vertretbaren halten (Hamm VRS **62** 445, das aber die Grenzen des Vertretbaren enger zieht als bei einer Entscheidung nach § 56 II).

4 Die Beschränkung der Sperre auf bestimmte Fahrzeugarten hat zur Folge, daß der Täter hinsichtlich der ausgenommenen Kraftfahrzeugarten sofort wieder eine neue Fahrerlaubnis beantragen kann (Lackner JZ 65, 122) und einen Anspruch darauf hat, daß ihm ein insoweit beschränkter Führerschein erteilt wird. Eine Ausnahme von der Sperre ist jedoch nur insoweit zulässig, als die Fahrerlaubnis auf einzelne Fahrzeugarten gem. § 5 I 2 StVZO beschränkt werden kann (Frankfurt NJW **73,** 816, D-Tröndle 3, Rüth LK 21). Fahrzeugarten decken sich nicht mit Führerscheinklassen, so daß z. B. innerhalb der Klasse 3 nur LKW (bis zu 7,5 t) von der Sperre ausgenommen werden können (Saarbrücken VRS **43** 22, Karlsruhe VRS **63** 200). Zu Omnibussen vgl. Hamm VRS **62** 125, zu Rallye-Tourenwagen vgl. AG Alzenau DAR **81,** 232,

zu Feuerwehrfahrzeugen vgl. Oldenburg BA **81**, 374, zu Krankenrettungsfahrzeugen vgl. Bay NJW **89**, 2959. Keine Fahrzeugarten in diesem Sinn sind Lieferwagen (Saarbrücken aaO), Mietwagen, Taxi (Hamm VRS **62** 125) oder Fahrzeuge bestimmter Eigentümer (z. B. Dienstfahrzeuge). Eine Ausnahme von der Sperre darf sich daher nicht auf solche Fahrzeuge beschränken (Bay VRS **66** 445, Saarbrücken NJW **70**, 1054, VRS **43** 24, Frankfurt NJW **73**, 816; vgl. aber auch Weihrauch NJW **71**, 829). Ebensowenig darf sie sich auf einen bestimmten Einsatz von Fahrzeugen erstrecken (z. B. Einsatz von Feuerwehrfahrzeugen, Oldenburg BA **81**, 374; LKW im Berufsverkehr, Düsseldorf VRS **66** 42; and. AG Aschaffenburg DAR **79**, 26) oder auf deren Benutzung zu bestimmten Zeiten oder an bestimmten Orten (Bay VRS **66** 445, Saarbrücken VRS **43** 24, Düsseldorf VRS **66** 42). Vgl. zum Ganzen Orlich NJW **77**, 1179, Zabel BA **83**, 477.

3. Außer der Festsetzung der Sperrfrist und der Ausnahme bestimmter Fahrzeugarten von der **5** Sperre kann das Gericht **Anweisungen an die Verwaltungsbehörde nicht** erteilen (vgl. KG VRS **12** 352, **13** 453, Köln JMBlNW **56**, 179). Insb. steht die den Verwaltungsbehörden eingeräumte Befugnis, gem. § 4 IV StVG für die Wiedererteilung der Fahrerlaubnis besondere Bedingungen festzusetzen, den Gerichten nicht zu.

II. Hinsichtlich der **Dauer** der Sperrfrist ist dem Gericht ein weiter Ermessensspielraum eingeräumt.

1. Es kann die Wiedererteilung der Fahrerlaubnis entweder für immer untersagen oder eine **6** bestimmte Befristung festsetzen. Letztere ist nicht durch einen kalendermäßig festgelegten Endtermin, sondern durch eine nach Zeiteinheiten (Jahr, Monat) berechnete Frist festzusetzen (Bay MDR **66**, 861, Saarbrücken NJW **68**, 459; vgl. auch Bay DAR/R **68**, 225; abw. Cramer 6). Sie darf 6 Monate nicht unterschreiten, andererseits aber nicht über 5 Jahre hinausgehen (Abs. 1 S. 1), jeweils gerechnet vom Tage der Rechtskraft des Urteils (Abs. 5 S. 1).

Die **Mindestsperre erhöht** sich auf 1 Jahr, wenn gegen den Täter in den letzten 3 Jahren vor **7** der Tat bereits einmal eine Sperre angeordnet worden ist (Abs. 3). Der Erhöhung liegt die Erwägung zugrunde, daß bei Tätern, die sich nach kurzer Zeit erneut als zum Führen von Kraftfahrzeugen ungeeignet erwiesen haben, eine längere Beschränkung erforderlich ist, um eine bessernde Wirkung erzielen zu können (vgl. E 62 Begr. 229). Keinen Unterschied macht es, ob die frühere Sperre im Zusammenhang mit einer Fahrerlaubnisentziehung oder als isolierte Sperrfrist (vgl. dazu u. 23 ff.) angeordnet wurde. Bei nachträglicher Gesamtstrafenbildung ist diese für die Dreijahresfrist maßgebend. Ist jedoch in die Entscheidung die Anordnung einer Sperre nicht mehr aufgenommen worden, weil diese sich bereits erledigt hat (vgl. § 55 RN 59), so richtet sich die Frist nach dem einbezogenen Urteil (vgl. Hentschel DAR **76**, 291). Auf die Art des in der früheren Straftat zum Ausdruck gekommenen Eignungsmangels kommt es grundsätzlich nicht an (and. Geppert MDR **72**, 280). Eine Ausnahme muß jedoch bei körperlichen oder geistigen Mängeln gelten, deren Beseitigung von der Maßregel unmittelbar nicht abhängt; denn in diesem Fall wird der Grundgedanke der erhöhten Mindestsperre nicht betroffen (vgl. D-Tröndle 8, Geppert aaO, Himmelreich-Hentschel aaO RN 102). Für die erhöhte Mindestsperre sind nur vorherige gerichtliche Sperren bedeutsam, nicht Entziehungen durch eine Verwaltungsbehörde (vgl. E 62 Begr. 229, Hamm VRS **53** 342, Nüse JR **65**, 43); denn diese kann die Fahrerlaubnis auch unter anderen als den in § 69 geregelten Voraussetzungen entziehen. Für die sonstige Bemessung der Sperrfrist können aber verwaltungsbehördliche Entziehungen berücksichtigt werden.

Lebenslange Sperre kann nur angeordnet werden, wenn zu erwarten ist, daß die gesetzliche **8** Höchstfrist zur Abwehr der vom Täter drohenden Gefahr nicht ausreicht (Abs. 1 S. 2). Es muß also neben der Gefährlichkeit des Täters für den Straßenverkehr die Wahrscheinlichkeit bestehen, daß eine Sperre von 5 Jahren keine hinreichende Gegenwirkung auslöst (vgl. BGH VRS **35** 417; enger Himmelreich-Hentschel aaO RN 124, wonach auf Unbehebbarkeit des Eignungsmangels für immer abzustellen ist). Die bloße Möglichkeit genügt nicht. Entsprechend dem Verhältnismäßigkeitsgrundsatz, der bei der Bemessung der Sperrfrist zu beachten ist (vgl. § 62 RN 1), kommt die lebenslange Sperre nur in Ausnahmefällen in Betracht, die jedoch nicht auf Fälle schwerster Verkehrskriminalität beschränkt sind (Koblenz BA **75**, 275, Hamm VRS **50** 275; and. BGH **15** 398, Rüth LK 9). Sie ist im Urteil eingehend zu begründen (BGH **5** 177, VRS **17** 340, **34** 194, **76** 31, Braunschweig VRS **14** 356), wobei die besonderen Umstände, die sie erfordern, zu würdigen sind (vgl. Koblenz VRS **47** 99, Hamm VRS **50** 275). Angebracht ist sie etwa i. d. R. bei einem Täter, der immer wieder Trunkenheitsfahrten unternimmt (Hamm GA **71**, 57). Andererseits ist sie nicht zulässig, wenn das Gericht davon überzeugt ist, eine lange Freiheitsstrafe werde auf den Täter eine heilsame Wirkung ausüben; vgl. auch BGH VRS **37** 423. Ohne Bedeutung ist das Alter des Täters (BGH VRS **35** 416; vgl. auch Frankfurt DAR **69**, 161).

Über die **Verkürzung der Mindestsperrfrist** bei Anordnungen nach § 111a StPO vgl. u. **9** 11 ff.

10 2. Im übrigen steht die Dauer der Sperre im **Ermessen** des Gerichts; dieses hat nach denselben Grundsätzen zu entscheiden, die auch für das „Ob" der Fahrerlaubnisentziehung maßgeblich sind (BGH **15** 396, NStE Nr. 3). Entscheidend ist die voraussichtliche Dauer der Ungeeignetheit zum Führen von Kraftfahrzeugen (BGH VRS **35** 417, DAR/S **89**, 250); die hiernach zu bemessende Sperrfrist darf nicht um die Zeit verkürzt werden, die im Verwaltungsverfahren voraussichtlich für die Erteilung einer neuen Fahrerlaubnis benötigt wird (Oldenburg VRS **51** 281). Von Bedeutung ist vor allem der Grad der vom Täter ausgehenden Gefährlichkeit (BGH VRS **7** 303, Oldenburg VRS **14** 386). Das Gewicht der Tat kann hier allein nicht entscheiden (BGH VRS **21** 262, **33** 424, DAR/M **68**, 125, Karlsruhe VRS **17** 117; vgl. dazu Dencker StV 88, 454), so daß es verfehlt ist, die Dauer der Sperre nach der Länge der Freiheitsstrafe zu bestimmen (BGH VRS **76** 31). Die Schwere der Tatschuld kann nur bedeutsam sein, soweit sie Hinweise auf die charakterliche Ungeeignetheit zum Führen von Kraftfahrzeugen geben kann (BGH DAR/S **88**, 227, StV **89**, 388, NStZ **91**, 183). Eine geringere Gefährlichkeit ist nicht schon deswegen anzunehmen, weil ein Täter bei einer Trunkenheitsfahrt eine wenig befahrene Nebenstraße benutzt, jedenfalls dann nicht, wenn diese ihm als Schleichweg dient, um nicht kontrolliert zu werden (LG Verden DAR **76**, 137). Zu berücksichtigen ist eine erfolgreiche Teilnahme an einer Nachschulung für alkoholauffällige Kraftfahrer (Köln VRS **60** 377, LG Krefeld DAR **80**, 63). Wirtschaftliche Auswirkungen der Fahrerlaubnisentziehung können zu einer kürzeren Sperrfrist führen, wenn sie den Betroffenen nachhaltig beeindrucken und bei ihm eine positive Verhaltensänderung hinsichtlich der Teilnahme am Kfz-Verkehr bewirken (vgl. AG Bückeburg BA **83**, 543). Wird die Sperre auf die zeitige Höchstdauer festgesetzt, so bedarf die Entscheidung einer eingehenden Begründung (vgl. BGH VRS **16** 350, **21** 262, **23** 443, **31** 106, **36** 16, DAR **68**, 131, Saarbrücken NJW **65**, 2313, Koblenz VRS **71** 431). Zur (fristverlängernden) Berücksichtigung einer während des Fristenablaufs abzubüßenden Strafe vgl. BGH DAR/M **67**, 96. Das Revisionsgericht kann die Bemessung der Sperrfrist nur auf ihre Vertretbarkeit hin nachprüfen (Hamburg VRS **61** 343).

11 3. Bei der **Bemessung** der Sperrfrist kann berücksichtigt werden, daß der Täter auf Grund vorläufiger Maßnahmen von seiner Fahrerlaubnis keinen Gebrauch mehr machen konnte (Abs. 4–6). Die Maßnahmen müssen „wegen der Tat" erfolgt sein, so daß vorläufige Maßnahmen wegen einer anderen Tat in einem anderen Verfahren nicht genügen. Andererseits verkürzt sich die Anrechnung auf die Mindestsperrzeit nicht deswegen, weil z. Z. der vorläufigen Maßnahme ein früher verhängtes Fahrverbot vollstreckt wurde (LG Stuttgart Justiz **89**, 309). Keinen Unterschied macht es, ob die Fahrerlaubnis gem. § 111a StPO vorläufig entzogen (auch ohne Sicherstellung des Führerscheins; Köln VRS **52** 271) oder der Führerschein gem. § 94 StPO verwahrt, sichergestellt oder beschlagnahmt worden war (Abs. 6); denn da in beiden Fällen der Täter aus Gründen der öffentlichen Sicherheit vorläufig aus dem Verkehr ausgeschaltet war, muß dies der Richter bei der präventiven Notwendigkeit für eine endgültige Entziehung entsprechend berücksichtigen können (Düsseldorf NJW **69**, 438). Den Maßnahmen nach §§ 94, 111a StPO sind andere Fälle des Ausschlusses vom Kfz-Verkehr nicht gleichzusetzen, so z. B. nicht der Fall, daß die Verwaltungsbehörde die Fahrerlaubnis nach Ablauf einer Sperrfrist wegen der neuen Tat von sich aus nicht wiedererteilt (Schleswig SchlHA/L-G **89**, 98, D-Tröndle 9, Himmelreich-Hentschel aaO RN 141, Lackner 4; and. Saarbrücken NJW **74**, 1393, Krekeler NJW **73**, 690) oder der Täter in U-Haft war (Koblenz VRS **70** 284). Die Regelung der Abs. 4–6 ist auf strafprozessuale Maßnahmen nach den §§ 94, 111a StPO beschränkt und einer analogen Anwendung nicht zugänglich (Hamburg MDR **79**, 73, D. Meyer DAR 79, 157). Bei einer vorläufigen Fahrerlaubnisentziehung kann sich ergeben, daß wegen ihrer Dauer eine endgültige nicht mehr erforderlich ist (Bay NJW **71**, 206), auch dann, wenn die Mindestsperrfrist 1 Jahr betragen würde, die vorläufige Entziehung aber für kürzere Zeit erfolgt ist (Bay aaO). Daß es nach dem Sinn der Regelung dem Richter möglich sein muß, von einer weiteren Entziehung ganz abzusehen, ergibt sich daraus, daß die für das Revisionsverfahren vorgesehene automatische Anrechnung (Abs. 5) u. U. dazu führen kann, daß eine Sperrfrist wegen der Anrechnung praktisch nicht mehr zum Zuge kommt (vgl. u. 17). Das Absehen von der endgültigen Entziehung setzt nur voraus, daß der Eignungsmangel behoben ist; zusätzliche Umstände brauchen nicht vorzuliegen (Hentschel DAR **76**, 151; and. Werner DAR **76**, 9). **Im einzelnen** (vgl. dazu Geppert ZRP 81, 85) gilt folgendes:

12 a) Die *bis zur letzten Tatsacheninstanz* verstrichene Zeit wird nicht automatisch angerechnet (vgl. Koblenz VRS **53** 105, 339); insoweit tritt nur eine entspr. *Verkürzung der Mindestsperrfrist* ein (Abs. 4), weil bei tatrichterlichen Urteilen die vorläufige Entziehung im Rahmen der Fristbemessung ausreichend berücksichtigt werden kann (Bay MDR **66**, 861). Dies gilt für tatrichterliche Entscheidungen jeder Art, gleichgültig, ob es sich um Strafbefehle, amtsrichterliche Urteile oder Berufungsentscheidungen handelt (vgl. Köln VM **66**, 79), auch dann, wenn die Berufung auf das Strafmaß beschränkt war. Durch die Verkürzung der Mindestsperrfrist wird jedoch nur der richterliche Ermessensspielraum nach unten erweitert; der Richter ist nicht gezwungen, davon Gebrauch zu machen.

Keinesfalls darf das *Mindestmaß* von *3 Monaten* unterschritten werden (Abs. 4 S. 2), da sonst **13** der Sicherungszweck der Maßregel illusorisch würde (vgl. Zweibrücken MDR **86**, 1046). Das kann vor allem bei einem Berufungsverfahren zu Härten führen, wenn dessen Dauer die in erster Instanz angeordnete Sperrfrist übersteigt. Hier ist das Berufungsgericht selbst dann an die Mindestsperre gebunden, wenn mit Rücksicht auf die Dauer der vorläufigen Entziehung bereits das AG auf die Mindestsperrfrist von 3 Monaten erkannt hatte (vgl. Karlsruhe VRS **51** 204). Eine Berücksichtigung der während des Berufungsverfahrens fortdauernden vorläufigen Entziehung ist nur in der Weise möglich, daß der Berufungsrichter von einer endgültigen Entziehung absieht (vgl. Köln VM **66**, 79, NJW **67**, 361; vgl. auch Düsseldorf JMBlNW **67**, 91) oder bestimmte Kfz-Arten von der Sperre ausnimmt. Diese Möglichkeit besteht auch bei einem prozeßverschleppenden Verhalten des Täters (Hentschel DAR **76**, 150; and. Werner DAR **76**, 9), ferner nach LG Kiel NJW **76**, 1326 bei Verwerfung der Berufung nach § 329 StPO, wobei § 329 I 3 StPO entsprechend anzuwenden sein soll. Unzulässig wäre es jedoch, neben der Ausschöpfung der Verkürzungsmöglichkeit zugleich auch automatisch die Dauer des Berufungsverfahrens anzurechnen (Bremen DAR **65**, 216, Koblenz VRS **50** 363). Dagegen hat diese Problematik mit dem Verschlechterungsverbot nichts zu tun, da der Berufungsrichter keineswegs gehindert wäre, es trotz der vorläufigen Entziehung bei der erstrichterlichen Sperrfrist zu belassen (vgl. Koblenz VRS **50** 362, **65** 371, Karlsruhe VRS **51** 206, Hamm JZ **78**, 656, Frankfurt VRS **52** 143, Himmelreich-Hentschel aaO RN 192, aber auch D-Tröndle 9a). Vgl. zum Ganzen Werner NJW 74, 484, Tröndle JR 75, 253, aber auch Eickhoff NJW 75, 1007, Gollner GA 75, 129ff., JZ 78, 637 (gegen ihn Ganslmayer JZ 78, 794), JZ 79, 177, Gontard Rebmann-FS 221, Mollenkott NJW 77, 425.

b) Die Zeit *zwischen Verkündung des letzten tatrichterlichen Urteils und dessen Rechtskraft* ist voll **14** *anzurechnen* (Abs. 5 S. 2), gleichgültig, ob die Rechtskraft durch Ablauf der Rechtsmittelfrist, durch Rücknahme des Rechtsmittels oder durch letztinstanzliche Entscheidung eintritt, jedoch nur insoweit, als die Fahrerlaubnis vorläufig entzogen war (vgl. u. 18). Die Anrechnung ist deswegen geboten, weil über diese Zeit eine Ermessensentscheidung nicht mehr getroffen werden kann: dem Revisionsgericht ist sie versagt, der Tatrichter hat dazu keine Gelegenheit mehr. Damit läuft die Sperrfrist praktisch von der Verkündung des Urteils der letzten Tatsacheninstanz (Oldenburg DAR **67**, 50; vgl. auch Diether Rpfleger 68, 180, Rüth LK 26 sowie u. 18). Bei Strafbefehlen ist die Zeit ab Erlaß, nicht erst ab Zustellung anzurechnen; denn schon der Erlaß ist der letzte Zeitpunkt, zu dem die in Abs. 5 S. 2 genannte Prüfung noch vorgenommen werden konnte (LG Freiburg NJW **68**, 1791, Seib DAR 65, 292; and. LG Düsseldorf NJW **66**, 897 m. Anm. Miersch NJW 66, 2024). Erfolgt die vorläufige Entziehung zusammen mit dem letzten tatrichterlichen Urteil (Strafbefehl), so ist sie ab ihrer Wirksamkeit anzurechnen (Wittig Rpfleger 78, 246). Zur verfahrensmäßigen Durchführung der Anrechnung vgl. Diether Rpfleger 68, 179.

Erfolgt in der Revisionsinstanz eine Zurückverweisung und eröffnet diese eine erneute tat- **15** richterliche Überprüfung der Voraussetzungen des § 69 (vgl. § 69 RN 68), so kann Abs. 5 nicht eingreifen; vielmehr ist dann die während des Revisionsverfahrens fortdauernde vorläufige Entziehung nur im Rahmen des richterlichen Ermessens und des Abs. 4 zu berücksichtigen (Celle VRS **28** 190; vgl. auch Karlsruhe NJW **75**, 456).

Hat nur der Verurteilte mit Beschränkung auf die Dauer der Sperrfrist Revision eingelegt, so **16** ist auch bei Zurückverweisung die Zeit anzurechnen, die nach Erlaß des angefochtenen Urteils verstrichen ist (vgl. Bremen DAR **65**, 216, Karlsruhe VRS **48** 427, Himmelreich-Hentschel RN 194, Rüth LK 26, Cramer 14). Dies hat deswegen zu geschehen, weil sonst wegen der Rechtskraft der Entziehung dem Vorderrichter bei der erneuten Entscheidung nur die Möglichkeit bliebe, auf die Mindestsperrfrist von 3 Monaten zu erkennen, und damit eine volle Berücksichtigung der während des Revisionsverfahrens fortdauernden vorläufigen Entziehung ausgeschlossen wäre.

Bestätigt das Revisionsgericht die Fahrerlaubnisentziehung (Verwerfung der Revision) und **17** ist die vom Tatrichter angeordnete Sperrfrist wegen der Anrechnung nach Abs. 5 im Zeitpunkt der Revisionsentscheidung praktisch abgelaufen, so verliert der Betroffene zwar endgültig seine Fahrerlaubnis; er kann aber sofort eine neue beantragen (vgl. Kaiser aaO, Lackner JZ 65, 123; Bedenken gegen diese Regelung Nüse JR 65, 44). Da die Erledigung der Sperre unmittelbar aus dem Gesetz hervorgeht, braucht sie nicht ausdrücklich ausgesprochen zu werden (Düsseldorf VM **77**, 28, Rüth LK 29; and. Saarbrücken VRS **44** 191).

Hat der Angekl. allein Revision eingelegt und überdauert das Revisionsverfahren die tatrichterlich **17a** festgesetzte Sperrfrist, so ist zweifelhaft, ob und von wem eine **vorläufige Fahrerlaubnisentziehung aufzuheben** ist. Zuständig ist grundsätzlich der letzte Tatrichter, nicht das Revisionsgericht (BGH

NJW 78, 384, Hamm JZ 61, 233, Frankfurt 73, 1335, Celle NJW 77, 160, Zweibrücken VRS 69 293; and. Saarbrücken MDR 72, 533, Bremen VRS 46 43, Karlsruhe NJW 75, 456 m. abl. Anm. Rüth JR 75, 338, Zweibrücken NJW 77, 448). Das Revisionsgericht ist jedoch zuständig, wenn es die Fahrerlaubnisentziehung endgültig aufhebt oder das Verfahren einstellt (Bay DAR/R 80, 268, Rüth LK 31; weitergehend Frankfurt VRS 58 420). Aufzuheben ist die vorläufige Fahrerlaubnisentziehung nur aus den in § 111a II StPO genannten Gründen; der „Ablauf" der tatrichterlich festgesetzten Sperrfrist allein genügt nicht (KG VRS 53 278, Schleswig DAR 77, 193, Karlsruhe MDR 77, 948, München NJW 80, 1860 m. Anm. Kaiser JR 80, 99, Frankfurt VRS 58 420, Hamburg JR 81, 337 m. Anm. Rüth, Stuttgart VRS 63 363, Düsseldorf JZ 83, 117, Hamm VRS 69 221, Koblenz MDR 86, 871, D-Tröndle 13, Rüth LK 30; and. Koblenz MDR 78, 337, Frankfurt VRS 55 42, DAR 89, 311, Hamburg VRS 55 277, Dencker NStZ 82, 461, Hentschel MDR 78, 185, DAR 80, 172, 88, 336 mwN). Hierin liegt kein Verfassungsverstoß (BVerfG 2 BvR 1209/88, zit. bei Düsseldorf DAR 90, 355).

18 III. Die **Sperrfrist beginnt** nach Abs. 5 S. 1 mit Rechtskraft des Urteils, also zum gleichen Zeitpunkt, in dem die Fahrerlaubnis erlischt (vgl. § 69 III). Praktisch ist dieser Zeitpunkt jedoch nur von Bedeutung, wenn die Fahrerlaubnis nicht vorläufig entzogen war. War dies der Fall, so beginnt die Sperrfrist wegen der automatischen Anrechnung nach Abs. 5 S. 2 schon mit Verkündung des Urteils in der letzten Tatsacheninstanz (vgl. o. 14). Diese Regelung läßt sich nicht entsprechend auf Fälle ohne vorläufige Fahrerlaubnisentziehung oder Führerscheinentzug ausweiten (Düsseldorf VRS 39 259, Nürnberg DAR 87, 28, LG Gießen NStZ/J 85, 112, Lackner 5, D-Tröndle 13; and. LG Nürnberg-Fürth NJW 77, 446, LG Heilbronn NStZ 84, 263 m. Anm. Geppert, LG Stuttgart NStZ/J 85, 113; vgl. dazu Janiszewski NStZ 84, 112, 404). Da der Beginn der Sperrfrist kraft Gesetzes eintritt, genügt es, wenn sich der Tenor mit der Sperrdauer begnügt (Köln NJW 67, 361). Auch wenn zwischen Berufung und Revision die vom Berufungsgericht festgesetzte Sperrfrist abgelaufen ist, hat das Revisionsgericht nicht den Wegfall der Fahrerlaubnisentziehung auszusprechen (vgl. o. 17). Nach Verwerfung der Revision kann der Angekl. nur eine neue Fahrerlaubnis beantragen (Frankfurt NJW 73, 1335).

19 IV. Eine **vorzeitige Aufhebung** der festgesetzten Sperre ist nach Abs. 7 möglich. Dies rechtfertigt sich aus dem Charakter der Entziehung als Sicherungsmaßregel. Da die Frist sich nach rein präventiven Gründen bemißt, muß das Gericht die Möglichkeit haben, die Sperre vor Ablauf der festgesetzten Frist aufzuheben, wenn sich herausstellt, daß der Täter wieder als geeignet zum Führen von Kraftfahrzeugen anzusehen ist. Auch eine für immer angeordnete Sperre kann nach Abs. 7 aufgehoben werden (Düsseldorf VRS 63 273); aus dem Wort „vorzeitig" darf keine Beschränkung auf befristete Sperren hergeleitet werden, da ein Festhalten an der lebenslangen Sperre trotz wieder vorhandener Eignung zum Führen eines Kfz. dem Maßregelzweck widerspricht und zudem mit dem Verhältnismäßigkeitsgrundsatz (§ 62) unvereinbar ist.

20 1. Erforderlich ist, daß **neue Tatsachen** vorliegen, aus denen sich ein hinreichender Grund zu der Annahme ergibt, daß der Täter zum Führen von Kraftfahrzeugen nicht mehr ungeeignet ist, die Gründe also, aus denen der Eignungsmangel geschlossen wurde, nicht mehr bestehen. Eine lediglich andere Beurteilung der bei Bemessung der Sperrfrist verwerteten Tatsachen rechtfertigt nicht die vorzeitige Aufhebung der Sperre, da sie eine unzulässige Urteilsberichtigung darstellt. Der bloße Ablauf einer längeren Zeit genügt daher nicht (Hamm NJW 55, 514, München NJW 81, 2424, Düsseldorf VRS 64 434; einschränkend Düsseldorf VRS 63 274 bei lebenslanger Sperre; and. Bender DAR 58, 203), ebensowenig die Verbüßung einer Freiheitsstrafe, die ja für die Eignungsbeurteilung nichts hergibt (Düsseldorf NZV 90, 238). Als neue Tatsachen kommen alle noch nicht berücksichtigten Umstände in Betracht, die der Annahme eines fortdauernden Eignungsmangels entgegenstehen. Ist zweifelhaft, ob die Ungeeignetheit nicht mehr besteht, so hat die vorzeitige Aufhebung der Sperre zu unterbleiben (Düsseldorf NZV 90, 238). Es bedarf einer sorgfältigen Abwägung aller Gründe (Karlsruhe MDR 60, 424, Köln VRS 21 111); vgl. auch Koblenz VRS 60 432, 67 343, Hiendl NJW 59, 1212, Händel NJW 59, 1213. Berufliche und wirtschaftliche Interessen an der Fahrerlaubnis dürfen ebensowenig berücksichtigt werden wie beim Entzug (Saarbrücken VRS 19 13, München NJW 81, 2424, Düsseldorf NZV 90, 238; vgl. auch § 69 RN 53), es sei denn, die wirtschaftlichen Auswirkungen hätten als Warnung einen Wandel beim Betroffenen bewirkt und den Eignungsmangel behoben (vgl. Koblenz BA 86, 156). Auch die für die Aussetzung des Strafrestes maßgeblichen Gründe brauchen noch nicht die Aufhebung der Sperre zu rechtfertigen (Hamm VRS 30 93, München NJW 81, 2424, Koblenz BA 83, 367, VRS 66 447, 68 353, 71 28, Celle VRS 71 433, Düsseldorf NZV 90, 238). Eine neue Tatsache zugunsten des Verurteilten kann die erfolgreiche Teilnahme an einem **Nachschulungskurs für alkoholauffällige Kraftfahrer** sein (Modell Mainz usw.; vgl. Düsseldorf GA 84, 232, LG Köln DAR 78, 322, LG München I DAR 80, 283, 81 230, LG Hamburg MDR 81, 70, LG Hildesheim NdsRpfl 87, 108, AG Recklinghausen DAR 80, 26, AG Pirmasens DAR 80, 122, aber auch LG Kassel DAR 81, 28, LG Dortmund DAR 81, 28, AG Freising DAR 80, 252; vgl. ferner Rspr.-Überblick in DAR 89, 234). Die erfolgreiche

Kursteilnahme ist aber nur ein Indiz für den Fortfall des Eignungsmangels, so daß die Kursbescheinigung nicht zur Aufhebung der Sperre zwingt (vgl. Preisendanz BA 81, 89, Seib DRiZ 81, 168). Zu den Nachschulungsmodellen vgl. Dittmer BA 81, 287ff., Schultz BA 82, 327, Grohmann MDR 84, 724; zur Weiterentwicklung in Form einer individualpsychologischen Verkehrstherapie vgl. Höcher DAR 85, 36; zur Kontrolle der Wirksamkeit der Nachschulung vgl. Kunkel DAR 81, 348, zur Rückfallquote bei Kursteilnehmern vgl. Utzelmann BA 83, 449 u. 84, 396, Bode BA 84, 41, Geppert BA 84, 62, Ostermann BA 87, 11; skeptisch gegenüber der Wirksamkeit einer Nachschulung Hundhausen BA 89, 329 und dazu krit. Stephan/Kunkel BA 89, 347, Utzelmann BA 90, 106; zur Langzeitwirkung von Kursen (60 Monate) vgl. Winkler/Jacobshagen/Nickel BA 90, 154, nach denen die vielfach befürchtete nur kurzfristige Wirkung nicht eingetreten ist. Zeigt sich der Verurteilte an einer Nachschulung völlig desinteressiert, so kann dies gegen den Wegfall des Eignungsmangels sprechen (vgl. Koblenz VRS **69** 28). Zur Abkürzung der Sperrfrist vgl. auch Hentschel DAR 79, 317, Seehon DAR 79, 321, Winkler DAR 79, 323.

2. Die Sperre darf **nicht vor** Ablauf der gesetzlichen **Mindestfrist** aufgehoben werden (Abs. 7 S. 2), da sonst die Entziehung ihres sichernden Zweckes beraubt würde. Die Sperre muß deshalb im Regelfall mindestens 6 Monate, im Wiederholungsfall des Abs. 3 wenigstens 1 Jahr gedauert haben. Auf diese Mindestsperrfristen ist jedoch die zwischen Verkündung und Rechtskraft der Anordnung verstreichende Zeit anzurechnen, in der die Fahrerlaubnis vorläufig entzogen bzw. der Führerschein verwahrt, sichergestellt oder beschlagnahmt war (Abs. 7 letzter Halbs.). Dagegen kommt eine Anrechnung der vor der letzten tatrichterlichen Prüfung liegenden Zeit nicht in Betracht, da diese bereits bei der Bemessung der Sperrfrist berücksichtigt werden konnte (vgl. Koblenz VRS **71** 27, LG Berlin DAR **65**, 303, Seib DAR 65, 209). 21

3. Ein **Antrag** auf vorzeitige Aufhebung der Sperre kann schon vor Ablauf der Mindestfrist nach Abs. 2 S. 2 gestellt werden, wenn auch nicht zu früh (LG Düsseldorf NJW **66**, 897: idR Antrag nicht früher als 1 Monat vorher; gegen Antrag vor Ablauf der Mindestfrist Rüth LK 38). Wird er abgelehnt, so kann er jederzeit wiederholt werden. Die Möglichkeit einer den §§ 57 VI, 67e III, 68e II entsprechenden zeitlichen Beschränkung ist den Gerichten nicht eingeräumt worden (vgl. auch § 70a RN 8). 21a

4. Die Entscheidung, die u. U. schon vor Ablauf der Mindestsperrfrist für die Zeit danach getroffen werden kann (AG Öhringen NJW **77**, 447), ergeht durch **Beschluß** (vgl. §§ 462, 463 V StPO). Darin wird nur angeordnet, daß die Sperre zu einem bestimmten Zeitpunkt vorzeitig aufgehoben wird. Die Verwaltungsbehörde ist dann wieder frei, dem Betroffenen auf Antrag einen neuen Führerschein zu erteilen (vgl. auch Köln JMBlNW **56**, 179). Bei der Entscheidung über den Antrag hat die Verwaltungsbehörde den Gerichtsbeschluß entsprechend § 4 III StVG zu berücksichtigen (Schendel aaO 60ff.). Die vorzeitige Aufhebung der Sperre kann sich auf **bestimmte Fahrzeugarten** beschränken (D-Tröndle 15b, Rieger DAR **67**, 45). Sie darf aber ebensowenig wie die vollständige Aufhebung vor Ablauf der gesetzlichen Mindestfrist erfolgen (LG Koblenz DAR **77**, 193, AG Alsfeld DAR **81**, 27, Hentschel DAR **75**, 296f., Lackner 6; and. AG Hagen DAR **75**, 246, AG Pirmasens DAR **76**, 193, AG Westerburg DAR **76**, 274, AG Alzenau DAR **81**, 232). 22

5. Zur gerichtlichen **Zuständigkeit** vgl. §§ 463 V, 462, 462a StPO und dazu BGH **30** 386 (Abgabe an Wohnsitzgericht unzulässig), Hamm NJW **30**, 2721, DAR **89**, 33, Düsseldorf VRS **64** 432, NZV **90**, 237, Celle NdsRpfl **86**, 260, Hamburg NStZ **88**, 197. 22a

V. Eine **isolierte Sperrfrist** ist gem. Abs. 1 S. 3 festzusetzen (vgl. dazu Warda MDR 65, 3). Sie kommt dort in Betracht, wo der Täter im Zeitpunkt der Entscheidung eine Fahrerlaubnis noch gar nicht besessen hat oder sie ihm bereits wieder entzogen ist. Hierbei muß es sich um eine rechtskräftige Entziehung nach § 69 oder um eine nicht mehr anfechtbare Entziehung durch die Verwaltungsbehörde handeln, da sonst die Fahrerlaubnis wieder aufleben kann, wenn die Entziehungsverfügung im Verwaltungsrechtsweg aufgehoben wird (Braunschweig NdsRpfl. **61**, 230). Z. T. wird angenommen, trotz rechtskräftiger Fahrerlaubnisentziehung sei eine erneute Entziehung zulässig (so Bremen VRS **51** 278); aber was nicht (mehr) vorhanden ist, kann man schwerlich erneut entziehen. Unerheblich ist, ob die isolierte Sperrfrist auf Zeit oder dauernd angeordnet werden soll (vgl. BGH VRS **19** 425). Ist der Führerschein nur verloren, so kann sich das Gericht nicht mit einer isolierten Sperrfrist begnügen, sondern muß auch die Fahrerlaubnis entziehen (vgl. Köln JMBlNW **56**, 70). Gleiches gilt, wenn die Fahrerlaubnis nach § 111a StPO bisher nur vorläufig entzogen war (Koblenz VRS **50** 32). Hat das Gericht in der irrigen Annahme, der Täter habe keine Fahrerlaubnis, nur eine isolierte Sperre angeordnet, so läßt sich diese nicht in eine Fahrerlaubnisentziehung umdeuten (D-Tröndle 2). 23

1. **Voraussetzung** für eine selbständige Sperrfrist ist in jedem Falle, daß der Täter eine Tat begangen hat, die gem. § 69 eine Fahrerlaubnisentziehung rechtfertigen würde. Die Gründe, aus denen sich die Anordnung der Sperrfrist ergibt, müssen ebenso wie bei der Fahrerlaubnisentziehung in nachprüfbarer Weise dargelegt werden (vgl. KG VRS **22** 33). Die Notwendigkeit 24

Stree

für eine selbständige Sperrfrist kann entfallen, wenn der Täter längere Zeit nicht hat fahren dürfen, weil die Verwaltungsbehörde ihm wegen seiner Tat die Wiedererteilung einer früher entzogenen Fahrerlaubnis versagt hat. Eine solche Maßnahme kann ihn ähnlich wie die vorläufige Fahrerlaubnisentziehung (vgl. § 69 RN 44) so nachhaltig beeindruckt haben, daß es eines weiteren Vorenthaltens der Fahrerlaubnis nicht mehr bedarf (vgl. Saarbrücken NJW **74**, 1393). Verkürzung der Sperrfrist in analoger Anwendung des Abs. 4 ist dagegen unzulässig (Karlsruhe VRS **57** 108). Das Fahren ohne Fahrerlaubnis (§ 21 StVG), dessen Wiederholung zu erwarten ist, rechtfertigt allein keine isolierte Sperre (Himmelreich-Hentschel aaO RN 143), wohl aber, wenn damit nach entzogener Fahrerlaubnis die charakterliche Unzuverlässigkeit hervortritt und einen Eignungsmangel erkennen läßt (vgl. Koblenz VRS **69** 300).

25   2. Fraglich ist in Fällen, in denen bereits eine Sperre läuft, von welchem **Zeitpunkt** ab eine **zweite** oder weitere **Sperre zu berechnen** ist: ob von der Rechtskraft des zweiten Urteils oder als sog. Anschlußsperrfrist. Im ersten Fall würden sich beide Fristen u. U. überschneiden und damit die effektive Wirkung der zweiten Sperrfrist erst nach Ablauf der ersten eintreten (Bay NJW **66**, 896, Hamm JMBlNW **64**, 116, NJW **64**, 1285, Zweibrücken NJW **83**, 1007, Cramer 18, Oske MDR 67, 449ff., D-Tröndle 11; vgl. auch Stuttgart DAR **63**, 274). Möglich ist danach auch, daß die zweite Sperre vor der früheren abläuft; sie ist dennoch wegen ihrer Bedeutung für etwaige Fristverkürzungen anzuordnen (BGH DRiZ/H **79**, 149). Bei der Anschlußsperrfrist dagegen soll sich die weitere Sperre an den Ablauf der ersten anschließen, also entgegen dem Wortlaut des § 69a V ihre Wirkung erst später entfalten können (Hamburg VRS **10** 355, KG VRS **18** 275). Gegen die Anschlußsperrfrist spricht neben dem Wortlaut des § 69a die Schwierigkeit, die von § 69 geforderte Prognose auf den Ablauf der ersten Sperrfrist zu stellen.

26   Unerheblich ist hingegen, daß nach beiden Interpretationen bei mehreren neben- bzw. nacheinander laufenden Sperrfristen die gesetzliche Höchstsperrfrist von 5 Jahren überschritten werden könnte (Hamm JMBlNW **64**, 116, Hamburg NJW **64**, 876, Bay NJW **66**, 896, Koblenz VRS **52** 273, Cramer 18); denn bei der weiteren Sperrfrist handelt es sich nicht um eine Verlängerung der alten Frist, sondern um eine neue, auf einer anderen Tat beruhende selbständige Sperrfrist. Aus diesem Grunde kommt auch eine gegenseitige Anrechnung nach Abs. 5 bzw. Verkürzung der Mindestsperrfrist nach Abs. 4 nicht in Betracht; denn in den dort geregelten Fällen handelt es sich um Fahrerlaubnisentziehungen bzw. Beschlagnahmen des Führerscheins wegen derselben Tat. Wird die neue Sperrfrist (gesetzwidrig) als Anschlußfrist festgesetzt, so ist für die zeitliche Grenze von 5 Jahren jedoch die ab Rechtskraft des Urteils verstreichende Zeit einzubeziehen (Hamburg NJW **64**, 876, Bay NJW **66**, 896).

27   3. Eine zweite oder weitere isolierte Sperrfrist ist jedoch dort ausgeschlossen, wo die Hauptstrafen zu einer **Gesamtstrafe** zusammenzuziehen sind; denn hier kann gemäß § 53 III i. V. m. § 52 IV nur eine einheitliche Sperrfrist angeordnet werden (vgl. § 53 RN 30 f.). Dies gilt auch dann, wenn gemäß § 53 II 2 aus Freiheits- und Geldstrafe keine Gesamtstrafe gebildet wird (vgl. § 53 RN 33), ebenso bei der nachträglichen Gesamtstrafenbildung, bei der jedenfalls die Höchstgrenze von 5 Jahren nicht überschritten werden darf (vgl. § 55 RN 54ff., 69 f.).

§ 69 b Internationaler Kraftfahrzeugverkehr

(1) **Darf der Täter nach den für den internationalen Kraftfahrzeugverkehr geltenden Vorschriften im Inland Kraftfahrzeuge führen, ohne daß ihm von einer deutschen Behörde ein Führerschein erteilt worden ist, so ist die Entziehung der Fahrerlaubnis nur zulässig, wenn die Tat gegen Verkehrsvorschriften verstößt. Die Entziehung hat in diesem Falle die Wirkung eines Verbots, während der Sperre im Inland Kraftfahrzeuge zu führen, soweit es dazu im innerdeutschen Verkehr einer Fahrerlaubnis bedarf.**

(2) **In ausländischen Fahrausweisen werden die Entziehung der Fahrerlaubnis und die Sperre vermerkt.**

1   I. In der Bestimmung sind zusammenfassend die Besonderheiten geregelt, die bei der Entziehung **ausländischer Fahrerlaubnisse** auftreten.

2   Der **Geltungsbereich** der Bestimmung erstreckt sich auf solche Fahrer, die nach den für den internationalen Kraftfahrzeugverkehr geltenden Vorschriften im Inland Kraftfahrzeuge führen dürfen, ohne daß ihnen von einer deutschen Behörde eine Fahrerlaubnis erteilt worden ist. Das trifft für außerdeutsche Kraftfahrer zu, die entweder eine ausländische Fahrerlaubnis nachweisen können oder einen von einer zuständigen Stelle ausgestellten internationalen Führerschein besitzen (vgl. § 4 VO über internationalen Kraftfahrzeugverkehr i. d. F. vom 23. 11. 1982, BGBl. I 1533). Außerdeutscher Kraftfahrer in diesem Sinn ist unabhängig von seiner Staatsangehörigkeit (also auch ein Deutscher; vgl. dazu Düsseldorf JR **84**, 83), wer in einem ausländi-

schen Staat berechtigt ist, ein Kfz. zu führen, und seinen ständigen Aufenthalt im Ausland hat oder bis vor einem Jahr hatte (vgl. BGH NJW **64**, 1566, Hamm NJW **63**, 1263, Bay NJW **71**, 337, **72**, 2193, Karlsruhe NJW **72**, 1633, Hamburg VRS **64** 50, Hentschel NJW **75**, 1350). Ist seit dem Grenzübertritt 1 Jahr verstrichen, so erlischt die Befugnis, ohne deutsche Fahrerlaubnis im Inland ein Kfz. zu führen. War der Grenzübertritt zur Begründung des ständigen Aufenthalts im Inland erfolgt, so wird die Jahresfrist durch vorübergehende Wiederausreise (z. B. Urlaubsfahrt, Familienbesuch) und Rückkehr ins Inland weder gehemmt noch neu in Gang gesetzt (vgl. Bay NJW **71**, 337, **72**, 2193).

Die Berechtigung, mit einer ausländischen Fahrerlaubnis im Inland ein Kfz. zu führen, entfällt noch nicht deswegen, weil der Fahrer im Inland auf Dauer verbleiben will und hier bereits seinen Wohnsitz begründet hat (vgl. BGH NJW **64**, 1566). Maßgebend bleibt auch bei alsbaldiger Wohnsitzbegründung die Jahresfrist. 3

II. Die Entziehung einer ausländischen Fahrerlaubnis ist **nur zulässig**, wenn die **Tat**, aus der sich die Ungeeignetheit des Täters zum Führen von Kraftfahrzeugen ergibt, **gegen Verkehrsvorschriften verstößt**. Diese Einengung der Entziehungsvoraussetzungen beruht auf dem Internationalen Abkommen über den Straßenverkehr vom 19. 9. 1949. Gleichgültig ist, ob der Staat, der die ausländische Fahrerlaubnis erteilt hat, seinerseits diesem Abkommen beigetreten ist. Ein Verstoß gegen Verkehrsvorschriften liegt auch dann vor, wenn bei Idealkonkurrenz die Verurteilung nur aus dem schwereren, nichtverkehrsstrafrechtlichen Tatbestand erfolgt oder wegen Subsidiarität die Verurteilung aus dem Verkehrsdelikt im Tenor nicht in Erscheinung tritt (BGH **7** 307). 4

III. Die **Wirkung** der Entziehung besteht lediglich in einem Fahrverbot. Solange die Sperrfrist (§ 69a I) dauert, darf der außerdeutsche Kraftfahrer im Inland keine Fahrzeuge führen, für die er im innerdeutschen Verkehr einer Fahrerlaubnis bedürfte (Abs. 1 S. 2). Dieses Fahrverbot steht neben dem des § 44. Es bleibt von § 51 V unberührt (vgl. § 51 RN 36). 5

Da die Wirkung des Fahrerlaubnisentzuges auf das Inland beschränkt ist, kann abweichend von § 69 III der ausländische Fahrausweis nicht eingezogen werden; statt dessen sind die Entziehung und die Sperre im Führerschein zu vermerken (Abs. 2); vgl. Bay VM **63**, 23, NJW **79**, 1788 (bloße Vollzugsmaßnahme). Zur Eintragung dieses Vermerks kann der Führerschein beschlagnahmt werden (§ 111a VI, § 463b II StPO). Er ist nach Eintragung dem Verurteilten sofort zurückzugeben (Himmelreich-Hentschel aaO RN 210, Rüth LK 10; and. D-Tröndle 2). Eine Eintragung hat auch dann zu erfolgen, wenn der ausländische Fahrausweis nicht mehr zum Führen eines Kraftfahrzeugs im Inland berechtigt (Karlsruhe NJW **72**, 1633; einschränkend Hentschel NJW **75**, 1351, der in einem solchen Fall eine Eintragung nur für zulässig hält, wenn der ausländische Fahrausweis durch Täuschung erlangt worden ist; vgl. auch Hentschel NJW **76**, 2060). Ein Vermerk erfolgt bei internationalen Führerscheinen nur, soweit sie von einer ausländischen Behörde ausgestellt worden sind. Von deutschen Behörden ausgestellte internationale Führerscheine sind bei Entziehung der Fahrerlaubnis abzuliefern (§ 11 III VO über internat. Kfz-verkehr), so daß bei ihnen die Einziehung nach § 69 III anzuordnen ist. 6

– Berufsverbot –

§ 70 Anordnung des Berufsverbots

(1) **Wird jemand wegen einer rechtswidrigen Tat, die er unter Mißbrauch seines Berufs oder Gewerbes oder unter grober Verletzung der mit ihnen verbundenen Pflichten begangen hat, verurteilt oder nur deshalb nicht verurteilt, weil seine Schuldunfähigkeit erwiesen oder nicht auszuschließen ist, so kann ihm das Gericht die Ausübung des Berufs, Berufszweiges, Gewerbes oder Gewerbezweiges für die Dauer von einem Jahr bis zu fünf Jahren verbieten, wenn die Gesamtwürdigung des Täters und der Tat die Gefahr erkennen läßt, daß er bei weiterer Ausübung des Berufs, Berufszweiges, Gewerbes oder Gewerbezweiges erhebliche rechtswidrige Taten der bezeichneten Art begehen wird. Das Berufsverbot kann für immer angeordnet werden, wenn zu erwarten ist, daß die gesetzliche Höchstfrist zur Abwehr der von dem Täter drohenden Gefahr nicht ausreicht.**

(2) **War dem Täter die Ausübung des Berufs, Berufszweiges, Gewerbes oder Gewerbezweiges vorläufig verboten (§ 132a der Strafprozeßordnung), so verkürzt sich das Mindestmaß der Verbotsfrist um die Zeit, in der das vorläufige Berufsverbot wirksam war. Es darf jedoch drei Monate nicht unterschreiten.**

(3) **Solange das Verbot wirksam ist, darf der Täter den Beruf, den Berufszweig, das Gewerbe oder den Gewerbezweig auch nicht für einen anderen ausüben oder durch eine von seinen Weisungen abhängige Person für sich ausüben lassen.**

(4) **Das Berufsverbot wird mit der Rechtskraft des Urteils wirksam. In die Verbotsfrist wird die Zeit eines wegen der Tat angeordneten vorläufigen Berufsverbots eingerechnet, soweit sie nach Verkündung des Urteils verstrichen ist, in dem die der Maßregel zugrunde liegenden tatsächlichen Feststellungen letztmals geprüft werden konnten. Die Zeit, in welcher der Täter auf behördliche Anordnung in einer Anstalt verwahrt worden ist, wird nicht eingerechnet.**

Schrifttum: Ćopić, Berufsverbot und Pressefreiheit, JZ 63, 494. – *Eyermann*, Untersagung der Berufsausübung durch Strafurteil und Verwaltungsakt, JuS 64, 269. – *Krause*, Die Untersagung von Unternehmungen, ZAkDR 38, 658, 697. – *Lang-Hinrichsen*, Umstrittene Probleme bei der strafgerichtlichen Untersagung der Berufsausübung, Heinitz-FS 477. – *Rietzsch* und *Schäfer-Wagner-Schafheutle* (angeführt vor § 61). – *Spohr*, Die strafgerichtliche Untersagung der Berufsausübung, GS 105, 71. – *Wilke*, Die Verwirkung der Pressefreiheit und das strafrechtliche Berufsverbot, 1964.

1 **I.** Zum Schutz der Allgemeinheit vor Gefahren, die aus dem Mißbrauch der Berufs- oder Gewerbeausübung zu rechtswidrigen Taten erwachsen, räumt die Vorschrift dem Strafrichter die Befugnis ein, unter bestimmten Voraussetzungen ein **Berufsverbot** oder ein Verbot der Gewerbeausübung auszusprechen. Das Verbot, das zeitlich begrenzt sein oder für dauernd ergehen kann, stellt wie die Fahrerlaubnisentziehung eine reine Maßregel der Besserung und Sicherung dar. Seine Anordnung und die Festsetzung seiner Dauer dürfen sich daher nur auf präventive Gesichtspunkte stützen, nicht etwa auf ein Sühnebedürfnis. Dem Maßregelcharakter entsprechend ist das Verbot auch dann zulässig, wenn wegen erwiesener oder nicht auszuschließender Schuldunfähigkeit eine Verurteilung unterblieben ist.

2 **1.** Das Verbot kann ausgesprochen werden, gleichviel ob der Beruf oder das Gewerbe jedem freisteht oder nur mit besonderer Erlaubnis oder Zulassung ausgeübt werden kann. Ferner bleibt die Möglichkeit, es auszusprechen, unberührt von der **Befugnis der Verwaltungsbehörden,** die Ausübung bestimmter Berufe oder Gewerbe zu untersagen sowie die Schließung von Betrieben anzuordnen. Das Gericht kann auch dann die Ausübung des Berufs verbieten, wenn bereits die Verwaltungsbehörde ein solches Verbot ausgesprochen hat (RG DR **43,** 73, BGH NJW **75,** 2249). Umgekehrt wird deren Befugnis, die Ausübung eines Berufs zu untersagen, durch die dem Strafrichter gegebene Möglichkeit grundsätzlich ebensowenig eingeschränkt. Sieht das Gericht von einem Berufsverbot ab, so kann die Verwaltungsbehörde dennoch z. B. eine zur Berufsausübung erforderliche Genehmigung zurücknehmen (preuß. OVG JW **36,** 1488). Beschränkungen hinsichtlich der Möglichkeit, von der Beurteilung der Sachlage durch den Strafrichter abzuweichen, enthält § 35 III GewO. Zur Beschränkung der verwaltungsbehördlichen Befugnisse nach dem Grundsatz „ne bis in idem" vgl. BVerwG NJW **63,** 875 und die abw. Stellungnahme von Lang-Hinrichsen aaO 499 f. Zum Verhältnis zwischen Berufsverbot und ehrengerichtlicher Ausschließung aus dem Berufsstand vgl. BGH NJW **75,** 1712.

3 **2.** § 70 erstreckt sich nicht auf **Beamte** sowie auf das Amt des **Notars** (BGH wistra **87,** 60: Vorrang des § 45 u. des § 49 BNotO). Wohl aber steht, wenn der Beamte auf Grund bestimmter fachlicher Qualitäten tätig ist, die Beamteneigenschaft dem Verbot einer seinem Fach entsprechenden Berufsausübung nicht entgegen. Daher kann z. B. einem Amtsarzt oder Studienrat untersagt werden, privat als Arzt oder Lehrer (Nachhilfeunterricht usw.) tätig zu werden (RG HRR **39** Nr. 188, D-Tröndle 5; einschränkend Hanack LK 33). Zum Berufsverbot für **Rechtsanwälte** vgl. BGH **28** 84, Schmid ZRP 75, 79. Die Möglichkeit, den Täter durch ein berufs- oder ehrengerichtliches Verfahren aus dem Berufsstand auszuschließen, steht einem entsprechenden Berufsverbot nicht entgegen (vgl. BGH **28** 85, NJW **75,** 1712).

4 **3.** Zweifelhaft kann sein, ob über § 70 die berufsmäßige Tätigkeit in der **Presse** untersagt werden kann, wenn der Verurteilte die Pressefreiheit zu Straftaten mißbraucht hat und zu befürchten ist, daß er dies auch in Zukunft tun wird. BGH **17** 38, NJW **65,** 1388 m. Anm. Wilke NJW 65, 2211 haben die Frage bejaht und § 421 a. F. als gesetzliche Schranke i. S. des Art. 5 II GG bezeichnet. Angesichts der fragwürdigen Ergebnisse, die mit jeder anderen Interpretation der Art. 5 und 18 GG verbunden wären, mag man Art. 18 GG als einzige Ausnahme gegenüber Art. 5 II GG ansehen (Ćopić JZ 63, 497) oder davon ausgehen, daß § 70 für alle Angehörigen der Presse mit Ausnahme der politischen Redakteure gilt (vgl. i. E. Ćopić aaO 496), wird man sich für die Zulässigkeit eines Nebeneinander der Maßnahmen nach Art. 18 GG und § 70 aussprechen müssen (enger Stree, Deliktsfolgen und Grundgesetz, 1960, 226, Lang-Hinrichsen aaO 477 ff., Maunz-Dürig Art. 18 RN 96, Wilke aaO 119 f., NJW 65, 2212, Willms NJW 64, 227 f., Sigloch MDR 64, 883); vgl. auch BVerfGE **25** 88, Hanack LK 73.

II. Für die Maßregel bestehen folgende **Voraussetzungen** (Abs. 1):

5 **1.** Der Täter muß eine rechtswidrige Tat i. S. des § 11 I Nr. 5 unter **Mißbrauch seines Berufs oder Gewerbes** oder unter **grober Verletzung der mit ihnen verbundenen Pflichten** began-

Anordnung des Berufsverbots 6–10 § 70

gen haben. Eine scharfe Grenze zwischen beiden Möglichkeiten besteht nicht; eine alternative Feststellung reicht aus. Erforderlich ist aber immer eine unmittelbare Beziehung der Straftat zum ausgeübten Beruf (BGH **22** 144). Es genügt nicht, wenn die Straftat im Hinblick auf einen zukünftig auszuübenden Beruf begangen wurde (BGH **22** 146). Ebensowenig genügt es, daß der Täter sich durch Straftaten lediglich die Mittel zur Ausstattung und Fortführung seines Gewerbebetriebes verschafft hat (BGH NStZ **88**, 176). Unerheblich ist, ob der Hauptberuf oder ein Nebenberuf betroffen ist. Berufsausübung i. S. des § 70 ist es, wenn ein Ehegatte im Geschäft des anderen oder ein Kind gemäß § 1619 BGB im Geschäft seines Vaters tätig ist (RG DJ **40**, 458, Hamm DRZ **48**, 315).

a) Eine Straftat ist *unter Mißbrauch des Berufs oder Gewerbes begangen,* wenn der Täter unter **6** bewußter Mißachtung der ihm in der Allgemeinheit gestellten Aufgaben seinen Beruf oder sein Gewerbe dazu ausnützt, einen diesen Aufgaben zuwiderlaufenden Zweck zu verfolgen (RG **68** 399, BGH NJW **89**, 3232, Hamburg NJW **55**, 1568). Dies ist z. B. der Fall, wenn ein Arzt sachwidrig Betäubungsmittel verschreibt (vgl. BGH NJW **75**, 2249) oder unerlaubte Schwangerschaftsabbrüche vornimmt, ein Gastwirt ein Gästezimmer für rechtswidrige Taten (Hehlerei, Verabredung verbrecherischer Terrorakte usw.) zur Verfügung stellt, ein Kaufmann fortlaufend Waren unter Vorspiegelung seiner Zahlungsfähigkeit bestellt (BGH NJW **89**, 3231 m. Anm. Geerds JR 90, 296), ein Buchhändler illegale Schriften vertreibt oder ein Rechtsanwalt seinem inhaftierten Mandanten Waffen oder zur Förderung weiterer Straftaten geeignetes Informationsmaterial zuleitet (BGH **28** 85). Die Straftat muß mit der gewöhnlichen Ausübung des Berufs oder Gewerbes in einem inneren Zusammenhang stehen (Beispiel in RG HRR **35** Nr. 1096); es genügt nicht, daß sich dem Täter nur aus Anlaß seiner Berufsausübung die Möglichkeit eröffnet, bestimmte Straftaten zu begehen (RG **68** 398, BGH NJW **83**, 2099). Der Mißbrauch muß vorsätzlich erfolgen (vgl. aber u. 7).

b) Eine Straftat ist *unter grober Verletzung der mit dem Beruf oder Gewerbe verbundenen Pflichten* **7** *begangen,* wenn der Täter durch die Tat den Pflichten gröblich zuwiderhandelt, die ihm für die Ausübung seines Berufs oder Gewerbes durch Gesetz, Vertrag oder öffentlich-rechtliche Anstellungsverfügung auferlegt sind (Hamburg NJW **55**, 1568). Im Gegensatz zu o. 6 reichen hier auch fahrlässige Pflichtverletzungen aus, sofern sie unter Strafe gestellt sind. Beispiele für Pflichtverletzungen bieten die Verletzung der Schweigepflicht durch einen Arzt oder einen Rechtsanwalt, Verstöße gegen lebensmittelrechtliche Vorschriften durch einen Lebensmittelhändler, der Morphiumdiebstahl einer Krankenschwester in einem Krankenhaus (Hamburg NJW **55**, 1569) und das Bereitstellen der Einrichtungen einer Anwaltskanzlei zur Sicherung des Kontakts zwischen inhaftierten und in Freiheit befindlichen Terroristen (BGH **28** 85), nicht z. B. die Nichtabführung von Arbeitnehmerbeiträgen an Krankenkasse (Bay NJW **57**, 958, Jescheck 748; and. Hanack LK 29f., Lang-Hinrichsen aaO 494, Martens NJW 59, 1289) oder Steuerhinterziehungen (KG JR **80**, 247; vgl. aber BGHR § 70 Abs. 1 Pflichtverletzung 3), wohl aber sexuelle Verfehlungen gegenüber Lehrlingen, zu deren Ausbildung spezifische Berufspflicht ist (BGH MDR/He **54**, 529). Ob die Pflichtverletzung grober Art ist, beurteilt sich nach dem Grad der Pflichtwidrigkeit oder nach der Bedeutung der mißachteten Pflicht. Als grob ist danach die Pflichtwidrigkeit einzustufen, wenn die jeweilige Pflicht in besonders schwerem Maß verletzt wird oder der Verstoß sich gegen eine besonders gewichtige Pflicht richtet. Bei verantwortungsvollen Berufen, die eine besondere Zuverlässigkeit voraussetzen, kann daher schon ein Verstoß ausreichen, der gradmäßig nicht besonders schwer wiegt (vgl. BGH MDR/ D **53**, 19, Hamburg NJW **55**, 1568; vgl. aber u. 11f.).

2. Weitere Voraussetzung ist, daß der Täter wegen dieser Tat **verurteilt oder wegen** erwiese- **8** ner oder nicht auszuschließender **Schuldunfähigkeit nicht verurteilt** wird. Bei der Verurteilung kommt es nicht darauf an, welche Strafe verhängt wird; denn nicht die Schwere der Tat und des Schuldvorwurfs ist für das Berufsverbot ausschlaggebend, sondern die künftige Gefährlichkeit des Täters. U. U. kann sogar bei Absehen von Strafe, etwa gem. § 60, ein Berufsverbot ergehen, da auch hier eine Verurteilung vorliegt. Im Falle der Schuldunfähigkeit kann das Berufsverbot auch selbständig angeordnet werden (§ 71 II).

3. Schließlich setzt die Anordnung die künftige **Gefährlichkeit des Täters** voraus. Die Ge- **9** samtwürdigung des Täters und der Tat muß die Gefahr erkennen lassen, daß er bei weiterer Ausübung des Berufs, Berufszweiges, Gewerbes oder Gewerbezweiges erhebliche rechtswidrige Taten unter Mißbrauch seines Berufs oder seines Gewerbes oder unter grober Verletzung der mit dem Beruf bzw. Gewerbe verbundenen Pflichten begehen wird.

a) Es muß die *Gefahr* erheblicher Rechtsverletzungen bei weiterer Ausübung des Berufs oder **10** Gewerbes bestehen, also die Wahrscheinlichkeit, daß der Täter weiterhin seinen Beruf oder sein Gewerbe zu rechtswidrigen Taten mißbraucht oder solche Taten unter grober Verletzung der spezifischen Pflichten begeht. Die bloße Wiederholungsmöglichkeit genügt ebensowenig wie die Gefahr berufsunabhängiger Taten. Entscheidend ist an sich die Gefährlichkeit im Zeitpunkt des Urteils. Zur Frage, ob gleichwohl Einwirkungen auf den Täter im Strafvollzug zu berücksichtigen sind, vgl. u. 13.

11 b) Es müssen *erhebliche* Rechtsverletzungen zu erwarten sein. Verfehlungen geringeren Gewichts reichen nicht aus, wie etwa kleine Diebstähle, Unterschlagungen oder Betrügereien. Soweit der Mißbrauch des Berufs zu erheblichen rechtswidrigen Taten zu befürchten ist, kommt es nicht darauf an, welcher Art sie sind. Die Gefahr braucht nicht einer unbestimmten Vielzahl von Personen zu drohen. Es genügt, daß die Allgemeinheit in bestimmten Personengruppen (BGH GA **60**, 183) oder in einem begrenzten Personenkreis betroffen wird.

12 c) Die Wahrscheinlichkeit künftiger erheblicher Rechtsverletzungen muß aus der *Gesamtwürdigung* des Täters und seiner Tat erkennbar sein (Koblenz OLGSt Nr. 1). Tat und Täter müssen zusammen darauf schließen lassen, daß mit erheblichen Rechtsverletzungen zu rechnen ist. Das erfordert nicht unbedingt, daß die Tat selbst bereits von erheblichem Gewicht ist (and. BT-Drs. V/4095 S. 38), mag auch im allgemeinen erst eine erhebliche Tat die erforderliche Prognose ergeben. Läßt die Gesamtwürdigung die künftige Gefahr erheblicher Rechtsverletzungen erkennen, so steht dem Berufsverbot nicht entgegen, daß die auslösende Tat von geringerem Gewicht ist.

13 4. Nach dem Wortlaut des § 70 setzt das Berufsverbot nicht die Erforderlichkeit voraus, die Allgemeinheit vor weiterer Gefährdung zu schützen. Wie bei den freiheitsentziehenden Maßregeln ist das **Subsidiaritätsprinzip entfallen.** Anders aber als bei jenen Maßregeln kann dem Subsidiaritätsprinzip auch nicht durch eine sofortige Aussetzung der Maßregel (vgl. § 70a II) Rechnung getragen werden. Angesichts dieses Umstandes läßt es sich nicht vertreten, den Subsidiaritätsgedanken bei der Anordnung der Maßregel gänzlich außer Betracht zu lassen. Stehen andere, weniger einschneidende Mittel zur Verfügung, um der Gefahr hinreichend zu begegnen, und ist daher ein Berufsverbot nicht erforderlich, so wäre es mit dem Verhältnismäßigkeitsgrundsatz (§ 62) unvereinbar, dennoch auf diese für den Betroffenen so nachhaltige Maßregel zurückzugreifen. Das Gericht muß sich daher mit dem Verbot bestimmter Tätigkeiten im Bereich des Berufs begnügen, wenn diese Beschränkung zum Schutz der Allgemeinheit ausreicht (vgl. u. 15). Das Fehlen der Erforderlichkeitsklausel hat demgemäß im wesentlichen nur Bedeutung für den Prognosezeitpunkt. Die Klausel war früher dahin verstanden worden, daß in dem Zeitpunkt, in dem sich das Berufsverbot auswirkt, d. h. nach der Strafverbüßung, die Maßregel noch erforderlich sein muß; die Gefährlichkeitsprognose war danach auf diesen Zeitpunkt abzustellen (vgl. 17. A. § 421 RN 10). Mit dem Fortfall der Erforderlichkeitsklausel kommt es an sich für die Gefährlichkeitsprognose nur noch auf den Urteilszeitpunkt an (vgl. E 62 Begr. 231, BGH NJW **75**, 2249). Ergibt sich später Grund zu der Annahme, daß die bei der Anordnung des Berufsverbots festgestellte Gefahr nicht mehr besteht, so ist Aussetzung des Berufsverbots möglich (vgl. § 70a). Da aber die Aussetzung frühestens nach einem Jahr zulässig ist, kann diese Einschränkung dazu führen, daß ein Täter, der am Ende des Strafvollzugs nicht mehr gefährlich ist, für 1 Jahr sachlich unberechtigt einem Berufsverbot unterliegt. Aus diesem Grund hat das Gericht bei seiner Ermessensentscheidung den voraussichtlichen Einfluß des Strafvollzugs auf den Täter zu berücksichtigen (vgl. auch Hanack LK 46).

14 III. Die Anordnung des Berufsverbots steht in richterlichem **Ermessen** (Abs. 1; vgl. BGH wistra **82**, 68). Maßgebend für die pflichtgemäße Ermessensausübung ist der Maßregelzweck. Erweist sich die Anordnung zum Schutz der Allgemeinheit als dringend notwendig, so muß sie getroffen werden (vgl. auch RG **74** 54, DR **41**, 993). Je nach der Gefahrenlage können andererseits besondere Umstände des Falles zum Absehen vom Berufsverbot führen. Der Umstand allein, dem Täter mit einer weiteren Geschäftstätigkeit die Schadenswiedergutmachung zu ermöglichen, genügt hierfür aber ebensowenig wie die Erwägung, der Täter werde sich in ein Arbeitsverhältnis als Unselbständiger nicht mehr eingliedern können (BGH NStZ **81**, 392). Die Zulässigkeit des Berufsverbots entfällt nicht deswegen, weil der Täter den Beruf bereits aufgegeben hat und nicht wieder aufnehmen will (RG JW **39**, 221, BGH MDR/He **54**, 529), die Verwaltungsbehörde schon ein entsprechendes Verbot ausgesprochen hat (RG DR **43**, 73, BGH NJW **75**, 2249) oder die Möglichkeit besteht, den Täter im ehrengerichtlichen Verfahren von seinem Beruf auszuschließen (BGH MDR/D **52**, 530). Genügen jedoch andere, weniger einschneidende Maßnahmen vollauf dem Sicherungsbedürfnis der Allgemeinheit, so wäre es verfehlt, ein Berufsverbot auszusprechen.

15 1. **Gegenstand** des Berufsverbots ist die Ausübung des Berufs usw., in dem die pflichtwidrige Tat begangen worden ist (BGH wistra **86**, 257). Unzulässig ist das Verbot eines völlig anderen Berufes, selbst wenn die durch die Tat erwiesene Unzuverlässigkeit befürchten läßt, daß die Ausübung dieses Berufes für die Allgemeinheit gefährlich wird. Dagegen ist das Gericht nicht verpflichtet, das Verbot auf den Berufs- oder Gewerbezweig zu beschränken, den der Täter zu seiner Tat mißbraucht hat. Über den speziellen Zweig hinaus ist die Berufs- oder Gewerbegattung miterfaßt, so daß z. B. einem Milchhändler der Betrieb eines Einzelhandelsgeschäfts untersagt werden kann (vgl. RG 71 69, BGH MDR 58, 783, NJW 65, 1389). Eine Ausdehnung des Verbots auf die Berufsgattung ist jedoch sachwidrig, wenn der Schutz der Allgemeinheit nur die Nichtausübung des Berufszweiges erfordert. Das Gericht hat sich stets auf das notwendige Maß zu beschränken. Genügt es, nur bestimmte Tätigkeiten im Bereich eines Berufs usw. zu verbieten, so erübrigt sich ein weitergehendes Verbot. Die Möglichkeit, im Verbot nur bestimmte Tätigkeiten zu erfassen, ist in § 70 zwar nicht ausdrücklich vorgesehen, sie wird aber auch nicht ausgeschlossen (vgl. E 62 Begr. 232) und ist bereits im Rahmen des § 421 a. F. als zulässig angesehen worden. So kann etwa einem Musiklehrer, der wegen sexueller Verfehlungen gegenüber Jugendlichen verurteilt wird, untersagt werden, Schüler der geschützten Altersgruppe zu unterrichten (BGH 5 StR 1/53 vom 7. 5. 1953), oder einem Friseur, weibliche Lehrlinge zu beschäftigen (BGH MDR/He 54, 529; vgl. auch BGH GA 60, 183). Bei einem Rechtsanwalt, der seinen Beruf zur Unterstützung von Terroristen mißbraucht hat, reicht jedoch eine Beschränkung des Berufsverbots auf die Verteidigung von Terroristen im allgemeinen nicht aus (BGH 28 85).

2. Wird ein Berufsverbot angeordnet, so ist im Urteil der **Beruf** usw., dessen Ausübung verboten wird, **genau zu bezeichnen** (§ 260 II StPO). Diesem Erfordernis entspricht nicht das Verbot jeder selbständigen Geschäftstätigkeit (BGH MDR/D 52, 530) oder Gewerbetätigkeit (BGH MDR/H 79, 455), der Geschäftstätigkeit, die Verfügungen über fremde Gelder ermöglicht (BGH MDR/D 74, 12), oder der Betätigung als Manager (BGH MDR/D 58, 139), wohl aber noch das Verbot, jedwedes Handelsgewerbe (RG 71 69; and. BGH MDR/D 56, 143) oder den Vertreterberuf auszuüben (Celle NJW 65, 265; and. D-Tröndle 10). 16

3. Das Berufsverbot kann durch **Rechtsmittel** gesondert angefochten werden, auch dann, wenn es neben einer Strafe angeordnet wird (Hamm NJW 57, 1773; einschränkend D-Tröndle 18). Ebenso kann die StA das Rechtsmittel auf die Nichtverhängung des Berufsverbots beschränken (BGH NJW 75, 2249). 17

IV. Die **Dauer** des Berufsverbots bestimmt das Gericht nach seinem pflichtgemäßen Ermessen. Das Verbot ist entweder innerhalb einer Mindest- und Höchstgrenze zeitlich zu befristen oder für immer anzuordnen (Abs. 1). 18

1. Das Mindestmaß eines **zeitlich begrenzten** Berufsverbots beträgt 1 Jahr, das Höchstmaß 5 Jahre. Für die Fristbemessung ist die Zeit der voraussichtlichen Gefährlichkeit maßgebend. Zu berücksichtigen ist insb., welche Dauer des Berufsverbots voraussichtlich so nachhaltig auf den Täter wirkt, daß er sich hinreichend besinnt und von ihm daher keine erneuten Straftaten durch Mißbrauch des Berufs oder grobe Verletzung der Berufspflichten zu befürchten sind. U. U. kann für die Dauer auch die Zeit bedeutsam sein, die der Täter zur Behebung vorhandener Mängel, etwa fehlender Kenntnisse, benötigt (Hanack LK 59). Das Gewicht der Tat, die das Berufsverbot auslöst, ist dagegen allein nicht entscheidend. Es kann nur als Indiz für die weitere Gefährlichkeit herangezogen werden und allenfalls noch für die Verhältnismäßigkeit der Verbotsdauer von Bedeutung sein (Hanack LK 59). Der Umstand, daß der Täter eine längere Freiheitsstrafe zu verbüßen hat, darf nicht zu einer Fristverlängerung führen, da die Strafverbüßung den Fristablauf hemmt (vgl. Abs. 4 S. 3). Wird die zeitige Höchstdauer angeordnet, so bedarf dies einer eingehenden Begründung (vgl. BGH VRS 15 115, 31 188). 19

2. Ein **lebenslanges Berufsverbot** kann nur angeordnet werden, wenn zu erwarten ist, daß die gesetzliche Höchstfrist zur Abwehr der vom Täter drohenden Gefahr nicht ausreicht (Abs. 1 S. 2). Es muß also die Wahrscheinlichkeit, nicht nur die bloße Möglichkeit bestehen, daß der Maßregelzweck mit einem befristeten Verbot nicht erreichbar ist. Wegen des besonders nachhaltigen Eingriffs in die Freiheitsrechte des Betroffenen entspricht das lebenslange Berufsverbot nur in schwerwiegenden Ausnahmefällen dem Verhältnismäßigkeitsgrundsatz (§ 62; vgl. auch BGH NStZ/T 87, 499). Seine Anordnung bedarf einer eingehenden Begründung im Urteil. Ohne Bedeutung ist allerdings grundsätzlich das Alter des Betroffenen (and. Hanack LK 63). Einen gewissen Ausgleich für die einschneidende Maßnahme bietet die im § 70a gegebene Möglichkeit, das Verbot später zur Bewährung auszusetzen. Dies berechtigt jedoch nicht dazu, die strengen Maßstäbe bei der Anordnung eines lebenslangen Berufsverbots aufzulockern. 20

3. Bei der **Bemessung der Verbotsdauer** ist ein **vorläufiges Berufsverbot** (§ 132a StPO) zu **berücksichtigen,** und zwar die Zeit, die bis zum Urteil der letzten Tatsacheninstanz verstrichen ist. Die nach dem letzten tatrichterlichen Urteil liegende Zeit des vorläufigen Verbots ist in die Verbotsfrist einzurechnen (vgl. u. 23). Von dieser Zeit abgesehen erfolgt keine automatische Anrechnung des vorläufigen Verbots. Vielmehr kann das Gericht angesichts des Umstandes, daß der Täter seinen Beruf schon eine Zeitlang nicht hat ausüben dürfen, eine kürzere Verbots- 21

dauer festsetzen. Es ist hierbei nicht an das sonst geltende Mindestmaß gebunden. Dieses verkürzt sich um die Zeit, in der das vorläufige Berufsverbot wirksam war; es darf jedoch 3 Monate nicht unterschreiten (Abs. 2). Zu den etwaigen Härten, die sich aus dem Mindestmaß von 3 Monaten bei einem Berufungsverfahren ergeben können, vgl. das in RN 13 zu § 69a Ausgeführte, das hier entsprechend gilt.

22 Denkbar ist auch, daß wegen der Dauer des vorläufigen Berufsverbots ein endgültiges Verbot sich erübrigt, weil keine weitere Gefahr erheblicher Rechtsverletzungen durch Mißbrauch des Berufs mehr droht. Das kann auch dann der Fall sein, wenn die Dauer kürzer als 1 Jahr ist. In solchen Fällen hat das Gericht von einem endgültigen Berufsverbot abzusehen.

23 4. Das Berufsverbot wird mit Rechtskraft des Urteils **wirksam** (Abs. 4). In die Verbotsdauer wird jedoch die Zeit nicht eingerechnet, in welcher der Täter auf behördliche Anordnung in einer Anstalt verwahrt wird, namentlich also die Zeit der Strafverbüßung. Angerechnet wird dagegen die Zeit eines vorläufigen Berufsverbots ab Verkündung des letzten tatrichterlichen Urteils. Vgl. das in RN 14 ff. zu § 69a Ausgeführte, das hier entsprechend gilt. Zur Möglichkeit, zur Vermeidung von Härten bis zu 6 Monaten das Wirksamwerden des Berufsverbots aufzuschieben oder das Berufsverbot auszusetzen, vgl. § 456c StPO.

24 V. Zur **Verhinderung von Umgehungen** bestimmt Abs. 3, daß der Täter den Beruf usw. auch nicht für einen anderen ausüben darf, etwa als Geschäftsführer einer Gesellschaft mit einem Tätigkeitsbereich, der mit dem untersagten Beruf ganz oder teilweise übereinstimmt. Erfaßt sind insoweit auch untergeordnete Tätigkeiten, bei denen der Täter weitgehend den Weisungen anderer unterworfen wäre. Ferner darf der Täter den Beruf usw. nicht durch eine von seinen Weisungen abhängige Person für sich ausüben lassen darf. Wohl aber darf er z. B. das Gewerbe von einem Dritten selbständig betreiben lassen, auch wenn ihm die Gewinne zufließen.

25 VI. Das Berufsverbot kann auch **neben anderen Maßregeln** der Besserung und Sicherung ausgesprochen werden (vgl. § 72), z. B. neben der Fahrerlaubnisentziehung oder der Unterbringung in einer Entziehungsanstalt, u. U. auch neben Sicherungsverwahrung (vgl. RG HRR **35** Nr. 899, DJ **38**, 831). Zulässig ist ferner seine selbständige Anordnung im Sicherungsverfahren nach §§ 413 ff. StPO (§ 71 II).

26 VII. Vorsätzliche Verstöße gegen das Berufsverbot sind nach § 145c strafbar.

27 VIII. Auf Grund einer **Tat**, die **vor dem 1. 1. 1975** begangen worden ist, darf das Berufsverbot nur angeordnet werden, wenn außer den Voraussetzungen des § 70 auch die Voraussetzungen der Untersagung der Berufsausübung oder der Betriebsführung nach bisherigem Recht vorliegen; ein lebenslanges Berufsverbot darf nicht ausgesprochen werden (Art. 305 EGStGB).

§ 70a Aussetzung des Berufsverbots

(1) **Ergibt sich nach Anordnung des Berufsverbots Grund zu der Annahme, daß die Gefahr, der Täter werde erhebliche rechtswidrige Taten der in § 70 Abs. 1 bezeichneten Art begehen, nicht mehr besteht, so kann das Gericht das Verbot zur Bewährung aussetzen.**

(2) **Die Anordnung ist frühestens zulässig, wenn das Verbot ein Jahr gedauert hat. In die Frist wird im Rahmen des § 70 Abs. 4 Satz 2 die Zeit eines vorläufigen Berufsverbots eingerechnet. Die Zeit, in welcher der Täter auf behördliche Anordnung in einer Anstalt verwahrt worden ist, wird nicht eingerechnet.**

(3) **Wird das Berufsverbot zur Bewährung ausgesetzt, so gelten die §§ 56a und 56c bis 56e entsprechend. Die Bewährungszeit verlängert sich jedoch um die Zeit, in der eine Freiheitsstrafe oder eine freiheitsentziehende Maßregel vollzogen wird, die gegen den Verurteilten wegen der Tat verhängt oder angeordnet worden ist.**

1 I. Die Vorschrift trägt dem präventiven Charakter des Berufsverbots Rechnung und läßt dessen **Aussetzung zur Bewährung** zu (auch beim Verbot für immer), wenn sich nach dessen Anordnung Grund zu der Annahme ergibt, daß die für die Anordnung vorausgesetzte Gefahr nicht mehr besteht. Allerdings gestattet sie die Aussetzung frühestens mit Ablauf der gesetzlichen Mindestfrist. Die Einschränkung soll dafür sorgen, daß das Berufsverbot wenigstens 1 Jahr wirksam bleibt, um die vom Täter ausgehende Gefahr zumindest für eine gewisse Zeit mit Sicherheit abzuwehren (E 62 Begr. 238). Eine solche Vorsorge ist jedoch unangebracht. Stellt sich etwa nach Verbüßung einer längeren Freiheitsstrafe heraus, daß vom Täter keine weiteren Straftaten zu befürchten sind, so erfordern präventive Gesichtspunkte keine Berufseinschränkung mehr. Das vorsorgliche Aufrechterhalten des Berufsverbots kann überdies einer Resozialisierung abträglich sein, da der aus dem Strafvollzug Entlassene sich zunächst einmal dem

Aussetzung des Berufsverbots   2–8 **§ 70 a**

erlernten Beruf fernhalten muß und frühestens nach einem Jahr zu ihm zurückkehren kann. Das Subsidiaritätsprinzip, das bei der Anordnung des Berufsverbots entfallen ist (vgl. § 70 RN 13), hätte daher jedenfalls bei dessen Aussetzung ohne Rücksicht auf eine Mindestfrist zum Tragen kommen müssen (vgl. auch Hanack LK 8).

II. Voraussetzung für die Aussetzung des Berufsverbots ist die begründete Annahme, daß 2
die Gefahr, der Täter werde erhebliche rechtswidrige Taten der in § 70 I bezeichneten Art begehen, nicht mehr besteht (Abs. 1).

1. Es muß hiernach **Grund** zu der Annahme vorhanden sein, daß die für die Anordnung des 3
Berufsverbots vorausgesetzte Gefahr entfallen ist. Das setzt mehr voraus, als § 67 d II für die Aussetzung einer Unterbringung fordert. Es reicht noch nicht aus, daß verantwortet werden kann zu erproben, ob der Täter den ihm verbotenen Beruf ohne Gefährdung der Allgemeinheit wieder ausüben wird. Ein solches Risiko hat das Gesetz nicht zugelassen. Es müssen vielmehr Umstände vorliegen, die darauf schließen lassen, daß der Täter den Beruf nicht mehr zu erheblichen Rechtsverletzungen mißbrauchen und solche Taten auch nicht mehr unter grober Verletzung der spezifischen Berufspflichten begehen wird. Eine allgemeine Erwartung, er werde keine rechtswidrigen Taten erheblicher Art mehr begehen, genügt nicht.

2. Der Grund zu der Annahme, daß die Gefahr erheblicher Rechtsverletzungen entfallen ist, 4
muß sich **nach Anordnung des Berufsverbots** ergeben. Nachträglich hervorgetretene oder bekannt gewordene Umstände müssen demnach zu einer anderen Beurteilung der Gefahrensituation führen. Eine lediglich andere Beurteilung der unverändert gebliebenen Umstände vermag die Aussetzung noch nicht zu rechtfertigen, wohl aber die erst später erlangte Kenntnis von unveränderten Umständen. Vgl. auch Hanack LK 6.

III. Liegen die Voraussetzungen für eine Aussetzung des Berufsverbots vor, so kann das 5
Gericht dieses zur Bewährung aussetzen. Es steht also in richterlichem **Ermessen,** ob das Gericht das Verbot in Form der Aussetzung auflockert. Eine pflichtgemäße Ermessensausübung gebietet jedoch die Aussetzung, wenn ein hinreichender Grund zu der Annahme gegeben ist, daß vom Täter keine erheblichen Rechtsverletzungen unter Mißbrauch seines Berufs mehr zu befürchten sind. Weder präventive Erfordernisse noch der Verhältnismäßigkeitsgrundsatz lassen dann zu, von der Aussetzung abzusehen.

1. Die Aussetzung ist **frühestens** zulässig, wenn das Verbot 1 Jahr gedauert hat (Abs. 2). Zu 6
den Bedenken gegen diese Regelung vgl. o. 1. Während der Jahresfrist muß sich der Täter auf freiem Fuß befunden haben. Die Zeit, in der er auf behördliche Anordnung in einer Anstalt verwahrt worden ist, wird in die Frist nicht eingerechnet (Abs. 2 S. 3). Bei der Jahresfrist ist andererseits die Zeit eines vorläufigen Berufsverbots (§ 132 a StPO) zu berücksichtigen, soweit sie nach Verkündung des letzten tatrichterlichen Urteils liegt (Abs. 2 S. 2), vorausgesetzt, daß der Täter auf freiem Fuß war. Unberücksichtigt bleibt dagegen die Zeit eines vorläufigen Berufsverbots bis zum Urteil in der letzten Tatsacheninstanz.

2. Wird die Aussetzung angeordnet, so sind die Vorschriften über die Ausgestaltung der 7
Strafaussetzung zur Bewährung entsprechend anwendbar, ausgenommen die Vorschrift über Auflagen (Abs. 3). Das Gericht hat also die Dauer der **Bewährungszeit** zwischen 2 und 5 Jahren zu bestimmen. Diese verlängert sich indes um die Zeit, in der eine Freiheitsstrafe oder eine freiheitsentziehende Maßregel vollzogen wird, die gegen den Verurteilten wegen der Tat, die zum Berufsverbot geführt hat, verhängt bzw. angeordnet worden ist. Praktisch kann sich die Möglichkeit der Verlängerung auswirken, wenn die Strafaussetzung, die Aussetzung des Strafrestes oder die Aussetzung einer freiheitsentziehenden Maßregel widerrufen wird (vgl. § 70 b RN 2). Strafverbüßung oder Unterbringung wegen einer anderen Tat läßt jedoch den Ablauf der Bewährungszeit unberührt. Dem Verurteilten können **Weisungen** entsprechend § 56 c erteilt werden. Ihm steht seinerseits die Möglichkeit offen, entsprechende Zusagen für seine künftige Lebensführung zu machen (vgl. § 56 c IV). Er kann ferner für die Dauer oder einen Teil der Bewährungszeit einem Bewährungshelfer unterstellt werden. Auch können solche Anordnungen nachträglich getroffen, geändert oder aufgehoben werden. So kann das Gericht etwa anläßlich der Tatsache, daß der Verurteilte wegen einer anderen Tat eine Freiheitsstrafe verbüßt, die Bewährungszeit bis auf das Höchstmaß verlängern. Im einzelnen vgl. die Anm. zu den entsprechend anwendbaren Vorschriften.

3. Zum **Verfahren** vgl. die §§ 463 V, 462 StPO. Zur Pflicht des Gerichts, von Amts wegen die 8
Aussetzungsmöglichkeit zu prüfen, vgl. Hanack LK 19. Fristen bestehen insoweit nicht (and. Horn SK 5, der § 67 e II analog heranzieht). Der Verurteilte kann die Überprüfung und die Aussetzung des Berufsverbots beantragen. Ein solcher Antrag ist bereits vor Ablauf der Mindestfrist zulässig, jedoch nur in einem Zeitraum, den das Gericht voraussichtlich benötigt, um die Aussetzungsmöglichkeit mit Ablauf der Mindestfrist zu klären. Einen abgelehnten Antrag kann der Verurteilte jederzeit erneuern. Die Möglichkeit, entsprechend den §§ 57 VI, 67 e III, 68 e II die Antragswiederholung zeit-

Stree

lich zu beschränken, ist den Gerichten in § 70a nicht eingeräumt worden. Da eine Frist, vor deren Ablauf ein Antrag auf Aussetzung des Berufsverbots unzulässig ist, den Verurteilten in seinen Rechten beschränkt, kommt auch eine entsprechende Anwendung der genannten Vorschriften nicht in Betracht (and. Voraufl., Horn SK 5). Eine dennoch vom Gericht festgesetzte Frist läßt sich demgemäß nur als bloßer Hinweis darauf verstehen, daß ein vor Fristablauf gestellter Antrag keine Erfolgsaussicht hat (Hanack LK 19). Zur gerichtlichen Zuständigkeit vgl. Koblenz OLGSt Nr. 1.

§ 70b Widerruf der Aussetzung und Erledigung des Berufsverbots

(1) Das Gericht widerruft die Aussetzung eines Berufsverbots, wenn der Verurteilte
1. während der Bewährungszeit unter Mißbrauch seines Berufs oder Gewerbes oder unter grober Verletzung der mit ihnen verbundenen Pflichten eine rechtswidrige Tat begeht,
2. gegen eine Weisung gröblich oder beharrlich verstößt oder
3. sich der Aufsicht und Leitung des Bewährungshelfers beharrlich entzieht

und sich daraus ergibt, daß der Zweck des Berufsverbots dessen weitere Anwendung erfordert.

(2) Das Gericht widerruft die Aussetzung des Berufsverbots auch dann, wenn Umstände, die ihm während der Bewährungszeit bekannt werden und zur Versagung der Aussetzung geführt hätten, zeigen, daß der Zweck der Maßregel die weitere Anwendung des Berufsverbots erfordert.

(3) Die Zeit der Aussetzung des Berufsverbots wird in die Verbotsfrist nicht eingerechnet.

(4) Leistungen, die der Verurteilte zur Erfüllung von Weisungen oder Zusagen erbracht hat, werden nicht erstattet.

(5) Nach Ablauf der Bewährungszeit erklärt das Gericht das Berufsverbot für erledigt.

1 I. Die Vorschrift regelt den **Widerruf der Aussetzung** eines Berufsverbots sowie, wenn auch unvollkommen, die **Erledigung der Maßregel**. Zu widerrufen ist die Aussetzung, wenn sich der Verurteilte nicht bewährt (Abs. 1). Außerdem hat der Widerruf zu erfolgen, wenn nachträglich bekanntgewordene Umstände die weitere Anwendung des Verbots erfordern (Abs. 2). Im Falle der Bewährung ist die Maßregel für erledigt zu erklären (Abs. 5). Abs. 5 betrifft nur das ausgesetzte Berufsverbot. Ein nicht ausgesetztes Berufsverbot erledigt sich automatisch, also ohne ausdrückliche Erklärung des Gerichts, mit Ablauf der Verbotsfrist.

2 II. Die **Widerrufsgründe** sind in Abs. 1 und 2 abschließend aufgezählt. Sie decken sich nicht völlig mit den Widerrufsgründen bei der Strafaussetzung, so daß deren Widerruf nicht ohne weiteres auch zum Widerruf der Aussetzung des Berufsverbots führt. Wird nur die Strafaussetzung widerrufen, so verlängert sich aber die Bewährungszeit für das ausgesetzte Berufsverbot um die Zeit der Strafverbüßung (§ 70a III 2). Die Aussetzung des Berufsverbots ist zu widerrufen, wenn entweder ein bestimmtes Verhalten des Verurteilten während der Bewährungszeit oder ein bestimmter während dieser Zeit bekanntgewordener Umstand ergibt, daß der Zweck des Berufsverbots dessen weitere Anwendung erfordert.

3 1. Widerrufsgrund ist nach Abs. 1 Nr. 1 eine **rechtswidrige Tat,** die der Verurteilte während der Bewährungszeit unter Mißbrauch seines Berufs oder Gewerbes oder unter grober Verletzung der mit ihnen verbundenen Pflichten begeht und die die Notwendigkeit der weiteren Anwendung des Berufsverbots erkennen läßt. Diese Widerrufsvoraussetzungen entsprechen im wesentlichen den Voraussetzungen für die Anordnung eines Berufsverbots. Das gilt auch für das Erfordernis der weiteren Verbotsanwendung. Der Zweck der Maßregel erfordert ihre weitere Anwendung nur dann, wenn die sich aus der Gesamtwürdigung der Tat und des Täters ergebende Prognose künftiger Gefährlichkeit den Voraussetzungen für das Berufsverbot entspricht. Es muß sich demnach um eine Tat handeln, die einen Zusammenhang mit der berufsspezifischen Gefährlichkeit aufweist, deretwegen das Berufsverbot ergangen ist (Hanack LK 5). Die Gefährlichkeitsprognose braucht jedoch nicht der Gefährlichkeitsprognose zu entsprechen, die für die Verbotsdauer maßgebend war (vgl. aber Hanack LK 1 f.). Sonst würde der Verurteilte bei der Frage des Widerrufs im Falle eines lebenslangen Berufsverbots unberechtigt günstiger stehen als im Falle eines befristeten Verbots. Zu beachten ist ferner, daß bei der Frage des Widerrufs das Subsidiaritätsprinzip voll zum Tragen kommt. Der erneuten Anwendung des Berufsverbots bedarf es nicht, wenn sich Umstände abzeichnen, die der vom Täter ausgehenden Gefahr entgegenstehen und Grund zu der Annahme ergeben, daß sich die mit der Aussetzung verknüpften Erwartungen trotz der ungünstigen Täterprognose erfüllen. Aus diesem

Grund ist trotz Fehlens einer dem § 56f II entsprechenden Regelung vom Widerruf abzusehen, wenn es ausreicht, die Bewährungszeit zu verlängern und (oder) weitere Weisungen zu erteilen (Hanack LK 11). Abweichend von der Anordnung des Berufsverbots ist nicht erforderlich, daß der Täter wegen der rechtswidrigen Tat verurteilt oder nur wegen erwiesener oder nicht auszuschließender Schuldunfähigkeit nicht verurteilt worden ist. Es genügt für den Widerruf die Tatbegehung, von der das Gericht überzeugt sein muß. Vgl. im übrigen zu den Widerrufsvoraussetzungen die Anm. zu § 70, die hier entsprechend gelten.

2. Den Widerruf begründet ferner ein gröblicher oder beharrlicher **Verstoß gegen eine Weisung,** sofern er die Notwendigkeit ergibt, das Berufsverbot erneut anzuwenden (Abs. 1 Nr. 2). Zum gröblichen oder beharrlichen Verstoß gegen Weisungen vgl. § 56f RN 6, zum Erfordernis der weiteren Verbotsanwendung vgl. o. 3.

3. Gleiches gilt, wenn der Verurteilte sich der **Aufsicht** und Leitung des Bewährungshelfers beharrlich **entzieht** und sich daraus das Erfordernis der weiteren Verbotsanwendung ergibt (Abs. 1 Nr. 3). Vgl. dazu § 56f RN 6 und o. 3.

4. Schließlich können noch **nachträglich bekanntgewordene Umstände** den Widerruf auslösen (Abs. 2). Während der Bewährungszeit muß das Gericht Kenntnis von Umständen erlangen, die zur Versagung der Aussetzung geführt hätten und die zeigen, daß der Zweck der Maßregel die weitere Anwendung des Berufsverbots erfordert. Umstände, die dem Gericht schon bei der Aussetzung bekannt waren, scheiden als Widerrufsgrund aus; eine lediglich abweichende Beurteilung solcher Umstände berechtigt nicht zum Widerruf. Ebensowenig genügt das Bekanntwerden von Versagungsgründen nach Ablauf der Bewährungszeit. Die während der Bewährungszeit bekanntgewordenen Umstände müssen der weiteren Aussetzung entgegenstehen. Das ist nicht der Fall, wenn das spätere Verhalten des Verurteilten in der Bewährungszeit erkennen läßt, daß von ihm keine erheblichen Rechtsverletzungen unter Mißbrauch seines Berufs mehr zu erwarten sind.

5. Ist ein Widerrufsgrund gegeben, so **muß** das Gericht die Aussetzung **widerrufen.** Es läßt sich dann nicht verantworten, daß der Verurteilte weiterhin seinen Beruf oder sein Gewerbe ausübt. Zur Beachtung des Subsidiaritätsprinzips vgl. o. 3. Der Widerruf ist auch noch nach Ablauf der Bewährungszeit zulässig (D-Tröndle 6, Lackner 2), wobei die in § 56f RN 13 angeführten rechtsstaatlichen Grundsätze zu beachten sind. Die Voraussetzungen für den Widerruf müssen nach der Überzeugung des Gerichts feststehen. Zweifel stehen zugunsten des Verurteilten einem Widerruf entgegen.

6. Mit dem Widerruf ändert sich nichts an der **Dauer des Berufsverbots,** die das Gericht bei dessen Anordnung festgesetzt hat. Eine andere Dauer darf nicht festgesetzt werden. Das gilt auch für ein lebenslanges Berufsverbot; das Gericht darf es nicht deswegen in ein zeitlich befristetes Verbot ändern, weil die zum Widerruf führende Prognose ergibt, daß eine Befristung ausreicht (Hanack LK 7; and. Horn SK 3). Der etwaigen Härte läßt sich durch eine spätere erneute Aussetzung begegnen. Nicht einzurechnen in die Verbotsdauer ist die Zeit der Aussetzung (Abs. 3). Vielmehr berechnet sich die Verbotsfrist aus der Dauer des Verbots vor der Aussetzung und nach deren Widerruf. War also ein vierjähriges Berufsverbot nach 2 Jahren ausgesetzt worden, so dauert das Verbot nach dem Widerruf noch 2 Jahre. Eine Verlängerung der Verbotsdauer ist unzulässig. Hat der Verurteilte allerdings während der Bewährungszeit eine rechtswidrige Tat unter den Voraussetzungen des § 70 begangen, so steht nichts entgegen, bei der Aburteilung ein Berufsverbot mit längerer Dauer auszusprechen.

7. Leistungen, die der Verurteilte zur **Erfüllung von Weisungen** oder Zusagen erbracht hat, werden **nicht erstattet** (Abs. 4). Dies entspricht der Regelung beim Widerruf der Strafaussetzung. Vgl. dazu § 56f RN 17. Die Leistungen werden ebensowenig erstattet, wenn das Gericht das Berufsverbot für erledigt erklärt.

III. Widerruft das Gericht die Aussetzung nicht, so erklärt es nach Ablauf der Bewährungszeit das **Berufsverbot** für **erledigt** (Abs. 5). Das Verbot erledigt sich also im Falle seiner Aussetzung nicht automatisch. Es bedarf einer ausdrücklichen gerichtlichen Entscheidung (Beschluß; vgl. §§ 462, 463 V, StPO), die eine vorherige Klärung voraussetzt, daß keine Widerrufsgründe vorliegen. Ihr Widerruf ist nicht zulässig.

§§ 71, 72 Allg. Teil. Rechtsfolgen d. Tat – Maßregeln d. Besserung u. Sicherung

– Gemeinsame Vorschriften –

§ 71 Selbständige Anordnung

(1) **Die Unterbringung in einem psychiatrischen Krankenhaus oder in einer Entziehungsanstalt kann das Gericht auch selbständig anordnen, wenn das Strafverfahren wegen Schuldunfähigkeit oder Verhandlungsunfähigkeit des Täters undurchführbar ist.**

(2) **Dasselbe gilt für die Entziehung der Fahrerlaubnis und das Berufsverbot.**

1 I. Die Vorschrift trägt dem Umstand Rechnung, daß Maßregeln der Besserung und Sicherung auch dann erforderlich sein können, wenn eine Bestrafungsmöglichkeit entfällt, weil der Täter zur Tatzeit schuldunfähig oder wegen seiner Verhandlungsunfähigkeit ein Strafverfahren undurchführbar ist. Sie läßt in solchen Fällen die **selbständige Anordnung** der Maßregel zu.

2 1. Selbständig angeordnet werden können danach **fast alle Maßregeln** der Besserung und Sicherung, nämlich die Unterbringung in einem psychiatrischen Krankenhaus oder einer Entziehungsanstalt (Abs. 1) sowie die Entziehung der Fahrerlaubnis und das Berufsverbot (Abs. 2). Ausgenommen sind die Sicherungsverwahrung und die Führungsaufsicht. Beide Maßregeln können nur neben der Strafe angeordnet werden und sind daher einer selbständigen Anordnung nicht zugänglich.

3 2. Voraussetzung für eine solche Anordnung ist die **Undurchführbarkeit des Strafverfahrens** wegen Schuldunfähigkeit oder Verhandlungsunfähigkeit des Täters. Sonstige Hindernisse, die der Durchführung des Strafverfahrens entgegenstehen, berechtigen nicht zu einer selbständigen Anordnung. Das gilt insb. auch für das Fehlen eines erforderlichen Strafantrags (vgl. BGH 31 134), einer Ermächtigung oder eines Strafverlangens. Der Gesetzgeber hat in derartigen Fällen von der Möglichkeit einer selbständigen Anordnung abgesehen, weil dann zumeist der Verhältnismäßigkeitsgrundsatz (§ 62) der Anordnung entgegensteht oder jedenfalls verwaltungsrechtliche Maßnahmen ausreichen (vgl. BT-Drs. V/4095 S. 38). Macht ein Straffreiheitsgesetz das Strafverfahren undurchführbar, so bleibt es einem solchen Gesetz überlassen, Regelungen über die selbständige Anordnung von Maßregeln zu treffen.

4 3. Unerheblich ist, ob das Strafverfahren wegen **erwiesener oder nicht auszuschließender Schuldunfähigkeit** undurchführbar ist (vgl. BGH 22 1, Hanack LK 10 mwN). Eine Einschränkung gilt jedoch für die selbständige Anordnung der Unterbringung in einem psychiatrischen Krankenhaus. Ist die Schuldunfähigkeit lediglich nicht auszuschließen, so ist die Anordnung nur zulässig, wenn feststeht, daß der Täter zumindest vermindert schuldfähig war. Besteht auch die Möglichkeit der vollen Schuldfähigkeit, so ist die Unterbringung in einem psychiatrischen Krankenhaus unzulässig (vgl. § 63 RN 10). Entsprechendes gilt bei der Verhandlungsunfähigkeit des Täters. Sie kann zur selbständigen Anordnung der Unterbringung in einem psychiatrischen Krankenhaus nur führen, wenn die volle Schuldfähigkeit des Täters auszuschließen ist. Bei den anderen Maßregeln ist dagegen im Falle der Verhandlungsunfähigkeit unwesentlich, ob der Täter im Augenblick der Tat voll schuldfähig war.

5 II. Zum **Verfahren** vgl. §§ 413 ff. StPO. Zur Möglichkeit, das Verfahren in ein Strafverfahren überzuleiten, wenn sich nach Eröffnung des Hauptverfahrens die Schuldfähigkeit oder die Verhandlungsfähigkeit des Beschuldigten ergibt, vgl. § 416 StPO.

6 III. § 71 ist auch bei **Taten vor dem 1. 1. 1975** maßgebend. Ausgenommen sind die Fälle, in denen die Maßregel auch neben der Strafe nicht angeordnet werden darf, wie ein Berufsverbot, das den Voraussetzungen des früheren Rechts nicht entspricht (Art. 306 EGStGB).

§ 72 Verbindung von Maßregeln

(1) **Sind die Voraussetzungen für mehrere Maßregeln erfüllt, ist aber der erstrebte Zweck durch einzelne von ihnen zu erreichen, so werden nur sie angeordnet. Dabei ist unter mehreren geeigneten Maßregeln denen der Vorzug zu geben, die den Täter am wenigsten beschweren.**

(2) **Im übrigen werden die Maßregeln nebeneinander angeordnet, wenn das Gesetz nichts anderes bestimmt.**

(3) **Werden mehrere freiheitsentziehende Maßregeln angeordnet, so bestimmt das Gericht die Reihenfolge der Vollstreckung. Vor dem Ende des Vollzugs einer Maßregel ordnet das Gericht jeweils den Vollzug der nächsten an, wenn deren Zweck die Unterbringung noch erfordert. § 67c Abs. 2 Satz 4 und 5 ist anzuwenden.**

Verbindung von Maßregeln

Schrifttum: Bruns, Über Häufung und Auswahl konkurrierender Sicherungsmaßregeln, ZStW 60, 474. – Graf zu *Dohna,* Konkurrenz von Rechtsfolgen strafbaren Unrechts, ZStW 54, 410. – *Dreßler,* Maßnahmenkonkurrenz im schweizerischen Strafrecht, 1947. – *Lenckner,* s. Schrifttum vor § 61.

I. Die Vorschrift regelt das **Verhältnis der Maßregeln** zueinander, wenn die Voraussetzungen für mehrere Maßregeln erfüllt sind. Sie geht davon aus, daß der Betroffene in einem solchen Fall nur im Rahmen des Erforderlichen zu belasten ist. Dementsprechend bestimmt sie zunächst, daß sich das Gericht auf die Anordnung der Maßregeln zu beschränken hat, die zur Erreichung des erstrebten Zwecks genügen (Abs. 1). Nur soweit mehrere Maßregeln benötigt werden, um den erstrebten Zweck zu erreichen, sind sie nebeneinander anzuordnen (Abs. 2). Für diese Fälle enthält Abs. 3 ergänzende Regelungen für den Vollzug der Maßregeln.

II. Läßt sich bei mehreren Maßregeln, deren rechtliche Voraussetzungen gegeben sind, der erstrebte Zweck, d. h. der Schutz der Allgemeinheit vor weiteren rechtswidrigen Taten, bereits durch einzelne von ihnen erreichen, so sind nur sie anzuordnen **(Abs. 1).** Die anderen Maßregeln sind entbehrlich, so daß auf ihre Anordnung zu verzichten ist.

1. Von den Maßregeln, mit denen der erstrebte Zweck erreichbar ist, verdient die **geeignetste Maßregel** den Vorzug. Abzustellen ist darauf, welche Maßregel im Hinblick auf die Gesamtpersönlichkeit des Täters und die unterschiedlichen Behandlungsmethoden der in Frage stehenden Anstalten dem Schutzbedürfnis der Allgemeinheit am besten genügt und den Umständen nach am zweckmäßigsten ist (RG **73** 102, BGH **5** 315). Hierbei ist in erster Linie der Besserungszweck ins Auge zu fassen; erst in zweiter Linie kommt es auf die bloße Sicherung an (Lenckner aaO 236). Aus diesem Grund ist ein vermindert schuldfähiger Hangtäter, bei dem die Voraussetzungen des § 63 und des § 66 vorliegen, im allgemeinen nur in einem psychiatrischen Krankenhaus unterzubringen. Ist er allerdings weder heilbar noch pflegebedürftig, so ist i. d. R. Sicherungsverwahrung anzuordnen (RG **73** 103, BGH **5** 312; and. Freiburg DRZ **49,** 117). Handelt es sich indes um die erste Sicherungsverwahrung, so kann wegen ihrer Höchstdauer von 10 Jahren ausnahmsweise die Unterbringung in einem psychiatrischen Krankenhaus geboten sein, wenn schon im Zeitpunkt des Urteils voraussehbar ist, daß der Täter zeit seines Lebens gefährlich sein wird. Vgl. im übrigen noch § 66 RN 68, auch BGH NStZ **81,** 390.

2. Sind **mehrere Maßregeln gleichermaßen geeignet,** den erstrebten Zweck zu erreichen, so hat das Gericht die Maßregel anzuordnen, die den Täter am wenigsten beschwert (Abs. 1 S. 2). Von einer freiheitsentziehenden Maßregel ist demnach im allgemeinen abzusehen, wenn ein Berufsverbot, die Fahrerlaubnisentziehung oder Führungsaufsicht zum Schutz der Allgemeinheit ausreicht. Genügt Unterbringung in einer Entziehungsanstalt zur Gefahrabwehr, so ist es verfehlt, Unterbringung in einem psychiatrischen Krankenhaus oder Sicherungsverwahrung anzuordnen (vgl. RG **73** 103, OGH **1** 197, BGH NStZ/T **87,** 499). Gewährt Führungsaufsicht hinlänglichen Schutz, so ist sie einem Berufsverbot vorzuziehen (Lenckner aaO 236; vgl. aber Hanack LK 14).

III. Entspricht keine der zulässigen Maßregeln für sich allein dem Schutzbedürfnis, so sind sie, sofern das Gesetz nichts anderes bestimmt, **nebeneinander** anzuordnen (Abs. 2). Eine solche Verbindung von Maßregeln ist auch dann geboten, wenn zweifelhaft ist, ob sich der erstrebte Zweck bereits durch eine der Maßregeln erreichen läßt. Möglich ist etwa bei einem Trunk- oder Rauschmittelsüchtigen, dessen Sucht mit einer geistigen Erkrankung zusammentrifft, die Anordnung der Unterbringung in einer Entziehungsanstalt und in einem psychiatrischen Krankenhaus. U. U. können beide Maßregeln mit der Sicherungsverwahrung verbunden werden (vgl. RG **73** 47, BGH GA **65,** 342; vgl. auch RG HRR **39** Nr. 386). Ferner kann eine Kombination zwischen freiheitsentziehenden Maßregeln und Maßregeln ohne Freiheitsentziehung in Betracht kommen. So kann z. B. erforderlich sein, die Fahrerlaubnisentziehung neben einer Anstaltsunterbringung anzuordnen, auch neben Sicherungsverwahrung (vgl. BGH VRS **30** 274). Schließlich kann der erstrebte Zweck auch erfordern, mehrere Maßregeln ohne Freiheitsentziehung nebeneinander anzuordnen, etwa Berufsverbot oder Führungsaufsicht neben Fahrerlaubnisentziehung.

1. Ordnet das Gericht mehrere freiheitsentziehende Maßregeln nebeneinander an, so hat es zugleich die **Reihenfolge der Vollstreckung** zu bestimmen (Abs. 3). Seine Wahl hat es danach zu treffen, welche Behandlung im Hinblick auf die Gesamtpersönlichkeit des Täters und den Umständen nach voranstehen muß. Von dieser Anordnung bleibt die Möglichkeit unberührt, den Täter nachträglich gem. § 67a in den Vollzug einer anderen Maßregel zu überweisen.

2. Mit dem Ende des Vollzugs der einen Maßregel wechselt der Täter nicht ohne weiteres in den **Vollzug der** in der Reihenfolge **nächsten Maßregel** über. Vielmehr bedarf es einer besonderen gerichtlichen Anordnung. Vor dem Ende des Vollzugs einer Maßregel ist zu prüfen, ob der Zweck der nachfolgend zu vollstreckenden Maßregel die Unterbringung noch erfordert. Stellt das Gericht die Notwendigkeit fest, so ordnet es den Vollzug der nunmehr an die Reihe kommenden Maßregel an (Abs. 3 S. 2). Verneint es die Erforderlichkeit, so erklärt es die nächste Maßregel für erledigt (Abs. 3 S. 3 i. V. mit § 67c II 5). Kommt es zu dem Ergebnis, daß der Zweck der nächsten Maßregel zwar noch nicht erreicht ist, besondere Umstände aber die Erwartung rechtfertigen, er könne auch durch die Aussetzung erreicht werden, so setzt es die Vollstreckung der Unterbringung zur Bewährung aus, wobei automatisch Führungsaufsicht eintritt (Abs. 3 S. 3 i. V. mit § 67c II 4).

8 Zum **Verfahren** und zur Zuständigkeit in diesen Fällen vgl. §§ 463 III, 454, 462 a StPO.

Siebenter Titel. Verfall und Einziehung

Vorbemerkungen

Schrifttum: Arzt, Geldwäscherei, NStZ 90, 1. – *Beckmann,* Die fehlerhafte Einziehung von täterfremdem Eigentum nach § 40 StGB, GA 60, 205. – *Bender,* Fragen der Wertersatzeinziehung, NJW 69, 1056. – *Bundeskriminalamt (BKA),* Macht sich Kriminalität bezahlt?, 1986. – *Bode,* Das neue Recht der Einziehung usw., NJW 69, 1052. – *Brenner,* Gewinnverfall, DRiZ 77, 203. – *Creifelds,* Die strafrechtliche Einziehung gegen den „Dritteigentümer", JR 55, 403. – *Droop,* Beschlagnahme und Einziehung ausländischer Sexliteratur, NJW 69, 1521. – *Eberbach,* Einziehung u. Verfall beim illegalen Betäubungsmittelhandel, NStZ 85, 294. – *ders.,* Zwischen Sanktion u. Prävention, NStZ 87, 486. – *Eser,* Die strafrechtlichen Sanktionen gegen das Eigentum, 1969. – *ders.,* Informationsfreiheit und Einziehung, NJW 70, 784. – *ders.,* Zum Eigentumsbegriff im Einziehungsrecht, JZ 72, 146. – *Faller,* Güterabwägung bei Einziehung von Schriften, MDR 71, 1. – *Franzheim,* Gewinnabschöpfung im Umweltstrafrecht, wistra 86, 253. – *ders.,* Der Verfall des Vermögensteils in Umweltstrafsachen, wistra 89, 87. – *Gilsdorf,* Die verfassungsmäßigen Schranken der Einziehung, JZ 58, 641, 685. – *Güntert,* Die Gewinnabschöpfung als strafrechtliche Sanktion, 1983. – *Herzog,* Die „dritte" Dimension der Verbrechensbekämpfung, KritJ 87, 321 ff. – *Kaiser,* Gewinnabschöpfung als kriminologisches Problem, Tröndle-FS 685. – *Meyer,* Gewinnabschöpfung durch Vermögensstrafe?, ZRP 90, 85. – *Meyer/Dessecker/Smettan,* Gewinnabschöpfung bei Betäubungsmitteldelikten, 1989. – *Schäfer,* Zum Eigentumsbegriff im Einziehungsrecht, Dreher-FS 283. – *Scharff,* Die Einziehung, Mat. II 254. – *Schmidt,* Die fehlerhafte Einziehung, NJW 57, 1628. – *R. Schmitt,* Strafrechtliche Maßnahmen gegen Verbände, 1958. – *Stree,* Deliktsfolgen und Grundgesetz, 1960. – *Vogel,* Die Rechtsstellung des Dritteigentümers im Falle ungerechtfertigter Einziehung, GA 58, 33. – *Weber-Römer,* Wahrung der Eigentümerrechte bei fehlerhafter Einziehung, NJW 64, 1357. – *Wuttke,* Die Neuregelung des strafrechtlichen Einziehungsrechts, SchlHA 68, 246. – *Zeidler,* Strafrechtliche Einziehung und Art. 14 GG, NJW 54, 1148.

1 I. Die **gegen das Eigentum gerichteten Sanktionen** des Verfalls, der Einziehung sowie der in der Titelüberschrift nicht ausdrücklich genannten, aber mitgeregelten Unbrauchbarmachung gehören neben den Maßregeln der Besserung und Sicherung zu den sog. **Maßnahmen** i. S. von § 11 I Nr. 8. Da es sich bei dieser Kennzeichnung aber lediglich um eine verweisungstechnische Zusammenfassung teils gleichbehandelter Tatfolgen handelt (§ 11 RN 64), ist damit über die unterschiedliche Rechtsnatur dieser Sanktionen nichts ausgesagt (dazu u. 12 ff.).

2 Das **Ziel der jetzigen Regelung** ist ein doppeltes: die Vereinheitlichung früher teils recht unterschiedlicher und weit verstreut geregelter Eigentumssanktionen sowie die Anpassung an heutige verfassungsrechtliche und kriminalpolitische Maßstäbe (vgl. im einzelnen Eser, Eigentumssanktionen 23 ff. sowie 19. A. RN 2–4). Umso mehr verwundert das in § 394 AO aufrechterhaltene Relikt konfiskatorischen Denkens (vgl. Hübner JR 77, 62). Demgegenüber werden die Möglichkeiten des Gewinnverfalls offenbar noch nicht genügend ausgeschöpft (vgl. Brenner DRiZ 77, 203, Güntert aaO 84 f., ferner spez. zu Betäubungsmittelhandel mit fallorientierter Ausdifferenzierung Eberbach NStZ 85, 294 bzw. zum Umweltstrafrecht Franzheim wistra 86, 253). Zur weiteren Anwendbarkeit der Vermögenseinziehung nach **§ 57 DDR-StGB** (im Anhang 2) bei Vertrauensmißbrauch (§ 165 DDR-StGB) vgl. 87 f. vor § 3, aber auch u. 2a.

2a Die verhältnismäßig geringe **praktische Bedeutung des Verfalls** (vgl. Albrecht in Meyer u. a. aaO 56 f.) beruht aber offenbar nicht allein auf der mangelnden Ausschöpfung der durch §§ 73 ff. eingeräumten Möglichkeiten, sondern liegt jedenfalls teilweise auch in Schwierigkeiten der gegenwärtigen Regelung selbst, wie insbes. hinsichtlich der Aufklärung der Eigentumsverhältnisse (vgl. § 73 RN 14, 18), der Beschränkung des Verfalls auf den erlangten Vorteil (vgl. § 73 RN 17) oder der Berücksichtigung von Gegenansprüchen des Verletzten (§ 73 I 2, vgl. dort RN 23, aber auch RN 26 f.), begründet (vgl. Eberbach NStZ 87, 490 f., Herzog aaO 323 ff., Kaiser aaO 694 ff. sowie Meyer u. a. aaO 489, BKA aaO). Wenn daher eine **Reform der §§ 73 ff.** auch grundsätzlich zu begrüßen wäre, bleibt doch vor Übersteigerungen zu warnen, wie sie – in bedenklichem Rückfall auf die endgültig überwunden geglaubte totale Vermögenskonfiskation (vgl. Eser, Eigentumssanktionen 1 ff., 13 ff., 103 ff., 187 f., 194 f.) – in bereits

Konzeption der Eigentumssanktionen 3–9 **Vorbem § 73**

vorliegenden Entwürfen zur Einführung einer „Vermögensstrafe" (vgl. BT-Drs 11/5461, BR-Drs 16/90, 74/90, 83/90, Lemke StV 90, 87 ff., Schoreit MDR 90, 1 ff.) fröhliche Urstände feiern, offenbar ohne sich dabei durch verfassungsrechtliche Grenzen aufhalten zu lassen (vgl. krit. u. a. Herzog aaO 328 ff., Meyer ZRP 90, 85 ff.). Daher erscheint auch die beschränkte Fortgeltung der Vermögenseinziehung nach § 57 DDR-StGB (o. 2) allenfalls übergangsweise tolerierbar.

II. Für die **Konzeption der Eigentumssanktionen** ist kennzeichnend, daß sie auf die Entzie- 3
hung eines *bestimmten,* irgendwie *in die Tat verwickelten Gegenstandes* gerichtet sind. Insofern unterscheiden sie sich von den *allgemeinen Vermögenssanktionen,* bei denen der Täter lediglich zu einer Geldleistung verurteilt wird, die er nach seinem Belieben aus jedem Teil seines Vermögens erbringen kann (Geldstrafe, Geldbuße). Soweit es bei einer Eigentumssanktion um Tatwerkzeuge, Tatprodukte oder sonstige Gegenstände, auf die sich die Tat bezieht, geht, spricht man von *Einziehung* (§§ 74–75) bzw., falls der Gegenstand lediglich unschädlich gemacht wird, von *Unbrauchbarmachung* (§§ 74b II, 74d). Soweit es um die Abschöpfung von Gewinnen oder die Entziehung sonstiger Vorteile, die durch die Tat erlangt wurden, geht, spricht man von *Verfall* (§§ 73–73d). Näher zur Abgrenzung (auch gegenüber sonstigen Erscheinungsformen) Eser aaO 5 ff., Güntert aaO 20 ff. Trotz zahlreicher sachlicher Gemeinsamkeiten entspricht dieser unterschiedlichen Terminologie auch eine teils unterschiedliche Struktur von Einziehung und Verfall:

1. Der **Verfall,** der ohne einleuchtenden Sachgrund vom Gesetz an erster Stelle geregelt wird, 4
ist in drei Formen möglich: gegenüber dem *Tatbeteiligten* (§ 73 I), gegenüber einem *Drittbegünstigten* (§ 73 III) oder gegenüber einem *Dritteigentümer* (§ 73 IV). Gegenstand des Verfalls können jedwede Vermögensvorteile sein, die für oder aus der Tat erlangt wurden, gleich, ob es sich dabei um Tatentgelte, Gewinne oder Nutzungen handelt (§ 73 I, II). Als Anknüpfungstat reicht bereits eine rechtswidrige, also nicht notwendig schuldhaft begangene Tat (§ 73 I). Über die sich daraus ergebenden Konsequenzen für die Rechtsnatur des Verfalls vgl. u. 18.

2. Bei der **Einziehung** ist die wichtigste Form die **tätergerichtete,** die an ein schuldhaftes 5
Delikt anknüpft und auf Tatwerkzeuge und Tatprodukte gerichtet ist (vgl. die Generalklausel in § 74 I i. V. m. II Nr. 1). Daneben ist bei Vorliegen eines Sicherungsgrundes nach § 74 II Nr. 2 allgemein auch die Einziehung von **Dritteigentum** möglich, und zwar nach Abs. 3 auch schon aufgrund einer nur rechtswidrigen Tat *(Sicherungseinziehung).* Auch die an Quasi-Verschuldenskriterien geknüpfte *„strafähnliche"* Dritteinziehung wurde trotz ihrer rechtsstaatlichen Bedenklichkeit aufrechterhalten, wenn auch durch die Rahmenvorschrift des § 74a beschränkt auf spezialgesetzlich zugelassene Sonderfälle (vgl. dort RN 3). Zu dieser Kategorie ist auch der Fall zu rechnen, daß nach § 74 II Nr. 2 das entschädigungslose Erlöschen von Drittrechten angeordnet wird.

3. Neben oder anstelle der Einziehung kennt das Gesetz ferner eine Reihe von Sanktionen, die 6
nicht zur vollen Entziehung des Eigentums führen müssen und damit eher geeignet sind, im Einzelfall dem Grundsatz der Verhältnismäßigkeit Rechnung zu tragen. In erster Linie ist hier die **Unbrauchbarmachung** zu nennen, die außer bei Druckwerkzeugen (§ 74d I S. 2) jetzt auch als allgemeine Sanktion zulässig ist (§ 74b II Nr. 1). Außerdem sind als schonendere Mittel die Beseitigung von Kennzeichen oder Einrichtungen der betroffenen Einziehungsgegenstände sowie Änderungs- und Verfügungsauflagen möglich (§ 74b II Nr. 2 u. 3).

4. Auch die Möglichkeit *subsidiärer Maßnahmen* ist weiter ausgebaut. Neben der **nachträgli-** 7
chen (§ 76) und **selbständigen** (§ 76a) Anordnung von Verfall oder Einziehung, wie sie bei tatsächlichen Verfolgungs- und Verurteilungshindernissen durchgeführt werden kann, ist nach § 73a bzw. § 74c generell auch der Verfall bzw. die Einziehung des **Wertersatzes** möglich, wenn der Täter die Entziehung des ursprünglichen Gegenstandes z. B. durch Veräußerung oder Verbrauch vereitelt hat.

5. Für den Umfang der Eigentumssanktionen sind die **Härtevorschrift** des § 73c bzw. die 8
Verhältnismäßigkeitsklauseln des § 74b bedeutsam, wonach u. a. auch eine Teileinziehung ermöglicht wird. Die **Wirkungen** des Verfalls bzw. der Einziehung sind in den §§ 73d, 74e geregelt. Soweit durch die Eigentumssanktion tatunbeteiligte **Dritte** betroffen würden, ist zur Wahrung von deren Interessen ein unterschiedlicher Weg vorgesehen: Soweit durch Gewinnverfall etwaige Ansprüche des Tatverletzten beeinträchtigt werden könnten, ist nach § 73 I 2 von der Anordnung des Verfalls überhaupt abzusehen. Bei der Einziehung hingegen findet sich in § 74f eine besondere **Entschädigungsregel** für Drittbetroffene.

6. Obgleich sich die Vorschriften über Verfall und Einziehung als eine umfassende Allge- 9
meinregelung verstehen, gibt es daneben nach wie vor noch zahlreiche **Sondervorschriften.** So etwa wird für den Anwendungsbereich des WiStG der Verfall nach §§ 73–73d durch die Abführung des Mehrerlöses verdrängt (§ 8 WiStG, vgl. BT-Drs. 7/550 S. 398 zu Nr. 5; vgl.

auch §§ 37b, 38 IV GWB). Hinsichtlich der Einziehung bezwecken die Sondervorschriften teils die Erfassung von Tatobjekten, die weder als Tatwerkzeuge noch als Tatprodukte, sondern als sog. Beziehungsgegenstände anzusehen sind (näher zu dieser Differenzierung § 74 RN 12a), teils versuchen sie, besonderen Sicherungsbedürfnissen Rechnung zu tragen. So z. B. ist die Einziehung bzw. Unbrauchbarmachung von Schriften und gleichgestellten Darstellungen (§ 11 III) bereits durch § 74d spezialgesetzlich geregelt. Gleiches gilt für Gegenstände, die in Staatsschutzdelikte verwickelt sind (§§ 92b, 101a, 109k), für Falschgeld und falsche Euroscheckvordrucke (§§ 150, 152a V), Spieleinrichtungen und Spielgeld (§ 285b), Jagd- und Fischereigeräte (§ 295) sowie Gegenstände von Sprengstoffdelikten (§ 322) und von Umweltschutzdelikten (§ 330c). Weitere Sondervorschriften wurden eingeführt für die Einziehung unbefugt geführter Amtskleidungen oder Berufsabzeichen (§ 132a IV), von Abtreibungsmitteln (§ 219c III), Gegenständen von Fälschungsdelikten (§ 282) oder eines Subventionsbetrugs (§ 264 V) sowie von Tonträgern und Abhörgeräten (§ 201 V). Darüber hinaus finden sich im Nebenstrafrecht noch zahlreiche Sondervorschriften, z. B. in § 21 III StVG, § 56 WaffenG, § 24 KriegswaffenG, § 55 LMBG, § 7 WiStG, § 49 AtomG, § 19 TierschutzG, §§ 375, 394 AO (dazu o. 2) sowie § 33 BtMG (dazu insbes. Eberbach NStZ 85, 294ff., Schoreit NStZ 86, 58). Vgl. ferner Eser aaO 4ff., Schäfer LK § 74 RN 61ff.

10 Soweit diese Sonderregelungen nicht abschließend sind, finden die **§§ 73 ff. ergänzende** Anwendung. Das gilt gem. § 74 IV insbes. für das Erfordernis eines Einziehungsgrundes i. S. von § 74 II (vgl. dort RN 37) sowie für die Beachtung des Verhältnismäßigkeitsprinzips nach § 74b. Auch für die Ersatzeinziehung, die Wirkung der Einziehung, das selbständige Verfahren und die Entschädigung sind regelmäßig die allgemeinen Regeln der §§ 74c ff. heranzuziehen. Im übrigen kommt § 74 auch immer dann zum Zuge, wenn seine allgemeinen Voraussetzungen, nicht dagegen die der Sondervorschriften gegeben sind.

11 7. Auch im **jugendstrafgerichtlichen** Verfahren ist die Anordnung von Verfall und Einziehung nach den §§ 73ff. sowie etwaigen ergänzenden Sondervorschriften (o. 9f.) möglich; denn durch § 6 JGG werden lediglich die dort genannten Maßnahmen ausgeschlossen (vgl. Brunner, JGG⁸, 1986, § 6 RN 6, Schaffstein/Beulke JugStrR⁹, 1987, 58, Eisenberg, JGG³, 1988, § 6 RN 5).

12 III. Die **Rechtsnatur der Eigentumssanktionen** ist seit langem umstritten (vgl. Eser aaO 61ff.). Auch der Reformgesetzgeber hat sie bewußt offengelassen (vgl. E 62 Begr. 240). Insbes. läßt sich auch der rein ordnungstechnischen Zusammenfassung unter dem Begriff der Maßnahme (§ 11 I Nr. 8) nichts darüber entnehmen, ob die darin genannten Sanktionen als Strafen, Maßregeln oder als Rechtsfolgen besonderer Art zu verstehen seien (vgl. § 11 RN 65). Diese Zurückhaltung des Gesetzgebers verdient insofern Zustimmung, als die Eigentumssanktionen in ihrer Rechtsnatur grds. **ambivalent** sind und daher eine einseitige abstrakt-generelle Festlegung in diesem oder jenem Sinne in der Tat verfehlt wäre. Dennoch vermag dies jedenfalls nicht den Richter der Frage zu entheben, welcher Charakter der von ihm verhängten Sanktion *im Einzelfall* zukommen soll. Denn solange das Sanktionsrecht am System der *Zweispurigkeit* festhält (5 vor § 38) und demzufolge Strafen und Sicherungsmaßregeln nach teils unterschiedlichen Kriterien gehandhabt werden, stellt sich auch bei Verfall und Einziehung immer wieder die Frage, ob sie nun als Strafe, als Sicherungsmaßregel oder als Maßnahme sonstiger Art zu behandeln sind. Zwar ist das Problem heute dadurch teilweise entschärft, daß der Gesetzgeber die Eigentumssanktionen in bestimmten Fällen ausdrücklich den Strafen gleichgestellt hat, so z. B. hinsichtlich des Rückwirkungsverbots (vgl. § 2 V sowie dort RN 5, 44) bzw. der Strafvereitelung (§ 258); zur Bedeutung der Verjährung vgl. § 78 RN 6 sowie § 76a RN 8a. In anderen Fällen jedoch ist die Frage nach der Rechtsnatur nach wie vor noch von **praktischer Bedeutung:** so z. B. bei Begnadigungen oder Amnestien, durch die eine strafweise Einziehung unzulässig wird (RG **50** 388, 395, **53** 125), dagegen Sicherungseinziehungen, falls das betreffende Straffreiheitsgesetz nichts anderes vorsieht, davon unberührt bleiben (RG **67** 217, HRR **42**, 46, BGH **23** 64, 66); letzteres wird auch für einen quasi-konditionellen Ausgleichsverfall (u. 18) zu gelten haben (vgl. BGH **7** 90 bzgl. Mehrerlösabschöpfung). Auch bei der reformatio in peius ist in entsprechender Weise zu differenzieren (vgl. RG **67** 217, Bay **24** 113, Düsseldorf NJW **72**, 1382). Zum Ganzen auch Eser aaO 57ff.

13 1. Hinsichtlich der **Einziehung** ist aus deren gesetzlicher Ausgestaltung zu entnehmen, daß sie auf keinen bestimmten Einzelzweck, sondern auf verschiedene repressive und präventive Zwecke abzielt. Schon daher verbietet es sich, die Einziehung einseitig als Strafe oder als Sicherungsmaßregel zu verstehen; vielmehr ist von einer **mehrspurigen Konzeption** auszugehen. Diese darf jedoch nicht allein abstrakt am Zweck der betroffenen Vorschrift ausgerichtet bleiben, sondern hat darüber hinaus auch die jeweiligen Bedürfnisse des Einzelfalles zu berücksichtigen (Eser aaO 89ff., 144f., Oldenburg NJW **71**, 770). Im einzelnen sind folgende Gesichtspunkte maßgeblich:

Konzeption der Eigentumssanktionen 14–18 **Vorbem § 73**

a) **Strafcharakter** hat die Einziehung dort, wo die Vorschrift im wesentlichen auf täterbezogene Kriterien abstellt. Das ist insbes. dann anzunehmen, wenn die Einziehung keine besondere Gefährlichkeit des Gegenstandes voraussetzt, an volldeliktische Taten anknüpft und auf Tätereigentum beschränkt bleibt (Horn SK § 74 RN 11 ff.). Hier steht keine objektbezogene Sicherung, sondern nur personenbezogene Repression im Vordergrund. Das trifft insbes. auf die Einziehung nach § 74 II Nr. 1 zu (BGH NJW **83**, 2710). Insoweit handelt es sich bei der Einziehung um eine gegenstandlich spezifizierte Vermögensstrafe (ebenso M-Zipf II 530; ähnl. Schäfer LK § 74 RN 4, D-Tröndle § 74 RN 2; z. T. abw. Jescheck 718, Lackner § 74 Anm. 1 a). 14

b) Dagegen ist **Sicherungscharakter** anzunehmen, wo es um die Einziehung von Gegenständen geht, die eine art- oder umständebedingte Gefährlichkeit aufweisen. Das ist regelmäßig dort der Fall, wo aus Gründen der Gefahrenabwehr das Gesetz sich mit einer nur rechtswidrigen Anknüpfungstat begnügt und unterschiedslos auch das Eigentum Tatunbeteiligter ergreift. Demgemäß kommt der Einziehung nach § 74 II Nr. 2 i. V. mit III grundsätzlich Sicherungscharakter zu (Düsseldorf JMBlNW **89**, 236, Horn SK § 74 RN 19, M-Zipf II 530, Schäfer LK § 74 RN 6; ausschließlich in diesem Sinne wollte der AE die Einziehung verstehen: § 88 AT m. Begr. 175, ebenso Baumann/Weber 616, 618). Gleiches ist im Regelfall für die Einziehung bzw. **Unbrauchbarmachung** nach § 74d sowie für die Maßnahmen nach §§ 150, 152a V, 219c III, 282, 322, 330c anzunehmen. Vgl. Hamm NJW **70**, 1756. 15

c) Problematisch sind dagegen die Fälle, in denen die Einziehung auch täterfremdes Eigentum erfassen kann, dafür aber ein quasi-schuldhaftes Verhalten des Dritteigentümers voraussetzt (§ 74a i. V. m. §§ 201 V, 285b, 295). Da hier mangels genereller Gefährlichkeit der betroffenen Gegenstände ein Sicherungsbedürfnis nicht besteht, vielmehr dem **Dritteigentümer** sein verwerfliches Verhalten vergolten und die Allgemeinheit abgeschreckt werden soll (vgl. BT-Drs. V/1319 Begr. 52 zu § 40a), kommt der Einziehung zumindest ein **strafähnlicher** Charakter zu (so schon die frühere h. M. zu der auf Quasi-Verschuldenskriterien gestützten Dritteinziehung: vgl. u. a. Koblenz NJW **50**, 79, Creifelds JR **55**, 407, Hartung NJW **49**, 769, Kröner NJW **59**, 83, Stree aaO 112, i. gl. S. heute D-Tröndle § 74 RN 2, Horn SK § 74a RN 2, Jescheck 718, Lackner § 74a Anm. 1, Schäfer LK § 74 RN 8; dagegen verfehlt die Gleichstellung mit der Sicherungseinziehung nach § 74 II Nr. 2 in München NJW **82**, 2331). Zu den verfassungsrechtlichen Bedenken gegen diese Form der Einziehung vgl. u. § 74a RN 1 f. 16

d) Soweit im Einzelfall sowohl die Voraussetzungen einer person- wie einer objektbezogenen Einziehung gegeben sind, bestimmt sich der Rechtscharakter der Sanktion nach dem **Zweck**, dem unter Berücksichtigung aller **konkreten** Umstände das entscheidende Gewicht beizumessen ist (vgl. Eser aaO 89 ff., 349 ff., Lackner § 74 Anm. 1 a, Düsseldorf NJW **72**, 1382/3, Saarbrücken NJW **75**, 66; unscharf Schleswig SchlHA **80**, 177, wenn lediglich auf die „tatrichterliche Überzeugung" statt auf die konkrete Zielsetzung abgehoben wird). 17

2. Noch weitaus schwieriger ist die Rechtsnatur des **Verfalls** zu bestimmen. Zwar lagen dem früheren Entgeltverfall (§ 335 a. F.) insofern *Straf*gedanken zugrunde, als dadurch die Wirksamkeit der Strafe erhöht, ja der Täter vielleicht überhaupt erst für die Strafe empfänglich gemacht werden sollte (vgl. Eser aaO 83 f., 127 ff., 335 f.; i. gl. S. die h. M. zu § 335 a. F., vgl. BGH **11** 348, **13** 329, 17. A. § 335 RN 1; eingeh. zur Vorgeschichte Güntert aaO 2 ff.). Dagegen war schon die frühere Gewinnabschöpfung wesentlich von *Reparations*gesichtspunkten bestimmt; denn da die durch Rechtsbruch erlangten Vorteile regelmäßig auf Kosten der Allgemeinheit oder bestimmter einzelner gehen, zu deren Schutz die verletzten Vorschriften eigentlich bestimmt sind, kann dem Täter bzw. dem durch die Tat Begünstigten eine Art Schadensausgleich durch Herausgabe der unlauteren Vorteile abverlangt werden (vgl. RG **53** 89/92, Hamburg NJW **47**, 104, Bamberg MDR **51**, 246, R. Schmitt aaO 161; näher zur unterschiedlichen Deutung der verschiedenen Arten von Gewinnabschöpfung Eser aaO 84 ff., 284 ff.). Indem dann der Gesetzgeber den Entgeltverfall und die Gewinnabschöpfung in einer *einheitlichen* Sanktion zusammengefaßt hat und beides aufgrund einer nur rechtswidrigen Anknüpfungstat anzuordnen ist (§ 73 I) und über Tatbeteiligte hinaus auch gegenüber etwaigen Vorteilsempfängern durchgreift (§ 73 III), kann der Verfall keinesfalls mehr ausschließlich als Strafe begriffen werden. Ebensowenig ist er als Sicherungsmaßregel zu deuten, da von den Tatvorteilen als solchen idR keine für die Sicherungseinziehung typische Gefährlichkeit ausgeht. Stellt man vielmehr entscheidend darauf ab, daß durch den Verfall die für die bzw. aus der Tat erlangten Vorteile abgeschöpft (BGH **30** 47 f.) und damit eine rechtswidrig geschaffene Bereicherung wieder rückgängig gemacht werden soll, so ist er als Maßnahme eigener Art (D-Tröndle § 73 RN 1a, Schäfer LK § 73 RN 4), und zwar für den Regelfall als **quasi-konditionelle Ausgleichsmaßnahme** zu begreifen (vgl. Eser aaO 89 ff., 284 ff., i. gl. S. Jescheck 715, M-Zipf II 528, 531, Schmidhäuser 838, Zipf JuS 74, 279; ausschließlich – aber damit zu einseitig – i. S. einer „strafrechtl. Ergänzung der zivil- u. öff. rechtl. Vermögensordnung" Güntert aaO 16 f.; vgl. auch Keller JR **76**, 123 f.). 18

19 Das schließt allerdings nicht aus, daß im *Einzelfall* auch der **Strafcharakter** überwiegen kann: so namentlich bei Verfall von Tatentgelten, die aus dem Vermögen eines Tatbeteiligten stammen, so daß es weniger um Unrechtsausgleich als vielmehr um eine flankierende Unterstützung der Hauptstrafe geht (and. Schäfer LK § 73 RN 6, ihm zust. Eberbach NStZ 87, 489 f.). Für derartige pönale Erwägungen ist naturgemäß nur bei einer volldeliktischen Anknüpfungstat Platz.

§ 73 Voraussetzungen des Verfalls

(1) Ist eine rechtswidrige Tat begangen worden und hat der Täter oder Teilnehmer für die Tat oder aus ihr einen Vermögensvorteil erlangt, so ordnet das Gericht dessen Verfall an. Dies gilt nicht, soweit dem Verletzten aus der Tat ein Anspruch erwachsen ist, dessen Erfüllung den aus der Tat erlangten Vermögensvorteil beseitigen oder mindern würde.

(2) Die Anordnung des Verfalls erstreckt sich auf die gezogenen Nutzungen. Sie kann sich auch auf die Gegenstände erstrecken, die der Täter oder Teilnehmer durch die Veräußerung eines erlangten Gegenstandes oder als Ersatz für dessen Zerstörung, Beschädigung oder Entziehung oder auf Grund eines erlangten Rechts erworben hat.

(3) Hat der Täter oder Teilnehmer für einen anderen gehandelt und hat dadurch dieser den Vermögensvorteil erlangt, so richtet sich die Anordnung des Verfalls nach den Absätzen 1 und 2 gegen ihn.

(4) Der Verfall eines Gegenstandes wird auch angeordnet, wenn er einem Dritten gehört oder zusteht, der den Vermögensvorteil für die Tat oder sonst in Kenntnis der Tatumstände gewährt hat.

Schrifttum: Vgl. die Angaben zu den Vorbem. vor § 73.

1 I. Durch die §§ 73–73 d werden erstmals die verschiedenen Formen der Entziehung von *Tatvorteilen,* so insbes. der Verfall des Tatentgelts, die Gewinnabschöpfung und die Abführung des Mehrerlöses in einer **einheitlichen** Regelung zusammengefaßt, die als **quasi-konditionelle Ausgleichsmaßnahme** zu verstehen ist (vgl. 2, 18 f. vor § 73).

2 Die maßgebliche **Grundnorm** bildet § 73: Abs. 1 umschreibt die *allgemeinen* Voraussetzungen der Anknüpfungstat und den gegenständlichen Bereich, letzteren unter Berücksichtigung etwaiger Ansprüche von Tatverletzten (u. 4ff.); in Abs. 2 finden sich ergänzende Nutzungs- und *Surrogats*klauseln (u. 30 ff.). Durch die *Vertreterklausel* des Abs. 3 wird der Verfall auch gegenüber Vorteilsempfängern, für die der Täter gehandelt hat, ermöglicht (u. 34 ff.). Entsprechendes sieht Abs. 4 gegen quasitatbeteiligte Dritteigentümer vor (u. 39 ff.). Demgemäß tritt der Verfall in folgenden **Formen** auf: Den Grundtyp bildet der *täterbezogene* Verfall nach Abs. 1, 2, ergänzt um den *empfängerbezogenen* (Abs. 3) und den *dritteigentümerbezogenen* Verfall (Abs. 4); schließlich kommt subsidiär noch der *Wertersatzverfall* nach § 73a in Betracht. Da es in all diesen Fällen in erster Linie darauf ankommt, dem durch den Rechtsbruch Bereicherten oder Begünstigten ohne Rücksicht auf etwaiges Verschulden seine Tatvorteile wieder zu entziehen, handelt es sich beim Verfall idR nicht um eine Strafe, sondern um eine kondiktionsähnliche Ausgleichsmaßnahme.

3 In **gegenständlicher** Hinsicht richtet sich der Verfall auf die sog. **scelere quaesita**, während der Einziehung die sog. *instrumenta* und *producta sceleris* sowie die sog. „Beziehungsgegenstände" unterliegen (näher zur Abgrenzung u. 10, § 74 RN 12a; eingeh. zum Ganzen Eser aaO 316 ff.).

4 II. Der **täterbezogene Verfall (Abs. 1)** setzt im wesentlichen folgendes voraus:

1. Als Anknüpfungstat ist eine *rechtswidrige* Tat erforderlich, aber auch genügend. Nach § 11 I Nr. 5 muß demnach die verfallbegründende Tat zwar tatbestandsmäßig-rechtswidrig, aber nicht notwendig schuldhaft begangen sein (vgl. § 11 RN 42). Anders als bei der Einziehung, für die nach § 74 I grds. eine Vorsatztat vorausgesetzt wird, sieht § 73 keine derartige Beschränkung vor, so daß Verfall auch aufgrund eines *Fahrlässigkeitstatbestandes* in Betracht kommt (vgl. auch D-Tröndle 2, Güntert aaO 33), wie z. B. hinsichtlich des Gewinns, der aus einem fahrlässig als Lebensmittel in Verkehr gebrachten gesundheitsschädlichen Stoff (vgl. §§ 8 Nr. 2, 51 I Nr. 1, III LMBG) gezogen wird. Jedoch müssen in jedem Falle die für die Rechtswidrigkeit einer Tat wesentlichen Elemente, bei fahrlässigem Handeln also namentlich eine objektive Pflichtwidrigkeit, vorliegen (vgl. § 11 RN 44). Durch den im Hinblick auf den Konditionscharakter des Verfalls begründeten Verzicht auf das Verschuldenserfordernis (vgl. Eser aaO 286 f.) wird dem Täter insbes. auch die Berufung auf *Verbotsirrtum* abgeschnitten (vgl. Horn SK 6), eine gerade im verfallsträchtigen Nebenstrafrecht besonders naheliegende Schutzbehauptung. Ebensowenig stehen dem Verfall etwaige persönliche Strafausschließungsgründe entgegen.

5 Auch der als solcher strafbare *Versuch* einer Straftat kann den Verfall begründen, so z. B. bei Bestechlichkeit nach § 332, wenn es zu der dienstpflichtwidrigen Handlung, für die das Bestechungsentgelt vorgeleistet wurde, nicht mehr kommt. Dazu gilt Entsprechendes wie bei der Einziehung (vgl. § 74 RN 3). Ebensowenig macht es einen Unterschied, ob der Vorteil aus der Haupttat oder nur aus einer *Teilnahme* gezogen wurde, wie z. B. das für Beihilfe geleistete Entgelt. Entscheidend ist nur, daß es sich bei der Handlung, aus der oder für die der Vorteil erlangt wurde, um eine rechtswidrige Tat bzw. Tatbeteiligung handelt. Zu der Frage, gegen wen bei Tatbeteiligung mehrerer der Verfall anzuordnen ist, vgl. u. 45.

2. **Für die Tat oder aus ihr** muß der Tatbeteiligte einen **Vermögensvorteil erlangt** haben. 6

a) Unter **Vermögensvorteil** sind nicht nur bestimmte Gegenstände (wie bewegliche Sachen, Grundstücke oder Rechte) zu verstehen, sondern auch Leistungen, Nutzungen, Vergünstigungen oder Einsparungen, die lediglich rechnerisch erfaßbar sind (vgl. Horn SK 7, Güntert aaO 35), vorausgesetzt, daß ihnen jeweils ein *wirtschaftlicher Wert* zukommt. Insofern gilt das für den Begriff des Entgelts Erforderliche entsprechend (vgl. § 11 RN 68ff.). Darunter fallen neben Sachgegenständen, Geldgeschenken oder etwa der kostenlosen Nutzung von Leihwagen insbes. auch Darlehen, Dienstleistungen, Stundungen, Erlaß von Forderungen, Zinsvergünstigungen oder Wettbewerbsvorteile, nicht dagegen immaterielle Gunsterweise persönlicher Art (sexuelle Hingabe, Freundschaftsbeziehungen), es sei denn, daß damit zugleich auch unmittelbar finanzielle Vorteile oder Ersparungen verbunden sind. Hauptfälle der für den Verfall in Betracht kommenden Vermögensvorteile sind Tatentgelte (Bestechungsgeld, Tatlohn) und Tatgewinne (z. B. die aus einem Betrug erlangte Bereicherung, die aus Lebensmittelverfälschungen gezogenen Gewinne oder die durch Steuerhinterziehung erreichten Wettbewerbsvorteile); spez. zur Berechnungsweise im Umweltstrafrecht vgl. § 73a RN 11.

Dieser Typik entsprechend, hatte der E 62 noch zwischen *Entgelt* und *Gewinn* zu differenzieren 7 versucht (§ 109 I bzw. II), dies aber im Anschluß an den AE (§ 83) aufgegeben, um den Richter der im Einzelfall nicht einfachen Frage zu entheben, ob es sich bei dem erlangten Vorteil um ein Tatentgelt oder um einen Tatgewinn gehandelt habe (vgl. BT-Drs. V/4095 S. 39). Trotzdem bleibt man aber auch bei der Zusammenfassung von Tatentgelt und Tatgewinn unter dem Oberbegriff des Vermögensvorteils nicht jeder Differenzierung enthoben, da nach Abs. 1 S. 2 bei den „aus" der Tat erlangten, also den Tatgewinnen (vgl. u. 9, 23 ff.), nicht dagegen bei den „für" die Tat erlangten Entgelten etwaige Ansprüche des Verletzten zu berücksichtigen sind (vgl. u. 8, 24). Auch wurde durch die begriffliche Einebnung von Tatentgelt und Tatgewinn der Gedanke verschüttet, daß die Gewinnabschöpfung weitaus stärker von Reparationsgesichtspunkten geprägt ist als der vorwiegend pönal bestimmte Entgeltverfall (vgl. Eser aaO 82 ff., 284 ff., 335 f.).

b) Der Vermögensvorteil muß *für die Tat* oder *aus ihr* erlangt sein (sog. **scelere quaesita**). 8 Obgleich die jeweilige Herkunftsart keine allzu große Rolle spielt, und daher der Richter idR keine exakte Unterscheidung zu treffen braucht (D-Tröndle 3c), kann dies jedoch u. U. für den Verfallsausschluß durch Gegenansprüche des Verletzten bedeutsam werden (vgl. u. 24). Als **für die Tat** gegeben kommen vor allem Tatentgelte in Betracht, wie etwa der Bestechungslohn (Schäfer LK 11; and. BGH 30 47: Erlangung „aus" der Tat; diff. D-Tröndle aaO). Zum Begriff des *Entgelts* vgl. § 11 RN 68 ff. Ob dieses für die Tat als Ganzes oder nur für bestimmte Tatbeiträge (Vorbereitungshandlungen, Sicherstellung der Beute) bzw. bestimmte Tatziele (Raub, gleich, ob dieser mit bloßer Drohung oder mit tödlicher Gewalt, also als Raubmord verwirklicht werden soll) geschieht, ist gleichgültig; ebenso, ob das Entgelt vor oder erst nach der Tat geleistet wird. Erforderlich ist nur, daß es nicht nur gelegentlich einer Straftat, sondern als *Gegenleistung* für die Tatbegehung erlangt wird. Das setzt zwar nicht unbedingt eine Unrechtsvereinbarung zwischen Geber und Empfänger voraus; jedoch müssen sich beispielsweise bei Bestechung Amtsträger und Bestecher darüber im klaren sein, daß die Zuwendung nicht nur als freundschaftliche Geste zu verstehen ist, sondern in — und sei es auch nur augenzwinkerndem — Hinblick auf amtliches Handeln erfolgt. Demgegenüber sind **aus der Tat** 9 erlangt alle Vermögensvorteile, die dem Täter auf Grund der Tatbegehung zufließen. Je nach dem Vorgang des Erlangens kann man dabei im wesentlichen zwei Arten von Tatfrüchten unterscheiden: Zum einen die unmittelbar durch die Tat „verschobenen" Sachen, wozu insbes. die körperliche *Deliktsbeute* zu rechnen ist (Diebstahlsgut, Jagdbeute, die erschwindelten Gegenstände). Zum anderen die aus der Tat „gezogenen" Tatvorteile: so etwa die aus unzulässigen Überpreisen oder verbotenen Devisengeschäften gemachten *Gewinne* (vgl. BGH LM Nr. 2 zu § 414 a. F. AO). Zu Vermögensvorteilen aus Steuerstraftaten vgl. Käbisch wistra 84, 10 ff.

Im Hinblick auf die Tat als dem entscheidenden **Erwerbsfaktor** stehen diese scelere quaesita an sich 10 in enger Verwandtschaft mit den producta sceleris. Während jedoch die der *Einziehung* unterliegenden *Produkte* der Tat durch diese überhaupt erst geschaffen werden (nachgemachtes Geld, Herstellung verbotener Rauschgifte), ist für die dem *Verfall* unterliegenden *scelere quaesita* typisch, daß durch die Tat lediglich ein (rechtswidriger) Besitzwechsel stattfindet (vgl. Eser aaO 331 f.). Anders als die Tatprodukte, die bereits originär rechtswidrig sind und deren Einziehung daher keines Vorbehalts zugunsten etwaiger Tatgeschädigter bedarf (vgl. § 74), kann bei den lediglich derivativ erlangten Tatfrüchten der Verfall häufig daran scheitern, daß wegen Rechtswidrigkeit des Verschiebungsvorgangs der Täter kein Eigentum am Verfallsobjekt erlangt hat (Diebesbeute) oder den gezogenen Gewinnen entsprechend hohe Ersatzansprüche des Verletzten gegenüberstehen und daher insoweit nach Abs. 1 S. 2 eine Verfallerklärung ausgeschlossen ist (dazu u. 23 ff.).

11   c) **Erlangt** ist ein Vermögensvorteil schon dann, wenn er dem Täter auf irgendeine Weise wirtschaftlich zugute kommt (vgl. Lackner 2 c). Das ist unzweifelhaft dort, wo ihm eine Sache übereignet oder eine Forderung abgetreten wird oder er zumindest tatsächliche Verfügungsgewalt über den Gegenstand erlangt (vgl. D-Tröndle 3 a, aber auch Hamburg NJW **71**, 1999 m. krit. Anm. Blei JA 72, 41 sowie u. 12). Daran kann es fehlen, wenn das für ein Drogengeschäft von einem V-Mann erhaltene Geld durch anschließende Sicherstellung wieder entzogen wird (insoweit zutr. BGH **31** 148 a. E.). Im übrigen jedoch kann es, da es sich beim Erlangen um einen *tatsächlichen* Vorgang handelt, weder auf die Art noch auf die rechtliche Wirksamkeit des Grund- oder Verfügungsgeschäfts ankommen (so i. E. auch BGH **33** 234 m. Anm. Eberbach NStZ 85, 556; insoweit auch zutr. BGH **36** 254; dagegen im Ansatz verfehlt BGH **31** 145 m. Anm. Schmid JR 83, 431; vgl. auch BGH MDR/S **86**, 973, ferner Erbs/Kohlhaas § 8 WiStG 2 c). Soweit es nur um Nutzungsmöglichkeiten oder sonstige Vergünstigungen geht, sind diese erlangt, sobald sie wirtschaftlich ausgenutzt werden können: so z. B. mit Bereitstellung eines Leihwagens oder eines Kredits auf Abruf (Schäfer LK 12), ebenso wie bei Empfang eines gedeckten, wenn auch noch nicht eingelösten Schecks (vgl. RG **77** 145). Dagegen werden erst künftig zu erwartende Vorteile (z. B. aus Kapitalnutzung) nicht erfaßt (vgl. BGH MDR/H **81**, 629).

12   Es reicht jedoch nicht, daß der Vorteil lediglich gefordert, angeboten oder versprochen, aber *nicht gewährt* bzw. nicht entgegengenommen wird (RG **11** 103, DR **44**, 368), und zwar selbst dann nicht, wenn sich der fragliche Gegenstand bereits in der amtlichen Verfügungsgewalt des Beamten befindet (RG **22** 270). Falls daher ein Beamter das ihm zugedachte Bestechungsgeld sofort zurückweist, kann dieses allenfalls als Tatwerkzeug zu einem Bestechungsversuch nach § 74 I der Einziehung unterliegen (Schäfer LK 13).

13   Weitergehend soll aber nach RG **15** 348, **51** 89, **58** 157 ein Gegenstand auch schon dann erlangt sein, wenn z. B. der Bestechungslohn dem Beamten gegen seinen Willen aufgedrängt (etwa durch Zusendung per Post) oder ohne sein Wissen zugesteckt wird, und zwar gleichgültig, ob der Beamte das Zugewendete dem Bestecher zurückgibt oder seiner Behörde abliefert (abl. auch D-Tröndle 3 a). Andererseits gehört aber zum Erlangen nicht unbedingt eine zustimmende oder gar endgültige Annahme durch den Adressaten. Erlangt sind daher auch Gegenstände, die lediglich zum *Schein* angenommen werden, um den Bestecher überführen zu können (Baldus LK[9] § 335 RN 10).

14   d) Grundsätzlich unterliegen nur die einem **Tatbeteiligten** (Täter oder Teilnehmer) zugeflossenen Vermögensvorteile dem Verfall. Soweit daher der Vorteil lediglich einem nichttatbeteiligten Dritten zugute kommt bzw. in dessen Eigentum verbleibt, sind die ergänzenden Vertreter- bzw. Dritteigentümerklauseln der Abs. 3 und 4 heranzuziehen (u. 34 ff. bzw. 39 ff.). Vgl. auch u. 18 ff.

15   Durch einen Tatbeteiligten erlangt sind aber nicht nur die ihm unmittelbar oder persönlich überlassenen Vorteile; vielmehr kann schon die Zuwendung über eine *Mittelsperson* genügen (D-Tröndle 3 a), so z. B. wenn GmbH-Anteile an einen Treuhänder des Amtsträgers abgetreten werden, um sie diesem verfügbar zu machen; in solchen Fällen ist der Anspruch des Tatbeteiligten gegen die Mittelsperson auf Übertragung der Anteile für verfallen zu erklären (RG **68** 113 m. Anm. Klee JW 34, 1499, Schäfer LK 12).

16   3. a) Seinem **Gegenstand und Umfang** nach erstreckt sich der Verfall grundsätzlich auf **alle unmittelbar erlangten Tatvorteile,** und zwar in erster Linie auf die *Originalobjekte*. Das ist unproblematisch dort, wo etwa das Tatentgelt in einer bestimmten körperlichen Sache oder der Tatgewinn in einer betrügerisch erlangten Forderung oder in einer ähnlich klar fixierbaren Rechtsposition besteht. Handelt es sich dagegen um Vermögensvorteile, die sich nicht in einem bestimmten Gegenstand konkretisieren, sondern lediglich in Vergünstigungen, Ersparung von Aufwendungen, Wettbewerbsvorteilen oder ähnlich saldierungsbedürftigen Gewinnen niederschlagen, so kann es an einem verfallsfähigen Originalobjekt fehlen. Für diesen Fall ist jedoch anstelle des Originalverfalls nach Abs. 1 der subsidiäre *Wertersatzverfall* nach § 73 a in Betracht zu ziehen (vgl. dort RN 4). Doch nicht einmal dafür ist Raum, wenn der Vorteil im Erlaß einer nichtigen Verpflichtung liegt (BGH NStZ/S **87**, 65).

17   b) Der Verfall erfaßt lediglich das, was dem Betroffenen als *Vorteil* zugeflossen ist. Soweit also den erlangten Vermögenswerten **eigene Aufwendungen** oder Gegenleistungen des Täters gegenüberstehen, unterliegt jeweils nur der **überschießende Wert** des Erlangten dem Verfall.

Die überwiegend gegenteilige Auffassung zu § 335 a. F. konnte sich immerhin darauf berufen, daß nach dessen Wortlaut das „Empfangene" für verfallen zu erklären war (vgl. RG **51** 87/90, BGH **13** 328, **15** 88/103, Dreher[34] § 335 RN 2, Wagner GA 63, 227 ff.; für Berücksichtigung von Gegenleistungen jedoch bereits RG **31** 392, Eser aaO 334, 336 FN 95 mwN). Demgegenüber kommt in § 73 eindeutig zum Ausdruck, daß es weniger auf den erlangten Gegenstand als solchen als vielmehr auf den erlangten *Vorteil* ankommt (Güntert aaO 38) und dessen Feststellung gegebenenfalls einer Saldierung mit etwaigen vorteilsmindernden Eigenaufwendungen des Täters bedarf (vgl. BGH **28** 369, NStZ/S **87**, 65). Insoweit sind die bei § 17 IV OWiG maßgeblichen Berechnungsfaktoren auch hier beachtlich (vgl. Karlsruhe JR **76**, 121 m. Anm. Keller). Dabei sind freilich immer nur unmittelbar gewinnmindernde *Gegenleistungen* (wie vor allem der Kaufpreis: BGH StV **81**, 627, MDR/S **86**, 973) oder *Eigenkosten* des Täters (wie etwa Reise- und Versandkosten) zu berücksichtigen (vgl. BGH NStZ/K **81**, 18, NStZ **88**, 496, D-Tröndle 3c), nicht dagegen (nichtige) Verpflichtungen zur Weiterleitung des Verkaufserlöses an Hintermänner (BGH NJW **89**, 3166, krit. dazu Anm. Meyer JR 90, 208; vgl. auch BGH NStZ/D **90**, 225; zu weiteren Einzelheiten Güntert aaO 40 ff.). Im Falle eigener Herstellung des Gegenstandes, aus dem der Gewinn erzielt wird, ist ein entsprechender käuflicher Erwerb zugrundezulegen (vgl. BGH NJW **86**, 1624 zu Bildern). Dementsprechend ist bei verdeckten Zuwendungen (gemischten Schenkungen) empfangener Vorteil nur der Wert des Preisnachlasses. Das gesamte Empfangene ist aber trotz Vereinbarung einer Gegenleistung dann als Vorteil anzusehen, wenn der Beamte die Gegenleistung noch nicht erbracht hat, wegen Nichtigkeit der Abmachungen hierzu auch nicht verpflichtet ist und eine Pflicht zur Rückgabe des Geleisteten gemäß § 817 S. 2 BGB ebenfalls nicht besteht (vgl. auch u. 25). Zu beachten ist aber, daß diese Vorschrift der Rückforderung von Leistungen, die nicht endgültig im Vermögen des Empfängers bleiben sollen, nicht entgegensteht (vgl. RGZ **161** 53). Das übersieht Hamm GA **58**, 118, wenn es das dem Beamten gewährte Darlehen mit der Begründung, er sei zur Rückzahlung nicht verpflichtet, für verfallen erklärt. Unrichtig daher auch BGH **13** 328, wonach der Darlehensbetrag auch dann verfallen sei, wenn der Beamte das Darlehen zurückgezahlt hat. In all diesen Fällen kann nur der eigentliche Bestechungslohn, nämlich der Nutzwert des Darlehens (wie etwa Ersparung anderweitiger Zinsen) für verfallen erklärt werden (i. E. ebenso Schäfer LK 18). Entsprechendes gilt bei bloßer Gebrauchsüberlassung einer Sache (z. B. Leihwagen). Auch durch *Abfindung* von anderen Tatbeteiligten kann das Erlangte bereits gemindert sein (BGH wistra **83**, 256). Als sonstige Eigenaufwendungen sind insbes. auch etwaige mit der Erlangung verbundene (Erwerbs- oder Umsatz-) **Steuern** in Abzug zu bringen (BGH **28** 369, StV **81**, 627, wistra **83**, 256), nicht dagegen sonstige mittelbare Folgekosten, wie z. B. die für ein Bestechungsgeld fällige Einkommensteuer (BGH **30** 314, **33** 37 m. krit. Anm. Rengier JR 85, 251, D-Tröndle 3c, Güntert aaO 45 ff.; and. Bock NStZ 82, 377, Schäfer LK 19; auch soweit diese bereits gezahlt ist, wird dies allenfalls nach § 73c zu berücksichtigen sein (and. BGH NJW **89**, 2139 m. krit. Anm. Firgau 2112). Vgl. auch u. 28 sowie § 73c RN 4 zum (grds. unerheblichen) Wegfall der Bereicherung.

c) Zudem unterliegen dem Verfall die betroffenen Vermögenswerte nur insoweit, als sie im **18** Zeitpunkt der Anordnung **nicht einem tatunbeteiligten Dritten gehören** (vgl. Abs. 3, 4, u. 34 ff., 39 ff.; zur Ratio dieses dem Eigentumserfordernis bei Einziehung vergleichbaren Verfallshindernisses näher Eser aaO 287 f. sowie 19. A. RN 18a). Je nach Art des Verfallsobjektes ist daher folgende Unterscheidung zu beachten:

α) Soweit die erlangten Vermögensvorteile in bestimmten *Sachen* oder *Rechten* bestehen, **19** unterliegen diese dem Verfall überhaupt nur dann, wenn sie im maßgeblichen Entscheidungszeitpunkt einem Täter oder Teilnehmer gehören oder herrenlos sind. Zwar erfordert dies nicht unbedingt die positive Feststellung, daß das Verfallsobjekt einem *bestimmten* Tatbeteiligten gehört. Doch ist umgekehrt der Verfall ausgeschlossen, wenn sich aus den Umständen ergibt, daß der Gegenstand einem tatunbeteiligten Dritten zusteht. Für diesen Fall kommt daher ein Verfall allenfalls noch über die ergänzenden Vertreter- bzw. Drittverfallsklauseln der Abs. 3 oder 4 in Betracht (u. 34 ff. bzw. 39 ff.).

Dieses (gleichsam negative) Eigentumserfordernis ist namentlich bei Eigentums- und *Vermögensde-* **20** *likten* bedeutsam. Da der Täter weder durch Diebstahl noch durch Unterschlagung – und gleiches gilt im Regelfall für Untreue – Eigentum an den Tatobjekten erlangt, bleibt diese Art von Deliktsbeute von vornherein vom Verfall ausgeschlossen und damit für die Herausgabe- und Ersatzansprüche des Verletzten frei. Anders kann es jedoch bei Betrug stehen, wenn auf Grund der Täuschung das Betrugsobjekt an den Täter übereignet wurde. Hier ist an sich Verfall möglich, freilich nach Abs. 1 S. 2 unter Beachtung der Ersatzansprüche des Betrogenen (u. 23 ff.). Die für das *Gehören* und *Zustehen* maßgeblichen Kriterien bestimmen sich nach den gleichen Regeln wie bei der Einziehung (§ 74 RN 19 ff.). Das gilt gegebenenfalls auch für die Beurteilung der Vermögenszugehörigkeit nach wirtschaftlichen Maßstäben.

β) Soweit die erlangten Vermögensvorteile dagegen nicht in bestimmten Sachen oder Rechten **21** bestehen, sondern sich aus der Bilanzierung von Geschäften ergeben oder sonstwie in rein *rechnerischen Gewinnen* niederschlagen (Umsatzsteigerung durch verfälschende Kennzeichnung, Wettbewerbsvorteile durch pflichtwidrig unterlassene Umweltinvestitionen und dgl.), läuft das Eigentumserfordernis mangels eines individualisierten Verfallsobjekts meist leer. In diesen Fällen muß es für die Zulässigkeit des Verfalls genügen, daß dem Vermögen des Tatbeteiligten die errechneten Vorteile *wirtschaftlich* zugeflossen sind (Brenner DRiZ 77, 203 f.). Als Form des Verfalls wird in solchen Fällen idR jedoch nicht Originalverfall nach Abs. 1, sondern nur Wertersatzverfall nach § 73 a in Betracht kommen (dort RN 4).

22 d) Eine weitere Beschränkung erfährt der Verfall dadurch, daß ihm nach Abs. 1 jeweils nur die **unmittelbar** erlangten Vorteile unterliegen (vgl. BT-Drs. V/4095 S. 40), nicht dagegen etwaige mittelbare Tatfrüchte (Zinsen aus Bestechungsgeld, Verkaufserlös, Lotteriegewinn aus dem Einsatz des erlangten Geldes; vgl. Brenner DRiZ 77, 205 f.; D-Tröndle 3a, Horn SK 10). Für deren Verfall bedarf es daher der ausweitenden Sonderregeln für Nutzungen und Surrogate nach Abs. 2 (u. 30 ff.).

23 4. **Ausschluß oder Beschränkung des Verfalls durch Drittrechte (Abs. 1 S. 2):** Danach ist der Verfall ausgeschlossen, soweit durch **Gegenansprüche des Verletzten** der erlangte Vorteil beseitigt oder gemindert ist (Abs. 1 **S. 2**). Zur Ratio und Methode dieser heftig umstrittenen Regelung vgl. 19. A. RN 24 sowie eingehend Eser aaO 294 ff., Schäfer LK 21, 25 ff.

24 a) Der Anspruch des Verletzten muß **aus der Tat erwachsen** sein. Das bedeutet vor allem zweierlei: Zum einen, daß praktisch nur bei Tat*gewinnen,* nicht dagegen bei den für die Tat gegebenen Entgelten (zu dieser Diff. o. 7) auf etwaige Ansprüche von Tatverletzten Rücksicht zu nehmen ist (vgl. D-Tröndle 4; i. E. ebenso BGH **30** 46, **33** 37; vgl. aber zu „Schmiergeldern" u. 26). Dies läßt sich zum Teil schon damit begründen, daß es bei Hingabe von Tatentgelten ohnehin meist an einem „Verletzten" fehlen wird (vgl. auch Eser aaO 335 f.). Daher können Tatentgelte regelmäßig ohne weiteres für verfallen erklärt werden (vgl. Horn SK 16).

25 Zum anderen muß der Anspruch des Verletzten *auf Grund der Tat als solcher* (und nicht erst durch nachträgliche Absprachen) zur Entstehung gekommen sein. Das ist sowohl bei Herausgabe-, Bereicherungs- und Ersatzansprüchen der Fall, die etwa dem durch Betrug oder Erpressung Geschädigten kraft Gesetzes zukommen, als auch bei den sich aus Anfechtung ergebenden Ansprüchen; nicht dagegen bei vertraglichen Wiedergutmachungsvereinbarungen oder mittelbaren versicherungsrechtlichen Regreßansprüchen (and. Düsseldorf NStZ **86**, 222). Deshalb bleiben hier dem Strafrichter Feststellungen über die Art des Anspruchs idR nicht erspart. Unbeachtlich sind selbstverständlich auch Ausgleichsansprüche des Verletzten, deren Geltendmachung rechtlich ausgeschlossen ist, wie z. B. bei beiderseitiger Sittenwidrigkeit i. S. von § 817 S. 2 BGB (vgl. BGH **33** 37 m. Anm. Rengier JR 85, 249; eingeh. Schäfer LK 18). Zu Ersatzansprüchen von Geschädigten aus manipulierten Wettgemeinschaften vgl. BGH 1 StR 643/76 v. 18. 1. 77.

26 b) Der Anspruch muß dem **Verletzten,** nämlich demjenigen entstanden sein, dessen Individualinteressen durch das vom Täter übertretene Strafgesetz geschützt werden sollen (BGH NJW **89**, 2139). Das setzt für den Regelfall voraus, daß der Verletzte bekannt oder zumindest *bestimmbar* ist. Auch der Fiskus kann etwa aufgrund steuerlicher Nachzahlungsansprüche Verletzter sein (LG Aachen NJW **78**, 385, D-Tröndle 7, Güntert aaO 74 ff., Lackner 2 d; and. Brenner DRiZ 77, 204), nicht dagegen als Dienstherr eines bestochenen Amtsträgers (BGH **30** 47, **33** 38; vgl. o. 24), während bei privatwirtschaftlichen „Schmiergeldern" der Geschäftsherr als Verletzter herausgabeberechtigt sein kann (vgl. Mayer NJW 83, 1300; and. Güntert aaO 79 f.). Ist der Verletzte dagegen nicht bestimmbar und erscheint auch eine nachträgliche Aufklärung, etwa wegen der Vielzahl der durch unlauteren Wettbewerb oder Lebensmittelverfälschung potentiell Geschädigten, praktisch ausgeschlossen, so besteht für ein Absehen von Verfall keine Veranlassung (vgl. BGH wistra **83**, 256; and. Schäfer LK 30, Horn SK 19), da es der vom Gesetz bezweckten Rücksicht auf etwaige Ansprüche von Verletzten nicht bedarf (and. Schäfer LK 30). Dementsprechend kommt Gewinnverfall vor allem bei Wirtschaftsdelikten mit individuell nicht feststellbaren Geschädigten in Betracht (D-Tröndle 7), während bei den klassischen Eigentums- und Vermögensdelikten regelmäßig – nach BGH NStZ **84**, 409, MDR/H **86**, 794 offenbar sogar immer – die Herausgabe- oder Ersatzansprüche des Verletzten entgegenstehen (Karlsruhe NJW **82**, 457, D-Tröndle 7, Lackner 2 d). Sofern danach für Verfall kein Raum ist, dürfte es auch für die prozessuale Nichtherausgabe sichergestellter Gegenstände an der erforderlichen Grundlage fehlen (vgl. Gropp gegen Düsseldorf NStZ **84**, 567).

27 c) Aus ähnlichen Erwägungen ist Verfall nur insoweit ausgeschlossen, als bei Erfüllung des dem Verletzten erwachsenen Anspruchs der aus der Tat erlangte **Vorteil tatsächlich beseitigt oder gemindert** würde (vgl. auch D-Tröndle 5). Abgesehen von den Fällen, in denen der Verletzte seine Ansprüche bereits spezifiziert hat, wird dem Richter meist nur die Möglichkeit einer Schätzung nach § 73 b bleiben. Dabei wird er auch berücksichtigen müssen, ob und inwieweit mit der tatsächlichen Erfüllung der Ansprüche zu rechnen ist. Erscheint dies praktisch ausgeschlossen, etwa weil die Vielzahl von potentiell Geschädigten um ihre Ansprüche nicht weiß oder an Wiedergutmachung desinteressiert ist, fehlt es an dem vom Gesetz vorausgesetzten Ausschlußgrund.

Unerheblich ist ein sonstiger *Wegfall der Bereicherung.* Dieser schon zum früheren Entgeltverfall nach 28 § 335 a. F. bzw. zur Mehrerlösabführung vertretene Standpunkt (vgl. RG **67** 29/32, **76** 300/2, **77** 145/ 7, JW **38**, 2199, KG JW **32**, 1907, Düsseldorf JR **50**, 217, Bay NJW **77**, 1975, Eser aaO 334, 336 mwN) findet nunmehr auch in der Härtevorschrift des § 73 c eine gesetzliche Stütze; denn wenn danach fakultativ von der Anordnung des Verfalls abgesehen werden kann (vgl. dort RN 4), falls der Wert des Erlangten zur Zeit der Anordnung im Vermögen des Betroffenen nicht mehr vorhanden ist, so setzt diese Ausnahmeregel voraus, daß der Wegfall der Bereicherung auf die Zulässigkeit des Verfalls an sich ohne Einfluß bleibt (Lackner 2 c; i. E. ebenso BGH **33** 38 f.). Allerdings wird dort, wo der Täter das Tatentgelt bereits verbraucht oder die Deliktsbeute weiterveräußert hat, eine Originaleinziehung ausscheiden. Je nach den Umständen kommt aber der Verfall eines etwaigen Surrogats (Abs. 2 S. 2) bzw. des Wertersatzes nach § 73 a in Betracht. Zum Fall der Rückgewähr an den Vorteilsgeber vgl. u. 40, 42.

d) Soweit mit Rücksicht auf Ansprüche des Verletzten eine materiell-rechtliche Verfallerklärung 29 nach Abs. 1 S. 2 unterbleibt, kann jedoch immerhin eine **prozeßrechtliche Sicherstellung** der vom Täter erlangten Vorteile nach § 111 b StPO angeordnet werden, um auf diesem Wege dem Verletzten die Realisierung seiner Ansprüche zu erleichtern. Die Sicherstellung erfolgt durch Beschlagnahme. Zu deren Abwicklung näher §§ 111 b bis 111 l StPO und D-Tröndle 6, Schäfer LK 27 ff.

III. Die Erstreckung des Verfalls auf Nutzungen und Surrogate (Abs. 2) dient der Einbezie- 30 hung *mittelbarer* Tatfrüchte. Denn da diese durch den auf unmittelbaren Tatvorteil beschränkten Abs. 1 (vgl. o. 16 ff., 22) nicht erfaßt werden, bedurfte es dafür einer Sonderregelung. Um dabei nicht ins Uferlose zu geraten, wird durch Abs. 2 die Ausweitung zu Recht auf zwei Haupttypen mittelbarer Tatvorteile beschränkt, nämlich auf Nutzungen und Surrogate. Zu weitergehenden Lösungsversuchen (insbes. § 83 III AE) vgl. 19. A. sowie Eser aaO 291 ff., 334 f., Schäfer LK 25 f.

1. Nutzungen sind – ebenso wie der unmittelbar erlangte Vorteil – *zwingend* für verfallen zu 31 erklären (Abs. 2 S. 1). Dem § 100 BGB entsprechend zählen dazu etwa (tatsächlich erlangte) bankübliche Zinsen aus dem erlangten Gewinn (Brenner DRiZ 77, 204, Güntert aaO 50, Schäfer LK 32; and. D-Tröndle 11), Mieteinnahmen aus dem mit rechtswidrigen Steuerersparnissen gekauften Haus (Jescheck 716) oder aus dem abgeschwindelten Fahrzeug. Meist wird die Höhe derartiger Nutzungsgewinne nur durch Schätzung nach § 73 b festzustellen sein.

2. Bei Surrogaten hingegen steht die Verfallserklärung im pflichtgemäßen *Ermessen* des 32 Gerichts (Abs. 2 S. 2). Falls aber das Gericht von diesem Ermessen Gebrauch macht und vom Surrogatsverfall absieht, ist statt dessen zwingend auf Wertersatzverfall zu erkennen (vgl. § 73 a RN 7). Als verfallsfähige Surrogate werden drei Kategorien genannt: der *Veräußerungserlös* (und sei es auch nur hinsichtlich des die Eigenaufwendungen des Täters übersteigenden Teils: vgl. o. 17; wohl verkannt von LG München I NStZ **89**, 285), der *Ersatz* für die Zerstörung, Beschädigung oder Entziehung des Originalobjekts, wobei gleichgültig ist, ob das Surrogat in einer dem Originalobjekt vergleichbaren Sache (Ersatzwagen für das durch Unfall totalgeschädigte Verfallsobjekt) oder in einem geldwerten Entschädigungsanspruch (etwa gegenüber der Versicherung) besteht (M-Zipf II 529), sowie die *auf Grund eines erlangten Rechts erworbenen Gegenstände* (wie z. B. die durch Realisierung eines erschwindelten Anspruchs erlangte Ware). Dadurch, daß der Surrogatsverfall in das Ermessen des Gerichts gestellt ist, wird diesem ermöglicht, bei geringwertigen Ersatzgegenständen von einer Verfallsanordnung völlig abzusehen (vgl. § 73 c RN 5) oder auf Wertersatzverfall nach § 73 a auszuweichen, wenn die Verfolgung von Surrogatsersatzansprüchen (etwa gegenüber einer Versicherung) mit unverhältnismäßigem Aufwand verbunden wäre (vgl. BT-Drs. V/4095 S. 40). Im übrigen kann auch hier der Verfall durch *Gegenansprüche des Verletzten* nach Abs. 1 S. 2 ausgeschlossen sein (BGH NJW **86**, 1186, Karlsruhe NJW **82**, 456, Lackner 2 e).

3. Dagegen werden **sonstige mittelbare Gewinne,** wie z. B. aus der Investition in einem Betrieb 33 oder aufgrund von Börsenspekulationen, auch durch Abs. 2 **nicht** erfaßt (vgl. D-Tröndle 11).

IV. Durch die **Vertreterklausel (Abs. 3)** soll der Verfall auch für solche Fälle ermöglicht 34 werden, in denen der Vermögensvorteil nicht dem Tatbeteiligten selbst, sondern einem *anderen* zugeflossen ist, *für den der Tatbeteiligte gehandelt* hat. Nach Abs. 1 wäre dies nicht möglich, weil sich danach der Verfall grundsätzlich nur gegen Tatbeteiligte richtet und auch nur insoweit angeordnet werden kann, als die betroffenen Vermögenswerte im Zeitpunkt der Anordnung dem Tatbeteiligten gehören oder zustehen (vgl. o. 14, 18 ff.). Damit aber wäre eine Gewinnabschöpfung gerade dort erschwert, wenn nicht praktisch ausgeschlossen, wo das größte Bedürfnis dafür besteht, nämlich im Bereich der Wirtschafts- und Verbandskriminalität; denn soweit dort auf Grund von Auftrags- und Vertretungsverhältnissen der rechtswidrig erlangte Gewinn einer anderen (natürlichen oder juristischen) Person zufließt als dem Täter selbst, wäre bei rein täterbezogenem Verfall eine Gewinnabschöpfung weithin unmöglich. Eine solche Beschränkung ist jedoch angesichts der besonderen Sozialschädlichkeit der Wirtschaftskriminalität weder kriminalpolitisch erwünscht noch vom Ausgleichsprinzip her geboten (vgl. 18 vor § 73); denn danach können Tatvorteile an sich überall dort zurückgeholt werden, wo sie rechtswidrigerweise zugeflossen sind, wobei es freilich nach allgemeinen Zurechnungsgrundsätzen geboten sein kann, den Verfall nur auf solche Drittempfänger zu erstrecken, in deren Einflußsphäre der Täter steht und handelt (vgl. Eser aaO 287 ff.). Dem sucht Abs. 3, der bei Einziehung in der Organ- und Vertreterklausel des § 75 eine gewisse Parallele hat, Rechnung zu tragen, indem er den Verfall auch gegen solche Personen zuläßt, für die der Tatbeteiligte gehandelt hat und denen dadurch der rechtswidrige Vermögensvorteil zugeflossen ist (vgl. E 62 Begr. 242, AE AT Begr. 171; spez. zum Umweltstrafrecht vgl. Franzheim wistra 86, 255). **Im einzelnen** ist folgendes zu beachten:

35   1. Ein **anderer als Drittempfänger** kann jede natürliche oder auch juristische Person sein (Güntert aaO 53 ff.). Da die Verfallsanordnung gegen den Empfänger zu richten ist, genügt nicht schon die Feststellung, daß der Tatvorteil einem anderen als dem Tatbeteiligten selbst zugeflossen ist; vielmehr ist im Einzelfall genauer zu bestimmen, welcher Vermögensträger in welchem Umfang Eigentümer oder Nutznießer des Tatvorteils wurde, eine bei gesellschaftsrechtlichen Verschachtelungen nicht immer einfache Aufgabe. Um so mehr ist dann auch hier von der Möglichkeit der Schätzung nach § 73b Gebrauch zu machen.

36   2. Der **Tatbeteiligte** muß **für den anderen gehandelt** haben. Im Unterschied zu § 75, wo mit Rücksicht auf den Strafeinziehungscharakter ein möglichst enges organschaftliches oder wenigstens organschaftsähnliches Zurechnungsverhältnis gefordert wird (vgl. dort RN 1), genügt hier *jede Art von Handeln* für den Empfänger (Jescheck 716 f.). Daher ist weder ein Organschaftsverhältnis i. S. von § 14 noch ein echtes Vertretungsverhältnis zwischen Täter und Empfänger noch ein besonderer Auftrag zu der gewinnbringenden Tat erforderlich (D-Tröndle 13, Lackner 3a). Ebenso ist unerheblich, ob das Handeln des Täters für einen anderen nach außen erkennbar war (Düsseldorf NJW **79**, 992, Horn SK 14); daher ist Abs. 3 bei der vom Vorstandsvorsitzenden angeordneten Unterlassung von vorgeschriebenen Umweltinvestitionen ebenso anwendbar wie dort, wo der Buchhalter durch Fälschung von Steuerbilanzen oder der Lebensmittelchemiker durch unzulässige Verschönerungszusätze seinem Arbeitgeber rechtswidrige Gewinne verschafft (vgl. D-Tröndle 13).

37   Jedoch muß nach allgemeinen Zurechnungsgrundsätzen auch der Verfall gegenüber Drittempfängern spätestens dort eine **Grenze** haben, wo der erlangte Vorteil aus einer Tat herrührt, die völlig außerhalb des Einflußbereichs des Empfängers liegt. Demgemäß kann bei Abs. 3 von einem Handeln für einen anderen nur insoweit die Rede sein, als die verfallbegründende Tat *im Interesse des Vorteilsempfängers* und von einer in seinem *Einflußbereich* stehenden Person begangen wird (Eser aaO 289 f.; ähnl. D-Tröndle 13; and. Güntert aaO 56 ff., Schäfer LK 43).

38   3. Der andere muß den Vermögensvorteil **erlangt** haben. Ähnlich wie beim tätergerichteten Verfall bedeutet dies, daß der Vermögensvorteil dem anderen unmittelbar wirtschaftlich zugeflossen sein muß (vgl. o. 11 ff., 22). Das kann auch dadurch geschehen, daß der Täter etwa die durch Betrug erlangte Sache dem Dritten ohne Rechtsgrund zwecks Vorteilssicherung überläßt (Düsseldorf NJW **79**, 992). Soweit es sich um Sachen oder Rechte handelt, müssen diese im Zeitpunkt der Verfallsanordnung dem Empfänger gehören oder zustehen. Ist dies nicht der Fall, etwa wegen Weiterveräußerung an einen außenstehenden Dritten, so kommt Wertersatzverfall nach § 73a in Betracht. Hinsichtlich des **Umfangs** werden ebenso wie beim tätergerichteten Verfall auch hier Nutzungen und Surrogate des Empfängers nach Abs. 2 erfaßt (vgl. Abs. 3).

39   **V.** Durch die **Drittverfallsklausel (Abs. 4)** soll der Verfall auch dort ermöglicht werden, wo einerseits der tatbeteiligte Vorteilsempfänger an dem fraglichen Gegenstand kein Eigentum erlangt hat und daher ein täterbezogener Verfall nach Abs. 1 ausscheidet (o. 14, 18 ff.), doch andererseits der Dritteigentümer zumindest quasi-schuldhaft in die Tat verwickelt ist. Insofern weist der Drittverfall gewisse Parallelen zur strafähnlichen Dritteinziehung nach § 74a auf, weswegen sich hiergegen ähnliche Bedenken wie dort ergeben (vgl. AE AT Begr. 171 sowie § 74a RN 1 f.; and. Güntert aaO 63).

40   Durch Drittverfall sollen vor allem Fälle erfaßt werden, in denen der Dritte, ohne selbst strafbar zu sein, den Vermögensvorteil für die Tat gewährt, ohne aber dabei das Eigentum an dem betreffenden Gegenstand aufzugeben (vgl. E 62 Begr. 244), z. B. durch Überlassung eines Pkw als Leihwagen (and. Schäfer LK 53). Doch kommt Abs. 4 etwa auch dort in Frage, wo das Bestechungsgeld vor Anordnung des Verfalls an den Geber rückübereignet wird (vgl. BGH **33** 37; nach Rengier JR 85, 259 f. jedoch nur bei Nichtstrafbarkeit des Gebers, da andernfalls § 74 bzw. § 74c anzuwenden sei). Insofern ermöglicht Abs. 4 neben oder an Stelle des Wertersatzverfalls gegenüber dem tatbeteiligten Vorteilsempfänger

auch den Verfall des Originalobjekts gegenüber dem Geber. Im einzelnen kommt Drittverfall unter folgenden **Voraussetzungen** in Betracht:

1. Wenn der **Dritteigentümer nicht selbst tatbeteiligt** ist, etwa weil das Tatentgelt einem **41** bereits zur Tat entschlossenen „omnimodo facturus" gewährt und daher Anstiftung ausscheidet (vgl. § 26 RN 5) oder weil die Gewährung des Bestechungsgeldes nicht nach §§ 333f. tatbestandsmäßig ist. Jedoch kommt darüber hinaus Abs. 4 auch dort in Betracht, wo der Dritteigentümer durch Gewährung des Tatentgelts zum Anstifter oder aktiven Bestecher und damit selbst strafbar wird, der tätergerichtete Verfall nach Abs. 1 jedoch allein daran scheitert, daß der Dritteigentümer nicht Empfänger, sondern Gewährender ist.

2. Bei Verfallsanordnung muß der tatverstrickte Gegenstand **dem Dritten gehören** oder **42 zustehen,** gleich, ob er sich das Eigentum daran von vornherein vorbehalten oder es durch Rückgewähr wiedererlangt hat. Zu den Kriterien des Gehörens und Zustehens gilt das zur Einziehung bei § 74 RN 22ff. Gesagte entsprechend. Hat der Dritte den Gegenstand seinerseits an einen Außenstehenden weiterveräußert, so kommt Verfall des Wertersatzes nach § 73a in Betracht (gegen weitere „Fernwirkung" auch Eberbach NStZ 85, 297f.). Da es auf den Zeitpunkt der tatrichterlichen **Verfallsanordnung** ankommt, kann Abs. 4 auch in Fällen durchgreifen, in denen das Verfallsobjekt nach der Tat an den Geber rückübereignet wurde; jedoch kann dann § 73c S. 1 veranlaßt sein (vgl. D-Tröndle 14).

3. Der Dritteigentümer muß den Vermögensvorteil **für die Tat** oder **sonst in Kenntnis der 43 Tatumstände** gewährt haben. Bei Gewährung *für die Tat* wird der Dritteigentümer meist sogar selbst tatbeteiligt sein (vgl. o. 8), so daß an Stelle des tätergerichteten Verfalls nach Abs. 1 nur deshalb auf Drittverfall nach Abs. 4 auszuweichen ist, weil der Dritte nicht Vorteilsempfänger, sondern Geber ist (zu dem insoweit fraglichen Fall vgl. BGH **36** vgl. 253 Meyer 90, 209). Für Gewähren in *Kenntnis der Umstände* ist positives Wissen um die Tatbegehung erforderlich. Insofern gilt Entsprechendes wie für den Erwerb des Einziehungsobjektes i. S. von § 74a Nr. 2 (vgl. dort RN 9), ohne daß es jedoch hier auf eine besondere Verwerflichkeit ankäme. Daher kommt Drittverfall nach Abs. 4 etwa auch dort in Betracht, wo das Bestechungsentgelt nur widerstrebend auf Verlangen des Amtsträgers gewährt wurde; auch darin zeigt sich eine nicht unbedenkliche Konsequenz des Drittverfalls. Dagegen reicht bloße Leichtfertigkeit bei Gewährung des Vermögensvorteils nicht aus; insofern ist Abs. 4 enger als die Dritteinziehung nach § 74a Nr. 1.

VI. 1. Die **Anordnung des Verfalls** ist – im Unterschied zur fakultativen Einziehung (§ 74 RN **44** 38ff.) – **zwingend** vorgeschrieben. Dies vor allem deshalb, weil es sich beim Verfall weniger um eine von der Schwere der Tat und dem Grad der Schuld abhängige Strafe handelt, sondern um eine quasikonditionelle Ausgleichsmaßnahme (vgl. o. 2 sowie 18 vor § 73). Da es dabei um den Entzug rechtswidrig erlangter Tatvorteile geht, für die der Empfänger keinen rechtlichen Schutz beanspruchen kann, besteht für richterliches Ermessen idR kein Raum (vgl. E 62 Begr. 245 zu § 111, AE AT Begr. 173 zu § 86, aber auch Eser aaO 354f., 360ff.). Sind daher die Verfallvoraussetzungen gegeben, so ist dieser grds. zwingend anzuordnen und nicht etwa auf bereits sichergestellte Geldbeträge zu beschränken (vgl. BGH NStZ **89**, 436). Über die (scheinbare) Ausnahme beim Surrogatsverfall vgl. o. 32, aber auch § 73a RN 7.

2. Der Verfall kann nur in einem **Strafverfahren** angeordnet werden, das **gegen den jeweiligen 45 tatbeteiligten** Vorteilsempfänger geführt wird, wobei der betroffene Vermögensvorteil durch eine Tat erlangt sein muß, als Gegenstand der Anklage und tatrichterlich nachgewiesen ist (BGH **28** 369, StV **81**, 627, vgl. auch BGH NStZ **84**, 28). Daher könnte im Verfahren gegen einen Mittäter das einem nicht mitangeklagten Tatbeteiligten gewährte Tatentgelt nicht für verfallen erklärt werden (vgl. auch BGH MDR/S **85**, 3). Soweit der Verfall nach Abs. 3 gegen einen *tatunbeteiligten* Empfänger zu richten ist, wird er im Verfahren gegen den Tatbeteiligten ausgesprochen, der für den Empfänger gehandelt hat. Dieser ist nach § 442 II StPO am Verfahren zu beteiligen. Entsprechendes gilt für eine Verfallerklärung gegenüber dem Dritteigentümer nach Abs. 4; dessen Verfahrensbeteiligung richtet sich gemäß § 442 I StPO nach dem für die Dritteinziehung vorgesehenen Verfahren der §§ 431 ff. StPO. Ausnahmsweise kommt jedoch auch eine sog. **selbständige,** d. h. vom subjektiven Strafverfahren unabhängige Anordnung des Verfalls in Betracht; näher dazu § 76a. Über die Möglichkeit einer **nachträglichen** Anordnung des Verfalls vgl. § 76.

3. Ebenso wie die Einziehung ist auch der Verfall im **Tenor** des Strafurteils auszusprechen; das in **46** § 74 RN 44 Ausgeführte gilt daher hier entsprechend. Soweit nach § 73 I 2 mit Rücksicht auf Ansprüche des Verletzten von der Anordnung des Verfalls abzusehen ist, kann zwecks Sicherstellung nach dem in den §§ 111b bis 111l StPO vorgesehenen Verfahren die Beschlagnahme des Verfallobjekts angeordnet werden. Der gleiche Vermögensvorteil kann **nur einmal** für verfallen erklärt werden. Ebenso kommt Wertersatzverfall nach § 73a nur insoweit in Betracht, als nicht bereits durch den Original- bzw. Surrogatsverfall die erlangten Vorteile abgeschöpft sind (vgl. § 73a RN 3ff.). Über die **Wirkung** des Verfalls vgl. im übrigen § 73d.

§ 73a Verfall des Wertersatzes

Soweit der Verfall eines bestimmten Gegenstandes wegen der Beschaffenheit des Erlangten oder aus einem anderen Grunde nicht möglich ist oder von dem Verfall eines Ersatzgegenstandes nach § 73 Abs. 2 Satz 2 abgesehen wird, ordnet das Gericht den Verfall eines Geldbetrages an, der dem Wert des Erlangten entspricht. Eine solche Anordnung trifft das Gericht auch neben dem Verfall eines Gegenstandes, soweit dessen Wert hinter dem Wert des zunächst Erlangten zurückbleibt.

Schrifttum: Vgl. die Angaben zu den Vorbem. vor § 73.

1   I. Der Wertersatzverfall dient der **Lückenschließung** für Fälle, in denen ein an sich zulässiger Verfall des erlangten Tatvorteils aus bestimmten Gründen nicht möglich ist, und zwar gleichgültig, ob der Betroffene das Originalobjekt böswillig entzogen hat oder ob der Originalverfall, wie z. B. bei Gebrauchsvorteilen, an praktischen Schwierigkeiten scheitert. Insofern wird die bei Ersatzeinziehung maßgebliche Abschreckungsfunktion (§ 74c RN 2) ergänzt und überlagert durch den für den Verfall charakteristischen Gedanken quasi-konditionellen **Vorteilsausgleichs:** Rechtswidrig zugeflossene Vermögenswerte sollen – ungeachtet etwaigen subjektiven Verschuldens – dem davon Begünstigten nicht verbleiben dürfen (vgl. § 73 RN 2 sowie 18 vor § 73; i. gl. S. Horn SK 1; abw. Güntert aaO 65). Deshalb kann der Wertersatzverfall auch *nicht als Geldstrafe* im technischen Sinne behandelt werden (vgl. D-Tröndle 6), und zwar noch weniger als die Ersatzeinziehung (vgl. § 74c RN 2).

II. Im einzelnen setzt der Wertersatzverfall folgendes voraus:

2   1. Abgesehen von der Unmöglichkeit der Durchführung müssen **alle Voraussetzungen eines Verfallstatbestandes** gegeben sein. Deshalb kommt Wertersatzverfall überhaupt nur dort und auch nur insoweit in Betracht, als nach § 73 an sich der Verfall des Originalobjekts bzw. der Nutzungen oder Surrogate zulässig wäre.

3   2. Der an sich zulässige Verfall muß **undurchführbar** (a, b) oder allenfalls nur unter unverhältnismäßigen Schwierigkeiten durchführbar (c) sein:

4   a) **Nichtdurchführbarkeit des Verfalls wegen der Beschaffenheit des Erlangten:** Das trifft fast auf alle Tatvorteile zu, die nicht in einer Sache oder einem bestimmten Recht bestehen, sondern sich nur rechnerisch ermitteln lassen, wie z. B. Gebrauchsvorteile oder die Ersparung von Aufwendungen. Daher werden derartige Gewinne, ähnlich wie Nutzungen, idR überhaupt nur über den Wertersatzverfall erfaßt werden können (vgl. § 73 RN 21). Auch die Verarbeitung, Vermischung oder Verbindung (§§ 946ff. BGB) rechnen dazu (D-Tröndle 2).

5   b) Zu den **anderen Nichtdurchführbarkeitsgründen** zählt vor allem der Fall, daß das Verfallsobjekt im Zeitpunkt der Entscheidung einem tatunbeteiligten Dritten gehört und daher Verfall ausgeschlossen ist (vgl. § 73 RN 19), und zwar gleichgültig, ob der Täter den Tatvorteil, ohne selbst daran Eigentum erlangt zu haben, unmittelbar einem Dritten hat zukommen lassen, oder daß er das Verfallsobjekt vor der Anordnung an einen Dritten weiterveräußert hat, ohne daß ein nach § 73 II 2 verfallsfähiges Surrogat in das Vermögen des Betroffenen gelangt wäre (vgl. aber auch u. 7). Da für solche Fälle auch die Drittverfallklausel von § 73 IV nicht durchgreift, ist somit auch bei Weiterveräußerung des Verfallsobjekts der Wertersatzverfall die einzig mögliche Ersatzsanktion (D-Tröndle 3). Gleiches gilt für die Fälle, in denen das Verfallsobjekt unauffindbar oder untergegangen ist, verbraucht (vgl. BGH NStE **Nr. 1** zu § 74c) oder sonstwie beiseite geschafft wurde (vgl. BGH **33** 39, D-Tröndle 3). Selbst wenn dadurch die Bereicherung des Täters weggefallen ist, steht das einem Wertersatzverfall nicht entgegen, da die grundsätzliche Zulässigkeit des Verfalls von einem Wegfall der Bereicherung unberührt bleibt (vgl. § 73 RN 28).

6   Dagegen kommt in den Fällen von § 73 I 2, in denen der Verfall mit Rücksicht auf *Gegenansprüche* des Verletzten unterbleibt, auch Wertersatzverfall *nicht* in Betracht; denn da dieser die grundsätzliche Zulässigkeit des Verfalls voraussetzt (o. 2) und ein solcher bei Gegenansprüchen des Verletzten gerade ausgeschlossen wird, ist damit auch für Wertersatzverfall kein Raum mehr. Unerheblich ist hingegen, ob der Täter bei Verfallsanordnung noch bereichert ist (D-Tröndle 3, Horn SK 4).

7   c) Schließlich kommt Wertersatzverfall bei **Absehen vom Surrogatsverfall** nach § 73 II 2 in Betracht. Die besondere Nennung dieses Ersatzgrundes erklärt sich daraus, daß der Surrogatsverfall u. a. auch aus prozeßökonomischen Gründen in das pflichtgemäße Ermessen des Gerichts gestellt ist (vgl. § 73 RN 32) und die dadurch entstehende Verfallslücke überall dort, wo das Gericht von einer Verfallerklärung von Surrogaten glaubt absehen zu müssen, im Wege des Wertersatzverfalls geschlossen werden soll. Das bedeutet, daß es im Unterschied zu den bei a) und b) genannten Gründen in Surrogatsfällen nicht auf deren Undurchführbarkeit ankommt, sondern dem Richter bereits unter weniger strengen Voraussetzungen die Möglichkeit eröffnet

wird, an Stelle eines vielleicht schwierigen, aber nicht unbedingt unmöglichen Surrogatsverfalls auf den Wertersatzverfall auszuweichen. Das bedeutet außerdem, daß es sich bei der Kann-Vorschrift des Surrogatsverfalls (§ 73 II 2) nur scheinbar um eine Ausnahme vom Verfallszwang (§ 73 RN 44) handelt; denn sieht der Richter nach pflichtgemäßem Ermessen vom Surrogatsverfall ab, so kommt statt dessen zwingend der Wertersatzverfall zum Zuge (vgl. u. 9).

3. Dagegen setzt der Wertersatzverfall – im Unterschied zu bestimmten Ersatzeinziehungsfällen (§ 74c RN 6) – **keine Vorwerfbarkeit** irgendwelcher Art voraus, sondern greift bereits bei objektivem Vorliegen der Ersatzvoraussetzungen durch. Das erklärt sich daraus, daß es beim Verfall weniger um eine Strafe als um die quasi-kondiktionelle Entziehung rechtswidrig erlangter Tatvorteile geht (o. 1).

III. Die **Anordnung** des Wertersatzverfalls ist **zwingend;** und zwar auch bei Ersatz für den Surrogatsverfall (§ 73 II 2), der an sich im Ermessen des Gerichts steht (vgl. o. 7). Etwaigen Härtefällen ist über § 73c Rechnung zu tragen.

1. Im übrigen kann Wertersatzverfall sowohl **anstelle** als auch **neben** dem Originalverfall angeordnet werden. Ersteres vor allem dann, wenn das Originalobjekt ersatzlos untergegangen bzw. unerreichbar ist oder der erlangte Vorteil seiner Beschaffenheit nach als solcher nicht entzogen werden kann (vgl. o. 4). *Neben* und in Ergänzung zum Originalverfall wird Wertersatzverfall dort in Betracht zu ziehen sein, wo die ursprünglich erlangten Vermögenswerte teilweise untergegangen sind bzw. veräußert wurden oder bei Weiterverkauf zu Schleuderpreisen die dafür erlangten Surrogate hinter dem Wert des Originalobjekts zurückbleiben (vgl. auch Horn SK 2).

2. Als Wertersatz wird ein bestimmter **Geldbetrag** für verfallen erklärt. Hinsichtlich seiner Höhe muß er dem Wert des Erlangten entsprechen. Maßgeblich dafür ist der *Verkehrswert* der ursprünglich erlangten Vermögensvorteile, und zwar der im Zeitpunkt der Entscheidung im Inland erzielbare Verkaufspreis bzw. Verwertungserlös (vgl. BGH **4** 13, 305; and. Güntert aaO 67). Soweit genauere Feststellungen nicht möglich sind, können Umfang und Wert des Erlangten nach § 73b im Wege der Schätzung ermittelt werden. Spez. zur Berechnungsweise im Umweltstrafrecht vgl. Frankfurt wistra **88**, 155, AG Köln NStZ **88**, 274 bzw. AG Gummersbach 460, Franzheim wistra **86**, 254; 89, 87.

3. Soweit die Voraussetzungen für den Verfall des Wertersatzes bereits im **Zeitpunkt** der tatrichterlichen *Entscheidung* vorliegen, ist darauf zu erkennen, ohne daß es zuvor einer Entscheidung über den Originalverfall bedürfte. Stellen sich die Voraussetzungen für Wertersatzverfall erst hinterher ein bzw. heraus, so kommt nach § 76 auch eine **nachträgliche** Anordnung in Betracht. Unter bestimmten Voraussetzungen ist auch ein **selbständiger,** nämlich außerhalb des eigentlichen Strafverfahrens anzuordnender Verfall des Wertersatzes möglich; vgl. dazu § 76a I, III.

4. Anders als beim Originalverfall, durch den der für verfallen erklärte Gegenstand kraft Gesetzes auf den Staat übergeht (§ 73d I), besteht die **Wirkung** des Wertersatzverfalls lediglich darin, daß der Staat in Höhe des festgesetzten Geldbetrages einen der Geldstrafe ähnlichen *Zahlungsanspruch* erhält (vgl. § 74c RN 13).

§ 73b Schätzung

Der Umfang des Erlangten und dessen Wert sowie die Höhe des Anspruchs, dessen Erfüllung den Vermögensvorteil beseitigen oder mindern würde, können geschätzt werden.

Schrifttum: Vgl. die Angaben zu den Vorbem. vor § 73.

I. Die Vorschrift hat den **Zweck,** das Gericht der u. U. recht schwierigen, wenn nicht gar unmöglichen Aufgabe zu entheben, bis ins einzelne gehende Feststellungen über Art und Umfang der vom Verfall betroffenen Vermögenswerte zu treffen (vgl. BT-Drs. V/4095 S. 40, Prot. V 1025 f., BGH NStZ **89**, 361).

II. Eine **Schätzung** kommt unter folgenden **Voraussetzungen** in Betracht:

1. Die **grundsätzliche Zulässigkeit des Verfalls** muß festgestellt sein. Das bedeutet, daß über die Frage, *ob überhaupt* ein verfallfähiger Vermögensvorteil erlangt wurde, nicht im Wege der Schätzung entschieden werden darf, sondern diese allgemeinen Verfallvoraussetzungen in gleicher Weise nachzuweisen sind wie die Begehung der verfallbegründenden Tat. Demgemäß kommt eine Schätzung immer nur hinsichtlich des *Umfanges,* nicht dagegen des „Ob" eines Verfalls in Betracht. Das schließt allerdings nicht aus, daß man sich im Falle von § 73 I 2 für den Nachweis des Bestehens bzw. der Durchsetzung von Ansprüchen des Verletzten oft mit einem Wahrscheinlichkeitsurteil wird begnügen müssen (vgl. § 73 RN 27).

2. Steht die Zulässigkeit des Verfalls im vorangehenden Sinne fest, so kann dessen **Umfang** in folgenden Punkten geschätzt werden:

a) Hinsichtlich des *Erlangten,* wobei u. U. sowohl das Ausmaß als auch die Art der betroffenen Vermögensvorteile einer Schätzung bedarf; so z. B. bei Ermittlung der Art von Nutzungen oder Wettbewerbsvorteilen, die beim Gewinn zu berücksichtigen sind.

4 b) Hinsichtlich des *Wertes des Erlangten,* so namentlich bei Verfall des Wertersatzes nach § 73a. Maßgebend für die Wertermittlung ist der Zeitpunkt der jeweiligen richterlichen Entscheidung.

5 c) Hinsichtlich der *Höhe des Anspruchs,* dessen Erfüllung im Falle von § 73 I 2 den Vorteil beseitigen oder mindern würde. Dabei ist insbesondere auch das Ausmaß der zu erwartenden Realisierung derartiger Ansprüche mitzuberücksichtigen.

6 **3.** Da die Schätzung lediglich als *Notbehelf* mangels besserer Ermittlungsmöglichkeiten zu verstehen ist, kommt sie erst dann zum Zuge, wenn **konkrete Feststellungen ausgeschlossen** erscheinen (BGH NStZ **89**, 361) oder einen **unverhältnismäßigen** Aufwand an Zeit oder Kosten erfordern würden (vgl. BT-Drs. V/4095 S. 40f., AE AT Begr. 173 zu § 85). Dies abzuschätzen, steht im pflichtgemäßen Ermessen des Gerichts (über das Verhältnis zu § 244 II StPO vgl. Schäfer LK 2). Über die für die Schätzung maßgeblichen *Kriterien* und Methoden vgl. im übrigen auch die Erläuterungen zu § 40 III RN 19 ff.

§ 73c Härtevorschrift

(1) **Der Verfall wird nicht angeordnet, soweit er für den Betroffenen eine unbillige Härte wäre. Die Anordnung kann unterbleiben, soweit der Wert des Erlangten zur Zeit der Anordnung in dem Vermögen des Betroffenen nicht mehr vorhanden ist oder wenn das Erlangte nur einen geringen Wert hat.**

(2) **Für die Bewilligung von Zahlungserleichterungen gilt § 42 entsprechend.**

Schrifttum: Vgl. die Angaben zu den Vorbem. vor § 73.

1 **I.** Die Vorschrift will etwaigen **Härten** Rechnung tragen, die sich aus dem zwingenden Charakter des Verfalls ergeben können. Denn obgleich bei Verfall als quasi-konditioneller Ausgleichsmaßnahme für den Regelfall kein Raum für richterliches Ermessen bleibt (vgl. § 73 RN 44 sowie u. 7), sind doch Ausnahmefälle denkbar, in denen die Anordnung des Verfalls eine unbillige Härte darstellen könnte (krit. Güntert aaO 68f.). Zudem muß auch beim Verfall wie bei jeder strafrechtlichen Sanktion dem verfassungsrechtlichen Übermaßverbot Rechnung getragen werden können (vgl. Hamm NJW **73**, 719, Eser aaO 351 ff.). Ein Vorbild für eine solche Härtevorschrift findet sich bereits in § 8 II WiStG 1954.

II. Das Gesetz versucht möglichen Härten auf **dreifache** Weise Rechnung zu tragen:

2 **1.** Nach der **Generalklausel** des Abs. 1 S. 1 ist von der Anordnung des Verfalls **zwingend** abzusehen, wenn und soweit dieser für den Betroffenen eine unbillige Härte wäre. Dies ist etwa dort der Fall, wo die Tatvorteile nur auf einem leichten Gesetzesstoß beruhen und inzwischen restlos verbraucht sind (vgl. E 62 Begr. 245, D-Tröndle 2), oder wo rechtswidrige Gewinne reinvestiert wurden, bei deren rückwirkender Entziehung das Unternehmen in seiner Existenz gefährdet würde (vgl. Eser aaO 364; ferner Bay **54** 79/80f., **57** 162, 227, Horn SK 4), nicht dagegen, weil sie einer Besteuerung unterlagen (vgl. Bay NJW **77**, 1975). Zum Umweltstrafrecht vgl. Franzheim wistra 89, 83 f.

3 **2.** Über derartige zwingende Härtefälle hinaus werden in Abs. 1 S. 2 zwei bestimmte Fälle genannt, in denen die Anordnung des Verfalls **fakultativ** unterbleiben darf:

4 a) Zum einen insoweit, als der Wert des **Erlangten** zur Zeit der Anordnung im Vermögen des Betroffenen **nicht mehr vorhanden** ist. Damit soll dem Umstand Rechnung getragen werden, daß der nachträgliche Wegfall der Bereicherung die Verfallbarkeit der erlangten Tatvorteile bzw. ihres Wertes an sich unberührt läßt (vgl. § 73 RN 28, § 73a RN 5), unter Berücksichtigung der Umstände des Einzelfalles (BGH NJW **82**, 774) es aber unangemessen erscheinen könnte, von der Möglichkeit des Verfalls Gebrauch zu machen: so z. B. dort, wo der bestochene Amtsträger den Bestechungslohn in Wiedergutmachungsabsicht an eine gemeinnützige Einrichtung weitergegeben hat (vgl. Hamm NJW **73**, 716), wo das Verfallsobjekt (PKW) durch unverschuldeten Unfall in seinem Wert erheblich gemindert wurde (D-Tröndle 2) oder nur Wiedereingliederungsgründe einem uneingeschränkten Wertersatzverfall entgegenstehen (LG Saarbrücken NStZ **86**, 267). Bereits beglichene Steuerschulden sind jedenfalls dann vorteilsmindernd zu berücksichtigen, wenn sie ausschließlich auf der Vereinnahmung des Erlangten beruhen (BGH NJW **89**, 2140 m. Anm. Firgau NJW 89, 2112); im übrigen kann steuerlichen Nachteilen insoweit Rechnung getragen werden, als dem Täter durch den Verfall letztlich mehr genommen würde, als er aus der Bestechlichkeit erlangt hat (BGH **33** 40 m. Anm. Rengier JR 85, 249). Würde in der Verfallsanordnung sogar eine unbillige Härte i. S. von Abs. 1 S. 1 liegen, so wäre danach zwingend davon Abstand zu nehmen.

b) Zum anderen kann die Anordnung des Verfalls dann unterbleiben, wenn das Erlangte nur 5 einen **geringen Wert** hat (als Vergleichsmaßstab kommt § 248a in Betracht: vgl. dort RN 7ff.). Neben prozeßökonomischen Gründen ist dafür ausschlaggebend, inwieweit der Verfall geringwertiger Tatgewinne im Rahmen der Gesamtstrafzumessung überhaupt ins Gewicht fallen würde.

3. Schließlich können nach Abs. 2 dem Betroffenen **Zahlungserleichterungen** bewilligt werden, und zwar nach den für Geldstrafen maßgeblichen Grundsätzen (vgl. § 42). Bei hohen Verfallbeträgen muß sich der Tatrichter mit dieser Möglichkeit zumindest auseinandersetzen (vgl. BGH 33 40).

4. Da das Absehen vom Verfall **Ausnahme**charakter hat (o. 1), bedürfen die Voraussetzungen des § 73c einer besonderen Darlegung und **Begründung** (BGH NStZ **89**, 436).

§ 73d Wirkung des Verfalls

(1) **Wird der Verfall eines Gegenstandes angeordnet, so geht das Eigentum an der Sache oder das verfallene Recht mit der Rechtskraft der Entscheidung auf den Staat über, wenn es dem von der Anordnung Betroffenen zu dieser Zeit zusteht. Rechte Dritter an dem Gegenstand bleiben bestehen.**

(2) **Vor der Rechtskraft wirkt die Anordnung als Veräußerungsverbot im Sinne des § 136 des Bürgerlichen Gesetzbuches; das Verbot umfaßt auch andere Verfügungen als Veräußerungen.**

Schrifttum: Vgl. die Angaben zu den Vorbem. vor § 73.

I. Die Bestimmung regelt die **Rechtsfolgen** des Verfalls. Dabei ist zwischen dem eigentlichen 1 *Objekt des Verfalls* (Abs. 1 S. 1) und etwaigen daran bestehenden *Drittrechten* (Abs. 1 S. 2) zu unterscheiden. Außerdem begründet sie für den Schwebezustand zwischen Anordnung und Rechtskraft des Verfalls ein *Veräußerungsverbot* (Abs. 2).

II. Für das **Verfallsobjekt** als solches ergeben sich folgende Wirkungen (Abs. 1 S. 1): 2

1. Mit **Rechtskraft** der Verfallsanordnung (§ 73 RN 44ff.) geht das **Eigentum** an der für verfallen erklärten Sache bzw. die rechtliche Inhaberschaft am verfallenen Recht **auf den Staat über**, ohne daß es dafür noch einer besonderen Besitzergreifung bedürfte (Abs. 1 S. 1; vgl. Eser aaO 217ff.). Insofern gilt gleiches wie bei der Einziehung nach § 74e (vgl. dort RN 3).

Da es sich dabei um einen Rechtsübergang *kraft Gesetzes* handelt, der keines zusätzlichen 3 rechtsgeschäftlichen Übertragungsaktes bedarf, wirkt er an sich gegenüber jedermann. Doch im Unterschied zur Einziehung, die auch gegenüber tatunbeteiligten Dritteigentümern durchgreift (vgl. § 74e RN 4), läßt der Verfall kraft des ausdrücklichen **Vorbehalts** in Abs. 1 S. 1 nur solche Gegenstände übergehen, die im Zeitpunkt der Rechtskraft der Entscheidung dem **Betroffenen zustehen**. Allerdings sind unter den „Betroffenen" nicht nur Täter und Teilnehmer i. S. von § 73 I zu verstehen, sondern auch Vorteilsempfänger i. S. von § 73 III bzw. Vorteilsgeber i. S. von § 73 IV. Dieser Vorbehalt *zugunsten tatunbeteiligter* **Dritter** erklärt sich daraus, daß sich der Verfall als quasi-konditionelle Ausgleichsmaßnahme grundsätzlich nur gegen Tatbeteiligte und ihnen gleichzustellende Personen richten soll (vgl. E 62 Begr. 246). Gehört der für verfallen zu erklärende Gegenstand weder einem Tatbeteiligten noch einer Person, für die der Täter gehandelt hat, noch dem Geber des Tatentgelts, sondern einem völlig tatunbeteiligten Dritten, so hat der Verfall von vornherein zu unterbleiben. Wird er trotzdem *irrtümlich* ausgesprochen, weil das Gericht von falschen tatsächlichen Voraussetzungen oder fehlerhaften rechtlichen Folgerungen ausgeht, so bleibt das Eigentum des Dritten an der Sache bzw. seine Inhaberschaft an dem betroffenen Recht von der Verfallsanordnung unberührt. Deshalb ist er nicht daran gehindert, seine Rechte auch dem Staat gegenüber jederzeit geltend zu machen, *ohne daß er sich dazu auf das bei fehlerhafter Einziehung einzuhaltende Nachverfahren* (vgl. § 74e RN 4) verweisen lassen müßte (D-Tröndle 4, Schäfer LK 1).

2. Um zu verhindern, daß der für verfallen erklärte Gegenstand vor Rechtskraft der Anord- 4 nung an tatunbeteiligte Dritte weiterveräußert wird und damit der Übergang auf den Staat vereitelt würde, ist der Verfallsanordnung die Wirkung eines **Veräußerungsverbots** beigelegt (Abs. 2). Diese Erwerbssperre greift allerdings nur dann durch, wenn der Dritte bei Erwerb des Gegenstandes hinsichtlich seiner Verfallbarkeit *bösgläubig* war (vgl. auch § 74e RN 5). Bei Gutgläubigkeit hingegen hat er gemäß §§ 135 II, 932ff. BGB unbeschränktes Eigentum erworben.

Das Verbot umfaßt auch *sonstige Verfügungen,* durch die der Verfall vereitelt oder erschwert 5 werden könnte, wie z. B. Verpfändung, sicherungsweise Übereignung oder sonstige Belastung mit Rechten Dritter (D-Tröndle 2).

§ 74 1–3   Allg. Teil. Rechtsfolgen der Tat – Verfall und Einziehung

6   3. Für den im Gesetz nicht ausdrücklich geregelten Fall, daß das Verfallsobjekt **herrenlos** ist, bedarf es ohnehin keiner Rücksichtnahme auf Rechte Dritter. Der Entziehungsfunktion des Verfalls entsprechend (vgl. § 73 RN 2) muß hier der Verfallsanordnung die Wirkung zugesprochen werden, daß der Staat originär zum Eigentümer bzw. Rechtsinhaber des betroffenen Gegenstandes wird (Güntert aaO 21 f.).

7   **III. Rechte Dritter am Verfallsobjekt** bleiben unberührt (Abs. 1 S. 2). Insofern gilt gleiches wie bei etwaigen Drittrechten am Einziehungsobjekt (näher § 74e RN 6 f.). Während jedoch bei Einziehung unter bestimmten Voraussetzungen das Erlöschen von Drittrechten angeordnet werden kann (§ 74e II 2), ist beim Verfall für solche Eingriffe in Drittrechte kein Raum und im Hinblick auf den Vorteilsentziehungszweck (§ 73 RN 1) auch kein Bedürfnis. Etwaigen Vereitelungsversuchen durch Belastung des Verfallsobjekts mit Drittrechten kann daher nur durch das Veräußerungs- und Verfügungsverbot des Abs. 2 (o. 4) entgegengewirkt werden.

8   **IV.** In der **praktischen Durchführung** sind in Verbindung mit den prozessualen Präventivmaßnahmen der §§ 111b ff. StPO insgesamt 4 Wirkungsstufen zu unterscheiden (vgl. D-Tröndle 1 ff.): a) Durch *Beschlagnahme* des Verfallsobjekts nach § 111b I StPO kann das Verfallsobjekt sichergestellt und nach § 111c V StPO ein Veräußerungsverbot i. S. von § 136 BGB begründet werden. b) Die letztgenannte Wirkung tritt – auch ohne vorherige Beschlagnahme – spätestens mit der *Verfallsanordnung* ein (vgl. o. 4 f.). c) Mit *Rechtskraft* der Verfallsanordnung wird der Eigentumsübergang auf den Staat bewirkt (o. 2). d) Die *Vollstreckung* des Verfalls und die *Verwendung* der verfallenen Vermögenswerte richten sich nach dem bei § 74e RN 11 zur Einziehung Ausgeführten.

§ 74 Voraussetzungen der Einziehung

(1) **Ist eine vorsätzliche Straftat begangen worden, so können Gegenstände, die durch sie hervorgebracht oder zu ihrer Begehung oder Vorbereitung gebraucht worden oder bestimmt gewesen sind, eingezogen werden.**

(2) **Die Einziehung ist nur zulässig, wenn**

1. **die Gegenstände zur Zeit der Entscheidung dem Täter oder Teilnehmer gehören oder zustehen oder**
2. **die Gegenstände nach ihrer Art und den Umständen die Allgemeinheit gefährden oder die Gefahr besteht, daß sie der Begehung rechtswidriger Taten dienen werden.**

(3) **Unter den Voraussetzungen des Absatzes 2 Nr. 2 ist die Einziehung der Gegenstände auch zulässig, wenn der Täter ohne Schuld gehandelt hat.**

(4) **Wird die Einziehung durch eine besondere Vorschrift über Absatz 1 hinaus vorgeschrieben oder zugelassen, so gelten die Absätze 2 und 3 entsprechend.**

Schrifttum: Vgl. die Angaben zu den Vorbem. vor § 73.

1   **I. Grundnorm der Einziehung** ist § 74: Abs. 1 umschreibt die allgemeinen Voraussetzungen der *Anknüpfungstat* und den Kreis der einziehbaren *Gegenstände*. In Abs. 2 werden sodann die Kriterien genannt, nach denen die Einziehung auf Tatbeteiligte beschränkt bleibt (Nr. 1) oder auf Dritte erstreckt werden kann (Nr. 2). Damit zerfällt die Einziehung hier in eine *tätergerichtete* (relative) und in eine *unterschiedslose* auch gegen Dritte gerichtete (absolute) Sanktion, wobei ersterer regelmäßig Strafcharakter, letzterer regelmäßig Sicherungscharakter beizumessen ist (vgl. 13 ff. vor § 73). Durch Abs. 4 werden diese Kriterien auch für etwaige *Sondervorschriften* für verbindlich erklärt.

II. Die allgemeinen Voraussetzungen der Einziehung (Abs. 1) sind folgende:

2   1. Als **Anknüpfungstat** kommt lediglich eine *vorsätzliche* Straftat (*Verbrechen oder Vergehen:* § 12) in Betracht. Abgesehen vom Fall des Abs. 2 Nr. 2 i. V. m. Abs. 3 (dazu u. 36) ist darunter eine volldeliktische, also *rechtswidrig* und *schuldhaft* begangene Tat zu verstehen. Deshalb scheidet Einziehung auf Grund einer in Notwehr begangenen Tat ebenso aus wie bei rechtfertigendem Notstand (vgl. Braunschweig NdsRpfl. **52**, 72), entschuldbarem Verbotsirrtum (BGH **9** 172) oder fehlender Schuldfähigkeit (vgl. RG **29** 131, GA Bd. **51** 357, [zu § 323a] BGH MDR/H **76**, 812, NJW **79**, 1370, Oldenburg NJW **71**, 770); and. dagegen bei nur verminderter Verantwortlichkeit (RG HRR **40** Nr. 35, BGH MDR/D **52**, 530, Bay **54** 87, Braunschweig NJW **54**, 1052). Abweichend von dieser Grundnorm, die die Einziehung nur aufgrund vorsätzlicher Tatbegehung zuläßt, lassen zahlreiche Sondervorschriften auch *Fahrlässigkeit* genügen (vgl. etwa § 322 i. V. m. § 311, § 55 LMBG, § 39 AWG).

3   Auch der **Versuch** einer Straftat wirkt einziehungsbegründend, sofern er als solcher strafbar ist (D-Tröndle 11, Eser aaO 214 ff., Schäfer LK 9; weitergehend RG **27** 243, **36** 147, **49** 210). Gleiches gilt für die zu einer selbständig strafbaren *Vorbereitungshandlung* gebrauchten Gegenstände (BGH **13** 311 ff. m. Anm. Busch LM Nr. 10 zu § 40, Köln NJW **51**, 612, Baumann/Weber 619, D-Tröndle 11); zur Einziehung sonstiger Vorbereitungswerkzeuge vgl. u. 9, 11. Im

Voraussetzungen der Einziehung 4–12 **§ 74**

übrigen vermag jede Form der Tatbeteiligung die Einziehung zu begründen; auch eine Tatverstrickung des Gegenstandes durch *Anstiftung* oder *Beihilfe* reicht aus. Näher zur Einziehung bei Tatbeteiligung mehrerer u. 20 f.

2. Soweit die Einziehung **Strafcharakter** hat (14 vor § 73), müssen selbstverständlich auch **4** sonstige Strafbarkeits- und Prozeßvoraussetzungen (objektive Bedingungen, Antrag usw.) gegeben sein; ebenso würden etwaige Schuld- oder Strafaufhebungsgründe eine strafweise Einziehung hindern; vgl. Eser aaO 210 f., ferner BGH **6** 63, **19** 71 zur Verjährung sowie RG **50** 386, 392, **53** 124, 307 zur Amnestie. Gleiches gilt für eine Verfahrenseinstellung nach § 153 StPO (LG Bremen NJW **55**, 959).

2. Was den Kreis der **einziehungsfähigen Objekte** anlangt, ist die Einziehung beschränkt auf **5** Gegenstände, die durch die Tat hervorgebracht oder zu ihrer Begehung gebraucht oder bestimmt sind.

a) Unter **Gegenständen** sind nicht nur körperliche *Sachen,* sondern auch *Rechte* zu verstehen **6** (h. M., vgl. Schäfer LK 13, Horn SK 5, Jescheck 719; and. zum früheren § 40 u. a. BGH **2** 337, **19** 158). Diese Erweiterung des bisherigen Gegenstandsbegriffes läßt sich nicht nur den §§ 74 a Nr. 1, 74 e entnehmen, wo jeweils von Sachen und Rechten die Rede ist, sondern entspricht auch einem kriminalpolitischen Bedürfnis (vgl. Maurach JZ 64, 529 ff.). Demgemäß können nicht nur bewegliche Sachen oder Grundstücke (Clubhaus einer Spielergesellschaft), sondern auch Bankguthaben, Hypotheken oder Miteigentumsanteile (Jescheck 720, Horn SK 5, Rotberg § 22 RN 7, Schäfer LK 46 ff.; vgl. aber auch D-Tröndle 3, 12, Göhler § 22 RN 11) eingezogen werden, sofern sie selbst i. S. des § 74 in die Tat verstrickt waren; vgl. Eser aaO 300 ff., Karlsruhe NJW **74**, 710 f. sowie u. 23, 24.

Einziehbar sind jedoch immer nur bestimmte *Einzelgegenstände* oder *Teile* davon; näher zur **7** Teileinziehung § 74 b RN 11 f. Dagegen kann das Vermögen weder als Ganzes noch nach bestimmten Quoten eingezogen werden.

b) **Durch die Tat hervorgebracht** (sog. *producta sceleris*) sind nur solche Gegenstände, die **8** entweder ihre Entstehung oder ihre gegenwärtige Beschaffenheit der Tat verdanken, so z. B. gefälschte Münzen oder Urkunden (AG Osterode NdsRpfl. **66**, 227), verfälschte Nahrungsmittel. Dabei kommt es auf die *unmittelbare* Hervorbringung an. Keinesfalls genügt, daß die Gegenstände durch die Straftat lediglich erlangt sind (dazu § 73 RN 8, 11 ff., Eser aaO 332 f.). Der Einziehung unterliegen daher nicht das gestohlene Geld, die Beute des Wilderers (RG **70** 94), Geld, das durch Betäubungsmittelgeschäfte (BGH NStE **Nr. 3**, NStZ/D **89**, 472) oder Verkauf hehlerisch erlangter Sachen erworben ist (RG **54** 223), ebensowenig der Gewinn eines Glücksspiels (RG **39** 78) oder einer Lotterie (vgl. § 286 RN 22). Derartige Gegenstände werden, soweit sie nicht dem Verfall unterliegen (vgl. BGH NStE **Nr. 1**, 3), allenfalls durch Sondervorschriften erfaßt; vgl. etwa § 40 I BJagdG.

c) Die **zur Begehung oder Vorbereitung der Tat gebrauchten oder bestimmt gewesenen 9** Gegenstände können als sog. *instrumenta sceleris* eingezogen werden.

α) Unter **gebrauchen** ist die tatsächliche Verwendung des Gegenstandes zur Tat zu verste- **9a** hen. Als **bestimmt zur Tat** gelten Gegenstände, die zwar nicht tatsächlich benutzt wurden, jedoch für eine bestimmte strafbare Handlung vorgesehen und dazu auch bereitgestellt waren, und sei es auch nur für den Eventualfall (vgl. Bay **13** 31 ff., insofern mißverständl. Gehre NJW **77**, 711; bedenklich dagegen BGH **8** 212, wonach bereits die „gedankliche Bereitstellung" zur Tat ausreichen soll). Doch muß es hier mindestens zu einem strafbaren Versuch gekommen sein (RG **49** 210), und zwar der Tat, für die die Sache bestimmt war (BGH MDR/D **55**, 395), da es sonst an einer Anknüpfungstat fehlen würde.

β) Ein Werkzeug zur Tatbegehung liegt jedoch nur dort vor, wo der Gegenstand nicht nur **10** das Objekt oder den Beziehungspunkt der Tat darstellt, sondern – wie bspw. Einbruchswerkzeug oder ein Schmuggelfahrzeug – als **Mittel** zur Begehung der Tat gedient hat. Daran fehlt es, solange sich die Verwendung des Gegenstandes in dem Gebrauch erschöpft, auf dessen Verhinderung der betreffende Tatbestand abzielt (Eser aaO 318 ff.). Das trifft insbes. auf bloße „Beziehungsgegenstände" zu; zu deren Abgrenzung vgl. u. 12 a.

γ) Aus dem Begriff des Tatwerkzeugs ergibt sich ferner, daß der Gegenstand die Begehung **11** der Tat in irgendeiner Weise **gefördert** hat bzw. (bei den zur Tat bestimmten Gegenständen) fördern sollte (vgl. BGH NJW **87**, 2883). Dazu kann auch schon eine nur psychische Förderung genügen, z. B. das Mitführen eines kraftlos gewordenen Führerscheins (Bay VRS **51** 26). Die bloß gelegentliche Benutzung des Gegenstandes bei der Tat reicht hingegen nicht aus; vielmehr muß seine Verwendung für die Begehung der Tat *kausal* geworden oder zumindest dazu bestimmt gewesen sein (zust. Schäfer LK 16).

Dagegen ist unerheblich, zu welchem Teil der Tatausführung der Gegenstand gedient hat. **12** Denn wie sich zweifelsfrei aus Abs. 1 ergibt (**Begehung oder Vorbereitung**), reicht jede Ver-

Eser 895

§ 74 12a   Allg. Teil. Rechtsfolgen der Tat – Verfall und Einziehung

wendung zur Tatausführung aus, also angefangen von der Tatvorbereitung bis zur Flucht oder zur Bergung der Beute (BGH **8** 121, NJW **52**, 892, Bay **62** 300, Schäfer LK 17). Demgemäß sollen auch Gegenstände, die die Durchführung der Tat nur *mittelbar* gefördert haben, der Einziehung unterliegen, so z. B. die Feile, mit der der Dietrich hergestellt ist, der Schlüssel, mit dem die Tür zum Ort der Brandstiftung geöffnet wurde, die Aktentasche, in der das Diebeswerkzeug getragen wurde (vgl. RG LZ **26**, 828), das zur Begehung von Drogendelikten vorgesehene Geld (BGH NStZ/S **85**, 61), der Motorroller, mit dem der Täter die örtlichen Verhältnisse ausgekundschaftet (BGH **8** 212) oder das Fahrzeug, mit dem er das Tatopfer zum Tatort gebracht hat (vgl. BGH NJW **55**, 1347). Dies ist freilich nicht unbedenklich, da dann kaum noch eine Grenzziehung möglich ist. Sofern daher eine Einziehung von vornherein auf unmittelbare Tatwerkzeuge beschränkt wird (dazu Eser aaO 223 ff.), ist bei mittelbaren Hilfsmitteln der erforderliche Tatbezug allenfalls insoweit gewahrt, als ihre Herstellung oder Benutzung bereits mit deliktischer Absicht erfolgt. Das mag im Falle von Kredit- oder Subventionsbetrug noch bei Unterlagen der Fall sein, die bereits inhaltlich falsch hergestellt wurden oder als Fälschungsgrundlage dienen sollen, nicht dagegen bei ordnungsgemäß erstellten Bilanzen, deren Zahlenmaterial lediglich vom Betrüger für die Erstellung einer falschen Bilanz ausgewertet wird (vgl. LG Stuttgart NJW **76**, 2030 und [mit Vorbehalt o. 9a] Gehre NJW 77, 711; weitergehend Freund NJW 76, 2004). Auch bei Flugtickets, die lediglich die Berechtigung zum Betreten des als unmittelbares Transportmittel für Drogen benutzten Flugzeugs verkörpern, wird es, sofern nicht ihrerseits als Täuschungsmittel benutzt, am erforderlichen Tatwerkzeugbezug fehlen (vgl. LG Frankfurt StV **84**, 519). Auf jeden Fall ist auch hier erforderlich, daß es in der vorbereiteten Weise wenigstens zu einem strafbaren Versuch oder einer selbständig strafbaren Vorbereitungshandlung kommt (BGH **8** 212, **13** 311, Bay **62** 120, D-Tröndle 7, Horn SK 8; vgl. auch Köln NJW **51**, 613). Auch Gegenstände, die nach Vollendung einer Tat, aber *vor deren Beendigung* benutzt wurden, werden noch zur Begehung der Tat gebraucht und können somit eingezogen werden: so z. B. die zum Fortschaffen der Diebesbeute oder der Jagdbeute des Wilderers bestimmten Hilfsmittel (RG **73** 106, BGH NJW **52**, 892, KG [Ost] NJ **50**, 29), oder das zur Flucht vom Tatort benutzte Fahrzeug (Schäfer LK 17), sofern dies dem ursprünglichen Täterplan entsprach (Bay NJW **63**, 600). Die bei einer Rauschtat (§ 323a) benutzten Gegenstände sind einerseits weder über die Berauschung (da insoweit nicht Werkzeug) noch andererseits über die Rauschtat (da insoweit nicht schuldhaft i. S. von Abs. 1) erfaßbar (vgl. BGH MDR/H **76**, 812, NJW **79**, 1370, Braunschweig NJW **54**, 1052, Oldenburg NJW **71**, 790 sowie o. 2), sondern allenfalls als Sicherungseinziehung über Abs. 3 (BGH **31** 80, Hamburg MDR **82**, 515, Schäfer LK 18), vorausgesetzt jedoch, daß der Täter zumindest mit natürlichem Vorsatz handelte (Hettinger JR 83, 209).

12a   d) **Nicht** zu den Einziehungsobjekten i. S. von Abs. 1 gehören dagegen die sog. **Beziehungsgegenstände** (vgl. D-Tröndle 10, Horn SK 8; zu ihrer angeblichen Einbeziehung in Fällen von Abs. 2 Nr. 2 vgl. u. 33). Ihre Einziehung ist daher nur aufgrund von *Sondervorschriften* möglich (aus dem StGB vgl. insbes. §§ 92b Nr. 2, 132a IV, 219c III, 264 V, 282, 322 Nr. 2, ferner § 21 III StVG). Mit diesem schillernden Begriff werden Objekte bezeichnet, deren Einziehung voraussetzt, daß sie „Gegenstand" der Tat waren (vgl. § 74a Nr. 1) oder daß sich die Tat darauf „bezieht" (so die vorgenannten Bestimmungen). Obgleich natürlich auch bei Tatprodukten und Tatwerkzeugen ebenso wie bei Verfallsobjekten eine „Tatbeziehung" i. w. S. besteht, muß bei den hier in Frage stehenden Bestimmungen ein spezifischer Tatbezug gemeint sein, da sonst die Beschränkung der Allgemeinvorschriften über Verfall und Einziehung auf durch die Tat *erlangte* (§ 73) bzw. durch die Tat *hervorgebrachte* oder zu ihrer Begehung *gebrauchte* Gegenstände (§ 74 I) einerseits und einziehungserweiternder Sondervorschriften auf *sonstige* Beziehungsgegenstände andererseits unverständlich wäre (vgl. auch Eser aaO 50, 317 ff.). Diese Tatbeziehung kann freilich eine sehr unterschiedliche sein und sich z. B. bei § 92b Nr. 2 i. V. m. § 86a im schlichten Führen verbotener Kennzeichen erschöpfen, während sie bei § 322 i. V. m. § 316c III bis zu einem an Tatgebrauch grenzenden Verwahren von Sprengstoffen reicht. Daher ist eine **Abgrenzung** der Beziehungsgegenstände von sonstigen Verfalls- und Einziehungsobjekten letztlich nur auf *negativem* Wege möglich. Dabei kann von einem gemeinsamen Nenner der Beziehungsgegenstände aber immerhin insoweit ausgegangen werden, als sie lediglich das *passive Objekt* der Tat bilden, indem sich die Verwendung des Gegenstandes jeweils in dem Gebrauch erschöpft, auf dessen Verhinderung der betreffende Tatbestand abzielt (vgl. Eser aaO 329 f., aber auch Schäfer LK 62). Aufgrund dieser (dem corpus delicti vergleichbaren) reinen „Tatobjekt"-Funktion bleiben die Beziehungsgegenstände hinter den anderen Einziehungsobjekten zurück: Während für die Tatprodukte die Tat nicht nur den Verwendungs- sondern den Entstehungsgrund darstellt (vgl. o. 8) und in ähnlicher Weise für Verfallsobjekte den Erlangungsgrund bildet (§ 73 RN 8 ff.), gehen die Tatwerkzeuge insofern über eine rein passive Verwendungsrolle hinaus, als nicht schon ihr rechtswidriger Gebrauch als solcher den tatbestandlichen Erfolg ausmacht, sondern ihr Einsatz der Herbeiführung eines (über die Verwendung als solche hinausreichenden) Tatbestandszieles dient. Demgemäß ist eine ohne Erlaubnis betriebene Funkanlage (vgl. Düsseldorf JMBlNW **89**, 236 zu § 20 FernmAnlG) oder ein Fahrzeug, wenn ohne Fahrerlaubnis oder ohne die erforderliche Zulassung gebraucht, lediglich Beziehungsgegenstand (vgl. RG JW **37**, 170, BGH **10** 28, Frankfurt NJW **54**, 652, Düsseldorf DAR **57**, 45, Karlsruhe VRS **9** 459, D-Tröndle 10, Horn SK 8, M-Zipf II 531; and. Hamburg NJW **56**, 1656, Oldenburg NJW **71**, 770, Hoffmann-Walldorf NJW **54**, 1147) und daher allenfalls aufgrund von Sondervorschriften (§ 21 III StVG) einziehbar (and. aufgrund verfehlter Deutung von § 74 II Nr. 2 Oldenburg NJW **71**, 770, dazu u. 33). Gleiches gilt für die Benutzung bei Trunkenheitsfahrt (Hamburg MDR **82**, 515, Koblenz VRS **70** 7, D-Tröndle 10, § 315c RN 17, Horn SK 8), während es zu einem bereits nach § 74 I einziehfähigen Tatwerkzeug wird, wenn es zur Unfallflucht eingesetzt wird (BGH **10** 337, VRS **4** 361, **23** 289, KG VRS **3** 125, Schäfer LK 19), und erst recht, wenn es zur Verfolgung eines Raubopfers dient (BGH NJW **83**, 2710). Entsprechendes gilt für den unbefugten Besitz von Waffen einerseits (vgl. RG **56** 224, **57** 331, Hamm NJW **54**, 1169, GA **58**, 311, Jescheck 719) und deren Einsatz zu Mord oder Raub andererseits. Ähnlich ist ein Fahrzeug als Transportmittel für die Diebstahlsbeute Werkzeug, während es bei Anmeldung als angeblich gestohlen lediglich Bezugsobjekt eines Betruges ist (vgl. BGH MDR/H **84**, 441). Weitere Beisp. bei D-Tröndle 10, Eser aaO 320ff.

Nach diesen Abgrenzungskriterien ist auch bei Beziehungsgegenständen zu verfahren, bei denen 13 aufgrund komplizierter Tatbestandsfassung die einziehungsrelevante Tatbeziehung nicht ohne Schwierigkeiten zu bestimmen ist. Das gilt insbes. für § 264 **V**, bei dem nicht nur die in Abs. 1 Nr. 3 genannten Bescheinigungen, sondern etwa auch Waren als Beziehungsgegenstände zu gelten haben, die nach Abs. 1 Nr. 1 verbilligt erschlichen werden; denn auch dabei ist die Ware weder durch die Täuschung hervorgebracht noch das Mittel der Täuschung, sondern lediglich das zur Erlangung der Subvention erforderliche Bezugsobjekt. Aus diesem Grund kann auch nur die Subvention als solche bzw. der durch die Preisverbilligung ersparte Betrag und nicht die Ware als „rechtswidrig erlangter Vermögensvorteil" i. S. von § 73 dem Verfall unterliegen, wobei freilich etwaige Rückgewähransprüche des Subventionsgebers nach § 73 I 2 der Verfallsanordnung entgegenstehen können (vgl. Tiedemann LK § 264 RN 132). Freilich kann auch bei § 264 V die Ware selbst zum einziehungsfähigen Tatwerkzeug nach § 74 I werden, wenn sie in Fällen des sog. Kreisverkehrs als Täuschungsmittel eingesetzt wird (vgl. im einzelnen § 264 RN 84). Vgl. im übrigen auch die Einzelkommentierung zu den o. 12a angeführten Beziehungsvorschriften.

e) Auch bloße **Beweismittel** können **nicht** eingezogen werden, so z. B. nicht Geschäftsbü- 14 cher als Beweismittel für die darin bezeichneten Forderungen (RG **52** 201). Demzufolge ist auch ihre *Beschlagnahme* nicht nach §§ 111b ff. StPO, sondern allenfalls nach § 94 StPO zulässig. Näher zu diesen unterschiedlichen Beschlagnahmegründen Achenbach NJW 76, 1068ff.; vgl. auch LG Berlin NJW **77**, 725.

f) Einziehbar sind immer nur die Gegenstände, die mit den durch die Straftat hervorgebrach- 15 ten bzw. zu ihrer Begehung gebrauchten oder bestimmten **identisch** sind. Das führt dort zu Schwierigkeiten, wo das *Einziehungsobjekt in seiner ursprünglichen Form nicht mehr vorhanden* ist. In diesem Falle richtet sich die Identitätsfeststellung weniger nach bürgerlich-rechtlichen Grundsätzen, als nach der Verkehrsanschauung und der Möglichkeit, die Sache ohne Zerstörung ihres wirtschaftlichen Wertes aus der Verbundenheit mit anderen wieder herauszulösen (vgl. RG **65** 177, Bay **61** 82, Eser aaO 304ff., Horn SK 10, Schäfer LK 21). Deshalb können einerseits Gegenstände auch dann eingezogen werden, wenn sie wesentliche Bestandteile einer anderen Sache geworden, jedoch ohne nennenswerte Veränderung der Einzelbestandteile wieder ausscheidbar sind (vgl. Bay **61** 279, Schäfer aaO; weitergehend RG **12** 202); andererseits brauchen abtrennbare Zubehörsachen nicht notwendig das Schicksal der einzuziehenden Hauptsache zu teilen (Schäfer aaO; vgl. aber Bay **52** 93). Ausgeschlossen ist die Einziehung dagegen dort, wo die nach der Tat verarbeitete Sache durch die Vereinigung mit anderen Gegenständen zu einer neuen selbständigen Sache wurde (D-Tröndle 20), so z. B. beim Verschnitt von Weinen im Verhältnis 1:2 (RG **42** 125; vgl. ferner RG **52** 48, **65** 177, Bay **63** 107, **65** 15); dagegen wird die Identität von Sprit durch eine geringfügige Verdünnung mit Wasser noch nicht beseitigt (BGH **8** 98). Entsprechendes gilt bei Vermischung. Soweit aus den vorgenannten Gründen eine Einziehung des ursprünglichen Objekts ausgeschlossen ist, kommt jedoch u. U. eine *Ersatzeinziehung* nach § 74c in Betracht (vgl. BGH NStZ/S **86**, 58).

III. Ferner muß ein **besonderer Einziehungsgrund (Abs. 2)** gegeben sein. Dieser kann ent- 16 weder in der Tatbeteiligung des Eigentümers bzw. Rechtsinhabers (Nr. 1) oder in der Gefährlichkeit des betroffenen Gegenstandes (Nr. 2) liegen. Dabei ist Abs. 2 lediglich als Begrenzung des Abs. 1 zu verstehen, kann also nicht dessen etwa mangelnde Voraussetzungen ersetzen (vgl. BGH MDR/D **72**, 386).

17 1. Als **tätergerichtete Einziehung** (Abs. 2 **Nr. 1)** ist die Einziehung der Tatwerkzeuge und -produkte zulässig, wenn sie „zur Zeit der Entscheidung dem Täter oder Teilnehmer gehören oder zustehen".

18 a) Für diesen Einziehungsgrund ist der **Strafgedanke** wesentlich: Dem Tatbeteiligten, der durch strafrechtswidrigen Mißbrauch seines Eigentums den Schutz des Art. 14 GG verwirkt hat (vgl. Eser aaO 170ff., 209, Gilsdorf JZ 58, 641ff., v. Mangoldt-Klein Art. 14 Anm. IV 4, Stree aaO 91, Karlsruhe NJW **74**, 709), soll durch Entziehung der tatverstrickten Gegenstände die Verwerflichkeit seines Tuns besonders nachhaltig vor Augen geführt werden. Das schließt freilich nicht aus, daß hier die Einziehung im einzelnen auch *Sicherungs*aufgaben wahrnehmen kann (Jescheck 718), so etwa, wenn die Gefahr besteht, daß die instrumenta sceleris zu weiteren Straftaten benutzt werden könnten. Soweit es dabei um eine art- oder umständebedingte Gefährlichkeit der Gegenstände geht, wird jedoch regelmäßig auch Abs. 2 Nr. 2 (u. 29ff.) in Betracht kommen. Deshalb ist die Rechtsnatur der konkreten Sanktion nicht zuletzt von den Umständen des Einzelfalles abhängig (vgl. 13ff. vor § 73).

19 b) Wichtigste Voraussetzung ist hier, daß das Tatwerkzeug bzw. Tatprodukt einem **Tatbeteiligten gehört oder zusteht.**

20 α) Zu den Tatbeteiligten rechnen hier nur **Täter oder Teilnehmer** im technischen Sinne der §§ 25ff., nicht dagegen Begünstiger oder Hehler (vgl. RG **67** 32, JW **38**, 2199, BGH **19** 27, D-Tröndle 12). Diesen gegenüber kommt daher eine Einziehung nur in Betracht, wenn die Gegenstände speziell auch zu Begünstigung oder Hehlerei benutzt wurden (vgl. Hamm JZ **52**, 39); i. E. ebenso Horn SK 13.

21 Andererseits ist aber nicht erforderlich, daß der Gegenstand gerade dem Tatbeteiligten gehört, der davon bei der Tat Gebrauch gemacht hat. Jedoch wird vorausgesetzt, daß die Benutzung des Gegenstandes jeweils *mit Billigung* des an der konkreten Tat beteiligten Eigentümers geschehen ist (vgl. RG **49** 212, **62** 52, Eser aaO 212ff., Schäfer LK 23, Lackner 2c aa; and. D-Tröndle 12), da andernfalls der Schuldgrundsatz verletzt würde. Bei *Exzeß* eines Tatbeteiligten kann daher der Gegenstand allenfalls nach den Regeln der Dritteinziehung eingezogen werden.

22 β) Unter **gehören oder zustehen** sind nur dingliche Herrschaftsrechte am Gegenstand zu verstehen. Dabei bezieht sich das „gehören" auf das Eigentum an körperlichen Sachen, während mit „zustehen" die quasi-dingliche Inhaberschaft von Rechten gemeint ist (BGH MDR/D **69**, 722, Eser aaO 308f.). Dagegen bleiben bloße schuldrechtliche Ansprüche auf den Gegenstand außer Betracht (vgl. Langen AWG § 39 RN 19). Auch bei *Unwirksamkeit* des Verfügungsgeschäftes kommt es zu keinem Gehören oder Zustehen des Empfängers (BGH **33** 233 m. Anm. Eberbach NStZ 85, 556, NStE **Nr. 2** zu § 74c). Stattdessen kommt jedoch aufgrund „Erlangens" Verfall in Betracht (BGH aaO; vgl. § 73 RN 11). Zu Erwerbsvorgängen im Ausland vgl. 24 vor § 3.

23 Soweit der Gegenstand nicht im Alleineigentum, sondern im **Gesamthands- oder Miteigentum** mehrerer Personen steht, kommt eine Einziehung des Gegenstandes nach Nr. 1 naturgemäß nur dort in Betracht, wo alle Berechtigten an der Tat beteiligt waren. Daher können z. B. Nachlaßgegenstände, die nur von einem Miterben zur Tat benutzt wurden, den übrigen Berechtigten gegenüber allenfalls über die Regeln der Dritteinziehung eingezogen werden (vgl. RG **74** 333, JW **33**, 174, Köln GA **56**, 328 [Ehegatteneigentum], Schäfer LK 50, D-Tröndle 3, Horn SK 15); vgl. aber auch § 75 zur Einziehung gegenüber Personenhandelsgesellschaften. Soweit die Einziehung nicht auf den tatverstrickten *Miteigentumsanteil* des betreffenden Tatbeteiligten beschränkt bleibt (dazu u. 6, ferner Köln NJW **51**, 612), ist die Einziehung von Miteigentum nur bei Tatbeteiligung aller Miteigentümer möglich (vgl. BGH **2** 337, Karlsruhe NJW **74**, 710, Koblenz VRS **49** 136, LG Krefeld DAR **66**, 193), wofür allerdings genügt, daß der Miteigentümer um die Tatverstrickung des Gegenstandes weiß und dies billigt (Jescheck 719, Lackner 2c aa). Dagegen steht die dingliche Belastung eines Gegenstandes seiner Einziehung in keinem Falle entgegen (vgl. § 74e RN 6ff., Hartung, Steuerstrafrecht 245).

24 γ) Bei den *Sonderformen* des Eigentums **(Sicherungs-, Vorbehaltseigentum)** bzw. der rechtlichen Inhaberschaft (Sicherungsabtretung) ist für die Einziehung nicht die formale Rechtsposition entscheidend (so aber BGH **19** 123 mit abl. Anm. Rutkowsky NJW 64, 164, Jescheck 719), sondern die *wirtschaftliche* Vermögenszugehörigkeit (eingeh. dazu Eser aaO 309ff.; i. gl. S. Bay VRS **40** 422, Oldenburg NJW **71**, 770, AG Bremen MDR **80**, 72, D-Tröndle 12, Horn SK 16, Lackner 2c aa, wohl auch M-Zipf II 532; ferner FGS-Samson § 375 RN 55, Gilsdorf JZ 58, 691, Göhler § 22 RN 13). Daher kann z. B. die zur Sicherheit übereignete oder unter Eigentumsvorbehalt verkaufte Sache eingezogen werden, wenn sie der Sicherungsgeber bzw. Vorbehaltskäufer zur Begehung einer Straftat benutzt hat, nicht dagegen, wenn sie vom Sicherungsnehmer bzw. Vorbehaltsverkäufer zu einer strafbaren Handlung gebraucht wurde; die Lage ist hier ähnlich, wie wenn ein Pfandgläubiger die Pfandsache zur Tat mißbraucht.

Die **abw. Rspr.** versucht den Schwierigkeiten dadurch zu entgehen, daß sie einerseits die formale Eigentumsposition für maßgeblich hält, auf der anderen Seite aber die Einziehung von Anwartschaften zuläßt (vgl. insbes. BGH **24** 222, **25** 10, Hamm VRS **50** 420, Karlsruhe NJW **74**, 709; i. gl. S. Baumann/Weber 618, Jescheck 719, Schäfer LK 30 ff. sowie – ohne durchschlagend neue Argumente – in Dreher-FS 283 ff.). Zwar können nach § 74 auch Rechte eingezogen werden, jedoch nur dann und insoweit, als sie producta oder instrumenta sceleris waren (vgl. o. 8 ff.), eine Voraussetzung, die weder im Falle von BGH **24** 222 (m. abl. Anm. Blei JA 72, 25, Eser JZ 72, 146 und zust. Meyer JR 72, 385) noch in BGH **25** 10 (m. abl. Anm. Eser JZ 73, 171, Meyer JR 73, 338, Reich NJW 73, 105) gegeben war. Die dadurch entstehende Einziehungslücke wird noch deutlicher, wenn Karlsruhe NJW **74**, 709 einerseits (insofern zutreffend) die Verwirkung des als solchen nicht mißbrauchten dinglichen Anwartschaftsrechts verneint, aber andererseits diese Anwartschaft, weil „Vorstufe zum dinglichen Vollrecht", auch nicht als beschränkt dingliches Recht i. S. von § 74 f. anerkennt. Im übrigen ist die Judikatur nicht praktikabel, wenn sie verlangt oder erwartet, der Staat werde, nur um die Einziehung durchzusetzen, die noch bestehenden Verbindlichkeiten an Gläubiger selbst begleichen. Zur Frage der Entschädigung vgl. § 74 f.

δ) Zur Einziehung von **Verbands- oder Gesellschaftseigentum** vgl. § 75. **25**

c) Für die Beurteilung der Eigentumsverhältnisse bzw. der rechtlichen Inhaberschaft ist der **26** **Zeitpunkt der Entscheidung** maßgebend (Eser aaO 216 ff.). Unter Entscheidung ist die jeweilige Anordnung oder Bestätigung der Einziehung durch den Tatrichter zu verstehen, gleichgültig, ob dies in der ersten Instanz, in der Berufung oder nach Zurückverweisung geschieht (vgl. BGH **8** 212, Hamm VRS **32** 33, D-Tröndle 12, Horn SK 17). Dagegen haben revisionsgerichtliche Entscheidungen hier außer Betracht zu bleiben, da auf dieser Ebene eine tatsächliche Überprüfung der Eigentumsverhältnisse nicht mehr möglich ist.

Demgemäß werden durch die tätergerichtete Einziehung auch solche Gegenstände erfaßt, die **27** der Tatbeteiligte erst **nach der Tat,** aber noch vor seiner Aburteilung **erworben** hat (vgl. BGH **6** 13 f.). Allerdings ergeben sich gewisse Schwierigkeiten daraus, daß die eigentumsübertragende Wirkung der Einziehung erst mit ihrer Rechtskraft eintritt (§ 74 e I) und damit die Gefahr besteht, daß der Täter die an sich der Einziehung unterliegenden Gegenstände vor der Aburteilung veräußert. Um dies zu erschweren, wird durch § 74 e III i. V. m. § 73 d II der Einziehungsanordnung die Wirkung eines Veräußerungsverbots i. S. des § 136 BGB beigelegt; vgl. näher § 73 d RN 4 f.

Soweit die frühere Rspr. eine (selbständige) Einziehung auch noch dann zulassen wollte, wenn der **28** tatbeteiligte Eigentümer im Zeitpunkt der Anordnung bereits **verstorben** war, die Einziehung sich also praktisch gegen die Erben richtet (RG **53** 183, **74** 42, 328, Hamburg GA **64**, 381; ferner aaO Nachw. in der 19. A.), dürfte dies mit dem heutigen Wortlaut der Nr. 1 nicht mehr vereinbar sein und zudem – jedenfalls bei strafweiser Einziehung – dem Grundsatz persönlichen Verschuldens widersprechen (Eser aaO 219 ff., ferner D-Tröndle 12, Horn SK 17, Schäfer LK 43); vgl. auch § 76 a RN 5.

2. Die sog. **unterschiedlose Einziehung** (Abs. 2 **Nr. 2**) ist *ohne Beschränkung auf Tätereigentum* **29** zulässig, wenn „die Gegenstände nach ihrer Art und den Umständen die Allgemeinheit gefährden oder die Gefahr besteht, daß sie der Begehung mit Strafe bedrohter Handlungen dienen werden". Diese Erstreckung auf das Eigentum tatunbeteiligter Dritter rechtfertigt sich daraus, daß die Eigentumsgarantie auf Grund der Gemeinwohlklausel des Art. 14 II GG hinter den Bedürfnissen der Gefahrenabwehr zurückzutreten hat (vgl. BGH **19** 76, **20** 255, **21** 69, BGHZ **27** 387, Koblenz VRS **49** 134, Eser aaO 249 ff., Gilsdorf JZ 58, 644, Stree aaO 92 ff., 109 ff.). Dementsprechend kommt der Maßnahme hier regelmäßig **Sicherungscharakter** zu (15 vor § 73).

a) **Im einzelnen** nennt die Klausel zwei **Sicherungsgründe,** wobei der zweite nur einen **30** Spezialfall des ersten darstellt:

α) Die **art- oder umständebedingte Gefährlichkeit des Gegenstandes:** Dazu rechnen in **31** erster Linie Sachen, die auf Grund ihrer *Beschaffenheit* generell gefährlich sind, wie z. B. Gifte, verdorbene Lebensmittel, Sprengstoffe oder besonders hergerichtete Einbruchswerkzeuge, Abtreibungsinstrumente u. dgl. Über diesen Kreis sog. *abstrakt* gefährlicher Gegenstände (vgl. Stree aaO 111) hinaus sind jedoch auch *relativ* gefährliche Sachen einziehbar; damit sind Gegenstände gemeint, die zwar ihrer Art nach ungefährlich oder gefahrneutral sein mögen, aber unter besonderen Umständen, so etwa durch die Art ihrer Verwendung, ihrer Verbindung mit anderen Tatmitteln oder auch auf Grund der verbrecherischen Neigungen oder der Nachlässigkeit ihres Inhabers, zu einer Gefahrenquelle werden können (vgl. Eser aaO 258 ff., Hartung NJW 49, 767 f., Horn SK 20, Stree aaO 111, Oldenburg NJW **71**, 770).

Wenn das Gesetz verlangt, daß dadurch die **Allgemeinheit** gefährdet ist, so kann das weder **32** i. S. sog. Allgemeininteressen noch i. S. einer „Gemeingefährlichkeit" (so aber Erbs/Kohlhaas AO § 414 a. F. RN 7) verstanden werden. Vielmehr wird die Einziehung ihren Sicherungsaufgaben nur dann gerecht, wenn sie zum Schutze jedes allgemein anerkannten, also praktisch jedes *rechtlich geschützten Interesses* eingesetzt werden kann (vgl. Eser aaO 255, Schäfer LK 54).

33 β) Ferner kommt unterschiedslose Einziehung bei **Gefahr strafrechtswidrigen Gebrauchs** in Betracht, nämlich unabhängig von einer gegenstandsbedingten Gefährlichkeit (o. 31) auch dann, wenn die Gefahr besteht, daß der Gegenstand „der Begehung rechtswidriger Taten dienen werde". Dies ist vor allem bei Tatprodukten anzunehmen, die praktisch gar nicht anders als durch Mißachtung der Rechtsordnung gebraucht werden können (Falschgeld, gefälschte Urkunden). Gleiches gilt für Tatwerkzeuge, die speziell zu kriminellen Zwecken hergerichtet sind (Wildererstutzen, doppelbödige Koffer u. dgl.). Als gefährlich können auch bloße *„Beziehungsgegenstände"* (dazu o. 12 a) eingezogen werden, vorausgesetzt jedoch, daß ihre Einziehbarkeit durch eine entsprechende Sondervorschrift i. S. von § 74 IV (u. 37) zugelassen ist (h. M.: Schäfer LK 61): Insoweit braucht dann auch nur die Gefahr weiterer Benutzung als „Beziehungsgegenstand" zu bestehen, wie etwa Fahrzeuggebrauch durch einen Nichtfahrberechtigten nach § 21 III StVG (Hamburg MDR **82**, 515, Schleswig SchlHA **83**, 83; vgl. auch KG VRS **57** 20, Koblenz **70** 7). Soweit es dagegen an einer solchen besonderen Beziehungsklausel fehlt, kann für eine Einziehung nach dieser Sicherungsalternative nicht schon die Gefahr künftiger Verwendung als bloßer Beziehungsgegenstand genügen (ebenso Bay **63** 110, Horn SK 22, Schäfer LK 57; and. Oldenburg NJW **71**, 770, D-Tröndle 16, wobei jedoch offenbar verkannt wird, daß dieser Einziehungsgrund keine Erweiterung des gegenständlich bereits durch Abs. 1 umschriebenen Rahmens bringt), sondern lediglich bei Zulassung durch eine entsprechende Sondervorschrift.

34 b) Indes kommt diesen gegenstandsbedingten Gefährlichkeitskriterien immer nur ein Indizwert zu, der für sich allein nicht ausreicht, die Gefahr weiterer Straftaten zu begründen. Von einer solchen Gefahr kann vielmehr nur dort die Rede sein, wo **konkrete Anhaltspunkte** dafür bestehen, daß der Gegenstand zur Begehung strafbedrohter Handlungen dienen soll (Horn SK 23; nach BGH JZ **88**, 936 bei gefälschten Bildern nicht ohne weiteres anzunehmen). Ob ein solcher Verdacht gegenüber dem Eigentümer oder sonstigen Benutzern des Gegenstandes besteht, ist unerheblich. Immer muß es sich aber um die Gefahr von Straftaten handeln, die zumindest in ihren Umrissen bereits einigermaßen klar bestimmbar sind (z. B. aufgrund hartnäckiger Rückfälligkeit; vgl. Koblenz VRS **49** 136, Eser aaO 257 f.; skeptisch Jescheck 721, M-Zipf II 533; weitergehend auch Schäfer LK 56). Deshalb reicht die Tatsache, daß die Sache bereits zu rechtswidrigen Taten benutzt wurde (z. B. ein PKW zu straßenverkehrsgefährlichen Eingriffen bzw. zur Verletzung eines Polizeibeamten; vgl. BGH VM **76**, 9), für sich allein ebensowenig aus wie der bloße Verdacht, daß schon irgend etwas Strafbares mit dem Gegenstand geschehen werde (vgl. aber BGH NStZ **85**, 262 zur Gefahr terroristischer Aktivitäten). Nicht erforderlich ist dagegen, daß die zu befürchtenden strafbaren Handlungen in ihrer Art oder Schwere der Anknüpfungstat entsprechen. So etwa würde genügen, daß das bisherige Diebesfahrzeug nunmehr zu Schmuggelfahrten benutzt werden soll (vgl. FGS-Samson § 375 RN 51). Ebensowenig ist erforderlich, daß die bevorstehende Tat schuldhaft begangen wird; zumindest muß sie aber rechtswidrig (§ 11 I Nr. 5, dort RN 41 f.) sein. Wird eine Sanktion (Fahrerlaubnisentzug), deren Mißachtung zu befürchten gewesen wäre, aufgehoben, so entfällt damit idR auch der Grund für die Einziehung des Fahrzeugs (Hamm VRS **50** 421). Dagegen reicht die Gefahr der bloßen *Verwertung* eines Einziehungsobjekts für sich allein nicht aus, es sei denn, die Verwertungshandlung ist ihrerseits selbständig unter Strafe gestellt (vgl. Erbs/Kohlhaas AO § 414 a. F. 8).

35 c) Im Gegensatz zu Nr. 1 ist die sicherungsbedingte Einziehung nach Nr. 2 nicht auf Tätereigentum beschränkt, sondern **unterschiedslos** zulässig. Deshalb ist die Prüfung der Eigentumsverhältnisse hier allenfalls im Hinblick auf eine etwaige Entschädigung des Drittbetroffenen erforderlich (Eser aaO 283, 376); dazu näher § 74 f.

36 d) Ferner sind hier die allgemeinen Anforderungen an die Anknüpfungstat (vgl. o. 2 ff.) insofern gelockert, als der Täter **nicht** notwendig **schuldhaft** gehandelt haben muß **(Abs. 3)**, also i. S. von § 11 I Nr. 5 schon aufgrund eines tatbestandsmäßig-rechtswidrigen (vgl. § 11 RN 42 f.) Verbrechens bzw. vorsätzlichen Vergehens eine Einziehung zulässig ist (vgl. BGH NStE/D **90**, 225, M-Zipf II 532, Hettinger JR 83, 209). Auch damit soll dem Sicherungszweck dieser Einziehung verstärkt Rechnung getragen werden.

37 3. Die **Rahmenvorschrift des Abs. 4** will sicherstellen, daß die Einziehungsklauseln der Abs. 2 und 3 auch dort zur Anwendung kommen, wo über die allgemeinen Voraussetzungen des Abs. 1 hinaus die Einziehung durch **Sonderregelungen** zugelassen ist. Demgemäß muß z. B. auch in den Fällen der §§ 150, 295 usw. (vgl. 9 f. vor § 73) ein besonderer Einziehungsgrund i. S. des Abs. 2 Nr. 1 oder 2 nachgewiesen sein (vgl. Düsseldorf JMBlNW **89**, 236 zu § 20 FernmAnlG). Dies gilt jedoch nicht für § 101 a I 3, § 109 k I 3, nach denen die Einziehung

Voraussetzungen der Einziehung 38–44 § 74

bestimmter Gegenstände aus Sicherungsgründen „auch ohne die Voraussetzungen des § 74 II" möglich ist. Andererseits wird die Einziehung nach §§ 74 ff. nicht dadurch ausgeschlossen, daß eine Sondervorschrift die Einziehung an andere Voraussetzungen knüpft (vgl. § 92 b Nr. 2 und dazu BGH **23** 68).

IV. Bei Vorliegen der vorgenannten Voraussetzungen *kann* die **Anordnung der Einziehung** 38 ausgesprochen werden, muß aber nicht. Vielmehr liegt sowohl das Ob wie der Umfang der Einziehung im **pflichtgemäßen Ermessen** des Gerichts. Dabei kommt es insbes. auf den Zweck und die Bedürfnisse des Einzelfalles an.

1. Soweit die Einziehung **Strafcharakter** hat, ist vor allem auf die Tat- und Schuldangemes- 39 senheit zu achten (dazu Eser aaO 352 ff.). Denn als repressive Maßnahme darf sie nur angeordnet werden, wenn und soweit sie in einem angemessenen Verhältnis zur Tat und Schuld des Täters steht (vgl. § 74 b I, D-Tröndle 17). Entsprechendes gilt für die strafähnliche Dritteinziehung. Näher zur Problematik der Verhältnismäßigkeit u. § 74 b RN 3 f. Dem Strafzweck kann in diesen Fällen eine Teileinziehung genügen; vgl. § 74 b RN 11 f.

Für die *Berücksichtigung* der Einziehung *bei der Hauptstrafe* gelten die bei § 46 RN 70 f. erörter- 40 ten Grundsätze. Insbesondere kann der Umstand, daß das Gewicht der konkreten Tat nicht völlig dem Strafübel der Einziehung entspricht, durch eine geringere Bemessung der Hauptstrafe ausgeglichen werden (vgl. BGH **10** 338, VRS **4** 361, NJW **83**, 2710, KG VRS **3** 127, Hamm VRS **32** 32 f., Saarbrücken NJW **75**, 65, Düsseldorf VRS **51** 439, Schleswig SchlHA **80**, 177, Eser aaO 356 f., Gilsdorf JZ 58, 687; vgl. auch Hamm NJW **75**, 67, 78, 1018; enger Stree aaO 101 f.). Deshalb muß der Tatrichter – und zwar insbes. bei hochwertigen Einziehungsobjekten (vgl. BGH NStZ **85**, 362, MDR/S **86**, 973, StV **87**, 389) – erkennen lassen, daß er eine das Verhältnismäßigkeitsprinzip berücksichtigende Gesamtbetrachtung vorgenommen hat (BGH NJW **83**, 2711, StV **84**, 453, **86**, 58), es sei denn, daß die Einziehung im Einzelfall die Bemessung der Hauptstrafe nicht wesentlich zu beeinflussen vermag (BGH StV **84**, 152, **89**, 529).

2. Soll die Einziehung **Sicherungsmaßnahme** sein, haben Erwägungen zur Tat- und Schuld- 41 angemessenheit hinter dem Sicherungszweck zurückzutreten. Deshalb bleibt selbst bei geringer Schuld für ein Ermessen des Richters kein Raum, wenn der Schutz der Allgemeinheit die Einziehung gebietet (vgl. Celle NdsRpfl. **66**, 131, München NJW **82**, 2331). Das gilt gleicherweise für die täter- wie für drittgerichtete Einziehung. Näher zur „Gefahrangemessenheit" Eser aaO 358 ff. Zu beachten bleibt aber in jedem Falle auch hier der Grundsatz der Verhältnismäßigkeit; vgl. § 74 b RN 2, 5 ff. Danach ist insbes. auch nicht ausgeschlossen, das wirtschaftliche Gewicht der sicherungshalber eingezogenen Sache nach ähnlichen Erwägungen wie bei der Strafeinziehung im Rahmen der Gesamtstrafzumessung mitzuberücksichtigen (vgl. o. 40).

3. Soweit das **Ermessen** des Richters reicht, muß er davon auch **tatsächlich** Gebrauch machen (vgl. 42 BGH **19** 256, Köln NJW **65**, 2360, ferner BGH NJW **55**, 1327) und seine Ermessenserwägungen in den Urteilsgründen zum Ausdruck bringen: „gemäß § 74 war einzuziehen" würde daher nicht als Begründung ausreichen (BGH MDR/D **51**, 657; vgl. auch Karlsruhe Justiz **86**, 308, Koblenz GA **74**, 378). Soweit eine Einziehung sowohl nach Abs. 2 Nr. 1 als auch Nr. 2 in Frage kommt, sind beide Möglichkeiten zu prüfen; auch ist wegen der unterschiedlichen Voraussetzungen und Konsequenzen klarzustellen, ob beide Einziehungsgründe vorliegen (vgl. Oldenburg NJW **71**, 709 f., Schäfer LK 59). Auch muß sich den Urteilsgründen entnehmen lassen, ob die Einziehung primär als Straf- oder als Sicherungssanktion angeordnet wird (Saarbrücken NJW **75**, 65).

4. Die Einziehung kann nur in einem **Strafverfahren**, das **gegen den tatbeteiligten Eigentümer** 43 bzw. Rechtsinhaber geführt wird, angeordnet werden, wobei eine Einziehung nach Abs. 2 Nr. 1 nur zulässig ist, wenn die Anknüpfungstat Gegenstand der Anklage und tatrichterlich nachgewiesen ist (BGH NStE **Nr. 1**). Daher wäre im Verfahren gegen einen Mittäter, der nicht selbst der Einziehungsbetroffene ist, die Einziehung unzulässig. Soweit die Einziehung einen tatunbeteiligten **Dritten** betrifft, ist sie im Verfahren gegen den Angeklagten auszusprechen, auf dessen Tat sie gestützt wird. Jedoch ist der Dritte zum Verfahren **beizuziehen**; auch ist gegebenenfalls über die Höhe einer etwaigen Entschädigung zu entscheiden; näheres zur prozessualen Stellung des Dritten in §§ 431 ff. StPO. Über die Anordnung der Einziehung im sog. *selbständigen* Verfahren vgl. § 76 a und § 440 StPO.

Die Einziehung ist grundsätzlich im **Tenor** des Strafurteils auszusprechen. Dem Urteil steht der 44 Strafbefehl gleich. Die einzuziehenden Gegenstände sind genau zu bezeichnen (BGH **29** 244, NStZ/K **81**, 18), zumindest in den Urteilsgründen (BGH MDR/S **86**, 973). Eine globale Bezugnahme auf die „beschlagnahmten Gegenstände" genügt nicht (RG JW **35**, 950, RG **70** 341, BGH **8** 212, Hamm Rpfleger **48**, 37). Jedoch dürfen an die Bezeichnung keine übertriebenen Anforderungen gestellt werden (BGH **9** 90); so muß etwa bei umfangreichem Material die Benennung mit einer Sammelbezeichnung im Tenor oder in einer besonderen Anlage genügen (vgl. BGH NStZ/S **87**, 64, D-Tröndle 21). Zu Druckschriften vgl. BGH NJW **62**, 2019, München GA **61**, 59. Ist der Erlös anstelle des Gegenstandes einzuziehen (vgl. § 74 c), so muß das Urteil auf Einziehung des Erlöses lauten (BGH **8** 53).

45 5. Eine **nachträgliche Anordnung** der Einziehung kommt im Falle von § 76 sowie dann in Betracht, wenn mit Rücksicht auf den Grundsatz der Verhältnismäßigkeit nach § 74b II zunächst weniger einschneidende Maßnahmen angeordnet worden waren; vgl. näher § 76 RN 6 sowie § 462 StPO. Eine andere Frage ist, ob eine versehentlich unterlassene Einziehung in einem Nachtragsverfahren nachgeholt werden kann; das wird, ebenso wie bei sonstigen Deliktsfolgen, zu Recht verneint (RG **66** 243, Schäfer LK 65).

46 6. Derselbe Gegenstand kann **nur einmal** eingezogen bzw. für verfallen erklärt werden (Kiel DRZ **47**, 235). Über die **Wirkung** der Einziehung vgl. im übrigen die Erl. zu § 74e.

§ 74a Erweiterte Voraussetzungen der Einziehung

Verweist das Gesetz auf diese Vorschrift, so dürfen die Gegenstände abweichend von § 74 Abs. 2 Nr. 1 auch dann eingezogen werden, wenn derjenige, dem sie zur Zeit der Entscheidung gehören oder zustehen,
1. wenigstens leichtfertig dazu beigetragen hat, daß die Sache oder das Recht Mittel oder Gegenstand der Tat oder ihrer Vorbereitung gewesen ist, oder
2. die Gegenstände in Kenntnis der Umstände, welche die Einziehung zugelassen hätten, in verwerflicher Weise erworben hat.

Schrifttum: Vgl. die Angaben zu den Vorbem. vor § 73.

1 I. 1. Die Vorschrift ermöglicht die sog. **strafähnliche Dritteinziehung** *täterfremder* Gegenstände auf Grund eines quasi-schuldhaften Verhaltens des *Eigentümers* bzw. Rechtsinhabers. Sie beruht auf der Erwägung, daß die Eigentumsgarantie des Art. 14 GG dem Einziehungsinteresse des Staates nur dort zu weichen hat, wo die Einziehung von einem besonderen rechtfertigenden Grund getragen wird (vgl. BGH **1** 351, **2** 311, **19** 123, **20** 67, Stree aaO 102ff.). Bei der tätergerichteten Einziehung nach § 74 II Nr. 1 könnte dieser Grund in der verwirkungsbegründenden Tatbeteiligung des Eigentümers (§ 74 RN 18), bei der sicherungsbedingten Einziehung nach § 74 II Nr. 2 im Sicherungszweck (vgl. § 74 RN 29) gesehen werden. Bei der Dritteinziehung an sich ungefährlicher Gegenstände hingegen, um die es sich hier regelmäßig handelt (vgl. Koblenz NJW **50**, 79, Busse NJW **58**, 1417; **59**, 1211, Creifelds JR **55**, 404), schlagen diese Gesichtspunkte nicht durch. Statt dessen will es das Gesetz hier im Anschluß an die Rspr. des BGH (vgl. BGH **1** 345, **2** 312f., **6** 13, **19** 126f., **21** 67f.) und der neueren Gesetzgebung (vgl. § 414 II AO 1961, § 39 II AWG) ausreichen lassen, daß der tatunbeteiligte Eigentümer immerhin in einer mittelbaren, von der Rechtsordnung mißbilligten Beziehung zur Tat stand.

2 Dennoch sind damit nicht alle **Bedenken** ausgeräumt. Denn da die nicht sicherungsbedingte Dritteinziehung vorwiegend repressiven Strafcharakter hat (vgl. 16 vor § 73), ist der Verzicht auf ein spezifisch strafrechtliches Verschulden schwerlich mit dem Schuldprinzip vereinbar. Vgl. auch die Kritik in Eser aaO 224ff.; ferner Baumann/Weber 618, Busse NJW **59**, 1211, Gilsdorf JZ **58**, 689, Zeidler NJW **54**, 1148f. sowie AE Begr. 161; and. D-Tröndle 1, Jescheck 720, Schäfer LK 4.

3 2. Als reine **Rahmenvorschrift** nennt § 74a lediglich die allgemeinen Voraussetzungen, unter denen eine strafweise Dritteinziehung zulässig sein kann. Inwieweit im Einzelfall davon Gebrauch gemacht werden kann, hängt von einer **besonderen gesetzlichen Zulassung** ab. Für den Bereich des StGB ist dies in den §§ 92b, 101a, 109k, 201 V, 264 V, 285b und 295 geschehen; zu entspr. Einziehung nach § 23 OWiG vgl. Göhler RN 3, zu § 375 II 2 AO vgl. FGS-Samson RN 59ff., zu sonstigen Vorschriften vgl. Schäfer LK 2.

4 II. **Im einzelnen** gilt folgendes: Die Bestimmung enthält zwei Klauseln, nach denen die Einziehung über § 74 II Nr. 1 hinaus auch einem tatunbeteiligten Dritten gegenüber möglich ist: die Beihilfeklausel (Nr. 1) und die Erwerbsklausel (Nr. 2).

5 1. a) Die **Beihilfeklausel (Nr. 1)** setzt in *objektiver* Hinsicht zunächst voraus, daß die dem Dritten gehörende Sache bzw. das ihm zustehende Recht **Mittel oder Gegenstand** der Tat oder ihrer Vorbereitung gewesen ist. Das ist vor allem dort der Fall, wo der betroffene Gegenstand als Tatwerkzeug gedient hat. Über § 74 I hinaus reicht hier jedoch auch aus, daß der Gegenstand lediglich als passives Objekt in die Tat verwickelt war, z. B. das Spielgeld nach § 285b oder die unbefugt *gefangenen Fische* nach dem (inzwischen aufgehobenen) § 296a (vgl. D-Tröndle 3 gegen Horn SK 3). Ferner soll bereits die mittelbare Verwicklung in eine *Vorbereitungshandlung genügen* (vgl. dazu § 74 RN 3); allerdings muß es auch hier, sofern die Vorbereitungshandlung nicht selbst strafbar ist, zumindest zu einem strafbaren Versuch gekommen sein (§ 74 RN 3). Erforderlich ist ferner, daß die Verwicklung des Gegenstandes in die Tat auf einen **Beitrag** des Eigentümers zurückgeht. Ebenso wie bei der Beihilfe nach § 27 muß dafür ausreichen, aber auch gefordert werden, daß das Verhalten des Dritten der Tat förderlich gewesen ist, z. B. deren Durchführung erleichtert hat (vgl. § 27 RN 8, Schäfer LK 11); dagegen ist nicht erforderlich, daß der Beitrag des Dritten die Tat überhaupt erst ermöglichte (vgl. Langen AWG § 39 RN 23); noch weitergehend will D-Tröndle 4 schon jede (nicht kausale) Vorbereitungshandlung genügen lassen.

b) In *subjektiver* Hinsicht wird **Leichtfertigkeit** verlangt. Darunter ist grobe Fahrlässigkeit, **6** d. h. ein besonders starker Grad von Sorglosigkeit zu verstehen (vgl. § 18 III E 62 sowie § 15 RN 106, Schäfer LK 10). Ob es sich dabei um ein pflichtwidriges Nichterkennen des rechtswidrigen Täterverhaltens oder um nachlässige Eigentumsüberwachung handelt, ist gleichgültig. So z. B. handelt leichtfertig, wer unter Vernachlässigung der ihm möglichen Kontrollen seinen LKW zum Abtransport von Einbruchsbeute benutzen läßt. Vgl. auch Eser aaO 225 f., Horn SK 5.

2. a) Die **Erwerbsklausel (Nr. 2)** verlangt *objektiv* den Erwerb eines einziehungsunterworfenen **7** Gegenstandes. Unter **Erwerb** ist hier die Begründung eines Rechtsverhältnisses zu verstehen, kraft dessen der fragliche Gegenstand der Einziehung nach § 74 entzogen wird: so durch Erlangung des Eigentums an der Sache bzw. der rechtlichen Inhaberschaft über das Recht (z. B. durch Abtretung nach § 398 BGB). Für Vorbehalts- und Sicherungseigentum gilt das zu § 74 RN 24 Ausgeführte entsprechend. Dagegen ist in der Erlangung eines schuldrechtlichen Übertragungsanspruches noch kein Erwerb in diesem Sinne zu sehen (vgl. Horn SK 7), ebensowenig in der Begründung eines beschränkt dinglichen Rechtes, das die Einziehung nicht hindern kann (vgl. § 74e II und § 74 RN 23).

Da es sich um Gegenstände handeln muß, die – abgesehen von den Eigentumsverhältnissen – **8** an sich der Einziehung nach § 74 I oder einer sonstigen Sondervorschrift unterliegen, kommt praktisch nur ein Erwerb in Betracht, der *nach* der einziehungsbegründenden Tat stattgefunden hat (vgl. D-Tröndle 6; and. Horn SK 7: allenfalls Strafbarkeit des Dritten nach § 258 I). Deshalb wäre z. B. die Übereignung des PKW an einen Dritten vor Ausführung der geplanten Tat allenfalls nach Nr. 1 einziehungsbegründend.

b) In *subjektiver* Hinsicht muß der Erwerber **Kenntnis** von den einziehungsbegründenden **9** Tatumständen gehabt haben. Im Gegensatz zu Nr. 1 reicht dafür leichtfertige Nichtkenntnis nicht aus; vielmehr muß der Erwerber positiv wissen, daß der betroffene Gegenstand in eine strafbare Handlung verstrickt war, die eine Einziehung rechtfertigen würde (and. [bedingter Vorsatz ausreichend] D-Tröndle 7, Horn SK 8, Lackner 3, Schäfer LK 16). Für den Umfang der Kenntnis von der Straftat gilt Entsprechendes wie bei § 257 RN 26.

Zudem muß der Erwerber **verwerflich** gehandelt haben. Ob dies schon allein auf Grund eines **10** „sittenwidrigen" Verhaltens anzunehmen ist (so Frankfurt NJW **62**, 974, Langen AWG § 39 RN 24; ähnl. D-Tröndle 8, Göhler § 23 RN 12, Schäfer LK 18), erscheint angesichts der Vagheit dieses Maßstabes fraglich. Vielmehr wird auf den Zweck der Vorschrift abzustellen sein, wonach vor allem der Vereitelung der Einziehung durch Veräußerung an Dritte entgegengewirkt werden soll (vgl. E 62 Begr. 247 zu § 113 II Nr. 2c). Demgemäß ist die Anwendung dieser Vorschrift auf solche Fälle zu beschränken, in denen der Erwerb in begünstigender, hehlerischer oder sonstwie ausbeuterischer Absicht erfolgt (vgl. Eser aaO 226 ff., 233 ff.; i. gl. S. Baumann/Weber 620, Horn SK 9, Lackner 3, M-Zipf II 531). Daran fehlt es etwa dort, wo der Gegenstand bereits vor der Tat an einen gutgläubigen Erwerber verkauft war oder im Wege der Notveräußerung nach § 111 l StPO erlangt wurde.

3. Sowohl bei Nr. 1 wie bei Nr. 2 ist erforderlich, daß dem Dritten der Gegenstand zur **Zeit der** **11** **Entscheidung** über die Einziehung zusteht. Insoweit gilt das zur tätergerichteten Einziehung Ausgeführte entsprechend; vgl. § 74 RN 26.

III. Die Einziehung steht im pflichtgemäßen **Ermessen** des Gerichts. Der dabei zu beachtende **12** Verhältnismäßigkeitsgrundsatz erfordert eine Abwägung, bei der neben der wirtschaftlichen Wirkung der Einziehung insbes. auch Art und Schwere des Vorwurfs, der gegen den Dritten erhoben werden kann, mitzuberücksichtigen ist (BGH StV **83**, 107). Im einzelnen gilt hier Entsprechendes wie bei der tätergerichteten Einziehung; vgl. § 74 RN 39, § 74b RN 3.

Die **Anordnung der Einziehung** hat auch hier im Hauptverfahren gegen den Angeklagten zu **13** erfolgen, auf dessen Tat die Einziehung beruht (vgl. § 74 RN 43). Gleichzeitig ist darüber zu befinden, ob und gegebenenfalls in welcher Höhe dem Dritten gemäß § 74f III eine *Entschädigung* zu gewähren ist (§ 436 III StPO). Über die Beteiligung des Dritten am Verfahren sowie über seine Rechtsmittel vgl. im einzelnen die §§ 431 ff. StPO.

Sind **zugleich** die Voraussetzungen der Einziehung nach **§ 74 II Nr. 2** gegeben, so ist nur danach **14** einzuziehen (D-Tröndle 10). Sind die Eigentumsverhältnisse unklar, so kann die Einziehung „wahlweise" begründet werden (vgl. Horn SK 11, Schäfer LK 21 f.); der Täter und der Dritte sind jedoch so zu behandeln, als ob jeder von ihnen von der Einziehung betroffen wäre.

§ 74 b Grundsatz der Verhältnismäßigkeit

(1) Ist die Einziehung nicht vorgeschrieben, so darf sie in den Fällen des § 74 Abs. 2 Nr. 1 und des § 74a nicht angeordnet werden, wenn sie zur Bedeutung der begangenen Tat und zum Vorwurf, der den von der Einziehung betroffenen Täter oder Teilnehmer oder in den Fällen des § 74a den Dritten trifft, außer Verhältnis steht.

(2) **Das Gericht ordnet in den Fällen der §§ 74 und 74a an, daß die Einziehung vorbehalten bleibt, und trifft eine weniger einschneidende Maßnahme, wenn der Zweck der Einziehung auch durch sie erreicht werden kann. In Betracht kommt namentlich die Anweisung,**
1. die Gegenstände unbrauchbar zu machen,
2. an den Gegenständen bestimmte Einrichtungen oder Kennzeichen zu beseitigen oder die Gegenstände sonst zu ändern oder
3. über die Gegenstände in bestimmter Weise zu verfügen.

Wird die Anweisung befolgt, so wird der Vorbehalt der Einziehung aufgehoben; andernfalls ordnet das Gericht die Einziehung nachträglich an.

(3) Ist die Einziehung nicht vorgeschrieben, so kann sie auf einen Teil der Gegenstände beschränkt werden.

Schrifttum: Vgl. die Angaben zu den Vorbem. vor § 73.

1   I. Die Vorschrift ist eine Ausprägung des Grundsatzes der **Verhältnismäßigkeit** (nach Horn SK 3 im Falle von Abs. 1 eine Ausprägung des Schuldprinzips). Sie beruht auf der Feststellung, daß die Einziehung wegen ihrer weiten Fassung u. U. außer Verhältnis zur Bedeutung der konkreten Tat oder zur Gefährlichkeit des betroffenen Gegenstandes stehen kann und deshalb unangemessen wäre. Um hier eine im Einzelfall gerechte Entscheidung treffen zu können, wird dem Richter die Pflicht auferlegt, unter bestimmten Voraussetzungen von der Einziehung entweder völlig abzusehen (u. 3) oder sie auf
2   schonendere Mittel (u. 5 ff.) bzw. einen Teil der Gegenstände zu beschränken (u. 11 ff.). Da es sich beim Verhältnismäßigkeitsgrundsatz um ein allgemein verbindliches **Verfassungsprinzip** handelt (BVerfGE **17** 117, 313 f., **19** 348, **20** 186 f., BayVerfGH **3** II 109, BGH **19** 70, 257, **20** 355 f., Braunschweig MDR **74**, 594, Maunz-Dürig Art. 1 RN 32), ist er auch insoweit zu beachten, als er in § 74b nicht ausdrücklich geregelt ist (vgl. BGH **23** 269, NStZ **81**, 104, Saarbrücken NJW **75**, 65, Schleswig SchlHA **80**, 171, StV **89**, 156, D-Tröndle 1, 3; ebenso zu § 56 WaffenG Schleswig SchlHA/E-L **86**, 122). Dies betrifft vor allem die zwingenden Einziehungsvorschriften (§§ 74d, 150, 285b), auf die § 74b nicht Bezug nimmt und die daher von der Beachtung des Verhältnismäßigkeitsgrundsatzes ausgenommen scheinen (vgl. auch Göhler MDR 69, 1028). Doch auch hier sind Fälle denkbar, in denen die vom Gesetzgeber präsumierte Gefahr im Einzelfall entweder überhaupt nicht besteht oder hinter den wirtschaftlichen Folgen der Einziehung unverhältnismäßig weit zurückbleiben würde. Hier muß der Richter notfalls unmittelbar auf übergeordnete Verfassungsprinzipien zurückgreifen, um von einer im Einzelfall unangemessenen Maßnahme ganz oder teilweise absehen zu können (vgl. BGH **16** 290, **18** 279, **23** 269, Eser aaO 351 f., 358, 364, NJW 70, 1964, Lackner 1, Langen AWG § 39 RN 14, wohl auch Baumann/Weber 620; vgl. auch Horn SK 7 zur Wahrung des Schuldgrundsatzes). Insoweit sind die Grundsätze, die die Rspr. zur Umdeutung obligatorischer Einziehungsvorschriften in Ermessensregeln entwickelt hat (vgl. BGH **18** 282, **19** 257, **20** 192, 256, Celle NJW **64**, 1382, NdsRpfl. **66**, 132, Oldenburg NdsRpfl. **64**, 21), nach wie vor von Bedeutung (näher Eser aaO 360 ff.). Sofern § 74b für die von ihm nicht erfaßten Fälle eine derartige Berücksichtigung der Verhältnismäßigkeit ausschließen wollte, wäre er wohl als verfassungswidrig anzusehen (vgl. aber auch Schäfer LK 6 f.).

II. **Im einzelnen** enthält § 74b folgende Regeln:

3   1. a) Völliges **Absehen von der Einziehung (Abs. 1)** – und zwar zwingend – kommt bei **tätergerichteter** (§ 74 II Nr. 1) sowie bei **strafähnlicher Dritteinziehung** (§ 74a) in Betracht, wenn sie zur Bedeutung der begangenen Tat und zu dem den Tatbeteiligten – bzw. im Falle des § 74a den Dritten – treffenden Vorwurf außer Verhältnis steht. Das ist insbes. dann der Fall, wenn der Unrechtsgehalt der Tat und die Täterschuld so gering sind, daß demgegenüber der Entzug des Eigentums eine unangemessene Härte und damit ein inadäquates Übel bedeuten würde (vgl. Hamm MDR **66**, 430, Busse NJW 58, 1417, D Tröndle 2, Gilsdorf JZ 58, 687, Maier NJW 59, 182, Stree aaO 100 ff.): so z. B. bei Einziehung einer Funkanlage Jugendlicher wegen gelegentlicher Ausstrahlung von Musiksendungen (Bay NJW **67**, 586) oder bei Einziehung eines PKW wegen Schmuggels von 600 Zigaretten (Hamm NJW **62**, 829, FGS-Samson § 375 RN 65; vgl. auch BGH MDR/D **70**, 559, Kiel HRR **36**, 786, Hamm NJW **75**, 67; and. für Notzucht BGH MDR/D **70**, 196). Vgl. ferner KG NJW **53**, 678, wonach auch Umstände, die an sich außerhalb der unmittelbaren Einziehungswirkung liegen, berücksichtigt werden können, wie seinerzeit die Befürchtung von Schikanen in der damaligen DDR, falls die Einziehung dort bekannt würde. Eingehend zum Ganzen Eser aaO 352 ff. Über den möglicherweise unterschiedlichen Verhältnismäßigkeitsmaßstab bei obligatorischer bzw. nur fakultativer Einziehung vgl. BGH **23** 270.

Grundsatz der Verhältnismäßigkeit   3a–10 § 74b

Eine Einziehung hat u. U. auch dann zu unterbleiben, wenn sie *neben* einer scharfen *Hauptstrafe* als 3a
unangemessen anzusehen wäre oder ohnehin keinem Strafzweck zu dienen geeignet ist. Jedoch ergibt
sich letzteres nicht erst aus § 74b I, sondern bereits aus der Gesamtabwägung im Rahmen der nach § 74
vorzunehmenden Ermessensentscheidungen (vgl. § 74 RN 38 ff.; daher mißverständlich Horn SK 3 f.).
Über die Berücksichtigung einer Einziehung bei der Hauptstrafe vgl. § 74 RN 40.

b) Auf die **Sicherungseinziehung** (§ 74 II Nr. 2) findet Abs. 1 zwar keine unmittelbare An- 4
wendung; jedoch kann auch hier die Einziehung durch Rückgriff auf das verfassungsrechtliche
Verhältnismäßigkeitsprinzip (vgl. o. 2) bzw. dessen Ausprägung in § 62 ausgeschlossen sein
(vgl. Schleswig SchlHA **80**, 171, **83**, 83, D-Tröndle 3, Schäfer LK 5): so etwa dort, wo sich das
Falschgeld bereits in Händen eines zuverlässigen Spezialsammlers befindet (vgl. Horn SK 8).
Abgesehen von solchen Fällen obligatorischer Einziehung, bei der es um eine Korrektur der
gesetzlich vermuteten Gefährlichkeit des Objekts geht, wird es im Regelfall u. U. entweder
schon an der einziehungsbegründenden Gefährlichkeit i. S. von § 74 II Nr. 2 fehlen oder zumindest eine Maßnahme nach Abs. 2 geboten sein (vgl. D-Tröndle 3 a. E.).

2. Weniger einschneidende Maßnahmen (Abs. 2) kommen *unter Vorbehalt der Einziehung* in 5
Betracht, falls der Einziehungszweck bereits dadurch erreichbar ist. Anders als bei Abs. 1 ist diese
auf dem Erforderlichkeitsgrundsatz beruhende Schonungsklausel nicht ausdrücklich auf die
tätergerichtete (§ 74 II Nr. 1) bzw. strafähnliche *Dritteinziehung* (§ 74a) beschränkt, sondern umfaßt unzweifelhaft auch die *Sicherungseinziehung* (§ 74 II Nr. 2).

Die **Art** der Maßnahme hat sich nach der jeweiligen **konkreten Zielsetzung** zu bestimmen. 6
Demgemäß ist die Abwehr einer objektbedingten Gefährlichkeit primär an *Sicherungs*kriterien
auszurichten (vgl. Eser aaO 269 ff., 358 ff.). Demgegenüber dürfen repressive Gesichtspunkte
nur dort zum Zuge kommen, wo die Maßnahme zugleich auch *Straf*zwecke verfolgen kann. Da
jedoch bei der strafähnlichen Einziehung das Strafübel gerade im Verlust des Eigentums liegt,
bleibt in dieser Hinsicht für die Anwendung des Abs. 2 wenig Raum (vgl. Schäfer LK 9 sowie
Eser aaO 356); als weniger einschneidende Strafsanktion kommt daher – neben dem wohl
seltenen Fall strafweiser Einschmelzung von Münzen (vgl. Horn SK 5, 10) – idR nur die
Teileinziehung (u. 11 f.) in Frage. Scheidet diese aus, weil der Einziehungsgegenstand etwa nicht
teilbar ist, so kommt ein Ausgleich insofern in Betracht, als die „übermäßige" Einziehung durch
eine geringere Bemessung der Hauptstrafe ausgeglichen wird (vgl. § 74 RN 40). Im übrigen stellt
das Gesetz **„namentlich"** folgende Sanktionen zur Verfügung:

a) Die **Anweisung zur Unbrauchbarmachung** des betroffenen Gegenstandes (Nr. 1): Darun- 7
ter ist eine Maßnahme zu verstehen, die einem Gegenstand unter Belassung seiner stofflichen
Substanz lediglich seine gefährlichen Eigenschaften nimmt, wie z. B. beim Einschmelzen falscher
Münzen (vgl. § 63 III StVollstrO). Im einzelnen gilt hier Entsprechendes wie bei der Unbrauchbarmachung nach § 74d (vgl. dort RN 16).

b) Die **Anweisung zur Beseitigung bestimmter Kennzeichen oder Einrichtungen** eines 8
Gegenstandes (Nr. 2) hat ein Vorbild im Urheber- und Warenzeichenrecht (vgl. § 98 UrhG, § 30
WarenzeichenG) und kommt beispielsweise bei irreführenden Angaben auf Verpackungen
(Schwärzung von NS-Kennzeichen auf Schallplattenhüllen: BGH **23** 79) oder durch Schnittaufla-
gen bei teilweise pornographischen Filmen (vgl. BGH Film u. Recht **74**, 671, Seetzen NJW 76,
500) in Betracht. Doch auch doppelte Böden in Transportmitteln oder besondere Wildereischein-
werfer in Kraftfahrzeugen lassen sich auf diesem Wege beseitigen. Entsprechendes gilt etwa für
die Änderung von Kleidern, um ihnen den Schein einer Amtstracht zu nehmen.

c) Die **Verfügungsanweisung** (Nr. 3) ist insbes. dort angebracht, wo es sich um Gegenstände 9
handelt, die an sich verkehrs- oder verwendungsfähig sind, jedoch gerade in der Hand des
Betroffenen eine Gefahr darstellen, wie z. B. Sprengstoffe, Rauschgifte, die Jagdgeräte eines
notorischen Wilderers oder das Fahrzeug eines gefährlichen Verkehrsdelinquenten. Hier kann
dem Sicherungszweck schon dadurch genügt werden, daß dem Eigentümer auferlegt wird, die
Sache zu verkaufen (z. B. ein Fahrzeug: Braunschweig MDR **74**, 594, Schleswig SchlHA **83**, 83)
oder an Personen oder Stellen zu veräußern, die sie befugterweise oder ordnungsgemäß besitzen
und verwenden können; z. B. durch Rückgabe rechtswidrig erlangter Arzneimittel an den
Hersteller oder Weiterverkauf an eine Apotheke (Bay NJW **74**, 2060). Vgl. auch Schleswig
SchlHA/E–L **86**, 122 u. a. zu § 56 IV WaffenG: Anweisung zur Einholung einer behördlichen
Entscheidung hinsichtlich Waffenbesitz. Dagegen kann nicht schon die Anweisung genügen,
den Gegenstand nicht (mehr) zu Straftaten zu benutzen (D-Tröndle 3, Schäfer LK 13; and.
Karlsruhe NJW **76**, 396).

d) In allen diesen Fällen darf auf das schonendere Mittel jedoch immer nur unter dem 10
Vorbehalt der Einziehung erkannt werden. Dieser hat nach § 74e III i. V. m. § 73d II die
Wirkung eines **Veräußerungsverbots** (§ 73d RN 4 f.). Er darf erst dann aufgehoben werden,
wenn die weniger einschneidende Maßnahme zum Erfolg geführt hat. Soweit das nicht erreicht

§ 74c 1, 2   Allg. Teil. Rechtsfolgen der Tat – Verfall und Einziehung

wird – wobei es auf ein Verschulden des Betroffenen jedenfalls im Fall einer sicherungsbedingten Maßnahme nicht ankommen kann (vgl. Horn SK 11, ferner Lackner 3b, Schäfer LK 11) – hat das Gericht nachträglich die endgültige Einziehung anzuordnen (Abs. 2 S. 3). Diese Regelung wird freilich nur dann praktikabel sein, wenn das Gericht dem Betroffenen eine Frist setzt, innerhalb der er der Auflage nachzukommen hat. Das Verfahren für die **nachträgliche Anordnung** der Einziehung richtet sich nach § 462 StPO.

11   3. Ferner kommt **Teileinziehung (Abs. 3)** als schonendere Maßnahme in Betracht. Auch diese Maßnahme ist nicht beschränkt auf die *tätergerichtete* Einziehung und die strafähnliche *Dritteinziehung*, sondern kommt ebenso bei der unterschiedslosen *Sicherungseinziehung* in Frage. Jedoch soll sie nur bei fakultativen Einziehungsvorschriften zulässig sein. Diese Einschränkung ist aus den bei o. 2 genannten Gründen bedenklich, da auch bei den zwingenden Einziehungsvorschriften Fälle denkbar sind, in denen der Zweck der Maßnahme bereits durch eine Teileinziehung erreicht werden könnte. Auch hier muß daher der Richter dem vorrangigen Grundsatz der Verhältnismäßigkeit Rechnung tragen können (vgl. Horn SK 12, Schäfer LK 15).

12   Eine Teileinziehung kommt vor allem dort in Betracht, wo **mehrere Gegenstände** in eine Tat verstrickt waren, jedoch die Einziehung aller über das der Tat und Schuld entsprechende Maß hinausginge. Doch auch dort, wo es sich um **teilbare** Einzelgegenstände (Forderung, Faß Wein u. dgl.) handelt, muß über den engeren Wortlaut der Bestimmung hinaus eine teilweise Einziehung des Gegenstandes in Betracht gezogen werden (Horn SK 6, Lackner 4). Inwieweit eine Sache teilbar ist, ist nicht nach rechtlichen, sondern nach faktisch-wirtschaftlichen Kriterien zu entscheiden. Dies gilt insbes. für die Trennbarkeit von Hauptsache und Zubehör. Bei wirtschaftlichen oder technischen Funktionseinheiten dagegen, wie z. B. einem PKW, scheidet eine Teileinziehung regelmäßig aus (vgl. Bay 61 277 ff., Schäfer LK 16). Vgl. zum Ganzen auch Eser aaO 306 ff.

13   III. Auch aus **prozeßökonomischen** Gründen kann es u. U. angebracht sein, **von der Einziehung abzusehen:** so vor allem, wenn sie neben der zu erwartenden Hauptstrafe nicht ins Gewicht fallen oder einen unangemessenen Ermittlungsaufwand erfordern würde; näher dazu § 430 I StPO sowie D-Tröndle 5.

§ 74c Einziehung des Wertersatzes

(1) **Hat der Täter oder Teilnehmer den Gegenstand, der ihm zur Zeit der Tat gehörte oder zustand und auf dessen Einziehung hätte erkannt werden können, vor der Entscheidung über die Einziehung verwertet, namentlich veräußert oder verbraucht, oder hat er die Einziehung des Gegenstandes sonst vereitelt, so kann das Gericht die Einziehung eines Geldbetrages gegen den Täter oder Teilnehmer bis zu der Höhe anordnen, die dem Wert des Gegenstandes entspricht.**

(2) **Eine solche Anordnung kann das Gericht auch neben der Einziehung eines Gegenstandes oder an deren Stelle treffen, wenn ihn der Täter oder Teilnehmer vor der Entscheidung über die Einziehung mit dem Recht eines Dritten belastet hat, dessen Erlöschen ohne Entschädigung nicht angeordnet werden kann oder im Falle der Einziehung nicht angeordnet werden könnte (§ 74e Abs. 2 und § 74f); trifft das Gericht die Anordnung neben der Einziehung, so bemißt sich die Höhe des Wertersatzes nach dem Wert der Belastung des Gegenstandes.**

(3) **Der Wert des Gegenstandes und der Belastung kann geschätzt werden.**

(4) **Für die Bewilligung von Zahlungserleichterungen gilt § 42.**

Schrifttum: Vgl. die Angaben zu den Vorbem. vor § 73, insbes. *Bender* NJW 69, 1056.

1   I. Die Wertersatzeinziehung dient der **Lückenschließung** in Fällen, in denen die Originaleinziehung unmöglich (geworden) ist: so etwa, wenn ein der Einziehung unterliegender Gegenstand vor der Entscheidung verbraucht oder veräußert wird oder aus sonstigen Gründen nicht mehr greifbar ist. Solche schon früher vereinzelt möglichen Ersatzsanktionen (vgl. 22. A.; Eser aaO 337 ff.) wurden durch § 74c auf eine allgemeine Grundlage gestellt und für alle Fälle von Einziehungsvereitelungen angedroht, in denen der Gegenstand zur Zeit der Tat einem Tatbeteiligten gehörte (BGH **28** 370). Krit. Baumann/Weber 621; abl. auch AE AT 2. A. 177. In ihrem **Anwendungsbereich** ist die Wertersatzeinziehung keineswegs auf die Fälle des § 74 I beschränkt, sondern gilt für alle Einziehungsfälle, wie z. B. nach § 33 BtMG (BGH **28** 370, **33** 233 m. Anm. Eberbach NStZ 85, 556, NStZ/S **86**, 58).

2   Angesichts ihrer Abschreckungs- und Vergeltungsfunktion kommt ihr im wesentlichen **Strafcharakter** zu (BT-Drs. V/1319 S. 57, Eser aaO 342 ff., Baumann/Weber 621, Schäfer LK 10; vgl. auch Horn SK 7; i. gl. S. bereits RG **49** 408, **74** 183, **78** 239, BGH **3** 164, **4** 407, **5** 163). Obwohl auf Zahlung einer Geldsumme gerichtet (vgl. u. 9), handelt es sich beim Wertersatz doch *nicht* um eine *Geldstrafe* i. techn. S. der §§ 40 ff., sondern lediglich um eine an die Stelle der Einziehung tretende **Ersatzsanktion**

Einziehung des Wertersatzes   3–7 **§ 74 c**

(vgl. BGH 6 307, D-Tröndle 1, 7 sowie i. S. einer Vermögensstrafe M-Zipf II 534). Deshalb kann die Rspr. zur früheren Wertersatzstrafe nach § 401 II AO a. F., die allgemein als Zusatz- und Geldstrafe behandelt wurde (RG **56** 81, BGH **6** 259, 308, **7** 79), nicht ohne weiteres auf die Einziehung des Wertersatzes nach § 74 c übertragen werden. So kommt insbes. eine Umwandlung in Ersatzfreiheitsstrafe hier nicht in Betracht. Auch eine gesamtschuldnerische Haftung mehrerer Tatbeteiligter (vgl. BGH **5** 352, **8** 100) scheidet aus, da der Wertersatz ohnehin nur dem tatbeteiligten Eigentümer, der die Einziehung vereitelt hat, auferlegt werden kann, und zudem auf den Umfang beschränkt bleibt, in dem ihm die Vereitelung zuzurechnen ist (vgl. u. 3, 5, 10).

II. Im einzelnen setzt die **Wertersatzeinziehung** folgendes voraus:

1. Ersatzfähig sind von vornherein nur solche **Einziehungsobjekte, die zur Tatzeit einem** 3 **Tatbeteiligten gehörten;** denn nur unter dieser Voraussetzung erscheint es gerechtfertigt, diesem die nachträgliche Vereitelung der Einziehung zur Last zu legen. Demzufolge ist für Wertersatzeinziehung kein Raum, wenn der Täter das Tatwerkzeug erst *nach* der einziehungsbegründenden Tat erworben und wieder weiterveräußert hat (vgl. Horn SK 4) oder wenn er den Beziehungsgegenstand (wie Haschisch) nicht selbst erwerben wollte, sondern nur das Geschäft vermittelt hat (vgl. BGH NStE **Nr. 1**: stattdessen u. U. § 73a bzgl. des als Entgelt erhaltenen Haschischs). Für die Beurteilung der Eigentumsverhältnisse bzw. der Rechtsinhaberschaft gilt, hier jedoch abgestellt auf den Zeitpunkt der Tat, das zu § 74 RN 22 ff. Ausgeführte entsprechend.

2. Weiter ist erforderlich, daß der Gegenstand hätte eingezogen werden können, wenn er im 4 Zeitpunkt der Entscheidung noch greifbar gewesen wäre. Das bedeutet, daß – abgesehen von der Unerreichbarkeit des Gegenstandes zur Zeit der Entscheidung – **alle Voraussetzungen eines Einziehungstatbestandes** einschließlich des § 74b vorliegen müssen (Eser aaO 345 ff.). Dafür würden an sich auch die Dritteinziehungsgründe (§ 74 II Nr. 2 oder § 74a) ausreichen; jedoch wird der Fall, daß der Gegenstand zur Tatzeit dem Täter gehörte und dieser dann nach Veräußerung an einen Dritten auch noch die Dritteinziehung vereitelte, kaum praktisch werden. Deshalb bleibt der Anwendungsbereich des § 74 c im wesentlichen auf die Fälle der an sich tätergerichteten Einziehung beschränkt (vgl. D-Tröndle 2).

3. Ferner muß dem Tatbeteiligten die **Vereitelung der Originaleinziehung** nachgewiesen 5 werden. Als Vereitelungshandlung kommt nach Abs. 1 insbes. die *Verwertung* des Gegenstandes durch Veräußerung oder Verbrauch in Betracht. Unter *Veräußerung* sind auch hier nur solche Rechtsgeschäfte zu verstehen, durch die der Gegenstand der Einziehung gegenüber dem Tatbeteiligten entzogen wird. Das ist allein bei dinglichen Übertragungsakten (Übereignung, Abtretung u. dgl.) der Fall, dagegen nicht schon durch Begründung schuldrechtlicher Übertragungspflichten; insoweit gilt Entsprechendes wie beim Erwerb i. S. des § 74a Nr. 2 (vgl. dort RN 7). Zum *Verbrauch* zählt insbes. der Verzehr, aber auch der Verschleiß, soweit er zu einer völligen wirtschaftlichen Entwertung des Gegenstandes führt. Unerheblich ist, *wer* den Gegenstand verbraucht hat (vgl. BGH **28** 370), sofern es nur mit Billigung des Tatbeteiligten geschah. Deshalb reicht auch der bestimmungsgemäße Verbrauch der Sache durch einen gutgläubigen Dritten aus (vgl. BGH **16** 292). Eine Verwertung des Gegenstandes kann ferner in seiner Verbindung, Verarbeitung oder *Vermischung* mit anderen Gegenständen liegen, sofern er dadurch nach den Grundsätzen des Identitätserfordernisses uneinziehbar wird (vgl. § 74 RN 15). Die Verwertung braucht nicht in vorwerfbarer Weise erfolgt zu sein, da der Täter hier aus dem Einziehungsgegenstand Vorteile erlangt, deren Entzug § 74 c gerade ermöglichen soll (vgl. Schäfer LK 12).

Als *sonstige Vereitelung* i. S. des Abs. 1 kommen namentlich Zerstörung und Verlust in Frage. 6 Da die Maßnahme jedoch Strafcharakter hat (vgl. o. 2), kann hier nicht bereits der objektive Wegfall des Gegenstandes ausreichen, sondern die Einziehungsvereitelung muß dem Täter irgendwie vorwerfbar sein (vgl. § 414 a AO 1961; ebenso Bender NJW 69, 1057 f., Eser aaO 344 ff.): so etwa, wenn dieser die Einziehungsobjekte aus Nachlässigkeit verkommen läßt (vgl. Langen AWG § 40 RN 4 sowie FGS-Samson § 375 RN 72; enger [wenigstens bedingter Vorsatz] D-Tröndle 3, Lackner 2, Schäfer LK 8), nicht dagegen bei völligem Verlust durch eine (nicht anders abwendbare: u. 7) Zwangsvollstreckung (vgl. D-Tröndle 3; abw. Horn SK 8). Eine besondere Vereitelungsabsicht ist in keinem Fall erforderlich.

4. Auch die **Belastung des Einziehungsobjekts mit dem Recht eines Dritten** gilt nach Abs. 2 7 als besondere Form der Einziehungsvereitelung, vorausgesetzt, daß im Falle einer Einziehung des belasteten Gegenstandes entweder überhaupt nicht oder nur gegen Entschädigung des Drittberechtigten zum Erlöschen gebracht werden könnte (vgl. § 74e RN 9, § 74f RN 3). Denn auch dadurch kann die Einziehung des Gegenstandes wirtschaftlich völlig ausgehöhlt sein (vgl. D-Tröndle 4). Freilich kommen auch hier nur Vorgänge zwischen Tat und Einziehungsanordnung in Betracht. Ferner wird man ebenso wie bei Abs. 1 Vorwerfbarkeit verlangen müssen (vgl. o. 6; and. D-Tröndle 4, Schäfer LK 19). Die Belastung mit einem

§ 74 d   Allg. Teil. Rechtsfolgen der Tat – Verfall und Einziehung

Drittrecht kann sowohl auf rechtsgeschäftlichem Wege als auch dadurch geschehen, daß der Eigentümer Zwangsvollstreckung eintreten oder eine Lage herbeiführen läßt, durch die ein gesetzliches Pfandrecht ausgelöst wird (Schäfer aaO).

8   III. Die **Anordnung der Wertersatzeinziehung** ist in das **pflichtgemäße Ermessen** des Gerichts gestellt. Das gilt auch für den Fall, daß die Originaleinziehung zwingend vorgeschrieben ist (Schäfer LK 16). **Prozessual** muß ebenso wie beim Verfall (§ 73 RN 45) die ersatzeinziehungsbegründende Tat *Gegenstand der Anklage* und tatrichterlich nachgewiesen sein (BGH **28** 370, StV **81**, 627).

9   1. Bei völliger *Unerreichbarkeit des Originalobjekts* (Abs. 1) besteht die Ersatzsanktion in der Einziehung eines **Geldbetrages,** der bis zur Höhe des dem Originalobjekt entsprechenden Wertes gehen darf, aber auch darunter bleiben kann. Über den Unterschied zur Geldstrafe vgl. o. 2. Maßgeblich ist der realisierbare *Verkehrswert* zur Zeit der Entscheidung (BGH **4** 13, 305, **28** 370, NStZ **84**, 28, D-Tröndle 6, Horn SK 11, Rotberg § 25 RN 14 ff.). Soweit dieser nicht eindeutig zu ermitteln ist, kann der Wert des Gegenstandes geschätzt werden (Abs. 3), wobei im Zweifel vom niedrigsten Schätzwert auszugehen ist (Langen AWG § 40 RN 9); zur Schätzung vgl. auch § 73 b. Dagegen darf auf etwaige Surrogate des Originalobjekts nicht zurückgegriffen werden (and. z. B. § 86 I 2 a. F.).

10 Bei **Ausübung des Ermessens** wird neben den Grundsätzen der Tat- und Schuldangemessenheit (dazu § 74 RN 39, § 74 b RN 3 f.) insbes. auch zu berücksichtigen sein, in welchem Grade dem Täter die Vereitelung der Originaleinziehung vorwerfbar ist. Dagegen haben Sicherungserwägungen hier grundsätzlich außer Betracht zu bleiben, da mit Verwertung oder Zerstörung des Originalobjekts regelmäßig auch das Sicherungsbedürfnis entfällt (vgl. Eser aaO 340 ff., Schäfer LK 16). Ähnlich wie bei Geldstrafen können dem Betroffenen gemäß § 42 **Zahlungserleichterungen** bewilligt werden (Abs. 4).

11 2. Bei *Belastung des Einziehungsobjekts mit dem Rechte eines Dritten* (Abs. 2) kann die Ersatzeinziehung in Form eines Geldbetrages (o. 9) entweder völlig **an die Stelle** der Originaleinziehung treten oder **neben** dieser verhängt werden. Ersteres kommt vor allem dort in Betracht, wo durch das Drittrecht der belastete Gegenstand wirtschaftlich praktisch entwertet ist. Hier gelten für die **Höhe** des Wertsatzes die o. 9 genannten Grundsätze. Wird die Ersatzeinziehung dagegen nur *neben* der Originaleinziehung angeordnet, so bemißt sich die Höhe des Wertsatzes nach dem Wert der Belastung des betroffenen Gegenstandes (Abs. 2 Hbs. 2). Auch insoweit ist gemäß Abs. 3 eine Schätzung möglich, dazu o. 9.

12 3. Soweit die Voraussetzungen der Ersatzeinziehung bereits im **Zeitpunkt der Entscheidung** vorliegen, ist darauf zu erkennen, ohne daß es zuvor einer Entscheidung über die Originaleinziehung bedürfte. Über die Möglichkeit einer **nachträglichen** Anordnung vgl. § 76. Zur **selbständigen** Wertsatzeinziehung vgl. § 76 a.

13 IV. Anders als bei der Originaleinziehung, die den betroffenen Gegenstand kraft Gesetzes auf den Staat übergehen läßt (§ 74 e I), besteht die **Wirkung** der Ersatzeinziehung lediglich darin, daß der Staat in Höhe des festgesetzten Ersatzbetrages einen der Geldstrafe ähnlichen *Zahlungsanspruch* erhält (BGH **28** 370, Eser aaO 339). Dadurch wird sie aber nicht zu einer Geldstrafe i. e. S.; daher kommt insbes. auch keine Ersatzfreiheitsstrafe in Betracht (Bay OLGSt 1 zu § 40 c a. F., D-Tröndle 7, Schäfer LK 21). Die Vollstreckung richtet sich nach § 459 g II i. V. m. §§ 459 ff. StPO.

§ 74 d Einziehung von Schriften und Unbrauchbarmachung

(1) **Schriften (§ 11 Abs. 3), die einen solchen Inhalt haben, daß jede vorsätzliche Verbreitung in Kenntnis ihres Inhalts den Tatbestand eines Strafgesetzes verwirklichen würde, werden eingezogen, wenn mindestens ein Stück durch eine rechtswidrige Tat verbreitet oder zur Verbreitung bestimmt worden ist. Zugleich wird angeordnet, daß die zur Herstellung der Schriften gebrauchten oder bestimmten Vorrichtungen, wie Platten, Formen, Drucksätze, Druckstöcke, Negative oder Matrizen, unbrauchbar gemacht werden.**

(2) **Die Einziehung erstreckt sich nur auf die Stücke, die sich im Besitz der bei ihrer Verbreitung oder deren Vorbereitung mitwirkenden Personen befinden oder öffentlich ausgelegt oder beim Verbreiten durch Versenden noch nicht dem Empfänger ausgehändigt worden sind.**

(3) **Absatz 1 gilt entsprechend bei Schriften, die einen solchen Inhalt haben, daß die vorsätzliche Verbreitung in Kenntnis ihres Inhalts nur bei Hinzutreten weiterer Tatumstände den Tatbestand eines Strafgesetzes verwirklichen würde. Die Einziehung und Unbrauchbarmachung werden jedoch nur angeordnet, soweit**

1. die Stücke und die in Absatz 1 Satz 2 bezeichneten **Gegenstände sich im Besitz des Täters, Teilnehmers** oder eines anderen befinden, für den der Täter oder Teilnehmer gehandelt hat, oder von diesen Personen **zur Verbreitung bestimmt sind** und
2. die Maßnahmen erforderlich sind, um ein gesetzwidriges Verbreiten durch diese Personen zu verhindern.

(4) Dem Verbreiten im Sinne der Absätze 1 bis 3 steht es gleich, wenn mindestens ein Stück durch Ausstellen, Anschlagen, Vorführen oder in anderer Weise öffentlich zugänglich gemacht wird.

(5) § 74b Abs. 2 und 3 gilt entsprechend.

Schrifttum: Vgl. die Angaben zu den Vorbem. vor § 73.

I. Die Vorschrift enthält eine **Sonderregelung** für die Einziehung bzw. Unbrauchbarmachung bestimmter Schriften und **Darstellungen** sowie der dafür notwendigen **Herstellungsmittel** (Bay NStE Nr. 1 zu § 76a). Da sie vornehmlich dazu dient, die sich aus der Existenz der Schriften usw. ergebende Gefährdung bestimmter Rechtsgüter (z. B. Ehre, öffentliche Sicherheit, Geheimniswahrung) zu beseitigen, kommt ihr – als Konkretion von § 74 II Nr. 2 (vgl. Horn SK 2) – grundsätzlich **Sicherungscharakter** zu (vgl. 15 vor § 73 sowie RG **14** 162, **67** 218, BGH **5** 178, **16** 56, Düsseldorf NJW **67**, 1142, Hamm MDR **70**, 943, Jescheck 722, M-Zipf II 534, Schäfer LK 2). Dem § 74d ähnliche Sonderregelungen für Schriften finden sich in § 109k sowie in § 123 OWiG (vgl. auch Eser aaO 52f., 247ff.). Bei § 74d sind **zwei Fallgruppen** zu unterscheiden: zum einen hinsichtlich Schriften, bei denen **jede Verbreitung** in Kenntnis ihres Inhalts einen Tatbestand erfüllen würde (Abs. 1, 2); zum anderen solche Schriften, bei denen die Tatbestandsverwirklichung von **weiteren Umständen** abhängt (Abs. 3). **1**

II. Einziehungsvoraussetzungen nach Abs. 1, 2. **2**

1. Erfaßbar sind sowohl **Schriften** als auch die entsprechenden **Herstellungsmittel**. Zu den *Schriften* gehören nach § 11 III auch Abbildungen, Ton- und Bildträger sowie andere Darstellungen (§ 11 RN 78). *Herstellungsmittel* sind alle Vorrichtungen, die zur Herstellung von Schriften gebraucht wurden oder dazu bestimmt waren. Das Gesetz nennt dazu namentlich Platten, Formen, Drucksätze, Druckstöcke, Negative und Matrizen. Doch diese Aufstellung ist nicht abschließend; deshalb können auch sonstige Vorlagen oder Vervielfältigungsmittel erfaßt werden, die zur Herstellung einer der vorgenannten Arten von Darstellungen dienlich sind. **3**

2. Die vorgenannten Darstellungen können jedoch nur dann eingezogen werden, wenn sie „einen solchen Inhalt haben, daß jede vorsätzliche Verbreitung in Kenntnis ihres Inhalts den Tatbestand eines Strafgesetzes verwirklichen würde". Bei dieser umständlichen Formel handelt es sich lediglich um eine Umschreibung dessen, was in der nicht ganz präzisen a. F. des § 41 mit der *Strafbarkeit des Inhalts* gemeint war: Nicht der Inhalt als solcher muß strafbar sein, vielmehr ist entscheidend, daß die **Verbreitung der Schrift im Hinblick auf ihren Inhalt eine strafbare Handlung** darstellen würde (vgl. Frank GA 82, 414). Daraus ergibt sich zweierlei: **4**

a) Erfaßt werden nur solche Schriften, deren *Verbreitung* strafbar wäre. Über die Merkmale des Verbreitens vgl. § 184 RN 57. Ob es sich dabei um ein Verbrechen oder ein Vergehen handeln würde, ist gleichgültig. Deshalb kommen insbes. auch nebenstrafrechtliche Tatbestände in Betracht, sofern sie eine Straftat i. S. von § 12 und nicht nur eine Ordnungswidrigkeit verkörpern (letzterenfalls vgl. § 123 OWiG). Erforderlich ist lediglich, daß es sich um einen *Vorsatz*tatbestand handelt. Als solche Verbreitungstaten kommen insbes. die §§ 80a, 86, 86a, 90, 90a, 111, 184 III (dazu LG Duisburg NStZ **87**, 367), 185 bis 187a, 189 in Betracht. **5**

b) Zum anderen muß sich die Strafbarkeit der Verbreitung gerade aus dem *Inhalt der Schrift* ergeben: so z. B. aus ihrem ehrenrührigen, geheimnisverletzenden oder verfassungsfeindlichen Gehalt (vgl. BGH NJW **70**, 819). Daher genügt nicht, daß durch Verbreitung lediglich bestimmte formelle Gestaltungs- oder Vertriebsvorschriften verletzt werden, wie z. B. das presserechtswidrige Fehlen des Impressums (vgl. D-Tröndle 7, Schäfer LK 6). Aus dem literarisch-filmischen Bereich kommen dafür praktisch nur gewaltverherrlichende Darstellungen (§ 131) oder „harte" Pornographie (§ 184 III) in Frage (vgl. Seetzen NJW **76**, 499). **6**

3. Als **Anknüpfungstat** setzt die Maßnahme lediglich voraus, daß **mindestens ein Stück** der Schrift usw. durch eine rechtswidrige Tat **verbreitet oder** zur Verbreitung **bestimmt** worden ist. Dem Sicherungscharakter der Maßnahme entsprechend reicht also hier bereits eine tatbestandsmäßig-rechtswidrige Verwirklichung eines Vorsatztatbestandes aus, ohne daß es aber auf einen individuellen Vorsatznachweis oder auf Verschulden ankäme (vgl. § 11 RN 40ff., Bay NStE Nr. 1 zu § 76a). Auch Rechtfertigungsgründe, sofern sie nicht den Inhalt der Schrift betreffen, stehen nicht entgegen (D-Tröndle 7). Ebensowenig muß es zu einem tatsächlichen Verbreiten gekommen sein; es genügt, daß die Schrift bereitgestellt war, um durch die Tat verbreitet zu werden; vgl. § 74 RN 9a. Dem Verbreiten steht nach **Abs. 4** gleich, daß mindestens ein Stück durch Ausstellen, Anschlagen, Vorführen oder in anderer Weise **allgemein zugänglich gemacht** **7**

wurde. Zu diesen Begriffen, die sich z. B. bei § 131 I Nr. 2 oder § 184 III Nr. 2 finden, vgl. § 184 RN 11 ff.

8 4. Auch **täterfremde Gegenstände** sind grundsätzlich erfaßbar, wenn sie in der vorgenannten Weise verbreitet wurden (Hamm NJW 70, 1756). Dies deshalb, weil im Hinblick auf den Sicherungscharakter der Maßnahme (o. 1) die Eigentumsverhältnisse an den betroffenen Gegenständen unerheblich sind (vgl. § 74 RN 35). Jedoch ergeben sich aus **Abs. 2** gewisse **Einschränkungen bei Schriften** (nicht dagegen bei Herstellungswerkzeugen), und zwar insoweit, als aus Gründen der Praktikabilität nicht alle Exemplare einer Schrift eingezogen werden können, sondern nur solche, die sich noch in den Händen von Personen befinden, die, ohne notwendige Tatbeteiligte zu sein, mit der Herstellung und Verbreitung in engem Zusammenhang stehen.

9 a) Demgemäß werden zunächst alle Stücke erfaßt, die sich **im Besitz** der bei ihrer Verbreitung oder deren Vorbereitung **mitwirkenden Personen** befinden. Dazu sind neben dem Verfasser, Drucker, Herausgeber und Verleger regelmäßig auch der Schriftleiter und Buchhändler (dazu BGH **19** 63) zu rechnen. Jedoch müssen diese das Exemplar in ihrer beruflichen Eigenschaft besitzen; ein zur Privatbibliothek gehörendes Exemplar scheidet daher aus. Mittelbarer Besitz (§ 868 BGB) genügt, ebenso der durch Besitzdiener ausgeübte Besitz (BGH MDR/D **53**, 721). Zu Mitbesitz vgl. BGH **19** 78, Schäfer LK 13.

10 b) Ferner werden **öffentlich ausgelegte** Exemplare erfaßt. Das betrifft solche, die einem nicht abgeschlossenen Kreis von Personen zugänglich sind, ohne an diese körperlich übergeben zu werden, wie z. B. bei Auslage in Gaststätten oder Lichtspielhäusern. Dagegen werden die öffentlich *angebotenen* Schriften hier nur über die o. 9 genannte Klausel zu erfassen sein. Zum Merkmal „öffentlich" vgl. im übrigen § 184 RN 32.

11 c) Bei **Versandschriften** schließlich sind nur solche Stücke einziehbar, die noch nicht dem Empfänger ausgehändigt sind; so vor allem die noch im Postwege befindlichen Sendungen. Als empfangen müssen aber bereits solche Stücke gelten, auf die der Adressat unmittelbar zugreifen kann; so z. B., wenn sie sich im Postfach befinden (vgl. auch D-Tröndle 8, Horn SK 12, Schäfer LK 15).

III. Einziehungsbeschränkungen nach Abs. 3.

12 Von den vorgenannten Fällen sind jene Schriften zu unterscheiden, bei denen das Verbreiten nicht schon für sich allein, sondern nur unter **Hinzutritt weiterer Tatumstände** den Straftatbestand verwirklichen würde (Abs. 3). Das betrifft etwa jugendgefährdende Schriften, die unter Verletzung der in § 4 GjS aufgeführten Vertriebsverbote (z. B. im Einzel- oder Versandhandel) verbreitet werden (ähnlich § 184 I), oder Fälle, in denen (wie etwa in § 166) die Strafbarkeit von einer Störung des öffentlichen Friedens oder (wie in § 130 a I Nr. 1 und dem inzwischen aufgehobenen § 88 a I Nr. 1) von der Geeignetheit, die Tatbereitschaft anderer zu fördern, abhängt (BGH **29** 107). Vgl. ferner die §§ 90 b, 109 d, 131, 219 b, 219 c, wo der Täter mit einem bestimmten Wissen und einer bestimmten Absicht handeln muß (D-Tröndle 10). In diesen Fällen ist eine Einziehung bzw. Unbrauchbarmachung nur unter folgenden Voraussetzungen möglich:

13 1. Hinsichtlich der **Anknüpfungstat** gilt das gleiche wie im Falle des Abs. 1. Das bedeutet, daß die wegen ihres Inhalts unter einem Verbreitungsverbot stehende Schrift usw. in mindestens einem Exemplar bereits rechtswidrig verbreitet worden oder dazu bestimmt gewesen ist (o. 7). Auch hier steht das Ausstellen, Anschlagen, Vorführen oder in anderer Weise Zugänglichmachen dem Verbreiten gleich (Abs. 4).

14 2. Ferner bleibt die Maßnahme in jedem Falle beschränkt auf solche Exemplare und Herstellungsmittel, die sich entweder im (unmittelbaren oder mittelbaren) **Besitz eines Täters** oder Teilnehmers bzw. einer Person, für die der Tatbeteiligte gehandelt hat, befinden oder von diesen Personen zur Verbreitung bestimmt sind. Täter und Teilnehmer sind auch hier im techn. S. der §§ 25 ff. zu verstehen. Das Handeln für einen anderen wird vor allem bei Organschaftsverhältnissen praktisch, ist aber keineswegs darauf beschränkt. Auch einfache Auftragsverhältnisse reichen aus. Deshalb gelten hier nicht die teils engeren Grenzen, die durch § 75 der strafrechtlichen Verantwortlichkeit von Verbandspersonen gezogen sind. Dagegen werden Exemplare, die den Einwirkungsbereich des Täters bereits verlassen haben, nicht erfaßt, so etwa wenn sie sich bereits auf dem Postwege (and. D-Tröndle 12, Horn SK 17, Schäfer LK 21) oder bei einem gutgläubigen Händler befinden; denn andernfalls könnte die durch Abs. 3 bezweckte Einschränkung gegenüber Abs. 2 (o. 9 ff., vgl. D-Tröndle aaO) praktisch kaum zum Tragen kommen.

15 3. Ferner muß die Maßnahme **zur Verhinderung gesetzwidrigen Verbreitens** durch die bei 14 genannten Personen erforderlich sein. Für diese an sich für jede Sicherungsmaßregel selbstverständliche Voraussetzung soll hier bereits jede „gesetzwidrige" Verbreitungsgefahr ausreichen. Anders als hinsichtlich der Strafbarkeit des Inhalts (o. 4 ff.) soll es also hier nicht auf eine spezifisch straftatbestandliche Verbreitung ankommen (so aber Horn SK 18, Schäfer LK 22); vielmehr

würde genügen, daß die zu befürchtende Verbreitung als Ordnungswidrigkeit zu qualifizieren wäre (D-Tröndle 13). Bloße Polizeiwidrigkeit dagegen kann in keinem Falle ausreichen. Immer muß es sich aber um *konkrete Verbreitungsgefahr* durch eine der vorgenannten Personen handeln. Daher kann die Einziehung hier keinesfalls damit begründet werden, daß die bereits auf dem Versandwege befindlichen Exemplare noch nicht beim Empfänger angekommen sind.

IV. Als **anzuordnende Maßnahme** ist bei *Schriften* die **Einziehung** (Abs. 1 S. 1), bei *Herstellungswerkzeugen* die **Unbrauchbarmachung** (Abs. 1 S. 2) vorgeschrieben. Bei letzterer bleibt das Eigentum an den betroffenen Herstellungsmitteln unberührt (vgl. § 63 III StVollstrO). Weitergehend als die Einziehung von Schriften kann sich aber die Unbrauchbarmachung in den Fällen des Abs. 1 unterschiedslos gegen jedermann richten, da für sie die Einschränkungen des Abs. 2 (o. 8 ff.) nicht gelten (wohl aber bei Abs. 3: o. 14). 16

1. Die vorgenannten Maßnahmen sind an sich **zwingend** anzuordnen (Jescheck 722). Jedoch bleiben dabei die Grundsätze der **Verhältnismäßigkeit** zu beachten (Abs. 5 i. V. m. § 74 b II, III); denn obwohl in § 74 b I nicht erwähnt, gilt dieser Grundsatz auch hier (BGH **23** 267 m. Anm. Willms JZ 70, 514, D-Tröndle 14, Horn SK 19). Demgemäß können auch hier die Einziehung oder Unbrauchbarmachung u. U. durch die Anweisung ersetzt werden, daß die jugendgefährdenden Schriften an neutrale Dritte zu veräußern sind (vgl. § 74 b RN 9, D-Tröndle aaO). Soweit nur ein ausscheidbarer *Teil* der Schrift einen strafbaren Inhalt aufweist, ist die Maßnahme auf diese Stellen sowie auf die Teile der Platten und Formen zu beschränken, auf denen sich jene Stellen befinden. Das in § 74 b RN 11 f. zur **Teileinziehung** Ausgeführte gilt hier entsprechend. Zur Ausscheidbarkeit bestimmter Teile auf Platten vgl. Düsseldorf NJW 67, 1143. 17

Noch nicht endgültig ausgetragen ist die Frage, ob und in welchem Umfang trotz Strafbarkeit des Täters die **Meinungs- und Kunstfreiheit** einer Einziehung entgegenstehen kann; vgl. dazu BGH **19** 63, 256, **20** 192 m. Anm. Nüse JR 65, 230, BGH JZ **70**, 513 m. Anm. Willms, Köln JMBlNW **66**, 287, LG Hamburg NJW 67, 582, v. Gerkan MDR 67, 92 sowie eingehend Eser aaO 197 ff., NJW 70, 784, Faller MDR 71, 1, Schäfer LK 26 ff. 18

2. Die Einziehung und Unbrauchbarmachung sind im **Tenor** des Urteils auszusprechen, das im Strafverfahren gegen den betroffenen Tatbeteiligten ergeht (vgl. § 74 RN 44 f.). Jedoch kommt unter den Voraussetzungen des § 76 a auch eine **selbständige** Anordnung in Betracht. Die sich aus dem Abs. 2 ergebenden Beschränkungen des Einziehungsbereichs auf bestimmte Personen bzw. Umstände sind zweckmäßigerweise in die Urteilsformel aufzunehmen. Das ist jedenfalls bei Maßnahmen nach Abs. 3 geboten (Horn SK 21); hier müssen aus Gründen der Rechtssicherheit für die Vollstreckung klare Verhältnisse geschaffen und daher die danach erfaßbaren „tatnahen" Personen vom Spruchrichter namentlich benannt werden. Auch im Falle einer Teileinziehung nach Abs. 5 i. V. mit § 74 b III muß der gegenständliche Umfang der Maßnahme ausdrücklich umgrenzt sein; andernfalls ist die Beschränkung nicht wirksam. Vgl. auch D-Tröndle 15. 19

3. Eine **Ersatzeinziehung** (§ 74 c) kommt allenfalls für *einziehungsfähige* Gegenstände in Betracht, nicht dagegen für solche, die lediglich der Unbrauchbarmachung unterliegen (vgl. o. 16). 20

4. Zur **Entschädigung** Dritter vgl. § 74 f. 21

§ 74 e Wirkung der Einziehung

(1) Wird ein Gegenstand eingezogen, so geht das Eigentum an der Sache oder das eingezogene Recht mit der Rechtskraft der Entscheidung auf den Staat über.

(2) Rechte Dritter an dem Gegenstand bleiben bestehen. Das Gericht ordnet jedoch das Erlöschen dieser Rechte an, wenn es die Einziehung darauf stützt, daß die Voraussetzungen des § 74 Abs. 2 Nr. 2 vorliegen. Es kann das Erlöschen des Rechts eines Dritten auch dann anordnen, wenn diesem eine Entschädigung nach § 74 f Abs. 2 Nr. 1 oder 2 nicht zu gewähren ist.

(3) § 73 d Abs. 2 gilt entsprechend für die Anordnung der Einziehung und die Anordnung des Vorbehalts der Einziehung, auch wenn sie noch nicht rechtskräftig ist.

Schrifttum: Vgl. die Angaben zu den Vorbem. vor § 73.

I. Die Vorschrift regelt die **Rechtsfolgen** der Einziehung. Dabei ist zwischen dem eigentlichen *Einziehungsobjekt* (Abs. 1) und etwaigen daran bestehenden *Drittrechten* (Abs. 2) zu unterscheiden. 1

II. Für das **Einziehungsobjekt (Abs. 1)** gilt folgendes: 2

1. Die Einziehung einer Sache hat den **Eigentumsübergang auf den Staat** zur Folge. Entsprechendes gilt für den Übergang der Inhaberschaft am eingezogenen Recht. Diese Wirkung tritt **mit Rechtskraft** der die Einziehung anordnenden Entscheidung ein, und zwar ohne daß es dafür noch einer besonderen Besitzergreifung bedurfte (vgl. Eser aaO 217 ff.). Der eingezogene Gegenstand fällt an den Justizfiskus des Landes, dessen Gericht im ersten Rechtszug entschieden hat (D-Tröndle 1, Schäfer LK 2; vgl. § 60 StVollstrO). 3

4   2. Da es sich um einen **Rechtsübergang kraft Gesetzes** handelt, bedarf es keiner zusätzlichen rechtsgeschäftlichen Übertragungsakte. Auch wirkt er gegenüber jedermann, dem der Gegenstand im Zeitpunkt des Rechtskrafteintritts gehört, sofern nur die Einziehung selbst formal wirksam angeordnet wurde. Das gilt insbes. auch für den Fall der sog. **fehlerhaften Dritteinziehung,** durch die eine vermeintlich dem Täter gehörende Sache eines Dritten eingezogen wird (Eser aaO 217, 372f.). Hier bleibt dem Dritten jedoch die Möglichkeit, im Wege eines *Nachverfahrens* gemäß § 439 StPO die Rückgängigmachung der Einziehung zu betreiben (D-Tröndle 1, Horn SK 4). Allerdings ist auch dies nur im Rahmen bestimmter Ausschlußfristen möglich, und zwar innerhalb 1 Monats seit Kenntnis von der rechtskräftigen Einziehung bzw. bis spätestens nach Ablauf von 2 Jahren seit Eintritt der Rechtskraft und Beendigung der Vollstreckung. Unberührt bleibt jedoch das Recht des Dritten auf Entschädigung nach § 74f; vgl. dort RN 3ff.

4a   Wird das der Einziehung zugrunde liegende Urteil durch *Wiederaufnahmebeschluß* nachher aufgehoben, so lebt auch das Eigentumsrecht des Einziehungsbetroffenen wieder auf (D-Tröndle 1). Unterbleibt in der neuen Verhandlung eine erneute Einziehung, ist aber der Einziehungsgegenstand nicht mehr vorhanden, so kommt praktisch nur noch eine Entschädigung nach dem StrEG in Betracht (Schäfer LK 5). Eine isoliert auf die Einziehung gerichtete Wiederaufnahme des Verfahrens ist allerdings im Hinblick auf die Möglichkeit des Nachverfahrens (vgl. o. 4) durch § 439 VI StPO ausdrücklich ausgeschlossen.

5   3. Um zu verhindern, daß der Tatbeteiligte (bzw. der Dritte i. S. v. § 74a) die Sache zwischen Anordnung und Rechtskraft der Einziehung weiter zu veräußern versucht, ist der Einziehungsanordnung die Wirkung eines **Veräußerungsverbots** i. S. des § 136 BGB beigelegt (**Abs. 3** i. V. m. § 73d II): und zwar hinsichtlich abstrakt gefährlicher Gegenstände als absolutes nach § 134 BGB, im übrigen als ein relatives i. S. von § 135 BGB (vgl. D-Tröndle 2). Gleiches gilt für den Fall, daß unter Vorbehalt der Einziehung gemäß § 74b II eine schonendere Maßnahme oder eine präventive Beschlagnahme nach § 111b StPO angeordnet wurde (vgl. § 73d RN 8). Diese Erwerbssperren kommen jedoch nur dann zum Zuge, wenn der Dritte bei Erwerb des Gegenstandes hinsichtlich seiner Einziehung bösgläubig war (vgl. Schäfer LK 14), was bei einem beschlagnahmten Objekt regelmäßig der Fall ist (vgl. München NJW **82**, 2330). Bei Gutgläubigkeit hingegen hat er gemäß §§ 135 II, 932ff. BGB unbeschränktes Eigentum erworben. Ebenso wie bei der fehlerhaften Dritteinziehung geht aber auch hier der eingezogene Gegenstand auf den Staat über (vgl. o. 4). Denn dies erscheint nicht nur aus Gründen der Rechtsklarheit geboten, sondern ergibt sich auch aus der unbedingten Fassung des Abs. 1, der im Gegensatz zu § 415 AO a. F. keinen Vorbehalt zugunsten des gutgläubigen Dritten kennt. Soweit dieser dadurch einen Schaden erleidet, ist ihm im Rahmen des § 74f eine Entschädigung zu gewähren (vgl. E 62 Begr. 249f. sowie § 74f RN 4). Für ein Nachverfahren i. S. des § 439 StPO ist dagegen hier kein Raum (and. Schäfer LK 15). Zu beachten ist jedoch, daß die Einziehung in den Fällen, in denen sie Eigentum des Verurteilten voraussetzt, unterbleiben muß, wenn dem Gericht der gutgläubige Eigentumserwerb durch einen Dritten bekannt wird. Dieser ist dann wie jeder sonstige Dritteigentümer zu behandeln (vgl. Schäfer LK aaO, D-Tröndle 3).

6   III. 1. Rechte Dritter am Einziehungsobjekt (Abs. 2) bleiben von der Einziehung grundsätzlich unberührt (S. 1). Abweichend von der früheren Praxis (vgl. Eser aaO 369) soll damit nicht nur der Eigentumsgarantie (Art. 14 GG) verstärkt Rechnung getragen, sondern auch das Einziehungsverfahren vereinfacht werden; denn auf diese Weise wird die Beiziehung des Drittberechtigten als Einziehungsbeteiligtem entbehrlich.

7   Rechte Dritter in diesem Sinne sind jedoch nur beschränkt **dingliche** Rechte (z. B. Pfand- oder Hypothekenrechte) sowie sonstige vergleichbare Sicherungsrechte (wie das Vorbehalts- und Sicherungseigentum; vgl. D-Tröndle 4, Horn SK 6; a. A. Karlsruhe NJW **74**, 710; vgl. dazu § 74 RN 24). Das Schicksal etwaiger schuldrechtlicher Ansprüche auf die Sache regelt sich nach allgemeinen schuldrechtlichen Grundsätzen. Keinesfalls erfolgt insoweit eine Schuldübernahme durch den Staat.

8   2. **Ausnahmen** vom grundsätzlichen Bestand der Drittrechte gibt es jedoch in zwei Fällen:

9   a) Ist der Hauptgegenstand gem. § 74 II Nr. 2 aus **Sicherungsgründen** einzuziehen, so ist auch das Erlöschen der daran bestehenden Drittrechte anzuordnen (Abs. 2 S. 2). Gleiches hat bei Einziehung aus sonstigen Sicherungsvorschriften zu gelten (z. B. nach §§ 74d, 150, 282; vgl. D-Tröndle 4, Schäfer LK 9). Diese Anordnung ist **zwingend** zu treffen; jedoch steht hier dem Drittberechtigten unter den Voraussetzungen des § 74f ein Entschädigungsanspruch zu.

10   b) Darüber hinaus *kann* das entschädigungslose Erlöschen des Drittrechtes angeordnet werden, wenn dem Drittberechtigten ein **quasi-schuldhaftes Verhalten** i. S. des § 74f II Nr. 1 oder 2 vorzuwerfen ist. Insoweit handelt es sich um einen dem § 74a vergleichbaren Fall einer strafähnlichen Drittrechtseinziehung (Eser aaO 223, Horn SK 8); dementsprechend bestehen hiergegen die gleichen Bedenken wie bei § 74a (vgl. dort 1f.). Im Unterschied zur sicherungsweisen Einziehung (o. 9) steht hier die Anordnung des Erlöschens im **Ermessen** des Gerichts. Dabei wird insbes. die wirtschaftliche Einbuße, die der Drittberechtigte durch das Erlöschen seines Rechts hinzunehmen hätte, gegenüber dem Verwerflichkeitsgrad seines Verhaltens abzuwägen sein. Dazu sind die zur Tat- und Schuldangemessenheit der Einziehung entwickelten Grundsätze entsprechend heranzuziehen (vgl. § 74 RN 39, 74b RN 3f.).

IV. Die **Verwendung** eingezogener Gegenstände bestimmt sich nach §§ 63ff. StVollstrO. Gibt der 11 Verurteilte trotz Aufforderung die Gegenstände nicht heraus, so beauftragt die Vollstreckungsbehörde den Gerichtsvollzieher mit der Zwangsvollstreckung; vgl. näher § 459g StPO, § 61 StVollstrO.

§ 74f Entschädigung

(1) **Stand das Eigentum an der Sache oder das eingezogene Recht zur Zeit der Rechtskraft der Entscheidung über die Einziehung oder Unbrauchbarmachung einem Dritten zu oder war der Gegenstand mit dem Recht eines Dritten belastet, das durch die Entscheidung erloschen oder beeinträchtigt ist, so wird der Dritte aus der Staatskasse unter Berücksichtigung des Verkehrswertes angemessen in Geld entschädigt.**

(2) Eine Entschädigung wird nicht gewährt, wenn

1. der Dritte wenigstens leichtfertig dazu beigetragen hat, daß die Sache oder das Recht Mittel oder Gegenstand der Tat oder ihrer Vorbereitung gewesen ist,
2. der Dritte den Gegenstand oder das Recht an dem Gegenstand in Kenntnis der Umstände, welche die Einziehung oder Unbrauchbarmachung zulassen, in verwerflicher Weise erworben hat oder
3. es nach den Umständen, welche die Einziehung oder Unbrauchbarmachung begründet haben, auf Grund von Rechtsvorschriften außerhalb des Strafrechts zulässig wäre, den Gegenstand dem Dritten ohne Entschädigung dauernd zu entziehen.

(3) In den Fällen des Absatzes 2 kann eine Entschädigung gewährt werden, soweit es eine unbillige Härte wäre, sie zu versagen.

Schrifttum: Vgl. die Angaben zu den Vorbem. vor § 73

I. Durch diese **Entschädigungsregelung für tatunbeteiligte Dritte** soll der **Eigentumsgarantie** des 1 Art. 14 GG in verstärktem Maße Rechnung getragen werden (zum früheren Zustand vgl. Eser aaO 365ff.). Danach erscheint eine entschädigungslose Einziehung oder Unbrauchbarmachung nur dann gerechtfertigt, wenn der Eigentümer den grundrechtlichen Schutz seines Eigentums durch gemeinwohlwidrigen Mißbrauch verwirkt hat. In allen Fällen dagegen, in denen die Einziehung oder Unbrauchbarmachung für den Betroffenen ein unzumutbares Sonderopfer bedeutet, sind die erlittenen Rechtsverluste durch eine angemessene Entschädigung wieder auszugleichen (vgl. Eser aaO 368ff., Stree aaO 124ff., Zeidler NJW 64, 1149).

II. Die **Entschädigungsvoraussetzungen (Abs. 1)** sind im wesentlichen folgende: 2

1. Entschädigungsberechtigt sind grundsätzlich nur **tatunbeteiligte Dritte**. Dazu zählen neben 3 dem **Eigentümer** bzw. Inhaber des eingezogenen oder unbrauchbar gemachten Gegenstandes auch solche Personen, denen an dem betreffenden Gegenstand ein *dingliches Recht* zustand, das entweder durch die Einziehung gemäß § 74e II völlig zum Erlöschen kam oder durch die Unbrauchbarmachung bzw. eine andere Maßnahme (vgl. Schäfer LK 4) in seinem wirtschaftlichen Wert beeinträchtigt wurde (näher zum Kreis der Drittberechtigten Eser aaO 371 sowie § 74e RN 7). Auch bei fehlerhafter Dritteinziehung (§ 74e RN 4) ist eine Entschädigung denkbar, so z. B. wenn die Fristen für ein Nachverfahren versäumt wurden (vgl. Eser aaO 372f., ferner D-Tröndle 3, Schäfer LK 2). Dagegen steht Tatbeteiligten i. S. der §§ 25ff. in keinem Falle eine Entschädigung zu, und zwar auch dann nicht, wenn sie schuldlos gehandelt haben. Entsprechendes gilt für Dritte, denen gegenüber die strafähnliche Einziehung nach § 74a zulässig war (vgl. LG Hamburg NJW **74**, 374, Horn SK 2, 4, Schäfer LK 2).

2. Maßgeblicher **Zeitpunkt** für das Recht auf eine Entschädigung ist die **Rechtskraft** der 4 Entscheidung. Nur die zu diesem Zeitpunkt unmittelbar eintretenden Rechtsverluste sind zu entschädigen. Erleidet also ein Dritteigentümer dadurch eine Einbuße, daß er in Erwartung der Rechtskraft den betroffenen Gegenstand vorher unter Verlust veräußert, so kann er dafür keine Entschädigung verlangen. Dagegen ist unerheblich, ob dem Dritten der Gegenstand bereits im Zeitpunkt der *Tat* oder der Einziehungs*anordnung* zustand. Deshalb ist auch jener geschützt, der den Gegenstand trotz des Veräußerungsverbots nach § 74e III vor Eintritt der Rechtskraft gutgläubig erworben hat (vgl. dort RN 5). Entsprechendes gilt für die vor Rechtskraft begründeten Drittrechte.

3. Ferner hängt das Entschädigungsrecht des Dritten davon ab, daß ihm im Hinblick auf die 5 Tat kein Vorwurf gemacht werden kann. Diese negative Entschädigungsvoraussetzung ist in

§ 74f 6–14 Allg. Teil. Rechtsfolgen der Tat – Verfall und Einziehung

Form von **Ausschlußklauseln (Abs. 2)** gefaßt, die im wesentlichen mit den Kriterien übereinstimmen, wie sie eine strafähnliche Dritteinziehung nach § 74a begründen. Danach ist die Entschädigung zunächst in zwei Fällen zu versagen:

6 a) Wenn der Dritte leichtfertig dazu beigetragen hat, daß die Sache oder das Recht Mittel oder Gegenstand der Tat oder ihrer Vorbereitung gewesen ist (*Beihilfeklausel:* Abs. 2 Nr. 1). Näher dazu § 74a RN 5f., Hamm NJW **70**, 1754.

7 b) Zum anderen, wenn der Dritte den Gegenstand oder das Recht an dem Gegenstand in Kenntnis der Umstände, welche die Einziehung oder Unbrauchbarmachung zulassen, in verwerflicher Weise erworben hat (*Erwerbsklausel:* Abs. 2 Nr. 2), so z. B. der Besteller pornographischer Schriften (Hamm MDR **70**, 944). Soweit es sich dabei um beschränkt dingliche Rechte am Einziehungsobjekt handelt, ist für die Kenntnis von der Einziehungsverstrickung der Sache naturgemäß auf die Erlangung des Drittrechtes abzustellen. Aber auch hier handelt der Drittberechtigte nur dann verwerflich, wenn ihm eine begünstigende, hehlerische oder sonstwie ausbeuterische Absicht nachzuweisen ist. Vgl. § 74a RN 10.

8 c) Darüber hinaus ist die Entschädigung dann zu versagen, wenn bereits nach *außerstrafrechtlichen* Vorschriften eine *entschädigungslose* Entziehung des betroffenen Gegenstandes möglich wäre (Abs. 2 Nr. 3), das betroffene Recht also schon aus anderen Gründen seine Schutzwürdigkeit verloren hat. Das ist etwa bei § 51b BranntwMG (i. V. m. § 216 III 4 AO) sowie nach landesrechtlichen Polizeigesetzen der Fall. Die Versagung einer Entschädigung in diesen Fällen schließt indes nicht aus, daß dem Eigentümer der etwaige Erlös aus einer Verwertung herausgegeben wird (Göhler § 28 RN 17, Schäfer LK 7).

9 4. Diese Ausschlußklauseln sind jedoch ihrerseits wieder eingeschränkt, indem zur Vermeidung einer **unbilligen Härte (Abs. 3)** eine Entschädigung gewährt werden kann. Dies ist etwa dann der Fall, wenn die mit der Maßnahme verbundene Einbuße außer Verhältnis zum Fehlverhalten des Dritten stehen würde. Doch wäre in diesem Fall zu prüfen, ob dann nicht nach den Grundsätzen der Verhältnismäßigkeit (§ 74b I) nicht bereits auf die Einziehung zu verzichten wäre (vgl. Eser aaO 375). Dagegen ist eine unbillige Härte nicht etwa darin zu erblicken, daß der inländische Erwerber pornographischer Schriften deren entschädigungslose Einziehung hinnehmen muß, während sein ausländischer Lieferant infolge Nichtverfolgbarkeit ungeschoren davonkommt (vgl. Hamm NJW **70**, 1757f.).

10 III. Ein **Rechtsanspruch auf Entschädigung** besteht nur dann, wenn die Voraussetzungen von Abs. 1 vorliegen und nicht ein Ausschlußgrund nach Abs. 2 gegeben ist. Das setzt eine Beeinträchtigung des betroffenen Gegenstandes infolge einer Einziehungsanordnung voraus (weswegen Wertminderungen allein aufgrund langdauernder Beschlagnahme nicht nach § 74f entschädigungsfähig sind: LG Freiburg NJW **90**, 400) und ist faktisch nur bei einer sicherungsbedingten Dritteinziehung der Fall (vgl. Eser aaO 367ff.). Lediglich im Härtefall von Abs. 3 (o. 9) bleibt
11 dem Richter noch ein Ermessensspielraum (vgl. § 436 III 2 StPO). Die **Höhe** der Entschädigung bemißt sich nach dem *Verkehrswert* des eingezogenen Gegenstandes bzw. aufgehobenen Rechtes, muß aber angemessen sein (vgl. Eser aaO 373f., 376f., D-Tröndle 8). Bei Unbrauchbarmachung ist die Wertminderung zu ersetzen, die der Gegenstand durch die Maßnahme erlitten hat. Zur Feststellung bzw. Schätzung des Verkehrswertes gilt Entsprechendes wie bei der Ersatzeinziehung
12 (vgl. § 74c RN 9). **Entschädigungspflichtig** ist der Fiskus des Staates, dem der eingezogene Gegenstand zufällt bzw. dessen Gericht die Maßnahme in erster Instanz angeordnet hat (Schäfer LK 10); vgl. dazu § 74e RN 3.

13 IV. Die **Entscheidung** über die Entschädigung, einschließlich ihrer Höhe, ist grundsätzlich nicht vom Strafgericht zu treffen, sondern steht nach den allgemeinen Verfahrensregeln den für die Entscheidung über öffentlich-rechtliche Entschädigungsansprüche zuständigen Gerichten zu. Das ist das **Zivilgericht** (vgl. E 62 Begr. 251, Hamburg NJW **53**, 1645, v. Mangoldt-Klein Art. 14 Anm. VII 10d, Stree aaO 129ff.). Hiervon bestehen jedoch zwei **Ausnahmen**.

14 1. Ordnet der **Strafrichter** die Einziehung aufgrund von Umständen an, die einer Entschädigung des Einziehungsbeteiligten entgegenstehen, so spricht er zugleich aus, daß dem Betroffenen eine **Entschädigung nicht zu gewähren** ist (§ 436 III 1 StPO). Dieser Fall kann allerdings nur dort praktisch werden, wo der Gegenstand entweder einem Dritten, dem eine Entschädigung nach den Ausschlußklauseln des Abs. 2 zu versagen ist, oder einem ausnahmsweise einziehungsbeteiligten Tatbeteiligten gehört. Insofern muß der Strafrichter jedenfalls über die Versagungsvoraussetzungen eine Entscheidung treffen, ohne diese einem etwaigen Nachverfahren nach § 439 StPO überlassen zu dürfen (BGH NJW **70**, 820, LG Bayreuth NJW **70**, 577). Dabei bleibt jedoch zu beachten, daß alle Wirkungen der Einziehung auf den Zeitpunkt der Rechtskraft bezogen sind (vgl. o. 4). Ist also der Gegenstand zwischenzeitlich gutgläubig von einem Dritten erworben worden (vgl. § 74e RN 5), so kann der Versagungsausspruch des Strafrichters diesem gegenüber nicht verbind-

lich sein. Deshalb bleibt auch hier die endgültige Entscheidung über die Entschädigung praktisch beim *Zivilrichter*. Vgl. auch LG Hamburg NJW **74**, 374.

2. Ein Ausspruch des **Strafrichters** über die Entschädigung ist ferner dann notwendig, wenn an sich ein Versagungsgrund nach Abs. 2 gegeben ist, dem Betroffenen jedoch nach Abs. 3 aus **Billigkeitsgründen** eine Entschädigung gewährt werden soll. Hier ist der Strafrichter auf Grund seiner unmittelbaren Kenntnis der Tatumstände selbst dazu berufen, über die Gewährung einer Entschädigung einschließlich ihrer Höhe zu befinden (§ 436 III 2 StPO). Allerdings ist auch hier der Fall denkbar, daß zwischen Anordnung und Rechtskraft der Einziehung der Gegenstand an einen gutgläubigen Dritten veräußert wird (vgl. § 74e RN 5). Über dessen Entschädigung hätte dann wiederum der *Zivilrichter* zu entscheiden. 15

§ 75 Sondervorschrift für Organe und Vertreter

Hat jemand
1. als vertretungsberechtigtes Organ einer juristischen Person oder als Mitglied eines solchen Organs,
2. als Vorstand eines nicht rechtsfähigen Vereins oder als Mitglied eines solchen Vorstandes oder
3. als vertretungsberechtigter Gesellschafter einer Personenhandelsgesellschaft

eine Handlung vorgenommen, die ihm gegenüber unter den übrigen Voraussetzungen der §§ 74 bis 74c und 74f die Einziehung eines Gegenstandes oder des Wertersatzes zulassen oder den Ausschluß der Entschädigung begründen würde, so wird seine Handlung bei Anwendung dieser Vorschriften dem Vertretenen zugerechnet. § 14 Abs. 3 gilt entsprechend.

Schrifttum: Vgl. die Angaben zu den Vorbem. vor § 73.

I. Diese Sondervorschrift soll die **Einziehung von Verbandseigentum** ermöglichen, das durch dessen Organe und Vertreter zu strafbaren Handlungen mißbraucht wurde. Gleiches gilt durchgehend für den Mißbrauch von Verbandsrechten. In solchen Fällen könnte die Einziehung nämlich daran scheitern, daß der nicht selbst handlungsfähige Eigentümer bzw. Rechtsinhaber weder Tatbeteiligter i. S. des § 74 II Nr. 1 noch quasi-schuldhaft handelnder Dritteigentümer i. S. des § 74a sein kann, beim Vertreter aber die Eigentümerqualität fehlt. Für diese Fälle bestimmt § 75, daß die Handlungen des Vertreters, soweit er sie „als" Organ oder Vertreter für den Vertretenen vorgenommen hat, diesem mit dem Ergebnis zugerechnet werden können, daß ihm gegenüber die Einziehung möglich ist. Es handelt sich also um einen Anwendungsfall *strafrechtlicher Verantwortlichkeit juristischer Personen*, mit allen dagegen bestehenden grundsätzlichen Bedenken; vgl. 99 vor § 25. Bei der *sicherungsbedingten* Einziehung bedarf es einer solchen Zurechnungsregel nicht, da es hier auf die Person des Eigentümers ohnehin nicht ankommt (vgl. Eser aaO 242, 283 sowie o. § 74 RN 35). Deshalb ist auch die besondere Erwähnung von § 74d entbehrlich (Schäfer LK 16). Aus ähnlichen Gründen hätte es auch bei dem als quasikonditionellen Ausgleich verstandenen *Verfall* an sich keiner besonderen Zurechnungsregel für Vertreter bedurft, da Tatvorteile im Grundsatz jedem Begünstigten entzogen werden können. Daher hat die Drittbegünstigtenklausel in § 73 III – im Unterschied zu § 75 – keine zurechnungsbegründende, sondern eine zurechnungsbeschränkende Funktion (vgl. auch § 73 RN 34). 1

Auf Taten, die vor **Inkrafttreten** des § 42 a. F. (d. h. dem 1. 10. 68) begangen wurden, kann § 75 nicht angewendet werden (vgl. BGH MDR/D **69**, 722). 2

II. Die Aufzählung der **drei Arten von Verbandspersonen,** denen das strafbare Verhalten ihrer Organe zugerechnet werden kann (S. 1), ist *abschließend* (vgl. Schäfer LK 7). Danach kommen in Betracht: 3

1. Juristische Personen (Nr. 1). Worauf sich ihre Rechtsfähigkeit gründet, ist ebenso gleichgültig wie die Art ihrer Betätigung. Deshalb werden in gleicher Weise wie eine AG etwa auch der eingetragene Sportverein oder die berufsständische Handelskammer erfaßt; vgl. § 14 RN 15. Zurechnungsfähig sind jedoch nur strafbare Handlungen eines vertretungsberechtigten *Organs* oder eines *Mitglieds* eines solchen Organs, nicht dagegen die Straftaten von Angestellten, gleich welcher rechtlichen Stellung (vgl. D-Tröndle 2). 4

2. Nichtrechtsfähige Vereine (Nr. 2). Darunter fallen alle Personenvereinigungen i. S. des § 54 BGB, gleichgültig, welche Ziele sie verfolgen. Auch hier werden nur die Handlungen des *Vorstands* oder eines Vorstandsmitgliedes erfaßt. Dabei ist unerheblich, ob das einzelne Mitglied des Vorstands mit Billigung des Gesamtvorstands oder eigenmächtig gehandelt hat. 5

3. Personenhandelsgesellschaften (Nr. 3). Hier kommen nur Personengesellschaften des Handelsrechts (z. B. OHG, KG) in Betracht, nicht dagegen BGB-Gesellschaften (D-Tröndle 2) 6

Eser

§ 76 1, 2   Allg. Teil. Rechtsfolgen der Tat – Verfall und Einziehung

und schon gar nicht bloße Einzelfirmen. Anders als in den zuvor genannten Fällen ist hier der Zurechnungsbereich insofern noch enger, als nur das Handeln eines **vertretungsberechtigten Gesellschafters** erfaßt wird. Dagegen bleibt das Handeln nichtvertretungsberechtigter Gesellschafter ebenso außer Betracht wie das von Prokuristen oder sonstigen an der Gesellschaft nicht beteiligten Geschäftsführern oder Filialleitern (vgl. demgegenüber § 14 II).

7   4. Ebenso wie bei § 14 kommt es auch hier auf die **Wirksamkeit der Vertretungsbefugnis nicht** unbedingt an. Auch das Auftragsverhältnis, aufgrund dessen der Täter gehandelt hat, muß nicht unbedingt nach den zivil- oder öffentlich-rechtlichen Vorschriften wirksam sein (D-Tröndle 2). Vielmehr läßt S. 2 i. V. m. § 14 III auch hier schon das Vorliegen von Rechtshandlungen genügen, die ein Vertretungs- oder Auftragsverhältnis begründen sollten (vgl. § 14 RN 36, 43).

8   5. Im übrigen jedoch muß das Organ bzw. der Vertreter **im Rahmen seines allgemeinen Geschäftsbereiches und im Interesse des Verbandes** tätig geworden sein (vgl. R. Schmitt aaO 199 ff.; teils enger Eser aaO 244 ff.; teils weiter Schäfer LK 13). Denn da der Täter „als" Organ usw. des Verbandes gehandelt haben muß, reicht nicht aus, daß er lediglich „gelegentlich" einer geschäftlichen Tätigkeit, praktisch jedoch in rein privatem Interesse gehandelt hat. Andernfalls wäre eine Strafsanktion, wie sie § 75 gegenüber einem selbst nicht handlungs- und schuldfähigen Eigentümer ermöglicht (vgl. o. 1), nicht zu rechtfertigen. Entsprechendes gilt – im Unterschied zu dem insoweit die gerade umgekehrte Zurechnungssituation erfassenden § 14 – im Hinblick auf das hier erforderliche Handeln im Interesse des Eigentümers (vgl. demgegenüber § 14 RN 26).

9   III. Unter den vorgenannten Voraussetzungen wird **dem Vertretenen das Verhalten seines Vertreters zugerechnet.** Das bedeutet, daß die Verbandsperson so behandelt wird, als ob sie selbst die einziehungserheblichen Handlungen ihres Organs begangen hätte. Dabei ist gleichgültig, ob es sich um unrechts- oder schuldbezogene Kriterien handelt. Das gilt insbesondere für die einziehungsbegründenden Elemente des § 74 II Nr. 1, § 74a und 74c sowie für die entschädigungsausschließenden Klauseln der §§ 74e II 3 und § 74f II. Doch werden bei Ausübung des Einziehungsermessens bzw. bei Prüfung der Verhältnismäßigkeit auch das etwaige Mitverschulden des Vertretenen bzw. seine Verhältnisse mitzuberücksichtigen sein (D-Tröndle 4, Schäfer LK 14 f.).

Gemeinsame Vorschriften

Vorbemerkungen zu den §§ 76, 76a

1   Daß sich in den *gemeinsamen Vorschriften* für Verfall und Einziehung lediglich zwei Bestimmungen finden, ergibt ein irreführendes Bild. Denn einerseits gibt es – wie die vorangehenden Erörterungen gezeigt haben – weitaus mehr Gemeinsamkeiten zwischen Verfall und Einziehung, als in den beiden nachfolgenden Vorschriften zum Ausdruck kommt. Zum anderen enthalten die §§ 76 und 76a lediglich **subsidiäre** Maßnahmen, die ebenso gut innerhalb von Verfall oder Einziehung hätten geregelt und im Wege der Verweisung auf den jeweils anderen Bereich erstreckt werden können. Zu Vorgängern dieser Vorschriften vgl. 19. A. 2 vor § 76.

§ 76 Nachträgliche Anordnung von Verfall oder Einziehung des Wertersatzes

Ist die Anordnung des Verfalls oder der Einziehung eines Gegenstandes nicht ausführbar oder unzureichend, weil nach der Anordnung eine der in den §§ 73a oder 74c bezeichneten Voraussetzungen eingetreten oder bekanntgeworden ist, so kann das Gericht den Verfall oder die Einziehung des Wertersatzes nachträglich anordnen.

Schrifttum: Vgl. die Angaben zu den Vorbem. vor § 73.

1   I. Die Vorschrift will dem Umstand Rechnung tragen, daß sich die der richterlichen Verfalls- oder Einziehungsanordnung zugrunde liegenden Annahmen **nachträglich** als nicht oder nicht mehr gegeben herausstellen. Um hier wenigstens den Weg zu einer **Ersatzsanktion** zu eröffnen, wird dem Gericht die Möglichkeit zu einer nachträglichen Einziehung des Wertersatzes eingeräumt.

2   In dieser nachträglichen Korrektur bzw. Ersetzung der zunächst angeordneten Originaleinziehung kann eine **Durchbrechung der Rechtskraft** der ursprünglichen Entscheidung liegen; denn wie sich aus § 462 I 2 StPO ergibt, kommt eine nachträgliche Wertersatzeinziehung nach § 76 idR überhaupt erst dann in Betracht, wenn eine an sich vollstreckungsfähige und damit nach § 449 StPO rechtskräftige Entscheidung vorliegt. Insofern kommt der nachträglichen Wertersatzanordnung zugleich auch rechtskraftdurchbrechende Wirkung zu (D-Tröndle 1, Schäfer LK 1).

Dagegen kann darin **keine Doppelbestrafung** i. S. von Art. 103 III GG erblickt werden; denn nicht 3
nur, daß der Wertersatz in der ursprünglichen Einziehungsanordnung bereits „immanent vorbehalten" ist (D-Tröndle § 74c RN 1, Schäfer LK 7); auch setzt die nachträgliche Ersatzsanktion voraus, daß die Originalsanktion gerade nicht mehr vollziehbar ist, diese also nicht verdoppelt, sondern lediglich ersetzt wird.

II. Im einzelnen setzt eine nachträgliche Ersatzsanktion dreierlei voraus: 4
1. Nichtdurchführbarkeit der ursprünglichen Anordnung. 5

a) Dies ist zum einen dann der Fall, wenn die *Originaleinziehung* – und Entsprechendes gilt jeweils auch für den Original*verfall* – **nicht (oder nicht mehr) ausführbar** ist: So vor allem dann, wenn das Einziehungsobjekt bei Durchführung der Vollstreckungsmaßnahme nicht vorhanden ist, sei es, daß es vernichtet oder verwertet wurde, oder sei es, daß es noch vor der Einziehungsanordnung an einen gutgläubigen Dritten veräußert wurde. Zwar geht auch in diesem Fall das Eigentum mit Rechtskraft der Einziehung gemäß § 74e zunächst auf den Fiskus über. Gelingt dem Erwerber jedoch im Nachverfahren nach § 439 StPO der Nachweis, daß er bei Rechtskraft der Einziehung bereits Eigentümer geworden war und ohne sein Verschulden seine Rechte als Einziehungsbeteiligter nicht hat wahrnehmen können, so daß ihm gegenüber die Einziehung nicht gerechtfertigt ist, so ist damit auch der Eigentumsübergang auf den Staat wieder rückgängig zu machen. Entsprechendes gilt für den Fall, daß die Veräußerung an den Dritten zwar erst nach der tatrichterlichen Einziehungsanordnung erfolgte, dieser jedoch von dem damit verbundenen Veräußerungsverbot i. S. v. § 73d II bzw. § 74e III keine Kenntnis hatte, so daß er den tatverstrickten Gegenstand nach §§ 135 II, 932ff. BGB gutgläubig erwerben konnte (vgl. § 74f RN 5). Wenn hier der Eigentumsübergang auf den Staat wieder rückgängig gemacht wird, so erweist sich damit die Originaleinziehung als nicht ausführbar. Entsprechendes ist für den Fall anzunehmen, daß nach § 439 V StPO die Einziehung wegen des unangemessenen Aufwandes eines Nachverfahrens wieder aufgehoben wird. Näher zum Ganzen Schäfer LK 2ff.

b) Einen Fall der Nichtdurchführbarkeit erblickt das Gesetz ferner darin, daß der Verfall bzw. 6
die Einziehung **unzureichend** wäre. Damit sind vor allem jene Fälle gemeint, in denen das Einziehungsobjekt zwischenzeitlich mit Drittrechten belastet wurde, die bei Einziehung nach § 74c II i. V. m. § 74f zu entschädigen wären. Ähnlich ist bei Verfall denkbar, daß nachträglich Ansprüche von Verletzten bekannt werden, die einen Verfall des Originalobjekts nach § 73 I 2 weitgehend ausschließen würden (vgl. Schäfer LK 5f.).

2. Die der Nichtdurchführbarkeit zugrunde liegenden Umstände müssen **nach Anordnung** 7
der Originaleinziehung **eintreten oder bekannt** werden. Obgleich damit als maßgeblicher Zeitpunkt bereits derjenige der erstinstanzlichen Anordnung gemeint zu sein scheint, wird es für die Nachträglichkeit auf den Zeitpunkt ankommen, zu dem die fraglichen Umstände letztmals hätten berücksichtigt werden können; und das ist idR die *letzte tatrichterliche Entscheidung*. Da es jedoch nicht allein auf das objektive Eintreten der die Ausführung hindernden Umstände ankommt, sondern auch auf deren subjektives Bekanntwerden, sind als nachträglich praktisch alle Umstände zu betrachten, die dem (letzten) Tatrichter bei seiner Anordnung noch nicht bekannt waren. Daher ist auch gleichgültig, ob die Veräußerung des einziehungsverstrickten Gegenstandes bereits vor oder nach der erstrichterlichen Einziehungsanordnung erfolgte; entscheidend ist allein, daß der einziehungshindernde Umstand erst zu einem Zeitpunkt eintrat bzw. bekannt wurde, zu dem er im Rahmen des ordentlichen Einziehungsverfahrens nicht mehr berücksichtigt werden konnte.

3. Zudem kommt eine nachträgliche Wertersatzsanktion naturgemäß nur dann und nur 8
insoweit in Betracht, als dies nach den **allgemeinen Wertersatzregeln** zulässig ist. Für den Wertersatzverfall bestimmt sich das nach § 73a, für die Wertersatzeinziehung nach § 74c. Deshalb gelten die dortigen Erläuterungen auch für die nachträgliche Anordnung entsprechend.

III. Die **Entscheidung** über eine nachträgliche Anordnung ist, da es sich lediglich um eine 9
Kann-Vorschrift handelt, in das **pflichtgemäße Ermessen** des Gerichts gestellt. Das gilt auch für den Fall, daß die Originaleinziehung als *zwingende* ausgesprochen war; denn wenn bereits die „ordentliche" Wertersatzsanktion in das richterliche Ermessen gestellt ist (vgl. § 74c RN 8), so kann für die nachträgliche nichts anderes gelten. Falls allerdings der Verfall bzw. die Einziehung des Originalobjekts bereits bei der Gesamtstrafzumessung zugunsten des Täters berücksichtigt war (vgl. § 74 RN 39f.), wird die nachträgliche Anordnung einer Ersatzsanktion regelmäßig geboten sein.

IV. Die **prozessuale** Durchführung erfolgt nach § 462 StPO. Danach wird die Anordnung durch 10
das Gericht des ersten Rechtszuges ohne mündliche Verhandlung erlassen, nachdem zuvor der Staatsanwaltschaft und dem Verurteilten Gelegenheit zur Antragstellung gegeben worden war.

§ 76a Selbständige Anordnung

(1) **Kann wegen der Straftat aus tatsächlichen Gründen keine bestimmte Person verfolgt oder verurteilt werden, so muß oder kann auf Verfall oder Einziehung des Gegenstandes oder des Wertersatzes oder auf Unbrauchbarmachung selbständig erkannt werden, wenn die Voraussetzungen, unter denen die Maßnahme vorgeschrieben oder zugelassen ist, im übrigen vorliegen.**

(2) **Unter den Voraussetzungen des § 74 Abs. 2 Nr. 2, Abs. 3 und des § 74d ist Absatz 1 auch dann anzuwenden, wenn**
1. **die Verfolgung der Straftat verjährt ist oder**
2. **sonst aus rechtlichen Gründen keine bestimmte Person verfolgt werden kann und das Gesetz nichts anderes bestimmt.**

Einziehung oder Unbrauchbarmachung dürfen jedoch nicht angeordnet werden, wenn Antrag, Ermächtigung oder Strafverlangen fehlen.

(3) **Absatz 1 ist auch anzuwenden, wenn das Gericht von Strafe absieht oder wenn das Verfahren nach einer Vorschrift eingestellt wird, die dies nach dem Ermessen der Staatsanwaltschaft oder des Gerichts oder im Einvernehmen beider zuläßt.**

Vorbem. Nr. 1 von Abs. 2 S. 1 eingefügt durch Ges. v. 13. 6. 1985 (BGBl. I 965).

Schrifttum: Vgl. die Angaben zu den Vorbem. vor § 73.

1   I. Die Vorschrift läßt für bestimmte Fälle, in denen gegen den Täter ein subjektives Strafverfahren nicht durchführbar ist, ein **selbständiges Verfalls- bzw. Einziehungsverfahren** zu, das vielfach auch *„objektives Verfahren"* genannt wird. Seinem Rechtscharakter nach handelt es sich dabei nicht um eine materielle Sonderart der Eigentumssanktionen, sondern lediglich um eine *besondere Verfahrensform,* die den Verfall, die Einziehung, die Unbrauchbarmachung oder Wertersatzsanktion ohne Rücksicht auf die persönliche Verfolgbarkeit des Täters ermöglichen will, dabei aber völlig auf den materiellen Verfalls- und Einziehungsvoraussetzungen aufbaut (vgl. BGH **13** 314).

2   Demgemäß bleibt die **Rechtsnatur der Maßnahme** auch bei ihrer Verhängung im objektiven Verfahren grundsätzlich **unverändert** (vgl. RG **53** 126, Schäfer LK 4). Jedoch wird ein ohne Rücksicht auf die Verfolgbarkeit des Betroffenen durchgeführtes Verfahren regelmäßig nur dann sinnvoll sein, wenn überwiegend präventive oder quasi-konditionelle Gründe die Einziehung bzw. den Verfall erheischen (vgl. Baumann/Weber 622). Deshalb ist in Fällen, in denen die Einziehung nur repressiv zu begründen wäre, von einem objektiven Verfahren grundsätzlich Abstand zu nehmen (Eser aaO 134, 210, 221; and. Schäfer LK 5: der Täter ist z. B. unter Zurücklassung wertvoller Tatwerkzeuge ins Ausland geflohen).

3   II. Hinsichtlich der **Voraussetzungen,** unter denen eine selbständige Anordnung des Verfalls, der Einziehung, der Unbrauchbarmachung oder einer Ersatzsanktion möglich ist, sind die Fälle des Abs. 1 und des Abs. 2 zu unterscheiden.

4   1. In allen **nichtsicherungsbedingten** Verfalls- oder Einziehungsfällen **(Abs. 1),** d. h. überall dort, wo diese sich nicht auch aus Sicherungsgründen rechtfertigen lassen (so bei der rein tätergerichteten Strafeinziehung bzw. der strafähnlichen Dritteinziehung oder bei einem zur Effektuierung der Strafe angeordneten Verfall), müssen grundsätzlich alle Verfalls- bzw. Einziehungsvoraussetzungen gegeben sein, ausgenommen die *tatsächliche* Verfolgbarkeit der Tat. Kann also gegen eine bestimmte Person ein Strafverfahren durchgeführt werden, und sei es auch nur wegen Fahrlässigkeit, ist ein selbständiges Einziehungsverfahren unzulässig (Bay NStE **Nr. 1**).

5   a) Demgemäß unterscheidet sich hier die unselbständige von der selbständigen Anordnung allein dadurch, daß der **persönlichen Verfolgung** des Täters ein **tatsächliches Hindernis** entgegensteht (Eser aaO 210). Dafür kommen jedoch nur solche Hinderungsgründe in Betracht, die die materielle Strafbarkeit der Tat als solche unberührt lassen und lediglich ihre prozessuale Sanktionierung unmöglich machen: so z. B. wenn der Täter nicht ermittelt werden kann (vgl. Oppe MDR 73, 183), flüchtig ist oder sich unerreichbar außer Landes befindet (LG Bayreuth NJW **70,** 574). Dagegen ist bei Tod des Täters auch eine selbständige Einziehung ausgeschlossen, da mit dem Tod die materielle Verfolgbarkeit entfällt (vgl. § 74 RN 28, ferner D-Tröndle 6, Schäfer LK 9; die entgegenstehenden Entscheidungen RG **53** 183, **74** 42 sind überholt). Die Nichtverfolgbarkeit muß auch in der Revisionsinstanz noch bestehen (BGH **21** 55).

6   b) Im übrigen dagegen müssen **alle materiellen Einziehungsvoraussetzungen** gegeben sein. Dazu gehört insbes. die Feststellung, daß der betroffene Gegenstand in eine strafbare Handlung verstrickt war, die alle äußeren und inneren Tatelemente enthält (vgl. BGH **13** 313) und auch alle sonstigen Strafbarkeits- und Prozeßvoraussetzungen (objektive Bedingungen der Strafbarkeit, Fehlen von Strafausschließungsgründen, Strafantrag, Nichteintritt der Verjährung u. dgl.) erfüllt. Daher ist eine selbständige Anordnung nach Abs. 1 sowohl bei straflosem Versuch (vgl.

Selbständige Anordnung 7–8a **§ 76a**

BGH **13** 313), strafbefreiendem Rücktritt (D-Tröndle 6), Rechtfertigung nach § 193 (RG **29** 401) wie auch bei Schuldausschließungsgründen (vgl. RG **29** 130 zu § 20) ausgeschlossen. Soweit sich die Einziehung auf § 74a stützt, müssen beim Dritteigentümer ferner die dort genannten Quasi-Verschuldenskriterien gegeben sein. Zudem muß der Gegenstand dem Täter oder Dritteigentümer gehören, auf den die betreffende Einziehungsvorschrift abstellt (vgl. RG HRR **34** Nr. 762, RG **67** 217). Soweit es um selbständige *Ersatz*einziehung geht, muß insbes. auch eine Vereitelungshandlung i. S. von § 74c vorliegen.

c) Für eine selbständige Anordnung des **Verfalls** genügen naturgemäß die in § 73 vorgesehenen und teils weniger strengen Anforderungen. Dementsprechend kann der Verfall auch schon aufgrund einer nur *rechtswidrigen* Anknüpfungstat, z. B. bei Schuldunfähigkeit oder Verbotsirrtum des Täters, angeordnet werden (vgl. Horn SK 5). Entsprechend sind auch die Voraussetzungen bei selbständigem Verfall gegenüber Vorteilsempfängern (§ 73 III) bzw. quasi-beteiligten *Dritteigentümern* (§ 73 IV) herabgesetzt. Schließlich kommt es auch bei selbständigem Wertersatzverfall nach § 73a nicht auf eine besondere Vereitelungshandlung an. 7

d) Dagegen stehen nach **Abs. 3** das **Absehen von Strafe** (vgl. 54 vor § 38) oder die prozessuale **Einstellung des Verfahrens** (wie insbes. nach §§ 153ff. StPO) einer selbständigen Anordnung von Verfall oder Einziehung nicht entgegen. Weitere Einzelheiten bei Schäfer LK 14ff. 7a

2. Bei **sicherungsbedingter** *Einziehung* oder *Unbrauchbarmachung* (**Abs. 2**) hingegen sind die Anforderungen an das selbständige Verfahren weniger streng. 8

a) Liegen die Voraussetzungen des § 74 II Nr. 2 und Abs. 3 oder des § 74d vor, so können auch **rechtliche Verfolgungs- oder Verurteilungshindernisse** ein selbständiges Verfahren begründen. Dies gilt – wie durch Neufassung der Eingangsworte von Abs. 2 S. 1 klargestellt sein sollte (BT-Drs. 10/1286 S. 6) – auch für Sicherungsfälle aufgrund von besonderen Vorschriften i. S. von § 74 IV (so schon Schäfer LK 10), nicht dagegen für den durch Abs. 2 nicht miterfaßten Verfall (D-Tröndle 10). Freilich müssen auch bei dieser Fallgruppe die materiellen Mindestvoraussetzungen der Sicherungseinziehung gegeben sein. Wo es etwa an einer rechtswidrigen Anknüpfungstat oder an der vom Gesetz vorausgesetzten Gefährlichkeit des Gegenstandes (z. B. der Strafbarkeit des Inhalts einer Schrift) fehlt, ist auch für eine selbständige Einziehung kein Raum. Im Hinblick auf den Sicherungscharakter dieser Maßnahmen erscheinen daher hier nur solche rechtliche Voraussetzungen entbehrlich, die lediglich auf die Person des Täters bezogen sind. Das gilt etwa für seine Verhandlungs- und Schuldunfähigkeit und sonstige Verschuldenskriterien oder etwaige persönliche Strafausschließungsgründe (vgl. RG **11** 121, **57** 3, D-Tröndle 7), aber auch bei Amnestie (vgl. BGH **23** 64/6), Immunität des Abgeordneten oder Tod des Täters; denn auch in diesen Fällen kann das gegenstandsbedingte Sicherungsinteresse fortdauern.

Obgleich dies auch noch bei **Verjährung** der Fall sein kann und diese daher nach früherer Auffassung einer selbständigen Sicherungseinziehung nicht entgegenstand (vgl. BGH **6** 62, **21** 367, **23** 64/7, 17. A. § 41b RN 8 mwN), war dieser Weg aufgrund der früheren Fassung von § 76a II 1 (ohne Nr. 1) und von § 78 I (ohne S. 2) verbaut (ebenso im Anschluß an Hamm MDR **80**, 1039, NStZ **81**, 64, München NJW **82**, 2785 i. Grds. auch Frankfurt NJW **83**, 1208, ferner D-Tröndle 7, Horn SK 8, JR **80**, 248, NStZ **82**, 423, Lackner 3). Der kriminalpolitisch an sich unterstützenswerte Versuch von BGH **31** 226 (m. abl. Anm. Lenzen JR **83**, 292), diese gesetzliche Hürde durch eine den § 76a II 1 a. F. als Spezialvorschrift gegenüber § 78 I a. F. begreifende Auslegung zu überwinden (ebenso BGH MDR **83**, 590, MDR/S **83**, 1; **84**, 183; i. gl. S. bereits Stuttgart MDR **75**, 681, Karlsruhe JR **80**, 248, Hamm NStZ **82**, 422, JR **83**, 295 m. Anm. Bergmann, Baumann/Weber 622, Schäfer LK 11), mußte daran scheitern, daß § 76a II 1 a. F. ausdrücklich entgegenstehenden „anderen Gesetzen" Vorrang einräumte und nichts ersichtlich war, daß § 78 I a. F. davon ausgenommen sein sollte, diese Bestimmung aber gerade durch ihren Klammerverweis auf § 11 I Nr. 8 auch die Einziehung generell und ohne Rücksicht auf deren Rechtsnatur und Anordnungsweise im Falle einer Verjährung ausschloß. Über diese geradezu einmalig scheinende Eindeutigkeit des Wortlauts wäre mit dem möglicherweise gegenteiligen (vgl. aber Lenzen JR **83**, 292) und durchaus vernünftigen Willen des Gesetzgebers nur dann hinwegzukommen gewesen, wenn dieser im Gesetz wenigstens andeutungsweise Niederschlag gefunden gehabt hätte, was vom BGH zwar unterstellt wurde, aber weder bewiesen noch beweisbar war. Auch der Versuch von Frankfurt NJW **83**, 1208, in weniger engen landespresserechtlichen Verjährungsvorschriften dem § 78 I a. F. vorgehabte Spezialbestimmungen zu erblicken, hätte – eine entsprechende Länderkompetenz vorausgesetzt (vgl. dazu einerseits Bergmann JR **83**, 296, anderseits Lenzen JR **83**, 294 sowie allg. 55 vor § 1) – nur für diesen Deliktsbereich eine Lösung bringen können. Deshalb konnte diese „Panne" des Gesetzgebers, falls das Gesetzlichkeitsprinzip von Art. 103 II GG gewahrt bleiben sollte, nur von diesem selbst behoben werden (i. gl. S. Lackner Heidelberg-FS 44ff., 62; vgl. auch § 1 RN 50, 56). Wie offenbar schon zuvor geplant (vgl. v. Bubnoff ZRP **82**, 120), hat mit dem 21. StÄG v. 13. 6. 85 der Gesetzgeber die Gelegenheit zur eigentlich ersehnten Lückenschließung genutzt, indem er durch Neueinfügung von § 76a II 1 Nr. 1 die sicherungsbedingte Einziehung und Unbrauchbarmachung auch noch nach Verjährungseintritt zuläßt und die bisherige Sperre des § 78 I durch dortige Hinzufügung von S. 2 aufgehoben hat. 8a

8 b Obgleich ähnliche Sicherungsüberlegungen auch für rückwirkende Maßnahmen sprechen könnten, gilt das **Rückwirkungsverbot** kraft ausdrücklichen Gesetzesspruchs in § 2 V doch auch für Verfall, Einziehung und Unbrauchbarmachung und damit auch für deren (sicherungsweise) selbständige Anordnung (vgl. § 2 RN 5, 44, Lackner § 74 Anm. 1 b; and. noch BGH **23** 67 zu § 2 IV a. F.).

9 b) Ein ausnahmsweiser **Ausschluß selbständiger Anordnung** ist jedoch selbst bei Anordnung sicherungsbedingter Einziehung oder Unbrauchbarmachung von Gesetzes wegen in zwei Fallgruppen vorgesehen: Und zwar einmal dort, wo etwa erforderliche Strafanträge (§§ 77 ff.), Ermächtigungen (vgl. etwa §§ 97 III, 104 a, 353 b IV), Strafverlangen (§ 104 a), Anordnungen der Strafverfolgung oder die Zustimmung zu ihr fehlen (Abs. 2 S. 2); zum anderen dort, wo das selbständige Verfahren für den konkreten Fall durch ein anderes Gesetz ausgeschlossen ist (Abs. 2 S. 1), so z. B. bei Exterritorialen (vgl. §§ 18, 19 GVG, Art. VII Nato-Truppenstatut) oder nach § 80 ZollG idF des EGAO 1977. Dagegen steht einer selbständigen Anordnung weder ein *Absehen von Strafe* noch die Einstellung des Verfahrens entgegen; insofern gilt nach Abs. 3 Gleiches wie im Falle von Abs. 1 (vgl. o. 7 a).

10 III. Bei Vorliegen eines der in Abs. 1 oder 2 erfaßten Fälle kann **selbständig** auf *Verfall, Einziehung* des Gegenstandes oder *Wertersatzes* bzw. auf *Unbrauchbarmachung* erkannt werden. Die Entscheidung steht auch hier im **Ermessen** des Gerichts (BGH **23** 208), es sei denn, die Maßnahme wäre, wie bei Verfall (vgl. § 73 RN 44), auch im unselbständigen Verfahren zwingend anzuordnen; jedoch bleiben auch dann auch die Grundsätze der Verhältnismäßigkeit zu beachten; dazu § 74 b RN 2.

11 1. Das **Verfahren** für die selbständige Anordnung bestimmt sich nach den §§ 440, 441 StPO. Erforderlich ist ein entsprechender Antrag der Staatsanwaltschaft oder des Privatklägers, in dem in Form einer Anklageschrift der Gegenstand zu bezeichnen ist und die Tatsachen anzugeben sind, aus denen sich die Zulässigkeit der selbständigen Einziehung ergibt. Ob die Verfolgungsbehörden einen derartigen Antrag stellen wollen, steht in ihrem pflichtgemäßen Ermessen; das Legalitätsprinzip gilt insoweit nicht (vgl. § 440 I StPO: „können"; ferner BGH **2** 34, **7** 357, MDR **66**, 779, Bay **52** 73, Celle NJW **66**, 1135). Für die Beiziehung der Einziehungsbeteiligten gelten die §§ 431 bis 436 und 439 StPO entsprechend.

12 Die selbständige Anordnung kann sowohl in einem vollständig **gesonderten,** gleichsam allein gegen den Gegenstand gerichteten Verfahren getroffen werden, als auch im Rahmen eines **subjektiven** Verfahrens; so z. B. neben einem auf Schuldunfähigkeit oder Verjährungseintritt (vgl. aber o. 8 a) begründeten Freispruch des Täters (vgl. BGH **6** 62, Schäfer LK 18). Die bisher umstrittene Frage, ob bei Eintritt eines endgültigen Verfahrenshindernisses (z. B. Tod des Angeklagten) das subjektive Verfahren in ein objektives übergehen kann (vgl. Gössel LR § 440 RN 61 ff.), wird jetzt zu bejahen sein, da das objektive Verfahren heute auch hinsichtlich der Beiziehung Dritter nahezu völlig dem subjektiven Verfahren angeglichen ist (BGH **23** 66 f., D-Tröndle 2 f., Schäfer LK 21). Allerdings erfolgt der Übergang nicht automatisch, sondern setzt in jedem Falle einem dem § 440 StPO genügenden Antrag der Staatsanwaltschaft bzw. des Privatklägers voraus. Ebensowenig vermag der Übergang etwaige, das subjektive Verfahren abschließende Entscheidungen des Gerichts (z. B. Einstellungsbeschluß) zu ersetzen. Vgl. im übrigen Gössel LR 10 vor § 430 StPO. Keinesfalls kann das selbständige Verfahren dazu durchgeführt werden, eine in einem rechtskräftigen subjektiven Verfahren versehentlich unterlassene Einziehung nachzuholen.

13 2. Soweit Einziehung und Unbrauchbarmachung **nebeneinander** zulässig sind (so etwa nach § 74 d I), bleiben sie es auch im objektiven Verfahren (vgl. RG **36** 146). Gleiches gilt für das Nebeneinander von Einziehung und Ersatzeinziehung nach § 74 c II bzw. Verfall und Wertersatzverfall nach § 73 a.

Vierter Abschnitt. Strafantrag, Ermächtigung, Strafverlangen

Vorbem. Nach Art. 315 b EGStGB gelten die Vorschriften über den Strafantrag auch für Straftaten, die in der früheren DDR vor dem Beitritt zur BRep. Deutschland begangen worden sind. Die Antragsfrist hat frühestens am 31. 12. 1990 geendet. Die Verfolgung der in der früheren DDR vor dem Beitritt begangenen Straftaten setzt zudem einen Strafantrag voraus, wenn dieser nach dem Recht der früheren DDR erforderlich war. Ein vor dem Beitritt gestellter Antrag bleibt wirksam; ein bis zum Beitritt nach dem Recht der früheren DDR bereits erloschenes Antragsrecht bleibt erloschen.

§ 77 Antragsberechtigte

(1) **Ist die Tat nur auf Antrag verfolgbar, so kann, soweit das Gesetz nichts anderes bestimmt, der Verletzte den Antrag stellen.**

(2) **Stirbt der Verletzte, so geht sein Antragsrecht in den Fällen, die das Gesetz bestimmt, auf den Ehegatten und die Kinder über. Hat der Verletzte weder einen Ehegatten noch Kinder hinterlassen oder sind sie vor Ablauf der Antragsfrist gestor-**

ben, so geht das Antragsrecht auf die Eltern und, wenn auch sie vor Ablauf der Antragsfrist gestorben sind, auf die Geschwister und die Enkel über. Ist ein Angehöriger an der Tat beteiligt oder ist seine Verwandtschaft erloschen, so scheidet er bei dem Übergang des Antragsrechts aus. Das Antragsrecht geht nicht über, wenn die Verfolgung dem erklärten Willen des Verletzten widerspricht.

(3) **Ist der Antragsberechtigte geschäftsunfähig oder beschränkt geschäftsfähig, so können der gesetzliche Vertreter in den persönlichen Angelegenheiten und derjenige, dem die Sorge für die Person des Antragsberechtigten zusteht, den Antrag stellen.** Ein beschränkt Geschäftsfähiger, der das achtzehnte Lebensjahr vollendet hat, kann den Antrag auch selbständig stellen.

(4) **Sind mehrere antragsberechtigt, so kann jeder den Antrag selbständig stellen.**

Vorbem. Abs. 2 S. 3 durch AdoptionsG vom 2. 7. 1976, BGBl. I 1749, neugefaßt. Abs. 3 S. 2 entfällt mit Wirkung vom 1. 1. 1992 auf Grund des BetreuungsG vom 21. 9. 1990, BGBl I 2001.

Schrifttum: *Allfeld,* Antrag und Ermächtigung, VDA II 161. – *Bindokat,* Freispruch bei fehlendem Strafantrag?, NJW 55, 1863. – *Coenders,* Über den Strafantrag und die Privatklage des Nichtverletzten, GS 83, 286. – *Köhler,* Die Lehre vom Strafantrag, 1899 (StrAbh. Heft 18). – *Köhler,* Zur Lehre vom Strafantrag im künftigen Recht, FG Frank II 27. – *Kohlhaas,* Antragsdelikte bei Wegfall eines Offizialdelikts, NJW 54, 1792. – *ders.,* Die negativen Auswirkungen der Gleichberechtigung, JR 72, 326. – *Maiwald,* Die Beteiligung des Verletzten am Strafverfahren, GA 70, 33. – *M.-K. Meyer,* Zur Rechtsnatur und Funktion des Strafantrags, 1984. – *Stree,* Zum Strafantrag durch Strafanzeige, MDR 56, 723. – *ders.,* Zur Vertretung beim Strafantrag, NJW 56, 454. – *ders.,* Strafantragsrecht der Eltern eines Minderjährigen vor und nach der Ehescheidung, FamRZ 56, 365. – *ders.,* Strafantrag und Gleichheitssatz, DÖV 58, 172. – *ders.,* Der Irrtum des Täters über die Angehörigeneigenschaft seines Opfers, FamRZ 62, 55. – *Töwe,* Der Strafantrag, GS 112, 22.

I. Straftaten werden grundsätzlich ohne Rücksicht auf den Willen des Verletzten von Amts wegen verfolgt (sog. Offizialdelikte). Nur bei einer verhältnismäßig geringen Zahl strafbarer Handlungen, z. B. bei Beleidigung oder Hausfriedensbruch, setzt die Strafverfolgung einen **Strafantrag** des Verletzten voraus (sog. Antragsdelikte). Zur Reform vgl. Rieß Gutachten zum 55. DJT, 1984, C 67, dazu Geerds JZ 84, 787.

1. Zu unterscheiden ist zwischen absoluten und relativen Antragsdelikten. Beim **absoluten** Antragsdelikt setzt die Strafverfolgung allgemein einen Antrag voraus, beim **relativen** nur dann, wenn gewisse nähere Beziehungen, z. B. ein Angehörigenverhältnis, zwischen dem Täter und dem Verletzten z. Z. der Tat bestehen (gegen das Erfordernis „z. Z. der Tat" Dubs SchwZStr. 56, 70; gegen ihn Stree FamRZ 62, 57; wie hier BGH **29** 56, Celle NJW **86**, 733 m. Anm. Stree JR 86, 386, Hamm NJW **86**, 734, Jähnke LK 3, D-Tröndle 2 vor § 77, Jescheck 808, Rudolphi SK 1 vor § 77). Relative Antragsdelikte sind z. B. Diebstahl, Betrug, Hehlerei und Untreue gegen Angehörige. Eine Straftat ist aber nur dann ein relatives Antragsdelikt, wenn die geforderte nähere Beziehung rechtlich wirksam ist. Daher ist z. B. kein Antrag erforderlich, wenn der Täter eine „Verlobte" betrogen hat, das Verlöbnis aber nichtig ist, weil er verheiratet oder Heiratsschwindler ist (RG JW **37**, 3302, BGH **3** 215, **29** 57; vgl. auch BGH JZ **89**, 256, Koblenz NJW **58**, 2027, Bay NJW **83**, 831). Andererseits ändert sich gem. § 11 I Nr. 1 am Angehörigenverhältnis und damit am Antragserfordernis nichts, wenn die Ehe, welche die Beziehung begründet hat, nicht mehr besteht. Ferner entfällt beim Betrug das Antragserfordernis nicht dann, wenn das Vermögen gerade dadurch geschädigt wird, daß der Täter seine Verwandteneigenschaft bestreitet (RG **72** 325, DR **40**, 1098, BGH **7** 245, NStZ **85**, 407). Haben sich bei einem relativen Antragsdelikt mehrere beteiligt, so ist nur gegenüber dem Beteiligten, der in dem besonderen Verhältnis zum Verletzten steht, ein Antrag erforderlich. Der Teilnehmer, bei dem diese Voraussetzung nicht vorliegt, ist auch dann von Amts wegen zu belangen, wenn der Haupttäter mangels Strafantrags nicht verfolgbar ist.

2. Sind bei einer **fortgesetzten Tat** die Einzelakte nur auf Antrag verfolgbar, so können nur die Einzelakte in die Strafverfolgung einbezogen werden, hinsichtlich derer ein Antrag gestellt wurde (BGH **17** 157, Jähnke LK 21, ähnlich RG **72** 44; and. RG **71** 287; vgl. 33 vor § 52). Entsprechendes gilt, wenn die Tat mehrere Antragsberechtigte verletzt (vgl. RG **72** 44) oder ein Teil der Einzelakte von Amts wegen verfolgt werden kann. Vgl. auch u. 11.

3. Für die **Begründung des Antragserfordernisses** sind vor allem zwei Gesichtspunkte maßgebend. Eine Reihe von Straftaten berührt regelmäßig die Allgemeinheit so wenig, daß ein Eingreifen mit Kriminalstrafe nur dann erforderlich erscheint, wenn der Verletzte sein Interesse daran durch einen Antrag bekundet. Aus diesem Grunde wird z. B. ein Antrag gefordert beim Hausfriedensbruch, bei der Sachbeschädigung und beim Diebstahl geringwertiger Sachen. Bei einer anderen Gruppe von Straftaten wäre vom Standpunkt der Allgemeinheit eine Verfolgung ohne weiteres notwendig; dem kann aber das berechtigte Interesse des Verletzten an Geheim-

haltung der Straftat oder am Ruhenlassen gewisser familiärer Vorgänge gegenüberstehen. Aus diesem Gesichtspunkt ist z. B. die Strafverfolgung bei den Indiskretionsdelikten (§§ 201 ff.), der Verführung (§ 182) und der Entführung (§§ 237, 238) von einem Antrag abhängig. Vgl. näher Jähnke LK 4f. vor § 77.

5   Die Vorschriften über den Strafantrag greifen nicht nur dann ein, wenn die Voraussetzungen des Antragserfordernisses feststehen, sondern auch, wenn dies nur möglich ist, z. B. zweifelhaft bleibt, ob zwischen dem Täter und der Bestohlenen ein Verlöbnis bestand (Bay NJW **61**, 1222, Stree, In dubio pro reo [1962] 60ff.). Vgl. auch u. 48.

6   **4.** Für den Bereich der **Körperverletzung** bestimmt § 232 I, daß das **Antragserfordernis entfällt,** wenn die Strafverfolgungsbehörde wegen des besonderen öffentlichen Interesses an der Strafverfolgung ein Einschreiten von Amts wegen für geboten erachtet. Entsprechendes bestimmen § 303 c für die Sachbeschädigung, die Datenveränderung und die Computersabotage sowie § 248a für den Diebstahl und die Unterschlagung geringwertiger Sachen. Vgl. ferner §§ 257 IV, 259 II, 263 IV, 265 a III, 266 III. Hierbei handelt es sich um Sonderbestimmungen; auf andere Antragsdelikte können sie nicht entsprechend angewandt werden (vgl. BGH **7** 256), mag auch in gewissen Fällen ein Bedürfnis dafür bestehen, z. B. beim Tode des Verletzten, bei schuldloser Versäumung der Antragsfrist oder bei Nichtstellung des Antrags durch einen ungetreuen Vertreter. Zudem kann gem. § 194 unter bestimmten Voraussetzungen das Antragserfordernis entfallen; vgl. die dort. Anm.

8   **II.** Seiner **rechtlichen Natur** nach ist der Strafantrag eine **Prozeßvoraussetzung,** nicht Tatbestandsmerkmal oder Bedingung der Strafbarkeit. Fehlt er, dann liegt zwar eine Straftat vor; das Verfahren ist aber einzustellen, eine Sachentscheidung ist unzulässig. Diese Auffassung ist heute herrschend (z. B. RG **75** 311, BGH **6** 155, **31** 133, Bamberg HESt **2** 215, Düsseldorf NJW **67**, 1142, D-Tröndle 2 vor § 77, Jähnke LK 7 vor § 77, Jescheck 807, M.-K. Meyer aaO 42ff., BGE 105 IV 231). Aus ihr ergibt sich z. B., daß das Vorliegen eines Strafantrags vom Revisionsgericht ohne Rücksicht auf die Feststellungen des Instanzrichters nachzuprüfen ist (RG **65** 150, **73** 114), und zwar von Amts wegen (RG **67** 55, BGH **6** 156). Bestimmungen über den Strafantrag treten sogleich mit dem Gesetz, das sie aufstellt, in Kraft und äußern ihre Wirkung auch innerhalb bereits anhängiger Verfahren (RG **77** 183, Hamm NJW **70**, 578). Ein Antragsdelikt kann daher rückwirkend in ein Offizialdelikt verwandelt werden (Jähnke LK 13 vor § 77, Rudolphi SK 10 vor § 77; and. Jakobs 56, H. Mayer AT 350), soweit die Verfolgungsmöglichkeit noch nicht endgültig infolge Ablaufs der Antragsfrist oder Zurücknahme des Antrags entfallen ist (KG OLGSt Nr. **1,** Jähnke LK 13 vor § 77, M.-K. Meyer aaO 14 f.).

9   Von anderen wird der Strafantrag ausschließlich als Bestandteil des materiellen Rechts angesehen; nach einer dritten Auffassung liegt er auf der Grenze des materiellen Rechts und gehört beiden Gebieten an; vgl. z. B. H. Mayer AT 350, Coenders aaO 297, 330, Köhler aaO 13, Rudolphi SK 8 vor § 77, Hamm HöchstRR **1** 149.

10   **III. Antragsberechtigt** ist grundsätzlich der **Verletzte** (Abs. 1), d. h. derjenige, in dessen Rechtssphäre die Tat unmittelbar eingreift (RG **68** 305, BGH **31** 210) bzw. (beim Versuch) eingreifen sollte. Beim Diebstahl ist Verletzter nur der Eigentümer (vgl. § 242 RN 1, § 247 RN 10), beim Betrug nur der Geschädigte, nicht auch der Getäuschte (RG **74** 168 m. Anm. Mezger DR 40, 1098 u. Gallas ZAkDR 40, 246), bei Gefährdungsdelikten der Gefährdete (BGH VRS **13** 362), bei einer Sachbeschädigung der Eigentümer, nicht auch ein Nutzungsberechtigter (vgl. § 303 c RN 2). Bei Entwendung oder Beschädigung fiskalischen Eigentums sind zur Antragstellung alle Stellen befugt, die zur Verwaltung der Sache berufen sind (vgl. Celle NStZ **81**, 223: Leiter einer Straßenmeisterei). Verletzter und damit Antragsberechtigter kann auch ein nicht rechtsfähiger Verein sein (Düsseldorf MDR **79**, 692: Hausfriedensbruch). Ein Antragsrecht geht nicht verloren, wenn der Berechtigte aufhört, Inhaber des Rechts zu sein, in das der Täter eingegriffen hat (RG **71** 137). Vgl. zum Ganzen Jähnke LK 23 ff.

11   **1.** Sind **mehrere Verletzte** vorhanden, dann hat jeder ein selbständiges Antragsrecht (Abs. 4; vgl. RG **46** 203); so z. B., wenn eine gestohlene Sache im Miteigentum mehrerer steht oder der Täter in die Wohnung mehrerer Wohnungsinhaber eindringt. Liegen dagegen mehrere Erfolge vor (eine Handlung verletzt mehrere Personen; §§ 223, 230), so deckt der Strafantrag eines von mehreren Verletzten nicht die fehlenden Strafanträge der anderen; die Verurteilung darf daher nicht auf die Verletzung der Personen erstreckt werden, die keinen Antrag gestellt haben (RG **72** 44; vgl. auch RG **46** 47).

12   **2.** Das Antragsrecht ist **höchstpersönlich;** es erlischt grundsätzlich mit dem Tod des Verletzten, soweit es noch nicht ausgeübt ist. Nur in den Fällen, die das Gesetz bestimmt (vgl. §§ 194 I, 205 II, 232 I), **geht** es **auf Angehörige über** (Abs. 2), und zwar vorrangig auf den Ehegatten und die Kinder, von denen dann jeder den Antrag selbständig stellen kann (Abs. 4). Beim Ehegatten kommt es darauf an, ob die Ehe z. Z. des Todes des Verletzten noch bestand. Der geschiedene Ehegatte erlangt keine Antragsbefugnis. Anderseits läßt eine spätere Wieder-

verheiratung den Übergang des Antragsrechts unberührt. Zu den Kindern zählen auch die nichtehelichen. Scheidet die erste Gruppe aus, so treten an ihre Stelle die Eltern (auch Adoptiveltern) des Verletzten und, wenn diese vor Ablauf der Antragsfrist gestorben sind, die Geschwister (auch Halbgeschwister) und die Enkel. Ein Angehöriger, der an der Tat als Täter oder Teilnehmer beteiligt war, ist beim Übergang des Antragsrechts nicht zu berücksichtigen. Die Strafvereitelung ist als nachträgliche Hilfe der Tatbeteiligung gleichzustellen, da in einem solchen Fall ebensowenig eine sachgerechte Wahrnehmung des Antragsrechts zu erwarten ist. Unberücksichtigt bleibt ferner der Angehörige, dessen Verwandtschaft zum Verletzten erloschen ist (vgl. § 1755 BGB bei Adoptionen). Ausgeschlossen ist der Übergang, wenn die Strafverfolgung dem erklärten Willen des Verletzten widerspricht, vorausgesetzt, der Verletzte war sich der Tragweite seiner Äußerung bewußt (Jähnke LK 57). Eine mündliche oder konkludente Erklärung genügt. Liegen Anhaltspunkte vor, die auf eine solche Erklärung hindeuten, so ist im Falle der Antragstellung durch einen Angehörigen von Amts wegen zu klären, ob der Verletzte sich gegen eine Strafverfolgung ausgesprochen hat. Im Zweifel ist das Antragsrecht als erloschen zu behandeln.

Auf **Erben** geht das Antragsrecht über bei Verletzung von Privatgeheimnissen (§ 203) und deren **13** Verwertung (§ 204), sofern das Geheimnis nicht zum persönlichen Bereich des Verletzten gehört (§ 205 II). Diese Regelung ist einer entsprechenden Anwendung bei Verletzungen materieller Rechtsgüter nicht zugänglich. Zwar übernimmt der Erbe die Erbschaft in lädiertem Zustand; das kann aber bei jeder Erbschaft so sein, gleichgültig, ob der Schaden auf Delikt oder anderen Ursachen beruht.

3. Die Ausübung des Antragsrechts erfolgt bei **juristischen Personen** durch ihre Organe, die **14** innerhalb des ihnen zugewiesenen Kreises den Willen der juristischen Person bilden (vgl. BGE 99 IV 3). Zum staatlichen Bereich vgl. RG **19** 378, **65** 357, GA Bd. **63** 116, Celle NStZ **81**, 223, Köln NStZ **82**, 333 sowie Hamm NZWehrR **77**, 70 (BMin. d. Verteidigung bei Beleidigung der Bundeswehr), Düsseldorf JMBlNW **88**, 154 (Bürgermeister bei Hausfriedensbruch während Ratssitzung). Bei Vereinen wird das Antragsrecht durch den Vorstand ausgeübt, u. U. auch allein durch den Vorsitzenden (RG **58** 203). Sind die Rechte einer OHG verletzt worden, so kann jeder vertretungsberechtigte Gesellschafter Strafantrag stellen; bei Verletzung materieller Rechtsgüter ist daneben jeder Gesellschafter berechtigt, im eigenen Namen die Strafverfolgung zu beantragen, da in solchen Fällen auch er unmittelbar verletzt worden ist (RG **41** 104). Entsprechendes gilt für sonstige Gesamthandsgebilde. Zum Ganzen vgl. näher Jähnke LK 39 ff.

4. Zulässig ist in gewissem Umfang eine **Stellvertretung** bei der Ausübung des Antrags- **15** rechts. Ist der Antragsberechtigte geschäftsunfähig (§ 104 BGB) oder beschränkt geschäftsfähig (§ 106 BGB), so kann der gesetzliche Vertreter in den persönlichen Angelegenheiten oder derjenige, dem die Sorge für die Person des Antragsberechtigten zusteht, den Antrag stellen (Abs. 3). Diese Vertretungsbefugnis gilt auch dann, wenn sich das Antragsdelikt nur gegen das Vermögen des Verletzten richtet, sowie bei Antragsberechtigten, denen gem. Abs. 2 das Antragsrecht nach dem Tod des Verletzten zugefallen ist. Stirbt der Antragsberechtigte, so erlischt die Vertretungsbefugnis (vgl. u. 23). Das Antragsrecht kann jedoch gem. Abs. 2 auf einen Angehörigen bzw. auf einen nachgeordneten Angehörigen übergehen.

a) Wer **gesetzlicher Vertreter** ist, bestimmt sich nach bürgerlichem Recht. Hiernach sind bei **16** ehelichen Kindern beide Elternteile (§ 1629 I BGB) und bei nichtehelichen Kindern die Mutter (§ 1705 BGB) gesetzliche Vertreter. Bei ehelichen Kindern müssen somit beide Elternteile den Strafantrag stellen (vgl. BGH FamRZ **60**, 197, Bay **60**, 266; krit. Kohlhaas NJW 60, 1, JR 72, 326). Das Erfordernis der gemeinsamen Vertretung schließt indes nicht aus, daß ein Elternteil allein die Antragserklärung gem. § 158 II StPO abgibt (Bay **60**, 266). Der andere muß dann aber sein Einverständnis erklärt oder nachträglich innerhalb der Antragsfrist seine Zustimmung erteilt haben (vgl. BGH LM **Nr. 2** zu § 61 a. F.); beides kann formlos geschehen. Ein Elternteil ist jedoch allein zur Antragstellung befugt, wenn der andere an der Mitwirkung tatsächlich verhindert ist (vgl. u. 21).

Ist die *Ehe der Eltern geschieden,* so geht das Vertretungsrecht auf den Elternteil über, dem die **17** elterliche Sorge übertragen worden ist. Bei Teilung der elterlichen Sorge (§ 1671 IV BGB) ist zur Antragstellung der Elternteil berufen, dem die Personensorge obliegt, auch bei Straftaten gegen materielle Rechtsgüter.

Als gesetzliche Vertreter kommen ferner der *Vormund* (§ 1793 BGB) und der *Pfleger* (§§ 1909, **18** 1915 BGB) in Betracht. Die Antragsbefugnis besteht aber nur, soweit sich die gesetzliche Vertretung erstreckt. Ein Pfleger in einem Fürsorgeerziehungsverfahren, der sonst die Pflege für die Person des Mündels nicht hat, kann z. B. nicht Strafantrag wegen Beleidigung des Mündels stellen (RG HRR **39** Nr. 341). Der nur für Vermögensangelegenheiten bestellte Pfleger hat keine Vertretungsbefugnis beim Strafantrag.

19 U. U. kann auch das *Vormundschaftsgericht* Strafantrag stellen (RG **75** 146, Schleswig SchlHA **55**, 226), und zwar gestützt auf §§ 1693, 1846 BGB. Eine solche Befugnis hat das Vormundschaftsgericht jedoch nur in eilbedürftigen Fällen, weil ein Vorgehen nach den §§ 1693, 1846 BGB nicht zur Umgehung einer Pflegerbestellung führen darf.

20 b) Neben dem gesetzlichen Vertreter kann auch derjenige Strafantrag stellen, dem die **Sorge für** die **Person** des Antragsberechtigten zusteht. Übt er das Antragsrecht aus, so handelt er als Vertreter des Antragsberechtigten, obwohl er sonst zur Vertretung nicht berechtigt ist. Die für den gesetzlichen Vertreter maßgebenden Grundsätze gelten für ihn entsprechend.

21 c) Hat der gesetzliche Vertreter die Tat begangen, sich an ihr beteiligt oder ist er der Tat bzw. Teilnahme auch nur verdächtig, so ist er von der **Vertretung ausgeschlossen** (vgl. RG **73** 113, BGH **6** 157, Hamm NJW **60**, 834). Das folgt aus dem hinter § 181 BGB stehenden allgemeinen Grundsatz, daß eine Vertretungsbefugnis dort entfällt, wo der Vertreter der Gegner des Vertretenen ist (BGH **6** 157, Bay NJW **56**, 1608). Der gesetzliche Vertreter ist rechtlich nicht nur gehindert, gegen sich selbst Strafantrag zu stellen, sondern auch an der Stellung des Antrags gegen Mitbeteiligte (Jähnke LK 48). Zweifelhaft ist, ob der Vertreter auch dann von der Vertretung ausgeschlossen ist, wenn sein Ehegatte oder einer seiner Verwandten in gerader Linie Täter oder Teilnehmer ist (vgl. Stuttgart NJW **71**, 2238). Stützen läßt sich der Ausschluß auf analoge Anwendung des § 1795 BGB (Lange NJW 61, 1894, Schwoerer NJW 56, 1608, Stree FamRZ 56, 365; and. Bay NJW **56**, 1608, Boeckmann NJW 60, 1939, Jähnke LK 48). Zumindest ist, wenn beide Elternteile gesetzliche Vertreter des Kindes sind und ein Elternteil an der Vertretung beim Strafantrag wegen seiner Tatbeteiligung gehindert ist, auch der andere nicht vertretungsbefugt (and. Schleswig SchlHA/E-L **86**, 101, Jähnke LK 48, D-Tröndle 11). Das ergibt sich daraus, daß entsprechend dem Grundgedanken des § 1629 II 1 BGB der aus rechtlichen Gründen erfolgende Ausschluß eines Elternteils von der Vertretung ebenfalls zum Ausschluß der Vertretung durch den anderen Elternteil führt (vgl. BGH NJW **72**, 1708). Anders ist es, wenn einem Elternteil nach der Scheidung die elterliche Sorge übertragen worden ist; er kann gegen den anderen im Namen des Kindes Strafantrag stellen. Ist ein Elternteil nur tatsächlich an der Ausübung des Antragsrechts gehindert, so kann der andere Elternteil allein den Strafantrag stellen (§ 1678 BGB; vgl. BGH NJW **67**, 942, MDR/D **72**, 923). Ein bloßer Interessengegensatz zwischen dem Vertreter und dem Vertretenen führt noch nicht zum Wegfall der Vertretungsmacht, ebensowenig die im Falle der Antragstellung für den Vertreter entstehende Gefahr der Strafverfolgung (BGH **6** 155).

22 d) Soweit der gesetzliche Vertreter von der Vertretung ausgeschlossen ist, kann bzw. muß das Vormundschaftsgericht einen Pfleger zur Stellung des Strafantrags bestellen (§ 1909 BGB). Die **Bestellung eines Pflegers** kommt ferner in Betracht, wenn das Vormundschaftsgericht dem Vertreter die Vertretungsmacht entzieht (§§ 1629 II 3, 1666, 1796 BGB), etwa in den Fällen, in denen ein Interessengegensatz zwischen dem Vertreter und dem Vertretenen besteht (vgl. RG **50** 156, BGH **6** 158). Der Strafrichter darf die Pflegerbestellung nur nach der formellen Seite nachprüfen; dagegen hat er nicht zu prüfen, ob sie sachlich gerechtfertigt war (RG **50** 157, GA Bd. **59** 452).

23 e) Der gesetzliche **Vertreter** hat, soweit er für den Vertretenen handelt, kein eigenes Antragsrecht; er **übt** nur das **Recht des Antragsberechtigten aus** (RG **57** 241, Oldenburg NJW **56**, 682; sog. Vertretungstheorie), sei es der Verletzte oder der Angehörige, dem nach Abs. 2 das Antragsrecht zugefallen ist. Mit dem Tod des Antragsberechtigten erlischt die Vertretungsbefugnis, die bis dahin noch nicht ausgenutzt worden ist (RG **57** 241, JW **30**, 1004, Hartung NJW 50, 670). Ferner kann der Vertretene, der volljährig geworden ist oder seine volle Geschäftsfähigkeit wiedererlangt hat, den vom Vertreter gestellten Strafantrag zurücknehmen. Unberührt bleibt dagegen die Vertretungsbefugnis von dem selbständigen Antragsrecht des beschränkt Geschäftsfähigen, der das 18. Lebensjahr vollendet hat (vgl. u. 32). Dieser kann weder durch Verzicht auf das Antragsrecht dessen Ausübung durch den gesetzlichen Vertreter ausschließen (and. LG Krefeld VRS **31** 436) noch den vom Vertreter gestellten Antrag zurücknehmen.

24 5. Abs. 3 spricht ausdrücklich nur vom gesetzlichen Vertreter eines Geschäftsunfähigen und eines beschränkt Geschäftsfähigen. Die Regelung ist aber auf andere Fälle einer gesetzlichen Vertretung **analog** anzuwenden (Allfeld VDA II 180, Olshausen, 11. A. Anm. 16 zu § 65 a. F.), so auf den Gebrechlichkeitspfleger (§ 1910 BGB). Zweifelhaft kann sein, ob bei Delikten gegen materielle Rechtsgüter der Abwesenheitspfleger (§ 1911 BGB) zur Antragstellung berechtigt ist. Obwohl Abs. 3 auf den Vertreter in persönlichen Angelegenheiten abstellt und der Abwesenheitspfleger nur für Vermögensangelegenheiten zuständig ist, wird man um eines wirksamen Vermögensschutzes willen die Befugnis des Abwesenheitspflegers zur Antragstellung bei Vermögensdelikten bejahen müssen. Hierfür spricht auch, daß das Gesetz nicht allenthalben auf den Persönlichkeitsbereich beim Strafantrag abstellt (vgl. § 205 II). Entsprechendes gilt für den Nachlaßpfleger (§ 1960 BGB), soweit das Delikt sich gegen den Nachlaß richtet (RG **8** 112). Ferner können kraft ihres Amtes Konkursverwalter (RG 33 437, 35 149), Zwangsverwalter (RG 23 344), Nachlaßverwalter oder Testamentsvollstrecker das Antragsrecht ausüben.

6. Eine Vertretung kommt aber auch unabhängig von den in Abs. 3 geregelten Fällen in Betracht. 25

a) Keine Bedenken bestehen gegen eine **Vertretung in der Erklärung** (RG 61 45, 68 264, BGH NStZ 82, 508, Bremen NJW 61, 1489); hier hat der Vertretene zur Genüge seinen Antragswillen kundgetan. Dagegen genügt ein reines Botenverhältnis nur, wenn der Verletzte selbst bereits die nach § 158 II StPO erforderliche Schriftform eingehalten hat. Vgl. hierzu Stree NJW 56, 454. Zum Unterschied zwischen Vertreter in der Erklärung und Boten vgl. Bosch, Deutsche Notar-Zeitschrift 51, 166, Jähnke LK 51, Ulmer SJZ 48, 140. 26

b) Möglich ist aber auch eine **Vertretung im Willen.** Sie ist zulässig, soweit die Wahrnehmung der durch das Antragsdelikt verletzten Interessen einem Dritten übertragen werden kann und übertragen worden ist. Zulässig ist sie daher bei Verletzung materieller Rechtsgüter (RG 68 265, BGH NStZ 85, 407, Stuttgart Justiz 76, 437, Jähnke LK 52). Sind dagegen immaterielle höchstpersönliche Rechtsgüter (z. B. die Ehre) verletzt, so ist eine Vertretung im Willen grundsätzlich ausgeschlossen (vgl. RG 21 232; einschränkend Jähnke LK 52). Entsprechendes gilt wegen der nahen Beziehung des Verletzten bei den relativen Antragsdelikten (RG 2 149); hier hat der Verletzte seinen Antragswillen im konkreten Fall zu äußern. Zulässig ist jedoch eine spezielle Ermächtigung an den Beauftragten, darüber zu entscheiden, ob und wann der Antrag gestellt werden soll (Bremen NJW 61, 1489, D-Tröndle 22; vgl. auch BGH 9 152, Jähnke LK 52, BGE 99 IV 1). 27

Ob eine Vollmacht auch die Befugnis zur Stellung eines Strafantrags enthält, ist eine Auslegungsfrage; diese Befugnis kann auch eine sog. Generalvollmacht enthalten. So kann z. B. antragsberechtigt sein der Prokurist einer Handelsgesellschaft wegen Verletzung eines dieser zustehenden Urheberrechts (RG 15 145), ferner ein Generalsekretär, dem der Vorstand eines eingetragenen Vereins den Schutz des Vereins gegen unlauteren Wettbewerb übertragen hat (RG 58 204); vgl. ferner auch RG 68 306. Näher hierzu Jähnke LK 53, Köhler aaO 63 ff. 28

c) Auf Grund vermuteter Vollmacht kann ein Strafantrag nicht wirksam gestellt werden (RG 7 7, 60 282), ebensowenig unter dem Gesichtspunkt der Geschäftsführung ohne Auftrag. Gleiches gilt für die Überschreitung einer Vollmacht. 29

d) Für die *Bevollmächtigung* zur Antragstellung bestehen *keine Formvorschriften* (RG 60 282). Die Vollmacht kann mündlich und konkludent erteilt werden; es genügt, daß sie z. Z. der Antragstellung vorliegt (RG 68 265). Auch eine nachträgliche Genehmigung des Antrags innerhalb der Antragsfrist kann diesen wirksam werden lassen (BGH MDR/D 55, 143, Hamm VRS 13 213, Stuttgart Justiz 76, 437, Bay b. Bär DAR 87, 307, BGE 103 IV 71; and. Jähnke LK 54); eine nach Ablauf der Antragsfrist erteilte Genehmigung genügt dagegen nicht (RG 36 416, Bay aaO). Die Vollmacht kann noch nach Fristablauf nachgewiesen werden (RG 60 282, 61 47, BGH NStZ 82, 508). Der Vertreter ist nicht verpflichtet, von sich aus Beweismittel für die Ermächtigung beizufügen. Die Gerichte haben aber in jeder Lage des Verfahrens von Amts wegen zu prüfen, ob der Strafantrag form- und fristgerecht von einem Berechtigten gestellt ist (RG 61 357, 68 265). Nach RG 61 47, BGH NStZ 82, 508, Hamm VRS 13 213 ist nicht erforderlich, daß der Wille, im fremden Namen zu handeln, aus dem Antrag erkennbar hervorgeht. Demgegenüber nimmt KG HöchstRR 3 88 an, der in Vertretung gestellte Antrag sei ohne Nachweis der Vertretungsmacht unvollständig und unwirksam. 30

7. Durch **Verzeihung** geht das Antragsrecht nicht verloren; dies gilt auch dann, wenn sie dem Gericht gegenüber zum Ausdruck gebracht worden ist (RG 14 204). Ebensowenig beseitigt ein **Verzicht,** der nach der Tat gegenüber dem Täter ausgesprochen worden ist, das Antragsrecht (RG 77 159). Er ist jedoch beachtlich, wenn er gegenüber einer Stelle erklärt worden ist, die sich im staatlichen Bereich mit dem Straffall zu befassen hat (RG 76 345); ein studentisches Ehrengericht gehört nicht hierzu (RG DJ 38, 1727), wohl aber die Vergleichsbehörde im Sühneverfahren nach § 380 StPO (Jähnke LK § 77d RN 8). Die Erklärung gegenüber der Polizei, keinen Strafantrag stellen zu wollen, stellt nach Hamm JMBlNW 53, 35 im Regelfall keinen Verzicht dar; vielmehr bedarf die Erklärung im Einzelfall der Auslegung (vgl. BGH NJW 57, 1368, Oldenburg DAR 59, 298, LG Dortmund DAR 57, 244). Soweit mehrere gemeinsam Strafantrag stellen müssen, ist entsprechend nur ein gemeinsamer Verzicht wirksam. Hat etwa ein Elternteil für das Kind auf Strafantrag verzichtet, so bedarf es der Zustimmung des anderen Elternteils. Der einseitige Verzicht eines Elternteils steht daher einem späteren Strafantrag beider Elternteile nicht entgegen (LG Heilbronn Justiz 80, 480). Der Verzicht verhindert die Bestrafung unter allen rechtlichen Gesichtspunkten, die einen Strafantrag erfordern, selbst wenn der Verletzte beim Verzicht nicht an alle in Frage kommenden Qualifikationen der Tat gedacht hat. Ein freiwillig erklärter Verzicht ist unwiderruflich. Über die Zurück- 31

nahme des Strafantrags vgl. § 77d. Allein durch einen im Sühnetermin (§ 380 StPO) abgeschlossenen Vergleich, durch Zahlung des vereinbarten Sühnegeldes und Veröffentlichung einer Ehrenerklärung soll das Antragsrecht nicht erlöschen (RG **76** 345); § 77b V läßt aber erkennen, daß der Gesetzgeber bei einem Vergleich von einem Verzicht auf den Strafantrag ausgegangen ist (vgl. § 77b RN 22); der Täter sollte dennoch vorsorglich einen Vergleich von einem ausdrücklichen Verzicht auf den Strafantrag abhängig machen.

32 8. Ein gem. § 114 BGB **beschränkt Geschäftsfähiger,** der das 18. Lebensjahr vollendet hat, ist befugt, selbst Strafantrag zu stellen. Dieses Recht steht selbständig neben der Vertretungsbefugnis des gesetzlichen Vertreters. Es läßt diese unberührt (vgl. o. 23), bleibt seinerseits aber auch von ihr unabhängig. Der gesetzliche Vertreter kann es durch Verzicht auf Antragstellung nicht beseitigen. Ebensowenig kann er den Antrag des Berechtigten zurücknehmen. Am 1. 1. 1992 entfällt die besondere Regelung des Abs. 3 S. 2 mit Inkrafttreten des BetreuungsG vom 21. 9. 90, BGBl I 2001. Sie hat sich mit Streichung des § 114 BGB erübrigt.

33 9. Sind **mehrere antragsberechtigt,** so kann jeder den Antrag selbständig stellen (Abs. 4). Ein Antragsrecht mehrerer Personen kann sich etwa aus Abs. 2, 3, aus § 194 II, III, § 232 II oder daraus ergeben, daß die Tat mehrere verletzt hat. Die Eltern als gesetzliche Vertreter sind jedoch nicht mehrere Antragsberechtigte; sie müssen gemeinsam das Antragsrecht ausüben (vgl. o. 16). Für jeden Antragsberechtigten läuft eine gesonderte Antragsfrist (§ 77b III). Der Verzicht auf einen Antrag und dessen Zurücknahme berühren nicht die anderen Anträge. Andererseits schließt bei Verletzung mehrerer durch dieselbe Tat der Antrag eines Verletzten nicht die fehlenden Anträge der anderen in sich (vgl. o. 11).

34 IV. Die **Form** des Strafantrags wird durch § 158 II StPO bestimmt. Danach muß der Antrag bei der StA oder einem Gericht, d. h. einem ordentlichen Gericht, jedoch nicht nur AG, schriftlich oder zu Protokoll, bei einer anderen Behörde schriftlich gestellt werden. Ein Telefonanruf genügt nicht (BGH NJW **71**, 903). Unter „anderer Behörde" sind nur Polizeidienststellen zu verstehen (RG **48** 274), jedoch nicht ausländ. (Bay NJW **72**, 1631, Jähnke LK 8; and. Schulz NJW **77**, 480 bei Auslandstaten; vgl. auch Stuttgart Justiz **66**, 16).

35 Im Falle der Gesamtvertretung genügt es, wenn einer der Vertreter die Form des § 158 II StPO wahrt und die übrigen dem Strafantrag mündlich zustimmen oder den Handelnden zum Strafantrag ermächtigen (BGH MDR **57**, 52, Bay **55**, 229).

Über die Antragstellung durch Erhebung einer Privat- oder Nebenklage usw. vgl. u. 38.

36 1. Für die **Schriftlichkeit** des Strafantrags ist nur erforderlich, daß sich neben dem Inhalt der Erklärung die Person, von der sie ausgeht, aus dem Schriftstück ergibt. Die Person des Erklärenden muß aus dem schriftlichen Antrag auch hervorgehen, wenn für eine juristische Person Strafantrag gestellt wird (KG NStZ **90**, 144). Ein Firmenstempel ohne Unterschrift genügt nicht (Celle GA **71** 378, KG aaO). Wohl aber ist ein Antrag schriftlich angebracht, wenn die Unterschrift mit einem Faksimilestempel hergestellt ist (RG **62** 53). Nach RG JW **33**, 2914 soll jedoch die Unterschrift mittels Schreibmaschine nicht genügen. Vgl. andererseits RG **67** 385. Schriftlich ist der Antrag ferner dann gestellt, wenn ein Verletzter den Antrag in Urschrift und Abschrift seiner vorgesetzten Dienststelle einreicht und diese nur die Abschrift an die StA weiterreicht (RG **71** 358, Bay NJW **57**, 919 [Fotokopie]; and. Jähnke LK 11). Vgl. auch RG **72** 338, KG GA **53**, 123. Auch ein mittels Telegramm gestellter Antrag ist als schriftlicher anzusehen, ferner ein von der Polizei protokollierter vom Antragsberechtigten unterschriebener Antrag (BGH NJW **51**, 368), nach Düsseldorf MDR **82**, 954 sogar ein von einem Polizeibeamten allein unterzeichneter Vermerk nach mündlicher Anzeige des Verletzten (and. zu Recht Hamm NJW **86**, 734, Jähnke LK 11; vgl. aber auch Riegel NJW **73**, 495).

37 2. Bei der Anbringung des Antrags zu **Protokoll** (auch Sitzungsprotokoll, RG **38** 39) sind Unterschrift des Antragstellers und Verlesung nicht erforderlich (RG **2** 254, **12** 175). Ein bloßer Aktenvermerk über einen Strafantrag ist kein Protokoll und genügt daher nicht (Jähnke LK 12).

38 V. Über den **Inhalt** des Antrags sagt das Gesetz nichts. Erforderlich und ausreichend ist, wenn der Wille des Antragsberechtigten zum Ausdruck kommt, daß eine bestimmt bezeichnete Handlung strafrechtlich verfolgt werde (KG GA **53**, 123). Das Verfolgungsbegehren und sein Umfang müssen nicht bereits zweifelsfrei aus dem unterschriebenen Text hervorgehen; es genügt, wenn sich dies i. V. mit Begleitumständen ergibt, etwa mit einem in Bezug genommenen Akteninhalt (vgl. RG **64** 107, **75** 259, Düsseldorf VRS **71** 31). Zum Begriff des Antrags gehört nicht, daß er die Bestrafung des Täters, d. h. dessen Verurteilung zu einer Geld- oder Freiheitsstrafe, zum Ziele hat; auch die Anordnung sichernder Maßnahmen ist eine strafrechtliche Verfolgung (RG **71** 322, Jähnke LK 13). Eine Bezeichnung dieser Erklärung als Strafantrag ist nicht erforderlich; daher liegt z. B. in der rechtzeitigen Erhebung einer Privatklage (RG **8** 209; and. für den „Entwurf" einer Privatklage LG Bonn MDR **65**, 766) und im Anschluß des Nebenklägers ein gültiger Strafantrag (BGH **33** 116, Stuttgart DR **39**, 1148); nicht genügt

dagegen ein Antrag auf Prozeßkostenhilfe zwecks Erhebung der Privatklage. In einer Strafanzeige kann ein Strafantrag gesehen werden, wenn sie sich auf ein Antragsdelikt bezieht und eindeutig das Verlangen ergibt, daß die in Rede stehende Tat verfolgt werden soll (BGH GA 57, 17, Düsseldorf MDR 86, 165); es schadet nichts, wenn der Anzeigende das Delikt fälschlich für ein Offizialdelikt hält (BGH NJW 51, 368). Bezieht sich die Anzeige jedoch auf ein bestimmtes Offizialdelikt, so ist nicht auszuschließen, daß der Anzeigende die Tat nur als Offizialdelikt, nicht als Antragsdelikt verfolgt wissen will (Stuttgart NStZ 81, 184; vgl. auch Köln NJW 65, 408). Ein eindeutiges Verlangen nach Strafverfolgung ergibt sich nicht ohne weiteres aus einer gegen einen Täter gerichteten Zeugenaussage des Antragsberechtigten, mit der dieser die Belastung eines anderen Täters, gegen den sich der Antrag richten müßte, als unvermeidlich in Kauf nimmt (BGH MDR/D 74, 13). Ein Antrag auf Anberaumung einer Sühneverhandlung reicht als Strafantrag nicht aus (R 10 90, Hamm JZ 52, 568); er führt lediglich zum Ruhen der Antragsfrist (§ 77b V).

1. Der Strafantrag braucht die **Handlung,** die verfolgt werden soll, **nicht rechtlich** zu **kennzeichnen.** Es ist daher unschädlich, wenn die Handlung rechtlich unrichtig und nicht nach allen Richtungen hin erschöpfend bezeichnet ist (RG 65 358, BGH NJW 51, 531). So ist z. B. unschädlich, daß ein bestimmtes Verhalten als Verführung und nicht als Beleidigung bezeichnet worden ist (vgl. RG DJ 36, 774); vgl. weiter BGH NJW 51, 368. War die Beurteilung der Tat z. Z. der Antragstellung anders als nach dem Ergebnis der Hauptverhandlung, so wird der Strafantrag dadurch nicht beeinflußt, wenn nicht in ihm zum Ausdruck gebracht war, daß die Tat nur unter einem bestimmten Gesichtspunkt verfolgt werden solle (RG DR 39, 234, HRR 39 Nr. 1436, BGH NJW 51, 368, Bay VRS 79 149). 39

2. Die **Angabe der Person,** die verfolgt werden soll, ist nicht erforderlich. Im Wege der Auslegung ist aber zu ermitteln, auf wen der Antragsteller seinen Antrag erstreckt wissen will. Im Zweifel bezieht sich der Antrag nicht auf Personen, zu denen der Verletzte in näheren Beziehungen steht, insb. also nicht auf Angehörige (Müller KK § 158 RN 50; and. Jähnke LK 17); das gilt sowohl bei relativen als auch bei absoluten Antragsdelikten. Die Beschränkung auf relative Antragsdelikte (vgl. RG 25 176, 31 169) ist nicht mehr gerechtfertigt, nachdem das Verbot, den Antrag zu teilen, aufgehoben worden ist. Dagegen ist im allgemeinen anzunehmen, daß sonstige Täter vom Strafantrag erfaßt werden. Vgl. hierzu Stree MDR 56, 723, In dubio pro reo (1962) 61. 40

3. Der Antrag muß frei von Bedingungen sein. Bei Hinzufügung einer aufschiebenden **Bedingung** liegt kein gültiger Antrag vor (Oldenburg MDR 54, 55); auflösende Bedingungen sind nicht zu beachten (RG 14 97; z. T. and. Rudolphi SK 19). Vgl. hierzu noch Bergmann MDR 54, 660, ferner Jähnke LK 14. 41

4. Es ist zulässig, daß der Verletzte seinen Strafantrag in sachlicher oder in persönlicher Hinsicht oder nach beiden Richtungen **beschränkt.** Ist das nicht geschehen, so ergreift der Antrag die Tat in ihrer gesamten rechtlichen Bedeutung und in den Grenzen des § 264 StPO (KG VRS 23 33). Andere Beschränkungen, etwa auf eine bestimmte Strafe wie „nur Geldstrafe", sind unbeachtlich. 42

a) Der Verletzte kann den Strafantrag auf eine von mehreren gegen ihn gerichteten *Straftaten* beschränken, auch dann, wenn diese in einer Handlungseinheit zusammentreffen. Ein Strafantrag kann daher z. B. auf einzelne von mehreren in einem Schriftstück enthaltenen, gegen dieselbe Person gerichteten Beleidigungen beschränkt werden (RG 62 85, DStR 36, 101; and. Koblenz NJW 56, 1729), ferner auf einzelne Teilakte einer fortgesetzten Tat (RG 74 205 m. Anm. Bruns DR 40, 1418, D-Tröndle 28). Vgl. auch Frankfurt NJW 52, 1388. Im Zweifel soll sich der Antrag auf die ganze Tat i. S. des § 264 StPO erstrecken (KG JR 56, 351, Jähnke LK 19); die Ansicht ist mit dem Grundsatz in dubio pro reo nicht vereinbar. 43

b) Auch in *persönlicher* Hinsicht ist der Antrag teilbar (and. noch Art. 30 schweiz. StGB); er kann auf einen von mehreren Tatbeteiligten beschränkt werden (vgl. BGH 19 321 [Entführung]). Die Beschränkung kann der Antragsberechtigte nach freiem Belieben vornehmen (M-Zipf II 741); er ist hierbei nicht an den Gleichheitssatz des Art. 3 GG gebunden. Eine Ausnahme besteht für Behörden, wenn sie, wie im Falle des § 194 III, hoheitliche Aufgaben bei der Antragstellung wahrnehmen (Rudolphi SK 20; and. Jähnke LK 8 vor § 77, D-Tröndle § 77a RN 1). Näher hierzu Stree DÖV 58, 172ff. 44

VI. Da der Strafantrag Prozeßvoraussetzung ist, kann er grundsätzlich erst gestellt werden, wenn die Straftat begangen worden ist. Steht diese jedoch unmittelbar bevor oder ist abzusehen, daß innerhalb kurzer Frist konkretisierbare Straftaten begangen werden, so ist die **Antragstellung** auch schon **vor Tatbeginn** möglich (RG GA Bd 60 438, BGH 13 363, Schleswig SchlHA/E-L 80, 172, Düsseldorf NJW 87, 2526 m. Anm. Keller JR 87, 521, D-Tröndle § 77b RN 2; and. M-Zipf II 739, Schroth NStZ 82, 1; vgl. auch Jähnke LK 22). So deckt z. B. ein 45

Strafantrag nach § 248b auch die Fahrzeugbenutzung nach Antragstellung (Bay NJW **66**, 942). Ein Strafantrag nach § 123 gegen Unbekannt wirkt auch gegen Täter, die erst nach Antragstellung am Hausfriedensbruch der bisherigen Täter mitwirken (Düsseldorf NJW **82**, 2680).

46 Bei einem fortgesetzten Delikt kann der Antrag schon vor der letzten Handlung wirksam gestellt werden (RG **17** 230, **38** 40, Hamburg NJW **56**, 522). Er erfaßt dann, sofern er keine Beschränkung enthält, auch die späteren Handlungsteile.

47 **VII.** Der Strafantrag hat die **Wirkung,** daß die StA die Verfolgung aufnehmen kann, es sei denn, der Strafantrag war beschränkt (vgl. o. 42ff.); zur fortgesetzten Tat vgl. RG **49** 67, Hamburg NJW **56**, 522. Über Verzeihung und Verzicht vgl. o. 31. Als prozessuale Willenserklärung ist der Strafantrag wegen Willensmängel nicht anfechtbar. Seine Zurücknahme ist gem. § 77d zulässig. Zweifelhaft ist, ob ein rechtsmißbräuchlicher Antrag wirksam ist (verneinend BGE 105 IV 229) und wann ein Mißbrauch vorliegt (vgl. Naucke H. Mayer-FS 565). Zumindest ist in der Annahme der Unwirksamkeit eines Antrags wegen Rechtsmißbrauchs Zurückhaltung geboten, da die Antragstellung an sich dem Belieben des Antragsberechtigten unterliegt (vgl. Rudolphi SK 20). Zum Problem einer möglichen Unwirksamkeit des Strafantrags vgl. auch Barnstorf NStZ 85, 67, Jähnke LK 56.

48 **Fehlt** der erforderliche **Strafantrag,** dann ist das Verfahren einzustellen. Entsprechendes gilt, wenn nicht festgestellt werden kann, ob ein Strafantrag gestellt oder ob er fristgerecht gestellt worden ist (RG **47** 238, BGH StV **84**, 509, Hamm VRS **14** 33, Stuttgart NStZ **81**, 184, Stree, In dubio pro reo [1962] 60f.). Ausnahmsweise ist freizusprechen, wenn Anklage wegen eines Offizialdelikts erhoben worden ist, das tateinheitlich mit einem Antragsdelikt zusammentrifft, und wegen des ersteren Freispruch erfolgen muß, während das Antragsdelikt mangels Strafantrags nicht verfolgbar ist. In einem solchen Falle fordert das Interesse des Angekl. einen Freispruch. Eine Trennung des Offizial- und des Antragsdelikts verbietet sich wegen der Identität der Tat. Einzustellen ist nur dann, wenn die Antragsfrist noch nicht abgelaufen ist, weil in diesem Fall dem Verletzten die Möglichkeit offengehalten werden muß, Strafantrag zu stellen; sein Interesse geht dem des Angekl. vor. I. E. ebenso BGH **1** 235, **7** 261, **32** 10, GA **57**, 19, **59**, 17, NJW **71**, 903; hierzu krit. Bindokat aaO. Bei Verurteilung wegen eines Offizialdelikts, das tateinheitlich mit einem mangels Strafantrags endgültig nicht verfolgbaren Antragsdelikt zusammentrifft, bleibt das Antragsdelikt im Urteilsspruch unerwähnt (Jähnke LK 11 vor § 77).

49 Bei Fehlen des Antrages kann auch keine Maßregel der Besserung und Sicherung angeordnet werden. Das gilt auch für das **Sicherungsverfahren** gemäß § 413 StPO. Der von § 103 E 62 abweichende Wortlaut des § 71 läßt erkennen, daß der Gesetzgeber die selbständige Anordnung einer Maßregel der Besserung und Sicherung für nicht gerechtfertigt gehalten hat, wenn ein Strafverfahren wegen Fehlens eines Strafantrags undurchführbar ist (vgl. BT-Drs. V/4095 S. 38, BGH **31** 135). Ein Bedürfnis für eine Ausnahme bei § 413 StPO besteht auch nicht, da die Verwaltungsbehörde jederzeit gegen Störer der öffentlichen Sicherheit einschreiten kann. Ausdrücklich schließt § 76a II 2 die Befugnis aus, in einem selbständigen Verfahren die Einziehung oder Unbrauchbarmachung anzuordnen, wenn mangels eines Strafantrags keine bestimmte Person verfolgt werden kann.

50 Ist die Antragsfrist versäumt, so kann fraglich sein, ob der Verletzte als **Nebenkläger** zugelassen werden kann, wenn öffentliche Anklage erhoben worden ist; vgl. einerseits LG Bremen StV **88**, 293 (verneinend), andererseits LG Tübingen NStZ **88**, 520 (bejahend) m. abl. Anm. Pelchen. Soweit die öffentliche Anklage erfolgt ist, weil die StA das besondere öffentliche Interesse an der Strafverfolgung bejaht hat, z. B. gem. § 232 I, oder der Strafantrag eines Dienstvorgesetzten vorliegt, z. B. gem. § 232 II, ist die Nebenklage auch ohne Strafantrag des Verletzten zugelassen (AG Höxter NJW **90**, 1126). Zu den Gründen und zu weiteren Problemfällen vgl. Rieß NStZ 89, 102, auch Riegner MDR 89, 602.

51 Trotz fehlenden Antrags ist die Handlung aber eine rechtswidrige Tat i. S. des § 11 I Nr. 5; dies ist z. B. von Bedeutung für die §§ 25ff., 32, 257, 259; vgl. weiter RG **76** 328. Ein Irrtum des Täters über Antragsvoraussetzungen ist unbeachtlich (vgl. § 247 RN 13).

52 **VIII.** Vom Strafantrag zu unterscheiden sind die **Ermächtigung** und das **Strafverlangen.** Vgl. dazu § 77e und die dortigen Anm. Auch die **Erklärung** der StA, daß sie wegen **des besonderen öffentlichen Interesses** die Strafverfolgung übernehme (vgl. etwa § 232), ist kein Strafantrag i. S. der §§ 77ff. (RG **77** 73, Hamm JMBlNW **52**, 13).

§ 77a Antrag des Dienstvorgesetzten

(1) Ist die Tat von einem Amtsträger, einem für den öffentlichen Dienst besonders Verpflichteten oder einem Soldaten der Bundeswehr oder gegen ihn begangen und auf Antrag des Dienstvorgesetzten verfolgbar, so ist derjenige Dienstvorgesetzte antragsberechtigt, dem der Betreffende zur Zeit der Tat unterstellt war.

(2) Bei Berufsrichtern ist an Stelle des Dienstvorgesetzten antragsberechtigt, wer die Dienstaufsicht über den Richter führt. Bei Soldaten ist Dienstvorgesetzter der Disziplinarvorgesetzte.

(3) Bei einem Amtsträger oder einem für den öffentlichen Dienst besonders Verpflichteten, der keinen Dienstvorgesetzten hat oder gehabt hat, kann die Dienststelle, für die er tätig war, den Antrag stellen. Leitet der Amtsträger oder der Verpflichtete selbst diese Dienststelle, so ist die staatliche Aufsichtsbehörde antragsberechtigt.

(4) Bei Mitgliedern der Bundesregierung ist die Bundesregierung, bei Mitgliedern einer Landesregierung die Landesregierung antragsberechtigt.

I. Bei bestimmten Straftaten, die von einem Amtsträger, einem für den öffentlichen Dienst **1** besonders Verpflichteten oder einem Soldaten oder gegen eine solche Person begangen worden sind, bestimmt das Gesetz, daß sie auf Antrag des Dienstvorgesetzten verfolgbar sind. Vgl. etwa § 355 III und §§ 194 III, 232 II. Für diese Fälle regelt § 77 a, wer antragsberechtigt ist.

1. Antragsberechtigt ist nach Abs. 1 der **Dienstvorgesetzte,** dem der Betreffende z.Z. der **2** Tat unterstellt war. Scheidet dieser nach der Tat aus seiner Stellung aus, so bleibt das Antragsrecht davon unberührt. Wer Dienstvorgesetzter ist, bestimmt sich nach den maßgebenden dienstrechtlichen Vorschriften, z. B. für Bundesbeamte nach § 3 II BBG. Mit dem Begriff „Dienstvorgesetzter" ist nicht die Person des jeweiligen Dienstvorgesetzten gemeint, sondern die Institution als solche. Daher ist, wenn ein Dienstvorgesetzter aus dieser Stellung ausscheidet, der Dienstnachfolger antragsberechtigt. Dieser übernimmt aber lediglich die Antragsbefugnis, so daß ihm beim Teilablauf der Antragsfrist z.Z. des Amtswechsels nur der Rest der Frist zur Verfügung steht (vgl. § 77b RN 18). Neben dem unmittelbaren Dienstvorgesetzten kann auch ein höherer Dienstvorgesetzter den Antrag stellen, wobei für ihn eine eigene Antragsfrist läuft (Jähnke LK 5). Bei mehrfachen Dienstverhältnissen ist der Dienstvorgesetzte antragsberechtigt, der für den Dienstzweig zuständig ist, den das Antragsdelikt berührt (Jähnke LK 8).

2. Eine besondere Regelung war für **Berufsrichter** notwendig, da sie keinen Dienstvorge- **3** setzten im beamtenrechtlichen Sinn haben. Abs. 2 S. 1 bestimmt deshalb, daß bei ihnen an Stelle des Dienstvorgesetzten antragsberechtigt ist, wer die Dienstaufsicht über den Richter führt. Zur Zuständigkeit für die Dienstaufsicht vgl. Schmidt-Räntsch, Dt. Richtergesetz (4. A. 1988), § 26 RN 8 ff.

Bei **Soldaten** ist Dienstvorgesetzter der Disziplinarvorgesetzte (Abs. 2 S. 2). Vgl. § 1 V Sol- **4** datenG i. V. mit den §§ 23 ff. WehrdisziplinarO.

Zuständig ist wie bei den Dienstvorgesetzten, wer z.Z. der Tat Dienstaufsicht geführt hat **5** bzw. Disziplinarvorgesetzter gewesen ist. Wie bei den Dienstvorgesetzten ist ebenfalls die Institution als solche gemeint und nicht die Person des jeweiligen Dienstaufsichtführenden oder Disziplinarvorgesetzten. Bei dessen Ausscheiden aus dem Amt geht somit die Antragsberechtigung auf den Nachfolger über. Vgl. o. 2.

3. Soweit ein Amtsträger oder ein für den öffentlichen Dienst besonders Verpflichteter **kei-** **6** **nen Dienstvorgesetzten** hat oder gehabt hat, ist die Dienststelle, für die der Betreffende tätig war, antragsberechtigt (Abs. 3). Ein solcher Fall ist u. a. bei Laienrichtern in Ausübung ihrer richterlichen Tätigkeit gegeben. Bei Dienststellenleitern, die keinen Dienstvorgesetzten haben, steht, da ihnen selbst nicht die Entscheidung über den Strafantrag zugesprochen werden kann, der staatlichen Aufsichtsbehörde die Antragsbefugnis zu.

4. Mangels eines Dienstvorgesetzten war ferner bei **Regierungsmitgliedern** eine besondere **7** Regelung erforderlich. Abs. 4 spricht bei ihnen der Regierung, der das Mitglied angehört, das Antragsrecht zu. Dessen Ausübung setzt einen Beschluß des betreffenden Kabinetts voraus, und zwar in dessen Zusammensetzung z.Z. der Beschlußfassung. Die Antragserklärung gem. § 158 II StPO kann jedoch ein bevollmächtigtes Kabinettsmitglied abgeben.

II. Das Antragsrecht ist dem Dienstvorgesetzten und den ihm gleichgesetzten Stellen im **8** Interesse des öffentlichen Dienstes eingeräumt worden, auch bei Taten gegen Amtsträger usw. Es fällt daher in den Bereich **hoheitlicher Aufgaben.** Eine Beschränkung des Strafantrags in persönlicher Hinsicht (vgl. § 77 RN 44) muß mithin dem Gleichheitssatz des Art. 3 GG gerecht werden (vgl. Stree DÖV 58, 175, Tiedemann GA 64, 358; vgl. § 77 RN 44). Das Antragsrecht ist selbständig und bleibt von einem Antragsrecht des Verletzten unberührt (vgl. § 77 RN 33). Es erlischt daher auch nicht mit dem Tod des Verletzten.

§ 77 b Antragsfrist

(1) **Eine Tat, die nur auf Antrag verfolgbar ist, wird nicht verfolgt, wenn der Antragsberechtigte es unterläßt, den Antrag bis zum Ablauf einer Frist von drei Monaten zu stellen. Fällt das Ende der Frist auf einen Sonntag, einen allgemeinen Feiertag oder einen Sonnabend, so endet die Frist mit Ablauf des nächsten Werktags.**

(2) **Die Frist beginnt mit Ablauf des Tages, an dem der Berechtigte von der Tat und der Person des Täters Kenntnis erlangt. Hängt die Verfolgbarkeit der Tat auch von einer Entscheidung über die Nichtigkeit oder Auflösung einer Ehe ab, so beginnt die Frist nicht vor Ablauf des Tages, an dem der Berechtigte von der Rechtskraft der Entscheidung Kenntnis erlangt. Für den Antrag des gesetzlichen Vertreters und des Sorgeberechtigten kommt es auf dessen Kenntnis an.**

(3) **Sind mehrere antragsberechtigt oder mehrere an der Tat beteiligt, so läuft die Frist für und gegen jeden gesondert.**

(4) **Ist durch Tod des Verletzten das Antragsrecht auf Angehörige übergegangen, so endet die Frist frühestens drei Monate und spätestens sechs Monate nach dem Tod des Verletzten.**

(5) **Der Lauf der Frist ruht, wenn ein Antrag auf Durchführung eines Sühneversuchs gemäß § 380 der Strafprozeßordnung bei der Vergleichsbehörde eingeht, bis zur Ausstellung der Bescheinigung nach § 380 Abs. 1 Satz 2 der Strafprozeßordnung.**

Vorbem. Abs. 5 eingefügt durch das StVÄG 1987 vom 27. 1. 1987, BGBl. I 475.

1 I. Die **Frist** zur Stellung des Strafantrags beträgt 3 Monate. Sie hat den Zweck, aus Gründen der Rechtssicherheit und öffentlichen Ordnung den Zustand der Unentschiedenheit darüber abzukürzen, ob eine Straftat verfolgt werden soll (vgl. RG **71** 39). Bis zum Ablauf der Frist muß der Strafantrag der nach § 158 II StPO zuständigen Behörde zugegangen sein (and. BG Pr. 56, 321, nach dem die Aufgabe bei der Post am letzten Tag ausreicht). Einwurf des Antragsschreibens in Behördenbriefkasten genügt insoweit (Jähnke LK 10). Es handelt sich um eine Ausschlußfrist, so daß Wiedereinsetzung in den vorigen Stand nicht zulässig ist (Bremen NJW **56**, 392). Eine Fristversäumung kann aber unter bestimmten Voraussetzungen zu verneinen sein. Vgl. u. 19. Ist zweifelhaft, ob der Antrag fristgerecht gestellt worden ist, so ist eine Strafverfolgung unzulässig (vgl. Stree, In dubio pro reo, 1962, 60 sowie § 77 RN 48).

2 1. Die Frist **beginnt** mit Ablauf des Tages, an dem der Antragsberechtigte von der Tat und der Person des Täters Kenntnis erlangt (Abs. 2). Sie verlängert sich, wenn ihr Ende auf einen Sonnabend oder einen Feiertag fällt, bis zum Ablauf des nächsten Werktages (Abs. 1 S. 2). Der Fristbeginn ist nur für die Feststellung der Dreimonatsfrist bedeutsam. Er schließt einen vorherigen Strafantrag und dessen Wirksamkeit nicht aus, etwa einen Strafantrag gegen Unbekannt wegen fehlender Kenntnis von der Person des Täters (Jähnke LK 2).

3 2. Maßgebend für den Fristbeginn ist die **Kenntnis des Antragsberechtigten.** Hierunter sind nur die Personen zu verstehen, die kraft Gesetzes antragsbefugt sind; auf die Kenntnis eines Bevollmächtigten kommt es nicht an (RG **36** 416). Ist eine Behörde oder eine juristische Person antragsberechtigt, dann ist die Kenntnis der zu ihrer Vertretung berufenen Person entscheidend (Hamburg MDR **80**, 598). Für den Antrag des gesetzlichen Vertreters und des Sorgeberechtigten (vgl. § 77 RN 15 ff.) kommt es auf deren Kenntnis an.

4 Bei Gesamtvertretung ist Kenntnis aller Vertreter erforderlich (RG **35** 270, **47** 338, Bay **55**, 220; vgl. auch RG **68** 265; and. Jähnke LK 10). Dies gilt auch bei der Gesamtvertretung des Kindes durch die Eltern (and. BGH **22** 103, Jähnke LK 10, Jescheck 809, M-Zipf II 739). Gerade der vom BGH beurteilte Sachverhalt spricht gegen den Standpunkt des BGH. Wenn die Mutter des Minderjährigen den Wunsch hat, Taten gegen das Kind, etwa Beleidigungen, zu vertuschen, muß dem Vater die Möglichkeit verbleiben, seine eigene Entscheidung – u. U. mit Hilfe des Vormundschaftsgerichts – durchzusetzen. Der Hinweis des BGH auf Wahrung des Rechtsfriedens wird schon durch die Existenz des Abs. 3 widerlegt.

5 3. Sind **mehrere antragsberechtigt** (vgl. § 77 RN 33), so läuft für jeden eine gesonderte Frist (Abs. 3), die mit seiner eigenen Kenntnis beginnt (vgl. RG **73** 116, Bay **64**, 156). Diese Regel gilt auch, wenn mehrere Dienstvorgesetzte antragsberechtigt sind (vgl. § 77a RN 2) oder der Vertretene neben seinem gesetzlichen Vertreter Strafantrag stellen kann (vgl. § 77 RN 32).

6 4. Der Antragsberechtigte muß **Kenntnis von der Tat** haben. Insoweit genügt nicht, daß ihm die objektive Verwirklichung des Tatbestandes bekannt ist. Er muß zudem – sei es auch nur

durch Schlußfolgerung – die Kenntnis des subjektiven Tatbestandes erlangen, damit er die Straftat als solche, als eine ihn verletzende erkennt (RG **69** 380, **75** 299; and. BGE 79 IV 58; 80 IV 3f., offen gelassen in BGE 101 IV 113). Bei Teilnahmehandlungen ist auch Kenntnis von der vorsätzlichen Haupttat, nicht jedoch von der Person des Haupttäters Voraussetzung für den Fristbeginn. Bei den Erfolgsdelikten beginnt die Antragsfrist erst mit Kenntnis vom Erfolg.

Alle Einzelheiten der Tat braucht der Antragsberechtigte nicht zu kennen. Es reicht aus, 7 wenn er von dem Vorgang in seinen wesentlichen Teilen erfährt. Dazu gehört auch die Kenntnis solcher Tatsachen, die die Tat gerade zum Antragsdelikt machen. Erfährt der Verletzte z. B. erst später, daß es sich beim angenommenen Kfz-Diebstahl um eine Tat nach § 248b gehandelt hat, so ist dieser Zeitpunkt maßgebend (Jähnke LK 8). Dagegen braucht der Antragsberechtigte nicht zu wissen, daß die Strafverfolgung einen Antrag voraussetzt (Hamm NJW **70**, 578).

Bei einer fortgesetzten Tat bestimmt sich die Antragsfrist für jeden Teilakt selbständig (vgl. 8 33 vor § 52, Düsseldorf MDR **80**, 952, Lackner 3a, M-Zipf II 739, Rudolphi SK 9; and. RG **40** 319, **61** 303, Jähnke LK 6, D-Tröndle 4). Beim Dauerdelikt beginnt sie nicht vor Kenntnis der Beseitigung des rechtswidrigen Zustandes (RG **43** 287). Beim Versuch kommt es auf die Kenntnis von der letzten auf den Tatbestandserfolg gerichteten Handlung an (LG Konstanz NJW **84**, 1767).

5. Außerdem muß der Antragsberechtigte **Kenntnis vom Täter** haben. Unter den Begriff des 9 „Täters" fällt hier jeder, der sich in irgendeiner Form an der Tat beteiligt hat. Der Täter ist bekannt, wenn er im Antrag individuell erkennbar gemacht werden kann; das Wissen des Namens ist nicht erforderlich (RG **27** 35), noch weniger die Kenntnis der Lebensumstände (Stuttgart NJW **55**, 73) und des Aufenthaltsortes (BGH **2** 125). Bei relativen Antragsdelikten muß der Verletzte jedoch Kenntnis davon haben, daß der Täter die persönlichen Beziehungen zu ihm hat, die den Strafantrag bedingen (Rudolphi SK 10; and. Jähnke LK 9). Nur dann kennt er die Tatsachen, die die Tat zum Antragsdelikt machen (vgl. o. 7). Bei mehreren Tatbeteiligten richtet sich wegen der Teilbarkeit des Strafantrags der Beginn der Antragsfrist jeweils danach, wann der Antragsberechtigte Kenntnis vom einzelnen Beteiligten erlangt (Abs. 3).

6. Kenntnis ist mehr als Verdacht und weniger als Gewißheit; bloße Vermutung genügt nicht 10 (RG **75** 300), mag auch der Berechtigte innerlich von der Tat einer bestimmten Person überzeugt sein (vgl. RG **45** 129). Zur Kenntnis gehört das Wissen von Tatsachen, die einen Schluß auf die wesentlichen Tatumstände und den Täter zulassen (RG **58** 204). Der Antragsberechtigte muß von der Tat und der Person des Täters so zuverlässige Kenntnis haben, daß er in der Lage ist, vom Standpunkt eines besonnenen Menschen aus zu beurteilen, ob er Strafantrag stellen soll (RG **75** 300, Schleswig SchlHA **57**, 209, BGE 74 IV 75). Seine Kenntnis muß also so beschaffen sein, daß er sich bei Abwägung aller Umstände zur Antragstellung entschließen kann (Frankfurt NJW **52**, 236; vgl. auch Stuttgart NJW **55**, 73, Hamm VRS **10** 134, Köln JMBlNW **61**, 145, Saarbrücken VRS **30** 40). Dies kann auch dann der Fall sein, wenn die StA das Ermittlungsverfahren eingestellt hat (Hamm VRS **10** 134). Entscheidend ist die Kenntnis der Tatsachen; unwesentlich ist, ob der Antragsberechtigte die Tat rechtlich zutreffend würdigt (Saarbrücken VRS **30** 40).

Die Frist beginnt später zu laufen, wenn die Sach- und Rechtslage durch eine später bekannt- 11 gewordene Tatsache für ein vernünftiges Urteil ein wesentlich anderes Gesicht bekommt (RG **75** 301 für das Eingreifen des § 182 statt des § 185) oder erst die Einlassung des Beschuldigten den Sachverhalt klärt (Verletzung von Kindern, Hamm JMBlNW **60**, 271). Hat eine fahrlässige Körperverletzung eine scheinbar unwesentliche Verletzung zur Folge gehabt, die sich erst später als schwerwiegend herausstellt, so beginnt die Frist mit Bekanntwerden der schweren Schädigung (RG **61** 303). Keinen wesentlich anderen Charakter erlangt dagegen die Behauptung ehrenrühriger Tatsachen durch Hinzufügen formal beleidigender Bezeichnungen, so daß die erst später erlangte Kenntnis dieser zusätzlichen Ehrverletzung keine neue Antragsfrist in Lauf setzt (Frankfurt NJW **72**, 65).

II. In bestimmten Fällen gelten für die Antragsfrist **besondere Regeln.** 12

1. Soweit die Verfolgbarkeit der Tat auch von einer Entscheidung über die Nichtigkeit oder 13 **Auflösung der Ehe** abhängt (vgl. § 238 II), beginnt die Frist nicht vor Ablauf des Tages, an dem der Antragsberechtigte von der Rechtskraft der Entscheidung Kenntnis erlangt (Abs. 2 S. 2). Einschränkend bestimmt jedoch § 238 II für die dort erfaßten Fälle, daß sich an der Antragsfrist nichts ändert, wenn das Antragsrecht bereits vor der Eheschließung erloschen war.

2. Besonderheiten für die Antragsfrist gelten ferner bei **wechselseitig begangenen,** miteinander 14 zusammenhängenden **Antragsdelikten.** Vgl. dazu § 77c.

3. Ist ein Offizialdelikt auf Grund einer **Gesetzesänderung** zum Antragsdelikt geworden, so 15 beginnt die Antragsfrist frühestens mit Inkrafttreten der Gesetzesänderung (Hamm NJW **70**,

578). Denn vorher war der Antragsberechtigte noch nicht dazu aufgerufen, sich zu entscheiden, ob er Strafantrag stellen soll. Ihm muß daher wie sonst eine Überlegungsfrist von 3 Monaten zugestanden werden.

16   4. Bei Übergang des Antragsrechts auf **Angehörige** (§ 77 II) endet die Antragsfrist frühestens 3 Monate und spätestens 6 Monate nach dem Tod des Verletzten (Abs. 4). Unerheblich ist, ob der Verstorbene bereits einen Teil der Antragsfrist hat verstreichen lassen, sofern er nicht seinen Willen bekundet hat, keinen Antrag zu stellen. Ist allerdings bei seinem Tod die Antragsfrist abgelaufen, so ist damit das Antragsrecht erloschen. Dem Angehörigen steht auch dann eine neue, frühestens mit dem Tod des Verletzten beginnende Antragsfrist zu, wenn er schon vorher von der Tat und dem Täter Kenntnis gehabt hat. Da ihm volle 3 Monate als Überlegungsfrist einzuräumen sind, kann die Antragsfrist nicht vor Ablauf des Tages beginnen, an dem er vom Tod des Verletzten erfährt. Erlangt er erst später von der Tat und dem Täter Kenntnis, so richtet sich hiernach die Antragsfrist. Um jedoch zu verhindern, daß sich der Fristablauf unangemessen hinausschiebt und zu lange Ungewißheit über die Verfolgbarkeit der Tat besteht, setzt Abs. 4 fest, daß die Frist spätestens 6 Monate nach dem Tod des Verletzten endet.

17   5. Eine genügende Überlegungsfrist ist ebenfalls dem Verletzten einzuräumen, der erst nach der Tat **antragsmündig** wird. Für ihn beginnt, sofern sein gesetzlicher Vertreter die Frist noch nicht versäumt hat (vgl. dazu RG **5** 193), ab Antragsmündigkeit (vgl. RG **69** 378) oder bei später erlangter Kenntnis von der Tat und dem Täter ab diesem Zeitpunkt eine selbständige Antragsfrist. Ein Teilablauf der Frist beim gesetzlichen Vertreter ist nicht anzurechnen (D-Tröndle § 77 RN 18, Lackner 4, Rudolphi SK § 77 RN 12; and. Jähnke LK 15). Entsprechendes gilt für den gesetzlichen Vertreter des Antragsmündigen. Ihm stehen ebenfalls 3 Monate als Überlegungsfrist zu, es sei denn, die Antragsfrist war bei Übernahme der Vertretung schon abgelaufen. Ein Teilablauf der Frist berührt ihn nicht.

18   6. Anders ist es jedoch bei einem **Wechsel des gesetzlichen Vertreters.** Der Nachfolger tritt in die Antragsbefugnis seines Vorgängers ein. Er hat daher nur den Rest der Frist, soweit sie seinem Vorgänger gegenüber noch nicht abgelaufen war, zur Verfügung. Ebenso verhält es sich beim Wechsel des Dienstvorgesetzten. Auch hier übernimmt der Nachfolger nur die Antragsberechtigung seines Vorgängers.

19   III. Die Frist läuft nur dann, wenn es dem Antragsberechtigten tatsächlich und rechtlich **möglich** ist, **Strafantrag zu stellen.** Wer diese Möglichkeit nicht hat, unterläßt nicht die Antragstellung i. S. des Abs. 1. Das ist der Fall, wenn der Berechtigte körperlich oder rechtlich, z. B. durch Geisteskrankheit, an der Antragstellung gehindert war (BGH **2** 124). Ist jemand nach einem Unfall wochenlang besinnungslos, so beginnt die Frist erst nach Wiedererlangung der Besinnung (RG HRR **40** Nr. 39). Einem tatsächlichen Hindernis kommen schwerste Drohungen gleich, etwa Morddrohungen, die ein Untätigbleiben erzwingen (vgl. auch § 77 d RN 8 zur erzwungenen Antragsrücknahme). Beim Verletzten, der wegen Geistesschwäche die Antragsbedeutung nur mit fremder Hilfe erkennen kann, ist maßgebend, wann er die erforderliche Kenntnis erlangt hat (Schleswig MDR **80**, 247). Bei rechtlicher Verhinderung des gesetzlichen Vertreters an der Antragstellung (vgl. § 77 RN 21) läuft die Frist erst, wenn der Verletzte antragsmündig oder für ihn ein Pfleger bestellt wird und der Antragsmündige bzw. der Pfleger von der Tat und der Person des Täters Kenntnis erlangt (vgl. RG **73** 114, BGH **6** 157). Ist dagegen der gesetzliche Vertreter nicht ipso jure von der Vertretung bei der Antragstellung ausgeschlossen, sondern entzieht ihm erst das Vormundschaftsgericht die Vertretungsmacht, so wird der Lauf der Frist nicht beeinflußt. Der Fristablauf wirkt mithin auch gegen den Pfleger (RG GA Bd. **56** 78; vgl. auch BGH **6** 157).

20   Abgesehen von einer tatsächlichen oder rechtlichen Verhinderung erlischt das Antragsrecht nach Ablauf der Frist ohne Rücksicht darauf, aus welchen Gründen der Berechtigte sie hat verstreichen lassen. Die irrtümliche Annahme, ein Antrag sei nicht erforderlich, beeinflußt daher den Lauf der Frist nicht (vgl. Hamm NJW **70**, 578: Nichtkenntnis des Antragserfordernisses). Anders ist es, wenn der Berechtigte die Voraussetzungen des Antragsdelikts nicht gekannt hat (vgl. o. 7). Über Fälle, in denen die deutsche Gerichtsbarkeit erst später eingreift (Auslandstaten), vgl. Stuttgart Justiz **66**, 16.

21   IV. Läuft die Frist noch, so kann der **Antrag** auch **während eines Strafverfahrens** gestellt werden, das ohne Antrag begonnen hat; er kann in jedem Stadium des Verfahrens, auch in der Revisionsinstanz, nachgeholt werden (RG **68** 124, **73** 114, HRR **40** Nr. 39, BGH **3** 73, **6** 157).

22   V. Hat der Antragsberechtigte in den von § 380 StPO erfaßten Fällen die Durchführung eines Sühneversuchs beantragt, so **ruht** der **Lauf der Frist** in der Zeit zwischen dem Eingang des Antrags bei der Vergleichsbehörde und der Ausstellung der Bescheinigung über den erfolglosen Sühneversuch (Abs. 5); die Tage des Auftragseingangs und der Bescheinigungsausstellung sind eingeschlossen;

die Unvollständigkeit des Antrags oder ein sonstiger Mangel steht dem Beginn des Ruhens nicht entgegen (Hamburg NStE Nr. 1). Mit dieser Regelung sollen unnötige Strafanträge vermieden werden, die Antragsberechtigte sonst vorsorglich stellen könnten, um die Antragsfrist nicht zu versäumen (vgl. BR-Drs. 546/83 S. 44). Ein gleichwohl gestellter Strafantrag ist jedoch wirksam. Andererseits läßt Abs. 5 erkennen, daß der Gesetzgeber bei einem Vergleich im Sühnetermin von einem Verzicht auf den Strafantrag (vgl. dazu § 77 RN 31, Hamburg NStE Nr. 1) ausgegangen sein muß, da nur die Erfolglosigkeitsbescheinigung das Ruhen des Laufs der Frist beendet. Die Ablehnung der Durchführung des Sühneverfahrens läßt das Ruhen der Antragsfrist unberührt (Hamburg aaO). Ruhen bedeutet, daß in dieser Zeit der Weiterlauf einer Frist gehemmt wird. Nach Beendigung des Ruhens läuft die Frist weiter; der vor dem Ruhen bereits abgelaufene Teil der Frist wird mitgerechnet. Bestehen über die Zeit des Ruhens Zweifel, so gilt der Grundsatz in dubio pro reo.

§ 77 c Wechselseitig begangene Taten

Hat bei wechselseitig begangenen Taten, die miteinander zusammenhängen und nur auf Antrag verfolgbar sind, ein Berechtigter die Strafverfolgung des anderen beantragt, so erlischt das Antragsrecht des anderen, wenn er es nicht bis zur Beendigung des letzten Wortes im ersten Rechtszug ausübt. Er kann den Antrag auch dann noch stellen, wenn für ihn die Antragsfrist schon verstrichen ist.

I. Die Vorschrift **ändert** die Grundsätze über die Dauer der **Strafantragsfrist** für den Fall, daß bei wechselseitig begangenen Antragsdelikten, die miteinander zusammenhängen, ein Antragsberechtigter Strafantrag gestellt hat. Sie beruht auf der Erwägung, daß Straftaten, die einen einheitlichen Ursprung haben oder von denen die eine aus der anderen erwachsen ist und die daher miteinander verzahnt sind, oftmals einzeln nicht abschließend gewürdigt werden können. Um einer isolierten Würdigung und Ahndung solcher Taten entgegenzuwirken, hat der Gesetzgeber bestimmt, daß das Antragsrecht des Teils, dessen Bestrafung beantragt worden ist, erlischt, wenn es nicht bis zur Beendigung des letzten Wortes im ersten Rechtszug ausgeübt worden ist. Die Antragsfrist kann sich danach verkürzen; sie kann sich aber auch verlängern oder sogar erneuern. Mit der Möglichkeit der Fristverlängerung (-erneuerung) wird berücksichtigt, daß der Antragsberechtigte die normale Frist in der Erwartung verstreichen lassen kann, auch der andere Teil werde keinen Strafantrag stellen. Er soll dann, wenn er sich getäuscht sieht und von einem Strafantrag des anderen überrascht wird, keinen Nachteil erleiden (vgl. Bay NJW 59, 305). Ihm wird daher ermöglicht, die Antragstellung nachzuholen. 1

II. **Wechselseitige Taten** i. S. des § 77 c liegen vor, wenn zwei Personen gegeneinander Taten begehen, die in einem Zusammenhang stehen und nur auf Antrag verfolgbar sind. In Betracht kommt etwa die gegenseitige Beleidigung oder die Erwiderung einer Sachbeschädigung mit einer Körperverletzung. Auch Fahrlässigkeitstaten können genügen (gegenseitige Körperverletzung bei beiderseitig verschuldetem Verkehrsunfall; vgl. Bay DAR 60, 143). Nach Bay NJW 59, 304 soll für die Frage der wechselseitigen Tat der Parteivortrag maßgebend sein, nicht der tatsächliche Sachstand. Das ist insoweit richtig, als es nicht darauf ankommt, ob die Tat, die den ersten Strafantrag ausgelöst hat, zu einer Bestrafung führt. Dagegen kann eine Tat, die mit der dem ersten Strafantrag zugrundeliegenden Tat in keinem Zusammenhang steht, nicht dadurch zu einer wechselseitigen werden, daß ein solcher Zusammenhang behauptet wird. Voraussetzung ist ein ursächlicher Zusammenhang. Die eine Tat muß aus der anderen erwachsen sein oder doch zumindest mit ihr einen einheitlichen Ursprung haben. Nicht erforderlich ist, daß die eine Tat auf der Stelle erwidert wird (Bay NJW 59, 304). Allerdings darf bei Begehung der späteren Tat die Antragsfrist hinsichtlich der erwiderten Tat nicht schon abgelaufen sein (RG 44 162, Bay 59, 61); eine Fristerneuerung entfällt in einem solchen Fall. 2

III. Gegen den Antragsberechtigten muß wegen dessen Tat ein **Strafantrag der Gegenseite** vorliegen. Er braucht nicht vom Verletzten selbst gestellt zu sein; es genügt der Antrag eines Dienstvorgesetzten (§§ 194 III, 232 II, 77 a). Das Einschreiten der StA nach den §§ 232 I, 248 a, 303 c reicht jedoch nicht aus. Der Strafantrag muß (noch) wirksam sein. Mit seiner Zurücknahme ist § 77 c nicht mehr anwendbar. 3

IV. Der **Antrag** muß **spätestens** bis zur Beendigung des letzten Wortes im ersten Rechtszug gestellt werden. Er ist nur zulässig, wenn bis dahin das Antragsrecht lediglich nicht ausgeübt worden ist. Ein durch Verzicht oder durch Zurücknahme erloschenes Antragsrecht lebt ebensowenig auf wie das Antragsrecht, das z. Z. der Tat, die zur Aburteilung ansteht, nicht mehr bestanden hat. Andererseits wirkt sich die Fristveränderung nur aus, wenn die Frist beim letzten Wort schon gelaufen, der Berechtigte also von der gegen ihn verübten Tat und dem Täter Kenntnis gehabt hat. Der Antrag braucht nicht unbedingt beim erkennenden Gericht gestellt zu werden. An der allgemeinen Zuständigkeit hat § 77 c nichts geändert. 4

§ 77d Zurücknahme des Antrags

(1) Der Antrag kann zurückgenommen werden. Die Zurücknahme kann bis zum rechtskräftigen Abschluß des Strafverfahrens erklärt werden. Ein zurückgenommener Antrag kann nicht nochmals gestellt werden.

(2) Stirbt der Verletzte oder der im Falle seines Todes Berechtigte, nachdem er den Antrag gestellt hat, so können der Ehegatte, die Kinder, die Eltern, die Geschwister und die Enkel des Verletzten in der Rangfolge des § 77 Abs. 2 den Antrag zurücknehmen. Mehrere Angehörige des gleichen Ranges können das Recht nur gemeinsam ausüben. Wer an der Tat beteiligt ist, kann den Antrag nicht zurücknehmen.

1   I. Die Vorschrift gestattet die **Zurücknahme des Strafantrags** bei allen Antragsdelikten bis zum rechtskräftigen Abschluß des Strafverfahrens. Die Rücknahmemöglichkeit hat den Sinn, dem Antragsberechtigten ein möglichst weitgehendes Verfügungsrecht in der Frage der Durchführung eines Strafverfahrens einzuräumen. Sie dient damit zugleich der Verfahrensvereinfachung und erleichtert den Beteiligten, außergerichtlich zu einem Ausgleich der durch die Tat beeinträchtigten Interessen zu gelangen (vgl. BT-Drs. 7/550 S. 215).

2   II. Zur Zurücknahme **berechtigt** ist der Antragsteller. Wird allerdings der Geschäftsunfähige oder der beschränkt Geschäftsfähige voll geschäftsfähig, so kann er den vom gesetzlichen Vertreter gestellten Antrag zurücknehmen. Zulässig ist wegen der Teilbarkeit des Strafantrags eine in sachlicher oder persönlicher Hinsicht beschränkte Zurücknahme (vgl. u. 9f.). Sie wirkt sich nachträglich als Beschränkung des Strafantrags aus. Die Zurücknahme berührt nur den eigenen Antrag; sonstige Anträge bleiben in Kraft (vgl. § 77 RN 33).

3   1. Eine **Stellvertretung** bei der Rücknahme ist entsprechend den Grundsätzen zulässig, die für die Antragstellung gelten (vgl. § 77 RN 15ff., Jähnke LK 5). Nach BGH **9** 149 kann ein Vertreter im Willen in beschränktem Rahmen den Antrag auch bei Verletzung immaterieller Rechtsgüter zurücknehmen. Ob eine Vollmacht zur Antragstellung auch eine Vollmacht zur Antragsrücknahme enthält, ist nach ihrem jeweiligen Inhalt zu beurteilen.

4   2. Stirbt der Verletzte oder der im Falle seines Todes Berechtigte (§ 77 II) nach der Antragstellung, so geht das Rücknahmerecht auf die in § 77 II genannten **Angehörigen** in der dort geregelten Rangfolge über (Abs. 2), auch in Fällen, in denen ein Übergang des Antragsrechts nicht vorgesehen ist (Jähnke LK 6). Mehrere Angehörige des gleichen Ranges können es aber nur gemeinsam ausüben. Diese Regelung erklärt sich daraus, daß beim Übergang des Antragsrechts auf sie ein Strafverfahren nur dann verhindert wird, wenn alle von einem Strafantrag absehen. Der Mitwirkung des an der Tat beteiligten Angehörigen bedarf es jedoch nicht. Er ist vom Übergang des Rücknahmerechts ausgeschlossen (Abs. 2 S. 3). Entsprechendes gilt für den Angehörigen, dessen Verwandtschaft zum Verletzten erloschen ist (vgl. § 77 RN 12).

5   III. Eine bestimmte **Form** ist für die Zurücknahme nicht vorgeschrieben (Jähnke LK 3; and. [Schriftform] LG Kiel NJW **64**, 263). Sie kann z. B. mündlich bei der Polizeibehörde erfolgen, bei der der Antrag gestellt war. Die Erklärung ist vor der Dienststelle abzugeben, die z. Z. der Rücknahme mit der Sache befaßt ist (RG **8** 79, **52** 200, **55** 23, **76** 345, BGH **16** 108, Jähnke LK 3). Die Abgabe der Erklärung vor einer anderen Behörde ist nicht unzulässig; für die Wirksamkeit der Rücknahme kommt es aber auf den rechtzeitigen Eingang der Erklärung bei der z. Z. mit der Sache befaßten Stelle an (RG **55** 25). Dieser Standpunkt bürdet zwar dem Antragsberechtigten, der über den Fortgang des Verfahrens formell nicht verständigt wird, das Risiko für die Wirksamkeit seiner Erklärung auf, er ist aber aus prozessualen Gründen unumgänglich. Andererseits kann die Rücknahmeerklärung noch zurückgezogen werden, solange sie nicht der zuständigen Stelle zugegangen und wirksam geworden ist (Koblenz GA **76**, 282).

6   IV. Die Zurücknahmeerklärung muß **inhaltlich** den Willen zum Ausdruck bringen, daß der Antragsteller eine Strafverfolgung nicht mehr will. Sie darf als prozessuale Willenserklärung grundsätzlich nicht unter einer Bedingung abgegeben werden (RG **48** 196, BG Pr. **53**, 555); ausnahmsweise ist die Zurücknahme aber unter der Bedingung zulässig, daß der Antragsteller durch die Kostenentscheidung von jeder Kostenlast gem. § 470 StPO befreit wird (BGH **9** 149). Ob in der Zurücknahme der Privatklage auch eine Zurücknahme des Strafantrags zu sehen ist, ist nach Lage des einzelnen Falles zu beurteilen; dies ist z. B. dann nicht der Fall, wenn der Privatkläger seine Klage allein wegen des Kostenrisikos zurücknimmt. Bestehen Zweifel, so ist die Zurücknahme des Strafantrags zu bejahen (Stree, In dubio pro reo [1962] 61ff.; and. Jähnke LK 2). In der Erklärung, auf Bestrafung werde kein Wert

Ermächtigung und Strafverlangen 1–4 § 77e

mehr gelegt, kann eine Rücknahme des Strafantrags liegen (Hamm JMBlNW 55, 44). Über die Klagbarkeit der Verpflichtung zur Rücknahme vgl. BGH NJW 74, 900 m. krit. Anm. Meyer NJW 74, 1325, München MDR 67, 223. Nach BGE 106 IV 174 ist das Festhalten am Strafantrag trotz Verpflichtung zur Rücknahme unbeachtlich.

V. Die Wirkungen der Zurücknahme.

1. Die Zurücknahme hat die Wirkung, daß der Strafantrag als nicht gestellt gilt. Ein bereits eingeleitetes **Strafverfahren** ist **einzustellen** (§§ 206a, 260 III StPO); die Kosten des Verfahrens treffen regelmäßig den Antragsteller (§ 470 StPO). 7

2. Eine weitere Wirkung besteht darin, daß der einmal zurückgenommene **Antrag** von diesem Antragsberechtigten **nicht von neuem** gestellt werden kann (Abs. 1 S. 3); das Antragsrecht ist mit der Stellung erschöpft. Ausgeschlossen ist auch ein Widerruf der Zurücknahme (RG 36 65) sowie eine Anfechtung wegen Willensmängel (KG JW 31, 227, Jähnke LK 7). Eine mittels schwerster Drohungen, z. B. Morddrohung, erzwungene Antragsrücknahme ist jedoch unbeachtlich (vgl. Jähnke LK 7). Bestehen indes hinsichtlich des Vorliegens solcher Drohungen nicht behebbare Zweifel, so ist die Antragsrücknahme als wirksam anzusehen (vgl. o. 6). Nach KG NStE Nr. 1 ist ferner die durch eine falsche Rechtsauskunft der Polizei veranlaßte Antragsrücknahme unwirksam. Kein unzulässiger Widerruf ist das Zurückziehen einer Rücknahmeerklärung vor deren Eingang bei der zuständigen Stelle (vgl. o. 5 a. E.). 8

3. Die Zurücknahme gegenüber einem Tatbeteiligten hat nicht die Einstellung des Verfahrens gegen die anderen Beteiligten zur Folge; die Zurücknahme des Antrages ist in persönlicher Hinsicht **teilbar**. 9

Auch in sachlicher Hinsicht ist die Zurücknahme grundsätzlich teilbar. Sind aber einzelne Behauptungen zur Rechtfertigung einer allgemeinen Behauptung aufgestellt, dann ist die Zurücknahme des Antrags bezüglich einzelner Behauptungen nicht möglich (RG DStR 36, 101; vgl. auch Jähnke LK 2). 10

§ 77e Ermächtigung und Strafverlangen

Ist eine Tat nur mit Ermächtigung oder auf Strafverlangen verfolgbar, so gelten die §§ 77 und 77d entsprechend.

I. Vom Strafantrag zu unterscheiden sind die Ermächtigung und das Strafverlangen. Sie sind zwar ihrem Wesen nach ebenfalls Prozeßvoraussetzungen, weichen aber in ihrer Natur vom Strafantrag ab. Für sie gelten indes § 77 und § 77d entsprechend. 1

1. Eine **Ermächtigung** ist z. B. nach den §§ 90, 90b, 97, 104a, 194 IV, 353a, b für die Strafverfolgung erforderlich. Der Unterschied zum Strafantrag besteht darin, daß bei der Ermächtigung die Initiative regelmäßig bei der Strafverfolgungsbehörde liegt und nicht beim Verletzten (zur Abgrenzung vgl. Schlichter GA 66, 353). Die Strafverfolgungsbehörde hat von Amts wegen die Ermächtigung einzuholen (RG 33 70). Ferner braucht die Ermächtigung nicht den positiven Willen auf Strafverfolgung zum Ausdruck zu bringen, sondern nur, daß der Wille des Staatsorgans der Strafverfolgung nicht entgegenstehe (Olshausen § 197 Anm. 1b, Frank § 197 Anm. II). Dieser Wille muß sich eindeutig als Wille des Staatsorgans ergeben; daher ist (gewillkürte) Vertretung nur in der Erklärung zulässig. Die Ermächtigungsbefugnis als Einzelperson ist personengebunden; sie kann daher nur vom Verletzten, nicht etwa von dessen Nachfolger im Amt erteilt werden (BGH 29 282). Ebenso wie der Strafantrag kann die Ermächtigung in sachlicher und persönlicher Hinsicht beschränkt werden. Über die Beachtung von Art. 3 GG hierbei vgl. Stree DÖV 58, 174, Tiedemann GA 64, 358, aber auch Jähnke LK 1. Ein uneingeschränkter Strafantrag enthält i. d. R. eine Ermächtigung (RG 33 71; vgl. aber auch BGH MDR 54, 754, Jähnke LK 3. 2

2. Ein **Strafverlangen** ist nach § 104a erforderlich. Es stellt die einer ausländischen Regierung zugestandene Befugnis dar, die Strafverfolgung zu begehren. Eine solche Befugnis kann aber auch anderen staatlichen Stellen zugestanden werden, wie z. B. in Art. 7 I Nr. 7 des 4. StÄG einer obersten militärischen Dienststelle und dem Leiter einer diplomatischen Vertretung. 3

II. Auf die Ermächtigung und das Strafverlangen sind die Vorschriften über die Antragsberechtigung (**§ 77**) und die Zurücknahme des Antrags (**§ 77d**) **entsprechend anzuwenden**. Aus der entsprechenden Anwendbarkeit des § 77 IV ergibt sich, daß bei Verletzungen mehrerer, wie etwa bei der Verunglimpfung eines Verfassungsorgans und seiner Mitglieder (§ 90b), jeder Betroffene eine selbständige Ermächtigungsbefugnis hat. Von besonderer Bedeutung ist vor allem die entsprechende Anwendbarkeit des § 77d. Entgegen dem früheren Recht sind damit jede Ermächtigung und jedes Strafverlangen rücknehmbar, und zwar bis zum rechtskräftigen Abschluß des Strafverfahrens. U. U. kann auch die Zurücknahme einer Ermächtigung durch 4

Stree

einen Angehörigen gem. § 77d II in Betracht kommen, so etwa bei der Verunglimpfung eines Bundesverfassungsrichters gem. § 90b.

5 Auf die übrigen Vorschriften über den Strafantrag kann dagegen nicht entsprechend zurückgegriffen werden. Das ist insb. für die Frist bedeutsam. Die Ausklammerung des § 77b von der entsprechenden Anwendbarkeit läßt erkennen, daß die Ermächtigung und das Strafverlangen keiner Frist unterliegen. Sie sind ebensowenig an die Form des § 158 II StPO gebunden. Auch die Regelung über die Kostenlast bei Zurücknahme des Strafantrags (§ 470 StPO) gilt nicht entsprechend (K-Meyer § 470 RN 2).

Fünfter Abschnitt. Verjährung

Vorbemerkungen zu den §§ 78ff.

Schrifttum: Bruns, Wann beginnt die Verfolgungsverjährung beim unbewußt fahrlässigen Erfolgsdelikt?, NJW 58, 1257. – *Loening,* Verjährung, VDA I 379. – *Lorenz,* Die Verjährung in der deutschen Strafgesetzgebung, 1955. – *ders.,* Über das Wesen der strafrechtlichen Verjährung, GA 66, 371. – *ders.,* Strafrechtliche Verjährung und Rückwirkungsverbot, GA 68, 300. – *Meister,* Reformbedürftigkeit des Rechts der Strafverfolgungsverjährung, DRiZ 54, 217. – *Moder,* Zur Frage der rechtlichen Natur der Strafverfolgungsverjährung, GA 54, 301. – *Pawlowski,* Der Stand der rechtlichen Diskussion in der Frage der strafrechtlichen Verjährung, NJW 69, 594. – *Seibert,* Sinn und Unsinn der strafrechtlichen Verjährung, NJW 52, 1361. – *Willms,* Zur Frage rückwirkender Beseitigung der Verjährung, JZ 69, 60. – Rechtsvergleichend: *Bräuel,* Die Verjährung der Strafverfolgung und der Vollstreckung von Strafen und Maßregeln, Mat. II 429.

1 I. Das Gesetz unterscheidet zwischen der **Verfolgungsverjährung** (§§ 78–78c) und der **Vollstreckungsverjährung** (§§ 79–79b). Die Verfolgungsverjährung hindert die Verfolgung der Straftat; sie findet mit Rechtskraft des Urteils ihr Ende (vgl. BGH **20** 200). Maßgebend ist die Rechtskraft des Strafausspruchs (RG HRR **38** Nr. 941, KG HRR **28** Nr. 1955, Bremen NJW **56**, 1248, Spendel ZStW 67, 569) oder der Entscheidung über die Strafaussetzung zur Bewährung (BGH **11** 394, Jähnke LK § 78 RN 8). Die Vollstreckungsverjährung setzt ein rechtskräftiges Urteil voraus; sie hindert die Vollstreckung der Strafe oder Maßnahme. Zum Wiederaufleben der Verfolgungsverjährung bei Wiederaufnahme des Verfahrens vgl. § 78a RN 15.

2 Zur Verjährung prozessualer *Ordnungsmittel* (Ordnungsgeld, Ordnungshaft) vgl. Art. 9 EGStGB. Entsprechend der strafrechtlichen Verjährung wird zwischen Fortsetzungsverjährung und Vollstreckungsverjährung unterschieden. Die Verjährungsfrist beträgt in beiden Fällen 2 Jahre, soweit ein Gesetz nichts anderes bestimmt.

3 II. Die Verjährung ist ihrer **rechtlichen Natur** nach ein **Prozeßhindernis** (vgl. näher Jähnke LK 8f. vor § 78). Nach Ablauf einer gewissen Zeit erscheint die Bestrafung weder kriminalpolitisch notwendig noch gerecht; dies gilt auch für die Strafvollstreckung, die nur ein Teil der gesamten Strafverfolgung ist. Für die Strafverfolgung kommt noch hinzu, daß Verlust und Entwertung von Beweismitteln ihre Durchführung häufig unmöglich machen (vgl. BGH **2** 305 mwN, Sauer, Grundlagen des Prozeßrechts [2. A. 1929] 330, Rosenberg ZStW 36, 529). Auch in der Rspr. wird der prozessuale Charakter der Verjährung anerkannt (RG **76** 160, BVerfGE **25** 287, BGH **2** 306, **8** 270, **11** 395, **28** 56). Demgegenüber ist z. T. die Auffassung vertreten worden, es handle sich um ein Institut des materiellen Rechtes, und zwar um einen Strafaufhebungsgrund (so z. B. Allfeld 305 Anm. 2, v. Liszt-Schmidt 451) oder Unrechtsaufhebungsgrund (Lorenz aaO 56). Wieder andere erblicken in der Verjährung ein gemischtes Institut (RG **59** 199, **66** 328, Frank § 66 Anm. II, H. Mayer AT 353, D-Tröndle 4 vor § 78, Jescheck 812, Rudolphi SK 10 vor § 78).

4 Ausführliche Übersicht über die verschiedenen Verjährungstheorien bei Lorenz aaO 49ff. sowie Bloy, Die dogmatische Bedeutung der Strafausschließungs- und Strafaufhebungsgründe, 1976, 180ff.

5 III. Aus der prozessualen Natur der Verjährung ergibt sich, daß ein Verfahren bei eingetretener Verjährung einzustellen ist. Soweit dies nicht nach § 206a StPO durch Beschluß erfolgt ist, muß das Urteil auf **Einstellung** lauten, nicht auf Freispruch (RG **76** 160; and. RG **12** 436, **40** 90, H. Mayer AT 353, nach denen freizusprechen ist). Der Angekl. ist jedoch freizusprechen, wenn eine derartige Sachentscheidung ohne weiteres möglich ist (Vorrang der Sachentscheidung vor der Verfahrenseinstellung; vgl. KG JR **90**, 124 mwN), außerdem, wenn eine nicht verjährte Tat nicht nachweisbar und die ideell konkurrierende Tat verjährt ist (Schleswig SchlHA **59**, 127; vgl. auch § 52 RN 51) oder wenn im Falle der Anklage wegen einer fortgesetzten Tat ein Teilakt verjährt ist und der Täter sich bezüglich der übrigen „Teilakte" nicht strafbar gemacht hat (Hamm NJW **76**, 2222), ferner noch, wenn statt einer Vorsatztat, deretwegen Anklage

erhoben worden ist, nur eine bereits verjährte Fahrlässigkeitstat feststellbar ist (BGH **36** 340). Die Einstellung wegen Verjährung geht der Einstellung auf Grund eines StFG vor (RG HRR **39** Nr. 1014). Bei der Verfolgung einer Auslandstat beurteilt sich der Verjährungseintritt allein nach den §§ 78 ff.; die nach dem Tatortrecht eingetretene Verjährung steht einer Ahndung der Tat nicht entgegen.

Die eingetretene Verjährung ist von Amts wegen zu berücksichtigen, auch noch in der **6** Revisionsinstanz (RG **23** 188) und selbst dann, wenn nur der Strafausspruch (BGH DAR/S **78**, 160) oder die Entscheidung über die Strafaussetzung angefochten ist (BGH **11** 394).

Verjährte Taten können bei der Bestrafung wegen anderer Handlungen im Rahmen der **7** Strafzumessung mitberücksichtigt werden (BGH MDR/H **77**, 809, Bay HESt **3** 66), insb. bei der Entscheidung über Gewerbs- und Gewohnheitsmäßigkeit. Verjährte Taten genügen aber nicht als Vortaten bei der Anordnung der Sicherungsverwahrung (vgl. § 66 RN 51).

IV. Zu den Besonderheiten der Verjährung bei Straftaten, die vor dem 1. 1. 1975 begangen **8** worden sind, vgl. Art. 309 EGStGB. Vgl. auch § 78 RN 2.

V. Für die Verfolgungs- und Vollstreckungsverjährung im Fall von **Strafverfolgungen und Abur- 9 teilungen in der ehemaligen DDR** gelten nach Art. 315a EGStGB folgende Besonderheiten: soweit dort bis zum Wirksamwerden des Beitritts zur BRep. Deutschland verfolgte oder abgeurteilte Tatenwerk nicht verjährt waren, bleibt es dabei. Die Verfolgungsverjährung gilt für diese Taten als am Tag des Wirksamwerdens des Beitritts unterbrochen; § 78c III bleibt unberührt. *Zu § 84 StGB-DDR vgl. 84 vor § 3.*

Erster Titel. Verfolgungsverjährung

§ 78 Verjährungsfrist

(1) **Die Verjährung schließt die Ahndung der Tat und die Anordnung von Maßnahmen (§ 11 Abs. 1 Nr. 8) aus. § 76a Abs. 2 Satz 1 Nr. 1 bleibt unberührt.**

(2) **Verbrechen nach § 220a (Völkermord) und nach § 211 (Mord) verjähren nicht.**

(3) **Soweit die Verfolgung verjährt, beträgt die Verjährungsfrist**
1. **dreißig Jahre bei Taten, die mit lebenslanger Freiheitsstrafe bedroht sind,**
2. **zwanzig Jahre bei Taten, die im Höchstmaß mit Freiheitsstrafe von mehr als zehn Jahren bedroht sind,**
3. **zehn Jahre bei Taten, die im Höchstmaß mit Freiheitsstrafe von mehr als fünf Jahren bis zu zehn Jahren bedroht sind,**
4. **fünf Jahre bei Taten, die im Höchstmaß mit Freiheitsstrafe von mehr als einem Jahr bis zu fünf Jahren bedroht sind,**
5. **drei Jahre bei den übrigen Taten.**

(4) **Die Frist richtet sich nach der Strafdrohung des Gesetzes, dessen Tatbestand die Tat verwirklicht, ohne Rücksicht auf Schärfungen oder Milderungen, die nach den Vorschriften des Allgemeinen Teils oder für besonders schwere oder minder schwere Fälle vorgesehen sind.**

Vorbem. Aufhebung der Verjährung bei Mord durch das 16. StÄG vom 16. 7. 1979, BGBl I 1046. S. 2 des Abs. 1 durch das 21. StÄG vom 13. 6. 1985, BGBl I 965, eingefügt.

I. Die Vorschrift regelt die **Wirkungen** der Verfolgungsverjährung und die **Verjährungsfrist**. **1** Zudem bestimmt sie, daß Völkermord (§ 220a) und Mord nicht verjähren (Abs. 2). Der Ausschluß von der Verjährung erstreckt sich bei diesen Taten auch auf Versuch, Teilnahme und Versuch der Beteiligung (Frankfurt NJW **88**, 2900, D-Tröndle 4, Jähnke LK 6, Lackner 2c; and. bei Beihilfe LG Hamburg NStZ **81**, 141 m. krit. Anm. Schünemann; vgl. auch Trifterer NJW 80, 2049). Er beruht auf der Erwägung, daß bei solchen Taten das Strafbedürfnis nie entfällt. Betroffen sind auch Morde vor Inkrafttreten des 16. StÄG, die zu diesem Zeitpunkt noch nicht verjährt waren (Art. 2 des 16. StÄG). Zur Problematik vgl. Vogel ZRP 79, 1, Eyrich ZRP 79, 49, Maihofer ZRP 79, 81, Klein, Baumann, Lewald ZRP 79, 145 ff., Pfeiffer DRiZ 79, 11, Schünemann JR 79, 177, Lüderssen JZ 79, 449, Böckenförde ZStW **91**, 888.

Besonderheiten hinsichtlich der Verjährung gelten nach Art. 309 EGStGB für **Taten, die vor** dem **2 1. 1. 1975** begangen worden sind. Danach ist für Unterbrechungshandlungen vor dem 1. 1. 1975 das bisherige Recht maßgebend. Bei einer vor diesem Zeitpunkt erfolgten Unterbrechung tritt die Verjährung abweichend von § 78c III 2 frühestens mit Ablauf der von der letzten Unterbrechungshandlung an zu berechnenden Verjährungsfrist ein (vgl. dazu BT-Drs. 7/550 S. 461). Soweit die Verjährungsfristen des bisherigen Rechts kürzer sind als die des neuen Rechts, bleiben sie für die Taten vor dem 1. 1. 1975 maßgebend (vgl. BGH MDR/H **78**, 804).

§ 78 3–9 Allg. Teil. Verjährung – Verfolgungsverjährung

3 II. Die Verjährung hat die **Wirkung,** daß die Ahndung der Straftat und die Anordnung von Maßnahmen i. S. des § 11 I Nr. 8 ausgeschlossen sind (Abs. 1). Unter Ahndung der Tat ist jede strafrechtliche Reaktion zu verstehen, nicht nur die Verhängung von Strafen, sondern z. B. auch der Schuldspruch bei Absehen von Strafe oder die Verwarnung mit Strafvorbehalt.

4 1. Mit Eintritt der Verjährung darf **keine Strafverfolgung** mehr eingeleitet werden. Ein bereits begonnenes Strafverfahren ist einzustellen. Vgl. 5 f. vor § 78.

5 2. Schwierigkeiten hatte nach früherem Recht das Verhältnis zwischen **Verjährung** und **Teilrechtskraft** gemacht, die Frage also, welche Wirkungen bei einer Teilanfechtung des Urteils die Verjährung auf den bereits in Rechtskraft erwachsenen Teil des Urteils hat (vgl. 17. A. § 67 RN 24 ff.). Diese Schwierigkeiten sind z. T. durch § 78b III behoben worden, nach dem die Verjährungsfrist nicht vor dem rechtskräftigen Abschluß des Verfahrens abläuft, wenn zuvor ein Urteil des ersten Rechtszuges ergangen ist. Nach dem neuen Recht bleibt nur die Frage, wie zu entscheiden ist, wenn sich nach einer Teilanfechtung in der Rechtsmittelinstanz herausstellt, daß das angefochtene Urteil wegen der Verjährung überhaupt nicht hätte ergehen dürfen. In diesen Fällen hat die Rspr. zu Recht eine Durchbrechung der Rechtskraft für zulässig erklärt und sich für eine Einstellung des gesamten Verfahrens ausgesprochen (vgl. BGH **13** 129: Anfechtung nur des Kostenpunktes; and. *Jähnke* LK 12 vor § 78). Dagegen steht der Rechtskraft eines nachträglich in ein Gesamtstrafenurteil einbezogenen Urteils dessen Überprüfung auf Verjährung entgegen (vgl. § 55 RN 32 a. E.).

6 3. Mit der Verjährung erlischt auch die Befugnis, auf Grund der Tat **Maßnahmen** i. S. des § 11 I Nr. 8 anzuordnen. Unerheblich ist, ob die Maßnahme nur neben der Strafe oder auch selbständig hätte angeordnet werden können. Von der Verjährung ausgenommen ist die selbständige Anordnung der Einziehung gem. § 76a unter den Voraussetzungen des § 74 II Nr. 2, des § 74 III und des § 74 d (Abs. 1 S. 2). Vgl. dazu die Erläuterungen zu § 76a.

7 III. Die **Dauer der Verjährungsfrist** richtet sich nach der Strafdrohung. Abs. 3 weist insoweit 5 Stufen auf. Diese knüpfen an das Höchstmaß einer Strafdrohung an. Ist lebenslange Freiheitsstrafe angedroht, so beträgt die Verjährungsfrist 30 Jahre. Sie vermindert sich auf 20 Jahre bei Taten, die im Höchstmaß mit mehr als 10 Jahren Freiheitsstrafe bedroht sind, und auf 10 Jahre bei Taten mit einer Höchststrafe von mehr als 5 Jahren bis zu 10 Jahren. Eine 5jährige Frist läuft bei Taten mit einer Höchststrafe von mehr als 1 Jahr bis zu 5 Jahren. Alle übrigen Taten verjähren in 3 Jahren.

8 1. Bei **Idealkonkurrenz** bestimmt sich die Verjährungsfrist für jedes der verletzten Strafgesetze nach dessen Grundsätzen (RG **47** 388, **62** 87, BGH MDR/D **56,** 526, **76,** 15, wistra **82,** 188, NStZ **90,** 80, OGH **1** 54, 205, Köln GA **53,** 57, Oldenburg NJW **60,** 303). Auch der Fristbeginn (§ 78a) bestimmt sich, wenn die tateinheitlichen Delikte zu unterschiedlichen Zeitpunkten beendet werden, für jede Gesetzesverletzung gesondert (BGH wistra **90,** 150). Zu beachten ist aber, daß von der Unterbrechung der Verjährung die Tat als historisches Ereignis betroffen wird, nicht in einer bestimmten rechtlichen Qualifizierung; vgl. § 78c RN 23.

9 2. Die Grundsätze des § 78 gelten auch für **Nebengesetze,** soweit diese keine abweichenden Verjährungsvorschriften enthalten (RG **52** 42), wie z. B. § 6 V GeschlKrG. Abweichende Regelungen der Verjährungsfrist in einem Landesgesetz sind trotz Art. 1 EGStGB zulässig, wenn ihre Verknüpfung mit einem außerstrafrechtlichen Gebiet, das in die Gesetzgebungskompetenz der Länder fällt, enger und stärker ist als ihre Verbindung zum allgemeinen Strafrecht (vgl. BT-Drs. 7/550 S. 197 f.). Das ist der Fall bei Verjährungsvorschriften für **Pressedelikte** (vgl. BVerfGE **7** 29). Die Landespressegesetze haben für sie eine verkürzte Verjährungsfrist festgesetzt (vgl. z. B. § 15 BayLPG, § 12 HessLPG: 6 Monate). An dieser Sonderregelung nehmen auch die Beistandsleistungen eines Gehilfen (BGH NStZ **82,** 25) sowie die vor der Veröffentlichung liegenden Handlungen (Verfasser, Drucker, Vorrätigkeiten usw.) teil (RG **38** 72, BGH **33** 273). Hat jedoch keine Verbreitung stattgefunden, so greift bezüglich des Herstellens, Vorrätighaltens usw. § 78 ein (vgl. BGH **8** 247, **14** 258, MDR/H **77,** 809). Die verkürzte Verjährungsfrist betrifft im übrigen nur solche Delikte, bei denen die Strafbarkeit der Verbreitung im Inhalt des Druckwerkes selbst ihren unmittelbaren Grund hat (Presseinhaltsdelikt); ergibt sich die Strafbarkeit aus der Art der Verbreitung, so verbleibt es bei der Verjährungsfrist nach § 78 (vgl. BGH **26** 40, Bay MDR **75,** 419 [Verbreitung jugendgefährdender Schriften], BGH **27** 353 [Tat nach § 89]). Zum Begriff des Presseinhaltsdeliktes vgl. *Gross* NJW 66, 638, *Franke* GA 82, 404. Vgl. ferner *Jähnke* LK 15. Zum Plakatanschlag vgl. Köln NStZ **90,** 241. Die kurze presserechtliche Verjährung greift nicht ein, wenn ein Plakat erst durch handschriftliche Zusätze den strafrechtlich bedeutsamen Inhalt bekommen hat, da die Tat dann nicht mittels eines Druckwerkes begangen worden ist (BGH MDR/S **84,** 183). Zu Aufklebern als Druckwerk vgl. BGH **33** 271, Bay NJW **87,** 1711, KG StV **90,** 208. Das Führen eines Aufklebers ist jedoch kein Verbreiten eines Druckwerks (Hamburg NStZ **83,** 127 m. Anm. *Franke* NStZ 84, 126, *Frank*-

furt NJW **84**, 1128, Hamm NStZ **89**, 578; and. Schleswig SchlHA/E-L **84**, 87), wohl aber deren Veröffentlichen (KG StV **90**, 208).

3. Maßgebend für die **Fristberechnung** ist die Höhe der für den Einzelfall angedrohten Strafe; **10** es kommt nicht auf die verwirkte Strafe an. Es gilt also die abstrakte Betrachtungsweise. Strafschärfungen und Strafmilderungen, die für besonders schwere oder minder schwere Fälle vorgesehen sind, haben ebenso unberücksichtigt zu bleiben wie Strafmodifizierungen nach den Vorschriften des AT (Abs. 4). Außer Betracht bleiben danach auch obligatorische Strafmilderungen, z. B. nach § 28 I. Für die Verjährungsfrist bleibt die Grundstrafdrohung auch dann maßgebend, wenn ein Regelbeispiel für Strafmodifizierung eingreift. Bei der Teilnahme bestimmt sich die Frist nach der Haupttat, die der Bestrafung für den Teilnehmer zugrunde zu legen ist. § 28 II oder Verschiedenheit der inneren Tatseite kann danach für den Teilnehmer eine andere Verjährungsfrist als für den Haupttäter ergeben.

Verändert sich zwischen Begehung und Aburteilung der Tat die angedrohte Strafe, so berechnet **11** sich die Verjährungsfrist entsprechend § 2 nach der milderen Bestimmung. Vgl. BGH LM **Nr. 4** zu § 2a, MDR/D **54**, 335; vgl. auch Art. 309 III EGStGB. Werden dagegen nur die Verjährungsfristen des § 78 verändert, so ergibt sich aus der Natur der Verjährung als Prozeßinstitut, daß die neue Regelung auch bereits begangene Taten erfaßt (BVerfGE **25** 269, BGH **21** 367, Eb. Schmidt StPO I Nr. 201; and. Jescheck 813, Schünemann, Nulla poena sine lege?, 1978, 25, BGE 105 IV 7; zum Streitstand vgl. Schreiber ZStW 80, 348ff.). Vgl. auch Art. 309 I EGStGB. War die Strafverfolgung bereits verjährt, so kann eine Gesetzesänderung daran nichts ändern (Jescheck 813; and. Eb. Schmidt aaO).

Bei der Berechnung ist der Tag, an dem das strafbare Verhalten beendet oder der tatbestands- **12** mäßige Erfolg eingetreten ist und an dem somit die Verjährung beginnt (§ 78a), in die Frist einzubeziehen (Bay **59**, 74, Schleswig SchlHA/E-L **81**, 96, Zweibrücken DAR **81**, 331). Der ihm kalendermäßig vorgehende Tag nach 3 usw. Jahren ist das Fristende. Es verschiebt sich mangels einer besonderen Regelung nicht, wenn der letzte Tag auf einen Feiertag fällt.

IV. Hinsichtlich der Verjährungsvoraussetzungen gilt uneingeschränkt der Grundsatz: **in du- 13 bio pro reo.** Bleibt z. B. zweifelhaft, ob die Tat eine uneidliche Falschaussage oder ein Meineid gewesen ist, so ist die kürzere Verjährungsfrist für die Falschaussage maßgebend. Ist unaufklärbar, ob eine Tat bei Verlängerung der für sie geltenden Verjährungsfrist bereits verjährt war, so ist eine Strafverfolgung ausgeschlossen. Ebenfalls wirken sich Zweifel über die Tatzeit zugunsten des Täters aus (vgl. § 78a RN 14). Gleiches gilt für Zweifel über das Ruhen der Verjährung (vgl. § 78b RN 10) sowie für Zweifel über eine Verjährungsunterbrechung (vgl. § 78c RN 26).

§ 78a Beginn

Die Verjährung beginnt, sobald die Tat beendet ist. Tritt ein zum Tatbestand gehörender Erfolg erst später ein, so beginnt die Verjährung mit diesem Zeitpunkt.

I. Die Vorschrift regelt den **Beginn** der Verfolgungsverjährung. Sie stellt auf die Beendigung **1** der Tat ab. Es kommt somit nicht auf den Zeitpunkt der Tatvollendung an, sondern auf den Abschluß der Gesamttätigkeit, d. h. auf den Zeitpunkt, in dem die auf die Tatbegehung gerichtete Tätigkeit ihren endgültigen Abschluß gefunden hat (vgl. BGH **24** 220, NStZ **83**, 559). Tritt allerdings ein zum Tatbestand gehörender Erfolg erst später ein, so beginnt die Verjährung mit diesem Zeitpunkt. Dieser Gesichtspunkt gewinnt dort Bedeutung, wenn man unter Tat das Täterverhalten versteht (vgl. Kühl JZ 78, 551). Faßt man die Tat als das Gesamtgeschehen auf, so gehört dazu auch der Erfolg; der Eintritt eines zum Tatbestand gehörenden Erfolges nach der Tatbeendigung wäre nicht denkbar. Vgl. auch D-Tröndle 2, Jähnke LK 1, Lackner 1. Sind in Tateinheit begangene Delikte zu unterschiedlichen Zeitpunkten beendet worden, so beginnt die Verjährung für jede Tat gesondert (BGH wistra **90**, 150).

1. Bei **Erfolgsdelikten** beginnt die Verjährung erst mit Eintritt des Erfolges, so bei der **2** Untreue mit Eintritt des (gesamten) Nachteils (BGH wistra **89**, 97), beim Schwangerschaftsabbruch mit dem Tod der Leibesfrucht (RG DR **43**, 577), bei der mittelbaren Falschbeurkundung mit der Beurkundung (RG **40** 405), bei der Bestechung mit der Hingabe des Vorteils, auch wenn dieser in einem Darlehen besteht (BGH **16** 208; vgl. auch Otto Lackner-FS 722), bei der Erpressung mit der Zahlung des erpreßten Geldes (RG **33** 231). Über Verjährung beim Wucher vgl. RG **38** 428, bei der Steuerhinterziehung vgl. BGH NStZ **84**, 414 m. Anm. Streck, NJW **89**, 2140 (Umsatzsteuerhinterziehung), Hamburg wistra **87**, 189, Brenner BB 85, 2042, Jähnke LK 6, Otto Lackner-FS 733. Der Erfolg bleibt auch dann maßgebend, wenn er erst eintritt, nachdem der Versuch der Tat bereits verjährt ist (RG **42** 173).

2. Entsprechendes gilt für **erfolgsqualifizierte Delikte.** Auch Erfolgsqualifikationen sind **3** zum Tatbestand gehörende Erfolge, so daß erst mit ihrem Eintritt die Verjährung beginnt.

§ 78a 4–12   Allg. Teil. Verjährung – Verfolgungsverjährung

Hieran ändert sich nichts, wenn die Erfolgsqualifikation erst nach Verjährung des Grunddelikts eintritt (Jähnke LK 13).

4   3. Besteht der tatbestandsmäßige Erfolg in einer Vielzahl von Ereignissen, so beginnt die Verjährung nicht vor Abschluß des letzten (vgl. BGH wistra 89, 97 zur Untreue, BGH NStE Nr. 4 zum Betrug). Beim sog. **Rentenbetrug** läuft daher die Verjährungsfrist erst ab der letzten rechtswidrigen Leistung, da diese noch tatbestandsmäßiger Erfolg i. S. des § 263 ist (RG 62 418, BGH 27 342, Köln MDR 57, 371, Stuttgart MDR 70, 64). Gleiches gilt für den **Anstellungsbetrug**, da die auf Grund der erschlichenen Anstellung gezahlten Entgelte rechtswidrige Nachteile i. S. des § 263 sind (Jähnke LK 5, Schröder Gallas-FS 333 f., Kühl JZ 78, 553, Lackner 2b, D-Tröndle 3; and. BGH 22 38 m. Anm. Schröder JR 68, 345, Otto Lackner-FS 732).

5   4. Auch bei **Fahrlässigkeitstaten,** bei denen ein bestimmter Erfolg Tatbestandsmerkmal ist, beginnt die Verjährung erst mit Eintritt des Erfolges, so bei fahrlässiger Brandstiftung mit dem Abschluß des Brandes (Bay NJW 59, 900). Vgl. Schröder JZ 59, 30, Gallas-FS 330. Abweichende Ansichten zum früheren Recht sind mit § 78a nicht vereinbar.

6   5. Bei den **Unterlassungsdelikten** setzt der Lauf der Verjährung ein, sobald die Pflicht zum Handeln entfällt (RG 65 362, Bay NJW 58, 111, Hamm VRS 30 143, GA 68, 376). Solange die Pflicht noch besteht, ist die im Untätigbleiben liegende Tat noch nicht beendet (vgl. BGH MDR/H 90, 887 zu § 258a). Eine innerhalb einer bestimmten Zeit oder zu einem bestimmten Zeitpunkt zu erfüllende Handlungspflicht endet nicht stets mit Ablauf dieser Frist. Es kann vielfach eine Nachholungspflicht bestehen, so daß die Verjährung erst mit Wegfall dieser Pflicht beginnt (vgl. Bay aaO, ferner BGH 28 371, wistra 88, 69 zur Konkursantragspflicht gem. GmbHG, Düsseldorf JZ 85, 48 zur Pflicht, Sozialversicherungsbeiträge zu entrichten). Ist ein bestimmter Erfolg abzuwenden, wie im Falle unechter Unterlassungsdelikte, so bildet der Erfolgseintritt den Anfang der Verjährungsfrist. Vgl. Bruns NJW 58, 1261, Schröder JZ 59, 30.

7   6. Beim **Versuch** ist für den Verjährungsbeginn der Abschluß der Versuchstätigkeit maßgebend (RG 42 173, 72 150, BGH NStZ 88, 322, Stuttgart MDR 70, 64; vgl. auch BGH 36 116, wistra 90, 23: letzter Akt bei natürlicher Handlungseinheit). Entsprechendes gilt für die versuchte Teilnahme, z. B. nach § 30. Bei Mittäterschaft kommt es auf die letzte von mehreren Versuchshandlungen der Mittäter an (BGH 36 117).

8   7. Bei der **Teilnahme** beginnt die Verjährung mit der Beendigung der Haupttat (vgl. RG 30 310, DJ 36, 1125, BGH 20 227, wistra 90, 148, Jähnke LK 15, M-Zipf II 750) oder dem Eintritt des tatbestandsmäßigen Erfolges der Haupttat bzw. mit deren strafbarem Versuch. Dies ergibt sich aus dem Grundsatz der Akzessorietät. And. z. B. Frank § 67 Anm. II, der die Beendigung der Teilnehmertätigkeit für maßgeblich hielt. Über Sonderprobleme vgl. u. 9 ff.

9   8. Bei einer **fortgesetzten Tat** verjährt jeder Teilakt selbständig und kann in die Fortsetzungstat nicht einbezogen werden, wenn die Verjährungsfrist abgelaufen ist (vgl. näher 33 vor § 52, LG Hanau MDR 80, 72, Schröder Gallas-FS 331 f., Noll ZStW 77, 4, Rudolphi SK 8; and. RG 62 214, 64 40, 297, BGH 1 91, 24 218 m. Anm. Schröder JR 72, 118, MDR/H 84, 796, NJW 85, 1719, Stuttgart MDR 70, 64, zweifelnd jedoch Stuttgart 1 Ss 23/73 vom 18. 7. 1973). Bei der Tatbeteiligung nur an einem Teil der Einzelakte der Fortsetzungstat beginnt auch nach h. M. (RG 65 362, BGH 20 227, MDR/H 78, 803, wistra 90, 150, Jähnke LK 15) die Verjährung für den Tatbeteiligten jedenfalls mit Abschluß dieser Teilakte. Ebenso muß nach der h. M. der frühere Teilakt wenigstens dann verjährt sein, wenn zwischen diesem und dem folgenden eine längere Zeitdauer als die Verjährungsfrist liegt, da sonst die Regelung des § 78 ausgehöhlt würde. Vgl. ferner BGH 27 18 zur selbständigen Verjährung der Teilakte bei Presseinhaltsdelikten.

10   9. Bei **gewerbs- und gewohnheitsmäßigen** Straftaten behalten die Einzeltaten ihre Selbständigkeit (vgl. 100 vor § 52). Die Verjährung läuft daher bei jeder Einzeltat selbständig.

11   10. Bei einem **Dauerdelikt** kommt es für den Verjährungsbeginn auf die Beseitigung des rechtswidrigen Zustandes an (RG 44 424), so z. B. bei der Freiheitsberaubung auf die Befreiung des rechtswidrig Festgehaltenen, bei geheimdienstlicher Agententätigkeit auf den Abbruch der Beziehungen zum fremden Geheimdienst (BGH 28 169). Das gilt auch für Teilnehmer (BGH 20 227; and. Stuttgart NJW 62, 2311). Vgl. weiter RG HRR 40 Nr. 461 und o. 4. Bei **Zustandsdelikten** (vgl. 82 vor § 52) beginnt die Verjährung dagegen unabhängig von andauernden Nachwirkungen mit Schaffung des rechtswidrigen Zustands (vgl. Jähnke LK 7). Das gilt auch für abstrakte (BGH 36 255) und konkrete **Gefährdungsdelikte,** so daß ein Andauern der Gefährdung ohne weiteres Zutun des Täters oder eine aus ihr erwachsende Verletzung den Verjährungsbeginn unberührt läßt (RG 37 79, BGH 32 294, Düsseldorf NJW 89, 537).

12   Zu beachten ist, daß allein die Tatsache, daß sich der Täter weiterhin in der Pflichtenstellung befindet, die er durch seine Straftat verletzt hat, nicht ausreicht, um den Verjährungsbeginn hinauszu-

Beginn 13–16 § 78a

schieben. Für Beamte beginnt die Verjährung eines Amtsdelikts (z. B. Vorteilsannahme, Bestechlichkeit) nicht erst mit der Pensionierung. Entsprechendes gilt für Täter einer Untreue.

11. Bei objektiven Strafbarkeitsbedingungen, z. B. Zahlungseinstellung bei den §§ 283ff., **13** fängt die Verjährungsfrist mit Eintritt der Bedingung an zu laufen, wenn die Tat vorher abgeschlossen ist (and. BGE 101 IV 20); denn vor diesem Zeitpunkt besteht noch keine Möglichkeit der Strafverfolgung (Stree JuS 65, 473). Wird die Tat erst nach Bedingungseintritt ausgeführt oder abgeschlossen, so ist die Tatbeendigung der entscheidende Zeitpunkt. Vgl. zum Bankrott § 283 RN 69.

II. Steht die Tatzeit nicht sicher fest oder bleibt offen, zu welchem Zeitpunkt die Tat beendet **14** oder der zum Tatbestand gehörende Erfolg eingetreten war, so greift der Grundsatz **in dubio pro reo** ein (BGH **18** 274 m. Anm. Eb. Schmidt JZ 63, 606 u. Dreher MDR 63, 857, **33** 277, Hamm NJW **76**, 2222, Stuttgart DAR **64**, 46, Hamburg wistra **87**, 189, Stree, In dubio pro reo [1962] 64ff.). And. die frühere Rspr. (vgl. BGH MDR/He **55**, 527, GA **63**, 127, Düsseldorf NJW **57**, 1485).

III. Bei **Wiederaufnahme des Verfahrens** setzt sich ab Rechtskraft des Wiederaufnahmebe- **15** schlusses (§ 370 II StPO) der frühere Lauf der Verfolgungsverjährung fort. Es beginnt keine neue Frist (Lackner § 78 Anm. 3, Meyer-Goßner KK § 362 RN 7, § 370 RN 19, Rudolphi SK 7 vor § 78, D-Tröndle § 78b RN 11; and. Düsseldorf NJW **88**, 2251 m. abl. Anm. Lenzen JR 88, 520, Jähnke LK § 78 RN 11, Gössel LR § 370 RN 39). Sie kommt erst bei einer Unterbrechungshandlung gem. § 78c in Betracht, so bei Anberaumung der neuen Hauptverhandlung. Bei Verfahrenswiederaufnahme zugunsten eines Verurteilten ist die Zeit zwischen Verurteilung und Wiederaufnahmebeschluß in die Verjährungsfrist nicht einzubeziehen. Anderes muß jedoch für die Wiederaufnahme des Verf. zuungunsten eines Abgeurteilten gelten (Nürnberg NStZ **88**, 555, D-Tröndle § 78b RN 11; and. Gössel LR § 362 RN 3, Lackner, Rudolphi aaO), da dieser sich sonst schlechter stehen würde als ein Nichtangeklagter (vgl. Peters, Fehlerquellen im Strafpozeß, 3. Band 1974, 109). Eine innere Berechtigung für eine unterschiedliche Behandlung besteht nicht. Auch der Freigesprochene (Abgeurteilte) muß darauf bauen können, daß er mit Ablauf einer bestimmten Zeit für seine Tat nicht mehr (oder schärfer) zur Rechenschaft gezogen wird. Das hat sogar dann zu gelten, wenn er den Freispruch durch unlautere Mittel bewirkt hat, etwa durch Vorlegen gefälschter Urkunden. Denn es macht keinen erheblichen Unterschied, ob jemand mittels gefälschter Urkunden bereits die Anklageerhebung abwendet oder erst die Verurteilung (Meyer-Goßner aaO; and. Düsseldorf aaO). Zudem stehen die Gründe für das Institut der Verjährung einer von den Verjährungsfristen losgelösten Verfahrenswiederaufnahme entgegen (so zu Recht Meyer-Goßner aaO). Unerheblich ist, ob ein Freispruch, eine Einstellung oder eine Verurteilung erfolgt war. Die Verurteilung hat hinsichtlich des Nichtberücksichtigten Freispruchswert. Für die Gleichstellung spricht zudem ein Vergleich mit den §§ 84, 85 OWiG. Ob die Straftat als Ordnungswidrigkeit durch Bußgeldbescheid (§ 84 I OWiG) oder durch gerichtliche Entscheidung (§ 84 II OWiG) geahndet worden ist, kann für die Verjährung der Straftat keine Rolle spielen.

IV. Besonderheiten gelten für den Beginn der Verjährungsfrist bei **Pressedelikten**. Er ist in **16** den Landespressegesetzen auf den Zeitpunkt der Veröffentlichung, d. h. die erste Ausgabe des Druckwerkes an die Öffentlichkeit, gelegt (BGH **25** 347, Celle NJW **68**, 715, Stuttgart NJW **74**, 1149, Jähnke § 78 RN 17, Schröder Gallas-FS 335). Auch bei einer fortgesetzten Tat schiebt sich der Verjährungsbeginn nicht hinaus; die weiteren Handlungen sind für die Verjährung belanglos (vgl. BGH **33** 273). Andererseits ist die versteckte und heimliche Ausgabe einiger Exemplare zu dem Zweck, die Verjährungsfrist in Lauf zu setzen, um nach Verjährungsablauf die gesamte Auflage straflos verbreiten zu können, eine bloße Scheinverbreitung, die noch nicht den Verjährungsbeginn auslöst (BGH **25** 355). Stehen Pressedelikte, die durch Veröffentlichung verschiedener Druckwerke, Neuauflagen oder verschiedener Teile von Druckwerken begangen werden, in Fortsetzungszusammenhang, so beginnt die Verjährung für jedes Druckwerk oder jeden Teil gesondert zu laufen (BGH **27** 18, Stuttgart NJW **74**, 1149, Schröder Gallas-FS 337). Für die erst später tätig gewordenen Verbreiter beginnt die Verjährung, da sie nicht vor Begehung der Straftat einsetzen kann, erst mit diesen Verbreitungshandlungen (BGH **25** 354, Schleswig SchlHA/E-L **84**, 87). Eine neue Verjährungsfrist beginnt auch zu laufen, wenn ein Verbreiter nach Aufgabe des Willens weiterer Verbreitung später eine erneute Verbreitung vornimmt (BGH **33** 271 m. Anm Bottke JR 87, 167).

§ 78 b Ruhen

(1) Die Verjährung ruht, solange nach dem Gesetz die Verfolgung nicht begonnen oder nicht fortgesetzt werden kann. Dies gilt nicht, wenn die Tat nur deshalb nicht verfolgt werden kann, weil Antrag, Ermächtigung oder Strafverlangen fehlen.

(2) Steht der Verfolgung entgegen, daß der Täter Mitglied des Bundestages oder eines Gesetzgebungsorgans eines Landes ist, so beginnt die Verjährung erst mit Ablauf des Tages zu ruhen, an dem
1. die Staatsanwaltschaft oder eine Behörde oder ein Beamter des Polizeidienstes von der Tat und der Person des Täters Kenntnis erlangt oder
2. eine Strafanzeige oder ein Strafantrag gegen den Täter angebracht wird (§ 158 der Strafprozeßordnung).

(3) Ist vor Ablauf der Verjährungsfrist ein Urteil des ersten Rechtszuges ergangen, so läuft die Verjährungsfrist nicht vor dem Zeitpunkt ab, in dem das Verfahren rechtskräftig abgeschlossen ist.

1   I. Die Vorschrift behandelt das **Ruhen** der Verfolgungsverjährung. Ihre Wirkung besteht darin, daß sie den Beginn der Verjährungsfrist hinausschiebt oder den Weiterlauf einer bereits begonnenen Frist hemmt; im Gegensatz zur Unterbrechung verliert aber der bereits abgelaufene Teil der Frist nicht seine Bedeutung; nach Aufhören des Ruhens läuft die Frist weiter. **Zweck** der Vorschrift ist, den Verjährungseintritt in den Fällen zu verhindern, in denen jede Verfolgungshandlung, also auch eine Verjährungsunterbrechung, rechtlich unmöglich ist (RG **52** 37, BVerfGE **25** 282). Eine Ergänzung des § 78 b enthalten die §§ 153 a III, 154 e III StPO.

2   Das Ruhen des Verfahrens wirkt nur höchstpersönlich für die Tatbeteiligten, bei denen die Voraussetzungen des § 78 b gegeben sind (RG **59** 200).

II. Ein Ruhen tritt in folgenden Fällen ein:

3   1. Die Verjährung ruht, solange nach dem **Gesetz** die **Verfolgung nicht begonnen** oder **nicht fortgesetzt werden kann** (Abs. 1 S. 1). Dies gilt sowohl für die Fälle, in denen ein Hindernis die Verfolgung im einzelnen Fall ausschließt, wie auch dann, wenn gesetzliche Vorschriften die Strafverfolgung allgemein unmöglich machen (BGH **1** 89; hiergegen v. Weber MDR 51, 500). Unerheblich für das Ruhen ist dann, ob die Tat den Strafverfolgungsbehörden bekannt war (BGH NJW **62**, 2309). In Betracht kommen nur Vorschriften, die während einer gewissen Zeit alle Verfolgungshandlungen ausschließen; es genügt nicht, daß nur einzelne Verfolgungshandlungen verboten sind. Kein Ruhen bewirkt die Abwesenheit oder Geisteskrankheit eines Beschuldigten; dadurch werden nicht alle Verfolgungshandlungen ausgeschlossen (RG **52** 37). Gleiches gilt für die Todeserklärung (vgl. Reißfelder NJW 64, 1891). Wohl aber führt die rechtskräftige Verwarnung mit Strafvorbehalt (§ 59) zum Ruhen der Verjährung während der Bewährungszeit (Jähnke LK 9; nach D-Tröndle 5 bis zur Entscheidung nach § 59 b).

4   2. Ein Ruhen tritt auch ein, wenn Beginn oder Fortsetzung eines Strafverfahrens von einer **Vorfrage** abhängt, deren **Entscheidung** in einem **anderen Verfahren erfolgen muß**. Die Verjährung ruht dann bis zur Beendigung des anderen Verfahrens. Dieser in § 69 a. F. ausdrücklich geregelte Fall wird zwar in § 78 b nicht mehr besonders erwähnt; die Folge ergibt sich aber ohne weiteres aus Abs. 1 S. 1 (vgl. E 62 Begr. 259). Eine derartige Regelung enthält indes § 154 e III StPO für den Fall, daß ein Verfahren wegen falscher Verdächtigung (§ 164) oder Beleidigung (§§ 185–187 a) nicht weitergeführt wird, solange wegen der angezeigten oder behaupteten Handlung ein Straf- oder Disziplinarverfahren anhängig ist. Ein weiteres Beispiel für das Ruhen der Verjährung ergibt sich aus § 238 II. Ferner bewirken Aussetzungen und Vorlegungen nach Art. 100 GG das Ruhen der Verjährung (BVerfGE **7** 36, Schleswig NJW **62**, 1580, Hans MDR 63, 8), ebenso das Einholen einer Entscheidung des BVerfG nach Art. 126 GG (Hamm GA **69**, 63). Soweit dagegen keine Notwendigkeit besteht, die Entscheidung in einem anderen Verfahren abzuwarten, greift § 78 b nicht ein. Die Verjährung ruht daher nicht, wenn das Gericht das Verfahren nur aussetzt, um eine in einer anderen Sache anstehende Entscheidung des BVerfG abzuwarten (BGH **24** 6), oder wenn es aus Zweckmäßigkeitsgründen gemäß § 262 II StPO eine Entscheidung in einem anderen Verfahren abwartet, ohne an das Ergebnis dieses Verfahrens gebunden zu sein. Ebensowenig führt bereits die Erhebung einer Verfassungsbeschwerde nach §§ 90 ff. BVerfGG zum Ruhen der Verjährung (Düsseldorf NJW **68**, 117).

5   3. Für Verbrechen, die im **Dritten Reich** aus politischen, rassen- oder religionsfeindlichen Gründen nicht bestraft wurden, hat die Verjährung in der Zeit vom 30. 1. 1933 bis zum Ende des 2. Weltkrieges geruht. Dies ergibt sich bereits aus dem Sinn des § 78 b (vgl. BVerfGE **1** 425), ist aber überdies in verschiedenen besatzungs- und landesrechtlichen Bestimmungen ausdrücklich ausgesprochen worden, wobei als Endpunkt des Ruhens z. T. unterschiedliche Daten angenommen wurden: so für die

brit. Zone nach § 3 der VO vom 23. 5. 1947 (VOBlBrZ 65) der 8. 5. 1945, für die amerik. Zone auf Grund entsprechender Gesetze der einzelnen Länder (vgl. Neidhard DRZ 46, 119) der 30. 6. 1945, für das Saarland gem. Anordnung vom 4. 6. 1947 (ABl. 271) der 18. 7. 1947; für die franz. Zone, in der keine allgemeinen Hemmungsvorschriften existierten (vgl. Widenmann DRZ 47, 158), wird jedenfalls bis zum 8. 5. 1945 eine Hemmung der Verjährungsvorschriften angenommen (vgl. BGH **18** 367, **23** 137, NJW **62**, 2308). Gleiches hat für Berlin (vgl. BGH 5 StR 28/52 vom 28. 1. 1952, 5 StR 218/54 vom 9. 7. 1954) und für die russ. Zone zu gelten (vgl. Dresden DRZ **47**, 165).

Obwohl nach 1945 die deutschen Gerichte teilweise noch längere Zeit geschlossen waren und der **6** Strafverfolgung auch sonstige praktische Hindernisse entgegenstanden, hat § 5 I des Ges. vom 30. 5. 1956 (BGBl. I 437) für diese Zeit ein Ruhen der Verjährung verneint. Hiervon macht das Ges. vom 13. 4. 1965 (BGBl. I 315) insoweit eine Ausnahme, als bei Verbrechen, die mit lebenslanger Freiheitsstrafe bedroht sind, die Zeit vom 8. 5. 1945 bis zum 31. 12. 1949 für die Berechnung der Verjährungsfrist außer Ansatz bleiben muß. Dieses Gesetz widerspricht nicht der Verfassung (BVerfGE **25** 282).

Zur Problematik der Verlängerung der Verjährungsfrist vgl. im einzelnen A. Arndt JZ 65, 145, **7** Bemmann JuS 65, 333, Fuhrmann JR 65, 15, Grünwald MDR 65, 521, Klug JZ 65, 149, Pawlowski NJW 65, 287 und abschließend BVerfGE **25** 282.

4. Steht der Strafverfolgung entgegen, daß der Täter **Mitglied des Bundestages** (vgl. Art. 46 **8** GG) oder eines **Gesetzgebungsorgans eines Landes** (vgl. § 152a StPO) ist, so ruht die Verjährung erst mit Ablauf des Tages, an dem die StA, eine Behörde oder ein Beamter des Polizeidienstes von der Tat und der Person des Täters (nicht der Abgeordnetenschaft; vgl. D-Tröndle 10) Kenntnis erlangt oder gemäß § 158 StPO eine Strafanzeige bzw. ein Strafantrag gegen den Täter angebracht wird (Abs. 2). Diese Regelung entspricht der Rspr. des BGH (BGH **20** 248) zu § 69 a. F. und ist mit dem GG vereinbar (BVerfGE **50** 42). Mit Behörden im Abs. 2 sind nur Polizeibehörden gemeint. Bei Strafanzeigen oder Strafanträgen genügt es, wenn sie bei einem zuständigen Gericht angebracht werden. Kein Ruhen der Verjährung tritt ein, wenn gemäß Art. 46 II GG die Strafverfolgung nach einer Festnahme ungehindert fortgesetzt werden darf (vgl. dazu Bremen NJW **66**, 744, Oldenburg NJW **66**, 1764). Abs. 2 gilt entsprechend für den Bundespräsidenten (Lackner 1 b aa, Rudolphi SK 5, D-Tröndle 10).

5. Sonderprobleme ergeben sich bei der Verfolgung von Angehörigen der in der Bundesre- **9** publik stationierten **ausländischen Truppen,** soweit nach dem Truppenstatut eine konkurrierende Gerichtsbarkeit der deutschen und der Behörden des jeweiligen Entsendestaates besteht (vgl. dazu 39 ff. vor § 3). Hier ruht die Verjährung, solange die deutschen Behörden auf Grund der Abmachungen mit den Vertragspartnern an der Strafverfolgung gehindert sind. Dies ist nicht nur dann der Fall, wenn die Bundesrepublik im Einzelfall auf die eigene Verfolgungskompetenz verzichtet hat, sondern kann sich auch aus einem generellen Verzicht der Bundesrepublik auf die ihr zustehenden Rechte ergeben (vgl. dazu 39a vor § 3). In diesem Fall ruht die Verjährung bis zur Abgabe der Sache an die deutschen Behörden (vgl. Celle NJW **65**, 1673, LG Krefeld NJW **65**, 310, Jähnke LK 6). Die abweichende Auffassung von LG Duisburg NJW **65**, 643 und Schwenk NJW **65**, 2242 übersieht die völkerrechtliche Verpflichtung, die nicht schon dadurch ausgeschlossen ist, daß die Gerichte prozessual nicht gehindert wären, Verfolgungsmaßnahmen durchzuführen; die Konsequenz der abw. Auffassung würde darauf hinauslaufen, daß sich die deutschen Gerichte u. U. nur zum Zwecke der Verjährungsunterbrechung durch eigene Ermittlungstätigkeit über völkerrechtliche Bindungen hinwegsetzen müßten.

III. Wie bei den sonstigen Verjährungsvoraussetzungen (vgl. § 78 RN 13) ist bei Zweifeln **10** darüber, ob oder in welcher Zeit die Verjährung geruht hat, der Grundsatz in dubio pro reo anwendbar, so etwa, wenn unaufklärbar ist, wann die Polizeibehörde Kenntnis von der Tat eines Abgeordneten erlangt hat. Mit Recht hat daher BGH **23** 137 entschieden, daß bei nach dem Krieg bekanntgewordenen Taten der o. 5 genannten Art nur dann ein Ruhen der Verjährung während der o. 5 angeführten Zeit anzunehmen ist, wenn feststeht, daß damals die Verfolgung der Tat am Eingreifen von hoher Hand gescheitert wäre.

IV. Eine Ausnahme vom Grundsatz des Abs. 1 enthält dessen Satz 2. Ist zur Verfolgung ein **11** **Antrag,** eine **Ermächtigung** oder ein **Strafverlangen** erforderlich, so hemmt das Fehlen des Antrags usw. nicht den Lauf der Verjährung.

V. Der Ablauf der Verjährungsfrist ist bis zum rechtskräftigen Abschluß des Verfahrens **12** schlechthin gehemmt, wenn ein **Urteil des ersten Rechtszuges** ergeht und in diesem Zeitpunkt die Tat noch nicht verjährt ist (Abs. 3). Die Regelung beruht auf der Erwägung, daß im Rechtsmittelverfahren nur ausnahmsweise verjährungsunterbrechende Handlungen vorgenommen werden und die Möglichkeit ausgeschlossen werden soll, durch unbegründete Rechtsmittel und unsachgemäße Anträge das Verfahren zu verzögern und dadurch den Eintritt der Verjährung herbeizuführen (vgl. E 62 Begr. 259). Sie gilt auch bei fehlerhaften Urteilen, etwa dann, wenn mangels eines Eröffnungsbeschlusses die Hauptverhandlung unzulässig war (vgl. Bay NJW **61**, 1487); ausgenommen sind allerdings nichtige Urteile. Unerheblich ist, welcher Art das erstinstanzliche Urteil ist. So genügt ein Urteil, das wegen irriger Annahme der Verjährung auf Verfahrenseinstellung lautet (BGH **32** 209). Ferner ist unerheblich, wieviele Verfahrensabschnitte zwischen dem Urteil und dem rechtskräftigen Verfahrensabschluß liegen. Die verjährungshemmende Wirkung bleibt auch erhalten, wenn das erstinstanzliche Urteil aufgehoben wird (vgl. Köln VRS **54** 360). Sie reicht aber nur bis zum Verfahrensabschluß. Bei einer Gesamtstrafenbildung stellt deren Rechtskraft den Verfahrensabschluß dar; die Rechtskraft einer Einzelstrafe läßt die Verjährungsfrage unberührt (BGH **30** 232). Kommt es zur Wiederaufnahme des Verfahrens, so setzt sich der frühere Lauf der Verfolgungsverjährung fort (vgl. § 78a RN 15). Gleiches gilt nach rechtskräftigen Einstellungsurteilen, soweit sie keine Sperrwirkung für eine weitere Strafverfolgung entfalten; entsprechend dem in RN 15 zu § 78a Ausgeführten ist die Zeit der Fristhemmung in die Verjährungsfrist einzubeziehen. Bei Wiedereinsetzung in den vorigen Stand nach rechtskräftigem Urteil wirkt dagegen Abs. 3 weiter (vgl. Köln VRS **54** 360, Düsseldorf VRS **58** 43).

13   Abs. 3 bezieht sich nur auf Urteile. Ihnen stehen der **Strafbefehl** und andere dem Urteil entsprechende Entscheidungen nicht gleich. Solche Entscheidungen hemmen nicht den Ablauf der Verjährungsfrist, sondern unterbrechen die Verjährung (§ 78c I Nr. 9). Abs. 3 ist demgemäß nicht anwendbar, wenn durch Beschluß der Einspruch gegen einen Strafbefehl wegen vermeintlicher Fristversäumnis verworfen wird (vgl. BGH DAR/R **86**, 250, Bay NStZ **86**, 82). Bei Wiedereinsetzung in den vorigen Stand bei Versäumung der Einspruchsfrist setzt sich der frühere Lauf der Verfolgungsverjährung fort (Lackner § 78 Anm. 3, Rudolphi SK 7 vor § 78; and. Jähnke LK § 78 RN 10, auch Stuttgart VRS **70** 456 bei Wiedereinsetzung in den vorigen Stand nach Versäumung des rechtzeitigen Einspruchs gegen Bußgeldbescheid).

§ 78c Unterbrechung

(1) Die Verjährung wird unterbrochen durch

1. die erste Vernehmung des Beschuldigten, die Bekanntgabe, daß gegen ihn das Ermittlungsverfahren eingeleitet ist, oder die Anordnung dieser Vernehmung oder Bekanntgabe,
2. jede richterliche Vernehmung des Beschuldigten oder deren Anordnung,
3. jede Beauftragung eines Sachverständigen durch den Richter oder Staatsanwalt, wenn vorher der Beschuldigte vernommen oder ihm die Einleitung des Ermittlungsverfahrens bekanntgegeben worden ist,
4. jede richterliche Beschlagnahme- oder Durchsuchungsanordnung und richterliche Entscheidungen, welche diese aufrechterhalten,
5. den Haftbefehl, den Unterbringungsbefehl, den Vorführungsbefehl und richterliche Entscheidungen, welche diese aufrechterhalten,
6. die Erhebung der öffentlichen Klage,
7. die Eröffnung des Hauptverfahrens,
8. jede Anberaumung einer Hauptverhandlung,
9. den Strafbefehl oder eine andere dem Urteil entsprechende Entscheidung,
10. die vorläufige gerichtliche Einstellung des Verfahrens wegen Abwesenheit des Angeschuldigten sowie jede Anordnung des Richters oder Staatsanwalts, die nach einer solchen Einstellung des Verfahrens oder im Verfahren gegen Abwesende zur Ermittlung des Aufenthalts des Angeschuldigten oder zur Sicherung von Beweisen ergeht,
11. die vorläufige gerichtliche Einstellung des Verfahrens wegen Verhandlungsunfähigkeit des Angeschuldigten sowie jede Anordnung des Richters oder Staatsanwalts, die nach einer solchen Einstellung des Verfahrens zur Überprüfung der Verhandlungsfähigkeit des Angeschuldigten ergeht, oder
12. jedes richterliche Ersuchen, eine Untersuchungshandlung im Ausland vorzunehmen.

Im Sicherungsverfahren und im selbständigen Verfahren wird die Verjährung durch die dem Satz 1 entsprechenden Handlungen zur Durchführung des Sicherungsverfahrens oder des selbständigen Verfahrens unterbrochen.

(2) Die Verjährung ist bei einer schriftlichen Anordnung oder Entscheidung in dem Zeitpunkt unterbrochen, in dem die Anordnung oder Entscheidung unterzeichnet wird. Ist das Schriftstück nicht alsbald nach der Unterzeichnung in den Geschäftsgang gelangt, so ist der Zeitpunkt maßgebend, in dem es tatsächlich in den Geschäftsgang gegeben worden ist.

(3) **Nach jeder Unterbrechung beginnt die Verjährung von neuem. Die Verfolgung ist jedoch spätestens verjährt, wenn seit dem in § 78a bezeichneten Zeitpunkt das Doppelte der gesetzlichen Verjährungsfrist und, wenn die Verjährungsfrist nach besonderen Gesetzen kürzer ist als drei Jahre, mindestens drei Jahre verstrichen sind. § 78b bleibt unberührt.**

(4) **Die Unterbrechung wirkt nur gegenüber demjenigen, auf den sich die Handlung bezieht.**

(5) **Wird ein Gesetz, das bei der Beendigung der Tat gilt, vor der Entscheidung geändert und verkürzt sich hierdurch die Frist der Verjährung, so bleiben Unterbrechungshandlungen, die vor dem Inkrafttreten des neuen Rechts vorgenommen worden sind, wirksam, auch wenn im Zeitpunkt der Unterbrechung die Verfolgung nach dem neuen Recht bereits verjährt gewesen wäre.**

Vorbem. Abs. 1 S. 2 eingefügt, Abs. 1 S. 1 Nr. 6 geändert durch das 2. WiKG vom 15. 5. 1986, BGBl I 721. Nach Art. 315a S. 2 EGStGB gilt die Verjährung der in der früheren DDR bis zum Beitritt zur BRep. Deutschland verfolgten und noch nicht verjährten Taten als am Tag des Wirksamwerdens des Beitritts unterbrochen; Abs. 3 bleibt unberührt.

I. Die Vorschrift regelt die **Unterbrechung** der Verfolgungsverjährung. Im Gegensatz zu 1
§ 68 a. F. nennt § 78c – ähnlich § 33 OWiG – einen abschließenden Katalog von Unterbrechungshandlungen. Er zieht damit – im Interesse der Rechtssicherheit – die Konsequenzen aus dem Umstand, daß es Rspr. und Rechtslehre nicht gelungen war, § 68 a. F. feste Konturen zu geben und ihn zu einer praktikablen Vorschrift zu machen (vgl. 17. A. § 68 RN 1).

Die **Wirkung der Unterbrechung** besteht darin, daß mit dem Tag der Unterbrechungshand- 2
lung eine neue Verjährung beginnt, die jedoch unter Berücksichtigung des früheren Verjährungsbeginns eine besondere zeitliche Beschränkung erfahren hat (vgl. u. 22). Die Verjährung kann wiederholt unterbrochen werden (vgl. RG **23** 188).

II. Die **Unterbrechungshandlungen** sind in Abs. 1 abschließend aufgezählt. Sie müssen aus 3
den Akten ersichtlich (vgl. BGH **30** 219) und wegen einer bestimmten Tat (vgl. u. 23), gegen eine bestimmte Person als Täter (vgl. u. 24) und von einem inländischen Rechtspflegeorgan vorgenommen worden sein (vgl. BGH **1** 325). Auf ihre Eignung zur Verfahrensförderung kommt es nicht an. Soweit sie nicht unwirksam sind, tritt auch bei ihrer Fehlerhaftigkeit die Verjährungsunterbrechung ein (BGH **29** 357). Bei fehlendem Strafantrag wird die Verjährung daher nicht nur durch Handlungen unterbrochen, die der Vorbereitung und Sicherung des Verfahrens dienen und deswegen zulässig sind (vgl. BGH NJW **57**, 470), sondern auch durch sonstige Handlungen (and. RG **6** 37; gegen diese Entscheidung Bay NJW **61**, 1488). Insb. hindert ein Irrtum über die Notwendigkeit einer Unterbrechungshandlung (vgl. Köln VRS **51** 214, Koblenz DAR **80**, 251) oder die mangelnde Zuständigkeit die Unterbrechung nicht (vgl. RG **6** 37, **11** 364, JW **05**, 707, Oldenburg DAR **55**, 306, Stuttgart NJW **68**, 1340, Jähnke LK 9; vgl. jedoch Hamm DAR **62**, 211, Preisendanz NJW **61**, 1805 und zur funktionellen Zuständigkeit Hamm NJW **79**, 884, Koblenz NJW **68**, 2293, Köln OLGSt Nr. 2, Schreiber NJW **61**, 2344, Krekeler NJW **67**, 382, auch u. 18). So genügt zur Unterbrechung etwa der Eröffnungsbeschluß des Richters, der sich irrig für örtlich zuständig hält (Stuttgart NJW **68**, 1340; vgl. auch Hamburg MDR **79**, 1046, Bay DAR/R **80**, 271). Eine fehlerhafte Handlung verliert auch nicht dadurch ihre unterbrechende Wirkung, daß sie nach Erkennen des Fehlers wieder aufgehoben wird (RG **30** 309, Stuttgart NJW **68**, 1340); anders kann es dann sein, wenn der Fehler unmittelbar nach der Handlung bemerkt und diese sofort rückgängig gemacht wird. Streitig ist, ob die Verjährung auch durch sachlich unbegründete Handlungen unterbrochen wird, die allein zu diesem Zweck vorgenommen werden (bejahend D-Tröndle 7, Göhler § 33 OWiG RN 3, Jähnke LK 11; and. Lackner 3, Rudolphi SK 7). Einschränkungen solcher Art stellen die Rechtssicherheit, in deren Interesse der abschließende Katalog von Unterbrechungshandlungen aufgestellt worden ist, in Frage. Man wird daher einer Unterbrechungshandlung noch nicht deswegen, weil sie sachlich unbegründet ist, die verjährungsunterbrechende Wirkung absprechen können, wohl aber dann, wenn sie nur als Scheinmaßnahme (vgl. u. 6, 8) anzusehen ist (vgl. Celle NdsRpfl **84**, 240, Jähnke LK 11). Im einzelnen kommen folgende Unterbrechungshandlungen in Betracht:

1. Die **erste Vernehmung** des Beschuldigten bzw. deren Anordnung oder die **Bekanntgabe**, 4
daß gegen ihn ein **Ermittlungsverfahren eingeleitet** ist, bzw. deren Anordnung (Nr. 1). Nicht erforderlich ist, daß ein Richter tätig wird; es genügt, wenn die StA, die Polizei, die Finanzbehörde oder das Zollfahndungsamt (BGH NJW **90**, 845) eine der Maßnahmen ergreift. Die genannten Möglichkeiten der Unterbrechung stehen alternativ nebeneinander, nicht kumulativ (vgl. Bay VRS **39** 119, Düsseldorf VRS **40** 57, Hamm DAR **70**, 193, Hamburg NJW **78**, 435). Ist also eine dieser Maßnahmen erfolgt, so kann die Verjährung durch eine andere der in Nr. 1

aufgezählten Handlungen nicht erneut unterbrochen werden. Bei einer nachfolgenden richterlichen Vernehmung des Beschuldigten tritt allerdings nach Nr. 2 eine erneute Unterbrechung ein. Die Mitteilung einer Privatklage nach § 382 StPO unter Bestimmung einer Frist zur Erklärung fällt nicht unter Nr. 1; sie betrifft weder eine Vernehmung noch die Bekanntgabe der Einleitung eines Ermittlungsverfahrens (Bay 77, 125).

5 a) Die *erste Vernehmung* liegt vor, wenn jemand als Beschuldigter erstmals die Gelegenheit erhält, sich gegenüber einem Strafrechtspflegeorgan zu der Tat zu äußern, die ihm zur Last gelegt wird. Das ist z. B. der Fall, wenn ein Polizeibeamter den Täter auf frischer Tat stellt, ihm sogleich eröffnet, was ihm vorgeworfen wird, und ihm Gelegenheit zur Äußerung bietet (vgl. Bremen NJW **70**, 720). Unerheblich ist, ob sich der Beschuldigte dann zur Sache äußert. Nicht ausreichend ist eine nur informatorische Befragung, die erst klären soll, ob und ggf. gegen wen ein Ermittlungsverfahren einzuleiten ist (vgl. Bay VRS **44** 62), wie etwa i. d. R. die sog. Unfallaufnahme (vgl. Hamm VRS **41** 384). Eine solche Befragung geht aber in eine Vernehmung über, wenn dem Befragten klargemacht wird, daß er nunmehr als Beschuldigter angehört wird. Unerheblich ist an sich, ob die Vernehmung mündlich oder schriftlich erfolgt (vgl. Oldenburg NJW **70**, 719). Im allgemeinen kommt jedoch nur die mündliche Vernehmung als Unterbrechungshandlung in Betracht, da einer schriftlichen Anhörung regelmäßig eine entsprechende Anordnung vorausgeht und diese bereits zur Unterbrechung der Verjährung führt.

6 b) Bereits die *Anordnung* der ersten Vernehmung unterbricht die Verjährung, auch dann, wenn sie wieder aufgehoben wird (Bremen StV **90**, 25). Sie braucht nicht zur Kenntnis des Beschuldigten zu gelangen (vgl. BGH **25** 8). Erforderlich ist aber stets, daß sie auf Anhörung des Beschuldigten gerichtet ist. Keine Unterbrechungswirkung hat daher z. B. die Anordnung, den Halter eines in eine Straftat verwickelten Kraftfahrzeugs, etwa bei Unfallflucht, zu befragen, wer zur Tatzeit das Kfz. geführt hat (vgl. BGH **24** 325). Ferner muß die Vernehmung für durchführbar gehalten werden. Steht fest, daß der Beschuldigte gar nicht vernommen werden kann, etwa überhaupt nicht erreichbar ist, so ist die Anordnung der Vernehmung von vornherein sinnlos und als Scheinanordnung anzusehen; es kann ihr dann keine Unterbrechungswirkung zukommen (vgl. Koblenz MDR **76**, 780). Eine mündliche Anordnung genügt nur, wenn sie sogleich aktenkundig gemacht wird (vgl. auch D-Tröndle 10, Lackner 2a sowie Hamm NStZ **88**, 137 zu § 33 OWiG). Zur schriftlichen Anordnung vgl. u. 21. Als bloßer Ermittlungsauftrag stellt der Auftrag an die Polizei durch die StA, gegen den Beschuldigten zu ermitteln und ihn hierbei zu vernehmen, keine Anordnung i. S. der Nr. 1 dar (BGH NStZ **85**, 546, Hamburg NJW **78**, 434; vgl. auch Hamburg MDR **78**, 689). Anders kann es bei einem speziellen Auftrag zur Vernehmung sein (BGH NStZ **85**, 546). Unwesentlich für die Verjährungsunterbrechung ist, ob der Auftrag durchgeführt wird (BGH aaO).

7 c) Die *Bekanntgabe* gegenüber dem Beschuldigten, daß gegen ihn das *Ermittlungsverfahren eingeleitet* ist, hat selbständige Bedeutung für die Verjährungsunterbrechung, wenn sie isoliert von der ersten Vernehmung erfolgt. Für sie sind keine bestimmte Form und kein bestimmter Inhalt vorgeschrieben. Sie muß nur ersichtlich machen, wegen welcher Handlung Ermittlungen geführt werden (BGH **30** 217). Allgemeine formelhafte Texte ohne tatsächliche Spezifizierung und Hinweis auf tatsächliche Grundlagen genügen nicht (Hamburg wistra **87**, 189 m. Anm. Marx wistra **87**, 207, Bay wistra **88**, 89). Die Bekanntgabe der Einleitung eines Ermittlungsverfahrens kann sich auch aus der Eindeutigkeit der gegen den Beschuldigten gerichteten Maßnahmen ergeben, so etwa, wenn das Einschreiten gegen den Täter auf frischer Tat (Feststellung der Personalien usw.) erkennen läßt, daß die Ermittlungen gegen ihn beginnen (vgl. Hamm DAR **70**, 194, Köln VRS **73** 140).

8 d) Geht der Bekanntgabe, daß das Ermittlungsverfahren eingeleitet ist, die *Anordnung* hierzu voraus, so ist diese maßgebender Zeitpunkt für die Verjährungsunterbrechung. Es ist dann nicht erforderlich, daß die Bekanntgabe den Beschuldigten erreicht hat (vgl. BGH **25** 8, 346). Weiß der Anordnende jedoch von vornherein, daß die Bekanntgabe den Beschuldigten nicht erreichen kann, so entfällt wie bei der Scheinanordnung der Vernehmung (vgl. o. 6) die Verjährungsunterbrechung (offengelassen in BGH **25** 9). Zur schriftl. Anordnung vgl. u. 21.

9 **2.** Unterbrochen wird die Verjährung durch jede **richterliche Vernehmung** des Beschuldigten (auch wenn er sich nicht zur Sache äußert; vgl. Hamm MDR **79**, 781) oder deren Anordnung (Nr. 2). Unerheblich ist, ob sie zuvor bereits unterbrochen war. Im Gegensatz zur Vernehmung durch die StA oder die Polizei (Nr. 1) ist eine wiederholte Unterbrechung durch erneute Vernehmung seitens eines Richters ohne weiteres möglich. Unterbrechungswirkung hat aber nur die Vernehmung oder deren Anordnung, nicht die Vernehmung zusätzlich nach ihrer Anordnung (vgl. o. 4, BGH **27** 113, 147, Bay MDR **76**, 779, **79**, 1046). Handlungen, die lediglich im Zusammenhang mit der Vernehmung stehen, genügen nicht, so nicht die Auskunft über eine Vernehmung, die Anfrage, ob sich der Beschuldigte kommissarisch vernehmen

lassen will, die Mitteilung des ersuchten Richters über ein Vernehmungshindernis, die Aufhebung eines Vernehmungstermins.

Zur **Anordnung** der Vernehmung vgl. o. 6. Die Anordnung kann auch in einer Terminsbestimmung zum Ausdruck kommen. Bei Ersuchen um richterliche Vernehmung hat neben dem Ersuchen die Terminsbestimmung durch den ersuchten Richter verjährungsunterbrechende Wirkung (BGH **27** 110, Frankfurt NJW **76**, 1760; and. Bay NJW **76**, 1760, Hamm VRS **51** 128, Frankfurt NJW **76**, 1759). Wiederholte Anordnung nach Wegfall eines Vernehmungshindernisses unterbricht erneut (Hamm VRS **52** 43, Hamburg MDR **77**, 603). 10

3. Des weiteren unterbricht jede **Beauftragung eines Sachverständigen** durch einen Richter oder Staatsanwalt die Verjährung, sofern vorher der Beschuldigte vernommen oder ihm die Einleitung des Ermittlungsverfahrens bekanntgegeben worden ist (Nr. 3). Das Erfordernis vorheriger Vernehmung oder Bekanntgabe des Ermittlungsverfahrens soll verhindern, daß der Ablauf der Verjährungsfrist sich bei einer schwierigen Sachlage verschiebt, ohne daß der Beschuldigte überhaupt Kenntnis von den Ermittlungen gegen ihn hat. Demgemäß ist die Unterbrechung auf Taten begrenzt, auf die sich die Vernehmung oder die Bekanntgabe des Ermittlungsverfahrens erstreckt. Die Bekanntgabe setzt keine besondere Form voraus; der Beschuldigte muß nur über die Ermittlungen ins Bild gesetzt werden (BGH NStZ **90**, 436). Der Auftrag an einen Sachverständigen muß auf ein bestimmtes Beweisthema lauten (BGH **28** 382). Unerheblich ist, ob er notwendig ist und ob er angenommen wird. Lehnt ein Sachverständiger den Auftrag ab, so unterbricht die Beauftragung eines weiteren Sachverständigen erneut die Verjährung. Gleiches gilt, wenn ein zusätzlicher Sachverständiger herangezogen wird oder derselbe Sachverständige einen neuen Auftrag mit einem völlig anderen Thema erhält. Dagegen bewirkt der Auftrag an den Sachverständigen, sein Gutachten zu ergänzen, keine erneute Unterbrechung (Bay MDR **77**, 252, DAR/R **86**, 250). Nach BGH **27** 76, Bay MDR **76**, 165 geschieht die Beauftragung durch die Anordnung, einen bestimmten Sachverständigen zu einem bestimmten Beweisthema zuzuziehen, nicht erst durch das Auftragsschreiben. Das Schreiben selbst führt nach Köln MDR **81**, 166 als eine die Beauftragung nur wiederholende Aufforderung zur Gutachtenerstattung nicht zur erneuten Unterbrechung. Zu den Anforderungen an eine Beauftragung vgl. BGH MDR/H **78**, 986 (bloßes Informationsgespräch mit einem Sachverständigen genügt nicht) sowie BGH **28** 381 (mündliche oder konkludente Anordnung genügt; sie muß aber nach Inhalt und Zeitpunkt den Verfahrensbeteiligten erkennbar sein). Sachverständiger kann auch ein eigenverantwortlich und weisungsfrei arbeitender Wirtschaftsreferent der StA sein (BGH **28** 384, StV **86**, 465, Zweibrücken NJW **79**, 1995). Seine Beauftragung setzt aber die Erkennbarkeit für die Verfahrensbeteiligten voraus, daß er das Gutachten als Sachverständiger und nicht als Gehilfe des Ermittlungsbeamten erstatten soll (BGH NStZ **84**, 215). 11

4. Nach Nr. 4 wird die Verjährung unterbrochen durch jede richterliche Anordnung einer **Beschlagnahme** (vgl. §§ 98, 100, 111e StPO) oder einer **Durchsuchung** (vgl. § 105 StPO). Als Beschlagnahmeanordnung ist auch die richterliche Bestätigung einer Beschlagnahme anzusehen, ebenfalls die vorläufige Entziehung der Fahrerlaubnis, da sie nach § 111a III StPO zugleich als Anordnung oder Bestätigung der Beschlagnahme des Führerscheins wirkt. Den Anordnungen steht ihre Aufrechterhaltung durch eine richterliche Entscheidung gleich. Mangels einer Einschränkung entsprechend Nr. 3 unterbricht die Anordnung auch dann die Verjährung, wenn die Beschlagnahme usw. bei Dritten erfolgen soll und der Beschuldigte vorher weder vernommen noch von der Einleitung des Ermittlungsverfahrens in Kenntnis gesetzt worden ist. Ferner ist unerheblich, ob die Anordnung alsbald oder mit erheblicher Verzögerung durchgeführt wird. Keine Anordnung i. S. von Nr. 4 ist die einer Bank gemachte Auflage, der StA Einblick in Kontenbewegungen zu gewähren und die Anfertigung von Kopien zu dulden (LG Kaiserslautern NStZ **81**, 438). 12

5. Zur Unterbrechung der Verjährung führen ferner der **Haftbefehl** (vgl. § 114 StPO), der Unterbringungsbefehl (§ 126a StPO), der Vorführungsbefehl (vgl. § 134 StPO) sowie deren Aufrechterhaltung durch eine richterliche Entscheidung (Nr. 5). Aufrechterhalten wird ein Haftbefehl auch durch eine Entscheidung, mit der die Fortdauer der U-Haft angeordnet wird (vgl. §§ 117ff., 122 StPO). Sonstige Entscheidungen, die sich auf die U-Haft beziehen, genügen nicht, wie etwa die Vollzugsanordnung nach § 116 IV StPO (Lackner 2e, Rudolphi SK 20; and. D-Tröndle 15, Jähnke LK 29, die eine Entscheidung nach § 116 StPO als inzidente Aufrechterhaltung des Haftbefehls bewerten). Ebensowenig reicht der Erlaß eines Steckbriefs aus. 13

6. Verjährungsunterbrechend wirkt nach Nr. 6 die **Erhebung der öffentlichen Klage** (nicht Privatklage). Gleiches gilt, wie sich aus Abs. 1 S. 2 ergibt, für die Stellung des ihr entsprechenden Antrags im Sicherungsverfahren (vgl. § 414 II StPO) oder im selbständigen Verfahren (vgl. § 440 StPO). Zur öffentlichen Klage rechnen auch die Nachtragsanklage (§ 266 StPO) und der Antrag auf Erlaß eines Strafbefehls (§ 407 StPO; vgl. Bay GA **84**, 181), nicht der Antrag auf 14

Aburteilung im beschleunigten Verfahren (Hamburg NStZ/G **81**, 56). Abweichend von sonstigen schriftlichen Anordnungen, bei denen gemäß Abs. 2 die Unterzeichnung maßgebender Zeitpunkt für die Unterbrechung ist (vgl. u. 21), kommt es auf den Zeitpunkt an, in dem die öffentliche Klage oder der ihr entsprechende Antrag bei Gericht eingeht; denn erst in diesem Augenblick ist die öffentliche Klage erhoben (vgl. Bay NJW **71**, 854). Die spätere Rücknahme der Klage oder des Antrags läßt die eingetretene Unterbrechung unberührt. Eine Anklageschrift muß den Voraussetzungen des § 200 StPO entsprechen; andernfalls ist die Anklageerhebung unwirksam und unterbricht nicht die Verjährung (Bremen StV **90**, 25).

15   7. Eine weitere Unterbrechungshandlung ist die **Eröffnung des Hauptverfahrens** (Nr. 7). Entscheidend ist insoweit der Eröffnungsbeschluß gemäß § 203 StPO, nicht erst dessen Zustellung an die StA oder den Angekl. Er unterbricht die Verjährung auch dann, wenn in ihm die Mitangeklagten hinsichtlich ihrer Beteiligungsart verwechselt worden sind (Hamm VRS **18** 34) oder ein kraft Gesetzes ausgeschlossener Richter am Beschluß mitgewirkt hat (BGH **29** 351).

16   8. Ebenfalls unterbricht jede **Anberaumung einer Hauptverhandlung** die Verjährung (Nr. 8). Nicht erforderlich ist, daß zuvor das Hauptverfahren eröffnet war. Das gilt nicht nur für die Fälle, in denen die Hauptverhandlung ohne eine Entscheidung über die Eröffnung des Hauptverfahrens anzuberaumen ist, wie im beschleunigten Verfahren (vgl. § 212a StPO), sondern auch in den sonstigen Fällen. Die Anberaumung eines Termins in einem nach § 154 StPO vorläufig eingestellten Verfahren genügt (Celle NStZ **85**, 218 m. abl. Anm. Schoreit; and. Beulke JR 86, 50). Eine Terminaufhebung beseitigt nicht die eingetretene Unterbrechung. Der hiermit verbundene Hinweis „neuer Termin wird von Amts wegen bestimmt" bewirkt keine neue Unterbrechung (Koblenz VRS **67** 52). Erst die Anberaumung eines neuen Termins für die Hauptverhandlung unterbricht die Verjährung erneut. Auch die Verlegung eines Termins ist Anberaumung einer Hauptverhandlung (Köln VRS **69** 451: Vorverlegung). Dagegen genügt nicht die Terminbestimmung für das Fortsetzen einer unterbrochenen Hauptverhandlung (Jähnke LK 32, Rudolphi SK 23; and. D-Tröndle 18) oder das Festhalten an einem Termin, mag auch die Frage der Aufhebung erkennbar geprüft worden sein, ebensowenig eine Maßnahme aus Anlaß der Anberaumung der Hauptverhandlung, etwa die Ladung zum Termin. Andererseits unterbricht die Anberaumung der Hauptverhandlung die Verjährung unabhängig davon, ob erforderliche Ladungen angeordnet worden sind (Hamm NStZ/G **88**, 65).

17   9. Die Verjährung wird nach Nr. 9 unterbrochen durch einen **Strafbefehl** oder eine andere dem Urteil entsprechende Entscheidung, z. B. Einstellungsbeschluß gem. § 206a StPO (Bay MDR **77**, 603, VRS **55** 139; vgl. auch Oldenburg NdsRpfl. **78**, 91) oder Beschluß, durch den der Einspruch gegen einen Strafbefehl verworfen wird (Jähnke LK 33). Das Urteil selbst ist nicht aufgeführt, weil nach § 78b III mit Erlaß des Urteils im ersten Rechtszug der Ablauf der Verjährungsfrist gehemmt wird. Für den Strafbefehl ist dessen Unterzeichnung maßgebender Zeitpunkt (vgl. Abs. 2 und u. 21). Der Einspruch gegen den Strafbefehl wirkt sich auf die Verjährungsunterbrechung nicht aus.

18   10. Die **vorläufige gerichtliche Einstellung des Verfahrens** – nicht Vertagung der Hauptverhandlung auf unbestimmte Zeit (Köln MDR **79**, 958) – unterbricht nach Nr. 10 die Verjährung, wenn sie **wegen Abwesenheit des Angeschuldigten** erfolgt (vgl. § 205 StPO). Tatsächliche Abwesenheit ist nicht erforderlich (vgl. Hamm VRS **51** 217, JMBlNW **79**, 273, Köln VRS **54** 361, Bay VRS **58** 389). Keine Unterbrechung bewirkt jedoch die Einstellung, die ein Gericht im Ermittlungsverfahren an Stelle der StA vornimmt, da das Tätigwerden eines funktionell unzuständigen Gerichts keine ungünstige Rechtsfolge für den Beschuldigten haben darf (Köln OLGSt Nr. 2). Unterbrechungswirkung hat zudem jede Anordnung des Richters oder Staatsanwalts, die nach einer solchen Einstellung oder im Verfahren gegen Abwesende (vgl. §§ 276, 285ff. StPO) zur Ermittlung des Aufenthalts des Angeschuldigten oder zur Sicherung von Beweisen ergeht. In Betracht kommt etwa die Anordnung einer Fahndungsmaßnahme, z. B. den Beschuldigten im Fahndungsblatt ausschreiben zu lassen (BGH NStZ **90**, 584: bei Nichtauslieferung auch, wenn Aufenthaltsort im Ausland bekannt ist) oder beim Einwohnermeldeamt, bei der Polizei (Schleswig SchlHA/L-G **89**, 98) und bei bestimmten Personen nachzufragen, oder die Anordnung einer Zeugenvernehmung. Die Anordnung der Beschlagnahme von Beweismitteln unterbricht in diesem Rahmen – anders als nach Nr. 4 – die Verjährung auch dann, wenn ein Staatsanwalt sie erläßt. Unterbrechungswirkung haben aber nur Anordnungen des Richters oder Staatsanwalts, nicht Anordnungen einer Behörde, die um die Aufenthaltsermittlung ersucht wird.

19   11. Einen der Nr. 10 vergleichbaren Fall regelt Nr. 11. Danach unterbricht auch die wegen **Verhandlungsunfähigkeit** des Angeschuldigten erfolgende **vorläufige gerichtliche Einstellung des Verfahrens** die Verjährung. Zudem tritt diese Wirkung bei jeder nachfolgenden Anordnung des Richters oder Staatsanwalts ein, die zur Überprüfung der Verhandlungsfähig-

12. Schließlich nennt Nr. 12 als Unterbrechungshandlung noch jedes **richterliche Ersuchen,** 20 eine **Untersuchungshandlung im Ausland** vorzunehmen. Das Ersuchen kann sich auf Vernehmung von Zeugen oder eines Beschuldigten erstrecken, ferner auf Sicherstellung von Gegenständen. Unerheblich ist, ob es sich an eine ausländische Behörde richtet oder an eine deutsche Behörde im Ausland (konsularische Vernehmung; § 15 KonsularG) und ob dem Ersuchen entsprochen wird. Die Untersuchungshandlungen im Ausland unterbrechen selbst nicht die Verjährung.

13. Für das **Sicherungsverfahren** (§§ 413ff. StPO) und das **selbständige Verfahren** (§§ 440ff. 20a StPO) bestimmt **Abs. 1 S. 2,** daß die Verjährung durch sämtliche Handlungen unterbrochen wird, die der Durchführung dieser Verfahren dienen und den in S. 1 genannten Unterbrechungshandlungen entsprechen. Zur Begründung der durch das 2. WiKG eingefügten Regelung vgl. BT-Drs. 10/318 S. 42. Im Sicherungsverfahren wird etwa entsprechend der Erhebung der öffentlichen Klage die Verjährung durch den Antrag der StA nach § 413 StPO unterbrochen. Beim selbständigen Verfahren nach § 76a kommt es auf einen Antrag nach § 440 StPO an. Vernehmungen unterbrechen entsprechend Abs. 1 S. 1 Nr. 1 die Verjährung nur, wenn eine Person vernommen wird, gegen die sich die Maßnahme richtet.

III. Im Interesse der Rechtssicherheit bestimmt Abs. 2, wann bei einer unter Abs. 1 fallenden 21 **schriftlichen Anordnung** oder **Entscheidung** die Verjährungsunterbrechung eintritt. Er stellt grundsätzlich auf den Zeitpunkt ab, in dem das Schriftstück unterzeichnet wird, wobei u. U., wie bei Anberaumung einer Hauptverhandlung, ein Handzeichen genügen kann (Koblenz JR 81, 42 m. Anm. Göhler). Nur wenn es nicht alsbald nach der Unterzeichnung in den Geschäftsgang gelangt, ist der Zeitpunkt maßgebend, in dem es tatsächlich in den Geschäftsgang gegeben wird. Mit dieser Einschränkung wird verhindert, daß unterzeichnete Anordnungen, die anschließend gar nicht in den Geschäftsgang gegeben werden, die Verjährung unterbrechen. Zweifelhaft kann sein, wann ein Schriftstück (noch) alsbald in den Geschäftsgang gelangt. Eine bestimmte Zeitspanne läßt sich insoweit nicht festlegen, da es auf die Umstände des Einzelfalls ankommt. Abzustellen ist auf den normalen Dienstbetrieb, nicht auf eine unverzügliche Weitergabe des Schriftstücks (Stuttgart MDR **76,** 1043). Von einem nicht alsbaldigen Gelangen in den Geschäftsgang ist dann auszugehen, wenn eine wesentliche Zeitverzögerung gegenüber dem normalen Geschäftsbetrieb vorliegt. Unter Geschäftsgang sind die Stationen innerhalb der Behörde zu verstehen, die das Schriftstück bis zur Zuleitung an den Adressaten durchlaufen muß (Stuttgart aaO, Hamm VRS **63** 58). Verzögerungen im Geschäftsgang lassen die Verjährungsunterbrechung unberührt (Hamm NJW **77,** 690, Bay DAR/R **82,** 261). Liegen zwischen Unterzeichnung und postalischer Zustellung einer Entscheidung 12 Tage, so ist nach Köln VRS **58** 145 alsbaldiges Gelangen in den Geschäftsgang anzunehmen.

Mit der Fassung des Abs. 2 wollte der Gesetzgeber zugleich klarstellen, daß der Zeitpunkt der 21a Unterzeichnung nur dann für die Verjährungsunterbrechung unmaßgeblich ist, wenn ein nicht alsbaldiges Gelangen in den Geschäftsgang feststeht. Bei Unaufklärbarkeit, ob das Schriftstück alsbald weitergeleitet worden ist, soll es bei der Unterzeichnung als maßgeblichem Zeitpunkt bleiben (BT-Drs. 7/1261 S. 10). Dies ist unbedenklich, wenn es sich zugunsten des Täters auswirkt (vgl. den von Frankfurt VRS **59** 134 zu § 33 OWiG entschiedenen Fall). Es soll aber auch gelten, wenn die Zweifel zu Lasten des Betroffenen gehen (so Köln VRS **55** 386, D-Tröndle 10, Jähnke LK 17, Lackner 6a; and. Rudolphi SK 10). Indes liefert der Gesetzeswortlaut keine eindeutige Grundlage für ein Abweichen von dem auch für die Verjährung geltenden (vgl. u. 26) Grundsatz in dubio pro reo. Auch in der Sache besteht für ein Abweichen von diesem Grundsatz kein zwingender Grund. Es ist daher angebracht, auf dem maßgeblichen Schriftstück sogleich den Zeitpunkt des Gelangens in den Geschäftsgang zu vermerken. Im übrigen greift der Grundsatz in dubio pro reo ein, wenn zweifelhaft ist, wann das Schriftstück unterzeichnet und, sofern ein verspätetes Weiterleiten feststeht, wann es in den Geschäftsgang gelangt ist.

IV. Die Unterbrechung hat die **Wirkung,** daß die Verjährung von neuem beginnt (Abs. 3). 22 Die neue Frist beginnt mit dem Tag, an dem die Unterbrechungshandlung vorgenommen wurde, nicht erst mit Ablauf dieses Tages (RG **65** 290, Bay **59,** 15; vgl. auch Karlsruhe Justiz **73,** 26). Die Verjährung kann wiederholt unterbrochen werden. Um zu verhindern, daß mit Hilfe der Unterbrechungsmöglichkeiten die Verjährung schlechthin ausgeschlossen und damit der Grundgedanke der Verjährung (vgl. dazu 3 vor § 78) ausgehöhlt wird, bestimmt Abs. 3 S. 2, daß die Verfolgung spätestens verjährt, wenn seit Verjährungsbeginn nach § 78a das Doppelte der gesetzlichen Verjährungsfrist verstrichen ist. Haben besondere Gesetze, wie z. B. die Landespressegesetze, eine Verjährungsfrist von weniger als 3 Jahren festgesetzt, so beträgt die Höchstdauer der Verjährungsfrist im Falle einer Unterbrechungshandlung mindestens 3 Jahre. Bei der Berechnung der Frist bleibt die Zeit unberücksichtigt, in der der Ablauf der Frist gemäß

Stree

§ 78b gehemmt ist (Abs. 3 S. 3). Die Ablaufshemmung mit Erlaß eines Urteils im ersten Rechtszug geht daher auch der verlängerten Frist vor. Ebenso hemmt das Ruhen der Verjährung nach § 396 III AO den Ablauf der absoluten Verjährung (Bay NStZ **90**, 280, Karlsruhe wistra **90**, 205; vgl. dagegen Grezesch wistra **90**, 289). Die nach Abs. 3 beschränkte Höchstdauer verschiebt sich, wenn die Verjährung vor dem 1. 1. 1975 unterbrochen worden ist. In diesem Fall verjährt die Verfolgung frühestens mit Ablauf der von der letzten Unterbrechungshandlung an zu berechnenden Verjährungsfrist (Art. 309 IV EGStGB, vgl. dazu Brause NJW 78, 2104, Reißfelder NJW 79, 990, aber auch München MDR **79**, 1045).

23 1. Die genannte Wirkung tritt nur bei den Straftaten ein, auf die sich die Unterbrechungshandlung erstreckt (**sachliche Wirkung**). Nicht erforderlich ist, daß mit der Unterbrechungshandlung die sachliche Reichweite ausdrücklich bestimmt wird. Es genügt, wenn diese aus dem Zusammenhang ersichtlich wird, etwa aus dem Antrag der StA auf Erlaß der richterlichen Beschlagnahmeanordnung (Hamm NJW **81**, 2425). Die Unterbrechungshandlung beschränkt sich nicht auf eine Tat in einer bestimmten rechtlichen Qualifizierung. Von ihr wird vielmehr das konkrete geschichtliche Ereignis betroffen, das den Verdacht der Strafbarkeit hervorgerufen hat (RG HRR **40** Nr. 118, BGH **22** 106, 385, MDR/D **56**, 395, Bay NJW **64**, 1813, VRS **29** 110, KG VRS **34** 433, Celle VRS **36** 352, Saarbrücken NJW **74**, 1009), auch wenn z. Z. der Unterbrechungshandlung nähere Einzelheiten der Taten noch nicht ermittelt sind (Hamm NJW **81**, 2425; vgl. auch BGH MDR/H **81**, 453). Eine Handlung i. S. des Abs. 1, die auf die Verfolgung des Täters wegen dieses Vorkommnisses abzielt, unterbricht die Verjährung unabhängig davon, unter welchem rechtlichen Gesichtspunkt die Tat hierbei aufgefaßt wird. So unterbricht z. B. die wegen einer Erpressung vorgenommene Handlung die Verjährung auch hinsichtlich der durch Annahme des erpreßten Geldes begangenen Hehlerei (RG HRR **30** Nr. 1551, vgl. weiter RG HRR **40** Nr. 118, Bay NJW **64**, 1813 und andererseits Schleswig SchlHA **63**, 190). Vgl. ferner für das OWiG Hamm NJW **72**, 1061. Die Unterbrechung erstreckt sich demgemäß stets auch auf Delikte, die in Idealkonkurrenz stehen (RG **33** 427, BGH MDR/S **90**, 104, Hamm NJW **67**, 1433, Saarbrücken NJW **74**, 1010). Einbezogen sind Gesetzesverletzungen, die nach § 154a StPO aus dem Verfahren ausgeschieden worden sind (BGH **22** 105, VRS **35** 113, Celle VRS **34** 350, **36** 352, Hamm NJW **67**, 1433; and. Schleswig VRS **30** 341), ferner konkurrierende Antragsdelikte auch dann, wenn Strafantrag noch nicht gestellt ist (BGH **22** 107). Betrifft das Verfahren mehrere Delikte, so wird die Unterbrechungshandlung sich regelmäßig auf alle beziehen und daher bei allen die Verjährung unterbrochen (BGH MDR/D **56**, 395, Hamm NJW **81**, 2425), es sei denn, der Verfolgungswille erstreckt sich nur auf einen Teil der Straftaten (BGH MDR/D **70**, 897, NStZ **90**, 436), so daß Unterbrechungshandlungen im Rahmen der Ermittlungen der Finanzbehörden wegen einer Steuerstraftat die Verjährung allgemeiner Straftaten, die in Tatmehrheit zu der Steuerstraftat stehen, nicht unterbrechen (Frankfurt wistra **87**, 32; für Nichtunterbrechung der Verjährung allgemeiner Straftaten schlechthin durch finanzbehördliche Unterbrechungshandlungen bei Steuerstraftaten Reiche wistra 88, 329). Bei Tateinheit zwischen Steuerstraftaten und allgemeinen Straftaten wirkt sich die Unterbrechungshandlung einer Finanzbehörde auch auf das allgemeine Delikt aus (BGH **36** 283; vgl. dagegen Reiche wistra **90**, 90). Da bei einer fortgesetzten Tat die Teilakte hinsichtlich ihrer Verjährung selbständig bleiben (vgl. 33 vor § 52), ist ein Unterbrechungsakt nicht geeignet, bereits verjährte Teilstücke in das Verfahren einzubeziehen (and. vom Standpunkt der h. M. aus RG **59** 291). Dient eine Unterbrechungshandlung nur der Aufklärung einzelner Teilakte, so bleiben die übrigen Teilakte hiervon unberührt (and. BGH MDR/H **84**, 796).

24 2. Die Unterbrechung wirkt nur gegenüber demjenigen, auf den sich die Handlung bezieht (Abs. 4; **persönliche Wirkung**). Die Handlung muß gegen eine bestimmte Person als Täter (Beteiligter) gerichtet sein. In ihr müssen besondere Merkmale hervortreten, die ihn gegenüber anderen, auf die diese Merkmale nicht zutreffen, kennzeichnen (vgl. BGH **24** 323). Sie braucht sich zwar nicht gegen den Täter unter seinem wirklichen Namen zu richten (BGH GA **61**, 239); er muß aber individuell bestimmt sein (RG HRR **33** Nr. 73; vgl. ferner Bay JR **69**, 64, Karlsruhe NStZ **87**, 331, Hamm VRS **74** 121). Diesen Anforderungen genügen Maßnahmen „gegen die Verantwortlichen" eines Unternehmens nicht, auch dann nicht, wenn nach der Sachlage nur Vorstandsmitglieder in Betracht kommen (Stuttgart b. Schäfer Dünnebier-FS 549, Heuer wistra 87, 170). Maßnahmen gegen eine GmbH unterbrechen idR nicht die Verjährung hinsichtlich des Geschäftsführers der GmbH (Düsseldorf MDR **88**, 801; vgl. auch Karlsruhe JR **87**, 436).

25 Gegen den *Täter gerichtet* ist die Handlung dann, wenn sie dazu dient, das ihn betreffende Verfahren fortzusetzen (vgl. RG **65** 82, BGH **7** 204, MDR **52**, 568, VRS **5** 198, Köln MDR **55**, 435), oder im Falle der Nr. 10, 11 das Verfahren gegen ihn vorläufig einstellt. Nicht erforderlich ist, daß die Handlung dazu bestimmt ist, den Täter einer Verurteilung zuzuführen; es genügen auch Handlungen, die der Aufklärung zu seinen Gunsten dienen, z. B. Beauftragung eines Sachverständigen zur Erstellung eines vom Beschuldigten beantragten Gutachtens (RG 56 381, KG VRS **17** 343). Die Handlung kann sich auf mehrere Beteiligte beziehen (vgl. RG JW 38, 1584, HRR 38 Nr. 486). Das setzt nicht unbedingt voraus, daß sie sich unmittelbar gegen mehrere Personen richtet. Über den unmittelbar Betroffenen hinaus werden andere Mitbeteiligte erfaßt, wenn die Handlung erkennbar bezweckt, ebenfalls den Teilbeitrag der anderen aufzuklären (vgl. RG **36** 350, Hamm JMBlNW **55**, 929, VRS **12** 43, Koblenz VRS **37** 427, Karlsruhe wistra **87**, 229; and. D-Tröndle 5). Diese Voraussetzung gilt auch bei Mittätern; keineswegs wirkt die gegen einen Mittäter vorgenommene Handlung ohne weiteres gegen die anderen. Ebensowenig richtet sich eine Handlung gegen Teilnehmer stets auch gegen Haupttäter (vgl. RG **41** 18). Im übrigen bleibt die Unterbrechungshandlung auf unmittelbar Betroffene beschränkt, soweit sich aus Abs. 1 ergibt, daß nur der Betroffene gemeint sein kann (z. B. Haftbefehl, öffentliche Klage oder Einstellung i. S. Nr. 10; vgl. Karlsruhe Justiz **83**, 129). Hierunter fällt auch die Vernehmung des Beschuldigten. Da nicht jede Vernehmung eine Unterbrechungshandlung darstellt, sondern allein die des Beschuldigten, kann diese nur die Verjährung gegenüber dem Vernommenen unterbrechen, mag sie auch erkennbar bezwecken, zugleich die Tatbeiträge der anderen Beteiligten aufzuklären (vgl. Bay NJW **79**, 1218, Jähnke LK 7). Die Einwände Göhlers OWiG § 33 RN 53 berühren nur das Ordnungswidrigkeitenrecht, nicht das Strafrecht.

V. Die Unterbrechung der Verjährung ist von Amts wegen zu berücksichtigen. Steht nicht **26** genau fest, wann eine Unterbrechungshandlung vorgenommen worden ist oder auf welche Tat bzw. auf wen sie sich bezieht, so gilt der Grundsatz **in dubio pro reo** (Hamm JMBlNW **63**, 134, Hamburg JZ **65**, 543, Bay NJW **69**, 147, Karlsruhe VRS **61** 45; vgl. auch BGH MDR/D **70**, 897). Vgl. aber auch o. 21 a.

VI. Verkürzt sich nach Tatbeendigung **die Verjährungsfrist** auf Grund einer Gesetzesände- **27** rung, so bleiben Unterbrechungshandlungen, die vor Inkrafttreten des neuen Rechts vorgenommen worden sind und damals fristgemäß waren, wirksam, auch wenn im Zeitpunkt der Unterbrechung die Verfolgung nach neuem Recht bereits verjährt gewesen wäre (Abs. 5). Die neue Frist bestimmt sich nach neuem Recht, auch ihre Höchstdauer nach Abs. 3 S. 2. Zur Verschiebung dieser Höchstdauer, wenn die Verjährung vor dem 1. 1. 1975 unterbrochen worden ist, vgl. o. 22.

Zweiter Titel. Vollstreckungsverjährung

§ 79 Verjährungsfrist

(1) **Eine rechtskräftig verhängte Strafe oder Maßnahme (§ 11 Abs. 1 Nr. 8) darf nach Ablauf der Verjährungsfrist nicht mehr vollstreckt werden.**

(2) **Die Vollstreckung von Strafen wegen Völkermords (§ 220a) und von lebenslangen Freiheitsstrafen verjährt nicht.**

(3) **Die Verjährungsfrist beträgt**
1. **fünfundzwanzig Jahre bei Freiheitsstrafe von mehr als zehn Jahren,**
2. **zwanzig Jahre bei Freiheitsstrafe von mehr als fünf Jahren bis zu zehn Jahren,**
3. **zehn Jahre bei Freiheitsstrafe von mehr als einem Jahr bis zu fünf Jahren,**
4. **fünf Jahre bei Freiheitsstrafe bis zu einem Jahr und bei Geldstrafe von mehr als dreißig Tagessätzen,**
5. **drei Jahre bei Geldstrafe bis zu dreißig Tagessätzen.**

(4) **Die Vollstreckung der Sicherungsverwahrung verjährt nicht. Bei den übrigen Maßnahmen beträgt die Verjährungsfrist zehn Jahre. Ist jedoch die Führungsaufsicht oder die erste Unterbringung in einer Entziehungsanstalt angeordnet, so beträgt die Frist fünf Jahre.**

(5) **Ist auf Freiheitsstrafe und Geldstrafe zugleich oder ist neben einer Strafe auf eine freiheitsentziehende Maßregel, auf Verfall, Einziehung oder Unbrauchbarmachung erkannt, so verjährt die Vollstreckung der einen Strafe oder Maßnahme nicht früher als die der anderen. Jedoch hindert eine zugleich angeordnete Sicherungsverwahrung die Verjährung der Vollstreckung von Strafen oder anderen Maßnahmen nicht.**

(6) **Die Verjährung beginnt mit der Rechtskraft der Entscheidung.**

I. Die Vorschrift behandelt Beginn und Dauer der **Vollstreckungsverjährung**. Diese hat **1** ebenso wie die Verfolgungsverjährung prozessualen Charakter (vgl. dazu 3 ff. vor § 78, M-Zipf II 747, 753, Jähnke LK 1; and. Jescheck 817).

2 **II. Gegenstand** der Vollstreckungsverjährung sind Strafen und Maßnahmen i. S. des § 11 I Nr. 8 (Abs. 1). Ausgenommen sind die Strafen wegen Völkermords (§ 220a), gleichviel, welche Strafe im Einzelfall verhängt worden ist, sowie die lebenslange Freiheitsstrafe (Abs. 2). Die Unverjährbarkeit der Vollstreckung von Strafen wegen Völkermords entspricht der Unverjährbarkeit der Verfolgung einer solchen Tat. Die lebenslange Freiheitsstrafe ist für unverjährbar erklärt worden, um zu verhindern, daß der Täter, der zu einer solchen Strafe verurteilt worden ist, deren Vollstreckung durch Ablauf einer bestimmten Zeit entgeht. Außerdem ist die Vollstreckung der Sicherungsverwahrung unverjährbar (Abs. 4), auch wenn sie erstmals angeordnet und deren Dauer damit auf 10 Jahre befristet ist. Der Gesetzgeber ist insoweit davon ausgegangen, daß trotz Ablaufs einer längeren Zeit noch ein Schutzbedürfnis vorliegen, zumindest für die Prüfung Anlaß bestehen kann, ob die Vollstreckung der Sicherungsverwahrung oder auch ihre Aussetzung erforderlich ist (vgl. BT-Drs. V/4095 S. 45). Ferner sind Deliktsfolgen nicht betroffen, die keiner Vollstreckung bedürfen, so z. B. die Entziehung der Fahrerlaubnis oder das Berufsverbot.

3 **III.** Die Vollstreckungsverjährung **beginnt** mit Rechtskraft der Entscheidung (Abs. 6), d. h. mit dem Tag, an dem das Urteil im Strafausspruch – nicht nur im Schuldspruch – oder im Maßnahmenausspruch rechtskräftig geworden ist; bis dahin läuft die Verfolgungsverjährung (vgl. BGH **11** 393, Bremen NJW **56**, 1248, KG JR **57**, 429). Dem Urteil stehen der Strafbefehl (vgl. § 410 StPO) und der Beschluß nach § 441 II StPO gleich. Bei einer Gesamtstrafe ist deren Rechtskraft, nicht die einer Einzelstrafe maßgebend (BGH **30** 232). Wird nach § 55 oder § 460 StPO nachträglich eine Gesamtstrafe festgesetzt, so beginnt für sie die Verjährung mit Rechtskraft der die Gesamtstrafe festsetzenden Entscheidung (für § 460 StPO offen gelassen in BGH **30** 234, **34**, 308). Die Frist, die für die Einzelstrafen bereits gelaufen ist, hat ihre Bedeutung verloren (Jähnke LK 4). Bei der Führungsaufsicht nach § 68f I ist der Entlassungstag Fristbeginn.

4 **IV.** Die **Dauer** der Verjährungsfrist ist unterschiedlich, je nachdem, ob und welche Strafe verhängt oder ob und welche Maßnahme ausgesprochen worden ist. Bei einer Gesamtstrafe ist deren Höhe, nicht die Höhe der Einzelstrafen maßgebend (BGH **30** 234, **34** 304).

5 **1.** Bei der **Strafvollstreckung** bestimmt sich die Dauer der Verjährungsfrist nach der im Einzelfall erkannten Strafe. Maßgebend ist stets die im Urteil festgesetzte Strafe. Unberücksichtigt haben die Anrechnung von U-Haft oder anderen Freiheitsentziehungen gemäß § 51 und spätere Änderungen der Strafe im Gnadenweg zu bleiben.

6 Abs. 3 enthält fünf Stufen der Verjährungsfrist. Diese beträgt 25 Jahre bei zeitigen Freiheitsstrafen von mehr als 10 Jahren. Sie verringert sich auf 20 Jahre bei Freiheitsstrafen von mehr als 5 Jahren bis zu 10 Jahren und auf 10 Jahre bei Freiheitsstrafen von mehr als 1 Jahr bis zu 5 Jahren. Ist Freiheitsstrafe bis zu 1 Jahr oder Geldstrafe von mehr als 30 Tagessätzen verhängt worden, so verjährt die Vollstreckung in 5 Jahren. Bei niedrigeren Geldstrafen tritt die Verjährung in 3 Jahren ein. Die Regeln für die Freiheitsstrafe sind auch für die Jugendstrafe maßgebend. Die Vollstreckung des Strafarrestes verjährt in 2 Jahren (§ 9 III WStG).

7 **2.** Bei **Maßnahmen** beträgt die Verjährungsfrist 5 Jahre, soweit Führungsaufsicht oder die erste Unterbringung in einer Entziehungsanstalt angeordnet worden ist, sonst 10 Jahre, ausgenommen die Sicherungsverwahrung, die unverjährbar ist (Abs. 4). Als angeordnete Führungsaufsicht ist auch die in § 68f I gesetzlich geordnete Führungsaufsicht zu werten (and. Jähnke LK 5, Lackner 3, auch D-Tröndle 5), da kein sachlicher Grund für unterschiedliche Wertungen besteht. Zu den vollstreckungsfähigen Maßnahmen gehören neben Maßregeln der Besserung und Sicherung der Verfall, die Einziehung und die Unbrauchbarmachung.

8 **3.** Eine Sonderregelung trifft Abs. 5 für den Fall, daß im Urteil **verschiedene Strafen und Maßnahmen** festgesetzt worden sind. Danach verjähren die Deliktsfolgen einheitlich, also keine vor der anderen, wenn wegen derselben Tat oder in einer Gesamtstrafe auf Freiheitsstrafe und Geldstrafe zugleich oder neben einer Strafe auf eine freiheitsentziehende Maßregel, auf Verfall, Einziehung oder Unbrauchbarmachung erkannt worden ist. Maßgebend ist dann die jeweils längere Frist. Die zugleich angeordnete Sicherungsverwahrung hindert jedoch, da sie unverjährbar ist, den Ablauf der für die anderen Deliktsfolgen geltenden Fristen nicht (Abs. 5 S. 2). Eine selbständige Verjährungsfrist gilt ferner für Verfall, Einziehung oder Unbrauchbarmachung, auf die neben der Verwarnung mit Strafvorbehalt erkannt worden ist. Abs. 5 greift nicht ein, wenn für mehrere Taten verschiedene der genannten Deliktsfolgen ausgesprochen sind und keine Gesamtstrafe gebildet worden ist. Hier verjährt die Vollstreckung einer jeden Deliktsfolge selbständig. Soweit jedoch eine Freiheitsstrafe nicht vollstreckt werden kann, weil der Verurteilte wegen einer anderen Tat eine Freiheitsstrafe verbüßt, ruht die Verjährung (vgl. § 79a RN 7).

§ 79a Ruhen

Die Verjährung ruht,
1. solange nach dem Gesetz die Vollstreckung nicht begonnen oder nicht fortgesetzt werden kann,
2. solange dem Verurteilten
   a) Aufschub oder Unterbrechung der Vollstreckung,
   b) Aussetzung zur Bewährung durch richterliche Entscheidung oder im Gnadenweg oder
   c) Zahlungserleichterung bei Geldstrafe, Verfall oder Einziehung bewilligt ist,
3. solange der Verurteilte im In- oder Ausland auf behördliche Anordnung in einer Anstalt verwahrt wird.

I. Die Vorschrift sieht in bestimmten Fällen das **Ruhen der Vollstreckungsverjährung** vor. 1 Es entspricht in seinen Wirkungen dem Ruhen der Verfolgungsverjährung, hemmt also den Lauf der Verjährungsfrist (vgl. dazu § 78 b RN 1, 2).

II. Ein Ruhen der Verjährung tritt in folgenden Fällen ein:

1. Die Verjährung ruht, solange nach dem **Gesetz** die **Vollstreckung nicht begonnen** oder 2 **nicht fortgesetzt werden kann** (Nr. 1). Entsprechend den Grundsätzen für das Ruhen der Verfolgungsverjährung (vgl. § 78 b RN 3) ist unerheblich, ob ein gesetzliches Hindernis die Vollstreckung im einzelnen Fall ausschließt oder gesetzliche Vorschriften der Vollstreckung allgemein entgegenstehen. Unzulässig sind z. B. freiheitsentziehende Vollstreckungshandlungen gegen Bundestagsabgeordnete ohne Genehmigung des Bundestags. Nicht gehemmt wird dagegen die Vollstreckung durch den Antrag auf Wiederaufnahme des Verfahrens (§ 360 I StPO). Hat das Gericht indes gemäß § 360 II StPO einen Aufschub oder eine Unterbrechung der Vollstreckung angeordnet, so greift Nr. 2a ein (vgl. u. 4).

2. Ferner ruht die Verjährung, solange die Vollstreckung durch eine dem Verurteilten gewährte **Vergünstigung** gehindert wird (Nr. 2). Mit dieser Regelung soll vermieden werden, daß sich eine solche Vergünstigung zu einem endgültigen Hindernis für die Vollstreckung wegen Eintritts der Verjährung ausweitet.

a) Zum Ruhen der Verjährung führt danach ein *Aufschub* oder eine *Unterbrechung der Vollstreckung*. Ein Vollstreckungsaufschub ist etwa bei Vollzugsuntauglichkeit (§ 455 StPO) oder für 4 eine begrenzte Zeit auf Antrag des Verurteilten möglich (§ 456 StPO). Außer einem Vollstreckungsaufschub kann eine Unterbrechung der Vollstreckung z. B. angeordnet werden, wenn der Verurteilte schwer erkrankt (§ 455 IV StPO), die Unterbrechung aus Gründen der Vollzugsorganisation erforderlich ist (§ 455 a StPO), über die Auslegung eines Strafurteils Zweifel bestehen oder Einwendungen gegen die Zulässigkeit der Strafvollstreckung erhoben werden (§ 458 III StPO) oder wenn die Wiederaufnahme des Verfahrens beantragt worden ist (§ 360 II StPO). Die vorläufige Unterbrechung durch den Anstaltsleiter nach § 455 a II StPO genügt (Jähnke LK 4). Dagegen ist der Urlaub aus der Haft (§ 13 StVollzG) als Behandlungsmaßnahme keine Vollstreckungsunterbrechung.

b) Außerdem bewirkt die *Aussetzung zur Bewährung* durch richterliche Entscheidung oder im 5 Gnadenweg das Ruhen der Verjährung während der Bewährungszeit. Die Wirkung tritt nicht nur bei Strafaussetzung nach § 56 und Aussetzung des Strafrestes nach § 57 ein, sondern auch bei Aussetzung einer Unterbringung nach § 67 b, § 67 c, § 67 d II. Die Verjährung ruht bei Aussetzung einer Unterbringung, solange der Verurteilte der Führungsaufsicht unterliegt. Ebenfalls läuft die Verjährungsfrist nicht, wenn Jugendstrafe ausgesetzt wird. Bei Aussetzung des Strafrestes einer Ersatzfreiheitsstrafe ruht auch die Verjährung der Geldstrafe (Zweibrücken NStE Nr. 1).

c) Des weiteren ruht die Verjährung, solange dem Verurteilten *Zahlungserleichterungen* bei 6 Geldstrafe, Verfall oder Einziehung bewilligt sind. Zahlungserleichterungen sind bei der Geldstrafe nach § 42 zulässig. Diese Vorschrift gilt entsprechend für den Verfall (§ 73 c II) und für die Einziehung des Wertersatzes (§ 74 c IV). Auch nach Rechtskraft des Urteils bewilligte Zahlungserleichterungen (vgl. §§ 459 a, 459 g II StPO) führen zum Ruhen der Verjährung.

3. Die Verjährung ruht im übrigen noch während der Zeit einer **Anstaltsverwahrung** auf 7 Grund einer behördlichen Anordnung (Nr. 3). Unerheblich ist, ob die Anstaltsverwahrung im In- oder Ausland erfolgt. Diese Regelung soll vor allem verhindern, daß die Verjährung infolge einer Freiheitsentziehung eintritt, die den Verurteilten aus anderen Gründen trifft (vgl. E 62 Begr. 261). Nr. 3 erfaßt u. a. den Fall, daß eine Freiheitsstrafe nicht vollstreckt werden kann, weil der Verurteilte wegen einer anderen Tat eine Freiheitsstrafe verbüßt. Es genügt aber auch jede andere Freiheitsentziehung, die auf behördlicher Anordnung beruht, eingeschlossen die

Vollstreckung der Freiheitsstrafe in derselben Sache (Hamm NStZ **84**, 237, KG JR **87**, 31; and. Jähnke LK 7).

8 4. Die Verjährungsfrist läuft bei der **Führungsaufsicht** nicht während deren Vollzugs. Dagegen läßt anders als bei der Dauer der Führungsaufsicht (§ 68c II 2) die Zeit, in der der Verurteilte flüchtig ist oder sich verborgen hält, die Verjährungsfrist unberührt. Vgl. dazu Mainz NStZ **89**, 61.

9 III. Läßt sich nicht klären, ob oder wie lange die Vollstreckungsverjährung geruht hat, so gilt der Grundsatz **in dubio pro reo**. Nicht behebbare Zweifel können sich z. B. bei einer Anstaltsverwahrung im Ausland ergeben, namentlich hinsichtlich deren Dauer.

§ 79b Verlängerung

Das Gericht kann die Verjährungsfrist vor ihrem Ablauf auf Antrag der Vollstreckungsbehörde einmal um die Hälfte der gesetzlichen Verjährungsfrist verlängern, wenn der Verurteilte sich in einem Gebiet aufhält, aus dem seine Auslieferung oder Überstellung nicht erreicht werden kann.

1 I. Die Vorschrift läßt unter besonderen Voraussetzungen eine gerichtliche **Verlängerung der Verjährungsfristen** zu, die für die Vollstreckung gelten. Mit ihr soll aus Gründen der Gerechtigkeit dem Fristablauf begegnet werden, den der Verurteilte dadurch ermöglicht, daß er sich außer Landes begibt. § 79a reicht insoweit nicht aus.

2 II. **Voraussetzung für** eine **Fristverlängerung** ist, daß der Verurteilte sich in einem Gebiet aufhält, aus dem seine Auslieferung oder Überstellung nicht erreicht werden kann. Diese Voraussetzung ist gegeben, wenn mit dem Gebiet des Aufenthaltsorts kein Rechtshilfeverkehr stattfindet. Sie liegt aber auch vor, wenn die besonderen Voraussetzungen der Rechtshilfe nicht erfüllt sind oder ein Auslieferungsersuchen aus einem sonstigen Grund erfolglos geblieben ist. Daß sich der Verurteilte in einem Gebiet außerhalb der Bundesrepublik Deutschland aufhält, muß feststehen; die Möglichkeit oder Wahrscheinlichkeit genügt nicht. Erforderlich ist zudem, daß die Verjährungsfrist noch nicht abgelaufen war. Mit ihrem Ablauf endet jede Möglichkeit einer Verlängerung. Maßgebend ist der Zeitpunkt der gerichtlichen Entscheidung, nicht deren Rechtskraft (Jähnke LK 3). Ferner setzt die Fristverlängerung einen Antrag der Vollstreckungsbehörde voraus. Von sich aus darf das Gericht die Frist nicht verlängern.

3 III. Sind die genannten Voraussetzungen erfüllt, so kann das Gericht die Verjährungsfrist einmal um die **Hälfte der gesetzlichen Frist** verlängern. Fristverlängerung kommt auch in Betracht, wenn die Frist bereits durch Ruhen der Verjährung verlängert war, und zwar unabhängig davon, wie lange die Verjährung geruht hat; die Unzulässigkeit einer nochmaligen Verlängerung der Verjährungsfrist knüpft nur an eine gerichtliche Entscheidung gem. § 79b an. Die Fristverlängerung richtet sich aber stets nach den in § 79 festgesetzten Fristen. Die Frist bei einer Freiheitsstrafe bis zu einem Jahr darf also nur um 2½ Jahre verlängert werden. Welches Gericht zuständig ist, ergibt § 462a StPO. Für das Verfahren ist § 462 StPO maßgebend. Danach trifft das Gericht seine Entscheidung ohne mündliche Verhandlung durch Beschluß. Es hat vor seiner Entscheidung die StA und nach Möglichkeit auch den Verurteilten zu hören. Von einer Anhörung des Verurteilten kann es jedoch absehen, wenn infolge bestimmter Tatsachen anzunehmen ist, daß die Anhörung nicht ausführbar ist. Diese Regelung verstößt nicht gegen Art. 103 I GG, weil sich der Verurteilte selbst die Möglichkeit genommen hat, rechtliches Gehör zu erlangen. Für die gerichtliche Entscheidung ist bedeutsam, ob ein fortdauerndes Bedürfnis besteht, die Strafe noch zu vollstrecken (Hamm NStZ **91**, 186). Der gerichtliche Beschluß ist mit sofortiger Beschwerde anfechtbar (§ 462 III StPO).

Besonderer Teil

Vorbemerkungen zum 1. und 2. Abschnitt

Schrifttum: A. Arndt, Der Begriff der „Absicht" in § 94 StGB, JZ 57, 206. – *Bauer*, Politischer Streik und Strafrecht, JZ 53, 649. – *Baumann*, Streitbare Demokratie?, MDR 63, 87. – *ders.*, Zur Reform des politischen Strafrechts, JZ 66, 330. – *Bennhold*, Absicht bei Verfassungsgefährdung, 1966. – *Bertram*, Bestrafung von Parteimitgliedern und Parteienprivileg, NJW 61, 1099. – *Copic*, Grundgesetz und politisches Strafrecht neuer Art, 1967. – *Dahm*, Verrat und Verbrechen, Zeitschr. f. d. ges. Staatswissenschaft 95, 283. – *Drost*, Staatsschutz und persönliche Freiheit in dem Strafrecht der Demokratie, 1954. – *Güde*, Probleme des politischen Strafrechts, 1957. – *Heinemann* und *Posser*, Kritische Bemerkungen zum politischen Strafrecht in der Bundesrepublik, NJW 59, 121. – *Hennke*, Der Begriff „verfassungsmäßige Ordnung" im StGB und im GG, GA 54, 140. – *Jescheck*, Zur Reform des politischen Strafrechts, JZ 68, 6. – *Krauth-Kurfess-Wulf*, Zur Reform des Staatsschutz-Strafrechts durch das 8. StÄG, JZ 68, 577. – *Lüthi*, Der verstärkte Staatsschutz, ZBernJV 51, 137. – *Langrock*, Der besondere Anwendungsbereich der Vorschriften über die Gefährdung des demokratischen Rechtsstaates (§§ 84–91 StGB), 1972. – *Lüttger*, Internationale Rechtshilfe in Staatsschutzverfahren?, GA 60, 33. – *ders.*, Das Staatsschutzstrafrecht gestern und heute, JR 69, 121. – *Maihofer*, Die Reform des Besonderen Teils eines StGBs, in: Reinisch, Die deutsche Strafrechtsreform, 1967, 72. – *ders.*, Der vorverlegte Staatsschutz, in: Mißlingt die Strafrechtsreform?, 1969, 186. – *Müller-Emmert*, Die Reform des politischen Strafrechts, NJW 68, 2134. – *Müller-Römer*, Staatsschutz und Informationsfreiheit, ZRP 68, 6. – *Rapp*, Das Parteienprivileg des Grundgesetzes, 1970. – *Ruhrmann*, Verfassungsfeindliche und landesverräterische Beziehungen, NJW 59, 1201. – *ders.*, Die Angriffsziele der Staatsgefährdungsdelikte: „Staatsgefährdende Absichten und Bestrebungen", NJW 60, 992. – *ders.*, Grenzen strafrechtlichen Staatsschutzes, NJW 57, 1897. – *W. Schmitt-Glaeser*, Mißbrauch und Verwirkung von Grundrechten im politischen Meinungskampf, 1968. – *ders.*, Parteiverbot und Strafrecht, JZ 70, 59. – *Schroeder*, Der Schutz von Staat und Verfassung, 1970. – *Wagner*, Beschlagnahme und Einziehung staatsgefährdender Massenschriften, MDR 61, 93. – *v. Weber*, Hochverrat und Staatsgefährdung, MDR 57, 584. – *ders.* und *Bader*, Der Schutz des Staates, in: Verhandlungen des 38. Dt. Juristentages 1950. – *Willms*, Verfassungsfeindliche Schriften, JZ 58, 584. – *ders.*, Zum Begriff der „verfassungsfeindlichen Bestrebungen", JZ 59, 629. – *ders.*, Verfassungsrechtliche Konzeption des strafrechtlichen Staatsschutzes als Kernfrage der Reform, JZ 67, 246. – *v. Winterfeld*, Zur Rechtsprechung in Staatsschutzsachen, NJW 1959, 745. – *Woesner*, Reform des Staatsschutzrechts, NJW 1967, 753. – *ders.*, Das neue Staatsschutzstrafrecht, NJW 68, 2129. – *Rechtsvergleichend: Brune*, Hochverrat und Landesverrat in rechtsvergleichender Darstellung, 1937 (StrAbh. Heft 375). – *Jescheck*, Der strafrechtliche Staatsschutz im Ausland, ZStW 74, 339. – *Schönke*, Der strafrechtliche Staatsschutz im ausländischen Recht, NJW 50, 281. – *Materialien:* Prot. V.-BT-Drs. V/2860.

I. Die ersten beiden Abschnitte des BT enthalten Strafbestimmungen zum **Schutze des** 1 **Staates.** Sie sind durch das 8. StÄG neu gefaßt (zur veränderten Konzeption gegenüber dem vorherigen Recht vgl. 19. A.) und danach durch das 1. StRG, das EGStGB, das 14. StÄG und das 21. StÄG geringfügig geändert worden.

Geschütztes Rechtsgut sind vor allem der Bestand und die äußere und innere Sicherheit des 2 Staates sowie dessen verfassungsmäßige Ordnung. Vgl. näher die Anm. zu den einzelnen Schutzvorschriften.

II. Das geltende Recht **unterscheidet** zwischen **Friedensverrat** (§§ 80, 80a), **Hochverrat** 3 (§§ 81 ff.), **Gefährdung des demokratischen Rechtsstaates** (§§ 84 ff.) und **Landesverrat** (§§ 93 ff.). Während sich Friedensverrat und Landesverrat gegen die Stellung der Bundesrepublik gegenüber anderen Staaten richten, betreffen der Hochverrat und die Gefährdung des demokratischen Rechtsstaates die Sicherheit des Staates nach innen. Hochverrat in den Formen des Gebiets- und des Verfassungshochverrats würde den territorialen und verfassungsmäßigen Bestand der Bundesrepublik und ihrer Länder beeinträchtigen, die Tatbestände der Gefährdung des demokratischen Rechtsstaats sind dazu bestimmt, Gefährdungen der inneren staatlichen Sicherheit zu erfassen, die nicht durch Mittel des Hochverrats (Gewalt oder Drohung mit Gewalt), sondern durch andere Methoden gekennzeichnet sind. Sie sollen vor subversiver Tätigkeit, illegaler Propaganda und Zersetzung des Sicherheitsapparates schützen sowie die moralische Herabsetzung der Bundesrepublik und ihrer Einrichtungen verhindern.

III. Zur Kennzeichnung des Schutzobjekts verwenden die §§ 80 ff. z. T. die Formulierungen „Be- 4 stand der Bundesrepublik Deutschland", „Sicherheit der Bundesrepublik Deutschland", „Verfassungsgrundsätze", z. T. werden aber auch, wie beim Hochverrat und bei der Verunglimpfung von Verfassungsorganen, die Länder einbezogen. Daraus ergibt sich die Frage, **ob** und in welchem Umfang **auch die Länder** den Schutz der §§ 80 ff. genießen, wenn das Gesetz nur von Bestand oder

Sicherheit der Bundesrepublik spricht. Angesichts der deutlichen Trennung zwischen Hochverrat gegen den Bund und gegen ein Land (§§ 81, 82) und in Anbetracht der Legaldefinition des § 92 III läßt sich davon ausgehen, daß an den Stellen, in denen nur von Bestand oder Sicherheit der Bundesrepublik die Rede ist, die Länder nicht erfaßt werden. Die praktische Bedeutung dieser Tatsache ist allerdings gering, da eine Beeinträchtigung des Bestandes oder der inneren Sicherheit eines Bundeslandes regelmäßig auch eine solche des Bundes sein wird. Bei den Verfassungsgrundsätzen kommt hinzu, daß die in § 92 II genannten gemäß Art. 28, 31 GG auch für die Länder verbindlich sind, so daß auf diese Weise eine Verklammerung des Staatsschutzes für Bund und Länder hergestellt ist.

5 **IV. Das sog. Parteienprivileg:** Da Art. 21 II GG die Entscheidung über die Verfassungswidrigkeit einer Partei dem BVerfG überträgt und andererseits die §§ 80 ff. z. T. Bestrebungen gegen Verfassungsgrundsätze voraussetzen, ist problematisch, in welchem Umfange der Strafrichter diese Tatbestände auf Täter anwenden kann, die als **Mitglieder** oder Funktionäre **nicht verbotener Parteien** Handlungen i. S. der §§ 80 ff. vorgenommen haben. Obwohl Art. 21 GG seinem Wortlaut nach nur eine Zuständigkeitsregelung schafft, hat das BVerfG daraus eine gewisse Bestands- oder jedenfalls Betätigungsgarantie nicht verbotener Parteien abgeleitet. Dieser Entscheidung tragen die §§ 84–86a dadurch Rechnung, daß eine Betätigung für eine Partei erst strafbar ist, nachdem diese unanfechtbar verboten wurde. Fraglich ist, ob und in welchem Umfang das Parteienprivileg die übrigen Tatbestände der §§ 80 ff. einschränkt.

6 1. Die Antwort hängt von der **Tragweite des Art. 21 II GG** ab. Er soll sicherstellen, daß Parteien in ihrer politischen Tätigkeit nicht durch Eingriffe eines jeden Richters mit der Begründung behindert werden können, ihre politischen Ziele seien verfassungswidrig. Das erfordert ebenfalls eine Nichtbehinderung der Funktionäre und Anhänger einer Partei in ihrer Parteitätigkeit, da sonst der den Parteien gewährte Schutz ausgehöhlt würde (vgl. BVerfGE **47** 135, BGH **19** 313). Solche Personen dürfen daher nicht allein wegen der Förderung verfassungsfeindlicher Parteiziele strafrechtlich zur Verantwortung gezogen werden. Andererseits haben sie sich bei ihrer Parteiarbeit auf allgemein erlaubte Mittel zu beschränken und können daher keine Vorrechte genießen, soweit sie gegen allgemeine Strafgesetze verstoßen. So ist z. B. der Beleidigungstatbestand nicht dadurch eingeschränkt, daß mit der Ehrverletzung politische Parteiziele verfolgt werden (vgl. BVerfGE **47** 135, 142, **69** 269). Allgemeine Strafgesetze bleiben mithin vom Parteienprivileg unberührt, auch dann, wenn sie dem Staatsschutz dienen.

7 *Allgemeine Strafgesetze* sind zunächst alle Strafvorschriften, bei denen der Tatbestand keine Verfassungsfeindlichkeit voraussetzt (vgl. BVerfGE **47** 231, **69** 269 zu § 90a I). Ferner sind ihnen die Strafvorschriften zuzuordnen, bei denen die Verfassungsfeindlichkeit durch objektive Tatbestandsmerkmale gesetzlich umschrieben ist, wie beim Gebietshochverrat, da hier der Gesetzgeber die Wertung vorgenommen hat, dem BVerfG also nichts vorbehalten sein kann. Fraglich bleibt allein, ob zu den allgemeinen Strafgesetzen auch Strafvorschriften gehören, bei denen eine verfassungsfeindliche Tendenz (Bestrebungen gegen Verfassungsgrundsätze oder zur Änderung der verfassungsmäßigen Ordnung) strafbegründend oder strafschärfend ist. Das BVerfG (BVerfGE **47** 140, 230; vgl. auch BGH **19** 316) rechnet zu den allgemeinen Strafgesetzen alle Strafvorschriften, die nicht notwendig oder doch wesensgemäß bei der Förderung auch verfassungsfeindlicher Parteiziele verwirklicht werden und die insb. nicht nur die bloße Verfassungsfeindlichkeit unter Strafe stellen, sondern bei denen andere Unrechtsmerkmale den eigentlichen strafrechtlichen Gehalt ausmachen. Das Parteienprivileg greift danach noch nicht deswegen ein, weil ein verfassungsfeindliches Ziel zum Tatbestand gehört. So ist es nicht bei § 89 maßgebend, hier wird die Einwirkung auf Angehörige der Bundeswehr oder eines öffentlichen Sicherheitsorgans den eigentlichen Unrechtsgehalt ausmacht (BVerfGE **47** 142; vgl. auch BGH **27** 64, wonach das Parteienprivileg jedenfalls an den Kasernentoren endet). Ebensowenig schließt es eine Bestrafung wegen Hochverrats aus (vgl. BVerfGE **9** 166, BGH **6** 344, HuSt. **1** 376, **2** 26), da hier die verwerflichen Mittel zur Beeinträchtigung der verfassungsmäßigen Ordnung das Unrecht prägen. Entsprechendes gilt für die Taten nach §§ 87, 88 sowie für die Tat nach § 90a I und nach § 90b (BGH **29** 50; and. BGH **20** 115, OVG Hamburg NJW **74**, 1526). Dagegen wirkt sich das Parteienprivileg dort aus, wo gerade die verfassungsfeindlichen Ziele dem Unrecht das besondere Gepräge geben. Ein Parteigänger darf deshalb nicht schärfer bestraft werden, weil er die – mangels eines Parteiverbots zu duldenden – verfassungsfeindlichen Ziele seiner Partei verfolgt. Demgemäß steht das Parteienprivileg einer Strafschärfung nach § 90 III 2. Fall oder § 90a III entgegen (vgl. BGH **19** 319, Rudolphi SK 8 vor § 80, aber auch BGH **29** 160).

8 2. Es genügt nicht, daß der Täter lediglich Mitglied oder Funktionär einer Partei ist oder seine Zielsetzungen mit denen einer Partei übereinstimmen. Die Sperre des Art. 21 GG kann nur da eingreifen, wo er nach außen hin erkennbar für die Partei tätig geworden ist (**organisationsbezogenes Handeln;** vgl. BGH **27** 59) und sich zugleich im Rahmen der politischen Ziele seiner Partei bewegt hat. Das Parteienprivileg läßt daher die Fälle unberührt, in denen der Täter

außerhalb des eigentlichen Parteibereichs, wenn auch im Auftrag der Partei, handelt, z. B. für überparteiliche oder parteiunabhängige Organisationen, oder, sofern Parteiabhängigkeit besteht, jedenfalls für nach außen hin nicht zur Partei gehörige Organisationen, insb. Tarnorganisationen (vgl. BGH **20** 87f., 113, **27** 61ff.). Unberührt bleiben desgleichen die Fälle, in denen ein Parteigänger eine von den Zielen und Bestrebungen seiner Partei nicht gedeckte Einzelaktion vornimmt. So wenig Einzelaktionen ein Parteiverbot rechtfertigen, können sie am Parteienprivileg teilhaben.

3. Die **irrige Annahme**, das Parteienprivileg stehe einer Rechtsverletzung entgegen, stellt einen **9** Verbotsirrtum dar (BGH StV **82**, 218 zu §§ 90a III, 90b).

V. Die Strafvorschriften zum Schutze des Staates können miteinander konkurrieren. So ist etwa **10** eine **Konkurrenz** zwischen Hochverrat und Landesverrat nicht ausgeschlossen. Maßnahmen von Angehörigen extremer Parteien zur Schwächung der Staatsverteidigung (Ausspähen von Anlagen der Sicherheitsorgane) sind nicht nur Landesverrat, sondern vielfach zugleich Vorbereitung zum Hochverrat (vgl. RKG **2** 155). Entsprechendes gilt für den Friedensverrat. Werden diese Straftaten im Rahmen der Tätigkeit einer verbotenen Partei begangen, so besteht Tateinheit mit § 84 ff. Ebenso besteht Tateinheit, wenn zur Vorbereitung eines Hochverrats usw. Sabotagehandlungen unternommen werden (§§ 87f.) oder wenn diese zur „Parteiarbeit" gehören. Wird eine verbotene Partei durch Verbreiten von Propagandamitteln oder Tragen ihrer Kennzeichen unterstützt, so stehen diese Taten ebenfalls in Tateinheit.

VI. Die Verurteilung wegen friedensverräterischer, hochverräterischer, staatsgefährdender oder **11** vorsätzlicher landesverräterischer Handlungen zu Freiheitsstrafe von 6 Monaten oder mehr hat gemäß § 10 WehrpflichtG den **Ausschluß vom Wehrdienst** zur Folge, es sei denn, daß der Vermerk über die Verurteilung im BZR getilgt ist. Entsprechendes gilt für den Ausschluß vom Zivildienst nach § 9 ZDG. Bei einem Beamten endet das Beamtenverhältnis (§ 48 BBG).

VII. Der **Geltungsbereich** der Vorschriften in persönlicher und räumlicher Hinsicht.

1. Für einen Teil der Staatsschutzdelikte gilt nach § 5 Nr. 1–4 das **Schutzprinzip**. Sie sind **12** unabhängig vom Tatort und unabhängig von der Person des Täters schlechthin der deutschen Strafgewalt unterstellt, soweit nicht, wie in § 5 Nr. 3a, eine Beschränkung des Täterkreises auf Deutsche erfolgt ist, die ihre Lebensgrundlage im räumlichen Geltungsbereich des StGB haben. Zum **interlokalen Recht** vgl. 47ff. vor § 3.

2. Soweit einzelne Vorschriften eine Tatbegehung „**im räumlichen Geltungsbereich dieses** **13** **Gesetzes**" verlangen (vgl. § 91), ist damit das Gebiet gemeint, in dem die Gesetzgebungsgewalt des Bundes besteht (vgl. dazu 32 vor § 3; ferner Langrock aaO 39ff.).

3. Sonderregelungen, die nach Art. 324 EGStGB für **Berlin** gegolten haben (vgl. Voraufl.), sind **14, 15** mit Wirkung vom 3. 10. 1990 auf Grund des 6. ÜberleitungsG vom 25. 9. 1990, BGBl I 2106, i. V. mit Bekanntmachung vom 3. 10. 1990, BGBl I 2153, entfallen.

4. Der **Verfolgungszwang** in Staatsschutzsachen ist in erheblichem Umfang **gelockert** worden. **16** Nach § 153c II StPO kann bei Straftaten jeder Art die Strafverfolgung unterbleiben, wenn ihr überwiegende öffentliche Interessen entgegenstehen. Während diese Bestimmung voraussetzt, daß der Täter im Ausland gehandelt hat, jedoch der Taterfolg im Inland eingetreten ist, eröffnet § 153d StPO schlechthin die Möglichkeit, von der Strafverfolgung abzusehen, wenn diese die Gefahr eines schweren Nachteils für die Bundesrepublik herbeiführen würde oder ihr sonstige überwiegende öffentliche Interessen entgegenstehen. Dies gilt für die in § 74a I Nr. 2–6 GVG und § 120 I Nr. 2–6 GVG genannten Straftaten. Außerdem bietet § 153e StPO die Möglichkeit, bei tätiger Reue von einer Verfolgung der in § 74 I Nr. 2–4 GVG und in § 120 I Nr. 2–6 GVG genannten Straftaten abzusehen.

5. **Ausländische NATO-Vertragsstaaten** und ihre in der Bundesrepublik stationierten Trup- **17** pen genießen den Schutz der §§ 93 bis 97, 98 bis 100 i. V. m. §§ 101 und 101a gemäß Art. 7 des 4. StÄG (vgl. u. 19, BGH **32** 104). Die z. Z. der Tat in der BRep. stationierten Truppen und deren inländische Angestellte (Hamm NJW **61**, 1983) genießen zudem noch den Schutz der §§ 87, 89, 90a I Nr. 2 und II, jeweils i. V. mit §§ 92a, b; der §§ 109d bis 109g i. V. mit §§ 109i, 109k; der §§ 113, 114 II, 120, 123, 124, 125, 125a, 132, 194 III, 305a, 333 I, III, 334 I, III. Ferner ist § 111 in beschränktem Umfang anwendbar.

Dieser Schutz greift jedoch nur dann ein, wenn die Tat (§ 9) im *räumlichen Geltungsbereich* **18** dieses Gesetzes begangen wurde; vgl. Art. 7 IV des 4. StÄG und Langrock aaO 138ff. Zur Lockerung des *Verfolgungszwangs* in diesen Fällen vgl. Art. 9 des 4. StÄG i. d. F. des 8. StÄG und des Art. 147 Nr. 4 EGStGB.

Art. 7 des 4. StÄG, der zuletzt durch Art. 3 des Ges. vom 19. 12. 1986, BGBl. I 2566, **19** geändert worden ist, lautet:

(1) Zum Schutz der nichtdeutschen Vertragsstaaten des Nordatlantikpaktes, ihrer in der Bundesrepublik Deutschland stationierten Truppen und der im Land Berlin anwesenden Truppen einer der Drei

Stree

§§ 80 ff. Vorbem 19   Bes. Teil. Friedensverrat, Hochverrat usw.

Mächte gelten die §§ 93 bis 97 und 98 bis 100 in Verbindung mit den §§ 101 und 101a des Strafgesetzbuches mit folgender Maßgabe:

1. Den Staatsgeheimnissen im Sinne des § 93 des Strafgesetzbuches entsprechen militärische Geheimnisse der Vertragsstaaten. Militärische Geheimnisse im Sinne dieser Vorschrift sind Tatsachen, Gegenstände oder Erkenntnisse, welche die Verteidigung betreffen und von einer im räumlichen Geltungsbereich dieses Gesetzes oder im Land Berlin befindlichen Dienststelle eines Vertragsstaates mit Rücksicht auf dessen Sicherheit, die Sicherheit seiner in der Bundesrepublik Deutschland stationierten Truppen oder die Sicherheit der im Land Berlin anwesenden Truppen einer der Drei Mächte geheimgehalten werden. Ausgenommen sind Gegenstände, über deren Geheimhaltung zu bestimmen Angelegenheit der Bundesrepublik Deutschland ist, sowie Nachrichten darüber.
2. In den Fällen des § 94 Abs. 1 Nr. 2 des Strafgesetzbuches tritt an die Stelle der Absicht, die Bundesrepublik Deutschland zu benachteiligen, die Absicht, den betroffenen Vertragsstaat, seine in der Bundesrepublik Deutschland stationierten Truppen oder die im Land Berlin anwesenden Truppen einer der Drei Mächte zu benachteiligen.
3. In den Fällen der §§ 94 bis 97 des Strafgesetzbuches tritt an die Stelle der Gefahr eines schweren Nachteils für die äußere Sicherheit der Bundesrepublik Deutschland die Gefahr eines schweren Nachteils für die Sicherheit des betroffenen Vertragsstaates, seiner in der Bundesrepublik Deutschland stationierten Truppen oder der im Land Berlin anwesenden Truppen einer der Drei Mächte.
4. In den Fällen des § 99 des Strafgesetzbuches tritt an die Stelle der gegen die Bundesrepublik Deutschland ausgeübten geheimdienstlichen Tätigkeit eine gegen den betroffenen Vertragsstaat, seine in der Bundesrepublik Deutschland stationierten Truppen oder die im Land Berlin anwesenden Truppen einer der Drei Mächte ausgeübte geheimdienstliche Tätigkeit.
5. In den Fällen des § 100 des Strafgesetzbuches tritt an die Stelle der Bundesrepublik Deutschland der betroffene Vertragsstaat.
6. In den Fällen der §§ 94 bis 97 des Strafgesetzbuches ist die Strafverfolgung nur zulässig, wenn die oberste militärische Dienststelle der in der Bundesrepublik Deutschland stationierten Truppen des betroffenen Vertragsstaates oder der im Land Berlin anwesenden Truppen der betroffenen Macht oder der Leiter ihrer diplomatischen Vertretung erklärt, daß die Wahrung des Geheimnisses für die Sicherheit des Vertragsstaates, seiner in der Bundesrepublik Deutschland stationierten Truppen oder der im Land Berlin anwesenden Truppen der betroffenen Macht zur Zeit der Tat erforderlich war.
7. An die Stelle der Ermächtigung der Bundesregierung nach § 97 Abs. 3 des Strafgesetzbuches tritt das Strafverlangen der obersten militärischen Dienststelle der in der Bundesrepublik Deutschland stationierten Truppen des betroffenen Vertragsstaates oder der im Land Berlin anwesenden Truppen der betroffenen Macht oder des Leiters ihrer diplomatischen Vertretung.

(2) Zum Schutz der in der Bundesrepublik Deutschland stationierten Truppen der nichtdeutschen Vertragsstaaten des Nordatlantikpaktes, die sich zur Zeit der Tat im räumlichen Geltungsbereich dieses Gesetzes aufhalten, und der im Land Berlin anwesenden Truppen einer der Drei Mächte sind folgende Vorschriften des Strafgesetzbuches mit den in den Nummern 1 bis 10 bestimmten Besonderheiten anzuwenden:

1. § 87 in Verbindung mit den §§ 92a, 92b auf Taten, durch die sich der Täter wissentlich für Bestrebungen einsetzt, die gegen die Sicherheit des betroffenen Vertragsstaates oder die Sicherheit dieser Truppen gerichtet sind;
2. § 89 in Verbindung mit den §§ 92a, 92b auf Taten, die der Täter in der Absicht begeht, die pflichtmäßige Bereitschaft von Soldaten, Beamten oder Bediensteten dieser Truppen zum Dienst für die Verteidigung zu untergraben, und durch die er sich absichtlich für Bestrebungen einsetzt, die gegen die Sicherheit des betroffenen Vertragsstaates oder die Sicherheit dieser Truppen gerichtet sind;
3. § 90a Abs. 1 Nr. 2 und Abs. 2 in Verbindung mit den §§ 92a, 92b auf Taten gegen die nationalen Symbole dieser Truppen;
4. die §§ 109d bis 109g in Verbindung mit den §§ 109i, 109k auf Taten gegen diese Truppen, deren Soldaten, Wehrmittel, Einrichtungen, Anlagen oder militärische Vorgänge mit der Maßgabe, daß an die Stelle der Bundesrepublik Deutschland der betroffene Vertragsstaat, an die Stelle der Bundeswehr diese Truppen und an die Stelle der Landesverteidigung die Verteidigung der Vertragsstaaten treten;
5. die §§ 113, 114 Abs. 2, §§ 125 und 125a auf Straftaten gegen Soldaten oder Beamte dieser Truppen;
6. § 120 auf Taten gegen den Gewahrsam an Gefangenen dieser Truppen oder an Personen, die auf ihre Anordnung in einer Anstalt untergebracht sind;
7. die §§ 123 und 124 auf Taten gegen den Hausfrieden von Räumen, die zum öffentlichen Dienst oder Verkehr dieser Truppen bestimmt sind;
8. § 132 auf die Anmaßung dienstlicher Befugnisse von Soldaten oder Beamten dieser Truppen;
9. § 194 Abs. 3 auf Beleidigungen gegen eine Dienststelle, einen Soldaten oder einen Beamten dieser Truppen;
9a. § 305a auf Straftaten der Zerstörung von Kraftfahrzeugen dieser Truppen;
10. § 333 Abs. 1, 3, § 334 Abs. 1, 3 auf die Vorteilsgewährung an und die Bestechung von Soldaten,

Beamten dieser Truppen oder solchen Bediensteten der Truppen, die auf Grund einer allgemeinen oder besonderen Anweisung einer höheren Dienststelle der Truppen zur gewissenhaften Erfüllung ihrer Obliegenheiten förmlich verpflichtet worden sind.

(3) Zum Schutz der in der Bundesrepublik Deutschland stationierten Truppen der nichtdeutschen Vertragsstaaten des Nordatlantikpaktes, die sich zur Zeit der Tat im räumlichen Geltungsbereich dieses Gesetzes aufhalten, und der im Land Berlin anwesenden Truppen einer der Drei Mächte sind ferner die §§ 16, 19 des Wehrstrafgesetzes und, in Verbindung mit diesen Vorschriften, § 111 des Strafgesetzbuches auf Taten gegen diese Truppen mit folgenden Besonderheiten anzuwenden:
1. In den §§ 16, 19 des Wehrstrafgesetzes treten an die Stelle der Bundesrepublik Deutschland der betroffene Vertragsstaat und an die Stelle der Bundeswehr und ihrer Soldaten diese Truppen und deren Soldaten;
2. strafbar ist nur, wer einen Soldaten dieser Truppen zu einer vorsätzlichen rechtswidrigen Tat nach § 16 oder § 19 des Wehrstrafgesetzes bestimmt oder zu bestimmen versucht oder ihm dazu Hilfe leistet oder wer nach § 111 des Strafgesetzbuches zu einer solchen Tat auffordert.

(4) Die Absätze 1 bis 3 gelten nur für Straftaten, die im räumlichen Geltungsbereich dieses Gesetzes begangen werden.

6. Umgekehrt können sich Mitglieder der Truppe eines NATO-Vertragsstaates nach deutschem Staatsschutzrecht auch dann strafbar machen, wenn sie hierbei **in Erfüllung eines Auftrages dieses Staates** handeln. So kann etwa der Agent eines westlichen Geheimdienstes, der in der Bundesrepublik spioniert, nach § 99 bestraft werden. In derartigen Fällen besteht gemäß Art. VII Abs. 2b des NATO-Truppenstatuts vom 19. 6. 1951 (BGBl. 1951 II 1190) die ausschließliche Gerichtsbarkeit der Bundesrepublik. Art. 3 Abs. 3b des Überleitungsvertrags (i. d. F. vom 30. 3. 1955, BGBl. II 405) ist demgegenüber nur auf Taten zur Zeit des Besatzungsregimes (also vor dem 5. 5. 1955) anwendbar. 20

Erster Abschnitt. Friedensverrat, Hochverrat und Gefährdung des demokratischen Rechtsstaates

Erster Titel. Friedensverrat

§ 80 Vorbereitung eines Angriffskrieges

Wer einen Angriffskrieg (Artikel 26 Abs. 1 des Grundgesetzes), an dem die Bundesrepublik Deutschland beteiligt sein soll, vorbereitet und dadurch die Gefahr eines Krieges für die Bundesrepublik Deutschland herbeiführt, wird mit lebenslanger Freiheitsstrafe oder mit Freiheitsstrafe nicht unter zehn Jahren bestraft.

Schrifttum: Klug, Der neue Straftatbestand des Friedensverrates, in: Mißlingt die Strafrechtsreform?, 1969, 162. – *Schroeder,* Der Schutz des äußeren Friedens, JZ 69, 41.

I. Die Vorschrift stellt den **Friedensverrat** durch die Vorbereitung eines Angriffskrieges unter Beteiligung der BRep. unter Strafe. Damit (und durch § 80a) ist der Gesetzgeber (im wesentlichen) dem Verfassungsgebot des Art. 26 I 2 GG nachgekommen (vgl. Krauth u. a. JZ 68, 578). Die praktische Bedeutung der Vorschrift ist gering, ihr Hauptgewicht liegt auf der generalpräventiven Funktion ihrer bloßen Existenz (vgl. AE BT-Polit. Strafrecht Begr. 13). 1

II. **Schutzobjekt** ist die Sicherheit der BRep., daneben aber auch der durch den Angriffskrieg bedrohte Völkerfriede. Die **Sicherheit der BRep. Deutschland** muß durch die Gefahr eines Angriffskrieges, an dem die BRep. beteiligt ist, **bedroht** sein. Trotz des mißverständlichen Wortlauts (vgl. Schroeder JZ 69, 47: origineller Sprachgebrauch) fällt nach dem Gesetzeszweck auch die Vorbereitung eines Angriffskrieges gegen die BRep. unter § 80 (BT-Drs. V/2860 S. 2, D-Tröndle 3, Lackner 2, Rudolphi SK 4, Willms LK 6). Nicht erfaßt ist die Vorbereitung eines Krieges, an dem die BRep. nicht beteiligt sein soll. Das gleiche gilt, wenn Truppen der BRep. an Kampfhandlungen beteiligt werden sollen, durch die für die BRep. keine Kriegsgefahr entsteht. 2

III. Die **Handlung** besteht in der Vorbereitung eines Angriffskrieges, an dem die Bundesrepublik Deutschland beteiligt sein soll. Anders als beim Aufstacheln zum Angriffskrieg (§ 80a) reicht es aus, wenn die Tat im Ausland begangen wird (vgl. § 5 Nr. 1). Täter kann auch ein Ausländer sein. 3

1. Die Auslegung des Merkmals **Angriffskrieg** ist nur mit Hilfe der Regeln des Völkerrechts möglich, zu deren Anwendung auch der Strafrichter berufen ist (vgl. Art. 25 GG). Diese sind zwar unklar (vgl. BT-Drs. V/2860 S. 2, Maunz in Maunz-Dürig-Herzog-Scholz Art. 26 4

RN 24, Menzel, Bonner Komm., Art. 26 GG Anm. II 4c), der Begriff Angriffskrieg läßt sich jedoch dahin eingrenzen, daß er alle Kriege umfaßt, die weder Verteidigungskriege noch Kollektivmaßnahmen der UN oder ähnlicher Organisationen sind (Maunz aaO RN 24ff., Menzel, Bonner Komm., Art. 26 Anm. II 4c; vgl. näher Dahm, Völkerrecht, II 418ff., III 303ff., Berber, Lehrb. des Völkerrechts II, 2. A. 1969, 25ff.). Angriffskrieg kann auch der Präventivkrieg sein oder die Überschreitung des zur Abwehr von Störhandlungen anderer Staaten erforderlichen Maßes.

5   2. Der Angriffskrieg muß **vorbereitet** werden. Zur Vorbereitung gehören alle Maßnahmen, die geeignet sind, eine kriegerische Auseinandersetzung zwischen zwei Völkern herbeizuführen. Da i. d. R. diese Vorbereitungshandlungen sowohl für einen Angriffs- wie auch einen Verteidigungskrieg tauglich sind, ergibt sich die Tatbestandsmäßigkeit hier erst, wenn der Täter die verbotene Tendenz verfolgt (vgl. Maunz aaO RN 15, 32). Löst der Täter einen Angriffskrieg aus, dann wird er ebenfalls von der Vorschrift erfaßt (BT-Drs. V/2860 S. 2; zweifelnd Schroeder JZ 69, 48, D-Tröndle 9). Wer sich dagegen erst ab Beginn des Angriffskriegs beteiligt, handelt nicht tatbestandsmäßig (Willms LK 8).

6   Aus der Höhe der Strafdrohung ist zu schließen, daß es sich um Maßnahmen von besonderem Gewicht handeln muß, wie Beschaffung von Kriegsmaterial, Mobilisierung oder Abschluß von Offensivbündnissen (vgl. Hamann-Lenz, Das Grundgesetz, 3. A. 1970, Art. 26 Anm. B 3). Nicht unter die Vorschrift fällt daher das bloße Auffordern zu Kriegshandlungen oder deren Billigung (vgl. D-Tröndle 7). Hier kann nur Anstiftung oder psychische Beihilfe gegeben sein (and. Willms LK 9: Teilnahme straflos).

7   3. Die Handlung muß ein solches Gewicht haben, daß die (konkrete) **Gefahr eines Krieges** für die BRep. herbeigeführt wird; die bloß generelle Eignung der Handlung genügt nicht. Allgemein zum Merkmal der konkreten Gefahr vgl. 5 vor § 306.

8   4. Für den **subjektiven Tatbestand** ist Vorsatz erforderlich; bedingter Vorsatz genügt. Er muß auch die konkrete Kriegsgefahr (o. 7) umfassen. Absichtliche Vorbereitung eines Angriffskrieges wird nicht vorausgesetzt (Rudolphi SK 9; vgl. aber D-Tröndle 10).

9   IV. Der **Versuch** ist strafbar, da es sich bei § 80 nicht um die Vorbereitung anderer Verbrechen handelt, sondern das Vorbereiten eines Krieges selbst die strafbare Tätigkeit ist (Lackner 5, Rudolphi SK 11; and. D-Tröndle 5, Willms LK 10). Ein Versuch liegt vor allem dann vor, wenn die Kriegsvorbereitung keine konkrete Gefährdung der BRep. zur Folge hat.

10 V. Über **Nebenfolgen** und Einziehung vgl. §§ 92a, b. Zur **Anzeigepflicht** bei Kenntnis von der Vorbereitung eines Angriffskriegs vgl. § 138 I Nr. 1.

11 VI. Mit §§ 84f. ist **Tateinheit** möglich, ebenso mit Landesverrat, vgl. 10 vor § 80.

§ 80a Aufstacheln zum Angriffskrieg

Wer im räumlichen Geltungsbereich dieses Gesetzes öffentlich, in einer Versammlung oder durch Verbreiten von Schriften (§ 11 Abs. 3) zum Angriffskrieg (§ 80) aufstachelt, wird mit Freiheitsstrafe von drei Monaten bis zu fünf Jahren bestraft.

1   I. Die Vorschrift bestraft das **Aufstacheln zum Angriffskrieg**; die Gefährlichkeit dieses Verhaltens besteht in der Erhöhung der Kriegsbereitschaft und der Angriffslust der Bevölkerung durch psychologische Einwirkung.

2   II. **Schutzobjekte** sind ebenso wie in § 80 die Sicherheit der BRep. und der Völkerfriede; vgl. § 80 RN 2.

3   III. Die **Handlung** besteht im Aufstacheln anderer zum Angriffskrieg, und zwar öffentlich (vgl. § 186 RN 19), in einer Versammlung (vgl. § 90 RN 5) oder durch Verbreiten von Schriften (§ 11 III; vgl. § 184 RN 57). Zum Aufstacheln vgl. § 130 RN 5, LG Köln NStZ **81**, 261, Klug Jescheck-FS 583. Angriffskrieg ist wie in § 80 (vgl. dort RN 4) nur ein solcher, an dem die BRep. beteiligt sein soll. Er muß in seiner Zielrichtung konkretisiert sein. Einwirkungen, die nur eine allgemeine kriegerische Stimmung erzeugen sollen, genügen daher noch nicht (Willms LK 1). Auch für § 80a sind Taten von einer gewissen Bedeutung zu verlangen, belanglose Handlungen, wie Bierreden am Stammtisch, werden nicht erfaßt (vgl. AE BT-Polit. Strafrecht Begr. 13).

4   IV. Das Aufstacheln braucht keinen weiteren **Erfolg** zu haben; eine Kriegsgefahr oder eine Gefährdung der Sicherheit der BRep. braucht nicht vorzuliegen.

5   V. Die Tat (§ 9) muß **im räumlichen Geltungsbereich** dieses Gesetzes begangen werden (vgl. hierzu 13 vor § 80). Täter kann auch ein Ausländer sein.

Hochverrat gegen den Bund 1–4 § 81

VI. Der **subjektive Tatbestand** verlangt Vorsatz; bedingter Vorsatz genügt. Eine Absicht der 6
Gefährdung der BRep. ist nicht erforderlich.

VII. Gegenüber § 80 **tritt** § 80a **zurück,** da § 80a insoweit nur eine Vorbereitungshandlung erfaßt. 7
Das gilt auch bezüglich §§ 80, 30. Mit § 86 kann Tateinheit bestehen, ebenso mit §§ 89, 90a, 100,
111.

VIII. Über **Nebenfolgen** und Einziehung vgl. §§ 92a, b. 8

Zweiter Titel. Hochverrat

Vorbemerkungen

Das Gesetz unterscheidet **zwei Fälle des Hochverrats:** den Bestandshochverrat (Gebiets- 1
hochverrat; §§ 81 I Nr. 1, 82 I Nr. 1) und den Verfassungshochverrat (§§ 81 I Nr. 2, 82 I Nr. 2).
Dabei wird zwischen dem Hochverrat gegen den Bund (§ 81) und dem gegen ein Land (§ 82)
unterschieden.

Über die Abgrenzung zur Gefährdung des demokratischen Rechtsstaates vgl. 3 vor § 80. Zum 2
Nichteingreifen des Parteienprivilegs vgl. 7 vor § 80. Über Konkurrenz zwischen Hochverrat und
Landesverrat vgl. 10 vor § 80.

Zur Anzeigepflicht bei Kenntnis von der Vorbereitung oder der Ausführung eines Hochverrats 3
vgl. § 138 I Nr. 2.

§ 81 Hochverrat gegen den Bund

(1) **Wer es unternimmt, mit Gewalt oder durch Drohung mit Gewalt**
1. **den Bestand der Bundesrepublik Deutschland zu beeinträchtigen oder**
2. **die auf dem Grundgesetz der Bundesrepublik Deutschland beruhende verfassungsmäßige Ordnung zu ändern,**
wird mit lebenslanger Freiheitsstrafe oder mit Freiheitsstrafe nicht unter zehn Jahren bestraft.

(2) **In minder schweren Fällen ist die Strafe Freiheitsstrafe von einem Jahr bis zu zehn Jahren.**

Schrifttum: Vgl. die Angaben vor § 80, ferner: *van Calker,* Hoch- und Landesverrat, VDB I, 3. –
Graf zu Dohna, Der Hochverrat im Strafrecht der Zukunft, Frank-FG II, 229. – *Ruhrmann,* Der
Hochverrat in der Rspr. des BGH, NJW 57, 281. – *Wagner,* Aus der Rechtsprechung in Staatsschutzverfahren (Hochverrat), GA 60, 4 und 64, 225. – Rechtsvergleichend mit griechischem Recht: *Livos,*
Grundlagen der Strafbarkeit wegen Hochverrats, 1984.

I. Die Vorschrift behandelt den Bestandshochverrat (Gebietshochverrat) und den Verfas- 1
sungshochverrat gegen den **Bund.** Die entsprechenden Angriffe gegen ein Land der BRep. sind
in § 82 geregelt.

II. Beim **Bestandshochverrat** (Abs. 1 Nr. 1) ist **Schutzobjekt** die Freiheit der BRep. vor 2
fremder Botmäßigkeit, die staatliche Einheit und der territoriale Bestand der **Bundesrepublik
Deutschland,** d. h. das Gebiet, in dem das Grundgesetz gilt, sei es auch nach späterem Beitritt
eines Gebiets.

1. Die **Handlung** besteht in dem Unternehmen der Beeinträchtigung des Bestandes der 3
Bundesrepublik durch Gewalt oder Drohung mit Gewalt.

a) Über **Gewalt** vgl. allgemein 6 ff. vor § 234. Das dort Ausgeführte gilt indes in erster Linie 4
für den Individualrechtsschutz. Bei staatsgerichteten Angriffen, namentlich beim Hochverratstatbestand, ist es nur mit Einschränkungen maßgebend. Hier ist die Schwelle zur Annahme von
Gewalt höher zu legen als bei Angriffen gegen Individualrechtsgüter. Das ergibt sich aus dem
im Gewaltbegriff enthaltenen Erfordernis der Zwangswirkung. Um diese zur Erreichung eines
Hochverratserfolges zu erzielen, bedarf es stärkerer Mittel als zur Erreichung eines Erfolges
durch Gewalt bei Angriffen auf Individualrechtsgüter. Da sich eine sinnvolle Regelung zum
Schutz des Staates in seinem gebiets- und verfassungsmäßigen Bestand auf das hierfür Notwendige zu beschränken hat, ist die Auslegung des Gewaltbegriffes der §§ 81, 82 hieran auszurichten. Das bedeutet: solche Verhaltensweisen, die von vornherein gradmäßig die erforderliche
Zwangswirkung nicht entfalten können, sind aus dem Gewaltbegriff der §§ 81, 82 auszuscheiden. Zur relativen Auslegung des Gewaltbegriffs auf Grund des Kriteriums der Zwangswirkung vgl. BGH **23** 50 m. abl. Anm. Ott NJW 69, 2023, **32** 170 m. Anm. Willms JR 84, 120 u.
Arzt JZ 84, 428, Willms LK 9. Die Gewalt wird sich beim Hochverrat regelmäßig gegen

§ 81 5–11 Bes. Teil. Friedensverrat, Hochverrat usw.

Personen richten. Eine unmittelbare physische Einwirkung ist jedoch nicht unbedingt erforderlich. Es genügt eine Einwirkung anderer Art, etwa durch Gewalt gegen Sachen (z. B. Sabotage großen Ausmaßes), sofern der mit ihr verbundene Druck grad- und wirkungsmäßig einer physischen Gewalt gleichkommt. Entsprechend dem in 6 ff. vor 234 Ausgeführten läßt sich mit BGH **8** 102, NJW **55**, 110, LM **Nr. 6** auch der Massen- und Generalstreik wegen der weitreichenden Wirkungen (Beeinträchtigung der Bevölkerung durch Lahmlegung der Versorgung) als Gewalt i. S. der §§ 81, 82 anerkennen (vgl. BT-Drs. V/2860 S. 3, D-Tröndle 8, Krauth u. a. JZ 68, 579, Lackner 4 a, M-Schroeder II 228, Rudolphi SK 6, Scholz JuS 87, 192, Willms LK 9; and. Heinemann/Posser NJW 59, 122, Niese, Streik und Strafrecht, 1954, 18). Hierbei ist die Frage, wann ein Streik „sozialadäquat", wann rechtswidrig ist (vgl. BT-Drs. V/2860 S. 3), unproblematisch; dient ein Streik hochverräterischen Zwecken, so ist er allein deshalb rechtswidrig. Vgl. zum Ganzen Krey, BKA-Sonderreihe „Was ist Gewalt?" Bd. 2, 1988, 22 ff.

5   b) Entsprechendes gilt für die **Drohung mit Gewalt**. Die angedrohte Gewalt muß entsprechend dem o. 4 Ausgeführten die Zufügung eines erheblichen Übels darstellen, den Bedrohten also eine erhebliche Einbuße an Rechtsgütern befürchten lassen. Einer physischen Wirkung bedarf es nicht; die Gewalt soll hier nicht als solche, sondern als Gegenstand der Drohung psychologisch wirken. Da hier die Motivation anderer nicht durch die Gewaltwirkung, sondern durch die Aussicht auf Einbuße erheblicher Werte durch Gewaltanwendung bewirkt werden soll, bedeutet die Drohung mit Gewalt das In-Aussicht-Stellen solcher Nachteile, deren Zufügung Gewalt im Sinne des § 81 sein würde, ohne daß die Voraussetzungen einer Nötigung gegeben sein müßten (ebenso Willms LK 10).

6   2. Zum **Beeinträchtigen** des Bestandes der Bundesrepublik vgl. § 92 RN 2 ff.

7   III. Beim **Verfassungshochverrat** (Abs. 1 Nr. 2) ist **Angriffsobjekt** die auf dem GG der BRep. Deutschland beruhende **verfassungsmäßige Ordnung**. Unter verfassungsmäßiger Ordnung kann zweierlei verstanden werden: einmal die dem GG zugrundeliegende Staatsidee einer freiheitlichen, rechtsstaatlichen Demokratie, zum anderen die auf diesen Verfassungsgrundsätzen beruhende konkrete Staatsordnung, wie sie in den verfassungsmäßigen Organen und Einrichtungen Gestalt gewonnen hat (vgl. BGH **7** 226, HuSt. **1** 372, Ruhrmann NJW 57, 281, Willms LK 4 f.). Da § 81 von der auf dem GG beruhenden verfassungsmäßigen Ordnung spricht, muß dieses Merkmal hier – and. als in den Bestimmungen des GG (Art. 2, 9 II, 18, 20 III, 28 usw.) – im letzteren Sinn verstanden werden. Gemeint ist also die konkrete Ausgestaltung, die die Grundsätze einer freiheitlichen Demokratie im GG gefunden haben (BGH **6** 338, **7** 226, HuSt **1** 96, **2** 321, BT-Drs. V/2860 S. 3, Hennke aaO, Maunz-Dürig Art. 21 GG RN 115, Rudolphi SK 11); nicht erfaßt sind dagegen Programmsätze, die – bis zu einem gewissen Grad unabhängig von ihrer jeweiligen Ausgestaltung – das Wesen der freiheitlichen Demokratie ausmachen. Daher ist unerheblich, ob der vom Täter angestrebte Zustand den Grundsätzen einer freiheitlichen Demokratie entspricht oder nicht; auch wer unter Beseitigung der durch das GG geschaffenen verfassungsmäßigen Einrichtungen eine Staatsordnung anstrebt, die den Verfassungsgrundsätzen der Demokratie nicht widerspricht, begeht Verfassungshochverrat (Ruhrmann NJW 57, 282). Auch ein mit derartigen Grundsätzen unvereinbares Fernziel braucht nicht angestrebt zu sein (BGH GA/W **60**, 7).

8   1. Unter den Schutz des § 81 fallen z. B. die in den Art. 20, 38, 63 GG geregelte Grenzziehung von Rechten und Pflichten des Volkes, der Volksvertretung und der Regierung (BGH **6** 338, Ruhrmann aaO), ferner das Mehrparteiensystem, die Wahl der Legislative, die Gewaltentrennung, die Institution des BVerfG, die Rechtsgleichheit, die Achtung vor den Grundrechten, vor allem vor dem Recht der Persönlichkeit auf Leben und freie Entfaltung, die Gesetzmäßigkeit der Verwaltung, die Unabhängigkeit der Gerichte (vgl. BVerfGE **5** 140). Was zur verfassungsmäßigen Ordnung gehört, ergibt sich nicht nur aus dem Wortlaut der Verfassungsurkunde; andererseits ist nicht alles, was in einer Verfassungsurkunde enthalten ist, hierher zu rechnen; die verfassungsmäßige Ordnung ist auch nicht auf die in § 92 II aufgezählten Verfassungsgrundsätze beschränkt (vgl. Ruhrmann NJW 54, 1512). Nicht hierher gehören noch nicht ratifizierte völkerrechtliche Verträge, weil sie noch nicht Bestandteil des innerstaatlichen Rechts sind (Art. 25 GG, BGH b. Ruhrmann NJW **57**, 282 FN 10).

9   2. Die **Handlung** besteht in dem Unternehmen der Veränderung der Verfassung durch Gewalt oder Drohung mit Gewalt.

10   a) Über den Begriff der **Gewalt** und der **Drohung** mit Gewalt vgl. o. 4 f.

11   b) Eine **Veränderung** der auf dem GG beruhenden verfassungsmäßigen Ordnung liegt vor, wenn eine Verfassungsinstitution oder ein Verfassungsorgan dauernd oder vorübergehend ausgeschaltet oder doch in der Struktur wesentlich verändert wird. Die bloße Störung der verfassungsmäßigen Ordnung reicht nicht aus (BGH **6** 352; vgl. auch RG **56** 259); wie z. B. in dem Fall, in dem der Täter nur eine Verfassungswidrigkeit plant, den Bestand und die Funktion des

angegriffenen Staatsorgans aber beibehalten will (Ruhrmann NJW 57, 282). So genügt nicht der Angriff gegen den Inhaber eines verfassungsmäßigen Amtes, sofern das Amt als solches unangetastet bleiben soll, z. B. ein Unternehmen, die Bundesregierung mit Gewalt zu einem bestimmten Verhalten, etwa zum Rücktritt, zu zwingen; ebensowenig genügt der Angriff auf die Entschließungsfreiheit des Parlaments (BGH 6 353, b. Ruhrmann NJW 57, 282 FN 14), wohl aber dessen Ausschalten. Häufig jedoch wird der Täter mit dem Angriff auf den Repräsentanten eines Verfassungsorgans auch das Amt als solches beseitigen oder ändern wollen (Ruhrmann NJW 57, 282).

IV. Darüber, wie weit ein **Notwehrrecht** des einzelnen Staatsbürgers gegen hochverräterische Angriffe besteht, vgl. RG **63** 220 und näher § 32 RN 6 f. Vgl. auch Art. 20 IV GG (Recht zum Widerstand). 12

V. Für den **subjektiven Tatbestand** ist Vorsatz erforderlich; bedingter Vorsatz genügt. 13

VI. Der Hochverrat ist ein **Unternehmensdelikt**. Über den Begriff des Unternehmens vgl. § 11 I Nr. 6. Über Rücktrittsmöglichkeiten vgl. § 83a. 14

VII. **Täter** kann ein Deutscher oder Ausländer sein. § 81 ist auch dann anwendbar, wenn der Ausländer die Tat im Ausland begeht (Celle GA/W **60**, 9; vgl. § 5 Nr. 2). Vgl. auch 12 ff. vor § 80. 15

Für die Abgrenzung zwischen Täterschaft und Teilnahme gelten die allgemeinen Grundsätze. Danach ist Täter, wer die hochverräterischen Ziele zu seinen eigenen macht, dagegen Teilnehmer, wer ein fremdes Hochverratsunternehmen, z. B. durch Lieferung von Waffen, fördert. Vgl. dazu Willms LK 12. 16

Die Zugehörigkeit des Täters zu einer verfassungswidrigen, noch nicht verbotenen Partei schließt die Strafbarkeit nach § 81 nicht aus; vgl. 7 vor § 80, D-Tröndle 9. 17

VIII. Über **minder schwere Fälle** vgl. allgemein 48 vor § 38. Über Strafmilderung bei **tätiger Reue** vgl. § 83a. Über **Nebenfolgen** und Einziehung vgl. §§ 92a, b. Zum **Opportunitätsprinzip** vgl. § 120 I GVG i. V. mit §§ 153c, d, e StPO. Zur **Vermögensbeschlagnahme** als prozessualem Zwangsmittel vgl. § 443 I 1 StPO. 18

IX. **Konkurrenzverhältnisse:** Das Unternehmen nach § 81 geht der Vorbereitung nach § 83 I vor (Gesetzeseinheit). Dagegen stehen die zur Vorbereitung oder Durchführung des Unternehmens begangenen Straftaten (z. B. Mord, Freiheitsberaubung) zum Hochverrat je nach den Umständen in Ideal- oder Realkonkurrenz. Gesetzeseinheit liegt auch dann nicht vor, wenn sich die anderen Taten gegen die öffentliche Ordnung oder gegen Amtspersonen richten, die zu deren Aufrechterhaltung eingesetzt sind (vgl. RG **69** 57; and. Rudolphi SK 17). Auch mit Landesverrat sowie mit §§ 84 ff., 87 ff. kann deshalb Tateinheit bestehen. Zum Verhältnis mit § 82 vgl. dort RN 10. 19

§ 82 Hochverrat gegen ein Land

(1) **Wer es unternimmt, mit Gewalt oder durch Drohung mit Gewalt**
1. **das Gebiet eines Landes ganz oder zum Teil einem anderen Land der Bundesrepublik Deutschland einzuverleiben oder einen Teil eines Landes von diesem abzutrennen oder**
2. **die auf der Verfassung eines Landes beruhende verfassungsmäßige Ordnung zu ändern,**
wird mit Freiheitsstrafe von einem Jahr bis zu zehn Jahren bestraft.

(2) **In minder schweren Fällen ist die Strafe Freiheitsstrafe von sechs Monaten bis zu fünf Jahren.**

I. Deutlicher als das frühere Recht bringt die Regelung des **Hochverrats gegen** ein **Land** den wesensmäßigen Unterschied (vgl. dazu Graf zu Dohna aaO 236) zu den hochverräterischen Angriffen gegen den Bund zum Ausdruck, und zwar sowohl durch Abstufung der Strafdrohungen (vgl. dazu Schafheutle JZ 51, 610) wie auch durch die Regelung in einer eigenen Vorschrift. 1

II. Beim **Gebietshochverrat** (Abs. 1 Nr. 1) ist **Schutzobjekt** der territoriale Bestand eines zur BRep. Deutschland gehörenden **Landes** (vgl. § 81 RN 2). Gegenüber dem Bestandshochverrat nach § 81 beschränkt sich Nr. 1 auf den reinen Gebietshochverrat. 2

1. Über den Begriff der **Gewalt** und **Drohung** mit Gewalt vgl. § 81 RN 4 f. 3

2. Einverleiben und **Abtrennen** unterscheiden sich dadurch, daß das Abtrennen auf die Begründung eines neuen Bundeslandes gerichtet ist, während beim Einverleiben das Gebiet einem bereits bestehenden Bundesland angegliedert wird. Wird der abgetrennte Teil aus der 4

BRep. herausgelöst, liegt gleichzeitig Bestandshochverrat gegen den Bund vor. § 82 tritt dann hinter § 81 zurück.

5   III. Beim **Verfassungshochverrat** (Abs. 1 Nr. 2) ist **Angriffsobjekt** die auf der Verfassung eines der Länder der Bundesrepublik beruhende **verfassungsmäßige Ordnung,** soweit sie den Grundsätzen des Art. 28 GG entspricht (vgl. auch § 81 RN 7).

6   Auch hier besteht die **Handlung** im Unternehmen der Veränderung der Verfassung durch Gewalt oder Drohung mit Gewalt; vgl. dazu § 81 RN 9 ff.

7   IV. Bezüglich des **subjektiven Tatbestandes** vgl. § 81 RN 13.

8   V. Wegen der Abgrenzung zwischen **Täterschaft** und Teilnahme vgl. § 81 RN 16.

9   VI. Über Strafmilderung bei **tätiger Reue** vgl. § 83a, über **Nebenfolgen** und Einziehung vgl. §§ 92a, b. Zum **Opportunitätsprinzip** vgl. § 120 I GVG i. V. mit §§ 153c, d, e StPO. Zur **Vermögensbeschlagnahme** als prozessualem Zwangsmittel vgl. § 443 I 1 StPO.

10   VII. **Konkurrenzverhältnisse:** Das Unternehmen nach § 82 geht der Vorbereitung nach § 83 II vor. Wird sowohl die verfassungsmäßige Ordnung des Bundes als auch die eines Landes angegriffen, ist Tateinheit mit § 81 möglich (D-Tröndle 3). Im übrigen besteht Gesetzeseinheit; vgl. o. 4. Zur Konkurrenz mit sonstigen Straftaten vgl. § 81 RN 19.

§ 83 Vorbereitung eines hochverräterischen Unternehmens

(1) **Wer ein bestimmtes hochverräterisches Unternehmen gegen den Bund vorbereitet, wird mit Freiheitsstrafe von einem Jahr bis zu zehn Jahren, in minder schweren Fällen mit Freiheitsstrafe von einem Jahr bis zu fünf Jahren bestraft.**

(2) **Wer ein bestimmtes hochverräterisches Unternehmen gegen ein Land vorbereitet, wird mit Freiheitsstrafe von drei Monaten bis zu fünf Jahren bestraft.**

Schrifttum: Vgl. die Angaben vor § 80, ferner *Hennke,* Zur Abgrenzung der strafbaren Vorbereitungshandlungen beim Hochverrat, ZStW 66, 390.

1   I. Eine wirksame Bekämpfung des Hochverrats ist nur möglich, wenn schon seine **Vorbereitungshandlungen** erfaßt werden; § 83 bedroht daher jede Vorbereitung eines bestimmten hochverräterischen Unternehmens mit Strafe. Dies gilt für den Bestandshochverrat wie für den Verfassungshochverrat, gleichgültig, ob diese Taten gegen den Bund (Abs. 1) oder ein Land gerichtet sind (Abs. 2).

2   II. Erfaßt wird nur die Vorbereitung eines **bestimmten** Unternehmens. Sein Gesamtbild muß in der Vorstellung des Täters so bestimmte Umrisse angenommen haben, daß es als eine konkrete Gestaltung erfaßt werden kann (RG **5** 68, **41** 143). Vgl. noch OVG Hamburg NJW **74,** 1525, v. Weber in RG-Praxis V 180 ff. Daß das Unternehmen realisierbar ist, ist nicht erforderlich (untaugl. Versuch). Vgl. eingehend Willms LK 2 ff.

3   1. Feststehen muß das **Angriffsobjekt**; die Ausführung des Unternehmens muß als bestimmtes Endziel ins Auge gefaßt sein (BGH LM **Nr. 1** zu § 81 a. F.). Der Angriffsplan braucht jedoch nur in seinen Grundzügen hinreichend bestimmt zu sein; nicht erforderlich ist, daß alle Einzelheiten der Ausführung schon beschlossen sind (BGH LM **Nr. 1** zu § 81 a. F.).

4   2. Als **Angriffsmittel** muß Gewalt oder Drohung mit Gewalt vorgesehen sein; es genügt jedoch, daß das Ziel nicht unbedingt, sondern nur eventuell mit Gewalt angestrebt wird (BGH **6** 340).

5   3. Ferner muß der **Zeitpunkt** des Unternehmens hinreichend bestimmt sein. Das ist der Fall, wenn der Umsturzplan unmittelbar an die obwaltenden politischen Verhältnisse, d. h. an die politische Gegenwartssituation anknüpft, z. B. das Unternehmen alsbald unter den bestehenden politischen Zuständen durchgeführt werden soll (BGH **7** 13; vgl. auch Ruhrmann NJW 57, 283). Genügend bestimmt ist der Zeitpunkt aber auch, wenn mit dem Unternehmen erst unter anderen politischen Verhältnissen begonnen werden soll und die Änderung der politischen Lage unmittelbar erwartet wird (BGH **7** 14; vgl. noch BGH **6** 341). Dagegen fehlt es an einer hinreichenden Bestimmtheit, wenn das Unternehmen bei einer sich bietenden günstigen Gelegenheit ausgeführt werden soll (BGH **7** 13). Wird z. B. auf den Abzug der Stationierungstruppen abgestellt, so ist der Plan hinreichend bestimmt, wenn der Abzug zeitlich festliegt oder alsbald zu erwarten ist, nicht dagegen, wenn noch ungewiß ist, wann dieser erfolgt.

6   4. **Kein bestimmtes** Unternehmen wird z. B. vorbereitet, wenn ein Vater seinen Sohn im Hinblick auf eine von keiner Seite geplante, aber von ihm als möglich gedachte revolutionäre Bewegung in revolutionären Ideen erzieht (RG **5** 69); der „ideologische Hochverrat" soll

durch § 83 nicht getroffen werden (Arndt DRiZ 51, 180). Vgl. auch OVG Hamburg NJW **74**, 1525, Stämpfli in FG Hafter 157.

5. Erforderlich ist die Vorbereitung einer **täterschaftlichen** Begehung des Hochverrats. Wer lediglich Beihilfehandlungen vorbereitet, fällt nicht unter § 83. Vgl. aber u. 12.   7

6. Unter den genannten Voraussetzungen kommt **jede Handlung** in Betracht, die den Umsturzplan **vorbereitet**. Fraglich ist, wie weit der Kreis der Vorbereitung ausgedehnt werden kann. Maßgebliches Kriterium kann hier nur die Erheblichkeit sein. Handlungen, die von der Durchführung des Hochverrats derart weit entfernt sind, daß sie sich ihrer Art nach noch nicht der Hochverratsvorbereitung spezifisch zuordnen lassen, können unter dem Gesichtspunkt der Vorbereitung nicht bestraft werden (Willms LK 10). So reicht z. B. der Kauf einer Schreibmaschine, auf der hochverräterische Schriften geschrieben werden sollen, oder das Anfordern von Prospekten für Schußwaffen oder Sprengmittel nicht aus, wohl aber eine nur mittelbare Förderung des geplanten Unternehmens, z. B. das Herstellen falscher Ausweise, mit denen die Täter staatliche Dienststellen betreten können. Es ist daher im Einzelfall zu entscheiden, in welcher zeitlichen und sachlichen Beziehung die Vorbereitung zum Endziel steht und ob ihr danach bereits eine ins Gewicht fallende Erheblichkeit zukommt. Zur Frage, ob terroristische Aktivitäten eine Vorbereitung darstellen, vgl. die Kontroverse zwischen Wagner NJW 80, 913 u. Schroeder NJW 80, 920. Daß die Handlung objektiv tauglich ist, ist nicht erforderlich (and. Rudolphi SK 6, Sonnen AK 16). Insoweit gelten die Grundsätze des untauglichen Versuchs. Die Handlung muß allerdings ihrer Art nach den Erheblichkeitsgrad erreichen und danach dem Kreis der Vorbereitung zuzuordnen sein. Strafbar ist daher auch, wer für Attentate einen Stoff besorgt, den er irrtümlich für ein Sprengmittel hält. Aus diesem Grunde kann es auf eine konkrete Gefahr nicht ankommen (vgl. D-Tröndle 3, M-Schroeder II 229, Schroeder aaO 305; and. Hennke aaO, wohl auch BGH HuSt. **2** 40; offengelassen in BGH **6** 342).   8

III. Für den **subjektiven Tatbestand** ist Vorsatz erforderlich; bedingter Vorsatz genügt. Da § 83 die Strafbarkeit von Vorbereitungshandlungen zum Hochverrat regelt, sind an den inneren Tatbestand die gleichen Anforderungen zu stellen wie in §§ 81, 82. Erforderlich ist, daß der Täter die tatsächliche Beschaffenheit, die Ziele und Zwecke des von ihm vorbereiteten hochverräterischen Unternehmens sowie dessen zeitliche Bestimmtheit (BGH HuSt. **1** 369) kennt und sich zugleich bewußt ist, daß seine vorbereitende Tätigkeit ein zur Förderung seiner Ziele geeignetes Mittel bildet; der Wille, sich selbst an der künftigen Ausführung des betreffenden Unternehmens aktiv zu beteiligen, ist nicht erforderlich.   9

IV. Über **minder schwere Fälle** vgl. allgemein 48 vor § 38. Über **Nebenfolgen** und Einziehung vgl. §§ 92a, b; über Strafmilderung bei **tätiger Reue** vgl. § 83a. Zum **Opportunitätsprinzip** vgl. § 120 I GVG i. V. mit §§ 153c, d, e StPO. Zur Vermögensbeschlagnahme als prozessualem Zwangsmittel vgl. § 443 I 1 StPO.   10

V. Ein **Versuch** (der Vorbereitung) ist begrifflich undenkbar (Arndt ZStW 66, 72, D-Tröndle 3, Hennke aaO 398). Eine Vorbereitungshandlung und nicht nur deren Versuch stellt auch die untaugliche Handlung dar (vgl. o. 8).   11

VI. Möglich ist eine **Teilnahme** an der Straftat des § 83, so z. B., wenn die Sekretärin hochverräterische Schriften schreibt (D-Tröndle 3, Lackner 3, Rudolphi SK 9; and. Willms LK 11, Hennke aaO 401, Sonnen AK 21).   12

VII. **Gesetzeseinheit** besteht zu §§ 81, 82. Kommt der Hochverrat zur Ausführung, so geht § 83 in diesen Vorschriften auf. Soweit die Vorbereitung die Voraussetzungen des § 30 i. V. mit §§ 81, 82 erfüllt, geht § 30 als speziellere Regelung vor (vgl. RG **41** 143, Lackner 7, Rudolphi SK 11; and. Köln NJW **54**, 1259, D-Tröndle 7). Idealkonkurrenz dürfte dann möglich sein, wenn im Verlauf einer fortgesetzten Tat nach § 83 auch eine Aufforderung nach § 30 begangen wird. Idealkonkurrenz ist möglich mit § 129.   13

§ 83a Tätige Reue

(1) **In den Fällen der §§ 81 und 82 kann das Gericht die Strafe nach seinem Ermessen mildern (§ 49 Abs. 2) oder von einer Bestrafung nach diesen Vorschriften absehen, wenn der Täter freiwillig die weitere Ausführung der Tat aufgibt und eine von ihm erkannte Gefahr, daß andere das Unternehmen weiter ausführen, abwendet oder wesentlich mindert oder wenn er freiwillig die Vollendung der Tat verhindert.**

(2) **In den Fällen des § 83 kann das Gericht nach Absatz 1 verfahren, wenn der Täter freiwillig sein Vorhaben aufgibt und eine von ihm verursachte und erkannte Gefahr, daß andere das Unternehmen weiter vorbereiten oder es ausführen, abwendet oder wesentlich mindert oder wenn er freiwillig die Vollendung der Tat verhindert.**

§ 83 a

(3) **Wird ohne Zutun des Täters die bezeichnete Gefahr abgewendet oder wesentlich gemindert oder die Vollendung der Tat verhindert, so genügt sein freiwilliges und ernsthaftes Bemühen, dieses Ziel zu erreichen.**

1 I. Da das Gesetz in §§ 81, 82 das Unternehmen und in § 83 eine Vorbereitungshandlung unter Strafe stellt, besteht für den Täter in diesen Fällen nicht die Möglichkeit, nach § 24 straffrei zu werden. Aus den § 24 zugrundeliegenden Erwägungen ist aber durch § 83 a in diesen Fällen die Möglichkeit zur Strafmilderung oder Straffreiheit vorgesehen.

2 II. **Beim Unternehmen nach §§ 81, 82** kann sich der Täter die Rücktrittsvergünstigungen verdienen, wenn er freiwillig die weitere Ausführung der Tat aufgibt und die Gefahr, daß andere das Unternehmen weiterführen, abwendet oder wesentlich mindert oder wenn er freiwillig die Vollendung der Tat verhindert. Da gemäß § 11 I Nr. 6 das Unternehmen den Versuch und die Vollendung umfaßt und für den vollendeten Hochverrat die Vergünstigung des § 83 a zweifellos nicht eingreifen soll, betrifft diese Bestimmung nur Situationen des Versuchs und muß daher Entscheidungen tragen, die denen des § 24 entsprechen. Die für diese Bestimmung grundlegenden Unterscheidungen zwischen dem unbeendigten und dem beendigten Versuch und zwischen Einzeltätern und mehreren Beteiligten sind daher auch der Interpretation des § 83 a zugrunde zu legen.

3 1. Für den **Rücktritt des Alleintäters,** sollte Alleintäterschaft beim Hochverrat überhaupt einmal vorkommen, gilt folgendes:

4 a) Hat ein Alleintäter **noch nicht alles zur Tat Erforderliche** getan, entspricht also sein Verhalten dem unbeendeten Versuch des § 24, so erreicht er die Vergünstigung, wenn er freiwillig die weitere Ausführung aufgibt; der Erfolg entfällt dann automatisch.

5 b) Hat dagegen der Alleintäter **alles zur Vollendung** des Deliktes **Erforderliche getan,** liegt also i. S. des § 24 ein beendeter Versuch vor, so reicht das bloße Aufgeben weiteren Handelns nicht aus. Der Täter muß vielmehr den Erfolg abwenden, d. h. die Vollendung der Tat verhindern. Das Risiko, daß ihm dies gelingt, liegt bei ihm; vgl. jedoch Abs. 3.

6 2. Demgegenüber bestehen z. T. veränderte Rücktrittsvoraussetzungen, wenn, wie es i. d. R. der Fall ist, am hochverräterischen Unternehmen **mehrere Personen beteiligt** sind.

7 a) Ist noch nicht alles zur Tat Erforderliche getan, so genügt die freiwillige Aufgabe der Tatausführung nicht, wenn die **Gefahr** vorhanden ist, daß die **anderen Tatbeteiligten das Unternehmen fortführen,** und der Zurücktretende dies **erkennt.** Er muß dann freiwillig diese Gefahr abwenden oder sie jedenfalls wesentlich mindern. Unerheblich ist insoweit, ob er die Gefahr verursacht hat; auch unabhängig von seinem Tatbeitrag entstandene Gefahren der Fortführung des Unternehmens muß er abwenden oder erheblich verringern. Ein Mißlingen solcher Bemühungen geht zu seinen Lasten. Die zusätzlichen Anforderungen an den Rücktritt bestehen aber nur bei erkannter Gefahr. Ist dem Zurücktretenden die Gefahr der weiteren Tatbegehung durch die anderen Tatbeteiligten nicht bekannt, so reicht – auch bei vorwerfbarer Unkenntnis – aus, wenn er von der weiteren Tatausführung freiwillig absieht. In den Genuß der Rücktrittsvergünstigungen gelangt daher, wer in der irrtümlichen Annahme, es bestehe keine Gefahr für eine Fortführung des Unternehmens, nichts unternimmt (vgl. BT-Drs. V/2860 S. 4, Krauth u. a. JZ 68, 579, D-Tröndle 2).

8 Der Begriff „andere" könnte darauf hindeuten, daß damit nicht nur andere Beteiligte, sondern auch **dritte Personen** gemeint seien. Dies würde jedoch nicht nur die Anforderungen an den Rücktritt in unangemessener Weise verschärfen, sondern auch im Widerspruch zu der Tatsache stehen, daß das Gesetz von dem Unternehmen und damit dem Vorhaben spricht, an dem der Zurücktretende beteiligt war. Vgl. auch Willms LK 3 (selbstverständlich nur andere Tatbeteiligte).

9 b) Ist bereits alles zur Vollendung der Tat Erforderliche getan, so gilt das o. 5 Ausgeführte entsprechend.

10 3. Obwohl § 83 a nur den Täter ausdrücklich erwähnt, finden seine Regeln auch auf **Teilnehmer** Anwendung (Willms LK 7).

11 III. Die in Abs. 1 getroffene Regelung gilt auch für die **Vorbereitungshandlungen** des § 83. Die Rücktrittsvoraussetzungen des **Abs. 2** entsprechen weitgehend denen des Abs. 1. Abzuwenden oder wesentlich zu mindern ist allerdings nur die vom Zurücktretenden *verursachte* (nicht unbedingt verschuldete) Gefahr, daß die anderen Tatbeteiligten das Unternehmen weiter vorbereiten oder es ausführen. Unabhängig von seinem Tatbeitrag entstandenen Gefahren der Fortführung des Vorhabens braucht er nicht entgegenzutreten. Verhindert er die Vollendung der Tat, so ist unschädlich, wenn die anderen Tatbeteiligten das Unternehmen bis dahin vorübergehend weiter vorbereitet haben. Vgl. im übrigen o. 3 ff.

IV. Nach Abs. 3 wird auch das **erfolglose Bemühen** des Täters um eine Abwendung des Erfolges oder der Gefahr honoriert, sofern nur überhaupt Gefahr oder Tatvollendung verhindert wird. Diese Regelung wird nur in den Fällen der Abs. 1 und 2 praktisch, in denen der Täter nicht durch bloßes Aufgeben der Tat zurücktreten kann, sondern entweder die Kausalität seines Handelns rückgängig machen oder das Weiterhandeln der anderen Tatbeteiligten verhindern muß. Anders als nach den §§ 24 II, 31 II kommen die Rücktrittsvergünstigungen dem von einer Tat nach § 81 oder § 82 Zurücktretenden trotz seiner Rücktrittsbemühungen nicht zugute, wenn die Tat ohne sein Zutun begangen wird, es ihm etwa nur geglückt ist, seinen eigenen Tatbeitrag unwirksam zu machen (D-Tröndle 2). Das Rücktrittsverhalten läßt sich dann nur strafmildernd innerhalb des Regelstrafrahmens berücksichtigen. Im Falle des Abs. 2 ist der Rücktritt dagegen gelungen, wenn der eigene Tatbeitrag unwirksam gemacht wird, da eine vom Zurücktretenden verursachte Gefahr dann nicht mehr besteht. 12

V. Die **Wirkungen** des Rücktritts bestehen darin, daß das Gericht bis zum gesetzlichen Mindestmaß der angedrohten Strafe herabgehen, statt auf Freiheitsstrafe auf Geldstrafe erkennen oder auch von Strafe absehen kann. Diese Wirkungen betreffen nur die Bestrafung nach §§ 81–83. Sind durch die dort erfaßten Handlungen andere Straftatbestände erfüllt, so bleiben sie durch § 83a unberührt, u. U. ist aber § 24 für sie anwendbar (vgl. BT-Drs. V/2860 S. 4). Tritt der Täter gem. Abs. 1 zurück, dann erfassen die Wirkungen dieses Rücktritts auch die Vorbereitungshandlungen des § 83 (Willms LK 6; and. D-Tröndle 4). 13

VI. Zum **Opportunitätsprinzip** in diesen Fällen vgl. § 120 I Nr. 2 GVG i. V. mit § 153e StPO. 14

Dritter Titel. Gefährdung des demokratischen Rechtsstaates

Vorbemerkungen vor §§ 84 ff.

Schrifttum: Vgl. Angaben vor §§ 80 ff., ferner *Backes,* Rechtsstaatsgefährdungsdelikt und Grundgesetz, 1970. – *Willms,* Der strafrechtliche Staatsschutz nach dem neuen Vereinsgesetz, JZ 65, 86.

I. Der dritte Titel enthält die Tatbestände der **Gefährdung des demokratischen Rechtsstaates.** Sie erfassen die modernen Methoden zur Beeinträchtigung der Verfassung, die nicht auf die Angriffsmittel des Hochverrats (Gewalt und Drohung mit Gewalt) angewiesen sind. 1

II. Streitig war früher, was in den Bestimmungen über Staatsgefährdung und Landesverrat unter **Absicht** zu verstehen war. Während im Schrifttum die Meinung überwog, Absicht sei das tragende Motiv des Täters (Wahl DRiZ 51, 181, Arndt JZ 57, 206; dagegen [zielgerichteter Wille] der 13. A., Oehler NJW 66, 1638, Bennhold aaO 80), ließ der BGH dolus directus genügen (BGH **9** 142, **10** 169, **11** 171, **15** 156, **16** 4). Gesetzesänderungen haben keine Klärung gebracht, auch nicht dadurch, daß „absichtlich" mit „sich einsetzen für" in Beziehung gebracht wird. Da „wissentlich" und „absichtlich" z. T. (§ 87) als Alternativen nebeneinander aufgeführt werden, ist jedoch anzunehmen, daß der Gesetzgeber hier mit wissentlich den Vorsatz unter Ausschluß des dolus eventualis bezeichnet, während er mit absichtlich verlangt, daß es dem Täter auf die Ziele ankommt, die mit den Bestrebungen, für die er sich einsetzt, verfolgt werden (vgl. auch Prot. V 1614f., Krauth u. a. JZ 68, 580, § 88 RN 22). Wird „Absicht" jedoch in anderem Zusammenhang gebraucht (§ 88: absichtlich bewirken), dann ist wie bisher (vgl. 13. A., Bennhold aaO 82) unter Absicht der zielgerichtete Wille zu verstehen. 2

III. Zum **Schutzobjekt** dieser Vorschriften vgl. 3 vor § 80; zum Schutz der ausländischen NATO-Staaten und ihrer in der BRep. stationierten Truppen vgl. 17 ff. vor § 80. 3

§ 84 Fortführung einer für verfassungswidrig erklärten Partei

(1) Wer als Rädelsführer oder Hintermann im räumlichen Geltungsbereich dieses Gesetzes den organisatorischen Zusammenhalt
1. einer vom Bundesverfassungsgericht für verfassungswidrig erklärten Partei oder
2. einer Partei, von der das Bundesverfassungsgericht festgestellt hat, daß sie Ersatzorganisation einer verbotenen Partei ist,
aufrechterhält, wird mit Freiheitsstrafe von drei Monaten bis zu fünf Jahren bestraft. Der Versuch ist strafbar.

(2) Wer sich in einer Partei der in Absatz 1 bezeichneten Art als Mitglied betätigt oder wer ihren organisatorischen Zusammenhalt unterstützt, wird mit Freiheitsstrafe bis zu fünf Jahren oder mit Geldstrafe bestraft.

(3) Wer einer anderen Sachentscheidung des Bundesverfassungsgerichts, die im Verfahren nach Artikel 21 Abs. 2 des Grundgesetzes oder im Verfahren nach § 33 Abs. 2 des

Parteiengesetzes erlassen ist, oder einer vollziehbaren Maßnahme zuwiderhandelt, die im Vollzug einer in einem solchen Verfahren ergangenen Sachentscheidung getroffen ist, wird mit Freiheitsstrafe bis zu fünf Jahren oder mit Geldstrafe bestraft. Den in Satz 1 bezeichneten Verfahren steht ein Verfahren nach Artikel 18 des Grundgesetzes gleich.

(4) In den Fällen des Absatzes 1 Satz 2 und der Absätze 2 und 3 Satz 1 kann das Gericht bei Beteiligten, deren Schuld gering und deren Mitwirkung von untergeordneter Bedeutung ist, die Strafe nach seinem Ermessen mildern (§ 49 Abs. 2) oder von einer Bestrafung nach diesen Vorschriften absehen.

(5) In den Fällen der Absätze 1 bis 3 Satz 1 kann das Gericht die Strafe nach seinem Ermessen mildern (§ 49 Abs. 2) oder von einer Bestrafung nach diesen Vorschriften absehen, wenn der Täter sich freiwillig und ernsthaft bemüht, das Fortbestehen der Partei zu verhindern; erreicht er dieses Ziel oder wird es ohne sein Bemühen erreicht, so wird der Täter nicht bestraft.

Vorbem. Zum Fortfall der Ausnahmeregelung für Berlin gem. Art. 324 III Nr. 2 EGStGB vgl. 6. ÜberleitungsG vom 25. 9. 1990, BGBl I 2106 i. V. mit BGBl I 2153.

Art. 18 GG lautet: Wer die Freiheit der Meinungsäußerung, insbesondere die Pressefreiheit (Artikel 5 Abs. 1), die Lehrfreiheit (Artikel 5 Abs. 3), die Versammlungsfreiheit (Artikel 8), die Vereinigungsfreiheit (Artikel 9), das Brief-, Post- und Fernmeldegeheimnis (Artikel 10), das Eigentum (Artikel 14) oder das Asylrecht (Artikel 16 Abs. 2) zum Kampfe gegen die freiheitliche demokratische Grundordnung mißbraucht, verwirkt diese Grundrechte. Die Verwirkung und ihr Ausmaß werden durch das Bundesverfassungsgericht ausgesprochen.

Art. 21 II GG lautet: Parteien, die nach ihren Zielen oder nach dem Verhalten ihrer Anhänger darauf ausgehen, die freiheitliche demokratische Grundordnung zu beeinträchtigen oder zu beseitigen oder den Bestand der Bundesrepublik Deutschland zu gefährden, sind verfassungswidrig. Über die Frage der Verfassungswidrigkeit entscheidet das Bundesverfassungsgericht.

§ 33 II ParteiG lautet: Ist die Ersatzorganisation eine Partei, die bereits vor dem Verbot der ursprünglichen Partei bestanden hat oder im Bundestag oder in einem Landtag vertreten ist, so stellt das Bundesverfassungsgericht fest, daß es sich um eine verbotene Ersatzorganisation handelt; die §§ 38, 41, 43, 44 und 46 Abs. 3 des Gesetzes über das Bundesverfassungsgericht und § 32 dieses Gesetzes gelten entsprechend.

1 I. Die Bestimmung stellt Tätigkeiten unter Strafe, die dazu bestimmt sind, den **organisatorischen Zusammenhalt** verbotener Parteien **aufrechtzuerhalten.** Nach Abs. 1 sind Rädelsführer oder Hintermänner strafbar, die dieses Ziel verfolgen, während nach Abs. 2 Mitglieder und Helfershelfer erfaßt werden. Daneben sind in Abs. 3 Zuwiderhandlungen gegen Sachentscheidungen einbezogen, die das BVerfG im Verfahren nach Art. 21 II GG oder nach § 33 II ParteiG erlassen hat.

2 Die Vorschrift geht – der Linie von BVerfGE **12** 296 folgend – davon aus, daß es nicht Aufgabe des Strafrichters ist, politische Organisationen hinsichtlich ihrer Verfassungswidrigkeit selbständig zu beurteilen. Eine solche Beurteilung ist vielmehr dem BVerfG (bzw. im Rahmen des § 85 den Verwaltungsinstanzen) vorbehalten. Anknüpfungspunkt für § 84 sind daher die in diesem Rahmen ergangenen Entscheidungen des BVerfG. Sie haben insoweit Tatbestandswirkung (vgl. BT-Drs. V/2860 S. 5; sog. Feststellungsprinzip). Es handelt sich hiernach bei § 84 zwar um eine Art Ungehorsamstatbestand, dem aber materiell die Verlagerung der Kompetenz zugrunde liegt, Angriffe auf den demokratischen Rechtsstaat festzustellen (vgl. Schroeder aaO 314).

3 II. Strafbar ist zunächst, wer als **Rädelsführer** oder **Hintermann** den organisatorischen Zusammenhalt verbotener Parteien aufrechterhält (Abs. 1).

4 1. Die Bestimmung bezieht sich zunächst auf **Parteien** (vgl. dazu § 2 ParteiG, BVerfGE **74** 50, BGH NJW **74**, 565, BVerwG NJW **86**, 2654), die nach § 21 II GG vom BVerfG im Verfahren des § 13 Nr. 2, 43 ff. BVerfGG für **verfassungswidrig** erklärt worden sind. Diese Feststellung ist für den Strafrichter verbindlich. Eine Nachprüfung der Gründe steht ihm nicht zu. Der Spruch des BVerfG bleibt auch dann noch maßgebend, wenn die verbotene Partei unter Beibehaltung ihrer Organisation ihre politische Zielsetzung ändert (BGH **26** 258, Willms Lackner-FS 477).

5 Nach Abs. 1 gilt § 84 **nicht** für Parteien **außerhalb der Bundesrepublik.** Sofern sie jedoch in der BRep. über eigene Organisationen verfügen, die unter den Voraussetzungen des § 84 verboten worden sind, findet diese Bestimmung auf sie Anwendung (vgl. BT-Drs. V/2860 S. 6); andernfalls kann § 85 in Betracht kommen (vgl. auch D-Tröndle 3).

6 2. Erfaßt werden ferner Parteien, von denen das BVerfG festgestellt hat, daß sie **Ersatzorganisation** einer verbotenen Partei sind. Für den Strafrichter ist allein diese Feststellung und nicht

die materielle Eigenschaft der Partei als Ersatzorganisation maßgeblich. Zu beachten ist allerdings, daß das BVerfG nur insoweit zu entscheiden hat, als die Partei, die Ersatzorganisation einer verbotenen Partei ist, bereits vor dem Verbot der ursprünglichen Partei bestanden hat, also gleichsam durch Unterwanderung zur Ersatzorganisation geworden ist, oder aber im Bundestag oder in einem Landtag vertreten ist. Für andere Parteien und Vereinigungen gilt auf Grund § 33 III ParteiG § 85 i. V. mit § 8 II VereinsG.

Diese Regelung hindert den Strafrichter nicht daran, einen Zusammenschluß als eine vom BVerfG verbotene Partei zu kennzeichnen. Es bedarf daher keiner erneuten Entscheidung des BVerfG, wenn der Strafrichter zu der Meinung kommt, die betreffende Organisation sei keine „Ersatzorganisation", sondern mit der verbotenen Partei identisch, so etwa, wenn lediglich der Name der Partei geändert worden ist (vgl. Willms Lackner-FS 477). 7

3. Soweit es sich nicht um unanfechtbare, sondern nur um **„vollziehbare" Anordnungen** handelt, findet nicht § 84, sondern **§ 20 VereinsG** Anwendung. Zu dessen Verfassungsmäßigkeit vgl. BVerfGE 80 244 = NJW 90, 37, BGH MDR/S 90, 104. 8

4. Die **Handlung** besteht im Aufrechterhalten des organisatorischen Zusammenhalts der genannten Parteien durch Rädelsführer oder Hintermänner. Nicht erforderlich ist insoweit, daß der Zusammenhalt sich räumlich mit dem ursprünglichen Bereich der Partei deckt; eine räumliche Begrenzung schließt die Tatbestandsmäßigkeit nicht aus. 9

a) Für den **Rädelsführer** ist erforderlich, daß der Täter maßgeblichen Einfluß auf die Tätigkeit der Partei gehabt und deren Bestrebungen tatsächlich gefördert hat (vgl. BGH **6** 130). Das Gesetz will die „Drahtzieher" erfassen, die entweder zu den Führungskräften gehören oder an der Führung mitwirken (BGH **19** 110). Dabei kommt es auf die Art der Betätigung nicht entscheidend an. Rädelsführer kann daher auch sein, wer nur vorübergehend eine Führungsrolle tatsächlich übernimmt. Auch die Finanzierung bestimmter Vorhaben oder die Wahrnehmung von wirtschaftlichen oder technischen Aufgaben kann ausreichen (BGH **19** 110; vgl. weiter BGH **20** 74, 121, NJW **65**, 161, Wagner GA **60**, 199 u. 63, 234). Nach BGH **18** 296 soll erforderlich sein, daß der Täter Mitglied der Organisation ist, so daß Außenstehende niemals Rädelsführer sein könnten (zw.: vorübergehend entsandte Funktionäre). 10

b) **Hintermann** ist, wer geistig oder wirtschaftlich Wesentliches für die Partei leistet, dabei jedoch im Hintergrund bleibt, sich also in der eigentlichen Parteiarbeit nicht exponiert, z. B. durch Finanzierung oder technische Anweisungen für den Einsatz der Parteifunktionäre (BGH **6** 129, **7** 279, **11** 233, **19** 109, **20** 45, 121). Der Hintermann ist regelmäßig nicht Mitglied der Partei. Vgl. weiter die Rspr.-Übersicht GA/W **60**, 201. 11

c) Beim **Aufrechterhalten des organisatorischen Zusammenhalts** geht es darum, die die Parteitätigkeit tragende Organisation zu bewahren, d. h. den auf der Verbindung alter oder neuer Mitglieder (u. U. auch weniger; vgl. BGH **20** 53) infolge des gemeinschaftlichen politischen Zieles beruhenden Zusammenhalt zu erhalten (BGH **20** 290ff.), weil damit der durch das BVerfG bekämpfte politische Zweck der Partei bei den Beteiligten fortbesteht. Daher kann das Fortbestehen eines Zusammenschlusses alter Parteimitglieder aus anderen als politischen Zielen nicht erfaßt werden (and. BGH **7** 104 zu §§ 47, 42 BVerfGG a. F.; wie hier BGH **20** 289). In Betracht kommen z. B. das Kassieren und Weiterleiten von Mitgliedsbeiträgen, die Information und Instruktion der Mitglieder, die Innehabung von Ämtern (BGH **16** 298, **20** 291) usw. Eine nur werbende oder unterstützende Tätigkeit (z. B. durch Verbreiten von Schriften usw.) genügt nicht, wie sich aus Abs. 2 ergibt (BGH **20** 290). 12

5. Die **Gründung** von Parteien oder Ersatzorganisationen für Parteien wird durch § 84 ausdrücklich nicht erfaßt. Wer jedoch den bereits zerschlagenen Parteiapparat neu aufbaut oder daran mitwirkt, hält i. S. des § 84 den Zusammenhalt aufrecht und kann daher nach Abs. 1 oder 2 bestraft werden. Zur Abgrenzung des Aufrechterhaltens der politischen Partei von der Bildung einer Ersatzorganisation vgl. Meine MDR 90, 205. 13

III. Strafbar ist ferner, wer sich in einer der genannten Organisationen als Mitglied betätigt oder wer ihren organisatorischen Zusammenhalt unterstützt (Abs. 2). Zur Verfassungsmäßigkeit einer solchen Strafvorschrift vgl. BVerfGE **25** 44, 69, 79. 14

1. Als Mitglied betätigt sich noch nicht bereits, wer einer der genannten Organisationen als Mitglied angehört. Vielmehr ist erforderlich, daß irgendwelche fördernden Handlungen zugunsten der Partei usw. vorgenommen werden (vgl. BGH NJW **60**, 1772, **63**, 1315), z. B. durch Erteilung des Auftrags zum massenweisen Druck des Parteiprogramms und Bezahlung der Druckkosten (BGH **26** 260). Eine rechtlich wirksame Mitgliedschaft ist nicht unbedingt erforderlich, so daß auch nach § 84 strafbar ist, wer gem. § 10 I 4 ParteiG nicht Mitglied einer Partei sein kann. Vgl. näher Willms LK 8. 15

16 2. Die Tatbestandsvariante des **Unterstützens** findet auf Nichtmitglieder Anwendung, die, ohne Rädelsführer oder Hintermänner zu sein, in objektiv geeigneter Weise (vgl. § 129 RN 15) dazu beitragen, daß der organisatorische Zusammenhalt aufrechterhalten bleibt. Fraglich ist, ob damit nur die unmittelbare Förderung des organisatorischen Zusammenhalts erfaßt wird oder ob – wie bei der Beihilfe – jede Handlung ausreicht, die für den in § 84 charakterisierten Erfolg förderlich ist. Der restriktiven Tendenz des Gesetzgebers gemäß (vgl. BT-Drs. V/2860 S. 6) wird man als Unterstützung nur solche Tätigkeiten bezeichnen können, die entweder **unmittelbar oder in erheblichem Umfang** die Organisation gefördert haben. Nicht z. B. ist Täter des § 84, wer seine Schreibmaschine zur Verfügung stellt, auf der Rundschreiben der Partei geschrieben werden sollen. Ebensowenig genügt die bloße Förderung des Gedankenguts der verbotenen Partei (BT-Drs. V/2860 S. 6). Das gleiche gilt für das Unterstützen durch Propagandamittel (§ 86). Sind die Voraussetzungen des § 86 gegeben, so brauchen die des § 84 noch nicht vorzuliegen. Eine hinreichende Unterstützung ist jedoch in der Erteilung des Auftrags zum massenweisen Druck des Parteiprogramms und der Bezahlung der Druckkosten sowie im Druck des Parteiprogramms, das zur Festigung der Parteiorganisation in Massen verteilt werden soll, zu erblicken, auch dann, wenn das Propagandamittel nicht die Voraussetzungen des § 86 II erfüllt (BGH **26** 258; and. Sonnen AK 32). Auch sonst kommt es, wenn der organisatorische Zusammenhalt einer verbotenen Partei durch Verwendung von Propagandaschriften unterstützt wird, nicht darauf an, daß diese dem § 86 II entsprechen (D-Tröndle 18, Träger/Mayer/Krauth BGH-FS 237, Willms LK § 86 RN 3).

17 3. Fraglich ist, in welchem Umfang die Verselbständigung von Unterstützungshandlungen in Nr. 2 die Möglichkeit einer **Teilnahme** an den Delikten des § 84 beeinflußt (vgl. BT-Drs. V/2860 S. 6). Die Strafbarkeit der Anstiftung kann im Rahmen des § 84 nicht zweifelhaft sein. Wer einen Rädelsführer zu dessen Tat bestimmt, ist nach den §§ 84 I, 26 zu bestrafen. § 28 I ist nicht anwendbar, da mit der Rädelsführerschaft nur ein besonders gefährliches Verhalten erfaßt wird und nicht ein personales Moment das Unrecht kennzeichnet. Aber auch eine Beihilfe kommt in Betracht, wenn man den Begriff des Unterstützens, wie dies o. 16 geschehen ist, restriktiv interpretiert (and. BGH **26** 261, D-Tröndle 8, Rudolphi SK 14, Sommer JR 81, 490).

18 4. Die einzelnen Modalitäten des § 84 können sich überschneiden. Der Rädelsführer kann z. B. zugleich als Mitglied tätig sein. Es liegt dann nur ein einziges Delikt nach § 84 vor; für den Rädelsführer bleibt hierbei der Strafrahmen des Abs. 1 maßgebend. Ebenfalls liegt nur eine Tat vor, wenn sich der Täter für die verbotene Partei **mehrfach** wirtschaftlich betätigt, um ihren organisatorischen Zusammenhalt zu unterstützen (vgl. BGH **15** 259).

19 IV. Strafbar ist ferner die **Zuwiderhandlung gegen Sachentscheidungen** des **BVerfG**, die im Verfahren nach Art. 21 II GG oder im Verfahren nach § 33 II ParteiG erlassen sind, sowie gegen vollziehbare Maßnahmen, die in einem solchen Verfahren getroffen worden sind (Abs. 3). Der Begriff Sachentscheidung soll ausschließen, daß rein prozeßleitende Maßnahmen des BVerfG von § 84 erfaßt werden. Infolgedessen kommen nicht nur einstweilige Anordnungen nach § 32 BVerfGG oder Einziehungsanordnungen nach § 46 III BVerfGG, sondern auch Beschlagnahme- oder Einziehungsanordnungen nach § 38 BVerfGG in Betracht (Rudolphi SK 15; and. D-Tröndle 10), nicht dagegen z. B. die Ladung von Zeugen.

20 Den genannten Anordnungen sind solche gleichgestellt, die im Verfahren nach Art. 18 GG ergangen sind. Danach wäre z. B. strafbar, wer gegen eine konkrete Anordnung nach § 39 BVerfGG verstößt. Ebenso würde strafbar die Tätigkeit für eine Vereinigung sein, das BVerfG nach § 39 II 2 BVerfGG aufgelöst hat. Vgl. BT-Drs. V/2860 S. 7.

21 V. Gemäß § 91 muß die Tat durch eine im **räumlichen Geltungsbereich** des StGB (vgl. 13 ff. vor § 80) **ausgeübte Tätigkeit** begangen sein. Dies gilt für alle Alternativen des § 84 (Willms LK 16). Vgl. näher § 91 RN 3 ff.

22 VI. Für den **subjektiven Tatbestand** ist Vorsatz erforderlich. Dieser braucht sich nicht auf die unanfechtbare Verbotsentscheidung zu beziehen. Ein Irrtum darüber ist Tatbestandsirrtum. Die materiellen Gründe für das Verbot braucht der Täter nicht zu kennen. Eventualvorsatz genügt (vgl. D-Tröndle 13). Erforderlich ist auch das Bewußtsein, im Rahmen der Organisation ein gemeinschaftliches Ziel zu verfolgen (BGH **20** 54). Die irrige Annahme, das Verbot sei nichtig, ist unbeachtlich.

23 VII. Der **Versuch** ist nur im Falle des Abs. 1 strafbar (z. B. Einwirkung auf andere zwecks Neuorganisation). Bei den Taten nach Abs. 2, 3 ist der Versuch nicht unter Strafe gestellt.

24 Bei Beteiligten, deren Schuld gering und deren Mitwirkung von untergeordneter Bedeutung ist, etwa beim bloßem Mitläufer, kann das Gericht die **Strafe herabsetzen** (§ 49 II) oder von einer Bestrafung ganz **absehen** (Abs. 4). Im Falle des Abs. 1 gilt dies nur für den Tatversuch. Im Falle des Abs. 3 sind Zuwiderhandlungen gegen Entscheidungen im Verfahren nach Art. 18 GG ausgenommen.

Verstoß gegen ein Vereinigungsverbot 1–4 **§ 85**

Über **Nebenfolgen** und Einziehung vgl. §§ 92a, b. Zum **Opportunitätsprinzip** vgl. § 74a I GVG 25
i. V. mit §§ 153c, d, e StPO.

VIII. Abs. 5 regelt den **Rücktritt** vom vollendeten Delikt, mit Ausnahme der Fälle des Abs. 3 26
S. 2. Soweit daher die Tat des Abs. 1 nur bis zum Versuch gediehen ist, findet nicht Abs. 5,
sondern § 24 Anwendung. Abs. 5 greift jedoch ein, wenn der Rücktritt vom beendeten Versuch mißlungen und § 24 somit nicht anwendbar ist (Lenckner Gallas-FS 293). Nach Abs. 5
kann das Gericht bis zum gesetzlichen Mindestmaß der angedrohten Strafe herabgehen, also
nach Abs. 1 bis auf einen Monat Freiheitsstrafe, auf Geldstrafe erkennen oder von einer Bestrafung ganz absehen, wenn der Täter sich freiwillig und ernsthaft bemüht, das Fortbestehen der
Partei zu verhindern. Diese Privilegierung wird ihm dann gewährt, wenn sein Bemühen ohne
Erfolg geblieben ist. Erreicht er jedoch sein Ziel oder wird es ohne sein Bemühen erreicht, so
wird er nicht bestraft, ist also freizusprechen.

IX. Mit §§ 86, 86a ist **Tateinheit** möglich, vgl. 10 vor § 80. Ebenso mit §§ 80ff., 87ff., 129. 27

§ 85 Verstoß gegen ein Vereinigungsverbot

(1) **Wer als Rädelsführer oder Hintermann im räumlichen Geltungsbereich dieses
Gesetzes den organisatorischen Zusammenhalt**
1. **einer Partei oder Vereinigung, von der im Verfahren nach § 33 Abs. 3 des Parteiengesetzes unanfechtbar festgestellt ist, daß sie Ersatzorganisation einer verbotenen
Partei ist, oder**
2. **einer Vereinigung, die unanfechtbar verboten ist, weil sie sich gegen die verfassungsmäßige Ordnung oder gegen den Gedanken der Völkerverständigung richtet,
oder von der unanfechtbar festgestellt ist, daß sie Ersatzorganisation einer solchen
verbotenen Vereinigung ist,**

**aufrechterhält, wird mit Freiheitsstrafe bis zu fünf Jahren oder mit Geldstrafe bestraft.
Der Versuch ist strafbar.**

(2) **Wer sich in einer Partei oder Vereinigung der in Absatz 1 bezeichneten Art als
Mitglied betätigt oder wer ihren organisatorischen Zusammenhalt unterstützt, wird
mit Freiheitsstrafe bis zu drei Jahren oder mit Geldstrafe bestraft.**

(3) **§ 84 Abs. 4 und 5 gilt entsprechend.**

*Vorbem. Zum Fortfall der bisherigen Sonderregelung für Berlin gem. Art. 324 III Nr. 3 EGStGB
vgl. 6. ÜberleitungsG vom 25. 9. 1990, BGBl I 2106 i. V. mit BGBl I 2153.*

Art. 9 II GG lautet: Vereinigungen, deren Zwecke oder deren Tätigkeit den Strafgesetzen zuwiderlaufen oder die sich gegen die verfassungsmäßige Ordnung oder gegen den Gedanken der Völkerverständigung richten, sind verboten.

*§ 33 III ParteiG lautet: Auf andere Parteien und auf Vereine im Sinne des § 2 des Vereinsgesetzes, die
Ersatzorganisationen einer verbotenen Partei sind, wird § 8 Abs. 2 des Vereinsgesetzes entsprechend
angewandt.*

I. Die Vorschrift besitzt die **gleiche Struktur wie § 84**, bezieht sich jedoch auf **andere** als die 1
in § 84 genannten **Parteien**. Strafbar ist auch hier, wer als Rädelsführer oder Hintermann den
organisatorischen Zusammenhalt bestimmter Vereinigungen aufrechterhält bzw. wer sich in
ihnen als Mitglied betätigt oder ihren organisatorischen Zusammenhalt unterstützt.

II. Gegenstand des **Betätigungsverbots** sind bestimmte in Abs. 1 Nr. 1 und 2 aufgeführte 2
Vereinigungen.

1. Erfaßt wird zunächst eine **Partei** oder Vereinigung, von der nach § 33 III ParteiG unan- 3
fechtbar festgestellt worden ist, daß sie **Ersatzorganisation** einer verbotenen Partei ist (zu
verfassungsrechtlichen Bedenken vgl. Rudolphi SK 4). Eine Partei kommt hier jedoch nur in
Betracht, soweit für sie nicht das in § 33 II ParteiG vorgesehene Verfahren vorgeschrieben ist
(vgl. § 84 RN 6). Für die hier erfaßten Parteien und sonstige Vereinigungen, die Ersatzorganisationen von Parteien sind, gilt das Verfahren des § 8 II VereinsG, wonach im Verwaltungsverfahren über die Eigenschaft als Ersatzorganisation zu entscheiden ist. Der Strafrichter hat
insoweit keine eigene Entscheidungsbefugnis.

2. Erfaßt werden weiter **Vereinigungen**, die unanfechtbar **verboten** worden sind, weil sie 4
sich **gegen** die **verfassungsmäßige Ordnung** oder gegen den Gedanken der Völkerverständigung richten (vgl. dazu Art. 9 II GG, BVerwG NJW 81, 1796). Auch insoweit regelt sich das
Verfahren nach § 8 II VereinsG. Vorausgesetzt wird also eine unanfechtbare Entscheidung der
Verwaltungsinstanzen über das Verbot der Vereinigung.

Stree

§ 86

5   Zu beachten ist jedoch, daß auch andere als die hier genannten Gründe das Verbot einer Vereinigung rechtfertigen, z. B. der Verstoß gegen Strafgesetze (vgl. § 3 I VereinsG). Insoweit hat der Strafrichter zu prüfen, auf welche Gründe das Verbot gestützt ist.

6   **3.** Außerdem fallen unter § 85 Vereinigungen, von denen unanfechtbar festgestellt worden ist, daß sie **Ersatzorganisation** einer **verbotenen Vereinigung** (vgl. o. 4) sind. Es muß sich um eine Vereinigung i. S. von u. 8 handeln (and. BGH **20** 45).

7   **4.** Soweit es sich nicht um unanfechtbare, sondern nur um „**vollziehbare**" **Anordnungen** handelt, ist nicht § 85, sondern § 20 **VereinsG** anwendbar. Zu dessen Verfassungsmäßigkeit vgl. § 84 RN 8.

8   **5.** Der Begriff der **Vereinigung** entspricht sachlich dem des Vereins (vgl. § 2 VereinsG, D-Tröndle 2). Vereinigung bedeutet daher jeden **tatsächlichen Zusammenschluß** mehrerer Personen für eine gewisse Dauer, bei dem die Mitglieder zur Durchsetzung gemeinsamer Ziele in gewisse organisatorische Beziehungen treten und sich einer organisierten Willensbildung unterwerfen. 2 Personen reichen daher für eine Vereinigung noch nicht aus (vgl. BGH **28** 147). Auf die Rechtsform des Zusammenschlusses kommt es nicht an. Auch hauptberuflich tätige Funktionäre können eine Vereinigung sein (BGH **16** 298), ebenso Teilorganisationen eines großen Verbandes (BGH **10** 19, **14** 194, **15** 173, **16** 258, NJW **66**, 311). Keine Vereinigungen sind die politischen Parteien, die Fraktionen des Bundestags und der Länderparlamente, Religionsgemeinschaften und Vereinigungen zur Pflege einer Weltanschauung im Rahmen des Art. 140 GG i. V. mit Art. 137 WV (§ 2 II VereinsG).

9   § 85 gilt auch für **Ausländervereine**, d. h. solche, deren Mitglieder oder Leiter überwiegend Ausländer sind (§ 14 VereinsG), sowie für **ausländische Vereine**, die ihren Sitz im Ausland haben, aber über eine selbständige Mitgliederorganisation im Inland verfügen (§§ 15, 18 VereinsG). In beiden Fällen ist erforderlich, daß sie verboten sind, weil sie sich gegen die verfassungsmäßige Ordnung oder den Gedanken der Völkerverständigung richten; bei Verbot aus anderen Gründen greift § 20 VereinsG ein (vgl. dazu BVerwG NJW **78**, 2165). Vgl. auch § 47 I Nr. 7 AuslG.

10   **III.** Die **Handlung** besteht in der Aufrechterhaltung des organisatorischen Zusammenhalts (Abs. 1) durch Rädelsführer oder Hintermänner, in der Betätigung als Mitglied in einer der genannten Vereinigungen oder in der Unterstützung ihres organisatorischen Zusammenhalts (Abs. 2). Vgl. dazu § 84 RN 9 ff.

11   Die Tat muß gemäß § 91 durch eine im **räumlichen Geltungsbereich** des StGB (vgl. 13 ff. vor § 80) **ausgeübte Tätigkeit** begangen sein; vgl. § 91 RN 3 ff.

12   **IV.** Für den **subjektiven Tatbestand** gilt Entsprechendes wie bei § 84, vgl. dort RN 22. Ein Irrtum über die Rechtskraft der Feststellung oder des Verbots ist Tatbestandsirrtum; es kann dann aber § 20 VereinsG eingreifen.

13   **V.** Die **Strafmilderungsmöglichkeit** des § 84 IV gilt auch hier (Abs. 3). Vgl. § 84 RN 24. Über **Nebenfolgen** und Einziehung vgl. §§ 92a, b. Zum **Opportunitätsprinzip** vgl. § 74a I GVG i. V. mit §§ 153 c, d, e StPO.

14   **VI.** Für den **Rücktritt** gilt § 84 V entsprechend (Abs. 3). Vgl. dort RN 26.

15   **VII.** Für die **Konkurrenzen** gilt Entsprechendes wie bei § 84, vgl. dort RN 27.

§ 86 Verbreiten von Propagandamitteln verfassungswidriger Organisationen

(1) **Wer Propagandamittel**
1. einer vom Bundesverfassungsgericht für verfassungswidrig erklärten Partei oder einer Partei oder Vereinigung, von der unanfechtbar festgestellt ist, daß sie Ersatzorganisation einer solchen Partei ist,
2. einer Vereinigung, die unanfechtbar verboten ist, weil sie sich gegen die verfassungsmäßige Ordnung oder gegen den Gedanken der Völkerverständigung richtet, oder von der unanfechtbar festgestellt ist, daß sie Ersatzorganisation einer solchen verbotenen Vereinigung ist,
3. einer Regierung, Vereinigung oder Einrichtung außerhalb des räumlichen Geltungsbereichs dieses Gesetzes, die für die Zwecke einer der in den Nummern 1 und 2 bezeichneten Parteien oder Vereinigungen tätig ist, oder
4. Propagandamittel, die nach ihrem Inhalt dazu bestimmt sind, Bestrebungen einer ehemaligen nationalsozialistischen Organisation fortzusetzen,

im räumlichen Geltungsbereich dieses Gesetzes verbreitet oder zur Verbreitung innerhalb dieses Bereichs herstellt, vorrätig hält oder in diesen Bereich einführt, wird mit Freiheitsstrafe bis zu drei Jahren oder mit Geldstrafe bestraft.

(2) **Propagandamittel im Sinne des Absatzes 1 sind nur solche Schriften (§ 11 Abs. 3),** deren Inhalt gegen die freiheitliche demokratische Grundordnung oder den Gedanken der Völkerverständigung gerichtet ist.

(3) **Absatz 1 gilt nicht, wenn das Propagandamittel oder die Handlung** der staatsbürgerlichen Aufklärung, der Abwehr verfassungswidriger Bestrebungen, der Kunst oder der Wissenschaft, der Forschung oder der Lehre, der Berichterstattung über Vorgänge des Zeitgeschehens oder der Geschichte oder ähnlichen Zwecken dient.

(4) **Ist die Schuld gering, so kann das Gericht von einer Bestrafung nach dieser Vorschrift absehen.**

Vorbem. Abs. 3 geändert durch 14. StÄG vom 22. 4. 1976, BGBl. I 1056. Zum Fortfall der bisherigen Sonderregelung für Berlin gem. Art. 324 III Nr. 3 EGStGB vgl. 6. ÜberleitungsG vom 25. 9. 1990, BGBl I 2106 i. V. mit BGBl I 2153.

I. Die Vorschrift richtet sich gegen das Verbreiten staatsfeindlicher **Propagandamittel bestimmter verbotener Parteien** oder Vereinigungen als mittelbares Organisationsdelikt (vgl. BGH 23 70) und abstraktes Gefährdungsdelikt. Sie ist mit Art. 5 GG vereinbar (BGH 23 64). 1

II. Der **objektive Tatbestand** setzt voraus, daß der Täter gewisse Propagandamittel verbreitet, herstellt usw. (Abs. 1). 2

1. Was als **Propagandamittel** i. S. des § 86 angesehen werden kann, bestimmt Abs. 2. Danach kommen nur Schriften (§ 11 III) in Betracht, deren Inhalt gegen die freiheitliche demokratische Grundordnung oder den Gedanken der Völkerverständigung gerichtet ist. Diese Grundwerte müssen in ihrer Verwirklichung bzw. Anerkennung in der BRep. betroffen sein. Mangels eines hiergegen gerichteten Inhalts fallen vorkonstitutionelle Schriften, wie Hitlers „Mein Kampf", und ihr Nachdruck nicht unter § 86 (BGH 29 73 m. Anm. Bottke JA 80, 125; and. D-Tröndle 5). Anders liegt es, wenn ein aktueller Bezug durch Zusätze (Vorwort, Umschlaghülle, Nachwort usw.), durch sonstige Veränderungen oder durch Einbeziehung der vorkonstitutionellen Schrift in eine neue Schrift hergestellt wird (vgl. BGH aaO). 3

a) Über **Schriften** vgl. § 11 RN 78 f. 4

b) Der Inhalt der Propagandamittel muß **gegen die freiheitliche demokratische Grundordnung** oder den Gedanken der Völkerverständigung gerichtet sein. Diese Begriffe sind den Art. 9 II, 21 II GG entnommen und kennzeichnen die materielle Staatsfeindlichkeit des Inhalts der Propaganda. Unter freiheitlicher demokratischer Grundordnung ist nach BVerfGE 2 12 eine Ordnung zu verstehen, die unter Ausschluß jeglicher Gewalt- und Willkürherrschaft eine rechtsstaatliche Herrschaftsordnung auf der Grundlage der Selbstbestimmung des Volkes nach dem Willen der jeweiligen Mehrheit und der Freiheit und Gleichheit darstellt; eingehend dazu W. Schmitt-Glaeser aaO 32 ff., der den Begriff mit den im Art. 79 III GG garantierten Verfassungsprinzipien identifiziert. Nach BGH 23 64 gehören dazu jedenfalls die Grundsätze des § 92. Gegen den **Gedanken der Völkerverständigung** richtet sich der Inhalt, wenn er sich gegen das friedliche Zusammenleben der Völker auf der Grundlage einer gewaltlosen Einigung wendet (D-Tröndle 4). Eine solche Zielrichtung ergibt sich noch nicht aus dem Ablehnen einer Rassenvermischung, das ohne Herabsetzen anderer Rassen mit dem Verlust nationaler Identität begründet wird (BGH MDR/S **81**, 89). Propaganda ist nur eine solche, die eine „aktiv kämpferische, aggressive Tendenz" erkennen läßt (BGH 23 72). Sie braucht bei Angriffen gegen die freiheitliche demokratische Grundordnung nicht unmittelbar darauf gerichtet zu sein, diese zu ändern oder zu beseitigen; es genügt, daß sie darauf abzielt, diese Ordnung zu untergraben und ihrer späteren Beseitigung den Boden zu bereiten (BGH 23 73). Nach BGH MDR/S **88**, 353 genügt eine Schrift, die mit einer Kampfparole (Rot-Front verrecke-Nationalsozialisten) an eine nationalsozialistische Zielsetzung anknüpft und damit in ihrer Gesamtheit auch das Ziel einer Staats- und Gesellschaftsordnung einbezieht, der die nationalsozialistischen entspricht. 5

Da es sich um eine **Gefährlichkeit des Inhalts** handeln muß, kommt die bloße Verwendung bestimmter Embleme, Abzeichen (Hakenkreuz) oder Buchstabenkombinationen (KPD) allein nicht in Betracht; vgl. jedoch § 86 a. Es genügt aber, wenn der verbotene Inhalt „zwischen den Zeilen" zum Ausdruck gebracht wird oder sich im Wege der ergänzenden Auslegung durch allgemeinkundige Tatsachen ergibt (vgl. BGH 23 73, aber auch Sonnen AK 27). Eine Ergänzung durch eine andere, nicht allgemeinkundige Schrift reicht dagegen nicht aus (BGH NStZ **82**, 25). 6

2. Es muß sich um Propagandamittel **bestimmter Parteien** oder Vereinigungen handeln, nämlich 7

a) einer **Partei**, die vom BVerfG für **verfassungswidrig** erklärt worden ist, oder einer Partei bzw. Vereinigung, von der unanfechtbar festgestellt worden ist, daß sie Ersatzorganisation einer solchen Partei ist (Nr. 1); vgl. dazu § 84 RN 4 ff., § 85 RN 3. 8

9 b) einer **Vereinigung**, die gemäß **Art. 9 II GG verboten** ist, weil sie sich gegen die verfassungsmäßige Ordnung oder gegen den Gedanken der Völkerverständigung richtet, bzw. einer Ersatzorganisation einer solchen Vereinigung (Nr. 2); vgl. dazu § 85 RN 4 ff.

10 c) einer **Regierung**, Vereinigung oder Einrichtung **außerhalb der Bundesrepublik**, die für die Zwecke einer der unter a) und b) bezeichneten Parteien oder Vereinigungen tätig ist (Nr. 3). Durch diese Bestimmung sollen die Stellen erfaßt werden, die von Orten aus, die die staatliche Autorität der BRep. nicht erreichen kann, die Interessen der unter Nr. 1 und 2 genannten Parteien und Vereinigungen wahrnehmen und damit für die Sicherheit der Bundesrepublik gleich gefährlich sind. Es genügt dazu, daß ein Teil der Vereinigung außerhalb der BRep. besteht. Als Einrichtung sind auch Stellen ohne Dauercharakter anzusehen, z. B. Ausschüsse und Kongresse (vgl. BGH **10** 168, GA/W **61**, 149). Die Propagandaschrift muß den Zwecken der verbotenen Partei (Vereinigung) dienen; bloße Übereinstimmung der verfolgten Ziele genügt nicht. Ein Einvernehmen mit der verbotenen Vereinigung ist jedoch nicht erforderlich, nicht einmal deren Fortbestehen als illegale Organisation (Willms LK 11).

11 d) Propagandamittel, die nach ihrem Inhalt dazu bestimmt sind, **Bestrebungen** ehemaliger **nationalsozialistischer Organisationen** fortzusetzen. Bei diesen Propagandamitteln ist eine **doppelte Inhaltsprüfung** erforderlich. Sie müssen einmal (Abs. 2) gegen die freiheitliche demokratische Grundordnung usw. gerichtet sein, und sie müssen außerdem (Nr. 4) dazu bestimmt sein, Bestrebungen einer ehemaligen nationalsozialistischen Organisation fortzusetzen. Diese Bestimmung muß dem Inhalt des Propagandamittels zu entnehmen sein; unerheblich ist, was der Täter oder der Verfasser der Schrift mit dieser bezweckt hat (BGH **23** 75). Daß die Schriften NS-Gedankengut enthalten, genügt allein nicht (vgl. auch o. 3). Keine verbotene Propaganda ist die bloße Erinnerung an die NS-Zeit in Hinsicht auf eine Familienpolitik, die auf eine größere Kinderzahl abzielt (BGH MDR/S **81**, 89). Die deutsche Wehrmacht war keine NS-Organisation (BGH **23** 65).

12 e) Da es sich um Propagandamittel der genannten Parteien und Vereinigungen handeln muß, fragt es sich, in welcher **Beziehung** das Propagandamittel **zu der Partei**, Vereinigung usw. stehen muß. Eine Urheber- oder Herausgeberschaft der Partei oder eines ihrer Organe wird dafür nicht zu verlangen sein. Dies ergibt sich schon daraus, daß eine solche Beziehung in den Fällen der Nr. 3 und Nr. 4 häufig nicht denkbar ist. Entscheidend ist vielmehr, daß in den Schriften usw. das Gedankengut der Parteien oder Vereinigungen propagiert wird, so daß unter § 86 auch fällt, wer ohne Kontakt mit Funktionären für eine verbotene Partei oder Vereinigung Propaganda treibt (and. Krauth u. a. JZ 68, 581, D-Tröndle 6, Rudolphi SK 6, Willms LK 10). Es wäre kriminalpolitisch untragbar, wenn der Täter, der aus eigenem Antrieb für eine verbotene Partei Propaganda betreibt, nicht von der Vorschrift erfaßt würde.

13 f) Da die Aufzählung der Nrn. 1–4 abschließend ist, fällt unter § 86 nicht die Propaganda, die für Gründung oder Aufbau einer Ersatzorganisation veranstaltet wird, die von den Verfassungs- und Verwaltungsgerichten noch nicht als solche festgestellt worden ist.

14 3. Die Handlung besteht im **Verbreiten**, im Herstellen, Vorrätighalten oder in der Einfuhr in die BRep. zwecks Verbreitung. Vgl. zum Verbreiten § 184 RN 57 und zu den übrigen Begriffen § 86a RN 9b. Das Verbreiten i. S. des § 86 schließt nach dessen Sinn auch die in § 74d IV genannten Handlungen ein (Lackner 4), z. B. den öffentlichen Plakatanschlag (BGH MDR/H **77**, 809) oder das Anbringen eines beschrifteten Tuches an einer Hauswand (BGH MDR/S **88**, 353). Im Unterschied zu § 184 genügt für das Herstellen eines Propagandamittels noch nicht das Anfertigen einer Schrift (Manuskript usw.), aus der die zur Verbreitung bestimmten Schriften erst gewonnen werden sollen (Willms LK 16; offen gelassen in BGH **32** 3). Die Einschränkung ergibt sich aus dem von § 184 abweichenden Wortlaut des § 86. Der Hersteller usw. braucht nicht selbst das Verbreiten übernehmen zu wollen; es genügt, daß er es einem anderen überlassen will. Verschiedene Vorbereitungshandlungen, die dem Verbreiten desselben Propagandamittels dienen, stellen nur eine Tat dar. Ebenso liegt nur eine Tat vor, wenn der Täter nach dem Herstellen usw. seine Absicht verwirklicht und das Propagandamittel verbreitet (vgl. 14 vor § 52).

15 Das Verbreiten muß im **räumlichen Geltungsbereich** des StGB (vgl. 13 ff. vor § 80) erfolgen; sonst entfällt der Tatbestand. Ob die Beschränkung auch für die anderen Tatmodalitäten gilt, ist fraglich. Da die Worte „im räumlichen Geltungsbereich dieses Gesetzes" nicht auf das Einführen passen, ist davon auszugehen, daß ebenfalls das Herstellen und das Vorrätighalten ausgenommen sind. Diese Handlungen müssen nur mit dem Ziel des Verbreitens der Propagandamittel im räumlichen Geltungsbereich des StGB begangen werden.

16 III. Der **subjektive Tatbestand** setzt Vorsatz voraus. Der Täter muß wissen, daß es sich um Propagandamittel einer verbotenen Partei oder Vereinigung oder um die in Nrn. 3, 4 genannten Bestrebungen handelt und daß der Inhalt gegen die freiheitliche demokratische Grundordnung oder den Gedanken der Völkerverständigung verstößt; bedingter Vorsatz reicht aus. Den Inhalt braucht der Täter nicht zu billigen (BGH **19** 221). Die irrige Annahme von Umständen, die zum Tatbestandsausschluß nach Abs. 3 (vgl. u. 17) oder nach Art. 296 EGStGB (vgl. u. 20) führen, schließt den Vorsatz aus. Ein Verbotsirrtum liegt dagegen bei einem Irrtum über die Reichweite des Abs. 3 oder des Art. 296 EGStGB vor (Willms LK 24).

IV. Ausgenommen vom Tatbestand (Lackner 6, Willms LK 20) sind nach der **Sozialadäquanzklausel** des Abs. 3 Propagandamittel oder Handlungen, die der staatsbürgerlichen Aufklärung, der Abwehr verfassungswidriger Bestrebungen, der Kunst, der Wissenschaft, der Forschung, der Lehre, der Berichterstattung über Vorgänge des Zeitgeschehens oder der Geschichte oder ähnlichen Zwecken dienen. Der staatsbürgerlichen Aufklärung dient eine Handlung, die zur Anregung der politischen Willensbildung und Verantwortungsbereitschaft des Staatsbürgers und damit zur Förderung seiner politischen Mündigkeit Wissen vermittelt (BGH **23** 227, Hamm NJW **82**, 1658). Wird dieser Rahmen überschritten, so greift Abs. 3 nicht ein. Das ist etwa der Fall, wenn mit einem Propagandamittel oder einer Handlung zugleich für eine verbotene Partei geworben werden soll. Entsprechendes gilt für derartige Werbungen, wenn sie unter dem Deckmantel der Kunst, der Wissenschaft oder der Lehre betrieben werden (BVerfG NJW **88**, 325, Hamm JMBlNW **84**, 69). Abs. 3 deckt ferner nicht die Propaganda von Parteien, die für verfassungswidrig erklärt worden sind (BGH **23** 226 m. Anm. Kohlmann JZ **71**, 681). Zum Ganzen vgl. noch § 86a RN 10. 17

V. Über **Nebenfolgen** und Einziehung vgl. §§ 92a, b. Zum **Opportunitätsprinzip** vgl. § 74a I GVG i. V. mit §§ 153c, d, e StPO. Zur Berücksichtigung generalpräventiver Zwecke bei der Strafzumessung vgl. BGH MDR/S **81**, 89. Bei geringer Schuld kann von einer Bestrafung nach § 86 abgesehen werden (Abs. 4); zum Absehen von Strafe vgl. 54 vor § 38. 18

VI. Mit §§ 83ff. kann **Tateinheit** bestehen, ebenso mit §§ 89ff. Enthält das Propagandamittel die Aufforderung zu konkreten Straftaten (z. B. Fahnenflucht), dann besteht mit der Anstiftung zu diesen Taten Idealkonkurrenz. Zum Verhältnis zu § 86a vgl. dort RN 13. 19

VII. Auf **Zeitungen** und Zeitschriften, die **außerhalb des räumlichen Geltungsbereichs** des StGB in ständiger, regelmäßiger Folge erscheinen und dort allgemein und öffentlich vertrieben werden, ist § 86 I nicht anwendbar (Art. 296 EGStGB). Zum allgemeinen und öffentlichen Vertrieb vgl. BGH **28** 299. Nichtanwendbarkeit bedeutet Einschränkung des Tatbestandes (Willms LK 22; and. [Rechtfertigungsgrund] D-Tröndle 16). Voraussetzung ist, daß jedermann die Zeitungen oder Zeitschriften außerhalb des räumlichen Geltungsbereichs des StGB ohne weiteres erwerben kann, sei es unentgeltlich oder entgeltlich. Mit ihnen muß die Zeitung oder Zeitschrift, die im Geltungsbereich des StGB verbreitet usw. wird, identisch sein. Ist ihr Text verändert (z. B. Zusätze oder Streichungen) oder ist ihr eine sonst nicht mitgelieferte Beilage hinzugefügt worden, so fehlt es am Identitätserfordernis (D-Tröndle 16). Ebenso fehlt es hieran, wenn die Zeitung oder Zeitschrift im Ausland in anderer Sprache vertrieben wird, mag auch der Inhalt gleich sein (BGH **28** 296). 20

§ 86a Verwenden von Kennzeichen verfassungswidriger Organisationen

(1) **Mit Freiheitsstrafe bis zu drei Jahren oder mit Geldstrafe wird bestraft, wer**
1. **im räumlichen Geltungsbereich dieses Gesetzes Kennzeichen einer der in § 86 Abs. 1 Nr. 1, 2 und 4 bezeichneten Parteien und Vereinigungen verbreitet oder öffentlich, in einer Versammlung oder in von ihm verbreiteten Schriften (§ 11 Abs. 3) verwendet oder**
2. **Gegenstände, die derartige Kennzeichen darstellen oder enthalten, zur Verbreitung oder Verwendung in der in Nummer 1 bezeichneten Art und Weise herstellt, vorrätig hält oder in den räumlichen Geltungsbereich dieses Gesetzes einführt.**

(2) **Kennzeichen im Sinne des Absatzes 1 sind namentlich Fahnen, Abzeichen, Uniformstücke, Parolen und Grußformen.**

(3) **§ 86 Abs. 3 und 4 gilt entsprechend.**

Vorbem. Abs. 1 geändert durch das 21. StÄG. Zum Fortfall der bisherigen Sonderregelung für Berlin (vgl. Voraufl.) vgl. 6. ÜberleitungsG vom 25. 9. 1990, BGBl I 2106 i. V. mit BGBl I 2153.

Schrifttum: Vgl. die Angaben vor § 80, ferner: *Greiser,* Die Sozialadäquanz der Verwendung von NS-Kennzeichen bei Demonstrationen, NJW 69, 1155. – *ders.,* Verbreitung verfassungsfeindlicher Propaganda, NJW 72, 1556. – *Lüttger,* Zur Strafbarkeit der „Verwendung von Kennzeichen ehemaliger nationalsozialistischer Organisationen" nach § 4 des Versammlungsgesetzes, GA 60, 129. – *Nöldeke,* NS-Symbole im politischen Tageskampf, NJW 72, 2119.

§ 86a 1–6

1   **I.** Die Bestimmung richtet sich gegen das Verwenden und Verbreiten nationalsozialistischer Kennzeichen sowie Kennzeichen anderer politischer Parteien und Vereinigungen, soweit sie für verfassungswidrig erklärt oder verboten worden sind. Es handelt sich um ein Delikt der **Staatsgefährdung (abstraktes Gefährdungsdelikt)**; der Tatbestand soll verhindern, daß durch das Zeigen von Kennzeichen der Eindruck erweckt wird, verbotene staatsfeindliche Vereinigungen seien noch vorhanden, und dadurch mittelbar Propaganda für diese gemacht wird. Vgl. dazu BGH **23** 268, **25** 33, 130, Düsseldorf JZ **87**, 836. Um eines weitreichenden Schutzes willen ist durch das 21. StÄG der Tatbestand auf Handlungen im Vorfeld des Verbreitens und Verwendens erweitert worden, und zwar auf das Herstellen, das Vorrätighalten und die Einfuhr von Gegenständen, die Kennzeichen der genannten Art darstellen oder enthalten, sofern dies zum Zwecke des Verbreitens oder Verwendens geschieht.

2   **II.** Der **objektive Tatbestand** des **Abs. 1 Nr. 1** setzt voraus, daß der Täter in bestimmten qualifizierten Formen Kennzeichen politischer Parteien usw. verwendet oder verbreitet.

3   **1.** Der Begriff des **Kennzeichens** ist in Abs. 2 beispielhaft umschrieben. Zu den Kennzeichen gehören danach nicht nur in Gegenständen verkörperte Symbole, sondern auch nichtkörperliche Charakteristika verbotener Organisationen (Schafheutle JZ 60, 474), z. B. die Grußform „Heil Hitler" (Celle NJW **70**, 2258; vgl. auch BGH **25** 30) oder „mit deutschem Gruß" in Briefen, deren Aufmachung und Inhalt eindeutig erkennen lassen, daß dies in nationalsozialistischem Sprachgebrauch gemeint ist (BGH **27** 1). Zum „Siegheil" und „Sieg und Heil für Deutschland" vgl. Düsseldorf MDR **91**, 174. Die Aufzählung ist nicht abschließend. Außer den genannten Beispielen kommen u. a. bestimmte Lieder (z. B. Horst-Wessel-Lied, BGH MDR **65**, 923, Bay NJW **62**, 1878) in Betracht, wobei deren Melodien genügen (Bay NJW **90**, 2006), so daß ein verfremdeter Text den Tatbestand nicht ausschließt (Oldenburg NJW **88**, 351), ebenso markante Takte oder Textteile (Bay NJW **90**, 2006). Sind einzelne Takte Bestandteil einer insgesamt anderen Melodie, so erfüllt ihr vollständiges Spielen jedoch nicht die Voraussetzungen des § 86a (Bay NJW **90**, 2006). Als Kennzeichen werden ferner Hitler-Bilder angesehen (vgl. BGH MDR **65**, 923), auch in einer Zeitschrift (Schleswig MDR **78**, 333) oder als T-Shirt-Aufbügler (LG Frankfurt NStZ **86**, 167). Vgl. zum Ganzen Lüttger GA 60, 131 ff.

4   **2.** Die Kennzeichen müssen dazu dienen, bestimmte politische Organisationen zu bezeichnen, also auf die äußere Zusammengehörigkeit der Anhänger bestimmter politischer Meinungen hinzuweisen (vgl. BGH **25** 131). Dabei muß es sich um **Parteien und Vereinigungen** der in § 86 I Nr. 1, 2 und 4 bezeichneten Art handeln (vgl. dazu dort RN 7 ff.). Kennzeichen einer ehemaligen nationalsozialistischen Organisation ist nach BGH **25** 128 nicht die karikaturistisch verzerrte Darstellung eines menschlichen Körpers in Form eines Hakenkreuzes. Ebensowenig genügen hakenkreuzähnliche Abbildungen oder an ein Hakenkreuz erinnernde Symbole (BGH MDR/S **81**, 972), wohl aber Abbildungen, die erst aus einer gewissen Entfernung wie ein Hakenkreuz aussehen (Hamburg MDR **81**, 779 m. Anm. Bottke JR 82, 77). Das Kennzeichen braucht nicht in jeder Einzelheit dem Vorbild zu entsprechen; es muß nur dem unbefangenen Betrachter den Eindruck eines Kennzeichens einer verbotenen Organisation vermitteln (vgl. Köln NStZ **84**, 508: zu kurze Querbalken bei Hakenkreuzen; BGH MDR/S **86**, 177: leicht abgeänderte Sigrune des Dt. Jungvolks). Die Verknüpfung des Hakenkreuzes mit dem Davidstern im Rahmen des Rael-Symbols reicht jedoch nicht aus (Bay NJW **88**, 2901).

5   **3.** Die **Handlung** besteht im Verwenden oder Verbreiten dieser Kennzeichen.

6   a) Das **Verwenden** bedeutet ein Zeigen oder Benutzen dieser Kennzeichen unter Umständen, die als Bekenntnis zu den Zielen der verbotenen Organisation aufgefaßt werden können (Rudolphi SK 6; and. BGH **23** 267, Hamm NJW **82**, 1657); die Tat nach § 86a ist zwar ein abstraktes Gefährdungsdelikt, aber nur unter der weiteren Voraussetzung, daß die Umstände der Tat eine Gefährdung nahelegen (vgl. aber Greiser NJW 69, 1155, Lüttger GA 60, 137, Schafheutle JZ 60, 474). Dies ergibt sich aus der ratio des Gesetzes, das scheinbare Fortbestehen der Vereinigung und das Sich-Bekennen zu staatsgefährdenden Zielen zu erfassen. Daher fällt die offenkundig scherzhafte Verwendung, z. B. von Grußformen, nicht unter § 86a (and. BGH **23** 267, Bay NJW **62**, 1878; vgl. auch Celle NJW **70**, 2257), je nach den Umständen auch nicht der Zuruf einer Grußform als Protest gegen staatliches Vorgehen (vgl. Oldenburg NJW **86**, 1275), ebensowenig das ersichtlich als närrisches Treiben aufzufassende Tragen von NS-Emblemen bei Faschingsveranstaltungen (vgl. Lüttger GA 60, 144, der insoweit die Grundsätze der Sozialadäquanz heranzieht; vgl. aber AG Münsingen MDR **78**, 73), das Verwenden von Kennzeichen im Rahmen einer offenkundigen Warnung vor dem Wiederaufleben einer verfassungswidrigen Organisation und deren Gedankenguts (vgl. Stuttgart MDR **82**, 246, aber auch Frankfurt NStZ **82**, 333), die Verwendung historischer Fotos oder die Abbildung von Parteiabzeichen in Lexika usw. sowie die Abbildung von Hakenkreuzen auf historischen Spielzeugmodellen (and. BGH **28** 394), wohl aber das Anbringen von NS-Parolen auf Spielzeugbausätzen.

Dem hier vertretenen Standpunkt kommt die Rspr. in BGH **25** 30, 133 nahe; sie verneint die Tatbestandsmäßigkeit bei einem Verhalten, das dem Schutzzweck des § 86a ersichtlich nicht zuwiderläuft (vgl. auch Köln NStZ **84**, 508).

Die Verwendung muß öffentlich, in einer Versammlung oder durch Verbreiten von Schrif- 7
ten (§ 11 III) erfolgen; vgl. dazu § 90 RN 3ff., zum Merkmal **öffentlich** auch Koblenz MDR **77**, 334 sowie BGH **29** 82f. (Möglichkeit, das Kennzeichen beim Aufblättern eines zum Verkauf ausgelegten Buches zu sehen, genügt nicht). Diesem Erfordernis entspricht nicht das Ausstellen einer Armbinde des Volkssturms, wenn das auf ihr befindliche Hakenkreuz verdeckt ist (Köln MDR **80**, 420). Eine **Versammlung** soll nach Koblenz MDR **81**, 600 nur eine Zusammenkunft mehrerer zur Erörterung öffentlicher Angelegenheiten oder zu einer gemeinsamen Kundgebung sein. Ein solcher Versammlungsbegriff ist jedoch zu eng. Ob etwa in einer Vereinsversammlung öffentliche oder vereinsinterne Angelegenheiten erörtert werden, begründet für die propagandistisch wirksame Verwendung der genannten Kennzeichen und damit für die potentielle Gefährlichkeit der Verwendung keinen erheblichen Unterschied. Es ist daher auch hier der in § 90 RN 5 umschriebene Versammlungsbegriff anzuwenden.

b) Zum **Verbreiten** vgl. § 184 RN 57. Hat das Verbreiten offenkundig unpolitische Bedeu- 8
tung, dann entfällt wie beim Verwenden die Strafbarkeit aus § 86a (vgl. o. 6). Kein Verbreiten ist die Versteigerung einer Einzelsache (Bay NStZ **83**, 120 m. krit. Anm. Keltsch) oder deren Verkauf, es sei denn, mit ihm ist die Weitergabe an einen größeren Personenkreis durch den Käufer bezweckt oder zumindest gewollt (Bremen NJW **87**, 1427).

4. Die Tat muß **im Geltungsbereich dieses Gesetzes** begangen sein, sonst entfällt der Tatbe- 9
stand; vgl. dazu auch 13 ff. vor § 80.

III. Ferner erfaßt **Abs. 1 Nr. 2** das Herstellen, das Vorrätighalten und die Einfuhr von Gegen- 9a
ständen, die Kennzeichen der in Nr. 1 genannten Art darstellen oder enthalten, als **Vorbereitungshandlungen**, soweit die Tat zum Zwecke des Verbreitens oder Verwendens gem. Nr. 1 begangen wird. Das Herstellen und das Vorrätighalten brauchen nicht im räumlichen Geltungsbereich des StGB zu erfolgen (D-Tröndle 6; vgl. auch § 86 RN 15).

1. **Hergestellt** ist der Gegenstand, wenn er als Endprodukt vorliegt, d.h. so weit fertigge- 9b
stellt ist, daß er unmittelbar zum Verbreiten oder Verwenden eingesetzt werden kann. Eine Unterart des Herstellens ist das Vervielfältigen. Zum **Vorrätighalten** vgl. § 184 RN 46. Ebensowenig wie dort ist diese Tathandlung nur als das Halten eines Vorrats zu verstehen; es genügt das Besitzen eines Stückes zu dem vorausgesetzten Zweck (vgl. Willms LK § 86 RN 17). **Einfuhr** ist jedes Verbringen eines Gegenstandes in den räumlichen Geltungsbereich des § 86a. Sie ist vollendet, wenn der Gegenstand über die Grenze gelangt ist, und beendet, wenn der eingeführte Gegenstand seinen Bestimmungsort erreicht hat (vgl. Willms LK § 86 RN 18). Unerheblich für die Vollendung der Einfuhr ist, ob der Täter an der Grenze die Zugriffsmöglichkeit hat (vgl. BGH **34** 182). Ferner kommt es nicht darauf an, ob der Gegenstand vom Täter selbst oder in dessen Auftrag über die Grenze gebracht wird (vgl. BGH NStZ **89**, 436 zu § 29 BtMG). Der betroffene Gegenstand muß als solcher zur Verbreitung oder Verwendung bestimmt sein. Anders als nach § 184 genügt noch nicht das Herstellen, Vorrätighalten oder Einführen eines Gegenstandes, aus dem die zur Verbreitung oder Verwendung bestimmten Gegenstände erst gewonnen werden sollen (vgl. dazu § 86 RN 14).

2. Die Handlungen (ausländischer Begehungsort genügt) müssen zur **Verbreitung** oder Ver- 9c
wendung i. S. der Nr. 1 vorgenommen werden, also zum Inlandstat **vorbereiten.** Erforderlich ist Absicht i. S. zielgerichteten Handelns. Hieran fehlt es beim Vorrätighalten von Kennzeichen zum Verkauf an Einzelpersonen (z.B. Sammler) ohne das Ziel des Verbreitens (vgl. Bremen NJW **87**, 1427). Unerheblich ist, ob der Täter beabsichtigt, selbst die Gegenstände zu verbreiten (verwenden) oder dies anderen zu überlassen.

3. Verschiedene Vorbereitungshandlungen, die sich auf dieselben Gegenstände erstrecken, stellen 9d
nur eine Tat dar (z.B. Vorrätighalten nach Herstellen). Ebenso liegt nur eine Tat vor, wenn der Täter nach dem Herstellen usw. seine Absicht verwirklicht und den Gegenstand i. S. der Nr. 1 verbreitet oder verwendet (vgl. 14 vor § 52).

IV. Nicht tatbestandsmäßig (vgl. § 86 RN 17; and. [Rechtfertigungsgrund] Greiser NJW 69, 10
1155, NJW 72, 1556) ist nach Abs. 3 i. V. mit § 86 III die Verwendung der Kennzeichen, soweit sie der **staatsbürgerlichen Aufklärung** oder einem der sonstigen in § 86 III genannten Zwecke dient. Hierher gehören z.B. die Fälle des Vergleichs von Agitationsmethoden mit Methoden aus der NS-Zeit (Hamm NJW **82**, 1656), der politischen Karikatur, der Dokumentarfilme oder der künstlerischen Darstellung, auch in Filmen oder Theaterstücken, sowie als ähnlicher Zweck der antiquarische Handel mit einem Buch aus der NS-Zeit, das ein NS-Emblem als ursprünglichen Bestandteil aufweist (BGH **29** 84), die Auslage eines Schmuckstückes in Hakenkreuzform zwischen sonstigen Gegenständen in einem Antiquitätengeschäft (Celle NStZ **81**, 221 m. Anm.

Foth JR 81, 382), das dem Schutzzweck des § 86a nicht zuwiderlaufende Ausstellen von Auktionsgegenständen (BGH **31** 385) und das Briefmarkensammeln. Bei der staatsbürgerlichen Aufklärung oder der Berichterstattung über Vorgänge der Geschichte setzt der Tatbestandsausschluß nicht voraus, daß die verwendeten Kennzeichen zum Verständnis der Information unbedingt erforderlich sind (BGH MDR/S **84**, 184). Dagegen fällt die reißerische Käuferwerbung mit Kennzeichen verfassungswidriger Organisationen nicht unter Abs. 3 (BGH **23** 79; vgl. auch LG München NStZ **85**, 311), ebensowenig eine angeblich staatsbürgerliche Aufklärung, die allein das Ziel verfolgt, das NS-System zu verharmlosen (vgl. Schleswig SchlHA **78**, 70), wohl aber nach BVerfGE **77** 240 die Verwendung von Kennzeichen zur Werbung für ein Kunstwerk (and. Hamm NJW **85**, 2146), soweit es sich nicht um eine Werbung für eine verbotene Organisation unter dem Deckmantel der Kunst handelt. Die Kunstfreiheit erstreckt sich auch auf satirische Darstellungen, deren Gegenstand Kennzeichen einer ehemaligen nationalsozialistischen Organisation sind; sie wird nicht deswegen ausgeschlossen, weil mit der Darstellung Aufsehen erregt und der Absatz gefördert werden soll (BVerfG NJW **90**, 2541). Kommt jedoch eine Satire offenkundig nicht in Betracht, so entfällt die Berufung auf die angebliche Satire als Kunst (BVerfG aaO).

11   **V.** Der **subjektive Tatbestand** verlangt Vorsatz; bedingter Vorsatz genügt. In den Fällen des § 86 I Nr. 1 und 2 muß das Wissen des Täters auch das Verbot der Vereinigung umfassen. Zur irrigen Annahme der Voraussetzungen des Abs. 3 vgl. § 86 RN 16.

12   **VI.** Über **Nebenfolgen** und Einziehung vgl. §§ 92a, b.

13   **VII. Idealkonkurrenz** kommt in Betracht mit §§ 3, 28 VersammlungsG; ferner mit §§ 84, 85. Ist das Kennzeichen zugleich Propagandamittel, dann kann Tateinheit mit § 86 vorliegen.

§ 87 Agententätigkeit zu Sabotagezwecken

(1) **Mit Freiheitsstrafe bis zu fünf Jahren oder mit Geldstrafe wird bestraft, wer einen Auftrag einer Regierung, Vereinigung oder Einrichtung außerhalb des räumlichen Geltungsbereichs dieses Gesetzes zur Vorbereitung von Sabotagehandlungen, die in diesem Geltungsbereich begangen werden sollen, dadurch befolgt, daß er**

1. **sich bereit hält, auf Weisung einer der bezeichneten Stellen solche Handlungen zu begehen,**
2. **Sabotageobjekte auskundschaftet,**
3. **Sabotagemittel herstellt, sich oder einem anderen verschafft, verwahrt, einem anderen überläßt oder in diesen Bereich einführt,**
4. **Lager zur Aufnahme von Sabotagemitteln oder Stützpunkte für die Sabotagetätigkeit einrichtet, unterhält oder überprüft,**
5. **sich zur Begehung von Sabotagehandlungen schulen läßt oder andere dazu schult oder**
6. **die Verbindung zwischen einem Sabotageagenten (Nummer 1 bis 5) und einer der bezeichneten Stellen herstellt oder aufrechterhält,**

und sich dadurch absichtlich oder wissentlich für Bestrebungen gegen den Bestand oder die Sicherheit der Bundesrepublik Deutschland oder gegen Verfassungsgrundsätze einsetzt.

(2) **Sabotagehandlungen im Sinne des Absatzes 1 sind**

1. **Handlungen, die den Tatbestand der §§ 109e, 305, 306, 308, 310b bis 311a, 312, 313, 315, 315b, 316b, 316c Abs. 1 Nr. 2, der §§ 317 oder 318 verwirklichen, und**
2. **andere Handlungen, durch die der Betrieb eines für die Landesverteidigung, den Schutz der Zivilbevölkerung gegen Kriegsgefahren oder für die Gesamtwirtschaft wichtigen Unternehmens dadurch verhindert oder gestört wird, daß eine dem Betrieb dienende Sache zerstört, beschädigt, beseitigt, verändert oder unbrauchbar gemacht oder daß die für den Betrieb bestimmte Energie entzogen wird.**

(3) **Das Gericht kann von einer Bestrafung nach diesen Vorschriften absehen, wenn der Täter freiwillig sein Verhalten aufgibt und sein Wissen so rechtzeitig einer Dienststelle offenbart, daß Sabotagehandlungen, deren Planung er kennt, noch verhindert werden können.**

Vorbem. Zum Fortfall der bisherigen Sonderregelung für Berlin gem. Art. 324 III Nr. 3 EGStGB vgl. 6. ÜberleitungsG vom 25. 9. 1990, BGBl I 2106 i. V. mit BGBl I 2153.

1   **I.** Die Vorschrift richtet sich gegen die **Vorbereitung von Sabotageakten** im Rahmen staatsgefährdender Bestrebungen. Sie erfaßt allerdings nur bestimmte Vorbereitungshandlungen, die

Agententätigkeit zu Sabotagezwecken   2–11 § 87

z. T. nachrichtendienstlicher Art sind, z. T. aber auch die Sabotage unmittelbar vorbereiten sollen. Zum Parteienprivileg vgl. 7 vor § 80.

 II. Der **objektive Tatbestand** setzt voraus, daß der Täter von bestimmten Stellen den Auftrag entgegennimmt, Sabotagehandlungen in bestimmter Weise vorzubereiten, und diese Vorbereitungsakte auch tatsächlich vornimmt. **2**

 1. Vorausgesetzt wird zunächst, daß der Täter den **Auftrag** zu seinem Handeln unmittelbar oder durch einen Mittelsmann von einer Regierung, Vereinigung oder Einrichtung (vgl. § 86 RN 10) außerhalb des räumlichen Geltungsbereichs dieses Gesetzes erhalten hat. Es genügt, wenn der Auftrag vor Inkrafttreten des 8. StÄG erteilt wurde, der Täter ihm aber erst jetzt nachkommt. **3**

 2. Der Auftrag muß die **Vorbereitung von Sabotagehandlungen zum Gegenstand haben**, die innerhalb des Geltungsbereiches dieses Gesetzes begangen (§ 9) werden sollen. Gleichgültig ist, ob es sich um einen Einzelauftrag oder generelle Anweisungen für die Tätigkeit des Täters handelt. Erfaßt werden daher sowohl eigentliche Agenten wie auch Täter, die nur aus Anlaß eines Einzelfalles Aufträge übernehmen. Zur Sabotagehandlung vgl. u. 12ff. Sie braucht im Auftrag im einzelnen, d.h. hinsichtlich eines bestimmten Tatobjekts, der Zeit, der genauen Tatausführung usw., nicht konkretisiert zu sein. **4**

 3. Diesen Auftrag muß der Täter in bestimmter Weise befolgen, und zwar

 a) indem er sich **bereit hält**, auf Weisung einer der bezeichneten Stellen Sabotagehandlungen zu begehen (sog. Stillhalteagent). Ein Bereithalten setzt voraus, daß sich der Täter den bezeichneten Stellen gegenüber zur Ausführung von Sabotagehandlungen bereit erklärt hat, mögen diese auch erst zu einem späteren Zeitpunkt oder unter bestimmten Bedingungen vorgesehen sein. Unerheblich ist insoweit, ob die erklärte Bereitschaft sich auf bereits konkretisierte Sabotagehandlungen erstreckt oder nur die allgemeine Zusage enthält, Aufträge auszuführen, die später erteilt werden und irgendwelche Sabotagehandlungen i. S. des Abs. 2 zum Gegenstand haben. Mit der Bereiterklärung ist der Tatbestand bereits erfüllt. Im Merkmal des Bereithaltens ist zudem das Fortbestehen der erklärten Bereitschaft zu Sabotagehandlungen eingeschlossen, so daß die Tat erst mit Aufgabe dieser Bereitschaft beendet ist (Dauerdelikt). Als Aufgabe der Bereitschaft ist nur ein Verhalten anzusehen, das den Willen, zu Sabotagehandlungen nicht mehr bereit zu sein, nach außen erkennbar macht. Ein solcher Wille braucht nicht unbedingt gegenüber dem Auftraggeber bekundet zu sein. **5**

 b) Strafbar ist auch, wer Sabotageobjekte **auskundschaftet.** Hierunter fällt auch das Ausfindigmachen von technisch empfindlichen Stellen eines Betriebes oder das Sammeln von Nachrichten über geeignete Sabotageobjekte. Es ist nicht erforderlich, daß der Täter selbst Kundschaftertätigkeit ausführt. Es genügt, daß er die Nachrichten anderer sammelt und weiterleitet (Willms LK 9; and. Rudolphi SK 10). Zum Auskundschaften vgl. noch Willms LK 10. **6**

 c) Strafbar ist ferner, wer **Sabotagemittel herstellt**, sich oder einem anderen verschafft, verwahrt, einem anderen überläßt oder in den Geltungsbereich des Strafgesetzes einführt. Sabotagemittel sind die Gegenstände, die der unmittelbaren Verwirklichung eines Sabotagevorhabens dienlich und hierzu bestimmt sind (vgl. näher Willms LK 11). **7**

 d) Strafbar ist des weiteren, wer **Lager** zur Aufnahme von Sabotagemitteln oder Stützpunkte für die Sabotagetätigkeit **einrichtet**, unterhält oder überprüft. Lager ist jeder Raum, der geeignet ist, Sabotagemittel zu verwahren. Stützpunkt ist ein Platz, von dem aus die Sabotagetätigkeit ausgeführt werden soll, aber auch ein solcher, der nach Ausführung der Sabotage dem Schutze des Täters zu dienen bestimmt ist. Lager oder Stützpunkte müssen vom Täter eingerichtet, unterhalten oder überprüft werden. Täter ist daher nicht, wer lediglich einem Agenten einen Raum für seine Tätigkeit zur Verfügung stellt; es kommt Beihilfe zu dessen Tat in Betracht (vgl. u. 17). **8**

 e) Erfaßt wird ferner die **Schulung** zur Begehung von Sabotageakten. Strafbar macht sich, wer sich selbst schulen läßt oder andere schult, wobei ein Schüler ausreicht. **9**

 f) Außerdem ist strafbar, wer die **Verbindung** zwischen einem Sabotageagenten und einer der bezeichneten Stellen **herstellt** oder aufrechterhält. Durch diese Bestimmung sollen die Mittelsmänner erfaßt werden, die nicht selbst die in Nr. 1–5 genannten Handlungen vornehmen, sondern nur den Kontakt zwischen dem Agenten und dem Auftraggeber herstellen. Unter Herstellen ist insb. das Anwerben von Agenten zu verstehen. Es muß insofern zu einem gewissen Erfolg geführt haben, als jedenfalls eine Willensübereinstimmung über die Agententätigkeit hergestellt wird (vgl. dazu Willms LK 14). Bei der Aufrechterhaltung der Verbindung geht es um die Fortführung der Kontakte, die Übermittlung von Anweisungen usw. **10**

 g) Die in Abs. 1 genannten Vorbereitungshandlungen sind nach § 91 nur strafbar, wenn sie durch eine im **räumlichen Geltungsbereich** des StGB (vgl. 13ff. vor § 80) **ausgeübte Tätigkeit** **11**

§ 88 Bes. Teil. Friedensverrat, Hochverrat usw.

begangen werden (vgl. § 91 RN 3 ff.). Nach § 87 kann also z. B. nicht bestraft werden, wer sich im Ausland zur Begehung von Sabotageakten bereit hält oder schulen läßt (vgl. § 91 RN 8). Vgl. auch u. 15.

12 4. Was als **Sabotagehandlung** i. S. des § 87 anzusehen ist, wird durch die Legaldefinition des Abs. 2 festgelegt. Die geplante Tat muß zumindest tatbestandsmäßig sein.

13 a) In diesen Bereich gehören zunächst die in Nr. 1 genannten Tatbestände, die überwiegend unpolitische Delikte enthalten, z. B. Gebäudezerstörung, Brandstiftung, Sprengstoffdelikte.

14 b) Ferner werden Handlungen erfaßt, durch die der Betrieb eines für die Landesverteidigung, für den Schutz der Zivilbevölkerung im Kriege oder für die Gesamtwirtschaft **wichtigen Unternehmens beeinträchtigt** wird. Hier kommen alle Arten von Straftaten in Betracht, sofern sie den in Nr. 2 charakterisierten Erfolg herbeiführen, aber auch Handlungen, die ihrerseits nicht strafbar sind, jedoch diesen Erfolg dadurch bewirken, daß dem Betrieb dienende Sachen zerstört, beschädigt, beseitigt, verändert oder unbrauchbar gemacht werden oder daß die für den Betrieb notwendige Energie entzogen wird. Diese Bestimmung entspricht in den von ihr erfaßten Handlungen § 316b I. Vgl. dort RN 6 ff. Sie ist indes auf die in § 316b genannten Objekte nicht beschränkt. Ob die hier genannten Unternehmen privatwirtschaftlich arbeiten oder Staatsbetriebe sind, hat keine Bedeutung; entscheidend ist die durch die Tat bewirkte Gefährdung der Allgemeinheit. Daher sind die Eigentumsverhältnisse bedeutungslos.

15 c) Es muß sich um solche Sabotageakte handeln, die im **räumlichen Geltungsbereich** des StGB (vgl. 13 ff. vor § 80) begangen werden sollen. Die Vorschrift schützt auch die in der BRep. stationierten **NATO-Truppen**; vgl. 17 ff. vor § 80.

16 III. Der **subjektive Tatbestand** setzt hinsichtlich des Auftrags und der Sabotagevorbereitung Vorsatz voraus; bedingter Vorsatz genügt. Außerdem muß sich der Täter mit seiner Handlung absichtlich oder wissentlich für Bestrebungen gegen den Bestand oder die Sicherheit der BRep. oder gegen Verfassungsgrundsätze (§ 92 III) einsetzen. Vgl. auch § 88 RN 22.

17 IV. **Teilnahme** ist nach allgemeinen Grundsätzen strafbar (D-Tröndle 12; and. Rudolphi SK 17). So leistet z. B. Beihilfe, wer Schulungsmaterial druckt oder überbringt. Wie der Haupttäter muß auch der Teilnehmer im Inland tätig geworden sein (vgl. § 91 RN 5).

18 V. Das Gericht kann bei **Rücktritt** von einer Bestrafung absehen, wenn der Täter sein Verhalten freiwillig aufgibt und sein Wissen so rechtzeitig einer Dienststelle offenbart, daß Sabotagehandlungen, deren Planung er kennt, noch verhindert werden können (Abs. 3). Auch die Offenbarung gegenüber einer Dienststelle muß freiwillig geschehen.

19 1. Das **bloße Aufgeben** weiteren Verhaltens verschafft dem Täter die Vergünstigung noch **nicht**, auch dann nicht, wenn sein bisheriges Verhalten keinerlei konkrete Gefahr geschaffen hat. Insofern ist § 87 enger als § 24. Das Fortbleiben von einem Schulungskurs genügt daher nicht. Erforderlich ist vielmehr in allen Fällen, daß der Täter **außerdem** einer Dienststelle seine Tat freiwillig **offenbart**. Insofern entspricht § 87 der Regelung des § 98 II. Für Agenten gelten strengere Regeln als für andere Täter (vgl. BT-Drs. V/2860 S. 11).

20 2. Kennt der Täter die **Planung bestimmter Sabotageakte,** gleichgültig, ob er an ihnen beteiligt ist, so bürdet ihm Abs. 3 zusätzlich das Risiko **rechtzeitiger** Selbstanzeige auf. Seine Offenbarung muß so rechtzeitig erfolgen, daß die Sabotageakte verhindert werden können. Eine tatsächliche Verhinderung ist jedoch nicht erforderlich. Hat der Täter selbst den Sabotageakt, dessen Planung ihm bekannt war, freiwillig verhindert, so ist Abs. 3 auch bei verspäteter Offenbarung anwendbar.

21 3. Über **Nebenfolgen** und Einziehung vgl. §§ 92a, b. Zum **Opportunitätsprinzip** vgl. § 74a I GVG i. V. mit §§ 153c, d, e StPO.

22 VI. Mit § 88 (vgl. dort RN 24) ist **Tateinheit** möglich, ebenso mit §§ 84f., wenn sich der Täter auf diese Weise für die Vereinigung „betätigt". Zum Verhältnis zu § 81 vgl. dort RN 19. Mit § 99 kommt ebenfalls Tateinheit in Betracht. Mit den in Abs. 2 genannten Straftaten besteht je nach Sachlage Ideal- oder Realkonkurrenz.

§ 88 Verfassungsfeindliche Sabotage

(1) **Wer als Rädelsführer oder Hintermann einer Gruppe oder, ohne mit einer Gruppe oder für eine solche zu handeln, als einzelner absichtlich bewirkt, daß im räumlichen Geltungsbereich dieses Gesetzes durch Störhandlungen**
1. die Post oder dem öffentlichen Verkehr dienende Unternehmen oder Anlagen,
2. Fernmeldeanlagen, die öffentlichen Zwecken dienen,
3. Unternehmen oder Anlagen, die der öffentlichen Versorgung mit Wasser, Licht,

Wärme oder Kraft dienen oder sonst für die Versorgung der Bevölkerung lebenswichtig sind, oder

4. **Dienststellen, Anlagen, Einrichtungen oder Gegenstände, die ganz oder überwiegend der öffentlichen Sicherheit oder Ordnung dienen,**

ganz oder zum Teil außer Tätigkeit gesetzt oder den bestimmungsmäßigen Zwecken entzogen werden, und sich dadurch absichtlich für Bestrebungen gegen den Bestand oder die Sicherheit der Bundesrepublik Deutschland oder gegen Verfassungsgrundsätze einsetzt, wird mit Freiheitsstrafe bis zu fünf Jahren oder mit Geldstrafe bestraft.

(2) **Der Versuch ist strafbar.**

I. Im Gegensatz zu § 87 muß hier der **Sabotageakt** ausgeführt worden und hinsichtlich des Sabotageobjekts **erfolgreich** gewesen sein oder insoweit ein Versuch (Abs. 2) vorgelegen haben. Die Staatsgefährdung, die mit § 88 unterbunden werden soll, braucht dagegen nur angestrebt zu sein. Im Hinblick hierauf handelt es sich bei der Tat um ein abstraktes Gefährdungsdelikt.

II. Der **objektive Tatbestand** setzt voraus, daß der Täter bewirkt, daß im räumlichen Geltungsbereich des StGB durch Störhandlungen die im Abs. 1 genannten Einrichtungen ganz oder teilweise außer Tätigkeit gesetzt oder ihrem bestimmungsmäßigen Zweck entzogen werden.

1. Als **öffentliche Unternehmen**, die den besonderen Schutz des § 88 genießen, sind die Post, die dem öffentlichen Verkehr dienenden Unternehmen oder Anlagen, Fernmeldeanlagen und bestimmte Versorgungseinrichtungen genannt.

a) Über **Post** und **Verkehrseinrichtungen** (Nr. 1) vgl. § 316b RN 2f. Die im § 316b besonders genannte Eisenbahn fällt unter den Begriff der öffentlichen Verkehrsunternehmen. Privatbahnen werden von Nr. 1 nur erfaßt, soweit sie der Benutzung durch jedermann zugänglich sind. Nicht dem öffentlichen Verkehr zugängliche Bahnen (Werkseisenbahn usw.) fallen aber unter Nr. 3 oder 4, sofern sie den dort genannten Zwecken dienen.

b) Über **Fernmeldeanlagen** (Nr. 2) vgl. § 317 RN 3f. Über öffentliche **Versorgungsunternehmen** (Nr. 3) vgl. § 316b RN 4.

c) Zudem sind in Nr. 4 **Dienststellen, Anlagen** usw. genannt, die der öffentlichen Sicherheit oder Ordnung dienen; vgl. dazu § 316b RN 5. Die gegenüber § 316b zusätzliche Nennung der Dienststellen als Schutzobjekt stellt klar, daß auch das bloße Verhindern menschlicher Tätigkeit den Tatbestand erfüllt. Tatbestandsmäßig handelt daher, wer durch Störung des Funkverkehrs eine Dienststelle außer Funktion setzt. Dienststelle i. S. der Nr. 4 ist auch das Bundesamt für Verfassungsschutz (BGH **27** 309). Die Dienststelle usw. muß ganz oder überwiegend der öffentlichen Sicherheit oder Ordnung dienen; es genügt nicht, daß ihr nur nebenbei eine solche Aufgabe zukommt.

2. Der Täter muß bewirken, daß die genannten Einrichtungen ganz oder zum Teil **außer Tätigkeit gesetzt** oder den **bestimmungsmäßigen Zwecken entzogen** werden. Dieser Erfolg braucht nicht von längerer Dauer zu sein; vorübergehende Auswirkungen genügen, ausgenommen ganz geringfügige.

a) **Außer Tätigkeit gesetzt** ist eine der Einrichtungen, wenn sie den ihr gestellten öffentlichen Aufgaben nicht mehr nachkommen kann. Die Tat kann auch durch Unterlassen begangen werden; dies ist insb. für den Streik von Bedeutung. Vgl. hierzu § 81 RN 4.
Gleichgültig ist, ob die Einrichtung völlig oder nur teilweise außer Tätigkeit gesetzt wird. Letzteres ist bei weitverzweigten Unternehmen wie Post oder Bundesbahn schon der Fall, wenn **bestimmte Vorgänge unmöglich gemacht** werden, soweit diese von einiger Bedeutung sind. So reicht z. B. aus, daß ein Zug, mit dem Polizei zum Einsatzort gefahren werden soll, an der Fahrt gehindert wird. Nicht genügt, daß eine Dienststelle ihre Aufgaben nur unter erschwerenden Umständen oder mit geringerer Wirksamkeit bewältigen kann (BGH **27** 311).

b) Als Erfolg reicht ferner aus, daß die Unternehmen ihren **bestimmungsmäßigen Zwecken entzogen** werden. Hier können sie noch arbeiten, jedoch nicht mehr die ihnen gestellten Aufgaben wahrnehmen. Dies würde z. B. der Fall sein, wenn eine Fernmeldeanlage nicht mehr den ordnungsmäßigen Nachrichtendienst versehen oder ein Rundfunksender nicht mehr das ordnungsmäßige Programm ausstrahlen kann. Auch hier genügt ein Teilerfolg; eine vollendete Tat liegt bereits vor, wenn ein Teil der bestimmungsgemäßen Aufgaben nicht mehr erfüllbar ist.

c) Als Tathandlung setzt der Tatbestand lediglich voraus, daß der Täter einen der genannten Erfolge **durch Störhandlungen bewirkt**. Diese weite Fassung soll erreichen, daß auch von der eigentlichen schädigenden Handlung entfernte Handlungen als Täterschaft i. S. des § 88 zu

§ 88a

gelten haben. Auf welche Weise der Täter diese Erfolge bewirkt, ist bedeutungslos. Dies kann etwa mittels der in den §§ 316b, 317 erfaßten Handlungen geschehen (zur Konkurrenz vgl. u. 24). Denkbar sind aber auch andere Mittel, z. B. Streik, Zwangseinwirkungen auf Betriebspersonal, Blockieren des Arbeitsplatzes, u. U. sogar das Offenlegen interner Vorgänge. Bloße Störungen ohne den vorausgesetzten Erfolg genügen jedoch nicht (BGH 27 310).

13   3. **Täter** kann nur sein, wer die genannten Erfolge als Rädelsführer oder Hintermann einer Gruppe bewirkt hat oder wer dies, ohne im Zusammenhang mit einer Gruppe zu handeln, als einzelner getan hat.

14   a) Über **Rädelsführer** und **Hintermänner** vgl. § 84 RN 10f. Die Tat ist insoweit ein echtes Sonderdelikt. Personen, die weder Rädelsführer noch Hintermänner sind, können im Zusammenhang mit einer Gruppe das Delikt in der Form der Täterschaft nicht begehen.

15   **Gruppe** ist ein Zusammenschluß mehrerer Personen zu einem gemeinsamen Zweck. Der Zusammenschluß muß nicht auf Dauer berechnet und nicht freiwillig sein. Er kann sich auf die Ausführung des konkreten Sabotageakts beschränken (Willms LK 6). Wegen des gemeinsamen Zwecks ist jedoch die Bildung eines Gruppenwillens erforderlich.

16   b) Täter kann auch ein **einzelner** sein, der mit keiner Gruppe in Verbindung steht. Damit ergibt sich die Frage, ob und in welchem Umfang § 88 auf Beteiligte anzuwenden ist, die als Mitglieder einer Gruppe, aber ohne Rädelsführer oder Hintermänner zu sein, einen der Erfolge des § 88 bewirkt haben. Da insoweit keines der die Täterschaft charakterisierenden Merkmale vorliegt, kommen sie als Täter nicht in Betracht. Ihr Tatbeitrag kann nur über § 27 erfaßt werden (and. [Straflosigkeit] D-Tröndle 7, Rudolphi SK 13, Willms LK 7).

17   c) **Wann** ein **einzelner** und **wann** das **Mitglied** einer Gruppe gehandelt hat, wird im Einzelfall schwer zu unterscheiden sein. Finden sich z. B. zwei oder drei Täter, die keiner politischen Gruppe angehören, zur Durchführung der Tat zusammen, so wird man sie trotz des Begriffs „einzelner" als Mittäter nach § 88 behandeln müssen (vgl. Willms LK 5). Andernfalls käme man zu dem absurden Ergebnis, daß eine „Gruppe" ohne Rädelsführer und Hintermänner mangels einer Haupttat straflos wäre. Die Privilegierung des § 27 kommt daher nur solchen Beteiligten zugute, die als Mitglieder einer Gruppe mit Rädelsführern und Hintermännern handeln. § 28 I ist daneben nicht anwendbar; die Rädelsführerschaft kennzeichnet nur ein besonders gefährliches Verhalten, nicht ein personales Unrechtsmerkmal.

18   **III.** Die Störhandlung muß **rechtswidrig** sein. Daran kann es z. B. bei Ausübung des Widerstandsrechtes (Art. 20 IV GG) oder in Fällen von Aussperrung und Streik fehlen (vgl. BT-Drs. V/2860 S. 3, D-Tröndle 9; and. [Tatbestandsausschluß] Willms LK 9). Vgl. auch § 81 RN 4.

19   Die Tat ist nur strafbar, wenn sie im **räumlichen Geltungsbereich** des StGB (vgl. 13ff. vor § 80) begangen wird; sonst entfällt der Tatbestand.

20   **IV.** Der **subjektive Tatbestand** erfordert Vorsatz, der sich insb. auf den Erfolg der Lahmlegung der genannten Versorgungseinrichtungen beziehen muß, und zwar in der Form der Absicht i. S. zielgerichteten Handelns (vgl. 2 vor § 84). Außerdem muß sich der Täter mit seiner Tat absichtlich für Bestrebungen gegen den Bestand oder die Sicherheit der BRep. Deutschland oder gegen Verfassungsgrundsätze einsetzen.

21   1. Über **Bestrebungen gegen Bestand und Sicherheit** der Bundesrepublik sowie gegen Verfassungsgrundsätze vgl. § 92 III sowie dort RN 13ff.

22   2. Der Täter muß sich für derartige Bestrebungen „**absichtlich**" eingesetzt haben. Im Unterschied zu § 87 genügt nicht das wissentliche Einsetzen. Wenn überhaupt zwischen „absichtlich" und „wissentlich" in diesem Zusammenhang ein Unterschied gefunden werden kann, so kann dieser nur darin erblickt werden, daß der Täter in § 88 sich mit dem Ziel der Bestrebungen identifiziert, dieses also als auch für sich erstrebenswert angesehen hat (vgl. auch Krauth u. a. JZ 68, 582), während in § 87 ausreicht, daß der Täter sicher weiß, daß sein Beitrag die Bestrebungen fördert. Mit dem Begriff Sicheinsetzen werden freilich diese Unterschiede wieder weitgehend verwischt (vgl. auch D-Tröndle § 87 RN 13, F. C. Schroeder aaO 304).

23   **V.** Der **Versuch** ist strafbar. Über **Nebenfolgen** und Einziehung vgl. §§ 92a, b. Zum **Opportunitätsprinzip** vgl. § 74a I GVG i. V. mit §§ 153c, d, e StPO. Zum **Parteienprivileg** vgl. 7 vor § 80.

24   **VI. Konkurrenzen.** Idealkonkurrenz kommt in Betracht mit §§ 303b, 305a, 316b, 317, 318; mit § 87 besteht je nach Fallgestaltung Ideal- oder Realkonkurrenz. Auch mit §§ 81 ff. ist Idealkonkurrenz möglich (vgl. 10 vor § 80; and. D-Tröndle 11, Willms LK 10: Vorrang der §§ 81 ff.).

§ 88a [Verfassungsfeindliche Befürwortung von Straftaten] *aufgehoben durch Ges. vom 7. 8. 1981, BGBl. I 808.*

§ 89 Verfassungsfeindliche Einwirkung auf Bundeswehr und öffentliche Sicherheitsorgane

(1) Wer auf Angehörige der Bundeswehr oder eines öffentlichen Sicherheitsorgans planmäßig einwirkt, um deren pflichtmäßige Bereitschaft zum Schutz der Sicherheit der Bundesrepublik Deutschland oder der verfassungsmäßigen Ordnung zu untergraben, und sich dadurch absichtlich für Bestrebungen gegen den Bestand oder die Sicherheit der Bundesrepublik Deutschland oder gegen Verfassungsgrundsätze einsetzt, wird mit Freiheitsstrafe bis zu fünf Jahren oder mit Geldstrafe bestraft.

(2) **Der Versuch ist strafbar.**

(3) § 86 Abs. 4 gilt entsprechend.

Vorbem. Zum Fortfall der bisherigen Sonderregelung für Berlin gem. Art. 324 III Nr. 4 EGStGB vgl. 6. ÜberleitungsG vom 25. 9. 1990, BGBl I 2106 i. V. mit BGBl I 2153.

Schrifttum: Jescheck, Der strafrechtliche Schutz der Bundeswehr gegen Zersetzung, NZWehrR 69, 121.

I. Der Tatbestand erfaßt die Zersetzung von öffentlichen Sicherheitsorganen. **Schutzobjekt** 1 ist die Sicherheit und die verfassungsmäßige Ordnung der BRep.; ein Delikt gegen die Willensfreiheit liegt nicht vor (vgl. BGH JR **54**, 388). Geschützt sind auch die in der BRep. stationierten **NATO-Truppen**; vgl. 17ff. vor § 80. Zum **Parteienprivileg** vgl. 7 vor § 80.

Der **Tatort** braucht nicht im räumlichen Geltungsbereich des Gesetzes zu liegen. Nach § 5 Nr. 3a 2 ist § 89 auch bei einer Auslandstat (z. B. Einwirkung auf im Ausland stationierte Bundeswehrangehörige) anwendbar, wenn der Täter Deutscher ist und seine Lebensgrundlage im räumlichen Geltungsbereich des StGB hat.

II. Der **Tatbestand** setzt voraus, daß der Täter auf Angehörige der Bundeswehr oder öffent- 3 licher Sicherheitsorgane einwirkt, um deren Bereitschaft zur Erfüllung ihrer öffentlichen Aufgaben zu untergraben. Zur Tatbeteiligung beim Einwirken durch Druckwerke vgl. BGH NStZ **81**, 300. Gegen eine zu weite Auslegung der Strafvorschrift BGH NStE Nr. 1.

1. Außer der **Bundeswehr** kommen vor allem die Polizei und der Bundesgrenzschutz in 4 Betracht, aber auch die Abwehrdienste, z. B. die Verfassungsschutzämter. Die Eigenschaft als Angehöriger eines Sicherheitsorgans muß z. Z. der Einwirkung bestehen. Erreicht das Mittel der Einwirkung den Adressaten vorher, etwa einrückende Rekruten vor dem Zeitpunkt des Dienstantritts, so entfällt die Tatbestandsmäßigkeit (BGH **36** 68). Dagegen genügt es, wenn diese Personen die ihnen übergebenen zersetzenden Schriften aufforderungsgemäß nach Dienstantritt an andere weiterleiten, die bereits Angehörige eines Sicherheitsorgans sind (BGH **36** 73).

2. Der Täter muß auf Angehörige der Bundeswehr usw. **planmäßig einwirken**, um ihre 5 pflichtmäßige Bereitschaft zum Schutze der Sicherheit und der verfassungsmäßigen Ordnung zu untergraben.

a) **Einwirken** bedeutet hier jede Tätigkeit, durch die der Wille des Opfers in eine bestimmte 6 Richtung gelenkt werden soll, entspricht also sachlich der versuchten Anstiftung (BGH **4** 291; vgl. auch BGH MDR **85**, 422). Ebensowenig wie diese braucht die Einwirkung Erfolg gehabt zu haben (BGH **4** 292). Es ist auch nicht erforderlich, daß sie objektiv geeignet ist, den anderen zu beeinflussen; es genügt jede hierauf abzielende Tätigkeit (BGH **19** 344, Willms LK 2; and. Rudolphi SK 4). Unerheblich ist ferner, ob das Einwirken offen oder heimlich (Untergrundtätigkeit) erfolgt und welche Mittel (Druckmittel, Überredung usw.) eingesetzt werden.

Zur Vollendung der Tat ist jedoch erforderlich, daß das Mittel der Einwirkung, etwa eine auf 7 Zersetzung abzielende Propagandaschrift, den Adressaten erreicht (vgl. BGH MDR **63**, 326, D-Tröndle 2, Willms LK 2). Dagegen kommt es nicht darauf an, ob der Adressat das ihm Mitgeteilte verstanden oder inhaltsmäßig zur Kenntnis genommen hat.

b) Das Einwirken muß **planmäßig** geschehen. Der Täter muß also entsprechend einem von 8 ihm oder einem anderen vorbereiteten Plan vorgehen. Spontanes Handeln, zu dem sich jemand unüberlegt hinreißen läßt, reicht nicht aus (vgl. Willms LK 4).

3. Ziel der Einwirkung muß sein, die pflichtmäßige Bereitschaft der Sicherheitsorgane zum 9 Schutz der BRep. oder ihrer verfassungsmäßigen Ordnung zu untergraben. Dies kann auch dann der Fall sein, wenn der Täter noch andere Zwecke verfolgt (BGH **18** 151).

a) **Sicherheit** i. S. des § 89 ist sowohl die innere wie die äußere Sicherheit der Bundesrepu- 10 blik, wie sich auch aus dem Nebeneinander der Bundeswehr auf der einen und der Sicherheitsorgane auf der anderen Seite ergibt. Verfassungsmäßige Ordnung ist die Gesamtheit der in den Verfassungen des Bundes oder der Länder niedergelegten Rechtsgrundsätze, die zu beachten Aufgabe der Sicherheitsorgane ist.

11 b) Der Täter muß beabsichtigen, diese **Bereitschaft** zu **untergraben**. Er muß hiernach mit seiner Einwirkung darauf abzielen, die pflichtmäßige Einsatzbereitschaft zu beseitigen oder zu erschüttern (vgl. BGH 4 291). Die Absicht muß auf Zersetzung der Einsatzbereitschaft im allgemeinen gerichtet sein. § 89 ist nicht anzuwenden, wenn der Täter nur in einem einzelnen Fall ein bestimmtes pflichtwidriges Verhalten herbeiführen will, es sei denn, daß er damit gleichzeitig auf die Einsatzbereitschaft des Organs im allgemeinen einwirken will (BGH 6 66). Vgl. auch BGH NStZ 88, 215, Schroeder aaO 301, 422.

12 c) **Nicht** erforderlich ist, daß bereits eine **bestimmte Pflichtwidrigkeit** oder Straftat des Sicherheitsorgans festgestellt wird oder der Täter zu Befehlsverweigerung, Sabotage usw. ausdrücklich aufgefordert (BGH MDR/H 77, 281 f.) oder es auf solche Pflichtwidrigkeit abgesehen hat. Es genügt die Absicht, den Geist der Widersetzlichkeit und Unwilligkeit zu erzeugen und damit zu bewirken, daß auf das Sicherheitsorgan kein Verlaß mehr ist. Zur Werbung für Wehrdienstverweigerung vgl. Rudolphi SK 7, Willms LK 5.

13 4. Der Täter muß sich weiter **absichtlich** für Bestrebungen gegen den Bestand oder die Sicherheit der Bundesrepublik oder gegen Verfassungsgrundsätze **einsetzen**. Vgl. dazu § 88 RN 21 f. Gegen Verfassungsgrundsätze kann z. B. die Forderung abzielen, die Bundeswehr durch eine Volksmiliz unter Übernahme der Befehlsgewalt durch die werktätige Bevölkerung zu ersetzen (BGH JR 77, 28 m. Anm. Schroeder). Setzt sich der Täter zugleich für Bestrebungen gegen den Bestand oder die Sicherheit der BRep. und für Bestrebungen gegen Verfassungsgrundsätze ein, so ist dies bei der Strafzumessung zu berücksichtigen (BGH aaO). Beim Einwirken mittels einer Schrift können auch Umstände außerhalb ihres Inhalts als Beweistatsachen für die in § 89 vorausgesetzte Absicht herangezogen werden (BGH MDR/H 77, 281 f.).

14 III. Der **Versuch** ist strafbar. Da es sich im § 89 bereits um Sonderfälle einer versuchten Anstiftung handelt (vgl. o. 6), ist mit der Anordnung der Versuchsstrafbarkeit der Bereich des Strafbaren noch weiter ausgedehnt. An die Voraussetzungen eines Versuchs sind daher, um den Strafbereich nicht zu weit auszudehnen, strenge Anforderungen zu stellen. Es genügt daher nicht die Übergabe zersetzender Schriften an andere Personen mit der Aufforderung, die Schriften an Soldaten weiterzuleiten (vgl. aber BGH 36 73).

15 IV. Über **Nebenfolgen** und Einziehung vgl. §§ 92a, b. Zum **Opportunitätsprinzip** vgl. § 74a GVG i. V. mit §§ 153c, d, e StPO. Die Verfolgung einer mittels Druckschriften begangenen Tat nach § 89 unterliegt nicht der kurzen Presseverjährung (BGH 27 353). § 86 IV ist entsprechend anwendbar. Bei Beteiligten, deren Schuld gering ist, kann daher von einer **Bestrafung** nach § 89 **abgesehen** werden. Vgl. auch § 153b StPO.

16 V. **Idealkonkurrenz** ist möglich mit Anstiftung zu einer vom Sicherheitsorgan begangenen Straftat oder mit § 30. Tateinheit ist ferner möglich mit §§ 86f., 90ff., 109d.

§ 90 Verunglimpfung des Bundespräsidenten

(1) **Wer öffentlich, in einer Versammlung oder durch Verbreiten von Schriften (§ 11 Abs. 3) den Bundespräsidenten verunglimpft, wird mit Freiheitsstrafe von drei Monaten bis zu fünf Jahren bestraft.**

(2) **In minder schweren Fällen kann das Gericht die Strafe nach seinem Ermessen mildern (§ 49 Abs. 2), wenn nicht die Voraussetzungen des § 187a erfüllt sind.**

(3) **Die Strafe ist Freiheitsstrafe von sechs Monaten bis zu fünf Jahren, wenn die Tat eine Verleumdung (§ 187) ist oder wenn der Täter sich durch die Tat absichtlich für Bestrebungen gegen den Bestand der Bundesrepublik Deutschland oder gegen Verfassungsgrundsätze einsetzt.**

(4) **Die Tat wird nur mit Ermächtigung des Bundespräsidenten verfolgt.**

1 I. Die Vorschrift schützt **Amt** und **Person des Bundespräsidenten** (BGH 16 338), nicht nur das verfassungsmäßige Organ (Schroeder aaO 474). Geschützt ist nur der Bundespräsident selbst während seiner Amtszeit, nicht auch sein Vertreter nach Art. 57 GG während der Zeit, in der dieser die Befugnisse des Bundespräsidenten wahrnimmt (Willms LK 1; and. D-Tröndle 2).

2 II. Die **Handlung** besteht darin, daß der Täter den Bundespräsidenten **verunglimpft**. Dies kann durch eine nach Form, Inhalt und den Begleitumständen erhebliche Beleidigung, üble Nachrede oder Verleumdung geschehen (Hamm GA 63, 28), schließt aber Kundgebungen von geringfügiger Bedeutung aus, z. B. unwesentliche Entgleisungen (BGH 12 364, 16 339, Bay JZ 51, 786, Hamm GA 63, 29; vgl. auch BGH 7 110). Ein Beschimpfen wird durch § 90

nicht vorausgesetzt (vgl. § 90a RN 5). Bei politischer Kritik kann es an einer Verunglimpfung fehlen. Soweit das Verunglimpfen durch eine Tatsachenbehauptung erfolgt, ist der **Wahrheitsbeweis** i. S. von § 186 zulässig.

1. Die Verunglimpfung muß in einer bestimmten Weise geschehen. Fehlt es an diesen Voraussetzungen, so läßt sich nur auf die §§ 185ff. zurückgreifen. 3

a) Sie kann einmal **öffentlich** erfolgen. Zu diesem Merkmal vgl. § 186 RN 19 sowie Willms LK 4ff. 4

b) Zum anderen kann die Tat in einer **Versammlung** geschehen. Sie wird dann i. d. R. bereits öffentlich erfolgt sein, jedoch fallen auch sog. geschlossene Veranstaltungen unter § 90, wie Betriebs- oder Vereinsversammlungen. Dem Schutzzweck des § 90 entsprechend beschränkt sich der Begriff der Versammlung nicht auf den des VersammlungsG. Unter Versammlung ist hier ein nicht nur zufälliges zeitweiliges Beisammensein einer größeren Zahl von Personen zu einem gemeinsamen Zweck zu verstehen. Dieser braucht kein politischer zu sein, auch eine künstlerische oder wissenschaftliche Veranstaltung ist Versammlung i. S. des § 90 (Willms LK 8); das Zusammenkommen zu rein persönlichen Zwecken (Geburtstagsfeier usw.) genügt jedoch nicht. Nicht erforderlich ist ein Versammlungsleiter. Wieviele Personen anwesend sein müssen, kann nur nach den Umständen des Einzelfalls beurteilt werden (vgl. Köln JMBlNW 52, 14). Die Äußerung muß so getan sein, daß sie von der Versammlung verstanden werden kann (RG 57 344), in einer größeren zumindest von einem erheblichen Teil der Versammelten. Daher reichen halblaute Seitenbemerkungen eines Redners nicht aus. Auch ein Zuhörer kann Täter sein, wenn er sich durch Zwischenrufe u. ä. äußert. 5

c) Schließlich kann die Verunglimpfung durch **Verbreiten von Schriften** (§ 11 III) vorgenommen werden; vgl. dazu § 184 RN 57. 6

2. Für **Tatort** und **Täter** gelten die Regeln der §§ 3ff. Nach § 5 Nr. 3b ist die im Ausland begangene Tat unabhängig vom Recht des Tatorts strafbar, auch wenn der Täter Ausländer ist. 7

III. Für den **subjektiven Tatbestand** ist Vorsatz erforderlich, der sich insb. auch auf die Modalitäten der Äußerung beziehen muß (vgl. RG **63** 429). Bedingter Vorsatz genügt. 8

IV. Die **Strafe** erhöht sich auf Freiheitsstrafe von 6 Monaten bis zu 5 Jahren, wenn die Tat eine Verleumdung (§ 187) ist oder der Täter sich durch die Tat absichtlich für Bestrebungen gegen Bestand und Verfassungsgrundsätze der Bundesrepublik einsetzt. Vgl. darüber § 92 RN 13ff.; zum **Parteienprivileg** vgl. 5ff. vor § 80. Über Strafmilderung in minder schweren Fällen vgl. Abs. 2. Die Möglichkeit einer Strafmilderung entfällt jedoch, wenn die Voraussetzungen des § 187a (objektiv und subjektiv) vorliegen. Zum minder schweren Fall vgl. 48 vor § 38. Über **Nebenfolgen** und Einziehung vgl. §§ 92a, b. Zum **Opportunitätsprinzip** vgl. § 74a I GVG i. V. mit §§ 153c, d, e StPO. 9

V. Die Verfolgung der Tat setzt eine **Ermächtigung** des Bundespräsidenten voraus. Diese kann von ihm auch noch nach Ablauf seiner Amtszeit erteilt werden (Willms LK 12). Vgl. im übrigen § 77e und dort RN 2. 10

VI. Mit §§ 86, 90a, 90b ist **Tateinheit** möglich. *Gesetzeseinheit* besteht mit §§ 185, 186, 187 mit Vorrang des § 90 (vgl. BGH **16** 338), ebenso mit § 187a, wobei jedoch § 90 II zu beachten ist. Im übrigen sind die §§ 190, 192, 193, 200 anwendbar. 11

§ 90a Verunglimpfung des Staates und seiner Symbole

(1) **Wer öffentlich, in einer Versammlung oder durch Verbreiten von Schriften (§ 11 Abs. 3)**
1. **die Bundesrepublik Deutschland oder eines ihrer Länder oder ihre verfassungsmäßige Ordnung beschimpft oder böswillig verächtlich macht oder**
2. **die Farben, die Flagge, das Wappen oder die Hymne der Bundesrepublik Deutschland oder eines ihrer Länder verunglimpft,**
wird mit Freiheitsstrafe bis zu drei Jahren oder mit Geldstrafe bestraft.

(2) **Ebenso wird bestraft, wer eine öffentlich gezeigte Flagge der Bundesrepublik Deutschland oder eines ihrer Länder oder ein von einer Behörde öffentlich angebrachtes Hoheitszeichen der Bundesrepublik Deutschland oder eines ihrer Länder entfernt, zerstört, beschädigt, unbrauchbar oder unkenntlich macht oder beschimpfenden Unfug daran verübt. Der Versuch ist strafbar.**

(3) **Die Strafe ist Freiheitsstrafe bis zu fünf Jahren oder Geldstrafe, wenn der Täter sich durch die Tat absichtlich für Bestrebungen gegen den Bestand der Bundesrepublik Deutschland oder gegen Verfassungsgrundsätze einsetzt.**

§ 90 a 1–10   Bes. Teil. Friedensverrat, Hochverrat usw.

1   **I.** Der Tatbestand behandelt die **Beschimpfung der Bundesrepublik** oder eines ihrer Länder sowie die Verunglimpfung ihrer Symbole. Zum Schutz ausländischer NATO-Truppen usw. vgl. 17 ff. vor § 80. Eine staatsgefährdende Absicht braucht nicht vorzuliegen (sie ist nur Straferhöhungsgrund; Abs. 3), ebensowenig eine Gefährdung der verfassungsmäßigen Ordnung (BGH **3** 346).

2   **II.** Die Beschimpfung der Bundesrepublik und die Mißachtung ihrer Symbole (Abs. 1) müssen **öffentlich**, in einer **Versammlung** oder durch Verbreiten von **Schriften** (§ 11 III) erfolgen. Über öffentlich vgl. § 186 RN 19, Braunschweig NJW **53**, 875; über Erklärung in einer Versammlung vgl. § 90 RN 5; über Verbreiten von Schriften vgl. § 184 RN 57. Das bloße Herstellen einer Schrift reicht nicht aus. Eine im Ausland begangene Tat ist unabhängig vom Recht des Tatorts strafbar, wenn der Täter Deutscher ist und seine Lebensgrundlage im räumlichen Geltungsbereich des StGB hat (§ 5 Nr. 3a).

3   **1. Schutzobjekte** nach **Nr. 1** sind die Bundesrepublik, jedes ihrer Länder sowie ihre verfassungsmäßige Ordnung. Bund und Länder werden jedoch nur in ihrem rechtlichen Status als Staatswesen geschützt; Angriffe gegen die Bürokratie reichen nicht aus (BGH **6** 325; vgl. auch Hamm NJW **77**, 1932, Willms LK 2). Verfassungsmäßige Ordnung sind nicht nur die in § 92 II genannten Verfassungsgrundsätze, sondern die Gesamtheit aller materiellen Verfassungsprinzipien, sei es des GG oder einer Landesverfassung; krit. Schroeder aaO 350. Vgl. zum Ganzen Schroeder JR 79, 91.

4   a) Die **Handlung** besteht im Beschimpfen oder böswilligen Verächtlichmachen.

5   α) **Beschimpfung** ist jede durch Form oder Inhalt besonders verletzende rohe Äußerung der Mißachtung (vgl. RG **57** 211, **61** 308, BGH **7** 110, NJW **61**, 1932, Köln GA **72**, 214). Sie kann sowohl in der Behauptung schimpflicher Tatsachen (zum Wahrheitsbeweis in diesen Fällen vgl. § 90 RN 2) wie auch in abfälligen Werturteilen bestehen (RG **65** 423). Politische Kritik, mag sie auch hart und unberechtigt sein, genügt noch nicht (BGH JZ **63**, 402), wohl aber, wenn sie in beschimpfenden Äußerungen erfolgt (BGH **19** 317). Vgl. noch Bremen JR **79**, 118, LG Berlin JR **79**, 121 m. krit. Anm. Schroeder JR **79**, 92, LG Göttingen NJW **79**, 1560, ferner Celle StV **83**, 284. In der Wiedergabe fremder Äußerungen kann eine Beschimpfung dann liegen, wenn der Wiedergebende sie sich zu eigen macht (RG **61** 308, Köln NJW **79**, 1562; vgl. auch Schroeder JR **79**, 93). Für die Qualität einer Äußerung kommt es auf ihren objektiven Sinn und Inhalt an, also darauf, wie sie unter den gegebenen Umständen bei vernünftiger Würdigung der Sachlage vom unbefangenen Hörer oder Leser verstanden werden mußte (vgl. BGH **11** 11, NJW **61**, 1933). Maßgebend ist nicht, was der Täter sagen wollte (RG JW **30**, 2139), sondern wie seine Äußerung objektiv und vernünftigerweise verstanden werden mußte (RG **61** 155, Frankfurt NJW **84**, 1129). Wie sie die Hörer (bzw. Leser) oder eingeweihte Kreise (vgl. Frankfurt NJW **84**, 1129) verstanden haben, ist unerheblich.

6   Da die staatlichen Organe den besonderen Schutz des § 90b genießen, stellt sich ein gegen sie gerichteter Angriff i. d. R. nicht als Beschimpfung der Bundesrepublik dar (BGH **11** 11). Ausnahmsweise ist jedoch denkbar, daß der Täter durch den Angriff auf das Organ die Bundesrepublik als solche treffen wollte. In diesem Falle kann auch § 90a vorliegen (vgl. RG **57** 185, BGH **11** 11). Nicht ausreichend ist die Beschimpfung einer politischen Partei und ihrer Politik, mögen auch Mitglieder dieser Partei zur Regierung gehören und diese Politik mitgestalten.

7   β) Unter **Verächtlichmachen** ist jede Kundgebung zu verstehen, die das betreffende Schutzobjekt als unvernünftig, zweckwidrig und als der Achtung der Staatsbürger unwürdig erscheinen läßt (BGH **3** 346 [Coca-Cola-Bude], **7** 110 [Unrechtsstaat], VGH Mannheim NJW **76**, 2177 [Bezeichnung der Bundestagswahl als Betrugsmanöver]; vgl. ferner Köln GA **72**, 214). Das Verächtlichmachen muß böswillig erfolgen (vgl. u. 9).

8   b) Der **subjektive Tatbestand** erfordert Vorsatz, der sich auf die Modalitäten der Äußerung und ihren beschimpfenden Inhalt beziehen muß. Bedingter Vorsatz genügt (vgl. RG JW **28**, 2243, BGH NJW **61**, 1933). Für die Schuldfrage ist unerheblich, ob der beschimpfenden Äußerung eine niedrige oder staatsfeindliche Gesinnung zugrundeliegt (vgl. RG JW **30**, 1221). Die staatsgefährdende Absicht ist aber Straferhöhungsgrund; vgl. u. 20.

9   **Böswillig** ist das Handeln des Täters, wenn es trotz Kenntnis des Unrechts aus einem verwerflichen Bewegrund unternommen wird (Bay NJW **53**, 874), ihm namentlich eine feindselige Gesinnung zugrunde liegt (vgl. BGH NJW **64**, 1483, Hamburg NJW **75**, 1088, Bremen JR **79**, 120, LG Göttingen NJW **79**, 174; and. Schroeder JR **79**, 92, der genügen läßt, daß der Täter hartnäckig Erkenntnisquellen, die seine Behauptung widerlegen, oder Möglichkeiten zu einer weniger anstößigen Formulierung ausschlägt). Hierbei handelt es sich um ein besonderes persönliches Merkmal i. S. des § 28 I.

10   **2.** Bei der **Tat nach Nr. 2** sind **Angriffsobjekte** die Farben, Flaggen, Wappen oder die Hymne der Bundesrepublik oder eines ihrer Länder (vgl. dazu D-Tröndle 6). Nach BVerfGE

298 = NJW **90**, 1985 ist Hymne der BRep. die 3. Strophe des Deutschlandliedes. Zur Hymne vgl. auch Hellenthal NJW 88, 1294 gegen Hümmerich/Beucher NJW 87, 3227, die mangels gesetzlicher Grundlage das Vorhandensein einer Hymne verneinen, ferner Allgaier MDR 88, 1022, Spendel JZ 88, 744. Dem Wappen der BRep. steht der Bundesadler nicht gleich (Frankfurt NJW **91**, 117); dessen Verunglimpfung kann aber ein Beschimpfen oder Verächtlichmachen der BRep. sein (Frankfurt aaO).

a) Die **Handlung** besteht darin, daß eines der genannten Objekte verunglimpft wird. Das ist **11** der Fall, wenn die Flagge usw. als Symbol des Staates empfindlich geschmäht, etwa besonders verächtlich gemacht wird. Vgl. für die Bundesflagge Frankfurt NJW **86**, 1274 (Darstellung eines auf die Flagge urinierenden Mannes), für die Nationalhymne Hamm GA **63**, 28, LG Baden-Baden NJW **85**, 2431 (verunglimpfende Textentstellung), für die Farben BGH NJW **70**, 1693. Über Verunglimpfen vgl. auch § 90 RN 2.

b) Für den **subjektiven Tatbestand** ist Vorsatz erforderlich; bedingter Vorsatz genügt (vgl. **12** RG JW **28**, 2243).

III. Die **Mißachtung von Symbolen** der Bundesrepublik oder ihrer Länder (Abs. 2). **13**

1. Geschützt wird einmal die **Flagge** der Bundesrepublik (Art. 22 GG) oder eines ihrer **14** Länder, wenn sie **öffentlich gezeigt** wird. Dies ist auch dann der Fall, wenn Private die Flagge in der Öffentlichkeit zeigen. Über öffentlich vgl. § 186 RN 19, Willms LK 10.

Zum andern werden geschützt die **Hoheitszeichen** der Bundesrepublik oder eines ihrer **15** Länder, jedoch nur dann, wenn sie von einer Behörde öffentlich angebracht worden sind. Als Hoheitszeichen genügt jedes Zeichen, das die amtliche Hoheitsgewalt zum Ausdruck bringen soll (vgl. RG **63** 287, Braunschweig NJW **53**, 875 [Kokarde an Dienstmütze]). Bloße Merkzeichen (z. B. Wasserstandszeichen) sind auch dann keine Hoheitszeichen, wenn sie amtlich gesetzt sind und dies auf ihnen zum Ausdruck kommt (RG **31** 147). Die Behörde kann eine solche des Bundes, eines Landes oder einer Gemeinde sein.

Öffentlich angebracht sind Zeichen dann, wenn sie kraft hoheitlicher Gewalt öffentlich **16** sichtbar gemacht worden sind (Braunschweig NJW **53**, 875). Es ist stets zu prüfen, ob einem bestimmten Zeichen im besonderen Falle nach Art, Ort und Zweck der Verwendung die Eigenschaft als Hoheitszeichen zukommt. Ein als Festschmuck verwendeter Bundesadler stellt kein Hoheitszeichen dar. Angebracht ist ein Hoheitszeichen, wenn es zur Kennzeichnung staatlicher Hoheit dienen soll. Wie und wo das geschieht, ist ohne Bedeutung. Angebracht ist z. B. das Hoheitszeichen an einem Dienstgebäude oder auf einem Grenzpfahl, der in den Boden gerammt ist.

2. Die **Handlung** kann bestehen im Entfernen, d. h. in jeder Aufhebung des räumlichen **17** Zusammenhanges; das Einholen einer Flagge genügt bereits. Weiter werden das Zerstören und Beschädigen erfaßt (vgl. hierzu § 303 RN 8ff.) sowie das Unbrauchbarmachen, d. h. das Aufheben der Funktionstauglichkeit, wobei es genügt, wenn das Tatobjekt diese Tauglichkeit im wesentlichen verliert. Außerdem kann die Tat durch Unkenntlichmachen der Hoheitszeichen erfolgen. Hierunter ist jede Tätigkeit zu verstehen, durch die das Symbol unsichtbar gemacht wird, z. B. durch Beschmieren mit Farbe oder Verhängen mit einem Tuch. Über Verübung beschimpfenden Unfugs vgl. § 167 RN 13 sowie BGH GA/W **61**, 18 (Umsägen eines beflaggten Fahnenmastes), Braunschweig NJW **53**, 875. Böswillig braucht die Handlung nicht zu erfolgen.

3. Die **Tat** nach Abs. 2 ist auch dann strafbar, wenn sie **im Ausland begangen** wird, unabhängig **18** vom Recht des Tatorts und – anders als die Tat nach Abs. 1 – unabhängig davon, wer Täter ist (§ 5 Nr. 3b).

IV. Zum **Parteienprivileg** vgl. 5ff. vor § 80, BVerfGE **47** 231, **69** 269, BGH **19** 311, VGH **19** Mannheim NJW **76**, 2178, Volk JR 80, 294. Die **Freiheit der Kunst** geht dem Schutz des Staates und seiner Symbole nicht schlechthin vor. Nach BVerfGE **81** 293 = NJW **90**, 1983 m. Anm. Gusy JZ 90, 640 soll der Konflikt mit der Kunstfreiheit in einer fallbezogenen Abwägung zu lösen sein. Zum Verhältnis zur Kunstfreiheit vgl. ferner BVerfG NJW **85**, 263, BGH NJW **86**, 1271, Frankfurt NJW **86**, 1272, LG Frankfurt NJW **89**, 598, auch Köln MDR **78**, 1044, das ihr jedoch einen zu weitgehenden Vorrang einräumt; gegen die Kölner Entscheidung mit Recht Württemberger JR 79, 309, NJW 83, 1147, Willms LK 9, Frankfurt NStZ **84**, 119; vgl. auch Frankfurt MDR **84**, 423, Volk JR **84**, 441. Zum Verhältnis zur **Meinungsfreiheit** vgl. BVerfG NJW **85**, 263, Frankfurt NJW **84**, 1128.

V. **Straferschwerend** (Abs. 3) wirkt die Tatsache, daß der Täter sich absichtlich für Bestrebungen **20** gegen den Bestand der BRep. oder gegen Verfassungsgrundsätze eingesetzt hat. Vgl. dazu § 90b RN 6. Abs. 3 enthält einen qualifizierten Tatbestand, keine bloße Strafzumessungsregel (BGH **32** 332). Über **Nebenfolgen** und Einziehung vgl. §§ 92a, b. Zum **Opportunitätsprinzip** im Falle des Abs. 3 vgl. § 74a i. V. mit §§ 153c, d, e StPO.

21 VI. **Idealkonkurrenz** ist möglich mit §§ 86, 89, 90, 90b, 304. Mit § 303 besteht *Gesetzeseinheit;* § 90a geht vor. Treffen mehrere Umstände des Abs. 2 zusammen, so liegt nur ein Verstoß nach § 90a vor (vgl. BGH GA/W **61**, 18).

§ 90b Verfassungsfeindliche Verunglimpfung von Verfassungsorganen

(1) **Wer öffentlich, in einer Versammlung oder durch Verbreiten von Schriften (§ 11 Abs. 3) ein Gesetzgebungsorgan, die Regierung oder das Verfassungsgericht des Bundes oder eines Landes oder eines ihrer Mitglieder in dieser Eigenschaft in einer das Ansehen des Staates gefährdenden Weise verunglimpft und sich dadurch absichtlich für Bestrebungen gegen den Bestand der Bundesrepublik Deutschland oder gegen Verfassungsgrundsätze einsetzt, wird mit Freiheitsstrafe von drei Monaten bis zu fünf Jahren bestraft.**

(2) **Die Tat wird nur mit Ermächtigung des betroffenen Verfassungsorgans oder Mitglieds verfolgt.**

1 I. Die Vorschrift erfaßt die **Verunglimpfung höchster Staatsorgane.** Ihr Zweck ist, da die Tat ein Mittel der Staatszersetzung ist, nicht der Ehrenschutz für die genannten Personen, sondern die Bekämpfung eines Angriffs auf die staatliche Ordnung (BGH **6** 159, **8** 191). Daher ist auch Idealkonkurrenz mit den §§ 185ff. möglich (vgl. u. 10).

2 II. **Angriffsobjekte** sind ein **Gesetzgebungsorgan,** die Regierung oder das Verfassungsgericht des Bundes oder eines Landes oder eines ihrer Mitglieder in dieser Eigenschaft. Die Verunglimpfung eines Mitglieds der genannten Organe braucht nicht zugleich eine Herabsetzung des Organs selbst in sich zu schließen. Es reicht aus, wenn sie die amtliche Tätigkeit des Mitglieds in einem der genannten Organe betrifft. Dagegen genügt nicht, wenn das einzelne Mitglied als Politiker oder als Privatmann verunglimpft wird.

3 1. Die **Handlung** besteht darin, daß eines der Schutzobjekte verunglimpft, z.B. die Bundesregierung als Rasselbande, Verbrecherbande oder Lügnerpack (vgl. LG Bamberg NJW **53**, 675) bezeichnet wird. Über Verunglimpfen und zum Wahrheitsbeweis vgl. § 90 RN 2. Die Verunglimpfung muß in einer das Ansehen des Staates gefährdenden Weise geschehen (konkrete Gefährdung). Das ist bereits der Fall, wenn ein Minister schwerwiegender Straftaten im Amt bezichtigt wird (Düsseldorf NJW **80**, 603).

4 2. Die Verunglimpfung muß **öffentlich,** in einer Versammlung oder durch Verbreiten von Schriften erfolgen. Über öffentlich vgl. § 186 RN 19, über Versammlung § 90 RN 5, über Verbreiten von Schriften § 184 RN 57.

5 3. Bei einer **im Ausland begangenen Tat** ist § 90b unabhängig vom Recht des Tatorts anwendbar, wenn der Täter Deutscher ist und seine Lebensgrundlage im räumlichen Geltungsbereich des StGB hat (§ 5 Nr. 3a).

6 III. Für den **subjektiven Tatbestand** ist Vorsatz erforderlich. Bedingter Vorsatz genügt. Darüber hinaus muß der Täter mit der Tat die Absicht verfolgen, sich für Bestrebungen gegen den Bestand der BRep. oder Verfassungsgrundsätze einzusetzen. Vgl. dazu § 92 II, III und dort RN 13ff. Die Tat muß als Mittel zur Verfolgung der verfassungsfeindlichen Ziele dienen (vgl. Düsseldorf NJW **80**, 603). Nicht erforderlich ist jedoch, daß die Absicht sich aus der Tathandlung selbst ergibt, etwa aus dem Inhalt der verbreiteten Schrift (BGH **29** 159).

7 IV. Zum **Parteienprivileg** vgl. BGH **29** 50 und 7 vor § 80. Zur irrigen Annahme, das Parteienprivileg greife ein, vgl. 9 vor § 80.

8 V. Über **Nebenfolgen** und Einziehung vgl. §§ 92a, b. Zum **Opportunitätsprinzip** vgl. § 74a I GVG i. V. mit §§ 153c, d, e StPO. Zur Möglichkeit der Nebenklage vgl. § 395 II Nr. 2 StPO.

9 VI. Die Tat wird nur mit **Ermächtigung** des betroffenen Verfassungsorgans oder Mitglieds verfolgt (Abs. 2). Soweit ein Mitglied betroffen ist, kann nur es selbst, nicht sein Amtsnachfolger die Ermächtigung erteilen (BGH **29** 282; and. D-Tröndle 6). Zur Ermächtigung vgl. § 77e und dort RN 2, Willms LK VIII. In einem uneingeschränkten Strafantrag liegt regelmäßig zugleich die Ermächtigung (Hamm GA **53**, 28 m. Anm. Grützner; einschränkend BGH MDR **54**, 754).

10 VII. **Idealkonkurrenz** ist möglich mit den §§ 185ff. (BGH **6** 159, D-Tröndle 7, Rudolphi SK 8; and. BGH NJW **53**, 1722, Lackner 6), ebenso mit §§ 86, 90, 90a.

§ 91 Anwendungsbereich

Die §§ 84, 85 und 87 gelten nur für Taten, die durch eine im räumlichen Geltungsbereich dieses Gesetzes ausgeübte Tätigkeit begangen werden.

Begriffsbestimmungen **§ 92**

Vorbem. Zum Fortfall der bisherigen Sonderregelung für Berlin gem. Art. 324 III Nr. 5 EGStGB vgl. 6. ÜberleitungsG vom 25. 9. 1990, BGBl I 2106 i. V. mit BGBl I 2153.

I. Die Vorschrift hat den **Zweck**, den **Anwendungsbereich** des politischen Strafrechts im 1 Interesse der Aufrechterhaltung persönlicher Beziehungen außerhalb des räumlichen Bereichs des StGB **einzuschränken** (vgl. BT-Drs. V/2860 S. 6). Zugleich soll sie die sachlichen Entscheidungen, die an sich in den einzelnen Tatbeständen zu treffen wären, dadurch klarer machen, daß diese Entscheidungen in einer Bestimmung zusammengefaßt werden.

Sachlich handelt es sich um eine Vorschrift, die die aus den §§ 3ff. sich ergebenden Konse- 2 quenzen einschränkt, indem für die Tatbestände der §§ 84, 85, 87 die Geltung des § 9 aufgehoben wird (vgl. auch Langrock aaO 162ff.). Dem Sinn des § 91 entsprechend ist eine Tat nach § 111 in die räumliche Einschränkung einzubeziehen, soweit die Aufforderung sich auf eine der von § 91 erfaßten Taten erstreckt (Lackner 1; zweifelnd D-Tröndle 5).

II. § 91 verlangt für eine Bestrafung nach §§ 84, 85 und 87, daß die Tat durch eine **im** 3 **räumlichen Geltungsbereich** dieses Gesetzes ausgeübte **Tätigkeit** begangen wird.

1. Zum **räumlichen Geltungsbereich** dieses Gesetzes vgl. 13ff. vor § 80. 4

2. Da die §§ 84, 85 ausdrücklich vorsehen, daß der Erfolg der Straftaten im Inland eintritt, 5 und § 87 Vorbereitungshandlungen für Taten im Inland bestraft, kann die Formulierung „ausgeübte Tätigkeit" nur bedeuten, daß auch die Handlung des Täters im Geltungsbereich dieses Gesetzes vorgenommen sein muß (vgl. Krauth u. a. JZ 68, 580) bzw. daß der Täter bei Unterlassungsdelikten hier hätte handeln müssen (and. D-Tröndle 4, Willms LK III). Unerheblich ist daher, ob er bei Wirksamkeit seiner inländischen Handlungspflicht sich im Ausland aufhält. Andererseits kann außerhalb des räumlichen Geltungsbereichs keine Rechtspflicht aus Ingerenz entstehen, innerhalb dieses Bereiches zu handeln; sonst würde der Zweck des § 91 verfehlt, der insoweit jegliches Verhalten außerhalb des Geltungsbereichs von strafrechtlicher Verantwortlichkeit freistellen wollte (Langrock aaO 128f.). Durch den Ausschluß des Erfolgsortes als Anknüpfungspunkt der Strafbarkeit enthält § 91 eine Ausnahme gegenüber § 9. Die Vorschrift betrifft auch die Teilnahmehandlungen, da jemand, der als Täter straflos ist, dies auch als Teilnehmer sein muß. „Taten" sind in diesen Fällen die Teilnahmehandlungen (vgl. Krauth u. a. JZ 68, 582), so daß etwa der Gehilfe, der im Ausland dem Inlandstäter Material übergibt (z. B. Schulungsmaterial für Tat nach § 87 I Nr. 5), nicht strafbar ist.

Die Bedeutung dieser Regelung liegt allein darin, den im Ausland handelnden Täter nicht der 6 Strafverfolgung auszusetzen, bedeutet also mehr eine prozessuale als eine materielle Exemtion. Sie ist deshalb für im Inland tätige Teilnehmer ohne Bedeutung, so daß nicht aus Akzessorietätsgründen straflos ist, wer vom Inland aus eine ausländische Tat nach § 87, die für den Haupttäter straflos ist, fördert (and. D-Tröndle 5, Krauth Prot. V 1920, Lackner 1, Willms LK IV), etwa Schulungsmaterial für ein ausländisches Schulungslager druckt.

3. Bei Dauerdelikten und **fortgesetzten Taten** sind die Teilakte, die außerhalb des räumlichen 7 Geltungsbereichs des StGB vorgenommen werden, nicht zu berücksichtigen (Lackner 1, Rudolphi SK 2 sowie Willms LK II, der solchen Teilakten indes Bedeutung für die Strafzumessung beilegt; and. anscheinend D-Tröndle 3).

4. Diese Regelung hat die *nachteilige Folge,* daß gerade die gefährlichen Täter (Hintermänner und 8 Rädelsführer), auch wenn sie Bürger der BRep. sind, dann nicht bestraft werden können, wenn sie vom Ausland aus agieren. Auch ihre Bestrafung wegen Teilnahme ist dann nicht möglich; vgl. o. 5 a. E. Ebenso straflos ist z. B. ein Deutscher, der ins Ausland fährt, um sich dort für Sabotagehandlungen (§ 87 I Nr. 5) schulen zu lassen.

Vierter Titel. Gemeinsame Vorschriften

§ 92 Begriffsbestimmungen

(1) **Im Sinne dieses Gesetzes beeinträchtigt den Bestand der Bundesrepublik Deutschland, wer ihre Freiheit von fremder Botmäßigkeit aufhebt, ihre staatliche Einheit beseitigt oder ein zu ihr gehörendes Gebiet abtrennt.**

(2) **Im Sinne dieses Gesetzes sind Verfassungsgrundsätze**

1. **das Recht des Volkes, die Staatsgewalt in Wahlen und Abstimmungen und durch besondere Organe der Gesetzgebung, der vollziehenden Gewalt und der Rechtsprechung auszuüben und die Volksvertretung in allgemeiner, unmittelbarer, freier, gleicher und geheimer Wahl zu wählen,**
2. **die Bindung der Gesetzgebung an die verfassungsmäßige Ordnung und die Bindung der vollziehenden Gewalt und der Rechtsprechung an Gesetz und Recht,**

3. das Recht auf die Bildung und Ausübung einer parlamentarischen Opposition,
4. die Ablösbarkeit der Regierung und ihre Verantwortlichkeit gegenüber der Volksvertretung,
5. die Unabhängigkeit der Gerichte und
6. der Ausschluß jeder Gewalt- und Willkürherrschaft.

(3) Im Sinne dieses Gesetzes sind
1. Bestrebungen gegen den Bestand der Bundesrepublik Deutschland solche Bestrebungen, deren Träger darauf hinarbeiten, den Bestand der Bundesrepublik Deutschland zu beeinträchtigen (Absatz 1),
2. Bestrebungen gegen die Sicherheit der Bundesrepublik Deutschland solche Bestrebungen, deren Träger darauf hinarbeiten, die äußere oder innere Sicherheit der Bundesrepublik Deutschland zu beeinträchtigen,
3. Bestrebungen gegen Verfassungsgrundsätze solche Bestrebungen, deren Träger darauf hinarbeiten, einen Verfassungsgrundsatz (Absatz 2) zu beseitigen, außer Geltung zu setzen oder zu untergraben.

1 I. Die Vorschrift versucht, durch **Legaldefinitionen** die Interpretation der §§ 80 ff. zu vereinfachen. In ihr sind die für den Hochverrat, aber auch sonst wesentlichen Beeinträchtigung des Bestandes der Bundesrepublik (Abs. 1), die in verschiedenen Bestimmungen auftauchenden Verfassungsgrundsätze (Abs. 2) sowie gewisse staatsfeindliche Bestrebungen (Abs. 3) definiert.

2 II. Abs. 1 enthält die Begriffsbestimmung der **Beeinträchtigung des Bestandes der Bundesrepublik**. Sie ist z. B. für §§ 81 I Nr. 1, 88 I, 89 I von Bedeutung. Den Bestand der Bundesrepublik beeinträchtigt:

3 1. wer ihre Freiheit von **fremder Botmäßigkeit** aufhebt, d. h. die BRep. der Herrschaft einer fremden Macht unterwirft. Dies kann sowohl durch Einverleibung in ein anderes Staatswesen wie auch dadurch geschehen, daß ein Abhängigkeitsverhältnis in der Form des Protektorats oder bei Aufrechterhaltung staatlicher Selbständigkeit ein sog. Satellitenstaat geschaffen wird;

4 2. wer die **staatliche Einheit** der Bundesrepublik **beseitigt**, z. B. diese in einen Staatenbund umgestaltet oder eines der Länder in einen souveränen Einzelstaat verwandelt;

5 3. wer ein zur Bundesrepublik gehörendes **Gebiet abtrennt**, z. B. es in die Hoheit eines fremden Staates bringt. Als Beeinträchtigung des Bestandes der Bundesrepublik gilt **nicht** die im Einklang mit der verfassungsmäßigen Ordnung erfolgende **Teilnahme** an einer **Staatengemeinschaft** oder einer zwischenstaatlichen Einrichtung, auf die die Bundesrepublik Hoheitsrechte überträgt oder zu deren Gunsten sie Hoheitsrechte beschränkt (so ausdrücklich § 88 I 2 a. F.; vgl. auch Art. 24 GG).

6 III. Abs. 2 gibt eine Legaldefinition dessen, was unter **Verfassungsgrundsätzen** zu verstehen ist, deren Beeinträchtigung an verschiedenen Stellen des politischen Strafrechts als Tatbestandsmerkmal verwendet wird. Verfassungsgrundsätze sind:

7 1. Die Volkssouveränität und die Gewaltenteilung entsprechend Art. 20 II GG, weiter die Wahl der Volksvertretung in allgemeiner, unmittelbarer, freier, gleicher und geheimer Wahl (Art. 28 I, 38 I GG).

8 2. Der Grundsatz des Rechtsstaates (Nr. 2) in Entsprechung zu Art. 20 III GG. Vgl. dazu BGH **13** 35 f.

9 3. Das Recht auf Bildung und Ausübung einer parlamentarischen Opposition (Nr. 3); vgl. Art. 21 I, II GG. Hiergegen verstoßen z. B. Bestrebungen, die ein Ein-Parteien-System anstreben.

10 4. Die parlamentarische Verantwortlichkeit der Regierung (Nr. 4), d. h. die Rechtsgrundsätze, die für das Verhältnis zwischen Regierung und Parlament in den Verfassungen festgelegt sind (einschränkend Willms LK 3). Zum Bereich der Verantwortlichkeit gegenüber der Volksvertretung gehört auch die Befehls- und Kommandogewalt gem. Art. 65 a, 115 b GG (BGH JR **77**, 30 m. Anm. Schroeder).

11 5. Die Unabhängigkeit der Gerichte (Nr. 5); vgl. Art. 97 GG.

12 6. Der Ausschluß jeder Gewalt- und Willkürherrschaft (Nr. 6). Diese Bestimmung stellt gleichsam eine zusammenfassende Generalklausel dessen dar, was zu einer freiheitlich-demokratischen Grundordnung gehört, und umfaßt damit auch den größten Teil der in Nr. 1–5 genannten Grundsätze. Zur Willkürherrschaft bei Maßnahmen, die sich gegen die Menschenwürde richten, sowie im Falle der Diffamierung und Rechtsminderung einer Volksgruppe durch den Gesetzgeber oder die staatliche Verwaltung vgl. BGH **13** 36 f. Eine Gewalt- oder

Willkürherrschaft entsteht aber noch nicht bereits, wenn einzelne, die keine maßgeblichen Staatsämter innehaben, die Grundrechte mißachten und dem Geist der Verfassung zuwiderhandeln (BGH 13 378).

IV. Abs. 3 enthält eine Legaldefinition der verschiedenen **Bestrebungen**, deren Förderung an vielen Stellen des politischen Strafrechts den staatsfeindlichen Charakter bestimmter Verhaltensweisen kennzeichnet. Der Gesetzgeber benutzt hier, um die politische Natur bestimmter Tätigkeiten zu charakterisieren, das Merkmal des Sicheinsetzens für bestimmte staatsfeindliche Bestrebungen, die in Abs. 3 im einzelnen erläutert werden. Träger der verfassungsfeindlichen Bestrebungen muß (zumindest auch) eine andere Person als der Täter sein. Es genügt, daß der Täter zusammen mit anderen die Bestrebungen verfolgt (vgl. Schroeder aaO 307, Willms LK 5). Nicht erfaßt wird dagegen der Einzelgänger, der nur eigene Bestrebungen fördern will. Die Bestrebungen brauchen noch nicht vorhanden zu sein; es reicht aus, wenn sie mit der Handlung erst herbeigeführt werden sollen (vgl. Schroeder aaO 306). Während die Menschen und Stellen, die diese Bestrebungen verfolgen, dies mit der Absicht staatsfeindlicher Folgen getan haben müssen, reicht es für die Bestrafung des Täters u. U. aus, daß er sicher weiß, daß sein Handeln diese Bestrebungen fördert. Er braucht sie und ihren politischen Gehalt also nicht zur Grundlage seiner eigenen Motivation gemacht zu haben. Dies soll nur anders sein, wo das Gesetz ein „absichtliches" Sicheinsetzen verlangt.

1. Bestrebungen **gegen** den **Bestand** der Bundesrepublik sind solche, deren Träger darauf hinarbeiten, den Bestand, d. h. die völkerrechtliche Souveränität oder den Territorialbestand der Bundesrepublik zu beeinträchtigen; vgl. dazu o. 2ff.

2. Bestrebungen gegen die **Sicherheit** der Bundesrepublik sind solche, deren Träger darauf hinarbeiten, die äußere oder innere Sicherheit der Bundesrepublik zu beeinträchtigen. Eine Tatbestandsmäßigkeit i. S. v. §§ 80ff. ist dabei nicht zu verlangen, es genügt jede sonstige Beeinträchtigung der Sicherheit. Diese ist beeinträchtigt, wenn die Fähigkeit der BRep. gemindert ist, sich gegen Eingriffe von außen her zu wehren oder die Rechtsordnung gegen Störungen von innen her aufrechtzuerhalten (vgl. BGH **28** 316f., NStZ **88**, 215).

3. Bestrebungen **gegen Verfassungsgrundsätze** liegen vor, wenn deren Träger darauf hinarbeiten, einen Verfassungsgrundsatz (Abs. 2) zu beseitigen, außer Geltung zu setzen oder zu untergraben. Vorausgesetzt wird also, daß bestimmte Personen oder Stellen sich bemühen, einen der in Abs. 2 genannten Verfassungsgrundsätze zu beseitigen. Letzteres ist dann der Fall, wenn er aufgehört hat, rechtlich zu bestehen, wie etwa bei der Herauslösung der Bundeswehr aus dem Verantwortungsbereich der Bundesregierung und damit aus deren Verantwortlichkeit gegenüber der Volksvertretung (BGH JR **77**, 28 m. Anm. Schroeder). Demgegenüber bezeichnet der Begriff Außergeltungsetzen die Tatsache, daß dieser Grundsatz bei rechtlicher Fortexistenz rein faktisch nicht mehr beachtet wird. Untergraben wird ein Verfassungsgrundsatz, wenn seine Wirksamkeit trotz seiner Weitergeltung faktisch in erheblichem Maße herabgesetzt, z. B. einer Gruppe von Staatsbürgern das Recht auf Menschenwürde auf Grund staatlicher Ächtungsmaßnahmen vorenthalten wird (vgl. BGH **13** 37). Verfassungsgrundsätze können insb. durch langsames Unglaubwürdigmachen ihre Wirksamkeit einbüßen, etwa dadurch, daß in der Allgemeinheit der Eindruck erweckt wird, die politisch Verantwortlichen selbst hielten sich nicht an sie (Düsseldorf NJW **80**, 603). Über Untergraben vgl. auch § 89 RN 11.

In allen Fällen muß es sich um die Beeinträchtigung eines Verfassungsgrundsatzes als solchen handeln, nicht nur um seine Mißachtung in einem Einzelfall.

Zum **Parteienprivileg** vgl. 5ff. vor § 80.

§ 92a Nebenfolgen

Neben einer Freiheitsstrafe von mindestens sechs Monaten wegen einer Straftat nach diesem Abschnitt kann das Gericht die Fähigkeit, öffentliche Ämter zu bekleiden, die Fähigkeit, Rechte aus öffentlichen Wahlen zu erlangen, und das Recht, in öffentlichen Angelegenheiten zu wählen oder zu stimmen, aberkennen (§ 45 Abs. 2 und 5).

I. Die Vorschrift **ergänzt § 45 II, V** und ermächtigt die Gerichte, die dort vorgesehenen Nebenfolgen auszusprechen. Unberührt bleibt die Nebenfolge des § 45 I, d. h. der als automatische Folge eintretende Verlust der Amtsfähigkeit und der Wählbarkeit, wenn eine Verurteilung zu Freiheitsstrafe von mindestens einem Jahr wegen eines Verbrechens erfolgt, etwa wegen Hochverrats. Zu weiteren Folgen vgl. 11 vor § 80. Zur Anwendbarkeit des § 92a zum Schutz der NATO-Staaten vgl. 17ff. vor § 80.

II. Die Nebenfolgen des § 45 II, V kann das Gericht aussprechen, wenn es wegen einer Straftat nach den §§ 80ff. eine **Freiheitsstrafe von mindestens 6 Monaten** verhängt. Wird eine

Gesamtstrafe gebildet, so kommt es nicht auf sie an, sondern darauf, ob eine Einzelstrafe wegen einer Straftat nach dem Abschnitt über Friedensverrat usw. 6 Monate Freiheitsstrafe oder mehr beträgt. Werden indes mehrere Delikte des Abschnitts abgeurteilt, so muß es genügen, wenn die für sie gebildete Gesamtstrafe die Mindesthöhe erreicht (Willms LK 2). Unerheblich ist, ob die Verurteilung wegen Täterschaft oder Teilnahme und ob sie wegen einer vollendeten Tat oder wegen Versuchs erfolgt. Vgl. im übrigen § 45 RN 4ff., 14.

3 III. Ob das Gericht auf § 92a zurückgreift, steht in seinem pflichtgemäßen **Ermessen**. Da es sich um Nebenfolgen mit strafähnlichem Charakter handelt, sind die allgemeinen Zumessungsregeln des § 46 zu beachten (vgl. § 45 RN 4, 13). Das gilt sowohl für das Ob der Nebenfolgen als auch für deren Dauer. Die Nebenfolgen des § 45 II, V kann das Gericht kumulativ anordnen. Es ist ihm aber auch möglich, sich auf eine dieser Nebenfolgen zu beschränken. Für den Eintritt und die Berechnung des Verlustes der aberkannten Fähigkeiten und Rechte sowie für die Möglichkeit der vorzeitigen Wiederverleihung dieser Fähigkeiten und Rechte sind die §§ 45a und 45b maßgebend.

§ 92b Einziehung

Ist eine Straftat nach diesem Abschnitt begangen worden, so können
1. Gegenstände, die durch die Tat hervorgebracht oder zu ihrer Begehung oder Vorbereitung gebraucht worden oder bestimmt gewesen sind, und
2. Gegenstände, auf die sich eine Straftat nach den §§ 80a, 86, 86a, 90 bis 90b bezieht, eingezogen werden. § 74a ist anzuwenden.

Schrifttum: Eser, Die strafrechtlichen Sanktionen gegen das Eigentum, 1969. – *v. Gerkan,* Die Einwirkung der Informationsfreiheit auf die Einziehung verfassungsfeindlicher Schriften, MDR 67, 91. – *Maurach,* Die Objekte der Einziehung nach § 86 StGB, JZ 64, 529. – *Wagner,* Zur Einziehung nach § 86 StGB, MDR 64, 797, 885. – *Wenkebach,* Die vorbeugende Einziehung verfassungsfeindlicher Schriften, NJW 62, 2094.

1 I. Die Vorschrift regelt die **Einziehung** von Gegenständen, die in eine Straftat i. S. dieses Abschnitts verwickelt wurden. Sie enthält jedoch keine abschließende Sonderregelung in dem Sinne, daß die allgemeinen Einziehungsvorschriften der §§ 74ff. ausgeschlossen sind, wenn deren Voraussetzungen neben denen des § 92b vorliegen. § 92b erweitert lediglich die allgemeinen Einziehungsmöglichkeiten entsprechend den Erfordernissen dieses Abschnitts (BGH **23** 208 m. Anm. Willms JZ 70, 514). Das gilt insb. auch für die Einziehung von Schriften nach § 74d. Diese Bestimmung kommt vor allem für solche Exemplare in Betracht, die selbst noch nicht Mittel oder Gegenstand einer strafbaren Handlung waren und deshalb weder nach § 74 noch nach § 92b eingezogen werden können. Über verfassungsrechtliche Einschränkungen, die sich aus der Informationsfreiheit ergeben können, vgl. BVerfGE **27** 71, BGH **23** 208, 267, Träger/Mayer/Krauth BGH-FS 242, Eser, Sanktionen S. 197ff., v. Gerkan MDR 67, 91ff., Willms JZ 70, 514.

2 Die **Rechtsnatur** der Einziehung läßt sich hier ebensowenig wie in anderen Fällen abstrakt bestimmen; entscheidend ist vielmehr, zu welchem Zweck und unter welchen Voraussetzungen sie im Einzelfall angeordnet wird (and. h. M. zum früheren § 86 a. F., der überwiegend als Sicherungsmaßregel verstanden wurde: BGH **6** 62, **8** 165, **13** 38, **15** 399, **19** 58).

3 II. Bei der **Einziehung** sind zwei Fälle zu unterscheiden:

4 1. Durch **Nr. 1** werden alle Gegenstände erfaßt, die aus irgendeiner der in den §§ 80–91 geregelten Straftaten **hervorgegangen** sind oder zu ihrer Begehung oder Vorbereitung **gebraucht** wurden oder dazu **bestimmt** gewesen sind. Dabei muß es sich grundsätzlich um eine volldeliktische Anknüpfungstat handeln; jedoch kann unter den Voraussetzungen des § 74 II Nr. 2 und III auch eine nur rechtswidrige Tat ausreichen (vgl. BGH **23** 68f.). Als Gegenstände i. S. dieser Vorschriften gelten insb. auch nichtkörperliche Rechte (§ 74 RN 6; and. die früher h. M.; vgl. 13. A. § 86 RN 6). Zum Begriff der instrumenta und producta sceleris vgl. näher § 74 RN 8ff.

5 2. Der Einziehungsbereich der **Nr. 2** ist demgegenüber in zweierlei Hinsicht enger. Hier kommen als Anknüpfungstat nur solche i. S. der §§ **80a, 86, 86a, 90 bis 90b** in Betracht. Zudem werden hier nur sog. „**Beziehungsgegenstände**" erfaßt. Das sind solche Gegenstände, die, ohne Tatprodukte und Tatwerkzeuge i. e. S. zu sein, dem Täter als Objekt seines Handelns gedient haben (vgl. Eser aaO 318ff., 329f. sowie § 74 RN 12a): so z. B. die nach § 86 verbreiteten Propagandamittel (BGH **23** 69), die nach § 86a aufgezogenen Fahnen einer verbotenen Partei, die nach § 90a die Bundesrepublik beschimpfenden Darstellungen. Auch hier wird grundsätzlich eine volldeliktische Tat vorausgesetzt, es sei denn, es liegt ein Sicherungsgrund

i. S. des § 74 II Nr. 2, III vor (vgl. o. 4). Auch wird daneben meist noch § 74d in Betracht kommen (vgl. o. 1), für den eine nur rechtswidrige Anknüpfungstat ausreicht (vgl. u. 7).

3. Sowohl in den Fällen der Nr. 1 wie der Nr. 2 kann sich die Einziehung auch auf **Dritteigentum** erstrecken, wenn gegen den Dritten ein Vorwurf i. S. des § 74a erhoben werden kann (Satz 2); näher dazu § 74a RN 4ff. Ferner kommt unter den Sicherungsvoraussetzungen des § 74 II Nr. 2 eine Dritteinziehung in Frage.

4. Die Einziehung steht hier in allen Fällen im pflichtgemäßen **Ermessen** des Gerichts. Dabei wird neben den Grundsätzen der Tat- und Schuldangemessenheit insb. auch der Grad des Sicherungsbedürfnisses zu berücksichtigen sein (vgl. § 74 RN 38ff. sowie allgemein zur Verhältnismäßigkeit § 74b). Liegen jedoch die Voraussetzungen des § 74d vor, so muß eingezogen werden (BGH **23** 69, 267), vorbehaltlich der Verhältnismäßigkeit (BGH **23** 267).

5. Für die **Wirkung**, Ersatzeinziehung, selbständige Einziehung und Entschädigung gelten die allgemeinen Regeln der §§ 74c, e, f, 76a.

III. Das für eine Tat erlangte **Tatentgelt** unterliegt dem Verfall gem. § 73.

IV. Über die **Vermögensbeschlagnahme** als prozessuales Zwangsmittel vgl. § 443 StPO und hierzu Dallinger JZ 51, 624. Zur Anwendbarkeit des § 92b zum Schutz der NATO-Staaten vgl. 17ff. vor § 80.

Zweiter Abschnitt. Landesverrat und Gefährdung der äußeren Sicherheit

Vorbemerkungen zu den §§ 93ff.

Schrifttum: A. Arndt, Landesverrat, 1966. – *ders.*, Das Geheimnis im Recht, NJW 60, 2040. – *ders.*, Demokratische Rechtsauslegung am Beispiel des Begriffes „Staatsgeheimnis", NJW 63, 24. – *ders.*, Das Staatsgeheimnis als Rechtsbegriff und als Beweisfrage, NJW 63, 465. – *H. Arndt*, Die landesverräterische Geheimnisverletzung, ZStW 66, 41. – *Breithaupt*, Das illegale Staatsgeheimnis, NJW 68, 1712. – *ders.*, Nochmals: das illegale Staatsgeheimnis, NJW 69, 266. – *Fuss*, Pressefreiheit und Geheimnisschutz, NJW 62, 2225. – *Güde*, Die Geheimsphäre des Staates und die Pressefreiheit, 1959. – *Heinemann*, Der publizistische Landesverrat, NJW 63, 4. – *Hirsch*, Das sog. „illegale Staatsgeheimnis", NJW 68, 2330. – *Jagusch*, Pressefreiheit, Redaktionsgeheimnis, Bekanntmachen von Staatsgeheimnissen, NJW 63, 177. – *Jescheck*, Pressefreiheit und militärisches Staatsgeheimnis, 1964. – *ders.*, Die Behandlung des sog. illegalen Staatsgeheimnisses im neueren politischen Strafrecht, Engisch-FS 584. – *Kern*, Der Strafschutz des Staates und seine Problematik, 1963. – *Klug*, Ungeschriebene Tatbestandsmerkmale beim Staatsgeheimnisbegriff, Engisch-FS 570. – *Kohlmann*, Der Begriff des Staatsgeheimnisses und das verfassungsrechtliche Gebot der Bestimmtheit von Strafvorschriften, 1969. – *Lackner*, Landesverräterische Agententätigkeit, ZStW 78, 695. – *Lange*, Zur Preisgabe von Staatsgeheimnissen, JZ 65, 297. – *Laufhütte*, Staatsgeheimnis und Regierungsgeheimnis, GA 74, 52. – *Löffler*, Der Verfassungsauftrag der Presse, 1963. – *Lüttger*, Geheimschutz und Geheimnisschutz, GA 70, 129. – *Maihofer*, Pressefreiheit und Landesverrat, Blätter für deutsche und internationale Politik 1963, 1. – *ders.*, Staatsschutz im Rechtsstaat, Veröffentl. Nr. 53 der Evang. Akademie in Hessen u. Nassau. – *ders.*, Der Landesverrat, in: Reinisch, Die deutsche Strafrechtsreform, 1967, 151. – *Mittelbach*, Das Staatsgeheimnis und sein Verrat, JR 53, 288. – *Ridder-Heinitz*, Staatsgeheimnis und Pressefreiheit, 1963. – *Ridder-Stein*, Die Freiheit der Wissenschaft und der Schutz vor Staatsgeheimnissen, DÖV 62, 361. – *Schüssler*, Pressefreiheit und journalistischer Landesverrat, NJW 65, 282. – *F. Ch. Schroeder*, Der Schutz von Staat und Verfassung im Strafrecht, 1970. – *Stratenwerth*, Publizistischer Landesverrat, 1965. – *Stree*, Zur Problematik des publizistischen Landesverrats, JZ 63, 527. – *ders.*, Publizistischer Geheimnisverrat im Bereich des Staatsschutzes, ZStW 78, 663. – *ders.*, Die neuen Vorschriften über Landesverrat und Gefährdung der äußeren Sicherheit – eine halbherzige Reform, in: Mißlingt die Strafrechtsreform?, 1969, 171. – *Willms*, Staatsgeheimnis und politische Parteien, JZ 60, 159. – *ders.*, Landesverrat durch die Presse, DRiZ 63, 14. – *v. Weber*, Zum Begriff des Staatsgeheimnisses, JZ 64, 127. – *ders.*, Zum illegalen Staatsgeheimnis, JZ 66, 249. – *Woesner*, Das Mosaikgeheimnis im strafrechtlichen Staatsschutz, NJW 64, 1877. – *Zillmer*, Ist die Preisgabe illegaler Staatsgeheimnisse strafbar?, NJW 66, 910. – Vgl. ferner die Angaben Vorbem. vor § 80.

I. **Schutzobjekt** dieser Tatbestände ist die **äußere Machtstellung** der Bundesrepublik Deutschland in ihrem Verhältnis zu fremden Staaten. Diese Schutzrichtung kommt nicht nur in der Überschrift dieses Abschnitts zum Ausdruck, sondern ergibt sich auch daraus, daß speziell die „äußere Sicherheit" gefährdet sein muß (§ 93 I; vgl. auch § 93 RN 17ff.).

Durch diese Blickrichtung nach außen **unterscheiden** sich die Tatbestände des **Landesverrats** von denen des **Hochverrats** und der **Staatsgefährdung,** bei denen es vornehmlich um die innere Stabilität des Staates geht (vgl. 3 vor § 80). Eine scharfe Grenzziehung zwischen diesen Tatbestandsgruppen ist in der Praxis jedoch nur selten möglich, da angesichts der engen Wechselwirkung, die heute zwischen der Innen- und Außenpolitik besteht, auch scheinbar rein interne Angelegenheiten sowohl die innere wie die äußere Stabilität des Staates berühren können (vgl. Schroeder aaO 324 ff., 362 ff.). So z. B. wird die Vorbereitung zum Hochverrat meist durch landesverräterische Unternehmungen unterstützt werden und umgekehrt (vgl. RKG **2** 155, Kern aaO 7). Über die sich daraus ergebenden Konkurrenzprobleme vgl. 10 vor § 80.

3   II. Auch die äußere Stellung des Staates kann nicht in jeder Hinsicht strafrechtlich abgesichert werden. Erfaßt werden vielmehr im wesentlichen **nur** solche **Gefährdungen,** die der Bundesrepublik **durch die Offenbarung von Staatsgeheimnissen** oder sonstigen geheimhaltungsbedürftigen Gegenständen drohen. Dementsprechend liegt der Schwerpunkt dieses Abschnitts auf dem Schutz der im § 93 gesetzlich umschriebenen Staatsgeheimnisse. Dabei gilt als **Landesverrat** i. S. des § 94 jedoch nur die unmittelbare Mitteilung von Staatsgeheimnissen an eine bestimmte fremde Macht bzw. die Offenbarung eines Staatsgeheimnisses in der Absicht, die Bundesrepublik zu benachteiligen oder eine fremde Macht zu begünstigen. Auf diese Weise sollte der Reformforderung, den eigentlichen Landesverrat mehr auf „gemeine" Spione und Agenten zu beschränken, Rechnung getragen werden.

4   Bei den übrigen Tatbeständen dieses Abschnitts sind *drei Gruppen* zu unterscheiden. Zur *ersten* Gruppe, die man als **Landesverrat minderen Grades** bezeichnen kann, gehört das einfache, durch keine besondere Absicht und auch durch keine Beziehung zu einer bestimmten Fremdmacht qualifizierte Offenbaren von Staatsgeheimnissen (§ 95). Dieser Tatbestand ist insb. für die Fälle des sog. publizistischen Landesverrats gedacht, bei dem der Täter in durchaus loyaler Gesinnung einem öffentlichen Informationsbedürfnis dienen will (vgl. § 95 RN 1 mwN). Soweit dabei Leichtfertigkeit oder Fahrlässigkeit mit im Spiel ist, wird die Tat als Preisgabe von Staatsgeheimnissen (§ 97) bestraft. Bei der *zweiten* Gruppe handelt es sich um die **quasi-landesverräterische Offenbarung** von Tatsachen usw., die zwar keine echten Staatsgeheimnisse sind, deren Bekanntmachung aber unter bestimmten Umständen eine Gefahr für die Sicherheit der Bundesrepublik bedeutet. Dazu rechnen der Verrat von illegalen Geheimnissen i. S. des § 93 II (§ 97a) und die landesverräterische Fälschung (§ 100a). Auch die Offenbarung usw. vermeintlich illegaler Geheimnisse (§ 97b) sowie die geheimdienstliche Tätigkeit (vgl. § 99 RN 1 f.) gehören im wesentlichen hierher. In der *dritten* Gruppe schließlich sind bestimmte **Vorbereitungshandlungen** zum Landesverrat selbständig unter Strafe gestellt: so das Ausspähen und Auskundschaften von Staatsgeheimnissen (§§ 96, 97a S. 2), die Tätigkeit zur Erlangung von Staatsgeheimnissen (§ 98) und die landesverräterische Friedensgefährdung (§ 100).

5   III. Zum Schutz der **ausländischen NATO-Staaten** und ihrer in der BRep. stationierten Truppen vgl. 17 ff. vor § 80. Soweit gemeinsame Geheimnisse der NATO-Mitglieder betroffen sind, richtet sich die Tat auch gegen die BRep., so daß die §§ 93 ff. unmittelbar eingreifen (vgl. BGH MDR/H **80,** 105). Zum Schutz sog. **Euratom-Geheimnisse** vgl. Träger LK 9 vor § 93. Zum **räumlichen Geltungsbereich** der §§ 93 ff. vgl. 12 ff. vor § 80.

§ 93 Begriff des Staatsgeheimnisses

(1) **Staatsgeheimnisse sind Tatsachen, Gegenstände oder Erkenntnisse, die nur einem begrenzten Personenkreis zugänglich sind und vor einer fremden Macht geheimgehalten werden müssen, um die Gefahr eines schweren Nachteils für die äußere Sicherheit der Bundesrepublik Deutschland abzuwenden.**

(2) **Tatsachen, die gegen die freiheitliche demokratische Grundordnung oder unter Geheimhaltung gegenüber den Vertragspartnern der Bundesrepublik Deutschland gegen zwischenstaatlich vereinbarte Rüstungsbeschränkungen verstoßen, sind keine Staatsgeheimnisse.**

1   I. Die Vorschrift enthält eine **Legaldefinition** des **Staatsgeheimnisses.** In Abs. 1 werden zunächst die mehr tatsächlichen Elemente des Geheimnisbegriffes genannt (u. 2 ff.), während Abs. 2 normative Einschränkungen bringt (u. 24 ff.).

2   II. In positiver Hinsicht gehören zum Begriff des Staatsgeheimnisses folgende **Elemente (Abs. 1):**

3   **1. Objekt** des Staatsgeheimnisses können **Tatsachen, Gegenstände** oder **Erkenntnisse** sein. Die Grenzen zwischen diesen Begriffen sind fließend. Unter *Tatsachen* sind Ereignisse und Zustände der Vergangenheit oder Gegenwart zu verstehen, gleichgültig, ob es sich dabei um äußere oder innere Vorgänge (z. B. Absichten, Vorhaben) handelt (vgl. BGH **6** 385, **20** 342, H. Arndt ZStW 66, 44). Künftige Ereignisse sind als Vorausgesagtes zu den *Erkenntnissen* zu rechnen, zu denen insb. auch wissenschaftliche Formeln, politische Analysen oder wirtschaftliche Forschungsergebnisse gehören, nach BGH **24** 76 auch der aus mehreren Amtsgeheimnissen

Begriff des Staatsgeheimnisses 4–11 § 93

sich ergebende Erkenntnisgehalt. *Gegenstände* sind vor allem körperliche Sachen jeglicher Art, soweit sie einen geheimhaltungsfähigen Inhalt verkörpern. Schriften, Zeichnungen, Abbildungen, Modelle und Berichte über solche Tatsachen und Gegenstände können ihrerseits wieder Tatsachen i. S. des § 93 sein und als solche Schutz genießen. Der Mensch als solcher läßt sich nicht als Gegenstand ansehen (D-Tröndle 2; and. Rudolphi SK 6, Träger LK 2 unter Berufung auf BGH GA/W **61**, 141), so daß die Verschleppung eines Geheimnisträgers nicht unter § 94 fällt. Dagegen können besondere Merkmale einer Person als Tatsachen durchaus Objekt eines Staatsgeheimnisses sein, z. B. Einzelheiten über die Tätigkeit einer Person im Geheimbereich.

2. Diese Tatsachen usw. müssen z. Z. der Tat (vgl. BGH GA/W **63**, 289) noch **geheim** sein. **4** Als geheim gelten Tatsachen, **die nur einem begrenzten Personenkreis zugänglich sind.**

a) Ob dies der Fall ist, bestimmt sich nicht nach formellen Kriterien, sondern hängt allein **5** davon ab, daß nur ein bestimmter begrenzter Personenkreis von der betreffenden Tatsache Kenntnis hat oder erlangen kann. Demgemäß sind hier nicht nur Tatsachen geschützt, die bislang überhaupt noch nicht bekannt oder entdeckt waren und schon deshalb gar nicht formell sekretiert werden konnten (vgl. Stratenwerth aaO 30f.), sondern auch solche, die, ohne ausdrücklich unter Verschluß genommen zu sein, nach dem Charakter ihres Inhalts oder der Art ihrer Behandlung auf die Kenntnis bestimmter Personen beschränkt bleiben sollen (sog. **materieller Geheimnisbegriff**). Zwar ist zuzugeben, daß durch den Verzicht auf eine *formelle* Sekretur die Rechtsanwendung mit einer gewissen Unsicherheit behaftet ist (deshalb Bedenken gegen die Verfassungsmäßigkeit bei Fuss NJW 62, 2226, Heinemann NJW 63, 7, Löffler, Verfassungsauftrag S. 87, Maihofer, Staatsschutz S. 28ff., Strafrechtsreform S. 156, 160, Ridder aaO 26, 43). Dennoch ist der materielle dem formellen (und damit auch einem materiellformellen) Geheimnisbegriff vorzuziehen, da damit einerseits auch solche geheimhaltungsbedürftigen Tatsachen einbezogen werden, die sich einer formellen Sekretur entziehen (z. B. Truppenbewegungen; vgl. Woesner NJW 67, 757), und andererseits der Gefahr vorgebeugt wird, daß durch übereifrige Sekretur die Möglichkeit öffentlicher Kritik und Meinungsbildung ungebührlich beschnitten wird; vgl. Baumann JZ 66, 333, Heinitz aaO 13, 41, Jescheck JZ 67, 9, M-Schroeder II 247, Stree JZ 63, 529, ZStW **78**, 675ff., Willms DRiZ 63, 14f.

Zu beachten bleibt jedoch, daß in verschiedenen *Einzeltatbeständen* der materielle Geheimnisbegriff **6** durch gewisse *formelle* Kriterien eingeschränkt wird; so z. B. in §§ 95, 96 II, 97.

b) Nicht erforderlich ist, daß es sich bei dem **begrenzten Personenkreis** um staatliche Stellen **7** oder gar um besondere Geheimnisträger handelt. Auch die Mitglieder eines chemischen Labors, die eine waffentechnisch bedeutsame Entdeckung machen, oder der Journalist, der auf die bislang unbekannte Absturzstelle eines Militärflugzeuges stößt, können noch ein begrenzter Personenkreis in diesem Sinne sein. Vgl. hierzu Laufhütte GA 74, 54f.

c) Entscheidend ist die begrenzte **Zugänglichkeit.** Daher kommt es allein auf die Möglichkeit **8** der begrenzten Kenntnisnahme an. Das bedeutet einerseits, daß eine Tatsache schon dann nicht mehr geheim ist, wenn nach den konkreten Umständen beliebige Dritte von ihr Kenntnis nehmen können (z. B. ein auf einer Straße verlorenes Geheimpapier; and. insoweit Träger LK 6); inwieweit dies bereits auch tatsächlich geschehen ist, kann demgegenüber nicht von entscheidender Bedeutung sein (vgl. Baumann JZ 66, 334). Andererseits sind noch begrenzt zugänglich alle Tatsachen, die entweder bislang noch völlig unbekannt waren oder gerade erst von einem begrenzten Personenkreis (Forscherteam usw.) entdeckt wurden. Dies ist vor allem auch für Erfinder von Bedeutung. Soweit ein Geheimhaltungsbedürfnis besteht, sind auch sie zur Veröffentlichung nicht befugt (vgl. M-Schroeder II 248, Ridder-Stein DÖV 62, 361); vgl. dazu ergänzend §§ 31 V, 50–54 PatentG und § 3a GebrauchsmusterG.

Zugänglich ist die Tatsache zudem nur dann, wenn sie in ihrem *sachlichen* Aussagegehalt **9** *erkennbar* ist (vgl. BGH **7** 235). Daher kann ein Vorgang, der als Faktum bereits allgemein bekannt ist, trotzdem noch geheim sein, wenn seine wahre Bedeutung nur für eingeweihte Kreise durchschaubar ist (Träger LK 4). Auch was gerüchteweise bekannt ist, kann noch geheim sein, falls es noch einer Bestätigung oder Ergänzung bedarf (vgl. D-Tröndle 14).

d) Die Eigenschaft als Staatsgeheimnis entfällt noch nicht deswegen, weil es einer **fremden Macht 10 bekannt** ist, es sei denn, nur gegenüber dieser Macht ist die Geheimhaltung erforderlich gewesen. Mitteilungen an die bereits unterrichtete Macht verursachen aber nicht die in den §§ 94ff. vorausgesetzte Gefahr für die BRep. Es bleibt allerdings die Möglichkeit eines Versuchs.

e) Tatsachen hingegen, von denen jedermann Kenntnis hat oder erlangen kann (vgl. das **11** Beispiel bei BGH NJW **65**, 1190f.), können nicht mehr als geheim angesehen werden, mag auch ein noch so großes Interesse an ihrer Geheimhaltung gegenüber ausländischen Stellen bestehen (vgl. Jescheck JZ 67, 9, Stratenwerth aaO 12ff., 29, Träger LK 5; and. RG **10** 421; vgl. auch H. Arndt ZStW **66**, 50, BGE **65** I 50 sowie Nef FG f. K. Weber, 1950, 109, 111). Das ist vor allem für die sog. **Mosaiktheorie** von Bedeutung. Danach sollen die aus bereits bekannten oder zumindest allgemein zugänglichen Quellen gezogenen Erkenntnisse jedenfalls dann noch Geheimnischarakter haben, wenn sie ein neuartiges, bislang nur einem begrenzten Personenkreis bekanntes Gesamtbild von bestimmten geheimhaltungsbedürftigen Tatsachen ergeben; so z. B. die aus einer systematischen Auswertung an sich bekannter Produktionsziffern oder strategisch bedeutsamer Verkehrspunkte gezogenen Rückschlüsse auf einen bestimmten Verteidigungsplan (vgl. RG 25 50, BGH 7 234, **15** 17; im Prinzip auch Bremen NJW **64,** 2363; vgl. ferner H. Arndt ZStW 66, 50, Jescheck JZ 67, 9, Kern aaO 34, Woesner NJW 64, 1878f.).

12   Gewiß ist zuzugeben, daß ein derartiger Geheimnisbegriff nicht zuletzt mit legitimen Informationsbedürfnissen in Konflikt geraten kann; deshalb wird die Mosaiktheorie – zumindest für den Bereich des publizistischen Landesverrats – u. a. abgelehnt von BVerfGE **20** 180f. (Minderheitsvotum), A. Arndt, Landesverrat S. 31ff., NJW 60, 2040, Baumann JZ 66, 334, Stratenwerth aaO 19ff., 29, Stree ZStW 78, 678ff. Diesen Bedenken wollte auch der Gesetzgeber Rechnung tragen (vgl. Prot. V 12, 67ff., BT-Drs. V/2860 S. 15f.). Ob jedoch sein Versuch, die Mosaiktheorie aus der Neufassung des § 93 zu verbannen, völlig geglückt ist, erscheint fraglich (bejahend jedoch Jescheck Engisch-FS 592; vgl. auch Kohlmann aaO 317). Denn solange schon bloße „Erkenntnisse" Geheimnis sein können, läßt sich auch die Möglichkeit systematisch erarbeiteter Gesamtbilder mit neuartigem Erkenntnisgehalt nicht völlig ausschließen. Entweder man betrachtet nur solche Erkenntnisse als geheim, die ihrerseits auf nicht allgemein zugänglichen Tatsachen beruhen (vgl. BGH **24** 76); dann aber wäre bereits die Mitteilung dieser Erkenntnisgrundlagen Geheimnisverrat, ohne daß es auf das daraus gezogene Erkenntnis überhaupt noch ankäme. Oder man gesteht auch den Erkenntnissen einen eigenständigen Geheimnisgehalt gegenüber dem zugrundeliegenden Tatsachenmaterial zu; dann aber muß man auch bereit sein anzuerkennen, daß die aus den an sich allgemein zugänglichen Quellen geschöpften Erkenntnisse ihrerseits wieder Geheimnisse sein können, sofern dadurch bislang unbekannte Beziehungen aufgedeckt oder Einzelheiten in ein neues Licht gerückt werden.

13   Freilich muß es sich dabei immer um Erkenntnisse handeln, die ihrerseits nur einem begrenzten Personenkreis zugänglich sind. Daran fehlt es dort, wo das aus bekannten Einzeltatsachen zusammengesetzte Mosaik auf reiner Fleißarbeit beruht, die praktisch jedermann erbringen könnte. Anders ist es dagegen dort, wo die Erkenntnis nur durch den Einsatz *besonderer,* nicht jedermann zur Verfügung stehender technischer oder geistiger *Mittel* gewonnen werden kann und damit nur bestimmten qualifizierten Personen offensteht (vgl. auch BT-Drs. V/2860 S. 16, Krauth-Kurfess-Wulf JZ 68, 609f., Laufhütte GA 74, 55, Rudolphi SK 17, Träger LK 5). Dabei sind strenge Maßstäbe anzulegen. Sind diese Voraussetzungen aber gegeben, so kann, falls auch die sonstigen Geheimniselemente vorliegen, die Mitteilung der Erkenntnis Landesverrat sein, während die Weitergabe der bekannten Einzelfakten für sich allein nur nach § 99 strafbar wäre. Allerdings kommt hier auch Beihilfe zum Landesverrat in Betracht, wenn der Mitteilende weiß, daß andere die aus seinen Einzelfakten gezogenen Erkenntnisse weitergeben.

14   3. Geheimnisse werden zu Staatsgeheimnissen, wenn sie vor einer fremden Macht geheimgehalten werden müssen, um die Gefahr eines schweren Nachteils für die äußere Sicherheit der Bundesrepublik Deutschland abzuwenden **(Geheimhaltungsbedürftigkeit).**

15   a) Das Geheimhaltungsbedürfnis muß **gegenüber** einer **fremden Macht** bestehen. Nicht erforderlich ist, daß es sich bei dieser Macht um ein völkerrechtlich anerkanntes Staatsgebilde oder um dessen legale Regierung handelt (Träger LK 10). Auch Exilregierungen oder aufständische Gruppen innerhalb eines fremden Staatsgebietes können eine derartige Macht darstellen, sofern sie staatliche Funktionen wahrnehmen wollen. Bei reinen Gangsterbanden (z. B. Mafia) ist dies nicht der Fall.

16   **Fremd** sind nur ausländische Mächte, einschließlich etwa verbündeter Staaten (so z. B. NATO-Partner). Dagegen sind die Regierungen der Länder der Bundesrepublik in ihrem Verhältnis zueinander keine fremden Regierungen, ebensowenig etwaige innerstaatliche Machtgruppen. Bei ihrer Förderung kommt daher allenfalls Hochverrat oder eine Straftat nach § 353b in Betracht.

17   b) Die Geheimhaltungsbedürftigkeit richtet sich allein nach der **äußeren Sicherheit der Bundesrepublik,** d. h. deren Fähigkeit, sich gegen Eingriffe von außen her zu wehren. In welcher Weise die Sicherheit gefährdet würde, ob durch Verrat politischer, militärischer, nachrichtendienstlicher oder wirtschaftlicher Geheimnisse, ist gleichgültig; entscheidend ist nur, daß dadurch die äußere Machtstellung der Bundesrepublik nachteilig berührt wird (vgl. BGH **18** 338 [Betriebsgeheimnisse einer Privatfirma]; ferner BGH **24** 75, Jescheck JZ 67, 9, Maihofer, Strafrechtsreform S. 154, Träger LK 13; vgl. aber auch v. Weber JZ 64, 128). Demgemäß reicht etwa die Schädigung von reinen Parteiinteressen nicht aus (vgl. Willms JZ 60, 159).

18   Diese Ausrichtung an der äußeren Sicherheit ist auch für die etwaige Abwägung einander **widerstreitender Interessen** zu beachten. Wo etwa die Nachteile, die durch Offenbarung eines

Geheimnisses gegenüber dem Staat A eintreten, durch außenpolitische Vorteile gegenüber dem Staat B wieder aufgehoben werden, kann es in der **Gesamtbeurteilung** an einer Gefährdung der äußeren Sicherheit der Bundesrepublik fehlen (vgl. dagegen aber Träger LK 17). Dagegen ist es nicht möglich, etwaige innen- oder gesamtpolitische Vorteile, die sich beispielsweise für die demokratische Willensbildung ergeben können, bereits im Rahmen des Staatsgeheimnisses gegenüber dem außenpolitischen Schaden eines Verrats aufzuwiegen (D-Tröndle 7, Schroeder aaO 415; and. zu § 99 a. F. Stree JZ 63, 530, ZStW 78, 668 ff., 688 ff., ähnlich BVerfGE 20 180 f. [Minderheitsvotum], hiergegen Krey ZStW 79, 110 f.). Hier ist ein Interessenausgleich allenfalls auf der Rechtfertigungsebene (z. B. auf Grund rechtfertigenden Notstands) möglich, es sei denn, es handelt sich um illegale Geheimnisse, die in Abs. 2 aus dem Begriff des Staatsgeheimnisses herausgenommen sind (u. 24 ff.).

Geschützt ist nur die äußere Sicherheit der **Bundesrepublik**. Geheimnisse der Länder sind 19 daher nur insoweit geschützt, als ihre Veröffentlichung zugleich die äußere Sicherheit der BRep. gefährden würde. Auch supranationale Gemeinschaften sind nicht erfaßt (vgl. auch Schafheutle JZ 51, 616). Zum Schutz von Geheimnissen der NATO oder eines Entsendestaates i. S. des NATO-Truppenstatuts vgl. BGH 6 335, Bay 67, 85, Jescheck Engisch-FS 598 sowie 17 ff. vor § 80. Gemeinsame Geheimnisse der NATO-Mitglieder dienen indes auch dem Schutz der BRep. (BGH MDR/H 80, 105).

c) Ein Geheimhaltungsbedürfnis besteht jedoch nur, wenn das Bekanntwerden des Geheim- 20 nisses bei einer fremden Macht die **Gefahr eines schweren Nachteils** für die äußere Sicherheit der BRep. begründet. Für das Erfordernis der Geheimhaltung kommt es nur auf eine abstrakte Gefahr an (Lackner 1 c bb, Träger LK 14; vgl. auch Schneidewin JR 54, 244 zu § 99 a. F.). Diese muß aber, wenn der geheimzuhaltende Gegenstand einer fremden Macht zur Kenntnis gelangt, zur konkreten Gefahr werden. Der dann drohende Nachteil muß schwer sein; die äußere Sicherheit der BRep. muß in gewichtiger Weise nachteilig betroffen sein (vgl. BGH 24 75). Das wird bei leichten außenpolitischen Verstimmungen regelmäßig noch nicht der Fall sein, dagegen dort, wo Repressalien oder Isolierversuche des fremden Staates oder auch nachteilige Verschiebungen innerhalb eines Bündnissystems zu befürchten sind. Auch bei Gegenständen von geringem eigenem Nachrichtengehalt wird es regelmäßig an einer derartigen Gefahr fehlen (vgl. BGH 20 381, NJW 65, 1191, A. Arndt, Landesverrat S. 39, Jescheck JZ 67, 9).

Der Nachteil für die äußere Sicherheit muß durch eventuelle Maßnahmen fremder Mächte 21 drohen. Angriffe von innenpolitischen Gruppen reichen selbst dann nicht aus, wenn dadurch die äußere Sicherheit berührt wird. Das gilt auch für die reine Industriespionage, die nur ausländischen Unternehmen, nicht dagegen deren Regierungen zugute kommen soll (vgl. BGH 18 338, v. Weber JZ 65, 128). Unerheblich ist dagegen, auf welche Weise die Sicherheit der Bundesrepublik beeinträchtigt werden könnte (vgl. BGH 24 72). Es genügt z. B., daß sich das Ausland Geheimnisse, die zum Schutze des inneren Friedens dienen, zunutze machen könnte, um durch Unterstützung innerer Unruhen die Stellung der BRep. zu schwächen. Vgl. auch H. Arndt ZStW 66, 54, Schroeder aaO 362 f.

d) **Nicht** erforderlich ist ein besonderer subjektiver **Geheimhaltungswille** seitens bestimmter 22 Staatsorgane. Nach dem materiellen Geheimnisbegriff kommt es allein auf die sachliche Bedeutung der Nachricht und ihre objektive Geheimhaltungsbedürftigkeit an (vgl. BGH 7 235, H. Arndt ZStW 66, 48, Stratenwerth aaO 29 f., Träger LK 7; and. u. a. Köln MDR 53, 374, Jescheck, Pressefreiheit S. 17). Vgl. aber auch §§ 95, 96 II, 97.

4. Zum Begriff des Staatsgeheimnisses gehört ferner, daß er **echt** ist, d. h. daß der in ihm 23 verkörperte Aussagegehalt der Wahrheit entspricht. Dies ist nicht zuletzt § 100 a zu entnehmen, der unter bestimmten Voraussetzungen den „Verrat" fingierter Geheimnisse gesondert unter Strafe stellt.

III. Eine wesentliche Einschränkung erfährt der Geheimnisbegriff durch **Abs. 2**. Danach sind 24 in negativer Hinsicht alle **Tatsachen** aus dem Begriff des Staatsgeheimnisses auszuscheiden, **die gegen die freiheitliche demokratische Grundordnung oder** unter Geheimhaltung gegenüber den Vertragspartnern der Bundesrepublik Deutschland **gegen zwischenstaatlich vereinbarte Rüstungsbeschränkungen verstoßen.**

1. Mit dieser Ausscheidung sog. **illegaler Staatsgeheimnisse** versucht der Gesetzgeber dem Kon- 25 flikt Rechnung zu tragen, der sich zwischen dem außenpolitischen Bedürfnis nach Geheimhaltung und dem rechtsstaatlichen Interesse an der Aufdeckung illegaler Vorgänge im staatlichen Bereich ergeben kann. Daß hier dem berechtigten Informationsbedürfnis der Öffentlichkeit aus gesamtpolitischen Gründen u. U. der Vorzug zu geben ist, war schon nach früherem Recht weitgehend anerkannt (vgl. 14. A. § 99 RN 11; and. noch RG 62 65, v. Weber RG-FG V 194 ff.). Strittig war jedoch, ob die Offenbarung solcher Tatsachen nur gerechtfertigt sein soll (so u. a. v. Weber JZ 66, 249 ff.; vgl. auch Noll ZStW 77, 12, Wagner DRiZ 66, 253, Zillmer NJW 66, 911 ff.) oder ob diesen bereits der

Charakter eines Staatsgeheimnisses abzusprechen sei (so A. Arndt, Landesverrat S. 15 ff., NJW 63, 24 u. 66, 25, Maihofer, Strafrechtsreform S. 162 ff., wohl auch Baumann JZ 66, 334 f.; vgl. ferner Fuss NJW 62, 2227, Jescheck, Pressefreiheit S. 29); teils wurden auch vermittelnde Lösungen angestrebt (Stratenwerth aaO 45 f., Stree JZ 63, 529 f.); vgl. ferner Heinitz aaO 10 f., 14, Krey ZStW 79, 119, die den Ausschluß des illegalen Staatsgeheimnisses über das Kriterium des „Wohles" der BRep. versuchten.

26 2. Der Gesetzgeber hat den Streit – jedenfalls im Prinzip – i. S. der **Tatbestandslösung** entschieden (vgl. aber auch u. 27). **Illegale** Zustände i. S. des Abs. 2 sind schon tatbestandlich aus dem Begriff des Staatsgeheimnisses herausgenommen (vgl. dazu krit. Stree in: Mißlingt die Strafrechtsreform? S. 180 f.). Darunter fallen nicht schon Rechtsverstöße jeder Art. Vielmehr muß es sich entweder um Verstöße gegen die freiheitliche demokratische Grundordnung (dazu § 86 RN 5) oder gegen zwischenstaatlich vereinbarte Rüstungsbeschränkungen handeln. Ob sich die betreffende Stelle ihres Verstoßes bewußt ist, ist unerheblich. Jedoch muß bei Verletzung von Rüstungsvereinbarungen hinzukommen, daß der Verstoß unter Geheimhaltung gegenüber den Vertragspartnern der BRep. erfolgt ist (krit. dazu Breithaupt NJW 68, 1712). Als Vertragspartner kommen insb. die NATO-Staaten in Betracht, doch ebenso sonstige Partner von Verteidigungs- oder Abrüstungsvereinbarungen (z. B. des WEU-Vertrages). Hatten die an der Vereinbarung beteiligten Vertragspartner Kenntnis von der Vertragsverletzung, so entfällt die Illegalität. Voraussetzung ist Kenntnis aller Vertragspartner (Lackner 3a bb, Rudolphi SK 36, Träger LK 23; and. D-Tröndle 11).

27 3. Angesichts der engen Grenzen des Abs. 2 bleibt damit nach wie vor ein weites Feld von illegalen Sachverhalten im Schutzbereich des Staatsgeheimnisses. Dies kann jedoch nicht bedeuten, daß deren Offenbarung damit in jedem Falle rechtswidrig sein müßte. Denn auch an Vorgängen, die nicht den von Abs. 2 vorausgesetzten Grad von Illegalität erreichen, kann in einem demokratischen Rechtsstaat ein legitimes Informationsinteresse bestehen. Diesem Bedürfnis kann nunmehr jedoch allenfalls auf der **Rechtfertigungsebene** Rechnung getragen werden, wobei insb. die Grundsätze des rechtfertigenden Notstands heranzuziehen sind (vgl. BGH **20** 343). Dabei sind das an der äußeren Sicherheit ausgerichtete Geheimhaltungsinteresse auf der einen Seite und das gesamtpolitische Offenbarungsinteresse auf der anderen Seite gegeneinander abzuwägen. In jedem Falle muß aber die für die äußere Sicherheit u. U. höchst gefährliche Bekanntgabe illegaler Staatsgeheimnisse die ultima ratio bleiben. Wenn andere, für die äußere Sicherheit weniger nachteilige Möglichkeiten bestehen, um einen illegalen Zustand abzuhelfen, müssen nach dem Grundsatz der Verhältnismäßigkeit der Mittel zunächst diese wahrgenommen werden. Demgegenüber läßt sich auch aus Art. 5 GG keine Bekanntgabebefugnis „um jeden Preis" herleiten (BGH **20** 362 f.). Das gilt auch für die Presse; vgl. dazu § 95 RN 17.

28 4. Die praktische Bedeutung des Abs. 2 ist indes dadurch erheblich eingeschränkt, daß durch § 97 a unter bestimmten Voraussetzungen auch der **Verrat von illegalen Geheimnissen** i. S. des Abs. 2 unter Strafe gestellt ist (vgl. Jescheck Engisch-FS 594). Immerhin bleibt aber auch danach die Offenbarung derartiger Geheimnisse durch die Presse regelmäßig straffrei; vgl. näher § 97a RN 1, 5. Bei **irriger** Annahme der **Illegalität** eines Staatsgeheimnisses hingegen kommt der Irrtumstatbestand des § 97 b in Betracht.

§ 94 Landesverrat

(1) **Wer ein Staatsgeheimnis**
1. **einer fremden Macht oder einem ihrer Mittelsmänner mitteilt oder**
2. **sonst an einen Unbefugten gelangen läßt oder öffentlich bekanntmacht, um die Bundesrepublik Deutschland zu benachteiligen oder eine fremde Macht zu begünstigen,**

und dadurch die Gefahr eines schweren Nachteils für die äußere Sicherheit der Bundesrepublik Deutschland herbeiführt, wird mit Freiheitsstrafe nicht unter einem Jahr bestraft.

(2) **In besonders schweren Fällen ist die Strafe lebenslange Freiheitsstrafe oder Freiheitsstrafe nicht unter fünf Jahren. Ein besonders schwerer Fall liegt in der Regel vor, wenn der Täter**
1. **eine verantwortliche Stellung mißbraucht, die ihn zur Wahrung von Staatsgeheimnissen besonders verpflichtet, oder**
2. **durch die Tat die Gefahr eines besonders schweren Nachteils für die äußere Sicherheit der Bundesrepublik Deutschland herbeiführt.**

Schrifttum: Vgl. die Angaben zu 1 vor § 93.

Landesverrat 1–11 § 94

I. Die Vorschrift regelt den **Landesverrat i. e. S.** Über das Verhältnis zu den übrigen Tatbeständen dieses Abschnitts vgl. 3f. vor § 93 sowie u. 27. 1

II. Objekt des Landesverrats können nur **echte Staatsgeheimnisse** i. S. des § 93 sein; dazu 2 näher dort RN 3ff. Über den Verrat von illegalen Geheimnissen i. S. des § 93 II vgl. § 97a. Über die Bekanntmachung sog. falscher Staatsgeheimnisse vgl. § 100a. Zum **Schutz** der Vertragsstaaten des **NATO**-Vertrages vgl. 17ff. vor § 80.

III. Der **Tatbestand** kann durch Mitteilung des Staatsgeheimnisses an eine fremde Macht 3 verwirklicht werden (Nr. 1) oder dadurch, daß der Täter das Geheimnis in besonderer Absicht an einen Unbefugten gelangen läßt oder öffentlich bekanntmacht (Nr. 2).

1. Die **Mitteilung** des Staatsgeheimnisses **an eine fremde Macht** oder einen ihrer **Mittels-** 4 **männer** (Abs. 1 Nr. 1).

a) **Empfänger** des Staatsgeheimnisses kann entweder die fremde **Macht** (vgl. § 93 RN 15f.), 5 d. h. ein sie repräsentierendes Organ, oder einer ihrer **Mittelsmänner** sein. Zu letzteren zählen alle Personen, die für die fremde Macht tätig sind, ohne Rücksicht darauf, wie ihr Verhältnis zu dieser rechtlich oder tatsächlich ausgestaltet ist. Die Mitteilung an Mittelsmänner ist vor allem deswegen von Bedeutung, weil damit das Delikt vollendet ist, ohne daß das Geheimnis in den unmittelbaren Besitz der fremden Macht gelangt.

b) **Mitteilung** ist jede Form der Weitergabe, durch die der Empfänger in den Besitz des 6 Staatsgeheimnisses gelangt oder von seinem Inhalt Kenntnis erhält. Ob dies mündlich oder schriftlich geschieht oder auf welche Weise sonst (z. B. verschlüsselte Zeitungsanzeige) die Übermittlung erfolgt, ist unerheblich. Mitgeteilt sein kann daher ein Geheimnis auch durch rein tatsächliche Übergabe eines Gegenstandes, der das Geheimnis darstellt, oder dadurch, daß einem Mittelsmann durch ein Unterlassen ermöglicht worden ist, das Staatsgeheimnis zu erlangen. Setzt sich ein Staatsgeheimnis aus zwei Erkenntnishälften zusammen, die getrennt gesichert werden, so genügt die Übermittlung der einen Hälfte nur, wenn die fremde Macht oder der Mittelsmann bereits im Besitz des anderen Teils ist (BGH **25** 149).

Eine Mitteilung i. S. des Abs 1 Nr. 1 liegt jedoch nur dann vor, wenn sie **unmittelbar** 7 gegenüber der fremden Macht oder einem ihrer Mittelsmänner erfolgt. Dies ergibt der Vergleich mit Nr. 2 sowie den Tatbeständen der §§ 95, 97 und 97a (vgl. BT-Drs. V/2860 S. 17). Daher ist Nr. 1 nicht gegeben, wenn das Staatsgeheimnis an einen Unbefugten, der weder Repräsentant noch Mittelsmann einer fremden Macht ist, übergeben wird oder die Bekanntmachung öffentlich, z. B. durch die Presse, erfolgt. Die Unterscheidung zwischen den beiden Modalitäten der Bekanntgabe beruht auf der Erwägung, daß das unmittelbare Tätigwerden für fremde Mächte und Agenten besonders gefährlich erscheint. Vgl. auch § 97a RN 1.

2. Der Verrat kann ferner dadurch begangen werden, daß der Täter das Staatsgeheimnis sonst 8 an einen **Unbefugten gelangen läßt oder öffentlich bekanntmacht,** um die BRep. zu benachteiligen oder eine fremde Macht zu begünstigen (Abs. 1 Nr. 2).

a) Für das **Gelangenlassen** genügt jedes Tun oder Unterlassen, durch das ein Unbefugter 9 Kenntnis vom Staatsgeheimnis oder Gewahrsam an diesem erlangt, z. B. durch Liegenlassen (BGH LM **Nr. 3** zu § 100 a. F., Lange JZ 65, 297; vgl. ferner H. Arndt ZStW 66, 61). Besitzergreifung reicht aus (vgl. BGH GA/W **61**, 141 Nr. 7). Der Empfänger braucht selbst nicht Kenntnis vom Inhalt des Erlangten zu nehmen; so z. B., wenn er nur – gut- oder bösgläubiger – Bote des eigentlichen Adressaten ist (vgl. Bay **54**, 89). Auch der Täter selbst braucht keine Kenntnis vom Inhalt des Geheimnisses zu haben, sofern er nur weiß oder damit rechnet, daß es sich bei den an einen Unbefugten weitergegebenen Gegenständen um Staatsgeheimnisse handelt. Zur Abgrenzung des Gelangenlassens von der Mitteilung an die fremde Macht i. S. der Nr. 1 vgl. o. 6f.

Unbefugt ist jeder, dem gegenüber der Täter nicht offenbarungspflichtig oder offenbarungs- 10 berechtigt ist (M-Schroeder II 253, Willms JZ 60, 159). Die Befugnis zur Kenntnisnahme kann auf deutschem oder internationalem Recht beruhen. Weder der Presse (vgl. dazu § 95 RN 17) noch den Mitgliedern politischer Parteien steht generell ein solches Recht zu. Das gilt insb. auch für den Parteivorsitzenden, der als Ressortminister Geheimnisträger ist, im Verhältnis zu seinen Parteigremien oder sonstigen Parteimitgliedern; vgl. M-Schroeder II 253, Willms JZ 60, 160f. Auch *Abgeordnete* sind nicht generell zur Erlangung von Staatsgeheimnissen befugt (Träger LK 4; and. offenbar BT-Drs. V/2860 S. 17), es sei denn, sie werden i. S. des § 97b I Nr. 3 zur Abhilfe gegen ein vermeintlich illegales Geheimnis angerufen.

b) Bei der **öffentlichen Bekanntmachung** eines Staatsgeheimnisses handelt es sich lediglich 11 um einen Sonderfall des Gelangenlassens an Unbefugte. Ob dies durch die Presse oder durch Offenbarung in der Öffentlichkeit (dazu § 186 RN 19) geschieht, ist unerheblich.

Stree

§ 94 12-19 Bes. Teil. Landesverrat und Gefährdung der äußeren Sicherheit

12 c) Bei beiden Alternativen der Nr. 2 ist die Offenbarung des Staatsgeheimnisses nur dann nach § 94 strafbar, wenn sie in einer **besonderen Absicht** erfolgt: nämlich entweder, um die Bundesrepublik zu benachteiligen, oder in der Absicht, eine fremde Macht zu begünstigen. Wie sich aus dem Schutzobjekt des Landesverrats ergibt (vgl. dazu 1 vor § 93), muß durch diese Benachteiligung bzw. Begünstigung zum mindesten auch die außenpolitische Machtkonstellation der betroffenen Staaten berührt sein (Rudolphi SK 14; and. D-Tröndle 5, Lackner 5b, Träger LK 7). Erforderlich ist zielgerichtetes Handeln. Deshalb ist ein Täter, dem es nur auf das Entgelt ankommt, allenfalls nach § 95 strafbar (D-Tröndle 5).

13 3. Der Verrat muß sowohl im Fall der Nr. 1 wie der Nr. 2 zur Folge haben, daß dadurch die **Gefahr eines schweren Nachteils für die äußere Sicherheit der Bundesrepublik Deutschland** herbeigeführt wird. Zum Begriff des schweren Nachteils vgl. § 93 RN 17ff. Anders als für die Begründung der Geheimhaltungsbedürftigkeit (vgl. § 93 RN 20) reicht hier eine abstrakte Gefährdung nicht aus; vielmehr muß das Stadium einer **konkreten Gefahr** erreicht sein (vgl. dazu Bay NJW **57**, 1328, Jescheck JZ 67, 9, Lange JZ 65, 297, M-Schroeder II 254, Schneidewin JR 54, 244, D-Tröndle 4). An einer Gefährdung fehlt es z. B., wenn einem Agenten geheimes Material in die Hände gespielt wird, um ihn zu überführen, und seine Festnahme vor Weitergabe des Materials erfolgt. Ebenso wird regelmäßig eine Gefährdung zu verneinen sein, wenn der Unbefugte entsprechend einem vorher gefaßten Entschluß das ihm übergebene geheime Schriftstück einer zuständigen Behörde abliefert (vgl. BGH LM **Nr. 6** zu § 100 a. F., weiter H. Arndt ZStW 66, 64).

14 Auch hier kommt, wie im Rahmen des Staatsgeheimnisbegriffes (vgl. § 93 RN 18), eine **Saldierung** außenpolitischer Nachteile und innenpolitischer Vorteile **nicht** in Betracht (BT-Drs. V/2860 S. 17f., Träger LK 9; and. Heinitz aaO 10f., 14, Krey ZStW 79, 119; vgl. auch A. Arndt, Landesverrat S. 78, NJW 63, 467); vielmehr kommt es allein auf die Gefährdung der äußeren Sicherheit an (so schon zu § 99 II a. F. Schneidewin JR 54, 244). Auch insoweit kann daher ein Interessenausgleich allenfalls auf der Rechtfertigungsebene erfolgen, es sei denn, es handelt sich um illegale Geheimnisse i. S. von § 93 II. Allerdings kommt für Landesverräter i. S. des § 94 I Nr. 1 dann § 97a in Frage.

15 IV. Für den Ausschluß der Rechtswidrigkeit gelten die **allgemeinen Rechtfertigungsgründe**. Für eine Rechtfertigung auf Grund rechtfertigenden Notstandes, wie sie etwa dem Publizisten, der im öffentlichen Informationsinteresse handelt, bei § 95 zugute kommen kann (vgl. dort RN 12ff.), wird im Rahmen des § 94 regelmäßig kein Raum sein, da hier entweder ein konspiratives Zusammenwirken mit einer fremden Macht oder eine illoyale Absicht vorausgesetzt wird – beides Umstände, die eine Rechtfertigung regelmäßig ausschließen.

16 V. 1. Für den **subjektiven Tatbestand** ist in allen Alternativen Vorsatz erforderlich. Wie sich aus dem Vergleich mit § 97 ergibt, muß sich der Vorsatz insb. auch auf die Gefährdung der äußeren Sicherheit erstrecken (vgl. Träger LK § 93 RN 19, Schmidt-Leichner NJW 51, 861, H. Arndt ZStW 66, 70, Woesner NJW 64, 1879). Grundsätzlich genügt auch hinsichtlich der Gefährdung bedingter Vorsatz (vgl. BGH **20** 100, MDR **64**, 69, GA/W **61**, 143, Träger LK 11); deshalb reicht aus, daß der Täter mit der Möglichkeit der gefahrbringenden Verwertung des Geheimnisses durch den Empfänger gerechnet und sie in Kauf genommen hat (RKG **2** 47). Soweit es dagegen um die bei Nr. 2 erforderliche Benachteiligungsabsicht geht, ist zielgerichtetes Handeln erforderlich (vgl. o. 12); jedoch reicht auch hier hinsichtlich des „schweren Nachteils" i. S. des Gefährdungserfordernisses dolus eventualis aus. Bei der Preisgabe von Geheimnissen der NATO muß der Täter wissen, daß seine Mitteilungen Tatsachen in sich schließen, die deutsche Belange betreffen und wegen der äußeren Sicherheit der BRep. geheimhaltungsbedürftig sind. Nicht erforderlich ist, daß der Täter die verratene Tatsache rechtlich als „Staatsgeheimnis" einordnet; es genügt, daß ihm die – ein Staatsgeheimnis konstituierenden – Umstände (geheime Tatsache, Geheimhaltungsbedürftigkeit usw.) bekannt sind. Glaubt er, ein Staatsgeheimnis setze formale Sekretur voraus, so liegt nur ein Subsumtionsirrtum vor.

17 2. Für den Fall, daß der Täter die verratene Tatsache **irrig** für ein illegales Geheimnis i. S. des § 93 II gehalten hat, kann der besondere Irrtumstatbestand des § 97b in Betracht kommen. Anders ist es jedoch im Falle des Abs. 1 Nr. 1, wenn der Täter das illegale Geheimnis für legal hält. Hier greift § 97a ein; ein Versuch des § 94 kommt daneben nicht mehr in Betracht. Im übrigen sind die allgemeinen Irrtumsregeln anwendbar; so z. B. dann, wenn der Täter die offenbarte Tatsache aus anderen Gründen (etwa wegen mangelnder Geheimhaltungsbedürftigkeit) nicht für ein Staatsgeheimnis gehalten hat (Tatbestandsirrtum).

18 3. Eine qualifizierende **Absicht** ist nur in den Fällen des Abs. 1 Nr. 2 erforderlich (vgl. o. 12).

19 4. Soweit es am **Vorsatz fehlt,** kommt die Preisgabe von Staatsgeheimnissen nach § 97 in Betracht.

VI. Täter ist jeder, der das Staatsgeheimnis i. S. der Nr. 1 mitteilt bzw. mit der besonderen 20
Absicht der Nr. 2 offenbart. Der Empfänger wird dagegen durch § 94 an sich nicht erfaßt. Gibt
er jedoch das Geheimnis als Mittelsmann an eine fremde Macht oder einen anderen Mittelsmann weiter, so teilt er es i. S. des § 94 mit. Die bloße Inempfangnahme des Geheimnisses wird
durch § 96 erfaßt, sofern der Mittelsmann die Absicht hat, das Geheimnis weiterzugeben und
damit zu verraten.

Für die **Teilnahme** gelten die allgemeinen Regeln. So ist z. B. Gehilfe, wer ohne eigene 21
Benachteiligungsabsicht einen Täter i. S. der Nr. 2 unterstützt oder allgemeinkundige Tatsachen mitteilt, aus denen andere Personen Rückschlüsse auf ein Geheimnis ziehen und ihre
Erkenntnisse weitergeben (vgl. § 93 RN 13). Der Bote, der das Geheimnis vom Lieferanten
zum Empfänger befördert, begeht Beihilfe zum Landesverrat (Bay **54**, 89). Dies gilt auch dann,
wenn er im Auftrage des Empfängers handelt, da für § 27 ausreicht, daß sich der Gehilfe der
fördernden Wirkung seines Verhaltens bewußt ist. Da die Benachteiligungs- bzw. Begünstigungsabsicht i. S. des Abs. 1 Nr. 2 ein tatbezogenes Merkmal darstellt, ist der Teilnehmer, der
selbst ohne eine solche Absicht handelt, ebenfalls nach § 94 zu bestrafen (Rudolphi SK 17,
Träger LK 14; and. D-Tröndle 5, der die Strafe dem § 95 entnehmen will).

VII. Die Tat ist **vollendet,** wenn das Geheimnis offenbart und die nach Abs. 1 erforderliche 22
Gefährdung eingetreten ist. Bei Nr. 2 ist für die Vollendung nicht erforderlich, daß das Geheimnis an eine fremde Macht gelangt ist. Schon wenn es dem Unbefugten zugegangen ist, ist
hier der Verrat vollendet, vorausgesetzt, daß dadurch auch bereits die tatbestandliche Gefährdung eingetreten ist (vgl. Lange JZ 65, 297).

Der **Versuch** ist strafbar. Erforderlich ist ein unmittelbares Ansetzen zur Mitteilungshand- 23
lung (BGH **24** 72). Es genügt daher noch nicht das Beschaffen des für den Verrat bestimmten
Materials. Auch in dem Fall, in dem ein Angehöriger der Bundeswehr eine Kaserne mit
Geheimpapieren verläßt, um diese einem fremden Nachrichtendienst zuzuleiten, liegt noch
kein Versuch vor (vgl. aber RKG **2** 41), jedenfalls dann nicht, wenn sich keine sofortige
Übergabe in unmittelbarer Nähe der Kaserne anschließen soll. Zur Mitteilung setzt der Täter
dagegen unmittelbar an, wenn er sich am Treffpunkt mit dem Mittelsmann zur vereinbarten
Zeit eingefunden hat oder die Geheimpapiere als Päckchen bei der Post aufgibt. Ferner liegt
(untauglicher) Versuch vor, wenn jemand ein vermeintliches Staatsgeheimnis verrät. Vgl.
ferner o. 17.

Der **Rücktritt** vom Versuch bestimmt sich nach § 24 und ergreift gegebenenfalls auch eine 24
etwaige Strafbarkeit nach § 96 (vgl. dort RN 16) oder §§ 98 ff. (vgl. § 98 RN 28).

VIII. 1. Die **Strafe** ist **in besonders schweren Fällen** (zur Verfassungsmäßigkeit vgl. BVerf- 25
GE **45** 363) lebenslange Freiheitsstrafe oder Freiheitsstrafe nicht unter 5 Jahren. Ein solcher Fall
liegt nach Abs. 2 S. 2 i. d. R. vor, wenn der Täter eine *verantwortliche Stellung mißbraucht,* die ihn
zur Wahrung von Staatsgeheimnissen besonders verpflichtet, oder aber durch die Tat die *Gefahr
eines besonders schweren Nachteils* für die äußere Sicherheit der Bundesrepublik Deutschland
herbeiführt. Der erste Fall wird dann gegeben sein, wenn das Geheimnis durch den Geheimnisträger selbst verraten wird, vorausgesetzt, daß dieser ein Stellung mit nicht untergeordneten Befugnissen bekleidet. Hierbei kommt es nicht darauf an, ob eine Amtsstellung oder eine
verantwortliche Stellung in einem Privatbetrieb mißbraucht wird. Die gesteigerte Geheimhaltungspflicht kann sich aus den Umständen ergeben; der Täter braucht also nicht ausdrücklich
verpflichtet worden zu sein. Für Teilnehmer ist § 28 II analog anwendbar (vgl. § 28 RN 9). Der
zweite Strafschärfungsgrund stützt sich allein auf die Steigerung der drohenden Gefahr, die
jedoch ohnehin schon für die Tatbestandsmäßigkeit eine schwere sein muß und damit eine nur
wenig praktikable Qualifizierung bietet. Diese kommt allenfalls in außergewöhnlichen Fällen in
Betracht (BGH NStZ **84**, 165). Vgl. zum besonders schweren Fall noch 44 ff., 47 vor § 38; zum
Vorsatzerfordernis vgl. § 15 RN 31 ff.

2. Über **Nebenfolgen** vgl. § 101. Einziehung ist nach § 101a möglich. Zur **Beschlagnahme** des 26
inländischen Vermögens als prozessualer Maßnahme vgl. § 443 I StPO.

IX. Mit den Tatbeständen des Hochverrats und der Staatsgefährdung ist **Idealkonkurrenz** möglich 27
(vgl. 10 vor § 80). Den Vorbereitungshandlungen des Landesverrats (§§ 96, 98, 99, 100) geht § 94 als
die intensivste Form der Gefährdung der äußeren Sicherheit vor, soweit jene Taten sich auf das
verratene Geheimnis beschränken (vgl. § 98 RN 35). Im übrigen ist, wie allgemein zwischen Verletzungs- und konkreten Gefährdungsdelikten einerseits und abstrakten Gefährdungsdelikten andererseits (vgl. 129 vor § 52), Idealkonkurrenz möglich. Zum Verhältnis zu § 353b vgl. dort 24.

X. Zur Anwendbarkeit des **Opportunitätsprinzips** vgl. § 120 I GVG i. V. mit § 153e StPO. Vgl. 28
ferner §§ 153c, d StPO.

§ 95 Offenbaren von Staatsgeheimnissen

(1) **Wer ein Staatsgeheimnis, das von einer amtlichen Stelle oder auf deren Veranlassung geheimgehalten wird, an einen Unbefugten gelangen läßt oder öffentlich bekanntmacht und dadurch die Gefahr eines schweren Nachteils für die äußere Sicherheit der Bundesrepublik Deutschland herbeiführt, wird mit Freiheitsstrafe von sechs Monaten bis zu fünf Jahren bestraft, wenn die Tat nicht in § 94 mit Strafe bedroht ist.**

(2) **Der Versuch ist strafbar.**

(3) **In besonders schweren Fällen ist die Strafe Freiheitsstrafe von einem Jahr bis zu zehn Jahren.** § 94 Abs. 2 Satz 2 ist anzuwenden.

Schrifttum: Vgl. die Angaben zu Vorbem. 1 vor § 93.

1 I. Die Vorschrift beruht auf einer Abschichtung minder schwerer Fälle aus dem Bereich des Landesverrats i. e. S. Damit soll vornehmlich den Besonderheiten des sog. **publizistischen Landesverrats** Rechnung getragen werden, bei dem der Täter durchaus im Interesse des Gesamtwohls der BRep. einem öffentlichen Informationsbedürfnis dienen will, sich aber dabei einer Geheimnisverletzung schuldig macht. Allgemein zur Problematik des publizistischen Landesverrats (wenn auch teils überholt) A. Arndt NJW 63, 24, Fuss NJW 62, 2225, Güde aaO, Heinemann NJW 63, 4, Jagusch NJW 63, 177, Jescheck aaO, Löffler aaO, Maihofer, Bl. f. dt. u. intern. Politik 63, 1 ff., und in Strafrechtsreform S. 159 ff., Krey ZStW 79, 103 ff., Ridder-Heinitz aaO, Stratenwerth aaO, Stree JZ 63, 527, ZStW 78, 663, Träger LK § 93 RN 33, Willms DRiZ 63, 14.

2 Darüber hinaus hat die Vorschrift die Funktion eines Auffangtatbestands für alle Fälle, in denen der Täter Staatsgeheimnisse offenbart, ohne in unmittelbarer Beziehung zu einer fremden Macht gestanden (§ 94 I Nr. 1) und ohne eine besondere Benachteiligungs- oder Begünstigungsabsicht gehandelt zu haben (§ 94 I Nr. 2). Vgl. im übrigen auch 3 f. vor § 93.

3 II. 1. Als **Objekt** der Tat kommen nur **echte Staatsgeheimnisse** in Betracht. Illegale Geheimnisse i. S. des § 93 II werden nicht geschützt; insofern gibt es auch keinen Auffangtatbestand, wie ihn § 97 a für den Landesverrat (§ 94) vorsieht. Auf andere als die in § 93 II ausgeschiedenen illegalen Geheimnisse hingegen ist § 95 uneingeschränkt anwendbar (vgl. § 93 RN 27, aber auch u. 12 ff.). Über den **Schutz der NATO**-Partner vgl. 17 ff. vor § 80.

4 2. Anders als beim echten Landesverrat (§ 94) ist hier der Schutz jedoch auf solche Staatsgeheimnisse beschränkt, die **von einer amtlichen Stelle oder auf deren Veranlassung geheimgehalten** werden. Hierdurch erfährt der materielle Geheimnisbegriff, wie er der Legaldefinition des § 93 zugrunde liegt (vgl. dort RN 5), eine *formelle* Einschränkung: das Geheimnis muß amtlich der Geheimhaltung unterworfen worden sein. Durch dieses Erfordernis sollen vor allem für den loyalen Täter die Grenzen des schutzbedürftigen Geheimnisbereichs klarer erkennbar gemacht werden (BT-Drs. V/2860 S. 15).

5 a) **Amtliche Stelle** ist jede staatliche Dienststelle, gleichgültig, ob sie gesetzgebenden Organen, der Rechtsprechung oder der vollziehenden Gewalt (z. B. milit. Dienststelle) angehört. Auch Behörden der mittelbaren Staatsverwaltung (Kommunen, Körperschaften des öffentlichen Rechts usw.) rechnen dazu. Auf deren Veranlassung kann das Staatsgeheimnis auch von Privatpersonen geheimgehalten werden. Ob die amtliche Stelle dies förmlich oder konkludent, für den Einzelfall oder generell veranlaßt hat, ist unerheblich. Die Geheimhaltung kann die amtliche Stelle auch schon vor Entstehung des Staatsgeheimnisses veranlassen, z. B. bei einem Forschungsauftrag. Geheimhaltungsmaßnahmen einer Privatperson ohne amtliche Veranlassung genügen jedoch nicht.

6 b) Entscheidend ist, daß das Geheimnis **tatsächlich unter Geheimhaltungsschutz** gestellt wurde. Der bloße Geheimhaltungswille reicht nicht aus. Daher sind private Erfindungen, die den staatlichen Behörden noch unbekannt und von ihnen auch nicht vorsorglich, etwa bei Vergabe eines Forschungsauftrags, in einen Geheimhaltungsbereich einbezogen worden sind, hier nicht geschützt. Jedoch kommen dann die §§ 31 V, 50–54 PatentG in Betracht; vgl. § 93 RN 8.

7 Im übrigen jedoch kommt es auf die Art der Sekretur (z. B. faktischer Verschluß oder Verpflichtung zur Geheimhaltung) nicht an, sofern nur der Geheimhaltungswille klar in einer Vorkehrung zum Schutz des Geheimnisses vor Bekanntwerden erkennbar ist.

8 III. Die **Handlung** besteht darin, daß der Täter das Geheimnis **an einen Unbefugten gelangen läßt** oder **öffentlich bekanntmacht** und dadurch die Gefahr eines schweren Nachteils für die äußere Sicherheit der Bundesrepublik Deutschland herbeiführt (Abs. 1).

9 1. Über **Gelangenlassen** an einen Unbefugten vgl. § 94 RN 9 f. Bei unmittelbaren Mitteilungen an eine fremde Macht oder deren Mittelsmänner geht § 94 vor (vgl. u. 23).

2. Über das **öffentliche Bekanntmachen** vgl. § 94 RN 11. Es ist auch dann nicht als Mittei- 10
lung i. S. von § 94 I Nr. 1 zu werten, wenn dadurch zugleich eine fremde Macht das Geheimnis
erfährt; dagegen kann § 94 I Nr. 2 eingreifen, wenn die dort geforderte Absicht gegeben ist.

3. Bei beiden Alternativen muß die Offenbarung eine **Gefährdung der äußeren Sicherheit** 11
zur Folge haben; dazu § 94 RN 13 ff.

IV. Die Frage einer **Rechtfertigung** kann sich vor allem in den Fällen stellen, in denen die 12
Offenbarung erfolgt, um die Öffentlichkeit über bestimmte illegale Zustände zu unterrichten
und dadurch deren Beseitigung zu erreichen. Für derartige Fälle war in § 100 III a. F. ein
besonderer Rechtfertigungsgrund für Abgeordnete des Bundestages vorgesehen (näher 13. A.
§ 100 RN 3 ff.). Dazu wurde jedoch zu Recht bemerkt, daß dieses Abgeordnetenprivileg im
Grunde nur einen speziellen Anwendungsfall des **allgemeinen Güterabwägungsprinzips** darstelle (Kern aaO 33, v. Weber MDR 51, 519, JZ 66, 250, hier 13. A. § 100 RN 8 mwN), das
jedem Staatsbürger zu Gebote stehen müsse. Deshalb kann auch die Tatsache, daß die jetzige
Fassung des § 94 einen solchen Rechtfertigungsgrund nicht mehr enthält, keinesfalls bedeuten,
daß damit die Möglichkeit einer Rechtfertigung nach allgemeinen Grundsätzen der Interessenabwägung ausgeschlossen sein soll.

Im einzelnen gilt für die Offenbarung illegaler Zustände folgendes: 13

1. Soweit es sich um **illegale Geheimnisse i. S. des § 93 II** handelt, **fehlt** es bereits an der 14
Tatbestandsmäßigkeit des § 95, da diese Sachverhalte aus dem Begriff des Staatsgeheimnisses
herausgenommen worden sind (vgl. § 93 RN 24 ff., o. 3). Allerdings kommt hier noch § 97 a in
Betracht, der jedoch bei wohlmeinender Offenbarung des Geheimnisses, so z. B. um durch
Publizierung in der Presse der öffentlichen Meinungsbildung zu dienen, regelmäßig nicht ge-
geben sein wird; vgl. näher dort RN 1, 5.

2. Soweit es sich dagegen um **sonstige illegale Staatsgeheimnisse** handelt, die nach wie vor 15
dem Tatbestand des § 93 unterfallen, kommt – ungeachtet sonstiger Rechtfertigungsgründe –
eine Rechtfertigung nach den allgemeinen Regeln des **rechtfertigenden Notstands** in Betracht.
Über die dabei anzustellende Abwägung zwischen dem Geheimhaltungsbedürfnis einerseits
und dem für die demokratische Willensbildung notwendigen Informationsinteresse der Öffentlichkeit andererseits vgl. § 93 RN 27.

3. Soweit in einem solchen Fall das öffentliche Informationsinteresse überwiegt, steht die 16
Offenbarung nicht nur bestimmten Amtsträgern oder Abgeordneten zu, sondern grundsätzlich
jedem Staatsbürger (Baumann JZ 66, 335; vgl. auch Stree JZ 63, 529 ff., ZStW 78, 668 ff.;
enger v. Weber JZ 66, 250 f.). Jedoch läßt sich dem § 97 b I 2 der allgemeine Gedanke entnehmen, daß die Flucht in die Öffentlichkeit i. d. R. nur dann ein angemessenes Mittel sein wird,
wenn der Täter zuvor ein Mitglied des Bundestages um Abhilfe angerufen hat (vgl. aber Stree
in: Mißlingt die Strafrechtsreform? S. 178). Denn diesem werden meist noch andere Wege
offenstehen, um einem illegalen Zustand auf verschwiegenere Weise abzuhelfen. Deshalb ist
nach dem Grundsatz des schonendsten Mittels der Täter regelmäßig nur dann gerechtfertigt,
wenn er zuvor einen Bundestagsabgeordneten eingeschaltet hat. Dieser selbst erlangt jedoch
dadurch keine Sonderrechte. Geht er der Angelegenheit nach, so hat dies wiederum unter den
Vorbehalten des § 97 b zu geschehen.

Diese Grundsätze gelten auch für die **Presse.** Auch ihr kann bei Offenbarung echter Staatsge- 17
heimnisse keine Sonderstellung zugebilligt werden (Baumann JZ 66, 336, Jescheck aaO 4 ff., JZ
67, 10, Stree JZ 63, 531). Demgegenüber läßt sich auch aus Art. 5 II GG (Pressefreiheit) nichts
Gegenteiliges herleiten; denn ganz davon abgesehen, daß die §§ 93 ff. allgemeines und deshalb
schon durch Art. 2 GG vorbehaltenes Recht enthalten (vgl. Maunz-Dürig Art. 2 GG Abs. 2 RN
76, Krause NJW 65, 1467; and. Schüssler NJW 65, 282, 1468; vgl. auch Heinemann NJW 63, 5),
ist den weitergehenden Forderungen nach Privilegierung der Presse (vgl. Heinemann NJW 63,
7, Jagusch NJW 63, 181, Löffler 87, Schüssler NJW 65, 1469, Stratenwerth aaO 77 f., Stree
aaO, Träger LK § 93 RN 33) auch mit Aussicht auf die „Wechselwirkung" zwischen Pressefreiheit und allgemeinen Gesetzen heute dadurch ausreichend Rechnung getragen, daß die wohl-
meinende Offenbarung eines Staatsgeheimnisses durch solche Publizisten aus dem Begriff des
echten Landesverrats herausgelöst wurde (vgl. BT-Drs. V/2860 S. 14, 18 f., BVerfGE 20
178 ff., Stratenwerth aaO 78). Gegen die weitergehende Ansicht von Maihofer, Bl. f. dt. u.
intern. Politik 63, 1, Staatsschutz S. 28 ff., die Bestrafung von Journalisten wegen der Veröffentlichung von Staatsgeheimnissen sei u. a. deshalb unzulässig, weil in keinem Fall nachweisbar sei, daß die veröffentlichte Tatsache fremden Regierungen unbekannt war, und somit eine
„Verdachtstrafe" auferlegt würde, wurde bereits zu Recht eingewandt, daß dies in gleichem
Maße für Agenten gelten müßte (Jescheck aaO 20 f., JZ 66, 10, Stree JZ 63, 528).

4. Bei Geheimnisoffenbarungen durch Abgeordnete in parlamentarischen Gremien kommt Straf- 18
freiheit nach Art. 46 GG, § 36 in Betracht.

19 V. Der **subjektive Tatbestand** setzt Vorsatz voraus, und zwar, wie sich aus dem Vergleich mit § 97 I ergibt, auch hinsichtlich der Gefährdung der Bundesrepublik. Der Vorsatz muß ebenfalls die tatsächliche Geheimhaltung einschließlich der Veranlassung durch eine amtliche Stelle umfassen. Bedingter Vorsatz genügt. Im übrigen gilt Entsprechendes wie bei § 94, auch für die Irrtumsfälle; vgl. dort RN 16 ff.

20 Eine besondere **Absicht** ist **nicht** erforderlich; handelt der Täter in der Absicht, die BRep. zu benachteiligen oder eine fremde Macht zu begünstigen, so ist § 94 I Nr. 2 gegeben.

21 VI. Der **Versuch** ist strafbar (Abs. 2). Er liegt u. a. vor, wenn der Täter irrtümlich bei einer Geheimhaltung durch Privatpersonen davon ausgeht, dies sei von einer amtlichen Stelle veranlaßt worden. Für den Beginn des Versuchs und den Rücktritt hiervon gilt Entsprechendes wie bei § 94; vgl. dort RN 23 f.

22 VII. Die **Strafe** ist in *besonders schweren Fällen* Freiheitsstrafe von 1 Jahr bis zu 10 Jahren (Abs. 3). Für die Annahme eines solchen Falles gilt § 94 II 2 entsprechend; vgl. dort RN 25. Über **Nebenfolgen** und Einziehung vgl. die §§ 101, 101a.

23 VIII. Gegenüber § 94 ist § 95 **subsidiär** (Abs. 1); für das Verhältnis zu den Vorbereitungstatbeständen gilt Entsprechendes wie bei § 94; vgl. dort RN 27.

24 IX. Zur Anwendung des **Opportunitätsprinzips** vgl. § 120 I GVG i. V. m. § 153e StPO. Vgl. ferner §§ 153c, d StPO.

§ 96 Landesverräterische Ausspähung; Auskundschaften von Staatsgeheimnissen

(1) **Wer sich ein Staatsgeheimnis verschafft, um es zu verraten (§ 94), wird mit Freiheitsstrafe von einem Jahr bis zu zehn Jahren bestraft.**

(2) **Wer sich ein Staatsgeheimnis, das von einer amtlichen Stelle oder auf deren Veranlassung geheimgehalten wird, verschafft, um es zu offenbaren (§ 95), wird mit Freiheitsstrafe von sechs Monaten bis zu fünf Jahren bestraft. Der Versuch ist strafbar.**

Schrifttum: Vgl. die Angaben zu Vorbem. 1 vor § 93.

1 I. Die Vorschrift erfaßt als **selbständig strafbare Vorbereitungshandlungen** die landesverräterische Ausspähung (Abs. 1) und die Auskundschaftung von Staatsgeheimnissen (Abs. 2). Über das Verhältnis zu den übrigen Tatbeständen dieses Abschnitts vgl. 3 f. vor § 93.

2 II. Die **landesverräterische Ausspähung (Abs. 1).** Als Vorbereitungshandlung des Landesverrats i. e. S. setzt sie voraus, daß sich der Täter ein Staatsgeheimnis verschafft, um es im Wege des § 94 zu verraten.

3 1. Als Tatobjekt kommen nur **echte Staatsgeheimnisse** in Betracht. Über falsche oder verfälschte vgl. § 100a II. Die Verschaffung von illegalen Geheimnissen i. S. des § 93 II wird durch § 97a erfaßt; vgl. dort RN 10 ff. Zum **Schutz der NATO-**Partner vgl. 17 ff. vor § 80.

4 2. Unter **Verschaffen** eines Staatsgeheimnisses ist jede Handlung zu verstehen, durch die der Täter Kenntnis des Geheimnisses erlangt. Ob er dessen wahre Bedeutung erkennt, z. B. bei einem Geheimschlüssel, ist unerheblich. Ein Sichverschaffen ist auch die Inbesitznahme eines Gegenstandes, der ein Staatsgeheimnis verkörpert. Kenntnis vom Inhalt ist nicht erforderlich.

5 Auf welche Weise sich der Täter das Geheimnis verschafft (z. B. durch Diebstahl, Nötigung, Kauf, Fotografieren der Unterlagen [vgl. BGH **24** 78], Beobachtung usw.), kommt es nicht an. Erforderlich ist jedoch, daß er bereits bei der **Beschaffung** des Geheimnisses mit **Verratsabsicht** handelt, und zwar spätestens bei Beendigung der Verschaffenshandlung (Träger LK 5). Wer von einem Staatsgeheimnis ohne Verratsabsicht Kenntnis erhält und sich erst danach zu Verratszwecken Aufzeichnungen macht, fällt nicht unter § 96 (vgl. H. Arndt ZStW 66, 66). Entsprechendes gilt, wenn jemand einen ihm anvertrauten geheimen Gegenstand in Verratsabsicht unterschlägt, diese Absicht aber bei Gewahrsamserlangung noch nicht vorlag (H. Arndt ZStW 66, 66; vgl. auch Träger LK 5). Ebenso verhält es sich beim Fund; nur wenn der Finder sich sogleich zum Verrat entschließt, ist § 96 anwendbar (Träger LK 5).

6 3. Für den **subjektiven Tatbestand** ist Vorsatz erforderlich; der Täter muß wissen, daß die erstrebte Tatsache, Nachricht usw. ein Staatsgeheimnis ist. Insoweit genügt bedingter Vorsatz. Beim Irrtum über die Legalität des Staatsgeheimnisses kommt § 97b in Betracht. Vgl. im übrigen § 94 RN 16 ff.

7 Darüber hinaus muß der Täter die **Absicht** haben, das Staatsgeheimnis **zu verraten**. Hierfür ist zielgerichteter Wille erforderlich (vgl. dazu 2 vor § 84). Die Verratsabsicht muß auf eine Tat i. S. des § 94 gerichtet sein; der Täter muß also entweder eine unmittelbare Mitteilung an die fremde Macht oder eine qualifizierte Offenbarung i. S. des § 94 I Nr. 2 beabsichtigen.

III. Die **Auskundschaftung von Staatsgeheimnissen (Abs. 2)** als Vorbereitungshandlung des **8**
Offenbarens von Staatsgeheimnissen (§ 95) setzt voraus, daß sich der Täter ein Staatsgeheimnis, das von einer amtlichen Stelle oder auf deren Veranlassung geheimgehalten wird, verschafft, um es i. S. des § 95 zu offenbaren.

1. Hier sind nur solche **Staatsgeheimnisse** geschützt, die i. S. des § 95 I **von einer amtlichen** **9**
Stelle usw. **geheimgehalten** werden; dazu § 95 RN 4ff.

2. Für das **Sichverschaffen** gilt Gleiches wie in Abs. 1; vgl. o. 4f. **10**

3. Für den **subjektiven Tatbestand** ist ebenso wie bei Abs. 1 Vorsatz erforderlich; vgl. o. 6. **11**

4. Dagegen braucht die qualifizierende **Verratsabsicht** des Täters hier nur darauf gerichtet zu **12**
sein, das erlangte Geheimnis in der in § 95 umschriebenen Weise zu offenbaren.

IV. Soweit die Offenbarung des ausgespähten Geheimnisses **gerechtfertigt** wäre (z. B. kraft **13**
Notstandes bei § 95; vgl. dort RN 12ff.), muß es auch die darauf gerichtete Ausspähung sein. Über sonstige Notstandsfälle, auch soweit sie nur entschuldigen, vgl. § 98 RN 10.

V. 1. Der **Versuch** ist nach Abs. 1 und nach Abs. 2 strafbar (Abs. 2 S. 2). Er kann z. B. darin **14**
liegen, daß sich jemand an eine Auskunftsperson heranmacht (BGH **6** 385; and. H. Arndt ZStW 66, 75; vgl. auch BGH **24** 72), auch wenn diese in Wirklichkeit nichts über das Staatsgeheimnis weiß. Soll sich der andere jedoch erst über einen Dritten das Geheimnis verschaffen, so fehlt es an einem unmittelbaren Ansetzen zum Verschaffen i. S. des § 96. Es liegt daher nur eine Vorbereitungshandlung vor. Ein Versuch kann weiter in der Ankunft des Täters am Ausspähungsort liegen, wenn sich auf Grund der räumlichen Nähe ein Sichverschaffen der Staatsgeheimnisse unmittelbar anschließen kann und der Täter beabsichtigt, durch sein Handeln mit der Verwirklichung seines Auskundschaftens in einer bestimmten Richtung zu beginnen; vgl. auch BGH NJW **58**, 2025. Wie sonst wird auch hier der untaugliche Versuch erfaßt, also auch die Ausspähung vermeintlicher Staatsgeheimnisse (RKG **2** 138). Zur Abgrenzung nicht erfaßter Vorbereitungshandlungen vgl. auch H. Arndt ZStW 66, 73ff.

2. Soweit die Tat nach § 96 noch nicht vollendet ist, kann sich der Täter nach § 24 durch **15**
Rücktritt Straffreiheit verschaffen.

Ist dagegen das Delikt **vollendet**, so fehlt eine Rücktrittsvorschrift, obwohl materiell gesehen **16**
das Sichverschaffen oder Auskundschaften von Staatsgeheimnissen sich als Vorbereitungshandlung gegenüber dem Landesverrat oder dem Offenbaren von Staatsgeheimnissen darstellt; in beiden Fällen wird die Absicht vorausgesetzt, das Geheimnis zu verraten bzw. zu offenbaren. Dies führt zu der widersinnigen Konsequenz, daß derjenige, der den Verrat versucht und damit unter § 94 i. V. mit § 22 fällt, nach § 24 straffrei wird, wenn er freiwillig zurücktritt. Diese Straflosigkeit ergreift auch das bereits vollendete Gefährdungsdelikt des § 96; der Täter ist also straflos (and. D-Tröndle 4, Rudolphi SK 11, Träger LK 8; wie hier Sonnen AK 10). Dem läßt sich nicht das etwaige Weiterbestehen einer Gefahr für die äußere Sicherheit der BRep. entgegenhalten (and. Rudolphi SK 11), da allein der Besitz eines Staatsgeheimnisses ohne Verratsabsicht kein strafbares Unrecht darstellt. Würde dagegen die Tat nur bis zur Verschaffung des Staatsgeheimnisses gelangen und wäre so damit noch nicht vollendet nach § 94, so würde der Täter strafbar bleiben, wenn er das Geheimnis, das er sich verschafft hat, nicht weitergibt. Aus diesem Grunde muß die Rücktrittsregelung des § **98 II** auf § **96** analog angewendet werden, um jedenfalls die gröbsten Ungerechtigkeiten zu beseitigen (and. D-Tröndle 4, Lackner 4). Unbefriedigend bleibt auch dann noch die Tatsache, daß der Täter, dessen Vorhaben bis in das Stadium versuchten Landesverrats gediehen ist, beim Rücktritt nach § 24 freigesprochen werden muß, während nach der Regelung des § 98 II nur eine Strafmilderung oder aber ein gegenüber dem Freispruch ungünstigeres Absehen von Strafe möglich ist.

VI. Über **Nebenfolgen** und Einziehung vgl. §§ 101, 101a. Zur **Beschlagnahme** des Vermögens als **17**
prozessualer Maßnahme in Fällen des Abs. 1 vgl. § 443 I StPO.

VII. Mit Straftaten, die zur Beschaffung des Staatsgeheimnisses begangen werden (z. B. Diebstahl, **18**
Erpressung, Urkundenfälschung), besteht **Idealkonkurrenz**. Gegenüber den §§ 94, 95 (auch i. V. mit § 22) tritt § 96 als subsidiär zurück (vgl. BGH **6** 390). Idealkonkurrenz kommt dagegen im Verhältnis von §§ 94, 30 zu § 96 und §§ 96, 22 in Betracht (D-Tröndle 5, Träger LK 8; and. Lackner § 94 Anm. 8), ebenso zwischen §§ 94, 26 und § 96. Gleiches gilt für das Verhältnis des § 96 zu den §§ 98, 99 (vgl. § 98 RN 35, § 99 RN 36).

VIII. Zur Anwendung des **Opportunitätsprinzips** vgl. § 120 I GVG i. V. mit § 153e StPO. Vgl. **19**
ferner §§ 153c, d StPO.

§ 97 Preisgabe von Staatsgeheimnissen

(1) **Wer ein Staatsgeheimnis, das von einer amtlichen Stelle oder auf deren Veranlassung geheimgehalten wird, an einen Unbefugten gelangen läßt oder öffentlich bekanntmacht und dadurch fahrlässig die Gefahr eines schweren Nachteils für die äußere Sicherheit der Bundesrepublik Deutschland verursacht, wird mit Freiheitsstrafe bis zu fünf Jahren oder mit Geldstrafe bestraft.**

(2) **Wer ein Staatsgeheimnis, das von einer amtlichen Stelle oder auf deren Veranlassung geheimgehalten wird und das ihm kraft seines Amtes, seiner Dienststellung oder eines von einer amtlichen Stelle erteilten Auftrags zugänglich war, leichtfertig an einen Unbefugten gelangen läßt und dadurch fahrlässig die Gefahr eines schweren Nachteils für die äußere Sicherheit der Bundesrepublik Deutschland verursacht, wird mit Freiheitsstrafe bis zu drei Jahren oder mit Geldstrafe bestraft.**

(3) **Die Tat wird nur mit Ermächtigung der Bundesregierung verfolgt.**

Schrifttum: Vgl. die Angaben zu 1 vor § 93.

1   I. Die Bestimmung über die **Preisgabe von Staatsgeheimnissen** enthält **zwei Tatbestände**: Bei Abs. 1 handelt es sich um die Kombination *vorsätzlicher* Geheimnisoffenbarung mit *fahrlässiger* Gefährdung der Staatssicherheit; bei Abs. 2 um die Kombination *leichtfertiger* Geheimnisoffenbarung mit *fahrlässiger* Gefährdung der Staatssicherheit.

2   An der Tat nach Abs. 1 ist **Teilnahme** möglich, da nach § 11 II eine Vorsatztat vorliegt. Hinsichtlich der Gefährdung der Staatssicherheit ist auch beim Teilnehmer Fahrlässigkeit erforderlich. Bei der reinen Fahrlässigkeitstat nach Abs. 2 entfällt dagegen die Möglichkeit einer Teilnahme.

3   II. In beiden Tatbeständen werden nur **echte Staatsgeheimnisse** i. S. des § 93 geschützt; vgl. dort 2ff. Für Geheimnisse, die keine Staatsgeheimnisse sind, kommt § 353b in Betracht. Zum **Schutz der NATO**-Partner vgl. 17ff. vor § 80.

4   III. Die **Preisgabe von Staatsgeheimnissen (Abs. 1).**

5   1. a) Der **objektive Tatbestand** setzt voraus, daß jemand ein Staatsgeheimnis, das von einer amtlichen Stelle oder auf deren Veranlassung geheimgehalten wird, an einen Unbefugten gelangen läßt oder öffentlich bekanntmacht. Insoweit besteht völlige Übereinstimmung mit der Tatbestandsumschreibung des § 95 I; vgl. dort RN 4ff.

6   b) Die Handlung muß die **Gefahr** eines schweren Nachteils für die äußere Sicherheit der BRep. verursacht haben. Auch insoweit gilt das gleiche wie bei § 95; vgl. dazu § 94 RN 13ff.

2. Beim **subjektiven Tatbestand** ist zu unterscheiden:

7   a) Hinsichtlich aller Elemente, die das *Offenbaren* des Staatsgeheimnisses betreffen, muß der Täter *vorsätzlich* gehandelt haben; insoweit gilt Gleiches wie bei § 95 RN 19f.

8   b) Hinsichtlich der *Gefährdung* der Staatssicherheit genügt *Fahrlässigkeit.* Dieser Fall ist etwa gegeben, wenn jemand unbefugt ein Schriftstück, das ein Staatsgeheimnis enthält, einem Untergebenen übergibt und sich hätte sagen müssen, daß dieser das Staatsgeheimnis nicht hinreichend schützt; vgl. auch BGH MDR **63**, 426. Hat der Täter die Gefährdung in Kauf genommen, wie idR bei öffentlicher Bekanntmachung (vgl. D-Tröndle 3), so ist § 95 anwendbar.

9   3. Der Versuch ist nicht strafbar. Über **Nebenfolgen** und Einziehung vgl. §§ 101, 101a.

10   IV. Die **leichtfertige Preisgabe von Staatsgeheimnissen (Abs. 2).**

11   1. In Übereinstimmung mit Abs. 1 setzt der **objektive Tatbestand** auch hier voraus, daß der Täter ein Staatsgeheimnis, das von einer amtlichen Stelle oder auf deren Veranlassung geheimgehalten wird, an einen Unbefugten gelangen läßt; lediglich das öffentliche Bekanntmachen des Geheimnisses ist hier nicht erfaßt; vgl. im übrigen § 95 RN 8ff.

12   a) Anders als in Abs. 1 sind jedoch nur **Staatsgeheimnisse** erfaßt, **die dem Täter kraft seines Amtes**, seiner Dienststellung oder eines von einer amtlichen Stelle erteilten Auftrages **zugänglich waren.** Dies setzt nicht notwendig voraus, daß die Stellung des Täters eine beamtenrechtliche ist. Auch der amtliche Einzelauftrag an eine Privatperson reicht aus (z. B. Forschungs- oder Produktionsauftrag). Das Staatsgeheimnis ist dem Täter dann kraft seines Amtes zugänglich, wenn er auf Grund seiner Stellung die tatsächliche Möglichkeit hat, die geheimzuhaltende Sache zu ergreifen oder die geheimzuhaltenden Tatsachen in Erfahrung zu bringen. Ob er von seiner Zutrittsmöglichkeit erst noch Gebrauch machen muß oder das Geheimnis kraft seiner Stellung bereits kennt, ist unerheblich. Hat der Amtsträger das Geheimnis dagegen auf andere Weise erfahren, z. B. durch Ausplaudern eines Dritten, so ist Abs. 2 nicht anwendbar.

13   b) Auch hier muß die Preisgabe die **Gefahr eines schweren Nachteils** für die äußere Sicherheit der Bundesrepublik verursacht haben; dazu § 94 RN 13ff.

Verrat illegaler Geheimnisse 1–3 **§ 97 a**

2. Beim **subjektiven Tatbestand** ist zu unterscheiden:

a) Alle Elemente, die die *Preisgabe* betreffen, muß der Täter wenigstens *leichtfertig* verwirk- 14
licht haben (and. D-Tröndle 4, Träger LK 11, die hinsichtlich des Geheimnischarakters und der
Zugänglichkeit Vorsatz verlangen). Unter Leichtfertigkeit ist grobe Fahrlässigkeit zu verstehen. Sie setzt voraus, daß der Täter in besonders schwerem Maße sorgfaltswidrig, etwa grob
achtlos handelt oder eine besonders gewichtige Pflicht verletzt (entsprechend den Voraussetzungen für grobe Pflichtwidrigkeit; vgl. § 325 RN 8) und ihm eine solche Pflichtwidrigkeit
sowie der dadurch ermöglichte Zugang eines Unbefugten zum Staatsgeheimnis ohne weiteres
hätte bewußt werden müssen. Das ist u. a. der Fall, wenn der Täter eine Verschlußsache offen
herumliegen läßt, den Schlüssel zu einem Geheimschrank nicht abzieht oder Durchschlag- oder
Konzeptpapier nach Anfertigung eines geheimen Schriftstücks in einen Papierkorb wirft. Gleiches gilt, wenn jemand das Staatsgeheimnis in einem geparkten Kfz. liegen läßt (Träger LK 11)
oder in seine Wohnung mitnimmt, obwohl er sich hätte sagen müssen, daß er angesichts der
häuslichen Verhältnisse nicht in der Lage ist, es vor dem Einblick oder der Wegnahme durch
Unbefugte zu schützen (vgl. RKG 2 32).

b) Hinsichtlich der *Gefährdung* der Bundesrepublik hingegen reicht ebenso wie in Abs. 1 15
Fahrlässigkeit aus; vgl. o. 8.

3. Der Versuch ist nicht strafbar. Über **Nebenfolgen** und Einziehung vgl. §§ 101, 101 a. 16

V. **Idealkonkurrenz** ist bei beiden Alternativen möglich mit den §§ 98, 99 (vgl. BGH 8 243); 17
ebenso mit §§ 353 b, 354.

VI. In beiden Fällen wird die Tat nur mit **Ermächtigung** der Bundesregierung verfolgt. Über 18
Ermächtigung vgl. § 77 e und dort RN 2. Durch das Ermächtigungserfordernis soll sichergestellt
werden, daß in beiden Fällen nur die Taten strafrechtlich verfolgt werden, in denen dies nach den
gesamten Umständen, insb. nach dem Grad des Verschuldens nach Art und Maß der Gefährdung
der BRep., geboten erscheint (vgl. E 62 Begr. 576). Vgl. dazu Träger LK 14.

Zur Anwendung des **Opportunitätsprinzips** vgl. § 120 I GVG i. V. mit § 153 e StPO. Vgl. ferner 19
§§ 153 c, d StPO.

§ 97 a Verrat illegaler Geheimnisse

Wer ein Geheimnis, das wegen eines der in § 93 Abs. 2 bezeichneten Verstöße kein
Staatsgeheimnis ist, einer fremden Macht oder einem ihrer Mittelsmänner mitteilt und
dadurch die Gefahr eines schweren Nachteils für die äußere Sicherheit der Bundesrepublik Deutschland herbeiführt, wird wie ein Landesverräter (§ 94) bestraft. § 96
Abs. 1 in Verbindung mit § 94 Abs. 1 Nr. 1 ist auf Geheimnisse der in Satz 1 bezeichneten Art entsprechend anzuwenden.

Schrifttum: Vgl. die Angaben zu 1 vor § 93.

I. Die Bestimmung enthält einen Auffangtatbestand für den **Verrat von** geheimhaltungsbe- 1
dürftigen **Tatsachen, die wegen** ihrer **Illegalität** i. S. des § 93 II **nicht** den Schutz eines **Staatsgeheimnisses** genießen. Sie beruht auf der Erwägung, daß einerseits die Bekanntmachung
solcher Vorgänge für die öffentliche Meinungsbildung von höchstem Interesse sein kann,
andererseits aber im Verhältnis zu fremden Mächten die Veröffentlichung für die äußere Sicherheit der BRep. u. U. höchst nachteilig sein könnte. Dieses Spannungsverhältnis zwischen Informationsinteresse und Geheimhaltungsbedürftigkeit versucht § 97 a dadurch zu lösen, daß er die
einfache Offenbarung derartiger Geheimnisse straflos läßt und nur den bestimmten unter Strafe
stellt, der das Geheimnis unter Ausschluß der Öffentlichkeit unmittelbar an eine fremde Macht
weitergibt, also in den Formen des § 94 I Nr. 1 handelt (vgl. BT-Drs. V/2860 S. 20, Stree
ZStW 78, 691 ff., A. Arndt NJW 66, 25, Jescheck Engisch-FS 597). Nach dieser inneren Verkopplung mit § 94 handelt es sich hier um einen Quasi-Landesverrat, wie er für die Tätigkeit
von Agenten und Spionen bezeichnend ist. Maßgeblich war auch der Gedanke, daß die eigene
Regierung weiter daran glaubt, die Angelegenheit sei noch geheim. Anders als die §§ 94–97
dient § 97 a **nicht** dem **Schutz der NATO**-Partner, vgl. 17 ff. vor § 80.

Im einzelnen enthält die sprachlich wenig geglückte Bestimmung (Breithaupt NJW 68, 1713) 2
zwei Tatbestände: den Verrat von illegalen Geheimnissen (S. 1) und als Vorbereitungshandlung dazu die quasi-landesverräterische Ausspähung (S. 2). Über das Verhältnis zu den übrigen
Tatbeständen dieses Abschnitts vgl. 3 f. vor § 93. Zwischen § 97 a S. 1 und § 94 I Nr. 1 sowie
zwischen § 97 a S. 2 und § 96 I ist jeweils **Wahlfeststellung** möglich.

Auch im Rahmen des § 97 a muß der Grundgedanke des § 97 b entsprechend angewendet werden. 3
Da § 97 b unter den Voraussetzungen des Abs. 1 Nr. 2 und 3 sogar im Falle des § 94 (§ 97 b I 1. HS)
die Möglichkeit einer **Straflosigkeit** eröffnet, wenn der Täter ein legales Staatsgeheimnis in der

irrigen Annahme verrät, es sei illegal, so kann dem Täter bei Verrat eines tatsächlich illegalen Staatsgeheimnisses unter den gleichen Voraussetzungen die Möglichkeit der Straflosigkeit erst recht nicht verweigert werden. Diese Fälle werden freilich im Rahmen des § 97a selten sein (vgl. hierzu Breithaupt NJW 68, 1713).

4 II. Der **Verrat illegaler Geheimnisse** (Satz 1).

5 1. Der **objektive Tatbestand** kann nur durch Mitteilung des Geheimnisses an eine fremde Macht oder einen ihrer Mittelsmänner verwirklicht werden (vgl. dazu § 94 RN 4ff.). Nicht erfaßt ist die Offenbarung i. S. des § 95, wie sie insb. für die öffentliche Rüge von Verfassungsverstößen durch die Presse bezeichnend ist. Aber auch Handlungen i. S. des § 94 I Nr. 2, etwa die öffentliche Bekanntmachung in Benachteiligungsabsicht, reichen nicht aus.

6 a) **Objekt** des Verrats können nur solche **geheimhaltungsbedürftigen Tatsachen** sein, denen lediglich wegen ihrer **Illegalität i. S. des § 93 II** der Charakter eines Staatsgeheimnisses fehlt. Dieser Mangel darf sich jedoch nur aus den Rechtsverstößen des § 93 II ergeben, während alle übrigen Elemente des Geheimnisbegriffs (so insb. die Geheimhaltungsbedürftigkeit im Interesse der äußeren Sicherheit der BRep.) gegeben sein müssen; vgl. dazu § 93 RN 2ff. Betrifft das Geheimnis andere Rechtsverstöße als die in § 93 II genannten, so bleibt sein Charakter als Staatsgeheimnis unberührt; für diesen Fall kommt daher § 94 I Nr. 1 unmittelbar in Betracht; vgl. auch § 93 RN 27f. Die Nachteilsgefahr kann sich u. U. gerade aus der Illegalität des Geheimnisses ergeben.

7 b) Über die **Gefährdung** der äußeren Sicherheit der Bundesrepublik durch den Verrat vgl. § 94 RN 13ff.

8 2. Der **subjektive Tatbestand** setzt Vorsatz voraus; insofern gilt Entsprechendes wie bei § 94 I Nr. 1; vgl. dort RN 16ff. Hält der Täter ein legales Geheimnis irrtümlich für illegal, dann kommt allein § 97b zur Anwendung. Anders ist es jedoch, wenn er ein illegales Geheimnis für legal hält. Für diesen Fall bildet § 97a einen Auffangtatbestand; eine Bestrafung etwa nach §§ 94, 22 kommt daneben nicht in Betracht (Träger LK 4). Hält der Täter den Verrat von illegalen Geheimnissen für erlaubt, so liegt Verbotsirrtum vor, der anders als der Irrtum nach § 97b zur Strafmilderung führen kann (D-Tröndle 3).

9 3. Der Täter ist **wie** ein **Landesverräter zu bestrafen**. Eingeschlossen ist die Strafschärfung in besonders schweren Fällen; vgl. dazu § 94 RN 25.

10 III. Die **Ausspähung illegaler Geheimnisse** (Satz 2).

11 1. Der **äußere Tatbestand** setzt voraus, daß sich der Täter ein illegales Geheimnis i. S. des § 93 II verschafft, um es im Wege des § 94 I Nr. 1 zu verraten. Insofern müssen alle Elemente des § 96 gegeben sein (vgl. dort RN 4ff.), mit der einen Ausnahme, daß der geheimhaltungsbedürftigen Tatsache allein wegen ihrer Illegalität i. S. des § 93 II der Schutz eines Staatsgeheimnisses abgeht (dazu o. 6).

12 2. Der **subjektive Tatbestand** setzt Vorsatz voraus. Bei Irrtum über die Legalität des Geheimnisses gilt das o. 8 Gesagte. Darüber hinaus ist ebenso wie bei § 96 I die Absicht erforderlich, das Geheimnis im Wege des § 94 I Nr. 1 zu verraten; dazu § 96 RN 7.

13 3. Die **Strafe** ist dem § 96 I zu entnehmen; vgl. dort RN 17. Zur **Beschlagnahme** des Vermögens als prozessualer Maßnahme vgl. § 443 I StPO.

14 IV. Zur Anwendung des **Opportunitätsprinzips** vgl. § 120 I GVG i. V. mit § 153e StPO. Vgl. ferner §§ 153c, d StPO.

§ 97b Verrat in irriger Annahme eines illegalen Geheimnisses

(1) Handelt der Täter in den Fällen der §§ 94 bis 97 in der irrigen Annahme, das Staatsgeheimnis sei ein Geheimnis der in § 97a bezeichneten Art, so wird er, wenn
1. dieser Irrtum ihm vorzuwerfen ist,
2. er nicht in der Absicht handelt, dem vermeintlichen Verstoß entgegenzuwirken, oder
3. die Tat nach den Umständen kein angemessenes Mittel zu diesem Zweck ist,

nach den bezeichneten Vorschriften bestraft. Die Tat ist in der Regel kein angemessenes Mittel, wenn der Täter nicht zuvor ein Mitglied des Bundestages um Abhilfe angerufen hat.

(2) War dem Täter als Amtsträger oder als Soldat der Bundeswehr das Staatsgeheimnis dienstlich anvertraut oder zugänglich, so wird er auch dann bestraft, wenn nicht zuvor der Amtsträger einen Dienstvorgesetzten, der Soldat einen Disziplinarvorgesetzten um Abhilfe angerufen hat. Dies gilt für die für den öffentlichen Dienst beson-

ders Verpflichteten und für Personen, die im Sinne des § 353b Abs. 2 verpflichtet worden sind, sinngemäß.

Schrifttum: Paeffgen, Der Verrat in irriger Annahme eines illegalen Geheimnisses (§ 97 b) und die allgemeine Irrtumslehre, 1979. – Vgl. ferner die Angaben zu 1 vor § 93.

I. Die Bestimmung soll die Lücken schließen, die in den Fällen der §§ 94–97 auftreten können, wenn sich der **Täter über die Legalität des Staatsgeheimnisses geirrt** hat. Denn da durch § 93 II bestimmte illegale Geheimnisse bereits tatbestandlich (and. Paeffgen aaO 52 ff., 229) aus dem Landesverrat usw. ausgeschlossen werden (vgl. § 93 RN 24 ff.), wäre nach § 16 freizusprechen, wer irrig angenommen hat, das Geheimnis verstoße gegen die freiheitliche demokratische Grundordnung oder gegen zwischenstaatlich vereinbarte Rüstungsbeschränkungen. Dies gilt auch bei den Handlungsmodalitäten der §§ 94 I Nr. 1 und 96 I, da diese Fälle ausdrücklich in § 97 b erwähnt sind und § 97 a nach seinem Wortlaut nur bei tatsächlicher Illegalität des Geheimnisses eingreifen kann (Träger LK 4; and. D-Tröndle 1, Rudolphi SK 3); zu der sich hieraus ergebenden Einschränkung des § 97 a vgl. dort RN 3. Um dem Täter in den genannten Fällen die Berufung auf Irrtum aus kriminalpolitischen Gründen möglichst weitgehend abzuschneiden (vgl. BT-Drs. V/2860 S. 20, Baumann JZ 66, 335, v. Weber JZ 66, 250), kam es zu dem verunglückten **Auffangtatbestand** des § 97 b, der nicht nur manche Unklarheiten aufweist, sondern auch systemwidrig ist und Zweifel an seiner Vereinbarkeit mit dem Schuldgrundsatz aufkommen läßt (vgl. D-Tröndle 2, Lackner 4, Rudolphi SK 13, Stree in: Mißlingt die Strafrechtsreform? S. 178 ff.). Der Versuch Jeschecks (Engisch-FS 596), ihn als negativ formulierten Rechtfertigungsgrund nach Art des § 193 zu verstehen, entspricht nicht den Intentionen der Bestimmung. Ungereimt ist auch das Ergebnis hinsichtlich solcher Geheimnisse, die nicht unter § 93 II fallen, jedoch gegen andere Rechtsgrundsätze verstoßen. Glaubt hier der Täter, er dürfe auch solche Geheimnisse veröffentlichen, so kommen ihm in vollem Umfange die Möglichkeiten des Verbotsirrtums zugute, während dies bei illegalen Geheimnissen i. S. des § 93 II anders ist. Vgl. dagegen aber Paeffgen aaO.

Anders als die §§ 94 bis 97 ist § 97 b zum **Schutz der NATO**-Partner nicht anwendbar; vgl. 17 ff. vor § 80.

II. Der **Tatbestand** setzt voraus, daß der Täter alle Voraussetzungen eines der in den §§ 94 bis 97 geregelten Tatbestände erfüllt, dabei jedoch irrig glaubt, es handle sich um ein illegales Geheimnis i. S. des § 93 II. In diesem Fall soll er nicht nach § 16 straflos sein, sondern unter den nachstehenden Voraussetzungen wegen Landesverrats, Offenbarung von Staatsgeheimnissen usw. bestraft werden. Damit wird die Legalität des Staatsgeheimnisses in die Nähe der objektiven Bedingungen der Strafbarkeit gerückt (vgl. Stree in: Mißlingt die Strafrechtsreform? S. 180). Die in Abs. 1 Nr. 1–3 genannten **Voraussetzungen** sind **alternativ** zu verstehen, so daß bereits das Vorliegen einer von ihnen den Täter strafbar werden läßt. Ausgenommen sind die Fälle des § 97 II, für die der Sache nach Nr. 2 u. 3 nicht passen (D-Tröndle 9, Träger LK 3), so daß allein Nr. 1 maßgebend ist.

1. Strafbar ist zunächst der Täter, dem der **Irrtum vorzuwerfen** ist (Nr. 1). Insoweit schafft § 97 b eine Ausnahme von § 16, indem hier aus einem Vorsatzdelikt bestraft werden soll, wer fahrlässig eines der Tatbestandsmerkmale nicht gekannt hat. Dadurch wird ein Tatbestandsirrtum in einen Verbotsirrtum verfälscht, ohne daß allerdings, was konsequenterweise erforderlich gewesen wäre, die für den Verbotsirrtum geltende Strafmilderungsmöglichkeit nach §§ 17, 49 I auch im Rahmen des § 97 b eröffnet wäre (vgl. aber u. 10). Vorwerfbar ist der Irrtum etwa dann, wenn dem Täter zuzumuten gewesen wäre, sich durch mögliche Erkundigungen über die Illegalität des Geheimnisses zu vergewissern.

2. Unabhängig von der Vorwerfbarkeit des Irrtums ist der Täter ferner dann strafbar, wenn er **nicht in der Absicht gehandelt hat, dem vermeintlichen Verstoß entgegenzuwirken** (Nr. 2). Dies bedeutet, daß derjenige, der die Handlungen der §§ 94–97 aus anderen Gründen als der Sorge um Recht und Gesetz vorgenommen hat, wegen Landesverrats usw. bestraft wird, auch wenn er ohne Verschulden davon ausgegangen ist, es handle sich um ein illegales Geheimnis. Damit sollen vor allem die Fälle erfaßt werden, in denen der Täter das Geheimnis aus reiner Sensationsgier veröffentlicht hat. Hier trägt daher der Täter, der nicht handelt, um vermeintlichen Verstößen entgegenzutreten, das Risiko, daß es sich in Wahrheit um ein legales Geheimnis gehandelt hat. Bei Zweifeln über die Absicht des Täters ist zu seinen Gunsten davon auszugehen, daß er dem gerügten Verstoß entgegenwirken wollte.

3. Außerdem kann die Tat aber auch deswegen strafbar sein, weil sie nach den Umständen **kein angemessenes Mittel zur Abwehr vermeintlicher Verstöße** gegen die in § 93 II genannten Rechtsgrundsätze gewesen ist (Nr. 3). Das bedeutet, daß derjenige, der an die Illegalität der Geheimnisse i. S. des § 93 II glaubt, ohne daß ihm dies vorzuwerfen ist, bei Wahl des falschen

§ 98 1–3 Bes. Teil. Landesverrat und Gefährdung der äußeren Sicherheit

Mittels selbst dann strafbar bleibt, wenn er dem vermeintlich illegalen Zustand abhelfen wollte. Auch für diesen Fall gilt der Grundsatz des schonendsten Mittels. Dies betrifft jedoch nur Fälle von echten und nur vermeintlich illegalen Staatsgeheimnissen. Wenn dagegen die Voraussetzungen des § 93 II tatsächlich vorliegen, so kann die Offenbarung des Geheimnisses ohne die vorgenannten Einschränkungen straflos erfolgen (vgl. § 93 RN 26), es sei denn, es sind zugleich die Voraussetzungen eines Quasi-Landesverrats nach § 97a gegeben.

7   a) Als **angemessenes** und damit die Interessen des Staates am wenigsten beeinträchtigendes **Mittel** sieht das Gesetz die Anrufung eines Mitglieds des Bundestages an (Abs. 1 S. 2). Außerdem wird auch die Anrufung der zuständigen Behörde regelmäßig ein angemessenes Mittel sein (BT-Drs. V/2860 S. 21). Erst wenn die Angerufenen nicht innerhalb gebührender Frist reagieren, kann der Täter zum Mittel der Offenbarung des Geheimnisses greifen.

8   b) Eine **Sonderregelung** ist für Täter vorgesehen, denen als **Amtsträger** (§ 11 I Nr. 2) oder als **Soldaten** der Bundeswehr das Staatsgeheimnis dienstlich anvertraut oder zugänglich war. Sie können nur straflos sein, wenn sie **zusätzlich** zu den in Abs. 1 genannten Voraussetzungen noch zuvor den Dienstvorgesetzten (bei Soldaten den Disziplinarvorgesetzten) um Abhilfe angerufen haben (Abs. 2 S. 1). Schafft der Vorgesetzte keine Abhilfe, dann hat sich der Amtsträger oder Soldat an ein Mitglied des Bundestages zu wenden. Entsprechendes gilt für die für den öffentlichen Dienst besonders Verpflichteten (vgl. dazu § 11 I Nr. 4) und für Personen, die i. S. des § 353b II verpflichtet worden sind (Abs. 2 S. 2).

9   c) Irrt sich der Täter **über die Angemessenheit** seines Mittels, so müssen ihm dieselben Möglichkeiten der Strafmilderung gewährt werden wie bei einem Verbotsirrtum. Ein rein objektives Verständnis von Abs. 1 Nr. 3 verstieße offensichtlich gegen die in BGH **2** 196 festgelegten Grundsätze.

10 **III.** Liegt auch nur eine der genannten Voraussetzungen nicht vor, dann wird der Täter aus den Rechtsfolgen der Tatbestände **bestraft**, die er objektiv verwirklicht hat, also nach den §§ 94–97. Bei der Strafzumessung ist der Irrtum des Täters nach dem Grade seiner Entschuldbarkeit strafmildernd zu berücksichtigen (vgl. o. 4, D-Tröndle 11, Träger LK 17). Weitergehend mit beachtlichen Gründen Rudolphi SK 14.

11 **IV.** Zur Anwendung des **Opportunitätsprinzips** vgl. § 120 I GVG i. V. m. § 153e StPO. Vgl. ferner §§ 153c, d StPO.

§ 98 Landesverräterische Agententätigkeit

(1) **Wer**

1. für eine fremde Macht eine Tätigkeit ausübt, die auf die Erlangung oder Mitteilung von Staatsgeheimnissen gerichtet ist, oder
2. gegenüber einer fremden Macht oder einem ihrer Mittelsmänner sich zu einer solchen Tätigkeit bereit erklärt,

wird mit Freiheitsstrafe bis zu fünf Jahren oder mit Geldstrafe bestraft, wenn die Tat nicht in § 94 oder 96 Abs. 1 mit Strafe bedroht ist. In besonders schweren Fällen ist die Strafe Freiheitsstrafe von einem Jahr bis zu zehn Jahren; § 94 Abs. 2 Satz 2 Nr. 1 gilt entsprechend.

(2) **Das Gericht kann die Strafe nach seinem Ermessen mildern (§ 49 Abs. 2) oder von einer Bestrafung nach diesen Vorschriften absehen, wenn der Täter freiwillig sein Verhalten aufgibt und sein Wissen einer Dienststelle offenbart. Ist der Täter in den Fällen des Absatzes 1 Satz 1 von der fremden Macht oder einem ihrer Mittelsmänner zu seinem Verhalten gedrängt worden, so wird er nach dieser Vorschrift nicht bestraft, wenn er freiwillig sein Verhalten aufgibt und sein Wissen unverzüglich einer Dienststelle offenbart.**

Schrifttum: Vgl. die Angaben zu 1 vor § 93 und zu § 99.

1   **I.** Die Vorschrift erweitert den Bereich strafbarer **Vorbereitungshandlungen zum Landesverrat** über die in § 96 erfaßte landesverräterische Ausspähung hinaus auf jegliche Tätigkeit zur Erlangung oder Mitteilung von Staatsgeheimnissen. Regelmäßig wird zugleich eine geheimdienstliche Tätigkeit vorliegen (§ 99); § 98 allein kann etwa anwendbar sein, wenn der Täter unmittelbar für die Regierung oder einen nicht dem Geheimdienst angehörenden Diplomaten einer fremden Macht tätig ist. Zum **Schutz der NATO**-Partner vgl. 17ff. vor § 80.

2   **II. Abs. 1 Nr. 1** betrifft die Ausübung einer auf die Erlangung oder Mitteilung von Staatsgeheimnissen gerichteten **Tätigkeit** für eine fremde Macht. Diese Tätigkeit braucht wie im Falle des § 99 (vgl. dort RN 9) nicht von längerer Dauer zu sein (Träger LK 2).

3   **1.** Voraussetzung für die Tatbestandserfüllung ist das **Ausüben** einer Tätigkeit, die auf Erlangung oder Mitteilung von Staatsgeheimnissen gerichtet ist, also ein aktives Tun. Nicht erfor-

derlich ist, daß der Täter sich vorher gegenüber einer fremden Macht oder einem ihrer Mittelsmänner zu einer solchen Tätigkeit bereiterklärt hat (BGH **25** 145) oder mit der fremden Macht oder ihrem Mittelsmann in Verbindung getreten ist. Auch wer von sich aus, ohne von einer fremden Macht beauftragt zu sein oder mit ihr Kontakt aufgenommen zu haben, eine solche Tätigkeit entfaltet, erfüllt den Tatbestand, wenn er zu Zwecken späteren Verrats handelt.

2. Ziel der Tätigkeit muß die Erlangung oder Mitteilung von **Staatsgeheimnissen** sein. Es 4 muß sich um Staatsgeheimnisse i. S. des § 93 I handeln; illegale Geheimnisse (§ 93 II) reichen nicht aus, ebensowenig Tatsachen, die nur eine Ausgangsbasis zur Erforschung von Staatsgeheimnissen bilden. Dies ergibt sich aus der Existenz des § 99, nach dem die geheimdienstliche Tätigkeit auch dann strafbar ist, wenn sie sich auf einfache Tatsachen bezieht, so daß zu ausdehnender Auslegung des § 98 kein Anlaß besteht. Nach BGH **25** 149 erfaßt § 98 auch Tätigkeiten, die auf Mitteilung wesentlicher Teile eines Staatsgeheimnisses gerichtet sind, wenn dadurch die fremde Macht der Erlangung eines Staatsgeheimnisses nähergebracht wird.

3. § 98 erfaßt sowohl eine auf das **Erlangen** wie eine auf das **Mitteilen** von Staatsgeheimnis- 5 sen gerichtete Tätigkeit. Darunter fallen zunächst alle Handlungen, die bei Gelingen des Täterplans schließlich zur täterschaftlichen Begehung von §§ 94 oder 96 führen würden, also etwa das Auskundschaften der Aufbewahrungsorte geheimer Unterlagen in der Absicht, diese bei Gelegenheit zu fotokopieren. § 98 erfaßt aber auch solche Tätigkeiten, die mehr den Charakter vorbereitender Teilnahme an den §§ 94 und 96 haben. Strafbar nach § 98 ist also auch, wer etwa nur andere zu landesverräterischer Tätigkeit zu gewinnen sucht, ein Verhalten, das unter § 30 I i. V. m. § 94 oder § 96 fiele, wäre das zu verratende Geheimnis bereits genügend konkretisiert. Diese Tatsache schließt aber eine Unterscheidung zwischen Täterschaft und Teilnahme innerhalb des § 98 nicht aus: Tätigkeiten, die nur mittelbar die landesverräterische Zielsetzung fördern, sind regelmäßig nur **Beihilfe** (vgl. Schroeder aaO 304). Dies gilt z. B. für die Sekretärin, die Briefe des Täters an die fremde Macht zu schreiben hat.

Erfaßt wird *jede* Tätigkeit, die auf die Erlangung oder Mitteilung gerichtet ist; mit dem 6 Verschaffen oder Mitteilen von Geheimnissen selbst muß noch nicht begonnen worden sein.

4. Die Tätigkeit muß **für eine fremde Macht** ausgeübt werden. Erforderlich ist also **zielge-** 7 **richtetes Handeln**, dessen Endzweck der Verrat von Staatsgeheimnissen, also ein Landesverrat nach § 94 sein muß, sei dieser durch den Täter selbst oder durch eine andere Person begangen. Zum Begriff der fremden Macht vgl. § 93 RN 15f. Zu einer Kontaktaufnahme mit einer fremden Macht braucht es nicht gekommen zu sein (vgl. o. 3). Es reicht aus, wenn es das Ziel des Täters ist, einer fremden Macht das Staatsgeheimnis zuzuleiten. Insoweit ist nicht einmal erforderlich, daß der Täter sich schon für eine bestimmte fremde Macht entschieden hat; es genügt also, daß er etwa erlangte Staatsgeheimnisse später an die meistbietende fremde Macht verkaufen will. Anderes gilt bei § 99; vgl. dort RN 12.

5. Zur Frage einer **Rechtfertigung** der Tat vgl. § 94 RN 15. 8

6. Der **subjektive Tatbestand** erfordert **Vorsatz** bezüglich aller Tatbestandsmerkmale, wobei 9 bedingter Vorsatz genügt, und insoweit **zielgerichtetes Handeln**, als eine Tätigkeit zur Erlangung oder Mitteilung von Staatsgeheimnissen (vgl. o. 4f.) sowie für eine fremde Macht erforderlich ist (vgl. o. 7, aber auch Träger LK 6). Es reicht also nicht aus, wenn nur die fremde Macht die Erlangung von Staatsgeheimnissen anstrebt, auch nicht, wenn der Täter dies erkennt. Dies kann vor allem für die von der Ausforschungstätigkeit einer fremden Macht Betroffenen gelten, die nur zum Schein Auskunft geben (vgl. D-Tröndle 6, Träger LK 6).

7. Der Täter kann infolge Notstands nach § 35 **entschuldigt** sein, so etwa, wenn Repressalien 10 gegen Angehörige zu erwarten sind. Zu beachten ist, daß die Handlung zur Rettung aus der Gefahr erforderlich gewesen sein muß; das kann, wenn z. B. der Täter mit Internierung bedroht wurde, durch Fluchtmöglichkeit ausgeschlossen sein (vgl. BGH ROW **58**, 81 zu § 100e a. F.). Vgl. auch Mittelbach NJW 57, 651. Wer bewußt eine Zwangslage herbeiführt, kann sich nicht auf Notstand berufen (vgl. § 35 RN 26, Bay **54**, 144).

8. Der Bereich der **Täterschaft** ist weiter als bei den §§ 94, 96; vgl. o. 5. Im übrigen gelten für 11 Täterschaft und Teilnahme die allgemeinen Grundsätze (and. Rudolphi SK 12, der Beihilfe für straflos hält; vgl. dagegen Träger LK 9).

III. Nach **Abs. 1 Nr. 2** wird ebenso bestraft, wer sich zu einer der in Abs. 1 Nr. 1 genannten 12 Tätigkeiten gegenüber einer fremden Macht oder einem ihrer Mittelsmänner **bereit erklärt**.

1. Dieser Tatbestand entspricht dem des Sichbereiterklärens in § 30 II. Strafgrund ist die 13 Gefahr, die von der Erklärung des ernsthaften Willens zu deliktischer Betätigung und der dadurch bewirkten Bindung gegenüber dem Partner der Erklärung ausgeht. Daraus folgt, daß § 98 I Nr. 2 **nur auf ernstgemeinte** Erklärungen anwendbar ist; wer sich nur zum Schein bereit

erklärt, ist hiernach nicht strafbar (vgl. BT-Drs. V/2860 S. 21, D-Tröndle 5, Lackner 2b). Es genügt indes eine einseitige Erklärung des Täters, die Zustimmung der fremden Macht ist nicht erforderlich. Es kommt deshalb auch nicht darauf an, ob die Initiative vom Täter oder von der fremden Macht ausgegangen ist. Zweifelhaft ist, ob die Erklärung der fremden Macht **zugegangen** sein muß. Nach den Ausführungen zu § 30 (dort RN 23) genügt es, wenn der Täter die Erklärung in der Absicht abgibt, daß sie der fremden Macht zugehe; Zugang der Erklärung verlangen jedoch Celle NJW **91**, 579 (zu § 99), D-Tröndle 5, Rudolphi SK 9, Träger LK 7. Auch das Sichbereiterklären gegenüber einem **Mittelsmann** der fremden Macht reicht aus; vgl. § 94 RN 5. Bloße Verhandlungen mit der fremden Macht sind, solange der Täter sich nicht gebunden hat, noch kein Sichbereiterklären (vgl. BGH JZ **61**, 505); allenfalls liegt (strafloser) Versuch vor.

14 2. Strafbar ist nur das Sichbereiterklären zu **täterschaftlicher** Begehung des § 98 I Nr. 1; hierunter fällt auch die Bereiterklärung, andere zu landesverräterischer Tätigkeit zu gewinnen (vgl. o. 5). Nicht erfaßt wird, wer sich nur zu einer Gehilfentätigkeit erbietet (Träger LK 7).

15 3. Der **subjektive** Tatbestand von Abs. 1 Nr. 2 erfordert Ernstlichkeit der Erklärung und Vorsatz bezüglich der übrigen Merkmale; im übrigen gilt das o. 9 Gesagte.

16 4. Für die **Teilnahme** an der Tat nach § 98 I Nr. 2 muß Entsprechendes wie für die Teilnahme an einem Sichbereiterklären nach § 30 II gelten. Vgl. dazu § 30 RN 33 ff. Wer nur Beihilfe leistet, kann ebensowenig bestraft werden wie derjenige, der sich lediglich bereit erklärt, als Gehilfe bei einer Tätigkeit nach Abs. 1 Nr. 1 mitzuwirken (and. Träger LK 9).

17 5. Gegenüber der Ausübung der Tätigkeit nach § 98 I Nr. 1 ist das Sichbereiterklären nach Abs. 1 Nr. 2 subsidiär.

18 IV. Der **Versuch** einer Tat nach § 98 ist nicht strafbar. Straflos ist also etwa, wer eine Tatsache irrtümlich für ein Staatsgeheimnis hält.

19 V. Die Handlungen des Abs. 1 sind zwar materiell nur Vorbereitungshandlungen, **formell** jedoch **vollendete** Delikte, so daß ein Rücktritt nicht in Frage kommt. Abs. 2 eröffnet aber bei **tätiger Reue** die Möglichkeit zu Strafmilderung, Absehen von Strafe oder Straffreiheit. Die Regelung ist auch auf das Sichbereiterklären nach Abs. 1 Nr. 2 anzuwenden. Dieses entspricht zwar dem § 30 II, so daß auch eine Heranziehung des § 31 I Nr. 2 in Frage käme; § 98 II geht hier aber vor.

20 § 98 unterscheidet sowohl bezüglich der Voraussetzungen der tätigen Reue wie auch der Auswirkungen auf die Strafbarkeit danach, ob der Täter zu der Tat von der fremden Macht gedrängt wurde oder nicht. Beachtliche Gründe hierfür sind nicht erkennbar.

21 Abs. 2 S. 1 ist auch bei den besonders schweren Fällen nach Abs. 1 S. 2 anwendbar (vgl. BT-Drs. V/2860 S. 22), dagegen nicht Abs. 2 S. 2.

22 1. Im „Normalfall" des Abs. 1, in dem der Täter zu seinem Verhalten **nicht gedrängt** worden ist, setzt Abs. 2 S. 1 voraus, daß der Täter **freiwillig sein Verhalten aufgibt und sein Wissen einer Dienststelle offenbart**. Im Unterschied zu den allgemeinen Rücktrittsregeln reicht also das bloße freiwillige Nicht-Weiterhandeln nicht aus, vielmehr muß sich der Täter die Rücktrittsvergünstigungen durch die zusätzliche Leistung erkaufen, daß er sein Wissen einer Dienststelle offenbart. Das kriminalpolitische Ziel, hier Strafmilderung oder Straffreiheit von einer Art Wiedergutmachung abhängig zu machen, ist anzuerkennen; andererseits ist nicht zu übersehen, daß durch die Offenbarung für den Täter die Gefahr entsteht, vom Geheimdienst der Bundesrepublik „umgedreht", also gegen die fremde Macht, für die er bisher tätig war, angesetzt zu werden.

23 a) Das Erfordernis, daß der Täter **freiwillig** sein **Verhalten aufgegeben** haben muß, entspricht dem Rücktritt von unbeendigten Versuch nach § 24 I. Das Verhalten muß insb. ernstlich und endgültig aufgegeben sein. Hat der Täter sich der fremden Macht gegenüber nur bereit erklärt (Abs. 1 Nr. 2), aber noch keine entsprechende Tätigkeit ausgeübt, so reduzieren sich die Voraussetzungen des Rücktritts auf die Offenbarung gegenüber einer Dienststelle. Zur Freiwilligkeit vgl. § 24 RN 44 ff

24 Auch die **Offenbarung** gegenüber einer Dienststelle muß **freiwillig** geschehen sein (BGH **27** 120, Träger LK 13). Die Freiwilligkeit ist nicht allein dadurch ausgeschlossen, daß gegen den Täter bereits ein entsprechender Verdacht bestand und er im Zuge der Ermittlungen vernommen wurde, es sei denn, der Täter hat sich erst unter dem Eindruck einer aussichtslosen Beweissituation zu einem Geständnis entschlossen (vgl. BGH **27** 124). In welchem Zeitpunkt das freiwillige Offenbaren zu erfolgen hat, schreibt Abs. 2 S. 1 nicht vor. Unverzüglichkeit ist anders als nach Abs. 2 S. 2 nicht erforderlich. Der Täter verliert die bei tätiger Reue mögliche Vergünstigung daher nicht, wenn er bei einer Befragung im Rahmen von Abwehrmaßnahmen sein Wissen nicht sofort offenlegt, sondern es erst später einer Dienststelle mitteilt (vgl. BGH **27**

122). Zur Bedeutung des Offenbarungszeitpunkts für die richterliche Entscheidung vgl. auch u. 27.

b) Die Offenbarung kann gegenüber jeder **staatlichen Dienststelle** erfolgen, es muß sich 25 hierbei nicht um eine Polizei- oder Verfassungsschutzbehörde handeln; deshalb reicht es etwa aus, wenn ein Beamter sich seinem Vorgesetzten offenbart.

c) Der Täter muß sein **Wissen** offenbaren. Damit ist das Wissen über alle Umstände gemeint, 26 die unmittelbar für seine Tätigkeit von Bedeutung sind, also insb. deren Art, Umfang und Dauer sowie Identität und Arbeitsweise der Auftraggeber. Fraglich ist, ob der Täter auch zusätzliches Wissen offenbaren muß, das er nur gelegentlich seiner Tätigkeit für die fremde Macht erlangt hat und das für sein Handeln nicht von Bedeutung war, also etwa das Wissen über andere Mittelsmänner oder Agenten der fremden Macht. Hier liefe die Offenbarung auf eine Denunziation hinaus; die Anzeigepflicht des § 138, die auf konkrete Landesverratsvorhaben beschränkt ist, würde in unzumutbarer Weise ausgedehnt. Auch der Wiedergutmachungsgedanke des § 98 II würde eine solche Auslegung nicht tragen: wenn das begangene Unrecht durch rückhaltlose Schilderung der Tat wiedergutgemacht werden soll, so kann sich dies sinnvollerweise nur auf die für die Tat wesentlichen Umstände beziehen; die Offenbarung darüber hinausgehenden Wissens wäre bereits Mitarbeit für die Abwehrstellen der Bundesrepublik. Dies kann auch im Rahmen des § 98 II nicht gefordert sein (zust. Rudolphi SK 20; and. Träger LK 13). Weitergehend anscheinend BGH **27** 122.

d) Liegen die Voraussetzungen des § 98 II 1 vor, so kann das Gericht die **Strafe** nach seinem 27 Ermessen **mildern** (§ 49 II) oder **von** einer **Bestrafung** nach § 98 **absehen**. Vgl. hierzu 54 vor § 38. Für die richterliche Entscheidung kann u. a. von Bedeutung sein, wann der Täter sein Wissen einer Dienststelle offenbart hat (vgl. BGH **27** 122). Je früher er sein Wissen mitteilt, desto mehr Gewicht erlangt es regelmäßig als eine Art Wiedergutmachung. Eine vorwerfbare Verzögerung kann daher u. U. zum Nachteil des Täters berücksichtigt werden.

e) Auf eine **andere Straftat**, die durch die Tätigkeit des § 98 begangen wurde, erstreckt sich die 28 Wirkung der tätigen Reue nicht; dies gilt insb. für bereits vollendete Taten nach §§ 94 oder 96. Ein Rücktritt vom versuchten Landesverrat oder von der versuchten landesverräterischen Ausspähung oder die tätige Reue im Falle der vollendeten landesverräterischen Ausspähung (vgl. § 96 RN 16) hebt wegen der Subsidiaritätsklausel des § 98 auch die Strafbarkeit nach dieser Vorschrift auf, ohne daß gleichzeitig die besonderen Rücktrittsvoraussetzungen des § 98 II vorgelegen haben müßten (and. Rudolphi SK 25, Träger LK 20); dies ist insb. bei Anwendung des § 24 beim Rücktritt vom Versuch der §§ 94, 96 von Bedeutung. Soweit allerdings die Tätigkeit nach § 98 über den konkreten, durch §§ 94, 96 zu erfassenden Einzelfall hinausgeht und Subsidiarität des § 98 entfällt (vgl. u. 35), ist § 98 II heranzuziehen.

2. War der Täter von der fremden Macht oder einem ihrer Mittelsmänner zu seinem Verhal- 29 ten **gedrängt** worden, so ist er, sofern nicht ein besonders schwerer Fall vorliegt (vgl. Träger LK 18), nach § 98 II 2 **stets straflos**, wenn er freiwillig sein Verhalten aufgegeben und sein Wissen **unverzüglich** einer Dienststelle offenbart hat. Zu den gesetzgeberischen Erwägungen vgl. Prot. V/77 1543 sowie hier 19. A.

a) Der Täter wurde zu seinem Verhalten **gedrängt**, wenn ihm von der fremden Macht oder 30 deren Mittelsmann mindestens mit einem **empfindlichen Übel** gedroht wurde. Nach der Intention des Gesetzgebers (vgl. BT-Drs. V/2860 S. 22) sollte dagegen bereits das Ausnützen einer „gewissen Zwangssituation" ausreichen (ebenso Träger LK 16, Rudolphi SK 22). Die erhebliche Privilegierung (stets Straffreiheit) gegenüber Abs. 2 S. 1 (fakultative Strafmilderung oder Absehen von Strafe) läßt sich aber, da in beiden Fällen eine ernstliche Tätigkeit für die fremde Macht oder ein ernstliches Sichbereiterklären erforderlich ist, nur rechtfertigen, wenn Abs. 2 S. 2 auf Fälle erheblich geminderten Verschuldens beschränkt wird. Dies ist nicht schon bei jeglicher Zwangssituation der Fall, sondern nur dann, wenn der Täter, um ein empfindliches Übel i. S. des § 240 abzuwenden, sich zu der Tat entschlossen hat. Bedenken aus dem Wortlaut ergeben sich gegen diese einschränkende Auslegung nicht; der Begriff „gedrängt" ist völlig unbestimmt. Praktisch wird Abs. 2 S. 2 sonach vor allem in solchen Fällen, in denen die Nötigung einen gewissen Dauercharakter hat, so etwa, wenn die fremde Macht mit Repressalien gegen in ihrem Bereich lebende Angehörige des Täter droht.

b) Straffreiheit nach Abs. 2 S. 2 erfordert weiter, daß der Täter sich **unverzüglich** einer 31 Dienststelle offenbart. „Unverzüglich" kann nur auf den Zeitpunkt der Beendigung der Zwangssituation bezogen werden; das kann bei anhaltender Drohung u. U. erst nach jahrelanger Tätigkeit für die fremde Macht der Fall sein. Die Formulierung in BGH **6** 348, daß der Täter „die einmal angeknüpften Beziehungen" auch nicht „nur kurze Zeit fortbestehen" lassen dürfe, paßt nur auf die hier nicht mehr interessierenden Fälle des scheinbaren Sichbereiterklärens.

32 Ist die Offenbarung nicht in diesem Sinne „unverzüglich" geschehen, so kann doch noch Abs. 2 S. 1 Anwendung finden. Gleiches gilt, wenn Straffreiheit nach Abs. 2 S. 2 nur deswegen entfällt, weil die begangene Tat als besonders schwerer Fall zu werten ist (Träger LK 18).

33 **VI.** Die **Strafe** ist in besonders schweren Fällen Freiheitsstrafe von 1 Jahr bis zu 10 Jahren. Ein besonders schwerer Fall liegt entsprechend § 94 II 2 Nr. 1 idR bei Mißbrauch einer verantwortlichen Stellung vor, die zur Wahrung von Staatsgeheimnissen besonders verpflichtet; vgl. § 94 RN 25.

34 Über **Nebenfolgen** und Einziehung vgl. §§ 101, 101 a.

35 **VII. Konkurrenzen: 1.** Gegenüber §§ 94, 96 I ist § 98 kraft ausdrücklicher Anordnung **subsidiär**; diese Subsidiarität gilt auch dann, wenn es nur zum Versuch oder zu nach § 30 strafbaren Vorbereitungshandlungen dieser Delikte gekommen ist (D-Tröndle 4). Soweit allerdings die Tätigkeit oder das Sichbereiterklären nach § 98 nicht auf die konkreten Staatsgeheimnisse beschränkt war, derentwegen eine Bestrafung nach §§ 94 oder 96 erfolgt, muß § 98 neben diesen Vorschriften zur Anwendung kommen; denn die darin liegende abstrakte Gefährlichkeit ist durch die §§ 94, 96 nicht erfaßt. Es liegt dann, da die Tat nach § 98 eine Art Dauerdelikt ist, Tateinheit vor (vgl. aber BGH 24 72).

36 **2.** Mit Delikten, die zur Durchführung der in § 98 I genannten Tätigkeiten begangen werden (etwa Diebstahl von Unterlagen, unbefugtes Abhören, Geheimnisverrat usw.), besteht **Idealkonkurrenz**. Idealkonkurrenz besteht auch mit § 99; vgl. dort RN 37.

37 **VIII.** Zur Anwendung des **Opportunitätsprinzips** vgl. § 120 I GVG i. V. m. § 153e StPO. Vgl. ferner §§ 153 c, d StPO.

§ 99 Geheimdienstliche Agententätigkeit

(1) Wer
1. für den Geheimdienst einer fremden Macht eine geheimdienstliche Tätigkeit gegen die Bundesrepublik Deutschland ausübt, die auf die Mitteilung oder Lieferung von Tatsachen, Gegenständen oder Erkenntnissen gerichtet ist, oder
2. gegenüber dem Geheimdienst einer fremden Macht oder einem seiner Mittelsmänner sich zu einer solchen Tätigkeit bereit erklärt,

wird mit Freiheitsstrafe bis zu fünf Jahren oder mit Geldstrafe bestraft, wenn die Tat nicht in § 94 oder § 96 Abs. 1, in § 97a oder in § 97b in Verbindung mit § 94 oder § 96 Abs. 1 mit Strafe bedroht ist.

(2) In besonders schweren Fällen ist die Strafe Freiheitsstrafe von einem Jahr bis zu zehn Jahren. Ein besonders schwerer Fall liegt in der Regel vor, wenn der Täter Tatsachen, Gegenstände oder Erkenntnisse, die von einer amtlichen Stelle oder auf deren Veranlassung geheimgehalten werden, mitteilt oder liefert und wenn er
1. eine verantwortliche Stellung mißbraucht, die ihn zur Wahrung solcher Geheimnisse besonders verpflichtet, oder
2. durch die Tat die Gefahr eines schweren Nachteils für die Bundesrepublik Deutschland herbeiführt.

(3) § 98 Abs. 2 gilt entsprechend.

Schrifttum: Vgl. die Angaben vor § 93; ferner *Lackner,* Landesverräterische Agententätigkeit, ZStW 78, 695. – *Mittelbach,* Landesverräterischer Nachrichtendienst, NJW 57, 649. – *Pabst,* Die landesverräterische Beziehung des § 100e Abs. 1 StGB, NJW 66, 1491. – *ders.,* Zum Begriff der geheimdienstlichen Tätigkeit im § 99 Abs. 1 StGB, JZ 77, 427. – *Ruhrmann,* Verfassungsfeindliche und landesverräterische Beziehungen, NJW 59, 1201.

1 **I.** § 99 als **zentraler Agententatbestand** erfaßt annähernd jede geheimdienstliche Tätigkeit mit „nachrichtendienstlichem" Charakter. Auf geheimdienstliche Sabotage- oder Zersetzungshandlungen *(Sabotageagenten)* ist die Vorschrift nicht anwendbar, ebensowenig auf eine Tätigkeit, die sich auf eine Beeinflussung von Teilen der Bevölkerung beschränkt (sog. *Einflußagent),* etwa auf Einwirkungen im Geiste eines ausländischen politischen Systems oder auf Einwirkungen, die innerhalb einer Ausländerorganisation Verwirrung stiften sollen (BGH **29** 336). Ihre Hauptbedeutung liegt in der Bestrafung der „einfachen" **nachrichtendienstlichen Tätigkeit**, die sich nicht auf Staatsgeheimnisse i. S. des § 93 beschränkt, sondern sich auf Tatsachen, Gegenstände und Erkenntnisse aller Arten bezieht. Insoweit hat § 99 eigenständigen Charakter und tritt ergänzend neben die Landesverratsvorschriften: für den Verrat einfacher Geheimnisse und die Mitteilung nicht geheimer Tatsachen umfaßt § 99 denselben Strafbarkeitsbereich, wie er durch die §§ 94, 96, 98 für den Landesverrat und dessen Vorbereitungshandlungen gezogen ist. Dieses Verständnis der Vorschrift trägt der Tatsache Rechnung, daß eine der Hauptaufgaben heutiger Nachrichtendienste in der möglichst lückenlosen Erfassung aller irgendwie erheblichen Fakten und Geschehnisse in einem fremden Staat liegt; die präzise Kenntnis der Gesamtverhältnisse eines fremden Staates, die sich aus der Zusammenstellung und wissenschaftlichen

Auswertung solcher Fakten ergibt, kann für machtpolitische oder militärische Entscheidungen oftmals wichtiger sein als die Kenntnis echter Staatsgeheimnisse des fremden Landes (vgl. BT-Drs. V/2860 S. 22, Lackner ZStW 78, 709ff., u. 17ff.). Das kann zwar nicht dazu führen, mit dem Strafrecht jede Tätigkeit zu verbieten, die fremden Mächten die Kenntnis von Zuständen in der BRep. verschaffen kann, wie etwa das Versenden von Tageszeitungen an ausländische Abonnenten; ein Strafbedürfnis entsteht aber, wenn der Täter sich in einen fremden Geheimdienst eingegliedert hat und für diesen tätig ist (vgl. Lackner ZStW 78, 711). Wegen dieses Erfordernisses kann § 99 die freie Berichterstattung der **Presse** nicht beeinträchtigen; einer dem § 109f I 2 entsprechenden Bestimmung bedarf es deshalb nicht. Strafbar ist dagegen, wer für einen fremden Geheimdienst Artikel aus Tageszeitungen über bestimmte Themen sammelt.

Daneben liegt der Vorschrift der Gedanke zugrunde, daß die Tätigkeit für einen fremden **2** Geheimdienst die abstrakte Gefahr des Verrats von *Staatsgeheimnissen* begründet; insoweit gehört § 99 in den Bereich der eigentlichen Landesverratsvorschriften. Dies zeigt sich auch daran, daß § 99 gegenüber Landesverratsdelikten subsidiär ist. Seine Eigenständigkeit kommt dagegen im Verhältnis zu § 98 zum Ausdruck (Idealkonkurrenz; vgl. u. 37). Die Tat nach § 99 ist ein **Dauerdelikt**, das erst mit endgültigem Abbruch der Beziehungen zum fremden Geheimdienst, nicht schon mit bloßem Ruhen der ausgeübten Tätigkeit beendet ist (BGH **28** 169).

II. Abs. 1 Nr. 1 erfaßt die Ausübung einer auf die Mitteilung oder Lieferung von Tatsachen, **3** Gegenständen oder Erkenntnissen gerichteten geheimdienstlichen **Tätigkeit** für den Geheimdienst einer fremden Macht gegen die BRep. Deutschland. Zur Verfassungsmäßigkeit von Nr. 1 vgl. BVerfGE **57** 250. Zur weiteren Anwendbarkeit des § 99 auf hauptamtliche Tätigkeiten im Bereich der ehemaligen DDR vor dem 3. 10. 1990 vgl. BGH NJW **91**, 929, Simma/Volk NJW **91**, 873, aber auch Widmaier NJW **90**, 3169.

1. Zum Begriff der **fremden Macht** vgl. § 93 RN 15 f. **4**

2. Geheimdienst ist in § 99 im engen, technischen Sinne als eine Agentenorganisation zu **5** verstehen, die sich mit dem Sammeln und Auswerten von Nachrichten befaßt (vgl. auch Schroeder NJW 81, 2280, Träger LK 5). Der Geheimdienst muß staatlichen (politischen oder militärischen) Zwecken dienen. Ein von Industrieunternehmen zur Wirtschaftsspionage unterhaltener „Geheimdienst" fällt nicht unter § 99; andererseits ist aber eine staatliche Organisation, die zu staatlichen Zwecken ausschließlich Wirtschaftsspionage betreibt, ein Geheimdienst i. S. des § 99. Die äußere Form, in die der Geheimdienst gekleidet ist, ist unerheblich. Erfaßt werden auch **Tarnorganisationen,** sofern sie nur den genannten Aufgabenbereich haben.

Ausnahmsweise kann auch eine **nichtstaatliche** Organisation ein Geheimdienst sein, etwa dann, **6** wenn sich eine fremde Macht statt des staatlichen Geheimdienstes eines privaten Agentenringes bedient (der u. U. für verschiedene Mächte, je nach Auftrag, arbeitet). I. d. R. wird es aber nicht die Regierung der fremden Macht selbst, sondern deren Geheimdienst sein, der sich der privaten Agentenorganisation bedient; diese ist dann als „Mittelsmann" (vgl. § 99 I Nr. 2) anzusehen.

3. Der Tatbestand erfordert eine **geheimdienstliche** Tätigkeit für eine fremde Macht. Dieses **7** Merkmal ist nicht nur überflüssig, weil der Tatbestand seine Konturen bereits daraus erhält, daß es sich um eine Mitteilungstätigkeit für einen fremden Geheimdienst handeln muß; es schafft auch verschiedene Unklarheiten. Wie wenig es für die Eingrenzung des Tatbestandes hergibt, zeigt seine Umschreibung in BGH **24** 372, wonach eine Tätigkeit geheimdienstlich ist, wenn sie dem äußeren Bild entspricht, das für die Arbeit von Agenten und anderen Hilfspersonen solcher Dienste, die für nachrichtendienstliche Zwecke eingesetzt werden, kennzeichnend ist. Vgl. dazu Stree NStZ 83, 552, aber auch Träger LK 4 sowie Hamburg NJW **89**, 1371, das die tatsächlich praktizierten Methoden der Lieferung von Erkenntnissen für maßgebend erklärt, ein Gesichtspunkt, der dem Merkmal „geheimdienstlich" weder besondere Konturen verleiht noch ihm überhaupt eine besondere Bedeutung neben den sonstigen Tatbestandsvoraussetzungen zuschreibt. Im einzelnen gilt folgendes:

a) Jegliche Tätigkeit für einen fremden Geheimdienst fällt unter § 99, sofern sie nur auf die **8** Mitteilung oder Lieferung von Tatsachen usw. gerichtet ist (BGH **25** 148, Bay NJW **71**, 1417; vgl. auch BT-Drs. V/2860 S. 22). „Konspirative" Methoden (Erpressung von Geheimnisträgern, Benutzung von Kleinkameras, toten Briefkästen usw.) sind nicht erforderlich (vgl. BGH **24** 372); geheimdienstliche Tätigkeit hat heute weithin bürokratischen Charakter. Die Tat des § 99 erhält ihre Eigenart ausschließlich durch die Zusammenarbeit des Täters mit dem fremden Geheimdienst und die Zweckrichtung der Tätigkeit. Liegen diese Voraussetzungen vor, so reicht eine nach außen alltäglich erscheinende Tätigkeit aus (vgl. das Beispiel o. 1 a. E.).

b) Aus demselben Grunde ist **nicht** erforderlich, daß die Tätigkeit für den fremden Geheim- **9** dienst im Rahmen einer **länger dauernden Beziehung** erfolgt (BGH **24** 369, Lackner 2a aa, Träger LK 3). Nach § 99 ist auch strafbar, wer nur bei einmaliger Gelegenheit dem fremden

Geheimdienst bewußt Mitteilungen von nachrichtendienstlichem Interesse macht, so z. B. der Deserteur, der im Ausland sein Wissen über seine Truppe verkauft (Bay NJW **71**, 1417; and. Lackner ZStW 78, 716, Schroeder NJW 81, 2281), oder der Kurier, der einmal tätig wird (BGH **31** 317 m. Anm. Stree NStZ 83, 551 u. abl. Anm. Schroeder JZ 83, 672). Wollte man diese Fälle nicht in § 99 einbeziehen, so hinge die Strafbarkeit von Zufällen ab: strafbar wäre, wer zunächst eine Ausspähungstätigkeit entwickeln müßte, um der Aufforderung eines fremden Geheimdienstes zur Ausforschung und Mitteilung bestimmter Sachverhalte nachkommen zu können; straflos wäre im selben Fall dagegen, wer die gewünschte Auskunft sofort geben könnte, weil er die betreffenden Tatsachen bereits kennt. Damit wäre der klügere oder erfahrenere Täter privilegiert, ein kriminalpolitisch nicht haltbares Ergebnis. Vgl. auch BGH NJW **77**, 1300.

10 In den Fällen, in denen sich die Tätigkeit für den fremden Geheimdienst in einem einmaligen Auskunftgeben erschöpft, muß es sich aber um Tatsachen von einer gewissen **Erheblichkeit** handeln (vgl. Frankfurt NStZ **82**, 31, KG NJW **89**, 1374). Denn die Gefährlichkeit der Tat kann hier im Gegensatz zum Normalfall des § 99 nicht daraus geschlossen werden, daß der Täter sich in die Organisation des fremden Geheimdienstes eingegliedert hat. Nicht unter § 99 fällt also, wer im Ausland vom dortigen Geheimdienst einem Verhör unterzogen wird und nun, um sich aus dieser Situation zu befreien, einige Angaben macht, die nicht von besonderer Bedeutung sind (BGH **24** 369). Vgl. hierzu auch BGH **30** 294, NJW **77**, 1300, Lackner ZStW 78, 716, Träger LK 6.

11 4. Die Tätigkeit muß **für** den fremden Geheimdienst geleistet worden sein. Für einen anderen wird tätig, wer ihm einen Dienst erbringen will (vgl. BVerfGE **57** 265). Es ist mithin ein **zielgerichtetes Handeln** erforderlich. Insoweit genügt jedoch, wenn jemand zielgerichtet für einen anderen eine nachrichtendienstliche Tätigkeit ausübt und hierbei die Möglichkeit in Kauf nimmt, daß der andere ein fremder Geheimdienst ist (Stree NStZ 83, 552, Lackner 3; weitergehend läßt BGH **31** 317 bedingten Vorsatz schlechthin genügen).

12 a) Im Gegensatz zu § 98 (vgl. dort RN 7) reicht die bloße Zielrichtung nicht aus. Erforderlich ist, daß der Täter bereits **vor dem Tätigwerden Kontakt mit** dem fremden **Geheimdienst aufgenommen** hatte (and. Träger LK 5, Schroeder NJW 81, 2281; and. auch BGH **25** 145, wonach das Ausüben der Tätigkeit i. S. des § 99 I Nr. 1 nicht voraussetzt, daß der Täter sich vorher dazu bereit erklärt hat). Nicht strafbar ist also, wer Tatsachen sammelt, um sie später erst einem fremden Geheimdienst anzubieten. Der Unterschied gegenüber § 98 rechtfertigt sich daraus, daß § 98 auf die Erlangung von Staatsgeheimnissen gerichtet ist, während die Tätigkeit des § 99 ihre besondere Gefährlichkeit nicht nur aus den Gegenständen der Mitteilung (einfache Geheimnisse oder nichtgeheime Tatsachen), sondern ebenso aus der Zusammenarbeit des Täters mit einem fremden Geheimdienst erfährt. Im übrigen dürfte ohne Verbindung zu einem Geheimdienst schwerlich schon eine geheimdienstliche Tätigkeit vorliegen.

13 b) Nicht erforderlich ist, daß der Täter mit einer Dienststelle des fremden Geheimdienstes selbst Verbindung aufgenommen hat; aus Abs. 1 Nr. 2 ergibt sich, daß auch die Zusammenarbeit mit **Mittelsmännern** des fremden Geheimdienstes ausreicht. Mit seiner Tätigkeit muß sich der Täter aber zielgerichtet in den Dienst eines anderen gestellt haben. Der bloße Gedankenaustausch bei einem Gespräch reicht nicht aus (BVerfGE **57** 266, Stree NStZ 83, 552). Wer hierbei einem anderen Tatsachen mitteilt und nur damit rechnet, daß dieser als Mittelsmann einer fremden Macht an ihnen interessiert sein könnte, ist nicht nach § 99 strafbar.

14 5. Als Objekte der Tätigkeit nennt § 99 **Tatsachen, Gegenstände oder Erkenntnisse**. Damit ist der gegenständliche Bereich ebenso umfassend gezogen wie in § 93 (vgl. dort RN 3). Die Tatsachen brauchen weder geheim noch von besonderer Bedeutung zu sein; auch illegale bzw. rechtswidrige Tatsachen werden erfaßt. Es ist auch nicht erforderlich, daß die mitgeteilten Tatsachen ihrerseits eine Ausgangsbasis zur Erforschung von Staatsgeheimnissen i. S. des § 93 abgeben (wenngleich der Verrat dieser sog. Indiztatsachen ein wichtiges Anwendungsgebiet des § 99 sein wird; vgl. § 98 RN 4).

15 6. Die Tätigkeit muß **auf Mitteilung oder Lieferung** der genannten Objekte **gerichtet** sein. Im Gegensatz zu § 98 ist das Erlangen nicht erwähnt. Daraus kann aber nicht geschlossen werden, daß § 99 die eigentlichen Ausspähungstätigkeiten nicht berührt (vgl. BGH **24** 377, Träger LK 12, aber auch Rudolphi SK 9). Vielmehr ergibt sich aus der Bezeichnung der Tätigkeit als „geheimdienstlich", daß jede Tätigkeit, die letztlich eine Mitteilung von Tatsachen usw. an den fremden Geheimdienst bezweckt, erfaßt wird; hierauf ist abzustellen, weil gerade das Ausspähen von Tatsachen zu den typischen Aufgaben von Geheimdienstagenten gehört. Hiernach löst sich auch die Frage, ob § 99 auch sog. „**Probeaufträge**" neuangeworbener Agenten erfaßt. Weil es sich dabei um fingierte Aufträge handelt, die unmittelbar nur der Erprobung des Agenten, nicht aber den von § 99 vorausgesetzten Zwecken dienen, könnte man zur Annahme eines (nicht strafbaren) Versuchs gelangen. Indes muß ausreichen, daß die eigentliche

Mitteilung von Tatsachen erst späteres Ziel der augenblicklichen Tätigkeit ist. Strafbar nach § 99 ist deshalb auch der Agent, dessen Tätigkeit nur im Anwerben neuer Mitarbeiter des Geheimdienstes besteht (vgl. BT-Drs. V/2860 S. 23), oder der Kurier, der ein Schreiben übermittelt, mit dem geheimdienstliche Kontakte angebahnt werden sollen (BGH 31 317).

7. Erfaßt wird nur eine Tätigkeit, die sich **gegen die BRep. Deutschland** richtet. Die Tragweite dieser Einschränkung ist problematisch (vgl. BGH 29 327, Schroeder NJW 81, 2282). 16

Zunächst kann dies nicht bedeuten, daß die Tat zu einem Nachteil für die BRep. oder zu einer 17 konkreten Gefahr geführt haben muß, und zwar deswegen nicht, weil der von § 99 erfaßte Kreis von Mitteilungsobjekten praktisch unbegrenzt ist (vgl. o. 14), so daß der Eintritt eines Schadens oder einer konkreten Gefahr nur selten nachweisbar wäre. § 99 kann aber auch nicht als Absichtsdelikt in dem Sinne verstanden werden, daß der Täter den Eintritt einer konkreten Gefahr für die BRep. angestrebt haben muß; denn bei der Übermittlung an sich vielleicht harmloser Tatsachen wird es für den Täter häufig gar nicht erkennbar sein, in welcher Weise sich daraus eine Gefahr für die BRep. ergeben könnte.

§ 99 ist daher als **abstraktes Gefährdungsdelikt** anzusehen. Das Gesetz schließt die Gefähr- 18 lichkeit der Tat für die Bundesrepublik allein daraus, daß es sich um eine Mitteilungstätigkeit zugunsten eines fremden Geheimdienstes in Angelegenheiten handelt, die in irgendeiner Weise für das politische Verhalten der fremden Macht gegenüber der BRep. von Bedeutung sein können (vgl. auch Lackner ZStW 78, 710 f.). Dabei stellt § 99 nicht nur auf die äußere Sicherheit der BRep. ab, vielmehr reichen (außen-)politische Folgen aller Art aus (ähnl. Träger LK 8). „Gegen die Bundesrepublik" gerichtet ist die Tätigkeit also auch dann, wenn sie etwa nur zur Verächtlichmachung der BRep., unter keinen Umständen aber zur Gefährdung der äußeren Sicherheit führen kann. Die systematische Einordnung des § 99 in den Abschnitt „Landesverrat und Gefährdung der äußeren Sicherheit" könnte allerdings das Gegenteil nahelegen. Dies würde der Eigenart der Mitteilungsobjekte des § 99 jedoch nicht gerecht und widerspräche auch dem Gesetzeswortlaut: in allen anderen vergleichbaren Vorschriften des Abschnittes ist jeweils von der Gefahr eines schweren Nachteils für die äußere Sicherheit der Bundesrepublik die Rede, während § 99 II 2 Nr. 2 nur von der „Gefahr eines schweren Nachteils" spricht.

Die Worte „gegen die Bundesrepublik Deutschland" haben demnach nur die Bedeutung, 19 solche Tätigkeiten **auszunehmen**, durch die die (außen-)politische Stellung der BRep. in keiner Weise berührt sein kann. Das hat Bedeutung in zweifacher Richtung:

a) Zum einen wird dadurch dem allgemeinen Grundsatz Rechnung getragen, daß das deut- 20 sche Strafrecht zum **Schutz ausländischer staatlicher Interessen nicht** berufen ist. Dennoch ist dieses Tatbestandsmerkmal in § 99 nicht überflüssig, da immerhin zweifelhaft sein kann, ob der genannte Grundsatz auch gilt, wenn die Tat, sei es von einem Deutschen oder von einem Ausländer, im deutschen Inland begangen wird (Ordnungsfunktion des deutschen Strafrechts). Nicht strafbar ist also die Tätigkeit fremder Geheimdienste auf deutschem Boden, die sich etwa nur gegen die Vertretungen fremder Staaten oder Organisationen von Ausländern in Deutschland richtet. Vielfach sind bei solchen Ausforschungen aber auch die Interessen der BRep. betroffen, so daß dann § 99 anwendbar ist (BGH 29 325). Als eigenes Interesse in diesem Sinne ist aber noch nicht das bloße Interesse an fremden Angelegenheiten zu werten (BGH 32 106). Zum **Schutz der NATO**-Partner vgl. 17 ff. vor § 80, BGH 32 104; zur Verfassungsmäßigkeit dieses Schutzes vgl. BVerfG MDR 85, 290. Soweit die NATO als solche betroffen ist, wie bei der Ausspähung zentraler Dienststellen, ist die Tätigkeit zugleich gegen die BRep. gerichtet und somit nach § 99 strafbar (BGH MDR/H 80, 105).

b) Zum anderen ergibt sich daraus, daß stets die Bundesrepublik in ihrer politischen Stellung 21 als Staat betroffen sein muß. Eine Tätigkeit, die nur irgendwelchen Maßnahmen gegen **einzelne** deutsche **Staatsangehörige** dient (etwa Ausforschen von deren Aufenthaltsort, damit sie zwecks Strafverfolgung ins Ausland entführt werden können), fällt nicht unter § 99, ebensowenig die Bespitzelung privater deutscher Organisationen (also etwa die Überwachung der illegalen KP durch östliche Agenten). Solche Fälle werden allerdings die Ausnahme bilden; regelmäßig wird sich die Bespitzelung nur von Einzelpersonen oder Privatorganisationen wenigstens mittelbar gegen die BRep. selbst richten, so etwa, wenn die Ausforschung einer Vertriebenenorganisation der fremden Macht zu außenpolitischen Angriffen gegen die BRep. dienen soll. Vgl. BGH 29 325, Schroeder NJW 81, 2283. Entsprechendes gilt für Wirtschafts- und Wissenschaftsspionage durch einen (staatlichen; vgl. o. 5) Geheimdienst; vgl. BT-Drs. V/2860 S. 23, D-Tröndle 5, Lackner 2a bb. Zur Ausforschung einer Fluchthilfeorganisation in der BRep. vgl. KG NJW **89**, 1374.

8. Täter nach § 99 I Nr. 1 ist entsprechend dem bei § 98 RN 5 und o. 15 Ausgeführten jeder, 22 der eine geheimdienstliche Tätigkeit im oben genannten Sinne ausübt, also in irgendeiner Art an der Ausspähungs- und Mitteilungstätigkeit mitwirkt (vgl. BT-Drs. V/2860 S. 23, BGH

NStZ **86**, 165). Eine Eingliederung in die Organisation des Geheimdienstes ist dafür nicht in jedem Fall erforderlich (BGH **24** 369). Dieser ist nie nur Gehilfe (BGH **24** 377). Täter ist etwa der Kurier (BGH **31** 317, NStZ **86**, 166), auch wenn er im Rahmen des § 94 nur als Gehilfe anzusehen wäre, der Funker usw. Für die **Teilnahme** bleibt nur ein schmaler Bereich; Teilnehmer können im wesentlichen nur Außenstehende sein. So wird etwa die Ehefrau wegen Anstiftung bestraft, die ihren Ehemann überredet, sein Einkommen durch Mitarbeit in einem Geheimdienst zu erhöhen; Gehilfe kann etwa sein, wer einem Agenten für dessen Tätigkeit ein Kfz. zur Verfügung stellt. Dagegen ist nicht wegen Beihilfe strafbar, wer als Objekt der Ausforschungstätigkeit eines fremden Geheimdienstes belanglose Auskünfte gibt (vgl. auch BGH **24** 378). Für Straflosigkeit der Beihilfe schlechthin Rudolphi SK 16. Wie hier jedoch Träger LK 16.

23 Auch die **Mittelsmänner** des fremden Geheimdienstes selbst können nach § 99 strafbar sein; ebenso wie bei § 94 endet die Möglichkeit einer Tatbegehung erst in dem Augenblick, in dem die Mitteilung die fremde Macht erreicht hat; vgl. hierzu näher § 94 RN 20.

23a 9. **Vollendet** ist die Tat bereits mit dem ersten Tätigkeitsakt, nicht erst mit Tätigkeitsabschluß oder erfolgreicher Ausführung eines Auftrags (vgl. BGH **31** 320). Zur Beendigung der Tat vgl. o. 2.

24 III. Nach **Abs. 1 Nr. 2** wird gleichermaßen bestraft, wer sich gegenüber dem Geheimdienst einer fremden Macht oder einem seiner Mittelsmänner zu der in Abs. 1 Nr. 1 genannten Tätigkeit **bereit erklärt**. Hier gilt dasselbe wie bei § 98 I Nr. 2; vgl. § 98 RN 12ff. Auch hier ist nur das ernstgemeinte Sichbereiterklären strafbar (vgl. BT-Drs. V/2860 S. 23).

25 IV. Die Tat kann dadurch **gerechtfertigt** sein, daß der Täter auf Grund einer Amts- oder Dienstpflicht oder eines ihm von amtlicher deutscher Stelle (nicht einer solchen der Stationierungsstreitkräfte) erteilten Auftrags handelt, etwa als Doppelagent. Vgl. die Nachw. aus der Rspr. (zu § 100e a. F.) GA/W 62, 1ff., ferner Träger LK 15. Keiner Rechtfertigung bedarf es, wenn sich jemand, um etwa einen gegnerischen Agenten zu entlarven, diesem gegenüber zum Schein zur Mitarbeit bereit erklärt, ohne dann eine eigene Tätigkeit zu entwickeln; hier fehlt es bereits am Tatbestand (vgl. o. 24). Eine zum selben Zweck ausgeübte Tätigkeit kann bei Gefahr im Verzug, auch wenn der Täter nicht amtlich befugt oder beauftragt war, als Nothilfe zugunsten des Staates gerechtfertigt sein. Die Rechtswidrigkeit kann auch auf Grund rechtfertigenden Notstands entfallen (vgl. BGH LM **Nr. 6** zu § 100e a. F.).

26 V. Der **subjektive** Tatbestand erfordert Vorsatz bezüglich aller Tatbestandsmerkmale, wobei bedingter Vorsatz genügt, und insoweit zielgerichtetes Handeln, als eine nachrichtendienstliche Tätigkeit für einen anderen erforderlich ist (vgl. o. 11).

27 VI. Zur **Entschuldigung** durch Notstand nach § 35 vgl. § 98 RN 10. Das dort Ausgeführte gilt für § 99 entsprechend.

28 VII. Gemäß Abs. 3 ist die Vorschrift des § 98 II über die **tätige Reue** entsprechend anzuwenden. Vgl. im einzelnen die Ausführungen bei § 98 RN 19ff.

29 Hierbei ergibt sich folgende Besonderheit: Nach Abs. 3 kann sich der Täter Strafmilderung oder Absehen von Strafe auch dann verdienen, wenn er bereits jahrelang für den fremden Geheimdienst tätig war; dies sogar dann, wenn er an und dabei fortwährend Geheimnisse i. S. des § 99 II verraten und hierdurch nicht nur die Gefahr eines schweren Nachteils für die Bundesrepublik (§ 99 II Nr. 2), sondern den Nachteil selbst herbeigeführt hat. Ob dies sinnvoll ist, erscheint zweifelhaft; es hätte nahegelegen, einen dem § 158 II entsprechenden Vorbehalt einzufügen. Man könnte diese sehr weitgehende Anerkennung der tätigen Reue zwar damit zu begründen suchen, daß der Täter sie sich durch Offenbarung seines Wissens verdienen muß; jedoch dürfte dadurch ein bereits eingetretener Nachteil für die BRep. nicht wiedergutzumachen sein. De lege lata ist aber eine Einschränkung nicht möglich; im übrigen ist die Strafmilderung nur fakultativ, so daß die Umstände des Einzelfalles berücksichtigt werden können.

30 VIII. Auch in der **Strafhöhe** entspricht § 99 dem § 98. Dies gilt für die Regelstrafe wie auch für besonders schwere Fälle. Für diese enthält § 99 II zwar eine eigene Regelung. Sie weicht aber der Sache nach von § 98 I 2 nicht ab; erforderlich ist sie nur deshalb, weil eine Verweisung auf § 94 II hier nicht möglich ist. Zum besonders schweren Fall und zu Regelbeispielen vgl. grundsätzlich 44ff., 47 vor § 38. Zur Strafschärfung nach Abs. 2 vgl. ferner BGH **28** 318 und dazu Bruns JR 79, 353.

31 1. Im einzelnen setzt **Abs. 2 S. 2** voraus, daß die Objekte der Tat von einer amtlichen Stelle oder auf deren Veranlassung geheimgehalten werden, ihre Mitteilung oder Lieferung erfolgt und der Täter entweder eine zur Wahrung solcher Geheimnisse besonders verpflichtende verantwortliche Stellung mißbraucht oder durch die Tat die Gefahr eines schweren Nachteils für die BRep. herbeiführt.

Friedensgefährdende Beziehungen 1 § 100

Die Tätigkeit muß sich auf **amtlich geheimgehaltene** Tatsachen usw. beziehen, wobei es 32
sich nicht um Staatsgeheimnisse zu handeln braucht; Privatgeheimnisse oder nichtgeheime
Tatsachen reichen nicht aus. Zu den Voraussetzungen der amtlichen Geheimhaltung vgl. näher § 95 RN 4ff. Zusätzlich muß noch eine der folgenden Voraussetzungen gegeben sein:

a) Entweder muß der Täter eine verantwortliche Stellung **mißbraucht** haben, die ihn zur 33
Wahrung solcher amtlicher Geheimnisse besonders verpflichtet. Dies entspricht dem Straferschwerungsgrund des § 94 II 2 Nr. 1, auf den auch § 98 I 2 verweist; vgl. näher § 94 RN 25.

b) Oder es muß durch die Tat die Gefahr eines **schweren Nachteils** für die Bundesrepu- 34
blik Deutschland herbeigeführt worden sein. Dabei genügt, entsprechend dem o. 16ff. Gesagten, jeder schwere Nachteil in der politischen Stellung der BRep. nach außen; eine Gefährdung ihrer äußeren Sicherheit ist nicht erforderlich. Unerheblich ist, in welcher Weise dieser Nachteil nach Mitteilung des Geheimnisses zu entstehen droht. Eine als gezieltes Störmanöver dienende Weitergabe der Information an die Öffentlichkeit kann ausreichen (BGH 28 326).

2. Über **Nebenfolgen** und Einziehung vgl. §§ 101, 101 a. 35

IX. Konkurrenzen: 1. Wie § 98 ist auch § 99 gegenüber den Landesverratsbestimmungen kraft 36
Gesetzes **subsidiär**, und zwar, da § 99 keine Staatsgeheimnisse voraussetzt, auch gegenüber den
§§ 97a, 97b. Wie bei § 98 (vgl. dort RN 35) tritt aber auch § 99 zu den genannten Vorschriften in
Idealkonkurrenz, soweit die Tat des § 99 über den Verrat der konkreten Geheimnisse hinausgeht,
die Gegenstand der Straftat nach den §§ 94, 96, 97a, 97b sind (and. BGH 24 72, Träger LK 24).
Die Subsidiarität entfällt auch nach BGH NStZ **84**, 310 jedenfalls, wenn eine Verfolgung nach den
vorgehenden Gesetzen wegen Verjährung nicht mehr möglich ist, wohl aber nach § 99; die mit
der verjährten Tat unmittelbar zusammenfallenden Tatteile bleiben von der Verjährung unberührt,
da die Tat nach § 99 ein Dauerdelikt ist.

2. Gegenüber § 98 tritt § 99 nicht zurück. Zwar betrifft § 98 nur den gegenüber § 99 engeren 37
Bereich der eigentlichen Staatsgeheimnisse. Andererseits ist § 99 insoweit gegenüber § 98 speziell,
als er nur eine geheimdienstliche Tätigkeit erfaßt. Aus diesem Grunde muß, wenn der Täter für
einen fremden Geheimdienst zur Erlangung von Staatsgeheimnissen tätig ist, **Tateinheit** zwischen
beiden Vorschriften angenommen werden (vgl. auch BGH 25 150).

3. Mit den §§ **84ff.** besteht i. d. R. **Tatmehrheit.** Die Tat nach § 99 ist zwar ein Dauerdelikt; die 38
in §§ 84ff. genannten Handlungen sind aber regelmäßig keine geheimdienstliche Tätigkeit. Anderes gilt für § 87 I Nr. 2 („Auskundschaften") und Nr. 4 („Überprüfen"); hier ist **Tateinheit** zwischen beiden Vorschriften möglich. Mit § 88 besteht grundsätzlich Tatmehrheit; Tateinheit liegt
vor, wenn der Tat nach § 88 eine der Handlungen nach § 87 I Nr. 2 oder Nr. 4 vorausgegangen
ist: diese bilden dann die Brücke zwischen §§ 88 und 99 (vgl. auch § 87 RN 22).

4. Im übrigen gilt für die Konkurrenzen mit anderen Tatbeständen das zu § 98 RN 36 Gesagte. 39
Möglich ist danach auch Tateinheit mit § 354 II Nr. 2 (Hamburg NJW **89**, 1371). Zum Verhältnis
zu § 19 WStG vgl. BGH **17** 61, Celle NJW **66**, 1133 (ergangen zu § 100e a. F.).

X. Zur Anwendung des **Opportunitätsprinzips** vgl. § 120 I GVG i. V. m. § 153e StPO; vgl. 40
ferner §§ 153c, d StPO.

§ 100 Friedensgefährdende Beziehungen

(1) **Wer als Deutscher, der seine Lebensgrundlage im räumlichen Geltungsbereich dieses Gesetzes hat, in der Absicht, einen Krieg oder ein bewaffnetes Unternehmen gegen die Bundesrepublik Deutschland herbeizuführen, zu einer Regierung, Vereinigung oder Einrichtung außerhalb des räumlichen Geltungsbereichs dieses Gesetzes oder zu einem ihrer Mittelsmänner Beziehungen aufnimmt oder unterhält, wird mit Freiheitsstrafe nicht unter einem Jahr bestraft.**

(2) **In besonders schweren Fällen ist die Strafe lebenslange Freiheitsstrafe oder Freiheitsstrafe nicht unter fünf Jahren. Ein besonders schwerer Fall liegt in der Regel vor, wenn der Täter durch die Tat eine schwere Gefahr für den Bestand der Bundesrepublik Deutschland herbeiführt.**

(3) **In minder schweren Fällen ist die Strafe Freiheitsstrafe von einem Jahr bis zu fünf Jahren.**

Schrifttum: Vgl. Angaben zu 1 vor § 93; ferner: *Lüthi,* Der verstärkte Staatsschutz, ZBernJV 1951, 137. – *Ruhrmann,* Verfassungsfeindliche und landesverräterische Beziehungen, NJW 59, 1201.

I. Die Vorschrift über die **landesverräterische Konspiration** gehört nicht zu den Landes- 1
verratsbestimmungen i. e. S.: bestraft werden konspirative Beziehungen zu fremden Mächten

in der Absicht, die BRep. in einen Krieg zu verwickeln. Geschütztes Rechtsgut ist die äußere Sicherheit der BRep. Über den **Schutz der NATO**-Partner vgl. 17 ff. vor § 80, Träger LK 8.

2   II. Der **objektive Tatbestand** erfordert, daß der Täter zu einer Regierung usw. Beziehungen aufnimmt oder unterhält.

3   1. Welcher Art die **Beziehungen** sein müssen, sagt der Tatbestand nicht. Es reichen Beziehungen aller Art aus, sofern sie von der genannten Absicht getragen sind. Es ist nicht erforderlich, daß der Täter auf Grund der Beziehungen eine besondere Tätigkeit entwickelt.

4   2. Beziehungen **nimmt auf**, wer sich bemüht, mit der anderen Seite eine von der genannten Absicht getragene Übereinstimmung zu finden. Dazu braucht der Täter nicht persönlich mit der fremden Regierung usw. in Verbindung zu treten; auch schriftliche Kontaktaufnahme reicht aus. Die erstrebte Übereinstimmung braucht nicht erreicht worden zu sein (Träger LK 4; vgl. auch Bay JZ **63**, 68, Celle NJW **65**, 457 [zu § 100e a. F.]; and. D-Tröndle 3, Lackner 3, Rudolphi SK 5); insoweit ist das Aufnehmen von Beziehungen ein Versuchstatbestand, der dem Sichbereiterklären in den §§ 98, 99 gleicht. Es ist deshalb auch unerheblich, ob der Täter an die fremde Regierung herantritt oder diese die Kontaktaufnahme angeregt hat.

5   Die Frage, ob wegen des mit § 100e a. F. übereinstimmenden Wortlauts auch **Scheinbeziehungen** ausreichen, stellt sich bei § 100 deshalb nicht, weil es bei nicht ernstlich gemeinten Kontaktaufnahmen an der von § 100 vorausgesetzten Absicht fehlen wird.

6   3. **Unterhalten** wird die Beziehung durch jede Tätigkeit, die bewirken soll, daß die Verbindung fortdauert (vgl. Celle GA **66**, 343 [zu § 100e a. F.]). Das Unterhalten setzt notwendig eine Übereinstimmung der Beziehungspartner über ihre Verbindung voraus; eine Übereinstimmung über die vom Täter erstrebte Kriegsherbeiführung ist nicht erforderlich (Träger LK 4). Es handelt sich hierbei um ein Dauerdelikt.

7   4. **Beziehungspartner** muß eine Regierung, Vereinigung oder Einrichtung außerhalb des räumlichen Geltungsbereichs des StGB sein. Vgl. dazu § 86 RN 10. Zu den Vereinigungen gehören auch Parteien. Auch Beziehungen zu **Mittelsmännern** der genannten Stellen reichen aus. Vgl. hierzu § 94 RN 5.

8   5. Die Regierung usw. muß ihren Sitz **außerhalb** des räumlichen Geltungsbereichs des StGB haben. Für die Mittelsmänner gilt diese Einschränkung nicht; zudem ist bei ihnen unerheblich, ob sie In- oder Ausländer sind.

9   6. Täter kann nur ein **Deutscher** sein, der seine Lebensgrundlage im räumlichen Geltungsbereich des StGB hat. Damit folgt das Gesetz der Rspr. zum früheren Recht (vgl. BGH **10** 46 zu § 100d II a. F.), wonach Täter nur sein kann, wer zur BRep. in einem besonderen Schutz- oder Treueverhältnis steht. Vgl. auch Mattil GA 58, 150, Ruhrmann NJW 59, 1203. Zum Merkmal „Lebensgrundlage im räumlichen Geltungsbereich dieses Gesetzes" vgl. § 5 RN 9.

10   III. Eine **Rechtfertigung** der Tat auf Grund des Völkerrechts kommt nicht in Betracht, da nur Deutsche Täter sein können (vgl. RG **16** 168, Träger LK 9).

11   IV. Der **subjektive** Tatbestand erfordert Vorsatz, wobei bedingter Vorsatz genügt, und die **Absicht**, einen Krieg oder ein bewaffnetes Unternehmen gegen die BRep. Deutschland herbeizuführen. Dem Täter muß es auf den genannten Erfolg ankommen; dies ist bei gleichgültiger oder ablehnender Haltung nicht der Fall (vgl. BGH **9** 142, **11** 178, **18** 246, NJW **64**, 59; vgl. auch 2 vor § 84); bloßes Wissen um den Erfolg genügt nicht (vgl. aber BGH **10** 170).

12   1. **Krieg** ist im völkerrechtlichen Sinne als Auseinandersetzung mit Waffengewalt zwischen verschiedenen Staaten zu verstehen. Ein **bewaffnetes Unternehmen** muß dagegen von – auch illegalen – Kräften ausgehen, die nicht als kriegführende Macht anzusehen sind. Es muß sich von außen her gegen die BRep. richten. Ausschließlich innere Unruhen (auch Bürgerkrieg) reichen nicht aus (Träger LK 7; vgl. aber Krauth JZ 68, 613, Schroeder aaO 381). Ebensowenig genügt das Erstreben eines Handelskrieges ohne bewaffnetes Vorgehen gegen die BRep.

13   2. Der Krieg muß **gegen** die Bundesrepublik gerichtet sein; bloße Verteidigungshandlungen gegen einen Angriffskrieg seitens der BRep. (vgl. § 80) würden also nicht ausreichen.

14   3. Der Täter muß die **Herbeiführung** eines Krieges oder bewaffneten Unternehmens, also dessen Ausbruch, anstreben. Feindunterstützung während eines Krieges genügt nicht.

15   V. Die **Strafe** ist in besonders schweren Fällen (Abs. 2) Freiheitsstrafe nicht unter 5 Jahren oder lebenslange Freiheitsstrafe. Als *Regelbeispiel* ist die Herbeiführung einer schweren Gefahr für den Bestand der BRep. genannt. Das ist nicht schon dann der Fall, wenn überhaupt die Gefahr eines bewaffneten Unternehmens entstanden ist, sondern erst, wenn die BRep. akut in ihrem Bestand bedroht ist. Erforderlich ist der Eintritt einer *konkreten* Gefahr. Vgl. allgemein zu besonders schweren Fällen 44 ff., 47 vor § 38.

Landesverräterische Fälschung

In minder schweren Fällen (Abs. 3) ist die Strafe Freiheitsstrafe von einem Jahr bis zu 5 Jahren. Hierfür nennt das Gesetz keine Beispielsfälle. Vgl. 48 vor § 38.

Über **Nebenfolgen** und Einziehung vgl. §§ 101, 101a. Zur **Vermögensbeschlagnahme** als prozessualer Maßnahme vgl. § 443 I StPO.

VI. Zur Anwendung des **Opportunitätsprinzips** vgl. § 120 I GVG i. V. m. § 153e StPO. Vgl. ferner §§ 153c, d StPO.

VII. **Idealkonkurrenz** kommt insb. mit den §§ 98, 99 in Betracht, auch mit § 80 (Träger LK 11; and. Rudolphi SK 14, D-Tröndle § 80 RN 7: Zurücktreten des § 100).

§ 100a Landesverräterische Fälschung

(1) **Wer wider besseres Wissen gefälschte oder verfälschte Gegenstände, Nachrichten darüber oder unwahre Behauptungen tatsächlicher Art, die im Falle ihrer Echtheit oder Wahrheit für die äußere Sicherheit oder die Beziehungen der Bundesrepublik Deutschland zu einer fremden Macht von Bedeutung wären, an einen anderen gelangen läßt oder öffentlich bekanntmacht, um einer fremden Macht vorzutäuschen, daß es sich um echte Gegenstände oder um Tatsachen handele, und dadurch die Gefahr eines schweren Nachteils für die äußere Sicherheit oder die Beziehungen der Bundesrepublik Deutschland zu einer fremden Macht herbeiführt, wird mit Freiheitsstrafe von sechs Monaten bis zu fünf Jahren bestraft.**

(2) Ebenso wird bestraft, wer solche Gegenstände durch Fälschung oder Verfälschung herstellt oder sie sich verschafft, um sie in der in Absatz 1 bezeichneten Weise zur Täuschung einer fremden Macht an einen anderen gelangen zu lassen oder öffentlich bekanntzumachen und dadurch die Gefahr eines schweren Nachteils für die äußere Sicherheit oder die Beziehungen der Bundesrepublik Deutschland zu einer fremden Macht herbeizuführen.

(3) **Der Versuch ist strafbar.**

(4) **In besonders schweren Fällen ist die Strafe Freiheitsstrafe nicht unter einem Jahr.** Ein besonders schwerer Fall liegt in der Regel vor, wenn der Täter durch die Tat einen besonders schweren Nachteil für die äußere Sicherheit oder die Beziehungen der Bundesrepublik Deutschland zu einer fremden Macht herbeiführt.

Schrifttum: Vgl. die Angaben zu Vorbem. 1 vor § 93.

I. Die äußere Sicherheit der Bundesrepublik oder deren Beziehungen zu einer fremden Macht können auch durch Mitteilung oder öffentliche Bekanntmachung erdichteter Tatsachen und Vorgänge politischer oder militärischer Art gefährdet werden. Das Gesetz bedroht daher in § 100a auch die **landesverräterische Fälschung** mit Strafe. Mit dem eigentlichen Landesverrat hat der Tatbestand nur die nachteiligen Folgen für die BRep. gemein; die Tat selbst hat mehr den Charakter einer politischen Verleumdung der BRep. Zum **Schutz der NATO**-Partner ist § 100a **nicht** anwendbar (vgl. 17ff. vor § 80).

II. Abs. 1 erfaßt das **Übermitteln** oder die **öffentliche Bekanntmachung** der gefälschten Nachrichten usw.

1. Es muß sich um **gefälschte oder verfälschte Gegenstände, Nachrichten darüber oder unwahre Behauptungen tatsächlicher Art** handeln. Diese Aufzählung ist ebenso umfassend wie diejenige – echter Tatsachen usw. – in § 93. Über Fälschen und Verfälschen vgl. u. 11. Die Nachricht über gefälschte oder verfälschte Gegenstände kann als solche wahr sein (Träger LK 2; and. D-Tröndle 2 unter Hinweis auf das Erfordernis „wider besseres Wissen"; jedoch kann sich dieses Wissen auch auf die Fälschung der Gegenstände erstrecken). Die inhaltlich unwahren Behauptungen müssen tatsächlicher Art sein; bloße Werturteile reichen nicht aus.

2. Die gefälschten oder verfälschten Gegenstände usw. müssen so beschaffen sein, daß sie im Falle ihrer Echtheit oder Wahrheit für die **äußere Sicherheit** oder die **Beziehungen** der Bundesrepublik Deutschland **zu einer fremden Macht von Bedeutung** wären. Darin liegt zwar eine Anlehnung an die Definition des Staatsgeheimnisses in § 93; es ist aber nicht erforderlich, daß die Tatsachen usw. die Qualität von Staatsgeheimnissen gehabt hätten. Andererseits geht § 100a dadurch über § 93 hinaus, daß er auch die Beziehungen der BRep. zu einer fremden Macht nennt. Damit dient § 100a ganz allgemein dem Schutz der Außenpolitik der BRep. Unerheblich ist, ob die Nachrichten usw. im Falle ihrer Echtheit oder Wahrheit rechtswidrig wären (vgl. hierzu BGH 10 172, Träger LK 3).

3. Der Täter muß die Nachrichten usw. **an einen anderen gelangen lassen** oder **öffentlich bekanntmachen**. Vgl. hierzu § 94 RN 9ff. Beim Empfänger braucht es sich nicht um einen

Unbefugten zu handeln; gegenüber unwahren Nachrichten wäre dies auch wenig sinnvoll. Erfaßt wird also z. B. die Weitergabe von Falschmeldungen innerhalb des diplomatischen Dienstes, sofern der Täter damit letztlich eine fremde Macht täuschen will. Der Täter braucht die Gegenstände nicht selbst hergestellt zu haben (Abs. 2).

6 **4.** Durch die Tat muß die **Gefahr eines schweren Nachteils** für die äußere Sicherheit der Bundesrepublik oder deren Beziehungen zu einer fremden Macht entstanden sein. Erforderlich ist der Eintritt einer **konkreten** Gefahr; insoweit gilt dasselbe wie bei § 94 (vgl. dort RN 13). Anders als bei § 94 genügen auch schwere Nachteile für die außenpolitische Stellung der Bundesrepublik (vgl. auch o. 4). Derartige Gefahren können auch dann entstehen, wenn die Täuschung der fremden Macht nicht gelungen ist (vgl. D-Tröndle 2 a. E., Träger LK 5).

7 **5.** Eine **Rechtfertigung** des „Veröffentlichens" durch Art. 5 I GG kommt wegen der erforderlichen Täuschungsabsicht nicht in Betracht.

8 **6.** Der **subjektive** Tatbestand erfordert sicheres Wissen bezüglich der Fälschung usw. Bei Nachrichten über gefälschte Gegenstände genügt das sichere Wissen, daß sie sich auf solche Gegenstände beziehen (and. D-Tröndle 3). Für den Eintritt der Gefahr ist Vorsatz erforderlich; dolus eventualis genügt (BGH **20** 100).

9 Der Täter muß weiter die **Absicht** haben, der fremden Macht **vorzutäuschen**, daß es sich um wahre Behauptungen oder nicht gefälschte Gegenstände handelt. Ein Täuschungserfolg braucht nicht eingetreten zu sein. Täuschungsabsicht gegenüber dem unmittelbaren Empfänger der Nachrichten usw. muß nicht vorliegen. Es reicht aus, wenn er diese in Kenntnis ihrer Unechtheit an die fremde Macht weiterleiten oder veröffentlichen soll.

10 **III. Abs. 2** erfaßt gewisse **Vorbereitungshandlungen** zu Abs. 1. Strafbar nach Abs. 2 ist, wer in Täuschungsabsicht die in Abs. 1 genannten Gegenstände durch Fälschung oder Verfälschung **herstellt** oder sie **sich beschafft**.

11 **1.** Der Gegenstand muß durch **Fälschung** oder **Verfälschung hergestellt** werden (vgl. RG **41** 207). Da die Tat zu einer Gefährdung der außenpolitischen Stellung der Bundesrepublik führen muß, können diese Begriffe nicht i. S. des § 267 („unechte" Urkunde) verstanden werden, vielmehr ist allein die Wahrheit oder Unwahrheit ihres Aussagewertes von Bedeutung (vgl. Träger LK 2). Dies ergibt sich auch daraus, daß in Abs. 1 den gefälschten Gegenständen die „unwahren" Behauptungen gleichgestellt sind, bei denen das Problem ihrer Echtheit oder Unechtheit nicht auftauchen kann. Gleichgestellt ist das Sichverschaffen solcher Gegenstände. Vgl. hierzu § 96 RN 4 f.

12 **2.** Der **subjektive Tatbestand** des Abs. 2 erfordert, daß der Täter in der Absicht handelt, die hergestellten oder verschafften Gegenstände zur Begehung einer Tat nach Abs. 1 zu gebrauchen. Darüber hinaus ist, anders als bei Abs. 1, die Absicht erforderlich, die Gefahr eines schweren Nachteils für die äußere Sicherheit der BRep. oder deren Beziehungen zu einer fremden Macht herbeizuführen. Durch diese qualifizierte Voraussetzung innerhalb des subjektiven Tatbestandes wird die geringere objektive Gefährlichkeit der Vorbereitungshandlungen aufgewogen.

13 **3.** Obwohl Abs. 2 durch das Erfordernis der Gefährdungsabsicht über Abs. 1 hinausgeht, muß das Herstellen oder Verschaffen der Gegenstände als bloße Vorbereitungshandlung gegenüber Abs. 1 zurücktreten.

14 **IV.** Zwischen den beiden Tatbeständen des § 100a ist **Wahlfeststellung** zulässig, nicht dagegen zwischen § 94 und § 100a (vgl. BGH **20** 100), da zwischen Verrat und Fälschung die für Wahlfeststellung erforderliche Vergleichbarkeit fehlt (and. Fleck GA 66, 334; vgl. auch Rudolphi SK 17).

15 **V.** Der **Versuch** ist strafbar (Abs. 3), und zwar sowohl in den Fällen des Abs. 1 als auch in denen des Abs. 2.

16 **1.** Ein Versuch liegt vor, wenn der Täter **irrtümlich** davon ausgeht, die von ihm weitergegebenen oder hergestellten Gegenstände usw. seien falsch, verfälscht oder unwahr. Eine Strafmilderung nach § 23 II ist dann jedoch unangebracht, wenn die Gefahr eines schweren Nachteils (vgl. o. 6) eingetreten ist.

17 **2.** Ein **Rücktritt** gemäß § 24 vom Versuch der Tat nach Abs. 1 führt auch dann zur Straflosigkeit, wenn der Täter die verfälschten Gegenstände usw. selbst hergestellt oder sich verschafft und dadurch den Tatbestand des Abs. 2 erfüllt hat. Dieser Tatbestand ist zwar (formell) vollendet, so daß auf ihn selbst § 24 nicht anwendbar ist. Da es sich aber nur um eine gegenüber der Tat des Abs. 1 subsidiäre (vgl. o. 13) Vorbereitungshandlung handelt, erstrecken sich die Wirkungen des Rücktritts vom Versuch der Tat nach Abs. 1 auch hierauf (and. D-Tröndle 4, Träger LK 10).

18 **3.** Kann der Täter durch freiwilligen Rücktritt aber selbst dann noch völlige Straffreiheit erlangen, wenn er bereits mit der Ausführung des eigentlichen „Hauptdeliktes" des Abs. 1

begonnen hatte, so muß ihm die Vergünstigung des Rücktritts erst recht zuteil werden, wenn er seine Pläne bereits in einem früheren Stadium aufgibt. Das bedeutet, daß im Rahmen der Vorbereitungshandlungen des Abs. 2 die in §§ 83a, 316a II enthaltenen Regeln über die **tätige Reue** analog heranzuziehen sind. Hat der Täter also einen der genannten falschen Gegenstände hergestellt, um die Tat des Abs. 1 zu begehen, gibt er dieses Vorhaben dann aber freiwillig auf, so kann der Richter entsprechend §§ 83a, 316a II die Strafe nach seinem Ermessen mildern (§ 49 II) oder von Strafe absehen (and. D-Tröndle 4). Es kann hier nichts anderes als bei der Vorbereitungshandlung des § 96 gelten; vgl. § 96 RN 16.

Unbefriedigend ist allerdings die *Verschiedenheit der Rücktrittswirkungen:* Während beim Rücktritt vom Versuch einer Tat nach Abs. 1 der Täter straflos ausgeht, führt die tätige Reue bei der bloßen Vorbereitungshandlung nur zu Strafmilderung oder Absehen von Strafe. Diese Ungerechtigkeit kann allerdings de lege lata nicht ausgeglichen werden. Sie ist eine Folge der mangelhaften Koordinierung der Rücktrittsvorschriften. Vgl. hierzu auch § 96 RN 16. 19

VI. Die **Strafe** ist in besonders schweren Fällen Freiheitsstrafe nicht unter 1 Jahr. Für diese Fälle enthält Abs. 4 eine dem § 94 II 2 Nr. 2 nachgebildete Regelung (besonders schwere Nachteile für die äußere Sicherheit der BRep. oder ihre Beziehungen zu einer fremden Macht). Vgl. näher § 94 RN 25. 20

Über **Nebenfolgen** und Einziehung vgl. §§ 101, 101a. 21

VII. Zur Anwendung des **Opportunitätsprinzips** vgl. § 120 I GVG i. V. m. § 153e StPO; vgl. auch §§ 153c, d StPO. 22

VIII. **Idealkonkurrenz** kommt mit § 267 in Betracht. 23

§ 101 Nebenfolgen

Neben einer Freiheitsstrafe von mindestens sechs Monaten wegen einer vorsätzlichen Straftat nach diesem Abschnitt kann das Gericht die Fähigkeit, öffentliche Ämter zu bekleiden, die Fähigkeit, Rechte aus öffentlichen Wahlen zu erlangen, und das Recht, in öffentlichen Angelegenheiten zu wählen oder zu stimmen, aberkennen (§ 45 Abs. 2 und 5).

Die Vorschrift behandelt die bei den Delikten des Landesverrats und der Gefährdung der äußeren Sicherheit zulässigen **Nebenfolgen** in entsprechender Weise wie § 92a für den Bereich des Friedensverrats, Hochverrats und der Gefährdung des demokratischen Rechtsstaates. Vgl. näher die Anm. zu § 92a. Zu beachten ist, daß § 101 nur bei einer Freiheitsstrafe von mindestens 6 Monaten wegen einer vorsätzlichen Straftat anwendbar ist, also nicht bei einer leichtfertigen Preisgabe von Staatsgeheimnissen nach § 97 II. Zu den vorsätzlichen Straftaten gehört auch die Tat nach § 97 I (vgl. § 11 II). Zu weiteren Folgen vgl. 11 vor § 80.

§ 101a Einziehung

Ist eine Straftat nach diesem Abschnitt begangen worden, so können
1. **Gegenstände, die durch die Tat hervorgebracht oder zu ihrer Begehung oder Vorbereitung gebraucht worden oder bestimmt gewesen sind, und**
2. **Gegenstände, die Staatsgeheimnisse sind, und Gegenstände der in § 100a bezeichneten Art, auf die sich die Tat bezieht,**

eingezogen werden. § 74a ist anzuwenden. Gegenstände der in Satz 1 Nr. 2 bezeichneten Art werden auch ohne die Voraussetzungen des § 74 Abs. 2 eingezogen, wenn dies erforderlich ist, um die Gefahr eines schweren Nachteils für die äußere Sicherheit der Bundesrepublik Deutschland abzuwenden; dies gilt auch dann, wenn der Täter ohne Schuld gehandelt hat.

Schrifttum: Vgl. die Angaben zu § 92b.

I. Die Vorschrift enthält eine **Sonderregelung** für die **Einziehung** von Gegenständen, die in eine landesverräterische Handlung i. S. dieses Abschnitts verwickelt waren. Dabei wird über die §§ 74ff. hinaus die Einziehung hier teils erweitert, teils an zusätzliche Voraussetzungen geknüpft. Das schließt jedoch nicht aus, daß die allgemeinen Regeln der §§ 74ff. ergänzend zum Zuge kommen. Das ist insb. für die Einziehung von Schriften nach § 74d bedeutsam. 1

Zur **Rechtsnatur** vgl. § 92b RN 2. 2

II. Nach der Vorschrift sind zwei Fälle zu unterscheiden: 3

1. Soweit es in **Nr. 1** um die Einziehung von **Tatwerkzeugen** und **Tatprodukten** geht, gelten die gleichen Grundsätze wie zu § 92b I Nr. 1 (vgl. dort RN 4), naturgemäß mit der Ausnahme, 4

daß hier als Anknüpfungstat nur eine Straftat i. S. der §§ 94–100a in Betracht kommt. Für die Dritteinziehung gilt § 74a bzw. in Sicherungsfällen § 74 II Nr. 2 und III.

5 2. Demgegenüber sind im Falle der **Nr. 2** die Einziehungsvoraussetzungen wesentlich gelockert. Danach werden alle „**Beziehungsgegenstände**" erfaßt, soweit sie echte Staatsgeheimnisse i. S. des § 93 oder sog. falsche Staatsgeheimnisse i. S. des § 100a (vgl. dort RN 3 f.) sind oder enthalten und als Objekt einer der nach den §§ 94–100a strafbaren Handlungen gedient haben. Näher zum Begriff der Beziehungsgegenstände in § 74 RN 12a, § 92b RN 5.

6 Zwar wird auch hier eine volldeliktische Straftat vorausgesetzt. Sofern jedoch die Einziehung der betroffenen Gegenstände erforderlich ist, um die **Gefahr eines schweren Nachteils** für die äußere Sicherheit der Bundesrepublik abzuwenden, muß die Anknüpfungstat weder schuldhaft begangen sein noch bedarf es eines der in § 74 II genannten Einziehungsgründe (S. 3). Das bedeutet, daß zum Nachweis einer derartigen Gefahr (dazu § 93 RN 20 f.) die Feststellung genügt, daß eine tatbestandsmäßig-rechtswidrige Handlung begangen wurde und daß der das Staatsgeheimnis verkörpernde Gegenstand Objekt dieser Tat gewesen ist. Dagegen ist die Frage der Eigentumsverhältnisse, der art- oder umständebedingten Gefährlichkeit des Gegenstandes oder der Wiederholungsgefahr hier unerheblich, es sei denn als Teilaspekt der Frage, ob bei Nichteinziehung des Gegenstandes für die äußere Sicherheit der Bundesrepublik ein schwerer Nachteil zu befürchten wäre.

7 Soweit diese Gefahr nicht besteht, gelten für die Beziehungsgegenstände die gleichen Grundsätze wie für die Tatwerkzeuge und Tatprodukte der Abs. 1 (o. 4).

8 3. In allen Fällen, selbst in den Gefährdungsfällen der Nr. 2 (o. 6), steht die Einziehung im pflichtgemäßen **Ermessen** des Gerichts (and. für die Fälle des S. 3 D-Tröndle 5, Träger LK 6: obligatorische Einziehung). Dabei wird jedoch das Sicherungsinteresse regelmäßig zur Einziehung zwingen. Näher zur Ermessensausübung in § 74 RN 38 ff., insb. zum Grundsatz der Verhältnismäßigkeit § 74b RN 1, 5 ff.

9 4. Für die **Wirkung**, Ersatzeinziehung, selbständige Einziehung und Entschädigung gelten die allgemeinen Regelungen der §§ 74 c, e, f, 76 a.

Dritter Abschnitt. Straftaten gegen ausländische Staaten

Vorbemerkungen zu §§ 102 bis 104a

Schrifttum: Jescheck, Straftaten gegen das Ausland, Rittler-FS 275. – *Laubenthal*, Ansätze zur Differenzierung zwischen pol. u. allg. Kriminalität, MSchrKrim 89, 326. – *v. Liszt*, Die strafbaren Handlungen gegen ausländische Staaten in den Strafgesetzentwürfen der Gegenwart, Berliner v. Martitz-FS (1911) 437 ff. – *Pella*, La repression des crimes contre la personnalité de l'état, Recueil des cours de l'Acad. de droit intern. 33 (1930) III 677. – *Simson*, Der Ehrenschutz ausländischer Staatsoberhäupter usw., Heinitz-FS 737. – *v. Weber*, Der Schutz fremdländischer staatlicher Interessen im Strafrecht, Frank-FG II 269. – *Wilke*, Der strafrechtliche Schutz der DDR, ROW 75, 302.

1 I. Das **3. StÄG** v. 4. 8. 53 (BGBl. I 735) hat den 3. Abschn. des BT, der nach Aufhebung der §§ 102, 103 durch KRG Nr. 11 ein Torso geworden war, wieder vervollständigt. Dabei wurden die §§ 102–104 neu gefaßt und § 104a eingefügt. Abgesehen von kleineren mehr redaktionellen Änderungen und Umstellungen wurde dieser Abschnitt durch das EGStGB im wesentlichen unverändert gelassen (vgl. Art. 19 Nrn. 23–27). Zu ihrer (geringen) praktischen Bedeutung vgl. Wolter AK 8 f., kriminologisch Laubenthal aaO.

2 II. Ursprünglich ging es bei den Tatbeständen dieses Abschnitts um den Schutz vor Störungen der Beziehungen zu ausländischen Staaten (vgl. Gerland VDB I 124, v. Weber aaO 277). Das seit längerem angestrebte Ziel, diese Tatbestände auch zu Schutzbestimmungen für den ausländischen Staat als solchen und darüber hinaus für die internationale Staatengemeinschaft auszugestalten (vgl. Pella aaO 677), ist zwar formal heute weitgehend erreicht. Daher wird überwiegend ein **doppelter Schutzzweck** angenommen, und zwar sowohl zugunsten des *ausländischen Staates* mit seinen Organen und Einrichtungen (so auch, aber offenbar einseitig D-Tröndle 2) wie auch des *Interesses der Bundesrepublik an ungestörten Beziehungen* (vgl. Lüttger Jescheck-FS I 126 ff., Rudolphi SK 2, Wilke ROW 75, 302, Willms LK 1). Dennoch kann kein Zweifel sein, daß es auch beim Schutz des fremden Staates letztlich um die Bewahrung des eigenen Staates vor internationalen Konflikten geht (vgl. Blei II 471, Wolter AK 2, 7; so wohl auch Tröndle JR 77, 3).

3 III. Als **ausländisch** sind alle Staaten bzw. deren Organe oder Einrichtungen zu betrachten, die nicht dem Verfassungs- und Regierungssystem der Bundesrepublik Deutschland angehören. Nach den Grundsätzen des funktionalen Inlandsbegriffes (29 vor § 3) war demzufolge i. S. dieser Tatbestände auch die ehemalige DDR samt ihren Organen und Einrichtungen wie

Ausland zu behandeln (Wolter AK 10; zur Vereinbarkeit dieser Auffassung mit dem Grundlagenurteil BVerfGE **36** 1 vgl. Wilke ROW 75, 302f.; vgl. aber auch § 104a RN 2). Da es sich um Organe oder Einrichtungen eines fremden **Staates** handeln muß, sind Amtsträger oder Institutionen von supra- und internationalen Organisationen (wie etwa der EG, UN oder NATO) als solche nicht geschützt, würden dies aber wohl de lege ferenda verdienen (vgl. Wolter AK 11).

IV. Strafdrohungen, die den *unmittelbaren* Schutz inländischer oder allgemeiner Rechtsgüter bezwecken (dazu 13ff. vor § 3), werden durch die Strafvorschriften dieses Abschnitts nicht konsumiert. Ebensowenig werden umgekehrt die Vorschriften dieses Abschnitts durch allgemeine Schutztatbestände verdrängt. Daher ist nach Streichung der Subsidiaritätsklausel in § 102 durch das EGStGB z. B. **Idealkonkurrenz** zwischen dem an einem ausländischen Diplomaten begangenen Mord und § 102 möglich (so bereits RG **69** 56, ferner Rudolphi SK § 102 RN 8). Für das Verhältnis des § 103 zu §§ 185ff. vgl. § 103 RN 8. 4

§ 102 Angriff gegen Organe und Vertreter ausländischer Staaten

(1) **Wer einen Angriff auf Leib oder Leben eines ausländischen Staatsoberhaupts, eines Mitglieds einer ausländischen Regierung oder eines im Bundesgebiet beglaubigten Leiters einer ausländischen diplomatischen Vertretung begeht, während sich der Angegriffene in amtlicher Eigenschaft im Inland aufhält, wird mit Freiheitsstrafe bis zu fünf Jahren oder mit Geldstrafe, in besonders schweren Fällen mit Freiheitsstrafe nicht unter einem Jahr bestraft.**

(2) Neben einer Freiheitsstrafe von mindestens sechs Monaten kann das Gericht die Fähigkeit, öffentliche Ämter zu bekleiden, die Fähigkeit, Rechte aus öffentlichen Wahlen zu erlangen, und das Recht, in öffentlichen Angelegenheiten zu wählen oder zu stimmen, aberkennen (§ 45 Abs. 2 und 5).

Vorbem. Zur Fassung vgl. 1 vor § 102. – *Schrifttum*: vgl. die Angaben zu den Vorbem. vor § 102.

I. Die Vorschrift stellt **Leib und Leben ausländischer Staatsoberhäupter** und **Regierungsvertreter** unter besonderen Schutz, sofern sich diese in *amtlicher* Eigenschaft im Inland aufhalten. Eine Strafverfolgung findet jedoch nach § 102 nur statt, wenn diplomatische Beziehungen zum ausländischen Staat bestehen und die Gegenseitigkeit verbürgt ist (§ 104a). 1

II. **Geschützte Personen** sind ausländische Staatsoberhäupter, Mitglieder ausländischer Regierungen und beglaubigte Leiter ausländischer diplomatischer Vertretungen. 2

1. **Ausländische Staatsoberhäupter** sind die durch die Verfassung des einzelnen Staates zu ihrer völkerrechtlichen Repräsentanz berufenen Vertreter. Staatsoberhaupt ist auch der Papst. 3

2. Als **Regierungsmitglieder** kommen nur die obersten Spitzen der Exekutive, d. h. der Regierungschef, die *Minister* sowie ihnen nach jeweiligem Verfassungsrecht gleichrangige Personen (vgl. Willms LK 2), in Betracht. Andere Angehörige der Verwaltung fallen nicht unter § 102. 4

3. Ebenso erstreckt sich der besondere Schutz des § 102 auch nur auf die **Leiter der diplomatischen Vertretungen**, nicht auf alle Mitarbeiter (Rudolphi SK 4), und zwar ohne Rücksicht auf ihre Exterritorialität (38f. vor § 3). Wer *Leiter* ist, wird durch die Akkreditierung festgelegt. Der Schutz reicht nicht ohne weiteres von der tatsächlichen Ein- bis Ausreise (so jedoch Blei II 472, Willms LK 2, Wolter AK 3), sondern lediglich von der Überreichung des Beglaubigungsschreibens bis zur Übergabe des Abberufungsschreibens, dem Abbruch der diplomatischen Beziehungen bzw. der Zustellung der Pässe oder einer amtlichen deutschen Kundgebung, die einem diplomatischen Vertreter als solchem die Anerkennung entzieht (D-Tröndle 3). 5

4. Dagegen kommt **Familienmitgliedern** der vorgenannten Personen, ebenfalls ungeachtet ihrer Exterritorialität (38a vor § 3), der Sonderschutz des § 102 **nicht** zugute. 6

III. Die **Tathandlung** besteht im **Angriff auf Leib oder Leben** der genannten Personen, d. h. im Unternehmen einer Tötung oder Körperverletzung, wobei auch leichte Körperverletzungen ausreichen (vgl. Rudolphi SK 6; strenger D-Tröndle 5, Wolter AK 5: nur „ernstliche" bzw. „erhebliche" Gefahr). Ein Erfolg braucht nicht eingetreten zu sein (vgl. RG **52** 95, **54** 90, **59** 264). Bloße Drohungen reichen jedoch nicht aus (vgl. Willms LK 4). 7

IV. Die Anwendung des § 102 setzt keinerlei Beziehung der Tat zur amtlichen Tätigkeit der geschützten Personen oder irgendeine politische Zielsetzung voraus. Erforderlich ist nur, daß sich die geschützten Personen **im Inland in amtlicher Eigenschaft aufhalten** (Wolter AK 7). Zum Inlandsbegriff vgl. 26ff. vor § 3. Wo sich der Täter im Augenblick der Handlung befindet, ist ohne Bedeutung. Bei Distanzdelikten entscheidet der Aufenthaltsort des Angegriffenen. 8

Daher käme § 102 auch bei einem Angriff gegen ein ausländisches Staatsoberhaupt, das sich gerade auf dem Weg zu einem Staatsbesuch in einem Nachbarland über dem Territorium der Bundesrepublik befindet, in Betracht (Blei II 472). Dagegen greift bei einem reinen Privaturlaub § 102 nicht ein (Rudolphi SK 5).

9 V. Für den **subjektiven** Tatbestand ist **Vorsatz** erforderlich, der sich insbes. auch auf den auslandsstaatlichen Status der betroffenen Personen beziehen muß (Willms LK 3).

10 VI. Auch mit strafschärferen Tatbeständen ist heute **Tateinheit** möglich (4 vor § 102).

11 VII. Zu den nach Abs. 2 möglichen **Nebenfolgen** vgl. die Anm. zu § 92 a. Zur Anwendung des **Opportunitätsprinzips** vgl. § 120 I GVG i. V. m. §§ 153 d, e StPO.

§ 103 Beleidigung von Organen und Vertretern ausländischer Staaten

(1) Wer ein ausländisches Staatsoberhaupt oder wer mit Beziehung auf ihre Stellung ein Mitglied einer ausländischen Regierung, das sich in amtlicher Eigenschaft im Inland aufhält, oder einen im Bundesgebiet beglaubigten Leiter einer ausländischen diplomatischen Vertretung beleidigt, wird mit Freiheitsstrafe bis zu drei Jahren oder mit Geldstrafe, im Falle der verleumderischen Beleidigung mit Freiheitsstrafe von drei Monaten bis zu fünf Jahren bestraft.

(2) Ist die Tat öffentlich, in einer Versammlung oder durch Verbreiten von Schriften (§ 11 Abs. 3) begangen, so ist § 200 anzuwenden. Den Antrag auf Bekanntgabe der Verurteilung kann auch der Staatsanwalt stellen.

Vorbem. Zur Fassung vgl. 1 vor § 102. – *Schrifttum:* vgl. die Angaben vor § 102.

1 I. Die Bestimmung schafft einen besonderen **Ehrenschutz für Repräsentanten ausländischer Staaten.** Sie stellt einen *strafverhöhenden Sondertatbestand* gegenüber den §§ 185 ff. dar (Wolter AK 1).

2 II. Der **geschützte Personenkreis** entspricht dem des § 102 (RN 2 ff.). Im Unterschied zum dortigen Leibes- und Lebensschutz, der schlechthin eingreift, sofern sich die betroffene Person im Inland aufhält, ist der Ehrenschutz nach § 103 z. T. von zusätzlichen Voraussetzungen abhängig:

3 1. **Ausländische Staatsoberhäupter** genießen den besonderen Ehrenschutz *ohne Einschränkung*, also auch dann, wenn sie sich im *Ausland* aufhalten. Eine Beziehung der Tat zum Amt oder eine Wahrnehmung irgendeiner amtlichen Aufgabe am Aufenthaltsort wird nicht vorausgesetzt.

4 2. Bei **Mitgliedern einer ausländischen Regierung** wird eine doppelte *Einschränkung* gemacht: Die Beleidigung muß mit Beziehung auf ihre *amtliche Stellung* erfolgen, und sie müssen sich z. Z. der Tat, d. h. wenn der Täter gehandelt hat oder wenn ihnen die beleidigende Äußerung zugeht, *in amtlicher Eigenschaft im Inland* aufhalten. Zum Inlandsbegriff vgl. 26 ff. vor § 3.

5 3. Bei **Leitern einer ausländischen diplomatischen Vertretung** ist Voraussetzung, daß die Beleidigung *mit Beziehung auf ihre amtliche Stellung* erfolgt. Dagegen braucht sich dieser Personenkreis z. Z. der Tat *nicht im Inland* aufgehalten zu haben. Der Leiter muß im Bundesgebiet beglaubigt sein. Der Schutz *beginnt* mit der Überreichung des Beglaubigungsschreibens; er *endet* mit der Überreichung des Abberufungsschreibens, mit dem Abbruch der diplomatischen Beziehungen bzw. der Zustellung der Pässe oder einer amtlichen deutschen Kundgebung, die einem ausländischen diplomatischen Vertreter die Anerkennung als solchem entzieht. Vgl. auch § 102 RN 5.

6 III. Die **Tathandlung** entspricht der der §§ 185 ff., kann also Beleidigung (wie z. B. durch Bezeichnung der Organe eines ausländischen Staates als „Mörderbande": vgl. BVerwG NJW **82,** 1009), üble Nachrede oder Verleumdung sein. § 103 differenziert nur in der Strafhöhe zwischen Delikten nach §§ 185, 186 einerseits und § 187 andererseits. § 187 a (Beleidigung von Politikern) findet auf diese Fälle keine Anwendung, da er nur für deutsche Politiker gilt (dort RN 3), ebensowenig § 189 (Rudolphi SK 3), wohl aber bedeutet die Bezugnahme auf die §§ 185 ff. die Anwendbarkeit auch der §§ 190, 192, 193 (BVerwG aaO 1010, D-Tröndle 4; teils enger Wolter AK 5).

7 IV. Die **Strafverfolgung** ist ebenso wie bei § 102 abhängig vom Bestehen diplomatischer Beziehungen zum ausländischen Staat und von der Verbürgung der Gegenseitigkeit. Außerdem müssen ein *Strafverlangen* der ausländischen Regierung *und* eine *Verfolgungsermächtigung* der Bundesregierung vorliegen (§ 104 a). Insoweit handelt es sich lediglich um (vorsatzunabhängige) objektive Strafbarkeitsbedingungen (BVerwG NJW **82,** 1009). Ein Strafantrag des Verletzten ist dagegen nicht notwendig.

Voraussetzungen der Strafverfolgung **§§ 104, 104a**

V. Im Verhältnis zu den §§ 185ff. ist § 103 **lex specialis**. Soweit jedoch die Voraussetzungen des 8 § 103 nicht vorliegen, kommen die allgemeinen Vorschriften zur Anwendung. Das gilt auch dann, wenn eine der Verfolgungsvoraussetzungen des § 104a fehlt, also z. B. Verfolgungsermächtigung der Regierung nicht erteilt wird. Die Aufgabe des § 103 kann nicht darin bestehen, den in § 103 genannten Personen den allgemeinen strafrechtlichen Schutz zu verweigern, den jeder andere genießt, sondern diesen Schutz zu verstärken (D-Tröndle 5, Willms LK 4). Daher ist eine individuelle **Privatklage** des Verletzten nicht ausgeschlossen (Wolter AK 6).

VI. Die nach **Abs. 2** zulässige **Bekanntmachungsbefugnis** richtet sich im einzelnen nach § 200. 9 Der entsprechende Antrag kann neben oder anstelle des Verletzten auch von seiner Regierung (§ 104a i. V. m. § 200 I) oder vom Staatsanwalt (Abs. 2 S. 2) gestellt werden.

§ 104 Verletzung von Flaggen und Hoheitszeichen ausländischer Staaten

(1) **Wer eine auf Grund von Rechtsvorschriften oder nach anerkanntem Brauch öffentlich gezeigte Flagge eines ausländischen Staates oder wer ein Hoheitszeichen eines solchen Staates, das von einer anerkannten Vertretung dieses Staates öffentlich angebracht worden ist, entfernt, zerstört, beschädigt oder unkenntlich macht oder wer beschimpfenden Unfug daran verübt, wird mit Freiheitsstrafe bis zu zwei Jahren oder mit Geldstrafe bestraft.**

(2) **Der Versuch ist strafbar.**

Vorbem. Zur Fassung vgl. 1 vor § 102. – *Schrifttum:* vgl. die Angaben vor § 102.

I. Gegenüber früheren Regelungen ist der **Schutzbereich** der Vorschrift sowohl hinsichtlich der 1 betroffenen Hoheitszeichen als auch der Ausführungshandlungen erheblich ausgeweitet (vgl. Jescheck Rittler-FS 281 f.). Geschützt werden jetzt **Flaggen und Hoheitszeichen ausländischer Staaten** gegen *Entfernen, Zerstören, Beschädigen* und *Unkenntlichmachen* sowie gegen *beschimpfenden Unfug*. Die entsprechende Vorschrift für *inländische* Flaggen usw. findet sich in § 90a. Der besondere Schutz, den das Wappen der Schweiz. Eidgenossenschaft durch Ges. v. 27. 3. 35 genossen hat, wird nun durch § 125 II OWiG gewährleistet (vgl. BT-Drs. 7/550 S. 447 zu Art. 287 Nr. 1 EGStGB).

II. Geschützt sind zunächst **Flaggen**, sofern sie auf Grund von Rechtsvorschriften oder nach 2 anerkanntem Brauch öffentlich gezeigt werden. Nicht erforderlich ist, daß dies von seiten einer staatlichen oder amtlichen Stelle geschieht; geschützt werden vielmehr auch von Privatleuten gehißte Flaggen, sofern dies auf einem anerkannten Brauch beruht (z. B. bei Schiffen, Sportkämpfen, Kongressen usw.) und das Zeichen von einem beliebigen größeren Personenkreis soll gesehen werden können (vgl. Wolter AK 5).

Ferner sind **Hoheitszeichen** eines *ausländischen* Staates geschützt, die von einer anerkannten 3 Vertretung dieses Staates öffentlich angebracht wurden. Dazu gehören alle Arten von Zeichen, durch die der Regierungswille des betr. Staates zum Ausdruck gebracht werden soll (vgl. RG 31 14), insbes. also *Wappenschilder* und *Grenzpfähle* (vgl. Willms LK 2). Anerkannte Vertretungen sind nicht nur die diplomatischen Dienststellen, sondern auch die *Konsulate* (D-Tröndle 2).

III. Die **Tathandlung** besteht im Entfernen, Zerstören, Beschädigen, Unkenntlichmachen 4 sowie in der Verübung beschimpfenden Unfugs. **Entfernt** wird die Flagge oder das Hoheitszeichen, wenn sie von ihrem bestimmungsgemäßen Ort weggenommen wird. Ob neuer Gewahrsam begründet wird oder der Täter die Sache fortwirft, ist ohne Bedeutung (Willms LK 4). Jedoch muß die Flagge gezeigt, das Hoheitszeichen angebracht gewesen sein, so daß die Entfernung vom üblichen Aufbewahrungsraum nicht ausreicht. Die Tat ist mit der *Ablösung* vollendet. Über **Zerstören** und **Beschädigen** vgl. § 303 RN 7ff. Ein **Unkenntlichmachen** liegt vor, wenn die symbolische Bedeutung nicht mehr zu erkennen ist, wie idR durch Zerstörung oder Beschädigung (Beschmieren mit Farbe). Über **beschimpfenden Unfug** vgl. § 167 RN 13. Vgl. zum Ganzen auch § 90a RN 17.

IV. Subjektiv ist **Vorsatz** erforderlich, der sich insbes. darauf zu erstrecken hat, daß das 5 Objekt ein ausländisches Staatssymbol ist (Wolter AK 8).

V. Tateinheit ist möglich mit § 242. Gegenüber § 303 ist § 104 das speziellere Gesetz, auch so- 6 weit die Flagge von Privatleuten gehißt wurde. Ist Bestrafung aus § 104 nicht möglich, greift § 303 ein.

§ 104a Voraussetzungen der Strafverfolgung

Straftaten nach diesem Abschnitt werden nur verfolgt, wenn die Bundesrepublik Deutschland zu dem anderen Staat diplomatische Beziehungen unterhält, die Gegen-

Vorbem §§ 105–108, § 105 Bes. Teil. Straft. geg. Verfassungsorg. sowie b. Wahlen

seitigkeit verbürgt ist und auch zur Zeit der Tat verbürgt war, ein Strafverlangen der ausländischen Regierung vorliegt und die Bundesregierung die Ermächtigung zur Strafverfolgung erteilt.

Vorbem. Zur Fassung vgl. 1 vor § 102. – *Schrifttum:* vgl. die Angaben vor § 102.

1 I. Die Bestimmung enthält eine Reihe von **Strafverfolgungsvoraussetzungen** und **Strafbarkeitsbedingungen**: so das Bestehen diplomatischer Beziehungen zum ausländischen Staat, die Verbürgung der Gegenseitigkeit zur Tatzeit und z. Z. des Verfahrens, ein Strafverlangen der ausländischen Regierung und eine Ermächtigung zur Strafverfolgung seitens der deutschen Bundesregierung (rechtspol. krit. dazu Wolter AK 8). Hinsichtlich der **Rechtsnatur** dieser „Bedingungen" ist folgendermaßen zu differenzieren (ebenso jetzt Willms LK 1):

2 II. *Objektive Strafbarkeitsbedingungen* (124 ff. vor § 13) sind das Bestehen **diplomatischer Beziehungen** zum ausländischen Staat und die **Verbürgung der Gegenseitigkeit** zur Tat- und Prozeßzeit (Rudolphi SK 2). Letztere muß nicht nur rechtlich bestehen, sondern tatsächlich gewährleistet sein (RG **38** 89, D-Tröndle 3). Diese Voraussetzungen gelten für alle Vergehen dieses Abschnitts. Soweit die Gegenseitigkeit nicht verbürgt ist, kommen die §§ 102 ff. nicht zur Anwendung, jedoch greifen dann die allg. Vorschriften (z. B. §§ 185 ff.) ein. Im Verhältnis zur ehemaligen **DDR** war trotz deren Behandlung wie Ausland (vgl. 3 vor § 102) den mit der Bundesrepublik bestehenden Beziehungen der diplomatische Charakter abzusprechen gewesen, nachdem man sich in offenem Dissens auf die Einrichtung von bloßen „Ständigen Vertretungen" unterhalb des Ranges diplomatischer Beziehungen beschränkt hatte (vgl. D-Tröndle 3, Wilke ROW 75, 303, Willms LK 2 f. vor § 102, Wolter AK 2).

3 III. Bloße *Verfolgungsvoraussetzungen* hingegen sind das **Strafverlangen** der ausländischen Regierung und die **Verfolgungsermächtigung** der Bundesregierung. Das Strafverlangen ist zwar kein Strafantrag i. techn. S., doch sind nach § 77e die §§ 77, 77d entsprechend anzuwenden. Zuständig für die Abgabe der Erklärung ist jeweils das Organ, das den Auslandsstaat gegenüber der Bundesrepublik vertritt (D-Tröndle 4), so idR der Botschafter (vgl. RG GA Bd. **55** 334), vorausgesetzt, daß dieser nicht offensichtlich gegen den Willen der von ihm vertretenen Regierung handelt. Zur Form vgl. Willms LK 5; zur Zurücknahme des Strafverlangens vgl. § 77d. Die **Ermächtigung** der Bundesregierung ist von dem für die Außenbeziehungen zuständigen Bundesminister zu erteilen (D-Tröndle 5), soweit nicht die Bundesregierung die ihr nach § 104a zustehende Kompetenz an sich gezogen hat. Auch hier ist die Zurücknahme nach § 77e i. V. m. § 77d zulässig. Vgl. im übrigen § 77e RN 2 ff. sowie § 97 RN 18.

§ 104b [Nebenfolgen] *aufgehoben durch EGStGB; vgl. jetzt §§ 102 II, 103 II.*

Vierter Abschnitt. Straftaten gegen Verfassungsorgane sowie bei Wahlen und Abstimmungen

Vorbemerkungen zu §§ 105 bis 108 d

1 I. Aus der Abschnittsüberschrift dürfen keine Folgerungen für die Auslegung der einzelnen Tatbestände gezogen werden. Der dort gewählte Ausdruck ist juristisch nicht eindeutig. Geschützt ist die Freiheit der **politischen Meinungsbildung** und **Meinungsäußerung** (Düsseldorf NJW **78**, 2562, Willms LK 1, Wolter AK 1), und zwar gegen Beeinträchtigung von Verfassungsorganen (§§ 105–106b) sowie von Wahlen und Abstimmungen (§§ 107–108d); vgl. Geilen LdR 973 f.

2 II. Die Vorschriften dieses Abschnitts beziehen sich nur auf **inländische** Einrichtungen und Verhältnisse (vgl. 13 ff. vor § 3). Ihre praktische Bedeutung ist gering (vgl. Wolter AK 8 ff.).

§ 105 Nötigung von Verfassungsorganen

(1) Wer
1. ein Gesetzgebungsorgan des Bundes oder eines Landes oder einen seiner Ausschüsse,
2. die Bundesversammlung oder einen ihrer Ausschüsse oder
3. die Regierung oder das Verfassungsgericht des Bundes oder eines Landes

rechtswidrig mit Gewalt oder durch Drohung mit Gewalt nötigt, ihre Befugnisse nicht oder in einem bestimmten Sinne auszuüben, wird mit Freiheitsstrafe von einem Jahr bis zu zehn Jahren bestraft.

(2) In minder schweren Fällen ist die Strafe Freiheitsstrafe von sechs Monaten bis zu fünf Jahren.

Vorbem. Fassung durch das 8. StÄG v. 25. 6. 1968.

Schrifttum: *Geilen,* Der Tatbestand der Parlamentsnötigung, 1957. – *Krey,* Zum Gewaltbegriff im Strafrecht, in: BKA (Hrsg.), Was ist Gewalt?, Bd. 2 (1988) 11. – *Niese,* Streik und Strafrecht, 1954. – *Sax,* Parlamentsnötigung durch Streik, NJW 53, 368. – *Scholz,* Nötigung von Verfassungsorganen durch Streik?, Jura 87, 190. – *Wolf,* Straftaten bei Wahlen u. Abstimmungen, 1961. – *Gesetzesmaterialien:* SA Prot. V 712, 741 ff., 1725 ff., 1934 ff. – Rechtsvergleichend: *Cordes* Mat. II BT 34 ff.

I. Die Vorschrift richtet sich gegen die **Nötigung von Verfassungsorganen** des Bundes oder eines 1 Landes, um die Handlungs- und Entschlußfreiheit dieser Organe zu schützen (vgl. D-Tröndle 2). Dabei werden heute außer Gesetzgebungsorganen auch die Bundesversammlung sowie die Regierungen, Verfassungsgerichte des Bundes und der Länder erfaßt, einschließlich etwaiger Ausschüsse dieser Organe. Geschützt werden aber nur die genannten **Organe** als solche, nicht ihre einzelnen Mitglieder (Wolter AK 3). Bei deren Nötigung greifen jedoch die §§ 106, 240 ein (Rudolphi SK 1).

II. **Geschütztes Tatobjekt** sind folgende Verfassungsorgane:

1. Nach Nr. 1 die **Gesetzgebungsorgane** des Bundes und der Länder: Dazu gehören alle 2 Körperschaften, deren Zustimmung oder Mitwirkung (z. B. Bundesrat; vgl. Art. 77 III GG) die verfassungsmäßig notwendige Voraussetzung für den Erlaß eines Gesetzes im formellen Sinne bildet. Nur beratende Körperschaften, wie Vorparlamente, kommen ebensowenig in Betracht wie kirchliche Körperschaften. Erfaßt werden hier z. B. der Bundestag, der Bundesrat, die Landtage (oder Kammern) der Länder, ebenso aber auch die Ausschüsse der genannten Organe, nicht dagegen die Fraktionen. Andere rechtssetzende Körperschaften als die des Bundes oder eines Landes werden von § 105 nicht erfaßt, so z. B. Gemeindevertretungen, Kreistage usw. (M-Schroeder II 264). Insoweit findet § 240 Anwendung (Willms LK 2).

2. Einbezogen durch Nr. 2 sind ferner die **Bundesversammlung** sowie ihre Ausschüsse. 3

3. Schließlich wird der Schutz auch auf die **Regierungen** des Bundes und der Länder sowie 4 deren **Verfassungsgerichte** erstreckt (Nr. 3).

III. Die **Tathandlung** besteht in einer **Nötigung**. 5

1. Als **Nötigungsmittel** kommen nur Gewalt oder Drohung mit Gewalt in Betracht (allg. 6 dazu 6 ff. vor § 234). Im Unterschied zu Individualschutztatbeständen ist jedoch hier, ähnlich wie bei sonstigen Staatsschutztatbeständen, die Schwelle zur Annahme von *Gewalt* höher zu legen (vgl. BGH **32** 170 ff., Wolter AK 7 f., NStZ 85, 194 ff., 245 ff. sowie o. § 81 RN 4). Deshalb kann mittelbare Gewalt gegen Dritte oder Sachen nur genügen, wenn sich aufgrund des davon ausgehenden Drucks das betroffene Verfassungsorgan, um schwerwiegenden Schaden von der Allgemeinheit oder bestimmten Einzelnen abzuwenden, zur Kapitulation gezwungen kann (BGH **32** 175) oder zumindest in ernstliche innere Bedrängnis gerät (Krey aaO 34, Willms JR 84, 121). Im übrigen braucht die *Drohung* nicht gegen die im § 105 genannten Organe ausgesprochen zu werden. Es genügt die Drohung, die Bevölkerung zu terrorisieren oder volkswirtschaftlich wichtige Einrichtungen zu zerstören (Blei II 389). Auch ein Streik kann als Gewaltanwendung angesehen werden (vgl. näher § 81 RN 4, BGH **23** 46).

Eine Beschränkung des Tatbestandes auf körperlich spürbare Einwirkungen (so Schwalm LK[9] 10; 7 vgl. aber demgegenüber jetzt Willms LK 5) wäre verfehlt, da z. B. eine Blockade aller Zufahrtsstraßen ausreichen muß. Auch Gewalt gegen Sachen kommt u. U. in Betracht, so wenn z. B. die Akten des Bundesverfassungsgerichts verbrannt werden, um eine Entscheidung zu verhindern oder zu verzögern (grds. enger Wolter AK 12 ff., 30 ff.).

2. Die Nötigung muß **bezwecken**, eines der genannten Organe in der Ausübung seiner 8 Befugnisse zu beschränken, d. h. es zu einer Unterlassung seiner legalen Tätigkeit oder zu deren Ausübung in einem bestimmten (legalen oder illegalen) Sinne zu zwingen. Wie in § 240 kann es sich um Handlungen, Duldungen oder Unterlassungen handeln (vgl. dort RN 12 ff.). Die Vorschrift bezieht sich nicht nur auf Angelegenheiten, mit denen das Organ bereits befaßt ist oder sich befassen will; es reicht vielmehr aus, daß das Organ gezwungen wird, eine Angelegenheit auf die Tagesordnung zu setzen (vgl. Geilen aaO 134 ff., Wolf aaO 223, Wolter AK 49).

3. **Befugnisse** i. S. des § 105 sind alle Tätigkeiten, zu denen das Organ durch die Verfassung 9 berufen ist, wie etwa die einzelfallbezogene Aufhebung der Immunität eines Abgeordneten (vgl. Geilen aaO 137), aber auch über den konkreten Normvollzug hinausgehende politische Grundsatzentscheidungen oder langfristige Planungen (vgl. BGH **32** 177 zu Flughafenbau).

4. Während nach § 240 II bei der Nötigung Mittel und Zweck zueinander in Beziehung 10 gesetzt werden müssen, fehlt in § 105 eine entsprechende Bestimmung. Es fragt sich daher, ob hier die **Widerrechtlichkeit** der angewandten Mittel ausreicht und der Zweck außer Betracht zu

§ 106 1–4   Bes. Teil. Straft. gegen Verfassungsorg. sowie b. Wahlen u. Abstimmungen

bleiben hat. Man wird diese Frage verneinen müssen und daher den § 105 nicht anwenden, wenn ein Parlament gezwungen werden soll, den Erlaß eines verfassungswidrigen Gesetzes zu unterlassen (vgl. auch BT-Drs. V/2860 S. 3, Willms LK 10 ff., aber auch Blei II 389, Rudolphi SK 16, Wolter AK 54 ff.). Zum Widerstandsrecht nach Art. 20 IV GG vgl. 65 vor § 32, zum „zivilen Ungehorsam" vgl. § 240 RN 26.

11   **5. Täter** kann jedermann sein, also auch z. B. ein Bundestagsmitglied gegenüber dem Bundestag.

12   **IV.** Da Verbrechen, ist der **Versuch** strafbar (§§ 12 I, III, 23 I). **Vollendet** ist die Tat erst bei Vornahme einer dem Nötigungsziel entsprechenden Handlung, Duldung oder Unterlassung (o. 8) des betroffenen Organs (Wolter AK 63).

13   **V. Idealkonkurrenz** ist möglich mit § 106. Dem § 240 geht § 105 vor (Spezialität), wobei ein Rückgriff auf § 240 selbst dann ausgeschlossen ist, wenn bei beabsichtigter Nötigung eines Verfassungsorgans die für § 105 erforderliche Nötigungsschwelle nicht erreicht ist (BGH **32** 176 m. Anm. Arzt JZ 84, 429).

14   **VI.** Zur Anwendung des **Opportunitätsprinzips** vgl. § 120 I Nr. 5 GVG i. V. m. §§ 153 d, e StPO.

§ 106 Nötigung des Bundespräsidenten und von Mitgliedern eines Verfassungsorgans

(1) Wer
1. den Bundespräsidenten oder
2. ein Mitglied
   a) eines Gesetzgebungsorgans des Bundes oder eines Landes,
   b) der Bundesversammlung oder
   c) der Regierung oder des Verfassungsgerichts des Bundes oder eines Landes

rechtswidrig mit Gewalt oder durch Drohung mit einem empfindlichen Übel nötigt, seine Befugnisse nicht oder in einem bestimmten Sinne auszuüben, wird mit Freiheitsstrafe von drei Monaten bis zu fünf Jahren bestraft.

(2) **Der Versuch ist strafbar.**

(3) **In besonders schweren Fällen ist die Strafe Freiheitsstrafe von einem Jahr bis zu zehn Jahren.**

Vorbem. Fassung durch das 8. StÄG v. 25. 6. 68. – *Schrifttum:* vgl. die Angaben zu § 105.

1   **I.** Der Tatbestand erfaßt die **Nötigung von Mitgliedern der** in § 105 genannten **Verfassungsorgane**. Ähnlich wie bei § 105 geht es auch hier um den Schutz der spezifisch *politischen Willensfreiheit* bestimmter staatlicher Organe (vgl. Düsseldorf NJW **78**, 2563, Wolter AK 1). Während aber § 105 die Versammlung als Ganzes (als Kollegium) schützt, handelt es sich bei § 106 auch um den Schutz des einzelnen Mitglieds in seinen verfassungsmäßigen Rechten (Willms LK I).

1a   **II. Tatobjekt** kann daher (in abschließender Aufzählung) nur das genannte Verfassungsorgan persönlich bzw. das Mitglied eines solchen Organs in seiner politischen Funktion sein. Das bedeutet, daß durch § 106 weder die Beamten des Bundespräsidialamtes noch die eines Ministeriums geschützt sind (Willms LK II). Dagegen wird beim Minister selbst schwerlich zwischen seiner Funktion als Mitglied der Bundesregierung und der als Leiter einer obersten Bundesbehörde zu unterscheiden und daher idR ersteres anzunehmen sein (vgl. Schoreit MDR 79, 633 f., Wolter AK 2 gegen Düsseldorf NJW **78**, 2563). Der Stellvertreter des Bundespräsidenten ist geschützt, soweit er amtiert (D-Tröndle 1, Rudolphi SK 1).

2   **III.** Die **Tathandlung** besteht darin, daß die genannten Personen durch **Gewalt** (dazu § 105 RN 6 f.) oder durch **Drohung** mit einem empfindlichen Übel (vgl. § 240 RN 3 ff., § 81 RN 4, ferner BT-Drs. V/2860 S. 3) in der Ausübung ihrer Befugnisse beeinträchtigt werden. **Täter** kann auch ein Mitglied des Organs sein.

3   **1. Befugnisse** i. S. des § 106 sind nur solche, die den Personen durch die Verfassung übertragen worden sind oder die ihnen auf Grund der Geschäftsordnung innerhalb ihrer Organe zustehen. Darunter fällt auch die Teilnahme und Mitberatung in Fraktionssitzungen, nicht dagegen eine Wahlrede auf einer öffentlichen Versammlung (vgl. D-Tröndle 2). **Ziel der Nötigung** muß es sein, die genannten Personen dazu zu zwingen, ihre Befugnisse nicht oder in einem bestimmten Sinne auszuüben (vgl. § 105 RN 8). Zur **Rechtswidrigkeit** gilt das zu § 105 RN 10 Gesagte entsprechend (teils and. Wolter AK 7 f.).

4   **2. Vollendet** ist die Tat erst mit der Vornahme einer entsprechenden Handlung oder Unterlassung. Wendet der Täter nur die Nötigungsmittel an, so liegt strafbarer **Versuch** vor (Abs. 2).

IV. Idealkonkurrenz ist möglich mit § 105. Auch § 106 ist gegenüber § 240 lex specialis mit 5 Sperrwirkung (vgl. § 105 RN 13), da es sich um eine Beeinträchtigung der Willensfreiheit in einem bestimmten Lebensbereich handelt.

V. Zur Anwendung des **Opportunitätsprinzips** vgl. § 120 I Nr. 5 GVG i. V. m. §§ 153 d, e StPO. 6

§ 106a Bannkreisverletzung

(1) **Wer innerhalb des befriedeten Bannkreises um das Gebäude eines Gesetzgebungsorgans des Bundes oder eines Landes sowie des Bundesverfassungsgerichts an öffentlichen Versammlungen unter freiem Himmel oder Aufzügen teilnimmt und dadurch Vorschriften verletzt, die über den Bannkreis erlassen worden sind, wird mit Freiheitsstrafe bis zu sechs Monaten oder mit Geldstrafe bis zu einhundertachtzig Tagessätzen bestraft.**

(2) **Wer zu Versammlungen oder Aufzügen auffordert, die unter Verletzung der in Absatz 1 genannten Vorschriften innerhalb eines befriedeten Bannkreises stattfinden sollen, wird mit Freiheitsstrafe bis zu zwei Jahren oder mit Geldstrafe bestraft.**

Schrifttum: vgl. die Angaben zu § 105.

I. Die Vorschrift stellt die Verletzung des Bannkreises um Parlamentsgebäude unter Strafe. Sie 1 bezweckt den Schutz der **Funktionsfähigkeit** der betroffenen Organe bzw. des BVerfG **gegen unerwünschte Einflußnahme**, insbes. gegenüber dem „Druck der Straße" (Rudolphi SK 1, Willms LK 1). Es handelt sich um ein **abstraktes Gefährdungsdelikt**, für das es weder auf eine tatsächliche Beeinträchtigung noch eine konkrete Gefährdung der Funktionsfähigkeit des Verfassungsorgans ankommt; ebensowenig braucht sich das geschützte Organ zur Tatzeit überhaupt innerhalb des befriedeten Bereichs aufzuhalten (Rudolphi SK 2; and. Wolter AK 3).

II. **Geschützt** sind als **Gesetzgebungsorgane** *des Bundes* der Bundestag und der Bundesrat. 2 Die Gesetzgebungsorgane der *Länder* werden durch Landesrecht bestimmt. Geschütztes Organ ist ferner das **BVerfG**.

III. Die **Tathandlung** besteht darin, daß jemand an öffentlichen Versammlungen unter freiem 3 Himmel oder Aufzügen teilnimmt. Über **Versammlung** vgl. § 90 RN 5. *Öffentlich* ist die Versammlung dann, wenn sie für einen größeren, durch persönliche Beziehungen nicht zusammenhängenden Personenkreis zugänglich ist (Köln MDR **80**, 1040, 81, 601). Öffentlichkeit des Ortes ist nicht erforderlich. *Unter freiem Himmel* soll eine Versammlung dann stattfinden, wenn der Versammlungsort kein Dach hat, also nach oben durch keinerlei Bauwerk abgeschlossen ist (vgl. PrOVG GA Bd. **52** 410). Nach der ratio des § 106a kann es aber nicht auf das fehlende Dach, sondern nur auf die ungehinderte Zutrittsmöglichkeit ankommen, so daß entscheidend die räumliche Begrenzung nach den Seiten sein muß (vgl. Dietel/Gintzel, Demo.- u. Versammlgsfreiheit [9](1989) § 14 RN 2, Wolter AK 6). Die Versammlung in einem nach allen Seiten abgeschlossenen Stadion ist daher keine „unter freiem Himmel" (Rudolphi SK 4, Willms LK 6; vgl. auch Köln JMBlNW **52**, 15: öffentlicher Park), und zwar auch bei offenen Zugängen, soweit diese jederzeit kontrollierbar sind. Ein **Aufzug** liegt dann vor, wenn eine zu einem bestimmten Zweck vereinigte Menschenmenge sich in der Öffentlichkeit als ein zusammengehöriges Ganzes in einer Weise bewegt, die geeignet ist, die öffentliche Aufmerksamkeit auf sich zu lenken (vgl. RG **44** 372). Wieviel Personen zu einem Aufzug gehören müssen, ist Tatfrage; es muß aber eine etwas größere Zahl sein, durch die gerade Aufmerksamkeit erregt werden kann (vgl. LG Bonn MDR **74**, 947). Der Zweck der Versammlung ist allenfalls insofern von Bedeutung, als es um die Einflußnahme auf die Entscheidung des Verfassungsorgans geht (vgl. AG Tiergarten JR **77**, 207). Dagegen ist das konkrete Einzelziel unerheblich.

Durch diese Handlung müssen *Vorschriften verletzt* werden, die über den **Bannkreis** erlassen 4 worden sind. Damit wird § 106a zum Blankettgesetz (Willms LK 2).

Zum Bundesrecht vgl. § 16 VersG idF der Bek. v. 15. 11. 78 (BGBl. I 1790) und BannmeilenG v. 6. 8. 55 (BGBl. I 504). Für die einzelnen Länder gilt das Landesrecht, z. B. Bayern Ges. v. 7. 3. 52 (BayBS I 435), Niedersachsen Ges. v. 12. 6. 62 (GVBl. 55), Baden-Württemberg Ges. v. 12. 11. 63 (GBl. 175).

Teilnahme an der Versammlung oder dem Aufzug bedeutet tatsächliches Dabeisein in 5 Kenntnis des Zweckes (Willms LK 7).

IV. Für den **subjektiven Tatbestand** ist **Vorsatz** erforderlich (§ 15), der auch das Verbot der 6 Versammlung oder des Aufzugs umfassen muß (vgl. Lange JZ 56, 74). Fehlt es hinsichtlich der Bannkreisverletzung am Vorsatz, so kommt allenfalls eine Ordnungswidrigkeit nach § 29 I Nr. 1 VersG in Betracht.

7 V. **Strafbedroht** ist ferner nach **Abs. 2** die **Aufforderung** (vgl. dazu § 111 RN 3) zu Versammlungen und Aufzügen, die unter Verletzung der Vorschriften zum Schutz des Bannkreises innerhalb desselben stattfinden sollen, und zwar ohne Rücksicht darauf, ob die Versammlung oder der Aufzug tatsächlich stattfindet oder nicht (D-Tröndle 3). Abweichend von § 30 wird hier auch die Aufforderung zu einem Vergehen unter Strafe gestellt. **Subjektiv** ist hier ebenfalls **Vorsatz** erforderlich (§ 15). § 106a II geht als Spezialtatbestand dem § 111 vor (Rogall GA 79, 25).

§ 106 b Störung der Tätigkeit eines Gesetzgebungsorgans

(1) **Wer gegen Anordnungen verstößt, die ein Gesetzgebungsorgan des Bundes oder eines Landes oder sein Präsident über die Sicherheit und Ordnung im Gebäude des Gesetzgebungsorgans oder auf dem dazugehörenden Grundstück allgemein oder im Einzelfall erläßt, und dadurch die Tätigkeit des Gesetzgebungsorgans hindert oder stört, wird mit Freiheitsstrafe bis zu einem Jahr oder mit Geldstrafe bestraft.**

(2) **Die Strafvorschrift des Absatzes 1 gilt bei Anordnungen eines Gesetzgebungsorgans des Bundes oder seines Präsidenten weder für die Mitglieder des Bundestages noch für die Mitglieder des Bundesrates und der Bundesregierung sowie ihre Beauftragten, bei Anordnungen eines Gesetzgebungsorgans eines Landes oder seines Präsidenten weder für die Mitglieder der Gesetzgebungsorgane dieses Landes noch für die Mitglieder der Landesregierung und ihre Beauftragten.**

1 I. Der Tatbestand betrifft zwar primär das **Hausrecht** und die **Polizeigewalt in Parlamentsgebäuden** (Blei II 390), wie sie vom Parlamentspräsidenten ausgeübt wird (vgl. Art. 40 II GG). Schutzgut ist jedoch darüber hinaus – zumindest auch, nach Wolter AK 1 sogar primär – die **Funktionsfähigkeit der Gesetzgebungsorgane** (vgl. Rudolphi SK 1, wohl noch weitergehend i. S. von demokrat.-parl. Öffentlichkeitsschutz Celle NStZ 86, 410). An sich kann die Mißachtung von Anordnungen des Parlamentspräsidenten auch durch § 123 sowie u. U. durch §§ 113 f. erfaßbar sein (daher für Streichung Wolter AK 8); jedoch umfaßt § 106 b auch solche Verletzungen, die keinen Hausfriedensbruch bzw. keine Widerstandshandlung beinhalten. Zudem bedroht § 106 b die Zuwiderhandlung als solche unmittelbar mit Strafe, unabhängig davon, welche Stellung sonst dem Präsidenten nach der Verfassung zukommt.

2 II. Die **Anordnungen** können *allgemein* oder auch *für den einzelnen Fall*, selbst gegenüber einer bestimmten Einzelperson, getroffen werden. Eine Form ist für die Kundgebung der Anordnung nicht vorgeschrieben. Die Anordnungen müssen das Betreten der Gebäude und das Verhalten darin betreffen (vgl. Celle NStZ **86**, 410 zur nds. LT-GO).

3 III. Durch den Verstoß gegen diese Anordnungen muß die Tätigkeit des betroffenen Gesetzgebungsorgans **gehindert** oder **gestört** worden sein (wofür jedoch – entgegen Celle NStZ **86**, 411 – bloße Störung durch Besucher nicht genügen dürfte). Fehlt es an diesem (durch das EGStGB eingefügten) Erfordernis, so kommt nur eine Ordnungswidrigkeit nach § 112 OWiG in Betracht.

4 IV. Für den **subjektiven Tatbestand** ist **Vorsatz** erforderlich (§ 15).

5 V. **Täter** können nur Angehörige des Publikums sein, nicht dagegen die Mitglieder des jeweiligen Gesetzgebungsorgans, ebensowenig Mitglieder der jeweiligen Regierung des Bundes bzw. eines Landes und ihre Beauftragten (Abs. 2), wohl aber z. B. ein LT-Mitglied im BT (Wolter AK 5).

6 VI. Die frühere Subsidiaritätsklausel wurde durch das EGStGB gestrichen. Damit kommt nunmehr auch **Tateinheit** mit § 123 in Betracht (Rudolphi SK 7), zumal sich die beiden Tatbestände nicht notwendig decken (vgl. o. 1; für dessen Zurücktreten hingegen D-Tröndle 1, Wolter AK 7).

7 VII. Einer Verfolgungs*ermächtigung* durch den Parlamentspräsidenten (Abs. 1 S. 2 a. F.) bedarf es *nicht* mehr.

§ 107 Wahlbehinderung

(1) **Wer mit Gewalt oder durch Drohung mit Gewalt eine Wahl oder die Feststellung ihres Ergebnisses verhindert oder stört, wird mit Freiheitsstrafe bis zu fünf Jahren oder mit Geldstrafe, in besonders schweren Fällen mit Freiheitsstrafe nicht unter einem Jahr bestraft.**

(2) **Der Versuch ist strafbar.**

Wahlfälschung 1–3 **§ 107a**

Schrifttum: Vgl. die Angaben zu § 105, insbes. *Wolf,* Straftaten bei Wahlen und Abstimmungen, 1961.

I. Die Vorschrift bildet auf der Grundlage des 3. StÄG i. V. m. den §§ 107a–108d das sog. **Wahl- 1 strafrecht**, das dem Schutz des Wahlvorgangs und der Ausübung des Wahlrechts als eines der wichtigsten staatsrechtlichen und staatspolitischen Vorgänge im demokratischen Staat dient (vgl. Willms LK 3ff. vor § 105). § 107 richtet sich gegen die **Wahlbehinderung**, und zwar gegen die Beeinträch- 2 tigung des Wahl*vorgangs* durch Nötigung (vgl. auch Wolf aaO 164). Schutzgut ist daher hier weniger die freie Stimmabgabe des einzelnen Wahlberechtigten; denn dagegen richtet sich die „Wählernötigung" nach § 108. Vielmehr geht es hier um die Gewährleistung eines **ordnungsgemäßen Wahlablaufs**, und zwar der Wahl als ganzer, also einschließlich der Ermittlung ihres Ergebnisses (Rudolphi SK 1, Wolter AK 1). Zum Begriff der *Wahl* vgl. die Legaldefinition des § 108d.

II. Die **Tathandlung** besteht in der Verhinderung oder Störung der Wahl oder der Feststel- 3 lung ihres Ergebnisses.

1. Da sich die Tat gegen den *Wahlvorgang* als solchen richten muß (o. 2), kann von einer 4 **Verhinderung** oder **Störung der Wahl** nur dort die Rede sein, wo sich die Tat nicht gegen *einzelne* Wahlberechtigte, sondern gegen die Ausübung des Wahlrechts durch eine Anzahl individuell *nicht feststehender* Personen richtet. Störung bedeutet eine *Erschwerung* oder *Verzögerung* des Wahlvorganges.

2. Die Wahl ist mit der Stimmabgabe beendet. Zum Wahlvorgang i. w. S. gehört aber auch die 5 **Feststellung ihres Ergebnisses** durch Auszählung der Stimmen und Beurkundung (vgl. Bay NStZ **81**, 30, Willms LK 3, Wolf aaO 219). Auch dieser Vorgang ist durch § 107 geschützt, z. B. gegen die Entwendung von Wahlurnen oder die Vernichtung von Wahlzetteln, sofern dies nicht im Rahmen des Wahl- oder Auszählungsvorgangs (dann § 107a), sondern durch Eingriff von außen geschieht.

III. Die *Mittel* der Wahlbehinderung sind **Gewalt** oder **Drohung** mit Gewalt (vgl. § 105 6 RN 6).

IV. Der **Versuch** ist strafbar (Abs. 2). 7

V. Als **Nebenfolge** kommt die Aberkennung des aktiven und passiven Wahlrechts in Be- 8 tracht (§ 108c).

§ 107a Wahlfälschung

(1) **Wer unbefugt wählt oder sonst ein unrichtiges Ergebnis einer Wahl herbeiführt oder das Ergebnis verfälscht, wird mit Freiheitsstrafe bis zu fünf Jahren oder mit Geldstrafe bestraft.**

(2) **Ebenso wird bestraft, wer das Ergebnis einer Wahl unrichtig verkündet oder verkünden läßt.**

(3) **Der Versuch ist strafbar.**

Schrifttum: vgl. die Angaben zu § 105 und § 107.

I. Die Vorschrift richtet sich im Interesse der Allgemeinheit an ordnungsgemäßen Wahlen (Zwei- 1 brücken NStZ **86**, 555; vgl. auch § 107 RN 1) speziell gegen die **Schaffung unrichtiger Wahlergebnisse**. Solche können auf ganz unterschiedliche Weise herbeigeführt werden: durch unlautere Einwirkung auf die Stimmabgabe, durch Fälschung der Wahlzettel, durch Berücksichtigung ungültiger Stimmen, durch falsche Bekanntgabe des Ergebnisses usw. Die meisten dieser Fälle werden durch den Tatbestand der Wahlfälschung zusammengefaßt, der als Grundtatbestand dieser Deliktsgruppe anzusehen ist (vgl. BGH **9** 340, Willms LK 1). Den Begriff der Wahl bestimmt § 108d.

II. Den **Tathandlungen** ist gemeinsam, daß das Ergebnis der Wahl als Ausdruck einer 2 bestimmten Willensbildung der Wahlberechtigten durch die Tat unrichtig wird. Dafür kommen vier Alternativen in Betracht:

1. **Unbefugt wählt**, wer, ohne im Besitz des Stimmrechts zu sein (z. B. infolge von §§ 45, 3 92a, 101, 108c), eine Stimme abgibt, gleichgültig, ob er das unter eigenem oder fremdem Namen tut, z. B. einen Wahlvorschlag mit dem Namen eines anderen unterzeichnet (vgl. BGH **29** 380 m. Anm. Oehler JR 81, 520, Hamm JZ **57**, 583 m. Anm. Schröder). Gleiches gilt für den Fall, daß der Täter als Vertrauensperson eines anderen wählt, ohne daß die entsprechenden Voraussetzungen vorliegen (vgl. AG Kleve 13 Ls 5 Js 871/79 v. 29. 7. 80). Die *doppelte* Ausübung des Stimmrechts ist gleichfalls unbefugte Wahl (vgl. RG **37** 297, 380). Das gleiche gilt bei Ausübung der Wahl aufgrund *falscher* Eintragung in die Wählerlisten, z. B. bei Anmeldung eines Schein-„Zweitwohnsitzes" in der Bundesrepublik durch einen Bürger mit Wohnsitz in Berlin (Blei II 387). Über Wählen vgl. weiter RG **20** 420, **63** 382. Das unbefugte Wählen ist nur

ein Spezialfall für den allgemeinen Begriff der Herbeiführung eines unrichtigen Wahlergebnisses (Schröder JZ 57, 584; and. Wolf aaO 231); denn unrichtig ist die Wahl schon dann, wenn die Stimme des Nichtberechtigten, obgleich ungültig, als gültige mitgezählt wird (vgl. u. 5). Deshalb ist unerheblich, ob derjenige, an dessen Stelle der Täter unbefugterweise gewählt hat, im gleichen Sinne gestimmt hätte (BGH 29 380, Lackner 1, Willms LK 2f.; vgl. auch Zweibrücken NStZ 86, 554). Als **Täter** kommt jedermann in Betracht, dem – ungeachtet seines allgemeinen Wahlrechts – zu der konkreten Wahl das Stimmrecht abgeht.

4   Glaubt der Täter, auf Grund einer Vollmacht zur Wahl für einen anderen befugt zu sein, so soll nach Hamm JZ 57, 583 Verbotsirrtum vorliegen. Richtiger ist aber, aus der 2. Alt. (u. 5) das Merkmal des unrichtigen Wahlergebnisses auch der 1. zu subintelligieren; deshalb setzt Vorsatz zwar das Bewußtsein mangelnder Befugtheit voraus, mit der Folge, daß bei irriger Annahme, als Vertrauensperson mit Willen des Wahlberechtigten zu handeln, Tatbestandsirrtum einzuräumen ist (Schröder JZ 57, 584, Rudolphi SK 7, Willms LK 6). Sofern der Täter hingegen um die Unbefugtheit seiner Wahlbeteiligung weiß und lediglich irrig meint, daß der Wahlberechtigte im gleichen Sinne gestimmt hätte, ist jedenfalls Tatbestandsirrtum auszuschließen, da es auf das Ob und Wie der Wahl des Berechtigten schon tatbestandlich überhaupt nicht ankommt (vgl. o. 3), so daß allenfalls Subsumtionsirrtum in Betracht kommt.

5   **2. Die sonstige Herbeiführung eines unrichtigen Wahlergebnisses** kann auf sehr verschiedene Weise erfolgen: so etwa durch Aushändigen bereits gekennzeichneter Wahlzettel (RG 63 382), durch Untermischen zusätzlicher Wahlzettel oder auch durch Entfernen ordnungsgemäß abgegebener Wahlzettel (vgl. Willms LK 3). Die Veränderung des Stimmenverhältnisses reicht aus (vgl. D-Tröndle 2), auch wenn sich dadurch am Wahl*erfolg* nichts ändert; denn da es lediglich auf das Ergebnis der einzelnen Wahlhandlung ankommt und dieses schon dann unrichtig ist, wenn es nicht der unverfälschte Ausdruck des gesetzmäßig erklärten Willens des Wählers ist, ist der Tatbestand schon dann erfüllt, wenn die Stimme wegen unzulässiger Beeinflussung des Wahlberechtigten ungültig ist (Zweibrücken NStZ 86, 554). Demzufolge kommt es für die Tatvollendung auch nicht auf die Stimmauszählung, sondern auf die Stimmabgabe an (vgl. RG 5 49, Wolter AK 3), was bei Briefwahl jedenfalls mit Eingang der Wahlbriefe beim zuständigen Wahlvorstand der Fall ist (vgl. Zweibrücken NStZ 86, 555). Zum **Vorsatz** gehört auch hier das Bewußtsein, daß das Ergebnis der Wahl *unrichtig* ist. Ein entsprechender Irrtum ist daher Tatbestandsirrtum. Als *Täter* kommen Wähler wie Nichtwähler in Betracht (D-Tröndle 4).

6   **3. Eine Verfälschung des Wahlergebnisses** liegt vor, wenn nach Abschluß der Stimmabgabe seitens der Wähler deren Ergebnis *verändert* wird. Das Ergebnis der Wahl ist von der Auszählung der Stimmen nicht abhängig (RG 62 7); die Auszählung stellt nur das Ergebnis fest. Entfernung von Wahlzetteln bei der Zählung ist Verfälschung des Ergebnisses; ebenso falsches Zählen der Stimmen (RG 20 420). **Täter** kann jedermann, auch ein Nichtwähler sein (D-Tröndle 4).

7   **4.** Ist das Ergebnis der Wahl durch Auszählen der Stimmen ordnungsmäßig festgestellt, so kann ein Angriff auf das Wahlergebnis noch durch **unrichtige Bekanntgabe des Ergebnisses** erfolgen; denn durch **Abs. 2** wird die unrichtige Verkündung oder die Verkündenlassen des Wahlergebnisses gleichfalls unter Strafe stellt. Als **Täter** kommen hier nur solche Personen in Betracht, die den **amtlichen Auftrag** zur Verkündung des Ergebnisses haben und deren Erklärung daher die Gefahr einer Verfälschung der politischen Willensbildung bedeutet (vgl. Blei II 387, Willms LK 5). Bekanntgabe falscher Ergebnisse durch andere Personen, z. B. die Presse, gehört nicht hierher (M-Schroeder II 266), ebensowenig die Anmaßung einer solchen Befugnis (Rudolphi SK 6; and. D-Tröndle 3). *Teilnahme* ist nach allgemeinen Grundsätzen möglich. Da es sich bei der Bekanntmachungsbefugnis um kein täterbezogenes Merkmal handelt, findet § 28 keine Anwendung (Wolter AK 5).

8   III. Der **Versuch** ist strafbar (Abs. 3). Zur **Vollendung** vgl. 5, 6.

9   IV. Zur Aberkennung des aktiven und passiven Wahlrechts als **Nebenfolge** vgl. § 108 c.

10   V. Die Wahlfälschung ist der allgemeine Tatbestand gegenüber allen anderen, durch die das Wahlergebnis gegen unlautere Beeinflussung in besonderer Weise geschützt werden soll (vgl. o. 1). Wählernötigung (§ 108) und Wählertäuschung (§ 108a) sind daher als **leges speciales** gegenüber § 107a anzusehen (Rudolphi SK 9; Willms LK 8; and. Wolf aaO 232, 235), während § 107b als subsidiär zurücktritt. Idealkonkurrenz ist möglich mit Falschbeurkundung (§§ 271, 348) oder Urkundenunterdrückung (§ 274). Vgl. dazu RG 22 182, 56 390, Stuttgart NJW 54, 486; gegen diese Urteile Bruns NJW 54, 456. Auch mit § 267 (z. B. bei Einreichung eines Wahlvorschlages) ist Idealkonkurrenz möglich (vgl. Köln NJW 56, 1609, Hamm NJW 57, 638, D-Tröndle 5).

Verletzung des Wahlgeheimnisses §§ 107b, 107c

§ 107b Fälschung von Wahlunterlagen

(1) **Wer**
1. seine Eintragung in die Wählerliste (Wahlkartei) durch falsche Angaben erwirkt,
2. einen anderen als Wähler einträgt, von dem er weiß, daß er keinen Anspruch auf Eintragung hat,
3. die Eintragung eines Wahlberechtigten als Wähler verhindert, obwohl er dessen Wahlberechtigung kennt,
4. sich als Bewerber für eine Wahl aufstellen läßt, obwohl er nicht wählbar ist,

wird mit Freiheitsstrafe bis zu sechs Monaten oder mit Geldstrafe bis zu einhundertachtzig Tagessätzen bestraft, wenn die Tat nicht in anderen Vorschriften mit schwererer Strafe bedroht ist.

(2) Der Eintragung in die Wählerliste als Wähler entspricht die Ausstellung der Wahlunterlagen für die Urwahlen in der Sozialversicherung.

Vorbem. Abs. 2 eingefügt durch Art. 2 § 11 Nr. 1 SGB IV v. 23. 12. 76 (BGBl. I 3845).

Schrifttum: vgl. die Angaben zu § 105 und § 107.

I. Die Vorschrift wendet sich gegen besonders gefährliche **Vorbereitungshandlungen der Wahldelikte** (vgl. § 107 RN 1), und zwar die Nrn. 1 bis 3 hinsichtlich der Richtigkeit der Wählerlisten und die dadurch geschaffene Gefahr unrichtiger Wahlergebnisse, die Nr. 4 gegen Mängel bei der Ausübung des passiven Wahlrechts. 1

II. Als **Tathandlungen** kommen in Betracht:
1. Das Bewirken der **eigenen Eintragung** eines Nicht-Wahlberechtigten in die Wahlkartei durch **falsche Angaben** über Alter, Staatsangehörigkeit usw. (Nr. 1). Wer dies mit Bezug auf einen anderen tut, ist mittelbarer Täter nach Nr. 2. 2

2. Die **Eintragung eines Nicht-Wahlberechtigten** in die Wahlkartei (Nr. 2). Außer dem Eingetragenen selbst kann jedermann Täter sein, also nicht nur ein mit der Führung der Wählerliste amtlich Beauftragter, sondern auch jemand, der dessen Gutgläubigkeit als mittelbarer Täter benutzt, um einen Dritten unberechtigt eintragen zu lassen. Gleiches gilt für jenen, der ohne amtlichen Auftrag die Eintragung eines Dritten vornimmt, nachdem er sich Zugang zur Wählerliste verschafft hat (Willms LK 3). Für den Vorsatz ist sicheres Wissen um die mangelnde Wahlberechtigung des Eingetragenen erforderlich (Rudolphi SK 4). 3

3. Die **Verhinderung der Eintragung eines Wahlberechtigten** (Nr. 3). Täter kann hier sowohl eine mit der Führung der Kartei beauftragte Person wie auch ein Außenstehender sein, der durch falsche Angaben die Eintragung verhindert. Auch hier ist sichere Kenntnis über die Wahlberechtigung des Nichteingetragenen erforderlich (Willms LK 6). 4

4. Für die **unbefugte Kandidatur** (Nr. 4) genügt bedingter Vorsatz hinsichtlich des mangelnden passiven Wahlrechts (Rudolphi SK 4). 5

5. Der Eintragung in die Wählerliste ist die Ausstellung der **Wahlunterlagen für die Urwahlen** in der Sozialversicherung gleichgestellt (Abs. 2). Demzufolge macht sich insbes. strafbar, wer sich die Ausstellung eines Wahlausweises durch falsche Angaben erschleicht (Nr. 1), an einen Nichtbeteiligten einen solchen Ausweis ausstellt (Nr. 2) oder die Ausstellung an einen Berechtigten verhindert (Nr. 3). Damit soll der gesteigerten Bedeutung, die heute der Willensbildung und damit der Zusammensetzung der Selbstverwaltungsgremien der Sozialversicherung zukommt, Rechnung getragen werden (vgl. BT-Drs. 7/4122 S. 39). Für die Wahlberechtigung im einzelnen sind die Vorschriften des SGB IV (insbes. §§ 43 ff.) maßgebend. 6

III. **Teilnahme** ist nach allg. Grundsätzen möglich, § 28 nicht anwendbar (vgl. § 107a RN 7). 7

IV. § 107b ist gegenüber Vorschriften mit höherer Strafe **subsidiär**, tritt also insbes. dann zurück, wenn es infolge der Falscheintragung zur Wahlfälschung (§ 107a) kommt (D-Tröndle 3). 8

§ 107c Verletzung des Wahlgeheimnisses

Wer einer dem Schutz des Wahlgeheimnisses dienenden Vorschrift in der Absicht zuwiderhandelt, sich oder einem anderen Kenntnis davon zu verschaffen, wie jemand gewählt hat, wird mit Freiheitsstrafe bis zu zwei Jahren oder mit Geldstrafe bestraft.

Schrifttum: Vgl. die Angaben zu § 105 und § 107.

I. Die Vorschrift dient dem Schutz des **Wahlgeheimnisses**, indem sie die **Verletzung von Wahlschutzbestimmungen** des Bundes oder der Länder unter Strafe stellt (Blankettgesetz; vgl. 3 vor § 1). Zum (unzulänglichen) Schutz des Wahlgeheimnisses in Anstalten u. insbes. bei *Briefwahl* vgl. Celle 1

§§ 108, 108a Bes. Teil. Straft. gegen Verfassungsorg. sowie b. Wahlen u. Abstimmungen

NdsRpfl. 61, 134, Wolter AK 1. Zum Fehlen einer Geheimhaltungsvorschrift über *Wahlvorschläge* vgl. Karlsruhe GA 77, 312.

2 **II. Subjektiv** muß der Täter in der **Absicht** (zielgerichtetes Handeln; vgl. § 15 RN 66) handeln, *zu erfahren* oder einem anderen *Kenntnis* darüber *zu verschaffen, wie* jemand gewählt hat, wobei auch die Erkundung eines ungültigen Wahlzettels genügt (Wolter AK 3). Dagegen reicht es nicht, lediglich erkunden zu wollen, *ob* jemand (überhaupt) gewählt hat bzw. gewählt worden ist (D-Tröndle 3). Weitergehende Motive (wie etwa die Absicht, das erlangte Wissen auch verkaufen zu wollen) sind unerheblich. Andererseits braucht die Absicht der Kenntniserlangung nicht verwirklicht zu sein, da bereits die Verletzung der wahlgeheimnisschützenden Vorschrift genügt.

3 **III.** Der Gefährdung des Wahlgeheimnisses durch **strafprozessuale Beweiserhebung** über den Inhalt der Stimmabgabe kann durch ein Aussageverweigerungsrecht des Wählers Rechnung getragen werden (vgl. Rudolphi SK 4, Tiedemann NJW 67, 1013 f., Wolter AK 4, aber auch BGH 29 383 ff.).

§ 108 Wählernötigung

(1) **Wer rechtswidrig mit Gewalt, durch Drohung mit einem empfindlichen Übel, durch Mißbrauch eines beruflichen oder wirtschaftlichen Abhängigkeitsverhältnisses oder durch sonstigen wirtschaftlichen Druck einen anderen nötigt oder hindert, zu wählen oder sein Wahlrecht in einem bestimmten Sinne auszuüben, wird mit Freiheitsstrafe bis zu fünf Jahren oder mit Geldstrafe, in besonders schweren Fällen mit Freiheitsstrafe von einem Jahr bis zu zehn Jahren bestraft.**

(2) **Der Versuch ist strafbar.**

Schrifttum: vgl. die Angaben zu § 105 und § 107.

1 **I.** Im Unterschied zum Schutz des Wahlvorganges durch § 107 geht es hier primär um den Schutz der **Entscheidungsfreiheit des Einzelwählers gegen** Beeinflussung durch **Zwang** (vgl. Willms LK 1) mittels eines **qualifizierten Nötigungstatbestandes** (vgl. Wolter AK 1).

2 **II. Tathandlungen** sind das Nötigen und das Hindern eines anderen, überhaupt zu wählen bzw. das Wahlrecht in einem bestimmten Sinne auszuüben.

3 **1.** Eine **Nötigung zum Wählen** liegt dann vor, wenn jemand, der nicht zur Ausübung des Wahlrechts bereit ist, gezwungen wird, seine Stimme abzugeben.

4 **2.** Eine **Hinderung am Wählen** setzt voraus, daß der Täter einen anderen, der zur Wahl bereit ist, zu einer Unterlassung, dem Nicht-Wählen, veranlaßt. Das ist auch der Fall, wenn jemand, der bereits einen Wahlzettel ausgefüllt hat, gehindert wird, den Wahlzettel in die Wahlurne zu werfen.

5 **3.** Strafbar ist auch die Nötigung zum und die Hinderung am **So-Wählen**. Hier wird verhindert, daß der wirkliche politische Wille in der Wahl zum Ausdruck gebracht wird.

6 **III.** Die **Nötigungsmittel** sind hier Gewalt (6 ff. vor § 234), Drohung mit einem empfindlichen Übel (30 ff. vor § 234, § 240 RN 9), Mißbrauch von beruflichen oder wirtschaftlichen Abhängigkeitsverhältnissen und sonstiger wirtschaftlicher Druck (BVerfG NStZ **84,** 407 m. Anm. Oppermann JuS 85, 519), welche lediglich einen Spezialfall der Drohung darstellen (vgl. Blei II 387 f., Willms LK 3). Zum Streik als Nötigungsmittel vgl. § 81 RN 4, ferner BT-Drs. V/2860 S. 3. Auch § 240 II gilt hier entsprechend, so daß sozialadäquate Beeinflussungen ausscheiden (vgl. D-Tröndle 5, Rudolphi SK 5, Willms LK 5; and. Wolter AK 6).

7 **IV. Subjektiv** ist **Vorsatz** erforderlich (§ 15). Zum Irrtum über die Angemessenheit des Druckmittels vgl. § 240 RN 34 ff.

8 **V.** Der **Versuch** ist strafbar (Abs. 2). *Vollendung* setzt ein dem Nötigungsziel entsprechendes Wahlverhalten des Betroffenen voraus.

9 **VI.** Zur Aberkennung des aktiven und passiven Wahlrechts als **Nebenfolge** vgl. § 108 c.

10 **VII.** Gegenüber § 240 ist § 108 **lex specialis**; ebenso gegenüber § 107 a (Willms LK 6, Wolter AK 8; and. RG 63 387, D-Tröndle 6: Tateinheit).

§ 108a Wählertäuschung

(1) **Wer durch Täuschung bewirkt, daß jemand bei der Stimmabgabe über den Inhalt seiner Erklärung irrt oder gegen seinen Willen nicht oder ungültig wählt, wird mit Freiheitsstrafe bis zu zwei Jahren oder mit Geldstrafe bestraft.**

(2) **Der Versuch ist strafbar.**

Schrifttum: vgl. die Angaben zu § 105 und § 107.

I. Die Vorschrift bezweckt den Schutz der **Entscheidungsfreiheit des Einzelwählers** gegen eine Verfälschung durch **Täuschung**. Mittelbar ist damit zugleich auch das Wahlgesamtergebnis gegen Verfälschung geschützt (vgl. BGH 9 340, Rudolphi SK 1, Wolter AK 1).

II. Die **Tathandlung** besteht in einer **Täuschung**, die sowohl durch Vorspiegeln als auch durch Unterdrücken von Tatsachen erfolgen kann (vgl. § 263 RN 6ff., Willms LK 2f.). Dadurch muß der Täter den Wähler in einen **Irrtum** versetzen mit dem **Taterfolg**, daß dieser anders als vorgestellt (1. Var.) oder überhaupt nicht (2. Var.) oder nicht gültig (3. Var.) wählt. Auf den Erklärungsinhalt (1. Var.) bezieht sich der Irrtum, wenn der Aussagegehalt der Erklärung von der Vorstellung des Getäuschten bei der Stimmabgabe abweicht; dazu gehört auch der Fall, daß das Opfer nicht erkennt, daß es überhaupt eine (gültige) Wahlhandlung vornimmt (vgl. BGH 9 338). Weiter kann der Getäuschte über die Gültigkeit seiner tatsächlich ungültigen Wahl irren (3. Var.). Schließlich ist auch der Fall erfaßt, daß ein Wahlberechtigter, z. B. aufgrund falscher Angaben über den Wahltermin (Wolter AK 3), irrtümlich nicht wählt (2. Var.; vgl. zum Ganzen auch M-Schroeder II 268). Dagegen genügt es nicht, daß jemand durch falsche Wahlpropaganda veranlaßt wird, in einem bestimmten Sinne oder überhaupt nicht zu wählen (Motivirrtum, vgl. Rudolphi SK 2).

III. Der **Versuch** ist strafbar (Abs. 2).

IV. Die Wählertäuschung ist **lex specialis** gegenüber § 107a (vgl. dort RN 10). Mit § 267 ist Idealkonkurrenz möglich (Köln NJW 56, 1609).

§ 108b Wählerbestechung

(1) **Wer einem anderen dafür, daß er nicht oder in einem bestimmten Sinne wähle, Geschenke oder andere Vorteile anbietet, verspricht oder gewährt, wird mit Freiheitsstrafe bis zu fünf Jahren oder mit Geldstrafe bestraft.**

(2) **Ebenso wird bestraft, wer dafür, daß er nicht oder in einem bestimmten Sinne wähle, Geschenke oder andere Vorteile fordert, sich versprechen läßt oder annimmt.**

Schrifttum: Kühne, Die Abgeordnetenbestechung, 1971. – *Schulze,* Zur Frage der Strafbarkeit der Abgeordnetenbestechung, JR 73, 485. Vgl. ferner die Angaben zu § 105 und § 107.

I. Die Vorschrift richtet sich gegen **Stimmenkauf** bzw. **Stimmenverkauf**, durch den die **Sachlichkeit der Stimmabgabe** beeinflußt werden könnte (BGH 33 338). Wie sich jedoch aus § 108d ergibt, gilt dieser Schutz nicht gegen die Bestechung von *Abgeordneten bei Wahlen innerhalb des Parlaments* (vgl. § 108d RN 3). Vgl. zum Ganzen auch Geerds JR 86, 256f., Kühne aaO, insbes. 19ff. auch zu exekutiver Tätigkeit von Abgeordneten.

II. Wegen **aktiver Wählerbestechung (Abs. 1)** wird bestraft, wer einem anderen Geschenke oder andere Vorteile anbietet, verspricht oder gewährt, damit dieser nicht oder in einem bestimmten Sinne wähle. Die Mittel und Handlungsmodalitäten entsprechen denen der allgemeinen Vorteilsgewährung i. S. des § 333, demzufolge zwischen Bestecher und Bestochenem eine bestimmte personale Beziehung bestehen oder angestrebt sein muß (BGH 33 336 m. Anm. Geerds JR 86, 253, Dölling NStZ 87, 69). Als Vorteil genügt auch ein mittelbarer, wie etwa als Mitglied eines begünstigten Vereins (BGH aaO); vgl. im übrigen § 331 RN 19ff., Bay GA 58, 226. Sozialadäquate Vorteile, wie z. B. allgemeine Wahlspenden bzw. Wahlversprechen, werden nicht erfaßt (BGH 33 338f. m. Anm. Dölling aaO, D-Tröndle 4, Lackner 2, Rudolphi SK 4). Der Täter muß hier in der Absicht handeln, den anderen zu veranlassen, nicht oder in einem bestimmten Sinn zu wählen. Es genügt, daß der andere einen bestimmten Kandidaten nicht wählen soll, während ihm sonst freie Wahl belassen wird. Ob der andere dadurch beeinflußt wird, ist unerheblich. Auch das Bestimmen, ungültig zu wählen, fällt unter § 108b.

III. **Passive Wählerbestechlichkeit (Abs. 2)** liegt vor, wenn der Wähler zu einem bei o. 2 genannten Zweck von einem anderen Geschenke oder andere Vorteile fordert, sich versprechen läßt oder annimmt. Der Tatbestand entspricht dem der allgemeinen Vorteilsannahme (§ 331), jedoch muß im Gegensatz zu dort die Wahl noch bevorstehen. Daß sich der Bestochene vorbehält, entgegen der Vereinbarung dann doch in eigenem Sinne zu wählen, schließt § 108b II ebensowenig aus wie den Fall, daß er seine Stimme ohnehin schon in dem gewünschten Sinne abzugeben bereit war (vgl. D-Tröndle 3, Willms LK 3). In einem solchen Falle kommt Idealkonkurrenz mit § 263 in Betracht.

IV. Der **Versuch** ist **straflos**. *Vollendung* setzt bei Abs. 1 Kenntniserlangung durch mindestens einen Wahlberechtigten voraus (Bay GA 58, 277, M-Schroeder II 268).

§§ 108 c, 108 d, Vorbem § 109 1 Bes. Teil. Straftaten geg. d. Landesverteidigung

5 **V.** Neben der Strafe ist der erlangte Vorteil nach §§ 73 ff. für **verfallen** zu erklären. Zur Aberkennung des aktiven und passiven Wahlrechts als **Nebenfolge** vgl. § 108 c.

§ 108 c Nebenfolgen

Neben einer Freiheitsstrafe von mindestens sechs Monaten wegen einer Straftat nach den §§ 107, 107 a, 108 und 108 b kann das Gericht die Fähigkeit, Rechte aus öffentlichen Wahlen zu erlangen, und das Recht, in öffentlichen Angelegenheiten zu wählen oder zu stimmen, aberkennen (§ 45 Abs. 2 und 5).

Bei einer Verurteilung aus §§ 107, 107 a, 108, 108 b kann auf **Verlust des aktiven und passiven Wahlrechtes** erkannt werden, wenn der Täter zu einer Freiheitsstrafe von mindestens 6 Monaten verurteilt worden ist. Vgl. im einzelnen die Anm. zu §§ 45–45 b sowie Jekewitz GA 77, 161 ff.

§ 108 d Geltungsbereich

Die §§ 107 bis 108 c gelten für Wahlen zu den Volksvertretungen, für die Wahl der Abgeordneten des Europäischen Parlaments, für sonstige Wahlen und Abstimmungen des Volkes im Bund, in den Ländern, Gemeinden und Gemeindeverbänden sowie für Urwahlen in der Sozialversicherung. Einer Wahl oder Abstimmung steht das Unterschreiben eines Wahlvorschlags oder das Unterschreiben für ein Volksbegehren gleich.

Vorbem. Geändert durch Art. 2 § 11 Nr. 2 SGB IV v. 23. 12. 76 (BGBl. I 3845) sowie durch § 27 EuropawahlG v. 16. 6. 78 (BGBl. I 709).

Schrifttum: vgl. die Angaben zu §§ 105, 107, 108 b.

1 **I.** Diese Geltungsbereichsbestimmung enthält eine **Legaldefinition** des Begriffs der **Wahl**, die für alle Bestimmungen des Wahlstrafrechts verbindlich ist (krit. dazu Wolf aaO 33 ff.), und zwar i. S. eines *weiten Wahlbegriffs*, der insbes. auch Wahlen in kommunalen Angelegenheiten erfaßt.

2 **II. Wahlen** i. S. der §§ 107 ff. sind grundsätzlich nur **Volkswahlen** und **-abstimmungen**, d. h. Stimmabgaben des *Volkes* in Ausübung staatsbürgerlicher Rechte. Dadurch werden sowohl die Wahlen für die Volksvertretungen wie auch sonstige Wahlen in *Bund* und *Ländern* erfaßt. Gleiches gilt für die Wahl der Abgeordneten des *europäischen Parlaments*. Gleichgestellt sind Wahlen und Abstimmungen in *Gemeinden* und Gemeindeverbänden sowie im Hinblick auf ihre gesteigerte Bedeutung die *Urwahlen* in der Sozialversicherung. Auch Abstimmungen durch *Volksentscheide* oder *Volksbegehren*, wie sie z. B. in Art. 29 GG sowie in einigen Länderverfassungen vorgesehen sind, rechnen hierher. Zudem ist bereits das **Unterschreiben eines Wahlvorschlags** bzw. eines **Volksbegehren,** ausdrücklich gleichgestellt (S. 2). Vgl. aber dazu auch Karlsruhe GA 77, 312.

3 **III. Nicht** erfaßt sind dagegen Wahlen oder Abstimmungen **innerhalb der Volksvertretungen**, wie z. B. die Wahl des Parlamentspräsidenten, des Bundeskanzlers oder des Ministerpräsidenten (Willms LK 4 vor § 105). Daher ist insbes. die *Abgeordnetenbestechung* nicht nach § 108 b strafbar (vgl. dort RN 1 sowie zu Recht krit. D-Tröndle 2, M-Schroeder II 268, Schulze JR 73, 485, Wolter AK 4 vor § 105), ebensowenig nach § 333 (vgl. § 11 RN 20, 23, Stuttgart NJW **66**, 679); vgl. auch Kühne aaO. Auch den Betriebsratswahlen, kirchlichen Wahlen sowie Wahlen innerhalb einer Standesorganisation ist der Schutz der §§ 107 ff. vorenthalten (D-Tröndle 2). Zu *landesrechtlichen* Wahlstraftatbeständen (wie z. B. für Wahlen zu Arbeitnehmerkammern nach § 28 a Bremer Ges. v. 17. 9. 79, GBl. 371) vgl. krit. Lenzen JR 80, 133, Wolter AK 2.

Fünfter Abschnitt. Straftaten gegen die Landesverteidigung

Vorbem. zu den §§ 109 bis 109 k

1 **I.** Diese Tatbestände bezwecken in erster Linie den **Schutz der Landesverteidigung**. Während durch die §§ 109, 109 a und 109 h bestimmte Angriffe gegen die *personellen* Verteidigungskräfte erfaßt werden, dient § 109 e dem Schutz der *sachlichen* Verteidigungsmittel, um deren *Funktionsfähigkeit* es vor allem bei den §§ 109 d, 109 f und 109 g geht (vgl. Schroeder LK 2 vor § 109). Soweit diese Interessen durch einen Soldaten oder im Hinblick auf einen solchen verletzt werden, greifen idR die entsprechenden Tatbestände des WStG ein (vgl. Schroeder LK 3). Zu entsprechenden Straftaten eines Zivildienstpflichtigen vgl. §§ 52 ff. ZDG. Zur Entwicklungsgeschichte samt Materialien vgl. D-Tröndle 1 vor § 109. Für eine Gesamtrevision Ostendorf AK 3.

Wehrpflichtentziehung durch Verstümmelung 1–7 **§ 109**

II. Nach Art. 7 II Nr. 4 des 4. StÄG (vgl. 17 ff. vor § 80) gelten die §§ 109 d–g i. V. mit §§ 109 i, k 2
auch für Taten gegen die in der Bundesrepublik stationierten **NATO-Truppen,** sowie deren Wehrmittel, Einrichtungen, Anlagen oder militärische Vorgänge. In diesen Fällen ändern sich die Tatbestandsvoraussetzungen in der Weise, daß an die Stelle der Bundesrepublik Deutschland der betreffende Vertragsstaat, an die Stelle der Bundeswehr dessen Truppen und an die Stelle der Landesverteidigung die Verteidigung des Vertragsstaates treten. Die Vorschriften dieses Abschnitts, die **bis zum 3. 10. 90 nicht in Berlin** galten (vgl. Lackner JZ 57, 404, Schroeder LK 4 vor § 109), finden jetzt auch dort Anwendung (vgl. Einf. 12 vor § 1).

§ 109 Wehrpflichtentziehung durch Verstümmelung

(1) **Wer sich oder einen anderen mit dessen Einwilligung durch Verstümmelung oder auf andere Weise zur Erfüllung der Wehrpflicht untauglich macht oder machen läßt, wird mit Freiheitsstrafe von drei Monaten bis zu fünf Jahren bestraft.**

(2) **Führt der Täter die Untauglichkeit nur für eine gewisse Zeit oder für eine einzelne Art der Verwendung herbei, so ist die Strafe Freiheitsstrafe bis zu fünf Jahren oder Geldstrafe.**

(3) **Der Versuch ist strafbar.**

I. Der Tatbestand will zur **Erhaltung der personellen Verteidigungskraft** die uneingeschränkte 1
Tauglichkeit der Wehrpflichtigen sichern (Schroeder LK 1). Bei Tatbegehung durch einen Soldaten vgl. ergänzend § 17 WStG. Zum *Geltungsbereich* vgl. § 5 Nr. 5a sowie 2 vor § 109, zur (geringen) *praktischen* Bedeutung Ostendorf AK 4).

II. Für den **objektiven Tatbestand** ist erforderlich, daß der Täter sich **(Selbstverstümme-** 2
lung) oder einen anderen **(Fremdverstümmelung)** zur Erfüllung der Wehrpflicht untauglich macht bzw. machen läßt.

1. In beiden Alternativen muß **Tatobjekt** ein **Wehrpflichtiger** sein. Die Wehrpflicht be- 3
stimmt sich nach § 1 WehrpflG. Ob zur Tatzeit die Wehrpflicht bereits abgeleistet wird oder ihre Erfüllung bevorsteht, ist unerheblich, ebenso wie der Verstümmelte das wehrpflichtige Alter noch nicht erreicht zu haben braucht; daher kann auch die Verstümmelung eines Kindes, das erst nach Erreichen des wehrpflichtigen Alters einberufen werden kann, unter § 109 fallen (Rudolphi SK 3). Der Tatbestand bleibt solange anwendbar, wie das wehrpflichtige Alter noch nicht überschritten ist, also auch dann, wenn der Wehrpflichtige bereits gedient hat, da noch die Möglichkeit besteht, ihn zu Übungen heranzuziehen (teils weitergehend Schroeder LK 4). Wehrpflichtig kann auch sein, wem die Fähigkeit zur Bekleidung öffentlicher Ämter aberkannt worden ist, da diese nach §§ 45 a, b wiedererlangt werden kann. Somit scheiden als Tatobjekt nur solche Personen aus, die das wehrpflichtige Alter bereits überschritten haben oder aus sonstigen Gründen (§ 10 WehrpflG) vom Wehrdienst ausgeschlossen sind (D-Tröndle 2). Die Wehrpflicht von Ausländern und Staatenlosen würde zunächst noch den Erlaß der nach § 2 WehrpflichtG erforderlichen Rechtsverordnung voraussetzen (vgl. Johlen, Wehrpflichtrecht in der Praxis, 2. A. 1984, S. 1).

2. Durch die Tat muß der Wehrpflichtige **zur Erfüllung der Wehrpflicht untauglich** gewor- 4
den sein.

a) Unter **Erfüllung der Wehrpflicht** ist nicht nur die Dienstleistung als Soldat, sondern jede 5
Tätigkeit zu verstehen, die nach dem WehrpflG von jemandem verlangt werden kann. Dazu zählt auch der zivile Ersatzdienst (§ 3 I WehrpflG; Rudolphi SK 4; krit. Ostendorf AK 3, 7). Zum militärischen Dienst rechnen neben dem Grundwehrdienst (§ 5 WehrpflG) und die Wehrübungen (§ 6 WehrpflG), im Verteidigungsfalle der unbefristete Wehrdienst (§ 4 I Nr. 4 WehrpflG).

b) Zur Erfüllung seiner Wehrpflicht kann der Betroffene zum einen **absolut untauglich** 6
(Abs. 1) geworden sein. Das ist der Fall, wenn er überhaupt nicht mehr zum Wehrdienst herangezogen werden kann (vgl. Schölz/Lingens § 17 WStG 4).

c) Zum anderen reicht aber auch schon, daß der Betroffene **relativ untauglich (Abs. 2)** 7
gemacht wird, indem er entweder für eine gewisse Zeit seiner Wehrpflicht nicht nachkommen kann oder nicht für alle Verwendungsmöglichkeiten in Betracht kommt (h. M.; strenger Ostendorf AK 12). Für die *zeitliche* Untauglichkeit genügt eine geringe Zeitspanne, z. B. die Gebrauchsunfähigkeit eines Armes für einige Tage (vgl. RG 33 280). Die *beschränkte Verwendungsfähigkeit* kann durch vorübergehende oder bleibende Beschädigung, z. B. Abhacken eines Fingergliedes (vgl. RG 44 265), verursacht worden sein. Sie kann sich insbes. daraus ergeben, daß der Wehrpflichtige nicht für alle Waffengattungen tauglich ist. Im Gegensatz zu § 142 a. F., dem Vorläufer des § 109, reichen aber auch andere allgemeine Verwendungsbeschränkungen aus, z. B. die Beschränkung auf die Verwendung in der Kaserne oder auf die Beteiligung an theoretischen Kursen (Bay NJW **73,** 2258, Anm. Schroeder NZWehrR 74, 33), nicht dagegen

die Untauglichkeit für einzelne Diensthandlungen, z. B. einen Fußmarsch; im letzteren Fall kommt nur Teilnahme an § 17 WStG in Betracht, da § 17 Untauglichkeit zu jeglicher Dienstverrichtung erfaßt (vgl. D-Tröndle 3, Schroeder LK 12, Schölz/Lingens § 17 WStG 7).

8   d) Bei der *Beurteilung,* ob jemand – absolut oder relativ – untauglich ist, soll der Richter nach RG **44** 268 an eine etwaige Entscheidung der zuständigen *Wehrbehörde* gebunden sein (ebenso Kohlrausch-Lange III, Maurach BT[5] 605; zu Recht and. Ostendorf AK 12, Rudolphi SK 9, Schroeder LK 7). Ist eine solche Entscheidung noch nicht ergangen, so ist der Richter auch nach h. L. nicht verpflichtet, sie einzuholen, sondern hat selbst über die Untauglichkeit zu entscheiden (Schölz/Lingens § 17 WStG 12).

9   e) Da sich der Tatbestand auf das *Untauglichmachen* für die Wehrpflicht beschränkt, wird eine darüber hinausgehende (Absicht zur) **Tötung nicht** von § 109 erfaßt, so daß hiernach weder Beihilfe zum Selbstmord noch Tötung auf Verlangen des Wehrpflichtigen strafbar ist. Ebensowenig kann der Wehrpflichtige bei Selbstmordversuch wegen Versuchs des § 109 verurteilt werden, und zwar selbst dann nicht, wenn der Täter für den Fall des Mißlingens mit seiner Wehruntauglichkeit gerechnet hat (vgl. Ostendorf AK 13; and. M-Schroeder II 270, Rudolphi SK 8).

10 3. Die **Tathandlung** erfordert, daß die Wehruntauglichkeit durch **Verstümmelung** oder **auf andere Weise** herbeigeführt wird.

11 a) *Verstümmelung* bedeutet die Entfernung oder Unbrauchbarmachung eines Teiles des Körpers (Gliedmaßen, Organe), und zwar ohne Rücksicht auf die Art der Ausführung (Schroeder LK 13).

12 b) *Auf andere Weise* erfolgt das Untauglichmachen z. B. durch Herbeiführen einer Krankheit. Auch eine geistige Erkrankung kann ausreichen. Immer muß es sich aber um eine Gesundheitsschädigung handeln (Ostendorf AK 9; and. Schroeder LK 14). Daher genügt ein medizinischer Eingriff zur Behebung eines körperlichen Mangels idR nicht (Rudolphi SK 12; and. Schölz/ Lingens § 17 WStG 14, Bay NJW **73**, 2257: Entfernung einer Warze). Wer nur eine Gesundheitsschädigung *vortäuscht,* kann allenfalls nach § 109a bestraft werden (M-Schroeder II 272). Eine rechtliche Wehrunfähigkeit (vgl. § 10 WehrpflG) genügt ebenfalls nicht (D-Tröndle 4); ebensowenig, wenn sich der Täter durch Begehung einer Straftat vom Wehrdienst ausschließt.

13 c) Ein *Unterlassen* seitens des Wehrpflichtigen kann genügen, wenn dadurch die Wehruntauglichkeit eintritt. Dabei sind jedoch folgende Fälle zu unterscheiden: Sofern sich der Wehrpflichtige dadurch verstümmeln läßt, daß er das darauf gerichtete aktive Tun eines anderen duldet, unterfällt dies der Tatbestandsalternative des „sich untauglich machen Lassens", ohne daß es dafür des § 13 bedürfte (Rudolphi SK 15, Schroeder LK 16, 18) und ohne daß insoweit zwischen bereits eingezogenen und noch nicht dienenden Wehrpflichtigen zu unterscheiden wäre. Dagegen bedarf es für die Erfassung sonstiger, nicht durch menschliche Hand herbeigeführter Wehrtauglichkeitsbeeinträchtigungen, wie etwa infolge Nichtversorgung einer Wunde oder Ausbrechenlassens einer Krankheit, einer Gesundheitserhaltungs- bzw. Gesundheitswiederherstellungspflicht, die man zwar für einen bereits Eingezogenen aus § 17 IV SoldatG (dazu BDH NJW **61**, 848) wird bejahen können (h. M.), nicht dagegen für einen noch nicht eingezogene Wehrpflichtige (ebenso Rudolphi SK 15, Schroeder LK 18; and. D-Tröndle 4, Lackner 4, Ostendorf AK 10). Im übrigen ist jedenfalls kein Wehrpflichtiger verpflichtet, zur Wiederherstellung seiner Wehrtauglichkeit ärztliche Eingriffe in seine körperliche Unversehrtheit zu dulden (D-Tröndle 4, Lackner 4, Schölz/Lingens § 17 WStG 15).

14 4. Als **Täter** kommen sowohl der *Wehrpflichtige an sich selbst* (a) als auch ein *Dritter* (b) in Betracht.

15 a) Bei **Selbstverstümmelung durch den Wehrpflichtigen** ist unerheblich, ob er persönlich den Eingriff vornimmt oder einen anderen den Eingriff bei sich vornehmen läßt (Schölz/Lingens § 17 WStG 16). Die Initiative zum Handeln des anderen braucht nicht von ihm ausgegangen zu sein; auch wer lediglich in den Eingriff des anderen einwilligt, ist Täter. Auf das Verschulden des anderen kommt es nicht an; handelt dieser schuldhaft, so liegt Mittäterschaft vor.

16 b) Bei **Fremdverstümmelung durch einen Dritten** wird dieser nur dann zum Täter, wenn er beim Wehrpflichtigen mit dessen Einwilligung die Wehruntauglichkeit herbeiführt. Beschränkt sich der Dritte auf ein bloßes *Herbeiführenlassen,* so wird er nur aufgrund von Mit- oder *mittelbarer Täterschaft* zum Täter, nicht aber – trotz des unklaren Wortlauts („machen läßt") – bei bloßer Anstiftung (vgl. aber Schroeder LK 17). Zur erforderlichen *Einwilligung* des Verstümmelten vgl. allg. 29ff. vor § 32. Fehlt es daran, so kommen nur die §§ 223ff. in Betracht (Rudolphi SK 16, Schölz/Lingens § 17 WStG 18; vgl. auch Schroeder LK 2 m. zutr. Kritik an der Ungereimtheit dieser Regelung), wobei Maurach BT[5] 604f. die Mindeststrafe des § 109 im Rahmen der §§ 223ff. berücksichtigt wissen will (zu Recht abl. wegen verbotener Analogie M-Schroeder II 270).

c) Bei **Soldaten** geht im Fall einer Selbstverstümmelung oder der eines anderen Soldaten § 17 WStG als lex specialis vor (vgl. Schölz/Lingens 24), demzufolge auch ein daran *teilnehmender Nichtsoldat* aus dieser Vorschrift zu bestrafen ist (arg. § 1 IV WStG; and. D-Tröndle 6, Schroeder LK 23, Rudolphi SK 21). Daher kann sich ein Soldat nach § 109 nur strafbar machen, wenn er den Eingriff bei einem Nichtsoldaten vornimmt bzw. wenn er bloßer *Teilnehmer* an der Tat eines Nichtsoldaten nach § 109 ist. Denn § 28 ist auf Teilnehmer nicht anwendbar (and. Rudolphi SK 21, Schölz/Lingens § 18 WStG 26 ff., Schroeder LK 23). 17

III. Für den **subjektiven Tatbestand** ist **Vorsatz** erforderlich (§ 15), bedingter genügt. Der Täter muß sich die Untauglichkeit als Folge seiner Handlung vorgestellt und trotzdem gehandelt haben. Er braucht die Untauglichkeit nicht beabsichtigt zu haben. Auch wer z. B. sich selbst verstümmelt, um einen Versicherungsbetrug zu begehen oder besser betteln zu können, ist nach § 109 strafbar, wenn er die Wehruntauglichkeit in Kauf nimmt (Rudolphi SK 19). 18

IV. **Vollendet** ist die Tat mit der Herbeiführung der Untauglichkeit. Auf die Feststellung der Untauglichkeit durch die zuständige Wehrbehörde kommt es nicht an (Bay NJW 73, 2258). 19

Der **Versuch** ist strafbar (Abs. 3). Er liegt z. B. vor, wenn der Täter einen unzureichenden, aber für ausreichend gehaltenen Eingriff vornimmt. Glaubt der Täter, absolute Wehruntauglichkeit herbeizuführen, ist aber nur eine relative Untauglichkeit eingetreten, so ist er wegen Versuchs des Abs. 1 in Idealkonkurrenz mit Vollendung des Abs. 2 zu bestrafen (D-Tröndle 9, Schroeder LK 22; and. Welzel 495: nur Abs. 2). Beim Rücktritt von Abs. 1 bleibt Abs. 2 anwendbar, soweit dessen Tatbestand bereits vollendet ist. 20

V. Die **Strafe** ist in ihrer Mindesthöhe verschieden, je nachdem, ob eine absolute (Abs. 1) oder relative (Abs. 2) Wehruntauglichkeit herbeigeführt worden ist. 21

VI. **Idealkonkurrenz** ist mit §§ 223 ff. möglich, da die Einwilligung des Wehrpflichtigen gemäß § 226 a die Rechtswidrigkeit der Körperverletzung nicht ausschließt (D-Tröndle 9, Rudolphi SK 22). Über das Verhältnis zu § 17 WStG vgl. o. 17 sowie M-Schroeder II 271 f. 22

§ 109 a Wehrpflichtentziehung durch Täuschung

(1) Wer sich oder einen anderen durch arglistige, auf Täuschung berechnete Machenschaften der Erfüllung der Wehrpflicht dauernd oder für eine gewisse Zeit, ganz oder für eine einzelne Art der Verwendung entzieht, wird mit Freiheitsstrafe bis zu fünf Jahren oder mit Geldstrafe bestraft.

(2) Der Versuch ist strafbar.

I. Die Vorschrift dient durch Schutz der Wehrpflicht der Erhaltung des **Personalbestands der Bundeswehr** und damit der Landesverteidigung (vgl. 1 vor § 109). Im Unterschied zu § 109, wo bereits das Untauglichmachen zu einem möglichen Wehrdienst erfaßt wird, kommt es hier auf die *tatsächliche Entziehung* an (D-Tröndle 1, Rudolphi SK 1). Die Vorschrift betrifft Nichtsoldaten, während auf Soldaten § 18 WStG Anwendung findet (vgl. u. 13). Zum *Geltungsbereich* vgl. § 5 Nr. 5 b sowie 2 vor § 109, zur (geringen) *praktischen* Bedeutung Ostendorf AK 4 f. 1

II. Der **objektive Tatbestand** setzt voraus, daß jemand sich oder einen anderen durch arglistige, auf Täuschung berechnete Machenschaften der Erfüllung der Wehrpflicht entzieht. 2

1. Über **Erfüllung der Wehrpflicht** vgl. § 109 RN 3. 3

2. Der Wehrpflichtige (dazu § 109 RN 4; zukünftige kommen hier nicht in Betracht, vgl. Rudolphi SK 3 sowie o. 1) muß der Erfüllung der Wehrpflicht **ganz oder teilweise entzogen** worden sein, der Täter muß also mit seinen Machenschaften Erfolg gehabt haben (vgl. u. 11). *Entzogen* ist dem Wehrdienst, wer für dauernd oder eine gewisse Zeit nicht zum Wehrdienst (vgl. § 4 WehrpflG) herangezogen wird. Es genügt, daß ein Wehrpflichtiger eine bestimmte Wehrübung nicht abzuleisten oder sich erst einige Tage später als vorgesehen zu stellen braucht oder unberechtigt Urlaub erhält. Auch die Entziehung von verkürztem Wehrdienst wird erfaßt (Hamm NJW **74**, 568), ebenso die Entziehung von einer bestimmten Waffengattung oder Verwendungsart. Nicht erforderlich ist, daß die zuständige Behörde den Wehrpflichtigen tatsächlich schon für eine bestimmte Waffengattung oder Verwendungsart vorgesehen hat; es genügt, daß sie ihn infolge der Machenschaften nur für bestimmte andere Dienste verwendet (vgl. Schölz/Lingens § 18 WStG 4). Dagegen genügt nicht schon die Entziehung eines Soldaten von einzelnen Dienstleistungen oder Einsätzen (Rudolphi SK 4; and. Bay **61**, 223; Schölz/Lingens aaO); stattdessen kommt Teilnahme an § 18 WStG in Betracht (Kohlhaas NJW 57, 930). 4–6

3. a) Das Entziehen muß durch **arglistige, auf Täuschung berechnete Machenschaften** (zum Begriff vgl. Bay **61**, 223, Schölz/Lingens § 18 WStG 7) bewirkt worden sein. Derartige *Machen*- 7–9

§ 109a 10–14   Bes. Teil. Straftaten gegen die Landesverteidigung

schaften liegen noch nicht in bloßen unwahren Behauptungen eines Befreiungsgrundes (Kohlhaas NJW 57, 930; vgl. auch RG 29 218, **46** 91). Wer nur lügt, bedient sich nicht arglistiger Machenschaften; nach § 109a macht sich also nicht strafbar, wer lediglich ein Gebrechen vorschützt (D-Tröndle 3). Vielmehr ist erforderlich, daß der Täter in einer ausgeklügelten, raffinierten Weise vorgeht und dadurch die Glaubwürdigkeit seines unwahren Vorbringens untermauert (vgl. Celle NJW **65**, 1676, NStZ **86**, 168, Hamm NJW **74**, 568, Blei II 392, D-Tröndle 3, Ostendorf AK 9; Rudolphi SK 6; weniger streng Schroeder LK 5). Das ist insbes. der Fall, wenn der Wehrpflichtige zum Schein seinen ständigen Aufenthalt melderechtlich aus dem Geltungsbereich des WehrpflG hinaus verlegt und sich unter Berufung darauf der Wehrbehörde gegenüber für nicht wehrpflichtig erklärt (vgl. § 1 III WehrpflG, Hamburg NJW **65**, 1674, Celle NStZ **86**, 168, vgl. auch Nürnberg JZ **65**, 688 m. Anm. Gössel u. H. Arndt JZ 65, 775), aber auch, wenn er etwa eine unwahre Bescheinigung über seinen Gesundheitszustand beibringt, gefälschte Urkunden vorlegt oder Mittel anwendet, die den Anschein erwecken, daß er ein Gebrechen habe, so z. B. bei Störung der Herztätigkeit durch Einnehmen von Tabletten. Über bloßes Lügen geht auch hinaus, wer bei der Musterung die Behauptung eines Gebrechens dadurch stützt, daß er das Vorhandensein von dessen Symptomen in raffinierter Weise vorspiegelt (vgl. RG **29** 218). Ebenfalls reicht aus, daß der Täter Zeugen beibringt, die seine unwahren Angaben bestätigen, gleichgültig ob sie bös- oder gutgläubig handeln. Die Machenschaften brauchen nicht unmittelbar gegenüber der Wehrbehörde vorgenommen zu werden; auch die Täuschung anderer Behörden kann ausreichen (vgl. Hamburg NJW **65**, 1674). Der Begriff der *Arglist* bezeichnet hier kein Gesinnungsmoment, sondern dient nur zur Kennzeichnung der Anwendung von Täuschungsmitteln (and. Kohlrausch-Lange I); auf eine besondere „Verwerflichkeit" des Verhaltens kommt es daher nicht an (Hamm NJW **74**, 568; and. Lackner 3, Schölz/Lingens § 18 WStG 8). „Arglistige Machenschaften" sind daher letztlich eine Tautologie (Dreher JZ 57, 397). Im übrigen hingegen reicht ein Entziehen auf andere Weise, z. B. durch Flucht ins Ausland oder Verbergen im Inland, nicht aus (Blei II 392, Schölz/Lingens aaO 8); stattdessen kommt aber u. U. Teilnahme an § 16 WStG in Betracht.

10   b) **Unerheblich** ist, **welche Gründe** der Täter **vorspiegelt,** um die Entziehung zu erreichen. Es braucht sich nicht um körperliche oder geistige Gebrechen zu handeln. Auch andere Befreiungsgründe (vgl. §§ 9ff. WehrpflG) reichen aus (RG **9** 96, **46** 91). So genügt z. B. ein gefälschtes Urteil, aus dem sich der Ausschluß vom Wehrdienst nach § 10 WehrpflG ergibt, oder das Vorspiegeln, Ausländer zu sein oder sonst eine der Ausnahmen des § 1 WehrpflG (z. B. ständiger Aufenthalt außerhalb des Geltungsbereichs des WehrpflG) für sich zu haben (M-Schroeder II 272). Auch wer Gründe vorspiegelt, die eine **Zurückstellung** nach § 12 WehrpflG rechtfertigen würden, kann den Tatbestand verwirklichen (z. B. häusliche oder wirtschaftliche Schwierigkeiten: vgl. RG **46** 91).

11   c) Diese Machenschaften müssen **ursächlich** für die Nichterfüllung der Wehrpflicht sein (Celle NStZ **86**, 168, D-Tröndle 4). Dafür soll auch schon die vorübergehende Freistellung zwecks weiterer Prüfung genügen (Celle NJW **65**, 1677, Rudolphi SK 8, Schroeder LK 9). Entfällt die Wehrpflicht tatsächlich aus einem anderen Grunde, so ist der Tatbestand nicht erfüllt, mag auch die zuständige Behörde auf Grund der Machenschaften ihre Entscheidung getroffen haben; es kommt dann allenfalls Bestrafung wegen Versuchs in Betracht (vgl. Hamm NJW **74**, 568). Nicht erforderlich ist, daß ein Irrtum bei der Behörde bewirkt wird (Celle NJW **65**, 1675, NStZ **86**, 168, M-Schroeder II 272; and. Schölz/Lingens § 18 WStG 12).

12   III. Der **subjektive Tatbestand** erfordert (zumindest bedingten) **Vorsatz** (RG **76** 114). Daran fehlt es, wenn der Täter glaubt, er sei nicht wehrpflichtig, und die arglistigen Machenschaften nur dazu benutzt, um ein die Wehrpflicht ausschließendes Leiden oder eine Vorstrafe nicht offenbaren zu müssen (vgl. Olshausen § 143 Anm. 5).

13   IV. **Täter** kann einmal der **Wehrpflichtige** selbst sein, der sich seiner Wehrpflicht entzieht. **Andere** (auch nichtwehrpflichtige) Personen können Täter sein, wenn sie einen Wehrpflichtigen der Erfüllung seiner Wehrpflicht entziehen. Handelt es sich um Wehrpflichtige, die bereits Soldaten sind, so geht § 18 WStG vor; das gilt sowohl für den Selbstentzug wie für die Entziehung eines anderen Soldaten, dagegen nicht für die Entziehung eines nicht eingezogenen Wehrpflichtigen; in diesen Fällen ist § 109a anwendbar (Schölz/Lingens § 18 WStG 14). Der Nicht-Soldat, der einen Soldaten seiner Wehrpflicht entzieht, wird als Täter nach § 109a bestraft, als Anstifter und Gehilfe des Soldaten wegen Teilnahme nach § 18 WStG.

14   V. Der **Versuch** ist strafbar (Abs. 2). Er kommt vor allem in Betracht, wenn die zuständige Wehrbehörde sich nicht täuschen läßt (vgl. auch Celle NStZ **86**, 168, Hamm NJW **74**, 568). Erstrebt der Täter dauernde Wehrpflichtentziehung, erreicht er aber nur eine zeitlich begrenzte Zurückstellung, so ist die Tat gleichwohl vollendet (Rudolphi SK 10).

VI. Idealkonkurrenz ist möglich mit §§ 267, 277, 278, 279. 15

§ 109 b [Verleitung zum Ungehorsam] *aufgehoben durch EGStGB; vgl. jetzt §§ 1 IV, 19 WStG.*

§ 109 c [Teilnahme an Fahnenflucht] *aufgehoben durch EGStGB; vgl. jetzt §§ 1 IV, 16 WStG.*

§ 109 d Störpropaganda gegen die Bundeswehr

(1) **Wer unwahre oder gröblich entstellte Behauptungen tatsächlicher Art, deren Verbreitung geeignet ist, die Tätigkeit der Bundeswehr zu stören, wider besseres Wissen zum Zwecke der Verbreitung aufstellt oder solche Behauptungen in Kenntnis ihrer Unwahrheit verbreitet, um die Bundeswehr in der Erfüllung ihrer Aufgabe der Landesverteidigung zu behindern, wird mit Freiheitsstrafe bis zu fünf Jahren oder mit Geldstrafe bestraft.**

(2) **Der Versuch ist strafbar.**

Schrifttum: Gehrig, Der Absichtsbegriff in den Straftatbeständen des Bes. Teils des StGB, 1986. – *Greiser,* Eine bedeutungslose Strafbestimmung, NJW 73, 231. – *Hoyer,* Die Eignungsdelikte, 1987.

I. Die Vorschrift richtet sich gegen eine Tätigkeit, die geeignet ist, den Verteidigungswillen im **1** weitesten Sinne als die Bereitschaft der Bevölkerung zur Unterstützung der Landesverteidigung zu schwächen und dadurch die **Funktionsfähigkeit der Bundeswehr** zu beeinträchtigen. § 109 d hat im StGB **keinen Vorläufer**. Der Tatbestand der Wehrkraftzersetzung, wie er in § 5 Kriegssonderstrafrechts VO geregelt war, enthielt verschiedenartige Tatbestände, u. a. die Fälle, die jetzt in §§ 109, 109 a und §§ 16, 19 WStG geregelt sind. Auf die Fälle der Zersetzung des Wehrwillens ist § 109 d aber nicht beschränkt. Die wenig präzise Formulierung (vgl. Greiser NJW 73, 231) erfaßt sämtliche Fälle, in denen durch „geistige Sabotage" (Ostendorf AK 1) der Bundeswehr Schwierigkeiten bei der Erfüllung ihrer Aufgaben erwachsen (vgl. u. 7); jedoch ist der Tatbestand angesichts der schwer beweisbaren subjektiven Voraussetzungen in seiner praktischen Auswirkung eingeengt (M-Schroeder II 275; krit. auch Ostendorf AK 2, 5). § 109 d dient auch dem **Schutz der NATO-**Truppen; vgl. 2 vor § 109. Zur *verfassungsrechtlichen* Problematik vgl. Schroeder LK 3. Zum *Geltungsbereich* vgl. § 5 Nr. 5 b sowie 2 vor § 109. Die Vorschrift enthält **zwei Tatbestandsalternativen:** Durch die erste ist das *Aufstellen* von unwahren oder gröblich entstellten Behauptungen tatsächlicher Art unter Strafe gestellt, durch die zweite das *Verbreiten* derartiger Behauptungen. In beiden Fällen muß der Täter in der Absicht handeln, die Bundeswehr in der Erfüllung ihrer Aufgaben der Landesverteidigung zu behindern.

II. Aufstellen unwahrer oder gröblich entstellter Behauptungen (1. Alt.). **4**

1. a) Die **Tathandlung** erfordert das Aufstellen von unwahren oder gröblich entstellten **5** **Behauptungen** *tatsächlicher* Art (dazu § 186 RN 3 f.). Es reicht daher nicht aus, daß der Täter bloße Werturteile abgibt (BGH JR **77**, 28 m. krit. Anm. Schroeder, wo wohl Tatsachenkern verkannt); es muß sich um Angaben handeln, die dem Adressaten das Material für eigene Entschlüsse oder Urteile liefern. Die Behauptungen müssen **unwahr oder gröblich entstellt** sein. Die Grenzen zwischen diesen beiden Begriffen sind fließend. Unwahr sind Angaben, die in allen wesentlichen Punkten nicht den Tatsachen entsprechen, während sie als gröblich entstellt zu gelten haben, wenn in der Behauptung Wahres und Falsches gemischt ist, jedoch der Gesamteindruck ein in den wesentlichen Punkten unrichtiges Bild ergibt (Schroeder LK 7). Der *Gegenstand* der Behauptung ist ohne Bedeutung. Zwar wird es sich in den meisten Fällen um Behauptungen handeln, die die Bundeswehr selbst und ihre Einrichtungen betreffen. Aber der Tatbestand ist darauf nicht beschränkt (Blei II 392, M-Schroeder II 276). In Betracht kommen alle Tatsachen, die beim Empfänger Reaktionen auslösen können, durch die die Tätigkeit der Bundeswehr gestört werden kann.

b) Der Täter muß diese Behauptungen **aufgestellt** haben. Dies entspricht dem Behaupten **6** von Tatsachen i. S. des § 186; es bedeutet daher, daß der Täter Tatsachen als Gegenstand eigenen Wissens an einen anderen weitergibt (vgl. § 186 RN 6f.). Da aber daraus eine Gefahr für die Bundeswehr regelmäßig nur dann entsteht, wenn die falsche Behauptung in weiteren Kreisen bekannt wird, ist außerdem die Absicht der Verbreitung erforderlich (vgl. u. 9).

c) Die Verbreitung dieser Behauptungen muß **geeignet** sein, die **Tätigkeit der Bundeswehr** **7** **zu stören.** Letzteres ist der Fall, wenn die Bundeswehr in der Durchführung ihrer Aufgaben als Organ der *Landesverteidigung* wesentlich behindert wird. Insofern besagt diese Formulierung nichts anderes als die im subjektiven Tatbestand bezeichnete Absicht, „die Bundeswehr in der Erfüllung ihrer Aufgaben der Landesverteidigung zu behindern" (Lackner 3, Ostendorf AK 10; and. D-Tröndle 6, Schroeder LK 8: *jede* Tätigkeit der Bundeswehr). Zu ergänzen ist daher „als Organ der Landesverteidigung" (zust. Rudolphi SK 6). Nicht jede Störung der Tätigkeit der Bundeswehr kann danach genügen, sondern nur eine solche, die die Erfüllung der Aufgaben als

Verteidigungsorgan beeinträchtigt (Ostendorf AK 3, 10). Gleichgültig ist, von wem die Störung ausgeht; sie kann durch Angehörige der Bundeswehr, aber auch durch Außenstehende erfolgen (Rudolphi SK 7). Es gehört dazu z. B. die Wehrdienstverweigerung oder die Weigerung, militärwichtige Lieferungen auszuführen. Eine Störung der Bundeswehr braucht nicht tatsächlich eingetreten zu sein. Vielmehr genügt, daß die Verbreitung *geeignet* ist, eine Störung der Bundeswehr herbeizuführen, so etwa, wenn im Falle des Verbreitens (insofern hypothetisch) die konkrete Gefahr gegeben ist, daß wesentliche Verteidigungsaufgaben infolge der Behauptungen nicht oder nicht planmäßig durchgeführt werden können (vgl. Hoyer aaO 153 ff., Schroeder LK 8). Es ist nicht erforderlich, daß bewußt gegen die Bundeswehr gerichtete Aktionen die Folge der Verbreitung sein können; es genügt z. B., daß durch die Angaben des Täters eine Panik ausgelöst wird, durch die Verteidigungsmaßnahmen faktisch unmöglich gemacht werden, oder daß die Bevölkerung eines Gebietes durch unwahre Angaben zu einer Kundgebung zusammengerufen wird, die in Bereitstellungsräumen der Bundeswehr stattfinden soll.

8   2. a) **Subjektiv** ist zunächst vorausgesetzt, daß der Täter **wider besseres Wissen** handelt (vgl. § 15 RN 69, § 187 RN 5). Diese Voraussetzung bezieht sich jedoch nur auf die Unwahrheit oder gröbliche Entstellung der tatsächlichen Behauptungen; an diesem Vorsatz wird es fehlen, wenn der Täter von der Richtigkeit der in einem Druckwerk verbreiteten Behauptungen überzeugt ist (Schmidt MDR 79, 708). Bezüglich der Eignung, die Tätigkeit der Bundeswehr zu stören, genügt *bedingter* Vorsatz (Rudolphi SK 11, Schroeder LK 11).

9   b) Außerdem muß die Behauptung **zum Zwecke der Verbreitung** aufgestellt sein. Verbreiten bedeutet hier, daß die Tatsache über den Kreis der unmittelbaren Adressaten hinaus bekannt werden soll. Der Täter muß daher die Absicht haben (nur so Ostendorf AK 11, Rudolphi SK 10, Schroeder LK 9) oder jedenfalls sicher damit rechnen, daß der Adressat der Behauptung diese weitergibt (so wohl auch D-Tröndle 2). Ausreichend ist für diese Absicht aber auch, daß der Täter selbst beabsichtigt, die Behauptung gegenüber weiteren Personen aufzustellen und dadurch die Verbreitung zu erreichen. Von § 109 d ausgeschlossen sein sollen nur interne Mitteilungen, die für keinen größeren Kreis bestimmt sind (vgl. Gehrig aaO 120).

10   c) Endlich ist auch die **Absicht** des Täters erforderlich, die Bundeswehr in der Erfüllung ihrer Aufgabe der **Landesverteidigung zu behindern.** Zwar könnte der Wortlaut des § 109 d darauf schließen lassen, daß diese Voraussetzung nur für die zweite Alternative (u. 12 ff.) gilt und für die erste ausreiche, daß die Tatsache lediglich geeignet ist, die Bundeswehr zu behindern. Da jedoch zwischen dem Aufstellen von Behauptungen zwecks Verbreitung der Tatsachen und dem Verbreiten selbst keine wesentlichen Unterschiede bestehen und die Aufgabe der Absicht überhaupt die einer Begrenzung des Tatbestandes sein sollte, muß diese Tendenz des Täters bei beiden Alternativen vorliegen (so auch M-Schroeder II 276, Rudolphi SK 11, Gehrig aaO 120 f.). Sie ist bei zielgerichtetem Handeln des Täters gegeben; eine Motivierung durch diesen Erfolg ist nicht
11   erforderlich (vgl. § 15 RN 66, Schroeder LK 12; and. Celle NJW 62, 1581). Die Absicht, die Bundeswehr in der Erfüllung ihrer Aufgabe der Landesverteidigung zu behindern, liegt dann vor, wenn der Täter darauf *abzielt*, die Funktionen der Bundeswehr gerade auf dem Gebiete der Landesverteidigung zu behindern. Daher reichen Schwierigkeiten bei innerdienstlichen Vorgängen nicht aus. Ebensowenig genügt, daß es sich lediglich um Gerüchtemacherei aus Sensationslust handelt.

12   III. **Verbreiten unwahrer oder gröblich entstellter Behauptungen (2. Alt.).** Während die 1. Alt. das Aufstellen zum Zwecke der Verbreitung erfaßt, ist hier das Verbreiten selbst unter Strafe gestellt. Eine reinliche Trennung zwischen diesen beiden Modalitäten ist jedoch nicht möglich. In beiden Fällen genügt die Handlung gegenüber *einer* Person, sofern die Absicht vorliegt, daß die Behauptungen dadurch weitergeleitet werden.

13/14   1. a) Die **Tathandlung** erfordert ein **Verbreiten** unwahrer oder gröblich entstellter Behauptungen tatsächlicher Art, die geeignet sind, die Tätigkeit der Bundeswehr zu stören. Darunter ist die Weitergabe von Tatsachen als Gegenstand fremden Wissens zu verstehen (dazu § 186 RN 8). Während aber bei der üblen Nachrede für die Verbreitung genügt, daß der Täter die Behauptung an *einen* Adressaten weitergibt, hat hier das Gesetz offensichtlich ein Handeln gemeint, das wenigstens die Gefahr des Bekanntwerdens in weiteren Kreisen in sich birgt. Dies ergibt sich daraus, daß für die 1. Alt. nicht genügt, daß der Täter die Behauptung nur dem Empfänger gegenüber aufstellt, sondern die Absicht der Verbreitung gehabt haben muß (vgl. o. 9). Deshalb bedeutet hier Verbreiten die Weitergabe von Nachrichten in einer Weise, die die Gefahr weiterer Verbreitung in sich birgt. Die Weitergabe an eine Person genügt daher, sofern der Täter entweder sicher damit rechnet, daß diese die Nachricht an andere Personen weitergeben wird, oder aber selbst die Absicht hat, außer dem Adressaten noch andere in Kenntnis zu setzen (D-Tröndle 2; and. Ostendorf AK 8, Rudolphi SK 10). Vgl. auch den ähnlichen Begriff des Verbreitens von Schriften usw. in §§ 86, 184.

b) Über **unwahre** oder **gröblich entstellte** Behauptungen vgl. o. 5. Auch hier ist die **Eignung** 15 erforderlich, die Tätigkeit der Bundeswehr **zu stören** (vgl. o. 7). Das Gesetz hat aber nicht etwa die Gefährdung ganz in den subjektiven Tatbestand verlegt (Absicht, ... zu behindern), sondern verlangt die Eignung als objektives Merkmal zur Begrenzung des Tatbestandes: „Solche Behauptungen" sind also die gleichen, wie sie in der 1. Alt. vorausgesetzt werden. Allerdings genügt bei dieser Tatbestandsalternative nicht schon eine hypothetische, sondern nur eine reale konkrete Störungsgefahr (vgl. Hoyer aaO 153ff., Schroeder LK 8).

2. **Subjektiv** ist **Vorsatz** erforderlich bezüglich der Verbreitung sowie der Eignung, die 16 Tätigkeit der Bundeswehr zu stören. Bezüglich der Unwahrheit der verbreiteten Tatsachen bedarf es positiver Kenntnis; dolus eventualis genügt insoweit nicht, ebensowenig – entgegen dem Wortlaut – hinsichtlich der gröblich entstellten Tatsachen (zust. Schroeder LK 11). Außerdem ist die **Absicht** erforderlich, die Bundeswehr in der Erfüllung ihrer Aufgabe der Landesverteidigung *zu behindern* (vgl. o. 10).

IV. Der **Versuch** ist strafbar (Abs. 2): so z. B. dann, wenn der Täter eine Behauptung für falsch 17 hält, die in Wahrheit den Tatsachen entspricht, oder wenn eine Behauptung ungeeignet war, die Tätigkeit der Bundeswehr zu stören, der Täter dies aber glaubte.

V. **Idealkonkurrenz** ist möglich mit §§ 89, 164, 186, 187, 187a. 18

VI. Zur **Einziehung** vgl. § 109k. Zum **Opportunitätsprinzip** vgl. § 74a I GVG i. V. m. §§ 153c, d, e 19 StPO.

§ 109e Sabotagehandlungen an Verteidigungsmitteln

(1) **Wer ein Wehrmittel oder eine Einrichtung oder Anlage, die ganz oder vorwiegend der Landesverteidigung oder dem Schutz der Zivilbevölkerung gegen Kriegsgefahren dient, unbefugt zerstört, beschädigt, verändert, unbrauchbar macht oder beseitigt und dadurch die Sicherheit der Bundesrepublik Deutschland, die Schlagkraft der Truppe oder Menschenleben gefährdet, wird mit Freiheitsstrafe von drei Monaten bis zu fünf Jahren bestraft.**

(2) **Ebenso wird bestraft, wer wissentlich einen solchen Gegenstand oder den dafür bestimmten Werkstoff fehlerhaft herstellt oder liefert und dadurch wissentlich die in Absatz 1 bezeichnete Gefahr herbeiführt.**

(3) **Der Versuch ist strafbar.**

(4) **In besonders schweren Fällen ist die Strafe Freiheitsstrafe von einem Jahr bis zu zehn Jahren.**

(5) **Wer die Gefahr in den Fällen des Absatzes 1 fahrlässig, in den Fällen des Absatzes 2 nicht wissentlich, aber vorsätzlich oder fahrlässig herbeiführt, wird mit Freiheitsstrafe bis zu fünf Jahren oder mit Geldstrafe bestraft, wenn die Tat nicht in anderen Vorschriften mit schwererer Strafe bedroht ist.**

I. Die Vorschrift bezweckt den Schutz der **Funktionsfähigkeit der Wehrmittel** sowie von Einrich- 1 tungen und Anlagen, die ganz oder überwiegend der Verteidigung der Bundesrepublik oder dem Schutz ihrer Zivilbevölkerung dienen (krit. zur Verselbständigung des § 109e gegenüber §§ 304, 305 Ostendorf AK 5). Zur Entstehungsgeschichte vgl. Kohlhaas NJW 57, 931. Über den **Schutz der NATO**-Truppen vgl. 2 vor § 109. Zum *Geltungsbereich* vgl. im übrigen auch § 5 Nr. 5a sowie zu **Berlin** 2 vor § 109.

II. **Geschützte Tatobjekte** sind die Wehrmittel sowie bestimmte Einrichtungen und Anlagen. 2

1. **Wehrmittel** sind Gegenstände, die ihrer Natur nach oder auf Grund besonderer Zweck- 3 bestimmung für den Kampfeinsatz bestimmt sind (BT-Drs. II/3039 S. 13, D-Tröndle 2). Darunter fallen nicht nur Waffen, Munition, Militärfahrzeuge (z. B. Panzer, LKW, Flugzeuge, Schiffe) einschließlich Treibstoffe, sondern auch technische Geräte (z. B. Funkgeräte, Entfernungsmesser, Radargeräte, optische Instrumente) und sonstiges Ausrüstungsmaterial, wie etwa Karten und Uniformen (Rudolphi SK 3, M-Schroeder II 274), ferner Tiere (z. B. Meldehunde, Maultiere einer Gebirgseinheit, Brieftauben). Nicht hierher gehören dagegen Gegenstände, die nur der Ausbildung oder Übung dienen (z. B. Platzpatronen), ebensowenig bloße Dienstgegenstände wie etwa das Inventar einer Kaserne. Entscheidend ist, ob das Vorhandensein oder die Brauchbarkeit des Gegenstandes für die Schlagkraft der Streitkräfte im Kampfeinsatz von Bedeutung ist. Nicht erforderlich ist, daß die Gegenstände im Eigentum der Bundeswehr stehen (vgl. u. 8).

2. **Einrichtungen und Anlagen,** die der **Landesverteidigung** oder dem **Bevölkerungsschutz** 4 gegen Kriegsgefahren ganz oder überwiegend dienen.

5 a) *Einrichtungen* der *Landesverteidigung* sind alle Gegenstände, die dazu bestimmt sind, den bewaffneten Einsatz der Truppe zu ermöglichen, zu unterstützen oder zu erleichtern, z. B. Ballonsperren, Tarneinrichtungen. Unter *Anlagen* sind Einrichtungen zu verstehen, die auf längere Dauer berechnet sind und eine gewisse Festigkeit haben (Rudolphi SK 4; vgl. § 316b RN 2ff.). Hierzu gehören z. B. Befestigungsanlagen, Flugplätze, Flakstellungen, Radaranlagen, U-Boot-Bunker, u. U. auch natürliche Anlagen, soweit sie den Aufgaben der Landesverteidigung dienstbar gemacht worden sind, wie etwa ein Waldstück, das besonderen Schutz gegen Sicht gewährt, z. B. ein Munitionslager verbirgt, oder ein Wasserlauf, der für den Angreifer ein Hindernis darstellt (and. Ostendorf AK 7). Gleichgültig ist, ob die Einrichtung oder Anlage unmittelbar von der Truppe benutzt wird, wie z. B. Befestigungsanlagen oder Flugplätze, oder ob sie auf Grund besonderer Zweckbestimmung Aufgaben der Landesverteidigung erfüllen, so etwa technische Versuchsanstalten, Fabriken, gewerbliche Betriebe, in denen Wehrmittel hergestellt, aufbewahrt oder ausgebessert werden; u. U. genügt eine einzelne Maschine (RG 75 216). Vgl. weiter Schroeder LK 3.

6 b) Geschützt sind heute ferner bestimmte *Zivilschutzeinrichtungen,* durch welche die Bevölkerung vor Kriegsgefahren bewahrt werden soll. Unter Kriegsgefahr sind die Gefahren zu verstehen, die in einem modernen Krieg der Zivilbevölkerung durch Bombenangriffe, Artilleriebeschuß usw. drohen. Zu den Einrichtungen, die gegen diese Gefahren schützen sollen, zählen nicht nur solche, die einem Schaden vorbeugen, sondern auch solche, die einen eingetretenen Schaden beheben oder doch möglichst klein halten sollen. Darunter fallen vor allem Luftschutz- und Alarmanlagen, Sanitätseinrichtungen, Krankenwagen, Feuerlöschzüge. Ergänzend vgl. § 30 SchutzbauG v. 9. 9. 65 (BGBl. I 1232).

7 c) Die Einrichtungen und Anlagen müssen *ganz* oder *vorwiegend* der Landesverteidigung oder dem Bevölkerungsschutz dienen. Mit diesem Erfordernis soll eine uferlose Ausdehnung des Begriffs auf solche Gegenstände vermieden werden, die nur entfernt den genannten Zwecken dienen. So wird z. B. ein Krankenhaus idR nicht vorwiegend zur Behandlung von Kriegsverletzten bestimmt sein, wohl aber dann, wenn es für die Heilung von Schäden eingerichtet ist, die auf der Anwendung atomarer Waffen beruhen. Nicht hierher gehört z. B. eine Fabrik, die neben Gegenständen des zivilen Lebens Uniformknöpfe oder Orden herstellt, wohl aber eine Munitionsfabrik, auch vor deren Inbetriebnahme.

8 d) Gleichgültig ist, ob die Einrichtung oder Anlage im *Eigentum der Bundeswehr* steht oder einem anderen gehört. Dies ergibt sich sowohl aus der Entstehungsgeschichte (vgl. RG 75 217, Kohlhaas aaO 931) wie auch aus der ratio legis. So können Gegenstände von Privatpersonen hierher gehören, wenn sie etwa auf Grund einer Beschlagnahme für Verteidigungszwecke benutzt werden.

9 3. Objekt der Tat kann schließlich der für ein Wehrmittel oder die o. 4 genannten Einrichtungen und Anlagen bestimmte **Werkstoff** sein (Abs. 2). Hierunter sind alle Stoffe zu verstehen, die noch nicht zu einem der Schutzobjekte gestaltet, aber für deren Herstellung vorgesehen sind, wie z. B. Stahl, Eisen, Beton.

III. Als **Tathandlung** kommt in Betracht:

10 1. Das *Zerstören,* Beschädigen, Verändern, Unbrauchbarmachen oder Beseitigen eines Wehrmittels oder eines der sonstigen Schutzobjekte (Abs. 1). Über *Zerstören* und *Beschädigen* vgl. § 303 RN 7f. Eine *Veränderung* liegt vor, wenn der frühere Zustand durch einen anderen ersetzt wird, ohne daß das Merkmal der Beschädigung gegeben ist (RG 37 53, JW 20, 1036). *Unbrauchbar* gemacht ist eine Sache dann, wenn ihre Eignung für den vorgesehenen Zweck beseitigt wird. *Beseitigen* ist jede Aufhebung der Dispositionsmöglichkeit für den Berechtigten (Rudolphi SK 7); dies kann auch ohne Ortsveränderung durch Täuschung (z. B. durch Ableugnen des Besitzes) geschehen. Zum Ganzen vgl. § 316b RN 8. Dagegen genügt das bloße *Preisgeben* des Gegenstandes heute *nicht* mehr; wer also lediglich einen seiner Obhut unterliegenden Gegenstand im Stiche läßt, macht sich nicht nach § 109e strafbar (Schroeder LK 6).

11 2. Strafbar ist ferner die **Herstellung oder Lieferung eines fehlerhaften Wehrmittels** oder anderen Schutzobjektes (Abs. 2). Zum *Herstellen* gehört die Auswahl und Verwendung des Rohstoffes oder Halbfabrikats wie auch dessen Verarbeitung und Gestaltung (vgl. auch Schroeder LK 7). *Liefern* bedeutet das Überlassen eines Gegenstandes zum bestimmungsgemäßen Gebrauch. *Fehlerhaft* ist ein Wehrmittel oder Schutzobjekt, wenn es im Widerspruch zu den bestehenden Anweisungen, Vorschriften oder vorhandenen Erfahrungen in einer Weise hergestellt wird, daß die Tauglichkeit zum bestimmungsgemäßen Gebrauch aufgehoben oder gemindert ist (Rudolphi SK 8). Dagegen reichen andere Vertragsbrüche des Armeelieferanten, z. B. verspätete Lieferung, nicht aus (M-Schroeder II 274).

12 3. Beide Tatbestandsalternativen müssen eine **konkrete Gefahr** für die Sicherheit der Bundesrepublik Deutschland, die Schlagkraft der Truppe oder für Menschenleben zur Folge haben.

Die *Sicherheit der Bundesrepublik* umfaßt sowohl deren innere (insoweit and. Ostendorf AK 11) wie auch äußere Sicherheit. Unter *Schlagkraft der Truppe* ist deren Einsatzfähigkeit zu verstehen; diese soll nach LG Lüneburg NZWehrR **64**, 180 schon durch Beschädigung des Bordtelefons eines Minensuchbootes gefährdet sein. Die Gefährdung von *Menschenleben* kann sowohl Soldaten wie Zivilpersonen betreffen, doch genügen bloße Gesundheitsgefahren nicht.

IV. Zur **Rechtswidrigkeit** gehört, daß der Täter **unbefugt** handelt. Damit soll klargestellt 13 werden, daß der Täter über die allgemeinen Rechtfertigungsgründe hinaus dann nicht rechtswidrig handelt, wenn er nach bürgerlichem oder öffentlichem Recht befugt ist, die Handlung vorzunehmen, z. B. die Veränderung oder Schließung seines Betriebs (vgl. D-Tröndle 5, Ostendorf AK 13, Rudolphi SK 13, Schroeder LK 8).

V. Für den **subjektiven Tatbestand** ist zwischen den verschiedenen Bestandteilen des äuße- 14 ren Tatbestandes zu unterscheiden.

1. **Vorsatz** ist erforderlich hinsichtlich der o. 3 ff. genannten Objekte und der Handlung. Der 15 Täter muß wissen, daß es sich um ein Wehrmittel oder einen sonstigen Schutzgegenstand handelt. Bedingter Vorsatz genügt insoweit, als es sich nicht um die Herstellung oder Lieferung eines fehlerhaften Gegenstandes handelt; diesbezüglich ist Wissentlichkeit erforderlich (Abs. 2). Dadurch soll erreicht werden, daß bloße Nachlässigkeit aus Profitgier oder anderen Gründen bei der Herstellung zu einer Bestrafung nicht ausreicht (Kohlhaas NJW 57, 931, Ostendorf AK 12; krit. M-Schroeder II 275). Der Täter nach Abs. 2 muß nicht nur positiv wissen, daß er einen fehlerhaften Werkstoff herstellt oder liefert, sondern sein unbedingter Vorsatz muß sich auch darauf erstrecken, daß der Werkstoff für ein Wehrmittel usw. bestimmt ist.

2. Für die Gefährdung der Sicherheit der Bundesrepublik, der Schlagkraft der Truppe oder 16 von Menschenleben genügt Vorsatz oder **Fahrlässigkeit** (Abs. 5). Die verschiedenen Schuldformen sind in der abgestuften Strafdrohung berücksichtigt worden; vgl. u. 18.

VI. Der **Versuch** ist bei vorsätzlicher Gefährdung strafbar (Abs. 3); im Falle des Abs. 2 – 17 entsprechend dessen Voraussetzungen – aber nur, wenn der Täter mit dolus directus gehandelt hat (Ostendorf AK 15). Versuch kann vorliegen, wenn die Sabotagehandlung zwar beendet, die gewollte Gefährdung aber nicht eingetreten ist. Ist die Handlung im Versuchsstadium geblieben, so ist zu prüfen, ob bei gelungener Durchführung der geplanten Tat eine Gefährdung eingetreten wäre.

VII. Die **Strafe** ist im Regelfall Freiheitsstrafe von 3 Monaten bis zu 5 Jahren. In **besonders** 18 **schweren Fällen** kann auf Freiheitsstrafe von 1 bis zu 10 Jahren erkannt werden (Abs. 4). Ist die Gefährdung fahrlässig oder im Falle des Abs. 2 fahrlässig oder vorsätzlich, aber nicht wissentlich herbeigeführt, so ist die Strafe Freiheitsstrafe bis zu 5 Jahren oder Geldstrafe (Abs. 5). Über **Nebenfolgen** vgl. § 109i; zur **Einziehung** vgl. § 109k. Zum **Opportunitätsprinzip** vgl. § 74a I GVG i. V. m. §§ 153c, d, e StPO.

VIII. **Konkurrenzen:** Den §§ 303 ff. geht § 109e als lex specialis vor (D-Tröndle 10; and. Schroe- 19 der LK 17). Gegenüber anderen Sabotagedelikten, wie z. B. § 316b, wird idR Idealkonkurrenz anzunehmen sein, da sich die Handlungen gegen verschiedene Rechtsgüter richten (Rudolphi SK 16; und. Kohlhaas NJW 57, 931). Idealkonkurrenz besteht auch mit § 87: Dort sind zwar nur Vorbereitungshandlungen zur Sabotage erfaßt; § 87 geht aber insofern über § 109e hinaus, als der Täter sich für Bestrebungen gegen den Bestand der Bundesrepublik usw. eingesetzt haben muß. Idealkonkurrenz ist ferner möglich mit §§ 242, 246. § 109e V ist gegenüber Bestimmungen mit schwererer Strafdrohung subsidiär.

§ 109f Sicherheitsgefährdender Nachrichtendienst

(1) **Wer für eine Dienststelle, eine Partei oder eine andere Vereinigung außerhalb des räumlichen Geltungsbereichs dieses Gesetzes, für eine verbotene Vereinigung oder für einen ihrer Mittelsmänner**
1. **Nachrichten über Angelegenheiten der Landesverteidigung sammelt,**
2. **einen Nachrichtendienst betreibt, der Angelegenheiten der Landesverteidigung zum Gegenstand hat, oder**
3. **für eine dieser Tätigkeiten anwirbt oder sie unterstützt**
und dadurch Bestrebungen dient, die gegen die Sicherheit der Bundesrepublik Deutschland oder die Schlagkraft der Truppe gerichtet sind, wird mit Freiheitsstrafe bis zu fünf Jahren oder mit Geldstrafe bestraft, wenn die Tat nicht in anderen Vorschriften mit schwererer Strafe bedroht ist. Ausgenommen ist eine zur Unterrichtung der Öffentlichkeit im Rahmen der üblichen Presse- oder Funkberichterstattung ausgeübte Tätigkeit.

(2) **Der Versuch ist strafbar.**

§ 109f 1–7   Bes. Teil. Straftaten gegen die Landesverteidigung

1   I. Die Vorschrift behandelt den **militärischen Nachrichtendienst** als ein dem Landesverrat vorgelagertes **abstraktes Gefährdungsdelikt** (BGH 23 311). Ihre praktische Bedeutung ist gering; denn soweit die nachrichtendienstliche zugleich eine geheimdienstliche Tätigkeit ist, geht § 99 regelmäßig vor (vgl. auch Ostendorf AK 1, 4 f.). Zudem greift bei nur nachrichtendienstlicher Sammlung u. U. die Ausnahme von Abs. 1 S. 2 ein. Daher kommt § 109f praktisch nur dann in Betracht, wenn sich die nachrichtendienstliche Tätigkeit nicht zugleich als eine geheimdienstliche i. S. des § 99 darstellt und es sich entweder um nichtgeheime Tatsachen oder zwar um geheime, jedoch um solche Tatsachen handelt, deren Weitergabe nicht die Gefahr eines schweren Nachteils für die äußere Sicherheit der Bundesrepublik beinhaltet (Rudolphi SK 1; vgl. auch Schroeder NJW 81, 2283). Zum *Geltungsbereich* vgl. § 5 Nr. 5a sowie 2 vor § 109.

   II. Der **objektive Tatbestand** setzt folgendes voraus:

2   1. Als **Tathandlungen** kommen in Betracht das **Sammeln** von Nachrichten und das Betreiben eines **Nachrichtendienstes**, das **Anwerben** für eine dieser Tätigkeiten oder ihre **Unterstützung**. Ein *Nachrichtendienst* setzt eine gewisse Organisation voraus, die auf Sammeln und Weiterleiten von Nachrichten gerichtet ist, wobei diese echt sein müssen (Ostendorf AK 7, Rudolphi SK 3, Schroeder LK 3; and. D-Tröndle 3, Lüttger MDR 66, 634). *Betrieben* wird der Nachrichtendienst, wenn es unternommen wird, Nachrichten mit irgendwelchen Mitteln zu erlangen, weiterzugeben oder zu verarbeiten. Die Tätigkeit muß von einer gewissen Intensität und Dauer – jedenfalls nach Absicht des Täters – sein (vgl. BGH 16 18, Lüttger MDR 66, 630, aber auch Rudolphi SK 9). Das *Sammeln einer* Nachricht genügt aber bei entspr. Absicht (BGH 16 15; vgl. auch Schroeder LK 4; and. Ostendorf AK 9). *Anwerben* bedeutet jede Tätigkeit, die darauf hinzielt, andere zur Mitwirkung beim Nachrichtendienst zu bewegen. Erfolg braucht dies nicht gehabt zu haben (Lüttger MDR 66, 630; and. Rudolphi SK 11). Eine *Unterstützung* des Nachrichtendienstes liegt dann vor, wenn dessen Tätigkeit in wesentlicher Weise gefördert wird (vgl. § 84 RN 16); andernfalls kommt nur Beihilfe in Betracht. Die bloße Entgegennahme von Aufträgen für einen Nachrichtendienst ist noch keine Unterstützung (and. Schroeder LK 6); wohl aber hatte unterstützt, wer bei seiner Vernehmung in der ehemaligen DDR Angaben machte (BGH 23 308; vgl. auch Rudolphi SK 12). Unerheblich ist, ob das Sammeln von Nachrichten hauptberuflich geschieht (BGH 15 176, Lüttger MDR 66, 631), und ob der Täter geheim vorgeht oder nicht. Beim Sammeln mehrerer Nachrichten liegt nur *eine* Tat vor (BGH 16 26).

3   2. Die Nachrichten müssen **Angelegenheiten der Landesverteidigung** betreffen, d. h. solche Gegenstände, die in Beziehung zu den Aufgaben oder Interessen der Landesverteidigung (BGH 15 164) stehen. Dazu gehört auch – obgleich im Unterschied zu § 109e nicht ausdrücklich erwähnt – der Schutz der Zivilbevölkerung im Verteidigungsfall (vgl. Art. 73 Nr. 1 GG, ferner M-Schroeder II 277, Rudolphi SK 3). Zum **Schutz der NATO-**Truppen vgl. 2 vor § 109.

4   3. Die Nachrichten müssen **für eine Dienststelle,** Partei oder andere Vereinigung außerhalb des Geltungsbereichs des § 109f (z. B. einen Nachrichtendienst der ehemaligen DDR: vgl. BGH 23 308 sowie o. 1), für eine verbotene Vereinigung oder für einen ihrer Mittelsmänner gesammelt werden. Es ist nicht erforderlich, daß der Täter einen Auftrag dieser Organisation ausführt. Es genügt auch das selbständige Sammeln von Nachrichten in der Erwartung, sie würden von einer der genannten Stellen abgenommen werden. Verbotene Vereinigungen sind solche der §§ 84, 85.

5   4. Mit seinen Handlungen muß der Täter Bestrebungen dienen, die **gegen die Sicherheit** der Bundesrepublik (vgl. § 92 III Nr. 2) oder die **Schlagkraft der Truppe** (vgl. § 109e RN 12) gerichtet sind. Eine konkrete Gefahr ist nicht erforderlich. Es genügt das bloße Tätigwerden für Bestrebungen, die die Gefährdung der Sicherheit oder Schlagkraft zum Ziele haben (BGH 15 161, 19 344), und zwar ohne Rücksicht auf die aktuelle Außenpolitik des begünstigten Landes (vgl. BGH MDR/H 80, 454, Wagner MDR 81, 90). Der Täter dient diesen Bestrebungen, wenn er ihre Ziele fördert.

6   III. **Ausgenommen** sind Handlungen zur Unterrichtung der Öffentlichkeit im Rahmen der üblichen **Presse- und Funkberichterstattung** (Abs. 1 S. 2). Diese der Gewährleistung der Pressefreiheit dienende Bestimmung stellt einen Fremdkörper im System des StGB dar. Sie ist daher weder einer analogen Übertragung auf die eigentlichen Staatsschutzdelikte fähig, noch bedarf es ihrer, um angemessene Entscheidungen zu erzielen, da die im Rahmen der „üblichen" Berichterstattung ausgeübte Tätigkeit nicht den in § 109f genannten Bestrebungen dient (vgl. auch die Bedenken bei Blei II 393, Kohlhaas NJW 57, 932). Es handelt sich um einen *tatbestandsausschließenden* Umstand (D-Tröndle 5, Lackner JZ 57, 404, Ostendorf AK 11, Rudolphi SK 14; für bloße Rechtfertigung Schroeder LK 18).

7   1. **Üblich,** da nicht rein faktisch zu verstehen (so aber Ostendorf AK 12), ist die Berichterstattung nur insoweit, als sie sich nach Art und Maß im Rahmen dessen hält, was einer pflichtbe-

Sicherheitsgefährdendes Abbilden   1–3 § 109 g

wußten Unterrichtung der Öffentlichkeit dient. Eine mißbräuchliche Berichterstattung ist daher keine übliche. Ein Mißbrauch liegt vor, wenn der Täter das Informationsbedürfnis der Allgemeinheit nicht gegen den Schaden abgewogen hat, der der Bundesrepublik entstehen kann (Rudolphi SK 15). Unerheblich ist, ob es sich um in- oder ausländische Berichterstattung handelt und in welcher Funktion der Täter bei der Sammlung der Nachrichten mitwirkt.

2. Der Täter muß **zur Unterrichtung** der Öffentlichkeit handeln. Daran fehlt es, wenn der 8 Täter mit der Absicht handelt, ausländischen Dienststellen oder verbotenen Vereinigungen Nachrichtenmaterial zu liefern.

IV. Subjektiv ist (zumindest bedingter) **Vorsatz** erforderlich. Dazu muß der Täter wissen, 9 daß er mit seinem Handeln Bestrebungen dient, die gegen die Sicherheit der Bundesrepublik usw. gerichtet sind. Insoweit ist dolus directus erforderlich (and. Ostendorf AK 13, Rudolphi SK 17, M-Schroeder II 278).

V. Die Tat ist **vollendet** mit dem Sammeln von Nachrichten (das Sammeln *einer* Nachricht 10 genügt, sofern der Täter die Absicht hatte, weitere zu sammeln; vgl. M-Schroeder II 277) oder dem Betreiben eines Nachrichtendienstes; die Weitergabe an eine der o. 4 genannten Stellen ist für die Vollendung der Tat nicht erforderlich (BGH **15** 161). Der **Versuch** ist strafbar (Abs. 2).

VI. Über **Nebenfolgen** vgl. §§ 109i, k. Zur Anwendung des **Opportunitätsprinzips** vgl. § 74a I 11 GVG i. V. m. §§ 153c, d, e StPO.

VII. § 109f ist **subsidiär** gegenüber Vorschriften, die eine schwerere Strafe androhen. Dies gilt 12 insbes. gegenüber §§ 98, 99 (BGH **27** 134). Der in § 99 genannte Geheimdienst ist zugleich Nachrichtendienst i. S. des § 109f, nicht dagegen umgekehrt. Mit § 109g ist Idealkonkurrenz möglich.

§ 109 g Sicherheitsgefährdendes Abbilden

(1) **Wer von einem Wehrmittel, einer militärischen Einrichtung oder Anlage oder einem militärischen Vorgang eine Abbildung oder Beschreibung anfertigt oder eine solche Abbildung oder Beschreibung an einen anderen gelangen läßt und dadurch wissentlich die Sicherheit der Bundesrepublik Deutschland oder die Schlagkraft der Truppe gefährdet, wird mit Freiheitsstrafe bis zu fünf Jahren oder mit Geldstrafe bestraft.**

(2) **Wer von einem Luftfahrzeug aus eine Lichtbildaufnahme von einem Gebiet oder Gegenstand im räumlichen Geltungsbereich dieses Gesetzes anfertigt oder eine solche Aufnahme oder eine danach hergestellte Abbildung an einen anderen gelangen läßt und dadurch wissentlich die Sicherheit der Bundesrepublik Deutschland oder die Schlagkraft der Truppe gefährdet, wird mit Freiheitsstrafe bis zu zwei Jahren oder mit Geldstrafe bestraft, wenn die Tat nicht in Absatz 1 mit Strafe bedroht ist.**

(3) **Der Versuch ist strafbar.**

(4) **Wer in den Fällen des Absatzes 1 die Abbildung oder Beschreibung an einen anderen gelangen läßt und dadurch die Gefahr nicht wissentlich, aber vorsätzlich oder leichtfertig herbeiführt, wird mit Freiheitsstrafe bis zu zwei Jahren oder mit Geldstrafe bestraft. Die Tat ist jedoch nicht strafbar, wenn der Täter mit Erlaubnis der zuständigen Dienststelle gehandelt hat.**

I. Die Vorschrift enthält **zwei Tatbestandsalternativen:** das *Abbilden und Beschreiben militärischer* 1 *Gegenstände* oder Vorgänge (Abs. 1) und das *Anfertigen von Lichtbildaufnahmen aus Luftfahrzeugen* (Abs. 2). Ihr Zweck ist, eine **Gefährdung der Sicherheit** der Bundesrepublik und der **Schlagkraft der Truppe** durch die genannten Handlungen zu verhindern (krit. Ostendorf AK 1ff.). Zu Vorbildern vgl. 19. A. Einen ergänzenden Bußgeldtatbestand enthält § 61 LuftVG für nichtgenehmigte Luftbilder außerhalb des Fluglinienverkehrs. Zum *Geltungsbereich* vgl. § 5 Nr. 5a sowie 2 vor § 109, dort auch zum **Schutz der NATO-**Truppen.

II. Abs. 1 erfaßt das **Anfertigen einer Abbildung** oder **Beschreibung von Wehrmitteln,** 2 militärischen Einrichtungen oder Anlagen oder militärischen Vorgängen und das Gelangenlassen solcher Abbildungen an einen anderen. Diese Handlungen müssen die Sicherheit der Bundesrepublik oder die Schlagkraft der Truppe gefährden.

1. Unter die **Abbildung** fällt jede bildliche Wiedergabe eines Gegenstandes. Unerheblich ist, 3 auf welche Weise sie hergestellt wird. In Betracht kommen vor allem fotografische Aufnahmen, aber auch Zeichnungen. Eine naturgetreue Wiedergabe ist nicht erforderlich; es genügt eine Skizze, sofern das Wesentliche des Gegenstandes aus ihr ersichtlich wird. Eine **Beschreibung** ist die Wiedergabe aller oder der wesentlichen Merkmale eines Gegenstandes durch

Eser   1049

§ 109 g 5–13   Bes. Teil. Straftaten gegen die Landesverteidigung

Worte, auf Grund derer ein anderer sich ein Bild von diesem Gegenstand machen kann. Nicht erforderlich ist, daß jeder oder eine größere Anzahl von Personen die Beschreibung versteht. Ausreichend ist auch eine Beschreibung in Geheimschrift oder Geheimsprache (Rudolphi SK 5). Da die Beschreibung angefertigt sein muß, scheiden mündliche Berichte aus (Schroeder LK 6). Zur somit erforderlichen Schriftlichkeit genügen auch Schallaufnahmen, die dann die Beschreibung durch Ton wiedergeben, so z. B. Schallplatten und Tonbänder.

5   2. **Objekt der Abbildung** oder Beschreibung muß einer der folgenden Gegenstände sein:

6   a) *Wehrmittel:* vgl. § 109e RN 3.

7   b) *Militärische Einrichtungen* oder *Anlagen:* Darunter sind nur solche Gegenstände zu verstehen, die unmittelbar den Zwecken der Bundeswehr (nicht des Bundesgrenzschutzes: Celle GA/W 62, 195) dienen und deren Verfügungsgewalt unterworfen sind. Auf die Eigentumsverhältnisse kommt es dabei nicht an, ebensowenig darauf, ob die Bundeswehr die Gegenstände z. Z. der Tat benutzen kann (Aufnahme von einem im Bau befindlichen Flugplatz). Dagegen zählen nicht hierzu die Gegenstände, die nur mittelbar den Streitkräften dienen, wie z. B. Einrichtungen oder Anlagen eines Rüstungs- oder Versorgungsbetriebes. Eine genaue Abgrenzung zwischen Einrichtung und Anlage ist weder möglich noch erforderlich. Eine Anlage hat eine gewisse Festigkeit und ist auf längere Dauer berechnet (vgl. § 316b RN 2). Zu den militärischen Anlagen gehören z. B. Kasernen (Frankfurt GA/W 63, 305), Befestigungen, Übungsplätze, Munitionslager, Flugplätze und Flugzeughallen, Marinestützpunkte.

8   c) Zu den *militärischen Vorgängen* rechnen alle Geschehnisse, die sich unmittelbar im Rahmen der Aufgaben der Bundeswehr abspielen, nicht dagegen nur mittelbar diesen Aufgaben dienende Vorgänge. Erfaßt sind etwa Truppenbewegungen, Schießübungen, Manöver, militärische Versuche, Transporte von Wehrmitteln, Bau einer militärischen Anlage, Ausstattung einer Truppe mit Spezialwaffen, nicht dagegen Ehrenparaden oder sonstige Feierlichkeiten (Schroeder LK 4).

9   3. Für die **Tathandlung** ist erforderlich, daß der Täter eine solche Abbildung oder Beschreibung **anfertigen** oder an einen anderen **gelangen läßt.** *Anfertigen* bedeutet die Herstellung der Abbildung oder Beschreibung. Hierbei kann der Täter sich auch eines Werkzeugs bedienen, das nach Anweisungen die Abbildungen herstellt. Über *Gelangenlassen* vgl. § 184 RN 36. Das bloße Vorzeigen oder Vorlesen genügt nicht. Der Täter braucht die Abbildung nicht selbst hergestellt zu haben, auch ein derivativer Erwerb wird nicht vorausgesetzt; es genügt, daß er die Abbildung gestohlen oder gefunden hat und sie dann einem Dritten übergibt. Hat er die Abbildung selbst angefertigt und läßt er sie an einen anderen gelangen, so ist darin nur eine Tat nach § 109g zu sehen; das Anfertigen geht im Gelangenlassen auf.

10   4. Als **Folge** muß die **Sicherheit der Bundesrepublik** oder die **Schlagkraft der Truppe gefährdet werden.** Über diese Voraussetzungen vgl. § 109e RN 12.

11   5. **Subjektiv** ist **Vorsatz** erforderlich (§ 15). Der Täter muß wissen oder zumindest bedingt in Kauf nehmen, daß die Abbildung oder Beschreibung einen militärischen Gegenstand oder Vorgang darstellt. Ferner ist nach Abs. 2 erforderlich, daß der Täter **wissentlich** die **Gefahr** für die Sicherheit der Bundesrepublik oder die Schlagkraft der Truppe **herbeiführt.** Das ist nur bei dolus directus der Fall. Bedingter Vorsatz hinsichtlich der Gefährdung wird in Abs. 4 erfaßt.

12   Der Täter, der die Abbildung oder Beschreibung an einen anderen gelangen läßt, wird nach **Abs. 4** bestraft, wenn er vorsätzlich, d. h. mit *bedingtem Vorsatz,* oder *leichtfertig* (§ 15 RN 106) die Sicherheit der Bundesrepublik oder die Schlagkraft der Truppe gefährdet. Abs. 4 setzt aber stets ein vorsätzliches Gelangenlassen an einen anderen voraus. Wer nur die Abbildung anfertigt und dadurch leichtfertig die Sicherheit der Bundesrepublik gefährdet, erfüllt nicht den Tatbestand des § 109g, ebensowenig, wer die Abbildung leichtfertig an einen anderen gelangen läßt (M-Schroeder II 278, ungenau Kohlhaas NJW 57, 932).

13   6. Hat jedoch der Täter in Fällen des Abs. 4 **mit Erlaubnis der zuständigen Dienststelle** gehandelt, so bleibt er straffrei (Abs. 4 S. 2). Die Bedeutung dieses **Strafausschlusses** ist umstritten: Teils wird ihm rechtfertigende Wirkung beigelegt (Kohlrausch-Lange V, Ostendorf AK 11), wogegen jedoch spricht, daß die Dienststelle nicht befugt sein kann, die Sicherheit der Bundesrepublik oder die Schlagkraft der Truppe zu gefährden. Demgegenüber will die amtl. Begr. in der Erlaubnis eine negative Strafbarkeitsbedingung erblicken (BT-Drs. II/3039 S. 16), deren Vorliegen die Bestrafung ohne Rücksicht auf das Verschulden hindere (D-Tröndle 4); diese Ansicht geht jedoch zu weit. Vielmehr kann ein Sinn dieser Erlaubnis nur sein, daß dem darauf vertrauenden Täter die Tat nicht vorgeworfen werden soll (Rudolphi SK 10, Welzel 498; vgl. auch M-Schroeder II 279: Verbotsirrtum, dessen Unvermeidbarkeit vom Gesetz selbst bestimmt wird). Denn wer sich auf die Erlaubnis verläßt, handelt nicht in dem Maße schuldhaft wie der Täter ohne Erlaubnis, mag er auch eine Gefährdung der Bundesrepublik für möglich gehalten haben. Daraus ergibt sich, daß das objektive Vorliegen einer Erlaubnis nicht genügt,

sondern daß der Täter auch Kenntnis von der Erlaubnis haben muß. Wer in Unkenntnis einer Erlaubnis handelt, befindet sich in der gleichen Motivationslage wie der Täter, der die Tat ohne Erlaubnis begeht. Er kann sich somit nicht auf Abs. 4 S. 2 berufen. Andererseits entspricht die Motivationslage des Täters, der irrtümlich eine Erlaubnis annimmt, derjenigen, in der sich ein Täter befindet, der tatsächlich eine Erlaubnis erhalten hat und dies weiß. Er ist also einem solchen Täter gleichzustellen, d. h. er ist nicht strafbar. Entsprechendes gilt beim Irrtum über die Zuständigkeit einer Dienststelle, die die Erlaubnis erteilt. Wer eine Erlaubnis *erschlichen* hat oder erkennt, daß sie unter irrigen Voraussetzungen erteilt worden ist, kann sich nicht auf sie verlassen (Rudolphi SK 11). Ihm kommt Abs. 4 S. 2 daher nicht zugute. Gleiches gilt bei Überschreiten einer Erlaubnis. Abs. 4 S. 2 ist ferner nicht auf den nach Abs. 1 zu bestrafenden Täter anwendbar. Die Erlaubnis hat die *zuständige Dienststelle* zu erteilen. Zuständig ist, wem die Verfügungsbefugnis über den militärischen Gegenstand zusteht oder wer einen militärischen Vorgang angeordnet hat. Abs. 4 S. 2 gewinnt vor allem Bedeutung für Presseberichte über militärische Vorgänge.

III. Abs. 2 erfaßt das **Anfertigen von Lichtbildaufnahmen von einem Luftfahrzeug aus** 16 sowie das Gelangenlassen solcher Aufnahmen an einen anderen. Auch hier ist die Tat aber nach § 109g nur strafbar, wenn durch sie die Sicherheit der Bundesrepublik oder die Schlagkraft der Truppe gefährdet worden ist.

1. Erforderlich ist eine **Lichtbildaufnahme von einem Luftfahrzeug aus**. Eine Zeichnung 17 genügt im Unterschied zu Abs. 1 hier nicht.

a) Die Lichtbildaufnahme muß von einem *Gebiet* oder *Gegenstand im räumlichen Geltungsbe-* 18 *reich* des § 109g (dazu 32 vor § 3 sowie 2 vor § 109) angefertigt werden. Geschützt werden Gegenstände oder Gebiete gleich welcher Art, nicht nur militärische (Rudolphi SK 13). Es kommt nur darauf an, daß sich die aufgenommenen Gebiete oder Gegenstände im Geltungsbereich des § 109g befinden. Unerheblich ist, wo das Luftfahrzeug sich z. Z. der Tat aufhielt. Wer also von einem Luftfahrzeug über ausländischem Gebiet eine Aufnahme von deutschem Gebiet macht, kann nach Abs. 2 strafbar sein (vgl. § 5 Nr. 5a). Dagegen fallen nicht unter Abs. 2 Aufnahmen von einem deutschen Schiff auf hoher See oder in einem fremden Hafen; bei Kriegsschiffen greift allerdings Abs. 1 ein.

b) Die Aufnahme muß von einem *Luftfahrzeug* (i. S. v. § 1 II LuftVG) aus angefertigt werden. 19 Dazu gehören nicht nur Flugzeuge, Luftschiffe, Ballone, sondern alle für eine Bewegung im Luftraum bestimmten Geräte, also z. B. auch Fallschirme, Drachen, Raketen (D-Tröndle 5). Es kommt nicht darauf an, ob das Luftfahrzeug bemannt ist. Auch wer mittels Selbstauslösung einer an einem Luftfahrzeug befestigten Kamera Aufnahmen macht, kann Abs. 2 erfüllen.

2. Der Täter muß die Aufnahme **angefertigt** haben oder sie an einen **anderen gelangen lassen** 20 (vgl. o. 9). Es genügt, wenn er eine nach der Aufnahme hergestellte Abbildung (o. 3ff.) an einen anderen gelangen läßt. Dagegen erfaßt Abs. 2 nicht das Anfertigen einer Abbildung von einer Lichtbildaufnahme aus der Luft. Wer also eine solche Aufnahme nochmals fotografiert, macht sich nicht nach Abs. 2 strafbar, sofern er die neue Aufnahme selbst entwickelt und behält. Ebensowenig unterliegt dem Abs. 2 die Beschreibung einer solchen Aufnahme sowie das Gelangenlassen einer solchen Beschreibung an einen Dritten.

3. **Folge** der Tat muß auch hier sein, daß die Sicherheit der Bundesrepublik oder die Schlag- 21 kraft der Truppe **gefährdet** wird. Vgl. dazu § 109e RN 12.

4. Die Tat bleibt auch dann **rechtswidrig,** wenn die Aufnahme innerhalb des Fluglinienver- 22 kehrs erfolgt, obwohl hier nach § 27 II LuftVG Aufnahmen an sich generell erlaubt sind. Ebensowenig rechtfertigt eine behördliche Erlaubnis, außerhalb des Fluglinienverkehrs Lichtbilder aufzunehmen (Schroeder LK 13).

5. **Subjektiv** ist **Vorsatz** erforderlich (§ 15). Die Gefahr (o. 21) muß *wissentlich* herbeigeführt 23 werden, d. h. mit dolus directus (vgl. o. 11). Wer hinsichtlich der Gefährdung mit bedingtem Vorsatz handelt, ist auch nicht nach Abs. 4 strafbar. In Bezug auf die anderen Tatbestandsvoraussetzungen genügt bedingter Vorsatz; es reicht z. B. aus, daß der Täter mit der Möglichkeit rechnet, daß sich der aufgenommene Gegenstand im räumlichen Geltungsbereich des § 109g befindet.

IV. Der **Versuch** ist bei Abs. 1 und 2 strafbar (Abs. 3), dagegen nicht bei Abs. 4. 24

V. Zur **Einziehung** vgl. § 109k. Zum **Opportunitätsprinzip** vgl. § 74a I GVG i. V. m. §§ 153c, 25 d, e StPO.

VI. Abs. 2 ist gegenüber Abs. 1 (falls dieser vollendet) **subsidiär;** andernfalls Tateinheit zwischen 26 Versuch von Abs. 1 mit Vollendung von Abs. 2, so bei irrtümlicher Annahme, ein aufgenommener Gegenstand sei eine militärische Anlage. **Tateinheit** ist möglich mit § 109f (Ostendorf AK 14). Die

§§ 94, 96, 98, 99 gehen dem § 109g vor (Rudolphi SK 21, Schroeder LK 17; and. BGH **27** 123 zu § 99).

§ 109h Anwerben für fremden Wehrdienst

(1) Wer zugunsten einer ausländischen Macht einen Deutschen zum Wehrdienst in einer militärischen oder militärähnlichen Einrichtung anwirbt oder ihren Werbern oder dem Wehrdienst einer solchen Einrichtung zuführt, wird mit Freiheitsstrafe von drei Monaten bis zu fünf Jahren bestraft.

(2) **Der Versuch ist strafbar.**

Schrifttum: Hardwig, Der systematische Ort der §§ 141, 144 StGB, GA 55, 140.

1   I. Die Vorschrift will die Anwerbung bzw. Zuführung von Deutschen zum fremden Wehrdienst verhindern. Der Schutzzweck ist komplexer Natur: Neben und durch Schutz des **Einzelnen** (krit. M-Schroeder II 273) soll das **Wehrpotential** der Bundesrepublik wie auch deren **Neutralität** erhalten werden (vgl. BT-Drs. I/1307, Maurach Mat. I 231ff., Hardwig aaO, Rudolphi SK 1; vgl. auch Ostendorf AK 3ff.). Zum *Geltungsbereich* vgl. § 5 Nr. 5b sowie 2 vor § 109. In **Berlin** galt stattdessen bis zum 3. 10. 90 § 141 fort (vgl. D-Tröndle 1) bzw. Einf. 12 vor § 1).

2   II. Tatopfer muß ein **Deutscher** sein. Dazu zählt jeder Deutsche i. S. des Art. 116 GG (vgl. 34ff. vor § 3, aber auch D-Tröndle 1a, Ostendorf AK 7, Rudolphi SK 3, Schroeder LK 2). Ein bestimmtes Alter bzw. Wehrdiensttauglichkeit wird nicht verlangt. Auch die Werbung von Frauen erfüllt den Tatbestand (D-Tröndle 1a, Schroeder aaO).

3   III. Die **Tathandlung** kann sowohl durch Anwerben verwirklicht werden, als auch dadurch, daß das Opfer den Werbern oder einer militärischen bzw. militärähnlichen Einrichtung zugeführt wird.

4   1. a) **Anwerben** ist jede Tätigkeit, die bezweckt, einen Deutschen zugunsten einer ausländischen Macht zum Wehrdienst zu verpflichten, und zwar durch Einwirkung auf seinen Willen. Notwendig ist jedoch, daß es zu einer „Verpflichtung" des Geworbenen kommt. Daher muß der Täter zumindest Abschlußbefugnis von der ausländischen Macht erhalten haben, so daß als Werbender idR nur ein sog. Agent in Frage kommt. Nicht erforderlich ist jedoch die Wirksamkeit der Verpflichtung nach deutschem Recht (Schroeder LK 5). Daher können auch Minderjährige oder Geisteskranke geworben werden, sofern es zumindest mit deren natürlichem „Einverständnis" geschieht; andernfalls kommt Zuführen (u. 7) in Betracht. Im übrigen jedoch braucht das Anwerben *nicht geschäftsmäßig* betrieben zu werden.

5   b) Die Anwerbung muß **zugunsten einer ausländischen Macht** geschehen. Darunter fällt nicht nur der Staat mit Wehrhoheit oder völkerrechtlicher Anerkennung, sondern auch jede faktische Macht (Blei II 394), gleichgültig, ob sie revolutionär oder ungesetzlicher Natur ist (Schroeder LK 2). Als *ausländisch* ist jede Macht zu betrachten, die nicht dem Verfassungs- und Regierungssystem der Bundesrepublik angehört. Daher waren nach dem funktionellen Inlandsbegriff (29 vor § 3) auch militärische Einrichtungen der (damaligen) DDR wie ausländische zu behandeln (D-Tröndle 2, Rudolphi SK 6, Schroeder LK 4).

6   c) Es muß **zum Wehrdienst** in einer militärischen oder militärähnlichen Einrichtung geworben werden. Wo dieser abgeleistet werden soll, ist unerheblich. Soweit die ausländische Macht Truppen im Inland hält, kann die Ableistung des Wehrdienstes auch im Inland vorgesehen sein, ohne daß deshalb die Strafbarkeit entfiele. Für den Wehrdienst angeworben ist auch, wer sich als Militärbeamter verpflichtet hat (Rudolphi SK 7; and. Schroeder LK 3). Als militärähnliche Einrichtungen gelten Polizeitruppen und militärische Hilfsorganisationen.

7   2. **Zuführen** ist jedes Verhalten, das darauf gerichtet ist, das Opfer in den Einflußbereich eines Werbers oder einer militärischen bzw. militärähnlichen Einrichtung zu bringen. Es ist dies eine verselbständigte Beihilfe zur Anwerbung (Schroeder LK 6). Im übrigen aber hat das Delikt insoweit eigenständigen Charakter, als es auch arglistiges oder gewaltsames Verbringen in die Botmäßigkeit militärischer Einrichtungen erfaßt. Unerheblich ist, ob es sich um die erste Zuführung oder um eine Zuführung nach der Flucht handelt (Schroeder LK 7; and. LG Hamburg NJW **58**, 1053, Lackner 3, Ostendorf AK 9, Rudolphi SK 8).

8   IV. Als **Täter** kommt bei Inlandstaten jedermann, bei Auslandstaten hingegen nach § 5 Nr. 5b nur ein Deutscher mit Lebensgrundlage im räumlichen Geltungsbereich dieses Gesetzes in Betracht (vgl. 34ff. vor § 3). Solange § 109h in Berlin nicht galt (vgl. o. 1), kamen somit bei Tatbegehung außerhalb der (alten) Bundesrepublik nur Bundesbürger mit Lebensgrundlage in der (damaligen) Bundesrepublik in Frage (vgl. D-Tröndle 4, Rudolphi SK 9).

V. Subjektiv ist (mindestens bedingter) **Vorsatz** erforderlich (§ 15). Dieser muß sich auf alle 9
Tatbestandsmerkmale erstrecken, insbesondere auf die deutsche Staatszugehörigkeit des Opfers
i. S. von o. 2.

VI. Vollendet ist das *Anwerben,* sobald das Opfer seine Bereitschaft erklärt, zugunsten einer 10
ausländischen Macht Wehrdienst zu leisten. Die vorherliegende Einwirkung ist als **Versuch**
strafbar (Abs. 2). Das *Zuführen* ist vollendet, sobald die Werber oder die Organe der militärischen bzw. militärähnlichen Einrichtung auf das Opfer einwirken können, ohne daß dies zum
Erfolg führen müßte (D-Tröndle 6; vgl. o. 7).

VII. Idealkonkurrenz ist möglich mit §§ 100, 144, 234, 234a, 239, 240 (Rudolphi SK 12). 11

§ 109i Nebenfolgen

Neben einer Freiheitsstrafe von mindestens einem Jahr wegen einer Straftat nach
den §§ 109e und 109f kann das Gericht die Fähigkeit, öffentliche Ämter zu bekleiden,
die Fähigkeit, Rechte aus öffentlichen Wahlen zu erlangen, und das Recht, in öffentlichen Angelegenheiten zu wählen oder zu stimmen, aberkennen (§ 45 Abs. 2 und 5).

Die Aberkennung der vorgenannten Rechte und Fähigkeiten ist nur bei Straftaten nach 1
§§ 109e oder 109f zulässig, und auch dies nur unter der Voraussetzung, daß eine Freiheitsstrafe
von mindestens 1 Jahr verhängt wird. Vgl. im übrigen die Erl. zu §§ 45–45b sowie zu § 92a.

§ 109k Einziehung

Ist eine Straftat nach den §§ 109d bis 109g begangen worden, so können
1. Gegenstände, die durch die Tat hervorgebracht oder zu ihrer Begehung oder Vorbereitung gebraucht worden oder bestimmt gewesen sind, und
2. Abbildungen, Beschreibungen und Aufnahmen, auf die sich eine Straftat nach
§ 109g bezieht,

eingezogen werden. § 74a ist anzuwenden. Gegenstände der in Satz 1 Nr. 2 bezeichneten Art werden auch ohne die Voraussetzungen des § 74 Abs. 2 eingezogen, wenn das
Interesse der Landesverteidigung es erfordert; dies gilt auch dann, wenn der Täter
ohne Schuld gehandelt hat.

I. Die Vorschrift sieht für die **Einziehung** in einem Teilbereich der Wehrdelikte eine **Sonder-** 1
regelung vor, die – abgesehen von der Art der Anknüpfungstat (hier nur die §§ 109d bis 109g)
und der betroffenen Gegenstände – nahezu wörtlich dem § 101a entspricht; insoweit gelten die
dortigen Erläuterungen hier entsprechend. Als *Beziehungsgegenstände* kommen hier jedoch nach
Abs. 1 Nr. 2 nur Abbildungen, Beschreibungen und Aufnahmen in Betracht, auf die sich eine
Straftat i. S. des § 109g bezieht; zu diesen Begriffen vgl. dort RN 3ff., 16ff. Auch der **Einziehungszweck** ist insofern enger, als nicht schon wie bei § 101a mehr allgemein die Abwendung
einer äußeren Sicherheitsgefahr genügt, sondern hier speziell auf das Verteidigungsinteresse
abgehoben wird.

II. Der in § 109k II a. F. vorgesehene **Verfall** eines durch die Tat erlangten Vorteils ist nunmehr 2
durch die allgemeinen Verfallsregeln der §§ 73ff. zulässig und geboten.

Sechster Abschnitt. Widerstand gegen die Staatsgewalt

Vorbemerkungen zu den §§ 110–121

Schrifttum: Baumann, Der Schutz des Gemeinschaftsfriedens, ZRP 69, 85. – *Baumann/Frosch,* Der
Entwurf des 3. StrRG, JZ 70, 114. – *Blei,* Demonstrationsfreiheit und Strafrecht, JA 70, 273. – *Dose,*
Informationsfreiheit der Presse und Beteiligung an Demonstrationen, DRiZ 69, 75. – *Dreher,* Das
3. StrRG und seine Probleme, NJW 70, 1153. – *Geerds,* Einzelner und Staatsgewalt im geltenden
Strafrecht, 1969. – *Heinitz,* Nötigung, Aufruhr und Landfriedensbruch bei Streikausschreitungen, JR
56, 3. – *ders.,* Demonstrationsrecht und Straftaten gegen die öffentliche Ordnung, in: Demonstrationsfreiheit, Strafrecht und Staatsgewalt (hrsg. v. Dt. Richterbund), 1969. – *v. Hippel,* Friedensstörungen, VDB II 1. – *Janknecht,* Verfassungs- und strafrechtliche Fragen zu „Sitzstreiks", GA 69, 33. –
Klug, Strafrechtliche Probleme des Demonstrationsrechts, in: Demonstrationsfreiheit usw. (Fundstelle bei Heinitz). – *Kostaras,* Die strafr. Problematik der Demonstrationsdelikte, 1982. – *Kühl,*
Demonstrationsfreiheit u. Demonstrationsstrafrecht, NJW 85, 2379. – *Kunert/Bernsmann,* Neue Sicherheitsgesetze, NStZ 89, 449. – *Maul,* Demonstrationsrecht und allgemeine Strafbestimmungen,
JR 70, 81. – *Nagler,* Das Verbrechen der Menge, GS 95, 157. – *Ott,* Demonstrationsfreiheit und

§ 111

Bes. Teil. Widerstand gegen die Staatsgewalt

Strafrecht, NJW 69, 454. – *Eb. Schmidt,* Zur Reform der sog. Demonstrationsdelikte, ZStW 82, 1. – *v. Simson,* Verfassungskonforme Demonstrantenbestrafung, ZRP 68, 19. – *Stree,* Strafrechtsschutz im Vorfeld von Gewalttaten, NJW 76, 1177. – *Sturm,* Zum 14. StÄG, JZ 76, 347. – *Tiedemann,* Beteiligung an Aufruhr und Landfriedensbruch, JZ 68, 761. – *ders.,* Bemerkungen zur Rspr. in den sog. Demonstrationsprozessen, JZ 69, 717. – *v. Weber,* Der Schutz fremdländischer staatlicher Interessen im Strafrecht, Frank-FG II 269. – *Weingärtner,* Demonstration und Strafrecht, 1986. – Vgl. auch die Sachverständigen-Anhörung durch den Sonderausschuß (Prot. VI/4 u. 5 S. 29 ff.), ferner die Angaben zu § 113 sowie (insbes. zu Demonstrationsdelikten) die Angaben zu § 240.

1   I. Das **3. StrRG** vom 20. 5. 70 (BGBl. I 505) hat die §§ 110–119 a. F. einschließlich des § 125 a. F. einer **durchgreifenden Reform** unterzogen, um auf diese Weise Friktionen mit grundgesetzlich garantierten Rechten, wie insbes. mit der Meinungs- und Demonstrationsfreiheit, zu beseitigen (vgl. Baumann/Frosch JZ 70, 114 ff., Kostaras aaO 1 ff., rechtsvergl. Weingärtner aaO, insbes. 17 ff., 83 ff., 135 ff., 173 ff., 231 ff., ferner die Nachw. bei § 240 RN 26 sowie hier die 22. A.).

2   **Im einzelnen** wurde durch das 3. StrRG § 110 (Aufforderung zum Ungehorsam) ersatzlos gestrichen, während § 111 nur sprachlich modifiziert wurde. Weggefallen sind ferner die §§ 115–118 (Aufruhr, Auflauf und Forstwiderstand), wobei der Aufruhr in § 125 n. F. aufgegangen ist, während der Auflauf (§ 116) zu einer Ordnungswidrigkeit (vgl. § 113 OWiG) herabgestuft wurde. Die Fälle des Forstwiderstandes sind in die allgemeinen Tatbestände des Widerstands gegen die Staatsgewalt (§§ 113, 114) eingearbeitet. Wesentliche sachliche Änderungen haben die §§ **113, 114** erfahren. Dabei wurde insbes. die alte Streitfrage, welche Bedeutung der Rechtmäßigkeit der Amtsausübung zukommt, dadurch entschärft, daß bei irrtümlicher Annahme der Rechtswidrigkeit amtlichen Vorgehens die Strafe gemildert oder ganz von ihr abgesehen werden kann (vgl. im einzelnen § 113 RN 53 ff.). Diese Neuregelung ist jedenfalls i. E. zu begrüßen, wenngleich bedenklich stimmen muß, daß auch dabei das Bemühen, jedenfalls in Grundsatzfragen eine einheitliche dogmatische Grundlinie einzuhalten, zugunsten einer vermeintlich pragmatischen ad hoc-Regelung aufgegeben wurde, wie dies früher bereits bei § 97 b geschah. Die §§ **125, 125 a** n. F. ersetzen die früheren sog. Massendelikte, nämlich den Aufruhr des § 115 a. F. und den Landfriedensbruch des § 125 a. F. Freilich kann auch diese Neufassung weder dogmatisch noch kriminalpolitisch als voll geglückt gelten (vgl. § 125 RN 1 sowie die Kritik von Schröder 17. A. 4 vor § 110).

3   II. Diese Entkriminalisierungstendenz hat jedoch unter dem Eindruck steigender Gewaltkriminalität seit dem **14. StÄG** v. 22. 4. 76 (BGBl. I 1056) eine kriminalpolitische Wende erfahren, indem bereits im Vorfeld der Befürwortung, Anleitung und Androhung von bestimmten Gewalttaten durch Verschärfung bestehender oder Einführung neuer Tatbestände entgegengewirkt werden soll (vgl. Stree NJW 76, 1177 ff., Sturm JZ 76, 347 ff.). Von gleicher Verschärfungstendenz sind auch verschiedene nachfolgende, insbes. auf Terrorismusbekämpfung ausgerichtete Novellierungen gekennzeichnet (vgl. Einführung 9 f., Kühl NJW 85, 2379 ff., sowie insbes. § 125 RN 1). Der vorliegende 6. Abschn. wurde davon jedoch nur insoweit berührt, als die frühere Rechtsfolgenverweisung von § 111 II durch das 14. StÄG mit einer eigenen Strafdrohung ersetzt wurde (vgl. dort RN 21 f.). Auch durch das Antiterrorismusgesetz v. 9. 6. 89 (BGBl. I 1059) blieb dieser Abschnitt – abgesehen von einem dem § 111 parallelen Aufforderungstatbestand für Ordnungswidrigkeiten (vgl. § 111 RN 11) – unberührt (vgl. Kunert/Bernsmann aaO).

4   III. Nur die **inländische Staatsgewalt** wird in diesem Abschnitt geschützt; daher fallen Angriffe gegen eine ausländische Staatsgewalt grds. nicht unter diese Vorschriften (Hamm JZ **60,** 576 m. Anm. Schröder, v. Bubnoff LK 5 vor § 110, Oehler Mezger-FS 99; anders RG 8 54; vgl. auch v. Weber DRZ 49, 20). Dies galt aufgrund des funktionellen Inlandsbegriffs (vgl. 29 ff. vor § 3) grds. auch gegenüber der (damaligen) DDR (vgl. aber auch § 113 RN 7). Allerdings kann durch Staatsvertrag oder durch ein entsprechendes inländisches Gesetz (vgl. Art. 59 II GG) etwas anderes bestimmt sein, so z. B. zum Schutz der **NATO-Truppen** (vgl. Art. 7 II Nr. 5, 6 des 4. StÄG idF des 3. StrRG). Vgl. auch 13 ff. vor § 3, 17 ff. vor § 80.

§ 110 [Aufforderung zum Ungehorsam] *aufgehoben durch das 3. StrRG (vgl. 1f. vor § 110 und Straffreiheitsg 1970).*

§ 111 Öffentliche Aufforderung zu Straftaten

(1) **Wer öffentlich, in einer Versammlung oder durch Verbreiten von Schriften (§ 11 Abs. 3) zu einer rechtswidrigen Tat auffordert, wird wie ein Anstifter (§ 26) bestraft.**

(2) **Bleibt die Aufforderung ohne Erfolg, so ist die Strafe Freiheitsstrafe bis zu fünf Jahren oder Geldstrafe. Die Strafe darf nicht schwerer sein als die, die für den Fall**

angedroht ist, daß die Aufforderung Erfolg hat (Abs. 1); § 49 Abs. 1 Nr. 2 ist anzuwenden.

Vorbem. Zur Fassung vgl. 2, 3 vor § 110.

Schrifttum: Vgl. die Angaben zu den Vorbem. vor § 110, ferner *Dreher,* Der Paragraph mit dem Januskopf, Gallas-FS 307. – *Jakobs,* Kriminalisierung im Vorfeld einer Rechtsgutsverletzung, ZStW 97 (1985) 751. – *Rogall,* Die verschiedenen Formen des Veranlassens fremder Straftaten, GA 79, 11. – *Rudolphi,* Gewerkschaftl. Beschlüsse über Betriebsbesetzungen bei Aussperrungen als strafbares Verhalten gem. § 111 StGB, RdA 87, 160. – *Schroeder,* Die Straftaten gegen das Strafrecht, 1985.

I. Die Vorschrift erfaßt die **Aufforderung zu rechtswidrigen Taten** (krit. Baumann/Frosch JZ 70, **1** 116; vgl. auch Arzt/Weber V 29). Sie bezweckt, besonders gefährliche Formen der Anstiftung bzw. versuchten Anstiftung unter Strafe zu stellen, die durch §§ 26, 30 deswegen nicht erfaßt werden können, weil dort ein bestimmter Adressat oder Adressatenkreis und eine konkrete Ausrichtung auf eine bestimmte Haupttat verlangt werden (vgl. u. 3). Jedoch ist neben dem *durch die aufgeforderte Straftat bedrohten Rechtsgut* (darauf beschränkend Zielinski AK 4) auch der *innere Friede der Gemeinschaft* mitgeschützt (v. Bubnoff LK 5, Dreher Gallas-FS 311 f., Jakobs ZStW 97, 774, 777, Rogall GA 79, 16; krit. M-Schroeder II 292, der statt dessen auf die rechtstreue Gesinnung der Bevölkerung abhebt bzw. darauf, daß es bei solchen „Straftaten gegen das Strafrecht" um die Sicherung und Verstärkung der Wirkung der Bezugsstraftaten gehe: Schroeder aaO 11). Die **besondere Gefährlichkeit** der in § 111 genannten Handlungen ergibt sich aus der Art und Weise der Aufforderung. Diese muß öffentlich, in einer Versammlung oder durch Verbreitung von bestimmten Kommunikationsmitteln erfolgen (u. 7 ff.). Dadurch kann die Gefahr einer Massenkriminalität entstehen, was die Einordnung von § 111 in den 6. Abschn. erklärt (vgl. Zielinski AK 9).

II. Der Begriff der **Aufforderung** entspricht weitgehend dem der Anstiftung des § 26 (Horn **3** SK 5; enger Rogall GA 79, 16). Dies setzt zwar voraus, daß der Entschluß zu der (nicht notwendigerweise zur Ausführung gelangenden) Tat erst durch den Auffordernden geweckt wurde (vgl. aber u. 20 f.). Doch kann weder eine nur allgemeine Befürwortung bestimmter Taten oder schädlicher Folgen (vgl. BGH **32** 311) noch die nur psychische Unterstützung eines fremden Tatentschlusses genügen. Verlangt wird vielmehr eine Einwirkung auf andere Personen mit dem Ziel, in ihnen den Entschluß hervorzurufen, strafbare Handlungen zu begehen (KG StV **81,** 525, LG Koblenz NJW **88,** 1609). Soweit es um Schriften geht, muß sich die Aufforderung zur Begehung von Straftaten aus der Schrift selbst ergeben (und nicht nur aus sonstigen Umständen) (LG Berlin StV **82,** 472, LG Bremen StV **86,** 439, LG Koblenz aaO). Soweit darin lediglich Äußerungen anderer wiedergegeben werden, muß der die Schrift Verbreitende unmißverständlich erkennen lassen, daß er sich jene Äußerung inhaltlich zu eigen macht (Frankfurt NJW **83,** 1207). Dies kann zweifelhaft sein, wenn in einem Buch lediglich altbekannte historische Zitate reproduziert werden. Allerdings schließt der Begriff der „Aufforderung" die Möglichkeit aus, eine nur mittelbare Einwirkung auf fremde Entschlüsse einzubeziehen, z. B. die wahrheitswidrige Schilderung von Ereignissen, die nach der Erwartung des Täters den Entschluß zur Begehung bestimmter Straftaten auslösen soll (vgl. § 26 RN 7). Gefordert wird also eine Kundgebung, in der der Wille des Täters erkennbar wird, daß von den Adressaten seiner Äußerung strafbare Handlungen begangen werden (Köln MDR **83,** 339, v. Bubnoff LK 9, Kostaras aaO 147; vgl. auch Köln NJW **88,** 1103 zu Volkszählungsboykott). § 111 ist insoweit enger als § 26, wo jede Methode der Beeinflussung anderer ausreicht. Andererseits braucht die Aufforderung bei § 111 nicht mit gleicher Präzision, wie dies für § 26 erforderlich wäre, auf bestimmte Taten und Täter ausgerichtet zu sein (vgl. u. 4, 13 sowie v. Bubnoff LK 10; and. Dreher Gallas-FS 322 f.).

Die Aufforderung muß an einen nicht individualisierten **unbestimmten Adressatenkreis 4** gerichtet sein, weil nur so die abzuwehrende Gefahr der mangelnden Kontrollierbarkeit besteht (Zielinski AK 9). Dafür kann jedoch bereits genügen, daß die Möglichkeit oder Notwendigkeit der Tatausführung nur bei einem der Adressaten oder gegeben sein kann, sofern nur der Auffordernde den Täter nicht konkret selbst bestimmt (z. B. „Einer von euch soll ..."). Andererseits liegt aber § 111 dann nicht vor, wenn die Aufforderung zwar öffentlich oder in einer Versammlung erfolgt, sich jedoch nur an bestimmte Einzelpersonen richtet.

Die Unterscheidung zwischen Täterschaft und Teilnahme spielt hier keine Rolle. § 111 ist **5** also **nicht nur** dann anwendbar, wenn der Auffordernde den **Anstiftervorsatz** hatte, sondern auch dann, wenn er an der Ausführung der Tat als Mittäter beteiligt sein will.

Die Aufforderung braucht **nicht ernst gemeint** zu sein, muß aber zumindest als ernstlich **6** erscheinen können (BGH **32** 310, LG Berlin StV **82,** 472), wobei genügt, daß der Auffordernde damit rechnet (D-Tröndle 8). Um aber abstrakt gefährlich zu sein, muß die Aufforderung zumindest irgendwelche mögliche Adressaten erreichen (v. Bubnoff LK 8, Dreher Gallas-FS 313, Franke GA 84, 465; and. RG **58** 198, Schröder 17. A.).

7–10   **III. Die Aufforderung muß öffentlich** (dazu Frankfurt StV **90**, 209, KG JR **84**, 249 sowie § 186 RN 19), **in einer Versammlung** (vgl. § 90 RN 5) oder durch **Verbreiten von Schriften,** wozu nach § 11 III auch die Verbreitung durch *Ton- und Bildträger, Abbildungen und andere Darstellungen* zählt (§ 11 RN 78 f., § 184 RN 57 ff.), erfolgen. Wollte man freilich den Begriff der *Versammlung,* wie er in § 90 verwendet wird und wonach er weder eine Öffentlichkeit noch eine bestimmte Quantität von Menschen voraussetzt, ohne weiteres auf § 111 übertragen, so würde der Charakter des § 111 gegenüber der a. F. (wonach die Aufforderung „öffentlich vor einer Menschenmenge" erfolgen mußte) in einer mit dem Strafgrund des § 111 unvereinbaren Weise verändert. Denn eine etwa an zehn Mitglieder einer geschlossenen Versammlung gerichtete Aufforderung, bestimmte strafbare Handlungen zu begehen, besitzt nicht die typische Gefährlichkeit, auf Grund derer es nur gerechtfertigt sein kann, im Rahmen des § 111 über § 30 hinaus auch die erfolglose Aufforderung zu Vergehen (Abs. 2) zu bestrafen. Deshalb kann als Versammlung im Rahmen des § 111 nur eine solche angesehen werden, die entweder *öffentlich* ist oder aber eine solche *Vielzahl von Personen* umfaßt, daß die Voraussetzungen des § 26 nicht mehr als gegeben erscheinen (vgl. Hamm GA **80**, 222, Maurach BT⁵ Nachtr. II 25, Zielinski AK 10; and. Dreher Gallas-FS 314, v. Bubnoff LK 14, M-Schroeder II 292). Auch die bloße Zuleitung einer Pressemitteilung an bestimmte Redakteure einer Zeitung ist noch kein „Verbreiten" (Frankfurt StV **90**, 209). Soweit es um Aufforderungen im Rahmen von der Verteidigung dienenden *Prozeßerklärungen* geht, können diese vom Verteidigungsrecht gedeckt sein (BGH **31** 22).

11   **IV. Gegenstand der Aufforderung** muß eine **rechtswidrige Tat,** nämlich nach § 11 I Nr. 5 eine straftatbestandlich sanktionierte Tat sein (vgl. dort RN 41). Daher ist die Aufforderung zur Begehung von Ordnungswidrigkeiten nur nach § 116 OWiG erfaßbar. Vgl. zu Volkszählungsboykottaufrufen, u. U. mit Aufforderung zur Sachbeschädigung an Fragebögen (dazu § 303 RN 8a) einerseits LG Göttingen NStZ **87**, 557, LG Hamburg CR **87**, 864, LG Koblenz NJW **87**, 2828, LG Lübeck StV **87**, 298, LG Osnabrück StV **87**, 398, andererseits Celle NJW **88**, 1101 m. zust. Anm. Geerds JR **88**, 435, Karlsruhe Justiz **89**, 65, Köln NJW **88**, 1102, Stuttgart Justiz **89**, 165, NJW **89**, 1939, OVG Koblenz NJW **87**, 2250, LG Bad Kreuznach StV **88**, 156 m. abl. Anm. Zaczyk, LG Bonn NJW **87**, 2825 m. Anm. Solbach JA 87, 525, LG Hamburg CR **87**, 865, LG Karlsruhe Justiz **88**, 98, LG Koblenz MDR **87**, 1047, LG Trier NJW **87**, 2826. Vgl. ferner § 23 VersG (Öffentliche Aufforderung zu einer Ordnungswidrigkeit als Straftat), dazu Kunert/Bernsmann NStZ 89, 455.

12   **1.** Die Tat, zu der aufgefordert wird, muß zumindest **tatbestandsmäßig und rechtswidrig** sein (woran es etwa bei mangelnder Verwerflichkeit von Demonstrationsaufrufen fehlen kann: vgl. BayVGH NJW **87**, 2100), *nicht* aber unbedingt *schuldhaft* (vgl. § 11 RN 42, D-Tröndle 4). Zur Vorstellung des Auffordernden hierüber vgl. u. 16. Dem Wesen des § 111 als Abart der Anstiftung entsprechend (vgl. o. 1), muß die Aufforderung auf eine vorsätzliche Tat gerichtet sein (v. Bubnoff LK 18, D-Tröndle 4; and. Hamm JMBlNW **63**, 212).

13   **2.** Die Aufforderung muß eine **bestimmte Straftat** zum Gegenstand haben, und zwar derart, daß die Art der angesonnenen Tat nach ihrem rechtlichen Wesen gekennzeichnet ist (LG Berlin StV **82**, 472; vgl. auch BGH **31** 22) und im Falle ihrer Ausführung diesen Tatbestand erfüllen würde (insoweit zutr. LG Lübeck StV **84**, 207). Daher muß z. B. bei Aufforderung zum Widerstand gegen die Staatsgewalt erkennbar sein, gegen welche Art von Amtshandlung Widerstand geleistet werden soll (v. Bubnoff LK 23; vgl. auch RG **39** 387). Im übrigen jedoch braucht die angesonnene Tat nicht unbedingt nach Ort und Zeit bestimmt zu sein (vgl. RG **65** 202, Dreher Gallas-FS 317 f., Lackner 3 c, Rogall GA 79, 17), und auch hinsichtlich des Opfers genügt eine Kennzeichnung in allgemeinen Wendungen (BGH **32** 312).

14   **3. Als angesonnene Taten** kommen beide Arten von Straftaten, also **Verbrechen** wie **Vergehen,** in Betracht, nicht dagegen Ordnungswidrigkeiten (vgl. o. 11). Ob das angesonnene Verhalten **täterschaftlich** wäre oder nur eine **Teilnahmehandlung** darstellen würde, ist gleichgültig (Zielinski AK 8). So reicht es z. B. aus, wenn der Täter dazu auffordert, Aufrührern Kraftfahrzeuge zur Errichtung von Barrikaden zur Verfügung zu stellen oder eine „Verstärkung" anzuwerben. Zu beachten ist jedoch, daß die Aufforderung zur Beihilfe nicht wie die Anstiftung zur Haupttat bestraft werden kann, vielmehr nach den Grundsätzen der Aufforderung zur Beihilfe (§ 27 RN 18) gelten müssen und daher die Strafsätze im Rahmen des § 27 II i. V. m. § 49 I zu reduzieren sind. Für die **Aufforderung zur Anstiftung** gilt Entsprechendes wie bei § 30. Da die „Kettenanstiftung" nur dann strafwürdig erscheint, wenn sie denjenigen erreicht, der die Straftat selbst begehen soll, kann auch im Rahmen des § 111 eine Bestrafung nur dann eintreten, wenn der Aufgeforderte wenigstens versucht hat, den Dritten zu einer mit Strafe bedrohten Handlung zu bestimmen (vgl. § 30 RN 35 sowie v. Bubnoff LK 21).

15   **4.** Da Straftaten i. S. des § 111 auch *Vergehen* sind (o. 14), wird über **Abs. 2** auch die **erfolglose Anstiftung** bei diesen Deliktsarten erfaßt, obwohl über § 30 nur Verbrechen einbezogen

sind. Dies ist nur dann gerechtfertigt, wenn die Modalitäten des § 111 eine gegenüber § 30 gesteigerte Gefährlichkeit ergeben. Demzufolge ist der Begriff der „Versammlung" hier wiederum anders zu interpretieren als in § 90. Vgl. o. 7.

5. Andererseits ist zu den Taten des § 111 I, II auch **Beihilfe** möglich (BGH **29** 266; and. 15a Zielinski AK 20).

V. Für den **subjektiven** Tatbestand ist **Vorsatz** erforderlich, der neben den Modalitäten der 16 Ausführung (öffentlich usw.) und der Konkretisierung auf eine bestimmte Art von Straftaten auch deren Strafbarkeit umfassen muß, da die Tat gerade auf dem strafrechtswidrigen Charakter der angesonnenen Tat beruht (vgl. BGH LM **Nr. 6** zu § 129; and. Braunschweig NJW **53**, 714, Celle NJW **88**, 1102, Karlsruhe Justiz **89**, 66, LG Bremen StV **86**, 440, v. Bubnoff LK 30, D-Tröndle 8, Dreher Gallas-FS 327, Lackner 4, Zielinski AK 15; diff. Kostaras aaO 129). Glaubt der Täter z. B., das Verhalten, zu dem er auffordert, sei erlaubt, so ist der Tatbestand nicht erfüllt (diff. Horn SK 7). Hinsichtlich der Strafbarkeit der Tat und der Modalität der Tatbegehung genügt Eventualvorsatz.

Der Auffordernde muß ferner **beabsichtigen** (zielgerichteter Wille: vgl. § 15 RN 65ff.), daß 17 durch sein Verhalten der Entschluß zur Tat gefaßt wird, und zwar muß er deren *Vollendung* wollen (vgl. Dreher Gallas-FS 328); die Vorstellung, es werde nur zu einem untauglichen Versuch kommen, reicht nicht aus. Daher fällt auch der agent provocateur, der notfalls zur rechtzeitigen Verhinderung der Tatvollendung entschlossen ist, ebensowenig wie bei den §§ 26, 30 unter § 111 (Zielinski AK 13; and. v. Bubnoff LK 27, Horn SK 7, D-Tröndle 8; zw. Kostaras aaO 147f.). Auch die Frage des **Rücktritts** bestimmt sich nach den Regeln, die für die analogen Tatbestände des § 30 gelten. Daher ist auch § 31 entsprechend anwendbar. Freilich kommt ein Rücktritt schon aus praktischen Gründen hier kaum in Frage (vgl. Dreher Gallas-FS 313, Zielinski AK 18).

Für den **Irrtum** gelten insoweit die Grundsätze des § 30, als § 111 auch die erfolglose (also 18 nur versuchte) Aufforderung erfaßt. Daher sind seine Voraussetzungen auch dann gegeben, wenn der Auffordernde nur irrtümlich davon ausgeht, das angesonnene Delikt könne begangen werden, z. B. der zu ermordende Politiker sei noch am Leben.

VI. Hinsichtlich der **Bestrafung** wird danach unterschieden, ob die Aufforderung Erfolg gehabt 19 hat (Abs. 1) oder nicht (Abs. 2).

1. Hat die Aufforderung **zu einer Straftat geführt** (Vollendung oder strafbarer Versuch), dann ist 20 der Auffordernde wie ein Anstifter zu bestrafen (**Abs. 1**). Ihn trifft also die volle Täterstrafe, es sei denn, die Handlung des Haupttäters sei nur Beihilfe zu einem Delikt (vgl. o. 14). Sind auf Grund der Aufforderung mehrere Delikte begangen worden, so liegt Idealkonkurrenz vor, wie dies auch der Fall ist, wenn eine Anstiftung zu mehreren Haupttaten geführt hat (vgl. § 52 RN 20; and. RG **3** 145).

2. Blieb die Aufforderung **ohne Erfolg** (**Abs. 2**), z. B. weil die Aufgeforderten bereits zur Tat 21 entschlossen waren (vgl. RG **65** 202; Dreher Gallas-FS 327) oder die Tat nur bis zum straflosen Versuch gediehen ist (Horn SK 13) oder auch die Kausalität der Aufforderung für die begangene Tat nicht nachgewiesen werden kann, dann entspricht die Situation der des § 30 I. Das gleiche gilt, wenn die geplante Tat entgegen der Vorstellung des Auffordernden nicht rechtswidrig ist, z. B. weil ein Rechtfertigungsgrund eingreift (v. Bubnoff LK 28, M-Schroeder II 293). Diesen Tatsachen hat Abs. 2 a. F. dadurch Rechnung zu tragen versucht, daß die Strafe nach § 49 II zu mildern war. Diese dem § 30 entsprechende Regelung wurde jedoch vor allem dort für überhöht empfunden, wo die angesonnene Tat mit lebenslanger Freiheitsstrafe bedroht ist und demzufolge auch unbedachte Mordäußerungen, die der erregten Atmosphäre in einer Versammlung entspringen und die der Täter bei ruhiger Überlegung rückgängig machen möchte, selbst bei Milderung nach § 49 I noch mit 3 bis 15 Jahren Freiheitsstrafe bedroht wären. Um zu verhindern, daß die Gerichte der Konsequenz solcher Härten durch entsprechend enge Auslegung des § 111 zu entgehen versuchen, wurde durch das 14. StÄG für die erfolglose Aufforderung eine *eigenständige* und insgesamt mildere *Strafdrohung* eingeführt (vgl. BT-Drs. 7/3030 S. 6f.; zur Vorgeschichte vgl. Sturm JZ 76, 349). Obgleich nicht zu verkennen ist, daß diese Milderung in gewissem Widerspruch zur massenpsychologischen Gefährlichkeit der Verbrechensaufforderung steht (vgl. o. 2 sowie BR-Drs. 44/76), verdienen die der Neuregelung zugrundeliegenden Erwägungen Zustimmung (Stree NJW **76**, 1179; vgl. auch Jakobs ZStW **97**, 774). Danach gilt **im einzelnen** folgendes: Anders als im Falle erfolgreicher Aufforderung nach Abs. 1, wo die Strafe nach Anstiftergrundsätzen aus dem Strafrahmen der angesonnenen Tat zu entnehmen ist (o. 20), ist bei erfolgloser Aufforderung von dem eigenständigen und von dem der angesonnenen Tat unabhängigen Strafrahmen des Abs. 2 S. 1 auszugehen, der bis zu 5 Jahren Freiheitsstrafe oder Geldstrafe reicht. Allerdings wird durch den Strafrahmen der angesonnenen Tat nicht unerheblich, sondern bleibt in zweifacher Hinsicht bedeutsam: Zum einen allgemein dadurch, daß die konkrete Strafbemessung u. a. auch an Art und Höhe der für die angesonnene Tat angedrohten Strafe und deren Stellenwert im allgemeinen Strafrahmengefüge zu orientieren ist. Dies führt zum anderen insbes. dazu, daß die Strafe nicht schwerer sein darf als für den Fall der erfolgreichen Aufforderung (**S. 2**), somit der Strafrahmen der angesonnenen Tat in jedem Falle die Obergrenze bildet, wobei diese

§ 113

jedoch nach § 49 I Nr. 2 zu mildern ist. Dies bedeutet, daß der Strafrahmen des Abs. 2 S. 1 keinesfalls über 3/4 des für die angesonnene Tat angedrohten Höchstmaßes hinaus ausgeschöpft werden darf (v. Bubnoff LK 29; vgl. auch § 49 RN 4f.).

22 **VII.** Ein **Strafantrag** oder ein besonderes öffentliches Interesse sind **nicht** erforderlich, und zwar mit Rücksicht auf das zusätzliche Schutzgut des inneren Friedens (o. 1) selbst dann nicht, wenn die angesonnene Straftat ihrerseits antragsbedürftig wäre (Stuttgart NJW **89**, 1939, D-Tröndle 8; and. Horn SK 96, Zielinski AK 23).

23 **VIII. Konkurrenzen:** Mit §§ 26, 30 ist im Hinblick auf die zusätzliche Friedensstörung bei § 111 (vgl. o. 1) Idealkonkurrenz möglich (Blei II 290, v. Bubnoff LK 33, Dreher Gallas-FS 324; für Subsidiarität hingegen Lackner 6b, Schroeder aaO 30, Zielinski AK 21; vgl. auch Rogall GA 79, 18). Über das Verhältnis zur 3. Alt. des § 125 (Einwirken auf eine Menschenmenge) vgl. dort RN 41 sowie Hamm NJW **51**, 206.

§ 112 [Aufforderung zum militärischen Ungehorsam] *aufgehoben durch KRG Nr. 11.*

§ 113 Widerstand gegen Vollstreckungsbeamte

(1) Wer einem Amtsträger oder Soldaten der Bundeswehr, der zur Vollstreckung von Gesetzen, Rechtsverordnungen, Urteilen, Gerichtsbeschlüssen oder Verfügungen berufen ist, bei der Vornahme einer solchen Diensthandlung mit Gewalt oder durch Drohung mit Gewalt Widerstand leistet oder ihn dabei tätlich angreift, wird mit Freiheitsstrafe bis zu zwei Jahren oder mit Geldstrafe bestraft.

(2) In besonders schweren Fällen ist die Strafe Freiheitsstrafe von sechs Monaten bis zu fünf Jahren. Ein besonders schwerer Fall liegt in der Regel vor, wenn

1. der Täter oder ein anderer Beteiligter eine Waffe bei sich führt, um diese bei der Tat zu verwenden, oder
2. der Täter durch eine Gewalttätigkeit den Angegriffenen in die Gefahr des Todes oder einer schweren Körperverletzung (§ 224) bringt.

(3) Die Tat ist nicht nach dieser Vorschrift strafbar, wenn die Diensthandlung nicht rechtmäßig ist. Dies gilt auch dann, wenn der Täter irrig annimmt, die Diensthandlung sei rechtmäßig.

(4) Nimmt der Täter bei Begehung der Tat irrig an, die Diensthandlung sei nicht rechtmäßig, und konnte er den Irrtum vermeiden, so kann das Gericht die Strafe nach seinem Ermessen mildern (§ 49 Abs. 2) oder bei geringer Schuld von einer Bestrafung nach dieser Vorschrift absehen. Konnte der Täter den Irrtum nicht vermeiden und war ihm nach den ihm bekannten Umständen auch nicht zuzumuten, sich mit Rechtsbehelfen gegen die vermeintlich rechtswidrige Diensthandlung zu wehren, so ist die Tat nicht nach dieser Vorschrift strafbar; war ihm dies zuzumuten, so kann das Gericht die Strafe nach seinem Ermessen mildern (§ 49 Abs. 2) oder von einer Bestrafung nach dieser Vorschrift absehen.

Vorbem. Neufassung durch das 3. StrRG (vgl. 2 vor § 110); geändert durch das EGStGB.

Übersicht

I. Wesen und Schutzzweck 1	1. Irrtümliche Verneinung der Amtsträgerschaft bzw. des Vollstreckungscharakters 51
II. Schutzbereich im einzelnen 5	2. Irrige Annahme der Amtsträgerschaft 52
1. Geschützte Personen 6	
2. Vornahme einer Diensthandlung .. 12	
3. Rechtmäßigkeit der Diensthandlung 18	3. Irrtum über Rechtmäßigkeit der Diensthandlung 53
III. Tathandlung 38	V. Täterschaft 60
1. Widerstandleisten 39	VI. Strafe 61
2. Tätlicher Angriff 46	1. Mitsichführen von Waffen 62
3. Rechtswidrigkeitsnachweis 48	2. Gewalttätigkeit 67
4. Vollendung – Versuch 49	
IV. Subjektiver Tatbestand 50	VII. Konkurrenzen 68

Schrifttum: Backes/Ransiek, Widerstand gegen Vollstreckungsbeamte, JuS 89, 624. – *Bergmann,* Die Milderung der Strafe nach § 49 II StGB, 1988. – *Dreher,* Die Sphinx des § 113 III, IV StGB, Schröder-

GedS 359; ferner JR 84, 401. – *H. J. Hirsch*, Zur Reform der Reform des Widerstandsparagraphen, Klug-FS II 235. – *Krey*, Zum Gewaltbegriff im Strafrecht, in: BKA (Hrsg.), Was ist Gewalt?, Bd. 2, 1988. – *Meyer*, Der Begriff der Rechtmäßigkeit einer Vollstreckungshandlung i. S. des § 113 III StGB, NJW 72, 1845. – *Naucke*, Straftatsystem und Widerstand gegen Vollstreckungsbeamte (§ 113 III u. IV StGB), Dreher-FS 459. – *Ostendorf*, Die strafrechtliche Rechtmäßigkeit rechtswidrigen hoheitlichen Handelns, JZ 81, 165. – *Paeffgen*, Allg. Persönlichkeitsrecht der Polizei u. § 113 StGB, JZ 79, 516. – *Rostek*, Der unkritische Befehlsempfänger, NJW 75, 862. – *Roxin*, Der strafrechtliche Rechtswidrigkeitsbegriff beim Handeln von Amtsträgern, Pfeiffer-FS 45. – *Sax*, „Tatbestand" und Rechtsgutsverletzung, JZ 76, 9, 80, 429. – *M. Schmid*, Schutzzweck und Stellung des § 113 StGB im System der Straftatbestände, JZ 80, 56. – *Seebode*, Die Rechtmäßigkeit der Diensthandlung in § 113 III, IV StGB, 1988. – *Stöckel*, Ungeklärte Notwehrprobleme bei Widerstand gegen die Staatsgewalt, JR 67, 281. – *Teubner*, Die allgemeine polizeiliche Kontrolle als „Vollstreckungshandlung" i. S. des § 113 StGB, DRiZ 75, 243. – *Thiele*, Zum Rechtmäßigkeitsbegriff bei § 113 III StGB, JR 75, 353. – *ders.*, Verbotensein u. Strafbarkeit des Widerstandes gegen Vollstreckungsbeamte, JZ 79, 397. – *Wagner*, Die Rechtmäßigkeit der Amtsausübung, JuS 75, 224. – Vgl. ferner die Angaben vor § 110.

I. Die durch das 3. StrRG neugefaßte Vorschrift baut im wesentlichen auf der Interpretation **1** auf, die sie bereits durch die frühere Rspr. erhalten hat. Danach besteht Einigkeit darüber, daß im Ergebnis nur der **Widerstand gegen rechtmäßige Vollstreckungsakte** strafbar sein soll (vgl. auch u. 20). Zur Vorgeschichte vgl. Seebode aaO 9 ff., Zielinski AK 2.

Jedoch ist nach wie vor strittig, ob die *Rechtmäßigkeit* der Amtsausübung als Tatbestandsmerkmal (vgl. z. B. Frank VII, Naucke SchlHA 66, 100), als Rechtspflichtmerkmal (Welzel 504) oder – wie die frühere h. M. annahm – lediglich als objektive Bedingung der Strafbarkeit zu betrachten ist (vgl. u. 18 f.) oder ob – wie neuerdings von Hirsch aaO 245 ff. i. S. einer modifizierten „Rechtfertigungslösung" gedeutet – für den Fall rechtswidriger Amtshandlungen durch § 113 III 1 lediglich der Weg zur Notwehr eröffnet werden soll, oder ob – wie im Hinblick auf den Rechtsbehelfsvorbehalt (Abs. 4: vgl. u. 57) von Horn SK 22 und Thiele JR 79, 398 angenommen – selbst der gegen rechtswidrige Vollziehungsakte, aber ohne vorgängig zumutbare Rechtsbehelfseinlegung unternommene Widerstand zwar verboten, aber lediglich nicht strafbar sein soll. Der Gesetzesfassung läßt sich zu keiner dieser Konstruktionen eine völlig klare, geschweige restlos konsistente Stellung entnehmen. Insbes. läßt die Tatsache, daß die Tatbestandsbeschreibung in Abs. 1 die Rechtmäßigkeit der Amtsausübung nicht positiv voraussetzt, sondern erst durch Abs. 3 für den umgekehrten Fall der Unrechtmäßigkeit der Amtsausübung Straflosigkeit vorgesehen wird, keinen zwingenden Schluß auf eine gesetzgeberische Entscheidung für oder gegen eine der vorerwähnten Auffassungen zu (and. Dreher Schröder-GedS 375). Immerhin deutet aber die diesbezügliche Irrtumsregelung des Abs. 4 darauf hin, daß die Rechtmäßigkeit der Amtshandlung einerseits nicht mehr nur als objektive Bedingung der Strafbarkeit, andererseits aber auch nicht als vorsatzabhängiges Tatbestandsmerkmal i. S. von § 16 sondern aus dem Charakter des § 113 als einer **Vorsatz-Sorgfaltswidrigkeits-Kombination** zu erklären ist (näher dazu u. 20 f.). Ungeachtet ihrer dogmatischen Einordnung liegt dieser Regelung offensichtlich der Gedanke zugrunde, daß eine Vollstreckungshandlung, zu deren Durchführung ein Amtsträger „berufen" ist (Abs. 1), idR auch rechtmäßig sein wird und als solche – wenigstens vorläufig – vom Bürger zu respektieren ist, Widerstand dagegen also nur in Ausnahmefällen zulässig sein soll (vgl. Prot. V 2837 f., 2900, VI 309, 311). Zu dieser Rechtmäßigkeitsvermutung vgl. auch BGH NJW **66**, 1668, D-Tröndle 23, Sax JZ 76, 430 f.

1. Der **Zweck** der Vorschrift liegt sowohl im **Schutz staatlicher Vollstreckungshandlungen** **2** (einseitig hierauf beschränkt Schmid JZ 80, 56 f., D-Tröndle 1) als auch der **dazu berufenen Organe** (vgl. RG **41** 85, v. Bubnoff LK 2; letztere aber nach Otto JR 83, 74 nur mittelbar; andererseits das öffentliche Schutzmoment noch stärker generalisierend Hirsch aaO: S. einer „unbeeinträchtigten Wahrnehmung staatlicher Aufgaben" Hirsch aaO 246; wiederum anders den Normzweck zu einseitig auf Regelung der spezifischen Konfliktlage zwischen Vollstreckungsperson und -betroffenem einschränkend Horn SK 2, Zielinski AK 4). Auch der *Amtsträger* selbst ist also durch § 113 mitgeschützt und kann somit Verletzter i. S. von § 61 Nr. 2 StPO sein. Dieser doppelte Schutzzweck gilt für die beiden Tatmodalitäten des Widerstandes (u. 39 ff.) und des tätlichen Angriffs (u. 46 f.) gleichermaßen. Zwar steht beim Widerstandleisten die Störung der Vollstreckungsmaßnahmen, beim tätlichen Angriff die Person des Amtsträgers im Vordergrund. Dies ändert jedoch nichts daran, daß in beiden Fällen das jeweils andere Schutzgut, bei der 1. Alt. also neben der Vollstreckungshandlung die Person des Handelnden, bei der 2. Alt. neben der Person des angegriffenen Beamten auch dessen Vollstreckungstätigkeit, mitgeschützt ist (vgl. v. Bubnoff LK 2). Hinsichtlich beider Tatmodalitäten handelt es sich um einen **„unechten Unternehmenstatbestand"**, der sowohl das erfolglose wie auch das erfolgreiche Widerstandleisten bzw. tätliche Angreifen erfaßt (vgl. § 11 RN 52 ff., Schröder Kern-FS 464; vgl. auch D-Tröndle 18, v. Bubnoff LK 13).

2. Problematisch ist das **Verhältnis des § 113 zu allgemeinen Schutztatbeständen** zugunsten **3** von **Privatpersonen.** Obgleich § 113 auch auf der Erwägung beruht, daß die Betätigung des

§ 113 4–9 Bes. Teil. Widerstand gegen die Staatsgewalt

Staatswillens durch dazu berufene Vollstreckungsorgane eines besonderen Schutzes bedarf (vgl. BGH GA **55**, 244, KG JW **28**, 1070), bleibt sein Regelstrafrahmen (Abs. 1) hinter entsprechenden allgemeinen Schutzbestimmungen erheblich zurück. So geht insbes. die Strafdrohung des § 240, dessen Tatbestand bei Nötigung zur Unterlassung einer Vollstreckungshandlung in Form der 1. Alt. des Widerstandleistens regelmäßig miterfüllt ist, über die Strafdrohung des § 113 nicht unerheblich hinaus. Soll in derartigen Fällen § 113 nicht leerlaufen, so ist er als eine **Privilegierung** zu verstehen, die vom Gesetzgeber auch durchaus beabsichtigt ist (vgl. BT-Drs. VI/502 S. 3), um damit dem in einer Vollstreckungssituation leicht entstehenden *Affekt* auf Seiten des Betroffenen oder eines für ihn Partei ergreifenden Dritten (vgl. KG StV **88**, 437) Rechnung zu tragen (vgl. Blei JA 73, 815, D-Tröndle 1, v. Bubnoff LK 3, Horn SK 2; vgl. aber demgegenüber die Entwicklungsgeschichte bei Hirsch aaO 235 ff.; and. auch Schmid JZ 80, 56). Dies vermag jedoch nicht voll zu überzeugen, da zum einen die gleiche Situation auch bei einer Privatfestnahme nach § 127 I StPO vorliegen kann, dort aber § 240 gilt (vgl. § 114 RN 19), zum anderen § 113 ersichtlich nicht auf den von der Strafvollstreckungshandlung unmittelbar betroffenen Täter beschränkt ist (wie jedoch von Horn SK 2, Zielinski AK 1, 5, 12 angenommen), sondern sich auch auf den Widerstand und den tätlichen Angriff durch *Dritte* erstreckt (v. Bubnoff LK 50, D-Tröndle 1).

4   Andererseits enthält § 113 aber auch gewisse **Verschärfungen:** Einmal insofern, als er die Nötigung von Vollstreckungsbeamten schon per se und – anders als bei § 240 II – ohne besonderen Verwerflichkeitsnachweis für rechtswidrig erklärt (vgl. Frankfurt NJW **73**, 1806, D-Tröndle 1, u. 48), zum anderen dadurch, daß er mit dem „tätlichen Angriff" bereits den – nach § 223 nicht strafbaren – Versuch einer Körperverletzung miterfaßt (vgl. BT-Drs. VI/502 S. 4). Umgekehrt wird aber eine etwaige Strafbarkeit nach den §§ 223 ff. durch § 113 nicht ausgeschlossen, da die körperliche Integrität des Beamten selbstverständlich den gleichen Schutz verdient wie die jeder anderen Person, mag auch die von ihm vorzunehmende Vollstreckungshandlung geringeren Schutz genießen als sonstige rechtmäßige Willensbetätigungen. Zu weiteren Konkurrenzfragen vgl. u. 68.

5   **II. Der Schutzbereich im einzelnen** erstreckt sich auf *bestimmte Personengruppen* (u. 6 ff.) bei Vornahme einer bestimmten *Diensthandlung* (u. 12 ff.), vorausgesetzt, daß diese *rechtmäßig* ist (u. 18 ff.).

6   **1. Als geschützte Personen** nennt das Gesetz *Amtsträger* sowie *Soldaten* der Bundeswehr, die *zur Vollstreckung* von Gesetzen, Rechtsverordnungen, Urteilen, Gerichtsbeschlüssen oder Verfügungen *berufen* sind. Ihnen sind durch § 114 unter bestimmten Voraussetzungen auch andere Amtsträger bzw. zu Diensthandlungen *hinzugezogene Privatpersonen* gleichgestellt (u. 9).

7   a) Wer als **Amtsträger** im strafrechtlichen Sinne anzusehen ist, ergibt sich aus § 11 I Nr. 2 (vgl. dort RN 14 ff.). Danach kämen grundsätzlich nur *inländische* Beamte oder Richter in Betracht (so schon zur a. F. Hamm JZ **60**, 576 m. Anm. Schröder). Jedoch wird durch Art. 7 II Nr. 5 des 4. StÄG der Schutz des § 113 auch auf Beamte der in der Bundesrepublik stationierten NATO-Truppen erstreckt. Weiter kann § 113 u. U. auch anderen *ausländischen* Beamten zugute kommen, sofern sie aufgrund von internationalen Verträgen mit dem Einverständnis inländischer Stellen im Inland tätig werden, wie z. B. bei der Zoll- oder Paßkontrolle oder bei kriminalistischer Zusammenarbeit (vgl. D-Tröndle 2, v. Bubnoff LK 7, ferner 4 vor § 110; enger Lüttger Jescheck-FS I 156 ff.). Diese Grundsätze waren an sich auch auf (damalige) DDR-Amtsträger anzuwenden; denn da sie aufgrund des funktionellen Inlandsbegriffes wie ausländische zu behandeln waren (vgl. 29 vor § 3, v. Bubnoff LK 7; and. Maurach BT⁵ 625), kam insoweit, als sich der Widerstand nicht gegen die Person des Amtsträgers, sondern lediglich gegen seine Vollstreckungstätigkeit richtete, § 113 allenfalls in den vorgenannten Fällen internationaler Zusammenarbeit in Betracht. Soweit jedoch im Einzelfall ausschließlich die Person des Amtsträgers betroffen ist (vgl. o. 2), kann § 113 über das passive Personalprinzip zur Anwendung kommen (vgl. 36 vor § 3, § 7 I m. RN 5). Im übrigen wird Amtsträgerschaft nicht dadurch ausgeschlossen, daß die Ernennung *nichtig* oder vernichtbar ist (v. Bubnoff LK 6).

8   **Gleichgestellt** sind den Amtsträgern **Soldaten** der Bundeswehr (vgl. § 1 SoldatG) sowie nach Art. 7 II Nr. 5 des 4. StÄG auch solche der in der Bundesrepublik stationierten NATO-Truppen, sofern sie entsprechende Funktionen wie die Vollstreckungsbeamten i. e. S. wahrzunehmen haben. Gegenüber Zivilpersonen kommt dies idR nur für Feldjäger oder für Wachen zum Schutz militärischer Anlagen oder Einheiten im Rahmen des UZwGBw in Betracht. Im Verhältnis von Soldaten untereinander verdrängen die §§ 24, 25 WStG den § 113 (vgl. D-Tröndle 7).

9   Ferner kommt der Schutz von § 113 nach § 114 auch solchen Personen zugute, die zu Vollstreckungshandlungen legitimiert bzw. zu deren Unterstützung zugezogen sind, ohne selbst Amtsträger zu sein; näher dazu § 114 RN 2 ff.

b) Die vorgenannten Amtsträger bzw. Soldaten sind jedoch nicht schon als solche geschützt, **10** sondern nur dann, wenn sie *"zur Vollstreckung von Gesetzen usw. berufen"* sind, also gleichsam als **Vollstreckungsbeamte** tätig werden. Das bedeutet, daß es zu ihren Aufgaben gehören muß, dem in Gesetzen usw. sich äußernden Staatswillen im Einzelfall gegenüber Personen oder Sachen, notfalls durch Zwang, zur Durchsetzung zu verhelfen (vgl. RG **41** 88, BGH **25** 314, NJW **82**, 2081). Eine lediglich gesetzes*anwendende* Tätigkeit, wie z. B. der Erlaß von Bußgeldbescheiden oder Verwaltungsakten, reicht dafür nicht aus (vgl. v. Bubnoff LK 11), ebensowenig die schlichte Fürsorgetätigkeit eines Jugendamtsangestellten (Schleswig SchlHA/E-L **83**, 83). Jedoch braucht der betreffende Amtsträger nicht ausschließlich mit Vollstreckungsaufgaben betraut zu sein, wie z. B. Polizeiorgane, Gerichtsvollzieher u. dgl. Vielmehr genügt, daß zu seinen Aufgaben u. a. auch solche der Vollstreckung des Staatswillens gehören (vgl. Hamm NJW **74**, 1832). Geschützt sind daher auch Richter bei Ausübung der Sitzungspolizei (RG **15** 227) sowie Jugendrichter als Vollstreckungsleiter (D-Tröndle 2). Vgl. im übrigen auch u. 14.

c) Im übrigen werden drei Gruppen von Vollstreckungsbeamten unterschieden: α) Zur **Voll-** **11** **streckung von Gesetzen oder Rechtsverordnungen** sind solche Amtsträger berufen, die die Konkretisierung des abstrakten Gesetzesbefehls auf einen bestimmten Fall selbst vorzunehmen und selbständig Entschließungen zur unmittelbaren Verwirklichung des Gesetzeswillens zu fassen haben, wie z. B. in Eilfällen die Anwendung sofortigen Zwanges ohne vorausgegangene Grundverfügung durch die Polizei (vgl. z. B. § 6 II BVwVG, Art. 32 II BayPAG, § 28 II PolGNW). β) Zu den zur Vollstreckung von **Urteilen oder Gerichtsbeschlüssen** Berufenen gehören insbes. die Gerichtsvollzieher. γ) Um die Vollstreckung von **Verfügungen** schließlich geht es bei den (in der a. F. so bezeichneten) Befehlen und Anordnungen der Verwaltungsbehörden, insbes. also Verwaltungsakten in Form von Allgemein- oder Einzelverfügungen. Dabei können Erlaß und Vollstreckung der Verfügung in derselben Hand vereinigt sein, wie z. B. beim Haltegebot eines Polizisten an einen Kraftfahrer (vgl. BGH **25** 313 m. Anm. Krause JR 75, 118). Trotz des mißverständlichen Wortlauts kommen als Verfügungen auch solche von **Gerichten** in Betracht, wie z. B. der Vorführungsbefehl nach § 134 StPO, der in Form einer Verfügung ergeht und nach §§ 36 I, 161 StPO mit Hilfe der Polizei vollstreckt wird (vgl. K-Meyer § 134 RN 5). Daß die Verfügungen der Gerichte in der jetzigen Fassung nicht mehr ausdrücklich genannt sind, steht ihrer Einbeziehung nicht entgegen (vgl. v. Bubnoff LK 8). Dieser Aufspaltung in drei verschiedene Vollstreckungsgruppen kommt keine besondere Bedeutung zu; vielmehr kann derselbe Beamte, wie z. B. ein Polizist, zugleich zu allen drei Funktionen berufen sein.

2. Der durch § 113 geschützte Personenkreis wird ferner dadurch eingeschränkt, daß der zu **12** Vollstreckungshandlungen Berufene nicht schlechthin, sondern nur insoweit geschützt ist, als er sich auch **bei der Vornahme einer solchen Diensthandlung** befunden hat. Sonstige Diensttätigkeit fällt unter den allgemeinen Schutz des § 240 (vgl. Frankfurt NJW **73**, 1806).

a) In *gegenständlicher* Hinsicht bedeutet dies, daß der Vollstreckungsbeamte **in concreto** eine **13** der o. 10 f. beschriebenen **Vollstreckungstätigkeiten** ausüben muß, d. h. in einem bestimmten Fall der bereits konkretisierte Wille des Staates gegenüber bestimmten Personen oder Sachen verwirklicht werden soll (vgl. BGH **25** 314, KG StV **88**, 437, NStZ **89**, 121, D-Tröndle 9, Zielinski AK 17, ferner v. Bubnoff LK 8, 11, wo auch nicht genau genug zwischen dem allgemeinen Berufensein und der konkreten Vollstreckungshandlung unterschieden wird). Daher reicht die bloße Erfüllung allgemeiner Dienstpflichten, wie etwa der Streifengang von Soldaten im Kasernengelände (BGH GA **83**, 411) oder die keinem konkreten Einsatz dienende oder nur beobachtende Streifenfahrt, für sich allein nicht aus (vgl. Hamm JMBlNW **65**, 44, KG NStZ **89**, 121, Zweibrücken NJW **66**, 1807, v. Bubnoff LK 11), ebensowenig die allgemeine Ermittlungstätigkeit, wie z. B. Reifenkontrolle (Frankfurt NJW **73**, 1806), Radarüberwachung, die (nicht erzwingbare) Vernehmung eines Beschuldigten durch die Polizei (Bay NJW **62**, 2072 m. Anm. Dünnebier JR 63, 68, wohl aber das Festhalten zwecks Feststellung der Personalien: vgl. Köln NJW **82**, 296, aber auch StV **82**, 360); auch nicht präventiv-polizeiliche Maßnahmen wie die Begleitung eines Demonstrationszugs durch Polizeibeamte (KG StV **88**, 437). Ebensowenig genügt die bloße Verkehrsregelung durch Polizeibeamte, es sei denn, es handelt sich um ein Haltegebot gegenüber einem bestimmten verkehrswidrig handelnden Kraftfahrer (vgl. Hamm DAR **58**, 330, Köln VRS **35** 344) oder um konkrete erkennungsdienstliche Maßnahmen (vgl. AG Hamburg StV **85**, 364). Doch kann reine Ermittlungstätigkeit dadurch in Vollstreckungstätigkeit übergehen, daß aufgrund konkreter Verdachtsmomente gegen eine bestimmte (etwa einer Trunkenheitsfahrt verdächtige) Person (vgl. Koblenz VRS **56** 38) oder Sache (z. B. ein verkehrsunsicheres Fahrzeug) vorgegangen wird (vgl. Frankfurt NJW **74**, 572, Hamm NJW **73**, 1891), Gewalt gegen eine bestimmte Person abzuwehren ist (Bay JR **89**, 24 m. Anm. Bottke), die Rückgabe einer Sache an den Geschädigten veranlaßt werden soll (BGH NJW **82**, 2081) oder im Zug von Ermittlungen konkrete Abwehrmaßnahmen erforderlich werden (Schleswig

SchlHA/E-L **83**, 84); vgl. auch Köln MDR **76**, 67 (u. 33) zu Identifizierungsmaßnahmen durch Lichtbilder bei Demonstrationen. Noch weitergehend soll nach BGH **25** 313 (mit zust. Anm. Krause JR 75, 118 und krit. Anm. Ehlen/Meurer NJW 74, 1776) bereits das Anhalten zwecks allgemeiner Verkehrskontrolle ausreichen (ebenso Celle NJW **73**, 2215, Teubner DRiZ 75, 243); ähnlich zu Razzien KG NJW **75**, 887. Daß der Vollstreckungsbeamte gleichzeitig in Notwehr tätig wird, läßt die Hoheitlichkeit seines Handelns unberührt (Schleswig SchlHA/E-L **83**, 85).

14 Unter Berücksichtigung der vorgenannten Einschränkungen gehören **beispielsweise** zur Vollstreckungstätigkeit i. S. von § 113 Diensthandlungen von Polizeibeamten (KG JW **37**, 762, Koblenz DAR **73**, 219), und zwar auch solcher in Zivil (Hamburg VRS **24** 193), u. U. auch von Kriminalkommissaranwärtern (RG HRR **39** Nr. 1375), von Bahnpolizeibeamten (Köln NJW **82**, 296, StV **82**, 360), von Richtern in Angelegenheiten der Sitzungspolizei (RG **15** 227), von Steuer- und Zollbeamten (Bay **51** 377, Hamburg NJW **84**, 2898), Feldhütern (BGH GA **55**, 244), Volksschullehrern (RG **25** 90, **35** 183), vereidigten Vollziehungsbeamten des Wohnungsamtes (Hamm HESt **2** 216, LG Münster NJW **49**, 946), vor allem aber auch von Gerichtsvollziehern, und zwar auch bei Zustellungen auf Betreiben der Parteien (RG **41** 87), u. U. auch des Schlachthofdirektors bei polizeilichen Eilmaßnahmen (vgl. LG Verden NdsRpfl. **74**, 256).

15 b) Auch in *zeitlicher* Hinsicht muß sich der Amtsträger **bei der Vornahme** einer Vollstreckungshandlung befinden (Bay NJW **72**, 2072). Das bedeutet, daß die Vollstreckungstätigkeit bereits begonnen haben oder doch unmittelbar bevorstehen muß (RG **41** 89, 183, Stuttgart NJW **48**, 636, Bay **51**, 377, Hamm DAR **58**, 330) und noch nicht beendet sein darf (RG **3** 334). Das ist faustregelhaft der Fall, wenn und solange sich der Vollstreckungsbeamte im „Kontaktbereich" des Betroffenen (bzw. der zu vollstreckenden Amtshandlung) befindet (AG Tiergarten NJW **88**, 3218; vgl. auch Otto JR 83, 73).

16 Die Vollstreckung durch den Gerichtsvollzieher *beginnt* bereits mit dem Betreten der Wohnung des Schuldners (RG **22** 227) und *endet* u. U. erst mit Rückkehr zu dem am Rande des zu Vollstreckungszwecken betretenen Geländes abgestellten Fahrzeug (BGH NJW **82**, 2081 m. Anm. Otto JR 83, 72) bzw. mit dem Wegfahren (Bay MDR **88**, 517). Bei Polizeibeamten kann u. U. schon das Haltegebot Beginn der Vollstreckungstätigkeit sein (vgl. Hamm DAR **58**, 330, BGH **25** 313; dazu o. 13), nicht jedoch die Fahrt zum Einsatzort (AG Tiergarten NJW **88**, 3218). Gewalt oder Drohung zwecks Verhinderung *künftiger Vollstreckungshandlungen* fällt unter § 240, und zwar auch dann, wenn sie während einer Vollstreckungstätigkeit, gegen die der Täter sich nicht zur Wehr setzt, vorgenommen wird (Köln NJW **65**, 1192). Nach BGH **18** 133 m. Anm. Russ NJW 63, 1165 soll jedoch für § 113 auch der sog. *„vorweggenommene" Widerstand* ausreichen, der in Erwartung einer nahe bevorstehenden Vollstreckung vorgenommen wird und bis zu deren Durchführung fortwirkt (Verbarrikadieren eines Hauses zwecks Zugangsverhinderung; zust. D-Tröndle 9, v. Bubnoff LK 12, Horn SK 6, Zielinski AK 17). Zwar soll der dafür als maßgeblich angesehene Nötigungseffekt „bei" der Vollstreckungshandlung eintreten; jedoch fragt es sich, ob damit nicht einerseits der Privilegierungsbereich des § 113 (vgl. o. 3), andererseits aber vor allem dessen Gewaltbegriff (vgl. u. 42) zu weit ausgedehnt wird.

17 c) Dagegen wird der Charakter amtlicher Vollstreckungstätigkeit nicht etwa dadurch ausgeschlossen, daß die gleiche Handlung *rechtmäßigerweise auch von* **Nichtbeamten** vorgenommen werden könnte, wie z. B. eine vorläufige Festnahme nach § 127 I StPO oder die Verhinderung der Fortsetzung eines Hausfriedensbruchs (vgl. Hamm NJW **74**, 1831).

18 3. Ferner muß die Diensthandlung **rechtmäßig** sein. Gesetzestechnisch wird dieses Erfordernis zwar nicht bereits durch die Tatbestandsumschreibung von Abs. 1 positiv vorausgesetzt (so die a. F.), wohl aber ergibt es sich negativ aus **Abs. 3**, wonach Strafbarkeit nach § 113 entfällt, wenn die *Diensthandlung nicht rechtmäßig* ist. Damit ist die schon früher umstrittene **dogmatische Einordnung** des Rechtmäßigkeitserfordernisses kaum leichter geworden (vgl. zunächst o. 1).

19 Die Annahme einer *objektiven Bedingung der Strafbarkeit*, mit der die h. M. zu § 113 a. F. dem Täter die naheliegende Berufung auf einen diesbezüglichen Irrtum abzuschneiden versuchte (vgl. BGH **4** 161, **21** 361, Bay **64** 34, KG NJW **72**, 782, Maurach BT[5] Nachtr. II 12f., Schröder 17. A. RN 24, vgl. auch Blei II 398, Wessels II/1 S. 131), war mit ist dogmatisch schon deshalb nicht haltbar, weil die Rechtmäßigkeit der Amtshandlung nicht nur für das Strafbedürfnis (vgl. 124 vor § 13), sondern bereits für das Unrecht der Tat zumindest insofern von Bedeutung ist, als gegen rechtswidrige Amtshandlungen Notwehr nach allgemeinen Grundsätzen zulässig ist (vgl. u. 36; so auch schon zur a. F. BGH **4** 163, Bay NJW **54**, 1367, Celle NdsRpfl. **66**, 252; zur n. F. ebenso Stuttgart NJW **71**, 629, KG GA **75**, 213; and. Thiele JR 79, 398). Von daher scheint es nahezuliegen, in der Rechtmäßigkeit der Amtshandlung lediglich eine indirekte Verweisung auf die Rechtswidrigkeit des Widerstandes als allgemeines Verbrechensmerkmal bzw. auf die Möglichkeit einer *Rechtfertigung nach allgemeinen Grundsätzen*, insbes. nach § 32, zu sehen (vgl. Welzel 504, JZ 52, 19 sowie neuerdings Hirsch aaO 248ff.; vgl. o. 1). Doch abgesehen von der dem zugrundeliegenden (einseitigen) Ausweitung des

Schutzes auf unbeeinträchtigte Wahrnehmung staatlicher Aufgaben (vgl. o. 2), widerspricht einer solchen „Notwehreröffnungslösung" schon Abs. 3, der Straflosigkeit ohne Rücksicht auf die Erforderlichkeit der Abwehr (vgl. dagegen § 32 RN 38 ff.) und – insbes. auch für den tätlichen Angriff – ohne Rücksicht auf das Vorhandensein eines Verteidigungswillens (vgl. § 32 RN 63) vorsieht (krit. auch Dreher JR 84, 404 f.). Nichts anderes gilt, wenn man die Rechtmäßigkeit der Amtshandlung ihrerseits als *Rechtfertigungsgrund* ansieht (so wohl Niemeyer JZ 76, 314; dazu 19. A. RN 19). Schließlich soll nach Dreher (NJW 70, 1158, Heinitz-FS 221, Schröder-GedS 376 ff., JR 84, 401) durch Abs. 3 für den Fall der Unrechtmäßigkeit der Amtshandlung ein *Rechtfertigungsgrund eigener Art* geschaffen worden sein, der lediglich die Rechtswidrigkeit der Tat nach § 113 entfallen lasse, und – ähnlich wie § 22 I 2 WStG, jedoch im Gegensatz zur Notwehr – eines subjektiven Rechtfertigungselements nicht bedürfe (ebenso v. Bubnoff LK 23, D-Tröndle 10, 23, Paeffgen JZ 79, 521, Seebode aaO 83 ff., 109; i. E. ähnlich Lackner 7 a, Otto II 441). Doch auch dies vermag nicht voll zu überzeugen: Zum einen ist die dogmatische Einordnung des § 22 I WStG (Gehorsamsverweigerung gegenüber rechtswidrigem Befehl) – trotz der diesbezüglichen von Dreher (Schröder-GedS 378) angeführten h. M. – ebenso zweifelhaft wie die des § 113 III; zum anderen widerspricht der Gedanke eines auf § 113 beschränkten relativen Rechtfertigungsgrundes dem Grundsatz der Einheit der Rechtsordnung (vgl. 27 f. vor § 32) – eine Friktion, die auch Dreher selbst einräumt (vgl. NJW 70, 1158 FN 65). Überhaupt steht jede der vorgenannten reinen Rechtswidrigkeitslösungen noch zusätzlich vor der Schwierigkeit, die Gleichbehandlung von Rechts- und Tatsachenirrtum nach Abs. 4 erklären zu müssen, was vom Standpunkt der herrschenden eingeschränkten Schuldtheorie aus kaum möglich erscheint (vgl. auch v. Bubnoff LK 23, ferner M-Schroeder II 146, Rudolphi SK § 136 RN 30, aber auch Sax JZ 76, 430), weswegen Hirsch aaO 253 darin eine Anerkennung der strengen Schuldtheorie erblicken will (vgl. aber dagegen Dreher JR 84, 403).

Richtigerweise ist daher das Merkmal der Rechtmäßigkeit der Diensthandlung nicht erst auf **20** der systematischen Ebene der Rechtswidrigkeit bzw. Rechtfertigung des Widerstandes, sondern bereits von seiner rechtsguteinschränkenden Funktion her zu deuten: Nur am Schutz *rechtmäßiger* Vollstreckungshandlungen kann der Staat ein Interesse haben; daher liegt bei Widerstand gegen eine rechtswidrige Amtshandlung eine Verletzung des von § 113 (kumulativ neben der Person des Amtsträgers) geschützten Rechtsguts überhaupt nicht vor (grds. and. Hirsch aaO 246, Thiele JR 79, 398; vgl. auch § 240 RN 16), während ansonsten bei bloßer Rechtfertigung eines Verhaltens die Tatsache der Rechtsgutverletzung unberührt bleibt (vgl. 17 a. E. vor § 13). Geht man weiter davon aus, daß dem Tatbestand im Verbrechensaufbau die Aufgabe zukommt, die für das typische Unrecht einer Tat maßgeblichen Rechtsgutsverletzungen zu kennzeichnen (vgl. 15 ff., 45 vor § 13 mwN, Sax JZ 76, 15 f.; ähnlich bereits Gallas ZStW 67, 16 ff.), so muß die Rechtmäßigkeit der Vollstreckungshandlung als ein unrechtskonstitutives **Merkmal des Tatbestandes** verstanden werden (vgl. Sax aaO, Rudolphi SK § 136 RN 30, Zielinski AK 20; vgl. auch Dreher-FS 471). Um jedoch den Schutz des § 113 nicht leerlaufen zu lassen, entzieht Abs. 4 dieses Merkmal dem Vorsatzerfordernis und läßt insoweit Fahrlässigkeit genügen, die nach dessen S. 1 nicht nur in der Vermeidbarkeit eines diesbezüglichen Irrtums, sondern nach S. 2 auch darin liegen kann, daß der Täter sich spontan zur Wehr setzt, anstatt ihm zumutbare Rechtsbehelfe zu ergreifen. Demgemäß handelt es sich bei § 113 insgesamt um eine **Vorsatz-Sorgfaltswidrigkeits-Kombination,** ähnlich den erfolgsqualifizierten Delikten des § 18, deren Entstehungsgeschichte übrigens auch insofern eine Parallele aufweist, als bis zur Einführung des § 56 a. F. (§ 18 n. F.) die Tatfolge ebenso wie die Rechtmäßigkeit der Amtsausübung als objektive Bedingung der Strafbarkeit gegolten hatte (vgl. Hirsch LK[9] 189 vor § 51). Mit der Parallele in § 18 erledigt sich auch der Einwand von Dreher (Schröder-GedS 374), daß ein Tatbestandsmerkmal nicht dem Vorsatzerfordernis entzogen sein könne.

Freilich ist auch dadurch nicht jede *Ungereimtheit* ausgeräumt. Eine solche liegt jedoch (entgegen **20a** Rudolphi SK § 136 RN 30) nicht darin, daß Abs. 4 dem vorsatzausschließenden Irrtum einen etwaigen Verbotsirrtum hinsichtlich der Rechtmäßigkeit gleichstellt, sondern eher umgekehrt darin, daß auch einem diesbezüglichen Tatbestandsirrtum (vgl. § 16) lediglich auf der Strafzumessungsebene und zudem nach den für Verbotsirrtum geltenden Regeln (§ 17) Rechnung getragen wird (vgl. aber auch Sax JZ 76, 430 f., der insoweit stets Verbotsirrtum, andererseits Naucke aaO 475, der insoweit „spezialisierte Strafzumessungsgründe" annimmt, sowie Hirsch aaO 251 ff., der zwischen Rechtfertigungsirrtum und Entschuldigung wegen erregungsbedingter Notwehrüberschreitung differenziert). Dagegen kommt der ausdrücklichen Straffreiheitserklärung des „umgekehrten Irrtums" (vgl. § 22 RN 68) nach Abs. 3 S. 2 lediglich deklaratorische Bedeutung zu, da ein darin etwa liegender Versuch nach § 113 ohnehin nicht strafbar ist (vgl. auch u. 54). Dies spricht jedoch nicht gegen (so aber v. Bubnoff LK 21, Dreher Schröder-GedS 373), sondern stützt gerade die o. 20 vertretene „Tatbestandslösung". Als „unechter Unternehmenstatbestand" (vgl. o. 2) erfaßt § 113 zwar die erfolglos gebliebenen Tathandlungen, nicht jedoch die Fälle des Mangels am Tatbestand (vgl. § 11 RN 54, § 22 RN 67, Burkhardt JZ 71, 352, Sax JZ 76, 434; ungenau Niemeyer JZ 76, 315). Zu weiteren Vorsatz- bzw. Irrtumsfragen vgl. u. 50 ff. **Im einzelnen** gilt folgendes:

21   a) **Maßstab** für die Beurteilung der Diensthandlung ist nach h. M. ein sog. **strafrechtlicher Rechtmäßigkeitsbegriff**, der sich nach spezifisch strafrechtlichen Kriterien und insbes. unabhängig von den Regeln des Verwaltungsrechts bestimmt (vgl. BGH **4** 164, **21** 363, Bay JR **89**, 24, Celle NJW **71**, 154, Zweibrücken VRS **40** 192, Düsseldorf NJW **84**, 1571, Hamm GA **73**, 244, Karlsruhe NJW **74**, 2142, Köln NJW **75**, 890, NStZ **86**, 235, VRS **71** 185, Bay JZ **80**, 109, Blei II 398, v. Bubnoff LK 25, Wessels II/1 S. 132; vgl. auch BT-Drs. VI/502 S. 4). Danach soll es für die Rechtmäßigkeit der Diensthandlung weniger auf ihre „materielle Richtigkeit" als vielmehr auf ihre „*formale*" *Rechtmäßigkeit* ankommen (D-Tröndle 11 mwN). Ohne Rücksicht auf das jeweilige sachliche Recht soll diese regelmäßig nur abhängig sein „von der sachlichen und örtlichen Zuständigkeit des Beamten zum Eingreifen, von den gesetzlichen Förmlichkeiten ..., von dem vom zuständigen Vorgesetzten erteilten Auftrag (Befehl) oder ... von der Ordnungsmäßigkeit der Ermessensausübung" des aus eigenem Entschluß handelnden Amtsträgers (BGH **4** 164; vgl. auch BGH **24** 132).

22   Diesem an sich richtigen Grundansatz kann jedoch nur **mit Einschränkungen** gefolgt werden (krit. bis grds. abl. u. a. auch Rostek NJW 75, 863, Schellhammer NJW 72, 319, Schünemann JA 72, 704, 775, Thiele JR 75, 353; 79, 399 f., ferner Backes/Ransiek JuS 89, 627 ff., Benfer NStZ 85, 255, Roxin Pfeiffer-FS 48 ff., Zielinski AK 22; vgl. auch M-Schroeder II 144; zu weitgehend in der *Bindung an das Verwaltungsrecht* jedoch Meyer NJW 72, 1845 u. 73, 1074, Wagner JuS 75, 226, wenn damit nur nichtige Staatsakte unrechtmäßig sein sollen [dagegen Günther NJW 71, 399, Schünemann aaO 709]; demgegenüber kommt Ostendorf JZ 81, 165 ff. trotz seines verwaltungsrechtlichen Ansatzes zu weitgehend gleichen Ergebnissen wie hier, wenn er bloße Formalverstöße für unerheblich erklärt, trotz rechtswidrigen „Grundakts" die Anknüpfung an einen rechtmäßigen „Vollzugsakt" zuläßt, eine „Rechtmäßigkeitsbandbreite" einräumt und teils auf die bloße Vollziehbarkeit abhebt). Was zum einen die *Unerheblichkeit des sachlichen Rechts* betrifft, so ist zwar richtig, daß die Rechtmäßigkeit z. B. einer Zwangsvollstreckung nicht von der materiellen Begründetheit des zugrundeliegenden Titels abhängt, sondern es lediglich auf die Einhaltung der (formellen) Vollstreckungsregeln ankommt (vgl. etwa §§ 704 ff. ZPO). Dies ist jedoch nicht als grundsätzliche Irrelevanz des sachlichen Rechts zu verstehen, sondern ergibt sich lediglich – ähnlich wie etwa bei der formellen Bestandskraft von Verwaltungsakten – aus der Bindungswirkung der zu vollziehenden Entscheidung (vgl. u. 32). Was zum anderen das angebliche „*Ermessen*" des Vollstreckungsbeamten anbelangt, so wird dabei verkannt, daß es allenfalls in den seltenen Fällen, in denen dem Vollstreckungsbeamten ein „Handlungsermessen" eingeräumt ist (z. B. hinsichtlich der Auswahl zwischen mehreren pfändbaren Objekten), ein „echtes" Ermessen geben kann, hinsichtlich der *Eingriffsvoraussetzungen* jedoch lediglich ein gewisser **Beurteilungsspielraum** in Betracht kommt (vgl. Wolff/Bachof, Verwaltungsrecht I^9 183 f., Küper JZ 80, 635 f., Schünemann JA 72, 708, aber auch Thiele JR 81, 30): Unabhängig von den verwaltungsrechtlichen Kriterien für die Zuerkennung eines solchen Beurteilungsspielraums (vgl. Kopp, VwGO^8, § 114 RN 23 ff.), die hier wohl nur ausnahmsweise vorliegen dürften, wie auch über den Fall hinaus, daß ein Vollstreckungsbeamter schon von Gesetzes wegen auf Verdacht hin eingreifen darf (vgl. u. 30), ist danach eine Diensthandlung so lange als rechtmäßig anzusehen, als sich der Amtsträger bei Beurteilung der Eingriffsvoraussetzungen im Rahmen des in der Vollstreckungssituation noch Vertretbaren gehalten hat, mag auch ein Gericht aufgrund nachträglicher Prüfung zu einer anderen Auffassung gelangen (zust. Paeffgen JZ 78, 742; vgl. auch Wolff/Bachof aaO 190 ff., ferner BGH NJW **70**, 1543). In diesem Sinne dürfte auch BGH **21** 363 zu verstehen sein, wenn die Rechtmäßigkeit der Amtshandlung davon abhängig gemacht wird, ob der Amtsträger angesichts der ihm bekannten und erkennbaren Umstände zur Annahme der Eingriffsvoraussetzungen gelangen „durfte". Daher betrifft die Kritik an der Rspr. weniger ihre Sachergebnisse als vielmehr den mißverständlichen Gebrauch des Ermessensbegriffes (vgl. auch u. 27).

23   b) Demgemäß hat die Rechtmäßigkeit der Diensthandlung folgende **Voraussetzungen:**

24   aa) Der Amtsträger muß zu der betreffenden Handlung **sachlich zuständig** sein, d. h., daß sie in den Kreis seiner Amtsgeschäfte gehört (vgl. o. 10 f.). So ist z. B. der Richter zwar zu sitzungspolizeilichen, nicht aber zu allgemeinen polizeilichen Maßnahmen zuständig, ebensowenig zur Pfändung beweglicher Sachen; dies ist allein Sache des Gerichtsvollziehers. Ähnlich gehört die Durchsetzung privatrechtlicher Ansprüche regelmäßig nicht zum Geschäftskreis der Polizei (RG **29** 201, **40** 215; and. Stuttgart Justiz **72**, 156). Zur Zuständigkeit von Soldaten und zivilen Wachpersonen vgl. § 1 UZwGBw (o. 8). Wer als Hilfsbeamter der Staatsanwaltschaft zu entsprechenden Maßnahmen nach der StPO (vgl. §§ 81a, 81c, 98, 132 StPO) zuständig ist, ergibt sich aus § 152 II GVG i. V. m. den jeweiligen landesgesetzlichen Regelungen (vgl. die Übersicht bei K-Meyer § 152 GVG 6; zur Erforderlichkeit entsprechender Feststellungen zum Dienstrang vgl. Schleswig StV **83**, 204). Soweit die Diensthandlung in den Zuständigkeitsbereich des Vollstreckungsbeamten gehört, wird sie nicht deshalb unrechtmäßig, weil sie etwa außerhalb der eigentlichen Dienstzeit (z. B. von einem „dienstfreien" Polizeibeamten) vorgenommen wird (vgl. Neustadt JR **59**, 28, Hamburg NJW **76**, 2174).

25   Erforderlich ist ferner die **örtliche Zuständigkeit** des Amtsträgers (BGH **4** 112, Bay NJW **54**, 362, Hamm NJW **54**, 206, Koblenz MDR **87**, 957, D-Tröndle 12; and. Braunschweig NdsRpfl.

57, 90). Sie ist regelmäßig auf den Amtsbezirk des betreffenden Beamten beschränkt, so z. B. bei der Bahnpolizei auf das Bahngebiet (BGH **4** 112, Bay **53**, 195, Celle VRS **27** 440, Schleswig MDR **83**, 249), zu denen aber Bahnhofsvorplätze idR nicht gehören (vgl. Oldenburg NJW **73**, 291, Hamm NJW **73**, 2117, Stuttgart VM **73**, 67, D-Tröndle 12; and. noch BGH **21** 361; vgl. auch Dernbach NJW **75**, 679). Im übrigen jedoch ist die Zuständigkeit der Polizei regelmäßig nicht an Amtsbezirke, sondern an die Landesgrenzen (BGH **4** 112, Koblenz MDR **87**, 957) bzw. bei der Kommunalpolizei an die Gemeindegrenzen (Bay **60**, 40) gebunden (überholt RG **71** 123; vgl. v. Bubnoff LK 29). Ausnahmen davon finden sich in § 167 GVG für die sog. Nacheile sowie in landesrechtlichen Vorschriften für sonstige Eilfälle (z. B. § 65 PolG-BW; vgl. auch Bay **60**, 40), möglicherweise auch in Grenzabkommen (vgl. Koblenz MDR **87**, 957).

bb) Soweit der Beamte gerichtliche oder behördliche Entscheidungen mit Außenwirkung **26** (Urteile, Beschlüsse, Verfügungen: vgl. o. 11) zu vollstrecken hat, kommt es zwar regelmäßig auf deren sachliche Richtigkeit nicht an (vgl. BGH MDR **64**, 71, Kiel SJZ **47**, 329 m. krit. Anm. Arndt, v. Bubnoff LK 31; vgl. auch o. 22 sowie u. 32); wohl aber müssen die zum Schutz des Betroffenen **wesentlichen Förmlichkeiten** gewahrt sein (Bay JZ **80**, 109, ferner o. 21). Wesentlich ist z. B. bei der Zwangsvollstreckung das Vorliegen eines vollstreckbaren Titels nebst Vollstreckungsklausel sowie die Zustellung des Urteils (§§ 704, 724, 750 I ZPO; vgl. RG **16** 275, Hamm JMBlNW **65**, 9, Niemeyer JZ 76, 316), weiter die Zuziehung von Zeugen nach § 759 ZPO (RG **7** 370, **24** 390, BGH **5** 93, Hamburg JR **55**, 272 [Taschenpfändung], Hamm MDR **51**, 440, M-Schroeder II 142, Oppe MDR 61, 196, Baumbach/Lauterbach ZPO⁴⁷ § 759 Anm. 2). Gleiches muß dann aber auch für die Zuziehung von Durchsuchungszeugen nach § 105 II StPO gelten (Bay JZ **80**, 109 m. Anm. Küper S. 633, Schleswig SchlHA/E-L **85**, 116, D-Tröndle 13; and. Stuttgart NJW **71**, 629; krit. dazu Küper NJW 71, 1681; vgl. auch Born JR 83, 52). Wesentlich ist ferner das Vorzeigen des Haftbefehls nach § 909 S. 2 ZPO (Düsseldorf JMBlNW **65**, 271) bzw. nach § 114a StPO (Köln JMBlNW **65**, 151) sowie die Eröffnung eines Vorführungsbefehls nach § 134 StPO (BGH NStZ **81**, 22, Stuttgart Justiz **82**, 339; vgl. auch Lemke NJW 80, 1494). Entsprechend ist bei Identifizierungsmaßnahmen der dafür maßgebliche Grund (wie insbes. das zur Last gelegte Fehlverhalten) zu eröffnen (Köln StV **82**, 359; vgl. zur Bekanntgabe einer Begründung auch Koblenz DAR **73**, 219, Schleswig SchlHA **78**, 184, SchlHA/E-L **85**, 116). Bei Anwendung unmittelbaren Zwanges ist idR dessen vorherige Androhung erforderlich (AG Schwandorf NStZ **87**, 280, StV **87**, 299). Für Vollstreckungsmaßnahmen zur Nachtzeit ist gem. § 761 I ZPO eine richterliche Erlaubnis und nicht nur die eines Rechtspflegers erforderlich (KG GA **75**, 213). Zum Nichtwidersprechen des Betroffenen als wesentliche Förmlichkeit beim Verwarnungsverfahren vgl. Düsseldorf NJW **84**, 1571. Um aufgrund eines Formfehlers als rechtswidrig zu gelten, muß die Vollstreckungshandlung nicht unbedingt nichtig sein (vgl. Thiele JR 75, 355, Schünemann JA 72, 709 sowie o. 22). *Unerheblich* ist die Verletzung rein *innerdienstlicher* Vorschriften, wie z. B. über die Dienstkleidung (RG **17** 122, **25** 112, D-Tröndle 13, v. Bubnoff LK 30) oder über die Reihenfolge von Alkoholtest und Blutentnahme, sofern letzteres nicht unverhältnismäßig ist (Köln NStZ **86**, 235). Insgesamt wird eine Verletzung wesentlicher Förmlichkeiten um so eher anzunehmen sein, als diese durch ein nachträgliches Rechtsmittel nicht mehr adäquat kompensiert werden kann.

cc) Soweit der Amtsträger die sachlichen *Eingriffsvoraussetzungen selbst zu beurteilen* hat, **27** kommt es darauf an, ob er in der Vollstreckungssituation bei **pflichtgemäßer Würdigung** der ihm bekannten und erkennbaren Umstände *zur Annahme* der Vollstreckungsvoraussetzungen *gelangen durfte*. Das ist jedoch nicht so zu deuten, als ob schon allein die von subjektiver Schuld und Willkür freie Prüfung und Entscheidung als solche genüge (wie etwa BGH **21** 363 mißverstanden werden könnte: vgl. auch Köln NJW **75**, 890, Küper JZ 80, 635); rechtmäßig i. S. von § 113 wird die Vollstreckungshandlung vielmehr erst dann, wenn der Beamte aufgrund sorgfältiger Prüfung in der Annahme gehandelt hat, zu der Amtshandlung berechtigt und verpflichtet zu sein (insoweit ebenso bereits RG **72** 311, ferner BGH **4** 164, **21** 363, VRS **39** 186, Bay **51**, 356, Braunschweig MDR **51**, 629, Celle NdsRPfl. **66**, 252, NJW **71**, 154, LG Bonn NStZ **84**, 169, v. Bubnoff LK 32, M-Schroeder II 142, Oppe MDR 61, 137), wobei jedoch vorauszusetzen ist, daß sich die dabei erreichte Entscheidung noch im Rahmen des objektiv Vertretbaren hält (vgl. Küper JZ 80, 636), und zwar insbes. auch innerhalb der Verhältnismäßigkeit (Köln NStZ **86**, 235, VRS **71** 184, AG Hamburg StV **85**, 364). Denn ebensowenig wie einerseits die Rechtmäßigkeit der Diensthandlung eine tatsächliche Prüfung und Würdigung voraussetzt, eine an sich rechtmäßige Diensthandlung also nicht schon wegen mangelnder Ermessensausübung bzw. wegen fehlender Prüfung rechtswidrig wird (vgl. Stuttgart NJW **71**, 629, Bay JZ **80**, 109 m. zust. Anm. Küper S. 636 f. u. krit. Anm. Thiele JR 81, 30, ferner M-Schroeder II 143), kann anderseits ebensowenig für die Rechtmäßigkeit der Diensthandlung schon das individuelle Prüfungsbemühen genügen. Entscheidend muß vielmehr sein, daß sich der Amtsträger bei Beurteilung der Eingriffsvoraussetzungen unter Berücksichtigung der ihm erkennbaren

Umstände noch im Rahmen des vertretbaren *Beurteilungsspielraums* gehalten hat, mögen auch nachträgliche Überprüfungen die sachliche Unrichtigkeit seiner Annahme ergeben (vgl. o. 22). Stattdessen die Rechtmäßigkeit der Diensthandlung lediglich von einer gewissenhaften Prüfung im Rahmen der *individuellen* Fähigkeiten des jeweiligen Amtsträgers abhängig zu machen, hieße die staatlichen Eingriffsbefugnisse nach dem intellektuellen Niveau des betreffenden Vollstreckungsbeamten zu bestimmen. Entscheidend ist daher der **objektive Maßstab** dessen, was man von einem verständigen Beamten der betreffenden Kategorie in einer derartigen Situation verlangen kann (vgl. § 15 RN 133), wobei freilich angesichts des Entscheidungszwanges, dem der Amtsträger ausgesetzt sein kann, die Anforderungen nicht überspannt werden dürfen (vgl. v. Bubnoff LK 32).

28 α) Mit dieser Einschränkung kann auch bei **irriger** Annahme von Umständen, die gegebenenfalls den Amtsträger berechtigen oder gar verpflichten würden, die betreffende Diensthandlung rechtmäßig sein (so jedenfalls hinsichtlich **tatsächlicher** Voraussetzungen RG **35** 210, **44** 353, BGH **24** 127, 130 m. Anm. Wedemeyer NJW 71, 1902, BGH VRS **38** 115, Bay **54**, 59, NJW **65**, 1088): so z. B. bei der Festnahme eines Unschuldigen, der einem Gesuchten sehr ähnlich sieht (vgl. Prot. V 2923, D-Tröndle 14), ebenso bei der Pfändung von Sachen, die der Gerichtsvollzieher irrig als im Gewahrsam des Schuldners stehend (RG **61** 297, D-Tröndle 14; vgl. weiter RG **67** 353, KG JW **37**, 762) oder entgegen § 811 ZPO als pfändbar ansieht (RG **19** 164). Das gilt jedoch nur insoweit, als der Irrtum *objektiv* nicht ohne weiteres vermeidbar erscheint (was aber in BGH **24** 127 durchaus nahelag; vgl. ferner RG **72** 311, BGH **21** 363, Bay JR **89**, 24 m. Anm. Bottke, Hamm VRS **26** 436, GA **73**, 245, Celle NdsRpfl. **66**, 252, NJW **71**, 154, Schleswig SchlHA **78**, 184, v. Bubnoff LK 33, wo jedoch mißverständlich ein „grobes Verschulden" gefordert wird).

29 β) Fraglich ist, inwieweit diese Grundsätze über den reinen Tatsachenirrtum hinaus auch für **Rechtsirrtümer** des Amtsträgers gelten können. Während die h. M. die Amtsausübung als unrechtmäßig ansieht, wenn der Beamte aus Unkenntnis oder infolge falscher Auffassung der für ihn maßgeblichen Vorschriften seine Befugnis zum Handeln aus Rechtsgründen für gegeben hält (RG **30** 350, Hamm NJW **51**, 771, JMBlNW **59**, 222, VRS **26** 436, KG GA **75**, 214, Koblenz MDR **87**, 958, D-Tröndle 14, Lackner 5 c dd, Wessels II/1 S. 133), will die Mindermeinung den Tatsachen- und Rechtsirrtum völlig gleich behandeln (v. Bubnoff LK 34, Stratenwerth, Verantwortung und Gehorsam [1958] 190; vgl. auch Celle NdsRpfl. **66**, 251, Arzt/Weber V 48, M-Schroeder II 143, Zielinski AK 23). Richtigerweise wird jedoch der allgemeinen *Abgrenzung* zwischen *Tatumstands-* und *Verbotsirrtum* entsprechend (dazu § 16 RN 14ff., 19ff., § 17 RN 10ff.) Rechtmäßigkeit der Diensthandlung jedenfalls dann noch anzunehmen sein, wenn der Gerichtsvollzieher lediglich aufgrund irrtümlicher Auslegung eines schwerverständlichen Titels pfändet (and. Köln NJW **75**, 889) oder der Polizeibeamte eine Person vorläufig festnimmt, deren Handlung er rechtsirrig für strafbar hält (vgl. BGH **15** 210). *Unrechtmäßig* wird die Diensthandlung dagegen dann, wenn der Amtsträger in Verkennung der allgemeinen Voraussetzungen oder Grenzen seiner Befugnisse tätig wird (Erlaubnisnorm- bzw. -grenzirrtum): so z. B. bei einer Zwangsvollstreckung zur Nachtzeit ohne richterliche Erlaubnis (vgl. KG GA **75**, 213) oder bei einer Handlung, für die schon per se eine Rechtsgrundlage nicht vorhanden ist (vgl. Hamm GA **73**, 244, dazu Blei JA 73, 677 sowie u. 31; vgl. auch 86 vor § 32). Rechtswidrig bleibt in solchen Fällen die Diensthandlung auch dann, wenn sie aus anderen als den in concreto angenommenen Gründen zulässig wäre, so wenn z. B. die (nach § 46 III OWiG unzulässige) Verhaftung wegen einer Ordnungswidrigkeit stattdessen auf einen Haftbefehl aufgrund anderweitigen Tatverdachts gegen den Täter hätte gestützt werden können (vgl. aber Bay **64** 34).

30 γ) Dagegen bedarf es weder eines Rückgriffs auf *Irrtums*grundsätze noch einer Zuflucht zu einem strafrechtlichen Rechtmäßigkeitsbegriff (vgl. o. 22), wenn der Amtsträger schon kraft Gesetzes aufgrund eines **Verdachts** oder einer **Prognose** zum Eingreifen befugt oder gar verpflichtet ist (vgl. Küper JZ 80, 637, Ostendorf JZ 81, 173, Roxin aaO 50f.), wie z. B. aufgrund von Tatverdacht und Fluchtgefahr bei § 112 StPO, einer Festnahme nach § 127 II StPO oder beim Verlangen einer Blutprobe nach § 81a StPO wegen Verdachts eines Trunkenheitsdelikts (vgl. Hamm JMBlNW **61**, 296 sowie u. 34), ebenso bei der polizeirechtlichen Gefahrenabwehr (vgl. Bremen NJW **77**, 158 m. Anm. Thomas S. 1072). In solchen Fällen ist die Diensthandlung schon aufgrund objektiv hinreichenden Verdachts bzw. Gefahrmoments rechtmäßig, mögen sich diese Annahmen auch nachträglich als unbegründet erweisen (vgl. auch o. 22).

31 dd) Bei **Handeln auf Befehl** eines Vorgesetzten **oder im Auftrag** einer weisungsbefugten Behörde (wie etwa des Staatsanwalts oder Gerichtsvollziehers gegenüber polizeilichen Hilfsorganen nach § 152 GVG bzw. § 758 III ZPO) ist der Vollzugsakt jedenfalls dann unstreitig rechtmäßig, wenn die Weisung ihrerseits nach den o. 23–30 genannten Grundsätzen rechtmäßig ist (Lackner 5 c ee): nämlich wenn der Weisungsgeber sachlich und örtlich zuständig war und die

Weisung sich im Rahmen der wesentlichen Förmlichkeiten sowie innerhalb des objektiv vertretbaren Beurteilungsspielraums hält. Darüberhinaus soll nach h. M. selbst bei Rechtswidrigkeit der Weisung der Vollzugsakt rechtmäßig sein, wenn der Vollzugsbeamte die Weisung im Vertrauen auf ihre Rechtmäßigkeit in gesetzlicher Form vollzieht (RG **55** 161, **58** 193, **59** 353, BGH **4** 161, KG NJW **72**, 781, Karlsruhe NJW **74**, 2142, Köln NJW **75**, 889, v. Bubnoff LK 35), es sei denn, daß die Weisung offensichtlich rechtswidrig ist oder der Vollzugsbeamte den Irrtum seines Weisungsgebers erkennt (Bay DAR **65**, 275, KG NJW **72**, 781), ohne daß er aber deswegen jeweils zu einer Überprüfung der Weisung berechtigt, geschweige verpflichtet wäre (BGH **4** 162, KG aaO, Karlsruhe NJW **74**, 2143). Demzufolge soll nach Köln NJW **75**, 889 der Vollstreckungsschuldner zwar dem rechtswidrig anweisenden Gerichtsvollzieher, nicht aber dem auf die Rechtmäßigkeit der Weisung vertrauenden Polizeibeamten Widerstand leisten dürfen (zust. v. Bubnoff aaO.; vgl. auch Hamm GA **73**, 244 m. abl. Anm. Blei JA **73**, 677 f.). Dieser pauschalen Privilegierung des blindlings gutgläubigen Vollzugsbeamten kann in dieser Allgemeinheit nicht gefolgt werden (vgl. auch die Kritik von Ostendorf JZ **81**, 173, Rostek NJW **72**, 1335; **75**, 862, Thiele JR **75**, 358, Zielinski AK 25). Vielmehr wird folgendermaßen zu differenzieren sein: α) Ist die Weisung deshalb rechtswidrig, weil es bereits an der rechtlichen Zulässigkeit einer Maßnahme der angeordneten Art fehlt (wie etwa bei einer gesetzlich unzulässigen Zwangsinjektion oder einer Tötung von Kriegsgefangenen), so kann auch der Vollzugsakt schlechterdings nicht rechtmäßig sein, und zwar ohne Rücksicht darauf, ob der Vollzugsbeamte auf die Rechtmäßigkeit des Befehls vertraut oder nicht (vgl. 89 vor § 32 mwN). β) Fehlt es dagegen lediglich an Einzelvoraussetzungen einer an sich zulässigen Maßnahme (wie etwa an einem Haftgrund nach § 127 II StPO) und steht der Vollzugsbeamte in einem echten Untergebenenverhältnis zum Weisungsgeber, so ist der Vollzugsakt nur dann rechtswidrig, wenn dem Vollzugsbeamten der Irrtum auch ohne besondere Prüfung der Sach- und Rechtslage erkennbar ist (vgl. 87 vor § 32). γ) Soweit im übrigen der Beauftragte nicht in einem strengen Untergebenenverhältnis zum Auftraggeber steht, ist der Vollzug eines rechtswidrigen Auftrags nur dann als rechtmäßig zu betrachten, wenn der Vollzugsbeamte trotz der ihm den Umständen nach möglichen und auch tatsächlich vorgenommenen Prüfung den Rechtmäßigkeitsmangel des Auftrags nicht erkennen konnte (für eine begrenzte Prüfungspflicht auch v. Bubnoff LK 35, D-Tröndle 15). Danach ist in dem o. g. Fall von Köln NJW **75**, 889 zwar nicht in der Begründung (so aber offenbar v. Bubnoff aaO), wohl aber i. E. zuzustimmen, wenn man davon ausgeht, daß der Polizeibeamte ohnehin keine Prüfungsmöglichkeit hatte, zumal da hinzukommt, daß möglicherweise bereits der Gerichtsvollzieher einem Tatumstandsirrtum erlag und damit bereits sein Auftrag rechtmäßig war (vgl. o. 28 f.).

ee) Nicht zu verwechseln mit den vorgenannten Fällen bloßen Befehls- bzw. Auftragsvollzugs ist die Vollstreckung von **mit Außenwirkung ergangenen Entscheidungen**, die selbständig anfechtbar sind: so z. B. Urteile, Beschlüsse, Verwaltungsakte wie auch Durchsuchungs- und Haftbefehle (vgl. Hamburg NJW **84**, 2900). In solchen Fällen wird der Vollstreckungsakt bereits durch die zu vollstreckende Entscheidung kraft ihrer Tatbestandswirkung gedeckt (vgl. Wolff/Bachof, VerwaltungsR[9] I 92 f.), auch wenn sie selbst der Sach- und Rechtslage nicht entspricht (vgl. BGH MDR **64**, 71, Kiel SJZ **47**, 329 m. krit. Anm. Arndt, v. Bubnoff LK 31). Soweit diese Tatbestandswirkung reicht, besteht daher auch keinerlei Raum für eine Eigenbeurteilung durch den Vollstreckungsbeamten (Arzt/Weber V 45), es sei denn, daß die Entscheidung offensichtlich nichtig ist. Das gilt auch für staatliche Akte mit provisorischem Charakter, wie z. B. vorläufig vollstreckbare Urteile oder nach § 80 II, III VwGO sofort vollziehbare Verwaltungsakte, solange diese nicht im Rechtsmittelweg aufgehoben worden sind (vgl. auch o. 22). Jedoch sind dabei stets die vollstreckungsregelnden Vorschriften zu beachten (vgl. Thiele JR **75**, 346). Speziell zur Vollstreckung von Haft- und Vorführungsbefehlen in der Wohnung des Betroffenen vgl. BGH NStZ **81**, 22, Frankfurt NJW **64**, 785, Kaiser NJW **64**, 759.

ff) *Insbes. bei polizeilichen Vollstreckungsmaßnahmen* sind noch folgende **Besonderheiten** zu beachten: Die Polizei darf Eingriffe in die persönliche Freiheit auch aufgrund landesrechtlicher Vorschriften vornehmen (vgl. Bay NJW **89**, 1815, Stuttgart Justiz **72**, 156). Soweit jedoch die StPO als Bundesrecht für das Strafverfahren die Voraussetzungen der Freiheitsentziehung regelt (z. B. zur Sicherstellung des Beschuldigten nach §§ 114, 127 StPO), ist eine weitergehende landesrechtliche Regelung ausgeschlossen (konkurrierende Gesetzgebung: vgl. BGH NJW **62**, 1021, Schleswig SchlHA **78**, 184). Daher handeln Polizeibeamte nicht rechtmäßig, wenn sie einen Verdächtigen nicht gem. § 127 StPO, sondern auf Grund landesrechtlicher Bestimmungen (z. B. § 11 PolGNW) vorläufig festnehmen (vgl. BGH aaO). Soweit es sich dagegen um die Erfüllung sonstiger polizeilicher Aufgaben handelt (z. B. Gefahrenabwehr: vgl. KG JW **37**, 762 sowie Bay NJW **89**, 1815 m. Anm. Bottke JR **89**, 475 zur Verhinderung einer Selbsttötung), sind Einschränkungen der persönlichen Freiheit auf Grund Landesrechts (Nachw. dazu bei v. Bubnoff LK 37) z. B. zum Zwecke der Personalienfeststellung (dazu Bremen NJW **77**, 158 mit krit. Anm. Thomas S. 1072) auch dann zulässig, wenn die Maßnahme

§ 113 34, 35   Bes. Teil. Widerstand gegen die Staatsgewalt

zugleich der Strafverfolgung dient. So liegt rechtmäßige Amtstätigkeit vor, wenn die Polizei eine Person zur Wache mitnimmt, weil die Feststellung ihrer Personalien auf offener Straße unangemessen erscheint (z. T. ungenau RG 27 156, JW 35, 3393, Bay 57, 222, 59, 38, Hamburg JR 64, 392, Hamm JMBlNW 60, 192: Personenfeststellung durch Bahnbeamte; vgl. auch Koblenz VRS 45 110). Personen, die sich ausgewiesen haben, dürfen darum, sofern nicht die Voraussetzungen der §§ 127 II, 163b StPO vorliegen, auch nicht zwangsweise zur Wache gebracht werden, weil Zweifel an ihren Berufsangaben bestehen (Bay MDR 64, 617) oder weil sie Aussagen zur Sache verweigern (vgl. Schleswig NJW 56, 1570, Hamm GA 73, 244); ebenso, wenn die Personalien diese Verweigernden auf andere zumutbare Weise erlangt werden können (Hamm NJW 78, 231). Vgl. auch Hamburg MDR 64, 778. Ein Tatverdächtiger darf auch nicht zwecks Klärung der Täterschaft zum Tatort gebracht werden (Hamm JMBlNW 65, 198, AG Tiergarten StV 88, 438). Unrechtmäßig ist auch eine Festnahme, wenn der Grundsatz der Verhältnismäßigkeit gem. §§ 112 I 2, 127 II StPO verletzt ist (vgl. auch Naucke SchlHA 66, 97 ff.). Aufgrund des Festnahmerechts nach § 164 StPO ist eine Maßnahme rechtmäßig, sofern sie erforderlich ist, um den Widerstand gegen die Amtshandlung zu brechen (Celle MDR 55, 692; vgl. auch Bay 62, 316). Zum Festnahmerecht der Polizei auf Grund des GeschlKrG vgl. Köln GA 66, 344. Gegen das Fotografieren eines Polizeieinsatzes soll zur Abwendung eines drohenden Verstoßes gegen §§ 33, 22, 23 KUrhG das Festhalten zwecks Identitätsfeststellung zulässig sein (Bremen NJW 77, 158, Celle NJW 79, 57 m. zust. Anm. Teubner JR 79, 424; vgl. aber demgegenüber Franke NJW 81, 2033 ff., Paeffgen JZ 79, 516 ff.; krit. auch Thomas NJW 77, 158, Dittmar NJW 79, 1311). Dann aber erscheint umgekehrt die (von BGH NJW 75, 2075, JZ 78, 762 bejahte) Zulässigkeit des Fotografierens z. B. von Demonstranten durch die Polizei zumindest zweifelhaft (krit. auch Paeffgen JZ 78, 738). Eine ausdrückliche Ermächtigungsgrundlage für das Fotografieren von Versammlungsteilnehmern findet sich jetzt allerdings in §§ 12a, 19a VersG (vgl. Kunert/Bernsmann NStZ 89, 456 f.).

34 Streitig ist, ob eine **Blutentnahme** (§ 81a I StPO) zur Feststellung des Alkoholgehalts (z. B. bei Verdacht einer Tat nach § 316) auch in der Weise durch *unmittelbaren Zwang* durchgeführt werden kann, daß der Betroffene *zum Arzt* (nicht Medizinalassistenten: vgl. BGH 24 125, Bay NJW 65, 1088, 66, 415, Hamm DAR 64, 221, NJW 65, 2019, Köln NJW 66, 416) verbracht wird. Da § 81c StPO die Anwendung unmittelbaren Zwangs vorsieht, der die Verbringung zum Untersuchungsort (u. U. auch Polizeiwache, Köln NJW 66, 417; vgl. auch Kleinknecht NJW 64, 2184) umfaßt (vgl. Müller-KMR § 81c StPO 38), ist davon auszugehen, daß auch § 81a StPO eine solche Zwangsmaßnahme erlaubt (nicht dagegen bei eigenen Tests der Polizeibeamten: vgl. BGH VRS 39 185, MDR/D 70, 897, Bay 63 15), wobei die dafür erforderliche Anordnung, nachdem § 81a StPO die Beschränkungen des § 81c VI StPO nicht enthält, bei Gefahr im Verzug von jedem *Hilfsbeamten der Staatsanwaltschaft* getroffen werden kann (Bay NJW 64, 459 m. Anm. Dünnebier JR 64, 149 u. Tiedemann JZ 64, 625, Saarbrücken NJW 59, 1191, Schleswig NJW 64, 2215, Bremen NJW 66, 743, Köln VRS 71 184, Kleinknecht NJW 64, 2181 ff.; vgl. auch Bay NJW 57, 272, 63, 772, Hamm JMBlNW 65, 198, Oldenburg NdsRpfl. 66, 199, Koblenz DAR 73, 219; and. Naucke SchlHA 63, 183, Geerds SchlHA 64, 61, GA 65, 331). Für Anordnungen gemäß §§ 81a, 132 StPO bei der Verfolgung von Ordnungswidrigkeiten vgl. § 53 II OWiG. Dagegen steht sonstigen Polizeibeamten diese Zwangsbefugnis nicht zu (Kohlhaas DAR 60, 254, Kleinknecht NJW 64, 2186; and. Kaiser NJW 64, 580). Diese dürfen den Beschuldigten auch nicht zur Polizeiwache verbringen, um dort die Anordnung von einem zuständigen Beamten vornehmen zu lassen (Schleswig NJW 64, 2215; vgl. auch Hamburg VRS 28 196, Peters BA 64, 241, ferner Kleinknecht NJW 64, 2184). Im übrigen setzt die Zwangsmaßnahme auch voraus, daß die beabsichtigte Blutentnahme für den Betroffenen ersichtlich und die Anwendung unmittelbaren Zwanges zuvor angedroht worden war (Bay DAR/R 85, 240), nicht aber unbedingt die vorherige Durchführung des sogenannten „Röhrchentests" (Köln NStZ 86, 234). Da ein Alkoholtest nur im Rahmen des § 81a I 2 StPO zulässig ist, ist ein solcher „Röhrchentest" auch nicht erzwingbar (Bay 64 34, NJW 63, 772, VRS 27 190, Schleswig VRS 30 344).

35 Weitere **Beispiele** zur Rechtmäßigkeit von Diensthandlungen aus der **Rspr.**: *Polizeibeamte* sind nicht befugt, ohne Vorführungsbefehl zwangsweise in die Wohnung einzudringen (BGH NStZ 81, 22) oder zum Zwecke einer Vorladung und Einholung einer Auskunft trotz Widerspruchs des Beschuldigten in dessen Wohnung zu verweilen (Hamm JMBlNW 59, 221; vgl. auch Bay MDR 62, 1007). Anders verhält es sich jedoch, wenn ein Kfz. zwangsweise außer Betrieb gesetzt werden soll (vgl. Bay DAR 65, 275). Ein nach § 127 StPO Festgenommener darf nicht ohne weiteres, sondern nur bei konkreten Anhaltspunkten für die Voraussetzungen einer Beschlagnahme durchsucht werden (Schleswig SchlHA 78, 183). Dagegen handelt ein Polizeibeamter rechtmäßig, wenn er sich auf das Selbsthilferecht des § 164 StPO stützen kann, sofern seine Maßnahmen erforderlich sind, um den Widerstand gegen seine Amtshandlung zu brechen (Celle MDR 55, 692, vgl. auch Bay 62, 316). Zum Einsatz von Polizeibeamten zur Verkehrssicherung vgl. Hamburg VRS 24 193. Über die Einziehung des Führerscheins vgl. Köln VRS 37 34. Ein *Zollbeamter* ist nicht berechtigt, gegen den Willen des Zollschuldners dessen Wohnung zu betreten, um dort die Aussichten einer Lohnpfändung zu ermitteln (Hamm MDR 60, 696). Dagegen handelt ein *Bahnbeamter* rechtmäßig, wenn er zur notwendigen Feststellung der Personalien die Fahrkarte einbehält (Hamm JMBlNW 60, 192). *Der Gerichtsvollzieher* ist auch in rechtmäßiger Amtsausübung, wenn er eine Wohnung durchsucht, die er irrtümlich für die des Schuldners hält (RG 61 297); unrechtmäßig ist die Amtsausübung dagegen, wenn er den Schuld-

ner zwingt, ihm beim Aufsuchen der Pfandsache behilflich zu sein (Dresden HRR **28**, 186), ebenso, wenn der Gerichtsvollzieher bei Zustellung nach der ZPO entgegen dem Verlangen des Zustellungsempfängers dessen Wohnung nicht verläßt (and. Hamm JMBlNW **65**, 9, v. Bubnoff LK 38). Vgl. ferner die Rspr.-Beisp. o. 24ff.

c) Ist die **Diensthandlung nicht rechtmäßig,** so liegt darin zugleich ein rechtswidriger Angriff i. S. des § 32, der den von der Diensthandlung Betroffenen an sich zur **Notwehr** (bzw. einen Dritten zur Nothilfe) berechtigt (vgl. BGH **4** 163, Bay NJW **54**, 1377, Celle NdsRpfl. **66**, 252, Stuttgart NJW **71**, 629, KG GA **75**, 215, Köln StV **82**, 359, AG Schwandorf StV **87**, 300, D-Tröndle 17, v. Bubnoff LK 40, Lackner 6). Jedoch entfällt hier eine Strafbarkeit des Widerstandleistenden nach § 113 bereits aufgrund von Abs. 3, und zwar ohne Rücksicht auf die Erforderlichkeit einer Abwehr oder das Vorhandensein eines Verteidigungswillens (insoweit and. Hirsch aaO 251). Von Bedeutung bleibt § 32 jedoch noch gegenüber widerrechtlichen *Begleiterscheinungen* einer rechtmäßigen Diensthandlung, so z. B. gegen nichtgerechtfertigte Schläge (AG Schwandorf aaO, Hirsch aaO 247, Lackner 6). Auch kann gegenüber einer *rechtmäßigen* Amtshandlung u. U. eine Berufung auf § 34 in Betracht kommen (vgl. Heimann-Trosien LK[9] 27 zu Kiel SJZ **47**, 329; vgl. auch 89 vor § 32). Zur *Putativnotwehr* gegenüber vermeintlich rechtswidrigen Begleiterscheinungen einer rechtmäßigen Diensthandlung vgl. u. 59. 36

Von Bedeutung bleibt § 32 auch insoweit, als durch den Widerstand gegen eine nicht rechtmäßige Diensthandlung **andere Straftatbestände** (z. B. §§ 223ff.) erfüllt werden (vgl. Hamm GA **73**, 245, Celle NdsRpfl. **66**, 252, v. Bubnoff LK 40). Jedoch werden in solchen Fällen, soweit der Vollstreckungsbeamte nicht offensichtlich bösgläubig oder amtsmißbräuchlich handelt, strenge Anforderungen an die Erforderlichkeit bzw. Gebotenheit der Abwehrhandlung zu stellen sein. Zwar gilt die Zumutbarkeitsklausel von Abs. 4 S. 2 (u. 57) unmittelbar nur für den Fall der objektiv rechtmäßigen Diensthandlung (vgl. aber D-Tröndle 17), zumal bei den sehr weit gezogenen Grenzen des strafrechtlichen Rechtmäßigkeitsbegriffes (o. 21) ohnehin die zumutbaren Möglichkeiten der Schadensabwehr durch Rechtsbehelfe bereits weitgehend mitbedacht sind. Dennoch wird man zumindest in den Fällen, in denen durch die Vollstreckungshandlung kein irreparabler Schaden und andererseits durch die an sich erforderliche Abwehr eine erhebliche Körperverletzung oder sogar der Tod des Amtsträgers droht, schon nach allgemeinen Grundsätzen die Verteidigung als nicht geboten ansehen und den Betroffenen auf den Rechtsweg verweisen müssen (vgl. § 32 RN 50; ferner BGH NStZ **81**, 23, Dreher NJW **70**, 1159, v. Bubnoff LK 40, M-Schroeder II 147, Roxin aaO 51 f.). 37

III. Als **Tathandlungen** erfaßt § 113 alternativ sowohl den eigentlichen *Widerstand* (u. 39ff.) als auch den *tätlichen Angriff* gegen einen Vollstreckungsbeamten (u. 46f.). Bei jeder dieser Alternativen müssen die o. 12ff. genannten Voraussetzungen vorliegen, der Amtsträger sich also bei der rechtmäßigen Vornahme einer Vollstreckungshandlung befunden haben. 38

1. Die Tatbestandsalternative des **Widerstandleistens** setzt folgendes voraus: 39

a) Unter **Widerstand** ist eine aktive Tätigkeit gegenüber dem Vollstreckungsbeamten, mit der die Durchführung einer Vollstreckungsmaßnahme verhindert oder erschwert werden soll, zu verstehen (vgl. RG **4** 375, v. Bubnoff LK 13). Demgemäß stellt Widerstand an sich eine Nötigungshandlung zur Unterlassung der Diensthandlung dar (Koblenz NStE **Nr. 1**). Anders als in § 240 wird aber hier ein effektiver Nötigungserfolg nicht vorausgesetzt; vielmehr können § 113 entsprechend seinem Charakter als „unechtem Unternehmensdelikt" (o. 2) sowohl erfolgreiche wie auch erfolglose, ja sogar untaugliche Widerstandshandlungen (Koblenz aaO; vgl. auch D-Tröndle 18, v. Bubnoff LK 14f., Horn SK 12). Rein *passives* Verhalten genügt jedoch nicht, so z. B. bloßes Nichtöffnen der Tür oder Sitzenbleiben eines Festzunehmenden (vgl. RG **2** 411, **7** 85, BGH **18** 133, D-Tröndle 19, Arzt/Weber V 42, v. Bubnoff aaO, Wessels II/1 S. 130; vgl. auch AG Frankfurt StV **83**, 374); zum Nichtentfernen eines bissigen Hundes vgl. u. 42 a. E. 40

b) Der Widerstand muß **mit Gewalt** oder **durch Drohung mit Gewalt** geleistet werden. 41

α) Zur **Gewalt** vgl. zunächst 6ff. vor § 234. Dem doppelten Schutzzweck des § 113 (o. 2) entsprechend muß die Gewalt sich mittelbar oder unmittelbar gegen die *Person* des Vollstreckenden richten (D-Tröndle 19, v. Bubnoff LK 14). Eine ausgesprochene „Gewalttätigkeit" wie in § 125 (vgl. dort RN 4ff.) wird jedoch hier, wie der Umkehrschluß aus Abs. 2 Nr. 2 und § 125 ergibt, nicht verlangt. Andererseits bedeutet der im StGB nicht einheitlich gebrauchte Gewaltbegriff (vgl. BGH **23** 49) hier aufgrund seiner Verbindung mit dem Widerstand als einer aktiven Tätigkeit (vgl. o. 40) auch nicht das Gleiche wie in § 240 (vgl. Prot. V 2886; and. Krey aaO 37ff.). Vielmehr ist hier unter Gewalt die durch tätiges Handeln gegen die Person des Vollstreckenden gerichtete Kraftäußerung, mit der eine Verhinderung oder Erschwerung der Diensthandlung bezweckt wird, zu verstehen (vgl. RG **4** 376, BGH **27** 133, Bay JR **89**, 24, Karlsruhe NJW **74**, 2142, D-Tröndle 19, v. Bubnoff LK 14; and. Backes/Ransiek aaO 625: nur 42

Angriffe auf Leben, körperliche Integrität und Bewegungsfreiheit). Im Unterschied zu dem bei 6 ff. vor § 234 Gesagten ist hier mit dem Gewaltbegriff auch nicht so sehr die Zwangswirkung als vielmehr das Zwangs*mittel* gekennzeichnet, da § 113 einen effektiven Nötigungserfolg nicht voraussetzt (vgl. o. 2, 40). Daher kann Gewalt gegen *Sachen* nur dann ausreichen, wenn sie sich zugleich mittelbar gegen die Person des Beamten richtet (RG **27** 405, JW **27**, 1757, BGH **18** 133, D-Tröndle 19, M-Schroeder II 151; vgl. auch Arzt/Weber V 41, Wessels II/1 S. 130; grs. abl. Zielinski AK 27), so z. B., wenn der Täter dem Gerichtsvollzieher das Pfandobjekt zu entreißen versucht (Oldenburg NdsRpfl. **53**, 152) oder ein Verfolgter auf die Reifen des Verfolgungswagens schießt; nicht dagegen, wenn der Vollstreckungsschuldner mit dem zu pfändenden Objekt vor dem Gerichtsvollzieher flieht (v. Bubnoff LK 15) oder ein Flüchtender mit seinem Kfz eine rein gegenständliche Straßensperre durchdringt. In den zuletzt genannten Fällen fehlt der auch für § 113 vorausgesetzte Nötigungscharakter der Tat. Über die o. 40 genannten Fälle reinen Unterlassens, wie z. B. durch Nichtöffnen der Tür, hinaus kann auch bei deren zusätzlichem Verschließen vor dem erwarteten Eintreffen des Vollstreckungsbeamten von einem gewaltsamen Widerstand in dem hier erforderlichen Sinne ernsthaft nicht gesprochen werden, da dadurch die Person des Amtsträgers in keiner Weise tangiert wird (and. RG **41** 82, BGH **18** 133 m. Anm. Russ NJW 63, 1165, D-Tröndle 19, v. Bubnoff LK 15, M-Schroeder II 151). Dagegen ist beim Einschließen eines Vollstreckungsbeamten der Personenbezug bereits gegeben (vgl. RG **27** 406), und zwar auch dann, wenn dieses Einschließen z. B. durch ein „sit in" vor einer Polizeiwache erfolgt, um die Verhaftung Beteiligter zu verhindern (vgl. BGH **23** 46, Bay NJW **69**, 63, Stuttgart NJW **69**, 1543, Prot. V 2895, D-Tröndle 19, M-Schroeder II 152; abw. Zielinski AK 27). Ausreichend wäre ferner z. B. das Loslassen eines Hundes von der Kette zwecks Zugangsverhinderung, nicht aber das bloße Unterlassen, ihn festzuhalten (vgl. Neustadt GA **61**, 60, v. Bubnoff aaO).

43 Soweit die Widerstandshandlung die hier geforderte *Intensität nicht erreicht*, kann sie wegen der privilegierenden Spezialität des § 113 (vgl. o. 3) auch nicht von dem (strengeren) § 240 erfaßt werden (Arzt/Weber V 43, Horn SK 23, Zielinski AK 28). Die Gegenauffassung (Dreher NJW 70, 1157, v. Bubnoff LK 65, Wessels II/1 S. 130) sieht sich zur Vermeidung unbilliger Ergebnisse gezwungen, dem durch § 240 erfaßten Widerstandleistenden den Strafrahmen des § 113 sowie die Erleichterungen von § 113 III, IV zugute kommen zu lassen (Hirsch aaO 241 ff. mwN).

44 Weitere **Rspr.-Beispiele:** *Gewalt* wird z. B. angenommen, wenn der Täter mit seinem Kfz, auf dessen Trittbrett der Beamte steht, losfährt (RG DR **42**, 1956, BGH VRS **19** 188), wenn er auf den Beamten zufährt und ihn zwingt, beiseite zu springen (BGH LM **Nr. 1** zu § 114, NJW **53**, 672, VRS **26** 202, MDR/D **55**, 144, DAR/S **87**, 195, Düsseldorf NJW **82**, 1112, KG VRS **11** 198, Hamm DAR **58**, 330, NJW **73**, 1240, Koblenz DAR **73**, 219) oder ihn bei einer Verfolgungsfahrt mit dem Kfz abdrängt bzw. am Überholen hindert (BGH **14** 398, Köln NJW **68**, 1247, Frankfurt DAR **72**, 48) oder sich dem anfahrenden Polizeifahrzeug in den Weg stellt (Bay JR **89**, 24 m. Anm. Bottke; krit. Ostendorf JZ 89, 573). *Nicht* dagegen genügt das bloße Weiterfahren trotz Haltezeichens eines Polizeibeamten (BGH MDR/D **55**, 144; and. BGH VRS **4** 44; vgl. auch Köln VRS **27** 103), wobei aber Koblenz DAR **80**, 348 bereits schnelles An- und dichtes Vorbeifahren für ausreichend hält. Ebensowenig genügt, daß sich der Festzunehmende vor dem Zugriff zu Boden wirft (RG **2** 411, **7** 85, D-Tröndle 19); anders dagegen, wenn er sich gegen seinen Transport durch heftiges Sträuben aktiv zur Wehr setzt (vgl. RG **2** 411, Köln VRS **71** 185, v. Bubnoff LK 15, M-Schroeder II 152; zw. RG **28** 1) oder durch heftig kreisende Körperbewegung dem Griff des Beamten entzieht (Hamburg NJW **76**, 2174).

45 β) **Drohung mit Gewalt** ist die Ankündigung der bevorstehenden Gewaltanwendung, auch wenn diese erst nach der Vollstreckungshandlung erfolgen soll (vgl. D-Tröndle 20). Jedoch muß damit die Verhinderung der jetzigen und nicht die einer späteren Vollstreckungshandlung bezweckt werden (vgl. o. 15 f.). Der Begriff der *Drohung* entspricht dem des § 240 (vgl. 30 ff. vor § 234). Notwendig ist jedoch auch hier, daß *Gewalt* in dem o. bei 42 dargelegten Sinne angedroht wird. Andere Nötigungsmittel, wie z. B. die Drohung mit Strafanzeige, Dienstaufsichtsbeschwerde oder kompromittierende Presseveröffentlichungen, reichen nicht aus. Sie können auch nicht, und zwar ganz unabhängig von etwaigen berechtigten Interessen (vgl. § 240 RN 33, 79 f. vor § 32), über § 240 erfaßt werden, da sonst die privilegierende Spezialität des § 113 unterlaufen würde (vgl. o. 3 f., 43).

46 2. Die zweite Tatbestandsalternative bildet der **tätliche Angriff** *auf einen Vollstreckungsbeamten bei seiner Vollstreckungstätigkeit,* und zwar durch eine unmittelbar auf den Körper des Beamten abzielende feindselige Aktion ohne Rücksicht auf ihren Erfolg (RG **59** 265, D-Tröndle 21). Der
47 Begriff ähnelt dem der Gewalttätigkeit i. S. von § 125 (vgl. dort RN 4 ff.). Geschützt ist hier primär die *Person* des Amtsträgers, sekundär aber auch die *Vollstreckungstätigkeit,* bei deren Ausübung sich der Vollstreckende z. Zt. des tätlichen Angriffs ja befinden muß (vgl. o. 2). Auf

deren Verhinderung braucht es jedoch dem Täter (anders als bei der 1. Alt.) nicht anzukommen (Zielinski AK 29); ausreichend ist etwa auch ein bloßer Racheakt auf den bei einer Vollstreckungshandlung befindlichen Amtsträger. In der Regel vollzieht sich der tätliche Angriff in Form einer vollendeten oder versuchten Körperverletzung. Er kann aber zugleich die Elemente des Widerstandleistens enthalten; doch liegt auch dann nur ein einheitliches Delikt nach § 113 vor. Eine Körperberührung durch den Angriff ist nicht erforderlich (vgl. RG **47** 178, **52** 34, **56** 355, **58** 111); sie braucht z. B. im Fall von Schreckschüssen auch nicht beabsichtigt zu sein (D-Tröndle 21; and. Horn SK 15), sofern nur der Amtsträger dadurch tatsächlich „erschreckt" werden soll. Je nach Sachlage kann aber darin auch die Anwendung oder (konkludente) Androhung von Gewalt i. S. der 1. Alt. liegen (so generell v. Bubnoff LK 17; vgl. auch RG **60** 157, **66** 353). Auch eine Freiheitsberaubung kann einen tätlichen Angriff darstellen (RG **41** 181, D-Tröndle 21).

3. **Nicht** erforderlich ist ein besonderer **Rechtswidrigkeitsnachweis** i. S. von § 240 II, da der **48** Widerstand gegen rechtmäßige Vollstreckungshandlungen grundsätzlich illegitim ist (vgl. o. 4).

4. **Vollendet** ist die Tat bei beiden Alternativen bereits mit der Vornahme einer entsprechen- **49** den Handlung, ungeachtet ihres Erfolgs. Erforderlich ist jedoch in jedem Falle, und zwar insbes. auch bei „vorweggenommenem" Widerstand (vgl. o. 16), daß es zum Beginn einer Vollstreckungshandlung tatsächlich kommt (vgl. BGH **18** 134). Der **Versuch** von § 113 ist formell *nicht* strafbar, wird jedoch praktisch weitgehend durch den Unternehmenscharakter des § 113 erfaßt (vgl. o. 2). Mit Rücksicht darauf kommt u. U. eine analoge Anwendung von Rücktrittsvorschriften in Betracht (vgl. § 11 RN 55).

IV. Für den **subjektiven Tatbestand** ist **Vorsatz** hinsichtlich sämtlicher Merkmale mit Aus- **50** nahme der Rechtmäßigkeit der Vollstreckungshandlung erforderlich; für letztere genügt Fahrlässigkeit (vgl. o. 20). Daher muß vom Vorsatz insbes. der Umstand umfaßt sein, daß sich die Tat gegen einen bei einer Vollstreckungshandlung befindlichen Amtsträger (oder eine ihm gleichgestellte Person) richtet. Bedingter Vorsatz genügt (RG **47** 279). Für die **Irrtumsfälle** gilt folgendes:

1. **Verkennt** der Täter, daß er einem **Amtsträger** (oder einer diesem nach § 114 gleichgestell- **51** ten Person) gegenübersteht und/oder daß sich dieser bei einer **Vollstreckungshandlung** befindet, so ist jedenfalls **§ 113 unanwendbar,** da dem Täter die Vorstellung der privilegierenden Umstände dieses Tatbestandes (vgl. o. 3) fehlt. Fraglich ist jedoch, ob dies – soweit es lediglich um den Widerstand als solchen und nicht um etwa gleichzeitig verwirklichte Verletzungen nach §§ 223 ff. geht (dazu u. 59) – zu völliger Straflosigkeit führt oder stattdessen § 240 anwendbar wird. Letzteres glaubte Schröder annehmen zu können, da ähnlich wie im Verhältnis von § 217 zu § 212, wenn die Täterin das Kind irrtümlich für ehelich hält, auf den allgemeinen Tatbestand des § 212 zurückgegriffen wird (vgl. § 217 RN 11), auch im Verhältnis von § 113 und § 240 kein Anlaß bestehe, den Täter, der einen Nichtbeamten vor sich zu haben bzw. sich nicht von staatlichem Handeln betroffen glaubt, anders zu behandeln als den, der eine nach § 240 strafbare Nötigung gegenüber einem Nichtbeamten begeht (17. A. RN 40; ebenso v. Bubnoff LK 66, M-Schroeder II 152, Wessels II/1 S. 130 f., Zielinski AK 35, wohl auch D-Tröndle 22). Dies bedarf jedoch einer gewissen *Differenzierung:* α) Soweit sich dem Täter das Vorgehen des (in seiner Eigenschaft verkannten) Amtsträgers als rechtswidriger Angriff darstellt, ist die Abwehrhandlung nach den Grundsätzen der Putativnotwehr (dazu § 32 RN 65) zu behandeln: so z. B. bei einer Festnahme nach § 127 II StPO, die von einer (als solche vorgestellten) Privatperson rechtmäßigerweise nicht vorgenommen werden könnte. β) Soweit dagegen Putativnotwehr nicht durchgreift, wie etwa bei einer Festnahme unter den Voraussetzungen des § 127 I StPO, zu der ohnehin „jedermann" befugt ist, sowie überall dort, wo die Abwehrhandlung auch nach der irrig vorgestellten Sachlage nicht gerechtfertigt wäre (vgl. § 17 RN 10 f.), bleibt § 240 anwendbar. Glaubt sich aber der Täter von einer derartigen „Privatvollstreckung" betroffen (Irrtum nur über die Amtsträgereigenschaft), ist kein durchschlagender Grund ersichtlich, ihn hinsichtlich seines affektiven Zustandes bei der Strafzumessung anders zu behandeln als im Fall staatlicher Vollstreckungstätigkeit; dem § 240 sind deshalb die Strafsätze des § 113 zugrundezulegen (abl. Arzt/Weber V 49). Verkennt der Täter hingegen, daß eine Vollstreckungshandlung vorliegt, so verbleibt es bei der uneingeschränkten Strafbarkeit nach § 240.

2. Hält der Täter umgekehrt einen **Nichtamtsträger irrig für** einen bei einer Vollstreckungs- **52** handlung befindlichen **Amtsträger,** befindet sich also der Täter subjektiv in der von § 113 vorausgesetzten psychologischen Situation (vgl. o. 3), so wäre bereits über § 16 II an eine Anwendung von § 113 (anstelle von § 240) zu denken (so in Parallele zu §§ 212, 217 Schröder 17. A. RN 41, M-Schroeder II 152, i. E. auch Zielinski AK 36). Dies erscheint jedoch deshalb problematisch, weil § 113 nicht nur eine Privilegierung gegenüber § 240 darstellt, sondern

§ 113   53–56   Bes. Teil. Widerstand gegen die Staatsgewalt

darüberhinaus auch ein teilweise andersartiges Rechtsgut schützt (vgl. o. 2, 4), das jedoch hier objektiv nicht betroffen ist; insofern stellt sich auch die Irrtumsfrage hier anders dar als im Verhältnis von § 217 gegenüber § 212 (vgl. § 16 RN 27, § 217 RN 11), wo es jeweils um dasselbe Rechtsgut geht. Demnach bliebe zwar Versuch von § 113 am untauglichen Objekt denkbar, der jedoch selbst bei Anwendung von Unternehmensgrundsätzen (vgl. o. 2) hier nicht strafbar (vgl. § 11 RN 53f.) und zudem auch kaum sachgerecht wäre, wenn die Widerstandshandlung sowohl objektiv wie subjektiv zugleich die Merkmale des § 240 erfüllt. Läßt man daher diesen zur Anwendung kommen, so muß der Privilegierungsvorstellung des Täters jedenfalls duch Limitierung der Strafe des § 240 nach den Sätzen des § 113 Rechnung getragen werden (ähnl. v. Bubnoff LK 67 i. V. m. 65, der den irrig vorgestellten Privilegierungsgrund des § 113 strafmildernd berücksichtigen will).

53   3. Besondere Probleme stellen sich seit jeher beim **Irrtum über die Rechtmäßigkeit der Amtshandlung.** Solange dieses Merkmal lediglich als objektive Bedingung der Strafbarkeit gelten konnte (vgl. o. 1, 18f.), brauchte sich der Vorsatz darauf nicht zu erstrecken; demzufolge kam einem diesbezüglichen Irrtum des Täters keinerlei Bedeutung zu (vgl. 15. A. RN 25). Den mit Rücksicht auf das Schuldprinzip hiergegen erhobenen Bedenken (vgl. Sax JZ 76, 430, ferner v. Bubnoff LK 43, Hirsch aaO 243ff. mwN) versuchen die durch das 3. StrRG eingeführten **besonderen Irrtumsregeln** (Abs. 3 S. 2, Abs. 4) Rechnung zu tragen. Danach gilt folgendes:

54   a) Hält der Täter eine objektiv rechtswidrige Diensthandlung **irrtümlich für rechtmäßig,** so wird er durch **Abs. 3 S. 2** ausdrücklich für *straflos* erklärt.

Für die hier vertretene Auffassung ergibt sich dies an sich bereits daraus, daß die Rechtmäßigkeit der Amtshandlung als Tatbestandsmerkmal zu verstehen ist (vgl. o. 20) und somit bei irriger Annahme der Rechtmäßigkeit allenfalls (insoweit strafloser) untauglicher Versuch anzunehmen wäre (vgl. o. 49, aber auch § 11 RN 53f.). Von Bedeutung ist daher Abs. 3 S. 2 lediglich für jene Auffassungen, die im Rechtmäßigkeitserfordernis eine Verweisung auf die Möglichkeit einer Rechtfertigung nach allgemeinen Vorschriften erblicken (vgl. o. 19) und bei fehlender Kenntnis der Rechtfertigungsvoraussetzung zu einem vollendeten Delikt gelangen könnten (vgl. jedoch dazu 15 vor § 32, § 32 RN 63, ferner Hirsch aaO 251). Derartigen Spekulationen tritt Abs. 3 S. 2 entgegen, ohne daß jedoch daraus umgekehrt auf eine gesetzgeberische Entscheidung zugunsten eines Rechtfertigungsgrundes geschlossen werden könnte (so aber Dreher Schröder-GedS 379; vgl. auch M-Schroeder II 146, Zielinski AK 39). Auch die Möglichkeit, in solchen Fällen wegen (versuchten) § 240 zu verurteilen, scheitert an der Sperrwirkung des für diesen Fall spezielleren § 113 III 2 (vgl. 136, 141 vor § 52 sowie u. 68). Dagegen wird eine etwaige Strafbarkeit wegen Versuchs von § 223a infolge des mangelnden subjektiven Rechtfertigungselements (vgl. 15 vor § 32) durch Abs. 3 S. 2 nicht tangiert (vgl. KG GA **65,** 215, Arzt/Weber V 50). Auch Vollendung von § 223 kommt in Betracht, soweit in der Körperverletzung zugleich eine Notwehrüberschreitung liegt (vgl. KG aaO).

55   b) Für den umgekehrten Fall – der Täter hält eine rechtmäßige Diensthandlung irrtümlich **für rechtswidrig** – bringt **Abs. 4** eine an die §§ 97b StGB, 22 WStG angelehnte Irrtumsregelung, deren Anwendungsbereich jedoch in mehrfacher Hinsicht beschränkt ist: So betrifft sie ausschließlich die Strafbarkeit nach § 113 (vgl. u. 59) und selbst insoweit nur den Irrtum hinsichtlich der Rechtmäßigkeit der Vollstreckungshandlung in dem o. bei 24ff. dargelegten Sinne. Ferner gilt Abs. 4 nur bei *positiv* irriger Annahme der Unrechtmäßigkeit: Macht sich der Täter darüber keine Gedanken oder ist ihm die Rechtmäßigkeit gleichgültig, so bleibt es bei der Strafbarkeit nach Abs. 1, sofern die übrigen Merkmale vom Vorsatz umfaßt sind (vgl. Köln VRS **71** 186, D-Tröndle 23). Ebenso fehlt es an einem einschlägigen Irrtum, wenn der Täter seine Duldungspflicht nach geltendem Recht kennt, dieses aber für falsch hält (vgl. BGH **4** 3, Karlsruhe NJW **74,** 2144, D-Tröndle aaO). Ferner soll sich nach BGH VRS **39** 184 auch ein Kraftfahrer, der selbst mit seiner Fahruntüchtigkeit rechnet, regelmäßig nicht im Irrtum über die Zulässigkeit eines gegen ihn gerichteten polizeilichen Einschreitens befinden (vgl. auch Hamburg NJW **79,** 119, D-Tröndle aaO). Im übrigen jedoch erfaßt Abs. 4 jede im Ergebnis unrichtige Annahme, der Amtsträger sei zu der betreffenden Vollstreckungshandlung nicht berechtigt, gleichgültig, ob dieser Irrtum auf tatsächlichen oder auf Rechtsgründen beruht (vgl. Köln NJW **82,** 297, v. Bubnoff LK 45). Erfaßt wird daher sowohl der Fall, daß sich der Täter von einem Beamten rechtswidrigerweise angegriffen glaubt (Schleswig SchlHA/E-L **83,** 85) oder daß der Festzunehmende irrig meint, der Amtsträger verwechsele ihn „absichtlich" mit einer gesuchten Person, wie auch der Fall, daß er unmittelbar den Umfang seiner Duldungspflichten verkennt. Alle derartigen Fälle werden in Abs. 4 einheitlich nach ähnlichen Grundsätzen, wie sie genn. § 17 an sich nur für den *Verbotsirrtum* gelten, geregelt (vgl. auch Hirsch aaO 252ff.). Danach gilt im einzelnen folgendes:

56   aa) War der **Irrtum vermeidbar** (zu apodiktisch dazu Köln NJW **82,** 297), so *kann* das Gericht die Strafe nach seinem Ermessen mildern (Abs. 4 **S. 1** i. V. m. § 49 II; vgl. § 17 S. 2) oder bei

geringer Schuld von Bestrafung absehen. Der Grad der Vorwerfbarkeit des Irrtums bestimmt also hier – wie sonst nur bei Verbotsirrtum – den Umfang der Strafe auch in den Fällen, in denen nach allgemeinen Regeln ein (fahrlässiger) Tatbestandsirrtum vorläge (primär nach Irrtumsarten diff. dagegen Bergmann aaO 133 ff.). Für die Vermeidbarkeit gelten die bei § 17 RN 13 ff. dargelegten Grundsätze, allerdings mit der Einschränkung gegenüber RN 18, daß es zumindest dem unvorhergesehen von einer Vollstreckungshandlung Betroffenen regelmäßig gar nicht möglich sein wird, etwaige Rechtsauskünfte bei Dritten einzuholen, bevor er sich wehrt (vgl. Bergmann aaO 130 f.). In gewisser Weise als Ersatz dafür bestimmt Abs. 4 S. 2 folgendes:

bb) War der **Irrtum unvermeidbar** (dazu Köln MDR **75**, 418, Bremen NJW **77**, 160), so wird damit – abweichend von § 17 S. 1 – nicht schon ohne weiteres seine Schuld verneint, sondern erst dann, wenn ihm das vorgängige Einlegen von **Rechtsbehelfen nicht zumutbar** war (**Abs. 4 S. 2**). Mit diesem Rechtsbehelfsvorbehalt soll der Tatsache Rechnung getragen werden, daß in einem Rechtsstaat dem Bürger umfassende Verteidigungsmöglichkeiten gegen amtliche Tätigkeiten zustehen und ihm idR auch zuzumuten ist, sich gegen einen vermeintlich rechtswidrigen Vollstreckungsakt grundsätzlich nicht mit Brachialgewalt, sondern zunächst einmal mit den vom Recht zur Verfügung gestellten Mitteln zur Wehr zu setzen, und zwar selbst dann, wenn er den fraglichen Akt unvermeidbar irrig für rechtswidrig hält (krit. dazu Horn SK 19, Zielinski AK 42). Dies gilt jedenfalls insoweit, als durch die Vollstreckungshandlung noch kein irreparabler Schaden droht, wie z. B. bei einer vermeintlich rechtswidrigen Pfändung durch den Gerichtsvollzieher (vgl. Köln MDR **75**, 418), oder wenn andererseits dem Amtsträger durch den Widerstand eine erhebliche Gefahr drohen würde (vgl. BGH **21** 366, D-Tröndle 25) oder die staatliche Vollstreckungstätigkeit erheblich beeinträchtigt wird (Bergmann aaO 132), insbes. aber auch, soweit es dem Täter gar nicht darum geht, die Vollstreckungshandlung zu verhindern, sondern eine (vermeintlich rechtswidrige) Diensthandlung als Gelegenheit zu tätlichen Angriffen zu nutzen (vgl. D-Tröndle aaO, Zielinski AK 43). Zumutbar sind grundsätzlich Rechtsbehelfe jeder Art, also sowohl ordentliche Rechtsmittel wie auch eine Dienstaufsichtsbeschwerde bis hin zum Petitionsrecht nach Art. 17 GG. Dabei darf sich die Zumutbarkeitsbeurteilung jedoch nicht auf die rein objektive Sicht beschränken, sondern hat auf der Grundlage der dem Täter bekannten Umstände unter Mitberücksichtigung seines Irrtums über die Rechtmäßigkeit der Vollstreckungshandlung zu erfolgen (vgl. Bergmann aaO, v. Bubnoff LK 47). Ist danach dem Täter der erst nachträgliche Gebrauch von Rechtsbehelfen unzumutbar, so entfällt die Strafbarkeit nach § 113. Andernfalls kann das Gericht auch schon aufgrund des unvermeidbaren Irrtums die Strafe nach § 49 II mildern oder von Strafe ganz absehen (vgl. dazu Bergmann aaO 136 f.). Dabei scheint Abs. 4 S. 2 *primär* nur auf den eigentlichen Widerstand dessen, der **selbst** von der Vollstreckungshandlung **betroffen** ist, zugeschnitten zu sein, da es in erster Linie an ihm ist, „sich mit Rechtsbehelfen zu wehren". Dies würde bedeuten, daß sich **einmischende Dritte** (vgl. u. 60) auf die Möglichkeit von Rechtsbehelfen überhaupt nicht verwiesen werden könnten und damit im Falle unvermeidbaren Irrtums ohne jeden sachlichen Grund gegenüber den unmittelbar Betroffenen privilegiert wären. Indes steht auch Dritten zumindest die Beschwerde an die zuständige Stelle nach Art. 17 GG „als Rechtsbehelf" zu (vgl. o. 57, v. Bubnoff LK 50, D-Tröndle 25). Zudem geht es bei sinngemäßer Auslegung von Abs. 4 S. 2 primär nur um die Zumutbarkeit, eine sofortige gewaltsame Abwehr zu unterlassen. Eine solche Zurückhaltung wird man dem nicht unmittelbar Betroffenen allenfalls dann nicht abverlangen können, wenn sich die vermeintlich rechtswidrige Vollstreckungshandlung gegen eine ihm nahestehende Person richtet oder ihm als eine so krasse Rechtsverletzung erscheint, daß er sich zu ihrer Verhinderung aus seiner Sicht geradezu aufgerufen fühlen muß. Dabei wird darauf abzustellen sein, unter welchen Umständen ein verständiger und pflichtbewußter Bürger sich zum Eingreifen veranlaßt sähe.

cc) Für **Delikte**, die mit § 113 **ideell konkurrieren** können (wie z. B. §§ 223 ff., 303 ff.; vgl. u. 68), gilt **Abs. 4 nicht**. Maßgeblich sind insoweit die allgemeinen Regeln über Putativnotwehr bzw. Notwehrexzeß (vgl. Hamm GA **73**, 245; vgl. auch KG GA **75**, 215 sowie o. 37, § 32 RN 65). Auch Verbotsirrtum kommt insoweit in Betracht, als der Täter über den Umfang seiner Duldungspflichten irrt, so z. B. nicht weiß, daß ein Polizeibeamter ihn auch ohne Haftbefehl nach § 127 II StPO festnehmen darf (zu undifferenziert Hamm aaO, KG aaO). Jedoch kommt Putativnotwehr auch gegenüber vermeintlich widerrechtlichen Begleiterscheinungen einer rechtmäßigen Amtshandlung in Frage, so z. B. wenn der Täter eine Armbewegung des Amtsträgers als Ausholen zum Schlag mißdeutet (vgl. o. 36). In diesem Fall müßten dann aber die Grundsätze der Putativnotwehr auch gegenüber § 113 IV durchgreifen.

V. Täter des § 113 kann jedermann sein, also nicht nur derjenige, gegen den sich die Vollstreckungshandlung unmittelbar richtet, sondern auch hinzueilende *Dritte* (vgl. o. 3). Über die Besonderheiten beim Irrtum des von der Vollstreckung nicht betroffenen Täters vgl. o. 58.

61 VI. Die **Strafe** ist für den Regelfall Freiheitsstrafe bis zu 2 Jahren oder Geldstrafe. Die frühere besondere Erwähnung *mildernder Umstände* wurde ersatzlos gestrichen. Stattdessen ist in **besonders schweren Fällen** Freiheitsstrafe von 6 Monaten bis zu 5 Jahren vorgesehen **(Abs. 2).** Bei den in Nr. 1 und 2 erwähnten Fällen handelt es sich lediglich um **Regelbeispiele** (allg. dazu 44 ff. vor § 38 sowie § 125a RN 1). Diese setzen folgendes voraus:

62 1. Nach **Nr. 1** liegt ein besonders schwerer Fall idR vor, wenn der Täter oder ein anderer Beteiligter eine **Waffe bei sich führt,** um diese bei der Tat zu verwenden. Hier rechtfertigt sich die erhöhte Strafe aus der besonderen Gefährlichkeit der Begehungsweise. Jedoch ist auch hier nicht erforderlich, daß der Einsatz einer Waffe von vornherein geplant war; es genügt ihre tatsächliche Verwendung hic et nunc.

63 a) Im Gegensatz zu §§ 125a, 244 differenziert das Gesetz hier nicht zwischen **Schußwaffen** und **anderen Waffen,** sondern stellt beide **gleichwertig** nebeneinander, verlangt jedoch, daß der Täter sie bei sich geführt hat, um sie bei der Tat zu verwenden. Auch hier sind nicht nur Waffen i. techn. S. gemeint, sondern alle gefährlichen Werkzeuge i. S. des § 223a, wie z. B. ein Auto (vgl. BGH **26** 176, Düsseldorf NJW **82**, 1111, v. Bubnoff LK 53); dies jedoch nur bei konkret gefährlichem Einsatz (vgl. Koblenz VRS **56** 38, Karlsruhe Justiz **81**, 239, § 223a RN 4). Zum Begriff der Waffe und der Schußwaffe vgl. im übrigen § 244 RN 4, 13 ff.

64 b) Über das **Beisichführen von Waffen** vgl. § 244 RN 5 ff. Ebenso wie dort genügt auch hier die unmittelbare Verwendung eines gefährlichen Werkzeugs. Wer z. B. Steine von der Straße aufhebt und sofort gegen den Beamten wirft, fällt unter diese Alt. des § 113 II.

65 c) Der Täter muß die Waffe bei sich führen, **um sie bei der Tat zu verwenden,** muß also eine darauf gerichtete Absicht i. S. zielgerichteten Handelns (vgl. § 15 RN 65) gehabt haben. Dafür kann auch genügen, daß sie nur unter bestimmten Voraussetzungen, wie etwa bei Schußwaffengebrauch durch die Polizei, eingesetzt werden soll (mißverst. v. Bubnoff LK 55). Entsprechend dem zu § 125a RN 9 Gesagten ist diese Qualifizierung auch hier auf beabsichtigte **Gewalt gegen Personen** zu beschränken, so daß das Mitsichführen von Gegenständen, die allein zur Zerstörung von Sachen verwendet werden sollen, nicht ausreicht (vgl. v. Bubnoff LK 55). Jedoch muß genügen, daß der Täter bei der Gewaltanwendung gegen Sachen die Gefährdung von Personen in Kauf zu nehmen bereit ist oder daß er sich bei der Gewalt gegen Sachen die Verwendung der Waffe gegen Personen für den Notfall vorbehält. Ebensowenig ist erforderlich, daß derjenige, der die Waffe bei sich führt, die Absicht hat, sie persönlich zu gebrauchen; es genügt, wenn er sie nur transportiert, um sie beim Einsatz anderen auszuhändigen.

66 d) Liegen diese Voraussetzungen vor, dann ist jeder, der die Waffe mit sich geführt hat oder als **Mittäter** oder Teilnehmer damit einverstanden gewesen ist, daß ein anderer sie mit sich führt, erhöht strafbar (vgl. BGH **27** 58). Bei Nebentäterschaft genügt das Wissen um die Waffen eines anderen nicht (vgl. § 125a RN 18).

67 2. Ferner liegt nach **Nr. 2** ein besonders schwerer Fall idR dann vor, wenn der Täter durch eine **Gewalttätigkeit** den Angegriffenen in die **Gefahr des Todes** oder einer **schweren Körperverletzung** i. S. von § 224 bringt, so z. B. durch Zufahren auf einen Polizeibeamten (BGH **26** 176, Koblenz DAR **73**, 219) oder bei Schlägen mit massiver Eisenstange auf den Kopf (BGH MDR/D **76**, 15). Der Begriff der *Gewalttätigkeit* entspricht dem des § 125, bedeutet also jede gegen die Person gerichtete physische Aggression. Über die *Gefahr des Todes* oder einer schweren Körperverletzung vgl. § 250 RN 21. Ähnlich wie bei § 250 Nr. 3 (vgl. dort RN 24) ist die Gefährdung keine bloße Erfolgsqualifikation i. S. des § 18, sondern ein *vorsatzabhängiges* Merkmal (BGH **26** 176, 245, MDR/D **75**, 21, v. Bubnoff LK 61, D-Tröndle 29; i. E. zust. Backmann MDR 76, 969, Küper NJW 76, 543, Meyer-Gerhards JuS 76, 228; krit. Blei JA 75, 804). Da es auf einen Schadenseintritt nicht ankommt, genügt dafür bereits ein Gefährdungsvorsatz (BGH MDR/D **76**, 15). Sind zugleich die §§ 224, 226 erfüllt, so gehen diese vor. Über die Strafzumessung bei Gefährdung mehrerer Beamter vgl. Hamm NJW **73**, 1891.

68 VII. **Konkurrenzen:** Gegenüber § 240 ist § 113 *lex specialis* (BGH VRS **35** 174, **50** 94, KG VRS **11** 198, Koblenz DAR **80**, 348; and. Schmid JZ 80, 58: Tateinheit), soweit der Täter nicht zu einem über die Unterlassung der Vollstreckungshandlung hinausgehenden Verhalten nötigt (vgl. Bay JR **89**, 24 m. Anm. Bottke). Die durch § 113 bewirkte Privilegierung des Täters kann auch nicht dadurch unterlaufen werden, daß in den Fällen, in denen die Tathandlung die in § 113 vorausgesetzte Intensität nicht erreicht, auf den (strengeren) § 240 zurückgegriffen wird (BGH **30** 236, Horn SK 23, Zielinski AK 5; vgl. o. 3 f., 43, aber auch 52; and. D-Tröndle 1, 31, v. Bubnoff LK 3, 65). Auch wenn man in solchen Fällen die Strafe nach den Sätzen des § 113 limitieren würde (so v. Bubnoff aaO, Hirsch aaO LK 243), würde über diesen Umweg die Strafbarkeit i. E. doch weiter ausgedehnt, als sie speziell in einer Vollstreckungssituation nach § 113 offensichtlich reichen soll. Entsprechendes gilt auch für den Strafbarkeitsausschluß nach Abs. 3 (vgl. o. 54) im Verhältnis zu § 240; and. dagegen beim Fehlen sonstiger Voraussetzungen des § 113 (vgl. o. 52), insbes. auch im Fall einer von § 113 nicht erfaßten Auslandstat (vgl. Hamm JZ **60**, 576 m. Anm. Schröder, o. 7 sowie 4 vor § 110); jedoch ist dabei die Limitierung der Strafhöhe in § 113 zu berücksichtigen. Weiter tritt beim Widerstand durch Bedrohung i. S. von § 241 dieser hinter § 113 zurück (RG **54** 206, BGH MDR/D **73**, 902, D-Tröndle 31). **Ideal**konkurrenz ist dagegen möglich mit §§ 223 ff. (vgl. o. 4, D-Tröndle 31), mit §§ 303 ff., auch mit § 123 (Bay JR **57**, 148, D-Tröndle 31). Mehrere Widerstandshandlungen gegen verschiedene Beamte können nicht in *Fortsetzungszusammenhang* stehen (vgl. 43 ff. vor § 52, aber auch BGH VRS **35** 420; krit. Zielinski AK 47). Über das Verhältnis zu § 125 vgl. dort RN 39, § 125 a RN 24.

§ 114 Widerstand gegen Personen, die Vollstreckungsbeamten gleichstehen

(1) **Der Diensthandlung eines Amtsträgers im Sinne des § 113 stehen Vollstreckungshandlungen von Personen gleich, die die Rechte und Pflichten eines Polizeibeamten haben oder Hilfsbeamte der Staatsanwaltschaft sind, ohne Amtsträger zu sein.**

(2) **§ 113 gilt entsprechend zum Schutz von Personen, die zur Unterstützung bei der Diensthandlung zugezogen sind.**

Vorbem. Eingefügt durch das 3. StrRG; geändert durch das EGStGB. Vgl. 2 vor § 110.

I. § 114 ermöglicht die Anwendung des § 113 auch bei **Angriffen gegen Nichtamtsträger**, soweit 1 diese Vollstreckungshandlungen i. S. des § 113 vornehmen oder zu deren Unterstützung zugezogen werden. Dabei soll Abs. 1 einen Ersatz für die gestrichenen §§ 117, 118 (vgl. v. Bubnoff LK 1) über den Forstwiderstand bringen, ohne allerdings alle bisher dort erfaßten Personen zu übernehmen, während Abs. 2 dem § 113 III a. F. entspricht. **Ratio** dieser Regelung ist, allen Personen, deren sich der Staat zur Erfüllung hoheitlicher Aufgaben bedient und die er dadurch erhöhter Gefahr aussetzt, einen gleichwertigen strafrechtlichen Schutz zu gewähren (BT-Drs. VI/502 S. 6). Diese Erwägung trifft jedoch nur für den tätlichen Angriff zu, der zu keiner Körperverletzung geführt hat und deshalb nach den §§ 223 ff. nicht würde bestraft werden können. Beim Widerstandleisten „honoriert" das StGB die Wahrnehmung öffentlicher Aufgaben durch Nichtamtsträger mit dem gegenüber § 240 geringeren Schutz des § 113 (vgl. v. Bubnoff LK 1). So ist z. B. bei diesen Personen wie bei Beamten die Drohung mit einem empfindlichen Übel straflos, soweit sie im Rahmen des § 113 tätig werden (*vgl.* dort RN 3 f.).

II. **Gleichgestellt** werden zunächst **Vollstreckungshandlungen** gewisser **Nichtamtsträger** 2 den Amtshandlungen i. S. von § 113 **(Abs. 1).**

1. Es muß sich einmal um Personen handeln, die die **Rechte und Pflichten von Polizei**- 3 **beamten** haben. Diese Formulierung wurde – ohne daß wohl die Konsequenzen hinreichend bedacht worden wären – aus § 25 II BJagdG übernommen (BT-Drs. VI/502 S. 7), der den *bestätigten Jagdaufsehern* innerhalb ihres Dienstbereichs in Angelegenheiten des Jagdschutzes diese Eigenschaft zuspricht (ebenso Art. 35 I WaldG/Bay). Damit müssen nach dem Wortlaut alle Personen ausscheiden, die zwar – wie idR die Jagd- und Fischereiausübungsberechtigten (vgl. dazu § 23 JagdG/BW, Art. 42 JagdG/Bay, § 27 JagdG/Hess, Art. 34 JagdG/Nds, § 25 JagdG/NRW, § 68 I Nr. 18 VwVG/NRW) – das *Recht* zu hoheitlichen Vollstreckungshandlungen haben (z. B. zur Wegnahme von Wildereigerät), die sich aber nicht in der erwähnten *Pflicht*enstellung befinden. Sinn der §§ 113, 114 ist aber eine Privilegierung des *Täters,* der sich hoheitlicher Vollstreckungstätigkeit gegenübersieht (vgl. § 113 RN 3). Dabei ist es für den Täter gleichgültig, ob die „vollstreckende" Person auch noch die Pflichten eines Polizeibeamten hat, die nur ihr Verhältnis zum Staat betreffen (vgl. Zielinski AK 47). Die §§ 113, 114 müssen deshalb wenigstens in begünstigender Hinsicht insoweit entsprechende Anwendung finden, als sich eine Vollstreckungshandlung als Ausübung hoheitlicher Gewalt darstellt (abl. M-Schroeder II 150). Dies bedeutet, daß einmal die *Jagdausübungsberechtigten,* denen nach § 25 I BJagdG der durch § 23 näher definierte Jagdschutz übertragen ist, ebenfalls unter § 114 (und nicht unter § 240: so D-Tröndle 5, v. Bubnoff LK 3) fallen, wenn sie z. B. verdächtigen Personen Wildereigeräte abnehmen. Entsprechendes gilt für Personen, die z. B. durch § 6 Nr. 8 UZwG, § 68 VwVG/NRW zu Vollzugsdienstkräften bestimmt sind und demgemäß unmittelbaren Zwang ausüben können. Damit bleibt der größere Teil des Personenkreises der §§ 117, 118 a. F. bei Vornahme hoheitlicher Handlungen von den §§ 113, 114 erfaßt. Dies schafft aber gerade nicht ein besonderes Feudalvorrecht, sondern wird nur der Notwendigkeit gerecht, die von der Staatstätigkeit betroffenen Täter gleichmäßig zu privilegieren.

2. Einbezogen werden ferner die Vollstreckungshandlungen der **Hilfsbeamten der Staats-** 4 **anwaltschaft.** Unter diesen Personenkreis fallen, da dieser Begriff eine auch für das Strafrecht feststehende Bedeutung hat, nur die gemäß § 152 II GVG von den Landesregierungen bezeichneten Personen sowie diejenigen, denen diese Eigenschaft ausdrücklich kraft Gesetzes zusteht (vgl. z. B. § 25 II BJagdG). Dabei handelt es sich zwar im Regelfall um Beamte, Ausnahmen sind jedoch möglich. Vgl. im einzelnen K-Meyer zu § 152 GVG.

5   3. Die genannten Personen üben bei ihren Vollstreckungshandlungen hoheitliche Gewalt aus, so daß jeweils zu fragen wäre, ob sie nicht etwa bereits nach § 11 I Nr. 2 **Amtsträger** sind und damit unmittelbar von § 113 erfaßt werden (vgl. dazu § 11 RN 35, § 113 RN 7 ff.). Diese in Einzelfall äußerst schwierige Abgrenzung braucht jedoch nicht getroffen zu werden, da § 114 keinen eigenen Tatbestand enthält. Es kann dahingestellt bleiben, ob es sich bei den fraglichen Personen um Amtsträger handelt, sofern sie nur die weiteren Voraussetzungen dieser Vorschrift erfüllen.

6   4. Die von Abs. 1 erfaßten Personen müssen eine **Vollstreckungshandlung** ausführen. Darunter ist wie in § 113 eine Handlung zu verstehen, die kraft Hoheitsgewalt zur Vollstreckung von Gesetzen, Rechtsverordnungen, Urteilen, Gerichtsbeschlüssen oder Verfügungen erfolgt (vgl. § 113 RN 11, Zielinski AK 4). Wird hierbei eine Handlung vorgenommen, zu der auch jeder Privatmann befugt wäre (z. B. vorläufige Festnahme gemäß § 127 I StPO, Selbsthilfe gemäß § 229 BGB), so ist gleichwohl § 114 anzuwenden, wenn der Handelnde zugleich kraft der ihm zustehenden Hoheitsgewalt vorgegangen ist. Nur dies entspricht dem Zweck des Gesetzes, alles hoheitliche Handeln über § 113 zu erfassen (vgl. auch § 113 RN 17). Nur wenn die Handlung allein in der privaten Rechtssphäre ihre Grundlage findet, scheidet bei diesen Personen § 114 aus.

7   5. Der Gesetzgeber hat lediglich die **Vollstreckungshandlungen** der genannten Personen den Diensthandlungen der Amtsträger i. S. v. § 113 **gleichgestellt, nicht** jedoch **die beiden Personenkreise.** Dadurch sollte ein weitergehender Schutz der Nichtamtsträger vermieden werden (BT-Drs. VI/502 S. 7). Diese Erwägung erscheint unverständlich, da selbst bei einer Gleichstellung der Personenkreise auch die Nichtamtsträger genauso wie die Amtsträger selbst nach §§ 113, 114 nur erfaßt werden könnten, wenn sie tatsächlich hoheitliche Gewalt ausübten. Jedenfalls kann nicht bezweifelt werden, daß diesen Personen bei tätlichen Angriffen der durch § 113 den Amtsträgern gewährte persönliche Schutz ebenfalls zugute kommen muß, so daß sie insoweit also doch den Amtsträgern gleichgestellt werden (zust. v. Bubnoff LK 5).

8   6. Liegt eine Vollstreckungshandlung i. S. von Abs. 1 vor, dann findet **§ 113 in vollem Umfang Anwendung,** also auch seine Abs. 2–4.

9   a) Das bedeutet zunächst, daß bei *nicht rechtmäßiger* Vollstreckungshandlung (vgl. § 113 RN 1, 18) die Tat nicht nach § 113 bestraft werden kann, und zwar auch dann nicht, wenn der Täter sie für rechtmäßig hielt (vgl. § 113 RN 54).

10   b) Im übrigen gelten für die Irrtumsfälle entsprechende Grundsätze wie bei § 113. Der Täter muß also wissen, daß der gegen ihn Vorgehende die *persönlichen Qualitäten* des § 114 besitzt und daß es sich um eine Vollstreckungsmaßnahme handelt. Fehlt dieser Vorsatz, so kommen nur die §§ 240, 223 ff. in Betracht (vgl. dazu § 113 RN 51).

11   c) Ebenfalls gilt im Bereich des § 114 der § 113 IV, der sich allein mit dem *Irrtum* über die *Rechtswidrigkeit der Diensthandlung* befaßt. Hält der Täter das Vorgehen für rechtswidrig, so kann er unter den Umständen des Abs. 4 milder bestraft oder es kann von Strafe abgesehen werden.

12   d) Für die neben §§ 113, 114 verwirklichten Tatbestände gelten die *allgemeinen Irrtumsregeln,* so daß je nach Sachlage Tatbestands- oder Verbotsirrtum vorliegen kann (vgl. § 113 RN 59).

13   III. § 113 gilt ferner entsprechend zugunsten der **zur Unterstützung bei Diensthandlungen zugezogenen Personen (Abs. 2).**

14   1. Dabei handelt es sich wie in Abs. 1 um **Nichtamtsträger** (bzw. um Amtsträger, die nicht in dieser Eigenschaft zugezogen werden); ihre Auswahl und Zahl stehen im pflichtgemäßen Ermessen des zuziehenden Amtsträgers (RG **25** 253). Zu denken ist hier vor allem an die bei Hausdurchsuchungen usw. zugezogenen **Zeugen** (vgl. §§ 105 f. StPO, § 759 ZPO), obwohl diese nicht unmittelbar der Unterstützung der Durchsuchung dienen. Daneben kommen aber auch die Personen in Betracht, die etwa bei öffentlich-rechtlichen Akten (z. B. Abschleppen ordnungswidrig geparkter Fahrzeuge) zur Durchsetzung der hoheitlichen Gewalt eingesetzt werden, sofern sie nicht völlig selbständig tätig werden (dazu u. 16).

15   2. Die Personen müssen **zur Unterstützung** der Amts- oder Diensthandlung zugezogen sein. Eine solche Handlung liegt auch vor, wenn eine der in Abs. 1 genannten Personen eine Vollstreckungshandlung vornimmt und dazu Dritte zuzieht; dies gilt gemäß Art. 7 II Nr. 5 des 4. StÄG entsprechend bei Diensthandlungen von Angehörigen der NATO-Streitkräfte.

16   3. Abs. 2 erfaßt nur **zugezogene** Personen, *nicht* lediglich *freiwillig helfende* oder etwa Neugierige, und ebensowenig auf eigenen Antrieb nach § 127 I StPO Festnehmende (vgl. auch u. 19). Die stillschweigende Billigung der Unterstützung durch den Beamten muß jedoch ausreichen (vgl. v. Bubnoff LK 9). Ob der Zugezogene zur Unterstützung verpflichtet ist, spielt keine Rolle. Zur Unterstützung „zugezogen" ist nicht, wem die völlig selbständige Vornahme einer

Amtshandlung übertragen worden ist (vgl. RG 32 246), da diese Personen nicht zur Ausübung unmittelbaren Zwanges berechtigt sind; in diesen Fällen dürften auch die Voraussetzungen des Abs. 1 nicht gegeben sein. Dagegen reicht es aus, wenn die Unterstützung im allein passiven Dabeisein besteht (Zeugen bei Hausdurchsuchung usw.). Auf die **rechtliche Wirksamkeit** der 17 Zuziehung kann es *nicht* ankommen. Maßgebend ist allein, ob die vom Amtsträger (bzw. der Person des Abs. 1) vorgenommene Vollzugshandlung rechtmäßig ist und die zugezogene Person auf Grund ihres Verhältnisses zu diesem Amtsträger nach außen als „Teilhaber" an dessen Hoheitsgewalt erscheint (vgl. auch RG 25 253).

4. Soweit die zugezogenen Personen nicht selbst aktiv an der Vollstreckungshandlung teil- 18 nehmen, werden sie durch die Anwendung des § 113 im wesentlichen vor – erfolglosen – **tätlichen Angriffen** geschützt. Zudem kommt allen die **strengere Irrtumsregelung** des § 113 IV zugute, sofern der Täter über die Rechtmäßigkeit der Vollstreckungshandlung irrt. Betrifft sein Irrtum jedoch allein die Berechtigung der zugezogenen Personen zur Unterstützung der Vollstreckungshandlung, so ist dieser Irrtum nach allgemeinen Grundsätzen zu behandeln: nämlich als Verbotsirrtum, wenn das Eingreifen des Zugezogenen für rechtswidrig gehalten wird, bzw. als Tatbestandsirrtum, wenn gar nicht erkannt wird, daß diese Person zu einer Vollstreckungshandlung zugezogen wurde (vgl. auch § 113 RN 50 ff.).

5. Die Einbeziehung der in Abs. 2 genannten Personen in den Tatbestand des § 113 soll zwar 19 ihrem **Schutz** dienen. Das kann jedoch nicht bedeuten, daß Abs. 2 nur anzuwenden wäre, soweit er für diese Personen eine günstigere Lage schafft, als sie nach allgemeinen strafrechtlichen Regeln bestehen würde. Die Anwendung des § 113 führt deshalb auch dazu, daß ihnen gegenüber erfolgende Nötigung mit nur empfindlichem Übel straflos bleibt (vgl. § 113 RN 3 f., 43, 68; and. v. Bubnoff LK 11). Dies hat z. B. die seltsame – und allenfalls aus der sich staatlicher Vollstreckungsmacht gegenüberstehenden Perspektive erklärbare (vgl. Zielinski AK 9) – Konsequenz, daß der Eigentümer dann, wenn er einem Polizeibeamten auf dessen Bitten bei der Festnahme eines Diebes hilft, von §§ 113 f. erfaßt wird, während er sonst bei Ausübung des Notwehrrechts bzw. des Rechts gem. § 127 I StPO nach den allgemeinen Strafvorschriften geschützt wäre.

§ 115 [Aufruhr] *aufgehoben durch 3. StrRG; vgl. jetzt § 125 sowie 1ff. vor § 110.*

§ 116 [Auflauf] *aufgehoben durch 3. StrRG (dazu 1ff. vor § 110); vgl. jetzt § 113 OWiG.*

§ 117 [Forstwiderstand] *aufgehoben durch 3. StrRG (vgl. 1ff. vor § 110).*

§ 118 [Schwerer Forstwiderstand] *aufgehoben durch 3. StrRG (vgl. 1ff. vor § 110).*

§ 119 [Gemeinschaftlicher Forstwiderstand] *aufgehoben durch 1. StrRG (vgl. auch 1ff. vor § 110).*

§ 120 Gefangenenbefreiung

(1) **Wer einen Gefangenen befreit, ihn zum Entweichen verleitet oder dabei fördert, wird mit Freiheitsstrafe bis zu drei Jahren oder mit Geldstrafe bestraft.**

(2) **Ist der Täter als Amtsträger oder als für den öffentlichen Dienst besonders Verpflichteter gehalten, das Entweichen des Gefangenen zu verhindern, so ist die Strafe Freiheitsstrafe bis zu fünf Jahren oder Geldstrafe.**

(3) **Der Versuch ist strafbar.**

(4) **Einem Gefangenen im Sinne der Absätze 1 und 2 steht gleich, wer sonst auf behördliche Anordnung in einer Anstalt verwahrt wird.**

Schrifttum: Kusch, Die Strafbarkeit von Vollzugsbediensteten bei fehlgeschlagenen Lockerungen, NStZ 85, 385. – *Rössner*, Die strafrechtliche Beurteilung der Vollzugslockerungen, JZ 84, 1065. – *Schaffstein*, Die strafr. Verantwortlichkeit Vollzugsbediensteter für den Mißbrauch von Vollzugslockerungen, Lackner-FS 795. – *Siegert*, Die Gefangenenbefreiung, JZ 73, 308. – Vgl. ferner die Angaben vor § 110. – *Gesetzesmaterialien:* Begr. zum EGStGB, BT-Drs. 7/550 S. 220; BT-Drs. 7/1261 S. 11.

I. Die Vorschrift ersetzt bzw. vereinigt aufgrund ihrer Neufassung durch das EGStGB die früheren 1 §§ 120, 121, 122a, 122b, 347 a. F. (vgl. BT-Drs. 7/550 S. 220, v. Bubnoff LK vor 1; zur Vorgeschichte vgl. Zielinski AK 2). Sie bezweckt im Rahmen des rechtsstaatlich legitimierten Gewaltmonopols (vgl. Zielinski AK 3) die **Sicherung amtlichen Gewahrsams** über Gefangene (Abs. 1) und behördlich Verwahrte (Abs. 4), wobei die Rechtspflege als solche außerhalb des Schutzzwecks liegt (vgl. – mit unterschiedlichen, letztlich aber wohl gleichgerichteten Nuancierungen – BGH 9 64, v. Bubnoff LK 6, Horn SK 2, Lackner 1, M-Schroeder II 154). Anders als nach § 258 (vgl. dort RN 3 f.) ist es für

§ 120 unerheblich, ob die Freiheitsentziehung sachlich gerechtfertigt war, sofern sie nur *formell ordnungsgemäß* zustandegekommen ist (vgl. RG **39** 189, v. Bubnoff LK 20, D-Tröndle 2). Insbes. kommt es dabei auch nicht auf eine Rechtmäßigkeit der Freiheitsentziehung i. S. v. § 113 III, sondern lediglich auf ihre Rechtswirksamkeit an (KG JR **80**, 513, M-Schroeder II 154; insoweit ebenso Ostendorf JR 81, 292). § 120 gilt auch für die Befreiung von Gefangenen der im Inland stationierten **NATO-Truppen** (vgl. Art. 7 II Nr. 6 des 4. StÄG, 17 ff. vor § 80), während sonstige ausländische Einrichtungen nicht geschützt sind (vgl. 18 vor § 3, Vogler NJW 77, 1867). Zur Vereinbarkeit von § 120 mit dem GG und der MRK vgl. v. Bubnoff LK 7 ff.

2 II. Der **Grundtatbestand (Abs. 1)** erfaßt sowohl die eigentliche **Gefangenenbefreiung** wie auch die damit selbständig vertatbestandlichte **Quasi-Teilnahme an der** (an sich straflosen) **Selbstbefreiung** eines Gefangenen (vgl. u. 9, BT-Drs. 7/550 S. 220); auch sind diese wegen der fließenden Grenzen zwischen den einzelnen Begehungsformen unter eine einheitliche Strafdrohung gestellt.

3 1. a) **Gefangene** i. S. von Abs. 1 sind Personen, denen in Ausübung öffentlicher Straf-, Polizei oder sonstiger hoheitlicher Zwangsgewalt – wie vor allem zur Sanktionierung von Fehlverhalten oder die Erzwingung von prozessualen Pflichten – die persönliche Freiheit entzogen ist und die sich infolgedessen tatsächlich im Gewahrsam einer zuständigen Behörde oder eines Amtsträgers befinden (vgl. v. Bubnoff LK 13, D-Tröndle 2, aber auch RG **73** 347, Lackner 3a). Dazu gehören z. B. Strafgefangene (RG **37** 368), Untersuchungsgefangene (BGH **9** 62, **12** 306), die aufgrund eines Haft- oder Vorführungsbefehls (RG **12** 163; z. B. nach §§ 114 ff., 51, 134, 330, 329, 387 StPO, §§ 380, 613, 654 ZPO) oder nach § 127 StPO von einem Amtsträger (RG **12** 427, Lackner 3a), nicht aber die von Privatpersonen (RG **67** 299) Festgenommenen; ferner in Zwangs- oder Ordnungshaft befindliche Personen (so z. B. nach §§ 390, 888, 901 ZPO, §§ 177, 178 GVG), sowie Personen im Disziplinararrest nach WDO (§§ 22, 49) und im Jugendarrest (§§ 16, 90 JGG). In einem weiteren Sinne zählen zu den Gefangenen auch Kriegsgefangene (vgl. RG **55** 227) und Zivilinternierte (vgl. v. Bubnoff LK 13, D-Tröndle 2). Dagegen fehlt es bei Verbringung zu einem Arzt zwecks Entnahme einer Blutprobe (§ 81 a StPO) an dem für den Gefangenenbegriff erforderlichen Freiheitsentzug von unbestimmter und nicht von vornherein zweckbedingt beschränkter Dauer (vgl. BayVRS **66** 275, aber auch DAR/R **82**, 248).

4 b) Nicht Gefangene i. S. von Abs. 1, wohl aber diesen **nach Abs. 4 gleichgestellt,** sind die auf behördliche (auch gerichtliche, vgl. § 11 RN 63) Anordnung **in einer Anstalt Verwahrten.** Darunter fallen sowohl Sicherungsverwahrte nach § 66 als auch Personen, die nach §§ 63, 64 endgültig (bzw. nach § 126a StPO einstweilig) in einem psychiatrischen Krankenhaus oder in einer Entziehungsanstalt untergebracht sind (vgl. BGH GA **65**, 205), sowie nach § 81 StPO zur Beobachtung Untergebrachte (D-Tröndle 3; vgl. aber auch BGH GA **65**, 205), ferner Fürsorgezöglinge (§ 86 JWG, vgl. RG **73** 348, Koblenz GA **76**, 282, D-Tröndle 3, Lackner 3b, enger Roestel RdJ 69, 304), und zwar auch während des Polizeitransports (vgl. RG **37** 367, **73** 347), die nach § 71 II JGG, § 37 II BSeuchG, § 18 GeschlKrG sowie die nach landesrechtlichen Unterbringungs- und sonstigen Polizei- bzw. Ordnungsgesetzen Untergebrachten oder Verwahrten; schließlich Ausländer in Abschiebhaft (§ 16 AuslG, vgl. BT-Drs. 7/1261 S. 11; nach v. Bubnoff LK 14 bereits Gefangene i. S. v. Abs. 1).

5 c) **Nicht unter § 120** (und zwar weder unter Abs. 1 noch unter Abs. 4) fallen Personen, die auf Veranlassung des Vormunds in einer Heilanstalt untergebracht sind (BGH **9** 262, M-Schroeder II 153), und zwar auch dann nicht, wenn die nach BVerfG NJW **60**, 811 erforderliche gerichtliche Bestätigung vorliegt (vgl. D-Tröndle 3, Lackner 3c), ebensowenig der nach § 127 I StPO von einer Privatperson Festgenommene (vgl. RG **67** 293) oder der Schularrestant (vgl. RG **39** 7, v. Bubnoff LK 19).

6 d) Die **Gefangenschaft** bzw. Verwahrung **beginnt** mit der formell ordnungsmäßigen (vgl. o. 1) Begründung amtlichen Gewahrsams (vgl. RG GA **37** 433) und **endet** mit dessen tatsächlicher Aufhebung (vgl. RG **13** 256, **37** 336, D-Tröndle 2). Ein solcher Gewahrsam setzt nicht unbedingt die Verwahrung in einer Anstalt voraus, sondern kann auch außerhalb eines festen Raumes bestehen (KG JR **80**, 513). Auch wird er nicht dadurch unterbrochen, daß ein Gefangener infolge Krankheit oder zur Beobachtung gem. § 81 StPO in Form „mobilen Gewahrsams" in ein Krankenhaus übergeführt wird (vgl. RG **19** 330, GA Bd. **50** 104, **65** 205, Horn SK 5, i. E. auch Lackner 3a). Auch sonst bleibt bei bloßer *Lockerung des amtlichen Gewahrsams* die Gefangenschaft jedenfalls solange bestehen, als eine Flucht des Gefangenen physisch verhindert werden kann (Kusch NStZ 85, 386 f.), wie z. B. bei der beaufsichtigten Außenbeschäftigung bzw. im halboffenen Vollzug (vgl. D-Tröndle 4, M-Schroeder II 154), während es bei sog. Freigängern, die unbeaufsichtigt außerhalb der Anstalt arbeiten, idR bereits am Fortbestehen einer solchen faktischen Verhinderungsmöglichkeit fehlt (v. Bubnoff LK 23, Horn SK 5, Kusch aaO, Zielinski AK 17; i. E. ähnl. Lackner 4b; and. D-Tröndle 4, Rössner JZ 84, 1067); letzteres gilt

Gefangenenbefreiung 7–11 **§ 120**

umso mehr bei Urlaub (h. M.; vgl. RG **15** 39, Horn SK 5; and. D-Tröndle 4, Rössner aaO). Zu der weitergehenden Frage, inwieweit Vollzugsbedienstete für Straftaten mitverantwortlich sein können, die von Gefangenen unter Mißbrauch von Vollzugslockerungen begangen werden, vgl. Schaffstein aaO.

2. Die **Tathandlung** kann im **Befreien** eines Gefangenen oder im **Verleiten** zu bzw. im **7**
Fördern bei einer Selbstbefreiung bestehen. Für die frühere Einschränkung, wonach die Befreiung ohne Willen der zuständigen Stelle erfolgen mußte (vgl. zu § 120 a. F. RG **34** 8, **36** 403, Hübner LK^9 18), ist nach der Neufassung - insbes. angesichts des Abs. 2 - kein Raum mehr (vgl. v. Bubnoff LK 26, Lackner 4a, Siegert JZ 73, 308). Daher kommen auch Amtsträger und Angehörige der Behörde selbst als Täter in Betracht. Dies kann jedoch nicht bedeuten, daß demzufolge schon jedwede Haftentlassung tatbestandsmäßig als „Befreiung" zu verstehen wäre. Denn da als ungeschriebenes Tatbestandsmerkmal die Nichtordnungsmäßigkeit der Befreiung vorauszusetzen ist, werden behördliche Haftaufhebungen oder Gewahrsamslockerungen erst insoweit erfaßt, als sie entweder offensichtlich nichtig (wie etwa infolge Erpressung durch Geiselnahme) oder (beispielsweise mangels örtlicher oder sachlicher Zuständigkeit) verfahrenswidrig sind (vgl. D-Tröndle 5, Horn SK 7f., Zielinski AK 23f.; teils noch weitergehend für jeglichen Tatbestandsausschluß behördlicher Lockerungen Kusch NStZ 85, 387f., während Rössner JZ 84, 1068ff. die erforderlichen Strafbarkeitseinschränkungen durch Abheben auf den subjektiven Befreiungswillen bzw. durch Rechtfertigung erreichen will). Daher ist eine behördliche Haftaufhebung oder -lockerung nicht schon deshalb tatbestandsmäßig, weil sie materiell unbegründet war oder von Gefangenen zur Flucht mißbraucht wird bzw. werden kann (D-Tröndle 5). Im übrigen ist hinsichtlich der einzelnen Tatbestandsmodalitäten noch folgendes zu beachten:

a) **Befreien** heißt, das jeweilige amtliche Gewalt- oder Herrschaftsverhältnis über den Gefan- **8**
genen bzw. Verwahrten aufheben, und zwar mit Befreiungswillen (insoweit zutr. Rössner o. 7). Eine nur vorübergehende Lockerung bei fortbestehender Einflußmöglichkeit genügt dafür nicht, wie z. B. Beschäftigung von Gefangenen im Außendienst (vgl. o. 6). Eine (vollendete) Befreiung kann daher auch nicht schon darin gesehen werden, daß (zu beaufsichtigende) Häftlinge kurzfristig ohne Aufsicht gelassen werden, solange sie sich noch im faktischen Einflußbereich der zuständigen Stelle befinden (vgl. Köln JMBlNW **58**, 178, Blei II 401; vgl. auch o. 6, u. 22; and. aber RG **57** 75). Dagegen ist ohne Bedeutung, ob der Gefangene mit oder ohne seinen Willen (so z. B. durch gewaltsame Entführung) befreit wird. Als Mittel der Befreiung kommen sowohl Einwirkungen auf sächliche wie auch auf personelle Vorkehrungen zur Gefangenhaltung in Betracht, wie insbes. Täuschung, Drohung oder Gewalt gegen Aufsichtspersonen (vgl. RG **34** 8, v. Bubnoff LK 27). Zu bloßer Anstiftung (z. B. in Form der Bestechung) vgl. u. 12. Zum Entweichenlassen durch pflichtwidriges Unterlassen vgl. u. 13, 20, 22.

b) Die **Selbstbefreiung** ist - abgesehen von § 121 (RN 11f.) - *straflos;* für Teilnahme hieran **9**
hätte daher nach Akzessorietätsregeln Entsprechendes zu gelten. Doch erhebt das Gesetz die Teilnahme in Form des *Verleitens* und des *Förderns* zu selbständigen Tatbeständen (vgl. BT-Drs. 7/550 S. 220, v. Bubnoff LK 2; and. Zielinski AK 8), so daß diese nicht in jeder Hinsicht Teilnahmegrundsätzen folgen müssen (vgl. u. 12, 23; krit. Siegert JZ 73, 309).

aa) Das **Verleiten zum Entweichen** entspricht sachlich einer Anstiftungshandlung i. S. des **10**
§ 26 (vgl. BT-Drs. 7/550 S. 220, D-Tröndle 6, Lackner 5a), bedeutet also - anders als der gleichlautende Begriff in § 160 (vgl. dort RN 1) - die Hervorrufung eines Entschlusses zur Selbstbefreiung. § 26 RN 4, Siegert JZ 73, 309). Hierfür kommen auch Drohungen gegenüber dem Gefangenen in Betracht (vgl. RG JW **27**, 1210, D-Tröndle 6), während die Mittel der Gewalt oder Täuschung (z. B. über eine Haftentlassung) unter die 1. Alt. (o. 8) fallen (vgl. Siegert aaO 309). Dagegen ist die Überredung zur Nichtrückkehr nach einem Urlaub kein Verleiten zur Selbstbefreiung (Arzt/Weber V 54, M-Schroeder II 154).

bb) Die **Förderung beim Entweichen** stellt sachlich eine Beihilfehandlung dar (vgl. die **11**
Förderungsformel der Rspr. bei § 27 RN 8). Sie kann durch Rat oder Tat erfolgen (RG **25** 67), wobei die ansonsten häufig schwierige Abgrenzung zwischen psychischer Beihilfe und Anstiftung wegen des gleichgestellten Verleitens hier ohne wesentliche Bedeutung ist. Entsprechend § 27 RN 10 ist auch hier für die Vollendung erforderlich, daß die Förderung für eine erfolgte Selbstbefreiung wenigstens mitursächlich geworden ist; mißverständlich daher BGH **9** 62, wonach jede Handlung ausreiche, die geeignet sei, die Selbstbefreiung zu fördern (vgl. v. Bubnoff LK 29). Jedoch kann bei mangelnder Kausalität Versuch in Betracht kommen (vgl. BGH **9** 62, u. 23, D-Tröndle 7; and. Siegert JZ 73, 309). Wie die Parallele zur 2. Alt. (o. 10) ergibt, kann aber für die täterschaftliche Begehungsform des Förderns nur eine solche „Beihilfe" in Betracht kommen, die dem Gefangenen entweder *unmittelbar* oder auf *dessen Veranlassung* gewährt wird (vgl. Blei II 401, v. Bubnoff LK 31, ferner § 257 RN 19). Lediglich wegen

Beihilfe (§ 27) zu Abs. 1 ist daher strafbar, wer einem Mittelsmann des Gefangenen z. B. Ausbruchswerkzeuge überläßt (vgl. M-Schroeder II 154); wegen Anstiftung (§ 26) zu Abs. 2 (bzw. über § 28 II aus § 120 I), wer aus eigenem Antrieb eine Aufsichtsperson veranlaßt, den Gefangenen entweichen zu lassen. Vgl. jedoch u. 20.

13 c) Sämtliche Begehungsformen können bei entsprechender Garantenpflicht auch **durch Unterlassen** verwirklicht werden (v. Bubnoff LK 27), was insbes. bei Tätern i. S. von Abs. 2 (u. 17ff.) in Betracht kommt. Darüberhinaus kann aber Garant z. B. auch der Unternehmer sein, der ohne förmliche Verpflichtung (i. S. des Abs. 2 i. V. m. § 11 I Nr. 4) Gefangene bei sich beschäftigt (vgl. Horn SK 14, Siegert JZ 73, 310).

14 3. **Täter** des Abs. 1 kann – außer dem Gefangenen selbst (vgl. u. 15) – grundsätzlich jeder sein, also auch ein Mitgefangener (vgl. BGH **9** 62, **17** 373, Oldenburg NJW **58**, 1598, Celle JZ **61**, 263 m. Anm. Schröder, D-Tröndle 8). Zur Strafschärfung bei Tatbegehung durch Amtsträger (Abs. 2) vgl. u. 17ff.

15 **Nicht Täter** des § 120 kann dagegen der (befreite) **Gefangene** bzw. Verwahrte selbst sein (vgl. BGH **4** 400), und zwar selbst dann nicht, wenn mit der Selbstbefreiung die Befreiung oder das Entweichen eines anderen (notwendig) verbunden ist (v. Bubnoff LK 34; vgl. aber § 121 RN 12). Das gilt auch für **gemeinsame Flucht mehrerer** Gefangener; denn entgegen RG GA **59** 116, Oldenburg NJW **58**, 1598 (vgl. auch RG **3** 140, **57** 417, **61** 31) wird von der Rspr. seit neuerem anerkannt, daß die *wechselseitige Beihilfe* mehrerer Gefangener nicht strafbar ist, wenn die dem anderen geleistete Hilfe zugleich der Erlangung der eigenen Freiheit dient (BGH **17** 369 m. Anm. Deubner NJW 62, 2260, Celle JZ **61**, 263 m. Anm. Schröder, Hamm NJW **61**, 2232, D-Tröndle 9, Horn SK 13, M-Schroeder II 155; vgl. auch Arzt/Weber V 55). Der Grund hierfür liegt in der notstandsähnlichen Situation, in der sich der Gefangene – ähnlich wie bei der Selbstbegünstigung – befindet (Wolter JuS 82, 346). Daraus ergibt sich, daß der Gefangene selbst auch nicht wegen Anstiftung bzw. Verleitens bestraft werden kann, und zwar gleichgültig, ob der Angestiftete ein Mitgefangener ist, der selbst an der Flucht teilnehmen will, oder nicht (vgl. v. Bubnoff LK 35, Horn SK 13, Zielinski AK 28; and. D-Tröndle 9). Die Beschränkung auf den ersten Fall (so BGH **17** 373) erscheint inkonsequent, da der Grund für die Straflosigkeit nicht in der Situation des Angestifteten, sondern in der des Anstifters liegt (Frank VI, M-Schroeder aaO, Welzel 508, Wessels II/1 S. 137). Zu diesen Fragen näher Lange, Die notwendige Teilnahme (1940) 85, Wolter JuS 82, 343/5f. Zu weiteren **Teilnahme**fragen vgl. o. 12.

16 4. Ein **Rechtfertigungsgrund** für die Befreiung eines Gefangenen kann sich aus Notstand (wie etwa zur Beendigung einer Geiselnahme) ergeben (Horn SK 11, Krey ZRP 75, 97ff.). Dagegen ist Nothilfe (§ 32) zugunsten eines materiell Unschuldigen durch Dritte idR nicht erst mangels Erforderlichkeit (so Horn aaO), sondern bereits mangels eines rechtswidrigen Angriffs zu verneinen, nachdem es für die Rechtmäßigkeit der Gewahrsamsbegründung lediglich auf deren formelle Ordnungsmäßigkeit ankommt (vgl. o. 1, KG JR **80**, 514, aber auch Ostendorf JR 81, 292f.).

17 III. Für **Gefangenenbefreiung im Amt (Abs. 2)** ist **Strafschärfung** vorgesehen. Dies gilt für Täter, die als Amtsträger oder als für den öffentlichen Dienst besonders Verpflichtete gehalten sind, das Entweichen des Gefangenen zu verhindern. Die Tat ist *unechtes Amtsdelikt;* daher gilt für (außenstehende) Teilnehmer § 28 II (Arzt/Weber V 54, Horn SK 19).

18 1. Zu den **Amtsträgern** und für den öffentlichen Dienst besonders Verpflichteten vgl. § 11 RN 14ff. Gemäß § 48 WStG sind ihnen Soldaten gleichgestellt.

19 2. Die genannten Personen müssen aufgrund ihrer besonderen Amts- oder Dienststellung zumindest *auch* **gehalten** sein, **das Entweichen des Gefangenen zu verhindern**. Daß sich ihre Funktion darin erschöpft, wird nicht verlangt (mißverständl. insoweit BT-Drs. 7/550 S. 220), ebensowenig findet (anders als nach §§ 121, 347 a. F.) eine Beschränkung auf Aufsichtspersonen i. e. S. statt (vgl. Siegert JZ 73, 309 mwN). In Betracht kommen daher nicht nur die Aufseher einer Anstalt, sondern auch deren Leiter (vgl. RG **58** 271), wohl auch der Polizist, der gegen einen (erkannten) Ausbruch von Gefangenen nichts unternimmt (v. Bubnoff LK 40); ferner der Ermittlungs- oder Haftrichter (vgl. §§ 115, 128 StPO), dem ein (vorläufig) Festgenommener vorgeführt wird, solange sich dieser in seiner unmittelbaren Einflußsphäre (z. B. im Dienstzimmer) befindet (vgl. Halle NJW **49**, 95 zu § 120 a. F. bzw. § 347 a. F.).

19a **Nicht unter Abs. 2** fallen dagegen Personen, die lediglich im *technisch-organisatorischen* Bereich einer Anstalt beschäftigt sind, wie z. B. Küchenpersonal, Bürobeamte (vgl. RG **27** 211) sowie Anstaltsgeistliche oder -ärzte (vgl. D-Tröndle 8). Ebensowenig kann ein Richter durch pflichtwidrige Aufhebung eines Haftbefehls (oder eine Entscheidung nach §§ 57, 57a) Abs. 2 verwirklichen, da den Richter insoweit nicht die Pflicht trifft, das Entweichen des Gefangenen zu verhindern, sondern über dessen ordnungsmäßige Haftentlassung zu entscheiden; wohl aber kann hier u. U. Abs. 1 erfüllt sein, sofern zugleich die Voraussetzungen des § 336 gegeben sind (vgl. § 336 RN 3 ff. sowie BGH **10** 294, Halle NJW **49**, 95, Lackner § 336 Anm. 8; teils abw. v. Bubnoff LK 42, Zielinski AK 29).

3. Als **Tathandlungen** kommen hier nicht (nur) das Entweichenlassen als solches, sondern **20** alle Modalitäten des Abs. 1 in Betracht, die zudem auch durch (unechtes) Unterlassen begehbar sind (vgl. o. 13, D-Tröndle 5, 8, M-Schroeder II 155). Die gegenteilige Auffassung von Siegert JZ 73, 310 u. Zielinski AK 31 (bei Unterlassen nur Abs. 1) verkennt, daß nicht die Garantenstellung als solche den Grund der Straferhöhung bildet (vgl. o. 13), sondern vielmehr die Verletzung der besonderen öffentlichen Amts- oder Dienstpflicht, die lediglich *zugleich* eine Garantenpflichtverletzung darstellt; von deren Doppelverwertung zum Nachteil des Täters kann daher keine Rede sein (vgl. auch Lackner 8). Die besondere Pflichtenstellung des Täters hat weiter zur Folge, daß (über o. 12 hinausgehend) auch *mittelbare* Förderungshandlungen Täterschaft nach Abs. 2 begründen (vgl. § 13 RN 31, 84 ff. vor § 25).

IV. Für den **subjektiven Tatbestand** ist sowohl für Abs. 1 wie für Abs. 2 (zumindest beding- **21** ter) **Vorsatz** erforderlich (§ 15), der sich auf endgültige Aufhebung der Gefangenschaft bzw. Verwahrung erstrecken und auch die Tatsache umfassen muß, daß die Befreiung nicht ordnungsgemäß erfolgt (vgl. o. 7). Daher kann die nur versehentliche Entlassung des (falschen) Gefangenen nicht genügen (v. Bubnoff LK 43). Bloße *Fahrlässigkeit* ist auch für Amtsträger (Abs. 2) schon seit dem 1. StrRG *nicht* mehr strafbar.

V. Vollendet ist die Tat bei allen Modalitäten erst dann, wenn der Gefangene seine uneinge- **22** schränkte Freiheit tatsächlich wiedererlangt hat (vgl. RG **41** 120, BGH **9** 62) bzw. die amtliche Gewalt über den Gefangenen — wenn auch nur vorübergehend (vgl. RG **26** 52) — tatsächlich vollständig aufgehoben ist (vgl. o. 6). Die Schaffung einer bloßen Möglichkeit zum Entweichen, so z. B. durch Nichtabschließen einer Tür oder kurzfristige Nichtbeaufsichtigung, kann nicht genügen, soweit und solange der Gefangene hiervon keinen Gebrauch macht (vgl. Köln JMBlNW **58**, 178, Arzt/Weber V 54; and. RG **57** 75). Andernfalls würde das bloße Handeln bzw. Unterlassen als solches der Herbeiführung des tatbestandsmäßigen Erfolges gleichgestellt. Vgl. auch o. 8

Der **Versuch** ist strafbar (Abs. 3), und zwar auch hinsichtlich des Verleitens oder Förderns **23** einer Selbstbefreiung nach Abs. 1 (v. Bubnoff LK 46). Aus der begrenzten Strafbarkeit der versuchten Anstiftung (§ 30) bzw. der grds. Straflosigkeit der versuchten Beihilfe kann dagegen nichts hergeleitet werden (so aber Siegert JZ 73, 309), da es sich konstruktiv nicht um (akzessorische) Teilnahmeformen, sondern um selbständige Tatbestände handelt (vgl. o. 2, 9). Für den Versuchs*beginn* bei der 2. Alt. von Abs. 1 (o. 10) gilt § 30 RN 19 entsprechend. Auch bei der 3. Alt. (o. 11) ist Versuch schon mit Beginn der Förderungshandlung (Zuschmuggeln von Ausbruchswerkzeugen), nicht erst mit dem tatsächlichen Beginn der Selbstbefreiung gegeben (BGH **9** 62, D-Tröndle 7, Zielinski AK 35). Zum Versuchsbeginn bei Abs. 2 vgl. § 22 RN 53. Auch der untaugliche Versuch ist strafbar, so wenn der Täter einen Nervenkranken fälschlich für behördlich verwahrt hält. Ein **Rücktritt** ist nach allgemeinen Grundsätzen möglich, wobei jedoch auch für die 2. und 3. Alt. des Abs. 1 der § 24 Abs. 1 (und nicht dessen Abs. 2 bzw. § 31) gilt (v. Bubnoff LK 51).

VI. Als **Strafe** ist im Falle von Abs. 1 Freiheitsstrafe bis zu 3 Jahren oder Geldstrafe angedroht, im **24** Falle von Abs. 2 bis zu 5 Jahren.

VII. Idealkonkurrenz ist möglich mit §§ 113, 223 ff. (BGH GA **65**, 205), mit §§ 258, 258a (vgl. **25** RG **57** 302, zw. D-Tröndle 12), wobei jedoch § 258 VI nicht auch für § 120 gilt (v. Bubnoff LK 52, M-Schroeder II 156); ferner mit §§ 303, 334 (BGH **6** 309). § 86 JWG ist subsidiär.

§ 121 Gefangenenmeuterei

(1) **Gefangene, die sich zusammenrotten und mit vereinten Kräften**
1. **einen Anstaltsbeamten, einen anderen Amtsträger oder einen mit ihrer Beaufsichtigung, Betreuung oder Untersuchung Beauftragten nötigen (§ 240) oder tätlich angreifen,**
2. **gewaltsam ausbrechen oder**
3. **gewaltsam einem von ihnen oder einem anderen Gefangenen zum Ausbruch verhelfen,**

werden mit Freiheitsstrafe von drei Monaten bis zu fünf Jahren bestraft.

(2) **Der Versuch ist strafbar.**

(3) **In besonders schweren Fällen wird die Meuterei mit Freiheitsstrafe von sechs**

Monaten bis zu zehn Jahren bestraft. Ein besonders schwerer Fall liegt in der Regel vor, wenn der Täter oder ein anderer Beteiligter

1. **eine Schußwaffe bei sich führt,**
2. **eine andere Waffe bei sich führt, um diese bei der Tat zu verwenden,** oder
3. **durch eine Gewalttätigkeit einen anderen in die Gefahr des Todes oder einer schweren Körperverletzung (§ 224) bringt.**

(4) Gefangener im Sinne der Absätze 1 bis 3 ist auch, wer in der Sicherungsverwahrung untergebracht ist.

Schrifttum: vgl. die Angaben zu § 120. Ferner (zu § 122 a. F.): *H. Maier,* Teilnahme und Gefangenenmeuterei, JZ 56, 454. − *F. C. Schroeder,* Die Teilnahme bei § 122 III StGB, NJW 64, 113.

1 I. Im Unterschied zu seinen Vorgängern erfaßt der jetzige § 121 nur noch die **Gefangenenmeuterei** (vgl. 19. A. RN 1), wobei die Unternehmenstatbestände des § 122 a. F. in der generellen Strafbarkeit des Versuchs (Abs. 2) aufgegangen sind (näher zur Vorgeschichte Zielinski AK 1 f.). Das **Schutzgut** setzt sich aus dem des § 120 (*Sicherung amtlichen Gewahrsams über einen Gefangenen:* vgl. dort RN 1) und des § 113 (*Schutz von Vollstreckungsorganen:* vgl. dort RN 2) zusammen (vgl. v. Bubnoff LK 2, Lackner 1). Anders als bei § 120 sind hier auch bestimmte Formen der *Selbstbefreiung* ausnahmsweise strafbar (vgl. BGH **4** 396, u. 11).

2 II. Der **Tatbestand (Abs. 1)** erfordert, daß sich **Gefangene zusammenrotten** und **mit vereinten Kräften** eine der in Nr. 1−3 beschriebenen **Meutereihandlungen** vornehmen.

3 1. **Täter** kann nur ein **Gefangener** sein (vgl. u. 16 sowie v. Bubnoff LK 4). Zu dessen Begriff gilt das Gleiche wie zu § 120 I (RN 3). Außerdem sind hier dem Gefangenen lediglich Sicherungsverwahrte (§ 66) gleichgestellt, nicht jedoch die sonstigen Verwahrten i. S. von § 120 IV (vgl. dort RN 4).

4 2. **Zusammenrottung** bedeutet ebenso wie bei § 124 (vgl. dort RN 4) ein erkennbar bedrohliches räumliches Zusammentreten von mindestens zwei zu gewalttätigem Vorgehen bereiten Gefangenen (vgl. RG **49** 430, BGH **20** 305, Bay GA **66**, 280, v. Bubnoff LK 12); das Zusammenwirken mit einer Person, die nicht Gefangener (i. S. von Abs. 1 oder 4, vgl. o. 3) ist, reicht nicht aus (vgl. RG **73** 349), ebensowenig, daß einer von zwei Gefangenen nur zum Schein mitmacht (Hamm JZ **53**, 242 m. Anm. Maurach), da hier die für eine Zusammenrottung charakteristische erhöhte Gefährlichkeit (vgl. RG **50** 86, **55** 68, **69** 296, Wegener JW 34, 3281) fehlt. Andererseits ist aber die Art der Beteiligung als Täter oder Teilnehmer der eigentlichen Meutereihandlung (nach Nr. 1 bis 3) für den Begriff der Zusammenrottung nicht maßgeblich, so daß diese sowohl aus Meutereitätern wie auch -gehilfen zusammengesetzt sein kann (vgl. RG **69** 294, HRR 37 Nr. 680, v. Bubnoff LK 16 sowie u. 5; and. noch RG **17** 49). Die Zusammenrottung braucht nicht ausdrücklich verabredet zu sein, sondern kann auch ad hoc z. B. in einer Zellengemeinschaft zustande kommen (vgl. RG **2** 80, **50** 86, **60** 332, BGH **20** 305, MDR/D 68, 895, D-Tröndle 3, v. Bubnoff LK 15). Stets ist ein enger räumlicher Zusammenhang der Beteiligten erforderlich (vgl. RG **54** 313, Horn SK 5).

5 3. Die eigentlichen Meutereihandlungen (u. 6ff.) müssen **mit vereinten Kräften** aus der Zusammenrottung heraus verübt werden (vgl. dazu § 125 RN 10). Auch dies ist nicht gleichbedeutend mit Mittäterschaft (vgl. o. 4, Horn SK 6, Lackner 4), sondern meint lediglich die in der Zusammenrottung vereinigte Kraft (RG **58** 207, v. Bubnoff LK 19). Dafür kann schon genügen, daß nur *ein* Gefangener aktiv handelt und der oder die anderen (auch als Gehilfen) den Täter durch Aufpasserdienste oder auch durch ihr bloßes Dabeisein erkennbar psychisch unterstützen (vgl. RG **30** 391, **47** 180, **58** 207, v. Bubnoff aaO, Lackner 4; krit. Ott NJW 69, 454). Wer im einzelnen den Täter tatsächlich unterstützt hat, braucht diesem (bei festgestellter Zusammenrottung) nicht nachgewiesen zu werden (vgl. D-Tröndle 4). Es genügt auch die Handlung eines Gehilfen, der z. B. von den Tätern gezwungen wird, das Gitter aufzusägen. Zur Zeit der Tathandlung muß die **Gefangenschaft noch bestehen** (dazu § 120 RN 6). Daher reichen Handlungen nach gelungener Flucht, mit denen lediglich die Wiederergreifung verhindert werden soll, nicht aus.

4. Als **Meutereihandlungen,** die mit vereinten Kräften begangen sein müssen, kommen in Betracht:

6 a) **Nötigen** oder **tätliches Angreifen (Nr. 1)** eines *Anstaltsbeamten,* eines anderen *Amtsträgers* oder eines mit der Beaufsichtigung, Betreuung oder Untersuchung von Gefangenen *Beauftragten.*

7 aa) **Anstaltsbeamte** sind die im Dienst der betreffenden Anstalt stehenden Amtsträger (vgl. § 11 I Nr. 2), also nicht nur Aufsichtspersonen i. e. S., sondern auch Anstaltsleiter oder -ärzte sowie Beamte des technisch-organisatorischen Bereichs einer Anstalt (vgl. § 11 RN 19, v.

Bubnoff LK 22). Als **andere Amtsträger** kommen z. B. Staatsanwälte, Haft- und Untersuchungsrichter sowie beamtete Ärzte in Betracht, die sich *dienstlich* in der Anstalt befinden oder denen die Gefangenen vorgeführt werden (vgl. BT-Drs. 7/550 S. 220, D-Tröndle 5). Sonstige **Beauftragte** sind nicht nur solche i. S. des § 11 I Nr. 4, sondern u. U. auch private Aufsichtspersonen, z. B. ein Unternehmer, bei dem die Gefangenen beschäftigt sind, ferner Geistliche, Sozialarbeiter oder Krankenschwestern, medizinische und sonstige Sachverständige oder Privatärzte, die mit der Betreuung bzw. Untersuchung von Gefangenen beauftragt sind (v. Bubnoff LK 23).

bb) Das **Nötigen** entspricht dem des § 240. Daher reicht jedes der dort (RN 3ff.) genannten **8** Nötigungsmittel der Gewalt oder Drohung aus, sofern es nur gegen eine der vorgenannten Personen gerichtet ist. Dementsprechend ist auch ein Ausbruch mittels Gewalt gegen eine *Person* erfaßt, während Gewaltsamkeit gegen *Sachen* über Nr. 2 zu erfassen ist (vgl. u. 11). Wie die Parallele zum tätlichen Angriff (u. 9) ergibt, kann jedoch ein eigentlicher Nötigungserfolg wie nach § 240 (vgl. dort RN 12) hier nicht erforderlich sein; denn auch der Klammerverweis auf § 240 will lediglich besagen, daß die Nötigungsmittel und -ziele solche der in § 240 genannten Art sein müssen (vgl. auch BT-Drs. 7/550 S. 220, wonach auch das Leisten von Widerstand miterfaßt sein soll, das als „unechte Unternehmenshandlung" einen Erfolg nicht voraussetzt; vgl. § 113 RN 40). Demzufolge genügt auch eine erfolglose Drohung (Horn SK 8; and. v. Bubnoff LK 28, Zielinski AK 11). Rein passiver Widerstand hingegen, wie z. B. die Arbeitsverweigerung bei Außenarbeit, kann nicht genügen (and. RG 58 578, BGH LM Nr. 1 zu § 122 a. F.), kann aber „mit vereinten Kräften" nicht „unterlassen" kann (Horn aaO; vgl. aber AG Bochum NJW 71, 155, D-Tröndle 6).

cc) Das **tätliche Angreifen** entspricht dem gleichlautenden Begriff in § 113 (RN 46). Auch **9** ein Angriff zwecks Ausbruchs wird hiervon erfaßt (vgl. o. 8, u. 11).

dd) Im übrigen ist – anders als nach § 113 III – nicht eigens vorausgesetzt, daß sich die **10** Gefangenen gegen rechtmäßige Diensthandlungen wenden. Daher kommt Nr. 1 auch bei einem Vorgehen gegen *rechtswidrige Diensthandlungen* in Betracht. Das schließt jedoch nicht aus, daß im Einzelfall die Tat durch Notwehr bzw. Nothilfe gerechtfertigt ist, so z. B. wenn ein Mitgefangener von Wärtern geschlagen wird (Horn SK 10).

b) Das **gewaltsame Ausbrechen (Nr. 2)** richtet sich gegen die *sachlichen* Abschlußeinrichtun- **11** gen, welche die Gefangenen von der Freiheit trennen (vgl. RG 27 397, Bay GA 66, 280, Horn SK 11). Gewaltsame Aktionen gegen *Personen* sind als durch Nr. 1 abschließend geregelt anzusehen (vgl. o. 8, 9; and. RG 55 68, BGH 16 34, auch jetzt noch v. Bubnoff LK 32, M-Schroeder II 156). Gewaltsame Verhinderung des Widerstandes von Mitgefangenen wird daher von § 121 nicht erfaßt (so auch v. Bubnoff LK 33, Horn SK 11; and. D-Tröndle 8), da diese nicht zur Sicherung des amtlichen Gewahrsams berufen sind. Ausreichend ist Gewalt gegen *mittelbare* Abschlußvorrichtungen, z. B. Erbrechen eines Raumes, um sich Schlüssel oder Zivilkleider zur Flucht zu besorgen (RG 49 430). Doch muß es sich um solche Abschlußvorrichtungen handeln, die dazu bestimmt sind, das Entweichen von Gefangenen zu verhindern, wofür eine gewisse Festigkeit erforderlich ist (vgl. Bay GA 66, 281). *Gewaltsam* ist der Ausbruch nicht nur bei außergewöhnlicher, sondern schon bei derjenigen Kraftaufwendung, die erforderlich ist, den Widerstand der Abschlußvorrichtung zu überwinden, z. B. Zurückschlagen eines Riegels mit einem Stein (RG GA Bd. 56 86), Lösen des Gitters mit einem Schraubenschlüssel (BGH 12 307), Durchschneiden eines Elektrozaunes (D-Tröndle 9); nicht dagegen die gewaltlose Entwendung bzw. Benutzung von (auch falschen) Schlüsseln (vgl. RG 49 429, BGH 16 34). Anders als nach § 122 II a. F. ist hier für die *Vollendung* erforderlich, daß der amtliche Gewahrsam über den jeweiligen Gefangenen – wenn auch nur vorübergehend (vgl. RG 41 357) – bereits aufgehoben (vgl. D-Tröndle 8), also der Ausbruch gelungen ist (BGH MDR/D 75, 542). Zurückgebliebene können aber wegen vollendeter Nr. 3 strafbar sein (u. 15).

c) Meutereihandlung ist ferner das **gewaltsame Verhelfen zum Ausbruch (Nr. 3)**. Im Unter- **12** schied zu Nr. 2, wo nur der selbst Mitausbrechende Täter sein kann, wird durch Nr. 3 auch der Förderer einer Selbstbefreiung zum Täter. Insofern handelt es sich hier um einen qualifizierten Sonderfall des Förderns einer Selbstbefreiung nach § 120 I (vgl. BT-Drs. 7/550 S. 220, D-Tröndle 12), wobei jedoch hier (anders als nach § 120 RN 15) wegen der besonders gefährlichen Begehungsweise (o. 4) auch die wechselseitige Fluchthilfe von Mitgefangenen strafbar ist. Im übrigen ist folgendes zu beachten:

aa) Das **gewaltsame** Handeln als solches entspricht dem der Nr. 2 (o. 11). Da nach dem **13** Wortlaut die *Hilfe* als solche in Gewalthandlungen bestehen muß, kann es nicht genügen, wenn diese allein der Ausbrechende vornimmt und die übrigen Zusammengerotteten ihn dabei lediglich psychisch unterstützen; dann kommt nur Beihilfe zum Ausbruch nach Nr. 2 in Betracht. *Vollendet* ist auch Nr. 3 erst, wenn der Ausbruch tatsächlich gelingt (Lackner 6) und die (ge- **14**

Vorbem §§ 123 ff. 1, 2   Bes. Teil. Straftaten gegen die öffentliche Ordnung

waltsame) Hilfe hierfür *mitursächlich* war, also nicht, wenn der Gefangene – statt durch die von den übrigen aufgebrochene Tür – durch das Fenster entweicht. Vgl. § 120 RN 11.

15 bb) Ist von mehreren Tätern der Nr. 2 **nur einigen** die *Flucht* tatsächlich gelungen, so kann von den Zurückgebliebenen zugleich auch Nr. 3 vollendet sein (v. Bubnoff LK 35; and. Horn SK 12, Zielinski AK 13, 17: nur Versuch von Nr. 2).

16 III. **Täter** kann nur, muß aber nicht stets sein (vgl. o. 4 f., 13), wer selbst *Gefangener* ist (vgl. o. 3) und sich in der Zusammenrottung befindet. Für *Außenstehende* kommt nur *Teilnahme* an § 121 in Betracht; insoweit gilt aber nicht § 28, da der Strafgrund in der besonderen Tatgefährlichkeit liegt, es sich also um ein tatbezogenes Merkmal handelt (Horn SK 13, Lackner 2, M-Schroeder II 156, Zielinski AK 21; and. D-Tröndle 18). Bloßer Meutereigehilfe kann auch sein, wer sich in der Zusammenrottung befindet (vgl. o. 13). Eigenhändige Vornahme einer Gewalthandlung i. S. der Nrn. 1 bis 3 führt regelmäßig zu (Mit-)Täterschaft (vgl. BGH **9** 120), ist aber hierfür nicht (mehr) vorausgesetzt (vgl. v. Bubnoff LK 38), sondern nach allgemeinen Grundsätzen zu entscheiden.

17 IV. Für den **subjektiven Tatbestand** ist in allen Fällen **Vorsatz** erforderlich (§ 15), der sich sowohl auf die Zusammenrottung wie auch auf ein Handeln mit vereinten Kräften i. S. der Nrn. 1 bis 3 beziehen muß. Eventualvorsatz genügt (vgl. D-Tröndle 19).

18 V. Zur **Vollendung** vgl. o. 8, 11, 14 f. Auch der **Versuch** ist strafbar (**Abs. 2**). Er beginnt erst mit dem Ansetzen zu einer *Meutereihandlung* (o. 6 ff.), im Falle von Nr. 2 also mit dem Ansetzen zur Gewalt (daher zu weitgehend BGH **16** 37; vgl. v. Bubnoff LK 40).

19 VI. Für **besonders schwere Fälle** ist durch **Regelbeispiele (Abs. 3)** Strafschärfung vorgesehen (zu dieser Technik vgl. 44 vor § 38, § 243 RN 1 ff.). Die Erschwerungsgründe entsprechen im wesentlichen denen des § 125 a.

20 1. Zu **Nr. 1** vgl. § 125 a RN 3 ff., § 244 RN 3 ff.; zu **Nr. 2** vgl. § 125 a RN 7 ff., § 244 RN 13 ff.; zu **Nr. 3** vgl. § 125 a RN 11, § 250 RN 20 ff., zur *Gewalttätigkeit* insbes. § 125 RN 5 f.

21 2. Anders als nach § 125 a RN 17 ff. können hier auch die durch **andere Beteiligte,** so etwa durch bloße Gehilfen verwirklichten Erschwerungsgründe den Meuterern zugerechnet werden (Horn SK 17), so z. B. wenn ein bewaffneter Wärter beim Ausbruch mithilft (vgl. auch § 244 RN 10).

22 3. Über Abs. 3 Nrn. 1 bis 3 hinaus wird ein **sonstiger** besonders schwerer Fall z. B. beim Anzetteln einer regelrechten Revolte oder einem besonders großen Sachschaden in Frage kommen (vgl. v. Bubnoff LK 45).

23 VII. **Idealkonkurrenz** ist möglich mit §§ 223 ff., da nicht jede Gewalttätigkeit eine Körperverletzung darstellt (vgl. BGH MDR/D **68**, 727), ebenso mit §§ 211 ff., mit § 303, soweit sich die Tat nicht lediglich gegen Abschlußvorrichtungen i. S. von o. 11 richtet (weitergehend Celle MDR **64**, 693; and. RG DJZ **21**, 700, DRZ **24**, 5, 530, D-Tröndle 20); ferner mit §§ 242 ff., 249 ff. Die §§ 113, 240 treten zurück; doch kann bei Außenstehenden eine Teilnahme an § 121 mit Täterschaft nach §§ 113 bzw. 240 idealiter konkurrieren (v. Bubnoff LK 49). **Innerhalb der Nrn. 1 bis 3** des Abs. 1 ist Idealkonkurrenz nicht möglich, da es sich insoweit nur um unterschiedliche Begehungsweisen desselben Delikts handelt (§ 52 RN 28, Lackner 8; and. v. Bubnoff LK 48, D-Tröndle 20); doch kann eine Kumulierung u. U. zur Annahme eines schweren Falles nach Abs. 3 führen.

§ 122 *aufgrund des EGStGB ersetzt durch § 121 (vgl. dort RN 1).*

Siebenter Abschnitt. Straftaten gegen die öffentliche Ordnung

Vorbemerkungen zu den §§ 123 ff.

1 1. Der Abschnitt enthält eine Reihe von Tatbeständen mit z. T. völlig verschiedenartigen Rechtsgütern, von denen sich nur ein Teil mit der **„öffentlichen Ordnung"** in Verbindung bringen läßt. So schützen z. B. die §§ 123, 142 eindeutig Individualrechtsgüter (vgl. § 123 RN 1, § 142 RN 1); aber auch soweit es sich um überindividuelle Rechtsgüter handelt, lassen sich diese zwar in letzter Verallgemeinerung auch auf den gemeinsamen Nenner der „öffentlichen Ordnung" bringen, womit inhaltlich jedoch nur wenig gesagt ist, da diese Güter z. T. solche der Allgemeinheit, teils solche speziell des Staates sind und im einzelnen z. T. recht unterschiedliche soziale Funktionen erfüllen (z. B. öffentliche Sicherheit und öffentlicher Frieden in §§ 125 ff., die staatliche Organisationsgewalt und Autorität in § 132, der dienstliche Gewahrsam in § 133, das öffentlich-rechtliche Verstrickungsverhältnis in § 136 I, während § 136 II die in einem Dienstsiegel manifestierte staatliche Autorität schützt usw.).

2 2. Zugleich eine politisch besonders sensible Materie betreffen die in diesem Abschnitt enthaltenen Strafvorschriften zum Schutz des **inneren Friedens** und der **inneren Sicherheit** (§§ 125 ff, 140). Sie sind in ihrer gegenwärtigen Gestalt das Ergebnis einer langen Reihe von Gesetzesänderungen, die, beginnend mit dem 3. StrRG v. 20. 5. 1970 (BGBl. I 505) und zuletzt durch das Gesetz zur Änderung

des StGB, der StPO usw. v. 9. 6. 1989 (BGBl. I 1059), zunächst zu einer Liberalisierung führten (vgl. § 125 RN 1), der dann aber vor dem Hintergrund von Terrorismus und politisch motivierter Gewalt sehr rasch wieder Neukriminalisierungen und Verschärfungen folgten. Dabei ist die neuere Entwicklung fast ausschließlich durch ad hoc-Gesetze gekennzeichnet, die nicht nur die mangelnde Konsensfähigkeit des Gesetzgebers im Umgang mit dem besonders empfindlichen Instrument des Strafrechts deutlich machen, sondern der Strafgesetzgebung unserer Zeit nicht zu Unrecht auch den Vorwurf der „Kurzatmigkeit" und „Konzeptionslosigkeit" eingebracht haben (Lackner, 15. A., 1a vor § 123, D-Tröndle § 130a RN 1a, § 194 RN 1a). Ein besonders unrühmliches Beispiel dafür ist etwa das Hin und Her bei § 130a, der als Reaktion auf den sich ausbreitenden Terrorismus erstmals 1976 eingeführt, bereits 1981 mit einer die politische Opportunität dieser Entscheidung nur notdürftig kaschierenden Begründung (vgl. die 21. A.) aber wieder aufgehoben wurde, um dann weitere fünf Jahre danach in modifizierter Form erneut in das Gesetz aufgenommen zu werden (vgl. § 130 RN 1). Im Geruch der Tagespolitik standen auch die Reform des § 125 durch das 3. StrRG von 1970 und die seitdem erfolgten Reformen dieser Reform (vgl. § 125 RN 1). Ähnliches gilt für die 1986 erfolgte Erweiterung des § 129a, mit der nun auch der Qualifikationstatbestand als solcher in seinem strafrechtlichen Gehalt und nicht nur als Anknüpfungspunkt für prozessuale Folgeregelungen ins Zwielicht geraten ist (vgl. § 129a RN 1). Vielleicht eine politische, aber keine juristische Lösung war schließlich der Weg, auf dem das Problem der sog. „Auschwitz-Lüge" erledigt wurde: Die ursprünglich geplante Erweiterung des § 140 auf das Leugnen und Verharmlosen des NS-Völkermords (vgl. BT-Drs. 10/1286) wurde nicht Gesetz; statt dessen brachte 1985 das 21. StÄG die Möglichkeit einer erleichterten Strafverfolgung wegen Beleidigung, wobei die Änderungen des § 194 jedoch mehr Probleme geschaffen als gelöst haben dürften (vgl. dort RN 1 u. näher zum Ganzen Lenckner, in: K. W. Nörr [Hrsg.], 40 Jahre Bundesrepublik Deutschland usw., 1989, 340 ff.). Zu der 1989 erfolgten Einführung einer Kronzeugenregelung bei § 129a vgl. dort RN 8 u. zu weiteren Novellierungsvorschlägen Rebmann NStZ 89, 102 (Ergänzung der §§ 130a, 140, Poenalisierung der Befürwortung von Straftaten, Verlängerung der presserechtlichen Verjährungsfrist bei Taten nach §§ 129a, 130a, 140).

§ 123 Hausfriedensbruch

(1) **Wer in die Wohnung, in die Geschäftsräume oder in das befriedete Besitztum eines anderen oder in abgeschlossene Räume, welche zum öffentlichen Dienst oder Verkehr bestimmt sind, widerrechtlich eindringt, oder wer, wenn er ohne Befugnis darin verweilt, auf die Aufforderung des Berechtigten sich nicht entfernt, wird mit Freiheitsstrafe bis zu einem Jahr oder mit Geldstrafe bestraft.**

(2) **Die Tat wird nur auf Antrag verfolgt.**

Schrifttum: Allgaier, Hausfriedensbruch in städtischer Tiefgarage, MDR 87, 723. – *Amelung,* Probleme der Einwilligung in strafprozessuale Grundrechtsbeeinträchtigungen, StV 85, 257. – *ders.,* Der Hausfriedensbruch als Mißachtung physisch gesicherter Territorialität, ZStW 98, 355. – *ders.,* Bemerkungen zum Schutz des „befriedeten Besitztums" in § 123 StGB, NJW 86, 2075. – *Behm,* Umfassen die Schutzobjekte des § 123 Abs. 1 StGB auch Zubehörflächen?, GA 86, 547. – *ders.,* Noch einmal: Zur Bedeutung des Einfriedungserfordernisses beim „befriedeten Besitztum" in § 123 I StGB, JuS 87, 950. – *Berg,* Das Hausrecht des Landgerichtspräsidenten, JuS 82, 260. – *Bernsmann,* Tatbestandsprobleme des Hausfriedensbruchs, Jura 81, 337, 403, 465. – *Bohnert,* Die Willensbarriere als Tatbestandsmerkmal des Hausfriedensbruchs, GA 83, 1. – *Degenhart,* Öffentlichrechtliche Fragen der „Hausbesetzungen", JuS 82, 330. – *Engeln,* Das Hausrecht und die Berechtigung zu seiner Ausübung, 1989. – *Engels,* Hausbesetzung ist kein Hausfriedensbruch, Demokratie und Recht 81, 293. – *Gassmann,* Hausfriedensbruch von Testkäufern, MDR 64, 374 – *Geppert,* Zu einigen immer wiederkehrenden Streitfragen im Rahmen des Hausfriedensbruchs, Jura 89, 378. – *W. Goldschmidt,* Das Bewußtsein der Rechtswidrigkeit, entwickelt an der Lehre vom Hausfriedensbruch, 1931 (Abh. des Berl. Kriminal. Instituts). – *Haak,* Hausrecht an Behördengebäuden, DVBl. 68, 134. – *Hanack,* Hausfriedensbruch durch Testkäufer, JuS 64, 352. – *Janiszewski,* Eindringen durch Unterlassen?, JA 85, 570. – *Lau,* Mietrechtliche Probleme des Hausfriedensbruchs, ZMR 77, 194. – *Müller-Christmann,* Warenhauspassage als Geschäftsraum oder befriedetes Besitztum?, JuS 87, 19. – *Ostendorf,* Strafbarkeit und Strafwürdigkeit von Hausbesetzungen, JuS 81, 640. – *Schall,* Die Schutzfunktionen der Strafbestimmung gegen Hausfriedensbruch, 1974. – *ders.,* Hausbesetzungen im Lichte der Auslegung des § 123 StGB, NStZ 83, 241. – *Schild,* Stadionverbote, in: Württembergischer Fußballverband e. V. (Hrsg.), Das Recht der Sportstätte (1985) 66. – *ders.,* „Eindringen" (§ 123 StGB) bei individuellem Betretungsverbot, NStZ 86, 346. – *Schön,* Besetzung leerstehender Häuser – Hausfriedensbruch?, NJW 82, 1126. – *ders.,* Hausfriedensbruch und Nötigung bei Hausbesetzungen?, NJW 82, 2649 – *Schweizer,* Kraftfahrzeuge und andere Verkehrsmittel als befriedetes Besitztum i. S. des § 123 StGB, GA 68, 81. – *Seier,* Problemfälle des § 123, JA 78, 622. – *ders.,* „Instandbesetzung – Hausherrschaft", JA 82, 232. – *Stegmeier,* Hausfriedensbruch gegenüber dem Vermieter?, ZMR 67, 325. – *Steinmetz,* Forum: Hausfriedensbruch bei Räumen mit genereller Zutrittserlaubnis, JuS 85, 94. – *Stückemann,* Der getäuschte Hausrechtsinhaber, JR 73, 414.

§ 123 1–4   Bes. Teil. Straftaten gegen die öffentliche Ordnung

1   **I. Rechtsgut** des § 123 ist nicht die öffentliche Ordnung, sondern das *Hausrecht*, das als „ein Stück lokalisierter Freiheitssphäre" (Welzel 332) ein persönliches Rechtsgut besonderer Art darstellt (h. M., z. B. Arzt/Weber I 184, Blei II 111, D-Tröndle 1, Geppert Jura 89, 378, Lackner 1, M-Maiwald I 284, Otto II 126, Schäfer LK 1, ähnl. Gössel I 403 f., 439 f.; krit. dazu aber z. B. Amelung ZStW 98, 355 ff., Engeln aaO 33 ff.). Geschützt wird das Hausrecht durch § 123 allerdings nicht in dem umfassenden und positiven Sinn eines „freien Schaltens und Waltens in Haus und Hof" (vgl. aber – zurückgehend auf v. Liszt-Schmidt 581 – z. B. Köln NJW 82, 2740, Schäfer LK 1), sondern nur unter dem Teilaspekt, dabei ungestört von anderen zu sein. Schutzgut ist damit letztlich der gesteigerte, weil – i. U. zum bloßen Besitz – an besonders tabuisierte und deshalb auch besonders schutzwürdige Örtlichkeiten anknüpfende Anspruch auf räumliche Distanz, m. a. W. also das Entscheidungsrecht darüber, wer sich in diesen aufhalten darf und wer nicht (z. B. Wessels II/1 S. 119). Dabei ist eine „physisch gesicherte Territorialität" (Amelung ZStW 98, 403 ff.) zwar eine besonders augenfällige, wie sich beim befriedeten Besitztum zeigt (vgl. u. 6), aber nicht die einzige Erscheinungsform eines solchen besonderen räumlichen Schutzbereichs (so aber Amelung aaO auf der Grundlage einer eingehenden Interessenanalyse, die zu einer solchen Einschränkung aber nicht zwingt; vgl. im Anschluß daran auch Engeln aaO 40 f., ferner Behm GA 86, 500 f.). Ohne Bedeutung für die Rechtsgutsfrage ist, ob die genannte Befugnis auf einem privatrechtlichen, allein im Besitz begründeten Hausrecht beruht (so z. B. Engeln aaO 39, 43 f. u. pass.) oder ob im Fall der zum öffentlichen Dienst bestimmten Räume ausschließlich oder daneben ein öffentlich-rechtliches Hausrecht anzunehmen ist (vgl. u. 16).

2   An die Stelle dieser angeblich „rein formalen" einheitlichen Rechtsgutsbestimmungen des § 123 will eine neuerdings vertretene Auffassung unter Berücksichtigung der „materialen Gründe, die den Gesetzgeber zum Schutz der verschiedenen in § 123 geschützten Räumlichkeiten bewogen haben", auch jeweils unterschiedliche Schutzgüter für diese Räume setzen (so insbes. Schall aaO 90 ff., weitgehend auch Ostendorf AK 4 ff., Rudolphi SK 2 ff.). So soll z. B. das Schutzgut im Fall der Wohnung in deren Funktion liegen, „ihrem Inhaber einen Freiraum zur individuellen Entfaltung und Entspannung zu gewähren" (Rudolphi SK 3, Schall aaO 131 ff.; vgl. auch Amelung/Schall JuS 75, 566). Gegen diese Ansicht spricht jedoch, daß sie konsequenterweise den Tatbestand des § 123 entgegen dem insoweit eindeutigen Gesetzeswortlaut nur bejahen kann, wenn durch das Eindringen die jeweilige soziale Funktion des Raumes gestört wird (so Schall aaO 135; and. insoweit Rudolphi aaO, weil der Schutz der verschiedenen Räumlichkeiten „aus guten Gründen formalisiert" sei, was daher auch bezüglich der Ergebnisse über die h. M. nicht mehr hinausführt). Zum andern muß bei dieser Betrachtungsweise der Hausfriedensbruch gegen das befriedete Besitztum, da dieses sich nicht mit einer bestimmten Funktion koppeln läßt, systematisch ein Fremdkörper bleiben und als Delikt gegen den Frieden deklariert werden (Schall aaO 167 ff.; and. insoweit Rudolphi SK 6). Gerade hier zeigt sich aber, daß § 123 das aus dem Hausrecht fließende Abwehrrecht – ebenso wie § 242 das Eigentum – unabhängig von konkreten sozialen Funktionen einer befriedeten Besitzsphäre als formale Rechtsposition schützt (zur Kritik vgl. auch Hamm NJW 82, 1824 u. näher Amelung ZStW 98, 359 ff., Engeln aaO 36 f., Gössel I 440, Hirsch ZStW 88, 756 f., Schäfer LK 4, F. C. Schroeder JZ 77, 39, Wagner GA 76, 157).

3   **II. Objektiver Tatbestand: Die geschützten Räumlichkeiten.** Geschützt sind durch § 123 die Wohnung, Geschäftsräume, das befriedete Besitztum und abgeschlossene Räume, die zum öffentlichen Dienst oder Verkehr bestimmt sind. Gemeinsam ist ihnen allen, daß sie ein Stück „physisch gesicherter Territorialität" (Amelung ZStW 98, 403 ff.) darstellen oder einer solchen jedenfalls derart zuzuordnen sind, daß sie an deren „Ausstrahlungswirkung" teilnehmen (vgl. u. 6). In keinem dieser Fälle ist jedoch erforderlich, daß die Zugänge tatsächlich verschlossen oder auch nur verschließbar sind, weshalb z. B. auch der hinter einer nicht absperrbaren Toreinfahrt liegende Hofraum den Schutz des § 123 genießt.

4   **1.** Eine **Wohnung** setzt nach ihrer Beschaffenheit eine baulich oder sonst abgeschlossene (nicht: verschlossene), zumindest teilweise überdachte Räumlichkeit voraus – dies kann auch eine bewegliche Sache sein (h. M.; vgl. z. B. RG 13 313, Rudolphi SK 8, Schäfer LK 10) –, die dem Zweck dient, einem oder mehreren Menschen ausschließlich oder überwiegend jedenfalls vorübergehend Unterkunft zu gewähren (vgl. z. B. RG 12 132, D-Tröndle 3, Gössel I 442, Lackner 2, Rudolphi aaO, Schäfer LK 6). Als Wohnung sind daher z. B. auch das Zimmer des Untermieters, das von einem Gast gemietete Hotelzimmer (h. M., vgl. z. B. Schäfer LK 7) und die Unterkunft des in ein Obdachlosenheim Eingewiesenen (vgl. Köln NJW 66, 265, Bremen NJW 66, 1766) anzusehen, ferner z. B. Wohnwagen, Campingbusse, Zelte, Schäferkarren, Schiffe (vgl. z. B. RG 13 312), nicht dagegen, weil nicht der Unterkunft von Menschen dienend, ein PKW, aber auch nicht leerstehende oder im Bau befindliche Wohnräume, die jedoch ein befriedetes Besitztum sein können (vgl. u. 6a). Daß der Raum auch zur Nachtruhe dient oder geeignet ist, ist nicht erforderlich, jedoch ein bedeutsames Anzeichen dafür, daß er eine Wohnung darstellt (RG 13 313). Teil der Wohnung sind auch deren *Nebenräume* (z. B. Toiletten, Flure, Treppen, Wasch-, Keller- u. Bodenräume; vgl. z. B. RG 1 121, Schäfer LK 9), und zwar auch dann, wenn sie außerhalb des eigentlichen Wohnbereichs (z. B. Treppenhaus oder Aufzug in einem Mietshaus) oder gar außerhalb des Hauses selbst liegen, ihre Zugehörigkeit zur Wohnung aber erkennbar ist (z. B. eine freistehende Garage, die nicht anders behandelt werden kann als eine solche, die an das Haus angebaut ist; and. Behm GA 86, 550). Voraussetzung ist in diesem Fall allerdings eine gewisse bauliche Abgeschlossenheit des Nebenraums, weil bei diesem, wie auch bei der eigentlichen Wohnung selbst, auf die wesentlichen Kriterien eines „Raumes" nicht verzichtet werden kann (Müller-Christmann JuS 87, 21; i. E. auch Amelung JZ 86, 248, NJW 86, 2079). *Offene Zubehörgrundstücke* wie Abstellplätze, Hofräume und Gärten gehören daher nicht hierher (so aber Gössel I 442, Lackner 2a, Schäfer LK 9), sondern können nur ein befriedetes Besitztum sein (vgl. u. 6f.).

2. **Geschäftsraum** ist eine abgeschlossene, auch bewegliche Räumlichkeit – hier gilt Entsprechendes wie bei der Wohnung (vgl. o. 4) –, die jedenfalls überwiegend und für eine gewisse Dauer für gewerbliche, wissenschaftliche, künstlerische und ähnliche, nicht notwendig auf Erwerb gerichtete Geschäfte benutzt wird (vgl. RG **32** 371, Bay **65**, 10 f., Rudolphi SK 23, Schäfer LK 12). Ohne Bedeutung ist, ob sie dem Publikum allgemein zugänglich sind. Hierher gehören deshalb z. B. Fabrikhallen, Büroräume, Lagerhallen, Warenhäuser, ein Schwimmdock (Schleswig OLGSt. § 123 **Nr. 1**), nach Köln StV **82**, 471 mit Anm. Bernsmann S. 578 auch ausländischen Botschaften (vgl. auch u. 6a, 8), ferner als bewegliche Sachen z. B. Baubuden (Breslau GA Bd. **49**, 147), ein Verkaufswagen (RG **13** 315) oder ein Zirkuszelt. Teil des Geschäftsraums sind auch dessen Nebenräume, nicht aber offene Zubehörgrundstücke, die nur ein befriedetes Besitztum sein können (vgl. entsprechend o. 4 sowie u. 6f.). Auch eine in das Gebäude eines Warenhauses hineinversetzte und zugleich dessen Eingangsbereich bildende Schaufensterpassage ist deshalb – i. E. allerdings ohne Bedeutung – kein Nebenraum eines Geschäftsraums, sondern „nur" ein befriedetes Besitztum, wenn sie nach beiden Seiten offen ist und nach Art eines Bürgersteigs benutzt wird (ebenso D-Tröndle 5, Müller-Christmann JuS 87, 21; offengelassen von Oldenburg NJW **85**, 1352 m. Anm. Amelung JZ 86, 247 [durch § 123 nicht geschützt] u. Bloy JR 86, 80 [Nebenraum von Geschäftsräumen]; vgl. dazu aber auch Wessels II/1 S. 120, Behm GA 86, 550 ff.).

3. **Befriedetes Besitztum** können nach h. M. nur unbewegliche Sachen sein (z. B. RG **32** 371, Bay **86**, 27, D-Tröndle 5, Lackner 2, Rudolphi SK 36, Schäfer LK 14; and. Schweizer GA 68, 81), was jedoch nicht ausschließt, daß eine bewegliche Sache zugleich in den Schutzbereich eines – unbeweglichen – befriedeten Besitztums einbezogen sein kann (so Schleswig OLGSt. § 123 **Nr. 1** für ein Schwimmdock, dessen Außenseite zugleich die seeseitige Begrenzung des Werksgeländes bildet; zum Schwimmdock als Geschäftsraum vgl. o. 5). Als „befriedet" hatte die Rspr. ursprünglich ein Besitztum nur dann angesehen, wenn es durch eine enge räumliche Verbindung mit einem bewohnten Haus dessen Frieden teilt (vgl. R **1** 547, **3** 143), später diese Einschränkung aber aufgegeben und auch fernab von Haus und Hof liegende Grundstücke in den Schutz des § 123 einbezogen, sofern sie nach außen hin durch entsprechende Schranken „eingefriedet" sind (vgl. z. B. schon RG **11** 293, **20** 150, **36** 395). Nicht aufgegeben werden sollte damit aber die Auslegung, daß auch schon die räumliche Anbindung an ein Wohnhaus usw. allein – also ohne besondere Einfriedung – ein Besitztum zu einem „befriedeten" machen kann. Daran ist, obwohl zunehmend umstritten, auch festzuhalten (vgl. außer RG aaO u. a. Bay VRS 29 115, JR 69, 467 m. Anm. Schröder, Hamm VRS 37 265, Oldenburg NJW **85**, 1352 m. Anm. Amelung JZ 86, 247 u. Bloy JR 86, 80, D-Tröndle 3, Müller-Christmann JuS 87, 21 f., Rudolphi SK 36, Volk JR 81, 168; and. z. B. Oldenburg JR **81**, 166, Amelung NJW 86, 2075, Arzt/Weber I 185, Behm GA 86, 548 ff., JuS 87, 950 ff.; vgl. auch Lackner 2a, Schäfer LK 15, Wessels II/1, 121, nach denen Zubehörflächen jedoch als Nebenräume mitgeschützt sein können [vgl. dazu o. 4f.]). Schon vom Wortsinn her hat das „Befriedetsein" zwar auch, aber nicht nur die Bedeutung einer äußeren Einfriedung. Noch weniger besteht unter teleologischen Gesichtspunkten Anlaß zu einer solchen Einschränkung, da sich der Wille des Berechtigten, andere fernzuhalten, bei Hausvorgärten, Hofräumen und anderen Zubehörgrundstücken für jedermann ohne weiteres erkennbar schon aus dem engen räumlichen und funktionalen Zusammenhang mit einer Wohnung usw. ergibt und dieser Wille nicht erst dann schutzwürdig ist, wenn zusätzlich Schranken und Absperrungen angebracht werden (wobei zudem zu fragen wäre, ob dies bei der heute bestehenden räumlichen Enge in modernen Wohngebieten mit kleinen und kleinsten Grundstücksparzellen überhaupt wünschenswert sein kann; jedenfalls sollte das Strafrecht eine solche Entwicklung nicht dadurch fördern, daß es den Schutz des § 123 von solchen Maßnahmen abhängig macht). Umgekehrt sollte man annehmen, daß auch in der Vorstellung des Täters, der sich z. B. bei Nacht in einem fremden Vorgarten zu schaffen macht, die „sozialpsychologische Tabuzone" nicht erst dann verletzt ist, wenn er zuvor über einen Zaun gestiegen ist und sich damit „über eine sicherheitsvermittelnde räumliche Schutzvorrichtung buchstäblich hinwegsetzt" (so aber Behm GA 86, 557). Hier weiß jedermann – auch ohne Zaun und i. U. zum freien Feld –, daß er dort nichts zu suchen hat (vgl. auch Rudolphi SK 36). Nicht überzeugend ist schließlich auch der Hinweis auf die Möglichkeit polizeilichen Schutzes

privater Rechte (vgl. Amelung NJW 86, 2082), da dieser, wenn überhaupt (Opportunitätsprinzip!), immer erst zu spät kommt. *Befriedet* ist ein Besitztum daher *in zwei Fällen:* 1. ohne besondere Einfriedung, wenn es wegen seines *engen räumlichen Zusammenhangs* für jedermann erkennbar zu einer der sonst in § 123 genannten Örtlichkeiten gehört, weil sich deren Hausfrieden hier ohne weiteres auf das Zubehörgrundstück erstreckt (vgl. die Nachw. o. 6), so z. B. bei einem Hausgarten oder Hofraum, aber auch bei einer nach beiden Seiten offenen, in das Gebäude eines Kaufhauses versetzten und nach Art eines Bürgersteigs benutzten Schaufensterpassage (offengelassen von Oldenburg NJW **85**, 1352; vgl. dazu o. 5); 2. ohne eine solche räumliche Verbindung, wenn es in äußerlich erkennbarer Weise mittels *zusammenhängender Schutzwehren* wie Mauern, Hecken, Drähte, Zäune usw. gegen das willkürliche Betreten durch andere gesichert ist (h. M., z. B. RG **11** 295, **20** 155, **36** 397, Bay VRS **29** 115, JR **69**, 467 m. Anm. Schröder, Celle OLGSt § 123 S. 22, Oldenburg JR **81**, 166 m. Anm. Volk, Rudolphi SK **36**, Schäfer LK 15). Eine nur psychisch wirkende Abgrenzung (z. B. durch Verbotstafeln) genügt hier nicht (vgl. Köln OLGSt § 123 S. 33, Oldenburg aaO), wohl auch nicht eine nur symbolisch wirkende Plastikkette (vgl. LG Lübeck StV **89**, 157). Andererseits braucht die Einfriedung nicht lückenlos zu sein (z. B. Durchlaß, Loch in der Hecke), sofern sie durch die Unterbrechungen den Charakter einer physischen Schutzwehr nicht verliert (z. B. Köln aaO, Amelung NJW 86, 2078 f.). Erst recht erfüllt ein Gebäude i. d. R. immer zugleich die Voraussetzungen eines befriedeten Besitztums (vgl. u. 6a).

6a In beiden Fällen verliert ein befriedetes Besitztum diese Eigenschaft nicht dadurch, daß der Berechtigte eine bestimmte Art der Nutzung generell gestattet oder duldet, z. B. Fußgängern der Durchgang erlaubt, das Befahren des Platzes dagegen durch Schranken verhindert wird (vgl. auch Karlsruhe MDR **79**, 73, Oldenburg NJW **85**, 1352, Rudolphi SK 37). Kein befriedetes Besitztum sind dagegen die dem Gemeingebrauch unterliegenden Flächen (Bay VRS **79** 105, Karlsruhe aaO, Oldenburg aaO; and. wenn sie vorübergehend auf Grund eines Sondernutzungsrechts eingegrenzt sind und nur an bestimmten Stellen gegen Entgelt betreten werden dürfen, vgl. Celle OLGSt § 123 S. 21, Rudolphi SK 36). Ohne Bedeutung ist dagegen die **Zweckbestimmung** des Besitztums, da das Gesetz den Schutz des § 123 allein an das „Befriedetsein" in dem genannten Sinn, nicht aber an eine bestimmte soziale Funktion des Besitztums anknüpft (vgl. o. 2). Geschützt sind deshalb einerseits z. B. auch befriedete Flächen, die zwar nicht Teil einer der anderen in § 123 genannten Räumlichkeiten sind (vgl. o. 4f., u. 7), die aber gleichfalls Wohn-, Geschäftszwecken oder dem öffentlichen Dienst oder Verkehr dienen. Dies gilt z. B. für Vorgärten, Lagerplätze oder ein eingezäuntes militärisches Gelände, für ein solches nach Art. 7 II Nr. 7 4. StÄG v. 11. 6. 1957 (BGBl. I 597) auch dann, wenn es NATO-Truppen in der Bundesrepublik dient (vgl. Lenckner JuS 88, 350, Rudolphi SK 30; and. AG Frankfurt JR **86**, 302 m. abl. Anm. Lenzen [ungeschützt], Stuttgart NStZ **87**, 122 [zum öffentlichen Dienst solcher Truppen bestimmter „Raum"]; vgl. auch Zweibrücken NStZ **85**, 456). Andererseits sind als befriedetes Besitztum aber auch *Gebäude* erfaßt, die nicht Wohn-, Geschäftszwecken usw. dienen und daher nicht schon unter eine der anderen Tatbestandsalternativen fallen. Jedenfalls hiernach gehören deshalb auch Kirchen u. a. zu religiösen Zwecken bestimmte Räumlichkeiten, wo die Annahme eines zum öffentlichen Dienst bestimmten Raums (vgl. u. 8) spätestens bei den nicht öffentlich-rechtlichen Religionsgesellschaften scheitert, ferner die Gebäude ausländischer Botschaften, Konsulate usw. (vgl. u. 8), städtische Tiefgaragen (vgl. u. 8), öffentliche Bedürfnisanstalten und Telefonzellen (vgl. u. 9), Vereinssporthallen, private Kindergärten usw., die den anderen Tatbestandsalternativen nicht oder nicht ohne weiteres zuzuordnen sind. Dasselbe gilt für leerstehende Wohnhäuser, die zum Abbruch bestimmt sind, es sei denn, daß die äußere Einfriedung nicht mehr als Manifestation eines dem beliebigen Betreten entgegenstehenden Willens des Berechtigten angesehen werden kann (vgl. Hamm NJW **82**, 1824, 2276, Köln NJW **82**, 2674 m. Anm. Degenhart JR 84, 30, Stuttgart NStZ **83**, 123, LG Mönchengladbach MDR **82**, 1039, LG Münster NStZ **82**, 202, D-Tröndle 5, Gössel I 446, M-Maiwald I 287, Ostendorf JuS 81, 640, AK 23, Rudolphi SK 6, Rutkowsky JuS 82, 235, Schall NStZ 83, 241, Seier JA 82, 232 mwN; zu weitgehend LG Bückeburg NStZ **82**, 71 m. Anm. Hagemann, Krey I 169f.; and. AG Bochum StV **82**, 604, AG Bückeburg NStZ **82**, 70 m. Anm. Hagemann, AG Münster StV **82**, 425, AG Stuttgart StV **82**, 75, Engels aaO, Küchenhoff JuS 82, 235, Schön NJW 82, 1126, 2649). Hausfriedensbruch sind daher auch die sog. „Instandbesetzungen", woran Art. 14 II GG nichts ändert, der zwar Grundlage für entsprechende gesetzliche Maßnahmen sein könnte, aber nicht dazu dienen kann, hier einen rechtsfreien Raum zu schaffen und die in § 123 genannten Objekte – mit unübersehbaren Konsequenzen für die Eigentumsordnung im übrigen – dem Zugriff beliebiger Einzelner preiszugeben (vgl. dazu auch u. 16, 33; für eine Strafschärfung bei Hausbesetzungen Rinsche ZRP 84, 38, für die Herausnahme des „befriedeten Besitztums" aus § 123 bzw. die Umwandlung in eine Ordnungswidrigkeit Bernsmann Jura 81, 472, Schall aaO 169, NStZ 83, 247 u. mit Ausnahme des häuslichen Bereichs auch Ostendorf AK 18).

7 4. Geschützt sind schließlich **abgeschlossene Räume**, die **zum öffentlichen Dienst** oder **Verkehr** bestimmt sind. Die Gesetzessystematik ist unklar (vgl. auch Volk JR 81, 168). Da alle unbeweglichen „abgeschlossenen Räume", soweit sie nicht Wohnungen oder Geschäftsräume sind, schon unter die zuvor genannte Alt. des „befriedeten Besitztums" fallen (vgl. o. 6a), mit den hier aufgeführten öffentlichen Dienst- und Verkehrsräumen aber nicht nur bewegliche Sachen (z. B. Eisenbahnwagen, Omnibusse) gemeint sein können, führt die Reihenfolge der Aufzählung damit wieder zu einer Ausgliederung der unbeweglichen Räume i. S. der 4. Alt. aus dem Merkmal des befriedeten Besitztums, wobei es im praktischen Ergebnis insoweit dann allerdings auf eine exakte Abgrenzung nicht ankommt (so z. B. bei der Frage, ob eine städtische Tiefgarage oder ein eingezäuntes Militärgelände ein abgeschlossener, zum öffentlichen Dienst usw. bestimmter Raum ist [so Bay **86**, 27 bzw. Stuttgart NStZ **87**, 121], da hier jedenfalls ein befriedetes Besitztum vorliegt; vgl. dazu Lenckner JuS 88, 351). Dem Wortsinn nach sind „abgeschlossene Räume" solche, die – auch in Gestalt einer beweglichen Sache (Bay **86**, 27, AG Nienburg NdsRpfl. **64**, 112) – als eine bauliche Einheit erscheinen (Bay aaO) und durch physische Hindernisse gegen beliebiges Betreten geschützt sind (vgl. Stuttgart NStZ **87**, 121, Rudolphi SK 29, Schäfer LK 18), wobei hier i. U. zum nur „umschlossenen Raum" (vgl. § 243 RN 8f.) auch eine zumindest teilweise Überdachung erforderlich ist (and. insoweit Stuttgart aaO), während es auf das tatsächliche Verschlossensein oder auch nur die Verschließbarkeit nicht ankommt (Bay aaO). Dazu gehören auch die Zimmer innerhalb eines Gebäudes (vgl. dazu aber auch u. 15), ferner Nebenräume, nicht dagegen selbst nicht „abgeschlossene" Zubehörflächen, die deshalb aber nicht schutzlos sind (so jedoch Oldenburg JR **81**, 166), sondern – auch ohne besondere Einfriedung – ein befriedetes Besitztum darstellen (Volk JR 81, 167; vgl. o. 6f.).

a) Zum **öffentlichen Dienst** bestimmt sind Räume, in denen ihrer Bestimmung gemäß auf öffent- **8** lichrechtlichen Vorschriften beruhende Tätigkeiten ausgeübt werden, die der Erledigung staatlicher, kommunaler oder sonstiger öffentlicher Angelegenheiten dienen, wozu auch solche der Leistungsverwaltung gehören (Bay **86**, 27). Daß z. Z. der Tatbegehung ein solcher Dienst stattfindet, ist nicht erforderlich (Schäfer LK 20). Geschützt sind hier z. B. Behörden- und Gerichtsgebäude, Schulen (RG GA Bd. **49**, 121, Hamburg JZ **77**, 477, JR **81**, 31), der Sitzungssaal eines Parlaments (RG **47** 277) oder eines Gemeinderats (Karlsruhe JR **80**, 342), Wahllokale (RG **46** 406), Strafvollzugsanstalten (RG **28** 193). Nach der ausdrücklichen Bestimmung des Art. 7 II Nr. 7 des 4. StÄG v. 11. 6. 1957 (BGBl. I 597) gehören hierher ferner die zum öffentlichen Dienst von nichtdeutschen Nato-Truppen bestimmten Räume, während dies für ausländische Botschaften, Konsulate u. a. ausländische Diensträume, die nicht zugleich zum inländischen öffentlichen Dienst bestimmt sind, zweifelhaft ist (verneinend z. B. Köln StV **82**, 471 [Geschäftsraum] m. Anm. Bernsmann S. 578, Rudolphi SK 30; vgl. dazu aber auch Lenckner JuS 88, 350). Die Frage ist aber ohne praktische Bedeutung, weil hier jedenfalls ein befriedetes Besitztum anzunehmen ist (vgl. o. 6a; and. Bernsmann aaO). Das gleiche gilt für Kirchen usw. der öffentlich-rechtlichen Religionsgemeinschaften, bei denen gleichfalls zweifelhaft ist, ob sie zum öffentlichen Dienst bestimmt sind (so aber KG DStRZ **15**, 50, D-Tröndle 7, Gössel I 447, Lackner 2, Rudolphi SK 30; vgl. o. 6a). Eine in öffentlich-rechtlicher Form betriebene städtische Tiefgarage ist nicht zum öffentlichen Dienst (so aber Bay **86** 27), sondern allenfalls zum öffentlichen Verkehr bestimmt (Allgaier MDR 87, 723); spätestens ist aber auch hier ein befriedetes Besitztum anzunehmen (vgl. o. 6a).

b) Zum **öffentlichen Verkehr** bestimmt sind nur solche Räume, die dem allgemein zugänglichen, **9** von der öffentlichen Hand oder privaten Unternehmen angebotenen Personen- und Gütertransport – nicht dagegen einem Verkehr anderer Art, z. B. Fernsprechverkehr – dienen (vgl. Bay **86**, 27, Lackner 2b, Rudolphi SK 31, Schäfer LK 21), wobei diese Zweckbestimmung gerade z. Z. der Tat bestehen muß (also z. B. nicht bei dem von einer geschlossenen Gesellschaft gemieteten Omnibus; vgl. Schäfer LK 22). Geschützt sind außer den Transportmitteln selbst (z. B. Flugzeuge, Eisenbahn-, Straßenbahnwagen, vgl. RG **75** 357) auch die dazu gehörenden Gebäude, z. B. Wartesäle (mit oder ohne Wirtschaftsbetrieb) und Bahnhofshallen (RG **36** 188, Bremen NJW **62**, 1453, Celle MDR **65**, 595, **66**, 944, Bay NJW **77**, 261 m. Anm. Stürner JZ 77 312), Abfertigungshallen auf Flughäfen usw.; zu kommunalen Tiefgaragen vgl. o. 8. Nicht hierher gehören ganz anderen Zwecken dienende Räumlichkeiten innerhalb solcher Gebäude, z. B. Geschäfte, unterirdische Fußgängerpassagen (vgl. AG Frankfurt NStZ **82**, 334, StV **83**, 246, Ostendorf AK 24). Dasselbe gilt, weil nicht für den öffentlichen Verkehr bestimmt, für öffentliche Bedürfnisanstalten (Schäfer LK 21; and. Hamburg MDR **68**, 1027) und Telefonzellen (Herzog GA 75, 263; and. AG Leipzig DJ **38**, 341), die jedoch ein befriedetes Besitztum sein können (vgl. o. 6a).

III. Objektiver Tatbestand: Die Tathandlung. Diese besteht im Eindringen in die geschütz- **10** ten Räume (o. 3ff.) oder im Verweilen trotz der Aufforderung des Berechtigten, sich zu entfernen. In beiden Alternativen enthält der Tatbestand ein Dauerdelikt, das mit dem Eindringen (u. 11) bzw. mit dem Sich-nicht-Entfernen trotz entsprechender Aufforderung (u. 27) vollendet und mit dem Verlassen des Raums oder dem Einverständnis des Berechtigten zu weiterem Dableiben beendet ist.

1. Eindringen (1. Alt.) ist das Gelangen in die geschützten Räume gegen den Willen des **11** Berechtigten (z. B. RG **39** 440, BGH MDR/D **55**, 144, **68**, 551, Düsseldorf NJW **82**, 2678, München NJW **72**, 2275, D-Tröndle 10, Lackner 3, M-Maiwald I 288, Wessels II/1 S. 121, i. E. wohl auch Schäfer LK 24, der das Handeln gegen den Willen allerdings erst als Frage der

Widerrechtlichkeit ansieht, womit für das „Eindringen" nur das Betreten (!) bleibt; krit. Bernsmann Jura 81, 340 u. gegen einen Bezug auf den Willen überhaupt Schild NStZ 86, 348). Die gelegentlich anzutreffende Definition, Eindringen sei das Betreten „*ohne* den Willen des Berechtigten" (Amelung NStZ 85, 457, Rudolphi SK 13, Schall aaO 142, Schröder JR 67, 305 u. dagegen Bohnert GA 83, 10), unterscheidet sich von der der h. M. im wesentlichen nur in der Formulierung, nicht im Ergebnis (vgl. Geppert Jura 89, 379, Rudolphi aaO, Schäfer LK 26 sowie u. 14; offengelassen daher von Bay MDR **69**, 778 m. Anm. Schröder JR 69, 467).

12 a) Eindringen i. S. des § 123 ist nur das **körperliche** Eindringen, z. B. durch Betreten der Wohnung oder das Befahren eines Hofraums (vgl. Bay MDR **69**, 778). Es genügt, wenn der Täter mit einem Teil seines Körpers in die geschützten Räume gelangt, z. B. indem er den Fuß in die Tür stellt (RG **39** 440, BGH MDR/D **55**, 144). Es muß sich jedoch um einen Teil des Raumes handeln, der dem Aufenthalt von Menschen dienen kann. Das Hineingreifen in einen Schaukasten oder Türbriefkasten genügt daher nicht. Ebensowenig reicht es aus, wenn ohne körperliches Eindringen lediglich Sachen in fremde Räume gebracht werden (z. B. Abladen von Schutt) oder der Hausfrieden auf andere Weise, z. B. durch Schlagen an Fenster und Türen oder nächtliche Telefonanrufe (vgl. dazu Herzog GA 75, 257, 263), gestört wird.

13 Als **unechtes Unterlassungsdelikt** ist die Tat nicht nur dadurch begehbar, daß ein Garant eine von ihm zu überwachende Person am aktiven Eindringen nicht hindert (so aber Bernsmann Jura 81, 405, Geppert Jura 89, 382, M-Maiwald I 286, Ostendorf AK 27f., Rudolphi SK 19), sondern, da es sich um ein Dauerdelikt handelt (vgl. dazu § 13 RN 36), auch dadurch, daß der Täter sich aus dem geschützten Raum nicht entfernt. Von Bedeutung ist dies z. B., wenn ein unvorsätzlich Eingedrungener auch nach Bemerken seines Irrtums in einer fremden Wohnung usw. bleibt (BGH **21** 225 f. m. Anm. Schröder JR 67, 304, D-Tröndle 10, Gössel I 454, Janiszewski JA 85, 570 f., Lackner 3, Schäfer LK 29, Schröder NJW 66, 1002, Schmidhäuser II 62, Wessels II/1 S. 122). Um ein Eindringen durch Unterlassen handelt es sich ferner in dem u. 26 a. E. genannten Fall oder wenn das Eindringen gerechtfertigt war, der Täter aber den Raum nach Wegfall der rechtfertigenden Sachlage nicht verläßt. Einer Aufforderung i. S. der 2. Alt. bedarf es in diesen Fällen nicht. Schon ein Fall der 1. Alt. liegt schließlich vor, wenn ein zeitlich begrenztes Einverständnis durch längeres Verweilen überschritten wird, weshalb es hier auch nicht darauf ankommt, ob in der zeitlichen Begrenzung zugleich eine vorab erteilte Aufforderung i. S. der 2. Alt. gesehen werden kann (so Janiszewski JA 85, 571): Daher z. B. Hausfriedensbruch, wenn sich der Museumsbesucher unbemerkt vom Personal nach Ende der Öffnungszeit einschließen läßt (vgl. Schröder JR 67, 305, Schäfer LK 29).

14 b) Da der Zweck der physischen Abschrankung oder jedenfalls äußerlich erkennbaren Begrenzung (vgl. o. 4 ff.) der geschützten Räume gerade darin liegt, andere vom beliebigen Betreten abzuhalten, erfolgt dieses nicht nur „ohne", sondern auch **„gegen den Willen"** (o. 11) des Berechtigten stets dann, wenn der Täter den Raum ohne eine ausdrückliche oder konkludent erteilte Erlaubnis betritt (vgl. Rudolphi SK 13, Schröder JR 67, 305 u. 69, 467 f., aber auch Bohnert GA 83, 4 ff.). Liegt eine solche vor, die auch generell erteilt sein kann (vgl. u. 23), so „dringt" der Täter schon nicht „ein" (vgl. u. 22). Andererseits bedarf es eines speziellen Verbots nur, wenn es darum geht, eine zuvor bestehende Erlaubnis außer Kraft zu setzen oder einen einzelnen von der einem bestimmten Personenkreis oder dem Publikum generell erteilten Erlaubnis auszunehmen (vgl. zum zweiten Fall u. 23, Zweibrücken NStZ **85**, 456 m. Anm. Amelung). Von daher beantwortet sich auch die Frage, ob die „Willensbarriere" des Berechtigten dessen wirklicher oder mutmaßlicher Willen ist (vgl. dazu Bohnert aaO 16ff., Gössel I 448 f.). Auf einen wirklichen Willen i. S. eines ständig und deshalb auch im Zeitpunkt des Eindringens aktualisierten Willens kann es hier ebensowenig wie z. B. beim Gewahrsam (vgl. § 242 RN 30) ankommen, vielmehr genügt bereits der in aller Regel schon mit dem Innehaben einer Räumlichkeit gem. § 123 sich verbindende generelle (und insofern gleichfalls wirkliche) Wille, andere auszuschließen, wenn und soweit ihnen das Betreten nicht gestattet wird. Der mutmaßliche Wille ist dagegen nicht i. S. eines mutmaßlich entgegenstehenden, sondern nur als mutmaßlich zustimmender Wille von Bedeutung in Fällen, in denen es an einer ausdrücklich oder konkludent erklärten Erlaubnis fehlt: Wer, um einen dort ausgebrochenen Zimmerbrand zu löschen, in das Haus des abwesenden Nachbarn einbricht, „dringt" in dieses deshalb zwar „ein", ist aber unter dem Gesichtspunkt der mutmaßlichen Einwilligung gerechtfertigt (vgl. 54 ff. vor § 32). Nicht erforderlich ist für ein Handeln gegen den Willen des Berechtigten die Überwindung physischer Hindernisse (vgl. RG **12** 134), ebensowenig ein heimliches Eindringen.

15 Kein Eindringen ist jedoch das **intern weisungswidrige Betreten** von Dienst- u. Betriebsräumen durch Personen, die der innerdienstlichen oder – betrieblichen Ordnungsgewalt unterworfen sind, da § 123 nicht diese, sondern die Befugnis, Außenstehende fernzuhalten, schützt (LG Lüneburg NJW 77, 1832, Rudolphi SK 29, Schäfer LK 18): Daher kein Hausfriedensbruch, wenn sich z. B. ein Strafgefangener entgegen einer Anordnung in die Zelle eines Mitgefangenen begibt (vgl. RG **28** 192). Etwas anderes gilt dagegen, wenn der Täter infolge einer (vorläufigen) Dienstenthebung zum Außenstehenden geworden ist (Hamburg JR **81**, 31 m. Anm. Oehler), ferner für die Benutzer einer Anstalt, da sie auch Adressaten des Hausrechts sind (OVG Münster DVBl. **75**, 587; vgl. auch Hamburg NJW **78**, 2520; krit. Bernsmann Jura **81**, 467). Keine nur interne Maßnahme ist auch der Ausschluß und die Verweisung eines die Ordnung störenden Gemeinderats aus dem Beratungsraum (Karlsruhe JR **80**, 341 m. Anm. Schwabe; vgl. auch RG **47** 277).

c) **Berechtigter,** gegen dessen Willen das Betreten erfolgen muß, ist derjenige, der als Inhaber des Hausrechts die Befugnis hat, anderen den Zugang zu den geschützten Räumen zu verwehren. Bei *privaten Räumen* ist dies nicht schon der tatsächliche Benutzer, sondern der unmittelbare Besitzer, der nicht der Eigentümer zu sein braucht (z. B. RG **36** 323, Schäfer LK 51, 59 u. näher zum Besitz als Grundlage des Hausrechts Engeln aaO 39 ff. u. pass.). Voraussetzung ist jedoch, daß dieser den Besitz rechtmäßig erlangt hat (z. B. RG aaO, Oldenburg NdsRpfl. **62**, 118, Gössel I 443, Ostendorf AK 33, Rudolphi SK 14, Schäfer LK 51; and. Engeln aaO 50 ff.), wobei er hier dann allerdings grundsätzlich auch nach Ablauf des das Recht zum Besitz begründenden Rechtsverhältnisses Inhaber des Hausrechts bleibt (vgl. u. 17). Dagegen kann die durch verbotene Eigenmacht (§ 858 BGB) erlangte tatsächliche Sachherrschaft i. S. des Besitzes keine Grundlage für ein *strafrechtlich* schutzwürdiges Haus*recht* sein: Hier kann der Okkupant den Schutz des § 123 weder gegenüber Dritten noch – auch nicht nach Ablauf der Jahresfrist des § 864 BGB – im Verhältnis zum früheren Besitzer für sich in Anspruch nehmen, vielmehr bleibt das Hausrecht uneingeschränkt bei diesem (vgl. Oldenburg aaO, Ostendorf aaO u. jedenfalls im Verhältnis zum fehlerhaften Besitzer auch Schäfer LK 51; and. Engeln aaO 54 ff., Rudolphi aaO u. hier noch die 23. A.). Die „Hausbesetzer" (vgl. o. 6a) sind daher durch § 123 nicht vor unerwünschtem Zuzug geschützt, wohl aber ist es ein (weiterer) Hausfriedensbruch gegenüber dem verdrängten Besitzer, wenn sie die ihnen willkommene Verstärkung durch weitere „Besetzer" erhalten. Die zivilrechtlichen Besitzschutzvorschriften (§§ 859 ff. BGB) ändern daran nichts, da sie dem ganz anderen Zweck der Bewahrung des Rechtsfriedens dienen. Aus diesem Grund verübt nach Überschreitung der zeitlichen Grenzen des § 859 BGB zwar auch der Berechtigte – ebenso wie jeder Dritte – verbotene Eigenmacht, wenn er sich gewaltsam seinen Besitz wiederverschafft (was trotz des fortdauernden Angriffs auf sein Hausrecht [vgl. § 32 RN 11, 15] auch nach § 32 aus den dort RN 41 genannten Gründen nicht zulässig wäre), auch kann dies unter anderen Gesichtspunkten strafbar sein (z. B. §§ 223 ff., 240; vgl. Oldenburg aaO), ein Hausfriedensbruch ist dies aber nicht. – Bei den zu *öffentlichen Zwecken* dienenden Räumlichkeiten ist Hausrechtsinhaber und damit Berechtigter die jeweilige Körperschaft (Bund, Länder, Gemeinden usw.); nur die Ausübung des Hausrechts ist hier auf die zuständigen Organe usw. übertragen. Dabei dürfte die umstrittene Frage, ob das Hausrecht an Diensträumen privatrechtlich mit dem Eigentum oder Besitz an diesen oder öffentlich-rechtlich als Annex zur Sachkompetenz zu begründen ist (vgl. die Nachw. u. 20), in diesem Zusammenhang ohne Bedeutung sein. Im einzelnen gilt folgendes:

α) Der **Mieter, Untermieter** und **Pächter** von Wohn- und Geschäftsräumen usw. kann jedermann, auch den Vermieter usw., vom Betreten der genannten Räumlichkeiten *ausschließen.* Der Vermieter usw. darf sie ohne Erlaubnis des Mieters usw. grundsätzlich weder selbst betreten noch kann er anderen wirksam den Zutritt gestatten (RG **15** 391, Schäfer LK 52; über Ausnahmen vgl. Lau ZMR **77**, 195). Dies gilt, solange der Mieter usw. unmittelbaren Besitz der Räume behält, und zwar grundsätzlich auch nach Beendigung des Vertrags (h. M., z. B. RG **36** 323 f., D-Tröndle 2, M-Maiwald I 290, Rudolphi SK 14, Schäfer LK 56), wobei hier allerdings die Einschränkung zu machen ist, daß der Besitz als Nachwirkung aus dem früheren Vertragsverhältnis abgeleitet wird (vgl. Düsseldorf JZ **90**, 1088, wo dies mit Recht verneint wird, wenn der Mieter zum Ausdruck bringt, daß das Haus nunmehr als „besetzt" zu gelten habe). Dem Mieter usw. steht das Hausrecht aber auch in seinem positiven Gehalt in vollem Umfang zu, d. h. er kann jedermann den Zutritt *erlauben,* und zwar auch gegen den Widerspruch des Vermieters, der wegen seiner Rechte gegen den Mieter bei Vertragsverletzungen auf den Zivilrechtsweg angewiesen ist (Bernsmann Jura **81**, 343, Engeln aaO 107 ff., Krey I 171, Rudolphi SK 15, Schröder NJW **66**, 263, Welzel 333; and. RG GA Bd. **50**, 289, Hamm GA **61**, 181, Braunschweig NJW **66**, 263, Bockelmann II/3 S. 152, D-Tröndle 2, Gössel I 453, M-Maiwald I 289, Schäfer LK 54; vgl. auch Weimar JR **70**, 58; zu den besonderen Problemen bei der Vermietung von Sportstadien vgl. Schild, Stadionverbote 91 ff.). Etwas anderes gilt dagegen im Fall eines innerhalb einer Wohnung untervermieteten Zimmers oder eines Hotelzimmers. Hier ist davon auszugehen, daß der Vermieter sich stillschweigend das Recht vorbehält, ihm unzumutbare Besucher des Untermieters bzw. Gastes zurückzuweisen (vgl. dazu auch Engeln aaO 110). Entsprechendes gilt auch für Obdachlosenunterkünfte (Köln NJW **66**, 265; zu weitgehend jedoch Bremen NJW **66**, 1766, wonach der Eingewiesene außer der Aufenthaltserlaubnis keinerlei Befugnisse hinsichtlich der ihm zugewiesenen Räume hat).

18 β) Steht das Hausrecht aufgrund einer gemeinsamen Berechtigung **mehreren Personen** zu – z. B. mehreren Mietern eines Zimmers, den Bewohnern des Hauses an den gemeinschaftlich genutzten Räumen (Treppenhaus, Keller usw.), den Ehegatten an der gemeinsamen Wohnung, auch wenn nur einer von ihnen den Mietvertrag unterschrieben hat (Hamm NJW **65**, 2067, Stuttgart Justiz **72**, 156, Schäfer LK 57) –, so ist zu unterscheiden: Im *Innenverhältnis* gilt uneingeschränkt, daß die mehreren Berechtigten das Hausrecht nicht gegeneinander einsetzen, sich also nicht gegenseitig den Aufenthalt in dem fraglichen Raum verbieten können (Arzt I 186). Im *Außenverhältnis* zu Dritten hängt es dagegen von dem zwischen den mehreren Berechtigten bestehenden Rechtsverhältnis ab, ob jeder allein oder nur alle gemeinsam einem anderen den Zutritt oder das Verweilen gestatten können (vgl. RG **72** 57). In der Regel ist ersteres anzunehmen, so daß grundsätzlich z. B. auch kein Eindringen vorliegt, wenn das Betreten im Einverständnis eines der Mitbewohner, aber gegen den Willen der anderen erfolgt (vgl. z. B. Schäfer LK 57f., Wessels II 1 S. 123, and. Arzt I 186, Bernsmann Jura 81, 344 f., Engeln aaO 103, Ostendorf AK 36). Anders ist dies nur, wenn der andere Mitberechtigte die Anwesenheit des Dritten unter dem Gesichtspunkt der Unzumutbarkeit nicht zu dulden braucht, wobei es insbes. von der Art der gemeinsamen Nutzung und dem zwischen den mehreren Berechtigten bestehenden Rechtsverhältnis abhängt, wann dies der Fall ist (vgl. dazu Hamm NJW **55**, 761, **65**, 2068, Lackner 1 b, Schäfer aaO, Wessels aaO; vgl. auch BGHZ **6** 360 u. dazu Struck JZ 76, 160: Unzumutbarkeit für Ehegatten, den Liebhaber des anderen in der gemeinsamen Wohnung zu dulden; zur Frage, ob ein Mitbewohner mit Wirkung für die anderen der Polizei den Zutritt erlauben kann, vgl. Stuttgart Justiz **72**, 156, aber auch Amelung StV 85, 260).

19 γ) Hinsichtlich des **Umfangs der Dispositionsbefugnis** gilt folgendes: Der **private Hausrechtsinhaber** ist in der Ausübung seiner Befugnis, von den o. 18 genannten Einschränkungen abgesehen, grundsätzlich frei. Er kann daher auch willkürlich das Betreten der geschützten Räume verbieten oder erlauben. Jedoch ist ein z. B. an einer Gastwirtschaft angebrachtes Schild, mit dem Gastarbeitern, Farbigen usw. der Zutritt versagt wird, wegen seines öffentlich diskriminierenden Charakters als gem. § 138 BGB nichtig anzusehen (Maunz-Dürig Art. 3 I RN 516; vgl. auch Bohnert GA 83, 5 f., Kühner NJW 86, 1397, Ostendorf AK 37). Einschränkungen der privaten Dispositionsbefugnis durch die öffentlich-rechtliche Zweckbestimmung ergeben sich ferner bei dem öffentlichen Verkehr usw. gewidmeten Grundstücken; zu den Besonderheiten, wenn die geschützte Räumlichkeit ein „tatsächlich öffentlicher Weg" i. S. des Wegerechts ist (Innenhof), vgl. Karlsruhe MDR **79**, 73.

20 Nur eine beschränkte Dispositionsbefugnis besteht dagegen bei den zum **öffentlichen Dienst usw.** bestimmten Räumen. Einschränkungen des Hausrechts können sich hier schon aus gesetzlichen Vorschriften ergeben: So ist z. B. bei Gerichtsgebäuden das Hausrecht der Justizverwaltung (Behördenleiter) begrenzt durch den Grundsatz der Öffentlichkeit, das lediglich dem (erkennenden) Gericht zustehende Recht auf Ausschluß der Öffentlichkeit (§§ 169 ff. GVG) und durch dessen – räumlich und zeitlich allerdings beschränkte – Sitzungspolizeigewalt gem. §§ 176, 177 GVG (vgl. BGH **24** 329, **30** 353, Celle DRiZ **79**, 376 Engeln aaO 146 ff., Stürner JZ 72, 664; andererseits ist eine sitzungspolizeiliche Maßnahme, durch welche die Zulassung weiterer Zuhörer wegen drohender Überfüllung abgelehnt oder ein Störer aus dem Sitzungsraum verwiesen wird, insoweit zugleich eine von der Sitzungspolizeigewalt kraft Gesetzes umfaßte Ausübung des Hausrechts, ohne daß es hier auf dessen zusätzliche Übertragung durch den Behördenleiter ankäme, wozu dieser mangels eines eigenen Rechts – die Sitzungspolizeigewalt des Gerichts geht diesem vor – ohnehin nicht imstande wäre [vgl. BGH **30** 350, Oldenburg NStZ **81**, 183; and. Celle DRiZ **79**, 376]). Bereits gesetzliche Beschränkungen des Hausrechts enthalten ferner z. B. § 22 PersonenbeförderungsG, § 3 EisenbahnverkehrsO, weshalb einem Reisewilligen das Betreten des Bahnhofs nur untersagt werden kann, wenn ihm gegenüber nach der Ausnahmeregelung des § 9 EisenbahnverkehrsO keine Beförderungspflicht besteht (vgl. Celle MDR **65**, 595; zu Bahnhofsverboten im übrigen und ihrer Reichweite vgl. Bremen VRS **23** 266, Bay NJW **77**, 261 m. Anm. Stürner JZ 77, 312, Celle aaO, MDR **66**, 944, Düsseldorf VRS **57** 281, AG Frankfurt StV **83**, 246). Von solchen gesetzlichen Regelungen abgesehen, sind die Grenzen des Hausrechts an öffentlichen Gebäuden aber ebenso umstritten wie schon dessen Rechtsnatur überhaupt und der Charakter eines darauf gestützten Hausverbots (vgl. näher zum Ganzen Engeln aaO 116 ff., Ronellenfitsch VerwArch. 73, 465 m. zahlr. Nachw., ferner Schäfer LK 38 ff.). Teils wird, anknüpfend an Eigentum und Besitz, vom privatrechtlichen Charakter des Hausrechts ausgegangen, das seine Grenzen erst in der öffentlich-rechtlichen Zweckbestimmung des Gebäudes und im Gleichheitssatz des Art. 3 GG findet, z. T. wird aber auch als Annex zur staatlichen Sachkompetenz ein ausschließlich öffentlich-rechtliches Hausrecht angenommen, das jedoch – insofern enger begrenzt – nur dem Schutz des ordnungsgemäßen Funktionierens der Verwaltung vor Störungen dient; entsprechend werden dann auch Hausverbote teils als privatrechtliche, teils als öffentlich-rechtliche Akte qualifiziert (für die privatrechtliche Betrachtungsweise z. B. BGHZ **33** 230 [Rathaus], NJW **67**, 1911 [Bundeswehrgebäude], Bay NJW **77**, 261 [Bahnhof mit Bahnhofsgaststätte usw.; and jedoch Celle MDR **66**, 944], Stürner, Privatrechtliche Gestaltungsformen bei der Verwaltung öffentlicher Sachen [1969] 108 ff., JZ 71, 98 u. 77, 312, ferner unter Ausgrenzung der öffentlich-rechtlichen Ordnungs-, Polizei-

und Weisungsgewalt Engeln aaO 125 ff.; für rein öffentlich-rechtlichen Charakter von Hausrecht und Hausverbot – letzteres überwiegend als Verwaltungsakt qualifizierend – z. B. VGH München NJW 80, 2722 m. Anm. Berg JuS 82, 260, **82**, 1717, BayVBl. **81**, 657, Bernsmann Jura 81, 469, Ehlers DÖV 77, 737, Haak DVBl. 68, 134, Knemeyer DÖV 70, 596 u. 71, 303, VBlBad.-Württ. 82, 250, Krey I 176, Wolff/Bachof/Stober, VerwR II, 5. A., 320; für eine noch weitergehende Einschränkung dieses öffentlich-rechtlichen Hausrechts durch das Demonstrationsrecht Maul JR 70, 85 u. dagegen mit Recht Düsseldorf NJW **82**, 2678, Schäfer LK 42 ff.). Demgegenüber unterscheidet die wohl h. M. mit entsprechenden Konsequenzen für die rechtliche Qualifikation des Hausverbots je nach den materiellen Rechtsbeziehungen zu der Behörde zwischen einem teils privatrechtlichen, teils öffentlich-rechtlichen Hausrecht: Sind diese rein privatrechtlicher (fiskalischer) Art (z. B. Erlangen von Lieferaufträgen) oder besteht zu der Verwaltungstätigkeit überhaupt kein Zusammenhang (z. B. privater Besuch bei einem Behördenangestellten), so ist auch ein Hausverbot ein privatrechtlicher Akt; einen Verwaltungsakt stellt ein solches dagegen dar, wenn die Rechtsbeziehung zwischen Bürger und Verwaltung nach öffentlichem Recht zu beurteilen ist, dieser also in der Ausübung seines subjektiv-öffentlichen Rechts gehindert werden soll, seine öffentlich-rechtlichen Angelegenheiten selbst vorzubringen (vgl. z. B. BVerwGE **35** 103, OVG Hamburg MDR **57**, 188, VGH Mannheim DVBl. **77**, 223, OVG Münster JZ **63**, 566, DVBl. **68**, 157, **75**, 587, ferner die Nachw. b. Schäfer LK RN 40). Bei Anstaltsnutzern liegt ein Verwaltungsakt nur vor, wenn das „Grundverhältnis" (vgl. Karlsruhe JZ **77**, 478: mindestens für mehrere Tage geltendes Hausverbot für Studenten durch Universitätsrektor), nicht aber nur lediglich das „Betriebsverhältnis" betroffen ist (Hamburg NJW **78**, 2520: Anordnung eines Schulleiters gegenüber einer Schülerin, das Verteilen von Flugblättern in Schulräumen einzustellen oder für die Dauer dieser Tätigkeit das Schulgebäude zu verlassen; krit. Schwabe JR 80, 344). – **Konsequenzen für § 123** hat die Entscheidung dieser öffentlich-rechtlichen Vorfragen in mehrfacher Hinsicht: 1. Soweit Hausrecht und Hausverbot privatrechtlicher Natur sind, darf ein solches – vorbehaltlich des Art. 3 GG – schon dann erlassen werden, wenn damit die durch die öffentlich-rechtliche Zweckbestimmung des Gebäudes gezogenen Grenzen des Hausrechts (vgl. o.) nicht überschritten werden, während ein auf des öffentlichrechtliche Hausrecht gestütztes Hausverbot nur zur Abwehr von Störungen des ordnungsgemäßen Funktionierens der Verwaltung zulässig ist. Danach kann z. B. zwar einem Landstreicher das Betreten eines Rathauses verboten werden, in dem er sich (nur) aufwärmen will (vgl. OVG Hamburg MDR **57**, 188); dagegen kann einem Antragsteller ein Hausverbot für das Behördengebäude nur erteilt werden, wenn von ihm erhebliche Störungen des Dienstbetriebs zu erwarten sind (Hamburg aaO, OVG Münster JZ **63**, 566). 2. Hat das Hausverbot privatrechtlichen Charakter, so ist ein Verstoß dagegen, wenn es materiell berechtigt ist, ohne weiteres auch ein Eindringen i. S. des § 123 (vgl. Rudolphi SK 35a; vgl. auch Bay VRS **79** 105: Hausverbot als Mißbrauch des Hausrechts wegen pflichtwidrigen Unterlassens der Widmung bzw. gesetzwidriger Entwidmung). Ist das Hausverbot dagegen ein Verwaltungsakt, so ist dies nach h. M. für § 123 deshalb von Bedeutung, weil eine Zuwiderhandlung jedenfalls dann nicht nach § 123 strafbar ist, wenn und solange es mit aufschiebender Wirkung angefochten ist (vgl. z. B. Lorenz DVBl. 71, 165, Thierfelder DVBl. 68, 138). Umstritten ist dagegen, ob § 123 anwendbar ist, wenn das Hausverbot z. Z. der Tat zwar anfechtbar, aber noch nicht mit aufschiebender Wirkung angefochten ist (bejahend Hamburg MDR **68**, 1027, Krey I 176; and. Hamm MDR **79**, 516 unter Hinweis auf BGH **23** 86). Nach BGH NJW **82**, 189 m. Anm. Dingeldey NStZ 82, 160, Hamburg JR **81**, 31 m. Anm. Oehler, Karlsruhe JZ **77**, 478, AG Frankfurt StV **83**, 246 gilt § 123 hier jedenfalls dann, wenn z. Z. der Begehung die sofortige Vollziehung angeordnet war (ebenso z. B. D-Tröndle 7, Krey I 176, Otto II 128, Schäfer LK 47; and. Arnhold JZ 77, 789, Bernsmann Jura 81, 470 f., Gerhards NJW 78, 86, Schroeder JuS 82, 494). Dafür sprechen zweifellos erhebliche praktische Bedürfnisse, die Frage ist aber, ob dies nicht auf eine strafrechtliche Sanktionierung eines lediglich verwaltungsrechtlichen Ungehorsams hinausläuft: Denn ob die Zuwiderhandlung gegen ein vollziehbares Hausverbot ohne Rücksicht auf dessen Rechtmäßigkeit das Hausrecht verletzt (so Schäfer aaO), ist gerade das Problem, wenn man bei öffentlichen Gebäuden von einer nur beschränkten Dispositionsbefugnis ausgeht und das Hausrecht deshalb lediglich in dessen Grenzen verletzt sein kann (vgl. auch Rudolphi SK 35a). Hier ist daher jedenfalls ein Strafausschließungsgrund anzunehmen, wenn sich die fragliche Maßnahme als rechtswidrig herausstellt (vgl. auch 130a vor § 32 und i. E. wie hier Gössel I 452; and. Krey I 176).

δ) Die **Ausübung des Hausrechts** kann vom Berechtigten, bei juristischen Personen von den zuständigen Organen, anderen Personen (Behördenleiter, Filialleiter usw.) **übertragen** werden, die ihn dann in den Grenzen der ihnen erteilten Ermächtigung im Willen vertreten (Engeln aaO 111 ff., Rudolphi SK 17, Schäfer LK 61). Sie können daher weder ein vom Berechtigten ausgesprochenes Hausverbot aufheben noch einer von ihm zugelassenen Person das Betreten der geschützten Sphäre verbieten (insoweit zutr. RG **28** 270 f.). Die Übertragung kann auf Dauer oder kurzfristig, z. B. für die Zeit der Abwesenheit des Berechtigten (vgl. München NJW **66**, 1165), ausdrücklich oder stillschweigend erfolgen. Jedoch sind Laden- und Hausangestellte sowie Kinder des Hausrechtsinhabers regelmäßig auch für den Fall seiner Abwesenheit nicht als stillschweigend ermächtigt anzusehen, das Betreten seiner Wohnung usw. zu erlauben oder zu verbieten (Engeln aaO 103 ff., Schäfer LK 62, Schröder JR 67, 305 f.). Bei mehreren Mitberechtigten bestimmt sich nach den o. 18 gennanten Grundsätzen, ob die die Ausübung des Hausrechts nur gemeinsam oder von jedem einzelnen auf einen Dritten übertragen werden kann; handelt es sich dabei im zweiten Fall um eine Person, deren Anwesenheit ein anderer Mitberechtigter nicht zu dulden braucht (o. 18), so kann für sie aber auch auf diesem Weg kein Zutrittsrecht begründet werden.

22 d) Die **Erlaubnis** zum Betreten ist, da damit ein „Eindringen" entfällt (vgl. o. 11, 14), ein **tatbestandsausschließendes Einverständnis** (vgl. dazu 30 f. vor §§ 32 ff. u. zu § 123 z. B. D-Tröndle 10, Lackner 3a, Rudolphi SK 18; and. M-Maiwald I 288: Rechtfertigungsgrund; vgl. auch Bohnert GA 83, 3 f., 14). Dies gilt, weil bei § 123 nur der tatsächliche Wille maßgeblich sein kann, auch für die durch *Täuschung* erschlichene Erlaubnis (Arzt I 187, Bernsmann Jura 81, 403 f., Bohnert GA 83, 20, D-Tröndle 10, Lackner 3, Ostendorf AK 32, Schlink NJW 80, 557, Wessels II/1 S. 122; and. München NJW **72**, 2275 m. Anm. Otto NJW 73, 667 u. Stückemann JR 73, 414, Amelung/Schall JuS 75, 567 [and. jetzt Amelung NStZ 85, 457], Gössel I 451, Meyer, Ausschluß d. Autonomie durch Irrtum, 178 ff., Rudolphi SK 18, Schäfer LK 27, Schall aaO 143 f.). Erschleichen sich Strafverfolgungsbeamte auf diese Weise die Erlaubnis zum Betreten einer Wohnung (vgl. dazu München aaO), so handeln sie zwar prozeßordnungswidrig, weil das Erfordernis einer richterlichen Anordnung durch eine Täuschung nicht umgangen werden kann (Amelung StV 85, 263); ein Eindringen i. S. des § 123 ist dies aber nicht. Nur ein individuelles Hausverbot kann auch durch Täuschung nicht vereitelt werden, weil es unverändert fortgilt (vgl. Geppert Jura 89, 380, Lackner 3a). Dagegen kommt es bei einer *Drohung* darauf an, ob der Berechtigte, ohne seinen entgegenstehenden Willen aufzugeben, das Betreten des Raums lediglich duldet – in diesem Fall bleibt es bei einem Eindringen, wobei jede Drohung mit einem empfindlichen Übel genügt (z. B. Eindringen in eine Gaststätte unter der Drohung, andernfalls das gesamte Mobiliar zu zertrümmern) – oder ob er dem Täter den Zutritt, wenn auch gezwungenermaßen, gestattet: Hier kommt nur § 240 in Betracht, so z. B. wenn der Gastwirt den Gast, dem er zunächst die Tür gewiesen hat, dann doch hereinläßt, nachdem dieser ihm angedroht hatte, ihn andernfalls wegen einer früheren Straftat anzuzeigen (vgl. aber auch RG GA Bd. **47**, 284). Das nur passive Dulden einer Hausbesetzung ist noch kein Einverständnis, aber auch nicht schon das Führen „zukunftsorientierter" Verhandlungen mit den Besetzern (and. insoweit AG Berlin-Tiergarten StV **83**, 335).

23 Die Erlaubnis kann auch **generell erteilt** werden, wofür schlüssiges Handeln genügt (vgl. z. B. Karlsruhe MDR **79**, 73: Duldung des Fußgängerverkehrs auf einem Innenhof, Zweibrücken NStZ **85**, 456: „Tag der offenen Tür" in militärischer Einrichtung). Dies schließt nicht aus, daß sie auf bestimmte Personengruppen (z. B. Betriebsangehörige, Versammlungsteilnehmer, vgl. Engeln aaO 155 ff.), bestimmte Zeiten (z. B. Öffnungszeiten eines Museums) oder auf bestimmte Räume beschränkt sein kann oder von bestimmten Voraussetzungen (z. B. Eintrittskarten, Einkaufsausweise, Betreten eines Parks nur zu Fuß) abhängig gemacht wird. Voraussetzung ist dann allerdings, daß ein dahingehender Wille i. S. eines – soweit die Bedingungen nicht erfüllt sind – echten Ausschlußwillens hinreichend deutlich zum Ausdruck kommt, was z. B. auch bei entsprechenden Hinweisschildern („Nur für Reisende", „Krawattenzwang") eine Frage des Einzelfalls sein kann; auch verlieren Einschränkungen einer generellen Zutrittserlaubnis ihren Wert, wenn sie im Widerspruch zu einer tatsächlichen, vom Berechtigten geduldeten Übung stehen (vgl. auch Ostendorf AK 30). Noch weniger genügt ein nur mutmaßlicher (d. h. nicht geäußerter) Wille des Berechtigten für die Beschränkung einer generell erteilten Erlaubnis (vgl. Amelung NStZ 85, 457, Geppert Jura 89, 381; offengelassen von Zweibrücken NStZ **85**, 456). Eine solche ist im übrigen daher nur durch individuelle Hausverbote möglich (vgl. o. 14; and. Schild NStZ 86, 350: auch dann kein Eindringen). Im einzelnen gilt folgendes:

24 α) Auch bei einer generellen Erlaubnis, die nicht unbeschränkt erteilt ist, begeht jedoch keinen Hausfriedensbruch, wer **vortäuscht,** zu dem **berechtigten Personenkreis zu gehören** (vgl. o. 22; and. Rudolphi SK 27). Dafür genügt es, wenn er den entsprechenden äußeren Anschein erweckt und deshalb den Eingang ungehindert passieren kann: Entfällt hier ein Eindringen, wenn dem Berechtigten oder seinem Beauftragten durch falsche Behauptungen vorgespiegelt wird, die Zulassungsbedingungen zu erfüllen (vgl. o. 22), so kann nichts anderes gelten, wenn es zu einer solchen Täuschung gar nicht erst kommt, weil der Berechtigte auf eine individuelle Prüfung verzichtet hat. Anders ist dies nur im Fall eines zuvor erteilten individuellen Hausverbots, und zwar auch dann, wenn keine (fortwährende) Kontrolle stattfindet: Wird das Hausverbot hier nicht dadurch aufgehoben, daß dem Täter, der bei einer Kontrolle über seine Identität täuscht, der Zutritt gestattet wird (vgl. o. 22), so bleibt es erst recht in Kraft, wenn er das Gebäude ohne Kontrolle betreten kann. Das Betreten eines Kaufhauses entgegen einem Hausverbot bleibt daher Hausfriedensbruch.

25 Diese Regeln gelten z. B. auch für das *Benutzen frei zugänglicher Verkehrsmittel* ohne Entrichtung des Entgelts (zu § 265a vgl. dort RN 11). Erweckt der Täter den Eindruck eines ordnungsgemäßen

Benutzers, so liegt ein Eindringen nur im Fall eines zuvor erteilen Hausverbots vor (vgl. AG Hamburg NStZ **88**, 221 m. Anm. Albrecht). Ebenso verhält es sich in den *Testkäuferfällen*, in denen aus den o. 24 genannten Gründen § 123 auch dann nicht anwendbar ist, wenn ein Schild den Zutritt von Testkäufern ausdrücklich verbietet (so i. E. auch Hamm WRP **64**, 313, LG Frankfurt NJW **63**, 1022 m. Anm. Helle, Bernsmann Jura 81, 407, Hanack JuS 64, 355, Ossenbrügge BB 64, 1154, Rudolphi SK 26, Schall aaO 155; and. Hamm WRP **64**, 136, München WRP **64**, 310, Gassmann MDR 64, 374).

β) Fehlt es an einem individuellen Verbot, so liegt § 123 auch nicht deswegen vor, weil der **26** Täter die generell erteilte Erlaubnis **zu widerrechtlichen Zwecken mißbrauchen** will, z B. als scheinbarer Kunde ein Warenhaus betritt, um dort zu stehlen (Blei II 113, Bohnert GA 83, 11 ff., Krey I 175, Lackner 3, M-Maiwald I 288 [and. noch M-Schroeder I[6] 255], Meyer aaO [RN 22] 181f., Rudolphi SK 26, Schall aaO 156, Schmidhäuser II 61, Steinmetz JuS 85, 95, Wessels II/1 S. 122; and. Gössel I 451, Schäfer LK 32f.; vgl. ferner RG **12** 134, **20** 155f., BGH MDR/D **68**, 551, Bay MDR **69**, 779, wo der vom Täter verfolgte widerrechtliche Zweck überflüssigerweise – ein Einverständnis des Berechtigten lag in keinem Fall vor – als Beweisanzeichen für einen dem Betreten mutmaßlich entgegenstehenden Willen des Hausrechtsinhabers verwertet wird). Etwas anderes gilt jedoch, wenn das äußere Erscheinungsbild so sehr von dem gestatteten Eintreten abweicht, daß sich die Frage eines (erschlichenen) Einverständnisses nicht mehr stellt, so z. B. wenn Bankräuber während der Kassenstunden mit gezogenen Waffen in die Geschäftsräume eindringen (vgl. Düsseldorf NJW **82**, 2678, Blei II 113, Rudolphi SK 26, Wessels II/1 S. 122; and. Bohnert GA 83, 20 FN 60). Darauf, ob mit dem Betreten bereits ein strafbarer Versuch beginnt, kann es hier nicht ankommen (so aber Steinmetz JuS 85, 94). Werden die rechtswidrigen Absichten des Täters erst offenbar, nachdem er den Raum zunächst unauffällig betreten hat, so liegt von diesem Zeitpunkt an ein Eindringen durch Unterlassen vor (vgl. o. 13; nicht berechtigt daher die Kritik von Steinmetz aaO). Entsprechendes gilt für das Betreten von Dienstgebäuden (Düsseldorf aaO).

2. Die 2. Alt. enthält ein echtes Unterlassungsdelikt, das darin besteht, daß der Täter **trotz 27 Aufforderung** des Berechtigten **sich nicht entfernt** (vgl. dazu auch u. 35). Nach dem Wortlaut scheint erforderlich zu sein, daß der Täter sich schon vor der Aufforderung unbefugt in dem geschützten Raum aufgehalten hat (so z. B. Engeln aaO 79ff.), was bedeuten würde, daß es, wenn er dort mit ursprünglich mit Willen des Berechtigten anwesend war (z. B. als Gast, mit dem es dann zum Streit kommt), zweier Aufforderungen bedürfte: der ersten, um sein weiteres Verweilen zunächst zu einem „unbefugten" zu machen, sodann anschließend noch einer zweiten, um dadurch unter den Schutz des § 123 zu gelangen. Daß dies vom Gesetz so gewollt ist, kann jedoch wohl ausgeschlossen werden (vgl. schon RG **5** 111: „ein vom legislatorischen Standpunkt aus kaum zu rechtfertigender Formalismus"). Aber auch für die weiteren hier denkbaren Fälle eines bereits zuvor unbefugten Sichaufhaltens in dem Raum kann die 2. Alt. richtigerweise nicht gedacht sein: Nach einem vorsätzlichen und rechtswidrigen Eindringen verwirklicht der Täter nicht zusätzlich den Tatbestand der 2. Alt., wenn er sich auf Aufforderung nicht entfernt, vielmehr bleibt die Tat unabhängig von einer solchen ein Dauerdelikt nach der 1. Alt. (vgl. o. 10); ebenso ist, gleichfalls unabhängig von einer Aufforderung, bei einem weiteren Verweilen schon die 1. Alt. durch Unterlassen (o. 13) erfüllt, wenn der Täter bereits deshalb zum Verlassen des Raums verpflichtet ist, weil er unvorsätzlich in diesen eingedrungen ist, ein sein Eindringen und seinen Aufenthalt zunächst rechtfertigender Sachverhalt entfallen oder die zeitliche Grenze einer erteilten Aufenthaltserlaubnis überschritten ist (vgl. auch Gössel I 455, ferner BGH **21** 225, Schäfer LK 63 [Subsidiarität der 2. Alt.]). Einen Sinn gibt die 2. Alt. daher erst, wenn sie als eine – allerdings in hohem Maß mißverständlich formulierte – Ergänzung der 1. Alt. verstanden wird und mit dieser korrespondiert: Ist dort das Betreten wider Willen des Berechtigten tatbestandsmäßig, so muß es hier das Verweilen gegen dessen Willen sein, wobei das Gesetz dann allerdings, um klare Verhältnisse zu schaffen, eine entsprechende Aufforderung verlangt (vgl. RG **5** 111f.). Erfaßt ist hier daher nur das Verweilen, das erst durch die Aufforderung, sich zu entfernen, zur tatbestandsmäßigen und – bei Fehlen einer besonderen Befugnis – auch zur rechtswidrigen Hausrechtsverletzung wird (vgl. RG aaO, Schäfer LK 65; ferner Geppert Jura 89, 382, M-Maiwald I 289, Rudolphi SK 19). Ebenso wie die 1. Alt. kann auch die 2. Alt. nur durch Außenstehende verwirklicht werden (vgl. o. 15): Daher kein Hausfriedensbruch, wenn sich ein Beamter trotz Aufforderung des Vorgesetzten nicht aus den Diensträumen entfernt (LG Lüneburg NJW **77**, 1832; zum Ausschluß eines Gemeinderats aus der Sitzung und Raumverweisung wegen grober Störung vgl. jedoch Karlsruhe JR **80**, 341 m. Anm. Schwabe).

a) Die **Aufforderung** muß nicht wörtlich (z. B. Klingelzeichen; vgl. Schäfer LK 65) oder **28** ausdrücklich, sondern kann auch durch schlüssiges Verhalten erfolgen (RG GA Bd. **57**, 404). Eine einmalige Aufforderung genügt (vgl. dazu RG **5** 111f.). Angesichts des eindeutigen Gesetzeswortlauts ist sie auch dann nicht verzichtbar, wenn der Täter die Aufforderung durch Zwang verhindert (Geppert Jura 89, 382; and. Bernsmann Jura 81, 405).

29 b) **Berechtigt** zur Aufforderung ist auch hier zunächst der Inhaber des Hausrechts (vgl. o. 16ff.). Keine Aufforderung i. S. der 2. Alt. ist, vorbehaltlich der o. 17 genannten Einschränkung, daher das Räumungsverlangen des Vermieters nach Beendigung des Mietverhältnisses, da das Hausrecht bis zur tatsächlichen Räumung grundsätzlich beim Mieter bleibt (RG **36** 323f.). Dagegen ist der Kreis derjenigen, die als bevollmächtigt anzusehen sind, jemanden aus den geschützten Räumen zu verweisen, weiter zu ziehen als der Kreis derjenigen, die zur Erteilung einer Erlaubnis oder eines Verbots bezüglich des Betretens ermächtigt sind. Ist der Hausrechtsinhaber nicht zugegen und verhält sich ein Besucher in störender Weise anders als es bei der sein Betreten deckenden Erlaubnis vorausgesetzt war, so sind auch alle diejenigen als zur Wahrung des Hausrechts i. S. der 2. Alt. ermächtigt anzusehen, die am Schutz des Hausrechts teilnehmen und von denen der Hausrechtsinhaber ein Einschreiten erwarten kann. Hierzu gehören auch Kinder, sofern sie zu einem vernünftigen Urteil imstande sind, ferner Hausangestellte und der allein in der Wohnung anwesende Untermieter (vgl. BGH **21** 226, Engeln aaO 104, Rudolphi SK 21, Schäfer LK 75ff., Schröder JR 67, 306). Ebenso können nach diesen Grundsätzen z. B. auch Behördenbedienstete störende Besucher aus ihrem Arbeitsraum (nicht jedoch aus dem Gebäude) verweisen. Hinsichtlich der Dispositionsfreiheit des Berechtigten gelten die o. 19 dargestellten Grundsätze. Daher kann z. B. ein Antragsteller nur dann aus dem Dienstzimmer oder dem Gebäude gewiesen werden, wenn er den Dienstbetrieb erheblich stört.

30 c) Der Aufgeforderte **verweilt** in den geschützten Räumen, wenn er sich nicht unverzüglich, d. h. ohne schuldhaftes Zögern entfernt, seine weitere Anwesenheit also von solcher Dauer ist, daß in ihr ein Ungehorsam gegenüber der Aufforderung zu finden ist (RG DStR **38**, 245). Dies ist nicht der Fall, wenn das Verlassen der Räume unmöglich oder unzumutbar ist (vgl. 141 ff., 155 vor § 13), so z. B. wenn der Fahrgast, um der Aufforderung des Schaffners nachzukommen, aus einer fahrenden Straßenbahn springen müßte (vgl. RG **75** 357f.).

31 IV. Die Merkmale „**widerrechtlich**" (1. Alt.) und „**ohne Befugnis**" (2. Alt.) kennzeichnen das allgemeine Deliktsmerkmal der Rechtswidrigkeit (vgl. RG **5** 111f., Celle VRS **29** 23, Düsseldorf VRS **57** 281, Hamburg JZ **77**, 477 m. Anm. Gössel JR 78, 293, D-Tröndle 11, Gössel I 455, Otto II 128, Rudolphi SK 38, Schäfer LK 48 [and. aber 24], 63; and. M-Maiwald I 286, wo diesen Begriffen überflüssigerweise eine Doppelbedeutung zugeschrieben wird). Entgegen der mißverständlichen Fassung der 2. Alt. (o. 27) ist diese so zu verstehen, daß das weitere Verweilen trotz der Aufforderung, sich zu entfernen, rechtswidrig ist, wenn dazu keine besondere Befugnis besteht.

32 **Rechtfertigend** können beim Hausfriedensbruch insbesondere **öffentlich-rechtliche Befugnisse** wirken, wie sie z. B. Art. 13 III 1, 2. Alt. GG und die Zwangsrechte der StPO und ZPO zum Zwecke der Durchsuchung, Beschlagnahme, Verhaftung oder Pfändung verleihen. In Betracht kommen auch die der Polizei auf Grund der Landespolizeigesetze zustehenden Befugnisse (z. B. bad.-württ. PolG § 25), ferner die in einer Anzahl von Spezialgesetzen den jeweils zuständigen Behörden eingeräumten Ermächtigungen (z. B. § 41 III Lebensmittel- und BedarfsgegenständeG, § 25 II SprengstoffG). Derartige Amtsrechte rechtfertigen sowohl das Eindringen wie auch das Verweilen trotz Aufforderung zum Sichentfernen. Hat z. B. ein Polizeibeamter eine Wohnung mit freiwillig erteilter Zustimmung des Beschuldigten betreten, so darf er eine dort vorzunehmende Amtshandlung, die ein Eindringen gerechtfertigt hätte, auch zu Ende führen. Dagegen ist z. B. der Polizeibeamte, der dem Beschuldigten in dessen Wohnung eine Vorladung überbringt und bei ihm Auskünfte einholt, nicht berechtigt, sich dort trotz dessen Widerspruchs aufzuhalten (Hamm JMBlNW **59**, 221).

33 Von den **allgemeinen Rechtfertigungsgründen** kommen bei § 123 insbes. der Notstand (§ 34) und bei der 1. Alt. auch die mutmaßliche Einwilligung (vgl. 54ff. vor § 32) in Betracht. Nach § 34 kann die vorübergehende Inanspruchnahme unbenutzter Räume zwar in Fällen echter Obdachlosigkeit ausnahmsweise gerechtfertigt sein; dagegen lassen sich in einem Rechtsstaat Fehlentwicklungen der Wohnungspolitik nicht durch Hausbesetzungen unter Berufung auf § 34 korrigieren, da dies auf eine Legalisierung der Selbsthilfe hinausliefe, für die auch Art. 14 II GG keine Grundlage bietet (vgl. Düsseldorf NJW **82**, 2678, Degenhart JuS 82, 331, Ostendorf JuS 81, 641, Rudolphi SK 39, Schall NStZ 83, 247, ferner o. 6). Als Rechtfertigungsgrund kommt ferner das Erziehungsrecht in Betracht (z. B. Betreten der Wohnung des noch minderjährigen Sohns durch die Eltern, vgl. Engeln aaO 106f), nicht dagegen die bloße Wahrnehmung berechtigter Interessen (vgl. Stuttgart NStZ **87**, 121 [„Besetzung" eines Militärlagers durch Atomwaffengegner], Gössel I 456; vgl. näher dazu 79f. vor § 32). – Auch **sonstige Rechte**, die dem Hausrecht vorgehen, schließen die Rechtswidrigkeit aus. Hierher gehört z. B. das *Recht der Betriebsratsmitglieder*, auch außerhalb der Arbeitszeit den Betrieb zu betreten und sich dort aufzuhalten (§ 78 BetriebsVerfG; vgl. dazu Hamm JMBlNW **52**, 12); zum – bei kirchlichen Einrichtungen (BVerfGE **57** 220) allerdings nicht bestehenden – Zutrittsrecht betriebsfremder *Gewerkschaftsbeauftragter* zum Zweck der Werbe- und Informationstätigkeit vgl. BAG NJW **79**, 1844 u. Engeln aaO 115f. Ein die Rechtswidrigkeit i. S. der 2. Alt. ausschließendes Recht zum Verweilen kann sich ferner aus entsprechenden *zivilrechtlichen Verträgen* ergeben (vgl. 53 vor § 32; z. B. beim Besuch einer Gaststätte oder einer Veranstaltung), wobei dieses Recht jedoch mit einer vorzeitigen Hinausweisung wegen eines störenden oder sonst vertragswidrigen Verhaltens endet; im übrigen besteht es so lange, als dies zur Erfüllung des Vertragszwecks billigerweise angemessen ist (vgl. RG **4** 323, Celle OLGSt § 123 S. 24, Rudolphi SK 40, Schäfer LK 70). Dagegen begründet das berechtigte Interesse des Vermieters, sich vom Zustand der Wohnung zu überzeugen oder sie kurz vor Ablauf des Mietverhältnisses neuen Mietinteressenten zu zeigen, kein Recht, sie gegen den Willen des Mieters zu betreten; dies gilt auch, wenn der Mieter durch seine Weigerung gegen eine entsprechende Vertragspflicht verstößt (vgl. Glaser MDR 59, 723). Ebensowenig hat z. B. der Gläubiger ein Recht, in der Wohnung des Schuldners einer Pfändung beizuwohnen (KG ZStW **43**, 461). Der Arbeitsvertrag begründet kein Recht, die Arbeitsräume gegen den Willen des Arbeitgebers zur Arbeitsleistung zu betreten oder in ihnen zu verweilen, wenn dieser auf die Erfüllung der Arbeitspflicht verzichtet und damit die mit Abschluß des Vertrages erteilte Erlaubnis zurücknimmt (vgl. Hamm JMBlNW **52**, 12, Schäfer LK 70, Engeln aaO 115; and. Ostendorf AK 31). Ein solcher Verzicht liegt auch in einer unberechtigten Kündigung (vgl. RG **5** 235, hier auch Ostendorf AK 31); doch verweilt der fristlos gekündigte und auf dem Betrieb verwiesene Arbeitnehmer solange noch unbefugt, als er braucht, um seine Sachen zu packen (D-Tröndle 14, Schäfer LK 70). Aus dem *Streik- und Arbeitskampfrecht* folgt kein Recht des Arbeitnehmers, in die Betriebsräume einzudringen oder dort zu verweilen (vgl. BAGE **30** 84 u. näher Müller-Roden ZRP 88, 161, Rudolphi RdA 87, 161; and. Ostendorf, Kriminalisierung des Streikrechts, 1987, RN 76 ff. mwN). Sog. Betriebsbesetzungen sind daher ein rechtswidriger Hausfriedensbruch, und zwar auch bei einer rechtswidrigen Aussperrung, weil auch dann das tarifvertragliche und arbeitsrechtliche Instrumentarium vorrangig ist (vgl. Brox/Rüthers, Arbeitskampfrecht, 2. A., RN 140, 217, 341 mwN) und es ein Recht auf Arbeit i. S. eines notwehrfähigen Rechtsguts nicht gibt (vgl. BAG **30** 59; and. Däubler, Arbeitsrecht I, 11. A., 364ff. mwN). Ebensowenig folgt aus dem *Demonstrationsrecht* das Recht zum Eindringen in Diensträume (Düsseldorf NJW **82**, 2678) oder zur „Besetzung" eines Militärlagers (Stuttgart Justiz **87**, 118, Lenckner JuS 88, 354). Die *Presse- und Informationsfreiheit* (Art. 5 II GG) rechtfertigt jedenfalls nicht das Eindringen in private Räume (z. B. Berichterstattung über eine „Hausbesetzung"); nur beim Eindringen in öffentliche Dienstgebäude kann diese im Einzelfall den Vorrang vor dem Hausrecht haben (vgl. auch Dose DRiZ 69, 75; and. insoweit D-Tröndle § 124 RN 8, Rudolphi SK § 124 RN 16, Schäfer LK § 124 RN 22; zum Ganzen vgl. auch BVerfGE **20** 177). In entsprechenden Fällen kann für Journalisten auch eine mutmaßliche Einwilligung in Betracht kommen.

V. Der **subjektive Tatbestand** erfordert Vorsatz; bedingter Vorsatz genügt. Bei der 1. Alt. ist 34 insbesondere das Bewußtsein nötig, gegen den Willen des Berechtigten, d. h. ohne seine Erlaubnis zu handeln, bei der 2. Alt. die Kenntnis der Aufforderung (vgl. RG **5** 111, Hamburg JZ 77, 477 m. Anm. Gössel JR 78, 292). Ein Tatbestandsirrtum (§ 16) ist daher z. B. die irrige Deutung einer nur passiven Duldung durch den Berechtigten als Einverständnis (vgl. auch LG Berlin StV **85**, 239). Ein Verbotsirrtum (§ 17) ist dagegen die irrige Vorstellung, schon die Verfolgung berechtigter Belange oder ein – tatsächlich nicht existierendes – „stärkeres" Recht rechtfertige das Eindringen in fremde Räumlichkeiten (vgl. Celle VRS **29** 23, Düsseldorf NJW **82**, 2678, Hamburg JZ **77**, 477 m. Anm. Gössel aaO, JR **81**, 31 m. Anm. Oehler). Auch der Irrtum über die Wirksamkeit eines von Bahnpolizeibeamten erteilten Bahnhofsverbots ist nach Düsseldorf VRS **57** 281 Verbotsirrtum, was allerdings voraussetzt, daß hier nicht schon aus den o. 19f. genannten Gründen der Vorsatz bezüglich des Eindringens zu verneinen ist.

VI. **Täterschaft.** § 123 enthält kein eigenhändiges Delikt (Roxin TuT, 4. A., 407, 634, Schäfer 35 LK 81; vgl. auch RG **55** 61; and. Herzberg ZStW **82**, 927ff.). Sein Erfolgsunwert liegt allein darin, daß jemand gegen den Willen des Berechtigten in die geschützte Sphäre gelangt ist bzw. darin verweilt und kann daher auch durch Außenstehende in Mit- bzw. mittelbarer Täterschaft verwirklicht werden (and. Herzberg aaO: höchstpersönliche Mißachtung des Rechts auf Selbstbestimmung in der eigenen Wohnsphäre).

VII. **Strafzumessung.** Von Bedeutung ist hier insbes. auch die geringere oder größere Schutzwür- 36 digkeit des fraglichen Objekts (z. B. Wohnung einerseits, befriedetes Besitztum andererseits, vgl. Ostendorf AK 53); auch ist davon auszugehen, daß das Eindringen in der Regel strafwürdiger ist als das Verweilen (Rudolphi SK 42). Zur Frage der Strafschärfung bei einschlägig vorbestraften Bahnhofsstreunern vgl. Köln MDR 77, 860.

VIII. **Konkurrenzen.** Ist der Täter eingedrungen und entfernt er sich trotz entsprechender Auffor- 37 derung nicht, so liegt nur eine Tat nach der 1. Alt. vor (Dauerdelikt, vgl. o. 10, 27). Im Verhältnis zu anderen Delikten sind drei Fallgruppen zu unterscheiden: 1. Idealkonkurrenz besteht zu Tatbeständen, die der Täter *zur Begründung oder Aufrechterhaltung des Hausfriedensbruchs* verwirklicht, z. B. Körperverletzung und Widerstand (§ 113) zum Zweck des Eindringens oder der Verhinderung des Entferntwerdens (BGH MDR/D **55**, 144, Bay JR **57**, 148) oder § 265a; vgl. näher 89 vor § 52. – 2. Da § 123 ein Dauerdelikt enthält, liegt Idealkonkurrenz ferner mit Taten vor, die *durch den Hausfriedensbruch ermöglicht* werden sollen (vgl. 91 vor § 52), so z. B. wenn der Täter eindringt, um in der Wohnung eine Vergewaltigung, einen Raub oder einen Diebstahl nach § 242 zu begehen (ebenso Gössel I 456; and. [Realkonkurrenz] BGH **18** 32f., Hamm JMBlNW **54**, 67, D-Tröndle 20, Geppert

Jura 89, 383, Rudolphi SK 44, Schäfer LK 88; vgl. auch Otto II 129). Ist der Hausfriedensbruch dagegen regelmäßiger Bestandteil eines anderen Delikts, wird z. B. bei Diebstahl die Strafe dem § 243 Nr. 1 entnommen, so geht dieses vor (vgl. dazu § 243 RN 59). – 3. Realkonkurrenz liegt vor, wenn der Täter *während des widerrechtlichen Zustands* eine Straftat begeht, die mit dem Hausfriedensbruch in keinem Zusammenhang steht (der aus dem Hause gewiesene Liebhaber zertrümmert die Nippessammlung).

38 IX. Verfolgungsvoraussetzung ist nach **Abs. 2** ein **Antrag**. Antragsberechtigt ist der Inhaber des Hausrechts (zum selbständigen Haus- und Antragsrecht vor Bürgermeistern in Nordrh.-Westf. bei Störungen einer Ratssitzung durch Zuhörer vgl. Düsseldorf JMBlNW 88, 154). Ob mit der Ermächtigung zur Ausübung des Hausrechts (o. 21) auch die zur Stellung des Strafantrags (vgl. § 77 RN 27 f.) erteilt ist, ist Auslegungsfrage (vgl. RG 41 416), beim zum öffentlichen Dienst bestimmten Räumen z. T. auch ausdrücklich geregelt (z. B. § 104 UniversitätsG Bad.-Württ.). Nicht antragsberechtigt ist der lediglich zur Aufforderung i. S. der 2. Alt. Berechtigte (o. 29; vgl. Rudolphi SK 46, Schäfer LK 85). Zur persönlichen Reichweite eines Strafantrags bei Hausbesetzungen, wenn sich den Besetzern kurz vor der polizeilichen Räumung noch weitere Personen demonstrativ zugesellt haben, vgl. LG Berlin StV **85**, 238 und im übrigen die Anm. zu §§ 77 ff.

39 X. **Ergänzende Vorschriften** enthalten § 112 OWiG (Verletzung der Hausordnung eines Gesetzgebungsorgans) und § 114 OWiG (Betreten militärischer Anlagen). Landesrechtliche Vorschriften über den sog. Feldfriedensbruch gehen § 123 vor (Köln OLGSt. § 123 S. 34).

§ 124 Schwerer Hausfriedensbruch

Wenn sich eine Menschenmenge öffentlich zusammenrottet und in der Absicht, Gewalttätigkeiten gegen Personen oder Sachen mit vereinten Kräften zu begehen, in die Wohnung, in die Geschäftsräume oder in das befriedete Besitztum eines anderen oder in abgeschlossene Räume, welche zum öffentlichen Dienst bestimmt sind, widerrechtlich eindringt, so wird jeder, welcher an diesen Handlungen teilnimmt, mit Freiheitsstrafe bis zu zwei Jahren oder mit Geldstrafe bestraft.

1 I. Die Vorschrift betrifft einen qualifizierten Fall des § 123, bei dem es sich insofern um eine Mischform zwischen den Taten nach §§ 123, 125 handelt, als der Hausfriedensbruch hier die Vorstufe zu einem Landfriedensbruch nach § 125 I 1. Alt. darstellt. **Rechtsgut** des § 124 ist deshalb zunächst das hier besonders massiv verletzte Hausrecht, wobei § 124 gegenüber § 123 freilich insofern enger ist, als die zum öffentlichen Verkehr bestimmten Räume und das bloße unbefugte Verweilen (§ 123 2. Alt.) ausgenommen sind. Geschützt ist hier aber außerdem die öffentliche Sicherheit, die im Vorfeld des § 125 auch schon durch das in gewalttätiger Absicht erfolgende Eindringen einer Menschenmenge in die geschützten Räume gefährdet wird (vgl. RG **73** 93, Lackner 1, Rudolphi SK 1, Schäfer LK 1; and. Ostendorf AK 3 mit dem – wie z. B. § 250 zeigt – nicht zutreffenden Hinweis, daß ein qualifizierter Tatbestand kein neues Rechtsgut einführen könne). Zur Reform vgl. Baumann/Frosch JZ 70, 120, Rudolphi SK 2.

2 II. Der **objektive Tatbestand** setzt voraus, daß sich eine Menschenmenge öffentlich zusammenrottet (vgl. u. 3 ff.) und in der Absicht, mit vereinten Kräften Gewalttätigkeiten gegen Personen oder Sachen zu begehen, in die geschützten Räumlichkeiten eindringt (vgl. u. 6 ff.); daran anknüpfend besteht sodann die Tathandlung darin, daß der Täter an diesen Handlungen, d. h. sowohl am Zusammenrotten als auch am Eindringen, teilnimmt (vgl. u. 17 ff.).

3 1. Erforderlich ist zunächst das Vorhandensein einer **Menschenmenge** (vgl. dazu § 125 RN 8 ff.), die sich **öffentlich zusammengerottet** hat.

4 a) Um eine **Zusammenrottung** handelt es sich, wenn die Menschenmenge in äußerlich erkennbarer Weise von dem gemeinsamen Willen zu bedrohlichem oder gewalttätigem Handeln beherrscht wird (z. B. RG **55** 68, **56** 281, BGH NJW **53**, 1031, **54**, 1694, OGH **2** 366, Bay NJW **69**, 64, Frankfurt DRiZ **70**, 63, Schleswig SchlHA **76**, 167, Rudolphi SK 4, Schäfer LK 4). Dabei ist gleichgültig, ob dieser Wille schon beim Zusammentreten der Menge besteht oder ob er erst später hinzukommt. Auch eine zunächst friedliche Versammlung kann daher nachträglich in eine Zusammenrottung umschlagen (vgl. RG **52** 119, BGH NJW **53**, 1031, Hamm NJW **51**, 206, Schleswig SchlHA **76**, 167, Janknecht GA **69**, 36, Schäfer LK 4), ebenso wie durch Abspaltung einer äußerlich abgeschlossenen Gruppe aus einer friedlichen Menge eine Zusammenrottung entstehen kann (Bay NJW **69**, 63, Neuberger GA **69**, 11, Rudolphi SK 4, Eb. Schmidt JZ **69**, 395); in beiden Fällen endet damit auch der Schutz der Art. 5, 8 GG, ohne daß es dazu einer Auflösung nach §§ 13, 15 II VersammlungsG oder einer Aufforderung nach § 113 OWiG bedürfte (vgl. Celle NJW **70**, 206, Köln NJW **70**, 260, D-Tröndle 3, Ostendorf AK 11, Schäfer LK 4; and. Ott DRiZ **69**, 67). Dadurch, daß aus einer friedlichen Menge isolierte Gewalttätigkeiten begangen werden, braucht jedoch noch keine Zusammenrottung zu entstehen (D-Tröndle 3 unter Hinweis auf BGH 5 StR 329/68). Andererseits wird eine Zusammenrottung

nicht dadurch ausgeschlossen, daß einzelne Personen den feindseligen Willen der Menge nicht teilen oder sich diesem nicht unterordnen. Ebensowenig ist ein organisatorischer Zusammenhalt oder ein organisiertes Zusammenwirken erforderlich; auch tumultartiges Auftreten reicht aus, sofern es die Möglichkeit des Zusammenwirkens als Folge der gemeinsamen feindseligen Willenshaltung nicht ausschließt (vgl. RG 60 332, OGH 2 211, Schäfer LK 4).

b) Die Zusammenrottung ist **öffentlich,** wenn sich ihr eine unbestimmte Zahl beliebiger **5** Personen anschließen kann (vgl. RG 51 422, BGH AP **Nr. 1** zu § 125, OGH 1 245, 2 184, Bay NJW **55,** 1806, Schleswig SchlHA **76,** 176, Rudolphi SK 5, Schäfer LK 5, Tiedemann JZ 68, 767). Dies kann auch der Fall sein, wenn sich die Möglichkeit einer Teilnahme im wesentlichen auf einen bestimmten Personenkreis beschränkt (RG JW **26,** 2744, Kassel HESt. **1** 271; vgl. auch OGH **1** 252), so z. B. auf die Arbeiterschaft eines Großbetriebs (vgl. RG 54 89) oder die Zuschauer einer großen Sportveranstaltung (Hamm NJW **51,** 206). Nicht erforderlich ist, daß die Zusammenrottung auf einem öffentlichen Platz stattfindet oder von der Öffentlichkeit wahrgenommen werden kann (vgl. Hamm NJW **51,** 206, Tiedemann aaO). Auch daß der Ort der Zusammenrottung nur durch einen Hausfriedensbruch erreicht werden kann (z. B. besetztes Haus), schließt die Öffentlichkeit nicht aus, sofern er nur tatsächlich ohne weiteres zugänglich ist (vgl. auch Blei II 302).

2. Hinzukommen muß, daß die **Menschenmenge widerrechtlich** und **in gewalttätiger Ab- 6 sicht in bestimmte Räumlichkeiten eindringt.**

a) Die **geschützten Räumlichkeiten** entsprechen denen des § 123 mit Ausnahme der zum öffentli- **7** chen Verkehr bestimmten Räume (vgl. § 123 RN 7, 9), die in § 124 nicht genannt sind und die hier deshalb auch nicht dem Merkmal des befriedeten Besitztums zugeordnet werden dürfen (vgl. dazu auch § 123 RN 7). Den vollen Schutz des § 124 genießen dagegen auch die zum öffentlichen Dienst bestimmten Räume; diesen auf die Dienstzimmer der Amtsträger zu beschränken, besteht kein Anlaß (and. Denninger ZRP 68, 46). Als Angriffsobjekte kommen daher z. B. auch Hör- und Lesesäle, Treppenhäuser und Foyers in Dienstgebäuden in Betracht. Die Gefahr eines Konflikts mit Art. 8 GG besteht hier schon deshalb nicht, weil dieser für eine unfriedliche Menge nicht gilt.

b) Zum Merkmal des **Eindringens** vgl. § 123 RN 11ff. Auch bei an sich der Öffentlichkeit **8** generell zugänglichen Geschäfts- und Diensträumen liegt im Fall des § 124 praktisch immer ein Eindringen vor, da das Betreten durch eine zusammengerottete und damit erkennbar von einem friedensstörenden Willen beherrschte Menge schon äußerlich durch die generelle Zutrittserlaubnis nicht mehr gedeckt ist (Rudolphi SK 6, Schäfer LK 7). Nicht erfaßt ist in § 124 – i. U. zu § 123 – das *unbefugte Verweilen,* auch wenn die Menge Ausschreitungen beabsichtigt; auch die Grundsätze des Eindringens durch Unterlassen (vgl. § 123 RN 13) gelten für § 124 wegen der dort vorausgesetzten besonderen Aggressivität der Menge nicht (ebenso Schäfer LK 9).

Nicht erforderlich ist, daß die gesamte Menge den geschützten Raum betritt oder daß der körper- **9** lich eingedrungene Teil selbst wieder eine Menge bildet (was schon wegen der räumlichen Verhältnisse vielfach nicht möglich sein dürfte). Da das Eindringen keine eigenhändige Begehung voraussetzt (vgl. § 123 RN 35), genügt es vielmehr, wenn nur einzelne Beteiligte den geschützten Raum betreten, sofern sie nur mit den übrigen, die dies mittäterschaftlich mittragen, zusammen noch eine Menge darstellen. Die Streitfrage, ob schon das „Eindringen" einzelner Beteiligter ausreicht (Lackner 2) oder ob die „eingedrungene" Zahl ihrerseits noch eine Menschenmenge sein muß (D-Tröndle 5, Ostendorf AK 13, Rudolphi SK 7, Schäfer LK 8), wobei offenbar jeweils an das eigenhändige Betreten gedacht ist, stellt sich in dieser Form daher nicht.

c) Das Eindringen muß **widerrechtlich** sein. Rechtfertigungsgründe dürften hier, da bereits das **10** Eindringen in gewalttätiger Absicht erfolgen muß, nahezu ausgeschlossen sein (denkbar, wenn eine flüchtende Menge in ein Gebäude eindringt, um sich dort vor ihren Verfolgern unter Anwendung von Gewalt gegen Sachen zu verbarrikadieren, § 34).

d) Das Eindringen muß in der **Absicht** erfolgen, **mit vereinten Kräften Gewalttätigkeiten 11 gegen Personen oder Sachen zu begehen.** Daß es zu den Gewalttätigkeiten tatsächlich gekommen ist, ist nicht erforderlich, vielmehr stellt die Tat nach § 124 insoweit, da die bloße Absicht genügt, eine Vorstufe zum Landfriedensbruch nach § 125 I 1. Alt. dar; zum Begriff der mit vereinten Kräften begangenen Gewalttätigkeiten vgl. daher dort RN 5ff., 10. Träger der Absicht muß die eingedrungene Menge (vgl. o. 9) sein, wofür es genügt, daß diese von dem gemeinsamen feindseligen Willen erfüllt ist, daß aus ihrer Mitte heraus – wenn auch nicht von allen Beteiligten – Gewalttätigkeiten begangen werden. Zur Frage der Absicht beim einzelnen Teilnehmer vgl. u. 20.

α) **Absicht** bedeutet hier zielgerichtetes Handeln (vgl. § 15 RN 66ff.). Die beabsichtigten **12** Gewalttätigkeiten können daher sowohl Selbstzweck wie Mittel zur Erreichung eines erstrebten weiteren Zwecks sein (z. B. zur Aufrechterhaltung des mit dem Eindringen geschaffenen rechtswidrigen Zustands); auch entfällt die Absicht nicht deshalb, weil ihre Verwirklichung noch vom Eintritt einer vom Willen der Menge unabhängigen Bedingung abhängt (z. B. Absicht zu Gewalttätigkeiten für den Fall, daß der Eigentümer Widerstand leistet).

13 β) Die beabsichtigten Gewalttätigkeiten müssen sich gegen solche Personen oder Sachen richten, die sich **im Schutzbereich des verletzten Hausrechts** befinden. Dies folgt zwar nicht unmittelbar aus dem Wortlaut, wohl aber aus dem Grundgedanken des § 124, der einen qualifizierten Fall des § 123 enthält, wobei sich das hier hinzukommende Moment der Störung des öffentlichen Friedens gerade daraus ergibt, daß man sich nicht einmal in seinen eigenen vier Wänden vor Gewalttätigkeiten sicher fühlen kann. Auch der Grund für die erhöhte Strafbarkeit kann deshalb nicht schon darin liegen, daß die Menschenmenge zur Vorbereitung eines Landfriedensbruchs einen Hausfriedensbruch begeht; maßgebend dafür ist vielmehr der besonders massive Eingriff in das Hausrecht, der darin besteht, daß von der eingedrungenen Menge Gewalttätigkeiten gerade gegen solche Personen oder Sachen drohen, die an dem besonderen Schutz des Hausfriedens teilhaben. Es genügt daher nicht, wenn eine Menschenmenge in ein Haus eindringt, um von dort aus Angriffe Dritter, die von außen kommen, gewaltsam abzuwehren (ebenso Ostendorf JuS 81, 642, AK 8, Rudolphi SK 9; and. RG 53 64, Blei II 303, D-Tröndle 6, Lackner 2, Schäfer LK 16; and. jedoch, wenn die Absicht, das Haus zu verbarrikadieren, den Willen zur Beschädigung oder Zerstörung von Einrichtungsgegenständen mit umfaßt). Dies gilt auch, wenn bei einer Hausbesetzung die Menge die Absicht hat, beim Eingreifen der Polizei gegen diese Gewalttätigkeiten innerhalb des Gebäudes zu verüben.

14 γ) Die beabsichtigten Gewalttätigkeiten müssen **dem Eindringen nachfolgen,** wofür sowohl der Gesetzeswortlaut als auch der o. 13 genannte Grund der erhöhten Strafbarkeit spricht (vgl. RG **19** 72, **53** 64, Rudolphi SK 10, Schäfer LK 14). Es genügt daher nicht, wenn die Menge lediglich die Absicht des gewaltsamen Eindringens besitzt (z. B. Einschlagen einer Tür, Niederschlagen des den Eingang versperrenden Eigentümers), im Innern des Gebäudes aber keine weiteren Gewalttätigkeiten vorhat.

15 Da es in § 124 nur auf die Absicht ankommt, anschließend an das Eindringen Gewalttätigkeiten zu begehen, liegt der Tatbestand dagegen auch vor, wenn diese tatsächlich dann schon beim Eindringen verübt werden. Zu berücksichtigen ist auch, daß die Menge schon dann eingedrungen sein kann, wenn nur ein einzelner mit einem Teil seines Körpers in den fraglichen Raum gelangt (vgl. o. 9, u. 21). Außerhalb des § 124 bleiben lediglich die Fälle, in denen die Absicht von vornherein lediglich darauf gerichtet ist, durch Gewaltanwendung in den geschützten Raum zu gelangen. Hier ist in der Regel ohnehin § 125 anwendbar, während gegen das Vorliegen eines schweren Hausfriedensbruchs außer den o. 14 genannten Gründen spricht, daß eine Gewaltanwendung dieser Art vielfach auch mit dem Erscheinungsbild des einfachen Hausfriedensbruchs verbunden ist (vgl. auch Schäfer LK 14).

16 δ) Die Absicht muß im **Zeitpunkt des Eindringens** bestehen (RG **51** 423, **53** 64, Stuttgart NJW **69**, 1776, D-Tröndle 6, Rudolphi SK 11, Schäfer LK 15). Anlaß zur Zusammenrottung braucht sie nicht gewesen zu sein; es genügt, wenn sie bis zum Eindringen hinzukommt. Entschließt sich die Menge erst nach dem Eindringen zur Begehung von Gewalttätigkeiten (z. B. weil ihr ursprüngliches Begehren erfolglos blieb), so ist § 124 nicht anwendbar. Daß der Hausfriedensbruch ein Dauerdelikt ist, ändert daran nichts, zumal § 124 – im Unterschied zu § 123 – auch das bloße Verweilen nicht erfaßt (vgl. o. 8).

17 3. Die **Tathandlung** besteht in der Teilnahme sowohl an der Zusammenrottung als auch am Eindringen in die geschützten Räume.

18 a) An der **Zusammenrottung nimmt teil,** wer derart in einem räumlichen Zusammenhang mit der Menge steht, daß er für den objektiven Beobachter als ihr Bestandteil erscheint (vgl. RG **56** 282, **60** 334, BGH NJW **54**, 1694, LM **Nr. 2** zu § 115, MDR/D **68**, 895). Daran fehlt es bei Personen, die beruhigend auf die Menge einwirken (BGH NJW **54**, 1694 zu §§ 115, 125 a. F., D-Tröndle 8, Ostendorf AK 15; für das Eindringen des „Abwieglers" kommt unter dem dann übrig bleibenden Gesichtspunkt des § 123 eine mutmaßliche Einwilligung in Betracht; vgl. auch Rudolphi SK 16, Schäfer LK 23). Gleichgültig ist dagegen, ob sich der Täter bereits in einer aggressiven Haltung der Menge anschließt oder ob er, nachdem ihm die feindselige Willenshaltung bewußt geworden ist, in der Menge verbleibt (Rudolphi SK 12, Schäfer LK 18). Dritte, die sich der zusammengerotteten Menge räumlich nicht anschließen, kommen nur als Anstifter oder Gehilfen in Betracht (RG **56** 281, **60** 331, OGH **2** 212).

19 b) Erforderlich ist ferner die **Teilnahme am Eindringen** und zwar als Mitglied der zusammengerotteten Menge. Personen, die eindringen, nachdem sich die Menge bereits in den geschützten Räumen befindet, fallen daher nicht unter § 124, und zwar auch dann nicht, wenn sie die Absicht haben, sich der Menge anzuschließen. Die Teilnahme am Eindringen setzt, da für dieses keine Eigenhändigkeit notwendig ist, zwar nicht voraus, daß der Betreffende selbst den geschützten Raum betritt, wohl aber muß er sich am Eindringen der übrigen als Mittäter beteiligen (vgl. RG **55** 36, RG JW **33**, 1659, Lackner 3b, Ostendorf AK 14, Otto II 130, Schäfer LK 19, 21; vgl. auch Blei II 303, D-Tröndle 8). Dies kann auch bei äußerlich nur vorbereitenden oder unterstützenden Handlungen anzunehmen sein, sofern der „Teilnehmer" das körperliche Eindringen der übrigen in der Weise mitträgt, daß ihm dieses nach allgemeinen Regeln als eigene Begehung zugerechnet werden kann (z. B. durch Anfeuern der Menge oder dadurch, daß er von außen mit einem Megaphon die Kommandos für die im Haus Befindlichen gibt). Dagegen ist die bloße Beteiligung am Eindringen nach §§ 26, 27 kein Teilnehmen i. S. des § 124 (and. M-Maiwald I 291, Rudolphi SK 13). Dies folgt schon daraus, daß Täter des qualifizierten Tatbestands nur sein kann, wer auch Täter des Grunddelikts (§ 123) ist. Daß § 125 n. F. auch die Beteiligung in der Form der Anstiftung und Beihilfe zu den Gewalttätigkeiten als täterschaftliche Begehung erfaßt (vgl. § 125 RN 12ff.), steht dem nicht entgegen, da die besonders massive Verletzung des Hausfriedens, um die es in § 124 geht, zumindest ein mittäterschaftliches Eindringen voraussetzt.

III. Für den **subjektiven Tatbestand** ist Vorsatz bezüglich des Teilnehmens an der Zusammenrottung und am Eindringen erforderlich; bedingter Vorsatz genügt. Für die Teilnahme an der Zusammenrottung bedeutet dies, daß der Täter das Bewußtsein haben muß, daß er durch seinen Anschluß an die Menschenmenge oder sein Verbleiben in ihr deren friedensstörende Ziele fördert (vgl. RG **51** 422 und zum entsprechenden Merkmal in §§ 115, 125 a. F. BGH NJW **54**, 1694 mwN). Nicht erforderlich ist, daß der Täter die Absicht hat, selbst Gewalttätigkeiten zu begehen. Andererseits ist es nicht ausreichend, wenn er die gewalttätige Absicht der Menge lediglich kennt (so jedoch RG **51** 422, D-Tröndle 9, Lackner 5, M-Maiwald I 292; die zu § 125 a. F. ergangenen Entscheidungen RG **54** 300, **55** 248 sind für § 124 ohne Bedeutung, da in § 125 a. F. schon die bloße Teilnahme an der Zusammenrottung genügt hatte). Da die Menge in gewalttätiger Absicht eindringen muß und das Teilnehmen daran nur die täterschaftliche Begehung ist (vgl. o. 19), kann Täter des § 124 vielmehr nur sein, wer sich selbst mit der Absicht der Menge identifiziert. Schon deshalb können Pressevertreter oder Personen, die nur zum Zweck der Berichterstattung bzw. in der Absicht, beruhigend auf die Menge einzuwirken, mit dieser eindringen, nicht Täter des § 124 sein (Schäfer LK 22f.; vgl. auch Rudolphi SK 16, o. 18; zu dem hier übrigbleibenden Hausfriedensbruch nach § 123 vgl. dort RN 33). Beschränkt man das Teilnehmen am Eindringen auf die (mit-)täterschaftliche Begehung, so besteht auch kein Anlaß, im subjektiven Tatbestand eine Einschränkung dahin vorzunehmen, daß der Täter die Gewalttätigkeitsabsicht gerade solcher Personen kennen muß, an deren Eindringen er nach §§ 26, 27 beteiligt ist (so jedoch Rudolphi SK 15; vgl. dazu auch Schäfer LK 20f.).

IV. **Vollendet** ist die Tat mit dem Eindringen der Menge in die geschützten Räume, wobei schon das (teilweise) Betreten (vgl. § 123 RN 12) durch einen einzelnen genügt, wenn dies der Menge im übrigen als mittäterschaftliche Begehung zugerechnet werden kann. Zu den beabsichtigten Gewalttätigkeiten braucht es nicht gekommen zu sein.

V. **Teilnahme** ist zunächst durch außenstehende Dritte möglich, so z. B. als Beihilfe durch Mitwirken an der Vorbereitung oder durch Lieferung von Waffen, als Anstiftung z. B. durch Hinlenken einer noch unentschlossenen Menge auf ein konkretes Angriffsobjekt (RG **55** 41) oder durch Veranlassen einzelner Personen, sich der gewalttätigen Menschenmenge anzuschließen und mit ihr in die geschützten Räumlichkeiten einzudringen. Nur wegen Teilnahme strafbar sind aber auch solche Mitglieder der zusammengerotteten Menge, die weder selbst eindringen noch daran als Mittäter beteiligt sind (so wenn sich ihr Tatbeitrag in der psychischen Unterstützung des eindringenden Teils der Menge erschöpft).

VI. **Konkurrenzen:** Hier gelten zunächst die gleichen Grundsätze wie bei § 123 (vgl. dort RN 37). Je nach den Umständen ist daher mit den zum Zweck des Eindringens und den danach begangenen Taten Ideal- oder Realkonkurrenz möglich (vgl. RG **47** 27). Werden die beabsichtigten Gewalttätigkeiten begangen, so besteht Tateinheit mit § 125 (vgl. RG **37** 28, **55** 41, Rudolphi SK 18, Schäfer LK 25); dem steht nicht entgegen, daß § 124 in § 125 übergeht, wenn es zu den beabsichtigten Gewalttätigkeiten kommt, da § 125 nicht die mit dem Eindringen bewirkte Verletzung des Hausrechts erfaßt. § 123 tritt hinter § 124 zurück.

§ 125 Landfriedensbruch

(1) **Wer sich an**

1. **Gewalttätigkeiten gegen Menschen oder Sachen oder**
2. **Bedrohungen von Menschen mit einer Gewalttätigkeit,**

die aus einer Menschenmenge in einer die öffentliche Sicherheit gefährdenden Weise mit vereinten Kräften begangen werden, als Täter oder Teilnehmer beteiligt oder wer auf die Menschenmenge einwirkt, um ihre Bereitschaft zu solchen Handlungen zu

§ 125 1

fördern, wird mit Freiheitsstrafe bis zu drei Jahren oder mit Geldstrafe bestraft, wenn die Tat nicht in anderen Vorschriften mit schwererer Strafe bedroht ist.

(2) Soweit die in Absatz 1 Nr. 1, 2 bezeichneten Handlungen in § 113 mit Strafe bedroht sind, gilt § 113 Abs. 3, 4 sinngemäß.

Vorbem. Weggefallen sind nach Art. 3 des Ges. zur Änderung des StGB, der StPO und des Versammlungsgesetzes usw. v. 9. 6. 1989, BGBl. I 1059, die bisherigen Abs. 2, 3 mit einer Folgeänderung in dem jetzigen Abs. 2 (vgl. u. RN 1).

1 **I.** Wegen der besonderen, z. T. massenpsychologisch begründeten Gefährlichkeit unfriedlicher Menschenansammlungen war als Landfriedensbruch ursprünglich schon die bloße räumliche Zugehörigkeit zu einer Menschenmenge strafbar, wenn diese mit vereinten Kräften Gewalttätigkeiten beging (dazu und zu den weiteren Massedelikten der §§ 115, 116 a. F. [Aufruhr, Auflauf] vgl. näher v. Bubnoff LK 2 vor § 125, Strohmaier, Die Reform des Demonstrationsrechts, Diss. Tübingen 1985, 47 ff., 69 ff., Werle, Lackner-FS 486 ff.). Zu einer grundlegenden Umgestaltung des § 125 a. F., der als Relikt obrigkeitsstaatlichen Denkens angesehen wurde, führte dann jedoch das **3. StRG** v. 20. 5. 1970 (BGBl. I 505), das, ohne den Charakter eines Massedelikts damit völlig aufzugeben, die Strafbarkeit wegen Landfriedensbruchs auf die heute in Abs. 1 genannten Fälle der Beteiligung an Gewalttätigkeiten oder Bedrohungen und das sog. Anheizen zu solchen beschränkte (näher zur Reformgeschichte vgl. v. Bubnoff LK 3, 6 f. vor § 125, Strohmaier aaO 52 ff., Werle aaO 488 ff.). Nicht mehr erfaßt sind damit bloße „Mitläufer" einer unfriedlichen Demonstration; aber auch gegenüber den eigentlichen Gewalttätern mußte die neue Vorschrift eine stumpfe Waffe bleiben, wenn sie hinter einem Schutzschild passiver Demonstranten weitgehend risikolos agieren können. Die Frage war zudem, ob die Neufassung durch das 3. StRG nicht zu einseitig an bestimmten Erscheinungsformen des Landfriedensbruchs und am Problem der sog. Demonstrationsdelikte orientiert war. Die Reform war deshalb von Anfang an umstritten (zur Kritik vgl. die Nachw. bei v. Bubnoff LK 7 f. vor § 125, Strohmaier aaO 63 ff.). Vorschläge, den früheren Rechtszustand z. T. wiederherzustellen (vgl. die Nachw. b. D-Tröndle 1), konnten sich jedoch ebensowenig durchsetzen wie ein 1983 eingebrachter Regierungsentwurf (BR-Drs. 323/83, BT-Drs. 10/901), wonach grundsätzlich auch das bloße Sich-nicht-Entfernen aus einer Menge strafbar sein sollte, aus der Handlungen i. S. des Abs. 1 begangen werden und die von einem Hoheitsträger zum Auseinandergehen aufgefordert wurde (vgl. dazu – z. T. krit. – das Prot. über die öffentliche Anhörung durch den Rechtsausschuß, 10. Wahlperiode, 39. Sitzung, ferner Aretz ZRP 83, 264, Bickel DRiZ 84, 99, Hamm AnwBl. 84, 97, Schnoor ZRP 83, 185, Scholz NJW 83, 710, Schultz MDR 83, 184 u. näher Strohmaier aaO 103 ff., ZRP 85, 153). Statt dessen wurde durch das bis zuletzt umstrittene **Ges. zur Änderung des StGB und des Versammlungsgesetzes v. 18. 7. 1985** (BGBl. I 1511) in § 17a VersG für Versammlungen unter freiem Himmel und Aufzüge ein generelles Verbot der sog. passiven Bewaffnung und Vermummung ausgesprochen (Ordnungswidrigkeit nach § 29 I Nr. 1a, b VersG) und in § 125 ein neuer Abs. 2 eingefügt, der das Sichaufhalten passiv bewaffneter oder vermummter Personen in einer unfriedlichen Menge mit Freiheitsstrafe bis zu einem Jahr oder mit Geldstrafe bedrohte, sofern ein Träger von Hoheitsbefugnissen zuvor dazu aufgefordert hatte, die Schutzwaffen abzulegen bzw. Vermummung abzulegen oder sich zu entfernen (vgl. dazu BT-Drs. 10/3573, 10/3580 u. zu den Einzelheiten die 23. A., ferner Bay NStZ **89**, 28 m. Anm. Joerden JZ 89, 544 u. Meurer JR 89, 305). Ein solcher Straftatbestand, bei dem die Beweisschwierigkeiten vorprogrammiert waren (vgl. die 23. A.), war zwar ein Novum, aber auch das Minimum dessen, was im Hinblick auf die z. T. brutalen Ausschreitungen im Rahmen von Demonstrationen strafrechtlich geboten war. Überspannt sein dürfte der Bogen dagegen mit den vor dem Hintergrund der Zwischenfälle an der Startbahn „West" im Herbst 1987 (u. a. Polizistenmord) erfolgten weiteren Verschärfungen, die das **Ges. zur Änderung des StGB, der StPO und des Versammlungsgesetzes usw. v. 9. 6. 1989** (BGBl. I 1059) brachte (vgl. dazu BT-Drs. 11/2834): Geschaffen wurde eine neue Strafvorschrift im VersG, nach der ohne die bisherigen Einschränkungen des § 125 II – also z. B. auch bei einer völlig friedlich verlaufenden Demonstration – das bloße Mitführen von Defensivwaffen oder das Tragen einer Vermummung bei öffentlichen Versammlungen, Aufzügen oder sonstigen Veranstaltungen unter freiem Himmel strafbar ist, darüber hinaus aber auch schon das passive Bewaffnet- oder Vermummtsein auf dem Weg zu solchen Veranstaltungen (§ 27 II Nr. 1, 2; vgl. ferner den neuartigen Zusammenrottungstatbestand in Nr. 3 und die gleichfalls neue Ordnungswidrigkeit nach § 29 I Nr. 1a, bei der schon das Mitführen von Gegenständen genügt, die geeignet und den Umständen nach dazu bestimmt sind, eine Identitätsfeststellung zu verhindern). Hinfällig geworden ist damit auch der bisherige Abs. 2 des § 125 (aufgehoben durch Art. 3 II des Ges. v. 9. 6. 1989). Im Unterschied zu diesem ist die neue Strafvorschrift des VersG rechtspolitisch und verfassungsrechtlich jedoch in hohem Maße bedenklich (vgl. näher Amelung StV 89, 52 ff., Baumann StV 88, 37 ff., Bemmann, Pfeiffer-FS 53 ff., Hamm StV 88, 40 ff., Jahn JZ 88, 545 ff., Kunert NStZ 89, 453 f., Lenckner, in: K. W. Nörr (Hrsg.), 40 Jahre Bundesrepublik Deutschland im. [1990] 344 f., Rudolphi StV 89, 74 ff., SK 1b; zum Ganzen vgl. auch Maatz MDR 90, 547). Wenn sich die bisherige Regelung des § 125 II als unzulänglich erwiesen hat, so wäre die rechtsstaatlichere Lösung wohl die gewesen, das Verbleiben in einer gewalttätigen Menge nach Ergehen einer rechtmäßigen Auflösungsverfügung zu poenalisieren. – Zum ausländ. Recht vgl. Weingärtner, Demonstration und Strafrecht aus rechtsvergl. Sicht (Max-Planck-Institut, 1986).

Landfriedensbruch

II. Rechtsgut des § 125 ist, wie schon der Wortlaut erkennen läßt, jedenfalls auch die *öffentliche* **2** *Sicherheit*, wobei diese hier sowohl den objektiven Zustand des unbedrohten Daseins aller im Staat als auch subjektiv das Vertrauen der Bevölkerung in die Fortdauer dieses Zustands umfaßt (vgl. Düsseldorf NJW **90**, 2699, Hamburg NJW **83**, 2273, v. Bubnoff LK 18, Kühl NJW 86, 876, Rudolphi SK 12; über das Verhältnis zum „öffentlichen Frieden" in § 126 vgl. dort RN 1). Darüber hinaus wird z. T. angenommen, daß § 125 – zumindest mit der 1. u. 2. Alt. – auch die durch die Gewalttätigkeiten usw. bedrohten Individualrechtsgüter schütze, wobei diese hier sogar in den Vordergrund treten sollen (vgl. v. Bubnoff LK 1, Rudolphi SK 2). Gefolgert wird dies vor allem aus der Subsidiarität des § 125 gegenüber Tatbeständen mit einer höheren Strafdrohung, also insbes. auch gegenüber den §§ 211 ff., 223 a ff., 239, 305. Doch steht dies im Widerspruch dazu, daß – was unbestritten ist – Idealkonkurrenz mit den Delikten gegen den einzelnen möglich ist, soweit die Subsidiaritätsklausel nicht eingreift (z. B. §§ 223 I, 240 usw.; in größerem Umfang bei § 125 a, vgl. dort RN 24). Wäre § 125 nur ein durch die Gefährdung der öffentlichen Sicherheit qualifizierter Angriff auf Individualrechtsgüter, so müßte § 125 hier folgerichtig den fraglichen Bestimmungen vorgehen. Aber auch davon abgesehen ist die Umdeutung des § 125 in ein Delikt mit vorwiegend individualrechtsbezogenem Charakter nicht zwingend (vgl. auch M-Schroeder II 60, Otto II 297, ferner BGH [Z] NJW **84**, 1230: kein Schutzgesetz i. S. des § 823 II BGB). Zu erklären ist die Subsidiaritätsklausel vielmehr auch, wenn man davon ausgeht, daß § 125 – ebenso wie schon die a. F. – im wesentlichen ein Delikt gegen die öffentliche Sicherheit darstellt, daß das Bedürfnis, die Tat unter diesem Gesichtspunkt zu ahnden, aber zurücktritt, wenn es im Einzelfall zu schwereren Straftaten gekommen ist. Ob diese gesetzgeberische Entscheidung sonderlich sinnvoll ist, ist eine andere Frage. Daher ist es auch gerechtfertigt, die Subsidiaritätsklausel restriktiv zu interpretieren und sie auf solche Tatbestände zu beschränken, deren Angriffsrichtung im wesentlichen die gleiche ist wie bei den in § 125 erfaßten Gewalttätigkeiten gegen Menschen oder Sachen usw.

III. Der **Tatbestand** des § 125 kann auf **dreierlei Weise** verwirklicht werden: 1. Durch die **3** Beteiligung an den aus einer Menschenmenge mit vereinten Kräften begangenen Gewalttätigkeiten gegen Menschen oder Sachen (*gewalttätiger Landfriedensbruch*, Abs. 1 1. Alt.); 2. durch die Beteiligung an der aus einer Menge mit vereinten Kräften begangenen Bedrohung von Menschen mit einer Gewalttätigkeit (*bedrohender Landfriedensbruch*, Abs. 1 2. Alt.); 3. durch die Einwirkung auf eine Menschenmenge, um ihre Bereitschaft zu solchen Handlungen zu fördern (*aufwieglerischer Landfriedensbruch*, Abs. 1 3. Alt.). Die Bestimmung verstößt nicht gegen Art. 8 GG, da dieser nur friedliche Versammlungen schützt (vgl. BGH **23** 57, v. Bubnoff LK 2 mwN.).

1. Einen **gewalttätigen Landfriedensbruch (Abs. 1 1. Alt.)** begeht, wer sich als Täter oder **4** Teilnehmer an Gewalttätigkeiten gegen Menschen oder Sachen beteiligt, die aus einer Menschenmenge in einer die öffentliche Sicherheit gefährdenden Weise mit vereinten Kräften begangen werden.

a) Voraussetzung ist zunächst die Begehung von **Gewalttätigkeiten gegen Menschen oder** **5** **Sachen**. Den Begriff der Gewalttätigkeit verstand die Rspr. ursprünglich in Anlehnung an RG **45** 156 i. S. des allgemeinen Gewaltbegriffs, was solange berechtigt gewesen sein mag, als auch für diesen der Einsatz physischer Kraft verlangt wurde. Mit seiner Ausweitung (vgl. 6 ff. vor § 234) ist eine solche Gleichsetzung von „Gewalt" und „Gewalttätigkeit" jedoch unmöglich geworden, denn anders als bei den §§ 234 ff., wo heute auf die Gewaltwirkung i. S. einer Beeinträchtigung fremder Willensfreiheit abgestellt wird, soll mit dem Begriff „Gewalttätigkeit" in § 125 nicht eine Methode fremder Willensbeugung, sondern die besondere Aggressivität des Handelns gekennzeichnet werden. „Gewalttätigkeiten gegen Menschen oder Sachen" bedeutet hier deshalb ein aggressives, gegen die körperliche Unversehrtheit von Menschen oder fremden Sachen gerichtetes aktives Tun unter Einsatz bzw. In-Bewegung-Setzen physischer Kraft (vgl. BGH **20** 305, **23** 52 m. Anm. Ott NJW 69, 2023 u. Eilsberger JuS 70, 164, Bay NStZ **90**, 37, Hamburg NJW **83**, 2273 m. Anm. Rudolphi JR 83, 252, Karlsruhe NJW **79**, 2415, v. Bubnoff LK 22, D-Tröndle § 124 RN 7, Lackner 2 b, Rudolphi SK 5, Wolter NStZ 85, 251; krit. Martin, BGH-FS 221 ff., enger Kostaras. Zur strafrechtlichen Problematik der Demonstrationsdelikte [1982] 78 ff.; zum Ganzen vgl. ferner Knodel, Der Begriff der Gewalt [1962] 172 ff.). Zu einem strafbaren Erfolg (z. B. Körperverletzung, Sachbeschädigung) braucht es dabei nicht zu kommen (BGH **23** 52, Bay aaO, Karlsruhe aaO), nicht einmal zu einer konkreten Gefährdung (Lackner 2 b; and. LG Köln JZ **69**, 80, Eilsberger aaO, Ostendorf AK 24), da Abs. 1 insoweit ein unechtes Unternehmensdelikt enthält (vgl. dazu § 11 RN 52 ff.), weshalb z. B. auch ein Steinwurf, der nicht trifft, eine Gewalttätigkeit ist (RG **47** 180, **52** 35, M-Schroeder II 65, Rudolphi SK 5). Ohne Bedeutung ist auch die Formulierung im Plural, weshalb *eine* Gewalttätigkeit z. B. gegen *eine* Person genügt (vgl. RG **55** 101, Rudolphi SK 4; and. Brause NJW 83, 1640; vgl. dazu auch u. 11). Gleichgültig ist schließlich, ob die Gewalttätigkeit Selbstzweck oder Mittel zum Zweck (z. B. Nötigungsmittel) ist. Andererseits folgt schon aus dem Begriff der Gewalttätigkeit, spätestens jedoch aus dem Erfordernis einer Gefährdung der öffentlichen Sicherheit (vgl. u. 11), daß die gewollten Auswirkungen nicht ganz unerheblich sein dürfen (wohl zu weitgehend daher Bay JZ **69**, 208, NStZ **90**, 37 m. Anm. Geerds JR 90, 384 [vgl. u. 6]). Bei der Gewalttätigkeit gegen Sachen muß daher wenigstens eine nicht nur geringfügige Sachbeschädigung gewollt sein (vgl. auch Karlsruhe NJW **79**, 2415, v. Bubnoff LK 24, 26, Rudolphi SK 5; zu weitgehend Hamburg NJW **83**, 2273 m. Anm. Rudolphi JR 83, 252), wobei jedoch nicht umgekehrt jede Beschädigung einer Sache i. S. des § 303 auch schon eine Gewalttätigkeit gegen eine solche ist, da diese den Einsatz physischer Kraft zur Überwindung des Widerstands der Materie voraussetzt (LG München StV **82**, 119, v. Bubnoff LK 24).

6 **Beispiele** für *Gewalttätigkeiten gegen Menschen:* Gezielte Schüsse, auch aus einer Gaspistole (bei Schreck- und Warnschüssen kommt die 2. Alt. in Betracht), Mißhandlungen (RG **60** 333), Bewerfen mit nicht völlig ungefährlichen Gegenständen (nicht dagegen mit Schneebällen, Tomaten, Eiern usw., bei denen Verletzungen gerade vermieden werden sollen; and. v. Bubnoff LK 25), Anrollen von Stahlrohren gegen Polizeibeamte (vgl. AG Frankfurt JZ **69**, 200), Durchbrechen einer Polizeikette (nach RG **54** 89 auch schon das bloße Vorrücken; hier kommt jedenfalls die 2. Alt. in Betracht), Verteidigung von Barrikaden gegen Ordnungskräfte (BGH **32** 180), Eindringen in Räume oder Durchsuchung von Personen unter Anwendung körperlicher Gewalt gegen die Betroffenen (vgl. Stuttgart NJW **69**, 1543, 1776), gewaltsames Einsperren, Wegstoßen, nach Bay JZ **69**, 208, NStZ **90**, 37 m. Anm. Geerds JR 90, 384 auch das leichte Anheben und Schaukeln eines PKW bzw. das Werfen eines aus nassem Lehm, lockerem Erdboden und kleinen Kieselsteinen bestehenden Klumpens auf Schutzkleidung und Helme mit Visier tragende Polizeibeamte (zw.). – *Gewalttätigkeiten gegen Sachen* sind z. B.: Eindrücken einer Tür (RG **55** 35), Durchbrechen einer Absperrvorrichtung (vgl. Bay JZ **69**, 207), Durchstechen von Autoreifen (Karlsruhe NJW **79**, 2415), Einwerfen von Fenstern, Umstürzen von Autos, Zertrümmern von Einrichtungsgegenständen usw. Noch *keine Gewalttätigkeiten* sind dagegen das bloße Wegdrängen von Personen (Rudolphi SK 5, Wolter NStZ 85, 251; and. BGH **23** 53), das Beschmieren oder Besprühen einer Wand mit Parolen (vgl. LG München StV **82**, 119), das Werfen eines rohen Eis gegen eine Türglasscheibe (vgl. aber auch LG München aaO, das Besprühen einer Windschutzscheibe mit einer farbigen, schnell abtropfenden Flüssigkeit (Karlsruhe NJW **79**, 2415), das Bewerfen eines Autos mit Farbbeuteln (Rudolphi JR 83, 252, Wolter NStZ 85, 251; and. Hamburg NJW **83**, 2273), das Umbiegen eines Scheibenwischers (and. Karlsruhe aaO), das mit keiner Beschädigung verbundene Umstoßen von Gegenständen (z. B. von Mülltonnen; vgl. Rudolphi SK 5, Wolter NStZ 85, 251, aber auch BGH **23** 53). Sitzstreiks, Sitz- u. a. Blockaden können zwar Gewalt i. S. des § 240 sein, sind aber, solange sie sich in passiver Resistenz erschöpfen, keine Gewalttätigkeiten i. S. des § 125 (BGH **23** 51 m. Anm. Ott NJW 69, 2023 u. Eilsberger JuS 70, 164, LG Köln JZ **69**, 81, v. Bubnoff LK 25, M-Schroeder II 64, Ott NJW 69, 456, Otto II 297, Rudolphi SK 6, Stöcker JZ 69, 396, Tiedemann JZ 69, 720; and. RG **45** 154, Bay NJW **69**, 63, 1127 m. Anm. Schwark S. 1495, Stuttgart NJW **69**, 1543, Eb. Schmidt JZ **69**, 395; vgl. auch Janknecht GA 69, 37). Das gleiche gilt z. B. für das gewaltlose Besetzen u. Besetzthalten von Räumen, auch wenn damit eine nachhaltige Störung des Dienstbetriebs verbunden ist (Stuttgart NJW **69**, 1777), ferner für das Errichten von Barrikaden (sofern dies nicht durch Umstürzen von Autos usw. geschieht), auch wenn diese verteidigt werden sollen, da damit allein noch nicht auf fremde Körperintegrität eingewirkt wird (v. Bubnoff LK 25, Lackner 2b, Rudolphi SK 6; and. Celle NJW **70**, 206 m. Anm. Kreuzer, Köln NJW **70**, 260, Stuttgart NJW **69**, 1776); doch kann in diesen Fällen die 2. Alt. in Betracht kommen.

7 b) Erforderlich ist ferner, daß die Gewalttätigkeiten **aus einer Menschenmenge** begangen werden, wobei dies **mit vereinten Kräften** geschehen muß.

8 α) **Menschenmenge** ist eine räumlich vereinigte, der Zahl nach nicht sofort überschaubare Personenvielheit (h. M., z. B. RG **40** 76, HRR **42** Nr. 128, OGH **1** 245, **2** 250 [zu § 125 a. F.], BGH **33** 308 m. Anm. Otto NStZ 86, 70, Schleswig SchlHA **76**, 167, LG Berlin StV **83**, 464, LG Frankfurt NStZ **83**, 25, LG Fürth StV **84**, 207, AG Berlin-Tiergarten NJW **88**, 3218, v. Bubnoff LK 9, Lackner 2a, Rudolphi SK 7, Tiedemann JZ 68, 767; vgl. aber auch Blei II 300). Wesentlich ist also zweierlei: 1. das räumliche Beieinander, das zwar nicht lückenlos zu sein braucht, für Außenstehende aber den Eindruck eines räumlich verbundenen Ganzen entstehen läßt (vgl. BGH aaO, LG Berlin aaO, AG Berlin-Tiergarten aaO); 2. eine prima vista zahlenmäßige Unbestimmtheit, bei der es deshalb für den äußeren Eindruck auf das Hinzukommen oder Hinweggehen eines einzelnen nicht mehr ankommt (vgl. BGH aaO u. näher LG Frankfurt aaO, v. Bubnoff aaO, Otto NStZ 86, 71). Die zahlenmäßige Unbestimmtheit, die zum Begriff der Menge gehört, bedingt allerdings auch dessen Unschärfe. Damit, daß man die quantitative Begriffsbestimmung der h. M. durch eine solche nach anderen – begriffsfremden – Kriterien ersetzt (vgl. die Übersicht bei v. Bubnoff LK 10) bzw. auf eine Einzelfallprüfung abstellt (vgl. Düsseldorf NJW **90**, 2699), ist hier wenig gewonnen, abgesehen davon, daß solchen Versuchen schon der Wortsinn entgegensteht. Auch teleologische Gesichtspunkte – Wirksamwerden massenpsychologischer Gesetzmäßigkeiten, die unkontrollierte und unkontrollierbare Reaktionen begünstigen (vgl. M-Schroeder II 64) – führen in dieser Hinsicht nicht weiter. Ebenso ist das Fehlen bzw. Vorhandensein einer unmittelbaren Verständigungsmöglichkeit zwischen den Beteiligten (vgl. Düsseldorf aaO, Schleswig aaO, LG Berlin aaO, D-Tröndle § 124 RN 2), weil diese auch von anderen Umständen abhängt (z. B. Einsatz technischer Mittel, räumliche Verteilung), nicht mehr als ein ohnehin ungenaues Indiz für das Vorhandensein einer Menge (krit. auch LG Frankfurt aaO, v. Bubnoff LK 10). Stellt man – die einzige hier verbleibende Möglichkeit – auf den üblichen Sprachgebrauch ab, so dürfte die Grenze bei ca. 15–20 Personen liegen (vgl. BGH **33** 308 m. Anm. Otto NStZ 86, 70, LG Berlin StV **83**, 464, Frankfurt NStZ **83**, 25, Otto II 297; vgl. i. E. für 11 Personen auch Düsseldorf NJW **90**, 2699, ferner LG Fürth StV **84**, 207, Arzt/Weber V 22 [jedenfalls mehr als 12]). Handelt es sich um zwei sich gegenüberstehende Parteien, so muß wenigstens die eine die Merkmale einer Menschenmenge aufweisen; ergibt sich eine solche erst aus der Summierung beider Teile, so gilt § 125 nicht. Andererseits kann in einer größeren Ansammlung eine Teilgruppe ihrerseits wieder eine Menschenmenge i. S. des § 125 sein, sofern sie selbst die erforderliche Größe hat und sich durch den Eindruck eines räumlich verbundenen Ganzen von den übrigen abhebt (vgl. BGH **33** 308 m. Anm. Otto NStZ 86, 70).

Nicht erforderlich ist, daß sich die Menge öffentlich zusammengefunden hat und daß eine ungehinderte Anschlußmöglichkeit besteht (vgl. auch BGH **33** 308: Scheune); auch um eine Versammlung oder einen Aufzug i. S. des VersG braucht es sich dabei nicht zu handeln. Daß die Menge oder jedenfalls ein großer Teil von ihr einen gemeinsamen Zweck verfolgt (vgl. Blei II 300), ist für den Begriff an sich gleichfalls nicht wesentlich, ebensowenig, daß sie im ganzen unfriedlich ist (vgl. dazu aber auch u. 10). Ohne Bedeutung ist schließlich die Zahl der der Menge gegenüberstehenden Ordnungskräfte und ob sie als eine ungeordnete, fluktuierende Ansammlung oder als eine straff organisierte und disziplinierte Gruppe in Erscheinung tritt (vgl. aber auch Schröder, 17. A., RN 8 u. dagegen näher 19. A., RN 11, ferner v. Bubnoff LK 10, Rudolphi SK 7). **9**

β) Die Gewalttätigkeiten müssen **aus** der Menschenmenge, d. h. von Mitgliedern der Menge gegen Personen oder Sachen außerhalb der Menge begangen werden; Gewalttätigkeiten innerhalb der Menge scheiden mithin aus (BGH **33** 306 m. Anm. Otto NStZ 86, 70, v. Bubnoff LK 11), es sei denn, sie würden innerhalb einer größeren Ansammlung aus einer Teilmenge verübt, die ihrerseits wieder eine Menschenmenge innerhalb der Gesamtmenge darstellt (vgl. BGH m. Anm. Otto aaO, ferner o. 8 a. E.). Nicht hierher gehören ferner Gewalttätigkeiten, die von einem Außenstehenden, der nicht Teil der Menge ist – wenn auch zu deren Unterstützung –, begangen werden (vgl. LG Krefeld StV **85**, 239; vgl. dazu auch Bay NStZ **90**, 37 m. Anm. Geerds JR 90, 384). Hinzukommen muß – und erst daraus erschließt sich auch die volle Bedeutung des Erfordernisses eines Handelns „aus" der Menge –, daß die Gewalttätigkeiten **mit vereinten Kräften** begangen werden. Dies ist nicht schon der Fall, wenn aus einer Menge mehrere für sich handeln (vgl. auch BGH **33** 309 m. Anm. Otto NStZ 86, 70), aber auch nicht, wenn die Gewalttätigkeiten „von mehreren gemeinschaftlich" (z. B. § 223a) verübt werden, wobei die Menge lediglich die Kulisse bildet, die den Tätern ihr Vorgehen erleichtert (so aber z. B. Arzt/Weber V 25, Arzt JA 82, 270, v. Bubnoff LK 12f., D-Tröndle 5, Lackner 2a). Daraus, daß die Gewalttätigkeiten „aus" der Menge und „mit vereinten Kräften" erfolgen müssen, ergibt sich vielmehr, daß die Menge selbst oder jedenfalls ein wesentlicher Teil von ihr durch eine feindselige Haltung die Basis für die begangenen Ausschreitungen abgeben muß (ebenso AG Berlin-Tiergarten NJW **88**, 3219, Blei JA 70, 618, Ostendorf AK 14, Rudolphi SK 10f.), wobei es dann allerdings auch genügt, wenn innerhalb einer größeren Menge eine sich davon abhebende Gruppe befindet, die ihrerseits die Voraussetzungen einer Menge erfüllt (z. B. Zusammenrottung von „Chaoten" in einer sonst friedlichen Großdemonstration). Nur wenn die Gewalttätigkeiten von einer entsprechenden, in der Menge vorhandenen Grundstimmung getragen sind, ist auch der von § 125 geforderte besondere Bezug zur öffentlichen Sicherheit und die dort vorausgesetzte besondere Gefährlichkeit gewalttätiger Aktionen gegeben, während andernfalls der Landfriedensbruch nicht mehr wäre als eine durch den besonderen Tatort gekennzeichnete Gewalttätigkeit, an der mehrere beteiligt sind. Daß § 125 n. F. nicht mehr von einer „zusammengerotteten" Menschenmenge spricht, ändert daran nichts, da der darin liegende ausdrückliche Hinweis auf den unfriedlichen Charakter der Menge nur eine überflüssige Wiederholung gewesen wäre (dies gilt auch für § 124, wo ebensogut von einer öffentlich „versammelten" Menge die Rede sein könnte). Für die hier vertretene Deutung spricht im übrigen auch der Vergleich mit der 3. Alt., denn wenn dort gerade zu dem Zweck, ihre Bereitschaft zu Gewalttätigkeiten zu fördern, auf die Menge eingewirkt werden muß, so ist nicht einzusehen, warum es auf deren unfriedlichen Charakter nicht mehr ankommen soll, wenn es tatsächlich zu Ausschreitungen kommt. Als *Konsequenzen* ergeben sich hieraus: Einzelaktionen, die nicht Ausdruck eines die Menge (bzw. eines wesentlichen Teils) beherrschenden feindseligen Willens sind, fallen nicht unter den Tatbestand, selbst wenn mehrere daran beteiligt sind (z. B. einzelne Steinwürfe aus einer sonst friedlichen Demonstration; vgl. auch AG Freiburg StV **82**, 582). Finden umgekehrt die Ausschreitungen ihren Rückhalt in der Menge, **10** was z. B. auch bei deren passiver Bewaffnung oder Vermummung zum Ausdruck kommen kann, so genügen auch die Gewalttätigkeiten eines einzelnen. Nicht erforderlich ist auch, daß es sich um von vornherein geplante Gewalttätigkeiten handelt; da eine zunächst friedliche Menge zu einer unfriedlichen werden kann, genügen unter der genannten Voraussetzung vielmehr auch Spontanaktionen.

11 c) Die Ausschreitungen müssen in einer **die öffentliche Sicherheit** (vgl. dazu o. 2) **gefährdenden Weise** begangen werden. Nach h. M. setzt dies voraus, daß eine unbestimmte Vielzahl von Personen für Leib und Leben, Hab und Gut fürchten muß, was bei Ausschreitungen gegen einen einzelnen nur der Fall sein soll, wenn dieser entweder das nur zufällige Opfer ist oder wenn er nur wegen seiner Zugehörigkeit zu einer bestimmten Personengruppe ausgewählt wurde, mit ihm also allein die von ihm repräsentierte Gruppe getroffen werden soll (z. B. Hamburg NJW **83,** 2273 m. Anm. Rudolphi JR 83, 252, Karlsruhe NJW **79,** 2415, Arzt JA 82, 270, v. Bubnoff LK 19, D-Tröndle 4, Otto II 298, Rudolphi SK 12; vgl. aber auch Brause NJW 83, 1640, Ostendorf AK 25). Dies ist jedoch zu eng, weil es ein Landfriedensbruch auch sein muß, wenn z. B. eine Menschenmenge vor das Haus eines angeblichen Mörders zieht und diesen zu lynchen droht, wenn sie ein Gerichtsgebäude stürmt und einen bestimmten Richter wegen einer von ihm getroffenen Entscheidung verprügelt oder wenn sie Gewalttätigkeiten gegen den Verteidigungsminister als den für eine bestimmte Verteidigungskonzeption verantwortlichen Politiker begeht (insoweit i. E. hier daher zutr. Hamburg aaO; and. Rudolphi JR 83, 253), obwohl es sich hier jeweils um Individualangriffe handelt, bei denen das Opfer gerade nicht auswechselbar ist. Daß an der Strafbarkeit dieser Fälle als Landfriedensbruch durch die Umgestaltung des § 125 a. F. etwas geändert werden sollte, ist nicht anzunehmen, da die Reform andere Ziele verfolgte. Die öffentliche Sicherheit, die auch das allgemeine Rechtssicherheitsgefühl umfaßt (vgl. o. 2), ist deshalb i. S. des § 125 schon dann gefährdet, wenn es sich um Ausschreitungen handelt, bei denen der Eindruck entstehen muß, daß „man" in einem geordneten Gemeinwesen nicht mehr frei von Furcht vor dem Terror gewalttätiger Mengen leben kann. Dies aber wird man auch bei Individualangriffen nur dann verneinen können, wenn diese, wie z. B. bei der Massenschlägerei zweier verfeindeter Rockerbanden oder bei einer gewaltsamen Auseinandersetzung in einer Vereinsversammlung, lediglich den Charakter einer vorwiegend „privaten" Auseinandersetzung haben. Im übrigen ergibt sich dagegen die Gefährdung der öffentlichen Sicherheit schon daraus, daß der Landfriedensbruch nach der Reform insofern ein den Gemeinschaftsfrieden besonders störendes Massedelikt geblieben ist, als die Gewalttätigkeiten aus einer Menge mit vereinten Kräften begangen sein müssen. Die Bedeutung dieses Merkmals erschöpft sich hier darin, daß Aktionen, die als solche zwar gleichfalls eine Gewalttätigkeit sein mögen, die aber dem Schutz der öffentlichen Sicherheit vor ihrer Gefährdung durch andere dienen, von vornherein nicht tatbestandsmäßig sind (z. B. der unter Verwendung von Polizeiknüppeln erfolgende Einsatz von Ordnungskräften gegen gewalttätige Demonstranten oder die aus einer an sich friedlichen Menge mit vereinten Kräften erfolgende Abwehr rechtswidriger Angriffe von außen); auch wird auf diese Weise noch einmal klargestellt, daß die Gewalttätigkeiten von einer gewissen Erheblichkeit sein müssen.

12 d) Die Tathandlung besteht im **Sich-Beteiligen** an Gewalttätigkeiten „**als Täter oder Teilnehmer**". Während in § 125 a. F. schon die bloße Zugehörigkeit zu der unfriedlichen Menge genügte, beschränkt die n. F. die Strafbarkeit damit auf solche Mitglieder, die sich nachweisbar an bestimmten Gewalttätigkeiten beteiligen (vgl. auch BGH MDR/H **84,** 980). Dabei bestimmt das Gesetz die Täterschaft hier, abweichend von allgemeinen Regeln, insofern nach einem Einheitstäterbegriff (vgl. auch M-Schroeder II 65), als zwischen dem (mittelbaren, Mit-)„Täter" einer Gewalttätigkeit und dem bloßen „Teilnehmer" (Anstifter, Gehilfe) an einer solchen nicht unterschieden wird: Täter des § 125 sind vielmehr beide.

13 α) Umstritten ist jedoch, ob eine täterschaftliche Begehung in dem genannten Sinn wenigstens die **Zugehörigkeit zu der Menge** voraussetzt (so z. B. Blei II 300, JA 70, 616, Ostendorf AK 13, für die als „Teilnehmer" Beteiligten auch Arzt/Weber V 26, Arzt JZ 84, 430, Lackner 3b, M-Schroeder II 65, Rudolphi SK 13a; and. v. Bubnoff LK 7, Dreher NJW 70, 1160, D-Tröndle 6; in BGH **32** 165 m. Anm. Arzt JZ 84, 428 u. Willms JR 84, 120 für die Beteiligung als „Täter" verneint, für die als „Teilnehmer" offengelassen; vgl. auch BGH **33** 307 m. Anm. Otto NStZ 86, 70). Jedenfalls für die „Teilnehmer"-Beteiligung ist dies, obwohl der Wortlaut eine andere Deutung zuläßt, zu bejahen, da deren Gleichstellung mit der „täterschaftlichen" Verübung von Gewalttätigkeiten nur dann gerechtfertigt ist, wenn der Betreffende wenigstens Mitträger des feindseligen Willens der Menge ist (vgl. o. 9ff.) und dadurch deren spezifische Gefährlichkeit in der Weise erhöht, daß auch die bloße „Teilnahme" an fremden Gewalttätigkeiten die öffentliche Sicherheit gefährden kann. Ebenso würden Beweisschwierigkeiten, wenn überhaupt, die Aufwertung der Teilnahme zur Täterschaft nur bei einem Agieren in der Menge begründen können. Der Außenstehende, der einen andern auffordert, an einer unfriedlichen

Demonstration teilzunehmen und dort Gewalttätigkeiten zu begehen oder der ihm dafür Ratschläge erteilt, ist deshalb nicht Täter des Abs. 1, sondern Anstifter bzw. Gehilfe; jedenfalls insoweit ist daher auch nach der n. F. weiterhin eine bloße Teilnahme am Landfriedensbruch möglich. Anders mag dies sein, soweit Außenstehende sich konkrete Gewalttätigkeiten als Mit- oder mittelbare Täter zurechnen lassen müssen (zur Vereinbarkeit einer dahingehenden Auslegung mit Art. 103 II GG vgl. BVerfG NStZ **90**, 488); auch hier bleibt Voraussetzung aber, daß die Gewalttätigkeiten mit vereinten Kräften aus der Menge begangen werden, weshalb sich in dieser immer mehrere befinden müssen, die an den Ausschreitungen beteiligt sind (vgl. v. Bubnoff LK 7, D-Tröndle 6).

β) Mit diesen Einschränkungen gelten für die (täterschaftliche) **Beteiligung** „als Täter oder Teilnehmer" die allgemeinen Regeln (§§ 25 ff.). Täter können danach unter den in § 25 RN 66 ff. genannten Voraussetzungen zwar auch die selbst nicht anwesenden Hintermänner sein, die „den ganzen Schlachtplan der Gewalttätigkeiten entworfen haben" (BGH **32** 179); zu weitgehend und ein Rückfall in eine extrem subjektive Täterlehre ist es jedoch, wenn schon die öffentliche Aufforderung, am folgenden Tag einem Flughafen „einen Besuch abzustatten" und „ihn dicht zu machen", Täterschaft für die dabei begangenen Gewalttätigkeiten begründen soll (so aber BGH **32** 165 m. Anm. Arzt JZ 84, 428 u. Willms JR 84, 120, womit die 3. Alt. gegenstandslos bzw. unterlaufen wird). Als „Teilnehmer" ist sowohl der Anstifter wie der Gehilfe beteiligt, wobei „Haupttat" die von einem anderen begangene, als solche nicht notwendig strafbare (z. B. fehlgegangener Steinwurf) Gewalttätigkeit ist (zu ihrer Konkretisierung in der Vorstellung des Teilnehmers vgl. entsprechend § 26 RN 12 ff., § 27 RN 19 ff.). Täter des § 125 ist daher z. B. auch, wer den eigentlichen Gewalttäter deckt, zur Ermöglichung weiterer Aktionen vor der Polizei abschirmt oder durch anfeuernde Zurufe, aber auch schon durch ein ostentatives Sichanschließen (vgl. Werle, Lackner-FS 497) in seinem Vorhaben bestärkt. Besonderheiten ergeben sich hier nur insofern, als die bloße Zugehörigkeit zu einer unfriedlichen Menge i. U. zu § 125 a. F. nicht mehr tatbestandsmäßig ist. Bei diesem vom Gesetz gewollten Ergebnis (vgl. dazu Werle aaO 491) muß es daher auch bleiben – Fall einer teleologischen Tatbestandsreduktion –, wenn der Betreffende objektiv durch sein passives Dabeisein z. B. als Teil einer „Kulisse" anderen die Begehung von Gewalttätigkeiten tatsächlich erleichtert und dies auch weiß (vgl. BT-Drs. VI/502 S. 9, BGH NStZ **84**, 549, MDR/H **84**, 980, LG Krefeld StV **84**, 249, AG Freiburg NStZ **82**, 247, Kostaras aaO [RN 5] 152, Rudolphi SK 13b u. näher Werle aaO 491 ff.; vgl. auch LG München StV **82**, 119, ferner Arzt/Weber V 24, Arzt JA 82, 271 ff., der hierin freilich ein Rechtfertigungsproblem sieht [dagegen mit Recht Werle aaO 484 FN 18]). Selbst das ohne äußeren Zwang erfolgende Verbleiben in einer gewalttätigen Gruppe ist deshalb nicht mehr als ein Indiz für eine weitergehende Beteiligung (so wohl auch BGH NStZ **84**, 549, NJW **84**, 1232; weitergehend D-Tröndle 6, Lackner 3a bb), und zwar auch dann, wenn der Betreffende durch seine weitere Anwesenheit nach Ergehen einer polizeilichen Auflösungsverfügung gegen die §§ 13 II, 18 I VersG verstößt und damit eine Ordnungswidrigkeit nach § 29 I Nr. 2 VersG begeht. Dies folgt daraus, daß der Gesetzgeber hier trotz der ihm bekannten „Schutz- und Schild"-Wirkung und entgegen entsprechenden Reformvorschlägen (vgl. o. 1) von der strafrechtlichen Sanktionierung der Pflicht zum Weggehen bewußt abgesehen hat und diese gesetzgeberische Entscheidung nicht durch die Annahme einer strafbaren Beteiligung unterlaufen werden darf. Entsprechendes gilt für das bloße Dabeibleiben passiv bewaffneter oder vermummter Personen, das seit dem ÄndGes. v. 9. 6. 89 gem. § 27 II VersG zwar schon als solches einer (milderen) Strafdrohung unterliegt (vgl. o. 1), für sich allein aber noch keine Beteiligung an Gewalttätigkeiten usw. ist (vgl. auch BGH NStZ **84**, 459, LG Krefeld StV **84**, 249, AG Freiburg NStZ **82**, 247, Rudolphi SK 13b). Die Grenzen zur strafbaren Beteiligung durch psychische Beihilfe sind hier, den erforderlichen Kausalitätsnachweis vorausgesetzt, erst überschritten, wenn zusätzliche Umstände hinzukommen, durch die der Täter erkennbar seine Solidarität zum Ausdruck bringt, was z. B. auch dadurch geschehen kann, daß er sich in einer solchen Aufmachung eigens einer gewalttätigen Gruppe anschließt (vgl. Lackner 3a bb u. näher Werle aaO 498; weitergehend Kühl NJW 85, 2380). Noch keine Beteiligung ist auch der Aufruf zu einer friedlichen Demonstration unter Inkaufnahme des Anschlusses gewalttätiger Gruppen (vgl. BGH **32** 179).

2. Einen **bedrohenden Landfriedensbruch** begeht, wer sich als Täter oder Teilnehmer an Bedrohungen von Menschen mit einer Gewalttätigkeit beteiligt, die aus einer Menschenmenge in einer die öffentliche Sicherheit gefährdenden Weise mit vereinten Kräften begangen werden (**Abs. 1 2. Alt.**). Von der 1. Alt. unterscheidet sich diese Form des Landfriedensbruchs allein dadurch, daß an die Stelle der gegen Personen oder Sachen gerichteten Gewalttätigkeit die Bedrohung von Menschen mit einer Gewalttätigkeit tritt (vgl. daher im übrigen o. 7 ff.).

a) Zum Begriff der **Bedrohung** vgl. § 126 RN 5 (der dort gebrauchte Terminus „Androhen" ist gleichbedeutend) und § 241 RN 3. Die Bedrohung kann ausdrücklich oder auch durch

§ 125 17–23   Bes. Teil. Straftaten gegen die öffentliche Ordnung

konkludente Handlungen geschehen. Ob sie Nötigungsmittel ist oder lediglich der „Verunsicherung" des Bedrohten dienen soll, ist ohne Bedeutung.

17   b) Erforderlich ist eine Bedrohung **von Menschen mit einer Gewalttätigkeit.** Nicht erforderlich ist, daß der Adressat der Bedrohung und derjenige, gegen den sich die Gewalttätigkeit richten soll, identisch sind (z. B. Bedrohung eines nicht Anwesenden mit Sprechchören; vgl. auch § 126 RN 2); ebensowenig braucht der Drohende den Willen zu haben, daß seine Drohung zur Kenntnis des Bedrohten gelangt, da Abs. 1 nicht allein dessen Sicherheitsgefühl, sondern auch das der Allgemeinheit schützen soll. Entsprechend der 1. Alt. können auch hier – obwohl ein entsprechender Hinweis fehlt – die angedrohten Gewalttätigkeiten (vgl. dazu o. 5 ff.) in solchen gegen *Personen* oder *Sachen* bestehen (h. M., vgl. z. B. v. Bubnoff LK 28, D-Tröndle 3, Rudolphi SK 16; and. Arzt/Weber V 25).

18   Der Wortlaut läßt eine solche Deutung durchaus zu, da Menschen auch durch die Androhung von Gewalttätigkeiten gegen Sachen bedroht werden können. Für sie spricht nicht nur die ratio legis (z. B. Drohung, ein Gebäude zu stürmen und „alles kurz und klein zu schlagen"), sondern auch der Vergleich mit der 3. Alt., wo das Aufwiegeln zu Gewalttätigkeiten gegen Sachen genügt (vgl. Rudolphi SK 16). Das Gegenargument, daß Adressat einer Drohung ohnehin nur ein Mensch sein könne und die Worte „von Menschen" daher nicht den „Bedrohungen", sondern der „Gewalttätigkeit" zuzuordnen seien (so noch hier die 18. A., RN 20), ist nicht zwingend, da die Gesetzesformulierung auch rein sprachliche Gründe haben kann. Auch die Entstehungsgeschichte liefert für die gegenteilige Auffassung keinen gültigen Beweis (vgl. dazu v. Bubnoff LK 28). Das erforderliche Korrektiv ergibt sich hier, wenn nicht schon aus dem Begriff der Gewalttätigkeit, spätestens aus dem Erfordernis der Gefährdung der öffentlichen Sicherheit.

19   3. Einen **aufwieglerischen Landfriedensbruch** begeht, wer auf eine Menschenmenge einwirkt, um ihre Bereitschaft zu den in Abs. 1 1. u. 2. Alt. genannten Ausschreitungen zu fördern **(Abs. 1 3. Alt.).** Damit werden die Agitatoren der Ausschreitung, die „Anheizer" und „Aufwiegler", die den friedensstörenden Charakter der Menge schaffen oder stärken, als Täter erfaßt, auch wenn ihnen eine Einwirkung zur Begehung bestimmter Ausschreitungen oder eine Beteiligung an diesen selbst nicht nachgewiesen werden kann.

20   a) Die Einwirkung **auf eine Menschenmenge** setzt zunächst voraus, daß diese bereits besteht. Daß eine solche durch die Einwirkung erst gebildet werden soll, genügt mithin nicht. Ebensowenig ist es ein Einwirken auf die Menschenmenge, wenn einzelne Personen aufgefordert werden, sich einer bereits bestehenden feindseligen Menge anzuschließen; hier kommt lediglich Anstiftung zur 1. oder 2. Alt. in Betracht. Das gleiche gilt, wenn die Aufforderung zwar vor der Menge erfolgt, aber ausschließlich an eine bestimmte Person oder einen individuell bestimmten Personenkreis gerichtet ist (vgl. Lackner 3b, Rudolphi SK 20). Wendet sich der Täter an die Menge, so ist die 3. Alt. umgekehrt nicht deswegen ausgeschlossen, weil die Gewalttätigkeiten usw. von einzelnen, aber nicht individuell bestimmten Mitgliedern der Menge ausgeführt werden sollen. Dazu, daß es sich bei der Menge auch um eine friedliche handeln kann, vgl. u. 23.

21   b) **Einwirken** ist jede Art von Einflußnahme auf den Willen der Menge, z. B. durch die ausdrückliche oder konkludente Aufforderung zu (im einzelnen auch noch unbestimmten) Gewalttätigkeiten usw., durch das Schaffen einer entsprechenden äußeren Anreizsituation (z. B. ein falscher Polizist schießt auf die Menge; Schilderung von polizeilichen Übergriffen, und zwar bei Vorliegen der erforderlichen Absicht selbst dann, wenn diese zutreffend ist), aber auch durch das bloße „Anheizen" einer feindseligen Stimmung.

22   c) Die Einwirkung muß erfolgen, **um** (vgl. u. 27) **die Bereitschaft der Menge zu Ausschreitungen** i. S. der 1. u. 2. Alt. **zu fördern.** Daß diese tatsächlich gefördert wird, ist nicht erforderlich, erst recht nicht, daß es zu Gewalttätigkeiten usw. auf Grund der Einwirkung kommt (unechtes Unternehmensdelikt [§ 11 RN 52 ff.], vgl. v. Bubnoff LK 33, Rudolphi SK 20). Kommt es zu solchen, so kann der Aufwiegler zugleich Beteiligter an diesen und damit auch Täter der 1. oder 2. Alt. sein, was in der Regel allerdings voraussetzt, daß er selbst Mitglied der Menge ist (vgl. o. 13 f., aber auch u. 25).

23   α) Daraus, daß der Täter handeln muß, um die Bereitschaft zu Gewalttätigkeiten usw. zu **fördern,** wird z. T. entnommen, daß eine solche bereits vorhanden sein müsse (Dreher NJW 70, 1160, Ostendorf AK 15, Schmidhäuser II 131). Die 3. Alt. würde demnach der (erfolglosen) psychischen Beihilfe entsprechen. Dies widerspricht jedoch nicht nur der ratio legis, sondern führt auch zu völlig ungerechtfertigten Differenzierungen, weil dann zwar strafbar ist, wer eine bereits feindselige Menge in ihrer Bereitschaft zu Ausschreitungen – und zwar ohne jeden Erfolg - zu fördern sucht, während straflos bleibt, wer eine friedliche Menge in eine feindselige „umfunktioniert", sofern nur die Begehung von Gewalttätigkeiten unterbleibt und eine Anstiftung dazu deshalb ausscheidet. Da dies den gefährlicheren Täter in unverständlicher Weise

privilegieren würde und ein solches Ergebnis vernünftigerweise nicht gewollt sein kann, muß als Fördern i. S. der 3. Alt. daher auch das Wecken einer zunächst nicht vorhanden gewesenen Bereitschaft zu Gewalttätigkeiten usw. verstanden werden. Erfaßt sind demnach sowohl die der psychischen Beihilfe als auch die der Anstiftung entsprechenden Fälle (vgl. v. Bubnoff LK 31, D-Tröndle 8, M-Schroeder II 66, Rudolphi SK 18).

β) Gleichgültig ist auch, ob die Einwirkung den **Beginn** oder die **Fortsetzung** von Ausschreitungen zum Ziel hat. Unter Abs. 1 3. Alt. fällt daher auch derjenige, der den erlahmenden Willen der Menge zu Gewalttätigkeiten usw. neu entfachen will. 24

d) Anders als bei der 1. u. 2. Alt. (vgl. o. 13) kann **Täter** der 3. Alt. auch sein, wer nicht selbst Mitglied der Menschenmenge ist (z. B. der Außenstehende, der mit einem Megaphon auf die Menge einwirkt; vgl. v. Bubnoff LK 32, Rudolphi SK 22). Die Frage der Täterschaft ist hier allein nach § 25 zu beurteilen; für die bloße Teilnahme gelten die §§ 26, 27. 25

e) Ist die Einwirkung auf eine bereits zu Ausschreitungen i. S. der 1. u. 2. Alt. entschlossene Menge lediglich auf die **Verwirklichung eines Regelbeispiels gem.** § 125a gerichtet, so gilt folgendes: Die Aufforderung zu Handlungen nach § 125a Nr. 1–3 kann dennoch ein Einwirken i. S. der 3. Alt. sein, weil darin – analog der „Anstiftung" eines bereits Tatentschlossenen zur Verwirklichung qualifizierender Umstände – zugleich ein der psychischen Beihilfe entsprechendes Fördern der Bereitschaft zu Ausschreitungen i. S. der 1. u. 2. Alt. liegen kann. Dagegen kommt bei einer Aufforderung zum Plündern (§ 125a Nr. 4) nur eine Anstiftung zu Eigentumsdelikten in Betracht, es sei denn, daß auch dabei Handlungen i. S. der 1. u. 2. Alt. begangen werden sollen. 26

IV. Der **subjektive Tatbestand** setzt bei allen Begehungsformen des § 125 *Vorsatz* voraus; bedingter Vorsatz genügt. Im Fall des Abs. 1 3. Alt. ist außerdem die *Absicht* i. S. von zielgerichtetem Handeln (vgl. § 15 RN 66ff.) erforderlich, die Bereitschaft der Menge zur Begehung von Gewalttätigkeiten usw. zu fördern; das bloße (auch sichere) Wissen, daß das Einwirken diesen Erfolg haben wird, genügt hier nicht. Soweit Ausschreitungen nach Abs. 1 zugleich einen Widerstand gegen Vollstreckungsbeamte darstellen (§ 113), sowie in den Fällen des Abs. 2 gilt nach **Abs. 2** die **Irrtumsregelung** des § 113 III 2, IV sinngemäß, wenn der Täter irrig von der Rechtmäßigkeit der Vollstreckungshandlung ausgeht bzw. umgekehrt fälschlich ihre Rechtswidrigkeit annimmt; vgl. dazu § 113 RN 53 ff. 27

V. Ein **Rechtfertigungsgrund** für Taten nach § 125 ergibt sich weder aus Art. 5 GG noch aus dem nur friedliche Versammlungen schützenden Art. 8 GG, da hier die Grenzen des Grundrechts stets überschritten sind (vgl. BGH 23 56, Celle NJW 70, 207). Art. 5 ist bei § 125 nur insofern von Bedeutung, als bei der Würdigung des Inhalts von Meinungsäußerungen, die das strafbare Verhalten begründen sollen (z. B. Aufruf zu Großdemonstration), die zum Schutz der Meinungsäußerung entwickelten Anforderungen zu beachten sind (vgl. BVerfG NStZ **90**, 487, BGH **32** 179f.) Kein Rechtfertigungsgrund ist ferner das Streikrecht, da dieses über die bloße Arbeitsniederlegung hinaus nicht zur Verletzung strafrechtlich geschützter Interessen berechtigt (vgl. BGH AP Nr. **1** zu § 125, BAG JZ **89**, 43, Bay NJW **55**, 1806; vgl. auch Niese, Streik und Strafrecht [1954] 148ff.). Ebensowenig genügt schon der Wahrnehmung berechtigter Interessen (vgl. 80 vor § 32, Kostaras aaO [RN 5] 115ff.). Soweit Handlungen i. S. d. Abs. 1 1. oder 2. Alt. als Widerstand gegen nicht rechtmäßig handelnde Vollstreckungsbeamte begangen werden, gilt nach **Abs. 2** § 113 III 1 sinngemäß, was hier richtigerweise bereits zur *Verneinung der Tatbestandsmäßigkeit* führt (vgl. § 113 RN 20), zumal es dann auch schon an einer Gefährdung der öffentlichen Sicherheit fehlt (vgl. näher v. Bubnoff LK 35). 28

VI. Vollendet ist die Tat nach Abs. 1 1. u. 2. Alt. mit der Begehung der – auch erfolglosen, (vgl. o. 6) – Gewalttätigkeit bzw. der Bedrohung, an welcher der Betreffende beteiligt ist. Die 3. Alt. ist bereits mit dem Beginn der Einwirkung vollendet, ohne daß diese einen Erfolg gehabt haben müßte; solange es noch nicht zu Gewalttätigkeiten usw. gekommen ist, ist hier jedoch § 31 entsprechend anwendbar (vgl. § 11 RN 35). 29

VII. Täterschaft und Teilnahme. Zur Täterschaft vgl. o. 12ff., 25. Für die Teilnahme zu Abs. 1 1. u. 2. Alt. gelten die allgemeinen Regeln, soweit der Teilnehmer nicht selbst Mitglied der Menge und damit Täter des § 125 ist (vgl. o. 12ff.). Teilnehmer zu Abs. 1 3. Alt. sind dagegen, gleichgültig, ob sie selbst Mitglied der Menge sind, nach §§ 26, 27 zu bestrafen. 30

VIII. Konkurrenzen. 1. Nach der **Subsidiaritätsklausel** des Abs. 1 ist § 125 nur anwendbar, wenn die Tat nicht nach anderen Vorschriften mit schwererer Strafe bedroht ist. Dies ist wenig sinnvoll, weil dadurch die praktische Bedeutung des § 125 erheblich herabgesetzt und sein Charakter als Straftat gegen die öffentliche Sicherheit verwischt wird. Daher ist die Subsidiaritätsklausel restriktiv dahin auszulegen, daß § 125 nicht gegenüber allen Tatbeständen mit schwererer Strafdrohung zurücktritt, sondern nur gegenüber solchen, die im wesentlichen die gleiche Angriffsrichtung aufweisen wie die in § 125 genannten Handlungen (sog. *relative Subsidiarität*, vgl. 106 vor § 52; ebenso z. B. v. Bubnoff LK 39, M-Schroeder II 66, Rudolphi SK 26). Aus diesem Grund ist z. B. eine Subsidiarität 31

§ 125 a 1–5 Bes. Teil. Straftaten gegen die öffentliche Ordnung

des § 125 zu verneinen bei Angriffen auf die Ehre (öffentliche Verleumdung, § 187). Für die Subsidiaritätsklausel des § 125 bleiben damit insbes. folgende Fälle: *§ 125 I 1. Alt.* ist subsidiär z. B. gegenüber den §§ 88, 102, 106, 109 e, 113 II, 177, 178, 211 ff., 220 a, 223 a ff., 234, 234 a, 240 im besonders schweren Fall, 243 Nr. 1, 2, 6, 244, 249 ff., 305 ff., 311, 312, 313, 315, 315 b I–III, 316 a, 316 b, 317, 318 (vgl. v. Bubnoff LK 40, Rudolphi SK 27). Im Fall des *§ 125 I 2. Alt.* besteht Subsidiarität z. B. gegenüber den §§ 88, 106, 113 II, 177, 178, 234, 234 a, 249 ff. Die Tat nach *§ 125 I 3. Alt.* ist subsidiär gegenüber § 130 und gegenüber § 111, soweit die Straftat, zu der aufgefordert wird, mit schwererer Strafe bedroht ist; dasselbe gilt für die §§ 26, 27 i. V. mit der Tat, zu der angestiftet oder Beihilfe geleistet worden ist, wobei im Fall des § 27 von dem gemilderten Strafrahmen nach § 49 I auszugehen ist.

32   2. **Im übrigen,** d. h. soweit die Subsidiaritätsklausel nicht anwendbar ist, bleibt es bei den **allgemeinen Grundsätzen.** *Idealkonkurrenz* ist danach z. B. möglich mit den §§ 106 a, 113 I, 124 (vgl. auch RG **37** 28, **45** 41), 126, 167, 167 a, 185 ff., 223 I, 227, 240 (soweit kein besonders schwerer Fall), 241, 303 (and. insoweit Karlsruhe NJW 79, 2415, v. Bubnoff LK 42 und zu § 125 II auch BGH MDR/D **68**, 727: Gesetzeskonkurrenz mit Vorrang des § 125; wie hier D-Tröndle 20, Rudolphi SK 30), ferner mit den Straftatbeständen des VersG (§§ 21 ff.), denen ein anderer oder zusätzlicher Schutzzweck zugrunde liegt, was z. B. für die §§ 21, 22 gilt (z. B. v. Bubnoff LK 41, Lackner 8, Rudolphi SK 30). *Gesetzeskonkurrenz* mit Vorrang des § 125 (soweit dieser nicht gegenüber anderen Tatbeständen subsidiär ist) besteht dagegen mit § 27 II VersG, da dieser im Verhältnis zu § 125 den Charakter eines bloßen Vorfeldtatbestands hat (Rudolphi SK 31). Die Beteiligung an mehreren Gewalttätigkeiten usw. aus derselben Menschenmenge ist nur eine Tat (D-Tröndle 20; vgl. auch 17 vor § 52 sowie RG **54** 301); im übrigen kommt Fortsetzungszusammenhang in Betracht. Täterschaft nach Abs. 1 3. Alt. geht der Anstiftung und Beihilfe zu der Tat nach Abs. 1 1. u. 2. Alt. vor.

§ 125 a Besonders schwerer Fall des Landfriedensbruchs

In besonders schweren Fällen des § 125 Abs. 1 ist die Strafe Freiheitsstrafe von sechs Monaten bis zu zehn Jahren. Ein besonders schwerer Fall liegt in der Regel vor, wenn der Täter

1. **eine Schußwaffe bei sich führt,**
2. **eine andere Waffe bei sich führt, um diese bei der Tat zu verwenden,**
3. **durch eine Gewalttätigkeit einen anderen in die Gefahr des Todes oder einer schweren Körperverletzung (§ 224) bringt oder**
4. **plündert oder bedeutenden Schaden an fremden Sachen anrichtet.**

Vorbem. S. 1 geringfügig technisch geändert durch das Ges. zur Änderung des StGB und des Versammlungsgesetzes v. 18. 7. 1985, BGBl. I 1511.

1   I. Die durch das 3. StrRG (vgl. § 125 RN 1) eingefügte Vorschrift enthält keinen qualifizierten Tatbestand zu § 125, sondern eine bloße Strafzumessungsregel, wobei die in Nr. 1–4 genannten Sachverhalte lediglich **Regelbeispiele** eines **besonders schweren Falles** (vgl. dazu 44 ff. vor § 38) darstellen. Voraussetzung für die Anwendung des § 125 a ist zunächst, daß der Betreffende den vollen Tatbestand des § 125 I erfüllt; Personen, bei denen dies nicht der Fall ist, können daher auch dann nicht Täter des § 125 a sein, wenn sie, wie beim Plündern, eine von einem Regelbeispiel erfaßte Handlung vornehmen.

2   II. Die **Regelbeispiele der Nr. 1–4** sind z. T. durch die erhöhte Gefährlichkeit der Handlungen nach § 125 I (Nr. 1–3), z. T. dadurch gekennzeichnet, daß unter Ausnutzung der durch den Landfriedensbruch geschaffenen bedrohlichen Situation zusätzliche Ausschreitungen begangen werden (Nr. 4). Im einzelnen gilt folgendes:

3   1. Nach **Nr. 1** liegt ein besonders schwerer Fall in der Regel vor, wenn der Täter eine **Schußwaffe bei sich führt.** Eine Verwendungsabsicht ist hier – im Unterschied zu Nr. 2 – nicht erforderlich, weshalb § 125 a nicht schon deshalb unanwendbar ist, weil dem Täter eine solche Absicht gefehlt hat (vgl. aber auch v. Bubnoff LK 2, Rudolphi SK 3).

4   a) Zum Begriff der **Schußwaffe** vgl. § 244 RN 4; zum **Bei-sich-Führen** vgl. § 244 RN 5 f., wobei es auch hier genügt, wenn der Täter die Waffe erst während der Tat ergreift (Dölling JR 87, 468; offengelassen von Bay JR 87, 466 zu Nr. 2). Gleichgültig ist, ob der Betreffende zum Tragen von Schußwaffen an sich berechtigt ist, da dies an der besonderen Gefährlichkeit, um die es in § 125 a geht, nichts ändert (er soll sich dann jedenfalls nicht i. S. des § 125 I beteiligen; insofern unterscheidet sich die Situation des § 125 a von derjenigen des § 113, wo die Konfrontation mit einem Vollstreckungsbeamten nicht auf der Initiative des Täters zu beruhen braucht; vgl. BT-Drs. VI/502 S. 5). Das gleiche gilt, wenn der Täter eine behördliche Erlaubnis hatte, mit Waffen an einer Versammlung teilzunehmen (§ 27 VersG); die Wirkung einer solchen Erlaubnis endet, sobald aus der legalen Versammlung eine feindselige Menschenmenge i. S. des § 125 wird.

5   b) Obwohl in Nr. 1 – im Unterschied zu § 244 I Nr. 1 – ein entsprechender ausdrücklicher Hinweis fehlt, ergibt sich aus dem Sinn der Vorschrift, daß der Täter die Schußwaffe **bei Begehung der Tat,**

d. h. im Augenblick der Vornahme einer der in § 125 I genannten Handlungen bei sich führen muß; es genügt mithin nicht, wenn er z. B. erst nach Beendigung der Gewalttätigkeit, an deren Begehung er beteiligt war, eine herumliegende Waffe ergreift (vgl. v. Bubnoff LK 3, Rudolphi SK 3).

c) Daß Nr. 1 nur auf den **Täter,** und nicht – wie § 244 I Nr. 1 – auf „andere Beteiligte" abstellt, **6** hängt damit zusammen, daß in § 125 auch die Teilnehmer am gewalttätigen bzw. bedrohenden Landfriedensbruch als Täter behandelt werden (vgl. § 125 RN 12). Daß der Täter die Waffe bei sich führen muß, bedeutet keine Eigenhändigkeit (Rudolphi SK 5; and. BGH **27** 56, StV **81,** 74 [zu Nr. 2], D-Tröndle 2), so daß insoweit auch Mittäterschaft in Betracht kommt; zur Frage der Teilnahme vgl. u. 19 ff. Täter i. S. der Nr. 1 ist auch der „Aufwiegler" i. S. des § 125 I 3. Alt. (v. Bubnoff LK 2; and. Rudolphi SK 4, Ostendorf AK 3); diesen generell auszunehmen, ist schon nach dem Gesetzeswortlaut nicht möglich, aber auch von der Sache her nicht geboten, da er z. B. gerade dadurch, daß er sichtbar Waffen bei sich führt, seine Einwirkung besonders wirkungsvoll machen kann, indem er der Menge das Gefühl besonderer Stärke vermittelt. Dies schließt nicht aus, daß im Einzelfall trotz Vorliegens der Nr. 1 ein besonders schwerer Fall zu verneinen sein kann, wenn das Bei-sich-Führen von Waffen durch den Aufwiegler die Gefährlichkeit nicht wesentlich erhöht hat (so wenn er lediglich aus dem Hintergrund agiert, ohne zu zeigen, daß er bewaffnet ist).

2. Nach **Nr. 2** liegt ein besonders schwerer Fall in der Regel ferner vor, wenn der Täter **7 andere Waffen bei sich führt, um diese bei der Tat zu verwenden.**

a) Obwohl Nr. 2 nur von **Waffen,** im Unterschied zu §§ 223a, 244 I Nr. 2 aber nicht auch von **8** „Werkzeugen" spricht, können hier nach der ratio legis nicht nur Waffen im technischen Sinn gemeint sein. Die Aufgabe des § 125a, besonders gefährliche Fälle des Landfriedensbruchs zu treffen, spricht vielmehr dafür, neben Waffen im technischen Sinn auch alle gefährlichen Werkzeuge einzubeziehen, d. h. solche Gegenstände, die nach ihrer objektiven Beschaffenheit und der beabsichtigten konkreten Art ihrer Benutzung geeignet sind, erhebliche Verletzungen herbeizuführen (vgl. Bay JR **87,** 466 m. Anm. Dölling, v. Bubnoff LK 4 f., D-Tröndle 3, Otto II 299, Rudolphi SK 7; vgl. auch § 223a RN 4; zu eng AG Berlin-Tiergarten StV **83,** 465, Ostendorf AK 4: Gefahr „schwerster Verletzungen"). Zum **Bei-sich-Führen** vgl. § 244 RN 5 sowie o. 4.

b) Im Unterschied zu Nr. 1 muß der Täter hier die **Absicht** (zielgerichtetes Handeln; vgl. § 15 **9** RN 66 ff.) haben, die Waffe zur Durchführung der Tat – wenn auch nur notfalls (vgl. Dreher NJW 70, 1161) – **zu verwenden.** Dabei spricht schon der Vergleich mit den in Nr. 1 genannten Schußwaffen dafür, daß sich der beabsichtigte Gebrauch der Waffe zumindest mittelbar gegen Personen richten muß, die geplante Verwendung zur Gewalt gegen Sachen – z. B. Steine zum Einwerfen von Fensterscheiben – also nicht ausreicht (ebenso Bay JR **87,** 466 m. Anm. Dölling, Rudolphi SK 8; and. v. Bubnoff LK 6). Dies schließt nicht aus, daß unter bestimmten Umständen auch die Gebrauchsabsicht in bezug auf Gewalt gegen Sachen einen besonders schweren Fall begründen kann (Rudolphi aaO; z. B. Mitführen von Sprengstoff zur Beseitigung von Hindernissen). Als Tat i. S. der Nr. 2 sind nur die Fälle des § 125 I 1. u. 2. Alt. anzusehen (zur 2. Alt. vgl. Bay aaO m. Anm. Dölling), nicht dagegen das Einwirken auf die Menge nach § 125 I 3. Alt., weil Nr. 2 offensichtlich von der erhöhten Gefährlichkeit ausgeht, die sich aus der beabsichtigten Verwendung gegen Dritte ergibt; daß der Aufwiegler demonstrativ eine Waffe i. S. der Nr. 2 bei sich führt, um die Wirksamkeit seines Auftretens zu erhöhen, genügt hier daher nicht (and. v. Bubnoff LK 6; vgl. aber auch o. 6).

c) Auch hier muß der Täter die Waffe **bei Begehung der Tat** nach § 125 bei sich führen (vgl. o. **10** 5), was sich bei Nr. 2 schon daraus ergibt, daß er die Absicht haben muß, die Waffe bei der Tat zu verwenden. Ebensowenig wie bei Nr. 1 ist Eigenhändigkeit erforderlich (vgl. o. 6; and. BGH **27** 56).

3. Nach **Nr. 3** liegt ein besonders schwerer Fall in der Regel vor, wenn der Täter **durch eine 11 Gewalttätigkeit** einen anderen in die **Gefahr des Todes** oder einer **schweren Körperverletzung i. S. des § 224 bringt,** wobei jedoch nur Personen außerhalb der Menge geschützt sind (Ostendorf AK 5). Die Nr. 3 bezieht sich damit allein auf den gewalttätigen Landfriedensbruch nach § 125 I 1. Alt.; doch ist nach Teilnahmegrundsätzen (vgl. u. 19 ff.) ein besonders schwerer Fall in der Regel auch anzunehmen, wenn der Aufwiegler nach § 125 I 3. Alt. zu Handlungen auffordert, welche die Gefahr der Nr. 3 mit sich bringen. Da für die Gefahr des Todes usw. speziell eine Gewalttätigkeit i. S. des § 125 I 1. Alt. ursächlich sein muß, scheiden solche eine Gefahr i. S. der Nr. 3 begründenden Tätlichkeiten aus, die nicht mit vereinten Kräften aus der Menschenmenge heraus verübt werden. Gewalttätigkeiten gegen Sachen reichen aus, wenn sie mittelbar die Gefahr der Nr. 3 begründen (z. B. Umstürzen eines PKW). Täter i. S. der Nr. 3 ist nur derjenige, der an der konkreten Gewalttätigkeit beteiligt ist, aus der sich die Gefahr ergibt (vgl. u. 18). Im übrigen entspricht Nr. 3 dem Regelbeispiel des § 113 II Nr. 2 (vgl. daher dort RN 67, ferner § 250 RN 20 ff.); speziell dazu, daß die Gefahr vom Vorsatz umfaßt sein muß (keine entsprechende Anwendung des § 18), vgl. § 250 RN 24.

4. Nach **Nr. 4** liegt ein Regelbeispiel eines besonders schweren Falles schließlich vor, wenn **12** der Täter **plündert** oder **bedeutenden Schaden an fremden Sachen anrichtet.** Wie in allen Fällen des § 125 a ist jedoch auch hier Voraussetzung, daß der Täter zugleich die Merkmale des

§ 125 erfüllt; nicht erfaßt von Nr. 4 ist daher z. B. das Plündern unter Ausnutzung des von anderen begangenen Landfriedensbruchs.

13   a) **Plündern** ist die Wegnahme oder Abnötigung von Sachen in der Absicht rechtswidriger Zueignung und unter Ausnutzung der durch die Tat nach § 125 hervorgerufenen Störung der öffentlichen Ordnung (vgl. RG **52** 35, **56** 247, MDR Nr. 394, OGH **2** 212, BGH JZ **52**, 369, v. Bubnoff LK 8, D-Tröndle 5, Rudolphi SK 17). Das Plündern braucht nicht selbst eine Gewalttätigkeit i. S. des § 125 I zu sein und kann offen oder heimlich, mit vereinten Kräften oder durch eine vom Willen der Menge nicht mehr gedeckte Einzelaktion erfolgen (vgl. näher dazu v. Bubnoff LK 8 mwN). Ein Ausnutzen der durch den Landfriedensbruch geschaffenen bedrohlichen Situation kann auch bei gleichzeitiger Erfüllung einer der in § 125 genannten Begehungsmodalitäten vorliegen. Nicht erforderlich ist auch, daß sich der Täter von vornherein am Landfriedensbruch in der Absicht beteiligt hat, dabei zu plündern. Ebensowenig muß das Plündern in Fortführung der Beteiligung am Landfriedensbruch geschehen; Nr. 4 gilt vielmehr auch, wenn sich der Täter aus der Menschenmenge entfernt, um die Gelegenheit zur Plünderung auszunutzen. Da der Grund für die erhöhte Strafbarkeit nur in Ausschreitungen gegen Objekte außerhalb der ein gemeinsames Ziel verfolgenden Menge liegen kann, fällt nicht unter Nr. 4, wer lediglich den Plünderer um seine Beute bringt oder ein anderes Mitglied der Menge bestiehlt (v. Bubnoff LK 8, Rudolphi SK 17).

14   b) Mit der mißverständlichen Formulierung „**bedeutenden Schaden an fremden Sachen** (vgl. § 242 RN 12 ff.) **anrichtet**" ist das Bewirken eines **erheblichen Sachschadens** gemeint (v. Bubnoff LK 9 mwN). Nicht ausreichend ist daher das völlige Zerstören einer Sache von geringem Wert, ebensowenig die nur geringfügige Beschädigung einer Sache von bedeutendem Wert. Ob der Schaden erheblich ist, beurteilt sich nach den Maßstäben, die auch für § 315 usw. gelten (vgl. 14 ff. vor § 306). Auch hier genügen vom Willen der Menge nicht getragene Einzelaktionen, sofern nur der Täter überhaupt Beteiligter am Landfriedensbruch ist; ebenso wie beim Plündern (vgl. o. 13) scheiden andererseits auch hier Handlungen gegen fremde Sachen innerhalb der Menge aus.

15   **III. Im übrigen** kann ein **besonders schwerer Fall** z. B. vorliegen bei erheblichen Körperverletzungen, die noch nicht unter § 224 fallen, bei einer erheblichen Störung lebenswichtiger Betriebe (§§ 88, 316 b), aber auch bei einer besonders massiven Störung der öffentlichen Sicherheit, z. B. dadurch, daß der Aufwiegler (auch erfolglos) zum Schußwaffen*gebrauch* auffordert (vgl. v. Bubnoff LK 10, D-Tröndle 7, Rudolphi SK 20).

16   **IV. In subjektiver Hinsicht** ist zumindest bedingter Vorsatz erforderlich, der sich auf alle unrechtssteigernden Umstände beziehen muß, die den besonders schweren Fall begründen; auch für Nr. 3 gilt hier keine Ausnahme (vgl. o. 11). Dabei ist gleichgültig, ob es sich um die in Nr. 1–4 genannten Regelbeispiele oder um andere Umstände handelt, die im Einzelfall zur Annahme eines besonders schweren Falls führen (vgl. § 15 RN 27, 28).

17   **V. Bei der Beteiligung mehrerer** gelten, da § 125 a kein eigener Tatbestand ist, folgende Grundsätze:

18   1. Voraussetzung für eine Bestrafung wegen **täterschaftlicher Begehung** eines Landfriedensbruchs in einem **besonders schweren Fall** ist zunächst, daß der Betreffende Täter des § 125 ist (wofür im Fall des § 125 I 1. u. 2. Alt. die bloße Teilnahme an der Gewalttätigkeit usw. genügt, wenn der Teilnehmer ein Mitglied der Menge ist). Soll sich der besonders schwere Fall unmittelbar aus einem der Regelbeispiele ergeben, so muß hinzukommen, daß ihm der erschwerende Umstand als Täter, mittelbarer Täter oder Mittäter zugerechnet werden kann. Hierfür gelten, da die Nr. 1–4 keine eigenhändige Begehung verlangen (and. BGH **27** 56), die allgemeinen Regeln. Doch ist in den Fällen der Nr. 1–3 eine Zurechnung des erschwerenden Umstandes nur möglich, wenn der Betreffende an der *konkreten* Handlung des § 125 mitgewirkt hat, an die das Regelbeispiel anknüpft. Werden daher z. B. von verschiedenen Personen aus der Menge mehrere Gewalttätigkeiten begangen und werden die erschwerenden Umstände der Nr. 1–3 nur bei einer von ihnen verwirklicht, so kommen als Mittäter nur die an dieser Gewalttätigkeit Beteiligten in Betracht (vgl. auch Rudolphi SK 5), nicht dagegen die übrigen, auch wenn sie von dem fraglichen Umstand Kenntnis haben (z. B. wissen, daß einer der an den anderen Ausschreitungen Beteiligten bewaffnet ist; insoweit zutreffend BGH **27** 56, was jedoch mit der dort zu Unrecht verlangten Eigenhändigkeit nichts zu tun hat).

19   2. Für die **Teilnahme** sind zunächst die in 44 d vor § 38 genannten Regeln maßgebend. Handelt es sich um die Teilnahme an der Verwirklichung eines Regelbeispiels, so sind im übrigen folgende Fälle zu unterscheiden:

20   a) Hat ein **Täter i. S. des § 125** zu einer Handlung i. S. der Nr. 1–4 **angestiftet,** so liegt auch für ihn in der Regel ein besonders schwerer Fall vor, weil ihm hier der erschwerende Umstand in vollem Umfang zugerechnet wird. Daher ist in der Regel z. B. auch der Aufwiegler i. S. des § 125 I 3. Alt. nach § 125 a strafbar, wenn er mit Erfolg zu einer Handlung nach Nr. 1–4 auffordert.

21   b) Hat sich ein **Täter i. S. des § 125** an der Verwirklichung eines Regelbeispiels nur als **Gehilfe** beteiligt, so begründet dies für sich allein dagegen in der Regel noch keinen besonders schweren Fall, da der in § 125 a vorausgesetzten täterschaftlichen Begehung nach Nr. 1–4 nur die Anstiftung in

vollem Umfang gleichgestellt werden kann. Andererseits wäre es aber auch unbefriedigend, den Betreffenden hier nur als Täter des § 125 zu bestrafen, da schon die bloße Beihilfe zum Landfriedensbruch unter den erschwerenden Umständen des § 125a auch bei Berücksichtigung der §§ 27 II, 49 I ungleich höher bestraft werden könnte. Um diesen Widerspruch zu vermeiden, bleibt nur der Weg, hier auch den Täter i. S. des § 125 wegen Beihilfe zum Landfriedensbruch in einem besonders schweren Fall zu bestrafen.

c) Ist der **Gehilfe des Landfriedensbruchs** zugleich **Teilnehmer** bei der Verwirklichung eines 22 Regelbeispiels, so kann er wegen Beihilfe zum Landfriedensbruch in einem besonders schweren Fall bestraft werden, wobei die Strafe des § 125a nach §§ 27, 49 I zu mildern ist.

d) Ist der **Teilnehmer** an der Verwirklichung des Regelbeispiels **an der Tat nach** § 125 überhaupt 23 **nicht beteiligt** (auch nicht durch sukzessive Beihilfe, vgl. § 27 RN 17), so entfällt mit § 125 auch § 125a. Dies gilt z. B., wenn der Außenstehende sich darauf beschränkt, die Menge zum Plündern aufzufordern; hier kommen lediglich §§ 26, 111 i. V. mit § 242 usw. in Betracht.

VI. Konkurrenzen. Die Verwirklichung mehrerer Modalitäten des § 125a ist nur ein besonders 24 schwerer Fall des Landfriedensbruchs. Da § 125a keinen selbständigen Tatbestand enthält, können Konkurrenzfragen im Verhältnis zu § 125 nicht entstehen. Aus demselben Grund muß die **Subsidiaritätsklausel** des § 125 auch für § 125a gelten (v. Bubnoff LK § 125 RN 39, Ostendorf AK 10, Rudolphi SK 24; and. D-Tröndle 9). Auch der Landfriedensbruch in einem besonders schweren Fall ist daher subsidiär gegenüber Delikten mit höherer Strafdrohung und mit gleicher Angriffsrichtung (vgl. § 125 RN 31). Da hier bei dem Vergleich von der Strafdrohung des § 125a auszugehen ist, besteht Subsidiarität nicht deshalb, weil eine solche bei einer Bestrafung nach § 125 I anzunehmen wäre. Daraus folgt, daß im Fall des § 125a *Idealkonkurrenz* über die in § 125 RN 31 ff. genannten Fälle hinaus möglich ist z. B. mit §§ 113 II, 223a, 224, 240 im besonders schweren Fall, § 315b, § 53 WaffenG. Dagegen besteht *Gesetzeskonkurrenz* – Subsidiarität der §§ 125 I, 125a – z. B. mit §§ 211, 212, 225, 226, 249 ff., 255, 306 ff. Umgekehrt tritt § 27 VersG hinter § 125a zurück (vgl. BGH NJW **85**, 501, StV **84**, 330, NStZ **84**, 453). Da § 125a Nr. 4 zusätzlich das Eigentum schützt, treten auch die §§ 242, 243, 303 ff. zurück (v. Bubnoff LK § 125 RN 42, Rudolphi SK 26; vgl. auch BGH MDR/D **68**, 727). Entsprechendes muß gelten, wenn der Plünderer Waffen bei sich trägt (Nr. 1, 2); hier tritt § 244 I Nr. 1, 2 zurück.

VII. Zur Möglichkeit einer **Wahlfeststellung** zwischen Regelbeispielen vgl. § 1 RN 88 25

§ 126 Störung des öffentlichen Friedens durch Androhung von Straftaten

(1) Wer in einer Weise, die geeignet ist, den öffentlichen Frieden zu stören,
1. einen der in § 125a Satz 2 Nr. 1 bis 4 bezeichneten Fälle des Landfriedensbruchs,
2. einen Mord, Totschlag oder Völkermord (§§ 211, 212 oder 220a),
3. eine Körperverletzung in den Fällen des § 225 oder eine Vergiftung (§ 229),
4. eine Straftat gegen die persönliche Freiheit in den Fällen der §§ 234, 234a, 239a oder 239b,
5. einen Raub oder eine räuberische Erpressung (§§ 249 bis 251 oder 255),
6. ein gemeingefährliches Verbrechen in den Fällen der §§ 306 bis 308, 310b Abs. 1 bis 3, des § 311 Abs. 1 bis 3, des § 311a Abs. 1 bis 3, der §§ 312, 313 Abs. 1, des § 315 Abs. 3, des § 315b Abs. 3, des § 316a Abs. 1, des § 316c Abs. 1 oder 2, des § 318 Abs. 2, des § 319 oder
7. ein gemeingefährliches Vergehen in den Fällen des § 311a Abs. 4, des § 311d Abs. 1, des § 316b Abs. 1, des § 317 Abs. 1 oder des § 318 Abs. 1
androht, wird mit Freiheitsstrafe bis zu drei Jahren oder mit Geldstrafe bestraft.

(2) Ebenso wird bestraft, wer in einer Weise, die geeignet ist, den öffentlichen Frieden zu stören, wider besseres Wissen vortäuscht, die Verwirklichung einer der in Absatz 1 genannten rechtswidrigen Taten stehe bevor.

Vorbem. Neugefaßt durch das 14. StÄG v. 22. 4. 1976, BGBl. I 1056; Abs. 1 Nr. 6, 7 technisch geändert durch das 18. StÄG v. 28. 3. 1980, BGBl. I 373 u. Abs. 1 Nr. 7 inhaltlich erweitert durch das Ges. zu dem Übereinkommen v. 26. 10. 1989 über den physischen Schutz von Kernmaterial v. 24. 4. 1990, BGBl II 326.

Schrifttum: Fischer, Die Eignung, den öffentlichen Frieden zu stören, NStZ 88, 159. – *Hoyer,* Die Eignungsdelikte, 1987. – *Laufhütte,* Das 14. Strafrechtsänderungsgesetz, MDR 76, 441. – *Schulz,* „Lex Baader-Meinhof", ZRP 75, 19. – *Stree,* Strafrechtsschutz im Vorfeld von Gewalttaten. Das 14. Strafrechtsänderungsgesetz, NJW 76, 1177. – *Sturm,* Zum 14. Strafrechtsänderungsgesetz (Gewaltbekämpfung), JZ 76, 347. – *Materialien:* BT-Drs. 7/2772, 7/2854, 7/3030, 7/4549; Prot. 7 S. 2237 ff.

I. **Rechtsgut** der durch das 14. StÄG neugefaßten Vorschrift (vgl. dazu das o. genannte Schrifttum 1 u. krit. Ostendorf AK 9ff.) ist – ebenso wie in § 126a. F. – der öffentliche Frieden (h. M.; vgl. statt aller

§ 126 2–5

v. Bubnoff LK 2; krit. dazu aber Fischer NStZ 88, 162 ff.). Der auch in den §§ 130, 140 Nr. 2, 166 wiederkehrende Begriff des **öffentlichen Friedens** wird, zurückgehend auf RG **15** 117, **18** 316, 409 üblicherweise mit einem objektiven und einem subjektiven Element umschrieben: Öffentlicher Frieden ist danach sowohl der Zustand allgemeiner Rechtssicherheit und des befriedeten Zusammenlebens der Bürger als auch das im Vertrauen der Bevölkerung in die Fortdauer dieses Zustands begründete Sicherheitsgefühl (aus der Rspr. mit z. T. unterschiedlicher Akzentuierung z. B. zu § 126 BGH **34** 331, zu § 130 BGH **16** 56, **29** 27, Celle NJW **70**, 2257, Hamburg NJW **75**, 1088 m. Anm. Geilen NJW **76**, 279, MDR **81**, 71, Koblenz MDR **77**, 334, Schleswig MDR **78**, 333, zu § 140 BGH NJW **78**, 58, zu § 166 Celle NJW **86**, 1275, ferner z. B. v. Bubnoff LK 2, 8, D-Tröndle 2, Lackner 1, Ostendorf AK 6, Rudolphi SK 1; vgl. auch Berkemann/Hesselberger NJW 72, 1790 f., Jakobs ZStW 97, 776 u. krit. zum Ganzen Fischer NStZ 88, 162 ff., GA 89, 451 f. u. pass.). Gegenüber der „öffentlichen Sicherheit" in § 125 ist der „öffentliche Frieden" der weitere Begriff (vgl. v. Bubnoff LK § 125 RN 17, Lackner § 125 Anm. 1). In diesen über das friedliche Nebeneinander hinaus auch das „einträchtige Miteinander" einzubeziehen (v. Bubnoff aaO), wäre allerdings eine Überforderung des Rechts, weil ein solches, soweit rechtlich überhaupt faßbar, jedenfalls nicht erzwingbar ist. Wohl aber reicht der öffentliche Frieden insofern weiter, als er nicht nur die Erfüllung reiner Sicherheitsbedürfnisse voraussetzt. Zu ihm gehört vielmehr auch ein Mindestmaß an Toleranz und ein öffentliches Klima, in dem nicht einzelne Bevölkerungsgruppen zum geistigen Freiwild und zu Parias der Gesellschaft gemacht werden, und zwar unabhängig davon, ob auf diese Weise zugleich ein latentes Gewaltpotential produziert wird (womit dann bereits wieder die öffentliche Sicherheit berührt wäre). Jedenfalls bei den §§ 130, 166 geht es im Hinblick auf die dort z. T. ganz andersartigen Tathandlungen (vgl. dazu auch Fischer GA 89, 452) auch um diesen Aspekt des öffentlichen Friedens, während er bei § 126, mit dem primär „Angst und Schrecken in der Bevölkerung" verhindert werden sollen (vgl. die Tatbestandsfassung des 299 E 62), noch keine Rolle spielt. Im Unterschied zu § 126 schützt § 241 nur das Sicherheitsgefühl des einzelnen.

2, 3   II. Der **objektive Tatbestand** verlangt, daß in einer zur Störung des öffentlichen Friedens geeigneten Weise entweder eine bestimmte Tat angedroht (Abs. 1) oder ihre bevorstehende Verwirklichung vorgetäuscht wird (Abs. 2), wobei dies jedoch weder öffentlich (vgl. RG **7** 354) noch gegenüber dem von der (angeblichen) Tat Betroffenen zu geschehen braucht (vgl. u. 11).

4   1. Die Androhung bzw. das Vortäuschen muß eine der in **Abs. 1 Nr. 1 bis 7** abschließend **aufgezählten Gewalttaten** zum Gegenstand haben (zu den Gründen der Auswahl vgl. BT-Drs. 7/4549 S. 8, Laufhütte MDR 76, 442, Sturm JZ 76, 350; krit. Stree NJW 76, 1180). Dabei genügt nach dem Sinn der Vorschrift (vgl. o. 1) bereits die Androhung usw. der rechtswidrigen Begehung einer dieser Taten (vgl. auch Abs. 2); schuldhaft braucht sie nicht zu sein, weshalb z. B. auch die unwahre Ankündigung eines Bombenattentats eines Geisteskranken strafbar ist (vgl. v. Bubnoff LK 5, Rudolphi SK 6, Stree aaO; and. D-Tröndle 3, Ostendorf AK 15). Nicht erforderlich ist, daß der Täter die juristische Bezeichnung des angedrohten Delikts benutzt oder daß die Tat nach Zeit, Ort und Opfer schon näher konkretisiert ist (BGH **29** 268). Jedoch muß das fragliche Geschehen so genau umschrieben sein, daß eine Subsumtion unter einen der genannten Tatbestände möglich ist (daß diese von jedermann nachvollzogen werden kann, ist dagegen – entgegen v. Bubnoff LK 6, Laufhütte aaO – nicht notwendig); die bloße Erklärung, daß es am nächsten Tag kein Wasser mehr geben werde, genügt daher nicht (vgl. v. Bubnoff aaO, D-Tröndle 6 mwN). Kommt als angedrohte Tat nur eine Qualifikation in Betracht (vgl. §§ 225, 315 III, 315 b III), so genügt es nicht, wenn das fragliche Geschehen lediglich den Grundtatbestand erfüllen würde; soweit in Nr. 1 auf die Regelbeispiele des § 125 a verwiesen wird, muß die Tat jedoch lediglich deren Merkmale aufweisen, nicht aber insgesamt ein besonders schwerer Fall des § 125 sein (Lackner 2a). Aus der Natur des § 126 ergibt sich, daß es sich bei Taten, die eine Erfolgsqualifizierung (§ 18) enthalten, nur um die vorsätzliche Herbeiführung des schweren Erfolgs handeln kann (BT-Drs. 7/4549 S. 8, Laufhütte aaO); dies gilt auch in den Fällen der §§ 239 a II, 239 b II, 251, 310 b III usw., wo nach dem Gesetzeswortlaut nur das leichtfertige Bewirken des schweren Erfolgs erfaßt ist (vgl. dazu § 18 RN 3; für § 126 ohne praktische Bedeutung, da hier jeweils auch schon die Androhung des Grunddelikts genügt).

5   2. Das **Androhen nach Abs. 1** ist die ausdrückliche oder konkludente Ankündigung einer der genannten Gewalttaten, wobei der Drohende deren Begehung als von seinem Willen abhängig darstellen muß. Ein Androhen ist es daher auch, wenn die Tat durch einen Dritten begangen werden soll, sofern der Täter auf diesen Einfluß zu haben vorgibt. Andernfalls handelt es sich um eine bloße Warnung, die nur unter den Voraussetzungen des Abs. 2 strafbar ist; wegen der strengeren Voraussetzungen des Abs. 2 (vgl. u. 6) gilt dies auch, wenn nicht festgestellt werden kann, ob die fragliche Äußerung als Drohung oder Warnung zu verstehen ist („im Bahnhof geht eine Bombe hoch"; vgl. dazu aber auch BGH **34** 329, wo in der Ankündigung, daß mit Bombenanschlägen zu rechnen sei, mit Recht eine Drohung gesehen wurde, weil der Täter zugleich die Zahlung von Geld verlangt hatte). Dagegen ist ein Androhen nicht deshalb zu verneinen, weil Zeitpunkt und Ort der Tat mitgeteilt werden und ihre Verhinderung noch

möglich ist (vgl. Berkemann/Hesselberger NJW 72, 1750; and. Ostendorf AK 13). Gleichgültig ist, ob die angedrohte Tat wirklich begangen werden soll, wenn nur die Androhung eine entsprechende Besorgnis rechtfertigt (vgl. u. 10). Soll sie jedoch erst in ferner Zukunft begangen werden – eine Begrenzung wie Abs. 2 (vgl. u. 6) enthält Abs. 1 nicht –, so dürfte vielfach noch die Eignung zur Friedensstörung fehlen (vgl. v. Bubnoff LK 7, Stree NJW 76, 1180, aber auch D-Tröndle 4, Ostendorf AK 13).

3. Mit dem in **Abs. 2** genannten **Vortäuschen,** die Verwirklichung einer Gewalttat des Abs. 1 **6** stehe bevor, sind die Fälle erfaßt, in denen der Täter fälschlich vor einer solchen Tat „warnt", d. h. ihre Begehung durch einen in seiner Entscheidung von ihm unabhängigen Dritten ankündigt. *Vortäuschen* ist – gleichgültig, ob der Erfolg tatsächlich eintritt – jedes auf die Erregung oder Unterhaltung eines Irrtums berechnete Verhalten, wobei der positiven Fehlvorstellung die „Verunsicherung" durch die Vorstellung von der bloßen Möglichkeit, die Tat werde begangen, gleichstehen muß. Ein Vortäuschen wird nicht dadurch ausgeschlossen, daß ein der angekündigten Tat entsprechendes Delikt tatsächlich bevorsteht, sofern dieses nicht an demselben, räumlich eng begrenzten Ort begangen werden soll (in diesem Fall mag der Täter zwar vortäuschen wollen, i. E. aber handelt es sich um eine berechtigte Warnung [strafloser Versuch]; vgl. dazu auch Blei JA 75, 30, Stree NJW 76, 1180, Ostendorf AK 14). Daß die *Verwirklichung* der fraglichen Tat *bevorstehe,* wird vorgetäuscht, wenn der Täter den Eindruck erweckt, die angekündigte Tat befinde sich bereits in Ausführung oder sei unmittelbar oder jedenfalls in naher Zukunft zu befürchten (vgl. v. Bubnoff LK 13, D-Tröndle 4, Laufhütte MDR 76, 443, Stree NJW 76, 1180; krit. M-Schroeder II 67); der Hinweis auf angebliche Planungen, deren Verwirklichung noch in weiter Ferne liegt, genügt daher nicht.

4. Das Androhen und Vortäuschen müssen **in einer Weise** geschehen, die **zur Störung des 7 öffentlichen Friedens geeignet** ist.

a) Bezogen auf die Situation des § 126 liegt eine **Störung des öffentlichen Friedens** (zu **8** diesem vgl. o. 1) nicht erst vor, wenn es aufgrund der Drohung usw. zu Panikreaktionen, Taten wie den angedrohten oder gewalttätigen Gegenaktionen kommt (Störung des Zustands allgemeiner Rechtssicherheit), sondern schon dann, wenn einzelne Bevölkerungsteile oder jedenfalls eine nicht unbeträchtliche Personenmehrzahl in ihrem Vertrauen auf die öffentliche Rechtssicherheit erschüttert und damit in ihrem Sicherheitsgefühl beeinträchtigt werden (vgl. BGH **34** 331; entsprechend zu § 130 z. B. BGH **29** 27, Hamburg MDR **81** 71 mwN, zu § 140 BGH NJW **78**, 59). Richtet sich die angedrohte usw. Tat nur gegen eine oder mehrere bestimmte Personen, so müssen aber in größerer Zahl auch andere in ihrem Sicherheitsgefühl beeinträchtigt usw. werden, so wenn das konkrete Opfer allein wegen seiner Zugehörigkeit zu einer größeren Gruppe ausgesucht wurde, an seiner Stelle also auch ein anderer Angehöriger dieser Gruppe der Betroffene sein könnte (Rudolphi SK 7). Individualangriffe genügen hier – anders als bei dem Massedelikt des § 125 (vgl. dort RN 11) – nicht; für diese gilt § 241.

b) Zu einer tatsächlichen Störung braucht es nicht gekommen zu sein (BGH **34** 331). Vielmehr genügt schon die bloße Eignung hierzu, wobei diese aber nicht nur nach dem Inhalt der Ankündigung, sondern auch nach den Umständen, unter denen sie erfolgt, zu bestimmen ist. Erforderlich ist daher die **konkrete Eignung** der Handlung zur Störung des öffentlichen Friedens (v. Bubnoff LK 9, Lackner 2 c, Stree NJW 76, 1180). Dies bedeutet, daß unter Zugrundelegung aller gegenwärtig gegebenen (u. U. also auch erst ex post feststellbarer) Umstände aus der Sicht eines objektiven Betrachters die begründete Befürchtung bestehen muß, daß es nach dem voraussehbaren Geschehensablauf zu einer solchen Störung kommen kann (so im wesentlichen z. B. BGH **34** 332 u. entsprechend zu § 130 BGH **16** 56, **29** 26, Hamburg NJW **75**, 1088, MDR **81**, 71, Koblenz MDR **77**, 334, Schleswig MDR **78**, 58, zu § 140 BGH NJW **78**, 59, Braunschweig NJW **78**, 2046, zu § 166 Celle NJW **86**, 1276, Karlsruhe NStZ **86**, 365, Köln NJW **82**, 657; vgl. ferner z. B. v. Bubnoff LK 9, Lackner 2 c u. i. E. weitgehend auch Hoyer 140 ff.; and. Fischer NStZ 88, 159). Umstritten ist – Entsprechendes gilt für die §§ 130, 140 Nr. 2, 166 –, ob § 126 deshalb ein konkretes Friedensgefährdungsdelikt ist (so Gallas, Heinitz-FS 181 f., Rudolphi SK 7, Zipf NJW 69, 1944 u. hier noch die 23. A. sowie zu § 166 Dippel LK 34; and. die h. M., z. B. BGH **16** 56, Hamburg MDR **81**, 71, Koblenz MDR **77**, 334 [zu § 130], v. Bubnoff LK 9, § 130 RN 8, D-Tröndle 7, § 130 RN 2, § 166 RN 3, Fischer GA 89, 453, Hoyer aaO 135 ff., Lackner 2 c, Ostendorf AK 16; vgl. auch M-Schroeder II 62). Für die h. M. spricht außer der Entstehungsgeschichte der Eignungsklausel (vgl. die Nachw. b. Ostendorf aaO) vor allem der Umstand, daß ein Gefahrerfolg, wie er bei den konkreten Gefährdungsdelikten i. S. einer „effektiven Betroffenheit" (Hoyer aaO 136) notwendig ist, trotz der hier gebotenen konkreten Betrachtungsweise fehlen kann, wobei im übrigen wegen der Besonderheit des Rechtsguts auch zu fragen wäre, ob ein solcher, wenn er eintritt und festgestellt (!) werden kann, nicht bereits die Qualität einer Störung des öffentlichen Friedens hätte. Überflüssig ist die Eignungsklausel deshalb nicht (vgl. auch Stree NJW 76, 1180; and. Fischer GA 89,

455), auch schließt sie nicht nur Handlungen aus, die nachgewiesenermaßen von vornherein ungeeignet sind, vielmehr macht sie umgekehrt den Nachweis der konkreten Eignung notwendig. Die §§ 126, 130, 140 I Nr. 2, 166 stehen damit „auf der Schwelle zwischen abstrakten und konkreten Gefährdungsdelikten" (Fischer GA 89, 446; vgl. näher zum Ganzen auch Hoyer aaO 134 ff.); ihre Bezeichnung als „potentielle Gefährdungsdelikte" ist allerdings wenig aussagekräftig, da dies auch für die abstrakten Gefährdungsdelikte in ihrer klassischen Form zutrifft (Schröder JZ 67, 522, ZStW 81, 18 ff. sprach daher von „abstrakt-konkreten Gefährdungsdelikten"). Im einzelnen bedeutet dies:

10 α) Bezüglich des *Inhalts* und der *Art und Weise des Androhens* usw. genügt es, wenn dieses vernünftigerweise – also nicht nur bei ängstlichen Gemütern (vgl. Laufhütte MDR 76, 442) – die Besorgnis rechtfertigt, daß die angekündigte Tat begangen werden könnte. Plumpe und deshalb sofort durchschaubare Täuschungen oder sonstige von vornherein nicht ernstzunehmende Ankündigungen einer Tat nach Abs. 1 fallen daher nicht unter § 126, und zwar auch dann nicht, wenn der Täter davon ausgegangen sein sollte, daß sie ernstgenommen werden könnten.

11 β) Bezüglich des *Kreises der Adressaten* der Drohung usw. besitzt diese die erforderliche Eignung zunächst immer dann, wenn sie öffentlich erfolgt ist, ebenso idR bei Zuschriften an Zeitungsredaktionen (BGH **29** 27 [zu § 130], **34** 332). Aber auch das Handeln gegenüber einem einzelnen genügt dann, wenn nach den konkreten Umständen mit dem Bekanntwerden in Teilen der Bevölkerung oder jedenfalls in einer größeren, individuell nicht mehr überschaubaren Personengruppe zu rechnen ist (vgl. BGH aaO, v. Bubnoff LK 10, Lackner 2b, Laufhütte MDR 76, 427, M-Schroeder II 67, Rudolphi SK 7; vgl. auch RG **16** 394). Zu verneinen ist dies deshalb, wenn Adressat der Drohung staatliche Organe sind, bei denen zwar mit Präventivmaßnahmen, zugleich aber mit Diskretion zu rechnen ist, um diese nicht zu gefährden (BGH **34** 329: Bombendrohungen gegenüber der Bundesbahn).

12 III. Der **subjektive Tatbestand** verlangt Vorsatz, wobei *im Fall des Abs. 1* bedingter Vorsatz in jeder Hinsicht genügt. Dagegen muß bei der Tat *nach Abs. 2* das Vortäuschen wider besseres Wissen erfolgen (über die Gründe vgl. BT-Drs. 7/3030 S. 7, Laufhütte MDR 76, 413); im übrigen reicht jedoch auch hier bedingter Vorsatz aus. Der Täter muß deshalb bei Abs. 2 zwar die sichere Kenntnis haben, daß die behauptete Tat i. S. des Abs. 1 nicht bevorsteht (so jetzt auch Rudolphi SK 8); hinsichtlich der friedensstörenden Eignung braucht er aber auch hier lediglich mit Eventualvorsatz zu handeln. In beiden Fällen des § 126 ist daher auch eine als Scherz gedachte, aber nicht ohne weiteres als solcher erkennbare Ankündigung einer Tat nach Abs. 1 strafbar, wenn der Täter mit der Möglichkeit rechnet, daß seine Drohung ernstgenommen werden könnte, ihm dies aber letztlich gleichgültig ist (vgl. § 15 RN 84). Dasselbe gilt bei einer nur gegenüber einer bestimmten Person gemachten Ankündigung bezüglich des Gelangens in die Öffentlichkeit. Nicht erforderlich ist die richtige Subsumtion des angedrohten usw. Verhaltens unter die in Abs. 1 genannten Tatbestände; insoweit genügt es, daß der Täter den materiellen Unrechtsgehalt der fraglichen Tat in seiner Bedeutung erfaßt hat (vgl. v. Bubnoff LK 11, Lackner 3, Rudolphi SK 8; and. BGH **17** 309 zu § 241).

13 IV. **Vollendet** ist die Tat, wenn die Drohung usw. dem Adressaten zugegangen ist; bei öffentlichen Ankündigungen muß jedoch schon die bloße Entäußerung genügen, sofern nur die Möglichkeit der Kenntnisnahme durch Dritte besteht.

14 V. **Idealkonkurrenz** ist möglich zwischen Abs. 1 und §§ 125 (vgl. dort RN 32), 145, 240, 241 I, ferner zwischen Abs. 2 und §§ 145, 145d, 241 II.

§ 127 Bildung bewaffneter Haufen

(1) **Wer unbefugterweise einen bewaffneten Haufen bildet oder befehligt oder eine Mannschaft, von der er weiß, daß sie ohne gesetzliche Befugnis gesammelt ist, mit Waffen oder Kriegsbedürfnissen versieht, wird mit Freiheitsstrafe bis zu zwei Jahren oder mit Geldstrafe bestraft.**

(2) **Wer sich einem solchen bewaffneten Haufen anschließt, wird mit Freiheitsstrafe bis zu einem Jahr oder mit Geldstrafe bestraft.**

1 I. Geschütztes **Rechtsgut** ist zunächst der Rechtsfrieden im Innern. Darüber hinaus soll die Vorschrift aber auch die Wehrhoheit des Bundes schützen und der Bundesrepublik in einem Krieg zwischen anderen Staaten die Erfüllung der sich aus der Neutralität ergebenden Pflichten erleichtern (vgl. v. Bubnoff LK 2, Lackner 1, Rudolphi SK 1, aber auch Ostendorf AK 3).

2 II. Nach **Abs. 1 1. u. 2. Alt.** ist strafbar das **unbefugte Bilden** oder **Befehligen eines bewaffneten Haufens.**

Bildung krimineller Vereinigungen **§ 129**

1. Ein **Haufen** setzt die räumliche Vereinigung einer größeren Personenmehrheit zu einem ge- 3
meinsamen Zweck voraus (vgl. RG 56 282, D-Tröndle 1, Lackner 2a, Rudolphi SK 2; and.
v. Bubnoff LK 3). Wie viele Personen dazu erforderlich sind, kann im Einzelfall nur unter Berücksichtigung des Gesetzeszwecks (vgl. o. 1) bestimmt werden (vgl. RG JW **31**, 1565: mindestens
10 Personen, RG LZ **24**, 298: 20–30 Teilnehmer, RG GA Bd. **46**, 35: 40–50 Personen; vgl. näher
v. Bubnoff LK 4). **Bewaffnet** ist der Haufen, wenn zumindest eine erhebliche Anzahl – nicht notwendig die Mehrzahl – der Teilnehmer über Waffen verfügt, wobei es sich um Waffen im technischen Sinn handeln muß (RG JW **31**, 1565, v. Bubnoff LK 4). Aus dem Sinn der Vorschrift folgt
ferner, daß die Bewaffnung dem Einsatz gegen Menschen dienen muß; daher gehören z. B. Schüt-
zenvereine nicht hierher (Rudolphi SK 2; vgl. auch Ostendorf AK 9).

2. Der Täter **bildet** einen bewaffneten Haufen, wenn er Personen, die bewaffnet sind, zusam- 4
menführt oder solche, die bereits zusammengeführt sind, mit Waffen versieht (v. Bubnoff LK 4,
D-Tröndle 1, Rudolphi SK 2). Das **Befehlen** ist die Ausübung von Kommandogewalt; Unterfüh-
rer gehören nur dann hierher, wenn der ihnen unterstellte Teil des Haufens organisatorisch weitgehend verselbständigt ist.

3. Unbefugt ist die Bildung usw., wenn sie nicht durch die zuständige Stelle erlaubt oder sonst 5
gerechtfertigt ist (D-Tröndle 1). Im ersten Fall dient das Merkmal „unbefugterweise" bereits der
Einschränkung des Tatbestandes (and. v. Bubnoff LK 5, Rudolphi SK 6). Rechtfertigungsgründe
dürften hier – normale Verhältnisse vorausgesetzt – keine Bedeutung haben.

III. Nach **Abs. 1 3. Alt.** ist strafbar das **Versehen** einer **ohne** gesetzliche **Befugnis gesammelten** 6
Mannschaft mit Waffen oder **Kriegsbedürfnissen**. Eine *gesammelte Mannschaft* ist der Zusammen-
schluß einer größeren Zahl von Personen mit paramilitärischer Disziplin und Organisation; eine
räumliche Vereinigung ist hier nicht erforderlich (D-Tröndle 2, Rudolphi SK 4; and. v. Bubnoff
LK 3). Zum Merkmal „ohne gesetzliche Befugnis" vgl. o. 5. Das *Versehen mit Waffen und Kriegsbe-
dürfnissen* umfaßt das Verschaffen von Waffen im technischen Sinn und Kriegsgerät jeder Art
(Transportmittel, Feldausrüstung, Proviant usw.), aber auch das Beschaffen des für kriegsähnliche
Unternehmungen erforderlichen Geldes (v. Bubnoff LK 5, Rudolphi SK 4).

IV. Nach **Abs. 2** ist strafbar, wer sich einem **solchen bewaffneten Haufen anschließt**. *Haufen* 7
i. S. des Abs. 2 ist auch die Mannschaft i. S. des Abs. 1 3. Alt. (Blei II 297, v. Bubnoff LK 6, Rudolphi SK 5). Das *Sichanschließen* bedeutet eine Eingliederung in den Verband, ohne daß der Betreffende selbst bewaffnet sein müßte (vgl. RG 30 392, 56 281). Dabei genügt es, wenn das Sichanschließen erst zusammen mit dem Beitritt anderer zur Entstehung eines bewaffneten Haufens
führt (RG GA Bd. **46**, 35, v. Bubnoff LK 6).

V. Für den **subjektiven Tatbestand** ist zumindest bedingter Vorsatz erforderlich. Eine auf die 8
Verwendung des Haufens zu strafbaren Zwecken gerichtete Absicht ist nicht notwendig.

VI. Idealkonkurrenz ist z. B. möglich mit § 129, §§ 52a, 53 WaffenG, § 16 KriegswaffenG v. 9
20. 4. 1961 (BGBl. I 444).

§ 128 [Geheimbündelei]; *aufgehoben durch das 8. StÄG vom 25. 6. 1968, BGBl. I 741.*

§ 129 Bildung krimineller Vereinigungen

(1) Wer eine Vereinigung gründet, deren Zwecke oder deren Tätigkeit darauf gerichtet sind, Straftaten zu begehen, oder wer sich an einer solchen Vereinigung als
Mitglied beteiligt, für sie wirbt oder sie unterstützt, wird mit Freiheitsstrafe bis zu
fünf Jahren oder mit Geldstrafe bestraft.

(2) Absatz 1 ist nicht anzuwenden,
1. wenn die Vereinigung eine politische Partei ist, die das Bundesverfassungsgericht
   nicht für verfassungswidrig erklärt hat,
2. wenn die Begehung von Straftaten nur ein Zweck oder eine Tätigkeit von untergeordneter Bedeutung ist oder
3. soweit die Zwecke oder die Tätigkeit der Vereinigung Straftaten nach den §§ 84
   bis 87 betreffen.

(3) Der Versuch, eine in Absatz 1 bezeichnete Vereinigung zu gründen, ist strafbar.

(4) Gehört der Täter zu den Rädelsführern oder Hintermännern oder liegt sonst
ein besonders schwerer Fall vor, so ist auf Freiheitsstrafe von sechs Monaten bis zu
fünf Jahren zu erkennen.

(5) Das Gericht kann bei Beteiligten, deren Schuld gering und deren Mitwirkung
von untergeordneter Bedeutung ist, von einer Bestrafung nach den Absätzen 1 und
3 absehen.

§ 129 1-4 Bes. Teil. Straftaten gegen die öffentliche Ordnung

(6) **Das Gericht kann die Strafe nach seinem Ermessen mildern (§ 49 Abs. 2) oder von einer Bestrafung nach diesen Vorschriften absehen, wenn der Täter**

1. **sich freiwillig und ernsthaft bemüht, das Fortbestehen der Vereinigung oder die Begehung einer ihren Zielen entsprechenden Straftat zu verhindern, oder**
2. **freiwillig sein Wissen so rechtzeitig einer Dienststelle offenbart, daß Straftaten, deren Planung er kennt, noch verhindert werden können;**

erreicht der Täter sein Ziel, das Fortbestehen der Vereinigung zu verhindern, oder wird es ohne sein Bemühen erreicht, so wird er nicht bestraft.

Schrifttum: Bernsmann, Kronzeugenregelungen des geltenden Rechts, JZ 88, 539. – *Fleischer*, Verhältnis von Dauerdelikt und Einzelstraftaten, NJW 79, 1337. – *Fürst*, Grundlagen und Grenzen der §§ 129, 129a, 1989. – *Giehring*, Politische Meinungsäußerung und die Tatmodalitäten des Werbens und der Unterstützung in den §§ 129, 129a StGB, StV 83, 296. – *Grünwald*, Der Verbrauch der Strafklage bei Verurteilungen nach den §§ 129, 129a StGB, Bockelmann-FS 737. – *Haberstrumpf*, Konkurrenzprobleme bei der Anwendung der §§ 129, 129a, MDR 79, 977. – *Langer-Stein*, Legitimation und Interpretation der strafrechtlichen Verbote krimineller und terroristischer Vereinigungen, 1987. – *Ostendorf*, Verteidigung am Scheideweg, JZ 79, 252. – *ders.*, Entwicklungen in der Rspr. zur „Bildung krimineller bzw. terroristischer Vereinigungen" usw., JA 80, 499. – *Rebmann*, Inhalt und Grenzen des Straftatbestands „Werben für eine terroristische Vereinigung" nach § 129a StGB, NStZ 81, 457. – *ders.*, Strafverfolgung im Bereich terroristischer Publikationen, NStZ 89, 97. – *Rudolphi*, Verteidigerhandeln als Unterstützung einer kriminellen oder terroristischen Vereinigung i. S. der §§ 129 und 129a StGB, Bruns-FS 315. – *ders.*, Notwendigkeit und Grenzen einer Vorverlagerung des Strafrechtsschutzes im Kampf gegen den Terrorismus, ZRP 79, 214. – *Werle*, Die Beteiligung an kriminellen Vereinigungen u. das Problem der Klammerwirkung, JR 79, 93. – *ders.*, Konkurrenz und Strafklageverbrauch bei der mitgliedschaftlichen Beteiligung an kriminellen oder terroristischen Vereinigungen, NJW 80, 2671.

1   I. **Rechtsgut** der Vorschrift ist der öffentliche Frieden (vgl. § 294 E 62: Straftaten gegen den Gemeinschaftsfrieden; zum Begriff vgl. § 126 RN 1), der bereits durch die bloße Existenz krimineller Vereinigungen und die diesen innewohnende Eigendynamik gefährdet ist (abstraktes Gefährdungsdelikt). In der Sache kein wesentlicher Unterschied ist es, wenn als Schutzobjekt z. T. auch die öffentliche Ordnung (BGH NJW **66**, 312) oder die (innere) Sicherheit bezeichnet wird (vgl. v. Bubnoff LK 1, D-Tröndle 1b, Gössel JR 83, 118, Lüttger GA 60, 54; vgl. auch BGH NJW **75**, 985). Zu eng ist es dagegen, wenn der Sinn des § 129 auf die Funktion eines Vorfeldtatbestandes zum Schutz der Rechtsgüter des Bes. Teils verkürzt wird (so aber Rudolphi SK 2, Bruns-FS 317f., ZRP 79, 215f., NStZ 82, 199, Ostendorf AK 5, JZ 79, 253, Fürst aaO 68, Langer-Stein aaO 159f.; vgl. auch BGH **28** 116, Bottke JR 85, 123, Giehring StV 83, 302f., F. C. Schroeder, Die Straftaten gegen das Strafrecht [1985] 27ff.). Die erhöhte Gefährdung konkreter Rechtsgüter bereits im Vorbereitungsstadium mag zwar auch ein Aspekt des § 129 sein; völlig vernachlässigt wird von der „Vorverlagerungstheorie" aber, daß wegen der massierten Bedrohung der Allgemeinheit speziell durch die organisierte Kriminalität auch die in der bloßen Existenz krimineller Vereinigungen liegende Beeinträchtigung des allgemeinen Sicherheitsgefühls und damit des öffentlichen Friedens eine andere Qualität bekommt als bei deliktischen Einzelaktionen (vgl. auch Lackner 1). Erfaßt sind von § 129 sowohl politisch-kriminelle Untergrundorganisationen als auch rein kriminelle Vereinigungen, soweit sie nicht auf Taten nach § 129a angelegt sind (zur Bedeutung bei Serienstraftaten vgl. Fleischer NJW 79, 248). Rechtspolitisch ist die Vorschrift umstritten (vgl. näher Ostendorf AK 9 mwN, dazu aber auch Dt. Richterbund DRiZ 84, 491, 501, H. W. Schmidt MDR 85, 185); zur geschichtlichen Entwicklung vgl. Fürst aaO 16ff.

2   II. Der **objektive Tatbestand** besteht nach **Abs. 1** im Gründen einer kriminellen Vereinigung, in der Beteiligung als Mitglied, im Werben für eine solche Vereinigung oder in ihrer Unterstützung.

3   **1.** Allen Begehungsmodalitäten gemeinsam ist, daß sie sich auf eine **Vereinigung** beziehen, deren **Zwecke oder Tätigkeit auf die Begehung von Straftaten gerichtet** sind. Im Unterschied zur bloßen „Bande" (z. B. §§ 244 I Nr. 3, 250 I Nr. 4) sind damit nur Organisationen erfaßt, die wegen der ihnen innewohnenden gruppenspezifischen Eigendynamik und wegen ihrer auf die Begehung von Straftaten angelegten inneren Struktur besonders gefährlich sind (vgl. BGH **31** 207, Rudolphi JR 84, 33). Ausdrücklich ausgeschlossen sind jedoch die in Abs. 2 genannten Vereinigungen (vgl. dazu u. 8ff.), wobei durch Nr. 2 (u. 10) zusätzlich die schon aus der ratio legis folgende Einschränkung bestätigt wird, daß es sich bei der Vereinigung um eine solche handeln muß, die eine erhebliche Gefahr für die öffentliche Sicherheit darstellt (BGH aaO). Dies nur bei Vereinigungen anzunehmen, deren Zwecke auf schwerwiegende Straftaten gerichtet sind, besteht allerdings kein Anlaß (vgl. Lackner 2b, aber auch LG Berlin NStZ **82**, 203).

4   a) **Vereinigung** ist der auf eine gewisse Dauer berechnete organisatorische Zusammenschluß einer Anzahl von Personen – nach der Rspr. mindestens drei (krit. Rudolphi, Bruns-FS 320) –,

die bei Unterordnung des Willens des einzelnen unter den Willen der Gesamtheit gemeinsame Zwecke verfolgen und unter sich derart in Beziehung stehen, daß sie sich untereinander als einheitlicher Verband fühlen (BGH **10** 16, **28** 147, **31** 204f., NJW **66**, 311, **75**, 985, **78** 433, NStE Nr. **1**, v. Bubnoff LK 3f., Rudolphi aaO 319f., JR **84**, 33, SK 6; vgl. auch § 85 RN 8). Im einzelnen ist erforderlich: 1. der auf eine gewisse Dauer angelegte und zu einem gemeinsamen Zweck erfolgte Zusammenschluß mit fester Zugehörigkeit der daran Beteiligten, die deshalb auch klar abgrenzbar sein müssen (schon deshalb ist eine zum Widerstand entschlossene, aber personell fluktuierende Gruppe von „Hausbesetzern" keine Vereinigung, vgl. BGH **31** 242); 2. das Vorhandensein von für alle Mitglieder verbindlichen Regeln über die Willensbildung – gleichgültig, ob diese auf dem Prinzip von Befehl und Gehorsam oder auf dem Demokratieprinzip beruhen – und die tatsächliche Unterwerfung der einzelnen Mitglieder unter einen solchermaßen gebildeten Gesamtwillen (vgl. BGH **31** 239 m. Anm. Rudolphi JR **84**, 32, wo dies – i. U. zu BGH NJW **75**, 985 – für eine zu gemeinsamen Kampfmaßnahmen gegen eine polizeiliche Räumung entschlossene „Hausbesetzergruppe" verneint wurde; vgl. dazu auch u. 7a); 3. ein Mindestmaß an festgefügter Organisation; daß die Beteiligten ohne eine solche nur der gemeinsame Willen zur Begehung bestimmter Straftaten verbindet, genügt deshalb nicht, auch wenn einer von ihnen der Anführer ist (vgl. BGH **31** 205 [Abgrenzung zur Bande], NStZ **82**, 68, MDR/H **77**, 282, LG Berlin wistra **85**, 241). Liegen diese Voraussetzungen vor, so hört bei fortbestehenden Kontaktmöglichkeiten eine Vereinigung dagegen nicht deshalb auf, eine solche zu sein, weil ihre Mitglieder ganz oder z. T. inhaftiert sind (vgl. Hamburg JZ **79**, 275, v. Bubnoff LK 8 u. näher Rudolphi, Bruns-FS 322ff.). Nicht notwendig ist, daß die Organisation rechtswirksam verboten oder verfassungsfeindlich ist (BGH GA/W **60**, 230). Sie muß zumindest eine Teilorganisation im Bundesgebiet unterhalten (BGH **30** 328 m. Anm. Rudolphi NStZ **82**, 198, NJW **66**, 310, MDR/S **79**, 708, v. Bubnoff LK 5, Lackner 2a, Rebmann DRiZ **79**, 364f., Wagner MDR **66**, 19) und kann auch aus einer Ausländervereinigung im Inland bestehen (vgl. dazu BGH MDR/S **88**, 356); Vereinigungen, die ausschließlich im Ausland bestehen, fallen nicht unter § 129, da diese – was § 129 voraussetzt – nicht durch inländisches Recht verboten werden können (vgl. § 18 VereinsG, BGH **20** 164). Obwohl der öffentliche Frieden hier durchaus gefährdet sein kann, gilt dies selbst dann, wenn der Zweck der Vereinigung auf die Begehung von Straftaten im Inland gerichtet ist und ihre Mitglieder vorwiegend Deutsche sind (BGH **30** 328; and. Rudolphi, Bruns-FS 318f., NStZ **82**, 198, SK 13, Langer-Stein aaO 222f.). Dagegen können nach § 9 die Tathandlungen des § 129 auch im Ausland begangen sein, soweit deren Erfolg bei einer im Inland bestehenden (Teil-)Organisation eintritt (vgl. dazu auch BGH **20** 51, 164; § 91 gilt hier nicht).

b) Die Vereinigung muß eine solche sein, deren **Zwecke oder Tätigkeit** auf die Begehung 5 von – dem organisatorischen Zusammenschluß zeitlich nachfolgenden – **Straftaten gerichtet** sind.

α) *Straftaten* i. S. des § 129 sind grundsätzlich alle einen Straftatbestand erfüllenden Handlun- 6 gen von einigem Gewicht (vgl. BGH NStZ **82**, 68), nicht dagegen bloße Ordnungswidrigkeiten. Auch politische Delikte gehören hierher; über Ausnahmen vgl. Abs. 2 und u. 8ff. Sollen die Taten im *Ausland* begangen werden, so ist erforderlich, daß sie jedenfalls auch nach deutschem Recht strafbar sein würden. Daß sie nur nach ausländischem Recht sind, genügt mithin nicht (BGH NJW **66**, 312); stellen sie freilich wegen der besonderen Verhältnisse am Tatort kein strafwürdiges Unrecht dar (§ 3 II a. F.), so sind sie nicht deshalb eine Straftat i. S. des § 129, weil sie dies im Inland sein würden (unklar BGH aaO). Hinzukommen muß, daß deutsches Strafrecht auf diese Taten Anwendung finden würde, was zunächst voraussetzt, daß sie einem deutschen Straftatbestand unterfallen (vgl. 13ff. vor §§ 3–7). Nach dem Zweck der Vorschrift – Schutz des öffentlichen Friedens, der schon dann gefährdet ist, wenn z. B. ausländische Terrororganisationen der Bundesrepublik ihre Organisationsbasis machen – muß es genügen, wenn deutsches Strafrecht nach § 3 anwendbar wäre, was bei einer im Inland bestehenden Organisation wegen § 9 II i. d. R. der Fall sein dürfte. Daß die fraglichen Taten speziell nach §§ 4–7 dem deutschen Strafrecht unterliegen (so v. Bubnoff LK 12, Lackner 2b, Rudolphi SK 8 unter Berufung auf BGH NJW **66**, 312), kann dagegen nicht verlangt werden.

β) Die *Zwecke oder Tätigkeit* der Vereinigung sind auf die Begehung von Straftaten *gerichtet*, 7 wenn die Organisation nach dem Willen der für ihre Willensbildung maßgeblichen Personen (vgl. BGH GA/W **60**, 230), die keine förmliche Organstellung zu haben brauchen (BGH **7** 225), das Ziel verfolgt, strafbare Handlungen zu begehen und wenn sie deshalb auch ihrer inneren Struktur nach zweckrational daraufhin angelegt sind. Dies kann offen oder versteckt (BGH **7** 224, **9** 103), bereits bei der Gründung oder erst später geschehen („Umfunktionieren" einer legalen Vereinigung, vgl. BGH **27** 325, GA/W **60**, 193). Daß sich die Verfolgung des kriminellen Zwecks (1. Alt.) bereits in der Vorbereitung einzelner Taten konkretisiert oder sonst in einer entsprechenden, nach außen gerichteten Tätigkeit (2. Alt.) niedergeschlagen hat, ist nicht erforderlich (BGH **27** 328), vielmehr genügt schon die bloße Existenz der Vereinigung, sofern sie auf die gemeinschaftliche oder jedenfalls von der Organisation getragene Begehung von Straftaten hin konzipiert ist. Dies bedeutet nicht, daß alle Mitglieder die Ziele der Vereinigung billigen müßten; andererseits genügt es nicht, wenn nur einzelne Mitglieder Straftaten begehen wollen oder wenn es zu solchen nur gelegentlich oder beiläufig kommt (vgl. BGH **27** 328, **31** 206, v. Bubnoff LK 7, Rudolphi SK 9). Nicht notwendig ist, daß kriminelle Aktionen den Hauptzweck oder die ausschließliche Tätigkeit der Vereinigung ausmachen; auch brauchen sie nicht der Endzweck zu sein, vielmehr genügt es, wenn sie der Erreichung des eigentlichen Ziels nur vorbereiten sollen (BGH **15** 260, **27** 326, NJW **66**, 312, **75**, 985, GA/W **60**, 230). Immer aber müssen sie die Zielsetzung und die innere Struktur der Vereinigung jedenfalls mitprägen (Rudolphi, Bruns-FS 322). Diese Voraussetzungen können auch bei einem Wirtschaftsunternehmen gegeben sein (vgl. dazu BGH **31** 202, wo dies jedoch verneint wurde); von den inzwischen bekanntgewordenen „Parteispendenwaschanlagen" werden sie dagegen nicht erfüllt (vgl. D-Tröndle 3, Fürst aaO 85 f. gegen Schünemann in: de Boor u. a., Strafrecht u. Gesellschaft, Schriftenreihe d. Inst. f. Konfliktforschung, Bd. 11 [1986], 37, 63).

7a γ) Auf die *Begehung von Straftaten* gerichtet ist der Zweck usw. nach BGH **27** 328 nur, wenn die Vereinigung *selbst* Straftaten begehen will, was aber nicht heißen kann, daß eine Organisation, die sich auf die Unterstützung fremder Straftaten beschränkt (z. B. Versorgung von Terrororganisationen), nicht unter § 129 fällt. Auch besteht nach Sinn und Wortlaut kein Anlaß, solche Organisationen auszunehmen, die in strafbarer Weise das Klima für fremde Straftaten (§§ 111, 140, § 129 in der Form des Werbens) schaffen wollen (and. BGH **27** 328, Fürst aaO 83, M-Schroeder II 300). Erforderlich ist, daß eine größere Zahl gleich- oder verschiedenartiger Delikte begangen werden soll, die auch einem gemeinsamen Ziel dienen und sogar in Fortsetzungszusammenhang stehen können, vorausgesetzt, daß sie in tatsächlicher Hinsicht als selbständige strafbare Aktionen erscheinen (Rudolphi, Bruns-FS 321); andererseits brauchen bestimmte Einzeltaten noch nicht geplant zu sein, wenn nur feststeht, daß zur Erreichung eines bestimmten Ziels Straftaten begangen werden sollen (vgl. BGH **27** 328: „bewaffneter Kampf" gegen die bestehende Ordnung; and. Arzt/Weber V 20, Fürst aaO 78 ff., Langer-Stein aaO 221 ff.). Nicht ausreichend ist dagegen der Zusammenschluß zu einer bestimmten deliktischen Einzelaktion, z. B. zu einer „Hausbesetzung" oder wenn eine Gruppe von „Hausbesetzern" zur Aufrechterhaltung des rechtswidrigen Zustands dem erwarteten Eingreifen der Polizei mit Gewalt begegnen will (vgl. D-Tröndle 3, Langer-Stein aaO 219 ff., Ostendorf AK 14, JuS 81, 642, Rudolphi, Bruns-FS 321, ZRP 79, 217, SK 10; and. BGH NJW **75**, 985, v. Bubnoff LK 4, vgl. auch BGH **31** 239 [o. 4], LG Berlin NStZ **82**, 203). Hier fehlt es idR bereits am Erfordernis eines auf eine gewisse Dauer angelegten Zusammenschlusses (vgl. o. 4), jedenfalls aber an dem besonderen Gefährdungspotential einer kriminellen Vereinigung, da § 129 kein bloßer Vorfeldtatbestand ist (vgl. o. 1) und die Gefährlichkeit des Zusammenschlusses zur Begehung einer bestimmten Einzeltat über die einer Deliktsverabredung mehrerer nicht hinausgeht, eine solche gem. § 30 II jedoch nur bei Verbrechen strafbar ist (vgl. Rudolphi SK 10). Auch daß es sich bei der geplanten Tat um ein größeres Vorhaben handelt, reicht deshalb für § 129 nicht (vgl. LG Berlin wistra **85**, 241: Herstellung gefälschter Euroscheckvordrucke).

8 c) **Nicht unter den Tatbestand** fallen jedoch die in **Abs. 2** genannten Vereinigungen. Im einzelnen sind dies:

9 α) *Politische Parteien* **(Nr. 1)**, die das BVerfG noch nicht für verfassungswidrig erklärt hat; zum Begriff der Partei vgl. § 2 ParteienG, BVerfG NJW **87**, 769, BVerwG NJW **86**, 2654, BGH NJW **74**, 565 mwN. Nach dem Sinn des Parteienprivilegs, Parteien nicht in ihrer politischen Tätigkeit zu behindern, kann dies jedoch nur für Straftaten gelten, die noch im Rahmen einer solchen Tätigkeit liegen (vgl. dazu BVerfGE **47** 130, BGH **29** 50 und näher 5 ff. vor § 80). Parteien im übrigen bis zu ihrem Verbot völlig auszunehmen (so z. B. D-Tröndle 3, Fürst aaO 87, Rudolphi SK 12), dürfte auch von BVerfGE **17** 155 nicht gewollt gewesen sein.

10 β) Vereinigungen, bei denen die Begehung von Straftaten nur ein Zweck oder eine Tätigkeit *von untergeordneter Bedeutung* ist **(Nr. 2)**. Damit sollte nach der Entstehungsgeschichte ausgeschlossen werden, daß schon gelegentliche kriminelle Aktionen oder zwar häufiger vorkommende, aber geringfügige Straftaten zu einer Bestrafung nach § 129 führen, wobei vor allem an Vereinigungen mit politischem Charakter gedacht war (BT-Drs. IV/2145 [neu] S. 8, BGH NJW **75**, 985; z. B. Abreißen von Plakaten, Beschmieren von Hauswänden, politische Beleidigungen, Körperverletzungen anläßlich einer Versammlung). Bezugsrahmen der Untergeordnetheit ist nach dem Wortlaut allein der Gesamtzweck bzw. die gesamte Tätigkeit der Vereinigung, womit auch Vereinigungen ausgeschlossen sind, für die gelegentliche schwere Straftaten ein nur peripheres Mittel sind (vgl. Fürst aaO 92, aber auch v. Bubnoff LK 14). Im übrigen ist eine weite Auslegung (vgl. BT-Drs. aaO) dagegen unbedenklich, zumal eine Begrenzung auf

Organisationen, die eine erhebliche Gefahr für die öffentliche Sicherheit darstellen, nach dem Zweck des § 129 ohnehin geboten ist (vgl. o. 3, BGH **31** 207). Verneint wurden die Voraussetzungen der Nr. 2 z. B., wenn die Tätigkeit einer Vereinigung hauptsächlich in planmäßiger, mit häufiger Begehung von Straftaten nach §§ 185, 187, 187a verbundener Hetze gegen die Bundesregierung oder Justizorgane besteht (BGH **20** 88) oder wenn eine Gruppe von „Hausbesetzern" (vgl. dazu jedoch o. 4, 7a) zur Aufrechterhaltung des rechtswidrigen Zustands massive Gewaltmaßnahmen gegen das zu erwartende Einschreiten der Polizei ergreift (vgl. BGH NJW **75**, 986, aber auch LG Berlin NStZ **82**, 203).

γ) Vereinigungen, deren Zwecke oder Tätigkeit *Organisationsdelikte i. S. der §§ 84 bis 87* **11** betreffen (**Nr. 3**). Damit soll verhindert werden, daß ein und dasselbe Verhalten zweimal bestraft wird, nämlich einmal nach den §§ 84–87, zum andern nach § 129. Aus demselben Grund scheiden Taten nach § 20 I Nr. 1–4 VereinsG aus, der nur aus technischen Gründen in Nr. 3 nicht aufgeführt ist (v. Bubnoff LK 11, Rudolphi SK 7). Dagegen gilt Nr. 3 nicht, wenn die Vereinigung daneben noch die Begehung sonstiger Straftaten anstrebt (z. B. nach §§ 89 ff.; vgl. v. Bubnoff aaO mwN).

2. Tathandlung kann zunächst das **Gründen** einer kriminellen Vereinigung sein, d. h. das **12** führende und richtungweisende Mitwirken bei ihrem Zustandekommen (BGH NJW **54**, 1254, v. Bubnoff LK 15, D-Tröndle 4, Lackner 3a). Das bloße Schaffen von Teilorganisationen ist keine Gründung (BGH aaO), wohl aber das „Umfunktionieren" einer bereits bestehenden, bisher andere Ziele verfolgenden Vereinigung (BGH **27** 325, v. Bubnoff LK 8, Rudolphi SK 15). Daß zur Bildung der Vereinigung der Anstoß gegeben wird, ist weder ausreichend noch erforderlich. Auch braucht der Gründer selbst nicht Mitglied zu werden; andererseits genügt nicht schon die bloße Mitgliedschaft im Gründungsstadium (Rudolphi SK 15).

3. Als **Mitglied beteiligt sich,** wer sich unter Eingliederung in die Organisation deren Willen **13** unterordnet und eine Tätigkeit zur Förderung der kriminellen Ziele der Vereinigung entfaltet (vgl. RG JW **31**, 3667, BGH **18** 296, NJW **60**, 1773, **66**, 312, näher Wagner MDR 66, 187). Einer förmlichen Beitrittserklärung oder einer förmlichen Mitgliedschaft (mit listenmäßiger Erfassung usw.) bedarf es nicht; andererseits wird ein Außenstehender durch die Förderung der Vereinigung noch nicht zu deren Mitglied (vgl. BGH **18** 296; vgl. jedoch u. 15). Das Sichbeteiligen als Mitglied ist mehr als der bloße Eintritt, weshalb der Erwerb der nur formellen oder passiven Mitgliedschaft nicht genügt (BGH **29** 121), auch wenn diese mit einer Beitragszahlung verbunden ist (Rudolphi SK 16, Werle JR 79, 95 [vgl. jedoch u. 15]; and. Karlsruhe NJW **77**, 2222, D-Tröndle 4a, Fleischer NJW 79, 1338). Erforderlich ist dafür vielmehr eine auf Dauer oder zumindest längere Zeit angelegte, wenn auch vorläufig oder i. E. einmalige Betätigung für Zwecke der Vereinigung (BGH **29** 114, 294, Haberstrumpf MDR 79, 978; and. D-Tröndle 4a), die durch den bloßen Beitritt auch dann nicht ersetzt werden kann, wenn dieser wegen der besonderen Umstände für die Organisation der Vereinigung oder für die Verfolgung ihrer Bestrebungen eine besonders gewichtige Unterstützung darstellt (so jedoch BGH **29** 114; hier kommt allein ein Unterstützen [vgl. u. 15] in Betracht, während im übrigen zunächst nur ein – strafloser – Versuch des Sichbeteiligens vorliegt; vgl. Ostendorf JA 80, 501, Rudolphi SK 16). Nicht notwendig ist ein fortdauerndes Tätigwerden (BVerfGE **56** 22, BGH **29** 114, 294). Auch braucht das Sichbeteiligen nicht gerade in der Mitwirkung an den einzelnen Straftaten zu bestehen, vielmehr genügt jede Tätigkeit für Zwecke der Vereinigung (vgl. BVerfGE **56** 22, BGH **29** 114, 291, Karlsruhe NJW **77**, 2222, Fleischer NJW 79, 1338; vgl. auch BGH **28** 110; and. Rudolphi SK 16). Ausreichend ist daher auch die Erledigung allgemeiner (z. B. logistischer) Aufgaben ohne Kenntnis der im einzelnen geplanten Taten, die „Öffentlichkeitsarbeit" (Rechtfertigungsschriften, „Strategiepapiere" usw.; vgl. zu den einschlägigen terroristischen Publikationen Rebmann NStZ 89, 97) oder sonstiges Werben für die Vereinigung, wobei ein solches allerdings auszuscheiden hat, soweit es mit einem zulässigen, auch „politischen" Verteidigungsvorbringen notwendig verbunden ist (vgl. dazu näher BGH **31** 16 m. Anm. Gössel JR 83, 118, MDR/H 90, 486, Schmidt MDR 83, 2); zur Beteiligung an einem dem organisatorischen Zusammenhalt dienenden Hungerstreik durch „RAF"-Häftlinge vgl. BGH MDR/S **90**, 104. Umgekehrt bedeutet die Beteiligung an einzelnen Straftaten noch keine Beteiligung als Mitglied (vgl. aber M-Schroeder II 300).

4. Mit dem **Werben für die Vereinigung** sind nur entsprechende Handlungen von Nichtmit- **14** gliedern gemeint – andernfalls liegt bereits die 1. Alt. vor (o. 13; vgl. BGH **31** 16) –, die i. U. zum Unterstützen (u. 15 f.) nur mittelbar über die Werbeadressaten zu einer Förderung der Vereinigung führen können und sollen.

a) **Werben** bedeutet das planmäßige Vorgehen mit dem Ziel (zum subjektiven Tatbestand **14a** vgl. daher u. 16), andere für etwas zu gewinnen. In welcher Form dies geschieht (mündlich, schriftlich, offen, versteckt), ob Adressat ein einzelner oder die Öffentlichkeit ist und ob die

§ 129 14 b, 14 c   Bes. Teil. Straftaten gegen die öffentliche Ordnung

Werbung im Zusammenwirken mit der Vereinigung oder auf eigene Faust erfolgt, ist ohne Bedeutung (and. z. T. Giehring StV 83, 296). Gleichgültig ist auch, ob sie zu dem angestrebten Erfolg führt (h. M., z. B. BGH **20** 90, v. Bubnoff LK 17, Lackner 3 d aa; and. Ostendorf AK 19), wohl aber muß sie entsprechend dem Unterstützen (u. 15) nach Inhalt, Art und Adressatenkreis dazu wenigstens geeignet sein, da bei dieser noch weiter im Vorfeld liegenden Begehungsmodalität kein Anlaß besteht, auch den von vornherein untauglichen Werbeversuch zu bestrafen (and. z. B. Lackner aaO u. hier noch die 23. A.). Schon begrifflich kein Werben ist die bloße Wiedergabe fremder Werbung, wenn sich der Betreffende das damit verfolgte Ziel nicht zu eigen macht (vgl. BGH **36** 363, Giehring aaO 309, Rebmann NStZ 81. 461 f.; möglich ist hier jedoch Beihilfe, vgl. u. 24). Auch setzt das Werben begriffsnotwendig eine werbende Zielrichtung voraus (zum subjektiven Tatbestand vgl. u. 16); daß eine Handlung nur einen solchen Nebeneffekt hat, genügt daher nicht (vgl. auch KG StV **90**, 210, Schleswig NJW **88**, 352).

14 b b) Ein Werben **für die Vereinigung** liegt nach h. M. immer schon dann vor, wenn ihre Stärkung und Unterstützung mit den Mitteln der Propaganda bezweckt wird (vgl. z. B. BGH **28** 26 m. Anm. Schmidt LM Nr. 6, **33** 16 m. Anm. Bruns NStZ 85, 22, NJW **88**, 1679, Bay StV **87**, 392, 393, Frankfurt StV **83**, 285, KG StV **90**, 210, Schleswig NJW **88**, 352, Stuttgart StV **84**, 76 [jeweils zu § 129 a], ferner v. Bubnoff LK 17, D-Tröndle 4 c, Gössel JR 83, 119, Lackner 3 d, Rebmann NStZ 83, 457 u. 89, 100, Schmidt MDR 85, 185). Da das Werben unter dem Gesichtspunkt seiner Gefährlichkeit den übrigen Begehungsmodalitäten in etwa entsprechen muß, bedarf dies jedoch der Einschränkung. Zu eng wäre es allerdings, das Werben nur zur 1. und 2. Alt. in Beziehung zu setzen und deshalb auf die Gründungs- und Mitgliederwerbung zu beschränken (so jedoch Rudolphi SK 18). Genügen muß es vielmehr auch, wenn die Werbung erkennbar darauf gerichtet und dazu geeignet ist, für die Vereinigung *Anhänger* zu gewinnen, die gegebenenfalls auch zu Unterstützungshandlungen bereit sind (vgl. auch Dahs NJW 76, 2148, Fürst aaO 123 ff., Mösl LK[9] 15; in diesem Sinn auch die Entstehungsgeschichte des § 129 a [vgl. dazu Giehring StV 83, 301 mwN], die – obwohl insoweit aufschlußreicher als die mit dem zeitlich älteren Merkmal des Werbens verfolgten gesetzgeberischen Absichten – in BGH **28** 26 jedoch nicht berücksichtigt ist). Durchweg anzunehmen ist dies z. B. bei den von Rebmann NStZ 89, 97 behandelten terroristischen Untergrundzeitschriften. Nicht ausreichend ist entgegen der h. M. dagegen eine diese Voraussetzungen nicht erfüllende bloße „*Sympathiewerbung*", mit der eine „andersartige Stärkung der Vereinigung" (BGH **28** 28) bezweckt wird (dagegen auch Giehring StV 83, 305 ff., Langer-Stein aaO 227 f., Ostendorf AK 19, JA 80, 502, Rudolphi SK 18, JR 79, 33, ZRP 79, 218). Sie liegt noch im Vorfeld einer meßbaren Gefahr, was insbes. für reine Parolen ohne argumentativen Gehalt und für die bloße Verwendung von Namen und Symbolen der Vereinigung gilt (and. BGH **28** 26 für „RAF", „Es lebe die RAF" und „RAF wir werden siegen", ferner Schmidt MDR 85, 185). Zwar wird im Anschluß an Rebmann NStZ 81, 457 seit BGH **33** 16 m. Anm. Bruns NStZ 85, 22, Stuttgart StV **84**, 76 bei der bloßen Sympathiewerbung als der „am wenigsten ins Gewicht fallenden Begehungsweise" inzwischen auch von der Rspr. die Notwendigkeit einer restriktiven Interpretation betont (von BGH u. Stuttgart aaO verneint für die Aufschriften „RAF", „Isolationsfolter", „Zusammenlegung der RAF"; vgl. ferner – u. a. zur Forderung nach anderen Haftbedingungen für Terroristen bzw. zu Hungerstreikparolen – BGH NStZ **85**, 263, Bay StV **87**, 392 f. [and. dazu aber BGH NJW **88**, 1677, 1679], Düsseldorf NStZ **90**, 145, Hamburg StV **86**, 253, KG StV **90**, 210, Koblenz StV **89**, 205, Schleswig NJW **88**, 352, StA Frankfurt StV **83**, 287). Erforderlich ist danach, daß der Text „objektiv geeignet ist, von dem im Einzelfall angesprochenen Adressaten als Werbung für die Vereinigung selbst aufgefaßt zu werden" bzw. daß seine Zielsetzung als Unterstützung und der Bezug auf eine bestimmte Organisation „eindeutig erkennbar" sind (BGH **33** 18). Abgesehen davon, daß dies nach der Klarstellung durch BGH NJW **88**, 1677 nur zu verneinen ist, wenn „auch eine notwendige genauere Analyse des Texts Zweifel lassen kann" (S. 1678), ist dabei aber nach wie vor nicht berücksichtigt, daß eine Stärkung und Unterstützung der Vereinigung mit den Mitteln der Werbung nur erreichbar ist, wenn sie geeignet ist, die Adressaten dazu zu bringen, für diese notfalls auch etwas zu tun (die „Sympathie" allein bewirkt dies nicht).

14 c Mit Recht betont wird von der Rspr. neuerdings dagegen die Notwendigkeit einer umfassenden **Gesamtwürdigung** entsprechender Texte, deren Einzelaussagen nicht unabhängig voneinander beurteilt werden dürfen. Danach kann z. B. eine isoliert als Werbung anzusehende Äußerung durch ihren Kontext im Gesamtzusammenhang einen anderen Sinn bekommen oder so sehr in den Hintergrund treten, daß sie zugleich ihre Eigenbedeutung verliert (vgl. z. B. BGH NStZ **85**, 263, Hamburg StV **86**, 253; zu einer Dokumentation über staatliche „Zensur- und Kriminalisierungsmaßnahmen" durch Zusammenstellung von „Originalreprints zensierter Texte" im Zusammenhang mit § 129 a vgl. KG StV **90**, 210, zu einer solchen über Briefe von „RAF"-Mitgliedern vgl. Schleswig NJW **88**, 352). Andererseits kann z. B. nach BGH NJW **88**, 1677, 1679 das bei einem mehrdeutigen Text als Blick-

Bildung krimineller Vereinigungen 15, 15a § 129

fang dienende „RAF"-Symbol oder ein inzwischen verändertes Vorverständnis bei der Parole „Zusammenlegung der Gefangenen aus RAF un Widerst" für ein strafbares Unterstützen (vgl. u. 16) bzw. Werben sprechen (and. als Vorinstanz Bay StV **87**, 392f.; zur Forderung nach Zusammenlegung von „RAF"-Gefangenen mit einem Hinweis auf deren Hungerstreik als Werben vgl. auch BGH NStE § 129a **Nr. 4**, zur Verwendung von Symbolen und Kürzeln einer terroristischen Vereinigung Koblenz StV **89**, 205 [für sich allein kein ausreichender Organisationsbezug]). Eine Interpretationsfrage ist es auch, ob das Eintreten für die an sich nicht strafbaren Endziele einer kriminellen Vereinigung zugleich ein Werben für diese ist (vgl. dazu einerseits BGH NJW **88**, 1678, wo dies bei einem „Organisationsbezug" bejaht wird, andererseits Bay StV **87**, 393).

5. Ein **Unterstützen** der Vereinigung ist das Fördern ihres Fortbestands oder der Verwirkli- 15 chung ihrer Ziele durch ein Nichtmitglied (vgl. z. B. BGH **32** 243 m. Anm. Bottke JR 85, 122, Bay StV **87**, 393, v. Bubnoff LK 18). Im Unterschied zum Werben, das der Vereinigung nur mittelbar über Dritte zugute kommen kann (o. 14), betrifft das Unterstützen Fälle, in denen die Hilfe der Organisation unmittelbar oder mittelbar über eines ihrer Mitglieder gewährt wird (vgl. auch BGH **20** 90, Bay aaO [„unmittelbar fördert"]; nicht beachtet in BGH NJW **88**, 1677, vgl. u. 15a). Von Bedeutung ist diese Abgrenzung wegen der Unterschiede beim subjektiven Tatbestand (u. 16) und bei der Täterschaft und Teilnahme (u. 24), was nicht ausschließt, daß ein und dieselbe Handlung zugleich beides sein kann (z. B. Propagandatätigkeit, mit der sowohl neue Anhänger gewonnen als auch die Mitglieder der Vereinigung in ihrem Willen zum „Weitermachen" bestärkt werden sollen). Nach h. M. ist das Unterstützen eine zur Täterschaft verselbständigte Beihilfe (vgl. z. B. BGH **20** 89, **29** 99, v. Bubnoff LK 18, Dahs NJW 76, 2148, D-Tröndle 4b, Lackner 3c, Ostendorf AK 20, Rudolphi, Bruns-FS 327ff., SK 17, Wagner MDR 66, 187). Abgesehen davon, daß damit der Unterschied zwischen dem täterschaftlichen Unterstützen und der Beihilfe dazu ohne Not eingeebnet wird (vgl. u. 24), würde dies jedoch voraussetzen, daß die Unterstützungshandlung in der Tat für den Bestand bzw. die Fortführung der Vereinigung oder die Verwirklichung ihrer Ziele kausaler Beitrag gewesen ist (so Rudolphi aaO; vgl. auch Fürst aaO 107f.) bzw. daß sie die Vereinigung tatsächlich gefördert hat (so v. Bubnoff aaO). Beides kann jedoch nicht verlangt werden, da dies den Besonderheiten eines Organisationsdelikts nicht gerecht würde und die Vorschrift insoweit weitgehend gegenstandslos wäre, wenn im Einzelfall auch nur der Nachweis einer tatsächlich eingetretenen Förderung erbracht werden müßte. Zwar kann beim Unterstützen nicht schon jede mit Unterstützungstendenz vorgenommene Handlung ausreichen, wohl aber muß es genügen, wenn die Vereinigung in den Genuß der fraglichen Handlung gelangt und diese *objektiv geeignet* ist, die Bestrebungen der Organisation in irgendeiner Weise zu fördern (vgl. entsprechend das „Hilfeleisten" in § 257 u. dort RN 15). Dem dürfte es in der Sache weitgehend entsprechen, wenn sich auch die Rspr. damit begnügt, daß die „Hilfe an sich wirksam und für die Organisation irgendwie vorteilhaft ist", ohne daß es dabei jedoch auf einen „meßbaren Vorteil" ankommt (z. B. BGH **20** 90 [wo allerdings das Ausreichen der Geeignetheit ausdrücklich verneint wird], **29** 101, **32** 244, **33** 17, NJW **88**, 1678, Bay StV **84**, 77, **87**, 293; vgl. auch BGH MDR/S **81**, 91 [kein Unterstützen, wenn die Handlung der Vereinigung von vornherein nicht nützlich war und sein konnte], **86**, 178, D-Tröndle 4b, Lackner 3c). Nicht verlangt werden kann dann allerdings auch, daß die Mitglieder in ihrem Entschluß zur Begehung von Straftaten tatsächlich bestärkt worden sind (so aber BGH **29** 101, **32** 244, **33** 17).

Im Unterschied zu § 84 erfaßt § 129 nicht nur die Unterstützung des organisatorischen Zusammen- 15a halts, sondern *jegliche Unterstützung* der Vereinigung, also auch, soweit sie im Hinblick auf ihre Tätigkeit und die von ihr verfolgten Ziele gewährt wird. Auf welche Weise dies geschieht, ist gleichgültig: z. B. Gewähren von Unterschlupf, Liefern von Waffen, falschen Pässen oder technischem Know how, auch wenn diese dann tatsächlich nicht gebraucht werden, Zuwendung finanzieller Mittel, Kurierdienste (BGH MDR/S **90**, 104), Aufbau und Unterhalten eines nicht der Verteidigung oder sonst erlaubten Zielen, sondern der Propagierung der kriminellen Zwecke einer Vereinigung dienenden „Info-Systems" zwischen inhaftierten Mitgliedern durch Verteidiger (BGH **31** 24, **32** 244, MDR/S **81**, 91, Hamburg JZ **79**, 275 m. Anm. Ostendorf S. 252, Rudolphi, Bruns-FS 335ff., ZRP 79, 217), Hilfe zur Durchführung eines den Zusammenhalt einer inhaftierten Terroristengruppe dienenden Hungerstreiks (BGH NJW **82**, 2508; vgl. dazu auch Ostendorf GA 84, 324ff.), u. U. auch die Übermittlung von den Abbruch eines solchen betreffenden „Strategiepapieres" durch einen Verteidiger (BGH **32** 243 m. Anm. Bottke JR 85, 122). Hierher gehört ferner eine psychische Unterstützung, die geeignet ist, über eine Stärkung der „Gruppenmoral" die Organisation, ihre Bestrebungen oder Tätigkeit zu fördern (vgl. BGH NJW **75**, 985; daß dies bei einem zu Rechtsbrüchen entschlossenen Täterkreis nicht möglich sei [so Ostendorf AK 20], dürfte jedenfalls bei einer in sozialer Isolierung und unter ständigem Abschirmungszwang lebenden Gruppe den Realitäten nicht gerecht werden [vgl. dazu Rebmann NStZ 89, 100 mwN]). Dies kann unter der Voraussetzung, daß sie den Mitgliedern der Vereinigung tatsächlich bekannt werden (vgl. o. 15), z. B. für Akte der Solidarisierung durch Außenstehende anzunehmen sein (z. B. BGH NJW **89**, 2002 [Beteiligung an einem als Kampfmaßnahme gedachten Hungerstreik von „RAF"-Häftlingen durch andere Gefangene; dort aus tatsächlichen Gründen verneint], NStE § 129a **Nr. 5** [mit Gewalttätigkeiten verbundener Demonstrationsmarsch, bei dem mit Flugblättern zur Solidarität mit im Hungerstreik befindlichen „RAF"-Häftlingen aufgerufen wird]; zur Unterstützung eines Hungerstreiks vgl. auch Fürst aaO 199 ff.). Das gleiche gilt für Publikationen, die mit eindeutigem Organisationsbezug das Ziel verfolgen, auf die Vereinigung einen stabilisierenden Einfluß auszuüben (näher zu terroristischen Presseerzeugnissen Rebmann NStZ 89, 97; verwischt sind dagegen die Grenzen zum an Außenstehende gerichteten Werben in BGH NJW **88**, 1677, wo unter dem Gesichtspunkt des Unterstützens auch das Verbreiten von Schriften behandelt wird, durch die andere „in eine innere Nähe zu der Vereinigung" gebracht und so deren „Aktionsmöglichkeiten, eventuell auch ihr Rekrutierungsfeld" erweitert werden können [vgl. dazu als Vorinstanz aber auch Bay StV **87**, 393]). Hat die eine andere Zielrichtung verfolgende Schrift (z. B. wissenschaftliche Dokumentation) dagegen nur eine solche Nebenwirkung, so ist ihr Herstellen, Verbreiten usw., weil durch Art. 5 GG gedeckt, jedenfalls kein rechtswidriges Unterstützen. Entsprechendes gilt für ein prozessual zulässiges Verteidigerhandeln, das sich zugleich als Unterstützung der Vereinigung auswirkt (BGH **29** 99 m. Anm. Schmidt LM Nr. 9, Kuckuk NJW 80, 298 u. Müller-Dietz JR 81, 76 [Überlassen von Vernehmungsprotokollen], **31** 16 m. Anm. Gössel JR 83, 118 [Zuleitung einer der Verteidigung dienenden – zulässigen – Prozeßerklärung an die Presse], **32** 248 u. näher Rudolphi, Bruns-FS 332 ff.; schon für Tatbestandsausschluß Bottke JA 80, 448, JR 85, 124, Giemulla JA 80, 253, Müller-Dietz aaO; vgl. zum Ganzen auch Fürst aaO 204 ff.); darauf, welchen Zweck der Verteidiger subjektiv hier verfolgt, kann es dabei nach allgemeinen Grundsätzen (vgl. 13 ff. vor § 32) nicht ankommen (i. E. auch Bottke JR 85, 124, Müller-Dietz aaO; and. insoweit BGH **29** 93, **32** 246). Schon tatbestandsmäßig noch kein Unterstützen ist das bloße Zeigen von Sympathie (vgl. BGH MDR/S **86**, 178), ebensowenig das bloße Vorrätighalten von zur Werbung geeignetem Material (Bay StV **84**, 77). Die einem einzelnen Mitglied gewährte Unterstützung ist nur dann eine solche i. S. des § 129, wenn dadurch zugleich die Bestrebungen der Organisation insgesamt gefördert werden (z. B. Vermieten einer Wohnung an ein Mitglied, wenn diese zugleich als geheimer Unterschlupf usw. dienen soll, nicht dagegen eine normale Zimmervermietung, der sozial übliche Verkauf von Nahrungsmitteln usw.; vgl. Rudolphi, Bruns-FS 331 f.). Ebenso gehört das Mitwirken an einer einzelnen Straftat der Vereinigung nur dann hierher, wenn die fragliche Tat zugleich für die Existenz, Fortführung oder die Bestrebungen der Organisation insgesamt von Bedeutung ist (z. B. Mitwirkung an einem Bankeinbruch, bei dem die für die Fortführung der Vereinigung benötigten Mittel beschafft werden; vgl. auch Rudolphi SK 17 a). Zur Frage von Täterschaft und Teilnahme vgl. u. 24.

16 III. Für den **subjektiven Tatbestand** genügt bezüglich der Umstände, die das – im Fall des Gründens: künftige – Bestehen einer Vereinigung i. S. des § 129 ausmachen, bei allen Begehungsmodalitäten bedingter Vorsatz. Der Täter muß also zumindest in Kauf nehmen, daß es eine kriminelle Vereinigung ist, für die er z. B. wirbt (Bay NStZ **83**, 123). Dabei muß der Vorsatz auch die Strafbarkeit der geplanten Taten umfassen, die er im einzelnen allerdings nicht zu kennen braucht (zur mitgliederschaftlichen Beteiligung vgl. o. 13); hält er sie nicht für strafwürdiges Unrecht, so gilt § 16 (z. B. BGH LM **Nr. 6**, v. Bubnoff LK 19, Rudolphi SK 19), ebenso wenn er fälschlich von den Voraussetzungen des Abs. 2 Nr. 2 ausgeht (and. D-Tröndle 5); zu Fällen eines Erlaubnistatbestandsirrtums vgl. u. 17. Der Tatbestand des Werbens verlangt darüber hinaus eine auf den Werbungserfolg gerichtete Absicht i. S. von zielgerichtetem Handeln (§ 15 RN 66 f.; vgl. BGH NJW **88**, 1679, Koblenz StV **89**, 205, Schleswig NJW **88**, 352, D-Tröndle 5, Rudolphi SK 19 sowie o. 14 a; and. Rebmann NStZ 81, 462). Entsprechendes dürfte für das Gründen gelten, während für das Unterstützen bedingter Vorsatz ausreicht (BGH **29** 101 f. mwN; and. Schleswig aaO: zielgerichtetes Handeln).

17 IV. Eine **Rechtfertigung** ist möglich, wenn sich eine prozessual erlaubte Verteidigung oder eine durch Art. 5 GG gedeckte Äußerung zugleich als ein Unterstützen der Vereinigung auswirkt (vgl. o. 15 a). Für den Irrtum über die rechtlichen Grenzen erlaubten Verteidigerhandelns gilt § 17, für den Irrtum über das Gebotensein der Tätigkeit in diesen Grenzen dagegen § 16 entsprechend (Erlaubnistatbestandsirrtum, vgl. 21 vor § 32; von BGH **32** 247 f. offengelassen, ob nicht schon Tatbestandsirrtum). Zur Frage der Anwendbarkeit des § 34 bei Untergrundagenten vgl. dort RN 41 c.

18 V. **Vollendet** ist die Tat mit der Vornahme der in Abs. 1 genannten Handlungen; einen Erfolg verlangt nur die Gründung in Gestalt des Zustandekommens der Vereinigung. Nicht erforderlich ist, daß es tatsächlich zur Begehung von Straftaten kommt. Der **Versuch** ist nach Abs. 3 nur bei der Gründung strafbar (vgl. dazu BGH **27** 325); in der Sache sind jedoch zu einem Teil auch mit dem Werben und Unterstützen Versuchshandlungen erfaßt. Ein **Rücktritt** ist zunächst nach allgemeinen Regeln (§ 24) möglich, nämlich beim Gründungsversuch nach Abs. 3 (zur Möglichkeit einer analogen Anwendung des Abs. 6 beim mißlungenen Rücktritt vgl. Lenckner, Gallas-FS 293). Entsprechendes muß jedoch – trotz formeller Vollendung – auch bei der Werbung gelten, wenn der Täter nach Beginn seiner Einwirkung auf den anderen diese aufgibt oder ihren Erfolg verhindert. Dies folgt schon daraus, daß andernfalls auch die Rücktrittsmöglichkeit beim Gründungsversuch, der im Werben von Mitgliedern besteht, gegenstandslos würde. Was im Gründungsstadium gilt, muß dann jedoch auch für die Werbung für eine bereits bestehende Organisation gelten. Darüber hinaus eröffnet **Abs. 6** mit unterschiedlichen Folgen auch die Möglichkeit **tätiger Reue** (vgl. aber auch Bernsmann JZ 88, 542) **beim vollendeten Delikt,** wobei die einzelnen Rücktrittsregeln freilich nur wenig aufeinander abgestimmt sind.

1. **Straflos** bleibt der Täter **(Abs. 6, 2. Halbs.),** wenn er das **Fortbestehen** der Vereinigung **verhindert** oder, sofern dieser Erfolg **ohne sein Zutun** eintritt, wenn er sich **freiwillig und ernsthaft darum bemüht** hat (vgl. § 24 RN 68 ff.). Da das Gesetz hier an Nr. 1 anschließt, scheint auch für den 1. Fall Voraussetzung zu sein, daß die Verhinderung nicht nur auf ein freiwilliges, sondern – abweichend von allgemeinen Regeln – auch auf ein ernsthaftes Bemühen zurückgeht, was z. B. zu verneinen wäre, wenn der Täter nicht alles nach seiner Vorstellung Erforderliche getan, dabei aber dann doch (zufällig) Erfolg gehabt hat (vgl. § 24 RN 72; z. B. der Täter benutzt zur Benachrichtigung der Polizei einen Mittelsmann, dessen Unzuverlässigkeit ihm bekannt ist). Ob dies kriminalpolitisch sinnvoll ist, ist eine andere Frage.

2. Eine **Strafmilderung** nach § 49 II oder ein **Absehen von Bestrafung** nach § 129 (vgl. 54 vor § 38) ist möglich in den in **Abs. 6 Nr. 1, 2** genannten Fällen. Beide beruhen auf der rein kriminalpolitischen Erwägung, daß dem Täter auch dann ein Anreiz gegeben werden soll, die von der Vereinigung ausgehenden Gefahren zu beseitigen oder jedenfalls zu mindern, wenn sein Verhalten keinen oder nur einen Teilerfolg haben sollte. Insofern schließt Abs. 6 zugleich eine wenn auch nur „kleine", weil auf das Organisationsdelikt des § 129 beschränkte Kronzeugenregelung ein (Bernsmann JZ 88, 542); zur „Großen" Kronzeugenregelung bei § 129a vgl. dort RN 8.

a) Nach **Nr. 1** gilt dies, wenn sich der Täter **freiwillig und ernsthaft bemüht** hat (vgl. § 24 RN 68 ff.), entweder das **Fortbestehen** der Vereinigung oder die Begehung einer ihren Zielen entsprechenden **Straftat zu verhindern.** Dabei setzt der 1. Fall nicht nur die Erfolglosigkeit der Bemühung, sondern auch das Fortbestehen der Vereinigung voraus (andernfalls gilt Abs. 6 2. Halbsatz, vgl. o. 19), während der 2. Fall sowohl die erfolgreiche als auch die erfolglose Bemühung umfaßt, wobei es hier wiederum gleichgültig ist, ob die Tat aus anderen Gründen unterblieben ist. Da es in Nr. 1 allein auf die Freiwilligkeit und Ernsthaftigkeit des Bemühens ankommt, ist die Vorschrift umgekehrt nicht anwendbar, wenn im 2. Fall der Erfolg der Tatverhinderung mehr oder weniger zufällig schon auf Grund ganz oberflächlichen Bemühens eintritt (vgl. auch o. 19 und u. 22). Verhinderung der Begehung ist nach dem Zweck der Vorschrift die Verhinderung der Vollendung, so daß das Bemühen auch noch im Stadium des Versuchs einsetzen kann. Ferner muß der Verhinderung der Begehung durch andere das Unterlassen der eigenen Tatbegehung gleichstehen, sofern der Täter davon ausgeht, daß die Tat ohne ihn nicht begangen werden kann. Daß von der Organisation bereits früher Straftaten begangen worden sind und auch der Täter selbst daran mitgewirkt hat, schließt Nr. 1 nicht aus. Auch sind die Voraussetzungen der Nr. 1 an sich schon dann erfüllt, wenn das Bemühen des Täters der Verhinderung nur einer Tat gegolten hat (and. nach der ratio legis aber, wenn es sich bei der Verhinderung der konkreten Tat nur um ein Umdisponieren handelt, so wenn der Täter darauf drängt, anstelle der geplanten Tat eine andere, wesentlich schwerere zu begehen). Doch besteht in der Regel kein Anlaß, von der Möglichkeit der Strafmilderung usw. Gebrauch zu machen, wenn es dem Täter insgesamt nicht um eine wesentliche Verminderung der von der Organisation ausgehenden Gefahr gegangen ist, so wenn er sich bei einer Mehrzahl bevorstehender und ihm bekannter Delikte nur um die Verhinderung einer Tat bemüht, gegen die übrigen aber nichts unternommen hat. Das gleiche gilt, wenn er, nachdem seine Bemühungen geschetiert sind, trotzdem als Mitglied in der Organisation bleibt oder sie weiter unterstützt.

b) Dieselben Folgen treten nach **Nr. 2** ein, wenn der Täter freiwillig **sein Wissen so rechtzeitig** (vgl. § 138 RN 10) einer Dienststelle (nicht notwendig Polizei) **offenbart,** daß **Straftaten,** deren Planung er kennt, noch **verhindert** werden können. Im Unterschied zu Nr. 1 muß hier also das Bemühen des Täters dazu führen, daß die Begehung – d. h. nach dem Gesetzeszweck die Vollendung – aller nach seinem Wissen geplanten Taten tatsächlich verhindert wird; daß sie bei ordnungsgemäßem Handeln der staatlichen Stellen hätte verhindert werden können, genügt nicht, vielmehr hat der Täter hier, ebenso wie sonst beim Rücktritt, das volle Risiko für das Mißlingen seiner Bemühungen zu tragen. Freilich wird dies dadurch gemildert, daß das nach Nr. 1 ohne Rücksicht auf seinen Erfolg privilegierte Bemühen auch in einer Mitteilung i. S. der Nr. 2 bestehen kann; dies gilt auch, wenn die Offenbarung deshalb nicht zu der Verhinderung beiträgt, weil die Stelle – ohne daß der Täter dies wußte – die fraglichen Tatsachen bereits kannte. Gegenüber Nr. 1 hat Nr. 2 eine selbständige Bedeutung überhaupt nur dann, wenn die Mitteilung nach Nr. 2 nicht Ausdruck eines „ernsthaften" Bemühens ist, so wenn der Täter sein Wissen der Polizei über einen Dritten mitteilt, dessen Unzuverlässigkeit ihm bekannt ist. Sagt der Täter weniger als er weiß, so gilt Nr. 2 nicht, wenn die anderen Taten begangen werden (zu Nr. 1 vgl. jedoch o. 21).

3. Der **Rücktritt vom Versuch einer einzelnen Tat** ist als solcher für § 129 zwar ohne Bedeutung, kann aber mit den dort genannten Folgen zugleich die Voraussetzungen des Abs. 6 erfüllen (Rudolphi SK 29; vgl. aber auch v. Bubnoff LK 29, D-Tröndle 8). Soweit nach Abs. 6 Nr. 1 das erfolglose Bemühen genügt, gilt dies auch, wenn der Täter infolge Scheiterns des Rücktritts wegen der fraglichen Tat strafbar bleibt.

24 VI. Bei allen Begehungsmodalitäten ist grundsätzlich auch **Teilnahme** möglich. Dies gilt zunächst für die Anstiftung, soweit diese nicht, wie bei der Anstiftung zur Gründung und mitgliedschaftlichen Beteiligung, bereits als Werben strafbar ist (weitergehend für Ausschluß einer Anstiftung v. Bubnoff LK 21, D-Tröndle 4d, Ostendorf AK 28, Rudolphi SK 21). Möglich ist aber auch eine Beihilfe, und zwar zu allen Begehungsmodalitäten (and. Fürst aaO 240ff., Ostendorf aaO, Rudolphi aaO, Schlothauer StV 81, 22, Sommer JR 81, 495 und für das Unterstützen auch BGH EzSt **Nr. 4,** v. Bubnoff aaO, D-Tröndle aaO). Weder folgt daraus, daß das Gesetz das Werben und Unterstützen selbständig unter Strafe gestellt hat, ein Ausschluß des § 27 (so aber für das Unterstützen z. B. BGH aaO), noch ist angesichts der Gefährlichkeit krimineller Vereinigungen der Strafbarkeitsbereich des § 129 überschritten, wenn z. B. auch die Beihilfe zum Werben bestraft wird, was von Bedeutung ist, wenn der Betreffende nicht selbst wirbt, sondern lediglich fremde Werbung fördert (z. B. Druck oder Vertreiben von Propagandamaterial im Lohnauftrag, vgl. o. 14a; für Beihilfe hier auch BGH **29** 264 f., **36** 363). Andererseits besteht aber auch kein Anlaß, jede nur mittelbare Unterstützung als Täterschaft i. S. des § 129 anzusehen und damit die Möglichkeit einer Strafmilderung nach § 27 zu verbauen. Für die Abgrenzung von Täterschaft und Teilnahme gelten hier die allgemeinen Regeln: Danach ist z. B. eine täterschaftliche Unterstützung anzunehmen, wenn der zur Förderung der Vereinigung geeignete Beitrag dieser *unmittelbar* – und nicht nur über ihrerseits als Täter anzusehende Dritte – geleistet wird und der Betreffende dabei über das Ob und Wie entscheidet (vgl. entsprechend zum „Hilfeleisten" in § 257 dort RN 19). Anders als beim Werben, bei dem der Täter selbst hinter dem Text stehen muß (o. 14a), ist ein täterschaftliches Unterstützen durch Verbreiten von Untergrundzeitschriften u. a. (o. 15a) auch möglich, wenn sich der Täter deren Inhalt nicht erkennbar zu eigen macht. Dagegen liegt z. B. in der Aufforderung an einen Wohnungsinhaber, die Wohnung für Zwecke der Vereinigung zu vermieten, nur eine (u. U. erfolglose) Anstiftung, in dem bloßen Überbringen von Waffen durch einen Boten lediglich eine Beihilfe zur Unterstützung durch den Waffenlieferanten.

25 VII. Um zwingende (nicht nur Regel-)Beispiele eines **besonders schweren Falls** nach Abs. 4 handelt es sich, wenn der Täter zu den *Rädelsführern* oder *Hintermännern* (vgl. dazu § 84 RN 10) gehört. Im übrigen kann sich ein besonders schwerer Fall z. B. aus dem besonderen Schwere der geplanten Taten ergeben (handelt es sich freilich um solche nach § 129a, so gilt ausschließlich diese Bestimmung; für eine Betätigung nach § 129a vor dessen Inkrafttreten bleibt jedoch § 129 IV anwendbar, BGH NJW **78**, 174), ferner aus dem besonderen Umfang der von der Vereinigung entwickelten verbrecherischen Aktivität oder aus der besonders gefährlichen Zielsetzung (z. B. Beseitigung der verfassungsmäßigen Ordnung, vgl. v. Bubnoff LK 25, Rudolphi SK 23). Zur Strafbemessung bei einem Überzeugungstäter vgl. BGH NJW **78**, 174.

26 VIII. Nach **Abs. 5** kann bei Beteiligten, deren **Schuld gering** und deren **Mitwirkung von untergeordneter** Bedeutung ist, im Fall von Abs. 1 und 3 von Bestrafung abgesehen werden (vgl. 54 vor § 38). Von Bedeutung ist dies insbesondere bei bloßen Mitläufern („Mitläuferklausel", vgl. auch § 84 IV), deren Beteiligung an der unteren Schwelle der im Tatbestand vorausgesetzten Wirksamkeit liegt. Hier ist Abs. 5 besonders zu prüfen (vgl. BGH EzSt § 129a **Nr. 1**).

27 IX. **Konkurrenzen.** Die Gründung und anschließende Beteiligung als Mitglied sind eine Tat nach § 129. Die mitgliedschaftliche Beteiligung stellt ein Dauerdelikt dar (vgl. BVerfGE **45** 434, BGH **15** 262, **29** 288, Karlsruhe NJW **77**, 2223; krit. Fleischer NJW 76, 878); bei mehrfachem Werben oder Unterstützen besteht je nachdem eine tatbestandliche Handlungseinheit, Fortsetzungszusammenhang (vgl. 13 ff., 30 ff. vor § 52) oder Tatmehrheit. Für das Verhältnis zu einer dem Zweck der Vereinigung gemäß ausgeführten Straftat gilt folgendes: Ist die Beteiligung an der Tat zugleich die konkrete Unterstützungshandlung, so besteht Tateinheit (BGH NJW **75**, 985, D-Tröndle 9, Meyer JR 78, 35). Dagegen ist bei der mitgliedschaftlichen Beteiligung nach den für Dauerdelikte maßgebenden Grundsätzen zu unterscheiden (vgl. 91 vor § 52): War der Vorsatz des Täters schon bei Beginn der Mitgliedschaft auf die Beteiligung an bestimmten Taten gerichtet, so besteht zwischen diesen und § 129 Idealkonkurrenz (wobei zwischen den fraglichen Einzeltaten vielfach Fortsetzungszusammenhang in Betracht kommt, vgl. BGH MDR/H **81**, 809); in den übrigen Fällen ist Tatmehrheit gegeben (generell für Tateinheit mit dem Zweck der Vereinigung gemäß ausgeführter Taten jedoch die h. M., z. B. BGH **29** 288, NJW **80**, 2089, v. Bubnoff LK 30, Grünwald aaO 740 ff.; Haberstrumpf MDR 79, 980, Ostendorf AK 33, Rudolphi SK 30, Werle JR 79, 93, NJW 80, 2671; and. auch Karlsruhe NJW **77**, 2223 m. Anm. Meyer JR 78, 34: Tateinheit, wenn die Tat „organisationsbezogen" ist, Tatmehrheit, wenn sie das Ziel der Vereinigung bildet; generell für Tatmehrheit D-Tröndle 9a, Meyer JR 78, 34). An sich selbständige, mit der Dauerstraftat der mitgliedschaftlichen Beteiligung jeweils in Tateinheit stehende Delikte können unter den in § 52 RN 14 ff. genannten Voraussetzungen zu Idealkonkurrenz verbunden werden (vgl. dazu BGH **29** 291, NJW **75**, 985, GA **80**, 314, wo jedoch weitergehend als hier Tateinheit zwischen § 129 und der anderen Straftat angenommen wird; zum Zusammentreffen mit schwereren und leichteren Taten vgl. BGH MDR/H **82**, 969). § 129a geht vor; andererseits tritt § 20 I Nr. 1–4 VereinsG hinter § 129 zurück. Näher zu den Konkurrenzfragen vgl. insbes. Fleischer

NJW 79, 1337, Haberstrumpf MDR 79, 977, Langer-Stein aaO 231 ff., Werle JR 79, 93, NJW 80, 2671; zu den Rechtskraftproblemen, die hier nach der überkommenen Regel entstehen, daß bei *einer* Tat i. S. des materiellen Rechts auch *eine* Tat im prozessualen Sinn vorliegt, vgl. BVerfGE **45** 434, 56 22 m. Anm. Gössel JR 82, 111, BGH **29** 288, Karlsruhe NJW **77**, 2223 m. Anm. Meyer JR 78, 35, v. Bubnoff LK 30, Fleischer aaO, Fürst aaO 246 ff., Grünwald aaO 742 ff., Mitsch MDR 88, 1005, Rieß NStZ 81, 74, Werle aaO u. näher Krauth, Kleinknecht-FS 215 ff.

§ 129a Bildung terroristischer Vereinigungen

(1) **Wer eine Vereinigung gründet, deren Zwecke oder deren Tätigkeit darauf gerichtet sind,**
1. **Mord, Totschlag oder Völkermord (§§ 211, 212 oder 220a),**
2. **Straftaten gegen die persönliche Freiheit in den Fällen des § 239a oder des § 239b oder**
3. **Straftaten nach § 305a oder gemeingefährliche Straftaten in den Fällen der §§ 306 bis 308, 310b Abs. 1, des § 311 Abs. 1, des § 311a Abs. 1, der §§ 312, 315 Abs. 1, des § 316b Abs. 1, des 316c Abs. 1 oder des § 319**

zu begehen, oder wer sich an einer solchen Vereinigung als Mitglied beteiligt, wird mit Freiheitsstrafe von einem Jahr bis zu zehn Jahren bestraft.

(2) **Gehört der Täter zu den Rädelsführern oder Hintermännern, so ist auf Freiheitsstrafe nicht unter drei Jahren zu erkennen.**

(3) **Wer eine in Absatz 1 bezeichnete Vereinigung unterstützt oder für sie wirbt, wird mit Freiheitsstrafe von sechs Monaten bis zu fünf Jahren bestraft.**

(4) **Das Gericht kann bei Beteiligten, deren Schuld gering und deren Mitwirkung von untergeordneter Bedeutung ist, in den Fällen der Absätze 1 und 3 die Strafe nach seinem Ermessen (§ 49 Abs. 2) mildern.**

(5) **§ 129 Abs. 6 gilt entsprechend.**

(6) **Neben einer Freiheitsstrafe von mindestens sechs Monaten kann das Gericht die Fähigkeit, öffentliche Ämter zu bekleiden, und die Fähigkeit, Rechte aus öffentlichen Wahlen zu erlangen, aberkennen (§ 45 Abs. 2).**

(7) **In den Fällen der Absätze 1 und 2 kann das Gericht Führungsaufsicht anordnen (§ 68 Abs. 1).**

Vorbem. Eingefügt durch das Ges. zur Änderung des StGB, der StPO, des GVG usw. v. 18. 8. 1976, BGBl. I 2181; geänd. zuletzt durch das Ges. zur Bekämpfung des Terrorismus v. 19. 12. 1986, BGBl. I 2566 und ergänzt durch Art. 4 des Ges. zur Änderung des StGB, der StPO usw. u. zur Einführung einer Kronzeugenregelung bei terroristischen Straftaten v. 9. 6. 1989, BGBl. I 1059.

Schrifttum zu § 129a: Dahs*, Das „Anti-Terrorismus-Gesetz" – eine Niederlage für den Rechtsstaat, NJW 76, 2145. –* Dencker*, Das „Gesetz zur Bekämpfung des Terrorismus", StV 87, 117. –* Kühl*, Neue Gesetze gegen terroristische Straftaten, NJW 87, 737. –* Rudolphi*, Die Gesetzgebung zur Bekämpfung des Terrorismus, JA 79, 1. –* Sturm*, Zur Bekämpfung terroristischer Vereinigungen. Ein Beitrag zum Gesetz vom 18. 8. 1976, MDR 1977, 6. –* Winterfeld*, Terrorismus – „Reform" ohne Ende?, ZRP 77, 265. – Vgl. auch die Nachw. zu § 129. –* Materialien*: Zur a. F. (Ges. zur Änderung des StGB, der StPO usw.), vgl. Vorbem.): BT-Drs. 7/3631, 7/3729, 7/3734, 7/4004, 7/4005, 7/5401. – Prot. 7 S. 2441 ff., 2463 ff., 2783 ff.; zur n. F. (Ges. zur Bekämpfung des Terrorismus, vgl. Vorbem.): BT-Drs. 10/6286, 10/6635, BR-Drs. 591/86. – Prot. Nr. 101 des BT-Rechtsausschusses v. 14. 11. 86, BT-Plenumsberatung SBer 10, 18822, 19788.*

Zur Kronzeugenregelung *des Art. 4 des Ges. v. 9. 6. 1989 (vgl. Vorbem.):* Achenbach*, Die Startbahn-West-Novelle, Kriminalistik 89, 633. –* Bernsmann*, Die „Kronzeugenregelung" (Art. 4), NStZ 89, 456. –* Hassemer*, Die Kronzeugenregelung, StV 89, 79. –* Hilger*, Die Kronzeugenregelung bei terroristischen Straftaten", NJW 89, 2377. –* Lammer*, Terrorbekämpfung durch Kronzeugen, ZRP 89, 248. –* Walter*, Zur Kronzeugenregelung, Recht u. Politik 1989, 189. –* Materialien*: BT-Drs. 11/ 2834, 11/4359.*

I. Die Vorschrift enthält einen gegenüber § 129 **qualifizierten Tatbestand** und bezweckt den **1** Schutz vor besonders gefährlichen **terroristischen Vereinigungen**. Sie dient darüber hinaus als Anknüpfungspunkt für weitere Regelungen im materiellen Strafrecht (§§ 138 II, 139 III), vor allem aber im Prozeß- und Gerichtsverfassungsrecht (vgl. z. B. §§ 103 I 2, 111, 112 III, 138a II, V, 148 II, 163d I Nr. 1 StPO, §§ 120 I Nr. 6, 142a I GVG). Die Vorschrift war schon in ihrer ursprünglichen, auf das Ges. zur Änderung des StGB, der StPO usw. v. 18. 8. 1976 (vgl. die Vorbem.; „Anti-Terroristen-Ges.") zurückgehenden Fassung umstritten (vgl. das o. genannte Schrifttum, ferner Ebert JR 78, 141, Lameyer ZRP 78, 49, Maul DRiZ 77, 207, Ostendorf AK 5, Rudolphi JA 79, 3, Vogel NJW 78, 1217; zur Entstehungsgeschichte vgl. v. Bubnoff LK vor RN 1, Fürst aaO 40 ff.). Das gleiche gilt für die

§ 129 a 2, 3   Bes. Teil. Straftaten gegen die öffentliche Ordnung

mit dem Ges. zur Bekämpfung des Terrorismus v. 19. 12. 1986 (vgl. die Vorbem.) erfolgten Verschärfungen und Erweiterungen, mit denen, zusammen mit anderen gesetzlichen Maßnahmen (vgl. näher Kühl NJW 87, 737 ff.) dem bedrohlichen Anwachsen von z. T. mit äußerster Brutalität ausgeführten terroristischen Anschlägen begegnet werden soll (vgl. BT-Drs. 10/6635 S. 9; krit. dazu Dencker StV 87, 117 u. näher zu den Kontroversen um die n. F. Fürst aaO 143 ff.). Dabei wurden die Gründung einer terroristischen Vereinigung und die mitgliedschaftliche Beteiligung an einer solchen zu einem Verbrechen aufgewertet (Abs. 1; a. F.: Freiheitsstrafe von 6 Monaten bis zu 5 Jahren), womit jetzt nicht nur der Gründungs-, sondern auch der Beteiligungsversuch strafbar ist (zu ersterem vgl. schon Abs. 3 a. F.); für Rädelsführer und Hintermänner droht Abs. 2 nunmehr eine Freiheitsstrafe von 3 bis zu 15 Jahren an (a. F.: 1 Jahr bis zu 10 Jahren). Erweitert wurde ferner – mit den entsprechenden prozeßrechtlichen Konsequenzen (vgl. o.) – der Straftatenkatalog des Abs. 1 um den neugeschaffenen Tatbestand § 305 a und um Taten nach §§ 315 I, 316 b I, wobei den Hintergrund dafür das Überhandnehmen von Anschlägen auf Einrichtungen der öffentlichen Stromversorgung (Absägen von Strommasten), Einsatzfahrzeuge der Polizei, Baufahrzeuge usw. bildete (vgl. BT-Drs. 10/6635 S. 9 f., 11). Unproblematisch ist diese Katalogerweiterung nicht: Hier bleibt nicht zuletzt die Frage, ob mit den §§ 305 a, 315 I, 316 b I nicht auch Fälle allgemeiner Kriminalität einbezogen sind und die Beschränkung des Tatbestands auf eigentlich terroristische Gewalttaten damit aufgegeben wird (vgl. auch Dencker StV 87, 119 ff., Fürst aaO 150 ff., Kühl NJW 87, 746, Lackner vor 1, Lenckner, in: K. W. Nörr [Hrsg.], 40 Jahre Bundesrepublik Deutschland [1990] 342 f., Rudolphi SK 3). Hinzukommt, daß in § 129 a eine dem § 129 II Nr. 2 entsprechende Einschränkung fehlt, womit z. B. auch eine Gruppe ansonsten nicht gewalttätiger Kernkraftgegner, die gelegentlich einen Strommasten umsägt, zur terroristischen Vereinigung i. S. des § 129 a werden kann. Strafrechtssystematisch ergibt sich hier schließlich der „frappierende Effekt" (Kühl aaO), daß die §§ 305 a, 315 I, 316 b I Vergehen betreffen, die Gründung einer auf diese Taten gerichteten Vereinigung und die mitgliedschaftliche Beteiligung aber Verbrechen sind (vgl. dazu auch die verfassungsrechtlichen Bedenken von Dencker StV 87, 121). Daß die Mitglieder einer solchen Vereinigung gefährlicher sind als Einzeltäter der fraglichen Vergehen (vgl. BT-Drs. 10/6635 S. 11), ist dafür noch keine zureichende Erklärung, weil mit dieser Begründung z. B. auch § 129 insgesamt zum Verbrechen erhoben werden könnte. – Gleichfalls fragwürdig ist die im Zusammenhang mit § 129 a durch Art. 4 des Ges. v. 9. 6. 1989 (vgl. die Vorbem.) eingeführte **Kronzeugenregelung.** Zwar stellt diese – entgegen ursprünglich weitergehenden Plänen – bei Mord nur noch die Möglichkeit einer Strafmilderung in, an den grundsätzlichen Bedenken gegen eine derartige Durchbrechung des Legalitätsprinzips ändert dies aber nichts (vgl. dazu die Nachw. u. 8 a. E.).

2   **II.** Der **Tatbestand** des Abs. 1 (Verbrechen) erfaßt von den Begehungsmodalitäten des § 129 das Gründen der Vereinigung (vgl. § 129 RN 12) und die mitgliedschaftliche Beteiligung (vgl. dort RN 13), der des **Abs. 3** (Vergehen) das Unterstützen (vgl. § 129 RN 15 f.) und das Werben (vgl. dort RN 14 ff.). Qualifiziert ist die Tat nach § 129 a gegenüber § 129 dadurch, daß die Zwecke oder die Tätigkeit der Vereinigung (vgl. § 129 RN 4 ff.) hier speziell auf die Begehung der in Abs. 1 Nr. 1–3 abschließend aufgezählten Taten gerichtet sein muß, wobei es aber genügt, wenn sich diese Zielsetzung auf Taten nur *einer* der dort genannten Verbrechensarten bezieht (v. Bubnoff LK 3; für eine „negative Typenkorrektur" bei Taten nach §§ 305 a, 316 b I jedoch Dencker StV 87, 121, womit aber – obwohl i. E. an sich wünschenswert – die Grenzen jeglicher Auslegung eindeutig überschritten sein dürften). Daß die Vereinigung ausschließlich das Ziel der Begehung solcher Taten verfolgt, ist nicht erforderlich. Daraus, daß die Ausnahmeregelung des § 129 II Nr. 2 in § 129 a nicht übernommen ist, folgt vielmehr, daß es sogar genügt, wenn die Begehung der in Abs. 1 Nr. 1–3 genannten Taten nur ein Zweck oder eine Tätigkeit von untergeordneter Bedeutung ist. Die Planung oder Begehung nur einer Einzeltat nach Nr. 1–3 genügt aber auch hier nicht, jedenfalls wenn sie nicht im Rahmen einer sonst kriminellen Zielsetzung i. S. des § 129 (vgl. v. Bubnoff LK 3, D-Tröndle 4, Rudolphi SK 4; and. BGH MDR/S **79**, 709), ebensowenig, daß nur einzelne Mitglieder solche Taten begehen wollen. Verfolgt eine zunächst terroristische Vereinigung später nur noch die Ziele des § 129, so gilt ab diesem Zeitpunkt § 129 (D-Tröndle 4).

3   Die *Ausnahmeregelung des § 129 II* für die dort genannten Vereinigungen gilt für § 129 a nicht, wobei § 129 II Nr. 3 hier allerdings gegenstandslos ist (zu Nr. 2 vgl. o. 2). Auch das *Parteienprivileg* des § 129 II Nr. 1 wurde in § 129 a bewußt nicht übernommen, weil § 129 a einen Bereich erfaßt, in dem es zu einer Kollision mit der Freiheit politischer Parteien nicht kommen kann (vgl. BT-Drs. 7/5401 S. 6; and. noch der RegE zu § 129 a, BT-Drs. 7/4005). Dennoch soll nach wohl h. M. § 129 II Nr. 1 entsprechend auch für § 129 a gelten (v. Bubnoff LK 8, Rudolphi SK 5, Sturm MDR 77, 8; vgl. auch D-Tröndle 5, Lackner 1). Die Funktion des Parteienprivilegs (vgl. BVerfGE **47** 130, BGH **29** 50 und näher 5 ff. vor § 80) kann es jedoch nicht sein, die Betätigung für eine „Partei" straflos zu lassen, wenn deren Zweck usw. auf die Begehung von Mord usw. gerichtet ist und der Täter dies weiß. Dies gilt auch, wenn eine Partei ihre Zwecke bzw. Tätigkeit erst nachträglich i. S. des § 129 a ändert (and. Dahs NJW 76, 2147). Dabei ist zu beachten, daß auch § 129 II Nr. 1 keinen Freibrief für Parteien darstellt (vgl. dort RN 9).

III. Eine weitere Qualifikation – und nicht nur zwingende Beispiele für die Annahme eines besonders schweren Falles wie in § 129 IV – enthält **Abs. 2,** wenn der Täter zu den **Rädelsführern** oder **Hintermännern** gehört (vgl. dazu § 84 RN 10f.). Die Eigenschaft als Rädelsführer bzw. Hintermann ist kein besonderes persönliches Merkmal i. S. des § 28 II (vgl. auch § 84 RN 17). 4

IV. Der **Versuch** ist nur in den Fällen des Abs. 1, 2 (Verbrechen) strafbar, wobei Versuchsfälle nach Abs. 2 aber, abgesehen von der Gründung, kaum denkbar sein dürften. Zur **Vollendung** und zum **Rücktritt** bzw. zur **tätigen Reue** beim vollendeten Delikt, für die nach **Abs. 5** die Regelung des § 129 VI entsprechend gilt, vgl. § 129 RN 18 ff. 5

V. Abs. 4 läßt bei Beteiligten, *deren Schuld gering und deren Mitwirkung von untergeordneter Bedeutung ist,* eine **Stafmilderung** nach § 49 II zu, dies allerdings nur in den Fällen des Abs. 1, 3, nicht bei Abs. 2. Die nach § 129a a. F. vorgesehene Möglichkeit, beim Versuch – nach Abs. 3 a. F. nur bei der Gründung strafbar – ganz von Strafe abzusehen, ist nach der n. F. entfallen. Bei nicht erheblich ins Gewicht fallenden Tatbeiträgen ist Abs. 4 besonders zu prüfen (BGH EzSt Nr. 1). 6

VI. Zu der neben einer Freiheitsstrafe von mindestens 6 Monaten nach **Abs. 6** bestehenden Möglichkeit, für die Dauer von 2 bis 5 Jahren (§ 45 II) auf den **Verlust der Amtsfähigkeit und der Wählbarkeit** zu erkennen, vgl. die Anm. zu § 45; in den Fällen des Abs. 1, 2 (Verbrechen) gilt schon § 45 I. – Zu der nach **Abs. 7** in den Fällen des Abs. 1 und 2 neben einer Freiheitsstrafe von 6 Monaten (§ 68 I) möglichen **Anordnung von Führungsaufsicht** vgl. die Anm. zu § 68. 7

VII. Durch Art. 4 des Ges. zur Änderung des StGB, der StPO und des VersG usw. v. 9. 6. 1989 (BGBl. I 1059) wurde für Täter und Teilnehmer terroristischer Straftaten in Ergänzung des vorhandenen, aber als unzureichend angesehenen Instrumentariums (Abs. 5 i. V. mit § 129 VI, §§ 153b, 153e StPO, vgl. dazu Bernsmann JZ 88, 539) eine bis zum 31. 12. 1992 befristete „große", d. h. nicht auf das Organisationsdelikt des § 129a beschränkte **Kronzeugenregelung** eingeführt (vgl. dazu BT-Drs. 11/2834, 11/4359 und zur Vorgeschichte Bernsmann StV 89, 456, Hilger NJW 89, 2377 mwN). Danach gilt im wesentlichen folgendes: Der Generalbundesanwalt kann mit Zustimmung eines BGH-Senats bei Tätern oder Teilnehmern einer Straftat nach § 129a oder einer damit zusammenhängenden Tat von der Verfolgung absehen, wenn 1. der Betreffende selbst oder über (nach § 4 nicht anzeigepflichtige) Dritte einer Strafverfolgungsbehörde Erkenntnisse offenbart, die geeignet sind, die Begehung einer solchen Tat zu verhindern oder aufzuklären oder daran Beteiligten festzunehmen (wobei es auf den tatsächlichen Eintritt dieses Erfolgs nicht ankommt), 2. die Bedeutung des Offenbarten, insbes. im Hinblick auf die Verhinderung künftiger Taten, im Verhältnis zu der eigenen Tat das Absehen von Verfolgung rechtfertigt (§ 1). Unter denselben Voraussetzungen kann das Gericht von Strafe absehen (bzw. nach § 153b II StPO verfahren) oder die Strafe nach seinem Ermessen mildern, wobei es bis zum gesetzlichen Mindestmaß herabgehen oder statt auf Freiheitsstrafe auf Geldstrafe erkennen kann (§ 2). Beides gilt jedoch nicht für Straftaten nach § 220a; bei Taten nach §§ 211, 212 – ausgenommen sind allerdings Versuch, Anstiftung und Beihilfe – ist ein Absehen von Verfolgung und Strafe nicht und eine Strafmilderung nur bis zu einer Mindeststrafe von drei Jahren zulässig (§ 3). Soweit sich hier Überschneidungen mit Abs. 5 i. V. mit § 129 VI usw. ergeben, geht Art. 4 als lex specialis vor (vgl. BT-Drs. 11/2834 S. 13, Hilger NJW 89, 2378). Zu den Einzelheiten der von Unstimmigkeiten nicht freien Vorschriften des Art. 4 vgl. im übrigen Bernsmann NStZ 89, 459 ff., ferner Hilger aaO; zur grundsätzlichen Frage der Notwendigkeit und Legitimität dieser Regelung vgl. BT-Drs. 11/2834, Prot. des BT-Rechtsausschusses Nr. 38 v. 30. 11. 1988 (öffentliche Anhörung), Hassemer StV 89, 79 ff., Lammer ZRP 89, 248, Walter RuP 88, 189 u. zu der bereits in den 70er Jahren geführten Kronzeugendiskussion die Nachw. in der 20. A., 2 vor § 123. 8

§ 130 Volksverhetzung

Wer in einer Weise, die geeignet ist, den öffentlichen Frieden zu stören, die Menschenwürde anderer dadurch angreift, daß er

1. zum Haß gegen Teile der Bevölkerung aufstachelt,
2. zu Gewalt- oder Willkürmaßnahmen gegen sie auffordert oder
3. sie beschimpft, böswillig verächtlich macht oder verleumdet,

wird mit Freiheitsstrafe von drei Monaten bis zu fünf Jahren bestraft.

Schrifttum: Brockelmann, § 130 StGB und antisemitische Schriften, DRiZ 76, 213. – *Endemann,* Hetze als Gefährdungsproblem, 1924. – *Fischer,* Die Eignung, den öffentlichen Frieden zu stören, NStZ 88, 159. – *ders.,* Verhältnis der Bekenntnisbeschimpfung (§ 166 StGB) zur Volksverhetzung (§ 130 StGB), GA 89, 445. – *Geilen,* Zur Problematik des volksverhetzenden Leserbriefs, NJW 76, 279. – *ders.,* Volksverhetzung in: Ergänzbares Lexikon des Rechts, Luchterhand (zit. aaO). – *Giehring,* Pazifistische radikale Kritik als Volksverhetzung?, StV 85, 30. – *Lömker,* Die gefährliche Abwertung von Bevölkerungsteilen (§ 130 StGB), Diss. Hamburg, 1970. – *Lohse,* Werden Gastarbeiter u. a. Ausländer durch § 130 StGB gegen Volksverhetzung wirksam geschützt?, NJW 71, 1245. – *ders.,* „Türken ist der Zutritt verboten" – Volksverhetzung durch Zugangsverweigerung, NJW 85, 1677. – *Maiwald,* Zur Beleidigung der Bundeswehr und ihrer Soldaten, JR 89, 485. – *v.*

§ 130 1–4a   Bes. Teil. Straftaten gegen die öffentliche Ordnung

Pollern, Wann liegt der Tatbestand des § 130 StGB (Volksverhetzung) vor?, Die Verwaltungspraxis 1967, 250. – *Römer*, Zum Merkmal des Aufstachelns zum Haß gegen Teile der Bevölkerung, NJW 71, 1735. – *Schafheutle*, Das sechste Strafrechtsänderungsgesetz, JZ 60, 470. – *H. Schulz*, Gewaltdelikte als Schutz der Menschenwürde im Strafrecht, Maihofer-FS 517. – *Streng*, Das Unrecht der Volksverhetzung, Lackner-FS 501. – *Tardu*, La protection juridique des groupes sociaux contre la propagande d'hostile, Revue int. de droit pénal, 1956, 59. – *Materialien:* BT-Drs. III/1746.

1 I. **Rechtsgut** der als Reaktion auf antisemitische und nazistische Vorfälle durch das 6. StÄG v. 30. 6. 1960 (BGBl. I 478) geänderten Vorschrift (§ 130 a. F.: „Anreizung zum Klassenkampf"; zur Entstehungsgeschichte vgl. Streng aaO 502 ff.) ist nicht oder jedenfalls nicht primär die Menschenwürde einzelner (so aber Streng aaO 506 ff.) und auch nicht eine imaginäre „Menschenwürde von Bevölkerungsgruppen als quantitativer Mittelwert" (so Ostendorf AK 4), sondern der *öffentliche* („innere") *Frieden* in dem umfassenden (und deshalb nicht auf der Erfüllung reiner Sicherheitsbedürfnisse beschränkten) Sinn dieses Begriffs, wie er in § 126 RN 1 dargestellt ist (vgl. auch u. 10; wie hier mit Unterschieden im einzelnen z. B. auch München NJW 85, 2430, Blei II 293, v. Bubnoff LK 1, D-Tröndle 2, Lackner 1, Lohse NJW 85, 1678, M-Schroeder II 69, Rudolphi SK 1; offengelassen von Karlsruhe NJW 86, 1276 zu § 172 StPO; krit. zum Ganzen Fischer NStZ 88, 159 ff., GA 89, 451 f.). Daß der Tatbestand zugleich einen Angriff auf die Menschenwürde voraussetzt, hat lediglich den Sinn einer zusätzlichen Einschränkung, mit der sichergestellt werden soll, daß nur besonders massive Diffamierungen und Diskriminierungen als strafbare „Volksverhetzung" (Überschrift) angesehen werden (vgl. u. 6 f.). Zu einem Delikt gegen die Menschenwürde wird die Tat nach § 130 deshalb aber noch nicht, weil Angriffe auf die Menschenwürde ohne Eignung zur Friedensstörung tatbestandslos sind (vgl. München NJW 85, 2430). Die Gegenmeinung, die auch bei § 130 im öffentlichen Frieden lediglich ein mittelbar geschütztes Rechtsgut sieht (Streng aaO 510), verkennt, daß dessen Gefährdung hier eine ganz andere Qualität hat als sonst bei Individualrechtsgutverletzungen. Sie übersieht ferner, daß sich bei Diffamierungen usw. ganzer Bevölkerungsteile der Angriff auf den einzelnen in dem auf die Gesamtheit verliert, was auch der Grund dafür ist, daß es hier keine Beleidigung unter einer Kollektivbezeichnung gibt (vgl. 5 ff. vor § 185). Wenn überhaupt, so wird deshalb die Menschenwürde in § 130 nur mittelbar i. S. einer bloßen Reflexwirkung geschützt (vgl. auch Bubnoff LK 1), was dann allerdings wegen der weiten Auslegung des Verletztenbegriffs in § 172 StPO auch für dessen Anwendbarkeit ausreichen würde (Karlsruhe NJW 86, 1277 gegen München NJW 85, 2430).

2 II. Der **objektive Tatbestand** setzt voraus, daß der Täter die Menschenwürde anderer durch bestimmte Handlungen in einer Weise angreift, die geeignet ist, den öffentlichen Frieden zu stören.

3 1. Erforderlich ist zunächst die Begehung einer **gegen Teile der Bevölkerung gerichteten Handlung** i. S. der Nr. 1–3.

4 a) **Teile der Bevölkerung** sind nur solche der inländischen Bevölkerung. Gemeint sind damit nicht nur die „Klassen" i. S. der a. F. (vgl. dazu RG 35 98; der Begriff dürfte soziologisch ohnehin überholt sein), sondern alle Personenmehrheiten, die zahlenmäßig von einer gewissen Erheblichkeit sind und die sich auf Grund gemeinsamer äußerer oder innerer Merkmale – z. B. Rasse, Volkszugehörigkeit, Religion, politische oder weltanschauliche Überzeugung, soziale und wirtschaftliche Verhältnisse – als eine von den übrigen Bevölkerung unterscheidbare Bevölkerungsgruppe darstellen (z. B. BGH GA 79 391, Celle NJW 70, 2257, Frankfurt NJW 89, 1369, Hamburg NJW 75, 1088, Hamm MDR 81, 336, LG Frankfurt NJW 88, 2683, v. Bubnoff LK 3, D-Tröndle 4, M-Schroeder II 69, Rudolphi SK 3, Schafheutle JZ 60, 472). Darauf, ob die Gruppe besonders gefährdet ist, kommt es hier nicht an (vgl. aber Streng aaO 523), vielmehr ist dies erst bei der Frage nach der Eignung zur Friedensstörung von Bedeutung (vgl. u. 11). Nicht hierher gehören dagegen institutionalisierte Personenmehrheiten (z. B. Kirchen), soweit es um die Institution als solche und nicht um die hinter ihr stehenden Personen geht und weil deshalb auch ein Angriff auf die Menschenwürde nicht möglich ist (vgl. BGH 36 91, LG Frankfurt StV 90, 76 [Bundeswehr] u. dazu auch Giehring StV 85, 32 f., Lömker aaO 177, Ostendorf AK 18). Nicht ausreichend sind auch nur vorübergehende Gruppierungen (z. B. streikende und nichtstreikende Arbeiter; vgl. RG 35 96 zu § 130 a. F.) oder solche, die schon unter räumlichen Aspekten nicht als Teil der Bevölkerung erscheinen (Hamm MDR 81, 336. kasernierte Bundesgrenzschutzeinheit).

4a Bevölkerungsteile i. S. des § 130 sind z. B. politische Gruppen (zu „Rot-Front verrecke" vgl. aber BGH MDR/S 88, 353), Arbeitgeber und Arbeitnehmer, Besitzende („Kapitalisten") und Besitzlose (vgl. RG 50 325 zu § 130 a. F.), Bauern, Beamte oder einzelne hinreichend abgrenzbare Beamtengruppen (z. B. Richter und Staatsanwälte [vgl. LG Göttingen NJW 79, 173], nicht dagegen die mit der Bekämpfung des Terrorismus befaßten Repräsentanten des Staats [BGH GA 79, 391, LG Göttingen NJW 79, 1558] oder eine ca. 200 Beamte umfassende Sondereinheit des Bundesgrenzschutzes [Hamm MDR 81, 336]), die Soldaten der Bundeswehr (nicht dagegen die Bundeswehr als Einrichtung; vgl. BGH 36 90 f., Düsseldorf OLGSt. **Nr. 2**, Frankfurt NJW 89, 1367, Koblenz GA 84, 575, LG Frankfurt

Volksverhetzung 5–5c § 130

NJW 88, 2683, StV 90, 77 u. dazu auch Giehring StV 85, 32, Streng aaO 523), ferner Einheimische und Vertriebene, Asylanten, Aus- und Übersiedler, die „Preußen" usw., Katholiken, Juden (BGH 16 56, 21 371, 29 26, Koblenz MDR 77, 335, Köln NJW 81, 1280, Schleswig MDR 78, 333), die in der Bundesrepublik lebenden, d. h. nicht nur als Touristen vorübergehend hier weilenden Ausländer (Hamburg MDR 81, 71; vgl. dazu auch BGHR § 130 Nr. 1, Bevölkerungsteil 2), Gastarbeiter oder bestimmte Gastarbeitergruppen (Celle NJW 70, 2257 m. Anm. Blei JA 71, 27; vgl. dazu auch Lohse NJW 71, 1245, Römer NJW 71, 1735), Zigeuner (Karlsruhe NJW 86, 1276), die in der Bundesrepublik lebenden Neger (Hamburg NJW 75, 1088; überholt hier die Kritik v. Geilen NJW 76, 279).

b) Die in **Nr. 1–3** genannten **Tathandlungen** müssen sich gegen Teile der Bevölkerung 5 richten, weshalb Angriffe gegen eine Einzelperson nur genügen, wenn damit zugleich eine bestimmte Bevölkerungsgruppe getroffen werden soll (BGH 21 371: Disqualifizierung eines jüdischen Wahlbewerbers). Auslegungsfrage ist es auch, ob Diffamierungen usw., die verbal ausschließlich fremde Staaten, Nationen oder Rassen betreffen, in Wahrheit zugleich gegen inländische Bevölkerungsteile gerichtet sind (vgl. Hamburg NJW 70, 1649). Ob die Voraussetzungen der Nr. 1–3 erfüllt sind, beurteilt sich nach dem objektiven, durch Auslegung unter Berücksichtigung aller hierfür bedeutsamen Umstände zu ermittelnden Erklärungswert der Äußerung (vgl. z. B. Karlsruhe NJW 86, 1276 zur Verwendung des Ausdrucks „Zigeuner"; zur Bezeichnung von Soldaten als „potentielle" bzw. „bezahlte (Berufs-)Mörder" u. ä. vgl. BGH 36, 90 f., Düsseldorf OLGSt. **Nr. 2**, Frankfurt NJW 89, 1367, Koblenz GA 84, 575, LG Frankfurt NJW 88, 2683, StV 90, 77, Giehring StV 85, 32 ff., Streng aaO 522 ff.; vgl. dazu auch u. 7). Auch bei Schriften können über deren bloßen Inhalt hinaus noch weitere Umstände von Bedeutung sein (vgl. BGH NStZ 81, 258). Was den Maßstab betrifft, so darf jedenfalls bei Äußerungen im politischen Meinungskampf nicht auf den Eindruck eines nur flüchtigen Lesers abgestellt werden (vgl. entsprechend zu § 185 dort RN 8a, BVerfGE 43 130, ferner Giehring StV 85, 31). – Im einzelnen werden vom Gesetz erfaßt:

α) das **Aufstacheln zum Haß**, d. h. eine gesteigerte, über bloße Ablehnung und Verachtung 5a hinausgehende Einwirkung auf Sinne und Leidenschaften, aber auch auf den Intellekt (Geilen aaO), um eine feindselige Haltung gegen den betreffenden Bevölkerungsteil zu erzeugen oder zu steigern (vgl. BGH 21 372, NStZ 81, 258, Bay NJW 90, 2480, Köln NJW 81, 1280, v. Bubnoff LK 7, Römer NJW 71, 1735, Rudolphi SK 4, aber auch Lohse NJW 71, 1245 u. 85, 1679 f.). Die Handlung muß objektiv hierfür geeignet (Lömker aaO 74; and. Geilen aaO) und subjektiv dazu bestimmt sein (zielgerichtetes Handeln; vgl. Lömker aaO 68 mwN), was bei der Übernahme fremder, zu Emotionen anreizenden Äußerungen auch der Fall sein kann, wenn der Täter sie sich zwar nicht erkennbar zu eigen macht, ihren zum Haß aufstachelnden Charakter aber auch nicht durch die Art der Wiedergabe neutralisiert (z. B. kommentarlose Wiedergabe eines antisemitischen Zitatenschatzes; vgl. dazu auch RG LZ 22, 124). Unmittelbare Aktionen bestimmter Art brauchen damit nicht beabsichtigt zu sein (vgl. aber u. 8), vielmehr genügt es für Nr. 1 schon, wenn lediglich das Klima oder der Nährboden für gefährliche Angriffe gegen die betroffene Bevölkerungsgruppe geschaffen werden soll. Nicht ausreichend ist das Hervorrufen bloßer Verachtung (vgl. aber Nr. 3) oder Ablehnung (z. B. Schild „Gastarbeiter unerwünscht" an Lokaltür; vgl. Römer aaO; and. Lohse aaO). Auch antisemitische Äußerungen fallen daher nicht ohne weiteres unter Nr. 1; vor dem Hintergrund der NS-Judenverfolgung ist jedoch zu beachten, daß auch scheinbar sachliche „Enthüllungen" darauf angelegt sein können, Feindschaft gegen die Juden zu schüren (vgl. BGH 16 56, Köln NJW 81, 1280; zur antisemitischen Hetze vgl. auch BGH 21 371, 31 231 f., Koblenz MDR 77, 334, Schleswig MDR 78, 333).

β) die **Aufforderung zu Gewalt- oder Willkürmaßnahmen** gegen Bevölkerungsteile. Das 5b Auffordern hat hier dieselbe Bedeutung wie in § 111 (BGH 32 310 m. Anm. Bloy JR 85, 266); vgl. daher dort RN 3. Über Gewalt- und Willkürmaßnahmen vgl. § 234a RN 12, womit hier i. U. zu dort auch Privataktionen ohne staatliche Beteiligung (z. B. Pogrome) gemeint sind (vgl. Geilen aaO, Ostendorf AK 12). Erfaßt sind damit neben Gewalttätigkeiten i. S. des § 125, Eingriffen in die Freiheit usw. diskriminierende Behandlungen aller Art, die im Widerspruch zu elementaren Geboten der Menschlichkeit stehen. Da solche Maßnahmen Gegenstand der Aufforderungen sein müssen, ist der Tatbestand nicht erfüllt, wenn z. B. Ausländer aufgefordert werden, das Land zu verlassen. Die Parole „Juden raus", „Türken raus" usw. genügt daher nicht, wohl aber wegen des geschichtlichen Hintergrunds der Judenverfolgung in Verbindung mit dem Hakenkreuz, hier dann freilich entgegen BGH aaO nicht nur bei der Parole „Juden raus", weil damit eindeutig auf eine gewaltsame Vertreibung hingewiesen wird (vgl. auch Bloy aaO, Streng aaO 519 f.).

γ) das **Beschimpfen**, böswillige **Verächtlichmachen** (vgl. dazu § 90a RN 5 ff., § 166 RN 9) 5c oder **Verleumden** (i. S. des § 187; vgl. dazu dort), wobei sich dies jeweils gegen einen Bevölkerungsteil richten muß, ohne daß hier jedoch die Voraussetzungen einer Kollektivbeleidigung gegeben sein müßten. Nicht ausreichend ist dagegen die Beschimpfung von Institutionen oder

§ 130 6, 7 Bes. Teil. Straftaten gegen die öffentliche Ordnung

bestimmten Berufen als solchen, wenn damit nicht in Wahrheit die hinter ihnen stehenden Personengruppen gemeint sind (zur Bezeichnung von Soldaten als „potentielle Mörder" u. ä. vgl. u. 7). Zur Bekämpfung von Ausländerfeindlichkeit eignen sich diese Tatbestandsalternativen nur bedingt, da auch mit dem Beschimpfen und Verächtlichmachen die Minderwertigkeit der Betroffenen zum Ausdruck gebracht werden muß; Äußerungen, die wegen der Andersartigkeit des Kulturkreises, aus dem die fragliche Gruppe kommt, ihrer anderen Lebensgewohnheiten usw. lediglich emotionale Ablehnung ausdrücken, genügen mithin selbst dann nicht, wenn sie eine fremdenfeindliche Einstellung erkennen lassen. Zumindest zweifelhaft ist daher auch, ob Aufschriften an Lokalen, wonach bestimmte Gastarbeitergruppen (z. B. Türken) unerwünscht sind, ohne weiteres unter Nr. 3 fallen (so aber Blau JR 86, 82f., Lohse NJW 85, 1680, Streng aaO 521; von Frankfurt NJW **85**, 1720, wo ein Angriff auf die Menschenwürde verneint wird, nicht erörtert; zur Rechtswidrigkeit solcher Lokalverbote vgl. Kühner NJW 86, 1397). Im Unterschied zum Verleumden muß beim Beschimpfen usw. eigene Mißachtung zum Ausdruck gebracht werden. Die bloße Wiedergabe fremder Beschimpfungen genügt hier nur, wenn sich der Täter mit ihnen identifiziert, wofür der objektive Erklärungswert des Wiedergabeverhaltens maßgebend ist, bei dessen Ermittlung dann allerdings auch der besondere Inhalt der wiedergegebenen Äußerung von Bedeutung sein kann (vgl. dazu BGH NStZ **81**, 258, Koblenz GA **84**, 575, Giehring StV 85, 34, F. C. Schroeder JR 79, 93). Nur unter dieser Voraussetzung ist daher auch der verantwortliche Redakteur, der einen entsprechenden Leserbrief veröffentlicht, als Täter nach § 130 Nr. 3 strafbar (vgl. Schleswig MDR **78**, 333, Geilen NJW 76, 281).

6   2. Hinzukommen muß, daß der Täter durch diese Handlungen zugleich die **Menschenwürde anderer angreift**. Mit diesem weiteren, aber recht unbestimmten Erfordernis soll nach BT-Drs. III/1746 S. 3 verhindert werden, daß § 130 auch auf legale politische usw. Auseinandersetzungen angewendet wird, selbst wenn sie zu Auswüchsen führen. Daß Handlungen, welche die Voraussetzungen der Nr. 1–3 erfüllen, noch im Rahmen eines legalen politischen Meinungskampfes liegen könnten, ist jedoch kaum vorstellbar (krit. dazu auch Androulakis, Die Sammelbeleidigung [1970] 94, Blei II 293, Schulz aaO 518). Soll das fragliche Merkmal überhaupt eine eigenständige Funktion haben, so kann diese daher nur in einer zusätzlichen Begrenzung auf besonders massive Angriffe gesehen werden, was dann allerdings auch voraussetzt, daß der Begriff der Menschenwürde hier in einem engeren Sinn als in Art. 1 GG verstanden wird (vgl. u. 7; and. Lohse NJW 85, 1678, der jedoch übersieht, daß aus Art. 1 GG keine entsprechend umfassende strafrechtliche Schutzverpflichtung folgt; vgl. gegen Lohse auch Streng aaO 511).

7   a) Ein **Angriff auf die Menschenwürde** liegt nur vor, wenn dieser sich nicht nur gegen einzelne Persönlichkeitsrechte (z. B. Ehre) richtet, sondern den Menschen im Kern seiner Persönlichkeit trifft, indem er unter Mißachtung des Gleichheitssatzes als unterwertig dargestellt und ihm das Lebensrecht in der Gemeinschaft bestritten wird (vgl. BGH **16** 56, **19** 63, **21** 372, **31** 231f., **36** 90, NStZ **81**, 258, Celle NJW **82**, 1545, Düsseldorf OLGSt. **Nr. 2**, Frankfurt NJW 85, 1720 m. Anm. Blau JR 86, 82, **89**, 1369 m. Anm. Dau NStZ 89, 361, Hamburg NJW **75**, 1088 m. Anm. Geilen NJW 76, 279, Koblenz GA **84**, 575, LG Frankfurt NJW **88**, 2685, StV **90**, 77, v. Bubnoff LK 4, Maiwald JR 89, 489, Ostendorf AK 14f., Rudolphi SK 7, Schafheutle JZ 60, 473 u. näher Lömker aaO 124, Streng aaO 511ff.). Dies ist z. B. der Fall bei der Diffamierung als „Untermenschen" (Hamburg aaO) oder bei der Gleichstellung mit Tieren, die man „schießen" bzw. „abschießen" könne (Braunschweig NJW **78**, 2046, LG Göttingen NJW **79**, 173 [„Buback-Nachruf"]), vor dem Hintergrund des NS-Massenmords an Juden – und deshalb nicht verallgemeinerungsfähig – aber auch, wenn diese als für bestimmte Ämter unwürdig hingestellt werden (vgl. BGH **21** 371, Schleswig MDR **78**, 333). Nicht ausreichend ist dagegen das bloße Bestreiten der Tatsache systematischer Judenvernichtung durch die NS-Machthaber (Celle NJW **82**, 1545, Schmidt MDR 81, 975; zu weitgehend daher Köln NJW **81**, 1280; vgl. dazu auch 7f. vor § 185, § 185 RN 3, § 194 RN 1); zu einem Angriff auf die Menschenwürde wird dieses erst, wenn es in besonders verletzenden Formulierungen geschieht (vgl. Schleswig aaO) oder wenn darin zugleich eine Identifizierung mit der NS-Rassenideologie liegt (BGH **31** 231f., NStZ **81**, 258). Diskriminierende Äußerungen über berufliche Tätigkeiten und soziale Funktionen oder das Zuschreiben ehrenrühriger Handlungen sind zwar als solche noch kein Angriff auf die Menschenwürde, wohl aber – was eine Frage der Interpretation ist –, wenn die Betreffenden damit zugleich als „unterwertige Wesen" charakterisiert werden sollen (vgl. BGH **36** 90, Frankfurt NJW **89**, 1698 jeweils mit Anm. Dau NStZ 89, 361 u. Bespr. Maiwald JR 89, 485). So kann die im Rahmen radikaler pazifistischer Kritik erfolgende Apostrophierung von Soldaten als „potentielle Mörder" je nach Kontext und sonstigen Umständen nur als plakative Kennzeichnung bestimmter Wertvorstellungen über das „Soldatenhandwerk" als solches und ohne den gleichzeitigen Vorwurf der moralischen Minderwertigkeit des Soldaten als Person zu verstehen sein (vgl. dazu Frankfurt aaO mit Anm. Dau u. Maiwald aaO, LG Frankfurt NJW

88, 2683, StV **90**, 77), während bei der Bezeichnung als „vom Staat bezahlte Berufsmörder" bzw. als „bezahlte Mörder" wegen der Gleichstellung mit „Berufskillern" kaum zweifelhaft sein kann, daß Soldaten damit, wie jeder andere auch, im Kern ihrer Persönlichkeit getroffen werden (vgl. Düsseldorf OLGSt **Nr. 2,** Koblenz GA **84**, 575, aber auch Giehring StV 85, 34f., Streng aaO 522ff.). Weil in einem solchen Fall, wenn nicht besondere Umstände vorliegen, die Person vom Beruf nicht mehr abstrahiert werden kann, ist das gleiche aber auch umgekehrt anzunehmen, wenn zwar nur vom Beruf des Soldalten die Rede ist, dieser aber mit dem eines „Folterknechts, KZ-Aufsehers oder Henkers" verglichen wird (vgl. BGH **36** 90 m. Anm. Dau u. Maiwald aaO, wo ein Angriff auf die Menschenwürde nur wegen des geäußerten Verständnisses für die mißliche Lage der „armen Teufel, die sich zum Bund verpflichtet haben" und ähnlicher zusätzlicher Äußerungen verneint wurde). Auch für die Diskriminierung von Ausländern gilt, daß sie nur genügt, wenn sie gegen deren Menschsein als solches gerichtet ist, bei einem Lokalverbot also nur, wenn damit zum Ausdruck gebracht wird, daß die Betroffenen als Menschen zweiter Klasse es nicht wert sind, bedient zu werden (verneint von Frankfurt NJW **85**, 1720 bei einem Lokalverbot für Türken; vgl. dagegen aber Blau JR 86, 82, Lohse NJW 85, 1679, Streng aaO 520ff.); daß Ausländern lediglich das Aufenthaltsrecht bestritten wird, genügt nicht (Ostendorf AK 15). Da der Täter in seiner Person die Menschenwürde anderer angreifen muß, genügt auch hier die Wiedergabe fremder Äußerungen nur, wenn er sich mit diesen erkennbar identifiziert (vgl. entsprechend o. 5 a. E.).

b) Die **anderen,** gegen deren Menschenwürde sich der Angriff richten muß, können dem Sinn der Vorschrift entsprechend nur die **Angehörigen des betroffenen Bevölkerungsteils** sein (vgl. auch v. Bubnoff LK 4; and. D-Tröndle 8). Im Fall der Nr. 1 bedeutet dies, daß das Erzeugen von Haß noch nicht die Menschenwürde beeinträchtigt, daß der Täter zugleich – obwohl Nr. 1 dies an sich nicht voraussetzt – zu Maßnahmen gegen die fragliche Gruppe auffordern muß, die einen Angriff auf die Menschenwürde ihrer Mitglieder darstellen, oder daß seine zum Haß gegen die Gruppe aufstachelnden Äußerungen von der Art sind, daß sie auch die einzelnen Gruppenmitglieder im Kern ihrer Persönlichkeit treffen (womit Nr. 1 weitgehend seine selbständige Bedeutung verliert, da hier in der Regel auch die Voraussetzungen der Nr. 2, 3 erfüllt sein dürften; vgl. auch Rudolphi SK 8). Bei Nr. 2 wird das Auffordern zu Gewalt- und Willkürmaßnahmen zumeist mittelbar zwar zugleich ein Angriff auf die Menschenwürde der Betroffenen sein, so z. B. bei der Aufforderung zu Gewaltdelikten gegen die Person (vgl. Schulz aaO 525) oder bei der Forderung nach einer schweren diskriminierenden Fremdengesetzgebung (vgl. v. Bubnoff LK 4 unter Hinweis auf BGH 3 Str 299/77 v. 24. 8. 1977); notwendig ist dies aber nicht, wobei hier insbesondere Maßnahmen, die sich nur gegen Sachwerte richten sollen, auszuscheiden haben (z. B. Aufforderung „die Geschäfte der Kapitalisten auszuräumen"; vgl. auch Rudolphi SK 8). Bei Nr. 3 führt das zusätzliche Merkmal des Angriffs auf die Menschenwürde dazu, daß ein Beschimpfen usw. eines Bevölkerungsteils nur dann nach § 130 bestraft werden kann, wenn dadurch zugleich die Angehörigen der fraglichen Gruppe im Kern ihrer Persönlichkeit getroffen werden sollen, was nur bei besonders groben Beschimpfungen usw. anzunehmen ist (vgl. auch LG Göttingen NJW 79, 1560).

3. Ebenso wie in den §§ 126, 140 Nr. 2, 166 müssen die in Nr. 1–3 genannten Handlungen schließlich **in einer Weise** erfolgen, die **geeignet** ist, den **öffentlichen Frieden zu stören.**

a) Zum **öffentlichen Frieden** und dessen **Störung** vgl. zunächst § 126 RN 1, 8. Im Unterschied zu dort, wo der öffentliche Frieden praktisch nur in einem Teilaspekt betroffen ist (Hervorrufen von Angst vor und der Bereitschaft zu Straftaten), kann er dies hier jedoch in der ganzen Breite seines Spektrums sein (vgl. § 126 RN 1). Auch bei § 130 ist der öffentliche Frieden zunächst gestört, wenn – von bestimmten Begehungsweisen insbes. für die Begehungsweisen der Nr. 1, 2 – offene oder latente Gewaltpotentiale geschaffen werden, ein Zusammenleben ohne Furcht um Leib und Leben, Hab und Gut usw. nicht mehr möglich ist und damit in dem angegriffenen Bevölkerungsteil „das Vertrauen in die öffentliche Rechtssicherheit erschüttert" wird (z. B. BGH **16** 56, **29** 26, Hamburg MDR **81**, 71; vgl. ferner § 126 RN 8). Wie die Nr. 3 zeigt, ist eine Friedensstörung hier aber auch in der noch im Vorfeld von Aggressionsbereitschaft und entsprechenden Ängsten liegenden Vergiftung des öffentlichen Klimas zu sehen, die darin besteht, daß bestimmte Bevölkerungsgruppen ausgegrenzt und entsprechend behandelt werden, indem ihren Angehörigen pauschal der sittliche, personale oder soziale Geltungswert abgesprochen wird und sie bei § 130 mit dem hier erforderlichen Angriff auf die Menschenwürde darüber hinaus als „Unperson" abgestempelt werden (vgl. § 126 RN 1).

b) Ausreichend ist schon die **konkrete Eignung** zur Friedensstörung, wofür Entsprechendes gilt wie in § 126 (vgl. daher dort RN 9). Auch hier muß die Äußerung nach Inhalt, Art und konkreten Fallumständen daher so beschaffen sein, daß sie bei einer Gesamtwürdigung die Besorgnis rechtfertigen, es werde zu einer Friedensstörung kommen (vgl. z. B. BGH **16** 56, **21** 371, **29** 26, Koblenz MDR **77**, 334, Schleswig MDR **78**, 333 [antisemitische Agitation], Celle NJW **70**, 2257 [Hetze gegen Gastarbeiter], Hamburg NJW **75**, 1088 m. Anm. Geilen NJW 76,

§ 130a 1

279 [Beschimpfen von Negern], Düsseldorf OLGSt. **Nr. 2,** Koblenz GA **84**, 575 [Bezeichnung von Soldaten als „bezahlte Berufsmörder"; vgl. dazu aber auch Giehring StV 85, 35f.], LG Göttingen NJW **79**, 173 [„Buback-Nachruf"]). Dabei sind Kriterien dieser Eignungsprüfung insbes. Inhalt und Intensität des Angriffs, die Empfänglichkeit der Öffentlichkeit für solche Angriffe bzw. die Sensibilität der betroffenen Gruppe dafür und ihre mehr oder minder gefährdete Position in der Gesellschaft – eine „Schwaben–" oder „Bayernhetze" wäre von vornherein untauglich, eine „Türkenhetze" dagegen nicht –, ferner die von Art und Umständen der Begehung abhängige Breitenwirkung der fraglichen Äußerung (vgl. aber auch Streng aaO 514ff., für den, von einem anderen Verständnis des § 130 ausgehend [vgl. o. 1], nur die technische Tatmodalität übrig bleibt). Ebenso wie in § 126 (vgl. dort RN 11) ist auch hier nicht erforderlich, daß der Angriff öffentlich erfolgt (BGH **29** 26 m. Anm. Wagner JR 80, 120, Celle NJW **70**, 2257, Hamburg MDR **81**, 71), auch nicht, daß der betroffene Bevölkerungsteil überhaupt von ihm erfährt (Koblenz MDR **77**, 334), sondern nur, daß nach den konkreten Umständen mit seinem Bekanntwerden in einer breiteren Öffentlichkeit zu rechnen ist (BGH MDR/S **81**, 974). Ausreichend ist daher eine Flüsterpropaganda (Schafheutle JZ 60, 472) oder eine Zuschrift volksverhetzenden Inhalts an eine Zeitung, auch wenn nicht mit ihrem kommentarlosen Abdruck als Leserbrief (Hamburg NJW **75**, 1088), sondern einer kritisch-ablehnenden Berichterstattung zu rechnen ist (BGH **29** 26 m. Anm. Wagner JR 80, 120, D-Tröndle 2; and. Ostendorf AK 17, Rudolphi SK 11).

12 **III.** Für den **subjektiven Tatbestand** ist (bedingter) **Vorsatz** erforderlich, soweit nicht einzelne Merkmale schon begrifflich Absicht i. S. von zielgerichtetem Handeln (vgl. § 15 RN 66ff.) voraussetzen (zu Nr. 1 vgl. o. 5a, zu Nr. 2 vgl. § 111 RN 3; vgl. aber auch Ostendorf AK 20). Dagegen braucht die Gefährdung des öffentlichen Friedens nicht beabsichtigt zu sein (vgl. RG **54** 27). Am Vorsatz insoweit fehlt es z. B. auch, wenn der Täter die Möglichkeit ausschließt, daß die in einem kleinen Kreis gemachte Äußerung über diesen hinausdringt (vgl. München NJW **85**, 2430).

13 **IV.** Werden die bereits mit dem Tatbestand gezogenen Grenzen beachtet, so kann sich die Frage einer **Rechtfertigung** nach Art. 5 GG nicht mehr stellen (vgl. Düsseldorf OLGSt. **Nr. 2,** Koblenz GA **84**, 575). Ebenso ist § 193 nicht anwendbar, auch nicht bei den in Nr. 3 genannten Begehungsmodalitäten, da diese schon als solche und erst recht in ihrem Kontext die Grenzen einer berechtigten Interessenwahrnehmung eindeutig überschreiten (vgl. auch v. Bubnoff LK 9, Ostendorf AK 21).

14 **V. Konkurrenzen.** Werden verschiedene Alternativen von § 130 durch eine Handlung erfüllt, so liegt nur eine Tat nach § 130 vor, so wenn mit Mitteln der Nr. 3 zum Haß aufgestachelt wird. Idealkonkurrenz ist möglich u. a. mit §§ 111, 140, ferner mit §§ 185ff. (Hamburg NJW **70**, 1649), wobei jedoch zu beachten ist, daß die Beschimpfung von Teilen der Bevölkerung für eine Individualbeleidigung unter einer Kollektivbezeichnung (vgl. 5ff. vor § 185) noch nicht ausreicht. Zum Verhältnis zu § 166 vgl. dort RN 1, 23.

§ 130a Anleitung zu Straftaten

(1) **Wer eine Schrift (§ 11 Abs. 3), die geeignet ist, als Anleitung zu einer in § 126 Abs. 1 genannten rechtswidrigen Tat zu dienen, und nach ihrem Inhalt bestimmt ist, die Bereitschaft anderer zu fördern oder zu wecken, eine solche Tat zu begehen, verbreitet, öffentlich ausstellt, anschlägt, vorführt oder sonst zugänglich macht, wird mit Freiheitsstrafe bis zu drei Jahren oder mit Geldstrafe bestraft.**

(2) **Ebenso wird bestraft, wer**

1. **eine Schrift (§ 11 Abs. 3), die geeignet ist, als Anleitung zu einer in § 126 Abs. 1 genannten rechtswidrigen Tat zu dienen, verbreitet, öffentlich ausstellt, anschlägt, vorführt oder sonst zugänglich macht oder**
2. **öffentlich oder in einer Versammlung zu einer in § 126 Abs. 1 genannten rechtswidrigen Tat eine Anleitung gibt,**

um die Bereitschaft anderer zu fördern oder zu wecken, eine solche Tat zu begehen.

(3) **§ 86 Abs. 3 gilt entsprechend.**

Vorbem. Eingefügt durch das Ges. zur Bekämpfung des Terrorismus v. 19. 12. 1986, BGBl. I 2566.

1 **I.** Durch das Ges. zur Bekämpfung des Terrorismus v. 19. 12. 1986 (BGBl. I 2566) wurde der „1981 im Alter von 5 Jahren verstorbene Paragraph zu neuem Leben erweckt" (Kühl NJW 87, 745), da die Vorschrift in ähnlicher Fassung bereits durch das 14. StÄG v. 22. 4. 1976 (BGBl. I 1056) eingeführt, durch das 19. StÄG v. 7. 8. 1981 (BGBl. I 808) aber wieder aufgehoben worden war (vgl. auch 2 vor § 123, D-Tröndle 1a u. näher zur Vor- und Entstehungsgeschichte Demski/Ostendorf

StV 89, 35 ff.). Geschütztes **Rechtsgut** ist ebenso wie nach § 130 a a. F. der öffentliche Friede (vgl. BT-Drs. 10/6286 S. 5, 10/6635 S. 13, Lackner 1; Rudolphi SK 1, aber auch D-Tröndle 2; zum Begriff vgl. § 126 RN 1). Die Vorschrift soll, gestützt auf entsprechende empirische Befunde über die zunehmende Verbreitung von Handbüchern, Flugblättern usw. mit detaillierten Anweisungen zu verschiedenen Methoden der Gewaltanwendung (vgl. BT-Drs. 10/6635 S. 12), „der Gefährdung der Allgemeinheit durch das Entstehen eines psychischen Klimas entgegenwirken, in dem schwere, sozialschädliche Gewalttaten gedeihen können" (BT-Drs. 10/6286 S. 8; zur a. F. vgl. BT-Drs. 7/3030 S. 9). Geschlossen wird damit eine Strafbarkeitslücke, da die im Vorfeld von Gewalttaten zu solchen ausgehenden Gefahren mit anderen Vorschriften (§§ 26, 111, §§ 37 I 3 i. V. m. 53 I Nr. 4, 5 WaffenG) nicht oder nur unzulänglich erfaßbar sind. Dies gilt auch für § 111, da die Aufforderung zu Straftaten die unmittelbare Einwirkung auf fremde Entschlüsse voraussetzt, bei der erkennbar ein bestimmtes Tun oder Unterlassen verlangt wird, während die subtilere und indirekte Form der Beeinflussung, um die es in § 130 a geht, typischerweise noch im Vorfeld der Aufforderung liegt (vgl. auch BT-Drs. 10/6635 S. 13, Kühl NJW 87, 745 mwN, ferner Rogall GA 79, 21; and. Rudolphi SK 2). Von § 130 a a. F. unterscheidet sich die n. F. vor allem durch zwei Erweiterungen: Einbeziehung der in § 126 I Nr. 7 genannten Taten (z. B. Anleitung zum Umsägen von Strommasten); Verzicht auf das einschränkende Erfordernis der objektiven Bestimmung des Anleitungsinhalts zur Förderung der Tatbereitschaft anderer in Abs. 2 Nr. 1 und dessen Ersetzung durch eine entsprechende Absicht des Täters, womit z. B. das Verbreiten von Heeresdienstvorschriften mit dem subjektiven Zweck der Anleitung anderer zu Taten nach § 126 erfaßt werden soll (vgl. BT-Drs. 10/6286 S. 8, 10/6635 S. 13; krit. dazu Dencker StV 87, 121, Kühl NJW 87, 745). Weggefallen sind dagegen die in § 130 a I Nr. 3 a. F. genannten Vorbereitungshandlungen zum Verbreiten. Verfassungsrechtliche Bedenken bestehen auch gegen die n. F. nicht, sofern sie entsprechend restriktiv interpretiert wird (vgl. u. 7). Zu den Gesetzesmaterialien zur n. F. vgl. im übrigen die Angaben zu § 129 a; zu § 130 a. F. hier die 20. A. mwN.

II. Der **objektive Tatbestand** erfaßt in *Abs. 1* das Verbreiten usw. der eigentlichen, d. h. der 2 Förderung der Tatbereitschaft anderer dienenden Anleitungsschriften zu den in § 126 I genannten Straftaten, in *Abs. 2 Nr. 1* das Verbreiten usw. von Schriften, denen zwar diese Zweckbestimmung fehlt, die aber gleichfalls zur Anleitung zu solchen Taten geeignet sind, in *Abs. 2 Nr. 2* schließlich mündliche Anleitungen, wenn sie öffentlich oder in einer Versammlung erfolgen. Dabei handelt es sich jeweils um abstrakte Gefährdungstatbestände (Rudolphi SK 1; and. D-Tröndle 5). Die Auslegung hat sich wegen Art. 5 GG strikt am Gesetzeszweck – Verhinderung von Nachahmungstendenzen – zu orientieren, was insbes. für die Eignungsklausel von Bedeutung ist (Abs. 1, 2 Nr. 1; vgl. u. 4, 7).

1. **Abs. 1** betrifft die **eigentlichen Anleitungsschriften** („Kochbücher" u. ä.; vgl. die Beisp. 3 b. D-Tröndle 5). Voraussetzung ist hier das Verbreiten oder öffentliche Zugänglichmachen einer Schrift, die zwei Eigenschaften erfüllen muß: 1. die Eignung, als Anleitung zu einer der in § 126 I genannten rechtswidrigen Taten zu dienen, und 2. die aus ihrem Inhalt folgende Zweckbestimmung, die Bereitschaft anderer zur Begehung einer solchen Tat zu fördern oder zu wecken. Wegen der Verweisung auf § 11 III stehen den Schriften die dort genannten Darstellungen gleich; dagegen konnte eine den §§ 131 II, 184 II entsprechende Gleichstellung von Live-Sendungen durch den Rundfunk in § 130 a unterbleiben, da hier dessen Abs. 2 eingreift.

a) Die Schrift muß **geeignet** sein, als **Anleitung** zu einer rechtswidrigen Katalogtat i. S. des 4 § 126 I **zu dienen**. Mit dieser von der a. F. abweichenden und in Abs. 2 Nr. 1 wiederkehrenden Formulierung wird zunächst nur verlangt, daß die Schrift als Anleitung zur rechtswidrigen Begehung (einschließlich Planung und Vorbereitung) einer Katalogtat dienen kann, nicht aber, daß dies auch ihre spezielle Zweckbestimmung ist. Eine solche ergibt sich bei Abs. 1 vielmehr erst aus der Bestimmungsklausel (vgl. u. 5). Unter Berücksichtigung des Gesetzeszwecks, Nachahmungstendenzen entgegenzuwirken, ist im Hinblick auf Abs. 2 Nr. 1, wo dies von entscheidender Bedeutung ist, aber auch schon die Eignungsklausel in zweifacher Hinsicht zu begrenzen: 1. Erforderlich ist zunächst ein *erkennbarer Bezug* gerade zu einer der in § 126 I genannten Taten, wobei die Darstellung dann freilich auch Aktionen zum Gegenstand haben kann, die zwar der Handlungsbeschreibung der fraglichen Tatbestände entsprechen, die aber rechtmäßig sind; hier reicht es aus, daß die Schrift zugleich geeignet ist, auch als Anleitung zur rechtswidrigen Begehung einer Katalogtat verwendet zu werden (z. B. Dienstvorschriften über eine Brückensprengung im Verteidigungsfall; vgl. BT-Drs. 10/6286 S. 8, Lackner 3b). Nicht unter den Tatbestand fallen Schriften, die nur ganz allgemein als Informationsquelle für die Planung oder Durchführung einer Katalogtat benutzt werden können, weshalb z. B. wissenschaftliche Abhandlungen, Patentschriften, Lehrbücher der Physik oder Chemie von vornherein ausscheiden, auch wenn ihnen z. B. Angaben über die Herstellung des für einen Anschlag benötigten Sprengstoffs entnommen werden können (vgl. BT-Drs. 10/6286 S. 8, 10/6635 S. 13). Dasselbe gilt für Schriften, die zwar spezielle und detaillierte Instruktionen z. B. über das Funktionieren von Waffen, das Herstellen von Sprengstoff, das Überwinden einer Alarmanlage usw. enthalten, die aber nicht in erkennbarem Zusammenhang mit einer Katalogtat stehen. Liegt ein solcher dagegen vor, so genügt es, wenn die Schrift in einer nicht nur für einzelne verständlichen Beschreibung des Vorgehens bei der Vorbereitung oder Ausführung solcher Taten soviel an technischem, taktischem oder sonstigem Wissen vermittelt, daß die Tat in der geschilderten Weise begangen werden kann und sich ihre Benutzung durch potentielle Täter deshalb auch anbietet. – 2. Obwohl sich dies nicht schon aus dem Wortlaut der Eignungsklausel ergibt – „als Anleitung dienen" kann etwas auch, was nicht als solche geschrieben ist –, muß der Schrift ferner die *Tendenz zur Verwirklichung* des Dargestellten zu entnehmen sein. Bei Abs. 1 folgt dies zwar auch aus der Bestimmungsklausel – hier freilich beschränkt auf rechtswidrige Aktionen (vgl. u. 5) –, von Bedeutung ist dies aber für Abs. 2 Nr. 1, weil dort die bloße Schilderung von (rechtswidrigen oder rechtmäßigen) Gewalt- oder Zerstörungsakten i. S. einer Katalogtat in historischen Darstellungen, Tatsachenberichten, Kriminalromanen usw. auch dann nicht genügen kann, wenn sie präzise Angaben über die Begehungsweise enthält und so – ungewollt – zugleich das für eine künftige Begehung solcher Taten nützliche „know how" liefert (vgl. u. 7, ferner Lackner 3b).

5 b) Die Schrift muß ferner, auch wenn dies nicht ihr Hauptzweck zu sein braucht (vgl. BGH **29** 268 zu §§ 88a a. F.), **nach ihrem Inhalt** dazu **bestimmt** sein, die **Bereitschaft** anderer zur Begehung einer solchen – d. h. der Anleitung entsprechenden – **Tat zu fördern oder zu wekken.** Durch diese objektive, hier speziell nur auf die *rechtswidrige* Begehung der fraglichen Katalogtat gerichtete Zweckbestimmung unterscheiden sich die Schriften des Abs. 1 von den „neutralen" Anleitungsschriften nach Abs. 2 Nr. 1. Maßgebend dafür, ob die Schrift diesem Zweck dient, ist ausschließlich ihr objektiver Inhalt, zu dem auch gehört, was nur zwischen den Zeilen steht oder was sich erst in Verbindung mit anderen Schriften, auf die verwiesen wird, voll erschließt (vgl. Lackner 3c); auch ein scheinbar neutraler „Tatsachenbericht" kann deshalb unter Abs. 1 fallen, wenn die Art der Darstellung erkennbar nur der Tarnung der mit ihr verfolgten Tendenz dient. Daß sich der verfolgte kriminelle Zweck erst aus anderen, außerhalb der Schrift liegenden Umständen ergibt (z. B. entsprechende mündliche Hinweise bei der Verbreitung), genügt hier dagegen nicht. Gerichtet sein muß der Inhalt der Schrift lediglich auf das Wecken oder Fördern der Tatbereitschaft: Beides liegt noch im Vorfeld der Aufforderung i. S. des § 111 (vgl. o. 1; and. Rudolphi SK 8), weil es hier ausreicht, daß ein Nachahmungsreiz geschaffen bzw. bei bereits latent vorhandener Tatbereitschaft verstärkt werden soll. Eine zwar nicht aus dem Wortlaut, wohl aber aus dem Gesetzeszweck folgende Voraussetzung ist dabei jedoch, daß dieses Ziel mit der Schrift auch erreichbar erscheint; daran kann es, selbst wenn sie als Anleitung geeignet ist, z. B. bei älteren, nur für eine bestimmte historische Situation verfaßten Schriften fehlen (vgl. Lackner 3c), ebenso wenn aus sonstigen Gründen (z. B. eigenes Risiko bei der Tatbegehung) ersichtlich ist, daß die Anleitung keine Nachahmer finden wird.

6 c) Die **Tathandlung** besteht im *Verbreiten* der Schrift bzw. ihrem *öffentlichen Zugänglichmachen* und dessen besonders genannten Modalitäten des Ausstellens, Anschlagens und Vorführens; zum Verbreiten vgl. § 184 RN 57, zum öffentlichen Zugänglichmachen usw. vgl. § 184 RN 58.

7 2. Der Tatbestand des **Abs. 2 Nr. 1** betrifft die **„neutralen" Anleitungsschriften.** Ausreichend ist hier das Verbreiten (vgl. § 184 RN 57) oder öffentliche Zugänglichmachen (vgl. § 184 RN 58) einer Schrift i. S. des § 11 III, die zwar geeignet ist, als Anleitung zu einer rechtswidrigen Katalogtat i. S. des § 126 I zu dienen, der aber die besondere Zweckbestimmung der Schriften nach Abs. 1 – Fördern usw. der Bereitschaft zur rechtswidrigen Begehung einer solchen Tat – fehlt und an deren Stelle hier eine entsprechende Absicht des Täters tritt. Mit dieser Erweiterung gegenüber der a. F. sollte dem Umstand Rechnung getragen werden, „daß Schriften, die eine Zweckbestimmung i. S. des Abs. 1 nicht enthalten (z. B. Heeresdienstvorschriften), zunehmend mit dem Ziel verbreitet werden, andere zur Begehung von Straftaten zu motivieren" (BT-Drs. 10/6635 S. 13). Zur Vermeidung von Konflikten mit Art. 5 GG sind dann allerdings Restriktionen in zweifacher Hinsicht unverzichtbar: Zu beachten sind zunächst die schon bei der Eignungsklausel vorzunehmenden Einschränkungen (vgl. o. 4), die mit dem Erfordernis einer in der Schrift zum Ausdruck kommenden Tendenz zur Verwirklichung des Dargestellten zwar nicht bei Abs. 1, wohl aber bei Abs. 2 Nr. 1 entscheidende Bedeutung erlangen, wobei Abs. 2 Nr. 1 dann allerdings nur noch für solche Fälle relevant wird, in denen sich diese Tendenz auf *rechtmäßige* Handlungen i. S. einer Katalogtat bezieht (vgl. o. 5). Auch nach Abs. 2 Nr. 1 nicht tatbestandsmäßig ist daher z. B. das Verbreiten allgemein zugänglicher Tatsachenberichte, Kriminalromane usw. mit einschlägigen Schilderungen, selbst wenn sie geeignet sind, als Anleitung zur rechtswidrigen Begehung einer Katalogtat zu dienen und der Täter mit der nach Abs. 2 erforderlichen Absicht handelt (vgl. aber auch Rudolphi SK 12). Darüber hinaus sind hier aber auch an die Tathandlung zusätzliche Anforderungen zu stellen, weil es selbst bei Schriften, welche die genannte Tendenz aufweisen, nicht genügen kann, daß der Täter sie insgeheim mit der vom Gesetz verlangten Absicht verbreitet usw. (z. B. der

Antiquar, der Heeresdienstvorschriften verkauft). Hinzukommen muß hier vielmehr, daß diese Absicht nach außen auch erkennbar wird (so auch Rudolphi SK 15 u. ähnl. wohl Dencker StV 87, 121). Diese weitere Voraussetzung ergibt sich zwar nicht aus dem Gesetzeswortlaut, von ihr war aber auch die Begründung des Gesetzesentwurfs ausgegangen, wonach Abs. 2 Nr. 1 Fallgruppen erfassen soll, „bei denen der Täter eine an sich neutrale Schrift beim Verbreiten umfunktioniert und sich erst aus dem Gesamtzusammenhang des Verhaltens des Täters die Absicht ergibt, die Bereitschaft anderer zu fördern, eine rechtswidrige Tat zu begehen" (BT-Drs. 10/6286 S. 9).

3. **Abs. 2 Nr. 2** betrifft die **mündliche Anleitung** zu einer rechtswidrigen Katalogtat, sofern 8 dies **öffentlich** (vgl. dazu § 186 RN 19) oder **in einer Versammlung** (vgl. § 90 RN 5) geschieht. Nicht erforderlich ist hier, daß die Äußerung entsprechend Abs. 1 nach ihrem Inhalt die Zweckbestimmung hat, die Tatbereitschaft anderer zu wecken oder zu fördern, vielmehr genügt insoweit die entsprechende Absicht des Täters. Da aber schon der „Anleitung zu einer ... rechtswidrigen Tat" neben der Tauglichkeit der Unterweisung auch die Tendenz zu ihrer Begehung begriffsimmanent ist (vgl. Rudolphi SK 16 u. zur a. F. v. Bubnoff LK 2, Rogall GA 79, 19, hier 20. A. RN 5), hat das Absichtserfordernis selbständige Bedeutung im wesentlichen nur noch, wenn der Täter eine fremde Anleitung wiedergibt; nach BT-Drs. 10/6286 S. 9 sollen damit ferner (möglicherweise unüberlegte) verbale Entgleisungen von der Strafbarkeit ausgeschlossen werden.

III. Für den **subjektiven Tatbestand** ist bei allen Tatbestandsalternativen zunächst (beding- 9 ter) *Vorsatz* erforderlich, wofür es bezüglich der Katalogtat auch ohne richtige Subsumtion genügt, wenn der Täter ihren materiellen Unrechtsgehalt in seiner Bedeutung erfaßt (vgl. entsprechend zu § 126 dort RN 12). Während er bei Abs. 1 den Inhalt der Schrift nicht einmal gebilligt zu haben braucht, muß in den Fällen des Abs. 2 zusätzlich die *Absicht* i. S. von zielgerichtetem Handeln (vgl. § 15 RN 66 ff.) hinzukommen, die Tatbereitschaft anderer zu fördern oder zu wecken (vgl. dazu auch o. 5, 7 f.).

IV. Mit der Bezugnahme auf die sog. **Sozialadäquanzklausel** des § 86 III in **Abs. 3** sind solche 10 Handlungen vom Tatbestand ausgenommen, die den in § 86 III (vgl. dort RN 17) genannten Zwecken dienen. In den Fällen des Abs. 2 scheidet eine entsprechende Anwendung des § 86 III jedoch von vornherein aus; da der Täter hier in der Absicht handeln muß, die Bereitschaft anderer zur Begehung einer rechtswidrigen Katalogtat zu wecken oder zu fördern, ist es undenkbar, daß eine Handlung zugleich die Zwecke des § 86 III verfolgen könnte (vgl. auch Lackner 6, Rudolphi SK 20 u. zur a. F. z. B. v. Bubnoff LK 16, Stree NJW 76, 1181 u. hier die 20. A. RN 11). Von Bedeutung könnte Abs. 3 i. V. m. § 86 III daher nur bei Taten nach Abs. 1 sein, so wenn eine Schrift, die den inhaltlichen Anforderungen des Abs. 1 entspricht, im Einzelfall z. B. zu Zwecken der staatsbürgerlichen Aufklärung verwendet werden sollte, was bei den in Abs. 1 genannten Begehungsweisen allerdings kaum vorstellbar ist (vgl. auch Rudolphi SK 19). Die Frage einer **Rechtfertigung** nach Art. 5 GG kann sich, wenn der Tatbestand bereits dem Gesetzeszweck entsprechend restriktiv interpretiert wird (vgl. z. B. o. 7), nicht mehr stellen.

V. **Vollendet** ist die Tat in den Fällen des Abs. 1, 2 Nr. 1 mit dem Verbreiten, im Fall des Abs. 2 11 Nr. 2, wenn die die Anleitung enthaltende Äußerung abgeschlossen ist. Auf einen Erfolg, insbes. das tatsächliche Wecken oder die Förderung der Bereitschaft, kommt es nicht an.

VI. Idealkonkurrenz ist z. B. möglich mit den §§ 125, 126, 131, ferner mit § 111, wenn die Anlei- 12 tung über die Aufforderung hinausgeht und deshalb auch eine weitergehende Gefährdung des öffentlichen Friedens enthält; bezieht sich die Anleitung dagegen nur auf Taten, zu deren Begehung der Täter zugleich auffordert, so tritt § 130a hinter den – u. a. gleichfalls den öffentlichen Frieden schützenden – § 111 zurück (weitergehend Rogall GA 79, 21: generell Subsidiarität des § 130a gegenüber § 111).

VII. Zur **Einziehung** von Schriften in den Fällen des Abs. 1 vgl. § 74d I, II, in den Fällen des Abs. 2 13 vgl. § 74d III; zur selbständigen Einziehung vgl. § 76a.

§ 131 Gewaltdarstellung; Aufstachelung zum Rassenhaß

(1) Wer Schriften (§ 11 Abs. 3), die zum Rassenhaß aufstacheln oder die grausame oder sonst unmenschliche Gewalttätigkeiten gegen Menschen in einer Art schildern, die eine Verherrlichung oder Verharmlosung solcher Gewalttätigkeiten ausdrückt oder die das Grausame oder Unmenschliche des Vorganges in einer die Menschenwürde verletzenden Weise darstellt,
1. verbreitet,
2. öffentlich ausstellt, anschlägt, vorführt oder sonst zugänglich macht,
3. einer Person unter achtzehn Jahren anbietet, überläßt oder zugänglich macht oder

§ 131 1, 2

4. herstellt, bezieht, liefert, vorrätig hält, anbietet, ankündigt, anpreist, in den räumlichen Geltungsbereich dieses Gesetzes einzuführen oder daraus auszuführen unternimmt, um sie oder aus ihnen gewonnene Stücke im Sinne der Nummern 1 bis 3 zu verwenden oder einem anderen eine solche Verwendung zu ermöglichen,

wird mit Freiheitsstrafe bis zu einem Jahr oder mit Geldstrafe bestraft.

(2) Ebenso wird bestraft, wer eine Darbietung des in Absatz 1 bezeichneten Inhalts durch Rundfunk verbreitet.

(3) Die Absätze 1 und 2 gelten nicht, wenn die Handlung der Berichterstattung über Vorgänge des Zeitgeschehens oder der Geschichte dient.

(4) Abs. 1 Nr. 3 ist nicht anzuwenden, wenn der zur Sorge für die Person Berechtigte handelt.

Vorbem. Geändert durch Art. 3 des Ges. zur Neuregelung des Jugendschutzes in der Öffentlichkeit v. 25. 2. 1985, BGBl. I 425.

Schrifttum: Blei, Eine neue Strafvorschrift usw., JA 73, 169. – *Gehrhardt,* Gewaltdarstellungsverbot und Grundgesetz, 1974. – *ders.,* Die Beschränkung der Gesetzgebung auf das Unerläßliche (dargestellt am Beispiel des § 131 StGB), NJW 75, 375. – *Geilen,* Gewaltdarstellung; Aufstachelung zum Rassenhaß (§ 131 StGB), in: Ergänzbares Lexikon des Rechts, Luchterhand. – *Greger,* Die Video-Novelle 1985 und ihre Auswirkungen auf StGB und GjS, NStZ 86, 8. – *Hammerschmidt,* Gewaltdarstellung und Pornographie im Rundfunk, Schriftenr. d. Instit. für Rundfunkrecht an der Univ. Köln, Bd. 11 (1972) 23. – *v. Hartlieb,* Gewaltdarstellung in Massenmedien, UFITA 80, 101. – *Hodel,* Kannibalismus im Wohnzimmer? Psychosoziale Auswirkungen der Gewaltdarstellung in Videos, Kriminalistik 86, 354. – *Lange,* Ist das Fernsehen kriminogen?, Heinitz-FS 593. – *Löffler* u. a., Die Darstellung der Gewalt in den Massenmedien, 1973. – *F. C. Schroeder,* Das „Erzieherprivileg" im Strafrecht, Lange-FS 391. – *Seetzen,* Vorführung und Beschlagnahme pornographischer und gewaltverherrlichender Spielfilme, NJW 76, 497. – *Materialien* zur n. F.: BT-Drs. 10/722, 10/2546.

1 I. **Zweck** der durch das 4. StrRG v. 23. 11. 1973 (BGBl. I 1725) eingefügten und durch Art. 3 des Ges. zur Neuregelung des Jugendschutzes in der Öffentlichkeit v. 25. 2. 1985 (BGBl. I 425) zur besseren Bekämpfung von Auswüchsen vor allem auf dem Videokassettenmarkt neugefaßten und erweiterten Vorschrift ist der Schutz der Gesellschaft vor sozialschädlicher Aggression und Hetze und damit – wenngleich noch im Vorfeld – der Schutz der Allgemeinheit und des einzelnen vor Gewalttätigkeiten (vgl. BT-Drs. VI/3521 S. 6; zu den Änderungen durch die Neufassung vgl. RN 2 der 23. A., ferner Greger NStZ 86, 8, v. Hartlieb NJW 85, 834). Geschütztes **Rechtsgut** ist damit letztlich auch hier der öffentliche Frieden (v. Bubnoff LK 2, D-Tröndle 1a, Lackner 1; and. Ostendorf AK 3; zum Begriff vgl. § 126 RN 1). Hinzu kommt – insofern in Übereinstimmung mit § 184 – der Gedanke des Jugendschutzes in dem Sinn, daß Jugendliche auch um ihrer selbst willen davor bewahrt werden sollen, aggressive Verhaltensweisen und Einstellungen anzunehmen (vgl. insbes. Abs. 1 Nr. 3). Eine konkrete Gefährdung braucht nicht einzutreten. Wenn es richtig ist, daß der gegenwärtige Stand wissenschaftlicher Erkenntnis keine begründeten Zweifel mehr zuläßt, daß zwischen Brutalitätskonsum und aggressivem Verhalten ein Zusammenhang besteht (BT-Drs. 10/2546 S. 21; vgl. demgegenüber zur sog. Inhibitions- und Katharsistheorie jedoch die Nachw. b. M-Schroeder II 297, Ostendorf AK 6), so ist die Tat andererseits aber auch nicht nur ein Risikodelikt (so aber z. B. Rudolphi SK 3 u. hier noch die 21. A.), sondern ein abstraktes Gefährdungsdelikt (so schon bisher D-Tröndle 1, Otto II 302). Bezüglich der Tat nach Abs. 1 Nr. 3 enthält § 21 I Nr. 1 i. V. mit § 3 I Nr. 1, § 6 Nr. 1 GjS eine inhaltsgleiche Regelung, was gesetzestechnisch ebenso ein Novum ist wie das Nebeneinander beider Vorschriften, soweit in § 21 III, V GjS zusätzlich nicht die Strafbarkeit fahrlässiger Begehung und die Möglichkeit des Absehens von Strafe vorgesehen ist (vgl. entsprechend zu § 184 dort RN 2, 68). Ergänzend vgl. § 13 Nr. 6ff. i. V. mit § 7 JugendschutzG, § 21 i. V. mit §§ 3, 6 GjS.

2 Die rechts- und kriminalpolitische **Berechtigung** der Vorschrift und ihrer Erweiterung durch das Ges. v. 25. 2. 1985 (vgl. o. 1) ist außerordentlich umstritten (vgl. BT-Drs. 10/2546 S. 17, Ostendorf AK 5 mwN; zur a. F. vgl. schon v. Bubnoff LK 4 mwN). Aber auch **verfassungsrechtliche Bedenken** werden gegen sie geltendgemacht (vgl. Lackner 4d, Ostendorf AK 5, ferner die Nachw. in BT-Drs. aaO S. 23). In der Tat ist die gesetzliche Umschreibung der Gewaltdarstellung einschließlich der neu hinzugekommenen 2. Alt. (Schilderung grausamer usw. Gewalttätigkeiten, die das Grausame usw. des Vorgangs „in einer die Menschenwürde verletzenden Weise darstellt") durch eine außergewöhnliche Häufung nur schwer faßbarer normativer Merkmale gekennzeichnet, deren Reichweite auch durch den Rückgriff auf den Gesetzeszweck vielfach nicht eindeutig bestimmt werden kann. Verfassungsrechtliche Bedenken, die hiergegen und insbesondere gegen die 2. Alt. im Hinblick auf den Bestimmtheitsgrundsatz erhoben werden könnten, verlieren jedoch an Gewicht, wenn bei exzessiven Gewaltdarstellungen mit guten Gründen die Gefahr einer entsprechenden „Lernwirkung" (vgl. o. 1) behauptet werden kann, weil bei der Frage, ob und in welchem Umfang relativ unbestimmte Begriffe verwendet werden dürfen, wenn andernfalls eine Regelung nicht möglich wäre, auch der Grad der Sozialschädlichkeit bzw. -gefährlichkeit der pönalisierten Handlung von Bedeutung ist. Wie immer in solchen Fällen ist hier dem Bestimmtheitsgebot des Art. 103 II GG jedoch in der Weise

Rechnung zu tragen, daß die fraglichen Merkmale nur bejaht werden dürfen, soweit die in Bezug genommenen außergesetzlichen Maßstäbe für den konkreten Fall eindeutig oder jedenfalls relativ eindeutig sind, eine abweichende Auffassung also schlechterdings nicht mehr „vertretbar" erscheint (vgl. § 1 RN 22 u. näher Lenckner JuS 68, 308f.).

II. Der Tatbestand der **Aufstachelung zum Rassenhaß** – in § 131 n. F. nunmehr an erster **3** Stelle genannt – setzt das Verbreiten usw. von Schriften i. S. des § 11 III voraus, die zum Rassenhaß aufstacheln; gleichgestellt ist die Verbreitung durch Rundfunk (Abs. 2). Er reicht über § 130 insofern hinaus, als sich die Tat hier auch gegen Rassen richten kann, die keinen Teil der inländischen Bevölkerung bilden; andererseits braucht hier nicht die Eignung der Störung des öffentlichen Friedens festgestellt zu werden (abstraktes Gefährdungsdelikt). Zu den Gründen für die Einordnung dieses Tatbestandes in § 131 vgl. v. Bubnoff LK 17.

    1. Über **Schriften,** denen nach § 11 III **Ton-** und **Bildträger, Abbildungen** und **Darstellungen** **4** gleichstehen, vgl. § 11 RN 78f. Die Verbreitung durch den **Rundfunk** (Hör- und Bildfunk) ist in Abs. 2 ausdrücklich gleichgestellt, weil zumindest zweifelhaft ist, ob die Begriffe des Abs. 1 auch für Live-Sendungen zutreffen (vgl. näher § 184 RN 51). Nicht erfaßt sind jedoch gewaltverherrlichende Theateraufführungen (v. Bubnoff LK 5, 22, D-Tröndle 8, Rudolphi SK 5), weil diese keine Darstellungen i. S. des § 11 sind (vgl. die Anm. dort), was im Hinblick auf Abs. 2 zu dem ungereimten und mit Art. 3 GG kaum zu vereinbarenden Ergebnis führt, daß die Wiedergabe desselben Theaterstücks im Rundfunk nach § 131 strafbar sein kann.

    2. Die Schrift usw. muß nach ihrem objektiven Sinngehalt ein **Aufstacheln zum Rassenhaß** **5** enthalten. *Rassenhaß* sind Haßgefühle gegen andere Menschen ohne Ansehen ihrer Person allein deshalb, weil sie einer bestimmten Rasse angehören, wobei dieser Begriff hier nach der ratio legis jedoch nicht im streng biologisch-anthropologischen Sinn, sondern i. S. der Rassenidiologie zu verstehen ist (biologische Verschiedenheiten der „Rassen" als Ursache ihrer angeblichen Über- oder Unterlegenheit einhergehend mit damit ihrer unterschiedlichen Wertigkeit, vgl. BGH NStZ **81,** 258, Hamm NStZ **81,** 262, Köln NJW **81,** 1280 betr. Antisemitismus; zur „Dritten Welt" in Verbindung mit einem Negerkopf vgl. aber auch Bay NJW **90,** 2480). Auch daß die als Hetzmittel dargestellte Eigenschaft nach der Vorstellung des Täters nicht auf Angehörige der fraglichen Rasse beschränkt ist, schließt ein Aufstacheln zum Haß gegen diese nicht aus (Hamm aaO). Hetze gegen andere Völker oder Volksgruppen ist nur dann Rassenhetze, wenn sie sich gerade deswegen gegen sie richtet, weil sie einer bestimmten Rasse angehören. Ob Angehörige der fraglichen Rasse im Inland sind, ist für § 131 ohne Bedeutung (ist dies der Fall, so kommt daneben § 130 in Betracht). – Zum *Aufstacheln* vgl. § 130 RN 5a, wobei das in diesem Begriff liegende finale Moment hier jedoch in der in der Schrift zum Ausdruck kommenden objektiven Tendenz zu sehen ist. Diese Voraussetzung erfüllen auch zahlreiche antisemitische Schriften der NS-Zeit (vgl. Bottke, Buch und Bibliothek 1980, 259). Das Leugnen der Massenausrottung von Juden ist als solches noch keine Rassenhetze (vgl. jedoch 2 vor § 123, 7f. vor § 185, § 185 RN 3, § 194 RN 1), wohl aber z. B. die Behauptung einer vom Judentum erfundenen „Vernichtungslegende" als Mittel der politischen Unterdrückung und finanziellen Ausbeutung des deutschen Volkes, in der die Juden als Verkörperung des Bösen schlechthin dargestellt werde usw. (BGH **31** 231 u. näher Schmidt MDR 81, 974 mwN). Ein Plakat mit einem aufreißerisch dargestellten Negerkopf und der Aufschrift „Statt Abtreibung in Deutschland – Kondome für die Dritte Welt" erfüllt noch nicht die gesteigerten Anforderungen an ein „Aufstacheln" zum Rassenhaß (Bay NJW **90,** 2479).

    3. Die Umschreibung der **Tathandlung** entspricht in Abs. 1 Nr. 1, 2 u. 4 dem § 184 III, in **6** Abs. 1 Nr. 3 dem § 184 I Nr. 1. Zum *Verbreiten* (Nr. 1) vgl. daher § 184 RN 57, zum *öffentlichen Zugänglichmachen* usw. (Nr. 2) vgl. § 184 RN 58, zum *Überlassen an Jugendliche* (Nr. 3) vgl. § 184 RN 6ff., zu den in Nr. 4 genannten *Vorbereitungshandlungen* des Herstellens usw. vgl. § 184 RN 59.

III. Der Tatbestand der **Gewaltdarstellung,** durch Art. 3 des Ges. v. 25. 2. 1985 (vgl. o. 1) **7** neugefaßt und erweitert, setzt das Verbreiten usw. (vgl. o. 6) von Schriften i. S. des § 11 III (vgl. o. 4) – gleichgestellt ist auch hier das Verbreiten durch Rundfunk (Abs. 2) – voraus, die grausame oder sonst unmenschliche Gewalttätigkeiten gegen Menschen schildern, wobei hinzukommen muß, daß dies in einer Art geschieht, die entweder eine Verherrlichung oder Verharmlosung solcher Gewalttätigkeiten ausdrückt (1. Alt.) oder die das Grausame oder Unmenschliche des Vorgangs in einer die Menschenwürde verletzenden Weise darstellt (2. Alt.).

    1. In beiden Tatbestandsalternativen muß es sich um Schriften usw. handeln, in denen **grau-** **8** **same oder sonst unmenschliche Gewalttätigkeiten gegen Menschen geschildert** werden. Mit dieser Fassung ist nunmehr gegenüber der hier mißverständlichen a. F. (vgl. die 21. A. RN 8) klargestellt, daß nicht die Schilderung selbst, sondern die geschilderte Gewalttätigkeit grausam usw. sein muß (vgl. BT-Drs. 10/2546 S. 22; krit. dazu Greger NStZ 86, 9f., Otto II 302).

9 a) Der Begriff der **Gewalttätigkeiten gegen Menschen** ist nach der ratio legis hier teils weiter, teils enger zu verstehen als in § 125 (vgl. dort RN 6). Gemeint ist damit ein aggressives, aktives Tun, durch das unter Einsatz oder Ingangsetzen physischer Kraft unmittelbar oder mittelbar auf den Körper eines Menschen in einer dessen leibliche oder seelische Unversehrtheit beeinträchtigenden oder konkret gefährdenden Weise eingewirkt wird, wobei dies hier auch durch ein einverständliches Handeln – z. B. bei sado-masochistischen Exzessen – geschehen kann (vgl. auch v. Bubnoff LK 7, D-Tröndle 4, v. Hartlieb UFITA 80, 122, Lackner 4a, Rudolphi SK 6). Nicht ausreichend sind damit nur psychischer Terror, das bloße Unterlassen (z. B. Erfrierenlassen eines Menschen, vgl. Blei JA 73, 170; and. Otto II 302) und Gewalttätigkeiten gegen Tiere und Sachen. Erfaßt sein sollen nach BT-Drs. 10/2546 S. 22 dagegen auch Gewalttätigkeiten gegen „menschenähnliche Wesen" (z. B. „Zombies"; ebenso Greger NStZ 86, 9, D-Tröndle 6, Lackner 4b); so unerfreulich die Ergebnisse sind, ist hier jedoch daran zu erinnern, daß die Erfassung ähnlicher Sachverhalte in den Bereich der Analogie fällt: nur menschen*ähnliche* Wesen *sind* keine Menschen (ebenso Geilen aaO). Unerheblich ist an sich, ob die Gewalttätigkeit als solche rechtswidrig oder rechtmäßig ist (vgl. Blei aaO, II 295, v. Bubnoff LK 7, Rudolphi SK 6); wegen des zusätzlichen Erfordernisses der Grausamkeit bzw. Unmenschlichkeit dürften hier im wesentlichen aber nur rechtswidrige Gewalthandlungen in Betracht kommen.

10 b) Die dargestellten Gewalttätigkeiten müssen außerdem **grausam oder sonst unmenschlich** sein. *Grausam* ist eine Gewalttätigkeit, wenn sie unter Zufügung besonderer Schmerzen oder Qualen körperlicher oder seelischer Art erfolgt und außerdem eine brutale, unbarmherzige Haltung dessen erkennen läßt, der sie begeht (vgl. BT-Drs. 10/2546 S. 22, v. Bubnoff LK 10, Rudolphi SK 7; vgl. auch § 211 RN 27, ferner den Sachverhalt von Koblenz NJW **86**, 1700 [Skalpieren einer Frau u. a.]). *Unmenschlich* ist sie, wenn sie – auch ohne grausam zu sein – Ausdruck einer menschenverachtenden und rücksichtslosen Gesinnung ist, so z. B. das Erschießen eines andern, nur weil es dem Täter „Spaß" macht, aber auch das völlig bedenkenlose, kaltblütige und sinnlose Niederschießen von Menschen (vgl. BT-Drs. VI/3521 S. 7, 10/2546 S. 22, v. Bubnoff LK 11, Lackner 4a, Rudolphi SK 7). Menschlich bei einigermaßen verständliche, wenn auch rechtswidrige Gewalttätigkeiten (z. B. § 213) erfüllen diese Voraussetzung dagegen nicht (zu weitgehend daher Greger NStZ 86, 9).

11 c) Das **Schildern** grausamer usw. Gewalttätigkeiten kann sowohl durch deren unmittelbare Wiedergabe in Wort und Bild, also auch durch eine berichtende oder beschreibende Darstellung erfolgen. Um eine mit der sprachlichen Klarstellung (vgl. o. 8) nicht beabsichtigte Ausweitung dieser Tatbestandsalternative zu vermeiden, muß dabei – für den durchschnittlichen Leser, Betrachter usw. erkennbar – gerade das Grausame bzw. Unmenschliche des Vorgangs den wesentlichen Inhalt der Schilderung der Gewalttätigkeit ausmachen (vgl. BT-Drs. 10/2546 S. 2, D-Tröndle 6b, Greger NStZ 86, 10, Lackner 4c). Soweit hier subjektive Elemente von Bedeutung sind (vgl. o. 10), müssen auch diese zum Ausdruck kommen, was bei bildlichen Darstellungen nur in der Weise möglich ist, daß die äußeren Umstände entsprechende Schlüsse zulassen. Ob die geschilderten Gewalttätigkeiten tatsächlich oder nur angeblich geschehen sind oder ob sie erkennbar reine Phantasieprodukte darstellen, ist ohne Bedeutung (vgl. v. Bubnoff LK 8). Daraus, daß konkrete Gewalttätigkeiten gerade in ihrer Grausamkeit oder Unmenschlichkeit geschildert werden müssen, folgt andererseits, daß z. B. eine Verherrlichung oder Verharmlosung des Krieges oder die Glorifizierung von Heldentaten nicht genügt, wenn dies nicht auf der Grundlage bestimmter, gleichfalls dargestellter Gewalttätigkeiten i. S. des § 131 geschieht. Nicht ausreichend ist ferner eine derart distanzierte oder verfremdete Gewaltdarstellung, daß das Grausame bzw. Unmenschliche nicht mehr ohne weiteres erkennbar ist (was aber nicht schon deshalb der Fall ist, weil z. B. in einem Film eine Szene „gestellt" wirkt; vgl. Köln MDR **81**, 247 zu § 184 III). Das gleiche muß mangels einer meßbaren Gefährdung gelten, wenn in einer Schrift usw. zwar einzelne Gewaltdarstellungen i. S. des § 131 vorkommen, diese aber nur beiläufigen Charakter haben und, gemessen am Ganzen, völlig in den Hintergrund treten (vgl. aber auch BT-Drs. 10/2546 S. 22).

12 2. Hinzukommen muß nach der **1. Alt.**, daß die grausamen usw. Gewalttätigkeiten in einer Art geschildert werden, die eine **Verherrlichung** oder **Verharmlosung solcher Gewalttätigkeiten** ausdrückt.

13 a) **Verherrlichen** der grausamen usw. Gewalttätigkeiten ist ihre positive Wertung in dem Sinn, daß sie als in besonderer Weise nachahmungswert erscheinen, z. B. dadurch, daß sie als etwas Großartiges, besonders Männliches oder Heldenhaftes, als billigenswerte Möglichkeit zur Erreichung von Ruhm, Ansehen usw., als die richtige Form der Lösung von Konflikten usw. dargestellt werden (vgl. BT-Drs. VI/3521 S. 7, v. Bubnoff LK 12, v. Hartlieb UFITA 80, 127, Rudolphi SK 9). Soll lediglich gezeigt werden, zu welchen Grausamkeiten der Mensch fähig ist oder welch unheilvolle Rolle die Gewalt im menschlichen Zusammenleben spielt, so ist dies keine Gewaltverherrlichung. Auch die gängigen Western, Krimis und Comic-Strips gehören nicht hierher, selbst wenn sie grausame Schilderungen enthalten (vgl. Protokoll VI 1874, D-Tröndle 6a, Rudolphi SK 9). – **Verharmlosen** solcher Gewalttätigkeiten ist ihre Bagatellisierung als die übliche, jedenfalls aber akzeptable oder nicht verwerfliche Form menschlichen Verhaltens oder gesellschaftlicher Auseinandersetzung (vgl. BT-Drs. VI/3521 S. 7, Bay NStE **Nr. 2**, Koblenz NJW **86**, 1700, v. Bubnoff LK 13, Lackner 4c, Rudolphi SK 9). Nach BT-Drs. 10/2546 S. 22 soll hierher auch die „beiläufige", „emotionsneutrale" Schilderung von grausamen usw. Gewalttätigkeiten ohne ein „Herunterspielen" gehören, sofern sie als „selbstzweckhaft" anzusehen ist (ebenso Greger NStZ 86, 10). Durch den Begriff des Verharmlosens wird dies aber nicht mehr gedeckt (vgl. auch Lackner 4c); wenn überhaupt, so kommt hier deshalb nur die 2. Alt. in Betracht (vgl. u. 15). Ein bloßer Bericht ist weder ein Verherrlichen noch ein Verharmlosen.

b) Ob die in der Schrift usw. enthaltene Schilderung grausamer usw. Gewalttätigkeiten eine **14** Verherrlichung oder Verharmlosung solcher Gewalttätigkeiten **ausdrückt**, hängt allein vom objektiven, d. h. für einen verständigen und unvoreingenommenen Betrachter eindeutig – wenn auch nur zwischen den Zeilen – erkennbaren Inhalt ab, nicht dagegen von der subjektiven Tendenz des Verfassers und auch nicht von lediglich begleitenden Erklärungen und sonstigen Begleitumständen, die in der Darstellung selbst keinen Niederschlag gefunden haben (vgl. Bay NStE **Nr. 2**, v. Bubnoff LK 14, D-Tröndle 6a, Lackner 4e, Rudolphi SK 9). Obwohl der Wortlaut für eine solche Deutung sprechen könnte, kann es dafür, ob in einer Schrift usw. eine Gewaltverherrlichung usw. ausgedrückt wird, jedoch nicht nur auf die – isoliert betrachtete – Schilderung der Gewalttätigkeit ankommen, vielmehr ist dabei auch der Zusammenhang zu berücksichtigen, in den diese eingebettet ist (vgl. auch D-Tröndle 6a). Einerseits kann sich deshalb, weil auch hier die Quantität in eine andere Qualität umschlagen kann, der Charakter einer Gewaltverherrlichung usw. auch durch eine Massierung von Gewaltdarstellungen ergeben, die für sich allein dafür noch nicht ausreichen (vgl. Bay aaO, aber auch D-Tröndle 6a). Andererseits kann z. B. eine Schrift, die gewaltverherrlichendes Bildmaterial enthält, diese Eigenschaft durch entsprechende Begleittexte verlieren (and. wenn die Distanzierung erkennbar nur Alibifunktion hat), weshalb es auch kein wesentlicher Unterschied sein kann, ob grausame usw. Vorgänge filmisch oder in mit kritischen Anmerkungen versehenen Standbildern dargestellt werden (BGHR § 131 Abs. 1 Nr. 4, Gewaltdarstellung 1). Das gleiche gilt z. B. für Filme oder Bücher, die zwar einzelne gewaltverherrlichende Szenen enthalten, aus dem Inhalt im übrigen sich aber eine gerade entgegengesetzte Tendenz ergibt.

3. Bei der **2. Alt.** ist zusätzliche Voraussetzung, daß die grausamen usw. Gewalttätigkeiten in **15** einer Art geschildert werden, die das **Grausame oder Unmenschliche** des Vorgangs in einer die **Menschenwürde verletzenden Weise darstellt**. Die Verletzung der Menschenwürde liegt in diesem Fall nicht in der geschilderten Gewalttätigkeit – unmenschliche Gewalttätigkeiten sind dies per se –, sondern in der Darstellung selbst, weshalb hier auch nicht die Würde eines bestimmten Individuums, sondern die Menschenwürde als abstrakter Rechtswert gemeint ist (vgl. BT-Drs. 10/2546 S. 23, D-Tröndle 6c). Erfaßt sein sollen hier „exzessive Schilderungen von Gewalttätigkeiten, die u. a. gekennzeichnet sind durch das Darstellen von Gewalttätigkeiten in allen Einzelheiten, z. B. das (nicht nur) genüßliche Verharren auf einem leidverzerrten Gesicht oder den aus einem aufgeschlitzten Bauch herausquellenden Gedärmen" (BT-Drs. aaO). Entscheidend dürfte jedoch – entsprechend der Pornographie (vgl. § 184 RN 4) und i. U. zur Verherrlichung bzw. Verharmlosung von Gewalt i. S. der 1. Alt. (vgl. aber auch Rudolphi SK 11) – das *Selbstzweckhafte* der Gewaltdarstellung sein: Die Menschenwürde verletzt sie demnach, wenn sie unter Ausklammerung aller sonstigen menschlichen Bezüge und ohne Sinnzusammenhang, in den die geschilderten Gewalttätigkeiten noch irgendwie einzuordnen wären, das geschundene Fleisch in „anreißerischer Weise" (vgl. auch Geilen aaO sowie BGH **23** 44 zur Pornographie) in den Vordergrund rückt, und dies lediglich zu dem Zweck, dem Leser oder Betrachter Spannung, Action, Nervenkitzel und genüßlichen Horror zu bieten. Finden sich in einem Buch oder in einem Film solche Gewaltdarstellungen, so ist jedoch auch hier der Gesamtzusammenhang zu berücksichtigen.

IV. Der **subjektive Tatbestand** setzt jeweils zumindest bedingten **Vorsatz** voraus; dieser muß **16** sich i. S. der für den Vorsatz genügenden Bedeutungskenntnis (vgl. § 15 RN 40, 43) auch darauf erstrecken, daß in der Schrift z. B. grausame usw. Gewalttätigkeiten verherrlicht oder verharmlost werden; zur Bedeutung von sog. X-Prüfentscheidungen der Freiwilligen Filmselbstkontrolle vgl. § 184 RN 66, Ostendorf AK 16. Nicht notwendig ist, daß der Täter selbst eine solche Tendenz verfolgt oder sich den Inhalt der Schrift zu eigen macht (v. Bubnoff LK 24, Lackner 6). Die Beschränkung auf vorsätzliches Handeln ist im Fall des Abs. 1 Nr. 3 freilich bedeutungslos, da § 21 III i. V. mit § 3 I Nr. 1, § 6 Nr. 1 GjS hier auch die **fahrlässige** Begehung unter Strafe stellt. Im Fall des Abs. 1 Nr. 4 ist ferner die **Absicht** der Verwendung i. S. der Nr. 1–3 oder der Ermöglichung einer solchen erforderlich (vgl. entsprechend § 184 RN 48).

16a V. **Vollendet** ist die Tat mit der Vornahme der Handlung; auf den Eintritt eines Erfolges oder einer Gefährdung kommt es nicht an. Der **Versuch** ist straflos, soweit nicht Abs. 1 Nr. 4 schon das Unternehmen der Ein- bzw. Ausfuhr unter Strafe stellt.

17 VI. Eine **Einschränkung des Tatbestandes** sowohl des Aufstachelns zum Rassenhaß als auch der Gewaltdarstellung enthalten das sog. Berichterstatterprivileg nach **Abs. 3** und – hier freilich nur für den Fall des Abs. 1 Nr. 3 – das sog. Erzieherprivileg nach **Abs. 4** (vgl. BT-Drs. VI/3521 S. 8, Lackner 7a, Rudolphi SK 21; and. [Rechtfertigung] für das Berichterstatterprivileg D-Tröndle 9). Zum **Erzieherprivileg** vgl. § 184 RN 60 ff. Nach dem sog. **Berichterstatterprivileg** (Abs. 3) gilt Abs. 1 nicht, wenn die Handlung der Berichterstattung über Vorgänge des Zeitgeschehens oder der Geschichte dient. Zweck der Vorschrift soll es sein, im Hinblick auf die Meinungs- und Informationsfreiheit eine straflose Berichterstattung zu ermöglichen, auch wenn diese z. B. Gewalttätigkeiten i. S. des Abs. 1 zum Gegenstand hat.

18 Der Sinn dieser Regelung ist jedoch in verschiedener Hinsicht unklar. Nach dem Gesetzeswortlaut muß die „Handlung" der Berichterstattung dienen. Handlung i. S. des Abs. 1 ist jedoch nicht die Rassenhetze bzw. Gewaltdarstellung, sondern das Verbreiten von Schriften usw., die eine solche enthalten. An sich würde dies deshalb bedeuten, daß z. B. das Verbreiten einer eindeutig rassenhetzerischen Schrift der Berichterstattung dienen kann. Offenbar ist dies jedoch nicht gemeint, weil der Tatbestand sonst – soweit es sich nicht um eine erfundene Schilderung handelt – praktisch weitgehend gegenstandslos wäre (Neudruck und Vertrieb von zum Rassenhaß aufstachelndem NS-Schrifttum als „Berichterstattung" über die geistigen Grundlagen des Nationalsozialismus!). Mit Recht knüpft deshalb auch die h. M. bei der Frage, ob die Handlung der Berichterstattung dient, nicht an das Verbreiten usw., sondern an den Inhalt der Darstellung an (vgl. z. B. D-Tröndle 9, Lackner 7, Rudolphi SK 21). Dann aber ist nicht mehr ersichtlich, welchen Sinn die Vorschrift überhaupt noch hat. Wie auch BT-Drs. VI/3521 S. 9 einräumt, läuft sie bei dieser Deutung in Wahrheit praktisch leer, weil eine Darstellung von Grausamkeiten, die den Charakter eines objektiven Berichts wahrt, nicht zugleich eine Verherrlichung von Brutalitäten usw. oder ein Aufstacheln zum Rassenhaß sein kann (ebenso v. Bubnoff LK 25, Blei II 296, JA 73, 172, der mit Recht darauf hinweist, daß der jetzige Abs. 3 nur solange einen Sinn hatte, als im Gesetzgebungsverfahren daran gedacht war, auf das Erfordernis der Verherrlichung usw. zu verzichten; and. Rudolphi SK 21). Andererseits deckt Abs. 3 nicht den – gleichfalls nicht strafwürdigen – antiquarischen Einzelvertrieb (z. B. von Hitlers „Mein Kampf" [Aufstacheln zum Rassenhaß]; in BGH **29** 73 unter dem Gesichtspunkt des § 131 nicht erörtert), wo man deshalb auf das vage Korrektiv der Sozialadäquanz angewiesen ist (vgl. Bottke aaO [RN 5] 259 f.).

19 Davon abgesehen aber sagt Abs. 3 lediglich etwas aus, was ohnehin gilt: Dient eine Darstellung lediglich der Berichterstattung über Vorgänge der Geschichte oder des Zeitgeschehens, so kann sie nicht tatbestandsmäßig i. S. des Abs. 1 sein. Dies gilt jedenfalls für die wahrheitsgemäße Darstellung, während eine unwahre Darstellung zwar nicht mehr der Berichterstattung dienen kann (vgl. auch v. Bubnoff LK 25, Lackner 7a, Rudolphi SK 21), aber nicht schon deshalb, weil sie unwahr oder übertrieben ist, rassenhetzerisch usw. zu sein braucht. In welcher Form die Berichterstattung erfolgt – z. B. auch durch eine Dokumentation mit gestellten Szenen –, ist gleichgültig, solange sie sich nur auf die Reproduktion wirklicher Vorgänge beschränkt (was z. B. auch in Spielfilmen nicht von vornherein ausgeschlossen ist, vgl. Lackner 7a). Ist diese Grenze dagegen überschritten und bringt die Darstellung zugleich eine Rassenhetze oder Gewaltverherrlichung usw. zum Ausdruck, so dient sie nicht mehr der bloßen Berichterstattung und fällt damit ohnehin nicht mehr unter Abs. 3.

20 VII. Zweifelhaft ist, welche Bedeutung die **Kunstfreiheit** (Art. 5 III GG) für § 131 hat. Mögliche Kollisionen wird man hier nur bei Gewaltdarstellungen i. S. der 2. Alt. von vornherein ausschließen können, weil diese schon begrifflich kein Kunstwerk sein können (zum Kunstbegriff vgl. § 193 RN 19), nicht aber bei rassenhetzerischen oder solchen Schriften, die Gewaltdarstellungen i. S. der 1. Alt. enthalten (vgl. auch D-Tröndle 10, Rudolphi SK 24, Seetzen NJW 76 498, aber auch v. Bubnoff LK 26, Hartlieb NJW 85, 834, Württemberger, Dreher-FS 94 f.). Zwar gilt die Kunstfreiheit nicht schrankenlos, vielmehr ist auch sie an die grundgesetzliche Wertordnung gebunden (vgl. BVerfGE **30** 193), zu der auch die dem § 131 zugrundeliegenden Verbote gehören. Wann bei der hier bestehenden „Spannungslage", bei der nicht allein auf die Wirkungen eines Kunstwerks im außerkünstlerischen Sozialbereich abgehoben werden darf, sondern auch kunstspezifischen Gesichtspunkten Rechnung zu tragen ist (BVerfG aaO 195), das Recht auf Kunstfreiheit zurückzutreten hat (so generell Maunz-Dürig-Scholz Art. 5 III RN 77; and. BT-Drs. 10/2546 S. 23), dürfte im Einzelfall vielfach nicht schwer zu bestimmen sein (zur Methodenfrage vgl. auch Zechlin NJW 84, 1091). Bei Kunstwerken der Vergangenheit, die aus ihrer Zeit heraus verstanden werden müssen, ist hier größte Zurückhaltung geboten, wobei allerdings z. B. die einstigen „Stürmer"-Karikaturen auch durch Art. 5 III GG nicht gerechtfertigt wären. Aber auch moderne Literatur kann sich hier u. U. auf den Schutz des Art. 5 III GG berufen, wenn sie bei dem Versuch, historische Begebenheiten künstlerisch nachzugestalten, zwangsläufig auch frühere gewaltverherrlichende Einstellungen zum Gegenstand hat (vgl. Ostendorf

AK 17, Rudolphi SK 24). Vielfach freilich dürften die hier auftretenden Fragen kaum noch judiziabel sein, zumal häufig noch die Vorfrage zu entscheiden ist, ob z. B. eine Schrift überhaupt als Werk der Kunst und nicht lediglich der Trivialliteratur anzusehen ist (vgl. dazu auch Stuttgart NJW 76, 628). Soweit die Kunstfreiheitsgarantie durchgreift, handelt es sich um einen Rechtfertigungsgrund (vgl. Noll ZStW 65, 32 ff., Rudolphi SK 24, Würtenberger NJW 82, 613).

VIII. Idealkonkurrenz ist möglich z. B. mit §§ 86, 86a, wegen des weitergehenden Schutzzwecks des § 131 (Schutz des einzelnen vor Fehlentwicklungen, vgl. o. 1) auch mit § 130 (h. M., z. B. Blei JA 73, 172, v. Bubnoff LK 28 mwN), ferner mit §§ 140, 184 III, 185 ff. Für das Verhältnis von Abs. 1 Nr. 3 zu der inhaltsgleichen Bestimmung des § 21 i. V. mit § 3 I Nr. 1, § 6 Nr. 1 GjS gilt Entsprechendes wie bei § 184; vgl. dort 68. Dagegen ist bei Abs. 1 Nr. 1, 2, 4, da diese nicht speziell dem Jugendschutz dienen, Idealkonkurrenz mit § 21 GjS möglich (v. Bubnoff LK 28 mwN; and. D-Tröndle 15). 21

IX. Die **Einziehung** der Schriften usw. erfolgt, da jede vorsätzliche Verbreitung den Tatbestand verwirklicht, nach § 74 d I, II. Zu der nach Landesrecht kürzeren **Verjährung** bei Presseinhaltsdelikten vgl. entsprechend § 184 RN 69. 22

§ 132 Amtsanmaßung

Wer unbefugt sich mit der Ausübung eines öffentlichen Amtes befaßt oder eine Handlung vornimmt, welche nur kraft eines öffentlichen Amtes vorgenommen werden darf, wird mit Freiheitsstrafe bis zu zwei Jahren oder mit Geldstrafe bestraft.

Schrifttum: Küper, Zum Verhältnis der beiden Begehungsformen des § 132 StGB, JR 67, 451. – *Merkel,* Anmaßung eines öffentlichen Amtes, VDB II, 349.

I. Die Vorschrift soll die **staatliche Autorität** und das **Ansehen des Staatsapparates** schützen, die beeinträchtigt werden, wenn amtliche Tätigkeit von Unbefugten ausgeübt und dadurch der Eindruck erweckt wird, als seien Amtshandlungen gegeben, die in Wahrheit nicht unter der Kontrolle der staatlichen Organe zustande gekommen sind (vgl. Rudolphi SK 1, Herdegen LK 1, Schmidhäuser II 231). Daraus folgt, daß die Amtsanmaßung nur in bezug auf die Ausübung inländischer Ämter unter Strafe steht. Daher genügt z. B. nicht die Anmaßung des Status eines ausländischen Diplomaten; über den Schutz der in der BRD stationierten ausländischen Truppen vgl. 16 ff. vor § 80. Nach M-Schroeder II 206 sollen die staatliche Ämterzuweisung und die innere Organisationsgewalt des Staates geschützt werden, woraus zu schließen wäre, daß § 132 auch dann vorläge, wenn der Täter das Amt erschlichen hat (so ausdrücklich Maurach BT 642 ff.); dem kann nicht zugestimmt werden, weil trotz Täuschung das Amt übertragen und die vorgenommene Amtshandlung wirksam ist (vgl. Rudolphi SK 1, Schmidhäuser II 231). Durch die Vorschrift soll nicht der Einzelne gegen Übergriffe ungetreuer Beamter geschützt werden (BGH 3 241, D-Tröndle 7, Herdegen LK 1 f.; and. Hamm NJW 51, 245); dies ergibt sich daraus, daß § 132 einen Eingriff in die Rechtssphäre einer Privatperson nicht voraussetzt (Rudolphi aaO). 1

Der Tatbestand enthält **zwei Alternativen,** von denen die erste lediglich einen Sonderfall der zweiten bildet (Schmidhäuser II 231, Wessels II/1 121; a. A. Rudolphi SK 2, der Exklusivität annimmt). In beiden Fällen ist nämlich erforderlich, daß der Täter eine Handlung vornimmt, die sich äußerlich als Amtstätigkeit darstellt (u. 8). Dabei ist nicht notwendig, daß der Täter persönlich in Erscheinung tritt. Auch eine heimlich begangene Tat kann unter die 2. Alt. fallen, wenn der Anschein erweckt wird, es habe eine amtliche Tätigkeit stattgefunden (u. 9). Daran kann es z. B. fehlen, wenn der Adressat der Maßnahme deren nichtamtlichen Charakter erkennt. Die bloße Anmaßung eines Amtes ohne Vornahme einer amtlichen Tätigkeit reicht nicht aus. Der Unterschied der beiden Alternativen liegt daher darin, daß der Täter bei der ersten das Amt für sich in Anspruch nimmt und aufgrund dieser Anmaßung Handlungen ausführt, die einem Amtsinhaber vorbehalten sind, während nach der zweiten die Ausübung scheinbar hoheitlicher Tätigkeit genügt; zum Verhältnis der beiden Alternativen vgl. noch Küper JR 67, 451. 2

II. Der **erste Tatbestand** erfordert, daß sich jemand unbefugt mit der Ausübung eines öffentlichen Amtes befaßt. Dazu reicht bloße Anmaßung der Eigenschaft als Amtsträger nicht aus; erforderlich ist auch hier, daß der Täter eine „Amtshandlung" vornimmt (BGH GA **67,** 114); ein bestimmter Erfolg der Handlung ist für die Vollendung nicht erforderlich (OGH **1** 304). Ohne Bedeutung ist, ob sich der Täter die amtliche Eigenschaft ausdrücklich zulegt, sich z. B. als Polizeibeamter ausgibt, oder ob sich dies aus den Umständen ergibt, so wenn ein Unbefugter in Polizeiuniform den Verkehr regelt. Ferner kann § 132 auch dann gegeben sein, wenn der Täter unter falschem Namen auftritt, sich z. B. als der Richter X bezeichnet. 3

4   1. Der Begriff des **öffentlichen Amtes** erfordert eine Tätigkeit im Dienste des Bundes oder im unmittelbaren oder mittelbaren Dienst eines Landes; das Amt ist als öffentliches anzusehen, wenn sein Träger als Organ der Staatsgewalt zu betrachten ist (RG JW **38**, 2130). Inhaber eines öffentlichen Amtes sind aber nicht nur die Amtsträger usw. (vgl. § 11 I Nr. 2–4), sondern z. B. auch alle Laienrichter, die jetzt durch § 11 I Nr. 3 den Berufsrichtern gleichgestellt sind (vgl. § 11 RN 33; insoweit ebenso D-Tröndle 1, Herdegen LK 11, Lackner 3a, Rudolphi SK 5). Darüber hinaus sind als öffentliches Amt auch anzusehen die Anwaltschaft (hierzu Celle HESt. **2** 235; and. D-Tröndle 1, Rudolphi SK 5) und das Notariat. Kirchenämter sind keine öffentlichen Ämter; eine Ausnahme ist für den Fall zu machen, daß die kirchliche Amtshandlung zugleich eine staatliche Verrichtung darstellt, wie z. B. die Erteilung von Zeugnissen über Eintragungen in den Kirchenbüchern (RG **5** 56; vgl. hierzu § 11 RN 27). Es ist nicht erforderlich, daß das angemaßte Amt tatsächlich existiert, es muß ausreichen, daß auf die Ausübung staatlicher Aufgaben hingewiesen wird, z. B. in der Eigenschaft als „Regierungspräsident von Berlin". Erforderlich ist aber ein konkreter Hinweis auf eine Funktion als Amtsinhaber; die allgemein gehaltene Erklärung „Hier ist die Kriminalpolizei" genügt nicht (Koblenz NStZ **89**, 268 in abl. Anm. Krüger NStZ **89**, 477).

5   2. **Mit der Ausübung eines Amtes befaßt sich** unbefugt, wer sich als Inhaber eines öffentlichen Amtes ausgibt, das er in Wirklichkeit nicht bekleidet, und aufgrund dieser Vortäuschung eine dem angemaßten oder einem anderen Amt entsprechende Handlung vornimmt (BGH GA **67**, 114, Rudolphi SK 7, Wessels II/1 121). Ein Beispiel bietet der Fall, daß sich jemand als Kriminalbeamter aufspielt und eine Beschlagnahme oder Durchsuchung ausführt (RG JW **35**, 2960; vgl. auch RG **76** 25, BGH GA **64**, 151). Der Tatbestand wird also allein dadurch, daß sich jemand als Kriminalbeamter ausgibt, noch nicht erfüllt (BGH MDR/D **67**, 13). Hinzutreten muß eine Handlung, die als hoheitliche Tätigkeit erscheint (Koblenz NStZ **89**, 268 m. Anm. Krüger NStZ **89**, 477 und vgl. o. 2). Rein fiskalisches Handeln fällt nicht unter § 132, der daher z. B. nicht anwendbar ist, wenn jemand vorspiegelt, für eine Behörde Bestellungen aufzugeben (BGH **12** 30, Oldenburg MDR **87**, 604).

6   III. Der **zweite Tatbestand** verlangt, daß jemand unbefugt eine Handlung vornimmt, die nur kraft eines öffentliches Amtes vorgenommen werden darf. Im Unterschied zur ersten Alternative maßt sich hier der Täter nicht das Amt, sondern allein eine amtliche Befugnis an, indem er den Anschein erweckt, zu Amtshandlungen dieser Art berechtigt zu sein. Die strafbare Handlung besteht hier darin, daß er etwas tut, was nur ein Beamter tun darf (OGH **1** 305), z. B. eine Verhaftung vornimmt (RG **55** 266).

7   1. Zum **öffentlichen Amt** vgl. o. 4.

8   2. Erforderlich ist, daß der Täter unbefugt **eine Handlung vornimmt, die nur kraft eines öffentlichen Amtes vorgenommen werden darf.** Zweifelhaft kann sein, welche rechtlichen Elemente diese Handlung aufweisen muß. Entgegen dem Wortlaut ist nicht erforderlich, daß – von der fehlenden Amtsstellung abgesehen – sämtliche Voraussetzungen amtlicher Tätigkeit vorliegen. Die staatliche Autorität ist auch dann gefährdet (vgl. o. 1), wenn Handlungen nach den Umständen lediglich den Anschein amtlichen Handelns hervorrufen. Daher werden hier nicht nur rechtlich zulässige Amtshandlungen (z. B. Untersuchungen, Verhaftungen, Vernehmungen usw. [RG **59** 293]), sondern auch rechtlich unzulässige (z. B. Eintragung einer „dinglichen Miete" im Grundbuch, Vereidigung des Angeklagten) erfaßt (and. Herdegen LK 5). Entscheidend ist, ob die Handlung einem objektiven Beobachter als hoheitliches Handeln erscheint (Rudolphi SK 9). Dies ist z. B. der Fall bei Verbreitung eines angeblichen amtlichen Schreibens (AG Göttingen NJW **83**, 1209 m. Anm. Oetker NJW **84**, 1602); so auch LG Paderborn NJW **89**, 178 für die Herstellung und Verbreitung eines Aufrufs zur Rückgabe der Volkszählungsbögen, welcher in seiner Aufmachung den Eindruck erweckt, daß er von einer städtischen Behörde verfaßt worden ist (vgl. dazu auch § 267 RN 42). Dies gilt allerdings nicht, wenn die Handlung offenkundig so weit von normaler staatlicher Tätigkeit abweicht, daß der Eindruck staatlichen Handelns nicht erweckt werden kann. Erfolgt eine nur von Beamten vorzunehmende Handlung unter Umständen, die sie als Privathandlung erscheinen lassen, so ist § 132 nicht erfüllt (z. B. Abnahme eines Privateides [RG **34** 288] oder einer eidesstattlichen Versicherung).

9   Die Amtshandlung braucht nicht notwendig den **Täter als Urheber** erkennen zu lassen, sofern sie nur dazu führt, daß nach außen der Eindruck amtlichen Handelns entsteht (Herdegen LK 6; and. RG **68** 255). So wird z. B. das heimliche Aufstellen von Verkehrsschildern (Rudolphi SK 10, Wessels II/1 122), das Ein- und Ausschalten einer Verkehrsampel oder die Anbringung einer Pfandmarke (vgl. RG HRR **41** Nr. 789) von § 132 erfaßt. Anders ist es jedoch beim eigenmächtigen Ablösen einer Pfandmarke oder bei der Entfernung einer polizeilichen Aufforderung an einem falsch geparkten Fahrzeug und Anbringung am eigenen Wagen (vgl. Schröder JR 64, 230, Baumann NJW 64, 708) da hier nicht der Anschein amtlicher Tätigkeit erweckt wird.

Amtsanmaßung 10–16 **§ 132**

Sofern die Handlung in der Herstellung einer Urkunde besteht, sind die für die Urkunden- **10**
qualität und Beweiswirkung geltenden Grundsätze zu berücksichtigen, so daß z. B. die bloße
Benutzung von Behördenformularen nicht genügt (vgl. für Zahlungsaufforderung auf Zahlungsbefehlsformularen RG **68** 77; and. RG **23** 205, Frankfurt NJW **64**, 61 m. Anm. Schröder).
Ebensowenig stellt die Verfälschung einer Urkunde eine Amtshandlung dar, es sein denn, sie
wird unter Umständen vorgenommen, die den Anschein amtlicher Tätigkeit begründen, z. B.
wenn in den Führerschein ein Änderungsvermerk eingetragen wird.

IV. Der Täter muß **unbefugt** handeln (zur Doppelfunktionalität dieses Merkmals vgl. 65 vor **11**
§ 13). Dies setzt voraus, daß er nicht durch eine amtliche Stellung oder eine Erlaubnis zur
Vornahme der Amtshandlung legitimiert worden ist. Deshalb handelt nicht unbefugt i. S. v.
§ 132, wem die Ausübung eines Amtes aufgrund einer strafbaren Handlung, z. B. eines Betruges, übertragen worden ist (Braunschweig NdsRpfl. **50**, 127, D-Tröndle 4, Lackner 3b, Rudolphi SK 11, M-Schroeder II 208; and. Freiburg DRZ **48**, 66). Die Tatsache, daß die Anstellung
eines Beamten, der sich durch eine strafbare Handlung seine Stellung verschafft hat, mit ex
tunc-Wirkung vernichtbar ist (RGZ **83** 429, § 12 I BBG), kann an diesem Ergebnis nichts
ändern. Diese Vernichtung der öffentlich-rechtlichen Beziehung zum Staat betrifft lediglich das
Innenverhältnis; der Allgemeinheit gegenüber sind die von dem Beamten vorgenommenen
Handlungen Amtshandlungen und werden auch als solche geschützt (vgl. § 113 RN 21, 23 ff.).

V. Bestritten ist, ob die Fälle des § 132 **eigenhändige Delikte** darstellen. Die Rspr. (RG **55** **12**
266, **59** 81, OGH **1** 305) hat dies stets bejaht. Dies ist jedenfalls für die zweite Alternative nicht
überzeugend. Geht man davon aus, daß entscheidend die Hervorrufung des Anscheins ist,
hoheitliche Tätigkeit sei ausgeübt worden, so muß auch derjenige aus § 132 strafbar sein, der
z. B. einen Gutgläubigen oder ohne Schuld Handelnden veranlaßt, falsche Verkehrszeichen
aufzustellen (vgl. Herdegen LK 6). Ob Gleiches auch für die erste Alternative gilt (näher dazu
Rudolphi SK 4) spielt praktisch keine Rolle, da diese sich nur als Spezialfall der zweiten darstellt
und daher mittelbare Täterschaft nach der zweiten gegeben sein kann (vgl. insb. Roxin TuT
408). Ebenso ist Mittäterschaft bei beiden Alternativen möglich, und zwar auch in der Weise,
daß bei der 1. Alt. jeder Mittäter nur einen Teil der Tatbestandsmerkmale selbst verwirklicht,
ihm aber die Beiträge der anderen zuzurechnen sind, z. B. wenn bei einer Haussuchung der eine
Mittäter sich lediglich als Kriminalbeamter vorstellt, während die anderen schweigend die
Räume durchsuchen.

VI. Für den **subjektiven Tatbestand** ist in beiden Fällen Vorsatz erforderlich. Der Vorsatz **13**
bedeutet das Bewußtsein, sich mit einem angemaßten Amt zu befassen oder eine Handlung
vorzunehmen, die nur kraft eines öffentlichen Amtes vorgenommen werden darf (RG **59** 297,
D-Tröndle 10, Wessels II/1 122), bedingter Vorsatz genügt (Rudolphi SK 12).

Der **Irrtum** über die Befugnis kann zu einem analog § 16 zu behandelnden Irrtum (vgl. dort **14**
RN 14ff.; Herdegen LK 13, Warda Jura 79, 295) führen oder Verbotsirrtum sein. Geht z. B. ein
Bauunternehmer irrtümlich davon aus, aufgrund eines von der Straßenbaubehörde aufgestellten oder genehmigten Beschilderungsplanes berechtigt zu sein, an einer Baustelle bestimmte
Verkehrsschilder aufstellen zu dürfen, so begeht er kein vorsätzliches Unrecht, wenn er entsprechend dem vermeintlichen Plan handelt. Hier liegt die Annahme eines Sachverhalts vor, bei
dem auch Privatleute – ausnahmsweise – als „beliehene Unternehmer" eine sonst nur Behörden
vorbehaltene hoheitliche Handlung vornehmen dürfen; dies ist ein analog § 16 zu behandelnder
Irrtum. Im übrigen aber ist das Merkmal unbefugt allgemeines Verbrechensmerkmal (vgl. 65
vor § 13), das dem Merkmal „rechtswidrig" gleichzustellen ist; ein Irrtum hierüber führt daher
zum Verbotsirrtum. Ist also z. B. ein Bauunternehmer der Meinung, ohne behördlichen Auftrag Verkehrsschilder aufstellen zu dürfen, so handelt er im Verbotsirrtum.

VII. **Täter** kann in beiden Fällen zunächst ein Nichtbeamter sein. Aber auch ein Amtsträger **15**
kann Amtsanmaßung begehen, indem er sich amtliche Befugnisse beilegt, die mit seinem Amt
nicht verbunden sind (RG **76** 62, BGH **3** 244). Dagegen liegt § 132 nicht vor, wenn ein Amtsträger generell zur Vornahme bestimmter Handlungen zuständig ist, im konkreten Fall aber
von der Vornahme aufgrund interner Dienstvorschriften, gesetzlicher Bestimmungen oder
ähnlicher Hindernisse ausgeschlossen ist (vgl. RG **67** 226; ferner RG **56** 234, **58** 176), ferner
nicht, wenn er seine formale Legitimation als Amtsinhaber im Widerspruch zu den Interessen
seiner Behörde ausübt (BGH **3** 242; and. Hamm NJW **51**, 245).

VIII. **Idealkonkurrenz** ist möglich mit § 132a, Diebstahl (RG **54** 256), Erpressung, Betrug (BGH **16**
GA **64**, 151) und Urkundenfälschung. Die beiden Tatbestände des § 132 können bzgl. der gleichen
Amtshandlung untereinander nicht in Ideal- oder Realkonkurrenz stehen, da der erste nur der speziellere Fall des zweiten ist (Welzel 512; and. D-Tröndle 11, Herdegen LK 10 [wechselseitiger Ausschluß]; Lackner 6 [Konsumtion]). Mit §§ 331 ff. kommt Idealkonkurrenz in Betracht, falls der Täter
Beamter ist und sich durch die Tat ein Amt anmaßt, das er nicht innehat (vgl. RG **76** 62).

§ 132a Mißbrauch von Titeln, Berufsbezeichnungen und Abzeichen

(1) Wer unbefugt
1. inländische oder ausländische Amts- oder Dienstbezeichnungen, akademische Grade, Titel oder öffentliche Würden führt,
2. die Berufsbezeichnung Arzt, Zahnarzt, Tierarzt, Apotheker, Rechtsanwalt, Patentanwalt, Wirtschaftsprüfer, vereidigter Buchprüfer, Steuerberater oder Steuerbevollmächtigter führt,
3. die Bezeichnung öffentlich bestellter Sachverständiger führt oder
4. inländische oder ausländische Uniformen, Amtskleidungen oder Amtsabzeichen trägt,

wird mit Freiheitsstrafe bis zu einem Jahr oder mit Geldstrafe bestraft.

(2) **Den in Absatz 1 genannten Bezeichnungen, akademischen Graden, Titeln, Würden, Uniformen, Amtskleidungen oder Amtsabzeichen stehen solche gleich, die ihnen zum Verwechseln ähnlich sind.**

(3) **Die Absätze 1 und 2 gelten auch für Amtsbezeichnungen, Titel, Würden, Amtskleidungen und Amtsabzeichen der Kirchen und anderen Religionsgesellschaften des öffentlichen Rechts.**

(4) **Gegenstände, auf die sich eine Straftat nach Absatz 1 Nr. 4, allein oder in Verbindung mit Absatz 2 oder 3, bezieht, können eingezogen werden.**

1 I. Die Vorschrift erfaßt das **unbefugte Führen** von **Amts-** oder **Dienstbezeichnungen,** akademischen **Graden, Titeln,** öffentlichen **Würden** (Abs. 1 Nr. 1), bestimmten **Berufsbezeichnungen** (Abs. 1 Nr. 2), der Bezeichnung als öffentlich bestellter **Sachverständiger** (Abs. 1 Nr. 3) sowie das **Tragen bestimmter Uniformen** (Abs. 1 Nr. 4) usw.

2 Ergänzend zu § 132a kommen folgende **Bestimmungen** aus dem **Ordnungswidrigkeitenrecht** in Betracht: § 126 OWiG erfaßt den Mißbrauch von Berufstrachten oder Berufsabzeichen der Kranken- oder Wohlfahrtspflege sowie religiöser Vereinigungen, die von einer Kirche oder einer anderen Religionsgemeinschaft des öffentlichen Rechts anerkannt sind; § 15 TitelG (Art. 33 Nr. 2 EGStGB) betrifft den Mißbrauch von Orden und Ehrenzeichen. Weiterhin sind z. B. folgende Berufsbezeichnungen geschützt: Apothekerassistent (§§ 1, 2 Gesetz über die Rechtsstellung vorgeprüfter Apothekenanwärter vom 4. 12. 1973 [BGBl. I 1813, III 2124–11]), Diätassistent (§ 8 Gesetz über den Beruf des Diätassistenten vom 17. 7. 1973 [BGBl. I 853, III 2124–10]), Meister (§§ 51, 117 HandwerksO), Krankenpfleger, Krankenschwester, Kinderkrankenschwester, Krankenpflegehelfer (§§ 1, 16 Krankenpflegergesetz), Masseur, Med. Bademeister, Krankengymnast (§ 14 MasseurG), Med.-technischer Laboratoriumsassistent, Med.-technischer Radiologieassistent, Vet.-med.-technischer Assistent (§ 12 MTAG), Pharmazeutisch-technischer Assistent (§§ 1, 10 Gesetz über den Beruf des Pharmazeutisch-technischen Assistenten), Wochenpflegerin (§ 7 Verordnung über Wochenpflegerinnen). Durch **landesrechtliche Gesetze** geschützt sind z. B. folgende Berufsbezeichnungen: Ingenieur, vgl. dazu die Ingenieurgesetze der Länder, die inhaltlich weitgehend übereinstimmen (z. B. §§ 1, 8 Hess. IngenieurG), Architekt, Innenarchitekt, Gartenarchitekt, Landschaftsarchitekt, vgl. die Architektengesetze der Länder (z. B. §§ 1, 20 Hess. ArchitektenG), Prüfingenieure für Baustatik, vgl. dazu die Bauordnungen der Länder mit Durchführungsverordnungen (z. B. § 9 PrüfungsVO NRW, § 16 Bay. Bautechnische PrüfungsVO, § 10 Saarl. Bautechnische PrüfungsVO, § 17 Schl.-H. 2. VO-LBO). **Sonstige Berufsbezeichnungen** wie z. B. Gastwirt, Student, Generaldirektor etc. sind nicht geschützt (LG Stettin GA Bd. **44** 169).

3 II. Zweifelhaft kann sein, welches **Rechtsgut** der Vorschrift zugrunde liegt, d. h. ob die Bestimmung dem Schutze der durch die Amtsbezeichnung usw. repräsentierten Behörden dient, oder ob daneben – oder ausschließlich – auch die Allgemeinheit geschützt werden soll. Aus der Tatsache, daß § 132a ausdrücklich auch ausländische Amtsbezeichnungen usw. erfaßt und es allgemein anerkannten Regeln unseres StGB zuwiderläuft, ausländische staatliche Institutionen als solche zu schützen (vgl. 17 vor § 3), wird man davon ausgehen müssen, daß ratio des § 132a in erster Linie der **Schutz der Allgemeinheit** in Gestalt der Lauterkeit der Titelführung ist, die gegenüber Inhabern von Amtsbezeichnungen usw. anders reagieren könnte und damit Hochstaplern leichter in die Hände fällt (vgl. BGH **31** 61, Bay NJW **79**, 2359; D-Tröndle 3, Wessels II/1 123). Daraus erklärt sich auch, daß § 132a auch dann eingreift, wenn der Täter überhaupt nicht existierende Titel oder Amtsbezeichnungen für sich in Anspruch nimmt (BGH GA **66**, 279), sofern die bestehenden Titeln usw. zum Verwechseln ähnlich sind (vgl. Abs. 2). In der Sache übereinstimmend sehen Rudolphi SK 2 und v. Bubnoff LK 2 das Rechtsgut im Vertrauen der Bevölkerung in die ‚Echtheit' der genannten Berufsträger".

4 III. Der **Schutzbereich der Vorschrift** erfaßt folgenden Berufsbezeichnungen usw.:
5 1. Geschützt sind zunächst **Amts-** oder **Dienstbezeichnungen,** und zwar sowohl inländischer wie ausländischer Herkunft. **Amtsbezeichnungen** sind die Kennzeichnung staatlicher oder

kommunaler Ämter, wie Richter am Landgericht, Professor (AG Ulm MedR **85**, 189, Kern MedR **88**, 242), Bürgermeister, Landrat, Gemeinderat, Notar (§ 1 BNotO), Studienrat, während **Dienstbezeichnungen** die Kennzeichnung von Berufen beinhalten, die ohne Verbindung mit einem Amt nur aufgrund öffentlich-rechtlicher Zulassung ausgeübt werden können, z. B. Referendar, vereidigter Landmesser (Kiel JW **26**, 2648), Fleischbeschauer. Kennzeichnend ist für beide Gruppen, daß es sich um Berufe mit öffentlich-rechtlichen Befugnissen handelt, die aufgrund von Vorschriften des Staats- oder Gemeinderechts erworben werden.

Maßgeblich für das **Recht zur Führung** der Amts- und Dienstbezeichnungen sind die entsprechenden Vorschriften des Bundes, der Länder und Gemeinden sowie das in der bisherigen DDR geltende Recht, z. B. DDR-RiG, DDR-NotG, DDR-RAG; soweit ausländische Bezeichnungen in Betracht kommen, sind die Vorschriften des betreffenden Staates maßgebend. Nach Eintritt in den Ruhestand darf die letzte Bezeichnung mit dem Zusatz a. D. geführt werden (vgl. § 81 III BBG); dies gilt auch bei einer Entlassung aus dem Amt, sofern die oberste Dienstbehörde die Weiterführung der Amtsbezeichnung genehmigt (vgl. § 81 IV BBG), es sei denn, daß es sich um einen Ausschluß auf dem Disziplinarweg oder durch Strafurteil (§ 49 S. 2 BBG) handelt. Wer aus der Anwaltschaft ausgeschlossen ist, darf sich nicht Assessor a. D. nennen (Celle JW **37**, 185; KG DStR **38**, 395; and. Köln HRR **32** Nr. 76). 6

2. **Akademische Grade** sind die von einer deutschen Hochschule verliehenen Titel, Bezeichnungen oder Ehrungen (vgl. v. Hippel GA **70**, 18, Thieme, Deutsches Hochschulrecht [1966] 220ff., Deumeland, Das Hochschulwesen **90**, 291). Dazu gehören der Honorarprofessor (vgl. Bay NJW **78**, 2348 mit Hinweis auf die nicht notwendige Hochschulausbildung und -zugehörigkeit), Doktortitel (AG Ulm MedR **85**, 189), Ehrendoktor, Magister, Lizentiat, Diplomvolkswirt (BGH NJW **55**, 839), Diplomkaufmann (OVG Berlin NJW **67**, 1053), Diplomingenieur. Ob hierzu auch der Privatdozent gerechnet werden kann oder ob es sich dabei um eine Dienstbezeichnung handelt, hängt von den jeweiligen landesrechtlichen Bestimmungen ab (vgl. etwa § 42 III HessUG, § 39 HG BaWü, § 80 I 2 UG BaWü). Die von den Hochschulen der früheren DDR vertretenen akademischen Grade sind inländische Grade. Die Führung ausländischer Doktortitel bedarf nach § 2 AkadG einer ministeriellen Genehmigung (BVerwG NJW **72**, 917, Bay NJW **72**, 1337, KG NJW **71**, 1530); der Verstoß gegen die Auflage, die verleihende Universität neben dem Zusatz h. c. zu nennen, ist nicht durch § 132a erfaßt. 7

3. **Titel** i. S. des § 132a sind die ohne Amt als Ehrung verliehenen Bezeichnungen wie Justizrat, Sanitätsrat, Professor, soweit es sich nicht um eine Amtsbezeichnung handelt (vgl. § 1 OrdensG). Zweifelhaft ist, ob die Bezeichnung „Assessor" hierher gehört (so KG DStR **38**, 395; and. v. Bubnoff LK 5, 9: Qualifikationsbezeichnung). Zur Genehmigungspflicht bei Führen eines ausländischen Professorentitels nach § 5 OrdensG vgl. LG Saarbrücken NJW **76**, 1160, vgl. auch AG Ulm MedR **85**, 190 zu einem gekauften philippinischen Professorentitel sowie BVerwG MedR **88**, 264 zu einem gekauften vergleichbaren guatemaltekischen Titel; zur Frage, unter welchen Voraussetzungen anstelle der ausländischen Dienstbezeichnung die deutsche Bezeichnung „Professor" geführt werden darf vgl. BVerwG NVwZ **88**, 366. 8

4. **Würden** sind auf öffentlichem Recht beruhende Ehrungen, die meist in der Form der Zugehörigkeit zu einer Gemeinschaft ehrenhalber verliehen werden, wie z. B. Ehrenbürger einer Universität oder Gemeinde. 9

5. Geschützt sind ferner die in Abs. 1 Nr. 2 genannten **Berufsbezeichnungen**. Zu den Ärzten gehören alle als Humanmediziner approbierten Medizinpersonen einschließlich der Spezialisten für bestimmte Gebiete (Arzt für Innere Medizin, Chirurgie, Psychiatrie usw.) sowie Zahnärzte. Für Tierärzte gilt § 3 BTierÄO, für Apotheker § 3 BApothO, für Rechtsanwälte § 12 III BRAO, § 13 III DDR-RAG, für Patentanwälte § 19 III PatAnwO, für Wirtschafts- und vereidigte Buchprüfer §§ 1 I, 128 I WirtschaftsPrüfO, für Steuerberater oder -bevollmächtigte §§ 4, 11 I SteuerberatG. 10

6. Die Bezeichnung **„öffentlich bestellter Sachverständiger"** (Abs. 1 Nr. 3) bezieht sich auf solche Personen, die aufgrund öffentlich-rechtlicher Vorschriften für bestimmte Sachgebiete als Sachverständige bestellt sind, z. B. die von den Industrie- und Handelskammern, Handwerkskammern usw. bestellten Sachverständigen; unerheblich ist, ob sie auf bestimmte Zeit oder auf unbegrenzte Zeit zum Sachverständigen bestellt werden. 11

7. Geschützt werden weiter in- und ausländische **Uniformen, Amtskleidungen** oder **Amtsabzeichen**. Uniform ist jede aufgrund öffentlich-rechtlicher Bestimmungen eingeführte Tracht, sofern die Befugnis zum Anlegen dieser Tracht durch öffentlich-rechtliche Vorschriften geregelt ist. Hierhin gehören vor allem die Uniformen der Bundeswehr, der Polizei, des Zolls, der Eisenbahn, Post oder Feuerwehr, ferner etwa die durch polizeiliche Vorschriften geregelte Einheitskleidung für Taxichauffeure, Dienstmänner usw. (D-Tröndle 12, v. Bubnoff LK 16), nicht dagegen Phantasieuniformen (D-Tröndle 12). Amtskleidung ist jede durch öffentlich-rechtliche Vorschriften eingeführte Tracht, die im Gegensatz zur Uniform nicht stän- 12

dig beim Dienst, sondern nur bei bestimmten Amtshandlungen getragen wird (Bay **59** 180), z. B. die Roben der Richter, Staatsanwälte, Rechtsanwälte, die Talare der Hochschullehrer. Amtsabzeichen sind Zeichen, die, ohne zur Kleidung zu gehören, den Träger als Inhaber eines bestimmten Amtes kenntlich machen.

13   8. Den genannten **Bezeichnungen** stehen solche gleich, die ihnen **zum Verwechseln ähnlich** sind (Abs. 2). Nach der in der Vorschrift zum Ausdruck kommenden Schutzrichtung (o. 3) ist diese Voraussetzung erfüllt, wenn „nach dem Gesamteindruck eines durchschnittlichen, nicht genau prüfenden Beurteilers eine Verwechslung möglich ist" (BGH GA **66**, 279). Die Vorschrift knüpft ihrem Regelungsgehalt nach an frühere Bestimmungen an, die insb. bei Vertrauensberufen vergleichbare Verwechslungstatbestände kannten; so ist etwa die zu § 147 GewO a. F. ergangene Rspr. auch heute noch von Bedeutung (vgl. RG **1** 117, **15** 170, **27** 336, **38** 158, Bay GewerbeA **07**, 163; vgl. weiter Landmann-Rohmer-Eyermann-Fröhler GewO[11] § 29 Anm. 8 f.). Maßgeblich ist damit, in welchem Zusammenhang die verwechslungsfähige Bezeichnung geführt wird, weil der Identifikationsprozeß zwischen dem echten Titel und einer vergleichbaren Schutzbezeichnung im Bewußtsein des durchschnittlichen Erklärungsempfängers davon abhängig ist, ob nach den jeweiligen Umständen auf eine Berufsbezeichnung oder eine bloße Qualifikation hingewiesen wird. Wer beispielsweise als ‚Handelsanwalt' oder ‚Verkehrsjurist' seine Dienste öffentlich anbietet, erfüllt Abs. 2, während die gleiche Bezeichnung, sofern sie nur auf spezielle Fachkenntnisse oder Fähigkeiten hinweisen soll, das Vertrauen in die Lauterkeit der Titelführung (o. 3) noch nicht erschüttert. Dies gilt u. a. für Wortverbindungen mit dem Suffix- ‚loge' (Düsseldorf 2 U 119/82 v. 30. 6. 83, KG 16.0.19.75 v. 25. 6. 75 zu §§ 1, 3 UWG) oder dem Zusatz ‚Diplom-' (KG JR **64**, 68), weil durch sie auf die Ablegung einer staatlichen Prüfung oder den Abschluß eines ordentlichen Universitätsstudiums hingewiesen wird. Dabei ist es gleichgültig, ob der angemaßte Titel als solcher existiert (BGH GA **66**, 279: ‚Konsul von Thomond', KG aaO: ‚Diplom-Kosmetikerin'), wie umgekehrt das Weglassen des den echten Titel kennzeichnenden ‚Diplom' –, wie z. B. beim ‚Psychologen' (Düsseldorf aaO) oder ‚Gemmologen' die Strafbarkeit nicht ausschließt. Maßgeblich ist allein, ob die angemaßte Bezeichnung im jeweiligen Kontext mit einer Dienst- oder Berufsbezeichnung usw. der in Abs. 1 genannten Art vom Erklärungsempfänger verwechselt werden kann. Unerheblich ist auch, ob tatsächlich jemand getäuscht wurde (RG **61** 7); es genügt, daß die Bezeichnung geeignet ist, den durchschnittlichen Beurteiler zu täuschen. So macht sich z. B. strafbar, wer ein verwaltungstechnisch unrichtig bezeichnetes Amt für sich in Anspruch nimmt, sich z. B. als Polizeibeamter ausgibt (vgl. jedoch BGH **26** 267), weil das Vertrauen der Allgemeinheit nicht bloß durch die Verwendung beamtenrechtlich zutreffend bezeichnender Dienststellungen (Polizeimeister, Kriminalhauptkommissar usw.) beeinträchtigt werden kann. Obwohl die Bezeichnung „Facharzt" abgeschafft ist, unterfällt diese Bezeichnung Abs. 2, wenn sie durch eine nicht im jeweiligen Fach approbierte Medizinalperson gebraucht wird. Ebenso erfaßt die Vorschrift auch solche Bezeichnungen, die nicht als selbständige Berufsbezeichnungen zugelassen sind, wie z. B. ‚Praktischer Vertreter der arzneilosen Heilkunde' (RG **27** 335), Zahnheilkundler, Zahnheilpraktiker, Naturarzt (BT-Drs. 7/550 S. 222). Verwechslungsfähig sind weiter die Bezeichnungen Bücherrevisor, Wirtschaftstreuhänder. Wird die Abkürzung „Prof." für Professor geführt, so handelt es sich um eine verwechslungsfähige Amts- oder Dienstbezeichnung (Bay NJW **78**, 2348, AG Ulm MedR **85**, 189).

14   9. Geschützt werden weiter die nach innerkirchlichem Recht bestehenden (LG Mainz MDR **84**, 511) Amtsbezeichnungen, Titel, Würden, Amtskleidungen und Amtszeichen der **Kirchen** sowie anderer **Religionsgesellschaften** mit dem Charakter von Körperschaften des öffentlichen Rechts. Zur Verfassungsmäßigkeit der Vorschrift vgl. Quarch, Zeitschrift für evangelisches Kirchenrecht, 1986, 92.

15   Unter **Kirchen** werden die traditionellen christlichen Religionsgemeinschaften verstanden; dazu zählen neben den Großkirchen wie der evangelischen und der römisch-katholischen Kirche auch z. B. die altkatholische Kirche, die evangelisch-methodistische Kirche, der Bund evangelisch-freikirchlicher Gemeinden (Baptisten) und die russisch-orthodoxe Kirche; zum Titel ‚Pastor' vgl. Düsseldorf NJW **84**, 2959. Zu den übrigen **Religionsgesellschaften** des öffentlichen Rechts gehören z. B. die israelitischen Kultusgemeinden, die Mennoniten und die Heilsarmee, nicht dagegen die Zeugen Jehovas und die Buddhisten, da diese in privater Rechtsform organisiert sind (vgl. dazu im einzelnen Maunz-Dürig-Herzog RN 18 f. zu Art. 140 sowie RN 30 zu Art. 137 WV [Anhang zu Art. 140]), zust. Rudolphi SK 10; and. LG Mainz MDR **84**, 511, wonach auch privatrechtlich organisierte Religionsgesellschaften geschützt sein sollen. Zweifelhaft ist, ob die Ordenskleidungen der katholischen Mönche und Nonnen unter Abs. 3 fallen; zwar besteht nach Art. 10 des Reichskonkordats (RGBl. 1933 II 681) eine Verpflichtung des Staates, die Ordenskleidung den militärischen Uniformen gleichzustellen (vgl. Bay JW **35**, 960), jedoch handelt es sich bei der Ordenskleidung um Trachten von religiösen Vereinigungen, für die dem Wortlaut nach § 126 OWiG gilt.

IV. Die **strafbare Handlung** besteht darin, daß Amtsbezeichnungen, Titel usw. geführt oder Uniformen usw. getragen werden. 16

1. **Amtsbezeichnungen werden** dann **geführt,** wenn der Täter sie für sich selbst in Anspruch nimmt; dazu gehört ein aktives Verhalten des Täters, eine bloße Duldung der Anrede durch Dritte genügt nicht (RG 33 305). Das Führen muß jedoch in einer Weise geschehen, die die Interessen der Allgemeinheit berührt (vgl. BGH **31** 62, Bay GA **74,** 151, NJW **79,** 2359). Daher kann zwar auch ein Gebrauch im privaten Verkehr ausreichen, jedoch nur dann, wenn Art und Intensität die Allgemeinheit berühren (vgl. Stuttgart NJW **69,** 1777), und ebenso kann auch ein einmaliger Gebrauch genügen, wenn dies z. B. öffentlich oder gegenüber einer Mehrzahl von Personen geschieht (KG GA **71,** 227, Oldenburg NJW **84,** 2231 m. Anm. Meurer JR 84, 470). 17

2. Das **Tragen** einer **Uniform** usw. liegt jedenfalls dann vor, wenn der Täter sich in ihr öffentlich – wenn auch nur einmal – zeigt (vgl. RG **61** 8; näher hierzu Meurer JR 84, 470). Darauf, ob ein anderer die Bedeutung der Uniform usw. erkannt und sich dadurch über die Befugnis des Täters hat täuschen lassen, kommt es nicht an. Als Tathandlung kommt aber auch hier nur eine solche Inanspruchnahme des Titels usw. in Betracht, die geeignet ist, die Interessen der Allgemeinheit zu beeinträchtigen; das Anbringen einer Arztplakette am Fahrzeug, um einer Anzeige beim Falschparken zu entgehen, verletzt daher nicht das im § 132a geschützte Interesse (Bay NJW **79,** 2359). 18

3. Tatbestandsmäßig ist die Tat allerdings nur dann, wenn der Täter den Titel führt, die Uniform trägt unter Umständen, die geeignet sind, einen falschen Eindruck zu erwecken; dies ergibt sich aus dem Merkmal „unbefugt", das hier schon den Tatbestand zu begrenzen hat, weil sonst jede Titelführung, jedes Uniformtragen usw., auch soweit es durch einen hierzu Berechtigten geschieht, den Tatbestand erfüllen würde (zur Doppelfunktionalität dieses Merkmals vgl. 65 vor § 13). Am Tatbestand fehlt es z. B. beim Uniformtragen eines Schauspielers auf der Bühne oder bei der Fastnacht (RG **61** 8, v. Bubnoff LK 24, D-Tröndle 16, Welzel 513). Das Merkmal der Befugnis kann aber auch die Rechtswidrigkeit betreffen. Führt z. B. ein Kriminalbeamter zur Aufklärung eines Wirtschaftsspionagefalles den Titel „Dr. rer. nat.", so handelt der dazu an sich nicht berechtigte Beamte zwar tatbestandsmäßig, aber nicht rechtswidrig, sofern die Voraussetzungen des § 34 gegeben sind. 19

V. Für den **subjektiven Tatbestand** ist Vorsatz erforderlich; bedingter Vorsatz genügt (vgl. RG **61** 9). Der Irrtum über die Befugnis zum Tragen der Uniformen usw. kann Tatbestands- oder Verbotsirrtum sein. Vgl. dazu Bay GA **61,** 152: Verbotsirrtum, wenn der Täter infolge unzutreffender rechtlicher Erwägungen glaubt, seine frühere Amtsbezeichnung mit dem Zusatz „z. Wv." auch ohne Anmeldung nach Ges. Art. 131 GG führen zu dürfen; Tatbestandsirrtum, wenn der Täter Umstände annimmt, die ihn berechtigen würden, den Titel zu führen usw., sich z. B. noch im Besitz der Doktorurkunde glaubt, die – zusätzlich zur Verleihung des Titels (vgl. VO vom 21. 6. 1939, RGBl. I 1326) – Voraussetzung für die Berechtigung ist, den Titel zu führen (vgl. BGH **14** 228, KG JR **64,** 68). 20

VI. **Idealkonkurrenz** ist möglich mit §§ 132, 263. Das mehrfache Führen desselben Titels usw. ist nur eine Tat (vgl. jedoch 81 ff. vor § 52); der Begriff des Führens schließt die wiederholte Begehung in sich (ebenso BGH GA **65,** 373). 21

VII. Über die Tatwerkzeuge und -produkte des § 74 I hinaus ist in Abs. 4 die **Einziehung** von Uniformen, Amtskleidungen, Berufstrachten und Abzeichen, auf die sich eine Straftat nach Abs. 1 Nr. 2 oder 3 bezieht, vorgesehen. Zum Begriff der „Beziehungsgegenstände" Eser, Die strafrechtlichen Sanktionen gegen das Eigentum (1969) 51, 318 ff., 329 ff. Vgl. im übrigen die Erl. zu § 74. 22

§ 133 Verwahrungsbruch

(1) **Wer Schriftstücke oder andere bewegliche Sachen, die sich in dienstlicher Verwahrung befinden oder ihm oder einem anderen dienstlich in Verwahrung gegeben worden sind, zerstört, beschädigt, unbrauchbar macht oder der dienstlichen Verfügung entzieht, wird mit Freiheitsstrafe bis zu zwei Jahren oder mit Geldstrafe bestraft.**

(2) **Dasselbe gilt für Schriftstücke oder andere bewegliche Sachen, die sich in amtlicher Verwahrung einer Kirche oder anderen Religionsgesellschaft des öffentlichen Rechts befinden oder von dieser dem Täter oder einem anderen amtlich in Verwahrung gegeben worden sind.**

(3) **Wer die Tat an einer Sache begeht, die ihm als Amtsträger oder für den öffentlichen Dienst besonders Verpflichteten anvertraut worden oder zugänglich geworden ist, wird mit Freiheitsstrafe bis zu fünf Jahren oder mit Geldstrafe bestraft.**

Schrifttum: Merkel, Strafbare Eingriffe in die öffentlich-amtliche Verfügungsgewalt, VDB II 349. – *Waider,* Verwahrungsbruch bei Gebrauchsdiebstahl aus staatlichen oder kommunalen Galerien usw., GA 61, 366.

1 I. Zur Entwicklung dieser Bestimmung vgl. 19. A. RN 1.

2 Die Vorschrift dient dem **Schutz dienstlichen Gewahrsams** (Abs. 1) und amtlichen Gewahrsams einer Kirche oder Religionsgesellschaft des öffentlichen Rechts (Abs. 2). Sie setzt daher weder Eigentum der Behörde oder Kirche voraus, noch reicht die bloße Tatsache aus, daß sich eine Sache im Besitz einer staatlichen oder kirchlichen Organisation befindet. Die Aufbewahrung muß kraft Hoheitsrechts erfolgen (BGH **9** 64); ihr Zweck muß darin bestehen, die Verfügungsgewalt des Hoheitsträgers über den Gegenstand zu erhalten, um einen über das bloße Funktionsinteresse der Behörde hinausgehenden Zweck sicherzustellen. Dies ist der Fall, wenn der Fortbestand des Besitzes entweder im Interesse von Personen außerhalb des Behördenbereiches liegt, denen gegenüber der Staat für die Fortdauer der Verfügungsmöglichkeit verantwortlich ist, oder aber die Fortdauer notwendig erscheint, um außerhalb des eigentlichen Geschäftsbetriebes der Behörde liegende Interessen der Allgemeinheit zu wahren (vgl. RKG **1** 186). Grundgedanke des § 133 ist daher, die dienstliche oder kirchenamtliche Verfügungsgewalt über Sachen gegen unbefugte Eingriffe und das Vertrauen in deren Sicherheit zu schützen (RG **72** 174, BGH **5** 159, **18** 312 m. Anm. Schröder JR 63, 426, Wessels II/1 135, Rudolphi SK 2). Daraus ergibt sich z. B., daß die bloße Bekanntgabe des Inhalts verwahrter Urkunden oder die Beschreibung verwahrter Sachen nicht ausreicht, sofern die Sache selbst in dienstlichem Gewahrsam bleibt.

3 II. **Tatobjekte** können Schriftstücke und bewegliche Gegenstände aller Art sein (RG **51** 417). Gleichgültig ist, ob sie einen wirtschaftlichen Wert haben und in wessen Eigentum sie stehen. Auch herrenlose oder dem Täter gehörige Sachen können Gegenstand der Tat sein (RG **47** 393).

4 1. In Betracht kommen **Gegenstände aller Art.** Die jetzige Fassung der Vorschrift verzichtet auf eine Aufzählung bestimmter Verwahrungsobjekte wie § 133 a. F. (Urkunden, Register, Akten) und nennt neben den beweglichen Sachen beispielhaft nur noch die **Schriftstücke.** Diese brauchen keine Urkunden zu sein (Köln VRS **50** 421); ihnen kann daher die Beweiserheblichkeit fehlen, sie müssen aber zumindest einen gedanklichen Inhalt haben, um dem Merkmal Schriftstück im Gegensatz zu den anderen beweglichen Sachen zu unterfallen (RG **63** 32, Oldenburg NdsRpfl. **49**, 110). In Betracht kommen hier z. B. Akten (RG **63** 33), Register (RG **67** 229), die Versteigerungsbekanntmachung eines Gerichtsvollziehers (R **6** 614), Postpaketadressen (RG GA **62**, 424), entwertete Gebührenmarken (BGH **3** 290). Als andere bewegliche Sachen (vgl. § 242 RN 5) können alle nur denkbaren Gegenstände in Betracht kommen, und zwar auch verbrauchbare und vertretbare (BGH **18** 313), z. B. Benzin oder Spiritus im Tankwagen der Eisenbahn (RG **51** 226), Waren, Geldscheine oder Münzen, die der Bank oder Post zur Beförderung übergeben wurden (RG **67** 230, **43** 175, **51** 417).

5 2. Erforderlich ist, daß die Gegenstände sich in **dienstlicher Verwahrung befinden** oder dem Täter oder einem Dritten **dienstlich in Verwahrung gegeben** worden sind; vgl. hierzu o. 2.

6 a) **Dienstliche Verwahrung** setzt voraus, daß der Gegenstand durch eine Behörde, eine Körperschaft oder Anstalt des öffentlichen Rechts, die Bundeswehr, einen Richter, Amtsträger, für den öffentlichen Dienst besonders Verpflichteten (vgl. § 11 RN 34) oder ein Organ der Selbstverwaltung (OGH **2** 159) in Besitz genommen wurde, um ihn als solchen, d. h. in seiner Individualität, zu erhalten und vor unbefugtem Zugriff zu bewahren. Nach E 62 Begr. 224 setzt dies voraus, daß „sich in dem Gewahrsam die besondere dienstliche Herrschafts- und Verfügungsgewalt äußert, die den jeweiligen staatlichen Aufgaben der verwahrenden Dienststelle entspricht". Im Gegensatz dazu steht der allgemeine amtliche Besitz, der nicht dem Schutz des § 133 unterfällt (u. 7). Die Änderung des Merkmals „amtlich" in „dienstlich" soll den Schutzbereich der Vorschrift auf den Gewahrsam der Bundeswehr ausdehnen (BT-Drs. 7/550 S. 224). In dienstlicher Verwahrung befinden sich z. B. behördliche und gerichtliche Akten (Köln NJW **80**, 898 m. Anm. Rudolphi JR 80, 383 u. Otto JuS 80, 490), die der Bahn oder Post zur Beförderung übergebenen Sachen (BGH **18** 312), etwa bei der Bahn aufgegebenes Handgepäck, Flüssigkeiten im Tankwagen der Eisenbahn, auf der Bahn beförderte Lebensmittel (RG **57** 371), Postsachen in öffentlichen Briefkästen (RG **22** 206, JW **27**, 1594), dienstlich aufbewahrte Blutproben (BGH NJW **54**, 282; Bay NStE **Nr. 1**), Gebührenmarken auf polizeilichen Erlaubnisscheinen (BGH **3** 290), Führerscheine bei Fahrverbot § 44 III S. 2 (bei erfolgter Beschlagnahme oder Sicherstellung gilt § 136), Asservate der StA sowie Gegenstände, die aufgrund der Hinterlegungsordnung bei der zuständigen Stelle hinterlegt sind. Bei Geld ist entscheidend, ob es zur weiteren dienstlichen Verfügung gehalten werden soll; vom BGH bejaht für Einnahmen aus dem Fahrkartenverkauf der Bundesbahn (BGH b. Pfeiffer-Maul-Schulte 3), verneint dagegen, wenn das Geld zur Auszahlung bestimmt ist oder dem amtlichen Geschäftsverkehr dienen soll

(BGH **18** 314). In dienstlicher Verwahrung befinden sich z. B. auch weggelegte Akten so lange, bis sie zum Einstampfen kommen (RG **63** 33), Kostenregister der Gerichtskassen (RG **23** 236), das Resteverzeichnis einer Behörde (RG **49** 32). Auch Fangbriefe, die zur Überführung eines Verdächtigen dienen, gehören dazu (RG **69** 271).

Nicht verwahrt werden das behördliche Inventar sowie die von der Behörde selbst zu 7 verbrauchenden Gegenstände wie Vorräte an Holz, Kohlen, Formulare (RG **72** 173, BGH MDR/He **55**, 528; vgl. auch BGH **9** 65). So genießen z. B. nicht den Schutz dieser Vorschrift die auf den Lokomotiven befindlichen Kohlen (RG **51** 227; and. aber BGH LM **Nr. 2** bei transportierten, für den Eigenbedarf der Bahn bestimmten Kohlen), die Schreibmaschinen in einem Büro, Schreibpapier, Formularblocks (RG **33** 414), Wäsche und Krankenkleidung im Krankenhaus, Überstücke von Aktenteilen zu Unterrichtszwecken (Köln NJW **80**, 898 m. Anm. Rudolphi JR **80**, 383 u. Otto JuS **80**, 490). Auch Geld, das in einer amtlichen Kasse liegt, wird nicht verwahrt, wenn es zur Erfüllung amtlicher Aufgaben ausgegeben werden soll (BGH **18** 312 m. Anm. Schröder JR **63**, 426). Entsprechendes gilt für Gegenstände in öffentlichen Sammlungen (Bibliotheken, Museen usw.); hier liegt nur amtlicher Besitz, kein Aufbewahrungsbesitz vor (v. Bubnoff LK 11, M-Schroeder II 158, Rudolphi SK 7, Waider GA **61**, 371, Wessels JZ **65**, 635).

Erforderlich ist, daß sich der Gegenstand zur **Zeit der Tat** noch im amtlichen Gewahrsam 8 und damit an dem zur Aufbewahrung bestimmten Ort befindet (D-Tröndle 3, Rudolphi SK 5). Demgegenüber nimmt die Rspr. (z. B. RG **33** 415) an, der Gegenstand habe dadurch, daß er in amtliche Aufbewahrung gelangt sei, eine ihm den besonderen Schutz des Gesetzes sichernde Eigenschaft erhalten, die bis zur Erfüllung des Zweckes oder bis zur anderweitigen Verfügung fortdauere; so hat z. B. RG LZ **20**, 532 angenommen, das aus einem Güterwagen geworfene Transportgut befinde sich noch in amtlichem Gewahrsam, solange es auf dem Bahnkörper liege; i. E. zust. OGH **2** 158, Hamburg JR **53**, 27 sowie auch BGH MDR **52**, 658 zu. Vgl. weiter RG **28** 107.

Nicht ausschlaggebend ist der **Aufbewahrungsort,** wie sich auch aus den beiden anderen Alt. 9 von Abs. 1 ergibt. Der zur dienstlichen Aufbewahrung bestimmte Ort braucht kein Dienstraum zu sein; auch die Privatwohnung des Beamten kann als Aufbewahrungsort in Betracht kommen (RG **28** 108, I RR **40** Nr. 576), ebenso z. B. die Sammeltasche eines Postboten (RG **22** 207) oder ein Raum, der allgemein zugänglich ist, sofern die Behörde hier ihren hoheitlichen Gewahrsam ausübt. Der Aufbewahrungsort kann auch für den Einzelfall oder vorübergehend bestimmt werden (Bay GA **59**, 350). Die Aufbewahrung durch Privatpersonen aufgrund eines Verwahrungsvertrages reicht aber regelmäßig nicht aus (RG **50** 358); vgl. aber u. 10. Keine dienstliche Aufbewahrung liegt vor, wenn der Gerichtsvollzieher nach § 808 II ZPO gepfändete Sachen beim Schuldner beläßt (zust. Wessels II/1 136). Unerheblich ist ferner die **Dauer** der **Aufbewahrung** (RG **22** 205) oder ob die Aufbewahrung im öffentlichen oder privaten Interesse erfolgt. In dienstlicher Aufbewahrung befinden sich deshalb z. B. das der Bundesbahn übergebene Handgepäck, die in den Briefkasten geworfenen Postsachen (RG HRR **27** Nr. 188).

b) Ferner werden Gegenstände erfaßt, die dem **Täter** oder **einem anderen dienstlich** in 10 **Verwahrung gegeben** werden. Dies setzt allerdings voraus, daß dem Empfänger dienstliche Herrschaftsgewalt übertragen wird (vgl. Meyer JuS **71**, 643 zur Frage der Herrschaftsgewalt an Pfandgegenständen). Nach dem Wortlaut der Vorschrift ist nicht erforderlich, daß der Empfänger ein Amtsträger oder für den öffentlichen Dienst besonders Verpflichteter ist. Hat der Empfänger nicht diese Eigenschaften, so muß bei der Übergabe allerdings erkennbar sein, daß dienstlich verwahrt werden soll (ebenso Rudolphi SK 6; vgl. RG **54** 244: Übergabe von Schwarzmarktwaren an Ehefrau des Gemeindevorstehers; vgl. auch Hamburg NJW **64**, 737). Dies ist z. B. der Fall, wenn ein Kontrollbeamter amtlich entnommene Proben in der Küche des kontrollierten Anwesens durch eine Privatperson überwachen läßt (vgl. Bay **59** 37) oder bei der Aushändigung eines Beschlusses über Disziplinarmaßnahmen in einer Schule zum Zwecke der Kenntnisnahme und Unterschriftsleistung (RG **10** 387) oder Vorlage eines Wechsels durch einen Amtsträger (RG **43** 246). Die Übergabe an eine Privatperson setzt also voraus, daß „der amtliche Gewahrsam, die amtliche Verfügungsgewalt" erkennbar fortdauern soll (RG **54** 245, Hamburg JR **64**, 228 m. Anm. Schröder). Daran fehlt es z. B. bei der Übergabe einer Urkunde im Wege der Zustellung oder Ersatzzustellung (RG **35** 28), wie auch in den Fällen, in denen die Übergabe eines Gegenstandes ohne Vorbehalt der dienstlichen Verwahrung an eine Privatperson erfolgt. Folglich besteht auch an einem polizeilichen Aufforderungszettel, der an einem Kfz angebracht ist, kein dienstlicher Gewahrsam (Hamburg JR **64**, 228 m. Anm. Schröder). Die Vorschrift ist nicht anwendbar, wenn der Inhaber eines amtlichen Ausweises oder einer ähnlichen Urkunde darauf befindliche amtliche Vermerke unkenntlich macht, z. B. auf einem Führerschein die Klassenbezeichnung oder auf einer Steuerkarte amtliche Eintragungen; es fehlt hier an der amtlichen Übergabe (Braunschweig VRS **19** 119).

11 Erfolgt die Übergabe an einen Amtsträger oder für den öffentlichen Dienst besonders Verpflichteten, sei es von seiten einer Privatperson oder eines anderen Amtsträgers, so ist die Übergabe eine dienstliche, wenn sie mit Rücksicht auf die dienstliche Stellung des Empfängers oder aufgrund amtlicher Anordnung erfolgt oder sich aus den Umständen ergibt, daß der dienstliche Gewahrsam weiterbestehen soll.

12 c) Gegenstände, die sich in amtlicher **Verwahrung einer Kirche** oder anderen Religionsgesellschaft des öffentlichen Rechts (vgl. § 132a RN 15) befinden, stehen den in Abs. 1 bezeichneten Sachen gleich. Dadurch wird der Anwendungsbereich entsprechend der Auslegung, die § 133 a. F. in der Rspr. erfahren hat (RG 56 399), auf die kirchenamtliche Verwahrung ausgedehnt.

13 Als Tatgegenstände kommen hier in erster Linie Kirchenbücher und kirchenamtliche Personenstandsurkunden in Betracht (vgl. E 62 Begr. 612).

14 III. Die **Handlung** besteht darin, daß der Gegenstand zerstört, beschädigt, unbrauchbar gemacht oder der dienstlichen Verfügung entzogen wird. **Zerstört** ist eine Sache, wenn sie so wesentlich beschädigt wird, daß sie ihre Gebrauchsfähigkeit verliert. Der Begriff der Zerstörung umfaßt hier auch den der Vernichtung, d. h. der völligen Beseitigung der Sachsubstanz (vgl. im übrigen § 305 RN 5). Das **Beschädigen** erfordert keine Verletzung oder Veränderung der Substanz; es genügt eine Minderung der Brauchbarkeit; diese kann bei Urkunden durch Durchstreichen (RG **19** 319), Radieren, Überkleben oder sonstiges Fälschen geschehen (vgl. Schilling, Der strafrechtliche Schutz des Augenscheinsobjekts [1965] 187). RG **67** 230 verlangt aber, daß die Einwirkung sich stets auf den in der Urkunde oder dem Register oder den Akten bereits verkörperten Gedankeninhalt bezieht; es wird als nicht ausreichend angesehen, daß die Schrift, ohne ihren Inhalt zu berühren, zu einer Eintragung benutzt wird, für die sie nicht bestimmt ist. Das Öffnen und Wiederschließen eines Briefes ist allein noch keine Beschädigung einer Urkunde (Karlsruhe NJW **50**, 197). **Unbrauchbar** machen bedeutet, eine Sache so zu verändern, daß sie ihren eigentlichen Zweck nicht mehr erfüllen kann, etwa durch Ausschalten ihrer Wirkungsweise, ohne daß es zu einer Substanzverletzung kommt (vgl. dazu § 303 RN 8).

15 Der **dienstlichen Verfügung entzieht,** wer dem Berechtigten die Möglichkeit des Zugriffs auf die Sache nimmt. Dieses Tatbestandsmerkmal umfaßt sowohl Fälle, in denen die Verfügungsmöglichkeit des Berechtigten über die Sache durch deren räumliche Entfernung beseitigt wurde, wie auch die Fälle, in denen dies ohne eine Ortsveränderung geschieht, z. B. beim Unterlassen der Herausgabe trotz bestehender Garantenpflicht. Es reicht, daß die jederzeitige Bereitschaft für den bestimmungsgemäßen Gebrauch nur vorübergehend aufgehoben oder erheblich erschwert wird (RG **22** 242, **56** 118, **72** 197, BGH MDR/D **58**, 141). Hierfür genügt auch ein Verstecken innerhalb der Amtsräume (RG **26** 413) oder ein Einlegen in eine falsche Akte. Dagegen reicht ein bloßes Verheimlichen oder Verleugnen bei ansonsten zulässiger Aufbewahrung nicht aus (RG **10** 189). Als Abgrenzungskriterium zu Verhaltensweisen, die lediglich unter disziplinarrechtlichen Gesichtspunkten beachtlich sind, kommt die vom Täter verursachte Erschwernis der Auffindbarkeit des dienstlich verwahrten Gegenstandes in Betracht, auf welche schon die Rspr. zur Tatform des Beiseiteschaffens i. S. der §§ 133, 348 a. F. abgestellt hatte (BGH **35** 342). Entziehung muß gegen den Willen des Berechtigten geschehen (Düsseldorf NStZ **81**, 25f.); gibt dieser, wenn auch nur aufgrund einer Täuschung, den Gegenstand selbst heraus, so liegt kein Entziehen vor (RG **56** 118). § 133 setzt nicht voraus, daß jemand durch die Tat einen Nachteil erleidet. Zu beachten ist, daß Amtsträger, die zur Freigabe von Sachen legitimiert sind, durch entsprechende Handlungen den Zustand der staatlichen Obhut beenden können. So liegt § 133 nicht vor, wenn der verantwortliche Leiter einer Dienststelle über den Gewahrsam verfügt, mag die Verfügung als solche den verwaltungsrechtlichen Vorschriften entsprechen oder nicht (BGH **33** 190 m. krit. Anm. Marcelli NStZ 85, 500). Gibt der Gerichtsvollzieher gepfändete Wertpapiere, die er in Besitz genommen hat, dem Schuldner zurück, so endet damit nicht nur der Vollstreckungszustand (§ 136), sondern auch das von § 133 vorausgesetzte Obhutsverhältnis. Eignet sich dagegen der Amtsträger die verwahrte Sache zu, so liegt allerdings nicht einmal der Anschein einer Freigabe vor; hier ist § 133 ebenso gegeben wie dort, wo der Amtsträger die Sache einem Nichtberechtigten übergibt (BGH **5** 159; **33** 194; vgl. auch RG **58** 334).

16 IV. Für den **subjektiven Tatbestand** ist Vorsatz erforderlich; dolus eventualis genügt. Der Täter muß wissen, daß der Gegenstand sich in dienstlicher Verwahrung befindet bzw. dienstlich übergeben worden ist und daß dieses Verhältnis gestört wird (RG **23** 101, 285).

17 V. **Täter** kann jedermann sein, auch derjenige, für den die Sache verwahrt wird oder deren Eigentümer (RG **12** 249, **47** 394), ebenso der Dritte, dem die Sache übergeben wurde. Zur Begehung durch Amtsträger vgl. u. 18 ff.

Verletzung amtlicher Bekanntmachungen 1–4 **§ 134**

VI. Eine **Qualifizierung für Amtsträger** oder für den öffentlichen Dienst besonders Verpflichtete (vgl. zu diesen Begriffen § 11 RN 16, 34) enthält Abs. 3; auf kirchliche Beamte ist die Vorschrift nur anwendbar, wenn der Betreffende – ausnahmsweise – die Eigenschaft als Amtsträger usw. besitzt (vgl. § 11 RN 26). 18

1. Die Tat ist **unechtes Amtsdelikt.** Bei einer Verurteilung nach Abs. 3 ist entgegen § 260 IV S. 2 StPO die gesetzliche Überschrift der Vorschrift mit dem Zusatz „im Amt" in den Tenor aufzunehmen, um das Unrecht der Tat hinreichend zu kennzeichnen. **Teilnehmer,** denen die Sondereigenschaften fehlen, werden nach Abs. 1, 2 bestraft (vgl. § 28 RN 28). 19

2. Tatobjekte sind dem **Amtsträger** usw. **anvertraute** oder **zugängliche** Schriftstücke oder sonstige **Gegenstände** i. S. des Abs. 1. 20

a) **Dienstlich anvertraut** ist die Sache dann, wenn der Täter die Verfügung darüber aufgrund allgemeiner oder spezieller Anordnung erhält und kraft seiner dienstlichen Aufgabe verpflichtet ist, für deren Verbleib, Gebrauchsfähigkeit oder Bestandserhaltung zu sorgen (RG **64** 3, HRR **40** Nr. 264, BGH **3** 305, NJW **75**, 2212, GA **78**, 206). Privat angenommene Sachen werden gewöhnlich erst dann zu dienstlich anvertrauten, nachdem der Amtsträger sie in die Dienststelle gebracht hat (BGH **4** 54). 21

b) **Dienstlich zugänglich** ist dem Beamten eine Sache, wenn er infolge seiner dienstlichen Eigenschaft die tatsächliche Möglichkeit hat, zu ihr zu gelangen (OGH **1** 255), wie z. B. die Möglichkeit des Behördenchefs der staatlichen Münze, den Tresor mit alten Prägestempeln betreten zu können. Ein eigener Gewahrsam des Beamten ist nicht erforderlich. Nicht dienstlich zugänglich ist z. B. eine Urkunde, wenn sie sich in einem Raume befindet, den der Beamte nur dienstwidrig betreten kann (RG HRR **27** Nr. 440, Blei II 403), oder wenn sie sich in einem verschlossenen Behältnis eines von ihm mitbenutzten Dienstraumes befindet (RG **61** 334). 22

VII. Idealkonkurrenz ist möglich mit Diebstahl (RG **43** 175, DJ **36**, 1812), Unterschlagung (RG **59** 340, BGH **5** 295), Betrug (RG **60** 243), Urkundenfälschung (RG **19** 319). Bei der Beschädigung einer fremden Sache liegt Idealkonkurrenz mit § 303 vor, da die geschützten Rechtsgüter verschieden sind (str., wie hier Rudolphi SK 18; a. A. D-Tröndle 17). Weiter kommt auch Idealkonkurrenz mit unbefugtem Titelführen (§ 132a, BGH **12** 85), Siegelbruch (§ 136 II), Verstrickungsbruch (§ 136 I, RG **54** 245, BGH **5** 160) sowie Urkundenunterdrückung (§ 274 Nr. 1, RG GA Bd. **37** 283) in Betracht. Zwischen Wertzeichenfälschung (§ 148) und § 133 besteht Realkonkurrenz (Rudolphi SK 18, BGH **3** 289 gegen RG **59** 325; a. A. D-Tröndle 17). 23

§ 134 Verletzung amtlicher Bekanntmachungen

Wer wissentlich ein dienstliches Schriftstück, das zur Bekanntmachung öffentlich angeschlagen oder ausgelegt ist, zerstört, beseitigt, verunstaltet, unkenntlich macht oder in seinem Sinn entstellt, wird mit Freiheitsstrafe bis zu einem Jahr oder mit Geldstrafe bestraft.

I. Geschützt werden **öffentliche Bekanntmachungen** staatlicher, kommunaler oder sonstiger öffentlich-rechtlicher Stellen, auch solcher der Bundeswehr (vgl. § 133 RN 6), nicht jedoch Bekanntmachungen der Kirchen und Religionsgesellschaften. Auf den Inhalt des Schriftstückes kommt es grundsätzlich nicht an; jedoch greift die Vorschrift nicht ein, wenn die Bekanntmachungen, Verordnungen usw. einen offensichtlich verfassungs- oder gesetzwidrigen Inhalt haben; die bloße Tatsache, daß Behörden oder Beamte als Autoren auftreten, kann im demokratischen Staat zur Tatbestandserfüllung nämlich nicht ausreichen (Hamburg MDR **53**, 247, D-Tröndle 2, Rudolphi SK 3; and. z. B. M-Schroeder II 162). 1

II. Tatobjekt ist ein dienstliches Schriftstück, das zur Bekanntmachung öffentlich angeschlagen oder ausgelegt ist. 2

1. Dienstlich ist jedes **Schriftstück,** das für Mitteilungszwecke einer Behörde (vgl. § 11 RN 25), sonstiger Dienststellen, öffentlich-rechtlicher Körperschaften und Anstalten, z. B. Gemeinden und Universitäten, nicht jedoch kirchlicher Stellen angefertigt wurde. Nicht erforderlich ist, daß das Schriftstück hoheitliche Anordnungen enthält; es genügen Schriftstücke mitteilenden Charakters, wie z. B. das Aufgebot des Standesamtes oder die Urliste der Schöffen (E 62 Begr. 613). Unerheblich ist, ob die veranlassende Stelle zuständig ist (D-Tröndle 2); jedoch sind Schriftstücke einer offensichtlich unzuständigen Stelle ebensowenig geschützt wie solche offensichtlich rechtswidrigen Inhalts. 3

2. Das Schriftstück muß **öffentlich angeschlagen** oder **ausgelegt** sein. Daraus ergibt sich, daß nur Schriftstücke geschützt sind, die zur Kenntnisnahme durch die Allgemeinheit oder einen bestimmten Personenkreis, z. B. die Aufforderung zur Impfung oder Musterung, dienen sollen; daher reicht die an einen einzelnen gerichtete Aufforderung (z. B. der polizeiliche Auf- 4 forderungszettel an einem Kfz) nicht aus (Baumann NJW 64, 708). Entscheidend ist dabei, wer Adressat der Bekanntmachung usw. ist, nicht wer durch sie konkret angesprochen werden soll; folglich ist eine öffentliche Zustellung nach §§ 203 f. ZPO nach § 134 geschützt.

5 In welcher **Form** die **öffentliche Bekanntmachung** des Schriftstückes erfolgt, ist gleichgültig, sofern die Mitteilung der Allgemeinheit oder dem angesprochenen Personenkreis, z. B. der Studentenschaft einer Universität, zugänglich ist (vgl. RG **36** 183). Das Schriftstück kann angeschlagen, d. h. mit einer anderen Sache (Anschlagsäule) verbunden, an einem „schwarzen Brett" oder Mitteilungskasten ausgehängt oder ausgelegt sein, wie z. B. ein Bebauungsplan.

6 III. Die **Handlung** besteht im Zerstören (vgl. § 133 RN 14), nicht also im bloßen Beschädigen, sofern sein Inhalt noch erkennbar und das Schriftstück nicht verunstaltet ist, im Beseitigen, Verunstalten oder unkenntlich machen. **Beseitigt** ist ein Schriftstück, wenn es von dem Ort, an dem es angeschlagen usw. ist, entfernt wird, also z. B. durch Abreißen von der Anschlagtafel. **Verunstaltet** ist ein Schriftstück, wenn es z. B. beschmiert (D-Tröndle 3), durch verändernde Zusätze karikiert (Lackner 3) oder sonst in einer Weise verändert wird, durch welche die Mißachtung gegenüber dem dienstlichen Schriftstück oder dessen mangelnde Ernstlichkeit dokumentiert wird (ebenso Rudolphi SK 7). Ein **Unkenntlichmachen** liegt nicht nur dann vor, wenn der Inhalt des Schriftstücks überhaupt nicht mehr, sondern auch, wenn er nur teilweise nicht mehr zur Kenntnis genommen werden kann oder in seinem Sinn entstellt ist, z. B. durch Überkleben, teilweise zerstören usw.

7 IV. Für den **subjektiven Tatbestand** ist Wissentlichkeit unter Ausschluß des dolus eventualis erforderlich. Der Täter muß also sicher wissen, d. h. davon überzeugt sein, daß er ein dienstliches, zur öffentlichen Bekanntmachung angeschlagenes oder ausgelegtes Schriftstück zerstört, beseitigt usw.; Böswilligkeit (vgl. 17. A. RN 3) ist nicht mehr erforderlich.

§ 135 [Verletzung inländischer Hoheitszeichen] *aufgehoben durch das 1. StÄG v. 31. 8. 1951 (BGBl. I 739).*

§ 136 Verstrickungsbruch; Siegelbruch

(1) **Wer eine Sache, die gepfändet oder sonst dienstlich in Beschlag genommen ist, zerstört, beschädigt, unbrauchbar macht oder in anderer Weise ganz oder zum Teil der Verstrickung entzieht, wird mit Freiheitsstrafe bis zu einem Jahr oder mit Geldstrafe bestraft.**

(2) **Ebenso wird bestraft, wer ein dienstliches Siegel beschädigt, ablöst oder unkenntlich macht, das angelegt ist, um Sachen in Beschlag zu nehmen, dienstlich zu verschließen oder zu bezeichnen, oder wer den durch ein solches Siegel bewirkten Verschluß ganz oder zum Teil unwirksam macht.**

(3) **Die Tat ist nicht nach den Absätzen 1 und 2 strafbar, wenn die Pfändung, die Beschlagnahme oder die Anlegung des Siegels nicht durch eine rechtmäßige Diensthandlung vorgenommen ist. Dies gilt auch dann, wenn der Täter irrig annimmt, die Diensthandlung sei rechtmäßig.**

(4) **§ 113 Abs. 4 gilt sinngemäß.**

1 I. Die Vorschrift ist durch Art. 19 Nr. 52 in Anlehnung an § 427 E 62 (Begr. 612) neu gefaßt worden; insb. die Bestimmungen der Abs. 3 und 4, die in Anlehnung an die entsprechenden Vorschriften beim Widerstand gegen Vollstreckungsbeamte (§ 113) die Frage der Rechtmäßigkeit der Pfändung, Beschlagnahme bzw. Siegelanlegung regeln; vgl. u. 27 ff.

2 Die Vorschrift enthält **zwei verschiedene Tatbestände**. Der **Verstrickungsbruch** nach Abs. 1 unterscheidet sich vom **Siegelbruch** nach Abs. 2 dadurch, daß bei Abs. 1 ein öffentlichrechtliches Gewaltverhältnis, das nach außen kundgetan ist, geschützt wird, während in Abs. 2 das Siegel als Zeichen der äußeren Sachherrschaft unter Schutz steht. Weitergehend sieht Rudolphi SK 1 auch beim Siegelbruch das Schutzgut in der staatlichen Herrschaft über die Sache; dem kann nicht zugestimmt werden, weil das Siegel auch dann geschützt ist, wenn es keine Verstrickung herbeiführt (z. B. mangels Erkennbarkeit im Handschuhfach eines Kfz [Rudolphi SK 9]). Der Unterschied zwischen Abs. 1 und § 133 besteht darin, daß der Verwahrungsbruch unmittelbaren dienstlichen Gewahrsam voraussetzt, während beim Verstrickungsbruch mittelbarer Besitz ausreicht. Dies ist auch der Grund dafür, daß die Strafe des § 136 milder ist als die des § 133. Auch ist bei Abs. 1 ein rechtlich begründeter Besitz notwendig (BGH **5** 160), wie sich aus Abs. 3 ergibt. Über den Unterschied gegenüber §§ 288, 289, die dem Schutz von Vermögensrechten dienen, vgl. RG **64** 77, § 288 RN 2 f., § 289 RN 1 sowie Wessels II/1 134.

II. Der Verstrickungsbruch

Schrifttum: Baumann, Pfandentstrickung beim Verkauf gepfändeter Gegenstände, NJW 56, 1866. – *Berghaus,* Der strafrechtliche Schutz der Zwangsvollstreckung, 1967. – *Lenz,* Der strafrechtliche Schutz des Pfandrechts, 1893. – *Niemeyer,* Bedeutung des § 136 Abs. 3 und 4 StGB bei Pfändung von Sachen, JZ 76, 314. – *Pritsch,* Die Beschlagnahme zur Regelung des Warenverkehrs und ihre Wirkungen, DJ 40, 416. – *Röther,* Gehören zu den „Sachen" i. S. des § 137 StGB auch Forderungen?, NJW 52, 1403. – *Schwinge,* Der fehlerhafte Staatsakt im Mobiliarvollstreckungsrecht, 1930.

Abs. 1 behandelt den Verstrickungsbruch (Arrestbruch, Pfandbruch). **Geschütztes Rechts-** 3 **gut** ist das durch die Pfändung oder Beschlagnahme entstehende öffentlich-rechtliche Gewaltverhältnis. Mißverständlich sprechen RG **24** 52, **65** 249 vom Schutze des öffentlichen Besitzwillens; unmittelbarer Besitz braucht nicht vorzuliegen; er fehlt vielfach bei der Pfändung oder Beschlagnahme. Der Grundgedanke der Bestimmung ist, im Interesse der öffentlichen Ordnung die Nichtachtung der durch die zuständigen Behörden verfügten Vollstreckungshandlungen oder Sicherungsmaßnahmen zu bestrafen (RG **65** 249, BGH **5** 157, Rudolphi SK 1).

1. **Tatobjekte** sind Sachen, die durch die zuständigen Behörden oder Beamten gepfändet 4 oder beschlagnahmt worden sind.

a) Unter **Sachen** sind hier alle gegenständlichen Bestandteile des Vermögens zu verstehen. 5 Forderungen können daher nicht Objekt der Tat sein (RG **24** 49, Celle NdsRpfl. **58,** 163, Berghaus aaO 115, v. Bubnoff LK 3, M-Schroeder II 160, Wessels II/1 134, Rudolphi SK 4; and. RG **12** 185); dies ergibt sich daraus, daß bei Forderungen keine äußere Herrschaft begründet werden kann. Bei Sachen ist unerheblich, ob sie beweglich oder unbeweglich, herrenlos oder in jemandes Eigentum stehend sind.

b) Die Vermögensbestandteile (Sachen) müssen **gepfändet** oder sonst **dienstlich in Beschlag** 6 **genommen** sein.

α) Die **dienstliche Beschlagnahme** ist der allgemeinere Begriff gegenüber der Pfändung 7 (ebenso Rudolphi SK 6, v. Bubnoff LK 5). Beschlagnahme bedeutet die zwangsweise Bereitstellung einer Sache zur Verfügung einer Behörde, um öffentliche oder private Belange zu sichern (RG **65** 249), z. B. die vorläufige Beschlagnahme eines geschlachteten Tieres durch den Fleischbeschauer (Oldenburg MDR **62,** 595). Die beschlagnahmte Sache wird der Verfügung des bisher Berechtigten ganz oder teilweise entzogen und in gleichem Umfang der Verfügung einer amtlichen Stelle (Behörde, Gericht; vgl. § 11 RN 25, 57 ff.) unterworfen. Für die Beschlagnahme ist nicht notwendig, daß die Stelle, zu deren Gunsten sie erfolgt, Besitz an der beschlagnahmten Sache erlangt; es genügt vielmehr, daß ein rechtliches Gewaltverhältnis begründet wird (BGH **15** 149, Stuttgart MDR **51,** 692, Oldenburg GA **62,** 313; vgl. aber RG **51** 237); die sog. Effektivität ist kein Wesensmerkmal der Beschlagnahme. Bei der Beschlagnahme eines Grundstücks zum Zwecke der Zwangsversteigerung (§ 20 ZVG) ist z. B. die Zustellung des Beschlusses ohne Besitzergreifung ausreichend (RG **65** 249; zur Pfändung einer Immobilie in den Ländern der ehemaligen DDR vgl. § 119b DDR-ZPO. Auch bei der Beschlagnahme durch die Polizei macht es keinen Unterschied, ob die von ihr betroffene Sache im Besitz des Eigentümers bleibt oder in polizeiliche Verwahrung genommen wird (RG **63** 350; and. Zweibrücken NStZ **89,** 268). Da keine Besitzergreifung erforderlich ist, liegt auch in der Konkurseröffnung eine Beschlagnahme des zur Masse gehörigen Vermögens (RG **41** 256, Berghaus aaO 108 ff., v. Bubnoff LK 10, Rudolphi SK 8, D-Tröndle 4; and. M-Schroeder II 160 f.). Der Erlös für ein im Einverständnis mit dem Konkursverwalter veräußertes Massestück ist auch beschlagnahmt (RG **63** 339). Ein von der Konkurseröffnung erlassenes allgemeines Veräußerungsverbot stellt dagegen keine Beschlagnahme i. S. dieser Vorschrift dar. Der von Frankfurt SJZ **49** Sp. 870 m. Anm. H. Mayer vertretene engere Verstrickungsbegriff (Verstrickung nur durch unmittelbare oder symbolische Besitzergreifung oder durch Benachrichtigung des unmittelbaren Besitzers) ist weder durch den Wortlaut geboten noch entspricht er dem Grundgedanken (o. 3 ff.) der Vorschrift.

β) **Pfändung** i. S. des § 136 ist die Beschlagnahme, die zur Befriedigung oder Sicherung 8 vermögensrechtlicher Ansprüche vorgenommen wird. Da lediglich das öffentliche Gewaltverhältnis geschützt werden soll, ist nur erforderlich, daß unter Beachtung der wesentlichen Förmlichkeiten ein ordnungsgemäßer **Verstrickungszustand** herbeigeführt ist (LG Konstanz DGVZ **84,** 119 m. Anm. Alisch); ohne Bedeutung ist, ob für den Gläubiger ein Pfandrecht begründet wird (vgl. RG **26** 289, KG Recht **28** Nr. 423, M-Schroeder II 160). Die Pfändung beweglicher Sachen muß durch Inbesitznahme vollzogen werden (§ 808 I ZPO), wobei der Gerichtsvollzieher die Sachen entweder aus dem Gewahrsam des Schuldners wegschaffen oder die Pfändung der beim Schuldner belassenen Sachen kenntlich machen muß (§ 808 II ZPO); zur Durchführung der Pfändung beweglicher Sachen in den Ländern der ehemaligen DDR vgl. § 119 DDR-ZPO. Letzteres kann durch Anlegung von Pfandsiegeln oder auf sonstige Weise (z. B. Anbringen einer Pfandanzeige; vgl. RG DR **41**, 847, Schleswig SchlHA **61**, 200) erfolgen; die Aufnahme in das Pfandprotokoll ist nicht wesentlich (RG LZ **28** Sp. 62). Fehlt es an der Kenntlichmachung oder ist diese nicht erkennbar (RG **61** 103: Anbringen des Siegels an verborgener Stelle), so ist die Verstrickung unwirksam. Dieser Mangel wird auch nicht dadurch geheilt, daß der Gerichtsvollzieher die Sachen später abholt und versteigert (RGZ **37** 343). Eine irrige Beurteilung der Sachlage durch den Gerichtsvollzieher steht der Wirksamkeit der Pfändung nicht entgegen und schließt daher auch nicht den Strafschutz des § 136 aus. So ist die Pfändung einer Sache, die im Gewahrsam eines nicht zur Herausgabe bereiten Dritten steht, bis zu ihrer Aufhebung aufgrund einer Erinnerung (§ 766 ZPO) wirksam, sofern der Gerichtsvollzieher die Gewahrsamsverhältnisse pflichtgemäß geprüft und irrtümlich einen Gewahrsam des Schuldners angenommen hat (RG JW **31**, 2127); entsprechendes gilt z. B. bei der nach § 865 II ZPO unzulässigen Pfändung von Zubehörstücken (RG **61** 368) oder bei der Pfändung unpfändbarer Sachen (z. B. nach § 811 ZPO, § 118 II DDR-ZPO). Ein Verzicht des Gläubigers auf die Rechte aus der Pfändung hebt die Verstrickung nicht auf (Oldenburg JR **54**, 33). Eventuell kommt eine Aufhebung durch den Gerichtsvollzieher in Betracht; vgl. hierzu das zivilprozessuale Schrifttum zu §§ 776, 803 ZPO.

9 γ) Pfändung und Beschlagnahme müssen durch eine **rechtmäßige Diensthandlung** vorgenommen sein; vgl. hierzu u. 27 ff.

10 2. Die **Handlung** kann darin bestehen, daß eine gepfändete oder beschlagnahmte Sache zerstört, beschädigt, unbrauchbar gemacht oder in anderer Weise ganz oder zum Teil der Verstrickung entzogen wird. Diesen Handlungsmodalitäten ist gemeinsam, daß durch das Täterverhalten der Zweck der Verstrickung ganz oder teilweise vereitelt wird.

11 a) **Zerstört** ist eine Sache, wenn sie vernichtet oder wesentlich beeinträchtigt wurde, so daß sie für ihren Zweck völlig unbrauchbar ist. Das **Beschädigen** (vgl. hierzu § 303 RN 8) ist jetzt durch das Gesetz dem Zerstören ausdrücklich gleichgestellt. **Unbrauchbar gemacht** ist eine Sache, wenn sie so verändert wird, daß sie für ihren Zweck nicht mehr brauchbar ist; eine Einwirkung auf die Substanz der Sache ist nicht erforderlich. Die Grenze zwischen diesen Handlungsmodalitäten ist fließend. Zu den einzelnen Begriffen vgl. näher § 133 RN 14. Es handelt sich in Wahrheit um Unterfälle der im Beiseiteschaffen liegenden Tatmodalität der Verstrickungsentziehung.

12 b) Ganz oder zum Teil der **Verstrickung entzogen** ist eine Sache insb. dann, wenn sie beiseite geschafft wird. Dies ist dann der Fall, wenn die Sache in eine Lage gebracht wird, in der der Zugriff der Behörde, wenn auch nur vorübergehend, vereitelt oder erschwert wird (Rudolphi SK 13). Auf die rein tatsächliche Entfernung vom Ort der Pfändung kommt es nicht an, da z. B. der Schuldner bei der Pfändung berechtigt ist, die in seinem Besitz belassenen Sachen weiter zu benutzen, was häufig nur bei Ortsveränderung möglich ist, z. B. bei einem Fahrrad. Eine Benutzung ist nur dort unzulässig, wo sie eine Wertminderung bedeutet. Dies hat die Rspr. beim Kfz angenommen (Hamm VRS **13** 34, Schleswig SchlHA **61**, 200 [in dieser Allgemeinheit zweifelhaft]). Ein Beiseiteschaffen kann ferner darin liegen, daß die im Gewahrsam des Schuldners belassene gepfändete Sache beim Umzug mitgenommen wird (RG JW **39**, 31). Kein Verstrickungsbruch liegt trotz Veräußerung dann vor, wenn die Sache an der bisherigen Stelle verbleibt (Hamm NJW **56**, 1889; vgl. dazu Baumann NJW **56**, 1866), doch kann hier eine Entziehung z. B. durch eine Täuschung über den Verbleib der Sache in Betracht kommen (Hamm aaO). Nach Hamm NJW **80**, 2537 soll eine Ortsveränderung nicht ausreichen, wenn der Zugriff auf die gepfändete Sache nur ganz unerheblich erschwert wird.

13 Maßgeblich für die Beurteilung der Frage, ob eine Sache ganz oder teilweise der Verstrickung entzogen ist, ist der Umstand, ob die durch die Beschlagnahme oder Pfändung begründete **Verfügungsgewalt** der Behörde über die Sache mit oder ohne räumliche Veränderung **ganz** oder **teilweise** dauernd oder vorübergehend **aufgehoben** wird. Ein Entziehen kann z. B. in dem Verschweigen der Garage liegen, in der sich der gepfändete Kraftwagen befindet (RG JW **38**, 2899). Das Verarbeiten einer Sache ist nicht stets ein Entziehen (RG DR **43**, 894), kann aber u. U. ein Unbrauchbarmachen darstellen. Auch eine Täuschung des Vollstreckungsbeamten oder des Gewahrsamsinhabers kann als Mittel der Entziehung ausreichend sein (RG **58** 355). Auch eine Forderung kann der Verstrickung entzogen werden, so z. B. bei der Pfändung der Forderung auf Herausgabe einer bestimmten Sache durch Vernichtung der Sache (RG **12** 186).

14 3. Für den **subjektiven Tatbestand** ist Vorsatz erforderlich; bedingter Vorsatz reicht aus (Braunschweig NdsRpfl. **49**, 148). Der Täter muß wissen oder in Kauf nehmen, daß die Sache von zuständiger Seite und unter Beachtung der wesentlichen Förmlichkeiten noch z. Z. der Tat beschlagnahmt oder gepfändet ist und daß er sie der amtlichen Verfügungsgewalt entzieht (vgl. RG **63** 351). Zur irrtümlichen Annahme, die Pfändung sei nicht durch eine zuständige Behörde oder nicht in rechtsverbindlicher Weise bewirkt, vgl. u. 34.

Der Täter braucht nicht die Absicht zu haben, sich die Sache zuzueignen, einen Vermögens- 15
vorteil zu erlangen oder einem anderen Schaden zuzufügen (RG 41 259).

4. Vollendet ist die Tat, sobald die durch die Beschlagnahme begründete Verfügungsgewalt 16
der Behörde über die Sache – wenn auch nur vorübergehend – aufgehoben, z. B. die gepfändete
Sache von ihrem Aufbewahrungsort entfernt ist. Der Versuch ist nicht strafbar.

5. Täter kann nicht nur der von der Beschlagnahme Betroffene, sondern jedermann sein, 17
z. B. der Gläubiger oder ein Amtsträger. Streitig ist, ob der Gerichtsvollzieher durch Freigabe
der gepfändeten Sache die Tat begehen kann. Während RG **44** 43, BGH **3** 307 dies bejahen, will
BGH **5** 160 für den Polizeibeamten, der eine vorläufige Beschlagnahme durchgeführt hat, eine
Ausnahme zulassen. Beide Auffassungen überzeugen nicht, vielmehr ist zu unterscheiden: Gibt
der Gerichtsvollzieher in den Formen der ZPO eine gepfändete Sache frei, so ist dieser Staatsakt
durch seine Legitimation gedeckt und damit der Verstrickungszustand wirksam beendet; anders dagegen, wenn der Gerichtsvollzieher z. B. die gepfändete Sache entwendet, um sie sich
zuzueignen, oder wenn er sie ohne Freigabeakt zerstört.

III. Der Siegelbruch

Geschütztes Rechtsgut des Siegelbruchs ist die manifestierte staatliche Autorität (and. Ru- 18
dolphi SK 1; dazu o. 2). Grundgedanke der Bestimmung ist, die Bestätigung der Mißachtung
gegenüber der obrigkeitlichen Anordnung, die in der Siegelanlegung ausgedrückt ist, zu bestrafen (Saarbrücken SaarlRZ **50**, 32, D-Tröndle 1, v. Bubnoff LK 16, Wessels II/1 134).

1. Tatobjekt ist ein dienstliches Siegel, das angelegt ist, um Sachen in Beschlag zu nehmen, 19
dienstlich zu verschließen oder zu bezeichnen.

a) Unter **Siegel** ist hier der Siegelabdruck zu verstehen. Es macht keinen Unterschied, aus 20
welchem Material er besteht. In Betracht kommen z. B. Bahnplomben, die Plomben eines
städtischen Elektrizitätswerks oder Feuermelders (RG **65** 134), Siegelmarken, ferner auch die
mit dem Siegel des Gerichtsvollziehers versehene und am Verwahrungsort der Pfandobjekte
angebrachte Pfandanzeige (RG **34** 398, GA Bd. **51**, 181, DR **41**, 847; and. hinsichtlich der
letzteren Binding Lehrb. 2, 627). Dienstliches Siegel bedeutet hier Amtssiegel (Saarbrücken
SaarlRZ **50**, 32). Zum Begriff des amtlichen Siegels vgl. auch Frankfurt MDR **73**, 1033.

b) Das Siegel muß angelegt sein, um Sachen in **Beschlag zu nehmen**, dienstlich **zu verschlie-** 21
ßen oder **zu bezeichnen**. Die Sachen, die beschlagnahmt werden sollen usw., können bewegliche
oder unbewegliche sein. Unter Anlegen von Siegeln ist die mechanische Verbindung des
Siegels mit dem Gegenstand zu verstehen (RG **61** 101). Legt der Gerichtsvollzieher das Pfandsiegel lose in eine Schublade des zu pfändenden Gegenstandes, dann liegt keine Anlegung des
Siegels vor (RG DR **41**, 847; vgl. auch BGH MDR/D **52**, 658). Zum Zwecke der Bezeichnung
erfolgt die Anlegung eines Siegels z. B. durch den Fleischbeschauer an untersuchtem Fleisch
(RG **39** 367; vgl. FleischbeschauG vom 29. 10. 1940, BGBl. III 7832–1). Unter den Begriff der
Beschlagnahme fällt auch die Pfändung, vgl. o. 8.

c) Zur Frage der **Rechtmäßigkeit** der **Siegelanlegung** vgl. u. 27 ff. 22

2. Die **Handlung** besteht im Beschädigen, Ablösen oder Unkenntlichmachen des Siegels oder 23
darin, daß der durch das Siegel bewirkte Verschluß ganz oder zum Teil unwirksam gemacht wird.

a) Das Siegel ist **beschädigt**, wenn es in seiner Substanz so weit beeinträchtigt wird, daß es 24
die ihm obliegende Funktion einer Kennzeichnung des beschlagnahmten Gegenstandes nicht
mehr erfüllen kann; Minimalbeeinträchtigungen, die die Zweckerfüllung unberührt lassen,
reichen daher nicht aus. Eine Beschädigung liegt auch im **Ablösen** des Siegels, weil auf diese
Weise die Verbindung zwischen dem Siegel und den beschlagnahmten Sachen usw. zerstört
wird. **Unkenntlich** ist ein Siegel, wenn es ohne Substanzverletzung seiner Zweckbestimmung
entzogen wird, z. B. durch Überkleben (vgl. Köln NJW **68**, 2116).

b) Ebenso wird bestraft, wer den durch ein Siegel bewirkten **Verschluß** ganz oder teilweise 25
unwirksam macht; dabei kann das Siegel unversehrt an seiner Stelle bleiben. Entscheidend ist,
daß durch die Tat die räumliche Fixierung oder Kennzeichnung eines Gegenstandes, der die
Anlegung des Siegels dient, beseitigt wird. Dies kann z. B. geschehen durch Einsteigen in einen
Raum, dessen Tür versiegelt worden ist (Rudolphi SK 23), durch Entfernung von Sachen aus
versiegelten Räumen oder durch Abmähen des Feldes, auf dem die Pfandtafel des Gerichtsvollziehers steht (Blei II 405). Immer aber muß es sich um eine Tätigkeit handeln, durch die ein
dienstlicher Verschluß beseitigt wird. Daher kommen Zuwiderhandlungen gegen behördliche
Anordnungen anderer Art auch dann nicht in Betracht, wenn die Behörde ihren Befehl mit dem
Dienstsiegel an Ort und Stelle angeheftet hat. Die Zuwiderhandlung gegen ein Verbot, einen
Raum zu bestimmten Zwecken zu benutzen, fällt daher ebensowenig unter § 136 (and. Frankfurt NJW **59**, 1288) wie die Mißachtung der behördlichen Einstellung eines Baues (Köln NStZ
87, 330; vgl. jedoch Bay **51** 300).

26   3. Für den **subjektiven Tatbestand** ist bei allen Begehungsformen Vorsatz erforderlich. Der Täter muß wissen, daß es sich um dienstlich beschlagnahmte Gegenstände, um dienstliche Siegel, um dienstlichen Verschluß handelt und daß er ablöst usw. (KG JR 55, 475); zur Frage des Irrtums vgl. u. 33 ff.

27   IV. Die Strafbarkeit nach § 136 I, II wird durch Abs. 3 dann ausgeschlossen, wenn die Beschlagnahme oder Siegelung nicht durch eine **rechtmäßige Diensthandlung** vorgenommen wurde. Die Vorschrift entspricht insoweit § 113 III, IV; zur dogmatischen Einordnung der Rechtmäßigkeit der Diensthandlung vgl. dort RN 18 ff.

28   1. Der Begriff der **Rechtmäßigkeit** ist hier ebenso wie beim Widerstand gegen Vollstreckungsbeamte nicht im materiell-rechtlichen Sinne zu verstehen, es handelt sich vielmehr um eine bloße formelle Rechtmäßigkeit der Diensthandlung (vgl. dazu § 113 RN 21, 24 ff.). Im einzelnen gilt folgendes:

29   a) Geschützt wird nur das Herrschaftsverhältnis über Sachen, ein Siegel usw., die durch die **zuständigen Behörden** oder Beamten **beschlagnahmt, verschlossen** oder **bezeichnet** worden sind. Ob und unter welchen Voraussetzungen oder von welchem Zeitpunkt ab man von einer Beschlagnahme oder Pfändung und damit von einer wirksamen Verstrickung sprechen kann, richtet sich nach den besonderen, für die einzelne Handlung bestehenden gesetzlichen Vorschriften (RG **65** 249). In Betracht kommen hier vor allem die §§ 808 ff. ZPO, §§ 20 ff., 148 ZVG mit den §§ 864 ff. ZPO, § 6 JustizbeitreibungsO, ferner die §§ 94, 98, 100, 111 a ff., 283 ff., 463b StPO, §§ 7, 8 UZwGBw, §§ 430 ff. BRAO sowie die Vorschriften über die Beschlagnahme in den Pressegesetzen der Länder (vgl. im einzelnen Löffler, Kommentar zum Presserecht Bd. II, Landespressegesetze, 270 ff.); vgl. über die Beschlagnahme durch die Polizei RG **63** 345, München SJZ **50** Sp. 597 und die landesrechtlichen Polizeigesetze z. B. § 32 PolGNW. Zur Beschlagnahme nach dem Recht der früheren DDR vgl. §§ 119, 119b DDR-ZPO. Erforderlich ist stets, daß die Beschlagnahme oder die Pfändung durch die zuständigen Behörden oder Beamten erfolgt. Es genügt hierbei, daß der Beamte überhaupt generell zu einer Beschlagnahme der fraglichen Art sachlich und örtlich zuständig war; es ist nicht notwendig, daß er die erforderliche Zuständigkeit gerade zu der in Frage kommenden konkreten Beschlagnahme gehabt hat (RG **28** 383, **63** 351, D-Tröndle 3).

30   b) Erforderlich ist, daß die beschlagnahmende Stelle für Fälle der fraglichen Art überhaupt befugt ist, eine Beschlagnahme zu verhängen; nicht rechtmäßig wäre z. B. die Pfändung einer beweglichen Sache durch das Vollstreckungsgericht oder die Konkurseröffnung durch den Gerichtsvollzieher. Dagegen wird die Wirksamkeit der verhängten Beschlagnahme nicht beeinträchtigt, wenn sich später herausstellt, daß im gegebenen Falle die tatsächlichen Umstände die angeordnete Maßnahme nicht gerechtfertigt haben (RG **63** 351, Braunschweig NdsRpfl. **49**, 147).

31   c) Eine Pfändung braucht daher nicht materiell wirksam zu sein, es genügt, wenn die Beschlagnahme unter Beachtung der wesentlichen Förmlichkeiten ordnungsgemäß durchgeführt wurde; daran fehlt es z. B. bei einer Vollstreckung ohne Vollstreckungsklausel (vgl. Niemeyer JZ 76, 315); vgl. im einzelnen o. 29. Daher reicht z. B. eine Pfändung, die unter Verstoß gegen § 811 ZPO (Unpfändbarkeit bestimmter Gegenstände) vorgenommen wurde (Hamm NJW **56**, 1889), ebenso die Pfändung von nicht dem Schuldner gehörenden Sachen (RG **9** 403).

32   d) Das gleiche gilt für die **Siegelung** nach Abs. 2. Auch hier reicht es aus, daß die Behörde oder der Beamte zur Anlegung von Siegeln im allgemeinen sachlich und örtlich zuständig ist (RG **36** 155); dagegen brauchen im Einzelfall die tatsächlichen und rechtlichen Voraussetzungen für die Siegelung nicht vorzuliegen; der Tatbestand kann z. B. auch dann erfüllt sein, wenn entgegen § 750 ZPO der Vollstreckungstitel nicht zuvor zugestellt worden ist (RG **34** 398, KG HRR **31** Nr. 2084, v. Bubnoff LK 25; and. Binding Lehrb. 2, 625, v. Liszt-Schmidt 811).

33   2. Die Regelung des **Irrtums** über die Rechtmäßigkeit der Diensthandlung entspricht der in § 113 (vgl. dort RN 53 ff.). Daraus ergibt sich zunächst, daß die Rechtmäßigkeit der Diensthandlung, durch welche die Beschlagnahme, Siegelung usw. bewirkt wird, nicht Gegenstand des Vorsatzes ist. Für den Irrtum ergibt sich dabei eine von §§ 16, 17 abweichende Regelung:

34   a) Erfolgte die Pfändung usw. aufgrund einer rechtswidrigen Diensthandlung, so bleibt die Tat straflos, selbst wenn der Täter irrig von der Rechtmäßigkeit der Diensthandlung ausgeht.

34a   b) Nimmt der Täter irrig an, die Diensthandlung sei nicht rechtmäßig, so gilt auf der Grundlage der Verweisung in Abs. 4 auf § 113 IV das Folgende: War der Irrtum vermeidbar, so kann die Strafe nach § 49 II gemildert werden; für die Vermeidbarkeit gelten die zum Verbotsirrtum entwickelten Grundsätze (vgl. § 17 RN 16 ff.). War der Irrtum nicht vermeidbar, so führt dies nicht notwendig zur Straflosigkeit. Vielmehr ist zu fragen, ob es dem Täter zuzumuten war, sich mit Rechtsbehelfen gegen die vermeintlich rechtswidrige Diensthandlung zu wehren. Nur wenn dies zu verneinen ist, bleibt der Täter straflos. War ihm die Einlegung von

Rechtsbehelfen zuzumuten, kommt eine Strafmilderung nach § 49 II in Betracht. Im Gegensatz zu § 113 wird dem Täter beim Verstrickungs- und Siegelbruch fast immer zuzumuten sein, sich der Rechtsbehelfe insb. des Vollstreckungsrechts (z. B. § 766 ZPO, § 135 DDR-ZPO) zu bedienen; zust. Rudolphi SK 29, Niemeyer JZ 76, 316, v. Bubnoff LK 26.

V. Idealkonkurrenz ist möglich zwischen § 136 I und II, denn während Abs. 2 nur ein äußeres Sachherrschaftszeichen schützt, wird durch Abs. 1 ein öffentlich-rechtliches Gewaltverhältnis geschützt (RG **48** 365, v. Bubnoff LK 27; and. [Gesetzeskonkurrenz] Rudolphi SK 31, Berghaus aaO 129, Schmidhäuser II 234). Weiter kommt Idealkonkurrenz sowohl zwischen Verstrickungs- als auch Siegelbruch in Betracht mit Widerstand gegen Vollstreckungsbeamte (§ 113), Verwahrungsbruch (§ 133) und mit Sachbeschädigung nach § 304 (RG **65** 135); dieses Konkurrenzverhältnis kann ferner bestehen mit Diebstahl (RG **2** 318), Unterschlagung (Bay **5** 184), Betrug (RG **15** 205) sowie mit § 288 (RG **17** 43) und Pfandkehr nach § 289 (RG **64** 78). 35

VI. Bei der **Strafzumessung** ist es unzulässig, die Höhe der Strafe damit zu begründen, daß der in der Beschlagnahme zum Ausdruck kommenden staatlichen Autorität Anerkennung verschafft werden müsse (RG LZ **29** Sp. 1067). 36

§ 137 [Pfandentstrickung] *vgl. jetzt § 136 I.*

§ 138 Nichtanzeige geplanter Straftaten

(1) Wer von dem Vorhaben oder der Ausführung
1. einer Vorbereitung eines Angriffskrieges (§ 80),
2. eines Hochverrats in den Fällen der §§ 81 bis 83 Abs. 1,
3. eines Landesverrats oder einer Gefährdung der äußeren Sicherheit in den Fällen der §§ 94 bis 96, 97a oder 100,
4. einer Geld- oder Wertpapierfälschung in den Fällen der §§ 146, 151, 152 oder einer Fälschung von Vordrucken für Euroschecks oder Euroscheckkarten in den Fällen des § 152a Abs. 1 Nr. 1, Abs. 2 oder 3,
5. eines Menschenhandels in den Fällen des § 181 Nr. 2,
6. eines Mordes, Totschlags oder Völkermordes (§§ 211, 212 oder 220a),
7. einer Straftat gegen die persönliche Freiheit in den Fällen der §§ 234, 234a, 239a oder 239b,
8. eines Raubes oder einer räuberischen Erpressung (§§ 249 bis 251 oder 255) oder
9. einer gemeingefährlichen Straftat in den Fällen der §§ 306 bis 308, 310b Abs. 1 bis 3, des § 311 Abs. 1 bis 3, des § 311a Abs. 1 bis 3, der §§ 311b, 312, 313, 315 Abs. 3, des § 315b Abs. 3, der §§ 316a, 316c oder 319

zu einer Zeit, zu der die Ausführung oder der Erfolg noch abgewendet werden kann, glaubhaft erfährt und es unterläßt, der Behörde oder dem Bedrohten rechtzeitig Anzeige zu machen, wird mit Freiheitsstrafe bis zu fünf Jahren oder mit Geldstrafe bestraft.

(2) Ebenso wird bestraft, wer von dem Vorhaben oder der Ausführung einer Straftat nach § 129a zu einer Zeit, zu der die Ausführung noch abgewendet werden kann, glaubhaft erfährt und es unterläßt, der Behörde unverzüglich Anzeige zu erstatten.

(3) Wer die Anzeige leichtfertig unterläßt, obwohl er von dem Vorhaben oder der Ausführung der rechtswidrigen Tat glaubhaft erfahren hat, wird mit Freiheitsstrafe bis zu einem Jahr oder mit Geldstrafe bestraft.

Schrifttum: Geilen, Unterlassene Verbrechensbekämpfung und ernsthafte Abwendungsbemühung, JuS 65, 426, – *Köhler,* Die Unterlassung der Verbrechensanzeige, DStR 36, 397. – *Ritter,* Der Einzelne als Helfer bei der Verbrechensverhinderung, GS 116, 121. – *Schmidhäuser,* Über die Anzeigepflicht des Teilnehmers, Bockelmann-FS 683. – *Schwarz,* Die unterlassene Verbrechensanzeige, 1968.

I. Eine allgemeine, strafbewehrte Verpflichtung, geplante Delikte anzuzeigen, besteht nicht; die **Nichtanzeige geplanter Straftaten** ist durch § 138 nur in bezug auf bestimmte dort aufgeführte Straftaten strafbar (Düsseldorf NJW **68**, 1343; weitergehend wohl Schmidhäuser aaO). Als **geschütztes Rechtsgut** wird vielfach die Rechtspflege als Organ der Verbrechensverhütung angesehen (M-Schroeder II 311). In Wahrheit steht jedoch in § 138 der Gedanke im Vordergrund, die durch die genannten Straftaten angegriffenen Rechtsgüter zu schützen (so auch Rudolphi SK 2, Lackner 1, Blei II 437, Schmidhäuser aaO; and. D-Tröndle 1, der eine Kombination beider Rechtsgüter annimmt). Die Richtigkeit der hier vertretenen Ansicht folgt daraus, daß das Gesetz für Abs. 1 auch die Anzeige an den Bedrohten genügen läßt (vgl. u. 11). Daß Abs. 2 dagegen die Anzeige allein an die Behörde verlangt, kann zur Begründung der gegenteiligen Ansicht nicht herangezogen werden, da es im Falle des § 129a an einem konkret 1

Bedrohten i. S. d. Abs. 1 fehlt (vgl. u. 17). Über den Standpunkt der Entwürfe vgl. Lange GA 53, 6 ff.

2 Zweck des § 138 ist nicht die Pönalisierung einer in der Nichtanzeige zutage getretenen gemeinschaftswidrigen Gesinnung, sondern die Verhütung verbrecherischer Erfolge. Eine Anzeigepflicht besteht daher nur, wenn die Straftat tatsächlich geplant oder in Ausführung begriffen ist und die Tat überhaupt oder weiterer Schaden durch eine Anzeige möglicherweise verhindert werden kann. Steht fest, daß auch durch Anzeige eine Verhütung der Tat nicht möglich gewesen wäre, so besteht keine Anzeigepflicht. Dasselbe gilt grundsätzlich, wenn ein Dritter schon Anzeige erstattet hat oder der Bedrohte von dem gegen ihn geplanten Anschlag weiß (vgl. aber u. 13). Schließlich begründet auch eine Tat, die nur untauglicher Versuch sein würde, keine Anzeigepflicht (vgl. Schwarz aaO 45, Hanack LK 11, Rudolphi SK 7, Lackner 2; and. D-Tröndle 3). In allen diesen Fällen kommt lediglich (strafloser) Versuch des § 138 in Betracht.

3 II. Der **objektive Tatbestand** der Abs. 1 und 2 erfordert zunächst, daß jemand von dem Vorhaben oder der Ausführung bestimmter Straftaten (vgl. u. 7) glaubhafte Kenntnis hat; im Falle des Abs. 2 ist dies bereits die Gründung oder Unterstützung einer terroristischen Vereinigung sowie die Werbung für sie oder die Beteiligung an ihr als Mitglied (zu diesen Merkmalen vgl. näher § 129 RN 12 ff.), nicht das von der Vereinigung beabsichtigte Delikt, das selbst dem Abs. 1 unterfällt, wenn es wenigstens in das Stadium des Vorhabens eingetreten ist.

4 1. **Vorhaben** ist jeder ernstliche Plan. Dieser setzt voraus, daß der Täter seine verbrecherische Absicht hinsichtlich bestimmter Personen oder Objekte konkretisiert und die Art seines Vorgehens wenigstens in den Grundzügen bereits festgelegt hat. Es reicht aus, wenn die Tat nur unter gewissen Bedingungen begangen werden soll oder wenn späterer Bestimmung überlassen bleibt, welche von mehreren Personen sie ausführt (RG **60** 255). Über die Meldepflicht bei vollendeten Delikten vgl. u. 5. Ob der Täter der geplanten Straftat dafür würde bestraft werden können, ist unerheblich. Die Meldepflicht besteht auch bei Vorhaben von Schuldunfähigen (Hanack LK 10, Lackner 2, M-Schroeder II 311, Rudolphi 7, Schwarz aaO 42; and. Frank I, Freudenthal ZStW 48, 296); dies ergibt der Schutzzweck des § 138, so daß sich in dieser Hinsicht auch durch die Neufassung des Abs. 3 („rechtswidrige Tat") nichts geändert hat.

5 Straftat i. S. des § 138 ist grundsätzlich auch die **Teilnahme** an den in § 138 genannten Delikten (Schwarz aaO 44). Erforderlich ist jedoch, daß nach den Umständen die ernstliche Erwartung der Ausführung der Tat besteht. Deshalb ist § 138 nicht anwendbar, wenn jemand von dem Vorhaben einer versuchten Anstiftung zu einem Verbrechen (vgl. § 30) Kenntnis hat, jedoch ungewiß ist, ob diese Anstiftung Erfolg haben wird.

6 2. Die Anzeigepflicht besteht auch noch während der **Ausführung** der Tat, also wenn die Straftat bereits begonnen worden ist. Diese Regelung beruht auf der Erwägung, daß auch während der Begehung bestimmter Delikte durch ein Eingreifen staatlicher Organe oder des Bedrohten noch größerer Schaden verhütet werden kann. Daher hat auch schon das RG angenommen, daß bei Dauerdelikten während der Fortdauer und bei gemeingefährlichen Delikten, solange die durch die Tat hervorgerufene Gefahr dauert (RG **63** 106), eine Anzeigepflicht bestünde. Man wird allgemein sagen dürfen, daß bis zur tatsächlichen Beendigung, u. U. also auch über die juristische Vollendung hinaus, eine Anzeigepflicht besteht (Blei II 437).

7 3. Die Anzeigepflicht besteht nur, wenn jemand Kenntnis von **bestimmten, namentlich aufgezählten Delikten** hat, die sich als besonders schwere und für die Allgemeinheit gefährliche Rechtsbrüche darstellen. Der Katalog der anzeigepflichtigen Straftaten des Abs. 1 ist mehrfach geändert worden; er gilt jetzt in der Fassung des 2. WiKG (BGBl. 86 I 721). Nur Vorhaben oder Ausführung der in Abs. 1 u. 2 namentlich aufgeführten Tatbestände sind anzeigepflichtig; eine Erweiterung des Katalogs auf ähnlich gefährliche Delikte ist wegen des Analogieverbots unzulässig. Zur Klarstellung sind in der Neufassung jeweils auch die betreffenden Paragraphen ebenfalls angeführt. Hinsichtlich der neu hinzugekommenen Straftaten ist das Rückwirkungsverbot zu beachten. Im einzelnen sind folgende Delikte erfaßt:

a) bestimmte Verratsverbrechen wie Vorbereitung eines Angriffskrieges (§ 80), Hochverrat (allerdings nur die Fälle der §§ 81 bis 83 I, dagegen nicht die Vorbereitung zum Hochverrat, soweit sie unter § 83 II fällt), Landesverrat und Gefährdung der äußeren Sicherheit. Hier wurden nur die Fälle der §§ 94 bis 96, 97 a sowie 100 erfaßt;
b) die Geldfälschungstatbestände nach § 146, § 151 sowie § 152 i. V. m. § 146; die Fälschung von Vordrucken für Euroschecks- und Euroscheckkarten (§ 152 a), wobei allerdings die Vorbereitungsdelikte nach § 152 a I Nr. 2, IV nicht erfaßt sind;
c) Totschlag, Mord und Völkermord (§§ 212, 211, 220 a);
d) bestimmte Straftaten gegen die persönliche Freiheit, Menschenraub (§ 234) Verschleppung

(§ 234a), erpresserischer Menschenraub (§ 239a), Geiselnahme (§ 239b) sowie Menschenhandel zu sexuellen Zwecken (§ 181 Nr. 2);
e) von den Raub- und Erpressungsdelikten folgende Tatbestände: §§ 249 bis 251 sowie die räuberische Erpressung (§ 255);
f) die im einzelnen unter Abs. 1 Nr. 9 der Vorschrift aufgezählten gemeingefährlichen Straftaten, die zum Teil bloße Vergehen sind (z. B. § 311b I Nr. 2, § 313 II, § 316c II);
g) die Bildung einer terroristischen Vereinigung nach § 129a.

4. Von einer der bezeichneten Straftaten muß der Täter **glaubhafte Kenntnis** haben. Hierzu genügt nicht, daß er glaubt, jemand plane ernstlich eine Tat der genannten Art oder führe sie schon aus, vielmehr muß die Straftat tatsächlich geplant oder in Ausführung begriffen sein (RG 71 386, Hanack LK 12, M-Schroeder II 311f., Welzel 517, Lackner 3a; vgl. o. 2). Die Anzeigepflicht beruht auf der Kenntnis vom Bevorstehen der Tat; Kenntnis von der Person des Täters ist nicht erforderlich (RG 60 256). Es muß festgestellt werden, daß der Anzeigepflichtige mit der Ausführung der Tat rechnete; es genügt nicht, daß er damit hätte rechnen müssen (RG 94 371); selbst grobe Fahrlässigkeit ist straflos. **8**

5. Die Kenntnis muß zu einer Zeit vorhanden gewesen sein, zu der die **Ausführung** oder der **Erfolg** noch **abgewendet** werden konnte. Ob das der Fall war, ist gleichfalls nach der wirklichen Sachlage zu entscheiden. Ist die geplante Straftat zu diesem Zeitpunkt nicht mehr ausführbar oder endgültig aufgegeben, so vermag die gegenteilige Annahme keine Anzeigepflicht zu begründen, da es Zweck des § 138 ist, Straftaten zu verhüten oder wenigstens deren Folgen abzuwehren; es kommt daher allenfalls (strafloser) Versuch in Betracht. Nimmt der Anzeigepflichtige dagegen irrtümlich an, durch die Anzeige nichts mehr ändern zu können, so entfällt sein Vorsatz. **9**

III. Strafbar ist das **Unterlassen der Anzeige** durch eine zur Anzeige verpflichtete Person. Die Anzeige braucht nur die Tat, nicht auch den Täter zu bezeichnen (RG 60 256), es sei denn, daß sonst die Verhinderung nicht möglich ist; der Anzeigende kann anonym bleiben (D-Tröndle 9), wie sich aus der Schutzrichtung der Vorschrift ergibt (vgl. o. 1f). **10**

1. In den Fällen des **Abs. 1** muß die Anzeige rechtzeitig gegenüber der Behörde oder dem Betroffenen erfolgen. **11**

a) Die Anzeige ist **zur rechten Zeit** gemacht, wenn die Verhütung der Straftat oder ihres Erfolges noch möglich ist (Blei II 437, Rudolphi SK 14, Lackner 4). U. U. hat der Anzeigepflichtige daher einen zeitlichen Spielraum, innerhalb dessen er die Anzeige erstatten kann, sofern dies rechtzeitig geschieht (RG JW **34**, 38); seine Pflicht entfällt, wenn innerhalb dieses Zeitraumes die Anzeige durch einen anderen erfolgt (vgl. Bay **62**, 259). Diese Feststellung ist von besonderer Bedeutung für Vollendung und Vorsatz. Glaubt der Täter, zu einem späteren Zeitpunkt noch gleich wirksam die Anzeige erstatten zu können, so entfällt sein Vorsatz, wenn seine Anzeige nicht rechtzeitig erfolgt (so auch Rudolphi SK 14, Hanack LK 26; and. D-Tröndle 8 unter Berufung auf RG JW **34**, 38); bei Leichtfertigkeit gilt Abs. 3 (vgl. u. 25). **12**

b) Die Anzeige muß der **Behörde oder** dem **Bedrohten** erstattet werden. Als Behörde kommt hier jede Dienststelle des Staates in Betracht, zu deren Aufgabenkreis ein verhütendes Einschreiten gehört, also in der Regel, aber nicht ausschließlich, die Polizei (Köhler DStR 36, 401). Bedrohter ist derjenige, gegen den sich der Angriff unmittelbar richten soll. Grundsätzlich hat der Anzeigepflichtige die Wahl, welchen Weg er gehen will. Eine Anzeige an den Bedrohten reicht jedoch dann nicht aus, wenn sich aus den geplanten Verbrechen eine konkrete Gefahr für die Allgemeinheit ergeben würde (Münzverbrechen, gemeingefährliche Verbrechen); hier muß die Anzeige bei der Behörde erstattet werden (vgl. RG JW **32**, 57). Wie sich aus dem Merkmal der Rechtzeitigkeit ergibt, soll die Anzeige ein wirksames Eingreifen zum Schutz des bedrohten Rechtsguts ermöglichen; „rechtzeitig" bedeutet daher nicht nur eine zeitliche Fixierung, sondern zugleich eine inhaltliche Bestimmung. Daraus folgt, daß eine Anzeige an den Bedrohten nicht genügt, wenn dieser für ausreichenden Schutz keine Vorsorge mehr treffen kann (vgl. auch Hanack LK 36). Wäre umgekehrt zwar die Anzeige an den Bedrohten, nicht aber an die Behörde rechtzeitig, so muß sie jenem gegenüber erfolgen. **13**

2. Demgegenüber verlangt **Abs. 2**, daß die Anzeige über die Bildung einer terroristischen Vereinigung (§ 129a) unverzüglich und nur der Behörde erstattet wird. **14**

Anders als Abs. 1, der rechtzeitiges Handeln ausreichen läßt, bedeutet **unverzüglich**, daß hier der Verpflichtete sofort nach Erlangung der Kenntnis von dem Vorhaben oder der Ausführung der Bildung einer solchen Vereinigung Anzeige erstatten muß (übersehen von Lackner 4). Jedoch können nur schuldhafte Verzögerungen eine Verletzung der Verpflichtung darstellen (vgl. dazu die entspr. Frage bei § 142 RN 56). Auch hier entfällt die Verpflichtung, wenn zuvor bereits ein anderer Anzeige erstattet hat (vgl. o. 12). **15**

16 Daß in diesem Fall – ebenfalls enger als in Abs. 1 – die Anzeige allein bei einer **Behörde** (zum Begriff vgl. o. 11) erstattet werden soll, ergibt sich aus der regelmäßig fehlenden Konkretisierung eines Bedrohten im Zeitpunkt der Bildung der Vereinigung. Richtet sich deren Gründung ausschließlich auf die Begehung schon konkretisierter Taten gegen bestimmte Personen (z. B. gegen einzelne Regierungsmitglieder), so muß nach dem der gesamten Vorschrift zugrundeliegenden Schutzzweck eine Anzeige diesen gegenüber ausreichen (krit. hierzu Hanack LK 55). Will sich die Vereinigung jedoch gegen einen größeren Personenkreis oder noch nicht konkretisierte Objekte wenden, so ist die Anzeige zwingend der Behörde zu erstatten, da nur so ein hinreichender Schutz gewährleistet werden kann.

17 Erfährt jemand erst nach der Bildung einer terroristischen Vereinigung von ihren Absichten, so ist einerseits Abs. 2 anwendbar, da der Anzeigepflichtige dann auch Kenntnis davon hat, daß jemand sich als Mitglied an der Vereinigung beteiligt oder sie unterstützt (vgl. o. 3). Daneben findet aber auch Abs. 1 Anwendung, sofern sich die Intentionen der Vereinigung wenigstens selbst zu einem Vorhaben nach § 138 (vgl. o. 4) konkretisiert haben. In diesem Fall besteht sowohl die Verpflichtung, eine Beteiligung usw. i. S. v. § 129a unverzüglich der Behörde anzuzeigen, als auch die Pflicht, ein inzwischen konkretisiertes Vorhaben der Behörde oder dem Bedrohten zur Kenntnis zu bringen. Regelmäßig werden beide Pflichten durch eine unverzügliche Anzeige bei der Behörde erfüllt werden können, sofern auch das konkrete Vorhaben mitgeteilt wird. Nur ausnahmsweise muß der Anzeigepflichtige zusätzlich den Bedrohten benachrichtigen, sofern dies die einzige Möglichkeit zum Schutz des bedrohten Rechtsgutes darstellt (vgl. o. 13 a. E.).

18 3. Von der Anzeigepflicht bestehen – von den Fällen des § 139 abgesehen – **zwei Ausnahmen**.

19 a) Nicht anzeigepflichtig ist der **Bedrohte** (kritisch hierzu M-Schroeder II 312). Dies gilt auch für den o. 16 genannten Fall, daß sich die Tat nach Abs. 2 nur gegen eine bestimmte Person wendet, jedoch immer nur unter der Voraussetzung, daß das geplante Verbrechen allein gegen sie gerichtet ist (and. Hanack LK 57). Bei gemeingefährlichen Delikten ist dagegen auch ein Bedrohter anzeigepflichtig (vgl. aber RG JW **32**, 57).

20 b) Nicht anzeigepflichtig ist ferner, wer an der Straftat oder ihrer Vorbereitung und Planung **beteiligt gewesen** ist (BGH **19** 167 m. Anm. Schröder JR 64, 227, NStZ **82**, 244). Hierher gehört auch der Täter eines unechten Unterlassungsdeliktes, der dieses durch die Nichtanzeige verwirklicht. Dies ergibt sich daraus, daß die Anzeigepflicht aus kriminalpolitischen Gründen nur in bezug auf fremde Taten statuiert werden sollte. Dabei ist bedeutungslos, ob sich ein an der Planung Beteiligter bereits strafbar gemacht hat oder wegen Beteiligung noch nicht bestraft werden konnte (vgl. BGH **19** 167 m. Anm. Schröder JR 64, 227, BGH NJW **56**, 31, MDR/D **56**, 269, NStZ **82**, 244, D-Tröndle 12, Hanack LK 44, Rudolphi SK 19, Lackner 5, Eser II 58; and. Drost JW 32, 57, Schwarz aaO 106ff., Schmidhäuser Bockelmann-FS 694, wohl auch Bockelmann II/3 73). Zweifelhaft sind die Fälle, in denen sich ein an der Planung Beteiligter von dem Unternehmen losgesagt hat. Auch hier wird man aber aus kriminalpolitischen Gründen die Tat für ihn weiterhin als „eigene" ansehen und damit die Anzeigepflicht entfallen lassen müssen (and. Hanack LK 44, Schmidhäuser Bockelmann-FS 698), weil es für den an der Planung Beteiligten nicht überschaubar ist, ob seine Lossagung zur Straflosigkeit führt oder nicht. Dagegen ist nicht derjenige von der Anzeigepflicht befreit, der an der geplanten Straftat nicht beteiligt ist, sich durch die Anzeige aber in den Verdacht der Beteiligung bringen würde (BGH **36** 170, Hanack LK 48, Rudolphi SK 19; and. D-Tröndle 12). Sagt der Pflichtige dem Täter zu, die geplante Tat nicht anzuzeigen, so entfällt seine Anzeigepflicht, soweit die Voraussetzungen psychischer Beihilfe vorliegen (vgl. auch Roxin Engisch-FS 404). Die nachträgliche Beteiligung als Begünstiger oder Hehler schließt die Anzeigepflicht nicht aus.

21 Bleibt zweifelhaft, ob der Unterlassende an der Planung der Tat beteiligt gewesen ist, so ist der Grundsatz **in dubio pro reo** in doppelter Beziehung anzuwenden: Einerseits ist deswegen von der Beteiligung am Verbrechen freizusprechen; ebensowenig kann aber auch eine Verurteilung aus § 138 erfolgen (BGH MDR/H **79**, 635, **86**, 794, StV **88**, 202; vgl. Geilen JuS 65, 429). Bestehen keine Zweifel, daß es sich um eine für den Täter völlig fremde Tat handelt, ist aber trotz Anklage wegen Tatbeteiligung unter Beachtung von § 265 StPO eine Verurteilung wegen Anzeigepflichtverletzung zulässig (BGH MDR/H **88**, 276). Über die fehlende Möglichkeit einer Wahlfeststellung vgl. u. 29.

22 c) Auch sonst kann eine Strafbarkeit entfallen, so wenn der Unterlassende bei rechtzeitiger Anzeige eine erhebliche eigene Gefährdung zu gewärtigen hat; vgl. RG **43** 342, wo dies unter dem Gesichtspunkt des Notstandes (§ 35) anerkannt wird.

23 d) Im Verhältnis zu den verschiedenen straf- oder bußgeldrechtlich **sanktionierten Geheimhaltungsvorschriften** (vgl. z. B. §§ 203, 353a ff.) geht die Anzeigepflicht nach § 138 vor (vgl. hierzu Wilts NJW 66, 1837). Dies ergibt sich eindeutig aus § 139 III S. 2, der eine Ausnahme nur für die dort genannten Personen bringt und die Ausnahmeregelung hinsichtlich der schwersten Verbrechen – Mord, Totschlag, Völkermord usw. – sogar wieder einschränkt. Auch aus Abs. 2 ergibt sich nichts Gegenteiliges, da hier nur die religiöse Bindung des Seelsorgers respektiert wird, der im übrigen keine staatlich sanktionierte Geheimhaltungspflicht korrespondiert. Wer zur Wahrung eines Geheimnisses verpflichtet ist, muß sich allerdings auf die Mitteilung der Umstände beschränken, die zur Verhinderung der geplanten Tat notwendig sind. Eine andere Frage ist es, ob ein an sich nicht Anzeigepflichtiger sich wegen eines Geheimnisbruchs strafbar macht, wenn er eine Anzeige erstattet, ein Anwalt z. B. ein geplantes Sprengstoffverbrechen anzeigt, nachdem er sich vergeblich bemüht hat, den Täter von der geplanten Tat abzubringen. Hier kommt eine Rechtfertigung nach den Grundsätzen des Notstandes (§ 34) in Betracht.

Die Existenz von **Zeugnisverweigerungsrechten** ist strafrechtlich unter dem Gesichtspunkt des § 138 ohne Bedeutung (vgl. M-Schroeder I 248); vgl. dazu und zur Anzeigepflicht von Angehörigen § 139 RN 2ff. **24**

IV. Für den **subjektiven Tatbestand** ist nach Abs. 1 und 2 Vorsatz erforderlich. Dieser muß auch die Rechtzeitigkeit der Anzeige umfassen, so daß § 138 entfällt, wenn der Täter glaubt, durch eine Anzeige nichts mehr ändern zu können; Entsprechendes gilt für Abs. 2. Der Irrtum über die Anzeigepflicht ist Gebotsirrtum (vgl. BGH **19** 295 m. krit. Anm. Geilen JuS 65, 426). Bei der Frage seiner Vermeidbarkeit ist nach BGH aaO auch zu berücksichtigen, ob der Unterlassende ein naher Angehöriger des Täters ist. Fahrlässigkeit genügt in der qualifizierten Form der Leichtfertigkeit nur im Rahmen des Abs. 3. Leichtfertigkeit bedeutet einen gesteigerten Grad von Fahrlässigkeit. Vgl. § 15 RN 106, 205. Sie muß sich beziehen auf das Unterlassen der Anzeige, so z. B. wenn der Täter die Absendung des Anzeigebriefes vergißt oder zu spät Anzeige erstattet. Dagegen muß die glaubhafte Kenntnis vom geplanten Verbrechen die gleiche sein wie in den Abs. 1 und 2. **25**

V. **Vollendet** ist die Tat, wenn eine rechtzeitige Anzeige nicht mehr möglich (Abs. 1) oder nicht unverzüglich erfolgt ist (Abs. 2). Nur bei Abs. 1 darf der Täter also den ihm zur Verfügung stehenden Spielraum ausnutzen (Hanack LK 54, Maihofer GA 58, 295). Ist bereits zuvor von anderer Seite Anzeige erfolgt, so entfällt die Verpflichtung. **26**

VI. **Teilnahme** am Delikt des § 138 ist nach folgenden Grundsätzen möglich. Wo der Teilnehmer selbst die Pflicht zur Anzeige hat, kommt ausschließlich Nebentäterschaft (nicht Mittäterschaft, wie Kielwein GA 55, 228 annimmt) in Betracht, da die Pflicht eines jeden selbständig neben der des anderen steht. Im übrigen ist Anstiftung wie Beihilfe nach allgemeinen Regeln möglich (vgl. näher Roxin Engisch-FS 380ff.). Soweit dagegen § 139 bestimmten Personengruppen keine Pflicht zur Anzeige auferlegt, kommt Teilnahme nicht in Betracht. Das gilt insb. für Geistliche, Strafverteidiger, Rechtsanwälte und Ärzte (§ 139 RN 2, 3). **27**

VII. Die unterlassene Anzeige ist auch dann mit Strafe bedroht, wenn die Straftat nicht ausgeführt wird; die Begehung des Delikts ist keine Bedingung der Strafbarkeit. Es kann allerdings von Strafe abgesehen werden, falls die Straftat nicht versucht worden ist (§ 139 I). **28**

VIII. Eine Verurteilung aufgrund **wahlweiser Feststellung**, daß der Angekl. entweder der Teilnahme an der geplanten Straftat oder nach § 138 schuldig sei, ist unzulässig; diese verschiedenen Verhaltensweisen sind rechtsethisch und psychologisch nicht vergleichbar (BGH MDR/H **86**, 794 StV **88**, 202, vgl. § 1 RN 111; and. RG **73** 58). **29**

§ 139 Straflosigkeit der Nichtanzeige geplanter Straftaten

(1) **Ist in den Fällen des § 138 die Tat nicht versucht worden, so kann von Strafe abgesehen werden.**

(2) **Ein Geistlicher ist nicht verpflichtet anzuzeigen, was ihm in seiner Eigenschaft als Seelsorger anvertraut worden ist.**

(3) **Wer eine Anzeige unterläßt, die er gegen einen Angehörigen erstatten müßte, ist straffrei, wenn er sich ernsthaft bemüht hat, ihn von der Tat abzuhalten oder den Erfolg abzuwenden, es sei denn, daß es sich um**
1. **einen Mord oder Totschlag (§§ 211 oder 212),**
2. **einen Völkermord in den Fällen des § 220a Abs. 1 Nr. 1 oder**
3. **einen erpresserischen Menschenraub (§ 239a Abs. 1)**
   eine Geiselnahme (§ 239b Abs. 1) oder
   einen Angriff auf den Luftverkehr (§ 316c Abs. 1)
   durch eine terroristische Vereinigung (§ 129a)

handelt. Unter denselben Voraussetzungen ist ein Rechtsanwalt, Verteidiger oder Arzt nicht verpflichtet anzuzeigen, was ihm in dieser Eigenschaft anvertraut worden ist.

§ 139 **1–5** Bes. Teil. Straftaten gegen die öffentliche Ordnung

(4) **Straffrei ist, wer die Ausführung oder den Erfolg der Tat anders als durch Anzeige abwendet. Unterbleibt die Ausführung oder der Erfolg der Tat ohne Zutun des zur Anzeige Verpflichteten, so genügt zu seiner Straflosigkeit sein ernsthaftes Bemühen, den Erfolg abzuwenden.**

1   I. Eine Bestrafung wegen **Nichtanzeige geplanter Straftaten** (§ 138) setzt **nicht** voraus, daß die Tat **tatsächlich begangen** worden ist. Ist sie jedoch nicht einmal versucht worden, so würde die Anwendung des § 138 zur Folge haben, daß der die Anzeige Unterlassende bestraft werden müßte, während der Täter straflos bleibt. Für Fälle dieser Art schafft Abs. 1 die Möglichkeit, von Strafe abzusehen. Die Entscheidung ist in das Ermessen des Gerichts gestellt. Sieht das Gericht von Strafe ab, so hat es den Angekl. schuldig zu sprechen mit der Kostenfolge des § 465 StPO (vgl. 54 vor § 38). Ist dagegen die beabsichtigte Tat schon in das Stadium des Versuchs eingetreten, so kann nach Abs. 1 nicht mehr von Strafe abgesehen werden, auch dann nicht, wenn der Versuch wegen Rücktritts des Täters oder sonst aus subjektiven Gründen straflos sein sollte (D-Tröndle 2, Hanack LK 4).

2   II. Die ursprüngliche Fassung des § 139 nahm auf die Tatsache, daß bestimmten Personen **Zeugnisverweigerungsrechte** zustehen, weil sie aufgrund ihres Berufes Geheimhaltungspflichten haben (Ärzte, Rechtsanwälte usw.), für die Bestimmung des Täterkreises keine Rücksicht, entschied also den Konflikt zwischen Geheimhaltungspflicht und Anzeigepflicht zugunsten der letzteren. Abs. 2 erkennt nunmehr für **Geistliche,** d. h. für Religionsdiener, die von einer Religionsgemeinschaft zu gottesdienstlichen Verrichtungen bestellt sind, den Vorrang des Beichtgeheimnisses vor der Anzeigepflicht an. Was einem Geistlichen in seiner Eigenschaft als Seelsorger anvertraut (dazu vgl. § 203 RN 12 ff.) worden ist, braucht nicht angezeigt zu werden. Da insoweit keinerlei Verpflichtung besteht, ist die Unterlassung nicht tatbestandsmäßig (wie hier Kielwein GA 55, 231; and. M-Schroeder II 313, D-Tröndle 4, Rudolphi SK 3, Lackner 2, Hanack LK 13, Welzel 517, die Abs. 2 als einen Rechtfertigungsgrund ansehen); Teilnahme daran daher ausgeschlossen. Für andere Personen, die ein Zeugnisverweigerungsrecht haben, sieht Abs. 3 eine z. T. abweichende Regelung vor.

3   III. **Strafverteidiger, Rechtsanwälte und Ärzte,** die nach §§ 53 StPO, 383 ZPO, § 55 II DDR-ZPO i. V. m. § 43 DDR-RAG ebenso wie Geistliche zur Zeugnisverweigerung berechtigt sind und die sich in einem ähnlichen Konflikt zwischen Geheimhaltung und Verbrechensverhütung befinden können, sind den Geistlichen unter gewissen einschränkenden Voraussetzungen gleichgestellt. Gem. Art. 21 § 3 des Gesetzes v. 25. 6. 90 (BGBl. II S. 518) stehen in der DDR und Berlin (Ost) zugelassene, im grenzüberschreitenden Verkehr tätige Rechtsanwälte den Rechtsanwälten i. S. von § 139 II 2 gleich. Diese Personen sind – außer bei Mord, Totschlag und Völkermord (§ 220a I Nr. 1) sowie den durch eine terroristische Vereinigung begangenen Delikten nach §§ 239a I, 239b I und 316c I – zur Anzeige nicht verpflichtet, falls sie sich ernstlich bemühen, den Täter von der Tat abzuhalten oder den Erfolg zu verhindern, d. h. die Durchführung der Tat auf andere Weise als durch Anzeige unmöglich zu machen. Mißlingt dieser Versuch, so ist der Täter – anders als nach Abs. 4; vgl. u. 6 – trotzdem straffrei, da er zur Anzeige nicht verpflichtet ist (Kielwein GA 55, 231; nach Lackner 2 soll dagegen in diesen Fällen zumindest ein Rechtfertigungsgrund, nach M-Schroeder II 313, Welzel 518 ein persönlicher Strafaufhebungsgrund vorliegen). Die Aufzählung der privilegierten Personen ist abschließend. Auf die Gehilfen der genannten Personen findet § 139 keine Anwendung.

4   IV. Ein weiterer Interessenkonflikt – ähnlich dem zwischen Anzeigepflicht und Geheimhaltungspflicht – kann sich ergeben, wenn der Täter zu den **Angehörigen** des Anzeigepflichtigen gehört und die Anzeige daher eine nahestehende Person gefährden würde. Das ursprüngliche Recht trug dieser Tatsache, die ebenfalls in Gestalt prozessualer Zeugnisverweigerungsrechte berücksichtigt wird, keine Rechnung. Jetzt erklärt Abs. 3 denjenigen für straflos, der die Anzeige gegen einen Angehörigen i. S. des § 11 I Nr. 1 erstatten müßte, falls er sich ernstlich bemüht hat, ihn von der Tat abzuhalten oder den Erfolg zu verhindern. Gleiches muß für den Fall gelten, daß ein Bemühen des Anzeigepflichtigen nachweislich keine Aussicht auf Erfolg hätte und er deshalb nichts unternimmt (vgl. Geilen JuS 65, 428 f.). Der Rechtsgrund der Straflosigkeit ist umstritten. Während Lackner 3, M-Schroeder II 313, D-Tröndle 6 hierin einen persönlichen Strafaufhebungsgrund sehen, wird man einen Fall der Nichtzumutbarkeit annehmen müssen (Geilen JuS 65, 432, Welzel 518, Schwarz aaO 132, Rudolphi SK 6). Denn im Gegensatz zur Regelung für Rechtsanwälte usw. (vgl. o. 3) besteht hier zwar eine Pflicht zur Anzeige, ihre Nichterfüllung erscheint jedoch wegen der verwandtschaftlichen Beziehung als entschuldigt. Eine Ausnahme von diesem Grundsatz gilt bei den in Abs. 3 S. 1 Nr. 1–3 aufgeführten Delikten; in diesen Fällen ist die unterlassene Anzeige nicht entschuldigt.

5   Die Vorschrift enthält eine gesetzliche Ausgestaltung des **allgemeinen Prinzips** der **Zumutbarkeit.** Die in ihr getroffenen Entscheidungen können daher auch für Situationen ähnlicher

Art herangezogen werden. Überall dort, wo Angehörige wegen der Nichtverhinderung strafbarer Handlungen verantwortlich gemacht werden sollen, kann sie eine Verantwortlichkeit aus einem Unterlassungsdelikt (z. B. wegen Beihilfe zur Abtreibung oder wegen Kuppelei) nicht treffen, wenn sie sich ernstlich bemühen, die Tat zu verhindern; die Inanspruchnahme behördlicher Hilfe wird ihnen nicht zugemutet. Ausgenommen sind aber auch hier die in § 139 III Nr. 1–3 aufgeführten Verbrechen.

V. Einen wesentlichen Fortschritt gegenüber dem ursprünglichen Recht stellt Abs. 4 dar, **6** indem er dem Anzeigepflichtigen in gewissem Umfang die **Wahl zwischen mehreren Mitteln der Deliktsverhütung** läßt. Die Statuierung der Anzeigepflicht dient der Verbrechensverhütung. Die Ausführung eines Delikts kann aber auch auf andere Weise als durch Anzeige verhindert werden, und zwar auf eine vielleicht wirksamere, jedenfalls aber dem Anzeigepflichtigen angenehmere Weise. Der Anzeigepflichtige hat zwar auch in diesen Fällen die Pflicht zur Anzeige und damit zur Verbrechensverhinderung, kommt ihr aber mit Billigung der Rechtsordnung auf andere Weise nach. Es handelt sich somit nicht um einen Fall des Rücktritts oder der tätigen Reue, sondern mit der Ausübung der Wahlmöglichkeit entfällt bereits die Tatbestandsmäßigkeit der Unterlassung (wie hier Rudolphi SK 16; and. [persönlicher Strafaufhebungsgrund] Lackner 4, Hanack LK 37). Wählt der Anzeigepflichtige einen solchen anderen Weg zur Verhinderung der Tat, so ist er nach Abs. 4 ebenfalls freizusprechen, und zwar nicht nur, wenn ihm die Verhinderung gelingt, sondern auch, wenn er sich ernstlich, aber vergeblich darum bemüht hat. Immer aber muß die geplante Tat oder der Erfolg unterbleiben. Wird sie erfolgreich begangen, so nützt dem Täter sein Bemühen um die Verhinderung nichts. Der Anzeigepflichtige, der von der Wahlmöglichkeit Gebrauch macht, übernimmt damit das Risiko des Gelingens. Ebenso wie beim Rücktritt genügt auch hier, daß der Anzeigepflichtige den Erfolg verhindert; daß es noch zum untauglichen Versuch kommen kann, schadet ihm nicht.

§ 140 Belohnung und Billigung von Straftaten

Wer eine der in § 138 Abs. 1 Nr. 1 bis 5 und in § 126 Abs. 1 genannten rechtswidrigen Taten, nachdem sie begangen oder in strafbarer Weise versucht worden ist,
1. **belohnt oder**
2. **in einer Weise, die geeignet ist, den öffentlichen Frieden zu stören, öffentlich, in einer Versammlung oder durch Verbreiten von Schriften (§ 11 Abs. 3) billigt,**

wird mit Freiheitsstrafe bis zu drei Jahren oder mit Geldstrafe bestraft.

I. Die Vorschrift, geändert durch Gesetz v. 19. 12. 86 (BGBl. I 2566), stellt die **Belohnung** oder **1** **Billigung schwerer Straftaten** unter Strafe, nachdem sie begangen oder versucht worden sind; es kommen sowohl fremde wie eigene Taten in Betracht (BGH NJW 78, 58). Es muß sich um eine bestimmte oder eine Mehrzahl bestimmter Taten handeln, die Billigung einer bestimmten Gattung (z. B. Landesverrat) genügt nicht (BGH AfP 79, 303). Der Grund für diese Vorschrift liegt in der Gefährdung der Allgemeinheit durch die Schaffung eines psychischen Klimas, in dem neue Delikte dieser Art gedeihen können.

II. Es kommen **nur** die in **§ 138 I Nr. 1–5 und § 126 I genannten Straftaten** in Betracht. Diese **2** müssen entweder begangen oder versucht worden sein. Daß sie auch in strafbarer Weise verwirklicht wurden, ist nicht erforderlich. Es genügt daher etwa die Begehung bzw. der Versuch durch einen Schuldunfähigen; vgl. weiter Hanack LK 6, Rudolphi SK 4. Erforderlich ist jedoch, daß der Versuch überhaupt unter Strafe steht, was bei den in § 126 I Nr. 1 aufgeführten Delikten nach § 125a nicht der Fall ist. Die Tat kann auch, wenn der Täter vom Versuch zurückgetreten ist, durch Mißbilligung des Rücktritts erfolgen (Rudolphi SK 4); die neue Fassung der Vorschrift – „in strafbarer Weise versucht" – ist insoweit mißverständlich (Stree NJW 76, 1181, Lackner 2). Über die Billigung von Auslandstaten vgl. BGH **22** 282.

III. Die **Handlung** besteht in der Belohnung oder Billigung jener Straftaten. **3**

1. Unter **Belohnung** ist die Zuwendung eines Vorteils jeder Art zu verstehen. Ideelle Vorteile **4** wie Auszeichnungen reichen aus (Sturm JZ 76, 350), nicht dagegen bloßes Versprechen von Vorteilen. Die Belohnung kann auch nur mittelbar zugewendet werden, jedoch muß Einverständnis bestehen, daß die **Zuwendung für die Tat** erfolgt.

2. Die rechtswidrige Tat **billigt,** wer seine Zustimmung dazu kundgibt, daß die Tat began- **5** gen worden ist und sich damit moralisch hinter den Täter stellt (BGH **22** 282). Daraus folgt, daß es sich um eine höchstpersönliche Stellungnahme des Täters handeln muß (Rudolphi SK 9). Aus dem Erfordernis der eigenen Billigung ergibt sich, daß ein bloßes Verbreiten billigender Erklärungen eines Dritten nicht genügt (Hanack LK 22 ff., Rudolphi SK 9, ZRP 79, 219 f.). Die persönliche Billigung muß allerdings nicht ausdrücklich erklärt werden, sondern kann auch

§ 142

schlüssig erfolgen (BGH **22** 286, Braunschweig NJW **78**, 2045, Rudolphi SK 7, Lackner 3b; a. A. D-Tröndle 4). In der bloßen Veröffentlichung einer Straftaten billigenden Äußerung eines Dritten liegt freilich noch keine eigene (konkludente) Billigung, und zwar selbst dann nicht, wenn der Veröffentlichende sich nicht ausdrücklich vom Inhalt der Erklärung distanziert (Hanack LK 22ff., Rudolphi SK 9, ZRP 79, 219f.; a. A. BGH NJW **78**, 58f. [„Bommi Baumann"], Braunschweig NJW **78**, 2044f. [„Buback-Ermordung"]). In solchen Fällen kommt jedoch Beihilfe in Betracht. Die Billigung muß in einer Weise geschehen, die **geeignet** ist, **den öffentlichen Frieden zu stören** (vgl. dazu § 126 RN 7ff.). Daran wird es bei Taten von nur noch historischer Bedeutung regelmäßig fehlen (Stree NJW 76, 1181, vgl. auch Hanack LK 32f.). Zur sog. „Auschwitz-Lüge" vgl. § 194 RN 1.

6 Darüber hinaus muß die Billigung öffentlich, in einer Versammlung oder durch Verbreiten von Schriften erfolgen. **Öffentlich** ist die Billigung, wenn eine individuell nicht feststehende Anzahl von Personen die Möglichkeit hat, davon Kenntnis zu nehmen. Es kommt also nicht auf die Öffentlichkeit des Ortes, sondern die Unbestimmtheit des Zuhörerkreises an (Hamm MDR **80**, 159); vgl. im einzelnen § 186 RN 19. Der öffentlichen Billigung hat die Neufassung die **in einer Versammlung** (vgl. dazu § 90 RN 5) und **durch Verbreiten von Schriften** (§ 11 Abs. 3; vgl. dazu § 74d RN 3ff., § 184 RN 57) gleichgestellt, weil die so begangene Tat ihrem Unrechtsgehalt und ihrer Gefährlichkeit nach der öffentlichen Äußerung auch dann entspricht, wenn nur ein bestimmter Personenkreis angesprochen wird (Stree NJW 76, 1181).

7 **IV. Idealkonkurrenz** ist möglich mit §§ 257f. sowie mit §§ 130, 130a, 131 (vgl. Rudolphi SK 15). Gegenüber der durch vor der Tat zugesagten Belohnung begangenen Beihilfe ist § 140 subsidiär (Laufhütte MDR 76, 444).

§ 141 [Anwerben für fremden Wehrdienst]; *jetzt § 109h. Dessen Wortlaut gilt in Berlin als § 141 fort (vgl. Art. 324 III Nr. 6 EGStGB).*

§ 142 Unerlaubtes Entfernen vom Unfallort

(1) Ein Unfallbeteiligter, der sich nach einem Unfall im Straßenverkehr vom Unfallort entfernt, bevor er

1. zugunsten der anderen Unfallbeteiligten und der Geschädigten die Feststellung seiner Person, seines Fahrzeugs und der Art seiner Beteiligung durch seine Anwesenheit und durch die Angabe, daß er an dem Unfall beteiligt ist, ermöglicht hat oder
2. eine nach den Umständen angemessene Zeit gewartet hat, ohne daß jemand bereit war, die Feststellungen zu treffen,

wird mit Freiheitsstrafe bis zu drei Jahren oder mit Geldstrafe bestraft.

(2) Nach Absatz 1 wird auch ein Unfallbeteiligter bestraft, der sich

1. nach Ablauf der Wartefrist (Absatz 1 Nr. 2) oder
2. berechtigt oder entschuldigt

vom Unfallort entfernt hat und die Feststellungen nicht unverzüglich nachträglich ermöglicht.

(3) **Der Verpflichtung, die Feststellungen nachträglich zu ermöglichen, genügt der Unfallbeteiligte, wenn er den Berechtigten (Absatz 1 Nr. 1) oder einer nahe gelegenen Polizeidienststelle mitteilt, daß er an dem Unfall beteiligt gewesen ist, und wenn er seine Anschrift, seinen Aufenthalt sowie das Kennzeichen und den Standort seines Fahrzeugs angibt und dieses zu unverzüglichen Feststellungen für eine ihm zumutbare Zeit zur Verfügung hält. Dies gilt nicht, wenn er durch sein Verhalten die Feststellungen absichtlich vereitelt.**

(4) **Unfallbeteiligter** ist jeder, dessen Verhalten nach den Umständen zur Verursachung des Unfalls beigetragen haben kann.

Übersicht

I. Schutzobjekt	1–3	V. Unfallbeteiligter	61, 62
II. Unfall im Straßenverkehr	4–15	VI. Rechtswidrigkeit	63–67
III. Feststellungs- und Wartepflicht nach Abs. 1	16–40	VII. Subjektiver Tatbestand	68–73
		VIII. Versuch und Vollendung	74, 75
IV. Ermöglichung nachträglicher Feststellungen nach Abs. 2	41–60	IX. Strafe	76–79
		X. Konkurrenzen	80–83

Stichwortverzeichnis
Die Zahlen bedeuten die Randnoten

Anwesenheitspflicht	23	Selbstverletzung	20
Beihilfe	62	Sichentfernen	35, 37
Besuchskarte	67	berechtigtes –	44
Dauer der Wartepflicht	33	entschuldigtes –	47
Duldungspflicht	3	durch positives Verhalten	39
Einwilligung	63	unvorsätzliches –	47a
mutmaßliche –	45, 66	von anderem als dem Unfallort	40
Entferntwerden	37a	Strafe	76
Entschuldigung	47	Straßenverkehr	5
Fahrradunfall	13	Unfallbeteiligter	19, 61
Feststellungsberechtigter	18, 50	Unfallort	36
Dritter	21, 26	Rückkehr zum –	58
Geschädigter	19	Unmittelbarer Schaden	10
Unfallbeteiligter	19	Unverzüglichkeit	55a, 56
Feststellungsinteresse	1	Vereitelung von Feststellungen	60
Feststellungspflicht	16	Verkehrsgefährdender Zustand	9
nachträgliche –	41	Verkehrsunfall	4, 8
Wahlmöglichkeit	56	vorsätzliche Herbeiführung	14
Geschädigter	19	Verzicht auf Feststellungen	63, 65
Irrtum	70	Vollendung	74
Konkurrenzen	80	Vorsatz	68
Mittäterschaft	62	Vorstellungspflicht	24
Notstand	45	Wahlmäglichkeit	56
Öffentlicher Straßenverkehr	5	Wartepflicht	25
Personenschaden	8	Dauer	33
Polizei, Mitteilung gegenüber	51	Erforderlichkeit	28
Ruhender Verkehr	4	Umfang	27
Sachschaden	8	Zumutbarkeit	30, 55a
Schutzobjekt	1		

Schrifttum: Arloth, Verfassungsrecht und § 142 StGB, GA 85, 492. – *Bär, Hauser,* Unfallflucht, Unerlaubtes Entfernen vom Unfallort, Kommentar (Stand: 1. Januar 1989). – *Baumann,* Das Verhalten des Täters nach der Tat, NJW 62, 1793. – *Berger,* Gedanken zur Auslegung des § 142 StGB, DAR 55, 150. – *Bergemann,* Die Verkehrsunfallflucht usw., 1966 (kriminol. Untersuchungen 25). – *Bernsmann,* Der Verzicht auf Feststellungen bei § 142 StGB, NZV 89, 49. – *Berz,* Unfallflucht nach vorsätzlicher Tat, JuS 73, 558. – *ders.,* Zur Auslegung des § 142 StGB, DAR 75, 309. – *ders.,* „Berechtigtes" und „entschuldigtes" Verlassen der Unfallstelle, Jura 79, 125. – *ders.,* „Tätige Reue" nach Unfallflucht?, DAR 86, 251. – *Beulke,* Strafbarkeit gem. § 142 StGB bei vorsatzlosem Sich-Entfernen vom Unfallort, NJW 79, 400. – *Blum von Ann,* Die Straftat des unerlaubten Sich-Entfernens vom Unfallort als Vermögensdelikt, 1987. – *Brettel, Gerschow, Großpietsch,* Über die Alkoholbeeinflussung bei der Unfallflucht, BA 73, 137. – *Bringewat,* Verdunkelungsverbot, Vorstellungs- und Meldepflicht bei Verkehrsunfällen, JA 77, 231. – *Bullert,* Verkehrsunfallflucht auf privaten Wegen und Plätzen, DAR 65, 7. – *Bürgel,* Die Neuregelungen über das Verhalten nach Verkehrsunfällen, MDR 76, 353. – *Cramer,* Überlegungen zur Reform des § 142 StGB, ZRP 87, 157. – *Denzlinger,* Entkriminalisierung des Verkehrsunfalls?, ZRP 82, 178. – *Dünnebier,* Die Verkehrsunfallflucht, GA 57, 33. – *Dvorak,* Zur Wartepflicht auf die Polizei nach einem Verkehrsunfall bei Trunkenheitsverdacht, JZ 81, 16. – *ders.,* § 142 StGB als Befugnisnorm für Rechtseingriffe?, MDR 82, 804. – *Eich,* Unfallflucht nach Vorsatztat, MDR 73, 814. – *Enskat,* Unfallflucht durch Täuschungshandlungen, NJW 62, 332. – *Franke,* Feststellungspflicht nach vorsatzlosem Sich-Entfernen vom Unfallort (§ 142 StGB), JuS 78, 456. – *Freund,* Funktion und Inhalt des Begriffs des Unfalls bei der Verkehrsunfallflucht, GA 87, 536. – *Geppert,* Zur Frage der Verkehrsunfallflucht bei vorsätzlich herbeigeführtem Verkehrsunfall, GA 70, 1. – *ders.,* „Unerlaubtes Entfernen vom Unfallort" (§ 142 StGB) Wie können die Rechte der Geschädigten verbessert werden, BA 86, 157. – *Grohmann,* Belangloser Schaden i. S. v. § 142 StGB, DAR 78, 176. – *Hahn,* Wartepflicht und Wartedauer im neuen § 142 StGB, NJW 76, 509. – *Hartung,* Zum inneren Tatbestande der Verkehrsunfallflucht, JZ 53, 398. – *Haubrich,* Nächtliche Verkehrsunfälle und die „Unverzüglichkeits"-Frist des § 142 Abs. 2 StGB, DAR 81, 211. – *Hauser,* Verkehrsteilnahme unter Alkoholeinfluß und die nachträgliche Unfallmeldepflicht (§ 142 StGB), BA 89, 237. – *Hentschel/Born,* Trunkenheit im Straßenverkehr, 5. Aufl. 1990. – *Heublein,* Reformüberlegungen zu § 142 StGB, DAR 85, 15. – *ders.,* Wie kann der Schutzgedanke des § 142 StGB besser verwirklicht werden?, DAR 86, 133. – *Hoffmann,* Zum Tatbestandsmerkmal „Flucht" in § 142 StGB, NJW 66, 2001. – *v. Imhof,* Rechtspolitische Erwägungen zur Unfallflucht, DAR 65, 268. – *Jagusch,* Der neue § 142 StGB gegen Unfallflucht, NJW 75, 1631. – *ders.,* Zum Umfang der Vorstellungspflicht, NJW 76, 504. – *Janiszewski,* Zur Neuregelung des § 142 StGB, DAR 75, 169. –

ders., Verkehrsstrafrecht, 2. Aufl. 1984. – *Koch,* Unfallflucht durch Täuschungshandlungen, NJW 61, 2195. – *ders.,* Unfallflucht hilfsbereiter Kraftfahrer, DAR 64, 208. – *Kreissl,* Unfall und Unfallbeteiligung im Tatbestand des § 142 StGB, NJW 90, 3134. – *Krüger,* Unfallflucht durch Täuschungshandlungen, NJW 65, 142. – *Kuckuk, Reuter,* Die Zuordnung optischer und akustischer Wahrnehmungen zueinander für den Vorsatznachweis..., DAR 78, 57. – *Küper,* Zur Tatbestandsstruktur der Unfallflucht, NJW 81, 853. – *ders.,* Grenzfrage der Unfallflucht, JZ 81, 209, 251. – *ders.,* Vorstellungspflicht und „Feststellung der Person" bei § 142 Abs. 1 Nr. 1 StGB, JZ 88, 473. – *ders.,* Unfallflucht und Rauschdelikt, NJW 90, 209. – *ders.,* Richterrecht im Bereich der Verkehrsunfallflucht, Richterliche Rechtsfortbildung, FS der Juristischen Fakultät zur 600-Jahr-Feier der Ruprecht-Karls-Universität Heidelberg, 451. – *Loos,* Grenzen der Strafbarkeit wegen „Unerlaubten Entfernens vom Unfallort" nach geltendem Recht, DAR 83, 209. – *Maier,* Die Pflichten der Unfallbeteiligten nach der Neufassung der §§ 142 StGB und 34 StVO, JZ 75, 721. – *ders.,* Vorstellungspflicht gemäß § 142 StGB, NJW 76, 1190. – *Müller-Emmert, Maier,* Zur Neufassung des § 142 StGB, DRiZ 75, 176. – *v. Münch,* Die Verkehrsunfallflucht – ein Fremdkörper im deutschen Strafrechtssystem?, DAR 57, 205. – *Niederreuther,* Die Verkehrsunfallflucht (§ 139a StGB), GS 116, 281. – *Ohr,* Der räumliche und zeitliche Zusammenhang der Unfallflucht mit dem Unfallgeschehen, DAR 60, 221. – *Oppe,* Nochmals: Unfallflucht nach Vorsatztat, GA 70, 367. – *Paeffgen,* § 142 StGB – eine lernäische Hydra?, NStZ 90, 365. – *Roesen,* Unfallflucht, NJW 57, 1737. – *Roth-Stielow,* Warte-, Folge- oder Selbstanzeigepflichten nach dem Unfallversicherungs, NJW 63, 1188. – *Roxin,* Unfallflucht eines verfolgten Diebes, NJW 69, 2038. – *Rupp,* Die Pflicht zum Warten auf die Polizei usw., JuS 67, 163. – *Schmidhäuser,* Fluchtverbot und Anzeigegebot bei Verkehrsunfällen, JZ 55, 433. – *H. W. Schmidt,* Öffentlicher Straßenverkehr, DAR 63, 345. – *Scholz,* Straffreie Unfallflucht bei tätiger Reue?, ZRP 87, 7. – *Schwab,* Verkehrsunfallflucht trotz „Schuldanerkenntnis" – Feststellungsinteresse an einer polizeilichen Unfallaufnahme?, MDR 84, 538. – *Seib,* Zur Einführung eines strafbefreienden Rücktritts bei § 142 StGB nach Nachmeldung binnen 24 Stunden, JR 86, 397. – *Seibert,* Gedanken zur Unfallflucht, NJW 55, 1428. – *Sturm,* Die Neufassung des § 142 StGB durch das 13. StÄG, JZ 75, 406. – *Ulsenheimer,* Wartepflicht auf die Polizei nach Verkehrsunfällen, JuS 72, 24. – *Volk,* Die Pflichten des Unfallbeteiligten, DAR 82, 81. – *Weigelt,* Verkehrsunfallflucht und unterlassene Hilfeleistung, 1960. – *Weigend,* Zur Reform von § 142 StGB, Tröndle-FS 753. – *ders./Greuenich,* Verkehrsunfallflucht im europäischen Ausland, DAR 88, 258. – *Weimar,* Entfällt Verkehrsunfallflucht bei strafrechtlichem Notstand?, JR 60, 338. – *Werner,* Rauschbedingte Schuldunfähigkeit und Unfallflucht, NZV 88, 88. – *Wetekamp,* Der Entwurf eines Gesetzes zur Änderung des § 142 StGB, DAR 87, 11. – *Wölfel,* Die Rückkehrpflicht: Ein Vergleich zwischen der alten und der neuen Fassung des § 142 StGB, 1987. – *Zabel,* Einige Probleme zur Unfallflucht, BA 83, 328.

1   I. **Zweck des Tatbestandes** ist, die Aufklärung von Verkehrsunfällen zu erleichtern und der Gefahr eines drohenden Beweisverlustes entgegenzuwirken (vgl. BGH VRS **9** 136). Wenn damit auch mittelbar zum Schutz des Straßenverkehrs und der Rechtspflege beigetragen wird, so ist doch unmittelbares **Schutzobjekt** nicht das öffentliche Interesse an der Strafverfolgung oder an der Feststellung verkehrsuntauglicher Fahrzeuge (Janiszewski DAR 75, 171, Müller-Emmert, Maier DRiZ 75, 176, Begründung BT-Drs. 7/2434 S. 4f., wN zum früheren Meinungsstand s. 18. A. RN 1), sondern das Interesse jedes Unfallbeteiligten – und nicht nur des Geschädigten (vgl. Abs. 1 Nr. 1) – an der Aufklärung der Unfallursachen zwecks Klarstellung der privatrechtlichen Verantwortlichkeit der Beteiligten (vgl. u. 18). Die Vorschrift dient damit allein der Sicherung bzw. Abwehr zivilrechtlicher Ersatzansprüche (BGH **12** 253, Bay StV **85**, 109, Hamm NJW **77**, 207, Cramer 1, D-Tröndle 4, Bürgel MDR 76, 353, Rüth LK 3, M-Schroeder I 358, Rudolphi SK 2). § 142 ist daher abstraktes Vermögensgefährdungsdelikt (Cramer, Vermögensbegriff und Vermögensschaden im Strafrecht [1968] 70, Lenckner ZStW 72, 456, Wessels II/1 204, vgl. M-Schroeder I 358; vgl. auch Blum von Ann aaO). Unzutreffend ist es, wenn teilweise auch das Interesse des Unfallbeteiligten an der Abwehr staatlicher Verfolgungsmaßnahmen in den Schutzbereich der Norm einbezogen wird (so Geppert GA 70, 4, Oppe GA 70, 368; dagegen Bringewat JA 77, 231). Hiernach läßt sich nicht erklären, warum Minimalunfälle von dem Tatbestand des § 142 nicht erfaßt werden (vgl. u. 8, Cramer 1); bei diesen ist zwar mit der Geltendmachung von Schadensersatzansprüchen nicht zu rechnen, sie können aber dennoch Grundlage straf- oder bußgeldrechtlicher Verfolgungsmaßnahmen sein. Die Ausscheidung jedenfalls des öffentlichen Interesses an der Strafverfolgung hat zur Konsequenz, daß die Flucht vor der Entnahme einer Blutprobe und der Unfall ohne weitere Beteiligte nicht unter § 142 fällt. Zur Verfassungsmäßigkeit des § 142 (a. F.) vgl. BVerfG NJW **63**, 1195; Bedenken bei Hahn NJW 76, 509. Gegen die Anwendung der Vorschrift als „Alkoholverdeckungstatbestand" Zabel BA 83, 328. Zur Reform des geltenden Rechts vgl. Denzlinger ZRP 82, 178ff. Zur Frage, ob § 142 ein Schutzgesetz i. S. v. § 823 II BGB auch zugunsten von Personen ist, die nicht am Unfall beteiligt sind, vgl. BGH MDR **81**, 396.

1a   Die **Reformbedürftigkeit** der Regelung ist weitgehend außer Streit. Sie beruht einerseits auf der mißglückten Fassung der Vorschrift (vgl. Geppert GA 70, 1, BA 86, 157) andererseits darauf, daß die Rspr. aus dem Unverzüglichkeitsgebot des Abs. 3 praktisch eine Selbstanzeigepflicht statuiert hat (BGH **29** 138 m. Anm. Beulke JR 80, 523, Bay JR **77**, 427 m. Anm. Rudolphi, Düsseldorf VRS **58** 254; Berz DAR 86, 252). In Fällen, in denen ein Unfallbeteiligter nicht bloß wegen einer Ordnungswidrigkeit, sondern auch nach § 316 belangt werden könnte, läuft er bei einer unverzüglichen Meldung des Unfalls Gefahr, wegen der Trunkenheitsfahrt bestraft zu werden; bei einer verspäteten bleibt das Risiko, nach § 142 bestraft zu werden und die Fahrerlaubnis zu verlieren (Cramer ZRP 87, 157). Um dem Unfallbeteiligten eine risikolose Meldung zu ermöglichen und damit den Interessen des Geschädigten zu dienen, wird eine Rücktrittsmöglichkeit innerhalb von 24 Stunden nach dem Unfall vorgeschlagen (BR-Drs. 316/86; vgl. auch Scholz ZRP 87, 10, Wetekamp DAR 87, 11). Weiterhin wird die Einführung eines Antragserfordernisses (Arloth GA 85, 506; Heublein DAR 86, 135) und die Möglichkeit diskutiert, bei einer sofortigen Meldung ein Beweisverbot hinsichtlich der Delikte einzuführen, die zum Unfallgeschehen beigetragen haben (Denzlinger ZRP 82, 179). Alle Vorschläge können letztlich dogmatisch nicht befriedigen. Die Einführung eines dem englischen Recht entlehnten Beweisverwertungsverbots widerspricht unseren strafprozessualen Grundsätzen. Das Antragserfordernis könnte bei der sehr unterschiedlichen Einschätzung der Schadenshöhe dazu führen, daß der Geschädigte sich sein Antragsrecht zu einem unangemessenen Preis abkaufen läßt (vgl. Cramer ZRP 87, 161). Bei der Suche nach einem Reformvorschlag darf nicht außer acht gelassen werden, daß neben dem Risiko, die Fahrerlaubnis zu verlieren, auch finanzielle Hindernisse einer Pflichterfüllung im Wege stehen. Daher muß neben einer Umgestaltung der Vorschrift auch eine Änderung des bestehenden Rabattsystems bei der Haftpflichtversicherung erfolgen. Eine erfolgversprechende Lösung könnte schon eine vernünftige Ausgestaltung der nachträglichen Feststellungspflicht bringen, deren Erfüllung durch keine psychologischen und finanziellen Hindernisse erschwert würde (vgl. Cramer ZRP 87, 162). Die beste Lösung bestünde darin, dem Unfallbeteiligten die Möglichkeit zu geben, den Unfall entweder unverzüglich der Polizei oder unverzüglich dem Geschädigten zu melden (Berz DAR 86, 254, Cramer aaO, Höfle AnwBl. 87, 429, Weigend aaO).

Grundlage ist die **Pflicht** aller Unfallbeteiligten, **durch Verbleiben** am Unfallort und durch die **2** Angabe, an dem Unfall beteiligt zu sein, **Ermittlungen** an Ort und Stelle **zu ermöglichen** (BGH **8** 265, vgl. ferner Köln JMBlNRW **53**, 258). Es besteht das Gebot, diese Ermittlungen durch Verbleiben am Unfallort (Abs. 1) oder – nach zulässiger vorheriger Entfernung – nachträglich zu ermöglichen (Abs. 2). Da Grundlage für die Beweissicherung die Wartepflicht (Abs. 1) oder die **Pflicht** ist, anderweitig die notwendigen Feststellungen möglich zu machen (Abs. 2) – z. B. durch entsprechende Mitteilungen an den Berechtigten oder die Polizei (Abs. 3) –, gelten die für Unterlassungsdelikte maßgebenden Grundsätze jedenfalls entsprechend. Das hat zur Folge, daß Erforderlichkeit und Zumutbarkeit als regulative Prinzipien des Pflichtumfangs zur Anwendung gelangen (Cramer 30, vgl. Maihofer GA 58, 297, Schmidhäuser aaO, Welzel 464, nach der eine echtes Unterlassungsdelikt annehmen; vgl. auch Bremen VRS **43** 29; and. M-Schroeder I 358 [Begehungsdelikt]).

Jedoch stellt § 142 keine besondere Duldungspflicht auf, etwa die Einwirkung Dritter auf das **3** Fahrzeug wie eine polizeiliche Untersuchungshandlung hinzunehmen (Hamm VRS **14** 34: Suche nach der Diagrammscheibe), sondern nur das Gebot, durch das vorgeschriebene Verhalten zu ermöglichen, daß nach anderen gesetzlichen Bestimmungen zulässige Maßnahmen durchgeführt werden. Die Weigerung, sich nach einem Unfall ohne Fremdbeteiligung eine Blutprobe entnehmen zu lassen, kann daher allenfalls nach § 113, nicht dagegen nach § 142 bestraft werden.

II. Der **objektive Tatbestand** erfordert zunächst, daß sich ein **Unfall im Straßenverkehr 4** ereignet hat. Verkehrsunfall ist ein plötzliches Ereignis im öffentlichen Verkehr, das mit dessen Gefahren in ursächlichem Zusammenhang steht und einen Personen- oder Sachschaden zur Folge hat, der nicht ganz unerheblich ist (BGH **8** 264, **12** 255, **24** 383). Auch Schadensereignisse im **ruhenden Verkehr** können Verkehrsunfälle sein, wenn sie verkehrsbezogene Ursachen haben (Stuttgart NJW **69**, 1726, LG Bonn NJW **75**, 178). Ein Unfall liegt nur vor, wenn das Schadensereignis durch die typischen Gefahren des Straßenverkehrs verursacht wurde; daran fehlt es z. B. wenn ein Hund einen anderen anfällt und der Führer des Hundes dabei zu Schaden kommt (Bay NJW **80**, 299) oder den Straßenverkehr zu einem deliktischen Verhalten mißbraucht wird (vgl. u. 14). Demgegenüber will Freund GA 87, 536 den Unfallbegriff darauf beschränken, daß im Zeitpunkt des Sichentfernens ein Beweissicherungsinteresse begründbar ist.

1. Der Unfall muß sich im **öffentlichen Straßenverkehr** ereignet haben (BGH **8** 264, **12** 255, **5** Rudolphi SK 11, Rüth LK 8 f.; and. Bremen VRS **18** 115, Bullert DAR 65, 1 ff., offengelassen in Bremen NJW **67**, 990). Damit scheiden Unfälle im Bahn-, Schiffs- oder Luftverkehr aus (z. B. BGH **14** 116). Ob öffentlicher Verkehr vorliegt, bestimmt sich allein nach verkehrsrechtlichen (nicht wegerechtlichen) Gesichtspunkten (vgl. Bay VRS **24** 69, **27** 270, Hamm VRS **26** 457, **30** 452). Daher scheidet der Verkehr auf Privatwegen und Werkstraßen regelmäßig aus. Jedoch können auch solche Wege öffentlich sein, sofern sie unter ausdrücklicher oder stillschweigender Duldung des Eigentümers von der Allgemeinheit, d. h. einem unbestimmten Personenkreis, tatsächlich benutzt werden (vgl. BGH VersR **66**, 690, **69**, 832, Oldenburg VRS **6** 362, Karlsruhe

NJW **56**, 1649, Frankfurt VRS **31** 184, Bremen NJW **67**, 990, MDR **80**, 421 m. Anm. Brede, Düsseldorf NJW **88**, 922, H. W. Schmidt DAR 63, 345 ff.), so z. B. allgemein zugängliche Privatparkplätze (Bay **82** 61, Hamm VRS **14** 437, vgl. auch Zweibrücken VRS **44** 439) oder Parkhäuser (Stuttgart VRS **30** 210, Bremen NJW **67**, 990, Düsseldorf JMBlNRW **70**, 237; vgl. auch Bullert DAR 63, 325; and. Müller-Vorwerk MDR 63, 721 und H. W. Schmidt DAR 63, 346); außerhalb der normalen Betriebszeit sind Parkhäuser jedoch regelmäßig nicht als öffentlicher Verkehrsraum anzusehen (Stuttgart NJW **80**, 68), ebensowenig deren Zufahrten (AG Homburg/Saar VM **87**, 56). Allgemein zugänglich sind Tiefgaragen und deren Zufahrten auch nicht, wenn nur die Inhaber von Einstellplätzen einen Schlüssel für die Schließanlage der Garage haben und eine Mitbenutzung der Zufahrten durch Dritte nach den örtlichen Gegebenheiten nicht in Betracht kommt (LG Krefeld VRS **74** 262). Öffentlich ist ein Privatgrundstück auch dann, wenn es praktisch nur einem beschränkten Benutzerkreis offensteht, der die Allgemeinheit repräsentiert, so etwa der Hof einer Gaststätte (BGH **16** 7, Stuttgart DAR **60**, 51, Frankfurt VRS **31** 184; and. aber, wenn der Parkraum allein Übernachtungsgästen vorbehalten ist [BGH **16** 11]), der zu einer öffentlichen Straße führende Zufahrts- oder Durchgangsweg (vgl. Karlsruhe NJW **56**, 1649, Düsseldorf NJW **56**, 1651, i. E. auch Bremen VRS **18** 115), die Ladestraße eines Güterbahnhofs (Celle DAR **65**, 100) oder auch der Zu- und Abgangsbereich einer auf Privatgelände liegenden Tankstelle (Bay VRS **24** 69, Hamm VRS **30** 452, NJW **67**, 119; and. dagegen in Zeiten der Betriebsruhe [BGH VRS **31** 291, Hamm NJW **67**, 119]; zur konkludenten Beschränkung der zugänglichen Fläche vgl. Hamburg VRS **37** 278 [Münztank]). Wird dagegen das Privatgrundstück nur von Personen genutzt, die durch persönliche Beziehungen miteinander verbunden sind (Mitglieder eines Vereins, Belegschafts- oder Behördenangehörige; vgl. Braunschweig NdsRpfl. **64**, 208), so kann es an der Öffentlichkeit des Verkehrs fehlen. Jedoch kann die Benutzung eines solchen Grundstücks in der Weise geregelt sein, daß für einen bestimmten eingeschränkten Zeitraum öffentlicher Verkehr herrscht (Bay VRS **41** 42). Dagegen ist in jedem Falle unerheblich, ob der fragliche Weg von allen oder nur von bestimmten Gruppen von Verkehrsteilnehmern (Radfahrern oder Kraftfahrern) benützt werden darf (Radweg bzw. Autobahn); vgl. Braunschweig VRS **27** 392, Cramer 9 ff., § 1 StVO RN 21 f., J-Hentschel § 1 StVO RN 13 ff., H. W. Schmidt DAR 63, 345. Auch Fußwege dienen dem „Straßenverkehr" (BGH **22** 367).

6 2. Der Unfall selbst braucht freilich nicht auf einem dem öffentlichen Verkehr dienenden Grundstück erfolgt zu sein; es genügt, wenn er **mit** dem **öffentlichen Verkehr in** einem derartigen **Zusammenhang** steht, daß er als unmittelbare Folge der Teilnahme hieran zu werten ist (BGH VRS **31** 421, Bay DAR/R **84**, 239). Ein Verkehrsunfall liegt daher auch dann vor, wenn ein Kraftwagen von der Straße abkommt und neben der Straße befindlichen Personen oder Sachen Schaden zufügt (ebenso Rüth LK 11, Rudolphi SK 13, Schmidt DAR 63, 347; and. Rutkowsky NJW 63, 1838). Deshalb kann es nicht ausschließlich darauf ankommen, daß sich das schädigende Fahrzeug mindestens noch teilweise auf öffentlichem Verkehrsgrund befindet (vgl. BGH **18** 393 m. abl. Anm. Rutkowski NJW 63, 1838; vgl. auch Bay **60** 170). Dasselbe gilt, wenn ein LKW beim Wenden auf ein privates Grundstück fährt und dort Schaden anrichtet (vgl. BGH VRS **31** 421, Hamm VRS **14** 438, Oldenburg VRS **6** 363). Verläßt der Fahrer jedoch die Straße, um sein Fahrzeug dem öffentlichen Verkehr zu entziehen (z. B. Parken auf einem nicht der Allgemeinheit offenstehenden Grundstück), so fehlt es, wenn es nunmehr zu einem Unfall kommt, am erforderlichen Zusammenhang mit dem öffentlichen Verkehr (and. Schmidt DAR 63, 347). Gleiches gilt, wenn ein Fahrer, der sich erst in den öffentlichen Verkehr begeben will, zuvor auf einem Privatgrundstück einen Unfall herbeiführt (vgl. aber Bay **72** 276). Bedenklich in der Begründung daher Hamm VRS **14** 438, Stuttgart DAR **60**, 61.

7 3. Kriminalpolitische Bedenken gegen die Beschränkung der Vorschrift auf Verkehrsunfälle im Straßenverkehr können z. T. durch Anwendung von § 323 c ausgeräumt werden (vgl. 17. A. RN 7). Darüber hinaus bestehen für einige Teilbereiche dem § 142 entsprechende Vorschriften, z. B. für den Bereich der Seeschiffahrt (§ 6 VO über die Sicherung der Seefahrt vom 15. 12. 1956, BGBl. II 1579, III 9511–3) und für Skiunfälle in Bayern (Art. 24 VI Nr. 4 LStVG).

8 4. Nicht jeder regelwidrige Verkehrsvorgang ist ein Verkehrs**unfall.** Er muß vielmehr zu einem nicht völlig belanglosen **Personen- oder Sachschaden** geführt haben. Geringfügige Hautabschürfungen reichen ebensowenig aus wie alsbald vergehende Schmerzen (vgl. Hamm DAR **58**, 308, J-Hentschel 28) oder Beschmutzung von Körperteilen (Bay VRS **15** 43). Am erforderlichen Sachschaden fehlt es, wenn wegen der Geringfügigkeit des Schadens mit der Geltendmachung von Ersatzansprüchen vernünftigerweise nicht zu rechnen ist (Bay VRS **18** 196, Karlsruhe DAR **60**, 52, Schild AK 95; vgl. aber Begr. BT-Drs. 7/2434 S. 6, die dazu auf §§ 153 ff. StPO verweist; vgl. auch Berz DAR 75, 309 f., ferner Janiszewski DAR 75, 172). Das ist etwa der Fall bei harmlosen Kratzern an einem Fahrzeug (Hamm NJW **53**, 37), leichten Einbeulungen an einem schon beschädigten KFZ (Hamm VRS **18** 114) oder bei bloßen Beschmutzungen einer Sache, deren Reinigung ohne größere Kosten möglich ist (Bay VRS **15** 42). Danach wird heute ein nicht mehr ganz unerheblicher Sachschaden etwa ab 40 DM anzunehmen sein (Cramer 7, D-Tröndle 11, Düsseldorf VM **76**, 32, **90**, 63, AG Nürnberg MDR **77**, 66 [50 DM]; vgl. auch Karlsruhe DAR **55**, 253, **60**, 52, Düsseldorf JMBlNRW **59**, 10, Koblenz DAR **74**, 132, Lackner 3b). Demgegenüber nimmt die überwiegende Rspr. die untere Grenze noch immer zwischen 10 und 30 DM an (§ 142 wurde bejaht von Bay VRS **18** 197 [20 DM], Düsseldorf VRS **30** 446 [15 DM], Neustadt NJW **60**, 1483 [14,75 DM], Hamm VRS **21** 47 [12,50 DM], Koblenz VRS **47** 180 und KG StVE **Nr. 44** [30 DM]; verneint von Stuttgart VRS **25** 430 [6 DM], Bay DAR/R **68**, 225, Düsseldorf VM **72**, 29 [10 DM], Bay DAR/R **78**, 208 [25 DM], vgl. Grohmann DAR 78, 176). Zu weitgehend Düsseldorf VM **66**, 60 (Chausseestein). Weitere Nachweise bei Weigelt aaO 23 ff. Die Frage der Erheblichkeit ist ohne Rücksicht auf die Person (Vermögensverhältnisse) des Geschädigten (Karlsruhe VRS **18** 47) und den Ort des schädigenden Ereignisses (Massenveranstaltung [Cramer 7; and. Stuttgart VRS **18** 117: An einem Ort, an dem wegen einer besonderen Veranstaltung mit kleineren Schäden zu rechnen ist, müsse der für den Unfall erforderliche Schaden höher sein als im gewöhnlichen Straßenverkehr]) zu beurteilen.

Die bloße Herbeiführung eines **verkehrsgefährdenden Zustandes** ist einem Schaden i. S. des 9 § 142 nicht gleichzustellen (Cramer 6; and. Weigelt DAR 58, 181, wohl auch BGH VRS **6** 364). Ein Ereignis wird noch nicht deswegen zum Unfall, weil später evtl. ein Unfall daraus entstehen könnte (ebenso Rüth LK 7, Rudolphi SK 7).

Zu berücksichtigen ist **nur** der **Schaden,** der **unmittelbar** durch den Unfall verursacht ist und 10 daher am Tatort festgestellt werden kann (Cramer 6). Ein mittelbarer Schaden, z. B. die Miete für ein Ersatzfahrzeug oder die Abschleppkosten, gehört nicht dazu (Hamm VRS **16** 25, **18** 113, Cramer 6, Rudolphi SK 7, Schild AK 95), auch nicht ein Schaden, der erst beim Wiederaufrichten des umgekippten Fahrzeugs entsteht (Cramer 6, J-Hentschel 25; and. Hamm VRS **16** 25). Jedoch sind Schäden, die durch einen weiteren mit dem Unfall unmittelbar zusammenhängenden Vorgang verursacht werden (das durch den Unfall aufgescheuchte Pferd geht durch: Rüth LK 7), Schäden i. S. des § 142.

Ob die Voraussetzungen eines nicht belanglosen Schadens vorliegen, ist nach **objektiven** 11 **Kriterien ex ante** zu beurteilen (vgl. Bay VM **60**, 15, Düsseldorf VRS **30** 446, VM **74**, 46, NJW **89**, 2764). Ist danach zweifelhaft, ob ein größerer Schaden entstanden ist oder sich entwickeln wird, so müssen die Beteiligten warten (Düsseldorf VM **74**, 46; z. T. abw. Roesen NJW 57, 1737). Entsprechendes gilt, wenn zweifelhaft ist, ob ein vorhandener Schaden auf den Unfall zurückzuführen ist (vgl. Köln VRS **26** 283 m. z. T. widersprüchl. Begr.). Dagegen kann die subjektive Meinung eines Beteiligten ein objektiv harmloses Ereignis nicht zu einem „Verkehrsunfall" machen. Vgl. Celle MDR **57**, 435, auch Bay VRS **15** 43. Geht der sich Entfernende von einem nicht ganz unerheblichen Schaden aus, so liegt strafloser Versuch vor.

Der Geschädigte braucht nicht Verkehrsteilnehmer zu sein. Auch das Anfahren eines Tieres 12 kann einen Verkehrsunfall darstellen (Braunschweig VRS **4** 121), ebenso die Beschädigung einer sonstigen Sache in Abwesenheit des Eigentümers (vgl. o. 6). Demgegenüber liegt beim Überfahren von Wild kein Verkehrsunfall vor (M-Schroeder I 361; a. A. AG Öhringen NJW **76**, 580 m. abl. Anm. Jagusch); hier fehlt es an der möglichen Beeinträchtigung des Beweissicherungsinteresses, da das allenfalls verletzte Jagdausübungsrecht nicht zu den absolut geschützten Rechtsgütern nach § 823 I BGB zählt und mit der Tat auch kein Schutzgesetz i. S. v. § 823 II BGB verletzt wird.

5. Ohne Bedeutung ist, wodurch der Schaden herbeigeführt worden ist; die Beteiligung eines 13 **Kraftfahrzeuges** ist **nicht erforderlich,** ebensowenig ein Zusammenstoß mehrerer Verkehrsteilnehmer (BGH **8** 265; vgl. aber Oldenburg DAR **55**, 170). Auch ein Straßenbahn- (RG **75** 355) oder Fahrradunfall oder der Zusammenstoß eines Einkaufswagens mit einem Fahrzeug auf dem öffentlichen Parkplatz eines Einkaufsmarktes (Stuttgart VRS **47** 15, LG Bonn NJW **75**, 178) kann ein Verkehrsunfall sein; vgl. Bay **86** 70. Keinen Verkehrsunfall stellt dagegen der Zusammenprall zweier Fußgänger dar (Berz JuS 73, 558 FN 10, Cramer 4, Schild AK 99; and. M-Schroeder I 360, Rudolphi SK 7, Rüth LK 7, Stuttgart VRS **18** 117), da § 142 eine Folge des Massenverkehrs und der sich daraus ergebenden Konsequenzen ist (vgl. insoweit auch M-Schroeder I 359). Dem Schutzbereich der Vorschrift können daher nur solche Vorgänge unterfallen, die damit in Zusammenhang stehen; dazu muß aber entweder die erhöhte (abstrakte) Gefahr einer beschleunigten Entziehung (mit dem Fahrzeug) vor eventuellen Feststellungen oder einer erheblicheren Schädigung, insbes. wegen der größeren, einem Fahrzeug immanenten Energie, bestehen. Voraussetzung für die Anwendbarkeit des § 142 ist daher immer die Beteiligung wenigstens eines Fahrzeugs an dem Unfall (and. auch Bär, Hauser I 3 d).

6. Verkehrsunfall ist nicht nur ein ungewolltes Ereignis. Ebenso wird nicht vorausgesetzt, 14 daß jemand straf- oder ordnungsrechtlich zur Verantwortung gezogen werden kann; auch ein

§ 142 15–17   Bes. Teil. Straftaten gegen die öffentliche Ordnung

Unglück im Verkehr ist ein Unfall (RG **69** 367). Andererseits schließt nach st. Rspr. (RG **75** 360, BGH VRS **10** 220, **11** 426, **21** 113, **28** 359, **36** 24, NJW **56**, 1807, BGH **24** 382 m. Anm. Forster NJW 72, 2319 [Rammen des verfolgenden Polizeiautos], Bay StVE **Nr. 74**, Bay **86**, 70, Köln VRS **44** 20, Koblenz StVE **Nr. 14**, zust. M-Schroeder I 360) die vorsätzliche oder fahrlässige Herbeiführung des Unfalls durch einen der Unfallbeteiligten § 142 nicht aus (and. jedoch LG Frankfurt NStZ **81**, 303); nach Hamm NJW **82**, 2456 kann jedoch nur ein durch die typischen Gefahren des Straßenverkehrs verursachtes Ereignis ein „Unfall im Straßenverkehr" sein (dazu zählt nicht das Herunterfallen eines Pkw vom Wagenheber, Schild AK 99; and. Stuttgart NJW **69**, 1726, Köln ZfS **84**, 62), weshalb das Bewerfen des vorausfahrenden Pkw mit Flaschen kein Unfall i. S. v. § 142 ist. Diese Grdsätze gelten auch, wenn jemand den Straßenverkehr als Mittel zur Selbstschädigung benutzt, sich z. B. in selbstmörderischer Absicht vor das Fahrzeug eines anderen wirft (BGH **12** 255). Im übrigen kann jedoch ein Ereignis, das in vorsätzlicher Schädigung anderer besteht, nicht nur deswegen als Verkehrsunfall gelten, weil es sich im öffentlichen Verkehrsraum abgespielt hat (Cramer 12). Ähnlich wie in § 315b (vgl. dort RN 8f.) ist auch hier „Verkehr" kein Verhalten, das ausschließlich dazu bestimmt ist, andere Personen zu schädigen. Wer den öffentlichen Verkehr zu einem deliktischen Verhalten mißbraucht und etwa mit seinem Kfz einen fremden Pkw beschädigt oder aus Verärgerung die Scheiben eines Pkw einschlägt, verursacht keinen „Verkehrs"-unfall, auch wenn die Fahrzeuge auf der Straße stehen (and. Koblenz StVE **Nr. 14**, Bay JR **87**, 246 m. Anm. Hentschel), ebensowenig derjenige, der einen Menschen durch Überfahren ermordet (zust. Blei II 351, vgl. Dünnebier GA 57, 42; differenzierend Berz JuS 73, 560, der danach abgrenzt, ob eine bereits bestehende Verkehrsgefahr nur zu einer Schädigung ausgenutzt wird [dann „Verkehrsunfall"] oder ob eine solche Gefahr erst zu deliktischen Zwecken überhaupt ausgelöst wird [kein „Verkehrsunfall"], vgl. auch Wessels II/1 205). Mißverständlich BGH VRS **36** 24: Daß der Schaden für den Verletzten ein ungewolltes Ergebnis ist, kann für den Begriff des Unfalls nicht allein entscheidend sein, wie das Beispiel des Selbstmörders beweist. Wie hier weitgehend Roxin NJW 69, 2038, Rudolphi SK 15; vgl. auch Geppert GA 70, 1, Oppe GA 70, 367, Eich MDR 73, 814, Berz JuS 73, 558, Bär, Hauser I 5b.

15   Der von Roxin, Geppert und Eich gewiesene Weg über die **Unzumutbarkeit,** insb. im Hinblick auf eine mögliche Strafverfolgung sowie den Gedanken der „zivilrechtlichen Selbstbegünstigung" (Eich), erscheint wie alle Fälle der Unzumutbarkeit wenig präzise und bedenklich, da die Absicht, sich der Strafverfolgung zu entziehen, nicht nur entlastend, sondern – z. B. in §§ 211, 315 III Nr. 3 und 315b III – auch belastend wirken kann (Ulsenheimer GA 72, 1, Berz JuS 73, 561, vgl. auch BGH **24** 386, Bay DAR/R **73**, 204 [Kfz-Dieb], **74**, 177 [entwichener Strafgefangener]).

16   III. Der objektive Tatbestand des **Abs. 1** erfordert weiter, daß sich der Unfallbeteiligte vom Unfallort **entfernt,** bevor er entweder durch seine Anwesenheit und durch die Angabe, am Unfall beteiligt zu sein, gewisse **Feststellungen ermöglicht** hat (Nr. 1) oder bevor er eine angemessene Zeit **gewartet** hat, ohne daß jemand bereit war, Feststellungen zu treffen (Nr. 2). Eine Wartepflicht setzt allerdings voraus, daß der Unfallbeteiligte im Zeitpunkt des Unfallgeschehens am Unfallort anwesend ist; wer sich nicht am Unfallort befunden hat, kann auch dann, wenn er später an der Unfallstelle eintrifft und diese wieder verläßt, nicht den Tatbestand des unerlaubten Entfernens vom Unfallort verwirklichen (Bay JZ **87**, 49).

17   1. Der Täter muß die Feststellung **seiner Person, seines Fahrzeugs** und der **Art seiner Beteiligung** ermöglichen. Er muß folglich die Aufklärung aller Umstände, aber auch nur dieser, dulden, die nach der objektiven Sachlage zur Befriedigung des Aufklärungsinteresses des Feststellungsberechtigten erforderlich sind und sein (Volk DAR 82, 82). Nicht vorausgesetzt wird, daß die Feststellungen tatsächlich getroffen werden. Die Notwendigkeit, Feststellungen zu ermöglichen, wird nicht unbedingt dadurch ausgeschlossen, daß der Name des Unfallbeteiligten bekannt ist (Koblenz VRS **52** 274), auch sonst reicht zur Feststellung der Person nicht stets die Angabe des Namens aus (Frankfurt NJW **60**, 2067); erforderlich soll u. U. die Vorlage von Ausweispapieren sein (RG **66** 55); ebensowenig genügt in der Regel die Feststellung des polizeilichen Kennzeichens, da dadurch zwar der Halter, u. U. aber nicht der Fahrer ermittelt werden kann (BGH **16** 139, Celle NdsRpfl. **60**, 280; and. wohl Neustadt NJW **60**, 1482 m. abl. Anm. Lienen NJW 60, 2111, Neustadt MDR **61**, 435). Auch nach „Ausweisung" kann Unfallflucht begangen werden, wenn die Art der Beteiligung am Unfall noch nicht festgestellt ist (Bremen NJW **55**, 113). Das Hinterlassen einer Besuchskarte oder das Zurücklassen des Fahrzeugs mit Papieren berechtigt also regelmäßig nicht zum Sichentfernen, wenn die Frage, welches Fahrzeug benutzt worden ist oder welcher Art die Beteiligung am Unfall war, noch ungeklärt ist (Celle NdsRpfl. **56**, 155, Hamburg DAR **56**, 16, Frankfurt NJW **63**, 1215, KG VRS **33** 275 m. Anm. Schröder JR 67, 469, KG VRS **34** 110; zu weitgehend jedoch Hamm DAR **62**, 82). Zur Möglichkeit einer mutmaßlichen Einwilligung in diesen Fällen vgl. u. 66. Als Art der Beteiligung kommt auch der körperliche Zustand des Unfallbeteiligten (BGH VRS **4** 48), z. B. Trunkenheit und deren Grad (BGH VRS **39** 184, Bay NStZ/J **88**, 264, Hamburg DAR **56**, 16, Köln JMBlNRW **61**, 146, Saarbrücken NJW **68**, 459, Koblenz VRS **43** 181, 423, **52** 274 f., Cramer 31, Volk DAR **82**, 82; and. Dvorak JZ **81**, 14 ff., MDR **82**, 804, Hauser BA **89**, 241), sowie der Zustand des Fahrzeugs (M-Schroeder I 361, Rüth LK 35; vgl. Rudolphi SK 25, der diesen Umstand unter das Merkmal „Feststellung seines Fahrzeugs" faßt) in Betracht. Daher reicht aus, wenn sich ein Beteiligter nur der Entnahme einer Blutprobe entziehen will, die dazu dienen soll, die Frage des Alkoholgenusses zu klären (BGH VRS **4** 48, **16** 267, Celle NdsRpfl. **52**, 75, Schleswig SchlHA **54**, 233, Oldenburg NJW **68**, 2019); dies gilt jedoch nur, wenn die Ermittlung des Blutalkoholgehaltes mindestens auch dem Beweisinteresse der Unfallbeteiligten und Geschädigten und nicht ausschließlich der Strafverfolgung des Täters dient (so etwa, wenn die Verschuldens- und Haftungsfrage bereits vollständig geklärt ist; vgl. Bay VRS **65** 136, Oldenburg NJW **68**, 2020, Hamm VRS **40** 19, Karlsruhe NJW **73**, 378, LG Wuppertal DAR **80**, 155; wie hier Schild AK 17). Sind die erforderlichen Feststellungen getroffen, so kann weiteres Verweilen nicht verlangt werden (Hamburg NJW **79**, 439). Wann dies der Fall ist, richtet sich nicht in erster Linie nach der Ansicht des Geschädigten, sondern nach der objektiven Sachlage (Oldenburg NJW **68**, 2020). Wo und wie der Unfallbeteiligte haftpflichtversichert ist, gehört dagegen nicht zu den Tatsachen, deren Feststellung am Unfallort ermöglicht werden muß (Bay DAR/R **68**, 226; vgl. aber Karlsruhe NJW **73**, 378). Jedoch kommt hier u. U. eine Ordnungswidrigkeit nach § 34 StVO in Betracht, wie sich auch im übrigen aus dieser Bestimmung über § 142 hinausgehende, aber nur bußgeldbewehrte Verpflichtungen ergeben können (vgl. dazu im Einzelnen die Erl. bei Cramer zu § 34 StVO). Eine Einigung über die Schadenshöhe setzt § 142 nicht voraus (Hamburg NJW **79**, 439). Zur Frage, ob ein Schuldanerkenntnis ein weiteres Feststellungsinteresse ausschließt vgl. Schwab MDR **84**, 538. Zu der Pflicht, Feststellungen zu ermöglichen, wenn Polizeibeamte Augenzeugen des Unfalls sind, vgl. Celle NdsRpfl. **78**, 286.

2. Diese Feststellungen muß der Täter **zugunsten** der anderen **Unfallbeteiligten** und der **Geschädigten** ermöglichen; damit wird der Kreis der **Feststellungsberechtigten** gekennzeichnet (vgl. auch Volk DAR **82**, 82, Bär DAR **83**, 215). Das Gesetz bringt so zum Ausdruck, daß der öffentliche Sanktionsanspruch durch die Vorschrift unmittelbar nicht durchgesetzt werden soll.

a) Ein anderer **Unfallbeteiligter** ist jeder, dessen Verhalten nach den Umständen zur Verursachung des Unfalls beigetragen haben kann (Abs. 4, näher u. 61), **Geschädigter** ist jeder, dem aus dem Unfall ein Schadensersatzanspruch erwachsen ist. Möglich ist dabei, daß die Person des anderen Unfallbeteiligten mit der des Geschädigten zusammenfällt, so wenn ein Fußgänger angefahren wird oder wenn der Fahrer des anderen unfallbeteiligten beschädigten Fahrzeugs zugleich der Eigentümer ist; möglich ist aber auch, daß ein anderer Unfallbeteiligter überhaupt fehlt, etwa wenn ein Fahrzeug einen Zaun oder einen Lichtmast beschädigt. In diesem Fall müssen die Feststellungen nur zugunsten des Geschädigten ermöglicht werden. Bei der Ermöglichung der Feststellungen zugunsten des anderen Unfallbeteiligten ist es bedeutungslos, ob dieser selbst der Schädiger ist (Celle NJW **56**, 356), ob der mit diesem nicht identische Geschädigte auf Ersatzansprüche verzichtet (Hamm DAR **58**, 331), ob einer der Beteiligten allein für den Schaden haftet (BGH VRS **8** 274) und ob zweifelhaft ist, ob einem der Beteiligten ein Ersatzanspruch überhaupt zusteht (BGH VRS **24** 118). Als Geschädigte kommen auch in Betracht der zur Unfallzeit abwesende Eigentümer eines Fahrzeugs oder Tieres, das durch den Unfall beschädigt oder verletzt wird, sowie die nahen Angehörigen eines Getöteten (vgl. BGH VRS **24** 118), der verletzte Mitfahrer sowie der Dritte, dessen Sachen befördert oder dessen Fahrzeug vom Verunglückten benutzt worden ist (BGH **9** 268, VRS **42** 97, KG VRS **15** 121, Stuttgart MDR **56**, 119, VRS **16** 190, Hamm VRS **15** 340, LG Bremen NJW **59**, 831, Köln VRS **37** 37; vgl. aber auch Dallinger MDR **56**, 651). In diesen Fällen ist entscheidend, ob die geschädigten Personen aufgrund der sofortigen Feststellungen über die Unfallursache einen etwaigen Anspruch gegen den Unfallbeteiligten besser durchsetzen können. Sind sie dagegen auf diese Feststellungen nicht angewiesen, so fehlt es an einem schutzwürdigen Feststellungsinteresse, so etwa, wenn den Schädiger die volle Beweislast trifft (der Fahrer fährt mit einem Mietwagen gegen einen Baum; zust. Rudolphi SK 19, Schild AK 112; and. Celle JR **79**, 79, LG Darmstadt MDR **88**, 1072, vgl. auch Bremen DAR **56**, 250 vgl. für den Leasinggeber Frankfurt VersR **90**, 1005; and. Oldenburg VersR **90**, 1005). Das gilt jedoch nicht, wenn der Täter das Fahrzeug gestohlen hat (BGH VRS **11** 208, Stuttgart VRS **16** 190), da der Geschädigte hier u. U. beweisen muß, daß der eingetretene Schaden nicht bereits vorher bestanden hat (Cramer 38). Dies ist nicht der Fall, wenn er das Fahrzeug in einer offensichtlichen Unfallsituation liegen läßt. Zur Frage, inwieweit gegenüber einem auf dem Beifahrersitz verletzten nahen Angehörigen eine Feststellgspflicht besteht, vgl. Bay DAR/R **84**, 240.

Wer sich nur **selbst verletzt** oder seine eigenen Sachen beschädigt hat, braucht daher mangels fremden Aufklärungsinteresses nicht am Unfallort zu warten (BGH **8** 263, VRS **24** 35, Bay **51**

§ 142 21–23   Bes. Teil. Straftaten gegen die öffentliche Ordnung

602, Oldenburg VRS **9** 138; and. noch BGH VRS **8** 275). Auch Feststellungsinteressen der eigenen Versicherung, z. B. aus Kaskoversicherung, sind insoweit belanglos, da der Unfall nicht unmittelbar in deren Rechtsbereich eingreift (BGH **8** 266, vgl. Nürnberg VersR **77**, 659), und zwar gleichgültig, ob der Versicherte selbst oder ein Dritter den Unfall verschuldet hat. Vgl. auch KG VRS **15** 345.

21   b) Da die Feststellungen nur **zugunsten** dieser Personen ermöglicht werden sollen, ist nicht erforderlich, daß sie ihnen selbst möglich gemacht werden; der Täter muß also etwa nicht jedem Unfallbeteiligten und Geschädigten gegenüber erklären, an dem Unfall beteiligt zu sein. Dies wäre ohnehin in solchen Fällen nicht möglich, in denen der Geschädigte – z. B. der Sicherungseigentümer des verunglückten Fahrzeugs – nicht an der Unfallstelle anwesend ist, denn Abs. 1 bezieht sich nur auf die Verhaltenspflichten an der Unfallstelle. Die Feststellungen können also für die anderen Unfallbeteiligten und die Geschädigten auch durch Dritte, für die ortsabwesenden Geschädigten insb. durch die anderen Unfallbeteiligten getroffen werden (Berz DAR 75, 312, D-Tröndle 25). Das setzt jedoch voraus, daß das Ergebnis dieser Feststellungen den übrigen Geschädigten mitgeteilt werden soll (vgl. Blei II 352). Im übrigen ist jedoch zweifelhaft, wem sonst die Feststellungen ermöglicht werden müssen (vgl. auch Karlsruhe VRS **22** 440). Sicher ist zunächst, daß nach wie vor Feststellungen der Polizei oder eines sonstigen Organs der Verkehrsüberwachung genügen. Die Feststellungsberechtigten haben das Recht, sich mit Feststellungen anderer zu begnügen (vgl. Bremen VRS **10** 278, aber auch Neustadt VRS **14** 440 [Minderjähriger als Beteiligter]). Jeder Berechtigte kann aber auch polizeiliche Feststellungen verlangen (Neustadt DAR **58**, 271, KG VRS **34** 277, Hamm NJW **72**, 1383, Karlsruhe NJW **73**, 378, Bay DAR/R **74**, 177; and. Roesen NJW 57, 1739, Rupp JuS 67, 163 mit beachtlichen verfassungsrechtlichen Bedenken). Da die Polizei bei sog. Kleinunfällen jedoch zunehmend Ermittlungen ablehnt (zu dieser Befugnis Rupp JuS 67, 163; and. Bay NJW **66**, 588), also nicht bereit ist, Feststellungen zu treffen, kann die Pflicht, die Polizei abzuwarten, nur bei erheblicheren Schäden angenommen werden (Cramer 41; and. Rüth LK 28, vgl. auch J-Hentschel 47, Stuttgart NJW **78**, 900 [jedenfalls bei Fremdschaden ab 1000 DM]) auch dies gilt allerdings nur, wenn nach der objektiven Sachlage (und nicht nur nach der Meinung des Geschädigten) Feststellungen durch die Polizei noch erforderlich sind, also nicht mehr, wenn der Unfall bereits aufgeklärt ist (vgl. Oldenburg NJW **68**, 2019 [dazu Ulsenheimer JuS 72, 24], Karlsruhe NJW **73**, 378) oder der Schädiger seine volle Ersatzpflicht schriftlich anerkannt hat (Hamm VRS **40** 19; vgl. aber auch Hamm NJW **72**, 1383), wozu aber ein pauschales Schuldanerkenntnis nicht ausreicht (Stuttgart NJW **78**, 900; vgl. weiter Köln JMBlNRW **83**, 138). Aber auch dann, wenn der Feststellungsberechtigte mit den ihm möglichen Feststellungen nicht zufrieden ist, die herbeigerufene Polizei aber nicht innerhalb angemessener Zeit erscheint, braucht der Unfallbeteiligte nicht weiter zu warten, da die Hinzuziehung der Polizei nicht eine Wartefrist auslösen kann, die diejenige nach Nr. 2 im Falle der Abwesenheit von Feststellungsinteressenten übersteigt (Küper NJW 81, 854, M-Schroeder I 363, i. E. ähnlich Müller-Emmert, Maier DRiZ 75, 178, vgl. auch u. 25 ff.). Verzögerungen, die sich aus der Täuschung der am Tatort Anwesenden ergeben, kommen allerdings dem Täter nicht zugute (BGH NJW **57**, 352). Soweit Privatpersonen Feststellungen treffen, ist der Unfallbeteiligte nicht verpflichtet, Einwirkungen auf sein Fahrzeug zu dulden, etwa das Suchen nach einer Diagrammscheibe (Hamm VRS **14** 34); vgl. o. 3.

22   3. Die Feststellungen müssen durch die **Anwesenheit** des Unfallbeteiligten und die **Angabe**, daß er an dem Unfall beteiligt ist, ermöglicht werden.

23   a) Nr. 1 verlangt also zunächst nur die **Anwesenheit** des Täters. Dieses Gebot entspricht in seiner Auswirkung dem Verbot, sich von dem Unfallort zu entfernen (vgl. u. 37). Die Wiederholung dieser Verhaltensvorschrift stellt daher lediglich klar, daß der Unfallbeteiligte grundsätzlich seine Pflicht, Feststellungen zu ermöglichen, allein durch ein passives Verhalten – seine Anwesenheit – erfüllen kann (Begründung BT-Drs. 7/2434 S. 7). § 142 begründet also **kein allgemeines Gebot, die Aufklärung des Unfalls zu fördern** (vgl. BGH **7** 117, VRS **25** 195, Stuttgart NJW **69**, 1726, KG VRS **35** 23; vgl. weiter BGH VRS **21** 268, Köln VRS **6** 362). Da vom Täter insoweit nur die Anwesenheit am Unfallort verlangt wird, reichen Handlungen, durch die die Feststellungen erschwert oder vereitelt werden, wie bisher für § 142 nicht aus (Begründung BT-Drs. 7/2434 S. 7, BGH **4** 148, **5** 124, **7** 117, VRS **5** 287, KG VRS **10** 454, Köln DAR **59**, 271, Bremen JR **72**, 295 m. Anm. Schröder, vgl. auch Hamm VM **64**, 63, Bay NJW **68**, 1896, Zweibrücken NJW **89**, 2765 m. Anm. Herzog, OLGSt **Nr. 9**, Berz DAR 75, 310, Bringewat JA 77, 234f., Cramer 25, D-Tröndle 29, Lackner 4c aa, Schild AK 113, Loos DAR 83, 211, Maier JZ 75, 722, Rüth LK 25; krit. Volk DAR 82, 82, M-Schroeder I 363), § 142 liegt deshalb nicht vor z. B. bei Verwischen von Spuren (vgl. Bay DAR/R **74**, 177), falschen Aussagen (vgl. BGH **30** 160, VRS **16** 297), Frankfurt VersR **90**, 918, bei Vorzeigen eines gefälschten Führerscheins gegenüber der Polizei (BGH MDR/D **73**, 555), beim Nachtrunk, um eine

Blutprobe zu verfälschen (Oldenburg NJW **55**, 192, Köln JMBlNRW **61**, 146, Saarbrücken VRS **19** 342, Bay JR **69**, 429 m. Anm. Schröder, Hamburg VM **73**, 68, vgl. weiter Köln VRS **48** 89; and. Koch NJW **61**, 2195, gegen ihn Enskat NJW **62**, 332). Dagegen liegt § 142 I Nr. 1 vor, wenn der Täter den Unfallort verläßt, um an anderer Stelle einen Unfall vorzutäuschen, und zwar auch dann, wenn er von hier aus die Polizei herbeirufen will (vgl. Hamm VRS **18** 198).

b) Unter Durchbrechung des Grundsatzes, daß der Täter nicht durch aktives Verhalten an **24** der Aufklärung des Unfalls mitwirken muß (vgl. o. 23), statuiert das Gesetz eine minimale aktive Mitwirkungspflicht in der Form, zugunsten der Feststellungsberechtigten (o. 19) die **Angabe** zu machen, **an dem Unfall beteiligt** zu sein (sog. **Vorstellungspflicht**). Dieser Hinweis setzt im Rahmen des § 142 nicht voraus, daß der Täter seinen Namen nennt oder gar sich für (mit)schuldig an dem Unfall erklärt oder eine Darstellung des Unfallgeschehens gibt (vgl. BGH **30** 160, VRS **61** 209, Bay JR **83**, 41 m. Anm. Janiszewski, NJW **84**, 66, 1365, Frankfurt NJW **83**, 294, VersR **90**, 918, Küper JZ **88**, 473). Ausreichend ist vielmehr die bloße – auch durch konkludente Erklärung mögliche – Mitteilung, es komme in Betracht, daß sein Verhalten zur Verursachung des Unfalls beigetragen habe (Abs. 4, ebenso Maier JZ 75, 723, Schild AK 113). Auch die Angabe, in welcher Rolle der Täter an dem Unfall beteiligt war, ob etwa als Fahrer, Beifahrer usw., ist entgegen Jagusch (NJW 75, 1633, NJW 76, 504ff.) nicht erforderlich (Berz DAR **75**, 311, Maier JZ **75**, 723, JZ **76**, 1190f., Cramer 29, D-Tröndle 28, Lackner 4c bb, M-Schroeder I 363, Wessels II/1 205). Der Vorstellungspflicht genügt jedoch nicht, wer sich zwar zu erkennen gibt, aber seine Beteiligung an dem Unfall ausdrücklich leugnet (Frankfurt NJW **77**, 1833) oder so tut, als sei er nur Zeuge des Unfalls (Karlsruhe MDR **80**, 160). Zweifelhaft erscheint, ob sich durch die Neufassung etwas an der früher notwendigen Konsequenz der rein passiven Verhaltenspflicht ändert, daß straffrei sei, wer am Unfallort bleibt, jedoch den später eintreffenden Geschädigten nicht auf einen in seiner Abwesenheit entstandenen Schaden hinweist (vgl. Stuttgart NJW **69**, 1726; vgl. auch Bay NJW **70**, 717, Bremen JR **72**, 295 m. Anm. Schröder). Dem Wortlaut des § 142 I Nr. 1 ist eine solche Verpflichtung des Unfalltäters nicht ohne weiteres zu entnehmen. Insoweit könnte die Vorschrift auch so verstanden werden, daß die Verpflichtung zu der Angabe, an dem (einem bestimmten) Unfall beteiligt zu sein, nur besteht, wenn die Feststellungsinteressenten von dem Unfall bereits Kenntnis genommen haben. Damit würde jedoch ein Teil der vom Gesetzgeber als bisher unbefriedigend geregelt angesehenen Fälle wiederum aus dem Anwendungsbereich des § 142 I herausfallen (vgl. Begründung BT-Drs. 7/2434 S. 7). Mit dem Wortlaut wohl noch vereinbar und dem Sinn des § 142, die zivilrechtliche Beweissituation zu sichern, entsprechend ist daher u. U. auch die Angabe zu verlangen, daß sich überhaupt ein Unfall ereignet hat (ebenso Müller-Emmert, Maier DRiZ 75, 177, Berz DAR 75, 311, Maier JZ 75, 724, Cramer 29, D-Tröndle 28, Blei II 353, Rüth LK 36, Lackner 4c bb; Jagusch NJW 76, 504, Rudolphi SK 29). Zur Vorstellungspflicht, wenn Polizeibeamte den Unfall selbst beobachtet haben und den Unfallbeteiligten kennen, vgl. Celle NdsRpfl. **78**, 286. Entfernt sich der Unfallbeteiligte, ohne sich als solcher vorgestellt zu haben, vom Unfallort, nachdem keine feststellungsbereiten Personen mehr anwesend sind, so soll er nachträglich zur unverzüglichen Feststellung verpflichtet sein (Bay StVE **Nr. 64** m. Anm. Schwab MDR **84**, 639, NJW **84**, 1365 im Anschluß an Bay NJW **84**, 66).

4. Sind **Feststellungen** der in Nr. 1 genannten Art **nicht sofort möglich,** weil keine feststel- **25** lungsbereiten Personen am Unfallort anwesend sind, so hat der Unfallbeteiligte eine **angemessene Zeit** zu **warten (Nr. 2)**. Die Wartepflicht dient dazu, dem zivilrechtlichen Aufklärungsinteresse der Berechtigten dadurch Rechnung zu tragen, daß die Feststellungen durch später eintreffende Feststellungsinteressenten noch am Unfallort getroffen werden können.

a) Als **feststellungsbereite Personen** kommen nicht nur die Feststellungsberechtigten (o. **26** 18), sondern auch andere Personen in Betracht (o. 21), die erkennbar bereit sind, ihre Erkenntnisse den anderen Unfallbeteiligten und Geschädigten mitzuteilen (Blei II 352; weitergehend Zweibrücken DAR **82**, 332, wonach jede an der Unfallstelle erscheinende Person feststellungsberechtigt sein soll; krit. Bär DAR **83**, 216). Erscheint während der Wartezeit (dazu u. 28ff.) eine feststellungsbereite Person, so hat der Täter die Feststellungen nach Nr. 1 jetzt zu ermöglichen. Wann eine Person feststellungsbereit ist, kann nur nach der konkreten Situation entschieden werden. Da Nr. 1 von dem Unfalltäter zur Ermöglichung der Feststellung die Angabe verlangt, an dem Unfall beteiligt zu sein, die nach der hier vertretenen Auffassung auch den Hinweis einschließt, daß sich überhaupt ein Unfall ereignet hat (vgl. o. 24), ist Feststellungsinteressent auch derjenige, der noch keine Kenntnis von dem schädigenden Ereignis hat, sofern davon ausgegangen werden kann, daß er nach Kenntnisnahme Feststellungen treffen werde.

b) Erscheint kein Feststellungsinteressent, so darf sich der Wartepflichtige erst **entfernen,** **27** nachdem er eine nach den Umständen angemessene Zeit an der Unfallstelle gewartet hat; ihn trifft dann jedoch die Verpflichtung, die Feststellungen nachträglich zu ermöglichen, Abs. 2

(dazu u. 42). Der **Umfang der Wartepflicht** beurteilt sich nach den Maßstäben der Erforderlichkeit und der Zumutbarkeit (Stuttgart DAR **77**, 22).

28 α) Bei der **Erforderlichkeit** kommt es allerdings nicht darauf an, ob im Einzelfall festgestellt werden kann, daß das Sichentfernen die Beweismöglichkeiten beeinträchtigt hat (Hamm VRS **23** 102). § 142 bindet vielmehr die Unfallbeteiligten an die Unfallstelle ohne Rücksicht darauf, ob ihre Gegenwart für die Aufklärung förderlich ist oder nicht (abstraktes Gefährdungsdelikt). Deshalb entfällt eine Wartepflicht nicht schon dann, wenn andere Beweismittel zur Verfügung stehen, wie z. B. Zeugenaussagen (vgl. Saarbrücken VRS **21** 424), oder wenn ein Begleiter mit dem Auftrag zurückgelassen wird, Namen und Aufenthalt des Täters anzugeben (BGH DAR/M **58**, 39, KG VRS **40** 109), auch nicht, wenn der Täter entschlossen ist, sich alsbald beim Geschädigten zu melden und den Schaden zu ersetzen (vgl. Bay DAR/R **68**, 225), ebensowenig durch das Anbringen eines Zettels mit entsprechender Mitteilung am beschädigten Kfz (vgl. Frankfurt NJW **62**, 685, **63**, 1215, KG VRS **33** 275 m. Anm. Schröder JR 67, 471, Bay NJW **70**, 717, Hamm NJW **71**, 1470); vgl. auch o. 17. Über Ausnahmen vgl. u. 36, 43f.

29 Das Merkmal der Erforderlichkeit hat demnach nur die Bedeutung, daß eine **Wartepflicht nicht besteht** (oder endet; vgl. Hamburg VRS **32** 361), wenn mit dem **Erscheinen feststellungsbereiter Personen** am Unfallort **nicht** (oder nicht mehr; Koblenz VRS **49** 180) zu rechnen ist (wie hier Cramer 44, Rüth LK 38; and. D-Tröndle 30, Küper NJW 81, 853, Lackner 4d, Koblenz VRS **53** 110). Dafür sind die Umstände des Einzelfalles maßgebend, wie z. B. das äußere Bild der Unfallstelle (vgl. KG VRS **35** 23, Hamm DAR **73**, 104). Zu eng ist allerdings die in der Rspr. früher verschiedentlich gebrauchte Formulierung, eine Wartepflicht bestehe nur dann, wenn mit dem alsbaldigen Erscheinen feststellungsbereiter Personen zu rechnen sei (BGH **7** 116, **20** 260, GA **57**, 243, VRS **25** 196, Hamburg VRS **32** 359; vgl. auch Hoffmann NJW 66, 2001). So kann bei einem Unfall mit besonders schweren Folgen eine Wartepflicht auch dann bestehen, wenn feststellungsbereite Personen voraussichtlich nicht schon in Kürze, sondern vielleicht erst nach 2 Stunden eintreffen werden (BGH **4** 144 m. Anm. Lange JZ 54, 329, **5** 127, KG VRS **35** 23, wo nur darauf abgestellt wird, daß überhaupt mit dem Erscheinen feststellungsbereiter Personen gerechnet werden kann). Vgl. u. 30, ferner Saarbrücken VRS **40** 424, Koblenz VRS **43** 423. Zur Problematik der Wartefrist vgl. Küper NJW 81, 853.

30 β) Ob überhaupt in solchen Fällen und wie lange der Beteiligte am Unfallort zu warten hat, richtet sich mithin nach den **Umständen des Einzelfalles** (BGH DAR **55**, 116, KG VRS **15** 346, Köln JMBlNRW **63**, 22, Karlsruhe VRS **22** 440, Hamburg VRS **32** 362, Bay NJW **70**, 717, DAR/R **71**, 202, VRS **60** 112, Hamm VRS **41** 28, DAR **73**, 104, NJW **77**, 207, Saarbrücken VRS **46** 187, Stuttgart DAR **77**, 22, NJW **81**, 1107) unter Beachtung des Maßstabs der **Zumutbarkeit**. Dabei ist nach den Grundsätzen der Güterabwägung das Interesse des Täters am Verlassen der Unfallstelle gegenüber dem Feststellungsinteresse der Geschädigten abzuwägen (vgl. Schröder JR 67, 472, Köln VRS **38** 436). Bei geringfügigen Schäden (vgl. Bay DAR/R **68**, 225, Hamm StVE **Nr. 24**), bei einer relativ unkomplizierten und leicht rekonstruierbaren Unfallsituation wird die Wartepflicht weniger weit gehen (vgl. Bay VRS **18** 197, NJW **70**, 717, KG VRS **37** 192), als wenn es sich um schwere Schäden oder eine komplizierte Unfallsituation handelt. Auch die Verkehrsdichte, die Tageszeit und die Witterung sind bei der Bemessung der Wartezeit zu berücksichtigen (Bremen NJW **67**, 991, Schleswig DAR **69**, 49, Hamm VRS **41** 28, Koblenz VRS **43** 423, Saarbrücken VRS **46** 187, Bay DAR/R **74**, 177). U. U. genügt es, wenn der Täter anhält und sich vergewissert, ob es zu einen Schaden gekommen und wie hoch dieser ist; ist nach den Umständen keine feststellungsbereite Person zu erwarten, kann er weiterfahren (vgl. Schild AK 115); das Verweilen an der Unfallstelle wäre hier eine leere Formalität (Köln VRS **38** 436). Nach der Einführung der nachträglichen Feststellungspflicht durch die Neufassung des § 142 neigt die Rspr. dazu, die Wartezeit kürzer zu bemessen (vgl. etwa Hamm StVE **Nr. 24**), sofern der Täter seiner Verpflichtung nachkommt.

31 Zweifelhaft ist, inwieweit es zumutbar sein kann zu warten, wenn der Täter sich durch das Verbleiben am Unfallort **einer Straftat verdächtig** machen würde. Soweit es sich um eine Strafbarkeit wegen des Unfalls selbst handelt, also z. B. eine Strafverfolgung aus den §§ 222, 230 oder 315b, 315c in Frage kommt, ist das Warten stets zumutbar, da § 142 gerade die Ursachen im Interesse aller Beteiligten zu klären beabsichtigt. Zum Gedanken der Unzumutbarkeit in den Fällen, in denen andere Straftaten in Frage stehen (der von der Polizei verfolgte Räuber streift einen anderen PKW), vgl. o. 15. Selbst wenn man hier Zumutbarkeitserwägungen Raum geben will (vgl. auch LG Duisburg NJW **69**, 1261 m. abl. Anm. Oppe), erscheint jedenfalls bei Schäden größeren Umfangs auch in solchen Fällen das Verbleiben am Unfallort als zumutbar (BGH VRS **38** 341). Vgl. auch § 323c RN 23.

32 γ) **Beispiele aus der Rspr.** Grundsätzlich ist das Eintreffen der herbeigerufenen Polizei abzuwarten (Hamm JMBlNRW **55**, 18, NJW **72**, 1383, Bay DAR/R **74**, 177, **81**, 244); dies gilt auch dann, wenn sich die Beteiligten zur Schadensregulierung in eine nahegelegene Wohnung begeben (Köln NJW **81**,

2367); ebenso darf sich der Täter grundsätzlich nicht eher entfernen, als bis die den Unfall aufnehmenden Polizeibeamten ihm dies gestatten (BGH VRS **16** 267). Wer Passanten, die sich zur Benachrichtigung der Polizei bereit erklärt haben, mit der Begründung weggeschickt, er selbst würde dies tun, kann sich nicht darauf berufen, daß jetzt keine feststellungsbereiten Personen mehr zu erwarten sind (Bay NJW **87**, 1712). Angesichts der Verpflichtung des Abs. 2, nach erfolglosem Verstreichen der Wartezeit die Feststellungen nachträglich zu ermöglichen, können die in der Rspr. zu § 142 a. F. geforderten Wartezeiten nicht auf die geltende Fassung übertragen werden (vgl. dazu Cramer 47, Dornseifer JZ 80, 299, Küper NJW **81**, 853 f.); ihr gegenüber wird man die Dauer der Wartefrist abkürzen müssen, da die Interessen der Feststellungsberechtigten durch Abs. 2 ohnehin stärker geschützt sind als bisher (Berz DAR 75, 312, Cramer 48, Lackner 4 d, ähnlich Janiszewski DAR 75, 174).

Eine Wartezeit von 10 Min. bei einem nächtlichen Unfall mit nur geringfügigem Schaden (ca. 33 200 DM) muß danach genügen (Düsseldorf VM **76**, 52; and. Schleswig DAR **78**, 50, Bay DAR/R **77**, 203). Bei Beschädigung eines Hydranten, eines Zaunes und eines Baumes zur Nachtzeit reicht eine Verweildauer von etwa 30 Min. aus (Düsseldorf VM **78**, 54). Das gilt auch bei einem nächtlichen Unfall mit einem Schaden von 1100 DM (Düsseldorf VRS **54** 41). Im Falle der Tötung oder schweren Körperverletzung dagegen beträgt die Wartefrist wenigstens eine Stunde (M-Schroeder I 365). **Nicht** ausreichend sind nachts 15 Min. Wartezeit bei einem Schaden von 1500 DM (Koblenz VRS **49** 180) und 30 Min. bei einem Fremdschaden von 3400 DM (Hamburg VRS **55** 347). Gegen Abend sollen 20 Min. bei einem Schaden in Höhe von 600 DM (Stuttgart DAR **77**, 22) und 10 Min. bei einem kleinen Schaden (170 DM) auf verkehrsreicher Straße (Hamm StVE **Nr. 7**) nicht genügen.

δ) Umstritten ist, ob bei der Abwägung der Interessen der Unfallbeteiligten der Aufklärung 34 des Unfalls dienende Handlungen des Unfalltäters in der Weise zu berücksichtigen sind, daß sie die Wartefrist abkürzen oder ganz entfallen lassen. Als solche Handlungen kommen in Betracht das Benachrichtigen der Polizei (Hamm VRS **13** 137, Frankfurt NJW **67**, 2073) oder das Anbringen eines Zettels mit den notwendigen Angaben am beschädigten Fahrzeug (Hamm VM **64**, 63, NJW **71**, 1469, KG VRS **33** 275 m. Anm. Schröder JR 67, 469, Bay NJW **68**, 1896, NJW **70**, 717, Köln StVE **Nr. 51**; vgl. aber Hamm DAR **62**, 82, Frankfurt NJW **63**, 1215 m. abl. Anm. Rutkowsky) oder ein Anruf beim Geschädigten (Bay VRS **71** 34). Da Abs. 2 und Abs. 3 weitere Handlungen gerade auch verlangen, nachdem der Täter seiner Wartepflicht nach Abs. 1 Nr. 2 genügt hat, können derartige Handlungen allenfalls zu einer Verkürzung der Wartezeit führen (Bär, Hauser I 11 d, D-Tröndle 32, Rudolphi SK 34, Lackner 4 d); zur Rechtfertigung durch mutmaßliche Einwilligung vgl. u. 66 f.

5. Erst wenn der Unfalltäter seiner Verpflichtung aus Nr. 1 bzw. Nr. 2 nachgekommen ist, 35 darf er sich **vom Unfallort entfernen** (vgl. auch BGH VRS **16** 267); and. jedoch wenn nach Ablauf der Wartefrist noch eine feststellgsbereite Person erscheint (Stuttgart NJW **82**, 1769). Entfernt er sich ungerechtfertigt oder unentschuldigt vorher, so ist er grundsätzlich nach § 142 strafbar, wenn er zurückkehrt und dann die Feststellungen ermöglicht oder die Wartezeit verstreichen läßt; vgl. jedoch u. 74.

a) Der **Unfallort** ist die Stelle, an der sich das schädigende Ereignis zugetragen hat, sowie der 36 unmittelbare Umkreis, innerhalb dessen das unfallbeteiligte Fahrzeug durch den Unfall zum Stillstand gekommen ist oder – unter Beachtung der den Fahrer bei geringfügigen Schäden gemäß § 34 I Nr. 2 StVO treffenden Pflicht, unverzüglich beiseite zu fahren – hätte angehalten werden können. Die Rspr. stellt z. T. darauf ab, ob der Täter in dem fraglichen Bereich von feststellungsbereiten Personen noch vermutet und gegebenenfalls durch Befragen ermittelt würde (Hamm VRS **54** 433, KG DAR **79**, 23, Bay NJW **79**, 437, zust. Rüth LK 63, Köln NZV **89**, 198 m. Anm. Bernsmann NZV 89, 198). Nicht mehr an der Unfallstelle befindet sich jedenfalls der Täter, der sich bereits 100 m von dem Ort des Schadensereignisses entfernt hat (Bay NJW **79**, 437) bzw. 250 m auf einer Bundesautobahn (Karlsruhe DAR **88**, 282 m. Anm. Janiszewski NStZ 88, 410).

b) Für das **Sichentfernen** ist eine **Ortsveränderung** erforderlich (Berz DAR 75, 310, Janis- 37 zewski DAR 75, 172, Schild AK 104, Hamm DAR **78**, 140, NJW **79**, 438), aber auch ausreichend (Bay VRS **50** 186), die über den Bereich des Unfallorts hinausgeht. Diese Voraussetzungen können nicht anhand einer metermäßigen Mindestdistanz bestimmt werden; entscheidend ist vielmehr, ob der Täter sich so weit von der Unfallstelle abgesetzt hat, daß ein Zusammenhang mit dem Unfall nicht mehr ohne weiteres erkennbar ist (Stuttgart JR **81**, 209 m. Anm. . Hentschel). Ob der Täter dabei von einem Feststellungsinteressenten verfolgt wird, hat auf die Tatbestandsmäßigkeit des Verhaltens keinen Einfluß (Celle NdsRpfl. **77**, 169, Bay NJW **79**, 437, Düsseldorf VM **76**, 28). Ebenso bedeutungslos ist hierfür, ob die anderen Unfallbeteiligten mit der Ortsveränderung einverstanden sind (and. Bremen VRS **52** 423), jedoch liegt dann ein durch deren Einwilligung berechtigtes Verlassen der Unfallstelle vor (vgl. dazu u. 44 ff.). Nach den Regeln über die mutmaßliche Einwilligung berechtigtes Sichentfernen liegt auch vor, wenn der Täter von einer in der Nähe der Unfallstelle gelegenen Telefonzelle anruft, um die Feststellungen zu beschleunigen, oder wenn er in einer nahegelegenen Gaststätte oder Wohnung das Eintreffen von Feststellungsinteressenten abwartet, sofern dadurch die Feststellungen nicht wesentlich behindert werden (and. – Tatbestandsausschluß – Lackner 4a aa, M-Schroeder I 364, Rudolphi SK 35; zur entsprechenden Frage bei § 142 a. F. vgl. 19. A. RN 37). Es kann also nicht mehr genügen, daß der Täter lediglich eine Ortsveränderung im Bereich der Unfallstelle vornimmt und dadurch die Feststellungen erschwert, sich etwa unter die Menge mischt und so als Unfallbeteiligter nicht zu erkennen ist (Cramer 52, Berz DAR 75, 310, Janiszewski DAR 75, 173, Hamm NJW 79, 438). Durch die richtig verstandene Verpflichtung, sich vor der Entfernung als Unfallbeteiligter zu erkennen zu geben, wird hierfür jedoch ein Ausgleich geschaffen. Zwar scheint der Wortlaut des § 142 I Nr. 1 nur zu verlangen, daß der Täter die Feststellungen nach Nr. 1 ermöglicht, bevor er den Unfallort verläßt. Daraus könnte nun der Schluß gezogen werden, daß der Täter sich nicht strafbar mache, solange er sich – wenn auch verborgen – dort aufhalte und er dementsprechend jedenfalls nicht nach Abs. 1 strafbar sei, wenn er sich erst vom Unfallort entferne, nachdem keine Feststellungsinteressenten mehr vorhanden sind (vgl. hierzu etwa Bay VRS 65 280). Damit würde jedoch der Intention des Gesetzes nicht Rechnung getragen und auch unberücksichtigt gelassen, daß der Täter die Feststellungen in diesem Fall gerade nicht durch seine Angabe, an dem Unfall beteiligt zu sein, ermöglicht hat, obwohl zunächst Feststellungsinteressenten am Unfallort anwesend waren (Schild AK 122; and. insoweit Hamm NJW 79, 438; vgl. auch o. 24).

37a Unstreitig ist, daß ein Sichentfernen dann nicht vorliegt, wenn der Unfallbeteiligte **ohne seinen Willen** vom Unfallort entfernt worden ist (Hamm NJW 82, 438, Köln VRS 57 406, Hentschel NJW 82, 1078, Rudolphi SK 35a, Lackner 4a bb, Volk DAR 82, 83, Schild AK 106). In der Rspr. spielen dabei folgende Situationen eine Rolle: einmal der Fall, daß der nach einem Unfall bewußtlose Täter ins Krankenhaus gebracht wurde (vgl. Köln VRS 57 406), dann die Situation, daß der wartepflichtige Beifahrer gegen seinen Protest durch Weiterfahren gehindert wird, an der Unfallstelle zu verbleiben, weiterhin der Fall, daß der Unfallbeteiligte von der Polizei zur Blutentnahme gebracht oder sonst in Gewahrsam genommen wurde (vgl. Hamm NJW 79, 439). Daß hier mangels einer Handlung (Bewußtlosigkeit, vis absoluta; vgl. dazu auch Bär JR 82, 379) oder infolge einer Nötigung (vis compulsiva; vgl. u. 44) eine strafrechtliche Haftung nach Abs. 1 ausscheidet, versteht sich von selbst. Streitig ist allenfalls, ob nach einem „Entfernen" im angelegten Sinne eine nachträgliche Feststellungspflicht entsteht. Dies wird von der Rspr. im Anschluß an BGH 28 129 teilweise bejaht (Bay 81 200, VRS 59 27; and. Köln VRS 57 406, Hamm NJW 79, 438; vgl. BGH 30 160) mit der Begründung, daß Abs. 2 alle Fälle erfassen soll, in denen der Unfallbeteiligte, aus welchem Grund auch immer, den Unfallort verlassen hat. Differenzierend stellt Volk DAR 82, 83 darauf ab, ob eine Rechtspflicht nach Abs. 2 dem Normzweck der Vorschrift entspricht; dies soll etwa bei einem Verbringen ins Krankenhaus, nicht aber bei einer Verhaftung der Fall sein. Richtigerweise wird man hier darauf abstellen müssen, daß nach der Wortlautgrenze des Abs. 2 eine nachträgliche Feststellungspflicht ein berechtigtes oder entschuldigtes usw. Sichentfernen voraussetzt. Zum Parallelproblem des unvorsätzlichen Entfernens vgl. u. 47.

38 Der Begriff des Entfernens setzt hier weder voraus, daß **Feststellungsmaßnahmen** bereits **begonnen haben,** noch auch, daß sie unmittelbar bevorstehen (so aber Hoffmann NJW 66, 2001). Bei derartiger Einschränkung würden gerade besonders schwere Fälle der Unfallflucht (Tötung eines der Beteiligten) straflos ausgehen, wenn im Einzelfall der sofortige Beginn von Ermittlungen etwa wegen des abgelegenen Ortes oder der späten Stunde nicht zu erwarten wäre. Ausnahmen von der Wartepflicht können sich in solchen Fällen nur aufgrund von Zumutbarkeitserwägungen ergeben (vgl. o. 30ff.).

39 Das Entfernen ist auch durch **passives Verhalten** möglich (M-Schroeder I 364). Wer als Mitfahrer am Unfall beteiligt und daher wartepflichtig ist, begeht Unfallflucht, wenn er es unterläßt, den Fahrer zum sofortigen Halten zu bewegen, sofern die Aufforderung Erfolg gehabt hätte (Cramer 54; vgl. auch Joerden JR 84, 52; and. BGH VRS 5 44, der nur auf die unterlassene Aufforderung abstellt; das Unterlassen einer nicht realisierbaren Aufforderung kann aber allenfalls einen – hier nicht strafbaren – Versuch darstellen).

40 c) Nicht tatbestandsmäßig i. S. v. Abs. 1 handelt der Täter, der sich **von einem anderen als dem Ort des Unfalls** entfernt (Berz DAR 75, 310, Cramer 55, D-Tröndle 23, Lackner 4a cc, Rudolphi SK 35b). Zu denken ist dabei einmal an die Fälle berechtigten (oder auch entschuldigten) Verlassens der Unfallstelle (dazu u. 43ff.), z.B. wenn die Beteiligten sich darauf geeinigt haben, die Feststellungen an einem anderen Ort zu treffen (vgl. u. 46) oder wenn der Täter durch polizeiliche Anordnung zur Feststellung seiner BAK in ein Krankenhaus oder zur Feststellung der Personalien auf die Polizeiwache gebracht worden ist (vgl. auch Hamm NJW 79, 438f.). Entfernt er sich dann von hier, bevor die Feststellungen abgeschlossen sind, so kommt eine Bestrafung nicht aus Abs. 1, sondern nur nach Abs. 2 in Betracht. Gänzlich unanwendbar ist § 142 dagegen, wenn jemand sich zur Zeit des Unfalls und innerhalb der Wartezeit (o. 29 ff.) gar nicht an dem Unfallort befunden hat (KG VRS **46** 434). So liegt es etwa, wenn ein Fahrer, der sein Fahrzeug verkehrswidrig abgestellt hat, aus der Ferne beobachtet, daß dieses in einen Unfall verwickelt ist. Hier besteht keine Verpflichtung zur Rückkehr an den Unfallort und – mangels einer Wartepflicht – zur Ermöglichung nachträglicher Feststellungen nach Abs. 2 (Köln NJW **89**, 1683). Eine Bestrafung des Fahrers aus § 142 kann in diesem Fall nur erfolgen, wenn er sich vor Ablauf der Wartefrist an die Unfallstelle begeben hat (Cramer 21; and. Köln aaO).

IV. **Abs. 2** erfaßt mit seiner Strafdrohung diejenigen Unfallbeteiligten, die sich zwar vom Unfallort straflos entfernt haben, bevor Feststellungen getroffen werden konnten, die dann aber nicht später **unverzüglich** diese **Feststellungen auf andere Weise ermöglicht** haben. Die nachträgliche Feststellungspflicht soll die von der Rspr. zu § 142 a. F. entwickelte Rückkehrpflicht ersetzen (vgl. 17. A. RN 22); eine Rückkehrpflicht existiert nicht mehr (Bay StVE **Nr. 70**). Dadurch sollten ein umfassenderer Schutz des Feststellungsinteressenten und größere Rechtsklarheit geschaffen werden. § 142 II, III stellen jedoch keine Meisterleistung an legislatorischer Formulierungskunst dar und werfen zahlreiche Auslegungsprobleme auf. So ist umstritten, ob die nachträgliche Feststellungspflicht auch denjenigen trifft, der gegen seinen Willen vom Unfallort fortgebracht wurde (vgl. o. 37) oder sich unvorsätzlich vom Unfallort entfernt hat (vgl. u. 47a). Streitig ist weiterhin, welchen Weg der Täter wählen muß, um der Feststellungspflicht zu genügen. Abs. 2 spricht davon, daß die Feststellungen „unverzüglich" zu ermöglichen sind, Abs. 3 gibt den Feststellungspflichtigen ein Wahlrecht und stellt ihm frei, entweder den Berechtigten oder eine nahe gelegene Polizeidienststelle zu benachrichtigen. Dieses Wahlrecht wird von der Rspr. dahin eingeschränkt, daß der Weg zu wählen sei, der unverzügliche Feststellungen ermöglicht. Praktisch bedeutsam ist dies bei nächtlichen oder bei Unfällen am Wochenende, bei denen der Berechtigte nicht am Unfallort anwesend ist; hier kommt die Rspr. i. E. zu einer Verpflichtung zur Selbstanzeige (vgl. u. 56). 41

1. Die Verpflichtung, die Feststellungen nachträglich zu ermöglichen, trifft einmal denjenigen Unfallbeteiligten, der sich **nach Ablauf der Wartefrist** des Abs. 1 Nr. 2 (o. 25 ff.) vom Unfallort **entfernt hat (Nr. 1).** Ausnahmsweise besteht die Pflicht dann nicht, wenn die anderen Unfallbeteiligten die an sich gegebenen hinreichenden Feststellungsmöglichkeiten lediglich nicht ausreichend genutzt haben (Cramer 57; and. Jagusch NJW 75, 1633); da der Unfallbeteiligte die Feststellungen nur ermöglichen muß, kommt es nicht darauf an, ob von dieser Möglichkeit Gebrauch gemacht worden ist (vgl. o. 17). Da das Sichentfernen ein willensgetragenes Verhalten voraussetzt (vgl. o. 37a), entsteht für denjenigen, der z. B. im Zustand der Bewußtlosigkeit vom Unfallort entfernt wurde, keine nachträgliche Feststellungspflicht (BGH **30** 160 m. Anm. Bär JR 82, 379 für den Fall einer Festnahme; and. Bay VRS **59** 27). 42

2. Aber auch wenn der Täter sich **berechtigt** oder **entschuldigt** von der Unfallstelle **entfernt,** trifft ihn die Verpflichtung, nachträglich die Feststellungen zu ermöglichen **(Nr. 2).** 43

a) Ein **berechtigtes Sichentfernen** vom Unfallort liegt jedenfalls vor, wenn für das Verhalten des Täters ein Rechtfertigungsgrund eingreift, so daß eine Strafbarkeit nach Abs. 1 entfällt. Davon zu unterscheiden sind die Fälle, in denen die Rechtfertigung die Strafbarkeit des Beteiligten überhaupt, also auch nach Abs. 2, ausschließt, wie insb. beim Verzicht auf Feststellungen (dazu u. 63). 44

α) Die **Rechtswidrigkeit** nach Abs. 1 kann durch **Notstand** (§ 34) ausgeschlossen sein (Cramer 59, Lackner 5b, Schild AK 129), so z. B. wenn sich der Täter wegen seiner Verletzungen zum Arzt begibt (nicht jedoch wegen einer geringfügigen Platzwunde, vgl. Bay DAR/R **81**, 244) oder wenn er Verletzte in ein Krankenhaus fährt, ferner bei dem Arzt, der auf der Fahrt zu einem Schwerkranken ist (vgl. Frankfurt VRS **28** 262, NJW **67**, 2073, Bay DAR/R **67**, 291, **68**, 226); vgl. auch Frankfurt NJW **60**, 2066, Bremen VRS **43** 29; ebenso wenn der Täter die Unfallstelle verläßt, um eine Gefahrenquelle zu beseitigen (Beauftragung eines Abschleppunternehmers, Bay DAR/R **82**, 249). Diese Grundsätze gelten auch für Krankenwagen und Einsatzfahrzeuge der Polizei. Die Hilfeleistungspflicht nach § 323c geht der Wartepflicht regelmäßig vor (vgl. BGH **5** 128, KG VRS **34** 110). Daß der Täter sich in einem solchen Fall zugleich Auseinandersetzungen mit der Polizei entziehen will, schließt die Rechtfertigung nicht aus (Cramer 61; and. Hamburg DAR **56**, 16). Rechtfertigender und nicht nur entschuldigender Notstand nach § 35 (so zutreffend BGH VRS **36** 24) kommt auch in Betracht, wenn der Täter Gefahr läuft, am Unfallort mißhandelt zu werden (vgl. auch u. 47). Dringende geschäftliche Angelegenheiten des Täters stellen regelmäßig keinen Rechtfertigungsgrund dar (Hamm VRS **8** 55, Stuttgart MDR **56**, 245, Bay DAR **58**, 107, KG VRS **40** 109, Koblenz VRS **45** 33), jedoch kann ein Entschuldigungsgrund vorliegen (u. 47). Nach Bay StVE **Nr. 36** liegt ein berechtigtes 45

Entfernen vom Unfallort auch dann vor, wenn ein Unfallbeteiligter dem anderen nachfährt, um die erforderlichen Feststellungen zu ermöglichen.

46 β) Ein berechtigtes Entfernen vom Unfallort liegt auch vor, wenn die **Beteiligten vereinbaren**, die Feststellungen an einem anderen Ort, etwa in einem nahegelegenen Haus oder der nächsten Polizeiwache zu treffen (Berz DAR 75, 313, Cramer 61a, Lackner 5b aa, vgl. Oldenburg VRS **9** 36, Frankfurt NJW **60**, 2066 m. Anm. Lienen, Düsseldorf StVE **Nr. 72**). Sucht einer von ihnen dann das Weite, so kann er nach Abs. 2 strafbar sein (Bay StVE **Nr. 38**). Außerdem kommt eine Rechtfertigung des Verlassens der Unfallstelle nach den Grundsätzen über die mutmaßliche Einwilligung in Betracht (vgl. dazu 54 ff. vor § 32, Köln NZV **89**, 197 m. insoweit abl. Anm. Bernsmann NZV 89, 199), wenn insb. die Aufklärungsinteressen der Feststellungsberechtigten dadurch nicht berührt oder wenn sie gar gefördert werden, wie beispielsweise in dem Fall, daß der Schädiger von einem Telefon außerhalb des Unfallbereichs den Geschädigten oder die Polizei herbeiruft, oder um den persönlich bekannten Geschädigten in dessen Wohnung aufzusuchen (Bay **82** 144). Bei Bagatellschäden kann auch das Anbringen einer Visitenkarte durch mutmaßliche Einwilligung gedeckt sein (vgl. Köln StVE **Nr. 51**).

47 b) Die Verpflichtung, nachträglich die Feststellungen zu ermöglichen, trifft den Täter ebenso, wenn er sich **entschuldigt** vom Unfallort entfernt hat. Als Entschuldigungsgrund kommt bei ernstlicher Bedrohung des Täters durch am Unfallort Anwesende § 35 in Betracht, sofern nicht bereits § 34 eingreift, weil der Täter sich der Gefahr schwererer Verletzungen oder gesundheitlicher Schäden (Bay StVE **Nr. 39**) ausgesetzt sieht (vgl. o. 45); vgl. auch RG **63** 18, BGH VRS **30** 282, Bay DAR **56**, 15, Hamm VRS **5** 603, Düsseldorf NJW **89**, 2763). Über die Entschuldigung wegen Nichtzumutbarkeit vgl. BGH GA **56**, 120, Hamm JMBlNRW **55**, 18, Frankfurt NJW **60**, 2066 m. Anm. Lienen. Darüber hinaus fällt unter das Merkmal des „entschuldigten" Sichentfernens auch ein Verhalten, bei dem der Täter wegen des Eingreifens eines Schuldausschließungsgrundes (vgl. 108 vor § 32) nicht schuldhaft handelt (Berz DAR 75, 313, Jura 79, 127, Franke JuS 78, 457, Lackner 5b). Umstritten ist allerdings, ob die Voraussetzungen des Abs. 2 auch bei vorübergehender Schuldunfähigkeit eingreifen (vgl. Rudolphi SK 40; bejahend M-Schroeder I 366, Berz Jura 79, 127 FN 11, D-Tröndle 40, Dornseifer JZ 80, 303; abl. Beulke NJW 79, 404, JuS 82, 816). Grundsätzlich wird hier zwar ein „entschuldigtes" Verlassen anzunehmen sein, etwas anderes gilt jedoch im Hinblick auf den häufigsten Fall der vorübergehenden Schuldunfähigkeit, das Handeln im Vollrausch. Anderenfalls blieben gerade Alkoholtäter straffrei, deren Intoxikationsgrad später kaum mehr feststellbar wäre. Da eine Einschränkung der Strafbarkeit mit der Neufassung des § 142 hier nicht beabsichtigt war, spricht für diese Auffassung, daß auch früher § 142 als für § 323a ausreichende Rauschtat angesehen und deshalb vom Rauschtäter ein Warten an der Unfallstelle verlangt wurde (vgl. Bay VRS **12** 117, § 323a RN 17); so jetzt auch Bay NJW **89**, 1685 m. abl. Anm. Keller JR 89, 343; zust. mit ausführlicher Begründung Küper NJW 90, 209; vgl. auch Werner aaO und Paeffgen NStZ 90, 365.

47a c) Nach Auffassung von BGH **28** 129 (m. abl. Anm. Rudolphi JR 79, 210) handelt „berechtigt oder entschuldigt" auch derjenige Unfallbeteiligte, der sich **unvorsätzlich** vom Unfallort entfernt (Köln VRS **53** 430, Bay NJW **79**, 436 m. Anm. Janiszewski JR 79, 341, Bay StVE **Nr. 33**, VRS **61** 305; Franke JuS 78, 456, J-Hentschel 52, D-Tröndle 43, Janiszewski JR 78, 116, M-Schroeder I 366, Wessels II/1 207, Küper FS aaO 477), etwa weil er den Unfall gar nicht wahrgenommen hat (zum Vorsatz u. 68ff.), so daß auch ihn die Verpflichtung nach Abs. 2 trifft, sofern „zwischen der nachträglichen Kenntniserlangung und dem Unfallgeschehen noch ein zeitlicher und räumlicher Zusammenhang" besteht (BGH **28** 135, Bay **81** 86, NStZ/J **88**, 264, Köln NJW **77**, 2275, Düsseldorf StVE **Nr. 73**, Koblenz NZV **89**, 242, Haubrich DAR 81, 211); krit. zu dieser Rspr. Schild AK 149. Diese Beschränkung läßt sich dem Gesetz nicht entnehmen (Berz Jura 79, 133, Beulke NJW 79, 402, Römer MDR 81, 89) und hatte überdies nur einen Sinn bei der früher von der Rspr. angenommenen Rückkehrpflicht, die heute nicht mehr besteht (Bay ZfS **84**, 219), da ansonsten keine Feststellungen am Unfallort mehr möglich waren (Bay **80** 59); ohne diese Beschränkung müßte sich z. B. jeder bei der Polizei melden, der eine Beschädigung an seinem Kfz feststellt, für die er keine Erklärung findet. Damit werden jedoch die Grenzen einer vom Wortlaut des Gesetzes ausgehenden Auslegung (vgl. § 1 RN 38) der Vorschrift überschritten. Deshalb wird die Einbeziehung des unvorsätzlich sich entfernenden Unfallbeteiligten in den Pflichtenkreis des Abs. 2 überwiegend abgelehnt (Berz DAR 75, 313, Jura 79, 125, Beulke NJW 79, 400, Cramer 58, Lackner 5b cc, Rudolphi SK 40, Dornseifer JZ 80, 301, Stuttgart MDR **77**, 773). Der fehlende Vorsatz hat im Hinblick auf die Frage der Berechtigung oder Entschuldigung keinerlei Einfluß, die Straffreiheit der Entfernung beruht vielmehr auf einem davon losgelösten weiteren Grund, der Unvorsätzlichkeit. Der Täter muß also wissen, daß sich ein Unfall ereignet hat und daß er sich jetzt von einer Unfallstelle entfernt; diese Kenntnis ist daher ungeschriebenes Tatbestandsmerkmal des Abs. 2. Wer erst nachträglich an einem anderen Ort von dem Unfall Kenntnis erlangt, ist daher nicht nach § 142 strafbar, wenn er nicht die Feststellungen gem. Abs. 2 ermöglicht. Bemerkt der Täter etwa erst zu Hause, daß sein Fahrzeug auf einem Parkplatz angefahren worden ist, so braucht er sich demnach nicht um die Aufklärung des Unfalls zu bemühen (vgl. auch Volk DAR 82, 85). Anders verhält es sich dagegen beim Irrtum über Rechtfertigungsgründe oder die Voraussetzungen des entschuldigenden Notstands (§ 35 II). Hier wäre nicht einzusehen, daß ein Täter, der sich das Bestehen eines solchen lediglich vorstellt, besser gestellt sein soll als derjenige, bei dem ein Rechtfertigungs- oder Entschuldigungsgrund tatsächlich vorliegt. Anders als beim Tatbestandsirrtum ist der Täter in diesen Fällen also verpflichtet, nach Abs. 2 die Feststellungen nachträglich zu ermöglichen (Berz DAR 75, 313, Jura 79, 127f., Cramer 58, D-Tröndle 42, Franke JuS 78, 457, Lackner 5b bb, Müller-Emmert, Maier DRiZ 75, 178). Meint er, hierzu nicht verpflichtet zu sein, so liegt ein Verbotsirrtum vor.

2. Hat sich der Täter wegen einer der o. 44ff. genannten Gründe vom Unfallort entfernt, so hat er die **Feststellungen unverzüglich nachträglich zu ermöglichen.** Gemeint sind die in Abs. 1 genannten Feststellungen (vgl. die Feststellung seiner Person, seines Fahrzeugs und der Art seiner Beteiligung (o. 17). Der Gesetzgeber hatte beabsichtigt, die Mindestvoraussetzungen für das Ermöglichen dieser Feststellungen in Abs. 3 zu bestimmen (Begründung BT-Drs. 7/2434 S. 8, ebenso Müller-Emmert, Maier DRiZ 75, 178, Janiszewski DAR 75, 175, Sturm JZ 75, 408, Lackner 5d, Wessels II/1 207). Diese Absicht kommt jedoch im Gesetz selbst nicht mit genügender Deutlichkeit zum Ausdruck (krit. auch Berz DAR 75, 314). Die Formulierung, daß der Unfallbeteiligte der Verpflichtung unter den in Abs. 3 aufgeführten Bedingungen (dazu näher u. 49ff.) genügt, sagt nichts darüber aus, daß damit die Mindestanforderungen gemeint seien. Die Regelung in einem besonderen Absatz spricht vielmehr dafür, daß in Abs. 3 beispielhaft Fälle aufgeführt sind, in denen die Feststellungen nach Abs. 2 jedenfalls hinreichend ermöglicht sind. Es ist daher davon auszugehen, daß der Verpflichtung, die Feststellungen zu ermöglichen, auch auf andere Weise (dazu u. 57ff.) genügt werden kann (ebenso Cramer 63, D-Tröndle 46, M-Schroeder I 367, Rudolphi SK 45, Blei II 355, Loos DAR 83, 209, Stuttgart DAR **77**, 22f., vgl. Köln NJW **81**, 2368).

a) Praktisch wird das Ermöglichen der Feststellungen jedoch häufig tatsächlich auf die in Abs. 3 beschriebene Weise geschehen. Dazu muß der Unfallbeteiligte **dem Berechtigten oder einer nahe gelegenen Polizeidienststelle mitteilen, daß er an dem Unfall beteiligt** gewesen ist, sowie ihnen seine **Anschrift**, seinen **Aufenthalt**, das **Kennzeichen** und den **Standort seines Fahrzeugs** angeben und das **Fahrzeug** für eine zumutbare Zeit zu unverzüglichen **Feststellungen bereithalten.** Dabei muß der Unfallbeteiligte der Mitteilungspflicht nicht persönlich nachkommen; die Beauftragung eines zuverlässigen und hinreichend informierten Dritten kann genügen (Stuttgart VRS **51** 431). Der Täter kann grundsätzlich selbst frei entscheiden, ob er sich den Berechtigten oder der Polizei stellen will (Bürgel MDR 76, 354f., vgl. auch u. 56), denn eine Verpflichtung, sich bei der Polizei zu melden, kann dem Gesetz nicht entnommen werden (vgl. auch BGH **7** 117, VRS **25** 195, **30** 281, Hamm VRS **41** 28, Köln NZV **89**, 198 m. Anm. Bernsmann NZV 89, 199). Etwas anderes gilt nur, wenn die Benachrichtigung des Berechtigten unmöglich ist, d.h. er muß die Polizei verständigen, wenn er den Geschädigten innerhalb einer Frist, die dem Unverzüglichkeitsgebot entspricht, nicht erreichen kann (vgl. BGH **29** 138, Köln StVE **Nr. 35**); ebenso wenn der Täter einen Fußgänger angefahren hat, dessen Identität nicht festgestellt werden kann, oder wenn der Täter, der schnell ein Unfallopfer zum Arzt bringen mußte und sich daher berechtigt entfernt hat, versäumt hat, sich das Kennzeichen des anderen beteiligten Fahrzeugs zu merken (Berz DAR 75, 314, Cramer 64, Rudolphi SK 47a, JR 77, 430, vgl. auch D-Tröndle 47, Lackner 5c, Bär, Hauser I 15h; and. Bay VRS **52** 348).

α) Zu den **Berechtigten** vgl. o. 18. Der Täter muß nach dem Wortlaut **jedem** von ihnen persönlich, also auch dem Geschädigten, die erforderlichen Mitteilungen machen, da die Mitteilungen anders als in Abs. 1 nicht nur zugunsten der Berechtigten erfolgen sollen (vgl. dazu Cramer 65). Das wird jedoch häufig außerordentlich schwierig sein, insb. wenn der Halter und der Eigentümer des Fahrzeugs nicht identisch sind (zust. Schild AK 153). Hier stellt sich die Frage, in welchem Umfang der Unfallbeteiligte zur Feststellung der Berechtigten Ermittlungen anstellen muß. Seine Verpflichtung wird durch die tatsächliche Möglichkeit und die Zumutbarkeit solcher Ermittlungen begrenzt (vgl. D-Tröndle 47). Sicherlich wird man ihm zumuten können, bei der Kfz-Zulassungsstelle den Halter zu erfragen. Mehr als diesem Mitteilung von dem Unfall zu machen, wird man von dem Täter daher trotz des entgegenstehenden Wortlauts häufig kaum verlangen können (krit. hierzu Blei II 354). Die in Abs. 3 getroffene Regelung erweist sich also auch insoweit als wenig praktikabel.

β) Der Täter kann aber auch eine **nahe gelegene Polizeidienststelle** benachrichtigen. Es wird nicht verlangt, daß er sich an die nächste Polizeistation wendet (Hamm NJW **77**, 207). Unklar ist, ob die Polizeidienststelle nahe am Unfallort oder nahe an dem davon u. U. weit entfernten augenblicklichen Aufenthaltsort des Täters oder dem Standort des Fahrzeugs gelegen sein muß (vgl. Berz DAR 75, 314f., D-Tröndle 48). Maßgeblich ist hier wegen des Erfordernisses der unverzüglichen Mitteilung die Dienststelle, der die Mitteilung am ehesten gemacht werden kann (Cramer 66, vgl. auch Begründung BT-Drs. 7/2434 S. 8). Zum anderen dürfte auch der Abgrenzung der (noch) nahe gelegenen von einer zu weit entfernten Dienststelle Schwierigkeiten bereiten (vgl. auch Janiszewski DAR 75, 175). Hierbei wird nicht engherzig verfahren werden dürfen, da es für das Ergebnis der Ermittlungen keine große Rolle spielen wird, welche Dienststelle die Feststellungen trifft, und da eine unzuständige Dienststelle jederzeit die Ermittlungen abgeben muß. Auch die Mitteilung an eine aufnahmebereite (Berz DAR 75, 315) Polizeistreife reicht aus (Jagusch NJW 75, 1633, Rüth LK 69).

52 γ) Der Unfallbeteiligte muß **mitteilen, an dem Unfall beteiligt** zu sein und **bestimmte Angaben machen.**

53 **Auf welche Weise** die Mitteilung und die Angaben erfolgen sollen, sagt die Vorschrift nicht. Der Täter kann die Berechtigten oder die Polizeidienststelle persönlich aufsuchen. Auch eine telefonische Benachrichtigung muß genügen, da sie eine schnellstmögliche Kontaktaufnahme gewährleistet. Andererseits ist diese schon deshalb nicht gefordert, weil die Berechtigten u. U. nicht über Telefonanschlüsse verfügen. Je nach den Umständen des Einzelfalles genügt daher auch eine schriftliche Nachricht (Berz DAR 75, 315, Cramer 68, Schild AK 155), die Benachrichtigung durch einen vertrauenswürdigen Dritten (Bay NStZ/J **88**, 119) oder die Anbringung eines Zettels mit den erforderlichen Angaben (Zweibrücken DAR **91**, 33).

54 δ) Die Nachricht muß einen bestimmten **Inhalt** haben. Zu dem Erfordernis der Mitteilung, **an dem Unfall beteiligt** zu sein, vgl. o. 24. Weiter muß die **Anschrift** angegeben werden. Damit kann nur die Angabe des Wohnsitzes, hilfsweise des ständigen Aufenthaltsortes unter Angabe von Ort, Straße und Hausnummer gemeint sein. Der **Aufenthalt** als der Ort, an dem der Unfalltäter sich im Augenblick befindet, braucht nur gesondert angegeben zu werden, wenn er mit der Anschrift nicht identisch ist. Auch hier ist eine möglichst genaue Angabe zu fordern. Ferner müssen das **amtliche Kennzeichen** (sofern vorhanden, and. etwa beim Fahrrad) und der **Standort des Fahrzeugs** benannt werden; dieser wird häufig mit dem Aufenthaltsort des Täters identisch sein, dann genügt ein entsprechender Hinweis. Andernfalls ist der Standort auf die gleiche Weise zu benennen wie die Anschrift.

55 ε) Darüber hinaus muß der Täter nach Abs. 3 sein **Fahrzeug zu unverzüglichen Feststellungen für eine ihm zumutbare Zeit zur Verfügung halten.** Diese Verpflichtung erstreckt sich jedoch – ebenso wie diejenige zur Standortangabe – nur auf solche Fahrzeuge, die den Erfordernissen der StVO entsprechen (vgl. dazu Cramer § 24 StVO RN 9ff.), also z. B. nicht auf den Einkaufswagen eines Supermarktes, mit dem ein Verkehrsunfall verursacht worden ist (Cramer 70). Als ungeschriebenes Tatbestandsmerkmal enthält die Vorschrift die Voraussetzung, daß das Fahrzeug für eine gewisse Zeit an dem Ort zur Verfügung gehalten wird, der als Standort angegeben worden ist, da anderenfalls dem Sinn der Bestimmung, **Feststellungen an dem Fahrzeug** zu ermöglichen, nicht genügt werden kann (Berz DAR 75, 315, Cramer 70). Die Bereitstellungspflicht trifft nur den unfallbeteiligten Fahrer, nicht etwa auch den unbeteiligten Halter (Lackner 5d aa, D-Tröndle 49, Cramer 70, Müller-Emmert, Maier DRiZ 75, 176, M-Schroeder I 367, Bär, Hauser I 15f; and. Jagusch NJW 75, 1633), da § 142 nur die Pflichten der Unfallbeteiligten regelt.

55a Die Feststellungen, die der Täter abzuwarten hat, müssen **unverzüglich** getroffen werden; wer die Feststellungen veranlaßt, die Polizei oder ein Berechtigter, ist gleichgültig. Auf welche Weise die Feststellungen getroffen werden, ist ebenfalls belanglos; dies kann durch die Berechtigten selbst oder einen von ihnen beauftragten Kfz-Sachverständigen geschehen. Selbst wenn dessen Beauftragung mehrere Tage dauert, können die Feststellungen noch unverzüglich sein, wenn die Zuziehung eines Sachverständigen zur hinreichenden Aufklärung erforderlich war (and. wohl M-Schroeder I 367). Es kommt jeweils auf die Lage des Einzelfalles an. Fraglich ist dann nur, ob der Zeitraum für den Täter noch **zumutbar** war. Hierbei ist insb. die Schwere des Schadens zu berücksichtigen. Aber auch die persönlichen Belange des Täters spielen eine Rolle, so etwa der Gesichtspunkt, daß er sein Fahrzeug zu beruflichen Zwecken dringend benötigt. Der Zeitraum, innerhalb dessen die Feststellungen unverzüglich vorgenommen sind, braucht nicht mit dem zumutbaren Zeitraum identisch zu sein. Maßgebend ist dann die kürzere Frist. Nur innerhalb dieses Zeitraumes darf an dem Fahrzeug nichts verändert werden, da sonst Abs. 3 S. 2 eingreift.

56 ζ) **Die Feststellungen** müssen **unverzüglich nachträglich ermöglicht** werden. Dabei stellt sich zunächst die Frage, welchen Weg ein Unfallbeteiligter wählen muß, um seiner Feststellungspflicht zu genügen. Nach dem Wortlaut des Abs. 3 kann er frei entscheiden, ob er den Berechtigten **oder** eine nahe gelegene Polizeidienststelle benachrichtigen will. Diese Wahlmöglichkeit muß ihm grundsätzlich verbleiben, auch wenn der von ihm gewählte Weg, regelmäßig

Unerlaubtes Entfernen vom Unfallort **56a § 142**

die Benachrichtigung des Berechtigten, erst zu einem späteren Zeitpunkt die Feststellungen ermöglicht (Hauser BA 89, 239). Der Täter darf sich selbst dann für eine Benachrichtigung des Berechtigten entscheiden, wenn er diesen – z. B. über die Kfz-Zulassungsstelle – erst ermitteln muß und dies einige Zeit in Anspruch nimmt (vgl. BT-Drs. 7/2434 S. 8, Berz DAR 75, 314, Rüth LK 73, Rudolphi JR 77, 429, Dornseifer JZ 80, 299; ebenso noch Düsseldorf VRS **54** 41, Frankfurt StVE **Nr. 2**). Diese Wahlmöglichkeit findet allerdings dort ihre Grenze, wo eine Benachrichtigung sich als aussichtslos erweist oder infolge Zeitablaufs nachträgliche Feststellungen nicht mehr möglich sind (Rudolphi SK 47a); teilweise wird bei gleichem Ausgangspunkt bei der Frage der Einschränkung der Wahlmöglichkeit auf die Schwere des Unfalls (Beulke JR 80, 523ff., Bürgel MDR 75, 355) oder die Gefahr eines Beweisverlustes abgestellt (Stuttgart NJW **78**, 1445, Lackner 5c, Hauser BA 89, 240). Demgegenüber unterstellt die h. L. die Wahlmöglichkeit dem Unverzüglichkeitsgebot des Abs. 2 und verlangt damit praktisch eine Selbstanzeige bei der Polizei, wenn es nicht möglich ist, den Feststellungsberechtigten unverzüglich zu benachrichtigen (BGH **29** 138 m. abl. Anm. Reiß NJW 80, 1806 u. Beulke JR 80, 523, Bay VRS **53** 348 m. abl. Anm. Rudolphi JR 77, 439, Hamm NJW **77**, 207, JMBlNRW **82**, 225, Schleswig DAR **78**, 50, Stuttgart VRS **52** 181, **54** 352, Düsseldorf VRS **58** 254, D-Tröndle 45, 47, M-Schroeder I 367). Diese Auffassung ist abzulehnen. Zwar soll auch nach ihr der Täter „an sich" frei wählen können, welchen Weg er gehen will (so ausdrücklich BGH **29** 141); diese Feststellung ist aber nicht mehr als ein interpretatorisches Feigenblatt, weil tatsächlich eine unverzügliche Meldung bei der Polizei verlangt wird, wobei allerdings wieder offen bleibt, was unter „unverzüglich" zu verstehen ist. So hat Düsseldorf StVE **Nr. 25** entschieden, daß eine Meldung nach einem nächtlichen Unfall gegen 1.00 Uhr am Morgen des gleichen Tages gegen 8.00 Uhr nicht mehr unverzüglich sei. Andererseits soll eine Meldung am nächsten Morgen genügen, wenn der Sachschaden gering (Bay StVE **Nr. 27**, DAR/R **84**, 240 [2400 DM], StVE **Nr. 71**), die Haftungslage eindeutig (Bay VRS **58** 408, NStZ/J **88**, 264, Frankfurt VM **83**, 79, Stuttgart StVE **Nr. 65**, VRS **73** 194), die Gefahr eines konkreten Beweismittelverlustes noch nicht gegeben (Karlsruhe MDR **82**, 164), der zur Meldung beauftragte Dritte zuverlässig (Bay JZ **80**, 579, DAR/R **84**, 240) sei, oder die Bemühungen um Benachrichtigung des Geschädigten vergeblich waren (Bay VRS **71** 34). Dies wird daraus geschlossen, daß an „das Merkmal der Unverzüglichkeit keine allzu strengen Anforderungen gestellt werden" dürften (Bay StVE **Nr. 26**) und die „Zeitspanne, innerhalb der der Unfallbeteiligte seiner Meldepflicht nachzukommen hat, größer sein dürfe als bei Unfällen mit bedeutendem Schaden und ungeklärter Ersatzpflicht" (Bay aaO, ebenso Bay JZ **80**, 579). Eine Rspr., die das Merkmal „unverzüglich" an den Umständen des Einzelfalles orientiert, führt zu einer für den Kraftfahrer unerträglichen Rechtslage, weil er oft erst in letzter Instanz erfährt, ob er sich so verhalten durfte, wie er sich verhalten hat. Es ist geradezu grotesk, auch den Gutwilligen, der Ersatz zu leisten bereit ist und sich zum Zwecke der Halterfeststellung bei der Polizei gemeldet hat (vgl. Düsseldorf StVE **Nr. 25**), zu bestrafen, weil die Meldung einige Stunden verspätet sei; eine solche Rspr. ist auch kriminalpolitisch unerwünscht, weil sie dazu einlädt, sich überhaupt nicht zu melden und abzuwarten, ob man bei dem Unfall beobachtet worden ist oder nicht. Da es sich bei den bislang entschiedenen Fällen überwiegend um nächtliche oder Unfälle am Wochenende handelt, bei denen keine feststellungsbereiten Personen am Unfallort sind (Beschädigung parkender Kfz, Leitplanken, Zäune usw.), ist das Strafbarkeitsrisiko geringer, wenn der Verursacher des Unfalls sich nicht meldet, als wenn ihm nach der Meldung der Vorwurf gemacht wird, er habe die Feststellungen nicht unverzüglich ermöglicht. Dies widerspricht dem Schutzzweck des § 142. Eine Korrektur mißliebiger Ergebnisse über den Begriff der „Unverzüglichkeit" ist ebenfalls nicht haltbar, weil es sich um einen feststehenden Rechtsbegriff handelt, dessen Inhalt nicht an der Höhe des Schadens oder der Eindeutigkeit der Haftungslage orientiert werden kann.

Der Täter kann also in dem genannten Rahmen wählen, ob er die Polizei oder den Berechtigten benachrichtigen will. Das Merkmal der Unverzüglichkeit ist daher nur jeweils im Hinblick auf die vom Täter gewählte Art der Ermöglichung der Feststellungen zu beurteilen und daher auch nicht in der Weise zu der anderen ebenfalls vom Gesetz zur Auswahl gestellten Möglichkeit in Beziehung zu setzen. „Unverzüglich" bedeutet, daß die Feststellungen ermöglicht werden müssen, sofort nachdem der Grund der Entfernung vom Unfallort weggefallen ist (Abs. 2 Nr. 2) oder nachdem solche Feststellungen möglich werden (Abs. 2 Nr. 1). Wann das Ermöglichen noch unverzüglich war, ist danach eine Frage des Einzelfalls. Jedoch kann nur eine schuldhafte Verzögerung eine Verletzung der Verpflichtung darstellen (Köln StVE **Nr. 10**). So kann etwa eine unverzügliche Mitteilung an den Berechtigten mehrere Tage dauern, wenn der Unfalltäter zunächst den Halter aufgrund des Kennzeichens des beschädigten Fahrzeugs bei der Zulassungsstelle erfragen muß und er dann dem Halter eine schriftliche Mitteilung zusenden muß, etwa weil dieser keinen Telefonanschluß besitzt. Dabei ist in Kauf zu nehmen, daß sich nach dieser Zeit eine etwaige Alkoholbeeinflussung des Unfalltäters zur Tatzeit, die als „Art der Beteiligung" in Betracht kommt (vgl. dazu o. 17), nicht mehr nachweisen läßt.

56a

57 b) Der Unfallbeteiligte kann der durch Abs. 2 begründeten Pflicht aber auch durch **andere Handlungen** genügen, die zugunsten der Berechtigten ausreichende Ansatzpunkte bieten, um noch mögliche Feststellungen über den Unfallhergang zu treffen (Begr. BT-Drs. 7/2434 S. 8).

58 α) Dies kann einmal durch **Rückkehr zum Unfallort** geschehen, von dem der Täter sich berechtigt oder entschuldigt entfernt hat (Abs. 2 Nr. 2), solange hier noch feststellungsbereite Personen (dazu o. 26) anwesend sind (Cramer 73, D-Tröndle 46, Lackner 5 d, M-Schroeder I 367, Rudolphi SK 45, Wölfel aaO 113; and. Müller-Emmert, Maier DRiZ 75, 178, Janiszewski DAR 75, 175, Sturm JZ 75, 408, vgl. auch Berz DAR 75, 314). Das Ermöglichen der Feststellungen setzt dann das gleiche Verhalten voraus, wie wenn der Täter sich nicht vom Unfallort entfernt hätte, es bemißt sich also nach Abs. 1 Nr. 1 (o. 16 ff.). Insb. muß er auch jetzt seine Beteiligung an dem Unfall offenbaren, da anders das Ermöglichen der Feststellungen nicht geschehen kann. Weiter als die Verpflichtung, die ihn getroffen hätte, wenn er gleich am Unfallort verblieben wäre, kann die Pflicht des Täters nach der Rückkehr aber nicht gehen (vgl. Frankfurt NJW **67**, 2073).

59 β) Der Täter kann aber etwa auch die **Polizei** (oder die **Berechtigten**) **benachrichtigen und dann am Unfallort** auf ihr Eintreffen **warten**. Er ermöglicht dann die Feststellungen, wenn er lediglich – auch ohne Namensnennung – angibt, an einem Unfall beteiligt zu sein, und den Unfallort bezeichnet. Der Täter hat in diesem Fall von sich aus alles getan, um die erforderlichen Ermittlungen in Gang zu bringen. Ob die Polizei dann tatsächlich Feststellungen trifft, ist bedeutungslos. Der Täter darf dann den Unfallort verlassen, wenn mit dem Eintreffen der Polizei nicht mehr zu rechnen ist (Cramer 74).

60 c) Eine Bestrafung nach § 142 kommt aber dann trotzdem in Betracht, sofern der Unfallbeteiligte durch sein Verhalten die **Feststellungen absichtlich vereitelt** (Abs. 3 S. 2). Diese Vorschrift dient dazu, den Täter noch strafrechtlich zu erfassen, der die Feststellungen etwa durch Benachrichtigung der Feststellungsberechtigten entsprechend Abs. 3 S. 1 formell korrekt ermöglicht, sie jedoch durch das zwischenzeitliche Entfernen von Unfallspuren tatsächlich vereitelt (Janiszewski DAR 75, 175, Volk DAR 82, 82). Insoweit schränkt also Abs. 3 S. 2 für die Fälle des Abs. 2 den Grundsatz ein, daß der Täter – abgesehen von der sog. Vorstellungspflicht (o. 24) – nur passiv durch seine Anwesenheit die Feststellungen dulden müsse und Handlungen, die – wie etwa die Spurenbeseitigung – diese erschweren, nicht strafbar seien (vgl. o. 23 a. E.). Obwohl diese Vorschrift sich nach ihrer Stellung im Gesetz nur auf die in Abs. 3 S. 1 beschriebenen Möglichkeiten bezieht, die Feststellung zu ermöglichen, ist sie doch ihrem Sinn entsprechend unmittelbar auch auf die anderen Ermöglichungshandlungen (o. 57 ff.) anzuwenden (and. D-Tröndle 50); da die systematische Stellung im Gesetz auf der verfehlten Auffassung beruht, daß Abs. 3 S. 1 die Mindestvoraussetzungen für nachträgliche Feststellungen festlegt, kann aus ihr eine derartige Beschränkung des Anwendungsbereichs nicht abgeleitet werden. Mit **Absicht** kann hier nur das zielgerichtete Handeln (vgl. § 15 RN 65 ff.) gemeint sein (Berz DAR 75, 316, Lackner 5d cc). Das sichere Wissen um die Vereitelung von Feststellungen kann nicht ausreichen, da anderenfalls immer bestraft werden müßte, wer unter Alkoholbeeinflussung einen Unfall verursacht hat und den Berechtigten erst am folgenden Tag – unverzüglich (vgl. o. 56) – benachrichtigen kann, da er hier sicher weiß, daß die Feststellung seiner Alkoholintoxikation zur Tatzeit nicht mehr möglich ist.

61 V. Abs. 4 enthält eine Legaldefinition des Unfallbeteiligten. **Täter** kann jeder sein, dessen Verhalten nach den Umständen möglicherweise zur Verursachung des Unfalls beigetragen hat; dabei genügt die Möglichkeit der Kausalität (vgl. Frankfurt NJW **83**, 293, Koblenz VRS **74** 436). Nur wenn diese zweifelsfrei ausgeschlossen werden kann, darf sich ein am Unfallort Anwesender entfernen (BGH **15** 4, Bay **54** 48); es handelt sich insoweit um ein **Sonderdelikt**. Unfallbeteiligung i. S. d. § 142 ist dabei nicht auf willensgesteuerte Vorgänge zu beschränken (vgl. Karlsruhe DAR **88**, 282 m. Anm. Janiszewski NStZ 88, 410). Entsprechend der Zielsetzung des § 142, am Unfallort Feststellungen über das Verhalten der Beteiligten zu ermöglichen, die nur bei den am Unfall vollkommensten getroffen werden können, genügt jedoch nicht jedes kausale oder schuldhafte Verhalten eines am Unfallort Anwesenden, sondern nur ein Verhalten in der **aktuellen Unfallsituation** (Cramer 21, Blei II 352, Rudolphi SK 16). Daher ist der Halter eines Kfz, der dieses z. B. einem anderen in verkehrsunsicherem Zustand, einem Fahrunsicheren oder einer Person ohne Führerschein überlassen hat, auch dann nicht wartepflichtig, wenn er im Fahrzeug mitfährt (Cramer 21, Blei II 352, Rudolphi SK 16; and. BGH **15** 5, Bay VRS **12** 115, DAR/R **76**, 174, **78**, 208, **82**, 249, **84**, 240, Stuttgart VRS **72** 186, Schleswig SchlHA **88**, 106, Lackner 2a, Düsseldorf VM **76**, 23 [Ehemann], wohl auch KG VRS **46** 430). Auch die Rspr. verneint eine Wartepflicht allein aufgrund der Haltereigenschaft (Bay DAR/R **73**, 204, **74**, 177, **76**, 174). Maßgeblich ist allein die Lage, wie sie sich z. Z. des Unfalls darstellt. Die spätere Feststellung, daß der Täter keine Ursache für den Unfall gesetzt hat, schließt daher die Möglichkeit einer Bestrafung wegen Unfallflucht nicht aus (Hamm VRS **15** 265); and. Bay NJW **90**, 335 mit abl. Anm. Kreissl NJW 90, 3134. Der bloße, sei es auch naheliegende Verdacht gegen einen Fahrzeugführer, er habe bei einem Verkehrsvorgang einen Schaden verursacht, der – unter Zugrundelegung des Grundsatzes in dubio pro reo – in Wirklichkeit als schon vorhanden gewesen betrachtet werden muß, begründet keine Verpflichtung des Fahrzeugführers aus § 142. Mittelbare Verursachung des Unfalls genügt, z. B. durch Geben falscher Zeichen. Jedoch kann ein nur mittelbar am Unfall Beteiligter Täter nach § 142 nur sein, wenn er sich regelwidrig verhalten hat (Cramer 18). Wer sein Fahrzeug ordnungsgemäß zum Linksabbiegen angehalten hat, ist daher nicht wartepflichtig, wenn es zwischen zwei nachfolgenden Fahrzeugen zu einem Auffahrunfall kommt (Bay **71** 180). Als Täter kommen nicht nur Lenker eines Kfz oder Straßenbahnwagens in Betracht, sondern z. B. auch Fußgänger, Radfahrer, Lenker eines bespannten Fuhrwerks. Täter kann u. U. auch der Insasse eines Fahrzeugs sein, sofern er möglicherweise für den Unfall ursächlich geworden ist (RG DJ **41**, 995, BGH VRS **5** 42, **6** 33, **24** 34). Dazu reicht jedoch die rein theoretische Möglichkeit, daß er den Fahrer durch Gespräche abgelenkt hat, ebensowenig aus wie der möglicherweise auftauchende Zweifel, der Mitfahrer sei in Wahrheit Führer des Fahrzeugs gewesen (and. Köln NZV **89**, 78 m. Anm. Schild NZV 89, 79). Wollte man anders entscheiden, so wäre jeder Insasse wartepflichtig, da nicht auszuschließen ist, daß er den Fahrer „durch Gespräche" von der aufmerksamen Beobachtung der Fahrbahn abhielt (Cramer 20; and. BGH **15** 1, Celle MDR **66**, 432). Jedoch kann ein Beifahrer Unfallbeteiligter sein, wenn er rechtlich gebotenes Eingreifen unterlassen hat, wie der Beifahrer eines LKW, der das Rangieren des Fahrers nicht unterstützt hat (Karlsruhe StVE **Nr. 5**). Ohne Bedeutung ist, ob der Wartepflichtige den Unfall verschuldet hat (BGH **8** 265, **12** 255, VRS **4** 54, Bär, Hauser I 3a).

Mittäterschaft ist nach den gewöhnlichen Grundsätzen denkbar. Personen, die nicht selbst 62 wartepflichtig sind, können nur Anstifter oder Gehilfen sein, auch wenn sie Mitfahrer waren (BGH **15** 1, Bay DAR/R **76**, 174). Beihilfe ist noch nicht gegeben, wenn Insassen eines Kfz lediglich ihr Einverständnis mit der Flucht des Lenkers durch Einsteigen in den Wagen bekunden; es muß zumindest der Tatentschluß des Täters gestärkt werden (vgl. BGH VRS **5** 281, **16** 267, KG VRS **6** 291, **10** 453). Unter entsprechender Anwendung des Grundsatzes in dubio pro reo ist eine Verurteilung wegen Beihilfe aber möglich, wenn zwar die Täterschaft zweifelhaft bleibt – weil nicht festgestellt werden kann, wer gefahren ist – aber feststeht, daß das Verhalten des jeweils als Beifahrer Anzusehenden als Beihilfe zu qualifizieren ist (Zweibrücken NStE **Nr. 4**). **Beihilfe durch Unterlassen** hat die Rspr. bejaht, wenn ein Mitfahrer gegenüber dem Fahrer ein gesetzliches Weisungsrecht besitzt, so z. B. als Arbeitgeber (BGH VRS **24** 34, Düsseldorf VM **66**, 42) oder als Vorgesetzter (vgl. RG **69** 349, vgl. auch Rüth LK 81, Schild AK 89). Diese Rspr. ist bedenklich. Auf die Frage, ob der mitfahrende Halter selbst wartepflichtig ist, kommt es dabei nicht an. Eine Verpflichtung des Halters, die Flucht des Fahrers zu verhindern, kann vielmehr nur aus der Verantwortung für fremdes Verhalten begründet werden (vgl. § 13 RN 51). Daran wird es jedoch regelmäßig fehlen (vgl. auch Bay DAR/R **84**, 240, Stuttgart NJW **81**, 2369, Zweibrücken NJW **82**, 2566). Die Stellung als Arbeitgeber begründet eine derartige Rechtspflicht jedenfalls nicht; and. z. B. bei § 357. Zu den Voraussetzungen der Beihilfe zur Tatbestandsform des § 142 Abs. 2 u. 3 Satz 1 vgl. Bay NJW **90**, 1861 mit Anm. Seelmann JuS 91, 290.

VI. Die **Rechtswidrigkeit** des § 142 kann insb. durch die Einwilligung der Feststellungs- 63 berechtigten ausgeschlossen sein. In diesem Fall spricht man von „**Verzicht auf Feststellungen**" (vgl. Bay **51** 604, VRS **14** 187, NJW **58**, 269, Bremen VRS **10** 278, Köln VRS **13** 351, KG VRS **15** 345, Celle NJW **56**, 356, Saarbrücken NJW **19** 276, Hamm VRS **23** 104); bei diesem es sich um eine rechtfertigende Einwilligung in eine Vermögensgefährdung und nicht um einen Tatbestandsausschluß handelt, da er nicht das Bestehen, sondern nur die Durchsetzung des Beweissicherungsinteresses betrifft (Cramer 79, Rudolphi SK 20, Berz DAR 75, 313, Rüth LK 45; and. D-Tröndle 17: Tatbestandsausschluß); vgl. ausführlich zu den verschiedenen Formen des Verzichts Bernsmann aaO. Für die Einwilligung gelten die allgemeinen Grundsätze (vgl. dazu 29ff. vor § 32). Sie ist daher unwirksam, wenn sie durch falsche Angaben erschlichen (vgl. BGH DRiZ/H **81**, 338, KG VRS **10** 453, Bay DAR/R **68**, 225, StVE **Nr. 43**, Köln StVE **Nr. 1**, Stuttgart NJW **82**, 2266) oder wenn sie abgenötigt oder durch einen nicht Geschäftsfähigen (39 vor § 32, vgl. auch Düsseldorf VM **77**, 16) erteilt worden ist; dasselbe gilt, wenn die Einwilligung nur unter einer Bedingung erteilt wurde, die der Täter dann nicht erfüllt hat (KG VRS **34** 276). Der Verzicht muß von allen Feststellungsberechtigten (o. 18) erklärt sein, da das Beweissicherungsinteresse jedes einzelnen geschützt ist. Bleibt zweifelhaft, ob ein Verzicht vorliegt, so ist nach dem Grundsatz in dubio pro reo zu entscheiden (vgl. aber Köln JMBlNRW **63**, 68). Zum Verzicht durch Minderjährige vgl. noch Hamm VRS **23** 102, Düsseldorf NZV **91**, 77, Cramer 79, Rüth LK 52. Zur Rechtfertigung des Sich-Entfernens vgl. auch o. 44 ff.

Wird der Unfall polizeilich aufgenommen, so kann die **Einwilligung** zum Sichentfernen 64 auch **durch** die **Polizeibeamten** erfolgen, da anzunehmen ist, daß die Feststellungsinteressenten die Entscheidung über die Notwendigkeit weiterer Ermittlungen den Polizeibeamten übertragen haben. Auch hier ist die Einwilligung aber unwirksam, wenn sie erschlichen ist (vgl. BGH VM **64**, 9, Cramer 81).

65 Ein Verzicht auf Feststellungen ist auch darin zu erblicken, daß ein Unfallbeteiligter **unbefugt** den Unfallort **verläßt**; für den anderen Beteiligten besteht dann keine Wartepflicht mehr (Bay NJW **58**, 511, Köln VRS **33** 347; and. Bay StVE **Nr. 36**; vgl. auch D-Tröndle 20), es sei denn, daß noch im Interesse weiterer Personen Feststellungen zu treffen sind (Unfall mit mehreren Beteiligten). Vgl. auch Bremen VRS **10** 278, wonach auch dann keine Wartepflicht mehr besteht, wenn der andere Unfallbeteiligte es unterläßt, selbst die erforderlichen Feststellungen zu treffen, obwohl er dies könnte.

66 Die Tat kann auch durch **mutmaßliche Einwilligung** gerechtfertigt sein, so bei Beschädigung der Sache einer nicht am Unfallort anwesenden Person, wenn nach den Umständen vermutet werden kann, daß der Betroffene keinen Wert auf Feststellungen legt; vgl. dazu Hamburg NJW **60**, 1482, Düsseldorf NZV **91**, 77, Schild AK 130, Rudolphi SK 21. Das ist in der Regel anzunehmen, wenn der Geschädigte ein naher Angehöriger ist (Hamm VRS **23** 105, **37** 433, NJW **71**, 1470) oder wenn wegen der Geringfügigkeit des Schadens ein Verzicht auf polizeiliche Ermittlungen oder ein Sich-Begnügen mit anderen Maßnahmen angenommen werden kann (ähnlich Hamm VM **64**, 63; and. Frankfurt NJW **62**, 686, 63, 1215). Für Arbeitgeber vgl. Hamm VRS **15** 340, **17** 416, für Nachbarn vgl. Hamburg NJW **60**, 1482, ferner Bullert DAR 65, 10. Zu eng KG VRS **15** 122, das einen ausdrücklichen oder stillschweigenden Verzicht fordert; wie hier Hamburg NJW **60**, 1482, Hamm VRS **23** 106. Vgl. auch Hamm DAR **73**, 35.

67 Ist zu vermuten, daß der Feststellungsinteressent sich mit einer bestimmten Feststellung begnügt, so kann der Unfallbeteiligte den Unfallort verlassen, wenn er diese Feststellung ermöglicht. So kann z. B. das Anbringen einer **Besuchskarte** am beschädigten Fahrzeug mit dem Willen, für den vollen Schaden aufzukommen, genügen, wenn der Schaden gering ist (Hamm VRS **37** 433, NJW **71**, 1470, Berz DAR 75, 313, Cramer 82, Rudolphi SK 21, vgl. hierzu KG VRS **33** 275 m. Anm. Schröder JR 67, 469, Hamm VM **64**, 63, Bay NJW **70**, 717; enger dagegen Hamm DAR **62**, 82, Frankfurt NJW **63**, 1215 m. abl. Anm. Rutkowsky, Küper JZ 81, 211 f.; vgl. auch Bay DAR/R **68**, 225). Zur Frage, inwieweit in diesen Fällen eine nachträgliche Feststellungspflicht besteht, vgl. Köln StVE **Nr. 51**.

68 VII. Für den **subjektiven Tatbestand** ist Vorsatz erforderlich; bedingter Vorsatz genügt (BGH VRS **4** 46, **5** 41, **21** 113, NJW **56**, 1807, Köln JMBlNRW **53**, 258, Bay DAR **52**, 109). Vorausgesetzt wird daher, daß der Täter weiß oder damit rechnet, daß ein Unfall vorliegt und er als Mitverursacher in Betracht kommt (BGH **15** 1, VRS **20** 67, Neustadt DAR **58**, 271, Karlsruhe VRS **53** 426). Diese Kenntnis kann er auch dadurch erlangt haben, daß ein anderer ihn der Mitverursachung beschuldigt hat (vgl. BGH VRS **15** 340, aber auch Karlsruhe DAR **60**, 52). Vorsatz entfällt nur dann, wenn der Täter überzeugt ist, der Vorhalt sei unrichtig, er werde offensichtlich zu Unrecht verdächtigt (Braunschweig VRS **17** 418). Vorsatz setzt ferner voraus, daß der Täter sich bewußt vom Unfallort entfernt, bevor er durch seine Anwesenheit und die Angabe seiner Unfallbeteiligung Feststellungen ermöglicht hat (Rudolphi SK 49, D-Tröndle 33; näher Cramer 85 f.). Nicht erforderlich ist die genaue Kenntnis von der Art des verursachten Schadens; es genügt, daß sich dem Täter die Vorstellung aufgedrängt hat, er habe möglicherweise einen Schaden verursacht (Hamm VRS **15** 264). Nicht ausreichend ist hingegen, daß der Täter hätte erkennen *können* und *müssen*, daß ein nicht ganz unerheblicher Sachschaden entstanden ist, da insoweit lediglich Fahrlässigkeit vorliegt (Bay NStZ/J **88**, 344). Wer nachts auf einen Gegenstand auffährt, dann aber die Fahrt fortsetzt, ohne sich über die Folge Gewißheit verschafft zu haben, handelt regelmäßig mit bedingtem Vorsatz (i. E. daher richtig BGH NJW **54**, 728, GA **57**, 243, VRS **30** 45, **37** 263, b. DAR/M **68**, 123; vgl. auch KG VRS **13** 265); ebenso, wer trotz des Hinweises seines Beifahrers auf einen möglicherweise verursachten Verkehrsunfall seine Fahrt vom Unfallort weiter fortsetzt (BGH VRS **15** 338, Koblenz DAR **63**, 244). Bei starker Trunkenheit kann allerdings die Wahrnehmungsfähigkeit beeinträchtigt sein (Hamm VRS **59** 112). Zum subjektiven Tatbestand vgl. weiter Hamm VRS **5** 602, Neustadt VRS **5** 601, Bay DAR **56**, 15, Bremen VRS **10** 282, Koblenz DAR **63**, 244, VRS **52** 273, **74** 436, Hartung JZ 53, 298, J-Hentschel 57 ff., Cramer 85 ff. Zum Vorsatznachweis vgl. Kuckuk-Reuter DAR 78, 57. Über die Bedeutung alkoholischer Beeinflussung vgl. Weigelt aaO 48 ff. mwN.

69 Der Vorsatz nach Abs. 2 setzt voraus, daß der Täter weiß, durch seine Untätigkeit würden die unverzüglichen nachträglichen Feststellungen vereitelt. Dieses Bewußtsein ist allerdings auch erforderlich; wer eine Benachrichtigung, die er sich vorgenommen hat, vergißt, handelt unvorsätzlich.

70 Infolge **Tatbestandsirrtums** kann es am Vorsatz fehlen, wenn der Täter glaubt, es sei kein Schaden entstanden (Düsseldorf VRS **20** 118), oder wenn er den verursachten Sachschaden als gering, entsprechend den Ausführungen o. 8 (Bay VRS **14** 190, **24** 123, DAR/R **68**, 225, KG

Unerlaubtes Entfernen vom Unfallort 71–74 **§ 142**

VRS **13** 269, Hamm JMBlNRW **61**, 88, Karlsruhe VRS **36** 350, Koblenz VRS **48** 337, Düsseldorf VM **76**, 52; and. BGH VRS **3** 262, Braunschweig VRS **4** 366, Düsseldorf VRS **20** 118) oder nicht als Unfallfolge angesehen hat (Köln VRS **26** 283), wenn er mit der alsbaldigen Anwesenheit feststellungsbereiter Dritter nicht rechnet (Hamm DRpfl. **50**, 358; and. BGH **4** 149, VRS **3** 266, Bay DAR **58**, 106) oder davon ausgeht, daß der Unfallgeschädigte auf Feststellung verzichtet (Bay StVE **Nr. 78**, VRS **79**, 425). Jedoch kann dann eine Strafbarkeit nach Abs. 2 Nr. 1 vorliegen. Ebenfalls scheidet Vorsatz aus, wenn der Täter irrigerweise meint, alle erforderlichen Feststellungen seien bereits getroffen worden (Stuttgart NJW **78**, 900) oder das Interesse des Geschädigten sei durch seine diesem gegenüber erklärte Zusage, Ersatz zu leisten, bereits zufriedengestellt (Oldenburg NJW **68**, 2020), so daß es ihm nur darum geht, der Strafverfolgung zu entkommen (Bay DAR/R **71**, 202). Irrt sich der Täter über die Zuverlässigkeit des von ihm mit der Erfüllung der nachträglichen Feststellspflicht Beauftragten (vgl. o. 56), so liegt ebenfalls ein Tatbestandsirrtum vor (Bay DAR/R **84**, 240). In diesen Fällen sind nach der Vorstellung des Täters weitere Feststellungen nicht mehr erforderlich. Vgl. auch Bay DAR/R **66**, 260, Hamm VRS **40** 19, **41** 108, DAR **73**, 77, Koblenz VRS **43** 423, **48** 112. Entsprechend § 16 (vgl. dort RN 14 ff.) ist der Vorsatz wegen Irrtums über die tatsächlichen Voraussetzungen eines Rechtfertigungsgrundes ausgeschlossen, wenn der Täter einen Verzicht (o. 63) des anderen Unfallbeteiligten auf Feststellungen angenommen hat (Bay DAR/R **81**, 244, Hamm VRS **23** 104, Köln VRS **27** 344, **33** 347, Karlsruhe VRS **36** 350; and. [Verbotsirrtum] Stuttgart MDR **59**, 508 m. abl. Anm. Dahm; vgl. dagegen § 16 RN 19, Lange JZ **59**, 560). Das gleiche gilt, wenn der Täter davon ausgegangen ist, der Geschädigte (etwa der Eigentümer des von ihm benutzten und allein beschädigten Fahrzeugs) lege auf unmittelbare Feststellungen keinen Wert, vgl. o. 66 (vgl. KG VRS **15** 122, Hamm VRS **15** 343, **17** 415, Hamburg NJW **60**, 1483, Bay DAR/R **67**, 291). Bei geringfügigen Schäden, die jedoch über der Grenze für Bagatellschäden (o. 8) liegen, kann dies auch der Fall sein, wenn der Täter eine schriftliche Erklärung über seine Ersatzpflicht hinterlassen hat, sofern dann nicht die Voraussetzungen der mutmaßlichen Einwilligung schon tatsächlich vorliegen (vgl. o. 66; vgl. aber auch Celle NJW **56**, 561). Da der Täter die Feststellungen zugunsten der anderen Unfallbeteiligten und der Geschädigten ermöglichen muß (o. 19), kann der Fall eintreten, daß der eine Feststellungsberechtigte auf Feststellungen verzichtet, nicht jedoch der andere. In diesem Fall liegt keine rechtfertigende Einwilligung vor (vgl. o. 63). Glaubt der Täter jedoch, daß alle Feststellungsberechtigten verzichtet hätten, so entfällt sein Vorsatz ebenfalls entsprechend § 16. Das gleiche gilt, wenn der Täter sich im Irrtum über die Person des Berechtigten befindet und ihm in Wahrheit nicht Feststellungsberechtigter den Verzicht erklärt hat. Glaubt er dagegen, der Verzicht eines Feststellungsberechtigten reiche aus, so handelt er im Verbotsirrtum. Zum Nachweis des Irrtums vgl. auch Celle NJW **56**, 1330.

Dagegen liegt **Verbotsirrtum** vor, wenn der Täter glaubt, eine Wartepflicht habe nur, wer 71 den Unfall verschuldet (BGH VRS **24** 34, Neustadt DAR **58**, 272), wer den unfallbeteiligten Wagen gefahren (BGH **15** 5, Bay VRS **12** 116; vgl. auch BGH VRS **24** 34) oder wer den Unfallschaden zu ersetzen habe. Ebenso handelt im Verbotsirrtum, wer meint, mit der Anerkennung seiner Schuld seiner Verpflichtung nachgekommen zu sein, aber weiß, daß zur Aufklärung weitere Feststellungen erforderlich sind (Stuttgart NJW **78**, 900); vgl. weiter Bay VRS **14** 191, DAR/R **66**, 260, Hamm VRS **19** 431. Vgl. auch BGH VRS **36** 25. Ebenso liegt Verbotsirrtum vor, wenn der Täter sich für nicht wartepflichtig hält, weil er meint, nur selbst Ersatzansprüche zu haben (Celle NJW **56**, 356; vgl. auch Celle VRS **7** 102) oder glaubt, den entstandenen Schaden ausreichend beseitigt zu haben (Düsseldorf StVE **Nr. 76**). Vgl. ferner Ulsenheimer JuS 72, 29, Backmann JuS 74, 40.

Zur Entschuldigung durch Unfallschock vgl. BGH VersR **67**, 29, Hamm VRS **42** 24. Zur 72 Kopflosigkeit vgl. BGH VRS **16** 189, **18** 428, **20** 48, Frankfurt VRS **28** 262; weiter Arbab-Zadeh NJW 65, 1049, Weigelt aaO 46 ff. mwN.

Die **fahrlässige** Entfernung vom Unfallort kann als Ordnungswidrigkeit nach § 34 StVO i. V. m. 73 § 24 StVG ahndbar sein (näher dazu Cramer § 34 StVO RN 9 ff., vgl. Köln VRS **44** 97 m. Anm. Cramer VOR 72, 446). Zur Anwendbarkeit von § 34 StVO ist allerdings erforderlich, daß der Täter den Unfall als solchen wahrgenommen hat (BGH **31** 55 m. Anm. Hentschel JR 83, 216), so daß Fahrlässigkeit nur hinsichtlich der übrigen Tatbestandsmerkmale ausreicht.

VIII. Die Tat ist **vollendet**, wenn der Täter sich – ohne die Feststellungen ermöglicht oder 74 ausreichend lange gewartet zu haben – von der Unfallstelle (o. 35) entfernt hat, auch wenn der Täter z. B. nach Verfolgung, doch noch gestellt wird (BGH GA **61**, 203, Düsseldorf VM **76**, 28, Schild AK 177). Unerheblich ist nämlich, ob die Feststellungen durch die Entfernung tatsächlich vereitelt werden (BGH VRS **4** 52, KG VRS **35** 268). Zur Vollendung der Tat nach Abs. 2 vgl. Bay ZfS **84**, 219. Solange eine „unverzügliche" Nachholung der Feststellungen noch möglich ist, ist der Tatbestand des Abs. 2 noch nicht erfüllt (Bay StVE **Nr. 70**). **Teilnahme** ist bis zur Beendigung (vgl. BGH VRS **25** 26), d. h. so lange möglich, bis der Täter sich endgültig in Sicherheit gebracht hat (Bay NJW **80**, 412 m. Anm. Bottke JA 80, 378, Zweibrücken VRS **71** 434; and. Küper JZ 81, 255, Kühl JuS 82, 191, Rudolphi SK 53). Eine analoge Anwendung des § 24 I für den Täter, der freiwillig zum Unfallort zurückkehrt, soll nach der Rspr. nicht in Betracht kommen (BGH VRS **25** 115, Hamm VRS **38** 270 [aber Milderungsgrund i. S. v. § 49]; ebenso Lackner 8, D-Tröndle 53). Kehrt der Täter aber freiwillig so rechtzeitig zurück, daß ein Feststellungsverlust noch nicht eingetreten ist, die Unfallursachen also noch aufzuklären sind, so besteht kein Strafbedürfnis. Dem ist dann durch analoge Anwendung des § 24 I Rechnung zu tragen (näher dazu Cramer 94; zust. Schild AK 108). Folgt man dem Standpunkt der h. M., so ist in diesen Fällen regelmäßig eine Einstellung des Verfahrens gemäß §§ 153, 153a StPO geboten (Lackner 8, Jagusch NJW 75, 1633).

75 Der **Versuch** des § 142 ist nicht mehr strafbar; häufig wird jedoch eine Ordnungswidrigkeit nach § 34 StVO i. V. m. § 24 StVG vorliegen (vgl. Celle VM **76**, 22). Daher bleibt straflos, wer glaubt, einen anderen überfahren zu haben und sich dennoch entfernt (Bay VRS **4** 362; vgl. auch BGH MDR/D **57**, 266, Hamm VRS **35** 269) oder wer in der irrigen Annahme, es seien feststellungsbereite Personen am Unfallort anwesend oder alsbald zu erwarten, den Unfallort verläßt (and. [Vollendung] BGH **4** 149). Hier kann jedoch Abs. 2 eingreifen. Dagegen liegt ein bloßes Wahndelikt vor, wenn der Täter glaubt, auch bei fehlender Beteiligung anderer Verkehrsteilnehmer am Unfall zum Warten verpflichtet zu sein (BGH **8** 268). Nur eine Vorbereitungshandlung liegt nach Köln (VRS **6** 30) vor, wenn der Täter lediglich den Wagen fahrbereit macht, und nach Bay DAR/R **74**, 177, wenn der Täter nur die Kennzeichen des Fahrzeugs entfernt und versteckt. In den Fällen der nachträglichen Feststellungspflicht (Abs. 2) ist das Delikt erst vollendet, wenn der Zeitpunkt verstrichen ist, in dem die Meldung noch rechtzeitig hätte erfolgen können; eine Verzögerung innerhalb des dem Täter zur Verfügung stehenden Zeitraums, reicht selbst dann nicht, wenn er nicht die Absicht hatte, nachträglich Feststellungen zu ermöglichen (Bay VRS **67** 221).

76 IX. Die **Strafe** ist Freiheitsstrafe bis zu drei Jahren oder Geldstrafe. Da die Sondereigenschaft in § 142 tatbezogen ist, gilt für Teilnehmer nicht § 28 I.

76a 1. Fehlerhaft ist, bei der Strafzumessung zu berücksichtigen, daß die Unfallflucht als solche im höchsten Maße verwerflich sei (Hamm VRS **9** 37) oder eine gemeine Gesinnung zeige (BGH VRS **4** 359, NStE **Nr. 8** zu § 46); ebensowenig darf darauf abgestellt werden, daß der Täter sich vom Unfallort entfernt habe, weil er die polizeilichen Feststellungen scheute (Düsseldorf VRS **6** 365). Denn damit werden Umstände berücksichtigt, die schon Merkmal des gesetzlichen Tatbestandes sind. Tatschwere und Verschuldensgrad bestimmen sich bei der Unfallflucht u. a. danach, wie groß die geschützten Feststellungsinteressen sind und inwieweit sie beeinträchtigt wurden. Bemessungsgrundlage hierfür sind vorwiegend Art und Größe des Schadens sowie das Maß der Beeinträchtigung sofort erforderlicher Feststellungen (vgl. BGH **12** 254). Unerheblich ist dagegen regelmäßig, ob und inwieweit ein anderer Beteiligter am Unfall mitgewirkt und ihn verschuldet hat, ebenso grundsätzlich, ob den Geflohenen eine Schuld am Unfall trifft (BGH VRS **18** 423, **19** 426; vgl. aber BGH **5** 130, **12** 253). Erschwerend kann auch berücksichtigt werden, daß der Täter zugleich unterlassene Hilfeleistung begangen hat (BGH VRS **32** 437). Strafschärfend fallen somit die Schwere des Unfalls und seiner Folgen und das besonders verwerfliche Verhalten des Täters ins Gewicht (Köln VRS **4** 419), ferner die tatsächliche Vereitelung der Aufklärung des Unfalls (BGH VRS **4** 52, **9** 136), u. U. auch ein Verhalten nach gelungener Flucht (BGH VRS **5** 367), das die Beweismöglichkeiten zusätzlich beeinträchtigt, z. B. der sog. Nachtrunk (BGH **17** 143, Oldenburg NJW **68**, 1293; krit. hierzu Baumann NJW 62, 1793). Da jedoch der Täter nicht verpflichtet ist, die spätere Aufklärung zu unterstützen, kann ihm nicht angelastet werden, daß er keine Angaben macht (vgl. BGH VRS **21** 269). Dagegen kann sich Alkoholgenuß vor der Fahrt nicht erschwerend für die Bestrafung aus § 142 auswirken (Braunschweig VRS **4** 213). Strafmildernd kommen z. B. geringfügige Unfallfolgen, längeres vergebliches Warten trotz eigener Verletzung, ein Schock, der – ohne die Schuld auszuschließen – die Flucht mitveranlaßt hat (BGH VRS **19** 120), die freiwillige Rückkehr zum Unfallort nach vollendeter Flucht (BGH VRS **25** 115) oder die Tatsache, daß der Täter, wie er von vornherein entschlossen war, den Schaden ersetzt hat (vgl. Bay DAR/R **68**, 225). Kein Strafmilderungsgrund ist nach KG VRS **8** 266 aber der Umstand, daß der Täter geflohen ist, weil er sich wegen anderer Straftaten der Verfolgung entziehen wollte. Vgl. auch die Rechtsprechungsübersicht bei Weigelt aaO 55 ff. Zur Strafzumessung vgl. auch § 46.

77 2. Durch die Neufassung ist die früher in Abs. 3 enthaltende (überhöhte) Strafverschärfung für besonders schwere Fälle entfallen, dafür ist der Regelstrafrahmen von zwei auf drei Jahre Freiheitsentzug heraufgesetzt worden. Die frühere Rspr. zu den besonders schweren Fällen hat jedoch heute noch Bedeutung für die Strafzumessung. Was das Gewicht der Unfallflucht angeht, so war die Rspr. (BGH **12** 256, VRS **17** 185, **22** 271, **27** 105, **28** 359, **33** 108, Koblenz VRS **48** 182) der Meinung, daß sie von der Schwere der Unfallfolgen abhängig sei. Dies ist jedoch nur insoweit richtig, als der Umfang des Schadens und die Zahl der Verletzten auf ein gesteigertes Feststellungsinteresse schließen lassen; im übrigen haftet der Täter ja für die schuldhafte Herbeiführung des Schadens bereits nach anderen Vorschriften, so daß sein Verschulden am Unfall das Gewicht der Unfallflucht nicht beeinflussen kann. Umgekehrt braucht der Umstand, daß sich – vom Täter bemerkt – andere um den Verletzten kümmern (BGH VRS **40** 21), oder das selbstmörderische Verhalten des Unfallopfers der Annahme eines schweren Falles nicht entgegenzustehen (BGH **12** 254); straferschwerend ist aber jedenfalls zu werten, wenn die Flucht selbst besonders rücksichtslos und gefährlich erfolgt (BGH **18** 9, NJW **62**, 2068) oder der Täter geflissentlich seine Täterschaft vertuscht (BGH VRS **25** 28). Dies soll selbst dann gelten, wenn der Täter infolge Bestürzung oder Kopflosigkeit floh (BGH DAR/M **59**, 65). Auch die Persönlichkeit des Täters ist von Wichtigkeit (BGH VRS **28** 359). Bei einem fahruntüchtigen, nicht geständigen Täter, der erhebliche kriminelle Energie aufgewendet hat, ist eine schwerere Strafe zu verhängen (BGH VRS **47** 14). Vgl. weiter BGH VRS **5** 279, 288, 529, **11** 49, **12** 185, **17** 37 185, NJW **58**, 836, ferner BGH MDR/D **56**, 651 (vermindert zurechnungsfähiger Täter), BGH VRS **27** 105, Oldenburg VRS **11** 53, Weigelt aaO 65ff. mwN.

Strafmildernd kann berücksichtigt werden, daß der Flüchtige zur Unfallstelle zurückgekehrt ist 78 und zur Unfallaufklärung beigetragen hat (BGH VRS **44** 266; vgl. aber auch o. 74).

3. Das benutzte Fahrzeug kann **eingezogen** werden (BGH **10** 337); vgl. § 74 RN 10. 79

X. Konkurrenzen

1. **Idealkonkurrenz** ist z. B. möglich mit § 113 (Widerstand gegen den Polizeibeamten, der den 80 Unfallbeteiligten festhalten will, vgl. BGH VRS **13** 136), mit § 240 (BGH VRS **8** 276), mit §§ 223ff., sofern die Körperverletzung der Durchführung der Flucht dient (BGH VRS **13** 136) sowie mit § 263 (Lackner 9, vgl. Köln VRS **50** 345). Sind diese Delikte jedoch nur gelegentlich der Flucht begangen, so besteht Tatmehrheit (RG HRR **38** Nr. 1448). Idealkonkurrenz wiederum besteht mit § 248b (Dauerdelikt!), mit § 252 (BGH VRS **21** 113), mit Verkehrsdelikten, die erst auf der Flucht begangen werden (vgl. auch u. 82; zur Konkurrenz mit § 315c vgl. dort RN 47), schließlich mit § 221.

Dagegen besteht zwischen § 142 I und § 323c als einem Unterlassungsdelikt **Tatmehrheit** (Cramer 81 104, vgl. § 52 RN 19; and. [Idealkonkurrenz] BGH GA **56**, 120, DAR/M **60**, 67, Oldenburg VRS **11** 54); aus demselben Grunde ist Tatmehrheit mit §§ 223ff., 211, 212 durch Liegenlassen des Unfallverletzten anzunehmen (and. wohl BGH **7** 288, Bay NJW **57**, 1485). Da § 142 II ein Unterlassungsdelikt darstellt, stehen Delikte, die während des Bestehens der Feststellungspflicht begangen werden, in Realkonkurrenz zu § 142 (and. Bay VRS **60** 113 für § 145d I Nr. 1). In der Regel steht § 142 auch in Tatmehrheit zur schuldhaften Herbeiführung des Verkehrsunfalls (§§ 222, 230 StGB), da diese Taten mit dem Unfall abgeschlossen sind (BGH VRS **5** 530, **9** 353, **21** 118, **31** 109, Hamm VRS **18** 113 [der Täter, der ohne Führerschein gefahren ist, flieht zu Fuß], KG VRS **35** 347, Celle VRS **36** 352, JR **82**, 79 m. Anm. Rüth, Köln VRS **37** 36, Rüth LK 103). Vgl. aber u. 84.

2. Sonderprobleme bestehen, wenn der Täter sich **vor und nach** dem **Unfall** des **gleichen Ver-** 82 **kehrs(dauer)-delikts** schuldig macht, so bei §§ 315c, 316, § 21 StVG. Dabei kommt es im Einzelfall darauf an, ob trotz des Unfalls die gesamte Fahrt des Täters als einheitliche Tat angesehen werden muß, oder ob, wie die Rspr. überwiegend annimmt, der Verkehrsunfall eine Zäsur des Gesamtgeschehens bewirkt, so daß das Verkehrsdelikt vor dem Unfall in Tatmehrheit zu dem gleichartigen Delikt nach dem Unfall stehen würde. Vgl. die Rspr. bei § 315c RN 47; krit. hierzu 85 vor § 52.

Ergibt sich danach, daß die gesamte Fahrt des Täters als einheitliche Dauerstraftat anzusehen ist, so 83 finden die Regeln über die Verbindung zweier selbständiger Taten zur Idealkonkurrenz durch eine mit jeder Tat zusammentreffende dritte Tat Anwendung (vgl. § 52 RN 14ff.).

Fahrlässige Verkehrsgefährdung (§ 315c III) vermag danach als minder schwer gegenüber §§ 222 84 oder 230 keine Tateinheit zwischen diesen Taten und § 142 herzustellen (BGH VRS **8** 49, **9** 353, **21** 343, 423, **22** 121, Bay NJW **57**, 1485, Stuttgart NJW **64**, 1913, Köln MDR **64**, 525, Oldenburg VRS **26** 346). Tateinheit wird in diesen Fällen aber durch § 315c I (vorsätzliche Verkehrsgefährdung) vermittelt. Tateinheit zwischen § 230 (nicht § 222) und § 142 vermögen auch § 248b und § 316 I herzustellen. Nicht zur Tateinheit mit anderen Delikten kann § 142 dagegen verbunden werden durch § 21 StVG (vgl. BGH VRS **8** 529) oder durch Ordnungswidrigkeiten nach § 24 StVG, da alle diese Zuwiderhandlungen von geringerem Gewicht als § 142 sind.

3. Mehrere Delikte nach § 142 in **gleichartiger Tateinheit** können vorliegen, wenn sich der Täter 85 durch seine Weiterfahrt hinsichtlich mehrerer von ihm hintereinander verursachter Unfälle der Feststellung entzieht (vgl. BGH VRS **4** 122, aber auch BGH VRS **9** 353, **25** 36). Ist beim zweiten Unfall die Flucht nach dem ersten bereits beendet, liegt jedoch Tatmehrheit vor (Celle VRS **33** 113). Die wiederholte Entfernung (Rückkehr nach der ersten Entfernung) stellt nach BGH DAR/M **60**, 67 nur eine Unfallflucht dar.

§ 143 [Mangelnde Beaufsichtigung Jugendlicher]; *aufgehoben durch das 4. StrRG.*

§ 144 Auswanderungsbetrug

Wer es sich zum Geschäft macht, Deutsche unter Vorspiegelung falscher Tatsachen oder wissentlich mit unbegründeten Angaben oder durch andere auf Täuschung berechnete Mittel zur Auswanderung zu verleiten, wird mit Freiheitsstrafe bis zu zwei Jahren oder mit Geldstrafe bestraft.

§ 145

Vorbem. Die Vorschrift gilt gem. Anlage 1 zum Einigungsvertrag Kapitel III Sachgebiet C Abschnitt III Nr. 1 nicht auf dem Gebiet der früheren DDR.

1 Die Vorschrift des **Auswanderungsbetrugs** soll Deutsche gegen betrügerisches Verleiten zum Auswandern schützen. **Deutsche** sind alle Personen i. S. des Art. 116 GG, doch gelten auch hier die in 24a ff. vor § 3 dargelegten Grundsätze: § 144 kann nur das Auswandern aus der Bundesrepublik Deutschland verhindern wollen. Wer Bürger der DDR zum Auswandern aus der DDR verleitet, kann sich hiernach nicht strafbar machen.

2 Der **objektive Tatbestand** setzt voraus, daß jemand es sich zum Geschäft gemacht hat, Deutsche mittels falscher Angaben zum Auswandern zu verleiten. Erfaßt wird also nur **geschäftsmäßiges Handeln;** vgl. hierüber 97 vor § 52. **Verleiten** ist eine Einwirkung auf den Willen eines anderen, aufgrund derer der andere zum Auswandern veranlaßt wird. § 144 setzt jedoch nicht voraus, daß dieser Erfolg erzielt wird; es genügt, daß der Wille des Täters auf diesen Erfolg gerichtet ist. Ein bereits zur Auswanderung Entschlossener kann nicht mehr verleitet werden; wer geschäftsmäßig nur bereits zur Auswanderung Entschlossene in ihrem Vorhaben unterstützen will, macht sich daher nicht nach § 144 strafbar (Herdegen LK 3; a. A. D-Tröndle 3).

3 Der Täter muß andere mittels **Täuschung** verleiten wollen. Nicht erforderlich ist die Absicht, dadurch einen rechtswidrigen Vermögensvorteil zu erlangen. Zum Vorspiegeln falscher Tatsachen vgl. § 263 RN 8ff., 11ff.

4 Zum Begriff des **Auswanderns** gehört das Verlassen der Bundesrepublik Deutschland in der Absicht, den Wohnsitz im Inland aufzugeben; eine vorübergehende Verlegung des Wohnsitzes ins Ausland genügt (z. B. bei einer Berufstätigkeit im Ausland, die auf bestimmte Jahre begrenzt ist). Es braucht nicht beabsichtigt zu sein, die Zugehörigkeit zu Deutschland, z. B. durch Verzicht auf die deutsche Staatsangehörigkeit, dauernd aufzugeben (Frank I, Herdegen LK 5; vgl. noch RG 37 348, **51** 351; and. RG **36** 245). Das Verleiten Deutscher, ihren Wohnsitz in einem ausländischen Staat aufzugeben und in einen anderen Staat auszuwandern oder in die Bundesrepublik Deutschland zurückzukehren, fällt nicht unter § 144.

5 Vgl. auch noch die Ordnungswidrigkeiten nach § 6 AuswSG vom 26. 3. 1975 (BGBl. I 744).

§ 145 Mißbrauch von Notrufen und Beeinträchtigung von Unfallverhütungs- und Nothilfemitteln

(1) Wer absichtlich oder wissentlich

1. Notrufe oder Notzeichen mißbraucht oder
2. vortäuscht, daß wegen eines Unglücksfalles oder wegen gemeiner Gefahr oder Not die Hilfe anderer erforderlich sei,

wird mit Freiheitsstrafe bis zu einem Jahr oder mit Geldstrafe bestraft.

(2) Wer absichtlich oder wissentlich

1. die zur Verhütung von Unglücksfällen oder gemeiner Gefahr dienenden Warn- oder Verbotszeichen beseitigt, unkenntlich macht oder in ihrem Sinn entstellt oder
2. die zur Verhütung von Unglücksfällen oder gemeiner Gefahr dienenden Schutzvorrichtungen oder die zur Hilfeleistung bei Unglücksfällen oder gemeiner Gefahr bestimmten Rettungsgeräte oder anderen Sachen beseitigt, verändert oder unbrauchbar macht,

wird mit Freiheitsstrafe bis zu zwei Jahren oder mit Geldstrafe bestraft, wenn die Tat nicht in § 303 oder § 304 mit Strafe bedroht ist.

Schrifttum: **Händel,** Mißbrauch von Notrufen und Beeinträchtigung von Unfallverhütungsmitteln, DAR 75, 57.

1 **I.** Die Vorschrift soll die Allgemeinheit vor **Mißbrauch von Notrufen** und unnötigem Beanspruchen von Hilfe (Abs. 1) sowie vor **Beeinträchtigungen von Unfallverhütungs- und Nothilfemitteln** (Abs. 2) schützen. Beide Absätze haben insoweit einen gemeinsamen Zweck, als sie dazu dienen, Unglücksfällen oder deren Ausweitung entgegenzuwirken. Diese Schutzrichtung tritt in Abs. 2 klar hervor, indem dort Vorkehrungen zur Verhütung oder Bewältigung von Unglücksfällen gegen Beeinträchtigungen gesichert werden. Sie liegt – jedenfalls mittelbar – aber auch Abs. 1 zugrunde. Der Mißbrauch von Notrufen usw. kann bewirken, daß unnötig zu Hilfe Gerufene während dieser Zeit für einen Ernstfall nicht zur Verfügung stehen. Er kann ferner das Vertrauen in die Verläßlichkeit von Notrufen erschüttern und damit die Hilfsbereitschaft anderer mindern. Zum andern können überflüssige Hilfeleistungen zu unnötigen Gefahren für Leib und Leben oder Sachgüter führen, z. B. Rettungsmaßnahmen unter widrigen Umständen bei vorgetäuschter Berg- oder Seenot. Zudem schützt Abs. 1 die Hilfsbereitschaft anderer schlechthin. Er stellt in dieser Hinsicht ein Gegenstück zu § 323c dar (vgl. E 62 Begr. 471). Wer zur Hilfeleistung verpflichtet wird, muß andererseits davor bewahrt werden, daß seine Hilfe mißbräuchlich in Anspruch genommen wird und er hierbei möglicher-

weise nutzlose Aufwendungen macht. Eine Schädigung oder eine konkrete Gefährdung der Güter, deren Schutz § 145 dient, braucht weder nach Abs. 1 noch nach Abs. 2 eingetreten zu sein. Es handelt sich in beiden Absätzen um abstrakte Gefährdungsdelikte.

II. Abs. 1 ersetzt den durch Art. 262 Nr. 3 EGStGB aufgehobenen § 17 des Ges. über Fernmeldeanlagen und erweitert den Strafbereich. Miterfaßt werden Fälle, die – wie falscher Feueralarm – nach früherem Recht als grober Unfug (§ 360 I Nr. 11 a. F.) behandelt wurden. 2

1. Unter Strafe gestellt ist hiernach zunächst der absichtliche oder wissentliche **Mißbrauch von Notrufen** oder Notzeichen (Nr. 1). 3

a) **Notrufe** und **Notzeichen** sind akustisch oder optisch wahrnehmbare Bekundungen, die auf das Vorhandensein einer Not- oder Gefahrenlage und die Notwendigkeit fremder Hilfe aufmerksam machen. Sie sind in ihren Voraussetzungen, ihrer Art und in ihrem Inhalt vielfach durch Gesetz, behördliche Anordnung, Vereinbarung oder Übung festgelegt; es genügen aber auch sonstige, ad hoc erfundene Notrufe oder Notzeichen. Beispiele sind insb.: Betätigung eines Feuermelders oder einer Feuersirene, SOS-Rufe, Abschießen notanzeigender Leuchtkugeln, Benutzung einer Notrufanlage der Polizei (Überfall- und Einbruchmeldeanlage). Unerheblich ist, ob eine eigene oder eine fremde Notlage kundgetan wird. Auch kommt es nicht auf die Art der angezeigten Gefahrenlage an. Diese muß nur von einiger Erheblichkeit sein. Der Ruf nach Hilfe bei unerheblichen Gefahren ist kein Notruf i. S. der Nr. 1, so z. B. nicht der Hilferuf bei geringfügigen häuslichen Streitigkeiten (vgl. E 62 Begr. 471). In Betracht kommen etwa Verkehrsunfälle, Flugzeugabstürze, Feuergefahr, Bergnot, Seenot, Überschwemmungen oder verbrecherische Überfälle. Es muß nicht nur eine solche Gefahrenlage angezeigt werden (so aber anscheinend E 62 Begr. 471), zum Ausdruck muß zudem das Bedürfnis nach fremder Hilfe kommen, wobei ausreicht, daß es konkludent aus dem Notruf hervorgeht. Die Benutzung eines Fernsprechanschlusses, der allgemein als Notrufanschluß der Polizei bezeichnet wird, ist daher nur dann als Notruf i. S. der Nr. 1 anzusehen, wenn die Benutzung als Signal wirkt, das auf eine Notlage schließen läßt (Braunschweig NJW 77, 209, Schleswig SchlHA/E-J 77, 179; weitergehend BGH 34 4, wonach Nr. 1 wegen der Blockierung des Anschlusses sogar dann eingreift, wenn der Anruf eine Notlage ausschließt; vgl. auch Greiner MDR 78, 373). Nr. 1 ist demgemäß auf die Betätigung des Notrufmelders einer mit münzfreier Notrufeinrichtung versehenen öffentlichen Fernsprechzelle anwendbar, da hier das Telefonzelle automatisch in der Polizeizentrale kenntlich gemacht wird und die Benutzung ein Signal auslöst, das ohne Erläuterung auf eine Notlage deutet (Oldenburg NJW 83, 1573). 4

b) **Mißbraucht** werden Notrufe oder Notzeichen, wenn auf sie ohne Vorliegen ihrer Voraussetzungen zurückgegriffen wird. Das ist namentlich der Fall bei Fehlen einer erheblichen Gefahrenlage, wie etwa bei falschem Feueralarm, oder fehlender Notwendigkeit fremder Hilfe. Ein Mißbrauch ist u. U. aber auch dann zu bejahen, wenn ein Notsignal, das in seinen Voraussetzungen gesetzlich usw. festgelegt ist, zweckentfremdet verwendet wird. 5

c) Der Täter muß **absichtlich** oder **wissentlich** den Notruf oder das Notzeichen mißbraucht haben. Bedingter Vorsatz genügt nicht (vgl. LG Köln MDR 78, 860). Absichtlich mißbraucht der Täter ein Notzeichen bereits dann, wenn er nicht gebotene Hilfsmaßnahmen erstrebt und nur mit der Möglichkeit rechnet, daß andere das Notzeichen wahrnehmen oder es für ernst halten. Vgl. zur Absicht § 15 RN 66 f. und zur Wissentlichkeit § 15 RN 68. 6

2. Andere als die in Nr. 1 genannten unnötigen Hilfeanforderungen werden in Nr. 2 erfaßt. Danach macht sich strafbar, wer absichtlich oder wissentlich **vortäuscht,** daß wegen eines Unglücksfalles oder wegen gemeiner Gefahr oder Not die **Hilfe** anderer **erforderlich** sei. Unerheblich ist, ob es sich um die Erforderlichkeit unmittelbarer oder mittelbarer Hilfe handelt. Es genügt daher, daß der Polizei vorgetäuscht wird, für einen Medikamententransport werde wegen der Eilbedürftigkeit Geleit durch ein Polizeifahrzeug mit Martinshorn und Blaulicht benötigt. 7

a) Die **Täuschungshandlung** muß sich auf die Erforderlichkeit fremder Hilfe bei einem Unglücksfall oder bei gemeiner Gefahr oder Not erstrecken, also auf die objektiven Voraussetzungen einer Hilfeleistungspflicht nach § 323 c. Vgl. näher zu diesen Voraussetzungen die Anm. zu § 323 c. Bloßes Vortäuschen eines Unglücksfalles, ohne daß gleichzeitig der Anschein erweckt wird, fremde Hilfe werde benötigt, genügt ebensowenig wie das Anfordern von Hilfe durch Vorspiegeln einer Situation, die nicht den Merkmalen des § 323 c entspricht. Andererseits reicht aus, wenn bei einem tatsächlichen Unglücksfall Hilfe angefordert wird, diese aber nicht oder nicht mehr erforderlich ist. Tatbestandsmäßig handelt daher, wer bei einem Verkehrsunfall einen Krankenwagen herbeiruft, obwohl der Verunglückte sich selbst helfen kann oder ein anderer Krankenwagen bereits am Unfallort eingetroffen ist. 8

Auf welche Weise die Erforderlichkeit fremder Hilfe vorgetäuscht wird, spielt keine Rolle. Das Vortäuschen kann durch Worte oder Zeichen erfolgen, wie etwa in dem von D-Tröndle 3 9 gebrachten Beispiel einer telefonischen Mitteilung, in einem Flugzeug oder einem Warenhaus sei eine Bombe mit Zeitzünder versteckt. Es kann aber auch durch Herstellen eines Zustandes geschehen, der scheinbar auf einen Unglücksfall und das Erfordernis fremder Hilfe deutet, so etwa, wenn sich jemand neben sein umgestoßenes Motorrad an den Straßenrand legt, um einen Unfall vorzuspiegeln, oder jemand an einer gut sichtbaren Stelle in einem Gebäude eine Bombenattrappe deponiert. Ferner kann das mißbräuchliche Ziehen der Notbremse einen Unglücksfall vortäuschen. In allen Fällen braucht ein Täuschungserfolg nicht eingetreten zu sein.

10 b) Der subjektive Tatbestand erfordert **absichtliches** oder **wissentliches** Vortäuschen. Zu den Merkmalen der Absicht und der Wissentlichkeit vgl. o. 6.

11 **3. Idealkonkurrenz** kommt mit den §§ 145d, 303, 304, 315 I Nr. 3 in Betracht. Treffen Handlungen nach Nr. 1 und nach Nr. 2 zusammen, so liegt nur eine Tat nach Abs. 1 vor, nicht etwa Tateinheit (vgl. § 52 RN 28, Herdegen LK 14, Lackner 6a; and. D-Tröndle 8).

12 **III.** Abs. 2 betrifft die absichtliche oder wissentliche **Beeinträchtigung von Unfallverhütungs- oder Nothilfemitteln.** Zu den gesetzgeberischen Gründen für die Einfügung dieses Tatbestandes vgl. BT-Drs. 7/550 S. 471 f., 7/1261 S. 12.

13 **1.** In **Nr. 1** sind die Fälle erfaßt, in denen jemand Warn- oder Verbotszeichen beeinträchtigt, die zur Verhütung von Unglücksfällen oder gemeiner Gefahr dienen. Zum Unglücksfall und zur gemeinen Gefahr vgl. § 323 c RN 5 ff.

14 a) Tatobjekt sind **Warn- oder Verbotszeichen,** die als Vorkehrung gegen Unglücksfälle oder gemeine Gefahr an Gefahrenstellen angebracht sind. Ohne Bedeutung ist, wer das Zeichen angebracht hat. Auch solche privater Art (z. B. „Vorsicht! Bissiger Hund!" oder Warnschilder an Baustellen) kommen als Tatgegenstand in Betracht. Entscheidend ist allein, daß die Allgemeinheit auf eine Gefahrenstelle aufmerksam gemacht wird, sei es durch Schriftzeichen, Lichtzeichen oder durch bildliche oder symbolische Darstellungen. Zu den Warn- und Verbotszeichen gehören namentlich die Verkehrszeichen zur Sicherung des Straßen-, Bahn-, Schiffs- oder Luftverkehrs, z. B. auch Warnbojen, ferner auf der Fahrbahn aufgestellte Warndreiecke, Verbotsschilder, die Brandgefahr verhindern sollen (Rauchen verboten) oder das unbefugte Betreten eines gefährlichen Geländes (z. B. Schießstand, Truppenübungsplatz, Steinbruch) untersagen, Verbotstafeln an gefährlichen Gewässern (Baden verboten), an Transformatorhäuschen oder Hochspannungsmasten, Warnschilder, die auf Einsturzgefahr, Lawinengefahr oder Skiabfahrten hinweisen, sowie Warnzeichen (Totenkopf) auf Giftbehältern.

15 b) Die **Tathandlung** kann darin bestehen, daß ein Warn- oder Verbotszeichen beseitigt, unkenntlich gemacht oder in seinem Sinn entstellt wird. Ein *Beseitigen* liegt vor, wenn das Zeichen von seinem Platz derart entfernt worden ist, daß es seiner Aufgabe nicht mehr gerecht wird. Diese Voraussetzung erfüllt bereits das Ablegen eines abmontierten Schildes am Erdboden unmittelbar unterhalb des früheren Platzes. Wird ein Warn- oder Verbotsschild versetzt, so ist ein Beseitigen anzunehmen, wenn es sich nicht oder nicht mehr in vollem Umfang auf den ursprünglich gekennzeichneten Gefahrenbereich erstreckt. *Unkenntlich gemacht* ist ein Zeichen, wenn seine gedankliche Aussage nicht mehr ohne weiteres zur Kenntnis genommen werden kann. Das kann beispielsweise geschehen durch Übermalen, Überkleben, Überdecken mit einem Sack oder durch Beschädigen. Auch das Verdecken mit einem vor ein Zeichen gestellten Gegenstand reicht aus. Ein Zeichen wird *in seinem Sinn entstellt,* wenn seine Warn- oder Verbotsfunktion einen veränderten Inhalt erhält. Eine solche Veränderung kann durch Hinzufügen oder Entfernen einzelner Teile eines Zeichens erfolgen, aber auch durch das Drehen eines Schildes, so daß es in eine falsche Richtung weist.

16 **2.** Strafbar sind ferner die Beeinträchtigung von Schutzvorrichtungen, die zur Verhütung von Unglücksfällen oder gemeiner Gefahr dienen, sowie die Beeinträchtigung von Rettungsgeräten oder anderen Sachen, die zur Hilfeleistung bei Unglücksfällen oder gemeiner Gefahr bestimmt sind **(Nr. 2).** Zum Unglücksfall und zur gemeinen Gefahr vgl. § 323 c RN 5 ff.

17 a) **Schutzvorrichtungen** in diesem Sinne sind alle gegenständlichen Absicherungen einer Gefahrenstelle, ausgenommen die Warn- und Verbotszeichen, die bereits in Nr. 1 erfaßt werden. Ebenso wie bei diesen Zeichen ist unerheblich, wer die Schutzvorrichtungen angebracht hat. Zu ihnen gehören u. a. Absicherungen von Baugruben und sonstigen Baustellen, Schutzzäune und Schutzgeländer an gefährlichen Stellen, Schranken an Bahnübergängen, Leitplanken an der Autobahn, Deiche, Sandsäcke als Sicherung gegen Überschwemmungen, Anpflanzungen als Schutz gegen Bergrutsch- oder Lawinengefahr, Blitzableiter, Schutzvorrichtungen an gefährlichen Geräten oder Maschinen.

18 b) **Rettungsgeräte** oder andere Sachen kommen als Tatobjekte in Betracht, wenn sie zur Hilfeleistung bei Unglücksfällen oder gemeiner Gefahr bestimmt sind. Eine solche Funktion, zu der auch die Benachrichtigung von Rettern gehört, kann ihnen von öffentlicher oder privater

Seite beigelegt worden sein. Sie kann auf einen konkreten Einzelfall beschränkt sein, z. B. bei einem zum Abtransport eines Verunglückten bereitgestellten Kfz., oder einer Sache für längere Dauer generell zukommen, z. B. bei Feuermeldern. Wesentlich ist nur, daß die beeinträchtigte Sache im Zeitpunkt der Tat dazu bestimmt ist, bei einem Unglücksfall oder gemeiner Gefahr als Mittel zur Hilfeleistung eingesetzt zu werden. Tatobjekte können demnach insb. sein: Schwimmwesten, Rettungsringe, Rettungsboote, Wurfleinen, Feuerlöschgeräte (Bay NJW **88**, 837), Fahrzeuge und Ausrüstungsgegenstände der Feuerwehr, Feuermelder, Notrufanlagen, Leuchtpistolen, Notsignalpatronen, Erste Hilfe-Material, Krankenwagen.

c) Die Schutzvorrichtungen usw. müssen **beseitigt, verändert** oder **unbrauchbar gemacht** 19 worden sein. Um ein *Beseitigen* handelt es sich, wenn das Tatobjekt der Gebrauchsmöglichkeit entzogen, namentlich von seinem Platz so entfernt worden ist, daß es seiner Schutzfunktion nicht mehr gerecht werden kann bzw. nicht mehr ohne weiteres möglich ist, es bestimmungsgemäß zur Hilfeleistung einzusetzen. Verstecken eines Rettungsgeräts in unmittelbarer Nähe genügt bereits, ebenso Blockieren eines Nothilfemittels in einer Weise, die dessen Einsatzmöglichkeit aufhebt oder erheblich erschwert (z. B. Vernageln des Zugangs zum Aufbewahrungsort). *Verändert* wird ein Tatobjekt, wenn es einen Zustand erhält, der vom bisherigen abweicht und seine Funktionstauglichkeit herabsetzt, wie bei Entleeren des Inhalts eines Feuerlöschers (Bay NJW **88**, 837). Wird seine Funktionstauglichkeit gänzlich oder doch im wesentlichen aufgehoben, so liegt ein *Unbrauchbarmachen* vor. Es setzt ebensowenig wie das Verändern eine Substanzverletzung voraus. Wer einen Rettungsring so befestigt, daß es Zeit und Mühe kostet, diesen zu lösen, nimmt eine Veränderung vor. Sieht man als Beseitigen nur das räumliche Entfernen an (so Lackner 4b), so ist im Blockieren eines Nothilfemittels jedenfalls ein Verändern oder Unbrauchbarmachen zu erblicken.

3. Für den **subjektiven Tatbestand** ist sowohl nach Nr. 1 als auch nach Nr. 2 ein absichtliches 20 oder wissentliches Handeln erforderlich. Vgl. dazu o. 6.

4. **Täter** kann auch der Eigentümer des Tatobjekts sein. War er allerdings zum Anbringen eines 21 Warnzeichens oder einer Schutzvorrichtung oder zum Bereitstellen eines Nothilfemittels nicht verpflichtet, so darf er den Gegenstand auch wieder entfernen, es sei denn, daß er die Verfügungsberechtigung verloren hat. Ist jemand seiner Pflicht zum Aufstellen eines Warnzeichens (z. B. eines Warndreiecks gem. § 15 StVO) oder zum Mitführen eines Nothilfemittels (z. B. des Erste Hilfe-Materials gem. § 35h StVZO) nachgekommen, so kann zweifelhaft sein, ob das vorzeitige Entfernen eines solchen Gegenstandes als Verstoß gegen Abs. 2 zu werten ist. Man wird hier den maßgeblichen Verstoß im Nicht(weiter)befolgen der auferlegten Pflicht zu erblicken haben, so daß etwa der Kraftfahrer, der wissentlich das aufgestellte Warndreieck vorzeitig entfernt, nur wegen einer Ordnungswidrigkeit nach den §§ 15, 49 StVO, 24 StVG zu belangen ist, nicht jedoch wegen einer Straftat nach § 145 II Nr. 1. Entsprechend ist der Garant, der eine Schutzvorrichtung bei einer Baugrube vorzeitig entfernt, nicht nach Abs. 2, sondern unter den Voraussetzungen des § 13 wegen einer Unterlassungstat haftbar (Schild AK 18; vgl. auch M-Schroeder II 42).

5. **Konkurrenzen:** Kraft der Subsidiaritätsklausel tritt Abs. 2 zurück, wenn die Tat in den §§ 303, 22 304 mit Strafe bedroht ist. Die Einbeziehung des § 303 in die Subsidiaritätsklausel ist verfehlt, da Abs. 2 dem Schutz der Allgemeinheit dient. Andere Vorschriften über Eigentumsdelikte sind mit Recht nicht in die Subsidiaritätsklausel hineingenommen worden, so daß Idealkonkurrenz mit den §§ 242, 246 möglich ist. Zweifelhaft ist, ob Abs. 2 auch dann zurücktritt, wenn die Sachbeschädigung mangels Strafantrags nicht verfolgt werden kann. Dem Sinn der Subsidiaritätsklausel entsprechend ist diese so auszulegen, daß nur eine tatsächliche Möglichkeit der Bestrafung wegen Sachbeschädigung ein Zurückgreifen auf Abs. 2 ausschließt, das Wort „bedroht" also i. S. von „verwirkt" zu verstehen ist (vgl. 138 u. § 52, D-Tröndle 8, Rudolphi SK 8; and. Herdegen LK 13, Lackner 6b, Schild AK 28). Das Problem hat sich indes mit der seit 1985 bestehenden Möglichkeit, die Sachbeschädigung auch von Amts wegen zu verfolgen, weitgehend entschärft, weil i. d. R. bei einer Sachbeschädigung, die zugleich eine Tat nach Abs. 2 ist, wegen eines besonderen öffentlichen Interesses an der Strafverfolgung ein Einschreiten von Amts wegen geboten ist und ein solches Einschreiten dann die Anwendung des Abs. 2 ausschließt. Subsidiarität des Abs. 2 ist ferner gegenüber solchen Vorschriften anzunehmen, die eine entsprechende Schutzrichtung aufweisen und ein konkretes Gefährdungsdelikt erfassen, so gegenüber §§ 312, 313, 315, 315b, 318 (ebenso D-Tröndle 8, der zudem noch die §§ 88, 316b vorgehen läßt).

§ 145a Verstoß gegen Weisungen während der Führungsaufsicht

Wer während der Führungsaufsicht gegen eine bestimmte Weisung der in § 68b Abs. 1 bezeichneten Art verstößt und dadurch den Zweck der Maßregel gefährdet, wird mit Freiheitsstrafe bis zu einem Jahr oder mit Geldstrafe bestraft. Die Tat wird nur auf Antrag der Aufsichtsstelle (§ 68a) verfolgt.

§ 145 a 1–6   Bes. Teil. Straftaten gegen die öffentliche Ordnung

1   **I. Zweck der Vorschrift** ist sicherzustellen, daß bestimmte Weisungen im Rahmen der Führungsaufsicht befolgt werden und damit der Zweck der Maßregel (vgl. § 68 RN 3) erreichbar bleibt. Ohne eine Strafsanktion für Verstöße gegen Weisungen würde die Führungsaufsicht entwertet. Weisungen bilden eines der wichtigsten Mittel für eine wirksame Ausgestaltung der Führungsaufsicht. Von ihrer Befolgung kann weitgehend abhängen, ob die Maßregel ihre Aufgabe erfüllt, den Verurteilten von weiteren Straftaten abzuhalten. Hat dieser bei Mißachtung der ihm erteilten Weisungen nichts zu befürchten, so ist in manchen Fällen zu erwarten, daß er sie nicht ernst nimmt. Angesichts solcher Gefahren hat man sich bei den gesetzgeberischen Beratungen die Bedenken nicht zu eigen gemacht, die wiederholt gegen eine Pönalisierung der Nichtbefolgung von Weisungen erhoben worden sind (vgl. Prot. V 2208 ff., 2215).

2   Als **Bedenken** gegen eine solche Strafvorschrift wurde vor allem angeführt, daß mit ihr der bloße Ungehorsam zu einer Straftat gestempelt werde, nicht aber ein kriminelles Verhalten. Gegen eine solche Strafvorschrift daher u. a. *Grünwald* ZStW 76, 664, *Jescheck* 743 FN 7. Diesen Bedenken ist entgegenzuhalten, daß nach § 145 a die Nichtbefolgung von Weisungen allein noch keine Straftat darstellt. Weitere Voraussetzung ist, daß der Zweck der Führungsaufsicht gefährdet wird. Der unter Führungsaufsicht Gestellte, der diesen Zweck durch Zuwiderhandlung gegen eine Weisung bewußt gefährdet, ist jedoch nicht nur ungehorsam. Er stellt sich vielmehr dem Bemühen entgegen, ihn von neuen Straftaten abzuhalten. Sein Verhalten ist damit für die Allgemeinheit bereits gefahrenträchtig (vgl. dazu *Groth* NJW 79, 747). Eine andere Frage ist, ob die Strafandrohung bei der in Betracht kommenden Tätergruppe, die bei ihrer Resozialisierung nicht mitwirken will, überhaupt eine hinreichende präventive Wirkung auslöst und ob die Bestrafung sich zur Einwirkung auf solche Täter eignet. Mit einer Geldstrafe ist bei dieser Tätergruppe oftmals nicht viel auszurichten, wohl kaum mehr mit einer Freiheitsstrafe, die dem Unrechts- und Schuldgehalt der Tat entsprechend nicht langfristig sein kann; Strafaussetzung zur Bewährung scheidet ohnehin regelmäßig wegen der ungünstigen Täterprognose aus. Vgl. zu diesen Bedenken *Lackner* 5, aber auch *Horn* SK 17. Zum Ganzen vgl. *Hanack* LK 3 ff., 37 ff.

3   Ihre genaueren Konturen erhält die Vorschrift erst auf Grund der Weisung, die das Gericht einem Verurteilten gem. § 68 b I erteilt hat. Es handelt sich dementsprechend um eine **Blankettvorschrift**. Zu den sich daraus ergebenden Anforderungen an die Weisungen, die als Tatbestandsmerkmal des § 145 a in Betracht kommen, vgl. u. 5.

4   **II. Der objektive Tatbestand** setzt voraus, daß der Verurteilte während der Zeit, in der er unter Führungsaufsicht steht, gegen eine bestimmte Weisung der in § 68 b I bezeichneten Art verstößt und dadurch den Zweck der Maßregel gefährdet.

5   1. Der Verstoß muß sich gegen eine **bestimmte Weisung** richten, die das Gericht **gem. § 68 b I** erteilt hat. Zuwiderhandlungen gegen eine Weisung nach § 68 b II genügen nicht. Die nach § 68 b I erteilte Weisung muß bestimmt sein, d. h., sie muß dem Bestimmtheitsgebot des Art. 103 II GG entsprechen, also ebenso fest umrissen sein wie der Tatbestand einer Strafnorm. Weisungen, die diesen Anforderungen nicht gerecht werden, vermögen den Tatbestand des § 145 a nicht in der erforderlichen Weise auszufüllen. In der Weisung muß demnach inhaltlich und dem Umfang nach genau festgelegt sein, was der Verurteilte zu tun oder zu lassen hat. Soweit es auf bestimmte Zeiten ankommt, wie bei der Weisung nach § 68 b I Nr. 7, müssen sie aus der Weisung klar hervorgehen. So muß bei den Meldepflichten nach § 68 b I Nr. 7 zumindest ein bestimmter Zeitraum gerichtlich festgelegt sein (KG JR **87**, 124 m. Anm. *Groth* JR 88, 258; vgl. auch § 68 b RN 12). Dagegen steht eine Weisung noch nicht deswegen in Widerspruch zum Bestimmtheitsgebot, weil die Dauer, für die sie gelten soll, nicht angegeben worden ist. In einem solchen Fall ist davon auszugehen, daß sie für die ganze Dauer der Führungsaufsicht erteilt worden ist. Die Bestrafungsmöglichkeit setzt nicht voraus, daß die Weisung ausdrücklich auf § 68 b I gestützt wird (and. *Hanack* LK 9); § 145 a stellt nur auf eine bestimmte Weisung der in § 68 b I bezeichneten Art ab. Ein Hinweis auf § 68 b I ist allerdings zur Klarstellung angebracht (vgl. § 68 b RN 3). Andererseits reicht der Hinweis, die Weisung werde auf § 68 b I gestützt, nicht aus, wenn dessen Anforderungen nicht erfüllt sind, etwa die Weisung nicht unter dessen abschließenden Katalog fällt oder inhaltlich unbestimmt ist. Ebensowenig erfaßt § 145 a Weisungen, die an die Lebensführung des Verurteilten unzumutbare Anforderungen stellen und demgemäß mit § 68 b III unvereinbar sind. Dagegen scheiden Weisungen noch nicht deswegen aus dem Tatbestand des § 145 a aus, weil sie unzweckmäßig sind. Bei ihnen kann jedoch die weitere Strafbarkeitsvoraussetzung der Gefährdung des Maßregelzwecks entfallen (vgl. u. 7).

6   2. Ein **Verstoß** gegen eine Weisung der bezeichneten Art liegt vor, wenn der Verurteilte das ihm Auferlegte nicht oder unvollkommen erfüllt. Anders als beim Widerruf der Strafaussetzung (§ 56 f) und der Aussetzung einer Unterbringung (§ 67 g) ist nicht erforderlich, daß es sich um einen gröblichen oder beharrlichen Verstoß handelt. Eine einmalige Zuwiderhandlung genügt an sich; sie wird aber vielfach noch nicht zu einer Gefährdung des Maßregelzwecks

Verstoß gegen Weisungen während der Führungsaufsicht   7–10   § 145 a

führen. Der Verstoß muß **während der Führungsaufsicht** erfolgen. Das eine Weisung nicht beachtende Verhalten vor Beginn der Führungsaufsicht reicht ebensowenig aus wie ein Verhalten nach ihrer Beendigung. Beschränkt sich die Weisung auf eine kürzere Zeit als die Führungsaufsicht, so ist dieser Zeitraum maßgebend. Nach Ablauf dieser Zeit begangene Handlungen, die der früheren Weisung nicht entsprechen, verstoßen nicht gegen diese. Dagegen kann die Zuwiderhandlung gegen eine Weisung auch in einer Zeit begangen werden, die gem. § 68c II 2 nicht in die Dauer der Führungsaufsicht eingerechnet wird. Wird allerdings der Verurteilte auf behördliche Anordnung in einer Anstalt verwahrt, so verlieren Weisungen während dieser Zeit ihre Bedeutung. Ein etwaiger Verstoß in dieser Zeit, soweit er überhaupt möglich ist, kann daher nicht unter § 145 a fallen.

3. Der Verstoß gegen eine Weisung muß den **Zweck der Führungsaufsicht gefährden.** Da   7
dieser Zweck darin besteht, gefährliche oder gefährdete Täter von weiteren Straftaten abzuhalten (vgl. § 68 RN 3), setzt das Gefährdungsmoment die Wahrscheinlichkeit voraus, daß es nicht gelingt, eine straffreie Lebensführung des Verurteilten zu erreichen, also die Wahrscheinlichkeit des Mißlingens der Resozialisierung (ähnlich D-Tröndle 4, Lackner 3, nach denen bereits die Vergrößerung der Gefahr weiterer Straftaten bzw. die Verschlechterung der Resozialisierungsaussichten ausreicht). Eine solche Wahrscheinlichkeit muß aus dem Verstoß gegen eine Weisung hervorgehen. Zu berücksichtigen ist daneben das sonstige Verhalten des Täters, das Schlüsse auf oder gegen die Gefährdung des Maßregelzwecks zuläßt (vgl. Lackner 3; krit. Hanack LK 24). Eine Gefährdung des Maßregelzwecks durch Nichtbefolgung einer Weisung entfällt etwa, wenn der Täter aus anerkennenswerten Gründen handelt, z. B. ein Rechtfertigungs- oder Entschuldigungsgrund vorliegt. Wer angewiesen worden ist, sich von Kinderspielplätzen fernzuhalten, gefährdet nicht den Zweck der Führungsaufsicht, wenn er einen Kinderspielplatz betritt, um sein dort in Gefahr geratenes Kind fortzubringen. An der erforderlichen Gefährdung durch Mißachtung einer Weisung fehlt es ferner i. d. R. bei geringen Verstößen, z. B. bei einmaliger Zuwiderhandlung aus menschlicher Schwäche. Handelt es sich dagegen um einen gröblichen oder beharrlichen Verstoß (vgl. hierzu § 56 f RN 6), so verknüpft sich damit zumeist eine Gefährdung des Maßregelzwecks. Anders kann es hier u. U. liegen, wenn die nicht befolgte Weisung unzweckmäßig war. Maßgebend für das Gefährdungsmoment ist die Tatzeit. Es braucht im Urteilszeitpunkt nicht mehr vorzuliegen (Groth NJW 79, 746; and. Horn SK 14); sein Wegfall kann aber zur Rücknahme des Strafantrags (vgl. u. 11) Anlaß geben (Hanack LK 26).

4. Keine Voraussetzung für die Strafbarkeit ist die nach § 268a III StPO vorgeschriebene **Belehrung**   8
über die Möglichkeit einer Bestrafung nach § 145 a. Unterbleibt die Belehrung, so kann dies allenfalls Bedeutung für einen etwaigen Verbotsirrtum erlangen.

III. Für den **subjektiven Tatbestand** ist Vorsatz erforderlich; bedingter Vorsatz genügt. Der   9
Vorsatz muß die Zuwiderhandlung gegen eine tatbestandsausfüllende Weisung sowie die Gefährdung des Maßregelzwecks umfassen. Hinsichtlich der Weisung braucht der Täter nur das ihm Auferlegte zu kennen, nicht auch ihren Hintergrund. Er braucht also nicht zu wissen, weshalb das Gericht ihm gerade die Weisung, der er zuwiderhandelt, erteilt hat (Hamburg NJW **85**, 1232), z. B. nicht, daß die Beschäftigung, Ausbildung oder Beherbergung bestimmter Personen ihm untersagt worden ist, weil sie ihm Gelegenheit oder Anreiz zu weiteren Straftaten bieten können (vgl. D-Tröndle 3, aber auch Schild AK 19). Ihm muß jedoch bewußt sein, daß die Nichtbefolgung der Weisung die Gefahr des Mißlingens seiner Resozialisierung begründet (Hamburg NJW **85**, 1232, D-Tröndle 5, Groth NJW 79, 747, Hanack LK 28; and. Horn SK 3, 15, der die Gefährdung des Maßregelzwecks als objektive Strafbarkeitsbedingung ansieht). Diese Voraussetzung ist vor allem dann erfüllt, wenn der Täter der Weisung nicht nachkommt, weil er nicht gewillt ist, ein straffreies Leben zu führen (and. Schild AK 19, der Vorsatz hinsichtlich des Zusammenhangs zwischen Weisungsverstoß und Gefährdungserfolg verneint; wer jedoch eine Weisung mißachtet, die ihn von Straftaten abhält, z. B. als Schmuggler das ihm verbotene Grenzgebiet betritt, kennt durchaus den erforderlichen Zusammenhang). Es reicht indes aus, daß er damit rechnet, ohne Befolgung der Weisung werde er den an ihn herantretenden Versuchungen voraussichtlich wieder erliegen (vgl. Hamburg NJW **85**, 1232), und er gleichwohl die Weisung mißachtet. Zur Fehlbeurteilung einer Weisung als unzumutbar gem. § 68b III gilt das RN 155 vor § 13 Gesagte entsprechend.

IV. **Täter** kann nur die unter Führungsaufsicht stehende Person sein, der die nichtbefolgte   10
Weisung erteilt worden ist. Sonstige Personen können sich an dem Delikt nur als **Teilnehmer** beteiligen. Die Beschränkung des Täterkreises bedeutet jedoch nicht, daß ein besonderes persönliches Merkmal strafbegründend und die Strafe für Teilnehmer deshalb nach den §§ 28 I, 49 I zu mildern ist (Hanack LK 29, Lackner 1, Schild AK 25; and. D-Tröndle 2, Horn SK 4). Sie ergibt sich vielmehr daraus, daß innerhalb eines begrenzten Bereichs (Führungsaufsicht) die

Stree   1195

§ 145 c 1

Effektivität von Maßnahmen zur Verbrechensverhütung sichergestellt und einem gefahrenträchtigen Verhalten in diesem Rahmen mit den Mitteln des Strafrechts entgegengewirkt werden soll. Nicht personale Elemente, sondern die besonderen Gefahren (Anfälligkeit) in einem begrenzten Bereich und damit rechtsgutsbezogene Erwägungen führen hier zur Beschränkung des Täterkreises. Daß persönlichkeitsbezogene Merkmale ohne entscheidende Bedeutung sind, zeigt ein Vergleich mit § 145 c, dem eine entsprechende Funktion wie § 145 a zukommt. Die Unerheblichkeit persönlichkeitsbezogener Merkmale für das Tatunrecht geht dort bereits daraus hervor, daß nicht nur der vom Berufsverbot Betroffene Täter sein kann (vgl. § 145 c RN 6).

11   V. Die Verfolgung der Tat setzt einen **Strafantrag** der Aufsichtsstelle (§ 68 a) voraus. Das Antragserfordernis soll bewirken, daß die Strafverfolgung nur als letztes Mittel eingesetzt wird, um auf den unter Führungsaufsicht stehenden Verurteilten, der sich den Resozialisierungsbemühungen entgegenstellt, einzuwirken. Die Aufsichtsstelle hat daher sorgfältig abzuwägen, ob eine Bestrafung erforderlich und somit ein Strafantrag geboten ist. Besteht Aussicht, mit weniger einschneidenden Mitteln erfolgreich auf den Täter einwirken zu können, z. B. durch verschärfte Kontrollen, so sind diese Mittel dem Strafantrag vorzuziehen. Um eine sachgerechte Entscheidung treffen zu können, hat die Aufsichtsstelle vor Antragstellung den Bewährungshelfer zu hören (§ 68 a VI). Die Wirksamkeit des Strafantrags ist jedoch nicht davon abhängig, daß mit dem Bewährungshelfer ein Einvernehmen über die Notwendigkeit des Antrags hergestellt worden ist. Sie hängt nicht einmal davon ab, daß die Aufsichtsstelle den Bewährungshelfer überhaupt gehört hat (vgl. § 68 a RN 5 a. E., D-Tröndle 7; and. Hanack LK 30, Horn SK 18, Schild AK 26). Für den Antrag sind die §§ 77 ff. maßgebend. Er kann danach bis zum rechtskräftigen Abschluß des Strafverfahrens zurückgenommen werden (§ 77 d).

12   VI. Zweifelhaft kann das **Verhältnis zwischen** der **Bestrafungsmöglichkeit** und der **Widerrufsmöglichkeit** bei einer Strafaussetzung, der Aussetzung eines Strafrestes oder bei der Aussetzung eines Maßregelvollzugs sein. Es stellt sich insoweit die Frage, ob eine Bestrafung nach § 145 a auch dann zulässig ist, wenn der strafbare Verstoß gegen eine Weisung den Widerruf einer Aussetzung auslöst. Die Frage ist zu verneinen. Einer Bestrafung würde zwar nicht das Verbot der Doppelbestrafung entgegenstehen, da der Widerruf einer Aussetzung keine Strafe darstellt. Eine Strafsanktion neben dem Widerruf entspricht aber nicht ihrem Sinn. Die mit ihr verfolgte Einwirkung auf den Täter erübrigt sich, weil ihn mit dem Widerruf der Aussetzung eine Sanktion trifft, die einer Bestrafung nicht nachsteht. Vgl. dazu Lenckner, Strafe, Schuld und Schuldfähigkeit, in: Göppinger-Witter, Handbuch der forensischen Psychiatrie, 223. Im übrigen wäre eine Doppelbelastung, die sich aus dem Widerruf einer Aussetzung und einer Bestrafung ergeben würde, eine Reaktion auf ein Fehlverhalten, die sich schwerlich mit dem Grundsatz der Verhältnismäßigkeit vereinbaren läßt (and. Hanack LK 41). Verfährt jedoch das Gericht bei einem Verstoß gegen eine Weisung, die im Rahmen der Aussetzung der Unterbringung in einer Entziehungsanstalt erteilt worden ist, entsprechend § 67 d V (vgl. § 67 g RN 10), so entfällt die Einschränkung der Bestrafungsmöglichkeit.

13   VII. **Konkurrenzen:** Mehrere Verstöße gegen eine Weisung oder gegen verschiedene Weisungen sind nicht bereits nach § 145 a zu einer Tat zusammengefaßt. Die Vorschrift stellt vielmehr auf jede Einzelhandlung ab. Es beurteilt sich daher nach allgemeinen Regeln, ob mehrere Verstöße als eine Tat oder als mehrere Taten anzusehen sind. Eine fortgesetzte Tat kann z. B. auch bei Zuwiderhandlungen gegen verschiedene Weisungen gegeben sein. Erfüllt der Verstoß gegen eine Weisung zugleich den Tatbestand einer anderen Strafvorschrift, so besteht zwischen ihr und § 145 a Idealkonkurrenz. Ist die andere Straftat jedoch nur gelegentlich einer andauernden Zuwiderhandlung gegen eine Weisung begangen worden, so ist Realkonkurrenz anzunehmen.

§ 145 b Die Vorschrift, welche die **Tierquälerei** behandelte, wurde durch § 9 I TierschutzG vom 24. 11. 1933 ersetzt. Jetzt ist insoweit § 17 TierschutzG maßgebend.

§ 145 c Verstoß gegen das Berufsverbot

Wer einen Beruf, einen Berufszweig, ein Gewerbe oder einen Gewerbezweig für sich oder einen anderen ausübt oder durch einen anderen für sich ausüben läßt, obwohl dies ihm oder dem anderen strafgerichtlich untersagt ist, wird mit Freiheitsstrafe bis zu einem Jahr oder mit Geldstrafe bestraft.

1   I. **Zweck der Vorschrift** ist, die Einhaltung eines strafgerichtlich angeordneten Berufsverbots sicherzustellen. Da ein solches Verbot nur jemandem aufzuerlegen ist, von dem der künftige Mißbrauch der Berufsausübung zu erheblichen rechtswidrigen Taten zu befürchten ist, zielt die Strafdrohung nicht allein darauf ab, den bloßen Ungehorsam zu unterbinden. Sie soll vielmehr einem gefahrenträchtigen Verhalten entgegenwirken. Die Vorschrift dient damit dem Schutz der Allgemeinheit. Um die Beachtung des Berufsverbots möglichst wirkungsvoll

Verstoß gegen das Berufsverbot 2–6 **§ 145 c**

zu sichern, richtet sich § 145 c nicht nur gegen den von der Maßregel Betroffenen, sondern auch gegen jede andere Person, die für ihn Tätigkeiten ausübt, die unter das Verbot fallen, oder die durch ihn solche Tätigkeiten für sich ausüben läßt (vgl. E 62 Begr. 614).

II. Der **objektive Tatbestand** setzt das Zuwiderhandeln gegen ein strafgerichtliches Verbot 2 voraus, einen bestimmten Beruf, einen Berufszweig, ein Gewerbe oder einen Gewerbezweig auszuüben. Es genügt, daß der vom Verbot Betroffene entgegen § 70 III für einen anderen tätig wird oder einen anderen für sich tätig werden läßt. Aber auch der andere, der für den Betroffenen nach dessen Weisungen den Beruf usw. ausübt oder ihn den Beruf usw. für sich ausüben läßt, handelt tatbestandsmäßig.

1. Es muß sich um einen Verstoß gegen ein **Berufsverbot** handeln, das ein **Strafgericht** 3 **angeordnet** hat. Zuwiderhandlungen gegen Verbote, die sich gesetzlich als Folge einer Verurteilung ergeben, z. B. nach § 6 II GmbHG, oder die von Verwaltungsbehörden auf Grund des Gewerberechts, z. B. nach § 35 GewO, erlassen worden sind, fallen nicht unter § 145 c, ebensowenig Zuwiderhandlungen gegen ein Berufsverbot, das ein Ehrengericht verhängt hat, z. B. nach den §§ 150, 153 BRAO. Ein strafgerichtliches Berufsverbot liegt vor, wenn eine Entscheidung nach § 70 rechtskräftig geworden oder ein vorläufiges Berufsverbot gem. § 132a StPO ausgesprochen worden ist. Es bleibt auch für die Zeit maßgebend, die nach den §§ 70 IV 3, 70a II 3 in die Verbotsfrist nicht einzurechnen ist, also für die Zeit, in welcher der Täter auf behördliche Anordnung in einer Anstalt verwahrt wird. Die Aufhebung eines rechtskräftigen Berufsverbots in einem späteren Wiederaufnahmeverfahren läßt die Strafbarkeit der vorher begangenen Zuwiderhandlungen gegen das Verbot unberührt, obwohl sie das frühere Urteil mit rückwirkender Kraft beseitigt. An der Strafbarkeit solcher Zuwiderhandlungen ändert sich deshalb nichts, weil das Urteil für die Dauer seiner Existenz Beachtung verlangt (vgl. § 113 RN 22, 32, auch BGH **22** 146).

2. Als **Tathandlung** kommt jede Tätigkeit in Betracht, auf die sich das Berufsverbot er- 4 streckt. Der vom Berufsverbot Betroffene handelt demgemäß tatbestandsmäßig, wenn er selbst den vom Verbot umfaßten Beruf usw. für sich (selbständig) oder für einen anderen (etwa als Angestellter) ausübt oder wenn er diesen Beruf usw. von einem anderen für sich ausüben läßt. Beim Ausübenlassen muß jedoch entsprechend § 70 III hinzukommen, daß er den anderen nach seinen Weisungen tätig werden läßt. Es genügt in allen Fällen eine einmalige Zuwiderhandlung; Wiederholungsabsicht ist nicht erforderlich (Düsseldorf NJW **66**, 410, Horn SK 8, D-Tröndle 3; and. Horstkotte LK 11, Schild AK 8). § 145 c setzt weder berufsmäßiges (vgl. zu diesem Begriff BGH **7** 130) noch gewerbsmäßiges Handeln voraus. Eine andere Person handelt tatbestandsmäßig, wenn sie für den vom Berufsverbot Betroffenen nach seinen Weisungen, etwa als Strohmann, in dem vom Berufsverbot betroffenen Bereich tätig wird oder ihn für sich eine Tätigkeit in diesem Bereich ausüben läßt. Auch hier reicht eine einmalige Handlung ohne Wiederholungsabsicht aus. Unerheblich ist, von wem die Initiative ausgegangen ist.

III. Für den **subjektiven Tatbestand** ist Vorsatz erforderlich. Er setzt das Bewußtsein vor- 5 aus, daß die ausgeübte Tätigkeit in den Bereich fällt, auf den sich das Berufsverbot erstreckt. Bedingter Vorsatz genügt. Die Fehlvorstellung, eine Tätigkeit falle nicht unter das Berufsverbot oder die Verbotsfrist laufe noch nicht oder sei bereits abgelaufen, schließt als Tatbestandsirrtum den Vorsatz aus (BGH NJW **89**, 1939 m. abl. Anm. Dölp NStZ 89, 475; and. D-Tröndle 6). Um einen Verbotsirrtum handelt es sich jedoch, wenn der Täter den gesetzlichen Umfang des Berufsverbots verkennt, etwa meint, er dürfe den verbotenen Beruf durch einen anderen trotz Weisungsabhängigkeit für sich ausüben lassen.

IV. Teilnahme ist nach allgemeinen Regeln möglich. Soweit die Berufsausübung ein Zu- 6 sammenwirken mit einem Partner voraussetzt, ist dieser als notwendiger Teilnehmer straflos (D-Tröndle 5, Lackner 2), z. B. der Kunde, der sich auf die Entgegennahme von Leistungen und deren Bezahlung beschränkt, oder der Warenlieferant, der nur eine Bestellung ausführt. Liegt strafbare Teilnahme vor, so fragt sich, ob die Strafe für den Teilnehmer nach den §§ 28 I, 49 I zu mildern ist. Da Täter jede Person sein kann, die für den vom Berufsverbot Betroffenen handelt oder ihn für sich tätig werden läßt, und ihre Tat gesetzlich der Tat des vom Berufsverbot Betroffenen gleichsteht, sind für das Unrecht der von § 145 c erfaßten Tat keine besonderen persönlichkeitsbezogenen Merkmale von entscheidender Bedeutung. § 28 I kann daher auch dann nicht anwendbar sein, wenn jemand an der Tat des vom Berufsverbot Betroffenen teilnimmt (Horstkotte LK 19; and. D-Tröndle 3). Wer etwa diesen zu dem Verstoß gegen das Berufsverbot anstiftet, kann nicht besser gestellt sein als der Anstifter, der eine andere Person zu einer Tat nach § 145 c bestimmt. Zur Nichtanwendbarkeit des § 28 I vgl. auch § 145 a RN 10.

Stree

7 V. **Idealkonkurrenz** ist mit Betrug möglich (BGH MDR/D 73, 370). Gleiches gilt, soweit im Nebenstrafrecht die unbefugte Ausübung eines Berufes oder Gewerbes mit Strafe bedroht ist (Horstkotte LK 21; and. D-Tröndle 7, der in einer solchen Vorschrift eine lex specialis erblickt).

§ 145 d Vortäuschen einer Straftat

(1) Wer wider besseres Wissen einer Behörde oder einer zur Entgegennahme von Anzeigen zuständigen Stelle vortäuscht,
1. daß eine rechtswidrige Tat begangen worden sei oder
2. daß die Verwirklichung einer der in § 126 Abs. 1 genannten rechtswidrigen Taten bevorstehe,

wird mit Freiheitsstrafe bis zu drei Jahren oder mit Geldstrafe bestraft, wenn die Tat nicht in § 164, § 258 oder § 258a mit Strafe bedroht ist.

(2) Ebenso wird bestraft, wer wider besseres Wissen eine der in Absatz 1 bezeichneten Stellen über den Beteiligten
1. an einer rechtswidrigen Tat oder
2. an einer bevorstehenden, in § 126 Abs. 1 genannten rechtswidrigen Tat

zu täuschen sucht.

Vorbem.: Neugefaßt durch das 14. StÄG vom 22. 4. 1976, BGBl. I 1056.

Schrifttum: Fuchs, Zur Anwendung des § 145d StGB bei Verkehrsstrafsachen, DAR 57, 147. – *Krümpelmann,* Täuschungen mit Wahrheitskern bei § 145d Abs. 1 Ziff. 1 StGB, ZStW 96, 999. – *Rietzsch,* Die vorgetäuschte Straftat und die falsche Aussage, DStR 43, 97. – *Stree,* Täuschung über einen Tatbeteiligten nach § 145 d Abs. 2 Nr. 1 StGB, Lackner-FS 527.

1 I. Die Vorschrift dient als Ergänzung des § 164 dem Schutz der Rechtspflege und zudem seit der Neuregelung dem Schutz der Präventivorgane. Zu deren Einbeziehung in den Schutz vgl. BT-Drs. 7/3030 S. 9, Laufhütte MDR 76, 444, Stree NJW 76, 1181, Sturm JZ 76, 351. **Grundgedanke** der Vorschrift ist, eine ungerechtfertigte Inanspruchnahme des behördlichen Apparates zu verhindern (vgl. BGH **6** 255, **19** 307f., Düsseldorf JMBlNW **51**, 132, Krümpelmann ZStW 96, 1009), die durch Hinlenken behördlicher Ermittlungen oder präventiver Maßnahmen in eine falsche Richtung erfolgt. Hiermit verbindet sich der Zweck, die Rechtspflege- und Präventivorgane davor zu bewahren, durch unnötigen Einsatz von der Erfüllung ihrer wirklichen Aufgaben abgehalten zu werden. Dem Gesetzeszweck entsprechend setzt der Tatbestand voraus, daß die Täuschungshandlung darauf angelegt ist, die Ermittlungstätigkeit oder die Präventivmaßnahmen in eine bestimmte Richtung zu lenken. Es genügt nicht, daß die Behörde daran gehindert wird, die richtige Richtung einzuschlagen. Das muß auch dann gelten, wenn infolge des Ablenkens von der richtigen Spur die Möglichkeit oder sogar die Gefahr besteht, daß die Behörde nunmehr von sich aus durch Ermittlungen in eine andere Richtung auf eine falsche Fährte gerät. Zwar hat der Täuschende auch hier auf staatliche Organe in einer Weise eingewirkt, die geeignet sein kann, überflüssige Tätigkeiten dieser Organe zu verursachen. Er selbst hat aber die Organe nicht ungerechtfertigt in Anspruch nehmen und sie zu überflüssigen Maßnahmen bestimmter Art verleiten wollen. Das bloße Ablenken von einem Tatbeteiligten durch verdachtentkräftende Täuschungshandlungen kann trotz des möglichen Auslösens unnötiger Behördentätigkeit unter dem Gesichtspunkt des Schutzes staatlicher Organe vor dem Verleiten zu unnützen Maßnahmen nicht verwerflicher sein als das Verwischen von Spuren, die zu einem Tatbeteiligten geführt hätten, oder falsche Angaben über die Spur zu einem Verdächtigen (z. B. unrichtige Auskunft über dessen Aufenthaltsort), die § 145 d schon nach seinem Wortlaut nicht erfaßt (Stree aaO 531). Daher fällt eine Aussage, die einen Verdächtigen nur entlastet, nicht unter § 145 d (vgl. u. 14).

2 Erfaßt wird nur eine Täuschungshandlung, die auf Fehlleiten des staatlichen Verfolgungsapparates oder Erwirken unnötiger Sicherheitsvorkehrungen gerichtet ist, nicht die ungerechtfertigte Inanspruchnahme des Vollstreckungsapparates. Nach § 145 d ist somit nicht strafbar, wer sich als angeblich Verurteilter zur Strafvollstreckung meldet.

3 II. Der **Tatbestand** setzt voraus, daß jemand einer Behörde oder einer zur Entgegennahme von Anzeigen zuständigen Stelle vortäuscht, es sei eine rechtswidrige Tat i. S. des § 11 I Nr. 5 begangen worden (Abs. 1 Nr. 1) oder die Verwirklichung einer der in § 126 I genannten rechtswidrigen Taten stehe bevor (Abs. 1 Nr. 2). Es reicht aber auch aus, daß jemand die Behörde usw. über die Person eines Beteiligten an einer rechtswidrigen Tat oder an einem bevorstehenden Gewaltdelikt im § 126 I genannten Art zu täuschen sucht (Abs. 2). Die Täuschung muß von außen her erfolgen; behördeninterne Täuschungen genügen nicht (D-Tröndle 3, Kühne JuS 87, 190, Rudolphi SK 1c). Nicht mehr behördenintern ist die Angelegenheit jedoch, der Täter einer amtlichen Stelle außerhalb des Funktionsbereichs der betroffenen Behörde angehört (vgl. RG **72** 98 zu § 164).

1. Die Täuschungshandlung muß gegenüber einer **Behörde** (vgl. dazu § 164 RN 25f.) oder 4 einer zur Entgegennahme von Anzeigen zuständigen Stelle (vgl. § 164 RN 27) erfolgen. Es muß sich um ein inländisches Organ der Staatsgewalt handeln. Anders als bei der falschen Verdächtigung gem. § 164 reicht die Täuschung einer ausländischen Behörde nicht aus, da § 145d sich auf den Schutz staatlicher Belange beschränkt und ausländische Staatsorgane insoweit grundsätzlich nicht den Schutz des deutschen Strafrechts genießen (vgl. 16 ff. vor § 3, BGH NStZ **84**, 360, Düsseldorf NJW **82**, 1242). Das gilt auch dann, wenn die ausländische Behörde deutsche Stellen in die Ermittlung einschaltet (Düsseldorf MDR **82**, 515). Als Adressat der Täuschungshandlung kommen in erster Linie die Polizei und die StA in Betracht, aber auch die Gerichte, ferner Zollbehörden (vgl. Köln NJW **53**, 1843), militärische Dienststellen und der Wehrbeauftragte, nicht dagegen kirchliche Behörden. Auch ein parlamentarischer Untersuchungsausschuß gehört zum geschützten Adressatenkreis (Lackner 2, Rudolphi SK 4; and. D-Tröndle 4). Es genügt die Vortäuschung gegenüber einem einzelnen Angehörigen der Behörde, sofern er in amtlicher Eigenschaft tätig wird, etwa gegenüber dem an Ort und Stelle ermittelnden Polizeibeamten (vgl. KG VRS **22** 346, Celle NJW **64**, 733), oder gegenüber einer Polizeistreife (KG JR **89**, 26).

2. Die Behörde, der eine begangene oder bevorstehende Tat vorgetäuscht wird, muß in 5 irgendeiner Weise dazu **berufen** sein, wegen dieser Tat **etwas zu veranlassen** (Rudolphi SK 3, Schild AK 13; and. Willms LK 5). § 145d erfaßt nicht die Fälle, in denen die Vortäuschung nur dazu dient, eine Leistung zu erlangen, wie z. B. der Rentenantrag, den jemand auf ein angeblich gegen ihn begangenes Verbrechen stützt (and. Willms LK 1). Andererseits ist nicht erforderlich, daß die getäuschte Behörde für die Bearbeitung des Falles zuständig ist. Es reicht aus, wenn sie dazu berufen ist, die Mitteilung an die zuständige Stelle weiterzuleiten. Da die Tat nach § 145d auch in mittelbarer Täterschaft begangen werden kann (vgl. BGH **6** 255), braucht sich der Täter selbst nicht unmittelbar an eine Behörde zu wenden. Eine Täuschungshandlung gegenüber einer Behörde liegt auch dann vor, wenn jemand darauf hinwirkt, daß sie zur Kenntnis der Behörde gelangt (vgl. Braunschweig NJW **55**, 1935). Vgl. auch § 164 RN 24ff.

3. Als Tathandlung setzt Abs. 1 Nr. 1 das **Vortäuschen einer begangenen rechtswidrigen** 6 **Tat** voraus. Ein solches Verhalten kann auch in einem Unterlassen liegen (vgl. dazu die zu § 13 RN 3 gebrachten Beispiele).

a) Gegenstand der Vortäuschung muß eine *rechtswidrige Tat* i. S. des § 11 I Nr. 5 sein. Hierun- 7 ter fallen auch die Teilnahme, der Versuch gem. §§ 23, 30 und die mit Strafe bedrohte Vorbereitungshandlung. Ein strafloser Versuch, ein bloßer Disziplinarverstoß oder eine Ordnungswidrigkeit genügt nicht (Frankfurt NJW **75**, 1896), ebensowenig ein angeblicher Selbstmord, da es sich insoweit um keine rechtswidrige Tat i. S. des § 11 I Nr. 5 handelt. An einer rechtswidrigen Tat als Gegenstand der Vortäuschung fehlt es ferner, wenn zugleich ein Rechtfertigungsgrund angegeben wird (and. Oldenburg NJW **52**, 1225). Wird allerdings eine Tat in Notwehr vorgespiegelt, so kann sich das Vortäuschen einer rechtswidrigen Tat daraus ergeben, daß der angebliche Angriff sich als Straftat darstellt. Der Tatbestand ist überdies nicht erfüllt, wenn aus der Täuschungshandlung die Nichterforderlichkeit einer Verfolgungsmaßnahme hervorgeht (Entschuldigungsgrund, nicht behebbares Prozeßhindernis), so z. B., wenn jemand einer Behörde wahrheitswidrig mitteilt, er habe vor 10 Jahren einen Betrug begangen (verjährte Tat). Die Nichterforderlichkeit von Ermittlungen ergibt sich bei einem vorgetäuschten Antragsdelikt auch dann, wenn der Mitteilende Antragsberechtigter ist und ausdrücklich oder konkludent erkennen läßt, daß er keinen Strafantrag stellen wird, es sei denn, es kommt bei dem Antragsdelikt ein Einschreiten von Amts wegen auf Grund des besonderen öffentlichen Interesses an der Strafverfolgung in Betracht. Eine ohne Schuld begangene Tat reicht als Gegenstand der Vortäuschung jedoch aus, wenn sie Anlaß zu Maßnahmen bietet, etwa zu einer Maßregel nach den §§ 61ff. Eine mit der Vortäuschung einer rechtswidrigen Tat verbundene Behauptung, dem Täter falle kein Verschulden zur Last, schließt auch dann den Tatbestand nicht aus, wenn diese Behauptung nicht mit tatsächlichen Angaben untermauert wird, da in einem solchen Fall Anlaß zu Ermittlungen besteht.

b) Die Täuschungshandlung muß sich auf eine *begangene* Tat richten. Das ist auch der Fall, 8 wenn eine in Ausführung befindliche Tat, deren Versuch strafbar ist, oder eine mit Strafe bedrohte Tatvorbereitung vorgetäuscht wird. Überschneidungen mit Abs. 1 Nr. 2 sind daher möglich; zum Verhältnis zwischen Nr. 1 und Nr. 2 vgl. u. 26.

c) Eine **Täuschungshandlung** liegt einmal vor, wenn durch Anzeige oder auf andere Weise 9 der Behörde eine angeblich begangene Tat mitgeteilt wird (Düsseldorf JMBlNW **51**, 132). Zum anderen kann das Vortäuschen dadurch geschehen, daß scheinbare Verbrechensspuren geschaf-

Stree

fen werden, die zur Kenntnis der Behörde kommen (Braunschweig NJW **55**, 1935), oder Spuren anderer Art (z. B. Unfallfolgen) als Verbrechensspuren bezeichnet werden. Aber auch ein verdächtiges Verhalten, das auf eine Straftat deutet, kann genügen, z. B. das Vorspiegeln eines Bandenschmuggels (Köln NJW **53**, 1843) oder der Trunkenheit im Verkehr durch Fahren in Schlangenlinien (Köln VRS **54** 196). Unerheblich ist, welches Gewicht die vorgetäuschte Tat hat. Dagegen reicht das Aufbauschen einer begangenen Tat (z. B. Verdoppelung des Gestohlenen) nicht aus (vgl. Celle NdsRpfl. **57**, 16, Hamm NJW **82**, 60 m. Anm. Krümpelmann JuS 85, 763, Bay NJW **88**, 63), ebensowenig idR das Ausgeben eines strafbaren Versuchs als vollendete Tat (Hamm NStZ **87**, 558 m. Anm. Stree), das Vorspiegeln, eine Tat sei in qualifizierter Form begangen worden (BGH 4 StR 406/73 v. 30. 8. 1973, Hamm NJW **71**, 1324), wie die Vortäuschung, ein Raub sei als schwerer verübt worden, auch nicht das Hinstellen eines Diebstahls als Raub (D-Tröndle 5) oder räuberischen Diebstahl (Willms LK 6) oder das Hinzudichten einer untergeordneten Tat (angeblicher Faustschlag bei einem Raub; vgl. Hamm aaO). Fällt dagegen die begangene Tat gegenüber der vorgetäuschten nicht ins Gewicht und erhält das Geschehen auf Grund der Vortäuschung ein völlig verändertes Gepräge, das geeignet ist, unnötige, erhebliche Mehrarbeit der Behörde zu bewirken, so ist der Tatbestand erfüllt, wie z. B., wenn das nur niedergeschlagene Opfer angibt, es sei beraubt worden (vgl. Hamm aaO; and. Rudolphi SK 9c). Das kann u. U. der Fall sein, wenn auf diese Weise ein Antragsdelikt (oder Privatklagedelikt) als Offizialdelikt hingestellt, etwa eine Beleidigung in eine Vergewaltigung verwandelt wird. Demgegenüber stellt Krümpelmann ZStW 96, 1025, JuS 85, 766 darauf ab, ob ein Verbrechen an Stelle eines begangenen Vergehens vorgetäuscht wird (vgl. dagegen Hamm NStZ **87**, 558 m. Anm. Stree).

10   d) Unwesentlich ist, *wer als Täter* der angeblichen Tat *benannt* wird. Es kommt allein darauf an, ob die Täuschungshandlung zu einer Verfolgungsmaßnahme Anlaß geben kann. Wer wahrheitswidrig sich selbst bezichtigt oder Anzeige gegen Unbekannt (vgl. BGH **6** 255) erstattet, handelt ebenso tatbestandsmäßig wie jemand, der als Täter der angeblichen Tat eine Person benennt, die fingiert oder bereits tot ist. Erfolgt eine Selbstanzeige indes, um einen Verdacht gegen sich zu entkräften und die eigene Unschuld feststellen zu lassen, so fehlt es an einem Vortäuschen, wenn der Anzeigende wahrheitsgemäß die gegen ihn vorliegenden Verdachtsmomente vorbringt. Wird ein Toter bezichtigt, so ist § 145d nicht anwendbar, wenn auf den Tod hingewiesen wird und deswegen für die Behörde kein Anlaß zu Ermittlungen besteht.

11   e) Bedeutungslos ist für die Tatbestandserfüllung, ob die Vortäuschung irgendeinen Erfolg gehabt hat, insb. zu einer behördlichen Reaktion geführt hat (Düsseldorf JMBlNW **51**, 132). Der Erfolg kann jedoch bei der Strafzumessung ins Gewicht fallen (vgl. u. 23).

12   **4.** Dem Vortäuschen einer rechtswidrigen Tat gleichgestellt ist der Fall, daß jemand eine Behörde usw. **über einen Beteiligten an einer rechtswidrigen Tat zu täuschen sucht** (Abs. 2 Nr. 1). Sonstige unrichtige Angaben, etwa über Tatzeit oder Tatort, genügen nicht. Erwecken sie jedoch den Eindruck einer ganz anderen Tat, so ist Abs. 1 Nr. 1 anwendbar.

13   a) Im Unterschied zu Abs. 1 Nr. 1 ist grundsätzlich erforderlich, daß eine *rechtswidrige Tat wirklich begangen* worden ist (Hamburg MDR **49**, 309 m. Anm. Hünemörder, Frankfurt NJW **75**, 1896). Zweifelhaft ist, ob eine Ausnahme zu machen ist, wenn der Täter irrtümlich vom Vorliegen einer rechtswidrigen Tat ausgeht. Da die getäuschte Behörde in solchen Fällen ebenfalls auf eine falsche Fährte gelockt und zu grundloser Ermittlungstätigkeit veranlaßt werden kann, bestehen nach dem Grundgedanken des § 145d (vgl. o. 1) keine Bedenken, diese Fälle einzubeziehen. Auch steht dessen Wortlaut nicht entgegen, da es nur auf einen Täuschungsversuch, nicht auf einen Täuschungserfolg ankommt. Gegen eine Auslegung, die ein tatsächlich begangenes Delikt fordert, spricht zudem, daß ein solches Erfordernis in den Fällen, in denen die Täuschung die Feststellung einer rechtswidrigen Tat verhindert, zur Straflosigkeit des Täters nach dem Grundsatz in dubio pro reo führen muß. Die irrige Annahme einer rechtswidrigen Tat muß daher genügen (Hamm NJW **63**, 2138, Willms LK 10; and. D-Tröndle 7), und zwar nicht nur die irrige Annahme eines Sachverhalts, den der Täter zutreffend als rechtswidrige Tat beurteilt. Auch kommt es nicht darauf an, ob der Täter jedenfalls Umstände wahrgenommen hat, die objektiv die Möglichkeit einer rechtswidrigen Tat ergeben (and. Morner NJW **64**, 310). Nicht erforderlich ist ferner, daß ein die Behörden zu Ermittlungen veranlassender Verdacht einer rechtswidrigen Tat besteht (so aber Rudolphi SK 12, Schild AK 21). Auch Angaben, die einen solchen Verdacht erregen und damit auf Grund der Benennung eines Unbeteiligten als Täter zu grundlosen Ermittlungen in die falsche Richtung verleiten können, sind mit dem Schutzzweck des § 145d unvereinbar. Vgl. zum Ganzen Stree aaO 536ff.

14   b) Eine **Täuschungshandlung** liegt vor, wenn ein Unbeteiligter als Täter oder Teilnehmer einer begangenen Tat hingestellt wird. Das kann nicht nur durch unrichtige Angaben geschehen, wie z. B. bei falscher Selbstbezichtigung als Täter eines tatsächlich begangenen Delikts,

sondern auch durch Herstellen einer falschen, einen anderen verdächtigenden Beweislage, so etwa, wenn der Dieb, um nicht gefaßt zu werden, gestohlene Sachen einem anderen in die Tasche steckt (vgl. § 164 RN 8). Dem Zweck des § 145d (vgl. o. 1) entsprechend ist erforderlich, daß die Behörde unmittelbar auf eine falsche Fährte hingewiesen wird, da sie nur dann ungerechtfertigt in Anspruch genommen und zu überflüssigen Maßnahmen verleitet werden kann. Das ist stets der Fall, wenn eine bestimmte Person fälschlich als Täter angegeben wird (Hamm NJW **56**, 1530, Celle NJW **61**, 1416), auch bei einer Identitätstäuschung, wenn der gestellte und geständige Täter die Personalien eines anderen als seine eigenen ausgibt (and. KG JR **89**, 26); in diesen Fällen tritt § 145d aber regelmäßig hinter § 164 zurück (vgl. u. 26). Ferner genügen konkrete Angaben, die auf einen anderen als den wahren Täter deuten, mag auch dessen Person nicht genau bezeichnet sein. Dagegen scheiden die Fälle aus, in denen die Behörde nur veranlaßt werden soll, keine Nachforschungen gegen den wirklichen Täter anzustellen (vgl. BGH **19** 308). Nicht tatbestandsmäßig handelt, wer als Verdächtigter lediglich leugnet oder wer nur den Verdacht vom Täter ablenkt (KG VRS **10** 457, Bay NJW **84**, 2302, FamRZ **86**, 1155, Zweibrücken NStE **Nr. 1**, NZV **91**, 288, Rudolphi SK 14; and. BGH LM **Nr. 2**, Willms LK 16, der aber für den Verdächtigen und dessen Angehörige in RN 11, 17 Ausnahmen macht). Hier wird nicht unmittelbar auf eine falsche Fährte gewiesen. Der Umstand, daß zu erkennen gegeben wird, ein anderer müsse die Tat begangen haben, reicht nicht aus. § 145d ist daher nicht anwendbar, wenn jemand dem Täter ein falsches Alibi verschafft (Bay NJW **84**, 2302 m. Anm. Kühl JR **85**, 296), z. B. erklärt, der Täter sei zur Tatzeit bei ihm statt am Tatort gewesen, wenn jemand bewußt den Namen des Täters verschweigt oder behauptet, ihn nicht zu kennen, oder wenn ein Delikt als bloßer Unfall hingestellt wird. Diese Grundsätze gelten auch, wenn von mehreren Verdächtigen einer den anderen als Täter bezeichnet. Mangels konkreter Hinweise, die in eine bestimmte Richtung zeigen, genügt des weiteren nicht das bloße Hinlenken auf einen Unbekannten, z. B. eine Anzeige gegen Unbekannt (Celle NJW **61**, 1416, Krümpelmann ZStW 96, 1029, Stree aaO 534, Willms LK 14; and. BGH **6** 255); auf eine falsche Fährte weist der Täter erst, wenn die Anzeige Angaben enthält, die auf eine bestimmte Spur deuten. Auf einen anderen „Täter" weist auch nicht hin, wer angibt, eine bestimmte Person habe statt des Täters die „Tat" ausgeführt, sofern diese Person unter den genannten Umständen keine rechtswidrige Tat begangen haben kann, so z. B., wer bei einem Verstoß gegen § 21 StVG behauptet, ein Inhaber eines Führerscheins habe am Steuer gesessen (BGH **18** 58, **19** 305, Köln NJW **53**, 596, Hamm NJW **64**, 734, Celle NJW **64**, 733, NStZ **81**, 440, Frankfurt NJW **75**, 1895, Bay FamRZ **84**, 1155; and. Koblenz NJW **56**, 561). In eine falsche Richtung wird die Ermittlungstätigkeit ferner nicht gelenkt, wenn sich nach den Angaben Ermittlungen in die gewiesene Richtung erübrigen, etwa der Behörde gegenüber ein erkennbar Toter als Täter hingestellt wird (and. Bay **62**, 40). Anders verhält es sich, wenn der Behörde zunächst unbekannt bleibt, daß die fälschlich als Täter genannte Person bereits verstorben ist.

c) Streitig ist, ob Abs. 2 Nr. 1 auf den *Beteiligten an einer Straftat* anwendbar ist (bejahend **15** Hamm JMBlNW **64**, 177). Die Frage ist nach den o. 14 herausgestellten Grundsätzen zu beantworten. Soweit der Beteiligte nur leugnet, ohne konkrete Angaben über einen anderen Täter zu machen, liegt ein tatbestandsmäßiges Handeln nicht vor. Dies gilt auch dann, wenn auf Grund des Leugnens der Verdacht notwendig auf andere fällt, weil nur bestimmte Personen (z. B. die Insassen eines Kfz. hinsichtlich einer Verkehrsstraftat) als Täter in Betracht kommen (Celle NJW **64**, 733; vgl. auch Oldenburg NdsRpfl. **57**, 179, Hamm JMBlNW **64**, 177). Andererseits greift § 145d ein, wenn der Tatbeteiligte einen Unschuldigen als Täter bezeichnet oder den Verdacht auf ihn lenkt (Fahrer und Beifahrer wechseln einverständlich die Plätze; die Tat des Beifahrers nach § 145d ist dem Fahrer nach § 25 II zuzurechnen). Vgl. hierzu Celle NJW **64**, 733, Hamm VRS **32** 441. Strafbar ist auch die Anstiftung eines anderen, sich an Stelle des Anstifters als Täter auszugeben (Bay JR **79**, 252 m. Anm. Stree). Der Selbstbegünstigungswille kann aber bei der Strafzumessung mildernd berücksichtigt werden (Stree JR **79**, 254; vgl. § 46 RN 12).

5. Tathandlung ist ferner nach Abs. 1 Nr. 2 das **Vortäuschen der bevorstehenden Verwirk-** **16** **lichung einer rechtswidrigen Tat,** soweit es sich bei dieser um eines der in § 126 I genannten Gewaltdelikte handelt. Nicht einbezogen sind sonstige Deliktsvorhaben sowie angebliche Gewaltdelikte, die erst in ferner Zukunft zu erwarten sind, weil nach Ansicht des Gesetzgebers Täuschungen hierüber die Tätigkeit der Präventivorgane nicht ernstlich stören (vgl. BT-Drs. 7/3030 S. 9, Stree NJW **76**, 1181f.).

a) Die Vortäuschung muß die bevorstehende Verwirklichung *einer der in § 126 I genannten* **17** *rechtswidrigen Taten* zum Gegenstand haben, etwa einen räuberischen Banküberfall, eine Brandstiftung, ein Bombenattentat i. S. des § 311 oder eine Flugzeugentführung. Da es bei dieser Tatmodalität um das mögliche Auslösen unnötiger Präventivmaßnahmen geht, kommt es nur auf die Tatbestandsmäßigkeit und Rechtswidrigkeit der angekündigten Tat an, nicht auf ein

§ 145 d 18–21 Bes. Teil. Straftaten gegen die öffentliche Ordnung

schuldhaftes Handeln. Es reicht die Behauptung aus, ein Geisteskranker werde die Tat ausführen. Unwesentlich ist, wer als Täter der angekündigten Tat bezichtigt oder ob überhaupt ein bestimmter Täter genannt wird. Auch wer zum Schein eine eigene Tat androht, handelt tatbestandsmäßig. Zum Aufbauschen einer Tat vgl. u. 19. Die vorgetäuschte Tat braucht nicht juristisch einwandfrei gekennzeichnet zu sein; es muß für die Behörde nur erkennbar sein, daß eine Tat nach § 126 I zu erwarten ist.

18   b) Die Verwirklichung einer Gewalttat muß als **bevorstehend** gekennzeichnet sein. Die Äußerung muß demnach den Anschein erwecken, die angekündigte Tat sei sofort, alsbald oder jedenfalls in Kürze zu erwarten. Auch bei einer Tat, die sich schon in der Ausführung befindet, aber noch nicht vollendet ist, steht ihre Verwirklichung bevor, so daß z. B. die Vortäuschung, in einem Gebäude sei eine mit einem Zeitzünder versehene Bombe versteckt, unter Abs. 1 Nr. 2 fällt (zum Verhältnis zu Abs. 1 Nr. 1 vgl. u. 26). Dagegen fehlt es am Merkmal des Bevorstehens, wenn die Gewalttat erst für eine ferne Zukunft angekündigt wird. Ebensowenig genügen Hinweise auf die angebliche Planung einer Gewalttat, deren Verwirklichungszeitpunkt als ungewiß hingestellt wird, es sei denn, die Äußerung läßt erkennen, daß auch mit einer alsbaldigen Tatausführung zu rechnen und ein sofortiges Eingreifen daher geboten ist. Vorgetäuscht zu sein braucht nur das Bevorstehen der Tatverwirklichung. § 145 d ist daher anwendbar, wenn die für alsbald angekündigte Begehung einer Gewalttat für eine noch fernliegende Zeit tatsächlich geplant ist oder die angeblich bevorstehende Tat bereits begangen war; denn in beiden Fällen können sich die Präventivorgane zu unnötigen Aktionen veranlaßt sehen.

19   c) Als **Täuschungshandlung** kommt in erster Linie eine Mitteilung an eine Behörde usw. durch Anzeige oder auf andere Weise in Betracht. Ihre Unrichtigkeit muß entweder die Gewalttat als solche oder deren Bevorstehen (vgl. o. 18 a. E.) betreffen. Das Aufbauschen einer bevorstehenden Gewalttat oder das Vorspiegeln der Begehung in qualifizierter Form reicht nicht aus. Fraglich ist, ob Gleiches anzunehmen ist, wenn eine tatsächlich zu erwartende Tat, die nicht zu den in § 126 I genannten gehört, als Gewalttat i. S. dieser Vorschrift hingestellt, z. B. ein geplanter Diebstahl als Raub angekündigt wird. Nach dem Gesetzeswortlaut ist an sich der Tatbestand erfüllt, nicht jedoch nach dem Grundgedanken des § 145 d. Wer einen bevorstehenden Diebstahl als Raub meldet, mag zwar die Präventivorgane zu einem intensiveren Vorgehen veranlassen; er nimmt sie aber nicht ungerechtfertigt in Anspruch. Ein solches Verhalten kann ebensowenig strafbar sein wie das Aufbauschen einer bevorstehenden Gewalttat (vgl. Rudolphi SK 25). Anders ist es, wenn die tatsächlich geplante Tat auf Grund der Täuschungshandlung ein völlig anderes Gewicht erhält und dadurch weitaus umfangreichere Maßnahmen der Präventivorgane ausgelöst werden können. Das ist etwa der Fall, wenn ein Ehemann seiner Frau, die ihn verlassen hat, auflauern und sie ohrfeigen will und der Polizei angezeigt wird, er wolle seine Frau töten. Entsprechend den Fällen des Abs. 1 Nr. 1 kann das Vortäuschen auch durch Legen einer scheinbaren Verbrechensspur erfolgen, die zur Kenntnis der Behörde gelangt, so etwa, wenn der Täter eine Bombenattrappe an gut sichtbarer Stelle anbringt und ein anderer dann die Polizei benachrichtigt.

20   6. Tatbestandsmäßig handelt schließlich noch, wer eine Behörde usw. **über den Beteiligten an einer bevorstehenden rechtswidrigen Tat** der in § 126 I genannten Art **zu täuschen sucht** (Abs. 2 Nr. 2). Voraussetzung ist, daß eine solche Tat tatsächlich bevorsteht oder der Täter hiervon ausgeht (vgl. dazu das o. 13 Ausgeführte, das hier sinngemäß gilt); andernfalls greift Abs. 1 Nr. 2 ein. Erforderlich ist zudem, daß die Behörde auf eine falsche Spur hingewiesen wird. Bloßes Ablenken von einer richtigen Spur erfüllt den Tatbestand ebensowenig wie im Falle des Abs. 2 Nr. 1. Der fälschlich Bezichtigte braucht nicht namentlich genannt zu sein. Die unrichtigen Angaben müssen aber so konkret sein, daß sie Anlaß geben können, die Präventivmaßnahmen in eine bestimmte Richtung zu lenken. Als unrichtige Angaben, die in eine falsche Richtung deuten, reichen nur solche über einen angeblich Beteiligten aus. Täuschungen etwa über den Ort einer bevorstehenden Tat genügen nicht. U. U. kann hier jedoch Abs. 1 Nr. 2 eingreifen, nämlich dann, wenn infolge der Täuschung über den Tatort die angekündigte Tat nicht mehr der bevorstehenden entspricht, wie es beim Fehlen jeglicher räumlicher Beziehungen zwischen beiden Taten zumeist der Fall sein dürfte.

21   III. Der **subjektive Tatbestand** erfordert eine Täuschungshandlung wider besseres Wissen. Der Täter muß wissen, daß die behauptete rechtswidrige Tat nicht begangen worden ist, ihre Verwirklichung nicht bevorsteht oder die Angabe über die Person eines Tatbeteiligten nicht der Wahrheit entspricht. Wer sich z. B. wahrheitswidrig bezichtigt, ein Unfallfahrzeug gesteuert zu haben, und im Unfallzeitpunkt wegen Alkoholgenusses fahruntüchtig war, macht sich daher wegen Vortäuschens einer Tat nach § 316 nur strafbar, wenn er bei seiner Täuschungshandlung von seiner alkoholbedingten Fahruntüchtigkeit als sicher ausgegangen ist (Frankfurt VRS **49** 260, NJW **75**, 1895). Bedingter Vorsatz reicht insoweit nicht aus, wohl aber hinsichtlich der

sonstigen Voraussetzungen (Köln NJW **53**, 1843, Braunschweig NJW **55**, 1935). Es genügt somit, daß der Täter mit der Unterrichtung der Behörde durch einen anderen gerechnet hat. Daß er mit einer Benachrichtigung der Behörde hätte rechnen müssen, genügt dagegen nicht. Beim Vortäuschen einer bevorstehenden Tat ist eine Subsumtion unter § 126 I nicht erforderlich; der Täter muß nur den materiellen Unrechtsgehalt des Vorgetäuschten in seiner Bedeutung erkannt haben.

Das *Motiv* des Täters ist *bedeutungslos*. Die Strafbarkeit nach § 145d entfällt nicht deswegen, weil der Täter sich selbst mit der Täuschungshandlung entlasten will (vgl. Celle NJW **64**, 2214, Bay JR **79**, 253 m. Anm. Stree; ebenso ÖstOGH **56**, 166), etwa einen Raub vortäuscht, um eine eigene Unterschlagung zu verdecken. Nicht erforderlich ist, daß der Täter es auf Ermittlungen der Behörde abgesehen hat. Nach § 145d macht sich auch strafbar, wer wahrheitswidrig der Polizei einen Diebstahl anzeigt, um unter Berufung auf die Anzeige seiner Versicherungsgesellschaft einen Versicherungsfall vorzutäuschen, oder wer wahrheitswidrig behauptet, überfallen worden zu sein, um einen Waffenschein zu erlangen. 22

IV. Vollendet ist die Tat in allen Fällen erst dann, wenn die Behörde Kenntnis von der Vortäuschung erlangt. Auf welche Weise die Behörde Kenntnis erhält, ist unerheblich. Es genügt, daß ein Dritter sie unterrichtet (Braunschweig NJW **55**, 1935). Ein Irrtum braucht bei der Behörde nicht entstanden zu sein. Wird sie auf Grund der Vortäuschung unnötig tätig, so kann dies bei der Strafzumessung strafschärfend berücksichtigt werden, namentlich, wenn umfangreiche Ermittlungen ausgelöst worden sind. 23

Berichtigt der Täter seine Angaben, so ist wie bei § 164 die Regelung des **§ 158 analog** heranzuziehen (vgl. § 164 RN 35, Schild AK 18, Willms LK 20; and. Rudolphi SK 18; vgl. auch Celle NJW **80**, 2205). Eine verspätete Berichtigung kann strafmildernd zu berücksichtigen sein, wenn sie zum Einstellen weiterer unnötiger Maßnahmen der Behörde führt. 24

V. In allen Fällen kommt es nicht darauf an, daß z. Z. der Aburteilung des Täters die Tat, auf die sich seine Täuschungshandlung bezogen hat, noch als rechtswidrige Tat i. S. des § 11 I Nr. 5 erscheint (Meyer JR **75**, 70, D-Tröndle 5; and. Düsseldorf NJW **69**, 1679). An der Beurteilung des Angriffs auf das geschützte Rechtsgut hat sich dadurch, daß das Bezugsobjekt der Täuschungshandlung nunmehr anders zu werten ist, nichts geändert. Die Täuschungshandlung bleibt nach wie vor eine Tat, die den behördlichen Apparat einer ungerechtfertigten Inanspruchnahme ausgesetzt hat. Vgl. noch § 2 RN 27. 25

VI. Konkurrenzen: Gem. der Subsidiaritätsklausel, die auch für Abs. 2 maßgebend ist, tritt § 145d hinter die §§ 164, 258, 258a zurück, und zwar einschließlich eines hiernach strafbaren Versuchs. Die Subsidiaritätsklausel steht jedoch der Anwendung des § 145d nicht entgegen, wenn gem. § 258 V, VI eine Bestrafung wegen Strafvereitelung entfällt (Bay NJW **78**, 2563 m. Anm. Stree JR **79**, 253, Celle NJW **80**, 2205 m. Anm. Geerds JR **81**, 35, Köln VRS **59** 32, Hamm VRS **67** 32, Rudolphi JuS **79**, 859; vgl. auch 138 vor § 52). Idealkonkurrenz ist möglich mit den §§ 126, 142, 145, 153ff., 239, 257, 267, auch mit § 263 (vgl. BGH wistra **85**, 19). Ist die Tat nach § 145d als Vorbereitung eines Betrugs begangen worden, so steht § 145d in Realkonkurrenz zu § 263 (keine straflose Vortat; vgl. 119 vor § 52). Wiederholt der Täter seine falschen Angaben in einem wegen § 145d gegen ihn eingeleiteten Strafverfahren, so liegt darin keine neue Tat nach § 145d (Hamm NJW **57**, 152). Fällt die Vortäuschung sowohl unter Abs. 1 Nr. 1 als auch unter Abs. 1 Nr. 2 (vgl. o. 8, 18), so liegt trotz der Möglichkeit einer unnötigen Inanspruchnahme verschiedener Organe (Verfolgungs- und Präventivorgane) nur eine Tat nach § 145d vor (Schild AK 32; and. D-Tröndle 10: Tateinheit). 26

VII. Wahlfeststellung zwischen einer Straftat und ihrem Vortäuschen nach § 145d ist unzulässig (Köln NJW **82**, 347). **Verfahrensrechtlich** besteht zwischen einer Straftat, deren Begehung jemand wahrheitswidrig bezichtigt, und der Tat nach § 145d **keine Tatidentität** i. S. des § 264 StPO (vgl. Celle NJW **85**, 393, aber auch Bay NJW **89**, 2828). Erstreckt sich die Anklage nur auf die angebliche Straftat, so kann das Gericht ohne Nachtragsanklage nicht aus § 145d verurteilen; ein Freispruch steht einer Verfolgung nach § 145d nicht entgegen (D-Tröndle 3, Stein JR **80**, 444; and. Düsseldorf JR **80**, 470). 27

Achter Abschnitt. Geld- und Wertzeichenfälschung

Vorbemerkungen zu den §§ 146ff.

Schrifttum: Döll, Geldfälschungsdelikte, NJW **52**, 289. – *Dreher-Kanein*, Der gesetzliche Schutz der Münzen und Medaillen, 1975. – *Gerland*, Die Geldfälschungsdelikte des Deutschen Strafgesetzbuchs, 1901 (Diss. Straßburg); auch GS **59** S. 81, 241. – *Mebesius/Kreußel*, Die Bekämpfung der Falschgeldkriminalität, 1979. – *Prost*, Straf- und währungsrechtliche Aspekte des Geldwesens, Lange-FS 419. – *Schmiedl-Neuburg*, Die Falschgelddelikte, 1968. – *Zielinski*, Geld- und Wertzeichenfälschung nach dem Entwurf eines Einführungsgesetzes zum StGB, JZ **73**, 193.

§ 146

1 I. Der frühere **Abschnitt** über Münzverbrechen und Münzvergehen ist unter der Überschrift „Geld- und Wertzeichenfälschung" durch das EGStGB **erheblich umgestaltet** worden. Anlaß war vor allem das Bestreben, die Wertzeichenfälschung in den Abschnitt aufzunehmen und dadurch zu einer übersichtlichen und das Nebenstrafrecht entlastenden Regelung zu gelangen (vgl. BT-Drs. 7/550 S. 225 f.). Zu systematischen Bedenken gegen die Einbeziehung der Wertzeichenfälschung vgl. Zielinski aaO. Durch das 2. WiKG ist der Abschnitt mit der Einfügung einer Vorschrift über die Fälschung von Vordrucken für Euroschecks und Euroscheckkarten (§ 152a) ergänzt worden.

2 II. Der **Schutz vor Fälschungen** ist in Anbetracht der besonderen Gefahren für den Rechtsverkehr mit Geld, Wertpapieren, amtlichen Wertzeichen sowie Euroschecks und Euroscheckkarten weit **vorverlegt**. Bereits das Nachmachen und Verfälschen dieser Gegenstände sowie das Sichverschaffen von Falsifikaten sind als selbständige Taten unter Strafe gestellt, sofern es in der Absicht geschieht, das falsche Geld usw. als echt in den Verkehr gelangen zu lassen (§ 146 I Nr. 1, 2, § 148 I Nr. 1, 2, § 152a I Nr. 1). Das geltende Recht geht damit z. T. über das frühere hinaus. Festgehalten ist an der Ausgestaltung bestimmter Fälschungsvorbereitungen zu einem selbständigen Tatbestand (§ 149). Er ist indes auf Grund des Bestrebens, der Geldfälschung die Wertzeichenfälschung anzugleichen, auf die Vorbereitung einer solchen Tat ausgeweitet worden. Eine entsprechende Vorschrift enthält § 152a I Nr. 2 für Fälschungsvorbereitungen, die sich auf Euroschecks und Euroscheckkarten beziehen. Andererseits ist dem Täter im Falle des § 149 und des § 152a I Nr. 2 die strafbefreiende Möglichkeit der tätigen Reue eröffnet worden. Dagegen hat sich der Gesetzgeber nicht dazu durchringen können, für die Handlungen gem. § 146 I Nr. 1, 2, § 148 I Nr. 1, 2 und § 152a I Nr. 1 entsprechende Regeln der tätigen Reue aufzustellen, obwohl sich diese Handlungen ebenfalls noch im Vorfeld der eigentlichen Beeinträchtigung des Geldverkehrs usw. vollziehen (vgl. § 146 RN 10).

3 III. Entfallen ist die Vorschrift über **Münzverringerung** (§ 150 a. F.). Für sie besteht gegenwärtig kein kriminalpolitisches Bedürfnis. And. noch das österr. Recht (§ 234 öst. StGB) und das schweiz. Recht (Art. 243 schw. StGB). Zur Bedeutungslosigkeit solcher Vorschriften vgl. Kienapfel Wiener Komm. zum StGB, § 234 RN 3.

4 IV. Diesen Abschnitt **ergänzende Bestimmungen** enthalten §§ 35 ff. Ges. über die Deutsche Bundesbank vom 26. 7. 1957 (BGBl. I 745) i. d. F. des Art. 195 EGStGB, §§ 127–129 OWiG, §§ 11a, b, 12a Ges. über die Ausprägung von Scheidemünzen i. d. F. des Art. 171 EGStGB u. § 1 Nr. 11 ÄndG zum EGStGB vom 15. 8. 1974 (BGBl. I 1942), § 25 I Nr. 3 PostG vom 28. 7. 1969 (BGBl. I 1006).

5 V. Einen weiteren Schutz gegen Fälschungen soll **§ 138** bewirken, nach dessen Abs. 1 Nr. 4 jemand, der glaubhafte Kenntnis von dem Vorhaben oder der Ausführung einer Geld- oder Wertpapierfälschung i. S. der §§ 146, 151, 152 oder einer Fälschung von Euroscheck- oder Euroscheckkartenvordrucken (§ 152a I Nr. 1, II, III) erlangt, verpflichtet ist, Anzeige bei einer Behörde zu machen.

6 VI. Die Geld- und Wertpapierfälschung, ihre Vorbereitung (§§ 146, 149, 151, 152) sowie die Fälschung von Vordrucken für Euroschecks und Euroscheckkarten (§ 152a) unterstehen gem. § 6 Nr. 7 dem **Weltrechtsgrundsatz**. Für sie gilt unabhängig vom Recht des Tatorts das deutsche Strafrecht auch dann, wenn ein Ausländer sie im Ausland begeht. Vgl. dazu die Bekanntmachung über das int. Abkommen zur Bekämpfung der Falschmünzerei vom 10. 11. 1933 (RGBl. II 913). Zu diesem Abkommen vgl. die 3. Int. Konferenz zur Unterdrückung der Falschmünzerei, Revue internationale de police criminelle 1950, 201, Stämpfli SchwZStr. 66, 22. Auf die sonstigen Fälschungsdelikte dieses Abschnitts einschließlich ihrer Vorbereitung gem. § 149 ist das deutsche Strafrecht bei Auslandstaten nur dann anwendbar, wenn die Voraussetzungen des § 7 vorliegen, auch in den Fällen, in denen amtliche Wertzeichen eines fremden Währungsgebiets oder bei einer Tat nach § 147 Geld oder Wertpapiere eines solchen Gebiets betroffen sind.

§ 146 Geldfälschung

(1) **Mit Freiheitsstrafe nicht unter zwei Jahren wird bestraft, wer**
1. **Geld in der Absicht nachmacht, daß es als echt in Verkehr gebracht oder daß ein solches Inverkehrbringen ermöglicht werde, oder Geld in dieser Absicht so verfälscht, daß der Anschein eines höheren Wertes hervorgerufen wird,**
2. **falsches Geld in dieser Absicht sich verschafft oder**
3. **falsches Geld, das er unter den Voraussetzungen der Nummern 1 oder 2 nachgemacht, verfälscht oder sich verschafft hat, als echt in Verkehr bringt.**

(2) **In minder schweren Fällen ist die Strafe Freiheitsstrafe bis zu fünf Jahren oder Geldstrafe.**

1 I. Zweck der Vorschrift ist, die Sicherheit und Zuverlässigkeit des Geldverkehrs und das Vertrauen in diesen zu schützen (vgl. RG **67** 297, BGH NJW **54**, 564). Um einen möglichst umfassenden Schutz zu erreichen, sind dem Inverkehrbringen von Falschgeld (Abs. 1 Nr. 3) als der eigentlichen Beeinträchtigung des Geldverkehrs bestimmte diese Tat vorbereitende Handlungen gleichgestellt, nämlich die sog. Falschmünzerei einschließlich der Münzverfälschung

(Abs. 1 Nr. 1) und das Sichverschaffen von Falschgeld zum Zwecke des Inverkehrbringens (Abs. 1 Nr. 2).

II. Geld i. S. des § 146 ist jedes vom Staat oder von einer durch ihn ermächtigten Stelle als Wertträger beglaubigte und zum Umlauf im öffentlichen Verkehr bestimmte Zahlungsmittel ohne Rücksicht auf einen allgemeinen Annahmezwang (RG **58** 256, JW **37**, 2381, BGH **12** 345, **23** 231, **32** 198; vgl. auch Mann, Das Recht des Geldes [1960] 10ff., Kienapfel ÖJZ **86**, 423ff.). Es braucht noch nicht im Umlauf zu sein; es genügt, daß es zum Umlauf bestimmt ist (Lackner 2a). Demgegenüber stellt Prost aaO 422f. auf die Emission ab (vgl. auch Geisler GA **81**, 514, der jedoch Bekanntmachung der Emission genügen läßt, ferner Kienapfel ÖJZ **86**, 427 für das österr. Recht). Eine unterschiedliche Reichweite der §§ 146ff. ergibt sich daraus nicht, da noch nicht zur Emission gelangte, aber zum Umlauf bestimmte Zahlungsmittel jedenfalls kein Falschgeld sind (and. Geisler NJW **78**, 708). Wer sich z.B. solche Zahlungsmittel vor der Emission durch Raub verschafft, macht sich nicht nach § 146 I Nr. 2 strafbar. Anderseits fällt das Nachmachen noch nicht emittierter Banknoten oder Geldmünzen unter § 146, weil der Anschein echten Geldes hervorgerufen werden soll. Dem inländischen Geld steht das Geld eines fremden Währungsgebiets gleich (§ 152). Unerheblich ist, aus welchem Stoff es hergestellt ist, ob aus Metall (Münzen), Papier (Banknoten) oder einem sonstigen Stoff. Ferner ist bedeutungslos, ob das Geld im Inland einen Wert hat, sofern es nur von einem Staat als gültiges Zahlungsmittel anerkannt ist (z.B. Notgeld). Geld sind des weiteren gültige Sondermünzen, mögen sie auch wegen ihres Sammelwertes praktisch nicht als Zahlungsmittel im Umlauf sein. Die Geldeigenschaft entfällt jedoch, wenn die Sondermünzen von vornherein nicht zum Umlauf als Zahlungsmittel bestimmt sind, so der Krügerrand (BGH **32** 198).

Wird Geld außer Kurs gesetzt, d.h. durch staatlichen Willensakt aus dem Zahlungsverkehr endgültig herausgenommen, so verliert es seine Geldeigenschaft, und zwar, wenn die Banken noch zum Einlösen verpflichtet sind, erst mit Erlöschen dieser Pflicht (Herdegen LK 5, Lackner 2a; and. Rudolphi SK 3 unter Hinweis auf Schutzzweck des § 146; gegen ihn spricht, daß außer Kurs gesetztes Geld für den Umlauf nicht völlig bedeutungslos wird, solange Einlösungspflicht der Banken besteht; vgl. aber auch Geisler GA **81**, 515). Kein Geld sind Zahlungsmittel, die ohne staatliche Autorität ausgegeben worden sind, mögen sie auch tatsächlich im Umlauf sein (vgl. BG Pr. 1957, 70). Fraglich ist, ob die Geldeigenschaft verlorengehen kann, ohne daß ein staatlicher Willensakt dies bestimmt. Nach BGH **12** 345, **19** 357 soll allein der staatliche Willensakt maßgebend und daher der englische Goldsovereign, der amtlich bisher nicht außer Kurs gesetzt worden ist, noch als Geld anzusehen sein, obwohl er nicht mehr zum Nennwert als Zahlungsmittel verwendet wird (and. Oldenburg NdsRpfl. **64**, 19). Dieser Ansicht ist nicht zuzustimmen; sie entspricht nicht dem Sinn des § 146 (Rudolphi SK 3). Eine Fälschung von Münzen oder Banknoten, die im Verkehr nicht mehr als Zahlungsmittel anerkannt sind, sondern nur noch wegen ihres Wertes gehandelt werden, beeinträchtigt nicht die Sicherheit des Geldverkehrs. Ebenso wie Gesetze durch Gewohnheitsrecht außer Kraft treten können, kann auch Geld entsprechend seine Gültigkeit verlieren (vgl. auch Geisler NJW **78**, 709). Der bloße Umstand, daß Geld praktisch nicht mehr im Umlauf ist (Sondermünzen), reicht jedoch zur Aberkennung der Geldeigenschaft noch nicht aus (vgl. aber Geisler GA **81**, 507ff.).

III. Als Tathandlung erfaßt Abs. 1 Nr. 1 die sog. **Falschmünzerei** und die sog. **Münzverfälschung,** d.h. das Nachmachen von Geld in der Absicht, daß es als echt in Verkehr gebracht oder ein solches Inverkehrbringen ermöglicht wird, sowie das in dieser Absicht vorgenommene Verfälschen von Geld in einer Weise, die diesem den Anschein eines höheren Wertes verleiht.

1. Nachmachen ist die körperliche Behandlung einer Sache mit dem Ergebnis, daß sie mit einer anderen Sache, die sie in Wirklichkeit nicht ist, verwechselt werden kann (RG **65** 204, BGH **23** 231). Geld ist dementsprechend nachgemacht, wenn es den Schein gültigen echten Geldes erregt und im gewöhnlichen Geldverkehr den Arglosen zu täuschen vermag (BGH **23** 231, NJW **52**, 312, **54**, 564). Allzu hohe Anforderungen an die Ähnlichkeit mit echtem Geld dürfen nicht gestellt werden (BGH NJW **54**, 564, Hamm NJW **58**, 1504, Döll NJW **52**, 289), so daß Falschgeld auch dann vorliegt, wenn bereits eine oberflächliche Prüfung die Unechtheit ergibt (BGH MDR/D **53**, 596), wie bei seitengleichen Banknoten, deren Unechtheit beim Umwenden sofort ersichtlich ist (BGH NJW **54**, 564), oder bei fehlenden Seriennummern (östOGH **52**, 188). Falschmünzerei scheidet jedoch aus, wenn sofort als Fälschung erkennbare Metallstücke nur zur Benutzung eines Automaten dienen sollen (BGH MDR **52**, 563 m. Anm. Dreher). Nicht erforderlich ist, daß echtes Geld entsprechender Art im Umlauf ist. Wird der Anschein von Geld hervorgerufen, so kann ein Nachmachen selbst dann gegeben sein, wenn kein echtes Vorbild vorhanden ist (BGH **30** 71 m. Anm. Stree JR **81**, 427, Lackner 3a, D-

Tröndle 3, Kienapfel Wiener Komm. zum StGB, § 232 RN 18), z. B. bei der Herstellung eines 25-DM-Scheines oder der Banknote eines nicht existierenden Staates (M-Schroeder II 131; z. T. and. Otto NStZ 81, 479). Zu nachgemachtem Geld wird ein Falschstück schon durch die in ihm sich verkörpernde, zur Täuschung im Geldverkehr bestimmte und geeignete Vorspiegelung, echtes, von einem Staat oder mit dessen Ermächtigung ausgegebenes Geld zu sein (RG 58 352, Frank I 1; and. Gerland, Die Geldfälschungsdelikte S. 64). Dementsprechend reicht ebenfalls das Nachmachen nicht mehr gültiger Münzen oder Banknoten aus, sofern sie als echte, gültige Zahlungsmittel in Verkehr gebracht werden sollen. Auch das Zusammenkleben von Teilen verschiedener Banknoten zu einer neuen (sog. Systemnoten) ist ein Nachmachen (BGH 23 229, Schleswig NJW 63, 1560; vgl. dazu Hafke MDR 76, 278), ferner das Verändern nicht mehr geltenden (sog. verrufenen) Geldes, das dadurch das Ansehen eines geltenden Zahlungsmittels erhält (vgl. BT-Drs. 7/550 S. 226), ebenso das Verändern bereits hergestellter Falschstücke, das ihnen eine größere Ähnlichkeit mit echtem Geld oder den Anschein höheren Wertes verleiht. Auf den Wert des nachgemachten Stückes kommt es nicht an. Ein Nachmachen entfällt nicht deswegen, weil der Metallwert höher ist als der des echten Geldes. Es liegt selbst dann vor, wenn Münzen oder Banknoten in einer staatlichen Münzanstalt mit deren Werkzeugen und Materialien ohne staatliche Legitimation von Angehörigen dieser Anstalt hergestellt werden (BGH 27 255, Dreher JR 78, 45, D-Tröndle 3, Prost aaO 427; and. LG Karlsruhe NJW 77, 1301).

6   2. Eine **Münzverfälschung** nimmt vor, wer Geld so verändert, daß es den Anschein eines höheren Wertes erlangt. Die Veränderung muß an echtem Geld erfolgen; die Verfälschung unechten Geldes fällt unter das Merkmal des Nachmachens (vgl. o. 5). Es genügt jede Veränderung, z. B. Versilbern; auf Prägung oder Gehalt braucht nicht eingewirkt zu werden. Erforderlich ist jedoch, daß der Anschein eines höheren Wertes hervorgerufen wird. Das ist der Fall, wenn das Zahlungsmittel auf Grund der Veränderung eine Beschaffenheit erhält, die Arglose über den Wert täuschen kann. Eine bloße Formveränderung, die diese Voraussetzung nicht erfüllt, stellt kein Verfälschen dar, so nicht das Breitklopfen eines Geldstückes in der Absicht, damit den Fernsprecher zu benutzen (RG 68 169). Vgl. auch BGH MDR 52, 563. Ebensowenig genügt eine Veränderung, die nur den Sammelwert berührt, nicht jedoch den Wert als Zahlungsmittel.

7   3. In beiden Fällen muß der Täter den Fälschungsakt in der **Absicht** vornehmen, das **Falschgeld in den Verkehr gelangen zu lassen.** Unter Absicht ist der zielgerichtete Wille zu verstehen; Endzweck braucht das Inverkehrbringen nicht zu sein (BGH NJW 52, 312). Der Täter braucht das Falsifikat nicht unmittelbar als echt in Verkehr bringen zu wollen. Es genügt, wenn er ein solches Inverkehrbringen einem anderen ermöglichen will, z. B. durch Absatz an Eingeweihte, denen es dann überlassen bleibt, wie sie das Falschgeld verwenden. Auch die beabsichtigte Übergabe an einen Münzsammler reicht aus, da dieser das Falschgeld jederzeit als echtes weitergeben kann (BGH 27 255, JR 76, 294 m. abl. Anm. Dreher, Herdegen LK 13, Rudolphi SK 11a, Stree JuS 78, 236; and. Dreher JR 78, 46, D-Tröndle 5). Ausgenommen ist die Lieferung von nachgemachtem, nicht mehr gültigem Geld, wenn der Täter nur von einem Sammelobjekt ohne die Möglichkeit der Verwertung als Zahlungsmittel ausgeht, was bei Kenntnis von der Ungültigkeit im allgemeinen der Fall ist. Ebenso liegt es, wenn der Täter irrig annimmt, er mache mit den für Münzsammler bestimmten Stücken nicht mehr gültige Münzen nach. Zum Inverkehrbringen vgl. u. 21. An der Absicht des Inverkehrbringens fehlt es, wenn der Täter Falschgeld nur herstellt, um durch Vorzeigen Kredit zu erlangen, da es nicht als Zahlungsmittel benutzt werden soll (Frank II, Herdegen LK 15; and. RG 14 161 zu § 146 a. F., die auch Die Gebrauchsabsicht erfaßte). Ebensowenig liegt die erforderliche Absicht vor, wenn der Täter bloße Probestücke anfertigt, die nicht ausgegeben werden sollen (RG 69 5), oder er keineswegs den Schein echten Geldes zu erwecken sucht, so wenn er nur Scheiben herstellt, um damit Automaten bedienen zu können (BGH MDR/D 53, 596). Den Schein echten Geldes will auch nicht hervorrufen, wer ein nachgeprägtes Goldstück als Schmuck und damit als Handelsware veräußern will, ohne dabei die Möglichkeit der Verwertung als Geld in Betracht zu ziehen (vgl. BGH GA 67, 215, Herdegen LK 14, Stree JuS 78, 238).

8   Die Absicht, sich zu bereichern oder einen anderen zu schädigen, ist nicht erforderlich. Eine Schenkungsabsicht reicht z. B. aus.

9   4. Der Täter braucht nur das Inverkehrbringen beabsichtigt zu haben. Hinsichtlich der sonstigen Merkmale muß **Vorsatz** vorliegen. Der Täter muß wissen, daß er Geld nachmacht oder verfälscht, das geeignet ist, den Anschein echten Geldes oder eines höheren Wertes hervorzurufen. Bedingter Vorsatz genügt (BGH MDR/D 53, 596). Nicht erforderlich ist, daß der Täter meint, ein gültiges Zahlungsmittel nachzumachen (and. D-Tröndle 9a), sondern nur, daß er glaubt, andere insoweit täuschen zu können, wie etwa bei der Herstellung von Geldscheinen oder Geldstücken ohne echtes Vorbild (vgl. o. 5).

5. Vollendet ist die Tat mit dem Nachmachen oder Verfälschen des ersten Stückes; ein 10 Inverkehrbringen gehört nicht zur Tatbestandsverwirklichung. § 24 ist deshalb nicht anwendbar, wenn der Täter nach dem Nachmachen oder Verfälschen die Absicht des Inverkehrbringens aufgibt. Da es sich aber bei der Tat nur um die Vorbereitung einer Beeinträchtigung des Geldverkehrs handelt, hatte Schröder in der 17. A. (RN 9) die Ansicht vertreten, die Grundsätze über die tätige Reue seien analog anzuwenden. Diese kriminalpolitisch durchaus sinnvolle Ansicht entspricht indes nicht dem geltenden Recht. Die Rücktrittsregelung des § 149 II, die sich auf Vorbereitungshandlungen nach § 149 I beschränkt, läßt eindeutig erkennen, daß bei einer Tat nach § 146 I Nr. 1 ein strafbefreiender Rücktritt nicht möglich sein soll. Von einer strafbefreienden Möglichkeit der tätigen Reue wurde abgesehen, weil diese Tat für zu gefährlich gehalten wurde (vgl. Prot. VII 1059). De lege lata ist daher die Zulässigkeit, die Regeln über die tätige Reue analog anzuwenden, zu verneinen (vgl. D-Tröndle 6, Lackner 5). Das freiwillige Absehen vom Inverkehrbringen ist jedoch bei der Strafzumessung strafmildernd zu berücksichtigen; zumeist ist die Tat dann nur ein minder schwerer Fall nach Abs. 2. Zur Vollendung genügt es, daß ein Falschstück geeignet ist, Arglose im gewöhnlichen Geldverkehr zu täuschen. Ohne Bedeutung ist, daß der Täter die nachgemachten Banknoten noch vervollkommnen, etwa noch Seriennummern aufdrucken will (vgl. östOGH 52, 190) oder er selbst das hergestellte Stück für mißlungen hält und es deshalb nicht verwendet (RG **69** 4, Herdegen LK 18). Erst recht kommt es nicht darauf an, ob das Verbreiten gelingt (vgl. RG **67** 168). Dagegen ist die Tat noch nicht vollendet, solange die Druckbögen mit dem Falschgeld nicht auf das Format echter Banknoten zugeschnitten sind (östOGH 52, 188).

Der **Versuch** ist strafbar. Er liegt vor, wenn der Täter zum Nachmachen oder Verfälschen 11 unmittelbar angesetzt oder wenn er den erforderlichen Ähnlichkeitsgrad nicht erreicht hat (BGH MDR/D **53**, 597). Das Besorgen der Fälschungswerkzeuge ist nur eine Vorbereitungshandlung, die nach § 149 erfaßt werden kann. Der Versuch setzt eine Handlung voraus, die über den Tatbestand des § 149 hinausgeht (vgl. RG **65** 204).

6. Nachmachen oder Verfälschen **mehrerer Geldstücke** in einem Arbeitsgang stellt nur **eine Tat** 12 dar (vgl. Schleswig NJW **63**, 1560). Wird auf Grund eines einheitlichen Vorsatzes mehrmals gefälscht, so ist eine fortgesetzte Tat gegeben; sonst ist Realkonkurrenz anzunehmen. Fortsetzungszusammenhang kann auch mit einem weiteren Arbeitsgang bestehen, der erst nach Absetzen des zunächst hergestellten Teiles an Falschgeld aufgenommen wird (Bedenken bei Herdegen LK 19).

IV. Abs. 1 Nr. 2 erfaßt das **Sichverschaffen von falschem Geld** in der Absicht, es in den 13 Verkehr gelangen zu lassen.

1. Falsch ist das Geld, das i. S. des Abs. 1 Nr. 1 nachgemacht (vgl. o. 5) oder verfälscht (vgl. 14 o. 6) ist (BT-Drs. 7/550 S. 227).

2. Der Täter **verschafft sich** Falschgeld, wenn er es zu eigener Verfügungsgewalt in Besitz 15 nimmt oder sonstwie eigene Verfügungsgewalt begründet (RG **59** 80, BGH **2** 116). Diese Voraussetzung ist beim bloßen Verteilungsgehilfen, der den Gewahrsam für einen anderen ausübt, nicht gegeben (BGH **3** 154; vgl. auch BGH GA **84**, 427); er kann daher nur wegen Beihilfe zur Tat nach § 146 bestraft werden (vgl. u. 27). Ebenso verhält es sich beim Empfangsboten, der für einen anderen das Falschgeld von der Fälscherbande abholt, oder bei bloßer Verwahrung des Falschgeldes für einen anderen (and. BGH **35** 22 m. krit. Anm. Schroeder JZ 87, 1133 u. Prittwitz NStZ 89, 9). Unerheblich ist, auf welche Weise eigene Verfügungsgewalt begründet wird. Abgeleiteter Erwerb, der in erster Linie in Betracht kommt, ist nicht unbedingt erforderlich (RG **67** 296, HRR **39** Nr. 1376; and. Frank § 147 Anm. I 2). Es genügt jeder irgendwie geartete Erwerb, z. B. durch Diebstahl, Unterschlagung (RG JW **37**, 3301) oder Aneignung herrenlosen Falschgeldes (vgl. RG **67** 296). Die Initiative braucht nicht vom Erwerber auszugehen. Auch wer ihm angebotenes Falschgeld annimmt, und sei es nur als Geschenk, verschafft es sich.

3. Beim Erwerb muß der Täter wissen, daß es sich um nachgemachtes oder verfälschtes Geld 16 handelt. Bedingter **Vorsatz** genügt (BGH **2** 116, Köln DRZ **50**, 453, D-Tröndle 7, Lackner 4a).

Der Täter muß sich zudem das Falschgeld in der **Absicht** verschaffen, **es in den Verkehr** 17 **gelangen zu lassen.** Es gilt insoweit Entsprechendes wie bei Abs. 1 Nr. 1 (vgl. o. 7). Die erforderliche Absicht muß bei Erlangung der Verfügungsgewalt vorliegen; ein erst danach gefaßter Entschluß zum Inverkehrbringen kann nur zu einer Tat nach § 147 führen.

4. Vollendet ist die Tat mit Erlangung der eigenen Verfügungsgewalt, also i. d. R. mit der 18 Inbesitznahme; ein Inverkehrbringen gehört hier ebensowenig wie beim Nachmachen zur Tatbestandsverwirklichung. Eine strafbefreiende Rücktrittsmöglichkeit steht dem Täter de lege lata nicht offen, obwohl es sich noch um die Vorbereitung einer Beeinträchtigung des Geldverkehrs handelt (vgl. o. 10, dort auch zur Strafmilderung bei freiwilligem Absehen vom Inverkehrbringen).

19 **Versuch** liegt vor, wenn der Täter zum Erwerb des Falschgeldes unmittelbar ansetzt, so z. B., wenn er mit dem Fälscher über die sofortige Übergabe verhandelt. In der Bestellung des Falschgeldes ist noch kein Versuch zu erblicken (and. D-Tröndle 7); denn hier geht der Täter noch nicht unmittelbar dazu über, eigene Verfügungsgewalt über das (möglicherweise erst herzustellende) Falschgeld zu begründen. Es kommt jedoch u. U. eine Beteiligung an der Tat nach Abs. 1 Nr. 1 oder ein Beteiligungsversuch nach § 30 in Betracht.

20 **V.** Den Tatbestand des § 146 erfüllt außerdem, wer **falsches Geld,** das er unter den Voraussetzungen der Nr. 1 oder 2 erlangt hat, **als echt in den Verkehr bringt** (Abs. 1 Nr. 3).

21 **1. In Verkehr gebracht** ist das Falschgeld dann, wenn der Täter es derart aus seinem Gewahrsam (oder seiner sonstigen Verfügungsgewalt; vgl. Wessels Bockelmann-FS 674) entläßt, daß ein anderer tatsächlich in die Lage versetzt wird, sich des Falschgeldes zu bemächtigen und mit ihm nach eigenem Belieben umzugehen, es insb. weiterzuleiten (RG **67** 168, BGH NJW **52**, 311). Hierunter fallen auch Einzahlungen bei einer Bank (Schleswig NJW **63**, 1561) einschließlich des Einlösens nach Außerkurssetzung des Geldes, dem das Falschstück gleicht (BGH LM **Nr. 2**), das bloße Geldwechseln, das Einwerfen in einen Automaten (BGH NJW **52**, 312, MDR/D **53**, 596, Döll NJW 52, 289), die Übergabe an einen Münzsammler (BGH JR **27** 255, JR **76**, 294 m. abl. Anm. Dreher, Herdegen LK 13, Stree JuS 78, 236; and. Dreher JR 78, 46, D-Tröndle 5) oder die Hingabe als Sicherheit, unabhängig davon, ob die Sicherheit in genere oder in specie zurückzugeben ist (Herdegen LK 14; and. Frank II). Einen Vermögensvorteil braucht der Täter nicht zu erstreben. Es genügt, wenn er das Falschgeld verschenkt, z. B. einem Bettler gibt oder in einen Opferstock wirft. Nach BGH **35** 21 bringt jemand Falschgeld auch dann in Verkehr, wenn er es in einer Weise wegwirft, welche die naheliegende Gefahr begründet, daß Dritte es auffinden und als echt weitergeben (vgl. dazu die Anm. von Hauser NStZ 88, 453, Jakobs JR 88, 122, Prittwitz NStZ 89, 10). Kein Inverkehrbringen liegt dagegen vor, wenn der Täter das Falschgeld nur vorzeigt, um Kredit zu erlangen (vgl. o. 7). Als interner Vorgang stellt ebenfalls die Übergabe des Falschgeldes an einen Mittäter kein Inverkehrbringen dar (BGH MDR/D **71**, 16).

22 **2. Das Falschgeld muß als echt** in Verkehr gebracht werden. Das ist zumindest dann der Fall, wenn der Täter den Empfänger über die Echtheit täuscht. Insoweit reicht es aus, daß er nachgemachtes, aber bereits außer Kurs gesetztes Geld als echt und (noch) gültig ausgibt. Zweifelhaft ist, ob auch das Weiterleiten an einen Eingeweihten in der Absicht genügt, diesem die Vortäuschung der Echtheit im Zahlungsverkehr zu überlassen, also die Weitergabe mit dem Willen, daß die Falschstücke als echt verwendet werden. Diese nach früherem Recht streitige Frage (vgl. 17. A. 8 vor § 146, § 146 RN 7, § 147 RN 3) scheint nach der Gesetzesfassung in verneinendem Sinne gelöst zu sein. Im Unterschied zu Nr. 1 und 2, nach denen die Absicht ausreicht, daß ein Inverkehrbringen als echt ermöglicht werde, beschränkt sich Nr. 3 auf das Inverkehrbringen des Falschgeldes als echt. Da hier eine den Nr. 1, 2 entsprechende Erweiterung, die dort die frühere Streitfrage klären sollte (BT-Drs. 7/550 S. 226), unterblieben ist, liegt der Schluß nahe, daß nur die Weitergabe an Gutgläubige den Tatbestand erfüllt. Gegen eine solche Auslegung spricht indes die Entstehungsgeschichte. Nach einem Entwurf des neuen EGStGB fiel die Weitergabe an einen Eingeweihten bereits unter Nr. 2, da dort das Überlassen von Falschgeld dem Sichverschaffen gleichgestellt war (vgl. BT-Drs. 7/550). Das Tatbestandsmerkmal „Überlassen" wurde bei den weiteren Gesetzesberatungen mit der Begründung gestrichen, wer als echt erlangtes Falschgeld einem Eingeweihten überlasse, damit dieser es wieder als echt in Umlauf setze, sei nicht anders zu behandeln, als wenn er es selbst als echt abschiebe, also in beiden Fällen wegen eines Vergehens nach § 147 und nicht im ersten Fall wegen eines Verbrechens zu bestrafen (vgl. BT-Drs. 7/1261 S. 13). Der Gesetzgeber hat es dann lediglich versäumt, Nr. 3 und § 147 dem Wortlaut der Nr. 1 und 2 anzugleichen und damit seine Ansicht klarzustellen. Da überdies eine diesen Bestimmungen angeglichene Auslegung der Nr. 3 und des § 147 kriminalpolitisch sinnvoll ist (vgl. auch BGH **29** 314, **35** 23, Düsseldorf JR **86**, 512 m. Anm. Keller, Lackner § 147 Anm. 2, Wessels Bockelmann-FS 677), ist davon auszugehen, daß auch der Täter, der das Falschgeld einem Eingeweihten übergibt und ihm die Vortäuschung der Echtheit im Zahlungsverkehr überläßt, es als echt in Verkehr bringt (and. Prittwitz NStZ 89, 10, Puppe JZ 86, 994, Rudolphi SK 13). Diese Auslegung hat vor allem für die Tragweite des § 147 praktische Bedeutung (vgl. § 147 RN 5). Bei § 146 ist die angeschnittene Frage weniger bedeutsam (vgl. Stree JuS 78, 239). Zumeist läßt sich die Weitergabe an einen Eingeweihten schon deswegen erfassen, weil der Täter hiermit die beim Nachmachen usw. vorliegende Absicht verwirklicht und damit seine Tat beendet (vgl. Stree aaO, auch u. 26).

23 **3.** Das in Verkehr gebrachte Falschgeld muß der Täter **unter den Voraussetzungen der Nr. 1 oder 2 erlangt** haben. Er muß es also in der Absicht, es in den Verkehr gelangen zu lassen, nachgemacht, verfälscht oder sich verschafft haben. Nicht erforderlich ist, daß diese Absicht bis zum Inverkehrbringen vorhanden war. Auch wer sie zeitweilig aufgegeben, das Falschgeld aber behalten hat, erfüllt die Voraussetzungen der Nr. 3, wenn er seine frühere Absicht auf Grund eines neuen Entschlusses verwirklicht (Prot. VII 1058, D-Tröndle 8, Lackner 3d cc; and. Herdegen LK 3, Zielinski JZ 73, 195). Hat der Täter dagegen beim Nachmachen usw. nicht die erforderliche Absicht gehabt, so ist Nr. 3 nicht anwendbar; es greift vielmehr § 147 ein. Ebenfalls entfällt die Strafbarkeit nach Nr. 3, wenn jemand das in Verkehr gebrachte Falschgeld nicht schuldhaft gem. Nr. 1 oder 2 erlangt, z. B. es im Vollrausch in der Absicht angenommen hat, es alsbald wieder auszugeben. Es fehlt dann ein entscheidendes Moment, das die Weitergabe des Falschgeldes von § 147 abhebt und sie zum Verbrechen stempelt (vgl. Zielinski aaO). Zum Verhältnis zwischen Nr. 1, 2 und Nr. 3 vgl. u. 26.

4. Der subjektive Tatbestand setzt **Vorsatz** voraus. Bedingter Vorsatz genügt hinsichtlich aller Tatbestandsmerkmale (BGH **35** 25). Vgl. dazu Stree JuS 78, 238. Vorsatz liegt auch dann vor, wenn der Täter weiß, daß das nachgemachte Geld kein gültiges Zahlungsmittel (mehr) ist, jedoch das Falschgeld dem Empfänger gegenüber als gültiges Zahlungsmittel ausgibt (vgl. o. 9).

5. **Vollendet** ist die Tat, wenn das Falschgeld in die Verfügungsgewalt eines anderen gelangt oder jedenfalls derart aus dem Tätergewahrsam entlassen worden ist, daß dem anderen der Zugriff offen steht (z. B. Versteck im Zug; vgl. auch BGH MDR 87, 1041). Es reicht aus, daß ein einziges Falschstück in den Besitz des Empfängers übergegangen oder ihm zugänglich geworden ist. Der Empfänger braucht das Geld nicht für echt zu halten (vgl. o. 22). Nimmt er es jedoch an, um es als Beweisstück gegen den Täter zu verwenden, so entfällt mangels einer etwaigen Beeinträchtigung des Geldverkehrs ein Inverkehrbringen; es liegt dann nur ein strafbarer **Versuch** vor. Versuch ist ferner gegeben, wenn jemand, dem der Täter das Falschstück als echt überreicht, die Annahme verweigert oder wenn ein Automat das Falschgeld sofort wieder auswirft. Ein Angebot zur Übergabe von Falschgeld ist nur dann ein Versuch, wenn die Übergabe sofort erfolgen soll. Will der Anbieter das Falschgeld erst nach Annahme des Angebots holen oder besorgen, stellt das Angebot nur eine Vorbereitungshandlung dar (BGH NStZ **86**, 548). Nach BGH 1 StR 376/80 v. 5. 8. 1980 soll bereits die Fahrt zum vereinbarten Übergabeort Versuch sein; der Versuchsbereich wird damit jedoch zu weit vorverlegt. Zur Abgrenzung zwischen Versuch und Vollendung vgl. Wessels Bockelmann-FS 677.

6. Für das **Verhältnis zwischen Nr. 3 und Nr. 1, 2** gilt Entsprechendes wie für das Verhältnis zwischen dem Herstellen einer unechten Urkunde und ihrem Gebrauch. Mit dem Inverkehrbringen beendet der Täter seine Tat. Nachmachen usw. und Inverkehrbringen bilden eine deliktische Einheit und stellen dementsprechend nur ein einziges Geldfälschungsdelikt nach § 146 dar, selbst dann, wenn das beabsichtigte Inverkehrbringen später modifiziert wird (BGH **35** 27f.) oder nach einem einheitlichen Nachmachen usw. das Inverkehrbringen durch mehrere Einzelhandlungen erfolgt (vgl. RG **1** 25), oder umgekehrt, wenn mehrere Handlungen nach Nr. 1, 2 zu einer Verwertungshandlung führen (BGH NStZ **82**, 25). Um *eine* (vollendete) Tat nach § 146 handelt es sich auch, wenn das Inverkehrbringen im Versuchsstadium steckengeblieben ist (BGH **34** 108; and. Düsseldorf JMBlNW **86**, 94, Herdegen LK 28, der für Verurteilung wegen Versuchs nach Abs. 3 unter Ausschluß der Strafmilderung nach § 23 II eintritt). Ein anderes Verhältnis ergibt sich jedoch in den Fällen, in denen der Täter die Absicht des Inverkehrbringens zeitweilig aufgegeben hatte und erst auf Grund eines neuen Entschlusses den früheren Plan verwirklicht. Hier sind Nachmachen usw. und Inverkehrbringen als selbständige Handlungen zu beurteilen, so daß zwischen Nr. 1 oder 2 und Nr. 3 Realkonkurrenz vorliegt (BGH **35** 27, Lackner 7a, Rudolphi SK 16; and. D-Tröndle 8, Herdegen LK 27). Ebenso verhält es sich, wenn jemand nach Nr. 1 oder 2 rechtskräftig verurteilt worden ist und nach Rechtskraft des Urteils, ggf. nach Strafbüßung, das versteckte Falschgeld in Verkehr bringt (vgl. BT-Drs. 7/1261 S. 13); das rechtskräftige Urteil bewirkt eine Zäsur der Einheitlichkeit.

VI. **Täterschaft** und **Teilnahme** beurteilen sich nach allgemeinen Regeln. Beim Sichverschaffen von Falschgeld kann Mittäter z. B. nur sein, wer eigene (gemeinsame) Verfügungsgewalt erlangt. Wer als bloßer Empfangsbote tätig wird, leistet Beihilfe. Beim Inverkehrbringen des Falschgeldes kommt Mittäterschaft bei den Beteiligten in Betracht, die bereits die Falschstücke nach Nr. 1 oder 2 in ihre Verfügungsgewalt gebracht haben. Der bloße Verteilungsgehilfe, der ohne eigene Verfügungsgewalt beim Absatz mitwirkt, ist wegen Beihilfe zum Inverkehrbringen des Falschgeldes zu bestrafen (and. BT-Drs. 7/550 S. 227, wonach Täterschaft gem. § 147 vorliegen soll, ferner Rudolphi SK 11, Stein/Onusseit JuS 80, 106, die § 28 II heranziehen).

VII. Die **Strafe** ist im Regelfall Freiheitsstrafe nicht unter 2 Jahren. In minder schweren Fällen (vgl. dazu 48 vor § 38) ist auf Freiheitsstrafe bis zu 5 Jahren oder auf Geldstrafe zu erkennen (Abs. 2). Ein solcher Fall ist zumeist anzunehmen, wenn der Täter nach Abs. 1 Nr. 1 oder 2 freiwillig vom Inverkehrbringen abgesehen hat. Zur Berücksichtigung beamtenrechtlicher Folgen vgl. BGH JZ **89**, 652. Für die Strafzumessung ist neben dem Umfang der Fälschungstätigkeit vor allem von Bedeu-

Stree

tung, ob die Tat nur bis zum Nachmachen (Sichverschaffen) gediehen war oder schon zur Beeinträchtigung des Zahlungsverkehrs geführt hat. Zu berücksichtigen ist daher auch die Sicherstellung von Falschgeld durch Beteiligung eines polizeilichen Scheinaufkäufers (BGH StV **85**, 146).

29 **VIII. Konkurrenzen:** § 146 ist Spezialgesetz gegenüber § 267 (vgl. BGH **23** 231). Idealkonkurrenz ist möglich mit Betrug (RG **60** 316, BGH **31** 381, NJW **52**, 311, Schleswig NJW **63**, 1560, Düsseldorf JMBlNW **86**, 93, Lackner 7 b; and. Rudolphi SK 19), mit Erpressung, Diebstahl oder Unterschlagung beim Sichverschaffen oder mit Diebstahl aus einem Automaten beim Inverkehrbringen.

§ 147 Inverkehrbringen von Falschgeld

(1) **Wer, abgesehen von den Fällen des § 146, falsches Geld als echt in Verkehr bringt, wird mit Freiheitsstrafe bis zu fünf Jahren oder mit Geldstrafe bestraft.**

(2) **Der Versuch ist strafbar.**

1 I. Die Vorschrift stellt als Ergänzung zu § 146 I Nr. 3 alle dort nicht erfaßten Fälle unter Strafe, in denen falsches Geld als echt in Verkehr gebracht wird. Das Gesetz wertet diese Fälle aber anders als die Tat nach § 146 nur als Vergehen, da ihnen keine besonderen verbrecherischen, auf das Inverkehrbringen hinzielenden Handlungen vorausgegangen sind.

2 II. Den **objektiven Tatbestand** erfüllt, wer, abgesehen von den Fällen des § 146, falsches Geld als echt in Verkehr bringt.

3 1. **Falsches Geld** ist wie im Falle des § 146 nachgemachtes oder verfälschtes Geld. Vgl. § 146 RN 14.

4 2. Zum **Inverkehrbringen** des Falschgeldes vgl. § 146 RN 21. Eine Gegenleistung ist hier ebensowenig wie bei der Tat nach § 146 erforderlich. Das Verschenken reicht z. B. aus.

5 3. Das Falschgeld muß als **echt** in Verkehr gebracht werden. Vgl. hierzu § 146 RN 22. Die dort aufgeworfene Frage, ob auch die Weitergabe an einen Eingeweihten genügt, dem dann das Einschleusen des Falschgeldes in den Zahlungsverkehr überlassen wird, ist hier von besonderer Bedeutung. Bejaht man die Frage, so ist die Tat nach § 147 wegen eines Vergehens zu ahnden, nicht dagegen als Beihilfe zu einem Verbrechen nach § 146 I Nr. 2 oder 3 (BGH MDR/H **82**, 102, D-Tröndle 2, Lackner 2; and. LG Kempten NJW **79**, 225 m. Anm. Otto). Die Einbeziehung dieser Fälle in § 147 ist sachgerechter als deren Ahndung als Beteiligung an einem Verbrechen nach § 146 (Stree JuS 78, 240). Wer z. B. es einem anderen überläßt, das als echt empfangene Falschgeld in den Zahlungsverkehr zurückzuschleusen, verdient keine strengere Behandlung als der Täter, der sich nicht scheut, das Falschgeld selbst an Arglose abzusetzen. Auch besteht kein Unterschied in der Strafwürdigkeit, je nachdem, ob dem anderen eigene Verfügungsgewalt über das Falschgeld eingeräumt oder ob er nur als Verteilungsbote eingesetzt wird. Hätte der gutgläubige Empfänger von Falschgeld eine von ihm abhängige Person (etwa einen Ladenangestellten) damit beauftragt, ohne eigene Verfügungsgewalt die Falschstücke als echt in den Geldumlauf zurückzuleiten, so wäre nur § 147 anwendbar. Im Anschluß an die Ausführungen in RN 22 zu § 146 ist somit davon auszugehen, daß Falschgeld auch dann als echt in Verkehr gebracht wird, wenn es einem Eingeweihten übergeben und ihm überlassen wird, es als echt dem Zahlungsverkehr zuzuführen (BGH **29** 311 m. abl. Anm. Otto JR 81, 82, **35** 23, Düsseldorf JR **86**, 512 m. Anm. Keller, D-Tröndle 2, Herdegen LK 4, Lackner 2, Wessels II/1 196; and. Stuttgart NJW **80**, 2089, M-Schroeder II 132, Puppe JZ 86, 994, Rudolphi SK 6).

6 4. Weitere Voraussetzung ist, daß die **Tat nicht unter § 146 fällt.** Hierbei handelt es sich indes nicht um ein Tatbestandsmerkmal. Vielmehr wird nur klargestellt, daß § 147 nicht anwendbar ist, wenn § 146 eingreift. § 147 bleibt daher anwendbar, wenn ein Fall des § 146 wahrscheinlich vorliegt, aber nicht zweifelsfrei nachgewiesen werden kann.

7 a) Von § 147 werden einmal alle Fälle erfaßt, in denen der Täter das Falschgeld gutgläubig erlangt und dessen Unechtheit nachher erkannt hat. Auf welche Weise er es erlangt hat, ist bedeutungslos. Neben einem abgeleiteten Erwerb kommt etwa Diebstahl, Unterschlagung oder die Aneignung herrenlosen Falschgeldes in Betracht. Es genügt auch, daß jemand Falschgeld für einen anderen eingenommen und wieder ausgegeben hat, z. B. als Kassierer.

8 b) Nach § 147 ist ferner der Täter zu bestrafen, der das in Verkehr gebrachte Falschgeld ohne solche Absicht hergestellt oder sich verschafft hatte. Hierher gehört z. B. der Täter, dem die zunächst nur als Probestücke vorgesehenen Exemplare gut gelungen sind und der sie dann auf Grund eines neuen Entschlusses absetzt.

9 c) Außerdem ist die Strafe nach § 147 festzusetzen, wenn jemand das in Verkehr gebrachte Falschgeld zwar mit der hierauf gerichteten Absicht erlangt hat, beim Erwerb aber schuldunfähig, z. B. volltrunken war (vgl. hierzu § 146 RN 23).

III. Der **subjektive Tatbestand** erfordert Vorsatz. Bedingter Vorsatz genügt hinsichtlich aller 10
Tatbestandsmerkmale. Auch wer nur mit der Möglichkeit rechnet, daß es sich um Falschgeld
handelt, und dieses gleichwohl als echt in den Verkehr bringt, macht sich nach § 147 strafbar.
Soweit nachgemachtes Geld einem Münzsammler als Sammlerobjekt veräußert wird, muß der
Täter davon ausgehen, daß es sich beim Original um ein noch gültiges Zahlungsmittel handelt
(BGH JR 76, 295; vgl. auch § 146 RN 7). Sonst genügt es, daß ihm das Vortäuschen von
Echtheit und Gültigkeit bewußt ist.

IV. Zur **Vollendung** der Tat und zum **Versuch,** der gem. Abs. 2 strafbar ist, vgl. § 146 RN 11
25.

V. Ob **Täterschaft** oder **Teilnahme** vorliegt, bestimmt sich nach allgemeinen Regeln. Täter- 12
schaft scheidet nicht deswegen aus, weil jemand für einen anderen handelt. So ist z. B. auch
Täter, wer als Kassierer Falschgeld einnimmt und es nach erkannter Unechtheit wieder in
Umlauf bringt. Der Täter kann nicht zugleich wegen Beteiligung an einer etwaigen Tat des
Empfängers nach § 146 bestraft werden (Lackner 3, Wessels Bockelmann-FS 680 f.). Sieht man
auch den Verteilungsgehilfen, der nur mangels eigener Verfügungsgewalt nicht Täter nach
§ 146 ist (vgl. § 146 RN 15, 27), als Täter i. S. des § 147 an (so BT-Drs. 7/550 S. 227), so
kommt insoweit allein eine Bestrafung wegen Beteiligung an einer Tat nach § 146 in Betracht;
§ 147 tritt zurück.

VI. Bei der **Strafzumessung** ist zu beachten, daß aus dem gegenüber § 148 a. F. erheblich erweiter- 13
ten Strafrahmen keineswegs zu folgern ist, die Täter seien allgemein strenger zu bestrafen.
Die Erweiterung des Strafrahmens hängt vielmehr mit der Ausdehnung des Anwendungsbereichs
zusammen (vgl. BT-Drs. 7/550 S. 227). Soweit der Täter mit dem Inverkehrbringen des Falschgeldes
nur einen unverschuldet erlittenen Schaden abwälzen will, verdient er nach wie vor eine milde Strafe.

VII. **Konkurrenzen:** § 147 ist lex specialis gegenüber § 267 (Gebrauchmachen). Idealkonkurrenz ist 14
mit Betrug möglich (and. Rudolphi SK 8). Realkonkurrenz liegt gegenüber einer Straftat vor, durch
die der Täter das in Verkehr gebrachte Falschgeld erlangt hat (Diebstahl, Unterschlagung usw.).

§ 148 Wertzeichenfälschung

(1) **Mit Freiheitsstrafe bis zu fünf Jahren oder mit Geldstrafe wird bestraft, wer**
1. **amtliche Wertzeichen in der Absicht nachmacht, daß sie als echt verwendet oder in Verkehr gebracht werden oder daß ein solches Verwenden oder Inverkehrbringen ermöglicht werde, oder amtliche Wertzeichen in dieser Absicht so verfälscht, daß der Anschein eines höheren Wertes hervorgerufen wird,**
2. **falsche amtliche Wertzeichen in dieser Absicht sich verschafft oder**
3. **falsche amtliche Wertzeichen als echt verwendet, feilhält oder in Verkehr bringt.**

(2) **Wer bereits verwendete amtliche Wertzeichen, an denen das Entwertungszeichen beseitigt worden ist, als gültig verwendet oder in Verkehr bringt, wird mit Freiheitsstrafe bis zu einem Jahr oder mit Geldstrafe bestraft.**

(3) **Der Versuch ist strafbar.**

I. **Zweck der Vorschrift** ist, im Interesse der Allgemeinheit die Sicherheit und Zuverlässig- 1
keit des Rechtsverkehrs mit amtlichen Wertzeichen zu schützen (BGH 31 381). Daneben werden
fiskalische Belange gesichert. Um wie beim Geldverkehr einen möglichst umfassenden
Schutz zu erreichen, sind in Angleichung an § 146 der eigentlichen Beeinträchtigung der geschützten
Interessen durch Verwenden, Feilhalten oder Inverkehrbringen falscher Wertzeichen
(Abs. 1 Nr. 3) bestimmte Vorbereitungshandlungen gleichgestellt, nämlich das Nachmachen
und Verfälschen von Wertzeichen (Abs. 1 Nr. 1) sowie das Sichverschaffen falscher Wertzeichen
(Abs. 1 Nr. 2) zum Zwecke des Verwendens oder Inverkehrbringens. Außerdem ist in
Abs. 2 das Wiederverwenden von Wertzeichen nach Beseitigung des Entwertungszeichens unter
Strafe gestellt. Diese Tat wird allerdings wesentlich milder beurteilt und demgemäß mit
einer geringeren Strafe bedroht. In den Schutzbereich der Vorschrift fallen nur amtliche, nicht
auch private Wertzeichen, wie z. B. Rabattmarken eines Kaufmanns.

II. **Amtliche Wertzeichen** sind vom Staat, von einer Gebietskörperschaft oder einer sonsti- 2
gen Körperschaft des öffentlichen Rechts (vgl. RG 57 287) unter öffentlicher Autorität ausgegebene
Marken oder ähnliche Zeichen, die einen bestimmten Geldwert verkörpern, öffentlichen
Glauben genießen und die Zahlung von Steuern, Abgaben, Gebühren, Beiträgen u. dgl. erleichtern,
sichern und kenntlich machen (vgl. RG 57 287, 59 323, 63 381; BGH 32 75). Hierher
gehören insb. Briefmarken, auf Postkarten eingedruckte Marken, Stempelabdrücke zur Freimachung
von Postsendungen (vgl. BGH MDR 83, 771), Beitragsmarken der Sozialversiche-

§ 148 3–15   Bes. Teil. Straftaten gegen die öffentliche Ordnung

rung, Steuerzeichen (z. B. Tabaksteuerbanderolen; vgl. RG 62 206), Gebührenmarken der öffentlichen Verwaltung (vgl. RG 63 381), Gerichtskostenmarken (vgl. RG 59 323f.). Geschützt sind auch amtliche Wertzeichen eines fremden Währungsgebietes (§ 152). Der Strafrechtsschutz nach § 148 erstreckt sich jedoch nur auf gültige Wertzeichen; außer Kurs gesetzte, entwertete oder verfallene Wertzeichen werden nicht erfaßt (vgl. E 62 Begr. 491, KG JR 66, 307).

3   III. Als Tathandlung erfaßt Abs. 1 Nr. 1 das **Nachmachen** amtlicher Wertzeichen in der Absicht, sie als echt zu verwenden oder in Verkehr zu bringen oder ein solches Verwenden oder Inverkehrbringen zu ermöglichen, sowie das in dieser Absicht vorgenommene **Verfälschen** derartiger Wertzeichen, das diesen den Anschein eines höheren Wertes verleiht.

4   1. Zum **Nachmachen** vgl. § 146 RN 5. Amtliche Wertzeichen sind demgemäß nachgemacht, wenn bei Arglosen im gewöhnlichen Verkehr der Anschein gültiger Wertzeichen hervorgerufen werden kann. Kein Nachmachen ist im Zusammenfügen verschiedener Bruchstücke echter Wertzeichen zu erblicken (RG 17 396, 62 206), desgleichen nicht im Beseitigen eines Entwertungszeichens (vgl. RG 59 324, BT-Drs. 7/550 S. 228).

5   2. Zum **Verfälschen** vgl. § 146 RN 6. Manipulationen, die lediglich den Sammelwert bei Briefmarken berühren, reichen hier ebensowenig aus wie entsprechende Veränderungen bei Geld (vgl. § 146 RN 6 a. E., Kienapfel Wiener Komm. zum StGB, § 238 RN 18).

6   3. Der Fälschungsakt muß in der **Absicht** vorgenommen werden, die falschen Wertzeichen als echt zu verwenden oder in den Verkehr zu bringen oder ein solches Verwenden oder Inverkehrbringen zu ermöglichen. Es genügt also wie bei der Geldfälschung, daß der Täter die Falsifikate einem Eingeweihten zuleiten und ihm deren weiteres Schicksal überlassen will. Unter Absicht ist der zielgerichtete Wille zu verstehen. Zum Verwenden und zum Inverkehrbringen vgl. u. 12, 14. Das Merkmal des Verwendens ist zusätzlich aufgenommen worden, weil Wertzeichen bestimmungsgemäß verwendbar sind, ohne zugleich in Verkehr gebracht werden zu müssen. Andererseits hat der Gesetzgeber davon abgesehen, nur auf die Verwendungsabsicht abzustellen, weil sonst die Fälle, in denen die Falschstücke nicht der bestimmungsgemäßen Verwendung zugeführt werden sollen, nicht erfaßt würden. Ihre Einbeziehung in § 148 hat er jedoch für erforderlich erachtet, soweit – wie bei der Veräußerung nachgemachter Briefmarken an Sammler – die Möglichkeit besteht, daß die Falsifikate bestimmungsgemäß verwendet werden. Aus diesem Grunde soll ebenfalls das Inverkehrbringen als Ziel der Fälschungshandlung ausreichen (vgl. BT-Drs. 7/550 S. 228). Vgl. auch Herdegen LK 3.

7   4. Im übrigen muß der Täter **vorsätzlich** handeln. Er muß wissen, daß er Falsifikate anfertigt, die geeignet sind, den Anschein gültiger amtlicher Wertzeichen bzw. eines höheren Wertes hervorzurufen. Bedingter Vorsatz genügt.

8   5. Zur **Vollendung** der Tat und zum **Versuch**, der nach Abs. 3 strafbar ist, vgl. § 146 RN 10f. Das dort Gesagte gilt hier entsprechend.

9   6. Das **Nachmachen** oder Verfälschen **mehrerer Wertzeichen** in einem Arbeitsgang stellt nur **eine Tat** dar. Vgl. § 146 RN 12.

10 IV. Strafbar ist ferner das **Sichverschaffen von falschen amtlichen Wertzeichen** in der Absicht, sie als echt zu verwenden oder in den Verkehr gelangen zu lassen (Abs. 1 Nr. 2). Vgl. dazu RN 14ff. zu § 146, die hier entsprechend gelten, sowie zur Absicht o. 6.

11 V. Tathandlungen sind außerdem das **Verwenden, Feilhalten** und **Inverkehrbringen** falscher amtlicher Wertzeichen als echt (Abs. 1 Nr. 3). Nicht erforderlich ist, daß der Täter die Falschstücke unter den Voraussetzungen des Abs. 1 Nr. 1 oder 2 erlangt hat. Eine Differenzierung, wie sie bei den Geldfälschungsdelikten in §§ 146 und 147 erfolgt ist, erübrigte sich hier. Der Strafrahmen bietet hinreichenden Spielraum, die unterschiedlichen Fälle des Erwerbs sachgerecht bei der Strafzumessung zu berücksichtigen.

12 1. **Verwendet** wird ein Wertzeichen, wenn es bestimmungsgemäß gebraucht wird (vgl. BT-Drs. 7/550 S. 228). Danach wird eine nachgemachte Briefmarke verwendet, wenn eine mit ihr versehene Postsendung dem Bereich der Postverwaltung zugeführt, z. B. in einen Briefkasten geworfen wird.

13 2. Unter **Feilhalten** ist das äußerlich erkennbare Bereitstellen zum Verkauf an das Publikum zu verstehen (vgl. RG 63 420, BGH 23 288).

14 3. Zum **Inverkehrbringen** vgl. § 146 RN 21. Auch hier reicht wie bei Falschgeld die Übergabe an einen Sammler aus (Herdegen LK 3, Kienapfel Wiener Komm., § 238 RN 22; zweifelnd D-Tröndle 3).

15 4. Die falschen amtlichen Wertzeichen müssen **als echt** verwendet, feilgehalten oder in Verkehr gebracht werden. Die bei der Geldfälschung behandelte Frage, ob auch das Weiterleiten an einen Eingeweihten in der Absicht genügt, diesem die Vortäuschung der Echtheit zu überlassen

(vgl. § 146 RN 22, § 147 RN 5), ist im Rahmen des § 148 von untergeordneter Bedeutung, da sich ein solches Verhalten hier im allgemeinen auch als Beteiligung an der Tat des Empfängers sachgemäß ahnden läßt. Sie ist dennoch zu bejahen (vgl. BGH 32 78, Herdegen LK 12), da für eine unterschiedliche Beantwortung kein zwingender Grund besteht.

5. Der subjektive Tatbestand setzt **Vorsatz** voraus; bedingter Vorsatz genügt. Zweifelhaft kann allerdings sein, ob beim Feilhalten zudem Verkaufsabsicht vorliegen muß (vgl. zur Problematik BGH 23 291). Der BGH (aaO 292) neigt dazu, es ausreichen zu lassen, wenn der Täter es billigend hinnimmt, daß die Gegenstände, deren Lagerung äußerlich auf Verkaufsabsicht hindeutet, verkauft werden können (z. B. durch Angestellte). Dieser Fall dürfte indes bei falschen amtlichen Wertzeichen keine nennenswerte Rolle spielen.

6. Zur **Vollendung** der Tat und zum **Versuch**, der nach Abs. 3 strafbar ist, vgl. § 146 RN 25. Das Verwenden einer nachgemachten Briefmarke ist demnach vollendet, wenn die mit ihr freigemachte Postsendung in den Bereich der Postverwaltung (Briefkasten, Abgabe am Postschalter) gelangt ist (vgl. RG 68 304). Das Aufkleben der Marke auf einen Brief ist noch Vorbereitungshandlung (and. D-Tröndle 8 [Versuch]). Versuch liegt erst vor, wenn der Täter unmittelbar dazu ansetzt, die Postsendung dem Bereich der Post zuzuführen.

7. Für das **Verhältnis zwischen Nr. 3 und Nr. 1, 2 des Abs. 1** gilt das in RN 26 zu § 146 Ausgeführte entsprechend. Vgl. auch RG 63 382.

VI. Abs. 2 bedroht die **Wiederverwendung amtlicher Wertzeichen** nach Beseitigung des Entwertungszeichens mit Strafe. Der Strafrahmen ist gegenüber Abs. 1 wesentlich milder. Der Gesetzgeber hat den Unrechts- und Schuldgehalt der Taten, die sich lediglich auf ein bereits entwertetes amtliches Wertzeichen beziehen, als allgemein geringer angesehen als den der Handlungen nach Abs. 1. Er hat dementsprechend auch nur die Fälle der Wiederverwendung einschließlich des Inverkehrbringens unter Strafe gestellt, nicht jedoch die dem Abs. 1 entsprechenden Vorbereitungshandlungen. Vgl. BT-Drs. 7/550 S. 228.

1. **Tatgegenstand** sind amtliche Wertzeichen, die bereits bestimmungsgemäß verwendet und ordnungsmäßig mit einem Entwertungszeichen versehen waren (vgl. RG 30 386, 37 153). Ist bei einem schon verwendeten Wertzeichen die Entwertung versehentlich unterblieben, so scheidet es als Tatobjekt aus. Des weiteren kommen außer Kurs gesetzte Wertzeichen nicht als Tatobjekt in Betracht.

2. An den schon verwendeten Wertzeichen muß das **Entwertungszeichen beseitigt** worden sein. Das setzt nicht unbedingt voraus, daß das Entwertungszeichen vom Wertzeichen vollständig entfernt worden ist. Entscheidend ist allein, daß es nicht mehr als solches erkennbar ist. Ein Beseitigen liegt daher auch dann vor, wenn das alte Entwertungszeichen durch ein neues (Überstempeln) unkenntlich gemacht wird (vgl. RG HRR 37 Nr. 211; vgl. auch BGH 3 290) oder das Entwertungsdatum geändert wird (vgl. RG 59 321, D-Tröndle 5). Unerheblich ist, wer die Beseitigung vorgenommen hat; es braucht keineswegs der Täter i. S. des Abs. 2 gewesen zu sein. Auch ist nicht erforderlich, daß die Beseitigung zu dem Zweck erfolgt ist, die Wiederverwendung zu ermöglichen.

3. Das veränderte Wertzeichen muß **als gültig verwendet oder in Verkehr gebracht** werden. Zum Verwenden und zum Inverkehrbringen vgl. o. 12, 14. Als gültig wird das Wertzeichen verwendet bzw. in Verkehr gebracht, wenn der Anschein hervorgerufen wird, es sei zuvor noch nicht verwendet worden. Unter das Merkmal des Inverkehrbringens fällt auch die Weitergabe an einen Sammler, so daß Abs. 2 anwendbar ist, wenn eine noch nicht außer Kurs gesetzte Briefmarke, an der der Poststempel beseitigt worden ist, als angeblich postfrisch einem Sammler veräußert wird.

4. Für den subjektiven Tatbestand ist **Vorsatz** erforderlich. Der Täter muß namentlich wissen, daß das Entwertungszeichen beseitigt worden ist. Bedingter Vorsatz genügt. Die irrige Annahme, die an einen Sammler veräußerte Briefmarke sei längst außer Kurs gesetzt, schließt den Vorsatz aus. Der bloße Irrtum, zur Wiederverwendung des Wertzeichens befugt zu sein, stellt einen Verbotsirrtum dar.

5. Zur **Vollendung** der Tat und zum **Versuch**, der nach Abs. 3 strafbar ist, vgl. o. 17. Hiernach sind das Ablösen der abgestempelten Marke vom alten Brief und das Beseitigen des Stempels noch Vorbereitungshandlungen. Ebenso verhält es sich beim Versenden eines Briefes, dessen Marke mit einer Oberflächenpräparierung versehen ist, die ein nachträgliches Entfernen des Stempels ermöglicht, und vom Empfänger zurückgesandt wird (and. [Versuch] Koblenz NJW 83, 1625 m. abl. Anm. Küper NJW 84, 777 u. Lampe JR 84, 164). Erst das unmittelbare Ansetzen zur Wiederverwendung der Marke stellt einen Versuch dar.

6. **Täter** kann auch sein, wer zur Führung des Entwertungsstempels an sich befugt ist, so z. B. der Postbeamte, der auf eine Paketkarte schon einmal verwendete Briefmarken aufklebt,

§ 149 1–3 Bes. Teil. Straftaten gegen die öffentliche Ordnung

diese mit dem von ihm geführten Poststempel stempelt und sodann die Paketkarte in den Postverkehr gelangen läßt (vgl. RG GA Bd. **77** 200).

26   **VII. Konkurrenzen:** Idealkonkurrenz ist zwischen Abs. 1 und § 263 möglich (BGH **31** 380, Lackner 5; and. D-Tröndle 10, Rudolphi SK 12). Dagegen wird § 263 durch Abs. 2 verdrängt (vgl. RG **68** 303, Kienapfel JR 84, 162); eine andere Auffassung würde den milden Strafrahmen des Abs. 2 unterlaufen. Delikte, die zur Erlangung der Wertzeichen geführt haben (z. B. Diebstahl, Unterschlagung), stehen mit der Tat nach Abs. 1 in Idealkonkurrenz, wenn der Täter hierbei schon Verwendungsabsicht i. S. des Abs. 1 gehabt hat. Anderenfalls ist Realkonkurrenz anzunehmen. Das gilt auch im Verhältnis zu Abs. 2 (vgl. RG **68** 208, BGH **3** 292; and. RG **59** 325).

§ 149 Vorbereitung der Fälschung von Geld und Wertzeichen

(1) Wer eine Fälschung von Geld oder Wertzeichen vorbereitet, indem er
1. **Platten, Formen, Drucksätze, Druckstöcke, Negative, Matrizen oder ähnliche Vorrichtungen, die ihrer Art nach zur Begehung der Tat geeignet sind, oder**
2. **Papier, das einer solchen Papierart gleicht oder zum Verwechseln ähnlich ist, die zur Herstellung von Geld oder amtlichen Wertzeichen bestimmt und gegen Nachahmung besonders gesichert ist,**

herstellt, sich oder einem anderen verschafft, feilhält, verwahrt oder einem anderen überläßt, wird, wenn er eine Geldfälschung vorbereitet, mit Freiheitsstrafe bis zu fünf Jahren oder mit Geldstrafe, sonst mit Freiheitsstrafe bis zu zwei Jahren oder mit Geldstrafe bestraft.

(2) **Nach Absatz 1 wird nicht bestraft, wer freiwillig**
1. die Ausführung der vorbereiteten Tat aufgibt und eine von ihm verursachte Gefahr, daß andere die Tat weiter vorbereiten oder sie ausführen, abwendet oder die Vollendung der Tat verhindert und
2. die Fälschungsmittel, soweit sie noch vorhanden und zur Fälschung brauchbar sind, vernichtet, unbrauchbar macht, ihr Vorhandensein einer Behörde anzeigt oder sie dort abliefert.

(3) **Wird ohne Zutun des Täters die Gefahr, daß andere die Tat weiter vorbereiten oder sie ausführen, abgewendet oder die Vollendung der Tat verhindert, so genügt an Stelle der Voraussetzungen des Absatzes 2 Nr. 1 das freiwillige und ernsthafte Bemühen des Täters, dieses Ziel zu erreichen.**

1   **I.** Die Vorschrift erfaßt bestimmte **Vorbereitungshandlungen zur Geld- oder Wertzeichenfälschung** in einem selbständigen Tatbestand. Ihr Zweck ist, wegen der Gefahren, die sich für die Allgemeinheit aus dem Vorhandensein falschen Geldes oder falscher amtlicher Wertzeichen ergeben, die Möglichkeit zu schaffen, schon den Mitteln des Strafrechts schon Handlungen entgegenzutreten, die den Boden für die Geld- oder Wertzeichenfälschung erst vorbereiten (vgl. E 62 Begr. 494), und zwar solchen Vorbereitungshandlungen, die von den sonstigen Vorschriften des StGB nicht erfaßt werden (vgl. RG **65** 205). Aus der Regelung geht hervor, daß die Handlungen des § 149 weder Versuch einer Tat nach § 146 (vgl. RG **65** 205) noch Versuch i. S. des § 148 III sein können. Ergänzende Schutzvorschriften enthalten die §§ 127, 128 OWiG.

2   **II.** Der **objektive Tatbestand** setzt nach Abs. 1 voraus, daß der Täter durch eine bestimmte Handlung (u. 6), die sich auf bestimmte Gegenstände (u. 3 ff.) erstreckt, eine Geld- oder Wertzeichenfälschung vorbereitet.

3   **1.** Als Tatgegenstände erfaßt Nr. 1 die **Vorrichtungen,** denen ihrer Art nach eine spezifische Verwendbarkeit **zur Ausführung von Fälschungen** innewohnt (BT-Drs. 7/550 S. 229) und die sich zur unmittelbaren Herstellung der Falsifikate eignen. Ausdrücklich genannt werden Platten, Formen, Drucksätze, Druckstöcke, Negative und Matrizen. Als Formen sind Gegenstände zu verstehen, die ein Bild dessen enthalten, was durch Guß oder Druck als Zeichen oder Figur in Metall, Papier oder einem sonstigen Stoff hervorgebracht werden soll (vgl. RG **55** 17). Mit Negativen sind nur Fotonegative gemeint, die unmittelbar zum Herstellen der Fälschungsprodukte gebraucht werden können (vgl. RG **65** 203), nicht auch Negative, die nur mittelbar für die Fälschung von Bedeutung sind. Bei allen Gegenständen wird nicht vorausgesetzt, daß die Fälschungen mit ihnen allein vorgenommen werden können oder daß die zusätzlich benötigten Formen usw. bereits vorhanden sind (vgl. RG **55** 284). So genügt z. B., daß sich eine Form nur zum Anfertigen der einen Seite des Falsifikats verwenden läßt (vgl. RG **48** 165). Den ausdrücklich genannten Gegenständen stehen ähnliche Vorrichtungen gleich, die ihrer Art nach zur Begehung der Fälschungsdelikte geeignet sind. Es muß sich um Gegenstände handeln, die nach ihrem Erscheinungsbild und in ihrer Eigenschaft als Fälschungsmittel den ausdrücklich aufgeführten Gegenständen vergleichbar sind (BT-Drs. 7/550 S. 229), denen also ihrer Art nach ebenfalls eine spezifische Verwendbarkeit zur unmittelbaren Ausführung von Fälschungen zukommt. Sonstige Gegenstände, die zur Fälschung verwendet werden können, scheiden als Tatobjekte aus, wie etwa ein Hammer oder Meißel, eine Walze oder ähnliche nur zur Stoffgestaltung brauchbare Werkzeuge, ebenfalls Formen und Geräte, die nur dazu dienen, die unmittelbar zur Herstellung der Falsifikate verwendbaren Vorrichtungen hervorzubringen.

Die Platten usw. müssen zur Herstellung falschen Geldes oder falscher amtlicher Wertzeichen **geeignet** sein. Das setzt voraus, daß zu ihrer Verwendbarkeit keine nennenswerte weitere Bearbeitung mehr erforderlich ist, sie vielmehr gebrauchsfertig sind (vgl. RG 55 284, 65 203, 69 306, JW 33, 2143). Es genügt nicht, daß der Täter sie für gebrauchsfähig hält. Zum Eignungsmerkmal vgl. noch Hoyer, Die Eignungsdelikte, 1987, 195. 4

2. Ferner kann Tatgegenstand **Papier** sein, das einer zur Herstellung von Geld oder amtlicher Wertzeichen bestimmten und gegen Nachahmungen besonders gesicherten Papierart gleicht oder zum Verwechseln ähnlich ist (Nr. 2). Eine besondere Sicherung gegen Nachahmungen sind u.a. Wasserzeichen und spezielle, u.U. unsichtbare Fasern, die im Papier eingestreut sind. Zum Verwechseln ähnlich ist Papier, das nach seinem Gesamteindruck trotz vorhandener Abweichungen geeignet ist, bei einem durchschnittlichen, über besondere Sachkunde nicht verfügenden Beurteiler, der das Papier nicht genauer prüft, den Irrtum hervorzurufen, es handle sich um die besonders gesicherte Papierart (vgl. BT-Drs. 7/550 S. 229). 5

3. Als **Tathandlung** setzt Abs. 1 voraus, daß jemand die genannten Gegenstände herstellt, sich oder einem anderen verschafft, feilhält, verwahrt oder einem anderen überläßt. *Herstellen* bedeutet das tatsächliche Fertigstellen einer Sache, so daß sie unmittelbar verwendungsfähig ist. Unberücksichtigt haben geringfügige Ergänzungserfordernisse zu bleiben. Als fertiggestellt ist eine Sache schon dann anzusehen, wenn nur noch unbedeutende Nebenarbeiten auszuführen sind, damit sie zur Fälschung eingesetzt werden kann (vgl. RG 48 165). Zum *Sichverschaffen* vgl. § 146 RN 15. Anders als im Falle der §§ 146, 148 reicht neben dem Sichverschaffen aus, daß der Tatgegenstand einem anderen verschafft, diesem also die tatsächliche Verfügungsgewalt vermittelt wird. Zum *Feilhalten* vgl. § 148 RN 13. *Verwahren* liegt vor, wenn jemand Gewahrsam an einer Sache hat. *Überlassen* wird eine Sache, wenn sie einem anderen zum Gebrauch übergeben wird. Hierfür genügt es, wenn jemand das Ansichnehmen durch den anderen zuläßt (vgl. RG 59 217). Die Übergabe zu dem Zweck, daß der andere als Bote tätig wird und die Sache an einen Dritten weiterleitet, stellt kein Überlassen dar. 6

4. Die Handlungen müssen eine Geld- oder Wertzeichenfälschung **vorbereiten**. Das bedingt, daß ein Delikt dieser Art (§ 146 I Nr. 1, § 148 I Nr. 1) schon geplant ist, sei es vom Täter der Vorbereitungshandlung selbst oder von einem anderen. Fraglich ist, inwieweit die vorgesehene Tat bereits konkretisiert sein muß. Obwohl § 149 im Unterschied zu § 83 nicht ausdrücklich auf eine bestimmte Tat abhebt, kann ein völlig vager Plan nicht ausreichen. Die Tat muß vielmehr schon in bestimmter Weise, d. h. in ihren wesentlichen Umrissen, in Aussicht genommen sein (vgl. D-Tröndle 2, Rudolphi SK 2; and. Herzberg JR 77, 470, Lackner 4). Nur dann weist die Vorbereitungshandlung die Gefährlichkeit auf, die ein Einschreiten mit den Mitteln des Strafrechts als geboten erscheinen läßt. Nicht erforderlich ist allerdings, daß die Tatgegenstände der unmittelbaren Ausführung des geplanten Fälschungsdelikts dienen sollen. Es genügt, wenn sie im Rahmen des Tatplans für einen bloßen Probedruck bestimmt sind (vgl. RG 69 307); auch hierdurch wird das geplante Fälschungsdelikt vorbereitet. 7

III. Für den subjektiven Tatbestand ist **Vorsatz** erforderlich. Bedingter Vorsatz genügt, auch hinsichtlich der Vorbereitung eines Fälschungsdelikts. Der Täter muß also wissen oder damit rechnen, daß seine Handlung ein geplantes Fälschungsdelikt fördert. 8

IV. **Vollendet** ist die Tat, wenn ein gebrauchsfertiger Gegenstand i.S. der Nr. 1 oder 2 hergestellt usw. ist. Zur Tatvollendung ist nicht notwendig, daß alle erforderlichen Formen vorhanden sind (vgl. RG 55 284, 69 306). Unerheblich ist, ob der Täter sein Werk für gelungen hält (vgl. RG 69 307); die Vollendung beurteilt sich allein nach objektiven Merkmalen. 9

Der **Versuch ist nicht strafbar.** 10

V. Die **Strafdrohung** ist verschieden, je nachdem, ob eine Geld- oder eine Wertzeichenfälschung vorbereitet wird. Die Abstufung trägt dem unterschiedlichen Gewicht der vorbereiteten Taten Rechnung. 11

Stree

12 **VI.** Abs. 1 ist gegenüber den §§ 146, 148 **subsidiär**. Er tritt hinter diese Vorschriften zurück, sobald mit dem Versuch des vorbereiteten Fälschungsdelikts unter Benutzung der Formen oder des Papiers i. S. der Nr. 1, 2 begonnen wird (vgl. RG **48** 161, **66** 218, JW **34**, 2850). Subsidiarität besteht auch gegenüber der Teilnahme am vorbereiteten Fälschungsdelikt eines anderen (Herdegen LK 7, Rudolphi SK 9). Tritt der Täter vom Versuch des Fälschungsdelikts zurück, so entfällt die Strafbarkeit nach Abs. 1 nur dann, wenn zugleich die Voraussetzungen des Abs. 2 erfüllt sind.

13 **VII.** Da § 149 Vorbereitungshandlungen zu einem selbständigen Tatbestand ausgestaltet hat, sind im Falle eines Rücktritts die allgemeinen Rücktrittsregeln nicht anwendbar. Andererseits ist es aber auch hier kriminalpolitisch geboten, dem Täter einen strafbefreienden Rücktritt zu ermöglichen. Diesem Erfordernis tragen die Abs. 2 und 3 Rechnung. Nach ihnen entfällt bei **tätiger Reue** die Strafbarkeit nach Abs. 1. Abweichend von den allgemeinen Rücktrittsregeln genügen insoweit noch nicht das freiwillige Aufgeben der vorbereiteten Tat und das Abwenden der Gefahr, daß andere die Tat weiterführen. Abs. 2 Nr. 2 enthält vielmehr zusätzliche Voraussetzungen, die sicherstellen sollen, daß die gefährlichen Fälschungsmittel unschädlich gemacht werden (vgl. BT-Drs. 7/550 S. 229; krit. dazu Zielinski JZ 73, 197 f.).

14 1. Der Täter muß die **Ausführung der vorbereiteten Tat aufgeben** (Abs. 2 Nr. 1), also endgültig von der geplanten Tat oder der Beteiligung hieran absehen. Vgl. dazu § 24 RN 37 ff.

15 2. Abs. 2 Nr. 1 verlangt vom Zurücktretenden ferner die **Abwendung einer** von diesem **verursachten Gefahr**, daß andere die Tat weiter vorbereiten oder sie ausführen, oder die Verhinderung der Tatvollendung. Erforderlich ist nur die Beseitigung der Gefahr, die der Zurücktretende zuvor durch seinen Tatbeitrag begründet hat. Zu beheben ist andererseits jede verursachte Gefahr der Tatausführung, nicht nur die vom Täter erkannte (Lackner 5, Rudolphi SK 7; and. D-Tröndle 9). Auch kommt es nur auf die Verursachung der Gefahr an, nicht darauf, ob der Täter sie verschuldet hat. Der Zurücktretende kann sich aber auch darauf beschränken, die Vollendung der geplanten Tat zu verhindern. Der Straffreiheit steht dann nicht entgegen, daß die Tat vorübergehend durch andere noch weiter vorbereitet worden ist. Kommt es jedoch zur Vollendung der geplanten Tat, so ist der Rücktritt mißlungen.

16 3. Außerdem muß der Zurücktretende noch vorhandene und zur Fälschung brauchbare **Fälschungsmittel unschädlich machen**, nämlich vernichten, unbrauchbar machen, ihr Vorhandensein einer Behörde anzeigen oder sie dort abliefern (Abs. 2 Nr. 2). Mit Fälschungsmitteln sind die in Abs. 1 Nr. 1 und 2 genannten Gegenstände gemeint, nicht auch sonstige Mittel, die zur Fälschung eingesetzt werden sollten. *Vernichten* bedeutet das völlige Zerstören. Die Fälschungsmittel sind *unbrauchbar gemacht*, wenn sie so verändert worden sind, daß sie sich zur Ausführung eines Fälschungsdelikts nicht mehr eignen. Für die *Anzeige* oder die *Ablieferung bei einer Behörde* ist unerheblich, welcher Behörde gegenüber die Handlung erfolgt. Die Anzeige muß der Behörde den Zugriff auf die Fälschungsmittel ermöglichen. Das bedingt, daß der Zurücktretende hinreichende Angaben über die Fälschungsmittel macht, insb. auch den richtigen Aufbewahrungsort mitteilt.

17 Das Unschädlichmachen muß sämtliche noch vorhandenen und zur Fälschung brauchbaren Fälschungsmittel i. S. des Abs. 1 erfassen, auf die sich die Tat des Zurücktretenden erstreckt hat. Läßt er nur eines von mehreren Mitteln aus, so tritt keine Straffreiheit ein. Abzustellen ist auf die objektive Sachlage. Hat der Zurücktretende ein Fälschungsmittel übersehen, so ist ihm sein Rücktritt nicht voll geglückt. Andererseits steht der Straffreiheit nicht entgegen, wenn er irrig das (noch) Vorhandensein eines tauglichen Fälschungsmittels annimmt und dennoch sich nicht bemüht, es unschädlich zu machen.

18 4. Der Rücktritt muß **freiwillig** erfolgen. Führt der Täter die Fälschung deswegen nicht aus, weil er das (objektiv brauchbare) Fälschungsmittel für mißlungen hält oder weil es ihm abhanden gekommen ist, so fehlt es an der Freiwilligkeit. Auch das Unschädlichmachen eines Fälschungsmittels muß freiwillig vorgenommen werden. Wird der Zurücktretende dazu gezwungen, ein Fälschungsmittel zu vernichten oder bei der Behörde abzuliefern, so hat er sich keine Straffreiheit verdient. Zur Freiwilligkeit vgl. § 24 RN 42 ff.

19 5. An Stelle der Voraussetzungen des Abs. 2 Nr. 1 genügt für den strafbefreienden Rücktritt entsprechend den allgemeinen Rücktrittsregeln das **freiwillige** und **ernsthafte Bemühen**, die verursachte **Gefahr abzuwenden** oder die Vollendung der Tat zu verhindern, sofern ohne Zutun des Zurücktretenden diese Gefahr abgewendet oder die Vollendung der Tat verhindert worden ist (Abs. 3). Vgl. hierzu § 31 RN 11. Unberührt bleibt Abs. 2 Nr. 2. Der Täter muß also auch im Falle des Abs. 3 zusätzlich noch vorhandene und brauchbare Fälschungsmittel unschädlich machen. Eine Regelung, nach der das ernsthafte Bemühen genügt, wenn ohne Zutun des Zurücktretenden die Fälschungsmittel unbrauchbar werden, erübrigte sich, weil Abs. 2 Nr. 2 allein auf die objektive Sachlage abstellt (vgl. o. 17, Herdegen LK 10).

6. Hat der Täter nach Abs. 2 oder 3 Straffreiheit erlangt, so kann auch nicht auf § 127 OWiG 20
zurückgegriffen werden (Herdegen LK 8, Rudolphi SK 9, D-Tröndle 12).

§ 150 Einziehung

Ist eine Straftat nach diesem Abschnitt begangen worden, so werden das falsche Geld, die falschen oder entwerteten Wertzeichen und die in § 149 bezeichneten Fälschungsmittel eingezogen.

Schrifttum: Eser, Die strafrechtlichen Sanktionen gegen das Eigentum, 1969.

I. Die Vorschrift enthält eine Sonderregelung für die **Einziehung von Falschgeld**, falscher 1
oder entweteter Wertzeichen und der in § 149 bezeichneten Fälschungsmittel. Im Gegensatz zu § 74 I ist hier die Einziehung zwingend vorgeschrieben. Obgleich dies zum Schutz des Geld- und Wertzeichenverkehrs regelmäßig gerechtfertigt sein wird, bleibt der Grundsatz der Verhältnismäßigkeit zu beachten (Eser aaO 358, 364, Herdegen LK 3; and. D-Tröndle 1). Deshalb ist z. B. dem Eigentümer der Materialwert zu belassen, wenn dem Schutz des Rechtsverkehrs bereits durch Einschmelzen der nachgemachten Münzen genügt werden kann (vgl. Oldenburg NdsRpfl. 64, 21 sowie § 74b RN 1).

Die Einziehung hat hier regelmäßig **Sicherungscharakter**; vgl. RG 14 164 sowie 15 vor § 73. 2

II. **Gegenstand der Einziehung** sind das nachgemachte oder verfälschte Geld einschließlich 3
der nach § 151 gleichstehenden Wertpapiere, falsche oder entwertete Wertzeichen und die in § 149 bezeichneten Fälschungsmittel. Andere als die in § 149 aufgeführten Fälschungsmittel, z. B. zur Stoffgestaltung gebrauchte Werkzeuge, sind nach den §§ 74 ff. einziehbar.

III. Voraussetzung der Einziehung ist, daß eine **Straftat i. S. der §§ 146–149** unter Einschluß 4
der §§ 151, 152 begangen worden ist und der betroffene Gegenstand aus dieser Tat stammt bzw. zu ihrer Begehung oder Vorbereitung gedient hat. Soweit ein Sicherungsbedürfnis i. S. des § 74 II Nr. 2 nachweisbar ist – was bei allen Einziehungsgegenständen, die § 150 erfaßt, regelmäßig anzunehmen ist –, braucht die Tat nicht schuldhaft begangen zu sein; es genügt eine rechtswidrige Anknüpfungstat (§ 74 III). Dagegen ist nicht möglich, nachgemachtes Geld usw. auch ohne Vorliegen einer entsprechenden Anknüpfungstat einzuziehen (Eser aaO 277 ff.; and. RG 14 162, Olshausen § 152 Anm. 1).

Auch für die **Dritteinziehung** wird regelmäßig ein Sicherungsgrund nach § 74 II Nr. 2 zu 5
bejahen sein.

IV. Über die **ergänzende** Heranziehung der §§ 74 ff. vgl. 10 vor § 73. § 74 a ist jedoch nicht 6
anwendbar. Zur Möglichkeit, die Einziehung selbständig anzuordnen, vgl. § 76a.

§ 151 Wertpapiere

Dem Geld im Sinne der §§ 146, 147, 149 und 150 stehen folgende Wertpapiere gleich, wenn sie durch Druck und Papierart gegen Nachahmung besonders gesichert sind:
1. **Inhaber- sowie solche Orderschuldverschreibungen, die Teile einer Gesamtemission sind, wenn in den Schuldverschreibungen die Zahlung einer bestimmten Geldsumme versprochen wird;**
2. **Aktien;**
3. **von Kapitalanlagegesellschaften ausgegebene Anteilscheine;**
4. **Zins-, Gewinnanteil- und Erneuerungsscheine zu Wertpapieren der in den Nummern 1 bis 3 bezeichneten Art sowie Zertifikate über Lieferung solcher Wertpapiere;**
5. **Reiseschecks, die schon im Wertpapiervordruck auf eine bestimmte Geldsumme lauten.**

I. Die Vorschrift stellt bestimmte Wertpapiere dem Geld i. S. der §§ 146, 147, 149 und 150 1
gleich und läßt ihnen damit den besonderen Strafschutz zukommen, wie er gegen Geldfälschung gewährt wird. Ihr **Zweck** besteht darin, im Interesse der Allgemeinheit die Sicherheit und Zuverlässigkeit des Rechtsverkehrs mit solchen Wertpapieren, die im Wirtschaftsverkehr wegen ihres massenhaften Vorkommens und ihrer dem Papiergeld ähnlichen Ausstattung besonderes Vertrauen genießen und zu einer gewissen Oberflächlichkeit bei der Echtheitsprüfung verleiten (BT-Drs. 7/550 S. 229), ebenso wie den Geldverkehr zu schützen. Dieser Schutz wird auch den entsprechenden Wertpapieren eines fremden Währungsgebiets zuteil (§ 152).

II. Die Wertpapiere, die dem besonderen Strafschutz gegen Geldfälschung unterliegen, sind 2
in einem Katalog (Nr. 1–5) abschließend aufgezählt. Die Zugehörigkeit eines Wertpapiers zu diesem Katalog reicht jedoch allein nicht aus. Erforderlich ist überdies noch, daß das Wertpa-

§ 152   1   Bes. Teil. Straftaten gegen die öffentliche Ordnung

pier durch Druck und Papierart **gegen Nachahmung besonders geschützt** ist. Es müssen danach besondere Vorkehrungen gegen eine Fälschung getroffen sein, die über das bei Urkunden allgemein übliche Maß hinausgehen. Diese Vorkehrungen müssen sich sowohl auf die Gestaltung des Drucks als auch auf die Wahl und Ausstattung der Papierart erstrecken. Beschränken sie sich auf eines von beiden, also entweder ausschließlich auf den Druck oder ausschließlich auf die Papierart, so entfällt der besondere Strafschutz nach den §§ 146ff. (vgl. BGH NJW **81**, 1965). Die im Börsenverkehr der Bundesrepublik Deutschland gehandelten Wertpapiere entsprechen im allgemeinen den besonderen Voraussetzungen der Sicherung gegen Fälschungen (vgl. BT-Drs. 7/550 S. 231).

3   **III.** Der **Katalog der besonders geschützten Wertpapiere** enthält folgende Papiere:

4   1. **Inhaberschuldverschreibungen**, in denen die Zahlung einer bestimmten Geldsumme versprochen wird, sowie auf eine bestimmte Geldsumme lautende **Orderschuldverschreibungen**, die Teile einer Gesamtemission sind (Nr. 1). Vgl. dazu die §§ 795, 808a BGB. Anders als bei Orderschuldverschreibungen genügt bei Inhaberschuldverschreibungen die Ausgabe einzelner Stücke. Zu den besonders geschützten Papieren gehören etwa Schuldverschreibungen des Bundes, der Länder oder der Gemeinden und Hypothekenpfandbriefe, nicht jedoch Lotterielose, die keinen Geldbetrag nennen, und Papiere i. S. der §§ 807, 808 BGB (vgl. RG **51** 412).

5   2. **Aktien** (Nr. 2). Abweichend von § 149 a. F. werden neben den Inhaberaktien auch Namensaktien erfaßt, dagegen nicht mehr Zwischenscheine (Interimsscheine) und Quittungen, die den Aktionären vor Ausgabe von Aktienurkunden erteilt werden.

6   3. **Anteilscheine**, die von Kapitalanlagegesellschaften ausgegeben werden (Nr. 3), d. h. die Investmentzertifikate.

7   4. **Zins-, Gewinnanteil- und Erneuerungsscheine** zu Wertpapieren der in Nr. 1–3 bezeichneten Art sowie **Zertifikate über Lieferung solcher Wertpapiere** (Nr. 4). Unter einem derartigen Zertifikat ist eine Schuldverschreibung zu verstehen, in der die Lieferung eines der genannten Papiere versprochen wird (BT-Drs. 7/550 S. 230).

8   5. **Reiseschecks**, die im Wertpapiervordruck auf eine bestimmte Geldsumme lauten (Nr. 5). Unwesentlich ist, wer sie ausgibt, ob etwa ein Kreditinstitut oder ein Reisebüro. Reiseschecks, bei denen der Geldbetrag erst nachträglich in das Formular eingetragen wird, sind vom besonderen Strafschutz ausgenommen. Sie sind nur nach § 267 gegen Fälschungen geschützt.

9   **IV.** Zu den **Tathandlungen**, zum subjektiven Tatbestand und zu den Konkurrenzen vgl. die Anm. zu den §§ 146, 147, 149. Zu beachten ist, daß wie bei der Geldfälschung ein entsprechendes Vorbild nicht vorhanden zu sein braucht (vgl. BGH **30** 71 für Reiseschecks, Stree JR **81**, 428). Es reicht aus, wenn ein nachgemachtes Wertpapier der genannten Art den Anschein erweckt, daß es von einem zur Ausgabe Berechtigten stammt, und die besonderen Sicherungen gegen Nachahmung aufweist (vgl. BGH NJW **81**, 1965, Stree JR **81**, 428). Ob der angebliche Aussteller wirklich existiert, ist unerheblich (Lackner 2b; and. Otto NStZ **81**, 479). Soweit bestimmte Formvorschriften für ein Wertpapier gelten, müssen sie gewahrt sein (vgl. RG **51** 412). Eine nachgemachte Schuldverschreibung muß daher entsprechend § 793 BGB eine Namensunterschrift – Faksimile genügt – enthalten (vgl. RG **58** 413). Fehlt bei echten Wertpapieren noch ein für die bestimmungsgemäße Ausgabe notwendiger Bestandteil (z. B. Ausgabevermerk), so sind sie auch dann nachgemacht, wenn sie unbefugt mit ihm versehen werden (vgl. RG **48** 126 f.; and. Frank § 149 Anm. IV). Bei Verfälschungen ist Voraussetzung, daß der Anschein eines höheren Wertes hervorgerufen wird (vgl. BT-Drs. 7/550 S. 213). Sonstige Verfälschungen sind nur über § 267 erfaßbar. Der Vorsatz braucht sich nicht darauf zu beziehen, daß die nachgemachten oder verfälschten Wertpapiere dem Geld gleichstehen; ein etwaiger Irrtum ist als Subsumtionsirrtum unbeachtlich (vgl. D-Tröndle 8).

§ 152 Geld, Wertzeichen und Wertpapiere eines fremden Währungsgebietes

Die §§ 146 bis 151 sind auch auf Geld, Wertzeichen und Wertpapiere eines fremden Währungsgebiets anzuwenden.

1   **I.** Die Vorschrift gewährt den besonderen Strafrechtsschutz nach den §§ 146–151 auch dem **Geld**, den amtlichen **Wertzeichen** und den in § 151 aufgeführten **Wertpapieren eines fremden Währungsgebiets** (zum geschützten ausländischen Rechtsgut vgl. Lüttger Jescheck-FS 173). Sie entspricht damit, soweit es sich um Geld oder Postwertzeichen handelt, internationalen Verpflichtungen, nämlich dem Art. 5 des Int. Abkommens zur Bekämpfung der Falschmünzerei vom 20. 4. 1929 (RGBl. 1933 II 913 ff.) und dem Art. 13 Weltpostvertrag v. 27. 7. 1984 (BGBl. 1986 II 236). Im übrigen berücksichtigt sie, daß ausländische Wertpapiere auch im Inlandsverkehr eine erhebliche Rolle spielen und dieser damit vor Fälschungen solcher Papiere geschützt

sein muß. Die amtlichen Wertzeichen eines fremden Währungsgebiets sind wegen der nahen Verwandtschaft der Wertzeichenfälschung mit der Fälschung von Papiergeld einbezogen worden (BT-Drs. 7/550 S. 231). Besondere Gefahren für den Inlandsbereich gehen insoweit allerdings aus Fälschungen im allgemeinen nicht hervor (für Einschränkung der Reichweite des § 152 daher Schlüchter Oehler-FS 320f.). Der Strafrechtsschutz ist unabhängig davon, ob die Gegenseitigkeit verbürgt ist oder diplomatische Beziehungen mit dem betroffenen Land bestehen (ebenso für österr. Recht Kienapfel Wiener Komm. zum StGB, § 241 RN 2).

II. Die Frage, ob Geld, amtliche Wertzeichen oder Wertpapiere eines fremden Währungsgebiets 2 nachgemacht oder verfälscht sind, beantwortet sich nach den §§ 146ff. Zu **berücksichtigen** ist aber auch das **fremde Recht**. So ist bei Wertzeichen das ausländische Recht dafür maßgebend, ob sie dem § 148 zugrundeliegenden Begriff genügen (BGH 32 76). Schreibt ein ausländischer Staat für Wertpapiere besondere Formerfordernisse vor, so fallen Fälschungen nur dann unter die §§ 146ff., wenn diese Voraussetzungen erfüllt sind. Inländische Formerfordernisse sind insoweit unbeachtlich. Dagegen behalten die strafrechtlichen Einschränkungen ihre Bedeutung (BGH NStZ **87**, 504). Der Schutz des ausländischen Geldes usw. reicht nicht weiter als der für inländisches. Einem Wertträger, der dem hiernach maßgebenden Geldbegriff nicht entspricht, kommt keine Geldeigenschaft zu, mag auch eine fremde Rechtsordnung ihn als Geld behandeln (BGH **32** 199). Für Reiseschecks ändert sich nichts an dem Erfordernis, daß sie schon im Wertpapiervordruck auf eine bestimmte Geldsumme lauten müssen, mögen auch in dem betreffenden Land andere Gepflogenheiten im Geschäftsverkehr herrschen. Ebenso verhält es sich hinsichtlich der besonderen Sicherungen gegen Nachahmung. Entspricht das nachgemachte Geld usw. allen Voraussetzungen, so ist wie bei inländischem Geld usw. bedeutungslos, ob ein Vorbild vorhanden ist. Es braucht nicht einmal der Staat zu existieren, auf den ein Falsifikat hinweist (vgl. § 146 RN 5).

III. Für den **subjektiven Tatbestand** gilt nichts Besonderes. Glaubt der Täter, das deutsche 3 Strafrecht umfasse nicht die amtlichen Wertzeichen eines fremden Währungsgebiets, etwa die Gebührenmarken einer Gemeindeverwaltung, so bleibt der Vorsatz unberührt. Dieser entfällt aber beispielsweise, wenn der Täter irrig annimmt, die nachgemachten, für Sammler bestimmten Briefmarken eines ausländischen Staates seien bereits außer Kurs gesetzt.

IV. § 152 betrifft nur die Anwendbarkeit der §§ 146–151 als solche. Er besagt nichts über den 4 räumlich-persönlichen Geltungsbereich dieser Vorschriften. Insoweit sind die allgemeinen Bestimmungen maßgebend. Vgl. dazu 6 vor § 146.

§ 152a Fälschung von Vordrucken für Euroschecks und Euroscheckkarten

(1) **Wer in der Absicht, daß inländische oder ausländische Euroschecks unter Verwendung falscher Vordrucke als echt in den Verkehr gebracht werden oder daß ein solches Inverkehrbringen ermögliche werde,**
1. **falsche Vordrucke für Euroschecks herstellt, sich oder einem anderen verschafft, feilhält oder einem anderen überläßt oder**
2. **die Herstellung solcher falscher Vordrucke vorbereitet, indem er**
   a) **Platten, Formen, Drucksätze, Druckstöcke, Negative, Matrizen oder ähnliche Vorrichtungen, die ihrer Art nach zur Herstellung dieser Vordrucke geeignet sind, oder**
   b) **Papier, das einer solchen Papierart gleicht oder zum Verwechseln ähnlich ist, die zur Herstellung echter Vordrucke bestimmt und gegen Nachahmung besonders gesichert ist,**
   herstellt, sich oder einem anderen verschafft, feilhält, verwahrt oder einem anderen überläßt,
wird in den Fällen der Nummer 1 mit Freiheitsstrafe von einem Jahr bis zu zehn Jahren, in den Fällen der Nummer 2 mit Freiheitsstrafe bis zu fünf Jahren oder mit Geldstrafe bestraft.

(2) **In minder schweren Fällen des Absatzes 1 Nr. 1 ist die Strafe Freiheitsstrafe bis zu fünf Jahren oder Geldstrafe.**

(3) **Ebenso wird bestraft, wer in der Absicht, daß inländische oder ausländische Euroscheckkarten unter Verwendung falscher Vordrucke zur Täuschung im Rechtsverkehr gebraucht werden oder daß ein solcher Gebrauch ermöglicht werde, eine in Absatz 1 bezeichnete Handlung begeht, die sich auf Vordrucke für Euroscheckkarten bezieht.**

(4) **In den Fällen des Absatzes 1 Nr. 2, auch in Verbindung mit Absatz 3, gilt § 149 Abs. 2 und 3 entsprechend.**

(5) **§ 150 gilt entsprechend.**

Vorbem. Eingefügt durch das 2. WiKG vom 15. 5. 1986, BGBl. I 721.

§ 152a 1–8

1 I. Angesichts der zunehmenden Verwendung von Euroschecks und Euroscheckkarten und deren erheblichen Bedeutung für den bargeldlosen Zahlungsverkehr soll die den §§ 146, 149 nachgebildete Vorschrift den Vordrucken für Euroschecks und Euroscheckkarten entsprechend dem Geld und den Wertpapieren einen besonderen Strafschutz vor Fälschungen gewähren. Mit dem besonderen **Schutz** soll die Zuverlässigkeit **des Rechtsverkehrs mit Euroschecks und Euroscheckkarten** schon im Vorfeld mißbräuchlicher Verwendung vor Gefahren bewahrt werden, denen weder mit § 267 noch mit § 263 wirksam begegnet werden kann (vgl. BT-Drs. 10/5058 S. 26, LG Berlin wistra **85**, 241). Dementsprechend werden neben dem Herstellen usw. falscher Vordrucke für Euroschecks und Euroscheckkarten (Abs. 1 Nr. 1, Abs. 3) bestimmte das Herstellen vorbereitende Handlungen erfaßt (Abs. 1 Nr. 2, Abs. 3). Ergänzenden Schutz bietet § 127 OWiG.

2 II. **Abs. 1 Nr. 1** setzt voraus, daß jemand in Verwendungsabsicht (u. 6 ff.) falsche Vordrucke für Euroschecks herstellt, sich oder einem anderen verschafft, feilhält oder einem anderen überläßt. Diesem Verhalten steht nach **Abs. 3** gleich, wenn jemand in Verwendungsabsicht eine der genannten Handlungen begeht, die sich auf falsche Vordrucke für Euroscheckkarten erstreckt.

3 1. **Tatobjekt** sind Vordrucke für Euroschecks oder Euroscheckkarten, also Gegenstände, die auf Grund von Vereinbarungen der Kreditwirtschaft einheitlich ausgestaltet und gegen Nachahmung besonders gesichert sind (vgl. BT-Drs. 10/5058 S. 26, Baumbach/Hefermehl, Wechsel- und ScheckG, 15. A. 1986, Art. 4 SchG Anh. RN 1 f.). Unerheblich ist, ob die Vordrucke inlands- oder auslandsbezogene Kennzeichen aufweisen. Nicht erfaßt werden Vordrucke für normale Schecks und für Kreditkarten. Auch Bargeldkarten von Banken oder Sparkassen, die die Benutzung der „hauseigenen" Geldautomaten ermöglichen, scheiden aus, ebenfalls Blankokarten, die lediglich bezüglich Form und Magnetstreifen den Euroscheckkarten entsprechen (vgl. Granderath DB 86, Beil. Nr. 18 S. 9 FN 107).

4 2. **Falsch** sind die Euroscheck(karten)vordrucke, wenn sie in ihrem Inhalt nicht vom berechtigten, aus den Vordrucken selbst ersichtlichen Aussteller stammen (Otto wistra 86, 154). Dies trifft auch auf Vordrucke zu, die über einen Druckauftrag des Ausstellers hinaus zusätzlich hergestellt werden (vgl. § 146 RN 5 a. E., Rudolphi SK 4). Wie bei der Geldfälschung kommt es nicht darauf an, ob die Fälschungen echten Vordrucken entsprechen oder hiervon abweichen und ob der angebliche Aussteller überhaupt existiert (vgl. § 146 RN 5). Im übrigen ist unerheblich, ob sie schon von vornherein beim Herstellen der Vordrucke entstanden sind oder erst auf Grund der Verfälschung echter Vordrucke.

5 3. Als **Tathandlung** kommt in Betracht, daß der Täter die genannten falschen Vordrucke herstellt, sich oder einem anderen verschafft, feilhält oder einem anderen überläßt. Zum Herstellen vgl. § 149 RN 6, § 146 RN 5, 6; zum Sichverschaffen vgl. § 146 RN 15; zum Drittverschaffen vgl. § 149 RN 6; zum Feilhalten vgl. § 148 RN 13. Mit dem Merkmal „feilhalten" werden insb. die Fälle erfaßt, in denen die Vordrucke Bösgläubigen zum Kauf angeboten werden, um diesen die Umsetzung in Geld durch Inverkehrbringen fertiger Euroschecks zu ermöglichen (vgl. BT-Drs. 10/5058 S. 27). Zum Überlassen vgl. § 149 RN 6. Dagegen genügt das Verwahren der Vordrucke anders als bei den Gegenständen zur Fälschungsvorbereitung nach Abs. 1 Nr. 2 nicht (zu den Gründen vgl. BT-Drs. 10/5058 S. 27). Bei allen Tathandlungen genügt es, wenn sie sich auf *einen* Vordruck erstrecken (and. Rudolphi SK 6 unter Berufung auf Gesetzeswortlaut).

6 4. Die falschen Vordrucke müssen in einer bestimmten **Verwendungsabsicht** hergestellt usw. werden. Insoweit ist zwischen den Euroscheckvordrucken und den Euroscheckkartenvordrucken zu unterscheiden.

7 a) Bezieht sich die Tat auf Vordrucke für **Euroschecks**, muß die Absicht darauf gerichtet sein, daß die Schecks unter Verwendung der falschen Vordrucke als echt in den Verkehr gebracht werden oder daß ein solches Inverkehrbringen ermöglicht werde (Abs. 1 Nr. 1). Entsprechend der Geldfälschung genügt mithin die Absicht, einem Eingeweihten das Inverkehrbringen als echt zu überlassen (vgl. BT-Drs. 10/5058 S. 27). Zur Absicht und zum Inverkehrbringen vgl. näher § 146 RN 7, 21; das dort Gesagte gilt entsprechend.

8 b) Soweit Vordrucke für **Euroscheckkarten** Tatgegenstand sind, muß der Täter in der Absicht gehandelt haben, die Karten unter Verwendung der falschen Vordrucke zur Täuschung im Rechtsverkehr zu gebrauchen oder einen solchen Gebrauch zu ermöglichen (Abs. 3). Mit der von Abs. 1 abweichenden Ausgestaltung des Absichtsmerkmals wird berücksichtigt, daß Scheckkarten nicht als Zahlungsmittel in den Verkehr gebracht, sondern im Zahlungsverkehr als Urkunde gebracht werden (vgl. BT-Drs. 10/5058 S. 27). Unter Absicht ist auch hier der zielgerichtete Wille zu verstehen; Endzweck muß das Gebrauchen nicht sein. Der Täter muß entweder es darauf absehen, selbst die Scheckkarten zur Täuschung im Rechtsverkehr zu gebrauchen, oder beabsichtigen, einen solchen Gebrauch einem anderen zu ermöglichen. Nicht erforderlich ist, daß die Scheckkarte zusammen mit Euroschecks verwendet werden soll. Es genügt die beabsichtigte Benutzung von Euroscheckkarten an Geldautomaten. Die in § 270 getroffene Regelung, die der Täuschung im Rechtsverkehr die fälschliche Beeinflussung einer Datenverarbeitung im Rechtsverkehr gleichstellt, ist auch für § 152a maßgebend. Vgl. noch § 267 RN 87 ff. sowie Anm. zu § 270.

5. Im übrigen ist für den subjektiven Tatbestand **Vorsatz** erforderlich. Beim Herstellen muß der Täter wissen, daß er Vordrucke von Euroschecks oder Euroscheckkarten nachmacht, die geeignet sind, den Anschein der Echtheit hervorzurufen. Bei den sonstigen Tathandlungen muß er Kenntnis davon haben, daß sie sich auf solche falschen Vordrucke erstrekken. Bedingter Vorsatz genügt hinsichtlich aller Tatbestandsmerkmale. Die Annahme, das Herstellen usw. falscher ausländischer Euroscheck(karten)vordrucke falle nicht unter die deutschen Strafvorschriften, läßt den Vorsatz unberührt (Subsumtionsirrtum).

6. Die Tat ist mit dem Herstellen usw. **vollendet.** Ohne Bedeutung ist, ob der Täter beim Herstellen das Werk für gelungen hält (vgl. § 146 RN 10). Ein Verwenden der Fälschungen wird nicht vorausgesetzt. § 24 ist deshalb nicht anwendbar, wenn der Täter nach dem Herstellen usw. die Verwendungsabsicht freiwillig aufgibt. Auch lassen sich die Grundsätze über die tätige Reue nicht entsprechend heranziehen. Wie aus Abs. 4 folgt, ist ein strafbefreiender Rücktritt entsprechend § 149 II allein bei den Vorbereitungshandlungen nach Abs. 1 Nr. 2, auch i. V. mit Abs. 3, möglich. Das freiwillige Absehen vom Inverkehrbringen oder Gebrauchen kann jedoch den Rückgriff auf den Strafrahmen des Abs. 2 rechtfertigen (vgl. 48 vor § 38, § 146 RN 28) und zugleich oder allein bei der Strafzumessung strafmildernd zu berücksichtigen sein (vgl. § 46 RN 49). Vgl. noch 146 RN 10, 18, 19, § 149 RN 9.

Der **Versuch** ist strafbar. Er liegt erst vor, wenn der Täter zum Herstellen usw. unmittelbar ansetzt. Handlungen nach Abs. 1 Nr. 2 reichen allein nicht aus. Vgl. noch § 146 RN 11, § 149 RN 1.

7. Das **Herstellen mehrerer Vordrucke** in einem Arbeitsgang stellt nur eine Tat dar. Ebenso liegt nur eine Tat zusammen mit dem Herstellen vor, wenn der Täter das Hergestellte absichtsgemäß feilhält oder einem Dritten verschafft oder überläßt (vgl. 14 vor § 52). Mehrmalige Fälschungen können in Fortsetzungszusammenhang oder in Realkonkurrenz stehen. Vgl. § 146 RN 12. Entsprechendes gilt für das Verschaffen usw.

8. **Täterschaft und Teilnahme** bestimmen sich nach allgemeinen Regeln. Vgl. § 146 RN 27.

9. Die **Strafe** ist im Regelfall Freiheitsstrafe von einem bis zu zehn Jahren. Mit dem gegenüber § 146 verringerten Strafrahmen hat der Gesetzgeber dem Umstand Rechnung getragen, daß die Herstellung usw. der Euroscheck(karten)vordrucke den Zahlungsverkehr nicht so stark gefährdet wie eine Geldfälschung (vgl. BT-Drs. 10/5058 S. 27). In minder schweren Fällen ist wie nach § 146 II auf Freiheitsstrafe bis zu 5 Jahren oder auf Geldstrafe zu erkennen (Abs. 2). Zum minder schweren Fall vgl. o. 10 und § 146 RN 28.

III. Ferner ist nach **Abs. 1 Nr. 2, Abs. 3** entsprechend der Vorbereitung einer Geld- oder Wertzeichenfälschung (§ 149) mit Strafe bedroht, wer in Verwendungsabsicht (o. 6ff.) die Herstellung falscher Vordrucke für Euroschecks oder Euroscheckkarten durch eine bestimmte Handlung (u. 18), die sich auf bestimmte Gegenstände (u. 16f.) erstreckt, vorbereitet.

1. Tatgegenstand sind nach Abs. 1 Nr. 2a, Abs. 3 **Vorrichtungen,** die ihrer Art nach **zur Herstellung** der genannten falschen Vordrucke geeignet sind. Vgl. dazu § 149 RN 3, 4. Das dort Gesagte gilt entsprechend.

2. Abs. 1 Nr. 2b erfaßt als Tatgegenstand **Papier,** das einer zur Herstellung echter Euroscheckvordrucke bestimmten und gegen Nachahmung besonders gesicherten Papierart gleicht oder zum Verwechseln ähnlich ist. Vgl. dazu § 149 RN 5. Nach Abs. 3 wird das entsprechende Material für Euroscheckkartenvordrucke gleichgestellt.

3. Die **Tathandlung** besteht darin, daß der Täter die genannten Gegenstände herstellt, sich oder einem anderen verschafft, feilhält, verwahrt oder einem anderen überläßt. Vgl. dazu § 149 RN 6.

4. Die Handlungen müssen die Herstellung falscher Vordrucke für Euroschecks oder Euroscheckkarten **vorbereiten.** Vgl. dazu § 149 RN 7. Das dort Gesagte gilt entsprechend.

5. Der **subjektive Tatbestand** verlangt außer der Verwendungsabsicht (o. 6ff.) zumindest bedingten Vorsatz hinsichtlich der Vorbereitung der Herstellung falscher Euroscheck(karten)-vordrucke. Vgl. dazu § 149 RN 8.

21 6. Zur **Vollendung** der Tat vgl. die Ausführungen bei § 149 RN 9. Sie gelten entsprechend. Der **Versuch** ist **nicht strafbar.**

22 7. Entsprechend der gegenüber den Handlungen nach Abs. 1 Nr. 1, Abs. 3 geringeren Gefährlichkeit ist die **Strafe,** wie bei der Vorbereitung einer Geldfälschung nach § 149, Freiheitsstrafe bis zu 5 Jahren oder Geldstrafe. Für die Strafzumessung ist dann u. a. maßgebend, wie weit die Vorbereitungen gediehen sind und welches Ausmaß sie haben oder haben sollen.

23 8. Zur **Subsidiarität** von Abs. 1 Nr. 2 gegenüber Abs. 1 Nr. 1, jeweils auch i. V. mit Abs. 3, vgl. § 149 RN 12. Das dort Ausgeführte gilt entsprechend. Verschiedene Vorbereitungshandlungen, die sich auf dieselben Gegenstände erstrecken, stellen nur eine Tat dar (z. B. Herstellen und Überlassen; vgl. 14 vor § 52).

24 9. Die Möglichkeit von Straffreiheit eröffnet Abs. 4. Danach entfällt die Strafbarkeit nach Abs. 1 Nr. 2, Abs. 3 bei **tätiger Reue** entsprechend § 149 II, III. Vgl. näher § 149 RN 13 ff.

25 IV. Zu der in Abs. 5 zwingend vorgeschriebenen **Einziehung** der falschen Vordrucke und der Fälschungsmittel vgl. § 150 und die Anm. dort.

26 V. **Konkurrenzen:** Idealkonkurrenz ist zwischen Abs. 1 Nr. 1, Abs. 3 und § 267 sowie § 263 möglich (vgl. D-Tröndle 10, Weber JZ 87, 218; z. T. and. Rudolphi SK 18), ebenso mit §§ 242, 253 oder 246. Diese können auch in Tateinheit mit den Vorbereitungshandlungen nach Abs. 1 Nr. 2, Abs. 3 stehen.

Neunter Abschnitt. Falsche uneidliche Aussage und Meineid

Vorbemerkungen zu den §§ 153 ff.

Übersicht

I. Inhalt des 9. Abschnitts 1	VI. Auslegung der Aussage 18
II. Geschütztes Rechtsgut 2	VII. Nichtbeachtung prozessualer Vorschriften 19–26
III. Deliktsnatur 2a	
IV. Falschheit der Aussage 3–8	VIII. Vorsatz u. Irrtum 27–32
V. Umfang der Wahrheitspflicht . . . 9–17	IX. Täterschaft und Teilnahme 33–42

Schrifttum: Arzt, Falschaussage mit bedingtem Vorsatz, Jescheck-FS 391. – *Badura,* Erkenntniskritik und Positivismus in der Auslegung des Meineidtatbestandes, GA 57, 397. – *Bindokat,* Negative Beihilfe und vorangegangenes Tun, NJW 60, 2318. – *Bockelmann,* Meineidsbeihilfe durch Unterlassen, NJW 54, 697. – *Bruns,* Die Grenzen der eidlichen Wahrheitspflicht des Zeugen, insbesondere bei Tonbandaufnahmen über unrichtige Aussagen im Strafprozeß, GA 60, 161. – *Busch,* Zum Verhältnis von uneidlicher Falschaussage und Meineid, GA 55, 257. – *Dedes,* Die Falschheit der Aussage, JR 77, 441. – *ders.,* Die Gefährdung in den Delikten gegen die Rechtspflege, Schröder-GedS 331. – *ders.,* Grenzen der Wahrheitspflicht des Zeugen, JR 83, 99. – *Gallas,* Zum Begriff der Falschheit der eidlichen und uneidlichen Aussage, GA 57, 315. – *Grünhut,* Der strafrechtliche Schutz loyaler Prozeßführung, SchwZStr. 51, 43. – *Herrmann,* Die Reform der Aussagetatbestände, 1973. – *Heimann-Trosien,* Zur Beibehaltung und Fassung des Eides, JZ 73, 609. – *Hirsch,* Über die Gesellschaftsbezogenheit des Eides, Heinitz-FS 139. – *Koffka,* Die Bestrafung der falschen uneidlichen Zeugenaussage, ZStW 48, 10. – *Kuttner,* Die juristische Natur der falschen Beweisaussage, 1931 (Abh. des Berliner Kriminal. Instituts). – *Maurach,* Meineidsbeihilfe durch Unterlassung, DStR 44, 1 und SJZ 49, 541. – *Niethammer,* Über das Wesen des Meineids und die rechtliche Möglichkeit eines fahrlässigen Falscheids, DStR 40, 161. – *Otto,* Die Aussagedelikte, §§ 153–163 StGB, JuS 84, 161. – *Peters,* Zeugenlüge und Prozeßausgang, 1939. – *Paulus,* Die „falsche Aussage" als Zentralbegriff der §§ 153–163 StGB, Küchenhoff-GedS (1987) 435. – *Prinzing,* Meineid durch unrichtige Angaben im Offenbarungseidsverfahren, NJW 62, 567. – *Quedenfeld,* Der Meineid des Eidesunmündigen, JZ 73, 238. – *Rietzsch,* Die vorgetäuschte Straftat und die falsche Aussage, DStR 43, 97. – *Rudolphi,* Die Bedeutung von Verfahrensmängeln für die Tatbestandsmäßigkeit einer eidlichen oder uneidlichen Aussage und einer eidesstattlichen Versicherung, GA 69, 129. – *Schmidhäuser,* Aussagepflicht und Aussagedelikt, OLG Celle-FS 207. – *Schneider,* Über den Begriff der Aussage in §§ 153, 154 StGB, GA 56, 337. – *Schröder,* Unwahrer und unwahrhaftiger Eid, 1939. – *Schulz,* Probleme der Strafbarkeit des Meineids nach geltendem und künftigem Recht, 1970. – *Steinke,* Probleme des Falscheids durch forensische Sachverständige, MDR 84, 272. – *Teichmann,* Meineidige und Meineidssituationen, 1935 (KrimAbh. Heft 21). – *Vormbaum,* Der strafrechtliche Schutz des Strafurteils, 1987. – *ders.,* Frühzeitige und rechtzeitige Berichtigung falscher Angaben, JR 89, 133. – *Wagner,* Uneidliche Falschaussagen vor parlamentarischen Untersuchungsausschüssen, GA 76, 257. – *Zipf,* Die Problematik des Meineides innerhalb der Aussagedelikte, Maurach-FS 415. – Rechtsvergleichend: *Stoll,* Mat. II BT 129.

Falschheit der Aussage 1–4 **Vorbem §§ 153 ff.**

I. Inhalt des 9. Abschnitts. Die Überschrift ist den beiden wichtigsten der dort enthaltenen Vor- 1
satztaten entnommen. Daneben enthält der 9. Abschnitt als weitere Tatbestände die vorsätzlich falsche Versicherung an Eides Statt (§ 156), den fahrlässigen Falscheid und die fahrlässig falsche Versicherung an Eides Statt (§ 163), während die fahrlässige uneidliche Falschaussage nicht strafbar ist.
§ 160 betrifft die zum selbständigen Tatbestand erhobene Verleitung zur Falschaussage; bei § 159 handelt es sich um eine Erweiterung des § 301 auf die Vergehen nach §§ 153, 156. Die §§ 157, 158 ermöglichen in gewissen Fällen eine Strafmilderung oder das Absehen von Strafe. Die §§ 153 ff. stellen eine erschöpfende Regelung i. S. des Art. 4 II EGStGB dar (vgl. auch RG 42 100).

II. Rechtsgut der §§ 153 ff. ist nach h. M. die Rechtspflege als staatliche Funktion, genauer: das 2
öffentliche Interesse an einer wahrheitsgemäßen Tatsachenfeststellung in gerichtlich und gewissen sonstigen Verfahren (zu eng daher die Beschränkung auf die Rechtspflege), soweit sich die – hier besonders schutzwürdige – Wahrheitsermittlung auf die Aussage von Beweispersonen stützt (vgl. z. B. RG 73 147, BGH 8 309, NJW 51, 610, OGH 2 86, D-Tröndle 1 vor § 153, Lackner 1 vor § 153, Rudolphi SK 2ff. vor § 153, Willms LK 2 vor § 153 u. näher dazu mit weiteren Differenzierungen Vormbaum aaO 97 ff., 141 ff., 178 ff., 222 ff.). Dabei geht es in der Regel um die Gewinnung der richtigen Entscheidungsgrundlage für das Gericht (bzw. die sonstige Behörde) selbst; notwendig ist dies aber nicht, wie die eidesstattlichen Versicherungen gem. §§ 807, 883 ZPO, § 125 KO zeigen. Dennoch schützt § 156 auch hier nicht Individualinteressen, sondern ausschließlich die Rechtspflege in ihrer besonderen Funktion, in einem eigens dafür geschaffenen und deshalb mit besonderem öffentlichen Vertrauen ausgestatteten Verfahren bestimmte Tatsachen festzustellen (vgl. Hirsch ZStW 88, 763, Willms LK 5 vor § 153; and. Herrmann aaO 451, Paulus aaO 127 ff., Rudolphi SK 7 vor § 153; vgl. auch Vormbaum aaO 222 ff). Ausschließlich um ein Rechtspflegedelikt in dem genannten Sinn handelt es sich auch beim Meineid, der nicht um des Mißbrauchs der – heute ohnehin nicht mehr obligatorischen – sakralen Form willen, sondern deshalb strenger bestraft wird, weil die beeidete Aussage wegen des Anspruchs auf erhöhte Glaubwürdigkeit einen besonders gefährlichen Angriff auf die Rechtspflege darstellt (näher zur Legitimation § 154 Vormbaum aaO 194 ff.). Daraus, daß der Meineid lediglich eine durch die besondere Bekräftigung der Wahrheit qualifizierte Falschaussage ist, folgt zugleich für das Verhältnis zu § 153: Soweit § 154 an denselben Täterkreis wie § 153 anknüpft (Zeugen und Sachverständige), enthält § 153 den Grundtatbestand und § 154 eine Qualifikation hierzu (vgl. z. B. BGH [GrS] 8 309, Busch GA 55, 259, D-Tröndle § 154 RN 25, Krey I 216, M-Schroeder II 173, Willms LK § 153 RN 1; and. noch BGH 1 244, 380, 2 223, 4 247); einen selbständigen Tatbestand enthält § 154 nur, soweit hier über § 153 hinaus noch weitere Beweispersonen erfaßt werden (z. B. Partei im Zivilprozeß). Freilich bleibt bei der Deutung des Meineids als eines reinen Rechtspflegedelikts ein ungeklärter Rest. Dies gilt insbesondere für § 160, dessen ungleich geringere Strafdrohung für die Verleitung zum Falscheid – in der Sache eine Form der mittelbaren Täterschaft – auf dieser Grundlage nicht befriedigend erklärt werden kann. Hier wirkt vielmehr noch die Vorstellung vom sakralen Charakter des Eides fort, die nur durch den Schwörenden selbst verletzt werden kann (vgl. auch Blei II 408). Erst recht nicht zu begründen ist die Einbeziehung der uneidlichen Falschaussage in § 160, da der mittelbare Angriff auf die Rechtspflege durch Einschaltung einer gutgläubigen Aussageperson um nichts ungefährlicher ist als die eigenhändige Begehung. Zur Gesamtproblematik de lega lata und de lege ferenda näher Herrmann aaO (dazu Hirsch ZStW 88, 761), Schröder ZZP 64, 216, Schulz aaO, Vormbaum aaO 218 ff., Zipf aaO.

III. Deliktsnatur. Bei den Aussagedelikten handelt es sich, obwohl nach dem geschützten Rechts- 2a
gut alles andere als zwingend (vgl. o. 2), ausnahmslos um *eigenhändige Delikte* (vgl. u. 33). Ihrer Natur nach sind sie ferner durchweg *abstrakte Gefährdungsdelikte* (z. B. Gallas GA 57, 317, Schmidhäuser aaO 237, Willms LK 6 vor § 153; vgl. aber auch Dedes JR 77, 442, Schröder-GedS 333 ff.). Unerheblich ist daher, ob durch die falsche Aussage die Ermittlung des wahren Sachverhalts tatsächlich gefährdet worden ist: Strafbar sind auch offensichtliche Lügen und solche Falschaussagen, die prozessual nicht verwertbar sind (vgl. u. 23); auch darauf, ob die Aussage einen für die Entscheidung im Endergebnis erheblichen Umstand betrifft, kommt es grundsätzlich nicht an (vgl. u. 15). Eine Grenze ist hier erst bei Aussagen zu ziehen, die für jedermann erkennbar im Widerspruch zu Denkgesetzen oder menschlichem Erfahrungswissen stehen, da sie, selbst wenn sie massenhaft vorkämen (vgl. 3a vor § 306), für die Rechtspflege in ihrem Bemühen um Wahrheitsfindung niemals gefährlich sein könnten.

IV. Gemeinsames Tatbestandsmerkmal der §§ 153 ff. ist die **Falschheit** der **Aussage**. Dies gilt 3
nicht nur, soweit dieser Begriff zur Kennzeichnung des Tatbestandes verwendet wird (§ 153), sondern auch dort, wo vom „falschen Schwören" (§ 154), von der „Ableistung eines falschen Eides" (§ 160) oder vom „falschen Abgeben einer Versicherung an Eides Statt" (§ 156) die Rede ist. Denn auch hier hängt die Falschheit des Eides usw. von der Falschheit der Aussage ab, d. h. das „falsche Schwören" z. B. ist nichts anderes als das Beschwören einer falschen Aussage (vgl. BGH 7 148, 8 309, Schröder aaO 39, Schmidhäuser aaO 224, Willms LK § 154 RN 2).

1. Falsch ist eine Aussage, wenn das, was ausgesagt wird (Aussageinhalt), mit dem, worüber 4
ausgesagt wird (Aussagegegenstand), nicht übereinstimmt. Zweifelhaft ist jedoch, worin bei den Eidesdelikten der Aussagegegenstand zu sehen ist; nur darum geht es in der Sache auch bei dem Streit zwischen den verschiedenen **Aussage- (Eides-)theorien**. Die von der h. M. vertrete-

ne sog. **objektive Theorie** (vgl. die Nachw. u. 5) geht davon aus, daß die Rechtspflege nur durch eine der Wirklichkeit widersprechende Aussage gefährdet werden kann; nach ihr bezeichnet „falsch" – und zwar einheitlich in allen Tatbeständen der §§ 153 ff. – daher den Widerspruch zwischen Inhalt der Aussage und dem *tatsächlichen („objektiven") Geschehen oder Sachverhalt* als Aussagegegenstand („Widerspruch zwischen Wort und Wirklichkeit"). Demgegenüber ist Ausgangspunkt für die **subjektive Theorie** (vgl. die Nachw. u. 5) die prozessuale Funktion des Aussagenden: Daraus, daß die Aussage- und Wahrheitspflicht nur auf die Wiedergabe dessen gerichtet sein kann, was die Beweisperson aus eigenem Erleben über das Beweisthema zu sagen vermag, folgert sie, daß es auch für die Falschheit der Aussage allein darauf ankommen kann, ob ihr Inhalt mit dem *Wissen des Aussagenden* übereinstimmt („Widerspruch zwischen Wort und Wissen"), wobei dann von den Anhängern dieser Lehre z. T. auf das gegenwärtig vorhandene, z. T. auf das im Zeitpunkt der Aussage erreichbare Wissen abgestellt wird. Praktische Unterschiede zur objektiven Theorie bestehen vor allem bei Aussagen über äußere oder vergangene innere Tatsachen (nicht nur versuchte, sondern vollendete Falschaussage, wenn der vermeintlich falsch Aussagende i. E. zufällig das Richtige trifft); ist dagegen auch nach der objektiven Theorie Aussagegegenstand ein gegenwärtiges Bewußtseinsbild, so kommen beide Auffassungen zum gleichen Ergebnis. Ansätze beider Theorien nimmt die **„modifizierte objektive" Theorie** von Rudolphi auf (SK 40 ff. vor § 153, ebenso Vormbaum aaO 256 ff.; für Aussagen nach §§ 153, 154 vgl. auch Paulus aaO 453 f.), wonach eine Aussage falsch ist, wenn sie dem *wirklichen* – in Ausnahmefällen (u. a. Augenscheinsgehilfe, Sachverständiger) dem erreichbaren – Erlebnisbild des Aussagenden, d. h. dem, was dieser selbst von der objektiven Wirklichkeit wahrgenommen hat (bzw. wahrnehmen konnte), nicht entspricht.

5   Vgl. aus der nicht immer einheitlichen und eindeutigen Rspr. für die **objektive Theorie** z. B. RG **37** 398, **61** 159, **68** 278, **76** 96, BGH **7** 148, LM § 153 **Nr. 6**, § 156 **Nr. 5**, MDR/D **53**, 596, Koblenz JR **84**, 422 m. Anm. Bohnert; aus dem Schrifttum vgl. z. B. Arzt/Weber V 85, Badura GA 57, 404, Blei II 410, Bockelmann II/3 S. 5, D-Tröndle 4 vor § 153, Hruschka/Kässer JuS 72, 710, Kohlrausch-Lange IV vor § 153, Krey I 211, Lackner 2a vor § 153, M-Schroeder II 167, Welzel 526, Wessels II/1 S. 154, grundsätzlich auch Schröder aaO 30 ff. und mit Einschränkungen Dedes JR 77, 444 u. 83, 102, für § 156 auch Paulus aaO 451. Nur ungenau wiedergegeben ist die objektive Theorie freilich mit der z. T. anzutreffenden Formulierung, daß eine Aussage falsch sei, wenn sie mit ihrem „Gegenstand" nicht übereinstimme (Lackner 2a vor § 153), da von dieser Definition jede Theorie auszugehen hat (vgl. o. 4). Für die **subjektive Theorie** z. B. RG HRR **40** Nr. 523, DR **44**, 722, Bremen NJW **60**, 1827, Niethammer DStR 40, 161, Peters aaO 159 Anm. 1. Schaffstein JW 38, 145, Werner LM zu § 154 Nr. 5, Willms LK 9 ff. vor § 153, grundsätzlich auch Gallas GA 57, 315, der jedoch bei §§ 160, 163 die objektive Theorie anwendet; Nachw. aus dem älteren Schrifttum bei Schröder aaO 25 Anm. 1. Dabei stellt z. B. Gallas aaO 319, 321 auf das im Zeitpunkt der Vernehmung tatsächlich vorhandene Wissen des Aussagenden ab, während es nach Willms LK 10 vor § 153 auf das für den Aussagenden erreichbare Wissen ankommt. Zum selben Ergebnis führt auch die „Pflichttheorie" von Schmidhäuser II 244 und aaO 207 ff., nach der falsch nur eine (prozessual) pflichtwidrige Aussage ist, also z. B. dann, wenn die Aussage mit dem von dem Zeugen reproduzierbaren Erlebnisbild nicht übereinstimmt (vgl. auch Otto JuS 84, 163). Zweifelhaft ist, ob auch BGH LM § 3 a. F. **Nr. 2**, § 154 **Nr. 5** die subjektive Theorie zugrundeliegt, da in den dort entschiedenen Fällen – Vortäuschung eines eigenen (sicheren) Wissens – auch nach der objektiven Theorie die Aussage falsch gewesen wäre (vgl. u. 7 f.); vgl. auch RG **68** 282, **77** 372.

6   **Zuzustimmen** ist der **objektiven Theorie**, sofern dabei berücksichtigt wird, daß die den Aussagegegenstand bildende objektive Wirklichkeit nicht nur äußere, sondern auch innere Tatsachen betreffen kann. Gegen die *subjektive Theorie* spricht schon, daß sie auf eine systemwidrige Gleichsetzung der subjektiven Pflichtwidrigkeit mit dem objektiven Tatbestandsmerkmal „falsch" hinausläuft. Wann eine Aussage (objektiv) „falsch" ist, kann und braucht hier nicht anders bestimmt zu werden als z. B. in den §§ 164, 263 (wobei gerade im Fall des § 164 eine deutliche Parallele zu den §§ 153 ff. besteht, ohne daß dort jedoch von den Vertretern der subjektiven Theorie bisher entsprechende Konsequenzen gezogen worden wären). Die prozessuale Funktion der Aussageperson ändert daran nichts, vielmehr sind Inhalt und Umfang ihrer prozessualen Pflichten erst für die andere Frage von Bedeutung, ob der Aussagende durch eine objektiv falsche Aussage pflichtwidrig gehandelt hat. Daher besteht auch kein Bedürfnis, den „dem einzelnen gesetzten natürlichen Grenzen" schon an der „markanteren Stelle" (Willms LK 9 vor § 153) des objektiven Tatbestands Rechnung zu tragen. Da tatbestandsmäßiges Unrecht auch bei einer nach bestem Wissen gemachten, aber objektiv falschen Aussage erst bei Hinzukommen von Vorsatz oder – im Fall des § 163 – einer objektiven Sorgfaltspflichtverletzung vorliegt (vgl. 52 ff., 63 vor § 13; vgl. auch M-Schroeder II 169), bedeutet die objektive Theorie nicht, daß mit ihr Handlungen zum Unrecht werden, deren Poenalisierung im Hinblick auf den Rechtsgüterschutz ungeeignet oder nicht notwendig ist, und ebensowenig führt sie dazu, daß nach der dem Tatbestand zugrundeliegenden Bestimmungsnorm vom Normadressaten etwas

gefordert wird, was er nicht leisten kann oder wozu er nicht verpflichtet ist (vgl. 54 vor § 13; and. Paulus aaO 442, der jedoch das Unrecht noch mit dem objektiven Tatbestand gleichsetzt). Gegen die subjektive Theorie spricht ferner, daß sie, soweit sie auf das z. Z. der Aussage tatsächlich vorhandene Wissen abstellt, für § 163 nur einen außerordentlich geringen Anwendungsbereich läßt und § 160 überhaupt nicht erklären kann (vgl. daher auch Gallas GA 57, 323 f., der hier von einem objektiven Falschheitsbegriff ausgeht). Dieser Einwand wird zwar vermieden, wenn nicht das aktuelle, sondern das „erreichbare Wissen" (Willms LK 10 vor § 153) bzw. das pflichtgemäß „reproduzierbare Erlebnisbild" (Schmidhäuser aaO 218 f.) zugrundegelegt wird. Da dies aber in der Sache nichts anderes bedeutet als die Gleichstellung von „falscher" und sorgfaltspflichtwidrig falscher Aussage (vgl. auch Dedes JR 77, 445 u. 83, 102), zeigt sich gerade hier, daß dies nicht der Standpunkt des Gesetzes sein kann, das in § 163 zu erkennen gibt, daß zwischen dem Merkmal der Falschheit und dem Element der Sorgfaltspflichtwidrigkeit zu unterscheiden ist (die Sorgfaltspflicht geht vielmehr dahin, falsche Aussagen zu vermeiden; so mit Recht Rudolphi SK 42 vor § 153). – Aber auch gegen die *modifizierte objektive Theorie* Rudolphis ist einzuwenden, daß sie die – nach Art der Beweisfunktion unterschiedlich weitreichende – prozessuale Pflicht des Aussagenden zu früh, nämlich bereits bei dem einen rein objektiven Sachverhalt kennzeichnenden Merkmal „falsch" ins Spiel bringt. Besonders deutlich ist dies, wenn eine Beweisperson bereits zur sorgfältigen Gewinnung ihres Wahrnehmungsbildes, über das sie später aussagt, verpflichtet ist (Sachverständiger, sog. Augenscheinsgehilfe, der im Auftrag des Gerichts bestimmte, keine besondere Sachkunde voraussetzenden Feststellungen zu treffen hat und über diese als Zeuge aussagt, ferner in bestimmten Fällen die Partei im Zivilprozeß). Wenn die modifizierte objektive Theorie hier, um der gegen sie erhobenen Kritik (vgl. dazu die 20. A.) zu entgehen, beim Aussagegegenstand nicht auf das wirkliche, sondern auf das „erreichbare Erlebnisbild" (SK 43) abstellt, so setzt sie sich damit demselben Einwand aus, der oben gegen die neuere Variante der subjektiven Theorie erhoben wurde: Was die zu sorgfältigen Feststellungen verpflichtete Beweisperson „von der objektiven Wirklichkeit ... hätte wahrnehmen können" (SK 41), ist keine Frage der Falschheit, sondern betrifft die davon zu unterscheidende Sorgfaltspflichtwidrigkeit (vgl. § 163 und dort für den Augenscheinsgehilfen auch Rudolphi SK 5).

2. Je nachdem, ob Aussagegegenstand eine äußere oder innere Tatsache ist, führt die objektive Theorie bezüglich der **Falschheit** der Aussage zu **folgenden Konsequenzen** (vgl. näher Badura GA 57, 400 ff., Schröder aaO 37 ff., 77 ff.): Wird über eine (vergangene oder gegenwärtige) *äußere Tatsache* ausgesagt, so ist die Aussage unabhängig vom Wissen und der Vorstellung des Aussagenden falsch, wenn sie mit dieser nicht übereinstimmt. Falsch ist daher z. B. die Aussage des Zeugen: „Ich war am Abend des 24. 11. am Tatort", wenn er erst am 25. 11. dort gewesen ist, richtig dagegen, wenn er tatsächlich am 24. 11. am Tatort war, und zwar auch dann, wenn er selbst glaubt, erst am 25. 11. dort gewesen zu sein. Im letzteren Fall kommt nach der objektiven Theorie nur Versuch in Betracht (vgl. RG **61** 159, **76** 96), während umgekehrt Tatbestandsirrtum (§ 16) vorliegt, wenn der Aussagende irrig angenommen hat, er sei am 24. 11. am Tatort gewesen. Entsprechendes gilt, wenn sich die Aussage auf eine *vergangene innere Tatsache* (Wahrnehmungen, Empfindungen, Wissen, Überzeugungen usw.) bezieht: Hier ist die Aussage falsch, wenn sich der dargestellte, in der Vergangenheit liegende psychische Vorgang nicht oder anders zugetragen hat, unabhängig vom jetzigen Bewußtseinsbild des Aussagenden und der damaligen äußeren Wirklichkeit, auf die sich der dargestellte psychische Sachverhalt bezog. Die Aussage: „Ich habe mit Sicherheit X am Tatort erkannt" ist deshalb falsch, wenn der Zeuge X nicht eindeutig erkannt hat, und zwar auch dann, wenn er im Zeitpunkte der Aussage davon überzeugt war, X gesehen zu haben oder dieser tatsächlich am Tatort gewesen ist. Handelt es sich schließlich um eine *gegenwärtige innere Tatsache*, so ist die Aussage falsch, wenn sie nicht richtig wiedergibt. Von Bedeutung ist dies nicht, wenn Aussagegegenstand nicht der äußere Vorgang selbst, sondern das Wissen des Aussagenden darüber ist (zu dieser Unterscheidung vgl. RG **37** 395, **68** 282, Koblenz JR **84**, 422 m. Anm. Bohnert, Badura GA 57, 400, aber auch Schröder aaO 49 ff.). Falsch ist danach z. B. die Aussage, über einen bestimmten Vorgang nichts zu wissen, wenn der Aussagende doch etwas weiß (vgl. RG **37** 395, **76** 94, JW **36**, 880, BGH StV **90**, 110), ebenso wenn er entgegen seiner tatsächlichen Erinnerung oder Überzeugung die Möglichkeit vorgibt, sich zu irren (RG **63** 373); das gleiche gilt umgekehrt für die Aussage, in welcher in Wahrheit fehlende Überzeugung oder ein tatsächlich nicht vorhandenes (sicheres) Wissen über einen bestimmten Sachverhalt vorgetäuscht wird, auch wenn dieser i. E. richtig wiedergegeben ist (vgl. RG **68** 282, BGH GA **73**, 376, LM § 3 a. F. **Nr. 2**, § **154 Nr. 5**, MDR/D **53**, 597 [5 StR 284/52], Bremen NJW **60**, 1827; offengelassen in BGH MDR/D **53**, 597 [5 StR 77/53]: falsch „jedenfalls" dann, wenn auch der äußere Sachverhalt nicht zutrifft; z. T. werden diese Entscheidungen auch für die subjektive Theorie beansprucht, die hier zu gleichen Ergebnissen kommt). Ist ein gegenwärtiger Bewußt-

seinsinhalt Aussagegegenstand, so ist deshalb, worin das Besondere dieser Fallgruppe liegt, auch nach der objektiven Theorie die Aussage nur falsch, wenn sie dem gegenwärtigen Wissen des Aussagenden widerspricht, entgegen Arzt aaO 394 dagegen richtig, wenn die unzutreffende Wiedergabe des äußeren Sachverhalts wahrheitsgemäß mit dem Vorbehalt eigener Zweifel verbunden wird.

8   Dabei hängt es vom Sinn und von der Gestaltung der konkreten Aussage ab, ob der Aussagende bei der Darstellung eines äußeren Sachverhalts diesen selbst oder nur das Vorhandensein bzw. Fehlen eines bestimmten Wissens behauptet (vgl. Blei II 410, M-Schroeder II 167, Schröder aaO 28). Die in der Eidesnorm für *Zeugen* und die *Partei* im Zivilprozeß enthaltene Versicherung, „nach bestem Wissen" ausgesagt zu haben (vgl. §§ 66c StPO, 392, 452 ZPO), ist für das, was Gegenstand der Aussage ist, ohne Bedeutung (vgl. BGH **7** 147, Badura GA 57, 401, D-Tröndle 6 vor § 153, Kohlrausch-Lange III 4 vor § 153, Schröder aaO 118f.). Die abweichende, in BGH **7** 148 ausdrücklich verworfene Auffassung von RG **68** 282 (vgl. auch RG **77** 372, Bremen NJW **60**, 1828), wonach dieser Zusatz der Eidesnorm Inhalt der Aussage selbst sei, so daß sich deren objektive Unwahrheit auch daraus ergeben könne, daß sie nicht nach bestem Wissen gemacht sei, ist mit der objektiven Theorie nicht mehr vereinbar (die nur vermeintlich unrichtige Darstellung eines äußeren Sachverhalts wäre dann eine vollendete Falschaussage). Aber auch beim *Sachverständigen* folgt aus der Eidesnorm (§§ 79 II StPO, 410 I 2 ZPO) nicht, daß er nur sein subjektiv „bestes Wissen und Gewissen" aussagt. Zwar kann Gegenstand eines Sachverständigengutachtens gerade auch in den Naturwissenschaften vielfach nicht die „objektive Wahrheit" sein, wohl aber ein Ergebnis, das unter Anwendung der entsprechenden Methoden dem neuesten Erkenntnisstand der fraglichen Disziplin entspricht (vgl. Steinke MDR 84, 272ff.). „Falsch" ist daher auch ein nach bestem Wissen erstattetes Gutachten, wenn es diesen Anforderungen nicht entspricht, was unabhängig von der Richtigkeit des Ergebnisses schon dann der Fall ist, wenn es nicht methodengerecht erstellt wurde. Ist das Gutachten dagegen in dem genannten Sinn richtig, so dürfte der Fall, daß es nicht der subjektiven Überzeugung des Sachverständigen entspricht (vgl. dazu Rudolphi SK 46 mwN), nur noch von Bedeutung sein, wenn er diese Überzeugung nicht haben kann, weil er das unter seinem Namen abgegebene Gutachten von anderen (z. B. Mitarbeitern) hat anfertigen lassen. Hier ist dann die Aussage deshalb falsch, weil der Sachverständige mit der Erstattung seines Gutachtens immer auch behauptet, dieses verantworten zu können (vgl. auch § 154 RN 5).

9   V. Für die Tatbestandsmäßigkeit i. S. der §§ 153ff. relevant ist eine Falschaussage nur, soweit die Aussageperson der **prozessualen Wahrheitspflicht** (einschließlich der Vollständigkeitspflicht) unterliegt (vgl. BGH **25** 246 m. Anm. Demuth NJW 74, 757 u. Rudolphi JR 74, 293, Düsseldorf NJW **85**, 1848, Bruns GA 60, 170, Rudolphi SK 21 vor § 153).

10 1. Umfang und Grenzen der Wahrheitspflicht bestimmen sich zunächst nach der **prozessualen Funktion** der Aussageperson. Im einzelnen gilt folgendes:

11 a) Da der **Zeuge** dem Gericht usw. lediglich *Tatsachen* mitzuteilen hat, kann er auch seine Wahrheitspflicht nur verletzen, wenn er solche falsch wiedergibt. Bewertungen oder Urteile abzugeben oder eigene Mutmaßungen mitzuteilen, ist dagegen nicht seine Aufgabe. Nicht erfüllt ist der Tatbestand der §§ 153ff. daher, wenn der Zeuge aus dem richtig geschilderten Sachverhalt z. B. den falschen Schluß zieht, er sei Opfer eines Diebstahls geworden, während in Wirklichkeit Betrug vorliegt oder wenn er bei Vernehmung zu einem äußeren Geschehen eigene Gedanken, Meinungen oder Mutmaßungen verschweigt (vgl. BGH **1** 26, GA **57**, 272, NStE § 154 **Nr. 2**, Bay NJW **55**, 1690, Koblenz StV **88**, 532, Neustadt GA **60**, 222, Rudolphi SK 15 vor § 153, Willms LK 17 vor § 153). Dabei sind Tatsachen alle konkreten, nach Raum und Zeit bestimmten, vergangenen oder gegenwärtigen Geschehnisse oder Zustände der Außenwelt und des menschlichen Innenlebens, d. h. alles konkret Wirkliche (vgl. dazu § 263 RN 8ff.). Den Tatsachen gleichzustellen sind jedoch auch hier einfache oder allgemein bekannte Rechtsbegriffe, unter denen typische Lebensvorgänge zusammengefaßt werden (z. B. Eigentum, Kauf, Miete usw.). Freilich gilt dies nur solange, als nicht gerade deren rechtliche Qualifikation im Streit steht, also z. B. nicht, wenn geklärt werden soll, ob zwischen den Parteien ein Kauf- oder Werkvertrag zustandegekommen ist. Das gleiche gilt für einfache Werturteile, z. B. für die Aussage, es habe jemand ein Liebesverhältnis oder ehewidrige Beziehungen unterhalten (Braunschweig JBl. **47**, 218, Oldenburg NdsRpfl. **50**, 163, Rudolphi SK 16 vor § 153, Willms LK 17 vor § 15). Dabei ist zu beachten, daß Aussagen, die sprachlich als Werturteile auftreten, Angaben tatsächlicher Art beinhalten können; unabhängig von der sprachlichen Einkleidung einer Aussage ist daher jeweils durch Auslegung zu ermitteln, inwieweit sie Tatsachen enthält.

12 b) Entsprechendes wie für den Zeugen gilt auch für die Aussagen der **Partei** im Zivilprozeß nach §§ 445ff. ZPO.

c) Dagegen ist der **Sachverständige** dazu verpflichtet, dem Gericht wissenschaftliche Erfah- 13
rungssätze oder – aus bereits festgestellten Tatsachen – gewonnene *Urteile* und *Schlußfolgerungen*
mitzuteilen. Möglicher Inhalt seines Gutachtens kann daneben aber auch die Feststellung sog.
Befundtatsachen sein (vgl. RG **69** 98, BGH **2** 293), während die Mitteilung sog. *Zusatztatsachen*
(vgl. BGH **13** 3, **18** 108) nicht mehr als Sachverständigen-, sondern als Zeugenaussage zu
werten ist (vgl. auch Rudolphi SK 19 vor § 153, Vormbaum aaO 260, Willms LK 18 vor § 153).
Angaben zu Personal- und Generalfragen gem. §§ 68 StPO, 395 II ZPO sind Teil seiner
Vernehmung als Sachverständiger (dazu, daß hier, weil von der Eidesnorm der §§ 79 II StPO,
410 I 2 ZPO nicht mehr gedeckt, dennoch eine Vereidigung als Zeuge zulässig sein soll, vgl.
§ 154 RN 5).

2. Im übrigen bestimmt sich die Reichweite der Wahrheitspflicht, die auch die Angaben zur 14
Person umfaßt (vgl. RG **60** 407, BGH **4** 214, AnwBl. **64**, 52), nach dem **Gegenstand der
Vernehmung** (vgl. BGH **25** 246 m. Anm. Demuth NJW 74, 757 u. Rudolphi JR 74, 293,
Düsseldorf NJW **85**, 1849, Bruns GA 60, 170, Paulus aaO 452, Rudolphi SK 21 vor § 153, Willms
LK 19 vor § 153). Im Zivilprozeß ergibt sich dieser in erster Linie aus dem Beweisbeschluß (vgl.
BGH **1** 24, **3** 223), während im Strafprozeß der dem Zeugen nach § 69 I StPO zu bezeichnende
„Gegenstand der Untersuchung" (d. h. die Tat i. S. des § 264 StPO) auch den Vernehmungsge-
genstand bildet (vgl. dazu auch Rudolphi SK 23 vor § 153, Willms LK 21 vor § 153; and. Otto JuS
84, 164, der die förmliche Begrenzung auch im Zivilprozeß aufheben will). In beiden Fällen kann
der Vernehmungsgegenstand und damit auch die Aussage- und Wahrheitspflicht jedoch durch
zusätzliche Fragen erweitert werden (§§ 68, 69 II, 240 StPO, 395 II 2, 396, 397 ZPO; vgl. z. B. RG
HRR **36** Nr. 1198, JW **38**, 2196, BGH **2** 90, **3** 322, KG JR **78**, 78 m. Anm. Willms, dens. LK 22 vor
§ 153 und näher dazu Bruns GA 60, 173; vgl. dazu auch u. 15). Wird die Frage eingeschränkt, so
kommt es nur darauf an, ob die eingeschränkte Frage richtig beantwortet ist (Kiel SchlHA **48**,
115). Bei parlamentarischen Untersuchungsausschüssen ist Vernehmungsgegenstand das im
Einsetzungsbeschluß (vgl. dazu BVerfGE **49** 70) bezeichnete und allgemein unter die Kontrollkompetenz des Parlaments fallende Beweisthema, das durch den Untersuchungsausschuß selbst
nicht erweitert werden kann; in diesem Rahmen kann der Ausschuß seine Befragung ohne
Bindung an einen von ihm erlassenen Beweisbeschluß auf alle zur Sache gehörenden Gesichtspunkte erstrecken (vgl. BGH NJW **79**, 267, Koblenz StV **88**, 531 u., Rudolphi SK 23 vor § 153 u.
näher Wagner GA 76, 273). Im einzelnen bedeutet dies:

a) Der Wahrheitspflicht unterliegen in vollem Umfang die **Bekundungen** der Aussageperson 15
zum Gegenstand der Vernehmung, unabhängig davon, ob sie wesentliche, d. h. für die Entscheidung im Endergebnis erhebliche Umstände betreffen (vgl. RG **63** 50, HRR **36**, Nr. 1198,
JW **38**, 2196, BGH MDR/D **72**, 16, KG JR **78**, 78 m. Anm. Willms, Rudolphi SK 24 vor § 153,
Vormbaum aaO 262 ff., Willms LK 23 vor § 153); letzteres ist nur bei der Strafzumessung
bedeutsam (BGH MDR/D **72**, 16); zum Irrtum vgl. u. 30. Völlig belanglose Nebensächlichkeiten, die mit der Sache offensichtlich nichts zu tun haben, gehören jedoch nicht zum Gegenstand
der Vernehmung, weshalb in einem solchen Sinn unrichtiges „Beiwerk" nicht zu einer Falschaussage i. S. der §§ 153 ff. führt (vgl. auch RG **63** 49, JW **38**, 2196 und näher dazu Bruns GA 60, 161,
Willms LK 25 f. vor § 153). Dies gilt freilich nicht für Antworten auf Fragen des Richters oder
– sofern vom Gericht zugelassen – anderer Prozeßbeteiligter, die stets Vernehmungsgegenstand
sind (vgl. RG HRR **36** Nr. 1198, BGH **2** 90, KG JR **78**, 78 m. Anm. Willms). Hier endet die
Wahrheitspflicht erst dort, wo die Angaben außerhalb des Rahmens der Vernehmung erfolgen,
so z. B. wenn der Richter den ihm persönlich bekannten Zeugen beiläufig nach seinem Befinden fragt; über Erklärungen außerhalb der Vernehmung, die kein Zeugnis mehr darstellen, vgl.
auch RG HRR **40** Nr. 383. Im übrigen ist bei einem Mißbrauch des Fragerechts der Tatbestand
nur dann ausgeschlossen, wenn die (falsch) beantwortete Frage nachträglich zurückgewiesen
wird (vgl. BGH MDR/D **53**, 401, KG JR **78**, 77 m. Anm. Willms). Dagegen fallen spontane,
den Gegenstand der Vernehmung überschreitende Angaben nicht unter die Wahrheitspflicht
(Hamburg NJW **81**, 237), und zwar auch dann nicht, wenn sie eine entscheidungserhebliche
Tatsache betreffen, so wenn die als Zeugin über den Mehrverkehr mit bestimmten Männern
vernommene Kindsmutter von sich aus einen Verkehr mit anderen, nicht benannten Männern
leugnet (BGH **25** 244 [Versuch] m. Anm. Demuth NJW 74, 757, Krey I 214, Rudolphi JR 74,
293, Willms LK 24 vor § 153; and. Lackner § 154 Anm. 4a, Otto JuS 84, 164, M-Schroeder II
171, Rudolphi SK 25 vor § 153; krit. auch D-Tröndle § 154 RN 15). Etwas anderes gilt hier
nur, wenn die spontane Aussage nach einer nachträglichen Erweiterung des Vernehmungsge-
genstands von dem Zeugen bestätigt wird (BGH **25** 244, NStZ **82**, 464, Willms aaO). Zum
Recht der Aussageperson, sich als nicht vorbestraft zu bezeichnen, vgl. §§ 53, 64 BZRG, wobei
die Belehrung nach §§ 53 II, 64 II BZRG nicht durch die allgemeine Belehrung des Zeugen über
seine Wahrheitspflicht ersetzt wird (Düsseldorf OLGSt. § 154 **Nr. 1**); vgl. dazu ferner Celle
NJW **73**, 1012, AG Reutlingen NJW **79**, 1173, D-Tröndle § 154 RN 15.

16 b) **Verschweigt** die Aussageperson bestimmte Umstände, so ist die Wahrheitspflicht verletzt und die unvollständige Aussage damit „falsch", wenn die fragliche Tatsache erkennbar mit der Beweisfrage im Zusammenhang steht. Daran fehlt es z. B., wenn eine Frau nur nach Mehrverkehr mit bestimmten Männern gefragt wird und dabei den Verkehr mit anderen Männern verschweigt (BGH 3 221; vgl. ferner z. B. BGH 1 24, JZ 68, 570); dagegen besteht der erforderliche Zusammenhang z. B., wenn der Mehrverkehrszeuge seine Zeugungsunfähigkeit verschweigt (vgl. RG 39 58). Mißverständlich ist es, wenn die Rspr. darüber hinaus auch die Entscheidungserheblichkeit der verschwiegenen Tatsache verlangt (vgl. z. B. RG 57 152, 76 320, BGH 2 92, 3 223, 7 127, JZ 68, 570 [Partei im Zivilprozeß]; vgl. auch BGH 1 24, NJW 59, 1235). Denn ebensowenig wie bei der positiven Falschaussage (vgl. o. 15) kann damit gemeint sein, daß der fragliche Umstand im Endergebnis für die Entscheidung tatsächlich bedeutsam sein muß. Aufgabe dieser zusätzlichen Voraussetzung kann es vielmehr nur sein, solche Umstände von der Vollständigkeitspflicht auszunehmen, die zwar mit dem Gegenstand der Vernehmung noch im Zusammenhang stehen, die aber für die Beantwortung der konkreten Beweisfrage erkennbar ohne Bedeutung sind, weil sie an der dieser beigelegten rechtlichen Relevanz ersichtlich nicht teilnehmen (vgl. dazu das Beispiel von Rudolphi SK 28 vor § 153). Dazu, daß auch die von der Rspr. gebrauchte Formel der Entscheidungserheblichkeit seit jeher nur diesen begrenzten Sinn gehabt hat, vgl. Willms LK 24ff. vor § 153.

17 Ein Verschweigen entfällt nicht deshalb, weil die Aussage insoweit verweigert werden könnte, vielmehr muß dies ausdrücklich gesagt werden (BGH 7 127, Lackner § 154 Anm. 4a, Rudolphi SK § 153 RN 3; vgl. auch RG 76 320, JW 36, 880). Seine Wahrheitspflicht verletzt der Zeuge daher auch, wenn er, anstatt die Aussage nach § 55 StPO usw. insoweit zu verweigern, eine von ihm begangene, mit der Beweisfrage im Zusammenhang stehende Straftat verschweigt; hier gilt dann jedoch § 157. Dagegen braucht ein Zeuge seine Personalien und Umstände, die seine Glaubwürdigkeit betreffen, nicht ungefragt zu offenbaren (vgl. BGH 5 25). Ebensowenig ist das Verschweigen von Vorstrafen eine Falschaussage, wenn die nach § 53 II BZRG erforderliche Belehrung unterblieben ist (Düsseldorf OLGSt. § 154 **Nr. 1**). Kein Verschweigen ist auch das Unterlassen der Berichtigung des Beweisthemas (z. B. Ehebruch mit X, während ein solcher nur mit Y begangen wurde); erst recht nicht hierher gehört die – auch unberechtigte – Weigerung, überhaupt auszusagen oder einzelne Fragen zu beantworten.

18 VI. Nicht falsch ist eine Aussage, die erkennbar **nicht ernst gemeint** ist (z. B. man habe am Tatort Karl d. Gr. getroffen). Ist eine Aussage im Ausdruck **mehrdeutig**, so ist ihr objektiver Sinn durch Auslegung zu ermitteln (RG 63 50, JW 38, 2196, Schaffstein JW 38, 146, Wessels II/1 155). Auszugehen ist dabei vom gebräuchlichen Sprachsinn (RG 59 346). Darüber hinaus sind aber auch die Umstände zu berücksichtigen, unter denen die Aussage gemacht worden ist (RG 60 79, 63 51). Von Bedeutung ist dabei in erster Linie der Zusammenhang zu dem Beweisthema, zu dem der Aussagende gehört worden ist, ferner der Zusammenhang, in dem die Aussage zur prozessualen Situation und zu den übrigen an den Aussagenden gerichteten Fragen steht (vgl. RG 59 346, 63 49, 76 96, Koblenz StV 88, 532, Rudolphi SK 13 vor § 153, Welzel 529). Bleibt der Aussageinhalt auch dann noch unbestimmt, so ist bezüglich der Unwahrheit Wahlfeststellung möglich, wenn beide Deutungen falsch sind; andernfalls ist nach dem Grundsatz in dubio pro reo zu verfahren (vgl. RG 76 96).

19 VII. Die **Nichtbeachtung prozessualer Vorschriften** bei der Entgegennahme von Aussagen, eidesstattlichen Versicherungen und der Abnahme von Eiden führt nicht ohne weiteres zum Ausschluß der Tatbestandsmäßigkeit nach §§ 153ff. Im einzelnen gilt folgendes:

20 1. Soweit Verfahrensmängel zur **Unzuständigkeit** des Gerichts bzw. der Behörde führen (z. B. Vereidigung des Angeklagten; vgl. dazu näher § 153 RN 5, § 154 RN 9, § 156 RN 6ff.), entfällt die Strafbarkeit bereits deshalb, weil es hier am Tatbestandsmerkmal der „zuständigen" Stelle usw. i. S. der §§ 153ff. fehlt.

21 2. Unbestritten ist ferner, daß die **Nichtbeachtung der wesentlichen äußeren Form der Eidesleistung** bzw. der eidesgleichen Bekräftigung (§ 155) die Strafbarkeit nach §§ 154, 163 ausschließt, da dann schon kein Eid i. S. dieser Bestimmung vorliegt. Dabei sind wesentlich die Formen, die dem Eid bzw. der eidesgleichen Bekräftigung die Eigenschaft einer bewußten, bis zu einem gewissen Grad feierlichen, formelhaften und mit bestimmten Rechtsfolgen ausgestatteten Bekräftigung der Wahrheit geben (RG 62 149, 67 333, 70 366). Dazu gehört zunächst, daß der Eid aufgrund einer entsprechenden richterlichen Entscheidung (zum Strafprozeß vgl. LR-Dahs § 59 RN 12ff.) geleistet und vom Gericht förmlich entgegengenommen wird; kein Eid ist es deshalb z. B., wenn der Zeuge nach Beendigung seiner Aussage diese sogleich unaufgefordert „beschwört" (zum Sachverständigeneid ohne Gerichtsbeschluß im Zivilprozeß vgl. E. Peters NJW 90, 1832). Unerläßlich ist beim Eid ferner das Aussprechen der Worte „Ich schwöre" (vgl. RG 67 333, JW 33, 2143, D-Tröndle 9 vor § 153, Rudolphi SK § 154 RN 3, Willms LK § 154 RN 3). Die Wiederholung der religiösen Beteuerungsformel allein („so wahr mir Gott helfe") genügt nicht (vgl. RG JW 33, 2143); umgekehrt ist die Anrufung Gottes für den Eid

Falschheit der Aussage 22–23 **Vorbem §§ 153 ff.**

nicht wesentlich (vgl. §§ 66 c II StPO, 481 II ZPO), ebensowenig das Erheben der rechten Hand (vgl. §§ 66 c IV StPO, 481 IV ZPO). Unschädlich sind auch sonstige Zusätze zu den Worten „Ich schwöre es" (zu bestimmten Beteuerungsformeln einer Religions- oder Bekenntnisgemeinschaft vgl. §§ 66 c III StPO, 481 III ZPO), das Leisten eines Voreids anstelle des gesetzlich vorgeschriebenen Nacheids (RG **70** 366), das Unterlassen des Hinweises auf die Bedeutung des Eides gem. §§ 57 StPO, 480 ZPO, das Fehlen eines Protokollführers (RG **61** 228, **65** 207). Zu den wesentlichen Voraussetzungen eidesgleicher Bekräftigungen vgl. § 155 RN 3, 6.

3. Entsprechendes gilt für das Tatbestandsmerkmal der **Aussage**: Was verfahrensrechtlich 22 wegen Nichtbeachtung prozessualer Vorschriften keine Aussage ist, kann dies auch nicht i. S. der §§ 153, 154 sein. Soweit die Verfahrensordnungen nur mündliche Aussagen kennen, ist daher eine schriftliche Erklärung keine Aussage i. S. der §§ 153, 154, so z. B. schriftliche Angaben eines Zeugen (and. BGH 5 StR 797/52 v. 29. 9. 1953 [vgl. BGH **16** 234]; vgl. aber auch § 186 GVG) oder das schriftlich eingereichte Sachverständigengutachten im Strafprozeß. Soweit dagegen im Zivilprozeß nach § 411 ZPO ein dem mündlichen Gutachten gleichwertiges schriftliches Gutachten erstattet werden kann (vgl. BGHZ **6** 398), handelt es sich dabei auch um eine Aussage i. S. des § 153 (and. München MDR **68**, 939, Otto JuS 84, 166, Rudolphi SK § 153 RN 2, Willms LK § 153 RN 4; in der hier bestehenden Gleichwertigkeit des schriftlichen Gutachtens liegt auch der Unterschied zu der schriftlichen Beantwortung einer Beweisfrage nach § 377 III, IV ZPO, die nur den im Vergleich zu § 153 geringeren Schutz des § 156 genießt, woraus zugleich folgt, daß es sich bei dieser nicht um eine vollwertige Aussage i. S. des § 153 handelt [gegen München aaO]; der weitere Einwand, daß es sein Anwendung des § 153 angesichts der geringeren Strafdrohung des § 156 zwecklos wäre, das Gutachten mit einer eidesstattlichen Versicherung versehen zu lassen, ist an sich zwar richtig, zeigt aber nur, daß eine eidesstattliche Versicherung hier nicht nur überflüssig, sondern auch unzulässig ist, zumal nach BGHZ **6** 388 eine entsprechende Anwendung des § 377 III, IV ZPO auf schriftliche Gutachten nach § 411 gerade nicht möglich ist und eine andere Rechtsgrundlage für eine eidesstattliche Versicherung fehlt). Ebenso sind schriftliche Aussagen vor parlamentarischen Untersuchungsausschüssen solche i. S. des § 153 (vgl. näher Wagner GA 76, 272). Soweit ausnahmsweise auch schriftliche Angaben eine prozessual vollwertige Aussage darstellen, spricht gegen deren Einbeziehung in § 153 auch nicht das Erfordernis einer Aussage „vor" Gericht usw. (M-Schroeder II 172; and. Rudolphi SK § 153 RN 2), da § 156 das gleiche Merkmal enthält, dort aber unbestritten auch schriftliche Erklärungen in Betracht kommen.

Andererseits sind auch mündliche Erklärungen im Rahmen einer Beweisaufnahme nicht stets 22a eine Aussage, so z. B. nicht, wenn das Gericht entgegen §§ 69 StPO, 396 ZPO den Zeugen lediglich die Richtigkeit einer ihm vorgelesenen früheren Aussage bestätigen läßt (vgl. RG **65** 273, JW **33**, 1729, Schneider GA 56, 340, Bruns GA 60, 178, Paulus aaO 453, Welzel 612; and. RG **62** 147, BGH **16** 232 unter Hinweis darauf, daß auch die Erklärung, das frühere Zeugnis sei richtig, dem Wortsinn nach eine Aussage sei, was zwar richtig ist, aber nichts daran ändert, daß die Prozeßordnungen solche „Aussagen" ebensowenig kennen wie z. B. die schriftliche „Aussage" eines Zeugen); dagegen sind Bezugnahmen auf einzelne – gerichtliche oder außergerichtliche – Erklärungen, durch welche die Vernehmung nicht insgesamt ersetzt wird, unschädlich.

4. Dagegen bleiben die §§ 153 ff. bei **sonstigen Verfahrensverstößen** anwendbar (z. B. feh- 23 lerhafte Besetzung des Gerichts, Verstoß gegen § 169 GVG), und zwar nach h. M. auch dann, wenn dadurch die **Aussage unverwertbar** wird (so z. B. für die Vereidigung eines nach § 161 a. F. Eidesunfähigen [§ 60 Nr. 2 StPO a. F.] RG **1** 217, BGH **10** 144, für die Vereidigung eines Tatverdächtigen [§ 60 Nr. 2 StPO] BGH **8** 186, **17** 128, **23** 30, NJW **76**, 1461, MDR/D **51**, 537, für die Vereidigung trotz fehlender Belehrung über ein Zeugnis- oder Aussageverweigerungsrecht BGH **8** 189, **10** 144, **17** 128, MDR/H **77**, 983, LM § 154 Nr. **5**, bei Verstößen gegen §§ 69, 241 II StPO, 396 ZPO RG **62** 147, BGH **16** 232, KG JR **78**, 77 m. Anm. Willms [vgl. dazu aber auch o. 21], ferner Blei II 409, D-Tröndle 11 vor § 153, Krey I 215, M-Schroeder II 170, Paulus aaO 453, Willms LK 29 f. vor § 153; zur Eidesunmündigkeit und fehlenden Verstandesreife vgl. u. 25 f.). Demgegenüber sollen nach einer Mindermeinung prozessual unverwertbare Aussagen von den §§ 153 ff. nicht mehr erfaßt sein, da ihre Berücksichtigung bei der Wahrheitsfindung den Zielen der Rechtspflege widerspreche und diese im Fall der Unwahrheit der Aussage durch auch nicht gefährdet werden könne (Rudolphi SK 34 f. vor § 153, GA 69, 129; vgl. auch Bruns GA 60, 177, Hruschka/Kässer JuS 72, 711, Otto JuS 84, 165, Vormbaum aaO 267 ff.). Zuzustimmen ist im Grundsatz der h. M. Daß die Aussage unverwertbar ist, entbindet die Aussageperson usw. allenfalls von der Aussagepflicht, nicht aber von der eine solche nicht notwendig voraussetzenden Wahrheitspflicht, wenn sie dennoch aussagt (vgl. die Parallele bei den Zeugnisverweigerungsrechten). Denn damit, daß eine Aussage nicht verwertet werden darf, ist noch nicht sichergestellt, daß sie im Einzelfall nicht doch zur Entscheidungsgrundlage wird, da der

Verfahrensmangel dem Gericht verborgen bleiben kann. Wegen dieser Möglichkeit muß deshalb die Wahrheitspflicht für die Aussageperson grundsätzlich auch dann bestehen bleiben, wenn ihre Aussage an sich nicht berücksichtigt werden darf; denn wird sie berücksichtigt und ist sie falsch, so führt sie zu einer materiell unrichtigen Entscheidung (z. B. Verurteilung des Angeklagten) und beeinträchtigt damit in gleicher Weise das Vertrauen in die Rechtspflege wie eine falsche, aber verwertbare Aussage. Schutzgut der §§ 153ff. ist daher die Rechtspflege auch als tatsächliche, naturgemäß mangelhafte Erscheinung und nicht nur die prozeßordnungsgemäß verfahrende Rechtspflege (ebenso KG JR **78**, 78 m. Anm. Willms). Besonders deutlich wird dies, wenn dem Gericht die Umstände, die den zur Unverwertbarkeit führenden Verfahrensfehler begründen, bei der Vernehmung noch nicht bekannt sein konnten, so z. B. wenn sich der Tatverdacht i. S. des § 60 Nr. 2 StPO und damit die Unverwertbarkeit des Eides erst nach der Vereidigung ergibt (vgl. z. B. BGH **23** 30, NJW **76**, 1461 m. Anm. Lenckner JR 77, 74; zu § 60 Nr. 1 StPO vgl. ferner BGH **22** 266, zu § 60 Nr. 2 StPO a. F. BGH **20** 98; vgl. aber auch BGH **19** 113) oder wenn die Notwendigkeit einer Belehrung nach § 55 II StPO im Zeitpunkt der Vernehmung überhaupt noch nicht erkennbar war. Im Zivilprozeß kommt hinzu, daß der zunächst zur Unverwertbarkeit führende Verfahrensmangel u. U. nach § 295 ZPO nachträglich wieder geheilt werden kann. Einzuschränken ist die h. M. nur insoweit, als solche Falschaussagen usw. nicht tatbestandsmäßig i. S. der §§ 153ff. sein können, die unter offensichtlicher Verletzung rechtsstaatlicher Grundsätze erlangt worden sind (z. B. Verstoß gegen § 136a StPO; vgl. Köln NJW **88**, 2486, Paulus aaO 453, aber auch M-Schroeder II 170). Auch dies folgt dann freilich nicht aus der Unverwertbarkeit der Aussage, sondern daraus, daß die Wahrheitspflicht dort enden muß, wo die Inanspruchnahme des Bürgers für Zwecke der staatlichen Wahrheitsfindung unter Verletzung elementarer Rechtsprinzipien erfolgt (für eine Differenzierung nach der Schwere des Verstoßes auch Bruns GA 60, 178).

24 Im übrigen sind Mängel bei der Vernehmung bzw. Vereidigung – z. B. Nichtbelehrung über ein Zeugnisverweigerungsrecht, Vereidigung entgegen § 60 Nr. 2 StPO – **strafmildernd** zu berücksichtigen (vgl. BGH **8** 187, **17** 136, **23** 30, NJW **58**, 1832, **60** 1962, **76**, 1471 m. Anm. Lenckner JR 77, 74, NStE § 154 **Nr. 1**, GA **59**, 176, LM § 52 [a. F.] Nr. **8**, MDR/D **53**, 19, StV **82**, 521, **86**, 341, **87**, 195, **88**, 427, wistra **87**, 23, BGHR § 154 Abs. 2 Verteidigungsverbot 2, Köln NJW **88**, 2487, D-Tröndle § 154 RN 27, Krey I 215, Lackner § 154 Anm. 10, Willms LK 31 vor § 153). Dies gilt unabhängig von einem Verschulden des Vernehmenden, weshalb z. B. für den nach § 154 strafbaren Zeugen ein Strafmilderungsgrund wegen Nichtbelehrung gem. § 55 II StPO oder wegen Nichtbeachtung des § 60 Nr. 2 StPO auch dann vorliegt, wenn der Tatverdacht erst später auftaucht (BGH **23** 30, NJW **58**, 1832, **76**, 1461 m. Anm. Lenckner JR 77, 74, NStE § 154 **Nr. 1**, StV **87**, 195, Hamburg JR **81**, 158 m. Anm. Rudolphi, Hamm MDR **77**, 1034, Willms LK 31 vor § 153; and. BGH **19** 113). Auch steht eine Verletzung des § 60 Nr. 2 StPO einer Strafmilderung nicht deshalb entgegen, weil sich der Täter nicht auf § 55 StPO berufen, sondern allein in Strafvereitelungsabsicht gehandelt hat (BGH StV **82**, 521). Ausgeschlossen ist eine Strafmilderung bei Nichtbelehrung über ein Zeugnis- oder Aussageverweigerungsrecht aber dann, wenn der Zeuge auch im Fall der Belehrung ausgesagt hätte (BGH NJW **58**, 1832, JR **81**, 248 m. Anm. Bruns, Lackner § 154 Anm. 2). Liegen neben dem prozessualen Verstoß die Voraussetzungen des § 157 vor, so kommt eine Strafmilderung unter beiden Gesichtspunkten in Betracht (BGH **8** 190, NJW **58**, 1832, **88**, 2391, NStZ **84**, 134, wistra **87**, 23, Stuttgart NJW **78**, 711, AG Köln MDR **83**, 864; vgl. auch § 154 RN 17, § 157 RN 12). Für den Teilnehmer gilt in diesem Fall zwar nicht § 157, wohl aber muß auch ihm der aus dem prozessualen Verstoß sich ergebende und auf einer Unrechtsminderung beruhende Strafmilderungsgrund zugute kommen (Krümpelmann/Hensel JR 87, 40, Lenckner JR 77, 77, i. E. auch Rudolphi SK § 154 RN 12; and. BGH **19** 113, NJW **76**, 1461 [Verletzung des § 60 Nr. 2 StPO]).

25 5. Keinen strafbaren Meineid kann begehen, wer noch **nicht eidesmündig** ist, d. h. das 16. Lebensjahr noch nicht vollendet hat (RG **4** 33, **7** 279, **25** 31, **28** 89, Arzt/Weber V 102, Hruschka/Kässer JuS 72, 709, Krey I 215, M-Schroeder II 169, Quedenfeld JZ 73, 238, Rudolphi SK § 154 RN 8, GA 69, 140, Wessels II/1 S. 156; and. RG **36** 284, BGH **10** 144, Bockelmann II/3 S. 15, D-Tröndle § 154 vor § 153, Lackner § 154 Anm. 1b, Willms LK § 154 RN 11). Dies folgt zwar nicht daraus, daß solche Personen nicht vereidigt werden dürfen (§§ 60 Nr. 1 StPO, 393, 455 ZPO) und ein dennoch abgenommener Eid unverwertbar ist (so jedoch Rudolphi aaO; gegen diesen Quedenfeld aaO; vgl. o. 23), wohl aber daraus, daß bei einem Eidesunmündigen nach den Prozeßgesetzen das Verständnis vom Wesen und der Bedeutung des Eides kraft unwiderleglicher Vermutung als ausgeschlossen anzusehen ist. Ob eine solche heute noch berechtigt ist, nachdem der Meineid seinen Charakter als Sakraldelikt verloren hat (so der Einwand von Willms aaO), ist eine andere Frage. Solange sie jedoch für das Prozeßrecht besteht, muß sie auch für das Strafrecht gelten, mit der Folge, daß mangels Bedeutungskenntnis (vgl. § 15 RN 40, 43) bereits der Vorsatz des § 154, jedenfalls aber die gem. § 3 JGG erforderliche Einsichtsfähigkeit ausgeschlossen ist (vgl. Quedenfeld aaO). Dies schließt nicht aus, daß der versehentlich vereidigte Eidesunmündige nach § 153 bestraft werden kann, sofern die Voraussetzungen des § 3 JGG erfüllt sind; nur eine Bestätigung dieser Auffassung – wenngleich bei Anwendung des Jugendstrafrechts ohne praktische Bedeutung – ist auch die Regelung des § 157 II (Quedenfeld aaO). Entsprechendes wie bei § 154 gilt für § 156 (vgl. dort RN 3).

Entsprechendes gilt für Personen, die nach den Prozeßgesetzen nicht vereidigt werden dürfen, weil sie wegen **mangelnder Verstandesreife** oder wegen **Verstandesschwäche** vom Wesen und der Bedeutung des Eides keine genügende Vorstellung haben (§§ 60 Nr. 1 StPO, 393 ZPO; das gleiche muß für die Partei gelten, obwohl eine dem § 393 ZPO entsprechende Regelung in § 455 fehlt; für eidesstattliche Versicherungen vgl. § 156 RN 3). Auch hier fehlt es bereits am Vorsatz, jedenfalls an der Einsichtsfähigkeit i. S. des § 20 bzw. des § 3 JGG. Die Frage der Verstandesreife usw. hat der Strafrichter selbständig zu beurteilen; er kann sie daher auch verneinen, wenn sie vom Richter, der den Eid abgenommen hat, bejaht worden ist. Ohne Bedeutung ist dagegen die fehlende **Prozeßfähigkeit** als solche beim Meineid der Partei (and. Mezger LK[8] 4 vor § 153).

VIII. Der **Vorsatz** i. S. der §§ 153 ff. muß sich übereinstimmend auf die Unwahrheit der (uneidlichen, eidlichen oder mit einer eidestattlichen Versicherung versehenen) Aussage beziehen, ferner auf die Zuständigkeit der Stelle, vor der sie erfolgt. Bedingter Vorsatz genügt (z. T. and. Arzt aaO 391 ff.; vgl. auch u. 29).

1. Erforderlich ist deshalb zunächst der Vorsatz, etwas **Unwahres auszusagen** oder etwas **Wesentliches zu verschweigen**. Im einzelnen gilt folgendes:

a) Bei **positiven Angaben** liegt Vorsatz insoweit zunächst vor, wenn der Täter mehr oder weniger sicher weiß, daß diese objektiv falsch sind. Vom Standpunkt der objektiven Theorie (vgl. o. 4 ff.) aus bedeutet dies bei einer Divergenz zwischen Wissen und – je nach Aussagegegenstand äußerer oder innerer – Wirklichkeit im einzelnen: Glaubt der Täter, der etwas objektiv Falsches aussagt, dies sei wahr, so handelt er gem. § 16 unvorsätzlich; in den Fällen der §§ 154, 156 kommt lediglich eine Bestrafung nach § 163 in Betracht (zur subjektiven Theorie vgl. o. 10), während eine solche im Fall des § 153 stets ausgeschlossen ist. Glaubt der Täter umgekehrt bei einer objektiv wahren Aussage, diese sei unwahr, so liegt Versuch vor (RG **61** 159; vgl. auch BGH **3** 226; and. die subjektive Theorie: Vollendung), der jedoch nur im Fall des § 154 strafbar ist. Hat der Täter an der Richtigkeit seiner Darstellung Zweifel, so ist sie auch nach der objektiven Theorie schon nicht falsch, wenn er dies zu erkennen gibt (vgl. o. 7; and. Arzt aaO 394). Tut er dies nicht, so handelt er bedingt vorsätzlich, wenn er die Unrichtigkeit seiner Aussage aus Gleichgültigkeit in Kauf nimmt (vgl. § 15 RN 84; vgl. aber auch Arzt aaO 392 ff., dessen Einwände gegen den bedingten Vorsatz bei den §§ 153 ff. jedoch auf einer unzutreffenden Gleichsetzung des bedingten Vorsatzes zur Falschaussage mit dem „Quasi-Vorsatz, richtig auszusagen", beruhen).

Erforderlich ist ferner das Bewußtsein, daß es sich bei den falschen Angaben um solche handelt, die zum *wahrheitspflichtigen Inhalt* (vgl. o. 9 ff.) der Aussage gehören (vgl. RG **61** 429, BGH **1** 150, **4** 214, Lackner § 153 Anm. 4, Rudolphi SK § 153 RN 5, Willms LK § 153 RN 16; and. [Verbotsirrtum] BGH **14** 350, Bockelmann II/3 S. 12). Tatbestandsirrtum liegt daher vor, wenn der Täter irrig davon ausgeht, Angaben zur Person fielen nicht unter die Wahrheitspflicht (vgl. RG **60** 407, BGH **4** 214), oder wenn er fälschlich glaubt, daß seine unwahren Angaben nicht mehr zum Vernehmungsgegenstand gehören. Im Fall des umgekehrten Irrtums liegt Versuch vor (BGH **25** 246 m. Anm. Demuth NJW 74, 757 u. Rudolphi JR 74, 293; and. BGH **14** 350: Wahndelikt; ein solches ist jedoch nur anzunehmen, wenn der Täter glaubt, die Wahrheitspflicht erstrecke sich auch auf Umstände, die nicht Vernehmungsgegenstand sind). Unerheblich ist dagegen der Irrtum über die Entscheidungserheblichkeit der fraglichen Tatsache, da es auf die Unterscheidung zwischen wesentlichen und unwesentlichen Punkten der Aussage für den objektiven Tatbestand nicht ankommt (vgl. o. 15). Etwas anderes gilt hier nur, wenn der Täter irrig annimmt, daß der fragliche Punkt, weil er unwesentlich sei, auch nicht zum Gegenstand der Vernehmung gehört (vgl. RG **61** 432, JW **38**, 2196). Zum Ganzen vgl. auch Schlüchter, Irrtum über normative Tatbestandsmerkmale im Strafrecht, 1983, 126 ff.

b) Beim **Verschweigen** muß der Täter wissen, daß der fragliche Umstand zum Vernehmungsgegenstand gehört und daß er in dem o. 16 genannten Sinn erheblich ist. Daher kommt in den Fällen der §§ 154, 156 nur § 163 in Betracht, wenn der Täter glaubt, die verschwiegene Tatsache falle nicht unter das Beweisthema oder sei unerheblich (RG JW **38**, 2196, DR **39**, 1066, BGH **1** 152, **2** 92), während im Fall des umgekehrten Irrtum im Fall des § 154 strafbarer Versuch ist (vgl. BGH **3** 226; vgl. aber auch BGH **14** 350: Wahndelikt).

2. Da die **Zuständigkeit** der die Aussage usw. entgegennehmenden Stelle nicht nur objektive Strafbarkeitsbedingung, sondern unrechtsbegründend und damit Tatbestandsmerkmal der §§ 153 ff. ist, muß sich der Vorsatz auch auf diese beziehen (vgl. RG **65** 208, BGH **1** 15, **3** 253, **24** 38, NJW **53**, 995, OGH **2** 88 m. Anm. Mezger SJZ 49, 711 u. Weber MDR 50, 119, D-Tröndle § 153 RN 5, § 156 RN 15, Rudolphi SK § 153 RN 6, Willms LK § 153 RN 16, § 156 RN 5; vgl. auch BGH **10** 8; and. Karlsruhe NJW **51**, 414 [zu § 156], ferner Krey I 213, Niese NJW 49, 812,

§§ 153 ff. Vorbem 33–37   Bes. Teil. Falsche uneidliche Aussage und Meineid

Welzel JZ 52, 135). Tatbestandsirrtum (§ 16) liegt daher zunächst vor, wenn der Täter die die Zuständigkeit begründenden Tatsachen nicht kennt; umgekehrt handelt es sich um einen – freilich nur im Fall des § 154 strafbaren – Versuch, wenn er irrig solche Umstände annimmt (vgl. § 154 RN 15). Vorsatzausschließend ist ferner auch hier der Bedeutungsirrtum (vgl. BGH 3 255 gegen BGH 1 13; zur Bedeutungskenntnis vgl. § 15 RN 40, 43; vgl. dazu auch Schlüchter aaO [o. 30] 125 f.). Hält der Täter freilich die Stelle aus falschen rechtlichen Erwägungen für unzuständig, so dürfte es sich meist nur um einen Subsumtionsirrtum handeln, der lediglich als Verbotsirrtum von Bedeutung sein kann; zum umgekehrten Fall des Wahndelikts vgl. § 154 RN 15.

33   IX. **Täterschaft und Teilnahme.** Die §§ 153 ff. enthalten, wie sich aus § 160 ergibt, eigenhändige Delikte (z. B. Blei II 417, Lackner 4 vor § 153, Willms LK 7 vor § 153; vgl. auch Rudolphi SK 9 vor § 153). **Täter** kann daher nur sein, wer selbst falsch aussagt, schwört usw. Ausgeschlossen ist daher mittelbare Täterschaft (vgl. RG **61** 201 zu § 154, RG HRR **40** Nr. 1323 zu § 156; vgl. auch § 25 RN 45), an deren Stelle jedoch § 160 in Betracht kommt; ebenso ist Mittäterschaft unmöglich (vgl. RG **37** 92 zu § 156), und zwar bei § 156 auch dann, wenn ein und dieselbe schriftliche Erklärung von mehreren unterzeichnet wird (Willms LK § 156 RN 27; and. D-Tröndle § 156 RN 16).

34   Dagegen ist **Teilnahme** nach allgemeinen Regeln möglich. Vollendete *Anstiftung* liegt auch vor, wenn der Zeuge mit seinen unwahren Angaben hinter der vom Anstifter gewünschten Falschaussage zurückbleibt (BGH LM § 154 Nr. 37, Willms LK § 154 RN 12; vgl. auch § 26 RN 18); dagegen kommt nur versuchte Anstiftung (§§ 30, 159) in Betracht, wenn die tatsächlich gemachte Falschaussage, gemessen an der Vorstellung des Anstifters, als ein aliud erscheint (vgl. den von Willms aaO genannten Fall in BGH **1** StR 145/59 v. 12. 5. 1959). Ist die Anstiftung auf einen Meineid gerichtet, kommt es aber nur zu einer uneidlichen Falschaussage, so ist wegen vollendeter Anstiftung zu § 153 in Tateinheit mit versuchter Anstiftung zu § 154 zu verurteilen (BGH **9** 131 gegen BGH **1** 131). Eine *Beihilfe* kann sowohl darin bestehen, daß der Entschluß des Täters zur Begehung eines Aussagedelikts gefördert wird, als auch darin, daß die äußeren Umstände für die Begehung des bereits selbständig zur Tat entschlossenen Täters günstiger gestaltet oder Hindernisse aus dem Weg geräumt oder ferngehalten werden (vgl. RG **72** 22, **74** 285, BGH **2** 129). Beihilfe kann danach z. B. vorliegen, wenn der Beklagte dem zum Meineid entschlossenen Zeugen zu verstehen gibt, daß er selbst die fragliche Tatsache abgestritten habe und weiter bestreiten werde (vgl. BGH aaO; vgl. auch RG **72** 20). Keine Beihilfe begeht dagegen, wer lediglich eine an sich neutrale und auch ohne nachfolgende Falschaussage sozial sinnvoll bleibende Situation schafft, über die der Täter dann unwahre Angaben macht (and. jedoch, wenn das fragliche Handeln nur im Hinblick auf die Falschaussage Sinn hat, so wenn einem Prüfungskandidaten, der die Selbständigkeit der Arbeit eidesstattlich zu versichern hat, bei deren Anfertigung geholfen wird; vgl. auch RG **75** 112, M-Schroeder II 182, Meyer-Arndt wistra 89, 283, 287; and. noch hier die 23. A.). Im übrigen ergeben sich Sonderprobleme bei der Teilnahme an Aussagedelikten in folgender Hinsicht:

35   1. Zweifelhaft ist zunächst, inwieweit **Prozeßhandlungen** und sonstige Äußerungen eines Verfahrensbeteiligten im Prozeß strafbare Anstiftung oder Beihilfe sein können.

36   a) Jedenfalls bei **prozeßordnungsgemäßen** Handlungen ist dies schon deshalb zu verneinen, weil durch das Strafrecht nicht verboten sein kann, was prozessual zulässig ist (Rudolphi SK 48 vor § 153). Schon deshalb ist – da nach § 138 ZPO noch zulässig – das Benennen eines Zeugen im *Zivilprozeß* auch dann keine strafbare Teilnahme, wenn sich die Partei über die Wahrheit ihrer Behauptungen im Ungewissen ist (Rudolphi SK 50 vor § 153; vgl. auch BGH **4** 328). Das gleiche gilt im *Strafprozeß* für die nach § 257 StPO zulässige Weigerung des Angeklagten, sich zur Richtigkeit einer (falschen) Zeugenaussage zu äußern, auch wenn der Zeuge dadurch in seinem Entschluß zu einem Meineid bestärkt wird (Rudolphi SK 49 vor § 153, Willms LK § 154 RN 15; and. BGH NJW **58**, 956, MDR/D **74**, 14). Darüber hinaus ist hier zu beachten, daß es im Strafprozeß eine Wahrheitspflicht für den Beschuldigten nicht gibt und daß eine solche daher auch nicht indirekt über das Strafrecht begründet werden kann (BGH NJW **58**, 956). Schon deshalb ist das Leugnen des Angeklagten keine strafbare Teilnahme an der dadurch verursachten falschen Zeugenaussage, ebensowenig eine falsche Einlassung, wenn der Zeuge aus der durch die Einlassung bestimmten Art seiner Vernehmung schließen kann, daß seine (falsche) Aussage mit der des Angeklagten übereinstimmt (BGH NJW **58**, 956, Rudolphi SK 49 vor § 153, Willms LK § 154 RN 15).

37   b) Aber auch bei **prozeßordnungswidrigem** Verhalten, das zu einer Falschaussage führt, kann nicht ohne weiteres eine Teilnahme angenommen werden. Zu verneinen ist eine solche z. B., wenn durch bewußt wahrheitswidriges Bestreiten im Zivilprozeß der Gegner zum Antritt eines Zeugenbeweises genötigt wird und die bestreitende Partei davon ausgeht, daß der

Zeuge die Unwahrheit sagen werde. Dies folgt schon daraus, daß das bloße Schaffen einer den Tatentschluß auslösenden Situation weder Anstiftung (vgl. § 26 RN 7) noch Beihilfe ist; auch wäre die Verneinung einer Beihilfe durch Unterlassen in solchen Fällen (vgl. BGH 17 321 und u. 39) gegenstandslos, wenn bereits eine Teilnahme durch positives Tun anzunehmen wäre. Eine solche kommt hier nur in Betracht, wenn die bestreitende Partei den Zeugen vor oder bei seiner Vernehmung wissen läßt, daß sie ihn im Fall einer Falschaussage nicht verraten werde (BGH 17 329; vgl. auch BGH 2 132, wonach dafür schon die Fortsetzung eines ehebrecherischen Verhältnisses genügen soll). Anstiftung ist ferner möglich, wenn die Partei für eine bewußt falsche Behauptung einen Zeugen benennt und dieser durch die in der Ladung mitgeteilte unwahre Beweisbehauptung zugleich zu einer entsprechenden Falschaussage bestimmt werden soll (vgl. BGH NJW **54**, 1818, Bockelmann NJW **54**, 699, Willms LK § 154 RN 15; vgl. auch RG **75** 273; and. BGH 4 StR 306/55 [b. Willms aaO], Otto JuS 84, 169, Rudolphi SK 51 vor § 153). Das gleiche gilt z. B., wenn sich der Angeklagte während der Beweisaufnahme mit der Erklärung, der anwesende Zeuge könne seine (falschen) Angaben bestätigen, zugleich erkennbar an diesen wendet.

2. Eine **Beihilfe durch Unterlassen** setzt das Bestehen einer Rechtspflicht i. S. des § 13 zur **38** Verhinderung der Falschaussage usw. voraus. Unstreitig ergibt sich eine solche für die Partei nicht schon aus der *Wahrheitspflicht* des § 138 ZPO (vgl. BGH **2** 134, **4** 329, **6** 323, Köln NStZ 90, 594, Bockelmann NJW **54**, 699, Lackner 4 vor § 153, Willms LK § 154 RN 17; and. noch RG **70** 82). Deshalb ist sie z. B. auch nicht zur Verhinderung des Meineids eines Zeugen verpflichtet, der ihrem Anwalt eine falsche Sachdarstellung gegeben und sich zu deren Beweis als Zeuge angeboten hat, und zwar auch dann nicht, wenn sie bei der Zeugenvernehmung zugegen ist und zuvor eine Durchschrift des den unrichtigen Sachvortrag mit Beweisantrag enthaltenden Schriftsatzes erhalten hatte (Köln aaO). Ebensowenig ergibt sich eine solche Pflicht für den Anwalt aus seiner *Standespflicht* (BGH **4** 331; vgl. auch BGH MDR/D **57**, 267). Auch aus der *Ehe* folgt keine entsprechende Hinderungspflicht (vgl. § 13 RN 21, 53), und zwar auch dann nicht, wenn die eheliche Lebensgemeinschaft tatsächlich besteht (offengelassen in BGH **6** 322). Das gleiche gilt für sonstige *Verwandtschaftsverhältnisse* (KG JR **69**, 28 m. Anm. Lackner, wobei aber entgegen KG auch dann nichts anderes gelten kann, wenn der erwachsene (!) Sohn zum Schutz seines angeklagten Vaters falsch aussagt); eine Pflicht zum Einschreiten ergibt sich hier vielmehr nur, soweit zugleich eine *Aufsichtspflicht* gegenüber dem Aussagenden besteht (z. B. Eltern gegenüber dem minderjährigen Kind; vgl. § 13 RN 21, 52, ferner 105 vor § 25). Keine i. S. der §§ 153 ff. relevante Hinderungspflicht ergibt sich schließlich aus der gegenüber dem Mandanten bestehenden *Treuepflicht* des Anwalts, der erkennt, daß der von der Gegenseite benannte Zeuge zu deren Gunsten falsch aussagt (and. Willms LK § 154 RN 19 mwN); hier kommt vielmehr nur § 266 in Betracht.

Zweifelhaft ist in diesem Zusammenhang die Reichweite des Gesichtspunkts der **Ingerenz** **39** (vgl. § 13 RN 32 ff.). Die Rspr. war ursprünglich in der Annahme einer pflichtbegründenden Vorhandlung sehr weit gegangen, indem schon das unwahre Bestreiten im Zivilprozeß als eine solche angesehen wurde (daher z. B. Beihilfe zum Meineid durch Unterlassen, wenn die Partei den Meineid des auf Grund ihres unwahren Bestreitens vernommenen Zeugen nicht verhindert, vgl. RG **75** 271, BGH **3** 18; vgl. auch RG **74** 285); Entsprechendes sollte für den Beschuldigten im Strafprozeß gelten (BGH MDR/D **53**, 272). Erst auf die Kritik des Schrifttums (vgl. insbes. Maurach DStR 44, 1, Bockelmann NJW **54**, 697) wurden die Anforderungen verschärft (vgl. bereits BGH **1** 27 f.), wobei heute eine pflichtbegründende Vorhandlung nur noch dann angenommen wird, wenn die Partei usw. die Aussageperson in eine „prozeßunangemessene, besondere Gefahr der Falschaussage" gebracht hat (vgl. BGH **4** 329, NJW **54**, 1818, **58**, 956, Köln NJW **57**, 34 im Anschluß an Maurach aaO; vgl. auch BGH **14** 230 m. Anm. Deubner NJW 60, 1916, **17** 321, Bremen NJW **57**, 1246, Köln NStZ **90**, 594, LG Göttingen NJW **54**, 731). Verneint wird dies, wenn die Partei bzw. ihr Anwalt für eine wahre oder doch für wahr gehaltene Behauptung einen Zeugen benennt (BGH **4** 329), und zwar auch dann, wenn sie später erkennt, daß dieser einen Meineid leisten wird (BGH MDR/D **57**, 267; vgl. auch Lackner JR 69, 29). Aber auch wahrheitswidriges Bestreiten führt nach der neueren Rspr. nur dann zu der Pflicht, die Falschaussage bzw. den Meineid des infolge des Bestreitens vernommenen Zeugen zu verhindern, wenn weitere Umstände hinzukommen (vgl. BGH **17** 321 unter Aufgabe von BGH **3** 18). Solche wurden z. B. darin gesehen, daß die Partei während eines Scheidungsprozesses das ehewidrige Verhalten mit dem Zeugen fortsetzt und intensiviert und diesen dadurch in besonderer Weise der Versuchung zu einer Falschaussage aussetzt (BGH **2** 134, **14** 230 [zusätzliche Versuchung durch Heiratsversprechen]; vgl. auch BGH **4** 219) oder daß sie den Zeugen durch schlüssiges Verhalten in Sicherheit wiegt, sie werde ihn nicht durch widersprechende Angaben in Schwierigkeiten bringen (BGH **14** 231; doch kommt hier bereits positives Tun in Betracht); vgl. auch BGH **1** 28, wo die Gefahr für die eigene Ehe der Ehebruchszeugin als ausreichend angesehen wird. Nicht genügend ist dagegen nach BGH **4** 330 das eigene wirtschaftliche Interesse des Zeugen am Ausgang des Prozesses, ebensowenig nach BGH NJW **53**, 1399 die Erklärung, der vom Gegner benannte Zeuge möge vernommen werden (vgl. auch BGH **17** 322). Ohne Bedeutung soll es nach BGH **14** 229 m. Anm. Deubner NJW 60, 1916 für die aus einem Liebesverhältnis abgeleitete Rechtspflicht jedoch sein, wenn Partei und Ehebruchszeugin abgesprochen haben, daß diese die Aussage verweigern soll (vgl. auch KG JR **69**, 27 m. Anm. Lackner; and. BGH NJW **53**, 1399).

40   Auch diese neuere Rspr. ist jedoch noch zu weitgehend (vgl. z. B. auch Krey I 220, Lackner 4 vor § 153, Rudolphi SK 52 vor § 153, Schünemann, Grund und Grenzen der unechten Unterlassungdelikte [1971] 199 ff., Vormbaum aaO 285 ff., Welp, Vorangegangenes Tun als Grundlage einer Handlungsäquivalenz der Unterlassung [1968] 307 ff.; krit. zur Brauchbarkeit der Formel der „prozeßinadäquaten, besonderen Gefahr" z. B. Bockelmann NJW 54, 700, Willms LK § 154 RN 17). Vielmehr ist die Möglichkeit einer Beihilfe zu einem Aussagedelikt durch Unterlassen durch das Zusammenwirken zweier Grundsätze begrenzt: Einmal dadurch, daß das vorangegangene Tun über seine Gefährlichkeit hinaus auch pflichtwidrig sein muß (vgl. § 13 RN 35), wobei diese Pflichtwidrigkeit hier gerade im Hinblick auf die Falschaussage bestehen muß (Rudolphi SK 53 vor § 153); zum andern dadurch, daß eigene Pflichten und damit auch die Möglichkeit einer Pflichtwidrigkeit grundsätzlich dort enden, wo ein fremder Verantwortungsbereich beginnt (vgl. dazu 101 ff. vor § 13, § 15 RN 148 ff.). Im vorliegenden Zusammenhang bedeutet dies: Da allein die Aussageperson für ihre Aussage verantwortlich ist (vgl. dazu auch BGH **4** 330) und dies auch bleibt, wenn sie einer „prozeßinadäquaten" Versuchung zu einer falschen Aussage ausgesetzt wird (vgl. Bockelmann aaO), kann eine zu dieser Situation führende Vorhandlung der Partei usw. nicht „pflichtwidrig" i. S. der Ingerenz sein. Auch eine Beihilfe durch Unterlassen ist daher nicht schon unter den von der Rspr. angenommenen Voraussetzungen, sondern nur in besonderen Ausnahmefällen möglich (so z. B., wenn die Partei einen nicht erkennbar geisteskranken Zeugen benennt, von dessen Krankheit sie weiß und der dann falsch aussagt; zweifelhaft dagegen schon in den von Willms aaO angenommenen Fällen einer starken persönlichen Abhängigkeit des Zeugen oder seiner Verstrickung in das Tatgeschehen). Im übrigen verliert das Problem der Beihilfe durch Unterlassen an praktischer Bedeutung, wenn beachtet wird, daß häufig schon ein positives Tun vorliegt (vgl. dazu die Analyse der Rspr. durch Bockelmann NJW 54, 699; zur Abgrenzung von Tun oder Unterlassen in diesem Zusammenhang vgl. Ebert JuS 70, 404).

41   3. Aus der **objektiven Theorie** (vgl. o. 4 ff.) ergeben sich für die Teilnahme folgende **Konsequenzen**: Sagt der Täter etwas objektiv Wahres aus, das er für falsch hält (vgl. o. 29), so ist die Beteiligung eines Dritten im Fall des § 154 als Anstiftung oder Beihilfe zum Versuch strafbar (and. die subjektive Theorie: Teilnahme an vollendeter Tat). Im Fall der §§ 153, 156 ist der Anstifter nach § 159 strafbar (obwohl der Täter hier selbst straflos ist; vgl. § 159 RN 4), während die Beihilfe zum (straflosen) Versuch der Haupttat straflos ist (and. in beiden Fällen die subjektive Theorie: Teilnahme an vollendeter Tat). Kennt der Teilnehmer freilich die Wahrheit der Aussage, so bleibt er straflos, weil ihm hier der Vollendungswille (untauglicher Versuch) fehlt (and. die subjektive Theorie, vgl. Gallas GA 57, 322). Zu übereinstimmenden Ergebnissen gelangen objektive und subjektive Theorie dagegen im umgekehrten Fall, wenn der Täter, der etwas objektiv Falsches aussagt, dies für wahr hält: Hier kann ein Dritter, der dies weiß, nur im Fall des Verleitens nach § 160 bestraft werden; geht er dagegen irrtümlich davon aus, der Täter sei bösgläubig, so ist eine strafbare Beteiligung nur in der Form der versuchten Anstiftung (§§ 30, 159) möglich (vgl. § 159 RN 6).

42   4. Die für die Aussageperson bestehende prozessuale Wahrheitspflicht ist **kein besonderes persönliches Merkmal** i. S. des § 28 I (vgl. Grünwald, A. Kaufmann-GedS 563; and. Rudolphi SK 9 vor § 153, Vormbaum 282 ff.). Daß nur für den Zeugen usw. selbst eine Wahrheitspflicht besteht, beruht ausschließlich auf rechtsgutsbezogenen Erwägungen, da nur er mögliches Beweismittel bei der Wahrheitsermittlung ist, weshalb auch nur er die tatsächliche Möglichkeit eines Angriffs auf die Rechtspflege hat. Daß die Wahrheitspflicht insofern höchstpersönlich ist, als sie nur von der Aussageperson selbst erfüllt werden kann, ändert daran nichts; das Moment einer besonderen *personalen* Pflichtverletzung, wie es etwa bei Amtsdelikten die Anwendung des § 28 I rechtfertigt, fehlt den Aussagedelikten völlig. Zur Frage der Strafmilderung beim Teilnehmer, wenn eine solche beim Täter wegen eines Mangels bei der Vernehmung in Betracht kommt, vgl. o. 24.

§ 153 Falsche uneidliche Aussage

Wer vor Gericht oder vor einer anderen zur eidlichen Vernehmung von Zeugen oder Sachverständigen zuständigen Stelle als Zeuge oder Sachverständiger uneidlich falsch aussagt, wird mit Freiheitsstrafe von drei Monaten bis zu fünf Jahren bestraft.

Schrifttum: Vgl. die Angaben vor Vorbem. zu §§ 153 ff.

I. Der Tatbestand der **falschen uneidlichen Aussage** wurde durch die VO vom 29. 5. 1943 (RGBl. 1 I 339) nach dem Vorbild des österr. Rechts eingefügt. Er entspricht einer alten Forderung, die um so mehr an Gewicht gewann, je mehr die Prozeßrechte von der obligatorischen Beeidigung abrückten, da damit zahlreiche uneidliche Aussagen Urteilsgrundlage wurden. Nachdem § 59 StPO zum Grundsatz der obligatorischen Beeidigung zurückgekehrt ist, hat § 153 insoweit an Bedeutung wieder verloren; er behält sie jedoch für den Zivilprozeß. Zum **Rechtsgut** vgl. 2 vor § 153.

II. Zum **objektiven Tatbestand** gehört, daß jemand vor Gericht oder vor einer anderen zur 2 eidlichen Vernehmung von Zeugen oder Sachverständigen zuständigen Stelle als Zeuge oder Sachverständiger uneidlich falsch aussagt (abstraktes Gefährdungsdelikt; vgl. dazu 2a vor § 153).

1. Voraussetzung ist zunächst eine **falsche Aussage**. *Aussage* ist der Bericht des Vernomme- 3 nen oder seine Antwort auf bestimmte Fragen (vgl. näher Schneider GA 56, 337). Zu den Erfordernissen einer Aussage vgl. 22 vor § 153; nicht notwendig ist der Gebrauch einer bestimmten Beteuerungsformel. Zur *Falschheit* der Aussage vgl. 4 ff. vor § 153; zum Umfang der *Wahrheitspflicht* vgl. 9 ff. vor § 153; über die Bedeutung von *Verfahrensmängeln* bei der Vernehmung vgl. 23 ff. vor § 153.

2. Der Täter muß die falsche Aussage als **Zeuge oder Sachverständiger** gemacht haben, 4 wobei der letztere als solcher auch bei Angaben zu Personal- und Generalfragen nach § 68 StPO usw. aussagt (vgl. auch 13 vor § 153, § 154 RN 5). Nicht erfaßt sind damit falsche Angaben eines Beschuldigten im Strafprozeß, falsche Aussagen bei der uneidlichen Parteivernehmung im Zivilprozeß und falsche Angaben eines Beteiligten im Verfahren nach dem FGG (vgl. BGH **12** 57, Hamm NStZ **84**, 551, Keidel/Winkler, Freiwillige Gerichtsbarkeit, 11. A., § 15 RN 31 mwN) oder im verwaltungsgerichtlichen Verfahren (§ 96 VwGO); dasselbe gilt für falsche Angaben eines Zuhörers bei seiner Anhörung im Zusammenhang mit sitzungspolizeilichen Maßnahmen nach §§ 176 ff. GVG, auch wenn er dabei unzulässigerweise in die Rolle eines Zeugen gedrängt wird (BGH EzSt § 154 **Nr. 3**). Ob jemand Partei, Beschuldigter, Zeuge usw. ist, bestimmt sich nach dem jeweiligen Verfahrensrecht; einen davon unabhängigen Zeugen- bzw. Sachverständigenbegriff des StGB gibt es nicht (vgl. aber auch Montenbruck JZ 85, 977 ff.).

So können z. B. der *Gemeinschuldner* im Prozeß des Konkursverwalters und der Erbe im Prozeß des 4a Testamentsvollstreckers Zeugen sein (vgl. BGH JZ **65**, 725, Stein-Jonas/Schumann 6 vor § 373 mwN). Der *Verdacht eigener Tatbeteiligung* schließt die Aussage als Zeuge nicht aus (vgl. §§ 55, 60 Nr. 2 StPO; dazu, daß der Zeuge hier auch solche Umstände nicht verschweigen darf, auf die sich sein Auskunftsverweigerungsrecht bezieht, vgl. 17 vor § 153; zur Möglichkeit eines Absehens von Strafe oder einer Strafmilderung in diesen Fällen vgl. § 157). Die Beschuldigteneigenschaft des Verdächtigen beginnt erst mit seiner prozessualen Verstrickung durch einen Willensakt der Verfolgungsbehörde, aus dem ersichtlich wird, daß gegen ihn als präsumtiv Verantwortlichen ermittelt werden soll (BGH **10** 8). Hier kann dann auch ein *Mitbeschuldigter* nicht mehr Zeuge für oder gegen den anderen Mitbeschuldigten sein, wobei es eine vom Prozeßrecht zu entscheidende Frage ist, ob für die Stellung als Mitbeschuldigter allein die Gemeinsamkeit des Verfahrens (Verfahrensverbindung nach §§ 2 ff., 237 StPO) oder der materiell-rechtliche Gesichtspunkt der gemeinsamen Tatbeteiligung maßgeblich ist (für ersteres die h. M., z. B. BGH **10** 8, 188, **12** 10, **18** 240, **27** 141, JR **69**, 149 m. Anm. Gerlach, JZ **84**, 547 m. Anm. Montenbruck JZ **85**, 976 u. Prittwitz StV 84, 361, LR-Dahs 17 vor § 48 mwN; im letzteren Sinn dagegen z. B. Dünnebier JR 75, 3, Lenckner, Peters-FS 333 ff., Montenbruck ZStW 89, 873, Müller-Dietz ZStW 93, 1227, Peters, Strafprozeß [3. A.] 323 mwN). Nach der nur auf die prozessuale Gemeinsamkeit abstellenden h. M. ergibt sich danach auch die Möglichkeit eines „Rollentausches" durch Abtrennung des Verfahrens, die jedoch als unzulässig angesehen wird, wenn der Mitbeschuldigte auf diese Weise in die Rolle eines Zeugen in eigener Sache gedrängt werden soll (vgl. LR-Dahs 20 vor § 48 mwN; zur Sachverhaltsaufklärung durch Rollenmanipulation vgl. auch Prittwitz NStZ 81, 463); in diesem Fall bleiben die Aussagen des als Zeugen vernommenen früheren Mitbeschuldigten daher auch die eines Beschuldigten, so daß § 153 entfällt (vgl. BGH **10** 8, Rudolphi SK 3). Nach Prozeßrecht bestimmt sich auch die Funktion des *Dolmetschers,* der nach der h. M. im Schrifttum nicht Sachverständiger ist, sondern lediglich in mancher Hinsicht als solcher behandelt wird (vgl. Kissel, GVG [1981] § 185 RN 16, K-Meyer § 185 GVG RN 7, Schäfer LR[23] § 191 GVG RN 3). Unter dieser Voraussetzung kann der Dolmetscher ohne Verstoß gegen das Analogieverbot dann aber auch nicht Täter des § 153 sein (mit Recht gegen eine entsprechende Anwendung z. B. des § 77 StPO daher auch LG Nürnberg-Fürth MDR **78**, 508, Kissel aaO § 191 RN 3; and. Koblenz VRS **47** 353, Schäfer aaO). Übersetzt er falsch, so sagt er deshalb nicht „als Sachverständiger" falsch aus (vgl. näher Vormbaum aaO 241 ff.; and. BGH **4** 154 u. hier noch die 23. A.; zu § 154 vgl. dort RN 4). Zum Begriff des Zeugen und der Stellung des Betroffenen bei Aussagen vor *parlamentarischen Untersuchungsausschüssen* vgl. Wagner GA 76, 165 ff. u. dazu auch BGH **17** 128, Köln NJW **88**, 2487.

5 3. Erforderlich ist eine Falschaussage vor **Gericht oder einer anderen zur eidlichen Vernehmung von Zeugen oder Sachverständigen zuständigen Stelle**; vgl. dazu § 154 RN 6 ff. Daß § 153 gegenüber § 154 eine Beschränkung auf die zur eidlichen Vernehmung „von Zeugen und Sachverständigen" zuständigen Stelle enthält, bedeutet keinen sachlichen Unterschied, da für § 153 ohnehin nur Zeugen- und Sachverständigenaussagen in Betracht kommen (vgl. auch Willms LK § 154 RN 9). Falsche Zeugen- oder Sachverständigenaussagen vor Gericht sind immer strafbar; die bei § 154 gebotene Einschränkung, daß auch das Gericht zur Eidesabnahme zuständig gewesen sein muß (vgl. § 154 RN 8), ist hier nicht erforderlich, da gerichtliche Verfahren, in denen eine (uneidliche) Vernehmung von Zeugen oder Sachverständigen schlechterdings ausgeschlossen ist, kaum denkbar sein dürften. Soweit dagegen eine Vernehmung nur im Einzelfall unzulässig ist (vgl. § 118 II 3 ZPO), steht dies der Strafbarkeit einer Falschaussage ohnehin nicht entgegen (vgl. Frankfurt NJW **52**, 904; vgl. entsprechend zu § 154 dort RN 8 f.).

6 4. „**Vor**" Gericht oder einer anderen zuständigen Stelle ist eine mündliche Aussage nur dann abgegeben, wenn sie gegenüber einer Person erfolgt, die zur Vertretung des Gerichts oder der Stelle bei derartigen Geschäften berufen ist (vgl. § 154 RN 12). Dies kann hier – im Unterschied zu § 154 – auch ein Referendar oder im Rahmen des § 4 RechtspflegerG ein Rechtspfleger sein (so für das Verfahren nach § 75 KO auch Hamburg NJW **84**, 935; vgl. aber auch Ostendorf JZ **87**, 337, Vormbaum aaO 151). Soweit ausnahmsweise schriftliche Angaben eine prozessual vollwertige Aussage darstellen (vgl. 22 vor § 153), genügt deren Zugang bei Gericht usw.

7 III. Für den **subjektiven Tatbestand** ist Vorsatz erforderlich; bedingter Vorsatz genügt; vgl. im einzelnen dazu 27 ff. vor § 153.

8 IV. **Vollendet** ist die Tat, wenn die Aussage abgeschlossen ist; werden die zunächst falschen Angaben (strafloser Versuch) bis dahin berichtigt, so ist der Tatbestand nicht erfüllt, da dann die Aussage insgesamt gesehen richtig ist (BGH NJW **60**, 731; § 158 gilt hier nicht). Abgeschlossen ist die Aussage, wenn der Richter (zum ersuchten Richter vgl. Schleswig GA **56**, 395) die Befragung und der Zeuge seine Bekundung zum Gegenstand der Vernehmung beendet haben (BGH **4** 177, **8** 314, NJW **60**, 731, OGH **2** 162; and. Meister JR 50, 390), regelmäßig also, wenn zur Vereidigung bzw. zur Beschlußfassung darüber geschritten wird (Willms LK 11). Die Aussage kann – auch in *einer* Verhandlung – mehrmals abgeschlossen werden (BGH **4** 177; vgl. dazu auch u. 14); sie kann sich aber auch – unbeendet – über mehrere Termine erstrecken (BGH [GrS] **8** 314). Ordnet der Richter weitere Beweiserhebungen an, um deren Ergebnisse dem Zeugen vorzuhalten oder gibt ein anderer Prozeßbeteiligter zu erkennen, daß er noch weitere Fragen stellen will (vgl. Bay StV **89**, 251), so ist die Vernehmung regelmäßig nicht abgeschlossen. Ohne Bedeutung ist, ob die Aussage verschiedene Komplexe betrifft und ob sie in einem oder in mehreren Punkten unrichtig ist (vgl. RG HRR **41** Nr. 215, Köln StV **83**, 507; vgl. aber auch Düsseldorf NJW **65**, 2070 m. Anm. Oppe). Zur Vollendung der Falschaussage vor parlamentarischen Untersuchungsausschüssen vgl. Wagner GA 76, 276.

9 V. **Keine Voraussetzung** für die Strafbarkeit nach § 153 ist die Nichtbeeidigung der Aussage (and. zunächst noch BGH **4** 176 [„Bedingung der Strafbarkeit für § 153"] u. neuerdings auch Vormbaum JR 89, 133). Zwar geht die falsche uneidliche Aussage im Meineid auf, falls dieser ihr nachfolgt (vgl. u. 16); beschwört der Täter aber eine erst *nach Abschluß seiner Vernehmung* berichtigte (jetzt also wahre) Aussage, so bleibt § 153 anwendbar, dies unabhängig davon, ob die Berichtigung vor oder während der Eidesleistung erfolgt und im letzteren Fall damit ein Rücktritt vom Versuch nach § 154 vorliegt (BGH **8** 314 f., D-Tröndle 25, Willms LK 13; and. Vormbaum aaO). In beiden Fällen kann sich Straflosigkeit nach § 153 nur aus § 158 ergeben (BGH aaO), weil die Tatsache, daß eine falsche uneidliche Aussage erstattet worden ist, nicht dadurch aus der Welt geschafft wird, daß später ein wahrer Eid geleistet wurde. Hier ist die bei Beendigung der Vernehmung falsche Aussage, weil nicht beschworen, eine „uneidliche" geblieben (and. Vormbaum aaO 135), womit die Tatbestandsvoraussetzungen des § 153 eindeutig erfüllt sind.

10 VI. Zur **Täterschaft und Teilnahme** vgl. 33 ff. vor § 153. Täter kann hier, wie sich aus § 157 II ergibt, im Unterschied zu § 154 (vgl. 25 f. vor § 153) auch sein, wer nach § 60 Nr. 1 StPO nicht zu vereidigen wäre (vgl. dazu auch Frankfurt NJW **52**, 1388). Zu beachten ist hier jedoch § 157 II (vgl. dort RN 13).

11 VII. Bei der **Strafzumessung** kann von Bedeutung sein, ob die Aussage in einem für die Entscheidung wesentlichen Punkt falsch war (BGH MDR/D **72**, 16; vgl. auch 15 vor § 153) oder daß der Täter hartnäckig auf der Richtigkeit seiner Aussage bestand, wobei sich die fraglichen Umstände

jedoch aus dem Urteil ergeben müssen (vgl. BGH NStZ/M **83**, 163). Da gerade die Gefährdung der Rechtspflege durch falsche Aussagen der für die Schaffung der §§ 153 ff. maßgebliche Grund war, darf eine solche nicht zusätzlich strafschärfend berücksichtigt werden (Düsseldorf StV **85**, 108). Zur Strafmilderung bei prozessualen Mängeln bei der Vernehmung vgl. 24 vor § 153; zur Strafzumessung bei wiederholter Falschaussage in der zweiten Instanz vgl. Zweibrücken OLGSt. § 153 Nr. 1.

VIII. Konkurrenzen: 1. Idealkonkurrenz ist möglich mit §§ 145d, 164, 187, 257, 258, 263 (BGHR **12** § 52 Abs. 1, Handlung, dieselbe 12: Prozeßbetrug), 267 (RG **60** 353), ferner mit § 163 (BGH **4** 214: bewußt falsche Angaben zur Person in der Annahme, daß diese nicht unter den Eid fallen). Sollte der Zeuge zum Meineid angestiftet werden, kommt es jedoch nur zu einer uneidlichen Falschaussage, so besteht zwischen §§ 153, 26 und §§ 154, 30 I gleichfalls Idealkonkurrenz (BGH **1** 243, **9** 131); das gleiche gilt für § 153 und §§ 154, 30 II beim Zeugen.

2. Fortsetzungszusammenhang ist möglich mit § 154 (vgl. u. 18), ferner mit § 156, nicht dagegen **13** mit § 164 (Frankfurt HESt. **2** 258).

3. Bei mehrfacher uneidlicher Vernehmung in einem Verfahren gilt folgendes: Erfolgt die Ver- **14** nehmung in *verschiedenen Instanzen,* so liegt zwischen den mehrfachen Fällen des § 153 Realkonkurrenz oder (regelmäßig) Fortsetzungszusammenhang vor (BGH [GrS] **8** 319). Dasselbe gilt für die Wiederholung einer vor dem Ermittlungsrichter gemachten Falschaussage in der Hauptverhandlung (vgl. auch BGH StV **82**, 420). Bei mehrfacher Vernehmung in *einer Instanz* soll dagegen nach der Rspr. maßgeblich sein, ob eine fortdauernde Vernehmung vorliegt, die sich als Einheit über sämtliche Termine erstreckt, oder ob die Vernehmung jedes Mal abgeschlossen ist (vgl. dazu o. 8); während im ersten Fall mit Recht nur eine Tat nach § 153 angenommen wird, soll im zweiten entweder Realkonkurrenz oder Fortsetzungszusammenhang vorliegen (vgl. BGH **8** 314, Düsseldorf NJW **65**, 2070 m. Anm. Oppe; ebenso z. B. D-Tröndle 8; offengelassen von München NJW **67**, 2219). Damit wird jedoch eine Zäsur nach Umständen gemacht, die weitgehend vom Zufall abhängen. Daß die Aussagen jeweils abgeschlossen sind, ändert nichts daran, daß sie als Urteilsmaterial insgesamt eine Einheit bilden. Sind mehrere solche Aussagen falsch, so stellen sie daher insofern auch einen einheitlichen Rechtsgutsangriff dar, als sie nur eine einheitlich vorzunehmende Tatsachenfeststellung gefährden. Dies rechtfertigt es, mehrere Falschaussagen in derselben Instanz auch dann zu einer rechtlichen Handlungseinheit zu verbinden, wenn sie im Rahmen mehrerer, jeweils abgeschlossener Vernehmungen gemacht worden sind; etwas anderes gilt nur, wenn eine der Falschaussagen bereits Grundlage einer Teilentscheidung geworden ist (ebenso Rudolphi SK 11 und wohl auch Willms LK 13).

4. Was das **Verhältnis zu § 154** betrifft, so ist zu unterscheiden, ob die einzelnen Vernehmungen in **15** einer oder in verschiedenen Instanzen erfolgt sind. Im einzelnen gilt folgendes:

a) Wird der Zeuge usw. in **derselben Instanz** auf seine Aussage vereidigt, so erfolgt seine Bestra- **16** fung ausschließlich nach § 154, nicht auch nach § 153. Dabei ist ohne Bedeutung, ob die Vereidigung im unmittelbaren Anschluß an die Aussage (BGH **1** 381, **4** 214, 244) oder in einem späteren Termin erfolgt (BGH [GrS] **8** 312), ob Aussage und Vereidigung vor dem Prozeßgericht oder dem beauftragten oder ersuchten Richter stattfinden (BGH **4** 244, **5** 44, **7** 186), ob bei Vernehmung in mehreren Terminen eine fortgesetzte Vernehmung erfolgt ist oder das Gericht die Vernehmung mehrmals abgeschlossen hatte (BGH [GrS] **8** 312) und ob der Zeuge usw. zu einem oder mehreren Beweisthemen vernommen worden ist (BGH [GrS] **8** 313). In allen diesen Fällen tritt § 153 hinter § 154 als subsidiärer Tatbestand zurück (BGH [GrS] **8** 311 ff.; vgl. aber auch Busch GA 55, 262: § 153 als mitbestrafte Vortat). Zweifelhaft ist dagegen, ob dies auch gilt, wenn es nach einer Falschaussage nur zum Meineidsversuch gekommen ist: Da ein Meineidsversuch auch bei einer nur vermeintlich falschen Aussage vorliegt, könnte für die Annahme von Tateinheit in diesem Fall immerhin sprechen, daß nur so der vollendeten Falschaussage nach § 153 Rechnung getragen wird. Tritt der Täter vom Versuch des § 154 nach § 24 zurück, so bleibt seine Strafbarkeit wegen vollendeter Falschaussage davon unberührt; insoweit kann er sich nur nach § 158 Strafmilderung oder -befreiung verdienen (vgl. BGH [GrS] **8** 315 sowie o. 9; and. Vormbaum JR 89, 315 f.).

Wird dagegen die Aussageperson *nach Ablegung des Eides* in derselben Instanz zum selben oder **17** einem anderen Beweisthema *von neuem uneidlich vernommen,* so soll nach der Rspr. Realkonkurrenz oder Fortsetzungszusammenhang vorliegen (vgl. BGH [GrS] **8** 314). Da nach dem o. 14 Gesagten mehrere an sich selbständige Falschaussagen in einer Instanz eine rechtliche Handlungseinheit bilden, so daß nur ein einziges Aussagedelikt vorliegt, muß dies aber auch hier zur Folge haben, daß die Beeidigung auch nur einer dieser Falschaussagen der Tat insgesamt den Charakter des § 154 verleiht, und zwar gleichgültig, ob die verschiedenen Vernehmungen dasselbe oder ein anderes Beweisthema betreffen und ob sie alle vor der Vereidigung erfolgt sind oder aber nach der Vereidigung eine neue Vernehmung stattfindet.

b) Erfolgen Vernehmung und Vereidigung in **verschiedenen Instanzen** und wiederholt der Zeuge **18** die im ersten Rechtszug uneidlich gemachten Falschaussagen in der zweiten Instanz und beschwört er sie, so liegen je nach den Umständen zwei selbständige Straftaten nach §§ 153, 154 oder ein fortgesetzter Meineid vor (BGH [GrS] **8** 313, wistra **88**, 108, D-Tröndle § 154 RN 25, Willms LK 13; gegen die Möglichkeit von Fortsetzungszusammenhang zwischen §§ 153 und 154 noch BGH **1** 380, **2** 232, Hamm HESt. **1** 279, NJW **50**, 358 m. Anm. Mezger, Schleswig HESt. **2** 248, Meister JR **50**, 391).

§ 154 1–5 Bes. Teil. Falsche uneidliche Aussage und Meineid

Dasselbe Verhältnis besteht, wenn einem im ersten Rechtszug geschworenen Meineid in der zweiten Instanz eine uneidliche Falschaussage folgt, gleichgültig, ob sie dasselbe oder ein anderes Beweisthema betrifft. Entsprechendes gilt schließlich, wenn Meineid und falsche Aussage in verschiedenen Verfahren (Zivil- und Strafprozeß) oder vor dem Ermittlungsrichter und in der Hauptverhandlung begangen werden.

19   IX. Zur Möglichkeit einer **Wahlfeststellung** vgl. § 1 RN 61, 89 f., 95, 111, ferner § 164 RN 38.

§ 154 Meineid

(1) **Wer vor Gericht oder vor einer anderen zur Abnahme von Eiden zuständigen Stelle falsch schwört, wird mit Freiheitsstrafe nicht unter einem Jahr bestraft.**

(2) **In minder schweren Fällen ist die Strafe Freiheitsstrafe von sechs Monaten bis zu fünf Jahren.**

Schrifttum: Vgl. die Angaben vor Vorbem. zu §§ 153 ff.

1   I. Der Tatbestand des **Meineids** enthält eine durch den Eid qualifizierte Falschaussage. Soweit es sich um eidliche Aussagen von Zeugen und Sachverständigen handelt, stellt § 154 eine Qualifikation des § 153 dar; im übrigen (Parteieid usw.) ist § 154 ein selbständiger Tatbestand (vgl. 2 vor § 153). Zum **Rechtsgut** vgl. 2 vor § 153.

2   II. Der **objektive Tatbestand** setzt das falsche Schwören vor Gericht oder einer anderen zur Abnahme von Eiden zuständigen Stelle voraus (abstraktes Gefährdungsdelikt; vgl. dazu und zu den daraus folgenden Einschränkungen 2 a vor § 153).

3   1. Das **falsche Schwören** ist das Beschwören einer falschen Aussage (vgl. 3 vor § 153). Zur *Falschheit* der Aussage vgl. 4 ff. vor § 153; zum *Umfang der Wahrheitspflicht* vgl. 9 ff. vor § 153; zu den *Erfordernissen eines Eides* vgl. 21 vor § 153; zur *Bedeutung von Verfahrensmängeln* vgl. 19 ff. vor § 153.

4   a) Da § 154 i. U. zu § 153 nicht auf Zeugen und Sachverständige beschränkt ist, fällt hier unter den Tatbestand neben dem falschen **Zeugen- und Sachverständigeneid** auch der falsche Dolmetschereid (§ 189 GVG; für Sachverständigeneid aber z. B. BGH 4 154, D-Tröndle 16, Willms LK 5; vgl. dazu § 153 RN 4 a) und der falsche **Parteieid** im Zivilprozeß (vgl. § 452 ZPO; zum Umfang der Wahrheits- und Vollständigkeitspflicht der gem. §§ 445 ff. ZPO vernommenen Partei vgl. BGH JZ **69**, 570); über weitere Anwendungsfälle vgl. §§ 287, 426 ZPO, 525 HGB u. dazu, ob die Regeln über die eidliche Parteivernehmung auch in anderen Verfahrensarten entsprechend anwendbar sind, u. 9. Beseitigt ist durch Ges. v. 27. 6. 1970 (BGBl. I 911) der Offenbarungseid (jetzt eidesstattliche Versicherung, vgl. § 156 RN 21 ff.). Ohne Bedeutung ist, ob der Eid als Vor- oder Nacheid geleistet wird (zur Vollendung vgl. u. 15), auch wenn er vom Gesetz (z. B. §§ 59, 79 II StPO, 392 ZPO, 189 I GVG) nur in der jeweils anderen Form vorgesehen ist (vgl. 21 vor § 153).

5   b) Ein Meineid liegt nur vor, **soweit** eine **falsche Aussage beschworen** wird. Bei protokollierten Aussagen kann sich der Eid auch auf Angaben erstrecken, die nicht protokolliert sind (Hamm HESt. **1** 281; and. jedoch, wenn lediglich die Richtigkeit des vom Zeugen genehmigten Inhalts des Protokolls beschworen wird). Ist andererseits die Beeidigung auf einen Teil der Aussage beschränkt, so muß gerade dieser falsch sein. Von Bedeutung ist dies z. B., wenn im Zivilprozeß der Zeuge bzw. die Partei nur auf bestimmte wesentliche Punkte vereidigt wird (zur Zulässigkeit vgl. Stein-Jonas/Schumann § 391 Anm. I 5) oder wenn im Strafprozeß mehrere Taten i. S. des § 264 StPO Verfahrensgegenstand sind, ein Vereidigungsverbot nach § 60 Nr. 2 StPO aber nur bezüglich einer von ihnen besteht (vgl. K-Meyer § 59 RN 3), ferner bei Aussagen, die zugleich dem Freibeweis unterliegende und deshalb vom Richter von der Vereidigung ausgenommene Aussageteile enthalten (vgl. Schmid SchlHA 81, 42). Mitbeeidigt sind beim *Zeugen* und der *Partei* auch die Angaben zur Person und bei ersteren außerdem zu den sog. Generalfragen nach § 68 StPO, § 395 II ZPO (vgl. LR-Dahs § 59 RN 11 mwN). Dagegen sind vom *Sachverständigeneid,* der sich lediglich darauf erstreckt, das Gutachten unparteiisch und nach bestem Wissen und Gewissen erstattet zu haben (§ 79 II StPO, § 410 I 2 ZPO), Angaben zur Person eindeutig nicht erfaßt; allerdings soll es nach h. M. möglich sein, den Sachverständigen insoweit (zusätzlich) als Zeugen zu vereidigen (z. B. RG **12** 128, **20** 235, Dahs LR § 79 RN 16, K-Meyer § 79 RN 10, Pelchen KK § 79 RN 5; and. mit Recht aber wohl RG Recht **03** Nr. 2895), während im übrigen bei falschen Personalangaben nur § 153 in Betracht kommt. Mitumfaßt ist vom Sachverständigeneid jedoch alles, was sich auf das Gutachten und dessen Zustandekommen bezieht, soweit dieses für seine Beweiskraft relevant ist. Unabhängig von der Richtigkeit des Ergebnisses schwört der Sachverständige daher auch falsch, wenn er das Gutachten nicht methodengerecht erstellt hat (vgl. 8 vor § 153), was z. B. auch der Fall ist,

wenn das Gutachten schon nach der dafür aufgewandten Zeit niemals sorgfältig sein kann. Mitbeschworen ist ferner immer die in der Gutachtenerstattung konkludent enthaltene Versicherung, daß der Sachverständige für das Gutachten die Verantwortung übernimmt und übernehmen kann, was nicht der Fall ist, wenn er dieses im wesentlichen von Mitarbeitern hat anfertigen lassen. Auch seine Antworten auf entsprechende Fragen sind hier deshalb vom Sachverständigeneid umfaßt.

2. Der falsche Eid muß vor **Gericht** oder einer **anderen zur Abnahme von Eiden zuständigen Stelle** geschworen werden. Dabei ist die Zuständigkeit, weil unrechtsbegründend, (normatives) Tatbestandsmerkmal, nicht nur objektive Bedingung der Strafbarkeit (vgl. 32 vor § 153). **6**

a) **Gerichte** sind alle mit Richtern besetzte Organe der Rechtsprechung, also alle Zivil-, Straf-, Verwaltungsgerichte usw. einschließlich der Dienststrafgerichte, nicht aber private Schiedsgerichte nach §§ 1025ff. ZPO (vgl. D-Tröndle 3, Krey I 211, Rudolphi SK 4, Willms LK § 153 RN 5). Auch ausländische Gerichte kommen in Betracht, soweit die Tat deutschem Strafrecht unterliegt (vgl. 22 vor § 3, § 5 RN 18, Lüttger, Jescheck-FS 159ff.); ob auch die auf Grund des NATO-Truppenstatuts v. 19. 6. 1951 (BGBl. 1961 II S. 1190) und des Zusatzabkommens v. 3. 8. 1959 (BGBl. II S. 1281) bestehenden Gerichte der in der Bundesrepublik stationierten NATO-Truppen den Schutz der §§ 153ff. genießen, ist zweifelhaft und umstritten (bejahend z. B. AG Tauberbischofsheim NStZ **81**, 221 m. Anm. Theisinger, Rudolphi SK 4 vor § 153, verneinend Lüttger aaO 160ff.). Dabei kommt es für die Eigenschaft als Gericht allein auf dessen Funktion, nicht aber darauf an, daß es nach rechtsstaatlichen Grundsätzen zusammengesetzt ist (BGH GA **55**, 178 betr. ehem. DDR-Gerichte). **7**

Nach dem Gesetzeswortlaut ist das falsche Schwören vor Gericht schlechthin unter Strafe gestellt. Mit Recht wird jedoch in BGH **3** 249 darauf hingewiesen, daß § 154 nicht die Reinheit eines Schwurs sichern soll, den die Rechtsordnung überhaupt nicht kennt. Zur Begrenzung des Tatbestands ist daher auch für das Gericht die Zuständigkeit zur Eidesabnahme zu verlangen, wobei diese nicht schon deshalb gegeben ist, weil Gerichte „im allgemeinen" zur eidlichen Vernehmung von Zeugen usw. befugt sind (zumindest mißverständlich und im übrigen nichtssagend ist daher auch die vielfach anzutreffende Formulierung, es genüge die „allgemeine Zuständigkeit"; vgl. auch § 156 RN 8f.). Erforderlich ist vielmehr, daß es sich gerade bei dem fraglichen Verfahren um ein solches handelt, bei dem ein Eid dieser Art vom Gesetz überhaupt vorgesehen ist (vgl. BGH **3** 249, 310f., **5** 113f., **10** 273, **12** 58, Rudolphi SK 4, Wessels II/1 S. 157, Willms LK 9; vgl. auch BGH **10** 13). Ist dagegen nach der Art des Verfahrens und der verfahrensrechtlichen Stellung des Schwörenden eine eidliche Vernehmung prinzipiell möglich, so ist es unschädlich, wenn die Vereidigung nur im Einzelfall unzulässig war (vgl. z. B. BGH **8** 186, **17** 128, Lackner 2; and. insoweit Rudolphi SK 4, GA 69, 129; vgl. dazu auch 23 vor § 153). **8**

Strafbar ist daher z. B. der Meineid des Zeugen im Strafprozeß, der im konkreten Fall nach § 60 Nr. 2 StPO (vgl. BGH **8** 186, **17** 118, **19** 113, **23** 30, NJW **76**, 1461 m. Anm. Lenckner JR 77, 74; zu § 60 Nr. 1 StPO vgl. 25f. vor § 153) oder nach §§ 62, 65 StPO nicht hätte vereidigt werden dürfen. Dagegen fehlt dem Gericht die Zuständigkeit zur eidlichen Zeugenvernehmung z. B. im Prozeßkostenhilfeverfahren (§ 118 II 3 ZPO) und im Ablehnungsverfahren nach §§ 26, 74 StPO, da in diesen Verfahren auch Zeugen nicht vereidigt werden dürfen. Ausgeschlossen ist ferner ein Meineid des Angeklagten, da ein Eid „dieser Art" (vgl. o. 8) im Strafprozeß schlechterdings ausgeschlossen ist (zum Beschuldigten, der unzulässig in die Zeugenrolle gedrängt wird, vgl. § 153 RN 4). Das gleiche gilt für die eidliche Parteivernehmung außerhalb des Zivilprozesses, soweit eine solche vom Gesetz überhaupt nicht vorgesehen ist. So gilt § 452 ZPO zwar entsprechend auch im verwaltungsgerichtlichen Verfahren (§ 98 VwGO), nicht aber im Verfahren der freiwilligen Gerichtsbarkeit (vgl. BGH **5** 111, **10** 272 [Verfahren nach der HausratsVO], **12** 56 [Verfahren nach dem VerschollenheitsG], Hamm NStZ **84**, 551 [Erbscheinsverfahren], Krey I 213, Willms LK 7; and. jedoch RG **76** 21, Bay NJW **52**, 789, **53**, 745, Hamm NJW **57**, 1816, Stuttgart NJW **52**, 943, D-Tröndle 3 und die h. M. zum FGG, vgl. Keidel/Winkler, FGG, 11. A., § 15 RN 35ff. mwN). Nachdem § 125 KO für den Gemeinschuldner statt des Inventureids nur noch eine eidesstattliche Versicherung vorsieht (für die ehem. DDR vgl. § 3 II GesamtvollstreckungsVO v. 6. 6. 1990 [GBl. I 285] i. d. F. des EV II Kap. III A II), dürfte seine Vereidigung auch zu anderen Fragen im Konkursverfahren nicht mehr zulässig zu sein (vgl. Wilms LK 6; zur Zulässigkeit der eidesstattlichen Versicherung vgl. § 156 RN 14). Zur Frage der Zuständigkeit in Wiedergutmachungsverfahren vgl. BGH **3** 248. **9**

b) Den Gerichten gleichgestellt sind **andere zur Abnahme von Eiden zuständige Stellen**, wofür nur staatliche Einrichtungen (nicht notwendig Behörden) in Betracht kommen. Auch hier genügt es nicht, daß die fragliche Stelle in irgendeinem Verfahren Eide abnehmen kann, vielmehr ist sie zuständig nur, wenn gerade für das fragliche Verfahren ein Eid dieser Art vorgesehen ist (vgl. auch Rudolphi SK 4). Unschädlich ist dagegen auch hier die Unzulässigkeit im Einzelfall (vgl. o. 8). Erforderlich ist eine besondere gesetzliche Grundlage, wobei es nicht **10** genügt, daß einer Behörde lediglich die sonst nur dem Gericht zustehenden Zwangsmittel zur Durchsetzung einer Zeugenvernehmung eingeräumt sind (z. B. § 161a II StPO, § 54 II GWB, § 65 III VwVfG, § 19 IV WehrpflichtG). Ebensowenig erlangt eine als solche zuständige Stelle die Befugnis zur Eidesabnahme dadurch, daß sie von einer zuständigen Stelle um eine Zeugenvernehmung ersucht wird (vgl. z. B. § 73 III 4 BDisziplinarO).

11   **Zuständige Stellen** sind z. B. die Prüfungsstelle und Patentabteilung des Patentamts (§ 33 PatentG; für das Gebiet der ehem. DDR vgl. EV I Kap. III E II), der Untersuchungsführer im Disziplinarverfahren (§ 58 BDisziplinarO), Notare in den Grenzen des § 22 I BNotarO, ferner parlamentarische Untersuchungsausschüsse bei einer entsprechenden gesetzlichen Ermächtigung (vgl. z. B. Art. 44 II GG; für Bayern vgl. BGH **17** 128), diese jedoch nur, soweit sie sich bei ihren Ermittlungen in den durch den Einsetzungsbeschluß gezogenen Grenzen halten und dieser durch die allgemeine Kontrollkompetenz des Parlaments gedeckt ist (vgl. Koblenz StV **88**, 531; näher zum Ganzen Wagner NJW 60, 1936, GA 76, 258 ff.). Zum Verklarungseid vor einem deutschen Konsul im Ausland vgl. RG **19** 218, zum Eid vor einer ausländischen Botschaft vgl. RG **3** 70. **Nicht zuständig** sind dagegen z. B. die Staatsanwaltschaft (vgl. § 161a I 3 StPO), auch nicht ein unzulässig mit richterlichen Geschäften betrauter Staatsanwalt (vgl. RG **60** 25, BGH **10** 143), die Polizei, das Kartellamt (§ 54 GWB), Spruchausschüsse des Arbeitsamts (Hamburg NJW **53**, 476), Finanzämter (vgl. § 94 AO), Notare, soweit nicht die Voraussetzungen des § 22 I BNotarO vorliegen.

12   3. „**Vor**" Gericht oder der sonst zuständigen Stelle ist der Eid nur geleistet, wenn er vor einer Person abgelegt wird, die zur Vertretung des Gerichts bzw. der Stelle bei solchen Amtsgeschäften berufen ist (RG **65** 207, Rudolphi SK 7). Dies ist auch der Fall, wenn der Richter usw. im konkreten Fall kraft Gesetzes ausgeschlossen ist (vgl. BGH **10** 143) oder wenn er im konkreten Fall seinen Geschäftsbereich überschreitet (vgl. BGH **3** 239), nicht aber, wenn der Eid von einem unzulässig mit richterlichen Aufgaben betrauten Staatsanwalt (RG **60** 25, BGH **10** 143), einem Rechtspfleger (§ 4 I Nr. 1 RechtspflegerG) oder von einem Referendar (§ 10 GVG, RG **65** 206, BGH **10** 143) abgenommen wird (vgl. auch Rudolphi SK 7, Willms LK 9). Erforderlich ist, daß nicht nur die Eidesleistung, sondern auch die Aussage selbst vor der zur Vertretung berufenen Person erfolgt. Deshalb ist der Tatbestand nicht erfüllt, wenn z. B. der Urkundsbeamte die Vernehmung und anschließend der Richter die Vereidigung durchführt (RG **65** 273; vgl. auch RG JW **33**, 1730, HRR **40** Nr. 383) oder der den Eid abnehmende Richter sich lediglich die Richtigkeit der vor der Polizei gemachten Angaben versichern läßt (and. BGH **16** 232). Hier fehlt es bereits an einem für § 154 ausreichenden Zeugnis (vgl. 22a vor § 153); auch ergibt sich aus der Beschränkung der Zuständigkeit zur Eidesabnahme auf verhältnismäßig wenige Stellen, daß der Richter usw. bei der Gestaltung der Aussage selbst mitzuwirken hat, weil nur dann die höchstmögliche Gewähr für wahrheitsgemäße Aussagen und die Vermeidung von Meineiden gegeben ist.

13   III. Für den **subjektiven Tatbestand** ist Vorsatz erforderlich; bedingter Vorsatz genügt. Dieser muß sich außer auf die Unrichtigkeit der Aussage und die Zuständigkeit der Stelle (vgl. näher 27 ff. vor § 153) darauf erstrecken, daß sich der Eid auf den unrichtigen Teil der Aussage bezieht. Tatbestandsirrtum (§ 16) liegt daher z. B. vor, wenn der Täter glaubt, der Eid umfasse nur die Beantwortung des ihm in der Ladung mitgeteilten Beweissatzes oder nur bestimmte Teile der Aussage, z. B. beim Zeugen nicht die Angaben zur Person; doch kann hier § 163 in Betracht kommen (vgl. RG **60** 407, BGH **1** 150, **4** 214).

14   IV. In Ausnahmefällen kann ein Meineid durch **Notstand entschuldigt** sein (vgl. RG **66** 98, 222, 397, **67** 264, BGH **5** 371; vgl. näher bei § 35). Zur Frage des Meineids bei **Eidesunmündigkeit** oder fehlender Verstandsreife vgl. 25 f. vor § 153.

15   V. **Vollendet** ist der Meineid im Fall des Nacheids mit dem vollständigen Leisten der Eidesformel, beim Voreid mit dem Abschluß der Aussage. Der **Versuch** beginnt beim Nacheid nicht schon mit der falschen Aussage, sondern erst, wenn mit der Eidesleistung selbst der Anfang gemacht ist (vgl. RG **54** 120, OGH **2** 162, BGH **1** 243, **4** 176). Beim Rücktritt lebt die Strafbarkeit des sonst subsidiären § 153 wieder auf; der Täter kann sich hier jedoch Straffreiheit oder Strafmilderung nach § 158 verdienen (vgl. BGH **8** 315). Untauglicher Versuch liegt z. B. vor, wenn der Täter seine Aussage irrig für falsch hält (RG **50** 36) oder fälschlich davon ausgeht, die fragliche Tatsache gehöre zum Gegenstand der Vernehmung (vgl. BGH **3** 226 mwN u. näher Herzberg JuS 80, 476). Um einen untauglichen Versuch handelt es sich ferner, wenn der Täter irrig einen Sachverhalt annimmt, der, wenn er gegeben wäre, das Merkmal der Eidesleistung vor einer zuständigen Stelle erfüllen würde, so z. B. wenn er den Referendar, der ihm den Eid abnimmt, für einen Richter hält (BGH **1** 16; vgl. auch RG **60** 25, **65** 206). Hält er dagegen bei richtiger Tatsachen- und Bedeutungskenntnis die fragliche Stelle lediglich infolge falscher rechtlicher Erwägungen für zuständig, so liegt nur ein „umgekehrter" Subsumtionsirrtum und damit ein Wahndelikt vor (ebenso Rudolphi SK 11; vgl. aber auch BGH **3** 253, **5** 117, **10** 272, **12**

58, Krey I 213f., Lackner 5, näher Herzberg JuS 80, 474; vgl. ferner § 22 RN 83ff.). Um Fälle dieser Art dürfte es sich insbesondere handeln, wenn die fragliche Stelle in keinem Fall – unter welchen Voraussetzungen und in welchem Verfahren auch immer – zur Abnahme von Eiden zuständig ist, wie z. B. die Polizei, Staatsanwaltschaft oder ein privates Schiedsgericht (vgl. Braunschweig NJW **69**, 876, Willms LK 21, Welzel 528; and. RG **72** 80 [Polizei]).

VI. Über **Täterschaft** und **Teilnahme** vgl. 33 ff. vor § 153. **16**

VII. Ein **minderschwerer Fall** (Abs. 2; vgl. 48 vor § 38) ist insbes. bei Verfahrensfehlern anzuneh- **17** men, wenn der Täter auf Grund verfahrensrechtlicher Bestimmungen nicht hätte vereidigt werden dürfen oder bei unterlassener Belehrung über ein Zeugnis-, Aussage- oder Eidesverweigerungsrecht (näher dazu und zur Frage, ob dies auch dem Teilnehmer zugutekommt, vgl. 24 vor § 153). Wegen der erforderlichen Gesamtwürdigung von Tat und Täter (vgl. Bay NJW **86**, 202 m. Anm. Krümpelmann/Hensel JR 87, 39) ist die Anwendung des Abs. 2 hier zwar nicht zwingend (vgl. jedoch BGH JR **81**, 248 zu § 60 Nr. 2 StPO), aber die Regel, weshalb das Übergehen des Abs. 2 das Urteil fehlerhaft macht (vgl. Lackner 10). Liegen zugleich die Voraussetzungen des § 157 vor, so kann der Strafrahmen des § 154 II nach §§ 157, 49 II noch einmal gemildert werden (vgl. BGH NStZ **84**, 134; dazu, daß sich beide Strafmilderungsgründe wesentlich unterscheiden, vgl. schon BGH **8**, 186 u. näher Krümpelmann/Hensel JR 87, 40, Lenckner JR 77, 76f.). Auch mit § 157 kann unter Beachtung des § 50 (vgl. dort RN 2f.) ein minderschwerer Fall begründet werden. In Betracht kommt Abs. 2 ferner beim Schwören eines Meineids in Unkenntnis eines Zeugnisverweigerungsrechts, für das keine gesetzliche Hinweispflicht besteht (vgl. zu § 384 Nr. 2 ZPO BGH MDR/H **77**, 983, NStZ **84**, 134), nicht aber schon wegen der engen Beziehung des Täters zu dem Beschuldigten und seiner leichten Erregbarkeit (Bay NJW **86**, 202).

VIII. Zu den **Konkurrenzen** vgl. § 153 RN 12ff.; zum Verhältnis zu § 153 vgl. dort RN 15ff. **18** Entsprechend dem in § 153 RN 14, 17 Gesagten sind mehrere Meineide in derselben Instanz infolge der Einheit des Verfahrens als eine Tat (rechtliche Handlungseinheit) zu betrachten (and. RG **43** 219, **68** 356, JW **38**, 3103, BGH **1** 380, **8** 314 [GrS]: Realkonkurrenz oder Fortsetzungszusammenhang). Realkonkurrenz oder Fortsetzungszusammenhang liegt dagegen vor, wenn in verschiedenen Instanzen falsch geschworen wird. Fortsetzungszusammenhang ist auch möglich zwischen § 154 und § 156 (and. RG **67** 119, durch BGH **8** 301 überholt), ferner bei Anstiftung mehrerer Personen zum Meineid (and. RG **70** 335, durch BGH **8** 301 überholt), nicht dagegen zwischen Anstiftung zum Meineid und dem eigenen Meineid des Anstifters (RG **61** 201; vgl. auch 39, 57 vor § 52).

IX. Zur Frage einer **Wahlfeststellung** vgl. § 1 RN 61, 89f., 95, 111, ferner § 163 RN 1, § 164 RN **19** 38.

§ 155 Eidesgleiche Bekräftigungen

Dem Eid stehen gleich
1. **die den Eid ersetzende Bekräftigung,**
2. **die Berufung auf einen früheren Eid oder auf eine frühere Bekräftigung.**

I. Die **Neufassung** des § 155 durch das Ges. zur Ergänzung des 1. StVRG v. 20. 12. 1974 (BGBl. I **1** 3686) trägt im wesentlichen der durch BVerfGE **33** 23 notwendig gewordenen Änderung der Eidesvorschriften Rechnung, indem in Nr. 1 die strafrechtlichen Konsequenzen aus den §§ 66d StPO n. F., 484 ZPO n. F. gezogen werden, wonach ein Zeuge usw., der angibt, aus Glaubens- oder Gewissensgründen einen Eid nicht leisten zu wollen, anstelle des Eides die Wahrheit seiner Aussage zu bekräftigen hat (vgl. BT-Drs. 7/2526 S. 12, 19f.; näher dazu und zu den Änderungen im übrigen vgl. die 20. A. mwN).

II. Die Vorschrift enthält **keinen eigenen Tatbestand**, sondern besagt lediglich, daß gewisse ande- **2** re Erklärungen der Eidesleistung gleichgestellt sind (RG JW **38**, 3103). Dies gilt nicht nur für § 154, sondern auch für die §§ 160, 163; von Bedeutung ist diese Gleichstellung ferner bei §§ 157, 158. Abgesehen von der Eidesleistung, die durch eine der Bekräftigungen nach § 155 ersetzt wird, müssen für eine Bestrafung daher stets alle sonstigen Tatbestandsmerkmale des § 154 bzw. der §§ 160 und 163 gegeben sein.

III. Durch **Nr. 1** wird dem Eid die **Bekräftigung** gleichgestellt, die an die Stelle der Eidesleistung **3** tritt, wenn diese aus Glaubens- oder Gewissensgründen verweigert wird (vgl. für Zeugen §§ 66d StPO, 391, 484 ZPO, für Sachverständige §§ 72, 79 StPO, 410, 484 ZPO [ausgenommen ist jedoch der allgemeine Sachverständigeneid, vgl. BT-Drs. 7/2526 S. 19], für die Partei §§ 452, 484 ZPO, für Dolmetscher § 189 GVG). Gleichgültig ist, ob die Glaubensgründe usw., aus denen die Eidesleistung verweigert worden ist, tatsächlich vorlagen. Unschädlich ist es auch, wenn die Belehrung nach §§ 66d I 2 StPO, 484 I 2 ZPO unterblieben ist (hier kann Tatbestands- oder Verbotsirrtum in Betracht kommen); erforderlich zur Unterscheidung von sonstigen Wahrheitsbeteuerungen ist allerdings, daß die Bekräftigung erkennbar an die Stelle des Eides treten sollte. Während beim Eid die Worte „Ich schwöre" unverzichtbar sind (vgl. 19 vor § 153), wird eine Bekräftigung nicht dadurch unwirksam, daß an Stelle des schlichten „Ja" (§§ 66d II StPO, 484 II ZPO) eine inhaltlich gleichbedeutende Wendung benutzt wird (z. B. „ich bekräftige es"; ebenso Bockelmann II/3 S. 17).

4   III. Nach **Nr. 2** ist dem Eid ferner die **Berufung auf einen früheren Eid oder auf eine frühere Bekräftigung** gleichgestellt. Wann eine solche Berufung zulässig ist, ergibt sich aus den Prozeßgesetzen. Hierher gehören: 1. Berufung auf einen früheren Zeugen-, Sachverständigen- oder Parteieid (bzw. entsprechende Bekräftigung) in derselben Sache nach §§ 67, 72 StPO (vgl. RG **64** 379, BGH **23** 285), §§ 398 III, 402, 451 ZPO (vgl. RG **70** 200, RGZ **48** 386, RG HRR **35** Nr. 395, JW **38**, 2197); 2. Berufung eines nach Landesrecht für Gutachten der betreffenden Art allgemein vereidigten Sachverständigen auf diesen Eid nach §§ 79 III StPO, 410 II ZPO; 3. Berufung eines Beamten auf seinen Diensteid nach § 386 II ZPO (nach Landesrecht u. U. auch in Disziplinarsachen, Feld- und Forstrügesachen [§ 3 EGStPO]).

5   Erforderlich ist für die Berufung nach Nr. 2 eine eigene Erklärung des Zeugen usw. (wenn auch nicht notwendig mit den Worten des Gesetzes); der bloße Hinweis des Richters auf den früheren Eid genügt nicht (RG JW **34**, 2850, HRR **39** Nr. 1389, BGH **4** 140). Der frühere Eid, der auch ein Meineid sein kann (zum Verhältnis beider Taten vgl. § 154 RN 18, ferner RG JW **38**, 3103 [Fortsetzungszusammenhang]), muß tatsächlich geleistet worden sein (vgl. Köln VRS **31** 49); auch genügt es nicht, wenn sich ein Zeuge auf einen früheren Sachverständigeneid beruft (vgl. § 155 Nr. 2 a. F.: „in gleicher Eigenschaft"; Köln MDR **55**, 183). Ist die Berufung auf den früheren Eid in dem Verfahren der betreffenden Art gesetzlich überhaupt vorgesehen, so ist – entsprechend der Zuständigkeit in § 154 (vgl. dort RN 8) – Nr. 2 auch anwendbar, wenn sie im konkreten Fall verfahrensrechtlich unzulässig war (RG **17** 409, **30** 130, HRR **35** Nr. 395, Lackner 3; and. D-Tröndle 3, Willms LK 3; vgl. auch RG **70** 200); fehlt es dagegen schon an der generellen Zulässigkeit, so liegt allenfalls Versuch vor (RG **25** 96, **67** 331, BGH GA **58**, 112).

§ 156 Falsche Versicherung an Eides Statt

Wer vor einer zur Abnahme einer Versicherung an Eides Statt zuständigen Behörde eine solche Versicherung falsch abgibt oder unter Berufung auf eine solche Versicherung falsch aussagt, wird mit Freiheitsstrafe bis zu drei Jahren oder mit Geldstrafe bestraft.

Schrifttum: J. *Blomeyer,* Die falsche eidesstattliche Versicherung im Verfahren des Arrests u. der einstweiligen Verfügung, JR 76, 441. – *Leibinger,* Zur Strafbarkeit der falschen Versicherung an Eides Statt, Rebmann-FS 259. – *Martens,* Eidesstattliche Versicherungen in der Sozialversicherung, Versorgung und Sozialgerichtsbarkeit, NJW 57, 1663. – *Michaelis,* Eidesstattliche Versicherung und Verletzung der Wahrheitspflicht durch Verschweigen, NJW 60, 663. – *Oswald,* Die eidesstattliche Versicherung, JR 53, 292. – *Prinzing,* Meineid durch unrichtige Angaben im Offenbarungseidsverfahren, NJW 62, 567. – *Schubath,* Zur Strafbarkeit einer wissentlich falschen Versicherung an Eides Statt im Strafverfahren, MDR 72, 744. – *Zipfel,* Die Zuständigkeit zur Abnahme von eidesstattlichen Versicherungen i. S. des § 156 StGB, NJW 51, 952. Vgl. ferner die Angaben vor Vorbem. zu §§ 153ff.

1   I. Während § 155 Beteuerungen betrifft, die bei einer gebotenen Vereidigung an die Stelle des Eides treten, ist die **Versicherung an Eides Statt** eine selbständige, vom Eid und den eidesgleichen Beteuerungen des § 155 verschiedene Bekräftigungsform minderen Gewichts. Die falsche Versicherung an Eides Statt ist daher kein Sonderfall des Meineids, sondern der dritte Grundtypus der Aussagedelikte (vgl. z. B. RG **67** 169, Rudolphi SK 1, Willms LK 1). Zum geschützten **Rechtsgut** vgl. 2 vor § 153; zum Charakter als *abstraktes Gefährdungsdelikt* vgl. 2a vor § 153.

2   Die eidesstattliche Versicherung dient im Prozeß i. d. R. nur zur Glaubhaftmachung von Tatsachen (für den Zivilprozeß vgl. z. B. §§ 44, 104, 118, 236, 251a, 386, 589, 707, 719, 769, 770, 920, 936 i. V. mit § 294 ZPO, für den Strafprozeß vgl. z. B. §§ 26, 56 StPO); eigentliches Beweismittel ist sie – von § 377 ZPO abgesehen – nur dort, wo die eidliche oder uneidliche Vernehmung nicht zur Verfügung steht (BGH **5** 71). Ein neues und praktisch besonders bedeutsames Anwendungsgebiet hat sie mit der Abschaffung des Offenbarungseides und seiner Ersetzung durch die eidesstattliche Offenbarungsversicherung durch das Ges. v. 27. 6. 1970 (BGBl. I 911) erhalten (vgl. dazu u. 21ff.). Im Bereich der öffentlichen Verwaltung dürfen, soweit die Verwaltungsverfahrensgesetze gelten, eidesstattliche Versicherungen heute nur noch bei einer entsprechenden gesetzlichen Grundlage verlangt werden (vgl. u. 11, 17f.).

3   II. Der **objektive Tatbestand** der **1. Alt.** setzt voraus, daß der Täter vor einer zur Abnahme einer Versicherung an Eides Statt zuständigen Behörde eine solche Versicherung falsch abgibt. Seine Prozeßfähigkeit ist nicht erforderlich (RG GA Bd. **56**, 215), doch gelten die Regeln über die Eidesunfähigkeit (vgl. 25f. vor § 153) hier entsprechend (vgl. RG **28** 87, D-Tröndle 1 und ausdrücklich § 27 I 3 VwVfG, dem eine den §§ 60 Nr. 1 StPO, 393 ZPO entsprechende Vermutung zugrundeliegt).

1. Wesentlich für die **Versicherung an Eides Statt** ist eine den Erklärenden sofort bindende Bekräftigung der Wahrheit, wobei der Inhalt der Erklärung den Willen erkennen lassen muß, daß sie an Eides Statt abgegeben wird (vgl. RG 70 267). Das bloße Erbieten, etwas unter Eid oder an Eides Statt erklären zu wollen, genügt nicht (RG 15 126, 70 267). Nicht zwingend ist der Gebrauch gerade der Worte „an Eides Statt", vielmehr genügen auch gleichbedeutende Wendungen, sofern nur der Sinn unzweifelhaft ist (vgl. RG 70 267, Rudolphi SK 3, Willms LK 2). Vorbehaltlich besonderer Vorschriften (z. B. §§ 807, 883 ZPO, 95 II, 284 II AO) kann die Versicherung mündlich oder schriftlich abgegeben werden. Sie muß stets persönlich erklärt werden; eine Vertretung ist sowohl bei mündlicher als auch bei schriftlicher Abgabe der Versicherung unzulässig (RG 69 119). Möglich ist jedoch, daß sich der Erklärende zur schriftlichen Fixierung seiner Erklärung (vgl. die „Aufnahme" nach § 22 II BNotarO) oder zur Übermittlung einer von ihm selbst angefertigten schriftlichen Versicherung eines Dritten bedient, wobei es diesem auch überlassen sein kann, ob die Versicherung vorgelegt wird (RG 67 408); zur Frage, wann diese hier abgegeben ist, vgl. u. 19.

2. Die eidesstattliche Versicherung muß **falsch** sein, d. h. sie muß eine falsche Aussage bekräftigen. Dabei ist es jeweils eine Frage der Auslegung, inwieweit sich die eidesstattliche Versicherung auf die gemachten Angaben erstreckt und diese mit einem erhöhten Richtigkeitsanspruch versehen soll (vgl. Blomeyer JR 76, 442). Dazu, wann eine Aussage *falsch* ist, vgl. 4ff. vor § 153; zum **Umfang der Wahrheitspflicht** vgl. 9ff. vor § 153. Dabei ergeben sich bezüglich der Wahrheitspflicht Besonderheiten hier insofern, als bei unverlangt abgegebenen eidesstattlichen Versicherungen eine Festlegung des Beweisthemas durch die zuständige Behörde fehlt. Hier kann nicht maßgebend sein, welches Beweisthema sich die Spontanäußerung selbst gestellt hat (so jedoch BGHR Wahrheitspflicht 1, Rudolphi SK 10, Willms LK 17), da Bestehen und Umfang der Wahrheitspflicht und damit auch des strafrechtlichen Schutzes der eidesstattlichen Versicherung nicht von den u. U. völlig unzutreffenden Vorstellungen des Erklärenden abhängen kann (vgl. auch Blomeyer JR 76, 441 f.). Abzustellen ist vielmehr auf das Beweisthema, wie es nach Gegenstand und Stand des Verfahrens zu formulieren gewesen wäre (ebenso Düsseldorf NJW **85**, 1849), wozu z. B. im Arrest- und einstweiligen Verfügungsverfahren die den Anspruch und die Anspruchsgefährdung betreffenden Umstände (vgl. §§ 920 II, 936 ZPO), nicht aber anspruchsneutrale Tatsachen gehören (vgl. Karlsruhe NStZ **85**, 412 n. näher dazu Blomeyer JR 76, 443 ff.; i. E. weitgehend auch Rudolphi SK 10), im Beweissicherungsverfahren nach § 485 ZPO nur die in § 487 I Nr. 4 genannten bzw. das besondere Zustandsfeststellungsinteresse i. S. des § 485 S. 2 a. E. ergebenden Umstände, nicht dagegen die lediglich den materiellen Anspruch des späteren Hauptverfahrens betreffenden Tatsachen (Düsseldorf NJW **85**, 1848). Danach entscheidet sich auch, ob das Verschweigen von Tatsachen die eidesstattliche Versicherung zu einer falschen macht; denn ob „Wesentliches" verschwiegen wurde, „dessen Offenbarung die Bedeutung des Erklärten grundlegend beeinträchtigen würde" (so BGH NJW **59**, 1235 m. Anm. Seydel u. Michaelis NJW 60, 663, KG JR **66**, 189; vgl. auch RG **63** 232, DR **44**, 441), hängt jeweils davon ab, was im Hinblick auf die fragliche Entscheidung glaubhaft zu machen ist. Auf Angaben zur Person bezieht sich die eidesstattliche Versicherung jedenfalls insoweit, als sie für das Beweisthema oder die Beweiskraft von Bedeutung sind; falsch ist daher ohne Rücksicht auf die inhaltliche Richtigkeit auch eine mit einem falschen Namen unterzeichnete schriftliche Versicherung an Eides Statt (Willms LK 18; and. RG **69** 177: nur, wenn auch der Inhalt falsch ist; vgl. auch RG **52** 74, HRR **39** Nr. 655). Speziell zum Umfang der Wahrheitspflicht bei eidesstattlichen Offenbarungsversicherungen vgl. u. 22ff.

3. Die Versicherung muß vor einer **zur Abnahme einer Versicherung an Eides Statt zuständigen Behörde** erfolgen, wobei die Zuständigkeit auch hier Tatbestandsmerkmal und nicht nur objektive Strafbarkeitsbedingung ist (vgl. 33 vor § 153).

a) Über **Behörden**, zu denen nach § 11 I Nr. 7 auch **Gerichte** gehören, vgl. § 11 RN 57ff., § 154 RN 7, § 164 RN 25. Stellen, die keine Behördeneigenschaft haben, scheiden hier – and. als in §§ 153, 154 – aus (z. B. parlamentarische Untersuchungsausschüsse).

b) Die **Zuständigkeit** zur Abnahme (nicht nur zur „Aufnahme", zu der grundsätzlich jedermann befugt ist; vgl. auch §§ 22 II BNotarO) eidesstattlicher Versicherungen setzt nach h. M. voraus: 1. die Befugnis der Behörde, eidesstattliche Versicherungen entgegenzunehmen (sog. allgemeine Zuständigkeit); 2. die Befugnis, eidesstattliche Versicherungen gerade in diesem Verfahren und über diesen Gegenstand abzunehmen (besondere Zuständigkeit); 3. daß die eidesstattliche Versicherung rechtlich nicht völlig wirkungslos ist (vgl. z. B. RG **73** 147, OGH **2** 186, BGH **1** 16, **2** 222, **5** 69, **7** 1, **17** 303, NJW **53**, 994, **66**, 1037, NStE **Nr. 2**, JR **62**, 464, GA **71**, 180, **73**, 109, MDR/D **72**, 923, StV **85**, 55, 505, Bay NStZ **90**, 340, Krey I 222, Lackner 2, M-Schroeder II 177f., Osswald JR 53, 292, Rudolphi SK 5, Schönke SJZ 48, 299, Wessels II/1 S. 160).

9 Mit Recht ist jedoch gegen das Erfordernis der allgemeinen Zuständigkeit eingewandt worden, daß es auf diese überhaupt nicht ankommen kann und daß es eine solche, von den Gerichten abgesehen, auch gar nicht gibt (Willms LK 7): Die Behörde z. B., die für ein bestimmtes Sachgebiet zur Abnahme von eidesstattlichen Versicherungen befugt ist, hat gerade nicht die „allgemeine" Zuständigkeit. Aber auch das Erfordernis, daß die Versicherung rechtlich nicht völlig wirkungslos sein dürfe, ist keine Voraussetzung der Zuständigkeit, sondern umgekehrt die Folge der fehlenden Befugnis der Behörde, eine eidesstattliche Versicherung abzunehmen (vgl. dazu auch Schubath MDR 72, 744; krit. auch Willms aaO). So ergibt sich schon aus den Zuständigkeitskriterien, wie sie auch für §§ 153, 154 gelten, daß Gerichte für die Entgegennahme eidesstattlicher Versicherungen des Beschuldigten im Strafverfahren nicht zuständig sind; der zusätzlichen Voraussetzung der „nicht völligen rechtlichen Wirkungslosigkeit" bedarf es hier so wenig wie bei der entsprechenden Frage, ob das Gericht zur Vereidigung des Angeklagten zuständig ist (vgl. jedoch RG **57** 53). Im übrigen zeigt sich die Fragwürdigkeit dieser Formel schon an der widersprüchlichen Verwendung, die sie in der Rspr. gefunden hat, denn während sie ursprünglich dazu dienen sollte, den Anwendungsbereich des § 156 einzuschränken, ist die Entwicklung tatsächlich z. T. in gegenteiligem Sinn verlaufen. So ist in der Rspr. zwar anerkannt, daß im Strafverfahren eidesstattliche Versicherungen des Beschuldigten überhaupt und von Zeugen insoweit schlechthin unzulässig sind, als sie für die Schuldfrage bedeutsame Tatsachen betreffen (vgl. z. B. RG **28** 8, **57** 53, **58** 147, **59** 175, **62** 119, **70** 268), ebenso im ordentlichen Streitverfahren nach der ZPO zur Unterstützung des Parteivortrags abgegebene eidesstattliche Versicherungen der Partei oder eines Zeugen (hier mit Ausnahmen nach § 377 III, IV ZPO; vgl. RG **59** 176, **73** 146, BGH **7** 1). Dennoch ist aber gerade in solchen Fällen wiederholt eine Strafbarkeit nach § 156 mit der Begründung angenommen worden, die eidesstattliche Versicherung sei hier deshalb rechtlich nicht völlig wirkungslos, weil sie z. B. Unterlage für die Entscheidung über eine Zeugenladung oder für Vorhaltungen gegenüber dem Versichernden oder Dritten sein könne (vgl. z. B. RG **59** 176, **70** 269, **71** 172, **73** 147, DR **44**, 440). Zwar ist BGH **5** 72 von dieser Rspr. abgerückt, weil sie darauf hinauslaufe, daß eine eidesstattliche Versicherung dann niemals rechtlich völlig wirkungslos sein würde (ebenso BGH JR **62**, 464; offengelassen jedoch in BGH **7** 1); bereits in BGH **7** 1 aber wird die Formel von der „nicht völligen rechtlichen Wirkungslosigkeit" – hier unter Hinweis auf § 295 ZPO – wieder zur Begründung der Zuständigkeit herangezogen, obwohl zuvor ausdrücklich festgestellt worden ist, daß einer der Ausnahmefälle, in denen Zivilgerichte im ordentlichen Streitverfahren zur Entgegennahme von eidesstattlichen Versicherungen eines Zeugen zuständig sind (§ 272b a. F., 377 III, IV ZPO), nicht vorgelegen habe.

10 Auszugehen ist vielmehr davon, daß die Kriterien für die Zuständigkeit in § 156 im Prinzip nicht anders bestimmt werden können als in §§ 153, 154. Zuständig ist deshalb die Behörde, wenn in dem **fraglichen Verfahren** eidesstattliche Versicherungen **dieser Art** zulässig sind, wozu auch gehört, daß die Versicherung **über diesen Gegenstand** und **zu diesem Zweck** und von einer **Person in der verfahrensrechtlichen Stellung des Versichernden** abgegeben werden darf. Bei spontan abgegebenen eidesstattlichen Versicherungen gehört dazu ferner, daß eine solche in dem betreffenden Verfahren und über den fraglichen Gegenstand überhaupt zugelassen ist; ist dies nicht der Fall, sondern bedarf es dazu einer besonderen Entscheidung der Behörde, so ist diese für die Entgegennahme einer unaufgefordert eingereichten eidesstattlichen Versicherung auch nicht zuständig (vgl. RG **73** 352, BGH StV **85**, 505, Bremen NJW **62**, 2314, Hamburg NJW **60**, 113, Willms LK 7; and. RG **14** 170). Ohne Bedeutung ist es dagegen, wenn der Abnahme der eidesstattlichen Versicherung lediglich eine Sollvorschrift entgegensteht (vgl. z. B. § 27 I 2 VwVfG, § 95 I 2 AO); ebenso ist unerheblich, ob die Verwendung der eidesstattlichen Versicherung im Einzelfall erforderlich, sachlich sinnvoll oder angemessen ist (vgl. RG **7** 278, **13** 164, **14** 172, **23** 170, **36** 2, **47** 37, D-Tröndle 5e, Rudolphi SK 5, Willms LK 10).

11 *Nicht erforderlich* ist nach h. M., daß sich die Zuständigkeit *ausdrücklich aus dem Gesetz* ergibt (vgl. z. B. RG **7** 287, **19** 144, **38** 209, **69** 26, **71** 172, BGH **2** 219, NJW **53**, 994, M-Schroeder II 177, Willms LK 7). Im Bereich der öffentlichen Verwaltung gilt dies freilich nur noch für Angelegenheiten, die nicht unter die Verwaltungsverfahrensgesetze des Bundes und der Länder fallen (vgl. u. 17), womit die Frage einer ungeschriebenen Zuständigkeit – seit jeher das eigentliche Problem der Vorschrift – erheblich an Bedeutung verloren hat (vgl. dazu und zur Entwicklung der Rspr. die 19. A.). Eine solche kann bei Fehlen einer ausdrücklichen gesetzlichen Ermächtigung nicht schon mit den Aufgaben der fraglichen Behörde und der Notwendigkeit begründet werden, bei ihr einen sonst nicht oder nur schwer zu führenden Beweis zu erbringen. Erforderlich ist hier vielmehr, daß die Behörde nach den ihren Aufgabenkreis betreffenden Vorschriften jedenfalls dazu berufen ist, ein *förmliches Beweisverfahren* durchzuführen, das die Abnahme eidesstattlicher Versicherungen mit sich bringt (vgl. z. B. BGH **2** 220, NJW **53**, 994, **66**, 1037, Bay **60**, 30, Köln MDR **63**, 615; vgl. auch RG **69** 26, **71** 172, HRR **36** Nr. 921). Dafür genügt es, wenn das fragliche Verfahren die Merkmale der §§ 65ff. VwVfG aufweist (vgl. für den Geltungsbereich der VwVfGe aber u. 17); nicht notwendig ist, daß es sich dabei gerade um ein formelles Beweisverfahren i. S. der ZPO oder StPO handelt, da ein solches auch die Befugnis zur Vereidigung von Zeugen usw. einschließen würde, diese hier aber gerade nicht vorausgesetzt werden kann (vgl. BGH 2 221; and. OGH 2 86). Umgekehrt folgt aus der ausdrücklichen gesetzlichen Befugnis einer Behörde zur Eidesabnahme noch nicht notwendig ihre Ermächtigung zur Entgegennahme eidesstattlicher Versicherungen (BGH 5 69; and. RG 36 1, 49 76, BGH 2 221), da in dem Verfahren, in dem der Eid zulässig ist, gerade die eidesstattliche Versicherung ausgeschlossen sein kann. Im einzelnen gilt folgendes:

α) Im **Strafverfahren** scheiden *Polizei* und *Staatsanwaltschaft* nach h. M. als zuständige Behörden von vornherein aus, weil sie keine förmlichen Beweisverfahren durchzuführen haben (vgl. z. B. RG 37 209, 47 156, OGH 2 86, D-Tröndle 5a, Rudolphi SK 7). Bei der StA ist dies seit Einführung des § 161a StPO jedoch zweifelhaft geworden, wenn der Zeuge entsprechend § 56 StPO ein Zeugnis- oder Aussageverweigerungsrecht glaubhaft machen soll (auch hier gegen die Möglichkeit einer eidesstattlichen Versicherung z. B. Müller KK 161a RN 7, LR-Rieß § 161a RN 17), obwohl im Bußgeldverfahren trotz der dort bestehenden Möglichkeit, eine Aussage vor dem Richter herbeizuführen (vgl. z. B. Göhler 5, 59 vor § 59) der Verwaltungsbehörde in den entsprechenden Fällen das Recht eingeräumt wird, eine eidesstattliche Versicherung zu verlangen (vgl. Göhler § 52 RN 20, § 59 RN 62 mwN u. zum Ganzen Leibinger aaO 262ff.). – Auch den *Gerichten* fehlt die Zuständigkeit, soweit es sich um eidesstattliche Versicherungen des *Beschuldigten* handelt. Dies ergibt sich aus dessen verfahrensrechtlicher Stellung und gilt auch dann, wenn nur Freibeweis über eine verfahrensrechtlich relevante Tatsache zu erheben ist (vgl. RG 57 54, BGH 25 92, GA 73, 110, Bay 53, 207, NStZ 90, 340, Braunschweig GA 66, 55, Willms LK 11; vgl. ferner RG 73 349 [Steuerstrafverfahren]; and. Hamburg JR 55, 274, Hamm MDR 65, 843; zum Bußgeldverfahren vgl. u. 13). Bei eidesstattlichen Versicherungen *anderer Personen* (Zeugen usw.) ist zu unterscheiden: Eine Zuständigkeit besteht hier zunächst – und zwar insoweit auch bei Spontanerklärungen – in den vom Gesetz ausdrücklich vorgesehenen Fällen der Glaubhaftmachung (z. B. § 26 II, 45 II, 56, 74 III StPO), ferner für die Entgegennahme solcher vom Gericht angeforderten eidesstattlichen Versicherungen, die lediglich für Neben- oder Zwischenentscheidungen bedeutsame Tatsachen zum Gegenstand haben (BGH GA 73, 110, D-Tröndle 5a, Rudolphi SK 7, Willms LK 11; krit. – aber ohne nähere Begründung – zu den Beschränkungen bei spontanen Versicherungen in der 1. Fallgruppe Leibinger aaO 269). Dies gilt z. B. für Entscheidungen über die Aussetzung des Verfahrens (RG 62 119, 70 269) oder der Vollstreckung (RG 28 8), über die Fortdauer der Untersuchungshaft (RG 58 148) oder die vorläufige Entziehung der Fahrerlaubnis nach § 111a StPO (BGH GA 73, 109). Generell unzulässig – mit der Folge der Unzuständigkeit – sind dagegen eidesstattliche Versicherungen, die für die abschließende Entscheidung über die Schuld- und Straffrage erhebliche Tatsachen betreffen (vgl. z. B. RG 28 8, 37 210, 59 157, 62 120, BGH 24 38, GA 73, 110, D-Tröndle 5a, Rudolphi SK 7, Willms LK 11). Dabei sind dem Urteil solche das Verfahren abschließende Entscheidungen gleichzustellen, die, ähnlich wie das Urteil, unmittelbar die Beantwortung der Schuldfrage zum Inhalt haben (BGH GA 73, 110; z. B. Einstellung nach §§ 153, 153a StPO, Ablehnung der Eröffnung des Hauptverfahrens nach § 204 StPO [and. insoweit RG DR 43, 894]). Ausgeschlossen sind auch eidesstattliche Versicherungen über einen Wiederaufnahmegrund, und zwar sowohl im Additions- als auch im Probationsverfahren (BGH 17 303; and. RG HRR 34 Nr. 1723, Hamm NJW 54, 363). Da die StPO eidesstattliche Versicherungen dieser Art nicht zuläßt, kann in allen diesen Fällen die Zuständigkeit auch nicht damit begründet werden, daß die eidesstattliche Versicherung einer anderen Beweisperson vorgehalten werden oder für die Entscheidung über die Ladung von Zeugen bedeutsam sein könne, zumal beides bei einer einfachen Erklärung ebenso möglich ist (BGH 5 72, JR 62, 464, Rudolphi SK 7; and. RG 70 269; vgl. auch o. 9). Zum Ganzen vgl. auch Schmid SchlHA 81, 42f.

β) Im **Bußgeldverfahren** sind eidesstattliche Versicherungen des Betroffenen ebenso unzulässig wie solche des Beschuldigten im Strafprozeß (vgl. Hamm NJW 74, 327, D-Tröndle 5b, Rebmann/Roth/Herrmann § 52 RN 9, Rudolphi SK 7). Aber auch zur Entgegennahme eidesstattlicher Versicherungen von Zeugen ist die Verwaltungsbehörde nur ausnahmsweise zuständig, wenn ihr gegenüber nach dem Gesetz eine Tatsache glaubhaft zu machen ist (vgl. Göhler 59 vor § 59, Rebmann/Roth/Herrmann § 52 RN 9, § 59 RN 14).

γ) Im **Zivilprozeß** besteht eine Zuständigkeit zur Entgegennahme eidesstattlicher Versicherungen für das Gericht zunächst in den Fällen, in denen das Gesetz die *Glaubhaftmachung* bestimmter Tatsachen vorsieht (vgl. § 294 ZPO, RG 7 287, 19 414; zu den in Betracht kommenden Fällen vgl. die Übersicht bei Stein-Jonas/Leipold § 294 RN 2; zum Prozeßkostenhilfeverfahren vgl. ferner RG DRiZ 30 Nr. 406, zum Arrest- und einstweiligen Verfügungsverfahren vgl. RG 49 47 und näher Blomeyer JR 76, 441; zur eidesstattlichen Offenbarungsversicherung vgl. u. 21ff.). Im Unterschied zum Strafverfahren ist hier grundsätzlich auch die Partei zur eidesstattlichen Versicherung zugelassen (vgl. Baumbach/Lauterbach-Hartmann § 294 Anm. 3), sofern das Gesetz dies nicht ausdrücklich ausschließt (vgl. z. B. §§ 44 II, 406 III, 511a

III ZPO). Dabei hängt es von der einzelnen Bestimmung ab, ob die eidesstattliche Versicherung nur auf Anforderung des Gerichts (vgl. z. B. §§ 118, 435 ZPO) oder auch spontan abgegeben werden darf (vgl. z. B. §§ 44, 236, 386, 406, 424, 430, 920, 936 ZPO; § 294 ZPO spricht nicht gegen die Zulässigkeit spontan abgegebener eidesstattlicher Versicherungen [vgl. jedoch Willms LK 12, Rudolphi SK 8], da das „Zulassen" hier gleichbedeutend ist mit dem „Entgegennehmen" [vgl. RG 36 213, Baumbach/Lauterbach-Hartmann § 294 Anm. 3]). Über die gesetzlich ausdrücklich vorgesehenen Fälle hinaus kommt eine Glaubhaftmachung nur bei zwingender Analogie in Betracht (Stein-Jonas/Leipold § 294 RN 3). Bei § 766 ZPO ist dies nicht der Fall, weshalb dem Gericht hier die Zuständigkeit fehlt (Celle NdsRpfl. 52, 107, Stein-Jonas/Münzberg § 766 RN 39; and. RG 23 170, 36 212). Dasselbe gilt für einen Antrag nach § 765a I ZPO (Bay NStE Nr. 3). Zweifelhaft ist, ob eine nicht unter § 125 KO fallende Glaubhaftmachung der Vermögensverhältnisse des Gemeinschuldners im Konkursverfahren zulässig ist (bejahend BGH 3 309, Mentzel/Kuhn/Uhlenbruck, KO, 10. A., § 75 RN 2, Richter KuT 85, 445f.; verneinend Stuttgart [Z] ZIP 81, 254, Böhle-Stamschräder/Kilger, KO, 14. A., § 75 Anm. 1a, Jäger, KO, 8. A., § 75 RN 3a; für die ehem. DDR vgl. die GesamtvollstreckungsVO [u. 21], die jedoch keine „eidesstattliche" Versicherung kennt); zur Glaubhaftmachung von Umständen, womit der Wahl eines Konkursgläubigers zum Mitglied des Gläubigerausschusses entgegengewirkt werden soll, vgl. RG 49 75. Von der Glaubhaftmachung abgesehen sind eidesstattliche Versicherungen im Zivilprozeß ferner zulässig – hier freilich nur auf Anforderung des Gerichts – im *Freibeweisverfahren* (vgl. BGH JR 62, 464 [Voraussetzungen der öffentlichen Zustellung]; vgl. auch Stein-Jonas/Leipold § 284 RN 25, 28, krit. jedoch Stein-Jonas/Schumann RN 21 vor § 355) und in den Fällen des § 377 III, IV (vgl. dazu auch § 358a ZPO). Ausgeschlossen sind eidesstattliche Versicherungen dagegen, soweit das förmliche Beweisverfahren der ZPO gilt (§§ 355ff.; Ausnahme: § 377 III, IV); unzuständig ist das Gericht daher für die Entgegennahme eidesstattlicher Versicherungen der Partei oder eines Zeugen, die der Unterstützung oder Widerlegung von Parteibehauptungen dienen (vgl. RG 73 144, BGH JR 62, 464, D-Tröndle 5c, Lackner 2, Rudolphi SK 8). Ebenso wie im Strafprozeß (vgl. o. 12) kann auch hier die Zuständigkeit nicht damit begründet werden, daß solche Versicherungen anderen Personen vorgehalten oder bei der Entscheidung über die Ladung von Zeugen usw. berücksichtigt werden können (BGH 5 72, BGH JR 62, 464, Rudolphi SK 8, Willms LK 12; and. RG 59 176, 70 269, 71 172, 73 147, DR 44, 440). Auch ergibt sich die Zuständigkeit hier entgegen BGH 7 1 nicht aus § 295 ZPO, da das Unterlassen der Rüge nicht zur Heilung des fraglichen Mangels – Einführung einer eidesstattlichen Versicherung, welche die ZPO in diese Art überhaupt nicht kennt – führen kann (vgl. D-Tröndle 5c, Willms LK 12).

15 δ) Im Verfahren der **Freiwilligen Gerichtsbarkeit** besteht eine Zuständigkeit des Gerichts zunächst in den gesetzlich vorgesehenen Fällen der Glaubhaftmachung (§ 15 II FGG; vgl. die Übersicht bei Schlegelberger, FGG, 7. A., Bd. I, § 15 RN 28), und zwar hier auch für spontan abgegebene eidesstattliche Versicherungen (Schlegelberger aaO). Auf Anforderung des Gerichts können eidesstattliche Versicherungen aber auch darüber hinaus im FGG-Verfahren ein zulässiges Beweismittel sein, was sich daraus ergibt, daß § 12 FGG die Wahl der Beweisart einschließlich der Möglichkeit eines Freibeweises dem pflichtgemäßen Ermessen des Gerichts überläßt (vgl. Celle FamRZ 59, 33, Schlegelberger § 12 RN 23). Aus der Rspr. vgl. z. B. RG 36 2 (Vormundschaftsgericht), 39 225 (Nachlaßgericht), ferner RG 74 175 (eidesstattliche Versicherung nach § 2356 II BGB vor Notar).

16 ε) Im **Verwaltungsgerichtsverfahren** ist das Gericht zuständig, wenn bestimmte Tatsachen glaubhaft zu machen sind (vgl. die Übersicht bei Schunk/De Clerck, VwGO, 3. A., § 86 Anm. 1c), ferner auf Anforderung des Gerichts in den Fällen des Freibeweises (vgl. Eyermann/Fröhler, VwGO, 9. A., 7 vor § 81) und des § 377 III, IV ZPO, der hier nach § 98 VwGO entsprechend gilt (Eyermann/Fröhler § 98 RN 7; überholt BGH 7 70). Im gleichen Umfang besteht eine Zuständigkeit im **arbeitsgerichtlichen Verfahren** (vgl. §§ 46 II, 58 II, 80 II, 83 III ArbGG) und im **Sozialgerichtsverfahren** (vgl. z. B. §§ 60 II, 66 II, 67 II, 84 II, 118 I, 202 SGG).

17 ζ) Für den Bereich der **öffentlichen Verwaltung** ist zu unterscheiden: In Angelegenheiten, in denen das VwVfG des Bundes bzw. die entsprechenden Verwaltungsverfahrensgesetze der Länder und des SGB X gelten, besteht eine Zuständigkeit nur noch, wenn die Abnahme der Versicherung über den betreffenden Gegenstand und in dem betreffenden Verfahren durch Gesetz oder Rechtsverordnung vorgesehen und die Behörde durch Rechtsvorschrift für zuständig erklärt worden ist (z. B. § 27 VwVfG, § 23 SGB X). Dies gilt auch für förmliche Verwaltungsverfahren i. S. der §§ 63ff. VwVfG, da § 27 diesen Bestimmungen vorgeht (vgl. Kopp, VwVfG, 4. A., § 65 RN 10ff.). Dagegen sind die Voraussetzungen des § 27 VwVfG als erfüllt anzusehen, wenn durch Gesetz für bestimmte Verfahren vor bestimmten Behörden eine Glaubhaftmachung vorgesehen ist (ebenso Willms LK 14, 15). Insgesamt aber bedeutet die Regelung der VwVfGe und des SGB X eine erhebliche Einschränkung gegenüber dem früheren Rechtszustand, da die von der Rspr. entwickelten ungeschriebenen Zuständigkeitsregeln (vgl. o. 11)

insoweit überholt sind (daß der Gesetzgeber bei § 27 VwVfG fälschlich davon ausgegangen ist, daß auch bisher Verwaltungsbehörden nach der Rspr. nur bei einer ausdrücklichen gesetzlichen Ermächtigung zur Abnahme eidesstattlicher Versicherungen zuständig gewesen seien [vgl. BT-Drs. 7/910 S. 50], ändert daran nichts). Der Grundsatz, daß sich die Zuständigkeit bei Fehlen einer ausdrücklichen gesetzlichen Ermächtigung auch daraus ergeben kann, daß die Behörde nach den ihren Aufgabenkreis regelnden Vorschriften ein förmliches Beweisverfahren durchzuführen hat (vgl. o. 11), gilt deshalb im Bereich der öffentlichen Verwaltung nur noch für die auf der „Verlustliste der Rechtseinheit" stehenden Angelegenheiten des § 2 VwVfG usw. Zu beachten ist schließlich, daß eidesstattliche Versicherungen in Verwaltungsverfahren vielfach nur auf Verlangen der Behörde zugelassen sind; hier fehlt daher bei unaufgefordert abgegebenen Versicherungen die Zuständigkeit zu ihrer Entgegennahme (vgl. z. B. RG **73** 349, Bremen NJW **62**, 2314, Hamburg NJW **60**, 113, Martens NJW **57**, 1664).

Zuständige Behörden i. S. des § 156 sind **beispielsweise** kraft ausdrücklicher gesetzlicher Ermächtigung: der Standesbeamte bei der Klärung etwaiger Ehehindernisse (§ 5 III PersonenstandsG), Konsulatsbeamte in den Fällen der §§ 12 Nr. 2, 19 II Nr. 3 KonsularG v. 11. 9. 1974 (BGBl. I 2317), die Finanzbehörden nach §§ 95, 284 AO (nicht dagegen im Drittwiderspruchsverfahren nach § 262 AO; zu §§ 174, 201, 209 RAO a. F. vgl. auch RG **73** 349, Hamburg NJW **60**, 113), die nach § 5 StVG zuständige Behörde bei Verlust von Kfz-Brief bzw. -Schein (vgl. AG Elmshorn SchlHA **86**, 154, Neumann SchlHA **86**, 145), Notare im Fall des § 2356 II BGB (vgl. RG **74** 175, **76** 136), das Seemannsamt bzw. Konsulat nach § 1754 RVO, das Versorgungsamt im Rahmen des § 13 I Ges. über das Verwaltungsverfahren der Kriegsopferversorgung v. 2. 5. 1955, BGBl. I 202 (vgl. Bremen NJW **62**, 2314), der Kreiswahlleiter nach §§ 21 VI, 36 II BWahlG, der Versicherungsträger nach § 4 III Fremd- u. AuslandsrentenneuregelungsG i. d. F. v. 18. 5. 1990 (BGBl. I 986; im Gebiet der ehem. DDR nicht in Kraft getreten [EV I Kap. VIII H I]), das Amtsgericht als Justizverwaltungsbehörde nach § 3 II des Ges. zur Geltendmachung von Unterhaltsansprüchen im Verkehr mit ausländischen Staaten v. 19. 12. 1986 (BGBl. I 2563), Sparkassenvorstände bei der Kraftloserklärung von Sparbüchern nach § 13 SparkassenVO NRW v. 1. 9. 70, GVBl. 70, 692 (vgl. Düsseldorf NStZ **82**, 290); weit. Nachw. b. D-Tröndle 5 d. Eine Glaubhaftmachung (vgl. o. 17) ist z. B. ausdrücklich vorgesehen gegenüber der Umlegungsstelle bzw. Enteignungsbehörde in den Fällen der §§ 48 III, 106 III BauGB (vgl. dazu Brügelmann/Reisnecker, Baugesetzbuch, § 106 RN 23). Ob die Fakultäten der Universitäten für die Entgegennahme eidesstattlicher Versicherungen über die Urheberschaft von Dissertationen usw. zuständig sind, beurteilt sich nach dem jeweiligen Hochschulrecht (vgl. RG **17** 208, DR **41**, 967). **Nicht zuständig** (schon nach früherem Recht) sind z. B. die Polizei (OGH **2** 86), die Staatsanwaltschaft (RG **37** 209, BGH **24** 38), die Straßenverkehrsbehörden im Verfahren zur Ausstellung eines Ersatzführerscheins nach § 10 StVZO (Köln MDR **63**, 615), das Einwohnermeldeamt (Kassel NJW **49**, 359 m. Anm. Bödicker), die Träger der Sozialhilfe (BGH NJW **66**, 1037), die Wohnungs- und Fürsorgeämter (Düsseldorf JMBlNW **51**, 274), die Kassenärztlichen Vereinigungen (Kiel SJZ **48**, 327), Krankenkassen (Martens NJW 1957, 1664), die Ärztekammern (BGH **2** 383), die Urkundsbeamten der Geschäftsstelle im Kostenfestsetzungsverfahren (LG Lüneburg MDR **53**, 309), der Rektor einer Universität bei der Zulassung zum Studium (Karlsruhe NJW **51**, 414). Ausdrücklich ausgeschlossen sind eidesstattliche Versicherungen z. B. im Verfahren nach § 330 II LastenausgleichsG und nach § 19 III WehrpflichtG. Auch die Notare sind nicht generell zur Entgegennahme eidesstattlicher Versicherungen zuständig (zu § 2356 II BGB vgl. o.); § 22 BNotarO enthält zwar eine Befugnis zur „Aufnahme" eidesstattlicher Versicherungen, meint damit aber nur die Beurkundungsfunktion der Notare (vgl. RG **47** 156, **74** 127, BGH GA **71**, 180, Köln MDR **63**, 615, Stuttgart NJW **60**, 2303). 18

4. Vor der Behörde **abgegeben** ist die eidesstattliche Versicherung im Fall der *Mündlichkeit*, wenn sie vor einer zur Vertretung der Behörde in solchen Angelegenheiten befugten Person mit deren Einverständnis erklärt worden ist (vgl. z. B. RG **32** 436). Kann z. B. die Versicherung nur zu Protokoll der Behörde erklärt werden, so ist Voraussetzung, daß die Erklärung vor einem zur Aufnahme der Niederschrift ermächtigten Vertreter der Behörde erfolgt (so in § 95 AO; zu § 69 II VerglO vgl. BGH StV **85**, 505, zu § 174 RAO a. F. vgl. RG **73** 349, Hamburg NJW **60**, 113; vgl. ferner § 27 II VwVfG, wobei jedoch zweifelhaft ist, ob es sich hier nicht um eine bloße Ordnungsvorschrift handelt, da der Erklärende die Versicherung auch selbst schriftlich abgeben könnte). Eine *schriftliche* Versicherung ist i. S. des § 156 abgegeben, wenn sie mit Willen des Erklärenden der zuständigen Behörde zugegangen ist (vgl. RG **22** 268, **32** 436, **47** 156, **49** 47, D-Tröndle 3, Rudolphi SK 4, Willms LK 3). Daher genügt z. B. bei einer eidesstattlichen Versicherung gegenüber dem Gericht der Eingang bei der Geschäftsstelle; nicht erforderlich ist die inhaltliche Kenntnisnahme oder die behördeninterne Vorlage bei der mit der fraglichen Angelegenheit befaßten Person (vgl. RG **49** 47). Die Einreichung kann auch durch einen Dritten erfolgen, sofern dies mit Wissen und Willen des Erklärenden geschieht (RG **22** 267, **32** 435, **67** 408, **71** 172, RG HRR **39** Nr. 655). Die Vorlage einer Abschrift genügt nur, wenn sie gerichtlich oder notariell beglaubigt ist oder wenn es sich um die Ausfertigung einer gerichtlichen oder notariellen Urkunde handelt (RG **70** 132, BGH GA **71**, 180, Rudolphi SK 4, Willms LK 4). 19

§ 156 20–22 Bes. Teil. Falsche uneidliche Aussage und Meineid

Wird die Versicherung von einem Notar, einem Gericht oder einer sonstigen Behörde lediglich *aufgenommen,* so ist sie erst mit Einreichung bei der Behörde abgegeben, bei der sie Beweiszwecken dienen soll, wobei diese Stelle jedoch zuständig sein muß (vgl. RG **47** 158, BGH NJW **53**, 994, GA **71**, 180, Köln MDR **63**, 615, Stuttgart NJW **60**, 2303 m. Anm. Barnstedt); nur wenn die beweisführende Behörde im Wege der Rechtshilfe eine andere Stelle um die Abnahme der eidesstattlichen Versicherung ersucht hat, genügt – ihre Zuständigkeit vorausgesetzt – auch die Abgabe vor dieser (vgl. auch Willms aaO, ferner BGH LM § 156 **Nr. 4**).

20 III. Der **objektive Tatbestand** der 2. Alt. setzt voraus, daß der Täter vor einer zur Abnahme einer eidesstattlichen Versicherung zuständigen Behörde (vgl. dazu o. 6ff.) unter **Berufung auf eine solche Versicherung falsch aussagt.** Dies ist der Fall, wenn er die neue Aussage unter die frühere Bekräftigung stellt, wobei es auf den Gebrauch bestimmter Worte nicht ankommt. Nicht ausreichend ist es, wenn die Behörde auf die frühere Versicherung lediglich hinweist oder wenn sich der Täter auf die bloße Wiedergabe ihres Tatsachengehalts beschränkt (vgl. RG DJ **37**, 1005). Ob und in welchen Fällen eine Berufung auf eine früher abgegebene eidesstattliche Versicherung zulässig ist, bestimmt sich nach dem jeweiligen Verfahrensrecht; ausgeschlossen ist dies z. B. im Fall des § 807 ZPO (Stein-Jonas/Münzberg[19] § 807 Anm. III 5 und zu § 807 a. F. [Offenbarungseid] RG **67** 332, BGH GA **58**, 112). Im übrigen gelten die Grundsätze zu § 155 Nr. 2 entsprechend (vgl. dort RN 4f.).

21 IV. Einen praktisch besonders bedeutsamen Anwendungsbereich hat § 156 mit der Ersetzung des früheren Offenbarungseides durch die **Offenbarungsversicherung** (Ges. v. 27. 6. 1970, BGBl. I 911) erhalten. Vorgesehen ist eine solche insbes. im Vollstreckungsverfahren (vgl. §§ 807, 883 ZPO, § 125 KO [für die neuen Bundesländer vgl. § 3 II GesamtvollstreckungsVO v. 6. 6. 1990, GBl. I 285, i. d. F. des EV II Kap. III A II, wo die dem Schuldner auferlegte Versicherung jedoch keine „eidesstattliche" ist], § 284 AO, § 5 VerwaltungsvollstreckungsG usw.; zur Zulässigkeit im Rahmen der Sicherungsvollstreckung nach § 720a ZPO vgl. einerseits Koblenz NJW **79**, 2521, LG Berlin MDR **81**, 941, andererseits Düsseldorf NJW **80**, 2717 m. w. N, Hamm MDR **82**, 416), ferner z. B. in den Fällen der §§ 666, 675, 2027, 2057 usw. i. V. mit §§ 259–261 BGB.

22 1. Bei **Fruchtlosigkeit der Pfändung** (§ 807 ZPO, § 284 AO usw.) hat der Schuldner an Eides Statt zu versichern, daß er „die von ihm verlangten Angaben nach bestem Wissen und Gewissen richtig und vollständig gemacht" habe, wobei sich der Umfang der „verlangten Angaben" und damit auch die Grenzen der Aussage- und Wahrheitspflicht nach § 807 I ZPO (bzw. den entsprechenden Vorschriften in der AO usw.) bestimmen (vgl. z. B. BGH **8** 399, **14** 345, **19** 126, NJW **68**, 1388, NStE **Nr. 2**, GA **58**, 86, EzSt **Nr. 1**, MDR/H **80**, 813, Hamm JMBlNW **69**, 128, GA **75**, 181, Stuttgart Justiz **64**, 316). Weitergehende Angaben sind im Fall ihrer Unrichtigkeit daher auch dann nicht tatbestandsmäßig, wenn sie auf eine – insoweit unzulässige – Frage des Richters gemacht werden (BGH **8** 401, **14** 348, **19** 126, D-Tröndle 7, Krey I 223, Lackner 3, Rudolphi SK 14, Willms LK 19; and. Braunschweig NdsRpfl. **63**, 208). Andererseits entfällt der Tatbestand nicht schon deshalb, weil sich der Täter durch eine wahrheitsgemäße Aussage einer Straftat bezichtigen müßte, da seine Wahrheitspflicht dadurch im Hinblick auf ein entsprechend BVerfGE **56** 37 (Gemeinschuldner im Konkurs) auch hier anzunehmendes strafprozessuales Verwertungsverbot nicht eingeschränkt ist (vgl. BGHZ **41** 326, LG Koblenz MDR **76**, 587, Dingeldey NStZ **84**, 531). Verlangt werden von dem Schuldner nach § 807 I ZPO usw. Angaben über sein Ist-Vermögen und bestimmte rechtsgeschäftliche Verfügungen in der Vergangenheit, wobei sich der Umfang der Offenbarungspflicht im einzelnen aus dem Zweck der Vorschrift ergibt, dem Gläubiger eine Vollstreckung in das vorhandene Schuldnervermögen zu ermöglichen (vgl. z. B. BGH **8** 400, **10** 150, NStE **Nr. 2**, EzSt **Nr. 1**, GA **58**, 56, **66**, 243, MDR/H **80**, 813, Hamm GA **75**, 181, D-Tröndle 7, Rudolphi SK 14, Willms LK 20). Anzugeben sind bei den einzelnen Vermögensgegenständen daher auch Umstände, die für die Zugriffsmöglichkeit des Gläubigers von Bedeutung sind (z. B. der Name des Drittschuldners, vgl. u. 28), ferner die persönlichen Verhältnisse, soweit sie für die Vollstreckung wichtig sind (vgl. u. 28), nicht jedoch das Einkommen anderer Familienmitglieder (BGH NStE **Nr. 1**). Falsch ist die Offenbarungsversicherung, wenn die offenbarungspflichtigen Vermögensverhältnisse unrichtig dargestellt sind. Dies kann sowohl dadurch geschehen, daß vorhandene Vermögensgegenstände verschwiegen oder unzutreffende Angaben dazu gemacht werden (vgl. z. B. RG **71** 227 [falsche Angaben über die Höhe der gesicherten Forderung bei einer Sicherungsabtretung des Schuldners], BGH **10** 149 [falsche Angaben über eine mit dem Arbeitgeber vereinbarte Verwendung des laufenden Verdienstes]), als auch dadurch, daß durch Vortäuschung nicht vorhandener Vermögenswerte eine nichtbestehende Vollstreckungsmöglichkeit vorgespiegelt wird (vgl. z. B. BGH **7** 375, NJW **60**, 2201, Hamm NJW **61**, 421 [Angabe eines nicht bestehenden Arbeitsverhältnisses], Stuttgart NJW **61**, 2319, Prinzing NJW 62, 567, Rudolphi SK 14, Willms LK 21; überholt BGH **2** 74 mwN zu § 807 a. F.; krit. Jescheck GA 56,

Falsche Versicherung an Eides Statt 23–26 **§ 156**

114). Dabei gilt letzteres auch dann, wenn der Schuldner fälschlich das Bestehen eines Anspruchs gegenüber dem Gläubiger behauptet, da hier zwar nicht dieser, wohl aber andere Gläubiger (vgl. § 903 ZPO) getäuscht werden können (Prinzing aaO; and. Stuttgart aaO). Im einzelnen gilt folgendes:

a) Anzugeben ist grundsätzlich das **gesamte gegenwärtige Aktivvermögen** (z. B. RG JW **37**, 23 1791, BGH **2** 75, **3** 310, **14** 348, NJW **68**, 1388, GA **66**, 243). *Schulden* fallen nicht unter die Offenbarungspflicht (vgl. z. B. RG **45** 432, **71** 228, 360, Rudolphi SK 16, Willms LK 21); doch können falsche Angaben über Verbindlichkeiten (z. b. bei Hypotheken) zugleich eine unrichtige Darstellung des Aktivvermögens sein. Nicht anzugeben ist ferner *früheres Vermögen,* wenn der fragliche Gegenstand zweifelsfrei aus dem Vermögen des Schuldners ausgeschieden ist (vgl. BGH NJW **55**, 638, Stein-Jonas/Münzberg § 807 RN 31), und zwar auch dann nicht, wenn er durch ein nach BGB anfechtbares, aber ernstgemeintes Rechtsgeschäft veräußert worden ist (RG JW **27**, 1314, BGH GA **61**, 372, Hamm NJW **51**, 246, D-Tröndle 13). Eine Ausnahme besteht für die in § 807 I Nr. 1–3 genannten Veräußerungen, bei denen dem Gläubiger Unterlagen für eine etwaige Anfechtung von Rechtshandlungen des Schuldners nach dem AnfechtungsG verschafft werden sollen (vgl. dazu BGH GA **61**, 372 und näher Stein-Jonas/Münzberg § 807 RN 36). Handelt es sich dagegen um eine sonstige Veräußerung, so ist die Versicherung auch dann nicht falsch, wenn der Schuldner wahrheitswidrig die Zerstörung der Sache behauptet (BGH **14** 345). Im übrigen verletzt der Schuldner seine Offenbarungspflicht nicht, wenn er falsche Angaben darüber macht, auf welche Weise ein Gegenstand aus seinem Vermögen ausgeschieden ist (BGH **14** 345). Gleichfalls nicht anzugeben ist *künftiges Vermögen,* es sei denn, es handle sich um künftige Forderungen und Rechte, die bereits jetzt Gegenstand der Zwangsvollstreckung sein können (vgl. u. 26). Aber auch hinsichtlich des gegenwärtigen Vermögens sind – entsprechend dem Zweck des § 807 ZPO – solche Gegenstände von der Offenbarungspflicht ausgenommen, die nach objektivem Maßstab für den Gläubiger *völlig wertlos* sind (vgl. z. B. RG **60** 37, BGH **13** 345, **14** 349, NJW **52**, 1023, GA **58**, 213, **66**, 243, EzSt **Nr. 1**, KG JR **85**, 162, Stuttgart NJW **61**, 2318, D-Tröndle 9, 11, Rudolphi SK 16, Willms LK 20). Dagegen gehören zu dem der Offenbarungspflicht unterliegenden Aktivvermögen auch Vermögensgegenstände, die bereits für andere Gläubiger gepfändet oder beschlagnahmt sind (vgl. Stein-Jonas/Münzberg § 807 RN 24), ferner unpfändbare Gegenstände (§§ 811, 850ff., 859ff. ZPO), da es nicht dem Schuldner überlassen sein kann, zu bestimmen, welche Gegenstände mit Rücksicht auf Pfändungsbeschränkungen der Zwangsvollstreckung entzogen sind (vgl. RG **71** 300, BGH NJW **56**, 756, GA **66**, 243, LM § 807 ZPO **Nr. 10**, KG JR **85**, 162); ausgenommen sind nur solche Gegenstände, die ihrer Art nach zweifellos unpfändbar sind (vgl. RG **71** 302 [Unterhaltsansprüche], Stein-Jonas/Münzberg § 807 RN 29). Im einzelnen hat der Schuldner anzugeben:

α) sein **unbewegliches Vermögen** (vgl. § 864 ZPO), einschließlich der Anwartschaften, der auf 24 einem Grundstück lastenden Hypotheken (RG **76** 235, DR **42**, 1696; vgl. auch RG **45** 429) oder einer Eigentümergrundschuld, und zwar auch dann, wenn es überschuldet ist (vgl. RG GA Bd. **60**, 88) oder die Zwangsverwaltung angeordnet ist (D-Tröndle 8; vgl. aber auch LG Düsseldorf MDR **58**, 171).

β) die in seinem Eigentum – nicht in bloßem Eigenbesitz (D-Tröndle 9; and. Braunschweig MDR 25 **51**, 52) – stehenden **beweglichen Sachen,** auch wenn sie im Besitz eines Dritten oder mit Pfandrechten überlastet sind (vgl. RG GA Bd. **60**, 88) oder als unverkäuflich erscheinen (BGH **13** 349); über unpfändbare oder völlig wertlose Sachen vgl. o. 23. Anzugeben ist auch eine unter Eigentumsvorbehalt gekaufte Sache (BGH **15** 128, GA **61**, 372, LM § 154 **Nr. 17,** Köln NJW **59**, 901), und zwar auch dann, wenn der Restkaufpreis den Wert der Sache übersteigt (BGH **13** 345); über die Fälle, in denen der Verkäufer vom Vertrag zurückgetreten ist oder seine Rechte nach § 5 AbzahlungsG geltend gemacht hat (BGH LM § 154 **Nr. 35,** Stein-Jonas/Münzberg § 807 RN 31). Gleichfalls anzugeben sind Sachen, die dem Schuldner fiduziarisch übertragen worden sind (vgl. RG **64** 422, KG JR **85**, 162, Stein-Jonas/Münzberg § 807 RN 25); das gleiche gilt für Sachen (bzw. für den Rückübertragungsanspruch), die der Schuldner sicherungsübereignet hat, wenn der Rückübertragungsanspruch noch besteht (vgl. RG JW **34**, 2692, HRR **39** Nr. 1377, BGH NJW **52**, 1023, GA **57**, 53, Köln OLGSt. § 156 S. 5), und zwar selbst dann, wenn die gesicherte Schuld den Wert der Sache übersteigt (BGH **13** 345, D-Tröndle 9, Rudolphi SK 16; and. BGH GA **58**, 213).

γ) **Forderungen und sonstige Vermögensrechte,** z. B. Hypotheken, Eigentümergrundschulden 26 (nach RG **45** 429 neben dem Eigentum am Grundstück), Anteilsrechte an einem Gesellschaftsvermögen (RG **24** 74, KG JR **85**, 162), Ankaufs- und Optionsrechte (Frankfurt GA **73**, 154) usw.; zu Bankkonten vgl. BGH MDR/H **77**, 808. Anzugeben sind auch Forderungen und Rechte, die noch nicht fällig, bedingt (BGH NJW **68**, 2251, GA **66**, 243; zu den Ansprüchen aus einer Lebensversicherung vgl. LG Duisburg NJW **55**, 717), anfechtbar (vgl. RG **60** 75) oder bestritten sind oder deren Realisierbarkeit sonst aus tatsächlichen oder rechtlichen Gründen zweifelhaft ist (vgl. z. B. RG **60** 37, JW **31**, 2129, BGH NJW **53**, 390, GA **66**, 243, LM § 154 **Nr. 20,** Hamm JMBlNW **69**, 128, KG JR **85**, 162; bezeichnet der Schuldner eine dubiose Forderung als sicher, so kann es sich freilich auch um eine bloße – nicht unter § 156 fallende – falsche Wertung handeln, vgl. Hamm aaO). Das gleiche gilt für

Forderungen, die der Aufrechnung unterliegen, es sei denn, daß schon jetzt mit Sicherheit feststeht, daß eine solche erfolgen wird (vgl. BGH GA/H **58**, 51). Entsprechendes muß für verjährte Forderungen gelten (vgl. aber auch Stuttgart NJW **61**, 2319). Künftige Forderungen und Rechte sind offenbarungspflichtig, soweit sie schon jetzt Gegenstand der Zwangsvollstreckung sein können, was dann der Fall ist, wenn zwischen dem Schuldner und Drittschuldner bereits eine Rechtsbeziehung besteht, aus der die künftige Forderung nach Art und Person des Schuldners bestimmt werden kann (BGH NJW **68**, 2251, GA **66**, 243, LM § 857 ZPO **Nr. 433**; zu künftigen Provisionsforderungen vgl. RG **71** 300, Hamm NJW **56**, 1729, zu künftigen Lohnforderungen vgl. BGH NJW **58**, 427, Hamm NJW **61**, 421, zu künftigen Kaufpreisforderungen vgl. LG Münster MDR **90**, 61; vgl. ferner Karlsruhe Justiz **64**, 63). Mit Rücksicht darauf sind bestehende Arbeitsverhältnisse stets anzugeben (beendete dagegen nur, wenn der Schuldner daraus noch Ansprüche hat, BGH NJW **68**, 1388), wobei Gelegenheitsarbeiter diejenigen Arbeitgeber zu benennen haben, für die sie in der Regel zu arbeiten haben (LG Frankfurt NJW-RR **88**, 383, LG Koblenz MDR **74**, 148); zum Fall eines verschleierten Arbeitseinkommens vgl. Hamm GA **75**, 180 (Tätigkeit im Rahmen eines eheähnlichen Verhältnisses), AG Köln MDR **81**, 867 (Tätigkeit im Betrieb der Tochter). Bei fiduziarisch erworbenen oder sicherungshalber abgetretenen Forderungen usw. gilt das o. 25 Gesagte entsprechend; über unpfändbare, bereits gepfändete oder wertlose Forderungen usw. vgl. o. 23.

27 δ) **Nicht anzugeben** sind – abgesehen von offensichtlich wertlosen Gegenständen (vgl. o. 23) – Werte oder Verhältnisse, die **ihrer Natur nach dem Zugriff** des Gläubigers **entzogen** sind (vgl. z. B. RG **42** 426, **68** 130, BGH GA **66**, 243, D-Tröndle 11, Rudolphi SK 15). Dies gilt z. B. für die feste Kundschaft eines Unternehmens (RG **42** 424, BGH **8** 400), den nichtverwertbaren Firmenmantel (BGH **8** 401, BB **58**, 891), ein Handelsgeschäft ohne pfändbare Gegenstände oder andere bloße Erwerbsmöglichkeiten (RG **68** 130, HRR **39** Nr. 1319, BGH **8** 400, NJW **68**, 2251, GA **66**, 117, MDR/H **80**, 813, wistra **89**, 303), ein Pachtrecht (RG HRR **32** Nr. 1394; and. jedoch bei den Einkünften hieraus), eine Schankkonzession (RG **42** 424), freiwillige Leistungen (z. B. Unterstützungen) Dritter, auch wenn sie regelmäßig erfolgen (vgl. RG DJ 37, 975, BGH GA **58**, 86, **66**, 243, LG Aurich NdsRpfl. **58**, 76). Ausgenommen sind ferner möglicherweise erst künftig entstehende Forderungen, für deren Entstehung noch kein Rechtsgrund gegeben ist (BGH GA **66**, 243).

28 b) Entsprechend dem Zweck des § 807 ZPO, dem Gläubiger Unterlagen für Vollstreckungsmaßnahmen zu verschaffen, müssen die Angaben **so substantiiert** sein, daß die Voraussetzungen und **Möglichkeiten einer Zwangsvollstreckung** für ihn **ersichtlich** werden (vgl. z. B. BGH **15** 130, D-Tröndle 12, Rudolphi SK 14, Willms LK 23). Wahrheitsgemäß anzugeben ist daher u. U. z. B. auch der Ort, an dem sich eine Sache befindet (RG DRpfl. **36** Nr. 102), auch wenn der Schuldner auf diese lediglich ein Anwartschaftsrecht hat (BGH **15** 128), die Rechtslage hinsichtlich sicherungsübereigneter Sachen (BGH GA **57**, 53), die Valutierung der auf einem Grundstück lastenden Hypothek (RG HRR **39** Nr. 913), der Stand einer Erbauseinandersetzung (BGH **10** 281), die mit dem Arbeitgeber vereinbarte Verwendung des Arbeitsverdienstes (BGH **10** 149). Bei Forderungen sind außer Grund und Beweismittel (§ 807 I ZPO; vgl. dazu Stein-Jonas/Münzberg § 807 RN 33) auch der Drittschuldner (vgl. RG HRR **29**, 972) und die Höhe zu bezeichnen (D-Tröndle 12; vgl. auch RG **71** 228). Bestehen Zweifel in rechtlicher Hinsicht, sind die Zweifel begründenden Tatsachen anzugeben (vgl. Willms LK 22). Auch die eigenen **persönlichen Verhältnisse** des Schuldners fallen insoweit unter seine Erklärungs- und Wahrheitspflicht, als sie zugleich den Bestand des Vermögens betreffen und deshalb zur Beurteilung der Vollstreckungsmöglichkeit wichtig sind (vgl. z. B. BGH **10** 149, **11** 223, NJW **68**, 2251, Bay **56**, 247, Hamm GA **57**, 181, Lackner 3, Rudolphi SK 14, Willms LK 20). Falsch ist die Offenbarungsversicherung daher z. B. bei einer unrichtigen Namens- oder Berufsangabe, wenn der Schuldner dadurch zugleich über die Inhaberschaft von Vermögensstücken täuscht oder die Natur seiner Rechte verschleiert, so wenn er sich als Angestellter ausgibt, während er in Wirklichkeit der Firmeninhaber ist (vgl. BGH **11** 283). Unschädlich ist eine falsche Berufsbezeichnung dagegen, wenn sich für den Gläubiger auch bei richtigen Angaben keine Vollstreckungsmöglichkeiten ergeben hätten (BGH NJW **68**, 2251).

29 c) Daß der Schuldner die Richtigkeit und Vollständigkeit der verlangten Angaben „**nach bestem Wissen und Gewissen**" versichert (§ 807 II ZPO), bedeutet hier so wenig wie beim Zeugeneid, daß Gegenstand seiner Versicherung lediglich sein Wissen bzw. seine Überzeugung ist. Aussagegegenstand ist vielmehr der äußere Sachverhalt (vgl. BGH **7** 147). Zu der den Schuldner treffenden Vorbereitungspflicht vgl. § 163 RN 10. Ein „Irrtumsvorbehalt" ändert an der Strafbarkeit nach § 156 nichts, wenn der Schuldner bewußt unrichtige Angaben gemacht hat (RG **70** 142).

30 d) Falsche Angaben unter **Berufung** auf eine **früher nach § 807 ZPO abgegebene Offenbarungsversicherung** sind straflos, da eine solche Bezugnahme nicht zulässig ist (vgl. o. 20).

31 2. **Ähnliche Grundsätze**, wenn auch z. T. mit Modifikationen, gelten für eine Reihe weiterer Fälle, in denen eine Person über den Bestand eines Vermögens die eidesstattliche Versicherung abzugeben hat. So haben der Erbe nach **§ 2006 BGB** und der Erbschaftsbesitzer nach **§ 2027 BGB** (i. V. mit §§ 260, 261) gleichfalls nur das Aktivvermögen anzugeben (vgl. RG **71** 360 m. Anm. Schaffstein JW

37, 2314 zu § 2027 BGB), im Unterschied zu § 807 ZPO aber nur die Vollständigkeit zu versichern, so daß das Vorspiegeln nichtvorhandener Vermögensgegenstände nicht tatbestandsmäßig ist. Bei der Offenbarungsversicherung des Gemeinschuldners nach **§ 125 KO** braucht nur das zur Konkursmasse gehörende Vermögen – d. h. ohne die nach §§ 811, 850 ff. ZPO unpfändbaren Gegenstände – angegeben zu werden, jedoch unter Einschluß dessen, was der Konkursverwalter durch Ausübung seines Anfechtungsrechts zur Masse ziehen kann (RG HRR **38** Nr. 564; vgl. auch RG **66** 152) oder was der Schuldner beiseite geschafft hat (vgl. BGH GA/H **71**, 38). Im Fall des **§ 69 VerglO** erstreckt sich die Versicherung auch auf die Verbindlichkeiten und auf die nach Abs. 1 verlangten Auskünfte, wobei jedoch auch hier nur die Vollständigkeit der Angaben versichert wird.

3. Nur um einen begrenzten Aussagegegenstand handelt es sich bei der **eidesstattlichen Versiche-** 32 **rung nach § 883 ZPO, §§ 33, 83 FGG, § 90 III OWiG** über den Verbleib bestimmter Sachen oder Personen. Hier hat der Schuldner alle Tatsachen anzugeben, aus denen sich unmittelbar oder mittelbar Schlüsse auf den Verbleib der herauszugebenden Sache usw. ziehen lassen, damit der Gläubiger sachdienliche Anhaltspunkte für weitere Nachforschungen gewinnt und gegebenfalls weitere Vollstreckungsmaßnahmen herbeiführen kann (vgl. RG **39** 42, **46** 140, DR **42**, 169, BGH NJW **52**, 711, Braunschweig NdsRpfl. **50**, 26). Hat der Hausgenosse nach **§ 2028 BGB** Auskunft darüber zu geben, was ihm über den Verbleib der Erbschaftsgegenstände bekannt ist, so hat er vollständige Angaben über alle die Umstände zu machen, welche der Ermittlung und der Verschaffung der Nachlaßgegenstände dienlich sind (BGH LM § 154 **Nr. 4** m. Anm. Schrübbers); falsche rechtliche Schlußfolgerungen sind dagegen ohne Bedeutung, so wenn der Täter behauptet, daß der fragliche Gegenstand nicht zum Nachlaß, sondern ihm gehöre (BGH aaO). Begrenzt auf die Vollständigkeit der Angaben über den Bestand eines Inbegriffs von Gegenständen, den der Schuldner herauszugeben oder über den er Auskunft zu geben hat, ist die eidesstattliche Versicherung nach **§§ 260, 261 BGB**. Dabei ist zu beachten, daß das Gericht hier ebenso wie nach § 883 III ZPO eine Änderung der eidesstattlichen Versicherung beschließen kann; maßgebend für den Umfang der Offenbarungspflicht ist dann der vom Gericht festgesetzte Wortlaut der Versicherung (zu §§ 260, 261 BGB vgl. BGH LM § 154 **Nr. 2** m. Anm. Schrübbers).

4. **Übergangsregelung.** Hat der Täter vor Inkrafttreten der Neuregelung (1. 7. 1970) einen falschen 33 Offenbarungseid geleistet, so ist weiterhin von § 154 auszugehen; § 2 II gilt hier nicht (BGH MDR/H **78**, 280, Frankfurt GA **73**, 154, Hamm NJW **73**, 67).

V. Für den **subjektiven Tatbestand** ist Vorsatz erforderlich; bedingter Vorsatz genügt, was 34 jetzt durch das EGStGB mit der Streichung des Merkmals „wissentlich" in § 156 a. F. ausdrücklich klargestellt ist (vgl. schon zur a. F. RG **70** 267, Bay NJW **55**, 1121). Näher zum subjektiven Tatbestand vgl. 27 ff. vor § 153, wobei sich der Vorsatz hier auch darauf beziehen muß, daß sich die eidesstattliche Versicherung auf den unrichtigen Teil der Aussage erstreckt. Bei der falschen Offenbarungsversicherung nach § 807 ZPO muß der Täter wissen, daß der fragliche Gegenstand Bestandteil seines Vermögens ist (daher Tatbestandsirrtum, wenn er aus Rechtsgründen irrtümlich davon ausgeht, eine Forderung sei ihm noch gar nicht erwachsen, vgl. Karlsruhe Justiz **64**, 63), ferner, daß er unter seine Offenbarungspflicht fällt (vgl. KG JR **85**, 162: Tatbestandsirrtum, wenn ein Anwalt glaubt, das ihm fiduziarisch übertragene Vermögen unterliege wegen § 203 nicht der Offenbarungspflicht).

VI. Über **Täterschaft** und **Teilnahme** vgl. 33 ff. vor § 153. 35

VII. **Konkurrenzen.** Idealkonkurrenz ist z. B. möglich mit §§ 263, 267 (RG **52** 74, **69** 119), ferner 36 mit § 283 (BGH MDR/H **82**, 969; vgl. § 283 RN 67). Über das Verhältnis zu § 171 vgl. dort RN 9. Mit § 154 ist Fortsetzungszusammenhang möglich (vgl. dort RN 18). Ist eine eidesstattliche Versicherung z. T. vorsätzlich, z. T. fahrlässig falsch abgegeben, so erfolgt eine Verurteilung nur nach § 156 (vgl. RG **60** 58, **62** 154, Willms LK 28 mwN).

§ 157 Aussagenotstand

(1) Hat ein Zeuge oder Sachverständiger sich eines Meineids oder einer falschen uneidlichen Aussage schuldig gemacht, so kann das Gericht die Strafe nach seinem Ermessen mildern (§ 49 Abs. 2) und im Falle uneidlicher Aussage auch ganz von Strafe absehen, wenn der Täter die Unwahrheit gesagt hat, um von einem Angehörigen oder von sich selbst die Gefahr abzuwenden, bestraft oder einer freiheitsentziehenden Maßregel der Besserung und Sicherung unterworfen zu werden.

(2) Das Gericht kann auch dann die Strafe nach seinem Ermessen mildern (§ 49 Abs. 2) oder ganz von Strafe absehen, wenn ein noch nicht Eidesmündiger uneidlich falsch ausgesagt hat.

I. Abs. 1 der durch das EGStGB neugefaßten Vorschrift behandelt den sog. **Aussagenotstand,** 1 dessen Vorliegen von Amts wegen zu prüfen ist (vgl. BGH GA **68**, 304, Stuttgart NJW **78**, 711, Zweibrücken OLGSt. § 153 **Nr. 1**). Dieser führt zwar nicht zur Entschuldigung nach § 35 (auch nicht bei einem drohenden Freiheitsentzug, vgl. § 35 RN 12, 30, 33 ff.), doch berücksichtigt das Gesetz hier durch Anerkennung eines besonderen Strafmilderungsgrundes (bzw. durch Ermöglichung des Absehens von Strafe bei § 153) die besondere Zwangslage, in der sich Beweispersonen bei Erfüllung der ihnen im öffentlichen Interesse auferlegten Zeugen- und Sachverständigenpflicht befinden, wenn sie durch eine wahrheitsgemäße Aussage sich selbst oder einen Angehörigen belasten müßten (vgl. RG **75** 37, BGH **1** 28, **7** 5, **29** 298, Bergmann, Die Milderung der Strafe nach § 49 Abs. 2 StGB [1988] 83 ff., Blei II 420, Rudolphi SK 1, Willms LK 1). Freilich tragen diesem Konflikt schon die prozessualen Zeugnis- und Auskunftsverweigerungsrechte Rechnung (§§ 52, 55 StPO, §§ 383 I Nr. 1 bis 3, 384 Nr. 2 ZPO), so daß in keinem der in § 157 privilegierten Fälle rechtlich ein Aussagezwang besteht. Tatsächlich aber wird damit die Zwangslage für den Aussagenden zumindest in den Fällen der §§ 55 StPO, 384 Nr. 2 ZPO schon deshalb nicht völlig beseitigt, weil er die Weigerungsgründe u. U. glaubhaft machen muß (§§ 56 StPO, 386 ZPO; vgl. BGH **1** 28, Rudolphi SK 1, Willms LK 1, aber auch Bergmann aaO 92 ff.). Im Falle des § 52 StPO (Falschaussage zugunsten eines angeklagten Angehörigen) könnte das Zeugnis dagegen an sich risikolos verweigert werden, seitdem durch BGH **22** 113 anerkannt ist, daß die Tatsache der Zeugnisverweigerung nicht gegen den Angeklagten verwertet werden darf (vgl. auch BGH JZ **81**, 104; bei § 383 ZPO ist dies dagegen umstritten, vgl. Rosenberg-Schwab, Zivilprozeßrecht, 14. A., 756). Insoweit dürfte die Regelung des Abs. 1 daher im wesentlichen nur noch historisch erklärbar sein; zu den Folgen vgl. u. 12. Nicht privilegiert wird durch Abs. 1 dagegen das (Selbst-) Begünstigungsmotiv als solches, da andernfalls die Beschränkung der Vorschrift auf Zeugen und Sachverständige unverständlich wäre (strafbare Anstiftung, wenn der Angehörige des Angeklagten einen Dritten zu einer entlastenden Falschaussage anstiftet).

2 **1.** Der persönliche Anwendungsbereich des Abs. 1 ist beschränkt auf **Zeugen** und **Sachverständige,** die falsch ausgesagt oder geschworen haben. Ohne Bedeutung ist, ob der Zeuge usw. über sein Zeugnis- bzw. Auskunftsverweigerungsrecht belehrt worden ist bzw. ob er dieses kannte (RG **59**, 62, BGH MDR/H **77**, 460; vgl. auch u. 12).

3 a) Auf **Parteien** im Zivilprozeß usw. ist Abs. 1 auch nicht analog anwendbar (h. M., vgl. z. B. RG **75** 37, BGH **7** 5, NJW **51**, 809, Frankfurt NJW **50**, 615, D-Tröndle 1, Lackner 1, Rudolphi SK 3, Willms LK 2; and. Bemmann, H. Mayer-FS 491). Hier fehlt es an einer vergleichbaren Zwangslage, wie sie Abs. 1 voraussetzt, weil die Partei die Aussage und Eidesleistung beliebig verweigern kann und dabei allenfalls wirtschaftliche Nachteile in Kauf nehmen muß; auch gerät sie in diese Situation – anders als der Zeuge – nicht in Erfüllung einer ihr im öffentlichen Interesse auferlegten Pflicht, sondern bei der Verfolgung eigener Belange (vgl. RG DR **40**, 639). Die frühere Streitfrage, ob Abs. 1 jedenfalls bei einer eidesstattlichen Offenbarungsversicherung nach § 807 ZPO usw. analog anzuwenden sei (vgl. 17. A., RN 1), hat sich dadurch erledigt, daß § 157 für § 156 keine Bedeutung mehr hat (vgl. u. 5). Dagegen wäre eine analoge Anwendung des § 157 auch heute noch bei einem Meineid des Gemeinschuldners im Konkursverfahren (vgl. jedoch § 154 RN 9) geboten, wenn auf der Grundlage von BVerfGE **56** 37 dessen unbegrenzter Aussagepflicht bei nicht unter § 125 KO fallenden Angaben eine Eidespflicht entsprechen sollte.

4 b) Abs. 1 gilt nur für den **Täter** der §§ 153, 154, **nicht** dagegen für den **Teilnehmer.** Da dieser sich nicht in der vom Gesetz hier vorausgesetzten Zwangslage befinden kann und da Abs. 1 nicht schon die (Selbst-) Begünstigungstendenz als solche privilegiert, gilt dies auch dann, wenn der Teilnehmer eine ihm oder einem Angehörigen drohende Bestrafung abwenden will (h. M., z. B. RG **61** 202, BGH **1** 28, **2** 379, **3** 321, NJW **52**, 229, OGH **2** 164, Düsseldorf JMBlNW **55**, 43, Bergmann aaO [o. 1] 85, D-Tröndle 1, M-Schroeder II 188, Rudolphi SK 3, Willms LK 3; and. Bemmann, H. Meyer-FS 491, Heusel JR 89, 429, Welzel 532). Abs. 1 ist daher nicht anwendbar auf den Angeklagten, der einen Zeugen zu einer ihn entlastenden Falschaussage anstiftet, ebensowenig auf den Zeugen, der einen anderen Zeugen zu einem Aussagedelikt bestimmt, es sei denn, daß die Anstiftung gerade in einer dem Abs. 1 unterfallenden Falschaussage des ersten Zeugen liegt (weitergehend LG Dortmund NJW **56**, 721 m. Anm. Lürken u. Seibert NJW 56, 1082; vgl. auch RG **75** 42). Auch für die Fälle der §§ 30, 159, 160 gilt Abs. 1 nicht.

5 **2.** Der sachliche Anwendungsbereich des Abs. 1 ist beschränkt auf **Taten nach §§ 153, 154** (einschließlich des Versuchs nach § 154, vgl. RG **65** 208, BGH **4** 175). Durch das EGStGB ausgeschieden wurde § 156, weil dessen Strafdrohung jetzt ohnehin dem gesetzlichen Mindestmaß entspricht. Auch für § 163 gilt Abs. 1 nicht. Bei mehrfachen Unrichtigkeiten in einer Aussage, bei denen die Voraussetzungen des Abs. 1 nur z. T. erfüllt sind, ist dieser bei Bestehen eines inneren Zusammenhangs zwischen den verschiedenen falschen Angaben auf die Aussage insgesamt anwendbar; fehlt dagegen ein solcher Zusammenhang (z. B. falsche Angaben zu mehreren Beweisthemen), so ist eine Strafmilderung zwar nicht nach allgemeinen Regeln, wohl aber nach Abs. 2 möglich (vgl. RG **60** 56, **61** 310, BGH MDR/D **52**, 658 [offengelassen für den 2. Fall], Schleswig HESt. **2** 253, D-Tröndle 6, Lackner 2c, Rudolphi SK 12, Willms LK 8f.). Bei einer fortgesetzten Falschaussage, bei der die Voraussetzungen des Abs. 1 nicht insgesamt,

sondern nur bei einzelnen Teilakten erfüllt sind, ist die Möglichkeit der Strafmilderung usw. bei diesen mit entsprechenden Folgen bei der Bemessung der Strafe für die fortgesetzte Tat zu berücksichtigen (vgl. 64 vor § 52; and. RG **43** 219, Hamm NJW **59**, 735).

3. Voraussetzung ist nach Abs. 1, daß der Täter die Unwahrheit gesagt hat, **um** von einem **6** *Angehörigen* (vgl. § 11 I Nr. 1 und dort 3ff.) oder *von sich selbst* die **Gefahr einer Bestrafung** oder der Verhängung einer **freiheitsentziehenden Maßregel** der Besserung und Sicherung abzuwenden. Daß hier abweichend von § 35 die sonst dem Täter „nahestehenden Personen" nicht genannt sind, muß ebenso wie in § 258 VI als eine bewußte Beschränkung des Gesetzes verstanden werden; eine analoge Anwendung des § 157 auf die Partner nichtehelicher Lebensgemeinschaften ist daher nach geltendem Recht nicht möglich (vgl. Bay NJW **86**, 203; and. Krümpelmann/Hensel JR **87**, 41 f, Ostendorf JZ **87**, 328). Im Unterschied zu dem objektiv gefaßten § 35 stellt Abs. 1 seit der Änderung durch die VO v. 29. 5. 1943 (RGBl. I 339) allein auf die **Absicht** des Aussagenden ab, die Gefahr abzuwenden (vgl. Goetzeler ZStW **63**, 98). Maßgebend sind damit unabhängig von der objektiven Sachlage ausschließlich die Vorstellungen des Täters: Abs. 1 ist auch anwendbar, wenn der Täter infolge tatsächlicher oder rechtlicher Fehlvorstellungen irrig die Gefahr einer Bestrafung angenommen hat (z. B. Annahme eines Wahndelikts, Unkenntnis der Möglichkeit, von einem versuchten Prozeßbetrug durch Angabe der Wahrheit nach § 24 mit strafbefreiender Wirkung zurücktreten zu können, Unkenntnis der inzwischen eingetretenen Verjährung oder des Ablaufs der Antragsfrist; vgl. RG **77** 222, BGH **8** 317, Bay NJW **56**, 559, Düsseldorf NJW **86**, 1822, Hamburg NJW **52**, 634, Hamm HESt. **2** 254, Blei II 421, D-Tröndle 7, Rudolphi SK 5, Willms LK 10); umgekehrt gilt Abs. 1 bei Unkenntnis einer objektiv gegebenen Gefahr nicht. Die ältere, noch an der objektiven Fassung des § 157 orientierte Rechtsprechung ist jetzt daher auf dieser subjektiven Grundlage zu sehen. Bleibt zweifelhaft, ob der Täter mit der entsprechenden Absicht handelte, so gilt der Grundsatz in dubio pro reo (BGH NJW **88**, 2391). Im einzelnen gilt folgendes:

a) Nach der Vorstellung des Täters muß die **Gefahr,** d. h. die nicht völlig fern liegende **7** Möglichkeit (vgl. RG **62** 57, JW **38**, 657; and. Willms LK 11) einer *Bestrafung* oder der Verhängung einer *freiheitsentziehenden Maßregel* der Besserung und Sicherung bestanden haben, was im Hinblick auf eine mögliche Wiederaufnahme auch noch nach rechtskräftigem Freispruch der Fall sein kann (BGH MDR/H **83**, 280). Die Gefahr anderer als der in § 61 Nr. 1–3 genannten Maßregeln oder von Maßnahmen i. S. des § 11 I Nr. 8 genügt – i. U. zu § 258 V, VI – nicht, ebensowenig die Gefahr der Verfolgung wegen einer Ordnungswidrigkeit (Bay NJW **71**, 630 m. Anm. Groß S. 1620) oder eines Dienstvergehens, da hier keine „Bestrafung" droht (BT-Drs. 7/1261 S. 13, D-Tröndle 8, Lackner 2, Rudolphi SK 7, Willms LK 13; and. noch – inzwischen überholt – BGH GA **67**, 52, MDR/D **66**, 726, Bay **62**, 9).

b) Die vom Täter angenommene Gefahr muß wegen einer **vor der Falschaussage** bzw. dem **8** Meineid **liegenden Straftat** drohen (RG **62** 211, JW **38**, 657), wobei diese jedoch nicht wirklich begangen worden sein muß, da sich die Gefahr einer Strafverfolgung auch aus dem Bestehen eines falschen Verdachts ergeben kann (vgl. RG **69** 41, **75** 278, DR **40**, 1095, Köln JMBlNW **50**, 251). Vortat in diesem Sinn kann grundsätzlich jede Straftat sein (vgl. z. B. RG **75** 277: frühere Strafvereitelung, RG **72** 113: Betrug durch falsche Angaben im Unterhaltsprozeß). Eine Ausnahme gilt jedoch für vorangegangene Aussagedelikte des Täters in demselben Verfahren. Wird eine zunächst uneidliche Falschaussage *in derselben Instanz* falsch beschworen, so fehlt es, weil die Falschaussage in dem Meineid aufgeht und mit diesem eine Einheit bildet, an einer dem Meineid vorausgegangenen strafbaren Handlung, so daß Abs. 1 unanwendbar ist (BGH **5** 269, **8** 319 [GrS]). Dies gilt auch, wenn mit der uneidlichen Falschaussage ein weiteres Delikt tateinheitlich zusammentrifft (BGH **9** 121 m. Anm. Kaufmann JZ **56**, 605; and. wenn dieses nur ein Einzelakt einer fortgesetzten Handlung ist). Wird dagegen die uneidliche Falschaussage erst *in der zweiten Instanz* falsch beschworen oder wiederholt, so soll nach h. M. die Berufung auf Abs. 1 nur ausgeschlossen sein, wenn auf Grund eines Gesamtvorsatzes beide Delikte eine fortgesetzte Tat bilden, nicht aber bei Vorliegen von Tatmehrheit (BGH **8** 320f., MDR/H **80**, 984, Köln StV **88**, 538, Stuttgart NJW **78**, 711, Zweibrücken OLGSt § 153 **Nr. 1**, D-Tröndle 6, Lackner 2a, M-Schroeder II 189, Rudolphi SK 10, Welzel JZ **54**, 229, Willms LK 5; and. Busch GA **55**, 264: Abs. 1 immer anwendbar); entsprechend soll § 157 auch bei der Wiederholung einer Falschaussage im Wiederaufnahmeverfahren gelten (BGH MDR/H **83**, 280). Einzuwenden ist gegen die h. M. jedoch, daß die Anwendung oder Nichtanwendung des § 157 nicht von Konkurrenzfragen abhängen kann (vgl. dazu u. 11 sowie die Kritik von Bergmann aaO [o. 1] 99f.).

c) Nach der Vorstellung des Täters muß gerade die **richtige Bekundung** über das, was in der **9** Aussage falsch ist, die Gefahr der Strafverfolgung herbeiführen (RG **73** 310, BGH **7** 4), wenn auch erst in Verbindung mit der übrigen Sachlage (RG **75** 278, DR **36**, 690, Köln JMBlNW **50**, 251; zu mehrfachen Unrichtigkeiten in einer Aussage, bei denen die Voraussetzungen des

§ 157 10, 11

Abs. 1 nur z. T. gegeben sind, vgl. o. 5). Dabei muß nach dem Sinn der Vorschrift (vgl. o. 1) zwischen der Falschaussage und der drohenden Strafverfolgung ein unmittelbarer Zusammenhang in der Weise bestehen, daß gerade die in einer wahrheitsgemäßen Aussage liegende *Belastung* des Aussagenden selbst oder eines Angehörigen die Gefahr einer Bestrafung begründet. Nicht anwendbar ist Abs. 1 daher, wenn der Täter, ohne sich bzw. den Angehörigen durch eine wahrheitsgemäße Aussage belasten zu müssen, zum Zweck der Entlastung falsch aussagt (vgl. Bergmann aaO [o. 1] 83ff., Lackner 2d). Dasselbe gilt, wenn ein Zeuge nur deshalb falsch aussagt, weil er befürchtet, andernfalls von einem Dritten wegen einer von ihm begangenen anderen Straftat angezeigt zu werden (RG **64** 106, BGH **7** 4, Rudolphi SK 12, Willms LK 12). Dem Herbeiführen der Gefahr der Strafverfolgung durch eine wahrheitsgemäße Aussage steht die Steigerung einer bereits bestehenden Gefahr gleich; Abs. 1 kommt daher auch in Betracht, wenn gegen den Aussagenden wegen der fraglichen Tat bereits ein Strafverfahren eingeleitet ist (RG JW **35**, 2960) oder wenn sich bei einer bereits bekannten Tat für den Täter das Risiko erhöhen würde, daß der Verletzte Strafantrag stellen wird (vgl. RG **74** 206 m. Anm. Bruns DR 40, 1418).

10 d) Der Täter muß die Unwahrheit gesagt haben, **um** die Gefahr der Bestrafung usw. **abzuwenden,** d. h. er muß – ebenso wie in § 35 (vgl. dort 16) – unter dem Druck der Gefahr und zum Zweck ihrer Abwendung gehandelt haben, wobei das (Selbst-)Begünstigungsmotiv jedoch nicht der einzige und auch nicht der Hauptbeweggrund gewesen zu sein braucht (vgl. BGH **2** 379, **8** 317, NJW **53**, 1479, **88**, 2391, GA **59**, 176, **68**, 304, NStZ **86**, 105 [b. Meyer-Goßner], BGHR § 157, Selbstbegünstigung 1 u. 2); daß es von völlig untergeordneter Bedeutung ist, genügt allerdings nicht (vgl. Wagner MDR 59, 807 unter Hinweis auf BGH 4 StR 893/53 u. 5 StR 414/55; and. Willms LK 11). Ausreichend ist es, daß der Täter die vom Gesetz für die fragliche Tat vorgesehene Strafe abwenden will. Dies ist auch der Fall, wenn er nicht die Bestrafung überhaupt, sondern lediglich die nach einem strengeren Gesetz drohende Strafe vermeiden will (z. B. Bestrafung nur nach § 212 statt nach § 211). Das gleiche gilt, wenn er nur die Strafzumessung zu seinen Gunsten beeinflussen will (BGH **29** 298, Rudolphi SK 11, Wessels II/1 S. 158, Willms LK 12; and. Hamm NJW **59**, 1697), da auch hier der Konflikt bestehen kann, dem Abs. 1 Rechnung tragen soll (Furcht vor höher Strafe); auch liefe die Verweigerung der Vergünstigung nach Abs. 1 hier auf den guten Rat an den Täter hinaus, gleich so zu lügen, daß eine Bestrafung überhaupt ausgeschlossen ist. Erst recht ist Abs. 1 anwendbar, wenn der Täter, um eine mildere Bestrafung zu erreichen, von mehreren realkonkurrierenden Taten nur eine in Abrede stellt.

11 e) Zweifelhaft ist, ob Abs. 1 auch gilt, wenn der Täter den Aussagenotstand **schuldhaft herbeigeführt** hat. Nachdem BGH **5** 271 dies zunächst verneint hatte, nimmt die h. M. seit BGH **7** 332, **8** 318f. [GrS] an, daß auch ein vom Täter verschuldeter Aussagenotstand die Berufung auf Abs. 1 nicht ausschließe (vgl. außer BGH aaO z. B. BGH StV **87**, 196, Köln StV **88**, 538, Stuttgart NJW **78**, 711, Zweibrücken OLGSt § 153 **Nr. 1**, Bockelmann II/3 S. 25, D-Tröndle 6, Lackner 1, Welzel 532, Willms LK 5). Daran ist zwar richtig, daß Abs. 1 nicht schon wegen des Verschuldens der Vortat unanwendbar ist (diese ist ja Voraussetzung des § 157). Wohl aber ist dem Täter das Privileg des Abs. 1 zu versagen, wenn er die Zwangslage durch ein Verhalten provoziert hat, das, wie z. B. eine frühere Aussage, in spezifischer Weise die aktuelle Gefahr schafft, falsch aussagen oder schwören zu müssen (ebenso für die vorsätzliche Herbeiführung des Aussagenotstands Bergmann aaO [o. 1] 101ff., Rudolphi SK 14 [unter Hinweis auf die Grundsätze der actio libera in causa]). Da Abs. 1 auf dem Gedanken einer notstandsähnlichen Situation beruht, ergibt sich dies aus denselben, die Zumutbarkeit betreffenden Grundsätzen, die auch in § 35 bei einem Verschuldetsein der Notstandslage zum Ausschluß der Entschuldigung führen (weshalb der Hinweis in BGH **8** 318, daß das Notwehrrecht auch bei einer verschuldeten Notwehrlage bestehen bleibe, neben der Sache liegt). Auch die h. M. kann nicht umhin, auf diesen Gedanken dort zurückzugreifen, wo der Täter eine falsche Aussage anschließend beschwört und dabei irrig davon ausgeht, daß auch die zunächst uneidliche Falschaussage eine für sich bereits strafbare „Vortat" i. S. des § 157 sei (so ausdrücklich BGH **8** 319; vgl. o. 8). Dabei kann letztlich dahingestellt bleiben, ob hier – entsprechend dem Sinn des Privilegs – schon die Voraussetzungen des Abs. 1 zu verneinen sind; denn jedenfalls besteht kein Anlaß, in solchen Fällen von der Möglichkeit einer Strafmilderung usw. nach dem nur eine Kann-Regelung enthaltenden Abs. 1 Gebrauch zu machen (vgl. auch Willms LK 6, ferner Vormbaum aaO [vgl. vor § 153] 277, der hier freilich entsprechend § 35 I 2 eine Strafmilderung in den Grenzen des § 49 I für möglich hält). Entgegen der h. M. (vgl. o. 8) ist eine Strafmilderung daher auch zu versagen, wenn eine in der ersten Instanz gemachte uneidliche Falschaussage in der zweiten Instanz auf Grund eines neuen Vorsatzes wiederholt oder falsch beschworen wird, denn wer als Zeuge vor Gericht steht, muß in der Regel immer damit rechnen, daß er seine Aussage wiederholen oder jetzt oder später beschwören muß. Entsprechendes gilt, wenn der Täter im Ermittlungsverfahren vor der Polizei oder Staatsanwaltschaft falsch ausgesagt und sich dabei z. B. nach §§ 145d, 164, 185ff. strafbar gemacht hat. Auch ein vorausgegangenes strafbares Erbieten zum Meineid (§§ 154, 30 II) rechtfertigt keine Strafmilderung, wenn dieser dann später geschworen wird (and. RG JW **38**, 657, Stuttgart NJW **78**, 711, Lackner 2a, Willms LK 5). Dagegen schließt ein fahrlässiger Falscheid als Vortat die Anwendung des Abs. 1 nicht aus.

4. Liegen die Voraussetzungen des Abs. 1 vor oder kann dies nicht ausgeschlossen werden (BGH NJW **88**, 2391, GA **68**, 304), so **kann** das Gericht nach pflichtgemäßem Ermessen die **Strafe nach § 49 II mildern** (vgl. dort RN 8ff.) und im Fall des § 153 auch **ganz von Strafe absehen** (vgl. 54ff. vor § 38; zur Frage einer Strafschärfung vgl. BGHR § 157 I, Strafrahmenverschiebung 1, Zweibrücken OLGSt. § 153 **Nr. 1**). Bei der Frage, ob und inwieweit von dieser Möglichkeit Gebrauch gemacht werden soll, ist u. a. einerseits die Größe der befürchteten Gefahr bzw. des erstrebten Rechtsvorteils (vgl. BGH **29** 300), andererseits die Bedeutung der Aussage zu berücksichtigen. Besteht zwischen beiden ein eindeutiges Mißverhältnis (weitergehend Bergmann aaO [o. 1] 108: extremes Mißverhältnis), so besteht zu einer Strafmilderung usw. kein Anlaß. Dies gilt insbesondere, wenn durch die Falschaussage ein anderer gefährdet oder geschädigt wurde (z. B. Verurteilung eines Unschuldigen; näher Seibert NJW **61**, 1055, weitergehend für Strafmilderung jedoch Bergmann aaO 108). Andererseits kann der ersichtlich geringe Beweiswert einer erkennbar konfliktbehafteten Aussage für eine Strafmilderung usw. sprechen (noch weitergehend Montenbruck JZ **85**, 980ff.: „Ermessensreduzierung auf Null" i. S. einer Nichtbestrafung mit einer entsprechenden Belehrungspflicht [!] bei offenkundig tatverdächtigen Zeugen; vgl. dagegen Rudolphi SK 16, hier die 23. A. u. näher Bergmann aaO 93ff.). Abzusehen ist von einer Strafmilderung usw., wenn der Täter den Aussagenotstand selbst schuldhaft herbeigeführt hat (vgl. o. 11) oder wenn die Falschaussage nach aus seiner Sicht nicht das erforderliche Mittel zur Abwendung der Gefahr war. Dies zwar nicht schon deshalb der Fall, weil er sein Zeugnis- oder Auskunftsverweigerungsrecht kannte und über dieses sogar belehrt worden ist (RG **59** 61, BGH MDR/H **77**, 460, **78**, 986, NStZ **86**, 105 [b. Meyer-Goßner], BGHR § 157 I, Selbstbegünstigung 1; zum Auskunftsverweigerungsrecht vgl. aber auch Bergmann aaO 92ff.), wohl aber dann, wenn der Zeuge im Fall des § 52 StPO auch wußte, daß die Tatsache der Zeugnisverweigerung nicht gegen den Angeklagten verwertet werden darf, weil dann die von Abs. 1 vorausgesetzte Konfliktslage nicht mehr besteht (vgl. Bergmann aaO 91, Blei II 421). Ein Verstoß gegen das Doppelverwertungsverbot ist es, wenn Abs. 1 deshalb nicht angewandt wird, weil der Täter auch einen anderen zur Falschaussage angestiftet hat, er dafür aber bestraft worden ist (BGH MDR/H **80**, 984).

Ein mehrfaches Vorliegen der Voraussetzungen des Abs. 1 (z. B. Selbst- und Angehörigenbegünstigung) kann innerhalb des nach § 49 II herabgesetzten Strafrahmens noch einmal strafmildernd berücksichtigt werden (BGH **5** 377, GA **67**, 52, MDR/H **83**, 280, Stuttgart NJW **78**, 711, D-Tröndle 5). Dasselbe gilt bei einer Verurteilung nach § 153 für die Berücksichtigung eines Verfahrensmangels als weiterer Strafmilderungsgrund (vgl. BGH wistra **87**, 23). Im Verhältnis zu § 154 II kann das Vorliegen eines Eidesnotstandes entweder nur dort oder im Rahmen des § 157 I berücksichtigt werden (vgl. § 50 m. Anm.); dagegen ist die Strafe unter Berücksichtigung beider Milderungsgründe zu bestimmen, wenn sich ein minderschwerer Fall nach § 154 II aus anderen Umständen ergibt (z. B. Mängel bei der Vernehmung, BGH NStZ **84**, 134, AG Köln MDR **83**, 864; vgl. auch 24 vor § 153, § 154 RN 17). Auch § 158 ist neben Abs. 1 anwendbar (BGH **4** 176). Ist nicht festzustellen, ob von zwei verschiedenen Aussagen die eidliche oder die uneidliche falsch ist, so ist zwar nach § 153 zu verurteilen (vgl. § 1 RN 90), doch ist für die Strafzumessung die eidliche Aussage als falsch zu unterstellen, wenn dies nach Abs. 1 zu einer milderen Bestrafung führt (BGH **13** 70). Bei Idealkonkurrenz der §§ 153ff. mit anderen Delikten ist dabei für diese eventuell angedrohte höhere Mindeststrafe zu beachten, die auch bei Anwendung des Abs. 1 nicht unterschritten werden darf (Celle JZ **59**, 541 m. Anm. Klug; vgl. auch § 52 RN 34ff.); zur Frage, wie in derartigen Fällen zu verfahren ist, wenn nach Abs. 1 von Strafe abgesehen werden soll, vgl. § 52 RN 46. Für den Teilnehmer an einem unter den Voraussetzungen des Abs. 1 begangenen Aussagedelikt gilt § 28 II.

II. Unabhängig vom Vorliegen der Voraussetzungen des Abs. 1 ermöglicht **Abs. 2** eine Strafmilderung nach § 49 II oder das Absehen von Strafe, wenn ein **noch nicht Eidesmündiger uneidlich falsch ausgesagt** hat. Über diesen Fall hinaus muß Abs. 2 aber auch gelten, wenn ein noch nicht Eidesmündiger entgegen §§ 60 Nr. 1 StPO, 393 ZPO eidlich vernommen worden ist, weil seine Aussage hier prozessual nur als uneidliche verwertbar ist und insofern den Tatbestand des § 153 erfüllt (Rudolphi SK 17; dazu, daß § 154 hier ausscheidet, vgl. 25 vor § 153). Da für die infolge jugendlichen Alters noch Eidesunmündigen Jugendstrafrecht gilt, ist diese Regelung insoweit freilich praktisch gegenstandslos. Von Bedeutung ist sie jedoch für die übrigen in §§ 60 Nr. 1 StPO, 393 ZPO genannten Personen, auf die Abs. II analog anwendbar ist; auch gegen eine Analogie zugunsten von Teilnehmern bestehen hier keine Bedenken.

§ 158 Berichtigung einer falschen Aussage

(1) Das Gericht kann die Strafe wegen Meineids, falscher Versicherung an Eides Statt oder falscher uneidlicher Aussage nach seinem Ermessen mildern (§ 49 Abs. 2) oder von Strafe absehen, wenn der Täter die falsche Angabe rechtzeitig berichtigt.

(2) Die Berichtigung ist verspätet, wenn sie bei der Entscheidung nicht mehr verwertet werden kann oder aus der Tat ein Nachteil für einen anderen entstanden ist oder wenn schon gegen den Täter eine Anzeige erstattet oder eine Untersuchung eingeleitet worden ist.

(3) Die Berichtigung kann bei der Stelle, der die falsche Angabe gemacht worden ist oder die sie im Verfahren zu prüfen hat, sowie bei einem Gericht, einem Staatsanwalt oder einer Polizeibehörde erfolgen.

1 I. Die Vorschrift schafft **erweiterte Rücktrittsmöglichkeiten,** indem sie eine Strafmilderung nach § 49 II oder das Absehen von Strafe auch beim Rücktritt vom vollendeten Aussagedelikt zuläßt. Dadurch soll die Berichtigung falscher Aussagen gefördert werden, um so der Wahrheit zum Siege zu verhelfen und die aus einer Falschaussage drohenden Nachteile zu vermeiden. Mit Rücksicht auf diesen Gesetzeszweck ist die Bestimmung möglichst weit auszulegen (RG **67** 83, JW **37**, 1329, BGH NJW **51**, 727, **62**, 2164, Hamburg JR **81**, 383 m. Anm. Rudolphi).

2 1. Der **persönliche Anwendungsbereich** der Vorschrift ist i. U. zu § 157 nicht auf Zeugen und Sachverständige beschränkt, sondern schließt auch die Partei im Zivilprozeß usw. ein (RG **16** 29, HRR **38** Nr. 343). Ferner ist § 158 – gleichfalls abweichend von § 157 – analog auch auf Teilnehmer anzuwenden, wenn sie die Aussage des Täters berichtigen oder diesen erfolgreich zur Berichtigung veranlassen (h. M., z. B. BGH **4** 172, NJW **51**, 727, OGH **2** 165, D-Tröndle 2, Lackner 1, Rudolphi SK 2, Willms LK 2; and. noch RG DJ **36**, 290, JW **37**, 1329). Unter Berücksichtigung des Gesetzeszwecks muß dies auch gelten, wenn der Anstifter von vornherein unter gewissen Bedingungen eine Berichtigung der Aussage wollte, sofern sein Wille dann auch tatsächlich für die Berichtigung ursächlich geworden ist (Oldenburg NdsRpfl. **62**, 60). In gleicher Weise ist § 158 auf den Täter nach § 160 anwendbar.

3 2. In ihrem **sachlichen Anwendungsbereich** erfaßt die Vorschrift zunächst die Berichtigung nach *Vollendung* eines Aussagedelikts (zum fahrlässigen Falscheid vgl. § 163 II). Zum Zeitpunkt der Vollendung bei der uneidlichen Falschaussage vgl. § 153 RN 8, beim Meineid § 154 RN 15, bei der falschen eidesstattlichen Versicherung § 156 RN 19, bei der – obwohl in § 158 nicht ausdrücklich genannt – gleichfalls hierher gehörenden Verleitung zur Falschaussage § 160 RN 9. § 158 gilt aber auch für den *Versuch* (BGH **4** 175, D-Tröndle 2, Rudolphi SK 2, Willms LK 2), was heute freilich nur noch für die §§ 154, 159 bzw. 30 I, 160 von Bedeutung sein kann, und auch hier nur dann, wenn kein strafbefreiender Rücktritt nach §§ 24, 31 vorliegt (z. B. der erfolglose Anstifter berichtigt eine unabhängig von seiner Anstiftung gemachte Falschaussage). Dabei ist zu beachten, daß § 158 i. U. zu §§ 24, 31 keine Freiwilligkeit verlangt. Zur Erstreckung auf idealkonkurrierende Delikte vgl. u. 11.

4 II. Voraussetzung ist, daß der Täter (bzw. Teilnehmer) die **falschen Angaben** gegenüber bestimmten Stellen **rechtzeitig berichtigt.** Dies braucht nicht freiwillig zu geschehen; § 158 ist auch anwendbar, wenn erst die Gefahr der Entdeckung oder die mit Sicherheit drohende Anzeige die Berichtigung veranlaßt (RG **58** 184, **62** 304, BGH **4** 175).

5 1. **Berichtigung** ist die nicht formbedürftige, mündliche oder schriftliche, in der Regel ausdrückliche Erklärung, mit der eine ganz oder teilweise falsche Aussage durch eine richtige Darstellung ersetzt wird (BGH **9** 99, **18** 348, **21** 115, NJW **62**, 2164, MDR **66**, 1014, Hamm JMBlNW **80**, 65, Lackner 2, M-Schroeder II 191, Rudolphi SK 3). Erforderlich ist damit zweierlei: Eine in allen wesentlichen Punkten wahrheitsgemäße und vollständige Schilderung des Sachverhalts, wobei der Täter außerdem zu erkennen geben muß, daß er an seiner früheren Aussage nicht festhält. Nicht ausreichend ist daher der bloße Widerruf der früheren Aussage ohne Mitteilung des richtigen Sachverhalts – and. nur bei einem Zeugnisverweigerungsberechtigten, der zugleich ausdrücklich von seinem Zeugnisverweigerungsrecht Gebrauch macht (vgl. BGH StV **82**, 420), da er andernfalls entgegen dem Prozeßrecht zu einer Aussage gezwungen würde (ebenso Rudolphi SK 4) – oder die bloße Auskunftsverweigerung auf die Frage, ob eine frühere Aussage richtig sei (BGH **18** 348). Andererseits ist es auch keine Berichtigung, wenn später zwar eine richtige Darstellung gegeben, die falsche Aussage aber unberührt gelassen wird, weshalb bei der Berichtigung durch den Teilnehmer ein Hinweis auf die falsche Aussage des Täters erforderlich ist (BGH NJW **51**, 727). Das Abrücken von der früheren Aussage setzt kein Geständnis voraus, vielmehr muß es nach dem Zweck der Vorschrift auch genügen, wenn der Täter wahrheitswidrig erklärt, er habe sich bei seiner Aussage getäuscht oder er habe diese überhaupt nicht so gemacht (vgl. Hamburg JR **81**, 383 m. Anm. Rudolphi;

krit. dazu Dencker NStZ 82, 462). Soweit dadurch klare Verhältnisse geschaffen werden, kann die Berichtigung unter besonderen Umständen auch durch ein schlüssiges Verhalten erfolgen (sehr weitgehend jedoch Hamburg JR 81, 383). Bei Verfehlen der objektiven Wahrheit muß auch das ernsthafte Bemühen um eine wahrheitsgemäße Darstellung genügen (Willms LK 5f.; vgl. auch D-Tröndle 3; and. BGH 9 99), was keine Anerkennung der subjektiven Theorie (vgl. 4 vor § 153) bedeutet, sondern aus dem Zweck des § 158 folgt, der in möglichst umfassender Weise „dem Täter goldene Brücken bauen will" (BGH NJW 62, 2164) und dem es widersprechen würde, wenn rückkehrwillige Täter dadurch von einer Berichtigung abgehalten würden, daß ihnen das Privileg des § 158 trotz redlichen Bemühens um eine wahrheitsgemäße Darstellung versagt wird. Ist nicht festzustellen, ob die Berichtigung der Wahrheit entspricht, so ist § 158 schon nach dem Grundsatz „in dubio pro reo" anzuwenden, und zwar auch dann, wenn sie ihrerseits in einer der Wahrheitspflicht unterliegenden Aussage erfolgt (Bay NJW 76, 860 m. Anm. Stree JR 76, 470; i. E. auch Blei JA 76, 166, Küper NJW 76, 1828, nach denen sich dies – unabhängig vom Grundsatz in dubio pro reo – schon aus den Regeln über die Wahlfeststellung ergeben soll; and. Uibel NJW 60, 1893).

2. Adressat der Berichtigung müssen nach Abs. 3 **bestimmte Stellen** sein, nämlich wahlweise die Stelle, der die falsche Angabe gemacht worden ist oder die sie zu prüfen hat (Gericht, Staatsanwaltschaft oder Polizeibehörde). Bei einer falschen eidesstattlichen Versicherung nach § 807 ZPO gehört dazu auch der Gerichtsvollzieher (LG Berlin JR 56, 432). Die Berichtigung, deren Übermittlung auch durch einen Dritten erfolgen kann (RG 28 162), muß der fraglichen Stelle zugegangen sein (zum Risiko des rechtzeitigen Eingangs vgl. u. 7); die Kenntnisnahme durch den zuständigen Beamten ist nicht erforderlich (RG 61 125, 67 87).

3. Die Berichtigung muß **rechtzeitig** erfolgen. Die Rechtzeitigkeit ist an eine dreifache Voraussetzung geknüpft, indem das Gesetz in Abs. 2 die Berichtigung in drei Fällen als verspätet bezeichnet, nämlich 1. wenn sie bei der Entscheidung nicht mehr verwertet werden kann oder 2. wenn aus der Tat ein Nachteil für einen anderen entstanden ist oder 3. wenn gegen den Täter schon eine Anzeige erstattet oder eine Untersuchung eingeleitet worden ist. Ist objektiv keiner dieser die Rechtzeitigkeit ausschließenden Umstände gegeben, so ist ihre irrige Annahme für den Täter unschädlich; handelt er dagegen umgekehrt in Unkenntnis eines Sachverhalts, nach dem die Berichtigung i. S. des Abs. 2 verspätet ist, so ist nach den bei anderen Rücktrittsvorschriften (§§ 24, 31 usw.) geltenden und bei § 158 analog anzuwendenden Grundsätzen zu unterscheiden: Da im 1. und im 2. Fall der „Erfolg", der durch die Berichtigung verhindert werden soll, bereits eingetreten ist, kommt § 158 dem in Unkenntnis davon handelnden Täter nicht zugute; im 3. Fall hingegen, der nur den Sinn haben kann, die fehlende Freiwilligkeit der Umkehr zu kennzeichnen, muß § 158 auch auf den in Unkenntnis einer bereits erstatteten Anzeige usw. handelnden Täter anwendbar sein, zumal dies dem Zweck der Vorschrift entspricht, die Wahrheitsfindung zu fördern (ebenso § 442 III E 62, LG Detmold NStE **Nr. 1**, Bergmann aaO [§ 157 RN 1] 202f., Rudolphi SK 6, Vormbaum aaO [vgl. vor § 153] 281, Willms LK 9 u. näher Schröder, H. Mayer-FS 384; and. D-Tröndle 6, M-Schroeder II 190). Aus denselben Gründen trägt der Täter im 1. und 2. Fall das Risiko des rechtzeitigen Eingangs seiner Berichtigung, während im 3. Fall das rechtzeitige Absenden genügen muß (and. RG 61 123, 67 87, D-Tröndle 4).

a) **Bei der Entscheidung nicht mehr verwertbar** ist die Berichtigung, wenn sie bei der die Instanz abschließenden Sachentscheidung nicht mehr berücksichtigt werden kann (BGH JZ 54, 171, Hamm NJW 50, 359). Keine Entscheidung in diesem Sinn sind daher Beweisbeschlüsse, andere vorbereitende Entscheidungen oder eine Einstellungsverfügung durch die Staatsanwaltschaft (BGH aaO). Auf die Rechtskraft kommt es nicht an, weshalb eine erstinstanzliche Falschaussage in der zweiten Instanz nicht mehr mit den Folgen des § 158 berichtigt werden kann (Hamm aaO).

b) Ein **Nachteil ist aus der Tat für einen anderen entstanden,** wenn dieser, bedingt durch die Falschaussage usw., in seinen Rechten oder rechtlich geschützten Interessen nicht nur unerheblich beeinträchtigt worden ist (vgl. z. B. RG 45 302 [damals noch „Rechtsnachteil"], BGH NJW 62, 2164, D-Tröndle 8, Rudolphi SK 7, Willms LK 11; enger Vormbaum aaO 280: nur außerhalb dieser des Verfahrens sich auswirkende Nachteile). Eine ideelle Einbuße genügt nicht, ebensowenig eine bloße Gefährdung (RG 36 241, BGH NJW 62, 2164). Eine Verschlechterung der Beweislage ist noch kein Nachteil i. S. des § 158, weil eine solche mit jeder Falschaussage verbunden ist (BGH aaO), ebensowenig die durch die Falschaussage notwendig gewordene Beweiserhebung als solche, zumal sie auch zugunsten des Betroffenen ausgehen könnte (and. RG JW 34, 559; wie hier Willms LK 11). Als Nachteil i. S. des Abs. 2, der kein Vermögensnachteil zu sein braucht (RG 39 228), ist z. B. anzusehen. Erlaß eines ungünstigen Urteils oder einer einstweiligen Verfügung, Verhaftung, Erhebung der Anklage (RG 17 308), Einstellung der Zwangsvollstreckung, Erteilung eines Erbscheins (RG 39 225), Aufwendung von Kosten (RG

§ 159 1, 2   Bes. Teil. Falsche uneidliche Aussage und Meineid

70 144). Der „andere", für den der Nachteil entstehen muß, kann zwar auch der Staat sein, doch sind Beeinträchtigungen der Strafverfolgung (z. B. ungerechtfertigte Haftentlassung) kein Nachteil i. S. des § 158 (Lackner 3 b, Rudolphi SK 7, Willms LK 13; and. RG DR **39**, 1309). Für den erforderlichen Kausalzusammenhang genügt es, wenn die falsche Aussage eine der Ursachen des Nachteils war (RG **60** 160, HRR **28** Nr. 2236).

10   c) Die **Anzeige** bzw. **Untersuchung** gegen den Täter muß die falsche Aussage zum Gegenstand haben (RG **64** 217). Als *Anzeige* ist nur die von einem anderen gegen den Täter (nicht nur gegen „Unbekannt") erstattete Strafanzeige i. S. des § 158 StPO anzusehen; eine Selbstanzeige genügt nicht (RG **67** 88). Eine *Untersuchung* ist gegen den Täter eingeleitet, wenn es zu Maßnahmen der zuständigen Behörden gekommen ist, die erkennbar darauf gerichtet sind, ein Strafverfahren gegen ihn herbeizuführen (RG **62** 306). Dazu gehören auch die gerichtliche Anordnung einer Festnahme des Meineidsverdächtigen nach § 183 GVG (RG **73** 335) und Maßnahmen der Polizeibehörde aus eigener Initiative nach § 163 StPO (RG **67** 89), nicht dagegen die Protokollierung der verdächtigen Aussage in der Hauptverhandlung auf Antrag der Staatsanwaltschaft (RG **7** 154).

11   III. Liegen die genannten Voraussetzungen vor, so kann das Gericht nach seinem Ermessen die **Strafe nach § 49 II mildern** (vgl. dort RN 8 ff.) oder – hier i. U. zu § 157 auch beim Meineid – ganz **von Strafe absehen** (vgl. 54 ff. vor § 38). Obwohl vom Gesetz nicht ausdrücklich genannt, gilt dies auch für eine Bestrafung nach §§ 159, 160 (vgl. o. 3). Ferner sind diese Möglichkeiten auf solche idealkonkurrierenden Delikte zu erstrecken, welche die gleiche oder eine ähnliche Angriffsrichtung besitzen (insbes. §§ 145 d, 164, 257) und gegenüber dem Aussagedelikt nicht ins Gewicht fallen (vgl. LG Göttingen NdsRpfl. **51**, 40, Bottke, Strafrechtswissenschaftl. Methodik usw. bei der Lehre vom strafbefreienden usw. Täterverhalten [1979] 645; offengelassen von Celle JZ **59**, 542 m. Anm. Klug; and. Hamm JMBlNW **80**, 65, M-Schroeder II 190, Rudolphi SK 10, Willms LK 15). Dies entspricht nicht nur dem Gesetzeszweck, sondern ist auch deshalb unbedenklich, weil bei §§ 145 d, 164 die Regelung des § 158 ohnehin entsprechend gelten muß (vgl. § 145 d RN 24, § 164 RN 35) und bei § 257 jedenfalls eine Analogie zu den für Unternehmensdelikte geschaffenen besonderen Rücktrittsvorschriften möglich ist (§ 257 RN 27). Damit erledigt sich auch der Einwand einer ungerechtfertigten Privilegierung solcher Täter, die außer den genannten Taten zugleich noch ein Aussagedelikt begangen haben (so jedoch Rudolphi SK 10). Diskrepanzen ergeben sich hier nur gegenüber der Begünstigung, weil der Täter dort freiwillig zurückgetreten sein muß (entsprechend beim Versuch nach § 258); praktisch werden diese aber dadurch beseitigt, daß bei einer unfreiwilligen Berichtigung i. d. R. auch kein Anlaß zu einer Strafmilderung usw. wegen des Aussagedelikts bestehen dürfte (zur Bedeutung der für die Berichtigung maßgeblichen Motive vgl. auch Hamm JMBlNW **80**, 65, Bergmann aaO [§ 157 RN 1] 202). Schließlich muß die Rechtsfolgenregelung des § 158 auch auf eine sonst verbleibende Strafbarkeit nach §§ 30, 159 erstreckt werden (z. B. Berichtigung eines Meineids, zu dem sich der Täter zunächst erboten hatte), weil die Rücktrittsvorschrift des § 158 andernfalls sinnlos würde (and. Willms LK 15; vgl. auch Bottke aaO 645). Vgl. im übrigen auch § 157 RN 12.

§ 159 Versuch der Anstiftung zur Falschaussage

Für den Versuch der Anstiftung zu einer falschen uneidlichen Aussage (§ 153) und einer falschen Versicherung an Eides Statt (§ 156) gelten § 30 Abs. 1 und § 31 Abs. 1 Nr. 1 und Abs. 2 entsprechend.

1   I. Durch § 159 wird der auf Verbrechen beschränkte **Anwendungsbereich des § 30 I auf die Vergehenstatbestände der §§ 153, 156 erweitert,** während der Meineid selbst unmittelbar durch § 30 erfaßt wird. Seit dem 3. StÄndG vom 4. 8. 1963 bezieht sich § 159 nur noch auf die *versuchte Anstiftung*, nicht mehr auf die sonstigen Vorbereitungshandlungen des § 30. Diese werden daher nur beim Meineid über § 30 direkt erfaßt.

2   Die Regelung des § 159 ist insofern systemwidrig, als weder bei § 153 noch bei § 156 der Versuch strafbar ist, hier jedoch die versuchte Anstiftung zu diesen Delikten unter Strafe gestellt wird. Gerechtfertigt wird dies kriminalpolitisch mit der besonderen Gefährlichkeit der Anstiftung zu Aussagedelikten (vgl. Dreher JZ **53**, 425), wofür in der Tat sprechen kann, daß der Personalbeweis das nach wie vor wichtigste Beweismittel darstellt, bei diesem jedoch die typische Gefahr besteht, daß Parteien, Beschuldigte usw. durch entsprechende Beeinflussungen den Ausgang des Verfahrens in ihrem Sinn vorzuprogrammieren versuchen. Dies von vornherein zu unterbinden, braucht auch dann kein Wertungswiderspruch zu sein, wenn wegen der besonderen Situation bei der Aussage der Versuch durch die Aussageperson selbst zunächst straflos bleibt (vgl. dazu näher Vormbaum GA 86, 356 ff.), zumal diese – i. U. zum Anstifter – das Geschehen bis zum Schluß in der Hand behält. Zwingend ist dies zwar nicht, wohl aber liegt eine solche Regelung noch im Rahmen gesetzgeberischen Ermessens (vgl. Vormbaum aaO 359).

Versuch der Anstiftung zur Falschaussage 3–6 **§ 159**

II. Zum **Versuch der Anstiftung,** die hier auf die Bestimmung eines anderen zur Erstattung 3
einer uneidlichen Falschaussage oder zur Abgabe einer falschen eidesstattlichen Versicherung
gerichtet sein muß, vgl. zunächst § 30 RN 17 ff. Im vorliegenden Zusammenhang ist folgendes
hervorzuheben:

1. Voraussetzung ist zunächst, daß **keine vollendete vorsätzliche Tat** i. S. der §§ 153, 156 4
vorliegt. § 159 erfaßt jede in diesem Sinne nichtkausale Einwirkung auf den Täter, gleichgültig,
aus welchen Gründen die Anstiftung erfolglos geblieben ist, z. B. weil der die Aufforderung zu
einer Falschaussage enthaltende Brief den Zeugen überhaupt nicht oder erst nach der Vernehmung erreicht (RG **59** 272, 372), weil dieser der Aufforderung keine Folge leistet oder, ohne daß
der Täter dies wußte, bereits zur Falschaussage entschlossen war (RG **74** 304), weil es zu der
Vernehmung überhaupt nicht kommt, weil der Zeuge entgegen der Annahme des Anstifters
gutgläubig falsch aussagt (RG **64** 225, Karlsruhe Justiz **82**, 141) oder seine Aussage wahr ist (RG
64 224). § 159 ist aber auch anwendbar, wenn es infolge der Anstiftung zu einem straflosen
Versuch nach §§ 153, 156 gekommen ist (and. Vormbaum GA 86, 359 ff.); die Regelung des
§ 159 mag zwar nicht bruchlos „aufgehen", ein nicht mehr hinnehmbarer Wertungswiderspruch wäre es jedoch, wenn der Anstifter zwar bei einem von vornherein erfolglosen Anstiftungsversuch bestraft würde, mit einem Versuch der Haupttat aber wieder straffrei würde.
Ebenso entfällt eine Strafbarkeit nach § 159 nicht deshalb, weil es lediglich zu einem untauglichen Versuch kommt bzw. nach dem Inhalt der Einwirkung nur zu einem solchen kommen
könnte (vgl. RG **72** 81, **73** 313, HRR **39** Nr. 15, BGH **17** 305, D-Tröndle 4, Lackner 3, Rudolphi
SK 2 f., Schröder JZ 71, 563; and. BGH **24** 38 m. Anm. Dreher MDR 71, 410, Blei II 417, Krey
I 224, Vormbaum GA 86, 367, Wessels II/1 162 f., Willms LK 1; vgl. auch Tröndle GA 73, 337).
Dem Gesetzeswortlaut selbst ist eine solche Einschränkung an keiner Stelle zu entnehmen; aber
auch zu einer entsprechenden teleologischen Reduktion besteht kein Anlaß, weil ein wirksamer
Schutz der hier besonders empfindlichen Rechtspflege nur dann gewährleistet ist, wenn *jeder*
Versuch einer Beeinflussung von Zeugen usw. durch die an einem bestimmten Verfahrensaus-
gang Interessierten von vornherein unterbunden wird.

2. Anstiften ist gleichbedeutend mit Bestimmen i. S. des § 26. Ein **Versuch** der Anstiftung 5
liegt daher bereits vor, wenn der Anstifter zur Willensbeeinflussung des Täters, die den Tatentschluß hervorrufen soll, unmittelbar ansetzt. Dabei genügt es, wenn dem Täter nur die Richtung gewiesen wird, in der er falsch aussagen soll, die Einzeldarstellung im übrigen jedoch ihm
überlassen wird (vgl. RG JW **33**, 2217, **36**, 2655). Bestimmte Tatsachen, über die er unwahr
aussagen soll, brauchen nicht angegeben zu werden. Eine bloße Vorbereitungshandlung ist
dagegen z. B. die Einladung zu einem Gespräch, bei dem der andere zu einer Falschaussage
bestimmt werden soll (vgl. RG **67** 192).

3. Erforderlich ist der volle **Anstiftervorsatz,** der auf das Hervorrufen (also nicht nur Bestär- 6
ken, vgl. RG **74** 304) des Tatentschlusses und die Begehung einer Haupttat nach §§ 153, 156
durch die Beweisperson gerichtet sein muß. Zumindest i. S. eines bedingten Vorsatzes (vgl. RG
74 304) muß der Anstifter also zunächst sich vorstellen und wollen, daß der Zeuge den
objektiven Tatbestand der §§ 153, 156 in allen seinen Merkmalen verwirklicht, was auch bei der
Aufforderung zum Verschweigen (RG **49** 14), nicht aber zur grundlosen Zeugnisverweigerung
der Fall sein kann (vgl. auch Bay NJW **55**, 1120); darauf, ob diese Vorstellung richtig ist und die
Tat nach §§ 153, 156 überhaupt hätte begangen werden können (untauglicher Versuch),
kommt es nicht an (vgl. auch o. 4). Der Anstifter muß ferner wissen und wollen, daß die
Aussageperson *vorsätzlich* handelt. Geht er – zu Recht oder zu Unrecht – davon aus, der andere
sei gutgläubig, so ist lediglich § 160 anwendbar (vgl. dort RN 1, 9). Hält er dagegen die
gutgläubige Beweisperson fälschlich für bösgläubig, so kommt nach der im 83 vor § 25 vertretenen Auffassung nur versuchte Anstiftung (§§ 30 I, 159) in Betracht, und zwar auch dann,
wenn der andere dann tatsächlich falsch aussagt bzw. schwört (i. E. auch Gallas, Engisch-FS 620,
Lackner 4, M-Schroeder II 186, Willms LK 3; and. D-Tröndle § 160 RN 3 [vollendete Anstif-
tung], Hruschka JZ 67, 210, Hruschka/Kässer JuS 72, 713 f. [Idealkonkurrenz zwischen § 159
und § 160]). Nicht erforderlich ist dagegen, daß die Beweisperson nach der Vorstellung des
Anstifters *schuldhaft* handelt. Zwar begründet die Benutzung eines schuldlos (z. B. § 20) oder
entschuldigt (z. B. § 35) Handelnden als Werkzeug nach allgemeinen Grundsätzen mittelbare
Täterschaft; da diese aber von § 160 insoweit nicht erfaßt ist (vgl. dort RN 1), muß hier die nach
Akzessorietätsregeln mögliche Anstiftung den Vorrang vor der an sich gegebenen mittelbaren
Täterschaft haben, mit der Folge, daß der Hintermann nach § 26 bzw. nach §§ 30, 159 zu
bestrafen ist. Aus diesem Grund ist es auch gleichgültig, ob dieser z. B. die Beweisperson
fälschlich für schuldfähig gehalten hat, bzw. ob er umgekehrt irrig von deren Schuldunfähig-
keit ausgegangen ist (i. E. auch Gallas, Engisch-FS 606 f., Lackner 4, Rudolphi SK 4, Willms
LK 3; and. Schröder 17. A., RN 10 ff.; überholt RG **64** 225 [strenge Akzessorietät]).

Lenckner 1259

§ 160 1–3   Bes. Teil. Falsche uneidliche Aussage und Meineid

7   **III. Teilnahme** am Delikt des § 159 ist hier nur in der Form der Anstiftung zur versuchten Anstiftung möglich (vgl. Rudolphi SK 8). Straflos bleibt dagegen die erfolglose Anstiftung zur Anstiftung (z. B. derjenige, der als Anstifter gewonnen werden soll, weist das entsprechende Ansinnen zurück), da § 159 den § 30 I nur bezüglich der versuchten Anstiftung zu einer falschen Aussage usw. und nicht bezüglich der erfolglosen Anstiftung zur Anstiftung (vgl. § 30 I 2. Alt.) für entsprechend anwendbar erklärt (vgl. Vormbaum GA 86, 358; and. M-Schroeder II 184). Eine Beihilfe ist aus denselben Gründen wie bei § 30 straflos (vgl. dort RN 34; and. Willms LK 4).

8   **IV. Ein strafbefreiender Rücktritt** (§ 31 I Nr. 1, II) ist unter den gleichen Voraussetzungen möglich wie bei § 30 I; vgl. § 31 RN 3 ff.

9   **V. Konkurrenzen.** Ebenso wie § 30 gilt auch § 159 nur subsidiär. Kommt es infolge der Aufforderung zur geplanten Tat, so wird der Auffordernde nur nach § 26 i. V. mit §§ 153, 156 bestraft (BGH **1** 242, Blei II 417, D-Tröndle 7, Lackner 6). Dagegen bleibt § 159 anwendbar, wenn es lediglich zum – hier straflosen – Versuch kommt. Sagt der zum Meineid Angestiftete nur uneidlich falsch aus, so steht die versuchte Anstiftung zum Meineid (§ 30) mit Anstiftung zur falschen uneidlichen Aussage in Idealkonkurrenz (BGH **9** 131); vgl. weiter § 30 RN 39. Tateinheit ist möglich mit Beihilfe zu § 153 (D-Tröndle 7).

10 **VI. Die Strafmilderung** nach § 49 I ist, wie sich aus der Anwendbarkeit des § 30 I ergibt, obligatorisch (and. § 159 a. F.).

§ 160 Verleitung zur Falschaussage

(1) **Wer einen anderen zur Ableistung eines falschen Eides verleitet, wird mit Freiheitsstrafe bis zu zwei Jahren oder mit Geldstrafe bestraft; wer einen anderen zur Ableistung einer falschen Versicherung an Eides Statt oder einer falschen uneidlichen Aussage verleitet, wird mit Freiheitsstrafe bis zu sechs Monaten oder mit Geldstrafe bis zu einhundertachtzig Tagessätzen bestraft.**

(2) **Der Versuch ist strafbar.**

Schrifttum: Gallas, Verleitung zum Falscheid, Engisch-FS 600. – *Hruschka,* Anstiftung zum Meineid und Verleitung zum Falscheid, JZ 67, 210.

1   **I. Die Vorschrift schließt die Lücke,** die sich daraus ergibt, daß es sich bei den §§ 153 ff. nach Auffassung des Gesetzes um eigenhändige Delikte handelt, die deshalb nicht in mittelbarer Täterschaft begangen werden können. Nach allgemeinen Regeln würde § 160 damit außer der Verleitung einer gutgläubigen Aussageperson an sich auch die Fälle einer „mittelbaren Täterschaft" erfassen, in denen der Zeuge usw. zwar bösgläubig, aber aus anderen Gründen nicht verantwortlich ist (z. B. Schuldunfähigkeit, Verbotsirrtum, Aussage im entschuldigenden Notstand auf Grund einer entsprechenden Nötigung, vgl. § 25 RN 35 ff.). Daraus, daß § 160 mit seinem außerordentlich geringen Strafrahmen im Verhältnis zu den wesentlich strengeren §§ 153 ff. i. V. mit §§ 26, 30, 159 nur eine Ergänzungsfunktion haben kann (vgl. dazu Gallas aaO 606; and. Hruschka JZ 57, 210: § 160 als alle Fälle der Veranlassung einer Falschaussage umfassender Grundtatbestand), folgt jedoch, daß die Vorschrift selbständige Bedeutung nur dort hat, wo nach allgemeinen Regeln weder Anstiftung noch versuchte Anstiftung vorliegen kann (vgl. auch Arzt/Weber V 108, Rudolphi SK 4). Dies sind lediglich die Fälle, in denen der Hintermann die Beweisperson für gutgläubig hält, während im übrigen die hier zugleich vorliegende Anstiftung der „mittelbaren Täterschaft" nach § 160 vorgeht.

2   Für die Abgrenzung zur Anstiftung einschließlich des § 159 ergibt sich daraus: Der Hintermann ist wegen (versuchter) Anstiftung strafbar, wenn sein Wille darauf gerichtet ist, daß die Aussageperson wissentlich falsch aussagt; dagegen ist er nach § 160 strafbar, wenn sein Vorsatz dahingeht, daß der zu Verleitende gutgläubig (wenn auch möglicherweise fahrlässig, vgl. RG **68** 278, **70** 208) falsch aussagt. Ob die Beweisperson schuldhaft handelt oder nicht (§§ 17, 20, 35) und der Täter dies richtig einschätzt, ist dagegen unerheblich; hier bleibt es bei der Strafbarkeit nach §§ 26, 30, 159 i. V. mit dem betreffenden Aussagedelikt auch in den Fällen, die konstruktiv mittelbare Täterschaft wären (i. E. ebenso z. B. D-Tröndle 1, Gallas aaO 606, Lackner 2, Welzel 533, Willms LK 1, 3; and. Schröder 17. A., § 159 RN 10 ff., § 160 RN 1, 3: Bestrafung nach § 160 in allen Fällen einer wirklich oder vermeintlich fehlenden Verantwortlichkeit der Beweisperson).

3   Diese Regelung ist nur historisch zu begründen. Sie erklärt sich einmal daraus, daß bei Schaffung des StGB die Figur der mittelbaren Täterschaft noch nicht hinreichend geklärt und die Teilnahmeregelung des StGB damals auf dem Boden extremer Akzessorietät aufgebaut war. Vor allem aber wirkt in § 160 die Vorstellung des Meineids als Sakraldelikt nach, für die es etwas ganz anderes ist, ob ein Meineid oder nur unvorsätzlicher Falscheid geleistet wird, während die Gefährdung der Rechtspflege

durch letzteren mindestens ebenso groß ist. So privilegiert denn die Vorschrift die mittelbare Täterschaft „in unbegreiflichem Maße" (Binding Lehrb. 2 S. 167, Blei II 417, Rudolphi SK 2); sie hat „eine theoretisch wie praktisch gleich verkehrte Begünstigung der Herbeiführung einer falschen Aussage geschaffen" (v. Liszt-Schmidt 837). Das gilt erst recht für den Tatbestand der falschen uneidlichen Aussage. Was beim Meineid wegen des sakralen Charakters, der diesem ursprünglich beigelegt wurde, noch verständlich erscheint, ist bei der falschen uneidlichen Aussage als einem nur gegen die Rechtspflege gerichteten Delikt schlechthin sinnlos (vgl. dagegen aber Gallas aaO 607, der § 160 mit dem Fehlen des personalen Unrechts erklärt, das die vorsätzliche Tat als Verletzung der Pflicht zur Wahrhaftigkeit kennzeichne).

Bei § 160 ergeben sich im übrigen dieselben Probleme wie bei § 159 (vgl. dort 2), weil hier **4** die versuchte mittelbare Täterschaft nach Abs. 2 strafbar ist, obwohl nach den §§ 153, 156 die versuchte unmittelbare Täterschaft straflos bleibt. Daraus kann jedoch nicht gefolgert werden, daß Abs. 2 sich nur auf die versuchte Verleitung zum Meineid bezieht (so aber Hirsch JZ 55, 234), jedenfalls nicht, solange noch die versuchte Anstiftung zu §§ 153, 156 nach § 159 strafbar ist.

II. Zum **objektiven Tatbestand** gehört, daß jemand einen anderen zur Ableistung eines **5** falschen Eides oder zur Ableistung einer falschen Versicherung an Eides Statt oder zur Erstattung einer falschen uneidlichen Aussage verleitet.

1. Erforderlich ist, daß die Beweisperson den objektiven Tatbestand des **Meineids** (§§ 154, **6** 155), der **falschen Versicherung an Eides Statt** (§ 156) oder der **uneidlichen Falschaussage** (§ 153) verwirklicht. Bei der eidesstattlichen Versicherung genügt es, daß diese in der dem Gesetz entsprechenden Form mündlich oder schriftlich vor der zuständigen Behörde abgegeben worden ist; die Nichtigkeit der notariellen Beurkundung der Versicherung schließt die Anwendung des § 160 nicht aus (RG 76 138). Umstritten ist, ob die Aussageperson unvorsätzlich handeln muß, mit der Folge, daß nur Versuch vorliegt, wenn ein vermeintlich Gutgläubiger, in Wahrheit aber Bösgläubiger zu der Aussage bestimmt wird; vgl. dazu u. 9. Unerheblich ist dagegen, ob die Beweisperson schuldhaft handelt (vgl. o. 1 f.).

2. Verleiten bedeutet hier unter Berücksichtigung des o. 1 f. Gesagten die Einwirkung auf **7** einen anderen, eine Aussage usw. zu machen, die dieser – wenn auch fahrlässig – für richtig hält (vgl. RG **25** 213, **64** 225, Karlsruhe Justiz **82**, 141, Köln NJW **57**, 553, ferner die Nachw. o. 1 f.). Dies kann sowohl durch ein auf Täuschung angelegtes Verhalten als auch dadurch geschehen, daß der – jedenfalls nach der Vorstellung des Täters – bereits in einem Irrtum befindliche Zeuge usw. veranlaßt wird, seine Aussage zu machen (Willms LK 5). Die Verleitung zur falschen Versicherung an Eides Statt kann ferner darin bestehen, daß jemand bestimmt wird, ein Schriftstück zu unterzeichnen, von dem er nicht weiß, daß es eine Versicherung an Eides Statt enthält (RG **34** 298; and. Willms LK 5). Ein Verleiten kann auch durch Einschalten eines gutgläubigen Mittelsmannes erfolgen, wenn dieser dann entsprechend auf die Aussageperson einwirkt (RG **59** 371, D-Tröndle 1, Rudolphi SK 6, Willms LK 6). Keine Verleitung ist die bloße Unterstützung oder das Benennen eines Zeugen, der nach Vorstellung des Täters gutgläubig falsch aussagen wird.

III. Für den **subjektiven Tatbestand** ist zumindest bedingter Vorsatz erforderlich. Dieser **8** muß darauf gerichtet sein, daß der zu Verleitende eine bestimmte Tatsache aussagt, beschwört usw. und daß der Inhalt dieser Aussage unwahr ist. Darüber hinaus setzt der Vorsatz des § 160 voraus, daß der Täter annimmt, der zu Verleitende handle unvorsätzlich (andernfalls Anstiftung bzw. versuchte Anstiftung, vgl. § 159 RN 6). Über den Vorsatz bei der Verleitung zu einer falschen eidesstattlichen Versicherung vgl. RG JW **38**, 1159.

IV. Der Tatbestand ist erst **vollendet**, wenn der Eid wirklich geleistet, die Aussage gemacht **9** oder die eidesstattliche Versicherung abgegeben ist. Kommt es aus irgendeinem Grunde nicht dazu – sei es, daß schon die Einwirkung erfolglos geblieben ist, sei es, daß das Aussagedelikt nicht vollendet wurde –, so liegt ein nach Abs. 2 strafbarer Versuch vor. Sollte die Beweisperson zu einem Meineid verleitet werden, kommt es dann aber nach der falschen Aussage nicht zur Eidesleistung, so ist der Täter wegen vollendeter Verleitung zur Falschaussage in Tateinheit mit versuchter Verleitung zum Falscheid zu bestrafen. Nicht Versuch, sondern Vollendung liegt jedoch vor, wenn die Beweisperson ihre Aussage entgegen der Annahme des Täters bösgläubig macht, weil deren Vorsatztat als das maius die von dem Täter gewollte unvorsätzliche Tat einschließt (BGH **21** 116, Frank § 159 IV, Hruschka JZ 67, 210, Kohlrausch-Lange III, Lackner 3a, Rudolphi SK 4, Vormbaum aaO [vgl. vor § 153] 300f., Wessels II/1 S. 163; and. [Versuch] RG **11** 418, JW **34**, 1175, Bockelmann II/3 S. 34, D-Tröndle 3, Gallas aaO 619, Krey I 218, M-Schroeder II 187; vgl. auch Willms LK 2); zum umgekehrten Fall – die Beweisperson ist entgegen der Annahme des Täters gutgläubig – vgl. § 159 RN 6.

§ 163 1–4   Bes. Teil. Falsche uneidliche Aussage und Meineid

10   V. Der **Versuch** ist in allen Fällen des § 160 strafbar (and. Hirsch JZ 55, 234). Dies gilt auch für den untauglichen Versuch, wenn die Behörde z. B. entgegen der Vorstellung des Hintermannes nicht zuständig (Arzt/Weber V 112, Rudolphi SK 8; and. Willms LK 7; and. bei „umgekehrtem" Subsumtionsirrtum, vgl. § 154 RN 15) oder die geleistete Aussage nicht falsch war. Dagegen ist die Einwirkung auf eine Mittelsperson bloße Vorbereitung (RG **45** 286, Willms LK 7).

11   VI. **Teilnahme** ist möglich durch Anstiftung oder Beihilfe.

§ 161 [Nebenstrafen]; *gestrichen durch das 1. StrRG vom 25. 6. 1969, BGBl. I S. 645.*

§ 162 [Eidesbruch]; *gestrichen durch Gesetz vom 4. 8. 1953, BGBl. I S. 735.*

§ 163 Fahrlässiger Falscheid; fahrlässige falsche Versicherung an Eides Statt

(1) Wenn eine der in den §§ 154 bis 156 bezeichneten Handlungen aus Fahrlässigkeit begangen worden ist, so tritt Freiheitsstrafe bis zu einem Jahr oder Geldstrafe ein.

(2) Straflosigkeit tritt ein, wenn der Täter die falsche Angabe rechtzeitig berichtigt. Die Vorschriften des § 158 Abs. 2 und 3 gelten entsprechend.

Schrifttum: Engisch, Die Verletzung der Erkundigungspflicht, ZStW 52, 661. – *Mannheim,* Fahrlässiger Falscheid, Frank-FG II 315. – *Neumann,* Der fahrlässige Falscheid, 1937. – *Vormbaum,* Der strafrechtliche Schutz des Strafurteils, 1987. – Vgl. ferner die Angaben vor Vorbem. zu §§ 153 ff.

1   I. In Anknüpfung an die §§ 154–156 stellt die Vorschrift den **fahrlässigen Falscheid** und die **fahrlässige falsche Versicherung an Eides Statt** unter Strafe (krit. dazu Mannheim aaO 318; vgl. auch Willms LK 1, der äußerste Zurückhaltung bei der Anwendung der Vorschrift empfiehlt und mit Recht auf § 153 StPO hinweist, wo Unzulänglichkeiten der Vernehmung im Spiel gewesen sein könnten). Nicht strafbar ist dagegen die fahrlässige uneidliche Falschaussage (krit. dazu Rudolphi SK 1). Bei eidlichen Vernehmungen und eidesstattlichen Versicherungen ist § 163 auch anwendbar, wenn der Vorsatz nach §§ 154, 156 möglich, aber nicht nachweisbar ist und den Täter bei dem zu seinen Gunsten unterstellten Vorsatzmangel jedenfalls der Vorwurf der Fahrlässigkeit trifft (vgl. RG **41** 390, D-Tröndle 1; i. E. auch BGH **4** 340 [Wahlfeststellung]; vgl. näher dazu § 1 RN 91 f.). Nicht strafbar nach § 163 sind Dritte, die durch unzutreffende Informationen einen Falscheid usw. verursachen, da auch der Tatbestand des § 163 (eigenhändiges Delikt) nur von dem Aussagenden selbst verwirklicht werden kann (Schröder, v. Weber-FS 238).

2   II. Der **fahrlässige Falscheid** setzt zunächst den *objektiven Tatbestand* des § 154 voraus (vgl. § 154 RN 2 ff.). *Fahrlässigkeit* liegt vor, wenn der Täter schuldhaft eine Sorgfaltspflicht verletzt und deshalb nicht erkannt hat, daß sein Verhalten den objektiven Tatbestand des § 154 verwirklicht (vgl. näher zur Fahrlässigkeit § 15 RN 105 ff. und speziell zu § 163 Boldt ZStW 55, 66; zu den Anforderungen an das Urteil bezüglich der Feststellungen zur Fahrlässigkeitsschuld vgl. BGH GA **54**, 118, Koblenz JR **84**, 422 m. Anm. Bohnert). Dabei bestehen jedoch, was den Inhalt der Sorgfaltspflicht betrifft, bei den von § 163 erfaßten Beweispersonen je nach ihrer prozessualen Rolle nicht unerhebliche Unterschiede. Entsprechend kann hier auch Fahrlässigkeit in unterschiedlichem Umfang gegeben sein.

3   1. Der **Zeuge** ist grundsätzlich nur zur Konzentration *während der Vernehmung* verpflichtet (vgl. aber auch Dedes JR 83, 99), nicht aber dazu, sich durch Nachforschungen, Auffrischung des Gedächtnisses usw. auf die Vernehmung vorzubereiten. Auch der Vorwurf der Fahrlässigkeit kann beim Zeugen daher nur auf ein vorwerfbar sorgfaltswidriges Verhalten bei der Vernehmung und Eidesleistung selbst gestützt werden (h. M., z. B. RG **62** 129, JW **36**, 260, BGH MDR/D **53**, 597, Celle NJW **57**, 1609, D-Tröndle 4, M-Schroeder II 181, Rudolphi SK 5, Vormbaum aaO 308, Willms LK 6). Dasselbe gilt für sachverständige Zeugen (Bay NJW **56**, 601). Nur ausnahmsweise haben auch Zeugen eine der Vernehmung vorausgehende Vorbereitungspflicht, wenn sie in amtlicher Eigenschaft in der fraglichen Sache tätig gewesen sind und über die dabei gemachten Wahrnehmungen aussagen sollen (z. B. Staatsanwälte, Polizeibeamte; vgl. z. B. Köln NJW **66**, 1421, Lackner 2a, Vormbaum aaO, Willms LK 7; and. Nöldeke NJW **79**, 1644), ferner die sog. Augenscheinsgehilfen (Rudolphi SK 5; zum Begriff vgl. K-Meyer 5 vor § 72). Davon abgesehen aber gilt folgendes:

4   a) Die Fahrlässigkeit kann bezüglich tatsächlich gemachter Wahrnehmungen (vgl. Bay NJW **56**, 601, Koblenz JR **84**, 422 m. Anm. Bohnert) zunächst in der **mangelhaften Gedächtnisanspannung** bei der Aussage liegen, etwa darin, daß der Zeuge gewissermaßen aufs Geratewohl aussagt (RG **42** 237, JW **28**, 721, BGH GA **73**, 376) oder daß er eine objektiv unwahre Tatsache als sicheres Erinnerungsbild bezeichnet, obwohl er sich sagen kann und muß, daß er sie nicht als sicheres Wissen beschwören darf (BGH MDR/D **53**, 597, Köln MDR **80**, 421; ist sich der Täter dagegen bewußt, daß er sich irren kann, so kann bedingter Vorsatz vorliegen, BGH aaO). Dabei ist jedoch zu beachten, daß ein Erinnerungsirrtum so fest eingewurzelt sein kann, daß er durch bloße Willensanspannung nicht zu beseitigen ist. Hier entfällt auch Fahrlässigkeit (RG **57** 234, **63** 372, JW **29**, 778, BGH GA **67**, 215, **73**, 376, EzSt § 154 **Nr. 3**, Bay NJW **56**, 601), es sei denn, daß der Zeuge konkrete Anhaltspunkte oder Gedächtnishilfen schuldhaft nicht benutzt hat, die sich ihm im Augenblick der Aussage erkennbar boten und deren Berücksichtigung bei ihm zumindest Zweifel an der Zuverlässigkeit seiner Erinnerung und damit an der Richtigkeit seiner Aussage geweckt hätten (z. B. RG **57** 234, **62** 126, JW **36**, 260, BGH GA **54**, 118, **67**, 215, **73**, 377, Karlsruhe GA **71**, 60, Köln MDR **80**, 421). Der bloße Vorhalt, die Aussage sei unglaubhaft, ist dafür aber keineswegs immer ausreichend (vgl. Schleswig SchlHA **54**, 60). Erst recht ist der Zeuge nicht verpflichtet, das Gericht anzuregen, daß ihm Vorhalte aus den Akten gemacht werden (Köln NJW **66**, 1420).

b) Die Fahrlässigkeit kann auch darin liegen, daß der Zeuge erkennbare **Fehlerquellen seiner** 5 **Wahrnehmung** oder seiner Erkenntnismittel bei der Aussage nicht berücksichtigt, z. B. seine Trunkenheit, Erregung, die Dunkelheit z. Z. der Wahrnehmung oder die Kürze der Beobachtungszeit außer acht läßt (vgl. RG **25** 124, DJ **35**, 966, JW **39**, 87). Wer sein Wissen auf die Mitteilung anderer Personen stützt, muß mögliche Zweifel an deren Zuverlässigkeit mitteilen (Bremen NJW **60**, 1827). Allgemein gilt hier, daß der Zeuge die im nachhinein gegen die Richtigkeit seiner Vorstellung sprechenden Anhaltspunkte umso eher berücksichtigen und sich mit diesen ernsthaft auseinandersetzen muß, je geringer die Qualität der ursprünglichen Wahrnehmungsvoraussetzungen war (vgl. Koblenz JR **84**, 422 m. Anm. Bohnert).

c) Die Fahrlässigkeit kann weiter darin bestehen, daß der Zeuge sein an sich zutreffendes 6 Erinnerungsbild **nicht richtig wiedergibt** und so etwas anderes beschwört, als er beschwören will. Hierher gehören z. B. die Fälle, in denen der Zeuge sich verspricht, sich mißverständlich ausdrückt oder etwas vergißt, was er an sich sagen wollte. Wird der Inhalt eines Vernehmungsprotokolls beschworen, so muß der Zeuge beim Verlesen des Protokolls auf etwaige Fehler achten. Im übrigen ist die Niederschrift einer Aussage jedoch Sache des Gerichts (vgl. aber auch RG JW **32**, 3073), weshalb keine Pflicht zu besonderer Aufmerksamkeit besteht, wenn der Richter ein anschließend nicht verlesenes Protokoll laut diktiert (BGH NJW **59**, 1834).

d) Möglich ist auch, daß der Zeuge eine bewußt unwahre oder unvollständige Aussage 7 **fahrlässig beschwört**. Dies ist insbesondere der Fall, wenn der Zeuge fälschlich annimmt, die den Eid abnehmende Stelle sei hierfür nicht zuständig, ferner wenn er sich über den Umfang der Wahrheits- und Eidespflicht irrt, z. B. glaubt, der Eid umfasse nicht die Angaben zur Person (RG **60** 408); zur Erkundigungspflicht bei Zweifeln über den Umfang des Eides vgl. BGH JZ **51**, 726, NJW **55**, 639.

2. Den **Sachverständigen** trifft nicht nur eine Sorgfaltspflicht während der Erstattung seines 8 Gutachtens, sondern auch eine Vorbereitungspflicht vor seiner Vernehmung; entsprechend kann sich die Fahrlässigkeit daher auch aus der mangelhaften Vorbereitung ergeben (D-Tröndle 6, Lackner 2a, Rudolphi SK 10, Vormbaum aaO 308, Willms LK 16; and. Frank I).

3. Entsprechend ihrer Pflicht, durch eine redliche und sorgfältige Prozeßführung die Rechts- 9 findung zu erleichtern, ist – i. U. zum Zeugen – auch die **Partei** im Zivilprozeß usw. verpflichtet, sich auf ihre Vernehmung nach §§ 445 ff. ZPO vorzubereiten, zumal sie diese jederzeit verweigern kann (vgl. RG HRR **38** Nr. 631, Lackner 2a, M-Schroeder II 180, Rudolphi SK 9, Willms LK 8f.; and. D-Tröndle 4). Hier ist § 163 daher auch anwendbar, wenn sich die Partei nicht vorher an Hand ihrer Geschäftsunterlagen über den Vernehmungsgegenstand informiert und deshalb falsche Angaben macht, die sie anschließend beschwört. Zur Fahrlässigkeit bei der Vernehmung selbst gilt Entsprechendes wie beim Zeugen (RG HRR **38** Nr. 631; vgl. o. 3ff.).

III. Zur **fahrlässigen falschen Versicherung an Eides Statt** vgl. hinsichtlich des *objektiven* 10 *Tatbestands* § 156 RN 3ff. Die *Fahrlässigkeit* kann zunächst in einer Nachlässigkeit bei der Abgabe der Erklärung selbst liegen (vgl. o. 4ff.), z. B. darin, daß der Täter die Unrichtigkeit der ihm vorgelegten eidesstattlichen Erklärung hätte erkennen können oder daß er ein Schriftstück mit einer eidesstattlichen Versicherung unterschreibt, ohne dessen Inhalt geprüft zu haben (entgegen RG **21** 198, **34** 298, **70** 267 jedoch nicht, wenn der Unterzeichner nicht einmal weiß, daß das Schriftstück eine eidesstattliche Versicherung enthält; vgl. RG **15** 150, Willms LK 19). Darüber hinaus besteht bei eidesstattlichen Versicherungen, die freiwillig abgegeben werden, aber auch die Pflicht, vorher Erkundigungen einzuziehen, wenn hierzu Anlaß besteht (Celle NJW **57**, 1609, KG JR **66**, 189, Karlsruhe GA **71**, 59, D-Tröndle 7, Lackner 2a); ist dies nicht möglich, so muß der Täter seine Zweifel zum Ausdruck bringen oder von einer Erklärung überhaupt absehen (KG aaO). Ebenso besteht bei der eidesstattlichen Versicherung nach § 807 ZPO eine umfassende Vorbereitungs- und Aufklärungspflicht, die sich auch darauf beziehen kann, daß der Schuldner bei rechtlichen Zweifeln Erkundigungen einholt (RG **27** 267, HRR **38** Nr. 1077, BGH JZ **51**, 726, NJW **55**, 639, LM **Nr. 1**). Im Fall des § 883 ZPO muß der Erklärende zwar keine Erkundigungen nach dem Verbleib der Sache anstellen, wohl aber muß er alle für ihre Auffindung dienlichen Anhaltspunkte angeben (RG LZ **25**, 1225).

11   IV. Die **rechtzeitige Berichtigung**, deren Voraussetzungen denen des § 158 entsprechen (vgl. dort RN 4ff.), führt hier – i. U. zu § 158 – zwingend zur Straflosigkeit.

12   V. **Konkurrenzen**. Ist eine beschworene Aussage z. T. vorsätzlich, z. T. fahrlässig falsch erstattet worden, so geht § 163 in § 154 auf. Tateinheit ist möglich zwischen fahrlässigem Falscheid und falscher uneidlicher Aussage (BGH **4** 214; vgl. § 153 RN 12).

13   VI. Nach BGH **4** 341 soll zwischen § 154 und § 163 Wahlfeststellung möglich sein (vgl. dagegen § 1 RN 95 f. und o. 1).

Zehnter Abschnitt. Falsche Verdächtigung

§ 164 Falsche Verdächtigung

(1) **Wer einen anderen bei einer Behörde oder einem zur Entgegennahme von Anzeigen zuständigen Amtsträger oder militärischen Vorgesetzten oder öffentlich wider besseres Wissen einer rechtswidrigen Tat oder der Verletzung einer Dienstpflicht in der Absicht verdächtigt, ein behördliches Verfahren oder andere behördliche Maßnahmen gegen ihn herbeizuführen oder fortdauern zu lassen, wird mit Freiheitsstrafe bis zu fünf Jahren oder mit Geldstrafe bestraft.**

(2) **Ebenso wird bestraft, wer in gleicher Absicht bei einer der im Abs. 1 bezeichneten Stellen oder öffentlich über einen anderen wider besseres Wissen eine sonstige Behauptung tatsächlicher Art aufstellt, die geeignet ist, ein behördliches Verfahren oder andere behördliche Maßnahmen gegen ihn herbeizuführen oder fortdauern zu lassen.**

Schrifttum: Becker, Die falsche Anschuldigung, DStR 43, 33. – *Blei,* Falsche Verdächtigungen durch Beweismittelfiktion, GA 57, 139. – *Britsch,* Strafrechtsreform im Einführungsgesetz? Die falsche Verdächtigung, JZ 73, 351. – *Deutscher,* Falsche Verdächtigung eines Schuldigen, JuS 88, 526. – *Evers,* Sprengung an der Celler Gefängnismauer: Darf der Verfassungsschutz andere Behörden und die Öffentlichkeit täuschen?, NJW 87, 153. – *Geerds,* Kriminelle Irreführung der Strafrechtspflege, Jura 85, 617. – *Geilen,* Grundfragen der falschen Verdächtigung, Jura 84, 251, 300. – *Heilborn,* Falsche Anschuldigung, VDB III, 105. – *Hirsch,* Zur Rechtsnatur der falschen Verdächtigung, Schröder-GedS 307. – *Köhler,* Die falsche Verdächtigung, GS 111, 289. – *Langer,* Die falsche Verdächtigung, 1973. – *ders.,* Verdachtsgrundlage und Verdachtsurteil – Zum Begriff des „Verdächtigens" gemäß § 164 StGB, Lackner-FS 541. – *ders.,* Aktuelle Probleme der falschen Verdächtigung, GA 87, 289. – *ders.,* Zur Falschheit des Verdächtigens gemäß § 164 Abs. 1 StGB, Tröndle-FS 265. – *Schilling,* Die falsche Verdächtigung nach § 164 StGB, GA 84, 345. – *ders.,* Zur Auslegung des § 164 StGB, A. Kaufmann-GedS 595. – *Schmitt,* Zur Problematik der „Aufklärungsanzeige", NJW 60, 569. – *Schröder,* Zur Rechtsnatur der falschen Anschuldigung, NJW 65, 1888. – *Simon,* Das Wesen der falschen Anschuldigung, 1939 (StrAbh. 401). – *Tiedemann,* Strafanzeigen durch Behörden und Rehabilitierung Verdächtiger, JR 64, 5.

1   I. Der Vorschrift, die wiederholt, zuletzt durch das 1. StrRG v. 25. 6. 1969 und das EGStGB geändert worden ist (vgl. die 19. A. und näher Britsch JZ 73, 351, Langer aaO 13ff.), liegen nach h. M. **zwei Rechtsgüter** zugrunde: Sie schützt zunächst die Funktionsfähigkeit der innerstaatlichen *Rechtspflege* i. w. S. vor Beeinträchtigungen dadurch, daß Behörden durch falsche Verdächtigungen zu nutzlosen Ermittlungs- oder sonstigen Maßnahmen veranlaßt werden; geschützt werden soll aber auch der *einzelne* davor, das Opfer ungerechtfertigter staatlicher Maßnahmen zu werden (vgl. z. B. BGH **5** 68, **9** 242, **14** 244, **18** 333, LM **Nr. 1**, NJW **52**, 1385, GA **62**, 1, JR **65**, 306, Bay NJW **86**, 441, Düsseldorf NJW **62**, 2163, KG JR **63**, 351, Köln NJW **52**, 1, Arzt/Weber V 117, Bockelmann II/3 S. 38, D-Tröndle 2, Geilen Jura 84, 251, Herdegen LK 1ff., Krey I 225, Lackner 1, Wessels II/1 S. 142f., Welzel 521; and. die „Rechtspflegetheorie" und die „Individualgutstheorie", vgl. dazu u. 2). Dieses Nebeneinander der beiden Schutzzwecke ist jedoch nicht kumulativ (so z. B. Frank I; dagegen Hirsch aaO. 320f.), sondern **alternativ** in dem Sinn zu verstehen, daß schon die Verletzung nur eines von ihnen für die Tatbestandserfüllung ausreicht (h. M., vgl. u. und näher Schröder NJW 65, 888; krit. zu dieser „Alternativitätstheorie" jedoch Hirsch aaO 310ff., Langer, Verdächtigung 36ff., Rudolphi SK 2). Nur so läßt sich rechtfertigen, daß § 164 einerseits auch bei einem Einverständnis des Verdächtigten anwendbar ist (Schutz der Rechtspflege; vgl. u. 23), andererseits aber auch dann, wenn ein Inländer bei einer ausländischen – und daher nicht geschützten – Behörde falsch verdächtigt wird (Schutz des Angeschuldigten; vgl. u. 25).

2   Demgegenüber soll nach der „Rechtspflegetheorie" ausschließlich die Rechtspflege das Schutzobjekt des § 164 und der Schutz des einzelnen nur ein Reflex hiervon sein (so z. B. RG **23** 373, **29** 54, **59**

35, **60** 317, ferner Langer, Verdächtigung 64, Rudolphi SK 1, ähnlich M-Schroeder II 315). Doch spricht dagegen schon das dem Verletzten in § 165 gewährte Antragsrecht, das bei Annahme eines bloßen Rechtspflegedelikts nicht erklärt werden kann, weil – entgegen Langer, Verdächtigung 48 – ein bloßer „Schutzreflex" den nur mittelbar Betroffenen hier ebensowenig zum „Verletzten" macht wie sonst nach § 77. Aber auch die Ergebnisse dieser Auffassung sind unbefriedigend, weil sie die falsche Verdächtigung eines Inländers bei einer ausländischen Behörde straflos lassen muß (näher zur Kritik Hirsch aaO 312ff., ZStW 89, 932ff.). Umgekehrt vermag jedoch auch die „Individualgutstheorie", nach der ausschließlich der Angeschuldigte geschützt sein soll, § 164 nicht zu erklären (so aber Hirsch aaO 321 m. Nachw. aus der älteren Lit., Schmidhäuser II 72, Vormbaum, Der strafrechtliche Schutz des Strafurteils [1987] 451ff., 458). Gegen sie spricht, abgesehen von der systematischen Stellung (vgl. auch § 444 E 62), daß § 164 für die Fälle des Abs. 1 und des Abs. 2 dieselbe Strafe vorsieht, obwohl der Denunzierte durch eine Tat nach Abs. 1 i. d. R. ungleich schwerer getroffen werden kann als durch eine solche nach Abs. 2. Hinzukommt, daß nach der „Individualgutstheorie" die mit Einverständnis des Betroffenen erfolgte Falschverdächtigung nur nach § 145 d bestraft werden kann, was zur Folge hat, daß Behörden insbesondere für den gesamten Bereich des Abs. 2 in solchen Fällen strafrechtlich schutzlos sind. Der Hinweis, daß auch falsche Selbstbezichtigungen nur im Rahmen des § 145 d erfaßbar seien (Hirsch aaO 318f., 328), übersieht, daß bei kollusivem Zusammenwirken von Täter und „Betroffenem" ein besonders übles Spiel mit den Behörden getrieben wird und die Gefahr einer Irreführung hier auch größer ist als bei einer bloßen Selbstbezichtigung (vgl. auch BGH **5** 68, Langer, Verdächtigung 57, GA 87, 292ff., M-Schroeder II 315).

II. Der **objektive Tatbestand** setzt eine Verdächtigung bestimmter Art (Abs. 1) oder das **3** Aufstellen tatsächlicher Behauptungen bestimmter Art (Abs. 2) voraus, wobei diese Handlungen entweder gegenüber bestimmten Stellen oder öffentlich erfolgen müssen. Abs. 1 ist lex specialis gegenüber Abs. 2; soweit Behauptungen sich auf strafbare Handlungen oder die Verletzung einer Dienstpflicht beziehen, ist nur Abs. 1 anwendbar (RG JW **35**, 864, HRR **38** Nr. 1568, Frankfurt HESt. **2** 258, Köln NJW **52**, 117, Herdegen LK 4, Rudolphi SK 3).

1. Abs. 1 erfaßt die **Verdächtigung** (zu deren Unwahrheit vgl. u. 15ff.), die eine **rechtswid-** **4** **rige Tat** oder eine **Dienstpflichtverletzung** zum Inhalt hat.

a) **Verdächtigen** ist das Unterbreiten oder Zugänglichmachen von Tatsachenmaterial, das **5** einen Verdacht gegen eine andere Person begründet oder einen bereits bestehenden Verdacht verstärkt. Daß eine Verdächtigung nur vorliegt, wenn der Behörde entsprechende Tatsachen präsentiert werden, folgt sowohl aus dem Vergleich mit Abs. 2, wo von „sonstigen Behauptungen tatsächlicher Art" die Rede ist, als auch aus der ratio legis, weil die Verfolgungsorgane nur bei Bestehen entsprechender tatsächlicher Anhaltspunkte und nicht schon auf bloße, tatsachengelöste Verdachtsurteile hin tätig werden (vgl. Herdegen LK 7, Langer, Lackner-FS 548, Rudolphi SK 6). Hinzukommen muß, daß auf dieser Tatsachengrundlage ein Verdacht entsteht oder verstärkt wird. Qualitativ muß es sich deshalb um Behauptungen handeln, welche die Behörde veranlassen können, ein Verfahren einzuleiten (Anfangsverdacht i. S. des § 152 II StPO) oder fortdauern zu lassen, weil andernfalls keines der geschützten Rechtsgüter berührt ist. Ebenso wie Abs. 2 setzt daher auch Abs. 1 – hier als ungeschriebenes Merkmal – die entsprechende Eignung voraus (vgl. auch Rudolphi SK 14). Daran fehlt es bei völlig abwegigen Verdächtigungen (Langer, Lackner-FS 551; vgl. auch Geerds Jura 85, 620), ferner wenn sich der Verdacht erst infolge einer sachwidrigen Behandlung der Behörde ergibt, weil hier die Rechtspflege nicht durch das Handeln des Täters beeinträchtigt wird und das fehlerhafte Vorgehen der Behörde auch im Hinblick auf die geschützten Individualinteressen nicht zu Lasten des Verdächtigers gehen kann (vgl. Herdegen LK RN 15, Hoyer, Die Eignungsdelikte, 1987, 148ff.). Ergibt eine bestimmte Sachlage, daß von mehreren Personen eine notwendig der Täter ist, so entfällt § 164, wenn *jeder* der Beteiligten durch Bestreiten den Kreis der Verdächtigten lediglich einzuengen sucht. Dies gilt nicht nur, wenn sich bei bloßem Leugnen der Verdacht zwangsläufig auf die anderen reduziert (Bay NJW **86**, 441, Celle NJW **64**, 733, Hamm NJW **65**, 62, VRS **32** 441, i. E. auch Langer, Lackner-FS 560; and. Bockelmann II/3 S. 41), sondern auch dann, wenn von zwei in Betracht kommenden Personen jede die andere als Täter bezeichnet, da auch hier der aus der Sachlage sich ergebende Verdacht nicht verstärkt wird (vgl. Geilen Jura 84, 255, Herdegen LK 6, Keller JR 86, 30, Rudolphi SK 9, Wessels II/1 S. 144f.; and. Hamm NJW **65**, 62, Langer, Lackner-FS 563; offengelassen von Bay NJW **86**, 441). Ein Verdächtigen liegt hier erst vor, wenn der eine der Verdächtigen zusätzliche, auf die Täterschaft des anderen hinweisende Tatsachen behauptet oder die Beweislage zu dessen Nachteil verfälscht und dadurch den Verdacht gegen diesen verstärkt (vgl. dazu den Sachverhalt von Hamm VRS **32** 141). Im Ergebnis ähnlich verhält es sich, wenn der Beschuldigte einer ihn belastenden Zeugenaussage widerspricht: Während das bloße Leugnen idR schon nicht die Behauptung eines Aussagedelikts des Zeugen enthält (vgl. Keller JR 86, 331, Langer, Lackner-FS 562, i. E. auch Bay NJW **86**, 441), ist der ausdrücklich oder konkludent erhobene Vorwurf einer strafbaren Falschaussage

§ 164 6–10 Bes. Teil. Falsche Verdächtigung

nur dann eine für § 164 ausreichende Verdächtigung, wenn damit gegen den Zeugen wenigstens ein Anfangsverdacht geschaffen wird, was aber bei Äußerungen dieser Art im Hinblick auf die Verfahrensrolle und das Verteidigungsbedürfnis des Beschuldigten ohne Vorliegen entsprechender konkreter Anhaltspunkte im allgemeinen nicht der Fall ist (so i. E. auch Bay aaO, wo darin allerdings erst ein Problem der Absicht gesehen wird; and. hier Keller aaO, Langer aaO, JZ 87, 808). – Was die Modalitäten der Verdächtigung betrifft, so ist eine solche auf zweierlei Weise möglich:

6   α) Ein Verdächtigen kann zunächst – ebenso wie in Abs. 2 – durch das **Behaupten von Tatsachen** erfolgen (vgl. RG HRR 39 Nr. 1437, Bay 57, 142, Neustadt GA 61, 184, KG JR 63, 351). Zum Behaupten von Tatsachen vgl. § 186 RN 3, 7, wobei in diesem Zusammenhang folgendes besonders hervorzuheben ist: 1. Die Verwendung reiner Rechtsbegriffe genügt nur, wenn und soweit sie im Verkehr als Tatsachen gelten (z. B. die Behauptung, der Verdächtigte habe eine bestimmte Sache „gestohlen" oder durch einen „Raubüberfall" erlangt); 2. bloße Urteile oder Rechtsbehauptungen, in denen nicht zugleich die den Verdacht begründenden Tatsachen angegeben werden, sind auch dann kein „Verdächtigen", wenn darin ein Vorwurf gegen den Betroffenen erhoben wird (z. B.: „A ist ein Dieb"; vgl. Herdegen LK 7, Langer, Lackner-FS 558, Rudophi SK 6); 3. nicht ausreichend ist es, wenn lediglich falsche Schlüsse aus richtig wiedergegebenen Tatsachen gezogen werden, vielmehr setzt das „Verdächtigen" voraus, daß diese selbst falsch dargestellt werden (vgl. RG 71 167, Bay 57, 143, Braunschweig NJW 56, 194, Celle NdsRpfl. 63, 22, 65, 260, Karlsruhe Justiz 66, 158, NStE **Nr. 2,** KG JR 63, 351, Köln MDR 61, 618, Neustadt GA 61, 184, D-Tröndle 6, Langer, Tröndle-FS 269, Rudolphi SK 6); 4. auch Tatsachenbehauptungen genügen nicht, wenn sie so allgemein gehalten und unsubstantiiert sind, daß sie für die Behörde allenfalls Anlaß zu Rückfragen bei dem Anzeigeerstatter sein können (z. B. „A hat eine Sache gestohlen"); 5. die Weitergabe fremder Beschuldigungen ist nur dann eine Verdächtigung, wenn und soweit sie zugleich eine eigene Tatsachenbehauptung enthält (vgl. dazu u. 19 f.).

7   Gleichgültig ist, *auf welche Weise* die in einer Tatsachenbehauptung liegenden Verdächtigungen erfolgen, ob ausdrücklich oder versteckt, unter dem richtigen oder einem falschen Namen oder anonym, aus eigenem Antrieb oder auf fremde Veranlassung (vgl. RG DR 40, 682), in einer Anzeige oder bei einer Vernehmung (vgl. RG 69 174, BGH 13 221, 18 204, Bay 60, 192, Hamm JMBlNW 64, 129). Nicht erforderlich ist, daß der Täter den Verdacht als gerechtfertigt bezeichnet. Ein Verdächtigen kann daher auch vorliegen, wenn ein bei den Strafverfolgungsorganen bestehender Verdacht auf einen anderen gelenkt wird, auch wenn zugleich zum Ausdruck gebracht wird, der Verdacht sei unberechtigt (vgl. Köln JMBlNW 61, 147, Hamm VRS 35 425); doch kann es hier an der Absicht des § 164 fehlen.

8   β) Eine Verdächtigung liegt aber auch vor, wenn der Täter, ohne selbst mit einer Behauptung hervorzutreten, lediglich eine falsche, einen anderen **verdächtigende Beweislage** schafft, z. B. der Polizei falsches Beweismaterial in die Hände spielt (sog. isolierte Beweismittelfiktion; vgl. RG 69 175, BGH 9 240, Blei GA 57, 139, D-Tröndle 4, Geilen Jura 84, 253 f., Herdegen LK 5, Rudolphi SK 7, Welp JuS 67, 510, Wessels II/1 S. 144; and. Langer, Verdächtigung 15, Lackner-FS 542 ff.). Für diese Erweiterung, die mit dem Wortlaut noch zu vereinbaren ist, spricht sowohl der Vergleich mit Abs. 2 – ginge es auch in Abs. 1 nur um „Behauptungen tatsächlicher Art", so wäre eine entsprechende Formulierung hier mehr als naheliegend gewesen – als auch die ratio legis, die gegenüber den für den Betroffenen besonders gefährlichen Verdächtigungen nach Abs. 1 einen weitergehenden Schutz rechtfertigt als nach Abs. 2. Eine Verdächtigung liegt daher z. B. auch im Zuspielen von Fangbriefen in die Hand eines Unschuldigen (BGH 9 240; vgl. dazu auch Herzberg ZStW 85, 867), ferner darin, daß der Staatsanwaltschaft ein „Geständnis" unter falschem Namen zugeleitet wird (RG 7 47, 69 173, BGH 18 204) oder der Polizei Schreiben in die Hände gespielt werden, die auf einen anderen als Verfasser hindeuten (RG HRR 39 Nr. 464).

9   b) **Gegenstand** der Verdächtigung ist die Beschuldigung, eine rechtswidrige Tat oder eine Dienstpflichtverletzung begangen zu haben. Dabei muß es sich um eine bestimmte Handlung oder Unterlassung handeln; unsubstantiierte Beschuldigungen genügen nicht (Bockelmann II/3 S. 46).

10   α) Eine **rechtswidrige Tat** ist nach § 11 I Nr. 5 nur eine solche, die den Tatbestand eines Strafgesetzes verwirklicht; Ordnungswidrigkeiten scheiden hier deshalb aus (für diese gilt Abs. 2, vgl. u. 13). Welche Voraussetzungen diese Tat erfüllen muß, ergibt sich entsprechend dem Schutzzweck der Vorschrift daraus, daß Gegenstand der Verdächtigung eine Handlung sein muß, die strafrechtliche Sanktionen irgendwelcher Art – also einschließlich der Maßregeln nach §§ 61 ff. (D-Tröndle 5, Geilen Jura 84, 300 ff., Herdegen LK 15, Lackner 3a), des Schuldspruchs unter Absehen von Strafe (§ 60) usw. – nach sich ziehen kann. Ergibt sich schon aus der Anzeige, daß die fragliche Handlung keine strafrechtlichen Folgen haben kann (z. B. weil ein

Rechtfertigungs-, Entschuldigungs- oder Strafausschließungsgrund angegeben ist) oder daß die Handlung nicht verfolgbar ist, weil nicht mehr zu beschaffende Prozeßvoraussetzungen fehlen (Köln JMBlNW **55**, 45), so ist der objektive Tatbestand des Abs. 1 nicht erfüllt, da der Angeschuldigte durch eine solche Anzeige nicht belastet wird; ebensowenig ist hier § 145d anwendbar (vgl. dort RN 7; vgl. auch Köln JMBlNW **61**, 147). Werden solche Umstände dagegen verschwiegen, obwohl sie tatsächlich gegeben sind, so liegen die objektiven Voraussetzungen des Abs. 1 vor (vgl. RG JW **34**, 169, BGH MDR/D **56**, 270). Da der Begriff der „rechtswidrigen Tat" hier nur zur Abgrenzung gegenüber nicht strafrechtswidrigen Handlungen dient (vgl. § 11 RN 41), gilt dies auch dann, wenn der Betroffene – insofern wahrheitsgemäß – einer Tat beschuldigt wird, die zwar rechtswidrig i. S. des allgemeinen Verbrechensmerkmals ist, dabei aber z. B. das Vorliegen eines Entschuldigungsgrundes verschwiegen wird (ebenso Herdegen LK 15; and. Rudolphi SK 15, F. C. Schroeder, Die Straftaten gegen das Strafrecht [1985] 20). Auch der Hinweis, daß der Verdächtigte z. Z. der Tat schuldunfähig gewesen sei, schließt den Tatbestand nicht aus, wenn Maßregeln nach §§ 61ff. oder eine Bestrafung nach § 323a in Betracht kommen. Nach dem Schutzzweck der Vorschrift (vgl. o. 1) kommt es lediglich darauf an, ob die fragliche Tat z. Z. der Anzeige strafrechtlich verfolgt werden konnte; wird ihre Strafbarkeit erst im Laufe des Verfahrens durch eine Gesetzesänderung beseitigt, so ist dies für die Strafbarkeit nach § 164 ohne Bedeutung (Rudolphi SK 11; and. Bay JZ **74**, 393 m. Anm. Meyer JR **75**, 69 u. Werner MDR **75**, 161, Lackner 3a).

β) Die Behauptung einer **Dienstpflichtverletzung** kommt in bezug auf Handlungen in Betracht, die disziplinarisch ahndbar sind (D-Tröndle 5, Herdegen LK 8, Lackner 3a). Hierher gehören daher angebliche Dienstverfehlungen von Beamten und Soldaten, u. U. auch durch außerdienstliches Verhalten, soweit dadurch die Dienstpflicht verletzt wird (RG **33** 31, **35** 99). § 164a. F. hatte daneben noch die Amtspflichtverletzung genannt, worunter nach h. M. auch die ehrengerichtlich ahndbaren Pflichtverletzungen von Anwälten und Ärzten fallen sollten (vgl. hier 17. A., RN 10). Zwar sollte mit der Streichung der Amtspflichtverletzung durch das EGStGB in der Sache nichts geändert werden, da dieses den Begriff der Dienstpflicht in einem umfassenden Sinn verstanden wissen will (vgl. EEGStGB 232). Dennoch erscheint es unzulässig, den auf ein öffentlich-rechtliches Dienstverhältnis hinweisenden Begriff der Dienstpflicht auf Standespflichten auszudehnen (vgl. auch Karlsruhe NStE **Nr. 2**, D-Tröndle 5, Herdegen LK 18, Rudolphi SK 13), zumal bei Ärzten, bei denen auch früher nicht von einem öffentlichen Amt gesprochen werden konnte (so jedoch RG JW **36**, 1604 für Anwälte). Hier kommt daher erst Abs. 2 in Betracht (Bockelmann II/3 S. 39). Auch hier muß die Verdächtigung zur Einleitung eines Verfahrens geeignet sein, weshalb § 164 nicht anwendbar ist, wenn zugleich Umstände mitgeteilt werden, die eine Sanktion ausschließen (vgl. o. 10).

2. Abs. 2 erfaßt das Aufstellen **sonstiger Behauptungen tatsächlicher Art** (zu deren Unwahrheit vgl. u. 15ff.), die geeignet sind, ein behördliches Verfahren oder andere behördliche Maßnahmen herbeizuführen oder fortdauern zu lassen. Von Abs. 1 unterscheidet sich Abs. 2 zunächst dadurch, daß hier nur solche Anschuldigungen in Betracht kommen, die keine Straftat oder Dienstpflichtverletzung zum Gegenstand haben (vgl. u. 13); zum andern genügt nach Abs. 2 – and. als nach Abs. 1 – nur die Behauptung von Tatsachen, nicht aber das Schaffen einer falschen Beweislage (vgl. o. 8). Nicht ausreichend sind auch hier bloße Werturteile oder Rechtsbehauptungen (vgl. o. 6); allgemeine Beschuldigungen wie z. B. die Behauptung, die Einnahmen eines Unternehmens beruhten auf „Nepp", sind in der Regel nur Werturteile (vgl. Celle HannRpfl. **47**, 79).

a) **Behördliche Verfahren** und **andere behördliche Maßnahmen** sind nach Entstehungsgeschichte und ratio legis (vgl. RG JW **38**, 2733) nur solche, in denen – vergleichbar den Verfahren nach Abs. 1 – staatliche oder vom Staat abgeleitete Stellen dem Bürger als dem davon Betroffenen in Ausübung hoheitlicher Gewalt gegenübertreten. Hierher gehören z. B. Ehrengerichtsverfahren gegen Ärzte oder Anwälte (Karlsruhe NStE **Nr. 2**), das Verfahren nach dem OWiG (BGH MDR/H **78**, 623), die Entziehung von Konzessionen, Approbationen, akademischen Graden, die Schließung eines Geschäfts, eine Ausweisung, die Einstellung von Sozialhilfe, die Anordnung von Fürsorgeerziehung, die Entziehung des elterlichen Sorgerechts (Bay MDR **58**, 622), nicht aber Maßnahmen im Zivilprozeß, wie z. B. ein Pfändungsauftrag (RG JW **38**, 2733, Herdegen LK 22, Rudolphi SK 29).

b) An der **Eignung** der Behauptung fehlt es, wenn die vorgetragenen Tatsachen keinen Anlaß zur Einleitung eines behördlichen Verfahrens geben, so z. B. wenn der behauptete Sachverhalt die Entziehung der Konzession nicht rechtfertigt oder wenn sich aus der Anzeige einer Ordnungswidrigkeit ergibt, daß der Täter schuldlos gehandelt hat (vgl. näher o. 10).

3. Die **Verdächtigung** (Abs. 1) bzw. die **Behauptung** (Abs. 2) muß, wie sich schon aus der Gesetzesüberschrift und mittelbar auch aus dem Erfordernis eines Handelns „wider besseres

§ 164 16, 17   Bes. Teil. Falsche Verdächtigung

Wissen" ergibt, **objektiv falsch** sein (vgl. RG **71** 169, BGH MDR/D **56**, 270, D-Tröndle 6, Herdegen LK 9, Lackner 4, Rudolphi SK 16).

16   a) Umstritten ist beim *Verdächtigen* nach Abs. 1 – beim Behaupten nach Abs. 2 stellt sich diese Frage nicht –, ob es dabei auf die **Unwahrheit** der vorgebrachten **Verdachtstatsachen** oder auf die der **Beschuldigung als solcher** und damit auf die Schuld bzw. Unschuld des Betroffenen ankommt. Nach BGH **35** 50 m. Bspr. bzw. Anm. Deutscher JuS 88, 526, Fezer NStZ 88, 177 gilt letzeres: Danach ist das Vorbringen falscher Beweismittel oder Beweisanzeichen keine Verdächtigung i. S. des Abs. 1, „wenn der andere die rechtswidrige Tat möglicherweise begangen hat" (ebenso RG HRR **38** Nr. 1568, DR **42**, 1141, Frankfurt HESt. **2** 258, Köln NJW **52**, 117, AG Hamburg StV **81**, 344, D-Tröndle 6 u. ausführlich i. S. eines solchen „Beschuldigungsdelikts" Schilling GA 84, 345ff., A. Kaufmann-GedS 595ff.). Eine solche Einschränkung läßt sich jedoch weder mit dem Wortlaut noch mit der ratio legis begründen. Mit der h. M. im Schrifttum und Teilen der Rspr. ist vielmehr daran festzuhalten, daß eine Verdächtigung nur dann falsch ist, wenn das unterbreitete – bzw. bei der isolierten Beweismittelfiktion (o. 8) das geschaffene – *Tatsachenmaterial,* das den Verdacht ergeben soll, der Wirklichkeit nicht entspricht; unerheblich ist dagegen, ob der Verdacht im Ergebnis berechtigt und damit der erhobene Vorwurf selbst richtig bzw. unrichtig ist (vgl. RG **71** 169, HRR **39** Nr. 1437, Celle MDR **61**, 619, Hamburg StV **86**, 343 [Vorlagebeschl.], Karlsruhe Justiz **66**, 158, Neustadt GA **61**, 184, Arzt/Weber V 120f., Deutscher aaO, Fezer aaO, Geilen Jura 84, 302f., Herdegen LK 10, Lackner 4, Langer, Tröndle-FS 278ff., Rudolphi SK 16, Schmidhäuser II 73, Wessels II/1 S. 145). Bei Abs. 2 ergibt sich dies bereits aus dem Wortlaut; das gleiche muß dann aber wegen der Gleichwertigkeit beider Tatbestände auch für Abs. 1 gelten, zumal kein Grund ersichtlich ist, die falsche Behauptung, eine Ordnungswidrigkeit begangen zu haben (Abs. 2), anders zu behandeln als die Falschverdächtigung einer Straftat (Abs. 1). Im übrigen spricht dafür nicht nur, daß das Verdächtigen sinnvoll allein in seiner prozessualen Relevanz gesehen werden kann (vgl. näher Deutscher aaO, Fezer aaO), sondern auch der Grundgedanke der Vorschrift. Die Gegenmeinung wird den dort geschützten Rechtsgütern (o. 1) nicht gerecht: Würde es darauf ankommen, ob der Verdacht sich als berechtigt erweist, so wäre für eine Verurteilung aus § 164 der Nachweis erforderlich, daß der Verdächtigte unschuldig ist, womit dieser hier gegenüber § 186 einen wesentlich geringeren Schutz genießen würde, ganz abgesehen davon, daß auch der wirklich Schuldige einen Anspruch darauf hat, nicht auf Grund eines falschen Beweismaterials in ein Verfahren verwickelt zu werden; ebenso wird die Rechtspflege zu Unrecht in Anspruch genommen, wenn sie zum Einschreiten veranlaßt wird, obwohl das vorgelegte Material von vornherein für eine Verurteilung des Beschuldigten nicht in Betracht kommt (zu der in BGH aaO 54 befürchteten Erschwerung der Wahrheitsfindung im Strafverfahren vgl. mit Recht Deutscher aaO 529, Fezer aaO 178). Auch unwahre Tatsachenbehauptungen zur Überführung eines Schuldigen erfüllen daher den Tatbestand des § 164 (ebenso Rudolphi SK 17); umgekehrt ist die Mitteilung wahrer Tatsachen selbst dann nicht tatbestandsmäßig, wenn diese fälschlich als Verdachtsmomente gewertet werden.

17   b) Dafür, ob die Verdächtigung **falsch** ist, ist bei Behauptungen – bei Abs. 2 kommen nur solche in Betracht – auch hier maßgebend, ob ihr Gegenstand eine äußere oder innere Tatsache ist (vgl. dazu auch 7f. vor § 153). Behauptet der Täter das Vorliegen eines äußeren Sachverhalts, so ist die Verdächtigung falsch, wenn seine Behauptung mit diesem nicht übereinstimmt. Ist Gegenstand seiner Behauptung dagegen nur sein subjektives Wissen, so ist die Verdächtigung falsch, wenn dieses nicht richtig wiedergegeben wird. Von Bedeutung ist dies beim Verschweigen entlastender Umstände: Weil z. B. der Anzeigerstatter mit einer Strafanzeige regelmäßig nicht behauptet, daß mögliche entlastende Umstände objektiv nicht vorlägen, sondern nur, daß ihm solche neben den genannten belastenden Umständen nicht bekannt seien, ist die Verdächtigung nicht schon deshalb falsch, weil sie i. E. einen Unschuldigen trifft (gegen Schilling GA 84, 364). Falsch ist hier die Verdächtigung – abgesehen von der Unrichtigkeit des vorgetragenen Sachverhalts – vielmehr erst, wenn der Täter ihm bekanntes Entlastungsmaterial verschweigt (vgl. RG **21** 103, **23** 373, BGH **14** 246, Bay **57**, 141, D-Tröndle 6; zum Verschweigen von Rechtfertigungs-, Entschuldigungs-, Strafausschließungsgründen usw. vgl. auch o. 10). Erforderlich ist, daß die Verdächtigung in ihrem **wesentlichen Inhalt** unrichtig ist; die unrichtige Wiedergabe oder das Weglassen belangloser Nebensächlichkeiten genügt nicht (vgl. RG **15** 391, **16** 37, **27** 229, **41** 59, BGH JR **53**, 181, Bay NJW **56**, 273, Karlsruhe Justiz **86**, 195, Herdegen LK 11, Rudolphi SK 18, Wessels II/1 S. 144). Aber auch rechtlich an sich relevante, die Beurteilung des fraglichen Geschehens jedoch nicht wesentlich verändernde Unrichtigkeiten machen eine Verdächtigung noch nicht falsch, so wenn bei der Bezichtigung eines Meineids nur eine von mehreren als unrichtig bezeichneten Angaben derselben Aussage falsch ist (vgl. Bay NJW **53**, 353, **56**, 273; vgl. auch RG GA Bd. **44**, 136) oder wenn beim Vorwurf eines Betrugs nur eine der behaupteten Täuschungshandlungen begangen wurde (Karlsruhe Justiz **86**,

195). Dagegen ist der Tatbestand des Abs. 1 erfüllt, wenn die fragliche Tat durch die Anschuldigung ein wesentlich anderes Gewicht erhält, so wenn ein kleiner Diebstahl als Millionendiebstahl dargestellt wird (vgl. auch RG **27** 229, Karlsruhe aaO). Eine falsche Verdächtigung liegt daher nicht erst vor, wenn statt des Grundtatbestands fälschlich die Voraussetzungen einer Qualifikation oder das Vorliegen einer ideell konkurrierenden Tat behauptet werden (vgl. aber BGH MDR/D **56**, 270 mwN, Herdegen LK 11); ebensowenig kann entscheidend sein, ob der hinzugedichtete Umstand gerade einem straferschwerenden Regelbeispiel unterfällt (so jedoch Rudolphi SK 18).

c) Geht es dem Täter lediglich darum, ein Verfahren zu dem Zweck einzuleiten, einen **zweifelhaften Sachverhalt klären** und die Schuld oder Unschuld eines anderen feststellen zu lassen, so fehlt es mangels einer falschen Verdächtigung schon am objektiven Tatbestand des § 164, wenn der Täter wahrheitsgemäß neben den belastenden auch die entlastenden Umstände und die für ihn etwa bestehenden Zweifel und Ungewißheiten mitteilt (Karlsruhe NStE **Nr. 2**, Rudolphi SK 17; vgl. auch Frankfurt MDR **66**, 1017, Schmitt NJW **60**, 569, ferner Bockelmann NJW **59**, 1849, der hier freilich erst ein Problem der Absicht sieht). Auch dies gilt bereits für Abs. 1 und ergibt sich daraus, daß es bei § 164 nicht auf die Richtigkeit bzw. Unrichtigkeit des Verdachts, sondern des vorgelegten Tatsachenmaterials ankommt. Stellt der Täter dagegen zweifelhafte Dinge als sicher hin oder läßt er Wesentliches weg, so ist die Verdächtigung falsch. **18**

d) Mit der **Weitergabe fremder Verdächtigungen** an die Adressaten des § 164 behauptet der Täter zunächst, daß er die fremde Beschuldigung, so wie er sie wiedergibt, gehört habe. Darüber hinaus aber bringt er, sofern er erkennbar nicht bloßer Bote eines Dritten ist, mit der Weitergabe zum Zweck der Einleitung eines Verfahrens konkludent auch zum Audruck, daß er die fremde Anschuldigung für möglicherweise wahr halte und daß ihm keine den Verdacht entkräftenden Umstände bekannt seien. Eine falsche Anschuldigung liegt daher nicht nur vor, wenn er die fremde Verdächtigung bei der Weitergabe verfälscht, sondern hier auch dann, wenn er deren Unrichtigkeit erkennt oder ihm bekannte entlastende Umstände verschweigt (vgl. BGH **14** 246, Herdegen LK 13, Rudolphi SK 8; and. Langer, Lackner-FS 549). **19**

e) Bei Verdächtigungen im **Dienstbetrieb von Behörden** ist zu unterscheiden: Schon der objektive Tatbestand ist nicht verwirklicht, wenn eine unzuständige Behörde eine bei ihr eingegangene Anzeige unverändert an die zuständige Stelle weitergibt (vgl. BGH **14** 241, München NStZ **85**, 549, Lackner 3a, Rudolphi SK 8; krit. Langer, Verdächtigung 19); hier handelt es sich um einen reinen „Postvorgang", weshalb eine Beihilfe zur falschen Verdächtigung des Anzeigenerstatters auch dann ausscheidet, wenn die Behörde diese erkennt. Ist dagegen die Behörde nach ihrem Aufgabenbereich selbst mit der fraglichen Angelegenheit befaßt, so gelten für die Weitergabe fremder Verdächtigungen ebenso wie für Beschuldigungen auf Grund eigener Wahrnehmungen oder Erhebungen die o. 16ff. genannten allgemeinen Grundsätze (vgl. RG **72** 97, Tiedemann JR 64, 5); hier bei einer auf Grund eines entsprechenden Verdachts pflichtgemäß erstatteten „Amtsanzeige" den objektiven Tatbestand mit Hilfe des Gedankens der sozialen Adäquanz (vgl. 68ff. vor § 13) einzuschränken (so München NStZ **85**, 549), besteht kein Anlaß, weil es eines solchen Korrektivs jedenfalls dann nicht bedarf, wenn, wie in diesem Fall, die Tatbestandsmäßigkeit bereits aus subjektiven Gründen zu verneinen ist (Handeln „wider besseres Wissen", vgl. u. 30). Die allgemeinen Regeln gelten schließlich auch, wenn von einer Behörde Beschuldigungen usw., die den eigenen Dienstbetrieb betreffen, an die vorgesetzte Stelle zur Veranlassung von Disziplinarmaßnahmen weitergeleitet werden (vgl. o. 19). Auch hier liegt in der kommentarlosen Weitergabe zunächst die Erklärung, daß die fragliche Beschuldigung erhoben worden sei; darüber hinaus bringt der Weitergebende damit zum Ausdruck, daß ihm nichts bekannt sei, was gegen die Richtigkeit der Beschuldigung sprechen könnte, weshalb der Tatbestand des § 164 auch bei Verschweigen solcher Umstände erfüllt ist. **20**

4. Der Tatbestand kann auch durch **Unterlassen** verwirklicht werden, so unter den Voraussetzungen der Ingerenz (vgl. § 13 RN 32ff.), wenn der Täter hinsichtlich der Unwahrheit seiner Beschuldigung zunächst gutgläubig war, später aber deren Unrichtigkeit erkannt hat und seine Anschuldigung nicht berichtigt, obwohl das Verfahren usw. zu diesem Zeitpunkt noch fortdauert (vgl. BGH **14** 246, Geilen Jura 84, 256, Herdegen LK 14; and. Arzt/Weber V 121, Bockelmann II/3 S. 45, D-Tröndle 4, Rudolphi SK 10). Daß mit der Einleitung des Verfahrens der „Unrechtserfolg bereits eingetreten" ist (Rudolphi SK 10), schließt eine Tatbestandsverwirklichung durch Unterlassen nicht aus, da in § 164 der Herbeiführung des Verfahrens dessen Fortdauernlassen gleichgestellt ist. **21**

5. Erforderlich ist die Verdächtigung **eines anderen**. Eine falsche Selbstverdächtigung ist deshalb nicht nach § 164 strafbar. Die Fremdbezichtigung muß sich gegen eine bestimmte, lebende und erkennbare Person richten (RG **70** 368, BGH **13** 220). Daher genügt weder die Verdächtigung eines Toten noch die einer fingierten Person. Der Beschuldigte muß so genau bezeichnet oder beschrieben sein, daß seine Ermittlung möglich ist (RG **42** 18, **53** 207, Düssel- **22**

dorf NJW **62**, 1264, Hamm NJW **65**, 62). Hierfür reicht es aus, wenn der Anzeigende zum Ausdruck bringt, daß der Täter einem bestimmt bezeichneten Personenkreis angehören müsse und „jedes Mitglied der Tat fähig sei und deshalb einstweilen als verdächtig zu gelten habe" (RG JW **30**, 3554). Wird der Behörde nur die Begehung einer Straftat ohne Verdächtigung einer bestimmten Person vorgetäuscht, so kommt § 145d in Betracht.

23 Wegen seines alternativen Schutzzwecks (vgl. o. 1f.) ist § 164 nicht dadurch ausgeschlossen, daß der durch die falsche Anschuldigung Betroffene mit ihr **einverstanden** war oder sogar dazu angestiftet hatte (RG **59** 35, BGH **5** 67, Düsseldorf NJW **62**, 1263, D-Tröndle 7, Krey I 230, Lackner 7, Rudolphi SK 20; and. Frank I 1, Hirsch, Schröder-GedS 318f., 328); vgl. aber auch u. 25. Zum Wegfall der Veröffentlichungsbefugnis vgl. § 165 RN 6.

24 6. Die Verdächtigung muß **gegenüber bestimmten Stellen** oder **in bestimmter Weise** erfolgen, nämlich entweder bei einer Behörde, bei einem zur Entgegennahme von Anzeigen zuständigen Amtsträger bzw. militärischen Vorgesetzten oder öffentlich. Dies kann auch so geschehen, daß der Täter die Anschuldigung gegenüber einem Dritten äußert, von dem er weiß, daß dieser eine zuständige Stelle benachrichtigen wird, so wenn er dem Bestohlenen den Namen des angeblichen Diebes nennt. Entsprechendes gilt, wenn die Anzeige bei einem zur Entgegennahme von Anzeigen nicht befugten Amtsträger erfolgt, dieser sie aber mit Willen des Täters an eine zuständige Stelle weitergibt (RG **33** 383, BGH GA **68**, 84). In beiden Fällen bleibt der Täter mangels Vollendung jedoch straflos, wenn er seine Behauptung widerruft, bevor sie an eine zuständige Stelle weitergegeben wird (vgl. RG GA Bd. **52**, 246, Hamm JMBlNW **64**, 129, D-Tröndle 10, Rudolphi SK 21). Nicht erforderlich ist, daß die Behörde, der gegenüber die Verdächtigung erfolgt, selbst zur Einleitung eines Verfahrens usw. befugt ist (vgl. Herdegen LK 25), wohl aber muß sie jedenfalls zur Weiterleitung an die zuständige Stelle verpflichtet sein (vgl. auch Rudolphi SK 24; and. RG **71** 267).

25 a) **Behörden** sind Organe der Staatsgewalt, die als eigene, vom Wechsel der für sie tätigen Personen unabhängige organisatorische Einheiten unter öffentlicher Autorität für staatliche Zwecke tätig sind (RG **54** 150, BGH NJW **57**, 1673, MDR **64**, 69, Frankfurt NJW **64**, 1682). Zu den Behörden gehören nach § 11 I Nr. 7 auch die Gerichte. Gleichgültig ist, ob es sich um eine Behörde des Bundes, der Länder, der Gemeinden oder einer öffentlich-rechtlichen Körperschaft handelt. Zwar wird durch § 164 grundsätzlich nur die inländische Rechtspflege geschützt (h. M., vgl. RG **60** 317, BGH JR **65**, 306 und näher 13ff. vor § 3; and. v. Weber DRZ 49, 20; vgl. auch Schulz ZBernJV 65, 33); unter dem Gesichtspunkt des Schutzes des Betroffenen kann wegen der Alternativität der Schutzzwecke (vgl. o. 1f.) aber auch eine *ausländische* Behörde tauglicher Adressat einer falschen Verdächtigung sein (vgl. BGH **18** 333; bzgl. der Besatzungsbehörden vgl. BGH NJW **52**, 1385, Celle HESt. **1** 45, Köln NJW **52**, 117, Herdegen LK 25, Lackner 2b). War der Betroffene hier freilich mit der Anschuldigung einverstanden (vgl. o. 23), kommt § 164 mangels eines Schutzinteresses nicht in Betracht.

26 Behörden i. S. des § 164 sind außer den Gerichten (§ 11 I Nr. 7; zu den Ehrengerichten für Rechtsanwälte vgl. RG JW **36**, 1604) **beispielsweise:** Dienststellen der Gemeinden (RG **40** 161, LG Köln JZ 69, 80), der Stadtverordnetenvorsteher nach der hessischen GemeindeO (Frankfurt NJW **64**, 1682), der Schiedsmann nach § 33 preuß. SchiedsmannsO vom 3. 12. 1924 i. V. mit § 380 StPO (Düsseldorf JMBlNW **60**, 139), Industrie- und Handelskammern (RG **52** 198), Handwerkskammern (LG Tübingen MDR **60**, 780), der Präsident der Anwaltskammer (RG **47** 394), die Fakultäten der Universitäten (RG **75** 112), öffentliche Sparkassen (BGH **19** 21), selbständige Vollzugsanstalten (BGH GA **68**, 84), u. U. eine Oberförsterei (RG **41** 443). *Nicht* zu den Behörden zählen öffentlich-rechtliche Körperschaften, die nicht für die Zwecke des Staates, sondern lediglich für ihre eigenen Zwecke (Betreuung ihrer Mitglieder) tätig sind, wie Ortskrankenkassen, Berufsgenossenschaften (RG DStR **37**, 51) und Landesbrandkassen (vgl. Marienwerder DStR **37**, 173); verneint wurde die Behördeneigenschaft ferner bei den katholischen Bischöfen (RG **47** 49). Privatrechtlich organisierte Verwaltungskörper sind auch dann, wenn ihnen öffentliche Aufgaben übertragen sind, nur bei ausdrücklicher gesetzlicher Bestimmung den Behörden gleichzustellen (vgl. BGHZ **3** 121).

27 b) Zur **Entgegennahme von Anzeigen zuständige Amtsträger** (vgl. § 11 I Nr. 2) sind z. B. die Beamten der Staatsanwaltschaft und des Polizeidienstes (§ 158 StPO), ferner auch Disziplinarvorgesetzte jeder Art.

28 c) Über den Begriff **öffentlich** vgl. § 186 RN 19.

29 III. Für den **subjektiven Tatbestand** ist Handeln wider besseres Wissen und eine bestimmte Absicht erforderlich.

30 1. **Wider besseres Wissen** handelt, wer *sicher* weiß, daß die Beschuldigung unwahr ist, und zwar im Zeitpunkt der Verdächtigung (Bay **63**, 218); bedingter Vorsatz reicht insoweit nicht aus (vgl. RG **71** 37, JW **35**, 865, BGH MDR/D **56**, 279). Da die Unwahrheit der Beschuldigung sich nach dem o. 15ff. Gesagten nicht auf die Richtigkeit des Verdachts, sondern auf das vom

Täter vorgelegte Material bezieht, muß der Täter sicher wissen, daß seine tatsächlichen Angaben bzw. die geschaffene Beweislage (vgl. o. 8) unrichtig sind. Wider besseres Wissen wird jemand einer Straftat daher auch verdächtigt, wenn der Täter bewußt unrichtige Verdachtsgründe gegen jemand vorbringt, von dessen Schuld er überzeugt ist (and. RG HRR 38 Nr. 1568, BGH 35 50 m. Bespr. bzw. Anm. Deutscher JuS 88, 526, Fezer NStZ 88, 177, Frankfurt HESt. 2 258, Köln NJW 52, 117; vgl. o. 16); doch liegt hier Verbotsirrtum vor, wenn er sein Tun deshalb für erlaubt gehalten hat (Herdegen LK 30, Rudolphi SK 31). Wer dagegen eine für wahr gehaltene Behauptung lediglich aufbauscht, z. B. einen anderen des Meineids bezichtigt und auch nur eine von mehreren als falsch bezeichneten Angaben in der Aussage für falsch hält, handelt nicht wider besseres Wissen (Bay NJW 53, 353; vgl. o. 17). Entsprechendes gilt, wenn der Täter Anzeige wegen falscher Verdächtigung erhebt und *eine* der erhobenen Anschuldigungen für unwahr hält (Bay NJW 56, 273).

2. Hinsichtlich der *übrigen Tatbestandsvoraussetzungen* genügt (bedingter) **Vorsatz** (Köln NJW 31 53, 1843, Braunschweig NJW 55, 1935, Herdegen LK 28). Unschädlich ist es, wenn der Täter das den Gegenstand der Verdächtigung bildende Verhalten für strafbar hält, während es in Wahrheit nur eine Dienstpflichtverletzung sein würde. Erfolgt die falsche Verdächtigung durch falsche Tatsachenbehauptungen, so gilt das gleiche, wenn das vom Täter für strafbar gehaltene Verhalten nur ein behördliches Verfahren nach Abs. 2 rechtfertigen würde (z. B. Ahndung nach dem OWiG; and. jedoch bei bloßer Schaffung einer falschen Beweislage, die dafür Abs. 2 nicht genügt, vgl. o. 12). Fällt der Verdacht auf eine andere Person als vom Täter beabsichtigt, so liegt ein Fall der Abweichung des Kausalverlaufs vor. Ausgehend von der Alternativität der Schutzzwecke ist diese als unwesentlich anzusehen (i. E. auch BGH 9 240, wo jedoch zu Unrecht darauf abgestellt wird, daß der Verdächtige durch § 164 nicht geschützt sei, ferner Bokkelmann II/3 S. 43, D-Tröndle 15, M-Schroeder II 318, Rudolphi SK 32; and. Herzberg ZStW 85, 892, Herdegen LK 30, Krey I 227, Lackner 5 a).

3. Erforderlich ist ferner die **Absicht**, ein behördliches Verfahren oder andere behördliche 32 Maßnahmen gegen den Verdächtigten herbeizuführen oder fortdauern zu lassen. Bedingter Vorsatz genügt hier nicht (BGH 13 221, Köln JMBlNW 61, 147), wohl aber genügt dolus directus in beiden Formen; die Absicht ist also nicht nur als zielgerichtetes Handeln zu verstehen, sondern erfaßt auch das sichere Wissen, daß die Anschuldigung zu einem Verfahren gegen den Verdächtigten führen wird (BGH 13 221, 18 206, Bay NJW 86, 441 m. Anm. Keller JR 86, 30, Hamm NJW 65, 62, VRS 35 425, Schleswig SchlHA 52, 67, Herdegen LK 31, Lackner 5b, Lenckner NJW 67, 1890, Oehler NJW 66, 1633, Rudolphi SK 33; and. Langer GA 87, 305f.). § 164 ist daher auch anwendbar, wenn der Täter den Verdacht von sich abwenden will (RG 69 175, Bay 60, 192, Schleswig SchlHA 59, 81). Benutzt der Täter einen falschen Namen, ohne eine Identitätstäuschung zu beabsichtigen, so kann es an der Absicht fehlen (vgl. BGH 18 206). Das gleiche gilt, wenn der Täter eine Verkehrsübertretung abstreitet und sich außerdem damit verteidigt, ein anderer sei am Steuer gesessen (Köln JMBlNW 61, 147); vgl. dazu auch o. 7. Ausreichend ist es, wenn ein bereits eingeleitetes Verfahren auf weitere Punkte erstreckt werden soll; auch braucht die Absicht nur auf die Einleitung oder das Fortdauern eines Verfahrens, nicht dagegen auf dessen für den Betroffenen nachteiligen Abschluß gerichtet zu sein, weshalb § 164 auch anwendbar ist, wenn der Täter nicht mit einer Bestrafung des Verdächtigten rechnet (RG HRR 38 Nr. 1206, Rudolphi SK 34). Über die Absicht, nur einen Verdacht klären zu lassen, vgl. o. 16.

IV. Eine **Rechtfertigung** kann sich weder aus § 193 noch aus Art. 17 GG ergeben (zu § 193: RG 71 33 37, **72** 98; zu Art. 17 GG: BVerfGE **2** 229, BGH GA/H **59**, 337, München NJW **57**, 794; vgl. ferner D-Tröndle 17, Herdegen LK 33, Lackner 7, Rudolphi SK 37). Wissentlich falsche Behauptungen sind sowohl mit der Verfolgung berechtigter Zwecke (§ 193) als auch mit dem Sinn der Petition (Art. 17 GG) unvereinbar. Zur Einwilligung des Betroffenen vgl. o. 1f., 23, 25. Schon nicht tatbestandsmäßig sind „Selbsttäuschungen des Staats im Staatsinteresse" (Evers NJW 87, 154), wenn dadurch keiner der beiden Schutzzwecke der Vorschrift (o. 1) berührt wird (z. B. im Rahmen sog. verdeckter Vermittlungen von staatlichen Stellen mit Einwilligung des „Verdächtigten" inszeniertes Delikt, das zunächst zu Ermittlungen führt; vgl. Evers aaO, Kühne JuS 87, 190f.).

V. Die Strafbarkeit nach § 164 entfällt nicht deshalb, weil die falsche Verdächtigung Mittel einer 34 straflosen **Selbstbegünstigung** ist (vgl. § 258 RN 33f. u. dazu auch Langer JZ 87, 809ff.). Dies gilt auch, wenn die Anschuldigung nicht spontan, sondern im Rahmen einer Vernehmung erfolgt (and. RG **8** 162, LZ **22,** 43).

VI. Vollendet ist die Tat bei der Verdächtigung gegenüber einer Behörde, wenn die Beschul- 35 digung dieser zugegangen bzw. die behördliche Vernehmung, in deren Rahmen die Verdächtigung erfolgt, abgeschlossen ist (vgl. auch Langer GA 87, 299ff.). Der Tatbestand ist daher noch nicht erfüllt, wenn gleichzeitig mit dem Eingang der Verdächtigung oder früher der Widerruf

§ 165 1–5 Bes. Teil. Straftaten, welche sich auf Religion und Weltanschauung beziehen

zugeht (RG GA Bd. 52, 246, Bay DRZ 27, 968) bzw. vor Abschluß der Vernehmung die Richtigstellung erfolgt (Hamm JMBlNW 64, 129, Herdegen LK 32, Rudolphi SK 35); zur Anzeige bei einem unzuständigen Amtsträger vgl. o. 24. Da auf § 164 der Grundgedanke des § 158 zutrifft, ist diese Bestimmung **analog** anwendbar, so z. B. wenn der polizeilich vernommene Zeuge seine belastende Aussage widerruft, bevor irgendwelche Maßnahmen getroffen werden können (ebenso Herdegen LK 32; and. Rudolphi SK 36).

36 **VII. Täter** kann jeder sein, insbesondere auch eine Amtsperson im Verkehr von Behörde zu Behörde (vgl. RG 72 97, München NStZ 85, 549). Nicht strafbar ist jedoch die bloße dienstliche Weiterleitung einer bei einer Behörde erstatteten Anzeige an die zuständige Stelle (vgl. o. 20). Obwohl eine falsche Selbstbezichtigung nur unter § 145 d fällt, ist aus den o. 2 a. E. genannten Gründen auch die **Anstiftung** zur Falschverdächtigung der eigenen Person nach §§ 164, 26 strafbar.

37 **VIII. Konkurrenzen.** *Idealkonkurrenz* ist möglich mit §§ 153 ff., 185, 187 (RG HRR 40 Nr. 1324), nicht dagegen mit § 186 (Hamburg HRR 35 Nr. 541), es sei denn, daß in einer Anzeige neben wissentlich falschen auch gutgläubig aufgestellte Behauptungen i. S. des § 186 aufgestellt sind (z. B. falsche Verdächtigung zweier Personen, wobei der Täter nur bezüglich der einen wissentlich handelt). Idealkonkurrenz kommt ferner mit § 239 (RG HRR 39 Nr. 464) und §§ 257, 258 in Betracht. Verwirklicht ein Strafverfolgungsbeamter durch eine falsche Verdächtigung zugleich den Tatbestand des § 344, so tritt § 164 hinter diesen zurück (Oldenburg MDR 90, 1135). Zum Verhältnis mehrerer falscher Anschuldigungen in einem Schriftstück vgl. o. 29 vor § 52. Wiederholt der Täter eine Anschuldigung bei derselben oder einer anderen Stelle, so kann *Fortsetzungszusammenhang* (vgl. Bay JZ 85, 753) oder *Realkonkurrenz* in Betracht kommen, je nachdem, ob der Täter die Absicht hat, das bisher schon angestrebte oder ein neues Verfahren in Gang zu bringen.

38 **IX. Wahlfeststellung** mit §§ 153, 154 ist nicht möglich (Rudolphi SK 39; and. BGH NJW 84, 2109, Bay JR 78, 25 m. Anm. Hruschka, Braunschweig NJW 59, 1144); vgl. § 1 RN 111.

39 **X.** Zu der früher in Abs. 3 a. F. geregelten **Einstellung des Verfahrens** während der Anhängigkeit des Verfahrens gegen den Verdächtigten vgl. jetzt § 154 e StPO, ferner hier die 19. A.

§ 165 Bekanntgabe der Verurteilung

(1) **Ist die Tat nach § 164 öffentlich oder durch Verbreiten von Schriften (§ 11 Abs. 3) begangen und wird ihretwegen auf Strafe erkannt, so ist auf Antrag des Verletzten anzuordnen, daß die Verurteilung wegen falscher Verdächtigung auf Verlangen öffentlich bekannt gemacht wird. Stirbt der Verletzte, so geht das Antragsrecht auf die in § 77 Abs. 2 bezeichneten Angehörigen über. § 77 Abs. 2 bis 4 gilt entsprechend.**

(2) **Für die Art der Bekanntmachung gilt § 200 Abs. 2 entsprechend.**

1 **I.** Die durch das EGStGB neu geregelte (vgl. dazu die 21. A., RN 2) Bekanntgabe der Verurteilung dient ausschließlich der **Genugtuung** und **Rehabilitierung** des Verletzten (krit. zu der Vorschrift Schomburg ZRP 86, 65). Demgegenüber ist sie nach h. M. zugleich eine Nebenstrafe (RG 73 24, BGH 10 310, Bay 54, 71, Nürnberg NJW 51, 124, Herdegen LK 1). Da die Bekanntgabe jedoch nicht – auch nicht u. a. – den Sinn einer Bloßstellung des Täters haben kann – eine solche ergibt sich allenfalls als eine vom Gesetz nicht beabsichtigte Nebenwirkung –, fehlt ihr der Charakter einer gewollten Übelszufügung, weshalb sie richtigerweise als bloße Nebenfolge (vgl. 30 vor § 38) anzusehen ist (vgl. Rudolphi SK 1, näher Tröndle LK 38 vor § 38 mwN). Bei Jugendlichen ist sie nach § 6 I 2 JGG ausgeschlossen.

2 **II.** Die im Urteil auszusprechende Anordnung, das Urteil auf Verlangen öffentlich bekanntzumachen, ist von **folgenden Voraussetzungen** abhängig:

3 **1.** Die falsche Verdächtigung muß **öffentlich** (vgl. dazu § 186 RN 19) oder durch **Verbreiten von Schriften** (vgl. dazu § 184 RN 57) begangen worden sein. Den Schriften gleichgestellt sind Ton-, Bildträger usw. (vgl. § 11 III und dort RN 78 f.).

4 **2.** Es muß wegen der öffentlich usw. begangenen falschen Verdächtigung **auf Strafe erkannt** worden sein. Dies ist auch bei der Strafaussetzung nach § 56 der Fall, nicht aber – unter dem Gesichtspunkt der Genugtuungsfunktion des § 165 wenig sinnvoll – bei der Verwarnung unter Strafvorbehalt nach § 59 (Rudolphi SK 2, Schomburg ZRP 86, 65; and. Herdegen LK 3), da hier die Strafe zwar bestimmt, aber noch nicht auf sie erkannt wird (vgl. auch § 59 II); auch ein Vorbehalt der Bekanntgabe ist hier nicht möglich. Als Nebenfolge kann die Bekanntmachung auch bei Idealkonkurrenz zu einem schwereren Delikt (z. B. § 154) angeordnet werden (§ 52 IV, RG 73 24). Zu Art und Umfang der Bekanntmachung bei Konkurrenz mit einem anderen Delikt vgl. u. 7.

5 **3.** Formelle Voraussetzung ist ein entsprechender **Antrag des Verletzten**, d. h. desjenigen, der falsch verdächtigt worden ist. Hat dieser in die Tat eingewilligt, so ist er nicht Verletzter

(BGH **5** 69, Herdegen LK 4, Lackner 2, Rudolphi SK 2). Andere Personen als der Verletzte sind hier im Unterschied zu § 200 grundsätzlich nicht antragsberechtigt, also z. B. nicht – wie nach §§ 200, 194 III – der Dienstvorgesetzte. Eine Ausnahme gilt beim Tod des Verletzten; hier geht das Antragsrecht nach Abs. 1 S. 2 auf die in § 77 II genannten Angehörigen über, wobei nach Abs. 1 S. 3 die Regelung des § 77 II auch im übrigen entsprechend anzuwenden ist (vgl. die Anm. dort). Ist der Verletzte geschäftsunfähig oder beschränkt geschäftsfähig, so gilt § 77 III entsprechend, ebenso § 77 IV, wenn mehrere Antragsberechtigte vorhanden sind (z. B. in den Fällen des § 77 III). Der Antrag kann, vorbehaltlich der §§ 331, 358 StPO, auch erst im Rechtsmittelverfahren gestellt werden (zur entsprechenden Anwendung des § 354 I StPO bei § 200 a. F. vgl. BGH **3** 76); er ist analog § 77d I 2 bis zum rechtskräftigen Abschluß des Verfahrens zurücknehmbar (Herdegen LK 4, Lackner § 200 Anm. 3).

III. Liegen die genannten Voraussetzungen vor, so **muß** im Urteil (bzw. im Strafbefehl, § 407 II StPO) **angeordnet werden, daß die Verurteilung wegen falscher Verdächtigung auf Verlangen öffentlich bekanntgemacht wird.** Ein versehentliches Übergehen des Antrags ist Revisionsgrund, wobei das Revisionsgericht die Anordnung entsprechend § 354 I StPO selbst treffen kann, wenn es die den Täter am wenigsten belastende Form wählt (vgl. BGH **3** 76 zu § 200 a. F., Lackner § 200 Anm. 5, Rudolphi SK 9). **6**

1. Die Anordnung bezieht sich nur auf die Verurteilung wegen falscher Verdächtigung. Wird der Täter **zugleich wegen eines anderen Delikts verurteilt,** so ist bei *Realkonkurrenz* die Anordnung auf die Tat nach § 164 und die dafür verhängte Strafe zu beschränken; bei Bildung einer Gesamtstrafe ist dies die festgesetzte Einzelstrafe (Rudolphi SK 4; zu § 165 a. F. vgl. RG JW **37**, 3301, Bay JZ **60**, 707; zu § 200 a. F. vgl. Bay **61**, 142; vgl. auch RG **27** 176). Auch bei *Idealkonkurrenz* ist nach dem Grundsatz zu verfahren, daß die Anordnung einerseits dem Zweck des § 165 gerecht wird (Rehabilitierung des Betroffenen durch Bekanntgabe der Verurteilung aus § 164), andererseits aber den Verurteilten nicht mehr als notwendig belastet (vgl. auch RG **27** 180). Daher muß der Täter zwar die Bekanntgabe des ungeteilten Urteilsspruchs hinnehmen, aber ohne Benennung des in Tateinheit stehenden anderen Delikts (z. B. bei Verurteilung nach § 153 in Tateinheit mit § 164 zu sechs Monaten Freiheitsstrafe: Bekanntgabe der Verurteilung „wegen falscher Verdächtigung in Tateinheit mit einem anderen Delikt zu sechs Monaten Freiheitsstrafe"; vgl. BGH **10** 306 [zu § 165 a. F.], D-Tröndle § 200 RN 5, Herdegen LK 5, Lackner § 200 Anm. 4; and. Rudolphi SK 5). **7**

2. Bei **mehreren Verletzten** ist die Anordnung so zu fassen, daß die Verurteilung auf das Verlangen jedes einzelnen bekannt gemacht wird, dies aber nur bezüglich des Teils des Urteils, der ihn betrifft (zu § 165 a. F. vgl. RG DR **41**, 1402, zu § 200 a. F. vgl. Hamm NJW **74**, 467). Bei mehreren Angeklagten ist eine entsprechende Trennung vorzunehmen (Hamm aaO). **8**

3. Die **Art der Bekanntmachung** ist nach Abs. 2 i. V. mit § 200 II im Urteil zu bestimmen. Grundsätzlich steht es im pflichtgemäßen Ermessen des Gerichts, wie die Verurteilung bekanntgemacht werden soll (z. B. durch eine Zeitung oder durch Aushang z. B. am Schwarzen Brett einer Strafanstalt, vgl. RG HRR **39** Nr. 657; zum Aushang an der Gemeindetafel vgl. Petzold MDR **62**, 264) und in welchem Umfang sie erfolgen soll (nur Urteilstenor oder auch Urteilsgründe, vgl. RG **20** 1, D-Tröndle § 200 RN 5, Herdegen LK 6, Rudolphi SK 6). Maßgebend dabei ist einerseits das Genugtuungsinteresse des Verletzten, andererseits das Interesse des Täters, nicht mehr als notwendig bloßgestellt zu werden. Ist die Tat jedoch durch Veröffentlichung in einer Zeitung oder Zeitschrift begangen worden, so *muß* die Bekanntmachung – jedenfalls auch – in eine Zeitung oder Zeitschrift aufgenommen werden, und zwar, wenn möglich, in dieselbe, in der die falsche Verdächtigung enthalten war (was jedoch die Bekanntmachung in weiteren Zeitungen nicht ausschließt, Stuttgart NJW **72**, 2320). Entsprechendes gilt für die durch Veröffentlichung im Rundfunk begangene Tat. Immer ist die Art der Bekanntmachung so genau zu bestimmen, daß eine Vollziehung möglich ist. Dazu gehört wegen § 463c III StPO bei Bekanntmachung in einer Zeitung oder Zeitschrift nicht nur, daß diese genannt wird (vgl. BGH GA **68**, 84, Bay **54**, 71, D-Tröndle § 200 RN 5, Lackner § 200 Anm. 4), sondern auch die nähere Bestimmung des Teils der Zeitung und der Schrift, in der die Bekanntmachung erfolgen soll (vgl. auch § 200 II a. F. und EEGStGB 234). **9**

IV. Während nach § 165 a. F. der Verletzte für die Ausführung der Bekanntmachung selbst zu sorgen hatte, erfolgt jetzt der **Vollzug der Anordnung** durch die Vollstreckungsbehörde. Die Einzelheiten regelt § 463c StPO; vgl. dazu Schomburg ZRP **86**, 66 sowie Nr. 231 RiStBV. **10**

Vorbem §§ 166 ff 1, 2   Bes. Teil. Straft., welche s. a. Rel. u. Weltanschauung beziehen

Elfter Abschnitt. Straftaten, welche sich auf Religion und Weltanschauung beziehen

Schrifttum: Bruns, Die Religionsvergehen, 1932 (StrAbh. 301). – *Eser,* Strafrechtlicher Schutz des religiösen Friedens, in: Friesenhahn-Scheuner, Handb. des Staatskirchenrechts, Bd. 2 (1975) 821. – *Hardwig,* Die Behandlung der Vergehen, die sich auf die Religion beziehen, in einem künftigen deutschen Strafgesetzbuch, GA 62, 257. – *Henkel,* Strafrecht und Religionsschutz, ZStW 51, 916. – *Kahl,* Religionsverbrechen, VDB III, 1. – *ders.,* Strafrechtsreform und Religionsschutz, Frank-FG II 287. – *Kesel,* Die Religionsdelikte und ihre Behandlung im künftigen Strafrecht, 1968. – *Manck,* Die ev.-theol. Diskussion um die Strafbarkeit von Gotteslästerungen und Kirchenbeschimpfung in jur. Sicht, 1966. – *Ott,* Ist die Strafbarkeit der Religionsbeschimpfung mit dem GG vereinbar?, NJW 66, 639. – *Zipf,* Die Delikte gegen den öffentlichen Frieden im religiös-weltanschaulichen Bereich, NJW 69, 1944. – Rechtsvergleichend: *Klotz,* Mat. II BT 149.

Vorbemerkungen zu den §§ 166 ff.

1   I. Im Bemühen um weltanschauliche Neutralität („pluralistische Gesellschaft") wurden die §§ 166 ff. durch das **1. StrRG** v. 25. 6. 1969 (BGBl. I 645) neu gefaßt und dabei z. T. grundlegend umgestaltet (u. a. Streichung des selbständigen Tatbestands der Gotteslästerung und der Hinderung der Ausübung des Gottesdienstes, Einbeziehung von weltanschaulichen Bekenntnissen und Vereinigungen, Verzicht auf den vorher erforderlichen öffentlich-rechtlichen Status von Religionsgesellschaften; zum früheren Recht und zur Entstehungsgeschichte der einzelnen Vorschriften vgl. näher *Dippel* LK jeweils vor RN 1). Das **24. StÄG** v. 13. 1. 87 (BGBl. I 141) führte zu einer Erweiterung des § 168 (vgl. dort RN 1). Keine Mehrheit fand dagegen eine mit einer Gesetzesinitiative Bayerns (BR-Drs. 367/86) geforderte Erweiterung des § 166 durch eine Streichung der dort enthaltenen Friedensklausel (vgl. die Nachw. b. *D-Tröndle* § 166 RN 1).

2   **II. Rechtsgut** der §§ 166 ff. sind nicht Religion und Weltanschauung als solche, ebensowenig das religiöse Gefühl, mögen sich auch die §§ 166, 167 auf „Religion und Weltanschauung beziehen" (vgl. die Abschnittsüberschrift; auf die §§ 167a, 168 trifft freilich auch dies nicht zu). Überhaupt liegt den §§ 166 ff. kein einheitliches Rechtsgut zugrunde (and. *Rudolphi* SK 1 vor § 166: Gebot, das religiöse oder weltanschauliche Bekenntnis anderer zu achten; die §§ 167a, 168 können damit jedoch nicht erklärt werden und auch bei § 166 ist nicht schon die Beschimpfung religiöser Bekenntnisse usw. als solche strafbar). Schutzgut des **§ 166** ist, wie sich schon aus dem Wortlaut ergibt, ausschließlich der öffentliche Friede (vgl. Köln NJW **82**, 657, *Dippel* LK 5 vor § 166, § 166 RN 3 f., *D-Tröndle* § 166 RN 1, *Lackner* § 166 Anm. 1, *Rudolphi* SK 2 vor § 166, § 166 RN 1, *Zipf* NJW 69, 1944; and. *Fischer* NStZ **88**, 162 ff., GA 89, 456 ff. u. zu Abs. 1 Worms aaO [vgl. zu § 166] 101 ff.: gegenseitiges Anerkennungsverhältnis als personale Entfaltungsvoraussetzung). Ebenso wie in § 130 (vgl. dort RN 1, 10) ist der Begriff des „öffentlichen Friedens" auch hier in dem umfassenden, in § 126 RN 1 umschriebenen Sinn zu verstehen: Auch bei § 166 geht es nicht nur um den Teilaspekt, der betroffen ist, wenn durch die Beschimpfung von Bekenntnissen usw. die Saat der Feindschaft und Gewalt gesät wird – in dieser Beschränkung wäre die Vorschrift, da die Gefahr von Religionskriegen (zumindest vorläufig) keine meßbare Größe mehr sein dürfte, weitgehend gegenstandslos –, vielmehr gehört zum inneren Frieden auch die Toleranz in Glaubens- und Weltanschauungsfragen, ohne die eine freiheitlich-pluralistische Gesellschaft nicht existieren kann: „Jeder soll nach seiner Façon selig werden" können, ohne befürchten zu müssen, deshalb diffamiert und ins Abseits gestellt zu werden. – Auch der Schutzzweck des **§ 167** wird durch den Gedanken des Friedensschutzes mitbestimmt, wenngleich dort auf die Gefahr der Friedensstörung nicht ausdrücklich abgestellt ist (vgl. *Dippel* LK 5 vor § 166, § 167 RN 3, *Eser* aaO 827, *Rudolphi* SK 2 vor § 166, § 167 RN 1; vgl. auch *M-Schroeder* II 71). Hinzu kommt hier jedoch als weiteres Schutzobjekt die ungestörte Ausübung von Religion und Weltanschauung selbst (*Dippel* LK 5 vor § 166, *Lackner* § 167 Anm. 1), soweit diese durch ihre Institutionalisierung ein besonderes Gewicht erhält. – Dagegen schützen die **§§ 167a, 168** das allgemeine Pietätsempfinden (vgl. RG **39** 155, München NJW **76**, 1805 m. Anm. *Linck* S. 2310, LG Hamburg NStZ **82**, 511, *Blei* II 132, *Dippel* LK 5 vor § 166, § 167 RN 2, § 168 RN 2, *D Tröndle* § 168 RN 1, *Lackner* § 167a Anm. 1, § 168 Anm. 1), wobei § 168 außerdem z. T. noch dem nach BVerfGE **35** 41 auch dem ungeborenen Leben zukommenden und über den Tod hinaus andauernden Schutz der Menschenwürde (vgl. BT-Drs. 10/3758 S. 4, 10/6568 S. 4) bzw. dem nachwirkenden Persönlichkeitsrecht des Menschen Rechnung trägt, der auch nach seinem Tod Achtung verdient (vgl. *Bieler* JR 76, 224, *Buschmann* NJW 70, 2081, *M-Schroeder* II 75; krit. dazu *Rüping* GA 77, 299 ff.: Schutz des Brauchtums im Totenkult, womit jedoch auf eine materiale Rechtsgutsbestimmung verzichtet wird). Religiöse oder weltanschauliche Bezüge fehlen hier dagegen (*Eser* aaO 821 f.). Auch der Gedanke des Friedensschutzes ist hier – insofern wie bei jedem Delikt – nur mittelbar von Bedeutung, führt aber nicht zur Annahme eines eigenständigen Rechtsguts (ebenso *Dippel* LK 5 vor § 166; vgl. aber auch *Rudolphi* SK 3 vor § 166).

§ 166 Beschimpfung von Bekenntnissen, Religionsgesellschaften und Weltanschauungsvereinigungen

(1) **Wer öffentlich oder durch Verbreiten von Schriften (§ 11 Abs. 3) den Inhalt des religiösen oder weltanschaulichen Bekenntnisses anderer in einer Weise beschimpft, die geeignet ist, den öffentlichen Frieden zu stören, wird mit Freiheitsstrafe bis zu drei Jahren oder mit Geldstrafe bestraft.**

(2) **Ebenso wird bestraft, wer öffentlich oder durch Verbreiten von Schriften (§ 11 Abs. 3) eine im Inland bestehende Kirche oder andere Religionsgesellschaft oder Weltanschauungsvereinigung, ihre Einrichtungen oder Gebräuche in einer Weise beschimpft, die geeignet ist, den öffentlichen Frieden zu stören.**

Schrifttum: Dickel, in: Evang. Kirchenlexikon, Bd. III, 1959. – *Fischer*, Die Eignung, den öffentlichen Frieden zu stören, NStZ 88, 159. – *ders.*, Das Verhältnis der Bekenntnisbeschimpfung (§ 166 StGB) zur Volksverhetzung (§ 130 StGB), GA 89, 445. – *Kohlrausch*, Die Beschimpfung von Religionsgemeinschaften, 1908. – *Ruppel*, in: Evang. Kirchenlexikon Bd. II, 1958. – *W. Schilling*, Gotteslästerung strafbar?, 1966. – *Worms*, Die Bekenntnisbeschimpfung i. S. des § 166 I StGB und die Lehre vom Rechtsgut, Diss. Frankfurt, 1984. – *Würtenberger*, Karikatur und Satire aus strafrechtlicher Sicht, NJW 82, 610. Vgl. ferner die Angaben vor Vorbem. zu §§ 166ff.

I. Zum **Rechtsgut** der Vorschrift vgl. o. 2 vor § 166. Sie erfaßt in **zwei Tatbeständen** die Beschimpfung des religiösen bzw. weltanschaulichen Bekenntnisses und die Beschimpfung von Religionsgesellschaften bzw. Weltanschauungsvereinigungen, ihrer Einrichtungen oder Gebräuche, die aber nur strafbar sind, wenn dies in einer Weise geschieht, die geeignet ist, den öffentlichen Frieden zu stören (krit. zum Sinn und Wert dieses zusätzlichen Erfordernisses Fischer NStZ 88, 159, GA 89, 445; vgl. dazu auch 1 vor § 166). Bei beiden Tatbeständen gibt es Überschneidungen mit dem gleichfalls den öffentlichen Frieden schützenden § 130, wenn das Beschimpfen des Bekenntnisses (Abs. 1) oder der Institution (Abs. 2) zugleich ein solches des dazugehörenden Bevölkerungsteils ist und darin außerdem ein Angriff auf die Menschenwürde der Betroffenen liegt. Hier hat § 166, da er nicht das Bekenntnis usw. als solches schützt, keine eigenständige Funktion mehr und tritt daher hinter dem strengeren § 130 zurück. Selbständige Bedeutung hat § 166 dagegen, wenn Beschimpfungen nach Abs. 1 oder 2 nicht zugleich gegen die durch das gemeinsame Bekenntnis oder Institution verbundenen Personen gerichtet sind oder wenn sie nicht die besondere Qualität eines Angriffs auf deren Menschenwürde haben (vgl. aber auch Fischer GA 89, 463f.). Insofern reicht der Friedensschutz des § 166 daher weiter als der des § 130, während er insoweit enger ist, als das Beschimpfen hier öffentlich usw. erfolgen muß (zu einem weiteren, zumindest sprachlichen Unterschied vgl. u. 8f.). 1

II. Der **objektive Tatbestand des Abs. 1** erfaßt das in bestimmter Weise erfolgende, zur Störung des öffentlichen Friedens geeignete Beschimpfen von religiösen und weltanschaulichen Bekenntnissen. 2

1. Geschützt ist nach **Abs. 1** der **Inhalt** des **religiösen** oder **weltanschaulichen Bekenntnisses** anderer. 3

a) Angriffsobjekt ist nicht der Akt individuellen oder kollektiven Bekennens, sondern der **Inhalt des Bekenntnisses**, d. h. die Zusammenfassung der Werte, an die der einzelne als etwas absolut Gültiges und ihn Verpflichtendes glaubt (vgl. Hamel, Handb. der Grundrechte IV 1 S. 56ff., Dippel LK 6, D-Tröndle 2, Rudolphi SK 2). Bekenntnisinhalt sind daher sowohl die formulierten Grundlehren und Glaubensregeln einer religiösen bzw. weltanschaulichen Gemeinschaft als auch die individuellen Glaubensvorstellungen eines einzelnen. Nicht erforderlich ist, daß sich die Beschimpfung auf das Bekenntnis als Ganzes richtet; es genügt der Angriff auf wesentliche Teile, ohne die das Bekenntnis seinen Sinn und Inhalt verlieren würde (vgl. Dippel LK 7, Rudolphi SK 4, Zipf NJW 69, 1945). Dies gilt z. B. für den jeweiligen Gottesbegriff der verschiedenen Religionen, so daß die Gotteslästerung – obwohl als eigener Tatbestand beseitigt – auch nach § 166 n. F. weiterhin strafbar ist, sofern die Äußerung ihrem Inhalt nach auf den Gottesbegriff oder einen bestimmten Religion Bezug nimmt (vgl. BT-Drs. V/4094 S. 28, Dippel LK 8, Rudolphi SK 4). Zum wesentlichen Inhalt des Bekenntnisses gehören für die christliche Kirche ferner z. B. die Gestalt Christi und der Trinitätsgedanke, für die katholische Kirche auch die Mutter Jesu (vgl. LG Düsseldorf NStZ 82, 290). Ob bestimmte Teile eines Bekenntnisses als wesentlich anzusehen sind, bestimmt sich nach den Vorstellungen und Überzeugungen der jeweiligen Anhänger des beschimpften Bekenntnisses (vgl. Rudolphi SK 4). 4

b) Um ein **religiöses** Bekenntnis handelt es sich, wenn sein wesentlicher Inhalt der Glaube an ein höheres göttliches Wesen ist, dessen vorgestellte Gebote der einzelne zur Maxime seines Handelns macht, wie immer er sich dieses göttliche Wesen auch denken mag, ob als Einheit (Monotheismus) oder als Vielheit (Polytheismus). 5

c) Dagegen hat ein **weltanschauliches** Bekenntnis die Sinndeutung der Welt im Ganzen und die Stellung des Menschen in ihr ohne diesen religiösen Bezug zum Gegenstand (vgl. Zippelius, 6

§ 166 7–10 Bes. Teil. Straftaten, welche sich auf Religion und Weltanschauung beziehen

Bonner Kommentar, Art. 4 RN 73, Rudolphi SK 2). Hierher gehören z. B. der Marxismus, der Materialismus, der humanitäre Idealismus, die Existenzphilosophie und Anthroposophie, nicht dagegen Auffassungen, die nur einzelne Aspekte des Lebens betreffen, wie z. B. die Programme politischer Parteien. Dies schließt nicht aus, daß auch politische Auffassungen unter § 166 fallen können, sofern sie zugleich Ausdruck einer einheitlichen Gesamtkonzeption der Welt im Ganzen sind, die der sich zu ihr Bekennende als ihm übergeordnet und für ihn verbindlich anerkennt. Ist zweifelhaft, ob es sich um ein religiöses oder weltanschauliches Bekenntnis handelt, so genügt die Feststellung, daß jedenfalls das eine oder andere vorliegt. Vgl. näher zum Ganzen Eser aaO 828f.

7 d) Es muß sich um das Bekenntnis **anderer** – nicht notwendig einer Personenmehrheit oder Gemeinschaft (Dippel LK 13f.) – handeln. Dies braucht kein für den Täter „anderes" Bekenntnis zu sein; erfaßt ist daher auch der Fall, daß er selbst Angehöriger des von ihm beschimpften Bekenntnisses ist.

8 2. Die **Tathandlung** des Abs. 1 besteht im öffentlichen oder durch Verbreiten von Schriften (§ 11 III) erfolgenden Beschimpfen der genannten Bekenntnisse, und zwar in einer Weise, die zur Störung des öffentlichen Friedens geeignet ist. Im Unterschied zu § 130 Nr. 3 sind hier – wohl im Anschluß an die frühere Terminologie des § 166 – das böswillige Verächtlichmachen und Verleumden nicht genannt. Jedenfalls ein Teil der darunter subsumierbaren Sachverhalte ist aber auch durch den Begriff des Beschimpfens erfaßt (vgl. u. 9).

9 a) Zum Begriff des **Beschimpfens,** das sowohl in der Behauptung einer schimpflichen Tatsache (BGH GA 56, 316) wie in einem abfälligen Werturteil (vgl. RG 67 374 m. Anm. Kern JW 34, 424) bestehen und auch aus religiösen Motiven erfolgen kann (Auseinandersetzung zwischen den Religionen), vgl. zunächst § 90a RN 5. Soweit das Beschimpfen im Behaupten schimpflicher Tatsachen besteht, sind damit auch besonders gravierende Fälle einer Verleumdung erfaßt (von Bedeutung freilich weniger für Abs. 1 als für Abs. 2). Schon zu § 166 a. F. wurde angenommen, daß das Beschimpfen die Tendenz des „Verächtlichmachens" verfolge (RG 10 148), das jetzt in § 130 Nr. 3 eigens genannt ist, wenn auch mit dem Zusatz, daß es „böswillig" erfolgen müsse. Jedenfalls mit dieser Einschränkung behält deshalb das „Verächtlichmachen" auch für § 166 seine Bedeutung als „Beschimpfen", zumal sich beide Begriffe schon in § 130 Nr. 3 nur in Nuancen unterscheiden lassen (vgl. aber auch den Versuch einer Differenzierung in BGH 7 110 zu § 96 I Nr. 1 a. F.). Zu eng ist es auch, wenn das besonders Verletzende, welches das Beschimpfen von lediglich geringschätzigen oder beleidigenden Äußerungen abhebt, nur in der Rohheit des Ausdrucks oder inhaltlich in dem Vorwurf eines schimpflichen Verhaltens oder Zustands gesehen wird (so aber Karlsruhe NStZ **86**, 363 m. Anm. Ott S. 365 u. Katholnigg S. 555, Dippel LK 17 mwN). Dieses kann sich vielmehr auch daraus ergeben, daß die geistigen Inhalte des Bekenntnisses in den Schmutz gezogen oder grob diffamiert werden (vgl. z. B. LG Düsseldorf NStZ **82**, 290: „Maria hättest Du abgetrieben, der Papst wäre uns erspart geblieben", LG Göttingen NJW **85**, 1652: „Lieber eine befleckte Verhütung als eine unbefleckte Empfängnis", Darstellung des gekreuzigten Christus mit der Umschrift „Masochismus ist heilbar"; vgl. ferner z. B. die Fälle von Düsseldorf NJW **83**, 1211, Köln NJW **82**, 657). In der Wiedergabe entsprechender fremder Äußerungen liegt ein Beschimpfen nur, wenn der Täter sie sich zu eigen macht (RG **61** 308, Dippel LK RN 16). Zu unterscheiden vom Beschimpfen ist das Verspotten, das nicht auf ein Verächtlich –, sondern auf ein Lächerlichmachen gerichtet ist (RG **10** 148). Auch das bloße Verneinung dessen, was z. B. als heilig verehrt wird, ist noch kein Beschimpfen, ebensowenig ablehnende oder gar scharfe Kritik (Celle NJW **86**, 1275, LG Bochum NJW **89**, 727). Maßstab dafür, ob eine Äußerung nach ihrem objektiven Aussagegehalt eine Beschimpfung ist, ist nicht das Verständnis und religiöse Gefühl der überzeugten Anhänger des betreffenden Bekenntnisses (so zur a. F. RG **64** 126; vgl. aber auch BGH GA **61**, 240, Bay JR **64**, 188, Hamburg GA **62**, 345), vielmehr kann es nach der Umgestaltung des § 166 zu einem Delikt gegen den öffentlichen Frieden nur noch darauf ankommen, ob sich nach dem objektiven Urteil eines auch auf religiöse Toleranz bedachten Beurteilers in der Äußerung eine so erhebliche Herabsetzung des Bekenntnisses anderer finden läßt, daß sie als eine Gefährdung des öffentlichen Friedens gelten kann (ebenso z. B. Celle NJW **86**, 1275, Karlsruhe NStZ **86**, 363 m. Anm. Ott S. 365 u. Katholnigg S. 555, Köln NJW **82**, 657, LG Bochum NJW **89**, 727, LG Frankfurt NJW **82**, 658, Dippel LK 21, Eser aaO 829f., Rudolphi SK 10). Unter dieser Voraussetzung sind entsprechende Äußerungen auch nicht mehr durch das Grundrecht der Meinungsfreiheit gedeckt, zumal § 166 selbst wieder grundrechtsschützenden Charakter hat (vgl. Celle NJW **86**, 1275).

10 Diese Grundsätze gelten auch für **Kunstwerke** (zum Kunstbegriff vgl. § 193 RN 19). Zwar ist die in Art. 5 III GG garantierte Kunstfreiheit nicht durch Gesetzesvorbehalt eingeschränkt, sondern nur durch die grundgesetzliche Wertordnung selbst begrenzt (BVerfGE **30** 173, **67** 213). Da zu dieser aber auch das Toleranzgebot gehört, ist eine künstlerische Betätigung, die dagegen wegen ihres beschimp-

fenden Charakters in so schwerwiegender Weise verstößt, daß sie zur Störung des öffentlichen Friedens geeignet ist, nicht mehr durch Art. 5 III GG gedeckt. Dabei wird man freilich dem hohen Rang, den das GG der Kunstfreiheit eingeräumt hat, in der Weise Rechnung zu tragen haben, daß man nur besonders rohe Äußerungen der Mißachtung als Beschimpfung genügen läßt, wobei entscheidend ist, welchen Eindruck das Werk nach seinem objektiven Sinngehalt auf einen künstlerisch aufgeschlossenen oder zumindest um Verständnis bemühten, wenn auch künstlerisch nicht notwendig vorgebildeten Menschen macht (vgl. BGH GA **61**, 240, Bay NJW **64**, 1149, Köln NJW **82**, 657, Dippel LK 23 ff., Lackner 3, Rudolphi SK 11). Stellt man dagegen wegen der erforderlichen Eignung zur Friedensstörung auf die Reaktion weiterer Kreise ab (D-Tröndle 4, Würtenberger NJW 82, 615), so wäre bei Beschimpfungen unterhalb der genannten Grenzen Art. 5 III GG als Rechtfertigungsgrund anzusehen. Im Einzelfall bedarf es hier einer sorgfältigen Abwägung unter Würdigung aller Umstände, um zu einem Ausgleich zwischen der Kunstfreiheit und den Belangen des § 166 zu kommen (vgl. zum Ganzen auch Eser aaO 830, Noll ZStW 77, 32 ff.). Bei Satiren und Karikaturen ist auch hier (vgl. § 185 RN 8a) zwischen dem Aussagekern und der satirischen bzw. karikaturistischen Einkleidung zu unterscheiden (vgl. Karlsruhe NStZ **86**, 363 m. Anm. Ott S. 365 u. Katholnigg S. 555, wo allerdings der satirische Charakter wegen der Plumpheit des Ganzen kaum noch auszumachen ist; vgl. ferner LG Bochum NJW **89**, 727, LG Frankfurt NJW **82**, 658 u. näher Würtenberger NJW 82, 610).

b) Die Beschimpfung muß **öffentlich** (vgl. dazu § 186 RN 19) oder durch **Verbreiten von** **11** **Schriften** (vgl. dazu § 184 RN 57, aber auch Franke GA 84, 467) erfolgen, denen Ton-, Bildträger, Abbildungen usw. gleichgestellt sind (§ 11 III; vgl. dort RN 78 f). Nicht genügend ist für § 166 das Verbreiten beschimpfender Schriften, vielmehr muß der Täter hier selbst „beschimpfen": Nicht tatbestandsmäßig ist daher die bloße Mitwirkung am Verbreiten eines fremden, Beschimpfungen enthaltenden Druckwerks, wenn sich der Täter mit dessen Inhalt nicht selbst identifiziert (vgl. aber auch Düsseldorf NJW **83**, 1211); hier kommt nur Beihilfe in Betracht.

c) Das öffentliche usw. Beschimpfen muß außerdem in einer Weise erfolgen, die **geeignet** ist, **12** den **öffentlichen Frieden zu stören**. Zum *öffentlichen Frieden* vgl. § 126 RN 1 sowie 2 vor § 166 und zu dessen *Störung* zunächst § 126 RN 8 sowie § 130 RN 10. Ebenso wie bei § 130 ist auch hier eine Friedensstörung nicht erst mit dem Entstehen eines Klimas offener oder latenter Feindschaft anzunehmen, das sich jederzeit in Gewalt und Gegengewalt entladen kann, sondern schon dann, wenn Menschen nicht mehr in einer Gesellschaft leben können, ohne befürchten zu müssen, um ihres Glaubens usw. willen diskriminiert zu werden und Schmähungen ausgesetzt zu sein, gegen die man sich rechtlich nicht wehren kann. Auch für die *konkrete Eignung* (vgl. dazu entsprechend § 126 RN 9, § 130 RN 11) genügt es daher, wenn das – hier i. U. zu § 130 öffentlich erfolgende – Beschimpfen nach Inhalt und Art der Äußerung und nach den konkreten Fallumständen die begründete Befürchtung rechtfertigt, daß das Vertrauen der Betroffenen in die Respektierung ihrer religiösen oder weltanschaulichen Überzeugung erschüttert oder jedenfalls beeinträchtigt werden kann (vgl. z. B. Celle NJW **86**, 1276, Karlsruhe NStZ **86**, 365 m. Anm. Ott u. Katholnigg S. 555, Köln NJW **82**, 657, D-Tröndle 3, Dippel LK 36, ferner Düsseldorf NJW **83**, 1211, LG Frankfurt NJW **82**, 658). Daß die Betroffenen gegen die Beschimpfung nichts unternommen, z. B. keine Strafanzeige erstattet haben, ist noch kein gegen die Eignung sprechendes Indiz, da dies auch andere Gründe als das Fehlen von Betroffensein haben kann (and. Karlsruhe NStZ **86**, 363 m. Anm. Ott S. 365 u. Katholnigg S. 555). An der Eignung zur Friedensstörung fehlt es auch nicht deshalb, weil sich die Beschimpfung lediglich gegen das – nach Auffassung der Mehrheit vielleicht abwegige – Bekenntnis einer Minderheit richtet; zu verneinen ist eine solche i. d. R. aber, wenn nur das individuelle Bekenntnis eines einzelnen oder nur einiger weniger beschimpft wird (vgl. Eser aaO 831, Dippel LK 36, Rudolphi SK 15). Nicht erforderlich ist, daß die beschimpfende Äußerung an die Kreise gerichtet ist, in denen sie zu einer Störung des öffentlichen Friedens führen kann, vielmehr genügt es, wenn zu befürchten ist, daß sie dort bekannt werden wird. Unter dieser Voraussetzung ist tatbestandsmäßig daher auch die Verbreitung nur einzelner Schriften (Köln NJW **82**, 657), die Veröffentlichung in einer Zeitschrift mit ohnehin schon „aufgeklärten Beziehern" oder innerhalb eines Personenkreises, der an eine entsprechende Sprache gewöhnt und imstande ist, sich mit den fraglichen Äußerungen intellektuell auseinanderzusetzen (vgl. aber auch Karlsruhe NStZ **86**, 363, LG Bochum NJW **89**, 727). Ist die Äußerung geeignet, bei ihren Adressaten die Bereitschaft zur Intoleranz zu fördern (wofür die Verhetzung eines bereits aufnahmebereiten Publikums genügt), so kommt es darauf, ob auch die Anhänger des angegriffenen Bekenntnisses von der Beschimpfung erfahren können, nicht mehr an (Dippel LK 37, Rudolphi SK 16).

III. Der **objektive Tatbestand** des **Abs. 2** erfaßt die in bestimmter Weise erfolgende Be- **13** schimpfung von Kirchen, anderen Religionsgemeinschaften oder Weltanschauungsvereinigungen oder ihrer Einrichtungen oder Gebräuche.

§ 166 14–20   Bes. Teil. Straftaten, welche sich auf Religion und Weltanschauung beziehen

14   1. Geschützt sind im Inland bestehende **Kirchen, andere Religionsgesellschaften, Weltanschauungsvereinigungen,** sowie deren **Einrichtungen** und **Gebräuche**.

15   a) Das Gesetz versteht die **Kirchen** – anders als im kirchlichen Sprachgebrauch – nur als Unterfall der **Religionsgesellschaften** (vgl. Dippel LK 38 mwN), wobei eine eindeutige Abgrenzung nicht möglich, aber auch nicht notwendig ist (Anhaltspunkte für die öffentliche Rechtsstellung einer Kirche sind die Rechtstradition der Kirchen, die mit ihnen abgeschlossenen Kirchenverträge, die öffentlich-rechtliche Dienstherreneigenschaft, die Hilfe des Staates im Kirchensteuerwesen und das Parochialrecht [vgl. Ruppel aaO 953]). Eine Religionsgesellschaft ist der die Angehörigen desselben oder eines verwandten Glaubensbekenntnisses – wobei es sich um den Glauben an ein höheres göttliches Wesen handeln muß – zusammenfassende Verband zur *allseitigen* Erfüllung der dem gemeinsamen Bekenntnis dienenden Aufgaben (vgl. Anschütz, Die Verfassung des Deutschen Reiches, 4. A., Art. 137 WRV Anm. 2, Dippel LK 39, Rudolphi SK 5). Auf die Rechtsform kommt es nicht an; im Unterschied zu § 166 a. F. ist auch nicht Voraussetzung, daß die Religionsgesellschaft als öffentlich-rechtliche Körperschaft anerkannt ist (D-Tröndle 5, Rudolphi SK 5). Geschützt sind daher außer den großen christlichen Kirchen z. B. auch die Alt-Katholische und die Griechisch-Orthodoxe Kirche, die Baptisten (vgl. RG **31** 237), die Mennoniten, die Zeugen Jehovas, freireligiöse und jüdische Gemeinden. Keine Religionsgesellschaften sind dagegen religiöse Vereine und Gemeinschaften, die lediglich bestimmte religiöse *Einzel*zwecke verfolgen, wie z. B. Vereinigungen zum Abhalten von Bibelstunden oder die Caritas und Innere Mission, die nur den helfenden Aspekt der Religion pflegen (vgl. Dippel LK 40, Eser aaO 831f., Rudolphi SK 5; dazu, daß hier auch Art. 140 GG i. V. mit Art. 137 WRV nicht gilt, vgl. Dickel aaO 590).

16   b) **Weltanschauungsvereinigungen** sind, wie sich aus der Gleichstellung mit den Religionsgesellschaften ergibt, nur solche Gemeinschaften, die um eine umfassende Verwirklichung der durch eine bestimmte Gesamtschau der Welt (vgl. o. 6) gestellten Lebensaufgaben bemüht sind; daß nur Teilaspekte (z. B. Nächstenhilfe) verfolgt werden, genügt nicht (vgl. Dippel LK 41, Rudolphi SK 5). Unerheblich ist, ob die Vereinigung eine religionsfreie, eine areligiöse oder gar religionsfeindliche Lehre vertritt. Zu den Weltanschauungsvereinigungen gehören daher z. B. die Freimaurer, der Deutsche Freidenkerverband, die Anthroposophische Gesellschaft, die Deutschen Unitarier, die Humanistische Union, der Bund für Gotterkenntnis (L) usw., nicht dagegen politische Parteien oder die Rotarier.

17   c) **Einrichtungen** der genannten Vereinigungen (vgl. o. 15, 16) sind die von befugter Stelle geschaffenen Ordnungen und Formen für die innere und äußere Verfassung der Vereinigung und für die Ausübung des fraglichen Bekenntnisses (vgl. Dippel LK 45, Lackner 2b, Rudolphi SK 7). Wegen des Erfordernisses der Friedensgefährdung kommen dabei praktisch nur solche Einrichtungen in Betracht, die für die fragliche Vereinigung von wesentlicher Bedeutung sind (vgl. auch die berechtigte Kritik von Dippel LK 44).

18   Als Einrichtungen i. S. des § 166 sind **beispielsweise** angesehen worden: Die Christusverehrung (Bay **54**, 144), der Marienkult (RG **2** 428), das Predigtamt und die Predigt (RG **9** 160, **26** 39), Taufe und Abendmahl (RG **5** 354, **67** 373, Karlsruhe NStZ **86**, 363), die Evangeliumsverkündigung (RG **5** 354), die Konfirmation (RG **5** 188), Meßopfer und Beichte (RG **33** 222), das Singen von Kirchenliedern (RG HRR **28** Nr. 1063), das Vaterunser (RG Recht **15**, 2614), das katholische Priestertum (RG **27** 284, **33** 222, Bay **54**, 144), die Einrichtung kirchlicher Orden, nicht dagegen der einzelne Orden selbst (RG **33** 221), die Fastenhirtenbriefe der katholischen Bischöfe (RG Recht **32**, 521), das Laubhüttenfest (RG **47** 142). Verneint wurde die Eigenschaft einer Einrichtung dagegen für die Zehn Gebote (RG **26** 435), den Hochaltar und die Monstranz (Bay **54**, 144), die Kanzel (RG **26** 39), den Rosenkranz (RG JW **15**, 42). Bei Überschneidungen mit einem Beschimpfen des Bekenntnisses selbst (Abs. 1) liegt nur eine einheitliche Tat vor.

19   d) **Gebräuche** sind die in der jeweiligen Auffassung der Vereinigung (vgl. o. 15, 16) begründeten und von ihr allgemein praktizierten tatsächlichen Übungen (vgl. Dippel LK 49, D-Tröndle 8, Rudolphi SK 8). Nur persönliche oder örtliche Gepflogenheiten genügen daher nicht. Hierher gehören z. B. die Amtstracht der Geistlichen (RG **6** 88), die Reliquienverehrung (RG **22** 238, **24** 12), die Erteilung des Segens (RG HRR **32** Nr. 1272, Bay **54**, 144), das Sichbekreuzigen (RG **33** 221, LG Frankfurt NJW **82**, 658), der Gebrauch des Weihwassers (RG GA Bd. **48**, 130), die kirchliche Begräbnisordnung (RG **31** 133). Wird nur eine einzelne, einer allgemeinen Übung entsprechende Handlung beschimpft, so genügt dies nur, wenn damit zugleich der Gebrauch als solcher getroffen werden soll (RG **45** 11, Dippel LK 49). Zum Ganzen vgl. auch Eser aaO 832f.

20   e) Geschützt sind Religionsgesellschaften usw. bzw. ihre Einrichtungen usw. nur, wenn die fragliche Vereinigung **im Inland besteht.** Dies ist auch der Fall, wenn sich die Mitglieder einer ausländischen Religionsgesellschaft im Inland (vgl. dazu 26ff. vor § 3) in einer Gemeinde vereinigt haben.

Eine größere Zahl von Mitgliedern kann hier so wenig wie sonst verlangt werden (ebenso Dippel LK 50, Rudolphi SK § 167 RN 4); doch kann es bei nur wenigen Mitgliedern an der Eignung der Beschimpfung zur Friedensstörung fehlen. Nicht ausreichend ist es dagegen, wenn ausländische Vereinigungen zwar im Inland tätig werden und z. B. ihre hier lebenden Glaubensangehörigen betreuen, diese selbst aber keinerlei Zusammenschluß bilden.

2. Die Tathandlung der **Beschimpfung**, die öffentlich oder durch Verbreiten von Schriften (§ 11 III) erfolgen und zur Störung des öffentlichen Friedens geeignet sein muß, entspricht derjenigen des Abs. 1 (vgl. o. 8 ff.). Das Beschimpfen muß sich gegen die Religionsgesellschaft usw. bzw. ihre Einrichtung usw. als solche richten (vgl. z. B. Celle NJW **86**, 1275: Kirche als „größte Verbrecherorganisation der Welt"). Das Beschimpfen der Glaubenslehre selbst fällt nicht unter Abs. 2 – hier kommt jedoch Abs. 1 in Betracht –, und nicht ausreichend ist es auch, wenn Gegenstand der Beschimpfung lediglich eine auf Grund eines Brauchs vorgenommene einzelne Handlung ist (vgl. o. 19) oder wenn z. B. mit der Äußerung, die Geistlichen einer bestimmten Religionsgesellschaft seien Verbrecher, nicht das Amt als Einrichtung, sondern lediglich die Person der Betreffenden gemeint ist. Zwar kann in solchen Beschimpfungen mittelbar zugleich eine Herabsetzung der Religionsgesellschaft liegen; daraus aber, daß die in Abs. 2 besonders genannte Beschimpfung von Einrichtungen und Gebräuchen mittelbar zugleich eine solche der Religionsgesellschaft usw. darstellt, ist zu entnehmen, daß hier andere Formen der mittelbaren Beschimpfung der Vereinigung nicht erfaßt werden sollten (vgl. näher Dippel LK 51 ff.). **21**

IV. Für den **subjektiven Tatbestand** ist sowohl im Fall des Abs. 1 als auch im Fall des Abs. 2 zumindest bedingter Vorsatz erforderlich, an dem es fehlen kann, wenn die beschimpfende Äußerung schon in anderen Zeitschriften erschienen ist, ohne daß daran jemand Anstoß genommen hätte (vgl. Köln NJW **82**, 657). Nicht notwendig ist eine besondere Absicht. **22**

V. **Idealkonkurrenz** ist möglich mit den §§ 167 (vgl. auch 2 vor § 166), 167a, 168, ferner z. B. mit §§ 185 ff. (vgl. Dippel LK 57, D-Tröndle 10, Rudolphi SK 18). Mit § 130 besteht wegen der erhöhten Eignung zur Friedensstörung trotz Identität des Rechtsguts Tateinheit, wenn in einer Schrift sowohl Beschimpfungen i. S. des § 166 als auch solche des durch das angegriffene Bekenntnis usw. verbundenen Bevölkerungsteils enthalten sind. Ist dagegen die Beschimpfung eines Bekenntnisses usw. zugleich als eine solche der ihm angehörenden Personengruppe zu verstehen und sind auch die weiteren Voraussetzungen des § 130 erfüllt (Angriff auf die Menschenwürde), so tritt § 166 hinter § 130 zurück (vgl. o. 1). **23**

§ 167 Störung der Religionsausübung

(1) Wer
1. den Gottesdienst oder eine gottesdienstliche Handlung einer im Inland bestehenden Kirche oder anderen Religionsgesellschaft absichtlich und in grober Weise stört oder
2. an einem Ort, der dem Gottesdienst einer solchen Religionsgesellschaft gewidmet ist, beschimpfenden Unfug verübt,

wird mit Freiheitsstrafe bis zu drei Jahren oder mit Geldstrafe bestraft.

(2) Dem Gottesdienst stehen entsprechende Feiern einer im Inland bestehenden Weltanschauungsvereinigung gleich.

Schrifttum: Vgl. die Angaben vor und zu § 166.

I. Die Bestimmung enthält **zwei Tatbestände:** die Störung des Gottesdienstes und den beschimpfenden Unfug an Orten, die dem Gottesdienst gewidmet sind. In beiden Fällen stehen dem Gottesdienst, der von Kirchen oder Religionsgesellschaften ausgeübt wird, Feiern von Weltanschauungsvereinigungen gleich (Abs. 2). Zum geschützten **Rechtsgut** vgl. 2 vor § 166. **1**

II. Wegen **Störung des Gottesdienstes usw.** ist nach **Abs. 1 Nr. 1, Abs. 2** strafbar, wer den Gottesdienst, eine gottesdienstliche Handlung oder eine dem Gottesdienst entsprechende weltanschauliche Feier absichtlich und in grober Weise stört. **2**

1. Geschützt sind der **Gottesdienst** und **gottesdienstliche Handlungen** einer im Inland bestehenden Kirche oder anderen Religionsgesellschaft (vgl. dazu § 166 RN 15, 20), ferner nach Abs. 2 dem Gottesdienst entsprechende **Feiern** einer im Inland bestehenden Weltanschauungsvereinigung (vgl. dazu § 166 RN 16, 20). **3**

a) **Gottesdienste** sind religiöse Veranstaltungen zur *gemeinsamen* Andacht, Verehrung und Anbetung Gottes nach den Vorschriften, Gebräuchen und Formen der jeweiligen Religionsgemeinschaft, gleichgültig, ob sie an einem eigens dazu gewidmeten Ort (z. B. Kirche) oder an anderer Stelle (z. B. Gottesdienst im Freien) stattfinden (R **7** 363, Dippel LK 5, D-Tröndle 2, Rudolphi SK 2). Dabei entscheidet letztlich das Kirchenrecht, die Satzung oder das Selbstver- **4**

§ 167 5–10   Bes. Teil. Straftaten, welche sich auf Religion und Weltanschauung beziehen

ständnis der betreffenden Gemeinschaft, ob ein Gottesdienst vorliegt. Das Zelebrieren einer Messe in einer Kirche ist daher auch dann ein Gottesdienst, wenn Gläubige dabei im Einzelfall nicht anwesend sind; es genügt, daß der Gottesdienst auf ihre Anwesenheit angelegt ist (and. RG **17** 316, wonach ein Gottesdienst eine Mehrheit von Teilnehmern voraussetzt). Kein Gottesdienst ist dagegen die religiöse Andacht eines einzelnen. Ebensowenig sind religiöse Unterweisungen (z. B. Religions- und Konfirmandenunterricht), das zur bloßen Belehrung erfolgende Vorlesen aus der Bibel, Vorträge religiösen Inhalts usw. Gottesdienste, selbst wenn sie in einer Kirche stattfinden (D-Tröndle 2, Rudolphi aaO; zur Katechisation vgl. jedoch RG GA Bd. **40**, 325). An einem Gottesdienst fehlt es ferner für die Dauer eines offensichtlichen Kanzelmißbrauchs (Dippel LK 6, D-Tröndle 2, Rudolphi SK 2); doch liegt ein solcher nicht schon dann vor, wenn ein Geistlicher aus der Sicht seiner Religion zu politischen Fragen Stellung nimmt.

5   b) **Gottesdienstliche Handlungen** sind dem Ritus der jeweiligen Religionsgesellschaft entsprechende Akte der Religionsausübung, die neben dem eigentlichen Gottesdienst dem besonderen religiösen Bedürfnis einzelner dienen (Dippel LK 6, D-Tröndle 3, Lackner 2a, Rudolphi SK 3). Nicht erforderlich ist ein sakramentaler Charakter der Handlung (RG **27** 226), wohl aber die zumindest passive Assistenz eines Geistlichen oder einer anderen Person in einer vergleichbaren Funktion (vgl. Dippel LK 6, D-Tröndle 3; and. Rudolphi aaO, der sich dabei zu Unrecht auf RG **10** 42 beruft). Hierher gehören daher z. B. Taufen, Trauungen, die Beichte, kirchliche Beerdigungen und Prozessionen (RG **28** 303), nicht dagegen das andachtsvolle Verharren der Gemeinde vor Erscheinen des Geistlichen, das aber schon Teil des Gottesdienstes sein kann.

6, 7   c) Dem Gottesdienst stehen nach Abs. 2 **entsprechende Feiern einer Weltanschauungsvereinigung** gleich. Dies sind nur solche Veranstaltungen, die der gemeinsamen kultischen Pflege der fraglichen Weltanschauung dienen (so z. B. nach Prot. V 2439f. die Jugendweihe, Feiern der Anthroposophen, Zeremonien der Freimaurer; näher dazu Eser aaO 834), nicht dagegen z. B. bloße Diskussionsveranstaltungen. Nicht erfaßt sind den gottesdienstlichen Handlungen entsprechende einzelne feierliche Akte der Weltanschauungsvereinigung (Rudolphi SK 5; and. Dippel LK 8).

8   2. Die Tathandlung besteht im **groben Stören** des Gottesdienstes usw. *Störung* ist jede Beeinträchtigung des vorgesehenen Ablaufs der bereits stattfindenden Veranstaltung (nicht dagegen die Verhinderung eines erst bevorstehenden Gottesdienstes usw., vgl. M-Schroeder II 73), gleichgültig, in welcher Weise dies geschieht und ob es sich dabei um einen Eingriff von außen (vgl. RG **5** 528) oder um eine Aktion aus dem Kreis der Teilnehmer handelt (vgl. Dippel LK 11, D-Tröndle 5, Rudolphi SK 6). In Betracht kommen daher z. B. das Erregen von Lärm, das Werfen von Stinkbomben, die physische Behinderung von Teilnehmern, der Versuch, den Gottesdienst in eine Diskussion „umzufunktionieren", die „Besetzung" der Kanzel usw. (vgl. näher Dippel aaO). Erforderlich ist die Störung der Veranstaltung als solcher, was nicht der Fall ist, wenn nur einzelne Teilnehmer betroffen sind; nicht notwendig ist jedoch, daß sämtliche Teilnehmer gestört werden (vgl RG **17** 316, GA Bd. **39**, 210). Zu einer Unterbrechung oder völligen Einstellung des Gottesdienstes usw. braucht es nicht zu kommen (vgl. auch Eser aaO 834). Durch das zusätzliche Erfordernis der *in grober Weise* erfolgenden Störung wird der Tatbestand auf besonders empfindliche und nachhaltige Beeinträchtigungen beschränkt. Dabei kann sich die besondere Schwere aus der Art (z. B. Werfen von Stinkbomben), der Dauer, dem Zeitpunkt (z. B. während der Wandlung) als auch aus dem Erfolg der Störung (z. B. erzwungener Abbruch) ergeben (D-Tröndle 5, Rudolphi SK 7). Nicht erforderlich ist die Feststellung einer konkreten Gefährdung des öffentlichen Friedens, da § 167 insoweit ein abstraktes Gefährdungsdelikt darstellt (vgl. auch Rudolphi SK 2 vor § 166, § 167 RN 7).

9   3. Der **subjektive Tatbestand** verlangt bezüglich der Störung Absicht i. S. von zielgerichtetem Handeln (vgl. dazu § 15 RN 66ff.); sicheres Wissen um den Eintritt einer Störung genügt nicht (z. B. handwerkliche Arbeiten in der Nähe einer Kirche, vgl. D-Tröndle 7, Rudolphi SK 9). Nicht erforderlich ist, daß der Täter in böswilliger Absicht handelt (vgl. Eser aaO 834). Bezüglich der übrigen Tatbestandsmerkmale genügt (bedingter) Vorsatz. Glaubt der Täter zur Störung berechtigt zu sein, so kann je nachdem § 16 (Erlaubnistatbestandsirrtum, vgl. § 16 RN 14ff.) oder § 17 (Annahme eines – zumindest in diesem Umfang – nicht anerkannten Rechtfertigungsgrundes) in Betracht kommen.

10   4. Die **Rechtswidrigkeit** der Störung kann nach § 34 **ausgeschlossen** sein (z. B. Alarmieren der zum Gottesdienst versammelten Feuerwehr beim Ausbruch eines Brandes; vgl. RG **5** 259). Nach RG **21** 171 soll bei einem beleidigenden Inhalt der Predigt auch Notwehr möglich sein; doch kommt hier gleichfalls nur § 34 in Betracht (vgl. § 32 RN 32). Erfolgt die Störung durch einen

Störung einer Bestattungsfeier 1 **§ 167a**

erlaubten Gewerbebetrieb (vgl. RG 37 151), so fehlt es bereits an der erforderlichen Absicht (vgl. o. 9).

III. Nach Abs. 1 Nr. 2, Abs. 2 ist strafbar das Verüben **beschimpfenden Unfugs an Orten,** 11 die dem **Gottesdienst** oder entsprechenden **Feiern einer Weltanschauungsvereinigung gewidmet** sind.

1. Geschützt sind **Orte,** die dem **Gottesdienst** einer im Inland bestehenden Kirche oder 12 anderen Religionsgesellschaft oder **entsprechenden Feiern** einer im Inland bestehenden Weltanschauungsvereinigung (Abs. 2) **gewidmet** sind, und zwar unabhängig davon, ob im Augenblick der Tat eine gottesdienstliche Benutzung usw. erfolgt. Über *Gottesdienste* und *entsprechende Feiern* einer im Inland bestehenden Religionsgesellschaft bzw. Weltanschauungsvereinigung vgl. o. 4, 6f. Die Widmung zu gottesdienstlichen Handlungen (vgl. o. 5) oder – im Unterschied zu § 166 a. F. – zu religiösen Versammlungen genügt nicht (vgl. Begr. zu § 189 E 62). *Gewidmet* ist der Ort dem Gottesdienst usw., wenn er dazu bestimmt ist; eine tatsächliche, aus zufälliger Veranlassung erfolgende Verwendung hierfür genügt nicht (vgl. RG 29 336). Bei Orten, die generell dem Gottesdienst gewidmet sind, genügt es, daß dies die überwiegende Zweckbestimmung ist; daß sie gelegentlich auch anderen Aufgaben dienen sollen (z. B. Vorträge, Konzerte), ist unerheblich. Hierher gehören z. B. Kirchen einschließlich solcher Vor- und Nebenräume, auf die sich das religiöse Gefühl und die Andachtsstimmung mitzuerstrecken pflegen (BGH 9 140 [als Durchgang zur Kirche dienender Windfang]; vgl. auch RG 45 243 [Sakristei]; krit. Dippel LK 17), ferner Kapellen (auch Hauskapellen), Betsäle, sofern sie dem Gottesdienst und nicht nur religiösen Versammlungen dienen. Auch Orte, deren allgemeine Zweckbestimmung eine andere ist, können vorübergehend dem Gottesdienst gewidmet sein (vgl. jedoch RG 29 336) und genießen dann den Schutz der Nr. 2. Voraussetzung ist hier jedoch, daß der Ort für die fragliche Zeit nicht zugleich anderen Zwecken dient (wie z. B. bei öffentlichen Straßen und Plätzen, auf denen ein Gottesdienst stattfindet; vgl. RG 28 303, Tübingen DRZ 48, 398). Auch genügt nicht, daß ein Gottesdienst tatsächlich stattfindet (vgl. jedoch Rudolphi SK 10), erforderlich ist vielmehr, daß der fragliche Raum usw. durch entsprechende Maßnahmen auch äußerlich einen Charakter erhält, der seiner besonderen Bedeutung als Ort religiöser Andacht und Verehrung usw. Rechnung trägt (so z. B., wenn ein Fabriksaal an bestimmten Tagen als gottesdienstlicher Raum für Gastarbeiter hergerichtet wird). Dies gilt auch für Friedhofe, sofern dort im Einzelfall Gottesdienste stattfinden. Im übrigen sind diese durch Nr. 2 – anders als nach § 166 a. F. – schon deshalb nicht mehr geschützt, weil religiöse Begräbnisfeiern zwar gottesdienstliche Handlungen, aber keine Gottesdienste sind (vgl. o. 5; vgl. dazu auch Dippel LK 17); in Betracht kommt hier jedoch § 168.

2. Die Tathandlung besteht im **Verüben beschimpfenden Unfugs** an den genannten Orten, 13 d. h. in einem grob ungehörigen Verhalten, das die Mißachtung der Heiligkeit oder entsprechenden Bedeutung des Orts in besonders roher Weise zum Ausdruck bringt (vgl. RG 43 201, Dippel LK 19, D-Tröndle 11, Rudolphi SK 11; and. bezüglich der besonderen Roheit BGH 9 140). Da sich die Handlung gegen den Ort richten muß, ist unerheblich, ob sie von anderen Personen wahrgenommen wird (vgl. RG GA Bd. 59, 335, Dippel LK 19; vgl. aber auch RG 43 201). In Betracht kommen z. B. sexuelle Handlungen (BGH 9 140), Beschmieren der Wände mit Hakenkreuzen, Absingen pornographischer Lieder, nicht dagegen Rauchen, Nichtabnehmen des Hutes (Dippel LK 20, D-Tröndle 11; and. M-Schroeder II 74), auch nicht ohne weiteres starkes Lärmen (vgl. Eser aaO 835). Nicht erforderlich ist die Feststellung einer konkreten Gefährdung des öffentlichen Friedens, weil es sich auch bei Nr. 2 um ein abstraktes Gefährdungsdelikt handelt (and. wohl Rudolphi SK 11).

3. Der **subjektive Tatbestand** setzt Vorsatz voraus, zu dem auch das Bewußtsein des be- 14 schimpfenden Charakters der Handlung gehört. Bedingter Vorsatz genügt.

IV. Idealkonkurrenz kommt z. B. in Betracht mit §§ 166, 167a, 168, 185ff., 240, 303, 304. 15

§ 167a Störung einer Bestattungsfeier

Wer eine Bestattungsfeier absichtlich oder wissentlich stört, wird mit Freiheitsstrafe bis zu drei Jahren oder mit Geldstrafe bestraft.

I. Zum geschützten **Rechtsgut** vgl. 2 vor § 166. Von § 167 I Nr. 1 unterscheidet sich § 167a schon 1 durch die andere Angriffsrichtung (hier: Pietätsempfinden, dort: ungestörte Religionsausübung usw.). Aber auch sonst entsprechen sich die Tatbestände nicht: Da § 167a das Pietätsempfinden schützt, wird hier auch die rein private Bestattungsfeier erfaßt, während eine solche für § 167 I Nr. 1 gerade nicht genügt. Auch setzt § 167a – anders als § 167 I Nr. 1 – keine „grobe" Störung voraus; ferner genügt hier im Unterschied zu § 167 I Nr. 1 schon die wissentliche Störung. Aus diesem Grund ist es auch ausgeschlossen, religiöse Beisetzungen von § 167a auszunehmen und allein dem

§ 167 I Nr. 1 zu unterstellen, da diese sonst im Vergleich zu sonstigen Bestattungsfeiern einen geringeren Schutz genössen (so mit Recht Dippel LK 4f. gegen Prot. V 2240).

2 II. Der **objektive Tatbestand** besteht im Stören einer Bestattungsfeier.

3 1. **Bestattungsfeier** ist jede Veranstaltung, bei der in feierlicher Form von einem Toten Abschied genommen wird. Zwar setzt eine „Feier" die Einhaltung gewisser Formen voraus (Dippel LK 10), doch sind insoweit keine strengen Anforderungen zu stellen. Nicht erforderlich sind bestimmte Zeremonien, Ansprachen oder die Mitwirkung eines Geistlichen, vielmehr ist auch die stille weltliche Feier geschützt. Auch braucht die Feier nicht an der Beisetzungsstelle stattzufinden; die Feier im Trauerhaus und der Leichenzug gehören daher gleichfalls hierher (vgl. E 62, Begr. 346 zu § 190). Keine Voraussetzung ist ferner die Gegenwart einer Mehrzahl von Personen (vgl. Heimann-Trosien LK^9 3); ebensowenig kommt es auf die Anwesenheit des Toten an, sofern nur ein unmittelbarer Zusammenhang zu dem Tod besteht und der Charakter eines Abschieds von dem Toten gewahrt ist. Um eine Bestattungsfeier handelt es sich daher z. B. auch bei dem gemeinsamen Gedenken an die bei einem Schiffsuntergang Vermißten oder bei einem Staatsakt, nicht dagegen bei bloßen Gedächtnisfeiern, Totenehrungen oder bei Seelenmessen, soweit sie nicht im Anschluß an die Bestattung abgehalten werden (ebenso Dippel LK 10, Rudolphi SK 2).

4 2. Über den Begriff der **Störung** vgl. § 167 RN 8. Eine Störung „in grober Weise" ist hier im Unterschied zu § 167 nicht erforderlich; geringfügige Störungen, die das Pietätsempfinden nicht beeinträchtigen können, scheiden nach dem Zweck der Vorschrift jedoch aus (vgl. Rudolphi SK 3).

5 III. Der **subjektive Tatbestand** erfordert bezüglich der Störung Absicht i. S. von zielgerichtetem Handeln (vgl. § 15 RN 66 ff.) oder Wissentlichkeit, d. h. das sichere Wissen, daß die Handlung zu einer Störung führen wird (vgl. § 15 RN 68). Im übrigen (Vorliegen einer Bestattungsfeier) genügt dagegen bedingter Vorsatz.

6 IV. **Idealkonkurrenz** ist möglich wegen der unterschiedlichen Angriffsrichtung mit § 167 (vgl. o. 1), ferner z. B. mit §§ 166, 168, 189, 240.

§ 168 Störung der Totenruhe

(1) Wer unbefugt aus dem Gewahrsam des Berechtigten eine Leiche, Leichenteile, eine tote Leibesfrucht, Teile einer solchen oder die Asche eines Verstorbenen wegnimmt, wer daran oder an einer Beisetzungsstätte beschimpfenden Unfug verübt oder wer eine Beisetzungsstätte zerstört oder beschädigt, wird mit Freiheitsstrafe bis zu drei Jahren oder mit Geldstrafe bestraft.

(2) Der Versuch ist strafbar.

Vorbem. Abs. 1 geändert durch das 24. StrÄndG v. 13. 1. 1987, BGBl. I 141

Schrifttum: v. *Blume,* Fragen des Totenrechts, AcP 112, 367. – *Becker,* Der Umfang des Rechts öffentlicher Krankenanstalten zur Obduktion von Leichen, JR 51, 328. – *Bohne,* Das Recht zur klinischen Leichensektion, R. Schmidt-FG (1932) 105. – *Brugger-Kühn,* Sektion der menschlichen Leiche, 1979. – v. *Bubnoff,* Rechtsfragen zur homologen Organtransplantation aus der Sicht des Strafrechts, GA 68, 65. – *Carstens,* Das Recht der Organtransplantation, 1978. – *Deutsch,* Die rechtliche Seite der Transplantation, ZRP 82, 174. – *Engisch,* Über Rechtsfragen bei homologer Organtransplantation, Der Chirurg 67, 252. – *Eser,* Strafrechtlicher Schutz des religiösen Friedens, in: Friesenhahn-Scheuner, Handb. des Staatskirchenrechts, Bd. 2 (1975) 821. – *Forkel,* Verfügungen über Teile des menschlichen Körpers, JZ 74, 593. – *Geilen,* Probleme der Organtransplantation, JZ 71, 41. – *Haas,* Die Zulässigkeit klinischer Sektionen, NJW 88, 2929. – *Heinitz,* Rechtliche Fragen der Organtransplantation, 1970. – *von Kress,* Ärztl. Fragen der Organtransplantation, 1970. – *Kaiser,* Künstliche Insemination und Transplantation, in: Göppinger, Arzt und Recht, (1966) 58. – *Kießling,* Verfügung über den Leichnam oder Totensorge, NJW 69, 533. – *Kohlhaas,* Rechtsfragen zur Transplantation von Körperorganen, NJW 67, 1489. – *Lilie,* Zur Verbindlichkeit eines Organspenderausweises nach dem Tod des Organspenders, MedR 83, 131. – *Penning/Liebhardt,* Entnahme von Leichenteilen zu Transplantationszwecken – Straftat, ärztliche Pflicht oder beides?, Spann-FS 1986. – *Peuster,* Eigentumsverhältnisse an Leichen und ihre transplantationsrechtliche Relevanz, 1971. – *Roxin,* Zur Tatbestandsmäßigkeit und Rechtswidrigkeit der Entfernung von Leichenteilen (§ 168 StGB), insbes. zum rechtfertigenden strafrechtlichen Notstand (§ 34 StGB), JuS 76, 505. – *Rüping,* Der Schutz der Pietät, GA 77, 299. – *Tietz,* Der Schutz der Toten im Recht der Gegenwart, 1931 (StrAbh. 291). – *Sternberg-Lieben,* Strafrechtlicher Schutz der toten Leibesfrucht (§ 168 StGB n. F.), NJW 87, 2062. – *Trockel,* Die Rechtswidrigkeit klinischer Sektionen, 1957. – *ders.,* Das Recht zur Vornahme von Organtransplantationen, MDR 69, 811. – *Zimmermann,* Gesellschaft, Tod und medizinische Erkenntnis, NJW 79, 569.

Störung der Totenruhe   1–3 **§ 168**

Zur Reform (Transplantation): Entwurf eines Transplantationsgesetzes, BT-Drs. 8/2681. – Bericht der Bund-Länderarbeitsgruppe zur Vorbereitung einer gesetzlichen Regelung der Transplantation u. Sektion, 1978. – *Bieler,* Persönlichkeitsrecht, Organtransplantation u. Totenfürsorge, JR 76, 224. – *Carstens,* Organtransplantation, ZRP 79, 282. – *Kuckuk,* Der Hamburger „Entwurf zur strafrechtlichen Regelung der Organtransplantation" – Reform ohne Programm?, JR 74, 410. – *Linck,* Vorschläge für ein Transplantationsgesetz, ZRP 75, 249. – *Roxin* in: Blaha u. a., Schutz des Lebens – Recht auf Tod (1978) 103 ff. – *Rüping,* Individual- u. Gemeinschaftsinteressen im Recht der Organtransplantation, GA 78, 129. – *Samson,* Legislatorische Überlegungen zur Rechtfertigung der Explantation von Leichenteilen, NJW 74, 2030. – *Sturm,* Zum Regierungsentwurf eines Transplantationsgesetzes, JZ 79, 697. – *Vogel,* Zustimmung oder Widerspruch. Bemerkungen zu einer Kernfrage der Organtransplantation, NJW 80, 625.

Materialien zum 24. StÄG (vgl. Vorbem.): BT-Drs. 10/3758, 10/6568; Prot. des BT-Rechtsausschusses Nr. 70 v. 16. 1. 86 (öffentliche Anhörung), BT-Plenum SBer. 10, 19758.

I. Die Vorschrift enthält **drei verwandte Tatbestände:** 1. Die unbefugte Wegnahme von Leichen usw.; 2. den beschimpfenden Unfug daran oder an Beisetzungsstätten; 3. die Zerstörung oder Beschädigung von Beisetzungsstätten. Zum **Rechtsgut** der Vorschrift vgl. 2 vor § 166. Erweitert wurde diese durch das **24. StÄG** v. 13. 1. 1987 (vgl. die Vorbem.), das als Reaktion auf bekanntgewordene Fälle einer unbefugten Wegnahme von aus Schwangerschaftsabbrüchen erlangten Embryonen und Feten zum Zweck ihrer kommerziellen Verwertung den Tatbestand auf tote Leibesfrüchte und Teile von solchen erstreckte (vgl. BT-Drs. 10/3758 S. 4, 10/6568 S. 3; krit. zur Kompetenz des Bundesgesetzgebers Koch NJW 88, 2286). Schutzobjekt ist auch hier das Pietätsgefühl der Allgemeinheit, ferner die Menschenwürde, die nach BVerfGE 33 41 auch dem ungeborenen Leben zukommt und über den Tod hinaus fortwirkt (vgl. BT-Drs. 10/3758 S. 4, 10/6568 S. 2, 4). Gegen die Gefahren eines „Embryonenhandels" sind beide mit der Erweiterung des § 168 allerdings nur unzulänglich geschützt. Nicht unterbunden ist damit die Weggabe der toten Leibesfrucht durch den „Berechtigten" und ihre Weitergabe zum Zweck der „Verwertung" sowie diese selbst, und völlig ungeschützt ist auch, weil keine „Leibesfrucht", das tote Produkt einer extrakorporalen Befruchtung (krit. dazu insbes. Eser u. Schreiber in der öffentlichen Anhörung des BT-Rechtsausschusses, Prot. Nr. 70; vgl. ferner den weitergehenden Gesetzesantrag von Bayern BR-Drs. 42/85). Diese Unzulänglichkeiten waren zwar auch dem Gesetzgeber bewußt, der aber glaubte, eine geplante Gesamtregelung nicht abwarten zu können, mit der zugleich eine Verbesserung des Schutzes sterblicher menschlicher Überreste – zu der hier besonders regelungsbedürftigen Frage von Organtransplantationen vgl. u. 6 – erreicht werden sollte (vgl. BT-Drs. 10/6568). Mit dem jetzt in Kraft getretenen Embryonenschutzgesetz v. 13. 12. 1990 (BGBl. I 2746) wurden diese mit dem 24. StÄG gebliebenen Lücken allerdings nicht geschlossen, da der dort vorgesehene Tatbestand der mißbräuchlichen Verwendung von Embryonen, von der Fiktion des § 8 II abgesehen, nur lebende Embryonen erfaßt (§ 2). 1

II. Der **objektive Tatbestand** der **1. Alt.** betrifft die **Wegnahme einer Leiche,** von Leichenteilen, einer toten Leibesfrucht bzw. von Teilen einer solchen oder der Asche eines Verstorbenen aus dem Gewahrsam des Berechtigten. Kein zusätzliches Tatbestands-, sondern das allgemeine Deliktsmerkmal der Rechtswidrigkeit enthält die hier ausdrücklich erfolgte Kennzeichnung der Wegnahme als „unbefugt" (vgl. Dippel LK 27, D-Tröndle 4, Lackner 2c, Rudolphi SK 7). 2

1. **Leiche** ist der Körper eines Verstorbenen (zum Todeszeitpunkt vgl. 16 ff. vor § 211), solange sein Zusammenhang noch nicht durch den Verwesungsprozeß oder auf andere Weise völlig aufgehoben ist. Eine Leiche ist auch der Körper eines totgeborenen Kindes, wobei die früher umstrittene Frage, ob dafür das Erreichen einer „menschenähnlichen" Entwicklungsstufe genügt (vgl. Dippel LK 12) oder eine nach dem Grad der Entwicklung an sich mögliche Lebensfähigkeit außerhalb des Mutterleibes erforderlich ist (vgl. RG 69 288, Bay Bd. 19, 205), ihre praktische Bedeutung verloren hat, seitdem auch die tote Leibesfrucht Tatobjekt sein kann (vgl. o. 1). Keine Leiche, sondern eine tote Leibesfrucht ist jedenfalls der noch unentwickelte Embryo. **Leichenteile** sind Teile des toten menschlichen Körpers, solange dieser noch als Leiche anzusehen ist (also z. B. nicht Skelettreste). Dazu gehören auch solche in den Körper eingefügten fremden Bestandteile, die mit diesem fest verbunden sind und nur mit Gewalt oder jedenfalls nicht ohne Verletzung der Körperintegrität wieder entfernt werden können (vgl. D-Tröndle 2, Dippel LK 14; and. z. B. Lackner 2a, Rudolphi SK 2, Jura 79, 46 u. hier die 22. A.; zur Frage des Aneignungsrechts vgl. § 242 RN 21). Dies gilt z. B. für Zahnkronen, Brücken, Silberplatten als Ersatz der Schädeldecke, Herzschrittmacher, nicht aber für Zahn- und sonstige Prothesen; hier kann jedoch die 2. Alt. in Betracht kommen. Nicht als Leichenteil anzusehen ist nach dem Sinn des Gesetzes dagegen, was völlig unwesentlich ist. Da das Pietätsempfinden hier vernünftigerweise noch nicht beeinträchtigt sein kann, ist dies z. B. anzunehmen, wenn einem Toten zu Untersuchungszwecken eine geringe Menge Blut entnommen wird (Blei II 133, JA 75, 241, M-Schroeder II 77; and. Frankfurt JZ **75**, 379 m. Anm. Geilen, Roxin JuS 76, 506, Frankfurt NJW **77**, 859, Dippel LK 15). Wegen der damit verbundenen Verletzung 3

der Körpersubstanz überschritten sind diese Grenzen jedoch bei der mit einer Sektion verbundenen Entnahme von Gewebeteilen (vgl. KG NJW **90**, 782). Um eine tote **Leibesfrucht** bzw. um Teile einer solchen handelt es sich nur bei vorherigem Bestehen einer Schwangerschaft i. S. eines symbiotischen Verhältnisses zwischen Embryo und werdender Mutter (vgl. Eser, Prot. BT-Rechtsausschuß Nr. 70, Anl. S. 16). Embryonen und Feten als Ergebnis einer extrakorporalen Befruchtung fallen daher jedenfalls so lange nicht unter § 168 als sie nicht implantiert sind (vgl. BT-Drs. 10/6568 S. 3). Daß der Schutz des § 168 ebenso wie bei § 218 erst mit der Nidation (§ 219 d) einsetzt (so BT-Drs. 10/3758 S. 4, 10/6568 S. 4), ist zwar nicht zwingend, hier aber ohne praktische Bedeutung, weil eine „Wegnahme" vorher kaum vorkommen dürfte (vgl. Eser aaO 16 f.). Die **Asche** des Verstorbenen ist auch dann Tatobjekt, wenn sie nicht vollständig ist (Dippel LK 18). Zu ihr gehören auch die mit einem Körper fest verbundenen fremden Bestandteile, die nicht verbrennbar sind (z. B. Goldzähne). – In allen diesen Fällen besteht der Schutz des § 168 nur solange, als die Leiche usw. noch Gegenstand des Pietätsempfindens ist. Dies ist nicht mehr der Fall, wenn sie Objekt des Rechtsverkehrs geworden ist (z. B. eine von der Anatomie erworbene Leiche); hier kommt nur noch ein Eigentumsdelikt in Betracht (Dippel LK 13, D-Tröndle 2, Kohlhaas NJW 67, 1489, Rudolphi SK 2; vgl. im übrigen § 242 RN 21).

4 2. Die Tathandlung besteht in der **Wegnahme** der Leiche usw. **aus dem Gewahrsam des Berechtigten.**

5 a) **Berechtigter** ist, soweit es sich um sterbliche *menschliche Überreste* handelt, wem das Totenfürsorgerecht zusteht, das kein eigennütziges, sondern ein sog. Pflichtrecht ist. Berechtigte sind deshalb in erster Linie die Angehörigen, die nicht notwendig auch Erben sein müssen (vgl. RG **64** 313); entscheidend ist – auch für die Rangfolge bei Uneinigkeiten – die Nähe der seelischen Beziehung zu dem Toten (Dippel LK 20). Insbes. beim Fehlen von Angehörigen kommen auch andere Personen oder Institutionen in Betracht, denen die Obhut zusteht, weil sie für die Bestattung oder Bewahrung der Leiche zu sorgen haben (z. B. Altersheim, Krankenhaus [München NJW **76**, 1805] usw.; zu den Gemeinden vgl. Bieler JR 76, 228). Nach der Bestattung ist Berechtigter jedenfalls auch die Gemeinde usw., die den Friedhof unterhält, weshalb auch eigenmächtige Umbettungen durch Angehörige unter § 168 fallen können (LG Hamburg NStZ **82**, 511). – Bei der *toten Leibesfrucht* ist, entsprechend dem Totenfürsorgerecht, Berechtigter derjenige, der für ihre „hygienisch einwandfreie und dem sittlichen Empfinden entsprechende Beseitigung" zu sorgen hat (vgl. z. B. § 30 II BestattungsG Bad.-Württ. v. 21. 7. 1970 [GBl. 395] für Fehlgeburten, die nicht bestattet werden). Dazu gehören zunächst die Eltern, an deren Stelle, wenn sie ihr Recht nicht wahrnehmen können und wollen, aber auch ein anderer treten kann. Bei einem klinisch erfolgten Fruchtabgang ist Berechtigter daher i. d. R. die Krankenhausleitung.

6 b) **Gewahrsam** ist hier nicht i. S. der §§ 242, 246 als Sachherrschaft zu verstehen – ein Begriff, der in diesem Zusammenhang unangemessen wäre –, sondern bedeutet die tatsächliche Obhut über die Leiche. Da aber auch diesem modifizierten Gewahrsamsbegriff ein Moment der Faktizität zugrundeliegt, muß der Berechtigte in einem tatsächlichen Obhutsverhältnis zu der Leiche stehen; den Begriff „Gewahrsam des Berechtigten" in ein rein normatives Merkmal i. S. eines Obhuts*rechts* umzudeuten (so aber z. B. Dippel LK 24 mwN), verfehlt bei toten Leibesfrüchten vielfach schon die tatsächlichen Gegebenheiten (gegen eine Gleichsetzung mit dem Obhutsrecht der Angehörigen hier daher auch Lackner 2b aa; and. Sternberg-Lieben NJW 87, 2062), vor allem aber ist dies mit dem Gesetzeswortlaut nicht vereinbar (vgl. Karlsruhe Justiz **77**, 313 u. näher Geilen JZ 71, 43 u. 75, 381, Roxin JuS 76, 506, Rudolphi SK 3). Aus diesem folgt vielmehr, daß der Berechtigte tatsächlich Gewahrsam gehabt haben muß; daß er zum Gewahrsam berechtigt war, genügt nicht. Für die Zeit *vor der Bestattung* bedeutet dies: Im Gewahrsam des Berechtigten ist die Leiche z. B., wenn sie sich im Haus der Angehörigen befindet, und dasselbe gilt auch noch bei einer Aufbahrung in der Leichenhalle (vgl. Frankfurt JZ **75**, 379 m. Anm. Geilen, Roxin JuS 76, 507). Dagegen ist § 168 nicht anwendbar, wenn die Hinterbliebenen, wie vielfach bei Unfällen, vom Tod ihres Angehörigen und seinem Aufenthaltsort zunächst noch gar nichts wissen (Roxin aaO). Aber auch hinsichtlich der noch im Krankenhaus befindlichen Leiche der verstorbenen Angehörigen sind zwar die Berechtigten, doch fehlt es wegen der mangelnden tatsächlichen Beziehung an ihrem Gewahrsam zumindest so lange wie dieser noch allein von dem Krankenhaus mit entsprechendem Herrschaftswillen ausgeübt wird und die Angehörigen lediglich einen Anspruch auf die Einräumung des Gewahrsams haben (vgl. Karlsruhe Justiz **77**, 313, München NJW **76**, 1805 m. Anm. Linck S. 2310, Stuttgart Justiz **77**, 313). Als beendet anzusehen ist dieser (Allein-)Gewahrsam allerdings nicht erst mit der Herausgabe der Leiche (so aber Stuttgart aaO), sondern bereits in dem Zeitpunkt, in dem das Krankenhaus diese aus seinem Zuständigkeitsbereich „entläßt", indem es zu erkennen gibt, daß die Angehörigen nunmehr vorbereitende Dispositionen für die Bestattung treffen können (vgl.

Störung der Totenruhe   7, 8 § 168

auch KG NJW **90**, 782). Bis dahin aber kann auch das Problem eigenmächtiger Sektionen oder Organexplantationen in Krankenhäusern mit Hilfe des § 168 nicht befriedigend gelöst werden; denn unabhängig von der Frage, ob auch das Krankenhaus als Berechtigter anzusehen ist, entfällt der Tatbestand hier schon deshalb, weil Leichenteile nicht aus dem Gewahrsam der Berechtigten weggenommen worden sind (bestr.; wie hier jedenfalls i. E. z. B. München NJW **76**, 1805 m. Anm. Linck S. 2310, Stuttgart Justiz **77**, 313, Blei II 133, Bockelmann, Strafrecht des Arztes 105 f., Bohne aaO 130, Geilen JZ **71**, 43, Heinitz aaO 23, Kohlhaas NJW **67**, 1491, Penning/Liebhardt aaO 445 ff., Roxin JuS **76**, 506, Rudolphi SK 3, Rüping GA **77**, 303, Trokkel, Die Rechtswidrigkeit usw. 29 f.; and. KG NJW **90**, 782, v. Bubnoff GA **68**, 71, Dippel LK 24, D-Tröndle 3, Gribbohm JuS **71**, 201, Lackner 2b, M-Schroeder II 77, Sternberg-Lieben NJW **87**, 2062; vgl. ferner z. B. Gucht JR **73**, 234, Gribbohm JuS **71**, 200, Schöning NJW **68**, 189, Zimmermann NJW **79**, 569; vgl. auch u. 8). Eine Lösung der hier anstehenden Fragen kann erst ein besonderes Transplantationsgesetz bringen, dessen Grundkonzeption („Einwilligungs"- oder „Widerspruchslösung") freilich außerordentlich umstritten ist (vgl. dazu den RegE in BT-Drs. 8/2681; zum Schrifttum vgl. die Angaben o. vor 1, ferner Deutsch ZRP **82**, 176 f.). Nur sehr lückenhaft ist auch der Schutz der toten Leibesfrucht vor mißbräuchlicher Verwendung („Embryohandel"): Befindet sie sich, wie i. d. R. bei Schwangerschaftsabbrüchen, im Gewahrsam des Krankenhauses, das hier meist zugleich der Berechtigte ist (vgl. o. 5), so ist tatbestandsmäßig zwar die Wegnahme durch einen außenstehenden Dritten oder einen Krankenhausbediensteten, nicht aber die Weggabe auf Anordnung oder mit Billigung der Krankenhausleitung (vgl. auch o. 1). – *Nach der Bestattung* hat der Inhaber der Grabstelle Gewahrsam (nach RG **28** 190 der Eigentümer des Friedhofs), daneben bei öffentlichen Friedhöfen aber auch die Friedhofsverwaltung (vgl. auch LG Hamburg NStZ **82**, 511, Dippel LK 25, D-Tröndle 3).

c) **Wegnahme** bedeutet hier den Bruch des Obhutsverhältnisses, d. h. dessen Aufhebung   **7** ohne Willen des Berechtigten (o. 5); auf die Begründung eines neuen Gewahrsams kommt es hier nicht an (Dippel LK 26, D-Tröndle 3, Rudolphi SK 6).

3. **Unbefugt** ist die Wegnahme, wenn kein Rechtfertigungsgrund gegeben ist (vgl. o. 2). In   **8** Betracht kommen hier zunächst öffentlich-rechtliche Vorschriften (vgl. z. B. §§ 87 III, 91 StPO). Ein Rechtfertigungsgrund ist ferner die zu Lebzeiten erklärte Einwilligung des Verstorbenen in eine Organentnahme – bei Einwilligung des Berechtigten entfällt bereits die Wegnahme (vgl. o. 5, 7) –, selbst wenn die Entnahme dann gegen den Willen der Angehörigen erfolgt (vgl. Frankfurt NJW **77**, 859, v. Bubnoff GA **68**, 73, D-Tröndle 4, Deutsch ZRP **82**, 176, Lilie MedR **83**, 131); ob die eine Entnahme von Gewebeteilen gestattende Sektionsklausel in Krankenhausverträgen eine wirksame Einwilligung enthält, hängt von der Gültigkeit solcher Klauseln nach dem AGB-Ges. ab (für Unwirksamkeit KG NJW **90**, 783, Haas NJW **88**, 2933 f. mwN; and. Koblenz NJW **89**, 2950). Bejaht man entgegen der o. 6 vertretenen Auffassung die Tatbestandsmäßigkeit bei der eigenmächtigen Entnahme von Organen in einem Krankenhaus, so kann diese nach § 34 gerechtfertigt sein, wenn sie zum Zweck einer konkret notwendigen Transplantation erfolgt (z. B. Bockelmann, Strafrecht des Arztes 105 f., v. Bubnoff aaO 74, D-Tröndle 4, Dippel LK 32, Heinitz aaO 25, Kohlhaas NJW **67**, 1492, Roxin, in: Blaha u. a., Schutz des Lebens – Recht auf Tod [1978], 101 ff.; and. Trockel, Die Rechtswidrigkeit usw. 140 ff. [bejahend dagegen für Sektionen MDR **69**, 811]). Dies gilt auch noch anzunehmen, wenn das Organ erst über ein Organverteilungszentrum nach Ermittlung der optimalen Gewebeverträglichkeit durch Computer zur Implantation bei einem bereits jetzt in Gefahr befindlichen Patienten weitergeleitet wird (vgl. Pennig/Liebhardt aaO 448 f.; and. Dippel LK 34, D-Tröndle 4), mangels einer gegenwärtigen Gefahr für ein bestimmtes Recht gilt § 34 dagegen nicht, wenn die Explantation der Vorratshaltung dient (vgl. Dippel aaO mwN) oder wenn Organe oder Gewebeteile zum Zweck wissenschaftlicher Forschung entnommen werden (vgl. Dippel LK 35). Auch ist eine Rechtfertigung nach § 34 immer ausgeschlossen, wenn der Verstorbene zu seinen Lebzeiten sich die Entnahme ausdrücklich verboten hatte (z. B. Lackner 2b bb, M-Schroeder II 78); andererseits ist eine solche nicht davon abhängig, ob die Angehörigen zunächst um ihre Einwilligung hätten gefragt werden können (Frankfurt JZ **75**, 379 m. Anm. Geilen, Martens NJW **75**, 1668 u. Roxin JuS **76**, 508, Geilen JZ **71**, 47, Dippel LK 33, Samson NJW **74**, 2030, Rudolphi SK 8; and. LG Bonn JZ **71**, 56, v. Bubnoff aaO 74, D-Tröndle 4, Deutsch ZRP **82**, 176, Eser I 128; vgl. auch § 34 RN 20). Erledigt hat sich die früher umstrittene Frage einer Rechtfertigung gem. § 34 bei Handlungen i. S. des § 168, die Beweiszwecken im Sozialversicherungsrecht dienen – z. B. Entnahme von Leichenblut, wenn die Zahlung einer Hinterbliebenenrente bei Trunkenheit am Steuer ausgeschlossen ist (vgl. Frankfurt JZ **75**, 379 m. Anm. Geilen, Martens u. Roxin aaO, NJW **77**, 859, aber auch o. 3) –, seitdem dafür durch die Einfügung des § 1559 IV RVO eine ausdrückliche – insoweit aber auch abschließende – Ermächtigungsgrundlage vorhanden ist (vgl. auch § 34 RN 7).

Vorbem §§ 169 ff Bes. Teil. Straftaten gegen den Personenstand, die Ehe und die Familie

9 III. Der **objektive Tatbestand** der 2. Alt. erfaßt die **Verübung beschimpfenden Unfugs an Leichen usw.** oder **Beisetzungsstätten**.

10 1. Tatobjekt können die **Gegenstände der 1. Alt.** (vgl. o. 3) oder **Beisetzungsstätten** sein. Beisetzungsstätte ist die gesamte, der Ruhe und dem Andenken eines Verstorbenen dienende Stätte einschließlich Sarg und Leiche (vgl. RG 28 139); sie umfaßt nicht nur das Grab und den Grabhügel, sondern alles, was mit der Ruhestätte selbst in einem wesentlichen oder künstlichen Zusammenhang steht und dauernd mit ihr verbunden ist (so schon RG 39 155 zu § 168 a. F. [„Grab"]), also z. B. auch eingepflanzte Blumen (R **9** 399), das Grabdenkmal und die Umfriedung des Grabes (vgl. auch Dippel LK 38, D-Tröndle 5, Rudolphi SK 10), nicht aber z. B. Kränze und Bänke (Rüping GA 77, 303). Keine Beisetzungsstätten sind die Aufbahrungs- oder eine Totengedenkstätte (z. B. Gefallenendenkmal; vgl. § 191 IV E 62), ebensowenig prähistorische Gräber, auf die sich das Pietätsempfinden nicht mehr erstreckt (Dippel LK 41).

11 2. Die **Verübung beschimpfenden Unfugs** (vgl. dazu § 167 RN 13) setzt hier eine besonders rohe Mißachtenskundgebung voraus, mit welcher dem Toten Verachtung bezeigt und ihm Schimpf angetan werden soll (vgl. RG **42** 146, **43** 203, BGH NStZ **81**, 300). Nicht ausreichend ist daher z. B. das Zerstückeln einer Leiche, um diese unauffällig fortzuschaffen (BGH aaO), und auch die kommerzielle Verwertung von Leichenteilen oder toten Leibesfrüchten genügt für sich allein noch nicht (Lackner 3; and. Sternberg-Lieben NJW 87, 2062; vgl. auch o. 1, D-Tröndle 6). „An" den fraglichen Gegenständen ist der beschimpfende Unfug nicht nur verübt, wenn sich die Handlung unmittelbar gegen diese selbst richtet (z. B. Beschmieren eines Grabsteins mit Hakenkreuzen), sondern auch dann, wenn sie in unmittelbarer Nähe und in Beziehung auf die Beisetzungsstätte usw. erfolgt (z. B. beschimpfende Äußerungen, Singen zotiger Lieder; vgl. Dippel LK 43, D-Tröndle 6, Rudolphi SK 10; and. RG **21** 178, **48** 299). Ob das Beschädigen der Beisetzungsstätte (vgl. 3. Alt.) zugleich ein beschimpfender Unfug ist, hängt von den Umständen ab (praktisch ohne Bedeutung, da in jedem Fall nur eine Tat nach § 168 vorliegt); das gleiche gilt für das Wegwerfen lose aufgelegter Kränze usw. (vgl. auch u. 12). Die Handlung kann auch von dem Berechtigten selbst begangen werden (RG **42** 147).

12 IV. Der **objektive Tatbestand** der 3. Alt. betrifft die **Zerstörung oder Beschädigung einer Beisetzungsstätte.** Zur *Beisetzungsstätte* vgl. o. 10; zum *Zerstören* vgl. § 303 RN 11, zum *Beschädigen* vgl. § 303 RN 8 ff. Noch keine Zerstörung der Beisetzungsstätte ist das bloße Herausnehmen des Sarges aus dem noch offenen Grab (ebenso z. B. Dippel LK 47, M-Schroeder II 78; and. RG 28 141). Auch das Beschädigen lose aufgelegter Kränze usw. genügt nicht, da diese mangels einer dauernden Verbindung nicht Teil der Beisetzungsstätte sind (vgl. RG **21** 178, **42** 145, Blei II 133, Dippel LK 48); doch kommt hier u. U. die 2. Alt. in Betracht. Wird nur das Grabmal selbst beschädigt, so geht § 304 vor (vgl. dort RN 14, Dippel LK 51; and. Rudolphi SK 11).

13 V. Der **subjektive Tatbestand** setzt durchweg (bedingten) Vorsatz voraus, wozu z. B. bei der 2. Alt. auch das Bewußtsein des beschimpfenden Charakters der Handlung gehört (vgl. RG **42** 146, **43** 203, BGH NStZ **81**, 300). Die Absicht einer Pietätsverletzung ist nicht erforderlich (RG **42** 146).

14 VI. Der **Versuch** ist bei allen Begehungsweisen strafbar.

15 VII. **Idealkonkurrenz** ist bei der 2. Alt. z. B. möglich mit §§ 166, 167, 167a, bei der 3. Alt. mit § 303 (zu § 304 vgl. jedoch o. 12).

Zwölfter Abschnitt

Straftaten gegen den Personenstand, die Ehe und die Familie

Vorbemerkung zu den §§ 169 ff.

Die gegenwärtige Fassung der §§ 169 ff. beruht auf dem **4. StrRG** v. 23. 11. 1973 (BGBl. I 1725), durch das der 12. Abschnitt wesentlich umgestaltet wurde. Gestrichen wurden die §§ 170 (Eheerschleichung), 170a (Verschleuderung von Familienhabe) und 170c (Verlassen einer Schwangeren). Mit gewissen Einschränkungen und Modifizierungen beibehalten wurden dagegen trotz der dagegen erhobenen Einwände (vgl. AE, BT, Sexualdelikte 59, 69) die §§ 170d, 170e, wobei der früher im 13. Abschnitt enthaltene § 173 wegen der vom Gesetzgeber angenommenen familienzerstörenden Wirkung der Blutschande in den 12. Abschnitt übernommen wurde. Neu gefaßt ist ferner § 169. Zu den Änderungen im einzelnen vgl. die 20. A. und näher z. T. krit. Hanack NJW 74, 1, Sturm JZ 74, 1. Die Zusammenfassung der §§ 169 ff. im 12. Abschnitt ist zwar äußerlich sachgerecht, ändert aber nichts daran, daß hier z. T. ganz unterschiedliche Rechtsgüter geschützt werden. So betreffen die

§§ 169, 171 ausschließlich Rechtsgüter der Allgemeinheit (Personenstand, Institution der Ehe), während bei §§ 170b, 170d Individualinteressen im Vordergrund stehen. Zum Ganzen vgl. näher Dippel LK 1ff. vor § 169, M-Schroeder II 79f.

Schrifttum: Becker, Kann das Strafrecht Ehe und Familie schützen?, FamRZ 54, 208. – *ders.*, Strafrechtliche Sicherung der elterlichen Sorgepflicht, MDR 73, 630. – *Blau,* Die Delikte gegen die Familie und gegen die Sittlichkeit, FamRZ 64, 242. – *Blei,* Der Strafrechtsschutz von Familienordnung und Familienpflicht, FamRZ 61, 137. – *Giesen,* Zur Strafwürdigkeit der Delikte gegen Familie und Sittlichkeit, FamRZ 65, 248. – *Hellmer,* Kriminalpolitik und Sittenstrafrecht, ZStW 70, 360. – *Hanack,* Die Reform des Sexualstrafrechts und der Familiendelikte, NJW 74, 1. – *Schmitt,* Der strafrechtliche Schutz der Familie, Dt. Landesreferate z. VII. Internat. Kongreß f. Rechtsvergleichung 1967, 513. – *Sturm,* das Vierte Gesetz zur Reform des Strafrechts, JZ 74, 1. – Vgl. ferner die Angaben bei den einzelnen Vorschriften.

§ 169 Personenstandsfälschung

(1) Wer ein Kind unterschiebt oder den Personenstand eines anderen gegenüber einer zur Führung von Personenstandsbüchern oder zur Feststellung des Personenstandes zuständigen Behörde falsch angibt oder unterdrückt, wird mit Freiheitsstrafe bis zu zwei Jahren oder mit Geldstrafe bestraft.

(2) Der Versuch ist strafbar.

Schrifttum: Baumann, Der strafrechtliche Schutz des Personenstandes, StAZ 58, 225. – *Frank,* Die wissentlich falsche Vaterschaftsanerkennung usw., ZBl. JugR 72, 260. – *Goeschen,* Zur Strafbarkeit der Personenstandsfälschung, ZRP 72, 108. – *Kohlrausch,* Verbrechen gegen den Personenstand, VDB IV 465. – *Maier,* Macht sich die Mutter eines nichtehelichen Kindes durch bloßes Verschweigen des Erzeugers nach § 169 StGB strafbar?, MDR 71, 883. – Aus den Gesetzesmaterialien: BT Drs. VI/3521 S. 10ff., Prot. VI 1211ff., 1227ff., 2027ff., 2044f., Prot. 7 S. 3f.

I. Geschütztes **Rechtsgut** ist der Personenstand (besser: Familienstand; vgl. Baumann StAZ 58, 226, Dippel LK 5 vor § 169, § 169 RN 5, M-Schroeder II 81, Samson SK 2), der als rechtlicher Status mit rechtlichen Wirkungen den Schutz des Strafrechtes verdient. Zur Neufassung durch das 4. StrRG vgl. Sturm JZ 74, 2. Ergänzend vgl. § 68 PStG. 1

II. **Personenstand** ist das familienrechtliche Verhältnis einer lebenden oder verstorbenen Person zu einer anderen in allen seinen Beziehungen (RG **25** 189, **43** 403, **56** 134). Der Entstehungsgrund ist ohne Bedeutung; entscheidend ist nur, daß der Personenstand nach Zivilrecht rechtlichen Bestand hat. Daher sind auch die durch Adoption, Anerkennung der Ehelichkeit usw. begründeten Rechtswirkungen als Personenstand i. S. des § 169 anzusehen. Ein totgeborenes Kind hat keinen Personenstand (RG **43** 404, Dippel LK 5; and. Baumann StAZ 58, 225), wohl aber ein Verstorbener (RG **25** 190). Zum Personenstand gehört auch das Geschlecht (Dippel LK 5, D-Tröndle 3), nicht dagegen Name, Stand und Staatsangehörigkeit (Samson SK 2). Geschützt wird durch § 169 nur der Personenstand **eines anderen.** Die Veränderung usw. des *eigenen* Personenstandes wird, wenn nicht mittelbar zugleich ein fremder Personenstand betroffen ist, von § 169 nicht erfaßt (RG **25** 191, Hamm NStE **Nr. 1,** Stuttgart NJW **68,** 1341, Blei II 135), ebensowenig die Personenstandsfälschung in bezug auf eine erfundene Person (D-Tröndle 4, Lackner 1). 2

III. Die **Tathandlung** besteht im Unterschieben eines Kindes, in der falschen Angabe des Personenstandes oder dessen Unterdrückung gegenüber bestimmten Behörden. 3

1. Das **Unterschieben eines Kindes** (1. Alt.) bedeutet seinem Wortlaut nach die Herbeiführung eines Zustandes, der ein Kind als das leibliche Kind einer Frau erscheinen läßt, die es nicht geboren hat, wobei Täterin auch die angebliche Mutter sein kann (RG **36** 137). Das in der a. F. ausdrücklich genannte „Verwechseln" – dem Kind wird ein Personenstand zugeschrieben, der tatsächlich einem anderen zukommt – wird davon miterfaßt (Dippel LK 8, D-Tröndle 5, Lackner 2a, Sturm JZ 74, 2). Ein Handeln gegenüber der zuständigen Behörde wird hier i. U. zur 2. und 3. Alt. nicht vorausgesetzt, doch macht die dort erforderliche Gefährdung der behördlichen Feststellung eines Personenstandes auch beim Unterschieben eine entsprechende Einschränkung notwendig. Auch bei diesem muß der Täter daher die Personenstandsfeststellung gefährden, hier dadurch, daß das Kind durch Täuschung anderer tatsächlich in eine - insbes. räumliche – Beziehung zu einer bestimmten Frau gebracht wird, nach der es auch für die Behörde als deren leibliches Kind erscheinen muß (vgl. Dippel LK 7, Lackner 2a, Samson SK 6, Sturm JZ 74, 2, aber auch M-Schroeder II 82). Nach h. M. ist Kind i. S. des § 169 nur eine Person, die infolge ihres geringen Alters keine zutreffenden Vorstellungen über ihren Personenstand hat (z. B. Baumann StAZ 58, 226, Dippel LK 9, D-Tröndle 5, Samson SK 6; and. hier noch die 22. A.); nur die 2. oder 3. Alt. kommt daher in Betracht, wenn eine Person, die im 4

frühesten Kindesalter von der Mutter getrennt wurde, später einer anderen Frau als der angeblichen Mutter durch Täuschung beider als deren Kind „unterschoben" wird (vgl. näher Blei II 136).

5 2. Die 2. Alt. erfaßt die **falsche Angabe** des Personenstandes gegenüber bestimmten Behörden, d. h. die Abgabe einer Erklärung, nach der sich das familienrechtliche Verhältnis eines anderen (vgl. o. 2) anders darstellt als es in Wahrheit ist (vgl. Hamm NStE **Nr. 1**). Das bloße Schaffen eines irreführenden tatsächlichen Zustands genügt dafür, weil keine „Angabe", nicht (ebenso Dippel LK 10, Lackner 2b aa, Samson SK 8). Ein Erfolg i. S. einer tatsächlichen Veränderung des Personenstands ist nicht erforderlich (and. § 169 a. F.), wohl aber muß nach dem Sinn der Vorschrift und entsprechend dem Unterdrücken (vgl. u. 8) zu der Abgabe der falschen Erklärung das Bewirken eines Zustands hinzukommen, in dem die behördliche Feststellung des wahren Personenstands zumindest gefährdet ist. Die bloße Abgabe offensichtlich falscher Erklärungen, die eine solche Gefahr nicht begründen, ist daher nur (untauglicher) Versuch.

6 Adressat der falschen Erklärung können nur bestimmte *Behörden* sein (and. die a. F.), nämlich solche, die zur *Führung von Personenstandsbüchern* oder zur *Feststellung des Personenstandes* zuständig sind. Voraussetzung in beiden Fällen ist, daß sie im konkreten Fall die entsprechenden Feststellungen mit Außenwirkung zu treffen haben (vgl. Hamm NStE **Nr. 1**). Zur Führung von Personenstandsbüchern sind die Standesämter zuständig (§§ 1, 2 PStG; für die ehem. DDR vgl. auch EV I Kap. II B III), während die Zuständigkeit zur Feststellung des Personenstandes auch anderen Behörden zukommt, sofern sie dazu berufen sind, mit Wirkung für und gegen jedermann speziell den Personenstand eines Menschen festzustellen. Dazu gehören z. B. das für Statussachen (vgl. §§ 631, 636a, 640, 640h, 640k ZPO; and. im Unterhaltsprozeß), Todeserklärungen (vgl. § 9 VerschG; zur Geltung im Gebiet der ehem. DDR vgl. EV I Kap. III B III) oder Verfahren nach § 47 PStG, §§ 8ff. TranssexuellenG v. 10. 9. 80 (BGBl. I 1654) zuständige Gericht, nicht aber das Jugendamt, Einwohnermeldeamt oder die Polizei, die zwar die Identität einer Person, nicht aber deren Personenstand festzustellen hat (hier kommt § 111 OWiG in Betracht). Unrichtige Angaben gegenüber einer unzuständigen Stelle können jedoch bei Weiterleitung an eine zuständige Behörde nach allgemeinen Grundsätzen bei entsprechendem Vorsatz mittelbare Täterschaft sein (Dippel LK 13, D-Tröndle 6).

7 Unter die 2. Alt. fallen **beispielsweise** die Anmeldung eines nichtehelichen Kindes als ehelich beim Standesamt (RG **2** 303), unrichtige Angaben über den Erzeuger des Kindes gegenüber dem Standesamt oder im gerichtlichen Feststellungsverfahren nach § 1600n BGB (BT-Drs. VI/3521 S. 12), die Bezeichnung der Verstorbenen als Witwe statt als wiederverheiratet bei der Anmeldung eines Todesfalls beim Standesamt (RG JW **11**, 847), der Antrag auf Todeserklärung einer in Wahrheit noch lebenden Person (vgl. auch Kassel NJW **49**, 518), die Angabe eines falschen Samenspenders durch den Arzt bei einer heterologen Insemination, falsche Angaben nach § 8 TranssexuellenG. Kein Fall des § 169 ist dagegen das Einreichen einer fälschlich den Tod des Ehepartners bescheinigenden ausländischen Sterbeurkunde im Aufgebotsverfahren vor dem deutschen Standesbeamten, da dieser nicht den Personenstand von im Ausland lebenden Ausländers mit Rechtswirkung festzustellen hat (Hamm NStE **Nr. 1**). Keine Personenstandsfälschung liegt auch in der wahrheitswidrigen Anerkennung der Vaterschaft an einem nichtehelichen Kind (ebenso Dippel LK 16, Lackner 2b aa, M-Schroeder II 82, Samson SK 8; and. D-Tröndle 6). Die Anerkennung hat hier konstitutive Wirkung, d. h. begründet einen rechtlich wirksamen, wenn auch anfechtbaren (§ 1600f BGB) Personenstand. Die Schaffung eines zivilrechtlich wirksamen Personenstandes kann aber nicht unter § 169 fallen, da es nicht Ziel des Strafrechts sein kann, das Interesse des Kindes oder der Allgemeinheit an der wahren Abstammung auch dort unter Strafrechtsschutz zu stellen, wo das Zivilrecht bei der Bestimmung des Personenstandes von der biologischen Abstammung ausdrücklich absieht (ebenso Dippel LK 16; vgl. auch BT-Drs. VI/3521 S. 11). Das gleiche gilt für die Anmeldung eines im Ehebruch gezeugten Kindes als ehelich (vgl. § 1591 BGB). Nicht hierher gehören ferner z. B. falsche Angaben über den Personenstand bei der richterlichen Vernehmung eines Zeugen zur Person und das Eintragen falscher Personalien im Hotel (vgl. aber § 111 OWiG).

8 3. Eine **Unterdrückung** des Personenstandes (3. Alt.) ist das Bewirken eines Zustands, in dem das Bekanntwerden des wahren Personenstandes verhindert oder wesentlich erschwert wird (vgl. auch RG **39** 255, **41** 304), wobei auch hier ein Handeln gegenüber den o. 6 genannten Behörden notwendig ist. Das Unterdrücken kann sowohl durch falsche Erklärungen geschehen (ausgenommen solche über den Personenstand selbst, da hier schon die 2. Alt. gegeben ist) als auch durch sonstige, einen irreführenden tatsächlichen Zustand schaffende Handlungen als auch durch Unterlassen, sofern eine Garantenpflicht besteht (§ 13; vgl. dazu Dippel LK 12).

9 Eine Unterdrückung kann **beispielsweise** in falschen Aussagen im Statusprozeß liegen, z. B. darin, daß die nichteheliche Mutter unter Leugnen ihres Mehrverkehrs behauptet, nur mit einem bestimm-

ten Mann geschlechtlich verkehrt zu haben (vgl. dazu auch RG **72** 114, DR **43**, 895). Dem steht die Aufhebung des § 1717 BGB nicht entgegen, da der Mehrverkehr der Kindesmutter für den Wegfall der Vaterschaftsvermutung gem. § 1600o BGB nach wie vor relevant ist. Ein zwar wahrheitswidriges, aber völlig unsubstantiiertes Bestreiten genügt dagegen nicht (ebenso Dippel LK 18; and. D-Tröndle 7). Ein Unterdrücken kann ferner durch Bewirken der Blutentnahme bei einem anderen im Feststellungsverfahren nach § 1600n BGB begangen werden (vgl. Oldenburg NdsRpfl. **51**, 37). Ein Unterdrücken durch Unterlassen ist möglich bei Verletzung der Anzeigepflichten nach §§ 16, 32 PStG (Dippel LK 19, D-Tröndle 7; vgl. auch RG **10** 86). Kein Unterdrücken liegt dagegen in der bloßen Weigerung der nichtehelichen Mutter, den Erzeuger des Kindes zu nennen, da keine dahingehende Garantenpflicht besteht (Blei II 135, Dippel LK 20, D-Tröndle 7, Lackner 2b aa, Samson SK 9 u. näher Maier MDR 71, 883; and. RG **72** 215); im Prozeß steht der Mutter ohnehin ein Zeugnisverweigerungsrecht nach § 383 I Nr. 3 ZPO, u. U. auch nach § 384 Nr. 2 zu. Kein Unterdrücken ist auch die unwahre Erklärung der Mutter, den Vater nicht zu kennen (Dippel LK 20, D-Tröndle 7, Roxin, Engisch-FS 402; zweifelnd RG **70** 19) oder die Nichtanfechtung der Ehelichkeit nach §§ 1593 ff. BGB, da nach BGB bestehende Familienstand richtig ist; das gleiche gilt, wenn der vermeintliche Erzeuger die Vaterschaft bei einem nichtehelichen Kind formell wirksam anerkannt hat und es unterläßt, diese Anerkennung durch Klage anzufechten (§§ 1600a ff. BGB). Auch die Weigerung eines Arztes, nach Vornahme einer heterologen Insemination den Samenspender zu nennen, ist mangels einer Offenbarungspflicht kein Unterdrücken (Dippel LK 20, D-Tröndle 7, Lackner 2b aa, Samson SK 9; vgl. aber auch Hanack NJW 74, 2).

IV. Für den **subjektiven Tatbestand** ist Vorsatz erforderlich; bedingter Vorsatz genügt (Oldenburg NdsRpfl. **51**, 37). Erforderlich ist das Bewußtsein und der Wille, den Personenstand des anderen in dem o. 4, 5, 8 genannten Sinn zu verdunkeln, und zwar bei der 2. u. 3. Alt. gegenüber einer zuständigen Behörde. Hinsichtlich der Zuständigkeit der Behörde genügt Bedeutungskenntnis (vgl. § 15 RN 43). Der Vorsatz wird nicht dadurch ausgeschlossen, daß für den Täter Vermögensinteressen (z. B. Unterhaltsanspruch des Kindes) im Vordergrund stehen (M-Schroeder II 82; and. RG **72** 114, **77** 52; vgl. auch Dippel LK 21). Zum Irrtum über eine Anmeldepflicht vgl. § 16 RN 93 ff. 10

V. Die Tat ist **vollendet**, sobald der o. 4, 5, 8 genannte Zustand herbeigeführt ist, wofür bei der 2. Alt. der bloße Eingang der falschen Erklärung bei der zuständigen Behörde genügen kann (ebenso Dippel LK 22). Die Tat ist Zustandsdelikt, nicht Dauerdelikt (vgl. 82 o/ § 52); sie kann daher trotz einer bereits eingetretenen Fälschungswirkung wiederholt werden (RG **34** 36, **36** 137, **40** 402, Nürnberg MDR **51**, 119), doch wird hier regelmäßig Fortsetzungszusammenhang vorliegen. Ein nach Abs. 2 strafbarer **Versuch** kommt, sofern es sich dabei nicht um einen sog. umgekehrten Subsumtionsirrtum handelt (Wahndelikt), bei der 2. u. 3. Alt. auch bei irriger Annahme der Zuständigkeit in Betracht (Dippel LK 23). 11

VI. **Idealkonkurrenz** ist z. B. möglich mit § 271 (RG **25** 188, Dippel LK 26; vgl. aber auch RG **70** 238), ferner mit §§ 153 ff., 221 (and. D-Tröndle 10), 234, 235, 263. 12

§ 170 [Eheerschleichung] *aufgehoben durch das 4. StrRG v. 23. 11. 1973, BGBl. I 1725.*

§ 170a [Verschleuderung von Familienhabe] *aufgehoben durch das 4. StrRG v. 23. 11. 1973, BGBl. I 1725.*

§ 170b Verletzung der Unterhaltspflicht

Wer sich einer gesetzlichen Unterhaltspflicht entzieht, so daß der Lebensbedarf des Unterhaltsberechtigten gefährdet ist oder ohne die Hilfe anderer gefährdet wäre, wird mit Freiheitsstrafe bis zu drei Jahren oder mit Geldstrafe bestraft.

Schrifttum: Baumann, Strafbare Zahlvaterschaft, FamRZ 57, 234. – *Becker,* Die strafbare Verletzung der Unterhaltspflicht, NJW 55, 1906. – *Bode,* Zur Strafbarkeit der Unterhaltspflichtentziehung, NJW 55, 1588. – *ders.,* Strafbare Verletzung der „Zahlvaterpflicht"?, NJW 56, 1428. – *Bruns,* Unterhaltspflichtverletzung und Gleichberechtigung, FamRZ 59, 129. – *Eckert,* Die Auswirkungen des Nichtehelichengesetzes im Strafverfahren wegen Unterhaltsverletzung (§ 170b StGB), FamRZ 74, 118. – *Eggert,* Die Bedeutung der Statusakte i. S. des § 1600a BGB für den Strafrichter, MDR 74, 445. – *Gaul,* Muß der Unterhaltspflichtige bei Arbeitslosigkeit auch eine berufsfremde Tätigkeit aufnehmen?, MDR 55, 329. – *Geppert,* Zum Geltungsbereich des § 170b bei Unterhaltsverpflichtungen zum Nachteil von DDR-Bürgern, JR 88, 221. – *Göppinger,* Unterhaltsrecht, 5. A. (1987). – *Heimann-Trosien,* Zur Übergangsregelung des Art. 12 § 3 NEhelG, JR 76, 235. – *Kaiser,* Bindung des Strafrichters an Zivilurteile usw., NJW 72, 1847. – *Klussmann,* Strafbarkeit der mangelnden Unterhaltsverpflichteten nach § 170b bei öffentlichen Sozialleistungen, MDR 73, 457. – *Köhler,* Handbuch des Unterhaltsrechts, 7. A. (1987) – *Kraemer,* Nichterfüllung staatlicher Erstattungsansprüche als strafbare Unterhaltspflichtverletzung?, NJW 73, 793. – *v. Krog,* Unterhaltspflicht und verschuldete Leistungsunfähigkeit, FamRZ 84, 539. – *Kunz,* Ist die Strafbewehrung der Unterhaltspflicht auch auf Ausländer anwendbar?, NJW 77, 2004. – *ders.,* Zum Geltungsbereich des § 170b StGB, NJW 87, 881. –

§ 170b 1–2   Bes. Teil. Straftaten gegen den Personenstand, die Ehe und die Familie

Mattmer, Der Straftatbestand der Unterhaltspflichtverletzung, NJW 67, 1593. – *Matzke*, Zur Tatbestandserfüllung des § 170b bei zivilgerichtlich noch nicht festgestellter nichtehelicher Vaterschaft, Amtsvormund 80, 709. – *Mittelbach*, Die Verletzung der Unterhaltspflicht als Straftatbestand, MDR 57, 65. – *ders.*, Zur Problematik des § 170b StGB, MDR 58, 470. – *Oehler*, Umgrenzung der gesetzlichen Unterhaltspflicht in § 170b StGB, FamRZ 59, 489. – *Riegner*, § 170b StGB und die gleichrangige Unterhaltspflicht der Eltern, NJW 60, 1437. – *Schröder*, Der Begriff der „gesetzlichen Unterhaltspflicht" in § 170b StGB, JZ 59, 346. – *Schwab*, Bindung des Strafrichters an rechtskräftige Zivilurteile?, NJW 60, 2169. – *Seebode*, Unterhaltspflichtverletzung als Straftat, JZ 72, 389. – *Welzel*, Bemerkungen zu § 170b, H. Mayer-FS 395. – *Rechtsvergleichend: Ehrbeck*, Der Straftatbestand der Unterhaltsentziehung aus rechtsvergleichender Sicht: eine Fünf-Länder-Studie, 1989.

1   I. Die Vorschrift (zu ihrer Verfassungsmäßigkeit BVerfGE **50** 143) dient primär dem **Schutz des Unterhaltsberechtigten vor Gefährdung seines Lebensbedarfs** (BGH **26** 116); daneben, wenn auch erst in zweiter Linie, soll sie zugleich die Allgemeinheit, insbes. die Sozialbehörden, vor der Inanspruchnahme von Mitteln bewahren, die von Rechts wegen der Unterhaltspflichtige aufzubringen hätte (BVerfGE **50** 143, 153, BGH **5** 108, **12** 169, **29** 85, Bay NJW **82**, 1243, Hamburg NJW **86**, 336, Karlsruhe JR **78**, 379 m. Anm. Oehler, KG JR **85**, 516 m. Anm. Lenzen, Saarbrücken NJW **75,** 507, Becker NJW **55,** 1906, Dippel LK 3, D-Tröndle 1, Lackner 1, M-Schroeder II 83, Samson SK 2; and. Mittelbach MDR 57, 65, Schlüchter, Oehler-FS 316; krit. zu einer Strafvorschrift Seebode JZ 72, 389). Die Ansicht, § 170b bestrafe ein Unrecht „gegen die Bande des Bluts und der Familie" (so noch BGH **5** 108, Hamm NJW **60,** 1632), ist mit Recht aufgegeben (BGH **12** 169; vgl. aber auch Zweibrükken MDR **74,** 1034). Gesetzliche Unterhaltspflichten gibt es auch gegenüber nicht Blutsverwandten (z. B. §§ 1593, 1754, 1755 BGB) und als bloße Nachwirkung familienrechtlicher Beziehungen (z. B. bei geschiedenen Gatten; vgl. auch Oehler FamRZ 59, 489).

1a   II. Bei Unterhaltspflichtverletzungen mit **Auslandsbezug** ist vorab die auch den §§ 3ff. vorausgehende Frage zu entscheiden, ob sie überhaupt in den Schutzbereich des § 170b fallen und damit tatbestandsmäßig sein können. Hier gilt nach den in RN 15 vor § 3 genannten Grundsätzen im wesentlichen folgendes: 1. Nicht anwendbar ist § 170b, wenn ein im Inland lebender Ausländer seine gesetzliche, auf deutschem oder ausländischem Recht beruhende Unterhaltspflicht gegenüber im Ausland lebenden Unterhaltsberechtigten nichtdeutscher Staatsangehörigkeit verletzt, da das deutsche Strafrecht nicht dazu berufen sein kann, zivilrechtliche Ansprüche auf Beschaffung des notwendigen Lebensunterhalts und fremde öffentliche Fürsorgesysteme weltweit mit Strafdrohung abzusichern, obwohl entsprechende Strafrechtssanktionen im Ausland vielfach unbekannt sind (vgl. BGH **29** 85 m. Anm. Oehler JR 80, 381 sowie die Nachw. in RN 15 vor § 3). Entsprechendes war vor dem Beitritt (3. 10. 1990) für Unterhaltspflichten gegenüber einem DDR-Bürger anzunehmen (vgl. die 23. A. RN 66 vor § 3, LG Ravensburg NStZ **84,** 459 mit Anm. Zuberbier/Becker NStZ 85, 269, Geppert JR 88, 224ff., Dippel LK 7; and. hier die h. M., z. B. Bay **86** 131, Frankfurt ROW **85,** 236, Hamburg NJW **86,** 336, KG JR **85,** 516 m. Anm. Lenzen, Stuttgart NStE **Nr. 2**, D-Tröndle 3, Kunz NJW 87, 882, Lackner 2). – 2. Aus denselben Gründen ist § 170b nicht einschlägig bei Unterhaltspflichtverletzungen eines Deutschen gegenüber einem eine fremde Staatsangehörigkeit besitzenden und im Ausland lebenden Unterhaltsberechtigten (vgl. Bay NJW **82,** 1241, Dippel LK 7, Samson SK 2). – 3. Stets in den Schutzbereich des § 170b einbezogen sind dagegen deutsche Staatsbürger, weshalb Unterhaltspflichtverletzungen an ihnen unter den Voraussetzungen des § 170b auch gegenüber einem im Ausland wohnenden deutschen Unterhaltsberechtigten tatbestandsmäßig sind; ob deutsches Strafrecht hier Anwendung findet, ist dann allerdings eine Frage der §§ 3ff. (vgl. KG aaO, Kunz aaO, D-Tröndle 3, Lackner 2). – 4. Den vollen Schutz des § 170b genießen schließlich, gleichgültig, ob sie auf deutschem oder ausländischem Recht beruhen (vgl. u. 2), Unterhaltsansprüche von im Inland lebenden Ausländern, wobei hier auch der weitere Schutzzweck des § 170b – Verhütung der Inanspruchnahme öffentlicher Mittel – voll zur Geltung kommt. Zu beachten ist, daß die Tat hier wegen § 9 I stets im Inland begangen ist.

2   III. Tatbestandsvoraussetzung ist das Bestehen einer **gesetzlichen Unterhaltspflicht**. Dazu gehören alle Unterhaltspflichten i. S. des deutschen Bürgerlichen Rechts (Hamm NJW **60,** 1632, JZ **62,** 547 m. Anm. Schröder, Bay **68,** 62), wobei sich der Unterhaltsanspruch nach IPR aber auch aus einem ausländischen Gesetz ergeben kann (Bay NJW **82,** 1243, Hamm JMBlNW **59,** 269, Saarbrücken NJW **75,** 507, Stuttgart NJW **77,** 1601, Oehler JR 80, 382 [and. noch JR 75, 293 u 78, 381ff.: nur auf deutschem Recht beruhende Unterhaltspflichten]; zur Maßgeblichkeit von früherem DDR-Recht vor dem Beitritt vgl. Bay NJW **66,** 1173, KG JR **62,** 429). Gibt es einen solchen Anspruch, so greift der Schutz des § 170b ohne weiteres ein (BGH **12** 166, **26** 113, Bay **61,** 260, Schröder JZ 59, 346). Nach BGB besteht die Unterhaltspflicht zunächst zwischen Ehegatten (§§ 1360ff.), u. U. auch gegenüber dem geschiedenen Gatten (§§ 1569ff.; für bis zum 30. 6. 1977 rechtskräftig geschiedene Ehen vgl. §§ 58ff. EheG), wobei in der ehemaligen DDR für vor dem Beitritt (3. 10. 1990) erfolgte Scheidungen jedoch das bisherige Recht (§§ 29ff. FamGB-DDR) maßgebend bleibt (Art. 234 § 5 EGBGB). Unterhaltspflichten bestehen ferner gegenüber Eltern usw., ehelichen Kindern usw. (§§ 1601ff.), nichtehelichen Kindern (§§ 1615a ff.) und Adoptivkindern (§§ 1751 IV, 1754, 1767 II; für in der ehem. DDR

Verletzung der Unterhaltspflicht 3–9 **§ 170 b**

vor dem Beitritt adoptierte Kinder vgl. Art. 234 § 7 EGBGB), nicht dagegen zwischen Geschwistern. Wegen der Einzelheiten muß auf das zivilrechtliche Schrifttum verwiesen werden (zu den von der Rspr. entwickelten Grundsätzen über die Bedürftigkeit, die Leistungsfähigkeit und das Maß des Unterhalts vgl. z. B. Graba FamRZ 88, 562, Kalthoener/Büttner NJW 89, 801, 2777, 90, 1640 u. 91, 398, Walter NJW 84, 257), doch ist folgendes hervorzuheben:

1. Grundsätzliche Voraussetzung für die Geltendmachung des Unterhaltsanspruchs des **3 nichtehelichen Kindes** gegen seinen Vater ist nach dem seit 1970 geltenden Nichtehelichenrecht die *Feststellung seiner Vaterschaft*. Bis zu diesem Zeitpunkt ist die Unterhaltspflicht suspendiert (vgl. § 1600a S. 2 BGB), weshalb ihre Erfüllung auch nicht mit den Mitteln des Strafrechts erzwungen werden kann (vgl. Eggert MDR 74, 447f.: § 1600a S. 2 BGB als „Sanktionssperre"); über Ausnahmen vgl. u. 7.

a) Die Vaterschaft kann durch **Anerkennung** oder durch **Urteil** festgestellt werden (§ 1600a BGB). **4** Das Feststellungsurteil ist ein Statusurteil mit Wirkung für und gegen alle (vgl. auch §§ 640h, 641k ZPO); ihm steht die wirksame Anerkennung gleich (vgl. BT-Drs. V/2379 S. 25f.). Beide Statusakte, deren Vorliegen ausdrücklich im Urteil festgestellt werden muß (vgl. Schleswig SchlHA/E-L **85**, 117), binden auch den Strafrichter, der seinerseits jedoch über die weiteren Voraussetzungen der Unterhaltspflicht (Leistungsfähigkeit usw.) zu befinden hat (vgl. BGH **26** 113, Stuttgart NJW **73**, 2305, Zweibrücken MDR **74**, 1034, Dippel LK 14, D-Tröndle 3a, Heimann-Trosien, JR 76, 235, Kaiser NJW 72, 1847, Lackner 2b, Samson SK 6; vgl. auch Eggert MDR 74, 445). Deshalb ist im Strafverfahren nach § 170b eine Beweiserhebung über die Vaterschaft (z. B. durch erbbiologisches Gutachten) unzulässig, wenn diese gem. § 1600a BGB, §§ 640h, 641k ZPO festgestellt ist (Hamm NJW **73**, 2306). Dies gilt auch für ein Urteil, das mit Hilfe der Vermutung des § 1600o II BGB die Vaterschaft festgestellt hat; das Gesetz hat hier eine letzte Ungewißheit der Abstammung bewußt in Kauf genommen und geringfügige Zweifel an der Vaterschaft für irrelevant erklärt. Eine entsprechende Bindungswirkung besteht bei Entscheidungen oder Anerkennungen vor Wirksamwerden des Beitritts (3. 10. 1990) in der ehemaligen DDR, soweit diese nach Art 234 § 7 I EGBGB unberührt bleiben.

Vor dem 1. 7. 1970 in den alten Bundesländern ergangene rechtskräftige Unterhaltsurteile nach **5** § 1708 BGB a. F. haben dieselbe Bindungswirkung wie die Vaterschaftstitel nach § 1600a BGB (vgl. Art. 12 § 3 I 2 NEhelG), ebenso die in Art. 12 § 3 I 1 NEhelG näher bezeichneten Anerkenntnisse, sofern sie wirksam sind (Köln FamRZ **76**, 118, Eggert MDR 74, 448). Die Bindung entfällt erst mit der unbefristet möglichen Anfechtung nach Art. 12 § 3 II NEhelG. Dies gilt, obwohl dies nicht unbedenklich ist, auch dann, wenn der nach früherem Recht begründete Vaterschaftstitel ein Versäumnisurteil ist (vgl. BGH **26** 111, NJW **73**, 950, Hamm NJW **75**, 456, Dippel LK 17, Eggert MDR 74, 448, Heimann-Trosien JR 76, 236, Kaiser NJW 72, 1848, Lackner 2b; and. Zweibrücken MDR **74**, 1034).

b) Ergeht ein Feststellungsurteil oder wird die Vaterschaft anerkannt, so schuldet der Vater dem **6** nichtehelichen Kind Unterhalt **rückwirkend von der Geburt an** (§ 1615d BGB). Die Nichtleistung der bis zur Vaterschaftsfeststellung fällig gewordenen Rückstände ist jedoch nicht nach § 170b strafbar (Bay **88**, 92, Hamburg OLGSt **Nr. 2**, Dippel LK 15, Samson SK 6). Dessen Grundgedanke, den Lebensunterhalt des Kindes in der Gegenwart und Zukunft zu sichern und die Allgemeinheit vor einer Inanspruchnahme zu schützen, erfordert es nicht, die Strafbarkeit auf die Nichtleistung des Unterhaltsrückstandes aus der Zeit vor der Vaterschaftsfeststellung auszudehnen. Als der Bedarf des Kindes gegenwärtig war, konnte es infolge der Sperrwirkung des § 1600a S. 2 BGB vom später festgestellten Vater noch gar keinen Unterhalt verlangen (vgl. o. 3).

c) Ausnahmen von dem Grundsatz, daß die Rechtswirkungen der Vaterschaft und damit auch **7** Unterhaltsansprüche gegen den nichtehelichen Vater erst nach der Feststellung der Vaterschaft geltend gemacht werden können, sehen die §§ 1615o BGB, 641d ZPO vor. Danach kann das Gericht auch schon vor Feststellung der Vaterschaft auf Antrag den mutmaßlichen Vater durch **einstweilige Verfügung** oder **einstweilige Anordnung** zur Unterhaltszahlung verpflichten. Hierbei handelt es sich um eine gesetzliche Unterhaltspflicht i. S. des § 170b (ebenso Dippel LK 16; vgl. jedoch u. 10). Über die Bedeutung einer späteren Abweisung der Feststellungsklage vgl. u. 12.

2. Soweit das Bürgerliche Recht **Beweisvermutungen** aufstellt, sind sie Bestandteil des Instituts der gesetzlichen Unterhaltspflicht und daher auch vom Strafrichter zu beachten (vgl. zu **8** §§ 1717, 1718 BGB a. F. Braunschweig NdsRpfl. **59**, 230, Celle NJW **62**, 600, Stuttgart NJW **60**, 2205, ferner Dippel LK 18, D-Tröndle 3a, Lackner 2a, Mattmer NJW 67, 1593, M-Schroeder II 85, Samson SK 3, Schröder JZ 59, 347).

a) Die Nichtehelichkeit eines **scheinehelichen Kindes** darf auch der Strafrichter nur annehmen, **9** wenn die Ehelichkeit angefochten und die Nichtehelichkeit rechtskräftig festgestellt ist (§ 1593 BGB; vgl. auch §§ 1591, 1592 BGB). Solange dies nicht der Fall ist, ist der Scheinvater auch im Strafverfahren als unterhaltspflichtig zu behandeln (BGH **12** 166, Bay NJW **61**, 1415, Frankfurt FamRZ **81**, 1063, Dippel LK 19, D-Tröndle 3, Lackner 2a, Samson SK 3; and. Hamm FamRZ **57**, 367 m. Anm. Bruns). Nach der biologischen Abstammung des Kindes darf hier nicht geforscht werden; eben-

§ 170 b 10–15   Bes. Teil. Straftaten gegen den Personenstand, die Ehe und die Familie

sowenig ist der Grundsatz in dubio pro reo anwendbar, da sonst die Schutzfunktion des § 1593 BGB in erheblichem Umfang ausgeschaltet wäre (ebenso Dippel LK 19); zur Möglichkeit der Aussetzung vgl. §§ 154d, 262 II StPO.

10   b) Bei **nichtehelichen Kindern** entspricht die Bindungswirkung gem. § 1600a S. 1 BGB weitgehend derjenigen aus § 1593 BGB für eheliche Kinder (vgl. o. 4, 9). Auf die Beweisvermutungen des § 1600o II BGB – die Vermutungen des § 1600m BGB werden kaum praktisch – darf der Strafrichter nur zurückgreifen, wenn eine durch einstweilige Verfügung oder einstweilige Anordnung (vgl. o. 7) begründete Unterhaltspflicht verletzt wird, sofern nicht die Vaterschaft (im Fall des § 1615o BGB) bereits wirksam anerkannt ist (dann gilt § 1600a S. 1 BGB). Solange ein für und gegen alle wirkender Vaterschaftstitel noch nicht vorhanden ist und die Vaterschaft in den summarischen Zivilverfahren nur glaubhaft zu machen war (§§ 641d II, 936, 920 II ZPO), kann der Strafrichter auch über die Tatsachen von Amts wegen Beweis erheben, die geeignet sind, die auf der Beiwohnung innerhalb der Empfängniszeit beruhende Vaterschaftsvermutung zu entkräften (z. B. durch Blutgruppengutachten). Im Zweifel zu Gunsten des Angeklagten darf in Vermutungsfällen aber nur entschieden werden, wenn die Vaterschaftsvermutung durch schwerwiegende Zweifel an der Vaterschaft ausgeräumt ist (ebenso Dippel LK 20). An die durch einstweilige Verfügung oder einstweilige Anordnung festgesetzte Höhe der Unterhaltszahlung ist der Strafrichter nicht gebunden (ebenso Dippel aaO).

11   3. **Bindung an Zivilurteile.** Soweit *Statusurteile* oder vergleichbare Entscheidungen (vgl. §§ 1763f., 1771 BGB für die Adoption) die Grundlage für den Beginn oder das Ende einer Unterhaltsverpflichtung bilden, ist deren Wirkung für und gegen jedermann auch im Strafverfahren zu beachten (Dippel LK 22, Heimann-Trosien JR 76, 235, M-Schroeder II 85, Samson SK 4). Dies gilt insbesondere für die Anfechtung der Ehelichkeit (vgl. o. 9), die gerichtliche Feststellung der Vaterschaft (vgl. o. 4; zu vor Wirksamwerden des Beitritts ergangenen Entscheidungen in der ehem. DDR vgl. Art 234 § 7 EGBGB) und für Ehescheidungs-, Ehenichtigkeits- und Eheaufhebungsurteile.

12   Ist die *Ehelichkeitsanfechtungsklage rechtskräftig abgewiesen,* so besteht die Unterhaltspflicht des Ehemannes wie bei unterbliebener Anfechtung ohne Rücksicht darauf, ob das in der Ehe geborene Kind von dem Mann abstammt oder nicht (§ 640h ZPO; vgl. Bay NJW **61**, 1415, Dippel LK 24, Lackner 2a, Samson SK 4, Schröder JZ 59, 347; and. Saarbrücken FamRZ **59**, 35, Oehler FamRZ 59, 490). Die *rechtskräftige Feststellung* der Nichtehelichkeit nach erfolgreicher Anfechtungsklage wirkt auf den Zeitpunkt der Geburt des Kindes zurück (Palandt-Diederichsen § 1593 Anm. 2). Der „Scheinvater" kann daher nicht mehr nachträglich nach § 170b bestraft werden, wenn er vor Rechtskraft des der Anfechtung stattgebenden Urteils an das Kind keinen Unterhalt gezahlt hat (Dippel LK 23, Meyer NJW 69, 1360; and. Hamm NJW **69**, 805). Das gleiche gilt, wenn die Vaterschaftsanerkennung nach jetzigem Recht oder ein Vaterschaftstitel des früheren Rechts mit Erfolg angefochten wurde (§ 1600d BGB, Art. 12 § 3 II NEhelG); auch hier fällt die Vaterschaft mit Rechtskraft des Urteils rückwirkend weg. Ist die *Vaterschaftsklage* gegen einen Täter, der einer einstweiligen Verfügung oder Anordnung nach §§ 1615o BGB, 641d ZPO (vgl. o. 7) nicht nachgekommen ist, nachher *rechtskräftig abgewiesen* worden, so kann der bloß formale Verstoß gegen die einstweilige Zahlungsverpflichtung die Strafbarkeit nach § 170b nicht mehr begründen (vgl. § 641g ZPO).

13   Ist die *Klage auf Unterhalt rechtskräftig abgewiesen,* kann der Strafrichter nicht über § 170b erzwingen, was sich im Zivilrechtswege nicht durchsetzen ließe und daher bei Leistung unter dem Druck der Strafverfolgung kondiziert werden könnte (Dippel LK 28, Schwab NJW 60, 2169, Welzel 406; and. BGH **5** 111, Stuttgart NJW **60**, 2205, D-Tröndle 3a, Samson SK 5). Bei *rechtskräftiger Verurteilung* zur Unterhaltsleistung darf das den Unterhaltsanspruch begründende Statusverhältnis, insbes. die Vaterschaft bei nichtehelichen Kindern (vgl. o. 4), nicht nachgeprüft werden. Im übrigen ist der Strafrichter aber nicht gebunden; er kann z. B. frei darüber befinden, ob und in welchem Umfang der Berechtigte in Wahrheit bedürftig ist (vgl. BGH **5** 106, Bay NJW **67**, 1287, Bremen NJW **64**, 1286, Stuttgart NJW **60**, 2204, Dippel LK 27, D-Tröndle 3a; and. Braunschweig NJW **53**, 558). Ebenso kann der Strafrichter die Höhe des geschuldeten Unterhalts abweichend von dem im Beschlußverfahren nach §§ 642, 643, 642a ZPO, § 1612a BGB i. V. mit der nach § 1612a II erlassenen AnpassungsVO (vgl. zuletzt v. 21. 7. 1988 [BGBl, I 1082] 11 für die ehem. DDR Art. 234 § 8 EGBGB) pauschal festgesetzten Unterhaltsbetrag (niedriger) feststellen.

14   4. Ist eine Klage wegen Anfechtung der Ehelichkeit, Anfechtung des Vaterschaftsanerkenntnisses oder Feststellung des Nichtbestehens eines Vaterschaftsverhältnisses (§ 640 II ZPO i. V. mit §§ 1593ff., 1600ff. BGB, Art. 12 § 3 II NEhelG) oder eine Restitutionsklage gem. §§ 580, 641i ZPO anhängig, so kann das **Strafverfahren** nach §§ 154d, 262 II StPO **ausgesetzt** werden.

15   5. Bei durch **Rechtsgeschäft** (Vertrag) begründeten Unterhaltsansprüchen ist zu differenzieren: Beruhen sie ausschließlich auf dem Parteiwillen (z. B. vertraglicher Unterhaltsanspruch eines vor dem 1. 7. 1977 allein oder überwiegend schuldig geschiedenen Ehegatten), so ist die Nichterfüllung nicht

nach § 170b strafbar. Sind sie dagegen auf gesetzlicher Grundlage vertraglich geregelt, so muß ermittelt werden, inwieweit gesetzliche und vertragliche Unterhaltspflicht sich decken (Dippel LK 9, M-Schroeder II 84; zur Unterhaltspflicht aus einem gerichtlichen Vergleich vgl. Bay FamRZ **58**, 284, Köln NJW **62**, 929). Zur Bedeutung des Unterhaltsverzichts, mit dem die Unterhaltspflicht endet – daher auch keine Strafbarkeit im Fall einer unvorhergesehenen Notlage – vgl. §§ 1585c, 1614, 1615e BGB, Bay NJW **67**, 1287, Göppinger FamRZ **70**, 222; davon zu unterscheiden ist eine Vereinbarung durch die ein Gatte den anderen anläßlich der Scheidung von Unterhaltsansprüchen gemeinschaftlicher Kinder freistellt, da dadurch der Unterhaltsanspruch des Kindes nicht berührt wird (vgl. näher BGH JR **86**, 324 m. Anm. Göppinger).

    6. Ersatzansprüche eines Dritten, der für den Unterhaltsschuldner geleistet hat (vgl. §§ 1607 II, 1615 b, 1584 BGB), fallen nicht unter § 170b. Die Leistung des Dritten kann aber dadurch veranlaßt sein, daß er wegen der Nichtleistung des vorrangig oder eigentlich Unterhaltspflichtigen als „anderer" zahlte, um eine Gefährdung des Lebensbedarfs von dem Berechtigten abzuwenden. Dies ist nicht der Fall, wenn der Dritte im Auftrag des Verpflichteten oder ohne Rücksicht auf die Unterhaltsverweigerung des Verpflichteten zahlt (BGH **12** 185, Dippel LK 10; vgl. auch u. 30). Kein Unterhaltsanspruch ist ferner der **Erstattungsanspruch eines öffentlich-rechtlichen Leistungsträgers,** und zwar auch dann nicht, wenn dieser den Unterhaltsanspruch auf sich übergeleitet hat (§§ 90, 91 BSHG, § 82 JWG, § 50 SGB-AT, § 37 BAFöG, §§ 40 III, 38 II 1-3, 140 AFG, § 27e BVG; vgl. BGH **26** 318 m. Anm. Forster NJW **76**, 1645, Bay FamRZ **76**, 115, LG Memmingen NJW **71**, 206, Stuttgart NJW **73**, 816, Kraemer NJW **73**, 793; and. AG Bremerhaven MDR **66**, 166, Frankfurt NJW **72**, 836 m. Anm. Eggert S. 1383 u. Potthast S. 2276; zum Ganzen näher Klußmann MDR **73**, 457; vgl. auch u. 31).

    7. Die **Art der Unterhaltsgewährung** richtet sich gleichfalls nach Bürgerlichem Recht. Danach können Geld-, Sach- und Dienstleistungen als Unterhalt geschuldet sein (§§ 1360, 1360a II, 1361 IV, 1585, 1606 III, 1612 I BGB; Göppinger aaO RN 1). § 170b erfaßt daher nicht nur die Pflicht zur Unterhaltsleistung in Geld, vielmehr sind auch die Haushaltsführung und die Betreuung pflege- und erziehungsbedürftiger Kinder vermögenswerte Unterhaltsleistungen, weshalb nicht nur die vollständige Verweigerung von Dienstleistungen i. S. der §§ 1360, 1606 III 2 BGB, sondern auch die bloße Vernachlässigung unterhaltsrechtlicher Betreuungspflichten nach § 170b strafbar sein kann, wenn sie sich als teilweise Nichterfüllung der Unterhaltspflicht darstellt (vgl. BVerfGE **50** 153f., Hamm NJW **64**, 2316, Dippel LK 30, Schröder JZ 62, 548, Welzel aaO 395; and. Karlsruhe JZ **73**, 600 m. Anm. Seebode, M-Schroeder II 84, Samson SK 2); daneben kann hier § 170d anwendbar sein. Verläßt deshalb z. B. die Hausfrau, die bisher ihrer Unterhaltspflicht durch tatsächliche Versorgung ihrer minderjährigen Kinder nachgekommen ist, ihre Familie, so ist § 170b gegeben, wenn sie nicht durch Geldzahlung leistet (vgl. LG Berlin FamRZ **68**, 469, RGRK-Mutschler § 1606 RN 16) ihren Unterhaltsanteil leistet (Hamm NJW **64**, 2316 m. Anm. Merkert NJW 65, 409, Dippel LK 30, 52; and. Karlsruhe NJW **73**, 108). Entsprechendes gilt für die Mutter eines nichtehelichen Kindes (§§ 1615a, 1606 III BGB). Wird die Unterbringung des Bedürftigen in einem Heim angeordnet, so besteht der Unterhalt in der Bestreitung der Kosten für die Heimunterbringung (Celle NJW **62**, 1832, Köln FamRZ **64**, 477); eine Strafbarkeit nach § 170b kommt hier freilich nur in Betracht, wenn zwischen der Unterbringung und der Vorenthaltung des Unterhalts ein innerer Zusammenhang besteht (vgl. u. 30). Dagegen sind notwendige Maßnahmen der elterlichen Vermögensverwaltung nicht Teil der Unterhaltspflicht (Bay **68**, 60).

    Eltern können gem. § 1612 II BGB bestimmen, in welcher Form sie ihren Kindern Unterhalt gewähren wollen. Für den nichtsorgeberechtigten Elternteil, also auch für den nichtehelichen Vater (§ 1705 BGB), ist dieses Wahlrecht jedoch durch §§ 1612 II 3, 1615f I 1 BGB beschränkt. Das Wahlrecht besteht nicht, soweit die Kinder außerstande sind, den Unterhalt in der vom Verpflichteten gewählten Form entgegenzunehmen; hier ist der Unterhalt in der rechtlich und tatsächlich möglichen Form zu leisten (BGH FamRZ **88**, 368, Hamm NJW **60**, 1633, FamRZ **64**, 582). Zu den Grenzen des Wahlrechts gegenüber volljährigen Kindern vgl. z. B. BGH NJW **81**, 574, FamRZ **84**, 37, Bay NJW **77**, 680, Karlsruhe FamRZ **85**, 513, Bremen FamRZ **76**, 642, 702, Celle Rpfleger **89**, 60, Hamburg FamRZ **89**, 309, Karlsruhe NJW **77**, 681, KG NJW **69**, 2241, Köln FamRZ **85**, 829, Zweibrücken FamRZ **89**, 1034, speziell bei studierenden Kindern Pachtenfels MDR 86, 449. Wegen Sonderbedarfs (§§ 1613 II, 1615h II, 1360a III, 1361 IV, 1585b I BGB) können auch einmalige Geldleistungen verlangt werden. Eine Unterart des Sonderbedarfsanspruchs ist der Anspruch auf Zahlung eines Prozeßkostenvorschusses (§§ 1360a III, 1361 IV BGB).

    8. Ausgangswert für die **Höhe der Unterhaltsschuld,** die sich aus dem Urteil ergeben muß (vgl. Zweibrücken NJW **87**, 1899, ferner u. 22), ist i.d.R. der angemessene Unterhalt, der sich beim Verwandtenunterhalt nach der Lebensstellung des Bedürftigen richtet (§ 1610 I BGB). Nichteheliche Kinder können unter den Voraussetzungen des § 1615f BGB mindestens den sog. Regelunterhalt verlangen (vgl. aber auch § 1615h sowie § 1615c, Stuttgart MDR **82**, 410), dessen Höhe sich nach der RegelunterhaltsvO i. d. F. v. 21. 7. 1988 (BGBl. I 1082) bemißt (für die ehemalige DDR vgl. jedoch

§ 170 b 20, 21   Bes. Teil. Straftaten gegen den Personenstand, die Ehe und die Familie

EV I Kap. III B I sowie Art. 234 § 9 EGBGB); das gleiche gilt in den Fällen des § 1610 III für eheliche Kinder. Das Maß des von Ehegatten zu leistenden Familienunterhalts (§ 1360 BGB) bestimmt sich nach § 1360 a BGB, der Unterhalt getrennt lebender Gatten nach § 1361 BGB, die Höhe des nachehelichen Unterhalts (Scheidung) nach § 1578 BGB (für die ehem. DDR vgl. aber Art. 234 § 5 EGBGB) bzw. bei sog. Altehen nach §§ 58 ff. EheG. Der Unterhaltsanspruch mindert sich um das tatsächliche oder durch zumutbares Verhalten erzielbare Einkommen des Bedürftigen (vgl. § 1602 BGB; speziell zum nachehelichen Unterhalt vgl. §§ 1570 ff. BGB. Auch auf andere Beschränkungen des individuellen Unterhaltsanspruchs, insbes. solche nach Billigkeitsgrundsätzen (§§ 1361 III, 1579, 1611 BGB, §§ 59, 60, 61 II EheG), ist zu achten. Als Orientierungshilfe zur Bestimmung des angemessenen Unterhalts für eheliche Kinder und Ehegatten und des sog. Selbstbehalts haben verschiedene OLGe Leitlinien und Tabellen entwickelt, von denen die „Düsseldorfer Tabelle" am verbreitetsten ist (vgl. die Nachw. b. Palandt-Diederichsen § 1610 Anm. 1 und zur „Düsseldorfer Tabelle" zuletzt NJW 88, 2352). Zur Bedeutung der Leistungsfähigkeit des Unterhaltsschuldners vgl. u. 20.

20 9. Das Bestehen einer Unterhaltspflicht setzt nach Bürgerlichem Recht grundsätzlich die **Leistungsfähigkeit** des Unterhaltsschuldners voraus (vgl. insbes. §§ 1603, 1581 BGB, § 59 EheG; zur Feststellung im Urteil vgl. u. 22). Diese ist daher nicht, wie vielfach angenommen wird (vgl. z. B. Bay **88**, 92, StV **83**, 418, Köln FamRZ **76**, 119, Koblenz GA **75**, 28, Dippel LK 39, D-Tröndle 6, Samson SK 8; offengelassen von Köln NJW **81**, 63), ein „ungeschriebenes" Tatbestandsmerkmal des § 170 b, sondern ein vom Strafrichter selbständig zu beurteilendes (vgl. o. 13) Element des gesetzlichen Merkmals der Unterhaltspflicht. Eine ungeschriebene Strafbarkeitsvoraussetzung ist die Leistungsfähigkeit heute nur noch beim Vater eines nichtehelichen Kindes, der bis zur Ausübung seiner Rechte nach § 1615 h BGB zur Bezahlung des Regelunterhalts nach § 1615 f verpflichtet bleibt, auch wenn er diesen tatsächlich nicht erbringen kann (ebenso Celle OLGSt. **Nr. 3**, Köln NJW **81**, 63, Zweibrücken OLGSt **Nr. 7**, M-Schroeder II 85). Die Leistungsfähigkeit muß während der Zeit bestehen, für die Unterhalt verlangt wird (BGH NJW **83**, 814).

21 a) Der **Maßstab** für die Bestimmung der Leistungsfähigkeit ergibt sich in allen Fällen aus dem Bürgerlichen Recht, wobei dieser verschieden ist, je nachdem, wem der Unterhalt geschuldet wird. So ist im Fall des § 1603 I BGB der Unterhaltsschuldner schon dann nicht mehr als leistungsfähig anzusehen, wenn er bei Berücksichtigung seiner sonstigen Verpflichtungen (vgl. zu diesen und ihrer Berücksichtigung u. U. im Rahmen eines angemessenen Tilgungsplans z. B. BGH NJW **82**, 1641, FamRZ **84**, 657, Bay NJW **61**, 38, Hamm OLGSt **Nr. 1**, Köln NJW **62**, 1630, **81**, 63, Schleswig SchlHA **85**, 44, MünchKomm – Köhler § 1603 RN 23, 24 f.) außerstande ist, ohne Gefährdung seines angemessenen Unterhalts den Unterhalt zu gewähren. Dagegen besteht nach § 1603 II BGB für Eltern gegenüber ihren minderjährigen unverheirateten (ehelichen oder nichtehelichen) Kindern – vorbehaltlich des § 1603 II 2 (vgl. dazu auch Zweibrücken NJW **87**, 1899) – eine gesteigerte Unterhaltspflicht: Sie sind als leistungsfähig schon dann anzusehen, wenn sie in der Lage sind, den Unterhalt ohne Gefährdung des eigenen Existenzminimums (unabweisliche Kosten für Ernährung, Kleidung und Wohnung) zu erbringen (vgl. dazu BGH NJW **84**, 1614 mwN). Die erst bei der Zwangsvollstreckung zu beachtenden Pfändungsgrenzen sind für die Höhe dieses „notwendigen" bzw. „kleinen" Selbstbehalts ebensowenig entscheidend wie die jeweiligen Sozialhilfesätze (Zweibrücken OLGSt. **Nr. 7** mwN); revisionsrechtlich unbedenklich ist es dagegen, wenn das Gericht – vorbehaltlich durch besondere Umstände bedingter Abweichungen – von den auf Erfahrungswerten beruhenden Unterhaltstabellen und -leitlinien der OLGe (vgl. o. 19) ausgeht (z. B. BGH NJW **84**, 1614, **87**, 523, Zweibrücken aaO; vgl. auch Hamm OLGSt. **Nr. 1** u. näher Göppinger aaO RN 1224 ff.). Einem arbeitenden Elternteil muß aber auch hier immer so viel verbleiben, wie er zur Erhaltung seiner Arbeitskraft benötigt (Köln NJW **53**, 518, **62**, 1630). Ein ähnlich strenger Maßstab gilt für die Unterhaltspflicht von Ehegatten nach § 1360 BGB; zur Unterhaltspflicht gegenüber einem geschiedenen Ehegatten vgl. §§ 1581 BGB, 59 EheG. Kann der Verpflichtete nur einen Teil des erforderlichen Unterhalts gewähren, so ist er insoweit leistungsfähig und damit unterhaltspflichtig. Zur Herbeiführung der Leistungsunfähigkeit vgl. u. 27. Auszugehen ist bei der Feststellung der Leistungsfähigkeit von den **tatsächlich vorhandenen Mitteln** (Vermögen, Arbeits- und Vermögenseinkünfte, Ansprüche auf Sozialleistungen mit bestimmten Einschränkungen [vgl. Soergel-Lange § 1603 RN 4, RGRK–Mutschler 1603 RN 1, § 1602 RN 9 ff. mwN], u. U. auch Schmerzensgeld (vgl. Köln NJW **89**, 524), nicht jedoch das Hausgeld eines Strafgefangenen [BGH NJW **82**, 2491]), wobei im Fall des § 1603 I BGB von dem erzielten Nettoeinkommen der Betrag abzusetzen ist, der für den eigenen angemessenen Unterhalt des Verpflichteten und zur Erfüllung seiner sonstigen, nach § 1603 I BGB zu berücksichtigenden Verbindlichkeiten erforderlich ist. Zu berücksichtigen ist dabei auch der bei zeitweiliger Verdienstlosigkeit entstandene Nachholbedarf (vgl. Bremen JR **61**, 226, Koblenz GA **75**, 28, Köln NJW **62**, 1630, Schleswig SchlHA **85**, 44; näher Göppinger aaO RN 906, 1212). Einkünfte aus unsittlicher oder verbotener Tätigkeit (z. B. aus Prostitution, vgl. Düsseldorf NJW **62**, 688, Köln FamRZ **64**, 477) sind nur insoweit heranzuziehen, als sie tatsächlich bezogen werden, da niemand zur Fortsetzung einer solchen Tätigkeit gezwungen werden darf. Reichen die Einkünfte nicht aus, so muß der Unterhaltspflichtige auch den Stamm seines Vermögens angreifen; eine unwirtschaftliche Verwertung kann i. d. R. jedoch nicht verlangt werden (vgl. § 1581 S. 2 BGB u. näher Göppinger

Verletzung der Unterhaltspflicht 22 **§ 170 b**

aaO RN 1056 ff., 1122), auch ist der notwendige künftige Eigenbedarf des Verpflichteten zu berücksichtigen (BGH NJW **89**, 524). Der Vater eines nichtehelichen Kindes gilt ohne Rücksicht auf seine finanziellen Verhältnisse jedenfalls insoweit als leistungsfähig, als ihm für das Kind Kindergeld gewährt wird (Celle OLGSt **Nr. 3**). Neben den vorhandenen Mitteln sind bei der Bestimmung der Leistungsfähigkeit ferner die für den Verpflichteten nach den Regeln einer ordnungsgemäßen Wirtschaftsführung im Rahmen des Zumutbaren **erreichbaren Mittel** zu berücksichtigen (BGH NJW **82**, 175, Bay StV **83**, 418; zur Verfassungsmäßigkeit vgl. BVerfGE **68** 256 m. Anm. Diederichsen JZ **85**, 790). Der Verpflichtete muß deshalb insbes. seine Arbeitskraft entsprechend seinen – auch alters- und gesundheitsbedingten – Fähigkeiten, seiner Vorbildung und der Lage auf dem Arbeitsmarkt voll ausnützen – die Meldung beim Arbeitsamt genügt dafür allein noch nicht (Saarbrücken Amtsvormund **89**, 873, Zweibrücken NJW **87**, 1899) –, wobei der „verstärkten" Unterhaltspflicht nach §§ 1603 II, 1360 BGB auch eine erhöhte Arbeitspflicht entspricht (vgl. z. B. BVerfGE **68** 256, BGH **14** 169, NJW **81**, 2805, **82**, 1050, **85**, 732, Bay NJW **88**, 2750, StV **83**, 418, Bremen JR **61**, 226, Celle NJW **71**, 718, Köln NJW **53**, 518, Stuttgart NJW **62**, 1631 m. Anm. Mittelbach JR **63**, 30, Zweibrücken RPfleger **80**, 280 u. dazu auch v. Krog FamRZ **84**, 539). Einschränkungen und Änderungen seiner Lebensführung und -gestaltung muß er dabei im Rahmen des Zumutbaren auf sich nehmen (Düsseldorf JMBlNW **64**, 166, Stuttgart aaO), u. U. auch einen Wohnsitz-, Arbeitsplatz- oder Berufswechsel, wenn andernfalls kein ausreichendes Einkommen erzielt werden kann (vgl. BVerfGE **68** 256 m. Anm. Diederichsen JZ **85**, 790, BGH NJW **80**, 2414, Bay NJW **88**, 2750, Celle NdsRpfl. **57**, 136, FamRZ **71**, 106, Hamm JMBlNW **61**, 9, KG FamRZ **84**, 592, Köln NJW **62**, 1528, MDR **72**, 869, FamRZ **76**, 119, Zweibrücken NJW **87**, 1899). Selbständig Erwerbstätigen kann u. U. die Annahme abhängiger Arbeit zumutbar sein, wenn die Ertragsfähigkeit ihres Unternehmen nicht wieder herzustellen ist (vgl. Köln FamRZ **62**, 316, aber auch NJW **62**, 1528; zur Pflicht eines Landwirts, den elterlichen Hof zu verlassen, um anderswo besser zu verdienen, vgl. einerseits Hamm JMBlNW **61**, 9, andererseits Düsseldorf JMBlNW **64**, 166). Art. 2 I, 12 GG stehen einer Pflicht zum Berufswechsel nicht entgegen, da grundsätzlich die durch Art. 6 GG geschützte familienrechtliche Unterhaltspflicht höher zu bewerten ist (vgl. BGH NJW **80**, 2414, Bremen NJW **55**, 1606, Köln FamRZ **69**, 110, Becker NJW **55**, 1906, Gaul MDR **55**, 329; vgl. auch BVerGE **68** 256, Celle NJW **71**, 718, Schleswig FamRZ **85**, 809). Auf eine berufliche Weiterbildung, die ihm die Erfüllung der Unterhaltspflicht unmöglich macht, muß der Unterhaltsschuldner verzichten (BGH NJW **80**, 2414, Stuttgart NJW **62**, 1631 m. Anm. Mittelbach JR 63, 30); zur Bedeutung einer Berufsausbildung vgl. LG Düsseldorf FamRZ **66**, 246 m. Anm. Bosch, LG Mönchengladbach FamRZ **69**, 38, Göppinger aaO RN 1039, zui Frage, inwieweit neben der Besorgung des Hauswesens bzw. der Betreuung von Kindern noch eine Pflicht zur Erwerbstätigkeit besteht, vgl. z. B. BGH NJW **80**, 2306, **81**, 923, 1559, FamRZ **83**, 689, Bremen NJW **58**, 639, Oldenburg NdsRpfl. **80**, 285, Stuttgart NJW **80**, 2715. Der Unterhaltsschuldner kann u. U. dazu verpflichtet sein, sich zur Wiederherstellung seiner Erwerbsfähigkeit einer zumutbaren Operation (Königsberg JW **28**, 3064) oder bei Suchterkrankung einer Therapie (vgl. z. B. BGH FamRZ **87**, 69, 91) zu unterziehen. Soweit zumutbar, muß er auch vermögensrechtliche Ansprüche gegen Dritte (z. B. Kindergeldanspruch, Bay **61**, 85, Celle NJW **84**, 317) geltend machen. Da § 170 b nicht dem Schutz einzelner Behörden dient, besteht jedoch keine Pflicht, eine wenig einträgliche Arbeit aufzugeben, damit die Familie statt vom Sozialamt von der Arbeitslosenversicherung unterstützt wird (Hamm NJW **65**, 877). Auch braucht die Ehefrau nicht das ihr zustehende Taschengeld zu verlangen, um ihrem vorehelichen Kind Unterhalt gewähren zu können (so aber Bremen NJW **58**, 639), da dies auf eine dem BGB fremde mittelbare Unterhaltspflicht des Stiefvaters hinausliefe (BGH FamRZ **69**, 599; vgl. auch LG Köln NJW **59**, 1324, Boehmer FamRZ **61**, 43, Dippel LK 46, aber auch BGH FamRZ **80**, 555, Bamberg FamRZ **83**, 75). Dagegen muß ein Ehemann für seine Mitarbeit im Betrieb seiner Frau u. U. eine Vergütung fordern (Köln NJW **62**, 1529). Zu weiteren Einzelheiten vgl. das zivilrechtliche Schrifttum.

b) Die Leistungsfähigkeit ist vom Strafrichter **im Urteil in der Weise festzustellen,** daß angegeben 22 wird, welchen Betrag der Täter mindestens hätte leisten können; außerdem müssen die Beurteilungsgrundlagen (tatsächliche oder mögliche Einkommen, Eigenbedarf, zu berücksichtigende Lasten usw.) so genau dargelegt werden, daß eine Überprüfung der vom Tatrichter angenommenen Leistungsfähigkeit möglich ist (vgl. Bay **61**, 263, **88**, 93, StV **83**, 418, **90**, 552, Bremen JR **61**, 226, Celle NJW **55**, 563, OLGSt **Nr. 3**, Hamburg StV **89**, 206, OLGSt **Nr. 2**, Hamm NJW **75**, 457, OLGSt **Nr. 1**, Koblenz GA **75**, 28, Köln FamRZ **76**, 119, StV **83**, 419, Schleswig SchlHA **85**, 44, SchlHA/E-L **85**, 117, Zweibrücken NJW **87**, 1899 u. näher Mattmer NJW **67**, 1597). Nicht ausreichend ist z. B. die Feststellung, daß der Täter ein „durchschnittliches Einkommen" hätte erlangen können (Köln FamRZ **76**, 119) oder daß er „irgendwie" in der Lage gewesen sei, seiner Unterhaltspflicht wenigstens z. T. nachzukommen (Bay **61**, 263). Wird die Leistungsfähigkeit mit erzielbarem Einkommen begründet (vgl. dazu BGH NJW **85**, 732), so sind der beruflichen Fähigkeiten und Möglichkeiten unter Berücksichtigung der Arbeitsmarktlage in dem betreffenden Zeitraum festzustellen (Bay StV **90**, 552, Köln StV **83**, 419); allgemeine Behauptungen genügen dafür nicht (Zweibrücken NJW **87**, 1899). Bei häufig wechselnden Einkommen muß die Leistungsfähigkeit für jeden einzelnen Zeitabschnitt festgestellt werden; eine Durchschnittsberechnung für einen größeren Zeitraum reicht regelmäßig nicht aus (Bay **88**, 94, FamRZ **58**, 284, Köln NJW **62**, 1527, JMBlNW **69**, 55, Mattmer aaO). Geht es darum, ob den Täter gem. § 1603 II BGB eine gesteigerte Unterhaltspflicht trifft, so sind auch Feststellungen

§ 170 b 23–27   Bes. Teil. Straftaten gegen den Personenstand, die Ehe und die Familie

über die Einkommens- und Vermögensverhältnisse anderer unterhaltspflichtiger Verwandter erforderlich (Bay StV **90**, 552). Über die Zuziehung eines Sachverständigen bei der Beurteilung der Leistungsfähigkeit nach längerer Drogenabhängigkeit vgl. Köln OLGSt § 170b S. 61.

23   10. Bei **mehreren Unterhaltsberechtigten** bestimmt sich die Rangfolge nach Bürgerlichem Recht (§§ 1609, 1582 BGB; vgl. auch § 1603 II 2 BGB) unter Berücksichtigung des § 850d II ZPO.

24   Haben die Unterhaltsberechtigten *gleichen Rang* (z. B. minderjährige Kinder einschließlich nichtehelicher Kinder) und reicht die Leistungsfähigkeit des Schuldners zur Erfüllung aller Ansprüche nicht aus, so muß dieser – vorbehaltlich einer abweichenden Entscheidung des Vollstreckungsgerichts nach § 850d II a ZPO – die verfügbaren Mittel anteilig nach dem Verhältnis des Bedarfs jedes Berechtigten verteilen (vgl. Köln FamRZ **76**, 119, Stuttgart MDR **77**, 1034; zur Erwerbspflicht der Hausfrau und des Hausmanns nach Wiederverheiratung gegenüber erstehelichen Kindern bzw. des Hausmanns gegenüber der nach § 1570 BGB unterhaltsberechtigten früheren Ehefrau vgl. z. B. BGHZ **75** 272, BGH NJW **82**, 175, 1590, **85**, 318, **87**, 1549, FamRZ **81**, 341, **86**, 668, JZ **87**, 424, Koblenz FamRZ **89**, 295, Schleswig FamRZ **89**, 997 u. zur Verfassungsmäßigkeit dieser Rspr. BVerfGE **68** 256 m. Anm. Diederichsen JZ 85, 790). Bei *rangungleichen* Ansprüchen hat der Unterhaltspflichtige zunächst die bevorrechtigten Ansprüche vollständig zu erfüllen. Kann er deshalb, weil dies seine Leistungsfähigkeit übersteigt, den nachrangig Berechtigten keinen Unterhalt mehr gewähren, so fehlt es insoweit schon an einer Unterhaltspflicht und damit an einer Tatbestandsvoraussetzung des § 170b. Entzieht sich ein nur beschränkt leistungsfähiger Schuldner allen Verpflichtungen, so kann die Strafbarkeit einer Verletzung nachrangiger Unterhaltsansprüche nicht damit begründet werden, daß der Täter durch die Verletzung der vorrangigen Ansprüche etwas erspart habe und daher „leistungsfähig" gewesen sei (vgl. z. B. Braunschweig NdsRpfl. **59**, 230, Köln FamRZ **76**, 119, Stuttgart MDR **77**, 1043, Dippel LK 36).

25   11. Von **mehreren Unterhaltspflichtigen** (vgl. §§ 1606ff. BGB) muß der nachrangig Verpflichtete nicht nur bei Leistungsunfähigkeit des in erster Linie Verpflichteten (§§ 1607 I, 1608 S. 2 BGB), sondern auch dann Unterhalt leisten, wenn jener sich in strafbarer Weise seiner Verpflichtung entzieht (vgl. § 1607 II BGB). Zur gleichrangigen Unterhaltspflicht der Eltern (§ 1606 III BGB) vgl. u. 30.

26   IV. Der **objektive Tatbestand** setzt voraus, daß sich der Täter seiner gesetzlichen Unterhaltspflicht (vgl. o. 2ff.) entzieht, so daß der Lebensbedarf des Unterhaltsberechtigten gefährdet ist oder ohne die Hilfe anderer gefährdet wäre.

27   1. Der Täter **entzieht** sich seiner Unterhaltspflicht, wenn er den gesetzlich geschuldeten Unterhalt ganz oder teilweise nicht gewährt (vgl. BGH **12** 190, NJW **61**, 1110, Bay **88**, 92, Hamburg OLGSt **Nr. 2**). § 170b enthält mithin ein (echtes) Unterlassungsdelikt (ebenso Köln NJW **81**, 63; vgl. 134 vor § 13). Dieses bleibt auch dann ein solches, wenn der Täter durch bestimmte Maßnahmen seine Inanspruchnahme vereitelt (z. B. Vereitelung der Zustellung des den Unterhaltsbetrag eines Regelunterhalts-Urteils festsetzenden Beschlusses durch häufigen Wohnsitzwechsel, Widerruf der Abtretung des Kindergelds; vgl. Celle GA **69**, 350, Hamburg OLGSt **Nr. 2**). Ebenso verhält es sich, wenn er durch aktives Tun seine Leistungsunfähigkeit herbeiführt (Dippel LK 51, 54, Lackner 4, Samson SK 9; vgl. auch Saarbrücken NJW **75**, 506; and. BGH **18** 379, D-Tröndle 7), wo sich die Möglichkeit der Tatbestandsverwirklichung aus den Regeln über die omissio libera in causa ergibt (vgl. 144 vor 13; i. E. auch BGH **14** 165 [Tatbestandserfüllung durch positives Tun]), so wenn der Verpflichtete sein Arbeitsverhältnis kündigt (vgl. auch Köln StV **83**, 419), fremde Schulden übernimmt (Bay NJW **61**, 38) oder durch Verschwendung (z. B. Glücksspiel), Übertragung seines Vermögens usw. seine Leistungsunfähigkeit in Kenntnis der drohenden Inanspruchnahme herbeiführt (BGH **14** 165, Hamm NJW **55**, 153, 1607; vgl. aber auch Schleswig SchlHA **53**, 216). Entsprechendes gilt, wenn der Täter Maßnahmen unterläßt, durch die er leistungsfähig geworden wäre („omissio libera in omittendo", vgl. 144 vor § 13, Dippel LK 55), so wenn er seine Arbeitskraft nicht voll ausnutzt (vgl. z. B. Bay NJW **53**, 1927, **88**, 2750, Karlsruhe NJW **54**, 84, Köln JMBlNW **69**, 55, Stuttgart NJW **62**, 1631). In beiden Fällen ist Voraussetzung jedoch, daß bereits das Vorverhalten im Hinblick auf die schutzwürdigen Interessen des Unterhaltsberechtigten objektiv pflichtwidrig ist (vgl. auch Bay **88**, 93), was in Fällen anzunehmen ist, in denen auch die zivilrechtliche Rspr. dem Täter wegen seines im Hinblick auf seine Unterhaltspflicht verantwortungslosen Verhaltens die Berufung auf seine Leistungsunfähigkeit nach den Grundsätzen von Treu und Glauben verwehrt (vgl. z. B. BGH NJW **85**, 732, **88**, 2239, FamRZ **87**, 374, Bamberg FamRZ **87**, 699, Frankfurt FamRZ **87**, 1144; vgl. dazu auch Bay aaO mwN und zum subjektiven Tatbestand u. 33). – Im übrigen setzt das Sich-Entziehen nicht voraus, daß die Unterhaltspflicht zuvor durch Urteil festgestellt (vgl. jedoch o. 3ff.) oder der Verpflichtete vorher zur Zahlung aufgefordert worden ist (Düsseldorf NJW **53**, 1805, Dippel LK 56). Kein Entziehen ist es jedoch, wenn die Unterhaltsgewährung aus Gründen scheitert, die in der Sphäre des Berechtigten liegen (ebenso Dippel LK 56). Auch entzieht sich der Verpflichtete nicht seiner Unterhaltspflicht, wenn er bei unbekanntem Aufenthalt des Berechtigten keine Nachforschungen anstellt (vgl. BGH NJW **61**, 1110, Düsseldorf NJW **61**, 77, Hamburg OLGSt **Nr. 2**, Schleswig SchlHA **59**, 226, Dippel LK 56, D-Tröndle 7) oder den geschuldeten Betrag nicht hinterlegt (Bay **61**, 162, Dippel LK 52). Erst recht keine Unterhaltspflichtverletzung ist die Weigerung, an der Verwaltung des Kindesvermögens mitzuwirken (Bay **68**, 60; vgl. auch o. 17 a. E.).

2. Hinzukommen muß, daß durch das Verhalten des Täters der **Lebensbedarf** des Unterhaltsberechtigten **gefährdet ist** oder **ohne die Hilfe anderer gefährdet wäre.**

a) **Lebensbedarf** ist nicht nur der unbedingt notwendige, sondern der gesamte materielle Lebensbedarf, soweit er unterhaltsrechtlich zu beachten ist (angemessener Unterhalt i. S. des § 1610 BGB, ferner §§ 1360, 1578 BGB; vgl. Dippel LK 57, D-Tröndle 8, Lackner 5, Samson SK 10; vgl. auch o. 19). Es genügt eine **Gefährdung** des Lebensbedarfs; daß dieser tatsächlich beeinträchtigt worden ist, ist nicht erforderlich. Eine solche Gefährdung kann schon darin liegen, daß der Berechtigte notgedrungen selbst den Unterhalt durch eine Erwerbstätigkeit bestreitet, die ihm nur durch unzumutbare Anstrengungen möglich ist (BGH NJW **74**, 1868, Bay FamRZ **62**, 120, GA **63**, 345, Dippel LK 58, D-Tröndle 8). Daß bei getrennt lebenden Ehegatten die Arbeit das Maß des § 1361 II BGB überschreitet, genügt dafür aber nicht (vgl. BGH NJW **74**, 1868 zu § 1361 BGB a. F.). Auch nur ganz unwesentliche Verschlechterungen des status quo sind noch keine (zusätzliche) Gefährdung i. S. des § 170b (vgl. Zweibrücken OLGSt. **Nr. 7**: Wegfall eines Betrags von DM 4,20).

c) Der **tatsächlichen Gefährdung** steht es gleich, daß der Lebensbedarf ohne die **von anderen geleistete Hilfe gefährdet wäre,** wobei ein *innerer Zusammenhang* zwischen der Unterhaltsverweigerung und der fremden Hilfe in der Weise bestehen muß, daß diese gerade deshalb gewährt wird, weil der Täter seiner Unterhaltspflicht nicht nachkommt (BVerfGE **50** 154, BGH **26** 312, NJW **63**, 579, **74**, 1868, Frankfurt NJW **72**, 836, Hamm NJW **75**, 456, Karlsruhe NJW **72**, 836, Köln FamRZ **76**, 117). Daran fehlt es, wenn der andere ohne Rücksicht auf die Unterhaltsverweigerung leistet, wobei es insoweit dann auch schon an der unterhaltsrechtlichen Bedürftigkeit und damit an einer Unterhaltspflicht fehlt (vgl. Meurer JR 86, 210 ff.). Dies ist z. B. der Fall bei Leistungen, die erbracht werden, um entsprechend einer Absprache mit dem Unterhaltspflichtigen diesen zu entlasten oder um als gleichrangig Unterhaltspflichtiger für den vollen Unterhalt allein aufzukommen, etwa weil er seine Beziehung zu dem Unterhaltsberechtigten verstärken will (BGH **12** 185, Dippel LK 62; zu einem derartigen „Verzicht" der nichtehelichen Mutter auf Unterhaltsleistungen vgl. Neustadt NJW **53**, 1805, zum Verzicht des Unterhaltsberechtigten selbst vgl. jedoch o. 15 und u. 32). Gibt der Täter den Berechtigten in ein Heim, so leistet dieses zunächst auf Grund des Vertrags; ein „anderer" i. S. des § 170b wird es erst tätig, wenn es trotz Erlöschens der vertraglichen Verpflichtungen die Betreuung fortsetzt. Unerheblich ist, ob die fremde Hilfe ohne rechtliche Verpflichtung oder von einem nachrangig Verpflichteten (vgl. o. 25) geleistet wird (vgl. Bremen JR **61**, 226 Hamm NJW **56**, 1409 zum Verhältnis der nichtehelichen Mutter zum Erzeuger gem. § 1709 I BGB a. F., ferner Dippel LK 62). Da Eltern zwar gleichrangig, aber nur anteilig im Verhältnis nach ihren Erwerbs- und Vermögensverhältnissen haften (§§ 1606 III, 1615a BGB; vgl. BGH NJW **64**, 2118, Bay NJW **64**, 1084 m. Anm. Mittelbach JR 64, 307), ist als „anderer" i. S. des § 170b auch der Elternteil anzusehen, der über seine Verpflichtung hinaus Unterhalt leistet, weil der andere seiner Pflicht nicht nachkommt (Celle NJW **60**, 833, Hamm FamRZ **64**, 581, Stuttgart FamRZ **61**, 179, Sonnenschein SchlHA **62**, 261).

Auch bei Gewährung **öffentlicher Hilfe** muß ein solcher innerer Zusammenhang zu der Unterhaltsverweigerung bestehen (BVerfGE **50** 154 f., BGH **26** 312 m. Anm. Forster NJW 76, 1645, Zweibrücken NStZ **84**, 458), der z. B. bei Unterhaltsleistungen nach dem UnterhaltsvorschußGes. v. 23. 7. 1979 (BGBl. I 1184) gegeben sein kann, nicht dagegen bei Sozialversicherungsleistungen (vgl. BGH NJW **63**, 579, Bay GA **63**, 345) oder bei der Tuberkulosenhilfe (Celle NJW **59**, 2319). Bei Leistungen der öffentlichen Hand kommt es daher immer darauf an, aus welchem Anlaß, auf Grund welcher Vorschriften und zu welchem Zweck sie erfolgen (vgl. BGH **26** 316 f., Bay **83**, 161 m. Anm. Meurer JR 86, 210, Düsseldorf JMBlNW **78**, 195; zur Notwendigkeit entsprechender Feststellungen im Urteil vgl. Bay aaO, Hamm NJW **75**, 456, Köln FamRZ **76**, 117). Von Bedeutung ist dies insbesondere bei der Heimunterbringung, die auf verschiedenen gesetzlichen Grundlagen beruhen und unterschiedlichen Zielen dienen kann (§§ 5, 6 JWG usw., vgl. BVerfGE **50** 155 f.; entsprechend für Unterbringung in einer Pflegefamilie Zweibrücken NStZ **84**, 458, für Bezahlung von „Pflegegeld" durch das Jugendamt an einen das nichteheliche Enkelkind versorgenden Großelternteil Bay **83**, 161 m. Anm. Meurer JR 86, 210). Hier ist zu unterscheiden: § 170b ist zunächst anwendbar, wenn die Heimunterbringung zur Sicherung der Lebensgrundlagen des Kindes erfolgt ist. Der zwischen der Unterhaltsverweigerung und der Heimunterbringung erforderliche innere Zusammenhang besteht ferner, wenn durch die Unterbringung zwar primär eine drohende Verwahrlosung abgewen-

§ 170b 32-34   Bes. Teil. Straftaten gegen den Personenstand, die Ehe und die Familie

det werden soll, diese aber gerade auf der Nichterfüllung der Unterhaltspflicht beruht (zur Verletzung unterhaltsrechtlicher Betreuungspflichten vgl. o. 17). Dasselbe gilt endlich bei einer Unterbringung, die sowohl den – durch Unterhaltsverweigerung eines Verpflichteten – gefährdeten Lebensbedarf sichern als auch einer unabhängig von der Unterhaltspflichtverletzung drohenden Verwahrlosung begegnen soll, sofern der Zweck der Unterhaltssicherung schon für sich allein die Heimunterbringung gerechtfertigt hätte (BVerfGE **50** 156 ff., Dippel LK 64, Lackner 5; die Wendung in BGH **26** 317, daß die Jugendhilfe „gerade und allein wegen der Unterhaltsverweigerung" eingegriffen haben müsse, ist im Kontext dieser Entscheidung zu sehen und nicht so zu verstehen, daß der erforderliche innere Zusammenhang fehlt, wenn zum Zweck der Unterhaltssicherung noch ein weiterer Zweck hinzukommt; vgl. aber auch Düsseldorf JMBlNW **78**, 195). Wird hier ein zumutbarer Kostenbeitrag nicht geleistet, so verbleibt es auch während des Heimaufenthalts bei der Strafbarkeit nach § 170b, solange die Fortsetzung der Unterbringung jedenfalls auch durch den Unterhaltssicherungszweck getragen wird (BVerfG aaO). Dagegen ist § 170b nicht anwendbar, wenn die Unterbringung nur aus anderen Gründen (z. B. geistige oder körperliche Behinderung, nicht auf einer Unterhaltspflichtverletzung beruhende Verwahrlosung usw.) erfolgt und der Verpflichtete keine Zahlungen leistet (vgl. Düsseldorf JMBlNW **78**, 195; dazu, daß darin kein Verstoß gegen Art. 3 I GG liegt, vgl. BVerfGE **50** 142). Ohne Bedeutung für das Bestehen eines inneren Zusammenhangs zwischen Unterhaltsverweigerung und öffentlicher Hilfe ist, ob diese auf Grund gesetzlicher Verpflichtung gewährt wird (BGH **26** 317 m. Anm. Forster NJW 76, 1645, Bay FamRZ **76**, 115 Dippel LK 65; and. Frankfurt NJW **72**, 836), ob nach Landesrecht (vgl. § 81 III JWG) auf eine Kostenerstattung verzichtet werden kann (BGH **26** 318, Bay aaO, Stuttgart Justiz **75**, 440, Dippel aaO; vgl. auch Hamm NJW **75**, 456; and. Stuttgart NJW **73**, 816) und ob der Unterhaltsanspruch des Kindes nach § 82 JWG, §§ 90, 91 BSHG auf den Träger der öffentlichen Hilfe übergeleitet worden ist (BGH aaO; and. Frankfurt NJW **72**, 836); vgl. zum Ganzen auch Eggert NJW **72**, 1383, Klußmann MDR **73**, 457, Kraemer NJW **73**, 793.

32 **V.** Durch die wirksame **Einwilligung** des Verletzten (insbes. Unterhaltsverzicht, d. h. Erlaßvertrag) wird nicht erst die Rechtswidrigkeit der Unterhaltspflichtverletzung beseitigt, vielmehr entfällt bereits der Tatbestand des § 170b (vgl. auch Dippel LK 68). Allerdings ist ein Verzicht nur bei geschiedenen Ehegatten uneingeschränkt zulässig (§§ 1614 I, 1615e BGB; für Ehegatten vgl. §§ 1360a III, 1361 IV, 1585c BGB).

33 **VI.** Für den **subjektiven Tatbestand** ist Vorsatz erforderlich; bedingter Vorsatz genügt (h. M., z. B. BGH **14** 168, NStZ **85**, 166, Celle NJW **55**, 564, Hamburg OLGSt. **Nr. 2**, Hamm MDR **69**, 500, OLGSt. **Nr. 1**, Dippel LK 69, Samson SK 11). Eine feindselige Einstellung oder verwerfliche Gesinnung ist nicht notwendig (BGH **14** 168, Bay NJW **52**, 438, Hamm JMBlNW **52**, 183, Dippel aaO; and. Welzel 427). Ebensowenig kann aus dem Begriff des „Sich-Entziehens" entnommen werden, daß bezüglich des Bestehens einer Unterhaltspflicht bedingter Vorsatz ausgeschlossen sein soll (so Schröder, 17. A., RN 24). Auch unter teleologischen Gesichtspunkten besteht zu einer solchen Einschränkung kein Anlaß, wenn die den bedingten Vorsatz kennzeichnende Gleichgültigkeit des Täters nicht schon aus dem Für-Möglich-Halten des Bestehens einer Unterhaltspflicht gefolgert wird (vgl. § 15 RN 84; insoweit zutreffend daher der Hinweis in BGH **14** 168, Hamburg OLGSt. **Nr. 2**, daß an den Nachweis der inneren Tatseite strenge Anforderungen zu stellen seien). So liegt z. B. ein bedingter Vorsatz noch nicht vor, wenn der Täter bei Zweifeln über seine Unterhaltspflicht zunächst lediglich deshalb keinen Unterhalt leistet, weil er eine gerichtliche Entscheidung abwarten möchte (ebenso Dippel LK 69; vgl. auch Hamburg OLGSt **Nr. 2**; zum bedingten Vorsatz bei Handlungen, die zum Verlust des Arbeitsplatzes führen, vgl. Hamm OLGSt **Nr. 1**). Dagegen ist hier dolus directus in der Form der Absicht (vgl. § 15 RN 67) gegeben, wenn er Handlungen vornimmt, um für alle Fälle, d. h. auch wenn sich seine Unterhaltspflicht herausstellen sollte, die Erfüllung zu vereiteln, z. B. sein Vermögen verschleudert (ebenso Dippel LK 69). In den Fällen, in denen das Sich-Entziehen durch eine „omissio libera in causa" bzw. „omissio libera in omittendo" geschieht (vgl. o. 27), muß der (bedingte) Vorsatz nicht nur den Eintritt der Leistungsunfähigkeit (z. B. Verlust des Arbeitsplatzes), sondern auch die Pflichtwidrigkeit des Vorverhaltens umfassen (vgl. auch Bay **88**, 93).

34 Der *Irrtum* über das Bestehen der Unterhaltspflicht ist Tatbestands , nicht Verbotsirrtum, und zwar nicht nur bei Fehlvorstellungen des Täters über die Umstände, die seine Unterhaltspflicht begründen, sondern auch dann, wenn er sich über das rechtliche Bestehen der Unterhaltspflicht selbst irrt (vgl. Celle NdsRpfl. **62**, 211, Hamm OLGSt. **Nr. 1**, Köln NJW **81**, 63, Stuttgart NJW **62**, 1631, Zweibrücken NJW **87**, 1899, Dippel LK 70, D-Tröndle 11, Lackner 6, Samson SK 11; and. Stuttgart NJW **60**, 2204: Verbotsirrtum). Der Grundsatz bei Unterlassungsdelikten, daß der Vorsatz zwar die pflichtbegründenden Umstände, nicht aber die Handlungspflicht als solche zu umfassen braucht (vgl. § 15 RN 96), gilt bei § 170b nicht, da hier die Unterhaltspflicht selbst Tatbestandsmerkmal ist und der Täter sich dieser „entziehen" muß. Daher ist der Vorsatz z. B. auch ausgeschlossen, wenn der Täter, der die unterhaltspflichtbe-

gründenden Umstände i. S. der §§ 1570ff. BGB kennt, irrig davon ausgeht, daß nach der Scheidung keine Unterhaltspflichten gegenüber dem geschiedenen Gatten mehr bestehen. Tatbestandsirrtum ist ferner z. B. der die Leistungsfähigkeit (vgl. o. 20f.) betreffende Irrtum über die Rangfolge von Verbindlichkeiten (Hamm OLGSt **Nr. 1**, Köln NJW **81**, 63). Auch bei Vorliegen eines rechtskräftigen, der Unterhaltsklage stattgebenden Zivilurteils kann u. U. der Vorsatz ausgeschlossen sein (vgl. auch Koffka JR 68, 229, Samson SK 11). Ist die Unterhaltsklage abgewiesen, so entfällt schon der Tatbestand (vgl. o. 13, ferner Dippel LK 70; and. Samson SK 11 [regelmäßig Vorsatzausschluß], Stuttgart NJW **60**, 2205 [Verbotsirrtum]). Tatbestandsirrtum liegt ferner dann vor, wenn der Täter irrig annimmt, eine Gefährdung des Lebensbedarfes würde – wegen Unterhaltszahlungen Dritter – nicht eintreten (BGH NStZ **85**, 166).

VII. Täter kann nur der Schuldner bzw. nach § 14 I Nr. 3 (vgl. dort RN 10a, ferner Dippel LK 71) 35 sein gesetzlicher Vertreter sein. **Beihilfe** kommt hier vor allem durch Abschluß eines Lohnschiebungsvertrags (§ 850h I ZPO) oder Dienstverschleierungsvertrags (§ 850h II ZPO) oder durch falsche Zeugenaussagen im Unterhaltsprozeß in Betracht, wobei dem Dritten bewußt ist, daß der Täter seiner Unterhaltspflicht entgehen will. § 28 I findet auf Teilnehmer keine Anwendung (ebenso Dippel LK 72).

VIII. Konkurrenzen. Idealkonkurrenz ist möglich mit § 170d (BVerfGE **50** 157, Hamm NJW **64**, 36 2316, o. 17). Bei der Unterhaltspflichtverletzung gegenüber *einem Berechtigten* handelt es sich bei entsprechendem Vorsatz i. d. R. um eine Dauerstraftat (vgl. Bremen JR **61**, 226, Düsseldorf MDR **62**, 922, JMBlNW **65**, 281, Hamburg OLGSt **Nr. 2**, Hamm NJW **65**, 878, MDR **73**, 690, Koblenz GA **75**, 28, Köln NJW **62**, 2119, Saarbrücken NJW **75**, 508). Sie beginnt mit der Gefährdung und endet mit dieser bzw. damit, daß aus anderen Gründen (z. B. Wegfall der Leistungsfähigkeit) ein tatbestandsmäßiges Verhalten nicht mehr vorliegt (Dippel LK 73). Dies gilt auch bei einer späteren Fortsetzung der Unterhaltspflichtverletzung (z. B. nach wiedererlangter Leistungsfähigkeit), und zwar selbst bei Vorliegen eines einheitlichen Vorsatzes, da auch eine Dauerstraftat unterbrochen wird, wenn zeitweilig der objektive Tatbestand nicht vorliegt (Hamburg OLGSt **Nr. 2**, Koblenz GA **75**, 28 [Haft], Dippel LK 73; vgl. auch 84 vor § 52, Hamm MDR **73**, 690; and. LG Berlin MDR **66**, 1017). Bei einheitlichem Vorsatz kommt hier jedoch Fortsetzungszusammenhang in Betracht; andernfalls liegt Realkonkurrenz vor (Hamburg OLGSt **Nr. 2**, Hamm NJW **65**, 877, MDR **73**, 690). Bei der Unterhaltspflichtverletzung gegenüber *mehreren Berechtigten* sind, da es sich bei § 170b um ein Unterlassungsdelikt handelt (vgl. o. 27), die in 28 vor § 52 genannten Grundsätze maßgebend. Da sich die Tat nach § 170b wegen ihres stark vermögensrechtlichen Charakters nicht gegen ein höchstpersönliches Rechtsgut richtet, kommt hier eine rechtliche Handlungseinheit (Fortsetzungszusammenhang) jedoch auch dann in Betracht, wenn die entsprechenden Pflichten durch mehrere Handlungen zu erfüllen wären (ebenso Dippel LK 75). Diese Grundsätze gelten auch, wenn sich der Täter durch ein und dasselbe positive Tun mehreren Unterhaltspflichten entzieht (z. B. Widerruf einer Zahlungsanweisung) oder deren Erfüllung unmöglich macht (z. B. Niederlegung der Arbeit), da auch hier die eigentliche Straftat immer in einem Unterlassen besteht (vgl. o. 27, Dippel LK 75; and. Celle MDR **64**, 862, GA **69**, 350, D-Tröndle 12 [Idealkonkurrenz]). Ohne Bedeutung für die Konkurrenzfrage ist, ob die mehreren Unterhaltsansprüche den gleichen oder unterschiedlichen Rang haben (so mit Recht BGH **18** 376 gegen Köln NJW **58**, 720, Mittelbach MDR 57, 67). Zur Frage, ob Unterhaltspflichtverletzungen gegenüber mehreren Berechtigten eine Tat im prozessualen Sinn sein können, vgl. Hamm NJW **78**, 2210, Stuttgart MDR **77**, 1034, Schmid MDR 78, 547.

IX. Strafe. Auch hier gilt § 47, obwohl eine Geldstrafe problematisch ist, wenn der Täter sein 37 verfügbares Geld zur Unterhaltszahlung verwenden soll (Lackner 8). Eine angemessenere Lösung dürfte daher § 153a StPO ermöglichen (vgl. Dippel LK 77). Besondere Umstände i. S. des § 47 sind etwa die Hartnäckigkeit des Sichentziehens (vgl. LG Koblenz MDR **82**, 70). Wird eine Freiheitsstrafe zur Bewährung ausgesetzt (§ 56) und eine Weisung nach § 56c II Nr. 5 (vgl. dort RN 22) erteilt, so ist zu beachten, daß dies nicht einzelnen Unterhaltsberechtigten zum Nachteil gereichen darf (Stuttgart MDR **77**, 1034, Dippel LK 77).

§ 170c [**Versagung der Hilfe gegenüber einer Geschwängerten**] *aufgehoben durch das 4. StrRG v. 23. 11. 1973, BGBl. I 1725.*

§ 170d Verletzung der Fürsorge- oder Erziehungspflicht

Wer seine Fürsorge- oder Erziehungspflicht gegenüber einer Person unter sechzehn Jahren gröblich verletzt und dadurch den Schutzbefohlenen in die Gefahr bringt, in seiner körperlichen oder psychischen Entwicklung erheblich geschädigt zu werden, einen kriminellen Lebenswandel zu führen oder der Prostitution nachzugehen, wird mit Freiheitsstrafe bis zu drei Jahren oder mit Geldstrafe bestraft.

§ 170d 1-5

1 **I. Geschütztes Rechtsgut** ist die gesunde körperliche und psychische Entwicklung von Jugendlichen unter 16 Jahren (Dippel LK 3, D-Tröndle 2, Lackner 1; krit. Horn SK 2). Dagegen sind familienrechtliche Fürsorge- und Erziehungspflichten bzw. -ansprüche für die Rechtsgutsbestimmung ohne Bedeutung (so jedoch M-Schroeder II 87), vielmehr kennzeichnen diese lediglich den Personenkreis, durch den das Schutzgut der körperlichen und psychischen Entwicklung des Jugendlichen in strafwürdiger Weise – besondere Verantwortlichkeit von Erziehungspflichtigen, besondere Anfälligkeit des Rechtsguts diesen gegenüber – beeinträchtigt werden kann (ebenso Dippel LK 3). Sinn der Vorschrift ist auch nicht die Ahndung des Ausbleibens menschlicher Zuwendung durch den Erziehungspflichtigen (BGH MDR **79**, 949). Zur Neufassung durch das 4. StrRG vgl. Dippel LK 2, Sturm JZ 74, 3; aus den Materialien vgl. BT-Drs. VI/3521 S. 15ff., 7/514 S. 4ff., Prot. VI 1193ff., 1224, 1253ff., 1278ff., 1289ff., 1381ff., Prot. VII 5f. – **Ergänzend** vgl. § 105 SGB VIII (Ges. zur Neuordnung des Kinder- und Jugendhilferechts v. 26. 6. 90 (BGBl. I 1163), wo u. a. die Betreuung von Pflegekindern ohne die dafür erforderliche Pflegeerlaubnis unter Strafe gestellt wird, wenn dadurch leichtfertig das Kind oder der Jugendliche in seiner körperlichen, geistigen oder sittlichen Entwicklung schwer gefährdet wird.

2 **II. Der objektive Tatbestand** setzt voraus, daß der Täter seine Fürsorge- oder Erziehungspflicht gegenüber einer Person unter 16 Jahren gröblich verletzt und dadurch die Gefahr entsteht, daß der Schutzbefohlene in seiner körperlichen oder psychischen Entwicklung erheblich geschädigt wird, einen kriminellen Lebenswandel führt oder der Prostitution nachgeht.

3 **1.** Während die **Fürsorgepflicht** primär eine Schutzpflicht ist, ist Inhalt der **Erziehungspflicht** die richtige Anleitung des Jugendlichen in seiner körperlich-seelischen Entwicklung, wobei es sich – vgl. die Kritik von Horn SK 11 – von selbst versteht, daß dies keine Festlegung auf bestimmte Erziehungsinhalte oder -modelle bedeutet, sondern daß „richtig" in diesem Sinne alles ist, was im Rahmen eines vom Gesetz auch hier vorausgesetzten Grundkonsenses noch „vertretbar" ist (ebenso Dippel LK 7). Diese Pflichten, die regelmäßig miteinander verbunden sind, können sich unmittelbar aus dem Gesetz ergeben (z. B. Eltern, nichteheliche Mutter, Vormund, Pfleger), aber auch auf Vertrag oder tatsächlicher Übernahme beruhen (Pflegeeltern, Heimleiter, Zusammenleben in einer Wohngemeinschaft, vgl. Prot. VI 1193); die nur ganz vorübergehende Aufnahme eines fremden Jugendlichen in die Hausgemeinschaft des Täters reicht jedoch nicht aus (vgl. näher Dippel LK 4). Auch aus einem öffentlich-rechtlichen Aufgabenbereich (z. B. Sozialarbeiter des Jugendamts, BT-Drs. VI/1552 S. 14) können sich Fürsorge- und Erziehungspflichten ergeben.

4 **2.** Die **Verletzung** der Fürsorge- oder Erziehungspflicht kann sowohl in einem Tun (z. B. Verführung zu Straftaten, übermäßiges Verabreichen von Alkohol [BGH **2** 348], Überanstrengung des Jugendlichen durch Arbeiten, denen dieser körperlich nicht gewachsen ist, gesundheitsgefährdende Unterbringung usw.) als auch in einem Unterlassen bestehen (z. B. Nichtversorgen eines Kindes [BGH NJW **51**, 282], Duldung von Alkohol- oder Rauschgiftmißbrauch). Dabei müssen die eine Pflichtverletzung darstellenden Handlungen bzw. Unterlassungen im einzelnen festgestellt werden; ein nur allgemeiner Mangel an Zuwendung zu dem Kind genügt nicht (BGH MDR **79**, 949, Dippel LK 9). **Gröblich** ist die Pflichtverletzung, wenn die fragliche Handlung objektiv in einem besonders deutlichen Widerspruch zu den Grundsätzen einer ordnungsgemäßen Erziehung steht und wenn sie subjektiv ein erhöhtes Maß an Verantwortungslosigkeit erkennen läßt (ebenso Dippel LK 9; vgl. auch D-Tröndle 4, Lackner 2). Durch ständige Wiederholung oder längere Dauer können auch Verstöße, die für sich gesehen von geringerer Art sind, zu einer gröblichen Verletzung werden. In der Regel wird nur eine Häufung oder Fortsetzung des Verhaltens die vom Gesetz verlangten Folgen haben können (z. B. schafft eine einmalige Aufforderung zu einer Straftat noch nicht die Gefahr eines kriminellen Lebenswandels; vgl. auch BGH NJW **52**, 476, NStZ **82**, 328); notwendig ist dies jedoch nicht, da auch einmalige Handlungen im Einzelfall besonders folgenschwer sein können (BGH NStZ **82**, 328, Dippel LK 9, D-Tröndle 4, Lackner 2).

5 **3.** Die Vernachlässigung der Sorgepflicht muß den Schutzbefohlenen in die **Gefahr** bringen, daß er in seiner **körperlichen oder psychischen Entwicklung erheblich geschädigt** wird, daß er einen **kriminellen Lebenswandel** führt oder der **Prostitution** nachgeht. Dafür genügt nicht schon jede Möglichkeit, daß das Kind Schaden nehmen könnte (BGH NStZ **82**, 328), erforderlich ist vielmehr eine konkrete Gefahr (KG JR **75**, 297, **82**, 507, Dippel LK 10), an der es z. B. fehlt, wenn mit der Hilfe Dritter gerechnet werden kann, so wenn ein Kleinkind auf einem Bahnhof zurückgelassen wird und die Bahnhofsmission sofort einschreitet (Köln JR **68**, 308). „Gebracht" wird der Schutzbefohlene in eine solche Gefahr nicht nur, wenn sie vorher nicht bestanden hat, sondern auch dann, wenn eine bereits vorhandene Gefahr noch weiter intensiviert wird. Für den hier erforderlichen Ursachenzusammenhang gelten die allgemeinen Regeln (vgl. 71ff. vor § 13); bei Pflichtverletzungen durch Unterlassen (vgl. o. 4) ist hier deshalb erforderlich, daß die Entstehung bzw. die Steigerung der Gefahr durch ein Einschreiten abgewendet worden wäre (vgl. dazu auch Dippel LK 8, Horn SK 8).

a) Die Gefahr einer erheblichen **körperlichen Entwicklungsschädigung** besteht, wenn zu **6** befürchten ist, daß der normale Ablauf des körperlichen Reifeprozesses dauernd oder nachhaltig gestört wird (BGH NStZ **82,** 328, KG JR **75,** 297, Dippel LK 11, Lackner 3a). Die unzureichende Gewährung von Nahrung und körperlicher Pflege (vgl. RG 77 215, BGH NJW **51,** 282), die Unterbringung in Räumen, die als Wohnung ungeeignet sind (Ställe, Keller usw.), die Vernachlässigung bei Krankheiten usw. genügen daher nur dann, wenn sie die ernsthafte Möglichkeit einer nachhaltigen Beeinträchtigung der ohne die Pflichtverletzung zu erwartenden körperlichen Entwicklung des betroffenen Jugendlichen besorgen lassen (ebenso Dippel LK 12; vgl. auch Horn SK 4f.). Bei der Verleitung zu Rauschgift- oder Alkoholmißbrauch oder einer dauernden körperlichen Überanstrengung ist eine solche Gefahr meist anzunehmen. Eine unmittelbare Gesundheitsschädigung braucht nicht bevorzustehen (RG **77** 217, Köln JR **68,** 308). Andererseits ist es nicht ausreichend, wenn der Schutzbefohlene bei einer bestimmten Gelegenheit lediglich der Gefahr körperlicher Verletzungen ausgesetzt wird (z. B. Veranlassen zu einer waghalsigen Kletterei, vgl. KG JR **75,** 297, Dippel LK 9, 12, Lackner 3a; and. M-Schroeder II 88).

b) Die Gefahr einer erheblichen **psychischen Entwicklungsschädigung** (mit Recht krit. zur **7** Unbestimmtheit dieses Begriffs Hanack NJW 74, 3) besteht, wenn zu befürchten ist, daß der Ablauf des normalen geistig-seelischen Reifungsprozesses dauernd oder nachhaltig gestört wird (BGH NStZ **82,** 328, KG JR **82,** 507, Dippel LK 14). Erfaßt sind damit nicht nur Fehlentwicklungen, „die mit medizinisch-psychologischen Kriterien zu erfassen sind" (so jedoch BT-Drs. VI/3521 S. 16). Geschützt werden soll durch § 170d der Entwicklungsprozeß, in dem sich die seelischen Fähigkeiten zur Bewältigung der Lebensaufgaben herausbilden (vgl. BT-Drs. VI/3521 S. 16, Lackner 3a). Da Voraussetzung dafür aber auch das Hineinwachsen in die Gemeinschaft und ihr sozialethisches Normensystem ist, – jedenfalls soweit es sich dabei um einen Grundbestand gemeinsamer Überzeugungen handelt –, ist die sittliche Entwicklung insoweit auch Teil der psychischen Entwicklung i. S. des § 170d (vgl. auch § 184b [„sittliche Gefährdung"], Dippel LK 14, D-Tröndle 5; and. Horn SK 6). Diese umfaßt deshalb die gesamte geistige und seelische Entwicklung des Menschen, deren verschiedene Bereiche sich in der Realität ohnehin vielfach nicht voneinander trennen lassen. Die Gefahr einer psychischen Entwicklungsschädigung besteht daher jedenfalls bei einer drohenden oder bereits eingetretenen Verwahrlosung i. S. des § 64 JWG (vgl. auch KG JR **82,** 507, Dippel LK 17, Horn SK 6). In Betracht kommen aber auch psychische Schädigungen anderer Art, die das Hineinwachsen und die Integration des Jugendlichen erschweren (z. B. völlige Verängstigung infolge dauernder Mißhandlungen; zu eng daher Horn SK 6). Für die „Erheblichkeit" des psychischen Entwicklungsschadens liefert der Vergleich mit den folgenden Merkmalen des kriminellen Lebenswandels usw. Anhaltspunkte; die Auswirkungen müssen hier daher für den Jugendlichen ähnlich schwerwiegend sein wie dort (vgl. auch KG JR **75,** 297, **82,** 507). Die Gefahr eines Schocks infolge einer bei einer bestimmten Gelegenheit drohenden Verletzung genügt dafür nicht (KG JR **75,** 297); auch das Fotografieren der 10-jährigen Tochter in sexualbetonten Stellungen, wobei sich das Kind der Sexualbezogenheit jedoch nicht bewußt ist, schafft noch keine Gefahr i. S. des § 170d (KG JR **82,** 507).

Eine psychische Gefährdung kommt z. B. in Betracht, wenn Kinder häufig bis spät in die Nacht in **8** Wirtshäuser mitgenommen werden (BGH **2** 348) oder die Eltern in Gegenwart des Jugendlichen mit anderen Partnern geschlechtlich verkehren (vgl. BT-Drs. VI/1552, S. 15, ferner BGH **3** 259, MDR **64,** 772, Bay NJW **52,** 988), ferner beim fortgesetzten Einschließen und Alleinlassen in der Wohnung (Sturm JZ 74, 3), beim Abhalten vom Schulbesuch, Vermitteln von gefährlichem Umgang, Anhalten zum Betteln usw. (vgl. auch die Beisp. b. Dippel LK 17). Nicht genügend ist dagegen die Erziehung in politisch oder religiös abwegigen Anschauungen (Dippel aaO).

c) Die Gefahr eines **kriminellen Lebenswandels** oder der **Prostitution** wird vom Gesetz **9** zwar als eigenständige Alternative genannt; da hier in aller Regel aber zugleich die psychische Entwicklung i. S. der 2. Alt. gefährdet ist (Dippel LK 18, D-Tröndle 6), hat ihre besondere Erwähnung im wesentlichen nur den Sinn, den für die 2. Alt. erforderlichen Grad der Verwahrlosung (vgl. o. 7) zu verdeutlichen (KG JR **75,** 298, Dippel LK 14, 18, Hanack NJW 74, 3). *Krimineller Lebenswandel* setzt die wiederholte Begehung nicht unerheblicher, vorsätzlicher Straftaten voraus, wobei die Lebensführung insgesamt durch eine besondere Affinität zum Verbrechen gekennzeichnet sein muß. Eine entsprechende Gefahr wird z. B. geschaffen, wenn Eltern gegen die Mitgliedschaft des Jugendlichen in einer Diebesbande nicht einschreiten oder es sonst unterlassen, ihn vom Kriminellenmilieu fernzuhalten (Dippel LK 19, Sturm JZ 74, 3), nicht aber durch die einmalige Aufforderung zur Begehung einer Straftat (vgl. BGH NJW **52,** 476, Dippel aaO). Zum Begriff der *Prostitution* vgl. § 180a RN 5f. In die Gefahr, der Prostitution nachzugehen, kann z. B. ein Mädchen gebracht werden, wenn die Mutter selbst in der gemeinsamen Wohnung Prostitution ausübt (Dippel LK 20).

10 III. Für den **subjektiven Tatbestand** ist wenigstens bedingter Vorsatz erforderlich, i. U. zur a. F. aber nicht mehr, daß der Täter auch gewissenlos handelt (vgl. aber auch KG JR **75**, 297). Der Vorsatz muß sich insbes. auf die gröbliche Pflichtverletzung und die gerade dadurch verursachte konkrete Gefährdung beziehen (zum bedingten Vorsatz insoweit vgl. BGH MDR **79**, 949, NStZ **82**, 328). Bezüglich der Pflichtverletzung liegt ein Tatbestandsirrtum (§ 16) nicht nur bei Fehlvorstellungen über die die Fürsorgepflicht usw. begründenden Umstände vor, sondern aus denselben Gründen wie bei § 170b (vgl. dort RN 34) auch dann, wenn der Täter sich infolge falscher Bewertung über das Bestehen der Pflicht selbst irrt (and. insoweit Dippel LK 21).

11 IV. **Täter** kann nur sein, wer gegenüber dem Jugendlichen in dem vom Gesetz genannten Pflichtenverhältnis steht (Sonderdelikt). § 28 I ist auf Teilnehmer nicht anwendbar, da sich die Fürsorgepflicht des § 170d im Prinzip nicht von sonstigen Garantenpflichten unterscheidet, diese aber kein besonderes Merkmal i. S. des § 28 darstellen (vgl. dort RN 19; and. Dippel LK 23, Horn SK 15).

12 V. **Konkurrenzen.** Die Subsidiaritätsklausel des § 170a. F. wurde durch das 4. StrRG gestrichen. Trotz z. T. übereinstimmender Schutzrichtung ist Idealkonkurrenz mit §§ 174, 180, 180a IV schon deshalb möglich, weil diese Tatbestände keine konkrete Gefährdung der psychischen Entwicklung voraussetzen (Dippel LK 24, i. E. auch Horn SK 16; and. z. T. D-Tröndle 8). Entsprechendes gilt für das Verhältnis zu § 223b, da es auch dort zu einer Gefährdung der (körperlichen bzw. psychischen) Entwicklung nicht gekommen zu sein braucht (Dippel LK 24, Lackner 7, M-Schroeder II 88, Sturm JZ 74, 3; and. D-Tröndle 8). Idealkonkurrenz ist ferner mit § 222 möglich (vgl. BGH **2** 348), ebenso mit § 170b (vgl. dort RN 36), mit § 184b nur, soweit außer dem Schützling noch andere Jugendliche gefährdet werden (sonst Vorrang des § 170d, ebenso Dippel LK 24). Benutzt der Fürsorgepflichtige den Schutzbefohlenen als Werkzeug zu Straftaten, so liegt Idealkonkurrenz mit § 170d vor. Entsprechendes gilt für die Beihilfe durch Unterlassen (vgl. 76ff. vor § 25). Wird die Gefährdung erst durch eine Mehrzahl von Handlungen herbeigeführt, so stellen diese insgesamt *eine* Tat nach § 170d dar (BGH **8** 92, Dippel LK 25). Gefährdet der Täter mehrere Personen, denen gegenüber er eine Fürsorgepflicht usw. hat, so liegt je nach den Umständen (gleichartige) Idealkonkurrenz oder Tatmehrheit vor (Dippel LK 26). Letzteres ist nach den in 28 vor § 52 genannten Grundsätzen auch im Fall des Unterlassens anzunehmen, wenn der Täter eine Mehrheit verschiedener Handlungen vorzunehmen hätte. Fortsetzungszusammenhang ist hier, weil höchstpersönliche Rechtsgüter betroffen sind, ausgeschlossen (vgl. 43f. vor § 52). § 105 SGB VIII (vgl. o. 1) tritt hinter § 170d zurück.

§ 171 Doppelehe

Wer eine Ehe schließt, obwohl er verheiratet ist, oder wer mit einem Verheirateten eine Ehe schließt, wird mit Freiheitsstrafe bis zu drei Jahren oder mit Geldstrafe bestraft.

1 I. Geschütztes **Rechtsgut** ist im Anschluß an das in § 5 EheG enthaltene Verbot der Doppelehe die auf dem Grundsatz der Einehe beruhende staatliche Eheordnung. Dabei kann Sinn der Vorschrift nur sein, den ungesetzlichen Zustand zu verhindern, der darin besteht, daß zwei formal gültige Ehen nebeneinander bestehen (and. BGH **4** 7, Horn SK 2; vgl. dazu u. 4). Zur Neufassung durch das 4. StrRG vgl. Sturm JZ 74, 3; aus den Materialien vgl. BT-Drs. VI/1552 S. 14, VI/3521 S. 17, Prot. VI 1244, 2030.

2 II. Der **objektive Tatbestand** setzt voraus, daß der Täter eine Ehe schließt, obwohl er oder der andere Teil verheiratet ist.

3 1. **Verheiratet** ist, wer in formell gültiger, wenn auch materiell nichtiger oder aufhebbarer Ehe lebt (vgl. RG **55** 279, **60** 348, LG Hamburg NStZ **90**, 280). Formell gültig ist die Ehe, die gem. § 11 EheG vor einem zur Mitwirkung bereiten Standesbeamten geschlossen ist (über vor dem Beitritt [3. 10. 1990] in der ehem. DDR geschlossene Ehen vgl. EV I Kap. III B III, § 6 FamGB-DDR); andernfalls liegt eine – von § 171 nicht erfaßte – Nichtehe vor. Zu den formellen Anforderungen einer im Ausland geschlossenen Ehe von Ausländern vgl. Art. 11 EGBGB; zur Eheschließung Deutscher im Ausland vgl. § 8 Ges. über die Konsularbeamten usw. v. 11. 9. 1974 (BGBl. I 2317); zur Form der Eheschließung von Ausländern im Inland vgl. für die alten Bundesländer Art. 13 III EGBGB, zur Ehe von Staatenlosen Art. 5 II EGBGB, zu den besonderen Eheschließungsformen der Kriegs- und Nachkriegszeit (Ferntrauung usw.) Hoffmann-Stephan, EheG, 2. A., Anh. zu § 11. Soweit bei Ehen mit einem Ausländer nach dessen Heimatrecht (vgl. Art. 13 I, II EGBGB) die formelle Gültigkeit der Ehe auch vom Vorliegen sachlicher Eheschließungsvoraussetzungen abhängt, ist, da hier der Grundsatz der Geltung des ärgeren Rechts eingreift (vgl. Palandt-Heldrich Art. 13 EGBGB Anm. 2b cc), bei deren Fehlen auch nach deutschem Recht von einer Nichtehe auszugehen (Palandt-Heldrich aaO); keine Doppelehe wird im Inland daher geschlossen, wenn diese nach dem Heimatrecht des ausländischen Partners von Anfang an nichtig ist (LG Hamburg NStZ **90**, 280; zweifelnd wegen des ordre-public-Charakters des § 23 EheG MünchKomm-Schiemann Art. 13 EGBGB RN 79). Die formell gültige Ehe besteht, bis sie rechtskräftig für nichtig erklärt (§ 23 EheG), aufgeho-

ben (§ 29 EheG) oder durch Tod oder rechtskräftige Scheidung (§ 1564 BGB) aufgelöst ist (für die ehem. DDR vgl. EV aaO). Bei einer Eheschließung in Kenntnis der noch nicht eingetretenen Rechtskraft der Scheidung oder Aufhebung der früheren Ehe hat § 20 II EheG (Gültigkeit der zweiten Ehe ex tunc bei Eintritt der Rechtskraft) strafrechtlich nur die Bedeutung eines Strafaufhebungsgrundes. Zur Rechtskraft eines Scheidungsverbundurteils (§ 629 ZPO) vgl. BGH NJW **80**, 702; zum Problem der Doppelehe bei unrichtigen Rechtskraftzeugnissen, das durch §§ 516, 552 ZPO n. F. und Art. 5 Nr. 3, 4 des Ges. v. 13. 6. 1980 (BGBl. I 677) weitgehend bereinigt sein dürfte, vgl. Graßhof NJW 81, 437. Zur Wiederverheiratung im Fall der Todeserklärung vgl. u. 4.

2. Die Tathandlung besteht im **Schließen** einer **formell gültigen Ehe**, obwohl der Täter oder **4** der andere Teil in diesem Zeitpunkt verheiratet ist (vgl. o. 3). Das Eingehen einer Nichtehe, d. h. einer von Anfang an nichtigen Ehe, schließt daher den Tatbestand aus (vgl. LG Hamburg NStZ **90**, 280). Besonderheiten gelten bei der Wiederverheiratung im Fall der Todeserklärung, wenn der für tot erklärte Ehegatte noch lebt. Erfolgt die neue Eheschließung nach Rechtskraft der Todeserklärung ist auch nur einer der Gatten gutgläubig, so ist die frühere Ehe mit dem Eingehen der neuen Ehe nach § 38 II EheG aufgelöst (zur ehem. DDR bei vor dem Beitritt [3. 10. 1990] erfolgter Todeserklärung eines Gatten vgl. jedoch EV I Kap. III B III, § 37 FamGB-DDR). Trotzdem soll hier nach h. M. § 171 anwendbar sein, da der eine Gatte im Zeitpunkt der Eheschließung noch verheiratet war (vgl. BGH **4** 7, Frankfurt NJW **51**, 414, Dippel LK 12, D-Tröndle 3, Horn SK 4, Lackner 3, M-Schroeder II 91). Schon nach dem Wortlaut des § 171 ist dies jedoch nicht zwingend, da die Schließung der neuen mit der Auflösung der früheren Ehe zeitlich zusammenfällt und der Täter hier allenfalls noch für „logische Sekunde" mit dem früheren Partner „verheiratet" ist. Vor allem aber spricht gegen eine Strafbarkeit nach § 171 in diesem Fall der Zweck der Vorschrift, der nur in der Verhinderung des Nebeneinanderbestehens zweier formell gültiger Ehen gesehen werden kann, dieser rechtswidrige Zustand hier aber wegen der Auflösung der früheren Ehe gerade nicht eintritt und die neue Ehe, von dem Aufhebungsrecht nach § 39 EheG abgesehen, voll wirksam ist.

Strafbar ist nur das *Eingehen* einer Doppelehe, jedoch nicht die *Fortsetzung* einer nach Auslandsrecht **5** wirksam abgeschlossenen Mehrehe von Ausländern im Inland (Dippel LK 13). Dagegen ist § 171 anwendbar, wenn ein Ausländer, nach dessen Heimatrecht eine Mehrehe zulässig ist, im Inland eine weitere Ehe eingeht, da dem die Vorbehaltsklausel des Art. 6 EGBGB entgegensteht (vgl. Dippel LK 13, D-Tröndle 2, Hoffmann/Stephan, EheG, § 5 Anm. 31 mwN).

III. Für den **subjektiven Tatbestand** ist Vorsatz erforderlich; bedingter Vorsatz genügt (vgl. Braun- **6** schweig NJW **47**, 71 [wo jedoch zu Unrecht eine „innere Billigung" verlangt wird; vgl. dazu § 15 RN 81, 86], Freiburg NJW **49**, 185). Am Vorsatz fehlt es (§ 16), wenn der Täter infolge eines Sachverhalts- oder Bedeutungsirrtums glaubt, die erste oder zweite Ehe sei formell ungültig oder die erste Ehe sei aufgelöst oder für nichtig erklärt.

IV. Vollendet ist die Tat mit dem formell gültigen Abschluß der zweiten Ehe, d. h. mit der Abgabe **7** der Erklärungen nach § 13 EheG; unerheblich ist, ob es zum Vollzug der Ehe kommt. Da die Tat Zustands- und kein Dauerdelikt ist (vgl. 82 vor § 52), ist sie mit der Vollendung zugleich beendet (Blei II 137, Dippel LK 13, D-Tröndle 4 unter Hinweis auf BGH 2 StR 535/59 v. 9. 12. 1959). Nach Beseitigung des Abs. 3 a. F. durch das 4. StRG beginnt damit auch die Verjährungsfrist, so daß Verjährung eintreten kann, obwohl der rechtswidrige Zustand der Doppelehe noch fortbesteht.

V. Täter können nur die Partner der Doppelehe sein. **Teilnahme** ist bis zur Eingehung der Doppel- **8** ehe nach allgemeinen Grundsätzen möglich (z. B. Beihilfe des mitwirkenden Standesbeamten). § 28 I ist nicht anwendbar, da die Tat – auch wenn sie nur von den Partnern der Doppelehe begangen werden kann – keinerlei besonderen personalen Unwert aufweist (Horn SK 7, Lackner 6; and. Dippel LK 16, D-Tröndle 5, Roxin LK § 28 RN 39). Nach der Eheschließung ist, da die Tat damit auch beendet ist (vgl. o. 7), eine Beihilfe nicht mehr möglich.

VI. Konkurrenzen. Tateinheit ist möglich mit §§ 156, 169 (Dippel LK 18, D-Tröndle 8), nicht **9** dagegen mit Unterhaltspflichtverletzung gegenüber dem ersten Ehegatten (BGH LM **Nr. 1**).

§ 172 [Ehebruch] *aufgehoben durch das 1. StrRG v. 25. 6. 1969, BGBl. I 645.*

§ 173 Beischlaf zwischen Verwandten

(1) **Wer mit einem leiblichen Abkömmling den Beischlaf vollzieht, wird mit Freiheitsstrafe bis zu drei Jahren oder mit Geldstrafe bestraft.**

(2) **Wer mit einem leiblichen Verwandten aufsteigender Linie den Beischlaf vollzieht, wird mit Freiheitsstrafe bis zu zwei Jahren oder mit Geldstrafe bestraft; dies gilt auch dann, wenn das Verwandtschaftsverhältnis erloschen ist. Ebenso werden leibliche Geschwister bestraft, die miteinander den Beischlaf vollziehen.**

(3) Abkömmlinge und Geschwister werden nicht nach dieser Vorschrift bestraft, wenn sie zur Zeit der Tat noch nicht achtzehn Jahre alt waren.

Vorbem. Fassung des AdoptionsG vom 2. 7. 1976, BGBl. I 1749.

Schrifttum: Gerchow, Ergebnisse über die Bedeutung soziologischer, psychologischer und psychopathologischer Faktoren bei Inzesttätern der Nachkriegszeit, MschrKrim. 55, 168. – *ders.*, Die Inzestsituation, Beitr. zur Sexualforschung, Bd. 33, (1965) 38. – *Maisch*, Der Inzest und seine psychodynamische Entwicklung, Beitr. zur Sexualforschung, Bd. 33 (1965) 51. – *ders.*, Inzest (rororo sexologie), 1968. – Aus den Gesetzesmaterialien: BT-Drs. VI/3521 S. 17, Prot. VI 1246, 1328, 2030, 2107, 2113, Prot. 7 S. 7.

1   **I. Rechtsgut** des § 173 ist nach h. M. die Freihaltung der engsten Familie von sexuellen Beziehungen; daneben werden als Strafgrund auch Gefahren für die psychische Entwicklung des Partners (minderjährige Tochter, Geschwisterinzest) und die angebliche Gefahr eugenischer und genetischer Schäden genannt (vgl. BT-Drs. VI/1552 S. 14, VI/3521 S. 17, Dippel LK 3, D-Tröndle 2, Lackner 1, Sturm JZ 74, 3). Doch ist zu bezweifeln, ob sich eine rationale, am Gesichtspunkt der Sozialschädlichkeit orientierte Begründung für die Strafbarkeit der „Blutschande" wirklich finden läßt, m. a. W. ob hier nicht letztlich doch überlieferte Moralvorstellungen strafrechtlich sanktioniert werden (vgl. AE, BT, Sexualdelikte 59, Horn SK 2, M-Schroeder II 92 u. näher Jung, Leferenz-FS 311, Stratenwerth, Hinderling-Festschr., 1976, 301). Zur Neufassung durch das 4. StrRG vgl. Sturm JZ 74, 3.

2   **II. Der objektive Tatbestand** erfaßt – mit unterschiedlichen Strafdrohungen im einzelnen – den Beischlaf zwischen blutsmäßigen Verwandten auf- und absteigender Linie, ferner zwischen leiblichen Geschwistern.

3   **1. Der Beischlaf** erfordert eine Vereinigung der Geschlechtsteile in der Weise, daß das männliche Glied – wenn auch nur unvollständig – in die Scheide eingedrungen ist; bloße Berührung genügt nicht (RG JW **30**, 916), ebensowenig das bloße Einführen des Glieds in den sog. Scheidenvorhof (BGH NJW **59**, 1091, M-Schroeder I 160; and. BGH **16** 175, MDR **90**, 1128, MDR/D **73**, 17, Dippel LK 9, D-Tröndle 6, Horn SK 3 wegen der auch hier bestehenden Empfängnismöglichkeit; ist dies jedoch der Begriff „Beischlaf" ist dies jedoch nicht mehr vereinbar, der, wie BGH NJW **59**, 1091 mit Recht feststellt, die „naturgemäße Vereinigung der Geschlechtsteile" bedeutet; vgl. auch RG **4** 23, **40** 39, JW **34**, 2335). Eine emissio oder immissio seminis ist nicht erforderlich; auch braucht der weibliche Partner noch nicht geschlechtsreif zu sein (RG **71** 130, Dippel LK 12), wie überhaupt die Gefahr einer Empfängnis nicht zu bestehen braucht („Pille"). Den Beischlaf „vollzieht" auch das Opfer einer Vergewaltigung, sofern nicht wegen vis absoluta eine Handlung entfällt (vgl. 38 vor § 13, Dippel LK 10; and. und z. T. mißverständlich Horn SK 4); vgl. im übrigen u. 7. Sonstige sexuelle Handlungen, auch wenn sie beischlafähnlich sind (z. B. Analverkehr), werden durch § 173 nicht erfaßt, obwohl sie für die durch die Vorschrift geschützten Ehe- und Familienbeziehungen ebenso belastend sein können (ebenso Dippel LK 11). Dazu, daß § 173 für den ehelichen Beischlaf nicht gilt, vgl. u. 5.

4   **2.** Strafbar ist nur der Beischlaf zwischen **Blutsverwandten** (vgl. schon zur a. F. BGH **7** 245, GA **57**, 218), nämlich zwischen Aszendenten und Deszendenten und zwischen leiblichen Geschwistern (mit einer milderen Strafdrohung für Deszendenten und Geschwister, vgl. Abs. 2). Nachdem durch das AdoptionsG v. 2. 7. 1976 (BGBl. I 2749) ein umfassendes gesetzliches Verwandtschaftsverhältnis des Adoptivkindes zu dem Annehmenden und dessen Verwandten begründet worden ist (vgl. auch §§ 66, 72 FamGB-DDR), stellt das Gesetz dies jetzt ausdrücklich klar, indem es in Abs. 1 von „leiblichen Abkömmling", in Abs. 2 vom „leiblichen Verwandten" spricht und in Abs. 2 auch die Fälle einbezieht, in denen, wie bei der Adoption (§ 1755 BGB), das zu den bisherigen (leiblichen) Verwandten bestehende Verwandtschaftsverhältnis rechtlich erloschen ist. Nicht strafbar ist daher der Beischlaf zwischen Adoptiveltern und Adoptivkind, zwischen Adoptivgeschwistern, ferner zwischen dem Ehemann und dem außerehelich empfangenen Kind seiner Frau, und zwar auch dann nicht, wenn die Ehelichkeitsvoraussetzungen des § 1591 BGB erfüllt sind (BGH NJW **81**, 1326, Dippel LK 4, D-Tröndle 4 f., Horn SK 5). Strafbar ist andererseits auch der Beischlaf zwischen einem natürlichen Elternteil und dem Kind, das von einem anderen adoptiert worden ist. Der nichteheliche Vater ist gegenüber dem nichtehelichen Kind ein leiblicher Verwandter aufsteigender Linie (vgl. § 1589 BGB). Leibliche Geschwister sind auch die Kinder, die nur einen Elternteil gemeinsam haben. Über Verwandte und Geschwister vgl. im übrigen § 11 RN 6f. Eine Bindung an Unterhalts- und Statusurteile besteht für § 173 nicht (Dippel LK 6, Lackner 2).

5   Zweifelhaft ist, ob § 173 auch anwendbar ist, wenn die Beteiligten in einer zwar nach § 21 EheG (bzw. § 35 I FamGB-DDR i. V. m. EV I Kap. III A III) nichtigen, aber **formell gültigen Ehe** leben (bejahend z. B. RG **5** 160, Blei II 139; verneinend die h. M., z. B. Dippel LK 6, D-Tröndle 4, Lackner 3, M-Schroeder II 93). Nachdem die Blutschande zu einem Delikt gegen die Familie geworden ist, spricht gegen eine Strafbarkeit zwar nicht schon, daß der Tat hier die grobe Unsittlichkeit fehle; auch

ändert sich an der angeblich familienzerstörenden Wirkung der Blutschande nichts, wenn die Beteiligten zusätzlich noch eine Ehe eingegangen sind. Andererseits ist aber zu berücksichtigen, daß die Ehe bis zu der wirksamen Nichtigkeitserklärung rechtsbeständig ist. Dies rechtfertigt eine einschränkende Interpretation i. S. der h. M., zumal der Tatbestand kriminalpolitisch ohnehin problematisch ist (vgl. o. 1, Dippel LK 6).

III. Für den **subjektiven Tatbestand** ist Vorsatz erforderlich; bedingter Vorsatz genügt. Die Unkenntnis der Umstände, welche die leibliche Verwandtschaft begründen, ist Tatbestandsirrtum, so z. B. wenn der Ehemann glaubt, das Kind seiner Frau sei nicht von ihm (im umgekehrten Fall: untauglicher Versuch). Die unzutreffende rechtliche Bewertung (z. B. der leibliche Vater hält sich mit seinem nichtehelichen Kind nicht für verwandt) ist dagegen i. d. R. bloßer Subsumtionsirrtum, der jedoch als Verbotsirrtum von Bedeutung sein kann (vgl. Dippel LK 13, Horn SK 6, Lackner 4). Wahndelikt ist z. B. die Annahme der Strafbarkeit des Beischlafs mit Adoptivverwandten oder Verschwägerten. 6

IV. Das Opfer einer Vergewaltigung ist, soweit nicht schon der Tatbestand entfällt (vgl. o. 3), nach den beim Nötigungsnotstand geltenden Regeln zwar nicht nach § 34 gerechtfertigt (vgl. § 34 RN 41b, aber auch Horn SK 4), i. d. R. aber nach § 35 **entschuldigt** (Dippel LK 14). 7

V. **Täter** kann, da die Tat ein eigenhändiges Delikt ist, nur der den Beischlaf vollziehende Blutsverwandte sein; mittelbare Täterschaft scheidet aus (Dippel LK 16, Horn SK 7). Für die **Teilnahme** gelten folgende Grundsätze: Die Beteiligung des *Deszendenten* unterliegt den Regeln über die notwendige Teilnahme. Soweit sein Verhalten über das notwendige Maß nicht hinausgeht, kommt eine Teilnahme an der Tat des Aszendenten nicht in Betracht. Aber auch soweit der Deszendent mehr tut, tritt wegen § 28 II die Teilnahme an der Tat des Aszendenten hinter die eigene Täterschaft zurück. Die Teilnahme *Dritter* an der Tat des Deszendenten (Abs. 2) ist nach Abs. 1 zu bestrafen, weil hier zugleich eine mittelbare Beteiligung an der Tat des Aszendenten vorliegt (Dippel LK 17, Horn SK 8). § 28 I ist bei der Teilnahme Dritter nicht anwendbar, da die Verwandtschaft noch keine spezifisch personale Pflicht begründet, die engste Familie von sexuellen Beziehungen freizuhalten, sondern insofern ein rein tatbezogener Umstand ist, als das geschützte Rechtsgut überhaupt nur innerhalb der fraglichen Verwandtschaftsbeziehungen verletzbar ist (Dippel LK 17, Horn SK 8, Roxin LK § 28 RN 41, Schmidhäuser II 157; and. z. B. Lackner 6). 8

VI. Für Abkömmlinge und Geschwister, die z. Z. der Tat das 18. Lebensjahr noch nicht vollendet haben, enthält Abs. 3 einen **persönlichen Strafausschließungsgrund** (Dippel LK 18, D-Tröndle 8, Horn SK 9, Lackner 7, Sturm JZ 74, 3; and. zur a. F. RG 19 393 [Vollendung des 18. Lebensjahrs als Tatbestandsmerkmal], Jescheck 425 [Entschuldigungsgrund]; vgl. auch 129 vor § 32 und näher Bloy, Die dogmatische Bedeutung der Strafausschließungs- und Strafaufhebungsgründe [1976] 140ff.). Strafbare Teilnahme an der Tat des Jugendlichen bleibt daher möglich (and. RG 19 393 zur a. F.). 9

VII. Von Bedeutung für die **Strafzumessung** sind vor allem die Art der Ausführung der Tat, das Verhalten des Opfers sowie die Ursachen der Tat. Fehlerhaft wäre es, die Begehung mit dem eigenen Kind als straferschwerend zu bewerten (§ 46 III, vgl. dort RN 45). Zur Strafzumessung bei einem Heranwachsenden (§ 105 JGG) vgl. BGH MDR/D 57, 396. 10

VIII. **Idealkonkurrenz** ist möglich z. B. mit §§ 174 I Nr. 3 (BGH MDR/D 75, 21, D-Tröndle 9, Lackner 8), 176, 177, 182. Bei wiederholter Blutschande mit derselben Person kommt Fortsetzungszusammenhang in Betracht, nicht dagegen bei wechselnden Partnern (Dippel LK 20, D-Tröndle 9; and. RG DStR 36, 232). Letzteres folgt daraus, daß sich die Tat nicht nur gegen die Familie als Institution richtet, sondern in Gestalt des Partners auch höchstpersönliche Beziehungen betroffen sind und die Vorschrift überdies zugleich diesen schützen will (vgl. o. 1). Ausgeschlossen ist Fortsetzungszusammenhang auch zwischen §§ 173 und 176 (Dippel LK 20; zu § 176 Nr. 3 a. F. vgl. ferner RG 57 140). 11

Dreizehnter Abschnitt
Straftaten gegen die sexuelle Selbstbestimmung

Vorbemerkungen zu den §§ 174ff.

Schrifttum: Auerbach, Die eigenhändigen Delikte unter besonderer Berücksichtigung der Sexualdelikte des 4. StRG, 1978. – *Baumann,* „Glücklichere Menschen" durch Strafrecht?, JR 74, 370. – *Baurmann,* Sexualität, Gewalt und psychische Folgen, 1983. – *Berg,* Das Sexualverbrechen, 1963. – *Blei,* Das 4. StRG, JA 73, 179, 249. – *Dreher,* Die Neuregelung des Sexualstrafrechts, eine geglückte Reform?, JR 74, 45. – *Göppinger/Witter,* Handbuch der Forensischen Psychiatrie, 2. Bd., Berlin 1972.

Vorbem §§ 174 ff.   1–3   Bes. Teil. Straftaten gegen die sexuelle Selbstbestimmung

– *Hanack*, Die Reform des Sexualstrafrechts und der Familiendelikte, NJW 74, 1. – *Horstkotte*, Kuppelei, Verführung und Exhibitionismus nach dem 4. StRG, JZ 74, 84. – *Laufhütte*, Viertes Gesetz zur Reform des Strafrechts, JZ 74, 46. – *Mittermaier*, Verbrechen wider die Sittlichkeit, VDB IV, 1. – *Müller-Emmert*, Kuppelei, Prostitutionsförderung und Zuhälterei usw., DRiZ 74, 93. – *F. C. Schroeder*, Systematische Stellung und Rechtsgut der Sexualstraftaten nach dem 4. StRG, Welzel-FS 859. – *ders.*, Das neue Sexualstrafrecht, 1975. – *ders.*, Die Entwicklung der Sexualdelikte nach dem 4. StRG, MSchrKrim. 76, 108. – *v. Schumann*, Probleme der Sittenstrafrechts, NJW 64, 1158. – *Sturm*, Das Vierte Gesetz zur Reform des Strafrechts, JZ 74, 1. – Vgl. auch die Angaben zu §§ 175, 176, 181 a, 183, 183 a, 184.

Rechtsvergleichend: *Schwarz*, Mat. II BT 177. – *Simson*, Grenzen des Sexualstrafrechts in Deutschland und Schweden, JZ 68, 481. – *Simson/Geerds*, Straftaten gegen die Person und Sittlichkeitsdelikte in rechtsvergleichender Sicht, 1969.

Zur Reform: *Arzt*, Sexualdelikte und Strafrechtsreform, ZBernJV 119, 1. – *Bauer*, *Bürger-Prinz*, *Giese*, Sexualität und Verbrechen, 1963. – Empfiehlt es sich, die Grenzen des Sexualstrafrechts neu zu bestimmen?. Verh. des 47. DJT 1968 (mit Gutachten von *Hanack* und Referaten von *Just-Dahlmann*, *Lackner* und *Pallin*). – *Baumann*, Der lange Weg des 4. StRG, ZRP 71, 129. – *Bockelmann*, Zur Reform des Sexualstrafrechts, Maurach-FS 391. – *Eser*, Die Sexualität in der Strafrechtsreform, JurA 70, 218. – *Kohlhaas*, Empfiehlt es sich, die Grenzen des Sexualstrafrechts neu zu bestimmen?, DRiZ 68, 263. – *Lackner*, Grenzen des Sexualstrafrechts, Concepte 70, 27. – *Lautmann*, Sexualdelikte – Straftaten ohne Opfer?, ZRP 80, 44. – *Peters*, Sexualstrafrecht – Gedanken zum Alternativ-Entwurf, MSchrKrim. 69, 41. – *Roxin*, Sittlichkeit und Kriminalität, in: Mißlingt die Strafrechtsreform? (1969) 156. – *Schneider*, Zur Reform des Sexualstrafrechts, JR 68, 281. – *F. C. Schroeder*, Die Straftaten gegen die sexuelle Selbstbestimmung nach dem Entwurf eines 4. StRG, ZRP 71, 14. – *ders.*, Reform des Sexualstrafrechts, 1971. – *Simson*, Grenzen des Sexualstrafrechts in Deutschland und Schweden, JZ 68, 481. – *Wahle*, Zur Reform des Sexualstrafrechts, 1969. – *Woesner*, Erneuerung des Sexualstrafrechts, NJW 68, 673.

1 I. Der 13. Abschnitt wurde durch das 4. StRG v. 23. 11. 1973 (BGBl. I 1725; ÄndG v. 2. 3. 1974, BGBl. I 469, 502) völlig neu gestaltet (zur Entstehungsgeschichte vgl. Lackner 1 vor § 174, Laufhütte LK vor § 174 mwN; zu den Änderungen im einzelnen vgl. die Übersicht in der 20. A., Vorbem. 3; zur Ersetzung des Merkmals der „unzüchtigen Handlung" bzw. „Unzucht" in §§ 174 ff. a. F. durch den Begriff der „sexuellen Handlung" vgl. § 184 c RN 2. Der **Grundgedanke der Reform** des Sexualstrafrechts, die zu einer weitgehenden Einschränkung der Strafbarkeit, zugleich aber auch zu einer erheblichen Komplizierung der Rechtsanwendung geführt hat (vgl. auch Hanack NJW 74, 1 und u. 3), war, daß ein Verhalten nicht schon um seiner Unmoral willen Strafe verdient, sondern erst dann, wenn dadurch elementare Interessen anderer oder der Gemeinschaft verletzt werden („Sozialschädlichkeit"; krit. dazu z. B. Bockelmann aaO 391; zu der sich aus Art. 8 MRK ergebenden staatlichen Pflicht, vor Verletzungen des sexuellen Selbstbestimmungsrechts strafrechtlichen Schutz zu gewähren, vgl. EGMR NJW 85, 2075). Demgemäß enthalten die §§ 174 ff. n. F. – so jedenfalls nach der bei den Beratungen wiederholt geänderten Abschnittsüberschrift – nur noch Bestimmungen, die dem **Schutz der „sexuellen Selbstbestimmung"** dienen (vgl. demgegenüber die frühere Überschrift: „Verbrechen und Vergehen wider die Sittlichkeit").

2 Dabei ist der Gesetzgeber, wie der Hinweis in § 184 c Nr. 1 auf das *„jeweils geschützte Rechtsgut"* zeigt, davon ausgegangen, daß sich dieses einheitliche Rechtsgut in den einzelnen Tatbeständen in verschiedener Weise konkretisiert (BT-Drs. VII/514 S. 12 und näher F. C. Schroeder, Welzel-FS 868 ff.). Doch muß bezweifelt werden, ob mit dem Begriff der „sexuellen Selbstbestimmung" die verschiedenen Aspekte wirklich zutreffend gekennzeichnet sind (vgl. Baumann JR 74, 371, Otto II 316, Sturm JZ 74, 4, Schmidhäuser II 163, Laufhütte LK 3 ff. vor § 174 und vor allem D-Tröndle 3 vor § 174, Dreher JR 74, 47 ff., nach denen Rechtsgut die in Art. 6 GG zum Ausdruck gekommene Sexualverfassung ist; für die gesetzliche Terminologie bedenklich auch F. C. Schroeder, Welzel-FS 876 ff., M-Schroeder I 155; vgl. auch Blei II 141). Er trifft zwar auf die Tatbestände zu, in denen in irgendeiner Weise die Freiheit des einzelnen betroffen ist, wozu auch der Mißbrauch oder die Ausnützung eines bestimmten Abhängigkeitsverhältnisses gehört; fraglich ist aber schon, ob mit dem Begriff der „sexuellen Selbstbestimmung" dort nicht zu hoch gegriffen ist, wo der einzelne lediglich vor sexuellen Belästigungen geschützt wird (z. B. §§ 183, 183 a, 184 I Nr. 6), und auch bei den Bestimmungen, welche die ungestörte sexuelle Entwicklung von Kindern und Jugendlichen strafrechtlich abschirmen sollen, geht es nicht eigentlich um den Schutz der sexuellen Selbstbestimmung (and. F. C. Schroeder, Welzel-FS 877). Andere Tatbestande lassen sich dazu nicht einmal in einen entfernten Zusammenhang bringen; dies gilt vor allem für § 184 I Nr. 9 (vgl. dort RN 3), aber z. B. auch für Teile des § 180 a II, III (vgl. dort RN 20, 23; krit. zum Ganzen auch Horn SK 2 f. vor § 174).

3 II. Das 4. StRG ist, wie nicht anders zu erwarten, auf recht **unterschiedliche Kritik** gestoßen. Gemessen an den Reformvorstellungen, wie sie insbesonders im AE deutlich geworden sind, ist der Gesetzgeber in der Beschränkung der Strafbarkeit auf eindeutig sozialschädliche Verhaltensweisen nicht weit genug gegangen (vgl. auch Baumann JR 74, 370, Hanack NJW 74, 3 ff., Lautmann ZRP 80, 44). Zwar sind einer „Entmoralisierung" des Sexualstrafrechts nach der Natur der Sache bestimmte Grenzen gesetzt (vgl. etwa zur Ersetzung des in §§ 174 ff. a. F. verwendeten Begriffs der

"Unzucht" bzw. „unzüchtigen Handlung" durch den der „sexuellen Handlung" § 184c RN 2, 15; vgl. ferner Bockelmann II/2 S. 126, Maurach-FS 391), doch muß für einzelne Tatbestände bezweifelt werden, ob die mit der Reform angestrebte Beschränkung der Strafbarkeit auf die Verletzung eindeutig substantiierbarer Rechtsgüter wirklich konsequent zu Ende geführt worden ist, so z. B. für die §§ 180a I Nr. 2, III, 181a II (vgl. auch F. C. Schroeder, Welzel-FS 975: eine „mehr irrationale Bestrafung"). Andererseits wird der Reform aber auch der Vorwurf einer unangemessenen Liberalisierung gemacht (so insbes. Dreher JR 74, 45). Von dieser Grundsatzfrage abgesehen, über die man streiten mag, sind es jedoch vor allem Mängel in der Einzelausgestaltung des Gesetzes, die Anlaß zur Kritik geben. Dies gilt nicht nur, aber vor allem für § 184 (vgl. dort 2, 38a ff.; zu § 184 I Nr. 7 vgl. auch die Kritik von BVerfGE **47** 109).

IV. **Fortgeltung von DDR-Recht.** Nicht anzuwenden sind in dem in Art. 3 EV genannten Gebiet 4 die §§ 175, 182 (EV I Kap. III A III). Statt dessen gilt dort § 149 StGB-DDR mit der durch Art. 315c EGStGB angepaßten Strafdrohung weiter (EV II Kap. III C i. V. m. EV I Kap. III C II). Diese Bestimmung ergänzt § 176, indem sie für die Altersstufe von 14 bis 16 Jahren einen für beide Geschlechter einheitlichen Schutz vor bestimmten, die Unreife der Jugendlichen ausnutzenden Verhaltensweisen schafft (vgl. auch § 175 RN 12, § 182 RN 10). Sie hat folgenden Wortlaut:

§ 149
(1) Ein Erwachsener, der einen Jugendlichen zwischen vierzehn und sechzehn Jahren unter Ausnutzung der moralischen Unreife durch Geschenke, Versprechen von Vorteilen oder in ähnlicher Weise dazu mißbraucht, mit ihm Geschlechtsverkehr auszuüben oder geschlechtsverkehrsähnliche Handlungen vorzunehmen, wird mit Freiheitsstrafe bis zu zwei Jahren oder mit Geldstrafe bestraft.
(2) Die Strafverfolgung verjährt in zwei Jahren.

§ 174 Sexueller Mißbrauch von Schutzbefohlenen

(1) Wer sexuelle Handlungen
1. an einer Person unter sechzehn Jahren, die ihm zur Erziehung, zur Ausbildung oder zur Betreuung in der Lebensführung anvertraut ist,
2. an einer Person unter achtzehn Jahren, die ihm zur Erziehung, zur Ausbildung oder zur Betreuung in der Lebensführung anvertraut oder im Rahmen eines Dienst- oder Arbeitsverhältnisses untergeordnet ist, unter Mißbrauch einer mit dem Erziehungs-, Ausbildungs-, Betreuungs-, Dienst- oder Arbeitsverhältnis verbundenen Abhängigkeit oder
3. an seinem noch nicht achtzehn Jahre alten leiblichen oder angenommenen Kind vornimmt oder an sich von dem Schutzbefohlenen vornehmen läßt, wird mit Freiheitsstrafe bis zu fünf Jahren oder mit Geldstrafe bestraft.
(2) Wer unter den Voraussetzungen des Absatzes 1 Nr. 1 bis 3
1. sexuelle Handlungen vor dem Schutzbefohlenen vornimmt oder
2. den Schutzbefohlenen dazu bestimmt, daß er sexuelle Handlungen vor ihm vornimmt,
um sich oder den Schutzbefohlenen hierdurch sexuell zu erregen, wird mit Freiheitsstrafe bis zu drei Jahren oder mit Geldstrafe bestraft.
(3) Der Versuch ist strafbar.
(4) In den Fällen des Absatzes 1 Nr. 1 oder des Absatzes 2 in Verbindung mit Abs. 1 Nr. 1 kann das Gericht von einer Bestrafung nach dieser Vorschrift absehen, wenn bei Berücksichtigung des Verhaltens des Schutzbefohlenen das Unrecht der Tat gering ist.

Vorbem. Fassung des AdoptionsG vom 2. 7. 1976, BGBl. I 1749.

Schrifttum: Jung/Kunz, Das Absehen von Strafe nach § 174 IV StGB, NStZ 82, 409. – *Koeniger,* Der Mißbrauch abhängiger Personen (§ 174 Nr. 1 StGB), NJW 75, 161. – *Theede,* Unzucht mit Abhängigen, 1967. – Vgl. ferner die Angaben vor § 174 und zu § 176. – *Materialien:* u. a. BT-Drs. VI/3521, S. 20; Prot. VI 1339, 1475, 1514, 1779, 1811, 2034.

I. **Rechtsgut** der Vorschrift ist zunächst die ungestörte sexuelle Entwicklung von Kindern und 1 Jugendlichen, die innerhalb bestimmter Unterordnungs- und Abhängigkeitsverhältnisse wegen der erhöhten Anfälligkeit des Opfers gegen sexuelle Übergriffe der Autoritätsperson eines besonderen Schutzes bedarf (vgl. BT-Drs. VI/3521 S. 20, BGH NStZ **83**, 553, D-Tröndle 1a, Lackner 1, Laufhütte LK 1, Sturm JZ 74, 5; krit. Horn SK 1, Jung/Kunz NStZ 82, 412, weil dies lediglich auf einer Hypothese beruhe, was sich jedoch gegen alle Jugendschutztatbestände einwenden ließe). Im Fall des Abs. 1 Nr. 2, wo ein besonderer Mißbrauch der Abhängigkeit erforderlich ist (vgl. u. 14), kommt als weiteres Schutzgut die sexuelle Freiheit des Jugendlichen hinzu. Soweit die Vorschrift an Erzie-

§ 174 2–7 Bes. Teil. Straftaten gegen die sexuelle Selbstbestimmung

hungs-, Ausbildungs- und Betreuungsverhältnisse anknüpft, spielt schließlich auch der Gedanke mit, daß solche Verhältnisse um ihrer sozialen Funktion willen von sexuellen Kontakten freigehalten werden sollen (vgl. Horn SK 1, Jung/Kunz NStZ 82, 413; zu § 174 a. F. vgl. z. B. BGH 1 58, 8 280, 17 194).

2 Die Vorschrift enthält **zwei Tatbestände:** Abs. 1 erfaßt sexuelle Kontakte mit dem Opfer, die mit einer körperlichen Berührung verbunden sind (sexuelle Handlungen „an" dem Schutzbefohlenen usw.), Abs. 2 solche, bei denen es nicht zu einer körperlichen Berührung kommt (sexuelle Handlungen „vor" dem Schutzbefohlenen usw.). Im zweiten Fall ist zusätzliche Tatbestandsvoraussetzung, daß der Täter in der Absicht handelt, sich oder den Schutzbefohlenen sexuell zu erregen. Die unterschiedlichen Strafdrohungen bei beiden Tatbeständen beruhen offensichtlich darauf, daß das Gesetz bei körperlichen Berührungen eine erhöhte Gefährdung annimmt (entsprechend § 176 I, II und V; vgl. dazu jedoch § 184c RN 3). Zur Neufassung durch das 4. StrRG vgl. näher Sturm JZ 74, 5.

3 II. Abs. 1 erfaßt sexuelle Kontakte zwischen dem Täter und dem Schutzbefohlenen, die in einer **körperlichen Berührung** bestehen.

4 1. Hinsichtlich des **geschützten Personenkreises** unterscheidet Abs. 1 drei Gruppen von Jugendlichen, die je nach Alter und dem Grad ihrer Abhängigkeit einen differenzierten Schutz genießen. Ohne Bedeutung ist das Geschlecht des Opfers.

5 a) Geschützt sind durch **Nr. 1** Personen **unter 16 Jahren,** die dem Täter zur **Erziehung, Ausbildung** oder zur **Betreuung in der Lebensführung anvertraut** sind. Durch diese Begriffe, die sich z. T. überschneiden, sollen mit einer Über- und Unterordnung verbundene Obhutsverhältnisse gekennzeichnet werden, auf Grund deren der Täter die (Mit-)Verantwortung auch für die Persönlichkeitsbildung im ganzen einschließlich der sittlichen Entwicklung des Schutzbefohlenen trägt (vgl. BGH 33 344, NStZ 89, 21) und deren Vermengung mit Sexualbeziehungen den Erziehungsaufgaben abträglich sein würde. Jugendliche unter 16 Jahren, die zu dem Täter lediglich in einem Dienst- oder Arbeitsverhältnis stehen, sind nur unter den zusätzlichen Voraussetzungen der Nr. 2 (Mißbrauch der Abhängigkeit) geschützt; wird andererseits die Tat an einem dem geschützten Personenkreis der Nr. 1 angehörenden Jugendlichen zugleich unter Mißbrauch einer mit dem Erziehungsverhältnis usw. verbundenen Abhängigkeit begangen, so geht Nr. 2 der Nr. 1 vor (BGH 30 355).

6 α) Zur **Erziehung** anvertraut ist der Jugendliche demjenigen, der verpflichtet ist, die Lebensführung des Jugendlichen zu überwachen und damit auch dessen geistig-sittliche Entwicklung zu überwachen und zu leiten. In Betracht kommen hier in erster Linie die Eltern oder Adoptiveltern (vgl. dazu auch u. 11), ferner Pflegeeltern (vgl. § 27 JWG), der Vormund – bei der Amtsvormundschaft die mit der Betreuung beauftragte Person (§ 37 JWG) – und Pfleger, soweit dieser auch für die Person des Jugendlichen zu sorgen hat. Bei Stiefeltern genügt nicht schon die Hausgemeinschaft (RG DR 45, 20, BGH NStZ 89, 21, GA 67, 21, Braunschweig HESt. 2 53, Celle NJW 56, 1368 Schleswig SchlHA 54, 61), vielmehr kommt es auf die tatsächliche Überlassung der (Mit-)Erziehungsgewalt an, wofür es genügen kann, wenn sich der Stiefvater im Einvernehmen mit der Mutter um die Erziehung des Jugendlichen kümmert (BGH JZ 79, 446, NStZ 89, 21; vgl. auch u. 9). Ist ein solches Verhältnis begründet, so endet es nicht allein deswegen, weil das Stiefkind den gemeinsamen Haushalt verläßt (Celle NJW 56, 1368; vgl. auch BGH NJW 60, 2156). Zur Erziehung anvertraut ist auch der Schüler dem ihn unterrichtenden Lehrer und dem Schulleiter (BGH 13 352, 33 343, Bay MDR 53, 503), im allgemeinen aber nicht anderen Lehrern seiner Schule (vgl. BGH 19 104; zu weitgehend RG JW 35, 2370, 36, 327); vgl. auch BGH MDR/D 69, 16 (Nachhilfelehrer). Als Erzieher i. S. der Nr. 1 kommen ferner z. B. in Betracht Geistliche (vgl. RG 52 73 [Konfirmandenunterricht], BGH 4 212 [Jugendkreis], nicht jedoch bei nur allgemeinen seelsorgerischen Beziehungen [BGH 33 345]), der Erziehungsbeistand (§ 55 JWG, § 30 SGB VIII), die für die Durchführung von Erziehungsfürsorge usw. Verantwortlichen (§§ 62ff. JWG), Tagespflegepersonen (§ 23 SGB VIII), Erzieher in Tagesgruppen (§ 32 SGB VIII), Heimerzieher (§ 34 SGB VIII), das für die Erziehung verantwortliche Personal in Tageseinrichtungen (§ 22 SGB VIII), Internaten, Jugendwohnheimen usw.

7 β) Die Grenzen zwischen Erziehung und **Ausbildung** sind fließend, zumal nach § 6 I Nr. 5 des BerufsbildungsG v. 14. 8. 1969 (BGBl. I 1112; zur Geltung in der ehem. DDR vgl. EV I Kap. XVI C III) dem Ausbilder die charakterliche Förderung des Auszubildenden ausdrücklich zur Pflicht gemacht wird. Gemeint sind hier Verhältnisse, die primär auf die Vermittlung von Wissen und Fähigkeiten auf einem bestimmten Gebiet, namentlich zur Vorbereitung auf einen Beruf ausgerichtet sind. Zur Ausbildung anvertraut ist insbes. der Lehrling dem Lehrherrn bzw. dessen Vertreter (RG 62 34, JW 34, 2772, BGH LM **Nr. 14,** NStZ 82, 328, Stuttgart HESt. 1 29), u. U. auch schon vor Abschluß eines Lehrvertrags, wenn der Minderjährige bereits im Betrieb des Täters tätig ist (BGH NJW 58, 2123). Auch Volontär- und Praktikantenverhältnisse, selbst Anlernverhältnisse (Oldenburg NdsRpfl. 48, 159; and. BT-Drs. VI/3521 S. 21) können hierher gehören, ferner z. B. die Ausbildung einer Arzthelferin durch einen Arzt (RG HRR

34 Nr. 1420, BGH RdJ **60**, 126) oder die Ausbildung einer Tanzelevin durch einen Ballettmeister (RG **67** 390); weit. Beisp. b. Laufhütte LK 8. Zu verlangen ist aber stets, daß die Ausbildung im Rahmen eines gewissen Über- und Unterordnungsverhältnisses von allgemein geistiger Art erfolgt (vgl. z. B. BGH **4** 212, NJW **53**, 1923, RdJ **60**, 126) und daß die Persönlichkeit des Minderjährigen durch die Ausbildung zugleich irgendwie mitgeprägt wird (Stuttgart NJW **61**, 2172). Die bloße Vermittlung von Kenntnissen und Fähigkeiten in einem bestimmten Wissens- und Lebensbereich genügt daher für sich allein nicht; kein Ausbildungsverhältnis i. S. des § 174 besteht daher in der Regel zwischen Fahrlehrer und Fahrschüler (Stuttgart NJW **61**, 2171 m. Anm. Seibert NJW **62**, 61; differenzierend BGH **21** 196 m. Anm. Lackner JR 68, 190, dagegen mit Recht Horn SK 5) oder zwischen dem Leiter und den Teilnehmern eines Koch- und Nähkurses (Kohlrausch-Lange II 2).

γ) Zur **Betreuung in der Lebensführung** anvertraut ist ein Minderjähriger dem Täter, wenn **8** dieser während einer gewissen Dauer jedenfalls auch für das geistig-sittliche Wohl des Minderjährigen verantwortlich ist (vgl. auch BGH **33** 344, D-Tröndle 5, M-Schroeder I 188). Damit sind lediglich intensivere, keine nur einmaligen, unbedeutenden Betreuungsverhältnisse gemeint (vgl. BT-Drs. VI/3521 S. 21), weshalb z. B. der Babysitter, aber auch der Jugendherbergsvater und der Pkw-Fahrer, dem ein Mädchen für eine mehrstündige Autofahrt anvertraut worden ist, nicht hierher gehören (Horn SK 6, Laufhütte LK 11, M-Schroeder I 188; z. T. and. D-Tröndle 5, Lackner 3b und zu § 174 a. F. auch BGH NJW **55**, 1934, **57**, 1201); insoweit ist die Nr. 1 enger als § 174 Nr. 1 a. F. Ein Betreuungsverhältnis i. S. der Nr. 1 besteht z. B. zwischen den Teilnehmern eines Zeltlagers und dem Lagerleiter (BGH LM **Nr. 5**), dem Ferienkind und dem Gastgeber (RG **71** 362), dem Trainer oder Begleiter einer Schülermannschaft und einem Schüler (BGH **17** 191), u. U. auch zwischen sehr jugendlichen Hausangestellten, die in den Haushalt aufgenommen sind und dort versorgt werden und den sie beschäftigenden Erwachsenen (RG **74** 277, BGH **1** 58, LM **Nr. 1**, Braunschweig NJW **49**, 877, Celle MDR **47**, 138; vgl. auch BGH JR **59**, 148), ferner zwischen einem seinen Eltern entlaufenen Jungen und einem Erwachsenen, dem der Junge von der Fürsorge überantwortet worden ist (BGH **1** 292). Dagegen ist eine jugendliche Angestellte dem Ehemann ihrer Arbeitgeberin auch dann nicht zur Betreuung in der Lebensführung anvertraut, wenn sie in dessen Haushalt lebt (BGH NJW **55**, 1237). Ebensowenig genügt ein Arbeitsverhältnis als solches (BGH **1** 233) oder die Pflicht, nur wirtschaftlich für einen Jugendlichen zu sorgen (RG JW **37**, 1330). Kein Betreuungsverhältnis i. S. der Nr. 1 besteht ferner, sofern nicht besondere Umstände hinzukommen, zwischen dem Arzt und seinem minderjährigen Patienten (Frankfurt NJW **52**, 236, München MDR **51**, 52, LG Memmingen NJW **51**, 123; zu weitgehend BGH GA **59**, 276 zur a. F.). Ebenso besteht zwischen einem Pfarrer und jugendlichen Gemeindemitgliedern nicht schon deshalb ein Betreuungsverhältnis, weil er tatsächlich auf deren Lebensführung Einfluß hat, sondern erst dann, wenn das fragliche Verhältnis über die allgemeine seelsorgerischen Beziehungen zu den Mitgliedern einer Kirchengemeinde „deutlich hinausgeht" (BGH **33** 340 m. Anm. Gössel JR 86, 516 u. Jakobs NStZ 86, 216). Das Anvertrauen zur „Aufsicht" (§ 174 Nr. 1 a. F.) genügt nur noch, wenn damit auch eine Betreuung in der Lebensführung verbunden ist, was bei intensiveren Aufsichtsverhältnissen freilich meist der Fall sein dürfte.

δ) Der Jugendliche ist dem Täter zur Erziehung usw. **anvertraut,** wenn er diesem „durch **9** Vertrauensbeweis überantwortet, gewissermaßen in die Hand und deshalb in die Hut gegeben ist" (BGH **21** 200). Dies ist der Fall, wenn der Täter kraft Gesetzes (z. B. Eltern) oder einer ihm verliehenen Stellung (z. B. Lehrer, Vormund) für den Minderjährigen verantwortlich ist, ferner wenn ihm die Obhut über den Minderjährigen durch dessen Erziehungsberechtigten oder eine sonst für ihn verantwortliche Person (z. B. Fürsorgerin, vgl. BGH **1** 292) übertragen worden ist. Dies kann auch stillschweigend geschehen, wofür es bereits ausreichend ist, wenn der Täter die Erziehung im ausdrücklich oder konkludent erteilten Einverständnis des Personensorgeberechtigten mit diesem ausübt (BGH NStZ **89**, 21). Naheliegend ist eine solche wenigstens stillschweigende Übertragung der (Mit-)Verantwortung für das Kind bei einem mit der Mutter in Hausgemeinschaft lebenden Stiefvater; auch hier bedarf es allerdings konkreter Anhaltspunkte dafür (BGH aaO). Ebenso genügt es, wenn der Minderjährige mit dem Willen des Erziehungsberechtigten in ein Verhältnis eintritt, das seiner Natur nach mit besonderen Obhuts- und Betreuungspflichten gegenüber dem Jugendlichen verbunden ist. Gestatten daher Eltern ihrem minderjährigen Sohn, in einen Sportverein einzutreten, so ist der Jugendliche jedem anvertraut, der ihn im Rahmen des Vereins zu betreuen hat (BGH **17** 194; vgl. auch BGH **1** 55 [Eintritt in fremden Haushalt], **4** 212). Tritt der Minderjährige in den Betrieb des Täters ein, so kann er diesem auch dann anvertraut sein, wenn der Lehrvertrag mit der Ehefrau des Täters geschlossen wurde (Stuttgart HESt **1** 291). Andererseits ist bei Großbetrieben mit besonderer Sorgfalt zu prüfen, ob der Minderjährige jedem anvertraut ist, der eine leitende Stellung in dem Betrieb bekleidet (Laufhütte LK 8, 12). Dem Hilfspersonal der Erziehers (z. B. in einem Mädchenpensionat) ist der Minderjährige nicht automatisch anvertraut. Ein Anvertrauen wird nicht dadurch ausgeschlossen, daß der Täter sich das Vertrauen erschlichen oder sich ein Amt angemaßt hat (Horn SK 3, Laufhütte LK 12, M-Schroeder I 187, Seibert GA 58, 364; and. Celle GA **58**, 309, z. T. auch Horn SK 3). Kein „Anvertrauen" liegt jedoch vor, wenn das Verhältnis allein zwischen dem Täter und dem Jugendlichen ohne wenigstens die Billigung einer für ihn verantwortlichen Person begründet wird, weshalb z. B. die Aufnahme eines entlaufenen Jugendlichen nicht ausreichend ist (and. BGH **33** 344, D-Tröndle 2, Gössel I 286, Laufhütte LK 11 unter Bezugnahme auf BGH **1** 292, wo jedoch der Entlaufene dem Täter durch das Jugendamt übergeben wurde).

10   b) **Nr. 2** schützt – hier freilich nur unter der zusätzlichen Voraussetzung eines besonders festzustellenden Mißbrauchs der Abhängigkeit (vgl. u. 14) – Personen **unter 18 Jahren**, wenn sie dem Täter entweder i. S. der Nr. 1 zur **Erziehung usw. anvertraut** (vgl. o. 5 ff.) oder ihm im Rahmen eines **Dienst- oder Arbeitsverhältnisses untergeordnet** sind. Dazu gehören alle privat- oder öffentlichrechtlichen Dienst- oder Arbeitsverhältnisse unabhängig von ihrem Entstehungsgrund (Vertrag, Gesetz [z. B. Soldaten, die freilich nur ausnahmsweise noch nicht 18 Jahre alt sein dürfen; vgl. Hamm NJW **66**, 559]), der Art der zu leistenden Dienste und ohne Rücksicht darauf, ob das fragliche Verhältnis rechtswirksam besteht (ebenso Laufhütte LK 15). *Untergeordnet* ist der Jugendliche dem Täter im Rahmen eines solchen Verhältnisses, wenn dieser sein (unmittelbarer oder mittelbarer) Vorgesetzter ist und wenn er daher dessen Weisungen, sei es auch nur in bestimmten Bereichen, zu befolgen hat. Daß es sich dabei um eine über den Einzelfall hinausgehende Weisungsbefugnis handeln muß (D-Tröndle 6, Horn SK 16), folgt spätestens daraus, daß andernfalls das vom Gesetz vorausgesetzte Maß an Abhängigkeit nicht bestehen kann.

11   c) Nr. 3 schützt das **noch nicht 18 Jahre alte leibliche** (eheliche oder nichteheliche) **Kind** oder **Adoptivkind** des Täters. Grundgedanke der Vorschrift ist, daß die Beziehung zwischen Eltern und Kindern wegen der hier regelmäßig bestehenden und besonders intensiven Abhängigkeit in jedem Fall von sexuellen Kontakten freigehalten werden soll (vgl. BT-Drs. VI/3521 S. 24, Horn SK 24, Sturm JZ 74, 5). Im Unterschied zu Nr. 2 ist hier daher ein Mißbrauch der Abhängigkeit nicht erforderlich; da Nr. 3 ohne Rücksicht auf Sorgerecht und Erziehungspflicht allein auf die natürliche oder durch Adoption begründete Elternschaft abstellt, kommt es auch nicht darauf an, ob im Einzelfall ein Abhängigkeitsverhältnis tatsächlich besteht. Täter können daher nicht nur Elternteile sein, die das Sorgerecht verloren haben (z. B. Scheidung, Adoption des Kindes), sondern auch der nichteheliche Vater, der nie in einer persönlichen Beziehung zu dem Kind gestanden hat. Andererseits wird – im Widerspruch zum Grundgedanken der Vorschrift (vgl. auch Laufhütte LK 17) – der sog. Scheinvater (§ 1591 BGB) von Nr. 3 nicht mehr erfaßt, nachdem das Kind seit dem AdoptionsG v. 2. 7. 1976 (BGBl. I 1749) ein „leibliches" sein muß (BGH **29** 387); er kann freilich Täter nach Nr. 1, 2 sein, was bei Nr. 2 jedoch einen besonderen Mißbrauch voraussetzt. Auch Stief- und Pflegeeltern fallen nicht unter Nr. 3 (in Betracht kommen hier aber Nr. 1, 2), ebensowenig Großeltern, da Nr. 3 nur (leibliche oder angenommene) „Kinder" schützt (ebenso Horn SK 25).

12   2. Die **Tathandlung** besteht in allen Fällen (Nr. 1–3) darin, daß der Täter sexuelle Handlungen „an" dem Schutzbefohlenen vornimmt (vgl. § 184c RN 4 ff., 18) oder von diesem „an" sich vornehmen läßt (vgl. § 184c RN 19), was jeweils eine körperliche Berührung voraussetzt (andernfalls kommt Abs. 2 in Betracht, so bei Manipulationen des Täters oder des Schutzbefohlenen an sich selbst oder mit einem Dritten). Im zweiten Fall muß die Handlung des Schutzbefohlenen die Merkmale einer sexuellen Handlung aufweisen (zu den sexuellen Handlungen von Kindern vgl. § 184c RN 11); die sexuelle Absicht des Täters allein genügt nicht. Im übrigen ist zu unterscheiden:

13   a) In den Fällen der **Nr. 1, 3** genügt die **bloße Tatsache sexueller Kontakte** (vgl. Koblenz OLGSt § 174 S. 4). Darauf, ob der Täter seine Stellung dazu ausgenutzt oder mißbraucht hat, kommt es hier nicht an (vgl. BGH JR **84**, 428 m. Anm. Geerds). Es genügt auch, wenn die Initiative von dem Schutzbefohlenen ausgegangen ist (Horn SK 7, 26, Laufhütte LK 2); im Falle der Nr. 1 kann hier jedoch Abs. 4 in Betracht kommen.

14   b) Im Falle der **Nr. 2** ist dagegen zusätzlich erforderlich, daß der Täter die sexuelle Handlung **unter Mißbrauch** der mit dem Erziehungs-, Ausbildungs-, Betreuungs-, Dienst- oder Arbeitsverhältnis verbundenen **Abhängigkeit** vornimmt usw. Dies ist mehr als nur ein Mißbrauch des Jugendlichen (so § 174 Nr. 1 a. F.; die Rspr. dazu [vgl. 16. A., RN 26 f.] ist deshalb überholt, vgl. BGH **28** 365), aber auch mehr als der – stets gegebene – Mißbrauch der Stellung des Täters wie in § 174a I (BGH aaO, D-Tröndle 12, Horn SK 17, Lackner 5, Laufhütte LK 16). Erforderlich ist vielmehr, daß der Täter die auf seiner Macht gegenüber dem Schutzbefohlenen beruhende innere Abhängigkeit des Jugendlichen für seine Zwecke ausnutzt, wobei beiden Teilen der

Zusammenhang des Abhängigkeitsverhältnisses mit den sexuellen Handlungen bewußt sein muß (BGH **28** 365, NStZ **82**, 329, D-Tröndle 12, Horn SK 17, Laufhütte LK 16). Dies setzt zwar nicht voraus, daß der Täter den Jugendlichen unter Druck setzt, indem er in diesem – und sei es auch nur durch schlüssiges Verhalten – die Befürchtung ernster Nachteile (z. B. Kündigung, Gehaltskürzung usw.) oder das Ausbleiben von Vorteilen (z. B. einer Gehaltserhöhung, auf die ein Anspruch besteht) für den Fall hervorruft, daß er sich ihm nicht willfährig zeigt (D-Tröndle 12; vgl. aber auch BT-Drs. VI/3521 S. 22, Koblenz OLGSt § 174 S. 6, M-Schroeder I 193), wohl aber muß er in irgendeiner Weise – und wenn auch nur versteckt – seine Macht und Überlegenheit in einer für den Jugendlichen erkennbar werdenden Weise als Mittel einsetzen, um sich diesen gefügig zu machen (vgl. auch BGH **28** 365, NStZ **82**, 329, wo darin freilich nur *eine* Möglichkeit des Mißbrauchs gesehen wird). Dafür genügt es, wenn der Jugendliche in dem Täter eine Autoritätsperson sieht, der er Gehorsam schuldig zu sein glaubt und der Täter dies bei seinem Vorgehen bewußt in Rechnung stellt. Auch Gewaltanwendung genügt, wenn sie in der für den Jugendlichen erkennbaren Erwartung erfolgt, daß dieser infolge seiner Abhängigkeit später nichts dagegen unternehmen wird (vgl. auch Horn SK 17). Nicht ausreichend ist es dagegen, wenn der Täter lediglich durch Versprechen von Vorteilen zum Ziel kommt, mag er diese auch nur kraft seiner Stellung gewähren können (z. B. Versprechen von Gehaltserhöhung); hier nutzt er zwar seine Stellung aus, indem er Sondervorteile gewährt, mißbraucht aber nicht die zu ihm bestehende Abhängigkeit (and. Laufhütte LK 16). An einem Mißbrauch fehlt es auch bei Bestehen einer echten Liebesbeziehung (D-Tröndle 12) oder bei einer nicht im Zusammenhang mit der Abhängigkeit stehenden, sondern z. B. ausschließlich sexuell motivierten Intitiative des Schutzbefohlenen (ebenso Horn SK 17, Laufhütte LK 16; vgl. auch BGH **28** 365). Dagegen entfällt ein Mißbrauch nicht deshalb, weil der Täter schon vor Begründung des Abhängigkeitsverhältnisses sexuelle Beziehungen zu dem Opfer unterhalten hatte.

III. Abs. 2 erfaßt in zwei, mit einer geringeren Strafdrohung versehenen (vgl. dazu § 184 c RN 3) Tatbeständen die **nicht in einer körperlichen Berührung bestehenden sexuellen Kontakte** zwischen dem Täter und den in Abs. 1 Nr. 1–3 genannten Schutzbefohlenen (zu diesen vgl. o. 5ff.). Außer in der Form der sexuellen Betätigung unterscheidet sich Abs. 2 von Abs. 1 auch dadurch, daß der Täter hier handeln muß, um sich oder den Schutzbefohlenen sexuell zu erregen. **15**

1. Die **Tathandlung** nach **Nr. 1** besteht in der Vornahme sexueller Handlungen „vor" dem Schutzbefohlenen (vgl. dazu § 184 c RN 4 ff., 20 ff., insbes. 21 a, 23). Bei den Schutzbefohlenen nach Abs. 1 Nr. 2 muß dies auch hier unter Mißbrauch einer mit dem Erziehungsverhältnis usw. verbundenen Abhängigkeit geschehen (vgl. o. 14). **16**

2. Die **Tathandlung** nach **Nr. 2** besteht darin, daß der Täter den Schutzbefohlenen – beim Personenkreis des Abs. 1 Nr. 2 unter Mißbrauch der Abhängigkeit (vgl. o. 14) – dazu bestimmt, sexuelle Handlungen „vor" ihm vorzunehmen (vgl. dazu § 184 c RN 20 ff., insbes. 21 b, 24). Hier muß deshalb die Handlung des Schutzbefohlenen die Merkmale einer sexuellen Handlung erfüllen (vgl. § 184 c RN 4 ff.; zu sexuellen Handlungen von Kindern vgl. dort RN 11, aber auch KG **82**, 507). Zum Begriff des *Bestimmens* vgl. § 176 RN 8; nicht strafbar ist demnach, wer bei sexuellen Handlungen eines Schutzbefohlenen nur zuschaut und nicht verhindernd einschreitet, selbst wenn er aus sexuellen Motiven handelt (ebenso Laufhütte LK 5; vgl. auch BT-Drs. 7/514 S. 5f.). Die sexuellen Handlungen müssen vor dem Täter *tatsächlich vorgenommen* worden sein; das erfolglose Bestimmen genügt nicht (D-Tröndle 11, Lackner 7 a). **17**

IV. Subjektiver Tatbestand. Im Falle des **Abs. 1** ist (bedingter) **Vorsatz** erforderlich und ausreichend, der vor allem auch das Alter (vgl. dazu § 176 RN 10), das konkrete Obhutsverhältnis und im Fall des Abs. 1 Nr. 2 den Mißbrauch umfassen muß. An letzterem fehlt es, wenn der Täter glaubt, der Jugendliche lasse sich aus Gründen mit ihm ein, die mit dem Obhutsusw. -verhältnis in keinem Zusammenhang stehen (BGH NStZ **82**, 329, Horn SK 19). Bei der Tat nach **Abs. 2** muß zum Vorsatz die **Absicht** („um zu") des Täters i. S. eines zielgerichteten Willens (vgl. § 15 RN 66ff.) hinzukommen, sich oder den Schutzbefohlenen durch die Vornahme der Handlung usw. **sexuell zu erregen**, wozu auch die Steigerung oder das Aufrechterhalten einer schon vorhandenen Erregung gehört (BT-Drs. VI/3521 S. 25, D-Tröndle 10, Lackner 7b). Damit sollen die Fälle ausgeschieden werden, in denen die sexuelle Handlung zwar vor dem Schutzbefohlenen stattfindet, dessen Anwesenheit aber nicht dem Zweck dient, ihn an dem sexuellen Vorgang teilhaben zu lassen, sondern z. B. auf beengten Wohnverhältnissen beruht (ebenso Laufhütte LK 19). Will der Täter sich selbst erregen, so ist daher die Absicht notwendig, den Schutzbefohlenen in den sexuellen Vorgang, zumindest als Ziel eines exhibitionistischen Aktes, einzubeziehen, wobei gerade dessen Teilhabe für den Täter eine stimulierende Rolle spielen muß (vgl. auch Blei II 151, D-Tröndle 10). Nicht ausreichend ist es, wenn ausschließlich die Aufklärung des Jugendlichen bezweckt wird, auch wenn es dabei dann tat- **18**

sächlich zu einer sexuellen Erregung kommt (Laufhütte LK 19, Sturm JZ 74, 5), wohl aber, wenn zu Forschungszwecken die Erregung von vornherein beabsichtigt war (Laufhütte LK 19 unter Hinweis auf BGH 2 StR 739/75 v. 10. 3. 76). Will der Täter nicht sich oder den Schutzbefohlenen, sondern einen Dritten erregen, so kommt nicht § 174, sondern § 180 oder § 176 V in Betracht.

19 V. Nach **Abs. 3** ist der **Versuch** in allen Fällen strafbar. Ein solcher liegt z. B. im Beginn des Überredens des Opfers zum Dulden sexueller Handlungen. Zur Abgrenzung von Versuch und Vollendung, wenn der Täter mehr erreichen wollte, vgl. BGH **9** 13 mwN.

20 VI. **Täter** kann nur sein, wer Inhaber einer Autoritätsstellung i. S. des Abs. 1 Nr. 1–3 ist (Sonderdelikt). Mittelbare Täterschaft ist nur bei Abs. 2 Nr. 2 in der Form möglich, daß der Täter den Schutzbefohlenen durch ein Werkzeug dazu bestimmt, daß er sexuelle Handlungen vor ihm vornimmt. Im übrigen handelt es sich um ein eigenhändiges Delikt, wofür im Fall des Abs. 1 dessen 2. Alt. („an sich ... vornehmen läßt") spricht, was dann aber zu entsprechenden Konsequenzen auch bei der 1. Alt. führen muß. Für die **Teilnahme** gelten die allgemeinen Regeln (zur Beihilfe der Ehefrau durch Unterlassen einer Anzeige gegen den die Töchter fortgesetzt mißbrauchenden Ehemann vgl. BGH MDR/H **84**, 274 u. dazu Otto/Brammsen Jura 85, 540, Ranft JZ 87, 908). Das Opfer der Tat ist, gleichgültig von wem die Initiative ausgeht, straflos (RG **18** 281); zur notwendigen Teilnahme vgl. 46 f. vor § 25. Für Teilnehmer gilt § 28 I nicht (ebenso Horn SK 10, Laufhütte LK 20, M-Schroeder I 176, Otto II 325; and. D-Tröndle 1 a, Gössel I 289), da die in Abs. 1 genannten Abhängigkeitsverhältnisse lediglich eine besondere Beziehung kennzeichnen, in der das geschützte Rechtsgut – sexuelle Freiheit und ungestörte sexuelle Entwicklung des Jugendlichen – gegen Angriffe besonders gefährdet ist; der Gesichtspunkt einer besonderen personalen Pflichtverletzung spielt hier keine Rolle. Wer durch Kettenanstiftung den Schutzbefohlenen dazu bestimmt, daß er sexuelle Handlungen vor ihm vornimmt, ist weder Täter nach Abs. 2 Nr. 2 (vgl. § 176 RN 8) noch – mangels Haupttat – Anstifter hierzu (and. Laufhütte LK 20, dessen bei der Anstiftung geltender Gedanke der „Kettenbestimmung" jedoch hierher nicht übertragbar ist, weil das „Bestimmen" Tatbestandsmerkmal eines eigenen Delikts ist).

21 VII. **Strafe.** Kein *Strafschärfungsgrund* ist es, daß das Opfer dem Täter nicht entgegengekommen ist und ihm auch keinen Anlaß zu der Tat gegeben hat (BGH NStZ **82**, 463), ebensowenig daß der Täter eine besondere berufliche Stellung innehat, sofern sich aus ihr im Hinblick auf § 174 keine besonderen Pflichten ergeben (BGH/T NStZ **86**, 496). Eine *Strafmilderung* kann der Umstand begründen, daß beim Opfer die durch die Tat typischerweise eintretenden seelischen Schäden ausbleiben (BGH/H MDR **86**, 443). Ist die Tat nach Abs. 2 Nr. 1 eine exhibitionistische Handlung i. S. des § 183, so ist die erweiterte Möglichkeit einer *Strafaussetzung* nach § 183 III, IV Nr. 2 zu beachten. **Abs. 4** ermöglicht das **Absehen von Strafe** (vgl. dazu 54 ff. vor § 38) bei Taten nach Abs. 1 Nr. 1 (vgl. o. 5 ff.) und solchen nach Abs. 2 i. V. mit Abs. 1 Nr. 1 (vgl. o. 15 ff.), wenn das Unrecht der Tat bei Berücksichtigung des Verhaltens des Schutzbefohlenen gering ist. Damit wird der Tatsache Rechnung getragen, daß für Abs. 1 Nr. 1 jeder sexuelle Kontakt zwischen dem Täter und dem Schutzbefohlenen genügt, unabhängig davon, ob der Täter seine Stellung in irgendeiner Weise ausgenützt hat (Laufhütte LK 22). Hier kann von Strafe abgesehen werden, wenn das Unrecht gerade wegen des Verhaltens des Schutzbefohlenen als gering anzusehen ist; eine sonstige Unrechtsminderung (z. B. eine ihrer Art nach den Erheblichkeitsgrad des § 184 c Nr. 1 nur geringfügig übersteigende Handlung) genügt nicht, ebensowenig, daß nur die Schuld als solche gering sei (BT-Drs. VII/514 S. 6, D-Tröndle 13). Deshalb reicht auch nicht jede Verführung durch den Schutzbefohlenen aus, vielmehr bewirkt dessen Verhalten eine Verringerung speziell des Unrechts nur dann, wenn mit Rücksicht darauf auch das Handeln des Täters das geschützte Rechtsgut in Gestalt der ungestörten sexuellen Entwicklung des Jugendlichen nur in geringerem Maße berührt. Hierher gehören ferner die Fälle, in denen infolge der Aufnahme sexueller Kontakte durch den Jugendlichen das Obhutsverhältnis seiner sozialen Funktion beraubt wird (näher dazu Jung/Kunz NStZ 82, 409). Bedeutung hat Abs. 4 daher vor allem, wenn ein sexuell erfahrener Jugendlicher den Täter verführt oder die Tat bewußt erleichtert hat (Otto II 325; and. Horn SK 14: fehlende Tatbestandsmäßigkeit), ferner bei Bestehen einer echten Liebesbeziehung (D-Tröndle 13, Lackner 9, Laufhütte LK 22; vgl. dazu auch Koblenz OLGSt § 174 S. 4). Das Absehen von Strafe ist nur fakultativ (krit. Jung/Kunz aaO 412); z, B, kann aus spezialpräventiven Gründen Strafe erforderlich sein (and. Jung/Kunz aaO). Liegen zugleich die Voraussetzungen von Abs. 1 Nr. 2, 3 vor, so ist Abs. 4 nicht anwendbar (vgl. auch u. 22).

22 VIII. **Idealkonkurrenz** ist möglich mit §§ 170 d (vgl. dort RN 12), 173 (vgl. dort RN 11), 175, 176, 177, 178, 180 III (bei Triolenverkehr), 182, 183, 240; über das Verhältnis zu § 185 vgl. dort RN 20. Innerhalb des § 174 tritt Abs. 2 hinter Abs. 1, ferner Abs. 1 Nr. 1, 2 hinter Nr. 3 (Köln OLGSt § 20 S. 14, Horn SK 31, Laufhütte LK 23) und Nr. 1 hinter Nr. 2 zurück (BGH **30** 355, D-Tröndle 18; and. Lackner 11), weshalb in diesen Fällen auch Abs. 4 unanwendbar bleibt. Bei wiederholten sexuellen Handlungen mit derselben Person kann Fortsetzungszusammenhang vorliegen (RG **55** 160, BGH **30** 355; zu den Anforderungen an den Gesamtvorsatz bei sexuellen Handlungen vgl. BGH EzSt § 52

Nr. 22, BGHR vor § 1 fortgesetzte Handlung, Gesamtvorsatz 15, MDR/H 78, 804 mwN), nicht dagegen bei Handlungen mit mehreren Personen (vgl. 43 ff. vor § 52; and. Horn SK 12).

§ 174a Sexueller Mißbrauch von Gefangenen, behördlich Verwahrten oder Kranken in Anstalten

(1) **Wer sexuelle Handlungen**
1. **an einem Gefangenen oder**
2. **an einem auf behördliche Anordnung Verwahrten,**

der ihm zur Erziehung, Ausbildung, Beaufsichtigung oder Betreuung anvertraut ist, unter Mißbrauch seiner Stellung vornimmt oder an sich von dem Gefangenen oder Verwahrten vornehmen läßt, wird mit Freiheitsstrafe bis zu fünf Jahren oder mit Geldstrafe bestraft.

(2) **Ebenso wird bestraft, wer den Insassen einer Anstalt für Kranke oder Hilfsbedürftige, der ihm zur Beaufsichtigung oder Betreuung anvertraut ist, dadurch mißbraucht, daß er unter Ausnutzung der Krankheit oder Hilfsbedürftigkeit sexuelle Handlungen an ihm vornimmt oder an sich von dem Insassen vornehmen läßt.**

(3) **Der Versuch ist strafbar.**

I. § 174a enthält ebenso wie § 174 Nr. 2 a. F. (zu den Änderungen durch das 4. StrRG vgl. Hanack NJW 74, 3, Sturm JZ 74, 5) zwei Tatbestände: den sexuellen Mißbrauch von Gefangenen oder Verwahrten durch Aufsichtspersonen usw. (Abs. 1) und den sexuellen Mißbrauch von Kranken und Hilfsbedürftigen in einer Anstalt durch ihre Betreuer (Abs. 2). Die in Abs. 1 und 2 geschützten **Rechtsgüter** decken sich nur zum Teil. Geschützt ist in **Abs. 1** zunächst die sexuelle Freiheit von Personen, die wegen ihrer Eingliederung in besondere Gewaltverhältnisse in ihrer Entscheidungs- und Handlungsfreiheit eingeschränkt und dem Täter in besonderem Maß ausgeliefert sind. Daneben spielt aber auch der Gedanke eine Rolle, daß der Zweck der Verwahrung (z. B. Ziel des Strafvollzugs) gefährdet ist, wenn zwischen der Aufsichtsperson und dem Gefangenen sexuelle Kontakte bestehen und dadurch Abhängigkeitsverhältnisse besonderer Art geschaffen werden, bei denen eine Gleichbehandlung nicht mehr gewährleistet ist. Endlich schützt Abs. 1 auch das Vertrauen der Allgemeinheit in die Objektivität der für Gefangene usw. verantwortlichen Personen (BT-Drs. VI/3521 S. 25, Bockelmann II/2 S. 135, D-Tröndle 1, Lackner 1, Laufhütte LK 1, Otto II 322; z. T. and. M-Schroeder I 179; vgl. auch § 331 RN 1 ff.). Da Abs. 1 nur einen Mißbrauch der Stellung des Täters, aber keinen solchen der Abhängigkeit des Gefangenen voraussetzt (vgl. u. 6), dessen freie sexuelle Selbstbestimmung also im Einzelfall tatsächlich nicht beeinträchtigt zu sein braucht, können diese weiteren Schutzzwecke hier sogar selbständige Bedeutung erlangen (vgl. Horn SK 2). In den Fällen des **Abs. 2** wird dagegen ausschließlich die Freiheit des Kranken oder Hilfsbedürftigen geschützt (vgl. Hamm NJW 77, 1500), da ihr Zustand einen normalen Widerstand erschwert bzw. ihre Abhängigkeit von Hilfe und Betreuung als Druckmittel zur Überwindung von Widerstand ausgenutzt werden kann. Dementsprechend ist es nach Abs. 2 auch erforderlich, daß der Täter das Opfer gerade unter Ausnutzung von dessen Krankheit usw. mißbraucht.

II. Abs. 1 stellt den **sexuellen Mißbrauch von Gefangenen und behördlich Verwahrten** im Rahmen bestimmter Obhutsverhältnisse unter Strafe. Erfaßt sind hier – im Unterschied zu § 174 Abs. 2 – nur sexuelle Kontakte, die mit einer körperlichen Berührung verbunden sind.

1. Der **geschützte Personenkreis** umfaßt Gefangene und auf behördliche Anordnung Verwahrte, die dem Täter zur Erziehung, Ausbildung, Beaufsichtigung oder Betreuung anvertraut sind. Alter und Geschlecht sind ohne Bedeutung.

a) Zum Begriff des **Gefangenen** und des auf **behördliche Anordnung Verwahrten** vgl. § 120 RN 3 ff. Personen, die aus anderen Gründen (z. B. auf Wunsch der Eltern in einem Internat) verwahrt werden, fallen nicht unter § 174a I. Die Tat braucht nicht in der Anstalt selbst begangen zu werden; auch Handlungen, die während der Außenarbeit, des Freigangs oder auf dem Transport vorgenommen werden, fallen unter § 174a (BT-Drs. VI/3521 S. 25, D-Tröndle 2, Horn SK 4, Lackner 2a, Laufhütte 3, M-Schroeder I 181, Sturm JZ 74, 5), nicht dagegen solche während des Hafturlaubs (Laufhütte LK 3).

b) Das Opfer muß dem Täter zur **Erziehung, Ausbildung, Beaufsichtigung** oder **Betreuung anvertraut** sein. Zur *Erziehung* und *Ausbildung* vgl. § 174 RN 6 f., wobei letztere hier – abweichend von § 174 – nicht das Moment der Persönlichkeitsbildung zu enthalten braucht (z. B. Berufsausbildung erwachsener Gefangener durch Meister, Kursleiter usw.; vgl. aber auch Laufhütte LK 10). Das in § 174 fehlende Merkmal der *Beaufsichtigung* dient hier der Erfassung des reinen Wachpersonals, zu dem in besonderem Maß Abhängigkeitsverhältnisse bestehen können; Polizeibeamte usw., die in der Anstalt eine Vernehmung durchführen, fallen unter § 174b (ebenso Lackner 2b). Die *Betreuung* braucht sich anders als in § 174 nicht auf die

§ 174a 6-9 Bes. Teil. Straftaten gegen die sexuelle Selbstbestimmung

Lebensführung zu erstrecken; nicht notwendig ist hier deshalb eine Mitverantwortung für die Prägung der Persönlichkeit im ganzen, vielmehr genügen auch Betreuungsaufgaben in Teilbereichen oder von nur vorübergehender Art (BT-Drs. VI/3521 S. 25, D-Tröndle 2, Lackner 2b, Laufhütte LK 12, Sturm JZ 74, 5; vgl. auch Otto II 322). Betreuer in diesem Sinne können z. B. Krankenpfleger, Ärzte, Geistliche, Sozialarbeiter, u. U. auch freiwillige Mitarbeiter im Vollzug sein, auch wenn sie nur im Rahmen eines begrenzten Auftrags für die Anstalt tätig sind. Zum *Anvertrauen* vgl. § 174 RN 9; an einem solchen fehlt es z. B., wenn ein Polizeibeamter mit dem Opfer – jedenfalls z. Z. der Tat – dienstlich nichts zu tun hatte (BGH NJW 83, 404, Laufhütte LK 13).

6   2. Die **Tathandlung** besteht darin, daß der Täter sexuelle Handlungen „an" dem Gefangenen usw. vornimmt (vgl. § 184c RN 4ff., 18) oder von diesem „an" sich vornehmen läßt (vgl. § 184c RN 19), und zwar unter **Mißbrauch seiner Stellung.** Dieser Begriff ist weiter als der „Mißbrauch der Abhängigkeit" in § 174 I Nr. 2 (BGH 28 365, Sturm JZ 74, 5). Nicht erforderlich ist hier der Nachweis besonderer Umstände, aus denen sich die Ausnutzung der Abhängigkeit des Gefangenen ergibt (z. B. Einsatz der mit der Stellung verbundenen Macht als Druckmittel; vgl. BT-Drs. VI/3521 S. 26). Vielmehr liegt ein Mißbrauch i. S. des § 174a I schon dann vor, wenn der Täter die Gelegenheit, die seine Stellung bietet, unter Verletzung der mit dieser verbundenen Pflichten bewußt zu sexuellen Kontakten mit Gefangenen benutzt (vgl. auch Horn SK 7, Lackner 2c, M-Schroeder I 182, Otto II 323 u. zu § 174 Nr. 2 a. F. BGH 2 93, 8 26 mwN). Dies kann auch außerhalb der Dienstzeit und der Anstalt geschehen (D-Tröndle 2 mwN). Ebenso ist ein Mißbrauch der Stellung nicht deshalb zu verneinen, weil der Gefangene mit der Tat einverstanden war oder sogar selbst die Initiative ergriffen hat, wenngleich hier von einem „Delikt gegen die sexuelle Selbstbestimmung" kaum noch etwas übrig bleibt (ebenso Laufhütte LK 14; and. Gössel I 294) und die Strafbarkeit in diesen Fällen deshalb primär mit den o. 1 genannten weiteren Schutzzwecken begründet werden muß. Auch im Hinblick auf diese haben jedoch solche Fälle auszuscheiden, in denen das Anstaltsverhältnis und damit die Stellung des Täters so sehr in den Hintergrund treten, daß von einem „Mißbrauch" dieser Stellung nicht mehr gesprochen werden kann (D-Tröndle 4, Lackner 2c). Hierher gehören nicht der – ohnehin kaum praktisch werdende – Fall, daß eine Strafgefangene mit einem Vollzugsbeamten verlobt oder verheiratet ist (BT-Drs. VI/3521 S. 26, Horn SK 7, Laufhütte 14), sondern auch andere Fälle einer echten Liebesbeziehung (and. D-Tröndle 4).

7   III. Abs. 2 erfaßt den **sexuellen Mißbrauch von Insassen einer Anstalt für Kranke oder Hilfsbedürftige,** wobei auch hier nur mit einer körperlichen Berührung verbundene sexuelle Kontakte strafbar sind.

8   1. a) Geschützt sind – unabhängig von Alter und Geschlecht – **Insassen von Anstalten für Kranke und Hilfsbedürftige.** *Anstalten* sind Einrichtungen von einer gewissen organisatorischen Selbständigkeit, bei denen das Verhältnis zu ihren Benutzern einer einheitlichen rechtlichen Regelung unterliegt. Ohne Bedeutung ist, ob es sich um einen öffentlich-rechtlichen oder privaten Träger handelt und ob die Benutzung auf einer öffentlich-rechtlichen oder privatrechtlichen Grundlage erfolgt. In Betracht kommen vor allem Kliniken, Kurheime (BGH 19 131), Rehabilitationszentren, Nervenheilanstalten (BGH 1 122), Heime für körperlich oder geistig Behinderte, Altenheime, soweit sie der Pflege Hilfsbedürftiger oder Kranker dienen. *Insassen* sind nur die voll (d. h. mit Übernahme der Behandlung oder Pflege aufgenommenen Personen, nicht dagegen das Personal, Besucher oder nur ambulant oder halb- bzw. teilstationär behandelte Patienten (BGH 29 16, Horn SK 14, M-Schroeder I 175; vgl. auch Laufhütte LK 7). Daß der Insasse tatsächlich krank oder hilfsbedürftig sein muß (Lackner 3c aa, Laufhütte LK 8; and. Horn SK 14), folgt spätestens daraus, daß die Tat unter Ausnutzung der Krankheit oder Hilfsbedürftigkeit begangen sein muß (vgl. auch Gössel I 292). Auf die Dauer der Unterbringung kommt es nicht an, ebensowenig auf den Ort des sexuellen Kontakts (z. B. während eines Spaziergangs auch außerhalb der Anstalt).

9   b) Das Opfer muß dem Täter zur **Beaufsichtigung** (z. B. psychiatrische Anstalten) oder zur **Betreuung anvertraut** sein (krit. dazu M-Schroeder I 176). In einem solchen Verhältnis stehen z. B. Ärzte, das Pflegepersonal (vgl. BGH 1 122), Masseure, medizinische Bademeister, nicht dagegen das technische und Verwaltungspersonal, soweit es nicht im Einzelfall zur Krankenbetreuung mit herangezogen wird (vgl. BGH NJW 64, 458: Hausmeister). Anvertraut ist der Insasse nur demjenigen, der generell oder im Einzelfall für die Beaufsichtigung oder Betreuung zu sorgen hat (z. B. Chefarzt, Stationsarzt usw., nicht dagegen der auf einer anderen Station tätige Pfleger). Nicht mehr erforderlich ist im Unterschied zu § 174 a. F. eine „Stellung" des Täters „in der Anstalt" (ebenso Laufhütte LK 15; überholt daher BGH 19 132; vgl. aber auch D-Tröndle 5). Doch kann dies nicht bedeuten, daß damit jede Überweisung an einen auswärtigen Arzt zur ambulanten Behandlung (z. B. Zahnarzt) ein Betreuungsverhältnis i. S. des Abs. 2

schafft; erforderlich ist hier vielmehr, daß der Täter über das normale Arzt-Patientenverhältnis hinaus in das spezifische Betreuungsverhältnis zwischen Anstalt und Insasse einbezogen ist und daher gegenüber dem Opfer eine ähnliche Stellung hat wie der Anstaltsarzt (vgl. auch Horn SK 15).

2. Die **Tathandlung** besteht im **Mißbrauch** des Insassen dadurch, daß der Täter **unter Ausnutzung** der Krankheit oder Hilfsbedürftigkeit sexuelle Handlungen „an" dem Insassen vornimmt (vgl. § 184 c RN 4 ff., 18) oder von diesem „an" sich vornehmen läßt (vgl. § 184 c RN 19), was jeweils eine körperliche Berührung voraussetzt, wobei im zweiten Fall die Handlung des Insassen die Merkmale einer sexuellen Handlung aufweisen muß. Ein *Ausnutzen der Krankheit* oder *Hilfsbedürftigkeit* liegt vor, wenn das Vorgehen des Täters gerade durch den physisch oder psychisch geschwächten Zustand des Insassen bzw. dessen Angewiesensein auf fremde Hilfe erleichtert wird und der Täter dies bewußt in Rechnung stellt (daß er durch den Zustand des Insassen motiviert worden ist, ist dagegen nicht erforderlich; ebenso Laufhütte LK 16, Otto II 320; and. Lackner 3 c). Dies ist schon dann der Fall, wenn der Täter das Einverständnis des Opfers deshalb leichter erlangt, weil dieses sich von seiner Hilfe abhängig fühlt. Nur bei einem wirklich freien, durch die Hilfsbedürftigkeit usw. nicht beeinflußten Einverständnis entfällt ein Ausnutzen (Horn SK 19, Laufhütte LK 16); auch die Initiative des Insassen schließt ein solches daher nicht notwendig aus (z. B. Geisteskranker; Hingabe, weil sich das Opfer dadurch eine Verbesserung seiner Lage erhofft; ebenso Horn SK 18, Laufhütte LK 16). Noch kein Ausnutzen der Krankheit usw. ist das Ausnutzen der schon durch den Anstaltsaufenthalt selbst gebotenen Möglichkeiten (D-Tröndle 7), ebensowenig das Ausnutzen des Vertrauens, das Patienten einem Arzt entgegenzubringen pflegen: Daher kein Fall des Abs. 2, wenn der Täter den vor der Entlassung stehenden, gesundheitlich wiederhergestellten Patienten über den sexuellen Charakter seiner Handlung zu täuschen sucht, indem er den Eindruck erweckt, es handle sich um eine Untersuchung (Horn SK 18, Lackner 3 c, Laufhütte LK 16; and. Hamm NJW 77, 1499). Wird die Krankheit usw. in dem genannten Sinn ausgenutzt, so liegt in aller Regel auch ein *Mißbrauch* des Kranken vor (D-Tröndle 8, Horn SK 17). In welchen Fällen dieses Merkmal zusätzliche Bedeutung haben könnte (vgl. BT-Drs. VI/3521 S. 27), ist nicht ersichtlich (ebenso Laufhütte LK 16), da es z. B. bei echten Liebesbeziehungen immer an einem „Ausnutzen" fehlen wird.

IV. Für den **subjektiven Tatbestand** ist Vorsatz erforderlich; bedingter Vorsatz genügt. 11

V. Nach Abs. 3 ist der **Versuch** strafbar; über die Abgrenzung zur Vollendung vgl. BGH 9 15. 12

VI. Täter kann nur sein, wer die Erziehungs-, Ausbildungs-, Beaufsichtigungs- oder Betreuungsstellung innehat (Sonderdelikt); Amtsträger braucht er jedoch auch im Fall des Abs. 1 – im Unterschied zu § 174 b – nicht zu sein. Die Tat ist nur eigenhändig begehbar (vgl. § 174 RN 20). Das Opfer bleibt als notwendiger Teilnehmer straflos (vgl. dazu 46 f. vor § 25). Für **Teilnehmer** ist § 28 I aus den entsprechenden Gründen wie bei § 174 (vgl. dort RN 20) nicht anwendbar (ebenso Horn SK 10, 21, Laufhütte LK 19, M-Schroeder I 176, Otto II 321). 13

VII. Idealkonkurrenz ist möglich zwischen Abs. 1 und 2 (Lackner 7), ferner mit §§ 174, 175–179, 240, 331, 332; über das Verhältnis zu § 185 vgl. dort RN 20. Zwischen § 174 a und § 174 b besteht in der Regel Exklusivität, ausnahmsweise Idealkonkurrenz (vgl. § 174 b RN 11). Zur Möglichkeit eines Fortsetzungszusammenhangs vgl. § 174 RN 22. 14

§ 174 b Sexueller Mißbrauch unter Ausnutzung einer Amtsstellung

(1) **Wer als Amtsträger, der zur Mitwirkung an einem Strafverfahren oder an einem Verfahren zur Anordnung einer freiheitsentziehenden Maßregel der Besserung und Sicherung oder einer behördlichen Verwahrung berufen ist, unter Mißbrauch der durch das Verfahren begründeten Abhängigkeit sexuelle Handlungen an demjenigen, gegen den sich das Verfahren richtet, vornimmt oder an sich von dem anderen vornehmen läßt, wird mit Freiheitsstrafe bis zu fünf Jahren oder mit Geldstrafe bestraft.**

(2) **Der Versuch ist strafbar.**

I. Rechtsgut der Vorschrift (zu den Änderungen durch das 4. StrRG vgl. Hanack NJW 74, 3, Sturm JZ 74, 5), die einen Mißbrauch der Abhängigkeit des Opfers voraussetzt, ist primär die sexuelle Selbstbestimmung des Betroffenen, daneben aber auch die Integrität der Ausübung staatlicher Macht und das darauf bezogene Vertrauen der Allgemeinheit (BT-Drs. VI/3521 S. 28, Bockelmann II/2 S. 137, D-Tröndle 1, weitgehend auch Horn SK 2; and. Laufhütte LK 1, M-Schroeder I 179). Zu den Gründen für die Beibehaltung der Vorschrift in der jetzigen Fassung vgl. BT-Drs. VI/3521 S. 29; krit. dazu Hanack, Gutachten A zum 47. DJT 138 ff., aber auch M-Schroeder I 180. 1

Gegenüber **§ 174 a I** besteht folgender **Unterschied**: Während § 174 a I Gefangene und Verwahrte, die sich schon in einem besonderen Gewaltverhältnis befinden, schützen soll, bezweckt § 174 b den 2

§ 174 b 3–10   Bes. Teil. Straftaten gegen die sexuelle Selbstbestimmung

Schutz von solchen Personen, die in ein Strafverfahren oder in bestimmte andere Verfahren verwickelt sind. Das wesentliche Unterscheidungsmerkmal kann daher nur in der Ursache gesehen werden, die für die Beeinträchtigung der individuellen Entscheidungsfreiheit maßgebend ist: In § 174a ist es das *Gewaltverhältnis,* in dem der Verwahrte zu dem dort genannten Täterkreis steht; in § 174b ist es die *Furcht vor der nachteiligen Entscheidung* der dort genannten Person, insbesondere vor einer solchen, die eine Freiheitsentziehung zur Folge hat.

3   II. Zum **geschützten Personenkreis** gehören nur Personen, die in bestimmte Verfahren verwickelt sind. Die analoge Situation von Angehörigen des Betroffenen, die sich von dem Täter mißbrauchen lassen, um Nachteile von dem Betroffenen abzuwenden, wird von § 174b nicht erfaßt, ebensowenig das bloße Vorspiegeln eines Verfahrens (ebenso Horn SK 3; and. D-Tröndle 2). Zu den in Betracht kommenden Verfahren gehören:

4   1. das **Strafverfahren** einschließlich des Ermittlungsverfahrens, sobald sich dieses gegen den Betroffenen richtet, d. h. von dem formlosen Informationsverfahren in ein Verfahren gegen ihn übergegangen ist (D-Tröndle 2). Auch die Vollstreckung ist Teil des Strafverfahrens (Horn SK 4, Laufhütte LK 2); befindet sich der Betreffende jedoch im Strafvollzug, so erfüllen Amtsträger, welche in einem der in § 174a genannten Verhältnisse stehen, bereits diesen Tatbestand. Nach Wortlaut und Sinn der Vorschrift genügt auch das Drohen einer bloßen Geldstrafe (D-Tröndle 2, Horn SK 4, Laufhütte LK 2; and. M-Schroeder I 180). Zum Strafverfahren gehört auch das Jugendstrafverfahren, nicht dagegen das Bußgeldverfahren (Horn SK 4; krit. Dreher JR 74, 18).

5   2. das objektive Verfahren zur **Anordnung einer freiheitsentziehenden Maßregel der Besserung und Sicherung** (§ 71). Für den Vollzug gilt nur § 174a, nicht § 174b, da es sich hier nicht mehr um ein Verfahren „zur" Anordnung der Maßregel handelt (ebenso Laufhütte LK 3; and. Horn SK 4).

6   3. sonstige Verfahren zur **Anordnung einer behördlichen Verwahrung,** z. B. Haft nach §§ 51, 70 StPO, §§ 390, 888, 901 ZPO usw., Arrest nach § 22 WehrdisziplinarO, Unterbringung nach den landesrechtlichen Unterbringungsgesetzen, Abschiebungshaft nach § 16 AusländerG, Anordnung der Fürsorgeerziehung (§§ 64ff. JWG), zwangsweise Unterbringung in eine Krankenanstalt nach § 37 II BundesseuchenG oder nach dem GeschlechtskrankheitenG, Verwahrung nach den Polizei- und Ordnungsgesetzen der Länder usw. (vgl. BT-Drs. VI/3521 S. 29).

7   III. Die **Tathandlung** besteht darin, daß der Täter unter **Mißbrauch** der durch das Verfahren begründeten **Abhängigkeit** sexuelle Handlungen „an" dem Betroffenen (d. h. demjenigen, gegen den sich das Verfahren richtet) vornimmt (vgl. § 184c RN 4ff., 18) bzw. von diesem „an" sich vornehmen läßt (vgl. § 184c RN 19), was jeweils eine körperliche Berührung voraussetzt, wobei im zweiten Fall die Handlung des Opfers die Merkmale einer sexuellen Handlung erfüllen muß. Im Unterschied zu § 174a I genügt hier nicht, daß der Täter seine Stellung mißbraucht, vielmehr muß er die Tat unter *Mißbrauch der durch das Verfahren begründeten Abhängigkeit* begehen (Laufhütte LK 9). Dies ist dann der Fall, wenn er ausdrücklich oder konkludent, offen oder versteckt in dem Betroffenen die Befürchtung erweckt, er werde das Verfahren in irgendeiner Weise nachteilig beeinflussen, und dies als Mittel benutzt, um sich den anderen gefügig zu machen. Dabei braucht der Nachteil noch nicht konkret faßbar zu sein. Ausreichend ist es auch, wenn der Täter die bereits vorhandene Furcht des Betroffenen vor einem nachteiligen Verlauf des Verfahrens ausnutzt, indem er ihm für den Fall seines Entgegenkommens verspricht, dieses günstig zu beeinflussen. Liegen diese Voraussetzungen vor, so kann die Initiative auch von dem Betroffenen selbst ausgehen (Laufhütte LK 9). Wird die Abhängigkeit in dem genannten Sinne ausgenützt, so ist dies immer auch ein Mißbrauch. Voraussetzung ist allerdings, daß eine solche Abhängigkeit im Einzelfall tatsächlich besteht, was auch bei einem Strafverfahren nicht immer zuzutreffen braucht, so wenn der Beschuldigte, der nur eine geringe Geldstrafe zu erwarten hat, aus der er sich nichts macht, aus ganz anderen Gründen dem Drängen des Täters nachgibt (vgl. auch D-Tröndle 3, Sturm JZ 74, 6). Nicht hierher gehört auch Gewaltanwendung nur bei Gelegenheit eines durch das Verfahren begründeten Kontakts (Horn SK 8).

8   IV. Für den **subjektiven Tatbestand** ist Vorsatz erforderlich; bedingter Vorsatz genügt.

9   V. Der **Versuch** ist strafbar (Abs. 2); über die Abgrenzung zur Vollendung vgl. BGH 9 15.

10   VI. **Täter** kann jeder Amtsträger (vgl. § 11 I Nr. 2 und dort RN 14ff.) sein, der an einem solchen Verfahren *entscheidungserheblich* (vgl. o. 2) mitwirkt (Sonderdelikt). Zu den möglichen Tätern gehören insbesondere Richter, Staatsanwälte (nicht jedoch deren Hilfspersonal [Geschäftsstellenbeamte, Protokollführer]; and. Laufhütte LK 6) und Polizeibeamte (diese auch schon bezüglich des ersten Zugriffs nach § 163 StPO), in beschränktem Umfang auch Bahnpolizeibeamte (RG 57 20), ferner beamtete Ärzte, die gutachtlich nach den landesrechtlichen Unterbringungsgesetzen tätig werden. Ein nur als Zeuge vernommener Polizeibeamter wirkt nicht am Verfahren mit, ebensowenig ein Bewährungshelfer (and. Laufhütte LK 6), Wachtmeister und das in den Kranken- und Heilanstalten tätige Personal (Horn SK 12); hier kommt

Homosexuelle Handlungen 1, 2 **§ 175**

jedoch § 174a in Betracht. Mittelbare Täterschaft ist nicht möglich (eigenhändiges Delikt, vgl. § 174 RN 20). Für die **Teilnahme** gelten die allgemeinen Regeln. Das Opfer ist, gleichgültig von wem die Initiative ausgeht, straflos (RG **18** 281); zur notwendigen Teilnahme vgl. 46f. vor § 25. Da die Tat Amtsdelikt ist, gilt für den Teilnehmer § 28 I (and. Horn SK 12, Laufhütte LK 12, M-Schroeder I 183, 176).

VII. Idealkonkurrenz mit § 174a kommt nur in den Fällen in Betracht, in denen der am Verfahren 11 mitwirkende Beamte zugleich in einem der in § 174a genannten Verhältnisse zum Opfer steht, z. B. der Staatsanwalt, dem der Untersuchungsgefangene während der Vernehmung zur Beaufsichtigung anvertraut ist (vgl. auch Lackner 6); vgl. im übrigen die Konkurrenzen bei § 174a (dort RN 14).

§ 175 Homosexuelle Handlungen

(1) **Ein Mann über achtzehn Jahre, der sexuelle Handlungen an einem Mann unter achtzehn Jahren vornimmt oder von einem Mann unter achtzehn Jahren an sich vornehmen läßt, wird mit Freiheitsstrafe bis zu fünf Jahren oder mit Geldstrafe bestraft.**

(2) **Das Gericht kann von einer Bestrafung nach dieser Vorschrift absehen, wenn**
1. **der Täter zur Zeit der Tat noch nicht einundzwanzig Jahre alt war oder**
2. **bei Berücksichtigung des Verhaltens desjenigen, gegen den sich die Tat richtet, das Unrecht der Tat gering ist.**

Geltungsbereich: § 175 gilt nicht in dem in Art. 3 EV genannten Gebiet, wo weiterhin § 149 StGB-DDR anzuwenden ist (vgl. 4 vor § 174 sowie u. 12).

Schrifttum: Baumann, Paragraph 175, 1968. — *Bräutigam,* Formen der Homosexualität, 1967. — *Doucet,* Homosexualität, 1967. — *Freund,* Die Homosexualität beim Mann, 1965. — *Giese,* Der homosexuelle Mann in der Welt, 2. A., 1964. — *Gollner,* Homosexualität, Ideologiekritik u. Entmythologisierung einer Gesetzgebung, 1974. — *Hanack,* Gutachten zum 47. Deutschen Juristentag, (1968) 213ff. — *Kiel,* § 175 StGB — Relikt eines autoritären Sexualstrafrechts, Demokratie und Recht 1983, 428. — *Klare,* Homosexualität, 1967. — Vgl. auch die Angaben vor §§ 174ff. — *Materialien:* u. a. Prot. VI 1391, 1399, 1534, 1596, 1627, 2112, VII 8, 29, 83.

Schrifttum zu § 149 StGB-DDR: Strafrecht der DDR, Kommentar zum Strafgesetzbuch, hrsg. vom Ministerium der Justiz und der Akademie für Staats- und Rechtswissenschaft der DDR, 5. A., 1987. — Strafrecht, Besonderer Teil, Lehrbuch, hrsg. von der Sektion Rechtswissenschaft der Humboldt-Universität zu Berlin sowie der Akademie für Staats- und Rechtswissenschaft der DDR, 1981. — *Biebel/Holtzbecher/Schröder,* Probleme der Rechtsprechung auf dem Gebiet der Sexualstraftaten, NJ 72, 322.

I. Strafbar ist die männliche Homosexualität im Unterschied zum früheren Recht nicht mehr als 1 solche (vgl. aber auch schon das 1. StRG u. dazu die 16. A.), vielmehr pönalisiert § 175 nach der Neuregelung durch das 4. StrRG (vgl. dazu Hanack NJW 74, 5, Sturm JZ 74, 6) nur noch solche homosexuellen Handlungen, die ein Mann über 18 Jahren an einem Mann unter 18 Jahren vornimmt oder von diesem vornehmen läßt. **Geschütztes Rechtsgut** ist demnach nur noch die ungestörte Entwicklung des Jugendlichen, wobei die Vorschriften allerdings nicht schon mit der Gefahr einer homosexuellen Prägung (vgl. BT-Drs. 7/514 S. 6) begründet werden kann, zumal eine solche jedenfalls bei älteren Jugendlichen eher unwahrscheinlich ist. Wohl aber ist es, solange die männliche Homosexualität mit einer erheblichen, auch mit einer Streichung des § 175 nicht beseitigten gesellschaftlichen Diskriminierung verbunden ist, eine legitime Aufgabe des Strafrechts, den noch nicht in voller Selbstverantwortung handelnden jungen Menschen davor zu bewahren, in eine u. U. zu schweren Belastungen führende Außenseiterposition zu geraten. Auf den nur noch einen reinen Jugendschutztatbestand enthaltenden § 175 völlig zu verzichten — so eine in jüngster Zeit wiederholt erhobene Forderung (vgl. dazu z. B. § 175 — Dokumentation einer schriftlichen Anhörung [Hrsg. SPD-BT-Fraktion], 1984) —, liefe daher auch darauf hinaus, daß der zweite vor dem ersten Schritt getan wird. Zur Verfassungsmäßigkeit der Vorschrift, die wegen der Beschränkung auf die männliche Homosexualität auch nicht gegen Art. 3 GG verstößt, vgl. BVerfGE **36** 41 u. zu § 175 a. F. BVerfGE **6** 389, BGH NJW **51**, 810, **52**, 769. — Zu dem in der ehemaligen DDR weitergeltenden **§ 149 StGB-DDR** vgl. u. 12.

II. Der objektive Tatbestand des § 175 setzt voraus, daß ein Mann über 18 Jahre „an" einem 2 Mann unter 18 Jahren sexuelle Handlungen vornimmt (vgl. § 184c RN 4ff., 18) oder von diesem „an" sich vornehmen läßt (vgl. § 184c RN 19), was jeweils eine körperliche Berührung voraussetzt, wobei im zweiten Fall die Handlung des Jugendlichen die Merkmale einer sexuellen Handlung aufweisen muß (zu sexuellen Handlungen von Kindern vgl. § 184c RN 11). Bei Personen, die sich auf Grund ihrer transsexuellen Prägung dem anderen als dem in ihrem Geburtseintrag angegebenen Geschlecht zugehörig empfinden, bestimmen sich die vom Geschlecht abhängigen Rechte und Pflichten erst mit der Rechtskraft der gerichtlichen Feststellung der Geschlechtszugehörigkeit (§§ 8, 10 TranssexuellenG v. 10. 9. 80 [BGBl. I 1654]; vgl. dazu Sigusch NJW 80, 2740) nach dem anderen Geschlecht (D-Tröndle 3).

§ 175 3–9   Bes. Teil. Straftaten gegen die sexuelle Selbstbestimmung

3   Im Unterschied zu § 175 a. F. sind sexuelle Handlungen „vor" einem anderen nicht mehr ausreichend, weshalb z. B. gleichzeitiges Onanieren, Zuschauen bei fremder oder Zuschauenlassen bei eigener Selbstbefriedigung ausscheiden (vgl. BGH MDR/D **74,** 722, **75,** 21). Im übrigen kommt es jedoch – vorbehaltlich der Erheblichkeit (vgl. u. 4) – auf die Art und Weise der sexuellen Betätigung nicht an. Erfaßt sind daher nicht nur beischlafähnliche Handlungen, sondern z. B. auch das Onanieren bei dem anderen oder das Urinieren in den Mund des Opfers in Zusammenhang mit dem Onanieren vor diesem (BGH MDR/H **80,** 454). Gleichgültig ist, ob der Täter durch die Vornahme sexueller Handlungen an dem anderen seine eigene geschlechtliche Absicht verfolgt oder ob er der seines Partners dient. Auch beim An-sich-vornehmen-Lassen ist unerheblich, ob der Täter aus eigener Sinneslust handelt oder ob er seinen Körper lediglich für die sexuellen Zwecke des anderen zur Verfügung stellt. Im letzteren Fall genügt es, daß er den sexuellen Charakter der Handlung des anderen kennt; nicht notwendig ist, daß er bei diesem auch geschlechtliche Empfindungen hervorrufen will.

4   Die *Erheblichkeit* i. S. des § 184c Nr. 1 kann hier eher gegeben sein als bei heterosexuellen Handlungen (vgl. § 184c RN 16). Bloße Unanständigkeiten und – auch grobe – Zudringlichkeiten scheiden jedoch auch hier aus (vgl. § 184c RN 15a ff.), so daß die frühere Rspr. zum Merkmal des „Unzucht-Treibens" in § 175 a. F. (vgl. § 184c RN 16) insoweit verwertbar bleibt (Hamm MDR **77,** 862). Auch muß die Erheblichkeit der tatbestandsmäßigen Handlung selbst zukommen; ein mangels körperlichen Kontakts tatbestandsloses Begleitgeschehen hat dabei außer Betracht zu bleiben (Hamm MDR **77,** 862). Nicht ausreichend ist z. B. das Betasten des Oberkörpers (Düsseldorf NJW **62,** 62), das Streicheln des Oberschenkels (vgl. BGH MDR/He **55,** 650), das überraschende oder flüchtige Greifen nach dem Geschlechtsteil eines anderen (BGH **1** 293, Laufhütte LK 3), Küsse auf die Lippen, auch wenn es sich dabei um ein Kind handelt (vgl. BGH **1** 298, Hamm NJW **63,** 64, D-Tröndle 6; and. u. U. jedoch bei Zungenküssen, vgl. BGH **18** 169, Stuttgart NJW **63,** 1684, D-Tröndle aaO). Unter dem Gesichtspunkt der Erheblichkeit für das geschützte Rechtsgut – ungestörte sexuelle Entwicklung des männlichen Jugendlichen (vgl. o. 1) – ist auch die Frage zu beurteilen, ob das Opfer von dem homosexuellen Charakter der Handlung wenigstens eine seinem Alter entsprechende Vorstellung gehabt haben muß (vgl. § 184c RN 18). Danach ist eine Strafbarkeit nach § 175 jedenfalls bei völliger Arglosigkeit des Jugendlichen zu verneinen, ferner, wenn er nicht weiß, daß er es mit einem Mann zu tun hat (ebenso Laufhütte LK 3 u. für den zweiten Fall auch M-Schroeder I 192, Otto II 325; and. D-Tröndle 5; and. zur a. F. auch BGH **21** 219 m. Anm. Lackner JR 68, 192; vgl. auch BGH **7** 233, **9** 111). Sexuelle Handlungen an einem Schlafenden genügen nur, wenn man hier die Gefahr einer Fehlentwicklung über das Unterbewußte bejaht (so M-Schroeder I 159; überholt RG **20** 225, BGH **1** 397; vgl. auch Düsseldorf NJW **62,** 62).

5   III. Der **subjektive Tatbestand** erfordert Vorsatz. Bedingter Vorsatz genügt, was vor allem für das Alter der Beteiligten von Bedeutung ist (vgl. dazu § 176 RN 10).

6   IV. Der **Versuch** ist straflos. Hat der Täter jedoch eine den Erfordernissen des § 184c genügende sexuelle Handlung „an" dem anderen vorgenommen, so ist die Tat auch dann vollendet, wenn er mehr erreichen wollte (D-Tröndle 9).

7   V. **Täter** kann nur der über 18 Jahre alte Beteiligte sein (Sonderdelikt); die Tat ist nur eigenhändig begehbar (vgl. § 174 RN 20). Der andere (unter 18 Jahre) ist als notwendiger Teilnehmer straflos (vgl. 46 f. vor § 25). Dies schließt nicht aus, daß im übrigen die **Teilnahme** an § 175 nach den allgemeinen Regeln zu beurteilen ist, unter den Voraussetzungen des § 3 JGG also auch unter 18 Jahre alte Anstifter und Gehilfen strafbar sein können (D-Tröndle 3, Horn SK 4, Laufhütte LK 4, Otto II 325; differenzierend M-Schroeder I 192), und zwar – bei entsprechendem Vorsatz – selbst dann, wenn sich der Tatbeitrag unmittelbar nur auf das Handeln des Minderjährigen bezieht (Anstiftung zur Vornahme sexueller Handlungen am Volljährigen), da er auch in diesem Fall mittelbar dem über 18-Jährigen zugutekommt (Bockelmann II/2 S. 149, Horn SK 4); hier ist jedoch Abs. 2 Nr. 1 zu beachten. Nicht strafbar ist dagegen eine Anstiftung eines Jugendlichen zu homosexuellen Kontakten mit einem ebenfalls noch nicht 18 Jahre alten Partner (Lackner 6). Teilnehmer kann auch eine Frau sein. § 28 I gilt hier nicht, da die Eigenschaft als Mann ein rein tatbezogenes Merkmal ist (Voraussetzung der Rechtsgutsverletzung) und nicht Ausdruck einer besonderen personalen Pflichtenstellung (D-Tröndle 3, Horn SK 4, Lackner 6, Laufhütte LK 4, M-Schroeder I 192; zu jugendlichen Teilnehmern vgl. jedoch Gössel I 329 f.).

8   VI. Nach **Abs. 2** kann das Gericht **von Strafe absehen** (vgl. dazu 54 ff. vor § 38), wenn der Täter noch nicht 21 Jahre alt ist (Nr. 1) oder bei Berücksichtigung des Verhaltens desjenigen, gegen den sich die Tat richtet (also des Beteiligten unter 18 Jahre), das Unrecht nur gering ist (Nr. 2). Dies gilt jedoch nur für § 175, nicht für konkurrierende Delikte (z. B. § 176).

9   1. Die Gründe, die **nach Nr. 1** bei einem **noch nicht 21 Jahre alten Täter** zur Straflosigkeit führen können, sind z. B. nachpubertäre Entwicklungsstörungen (ebenso Horn SK 8), sonstige altersspezifische Schwierigkeiten, Tatbegehung mit einem annähernd Gleichaltrigen (D-Tröndle 11, Lackner 7,

Laufhütte LK 6) oder die Tatsache, daß es sich um eine durch bestimmte Umstände bedingte einmalige Entgleisung gehandelt hat. Obwohl § 175 n. F. nur vom „Täter" spricht, während in § 175 III a. F. und in den früheren Entwürfen die Vokabel „Beteiligter" gebraucht worden ist, wird man mit der Begründung (BT-Drs. 7/514 S. 8) auch die Teilnehmer unter 21 Jahren einbeziehen müssen, da bei ihnen ähnliche Gründe für die Straflosigkeit sprechen können wie beim Täter selbst (ebenso Horn SK 8, Laufhütte LK 6, M-Schroeder I 192).

2. **Nr. 2** ermöglicht das Absehen von Strafe, wenn das **Unrecht unter Berücksichtigung des Verhaltens des Betroffenen gering ist.** Es gilt hier das in § 174 RN 21 Gesagte entsprechend. Gemeint sind in erster Linie Fälle, in denen die Initiative von dem anderen ausgeht (z. B. einem Strichjungen, Verführung durch den anderen), so daß dieser nicht eigentlich als das Opfer der Tat angesehen werden kann (vgl. BT-Drs. 7/514 S. 8, BGH MDR/D **75,** 22, MDR/H **90,** 487). Bei mehreren Betroffenen muß auf das jeweilige Täter-Opfer-Verhältnis abgestellt werden (BGH MDR/H aaO). Da in diesen Fällen das Unrecht der Tat gemindert ist, kommt die Regelung der Nr. 2 nach den Grundsätzen der Akzessorietät auch Teilnehmern zugute.

VII. Idealkonkurrenz ist möglich mit §§ 174, 174a, 174b, 176 (zur Strafzumessung bei kindlichen Opfern vgl. dort RN 27), 178, 179 I. Fortsetzungszusammenhang ist möglich bei wiederholter Begehung gegenüber demselben Opfer (BGH GA **63,** 188; zu den Anforderungen an den Gesamtvorsatz vgl. BGH MDR/H **78,** 804), nicht dagegen bei wiederholter Begehung mit verschiedenen Männern (vgl. 43 ff. vor § 52).

VIII. In der **ehemaligen DDR** gilt § 175 nicht (vgl. die Vorbem.). Weiter anzuwenden ist dort § 149 StGB-DDR (vgl. 4 vor 174), der gewisse Formen des sexuellen Mißbrauchs von (männlichen oder weiblichen) Jugendlichen zwischen 14 und 16 Jahren durch (gleichfalls männliche oder weibliche) Erwachsene unter Strafe stellt. Soweit damit homosexuelle Handlungen erfaßt sind, geht § 149 StGB-DDR über § 175 daher insofern hinaus, als hier auch die weibliche Homosexualität miteinbezogen ist. Andererseits ist der Tatbestand des § 149 gegenüber § 175 in mehrfacher Hinsicht enger. Geschützt sind durch § 149 nur Jugendliche zwischen 14 und 16 Jahren; homosexuelle Handlungen mit Jugendlichen über 16 Jahren bleiben danach vorbehaltlich der §§ 174 I Nr. 1, 174a, 174b straflos, während solche mit Kindern unter 14 Jahren ausschließlich nach § 176 strafbar sind. Ferner unterfallen dem Tatbestand nicht sexuelle Handlungen an dem Jugendlichen schlechthin, sondern nur solche, die „geschlechtsverkehrsähnlich" sind. Erforderlich ist schließlich ein in der Anwendung bestimmter Mittel und Methoden (Ausnutzung der moralischen Unreife durch Geschenke, Versprechen von Vorteilen oder in ähnlicher Weise) liegender Mißbrauch des Jugendlichen, während es darauf in § 175 nicht ankommt. Eine andere Frage ist es, ob es sachliche Gründe für diese unterschiedliche strafrechtliche Behandlung der Homosexualität gibt und ob § 175 bzw. § 149 StGB-DDR nicht gegen den Gleichheitssatz des Art. 3 GG verstoßen, soweit sie über die jeweils andere Vorschrift hinausgehen und damit ein Verhalten pönalisieren, das im anderen Teil Deutschlands straflos ist (vgl. dazu Kusch MDR 91, 99). Zum räumlichen Geltungsbereich beider Vorschriften vgl. 71 vor § 3, § 5 RN 14, 16, EV I Kap. III C III; zur bisherigen Interpretation des § 149 StGB-DDR vgl. OG NJ **72,** 322 u. das o. vor 1 genannte Schrifttum.

§ 176 Sexueller Mißbrauch von Kindern

(1) **Wer sexuelle Handlungen an einer Person unter vierzehn Jahren (Kind) vornimmt oder an sich von dem Kind vornehmen läßt, wird mit Freiheitsstrafe von sechs Monaten bis zu zehn Jahren, in minder schweren Fällen mit Freiheitsstrafe bis zu fünf Jahren oder mit Geldstrafe bestraft.**

(2) **Ebenso wird bestraft, wer ein Kind dazu bestimmt, daß es sexuelle Handlungen an einem Dritten vornimmt oder von einem Dritten an sich vornehmen läßt.**

(3) **In besonders schweren Fällen ist die Strafe Freiheitsstrafe von einem Jahr bis zu zehn Jahren. Ein besonders schwerer Fall liegt in der Regel vor, wenn der Täter**
1. **mit dem Kinde den Beischlaf vollzieht oder**
2. **das Kind bei der Tat körperlich schwer mißhandelt.**

(4) **Verursacht der Täter durch die Tat leichtfertig den Tod des Kindes, so ist die Strafe Freiheitsstrafe nicht unter fünf Jahren.**

(5) **Mit Freiheitsstrafe bis zu drei Jahren oder mit Geldstrafe wird bestraft, wer**
1. **sexuelle Handlungen vor einem Kind vornimmt,**
2. **ein Kind dazu bestimmt, daß es sexuelle Handlungen vor ihm oder einem Dritten vornimmt, oder**
3. **auf ein Kind durch Vorzeigen pornographischer Abbildungen oder Darstellungen, durch Abspielen von Tonträgern pornographischen Inhalts oder durch entsprechende Reden einwirkt,**
um sich, das Kind oder einen anderen hierdurch sexuell zu erregen.

(6) **Der Versuch ist strafbar; dies gilt nicht für Taten nach Absatz 5 Nr. 3.**

§ 176 1–6   Bes. Teil. Straftaten gegen die sexuelle Selbstbestimmung

Schrifttum: Diesing, Psychologische Folgen von Sexualdelikten an Kindern, 1980. – *Hauptmann,* Zur Victimologie gewaltloser sexueller Kontakte zwischen Erwachsenen und Kindern, MSchrKrim. 78, 213. – *Heinz,* Bestimmungsgründe der differentiellen Wahrscheinlichkeit strafrechtlicher Sanktionierung bei Unzucht mit Kindern, MSchrKrim. 72, 126. – *Herbold,* Einige deliktstypische Veränderungen bei sexuellem Mißbrauch von Kindern in den letzten Jahren, MSchrKrim. 77, 99. – *Kersche,* Selektive Faktoren strafrechtlicher Sanktionierung und die Reformproblematik des § 176 Abs. 1, Ziff. 3 StGB – Unzucht mit Kindern, MSchrKrim. 72, 365. – *ders.,* Emanzipatorische Sexualpädagogik und Strafrecht, 1973. – *Lachmann,* Zur Verbreitung von Sexualdelikten an Kindern und Abhängigen, MSchrKrim. 88, 42. – *ders.,* Psychische Schäden nach „gewaltlosen" Sexualdelikten an Kindern und Abhängigen, MSchrKrim. 88, 47. – *Lempp,* Seelische Störung von Kindern als Opfer von gewaltlosen Sittlichkeitsdelikten, NJW 68, 2265. – *Niemann,* Unzucht mit Kindern, 1974. – Vgl. auch die Angaben vor Vorbem. zu §§ 174ff. – *Materialien:* u. a. BT-Drs. VI/3521 S. 34; Prot. VI 1485, 1497, 1507, 2037, VII 11.

1   I. Geschütztes **Rechtsgut** ist – wie in § 176 Nr. 3 a. F. – die **ungestörte sexuelle Entwicklung** von Personen unter 14 Jahren (vgl. z. B. BGH **1** 175, **15** 121, **29** 340, StV **89**, 432, Hamm MDR **50**, 436). Dabei war auch dem Gesetzgeber bewußt, daß schädliche Auswirkungen von Handlungen i. S. des § 176 oder auch nur konkrete Gefahren für die ungestörte Entwicklung des Kindes nur selten nachweisbar sind. Gesetzgeberisches Motiv war daher angesichts der hohen Bedeutung des Schutzobjekts bereits „die Ungewißheit über die Schädlichkeit sexueller Übergriffe" (BT-Drs. VI/3521 S. 35; vgl. dort auch die Zusammenfassung der gutachterlichen Äußerungen, ferner Laufhütte LK vor 1). Eine Schädigung oder konkrete Gefährdung gehört daher auch nicht zum Tatbestand (zur Strafzumessung vgl. u. 12, 26f.), vielmehr ist die Tat ein abstraktes Gefährdungsdelikt (BGH MDR/H **80**, 984, JZ **87**, 366, D-Tröndle 1, Laufhütte LK 1) bzw. ein bloßes „Risikodelikt" (Armin Kaufmann JZ 71, 576), letzteres, wenn man davon ausgeht, daß die ursächlichen Zusammenhänge wissenschaftlich zweifelhaft sind. Gleichgültig, ob man das eine oder das andere annimmt, ist jedoch bei Taten nach § 176 wegen der hier nie auszuschließenden Möglichkeit schädlicher Wirkungen auch der Gegenbeweis der Ungefährlichkeit immer ausgeschlossen (vgl. auch Laufhütte LK 1). Tatbestandsmäßig sind Handlungen nach § 176 daher auch, wenn das Kind bereits sexuell erfahren oder „verdorben" oder wenn die Initiative von ihm ausgegangen ist (vgl. RG **10** 158, D-Tröndle 2, Horn SK 2, Lackner 1, Laufhütte LK 1; zur Strafzumessung vgl. jedoch u. 26f.). Entsprechend § 174 und aus denselben Gründen wie dort (vgl. § 174 RN 2) unterscheidet das Gesetz auch hier mit entsprechend abgestuften Strafdrohungen zwischen sexuellen Kontakten mit dem Kind, die mit einer körperlichen Berührung verbunden sind (Abs. 1, 2) und solchen, bei denen dies nicht der Fall ist (Abs. 5); zur Kritik vgl. § 184c RN 3. Zu den Änderungen durch das 4. StrRG im übrigen vgl. die 20. A. RN 2 und näher Hanack NJW 74, 4, Laufhütte LK vor RN 1, Sturm JZ 74, 6.

2   II. Abs. 1 erfaßt den **unmittelbaren körperlichen Kontakt des Täters mit dem Kind.** Täter kann ein Mann oder eine Frau sein; ebenso ist das Geschlecht des Kindes ohne Bedeutung.

3   1. Die **1. Alt.** des Abs. 1 erfaßt die Vornahme **sexueller Handlungen „an"** einem Kind (vgl. dazu § 184c RN 4ff., 18). Dabei entscheidet sich im einzelnen nach der Erheblichkeitsklausel des § 184c Nr. 1, von welcher Dauer und Intensität die fragliche Handlung sein muß (vgl. § 184c RN 15aff.); keine Rolle dürfte im allgemeinen spielen, ob das Kind unbekleidet war oder nicht (vgl. auch RG **47** 75). Auszuscheiden haben nach § 184c Nr. 1 solche Handlungen, die zwar eine Beziehung zum Geschlechtlichen aufweisen, jedoch schlechterdings keine Gefährdung der ungestörten sexuellen Entwicklung des Kindes darstellen können (krit. jedoch Horn SK 2). Dies gilt z. B. für das Streicheln des nackten Knies (Horn SK 3; and. BGH MDR/D **53**, 19 zu § 176 a. F.), das kurze (wenn auch massive) oder aus anderen Gründen unbedeutende Berühren der Brust über der Kleidung (BGH EzSt **Nr. 2**) oder bei einem flüchtigen Greifen unter den Rock (D-Tröndle 3). Nach der Erheblichkeitsklausel des § 184c Nr. 1 bestimmt sich auch, ob Handlungen genügen, deren Bedeutung das Kind nicht versteht oder die an einem schlafenden Kind vorgenommen werden (vgl. § 184c RN 18). Da eine körperliche Berührung erforderlich ist, kann eine Handlung, bei der dies mißlingt, lediglich ein nach Abs. 6 strafbarer Versuch sein (vgl. u. 24).

4   2. Die **2. Alt.** des Abs. 1 erfaßt den Fall, daß der Täter **sexuelle Handlungen von einem Kind „an" sich vornehmen läßt.** Hier muß deshalb die Handlung des Kindes die Merkmale einer *sexuellen Handlung* erfüllen (vgl. dazu § 184c RN 4ff., zu den subjektiven Erfordernissen in diesem Fall vgl. § 184c RN 11); zum Begriff des *An-sich-vornehmen-Lassens* vgl. § 184c RN 19.

5   III. Abs. 2 betrifft die Fälle, in denen der Täter das **Kind zu körperlichen Kontakten mit Dritten bestimmt.**

6   1. Die **1. Alt.** erfaßt das **Bestimmen** eines Kindes **zur Vornahme** von sexuellen Handlungen **„an" einem Dritten.** Ob sich der Dritte dadurch selbst nach Abs. 1 strafbar macht, ist ohne Bedeutung; er kann z. B. ebenfalls ein Kind sein.

Sexueller Mißbrauch von Kindern   7–13 § 176

a) Erforderlich ist hier, daß das **Kind** eine **sexuelle Handlung** (vgl. § 184c RN 4ff., 11) „**an**" **7**
(vgl. § 184c RN 18) einem **Dritten** vornimmt. Darauf, ob dieser einverstanden ist, kommt es
nicht an. Erfaßt werden daher auch Handlungen an einem Schlafenden (and. Laufhütte LK 4, der
hier eine Fall des Abs. 5 Nr. 2 annimmt), da nicht der Dritte, sondern das Kind geschützt ist.

b) Der Täter muß das Kind dazu **bestimmt** haben, d. h. er muß den Willen des Kindes **8**
– ausdrücklich oder konkludent (vgl. RG 73 246, HRR 39 Nr. 259, BGH 9 113, NJW 85, 924,
Braunschweig NJW **47**, 109) – beeinflußt und dadurch dessen Entschluß zur Vornahme der
sexuellen Handlung jedenfalls mitverursacht haben; hinzukommen muß als Erfolg die tatsächliche Vornahme der sexuellen Handlung (andernfalls Versuch nach Abs. 6). Auf welche Weise
dies geschieht (z. B. Überredung, Versprechen von Geschenken, Drohung, Täuschung, Wekken von Neugier [vgl. BGH NJW **53**, 710]), ist gleichgültig; nicht erforderlich ist die Überwindung besonderer Hemmungen. Kein „Bestimmen" i. S. der Vorschrift ist jedoch das der Kettenanstiftung (vgl. § 26 RN 9) entsprechende mittelbare Bestimmen über einen Dritten, da das
Bestimmen hier täterschaftliche Begehung ist (ebenso Horn SK 7; and. Laufhütte LK 8 [vgl.
dazu auch § 174 RN 20]); die Bestrafung des Hintermanns erfolgt vielmehr nach § 26. Ebensowenig wie bei der Anstiftung ist beim Bestimmen eine täterschaftliche Begehung durch
Unterlassen möglich (so aber Gössel I 290). Sofern jedoch der Beschützergarant des Kindes
dem Bestimmen eines Dritten nicht entgegentritt, kann dies eine Beihilfe durch Unterlassen
darstellen (weitergehend Laufhütte LK 7; zweifelnd Horn SK 8). Vgl. im übrigen zum Begriff
des Bestimmens § 26 RN 3ff.

2. Die 2. **Alt.** erfaßt das **Bestimmen** des Kindes, **sexuelle Handlungen** eines **Dritten** „**an**" **9**
sich vornehmen zu lassen. Zum Begriff der *sexuellen Handlung* vgl. § 184c RN 4ff. Diese
Handlung muß am Körper des Kindes vorgenommen werden; zur Frage, ob das Kind die
Bedeutung der Handlung verstehen muß, vgl. § 184c RN 18. Ein *An-sich-vornehmen-Lassen* des
Kindes liegt sowohl vor, wenn das Kind die Handlungen des Dritten lediglich duldet, als auch
dann, wenn es diesen zur Vornahme der Handlung an sich veranlaßt. Zum *Bestimmen* vgl. o. 8.

IV. Für den **subjektiven Tatbestand** ist Vorsatz erforderlich; bedingter Vorsatz genügt (vgl. **10**
BGH **4** 305, Bremen HESt. **2** 269, Frankfurt NJW **49**, 33). Erforderlich ist die Kenntnis vom
Alter des Kindes (vgl. Bay MDR **63**, 333); auch insoweit ist bedingter Vorsatz ausreichend (vgl.
RG HRR **40** Nr. 1327). Strafbar ist, wem das Alter unbekannt, aber auch gleichgültig war (vgl.
RG **75** 128); Voraussetzung ist jedoch, daß der Täter die Möglichkeit, das Kind sei unter 14
Jahre alt, nicht ausschließt (vgl. auch Laufhütte LK 14 unter Hinweis auf BGH **4** StR 375/80 v.
21. 8. 80). Er muß deshalb die Möglichkeit gedacht haben; hat er sich über das Alter des
Kindes überhaupt keine Gedanken gemacht, so liegt auch kein bedingter Vorsatz vor (BGH
NJW **53**, 152, D-Tröndle 12, Gössel I 312). Glaubt der Täter irrtümlich, das Kind sei noch nicht
14 Jahre alt, so liegt ein nach Abs. 6 strafbarer Versuch vor. Wo das Gesetz die Vornahme
sexueller Handlungen durch das Kind verlangt (Abs. 1, 2. Alt., Abs. 2, 1. Alt.), muß der Täter
wissen, daß das Kind deren Bedeutung in dem in § 184c RN 11 genannten Sinn kennt (and.
Laufhütte LK 15). Eigene sexuelle Absichten braucht der Täter hier nicht zu verfolgen.

V. Für **besonders schwere Fälle** (zu diesen vgl. 47 vor § 38) sieht **Abs. 3** eine erhöhte Strafe vor, **11**
wobei das Gesetz in Nr. 1, 2 zwei **Regelbeispiele** nennt (allgemein zu diesen vgl. 44ff. vor § 38).
Abgesehen von diesen kommt ein besonders schwerer Fall z. B. in Betracht bei wiederholtem Mißbrauch, bei sexuellen Praktiken, die im Vergleich zu dem in Nr. 1 genannten Beischlaf ebenso
gravierend sein können (z. B. Mund-, Analverkehr, vgl. BGH MDR/D **74**, 366, NStZ **84**, 468,
Laufhütte LK 25; krit. Horn SK 15), oder beim Eintritt einer schweren psychischen Schädigung,
soweit der Täter dies als verschuldete Auswirkung der Tat (vgl. § 46 RN 26) voraussehen konnte
(vgl. BT-Drs. VI/3521 S. 36, D-Tröndle 15, Lackner 5; enger Horn SK 15). Zur Bedeutung des
Abs. 3 für Teilnehmer vgl. 44d vor § 38.

1. Ein besonders schwerer Fall liegt in der Regel vor, wenn der Täter mit dem Kind den **Beischlaf** **12**
(vgl. § 173 RN 3) vollzieht (**Nr. 1**); zum versuchten Beischlaf vgl. u. 24. Die besondere Schwere des
Falles ergibt sich primär nicht aus der Gefahr der Schwangerschaft, sondern daraus, daß das Gesetz im
Vollziehen des Beischlafs einen besonders schwerwiegenden Eingriff in die sexuelle Entwicklung des
Kindes sieht. Trotz des Beischlafs kann die Indizwirkung daher z. B. ausgeschlossen sein bei einem
körperlich und geistig-seelisch weit über den altersgemäßen Zustand entwickelten Kind oder wenn
dieses keinen nachhaltigen seelischen Schaden erlitten hat, aber auch bei Verführung des Täters durch
ein schon geschlechtserfahrenes Kind, bei einem Liebesverhältnis oder einer jedenfalls von gegenseitiger Zuneigung geprägten Beziehung (vgl. BGH NJW **87**, 2450, EzSt **Nr. 5**, StV **89**, 432, D-Tröndle
15, Lackner 5). Auch bei einem Liebesverhältnis kann der regelmäßige Geschlechtsverkehr zwischen
dem 41jährigen Täter und einem bis dahin sexuell noch unerfahrenen Mädchen jedoch für die Annahme eines besonders schweren Falls sprechen (BGH NStE **Nr. 4**).

52. Ein besonders schwerer Fall liegt weiter regelmäßig dann vor, wenn der Täter das Kind bei der **13**
Tat **körperlich schwer mißhandelt** (**Nr. 2**). Zum Begriff des körperlichen Mißhandelns vgl. § 223

RN 3; eine „schwere" körperliche Mißhandlung setzt nicht voraus, daß es zu einem Erfolg i. S. des § 224 gekommen ist, vielmehr genügt jede schwere Beeinträchtigung des körperlichen Wohlbefindens (D-Tröndle 15, Gössel I 313, Laufhütte LK 24). „Bei" der Tat ist die Mißhandlung im Fall des Abs. 1 vorgenommen, wenn zwischen ihr und der sexuellen Handlung ein unmittelbarer Zusammenhang besteht. Dies ist sowohl dann der Fall, wenn die Mißhandlung selbst Bestandteil der sexuellen Handlung ist (z. B. sadistische Handlungen), als auch dann, wenn sie dazu dient, das Kind gefügig zu machen oder – sofern unmittelbar mit der Tat vorgenommen – zum Schweigen zu bringen (Gössel I 313, Laufhütte LK 24). Im Fall des Abs. 2 genügt es, wenn es beim Bestimmen des Kindes zu Mißhandlungen kommt (vgl. auch M-Schroeder I 186); daß diese bei dem sexuellen Kontakt mit dem Dritten fortgesetzt werden, ist nicht erforderlich. Praktische Bedeutung hat hier Nr. 2, wenn die Mitwirkung des Kindes durch schwere Mißhandlungen erzwungen wird. Der Vorsatz muß hier in allen Fällen auf eine schwere körperliche Mißhandlung gerichtet sein; ein gewöhnlicher Körperverletzungserfolg genügt auch dann nicht, wenn es zu einem Erfolg i. S. des § 224 kommt und der Täter insoweit fahrlässig gehandelt hat.

14 **VI.** Eine gegenüber Abs. 3 weiter erhöhte Strafe sieht **Abs. 4** für den **sexuellen Mißbrauch von Kindern mit Todesfolge** vor. Es handelt sich dabei um eine Erfolgsqualifizierung, die jedoch abweichend von § 18 Leichtfertigkeit erfordert.

15 1. Erforderlich ist, daß der Tod des Kindes **durch die Tat verursacht** worden ist (vgl. 71 ff. vor § 13), wobei sich dieser nach den Regeln der objektiven Zurechnung (vgl. 91 ff. vor § 13) als Verwirklichung gerade der grunddeliktsspezifischen Gefahr darstellen muß (vgl. § 18 RN 4). Da die Tat i. S. des § 176 nur in der Vornahme sexueller Handlungen an dem Kind usw. besteht, nicht aber in einer Gewaltanwendung, ist Abs. 4 nicht anwendbar, wenn das Kind an den Folgen der zur Vornahme der sexuellen Handlung verübten Gewalt stirbt (and. Horn SK 22, Laufhütte LK 27); hier gelten vielmehr ausschließlich die §§ 177 III, 178 III. Daran ändert sich auch nichts, wenn die zur Ermöglichung der sexuellen Handlung vorgenommene Gewalt in einer schweren körperlichen Mißhandlung i. S. des Abs. 3 Nr. 2 besteht, da auch diese nicht Bestandteil der tatbestandsmäßigen Handlung, sondern lediglich ein Strafzumessungsgrund ist und die Anwendbarkeit des Abs. 4 nicht davon abhängen kann, ob die Regelwirkung im Einzelfall entkräftet wird oder nicht. Für Abs. 4 bleiben damit im wesentlichen die Fälle, in denen die sexuelle Handlung selbst in einer den Tod verursachenden körperlichen Mißhandlung besteht (insbes. sadistische Handlungen). In Betracht kommt auch der Tod infolge einer auf der sexuellen Handlung beruhenden Schwangerschaft, ferner der Tod infolge eines psychischen Schocks oder der Selbstmord des mißbrauchten Kindes, weil es das Geschehen seelisch nicht bewältigt (vgl. auch Rengier, Erfolgsqualifizierte Delikte usw. [1986] 196, 230; and. Laufhütte LK 27); jedenfalls in den beiden letzten Fällen dürfte es aber regelmäßig an der Leichtfertigkeit (vgl. u. 16) fehlen. Nicht anwendbar ist Abs. 4, wenn das Opfer beim Versuch, dem Täter zu entfliehen, tödlich stürzt, da es sich dabei nicht um die Realisierung der tatbestandsspezifischen Gefahr handelt.

16 2. In subjektiver Hinsicht ist mindestens **Leichtfertigkeit**, d. h. ein gesteigerter Grad von Fahrlässigkeit erforderlich (vgl. dazu § 15 RN 106 f., 205, ferner Maiwald GA 74, 257). Führt der Täter den Tod lediglich leicht fahrlässig herbei, so liegt Idealkonkurrenz zwischen § 176 I und § 222 bzw. § 226 vor. Abs. 4 gilt auch bei vorsätzlicher Tötung (vgl. § 18 RN 3; and. BGH MDR/D **76**, 15, Laufhütte LK 29).

17 **VII. Abs. 5** erfaßt **weitere Formen des sexuellen Mißbrauchs von Kindern.** Bestraft – wenn auch nach einem gegenüber Abs. 1, 2 milderen Strafrahmen (vgl. o. 1) – werden danach Handlungen, die zwar nicht zu einem unmittelbaren Körperkontakt mit dem Kind führen, die aber auf andere Weise die ungestörte sexuelle Entwicklung des Kindes gefährden können. Hinzukommen muß hier eine besondere Absicht des Täters (krit. Hanack NJW 74, 4).

18 1. Nach **Nr. 1** ist strafbar, wer in bestimmter Absicht (vgl. u. 23) **sexuelle Handlungen** (vgl. § 184c RN 4 ff.) „vor" dem Kind, d. h. an sich selbst oder an einem Dritten vornimmt (vgl. § 184c RN 20 ff.). Über das Verhältnis zu § 183 vgl. dort RN 14 f.

19 2. Nr. 2 erfaßt das in sexueller Absicht (vgl. u. 23) erfolgende **Bestimmen des Kindes** zur Vornahme **sexueller Handlungen „vor" dem Täter oder einem Dritten.** Hier muß deshalb die Handlung des Kindes die Merkmale einer *sexuellen Handlung* aufweisen (vgl. dazu § 184c RN 4 ff., 11). Schon an den begrifflichen Voraussetzungen einer solchen, jedenfalls aber an der Erheblichkeit (vgl. § 184c RN 14 ff.) fehlt es, wenn der Täter das Kind veranlaßt, nackt zu baden, seinen Rock hochzuheben (and. zu § 176 Nr. 3 a. F. BGH **17** 280, LM **Nr. 13**) oder einen Handstand zu machen, bei dem der Schlüpfer sichtbar wird (zur a. F. hier ebenso BGH **17** 285; and. BGH **2** 212); auch das bloße Betrachten eines sexuellen Vorgangs ist selbst noch keine sexuelle Handlung (D-Tröndle 7; and. zur a. F. BGH GA **66**, 309), wohl aber, wenn ein Kind veranlaßt wird, eine obszöne Stellung einzunehmen (vgl. KG JR **82**, 507, Koblenz NJW **79**,

1467) oder ein 13jähriges Mädchen, seinen Oberkörper zu entblößen (BGH NStZ **85**, 24). Zur Vornahme sexueller Handlungen *„vor"* dem Täter bzw. Dritten vgl. § 184c RN 20ff., insbes. 21b, 24. Für Nr. 2 bleiben damit nur die Fälle, in denen das Kind die Handlung an sich selbst vornimmt (vgl. Horn SK 31); bei Bestimmen des Kindes zu sexuellen Handlungen „an" einem anderen und zugleich „vor" einem Dritten gilt der strengere Abs. 2 (vgl. aber auch Laufhütte LK 4, 9). Zum *Bestimmen* vgl. o. 8.

3. **Nr. 3** betrifft das in sexueller Absicht (vgl. u. 23) erfolgende **Einwirken auf das Kind** **20** **durch Vorzeigen pornographischer Abbildungen** oder Darstellungen, durch **Abspielen** von **Tonträgern** pornographischen Inhalts oder **entsprechende Reden**.

a) Zum Begriff der **pornographischen Abbildungen** usw. vgl. § 11 RN 78, § 184 RN 4ff.; es **21** genügt hier jede Pornographie, nicht nur die sog. harte Pornographie i. S. des § 184 III. Abweichend von § 184 fallen (unbebilderte) pornographische Schriften nach dem eindeutigen Gesetzeswortlaut nicht unter Abs. 5 (M-Schroeder I 186), was ebenso wenig folgerichtig erscheint, weil andererseits auch das Einwirken durch Reden entsprechenden Inhalts oder das Abspielen von Tonträgern erfaßt wird, obwohl hier gleichfalls eine Gefährdung des Kindes nur bei einer eigenen gedanklichen Verarbeitung des Inhalts möglich ist. „Entsprechende Reden" (auch Lieder, vgl. Dreher JR 74, 49) sind solche, die nach Art, Inhalt und Intensität mit den sonstigen pornographischen Darstellungen usw. vergleichbar sind; sexualbezogene, aber auch grob sexuelle Äußerungen reichen dafür noch nicht aus (BGH **29** 29, StV **81**, 338).

b) Das **Einwirken** setzt zunächst eine Handlung voraus, die zur sinnlichen Wahrnehmung **22** der Abbildung usw. durch das Kind führt; daß dies in räumlicher Anwesenheit des Täters geschieht, ist nicht erforderlich (BGH **29** 29: fernmündliche Einwirkung durch Reden). Die bloße Möglichkeit der Wahrnehmung genügt, anders als beim Zugänglichmachen in § 184 I Nr. 1 usw., nicht. Darüber hinaus muß das Einwirken auf eine psychische Einflußnahme in der Weise gerichtet sein, daß in dem Kind sexuelle Interessen geweckt oder sonst sexuelle Impulse ausgelöst werden sollen (D-Tröndle 8; and. Horn SK 36, M-Schroeder I 186; vgl. auch BGH **29** 30, MDR/D **74**, 546, wo eine „Einflußnahme tiefergehender Art" verlangt wird, ferner Laufhütte LK 13). Ein flüchtiges Vorzeigen und kurze oberflächliche Reden genügen nicht (BGH MDR/D **74**, 546).

4. Der **subjektive Tatbestand** verlangt zunächst **Vorsatz**, wobei bedingter Vorsatz genügt **23** (bezüglich des Alters vgl. o. 10). Dazu gehört bei Nr. 1 zwar nicht, daß der Täter das Kind „als eine Art Partner" einbeziehen will, wohl aber muß sich der Vorsatz auf das Erfassen des Vorgangs durch das Kind i. S. des in § 184c RN 20ff. Gesagten beziehen. Hinzukommen muß ferner in allen Fällen die **Absicht** des Täters, sich selbst, das Kind oder – insofern abweichend von § 174 II – einen Dritten sexuell zu erregen (Horn SK 28). Dieser braucht nicht mit dem Dritten i. S. der Nr. 2 identisch zu sein; er muß daher auch nicht selbst anwesend sein, weshalb es z. B. genügt, wenn der Täter zur Erregung potentieller Käufer pornographischer Aufnahmen das Kind veranlaßt, sich bei der Vornahme sexueller Handlungen fotografieren zu lassen (Koblenz NJW **79**, 1467; zu 176 Nr. 3 a. F. vgl. BGH **15** 276). Vgl. im übrigen § 174 RN 18.

VIII. Der **Versuch** ist in allen Fällen mit Ausnahme von Abs. 5 Nr. 3 (krit. dazu D-Tröndle 18, **24** M-Schroeder I 187) strafbar. Kommt es zu sexuellen Handlungen nach Abs. 1, 2, 5 Nr. 1 und 2, so ist die Tat vollendet und nicht deshalb nur Versuch, weil der Täter noch weitergehen wollte (D-Tröndle 18 mwN). Ein Versuch nach **Abs. 1** ist es bereits, wenn der Täter das Kind durch eine entsprechende Beeinflussung (Überreden, Versprechen von Geschenken, Drohen usw.) zur anschließenden Vornahme oder Duldung sexueller Handlungen zu bringen versucht (vgl. BGH MDR/D **74**, 545, 722); läßt sich nicht feststellen, ob er sexuelle Handlungen an dem Kind vornehmen (Abs. 1) oder dieses zu sexuellen Handlungen an sich (Abs. 5) veranlassen wollte, so ist eine Bestrafung nur wegen Versuchs nach Abs. 5 möglich (Zweibrücken OLGSt. § 176 S. 9). Eine bloße Vorbereitungshandlung ist dagegen die Aufforderung an das Kind, mit dem Täter an einen versteckten Ort zu gehen (ebenso Horn SK 10, Laufhütte LK 19; and. noch RG **69** 142, BGH **6** 302, was jedoch nach der neuen Versuchsdefinition des § 22 nicht mehr haltbar ist, da hier das Aufsuchen des Orts noch ein wesentlicher Zwischenschritt ist). Führt der zur Vornahme sexueller Handlungen bereits fest entschlossene Täter das Kind an einen dazu geeigneten Ort, so ist zu unterscheiden: Versuch liegt hier vor, wenn er schon unterwegs auf das Kind entsprechend einwirkt, aber auch dann, wenn er nach seinem Tatplan bereits durch das Aufsuchen des fraglichen Orts zur Willensbeeinflussung des Kindes unmittelbar ansetzt, weil er erwartet, daß ihm sein Opfer dort in dieser Situation aus Angst ohne weiteres gefügig sein wird (vgl. i. E. auch Rudolphi JuS **73** 9; enger Rudolphi JuS 73, 25, weitergehend dagegen noch BGH MDR/D **74**, 545, 722, ferner D-Tröndle 18, Laufhütte LK 19, M-Schroeder I 187, Roxin JuS 79, 8 [Versuch in jedem Fall schon das Führen an den Tatort]); geht der Täter dagegen davon aus, daß er das Kind erst am Tatort durch weitere eigene Handlungen zur Aufnahme des sexuellen Kontakts bringen kann, so beginnt, weil dies noch wesentliche Zwischenakte sind, der Versuch erst damit (vgl. für ein Verführen des Kindes auf freiwilliger Basis auch BGH aaO, was entgegen dem BGH aber auch gelten muß, wenn der Täter vorhat, einen etwaigen Widerstand des Kindes dort zu brechen, da Gewalt und

Drohung keine Merkmale der tatbestandsmäßigen Handlung des § 176 sind). Entsprechendes gilt, wenn der Täter das Kind zu sich in ein Zimmer ruft (vgl. BGHR § 176 I, Konkurrenzen 1, wo darin ohne weiteres ein Versuch gesehen wurde). Für den Versuch des Bestimmens in **Abs. 2, 5 Nr. 2** gelten die Regeln des § 30 entsprechend (vgl. dort RN 17 ff.; ebenso D-Tröndle 18; enger Horn SK 10, M-Schroeder I 187; weitergehend dagegen Laufhütte LK 20). Bei **Abs. 3** kommt ein Versuch (z. B. versuchter Beischlaf) nicht in Betracht, da die hier genannten Regelbeispiele keinen eigenen Tatbestand enthalten; der bloße Beischlafsversuch kann daher nur bei Hinzukommen weiterer erschwerender Umstände nach Abs. 3 bestraft werden (ebenso Laufhütte LK 24). Zur Möglichkeit eines Versuchs im Falle des **Abs. 4** vgl. näher § 18 RN 8 ff.

25   **IX. Konkurrenzen.** Idealkonkurrenz des **Abs. 1** ist möglich mit §§ 173 (BGH NJW **53**, 710), 174, 174a, 175, 177 (BGH MDR/D **74**, 546), 178, 179, 182 (and. bei Annahme eines schweren Falles nach Abs. 3 Nr. 1), 211 ff., 223 (and. bei Annahme eines schweren Falles nach Abs. 3 Nr. 2), 223 a ff., 240. Bei **Abs. 2** ist Idealkonkurrenz möglich mit § 178, unter den zu Abs. 1 genannten Einschränkungen ferner mit 223 ff. sowie mit § 240. Bei einer Verurteilung unter Anwendung des **Abs. 3** treten im Fall der Nr. 1 § 182, im Fall der Nr. 2 § 223 – nicht dagegen §§ 223 a ff. – zurück. Sind die Regelbeispiele nach Abs. 3 lediglich versucht, so erfolgt die Verurteilung nach Abs. 1, 2, wenn nicht sonstige erschwerende Umstände hinzukommen. Gegenüber **Abs. 4** treten §§ 222, 226 zurück; zu § 211 besteht Idealkonkurrenz (vgl. entsprechend § 251 RN 9). Bei **Abs. 5** ist Idealkonkurrenz möglich zwischen Nr. 1 und §§ 174 II, 183 (vgl. dort RN 14 f.), 183 a, sowie zwischen Nr. 2 und § 180 II, III; hinter Nr. 3 tritt § 184 I Nr. 1 zurück (BGH NJW **76**, 1984). Über das Verhältnis zur Beleidigung vgl. § 185 RN 20. – **Innerhalb des § 176** gilt folgendes: Bei einem gleichzeitigen körperlichen Sexualkontakt mit zwei Kindern besteht Tateinheit nach Abs. 1 (BGHR § 176 I, Konkurrenzen 2). Dies gilt auch, wenn der Täter mit zwei Kindern, die er gleichzeitig aufgefordert hatte, zu ihm zu kommen, nacheinander den Beischlaf vollzieht, sofern die Aufforderung bereits ein Versuch ist (vgl. dazu BGHR § 176 I, Konkurrenzen 1). Bei gleichzeitiger Verwirklichung des Abs. 1 und 2 (z. B. Triolenverkehr) liegt Idealkonkurrenz nur vor, wenn auch der Dritte ein Kind ist; im übrigen handelt es sich wegen der Gleichwertigkeit der Begehungsweisen nur um eine Tat nach § 176 I, II (ebenso Horn SK 12; vgl. aber auch BGH **26** 174, D-Tröndle 19, Laufhütte LK 31, M-Schroeder I 187). Bei Abs. 2 ist Idealkonkurrenz möglich, wenn mehrere Kinder zugleich zu Handlungen i. S. des Abs. 2 bestimmt werden. Beim Zusammentreffen einer Handlung nach Abs. 5 mit einer solchen nach Abs. 1, 2 tritt Abs. 5 als die leichtere Begehungsform zurück (BGH MDR/D **74**, 722, Horn SK 12, Lackner 8); wird jedoch Abs. 1, 2 nur versucht, so besteht Idealkonkurrenz zu Abs. 5 (BGH aaO). Eine fortgesetzte Tat ist wegen der Höchstpersönlichkeit des Rechtsguts nur möglich bei Handlungen mit demselben Kind (BGHR § 176 I, Handlungen 1; zu den Anforderungen an den Gesamtvorsatz bzw. die Gleichartigkeit der Begehungsweise vgl. BGH MDR/H **78**, 804, **79**, 636, EzSt **Nr. 2, 5**, § 52 **Nr. 22**, BGHR § 176 I, Konkurrenzen 4). Zu den Urteilsanforderungen bei einer Verurteilung wegen einer Mehrzahl etwa gleichartiger Fälle vgl. BGH MDR/H **85**, 91.

26   **X.** Für die Bemessung der **Strafe** gelten die im einzelnen mehrfach abgestuften Strafrahmen der Abs. 1–5 (z. T. krit. D-Tröndle 13, Dreher JR 74, 49), bei deren Festlegung entscheidend ist, in welchem Maß der Schutzzweck der Vorschrift durch die Tat beeinträchtigt wurde (BGH StV **89**, 432). Ist die Tat nach Abs. 5 Nr. 1 eine exhibitionistische Handlung nach § 183, so ist die erweiterte Möglichkeit einer Strafaussetzung nach § 183 III, IV RN 2 zu beachten. Zur Annahme eines **besonders schweren Falles** nach Abs. 3 vgl. o. 11. Ein **minder schwerer Fall** nach Abs. 1, 2 ist anzunehmen bei geringerem Unrecht oder geringer Schuld, so z. B. bei Handlungen, welche die Erheblichkeitsschwelle des § 184 c Nr. 1 nur geringfügig übersteigen (BGH EzSt **Nr. 1**), ferner bei Verführung durch ein bereits sexuell erfahrenes Kind, bei einer partnerschaftlichen Liebesbeziehung zwischen dem Kind und einem jugendlichen Täter, bei einer recht harmlosen Manipulation eines Alterarteriosklerotikers, sofern hier nicht ohnehin § 21 in Betracht kommt (BGH **21** 57); vgl. dazu auch BT-Drs. VI/3521 S. 36, D-Tröndle 14, Lackner 7, Laufhütte LK 22. Ein minder schwerer Fall darf nicht deshalb verneint werden, weil der Täter das Unrechtsbewußtsein hatte (BGH MDR/D **74**, 365). Daß der Täter zu normalen sexuellen Beziehungen nicht in der Lage ist, rechtfertigt dagegen für sich allein noch nicht die Annahme eines minder schweren Falles.

27   Im übrigen sind alle für die Strafbemessung bedeutsamen Umstände zu würdigen, und zwar in ihrem Zusammenhang und nach ihrer Beziehung zu Tat und Täter (vgl. z. B. BGH NStE § 178 **Nr. 3**). Straferschwerend wirken zwar nicht schon die Folgen der Tat, „die möglicherweise eintreten können" (unzulässige Doppelverwertung; vgl. BGH aaO), wohl aber der Eintritt oder die festgestellte konkrete Gefahr psychischer Schäden (vgl. BGH GA **58**, 213, Hamburg MDR **72**, 1033). Daß der sexuelle Mißbrauch eines Kindes bei diesem in der Regel einen seelischen Schaden verursacht und ein solcher deshalb, weil er den Durchschnittsfall des Delikts kennzeichnet, nicht oder nur bei einem überdurchschnittlichen Schweregrad straferschwerend berücksichtigt werden darf (vgl. BGH StV **86**, 149, **87**, 146), entspricht nicht der Ausgangslage des Gesetzes (vgl. o. 1). Der Normalfall ist vielmehr die Ungewißheit über die Schädlichkeit der Tat (vgl. o. 1), weshalb es andererseits auch strafmildernd berücksichtigt werden kann, wenn Anzeichen dafür vorliegen, daß eine schädliche Wirkung nicht zu befürchten ist (vgl. BT-Drs. VI/3521 S. 35, BGH StV **86**, 149). Strafschärfend kann ferner die Häufigkeit des Verkehrs ins Gewicht fallen (BGH NStE **Nr. 4**), nach BGH MDR/D **67**, 14 auch, daß

Vergewaltigung 1 §177

aus diesem ein Kind hervorgegangen ist. Unzulässig ist eine Strafschärfung dagegen deshalb, weil dem Täter die Einsicht fehlt, dem Opfer möglicherweise geschadet zu haben (BGH MDR/H **80**, 984), weil das Opfer keinen nachvollziehbaren Anlaß zu seinem Verhalten gegeben hat (BGH StV **87**, 146) oder bei einem bereits 13-jährigen Kind, weil dieses sich noch nicht an der oberen Altersgrenze befunden hat (BGH MDR/H **78**, 280). Ebenso kann der Umstand, daß das Kind Opfer homosexueller Handlungen geworden ist, nicht generell strafschärfend bewertet werden (vgl. näher dazu Laufhütte LK § 175 RN 7 gegen BGH 4 StR 218/82 v. 24. 6. 82, 4 StR 222/83 v. 7. 7. 83). Kein Strafschärfungsgrund ist es auch, daß der Täter einer politischen Vereinigung nahesteht, die den freien sexuellen Umgang mit Kindern fordert (BGH NStZ **86**, 358). Ebensowenig kann ein solcher damit begründet werden, daß Sexualdelikte an Kindern im Interesse einer reinen und gesunden Jugend schwer geahndet werden müßten, da dies gegen das Verbot der Doppelverwertung verstößt (RG JW **36**, 3461). – Strafmildernd kann dagegen ein Triebstau oder eine Triebperversion sein, da das Delikt des § 176 keineswegs auf Täter einer abartigen Triebrichtung beschränkt ist, dieser Gesichtspunkt also auch nicht schon im Strafrahmen des § 176 berücksichtigt ist (Laufhütte LK 24; and. BGH JR **54**, 227). Zu weiteren Milderungsgründen vgl. o. sowie zu den minderschweren Fällen o. 12. Mit dem Fehlen von Strafschärfungsgründen kann eine Strafmilderung nicht begründet werden, z. B. damit, daß der Täter keine Gewalt angewandt habe; Entsprechendes gilt umgekehrt für eine Strafschärfung (BGH NStZ/M **83**, 163).

XI. Zur Zulässigkeit von **Führungsaufsicht** vgl. § 181 b. Nach § 2 II des KastrG v. 15. 8. 1969, BGBl. I 1143, kann mit Einwilligung des Täters auch eine **Kastration** durchgeführt werden. 28

XII. Zur **Verjährung** bei vor dem 1. 1. 1975 begangener Taten vgl. BGH MDR/H **78**, 804. 29

§ 177 Vergewaltigung

(1) **Wer eine Frau mit Gewalt oder durch Drohung mit gegenwärtiger Gefahr für Leib oder Leben zum außerehelichen Beischlaf mit ihm oder einem Dritten nötigt, wird mit Freiheitsstrafe nicht unter zwei Jahren bestraft.**

(2) **In minder schweren Fällen ist die Strafe Freiheitsstrafe von sechs Monaten bis zu fünf Jahren.**

(3) **Verursacht der Täter durch die Tat leichtfertig den Tod des Opfers, so ist die Strafe Freiheitsstrafe nicht unter fünf Jahren.**

Schrifttum: Behm, Die Außerehelichkeit der Vergewaltigung – ein Rechtsproblem?, MDR 86, 886. – *Dost,* Psychologie der Notzucht, 1963. – *Frommel,* Opferschutz durch hohe Strafdrohungen?, MSchrKrim 85, 350. – *dies.,* Wie kann die Staatsgewalt die Frauen vor sexueller Gewalt schützen?, ZRP 87, 242. – *dies.,* Das klägliche Ende der Reform der sexuellen Gewaltdelikte, ZRP 88, 233. – *Helmken,* Vergewaltigung in der Ehe, 1979. – *ders.,* Zur Strafbarkeit der Ehegattennotzucht, ZRP 80, 171. – *ders.,* Roll-Back des Patriarchats?, ZRP 85, 170. – *Horn,* Nötigung des Ehegatten zum Beischlaf – strafbar?, ZRP 85, 265. – *Incescu,* Feministische Signale durch Strafzumessung? – Der Streit um die Mindeststrafe bei Vergewaltigungen – StV 88, 496. – *Limbach,* Zur Strafbarkeit der Vergewaltigung in der Ehe, ZRP 85, 289. – *Maurach,* Zum subjektiven Tatbestand der §§ 176 Ziff. 1, 177 StGB, GA 56, 305. – *Michaelis/Arntzen,* Die Vergewaltigung aus kriminologischer, viktimologischer und aussagepsychologischer Sicht, 1981. – *Mitsch,* Die Strafbarkeit der Ehegattenvergewaltigung im geltenden Recht, JA 89, 484. – *Mösl,* Ist eine Reform der „sexuellen Gewaltdelikte" notwendig?, ZRP 89, 49. – *Rössner,* Gewaltbegriff und Opferverhalten bei der Vergewaltigung, Leferenz-FS 527. – *Schneider,* Vergewaltigung in kriminologischer und viktimologischer Sicht, Blau-FS (1985) S. 343. – *Teufert,* Notzucht und sexuelle Nötigung, 1980. – *Weis,* Die Vergewaltigung und ihre Opfer, 1982. – *Wolter,* Gewaltanwendung und Gewalttätigkeit, NStZ 85, 193, 245. – *Zuck,* Gewalt in der Familie, MDR 87, 14. – Aus den Materialien vgl. u. a. Prot. VI 898, 905, 981, 990, 1003, 1016, 1602, 1635, 2109, VII 11.

I. **Rechtsgut** ist die freie geschlechtliche Selbstbestimmung der Frau (BT-Drs. VI/1552 S. 17). 1 Dabei kann die gegenüber § 178 erhöhte Strafdrohung nicht allein und auch nicht primär mit der Gefahr einer Schwangerschaft begründet werden (vgl. entsprechend § 176 III Nr. 1, wo eine solche vielfach noch gar nicht besteht), vielmehr sieht das Gesetz in dem erzwungenen Beischlaf einen besonders massiven Eingriff in die sexuelle Selbstbestimmung der Frau. Während bei § 177 a. F. umstritten war, inwieweit es sich bei der Vergewaltigung („Notzucht") um ein eigenhändiges bzw. Sonderdelikt handelt (vgl. 16 A., RN 8), genügt nach § 177 n. F. für die Täterschaft die Gewaltanwendung, die *einem anderen* den Beischlaf ermöglicht (vgl. näher BGH **27** 205). Täter kann somit auch eine Frau sein. Zugleich hat sich damit das Schwergewicht des Delikts noch stärker auf den Nötigungsaspekt verlagert, was insbesondere für die Teilnahmefragen (vgl. u. 9 ff.) von Bedeutung ist. Vgl. zum Ganzen Hanack NJW 74, 3, Sturm JZ 74, 7. – Vom Tatbestand nicht erfaßt wird die gewaltsame Vornahme des *ehelichen* Beischlafs (vgl. entspr. §§ 178, 179, 237), eine Einschränkung, die jedoch nicht mehr zeitgemäß ist. Mit Beweisschwierigkeiten kann sie ebensowenig begründet werden wie mit dem Hinweis auf die (zusätzliche) Belastung der Ehe durch eine strafrechtliche

§ 177 2–4   Bes. Teil. Straftaten gegen die sexuelle Selbstbestimmung

Verfolgung, da dies für andere Straftaten unter Ehegatten in gleicher Weise gelten müßte (ebenso Laufhütte LK vor RN 1; vgl. aber auch Otto II 319). Auch mit einem Rekurs auf das „Wesen der Ehe" läßt sich die gegenwärtige Regelung nicht rechtfertigen (so jedoch Laufhütte aaO), denn zu diesem gehört zwar die einverständliche, aber nicht die mit Gewalt usw. erzwungene Sexualität; daran, daß auch hier das Selbstbestimmungsrecht der Frau verletzt ist, kann deshalb ernstlich nicht gezweifelt werden. Eine Reform der §§ 177 ff., 237 ist insoweit daher geboten (vgl. zu entsprechenden Bestrebungen D-Tröndle 1 b), bei der es allerdings nicht mit einer Streichung des Merkmals „außerehelich" nicht getan ist. Zum Ganzen vgl. Frommel ZRP 87, 242 u. 88, 236, Helmken aaO, ZRP 80, 171 u. 85, 170, Horn ZRP 85, 265, Limbach ZRP 85, 289, Mitsch JA 89, 484, Mösl ZRP 89, 50, Zuck MDR 87, 14.

2   **II.** Der **objektive Tatbestand** des § 177 besteht darin, daß eine Frau mit Gewalt oder durch Drohung mit gegenwärtiger Gefahr für Leib oder Leben zum außerehelichen Beischlaf mit dem Täter oder einem Dritten genötigt wird. Andere sexuelle Handlungen werden hier nicht erfaßt, auch wenn es sich dabei um für die Frau besonders widerwärtige Perversionen handelt (vgl. auch BGH MDR/D **71**, 16); hier gilt vielmehr § 178. Bei der – vom Tatbestand nicht erfaßten (vgl. o. 1) – gewaltsamen Vornahme des ehelichen Beischlafs kommt nur § 240 in Betracht (BGH NStZ **83**, 72, NStE **Nr. 18**; zur Möglichkeit einer täterschaftlichen Begehung durch den Ehemann beim Vollzug des Beischlafs durch einen Dritten vgl. u. 10). Dies gilt bis zur rechtskräftigen Scheidung usw. der Ehe (and. Horn SK 3: bis zum Erlaß des Scheidungsurteils, wogegen aber, abgesehen von dem eindeutigen Gesetzeswortlaut, auch die Möglichkeit einer späteren Aufhebung des Urteils spricht). Im übrigen kann Opfer jede weibliche Person sein, ohne Rücksicht auf Bescholtenheit und Alter. Da § 177 nicht primär dem Schutz vor ungewollter Schwangerschaft dient (vgl. o. 1), kann die Tat daher auch an einem noch nicht geschlechtsreifen Kind (and. Horn SK 2) oder an einer alten Frau begangen werden. Opfer kann ferner auch eine i. S. des § 179 widerstandsunfähige Frau sein, wenn sie tatsächlich Widerstand leistet (BGH NStZ **81**, 23).

3   **1.** Die **Nötigung** muß durch **Gewalt** oder durch **Drohung** mit gegenwärtiger Gefahr für Leib oder Leben erfolgen. Dabei muß zwischen der Gewaltanwendung bzw. der Drohung und dem Erdulden des Beischlafs objektiv ein Kausalzusammenhang (vgl. u. 6) und subjektiv ein Finalzusammenhang (vgl. u. 4 a f., 7) bestehen.

4   **a)** Über **Gewalt** vgl. zunächst 6 ff. vor § 234 (zum angeblichen Versäumnis des Gesetzgebers, den Gewaltbegriff hier näher zu definieren, vgl. krit. Frommel ZRP 88, 234 u. dagegen Mösl ZRP 89, 50). Der Gleichstellung der Gewalt mit der i. U. zu § 240 qualifizierten Drohung (Gefahr für Leib oder Leben!) ist zu entnehmen, daß hier, abweichend vom allgemeinen Gewaltbegriff des § 240, nur Gewalt *gegen die Person* genügt (ebenso Bockelmann II/2 S. 133, Laufhütte LK 3; and. Gössel I 270, Wolter NStZ 85, 251). Wesentliche Voraussetzung ist damit die Körperlichkeit des Zwangsmittels. Nach der Rspr. genügen für eine Gewaltanwendung alle eine gewisse – nicht notwendig erhebliche – körperliche Kraftentfaltung darstellenden Handlungen, die von der Person, gegen die sie gerichtet sind, als ein nicht nur seelischer, sondern auch körperlicher Zwang empfunden werden (z. B. BGH NStZ **81**, 218, **85**, 71, **90**, 335, NStE **Nr. 9**, BGHR § 177 I, Gewalt 4, wobei es dann allerdings zumindest mißverständlich ist, wenn in diesem Zusammenhang von einem „psychisch determinierten Prozeß" gesprochen wird, weil dies in gleicher Weise auf die Drohung zutrifft; zur Rspr. vgl. auch Keller JuS 84, 113 f., Mösl ZRP 89, 50 ff.). Dabei ist jedoch zu berücksichtigen, daß Gewalt zwar häufig mit Kraftentfaltung verbunden ist (z. B. Brechen des geleisteten Widerstands [BGH NStE **Nr. 9**], Zur-Seite-Drücken der abwehrenden Hand [BGH **35** 78], Auseinanderdrücken der Beine [BGH NStZ **90**, 335] usw.). Essentiell ist dies für die Anwendung von Gewalt aber nicht, wie z. B. das heimliche Beibringen von Betäubungsmitteln zeigt (vgl. u.). Letztlich entscheidend ist vielmehr der – wenn auch nur mittelbar über die Einwirkung auf eine Sache geschaffene – körperlich wirkende Zwang (Laufhütte LK 4; vgl. dagegen aber auch Frommel ZRP 88, 234 ff., Goy/Lohstöter StV 82, 20; zu weitgehend, weil schon jedes Zufügen eines empfindlichen Übels umfassend, ferner Horn SK § 178 RN 8, Rössner aaO 535: „jedes (nicht: Drohungs-)Verhalten, das bestimmt und geeignet ist, die physischen oder psychischen Voraussetzungen des Opfers zu beeinträchtigen, deren dieses bedarf, um sich dem sexuellen Ansinnen des Täters verweigern zu können" [krit. dazu auch Hillenkamp NStZ 89, 529]). Nicht hierher gehören deshalb nur verbale Einwirkungen (BGH NStZ **81**, 218, Laufhütte LK 3, Wolter NStZ 85, 198), auch wenn sie mit einem „psychischen Zwang von einigem Gewicht" verbunden sind (so jedoch Köln OLGSt § 177 S. 1: Gefügigmachen des Opfers durch fernmündliche Mitteilung einer angeblich schweren Erkrankung eines Angehörigen), und keine Gewalt ist auch das Hervorrufen von Angst und Furcht (auch wenn damit eine Beeinträchtigung des körperlichen Wohlbefindens verbunden ist, vgl. Herdegen LK § 249 RN 5), wo jedoch eine Drohung in Betracht kommt. Das Einschließen ist Gewalt, wenn für den Täter gerade der Verlust der körperlichen Bewegungsfreiheit des Opfers das Mittel ist, sich dieses gefügig zu machen, sei es durch das in dem

Vergewaltigung **4a, 5 § 177**

Einsperren liegende Übel als solches („Mürbemachen" des Opfers), sei es dadurch, daß diesem durch Abschneiden der Fluchtmöglichkeiten jeder Widerstand als zwecklos dargestellt und damit von vornherein ausgeschlossen werden soll (zum Einsperren als Gewalt vgl. BGH NJW **81**, 2204 m. Anm. Otto JR 82, 116, NStE **Nr. 13**, GA 65, 57, 81, 168, MDR/D 74, 722; vgl. auch LG Saarbrücken NStZ **81**, 222: keine Gewalt, wenn das von dem Opfer nicht bemerkte Schließen der Tür nur dazu dient, ungestört zu sein). Im übrigen ist das Einsperren meist zugleich mit der konkludenten Drohung verbunden, einen etwaigen Widerstand durch körperverletzende Gewalttätigkeiten zu brechen (2. Alt.). Noch keine Gewalt i. S. des § 177 ist dagegen das bloße Fahren der Frau an eine abgelegene Stelle, an der sie keine Hilfe erwarten kann (vgl. BGH NJW **81**, 2204 m. Anm. Otto JR 82, 116, NStE **90**, 335; and. z. B. bei Hineinzerren des Opfers in den Wagen [vgl. BGH MDR/H **76**, 812], wobei der Tatbestand hier auch erfüllt sein kann, wenn die Frau am Tatort keinen Widerstand mehr leistet [vgl. u. 4a, 6]; vgl. auch BGH NStE **Nr. 9** [eindeutige Gewalthandlungen am Tatort]). Das Gefühl des Ausgeliefertseins des Opfers durch die Ortsveränderung, das jeden Widerstand als sinnlos erscheinen läßt (vgl. Otto JR 82, 118), ist zunächst nur ein psychisch wirkender Zwang (offengelassen in BGH NStZ **90**, 335); aus dem Gesamtverhalten des Täters, der eine solche Situation bewußt schafft und sie dann auch ausnützt, wird sich hier aber immer eine konkludente Drohung i. S. der 2. Alt. ergeben. Im übrigen kann Gewalt sowohl eine den Beischlaf unmittelbar ermöglichende vis absoluta als auch vis compulsiva sein, durch welche die Frau zur Aufgabe ihres Widerstands veranlaßt werden soll (z. B. BGH GA **65**, 57). Gewalt in Form von vis absoluta ist auch das gewaltlose, aber nicht einverständliche Beibringen von Rausch- oder Betäubungsmitteln (vgl. 13 vor § 234, BGH NStE **Nr. 17**, ferner z. B. BGH **14** 81 zu § 176 Nr. 1 a. F., BGH NJW **53**, 351 zu § 175a a. F.), ebenso die Hypnose (M-Schroeder I 125, 156). Ist das Opfer auf Grund einer Täuschung über die wahren Absichten des Täters mit der Anwendung solcher Mittel einverstanden, so entfällt mangels Gewalt zwar § 177, doch ist hier § 179 anwendbar (vgl. BT-Drs. VI/3521 S. 39, Celle NJW **61**, 1080, D-Tröndle 3, Laufhütte LK 5, Sturm JZ 74, 7; vgl. § 179 RN 10). Keine Gewalt ist auch die bloße Ausnutzung des Überraschungsmoments (vgl. BGH **36** 145, Lenckner JR 83, 161, ferner 23 vor § 234). – *Gewalt gegen Dritte* (z. B. Angehörige) kann zugleich eine solche gegen das Opfer sein, sofern sie auf dieses eine vergleichbare Zwangswirkung ausübt (vgl. 19 vor § 234, Lackner 4a, Laufhütte LK 3, Wolter NStZ 85, 249f.; vgl. auch BGH MDR/D **66**, 893; and. RG **64** 117, D-Tröndle 3, Horn SK § 178 RN 10).

Die Gewalt muß das Mittel zur Erzwingung des Beischlafs sein, zwischen beiden also eine **4a** „**finale Verknüpfung**" (z. B. BGH NJW **84**, 1632, NStE **Nr. 2**, MDR/H **76**, 812) bestehen. Da Gewalt schon begrifflich darauf gerichtet sein muß, einen geleisteten oder erwarteten Widerstand zu brechen bzw. zu verhindern (vgl. 22 vor § 234) – ein tatsächliches Widerstandleisten ist daher nicht erforderlich (BGH NStE **Nr. 13**) –, fehlt es jedoch nicht erst an diesem Finalzusammenhang, sondern schon am Merkmal der Gewalt, wenn das Opfer nach einer ihm z. B. aus Verärgerung zugefügten Mißhandlung aus Angst vor weiteren Schlägen den Beischlaf duldet (übersehen in BGH NJW **84**, 1632, NStE **Nr. 2**); in Betracht kommt hier jedoch eine konkludente Drohung i. S. der 2. Alt. (BGH aaO), u. U. auch § 179 II (z. B. das bis zur Bewußtlosigkeit verprügelte Opfer wird anschließend noch zum Beischlaf mißbraucht). Um den Fall eines fehlenden Finalzusammenhangs handelt es sich dagegen, wenn der Täter nach abgeschlossener, ursprünglich ein anderes Ziel (z. B. § 249) verfolgenden Gewalt*anwendung* aufgrund eines neuen Vorsatzes lediglich die noch fortdauernde Zwangs*wirkung* zum Beischlaf mit dem Opfer ausnützt (vgl. BGH NJW **84**, 1632 [zu § 178], Otto II 318, aber auch hier § 249 RN 6 u. Eser NJW **65**, 327 [Gewalt durch Unterlassen; krit. dazu z. B. Küper JZ 81, 571, Samson SK § 249 RN 26]); hier kann deshalb gleichfalls nur die 2. Alt. vorliegen (u. U. auch § 179 II: z. B. das bewußtlose Raubopfer wird anschließend noch „vergewaltigt"). Dasselbe gilt, wenn das Opfer aus Furcht vor einer Wiederholung der bei früheren sexuellen Handlungen verübten Gewalt von Gegenwehr absieht, und zwar auch dann, wenn mit der vorangegangenen, aber „ein für allemal" verübten Gewalt das künftigen Fälle „vorprogrammiert" werden sollten: Ist Motiv für das Opfer die Angst vor neuen Gewalttätigkeiten, so ist es zwar ein psychisch fortwirkender, aber nicht mehr körperlich empfundener Zwang, mit dem das Opfer zur Duldung des späteren Beischlafs genötigt werden sollte und tatsächlich genötigt worden ist. Insoweit ist daher auch die Gewaltalternative des § 177 nicht mehr anwendbar, wohl aber sind in solchen Fällen stets die Voraussetzungen der 2. Alt. erfüllt, weil hier immer die wenn auch unausgesprochene Drohung im Raum steht, der Täter werde sich mit neuer Gewalt „nehmen", was ihm nicht „freiwillig" gewährt wird (vgl. BGH NStZ **66**, 409, NStE **Nr. 19**; für Gewalt hier jedoch BGH NStZ **81**, 344, NStE **Nr. 2, 7**, MDR/H **76**, 812, D-Tröndle 3, Laufhütte LK 5; offengeblieben in BGH NStE **Nr. 18**, EzSt § 178 **Nr. 5**).

b) Über **Drohungen** vgl. 30ff. vor § 234, § 249 RN 5. Es genügen nur solche *mit gegenwärti-* **5** *ger Gefahr für Leib oder Leben*, wobei im Fall bloßer Leibesgefahr Verletzungen von einer

§ 177 6, 7   Bes. Teil. Straftaten gegen die sexuelle Selbstbestimmung

gewissen Erheblichkeit zu befürchten sein müssen (BGH NStE **Nr. 7**, MDR/D **75**, 22; vgl. auch Laufhütte LK 10, Wolter NStZ **85**, 198); erreicht die Drohung nicht diesen Grad, so kommt nur § 240 in Betracht. Als „gegenwärtig" ist auch hier die sog. Dauergefahr (§ 34 RN 17) anzusehen (vgl. BGH NStE **Nr. 19**, Laufhütte LK 11); allerdings wird es sich hier immer zugleich um eine konkludente Wiederholung der früher ausgesprochenen Drohung handeln. Daß die Gefahr auf andere Weise abgewendet werden könnte (z. B. Einschalten der Polizei), kann zwar ein Indiz dafür sein, daß sie noch nicht gegenwärtig ist (vgl. Laufhütte LK 11; offengelassen in BGH NStE **Nr. 19**); ist sie dies jedoch, so kommt es auf die Nicht-anders-Abwendbarkeit des drohenden Übels nicht an. Die Gefahr braucht nicht für die Genötigte selbst zu bestehen, vielmehr kann sich die Drohung bei einer entsprechenden Zwangswirkung – ebenso wie die Gewalt – unmittelbar auch gegen Dritte (z. B. Angehörige) richten (Laufhütte LK 12; wohl enger z. B. D-Tröndle 4, Lackner 4b, M-Schroeder I 168; vgl. dazu auch Bohnert JR 82, 397). Unter dieser Voraussetzung genügt auch eine Selbstmorddrohung (Horn SK § 178 RN 7; and. Lackner 4b, Laufhütte LK 12; vgl. auch BGH GA **83**, 38). Die Drohung selbst kann auch in einem schlüssigen Verhalten liegen, wofür schon der ausdrückliche oder konkludente Hinweis auf frühere Gewaltakte oder das konkludente Aufrechterhalten oder Wiederholen einer früheren Drohung ausreicht (vgl. BGH NStE **2, 19**, EzSt § 178 **Nr. 5**, MDR/H **81**, 99). Ebenso kann in einer Gewaltanwendung zugleich die konkludente Drohung ihrer Fortsetzung oder Wiederholung enthalten sein (vgl. BGH NJW **84**, 1632, NStZ **86**, 409). Die Frage des auch beim Drohen erforderlichen Finalzusammenhangs (vgl. o. 4a) erledigt sich hier deshalb auf diese Weise.

6   2. Das abgenötigte Verhalten besteht im (außerehelichen) **Beischlaf** (vgl. dazu § 173 RN 3 und o. 1), wobei zwischen diesem und der Gewalt bzw. Drohung **Kausalzusammenhang** bestehen muß. Der entgegenstehende Wille der Frau muß daher beim Beischlaf, der nicht im unmittelbaren zeitlichen Zusammmenhang mit der Gewalt usw. erfolgen muß (BGH NStZ **85**, 71), fortbestehen (vgl. BGH NJW **65**, 1284), wenn auch nicht notwendig bis zu dessen Beendigung. Nicht ausreichend ist daher die sog. vis haud ingrata; ebenso entfällt eine vollendete Tat nach § 177, wenn die durch entsprechende Handlungen des Täters sexuell erregte Frau ohne Nachwirkung der Gewalt usw. in den Beischlaf einwilligt. In Betracht kommt hier nur § 178 sowie ein Versuch nach § 177, wobei aber auch ein solcher mangels des erforderlichen Vorsatzes nicht gegeben ist, wenn die gewaltsam vorgenommenen Handlungen die Frau in der Erwartung, sie werde dann freiwillig in den Beischlaf einwilligen, lediglich in einen Zustand sexueller Erregung versetzen sollen (vgl. BGH NJW **65**, 1284, GA **68**, 84, OGH **3** 97, D-Tröndle 3, Laufhütte LK 5; mißverständlich BGH NJW **53**, 1070). Andererseits ist nicht erforderlich, daß die Frau bis zum Beischlaf äußerlich Widerstand leistet, da die vorausgegangene Gewaltanwendung oder Drohung bis zu diesem Zeitpunkt fortwirken kann (vgl. BGH NStZ **81**, 344, **83**, 168, **85**, 71, MDR/D **74**, 722, MDR/H **76**, 812, Laufhütte LK 14). Aus diesem Grund kann auch aus der bloßen Duldung des Beischlafs nach vorausgegangener Gewalt nicht ohne weiteres auf ein Einverständnis geschlossen werden (BGH GA **75**, 84; zur Abgrenzung zwischen Duldung und Einwilligung vgl. auch BGH MDR/D **53**, 147, D-Tröndle 3); doch kann es hier am Vorsatz der vollendeten Tat fehlen, wenn der Täter aus der Aufgabe des äußeren Widerstands auf die freiwillige Hingabe schließt (vgl. BGH MDR/D **73**, 191, MDR/H **76**, 812, Laufhütte LK 15). Tatbestandsmäßig ist auch ein zunächst freiwillig gewährter Beischlaf, wenn dessen Fortsetzung gewaltsam erzwungen wird (Laufhütte LK 8); hier kann jedoch gleichfalls der Vorsatz entfallen (vgl. BGH GA **70**, 57).

7   III. Für den **subjektiven Tatbestand** ist bezüglich des Beischlafs bei der Gewaltanwendung usw. Absicht i. S. zielgerichteten Handelns (§ 15 RN 66ff.) erforderlich (vgl. o. 4a); im übrigen genügt bedingter Vorsatz (vgl. BGH GA **56**, 317, Celle JR **50**, 120). Beim Drohen muß der Täter daher wissen oder in Kauf nehmen, daß sein Verhalten vom Opfer als eine Drohung i. S. des § 177 aufgefaßt werden wird (vgl. BGH NStE **Nr. 2, 7, 9**). Der Vorsatz muß sich ferner insbes. darauf erstrecken, daß die Frau der Tat ernsthaften Widerstand entgegensetzt, woran es fehlt, wenn der Täter ihr Sträuben lediglich für vis haud ingrata hält. Nicht nach § 177 strafbar ist deshalb z. B. der Täter, der glaubte, keinen wesentlichen Widerstand zu finden, und dann, als der Widerstand geleistet wird, sofort von der Frau abläßt (RG LZ **26**, 937). Wendet der Täter zunächst Gewalt an, geht er dann aber fälschlich von einer freiwilligen Hingabe des Opfers aus, so liegt lediglich Versuch vor (BGH NStZ **82**, 26). Ausreichend für den (bedingten) Vorsatz ist jedoch, wenn der Täter die Ernstlichkeit des Widerstands für möglich hält, ihm dies jedoch gleichgültig ist (vgl. § 15 RN 78). An den Tatbestandsirrtum, der im Urteil zu erörtern ist, wenn besondere Umstände dazu drängen (BGH NStZ **83**, 71), können hier keine strengeren Anforderungen gestellt werden als sonst (vgl. jedoch BGH GA **56**, 317, **70**, 57, NStZ **83**, 71, Laufhütte LK 15); insbes. können Beweisschwierigkeiten nicht dadurch ausgeräumt werden, daß ein bedingter Vorsatz schon dann unterstellt wird, wenn der Täter sich vorher über die

Einwilligung des Opfers keine Gewißheit verschafft hat (so jedoch BGH GA **56**, 316; krit. dazu Maurach GA **56**, 305; vgl. aber auch M-Schroeder I 169). Wendet der Täter lediglich Gewalt an, um die Frau in einen Zustand zu versetzen, in dem sie infolge sexueller Erregung ohne Nachwirkung der Nötigung in den Beischlaf einwilligen soll, so fehlt es am Vorsatz des § 177 (BGH NJW **65**, 1284, GA **68**, 84, Lackner 6, Laufhütte LK 15); in Betracht kommt hier jedoch § 178. Entfällt der Vorsatz, so kann auch eine Beleidigung der Frau nur bei Hinzukommen besonderer Umstände angenommen werden (weitergehend Bay MDR **63**, 333; zur sog. Sexualbeleidigung vgl. § 185 RN 4). Vgl. zum Ganzen Maurach GA **56**, 305.

IV. Vollendet ist die Tat mit dem Beginn des Beischlafs, d. h. mit dem (wenn auch nur unvollständigen) Eindringen des Glieds in die Scheide (vgl. § 173 RN 3). Bis zu diesem Zeitpunkt ist nach § 24 strafbefreiender Rücktritt möglich (zur Freiwilligkeit vgl. § 24 RN 42ff., M-Schroeder I 170f.; vgl. auch BGH NStZ **83**, 217, **88**, 550, StV **82**, 14, BGHR § 177 I, Versuch 1, 3). Wird in diesem Fall der Versuch straflos, so kann jedoch eine Bestrafung wegen Vollendung nach § 178 in Betracht kommen, sofern die den Versuch begründende Handlung selbst schon eine sexuelle Handlung ist, und zwar auch dann, wenn sie nur als unselbständige Maßnahme zur Ermöglichung des Beischlafs vorgenommen wurde (vgl. u. 15). Die nach Beginn der Ausführung erfolgende Einwilligung der Frau schließt nur die Möglichkeit der Bestrafung wegen vollendeter Tat aus, nicht dagegen die Strafbarkeit wegen Versuchs (BGH MDR/D **53**, 147, Laufhütte LK 16). Widerruft umgekehrt die Frau nach Beginn ihre Einwilligung, so findet § 177 Anwendung, falls dann Gewalt angewendet wird (BGH GA **70**, 57; vgl. aber auch Blei II 147, JA **71**, 209). **Versuch** liegt mit dem unmittelbaren Ansetzen zur Nötigung der Frau vor, auch wenn diese das Ziel des Täters noch nicht erkennt (BGH MDR/D **72**, 924). Richtet sich die Gewalt gegen einen Angehörigen des Opfers, so ist dies nur dann ein Versuch, wenn der Täter glaubt, schon auf diese Weise zum Ziel zu kommen, nicht aber, wenn er davon ausgeht, daß er anschließend noch Gewalt gegen die Frau selbst anwenden muß (ebenso D-Tröndle 5; and. BGH MDR/D **66**, 893, Laufhütte LK 16; vgl. auch Horn SK § 178 RN 15).

V. Täterschaft und Teilnahme sind nach allgemeinen Grundsätzen möglich (zur Beihilfe vgl. z. B. BGH NStE **Nr. 9**), da § 177 n. F. weder ein eigenhändiges noch ein Sonderdelikt ist (vgl. o. 1). Nimmt der Täter nur einen der beiden Akte vor, aus denen § 177 zusammengesetzt ist, so gilt folgendes:

1. Wird die Frau zum Beischlaf mit einem Dritten genötigt, so ist der **Nötigende**, wie sich schon aus der Tatbestandsfassung ergibt, stets (Mit-)Täter des § 177, ohne Rücksicht darauf, ob er anschließend mit der Frau verkehren will und ob der Dritte von der Nötigung der Frau weiß (vgl. BGH NStZ **85**, 71, BGHR § 177 I, Mittäter 1); gleichgültig ist auch, ob er den Beischlaf des Dritten „als eigenen will" oder daran auch nur ein eigenes Interesse hat (BGH **27** 205, Lackner 1, Laufhütte LK 13, M-Schroeder I 170; vgl. aber auch D-Tröndle 6; überholt BGH **6** 226, MDR/D **73**, 17). Täter(in) kann daher auch eine Frau oder der Ehemann des Opfers sein (Behm MDR **86**, 886), wenn er durch Nötigung seiner Ehefrau einem Dritten den außerehelichen Beischlaf ermöglicht (vgl. auch § 178 RN 2). Voraussetzung ist jedoch immer, daß die Nötigung täterschaftlich begangen wird, wobei Mittäter auch sein kann, wer nicht eigenhändig Gewalt anwendet usw. (BGHR § 177 I, Mittäter 1); wer dazu nur hilft, ist lediglich nach § 27 strafbar (zur Frage einer Beihilfe durch Unterlassen, wenn der Wohnungsinhaber in seinen Räumen eine Vergewaltigung geschehen läßt, vgl. § 13 RN 54 u. BGH NStZ **82**, 245).

2. Der **Dritte**, der den Beischlaf ausführt, ist Täter nach § 177 nur, wenn ihm auch die Nötigung zugerechnet werden kann (vgl. BGH NStZ **85**, 70, 71). Es genügt nicht, wenn er nur weiß, daß die Frau Opfer einer Nötigung geworden ist und er diese Situation dann für sich ausnützt (hier kommt jedoch § 179 in Betracht; vgl. BGH NJW **86**, 77 m. Anm. Keller JR **86**, 343), auch nicht, wenn er bei der Gewaltanwendung zugegen war, diese innerlich gebilligt und den anderen durch seine Anwesenheit bei der Tatausführung bestärkt hat (BGH GA **77**, 144, NStZ **85**, 70) oder wenn er weiß, daß die Gewalt durch den anderen gerade zu dem Zweck ausgeübt wurde, ihm den Beischlaf zu ermöglichen (and. BGH NStZ **85**, 70). Erforderlich ist vielmehr eine jedenfalls während der Tat des andern zumindest konkludent hergestellte Willensübereinstimmung (BGH GA **77**, 144, NStZ **85**, 70, Laufhütte LK 13). Unter dieser Voraussetzung ist eine Mittäterschaft auch in der Weise möglich, daß der eine die Gewalt anwendet, während der andere den Beischlaf ausführt (vgl. schon zu § 177 a. F. BGH **6** 226 mwN.). Erfaßt ist damit auch die sog. Gruppennotzucht. Nach Vollzug des Beischlafs durch einen Mittäter ist die Tat für denjenigen daher ebenfalls vollendet, der sich an der Nötigungshandlung beteiligt hat, selbst den Beischlaf aber nur versucht (BGH NStE **Nr. 10**).

VI. Eine höhere Strafe sieht **Abs. 3** für die **Vergewaltigung mit Todesfolge** vor. Es handelt sich dabei um eine Erfolgsqualifizierung, die jedoch abweichend von § 18 Leichtfertigkeit erfordert. Erforderlich ist der Tod des „Opfers", d. h. der zum Beischlaf mißbrauchten Frau;

§ 177 13–15   Bes. Teil. Straftaten gegen die sexuelle Selbstbestimmung

der Tod eines Dritten, gegen den Gewalt verübt worden ist (vgl. o. 1), genügt daher nicht (Horn SK 178 RN 21).

13 1. Erforderlich ist, daß der Tod **durch die Tat,** d. h. durch die Gewaltanwendung, die Drohung oder den Beischlaf **verursacht** worden ist (vgl. 71 ff. vor § 13), wobei sich der Erfolg nach den Regeln der objektiven Erfolgszurechnung (vgl. 91 ff. vor § 13) als Verwirklichung gerade der grunddeliktsspezifischen Gefahr darstellen muß (vgl. § 18 RN 4). Dies ist z. B. der Fall, wenn das Opfer infolge eines Würgegriffs oder eines durch die Drohung ausgelösten Schocks stirbt (vgl. auch BGH **20** 269 [Lösen eines Schusses bei Bedrohung mit Pistole]). Nicht hierher gehört dagegen, weil solche Risiken heute vernachlässigt werden können, der Tod infolge der Schwangerschaft bei der Entbindung (vgl. Rengier, Erfolgsqualifizierte Delikte usw. [1986] 230) und wohl auch bei einem kunstgerecht durchgeführten Schwangerschaftsabbruch; jedenfalls dürfte es hier i. d. R. an der Leichtfertigkeit fehlen. Das gleiche gilt für den Selbstmord der Frau, wobei hier aber bei einem erwachsenen Opfer – im Unterschied zu § 176 IV (vgl. dort RN 15) – schon die objektive Erfolgszurechnung zu verneinen ist, wenn der Suizid auf einer freiverantwortlichen Entscheidung beruht (vgl. Rengier aaO 196). Da der Tod durch die Tat selbst verursacht sein muß, ist Abs. 3 auch nicht anwendbar, wenn der Täter das Opfer erst im Anschluß an die Tat oder nach Aufgabe seines Tatentschlusses vorsätzlich tötet (vgl. BGH MDR/D **69**, 16 zu § 178 a. F.). Für den Dritten, der den Beischlaf vollzieht, aber nicht selbst Gewalt usw. anwendet, gilt Abs. 3 zunächst, wenn er selbst Täter ist (vgl. o. 11); zur Anwendbarkeit des Abs. 3 auf Teilnehmer im übrigen, vgl. § 18 RN 7. Ausreichend ist es, wenn der Tod schon infolge eines Versuchs (Gewaltanwendung) eintritt (RG **69** 332, BGH MDR/D **71**, 363, Laufhütte LK 19; vgl. dazu § 18 RN 9); doch kommt hier eine Milderung nach § 23 II in Betracht (D-Tröndle 9 mwN). Dies gilt auch, wenn zweifelhaft bleibt, ob der Tod vor oder nach dem Beischlaf eingetreten ist, da dann nicht auszuschließen ist, daß nur ein Versuch vorlag (vgl. BGH MDR/D **71**, 363).

14 2. Zu der (mindestens) erforderlichen **Leichtfertigkeit** vgl. § 15 RN 106 f., 205, ferner § 176 RN 16; dazu, daß Abs. 3 entgegen BGH MDR/D **76**, 15 auch bei vorsätzlicher Tötung gilt, vgl. § 18 RN 3. Leichtfertigkeit kommt insbes. bei besonders brutalem Vorgehen (z. B. Würgen am Hals, D-Tröndle 9) in Betracht, im allgemeinen aber nicht bei Tod infolge der Schwangerschaft oder bei der Entbindung. Kann die Art und Weise des Vorgehens des Täters nicht mehr eindeutig geklärt werden, so kann er auch nicht nach Abs. 3 verurteilt werden (BGH NStE **Nr. 20**).

15 VII. Konkurrenzen. Bei mehrfacher Ausübung des Beischlafs unter Ausnutzung einer einheitlichen, während des gesamten Geschehens fortwirkenden Gewaltanwendung liegt eine Tat nach § 177 vor (and. BGH MDR/H **81**, 99, NStZ **85**, 546: Tateinheit; vgl. auch BGH NStE § 52 **Nr. 22** [von mehreren Mittätern im Rahmen eines Gesamtgeschehens angewandte und andauernde Gewalt]; über einen Fall von Idealkonkurrenz zwischen Vollendung und Versuch vgl. BHG MDR/D **72**, 197). Fortsetzungszusammenhang ist nur gegenüber demselben Opfer möglich (zu den Anforderungen – auch bezüglich der tatsächlichen Feststellungen im Urteil. z. B. BGH NStE **Nr. 5, 18,** BGHR § 176 I, Konkurrenzen 4). Dauerdelikte nach § 237, 239 können wegen ihres geringeren Unwerts nicht zwei Vergewaltigungen tateinheitlich miteinander verbinden (BGH NStE **Nr. 12**). Im **Verhältnis zu § 178** ist § 177 lex specialis. Gesetzeskonkurrenz mit Vorrang des § 177 besteht hier auch gegenüber solchen sexuellen Nötigungshandlungen, die typischerweise den Beischlaf lediglich vorbereiten sollen (BGH MDR/H **80**, 984 f.), und zwar auch bei einer versuchten Vergewaltigung (BGH EzSt **Nr. 4**, NStE § 178 **Nr. 2**, BGHR § 178 Konkurrenzen 2). Idealkonkurrenz mit § 178 ist dagegen möglich, wenn die sexuelle Handlung i. S. des § 178 neben dem Beischlaf eigenen Unwert hat und beide unter Ausnutzung einer einheitlichen, während des gesamten Geschehens fortwirkenden Gewaltanwendung vorgenommen werden (z. B. erzwungene Duldung von Manipulationen in der Scheide oder des Mundverkehrs und anschließend des Beischlafs, vgl. BGH **33** 147, MDR/H **80**, 984, NStZ **85**, 546; and. aber nach BGH **33** 142 [147] m. Anm. Streng NStZ 85, 359, wenn der Täter in der Absicht, die Frau danach zu vergewaltigen, auf die Vollendung der Handlung nach § 178 – z. B. des Mundverkehrs – freiwillig verzichtet, weil diese dann auch nicht mehr das erforderliche Eigengewicht habe). Unter der gleichen Voraussetzung besteht, wenn es nicht zum Beischlaf kommt, Tateinheit zwischen dem Versuch nach § 177 und der Vollendung nach § 178 (vgl. z. B. BGH **17** 2). Tritt der Täter dagegen mit strafbefreiender Wirkung vom Versuch nach § 177 zurück, so bleibt er auch dann nach § 178 strafbar, wenn die Handlungen nach § 178 ausschließlich der Vorbereitung des Beischlafs dienten und deshalb bei Vollendung des § 177 oder im Fall des unfreiwilligen Rücktritts eine Bestrafung nach § 178 wegen Gesetzeskonkurrenz entfiele (RG **23** 225, BGH **1** 155, **7** 300, **17** 1, Düsseldorf NJW **83**, 767; vgl. auch § 24 RN 109); doch darf hier der ursprüngliche Vergewaltigungsvorsatz nicht strafschärfend berücksichtigt werden (vgl. BGH NStZ **90**, 490). Idealkonkurrenz mit § 178 besteht schließlich, wenn eine jedenfalls z. T. einheitliche Gewaltanwendung gegenüber zwei Frauen dazu dient, an der einen eine Tat nach § 177, an der anderen eine solche nach § 178 zu begehen (BGH MDR/H **80**, 272, Laufhütte LK 22); dasselbe gilt, wenn der Täter das Opfer durch dieselbe

Vergewaltigung 16–19 § 177

Nötigung dazu zwingt, zunächst seine sexuellen Handlungen i. S. des § 178 und anschließend den Beischlaf eines Mittäters zu dulden (BGH GA 81, 168; and. Horn SK 9). Eine Wahlfeststellung zwischen § 177 und § 178 ist ausgeschlossen, vielmehr erfolgt hier die Verurteilung nach dem Grundsatz „in dubio pro reo" aus § 178 (BGH **11** 100, **33** 145, D-Tröndle 10).

16 Im übrigen ist Idealkonkurrenz mit §§ 174, 174a, 174b, 176 möglich, u. U. auch mit § 181 Nr. 1 (BGH MDR/H **83**, 984), ferner mit den §§ 223 ff. (BGH GA **56**, 317, NJW **63**, 1683, Frankfurt NJW **67**, 2076), sofern das Opfer über die im Vollzug des Geschlechtsverkehrs liegende unangemessene Behandlung hinaus körperlich mißhandelt wird. Im Fall des Abs. 3 treten §§ 222, 226 zurück, während mit §§ 211ff. Idealkonkurrenz möglich ist (vgl. entsprechend § 251 RN 9). Zum Verhältnis zu § 182 vgl. dort RN 9, zu § 185 vgl. dort RN 20. Den §§ 239, 240, 241 geht § 177 vor, es sei denn, daß die Beeinträchtigung der Freiheit über das zur Verwirklichung der Vergewaltigung Erforderliche hinausgeht; in diesem Fall besteht Ideal- oder Realkonkurrenz (BGH **18** 26, **28** 19, GA **75**, 84, **77**, 306, MDR/D **56**, 144, **71**, 721, LM **Nr. 8**, NStE **Nr. 14**, BGHR § 177 I, Konkurrenzen 2, 5, Koblenz VRS **49** 347; vgl. auch BGH NJW **64**, 1630 u. zu § 178 BGH NStZ **88**, 70, BGHR § 178, Konkurrenzen 3). Mit §§ 236, 237 ist Idealkonkurrenz möglich (BGH **18** 29, GA **67**, 21), wenn die Entführung mit einem PKW begangen wird, auch mit § 21 StVG, §§ 315c, 316 (BGH MDR/H **82**, 102, VRS **65** 133, **66** 443), ebenso mit § 316a (BGH VRS **60** 102); zur Möglichkeit von Tateinheit bei teilweiser Identität der Ausführungshandlungen vgl. BGHR § 177 I, Konkurrenzen 7, aber auch BGH MDR/H **79**, 987.

17 VIII. **Strafzumessung.** Eine Strafschärfung, weil der Täter unter Voranstellung seiner egoistischen Wünsche massiv das Selbstbestimmungsrecht der Frau verletzt (BGH StV **87**, 62), mit der Tat seine Mißachtung gegen die Persönlichkeit des Opfers zum Ausdruck gebracht oder die Frau zum Sexualobjekt erniedrigt habe, verstößt, wenn nicht besonders demütigende Umstände hinzukommen, gegen das Doppelverwertungsverbot (BGH NStZ/M **83**, 164, NStZ/T **86**, 496; vgl. auch BGHR § 177 I, Strafzumessung 1 zum „Durchschnittsfall"). Dasselbe gilt, wenn eine Strafschärfung damit begründet wird, daß der Täter keine Vorsorge gegen eine Schwängerung getroffen habe (BGH NStZ **85**, 215; and. BGH NJW **91**, 185), daß er – sofern damit keine die Normalfälle der Vergewaltigung übersteigende Gewaltanwendung verbunden ist – grob vorgegangen sei (BGH StV **87**, 195, BGHR § 177 I, Strafzumessung 4) oder daß ihm deutlich gemacht werden müsse, daß er kein Recht darauf habe, mit Gewalt gegen eine hilf- und wehrlose Frau vorzugehen (BGH NStZ/T **86**, 157). Dagegen können überdurchschnittliche Folgen der Tat, z. B. anhaltende seelische Beeinträchtigungen, zu Lasten des Täters gewertet werden (BGH NStE § 46 **Nr. 55**). Weil das bloße Fehlen eines Strafmilderungsgrundes nicht strafschärfend berücksichtigt werden darf, kann eine Strafschärfung ferner nicht darauf gestützt werden, daß das Opfer keinen Anlaß zu der Tat gegeben oder der Täter sich nicht in einem „sexuellen Notstand" befunden habe (BGH NStZ/M **83**, 163, NStZ/T **86**, 496). Kein Strafschärfungsgrund ist es auch, daß sich die Ehefrau des Täters in der Nachbarwohnung aufhielt (Köln NJW **82**, 2613). Die Mindeststrafe des Abs. 1 darf auch bei Vorliegen mehrerer Erschwerungsgründe verhängt werden, wenn die strafmildernden Umstände so überwiegen, daß jene nicht mehr ins Gewicht fallen, andererseits aber auch kein minderschwerer Fall nach Abs. 2 vorliegt (BGH NStZ **84**, 117, **410**, **88**, 497); doch darf in einem Fall mittlerer Schwere die Mindeststrafe nicht deshalb verhängt werden, weil diese relativ hoch ist (BGH NStZ **84**, 117). Straferschwerend kann dagegen z. B. berücksichtigt werden die Verletzung des dem Täter entgegengebrachten Vertrauens, die besonders demütigende Behandlung des Opfers, die besondere Brutalität der Tatausführung, die mehrfache Vergewaltigung unter anhaltenden Drohungen und länger dauernder Gewaltanwendung (Frankfurt NStE **Nr. 8**).

18 Ein **minder schwerer Fall** (Abs. 2) – zu der hier erforderlichen Gesamtwürdigung von Tat und Täter vgl. z. B. BGH **29**, 97, BGH NStZ **83**, 119, NStE **Nr. 11**, **17**, EzSt **Nr. 3**, BGHR § 177 II, Gesamtwürdigung 1, Strafrahmenwahl 5, 5 – kommt z. B. in Betracht, wenn der Täter bereits sexuelle Beziehungen zu der Frau unterhalten hatte (vgl. BGH MDR **63**, 62), ein echtes Liebesverhältnis anstrebte (vgl. BGH MDR **63**, 62, EzSt **Nr. 2**, D-Tröndle 8, Laufhütte LK 18). Dasselbe gilt, wenn die Frau Anlaß zu der Tat gegeben hat (vgl. BGH NStZ/T **86**, 153, Laufhütte LK 18) – sozialadäquate Verhaltensweisen wie der Besuch mehrerer Gaststätten und die anschließende vertrauensvolle Einladung zu einer Tasse Tee im Elternhaus des Opfers genügen dafür aber nicht (Frankfurt NStE **Nr. 8**) –, wobei maßgebend ist, wie der Täter das Geschehen beurteilen durfte (LG Saarbrücken NStZ **81**, 222). Aber auch sonst kann nach den gesamten Umständen ein minder schwerer Fall vorliegen (BGH GA **76**, 303, NStZ **82**, 26, **83**, 119, 168). Daß das Opfer eine Prostituierte ist, genügt für sich allein jedoch nicht (vgl. BGH MDR/D **71**, 895, Laufhütte LK 18; and. BGH MDR/D **73**, 555). Zur Anwendung des Abs. 2 bei verminderter Schuldfähigkeit bzw. beim Versuch vgl. BGH MDR/H **80**, 104, NStZ **82**, 246, NStZ **85**, 453, 546, 547, GA **86**, 120, VRS **66** 443, NStE **Nr. 3**, BGHR § 177 II, Strafrahmenwahl 2, 5, aber auch § 50 RN 2ff.

19 IX. Zur Zulässigkeit von **Führungsaufsicht** vgl. § 181b; über die Möglichkeit einer freiwilligen **Kastration** vgl. § 2 II KastrG v. 15. 8. 1969, BGBl. I 1143.

§ 178 Sexuelle Nötigung

(1) Wer einen anderen mit Gewalt oder durch Drohung mit gegenwärtiger Gefahr für Leib oder Leben nötigt, außereheliche sexuelle Handlungen des Täters oder eines Dritten an sich zu dulden oder an dem Täter oder einem Dritten vorzunehmen, wird mit Freiheitsstrafe von einem Jahr bis zu zehn Jahren bestraft.

(2) In minder schweren Fällen ist die Strafe Freiheitsstrafe von drei Monaten bis zu fünf Jahren.

(3) Verursacht der Täter durch die Tat leichtfertig den Tod des Opfers, so ist die Strafe Freiheitsstrafe nicht unter fünf Jahren.

1   I. Geschütztes **Rechtsgut** des § 178 ist ebenso wie in § 177 die Freiheit der sexuellen Selbstbestimmung (BT-Drs. VI/3521 S. 40), wobei hier jedoch nicht nur Frauen, sondern auch Männer geschützt werden. Auf das Alter kommt es auch hier nicht an; bei einem 1-jährigen Kind stellt sich allerdings die Frage, ob dieses bereits Opfer einer Nötigung sein kann (vgl. BGHR § 21, Sachverständiger 8). Zu den Änderungen durch das 4. StrRG vgl. Sturm JZ 74, 7.

2   II. **Der objektive Tatbestand** besteht darin, daß ein anderer mit Gewalt oder durch Drohung mit gegenwärtiger Gefahr für Leib oder Leben genötigt wird, außereheliche sexuelle Handlungen des Täters oder eines Dritten an sich zu dulden oder am Täter oder einem Dritten vorzunehmen. Von § 177 unterscheidet sich § 178 dadurch, daß Opfer hier auch ein Mann sein kann und daß an die Stelle der Nötigung zum Beischlaf die Nötigung zur Duldung oder Vornahme sexueller Handlungen tritt; im übrigen entspricht der Tatbestand des § 178 dem des § 177. Ebenso wie § 177 gilt auch § 178 nicht für sexuelle Handlungen in der Ehe (hier kommt § 240 in Betracht). § 178 ist daher auch nicht anwendbar, wenn ein Dritter sexuelle Handlungen von Eheleuten erzwingt, um ihnen zuzusehen; dagegen ist umgekehrt der Ehemann nach § 178 strafbar, der seine Frau mit den Mitteln des § 178 zu sexuellen Handlungen mit einem Dritten nötigt (D-Tröndle 2; vgl. auch § 177 RN 10). Zur Anwendbarkeit des § 178 beim Rücktritt vom Versuch des § 177 vgl. dort RN 15.

3   1. Ebenso wie in § 177 muß die Nötigung – hier zur Vornahme oder Duldung sexueller Handlungen – mit **Gewalt** oder durch **Drohung** mit gegenwärtiger Gefahr für Leib oder Leben erfolgen, weshalb für § 178 Entsprechendes gilt wie dort (vgl. § 177 RN 3ff.). Auch hier muß daher zwischen der Gewalt oder Drohung und der Duldung bzw. Vornahme sexueller Handlungen objektiv ein Kausal- und subjektiv ein Finalzusammenhang bestehen. Eine frühere Gewaltanwendung oder Drohung kann deshalb nur unter den in § 177 RN 4a, 5 genannten Voraussetzungen eine sexuelle Nötigung sein (speziell zu § 178 vgl. z. B. auch BGH NJW **84**, 1632, EzSt **Nr. 5**). Da auch der Beischlaf eine sexuelle Handlung ist, bleibt unabhängig davon § 178 jedoch anwendbar, wenn der bei der Gewaltanwendung nur mit dem Vorsatz des § 178 handelnde Täter sein z. B. bewußtlos gewordenes Opfer statt dessen zum Beischlaf mißbraucht (vollendete Tat nach § 178 in Tateinheit mit § 179 II; vgl. dort RN 10); dasselbe – Strafbarkeit nach § 178 – gilt im umgekehrten Fall des zunächst mit dem Vorsatz des § 177 handelnden Täters, der sich danach mit Handlungen i. S. des § 178 begnügt (Idealkonkurrenz mit §§ 177, 22, insoweit jedoch vorbehaltlich § 24). Aus dem Erfordernis eines Mittel-Zweck-Verhältnisses zwischen Gewalt und Vornahme der sexuellen Handlung folgt ferner nicht, daß jene dieser ganz oder zumindest teilweise vorausgegangen sein muß (so aber z. B. RG **63** 227, **77**, 82, JW **25**, 2134, **39**, 400, Horn SK 8). Beide können vielmehr zusammenfallen, da sexuelle Gewaltakte zugleich nötigende Gewalt sein können, wenn sie auch dazu dienen, einen tatsächlich geleisteten oder im Hinblick auf weitere Akte erwarteten Widerstand zu überwinden bzw. auszuschließen (vgl. BGH **17**, 4f., Koblenz VRS **49**, 349, D-Tröndle 7, Gössel I 272, Lackner 2a, Laufhütte LK 2, M-Schroeder I 168 u. näher Lenckner JR 83, 162f.; vgl. auch BGH NJW **70**, 1465). Ausgeschlossen ist der Tatbestand nur, wenn die „Gewalt" – z. B. die Schläge eines Sadisten – nicht zugleich der Widerstandsüberwindung dient – deshalb kein Nötigungsmittel, sondern Selbstzweck ist (ebenso Otto II 318). Erst recht gilt § 178 nicht bei solchen „gewaltsamen" Handlungen, die der Täter zwar in wollüstiger Absicht vornimmt, die aber nach ihrem äußeren Erscheinungsbild noch keine sexuelle Handlung darstellen (z. B. der in wollüstiger Absicht erfolgende Würgegriff am Hals einer Frau, vgl. BGH **17** 5; and. M-Schroeder I 168). Auch bei sexuellen Handlungen, die ausschließlich unter Ausnutzung des Überraschungsmoments vorgenommen werden, ist mangels Gewalt der Tatbestand nicht erfüllt (RG **77** 81, BGH **31** 76 m. Anm. Lenckner JR 83, 159 [überraschend geführte Schläge gegen den Genitalbereich], Hamburg JR **50**, 409, Laufhütte LK 2; vgl. auch 23 vor § 234, § 177 RN 4; and. dagegen bei überraschender Anwendung von Gewalt, vgl. RG HRR **40** Nr. 1423).

4   2. Das abgenötigte Verhalten besteht hier im Unterschied zu § 177 darin, daß das Opfer **sexuelle Handlungen** des Täters oder eines Dritten „an" sich duldet oder „an" dem Täter oder

einem Dritten vornimmt. Zum Begriff der *sexuellen Handlung* vgl. § 184c RN 4ff. Da § 178 nicht die allgemeine Handlungsfreiheit, sondern speziell die sexuelle Selbstbestimmung schützt, wird eine an sich geringfügige sexuelle Handlung nicht deshalb zu einer solchen „von einiger Erheblichkeit" i. S. des § 184c Nr. 1, weil das Nötigungsmittel von besonderer Intensität war. Entgegen Koblenz NJW **74**, 870 kann daher das Vorliegen einer sexuellen Handlung i. S. des § 184c bei der gewaltsam vorgenommenen Berührung einer weiblichen Brust unter dem Büstenhalter nicht damit begründet werden, daß der Täter sein Ziel mit besonderer Hartnäckigkeit verfolgte (ebenso Laufhütte LK 3; krit. auch Horn SK 3); näher zur Erheblichkeit vgl. § 184c RN 14ff. – Erfaßt sind nur sexuelle Handlungen des Täters „am" Opfer bzw. solche des Opfers „am" Täter oder einem Dritten, was jeweils einen unmittelbaren *Körperkontakt* voraussetzt (vgl. § 184c RN 18). Sexuelle Handlungen, die das Opfer an sich selbst und vor dem Täter oder einem Dritten vornimmt, genügen deshalb nicht, auch wenn sie dem Täter oder Dritten zur sexuellen Erregung oder Befriedigung dienen; hier kommt nur § 240 in Betracht (BGH NStZ **82**, 286, NStE **Nr. 5**, Horn SK 2, Laufhütte LK 3). – Das *Dulden* setzt – ebenso wie bei § 177 – keine bewußte Hinnahme voraus (and. D-Tröndle 4), und ebensowenig, daß das Opfer „das sexuelle Ansinnen des Täters erkannt sowie einen entgegenstehenden Willen gebildet hat" (so aber BGH **31** 76 m. Anm. Lenckner JR **83**, 159); es genügt, wenn der Täter das Opfer bis zur Bewußtlosigkeit würgt oder ihm heimlich betäubende Mittel beibringt und sich dann an ihm vergeht (vgl. LG Mosbach NJW **78**, 1868 und näher Lenckner aaO).

III. Der **subjektive Tatbestand** erfordert Vorsatz; bedingter Vorsatz genügt (BGH GA **56**, 317). 5 Ausgeschlossen ist der Vorsatz z. B., wenn der Täter fälschlich von einem Einverständnis des Opfers ausgeht (vgl. BGH EzSt **Nr. 5**, wo ein solcher Irrtum aufgrund der Umstände jedoch verneint wurde); vgl. im übrigen § 177 RN 7.

IV. **Vollendet** ist die Tat mit dem Vornehmen einer (vollendeten) sexuellen Handlung, mag der 6 Täter dabei auch weitergesteckte Ziele verfolgen. Der **Versuch** beginnt mit dem unmittelbaren Ansetzen zur Nötigung. Versuch liegt auch vor, wenn ein unter Anwendung des Überraschungsmoments durchgeführter und daher den Tatbestand des § 178 nicht erfüllender sexueller „Gewaltakt" (z. B. überraschend geführter Schlag gegen den Genitalbereich, vgl. o. 3) zugleich Nötigungsmittel zu weiteren sexuellen Handlungen ist (vgl. Laufhütte LK RN 6). Zur Frage des Rücktritts vom Versuch nach § 178, wenn der Täter in der Absicht, die Frau danach zu vergewaltigen, auf die Vollendung nach § 178 (z. B. Mundverkehr) freiwillig verzichtet, vgl. BGH **33** 142 m. Anm. Streng NStZ **85**, 352, ferner § 24 RN 39f.

V. **Täterschaft und Teilnahme** sind nach allgemeinen Grundsätzen möglich, da § 178, wie durch 7 die n. F. in Anlehnung an die frühere Rspr. (vgl. BGH MDR **55**, 244) ausdrücklich klargestellt wird, weder ein eigenhändiges noch ein Sonderdelikt ist. Nimmt der Täter nur einen Akt des § 178 (Nötigung oder sexuelle Handlung) vor, so gelten die gleichen Regeln wie bei § 177 (vgl. dort RN 9 ff.).

VI. Für die **Erfolgsqualifikation** des Abs. 3 gilt Entsprechendes wie bei § 177 III (vgl. dort RN 8 12 ff.).

VII. **Konkurrenzen.** Über das Verhältnis zu § 177 vgl. dort RN 15. Handelt der Täter zunächst 9 nur mit dem Vorsatz des § 178, mißbraucht er dann das Opfer nach Eintritt der Widerstandsunfähigkeit zum Beischlaf, so besteht zwischen § 178 und § 179 II Tateinheit (vgl. o. 3; and. Horn SK 18 u. hier 23. A.: Tatmehrheit). Das Konkurrenzverhältnis zu anderen Tatbeständen entspricht weitgehend dem bei § 177; vgl. daher dort RN 16.

VIII. Zur **Strafzumessung** vgl. § 177 RN 17 u. bei der Verhängung von Jugendstrafe BGH GA 10 **86**, 177. Ein **minder schwerer Fall** nach Abs. 2 kommt hier z. B. auch in Betracht, wenn die sexuelle Handlung die Erheblichkeitsschwelle nach § 184c Nr. 1 nur geringfügig übersteigt (Koblenz NJW **74**, 870, Horn SK 20).

§ 179 Sexueller Mißbrauch Widerstandsunfähiger

(1) Wer einen anderen, der

1. wegen einer krankhaften seelischen Störung, wegen einer tiefgreifenden Bewußtseinsstörung oder wegen Schwachsinns oder einer schweren anderen seelischen Abartigkeit zum Widerstand unfähig ist oder

2. körperlich widerstandsunfähig ist,

dadurch mißbraucht, daß er unter Ausnutzung der Widerstandsunfähigkeit außereheliche sexuelle Handlungen an ihm vornimmt oder an sich von dem Opfer vornehmen läßt, wird mit Freiheitsstrafe bis zu fünf Jahren oder mit Geldstrafe bestraft.

(2) **Wird die Tat durch Mißbrauch einer Frau zum außerehelichen Beischlaf began-

§ 179 1–6 Bes. Teil. Straftaten gegen die sexuelle Selbstbestimmung

gen, so ist die Strafe Freiheitsstrafe von einem Jahr bis zu zehn Jahren, in minder schweren Fällen Freiheitsstrafe von drei Monaten bis zu fünf Jahren.

1   **I. Rechtsgut.** Zweck der Vorschrift ist der Schutz von Personen, die einen sexuellen Widerstandswillen nicht oder nicht sinnvoll fassen bzw. ihn körperlich nicht betätigen können (KG NJW 77, 817; vgl. ferner BT-Drs. VI/1522 S. 18). Das Rechtsgut auch hier in der freien sexuellen Selbstbestimmung zu sehen (z. B. Lackner 1, Laufhütte LK 1), ist nur mit Einschränkungen möglich, da das Opfer (z. B. Schwachsinnige) mit der Tat tatsächlich einverstanden sein kann (vgl. auch Horn SK 1). Zu den Unterschieden zu § 176 I Nr. 2 a. F. vgl. Hanack NJW 74, 3, Sturm JZ 74, 7; aus den Materialien vgl. u. a. Prot. VI 1108, 1615, 1629, 1637, 2113.

2   **II. Der objektive Tatbestand** des **Abs. 1** setzt voraus, daß der Täter eine zum Widerstand aus psychischen oder physischen Gründen unfähige Person zu außerehelichen sexuellen Handlungen mißbraucht.

3   **1.** Das Opfer muß **widerstandsunfähig** sein, was der Fall ist, wenn es gegenüber dem sexuellen Ansinnen des Täters keinen zur Abwehr ausreichenden Widerstandswillen bilden, äußern oder realisieren kann (BGH **32** 183, **36** 147, NStZ **81**, 139, NJW **83**, 636 m. Anm. Geerds JR 83, 254, LG Mainz MDR **84**, 773, Lackner 3; zu § 176 Nr. 2 a. F. vgl. BGH MDR/D **58**, 13, **67**, 14, **68**, 728). Die Widerstandsunfähigkeit kann eine psychische (Nr. 1) oder eine körperliche (Nr. 2) sein, je nachdem, ob die Fähigkeit der Willensbildung oder der Willensbetätigung betroffen ist. Um einen Dauerzustand braucht es sich dabei nicht zu handeln, wenn sie nur z. Z. der Tat besteht (vgl. BGH **36** 147).

4   a) Die Voraussetzungen der **psychischen Widerstandsunfähigkeit** nach **Nr. 1** umschreibt das Gesetz in Anlehnung an § 20 mit den dort verwendeten sog. biologischen Merkmalen der Schuldunfähigkeit. Zum Begriff der *krankhaften seelischen Störung* vgl. § 20 RN 6ff. Trotz der „gequälten Konstruktion" (Schröder, 17. A.) muß der Begriff der *tiefgreifenden Bewußtseinsstörung* (vgl. § 20 RN 12ff.) hier nach dem Sinn der Vorschrift und abweichend von § 20 auch die Fälle der völligen Bewußtlosigkeit (z. B. Schlaf, Ohnmacht) erfassen (vgl. BGH MDR/H **83**, 280 [Schlaf], D-Tröndle 5, Lackner 3a, Laufhütte LK 5, M-Schroeder I 172 sowie den Fall von OLG Zweibrücken NJW **86**, 2960, wo jedoch § 179 nicht erwähnt wird; and. Meyer-Gerhards JuS 74, 566). Nach BGH NJW **86**, 77 m. Anm. Keller JR 86, 343, GA **77**, 145 soll auch die völlige Erschöpfung nach mehrfacher Vergewaltigung hierher gehören, doch dürfte dies eher ein Fall der körperlichen Widerstandsunfähigkeit sein (Horn SK 3). Dagegen gehören hierher auch die Fälle, in denen das Opfer infolge Überraschung, Schreck oder Schock keinen Widerstandswillen bilden kann (vgl. BGH **36** 147 m. Anm. Hillenkamp NStZ 89, 529, dort allerdings i. V. mit einer besonderen Persönlichkeitsstruktur; vgl. auch u. 5). Zum *Schwachsinn* vgl. § 20 RN 18 sowie BGH **32** 183 [i. V. mit Autismus], Laufhütte LK 6, zu den *schweren anderen seelischen Abartigkeiten* vgl. § 20 RN 19ff. sowie Laufhütte LK 7. Die Widerstandsunfähigkeit infolge einer noch nicht abgeschlossenen geistigen Reifung (Kind) gehört nicht hierher (vgl. BGH **30** 144).

5   Die Übernahme der biologischen Merkmale der §§ 20, 21 ist z. T. auf Kritik gestoßen, weil es bei der Schuldfähigkeit und der Schändung um ganz verschiedene Probleme gehe und die Auslegung in beiden Bereichen deshalb nicht identisch sein könne (vgl. Hanack NJW 74, 3, Lackner 3a). Dies ist zwar richtig, doch läßt auch das Gesetz eine unterschiedliche Interpretation durchaus zu, da die biologischen Merkmale in den §§ 20, 21 bzw. 179 nicht isoliert zu sehen sind, sondern im Hinblick auf ihre in der Tat verschiedenartigen Folgen, die bei §§ 20, 21 im Ausschluß bzw. in der Verminderung der Unrechtseinsichtsfähigkeit bzw. der Fähigkeit zu normgemäßer Steuerung des Verhaltens, bei § 179 dagegen im Verlust der Widerstandsfähigkeit gegenüber einem sexuellen Ansinnen bestehen (vgl. auch Blei II 149). Schon von daher ergibt sich auch, daß Schuldunfähigkeit i. S. des § 20 und psychische Widerstandsunfähigkeit i. S. des § 179 nicht identisch zu sein brauchen (ebenso Laufhütte LK vor RN 1), weshalb die Widerstandsfähigkeit auch ausgeschlossen sein kann, wenn die Schuldfähigkeit dies noch nicht ist (z. B. infolge Überraschung, Schreck, Schock, vgl. BGH **36** 147; zu § 20 vgl. dort RN 15). Wenig einleuchtend ist es allerdings, wenn in § 179 auch die „schweren anderen seelischen Abartigkeiten" genannt sind (krit. dazu auch Hanack aaO), da nicht ersichtlich ist, welche Fälle der mit diesem Begriff in §§ 20, 21 erfaßten Psychopathien, Neurosen und Triebstörungen es sein sollen, die bei § 179 zur Widerstandsunfähigkeit führen können. Die Nymphomanin gehört nicht nur „in der Regel", sondern überhaupt nicht hierher (vgl. jedoch Prot. VI 1631, D-Tröndle 5), da es nicht Sinn des § 179 sein kann, Männer durch eine Strafdrohung von ihr fernzuhalten (vgl. auch Blei II 149, Laufhütte LK 7). Auch eine hochgradige Abhängigkeit (vgl. Laufhütte aaO unter Hinweis auf BGH 3 StR 22/83 v. 13. 5. 83) ist als solche noch keine schwere seelische Abartigkeit, ebensowenig eine „pubertäre Religionshinwendung" (BGH EzSt § 174 **Nr. 2**).

6   Die Widerstandsunfähigkeit muß nach der Gesetzesfassung („wegen ... zum Widerstand unfähig ist") auf einer der genannten psychischen Störungen *beruhen*. Davon kann ohne weiteres ausgegangen werden in den Fällen, in denen die Willensbildung des Opfers infolge seines

Zustandes überhaupt ausgeschlossen war (z. B. Schlaf, Bewußtlosigkeit, Narkose, Hypnose, schwere Trunkenheit, u. U. auch bei Überraschung, Schreck oder Schock; vgl. BGH **36** 147 u. zu § 176 Nr. 2 a. F. BGH MDR/D **58**, 13, **67**, 14, **68**, 728). Ist dies dagegen nicht der Fall, war das Opfer also nicht völlig willenlos, so macht der vom Gesetz geforderte ursächliche Zusammenhang zwischen der Widerstandsunfähigkeit und der Störung an sich die Feststellung notwendig, daß diese die Möglichkeit einer anderen Entscheidung über das Sexualverhalten tatsächlich beseitigt hat (ebenso Keller JR 86, 344, wohl auch BGH NJW **86**, 77; and. Horn SK 4, 8ff., Laufhütte LK 8, 13f., die dies als Problem des Mißbrauchs bzw. der Ausnutzung der Widerstandsunfähigkeit sehen, deren Auffassung entgegen dem Gesetz aber praktisch zu einem Verzicht auf das Kausalitätserfordernis führt). Eine Aussage darüber jedoch, ob das Opfer ohne die Störung vermutlich (vgl. D-Tröndle 5) oder auch nur möglicherweise anders reagiert haben würde, ist hier kaum weniger problematisch als der empirische Nachweis der sog. psychologischen Merkmale im Rahmen der §§ 20, 21 (vgl. § 20 RN 26). Sie mag vielleicht dort noch möglich sein, wo das Opfer selbst als Vergleichsperson zur Verfügung steht – so bei nur vorübergehenden Störungen, z. B. bei Trunkenheit, akutem Schub einer Schizophrenie, schweren Erschöpfungszuständen (vgl. BGH NJW **86**, 77 m. Anm. Keller JR 86, 342) –, obwohl es sich auch dann streng genommen nur um ein Indiz handeln kann, das auf diese Weise gewonnen wird. Auch dieser Weg versagt jedoch z. B. beim angeborenen Schwachsinn des Opfers. Hier kann nicht schon genügen, daß dem Opfer die Erkenntnis abgeht, die ihm angesonnene sexuelle Handlung sei „unzüchtig" bzw. widerspreche dem „Sittengesetz" (so BGH **2** 58 zu § 176 Nr. 2 a. F.), weil das Bewußtsein darum, was immer man darunter verstehen mag, heutzutage auch beim geistig Gesunden nicht mehr vorausgesetzt werden kann. Da die bloße Tatsache außerehelicher Beziehungen eines Geisteskranken noch nicht für dessen auf einer krankhaften seelischen Störung beruhenden Widerstandsunfähigkeit spricht, wird man die Entscheidung in solchen Fällen letztlich davon abhängig machen müssen, ob die Nachgiebigkeit gegenüber dem Ansinnen des Täters durch Umstände gekennzeichnet ist, unter denen ein geistig Gesunder sich normalerweise nicht mit diesem eingelassen hätte (z. B. Hingabe unter völlig entwürdigenden Bedingungen; vgl. auch D-Tröndle 5 [entscheidend, ob das Opfer außerstande war, eine „sinnvolle" Entscheidung über sein Sexualverhalten zu treffen], aber auch Horn SK 10 [maßgeblich die „innere Haltung des Täters gegenüber dem Opfer"]). Keine psychische Widerstandsunfähigkeit liegt vor, wenn das Opfer trotz der seelischen Störung tatsächlich Widerstand leistet und der Täter diesen nur mit den Mitteln der Nötigung überwinden kann (BGH NStZ **81**, 139, MDR/H **80**, 985). Geschieht dies mit den Nötigungsmitteln der §§ 177, 178, so ist der Täter ausschließlich nach diesen (strengeren) Vorschriften strafbar. Handelt es sich dagegen lediglich um eine Nötigung nach § 240, so liegt ein Ausnutzen einer psychischen Widerstandsunfähigkeit nur vor, wenn die Nötigung allein wegen des psychischen Defekts des Opfers zum Erfolg geführt hat (z. B. der Schwachsinnige hält das angedrohte Übel für realisierbar); im übrigen genießen hier jedoch auch Geisteskranke keinen Sonderschutz, weshalb es bei der Strafbarkeit nach § 240 oder – im Fall des Abs. 2 – wegen eines Versuchs nach § 179 bleibt (vgl. BGH NStZ **81**, 139).

b) **Körperlich widerstandsunfähig** (Nr. 2) ist das Opfer, wenn es seinen entgegenstehenden 7 Willen wegen körperlicher Gebrechen oder infolge äußerer Einwirkung (z. B. Fesselung, Erschöpfung nach mehrfacher Vergewaltigung, vgl. aber auch BGH NJW **86**, 77 m. Anm. Keller JR 86, 342, GA **77**, 145 und o. 4) nicht äußern oder realisieren kann (BGH NJW **83**, 636 m. Anm. Geerds JR 83, 254). Daran fehlt es, wenn das Opfer tatsächlich Widerstand leistet, wegen seiner Unterlegenheit oder aus Angst vor dem Täter aber weiteren Widerstand unterläßt (vgl. BGH aaO [Spastikerin]; hier kommen die §§ 177, 178 in Betracht (vgl. aber auch Laufhütte LK 10). Die Widerstandsunfähigkeit infolge kindlichen Alters gehört nicht hierher (BGH **30** 144, Laufhütte LK 9).

2. Die **Tathandlung** besteht in einem *Mißbrauch* des Opfers dadurch, daß der Täter *unter* 8 *Ausnutzung* der dessen Widerstandsunfähigkeit außereheliche *sexuelle Handlungen* (vgl. § 184c RN 4ff.) „an" dem Opfer vornimmt (vgl. § 184c RN 18) oder von diesem „an" sich vornehmen läßt (vgl. § 184c RN 19). Notwendig ist damit ein unmittelbarer Körperkontakt zwischen Täter und Opfer; das Bestimmen des Opfers, sexuelle Handlungen an einem Dritten vorzunehmen oder von einem Dritten an sich vornehmen zu lassen, genügt hier – anders als in § 178 – nicht (in Betracht kommt in diesen Fällen nur eine Teilnahme an der Tat des Dritten). Ein An-sich-vornehmen-Lassen (2. Alt.) ist im Fall der Nr. 2 nicht denkbar, da das Opfer insoweit nicht körperlich widerstandsunfähig sein kann (and. D-Tröndle 7); jedenfalls würde es hier an einem „Ausnutzen" fehlen, so wenn der Täter z. B. sexuelle Handlungen eines Gelähmten an sich vornehmen läßt.

a) **Unter Ausnutzung** der Widerstandsunfähigkeit handelt der Täter, wenn er den die Bil- 9 dung oder Verwirklichung eines ausreichenden Abwehrwillens ausschließenden Zustand des

Opfers bewußt als einen Faktor einkalkuliert, der sein Vorgehen begünstigt (BGH NJW **86**, 77; vgl. auch BGH **32** 183 m. Anm. Geerds JR 84, 430 u. Herzberg/Schlehofer JZ 84, 481: bewußtes Zunutzemachen); die bloße Kenntnis der Widerstandsunfähigkeit genügt dafür nicht (BGH aaO, LG Mainz MDR **84**, 773), andererseits braucht der Täter durch diese zu seinem Tun nicht (mit-) motiviert worden zu sein (M-Schroeder I 173; vgl. auch Otto II 319). An einem Ausnutzen der Widerstandsunfähigkeit oder jedenfalls an einem Mißbrauch (vgl. u. 11) fehlt es jedoch, wenn die Initiative vom Opfer ausgegangen ist (z. B. eine Prostituierte gibt sich einem Geisteskranken hin oder die hochgradig schwachsinnige Frau sucht sich unter der Dorfjugend ihre Partner; vgl. Prot. VI 1621 f., aber auch D-Tröndle 9, Horn SK 11). Dasselbe gilt – sofern man hier nicht richtigerweise schon eine psychisch bedingte Widerstandsunfähigkeit i. S. der Nr. 1 verneint, vgl. o. 6 –, wenn sexuelle Beziehungen, die schon vorher bestanden haben, nach Eintritt der Störung lediglich fortgesetzt werden oder eine schwachsinnige Person ein festes Verhältnis eingeht oder Partner eines auf menschlicher Zuneigung beruhenden Sexualakts ist (vgl. BGH **32** 183 m. Anm. Geerds JR 84, 430 u. Herzberg/Schlehofer JZ 84, 481). Dies ergibt sich schon daraus, daß es nicht Sinn des § 179 sein kann, Geisteskranken sexuelle Kontakte völlig unmöglich zu machen (BT-Drs. VI/3521 S. 41, BGH **32** 183, KG NJW **77**, 817, D-Tröndle 8, Laufhütte LK 13; vgl. aber auch Herzberg/Schlehofer JZ 84, 482).

10 Hat der *Täter die Widerstandsunfähigkeit selbst herbeigeführt*, so ist zu unterscheiden: 1. Hat er dies gegen den Willen des Opfers und in der Absicht eines sexuellen Mißbrauchs i. S. der §§ 177, 178 getan, so ist zwar auch der Tatbestand des § 179 erfüllt, doch tritt § 179 hier hinter § 178 bzw. – im Fall des Abs. 2 – hinter § 177 zurück (vgl. auch Blei II 149, D-Tröndle 12, Lackner 9, Laufhütte LK 11); Idealkonkurrenz zwischen Abs. 2 und § 178 ist allerdings anzunehmen, wenn der ursprünglich nur mit dem Vorsatz des § 178 handelnde Täter erst nach abgeschlossener Gewaltanwendung das nunmehr körperlich widerstandsunfähig gewordene Opfer zum Beischlaf mißbraucht (vgl. § 178 RN 3; zur Nichtanwendbarkeit des § 177 vgl. dort RN 4a). Nur § 179 ist anwendbar, wenn eine zu anderen Zwecken – z. B. Begehung eines Raubs – herbeigeführte Widerstandsunfähigkeit ohne erneute Gewaltanwendung bzw. Drohung zu Handlungen i. S. des § 179 mißbraucht wird. – 2. Hat das Opfer eingewilligt, bezieht sich sein Einverständnis jedoch nur auf die Herbeiführung der Widerstandsunfähigkeit, so ist der Täter nur nach § 179 strafbar, wenn er den Zustand des Opfers anschließend zu sexuellen Handlungen ausnützt, gleichgültig, ob er den entsprechenden Vorsatz unter Täuschung über seine wahren Absichten von Anfang an hatte oder ob er ihn erst später gefaßt hat. – 3. Bezieht sich das Einverständnis des Opfers dagegen auch auf die sexuelle Handlung im Zustand der Widerstandsunfähigkeit, so nützt der Täter diese in der Regel nicht aus (Laufhütte LK 11; zu § 176 Nr. 2 a. F. vgl. BGH MDR/D **58**, 13, Hamm HESt. **2** 151 [kein Mißbrauch]); sollte hier ausnahmsweise doch von einem „Ausnützen" gesprochen werden können, so fehlt es jedenfalls an einem Mißbrauch. Das gleiche muß aber auch gelten, wenn das Opfer zwar mit der sexuellen Handlung, nicht aber mit deren Vornahme im Zustand der Widerstandsunfähigkeit einverstanden war (and. BGH aaO zu § 176 Nr. 2 a. F.).

11 b) Der **Mißbrauch** des Opfers ergibt sich in der Regel schon daraus, daß der Täter dessen Widerstandsunfähigkeit in dem o. 9 genannten Sinn ausnützt (vgl. auch LG Mainz MDR **84**, 773, D-Tröndle 9, M-Schroeder I 173, aber auch BGH **32** 183 m. Anm. Geerds JR 84, 430 u. Herzberg/Schlehofer JZ 84, 481: Mißbrauch auf Grund des Vorgehens des Täters und seiner Motive; dort bei behutsamem Vorgehen in einer durch persönliche Zuneigung und Fürsorge gekennzeichneten Beziehung verneint). Eine selbständige Bedeutung i. S. eines zusätzlichen Korrektivs hat dieses Merkmal allenfalls in Ausnahmefällen, so bei einem rein altruistischen Handeln (z. B. zu therapeutischen Zwecken, vgl. Laufhütte LK 14, Schroeder, Das neue Sexualstrafrecht 33). Selbstverständlich ist, daß in den Fällen der Nr. 1 auch eine Einwilligung des Opfers den Mißbrauch nicht ausschließt, sofern diese gerade auf der Widerstandsunfähigkeit beruht.

12 III. Der **subjektive Tatbestand** erfordert Vorsatz, der sich im Fall der Nr. 1 auch auf das Vorliegen eines der dort genannten „biologischen" Merkmale als Ursache der Widerstandsunfähigkeit beziehen muß (wobei es freilich nur auf die zutreffende „Parallelwertung in der Laiensphäre" ankommt). Da bedingter Vorsatz genügt, ist es auch ausreichend, wenn der Täter mit einer solchen Möglichkeit lediglich rechnet, ihm dies jedoch gleichgültig ist. Zu einem Fall des Verbotsirrtums bei § 176 Nr. 2 a. F. vgl. BGH JR **54**, 188.

13 IV. Eine **Qualifikation**, welche die Tat zum Verbrechen macht, enthält **Abs. 2**, wobei der erschwerende Umstand darin besteht, daß eine Frau unter Ausnutzung ihrer Widerstandsunfähigkeit i. S. des Abs. 2 zum außerehelichen **Beischlaf** (vgl. dazu § 173 RN 7) mißbraucht wird.

14 V. Der **Versuch** ist nur im Fall des Abs. 2 (Verbrechen) strafbar. Tritt der Täter von einem Versuch nach Abs. 2 zurück, so kann er nach Abs. 1 strafbar bleiben (Laufhütte LK 20; vgl. entsprechend zur Strafbarkeit nach § 178 beim Rücktritt vom Versuch des § 177 dort RN 15).

VI. Durch die n. F. ist jetzt klargestellt, daß die Tat ein **eigenhändiges Delikt** ist (KG NJW **15** 77, 817, D-Tröndle 2, Horn SK 15, Lackner 2, Laufhütte LK 17; and. Herzberg JuS 75, 172, M-Schroeder I 174, Otto II 320, Schall JuS 79, 104). Obwohl von der Sache her an sich nicht geboten (insoweit zutreffend Schall aaO), lassen Entstehungsgeschichte und Gesetzeswortlaut – auf den in §§ 177, 178 eingefügten Zusatz „mit einem Dritten" wurde hier verzichtet – keine andere Deutung zu. Dafür spricht insbes. auch die 2. Alt. des An-sich-vornehmen-Lassens; da hier aber nur Fälle erfaßt sind, in denen der Körper des Täters Objekt der sexuellen Handlung des Opfers ist, kann auch nach der 1. Alt. Täter nur sein, wer selbst körperlichen Kontakt mit diesem hat. Dies gilt auch für Abs. 2 (Laufhütte LK 17), woraus zugleich folgt, daß dort – im Unterschied zu Abs. 1 – Täter nur ein Mann sein kann (so schon zu § 176 Nr. 2 a. F. die Rspr.; vgl. dazu und zum früheren Meinungsstand die 16. A., § 176 RN 20). Mittäterschaft eines körperlich Unbeteiligten ist daher ebenso ausgeschlossen wie mittelbare Täterschaft, z. B. in der Weise, daß jemand einen anderen zu der Tat nach § 179 bestimmt, der von der psychischen Störung des Partners nichts weiß (vgl. dazu KG NJW **77**, 817); da in diesem Fall mangels einer vorsätzlichen Haupttat auch eine Anstiftung ausscheidet, bleibt der Hintermann überhaupt straflos.

VII. Konkurrenzen. Zwischen Abs. 1 und Abs. 2 besteht Tateinheit, wenn der Täter zusätzlich **16** nicht ausschließlich der Vorbereitung des Beischlafs dienende sexuelle Handlungen vornimmt, während im übrigen Abs. 2 dem Abs. 1 vorgeht (vgl. Laufhütte LK 11). Idealkonkurrenz ist ferner z. B. möglich mit den §§ 173–176, 240 (vgl. auch o. 6), ferner mit § 237 (durch Klammerwirkung hier z. B. auch mit §§ 223a, 315b, vgl. BGH JR **83**, 210 m. Anm. Keller); zum Verhältnis zu § 185 vgl. dort RN 20. Abs. 1 tritt hinter § 178, Abs. 2 hinter § 177 zurück, wenn der Täter die Widerstandsunfähigkeit mit den in §§ 177, 178 genannten Mitteln herbeigeführt hat, um das Opfer anschließend sexuell zu mißbrauchen (vgl. o. 10; vgl. dort aber auch zu einem Fall von Tateinheit zwischen Abs. 2 und § 178). Beginnt der Täter die Tat unter den Voraussetzungen des § 179 (sexuelle Handlungen an einem schlafenden Opfer) und beendet er sie in der Form des § 177 bzw. § 178 (Gewaltanwendung, nachdem das Opfer erwacht ist), so liegt nach BGH MDR/D **67**, 14 Realkonkurrenz vor, wenn der Täter auf Grund der veränderten Sachlage einen neuen Entschluß gefaßt hat, nach RG JW **29**, 1017 dagegen Idealkonkurrenz, wenn sein Vorsatz von Anfang an dahin ging, das Opfer im Schlaf zu mißbrauchen, für den Fall aber, daß es erwachen sollte, Gewalt anzuwenden (ebenso Laufhütte LK 20).

VIII. Bei der Tat nach Abs. 2 wird ein **minder schwerer Fall** insbes. z. B. vorliegen, wenn der **17** Täter nach gemeinsamem Alkoholgenuß das betrunkene Mädchen mißbraucht, nachdem schon vorher entsprechende Zärtlichkeiten ausgetauscht worden sind (ohne daß aus diesen freilich auf eine weitergehende Einwilligung geschlossen werden konnte, da sonst die Tat überhaupt straflos wäre).

IX. Zur Möglichkeit von **Führungsaufsicht** vgl. § 181 b; über die Möglichkeit einer freiwilligen **18** **Kastration** vgl. § 2 Abs. II KastrG vom 15. 8. 1969, BGBl. I 1143.

§ 180 Förderung sexueller Handlungen Minderjähriger

(1) **Wer sexuellen Handlungen einer Person unter sechzehn Jahren an oder vor einem Dritten oder sexuellen Handlungen eines Dritten an einer Person unter sechzehn Jahren**

1. durch seine Vermittlung oder
2. durch Gewähren oder Verschaffen von Gelegenheit

Vorschub leistet, wird mit Freiheitsstrafe bis zu drei Jahren oder mit Geldstrafe bestraft. Satz 1 Nr. 2 ist nicht anzuwenden, wenn der zur Sorge für die Person Berechtigte handelt; dies gilt nicht, wenn der Sorgeberechtigte durch das Vorschubleisten seine Erziehungspflicht gröblich verletzt.

(2) **Wer eine Person unter achtzehn Jahren bestimmt, sexuelle Handlungen gegen Entgelt an oder vor einem Dritten vorzunehmen oder von einem Dritten an sich vornehmen zu lassen, oder wer solchen Handlungen durch seine Vermittlung Vorschub leistet, wird mit Freiheitsstrafe bis zu fünf Jahren oder mit Geldstrafe bestraft.**

(3) **Wer eine Person unter achtzehn Jahren, die ihm zur Erziehung, zur Ausbildung oder zur Betreuung in der Lebensführung anvertraut oder im Rahmen eines Dienst- oder Arbeitsverhältnisses untergeordnet ist, unter Mißbrauch einer mit dem Erziehungs-, Ausbildungs-, Betreuungs-, Dienst- oder Arbeitsverhältnis verbundenen Abhängigkeit bestimmt, sexuelle Handlungen an oder vor einem Dritten vorzunehmen oder von einem Dritten an sich vornehmen zu lassen, wird mit Freiheitsstrafe bis zu fünf Jahren oder mit Geldstrafe bestraft.**

(4) **In den Fällen der Absätze 2 und 3 ist der Versuch strafbar.**

§ 180 1–6   Bes. Teil. Straftaten gegen die sexuelle Selbstbestimmung

1   Das 4. StrRG hat die früheren Tatbestände der Kuppelei (§§ 180, 181 a. F.) zu einer Schutzbestimmung für Minderjährige umgestaltet (zur Entstehungsgeschichte vgl. Horstkotte JZ 74, 84, Laufhütte LK vor RN 1; aus den Materialien vgl. u. a. Prot. VI 1636, 1659, 1662, 1721, 2107, 2113, VII 15, 25, 27). Einziges **Rechtsgut** ist nunmehr die ungestörte sexuelle Entwicklung von Jugendlichen, weshalb der Betroffene auch Verletzter i. S. des § 61 Nr. 2 StPO ist (D-Tröndle 2, Horstkotte aaO 86, Lackner 2, Laufhütte LK 1; vgl. aber auch Horn SK 1). Im System des Jugendschutzes bedeutet die Vorschrift freilich einen erheblichen Bruch, da sie die Förderung von sexuellen Handlungen zwischen Jugendlichen und einem Dritten unter Strafe stellt, die der Täter selbst mit dem Jugendlichen – von § 176 abgesehen – straflos vornehmen dürfte (zur Kritik vgl. auch M-Schroeder I 190). Weshalb z. B. das Bestimmen einer 17-Jährigen zum Beischlaf mit einem Dritten gegen Entgelt (Abs. 2) unter dem Gesichtspunkt des Jugendschutzes gefährlicher sein soll als das „Kaufen" des Mädchens für eigene sexuelle Zwecke, ist nicht einsichtig. Zu erklären ist dieser Unterschied deshalb nur damit, daß die Befriedigung eigener Sexualität ungeachtet der auch hier möglichen Gefährdung des Jugendlichen privilegiert sein soll (zu den Konsequenzen vgl. u. 3). Zu weiteren Anomalien in der Einzelausgestaltung vgl. u. 21, 25 f.

2   II. Den Abs. 1–3 gemeinsam ist – insofern in Übereinstimmung mit §§ 180, 181 a. F. – die **Förderung fremder Sexualität.** Im einzelnen bedeutet dies:

3   1. Nach § 180 strafbar sind die dort genannten Förderungshandlungen (Vorschubleisten usw.) nur, wenn sie sich auf den sexuellen Kontakt zwischen **mindestens einer geschützten Person** (Jugendliche unter 16 Jahren in Abs. 1, unter 18 Jahren in Abs. 2, 3) und **mindestens einem Dritten,** d. h. einer vom Täter verschiedenen Person beziehen. Die Förderung von sexuellen Handlungen des Jugendlichen an sich selbst oder mit dem Täter bleibt daher außerhalb des Tatbestands. Strafbar soll es dagegen sein, wenn der Täter mit dem Vorschubleisten usw. in bezug auf sexuelle Handlungen zwischen dem Jugendlichen und einem Dritten zugleich eigene sexuelle Zwecke verfolgt (Horn SK 4; zu § 180 a. F. vgl. BGH 11 94, MDR/D 52, 272). Nicht zuletzt wegen der sonst möglichen Friktionen mit § 176 V Nr. 2 2. Alt. (Strafbarkeit des Bestimmens zu sexuellen Handlungen vor einem Dritten nur bei Jugendlichen unter 14 Jahren) ist hier jedoch eine Einschränkung geboten: Da eigene sexuelle Kontakte zwischen dem Täter und dem Jugendlichen, von § 176 abgesehen, als solche straflos sind und für § 180 die Förderung fremder Sexualität wesentlich ist, ist die Vorschrift nicht anwendbar, wenn das Einbeziehen einer weiteren Person in das Geschehen ausschließlich den eigenen sexuellen Zielen des Täters dient (z. B. Triolenverkehr) oder diesen gegenüber völlig in den Hintergrund tritt (z. B. Gestattung der Anwesenheit eines Dritten bei Sexualkontakt des Täters mit einem Jugendlichen, womit an sich zugleich dessen sexuellen Handlungen vor einem Dritten nach Abs. 1 Nr. 2 Vorschub geleistet wird). Angebliche Beweisschwierigkeiten ändern daran nichts (so jedoch Horn SK 4), da solche nicht die Strafbarkeit eines Verhaltens begründen können. Nimmt man diese Einschränkungen nicht vor, so entfällt auch die Möglichkeit, die Straflosigkeit der Teilnahme des an der sexuellen Handlung beteiligten Dritten zu begründen (vgl. u. 32; widersprüchlich daher Horn SK 4 einerseits und 24 andererseits).

4   2. Gegenstand der Kuppelei sind nur sexuelle Handlungen (vgl. § 184 c RN 4 ff.) eines **Minderjährigen „an"** (vgl. § 184 c RN 18) oder **„vor"** (vgl. § 184 c RN 20 ff.) **einem Dritten** oder eines **Dritten „an" einem Minderjährigen.** Nicht erfaßt ist damit die Förderung sexueller Handlungen eines Dritten „vor" dem Minderjährigen; hier kommt nur bei Kindern unter 14 Jahren eine Teilnahme an der Tat nach § 176 V Nr. 1 in Betracht.

5   III. Abs. 1 erfaßt die **Kuppelei an noch nicht Sechzehnjährigen** durch das in bestimmten Formen erfolgende Vorschubleisten bezüglich sexueller Handlungen des Minderjährigen an oder vor einem Dritten oder eines Dritten an dem Minderjährigen, wobei jedoch das sog. Erzieherprivileg des Abs. 1 S. 2 eine Einschränkung enthält. Geschützt sind hier alle noch nicht 16-Jährigen; eine Beschränkung auf 14- bis 16-Jährige (vgl. BT-Drs. VI 3521 S. 44) ergibt sich weder aus dem Gesetzeswortlaut, noch ist sie von der Sache her berechtigt, da die Verkuppelung von Kindern nicht immer unter §§ 176, 26, 27 fällt (D-Tröndle 5).

6   1. **Vorschubleisten** ist – insoweit dem „Hilfeleisten" in § 27 vergleichbar – das Fördern sexueller Kontakte zwischen dem Jugendlichen und einem Dritten, ohne daß es jedoch zu den sexuellen Handlungen tatsächlich gekommen sein müßte (h. M., vgl. z. B. D-Tröndle 6, Gössel I 322, Lackner 4a, Laufhütte LK 4, M-Schroeder I 190, Otto II 326). Daß damit auch die erfolglose „Beihilfe" unter Abs. 1 fällt, ergibt sich zwar nicht zwingend aus dem Gesetzeswortlaut – dazu, daß für Abs. 2, 3 etwas anderes gilt, vgl. u. 25 –, folgt hier aber eindeutig aus der Entstehungsgeschichte (vgl. BT-Drs. VI/3521 S. 44; ebenso schon die h. M. zu §§ 180, 181 a. F., vgl. zuletzt BGH **24** 249 mwN). Andererseits enthält Abs. 1 aber auch kein bloßes Unternehmensdelikt (vgl. jedoch Horn SK 2), das auch untaugliche Förderungshandlungen umfassen würde (vgl. § 11 RN 54). Erforderlich ist vielmehr als „Erfolg" das *Schaffen günstigerer Bedingungen* für sexuelle Handlungen (D-Tröndle 6, Lackner 4a), und zwar i. S. einer unmittelbaren

Gefährdung des Minderjährigen (Laufhütte LK 4, M-Schroeder I 190). Es genügt daher nicht jede noch so entfernte Förderungshandlung, vielmehr muß die Möglichkeit des Zustandekommens des sexuellen Kontakts in greifbare Nähe gerückt sein, woran es z. B. fehlt, wenn keiner der beiden Partner zu einem solchen bereit ist (vgl. BGH **24** 253, Gössel I 322, Laufhütte LK 4). Auch muß die sexuelle Handlung, auf die sich das Vorschubleisten bezieht, schon in gewissem Umfang nach Ort und Zeit *konkretisiert* sein, weshalb das Unterhalten eines Lokals für Homosexuelle oder eines Eros-Centers nicht genügt, auch wenn diese gelegentlich von Jugendlichen betreten werden (D-Tröndle 6, Lackner 4a, Laufhütte LK 4). Insbesondere muß die Person des Opfers im wesentlichen feststehen, was jedoch auch dann der Fall ist, wenn der Jugendliche einem individuell umgrenzbaren Personenkreis angehört (z. B. der Täter vermittelt Kontakte zu einer Gruppe Jugendlicher, wobei sich der Dritte seinen Partner dann selbst aussucht). Nicht erforderlich ist dagegen, daß auch der Dritte bereits konkretisiert ist (z. B. Überlassen eines Raums an ein junges Mädchen zu sexuellen Handlungen mit noch nicht feststehenden Partnern; zu Abs. 2 vgl. auch BGH NJW **85**, 924; and. hier offenbar D-Tröndle 6, Horn SK 11, Laufhütte LK 4). Ein Vorschubleisten in Beziehung auf die in Abs. 1 genannten Handlungen ist auch ihre *mittelbare* Förderung durch unmittelbares Vorschubleisten hinsichtlich der Mitwirkung des anderen. Der sexuellen Handlung des Jugendlichen an einem Dritten ist daher auch dann Vorschub geleistet, wenn der Täter unmittelbar nur für den Dritten tätig wird (diesem z. B. die Adresse eines zu sexuellen Handlungen bereiten Mädchens nennt), ebenso wie der Täter umgekehrt den sexuellen Handlungen eines Dritten an dem Jugendlichen Vorschub leistet, wenn seine Förderung unmittelbar diesem gilt (z. B. durch Überlassung eines Raums); daß es hier nicht darauf ankommen kann, auf wessen Seite der Täter steht, folgt schon daraus, daß die Strafbarkeit sonst von dem Zufall abhinge, ob der Kontakt zwischen dem Jugendlichen und dem Dritten in beiderseitigen sexuellen Handlungen am andern oder in der einseitigen Vornahme sexueller Handlungen des Jugendlichen am Dritten bzw. des Dritten am Jugendlichen besteht.

2. Das Vorschubleisten ist nur strafbar, wenn es in bestimmten Formen, nämlich durch **7** **Vermittlung** (Nr. 1) oder durch **Gewähren oder Verschaffen von Gelegenheit** (Nr. 2) erfolgt. Sonstige Teilnahmehandlungen können durch Abs. 1 nicht erfaßt werden; dies gilt insbesondere auch für das Bestimmen (vgl. hier jedoch Abs. 2, 3) und sonstige psychische Einwirkungen, soweit hier nicht die in Nr. 1, 2 genannten Modalitäten hinzukommen. Während es früher auf eine scharfe Grenzziehung zwischen den Begriffen der „Vermittlung" und des „Gewährens oder Verschaffens von Gelegenheit" nicht ankam, ist eine solche jetzt wegen des auf Nr. 2 beschränkten sog. Elternprivilegs (Abs. 1 S. 2) notwendig geworden.

a) Die **Vermittlung (Nr. 1)** ist gegenüber dem Verschaffen von Gelegenheit in Nr. 2 der **8** engere Begriff und umfaßt nur die *Partnervermittlung*, d. h. die Herstellung einer – bisher nicht bestehenden – persönlichen Beziehung zwischen dem Jugendlichen und einem Dritten, welche sexuelle Handlungen zum Gegenstand hat (vgl. RG **29** 109, BGH **1** 116, KG NJW **77**, 2225, D-Tröndle 7, Gössel I 323, Lackner 4a aa, Laufhütte LK 5, M-Schroeder I 190). Dies kann sowohl in der Weise geschehen, daß der Täter im Auftrag des einen an den anderen herantritt, mit dem Ziel, diesen für sexuelle Handlungen zu gewinnen, als auch dadurch, daß der Kuppler dem einen die Möglichkeit verschafft, selbst zu dem anderen in Beziehung zu treten, sofern dieser schon von sich aus zu sexuellen Kontakten bereit ist (z. B. Nennen der Adresse einer Prostituierten). Kein „Vermitteln" liegt dagegen vor, wenn der Täter zwar zwei Personen zusammenbringt, der eine von den sexuellen Absichten des anderen aber überhaupt nichts weiß (vgl. Horn SK 7, Laufhütte LK 5; and. BGH **10** 386, D-Tröndle 7). Unter Nr. 1 fällt z. B. die Adressenvermittlung in einem Callgirl-Ring, nicht dagegen das Benennen eines Bordells, wenn dessen Existenz allgemein bekannt und die dort gebotene Gelegenheit daher ohne Vermittlung zugänglich ist (KG NJW **77**, 2225, Horn SK 6); auch das Organisieren von Zusammenkünften, bei denen es zu sexuellen Kontakten kommt (z. B. Veranstalten von Zeltlagern), ist nur dann ein Vermitteln, wenn das Verhalten der Teilnehmer durch Herstellen konkreter Beziehungen gesteuert wird (Bockelmann II/2 S. 144, Lackner 4a aa, Laufhütte LK 5). Die bloße Aufforderung oder das Animieren, sich selbst einen Partner zu suchen, ist noch kein Vermitteln (D-Tröndle 7; vgl. auch BGH **9** 71, NJW **59**, 1284). Vollendet ist die Tat erst, wenn der Kontakt tatsächlich zustande gekommen ist; das Werben durch Zeitungsanzeigen oder das Nennen einer Adresse genügen als solche daher nicht (KG NJW **77**, 2225, Lackner 4a aa u. zu § 181a II BGH NStE § 181a **Nr. 2**); zu sexuellen Handlungen muß es dagegen nicht gekommen sein (vgl. o. 6).

b) Das **Gewähren oder Verschaffen von Gelegenheit (Nr. 2)** ist das Bereitstellen oder Her- **9** beiführen der *äußeren Bedingungen* für die Ermöglichung oder wesentliche Erleichterung der Vornahme von sexuellen Handlungen, wobei die Beziehungen zwischen den Beteiligten in diesem Fall entweder schon bestehen oder der Dritte bzw. der Jugendliche sich den Partner selbst beschafft (vgl. D-Tröndle 8, Gössel I 323, Horstkotte JZ 74, 87). Das „Gewähren" unterscheidet sich vom „Verschaffen" nur dadurch, daß die Gelegenheit hier bereits vorhanden ist und zur Verfügung des Täters steht; daß das Gewähren ein entsprechendes Verlangen eines der Beteiligten voraussetzt (RG **2** 165, BGH NJW **59**, 1284, Lackner 4a bb), kann nicht verlangt werden, da es den Beteiligten überhaupt nicht bewußt zu werden braucht, daß ihnen vom Täter die Gelegenheit zu sexuellen Kontakten gegeben worden ist (vgl. auch Horn SK 12, Laufhütte LK 6). Ebenso wie bei Nr. 1 scheiden auch hier rein psychische Einwirkungen auf einen der Beteiligten aus (z. B. Anhalten zur Prostitution; and. RG **8** 236, BGH NJW **59**, 1284; offengelassen in BGH **9** 77, wo jedoch ein Verschaffen von Gelegenheit wegen des Hinzukommens weiterer Umstände angenommen wurde; wie hier Bockelmann II/2 S. 144, Lackner 4a bb, Laufhütte LK 6). Aber auch das Schaffen äußerer Bedingungen reicht dann nicht aus, wenn sie nur in einer entfernten, untypischen Verbindung zu der sexuellen Handlung stehen (BGH **21** 276) oder wenn diese dadurch nur unwesentlich gefördert wird (vgl. auch M-Schroeder I 190). Eine klare Grenzziehung, bei der es wesentlich auch auf die Umstände des konkreten Falles ankommt, dürfte freilich vielfach problematisch sein.

10 Unter Nr. 2 fällt vor allem das Überlassen oder Bereitstellen von Räumen (vgl. BGH NJW **59**, 1284, Laufhütte LK 6), das Abhalten oder Entfernen von Personen, von denen ein Einschreiten zu erwarten wäre (vgl. BGH **9** 76), das Beschützen eines Mädchens beim sog. Straßenstrich vor der „Konkurrenz" (vgl. BGH NJW **59**, 1284). Nicht ausreichend, weil nur eine mittelbare, d. h. nicht in enger Beziehung mit der sexuellen Handlung stehende Förderung, ist dagegen das bloße Unterhalten eines Homosexuellen-Lokals (Lackner 4a bb; and. beim Betrieb eines Lokals mit sexuellen Darbietungen [vgl. Celle GA **71**, 251], sofern es dabei zu sexuellen Handlungen i. S. des § 180 kommt), das Befördern an den Ort, an dem es zu dem sexuellen Kontakt kommt (and. BGH MDR/D **66**, 558, GA **66**, 337), die Behandlung durch einen Arzt (vgl. BGH **21** 275), das Verschaffen von Verhütungs- oder Schutzmitteln (Prot. VI/1671, D-Tröndle 8), wohl auch nicht das Überlassen von Geld zur Bezahlung einer Dirne (and. RG **51** 46, D-Tröndle 7, Horn SK 11, Laufhütte LK 6).

11 3. Ein **Unterlassen** (über die Abgrenzung zum positiven Tun vgl. BGH MDR/D **55**, 269, Stuttgart FamRZ **59**, 74) ist dann ein Vorschubleisten, wenn der Unterlassende die Rechtspflicht hat, die in § 180 I mißbilligten sexuellen Handlungen zu verhindern (RG DR **39**, 989, BGH LM **Nr. 3**). Insoweit gelten die allgemeinen Regeln für Unterlassungsdelikte (vgl. § 13 und die Anm. dort). Eine solche Verpflichtung trifft vor allem die Eltern gegenüber ihren Kindern, ebenso je nach Sachlage sonstige Obhutspflichtige (z. B. Lehrer, Lagerleiter usw.). Zur Garantenstellung des Wohnungsinhabers vgl. § 13 RN 54, Horn SK 21 (zu weitgehend Stuttgart FamRZ **59**, 74, Laufhütte LK 5). Wie stets bei den Unterlassungsdelikten (vgl. 155 vor § 13) wird auch hier die Rechtspflicht dadurch begrenzt, daß dem Täter ein Handeln wegen Gefährdung eigener billigenswerter Interessen *nicht zuzumuten* war (vgl. RG **77** 126, JW **39**, 400, KG JR **50**, 407 zu § 180 a. F.). Entsprechend diesem Grundsatz hatte bereits die Rspr. zu § 180 a. F. anerkannt, daß es den Eltern in der Regel nicht zuzumuten sei, polizeiliche Hilfe gegen ihre eigenen Kinder in Anspruch zu nehmen (RG **77** 127, BGH [GrS] **6** 58, Celle NdsRpfl. **50**, 92; vgl. auch Horn SK 19, Laufhütte LK 9 sowie Hamm JR **51**, 349). Jetzt werden diese Fälle ausdrücklich durch das sog. Elternprivileg des Abs. 1 S. 2 gedeckt (vgl. u. 12ff.).

12 4. Das schon im Gesetzgebungsverfahren umstrittene (vgl. Horstkotte JZ 74, 86, F. C. Schroeder, Lange-FS 391) **Erzieherprivileg** des **Abs. 1 S. 2** nimmt Handlungen des Sorgeberechtigten, soweit sie sich auf das Gewähren oder Verschaffen von Gelegenheit beschränken (S. 1 Nr. 2) und nicht gröblich gegen Erziehungspflichten verstoßen, von der Strafbarkeit aus. Die Regelung beruht auf dem Gedanken, daß der Erziehungsberechtigte auch in sexualpädagogischen Fragen eine gewisse Gestaltungsfreiheit haben muß (vgl. auch Art. 6 II GG) und daß sich hier deshalb das Strafrecht solange zurückhalten sollte, als nicht die Grenzen einer groben Pflichtverletzung überschritten sind (vgl. näher Horstkotte JZ 74, 86; and. F. C. Schroeder, Lange-FS 399: „Abstrakte Ungefährlichkeit" der Handlung in der Person des Sorgeberechtigten; vgl. auch M-Schroeder I 191). Systematisch handelt es sich bei dem Erzieherprivileg um eine Einschränkung des Tatbestandes S. 1 Nr. 2, nicht erst um einen Rechtfertigungsgrund (BT-Drs. VI/3521 S. 45 und h. M., z. B. Bockelmann II/2 S. 146, D-Tröndle 11, Horstkotte JZ 74, 86, Lackner 5c, Laufhütte LK 10, Otto II 326; and. [Rechtfertigungsgrund] noch hier 17. A., RN 17a; krit. Becker/Ruthe FamRZ 74, 508, Hanack NJW 74, 8). Dies folgt daraus, daß Abs. 1 S. 2 auch bei einfachen, d. h. nicht „groben" Pflichtverletzungen anwendbar ist, was der Annahme eines Rechtfertigungsgrundes entgegensteht, da das Handeln des Sorgeberechtigten i. S. des Zivilrechts nach wie vor rechtswidrig ist (unberührt bleibt deshalb auch die Möglichkeit von Maßnahmen nach § 1666 BGB). Von der Sache her könnte Abs. 1 S. 2 zwar auch als bloßer Strafausschließungsgrund verstanden werden, doch spricht dagegen die Gesetzesformulierung, wonach S. 1 Nr. 2 in diesen Fällen „nicht anzuwenden ist."

13 Gedacht ist bei dieser Regelung nach den Gesetzesmaterialien (vgl. BT-Drs. VI/3521 S. 45, Horstkotte JZ 74, 86) einmal an die Fälle eines „pädagogischen Notstands", in denen der Sorgeberechtigte vor der Alternative steht, entweder der sexuellen Betätigung des Jugendlichen Vorschub zu leisten – wobei hier namentlich auch der Grenzbereich von Tun und Unterlassen in Betracht kommt – oder das Vertrauensverhältnis zu dem Jugendlichen und damit die Chance künftiger erzieherischer Einwirkungen zu gefährden. Zum andern soll das Erzieherprivileg den Sorgeberechtigten aber auch einen gewissen Spielraum für die Verwirklichung ihrer pädagogischen Überzeugung lassen, indem ihnen vom Strafrecht die Ermöglichung einer sexuellen Betätigung des Jugendlichen nicht verwehrt wird, wenn sie diese „unter dem Gesichtspunkt einer sinnvollen, verantwortungsbewußten Sexualerziehung für angebracht halten" (BT-Drs. VI/3521 S. 45). Während die „Notstandsfälle" weitgehend unproblematisch sind – sie wurden schon nach der a. F. auch in Grenzfällen des aktiven Tuns (vgl. BGH 6 58) mit Zumutbarkeitserwägungen befriedigend gelöst (vgl. o. 11) –, wird die Erstreckung des Erzieherprivilegs auf die 2. Fallgruppe im Schrifttum vielfach kritisch beurteilt (vgl. z. B. Becker/Ruthe FamRZ 74, 508, Dreher JR 74, 51, Hanack NJW 74, 8, Lackner 5a; vgl. auch Baumann JR 74, 392). In der Tat stößt hier die Handhabung des Abs. 1 S. 2, von extremen Fällen abgesehen, auf die – vom Gesetzgeber zu verantwortende – Schwierigkeit, daß sichere Maßstäbe für die Begrenzung pädagogisch motivierter Förderungshandlungen vielfach weder unter sozialethischen noch unter erziehungswissenschaftlichen Gesichtspunkten zur Verfügung stehen. Die deswegen erhobenen verfassungsrechtlichen Bedenken (vgl. Becker/Ruthe aaO, Lackner 5a, M-Schroeder I 191) würden freilich im gleichen Maß auch auf § 170d zutreffen, wo ebenfalls eine „gröbliche Verletzung" von „Erziehungspflichten" abgestellt wird; sie würden überdies, wenn sie berechtigt wären, dazu führen, daß § 180 I Nr. 2 auf Erziehungsberechtigte überhaupt nicht mehr anwendbar ist. Zieht man diese Konsequenz nicht, so bleibt daher ebenso wie in anderen Fällen, in denen das Gesetz in hohem Maß wertausfüllungsbedürftige Klauseln verwendet, auch hier nur die Möglichkeit, den Begriff der groben Pflichtverletzung auf Fälle zu beschränken, in denen diese nach dem Urteil aller redlich Denkenden eindeutig ist (vgl. auch Horn SK 15). Soweit dagegen feste Wertmaßstäbe fehlen und deshalb verschiedene, jeweils „vertretbare" Auffassungen einander gegenüberstehen, darf der Standpunkt des Täters auch dann nicht zu dessen Lasten gehen, wenn der Richter selbst diese Auffassung nicht teilt (vgl. näher Lenckner JuS 68, 308f.).

a) Unter das Privileg des S. 2 fallen nur die **zur Sorge für die Person** des Minderjährigen **Berechtigten.** Wer dies ist, bestimmt sich nach BGB. In Frage kommen die Eltern (§ 1626 BGB), für ein nichteheliches Kind die Mutter (§ 1705 BGB), ferner Vormünder (§ 1793 BGB) und Pfleger (vgl. § 1630 BGB), wobei die Erstreckung auf diese zeigt, daß das Erzieherprivileg des S. 2 über das in Art. 6 II GG statuierte Elternrecht hinausgeht. Ob Personensorgeberechtigte i. S. des § 180 auch Dritte sein können, denen von den Eltern das **Sorgerecht zur Ausübung** auf Widerruf **übertragen** wurde (zu dieser Möglichkeit vgl. Palandt-Diederichsen § 1626 Anm. 3), also Verwandte, Schulen, Internate, Pflegeeltern usw., erscheint fraglich (bejahend Horn SK 16, Laufhütte LK 11; verneinend z. B. Gössel I 324f., M-Schroeder I 191). Jedenfalls ist hier sorgfältig zu prüfen, ob sich die Ausübung des Sorgerechts auch auf die Entscheidung so gravierender Fragen wie die der sexuellen Betätigung Minderjähriger beziehen soll, was z. B. bei Pflegeeltern eher zu bejahen sein wird als bei Lehrern oder Heimleitern. In solchen Fällen ist ferner darüber zu entscheiden, ob sich die Überlassung der Ausübung des Sorgerechts nicht als ein Mißbrauch darstellt.

b) Das Erzieherprivileg gilt **nur** für Förderungshandlungen durch **Gewähren oder Verschaffen von Gelegenheit** (S. 1 Nr. 2), also nicht für das Vorschubleisten durch Vermittlung (S. 1 Nr. 1). Weshalb der für Abs. 1 maßgebliche Grundsatz, daß die sexuelle Entwicklung von Jugendlichen von Interventionen Dritter abgeschirmt werden soll, diese sachliche Differenzierung zwischen den beiden Formen des Vorschubleistens, deren Übergänge ohnehin fließend sind, rechtfertigen soll (vgl. Horstkotte JZ 74, 87), ist nicht recht ersichtlich. Mit Recht weist Dreher JR 74, 51 auf den Widerspruch hin, der darin besteht, daß der Vater nach S. 2 zwar straflos sein kann, wenn er dem Sohn das Geld für den Besuch einer Prostituierten gibt (sofern man darin, wie RG 51 46, überhaupt ein Verschaffen von Gelegenheit sieht; vgl. o. 10), nicht aber, wenn er ihm die Adresse der Dirne vermittelt. Ungereimte Ergebnisse lassen sich hier nur dadurch vermeiden, daß S. 2 entgegen seinem Wortlaut in Fällen, in denen die Vermittlung in ihrer Bedeutung hinter dem Gewähren oder Verschaffen von Gelegenheit eindeutig zurücktritt, auch auf diese erstreckt wird (ebenso Laufhütte LK 10).

c) Das Privileg des S. 2 gilt nicht, wenn es sich bei dem Vorschubleisten nach S. 1 Nr. 2 um eine **gröbliche Verletzung der Erziehungspflicht** handelt. Auszuschließen ist eine solche in der Regel in den Fällen eines „pädagogischen Notstands" (vgl. o. 13), wenn dem Erziehungsberechtigten nicht zugemutet werden kann, den Jugendlichen von sexuellen Kontakten abzuhalten, etwa weil sonst das Vertrauensverhältnis zu diesem und damit auch die Grundlage der Erziehung überhaupt schwer gefährdet würde oder weil das Unterhalten einer sexuellen Beziehung für den Jugendlichen ein stabilisierender Faktor ist, der ungünstigen Entwicklungen vorbeugt (Horstkotte JZ 74, 86). Im übrigen kann eine Pflichtverletzung nicht schon dann angenommen werden, wenn das Fördern sexueller Beziehungen in seinem pädagogischen Sinn zwar fragwürdig, aber noch nicht eindeutig negativ zu bewerten ist. Erst wenn das verhältnismäßig breite Spektrum dessen, was heute angesichts des Vorhandenseins recht unterschiedlicher Auffassungen noch vertretbar erscheint, verlassen ist, kann nach dem o. 13 Gesagten auch eine Pflichtverletzung bejaht werden, wobei diese dann zusätzlich noch eine „gröbliche", d. h. besonders schwerwiegende sein muß (vgl. auch Horn SK 15, Laufhütte LK 12). Dies ist nicht schon der Fall, wenn Eltern ihre 15-jährige Tochter mit dem 17 Jahre alten festen Freund in der Wohnung übernachten lassen (so das Beisp. in BT-Drs. VI/3521 S. 45, wobei D-Tröndle 13 mit Recht die Frage stellen, was gilt, wenn der Freund noch kein „fester" ist, die Eltern aber darauf hoffen, daß er ein solcher wird), auch nicht ohne weiteres, wenn sie den Verkehr mit einem wesentlich älteren Mann dulden, wohl aber, wenn die Gelegenheit zur Prostitution verschafft wird oder die Gefahr des Abgleitens in Promiskuität besteht (BT-Drs. VI/3521 aaO, Laufhütte LK 12). Eindeutig ist die Grenze des Zulässigen bei aktiven sexualpädagogischen Experimenten überschritten (Horstkotte JZ 74, 87), ferner bei der Förderung von sexuellen Kontakten zu dem Jugendlichen, die als solche schon strafbar sind (z. B. §§ 174, 175, 176; vgl. auch D-Tröndle 13, Horn SK 15, Laufhütte LK 12). Hier ist der Sorgeberechtigte nicht nur wegen Teilnahme an diesen Taten strafbar, sondern auch nach § 180 I; da das Erzieherprivileg nur für § 180 I 1 Nr. 2, nicht aber für sonstige Sexualdelikte gegen den Jugendlichen und daher auch nicht für darauf bezogene Teilnahmehandlungen gilt (vgl. auch Horstkotte aaO), kann hier aus der Strafbarkeit der Teilnahme immer auch auf eine grobe Pflichtverletzung i. S. des § 180 I 2 geschlossen werden.

17   d) Die ursprünglich vorgesehene Erweiterung des Erziehungsprivilegs auf **Dritte,** die mit **Einwilligung des Sorgeberechtigten** handeln (BT-Drs. VI/3521 S. 45, BR-Drs. 441/73, § 180 I 2), ist auf Vorschlag des Vermittlungsausschusses wieder beseitigt worden (BT-Drs. 7/1166). Auch nach Streichung dieses „erweiterten Erziehungsprivilegs" ist der Dritte jedoch nur dann strafbar, wenn es ihm überlassen ist, nach eigenem Ermessen Handlungen i. S. des S. 1 Nr. 2 vorzunehmen. Ist ihm dagegen von dem Erziehungsberechtigten die fragliche Handlung konkret bezeichnet worden, so ist er nicht nur im Fall der Beihilfe straffrei (keine tatbestandsmäßige Haupttat), sondern auch dann, wenn er nach allgemeinen Regeln als Täter anzusehen wäre, weil es hier nicht darauf ankommen kann, ob der Sorgeberechtigte seine Entscheidung selbst handelnd in die Tat umsetzt oder ob dies im Rahmen einer inhaltlich genau bestimmten und begrenzten Einwilligung über einen Dritten geschieht (ebenso Horn SK 16, Laufhütte LK 11; and. D-Tröndle 14, F. C. Schroeder, Lange-FS 399). Ob die Großmutter, die in Abwesenheit der Eltern die Tochter mit ihrem Freund ins Haus läßt, dies auf Weisung der Eltern (vgl. Horstkotte JZ 74, 87) oder nur mit deren Erlaubnis tut, begründet keinen sachlichen Unterschied.

18   Die Straflosigkeit steht auch in diesen Fällen unter dem Vorbehalt vertretbarer Ausübung des Sorgerechts. Erziehungsberechtigter wie Dritter sind daher strafbar, wenn die Entscheidung des Sorgeberechtigten seine Erziehungspflicht gröblich verletzt (vgl. o. 16). Fehlt es an einer Entscheidung des Sorgeberechtigten, so macht sich der Vorschubleistende auch dann strafbar, wenn sein Verhalten pädagogisch vertretbar war (ebenso Horn SK 16). Bei Minderjährigen unter 16 Jahren ist es Dritten verwehrt, eigene sexualpädagogische Vorstellungen zu verwirklichen (vgl. BR-Drs. 498/70 S. 23).

19   **IV. Abs. 2** erfaßt in zwei Begehungsformen die **Kuppelei** an **noch nicht 18-Jährigen** zu **entgeltlichen sexuellen Handlungen.** Der Grund für die Erhöhung der Strafdrohung und die Heraufsetzung des Schutzalters gegenüber Abs. 1 liegt darin, daß die Förderung von sexuellen Handlungen, für die der Jugendliche ein Entgelt erhält, die zusätzliche Gefahr des Abgleitens in die Prostitution schaffen kann, zumindest aber die Integration der Sexualität in die Persönlichkeit gefährdet (vgl. BT-Drs. VI/3521 S. 46, Horstkotte JZ 74, 87). Da die Gefahr, daß der Jugendliche auf den Weg der Prostitution geraten könnte, gesetzgeberischer Grund für die Vorschrift, aber nicht Tatbestandsmerkmal ist, ist Abs. 2 auch anwendbar, wenn der Jugendliche bereits der Prostitution nachgeht, zumal hier jedenfalls das Festhalten an der Prostitution begünstigt wird (BGH MDR/H 77, 809, Horn SK 27, Laufhütte LK 14).

20   1. Nach der **1. Alt.** ist strafbar **das Bestimmen** einer Person unter 18 Jahren zur **entgeltlichen Vornahme** sexueller Handlungen an oder vor einem Dritten oder zum **entgeltlichen An-sich-vornehmen-Lassen** solcher Handlungen eines Dritten.

21   a) Zum **Bestimmen** vgl. zunächst § 176 RN 8. Zweifelhaft ist hier, ob es – was dem Vorschubleisten in Abs. 1 entsprechen würde – genügt, daß in dem Jugendlichen der Entschluß zur entgeltlichen Vornahme der sexuellen Handlung usw. hervorgerufen wird oder ob das Bestimmen ebenso wie in §§ 174 II Nr. 2, 176 II, V Nr. 2 darüber hinaus auch in dem Sinn erfolgreich sein muß, daß es zu dem sexuellen Kontakt tatsächlich kommt. Trotz der unterschiedlichen Fassung von Abs. 2 einerseits, §§ 174 II Nr. 2, 176 II, V Nr. 2 andererseits ist letzteres anzuneh-

men (ebenso D-Tröndle 16, Horn SK 28; vgl. auch BGH NJW 85, 924). Dafür spricht nicht so sehr, daß andernfalls Abs. 4 (Versuch) nur noch beschränkt von Bedeutung wäre, sondern vor allem, daß das Bestimmen in Abs. 2 keine andere Bedeutung haben kann als in Abs. 3. Dort aber würden die ohnehin vorhandenen Wertungswidersprüche zu § 174 II Nr. 2 in unerträglicher Weise verschärft, wenn auch das erfolglose Bestimmen erfaßt wäre (§ 174 II Nr. 2: Freiheitsstrafe bis zu 3 Jahren nur beim erfolgreichen Bestimmen, Abs. 3: Freiheitsstrafe bis zu 5 Jahren!); zu den Konsequenzen für die 2. Alt. vgl. u. 25. Erforderlich ist ein Bestimmen des *Jugendlichen*, d. h. die unmittelbare Einwirkung auf diesen, wenn auch in der Form der mittelbaren Täterschaft. Dagegen genügt es nicht, wenn der Täter den Dritten bestimmt, sexuellen Kontakt zu einem Jugendlichen aufzunehmen und diesen dafür zu bezahlen. Ebenso wie z. B. in § 176 II, V Nr. 2 folgt dies auch in § 180 II daraus, daß das Bestimmen hier zur Täterschaft erhoben ist und die Regel, daß Anstiftung zur Anstiftung selbst Anstiftung zu der fraglichen Handlung ist, in diesen Fällen deshalb nicht gelten kann (and. Laufhütte LK 15). Nach Abs. 2 kann der Täter hier nur bestraft werden, wenn zugleich ein Vermitteln i. S. der 2. Alt. vorliegt.

b) Das Bestimmen muß darauf gerichtet sein, daß der Jugendliche sexuelle Handlungen 22 **gegen Entgelt** an oder vor einem Dritten vornimmt oder von einem Dritten an sich vornehmen läßt. Das Bestimmen muß sich deshalb auch auf die Entgeltlichkeit beziehen; umfaßt es nur die Vornahme der sexuellen Handlung, so genügt dies auch dann nicht, wenn der Jugendliche nachher tatsächlich ein Entgelt verlangt oder erhält. Nicht unter den Tatbestand fällt es auch, wenn der Täter lediglich eigenen sexuellen Kontakt erkauft.

α) *Entgelt* ist jede in einem Vermögensvorteil bestehende Gegenleistung (§ 11 I Nr. 9; vgl. 23 dazu die Anm. dort).

β) *Gegen* Entgelt erfolgt das Vornehmen oder An-sich-vornehmen-Lassen der Handlung 24 durch den Jugendlichen nur, wenn die Entrichtung des Entgelts schon vor oder jedenfalls während des sexuellen Kontaktes als Gegenleistung für die Mitwirkung des Jugendlichen vereinbart worden ist. Es genügt deshalb nicht, wenn dieser erst nachträglich ein Entgelt fordert oder annimmt; andererseits ist die Einigung über ein Entgelt im Zeitpunkt der sexuellen Handlung unabhängig davon ausreichend, ob dieses nachher tatsächlich entrichtet wird (Laufhütte LK 14; vgl. aber auch D-Tröndle 16: möglicherweise nur Versuch). Gleichgültig ist auch, von wem das Entgelt geleistet werden soll; dies kann daher auch der Kuppler selbst oder ein unbeteiligter Dritter sein (Laufhütte aaO). Der Täter selbst braucht an dem Entgelt weder beteiligt noch interessiert zu sein (D-Tröndle 16, Horstkotte JZ 74, 87); auch ist ein Handeln gegen Entgelt nicht deshalb ausgeschlossen, weil es an einen anderen (z. B. Zuhälter) abgeführt werden soll. Immer aber muß nach der ratio legis (Verhinderung des Abgleitens in die Prostitution) das vereinbarte Entgelt den Charakter einer Bezahlung für die Vornahme oder das An-sich-vornehmen-Lassen der sexuellen Handlung haben. Daraus folgt einerseits, daß der Jugendliche durch die Aussicht auf das Entgelt zumindest mitmotiviert worden sein muß (vgl. BR-Drs. 489/70 S. 24, Horn SK 29; and. D-Tröndle 16, Gössel I 326 f.), andererseits, daß Geschenke zur Gewinnung der Zuneigung des Jugendlichen nicht ausreichen (Lackner 4b; z. B. die Mutter bestimmt die Tochter, ein solches Geschenk von einem Bewerber anzunehmen), wobei die Abgrenzung im Einzelfall freilich schwierig sein kann.

2. Nach der 2. **Alt.** ist strafbar das durch **Vermittlung** erfolgende **Vorschubleisten** in Bezie- 25 hung auf die **entgeltliche Vornahme** sexueller Handlungen oder das **entgeltliche An-sich-vornehmen-Lassen** solcher Handlungen durch eine Person unter 18 Jahren. Abweichend von Abs. 1 wird dagegen von Abs. 2 nicht erfaßt das Vorschubleisten durch Gewähren oder Verschaffen von Gelegenheit. Anders als in Abs. 1 muß hier das *Vorschubleisten* in dem Sinn erfolgreich gewesen sein, daß es zu dem sexuellen Kontakt tatsächlich gekommen ist; das bloße Schaffen günstigerer Bedingungen dafür genügt hier nicht. Dies folgt daraus, daß für das Vorschubleisten nichts anderes gelten kann als für das Bestimmen (vgl. o. 21), da es sich bei diesen um gleichwertige Begehungsweisen handelt (ebenso Horn SK 37, Laufhütte LK 16; and. D-Tröndle 6). Vgl. im übrigen o. 6, ferner zum Begriff der *Vermittlung* o. 8, zur Vornahme usw. sexueller Handlungen *gegen Entgelt* o. 22 ff. Ebenso wie das Bestimmen der 1. Alt. muß auch das Vermitteln speziell die entgeltliche sexuelle Dienstleistung des Jugendlichen zum Gegenstand haben; schon im Zeitpunkt der Vermittlung muß deshalb auch klar sein, daß die Mitwirkung des Jugendlichen von einer Gegenleistung abhängt.

V. **Abs. 3** erfaßt die **Kuppelei an noch nicht 18jährigen Schutzbefohlenen** unter Mißbrauch 26 eines Abhängigkeitsverhältnisses, wobei Kuppeleihandlung hier freilich nur das Bestimmen des Minderjährigen zur Vornahme sexueller Handlungen an oder vor einem Dritten bzw. zum An-sich-vornehmen-Lassen solcher Handlungen eines Dritten sein kann; zum *geschützten Personenkreis*, der dem des § 174 I Nr. 2 entspricht, vgl. dort RN 5 ff., 10, zum *Mißbrauch* der durch das Erziehungsverhältnis usw. begründeten Abhängigkeit vgl. § 174 RN 14, zum *Bestimmen* vgl. o.

§ 180 27–32 Bes. Teil. Straftaten gegen die sexuelle Selbstbestimmung

21. Der Tatbestand ergänzt damit § 174 I Nr. 2, II Nr. 2, wo Täter nur sein kann, wer das Abhängigkeitsverhältnis zu eigenen sexuellen Kontakten mit dem Jugendlichen mißbraucht, während § 180 III für die Fälle gilt, in denen Nutznießer des Mißbrauchs ein Dritter ist. Die gegenüber Abs. 1 erhöhte Strafdrohung und die Heraufsetzung des Schutzalters haben ihren Grund in dem Bestehen eines besonderen Abhängigkeitsverhältnisses und dessen Mißbrauch durch den Täter. Völlig unausgewogen ist allerdings das Verhältnis der Strafdrohungen von Abs. 3 und § 174 II Nr. 2, wenn der Schutzbefohlene zu sexuellen Handlungen „vor" einem Dritten bestimmt wird (vgl. auch Dreher JR 74, 52, M-Schroeder I 193); dem kann nur bei der Strafzumessung Rechnung getragen werden.

27 **VI.** Für den **subjektiven Tatbestand** ist in allen Fällen Vorsatz erforderlich; bedingter Vorsatz genügt (Celle GA **71**, 252, Düsseldorf JMBlNW **50**, 82). Der Vorsatz muß sich insbesondere auch darauf erstrecken, daß ein Jugendlicher unter 16 (Abs. 1) bzw. unter 18 Jahren (Abs. 2, 3) beteiligt ist, ferner auf eine jedenfalls schon in gewissem Umfang konkretisierte sexuelle Handlung, die durch die Tat gefördert wird (Laufhütte LK 18); das Bewußtsein, daß es irgendwann einmal zu sexuellen Handlungen kommen könnte, genügt nicht. Im Fall des Abs. 1 S. 2 muß der Täter ferner die Umstände kennen, die seine Förderungshandlung zu einer groben Pflichtverletzung machen; bewertet er diese dagegen lediglich falsch, so kann dies in den eindeutigen Fällen, in denen objektiv eine grobe Pflichtverletzung überhaupt erst angenommen werden darf (vgl. o. 13, 16), nur ein Verbotsirrtum sein (vgl. auch D-Tröndle 24, Lackner 5 a, Laufhütte LK 18). Bei der Kuppelei durch Unterlassen muß der Täter wissen, daß er durch sein Verhalten für die sexuelle Handlung günstigere Bedingungen schafft (vgl. RG **77** 127). Dazu gehört auch, daß er ein zumutbares Mittel kennt, die sexuelle Handlung zu verhindern oder zu erschweren (BGH FamRZ **56**, 81). Das Unrechtsbewußtsein muß auch hier tatbestandsbezogen sein; es genügt nicht, daß die Mutter die Förderung sexueller Kontakte ihrer unter 16 Jahre alten Tochter nur deshalb für Unrecht hält, weil es sich bei dem Partner um einen verheirateten Mann handelt (BGH MDR/D **67**, 14).

28 **VII. Vollendet** ist die Tat im Fall des Abs. 1 S. 1 Nr. 1, wenn die persönliche Beziehung zwischen dem Jugendlichen und dem Dritten zustande gekommen ist, im Fall des Abs. 1 S. 1 Nr. 2, wenn durch das Gewähren usw. von Gelegenheit die äußeren Bedingungen für die Vornahme der sexuellen Handlungen günstiger gestaltet worden sind (z. B. durch Überlassen eines Raums); zur Vornahme der sexuellen Handlungen selbst braucht es hier nicht gekommen zu sein (vgl. o. 6). Dagegen sind die Taten nach Abs. 2, 3 erst vollendet mit dem Vornehmen bzw. Vornehmenlassen der sexuellen Handlung (vgl. o. 21, 25; vgl. auch BGH NJW **85**, 924); dafür ist hier jedoch nach Abs. 4 der **Versuch** strafbar, für den beim Bestimmen die Grundsätze über die versuchte Anstiftung zur Tatbegehung entsprechend gelten (vgl. § 30 RN 18 ff.). Ein Rücktritt nach § 24 durch Verhinderung des sexuellen Kontakts ist damit zwar in den Fällen des Abs. 2 und 3, nicht dagegen bei einem bereits vollendeten Vorschubleisten nach Abs. 1 möglich, doch sind hier zur Vermeidung widersprüchlicher Ergebnisse die für Unternehmensdelikte geltenden besonderen Rücktrittsregeln (vgl. § 11 RN 55, § 24 RN 125 ff.) analog anzuwenden (ebenso Horn SK 8).

29 **VIII. Täter** kann außer den an der sexuellen Handlung Beteiligten (vgl. auch o. 3) jeder sein, im Fall des Abs. 3 jedoch nur die in einem der dort genannten Verhältnisse stehende Autoritätsperson. Für die **Teilnahme** gilt folgendes:

30 **1.** Für **Dritte**, die an den sexuellen Handlungen **nicht selbst beteiligt** sind, gelten die allgemeinen Teilnahmeregeln (vgl. aber auch Sommer JR 81, 495); § 28 findet keine Anwendung und zwar auch nicht im Fall des Abs. 3 (vgl. dazu § 174 RN 20). Zur Teilnahme im Fall des § 180 I 2 vgl. u. 33.

31 **2.** Der durch § 180 geschützte **Jugendliche** ist auch dann nicht als Teilnehmer strafbar, wenn seine Beteiligung über notwendige Teilnahmehandlungen hinausgeht (D-Tröndle 25, Horstkotte JZ 74, 87, Lackner 6, Laufhütte LK 19, Otto II 326)

32 **3.** Auch der an den sexuellen Handlungen **selbst beteiligte Dritte** kann grundsätzlich nicht als Teilnehmer bestraft werden, und zwar auch dann nicht, wenn seine Beteiligung – z. B. als Anstiftung zum Vorschubleisten – über die Nutzung der Dienste des Kupplers hinausgeht (Bockelmann II/2 S. 147, Horn SK 24, Lackner 6, M-Schroeder I 191, Otto II 326 u. zu § 180 a. F. z. B. Bindokat NJW 61, 1731, Herzberg GA 71, 10, Armin Kaufmann MDR 58, 177; and. D-Tröndle 25, Gössel I 325, Horstkotte JZ 74, 87 [bei Abs. 1, 2 unter Beschränkung auf die Anstiftung], Laufhütte LK 19 f. [nur Anstiftung] u. zu § 180 a F. z. B. RG **4** 252, HRR **39** Nr. 1379, BGH **10** 386, **15** 377, Baumann JuS 63, 53). Für § 180 a. F. wurde dies zutreffend damit begründet, daß die Kuppelei eine tatbestandlich verselbständigte Teilnahme an einer als solcher nicht (oder nur unter einem anderen Gesichtspunkt) strafbaren sexuellen Betätigung

dritter Personen ist und daß für diese deshalb nur eine mittelbare Teilnahme am eigenen straflosen Tun vorliegt. Daran hat sich durch die n. F. nichts geändert, auch wenn die Kuppelei nunmehr zu einem Jugendschutztatbestand geworden ist (Lackner 6; and. D-Tröndle 25). Wer selbst sexuelle Kontakte mit einem Jugendlichen hat, ist unter dem Gesichtspunkt des Jugendschutzes nur strafbar, wenn er eine Tat nach §§ 174ff., 182 begeht (vgl. auch o. 3). Macht er sich nach diesen Vorschriften strafbar und ist die angedrohte Strafe hier mindestens ebenso hoch wie in § 180, so besteht schon vom Ergebnis her keine Notwendigkeit, ihn außerdem noch wegen Teilnahme nach § 180 zu bestrafen, wenn der sexuelle Kontakt zu dem Jugendlichen mit Hilfe eines Kupplers zustande gekommen ist. Ist dagegen die Handlung des Dritten gegenüber dem Jugendlichen entweder überhaupt nicht oder – weil der Bereich eines strafbaren Versuchs noch nicht betreten ist – noch nicht strafbar oder ist sie nur mit einer geringeren Strafe bedroht (z. B. § 182), so kann die Begrenzung, welche die §§ 174ff., 182 hinsichtlich der Strafbarkeit des eigenen sexuellen Kontakts zu einem Jugendlichen enthalten, nicht dadurch unterlaufen werden, daß der Dritte hier wegen Teilnahme nach § 180 bestraft wird. Hat z. B. das Gesetz bewußt davon abgesehen, auch denjenigen mit Strafe zu bedrohen, der sich seinen eigenen sexuellen Kontakt mit dem Jugendlichen erkauft (vgl. dazu Horstkotte JZ 74, 87), so kann diese Entscheidung des Gesetzgebers nicht dadurch umgangen werden, daß der Partner des Jugendlichen wegen Teilnahme aus § 180 II bestraft wird, wenn er sich dabei der Dienste eines anderen bedient (Bedenken hier auch bei Horstkotte aaO). Daß der Dritte hier den Täter des § 180 in ein strafrechtlich relevantes Geschehen verstrickt (Laufhütte LK 20), ändert daran nichts, weil dies auf die Schuldteilnahmetheorie als Strafgrund der Teilnahme hinausliefe. Eine Ausnahme von dem Grundsatz, daß die Teilnahme des Dritten straflos ist, ist nur in den Fällen des Abs. 3 anzuerkennen (z. B. der Dritte veranlaßt einen Lehrherrn, ihm durch Ausübung von Druck ein Lehrmädchen zur Verfügung zu stellen). Sie ist damit zu rechtfertigen, daß Abs. 3 systematisch ohnehin in den Zusammenhang des § 174 gehört (D-Tröndle 19); stünde die Bestimmung dort, so wäre unzweifelhaft, daß auch der Dritte selbst strafbarer Teilnehmer sein kann (i. E. ebenso Horn SK 48; and. Laufhütte LK 19).

4. Leistet der **Sorgeberechtigte** in der Form des Abs. 1 S. 1 Nr. 2 Vorschub, ohne dadurch **33** eine grobe Pflichtverletzung zu begehen, so ist sein Handeln tatbestandslos (Abs. 1 S. 2, vgl. o. 12), weshalb auch eine Teilnahme Dritter nicht möglich ist, und zwar auch dann nicht, wenn sie irrig die Voraussetzungen einer groben Pflichtverletzung annehmen (straflose versuchte Teilnahme; vgl. D-Tröndle 14, Horstkotte JZ 74, 87, Lackner 5c bb, Laufhütte LK 20; and. F. C. Schroeder, Lange-FS 400). Handeln der Sorgeberechtigte und ein Dritter als Mittäter, so gilt das o. 17 Gesagte: Da hier die Entscheidung über die konkrete Handlung von dem Sorgeberechtigten mitgetragen wird, kann es nicht von Bedeutung sein, daß er nicht allein, sondern zusammen mit einem andern handelt; straffrei ist in diesem Fall unter den Voraussetzungen des Abs. 1 S. 2 deshalb nicht nur der Sorgeberechtigte selbst, sondern auch der Mittäter (für Strafbarkeit des Mittäters dagegen D-Tröndle 14). Ist ein Dritter Täter, der Sorgeberechtigte dagegen nur Teilnehmer, so ist auch die Teilnahme durch das Erzieherprivileg gedeckt (D-Tröndle 14, Horstkotte JZ 74, 87, Lackner 5c aa), wobei jedoch Voraussetzung ist, daß die Teilnahmehandlung nicht selbst eine grobe Pflichtverletzung ist, was z. B. der Fall sein kann, wenn dem Dritten völlig freie Hand gelassen wird; zur Strafbarkeit des Dritten bei Einwilligung des Sorgeberechtigten vgl. o. 17.

IX. **Idealkonkurrenz** zwischen den Taten des § 180 ist möglich mit Teilnahme an Delikten, die **34** der Dritte durch die geförderte sexuelle Handlung begeht (§§ 173ff., 182), ferner mit den §§ 170d (vgl. dort RN 12), 176 V Nr. 2, 180a bis 181a. Innerhalb des § 180 gehen die Abs. 2 und 3 dem Abs. 1, dessen Schutzzweck sie voll mitumfassen, als die schweren Formen vor (Horn SK 25, Lackner 7, Laufhütte LK 22; and. D-Tröndle 26: Idealkonkurrenz); dagegen ist zwischen Abs. 2 und 3 Tateinheit möglich (Horn SK 43, Laufhütte LK 22).

§ 180a Förderung der Prostitution

(1) **Wer gewerbsmäßig einen Betrieb unterhält oder leitet, in dem Personen der Prostitution nachgehen und in dem**
1. **diese in persönlicher oder wirtschaftlicher Abhängigkeit gehalten werden oder**
2. **die Prostitutionsausübung durch Maßnahmen gefördert wird, welche über das bloße Gewähren von Wohnung, Unterkunft oder Aufenthalt und die damit üblicherweise verbundenen Nebenleistungen hinausgehen,**

wird mit Freiheitsstrafe bis zu drei Jahren oder mit Geldstrafe bestraft.

(2) **Ebenso wird bestraft, wer**

§ 180a 1–5 Bes. Teil. Straftaten gegen die sexuelle Selbstbestimmung

1. einer Person unter achtzehn Jahren zur Ausübung der Prostitution Wohnung, gewerbsmäßig Unterkunft oder gewerbsmäßig Aufenthalt gewährt oder
2. einen anderen, dem er zur Ausübung der Prostitution Wohnung gewährt, zur Prostitution anhält oder im Hinblick auf sie ausbeutet.

(3) Wer einen anderen gewerbsmäßig anwirbt, um ihn dazu zu bringen, daß er der Prostitution nachgeht, oder um ihn zur Prostitutionsausübung in einem fremden Land zu veranlassen, wird mit Freiheitsstrafe bis zu fünf Jahren oder mit Geldstrafe bestraft.

(4) Wer eine Person unter einundzwanzig Jahren der Prostitutionsausübung zuführt oder auf sie einwirkt, um sie zur Aufnahme oder Fortsetzung der Prostitution zu bestimmen, wird mit Freiheitsstrafe von sechs Monaten bis zu zehn Jahren bestraft.

(5) In den Fällen der Absätze 3 und 4 ist der Versuch strafbar.

1   I. **Rechtsgut.** Entsprechend dem allgemeinen Reformziel des 4. StrRG, Tatbestände mit eindeutig substantiierbaren Rechtsgütern zu schaffen, dient auch § 180a nicht der Verhinderung der Prostitution als solcher (ein nach allen geschichtlichen Erfahrungen ohnehin aussichtsloses Unterfangen) oder der Bewahrung der „sexuellen Ordnung" (so jedoch Nitze NStZ 86, 360). Auch der Schutz der sexuellen Selbstbestimmung ist bei § 180a nur ein Teilaspekt. Geschützt ist hier vielmehr die Autonomie einzelner in einem umfassenderen Sinn, nämlich die persönliche Freiheit und wirtschaftliche Unabhängigkeit von Prostituierten gegenüber den besonderen Gefahren, die typischerweise gerade mit der Prostitutionsausübung für sie verbunden sind (vgl. BT-Drs. VI/1552 S. 25, 29, VI/3521 S. 47, ferner z. B. KG NJW **76**, 813, **77**, 2223, JR **78**, 296, Köln NJW **74**, 1831, **79**, 728, Stuttgart MDR **75**, 331, D-Tröndle 2, Köberer StV 86, 295, Laufhütte LK 1, M-Schroeder I 198). Daneben dienen Abs. 2 Nr. 1 und – hier allerdings erweitert auf Personen unter 21 Jahren – Abs. 4 auch dem Jugendschutz (Laufhütte aaO; and. Gössel I 296: nur Schutzreflex). Näher zur Einschätzung der Prostitution und ihrer Gefahren durch den Gesetzgeber vgl. Horstkotte JZ 74, 87f. und aus den Materialien u. a. Prot. VI 1636, 1724; 7 S. 15, 54, 83; zum Ganzen vgl. ferner Bargon, Prostitution und Zuhälterei usw., 1982, Schneider, Neuere kriminologische Forschungen zur Prostitution, Middendorf-FS 257.

2   II. **Abs. 1** erfaßt das **Betreiben eines Bordells** oder eines **bordellartigen Betriebs,** zu deren Kennzeichnung sich das Gesetz weitgehend der Merkmale bedient, welche die Rspr. zu § 180 II a. F. entwickelt hatte (vgl. z. B. RG **62** 341, BGH NJW **64**, 2023, MDR/D **55**, 528).

3   1. Voraussetzung ist zunächst, daß es sich um einen **Betrieb** handelt, in dem der **Prostitution nachgegangen** wird.

4   a) **Betrieb** i. S. des Abs. 1 ist ein auf Gewinnerzielung gerichtetes Unternehmen, in das mehrere (mindestens zwei) Prostituierte organisatorisch und räumlich eingegliedert sind, wobei es wegen des „Nachgehens" (vgl. u. 6) allerdings genügt, wenn nur die Anbahnung des sexuellen Kontakts in dem Betrieb erfolgt (Blei II 155, Gössel I 298, Laufhütte LK 6, M-Schroeder I 199). Bereits an einer organisatorischen Zusammenfassung fehlt es beim Vermieten von Wohnungen an selbständig „arbeitende" Prostituierte gegen Beteiligung am Verdienst (Frankfurt NJW **78**, 386). Dafür, daß der Betrieb auch der räumliche Mittelpunkt der Prostitutionsausübung sein muß, spricht sowohl der Gesetzeswortlaut („in") als auch der Vergleich mit Nr. 2. Nicht hierher gehört deshalb die Agentur, die einen Call-Girl-Ring betreibt und telefonisch sexuelle Kontakte vermittelt; Betriebe dieser Art sind nur in § 181a II erfaßt (vgl. BT-Drs. VI/1552 S. 20, 3521 S. 42, 50, Horn SK 3).

5   b) In dem Betrieb müssen Personen der **Prostitution** nachgehen. Prostitution (krit. zur Gesetzesterminologie M-Schroeder I 198) ist sowohl die hetero- als auch die homosexuelle Prostitution und bedeutet wie der Begriff der „gewerbsmäßigen Unzucht" in § 181a a. F. die gewerbsmäßige (entgeltliche) Vornahme sexueller Handlungen mit wechselnden Partnern, wobei es sich freilich auch um einen festen Kundenstamm handeln kann (vgl. auch D-Tröndle 3, Horstkotte JZ 74, 89, Lackner 2, Laufhütte LK 4, M-Schroeder I 198). Die sexuelle Betätigung braucht nicht gerade in der Ausübung des Beischlafs zu bestehen (vgl. Köln NJW **74**, 1830 m. Anm. Loos JR 75, 248, KG NJW **76**, 813· „Intimmassagen"); die bloße Vornahme sexueller Handlungen „vor" Dritten fällt aber nach dem herkömmlichen Sprachgebrauch jedenfalls dann nicht unter den Begriff der Prostitution, wenn es dabei an einem individualisierten Verhältnis fehlt (z. B. Auftreten einer Striptease-Tänzerin, vgl. D-Tröndle 3, Laufhütte LK 4, M-Schroeder I 198). Ebensowenig genügt schon die Wahllosigkeit des Verkehrs, auch wenn damit gelegentlich Geschenke verbunden sind; typisch für die Prostitution ist vielmehr die emotionale Indifferenz. Ohne Bedeutung ist der zeitliche Abstand – auch eine Frau, die vorhat, ihre Preisgabe „bei Bedarf" zu wiederholen, begeht Prostitution –, wo und wie der Partner geworben wird und wer das Entgelt kassiert (vgl. BT-Drs. VI/1552 S. 26, D-Tröndle 3). Zu den verschiedenen Definitionen der Prostitution vgl. auch Borelli-Stark, Die Prostitution als psychologisches Problem (1957) 2, ferner Kühne ZRP 75, 184.

c) Der Begriff „nachgehen" soll nicht, wie der Wortsinn anzudeuten scheint, dazu dienen, **6** ein länger andauerndes Verhalten zu kennzeichnen, sondern ist gleichbedeutend mit Ausübung der Prostitution und kann daher schon durch *eine* Handlung verwirklicht werden. Dabei genügt es, daß sich die betreffende Person zu entgeltlichen sexuellen Handlungen anbietet; daß es zu solchen tatsächlich kommt, ist nicht erforderlich (BVerfG NJW **85**, 1767, BGH **23** 173, Bay **88** 108 m. Anm. Behm JZ 89, 301 [telefonische Anbahnungsverhandlungen], Karlsruhe MDR **74**, 858, Koblenz NJW **57**, 1684, Lackner 2, Laufhütte LK 5, M-Schroeder I 198).

2. Näher festgelegt wird die **Art** des verbotenen **Betriebs** durch die **Nrn. 1, 2.** Während Nr. 1 **7** Betriebe betrifft, in denen wegen einer tatsächlich bestehenden Abhängigkeit die persönliche und „unternehmerische" Freiheit der Prostituierten ausgeschaltet oder jedenfalls erheblich eingeschränkt ist, enthält Nr. 2 insoweit ein abstraktes Gefährdungsdelikt. Erhebliche und vom Gesetzgeber offenbar nicht bedachte Abgrenzungsschwierigkeiten ergeben sich dabei vor allem zu § 181a I Nr. 2 (vgl. dort RN 7). Auch die Umschreibung der „bordellartigen Betriebe" (so § 180 II a. F.) in Nr. 2 wird dem eigentlichen Zweck der Vorschrift – Schutz der Prostituierten (vgl. o. 1) – nur unvollkommen gerecht (vgl. u. 10).

a) Voraussetzung ist nach **Nr. 1,** daß Prostituierte in dem Betrieb in **persönlicher oder** **8** **wirtschaftlicher Abhängigkeit** – beide sind vielfach miteinander verbunden – **gehalten** werden. Gemeint ist damit das Bordell im überlieferten Sinn (Laufhütte LK 8; vgl. auch § 180 II a. F. u. dazu RG **62** 341), das auch als „Massagesalon", „Sauna-Club" usw. getarnt sein kann (zu Nr. 2 vgl. z. B. KG NJW **76**, 813, Köln NJW **74**, 1830 m. Anm. Loos JR 75, 248, NJW **79**, 728). Eine *persönliche Abhängigkeit* besteht, wenn die Prostituierte in ihrer Lebensführung einschließlich der Ausübung ihres „Gewerbes" weitgehend der Disposition eines anderen unterworfen ist (z. B. wann, mit wem und mit welchen „Leistungen" sie sich zu prostituieren hat; Verbot der Prostitutionsausübung außerhalb des Betriebs, Bemessung der Freizeit usw.). Eine *wirtschaftliche Abhängigkeit* liegt vor, wenn sie das Entgelt für ihre Dienste nicht als „freie Unternehmerin", sondern als „Arbeitnehmerin" für den Betrieb verdient und deshalb bezüglich ihrer eigenen Einkünfte auf das angewiesen ist, was sie von diesem bewilligt bekommt, mag dies auch so bemessen sein, daß sie damit ihren Lebensbedarf sichern kann (vgl. auch Gössel I 299). Nicht erforderlich ist, daß die Prostituierte ausgebeutet wird (vgl. dazu § 181a RN 3 ff.). – *Gehalten* werden die Prostituierten in den genannten Abhängigkeitsverhältnissen, wenn der fragliche Zustand durch eine gezielte und fortdauernde Einwirkung einseitig, d. h. gegen den freien Willen der Betreffenden herbeigeführt und aufrechterhalten wird. Wer sich freiwillig der Fremdbestimmung durch einen anderen unterwirft, wird von diesem nicht bzw. erst dann in Abhängigkeit „gehalten", wenn es ihm durch zusätzliche Maßnahmen erschwert wird, sich anders zu entscheiden und sich aus dem Abhängigkeitsverhältnis zu lösen (vgl. auch Horn SK 8, Laufhütte LK 9). Daß das Abhängigkeitsverhältnis zu dem Betrieb bestehen muß (BT-Drs. 7/514 S. 9, Laufhütte aaO), heißt nicht, daß es von Täter selbst geschaffen haben muß; vielmehr genügt es auch, wenn frühere Abhängigkeitsverhältnisse übernommen und aufrechterhalten werden (z. B. bei einem Inhaberwechsel). Nicht unter Nr. 1 fällt dagegen, wer nur duldet, daß sich in seinem Betrieb Abhängigkeitsverhältnisse der genannten Art zu außenstehenden Dritten entwickeln (ebenso Laufhütte aaO; mißverständlich BT-Drs. 6/1552 S. 25).

b) Nach **Nr. 2** genügt auch ein Betrieb, in dem die **Prostitutionsausübung** durch **Maßnah-** **9** **men gefördert** wird, die über die **Wohnungs-, Unterkunfts- oder Aufenthaltsgewährung** und die dabei **üblichen Nebenleistungen hinausgehen**. Dem liegt der Gedanke zugrunde, daß eine Abhängigkeit nach Nr. 1 vielfach nicht nachweisbar ist und daß deshalb auch typische Verhaltensweisen ausreichen müssen, hinter denen sich Abhängigkeitsverhältnisse häufig verbergen (vgl. BT-Drs. 7/514 S. 9). Daß die Unabhängigkeit der Prostituierten im Einzelfall beeinträchtigt oder konkret gefährdet ist, braucht hier deshalb nicht festgestellt zu werden; es handelt sich mithin um ein abstraktes Gefährdungsdelikt (vgl. BGH NJW **86**, 596 m. Anm. Köberer StV 86, 294 u. Nitze NStZ 86, 358, NStE **Nr. 4,** Hamm MDR **90**, 1033, KG JR **78**, 296, **80**, 121, Hellebrand, Kriminalistik 78, 62, Horstkotte JZ 74, 88, Laufhütte LK 11).

Was die *Art des Betriebs* i. S. der Nr. 2 betrifft, so muß es sich dabei zunächst um einen solchen **10** handeln, in dem jedenfalls auch Wohnung, Unterkunft oder Aufenthalt gewährt wird. Auch nicht unter Nr. 2 fällt daher das Unterhalten eines Call-Girl-Rings. Ferner müssen die im Zusammenhang mit der Prostitutionsausübung getroffenen Maßnahmen betriebsbezogen sein (Förderung der Prostitution „in dem Betrieb"), d. h. die große Mehrheit der in dem Betrieb tätigen Prostituierten betreffen (vgl. auch D-Tröndle 5), wobei dies auch außerhalb vorgenommene Maßnahmen sein können, sofern sie sich nur in dem Betrieb auswirken (and. Lüthge-Bartholomäus NJW 75, 1871, M-Schroeder I 199 f.). Zweifelhaft ist dagegen, ob, von dem in Nr. 2 ausdrücklich ausgenommenen Gewähren von Wohnung usw. und den damit üblicherweise verbundenen Nebenleistungen abgesehen, *jede* Maßnahme genügt, durch welche die Prostitutionsausübung *gefördert* wird. Von der h. M. wird dies unter Berufung auf den Gesetzeswortlaut bejaht: Erfaßt sind danach von Nr. 2 auch Betriebe, in denen lediglich günstigere Bedingungen für die Prostitutionsausübung geschaffen werden, z. B. durch Striptease- oder Pornofilmvorführungen, Einrichtung einer Sauna zur Kontaktaufnahme zwischen Prostituierten und Gästen, Fernhalten unerwünschter Kunden, Anzeigenwerbung usw., aber auch schon durch das bloße Herstellen einer gehobenen und diskreten Atmosphäre oder durch das Schaffen besonders günstiger Arbeitsbedingungen (z. B. BGH NJW **86**, 596 m. Anm. Köberer StV **86**, 295 u. Nitze NStZ **86**, 359, NStE **Nr. 4**, Bay NJW **85**, 1566 m. Anm. Geerds JR **85**, 472, Hamm MDR **90**, 1033, KG JR **78**, 296, **80**, 121, Köln NJW **79**, 728 m. Anm. Geerds JR **79**, 343, D-Tröndle 5, Gössel I 299, Hellebrand, Kriminalistik 78, 62, Lackner 3b, Laufhütte LK 11). Doch kann die Nr. 2 nicht von Nr. 1, der sie im Unrechtsgehalt in etwa entsprechen muß, und vom Grundgedanken der Vorschrift gelöst werden, die nicht der Bekämpfung der Prostitution als solcher dient, sondern lediglich den Zweck hat, Prostituierte in ihrer persönlichen und wirtschaftlichen Bewegungsfreiheit zu schützen (zur entsprechenden Problematik in § 181a II vgl. dort RN 14, 18). Nicht alle über das Wohnungsgewähren usw. hinausgehenden und die Prostitutionsausübung begünstigenden Maßnahmen sind aber notwendig solche, die in dem „institutionell verfestigten Vorfeld" dessen liegen, was „typischerweise die Unabhängigkeit der Prostituierten beeinträchtigt oder aufhebt" (KG **80**, 121, Köln NJW **79**, 728). Dort, wo eine solche Gefahr ausgeschlossen ist, weil die fragliche Maßnahme die persönliche und „unternehmerische" Freiheit der Prostituierten ersichtlich unangetastet läßt, ist Nr. 2 daher auch dann nicht anwendbar, wenn dadurch günstigere Bedingungen für die Prostitutionsausübung geschaffen werden (für eine Beschränkung auf Maßnahmen, die zur Gefährdung der Unabhängigkeit der Prostituierten geeignet sind, auch KG NJW **76**, 813, **77**, 2223, MDR **77**, 862 [aufgegeben jedoch in JR **80**, 121 unter Hinweis auf die gegenteilige Auffassung von BGH v. 14. 1. 77 – 1 StR 639/76 u. a.], Köberer StV **86**, 296; krit. zur h. M. auch Horn SK RN 9, Lautmann ZRP **80**, 45, Nitze NStZ **86**, 359). Daß der Prostituierten zugleich ein Anreiz gegeben wird, weiter ihrem „Gewerbe" nachzugehen und daß sie dabei irgendwann einmal auch in persönliche und wirtschaftliche Abhängigkeit geraten könnte, genügt entgegen der h. M. nicht: Nr. 2 bezweckt nicht mehr und nicht weniger als den Schutz Prostituierter vor *aktuellen,* aus dem Eingebundensein in den Betrieb sich ergebenden Gefahren einer Abhängigkeit; Menschen vor falschen, aber in freier Selbstverantwortung getroffenen Lebensentscheidungen zu bewahren, kann dagegen hier wie auch sonst nicht die Aufgabe des Strafrechts sein (vgl. auch den Hinweis von Köberer aaO auf die Straflosigkeit der Suizidteilnahme). Ebensowenig kann es Sinn eines Gesetzes sein, jemanden deshalb zu bestrafen, weil er für die Prostitutionsausübung einigermaßen humane Rahmenbedingungen („gehobene Atmosphäre" usw.) schafft, während straflos bleibt, wer einer Prostituierten in menschenunwürdigen Verhältnissen gegen einen überhöhten, aber noch unterhalb der Grenze des Ausbeutens (Abs. 2 Nr. 2) liegenden Mietpreis Unterkunft gewährt (vgl. Köberer aaO). Der hier gebotenen restriktiven Interpretation, die im übrigen auch den sonst zu den abstrakten Gefährdungsdelikten vertretenen Grundsätzen entspricht (vgl. 3a vor § 306), steht auch die Entstehungsgeschichte nicht entgegen (vgl. zu dieser KG NJW **77**, 2224, wie auch Hellebrand, Kriminalistik 78, 62f.). Dies zeigen die bei den Gesetzesberatungen behandelten Beispiele des Anbringens von Spiegeln an der Decke, der Verwendung sog. Koberfenster usw. (vgl. zu den Nachw. KG NJW **76**, 814, D-Tröndle 5), die straflos bleiben sollten, obwohl es sich hier keineswegs um Maßnahmen handelt, die über den mit dem Gewähren von Wohnung usw. üblichen Nebenleistungen nicht hinausgehen. Im einzelnen gilt folgendes:

11   α) Schon nach dem **Gesetzeswortlaut ausgenommen** ist, auch wenn damit eine Förderung der Prostitution verbunden ist, *das bloße Gewähren von Wohnung* (d. h. einer Räumlichkeit mit der Möglichkeit eines längeren Aufenthalts einschließlich der Übernachtung, was keine Wohnsitzbegründung voraussetzt; vgl. RG **62** 221, BGH MDR/D **52**, 274, Bremen MDR **51**, 53), *Unterkunft* (auch zum Übernachten geeignete, aber nur für einen kürzeren Zeitraum benutzte Räumlichkeit, z. B. Absteigequartiere) oder *Aufenthalt* (auch im Freien befindliche Räumlichkeiten, die nur vorübergehend benutzt werden). Nicht unter die Vorschrift fallen damit Inhaber von Prostituiertenwohnheimen („Eros-Center", vgl. Stuttgart MDR **75**, 330), Hoteliers oder private Zimmervermieter, die sich auf das Vermieten von „Absteigequartieren" beschränken (Laufhütte LK 10), ferner z. B. die Gestattung der Anwesenheit in einem Dirnenlokal oder in sog. Kontakthöfen oder -räumen. – Ausdrücklich ausgenommen sind ferner die mit dem Gewähren von Wohnung, Unterkunft oder Aufenthalt *üblicherweise verbundenen Nebenleistungen,* d. h. solche Leistungen, die normalerweise auch sonst im Beherbergungs- oder Gaststättengewerbe oder bei privater Zimmervermietung erbracht werden. Hierher gehören z. B. Heizung, Reinigung, Stellen von Bettwäsche, Verpflegung, Verkauf von Alkohol (auch in den „Betriebsräumen"; vgl. aber auch Bay NJW **85**, 1566 m. Anm. Geerds JR **85**, 472 unter Hinweis auf BGH 2 StR 192/77 v. 14. 10. 77 u. zu § 180 a. F. BGH MDR/He **55**, 528, NJW **64**,

Förderung der Prostitution 12–17 § 180a

2024), Zurverfügungstellen von Notrufanlagen und von Gemeinschaftsräumen (auch zum gemeinsamen Aufenthalt mit „Kunden"), die Gestellung eines Portiers, der sich auf die Ausübung der üblichen Portierdienste beschränkt (vgl. BT-Drs. VI/1552 S. 26, KG NJW **76**, 814, JR **80**, 121, D-Tröndle 5, Laufhütte LK 10).

β) **Weitere Einschränkungen** ergeben sich aus dem **Gesetzeszweck** (teleologische Reduktion; vgl. o. 10). Nicht unter Nr. 2 fallen danach auch solche die Prostitutionsausübung fördernden Maßnahmen, welche die Unabhängigkeit der Prostituierten in dem Betrieb offensichtlich nicht gefährden. Dazu gehören zunächst die auch bei den Gesetzesberatungen (vgl. o. 10) genannten Beispiele des Aufstellens von Gummischutzmittelautomaten, der Verwendung sog. Koberfenster und des Anbringens von Spiegeln an der Decke (i. E. ebenso Laufhütte LK 10; vgl. aber auch D-Tröndle 5). Dasselbe gilt entgegen der h. M. (o. 10) aber auch für das Schaffen besonders günstiger Arbeitsbedingungen, einer „gehobenen und diskreten Atmosphäre" (and. z. B. BGH NJW **86**, 596, NStE **Nr. 4**, Hamm MDR **90**, 1033), für den – mit oder ohne Gewinnbeteiligung der Prostituierten erfolgenden – Ausschank alkoholischer Getränke zur Förderung der Kontaktaufnahme (D-Tröndle 5, Horn SK 9; and. z. B. BGH NJW **86**, 596, Bay NJW **85**, 1567, Hamm aaO), für die sexuelle Anregung der „Gäste" (Nackttänze, Pornofilme, Saunabetrieb usw., vgl. KG NJW **76**, 813 f.; and. z. B. BGH aaO, Bay aaO, KG JR **78**, 296, Köln NJW **79**, 728 m. Anm. Geerds JR 79, 343), für das Anbringen von Leuchtschriften und die Werbung durch Zeitungsinserate (KG NJW **76**, 813, MDR **77**, 862; vgl. i. E. auch Lüthge-Bartholomäus NJW 75, 1871, M-Schroeder I 199; and. Bay aaO, Köln aaO mwN). 12

γ) **Unzulässige Maßnahmen** der Prostitutionsförderung, die den Betrieb zu einem solchen nach Nr. 2 machen, sind deshalb nur diejenigen, hinter denen sich typischerweise Abhängigkeitsverhältnisse verbergen. Im Unterschied zu Nr. 1 brauchen diese hier nicht festgestellt zu werden, ebensowenig, daß den Prostituierten (einseitig) in solchen „gehalten" werden (vgl. dazu o. 8). Sind die fraglichen Maßnahmen ihrer Art nach geeignet, die persönliche und wirtschaftliche Handlungsfreiheit der Prostituierten zu gefährden, so genügt es für Nr. 2 vielmehr auch, wenn sie nicht einseitig oktroyiert, sondern nach Art eines Vertrags vereinbart sind, weil hier in aller Regel nicht ausgeschlossen werden kann, daß sich die Prostituierte letzten Endes doch dem Willen des Betriebsinhabers unterwerfen mußte. Anzunehmen ist dies z. B. bei der Auferlegung von Anwesenheitspflichten, der Einteilung eines „Schichtdienstes", der Zuteilung der „Freier" oder der Festsetzung bestimmter „Gästequoten" oder eines Mindestentgelts – wobei dies auch durch die Verquickung mit einer bestimmten Art der Mietzinsregelung erfolgen kann (Hamm MDR **90**, 1023) –, bei „Wettbewerbs-Absprachen" und beim zentralen Kassieren (z. B. Erwerb eines Bons beim Eintritt) und späteren Verteilen des Entgelts (z. B. BGH NJW **86**, 596, NStE **Nr. 4**, Bay NJW **85**, 1566, KG NJW **76**, 813, Köln NJW **74**, 1831, D-Tröndle 5, Laufhütte LK 11, M-Schroeder I 199). 13

3. Die Tathandlung besteht im **gewerbsmäßigen Unterhalten** oder **Leiten** eines solchen Betriebs. Das *Unterhalten* bedeutet, daß der Täter (Mit-)Inhaber ist, wobei er in wirtschaftlicher und organisatorischer Beziehung Einfluß auf die Prostitutionsausübung nimmt und direkt an Gewinn und Verlust teilhat. Nicht erforderlich ist, daß er den in Nr. 1, 2 beschriebenen Zustand selbst herbeigeführt hat; es genügt, daß er die von Dritten (z. B. Zuhälter) geschaffene Lage fortbestehen läßt (BT-Drs. VI/1552 S. 25, Bay NJW **85**, 1566 m. Anm. Geerds JR 85, 472, KG MDR **77**, 862, Lackner 3b). Auch mehrere Täter zusammen können einen derartigen Betrieb unterhalten (z. B. Zuhälterring). Der Begriff des *Leitens* betont demgegenüber stärker die Direktionsbefugnis und ist unabhängig von der Teilhaberschaft. Zum Begriff der *Gewerbsmäßigkeit* vgl. 95 vor § 52. 14

III. **Abs. 2** erfaßt in zwei Tatbeständen die **Förderung von Prostitution** (vgl. dazu o. 5) im Zusammenhang mit dem **Gewähren von Wohnung usw. zur Ausübung der Prostitution**. 15

1. Nach **Abs. 2 Nr. 1** ist strafbar das **Gewähren von Wohnung** sowie das **gewerbsmäßige Gewähren von Unterkunft oder Aufenthalt an Minderjährige zur Prostitutionsausübung**. Daß damit Minderjährige ausschließlich auf die Straßenprostitution angewiesen sind, hat der Gesetzgeber bewußt in Kauf genommen, um die Aufnahme von Prostituierten unter 18 Jahren in Prostituiertenwohnheimen, Eros-Zentren usw. auszuschließen (vgl. BT-Drs. VI/1552 S. 27; mit Recht krit. M-Schroeder I 197, Horn SK 15). 16

a) Das **Gewähren**, d. h. das tatsächliche (entgeltliche oder unentgeltliche, unmittelbare oder mittelbare) Überlassen von Wohnung, Unterkunft oder Aufenthalt (vgl. zu diesen Begriffen o. 11) muß zur **Ausübung der Prostitution** erfolgen. Erforderlich ist damit eine zumindest stillschweigende Übereinkunft zwischen dem Täter und dem Minderjährigen dahingehend, daß diesem der fragliche Raum gerade zu Prostitutionszwecken, d. h. jedenfalls zur Anbahnung sexueller Kontakte (die selbst an einem anderen Ort stattfinden können) zur Verfügung stehen soll (Laufhütte LK 14 unter Hinweis auf BGH 1 StR 419/80 v. 30. 9. 80). Nicht strafbar ist 17 deshalb das Wohnungsgewähren, wenn die Prostituierte ihr Gewerbe anderswo ausübt (vgl. auch BGH **9** 71 zu § 180 III a. F.), ebensowenig das bloße Dulden von Prostitution in der Wohnung (vgl. BGH aaO: mit „Wissen und Willen des Wohnungsgebers"; and. D-Tröndle 7; vgl. auch Horn SK 17, Laufhütte LK 14). Auch ein Barbesitzer, der einer jugendlichen Prostituierten Aufenthalt in seinem Lokal gewährt, ist daher nicht schon deshalb strafbar, weil er gegen deren Versuche, „Kunden" zu finden, nicht einschreitet. Daß es tatsächlich zur Prostitutionsausübung gekommen ist, ist bei Nr. 1 (zu Nr. 2 vgl. u. 20) nicht erforderlich; wegen der besonderen Schutzrichtung (Jugendschutz) muß hier das Gewähren von Wohnung usw. zum Zweck der Prostitutionsausübung genügen.

18 b) Soweit lediglich Unterkunft oder Aufenthalt gewährt werden, ist **gewerbsmäßiges Handeln** erforderlich (vgl. dazu 95 vor § 52). Dies kann nicht bedeuten, daß der Täter die Absicht haben muß, aus der Unterkunftsgewährung usw. zu Prostitutionszwecken gerade in bezug auf Minderjährige Gewinn zu ziehen, vielmehr muß es nach dem Gesetzeszweck genügen, wenn der Täter überhaupt gewerbsmäßig zu Prostitutionszwecken Unterkunft oder Aufenthalt gewährt und dabei auch nur einmal eine Person unter 18 Jahren bei sich aufnimmt. Für die Erwerbsabsicht des Täters reichen mittelbare Vorteile aus, so z. B. Belebung des Umsatzes durch die Anwesenheit von Prostituierten in einer Bar (ebenso Laufhütte LK 15).

19 2. Nach **Nr. 2** ist strafbar das **Gewähren von Wohnung** zur Prostitutionsausübung (vgl. o. 17) unter der weiteren Voraussetzung, daß der andere, auf dessen Alter es hier nicht ankommt, zur Prostitution **angehalten** oder im Hinblick auf sie **ausgebeutet** wird. Das bloße Gewähren von Unterkunft und Aufenthalt (vgl. zu diesen Begriffen o. 11) genügt hier im Unterschied zu Nr. 1 nicht. Nicht hierher gehören daher z. B. Stundenhotels (vgl. zu § 180 III a. F. RG **62** 221, BGH MDR/D **52**, 273). Im übrigen gilt folgendes:

20 a) Ein **Anhalten** ist nicht schon das gelegentliche oder auch wiederholte Einwirken auf den andern, der Prostitution nachzugehen. Nach dem Schutzzweck der Vorschrift (vgl. o. 1) ist vielmehr eine andauernde und nachhaltige Beeinflussung erforderlich (BGH NStZ **83**, 220); auch dann ist freilich nicht ersichtlich (ausgenommen der Fall der Nötigung), weshalb hier das erwachsene „Opfer" seine Entscheidung nicht selbst zu verantworten hat. Nicht notwendig ist, daß der Täter aus finanziellen Motiven handelt (D-Tröndle 10). Das Anhalten muß die Prostitutionsausübung zumindest gefördert haben (and. D-Tröndle 10, Horn SK 26, Laufhütte LK 16); zu einer Bestrafung des erfolglosen Bestimmens besteht hier, zumal auch der Gesetzeswortlaut dazu nicht zwingt, angesichts der Fragwürdigkeit des Tatbestands kein Anlaß.

21 b) **Ausbeuten** im Hinblick auf die Prostitution ist nicht schon das gewinnsüchtige Ausnützen der Prostitutionsausübung als Erwerbsquelle (so aber noch BGH MDR/D **74**, 722; vgl. dagegen jetzt BGH NStE **Nr. 3**). Die Gefahr der Verstrickung in Prostitution und Unfreiheit, der die Vorschrift begegnen will, besteht vielmehr nur dann, wenn die persönliche und wirtschaftliche Unabhängigkeit der Prostituierten durch das Ausbeuten in gravierender Weise beeinträchtigt wird. Der Begriff des Ausbeutens ist hier deshalb in demselben Sinn zu verstehen wie in § 181a I Nr. 1 (vgl. BGH NStE **Nr. 3**, D-Tröndle 11, Horn SK 7 u. mit Einschränkungen auch Laufhütte LK 17; zu § 181a vgl. dort RN 4f.), und ebenso wie dort muß es daher auch hier zu einer spürbaren Verschlechterung der wirtschaftlichen Lage der Prostituierten kommen (BGH aaO). Nur unter dieser Voraussetzung kann auch das Verlangen eines Mietpreises, der unter Berücksichtigung des von der Rspr. anerkannten Unbequemlichkeitszuschlages (vgl. RG **53** 286, **62** 345, **63** 166, Bay NJW **55**, 1198, GA **61**, 88; krit. Becker FamRZ **56**, 8) in einem deutlichen Mißverhältnis zu den Leistungen des Vermieters (einschließlich eventueller Nebenleistungen) steht, ein Ausbeuten i. S. der Nr. 2 sein (BGH NStE **Nr. 3**; vgl. im übrigen § 302a). Dagegen wird eine Prostituierte mit hohen Einkünften nicht schon deshalb ausgebeutet, weil sie für ihr Appartment den doppelten Mietpreis zu bezahlen hat. „Im Hinblick auf die Prostitution" wird das Opfer ausgebeutet, wenn sich der Täter gerade den Umstand zunutze macht, daß dieses sich wegen der geringen Neigung der meisten Vermieter, Wohnungen an Prostituierte abzugeben, in einer besonderen Zwangslage befindet. Nur in dieser speziellen Abhängigkeit unterscheidet sich Abs. 2 Nr. 2 von dem Ausbeuten nach § 181a I Nr. 1 (vgl. dort RN 5), wobei die im Vergleich zu § 181a I Nr. 1 geringere Strafdrohung allerdings kaum verständlich ist (vgl. M-Schroeder I 201: „Skurriles Vermieterprivileg bei der Zuhälterei", aber auch BGH NStE **Nr. 3**; zu den Konsequenzen für § 181a vgl. dort RN 5, 12).

22 IV. **Abs. 3** bestraft das **gewerbsmäßige** (vgl. dazu 95 vor § 52) **Anwerben von Personen zu Prostitutionszwecken** (zum Begriff der Prostitution vgl. o. 5). Der Tatbestand soll vor allem gewerbsmäßige Agenturen erfassen, die Callgirl-Ringe, Dirnenwohnheime oder bordellartige Betriebe mit neuen Kräften versorgen (vgl. BT-Drs. VI/1552 S. 27), ist aber auch dann anwendbar, wenn der Täter nicht die Anwerbung zur unmittelbaren Einnahmequelle macht, sondern aus der späteren Prostitutionsausübung verdienen will (BGH StV **83**, 238, LG Mün-

chen GewArch **88**, 350 [Begleitagentur], Laufhütte LK 23 unter Hinweis auf BGH 3 StR 84/83 v. 27. 4. 83).

1. Anwerben ist nicht nur ein finaler Begriff, sondern bedeutet das Herbeiführen einer 23 Verpflichtung ohne Rücksicht auf ihre zivilrechtliche Wirksamkeit; es genügt, daß sich der Angeworbene durch die Vereinbarung gebunden fühlt. Gleichgültig ist, ob der Zweck der Prostitutionsausübung vom Täter verschleiert wird (z. B. Anwerbung als Tänzerin) oder ob das Opfer diesen kennt (BGH MDR/H **85**, 284, Laufhütte LK 19). Im letzteren Fall ist jedoch, wenn das Opfer in voller eigener Verantwortung handelt und die Initiative möglicherweise sogar von ihm ausgegangen ist, ein schutzwürdiges Rechtsgut kaum noch zu erkennen. Auch das Erfordernis der Gewerbsmäßigkeit ändert daran nichts (M-Schroeder I 204; vgl. aber auch Prot. VI 1730). Aus diesem Grund wird man jedenfalls beim offenen Anwerben eine gesteigerte Einwirkung (Zerstreuen von Bedenken, Druck, Vorspiegeln hoher Einkünfte) auf das Zustandekommen der Vereinbarung verlangen müssen (ebenso Laufhütte LK 19).

2. Das Anwerben muß in der **Absicht** („um zu") geschehen, den Angeworbenen zur Prosti- 24 tution zu bringen (1. Alt.) oder zur Prostitution in einem fremden Land zu veranlassen (2. Alt.). Daß es dazu tatsächlich gekommen ist, ist nicht erforderlich (BGH MDR/H **85**, 284). In beiden Fällen ist auch nicht notwendig, daß der Täter das Ziel verfolgt, selbst den Angeworbenen zur Prostitution zu bringen usw. Bei der Vermittlung für Dritte (z. B. für einen Zuhälterring) muß das Handeln des Täters vielmehr nur insoweit zielgerichtet sein, als es ihm darum gehen muß, den Angeworbenen in eine Situation zu bringen, in welcher andere mit dem Ziel auf ihn einwirken, ihn zur Prostitution zu bringen usw.

a) Nach der **1. Alt.** muß Zweck des Anwerbens sein, den anderen **dazu zu bringen, daß er** 25 **der Prostitution nachgeht.** Erfaßt ist hier nur das Anwerben solcher Personen, die zur Tatzeit der Prostitution nicht nachgehen; daß der Angeworbene dies früher einmal getan hat, schließt dagegen den Tatbestand nicht aus (vgl. BT-Drs. 7/514 S. 10, BGH MDR/H **85**, 284, D-Tröndle 13, Lackner 5b aa, Laufhütte LK 21). Nicht ausreichend ist es, daß lediglich die Fortsetzung der Prostitution an einem anderen Ort oder für einen anderen Auftraggeber bezweckt wird (BT-Drs. 7/514 S. 10).

b) Nach der **2. Alt.** muß das Anwerben erfolgen, um den anderen **zur Prostitutionsaus-** 26 **übung in einem fremden Land zu veranlassen.** Im Unterschied zur 1. Alt. sind hier auch die Fälle erfaßt, in denen der Angeworbene die bereits im Zeitpunkt des Anwerbens ausgeübte Prostitution in einem anderen Land lediglich fortsetzen soll (vgl. BGH StV **83**, 238, Lackner 5b bb, Horn SK 37, Laufhütte LK 22). Unter dem Begriff des „fremden Landes" ist mehr als nur ein „anderes Land" zu verstehen. Da es nach der Grundkonzeption des Gesetzes auch hier jedenfalls primär um den Schutz des Angeworbenen geht (vgl. auch BT-Drs. 7/514 S. 10), ist ein „fremdes Land" nur ein solches, in dem das Opfer wegen der fremden Verhältnisse in seiner Entscheidungsfreiheit stärker beeinträchtigt ist als im eigenen. Deshalb ist der Tatbestand zwar erfüllt, wenn z. B. eine im Inland lebende Deutsche in das ihr fremde Ausland, nicht aber die im Ausland lebende Deutsche ins Inland überwechseln soll; ebensowenig dürfte es nach dem Sinn der Vorschrift genügen, wenn es sich um einen Wechsel zwischen zwei Ländern mit ähnlichen Verhältnissen handelt (so z. B. wenn die in Marokko tätige Deutsche nach Tunesien angeworben wird; vgl. auch Blei II 157, D-Tröndle 14, Laufhütte LK 22; and. Gössel I 302, Horn SK 37).

V. Abs. 4 soll verhindern, daß **Personen unter 21 Jahren zur Prostitution gebracht werden** 27 und dient damit dem Jugendschutz, in den hier aber – an sich systemwidrig – auch Personen zwischen 18 und 21 Jahren einbezogen sind.

1. Die **1. Alt.** erfaßt denjenigen, der eine Person unter 21 Jahren der **Prostitutionsausübung** 28 **zuführt.** Darunter fällt sowohl das erfolgreiche Bestimmen zur Prostitutionsausübung als auch das Herbeiführen einer Situation, die den anderen dazu veranlaßt oder es ihm erleichtert (vgl. dazu BGH NJW **82**, 454), der Prostitution nachzugehen (z. B. Vermittlung an einen Zuhälterring, Mitnahme in ein Prostituiertenlokal). Voraussetzung ist hier jedoch – im Unterschied zur 2. Alt. –, daß der andere der Prostitution tatsächlich nachgeht (D-Tröndle 16, Lackner 6; vgl. auch Köln MDR **79**, 73); da der Täter das Opfer der „Prostitutionsausübung" und nicht nur dem Einflußbereich der Prostitution zugeführt haben muß, genügt das bloße Verbringen in eine Situation, in der erfahrungsgemäß die Gefahr des Abgleitens in die Prostitution besteht, für die Vollendung nicht (Prot. VI 1731 [and. S. 1734], Laufhütte LK 25; mißverständlich BT-Drs. VI/3521 S. 48). Ein „Zuführen" ist ferner nur möglich, wenn der andere zur Tatzeit nicht schon der Prostitution nachgeht; ob er dies früher einmal tat, ist dagegen unerheblich (BGH MDR/H **81**, 453, NJW **82**, 454, Köln OLGSt § 180 a S. 5, D-Tröndle 16, Laufhütte LK 25; vgl. aber auch Bottke JR **85**, 382, wonach auch das „Überführen" in eine gefährlichere Prostitutionsform ein Zuführen sein soll). Ein Ausnützen von Hilflosigkeit oder jugendlicher Unerfahrenheit ist nicht

§ 180a 29–32   Bes. Teil. Straftaten gegen die sexuelle Selbstbestimmung

erforderlich; die Vorschrift ist deshalb auch anwendbar, wenn der andere von sich aus gebeten hat, ihn der Prostitution zuzuführen (BGH MDR/H **81**, 453, Horstkotte JZ 74, 88, Laufhütte aaO), oder wenn er – an sich defektfrei – darin eingewilligt hat. Dies gilt auch für die 18–21jährigen (vgl. aber auch Horn SK 45), wofür nicht nur die Entstehungsgeschichte spricht (vgl. Prot. VI 1731 ff.), sondern auch, daß sich andernfalls Friktionen zur 2. Alt. ergäben, da diese nicht entsprechend einschränkbar ist.

29 2. Nach der **2. Alt.** ist strafbar das **Einwirken** auf eine Person unter 21 Jahren, **um sie zur Aufnahme oder Fortsetzung der Prostitution zu bestimmen.** Im Unterschied zur 1. Alt. sind hier zwar nur Fälle der „Anstiftung" erfaßt, zu einer Erweiterung führt die 2. Alt. aber in zweierlei Hinsicht: Einbeziehung auch der *erfolglosen* „*Anstiftung*" zur *Aufnahme* einer z. Z. der Einwirkung nicht ausgeübten Prostitution, die damit dem (erfolgreichen) Zuführen i. S. der 1. Alt. gleichgestellt wird (freilich nur sie, während das versuchte Zuführen im übrigen nur nach Abs. 5 strafbar ist), ferner der – sowohl erfolgreichen wie erfolglosen – „*Anstiftung*" zur *Fortsetzung* einer bereits ausgeübten Prostitution. Soll der Unwertgehalt der 2. Alt. dem der 1. Alt. wenigstens in etwa entsprechen, so sind dabei jedoch zwei Einschränkungen zu machen: 1. Ein „Einwirken" ist nur dann anzunehmen, wenn dieses über die entsprechende unmittelbare psychische Beeinflussung hinaus ein bestimmtes Maß an Intensität der Einflußnahme aufweist (BGH NJW **85**, 924, NJW **89**, 1044, Laufhütte LK 27), was z. B. bei Täuschungen und Drohungen, Einschüchterung durch Schläge, Einsatz der elterlichen Autorität, wiederholtem und nachhaltigem Drängen (vgl. BGH NJW **85**, 924), aber auch bei Überreden durch Versprechungen, Wecken von Neugier usw. der Fall ist; ein mehrfaches bloßes Auffordern genügt jedoch nicht (and. BGH NJW **88**, 1044). 2. Was das Einwirken zur Fortsetzung einer bereits ausgeübten Prostitution betrifft, so genügt dieses nur, wenn der andere dadurch noch tiefer in die Prostitution verstrickt werden soll. Notwendig ist deshalb, daß er sich – zumindest nach der Vorstellung des Täters – mit dem Gedanken getragen hat, die Prostitution aufzugeben oder daß er zu einer wesentlich intensiveren Prostitutionsform gebracht werden soll (z. B. von der Gelegenheitsprostitution zur institutionalisierten Prostitution; vgl. Bay NJW **85**, 277 m. Anm. Bottke JR 85, 381, Gössel I 303). Nicht ausreichend ist dagegen, wenn die Prostitution lediglich auf andere Weise als bisher ausgeübt werden soll (z. B. in einem Dirnenwohnheim statt Straßenstrich; ebenso Horn SK 49, Laufhütte LK 27; and. D-Tröndle 17) oder wenn sich die Einwirkung lediglich auf deren Umfang bezieht (BGH NJW **82**, 454; and. Laufhütte aaO), da die bloße Förderung der Prostitution nicht tatbestandsmäßig ist.

30 VI. Für den **subjektiven Tatbestand** ist bei *Abs. 1* (bedingter) Vorsatz erforderlich, bezüglich der Gewerbsmäßigkeit die Absicht, sich eine fortlaufende Einnahmequelle zu verschaffen. Dasselbe gilt für *Abs. 2*, soweit nicht einzelne Tatbestandsmerkmale schon nach ihrem Sinn zielgerichtetes Handeln verlangen (Anhalten, Ausbeuten in Nr. 2; zum bedingten Vorsatz bezüglich des Alters bei Nr. 1 vgl. entsprechend § 176 RN 10). Bei *Abs. 3* ist außer dem Vorsatz bezüglich des gewerbsmäßigen Anwerbens eine besondere Absicht erforderlich (vgl. o. 24 ff.). Bei *Abs. 4 1. Alt.* genügt bedingter Vorsatz (zum Vorsatz bei der 1. Alt. vgl. auch BGH MDR/H **81**, 453); dasselbe gilt bei der *2. Alt.* bezüglich des Alters, während das Einwirken in bestimmter Absicht i. S. von zielgerichtetem Handeln (vgl. § 15 RN 66 ff.) geschehen muß.

31 VII. **Vollendung.** Bei *Abs. 1* ist die Tat, bezogen jeweils auf dasselbe Opfer, bereits mit der ersten, ein Unterhalten bzw. Leiten darstellenden Handlung vollendet, beendet dagegen mit der Vornahme der letzten Handlung dieser Art (Dauerdelikt; vgl. auch BGH NStZ **90**, 80 zum Verjährungsbeginn). Für die Vollendung nach *Abs. 2 Nr. 2* ist erforderlich, daß es tatsächlich zur Prostitutionsausübung gekommen ist (vgl. o. 20), während für *Abs. 2 Nr. 1* schon das bloße Überlassen der Wohnung usw. zu Prostitutionszwecken genügt (vgl. o. 17); soweit hier Gewerbsmäßigkeit notwendig ist (Nr. 2, 2. u. 3. Alt.), ist bereits die erste, in der entsprechenden Absicht vorgenommene Handlung ausreichend. Vollendung nach *Abs. 3* liegt bei Zustandekommen einer entsprechenden Vereinbarung vor, Beendigung mit der Aufnahme der Prostitution (BGH MDR/H **85**, 284). Bei *Abs. 4 1. Alt.* ist die Tat erst mit der Prostitutionsausübung vollendet und zugleich beendet, während sie bei der *2. Alt.* schon mit dem bloßen Einwirken vollendet und mit dem Beginn der Prostitutionsausübung beendet ist (BGH aaO). Der **Versuch** ist nur in den Fällen des Abs. 3, 4 strafbar **(Abs. 5),** wobei dies jedoch im Fall des Abs. 4 2. Alt. wenig sinnvoll erscheint, da die Tat hier schon mit dem bloßen Einwirken vollendet ist, Versuchsfälle hier also kaum übrig bleiben (vgl. auch D-Tröndle 18 [Absenden des Briefs], Laufhütte LK 31).

32 VIII. Für **Täterschaft und Teilnahme** gelten die allgemeinen Regeln. Eine Beihilfe zu Abs. 1 Nr. 1 setzt voraus, daß dadurch gerade der Bordellbetrieb gefördert wird, was zwar bei der Veröffentlichung entsprechender Werbeanzeigen, nicht aber z. B. bei der Lieferung von Lebensmitteln der Fall sein kann. Zur Frage der Beihilfe eines gegen den Betrieb nicht einschreitenden Amtsträgers vgl. BGH NJW **87**, 199 m. Anm. Rudolphi JR 87, 335, Winkelbauer JZ 86, 1119 u. dazu auch Ranft JZ 87, 914 (Leiter eines Ordnungsamtes), BGH NJW **89**, 916 (Kriminalbeamter). Die Prostituierte selbst

Menschenhandel 1–3 § 181

ist in allen Fällen straflos (notwendige Teilnahme). Soweit nur die gewerbsmäßige Begehung strafbar ist (Abs. 1, Abs. 2 Nr. 1, 2. u. 3. Alt., Abs. 3), gilt für den nichtgewerbsmäßig handelnden Teilnehmer § 28 I (BGH NJW **87**, 199). Kein besonderes persönliches Merkmal i. S. des § 28 ist dagegen die in Abs. 2 vorausgesetzte Eigenschaft als Wohnungsinhaber usw.

IX. **Konkurrenzen.** Innerhalb des § 180 a ist wegen der unterschiedlichen Schutzrichtung Idealkonkurrenz möglich zwischen Abs. 1 und Abs. 2 Nr. 1, Abs. 4, ebenso zwischen Abs. 2 Nr. 1 und Nr. 2, ferner zwischen Abs. 3 und 4. Innerhalb des *Abs. 1* wird Nr. 2, die lediglich einen Auffangtatbestand enthält, durch Nr. 1 verdrängt (BGH NStZ **90**, 80, Lackner 7, Laufhütte LK 33). Bei beiden Tatbeständen wird die Tat jeweils als Dauerdelikt (vgl. o. 31) gegenüber den einzelnen in dem Betrieb tätigen Prostituierten begangen, was zu (gleichartiger) Idealkonkurrenz führt, und zwar auch bei einer Fluktuation innerhalb der „Belegschaft", wenn sie in zeitlich sich überschneidenden Abschnitten erfolgt (vgl. 92 vor § 52). Nicht möglich ist dagegen wegen der Höchstpersönlichkeit des Rechtsguts eine fortgesetzte Handlung gegenüber mehreren Prostituierten (vgl. 43 vor § 52, BGH NStZ **90**, 80). Aus demselben Grund ist Fortsetzungszusammenhang bei Taten nach Abs. 2–4 ausgeschlossen, wenn diese mehrere Personen betreffen. Die Tat nach *Abs.* 2 ist gleichfalls ein Dauerdelikt; bei mehreren Prostituierten gilt Entsprechendes wie zu Abs. 1. – Tateinheit ist im übrigen möglich mit §§ 223 ff., 240, 302 a und Teilnahme an §§ 184 a, 184 b. Über das Verhältnis zu § 181 vgl. dort RN 14, zu § 181 a dort RN 25. 33

X. **Strafe.** Daß im Falle des Abs. 4 schon die nur versuchte „Anstiftung" ohne Möglichkeit der Milderung mit Freiheitsstrafe von sechs Monaten bis zu zehn Jahren bedroht ist, erscheint wenig angemessen (ebenso Laufhütte LK 32; vgl. dagegen § 181, wo trotz Anwendung von Gewalt usw. auch bei der gelungenen Veranlassung eine Strafmilderung bis zu drei Monaten möglich ist); aber auch sonst umfaßt Abs. 4 Fälle, in denen die Mindeststrafe von sechs Monaten Freiheitsstrafe überhöht ist (z. B. menschlich begreifliche Einwirkungen unter Freundinnen, vgl. Lackner 6). 34

XI. Zur Möglichkeit von **Führungsaufsicht** in den Fällen der Abs. 3–5 vgl. § 181 b. 35

§ 181 Menschenhandel

Wer einen anderen

1. **mit Gewalt, durch Drohung mit einem empfindlichen Übel oder durch List dazu bringt, daß er der Prostitution nachgeht, oder**
2. **anwirbt oder wider seinen Willen durch List, Drohung oder Gewalt entführt, um ihn unter Ausnutzung der Hilflosigkeit, die mit seinem Aufenthalt in einem fremden Land verbunden ist, zu sexuellen Handlungen zu bringen, die er an oder vor einem Dritten vornehmen oder von einem Dritten an sich vornehmen lassen soll,**

wird mit Freiheitsstrafe von einem Jahr bis zu zehn Jahren, in minder schweren Fällen mit Freiheitsstrafe von drei Monaten bis zu fünf Jahren bestraft.

I. **Rechtsgut.** Die Vorschrift, deren Bezeichnung für Nr. 1 nicht zutrifft (vgl. F. C. Schroeder JR 77, 357), dient dem Schutz der Freiheit einschließlich der sexuellen Selbstbestimmung, die hier durch die Rekrutierung von Menschen in den Formen des § 181 zur Befriedigung sexueller Bedürfnisse speziell dadurch bedroht wird, daß das Opfer in das Übel der Prostitution verstrickt oder in einen besonderen Zustand der Hilflosigkeit gegenüber den sexuellen Plänen anderer gebracht wird (vgl. BGH **33** 354, NStZ **83**, 262, Dencker NStZ 89, 250, Horstkotte JZ 74, 88, Laufhütte LK 1). Die Bestimmung entspricht den internationalen Verpflichtungen, die sich für die Bundesrepublik aus dem Internationalen Abkommen zur Bekämpfung des Mädchenhandels vom 4. 5. 1910 und zur Unterdrückung des Frauen- und Kinderhandels vom 30. 9. 1921, beide i. d. F. vom 8. 9. 1972 (BGBl. II 1074 ff., 1478 ff., 1482 ff.), ergeben; sie tritt damit zugleich an die Stelle des durch Art. 6 Nr. 3 des 4. StrRG aufgehobenen § 48 Ges. über das Auswanderungswesen getreten. Für die Tat gilt nach § 6 Nr. 4 das Weltrechtsprinzip. Aus den Materialien vgl. Prot. VI 1637, 1644, 1738, 2117, VII 21. 1

II. **Nr. 1** regelt die **Nötigung zur Prostitution.** Strafbar ist danach, wer mit den Mitteln des § 240 (vgl. aber auch Laufhütte LK 2: Gewalt i. S. des § 177) oder durch List einen anderen dazu bringt, der Prostitution nachzugehen, wobei es genügt, daß diese Mittel, sofern ihnen nicht eine völlig untergeordnete Bedeutung zukommt, für die Entscheidung des Opfers wenigstens mitursächlich sind (BGH MDR/H **85**, 794, D-Tröndle 3). Gleichgültig ist, ob die Prostitutionsausübung im In- oder Ausland erfolgen soll, und ohne Bedeutung ist auch, ob die Nötigungsmittel im In- oder Ausland angewendet werden. Opfer kann sowohl eine Frau als auch ein Mann sein. 2

1. Über **Gewalt** und **Drohung** mit einem empfindlichen Übel vgl. § 240 RN 3 ff. sowie 6 ff., 30 ff. vor § 234, über **List** vgl. 38 vor § 234. Dabei muß die List nach dem Schutzzweck der Vorschrift gerade das Ziel der Prostitutionsausübung verschleiern (BGH **27** 27, D-Tröndle 3, 3

§ 181 4–10   Bes. Teil. Straftaten gegen die sexuelle Selbstbestimmung

Horn SK 3, Lackner 2b, Laufhütte LK 3); nicht nach § 181 strafbar ist daher z. B. das Zuführen zur Prostitution durch das Vorspiegeln, die Prostituierte zu heiraten. Näher zu diesen Tatmitteln speziell bei § 181 vgl. F. C. Schroeder JR 77, 357.

4 2. Das Opfer muß durch die Gewalt usw. dazu gebracht werden, der **Prostitution nachzugehen** (vgl. dazu § 180a RN 5f.). Dies ist der Fall, wenn der andere veranlaßt wird, die Prostitution, der er z.Z. der Tat nicht oder nicht mehr nachgeht, gegen seinen (wahren) Willen aufzunehmen, ebenso auch dann, wenn er dazu gebracht wird, eine z.Z. der Tat ausgeübte Prostitution gegen seinen Willen fortzusetzen (BGH **33** 353 m. Anm. Bottke JR 87, 35, D-Tröndle 2, Lackner 2b). Dagegen schützt Nr. 1 nicht solche Personen gegen Angriffe auf ihre Freiheit, die, weil sie dazu ohnehin bereit sind, nicht mehr zur Prostitutionsausübung gebracht werden müssen. Ferner bezieht sich der Schutz des § 181 nur auf das „Ob", nicht aber auf Art und Umstände der Prostitutionsausübung: Das Veranlassen zu mehr „Arbeit", zu einem Wechsel des „Arbeitgebers", „Arbeitsorts" oder der Art der Prostitutionsausübung (z.B. Bordell- statt Straßenprostitution) fällt daher auch dann nicht unter Nr. 1, wenn dabei Gewalt usw. angewandt wird (vgl. BGH m. Anm. Bottke aaO, Blei II 157, Horn SK 2, § 180a RN 36). Dasselbe gilt, wenn die Prostituierte gezwungen wird, andere „Leistungen" als bisher an sich zu erbringen. Hier bei einer „qualitativ anderen Form von Prostitution" die Nr. 1 anzuwenden (so Dencker NStZ 89, 251), setzt Differenzierungsmöglichkeiten voraus, die es nicht gibt; davon abgesehen, werden damit Fälle der §§ 181a I Nr. 2, 240 (Vergehen) dem Verbrechenstatbestand des § 181 zugeschlagen, die in ihrem Unrechtsgehalt nicht schwerer wiegen als z. B. das Vertreiben einer Prostituierten aus einem Luxusbordell auf den menschenunwürdigen Straßenstrich, was eindeutig nur nach §§ 181a I Nr. 2, 240 strafbar ist.

5 3. Der **subjektive Tatbestand** erfordert bezüglich der Prostitutionsausübung Absicht i. S. von zielgerichtetem Handeln (vgl. § 15 RN 66ff.), da die Tat insoweit § 240 entspricht.

6 4. **Vollendet** ist die Tat erst, wenn der andere der Prostitution tatsächlich nachgeht (andernfalls, da Verbrechen, strafbarer **Versuch**). Dies ist schon dann der Fall, wenn er sich – auch erfolglos – zu sexuellen Handlungen mit wechselnden Partnern gegen Entgelt angeboten hat (vgl. § 180a RN 6). Eine Prostitutionsausübung von längerer Dauer ist nicht erforderlich (Horn SK 2, Lackner 2b, Laufhütte LK 2).

7 III. Nr. 2 erfaßt das **Anwerben** und **Entführen** in der Absicht, den anderen unter **Ausnutzung seiner Hilflosigkeit in einem fremden Land** zu sexuellen Handlungen zu bringen. Im Unterschied zu Nr. 1 braucht bei Nr. 2 nicht die Prostitutionsausübung das Ziel zu sein. Andererseits werden hier auch Personen geschützt, die z.Z. der Tat bereits der Prostitution nachgehen; strafbar ist unter den Voraussetzungen der Nr. 2 daher auch das Verbringen von Prostituierten von einem Land in ein anderes (BT-Drs. VI/1552 S. 27).

8 1. Tathandlung ist nach der 1. Alt. das **Anwerben**; vgl. dazu § 180a RN 23. Auch hier ist eine gesteigerte Einwirkung, nach BGH NStZ 83, 262 „wenigstens eine Täuschung" erforderlich, wobei es allerdings gleichgültig ist, ob das Vornehmen sexueller Handlungen Inhalt der Vereinbarung geworden ist oder dem Opfer verschleiert wird. Weiß das Opfer jedoch, daß es in einem fremden Land, in dem es hilflos ist, sexuelle Handlungen vornehmen soll und läßt es sich gleichwohl anwerben, so ist eine Strafbarkeit schon nach der ratio legis (Freiheitsschutz) zu verneinen; auch würde das Opfer hier nicht erst unter Ausnutzung seiner Hilflosigkeit zu sexuellen Handlungen gebracht werden (BGH NStZ **83**, 262, Horn SK 11, Laufhütte LK 6, M-Schroeder I 203; and. D-Tröndle 5, Gössel I 310). Dies gilt auch, wenn das Opfer zu anderen oder zu weiteren sexuellen Handlungen, als beim Anwerben vereinbart, gebracht werden soll (and. Dencker NStZ 89, 252f.).

9 2. Die Tathandlung der 2. Alt. besteht in der **Entführung** wider Willen mit den Mitteln der **List, Drohung** oder **Gewalt**; vgl. dazu § 237 RN 5ff. Dabei ergibt sich aus dem subjektiven Tatbestand (vgl. u. 10, 12), daß die Entführung entweder in einem für das Opfer fremden Land erfolgen oder daß der Täter die Absicht haben muß, das Opfer in ein solches zu bringen (vgl. Lackner 2c bb). Auch hier ist unerheblich, ob das Opfer z.Z. der Tat weiß, daß es in ein fremdes Land bzw. an einen anderen Ort gebracht werden soll; weiß es dies, so schließt dies auch eine Entführung durch List nicht aus, wenn sein Einverständnis durch Verschleierung der sexuellen Zwecke erschlichen wurde (weitergehend D-Tröndle 5).

10 3. Für den **subjektiven Tatbestand** ist zunächst *Vorsatz* erforderlich, der sich auf das Anwerben bzw. Entführen durch List usw. erstrecken muß. In beiden Fällen muß der Täter ferner die **Absicht** (i. S. von zielgerichtetem Handeln vgl. § 15 RN 66ff.) haben, das Opfer unter Ausnutzung der Hilflosigkeit, die mit seinem Aufenthalt in einem fremden Land verbunden ist, zu sexuellen Handlungen zu bringen. Diese Absicht muß bereits beim Anwerben usw. vorliegen. Hat der Täter mit dem Anwerben andere Zwecke verfolgt, so genügt es nicht, wenn er eine dadurch eingetretene Hilflosigkeit in einem fremden Land i. S. der Nr. 2 ausnutzen will (ebenso Laufhütte LK 7; vgl. auch Horn SK 12); dies gilt, wie ein Vergleich mit § 239 a zeigt, auch für das Entführen.

a) Ziel des Täters muß es sein, das Opfer zu **sexuellen Handlungen** zu veranlassen, die es **11** „an" oder „vor" einem Dritten vornehmen oder „an" sich von einem Dritten vornehmen lassen soll; vgl. dazu § 184 c RN 4 ff., 17 ff. Will der Täter nur eigene sexuelle Kontakte mit dem Opfer, so kommt lediglich § 237 in Betracht.

b) Der Täter muß dieses Ziel **unter Ausnutzung der mit dem Aufenthalt in einem fremden 12 Land verbundenen Hilflosigkeit** des Opfers erreichen wollen. Eine solche *„auslandsspezifische" Hilflosigkeit* besteht, wenn das Opfer wegen Sprach- oder Kontaktschwierigkeiten, Unkenntnis der Verhältnisse, wegen Fehlens ausreichenden Rechtsschutzes usw. nicht imstande ist, sich dem Ansinnen der ihm unerwünschten sexuellen Betätigung aus eigener Kraft zu entziehen (vgl. BT-Drs. 7/514 S. 10, Horn SK 11, Lackner 2c bb); eine Hilflosigkeit aus Gründen, die auch im eigenen Land eintreten könnten, reicht daher nicht aus. Maßgeblich ist allein, ob das Land für das Opfer ein „fremdes" ist, weshalb z. B. die Tat auch durch die Entführung einer Französin in die Bundesrepublik begangen werden kann (vgl. BT-Drs. VI/3521 S. 49, D-Tröndle 5). Auch kann es hier nicht entscheidend auf die Staatsangehörigkeit ankommen, vielmehr handelt es sich um ein für das Opfer „fremdes" Land schon dann, wenn es mit dessen Lebensgewohnheiten und rechtlichen Schutzmöglichkeiten nicht vertraut ist (z. B. die im Inland aufgewachsene Ausländerin soll in ihr Heimatland gebracht werden, das sie zuvor nie betreten hat und dessen Sprache sie nicht spricht). Nicht erforderlich ist die Absicht, das Opfer in ein anderes Land zu bringen (Horn SK 11, M-Schroeder I 203); erfolgt z. B. die Entführung innerhalb eines fremden Landes, so genügt es, wenn der Täter die „auslandsspezifische" Hilflosigkeit (z. B. der Angehörigen einer Reisegruppe) für seine Zwecke ausnutzen will. Für das *Ausnutzen* genügt schon die Wahrnehmung der wegen der Hilflosigkeit sich bietenden Gelegenheit; daß Zwang ausgeübt werden soll, ist nicht erforderlich.

4. **Vollendet** ist die Tat nach Nr. 2 mit dem Anwerben bzw. der Entführung; daß es zu sexuellen **13** Handlungen tatsächlich gekommen ist, ist nicht erforderlich, da insoweit die bloße Absicht genügt (and. § 237). Da die Tat Verbrechen ist, ist der **Versuch** strafbar.

IV. Idealkonkurrenz ist bei *Nr. 1* möglich z. B. mit §§ 180, 180a II, IV (dagegen tritt § 180a III **14** hinter Nr. 1 zurück; D-Tröndle 9, M-Schroeder I 203), u. U. auch mit § 177 (BGH MDR/H **83**, 984) und mit § 255 (BGH NStE **Nr. 2**), ferner mit §§ 223 ff., Teilnahme zu § 175, bei *Nr. 2*, bei der die Tat erst mit Verwirklichung der Absicht beendet ist, z. B. mit §§ 180, 180a II–IV, 234, 235 (Horn SK 15). §§ 239, 240 treten hinter § 181 zurück.

V. Ein **minder schwerer Fall** kann insbes. beim Anwerben (Nr. 2) in Betracht kommen, so wenn **15** es beim bloßen Anwerben (Vollendung!) geblieben ist (vgl. BT-Drs. VI/3521 S. 49).

VI. Zur Möglichkeit der Anordnung von **Führungsaufsicht** vgl. § 181 b. – **Geplant** ist in dem **16** Entwurf eines Gesetzes zur Bekämpfung des illegalen Rauschgifthandels u. a. Erscheinungsformen der organisierten Kriminalität (BT-Drs. 11/7663) die Einführung der Vermögensstrafe des erweiterten Verfalls, wenn der Täter gewerbsmäßig oder als Mitglied einer Bande gehandelt hat (§ 181 c des Entwurfs).

§ 181a Zuhälterei

(1) **Mit Freiheitsstrafe von sechs Monaten bis zu fünf Jahren wird bestraft, wer**
1. **einen anderen, der der Prostitution nachgeht, ausbeutet oder**
2. **seines Vermögensvorteils wegen einen anderen bei der Ausübung der Prostitution überwacht, Ort, Zeit, Ausmaß oder andere Umstände der Prostitutionsausübung bestimmt oder Maßnahmen trifft, die den anderen davon abhalten sollen, die Prostitution aufzugeben,**

und im Hinblick darauf Beziehungen zu dem anderen unterhält, die über den Einzelfall hinausgehen.

(2) **Mit Freiheitsstrafe bis zu drei Jahren oder mit Geldstrafe wird bestraft, wer gewerbsmäßig die Prostitutionsausübung eines anderen durch Vermittlung sexuellen Verkehrs fördert** und im Hinblick darauf Beziehungen zu dem anderen unterhält, die über den Einzelfall hinausgehen.

(3) **Nach den Absätzen 1 und 2 wird auch bestraft, wer die in Absatz 1 Nr. 1 und 2 genannten Handlungen oder die in Absatz 2 bezeichnete Förderung gegenüber seinem Ehegatten vornimmt.**

§ 181a 1–4 Bes. Teil. Straftaten gegen die sexuelle Selbstbestimmung

Schrifttum: Amelunxen, Der Zuhälter, 1967. – *Androulakis,* Zur Frage der Zuhälterei, ZStW 78, 432. – *Bargon,* Prostitution und Zuhälterei usw., 1982. – *Dieckmann,* Das Bild des Zuhälters in der Gegenwart, 1976. – *F. C. Schroeder,* Neue empirische Untersuchungen zur Zuhälterei, MSchrKrim. 78, 62. – Vgl. ferner die Angaben vor §§ 174 ff.

1   **I. Rechtsgut.** Der Tatbestand der Zuhälterei, für dessen Streichung sich u. a. der AE (Bes. Teil, Sexualdelikte 55 f.) ausgesprochen hatte, wurde durch das 4. StrRG inhaltlich weitgehend umgestaltet und mit einer neuen Schutzrichtung versehen (vgl. dazu die 20. A. u. näher Horstkotte JZ 74, 88). § 181a soll nicht die parasitäre Lebensweise des Täters treffen, der aus der Prostitution anderer seinen Gewinn zieht, sondern die *aktive Zuhälterei,* die zumindest eine Gefahr für die Freiheit der Prostituierten darstellt, indem diese zum Ausbeutungsobjekt gemacht oder sonst fremden Entscheidungen unterworfen wird (vgl. BT-Drs. VI/1552 S. 29, Bay NJW **74**, 1573, **77**, 1209 m. Anm. Geerds JR 78, 81, KG NJW **77**, 2226, MDR **77**, 862, Horstkotte JZ 74, 89, Müller-Emmert DRiZ 74, 93). Geschütztes Rechtsgut ist deshalb, ebenso wie in §§ 180a, 181 (vgl. dort RN 1) die Freiheit der Prostituierten i. S. ihrer persönlichen und wirtschaftlichen Unabhängigkeit (BGH StV **83**, 239, Bay NJW **74**, 1573, KG NJW **77**, 2226; vgl. auch D-Tröndle 1, Lackner 2 vor § 174, Laufhütte LK 1). Freilich ist diese Schutzrichtung nur bei den beiden Tatbeständen der „ausbeuterischen" und „dirigierenden" Zuhälterei (BGH MDR/D **74**, 722, Dreher JR 74, 53) des Abs. 1 hinreichend erkennbar. Dagegen kommt sie bei der nur „fördernden" („kupplerischen") Zuhälterei des Abs. 2 nur höchst unzulänglich zum Ausdruck, da die gewerbsmäßige Vermittlung und das Unterhalten von Beziehungen im Hinblick darauf nicht schlechthin eine auch nur abstrakte Gefährdung der wirtschaftlichen und persönlichen Bewegungsfreiheit der Prostituierten darstellen (über die daraus folgende Notwendigkeit einer restriktiven Interpretation vgl. u. 17 ff.). Auch haben sich mit dem durch die veränderten Verhältnisse im Zuhälterwesen bedingten Verzicht auf die für § 181 a. F. charakteristische Beziehung zwischen Täter und Opfer (vgl. dazu 16. A., RN 2), die einen anderen Inhalt hatte als nach der Beziehungsklausel der n. F. (vgl. u. 12), Abgrenzungsschwierigkeiten zu § 180a mit seiner wesentlich niedrigeren Strafdrohung ergeben (vgl. u. 7 und dazu auch KG MDR **77**, 862). Aus den Materialien vgl. u. a. Prot. VI 1184, 1644, 1744, 1757, 1803, 2117.

2   **II. Abs. 1** erfaßt in zwei Tatbeständen die „**ausbeuterische**" (Nr. 1) und die „**dirigierende**" **Zuhälterei** (Nr. 2), die gegenüber der nur „fördernden" Zuhälterei des Abs. 2 die schwereren Formen darstellen. Voraussetzung ist außer den in Nr. 1, 2 beschriebenen Handlungen (vgl. u. 3 ff.) das Bestehen einer über den Einzelfall hinausgehenden Beziehung zwischen den Beteiligten, die an der Tathandlung orientiert sein muß (vgl. u. 12). Täter und Opfer können sowohl ein Mann als auch eine Frau sein.

3   **1.** Nach **Nr. 1** ist strafbar das **Ausbeuten** eines anderen, der der Prostitution nachgeht. Geschützt sind damit nur Personen, die im Zeitpunkt des Ausbeutens der Prostitution nachgehen (vgl. dazu § 180a RN 5 f.); daß sie dies früher getan haben und daraus noch über Erträge verfügen, genügt deshalb nicht (vgl. zu § 181 a. F. Hamm NJW **72**, 882). Der Begriff des „Ausbeutens" ist unter Berücksichtigung des Schutzzwecks der Vorschrift zu bestimmen (Horstkotte JZ 74, 89). Da Abs. 1 die persönliche und wirtschaftliche Bewegungsfreiheit der Prostituierten schützen soll, ergibt sich daraus folgendes:

4   a) Erforderlich ist – gleichsam als Erfolgsunwert (Lackner 3a) – zunächst eine **spürbare Verschlechterung der wirtschaftlichen Lage** der Prostituierten als Folge der Ausbeutung (BT-Drs. VI/1552 S. 29, BGH NStZ **83**, 220, **89**, 67, NStE § 180a **Nr. 3**, StV **83**,239, **84**, 334, MDR/D **74**, 546, 723, MDR/H **77**, 282, Bay NJW **74**, 1573, **77**, 1209 m. Anm. Geerds JR 78, 81, Hamburg NJW **75**, 127, LG München GewArch **88**, 351, Blei II 158, D-Tröndle 5, Horstkotte JZ 74, 89, Lackner 3a). Dazu ist nicht erforderlich, daß die Prostituierte selbst nicht mehr über die erforderlichen Mittel verfügt (vgl. BGH MDR/H **77**, 282) oder daß sie daran gehindert wird, sich, wenn auch nur vorübergehend, von der Prostitution zurückzuziehen. Vielmehr genügt schon eine fühlbare Beschneidung des Lebensstandards, den sie sonst haben würde (BGH MDR/H **77**, 282 [bejaht bei einem Anteil von 50%], NStZ **89**, 67 [naheliegend, aber wegen fehlender Feststellungen zu den näheren Umständen offen gelassen bei einem Anteil von 50%, weil damit möglicherweise auch die Unkosten der Prostituierten gedeckt werden sollten], BGH 1 StR 388/76 v. 18. 1. 77 [bejaht, wenn bei Ablieferung des gesamten Erlöses ihr Anteil im Ermessen des Zuhälters liegt], Bay NJW **77**, 1209, ferner KG MDR **77**, 862 [verneint bei einem Anteil von 30%], Köln OLGSt. § 181a S. 5 [bejaht bei einem Anteil von 40%]; vgl. aber auch Horn SK 3). Die Urteilsfeststellungen dürfen sich dabei nicht lediglich auf die Mitteilung von Prozentanteilen beschränken, sondern müssen Feststellungen zur Höhe der Einnahmen und Abgaben des Opfers enthalten (BGH NStZ **89**, 67, StV **84**, 334, Laufhütte LK 4). Daß der Täter ganz oder überwiegend seinen Lebensunterhalt mit den Erträgnissen der Prostituierten bestreitet, ist – abweichend von § 181a a. F. – weder erforderlich noch ausreichend (BT-Drs. VI/3521 S. 50, BGH MDR/D **74**, 722, Bay NJW **74**, 1574). Auch liegt bei gemeinsamer Wirtschaftsführung ein Ausbeuten nicht

schon deshalb vor, weil der Täter mehr verbraucht als er einbringt (vgl. jedoch zur a. F. RG **71** 279, BGH **4** 316, **15** 8). Auf die Art der vermögenswerten Ausbeute (Geld, Sachleistungen usw.) kommt es nicht an (Lackner 3 a).

b) Hinzukommen muß die **besondere Verwerflichkeit** der **Begehungsweise** und **Motivation** des Täters. Kennzeichnend für das Ausbeuten ist in subjektiver Hinsicht die Eigensucht des Täters (vgl. BGH **15** 40), die jedoch für sich allein nicht ausreicht, weil nicht der Erwerb des Zuhälters als solcher bekämpft werden soll. Das bloße Ausgehaltenwerden reicht deshalb selbst bei erheblichen Zuwendungen nicht aus (z. B. BGH StV **84**, 334). Weitere Voraussetzung ist vielmehr, wie schon aus dem Begriff „Ausbeuten" folgt, das planmäßige Ausnützen eines irgendwie gearteten Herrschafts- oder Abhängigkeitsverhältnisses (ebenso BGH NStZ **83**, 220, StV **83**, 239, **84**, 334, Horn SK 4, Laufhütte LK 2; vgl. auch Geerds JR 78, 82, M-Schroeder I 201, ferner Bay NJW **74**, 1574, KG NJW **77**, 2226, wo sogar von einem „entpersönlichten und bedrückenden Unterordnungs- und Abhängigkeitsverhältnis" die Rede ist, was jedoch zu eng sein dürfte). Gleichgültig ist, worauf diese Abhängigkeit von dem Täter beruht, z. B. auf Furcht (vgl. BGH StV **84**, 334), ob dabei Leichtsinn oder Unerfahrenheit der Prostituierten mit im Spiele ist und ob diese sich dem Herrschaftsverhältnis freiwillig unterwirft (BGH NJW **86**, 596, NStZ **85**, 453, BGHR § 181 I Nr. 2, Dirigieren 1, Bay NJW **77**, 1209 m. Anm. Geerds JR 78, 81, D-Tröndle 5, Laufhütte LK 2); handelt es sich freilich nur um die spezielle Abhängigkeit von Vermietern im Zusammenhang mit der Wohnungsgewährung, so ist ein Ausbeuten unter Ausnutzung dieser Abhängigkeit nur nach § 180a II Nr. 2 strafbar (vgl. auch u. 12 u. § 180a RN 21). In Betracht kommen z. B. wirtschaftliche Gründe (z. B. Schulden bei dem Zuhälter), Furcht vor dem Zuhälter (vgl. Hamburg NJW **75**, 127), das Angewiesensein auf diesen als Beschützer oder „Schlepper", aber auch enge persönliche Bindungen, besonders wenn diese die Form eines Hörigkeitsverhältnisses annehmen. Nur wenn der Täter seine durch ein solches Verhältnis begründete stärkere Position bewußt als Mittel einsetzt, um aus der Prostitutionsausübung seinen Vorteil zu ziehen, beutet er die Prostituierte auch aus. Es genügt daher nicht, wenn er sich im Rahmen eines Verhältnisses, das nicht durch seine zumindest partielle Vormachtstellung gekennzeichnet ist oder in dem gar die Prostituierte selbst die dominierende Rolle spielt, lediglich aushalten läßt (vgl. Bay NJW **74**, 1574, Horn SK 4); denn das Gesetz will lediglich den aktiven Zuhälter, nicht aber die parasitäre Lebensweise als solche treffen (vgl. o. 1). Kein Ausbeuten liegt auch vor, wenn der Täter sich auf die Annahme von Zuwendungen beschränkt, mit denen ihn die Prostituierte an sich binden will. Etwas anderes kann hier jedoch gelten, wenn er dieser zu verstehen gibt, daß er sie andernfalls verlassen werde (so bei Bestehen einer engen persönlichen Bindung an den Zuhälter). Umgekehrt kann ein Ausbeuten auch in Betracht kommen, wenn der Täter die Prostituierte durch Gewalt, Drohung usw. zur Aufrechterhaltung des zwischen beiden bestehenden persönlichen Verhältnisses zwingt, sofern dies im Hinblick auf seine Einkünfte aus der Prostitution geschieht, und zwar selbst dann, wenn diese ihm bisher freiwillig gewährt worden sind (and. wenn er die Beziehungen nur aus persönlicher Zuneigung aufrecht erhalten wollte, vgl. Hamburg NJW **75**, 124). Gleichgültig ist, ob sich der Täter die fraglichen Vermögensvorteile aushändigen läßt oder ob er sie sich ohne oder gegen den Willen der Prostituierten selbst verschafft, wenn diese dagegen nicht einzuschreiten wagt.

2. Nr. 2 erfaßt in drei Tatbeständen die **„dirigierende" Zuhälterei,** die in der bestimmenden Einflußnahme auf die Prostitutionsausübung besteht, wobei der Täter seines Vermögensvorteils wegen handeln muß.

Ungeklärt und auch vom Gesetzgeber kaum gesehen ist die Frage des **Verhältnisses der Nr. 2 zu § 180a I Nr. 1.** Beide Tatbestände sind über das gemeinsame Rechtsgut hinaus auch sonst nahezu deckungsgleich, wenn der Täter des § 181a I Nr. 2 zugleich ein solcher nach § 180a I Nr. 1 ist: Das Halten in persönlicher Abhängigkeit i. S. des § 180a I Nr. 1 ist ohne eine entsprechende Überwachung der Prostitutionsausübung (§ 181a I Nr. 2 1. Alt.) kaum denkbar, auch gehört dazu typischerweise das Bestimmen von Zeit, Ausmaß usw. der Prostitutionsausübung (§ 181a I Nr. 2 2. Alt.); ferner unterhält auch der Täter des § 180a I Nr. 1 zu der Prostituierten in der Regel Beziehungen, die über den Einzelfall hinausgehen, und ebenso handelt er immer seines Vorteils wegen (§ 181a I Nr. 2). Sollte es Fälle geben, in denen dies ausnahmsweise anders ist (vgl. – allerdings im Verhältnis zu § 180a I Nr. 2, wo diese Frage nicht auftreten kann – KG MDR **77**, 864), so wie sie atypisch. Da dem Gesetz nicht unterstellt werden kann, daß es Täter nach § 180a I Nr. 1 automatisch stets der höheren Strafdrohung des § 181a I Nr. 2 unterwerfen wollte – § 180a I Nr. 1 wäre dann überflüssig –, muß es einen Unterschied im Unrechtsgehalt beider Tatbestände geben, der nur in der massiveren Verletzung des Selbstbestimmungsrechts der Prostituierten im Falle des § 181a I Nr. 2 bestehen kann (vgl. auch die in KG MDR **77**, 863 allerdings abgelehnte Auffassung der StrA München KG, wonach § 181a I Nr. 2 eine „schärfere Form der Abhängigkeit der Prostituierten" voraussetzt). Mangels eindeutiger rechtsgutsbezogener Differenzierungskriterien bei der Art und Weise des Überwachens und der näheren Festlegung der Prostitutionsausübung kann Ansatzpunkt dafür nur der unterschiedliche

§ 181a 8–10 Bes. Teil. Straftaten gegen die sexuelle Selbstbestimmung

Druck sein, der hinter diesen Maßnahmen steht: Während bei § 180a I Nr. 1 das Drohen von „Sanktionen" genügt, die denen bei normalen Arbeitsverhältnissen entsprechen (z. B. Lohnkürzung, Entlassung), muß es sich im Falle des § 181a I Nr. 2 um qualifizierte „Ungehorsamsfolgen" in Form von Gewalt (z. B. Prügel), Drohungen (z. B. mit einer Strafanzeige), Vorenthalten von Drogen bei drogensüchtigen Opfern, Zerstörung familiärer und sonstiger Beziehungen, Versagen bisher gewährten Schutzes usw. handeln, die auf eine völlige Unterwerfung unter den Willen des Zuhälters hinauslaufen. Die Folge dieser notwendigen Abgrenzung zu § 180a I Nr. 1 ist eine generelle Einschränkung des Tatbestands der Nr. 2, die auch bei den außerhalb eines Betriebes „arbeitenden" Zuhältern zu beachten ist.

8 a) Die 1. Alt. besteht im **Überwachen der Prostitutionsausübung.** Nach dem Sinn der Vorschrift – Schutz der Prostituierten in ihrer persönlichen und wirtschaftlichen Unabhängigkeit – ist dies nur die in ihrer Wirkung auf eine gewisse Dauer berechnete *kontrollierende* Überwachung, die wegen der überlegenen Stellung des Täters geeignet ist, die Prostituierte bei Ausübung ihres Gewerbes in ihrer Entscheidungsfreiheit zu beeinträchtigen (BGH NJW **86**, 596 m. Anm. Nitze NStZ 86, 359), also z. B. nicht, wenn lediglich das Abführen des dem Unternehmer zustehenden Getränkeanteils kontrolliert wird (vgl. BGHR § 181a I Nr. 2, Dirigieren 2). Das Geben von Anweisungen ist dafür nicht erforderlich (BGH NJW **86**, 596, NStZ **82**, 379), wohl aber setzt das Überwachen begrifflich neben dem Beobachten noch die Durchsetzung des fraglichen Verhaltens voraus (vgl. Nitze aaO 361), wobei bezüglich des letzteren die o. 7 genannten besonderen Anforderungen zu beachten sind. Unter diesen Voraussetzungen kann sich – u. U. auch noch aus der Haft (BGH NStZ **82**, 379) – das Überwachen insbesondere darauf erstrecken, ob die Prostituierte ihr vorgeschriebenes „Soll" erfüllt, wieviel sie einnimmt usw. (vgl. BGH NJW **86**, 596 [Bonsystem], NStZ **82**, 379 [Buchführung], **89**, 67 [Kontrolle der Einnahmen], Bay NJW **77**, 1209 m. Anm. Geerds JR 78, 81 [Pflicht zu Aufzeichnungen, verbunden mit Stichproben], ferner Laufhütte LK 5). Nicht gemeint ist mit der 1. Alt. dagegen das lediglich *schützende* Überwachen („Bewachen") der Prostitutionsausübung, so z. B., wenn sich der Täter im Hintergrund hält, um notfalls bei Streitigkeiten mit „Freiern" einzugreifen, die Prostituierte vor der Polizei zu warnen, Konkurrentinnen aus ihrem „Revier" fernzuhalten usw. (BT-Drs. VI/1552 S. 30, Bay NJW **77**, 1209, D-Tröndle 6, Horn SK 11, Lackner 3b, Laufhütte LK 5; and. § 181a a. F.).

9 b) Die 2. Alt. betrifft die **Bestimmung von Ort, Zeit, Ausmaß oder anderen Umständen der Prostitutionsausübung.** Hier handelt es sich darum, daß der Täter durch Anordnungen, denen sich die Prostituierte wegen der überlegenen Machtposition des Täters nicht ohne weiteres entziehen kann, bestimmenden Einfluß auf die näheren Umstände der Prostitutionsausübung nimmt (vgl. BGH NStZ **83**, 220). Ebenfalls unter der Voraussetzung, daß hinter diesen Anordnungen besonders qualifizierter Druck steht (vgl. o. 7), gehört dazu z. B. die Zuweisung einer bestimmten Straße, die Anweisung, vom sog. Straßenstrich in ein Dirnenwohnheim überzuwechseln, die Festsetzung der täglichen „Arbeitszeit", der Höhe des Entgelts, der Zeit, die jedem Kunden gewidmet werden darf (vgl. BGH NJW **86**, 596, KG NJW **77**, 2225, LG München GewArch **88**, 351), das Aufstellen eines Einsatzplans (z. B. auch eines Fahrdiensts, vgl. Laufhütte LK 6 unter Hinweis auf BGH 1 StR 62/82 v. 27. 4. 82), die Organisation des Geschäftsablaufs in einem der Prostitution dienenden „Club" (BGH NStZ **89**, 67) usw. Auch das „Verkaufen" und „Vermieten" an einen anderen Zuhälter gehören hierher (D-Tröndle 7). Nicht ausreichend sind dagegen bloße Unterstützungshandlungen, z. B. die Vermittlung sexueller Kontakte (BGH NStZ **83**, 220) oder, soweit darin kein versteckter Zwang liegt, bloße Ratschläge und Empfehlungen über die Art der Prostitutionsausübung (Bay NJW **77**, 1209 m. Anm. Geerds JR 78, 81), ebensowenig das Anmieten einer Wohnung, damit die Dirne dort der Prostitution nachgehen kann (BGH MDR/D **74**, 722). Auch das Festsetzen einer Anteilsquote am Dirnenlohn gehört nicht hierher (KG NJW **77**, 2226, MDR **77**, 862; and. Laufhütte LK 7); hier kommt Nr. 1 in Betracht.

10 c) Nach der 3. Alt. ist Voraussetzung, daß der Täter **Maßnahmen** trifft, die den anderen davon **abhalten** sollen, die **Prostitution aufzugeben.** Erfaßt werden hier Vorkehrungen gleich welcher Art, die geeignet sind, das Opfer in seiner Entscheidungsfreiheit zu beeinträchtigen (vgl. Bay NJW **77**, 1209 m. Anm. Geerds JR 78, 81) und die darauf gerichtet sind, ihm den Weg aus der Prostitution zu verbauen (z. B. Gewalt, Drohung, Unterbrechen von Kontakten zur Umwelt, Verstricken in Straftaten, Halten in finanzieller oder sonstiger Abhängigkeit; vgl. auch BGH NStZ **82**, 379: Buchführung zur Sicherung der Verrechnung von Schulden mit den Einnahmen). Bloßes Zureden, im Prostituiertenmilieu zu bleiben, genügt nicht, solange kein versteckter Druck ausgeübt wird, auch wenn es sich dabei „um eine gezielte Einwirkung von einiger Erheblichkeit" handelt (and. BT-Drs. VI/1552 S. 30; wie hier Lackner 3b, Laufhütte LK 7). Nicht erforderlich ist, daß der andere schon den Entschluß gefaßt hat, die Prostitution aufzugeben; ausreichend sind auch rein vorsorgliche Maßnahmen. Wird das Opfer gegen seinen

Willen tatsächlich dazu gebracht, die Prostitution fortzusetzen, und werden dabei die Mittel des § 181 Nr. 1 eingesetzt (vgl. dort RN 2 ff.), so geht dieser dem § 181 a I Nr. 2 3. Alt. vor.

d) Für jede der Alternativen ist erforderlich, daß der Täter **seines Vermögensvorteils wegen** 11 gehandelt hat, d. h. durch die Aussicht auf diesen motiviert worden ist; um das einzige Motiv braucht es sich dabei jedoch nicht zu handeln (Laufhütte LK 9). Zum Begriff des Vermögensvorteils vgl. § 73 RN 4. Der Vermögensvorteil braucht nicht tatsächlich erlangt zu sein. Stoffgleichheit ist ebenfalls nicht erforderlich (Hamm NJW **72**, 882).

3. Sowohl in den Fällen der Nr. 1 als auch der Nr. 2 ist weitere Voraussetzung, daß der Täter 12 im Hinblick auf die dort genannten Handlungen **Beziehungen zu dem anderen unterhält,** die **über den Einzelfall hinausgehen.** Der Zusatz „die über den Einzelfall hinausgehen" ist insofern jedoch tautologisch, als der Begriff der „Beziehungen" schon die Intention auf eine gewisse Dauer enthält, irreführend dagegen insofern, als ein bloßer zweiter Fall als solcher noch keine „Beziehungen" schafft (so mit Recht D-Tröndle 10). Auch im übrigen dürfte die vom Gesetz benutzte „Beziehungs"-Formel die Funktion eines Regulativs nur mit erheblichen Schwierigkeiten erfüllen, da ihr wegen ihrer Unbestimmtheit nur ein geringer Aussagewert zukommt. Daraus, daß die Beziehungen „im Hinblick" auf die in Nr. 1, 2 genannten Handlungen über den Einzelfall hinaus unterhalten werden müssen, folgt zwar, daß es sich um Beziehungen handeln muß, die nach Art und Dauer typischerweise die Gefahr von Abhängigkeiten erhöhen (vgl. auch BGH NStZ **83**, 220, StV **84**, 334, KG NJW **77**, 2226, Horstkotte JZ 74, 89). Die Grenzen bleiben jedoch außerordentlich fließend, zumal hier eine bestimmte kriminologische Typik nicht gefordert wird (vgl. Horstkotte aaO; für die Notwendigkeit einer restriktiven Interpretation daher mit Recht Blei II 158). Nicht notwendig ist, daß es sich um das spezifisch „zuhälterische" Verhältnis handelt, das die Rspr. zu § 181 a a. F. verlangt hatte, d. h. jene „eigenartigen persönlichen Beziehungen", die mit der Deckung des Lebensunterhalts oder dem Schutz der Prostituierten zusammenhängen (vgl. hier die 16. A., RN 2 mwN). Erfaßt werden deshalb z. B. auch rein geschäftlich-wirtschaftliche Beziehungen (KG NJW **77**, 2223, MDR **77**, 862), die der Täter u. U. nur über Mittelsmänner zu der ihm persönlich unbekannten Prostituierten unterhält (so z. B. der Chef eines modernen Zuhälterrings, vgl. BT-Drs. VI/3521 S. 50, D-Tröndle 10, Lackner 2, Laufhütte LK 3). Da das Unterhalten der Beziehung im Hinblick auf die Handlungen nach Nr. 1, 2 erfolgen muß, scheiden andererseits die Fälle aus, in denen z. B. die Ausbeutung lediglich im Hinblick auf das Vermögen und Einkommen der Prostituierten erfolgt, also nicht die Prostitutionsausübung selbst der entscheidende Bezugspunkt ist. Dies gilt z. B. für die Kosmetikerin, die Friseuse, den Grundstücksverkäufer usw., die für ihre der Prostituierten erbrachte Leistung deshalb besonders hohe Preise verlangen, weil ihnen deren gute Einkommensverhältnisse bekannt sind (BT-Drs. VI/3521 S. 50). Dasselbe ist grundsätzlich auch bei Vermietern anzunehmen (D-Tröndle 10); aber auch soweit die Fortsetzung des Mietverhältnisses zum Zweck der Ausbeutung begrifflich zugleich als das Unterhalten einer Beziehung im Hinblick darauf verstanden werden kann, ist ausschließlich § 180 a II Nr. 2 2. Alt. anzuwenden, die sonst überflüssig wäre (vgl. auch o. 5 u. § 180 a RN 21). Bei einem Verlöbnis oder Liebesverhältnis (zur Ehe vgl. u. 22) ist zu unterscheiden: Stehen die persönlichen Beziehungen für den Täter im Vordergrund, so führen gelegentliche Handlungen nach Nr. 1, 2 nicht zur Strafbarkeit nach § 181 a, weil dann die Beziehungen nicht im Hinblick darauf unterhalten werden; kommt es ihm dagegen nicht primär auf das Liebesverhältnis als solches, sondern zumindest in gleichem Maß auch auf die Prostitutionsausübung und die damit gegebene Möglichkeit der Ausbeutung des Partners an, so werden damit zugleich Beziehungen i. S. des Abs. 1 unterhalten (zu § 181 a a. F. vgl. BGH **15** 37, **21** 272, GA **62**, 272, LG München GewArch **88**, 350, Jescheck MDR **61**, 337).

III. Abs. 2 pönalisiert die „**fördernde**" („kupplerische") **Zuhälterei,** die gegenüber Abs. 1 die 13 leichtere Begehungsform darstellt. Strafbar ist danach die gewerbsmäßige Förderung der Prostitutionsausübung durch Vermittlung sexuellen Verkehrs, wenn im Hinblick darauf Beziehungen zu dem anderen unterhalten werden, die über den Einzelfall hinausgehen.

1. **Förderung der Prostitutionsausübung** ist an sich schon das Schaffen günstigerer Bedin- 14 gungen für diese, ohne daß der Täter wie in Abs. 1 Nr. 2 einen bestimmten Einfluß darauf nimmt. Jedoch sind beim Tatbestand des Abs. 2 ähnliche Einschränkungen geboten wie bei § 180 a I Nr. 2 (vgl. dort RN 10), die, sollte man hier, so spätestens bei der „Beziehungs"-Klausel vorzunehmen sind (vgl. u. 18, KG MDR **77**, 863).

2. Das Fördern muß speziell dadurch geschehen, daß der Täter **sexuellen Verkehr vermit-** 15 **telt.** *Sexueller Verkehr* ist auch hier nicht nur der Beischlaf, sondern jede Form sexueller Betätigung mit einem andern. Diese kann im Einzelfall zwar auch in der Vornahme sexueller Handlungen „vor" dem anderen bestehen (Laufhütte LK 13; and. Horn SK 18), doch fallen sexuelle Darbietungen in einem Nachtlokal nicht unter die Vorschrift, da der Begriff des sexuellen

Verkehrs jedenfalls einen bestimmten Partner voraussetzt (abgesehen davon, daß hier auch nicht von einer Prostitutionsausübung gesprochen werden kann; vgl. § 180a RN 5). Das gewerbsmäßige Vermitteln von Adressen solcher Lokale fällt daher selbst dann nicht unter Abs. 2, wenn im Hinblick darauf zugleich Beziehungen zu der Besitzerin unterhalten werden, die selbst mit entsprechenden Darbietungen auftritt. *Vermittlung* bedeutet die Herstellung des Kontakts zwischen der Prostituierten und ihrem Partner, auch über Mittelsmänner oder über Zeitungsanzeigen (BGH NStE **Nr. 2**) und gleichgültig, auf wessen Anregung die Vermittlung zurückgeht; vgl. im übrigen § 180 RN 8.

16   3. Auch nach Abs. 2 ist erforderlich, daß der Täter im Hinblick auf die Handlung (Förderung durch Vermittlung) **Beziehungen** zu der Prostituierten **unterhält, die über den Einzelfall hinausgehen.**

17   Vgl. dazu zunächst o. 12. Die „Beziehungs"-Klausel ist hier noch problematischer als in Abs. 1, weil sie nicht ausreicht, den Tatbestand von nicht strafwürdigen Fällen abzugrenzen. Nach BT-Drs. VI/3521 S. 50 soll es mit ihrer Hilfe möglich sein, einerseits die Inhaber von Call-Girl-Ringen, sog. Massagesalons und die „Schlepper" von Prostituierten zu erfassen, andererseits aber Hotelportiers und Taxifahrer auszuscheiden, die gelegentlich gegen ein Trinkgeld die Adresse einer Dirne vermitteln (vgl. Laufhütte LK 3, aber auch D-Tröndle 9). Doch sind die Grenzen hier durchaus fließend. Der Hotelportier z. B., der auf Grund einer Absprache mit Prostituierten jedesmal, wenn er danach gefragt wird, die entsprechenden Adressen nennt, unterhält bereits Beziehungen, die über den Einzelfall hinausgehen, wobei es gleichgültig ist, ob seine Vermittlerdienste durch eine „Provision" von Seiten der Prostituierten oder durch ein Trinkgeld des Interessenten honoriert werden. Da hier auch die Gewerbsmäßigkeit nicht verneint werden könnte, wäre Strafbarkeit nach Abs. 2 anzunehmen, obwohl im Hinblick auf das geschützte Rechtsgut kein wesentlicher Unterschied zu den Fällen besteht, die nach der Gesetzesbegründung straflos bleiben sollen.

18   Erforderlich ist deshalb eine *restriktive Interpretation* des Abs. 2 (vgl. auch KG MDR **77**, 863). Auch Abs. 2 will nicht das schmarotzerhafte Teilhaben an der Prostitution oder die Prostitution als solche treffen, vielmehr soll auch hier, wie sich schon aus dem Zusammenhang mit Abs. 1 ergibt, die Prostituierte in ihrer persönlichen und wirtschaftlichen Bewegungsfreiheit geschützt werden. Für dieses Rechtsgut ist aber die gewerbsmäßige Vermittlung sexuellen Verkehrs als solche noch nicht einmal abstrakt gefährlich; sie schafft, weil sie die Prostitutionsausübung erleichtert, für die Prostituierte lediglich den Anreiz, daß sie weiterhin ihrem Gewerbe nachgeht, was für § 181a jedoch nicht genügen kann („mündige Bürger"; vgl. auch § 180a RN 10). Deshalb sind auch Beziehungen zu der Dirne, die lediglich durch die gewerbsmäßige „Beihilfe" zur (straflosen) Prostitution gekennzeichnet sind, als solche für Abs. 2 nicht ausreichend. Erforderlich ist vielmehr, daß bei diesen Beziehungen besondere Umstände hinzukommen, die wenigstens typischerweise die Gefahr begründen, daß die Prostituierte in die Abs. 1 umschriebene Beschränkung der persönlichen oder wirtschaftlichen Bewegungsfreiheit gerät (ebenso KG MDR **77**, 863, Hilger NStZ 85, 570; vgl. aber auch LG München GewArch **88**, 350, wo diese Grenze noch überschritten sein dürfte). Wird eine bereits bestehende Abhängigkeit i. S. des Abs. 1 durch Handlungen nach Abs. 2 gefördert, z. B. das Ausbeuten durch einen Dritten, so liegt i. d. R. schon eine – mit höherer Strafe bedrohte – Beihilfe zu Abs. 1 vor (vgl. Bottke JR 87, 33, aber auch Laufhütte LK 12).

19   Beziehungen dieser Art brauchen aber selbst im Fall des „Schleppers" nicht immer vorzuliegen, so wenn die Prostituierte nicht von ihm, sondern dieser von ihr abhängig ist. Wenn demgegenüber in BT-Drs. VI/3521 S. 50 die generelle Einbeziehung des „Schleppers" damit begründet wird, daß dieser in Wirklichkeit häufig Zuhälter i. S. des Abs. 1 sei, was durch ein zunächst nach Abs. 2 eingeleitetes Ermittlungsverfahren am ehesten aufgedeckt werden könne, so ist dies eine rein prozeßtaktische Überlegung, die kein legitimer Strafgrund sein kann. Ebensowenig kann der Inhaber eines Betriebs, der nicht die Voraussetzungen des § 180a I Nr. 2 erfüllt (vgl. dort RN 9ff.), schon deshalb nach Abs. 2 bestraft werden, weil er durch Zeitungsinserate die Prostitutionsausübung fördert (vgl. KG MDR **77**, 863). Ausreichend wäre es für Abs. 2 dagegen z. B., wenn der Täter zunächst nur fördert in der Absicht, die Prostituierte an sich zu binden, um sie dann bei der nächsten sich bietenden Gelegenheit auszubeuten.

20   4. Erforderlich ist, daß der Täter **gewerbsmäßig** handelt; vgl. dazu 95 vor § 52. Dies kann sowohl dadurch geschehen, daß er von der Dirne eine „Provision" bekommt, als auch so, daß er sich von dem Interessenten für die Angabe der Adresse bezahlen läßt (ebenso Laufhütte LK 13; and. Horn SK 19).

21   IV. Nach **Abs. 3** stets strafbar sind **zuhälterische Handlungen unter Ehegatten.** Hier genügt es, daß der Täter den anderen Gatten, der der Prostitution nachgeht, ausbeutet (Abs. 1 Nr. 1), seines Vorteils wegen einen bestimmenden Einfluß i. S. des Abs. 1 Nr. 2 auf die Prostitutionsausübung nimmt oder diese gewerbsmäßig i. S. des Abs. 2 fördert. Darauf, ob die sonst vorausgesetzten Beziehungen über den Einzelfall hinaus (vgl. o. 12, 16ff.) vorliegen oder feststellbar sind, kommt es bei

Ehegatten nicht an; insofern bleibt daher ein Teilbereich der im Gesetzgebungsverfahren besonders umstrittenen Ehegattenkuppelei (früher § 181 I Nr. 2) strafbar.

V. Der **subjektive Tatbestand** verlangt, soweit nicht einzelne Tatmerkmale schon ihrem Sinne nach 22 zielgerichtet sind (z. B. Ausbeuten, Überwachen; vgl. auch Lackner 6), zumindest bedingten Vorsatz, der sich z. B. im Fall des Abs. 1 Nr. 1 auch auf die spürbare Verschlechterung der wirtschaftlichen Lage der Prostituierten beziehen muß – was entsprechende Feststellungen zur Höhe ihrer Einnahmen und Abgaben im Urteil notwendig macht –, ferner darauf, daß sie ihre Zahlungen auf der Grundlage eines Abhängigkeitsverhältnisses leistet (BGH NStZ **83**, 220, StV **84**, 334). Bei Abs. 1 Nr. 2 muß auch der – sich aus den einzelnen Anordnungen ergebende – Wille zum Dirigieren festgestellt werden (BGHR § 181a I Nr. 2, Dirigieren 1). Zur Vorteilsabsicht bei Abs. 1 Nr. 2 vgl. o. 11.

VI. Vollendet ist die Tat im Fall des **Abs. 3** schon mit dem Ausbeuten, d. h. dem Eintreten einer 23 spürbaren Verschlechterung der wirtschaftlichen Lage der Prostituierten, bzw. mit dem Überwachen usw. bzw. dem Fördern durch Vermittlung sexuellen Verkehrs (wobei es zu diesem selbst nicht gekommen zu sein braucht). Dagegen muß in **Abs. 1, 2** hinzukommen, daß der Täter im Hinblick auf das Ausbeuten usw. über den Einzelfall hinausgehende, d. h. auf eine gewisse Dauer angelegte Beziehungen unterhält. Diese Beziehungen müssen deshalb im Zeitpunkt des Ausbeutens usw. schon bestanden haben, da sie andernfalls nicht „unterhalten" werden. Ist dies jedoch der Fall, so ist die Tat auch hier schon mit dem erstmaligen Ausbeuten vollendet.

Strafloser Versuch (and. § 181a a. F.) liegt vor, wenn der Täter eine Prostituierte durch Gewalt zu 24 bestimmen versucht, an ihn regelmäßig Beträge aus ihrem Erwerb abzuführen (zu § 181a a. F. vgl. BGH **19** 350).

VII. Für Täterschaft und **Teilnahme** gelten die allgemeinen Regeln, wobei Täter nur sein kann, wer 25 selbst (wenn auch über einen Mittelsmann) die nach Abs. 1, 2 erforderlichen Beziehungen zu dem Opfer unterhält. Strafbare Teilnahme des Opfers ist nicht möglich (notwendige Teilnahme des Geschützten). Für Teilnehmer, die im Fall des Abs. 1 Nr. 2 nicht ihres Vorteils wegen bzw. im Fall des Abs. 2 nicht gewerbsmäßig handeln, gilt § 28 I.

VIII. Konkurrenzen. Bei **Abs. 1** ist Idealkonkurrenz möglich mit § 180 und nach h. M. auch mit 26 § 180a (vgl. z. B. D-Tröndle 17, Laufhütte LK 19; aus der Rspr. vgl. zu Abs. 1 Nr. 2 und *§ 180a I Nr. 2* BGH NStZ **89**, 68, KG MDR **77**, 862 [wobei im Fall des Abs. 1 jedoch immer schon die Voraussetzungen des § 180a Nr. 1 vorliegen dürften], zu Abs. 1 Nr. 2 und *§ 180a III* BGH MDR/H **85**, 284 unter Hinweis auf 3 StR 84/83 [S], BGHR § 181a II, Konkurrenzen 1, zu Abs. 1 Nr. 2 und *§ 180a IV* BGH MDR/H **79**, 106, BGHR § 180a I Nr. 1, Konkurrenzen 1, Köln MDR **79**, 73). Doch kann dies uneingeschränkt nur für § 180a II Nr. 1, IV gelten, die zugleich dem Jugendschutz dienen. Da im übrigen aber die §§ 180a, 181 dasselbe Rechtsgut schützen, widerspricht die generelle Annahme von Idealkonkurrenz zwischen Abs. 1 und § 180a I, III dem Grundsatz, daß die intensivere Angriffsform die weniger intensive verdrängt (vgl. 107 vor § 52; zu Abs. 1 Nr. 1 im Verhältnis zu § 180a II Nr. 2 2. Alt. vgl. jedoch o. 5, 12). Hat der Täter die Prostituierte zunächst gewerbsmäßig angeworben (§ 180a III) und beutet er sie anschließend aus oder „dirigiert" er sie (Abs. 1 Nr. 1, 2), so liegt nicht Realkonkurrenz (insoweit auch BGHR § 181a II, Konkurrenzen 1), aber auch nicht Ideal-, sondern Gesetzeskonkurrenz mit Vorrang des § 181 I vor. Aber auch mit § 180a I ist Tateinheit nur denkbar, wenn mit dem weiterreichenden Dauerdelikt des § 180a I gegen eine Prostituierte einzelne Akte nach Abs. 1 zusammentreffen oder wenn bei mehreren Prostituierten und gleichartiger Idealkonkurrenz nach § 180a (vgl. dort RN 33) die strengeren Voraussetzungen des Abs. 1 nur bezüglich eines Teils von ihnen vorliegen. Im übrigen kann Abs. 1 mit der Teilnahme zu §§ 184a, b idealiter konkurrieren, ferner mit §§ 223ff., 240, 253, wenn die Tat nicht nur gelegentlich einer zuhälterischen Beziehung, sondern als notwendiger Teil der Verwirklichung des Abs. 1 begangen wird (vgl. BGH MDR/D **68**, 728, MDR/H **83**, 793). – Bei **Abs. 2** kommt gleichfalls Idealkonkurrenz mit § 180 und mit der Teilnahme zu §§ 184a, b in Betracht, hier auch mit § 180a II Nr. 1, 2 1. Alt. und § 180a III (BGH MDR/H **85**, 284, BGHR § 181a II, Konkurrenzen 1). Hinter dem spezielleren § 180a I tritt Abs. 2 dagegen zurück. **Innerhalb des § 181a** gilt folgendes: Abs. 2 tritt hinter Abs. 1 zurück (BGH MDR/D **74**, 723, KG NJW **77**, 2225). Werden innerhalb einer zuhälterischen Beziehung zu *derselben* Person wiederholt Handlungen nach Abs. 1 begangen, so liegt nur eine Tat vor, die ein durch die Beziehung zusammengefaßtes Dauerdelikt darstellt (BGH MDR/H **83**, 620, D-Tröndle 16). Dies gilt auch dann, wenn dabei Handlungen sowohl nach Nr. 1 als auch nach Nr. 2 begangen werden (ebenso Laufhütte 21 vor § 174; and. D-Tröndle 16, Horn SK 8 und im Anschluß an BGH **19** 109 zu § 181a a. F. jetzt auch BGH MDR/H **83**, 984: Idealkonkurrenz, was jedoch nur sinnvoll wäre, wenn den beiden Tatbeständen unterschiedliche Schutzzwecke zugrunde liegen würden; vgl. auch Lackner 7: Vorrang der Nr. 1 vor Nr. 2). Zur Klammerwirkung des Dauerdelikts und der Einbeziehung einer relativ schwereren Tat neben anderen Taten von geringerem Gewicht vgl. BGH MDR/H **83**, 620. Eine fortgesetzte Tat gegenüber *mehreren* Prostituierten ist nicht möglich (vgl. 43ff. vor § 52), wohl aber Tateinheit, wenn Handlungen i. S. des § 181a zugleich mehrere Prostituierte betreffen (z. B. Registrierung und Abrechnung der Tageseinnahmen; vgl. BGH NStZ **89**, 68, StV **87**, 243). Ist dies nicht der Fall, so kann Zuhälterei gegenüber mehreren Personen auch durch § 180a I nicht tateinheitlich verbunden werden (vgl. BGH NStZ **89**, 68). Vgl. im übrigen zur Begehung gegenüber mehreren Opfern auch § 180a RN 33.

§§ 181b, 182 1–4   Bes. Teil. Straftaten gegen die sexuelle Selbstbestimmung

27   **IX.** Zur Möglichkeit von **Führungsaufsicht** vgl. § 181b. – **Geplant** ist bei Tätern nach Abs. 1 Nr. 2 die Einführung einer Vermögensstrafe und eines erweiterten Verfalls (vgl. § 181 RN 16).

§ 181b Führungsaufsicht

In den Fällen der §§ 176 bis 179, 180a Abs. 3 bis 5, der §§ 181 und 181a kann das Gericht Führungsaufsicht anordnen (§ 68 Abs. 1).

Zur Führungsaufsicht vgl. näher §§ 68ff. mit Anm. Die Vorschrift gilt auch bei Versuch (§ 22), Teilnahme (§§ 26, 27) und versuchter Beteiligung (§ 30).

§ 182 Verführung

(1) **Wer ein Mädchen unter sechzehn Jahren dazu verführt, mit ihm den Beischlaf zu vollziehen, wird mit Freiheitsstrafe bis zu einem Jahr oder mit Geldstrafe bestraft.**

(2) **Die Tat wird nur auf Antrag verfolgt. Die Verfolgung der Tat ist ausgeschlossen, wenn der Täter die Verführte geheiratet hat.**

(3) **Bei einem Täter, der zur Zeit der Tat noch nicht einundzwanzig Jahre alt war, kann das Gericht von einer Bestrafung nach dieser Vorschrift absehen.**

Geltungsbereich: § 182 gilt nicht in dem in Art. 3 EV genannten Gebiet, wo weiterhin § 149 StGB-DDR anzuwenden ist (vgl. 4 vor § 174 sowie u. 10).

1   **I.** Geschütztes **Rechtsgut** ist die sexuelle Selbstbestimmung, die hier schon gegen das bloße „Verführen" geschützt wird. Zwar sollte der Schutz des § 182 nach der Absicht des Gesetzgebers „soweit wie möglich auf die Situation der noch nicht ausgereiften und geschlechtlich unerfahrenen Mädchen unter 16 Jahren zugeschnitten" sein (BT-Drs. VI/3521 S. 51); durch das Merkmal der Verführung, aus dem sich die entsprechenden Einschränkungen ergeben sollen (vgl. auch Horstkotte JZ 74, 89), wird dies aber nur sehr bedingt erreicht, da auf das früher erforderliche Merkmal der „Unbescholtenheit" des Mädchens wegen der Gefahr der Bloßstellung jugendlicher Zeuginnen (mit Recht) verzichtet worden ist. Darüber hinaus dient die Vorschrift aber auch dem Jugendschutz, wobei die Beschränkung auf den Beischlaf mit Mädchen unter 16 Jahren ihren Grund in der größeren Schutzbedürftigkeit von Mädchen und in der Gefahr einer Schwängerung hat (vgl. Prot. VI 1593ff., Horstkotte aaO). Aus den Materialien vgl. u. a. Prot. VI 866, 916f., 923f., 986, 988, 998, 1391, 1593, 2118, VII 21. – Zu dem in der ehemaligen DDR weitergeltenden **§ 149 StGB-DDR** vgl. u. 10.

2   **II.** Der **objektive Tatbestand** des § 182 setzt die Verführung eines Mädchens unter 16 Jahren zum Beischlaf voraus; auf dessen „Unbescholtenheit" (so die a. F.) kommt es nicht an.

3   **1.** Zum **Beischlaf** vgl. § 173 RN 3. Zu einer Beschränkung auf eine stattgefundene immissio seminis besteht kein Anlaß, auch wenn Strafgrund primär die Gefahr einer Schwängerung wäre (so jedoch M-Schroeder I 189); die Tat ist insofern vielmehr ein abstraktes Gefährdungsdelikt. Andere Formen sexueller Betätigung sind nicht erfaßt, auch wenn es sich dabei um eindeutige Perversitäten handelt.

4   **2. Verführung** bedeutete nach § 182 a. F. jede Einwirkung auf den Willen des Mädchens, um dieses unter Ausnutzung seiner geschlechtlichen Unerfahrenheit oder geringeren Widerstandskraft zu dem Beischlaf, den es an sich nicht will, geneigt zu machen (vgl. RG **70** 199 mwN, ferner BGH **22** 153, NJW **51**, 530). Darauf, ob der Täter die geschlechtliche Unerfahrenheit ausnutzt, kann es jedoch nach der n. F. nicht mehr ankommen, da dies im Prozeß zu der Situation führen würde, die durch die Streichung des Merkmals der Unbescholtenheit gerade vermieden werden sollte (vgl. auch D-Tröndle 4, Gössel I 318, Horn SK 2, Laufhütte LK 2; and. Lackner 3a). Entscheidend für das Verführen kann deshalb nur noch die Überwindung eines inneren Widerstands auf seiten des Mädchens sein (Laufhütte LK 2; zu § 182 a. F. vgl. auch BGH **22** 157 m. Anm. Deubner NJW 69, 147 u. Schröder JZ 68, 571), wobei ein über das bloße Bestimmen an Intensität hinausgehendes Willfährigmachen notwendig ist (vgl. D-Tröndle 4). Welche Mittel dabei angewandt werden, ist gleichgültig (vgl. auch BGH **22** 157 m. Anm. Deubner u. Schröder aaO). Hierher gehören z. B. die Beeinflussung durch Geschenke, Versprechungen, Alkohol, das Ausnutzen eines Abhängigkeitsverhältnisses (vgl. RG **53** 133), sexuelle Erregung des Mädchens, das Hervorrufen von Angst (vgl. BGH **7** 101), aber auch die Drohung, die Beziehung andernfalls abzubrechen oder der Einsatz sonstiger, den Grad des § 177 nicht erreichender Nötigungsmittel, da es im Hinblick auf das geschützte Rechtsgut keinen Unterschied machen kann, ob der Täter das Opfer durch Versprechungen oder mehr oder weniger sanften Druck zu dem Beischlaf bringt, den es an sich nicht will (vgl. dazu BGH **22** 154 m. Anm. Deubner u. Schröder aaO; and. Horn SK 3). Werden solche Mittel eingesetzt, so schließt auch das Bestehen eines echten Liebesverhältnisses eine Verführung nicht notwendig aus (Lackner 3a; and. BT-Drs. VI/3521 S. 51). Nicht notwendig ist, daß das Mädchen den Sinn des Geschehens begreift (vgl. RG **10** 95).

III. Der **subjektive Tatbestand** erfordert **Vorsatz**; bedingter Vorsatz genügt. Dieser muß sich vor allem auf das Alter des Mädchens (vgl. entsprechend § 176 RN 10) und darauf beziehen, daß dieses den Beischlaf an sich nicht will.

IV. Täter kann im Unterschied zur a. F. nur noch sein, wer das Mädchen verführt und selbst den Beischlaf ausübt. Das Verführen braucht jedoch nicht eigenhändig zu geschehen, so daß insoweit – im untechnischen Sinn – auch „mittelbare Täterschaft" und „Mittäterschaft" möglich sind (vgl. auch Gössel I 319, Horn SK 6, Laufhütte LK 4, M-Schroeder I 189). Bringt z. B. der eine der beiden Beteiligten das Mädchen dazu, mit beiden zu verkehren, so ist auch der andere nach § 182 zu bestrafen, wenn ihm die Verführung als Mittäter zugerechnet werden kann, wobei dann wegen des Erfordernisses der Eigenhändigkeit bezüglich des Beischlafs insgesamt eine Art von Nebentäterschaft vorliegt. Im übrigen können Dritte nur Teilnehmer sein.

V. Die Verfolgung tritt nur auf **Antrag** ein; vgl. dazu §§ 77ff. m. Anm. Ein **Verfolgungshindernis** entsteht mit der **Heirat** der **Verführten durch den Täter**; die Eheschließung mit einem anderen Beteiligten genügt – i. U. zu § 238 – nicht (krit. Laufhütte LK 5). Abweichend von § 238 bleibt das Verfolgungshindernis auch bestehen, wenn die Ehe später für nichtig erklärt oder aufgehoben wird (krit. Dreher JR 74, 49).

VI. Bei einem **Täter**, der z. Z. der Tat **noch nicht 21** Jahre alt war, kann das Gericht **von Strafe absehen** (vgl. dazu 54ff. vor § 38). In Betracht soll dies vor allem dann kommen, wenn der Täter eine dauerhafte Bindung anstrebt oder beide Partner wegen einer Reifeverzögerung des Täters auf einer annähernd gleichen Reifestufe stehen (BT-Drs. VI/3521 S. 52).

VII. Idealkonkurrenz kommt mit §§ 174, 176 in Betracht, ferner mit § 173 und § 240 (and. Laufhütte LK 9: Vorrang des § 240); dagegen wird § 182 von § 177 verdrängt. Bleibt zweifelhaft, ob die Drohung die Stärke des § 177 erreicht hat, so ist der Täter nach dem Grundsatz in dubio pro reo aus § 182 zu verurteilen (BGH 22 154 m. Anm. Schröder JZ 68, 571, D-Tröndle 9, Lackner 5, M-Schroeder I 189; and. Deubner NJW 61, 147, Horn SK 7, Tröndle GA 73, 294). Über das Verhältnis zu § 185 vgl. dort RN 20. Bei der Verführung verschiedener Mädchen ist Fortsetzungszusammenhang ausgeschlossen (vgl. 43ff. vor § 52).

VIII. Der in der ehemaligen DDR anstelle des § 182 weitergeltende § **149 StGB-DDR** (vgl. 4 vor § 174) ist teils enger, teils weiter als § 182: ersteres, weil der Tatbestand auf die Altersstufe von 14–16 Jahren beschränkt ist (bei Kindern unter 14 Jahren bleibt es bei den §§ 174, 176), letzteres, weil Opfer auch männliche Jugendliche und Täter sowohl Männer als auch Frauen sein können. Weiter ist § 149 StGB-DDR außerdem insofern, als auch eine geschlechtsverkehrsähnliche Handlung genügt. Keine nennenswerte Unterschiede dürften dagegen hinsichtlich der besonderen Vorgehensweise des Täters bestehen, da die in § 149 StGB-DDR genannte Ausnutzung der moralischen Unreife durch Geschenke, Versprechen von Vorteilen oder in ähnlicher Weise dem Verführen in § 182 im wesentlichen entspricht. Ungeklärt ist auch hier die verfassungsrechtliche Frage eines Verstoßes gegen Art. 3 GG, soweit § 182 bzw. § 149 StGB-DDR jeweils über die andere Vorschrift hinausgeht (vgl. entsprechend § 175 RN 12). Zum räumlichen Anwendungsbereich beider Vorschriften vgl. 71 vor § 3, § 5 RN 14, 16; zur bisherigen Interpretation des § 149 StGB-DDR vgl. die Hinweise in § 175 RN 12.

§ 183 Exhibitionistische Handlungen

(1) Ein Mann, der eine andere Person durch eine exhibitionistische Handlung belästigt, wird mit Freiheitsstrafe bis zu einem Jahr oder mit Geldstrafe bestraft.

(2) Die Tat wird nur auf Antrag verfolgt, es sei denn, daß die Strafverfolgungsbehörde wegen des besonderen öffentlichen Interesses an der Strafverfolgung ein Einschreiten von Amts wegen für geboten hält.

(3) Das Gericht kann die Vollstreckung einer Freiheitsstrafe auch dann zur Bewährung aussetzen, wenn zu erwarten ist, daß der Täter erst nach einer längeren Heilbehandlung keine exhibitionistischen Handlungen mehr vornehmen wird.

(4) Absatz 3 gilt auch, wenn ein Mann oder eine Frau wegen einer exhibitionistischen Handlung
1. nach einer anderen Vorschrift, die im Höchstmaß Freiheitsstrafe bis zu einem Jahr oder Geldstrafe androht, oder
2. nach § 174 Abs. 2 Nr. 1 oder § 176 Abs. 5 Nr. 1
bestraft wird.

Schrifttum: Benz, Sexuell anstößiges Verhalten usw., 1982. – *Glatzel,* Exhibitionistische Handlungen in der psychiatrischen Begutachtung (Prognose), FoR. 6, 167. – *v. Hören,* Ungereimtheiten bei der strafrechtlichen Verfolgung des Exhibitionismus, ZRP 87, 19. – *J. Moses,* Die psychischen Mechanismen des jugendlichen Exhibitionismus, Z. f. SexWiss. Bd. 17, 106. – *Schall,* Die Strafaussetzung zur Bewährung gem. § 183 Abs. 3 StGB, JR 87, 397. – *Schorsch,* Sexualstraftäter, 1971. – *Wille,* Exhibitionisten, MSchrKrim. 72, 218. – *Witter,* Zur prognostischen Beurteilung von Exhibitionisten, Würtenberger-FS 333. – Vgl. auch die Angaben vor Vorbem. zu §§ 174 ff.

1 I. Rechtsgut. Zweck der Vorschrift ist, wie sich aus dem Antragserfordernis ergibt, nicht der Schutz öffentlicher Interessen, sondern die Bewahrung des einzelnen vor ungewollter Konfrontation mit möglicherweise schockierenden sexuellen Handlungen anderer (BGH MDR/D **74**, 546, Lackner 1, M-Schroeder I 205; vgl. aber auch D-Tröndle 2). Zur Umgestaltung der Vorschrift durch das 4. StrRG vgl. die 20. A. u. näher Horstkotte JZ 74, 89; aus den Materialien vgl. u. a. Prot. VI 1487, 1493, 1766, 1810.

2 II. Die Tathandlung besteht in der exhibitionistischen Handlung eines Mannes, durch die ein anderer belästigt wird. Der nur selten vorkommende Exhibitionismus einer Frau hat Bedeutung lediglich für Abs. 4.

3 1. Der Begriff der exhibitionistischen Handlung, mit dem im kriminologischen Schrifttum z. T. recht unterschiedliche Phänomene umschrieben werden (vgl. Glatzel For. 6, 167, Schorsch aaO 98 ff., Wille MSchrKrim. 72, 218), bedeutet nach h. M. eine sexuelle Handlung i. S. des § 184 c, die darin besteht, daß der Täter einem anderen (regelmäßig einer Frau oder einem Kind) ohne dessen Einverständnis und vielfach überraschend seinen entblößten Geschlechtsteil vorzeigt, um sich entweder allein dadurch oder durch die Beobachtung der Reaktion des anderen sexuell zu erregen, seine sexuelle Erregung zu steigern oder (u. U. durch Masturbation) zu befriedigen (vgl. BT-Drs. VI/3521 S. 53, BGH EzSt **Nr. 1**, Düsseldorf NJW **77**, 262, D-Tröndle 5, Horn SK 2, Lackner 2, Laufhütte LK 2, M-Schroeder I 206). Nicht erfaßt ist damit jedoch die weitere Fallgruppe, bei der es dem Täter nicht nur auf die Konfrontation des anderen mit seiner eigenen sexuellen Betätigung ankommt, sondern er sich durch das Entblößen einen engeren freiwilligen sexuellen Kontakt mit seinem Opfer erhofft (vgl. dazu Wille aaO 219). Da das geschützte Rechtsgut hier in gleicher Weise betroffen ist – hinsichtlich der Belästigung des andern dürfte der Täter i. d. R. jedenfalls mit bedingtem Vorsatz handeln –, sind auch diese Fälle miteinzubeziehen (vgl. auch Laufhütte LK 3; and. BT-Drs. VI/3521 S. 53, Gössel I 333). Wegen des nicht eindeutig feststehenden Begriffs der exhibitionistischen Handlung ist die durch den Wortlaut gezogene Grenze erst dort erreicht, wo es dem Täter nicht mehr auf die Wahrnehmung der Entblößung ankommt, letztere vielmehr nur die Vorbereitung einer dann folgenden Vergewaltigung usw. ist (vgl. auch D-Tröndle 5, Lackner 2, Laufhütte LK 3 unter Hinweis auf BGH 2 StR 32/83 v. 30. 3. 83). Keine exhibitionistische Handlung mangels der dafür erforderlichen sexuellen Tendenz ist das Entblößen zur Provokation, zur Demonstration der Nacktheit, beim Urinieren usw. Da es dem Täter gerade um das Herstellen einer optischen Beziehung zu dem Opfer gehen muß (Absicht), fehlt es an einer exhibitionistischen Handlung auch dann, wenn er z. B. bei einer Masturbation lediglich mit der Möglichkeit der Beobachtung durch andere rechnet (Düsseldorf NJW **77**, 282). Nicht erforderlich ist die öffentliche Begehung (and. § 183 a. F.); auch auf die Entfernung kommt es nicht an, sofern nur der Betroffene den exhibitionistischen Charakter der Handlung erkannt hat (Voraussetzung für eine Belästigung).

4 2. Durch die exhibitionistische Handlung muß eine andere Person – gleichgültig, ob es sich dabei um einen (männlichen oder weiblichen) Erwachsenen oder um ein Kind handelt – **belästigt** worden sein, wofür jede negative Gefühlsempfindung von einigem Gewicht ausreicht (vgl. Blei II 159, Horn SK 3, M-Schroeder I 206; krit. v. Hören ZRP 87, 21). Hierher gehören z. B. das Hervorrufen eines Schocks, von Schrecken, Angst, Ekel, Abscheu, Entrüstung, Ärger, aber auch das Empfinden, in seinem Scham- und Anstandsgefühl nicht unerheblich verletzt zu sein (vgl. D-Tröndle 6, Laufhütte LK 4). Dagegen fehlt es an einer Belästigung, wenn die Reaktion des Betroffenen lediglich Mitleid mit dem Täter, Verwunderung oder gar Interesse oder Vergnügen ist; das gleiche gilt bei Nichtverständnis der sexuellen Bedeutung der Handlung, insbes. bei Kindern (vgl. BGH NJW **70**, 1855). Eine unwesentliche Abweichung ist es, wenn nicht derjenige, auf dessen Zusehen es dem Täter ankommt, sondern ein daneben stehender Dritter belästigt wird (Laufhütte LK 4). Nicht ausreichend ist dagegen eine Belästigung, die erst mittelbar durch ein Weitererzählen des fraglichen Vorgangs (z. B. bei der Mutter durch den Bericht des Kindes) hervorgerufen wird (D-Tröndle 6). Allein daraus, daß die exhibitionistische Handlung von anderen beobachtet wurde, kann noch nicht geschlossen werden, daß sie auch belästigt wurden (BGH NStE **Nr. 2**).

5 III. Der subjektive Tatbestand verlangt, soweit nicht eine besondere Tendenz erforderlich ist (vgl. o. 3), Vorsatz; bedingter Vorsatz genügt. Dieser muß sich auch darauf erstrecken, daß ein anderer die Handlung des Täters wahrnimmt und dadurch belästigt wird.

6 IV. Besonderer Prüfung bedarf bei Exhibitionisten die Frage der **Schuldfähigkeit,** da der Täter hier vielfach an einer schweren Kernneurose (Prot. VI 1088) leidet, die als schwere seelische Abartigkeit i. S. der §§ 20, 21 seine Steuerungsfähigkeit in Frage stellen kann (vgl. Zweibrücken StV **86**, 436). Zwar dürften Fälle des § 20 selten sein (zurückhaltend BGH 5 StR 610/62 v. 19. 2. 1963), häufig kommt aber eine erhebliche Verminderung des Hemmungsvermögens nach § 21 in Betracht (vgl. auch BGH **28** 357, Zweibrücken aaO, D-Tröndle 9, Haddenbrock DRiZ 74, 40, Lauhütte LK 8, Witter, Lange-FS 730), was allein durch den Umstand eines planmäßig und folgerichtig erscheinenden Verhaltens nicht ausgeräumt wird (Zweibrücken aaO).

V. **Täter** kann nur ein Mann sein. Da die Tat nur eigenhändig begehbar ist, scheidet mittelbare 7 Täterschaft aus. § 28 I ist auf die (auch durch eine Frau mögliche) **Teilnahme** nicht anwendbar.

VI. Die Tat wird nach **Abs. 2** grundsätzlich nur auf **Antrag** verfolgt, der von dem Belästigten 8 (Verletzter) zu stellen ist. Ein **Einschreiten von Amts wegen** ist jedoch möglich, wenn die Strafverfolgungsbehörde dies wegen des besonderen öffentlichen Interesses an der Strafverfolgung für geboten hält. Außer bei besonderen Folgen der Tat kommt vor allem bei einer Behandlungsbedürftigkeit wegen Rückfallgefahr in Betracht, der nach Abs. 3 (vgl. u. 10ff.) Rechnung getragen werden kann (vgl. BT-Drs. VI/3521 S. 55, D-Tröndle 8, M-Schroeder I 206). Vgl. im übrigen die Anm. zu § 232, dem Abs. 2 nachgebildet ist; zur Beachtlichkeit eines Strafantrags wegen „Beleidigung auf sittlicher Grundlage" vgl. BGH MDR/D **74**, 546.

VII. Die **Strafdrohung** ist mit einem Höchstmaß von einem Jahr Freiheitsstrafe bewußt niedrig 9 gehalten; eine Sicherungsverwahrung scheidet damit praktisch aus, wegen § 62 i. d. R. auch eine Unterbringung nach § 63 (Horstkotte JZ 74, 90). Mindestens bei fehlender Behandlungsbedürftigkeit kommt regelmäßig nur Geldstrafe in Betracht, zumal seelische Folgeschäden auch bei Kindern selten sind (v. Hören ZRP 87, 20). Aber auch bei Wiederholung der Tat kann eine Geldstrafe angemessen sein, so wenn der Täter schon dadurch zu einer Therapie veranlaßt werden kann (vgl. Horstkotte aaO); kann dagegen eine im Wiederholungsfall immer indizierte Behandlung nur über eine Freiheitsstrafe erreicht werden (Abs. 3, § 63 StVollzG), so ist eine solche nicht erst bei besonders großer Rückfallgeschwindigkeit oder einer zusätzlichen Gefahr zulässig (so jedoch Horn SK 11); auch § 47 steht hier einer Freiheitsstrafe nicht entgegen (Einwirkung auf den Täter). Bei der Strafzumessung dürfen dem Täter nicht Fähigkeiten zur Vermeidung kritischer Situationen zugeschrieben werden, die er tatsächlich nicht hatte (BGH **28** 359).

Verhängt das Gericht eine Freiheitsstrafe, so **erleichtert Abs. 3 eine Strafaussetzung zur** 10 **Bewährung,** da die Anforderungen an die Prognose hier gegenüber § 56 I geringer sind. Da erfahrungsgemäß eine Prognose, wie sie § 56 I voraussetzt, bei Exhibitionisten nur selten möglich ist, erlaubt Abs. 3 eine Aussetzung über § 56 hinaus auch dann, wenn (nur) zu erwarten ist, daß der Täter erst nach einer längeren – also auch zeitlich nicht von vornherein absehbaren, mehrere Jahre dauernden – Heilbehandlung keine exhibitionistischen Handlungen mehr vornehmen wird (zur zeitlichen Grenze der Behandlungsdauer vgl. BGH **34** 150 m. Anm. Rössner EzSt Nr. 2 u. Bespr. Schall JR 87, 397). Nicht nur die Erwartung, der Täter werde auch ohne Einwirkung des Strafvollzugs keine Straftaten mehr begehen, sondern auch die Prognose, er könne von seinem Trieb geheilt werden, rechtfertigt danach eine Strafaussetzung im Rahmen des § 183, und zwar auch dann, wenn für die Dauer der Therapie noch mit weiteren exhibitionistischen Handlungen zu rechnen ist (BGH m. Anm. Rössner u. Bespr. Schall aaO, Düsseldorf NStZ **84**, 263, Stuttgart MDR **74**, 685, Horstkotte JZ 74, 90, Lauhütte LK 9; vgl. aber auch Lackner 6a aa). Auch die Erfolglosigkeit früherer Strafverfahren ist deshalb noch kein Grund zur Versagung der Aussetzung (Stuttgart aaO). Ebenso kann eine bereits durchgeführte Heilbehandlung zwar ein Indiz dafür sein, daß mit ihrem Erfolg nicht mehr gerechnet werden kann; sie steht der Anwendung des Abs. 3 aber dann nicht entgegen, wenn in Zukunft ein Erfolg ihrer Fortsetzung zu erwarten ist, was insbes. bei einem Teilerfolg der bisherigen Behandlung – z. B. Reduzierung der früheren Rückfallgeschwindigkeit und -häufigkeit, Begehung nur noch leichterer Taten – naheliegt (vgl. BGH **34** 150 m. Anm. Rössner u. Bespr. Schall aaO). Im übrigen ist zu beachten, daß Abs. 3 nur eine Sonderregelung für die Zukunftsprognose nach § 56 I trifft und daher nur von dessen Anforderung befreit, weshalb es bei der Aussetzung einer Freiheitsstrafe von mehr als einem Jahr bei den zusätzlichen Voraussetzungen des § 56 II bleibt (BGH **28** 357, **34** 150; and. Rössner EzSt Nr. 2). Da Abs. 3 nur auf spezialpräventive Gesichtspunkte abstellt, kann seine Nichtanwendung umgekehrt nicht mit generalpräventiven Erwägungen begründet werden; dies ist vielmehr nur unter den Voraussetzungen des § 56 III möglich (BGH **34** 150 m. Anm. Rössner u. Bespr. Schall aaO; vgl. aber auch Lackner 6a aa).

Auch im übrigen bleibt es bei einer Aussetzung nach Abs. 3 bei den §§ 56a ff. Die Weisung, sich 11 einer Heilbehandlung zu unterziehen, darf daher nur mit Einwilligung des Verurteilten erteilt werden (§ 56c III); eine zwangsweise Anordnung gibt es nicht. Wird das Einverständnis nicht gegeben und macht der Täter auch keine entsprechende Zusage nach § 56c IV, so ist auch Abs. 3 nicht anwendbar, da dann die hier geforderte Prognose nicht begründet ist (BGH **34** 150 m. Anm. Rössner EzSt Nr. 2 u. Bespr. Schall JR 87, 397). Verweigert der Täter lediglich eine bestimmte Behandlung, so steht dies einer positiven Prognose nur dann entgegen, wenn andere Behandlungsmethoden im konkreten Fall keinen Erfolg versprechen oder unzumutbar sind (vgl. BGH aaO [„Androcur"], Schall aaO). Noch weniger erübrigt die Ablehnung einer Alkoholentziehungskur im Zusammenhang mit § 64 die Feststellung, ob der Täter nicht zu einer psychiatrischen oder psychotherapeutischen Behandlung bereit wäre (vgl. BGH NStE **Nr. 3**). Kommt es innerhalb der Bewährungszeit zu weiteren exhibitionistischen Handlungen, so zeigt die neue Tat allein noch nicht, daß die der Aussetzung zugrundeliegende Erwartung sich nicht erfüllt hat (§ 56f I Nr. 1), da ja für die Dauer der Therapie gerade noch mit weiteren Taten zu rechnen war. Daher kann auch die Aussetzung nicht schon deshalb widerrufen werden, sondern nur dann, wenn die Behandlung gar nicht erst begonnen, abgebrochen oder ohne Erfolg beendet wurde (Düsseldorf NStZ **84**, 263); wird sie nicht widerrufen, so ist auch die neue Strafe auszusetzen (Blei II 160, D-Tröndle 11, Laufhütte LK 10). Auch andere Taten während der Bewährungszeit führen nicht zum Widerruf, da sie die besondere Prognose nach Abs. 3 und die Zielsetzung der Aussetzung nicht berühren (Blei aaO).

12 VIII. Eine **Erstreckung** der erweiterten Aussetzungsmöglichkeit nach Abs. 3 enthält **Abs. 4** auf Taten, die als **exhibitionistische Handlung eines Mannes oder einer Frau** unter einem **anderen rechtlichen Gesichtspunkt strafbar** sind. Grundgedanke der Vorschrift ist, eine kriminalpolitisch wünschenswerte Aussetzung (i. V. mit einer Behandlung) nicht an rechtlich verschiedenen Einordnungen des Exhibitionismus scheitern zu lassen (D-Tröndle 12). Die Regelung des Abs. 4 gilt daher sowohl dann, wenn die Voraussetzungen des anderen Tatbestands neben denen des § 183 gegeben sind, als auch dann, wenn der Täter nur aus einer anderen Strafbestimmung i. S. des Abs. 4 bestraft wird, eine Verurteilung aus § 183 also überhaupt nicht erfolgt (z. B. weil eine Frau Täterin ist, das Opfer sich nicht belästigt fühlte oder keinen Strafantrag gestellt hat; vgl. BT-Drs. VI/3521 S. 56, D-Tröndle 12, Lackner 6b). Im einzelnen kommt die erweiterte Möglichkeit der Aussetzung nach Abs. 3 in Betracht:

13 1. nach **Nr. 1** bei Verurteilung wegen einer exhibitionistischen Handlung nach einer Vorschrift, die im Höchstmaß Freiheitsstrafe bis zu einem Jahr oder Geldstrafe androht. Gedacht war hier vor allem an die Beleidigung (vgl. BT-Drs. 7/514 S. 10), die nur deshalb nicht ausdrücklich genannt wurde, weil dies als Stellungnahme des Gesetzgebers zu der Frage hätte verstanden werden können, ob auch die sog. Sexualbeleidigung unter § 185 fällt (vgl. dort RN 4). Denkbar ist auch eine Verurteilung nach § 241; zu § 183a vgl. dort RN 7. Sind die Bedingungen des § 56 II erfüllt, so kommt eine Aussetzung nach dieser Vorschrift auch dann in Betracht, wenn die verhängte Gesamtfreiheitsstrafe mehr als ein Jahr beträgt (vgl. BGH **34** 150, Schall JR 87, 401).

14 2. nach **Nr. 2**, wenn die Bestrafung wegen einer exhibitionistischen Handlung ausschließlich oder zugleich nach § 174 II Nr. 1 oder § 176 V Nr. 1 erfolgt. Hier ist Abs. 3 auch anwendbar, wenn eine Freiheitsstrafe bis zu 2 Jahren gem. § 56 II ausgesetzt werden soll, sofern dessen zusätzliche Voraussetzungen vorliegen (BGH **28** 357, Horn SK 16, Horstkotte JZ 74, 90, Lackner 6, Laufhütte LK 13, Schall JR 87, 401; and. D-Tröndle 12).

15 IX. **Idealkonkurrenz** ist z. B. möglich mit §§ 174 II Nr. 1, 176 V Nr. 1 (Lackner 7; zu § 183 a. F. vgl. BGH NJW **53**, 710; and. D-Tröndle 13, Laufhütte LK 14: Vorrang der §§ 174, 176, wogegen jedoch spricht, daß diese als reine Jugendschutztatbestände keine Belästigung verlangen), ferner z. B. mit §§ 123, 240 (D-Tröndle 13; and. Laufhütte LK 14: Subsidiarität des § 183) u. § 241; über das Verhältnis zu § 185 vgl. dort RN 20. Belästigt der Täter durch eine exhibitionistische Handlung mehrere Personen, so kommt gleichartige Idealkonkurrenz in Betracht (ebenso Laufhütte LK 14; vgl. aber auch BGH **4** 303 zu § 183 a. F.). Eine fortgesetzte Tat nach § 183 ist gegenüber verschiedenen Opfern nicht möglich (vgl. dazu 43 ff. vor § 52; zu § 183 a. F. vgl. RG **75** 209). § 183a ist im Verhältnis zu § 183 subsidiär (vgl. auch § 183a RN 1, 7).

§ 183a Erregung öffentlichen Ärgernisses

Wer öffentlich sexuelle Handlungen vornimmt und dadurch absichtlich oder wissentlich ein Ärgernis erregt, wird mit Freiheitsstrafe bis zu einem Jahr oder mit Geldstrafe bestraft, wenn die Tat nicht in § 183 mit Strafe bedroht ist.

Schrifttum: Binter, Die Unzucht mit Kindern und ihre Abgrenzung zur Beleidigung und der Erregung öffentl. Ärgernisses, NJW 53, 1815. – *Marx,* Zum Begriff der „Öffentlichkeit" in § 183 StGB, JZ 72, 112. – *Würtenberger,* Kriminologie und Auslegung des § 183 StGB, JZ 60, 342.

1 I. **Rechtsgut.** Die Vorschrift (zur n. F. vgl. Horstkotte JZ 74, 89) enthält kein eigentliches Sexualdelikt, sondern stellt eine gewisse Parallele zu § 184 I Nr. 6 insofern dar, als hier die ungewollte Konfrontation anderer mit dem sexuellen Verhalten des Täters pönalisiert wird. Wie sich aus dem Erfordernis individueller Ärgerniserregung ergibt, ist geschütztes Rechtsgut jedenfalls nicht primär das Allgemeininteresse daran, daß sexuelle Handlungen nicht in die Öffentlichkeit gehören (so jedoch Bockelmann II/2 S. 160, D-Tröndle 1, Lackner 1; zu § 183 a. F. vgl. BGH **11** 284, Hamburg NJW **72**, 117), sondern das Individualinteresse des einzelnen, solche Vorgänge nicht ungewollt wahrnehmen zu müssen (vgl. BT-Drs. VI/3521 S. 56, Horn SK 1, Horstkotte JZ 74, 90, Laufhütte LK 1, Marx JZ 72, 113, F. C. Schroeder, Welzel-FS 872 u. M-Schroeder I 205).

Erregung öffentlichen Ärgernisses 2–8 **§ 183a**

II. Der **objektive Tatbestand** setzt zweierlei voraus: Die Vornahme einer sexuellen Handlung in der Öffentlichkeit, ferner daß ein anderer dies beobachtet und daran Anstoß nimmt. 2

1. Zum Begriff der **sexuellen Handlung** vgl. § 184c RN 4ff.; bloßer Nudismus genügt dafür nicht. Für die „Erheblichkeit" (§ 184c Nr. 1) gilt hier derselbe Maßstab wie dafür, wann das „Ärgernis" (vgl. u. 5) ein berechtigtes ist. Ohne Bedeutung ist, ob der Täter allein oder mit anderen handelt, ob die sexuelle Handlung erlaubt (Geschlechtsverkehr zwischen Ehegatten, vgl. RG 23 234) oder verboten ist, ob der Täter ein Mann oder eine Frau ist. Der bloße Anschein einer sexuellen Handlung genügt nicht (vgl. BGH JZ **51**, 339). Auch mündliche und schriftliche Äußerungen sexuellen Inhalts sind, wie sich aus § 176 V ergibt, selbst keine sexuellen Handlungen (D-Tröndle 3, Horn SK 2, Laufhütte LK 2, M-Schroeder I 207; zu § 183 a. F. vgl. BGH **12** 42 mwN). 3

2. Die sexuelle Handlung ist **öffentlich** vorgenommen, wenn sie wahrgenommen wird oder wahrgenommen werden könnte entweder 1. von einem nach Zahl und Zusammensetzung unbestimmten Personenkreis, ohne daß die unbestimmte Vielheit von Personen tatsächlich zugegen sein müßte (es genügt, daß sie jederzeit zur Stelle sein könnte; vgl. RG **73** 90, BGH **11** 282, NJW **69**, 853; and. Bockelmann II/2 S. 161) oder 2. von einem zwar bestimmten, aber nicht durch persönliche Beziehungen miteinander verbundenen Personenkreis, wobei es genügt, wenn die Möglichkeit der Wahrnehmung jeweils nur für einzelne, aber individuell nicht feststehende Angehörige des fraglichen Kreises besteht (BGH **11** 282, Celle GA **71**, 251, Köln NJW **70**, 670 m. Anm. Schröder JR **70**, 429, ferner D-Tröndle 4, Lackner 2; krit. Marx JZ **72**, 113). Persönliche Beziehungen in diesem Sinn, die den Kreis zu einem „geschlossenen" machen, können etwa bestehen zwischen den Teilnehmern einer Party oder den Mitgliedern eines Clubs, nicht aber zwischen denen eines Massenvereins (and. Köln NJW **70**, 670 m. Anm. Schröder JR **70**, 429 u. Blei JA **71**, 25: FKK-Verein mit 800 Mitgliedern), den Besuchern eines Nachtlokals (Celle GA **71**, 251) und in der Regel auch nicht zwischen den Angehörigen eines größeren Betriebs (näher dazu BGH **11** 285 f.). Auf die Öffentlichkeit des Orts kommt es nicht an (RG **38** 208, **42** 113). Auch wenn Tatort eine Straße ist, fehlt es deshalb an der Öffentlichkeit der Tatbegehung, wenn der Täter Vorkehrungen getroffen hat, daß er nicht von jedem beliebigen Passanten beobachtet werden kann (BGH NJW **69**, 853; vgl. auch BGH JZ **51**, 339). Andererseits ist die Handlung auch öffentlich vorgenommen, wenn sie am Fenster eines Privathauses geschieht und von einer gegenüberliegenden Fabrik aus beobachtet werden kann (BGH **11** 282; vgl. auch RG HRR **40** Nr. 641: Treppenhaus eines Mietshauses). Nicht öffentlich ist die Begehung, wenn die Vorgänge nur mit besonderer Bemühung wahrgenommen werden können (vgl. BGH JZ **51**, 339). 4

3. Der Täter muß dadurch ein **Ärgernis erregt** haben. Dies setzt zunächst voraus, daß ein anderer den sexuellen Vorgang wahrgenommen hat; andernfalls könnte er kein Ärgernis daran nehmen. Diese Wahrnehmung muß den sexuellen Gehalt der Handlung erfassen, was unter Umständen bei Kindern nicht der Fall ist (vgl. BGH NJW **70**, 1855, MDR/D **70**, 898, KG JR **65**, 29). Das Ärgernis muß durch den unmittelbaren persönlichen Eindruck, nicht nur durch Berichte Dritter erregt worden sein. Dabei bedeutet Ärgernis hier die Verletzung des Scham- und Anstandsgefühl eines normal empfindenden Menschen, der sich ungewollt mit fremden sexuellen Handlungen konfrontiert sieht. Nicht ausreichend ist daher das „Ärgernis" eines Überempfindlichen oder des Besuchers eines Nachtlokals, in dem sexuelle Handlungen vorgenommen zu werden pflegen (BT-Drs. VI/3521 S. 57, Horn SK 4, Laufhütte LK 5, M-Schroeder I 207, i. E. auch Gössel I 335; and. D-Tröndle 5). Wird die Tat vor Kindern begangen, so ist bei völligem Nichtverständnis ein Ärgerniserregen nicht möglich; auch sie müssen das Verhalten des Täters nach ihrem Vorstellungsvermögen als anstößig empfinden (vgl. BGH NJW **70**, 1855 m. Anm. Geilen). 5

II. Der **subjektive Tatbestand** erfordert hinsichtlich der Vornahme sexueller Handlungen zumindest bedingten *Vorsatz,* der auch die Öffentlichkeit der Begehung umfassen muß (vgl. dazu BGH NJW **69**, 853). Bezüglich der Erregung von Ärgernis ist *Absicht* oder *Wissentlichkeit* erforderlich (vgl. § 15 RN 66ff.), was die Vorschrift nahezu bedeutungslos machen dürfte. 6

III. Täterschaftliche Begehung erfordert keine eigenhändige Vornahme der sexuellen Handlung; (mittelbarer) **Täter** ist deshalb z. B. auch, wer einen bezüglich der Öffentlichkeit des Geschehens gutgläubigen Dritten zur Vornahme sexueller Handlungen veranlaßt oder bei einem zunächst „privaten" sexuellen Geschehen ohne Wissen der Beteiligten „die Öffentlichkeit herstellt" (and. Gössel I 336, Horn SK 6; wie hier Laufhütte LK 8). 7

III. Konkurrenzen. *Subsidiarität* besteht nach der ausdrücklichen Regelung des § 183a trotz gleicher Strafdrohungen gegenüber § 183. Trotz der Gesetzesfassung („mit Strafe bedroht ist") dürfte dies jedoch nicht gelten, wenn eine Bestrafung nach § 183 nur mangels eines Strafantrags ausgeschlossen ist (vgl. 138 vor § 52; and. D-Tröndle 1, Horn SK 8, Laufhütte LK 10); der kriminalpolitischen Zielsetzung des § 183 III wird hier schon durch § 183 IV Nr. 1 ausreichend Rechnung getragen. 8

§ 184

Idealkonkurrenz ist möglich mit anderen Sexualdelikten; über das Verhältnis zu § 185 vgl. dort RN 20. Nehmen mehrere Personen Ärgernis an einer Handlung, so liegt, da durch die Vorschrift primär Individualinteressen geschützt sind (vgl. o. 1), gleichartige Idealkonkurrenz vor (ebenso Laufhütte LK 10; and. BGH 4 304 zu § 183 a. F.: eine Tat). Bei zeitlich getrennten Handlungen gegenüber verschiedenen Personen ist *Fortsetzungszusammenhang* ausgeschlossen (vgl. 43 ff. vor § 52; ebenso Laufhütte aaO, M-Schroeder I 208; and. – von einem Delikt gegen die Allgemeinheit ausgehend – D-Tröndle 7, Lackner 5 und zu § 183 a. F. RG 75 209, BGH 4 303).

§ 184 Verbreitung pornographischer Schriften

(1) Wer pornographische Schriften (§ 11 Abs. 3)

1. einer Person unter achtzehn Jahren anbietet, überläßt oder zugänglich macht,
2. an einem Ort, der Personen unter achtzehn Jahren zugänglich ist oder von ihnen eingesehen werden kann, ausstellt, anschlägt, vorführt oder sonst zugänglich macht,
3. im Einzelhandel außerhalb von Geschäftsräumen, in Kiosken oder anderen Verkaufsstellen, die der Kunde nicht zu betreten pflegt, im Versandhandel oder in gewerblichen Leihbüchereien oder Lesezirkeln einem anderen anbietet oder überläßt,
3a. im Wege gewerblicher Vermietung oder vergleichbarer gewerblicher Gewährung des Gebrauchs, ausgenommen in Ladengeschäften, die Personen unter achtzehn Jahren nicht zugänglich sind und von ihnen nicht eingesehen werden können, einem anderen anbietet oder überläßt,
4. im Wege des Versandhandels in den räumlichen Geltungsbereich dieses Gesetzes einzuführen unternimmt,
5. öffentlich an einem Ort, der Personen unter achtzehn Jahren zugänglich ist oder von ihnen eingesehen werden kann, oder durch Verbreiten von Schriften außerhalb des Geschäftsverkehrs mit dem einschlägigen Handel anbietet, ankündigt oder anpreist,
6. an einen anderen gelangen läßt, ohne von diesem hierzu aufgefordert zu sein,
7. in einer öffentlichen Filmvorführung gegen ein Entgelt zeigt, das ganz oder überwiegend für diese Vorführung verlangt wird,
8. herstellt, bezieht, liefert, vorrätig hält oder in den räumlichen Geltungsbereich dieses Gesetzes einzuführen unternimmt, um sie oder aus ihnen gewonnene Stücke im Sinne der Nummern 1 bis 7 zu verwenden oder einem anderen eine solche Verwendung zu ermöglichen, oder
9. auszuführen unternimmt, um sie oder aus ihnen gewonnene Stücke im Ausland unter Verstoß gegen die dort geltenden Strafvorschriften zu verbreiten oder öffentlich zugänglich zu machen oder eine solche Verwendung zu ermöglichen,

wird mit Freiheitsstrafe bis zu einem Jahr oder mit Geldstrafe bestraft.

(2) Ebenso wird bestraft, wer eine pornographische Darbietung durch Rundfunk verbreitet.

(3) Wer pornographische Schriften (§ 11 Abs. 3), die Gewalttätigkeiten, den sexuellen Mißbrauch von Kindern oder sexuelle Handlungen von Menschen mit Tieren zum Gegenstand haben,

1. verbreitet
2. öffentlich ausstellt, anschlägt, vorführt oder sonst zugänglich macht oder
3. herstellt, bezieht, liefert, vorrätig hält, anbietet, ankündigt, anpreist, in den räumlichen Geltungsbereich dieses Gesetzes einzuführen oder daraus auszuführen unternimmt, um sie oder aus ihnen gewonnene Stücke im Sinne der Nummern 1 oder 2 zu verwenden oder einem anderen eine solche Verwendung zu ermöglichen,

wird mit Freiheitsstrafe bis zu einem Jahr oder mit Geldstrafe bestraft.

(4) Absatz 1 Nr. 1 ist nicht anzuwenden, wenn der zur Sorge für die Person Berechtigte handelt. Absatz 1 Nr. 3a gilt nicht, wenn die Handlung im Geschäftsverkehr mit gewerblichen Entleihern erfolgt.

Vorbem. Abs. 1 Nr. 3a und Abs. 4 S. 2 eingefügt durch Art. 3 des Ges. zur Neuregelung des Jugendschutzes in der Öffentlichkeit v. 25. 2. 1985, BGBl. I 425.

Übersicht

I. Reform durch das 4. StrRG 1
II. Rechtsgut 3
III. Begriff der pornographischen Schrift . 4
IV. Tatbestände der „einfachen" Pornographie (Abs. 1) 6
V. Verbreitung durch Rundfunk (Abs. 2) 51

Verbreitung pornographischer Schriften **§ 184**

VI. „Harte" Pornographie (Abs. 3) 52
VII. Erzieherprivileg (Abs. 4 S. 1) 60
VIII. Subjektiver Tatbestand 66
IX. Beteiligung 67
X. Konkurrenzen 68
XI. Verjährung 69
XII. Einziehung.................. 70
XIII. Übergangsregelung, ergänzende Vorschriften 71

Stichwortverzeichnis

Anbieten 7, 24, 24 b
  öffentliches – 30 ff.
  – als Vorbereitungshandlung b. harter Pornographie 59
  – durch Verbreiten v. Schriften 33 ff.
Ankündigen
  öffentliches – 30 ff.
  – durch Verbreiten v. Schriften außerhalb d. Geschäftsverkehrs usw. 33 ff.
  – harter Pornographie 59
Anpreisen
  öffentliches – an für Minderjährige zugängl. usw. Ort 30 ff.
  – durch Verbreiten von Schriften 33 ff.
  – harter Pornographie als Vorbereitungshandlung 59
Anschlagen
  – an für Minderjährige zugängl. usw. Ort 15
  öffentliches – harter Pornographie 58
Ausfuhr
  – einfacher Pornographie 49
  – harter Pornographie 59
  – durch Versandhandel 50
  Unternehmen der – 49
Ausstellen
  – an für Minderjährige zugängl. usw. Ort 11 ff., 15
  öffentliches – harter Pornographie 58
Beziehen
  – einfacher Pornographie 44
  – harter Pornographie 59
Einfuhr
  – harter Pornographie 59
  – im Wege d. Versandhandels 26 f.
  Unternehmen der – 28
  – zur Verwendung nach Abs. 1 Nr. 1–7 47 f.
Einsehbarkeit
  – des Ortes für Minderjährige 13 f.
  – des Ladengeschäfts bei gewerbl. Vermietung usw. 24 c
Einzelhandel außerhalb v. Geschäftsräumen 19 f.
Einziehung 70
Ergänzende Jugendschutzregelungen 71
Erzieherprivileg 60 ff.

Filmvorführung 37 ff.
  öffentliche – 40
  Entgeltklausel 38 a, 41 ff.

Gelangenlassen, unaufgefordertes 36
Gewähren des Gebrauchs 24 b
Gewalttätigkeiten s. pornographische Schriften

Harte Pornographie s. pornographische Schriften
Herstellung
  – einfacher Pornographie 43
  – harter Pornographie 59

Kioske 21
Konkurrenzen 68
Kunst u. Pornographie 4

Ladengeschäft 24 c
  für Jugendliche nicht zugängliches bzw. nicht einsehbares s. Zugänglichkeit, Einsehbarkeit
Lesezirkel 23
Leihbüchereien 23
Liefern
  – einfacher Pornographie 45
  – harter Pornographie 59
Ort, für Jugendliche zugänglicher bzw. einsehbarer s. Zugänglichkeit, Einsehbarkeit

Pornographische Schriften
  Begriff 4
  Harte Pornographie 52 ff.: Gewalttätigkeiten 54, sexueller Mißbrauch v. Kindern 55, sexuelle Handlungen m. Tieren 56
  Kunst und – 4
  Typische Anzeichen für – 5

Rechtsgut 3
„Relative Unzüchtigkeit" 5 a
Rundfunk s. Verbreiten

Sexuelle Handlungen m. Tieren s. pornographische Schriften
Sexueller Mißbrauch v. Kindern s. pornographische Schriften
Subjektiver Tatbestand 66

Täterschaft, Teilnahme 67

Übergangsregelung bis 1975 71
Überlassen 8, 24, 24 b

Unternehmen
  – der Einfuhr s. dort
  – der Ausfuhr s. dort

Verbreiten
  – harter Pornographie 57
  – durch Rundfunk 51
  – von Schriften zum Zweck des Anbietens, Ankündigens, Anpreisens s. jeweils dort
Verjährung 69
Verkaufsstellen, die der Kunde nicht zu betreten pflegt 21
Vermieten pornographischer Schriften, gewerbliches 24 b
  Eingeschränktes Vermietverbot 24 a ff.
  Geschäftsverkehr mit gewerbl. Entleihern 25
  – in für Minderjährige nicht zugängl. usw. Ladengeschäften 24 c
Versandhandel 22, 27
Videotheken 24 a ff.

§ 184 1, 2   Bes. Teil. Straftaten gegen die sexuelle Selbstbestimmung

Vorbereitungshandlungen
- zu Taten nach Abs. 1 Nr. 1–7 42 ff., 48
- zu Taten nach Abs. 3 Nr. 1,2 59
s. a. Anbieten, Beziehen, Herstellen, Liefern, Vorrätighalten, Einfuhr

Vorführen
- an für Minderjährige zugängl. usw. Ort 15
Filmvorführung s. dort
öffentliches – harter Pornographie 58

Vorrätighalten
- einfacher Pornographie 46
- harter Pornographie 59

Werbung s. Anbieten, Ankündigen, Anpreisen

Zugänglichkeit
- des Orts für Minderjährige 11 ff.
- des Ladengeschäfts bei gewerbl. Vermietung usw. 24 c

Zugänglichmachen 9
- an für Minderjährige zugängl. usw. Ort 15
öffentliches – harter Pornographie 58

Schrifttum: Baumann, „Glücklichere Menschen" durch Strafrecht?, JR 74, 370. – *Becker,* Pornographische und gewaltdarstellende Schriften nach dem Vierten Strafrechts-Reformgesetz, MDR 74, 177. – *Boxdorfer,* Pornographie – sozialethische Unerträglichkeit oder strafwürdige Sozialschädlichkeit?, MDR 71, 445. – *Cramer,* Zur strafrechtlichen Beurteilung der Werbung für Pornofilme AfP 89, 611. – *Dreher,* Die Neuregelung des Sexualstrafrechts eine geglückte Reform?, JR 74, 45. – *Franke,* Strukturmerkmale der Schriftenverbreitungstatbestände des StGB, GA 84, 452. – *Gehrke,* Frauen und Pornographie, 1988. – *Giese,* Das obszöne Buch, 1965. – *Greger,* Die Video-Novelle 1985 und ihre Auswirkungen auf das StGB und GjS, NStZ 86, 8. – *Hanack,* Gutachten zum 47. Deutschen Juristentag (1968) 230 ff. – *ders.,* Die Reform des Sexualstrafrechts und der Familiendelikte, NJW 74, 1. – *Jung/Müller-Dietz,* Jugendschutz und die Neuen Medien, in: Expertenkommission Neue Medien (EKM) Baden-Württemberg, 1981. – *Kronhausen,* Pornographie und Gesetz, 1963 (dt. Übersetzung). – *Ladeur,* Zur Auseinandersetzung mit feministischen Argumenten für ein Pornographie-Verbot, ZUM 89, 157. – *Laufhütte,* 4. Gesetz zur Reform des Strafrechts, JZ 74, 46. – *Lüttger,* Strafschutz für nichtdeutsche öffentliche Rechtsgüter, Jescheck-FS I 121. – *B.-D. Meier,* Zur Strafbarkeit der neutralen Werbung für pornographische Schriften, NStZ 85, 341. – *ders.,* Strafbarkeit des Anbietens pornographischer Schriften, NJW 87, 1610. – *Mertner-Mainusch,* Pornotopia, 1970. – *D. Meyer,* Kunstwerk und pornographische Darstellung, SchlHA 84, 49. – *Rogall,* Zur Auslegung der Entgeltklausel in § 184 Abs. 1 Nr. 7, JZ 79, 715. – *F. C. Schroeder,* Das „Erzieherprivileg" im Strafrecht, Lange-FS 391. – *ders.,* Die Überlassung pornographischer Darstellungen in gewerblichen Leihbüchereien, JR 77, 231. – *ders.,* Pornographieverbot als Darstellerschutz?, ZRP 90, 299. – *Schumann,* Werbeverbote für jugendgefährdende Schriften, NJW 78, 1134, 2495. – *Seetzen,* Vorführung und Beschlagnahme pornographischer und gewaltverherrlichender Spielfilme, NJW 76, 497. – *Weides,* Der Jugendmedienschutz im Filmbereich, NJW 87, 217. – *Würtenberger,* Vom strafrechtlichen Kunstbegriff, Dreher-FS 79. – Aus den *Materialien* vgl. u. a. Prot. VI 1510, 1905, 1925, 1947, 1999, 2019, 2119, VII 60, 81.

1   **I. Das 4. StrRG** führte zu einer begrenzten Freigabe der sog. *einfachen Pornographie* (krit. Dreher JR 74, 54; gegen diesen Baumann JR 74, 372). Gesetzgeberisches Motiv war die Erwägung, daß angesichts des Fehlens wissenschaftlich gesicherter Erkenntnisse über die Möglichkeit schädlicher Auswirkungen der Pornographie die Freiheit des erwachsenen Bürgers, selbst zu bestimmen, was er lesen will, solange den Vorrang hat, als die Ermöglichung dieser Selbstbestimmung nicht ernstzunehmende Gefahren für andere Rechtsgüter schafft. Solche hat der Gesetzgeber vor allem in der ungestörten sexuellen Entwicklung Jugendlicher gesehen – obwohl ein schädlicher Einfluß der Pornographie auch hier nicht bewiesen ist (vgl. BVerfG NJW **86**, 1241) –, ferner in dem Interesse des einzelnen, nicht ungewollt mit Pornographie konfrontiert zu werden. Nicht mehr geschützt ist damit, wie dies früher für § 184 a. F. angenommen wurde, das Sittlichkeitsempfinden der Allgemeinheit. Dabei war sich auch der Gesetzgeber bewußt, daß mit der Freigabe der Pornographie für Erwachsene eine vollständige Abschirmung der Jugendlichen nicht mehr möglich ist. Trotz des umfangreichen Katalogs von Strafvorschriften in § 184 I (krit. dazu Hanack NJW 74, 7) bietet § 184 n. F. daher meist nur einen fragmentarischen Schutz; umgekehrt hat freilich auch dieser nur beschränkte Schutz die Nebenwirkung, daß dem Erwachsenen der Zugang zu pornographischen Erzeugnissen, die ihm an sich zugebilligt werden, erschwert wird. In vollem Umfang strafbar geblieben ist dagegen die sog. *harte Pornographie* (für eine Erweiterung des Abs. 3 bei der Kinderpornographie F. C. Schroeder ZRP 90, 299). Maßgebend dafür war einmal die Befürchtung, daß Personen, die zu einem gewalttätig-sadistischen oder pädophilen Sexualverhalten neigen, durch einschlägiges pornographisches Material aktiviert werden könnten, zum anderen die Erwägung, daß Lücken im Jugendschutz, die mit der Freigabe an Erwachsene zwangsläufig entstehen, hier nicht hingenommen werden können.

2   Die Vorschrift zeigt insgesamt deutlichen Kompromißcharakter (vgl. Becker MDR 74, 179: „christlich-sozial-liberaler Kompromiß"; zur Entstehungsgeschichte vgl. ferner Laufhütte JZ 74, 46, Rogall JZ 79, 715) und ist nicht frei von größeren und kleineren Ungereimtheiten. Insbes. ist es nach Übernahme der Jugendschutzbestimmungen in das StGB nicht mehr einleuchtend, daß im GjS eine größtenteils übereinstimmende, z. T. aber auch abweichende Regelung dieser Materie beibehalten worden ist. Da pornographische Schriften nach § 6 Nr. 2 GjS (denen Ton- und Bildträger usw. nach

§ 11 III gleichgestellt sind) automatisch unter die Bestimmungen der §§ 3–5 und damit auch unter die Strafvorschrift des § 21 fallen, und da ferner die meisten Straftatbestände des GjS mit denen des § 184 völlig übereinstimmen, ergibt sich hier die ganz ungewöhnliche Situation, daß derselbe Unwertsachverhalt in zwei verschiedenen Gesetzen mit derselben Strafdrohung versehen ist (vgl. dazu auch u. 68). Gesetzestechnisch völlig neu und ebensowenig sinnvoll erscheint das Nebeneinander beider Gesetze auch da, wo sich Abweichungen ergeben: So ist nach § 184 nur die vorsätzliche Begehung strafbar, während § 21 III GjS auch das fahrlässige Handeln pönalisiert; andererseits eröffnet § 21 V GjS die Möglichkeit des Absehens von Strafe, wenn z. B. ein Jugendlicher einem Jugendlichen eine pornographische Schrift überläßt, während in § 184 eine solche Regelung fehlt; vgl. auch u. 68. Zu der verfehlten Regelung des Abs. 1 Nr. 7 vgl. u. 38 a, 41 d.

II. Rechtsgut. Die Tatbestände des **Abs. 1 Nr. 1–5** dienen ausschließlich dem Jugendschutz (z. T. and. D-Tröndle 5: auch Schutz der „Sexualverfassung"). Sie enthalten sowohl Elemente eines Risikodelikts (zu diesem vgl. Armin Kaufmann JZ 71, 576) als auch von Gefährdungsdelikten: Ersteres, weil gesicherte wissenschaftliche Erkenntnisse über schädliche Auswirkungen von Pornographie auf Jugendliche fehlen, das Gesetz insoweit also von einer Hypothese ausgeht, letzteres unter dem Gesichtspunkt der Kenntnisnahme von Pornographie durch Jugendliche, die in den Fällen der Nr. 1 unmittelbar ermöglicht wird (insoweit daher – im übertragenen Sinn – eine „konkrete Gefährdung"), während die Nrn. 2–5 im Vorfeld liegende Handlungen erfassen, bei denen die Möglichkeit, daß Pornographie in die Hand von Jugendlichen gelangt, besonders groß ist („abstrakte Gefährdung"). Eine qualitativ andere Angriffsrichtung erfaßt der Tatbestand der **Nr. 6**, die den einzelnen vor ungewollter Konfrontation mit Pornographie schützen will; Rechtsgut ist hier die Intimsphäre und i. w. S. das Recht auf sexuelle Selbstbestimmung, wobei allerdings zweifelhaft sein kann, ob die hier in Betracht kommenden Eingriffe wirklich so „einschneidend" sind (BT-Drs. VI/1552 S. 34), daß das Strafrecht bemüht werden müßte. Früher hatte die Rspr. diese Fälle als Beleidigung bestraft (vgl. § 185 RN 4). Im Gegensatz zu § 185 enthält Nr. 6 jedoch ein Offizialdelikt (!). **Nr. 7** soll in erster Linie dem Jugendschutz, daneben aber auch entsprechend Nr. 6 dem Schutz vor unverlangter Konfrontation mit pornographischen Filmszenen dienen (BT-Drs. VI/3521 S. 61). **Nr. 8** erfaßt Vorbereitungshandlungen zu den in Nr. 1–7 genannten Taten. In **Nr. 9**, wo ein Verhalten, auch soweit es im Inland straflos ist (Verbreiten an Erwachsene), nur deshalb unter Strafe gestellt wird, weil es im Ausland strafbar ist, sind letztlich die Beziehungen zu den betreffenden Ländern geschützt, die durch die Freigabe der Ausfuhr beeinträchtigt werden könnten (and. Lüttger aaO 171: ausländische Sexualordnung). Der die sog. harte Pornographie betreffende **Abs. 3** dient zunächst dem Jugendschutz, insofern aber auch dem Schutz Erwachsener, als diese das Opfer von Tätern mit entsprechenden Neigungen werden könnten (vgl. o. 1 a. E.).

III. Durch Abs. 1 und 3 werden **pornographische Schriften** erfaßt (zu Abs. 2 vgl. u. 51 a). Über *Schriften*, denen nach § 11 III Ton- oder Bildträger, Abbildungen und sonstige Darstellungen gleichstehen, vgl. § 11 RN 78 f.; live-Darbietungen fallen darunter nicht (vgl. aber Abs. 2). Während § 184 a. F. von einer „unzüchtigen" Schrift gesprochen hatte, verwendet die n. F. den Begriff der **Pornographie**, der jedoch kaum weniger problematisch sein dürfte (vgl. auch Dreher JR 74, 56, D-Tröndle 6, Hanack NJW 74, 7, M-Schroeder I 209). Als pornographisch ist eine Darstellung anzusehen, wenn sie unter Ausklammerung aller sonstigen menschlichen Bezüge sexuelle Vorgänge in grob aufdringlicher (BGH 23 44: „anreißerischer") Weise in den Vordergrund rückt und ihre Gesamttendenz ausschließlich oder überwiegend auf das lüsterne Interesse an sexuellen Dingen abzielt (BGH NJW **90**, 3027, Bay **74**, 181, Düsseldorf NStE **Nr. 5**, Karlsruhe NJW **74**, 2015, Becker MDR **74**, 179; in der Sache auch BGH **23** 40, StV **81**, 338, Hamm NJW **74**, 817, Schleswig SchlHA **73**, 154 zum Begriff der „unzüchtigen" Darstellung in § 184 a. F.). Wesentlich ist danach zweierlei: *inhaltlich* die Verabsolutierung sexuellen Lustgewinns und die Entmenschlichung der Sexualität, m. a. W. daß der Mensch durch die Vergröberung des Sexuellen „auf ein physiologisches Reiz-Reaktions-Wesen reduziert" (Karlsruhe aaO), daß er „zum bloßen (auswechselbaren) Objekt geschlechtlicher Begierde degradiert wird" (Düsseldorf NJW **74**, 1475, Karlsruhe NJW **87**, 1957, München OLGSt. **Nr. 1**, Dreher JR 74, 56, D-Tröndle 7, Gössel I 338, Horn SK 4; vgl. aber auch M-Schroeder I 209 f.), *formal* die vergröbernde, aufdringliche, übersteigerte, „anreißerische" oder jedenfalls plump-vordergründige – i. U. zu einer ästhetisch stilisierten – Art der Darstellung (weshalb z. B. die in BGH NJW **90**, 3027 genannten indischen und fernöstlichen „Kopfkissen"- und „Hochzeitsbücher" keine Pornographie sind). Dabei ist auf die objektive Tendenz der Darstellung abzustellen; die subjektive Tendenz des Verfassers ist bedeutungslos (vgl. RG **24** 365, **26** 370, BGH **5** 348, D-Tröndle 7). Demgegenüber verstand der Sonderausschuß unter dem Begriff „Pornographie" Darstellungen, die zum Ausdruck bringen, daß sie ausschließlich oder überwiegend auf die Erregung eines sexuellen Reizes abzielen und dabei die in allgemeinen gesellschaftlichen Wertvorstellungen gezogenen Grenzen des sexuellen Anstandes eindeutig überschreiten (vgl. BT-Drs. VI/3521 S. 60; ebenso Düsseldorf NJW **74**, 1474 m. Anm. Möhrenschlager, NStE **Nr. 5**, Koblenz NJW **79**, 1467, Schleswig SchlHA **76**, 168, Lackner 2a, Laufhütte JZ 74, 47, LK 7). Diese Definition ist z. T. auf Kritik gestoßen, weil sie mit den normativen

Begriffen der „allgemeinen Wertvorstellungen" und des „sexuellen Anstands" viel zu unbestimmt sei, um eine brauchbare Richtlinie zu liefern (Karlsruhe NJW **74**, 2015, Dreher JR 74, 56, D-Tröndle 6, Horn SK 4; vgl. auch M-Schroeder I 209 f.). Doch wird hier das normative Element des Begriffs Pornographie, der rein deskriptiv überhaupt nicht zu bestimmen ist, lediglich besonders deutlich sichtbar. Insofern teilen alle Versuche einer Umschreibung das Schicksal der vom Sonderausschuß aufgestellten Definition, so etwa auch, wenn es im Rahmen der o. genannten Begriffsbestimmung darum geht, ob eine sexuelle Darstellung „grob aufdringlich" oder „anreißerisch" ist bzw. ob der Mensch durch sie zum „bloßen" Objekt sexueller Begierde „degradiert" wird. Ein wesentlicher Unterschied zwischen den verschiedenen Möglichkeiten, den Begriff der Pornographie zu definieren, besteht daher nicht (vgl. auch BT-Drs. VI/3521 S. 60, Hanack NJW 74, 7 für die Umschreibung von „pornographisch" bzw. „unzüchtig" durch den Sonderausschuß bzw. durch BGH **23** 40). Denn gleichgültig, wie dieser im einzelnen umschrieben werden mag, liegt die eigentliche Schwierigkeit immer in der Bestimmung der Maßstäbe, nach denen zu entscheiden ist, ob eine Darstellung bereits das Prädikat „pornographisch" verdient. Besonders deutlich wird dies bei der Abgrenzung von **Kunst und Pornographie**. Geht man nicht von einem mehr oder weniger „formalen" oder an einen solchen jedenfalls angenäherten materiellen Kunstbegriff aus (so neuerdings aber BGH NJW **90**, 3026 unter Hinweis auf die Rspr. des BVerfG; vgl. auch schon Meyer-Cording JZ 76, 744, Seetzen NJW 76, 498), so sind Kunst einerseits und Pornographie andererseits – ebenso wie *Wissenschaft und Pornographie* – einander ausschließende Begriffe, womit auch der frühere Streit um die Grenzen der Kunstfreiheit (vgl. 16. A., RN 16) für § 184 n. F. seine Bedeutung verloren hat: Kunst kann danach zwar obszön, aber nicht pornographisch sein, weil im Kunstwerk das Sexuelle nicht unter Ausklammerung aller sonstigen menschlichen Bezüge dargestellt, sondern durch die künstlerische Gestaltung so durchgeistigt und überhöht wird, daß es zum dienenden Bestandteil einer künstlerischen Aussage wird (so die ganz h. M. im Schrifttum, z. B. Bockelmann II/2 S. 164, D-Tröndle 11, Gössel I 339, Horn SK 6, Lackner 2 b, Laufhütte LK 9, Leiss NJW 62, 2323, M-Schroeder I 210, Meyer SchlHA 84, 50, Würtenberger, Dreher-FS 91 ff.; and. BGH aaO gegen LG Stuttgart ZUM **89**, 365 [zu H. Miller, „Opus pistorum"]: nur „im Regelfall"; vgl. dazu auch u.). Daß sich Kunst und Pornographie in der begrifflich-abstrakten Definition eindeutig und ohne Überschneidungen voneinander abgrenzen lassen, hilft jedoch im konkreten Fall oft wenig, weil die zur Umschreibung beider Bereiche benutzten Merkmale der Beurteilung einen z. T. erheblichen Spielraum lassen. Das „alte Dilemma der Toleranzgrenze" bleibt deshalb auch für § 184 n. F. bestehen (Hanack NJW 74, 7, Lackner 2 a), und gewonnen ist gegenüber dem früheren Begriff der „unzüchtigen" Darstellung allenfalls soviel, daß der unsichere Randbereich enger geworden ist. Nach dem Bestimmtheitsgrundsatz des Art. 103 II GG gilt deshalb auch § 184 wie bei allen wertausfüllungsbedürftigen Tatbestandsmerkmalen, daß die Unsicherheit des mit dem Begriff „pornographisch" in Bezug genommenen außergesetzlichen Wertmaßstabs nicht zu Lasten des Täters gehen darf: Nur wenn sich aus diesem eine Entscheidung ergibt, die jedenfalls relativ eindeutig in dem Sinn ist, daß eine abweichende Auffassung schlechterdings nicht mehr „vertretbar" erscheint, kann eine Darstellung als pornographisch bezeichnet werden; kann dagegen ernsthaft darüber gestritten werden, was „noch" Kunst und was „schon" Pornographie ist, so ist es nicht Aufgabe des Richters, als „Kunst"- bzw. „Sittenrichter" darüber zu entscheiden, was „falsch" und „richtig" ist (näher dazu Lenckner JuS 68, 308 f.; vgl. auch Laufhütte LK 8 u. entspr. zu § 226 a z. B. BGH **2** 32 [Sittenwidrigkeit der Bestimmungsmensur]). Anders stellt sich die Frage für BGH NJW **90** 3026, wo in den Randzonen (insbes. im literarischen Bereich) Überschneidungen von Kunst und Pornographie für möglich gehalten, die Probleme damit aber nur verschoben werden: Die danach auf der Rechtfertigungsebene erforderliche Abwägung zwischen der Kunstfreiheit und den gleichfalls ein Verfassungsgut darstellenden Belangen des Jugendschutzes (BGH aaO 3027 f.) macht eine Aussage darüber erforderlich, ob die künstlerischen oder – weil nur dann der Jugendschutz den Vorrang beanspruchen kann – die pornographischen Elemente der fraglichen Darstellung überwiegen, was jedoch praktisch gerade in Grenzfällen ebenso unmöglich sein dürfte wie die tatbestandliche Abgrenzung von Kunst und Pornographie, ganz abgesehen davon, daß dabei unklar bleibt, was auf der Seite der Kunst als Abwägungsfaktor eigentlich noch einzusetzen ist, wenn für den Kunstbegriff selbst ohne Rücksicht auf die gedanklichen Inhalte „lediglich eine irgendwie geartete schöpferische Formgestaltung" für wesentlich gehalten wird (aaO 3027).

5   Auf der o. 4 genannten Grundlage können als **(zusätzliche) typische Anzeichen** für den pornographischen Charakter einer Schrift z. B. angesehen werden: das Fehlen jedes sozialen Werts der Darstellung (vgl. z. B. Prot. V 1930), die Flucht in eine Märchenwelt unaufhörlichen Genusses, die Fiktion der unerschöpflichen Potenz des Mannes und der unermüdlichen Hingabebereitschaft der Frau, der fehlende Bezug zum wirklichen individuellen oder gesellschaftlichen Leben, die Beschränkung auf den Lustgewinn als einziges Ziel und die fortschreitende Eskalation der Darstellung durch eine

Verbreitung pornographischer Schriften 5a § 184

Aneinanderreihung von Szenen mit sexuell immer stärker provozierenden Reizen (vgl. Prot. VI 1047, Düsseldorf NStE **Nr. 5**, Laufhütte LK 17, ferner Bay NJW **72**, 1961 m. Anm. Heiligmann zu § 184 a. F; vgl. auch BGH NJW **90**, 3028, wo diesem Umstand erst bei der Abwägung von Kunstfreiheit und Jugendschutz [o. 4 a. E.] besondere Bedeutung eingeräumt wird). Um sog. Perversitäten braucht es sich nicht zu handeln, zumal die Grenzen zwischen diesen und dem „Normalen" durchaus fließend sind. Zumindest mißverständlich ist es, wenn es als Kriterium für eine pornographische Darstellung angesehen wird, daß diese keinen gedanklichen Inhalt vermittelt (so Düsseldorf NJW **74**, 1574 m. Anm. Möhrenschlager; vgl. aber auch BT-Drs. VI/3521 S. 60). Da die Vermittlung von Gedanken zum Wesen jeder Schrift, auch der rein pornographischen gehört, geht es hier vielmehr darum, ob bei Hinzukommen sonstiger gedanklicher Inhalte eine in einzelnen Teilen pornographische Schrift diese Eigenschaft verlieren kann. Hier kommt es auf den Charakter des Gesamtwerks an (Laufhütte LK 10 unter Hinweis auf BGH 5 StR 517/77 v. 17. 1. 77). Die Tatsache, daß die pornographische Schilderung sexueller Vorgänge in eine mehr oder weniger triviale Rahmenhandlung eingebettet ist, die völlig in den Hintergrund tritt, ändert an dem pornographischen Gesamtcharakter der Schrift selbstverständlich nichts. Einigkeit besteht heute darüber, daß die Darstellung des Nackten (einschließlich der Genitalien) und sexueller Vorgänge (einschließlich des Geschlechtsverkehrs) als solche noch nicht pornographisch ist (vgl. z. B. Prot. VI 1114, 1917, 1962, 1965, 1991, Düsseldorf NStE **Nr. 5**, Frankfurt NJW **87**, 454, D-Tröndle 8, Lackner 2a; vgl. auch schon BGH **23** 44). Dies gilt sowohl für textliche wie für bildliche Darstellungen, wobei es im letzteren Fall auch nicht auf den Gesichtsausdruck der abgebildeten Person ankommen kann (and. RG **61** 382 zu § 184 a. F.). Hinzukommen müssen vielmehr die o. 4 genannten Voraussetzungen, wobei die schriftliche Schilderung und die bildliche Darstellung derselben Szene unterschiedlich zu beurteilen sein können (D-Tröndle 8). So sind Darstellungen, die ausschließlich aus photographischem Bildmaterial bestehen, schon dann als pornographisch anzusehen, wenn sie den organisch-physiologischen Aspekt der Sexualität in grob aufdringlicher Weise in den Vordergrund rücken. Dies trifft z. B. auf Photomagazine zu, wie sie in Bay **74**, 182, Düsseldorf NJW **74**, 1474 beschrieben sind (zu weitgehend aber wohl Koblenz NJW **79**, 1467: Nahaufnahme von Geschlechtsteil und Anus eines Mädchens unter 14 Jahren). Dabei kann sich der pornographische Charakter auch erst aus der Massierung sexueller Abbildungen ergeben, die für sich allein die Grenze des grob Aufdringlichen noch nicht überschreiten. Handelt es sich dagegen um eine aus Text und Bildmaterial zusammengesetzte Darstellung, so kann nicht auf letzteres allein abgestellt werden, vielmehr kommt es hier auf eine ganzheitliche Betrachtung und die aus dem Werk sich ergebende Gesamttendenz an (vgl. Prot. VI 1931, D-Tröndle 9, Horn SK 5 und zu § 184 a. F. RG **31** 262, Mösl LK⁹ 12; vgl. auch RG GA Bd. **49**, 138). Dies kann dann auch dazu führen, daß eine Schrift, die – für sich betrachtet – pornographisches Bildmaterial enthält, durch den Text, den die Abbildungen illustrieren sollen, aus dem Bereich der Pornographie herausgehoben wird (z. B. sexualwissenschaftliches Werk mit entsprechenden Illustrationen). Voraussetzung ist freilich, daß der Text einen echten geistigen Gehalt aufweist (was auch bei populärwissenschaftlichen Aufklärungsbüchern der Fall sein kann), ferner daß die Bilder gegenüber dem Text eine sinnvolle Funktion erfüllen – etwa indem sie diesen unterstützen, verdeutlichen oder überhaupt erst voll zugänglich machen – und daß sie, was den Umfang betrifft, zu diesem in einem angemessenen Verhältnis stehen. Ist dies jedoch der Fall, so kann auch die von dem Bildmaterial ausgehende sexuelle Reizwirkung in einer Weise überlagert sein, daß es in Verbindung mit dem Text seinen pornographischen Charakter verliert. Entsprechend kommt es auch bei Filmen auf den Gesamteindruck an (vgl. BGH UFITA **80**, 203 u. LG Berlin S. 204 zu dem japanischen Film „Das Reich der Sinne", BGH UFITA **80**, 208 [„Die 120 Tage von Sodom"], Frankfurt JZ **74**, 516, wo die „Unzüchtigkeit" i. S. des § 184 a. F. bei einem Film verneint wurde, der zwar einzelne Darstellungen des Geschlechtsverkehrs in verschiedenen Variationen, nicht aber die Geschlechtsorgane selbst und einen Mund- und Triolenverkehr nur andeutungsweise gezeigt hatte). Zu den Anforderungen an die Kennzeichnung des pornographischen Inhalts im Urteil und zu den Grenzen revisionsgerichtlicher Nachprüfung vgl. BGH UFITA **80**, 203, Bay NJW **72**, 1961 m. Anm. Heiligmann, Düsseldorf NJW **84**, 1977, m. Anm. Lampe JR 85, 159, Frankfurt JZ **74**, 516, Karlsruhe OLGSt. § 184 S. 101.

Während die Rspr. zu § 184 a. F. auch eine „**relative Unzüchtigkeit**" für möglich gehalten hatte 5a (vgl. 16. A., RN 8), ist der Begriff der Pornographie jedenfalls nicht relativ in dem Sinn, daß der pornographische Charakter einer Darstellung davon abhängt, an welchen Personenkreis sie sich richtet (ebenso D-Tröndle 9, Laufhütte LK 11, Meyer SchlHA 84, 51; and. zu § 184 a. F. z. B. RG **32** 421, **56** 175, BGH **3** 297). Dagegen können Teile eines nichtpornographischen Ganzen dadurch pornographisch werden, daß sie aus ihrem Zusammenhang herausgelöst werden (z. B. durch isolierte Wiedergabe von pornographischen Zitaten aus einem wissenschaftlichen Werk; zu § 184 a. F. vgl. RG JW **26**, 2749, Celle NJW **53**, 1317). Umgekehrt kann jedoch bei der Zusammenfassung von Einzeldarstellungen, die für sich gesehen nicht pornographisch sind, auch die Gesamtdarstellung nur dann pornographisch werden, wenn die Einzeldarstellungen jeweils für sich allein die maßgebliche Grenze zwar noch nicht erreichen, diese dann aber infolge ihrer Massierung überschreiten (vgl. auch D-Tröndle 9, Laufhütte LK 10, Meyer SchlHA 84, 51 und zu § 184 a. F. BGH FamRZ **54**, 49, Neustadt JR **52**, 287).

IV. Die Tatbestände des Abs. 1 (sog. einfache Pornographie).

6 **1.** Nach **Nr. 1** ist strafbar, wer – auch unentgeltlich – pornographische Erzeugnisse **einer Person unter 18 Jahren** (§ 184 Nr. 2 a. F.: 16 Jahre) **anbietet, überläßt oder zugänglich macht.** Gemeinsam ist diesen Modalitäten, daß dem Jugendlichen die unmittelbare Möglichkeit der Kenntnisnahme verschafft oder in Aussicht gestellt wird, wobei jedoch i. U. zu Nr. 2 der Jugendliche mit dieser Möglichkeit tatsächlich konfrontiert werden muß. Ausgenommen von der Strafbarkeit ist das Überlassen usw. durch den Sorgeberechtigten (Abs. 4 S. 1; vgl. u. 60ff.). Eine weitere Einschränkung der Strafbarkeit ergibt sich daraus, daß Nr. 1 nicht anwendbar ist, wenn eine Gefahr für die ungestörte sexuelle Entwicklung im konkreten Fall offensichtlich ausgeschlossen ist (and. Horn SK 2, Laufhütte LK 3: relevant nur für die Strafzumessung). Dem steht auch die dem § 184 zugrundeliegende Hypothese nicht entgegen, daß Pornographie für Jugendliche möglicherweise schädlich sein kann (vgl. o. 3), rechtfertigt diese die Strafbarkeit unter dem Gesichtspunkt eines Risikodelikts doch nur, weil und soweit eine solche Möglichkeit nicht ausgeschlossen werden kann. Auch kann hier nichts anderes gelten als bei sexuellen Handlungen, die im Hinblick auf das geschützte Rechtsgut „von einiger Erheblichkeit" sein müssen (§ 184c Nr. 1). Daran aber fehlt es, wenn einem kleinen Kind, das noch nicht lesen kann, einer fast 18-jährigen, über alle einschlägigen Erfahrungen verfügenden Prostituierten oder gar dem „Porno-Star" selbst eine pornographische Schrift überlassen wird. Ein dahingehendes Verbot wäre sinnlos und seine Sanktionierung ein Mißbrauch des Strafrechts.

7 a) **Anbieten** ist die ausdrückliche oder konkludente Erklärung der Bereitschaft zur Besitzübertragung (vgl. näher Horn NJW 77, 2332). Da das Anbieten in Nr. 1 gerade gegenüber einem Jugendlichen erfolgen muß, genügen hier Zeitungsinserate oder bloßes Auslegen in einem Schaufenster usw. nicht (Düsseldorf NStE **Nr. 5**), weil es hier an einem bestimmten Adressaten fehlt und dabei offen bleibt, ob der Betreffende die Sache auch an einen Jugendlichen abgeben würde; in Betracht kommt hier jedoch Nr. 2 oder 5. Erforderlich ist, daß die angebotene Schrift tatsächlich verfügbar ist; unter dieser Voraussetzung genügt auch ein Angebot an einen Abwesenden (enger Potrykus, Erbs/Kohlhaas § 3 GjS Anm. 4a: erforderlich sei Vorzeigen), das dem Jugendlichen jedoch zugegangen sein muß. Das Angebot als solches genügt; auf seine Annahme kommt es nicht an. Auch daß der Jugendliche den pornographischen Charakter der Schrift usw. erkannt hat, ist nicht erforderlich, wohl aber, daß dieser nach dem objektiven Erklärungswert des Angebots – hier dann unter besonderer Berücksichtigung des Empfängerhorizonts von Jugendlichen – erkennbar war (vgl. auch Laufhütte LK 20; and. Horn SK 8).

8 b) **Überlassen** ist die Verschaffung des Besitzes zu eigener Verfügung oder zu eigenem, auch nur vorübergehendem Gebrauch (z. B. Verleihen). Ein Überlassen scheidet daher aus, wenn die Übergabe an den Jugendlichen nur als Bote für einen Erwachsenen erfolgt (RG GA Bd. 59, 314); doch kommt hier die 3. Alt. in Betracht. Auch hier ist nicht erforderlich, daß der Jugendliche bei Besitzübertragung den pornographischen Charakter der Schrift usw. erkennt.

9 c) Ein **Zugänglichmachen** i. S. der Nr. 1 kann auf zweierlei Weise erfolgen. Es umfaßt zunächst die Fälle, in denen der Täter bewirkt, daß das pornographische Erzeugnis seiner Substanz nach derart in den Wahrnehmungs- oder Herrschaftsbereich eines Jugendlichen gelangt, daß dieser die unmittelbare Zugriffsmöglichkeit auf die Sache selbst und damit auch die Möglichkeit der Kenntnisnahme von dem pornographischen Inhalt erlangt (vgl. Karlsruhe NJW 84, 1975; vgl. auch Bay NJW 58, 2026 zu § 3 GjS, Potrykus, Erbs/Kohlhaas § 3 GjS Anm. 4c mwN). Dazu gehört z. B. das unbeaufsichtigte Liegenlassen von Pornographika, wenn sich ein Jugendlicher in der Nähe befindet (vgl. näher Horn NJW 77, 2335), ferner die Übergabe einer unverschlossenen Schrift an einen Jugendlichen zum Transport oder zur Aufbewahrung, nicht dagegen das Auslegen einer Schrift, wenn der Jugendliche nur in rechtswidriger Weise – z. B. Aufreißen einer Plastikfolie – Kenntnis von dem Pornographischen der Darstellung erlangen kann (Karlsruhe NJW 84, 1975). – Die andere Form des Zugänglichmachens besteht darin, daß der Jugendliche zwar nicht die Zugriffsmöglichkeit auf die Sache selbst erlangt, daß ihm aber sonst die Möglichkeit gegeben wird, von dem Inhalt der pornographischen Darstellung Kenntnis zu nehmen: z. B. Vorlesen, Vorzeigen von Bildern (BGH NJW 76, 1984), Abspielen einer pornographischen Platte in Gegenwart eines Jugendlichen, aber auch das Anbieten des Vorlesens, Vorzeigens usw. Daß dieser tatsächlich hinsieht oder zuhört, ist nicht erforderlich. Im Unterschied zu Nr. 2 setzen beide Formen des Zugänglichmachens hier jedoch voraus, daß sich ein Jugendlicher tatsächlich in dem Bereich befindet, in dem ein Zugriff auf den Gegenstand selbst oder die Wahrnehmung des Inhalts möglich ist.

10 **2.** Nach **Nr. 2** ist strafbar, wer pornographische Erzeugnisse **an einem Ort, der Personen unter 18 Jahren zugänglich ist oder von ihnen eingesehen werden kann, ausstellt, anschlägt, vorführt oder sonst zugänglich macht.** Während Nr. 1 voraussetzt, daß die Schrift usw. dem

Jugendlichen tatsächlich zugänglich geworden ist, genügt es für Nr. 2, daß sie in seinen potentiellen Wahrnehmungsbereich gelangt, m. a. W., daß der Jugendliche in dem Bereich, in dem sie zugänglich ist, anwesend sein könnte (Celle MDR **85**, 693). Die Nr. 2 (abstrakte Möglichkeit der Kenntnisnahme) erfaßt damit die Fälle im Vorfeld der Nr. 1 (konkrete Möglichkeit der Kenntnisnahme). Da die Nr. 2 lediglich verhindern soll, daß es zu der Situation der Nr. 1 kommt, muß für ihre Interpretation der Gesichtspunkt maßgebend sein, daß der Tatbestand nur verwirklicht ist, wenn es der Täter bewußt dem Zufall überläßt, ob die Schrift usw. tatsächlich i. S. der Nr. 1 einem Jugendlichen zugänglich wird. Über die daraus folgenden Einschränkungen vgl. u. 12.

a) **Zugänglich** für Personen unter 18 Jahren ist jeder **Ort**, der von ihnen ohne Überwindung rechtlicher oder tatsächlicher Hindernisse betreten werden kann (wenn auch gegen Bezahlung eines Eintrittsgeldes). Hierher gehören daher alle Grundstücke und Räumlichkeiten, die jedermann offenstehen (öffentliche Straßen, Plätze, Warenhäuser usw.), aber auch Orte, die nur zum Betreten durch einen beschränkten Personenkreis bestimmt sind, wenn dazu jedenfalls auch Jugendliche gehören (z.B. Schulen, Gemeinschaftsräume in einem Mietshaus, Wohnung, in der Jugendliche aufwachsen). Im übrigen ist ein Ort, dessen Betreten ein rechtliches Verbot (z. B. § 123) entgegensteht, auch dann nicht für andere zugänglich, wenn er tatsächlich ohne Schwierigkeiten betreten werden kann (Celle MDR **85**, 693). Nicht nach Nr. 2 strafbar ist daher z. B. der Mieter, der seine Wände mit pornographischen Bildern schmückt, auch wenn er weiß, daß die Kinder des Vermieters den Raum in seiner Abwesenheit betreten können. Anders ist dies nur dann, wenn solche Verbote gemeinhin nicht respektiert zu werden pflegen. Eine Tafel „Jugendliche unter 18 Jahren haben keinen Zutritt" an einem Ort, der sonst dem Publikum frei zugänglich ist, genügt daher nicht, wenn sich Jugendliche erkennbar um dieses Verbot nicht kümmern (vgl. Horn SK 17, Laufhütte LK 23; zu Nr. 3a vgl. auch BGH NJW **88**, 272). Ist der Ort nur Jugendlichen zugänglich, über die der Täter das Sorgerecht hat, so muß auch hier Abs. 4 gelten (arg. a maiore ad minus; ebenso Laufhütte LK 25).

Für Jugendliche zugänglich muß der Ort gerade *während der Zeit* sein, in der dort auch die pornographischen Erzeugnisse zugänglich gemacht sind (ebenso Horn SK 17, Laufhütte LK 24). Das Ausstellen usw. an einem an sich für Jugendliche zugänglichen Ort genügt daher nicht, wenn sichergestellt ist, daß Jugendliche diesen während der fraglichen Zeit nicht betreten können oder betreten werden (z. B. Abschließen; Abwesenheit der in einer Wohnung lebenden Jugendlichen). Nach dem Sinn der Vorschrift (vgl. o. 10) muß es sogar ausreichen, wenn der Täter den Willen und die Möglichkeit hat, Jugendliche für den Fall ihres Erscheinens rechtzeitig am Betreten zu hindern. Nicht strafbar ist unter diesen Voraussetzungen daher z. B. der Wohnungsinhaber, der seinen erwachsenen Gästen im Wohnzimmer einen pornographischen Film vorführt, obwohl sich auch fremde Kinder in der Wohnung aufhalten (vgl. auch Laufhütte LK 24).

b) Den genannten Orten stehen solche gleich, die, ohne selbst für Jugendliche zugänglich zu sein, von diesen **eingesehen werden können.** Voraussetzung ist damit, daß der Ort, von dem aus das Einsehen möglich ist, für Jugendliche zugänglich ist. Nicht genügend ist es, wenn besondere Bemühungen (z. B. Hochklettern) oder besondere Mittel (z. B. Fernrohr) erforderlich sind, damit der Ort eingesehen werden kann. Im übrigen gilt das o. 12 Gesagte entsprechend; auch hier ist also z. B. der Tatbestand nicht erfüllt, wenn der Ort an sich einsehbar ist, während der fraglichen Zeit aber tatsächlich nicht eingesehen werden kann.

Nicht erfaßt ist der Fall, daß der Ort zwar *nicht einsehbar,* eine dort stattfindende pornographische Vorführung durch Tonträger aber *akustisch* an einem für Jugendliche zugänglichen Ort wahrnehmbar ist (z. B. Abspielen einer pornographischen Platte bei geöffneten Fenstern; ebenso Laufhütte LK 23). Zwar könnte man daran denken, daß hier der Tonträger an einem für Jugendliche zugänglichen Ort (Straße) selbst zugänglich gemacht ist (so Horn SK 18). Davon ist das Gesetz aber ersichtlich nicht ausgegangen, da dann für optisch wahrnehmbare Darstellungen an einem Ort, der von einer für Jugendliche zugänglichen Stelle aus eingesehen werden kann, das gleiche gelten müßte, womit die Erweiterung des Tatbestands auf für Jugendliche einsehbare Orte überflüssig wäre.

c) Die Tathandlung besteht darin, daß der Täter das pornographische Erzeugnis an solchen Orten **ausstellt, anschlägt, vorführt oder sonst zugänglich macht,** wobei das Ausstellen usw. lediglich beispielhaft aufgezählte Modalitäten des den Oberbegriff darstellenden Zugänglichmachens sind. Beim *Ausstellen, Anschlagen* und *Vorführen* geschieht dies dadurch, daß ohne Weitergabe der Sache selbst der gedankliche oder bildliche Inhalt der pornographischen Darstellung optisch wahrnehmbar und damit der Kenntnisnahme zugänglich gemacht wird. Kein Ausstellen i. S. der Nr. 2 ist daher z. B. das Ausstellen einer pornographischen Schrift mit einem neutralen Umschlag in einem Schaufenster (wohl aber ware ihr offenes Auslegen in einer Buchhandlung ein Zugänglichmachen). Das *Vorführen* umfaßt darüber hinaus auch die akustische Wiedergabe des pornographischen Inhalts von Tonträgern; jedenfalls aber ist dies ein

Zugänglichmachen. Zum *Zugänglichmachen* im übrigen vgl. o. 9, wobei hier darauf abzustellen ist, ob dem Jugendlichen die Schrift usw. im Falle seiner Anwesenheit an dem fraglichen Ort zugänglich gemacht wäre. Ein Zugänglichmachen ist z. B. auch das Aufstellen von Schaukästen, in denen bei Auslösen eines Mechanismus (z. B. Geldeinwurf) pornographische Fotos betrachtet werden können (Bay NJW **76**, 529).

16 3. Der Tatbestand der **Nr. 3**, der gleichfalls dem Jugendschutz dient, erfaßt **bestimmte Formen des gewerbsmäßigen Vertriebs** pornographischer Erzeugnisse, die der Gesetzgeber als besonders gefährlich ansah, weil bei ihnen eine zuverlässige Alterskontrolle nicht garantiert sei bzw. nicht ausreichend überwacht werden könne (vgl. BT-Drs. VI/3521 S. 60).

17 Die Vorschrift ist in mehrfacher Hinsicht **restriktiv zu interpretieren.** Mit dem ihr zugrundeliegenden Gedanken des Jugendschutzes läßt sie sich uneingeschränkt nur bezüglich des Versandhandels in Einklang bringen, weil der Händler hier, auch wenn Kontrollen vorgesehen sind (z. B. Einsenden des Personalausweises), zu einer sicheren Altersprüfung des Bestellers nicht imstande ist (vgl. Hamburg WRP **87**, 487; insoweit zutr. deshalb auch Düsseldorf NJW **84**, 1977). Mit Recht hat daher auch BVerfGE **30** 336 die entsprechende Bestimmung des § 4 I Nr. 3 GjS für verfassungsgemäß erklärt (vgl. aber auch Laufhütte LK 27). Im übrigen aber geht der Gesetzeswortlaut über den Gesetzeszweck, der unstreitig nur im Jugendschutz liegt, erheblich hinaus. Der Kioskhändler z. B., der pornographische Schriften „unter dem Ladentisch" verwahrt – bei offenem Ausstellen kommt Nr. 5 in Betracht, womit sich der Einwand von Stuttgart NJW **76**, 530 erledigt – und nur nach Vorlage des Personalausweises abgibt, handelt, was die Möglichkeit der Kenntnisnahme durch Jugendliche betrifft (vgl. o. 3), nicht einmal abstrakt gefährlich (oder jedenfalls nicht gefährlicher als bei erlaubten Vertriebsformen). Daß dies von einem Jugendlichen beobachtet werden könnte, rechtfertigt entgegen Stuttgart aaO keine andere Beurteilung, weil eine solche Möglichkeit auch in jedem Buchladen, erst recht aber z. B. bei einem Zeitschriftenstand in einem Warenhaus besteht, der nicht unter Nr. 3 fällt. Unabhängig davon, inwieweit sonst bei abstrakten Gefährdungsdelikten der Nachweis der Ungefährlichkeit die Strafbarkeit im Einzelfall ausschließt (vgl. 3f. vor § 306), muß diese hier deshalb jedenfalls dann verneint werden, wenn eine wirklich zuverlässige Alterskontrolle vorgenommen wird, weil unter diesen Umständen ein der Strafe rechtfertigende Bezug der Handlung zum geschützten Rechtsgut nicht mehr besteht (ebenso M-Schroeder I 211 u. dazu neigend auch Hamm NStZ **88**, 415; and. Stuttgart NJW **76**, 529, Lackner 3b, Horn SK 25). Daran ändern auch Überwachungsschwierigkeiten nichts. Zudem sind diese nicht unüberwindlich (Kontrollen durch Testkäufer) und der dazu erforderliche Aufwand kaum größer als bei den Stichproben, die auch bei einem generellen Verbot durchgeführt werden müssen. Hier wäre daher schon zu fragen, ob ein solches nicht gegen das allgemeine verfassungsrechtliche Verhältnismäßigkeitsprinzip verstößt, wobei in diesem Zusammenhang auch an den polizeirechtlichen Grundsatz zu erinnern ist, daß der Erlaß einer PolizeiVO nur zu dem Zweck, der Behörde die Überwachung zu erleichtern, unzulässig ist (vgl. aber auch BVerfG NJW **77**, 2207, wo ein solcher Verstoß für Nr. 7 ohne nähere Begründung wegen „der mit einer Alterskontrolle verbundenen Schwierigkeiten" verneint wurde). Jedenfalls aber rechtfertigen Überwachungsschwierigkeiten keine Bestrafung unter dem Gesichtspunkt des Jugendschutzes, wenn von einer entsprechenden Gefährdung im Einzelfall keine Rede sein kann. – Nach dem Gesetzeszweck ist Nr. 3 ferner nicht anwendbar, wenn der Vertrieb im Einzelfall an Orten erfolgt, die für Jugendliche nicht zugänglich sind; können an solchen Orten (z. B. „Kontakthof" eines Eros-Centers) pornographische Schriften ausgestellt werden usw., so muß dort auch ihr Anbieten z. B. durch einen ambulanten Händler möglich sein (and. Horn SK 25, weil – was nicht zutrifft – Nr. 3 auch dem Schutz Erwachsener diene). Soweit der Vertrieb in einer nur Erwachsenen zugänglichen Leihbücherei erfolgt, ist eine solche Einschränkung auch deshalb geboten, weil Nr. 3a die gewerbliche Vermietung pornographischer Schriften in für Jugendliche nicht zugänglichen und einsehbaren Ladengeschäften gerade erlaubt, für den Printmedienverleih in den eigentlichen Leihbüchereien ohne Verstoß gegen Art. 3 GG dann aber nichts anderes gelten kann (vgl. Greger NStZ 86, 12 sowie u. 23).

18 a) Strafbar ist zunächst das Anbieten oder Überlassen pornographischer Erzeugnisse **im Einzelhandel außerhalb von Geschäftsräumen.**

19 α) **Einzelhandel** i. S. der Nr. 3 ist – im Gegensatz zu dem den Beschränkungen der Nr. 3 nicht unterliegenden Groß- und Zwischenhandel – das gewerbsmäßige Anschaffen oder Herstellen von Waren und ihr Feilbieten an den Endverbraucher (vgl. Bay NJW **58**, 1646, **74**, 2060). Nicht erforderlich ist, daß der Vertrieb von pornographischen Produkten der einzige oder überwiegende Geschäftszweck ist; es genügt, wenn jedenfalls auch gerade aus dem Umsatz solcher Erzeugnisse Gewinn erzielt werden soll, mag dies auch im Rahmen eines primär auf andere Leistungen gerichteten Gewerbebetriebs geschehen. Nicht unter Nr. 3 fällt daher z. B. der Inhaber eines Nachtlokals, der durch unentgeltliche Verteilung von pornographischen Werbeprospekten für sein Programm wirbt (vgl. Bay NJW **58**, 1647 zu § 4 GjS a. F.). Ob der Handel mit pornographischen Erzeugnissen nach gewerberechtlichen Vorschriften (z. B. als Zubehörhandel nach § 7 EinzelhandelsG) erlaubt ist, kann nach dem Sinn der Vorschrift keine Rolle spielen.

β) Verboten ist im Einzelhandel nur das Anbieten usw. **außerhalb von Geschäftsräumen,** 20 wobei diese von ihrem Inhaber jedenfalls auch zum Vertrieb pornographischer Erzeugnisse bestimmt sein müssen. Zulässig bleibt dieser damit – vorbehaltlich des § 184 im übrigen – in Buchläden, sog. Sex-Shops usw., aber auch in einer Gastwirtschaft durch den Wirt. Kein Vertrieb außerhalb von Geschäftsräumen ist auch der aus Geschäftsräumen heraus, d. h. der Vertrieb, der auf Grund schriftlicher oder telefonischer Bestellung von einem Geschäftsraum aus erledigt wird (vgl. BGH **9** 270, Laufhütte LK 26; and. D-Tröndle 16); in Betracht kommt hier jedoch die 3. Alt. (Versandhandel). Erfaßt werden von der 1. Alt. der Nr. 3 deshalb alle Formen des ambulanten Handels, z. B. der Vertrieb von Haus zu Haus, der Straßenverkauf usw., aber auch der Verkauf in dafür nicht bestimmten Geschäftsräumen (z. B. durch einen Zeitungsverkäufer in einer Gaststätte; and. jedoch nach dem Sinn des Gesetzes, wenn dies in einem Sex-Shop oder in einer Nachtbar mit entsprechenden Live-Darstellungen geschieht; vgl. auch BT-Drs. VI/3521 S. 60).

b) Strafbar ist auch der Vertrieb **in Kiosken oder anderen Verkaufsstellen, die der Kunde** 21 **nicht zu betreten pflegt.** Dem liegt der Gedanke zugrunde, daß hier Käufe mehr oder weniger im Vorübergehen getätigt werden und pornographische Erzeugnisse an diesen Orten deshalb für Jugendliche leichter zugänglich sind. Auch für den Kiosk ist wesentlich, daß er von Kunden nicht betreten zu werden pflegt. Bei sog. geteilten Kiosken, die mit einem Buchladen verbunden sind, kommt es deshalb darauf an, ob der Kunde die Schrift nur im geschlossenen Raum erwerben kann oder ob dies auch außerhalb möglich ist (vgl. Potrykus, Erbs/Kohlhaas § 4 GjS Anm. 5); im ersteren Fall gilt Nr. 3 ebensowenig wie für den Zeitschriftenstand in einem Warenhaus – der Vertrieb findet hier innerhalb eines Geschäftsraumes statt –, obwohl sich die Situation hier von der beim Erwerb an einem Kiosk nicht wesentlich unterscheidet (ebenso Laufhütte LK 27). Gleichgültig ist, ob sich der Kiosk unter freiem Himmel oder in einem umschlossenen Raum (z. B. Bahnhofshalle) befindet. Zu den anderen Verkaufsstellen, die der Kunde nicht zu betreten pflegt, gehören z. B. offene Verkaufsstände auf der Straße, Jahrmarktstände, aber auch Bücherwagen, sofern sie nicht zum Zwecke des Besichtigens und Heraussuchens betreten werden müssen.

c) Generell verboten ist ferner der Vertrieb pornographischer Erzeugnisse **im Versandhan-** 22 **del.** Erfaßt werden nicht nur die eigentlichen Versandunternehmen; entscheidend ist nach dem Sinn des Gesetzes vielmehr, ob der Vertrieb nach den für den Versandhandel typischen Formen erfolgt (vgl. auch BVerfG NStZ **82**, 285, Bay NJW **63**, 672, **67**, 1049 zu § 4 GjS, Schleswig OLGSt. **Nr. 2**). Unter Abs. 1 Nr. 3 fällt daher auch derjenige, dessen Betrieb nicht überwiegend auf Versandhandel ausgerichtet ist, wenn er sich im Einzelfall dieser Vertriebsform bedient. Wesentlich dafür ist das Anonyme, weshalb zum Versandhandel jedes entgeltliche, der Veräußerung oder Vermietung (vgl. dazu BVerfG aaO) dienende Geschäft gehört, das im Wege der Bestellung und Übersendung der Ware ohne persönlichen Kontakt zwischen dem Lieferanten und dem ihm in der Regel unbekannten Kunden vollzogen wird (Düsseldorf NJW **84**, 1977, NStE **Nr. 1**; vgl. auch Bay aaO). Strafbar ist deshalb z. B. auch der Buchhändler, der auf telefonische oder schriftliche Bestellung eine pornographische Schrift übersendet, sofern ihm der Besteller unbekannt ist. Daß nur Personen beliefert werden, die zuvor zum Zweck der Alterskontrolle ihren Personalausweis eingesandt und dann eine Mitgliedsnummer und zusätzlich eine Codezahl erhalten haben, ändert, weil auch dadurch Mißbräuche nicht ausgeschlossen werden können, an der Tatbestandsmäßigkeit nichts (vgl. Düsseldorf NJW **84**, 1977, Hamburg WRP **87**, 484). Kein Versandhandel ist dagegen die spätere Ausführung von Bestellungen, die persönlich aufgegeben worden sind oder die Vertreter in einem stehenden Gewerbebetrieb ihrem Geschäftsherrn übermittelt haben (Schleswig OLGSt. **Nr. 2**, Laufhütte LK 27). Ebensowenig gehört die Belieferung von Wiederverkäufern hierher (vgl. Düsseldorf NStE **Nr. 1**).

d) Erfaßt wird von Nr. 3 endlich der Vertrieb **in gewerblichen Leihbüchereien** und **Lesezir-** 23 **keln,** offenbar weil hier wegen der außerordentlichen Breitenwirkung des Leihbuchwesens usw. die Gefahr als besonders groß angesehen wurde, daß pornographische Schriften in die Hand von Jugendlichen gelangen könnten (Düsseldorf OLGSt. § 184 S. 84; krit. F. C. Schroeder JR 77, 233). *Gewerbliche Leihbüchereien* sind – gleichgültig, ob sie als selbständiges Geschäft oder neben einem anderen Gewerbe betrieben werden –, nur solche Büchereien, die Bücher entgeltlich „ausleihen" (d. h. vermieten) und bei denen die Gewinnerzielung Haupt- oder Nebenzweck ist. Nicht hierher gehören Volksbüchereien u. a. öffentliche Bibliotheken, auch wenn ein Entgelt verlangt wird, da sie nicht dem Erwerb dienen. Auch Spezialunternehmen, die einen Filmkassettenverleih betreiben, sind nach Wortlaut und Entstehungsgeschichte keine „Leihbüchereien" (BGH **27** 52, Bay GA **77**, 369, Stuttgart NJW **76**, 1109, Lackner 3b, Laufhütte JZ 74, 48, M-Schroeder I 211; and. Karlsruhe NJW **74**, 2015, MDR **76**, 947 u. näher dazu F. C. Schroeder JR 77, 231; vgl. dazu jetzt Nr. 3a, u. 24aff.). Keine Leihbüchereien sind nach Düsseldorf OLGSt. § 184 S. 84 ferner sog. Sex-Shops, in denen u. a. pornographische Schriften vermietet werden. Schon nach der ratio legis, hier jedoch außerdem wegen der sonst zu Nr. 3a auftretenden Widersprüche sind aber auch solche Leihbüchereien aus dem Tatbestand auszunehmen, die nur für Erwachsene zugänglich sind (vgl. o. 17, ferner Greger NStZ 86, 12). Der *gewerbliche Lesezirkel* unterscheidet sich von den Leihbüchereien im Grund nur dadurch, daß hier nicht Bücher, sondern periodisch erscheinende Zeit- und Druckschriften an einen größeren Leserkreis im Wege des Umlaufs vermietet werden, wobei es ohne Bedeutung ist, ob die Lesemappe ins Haus gebracht oder selbst abgeholt wird.

24 e) Die Tathandlung besteht darin, daß der Täter die pornographische Schrift usw. in den genannten Betriebsformen **einem anderen anbietet oder überläßt.** Zum Anbieten und Überlassen vgl. o. 7 f. Nicht entscheidend ist, ob das Anbieten ein Vertragsantrag i. S. des BGB ist, sofern es nur „einem anderen" und damit einem bestimmten Adressaten gegenüber erfolgt. Unter Nr. 2 fällt daher auch das Versenden von Prospekten pornographischer Erzeugnisse im Versandhandel, auch soweit sie selbst keinen pornographischen Inhalt haben (vgl. aber auch Düsseldorf NStE **Nr. 5** sowie Bay NJW **67,** 1049 zu § 4 GjS), nicht dagegen eine entsprechende Plakatreklame; insoweit kommt nur Nr. 5 in Betracht. Zur Notwendigkeit einer Restriktion vgl. o. 17.

24a 4. Veranlaßt durch Auswüchse auf dem Videokassettenmarkt (vgl. auch § 131 RN 1 f.), stellt die durch das Ges. zur Neuregelung des Jugendschutzes in der Öffentlichkeit v. 25. 2. 1985 (BGBl. I 425) eingefügte **Nr. 3a** i. V. mit **Abs. 4 S. 2** ein **eingeschränktes Vermietverbot** von pornographischen Schriften auf. Eine entsprechende Ergänzung war notwendig geworden, weil der Tatbestand der Nr. 3 zwar die Vermietung von Pornographika außerhalb von Geschäftsräumen usw., im Versandhandel und in gewerblichen Leihbüchereien usw. erfaßt, nicht aber, soweit sie in Geschäftsräumen erfolgt, die der Kunde zu betreten pflegt und die, wie die Videotheken, auch keine Leihbüchereien sind (vgl. dazu o. 23). Auch Nr. 2 ist hier nicht einschlägig, wenn die pornographischen Erzeugnisse in einem vom Hauptgeschäftsraum abgetrennten, für Jugendliche nicht zugänglichen und nicht einsehbaren Nebenraum feilgehalten werden. Weil ein Zutrittsverbot für Jugendliche hier wegen des Massengeschäfts insbes. in Videotheken unter Jugendschutzaspekten nicht als ausreichend erschien, soll durch Nr. 3a eine Konzentration des Vermietgeschäfts mit Pornographika auf für Jugendliche nicht zugängliche, spezielle Ladengeschäfte mit separatem Eingang erreicht werden (vgl. BT-Drs. 10/2456 S. 17, 25; zu den damit auftretenden Spannungen zu Nr. 3 bezüglich der Leihbüchereien, die dort nur durch eine restriktive Interpretation zu beseitigen sind, vgl. o. 17, 23, Greger NStZ 86, 12). Von einem zunächst diskutierten absoluten Vermietverbot wurde wegen verfassungsrechtlicher Bedenken abgesehen (vgl. jedoch die ein generelles Vermietungsverbot für pornographische Videoerzeugnisse vorsehende Gesetzesinitiative des BRats v. 18. 10. 85 [BT-Drs. 10/4682] u. dazu D-Tröndle 20e, Greger NStZ 86, 12, Maatz NStZ 86, 174 sowie den gleichlautenden Gesetzesantrag des BRats v. 23. 7. 87 [BT-Drs. 11/638]). Auch unter Berücksichtigung der in Nr. 3a vorgesehenen Einschränkungen bleibt jedoch ebenso wie bei Nr. 3 die Frage einer restriktiven Interpretation, wenn eine Alterskontrolle tatsächlich gewährleistet ist (vgl. o. 17 sowie Hamm NStZ **88,** 415; and. LG Stuttgart Justiz **86,** 99).

24b a) Tatbestandsmäßig ist – vorbehaltlich der u. 24c, d genannten Einschränkungen – das Anbieten oder Überlassen (vgl. dazu o. 7 f., 24) im Wege **gewerblicher Vermietung** oder vergleichbarer gewerblicher Gewährung des Gebrauchs. *Gewerblich* ist die Vermietung usw., wenn sie, wenn auch nur neben anderen Geschäften, entgeltlich zum Zweck der Gewinnerzielung und in der Absicht erfolgt, aus solchen Geschäften eine nicht nur vorübergehende Einnahmequelle zu machen. Nicht erfaßt ist damit die einmalige oder nur gelegentliche Vermietung durch ein Unternehmen, das sonst andere Geschäfte tätigt. Der Vermietung gleichgestellt sind Geschäfte, die eine *vergleichbare Gewährung des Gebrauchs* zum Gegenstand haben. Wesentlich dafür ist, daß dem Kunden das Recht eingeräumt wird, die Sache nach Gebrauch zurückzugeben und daß ihm damit die höheren Aufwendungen erspart werden, die mit einem Vollerwerb verbunden wären. Um ein Umgehungsgeschäft braucht es sich dabei nicht zu handeln (vgl. aber BT-Drs. 10/2546 S. 24). Hierher gehören z. B. der Kauf mit einem Wiederverkaufsrecht und das „unentgeltliche" Entleihen gegen Bezahlung eines Mitgliedsbeitrags (vgl. BT-Drs. aaO, D-Tröndle 20b).

24c b) Ausgenommen ist nach Nr. 3a die gewerbliche Vermietung in **Ladengeschäften,** die **Personen unter 18 Jahren nicht zugänglich** sind und von ihnen **nicht eingesehen** werden können. *Ladengeschäfte* sind nur solche Geschäftslokale, die – gleichgültig, ob ortsgebunden oder nicht (Verkaufswagen, vgl. Hamm NStZ **88,** 415) – über eine herkömmlich zu einem „Laden", in dem Gegenstände angeboten und überlassen werden, gehörende Ausstattung verfügen (also z. B. nicht Nachtlokale usw.) und die außerdem räumlich und organisatorisch selbständig sind und deshalb einen eigenen Zugang von der Straße oder von einer allgemeinen Verkehrsfläche her haben (h. M., vgl. BGH NJW **88,** 272 m. Anm. Greger JR 89, 29, Bay **86,**

32, VGH Mannheim NJW **87**, 1445 [zu § 3 I Nr. 3 GjS], LG Stuttgart Justiz **86**, 99, LG Verden NStZ **86**, 118, D-Tröndle 20 c, Greger NStZ **86**, 12, Lackner 3 b; and. LG Essen NJW **85**, 2841 m. abl. Anm. Führich NJW **86**, 1156 u. Maatz NStZ **86**, 174, LG Hamburg NJW **89**, 1046). Diese Voraussetzungen können je nach Art der baulichen Gestaltung auch erfüllt sein, wenn mehrere Einzelgeschäfte in einem Gebäude (z. B. in einem Einkaufszentrum oder in einer Ladenpassage) untergebracht sind (BGH m. Anm. Greger aaO). Einzelne im Geschäftsinneren befindliche, von den übrigen Geschäftsräumen zwar abgegrenzte, aber von dort aus zugängliche Räume (z. B. abgetrennte Räume in einem einheitlichen Warenhaus, vgl. BGH aaO), in denen speziell Pornographika vertrieben werden, sind dagegen auch dann kein eigenes Ladengeschäft, wenn es sich dabei nicht nur um einen gesonderten Raum („Schmuddelecke"), sondern um eine verselbständigte Abteilung („shop in the shop") handelt (andernfalls hätte es der Nr. 3 a nicht bedurft, da solche Räume, wenn sie für Jugendliche zugänglich sind und von diesen eingesehen werden können, bereits von Nr. 2 erfaßt sind; vgl. o. 24a, VGH Mannheim aaO). Daran, daß derartige Räume, sofern sie für Jugendliche nicht zugänglich usw. sind, nach wie vor zulässig sind, wenn dort nur Kassetten zum Verkauf angeboten werden, hat Nr. 3 a dagegen nichts geändert (krit. dazu Greger NStZ **86**, 12). *Nicht zugänglich* ist das Geschäft für Jugendliche, wenn diesen das Betreten deutlich erkennbar (z. B. durch einen entsprechenden Anschlag) verboten ist und der Inhaber für die Einhaltung des Verbots tatsächlich Sorge trägt (vgl. auch o. 11); eine Alterskontrolle erst an der Kasse genügt dafür nicht (vgl. BGH NJW **88**, 272 m. Anm. Greger JR **89**, 29). Dabei darf das Ladengeschäft insgesamt für Jugendliche nicht zugänglich sein; auch unter diesem Gesichtspunkt genügt es bei einem aus mehreren Räumen bestehenden Geschäft daher nicht, wenn nur der Raum, in dem Pornographika angeboten werden, diese Voraussetzung erfüllt (and. LG Hamburg NJW **89**, 1046). Werden pornographische Schriften nur zu bestimmten Zeiten zur Vermietung angeboten, so ist es dagegen ausreichend, wenn das Geschäft während dieser Zeit für Jugendliche unzugänglich ist (vgl. StA Konstanz MDR **90**, 742, Greger NStZ **86**, 12). Das weitere Erfordernis, daß das Ladengeschäft von Jugendlichen auch *nicht eingesehen* werden kann – d. h. also von Orten aus, die Jugendlichen zugänglich sind –, soll verhindern, daß bei diesen Interesse für pornographische Erzeugnisse geweckt wird. Aus dieser ratio legis ergeben sich die Grenzen des fraglichen Merkmals: Danach ist der Tatbestand der Nr. 3 a zwar erfüllt, wenn die pornographischen Artikel in dem Geschäft so ausgelegt sind, daß sie durch eine Glastüre als solche wahrgenommen werden können (anwendbar ist hier auch Nr. 2), nicht aber bei einer völlig unverfänglichen Schaufensterauslage oder wenn Jugendliche von der Straße aus während des Betretens des Geschäfts durch Kunden einen kurzen Blick in das Ladeninnere werfen können, ohne daß dabei jedoch Einzelheiten, insbes. die angebotenen Gegenstände erkennbar sind (vgl. Stuttgart MDR **87**, 1047). Vgl. im übrigen o. 13 und dazu, daß die akustische Wahrnehmbarkeit nicht genügt, o. 14.

c) Eine weitere Ausnahme enthält **Abs. 4 S. 2,** wonach Nr. 3 a nicht gilt (Tatbestandsausschluß), wenn die Handlung **im Geschäftsverkehr mit gewerblichen Entleihern** erfolgt. Der Begriff des gewerblichen „Entleihers" ist hier nicht i. S. der §§ des BGB (§ 598) zu verstehen, vielmehr sind damit alle Personen gemeint, die Pornographika zu gewerblichen (vgl. o. 24b) Zwecken anmieten (z. B. zur Vorführung eines pornographischen Films in Nachtbars usw.; vgl. BT-Drs. 10/2546 S. 24). Nach Abs. 4 S. 2 ist Nr. 3 a hier selbst dann nicht anwendbar, wenn das Überlassen usw. im Wege der Vermietung in Geschäftsräumen erfolgt, die für Jugendliche zugänglich sind. Dies ist jedoch deshalb unschädlich, weil in diesem Fall bereits Nr. 2 in Betracht kommt. 25

5. Nach **Nr. 4** ist strafbar das **Unternehmen der Einfuhr** pornographischer Erzeugnisse **im Weg des Versandhandels** in den räumlichen Geltungsbereich dieses Gesetzes; zum Rechtsgut vgl. o. 3. Strafbar sind damit, obwohl § 6 Nr. 6 nur Abs. 3 nennt, auch Auslandstaten (dazu, daß § 9 hier nicht zu einer Inlandstat führt [abstraktes Gefährdungsdelikt], vgl. § 9 RN 6). Im Unterschied zu Nr. 3, wo das bloße Anbieten durch Prospekte genügt, muß hier das pornographische Erzeugnis selbst auf den Weg gebracht werden. 26

a) Unter Nr. 4 fällt nur das **Einführen im Wege des Versandhandels** (zu diesem vgl. o. 22), also der unmittelbare Versand aus dem Ausland an den Letztabnehmer („Verbraucher"); für die Belieferung eines inländischen Versandhändlers aus dem Ausland gilt dagegen Nr. 8. Als Einführer i. S. der Nr. 4 ist, abweichend von der Definition des § 23 AußenwirtschaftsVO, nur der Händler anzusehen, der den Versand der Schrift usw. in das Inland z. B. durch Aufgabe bei der Post im Ausland durchführt oder veranlaßt (vgl. auch Bay MDR **70**, 941, Stuttgart NJW **69**, 1545 zu § 184 Nr. 1 a a. F.); der Abnehmer selbst führt nicht im Wege des Versandhandels ein und ist hier so wenig strafbar wie sonst beim Beziehen pornographischer Erzeugnisse (Horn SK 31, Laufhütte LK 31, M-Schroeder I 213; and. Bremen NJW **72**, 1678 zu § 184 a. F., D-Tröndle 21). In den räumlichen Geltungsbereich dieses Gesetzes (vgl. 32 vor § 3) ist die Sendung im Postweg eingeführt, sobald sie die Grenze des Hoheitsgebiets der Bundesrepublik – also einschließlich der Zollfreigebiete i. S. des § 2 III ZollG (vgl. BGH JR **84**, 80 m. Anm. Hübner zu § 29 I Nr. 1 BtmG) – überschritten hat. 27

28 b) Strafbar ist nach Nr. 4 schon das **Unternehmen** des Einführens; zum Begriff des Unternehmens vgl. § 11 I Nr. 6 und dort RN 46ff. Die Einbeziehung des Versuchs – strafbar ist danach bereits die Aufgabe bei der Post im Ausland – ist wenig einleuchtend und dürfte praktisch nahezu bedeutungslos sein; anders als beim Unternehmen des Ausführens (vgl. Nr. 9) konnte es hier auch nicht darum gehen, möglichst frühzeitig eine Beschlagnahme zu ermöglichen, da eine solche ohnehin erst in Betracht kommt, wenn das Inland erreicht und damit das Einführen vollendet ist. Zur Zulässigkeit der Weiterleitung pornographischer Schriften von Post- und Zollbehörden an die Staatsanwaltschaften vgl. KK-Laufhütte 3 vor § 94 StPO mwN.

29 6. Der Tatbestand der **Nr. 5** erfaßt **bestimmte Arten der Werbung** (einschließlich des Anbietens), wobei diese in der 1. Alt. öffentlich und an einem bestimmten Ort, in der 2. Alt. durch Verbreiten von Schriften erfolgen muß. Beiden Alt. liegt die Erwägung zugrunde, daß diese Werbungsformen wegen ihrer Breitenwirkung oder ihres jedenfalls nicht überschaubaren Wirkungsbereichs unter dem Gesichtspunkt des Jugendschutzes besonders gefährlich sind, wobei die Gefahr hier z. T. allerdings noch wesentlich abstrakter ist als bei den übrigen im Vorfeld der Nr. 1 liegenden Gefährdungstatbeständen. Da die Bezugsquellen selbst für Jugendliche durch Nr. 1–4 verschlossen sind, ist allerdings auch hier zu fragen, ob es verfassungsrechtlich zulässig ist, statt die Einhaltung dieser Verbote zu überwachen, ein im Vorfeld liegendes Werbeverbot zu schaffen (vgl. dazu Schumann NJW 78, 1134, 2495, aber auch BVerwG NJW **77**, 1411, wo dies für § 5 GjS n. F. bejaht wird [zur Verfassungsmäßigkeit des § 5 GjS a. F. vgl. einerseits BVerfGE **11** 234, andererseits BVerwGE **39** 197]; vgl. auch o. 17, u. 38).

30 a) Beiden Tatbestandsalternativen gemeinsam ist das Werben in der Form des **Anbietens, Ankündigens** und **Anpreisens**. Beim *Anbieten* genügen hier – i. U. zu Nr. 1 und 3 („einem anderen anbietet") – i. S. eines bloßen Feilbietens (vgl. dazu Horn NJW **77**, 2331 f.) auch entsprechende Erklärungen an das Publikum, z. B. durch Plakate, Auslagen in einem Schaufenster, Aufstellen von Automaten usw. Dies gilt auch, wenn der angebotene Gegenstand tatsächlich nur an Erwachsene abgegeben und dies bereits in dem Angebot erkennbar gemacht wird, da hier schon verhindert werden soll, daß Jugendliche für solche Erzeugnisse überhaupt interessiert werden. *Ankündigen* ist jede Kundgebung, durch die auf die Gelegenheit zum Bezug aufmerksam gemacht wird (RG **37** 142, Hamm JMBlNW **58**, 111); handelt es sich um pornographische Erzeugnisse, die nicht überlassen, sondern auf andere Weise zugänglich gemacht werden sollen (z. B. Filmvorführung), so genügt ein entsprechender Hinweis. *Anpreisen* ist die lobende und empfehlende Erwähnung und Beschreibung eines bestimmten pornographischen Erzeugnisses, das Hervorheben seiner Vorzüge usw. (RG **37** 142). Enthält das Angebot usw. selbst einen pornographischen Text, so gilt schon Nr. 2.

31 *Gemeinsam* für alle diese Formen des Werbens gilt im einzelnen folgendes: 1. Nicht erforderlich ist, daß eine *Gewinnerzielung* beabsichtigt wird (BGH **34** 219 m. Anm. Meier NJW **87**, 1610). – 2. Es genügt jeweils eine versteckte Werbung, d. h. eine solche, bei der zwar nicht ausdrücklich, aber konkludent und damit erkennbar das wohlwollende Interesse des Publikums geweckt werden soll (BGH m. Anm. Meier aaO); nicht ausreichend ist daher eine kritische Auseinandersetzung, auch wenn sie objektiv geeignet ist, Interesse an der Schrift zu wecken (BGH aaO). – 3. Da der Zweck des Werbeverbots nur darin gesehen werden kann, zu verhindern, daß Jugendliche für pornographisches Material interessiert und auf die möglichen Bezugsquellen aufmerksam gemacht werden (BGH **34** 98 m. Anm. Greger JR **87**, 210, **34** 219 m. Anm. Meier aaO), muß das Objekt der Werbung *tatsächlich pornographisch* sein (Hamburg MDR **78**, 506). – 4. Nicht ausreichend ist eine *neutrale* Werbung, vielmehr ist in allen Fällen erforderlich, daß der pornographische Charakter dessen, wofür geworben wird, für den durchschnittlich interessierten und informierten Betrachter erkennbar gemacht wird und von diesem deshalb auch so verstanden werden muß (vgl. BGH **34** 96, NJW **77**, 1695, **89**, 409, Bay **79**, 46, Celle MDR **85**, 693, Frankfurt NJW **87**, 454, Karlsruhe NJW **84**, 1975, Stuttgart MDR **77**, 246, Justiz **81**, 213, Cramer AfP **89**, 611 ff., Horn SK 37, Lackner 3 a, Laufhütte LK 32, M-Schroeder I 212, Meier NStZ **85**, 341, NJW **87**, 1610, Schumann NJW **78**, 2495, Seetzen NJW **76**, 497; and. München NJW **87**, 453, Greger JR **87**, 210; dagegen soll nach BGH **33** 1; **34** 99, BVerwG NJW **77**, 1411 bei nach § 1 GjS indizierten Schriften auch die neutrale Werbung [vgl. § 5 II GjS] genügen, eine Differenzierung, die jedoch wenig einleuchtet [krit. dazu auch Laufhütte LK 20 FN 21; zu ihrer Verfassungsmäßigkeit vgl. BVerfG NJW **86**, 1241]). Die Gegenmeinung, die auch die verdeckte, d. h. inhaltlich neutrale Werbung für tatbestandsmäßig hält, führt zu einer vom Schutzzweck der Vorschrift her nicht mehr gebotenen Einschränkung der Informationsfreiheit und steht deshalb im Widerspruch zu dem auch hier zu beachtenden Grundsatz der Verhältnismäßigkeit, abgesehen davon, daß hier von dem Gedanken eines abstrakten Gefährdungsdelikts kaum noch etwas übrig bleibt (auf RG **36** 139, **57** 361 kann die abweichende Auffassung ohnehin nicht mehr gestützt werden, da das RG seine weitergehende Interpretation des § 184 I Nr. 1 a. F. ausdrücklich damit begründet hatte, daß nach der a. F. schon jedes Verbreiten

unzüchtiger Schriften unter Strafe gestellt war). Nicht notwendig ist, daß ausdrücklich auf den pornographischen Charakter aufmerksam gemacht wird, vielmehr kann dies z. B. auch versteckt mittelbar durch einen entsprechenden Hinweis im Firmennamen geschehen (z. B. „Porno-Palast"). Nicht ausreichend ist dagegen z. B. das bloße Ankündigen eines „Sex-Films" oder eines entsprechenden Filmtitels (z. B. „Blue Sex", vgl. BGH NJW **89**, 409, Cramer AfP 89, 615), da der Film nicht pornographisch zu sein braucht. Ebensowenig genügt der bloße Hinweis „Nur für Erwachsene" oder auf das Bestehen eines Werbeverbots (vgl. Stuttgart MDR **77**, 246, Mayer NJW 87, 1610, aber auch BGH **34** 99). Auch muß aus der Werbemaßnahme selbst zu entnehmen sein, daß für Pornographie geworben wird (vgl. BGH NJW **89**, 409); nicht tatbestandsmäßig ist daher z. B. eine für sich unverfängliche Zeitungsanzeige für einen Film, auch wenn der Leser weiß, daß in dem fraglichen Filmtheater regelmäßig pornographische Filme gezeigt werden (BGH aaO).

b) Nach der **1. Alt.** ist strafbar das Werben (Anbieten usw.; vgl. o. 30 f.), das **öffentlich** und zugleich an **bestimmten Orten** erfolgt, nämlich an solchen, die Jugendlichen zugänglich sind oder von ihnen eingesehen werden können (vgl. dazu o. 11 ff.). Das Anbieten usw. geschieht öffentlich, wenn es von einem größeren, individuell nicht feststehenden oder jedenfalls durch persönliche Beziehungen nicht verbundenen Personenkreis wahrgenommen werden kann (vgl. § 186 RN 19). Plakat- oder Lautsprecherwerbung für pornographische Erzeugnisse auf öffentlichen Plätzen, entsprechende Schaufensterreklame oder Fernseh- oder Rundfunkwerbung fällt daher immer unter Nr. 5, da es sich hier zugleich um Orte handelt, die für Jugendliche zugänglich sind. Nicht hierher gehört dagegen das wahllose, aber nacheinander erfolgende Ansprechen einer unbestimmten Zahl einzelner Personen auf einer Straße (vgl. aber auch RG **34** 81); hier handelt der Täter zwar an einem öffentlichen Ort, jedoch erfolgt das Anbieten usw. selbst nicht öffentlich. Daß nach der 2. Alt. beim Verteilen von Prospekten usw. etwas anderes gilt, besagt nichts, weil diese Form der Werbung infolge der Perpetuierung des gedanklichen Inhalts und der mangelnden Kontrollierbarkeit durch den Täter wesentlich gefährlicher ist. Nicht strafbar ist auch das Werben vor Jugendlichen oder an einem für Jugendliche zugänglichen Ort, wenn dies nicht öffentlich geschieht (z. B. in einem geschlossenen Jugendclub), solange dies nicht in ein Anbieten nach Nr. 1 bzw. ein Zugänglichmachen nach Nr. 2 übergeht. Umgekehrt ist auch ein öffentliches Werben nicht strafbar, wenn es nicht an einem für Jugendliche zugänglichen Ort erfolgt (z. B. Werbung vor dem Publikum eines Nachtlokals, das von Jugendlichen nicht betreten werden kann).

c) Die **2. Alt.** erfaßt die Werbung (Anbieten usw., vgl. o. 30 f.) durch **Verbreiten von Schriften außerhalb des Geschäftsverkehrs mit dem einschlägigen Handel.**

α) Zum **Verbreiten** von – das Angebot, die Ankündigung usw. enthaltenden – Schriften vgl. u. 57. Hierher gehört z. B. die Werbung durch Zeitungsanzeigen, Verteilen oder Auslegen von Reklameschriften zum Mitnehmen, Postwurfsendungen usw. Ein Verbreiten entfällt nicht deshalb, weil ein bestimmter Personenkreis persönlich angeschrieben wird, wenn dieser so groß ist, daß er nicht mehr kontrollierbar ist. Enthält die verbreitete Schrift selbst einen pornographischen Text, so ist meist einer der anderen Tatbestände des Abs. 1 erfüllt; ist dies ausnahmsweise nicht der Fall, so kann auch die mit dem – als solchem straflosen – Verbreiten pornographischer Schriften verbundene Werbung nicht nach Nr. 5 strafbar sein, so wenn z. B. an einem für Jugendliche nicht zugänglichen Ort pornographische Hefte verkauft werden, in denen weitere Titel derselben Reihe zum Bezug angeboten werden.

β) **Ausgenommen** ist das Anbieten usw. durch Verteilen von Schriften **innerhalb des Geschäftsverkehrs mit dem einschlägigen Handel.** Dazu gehört nicht nur die Anbahnung oder Fortsetzung geschäftlicher Beziehungen mit Personen, die hauptsächlich oder u. a. gerade pornographische Erzeugnisse verkaufen, vielmehr genügt es, wenn der andere Teil überhaupt mit dem Handel von Schriften, Ton- und Bildträgern usw. befaßt ist. Das Versenden von Angeboten pornographischer Literatur an Buchhändler, die bisher keine pornographische Schriften in ihrem Sortiment hatten, erfolgt daher noch innerhalb des Geschäftsverkehrs mit dem einschlägigen Handel (ebenso Laufhütte LK 33). Zulässig sind deshalb auch Anzeigen in Fachblättern des Buchhandels (vgl. auch § 5 II 2 GjS a. F.). Darauf, ob der Handel in dieser Form erlaubt ist, kommt es nicht an; straflos ist daher z. B. auch das Versenden von Prospekten an Versandunternehmen (strafbar wäre jedoch nach Nr. 8 die spätere Lieferung; vgl. ferner § 21 I Nr. 5 GjS). Handel i. S. der Nr. 5 ist nicht nur das auf Veräußerung von Waren gerichtete Gewerbe, sondern z. B. auch die Tätigkeit von Filmverleihfirmen.

7. Nach **Nr. 6** ist strafbar, wer pornographische Erzeugnisse **an einen anderen gelangen läßt, ohne von diesem dazu aufgefordert zu sein** (zum Rechtsgut vgl. o. 3). Das *Gelangenlassen,* das auch im Rahmen einer nichtkommerziellen Betätigung erfolgen kann, ist dem Zugehen i. S. des BGB vergleichbar und bedeutet, daß die Schrift usw. so in den Verfügungsbereich eines anderen überführt

wird, daß dieser vom Inhalt Kenntnis nehmen kann; daß er tatsächlich Kenntnis genommen hat, ist nicht erforderlich (D-Tröndle 23, Lackner 3a). Dabei muß die Schrift selbst in den Verfügungsbereich des anderen gelangt sein. Eine sonstige Konfrontation mit Pornographie durch ungewolltes Vorführen, Vorlesen, Vorzeigen usw. genügt nicht (so z. B., wenn in einem Kino andere Filme als die angekündigten vorgeführt werden; vgl. jedoch Nr. 7). Das Gelangenlassen kann u. U. auch durch bloßes Unterlassen (z. B. durch Liegenlassen in einer fremden Wohnung) erfolgen; ob dies auch für das Liegenlassen in öffentlichen Verkehrsmitteln oder an sonst allgemein zugänglichen Orten gilt (vgl. D-Tröndle 23, Laufhütte JZ 74, 48, LK 35), ist jedoch zumindest zweifelhaft, da hier andere (z. B. Mitreisende) nur durch einen zusätzlichen eigenen Akt die Verfügungsgewalt erlangen können und Nr. 6 ersichtlich auch nicht den Schutz vor ungewollter Konfrontation mit Pornographie in der Öffentlichkeit bezweckt (z. B. pornographische Plakate); erst recht nicht ausreichend ist schon nach dem Sinn der Nr. 6 das Zulassen der Entwendung (so jedoch Horn SK 48, der hierin nur ein Vorsatzproblem sieht). Weitere Voraussetzung ist, daß die Schrift usw. ohne vorherige, ausdrückliche oder konkludente *Aufforderung* in den Gewahrsam desjenigen gelangt, der nach dem Willen des Täters der Empfänger sein sollte. Der den Tatbestand ausschließenden Aufforderung des anderen muß nach dem Sinn des Gesetzes die vorherige (ausdrückliche oder konkludente) Einwilligung gleichstehen. Eine nur zu vermutende Einwilligung genügt nicht (Laufhütte LK 35), doch kann hier nach allgemeinen Grundsätzen die Rechtswidrigkeit ausgeschlossen sein (vgl. 54 ff. vor § 32), was z. B. bei der unaufgeforderten Zusendung von pornographischem Werbematerial an einen Stammkunden von Bedeutung sein kann.

37   8. Nach **Nr. 7** ist strafbar, wer pornographische Darstellungen **in einer öffentlichen Filmvorführung gegen ein Entgelt zeigt, das ganz oder überwiegend für diese Vorführung verlangt wird.** Die Vorschrift dient primär dem Jugendschutz, daneben auch dem Schutz Erwachsener vor ungewollter Konfrontation mit Pornographie (BVerfGE **47** 117).

38   Unter dem Gesichtspunkt des Jugendschutzes wurde die Vorschrift für erforderlich gehalten, weil sich § 6 JÖSchG a. F. als unzulänglich erwiesen habe und eine wirksame Alterskontrolle nicht gewährleistet sei (vgl. die Nachw. in BVerfGE **47** 119). Wird sie im Einzelfall jedoch wirksam gehandhabt (Ausweiskontrolle), so liegt im Hinblick auf den Jugendschutz nicht einmal eine abstrakt gefährliche Handlung vor. Dasselbe gilt hinsichtlich des Schutzes Erwachsener vor ungewollter Konfrontation mit Pornographie, wenn der Besucher auf den pornographischen Charakter des Films hingewiesen worden ist (vgl. auch M-Schroeder I 211). Ebenso wie bei Nr. 3 (vgl. o. 17) ist daher auch hier eine entsprechende **Einschränkung des Tatbestands** geboten. Die verfassungsrechtlichen Bedenken, die andernfalls gegen Nr. 7 bestehen, sind auch durch BVerfGE **47** 119 nicht ausgeräumt. Das BVerfG begnügte sich hier mit der Feststellung, daß der Gesetzgeber „offenbar" auf Grund der bisherigen Erfahrungen der Auffassung gewesen sei, daß Alterskontrollen „nicht ausreichen und daß sich „gesicherte Anhaltspunkte dafür, daß das nicht zutreffe" nicht gewinnen ließen (ähnlich BVerfG NJW **77**, 2207).

38a Noch problematischer wird die Vorschrift durch die sog. **Entgeltklausel** (vgl. u. 41 ff.). Diese soll nicht das besondere Gewinnstreben erfassen – ein Gesichtspunkt, auf den es in diesem Zusammenhang ohnehin nicht ankommen kann –, vielmehr hat der Gesetzgeber in ihr ein „einigermaßen brauchbares Abgrenzungskriterium" gesehen, mit dem es möglich sein soll, einerseits herkömmliche Kinos von pornographischen Filmen freizuhalten, andererseits das ungereimte Ergebnis zu vermeiden, daß das Vorführen pornographischer Filme auch in Nachtlokalen u. ä. strafbar wird, in denen ein entsprechendes Verbot gegen die bereits erfolgte Vorführung sexueller Handlungen nicht besteht (BT-Drs. VI/3521 S. 21, 61, Laufhütte JZ 74, 49). Abgesehen davon, daß sie zu kaum lösbaren Abgrenzungsfragen und zu „intrikaten Beweisschwierigkeiten" (Dreher JR 74, 57) führt, ist die Entgeltklausel jedoch kein geeignetes Mittel zur Erfüllung des im Vordergrund stehenden Zwecks des Jugendschutzes (and. BVerfGE **47** 117). Wenn etwa das BVerfG aaO 118 darauf hinweist, daß nach der Entgeltklausel der Besuch pornographischer Filme rechnerisch mindestens das Doppelte der für den Besuch eines herkömmlichen Filmtheaters notwendigen Aufwendungen erfordere und daß insoweit eine Hürde errichtet sei, „die jedenfalls nicht generell ungeeignet erscheint, Jugendlichen den Besuch pornographischer Filmveranstaltungen zu erschweren", so ist dies allein eine Folge des erhöhten Eintrittspreises, ohne daß es dann aber noch darauf ankommen dürfte, ob die Nebenleistung mit der Filmvorführung in einem inneren Zusammenhang steht und wie ihr Preis berechnet worden ist (vgl. u. 41b ff.). Hinzukommt, daß die Ergebnisse, zu denen die Entgeltklausel führt, nicht weniger ungereimt sind als die, die das Gesetz vermeiden wollte. Ging es darum, Nachtlokale freizustellen, weil diese für Jugendliche ohnehin nicht ohne weiteres zugänglich sind, so kann es auch nicht mehr darauf ankommen, wofür das Entgelt überwiegend verlangt wird, ob für Getränke, pornographische „Live-Shows" oder Filme. Trotzdem ist der Nachtclubbesitzer im letzten Fall strafbar (BT-Drs. VI/3521 S. 61, BVerfGE **47** 127), weshalb ihm nur geraten werden kann, sein Programm so mit pornographischen „Live-Shows" anzureichern, daß gelegentliche Filmvorführungen trotz wie überhöhter Getränkepreise bei der Endabrechnung nicht mehr entscheidend zu Buche schlagen. Ebenso ist ein Sex-Shopbesitzer, der den kostenlosen Besuch einer Filmvorführung vom Kauf von Waren im Wert von 6 DM abhängig macht, zwar strafbar, wenn sich die Kosten der Filmvorführung – wenn auch nur geringfügig – in dem Warenpreis niederschlagen, nicht aber, wenn dies nicht der Fall ist (Karlsruhe OLGSt § 184 S. 101f.; vgl. auch u. 41a). Nicht strafbar ist nach der Entgeltklausel ferner z. B. der Gastwirt, der nebenbei zur Steigerung seines Umsatzes pornographische Filme vorführt (vgl. Koblenz MDR **78**, 776). Auch Kinobesitzer sind von der Vorschrift nicht generell erfaßt, so nach Stuttgart OLGSt § 184 S. 74 nicht, wenn der bei einem Einheitspreis von 10 DM für Getränke berechnete Teilbetrag von 5 DM angemessen ist (eine Flasche Sekt-Piccolo), während Strafbarkeit anzunehmen wäre, wenn der Besucher bei demselben Preis z. B. nur eine Flasche Bier erhielte. Solche Differenzierungen sind unter dem Gesichtspunkt des Jugendschutzes nicht nur völlig sinnwidrig, sondern auch willkürlich. Dennoch hat BVerfGE **47** 116 die Verfassungsmäßigkeit der Nr. 7 bejaht (ebenso schon BVerfG GewA **76**, 161, NJW **77**, 2207, ferner z. B. BGH **29** 70, MDR **78**, 768, Seetzen NJW **76**, 497).

a) Erfaßt werden von Nr. 7 nur **Filmvorführungen,** wobei es unerheblich ist, ob diese in **39** herkömmlicher Weise erfolgen oder der Besucher gegen Münzeinwurf einen Filmautomaten selbst betätigen kann (KG NStZ **85**, 220; and. M-Schroeder I 211; vgl. aber auch u. 40). Keine Filmvorführung ist aber das Vorführen anderer Ton- und Bildträger, daher auch nicht von pornographischen Diapositiven (unzulässige Analogie; ebenso Horn SK 52; and. D-Tröndle 24, Laufhütte LK 36), obwohl die Möglichkeit einer Jugendgefährdung hier nicht anders zu beurteilen ist als bei Filmen.

b) Die Filmvorführung ist **öffentlich,** wenn sie von einem größeren, individuell nicht festste- **40** henden oder jedenfalls durch persönliche Beziehungen nicht verbundenen Personenkreis gleichzeitig wahrgenommen werden kann (vgl. Bay NJW **76**, 528, KG JR **78**, 166, NStZ **85**, 220; vgl. auch o. 32). Daß für den Film nach § 6 JSchÖG Jugendverbot besteht, ändert daran nichts, selbst wenn dieses kontrolliert und der Kreis der möglichen Besucher dadurch auf Erwachsene beschränkt wird (KG aaO unter Hinweis auf BGH 5 StR 598/76 v. 15. 2. 1977; vgl. jedoch o. 38, 17); öffentlich sind daher z. B. auch Filmvorführungen in einem sog. Sex-Shop, zu dem Jugendliche keinen Zutritt haben (Düsseldorf OLGSt § 184 S. 71, KG aaO, Karlsruhe OLGSt § 184 S. 99, D-Tröndle 24). Auch entfällt die Öffentlichkeit nicht deshalb, weil der Zutritt zwar von einer sog. Mitgliedschaft abhängig ist, diese jedoch mit dem Besuch des Lokals und praktisch nur für die Zeit des Aufenthalts erworben wird (zu § 184 a. F. vgl. Hamm NJW **73**, 817). Nicht öffentlich sind dagegen geschlossene Veranstaltungen eines Vereins ausschließlich für Vereinsmitglieder, soweit es sich nicht um Massenvereine handelt (vgl. § 183a RN 4); hier kommt nur Nr. 1 oder 2 in Betracht. Kein öffentliches Vorführen ist auch das Aufstellen eines Filmautomaten (z. B. in einer Videothek), bei dem die Filmvorführung jeweils nur von einer Person oder von unbestimmt vielen Einzelpersonen nacheinander verfolgt werden kann (Bay NJW **76**, 527, KG NStZ **85**, 220, LG Dortmund MDR **75**, 163); Entsprechendes gilt, wenn hier an die Stelle der Einzelperson nur ein individuell bestimmbarer kleiner Personenkreis treten kann (vgl. KG aaO: 2–5 Personen).

c) Strafbar ist das Zeigen pornographischer Darstellungen in einer öffentlichen Filmvorfüh- **41** rung nur, wenn es **gegen ein Entgelt erfolgt, das ganz oder überwiegend für diese Vorführung verlangt wird** (vgl. auch o. 38a). Dabei ist es gleichgültig, ob das Entgelt ausdrücklich als Gegenleistung für die Filmvorführung bezeichnet wird oder ob es in versteckter Form z. B. auf die Getränkepreise aufgeschlagen wird (BVerfGE **47** 121f., 125f., Hamm MDR **78**, 775, KG JR **77**, 379 m. Anm. Rudolphi, Koblenz MDR **78**, 776); notwendig ist jedoch immer, daß es ganz oder überwiegend die Gegenleistung gerade für die Vorführung des pornographischen Films darstellt. Im einzelnen gilt folgendes:

α) Straflos ist die Vorführung eines pornographischen Films, wenn sie **unentgeltlich** angeboten **41a** wird (vom Gesetzgeber bewußt in Kauf genommen, da mit solchen Veranstaltungen nicht gerechnet zu werden brauche). Nicht nach Nr. 7 strafbar ist daher z. B. der Gastwirt, der ohne Preisaufschlag zur Steigerung seines Umsatzes pornographische Filme vorführt (Koblenz MDR **78**, 776); das gleiche gilt für den Sex-Shopbesitzer, der den unentgeltlichen Zutritt zu einer Filmvorführung vom vorherigen Erwerb von Waren in Höhe eines bestimmten Mindestbetrags abhängig macht, wenn kein Anteil am Verkaufspreis der Waren Entgelt für die Filmvorführung ist (Bay **79**, 34, Karlsruhe OLGSt § 184 102; enger wohl KG JR **78**, 166, weitergehend dagegen Düsseldorf OLGSt § 184 S. 71; in Betracht kommt hier aber ein Verstoß gegen § 1 ZugabeVO [vgl. dazu auch Bay **79**, 34, Köln MDR **77**, 691]).

β) Die 1. Alt. des **„ganz" für die Filmvorführung verlangten Entgelts** erfaßt zunächst den **41b** Fall, daß diese die einzige vom Besucher bezahlte Leistung darstellt. Darüber hinaus ist aber auch bei einer Koppelung der Filmvorführung mit einer Nebenleistung der auf die erstere entfallende Anteil des Gesamtentgelts dann als „ganz für die Vorführung verlangt" anzusehen, wenn zwischen ihr und der Nebenleistung kein Zusammenhang besteht, und zwar unabhängig davon, ob die Einzelanteile als solche sichtbar gemacht sind (BVerfGE **47** 122, 126, BGH **29** 71 m. Anm. Mösl LM Nr. 5, Karlsruhe OLGSt § 184 S. 99f., Stuttgart Justiz **79**, 387; mißverständlich Hamm MDR **78**, 775). An einem solchen Zusammenhang fehlt es, wenn die Nebenleistung keinerlei sachlichen Bezug zu der Filmvorführung hat, d. h. wenn sie nicht dazu

§ 184 41c, 41d   Bes. Teil. Straftaten gegen die sexuelle Selbstbestimmung

bestimmt und geeignet ist, dem Besuch der Vorführung zu dienen oder diesen auch nur angenehmer zu machen (so z. B. wenn der Besucher zusätzlich Schallplatten, Porno-Hefte, Präservative usw. erhält, vgl. BGH **29** 71, Hamm MDR **78**, 775, Karlsruhe OLGSt § 184 S. 100; krit. zu dieser „Zusammenhangslösung" Rogall JZ 79, 717). Darauf, welcher der beiden Entgeltanteile überwiegt, kommt es hier mithin nicht an.

41c γ) Die 2. Alt. des **„überwiegend" für die Filmvorführung verlangten Entgelts** ist nur von Bedeutung, wenn zwischen der Vorführung und einer damit gekoppelten Nebenleistung ein sachlicher Zusammenhang besteht (BVerfGE **47** 122, BGH **29** 71 m. Anm. Mösl LM Nr. 5 u. Rogall JZ 79, 715, MDR **78**, 768, Lackner 3b, Laufhütte LK 38f.). Um einen solchen Zusammenhang handelt es sich insbes. bei den mit der Verabreichung von Getränken usw. verbundenen Mischformen von herkömmlichem Kino- und Barbetrieb (nach BGH **29** 71 nicht dagegen bei zusätzlicher Überlassung von Schallplatten oder pornographischen Magazinen; offengelassen von VGH München GewA **86**, 25 bei Pralinen). Dabei ist es auch hier gleichgültig, ob zwischen der Vorführung und der weiteren Leistung (Getränke usw.) nach außen sichtbar getrennt oder ob ohne solche Kennzeichnung ein einheitlicher Preis verlangt wird (BVerfGE **47** 126, BGH MDR **78**, 768, Koblenz MDR **78**, 776, OLGSt § 184 S. 109, Laufhütte LK 38; and. noch BGH GewA **77**, 204, Karlsruhe MDR **78**, 507, wo bei einer nach außen sichtbaren Aufteilung des Gesamtentgelts angenommen wurde, daß der auf die Filmvorführung entfallende Anteil „ganz" für diese verlangt werde).

41d Nahezu aussichtslos ist der Versuch, zur Bestimmung des „überwiegenden" Anteils einen Berechnungsmodus zu finden, der dem Gesetzeszweck auch nur einigermaßen gerecht wird (vgl. auch BGH MDR **78**, 769, wonach die endgültige Klärung dieser von zahlreichen Gerichten ganz verschieden beantworteten Frage „i. S. einer einfachen, umfassenden und für jedermann überschaubaren Lösung nur vom Gesetzgeber erwartet werden kann"; vgl. in diesem Zusammenhang auch BGH **29** 73 zum Verbotsirrtum, ferner D. Mayer JuS 79, 251 und die Rechtsprechungsübersicht von Rogall JZ 79, 715; vgl. aber auch Laufhütte LK 37). Allgemein angenommen wird, daß es auf die nominelle Deklaration der Preisanteile nicht ankommen kann, obwohl Nr. 7 an sich nur auf das „verlangte" Entgelt abstellt (vgl. z. B. BVerfGE **47** 111, BGH MDR **78**, 768, Stuttgart NStZ **81**, 262, D-Tröndle 24). Auch das Verhältnis der im Film- und gastronomischen Bereich gemachten betrieblichen Aufwendungen kann nicht maßgebend sein, weil die Entscheidung sonst weitgehend vom Zufall abhinge (z. B. davon, ob die Einrichtung bereits amortisiert ist; vgl. auch BGH MDR **78**, 768: jedenfalls nicht allein maßgebend; gegen eine interne Gesamtkalkulation BVerfGE **47** 126, Stuttgart NStZ **81**, 262). Nach BGH **29** 70 soll deshalb bei der Frage, welcher Teil überwiegt, auf das angemessene und übliche Entgelt für beide Teilleistungen abzustellen sein (ebenso Laufhütte LK 40, Rogall JZ 79, 717; vgl. auch schon BVerfGE **47** 122, BGH MDR **78**, 768, aber auch Stuttgart NStZ **81**, 262, wonach es auf den angemessenen Wert der Nebenleistung nur ankommen soll, wenn der Gesamtpreis wenigstens das Doppelte des angemessenen Entgelts für die Filmvorführung ausmacht). Damit ist zwar die Beweisführung wesentlich erleichtert (zu den erforderlichen Feststellungen im Urteil vgl. Koblenz OLGSt § 184 S. 109), gemessen am Gesetzeszweck wird die Strafbarkeit auf diese Weise jedoch von völlig sachfremden Kriterien abhängig gemacht: Wenn die Entgeltklausel nach BVerfGE **47** 118 deshalb „nicht generell ungeeignet erscheint, Jugendlichen den Besuch pornographischer Filmveranstaltungen zu erschweren", weil der Besuch rechnerisch mindestens das Doppelte des Eintrittsgelds für ein herkömmliches Filmtheater kostet, so ist es völlig unerheblich, ob der Besucher bei einem Gesamtentgelt von z. B. 10 DM als Nebenleistung nur eine Flasche Bier oder – vgl. den Fall von Stuttgart OLGSt § 184 S. 77 – eine Flasche Sekt-Piccolo (Preis: 5 DM) erhält. Sicherzustellen, daß Besucher mindestens das Doppelte des Entgelts für eine herkömmliche Filmvorführung aufwenden müssen, um so für Jugendliche eine gewisse Hürde zu errichten (so auch Stuttgart NStZ **81**, 262), kann schon deshalb nicht der Sinn der Entgeltklausel sein, weil dieser Effekt auch wesentlich einfacher zu erreichen wäre (Zutritt in „Porno-Kinos" nur gegen das Doppelte des normalen Eintrittspreises). Unter diesen Umständen bleibt nur die Möglichkeit, die Entgeltklausel hier so umzudeuten, daß sie dem mit ihr vom Gesetzgeber verfolgten Zweck so weit als möglich Rechnung trägt. Besteht dieser darin, Kinos von pornographischen Filmen freizuhalten, so bedeutet dies, daß die Voraussetzungen der Entgeltklausel unabhängig von der Preisgestaltung grundsätzlich dann als gegeben anzusehen sind, wenn nach dem Zuschnitt des fraglichen Betriebs in dem Rechtsverhältnis zwischen Unternehmer und Besucher die Elemente überwiegen, die für den mit einem gewöhnlichen Filmtheater abgeschlossenen Vertrag wesentlich sind; je mehr sich dagegen der Betrieb vom reinen Kinounternehmen entfernt und durch Leistungen bestimmt wird, die auch im Gaststättengewerbe üblich sind – wofür z. B. die Art der Einrichtung, das Angebot an Getränken, die nicht auf die Zeit der Vorführung beschränkte Verweildauer von Bedeutung sein kann –, um so eher ist auch seine Gleichstellung mit jenen Lokalen gerechtfertigt, die nach der Entstehungsgeschichte der Nr. 7 ausgenommen bleiben sollten (ebenso KG JR **77**, 379 m. Anm. Rudolphi, Horn SK 54; vgl. auch Koblenz MDR **78**, 776, D. Mayer JuS 79, 251; and. BVerfGE **47** 123, KG JR **78**, 166, Koblenz **78**, 776, Lackner 3b: nur Indiz neben der Preisgestaltung; vgl. auch Laufhütte LK 40). Eine solche „teleologisch begründete Gesetzeskorrektur" (zu deren Zulässigkeit vgl. Larenz, Methodenlehre der Rechtswissenschaft, 5. A., 384) muß auch im Strafrecht möglich sein, wenn der Gesetzeszweck eindeutig zu ermitteln und nicht auf andere Weise zu verwirklichen ist. Der Gesetzeswortlaut setzt hier nur insofern eine Grenze, als dies nicht zu Lasten des Täters gehen darf (insoweit berechtigt die Einwände von BVerfGE **47** 123, Stuttgart OLGSt § 184 S. 76). Trotz des überwiegend einem herkömmlichen Kino entsprechenden Charakters des fraglichen Betriebs ist Nr. 7 daher nicht anwendbar, wenn die Preise für Filmvorführung und Nebenleistung angemessen sind und der Anteil für die Vorführung nicht überwiegt (so in dem Fall von Stuttgart aaO).

9. Der Tatbestand der **Nr. 8** erfaßt **bestimmte Vorbereitungshandlungen** zu den Taten nach **42** Nr. 1–7. Strafbar ist danach das Herstellen, Beziehen, Liefern, Vorrätighalten und das Unternehmen des Einführens pornographischer Schriften usw. zur eigenen oder fremden Verwendung i. S. der Nr. 1–7. Dabei genügt es auch, wenn nicht die fragliche Schrift selbst, sondern die aus ihnen gewonnenen Stücke in dem genannten Sinn verwendet werden sollen, der Täter also nur das „Mutterstück" herstellt usw. Erfaßt sind damit zunächst solche Stücke, welche die unmittelbare technische Gewinnung des Endprodukts ermöglichen (z. B. Platten, Drucksätze, Matrizen, Negative; vgl. BGH **32** 1). Zweifelhaft ist jedoch, ob hierher auch Manuskripte, Drehbücher usw. gehören, die lediglich als Vorlage für den Inhalt der für die Verwendung i. S. der Nr. 1–7 gedachten Stücke dienen sollen. BGH **32** 1 hat dies für den insoweit entsprechenden Tatbestand des Herstellens in § 131 I Nr. 4 (entspr. § 184 III Nr. 3) grundsätzlich bejaht, jedoch mit der Einschränkung, daß ein für den Druck gedachtes Manuskript erst dann i. S. dieser Vorschriften hergestellt sei, „wenn der zu veröffentlichende Inhalt feststeht und der Weg zur technischen Vervielfältigung freigegeben ist". Will man Manuskripte als „Mutterstück" nicht schlechthin ausnehmen – jeder Verfasser könnte dann nur noch Teilnehmer an der fremden Herstellung sein –, so ist eine solche Restriktion bei den für viel zu weiten Vorfeldtatbeständen der §§ 131 I Nr. 4, 184 I Nr. 8, III Nr. 3, bei denen schon genügt, daß eine Verwendung durch Dritte ermöglicht werden soll, in der Tat unumgänglich. Entsprechende Einschränkungen können auch bei den anderen Begehungsmodalitäten geboten sein, wo sich die gleichen Fragen stellen können (z. B. Vorrätighalten oder Einführen eines Manuskripts, für das noch kein Abnehmer vorhanden ist). In Erweiterung von BGH **32** 1 wird man hier deshalb ganz allgemein verlangen müssen, daß bei Manuskripten usw., aus denen die für die Verwendung vorgesehenen Stücke nicht unmittelbar gewonnen werden können, die Gefahr jederzeit möglicher Verwendung „bereits ganz nahe gerückt ist" (S. 8; ebenso Laufhütte LK 41).

a) **Herstellen** ist das Anfertigen pornographischer Schriften usw., die entweder selbst oder **43** als „Mutterstück" für eine Verwendung i. S. der Nr. 1–7 vorgesehen sind. Hersteller ist daher z. B. sowohl der Photograph, der die pornographische Szene aufnimmt (Gewinnung des Negativs; überholt damit Bay MDR **58**, 443, Hamburg MDR **63**, 1027), als auch derjenige, der aus dem Negativ die pornographischen Bilder herstellt. Hergestellt ist die Schrift usw. erst mit Erreichen eines Zustands, in dem sie für den fraglichen Zweck geeignet ist (vgl. Horn SK 58); zu weitergehenden Einschränkungen bei Manuskripten vgl. o. 42. Lediglich eine Unterart des Herstellens ist das Vervielfältigen.

b) **Beziehen** ist das Erlangen tatsächlicher eigener Verfügungsgewalt durch abgeleiteten Er- **44** werb (also nicht eigenmächtiges Sichverschaffen; vgl. auch RG **77** 118) von einem anderen, gleichgültig, ob dies entgeltlich oder unentgeltlich geschieht. Der bloße Abschluß eines Kaufvertrags ist noch kein Beziehen.

c) **Liefern** ist der entsprechende Vorgang auf der Gegenseite und bedeutet die Übergabe der **45** Sache zur eigenen Verfügungsgewalt des Bestellers. Aus diesem Grund kann das Vermieten pornographischer Filme durch eine Filmverleihfirma zur Verwendung nach Nr. 7 – wenig sachgerecht – nur durch die Alt. des Vorrätighaltens (vgl. u. 46) erfaßt werden (in BGH **29** 68 wird hier Nr. 8 ohne nähere Prüfung bejaht). Das unaufgeforderte Gelangenlassen an einen anderen genügt nicht (vgl. D-Tröndle 29).

d) Das **Vorrätighalten,** das dem Herstellen oder Beziehen zeitlich vielfach nachfolgen wird, **46** bezeichnet das Besitzen zu einem bestimmten Verwendungszweck (RG **42** 210; näher dazu Horn NJW 77, 2331). Ein „Vorrat" ist nicht erforderlich; es genügt, daß einzelne Stücke zur Disposition stehen (RG **42** 210, **62** 396). Hinzukommen muß jedoch, daß der Täter eigene Verfügungsgewalt besitzt, d. h. über den Absatz jedenfalls mitbestimmen kann. Das bloße Verwahren ist kein Vorrätighalten.

e) Zum **Unternehmen des Einführens** in den Geltungsbereich dieses Gesetzes vgl. zunächst **47** o. 26 ff. *Einführen* i. S. der Nr. 8 ist das Verbringen der Sache über die Grenze, soweit dies nicht im Wege des Versandhandels an den Letztbezieher geschieht, weil dafür Nr. 4 gilt. Abweichend von § 23 AußenwirtschaftsVO ist auch hier Einführer nur derjenige, der die Sache entweder selbst über die Grenze bringt oder in dessen Auftrag sie über die Grenze gebracht wird. Dagegen ist z. B. der inländische Versandhändler, der sich von einem ausländischen Hersteller beliefern läßt, nicht selbst Einführer i. S. der Nr. 8. Würde er die pornographischen Erzeugnisse beim inländischen Hersteller beziehen, so würde er sich nach der 2. Alt. erst strafbar machen, wenn die Sachen in seinen Besitz gelangt sind (vgl. o. 44); es ist deshalb nicht einzusehen, warum er mit der Begründung, er sei Einführer i. S. der 4. Alt., bei einem Bezug aus dem Ausland schon wesentlich früher (Versuch!) strafbar sein sollte. *Unternommen* (Versuch!) ist die Einfuhr bereits, wenn die Sache einen grenznahen Ort erreicht hat und von dort aus in Richtung Grenze in Bewegung gesetzt wird (vgl. BGH MDR 83, 685 mwN zum Versuch der Einfuhr).

48 f) In allen Fällen ist außer dem Vorsatz (vgl. u. 66) erforderlich, daß der Täter handelt, **um die hergestellten usw. pornographischen Erzeugnisse oder aus ihnen gewonnene Stücke** (z. B. Nachdrucke, Abzüge usw.) **i. S. der Nr. 1–7 zu verwenden oder einem anderen eine solche Verwendung zu ermöglichen.** Soweit es sich um das Unternehmen des Einführens handelt, ist dies allerdings in bezug auf Nr. 4 nicht möglich. Im übrigen ist hier Absicht i. S. von zielgerichtetem Handeln erforderlich (BGH 29 72; vgl. § 15 RN 66 ff.). Soweit der Täter handelt, um einem anderen die Verwendung zu ermöglichen, braucht diese jedoch nicht selbst beabsichtigt zu sein; es genügt, wenn er das Ziel verfolgt, eine Situation zu schaffen, in welcher der andere die fraglichen Gegenstände i. S. der Nr. 1–7 verwenden kann. Dies ist z. B. auch der Fall, wenn es dem Täter letztlich nur um den Kaufpreis geht, da er seinen eigenen Vorteil hier nur über die Herbeiführung der genannten Situation erreichen kann.

49 10. Strafbar ist nach **Nr. 9** das **Unternehmen der Ausfuhr** pornographischer Schriften usw., um diese selbst oder aus ihnen gewonnene Stücke im Ausland entgegen den dort geltenden Strafvorschriften zu verbreiten oder öffentlich zugänglich zu machen oder eine solche Verwendung zu ermöglichen. Zur *Ausfuhr,* d. h. dem Verbringen über die Grenzen der Bundesrepublik, gehört auch die Durchfuhr (Schleswig NJW 71, 2319); zum Begriff des *Unternehmens* vgl. § 11 I Nr. 6 u. dort RN 58 ff. *Ausland* war nach dem Sinn der Vorschrift (vgl. o. 3) vor dem Beitritt auch die DDR, was für vorher begangene Taten von Bedeutung ist (ebenso Laufhütte LK 43; and. D-Tröndle 32). Andererseits besteht nach der ratio legis kein Anlaß, Nr. 9 auch anzuwenden, wenn der Täter die beabsichtigte Verbreitung usw. in dem betreffenden Land fälschlich für strafbar hält (and. D-Tröndle 32). Die *Absicht* (vgl. o. 48) muß hier auf das *Verbreiten* (vgl. u. 57) oder *öffentliche Zugänglichmachen* (vgl. u. 58) bzw. auf die Ermöglichung einer solchen Verwendung gerichtet sein.

50 Nicht unter Nr. 9 fällt dagegen der *Versandhandel* in das Ausland. Dieser kann jedoch nach Nr. 3 strafbar sein, was allerdings voraussetzt, daß auch in dem betreffenden Staat ein Pornographieverbot unter dem Gesichtspunkt des durch Nr. 3 geschützten Rechtsguts (Jugendschutz) besteht (vgl. Karlsruhe NJW 87, 1957). Entsprechendes gilt für Vorbereitungshandlungen hierzu nach Nr. 8.

51 V. Die Verbreitung pornographischer Darbietungen durch den **Rundfunk** wird in **Abs. 2** ausdrücklich genannt, weil zweifelhaft erschien, ob Abs. 1 auch Live-Sendungen erfaßt. Der Begriff Rundfunk umfaßt dabei nach neuerem Sprachgebrauch den für die Allgemeinheit bestimmten Ton- und Bildfunk (vgl. Horstkotte JZ 74, 47); ein öffentlich-rechtlicher Status ist dafür nicht erforderlich, weshalb auch das Privatfernsehen unter die Vorschrift fällt (zu weitgehend jedoch D-Tröndle 33: auch Amateur-Funk). Darbietungen i. S. des Abs. 2 sind nur Live-Sendungen, nicht dagegen die Reproduktion von Ton- oder Bildträgern, da diese bereits von Abs. 1 erfaßt ist (D-Tröndle 33; and. Lackner 3 c). Täterschaftliches Verbreiten ist durch jeden für die Sendung (Mit-)Verantwortlichen möglich (z. B. Programmdirektor, verantwortlicher Redakteur, entgegen Lackner 3a jedoch nicht der Autor oder Produzent).

52 VI. Auch die sog. **harte Pornographie** des **Abs. 3** ist Pornographie i. S. des Abs. 1, für die deshalb zunächst einmal Abs. 1 Nr. 1–9 gilt. Über Abs. 1 hinaus werden hier jedoch noch weitere Begehungsmodalitäten erfaßt, nämlich nach Nr. 1 das Verbreiten schlechthin (also auch unter Erwachsenen), nach Nr. 2 das öffentliche Ausstellen usw., auch soweit dies nicht an einem für Jugendliche zugänglichen Ort i. S. des Abs. 1 Nr. 2 geschieht, endlich nach Nr. 3 gewisse Vorbereitungshandlungen zu diesen Taten. Zum Rechtsgut vgl. o. 3.

53 1. Als sog. **harte Pornographie** sieht das Gesetz pornographische Schriften usw. (vgl. o. 3 ff.) an, die Gewalttätigkeiten, den sexuellen Mißbrauch von Kindern oder sexuelle Handlungen von Menschen mit Tieren zum Gegenstand haben. Von diesem besonderen Inhalt abgesehen, ist der Pornographiebegriff hier jedoch derselbe wie in Abs. 1 (BGH MDR/H 78, 804, Laufhütte LK 13; and. D-Tröndle 34).

54 a) **Gewalttätigkeiten** i. S. des Abs. 3 sind nur solche gegen Menschen (entsprechend z. B. § 131; vgl. dort RN 7); erforderlich ist daher die Entfaltung physischer Kraft unmittelbar gegen die Person in einem aggressiven Handeln (BGH NJW 80, 66, Karlsruhe GA 77, 246, Köln NJW 81, 1458, Laufhütte LK 14). Die Gewalttätigkeit kann als solche sexuellen Charakter haben, wobei dann auch ein einverständliches Handeln genügt (z. B. Darstellung sadistischer oder sadomasochistischer Handlungen; vgl. Karlsruhe aaO, Köln aaO, Hanack NJW 74, 7). Sie kann aber auch Nötigungsmittel zur Erreichung sexueller Ziele sein (z. B. Darstellung einer Vergewaltigung); eine vis haud ingrata genügt daher nicht, ebensowenig eine Nötigung durch Be-

drohung mit einer künftigen Gewalttätigkeit (BGH NJW 80, 66). Ob die Schrift usw. Gewalttätigkeiten **zum Gegenstand hat,** hängt von dem Gesamteindruck ab, den ein objektiver Betrachter gewinnen muß (Köln NJW 81, 1458). Daran fehlt es zwar, wenn eine an sich gewalttätige Handlung durch die Art der Darstellung, Zusätze usw. so relativiert oder verfremdet wird, daß sie insgesamt den Charakter einer Gewalttätigkeit verliert (Köln aaO). Nicht erforderlich ist dagegen, daß auch der Eindruck der Echtheit vermittelt wird; um eine Darstellung von Gewalttätigkeiten handelt es sich daher auch, wenn die Szenen eines Filmes erkennbar gestellt und überdies schlecht gespielt sind (vgl. näher Köln aaO).

b) Der sexuelle **Mißbrauch von Kindern** betrifft Handlungen nach § 176 (vgl. dort die Überschrift), die auch von Kindern untereinander vorgenommen werden können (KG NJW 79, 1897); Handlungen nach § 176 V generell auszunehmen, besteht kein Anlaß (so aber Laufhütte LK 15). **Zum Gegenstand** hat die Schrift usw. solche Handlungen nur, wenn diese der Darstellung unmittelbar selbst zu entnehmen sind, aus der sich auch ergeben muß, daß es sich um Kinder unter 14 Jahren handelt (Horn SK 65). Nicht erfaßt sind daher Darstellungen, die zwar den Schluß zulassen, daß sie durch eine Handlung nach § 176 V Nr. 2 zustandegekommen sind, die aber keine solche Handlung nicht zum Inhalt haben (z. B. Nacktaufnahme eines Kindes in obszöner Stellung oder bei Vornahme sexueller Handlungen an sich selbst; and. Koblenz NJW 79, 1467, KG NJW 79, 1897, München OLGSt **Nr. 1**). Dieses Ergebnis mag nach dem Gesetzeszweck zwar wenig sinnvoll sein; nach dem Gesetzeswortlaut läßt sich dies aber ebensowenig vermeiden wie unzweifelhaft auch schriftliche Darstellungen nicht unter Abs. 3 fallen, in denen sexuelle Handlungen eines Kindes ausschließlich an sich selbst geschildert werden. 55

c) **Sexuelle Handlungen von Menschen mit Tieren** (auch toten; and. Laufhütte LK 16) sind nur solche, bei denen es zu einem körperlichen Kontakt kommt (Sodomie; vgl. D-Tröndle 37, Lackner 2 c). Zu den Erfordernissen einer sexuellen Handlung, die aus der Darstellung erkennbar sein muß, vgl. § 184 c RN 5 ff. 56

2. Nach **Nr. 1** ist strafbar das **Verbreiten,** d. h. die mit einer körperlichen Weitergabe der Schrift verbundene Tätigkeit, die darauf gerichtet ist (finales Element), diese ihrer *Substanz* nach – also nicht nur bezüglich ihres *Inhalts* durch bloßes Vorlesen, Anschlagen, Ausstellen, Anbringen von Aufklebern usw. (vgl. hier jedoch Nr. 2, 3) – einem größeren Personenkreis zugänglich zu machen (vgl. RG **16** 245, BGH **18** 63, Bay **79,** 71, MDR **58,** 443, Bremen NJW **87,** 1428, Frankfurt NJW **84,** 1128, StV **90,** 209, Hamburg JR **83,** 127 m. Anm. Bottke sowie Franke NStZ 84, 126, KG JR **83,** 249 u. näher Franke GA **84,** 459 ff.), wobei dieser nach Zahl und Individualität unbestimmt oder jedenfalls so groß sein muß, daß er für den Täter nicht mehr kontrollierbar ist (vgl. BGH **13** 258, Bay OLGSt § 186 S. 6 f., Köln NJW **82,** 657, OLGSt § 186 S. 14; *presserechtlicher Verbreitungsbegriff*). Die Weitergabe der Schrift ihrer selbst nur an einzelne bestimmte Personen ist daher noch kein Verbreiten (Köln § 186 S. 14), auch wenn dies zum Zweck der Veröffentlichung geschieht (vgl. BGH MDR **66,** 687 zu § 93 a. F. [Übergabe eines Manuskripts an Verleger zur Prüfung], Frankfurt StV **90,** 209 zu § 111 [Zuleiten einer Pressemitteilung an Zeitungsredaktion]; zu Nr. 3 [Herstellen usw.] vgl. jedoch u. 59, auch kommt hier eine Anstiftung zum Verbreiten durch den anderen in Betracht). Liegen die genannten Voraussetzungen dagegen vor, so ist ein Verbreiten nicht deshalb zu verneinen, weil die Schrift den einzelnen Empfängern „vertraulich" zugeleitet wird (RG **9** 292, BGH **13** 258). Nicht notwendig ist, daß die Schrift tatsächlich an eine größere Zahl von Personen oder auch nur an eine von ihnen gelangt ist (mißverständlich daher BGH aaO [„zugänglich gemacht werden"]; and. auch Horn SK 67: Gewahrsamserlangung jedenfalls durch eine Person), und noch weniger, daß diese vom Inhalt Kenntnis genommen haben. Da ein Verbreiten bereits die Verbreitungstätigkeit, d. h. das Auf-den-Weg-Bringen der Schrift ist (vgl. RG **16** 246, **64** 292, D-Tröndle § 74 d RN 4), genügt es vielmehr, wenn sich der Täter dieser in einer Weise entäußert hat, daß er die Kenntnisnahme durch Dritte nicht mehr verhindern kann. Im übrigen ist zu unterscheiden: Bei einer Mehrzahl zur Verbreitung bestimmter Schriften („Mengenverbreitung", vgl. Keltsch NStZ **83,** 121) ist es ausreichend, wenn mit deren Verbreitung begonnen worden ist, was schon mit der Abgabe des ersten Stücks der Fall ist (vgl. RG **42** 210, Keltsch aaO, Lackner § 74 d Anm. 3 b; and. Franke GA **84,** 470). Möglich ist ein Verbreiten aber auch als „Kettenverbreitung" (Keltsch aaO) bei einem Einzelexemplar, wenn dieses einem größeren Personenkreis (vgl. o.) nacheinander zugänglich gemacht werden soll (daß die Schrift nur bestimmten Personen hintereinander zum Lesen gegeben werden soll, genügt auch hier nicht; vgl. RG HRR **40** Nr. 1150). In diesem Fall kann auch ein Verleihen ein Verbreiten sein (vgl. zum Verleihen auch RG DJ **37,** 897, BGH **13** 258). Geschieht dies durch den Täter selbst, so liegt entsprechend der „Mengenverbreitung" ein Verbreiten bereits in der ersten Weggabe (and. Franke aaO 467 f.). Wird die Schrift dagegen durch einen Dritten in Umlauf gesetzt, so ist die Aushändigung an diesen ein Verbreiten nur, wenn sie zu dem Zweck erfolgt, daß der 57

Empfänger die Schrift durch Weitergabe einem größeren Personenkreis zugänglich macht (für die Notwendigkeit einer entsprechenden Absicht z. B. RG **7** 115, **9** 194, **16** 246, Bay **51** 417, **79**, 72; zum finalen Element des Verbreitens vgl. auch Bremen NJW **87**, 1428). Geschieht dies dagegen zu einem anderen Zweck (z. B. Altpapiersammlung), so wird damit die Schrift auch dann nicht verbreitet, wenn der Betreffende in der sicheren Vorstellung handelt, die Schrift werde hernach an andere weitergegeben werden (so jedoch Horn SK 67; vgl. auch Bremen aaO), und erst recht nicht, wenn er mit dieser Möglichkeit lediglich rechnet (so aber z. B. RG **55** 277, HRR **40** Nr. 1150, BGH **19** 71, Bay NStZ **83**, 121 m. Anm. Keltsch, NStE § 131 **Nr. 2** [wo zusätzlich ein „Billigen" verlangt wird]); hier kommt vielmehr nur eine Teilnahme am Verbreiten durch den Empfänger in Betracht. Entgegen BGH **8** 165 stellt die Annahme der Schrift in der Absicht, sie weiterzugeben, keine strafbare Teilnahme am Verbreiten dar, vielmehr liegt insoweit notwendige Teilnahme vor; soweit die Weitergabe tatsächlich erfolgt, ist der erste Abnehmer nicht Teilnehmer an der Tat des Vormanns, sondern selbst Täter.

58   3. Nach **Nr. 2** ist strafbar, wer Darstellungen sog. harter Pornographie **öffentlich ausstellt, anschlägt, vorführt oder sonst zugänglich macht.** Zum *Ausstellen, Anschlagen* usw. vgl. o. 15. Im Unterschied zu Abs. 1 Nr. 2 muß das Ausstellen usw. hier *öffentlich* erfolgen (vgl. dazu o. 32, 40); daß dies an einem Ort geschieht, der Jugendlichen zugänglich ist, ist nicht erforderlich (z. B. Nachtlokal), aber auch nicht genügend (z. B. Wohnung).

59   4. Nach **Nr. 3** sind strafbar **bestimmte Vorbereitungshandlungen** zu den Taten nach Abs. 3 Nr. 1, 2 (vgl. o. 57f.). Zu den hier erforderlichen Einschränkungen vgl. o. 42; zum *Herstellen, Beziehen, Liefern, Vorrätighalten* und zum *Unternehmen des Einführens* bzw. *Ausführens* vgl. o. 43ff., 49, zum *Anbieten, Ankündigen* und *Anpreisen* vgl. o. 30f., wobei diese hier jedoch i. U. zu Abs. 1 Nr. 5 nicht öffentlich zu erfolgen brauchen. Erfaßt sind damit an sich auch lobende Hinweise im Bekanntenkreis auf Gegenstände des Abs. 3 und deren Bezugsquellen; doch fehlt es hier in aller Regel an der Absicht, dem Lieferanten das Verbreiten zu ermöglichen, vielmehr steht der Täter in diesen Fällen auf der Seite des grundsätzlich straflos handelnden „Endverbrauchers". Die Frage, ob durch den Wortlaut der Nr. 3 auch die Fälle abgedeckt sind, in denen der Täter gerade durch das Einführen verbreiten will (vgl. BT-Drs. VI/1552 S. 36; zu § 184 Nr. 1 a a. F. vgl. u. a. Bay MDR **70**, 141, Hamm NJW **70**, 1756, Stuttgart NJW **69**, 1545, Zweibrücken NJW **70**, 1758), ist praktisch bedeutungslos geworden, da der ausländische Versandhändler jedenfalls nach Abs. 1 Nr. 4 strafbar ist. Zu der nach Nr. 3 erforderlichen *Absicht* vgl. entsprechend o. 48.

60   VII. Nach dem sog. **Erzieherprivileg** des Abs. 4 S. 1 ist Abs. 1 Nr. 1 nicht anzuwenden, wenn der Personensorgeberechtigte handelt. Vgl. dazu zunächst § 180 RN 12ff.; näher hierzu Becker/Ruthe FamRZ 74, 508, F. C. Schroeder, Lange-FS 391.

61   Das sog. Erzieherprivileg ist hier in bewußter Abweichung von § 21 III a. F. GjS als Tatbestandsausschluß gestaltet. Dies ist allerdings nicht damit zu begründen, daß es zur Sexualerziehung gehören kann, Jugendliche an Hand von Anschauungsmaterial über die Wertlosigkeit von Pornographie aufzuklären (BT-Drs. VI/1552 S. 34). Eine solche pädagogische Tendenz wird in Abs. 4 S. 1 nicht vorausgesetzt. Als Begründung unzureichend ist auch der Gedanke, mit den Mitteln des Strafrechts möglichst nicht in die Intimsphäre der Familie einzugreifen (Prot. VI 1899ff. zu § 131). Diese Motivation könnte nur zur Annahme eines persönlichen Strafausschließungsgrundes führen. Zudem hätte es dann nahegelegen, die Straflosigkeit auf weitere Angehörige – etwa entsprechend § 21 V n. F. GjS – auszudehnen. Auf eine bloße Unterstellung läuft es schließlich auch hinaus, wenn Abs. 4 S. 1 damit erklärt wird, daß die sonst abstrakt gefährliche Handlung des Abs. 1 Nr. 1 in der Person des Sorgeberechtigten „abstrakt ungefährlich" werde (so F. C. Schroeder, Lange-FS 399). Richtig dürfte vielmehr sein, den Grund für den Ausschluß des Tatbestandes des Abs. 1 Nr. 1 durch Abs. 4 S. 1 darin zu sehen, daß der Gesetzgeber wegen der Nichtbeweisbarkeit schädlicher Auswirkungen von Pornographie auf Jugendliche darauf verzichtet hat, die den Personensorgeberechtigten durch Art. 6 II GG garantierte Entscheidungsfreiheit in der Erziehung bereits unter dem Gesichtspunkt abstrakter Gefährdung durch ein strafrechtliches Verbot einzuschränken. Eine generelle rechtliche Billigung ist damit nicht verbunden (vgl. auch Laufhütte LK 22).

62   1. Anders als in § 180 ist das Erzieherprivileg hier **nicht durch eine Mißbrauchsklausel eingeschränkt.** Auch mißbräuchliches Handeln ist hier offenbar als nicht so gravierend angesehen worden, um die Begründung der Strafbarkeit von einer – gerade auf diesem Gebiet – mit der Gefahr uneinheitlicher Anwendung verbundenen Generalklausel abhängig zu machen. Der Schutz des Jugendlichen vor konkreter Gefährdung durch Mißbrauch des Personensorgerechts ist durch § 170d sowie § 1666 BGB hinreichend gewährleistet.

63   2. Die zunächst vorgesehene Erweiterung der Privilegierung auf **Dritte**, die mit Einwilligung des Personensorgeberechtigten handeln, ist im Vermittlungsausschuß gestrichen worden. Gleichwohl muß die dem Personensorgeberechtigten belassene Entscheidungsfreiheit zur Folge haben, daß auch dritte Täter des Abs. 1 Nr. 1 straflos bleiben, sofern sie mit der Tat lediglich eine Entscheidung des Personensorgeberechtigten vollziehen (so z. B. der Buchhändler, die

pornographische Schrift auf Anweisung des Vaters unmittelbar dem Sohn aushändigt; and. – und auch von seinem Ausgangspunkt her keineswegs zwingend – F. C. Schroeder, Lange-FS 399). Eine Abweichung gegenüber der ursprünglich vorgesehenen Erweiterung ergibt sich nur insofern, als die Entscheidung darüber, ob der Jugendliche mit pornographischem Material konfrontiert werden soll, von dem Personensorgeberechtigten getroffen sein muß und nicht dem Dritten überlassen werden darf; vgl. auch § 180 RN 17.

3. Da der Personensorgeberechtigte nicht tatbestandsmäßig handelt, sind auch **Teilnehmer** 64 straflos (so z. B. der Buchhändler, der dem Vater eine pornographische Schrift in dem Bewußtsein verkauft, daß dieser sie seinem Sohn überlassen wird; and. F. C. Schroeder, Lange-FS 400); vgl. näher § 180 RN 33.

4. Seinem Wortlaut nach schließt Abs. 4 S. 1 nur den **Tatbestand des Abs. 1 Nr. 1** aus. Dasselbe 65 muß aber für den im Vorfeld der Nr. 1 liegenden **Tatbestand der Nr. 2** gelten, sofern der Ort, an dem das pornographische Material zugänglich gemacht ist, nur für Jugendliche zugänglich ist, die der Personensorge des Handelnden unterliegen (arg. a maiore ad minus); vgl. auch o. 11.

VIII. Für den **subjektiven Tatbestand** ist in allen Fällen des § 184 *Vorsatz* erforderlich, wobei 66 bedingter Vorsatz genügt, soweit nicht in einzelnen Tatbeständen (Abs. 1 Nr. 8, 9; Abs. 3 Nr. 3) eine besondere *Absicht* verlangt wird (vgl. o. 48, 51, 57, 59). Die Beschränkung auf vorsätzliches Handeln in § 184 wird weitgehend allerdings dadurch wieder hinfällig gemacht, daß nach § 21 III GjS auch die fahrlässige Begehung strafbar ist (vgl. o. 2 u. zur Fahrlässigkeit BGH NJW 90, 3028 f.). Der Vorsatz muß sich zunächst auf den pornographischen Charakter der Schrift usw. beziehen, was eine entsprechende Bedeutungskenntnis („Parallelwertung in der Laiensphäre", vgl. § 15 RN 43) voraussetzt. Ferner muß der Vorsatz die einzelnen Begehungsmodalitäten umfassen (zum Vorsatz bezügl. des Alters in Abs. 1 Nr. 1 vgl. entsprechend § 176 RN 10). Bei Filmen hat eine Unbedenklichkeitsbescheinigung der Freiwilligen Selbstkontrolle der Filmwirtschaft (FSK; sog. X-Prüfentscheidungen) keine rechtliche Verbindlichkeit, schließt aber praktisch meist den Vorsatz aus (Seetzen NJW 76, 499). Ein Tatbestandsirrtum bezügl. des pornographischen Charakters der Schrift usw. kommt ferner in Betracht, wenn in vergleichbaren Fällen Strafverfahren nicht zu einer Verurteilung geführt haben (vgl. BGH NJW 57, 389). Um einen *Verbotsirrtum* handelt es sich dagegen, wenn der Täter glaubt, pornographische Erzeugnisse in der fraglichen Form vertreiben oder für sie werben zu dürfen (vgl. BGH NJW 57, 389, 88, 273 [zu Abs. 1 Nr. 3a], 89, 409 [zu Nr. 5]). Dieser ist nicht schon deshalb unvermeidbar, weil andere das gleiche tun (Düsseldorf NStE **Nr. 5**, Stuttgart NJW **81**, 999 zu Abs. 1 Nr. 5 [Kinoreklame]). Bei der mißglückten Regelung der Nr. 7, deren objektiver Sinn kaum auszumachen ist, ist ein Verbotsirrtum besonders naheliegend (vgl. dazu BGH **29** 73, MDR **78**, 768, KG JR **77**, 379 m. Anm. Rudolphi, **78**, 166, Karlsruhe OLGSt § 184 S. 103 u. näher D. Mayer JuS **79**, 250).

IX. Soweit auf den Gewahrsam desjenigen abgestellt wird, der die Pornographie zugänglich 67 macht, kann **Täter** nur der Gewahrsamsinhaber sein (Laufhütte LK 48). Für die **Teilnahme** gelten die allgemeinen Grundsätze (vgl. jedoch auch o. 64); § 28 I findet keine Anwendung (Laufhütte LK 48; and. Horn SK 11, 49). Straflos bleibt jedoch auch hier die notwendige Teilnahme (vgl. dazu 47 vor § 25). Dies gilt für den Letztbezieher, soweit sich seine Teilnahme in der Vornahme solcher Handlungen erschöpft, die dem (straffreien) Beziehen pornographischer Erzeugnisse vorausgehen bzw. dieses ermöglichen (z. B. Kauf an einem Kiosk als Anstiftung zum Überlassen). Strafloser Teilnehmer ist als geschützte Person ferner der Jugendliche, der einen anderen dazu bestimmt hat, ihm pornographische Schriften zu überlassen (D-Tröndle 41 b, Laufhütte LK 48).

X. Konkurrenzen. Idealkonkurrenz ist möglich zu § 131, ferner zwischen den einzelnen Modalitä- 68 ten des § 184, soweit diese einen selbständigen Unwertgehalt besitzen, so zwischen Abs. 1 Nr. 1 u. 6 (Laufhütte LK 51). Werden durch die Tat nach Nr. 1 mehrere Jugendliche betroffen, ist es ebenfalls (gleichartige) Idealkonkurrenz anzunehmen; auch zwischen Nr. 1 und Nr. 2–5 und 7 ist wegen der zusätzlichen Gefährdung, die in diesen Taten zum Ausdruck kommt, Idealkonkurrenz möglich. Die Übersendung von Prospekten im Versandhandel fällt sowohl unter Nr. 3 als auch unter Nr. 5; hier dürfte Nr. 5 lex specialis sein. Dasselbe gilt für Abs. 3 im Verhältnis zu Abs. 1 mit Ausnahme der Nr. 1 und 6. Die Vorbereitungshandlungen nach Abs. 1 Nr. 8, Abs. 3 Nr. 3 und die jeweils verbotene Verwendung sind zusammen eine Tat (vgl. RG **38** 72 und entsprechend § 146 RN 26, § 267 RN 79); doch behalten Abs. 1 Nr. 8, Abs. 3 Nr. 3 ihre selbständige Bedeutung, soweit die verbotene Verwendung die dazu getroffene Vorbereitung nicht erschöpft (BGH NJW **76**, 720). Ist eine Vorschrift durch mehrere Tatbestandshandlungen in bezug auf ein pornographisches Werk verletzt worden (z. B. Anbieten und Überlassen, Herstellen und Liefern), so liegt nur ein Delikt vor, da es sich hier um gleichwertige Begehungsweisen handelt (vgl. BGH **5** 381). Gegenüber § 176 V Nr. 1 (Einwirkung auf ein Kind durch Vorzeigen pornographischer Abbildungen usw.) tritt Nr. 1 zurück (BGH MDR **76**, 942). Im Verhältnis zu § 185 ist § 184 I Nr. 6 jetzt als lex specialis anzusehen (Laufhütte LK 51; and. für § 184 a. F. RG **52** 270). Soweit das GjS inhaltlich übereinstimmende Tatbestände enthält (vgl. o. 2), liegt weder Idealkonkurrenz (so jedoch Laufhütte JZ 74, 46) noch Gesetzeskonkurrenz vor (so jedoch Bay **79**, 49, Stuttgart NJW **76**, 529, D-Tröndle 43, Lackner 7 c, Laufhütte LK 51, M-Schroeder I 212 f., Meier NStZ 85, 341: Vorrang des § 184, wobei jedoch nicht ersichtlich ist, welcher sachliche Gesichtspunkt bei inhaltlich völlig gleichlautenden Vorschriften den Vorrang der einen vor der anderen begründen könnte). Die Verurteilung hat hier – in der Konkurrenzlehre ein Novum – aus § 184 und § 21 GjS zu erfolgen, ohne daß dies freilich irgendwelche sachlichen Konsequenzen hätte. Soweit das GjS die Möglichkeit des Absehens von Strafe vorsieht (§ 21 V), muß Entsprechendes für § 184 gelten.

69 XI. Ein Presseinhaltsdelikt mit einer nach Landesrecht kürzeren **Verjährung** (vgl. § 78 RN 9, § 78 a RN 16) ist zwar das Verbreiten nach Abs. 3 Nr. 1 und Ausstellen usw. nach Abs. 3 Nr. 2 (Laufhütte LK 45), nicht aber das Vorrätighalten usw. nach Abs. 3 Nr. 3, soweit es nicht zu der beabsichtigten Verbreitung gekommen ist (vgl. Bay MDR **75**, 419 u. entsprechend zu § 131 Nr. 4 NStE 9 § 131 **Nr. 2**). Keine Presseinhaltsdelikte, weil nur bestimmte Vertriebsformen betreffend, enthalten mit Ausnahme der Nr. 5 2. Alt. (Bay **79**, 44, Laufhütte LK 34) auch die Tatbestände nach Abs. 1; das gleiche gilt für § 21 GjS i. V. mit den entsprechenden Vertriebsverboten nach §§ 3 ff. GjS (vgl. BGH **26** 40, Bay MDR **75**, 419, Stuttgart NJW **76**, 530, Franke GA 82, 411 ff.). Soweit ein Verbreiten nach Abs. 3 Nr. 1 zugleich die besonderen Voraussetzungen des Abs. 1 erfüllt, bleibt es insoweit bei der allgemeinen Verjährungsfrist nach § 78.

70 XII. Hinsichtlich der **Einziehung** gilt für Taten nach Abs. 1 § 74 d III, für Taten nach Abs. 3 § 74 d I, II. Zur Frage der Einziehung aus dem Ausland eingeführter pornographischer Schriften und der Zulässigkeit einer Postbeschlagnahme vgl. BGH **23** 329 m. Anm. Meyer JR 71, 162 u. Welp JuS 71, 239, Karlsruhe NJW **73**, 208 m. Anm. Meyer JR 73, 381.

71 XIII. Zu der **Übergangsregelung,** die bis zum 27. 1. 1975 gegolten hatte, vgl. Art. 8, 12 des 4. StrRG, Karlsruhe MDR **74**, 772. **Ergänzend** zum Gestatten der Anwesenheit von Jugendlichen bei der öffentlichen Vorführung nicht freigegebener Filme und zum Zugänglichmachen nicht freigegebener bespielter Bildträger vgl. §§ 6, 7, 13 I Nr. 5, 6 des Ges. zur Neuregelung des Jugendschutzes in der Öffentlichkeit v. 25. 2. 1985 (BGBl. I 425).

§ 184 a Ausübung der verbotenen Prostitution

Wer einem durch Rechtsverordnung erlassenen Verbot, der Prostitution an bestimmten Orten überhaupt oder zu bestimmten Tageszeiten nachzugehen, beharrlich zuwiderhandelt, wird mit Freiheitsstrafe bis zu sechs Monaten oder mit Geldstrafe bis zu einhundertachtzig Tagessätzen bestraft.

1 I. Die Prostitution ist als solche nur unter den Voraussetzungen der §§ 184 a, 184 b strafbar (früher: Übertretung nach § 361 Nr. 6 b, c), wobei **Rechtsgut** des § 184 a das Interesse der Allgemeinheit ist, an bestimmten Orten vor den mit der Prostitution verbundenen Belästigungen sicher zu sein (Bay **88** 107 m. Anm. Behm JZ 89, 301). Den „Grundtatbestand" zu § 184 a enthält § 120 I Nr. 1 OWiG, wo schon das einfache Zuwiderhandeln gegen das Verbot mit Bußgeld bedroht ist, während § 184 a ein „beharrliches" Zuwiderhandeln voraussetzt.

2 II. § 184 a stellt eine **Blankettvorschrift** dar, die das durch eine gültige Rechtsverordnung erlassene Verbot voraussetzt, der Prostitution bzw. – was dem Prostitutionsbegriff gleichsteht – der Gewerbsunzucht (vgl. VG Neustadt NJW **85**, 2846) an bestimmten Orten überhaupt oder zu bestimmten Tageszeiten nachzugehen. Nach Art. 297 EGStGB (früher: Art. 3 des 10. StÄG v. 7. 4. 1970, BGBl. I 313) können die Landesregierungen und mit ihrer Ermächtigung oberste Landesbehörden oder höhere Verwaltungsbehörden zum Schutze der Jugend oder des öffentlichen Anstands (vgl. VGH München NJW **72**, 91) die Ausübung der Prostitution in einzelnen Gemeinden, in Teilen von Gemeinden, an öffentlichen Orten oder zu bestimmten Zeiten verbieten, wobei die Verbotsmöglichkeiten je nach der Größe der Gemeinde differenziert sind. Die Ermächtigung, gegen die keine verfassungsrechtlichen Bedenken bestehen (vgl. dazu und zu den Grenzen BayVerfGHE **31** 167, NJW **83**, 2188 mwN), ist abschließend, weshalb weitergehende Verbote nicht zulässig sind (vgl. BGH **11** 31, **23** 174). Die in ihrem Rahmen erlassenen Rechtsverordnungen (vgl. die Nachw. b. D-Tröndle 3; zu ihrer nicht nur straf-, sondern auch polizeirechtlichen Natur vgl. VGH Kassel NJW **84**, 505, Schatzschneider NJW 85, 2794 mwN), müssen den Bereich, für den das Verbot gelten soll, genau bezeichnen (vgl. BVerwG NJW **64**, 512 zu § 361 Nr. 6 c a. F.), wobei der Zweck des § 297 III EGStGB zu beachten ist (vgl. VGH Kassel NJW **81**, 779). Wird es für eine Gemeinde oder für einen einzelnen Gemeindebezirk erlassen (was auch einzelne Straßenzüge oder öffentliche Plätze sein können; Stuttgart Justiz **64**, 125), so erstreckt es sich auf das ganze Gebiet der Gemeinde bzw. des fraglichen Gemeindebezirks, also auf sämtliche dazu gehörenden Grundstücke (BGH **23** 174, Stuttgart Justiz **68**, 50).

3 III. Strafbar ist nur das **beharrliche Zuwiderhandeln gegen** das in der Rechtsverordnung erlassene **Verbot,** der **Prostitution** an bestimmten Orten überhaupt oder zu bestimmten Tageszeiten **nachzugehen.** Die Tat ist ein abstraktes Gefährdungsdelikt (Laufhütte LK 2; vgl. auch u. 4).

1. Zum Begriff „der **Prostitution nachgehen**" vgl. § 180a RN 5f. Ist nicht nur der sog. **4** Straßenstrich auf Grund des Art. 297 I Nr. 3 EGStGB verboten, sondern erstreckt sich das Verbot auf das ganze Gebiet bzw. Teile des Gebiets einer Gemeinde (Art. 297 I Nr. 1, 2), so braucht die Handlung weder öffentlich noch besonders auffällig zu geschehen (Bay **88** 107 m. Anm. Behm JZ 89, 301, VG Neustadt NJW **85**, 2846, D-Tröndle 2, Laufhütte LK 2). Erst recht muß es nicht zu einer tatsächlichen Belästigung einzelner gekommen sein (Bay aaO). Weil es sich bei § 184a um ein abstraktes Gefährdungsdelikt handelt, braucht auch die Gefahr einer Belästigung im Einzelfall nicht festgestellt zu werden, weshalb z. B. auch unauffällige „Hausbesuche" einer Prostituierten im Sperrbezirk unter die Vorschrift fallen (Bay aaO, Behm aaO). Nach dem Gesetzeszweck und nach den für abstrakte Gefährdungsdelikte geltenden Grundsätzen (vgl. 3a vor § 306) haben jedoch solche Handlungen auszuscheiden, bei denen diese Gefahr generell schlechterdings ausgeschlossen ist, so z. B. bei telefonischen Anbahnungsverhandlungen, die eine Prostituierte aus ihrer in einem Sperrbezirk gelegenen Wohnung führt (vgl. näher Behm aaO; and. jedoch Bay aaO).

2. Der Begriff „**beharrlich**", den das Gesetz auch sonst gelegentlich verwendet (z. B. § 25 **5** StVG), bezeichnet eine in der Tatbegehung zum Ausdruck kommende besondere Hartnäckigkeit und damit die gesteigerte Gleichgültigkeit des Täters gegenüber dem gesetzlichen Verbot, die zugleich die Gefahr weiterer Begehung indiziert (ebenso Bay **88**, 41, Köln GA **84**, 333, Horn SK 3, Laufhütte LK 4; vgl. auch Lackner 4b). Eine wiederholte Begehung ist zwar immer Voraussetzung (BGH **23** 172, Bay aaO, D-Tröndle 5, M-Schroeder I 195), aber für sich allein nicht genügend. Vielmehr muß sich aus der Tat eine erhöhte Mißachtung staatlicher Anordnungen ergeben, ein Mehr an Widersetzlichkeit gegenüber der normalen Gesetzesübertretung (ebenso Bay aaO, Köln aaO). Eine vorherige Abmahnung ist dazu nicht erforderlich (D-Tröndle 5; and. Horn SK 3, Laufhütte LK 4), wenn nur die Gesamtwürdigung ein beharrliches Zuwiderhandeln ergibt, wofür z. B. auch die Überwindung besonderer Hindernisse sprechen kann. Andererseits kann es an einem solchen fehlen, wenn zwischen früheren Vorfällen und der neuen Tat ein längerer Zeitraum liegt (Köln aaO: 4½ Jahre) oder wenn es nach früheren Verurteilungen und der darauf erfolgten Verlegung des „Arbeitsplatzes" nach außerhalb mit einem zeitlichen Abstand nur noch gelegentlich zur Prostitution in dem Sperrbezirk kommt (Bay aaO). Kann die Beharrlichkeit nicht festgestellt werden, so gilt § 120 I Nr. 1 OWiG.

3. Der **subjektive Tatbestand** verlangt Vorsatz; bedingter Vorsatz genügt. Der Vorsatz muß **6** sich insbes. auch auf das Handeln an einem verbotenen Ort oder zur verbotenen Zeit erstrecken (BGH **23** 167, Frankfurt NJW **66**, 1257, Hamm NJW **68**, 1976). Er setzt ferner das Wissen um die Umstände voraus, die das Zuwiderhandeln zu einem „beharrlichen" machen.

IV. Die Tat ist ein eigenhändiges Delikt, weshalb **Täter** nur sein kann, wer selbst – als Mann **7** oder Frau – der Prostitution in der verbotenen Weise nachgeht (Bay NJW **85**, 1566 m. Anm. Geerds JR **85**, 472, Laufhütte LK 6). Bei einem **Teilnehmer**, der selbst nicht beharrlich handelt, liegt lediglich eine Ordnungswidrigkeit nach § 120 I Nr. 1 OWiG vor, da „beharrlich" ein besonderes persönliches Merkmal i. S. des § 14 IV OWiG ist (Bay m. Anm. Geerds aaO, D-Tröndle 6, M-Schroeder 1 195; i. E. auch Lackner 6); handelt jedoch lediglich er, nicht aber der Haupttäter beharrlich, so ist er Teilnehmer der Straftat, obwohl strafrechtlich eine „Haupttat" fehlt (Bay m. Anm. Geerds aaO, Göhler NStZ **86**, 18). Notwendiger Teilnehmer und damit weder Teilnehmer an einer Straftat noch Beteiligter i. S. des OWiG ist jedoch der „Freier" (Horn SK 5, Laufhütte LK 6) bzw. – weil es dafür allein auf die Bedeutung des objektiven Tatbeitrags ankommt – derjenige, der in der Rolle eines solchen auftritt, weshalb z. B. auch zu Überführungszwecken geführte Scheinverhandlungen durch einen Polizeibeamten in Zivil keine Beteiligung sind (vgl. i. E. auch BVerfG NJW **85**, 1767 m. Anm. Lüderssen StV **85**, 178). Die Zimmervermietung usw. an eine Prostituierte ist als solche ebensowenig eine Beihilfe wie z. B. der Verkauf von Lebensmitteln (vgl. auch RG **39** 48), wohl aber dann, wenn die Überlassung des Raums gerade zu Prostitutionszwecken erfolgt; in diesem Fall steht auch § 180a der Annahme einer Beihilfe zu § 184a nicht entgegen, da § 180a wegen seiner völlig anderen Schutzrichtung keine eine solche Beihilfe ausschließende Sonderregelung enthält (vgl. Bay **81**, 44, Geerds JR **85**, 472, Gössel I 345, Laufhütte LK 6f.; and. D-Tröndle 6, Horn SK 5, Lackner 6). Zur Frage der Beihilfe eines Rechtsanwalts durch unrichtige Auskunft über das Bestehen eines Sperrbezirks vgl. Stuttgart Justiz **87**, 197.

VI. Idealkonkurrenz ist z. B. möglich mit §§ 175, 183a, 184b, ferner zwischen §§ 180ff. und **8** Teilnahme zu § 184a. § 120 I Nr. 1 OWiG tritt hinter § 184a zurück (vgl. § 21 OWiG). Bei der **Strafzumessung** bedarf die fast völlige Ausschöpfung des Strafrahmens unter Beachtung der Tatmodalitäten einer besonders eingehenden Begründung; der Hinweis auf die Rückfälligkeit genügt dafür nicht (Bay **88** 41).

§ 184b Jugendgefährdende Prostitution

Wer der Prostitution
1. in der Nähe einer Schule oder anderen Örtlichkeit, die zum Besuch durch Personen unter achtzehn Jahren bestimmt ist, oder
2. in einem Haus, in dem Personen unter achtzehn Jahren wohnen,

in einer Weise nachgeht, die diese Personen sittlich gefährdet, wird mit Freiheitsstrafe bis zu einem Jahr oder mit Geldstrafe bestraft.

1 **I. Rechtsgut.** Die Vorschrift, die an Stelle des § 361 Nr. 6 b a. F. getreten ist, dient dem Jugendschutz, wobei der Gesetzgeber hier im Unterschied zu § 170d (vgl. dort RN 7) keine Bedenken hatte, von einer „sittlichen" Gefährdung des Jugendlichen zu sprechen.

2 **II.** § 184b enthält **zwei Tatbestände,** denen gemeinsam ist, daß durch die dort beschriebene Prostitutionsausübung (zum „der Prostitution nachgehen" vgl. § 180a RN 5 f.) eine sittliche Gefährdung der geschützten Personen eintreten muß.

3 **1.** Strafbar ist nach **Nr. 1** die Prostitutionsausübung **in der Nähe** von **Schulen** oder **anderen Örtlichkeiten,** die **zum Besuch von Personen unter 18 Jahren bestimmt** sind. Örtlichkeiten i. S. der Nr. 1 sind nicht nur Gebäude (z. B. Jugendheime, Kindergärten), Spielplätze usw., sondern auch vorübergehende Einrichtungen, wie z. B. das Zeltlager einer Jugendgruppe. Ob die Örtlichkeit zum Besuch von Jugendlichen *bestimmt* ist, hängt von einer entsprechenden Widmung dessen ab, der über ihren Verwendungszweck zu entscheiden hat; daß Jugendliche von ihren Eltern an den Ort mitgenommen zu werden pflegen (Hamburg HRR **32** Nr. 491) oder tatsächlich an dem Ort verkehren (z. B. Lokal, das überwiegend von Jugendlichen besucht wird), reicht nicht aus (ebenso Horn SK 3, Laufhütte LK 3). Der Prostitutionsausübung *in der Nähe* solcher Örtlichkeiten muß es gleichstehen, wenn sie an bzw. in dieser selbst erfolgt (z. B. in einem Gebäude, in dem sich auch ein Kindergarten befindet).

4 **2. Nr. 2** erfaßt die Prostitutionsausübung in einem **Haus,** in dem **Personen unter 18 Jahren wohnen,** d. h. dort ihre nicht nur vorübergehende räumliche Lebensgrundlage haben.

5 **3.** Beide Tatbestände setzen voraus, daß die Prostitutionsausübung in einer Weise geschieht, die **Minderjährige sittlich gefährdet.** Dies bedeutet zunächst einen Ausschluß abstrakt ungeeigneter Begehungsweisen („in einer Weise nachgeht"; z. B. Straßenstrich vor einer Schule während der Nacht, Treffen besonderer Vorkehrungen in einem Wohnhaus), selbst wenn dann Jugendliche in Einzelfällen tatsächlich hinzukommen (ebenso Laufhütte LK 5). Darüber hinaus muß mindestens ein Minderjähriger – und zwar bei Nr. 2 gerade ein solcher, der in dem fraglichen Haus wohnt („diese", nicht „solche" Personen) – in seiner sittlichen Entwicklung konkret gefährdet worden sein (D-Tröndle 4, Horn SK 1; and. M-Schroeder I 195). Dieser muß deshalb auch tatsächlich anwesend gewesen sein, wobei es dann allerdings entsprechend dem Zugänglichmachen in § 184 I Nr. 1 (vgl. dort RN 9) genügen muß, wenn er die Prostitutionsausübung hätte wahrnehmen können (vgl. auch D-Tröndle 4, Lackner 3; and. Horn SK 5, Laufhütte LK 5: tatsächliche Wahrnehmung). Hinzukommen muß die Prognose, daß die Entwicklung ethischer Wertvorstellungen gerade bei diesem Jugendlichen durch die (mögliche) Wahrnehmung beeinträchtigt werden kann. Daran fehlt es z. B., wenn die Prostitutionsausübung vor einem Kleinkind oder einem sittlich bereits „verdorbenen" Jugendlichen erfolgt (ebenso Gössel I 345, Horn SK 5; vgl. auch Prot. V 3108, Laufhütte LK 5 f.). Aber auch sonst kann eine sittliche Gefährdung i. S. einer konkreten Gefahr nicht ohne weiteres unterstellt werden.

6 **III.** Zum **subjektiven Tatbestand,** zur **Täterschaft** und **Teilnahme** und zu den **Konkurrenzen** vgl. entsprechend § 184a RN 6 ff.

§ 184c Begriffsbestimmungen

Im Sinne dieses Gesetzes sind
1. **sexuelle Handlungen**
   nur solche, die im Hinblick auf das jeweils geschützte Rechtsgut von einiger Erheblichkeit sind,
2. **sexuelle Handlungen vor einem anderen**
   nur solche, die vor einem anderen vorgenommen werden, der den Vorgang wahrnimmt.

1 **I.** Die Vorschrift enthält zwei an die geänderte Terminologie des Gesetzes anknüpfende „Begriffsbestimmungen", die aber nur von begrenztem Wert sind, da sie die eigentlichen Sachfragen weitgehend offenlassen (vgl. u. 4 ff., 20 ff.).

Begriffsbestimmungen   2–6 **§ 184 c**

1. Die §§ 174 ff. a. F. hatten sich durchgehend der Begriffe **„unzüchtige Handlung"**, **„Unzucht"** 2
und davon abgeleiteter Bezeichnungen (z. B. § 184 a. F.: „unzüchtige Schriften") bedient. Dabei
bezeichnete „Unzucht" usw. eine Handlung, die objektiv, d. h. ihrem äußeren Erscheinungsbild nach
eine Beziehung zum Geschlechtlichen aufweist, subjektiv von einer sexuellen Tendenz oder Vorstellung getragen ist und die das Scham- und Sittlichkeitsgefühl in geschlechtlicher Hinsicht gröblich
verletzt (vgl. 16. A., 4 vor § 173). Mit der Ersetzung dieses Begriffs durch den Terminus der **„sexuellen**
Handlung" in §§ 174 ff. n. F. sollte der Gefahr begegnet werden, daß das Geschlechtliche von vornherein mit einem negativen Vorzeichen versehen werden könnte. Wertfrei ist aber auch der neue Begriff
der sexuellen Handlung nicht. Dies zeigt gerade § 184 c Nr. 1, wo sich der Gesetzgeber genötigt sah,
einen normativen Bezug in der Weise herzustellen, daß die sexuelle Handlung, um eine solche i. S. des
Gesetzes zu sein, „im Hinblick auf das jeweils geschützte Rechtsgut von einiger Erheblichkeit" sein
muß. Ebenso wie die „Unzucht" ist daher auch die „sexuelle Handlung" ein normatives Tatbestandsmerkmal, nur daß der normative Charakter hier weniger evident ist. Die Problematik ist deshalb die
gleiche geblieben, wobei noch hinzukommt, daß nicht einmal Klarheit darüber besteht, welche
Elemente für eine sexuelle Handlung als solche erforderlich sind (vgl. u. 4 ff.).

2. Das frühere Recht hatte zur Kennzeichnung des strafbaren Verhaltens regelmäßig von unzüchtigen 3
gen Handlungen **„mit"** einem anderen gesprochen, wobei jedoch zweifelhaft war, von welcher Art die
damit gemeinte Beziehung zwischen Täter und Opfer sein mußte. Zur Vermeidung dieser Interpretationsschwierigkeiten unterscheiden die §§ 174 ff. n. F. durchgehend zwischen sexuellen Handlungen
„an" und solchen **„vor" einem anderen**, wobei § 184 c Nr. 2 den Begriff der sexuellen Handlung „vor"
einem anderen näher erläutern soll. Zweifelhaft ist allerdings, ob es richtig war, mit dieser Unterscheidung in §§ 174, 176 auch eine Differenzierung in der Strafhöhe zu verbinden. Die Annahme des
Gesetzgebers einer erhöhten Gefährlichkeit bei sexuellen Handlungen „an" dem Opfer trifft in dieser
Allgemeinheit nicht zu, da z. B. sexuelle Handlungen „vor" einem Kind für dessen Entwicklung
wesentlich gravierender sein können als vergleichsweise harmlose Manipulationen „an" ihm (krit. auch
F. C. Schroeder ZRP 71, 16, M-Schroeder I 158).

II. Sexuelle Handlungen sind nach **Nr. 1** solche, **die im Hinblick auf das jeweils geschützte** 4
Rechtsgut von einiger Erheblichkeit sind. Die Nr. 1 enthält damit nicht eigentlich eine Definition, sondern geht von einem vorgegebenen Begriff der sexuellen Handlung aus, der lediglich
durch die Bezugnahme auf das jeweils geschützte Rechtsgut und auf die Erheblichkeit eine
gewisse Einschränkung erfährt.

1. **Der Begriff der sexuellen Handlung** selbst ist in Nr. 1 nicht definiert. Während der Begriff 5
der „unzüchtigen Handlung" in §§ 174 ff. a. F. nach allg. M. eine objektive und eine subjektive
Komponente enthalten hatte, ist die entsprechende Frage bei der „sexuellen Handlung" zweifelhaft und umstritten. Z. T. wird neben dem äußeren Sexualbezug weiterhin ein subjektives
Element in Gestalt einer sexuellen Tendenz des Handelnden verlangt (vgl. Blei II 144; bei
mehrdeutigem äußeren Erscheinungsbild auch Lackner 1 a und wohl auch Sturm JZ 74, 4), z. T.
wird auf eine solche aber auch gänzlich verzichtet (vgl. die Nachw. u. 7).

a) Unverzichtbar ist zunächst, daß die Handlung **objektiv**, d. h. nach ihrem äußeren Erschei- 6
nungsbild einen **Sexualbezug** aufweist (h. M., z. B. BGH **29** 338, MDR/H **80**, 454, NStZ **83**, 167,
85, 24, KG JR **82**, 507, Köln NJW **74**, 830, Bockelmann II/2 S. 129, D-Tröndle 6 vor § 174, Gössel
I 263, Horn SK 2, Laufhütte LK 5 f., M-Schroeder I 160). Abzustellen ist dabei auf den Gesamtvorgang (vgl. BGH MDR/H **80**, 454 [Trinken des Urins eines Kindes im Zusammenhang mit
dem Onanieren vor diesem], NStZ **85**, 24 [Entblößen des Oberkörpers durch ein Kind i. V. mit
sexuellen Fragen des Täters als sexuelle Handlung des Kinds]). Handlungen, die äußerlich völlig
neutral sind und keinerlei Hinweis auf das Geschlechtliche enthalten, sind daher auch dann keine
sexuelle Handlung, wenn sie einem sexuellen Motiv entspringen. Abweichend von der Rspr. zu
§§ 174 ff. a. F. kann hier auch nicht auf den Eindruck eines Beobachters abgestellt werden, dem
„die Handlung in ihrer ganzen Bedeutung, sowohl das körperliche Tun als auch die Gesinnung
und Willensrichtung des Täters bekannt ist" (RG **67** 112; vgl. z. B. auch BGH **2** 167, **17** 280).
Danach würde eine sexuelle Handlung auch dann vorliegen, wenn ein Lehrer ausschließlich aus
sexuellen Motiven eine Züchtigung vornimmt, diese sich aber äußerlich in keiner Weise von
einer sonstigen Züchtigung unterscheidet (so RG **67** 110). Ob dies für das frühere Merkmal der
„unzüchtigen Handlung" richtig war, kann hier dahingestellt bleiben; für den Begriff der
„sexuellen Handlung" kann daran jedenfalls schon deshalb nicht mehr festgehalten werden, weil
etwa gerade sadistische oder masochistische Handlungen ihren sexuellen Charakter erst dadurch
erhalten, daß sie ihre Beziehung zum Geschlechtlichen auch äußerlich erkennen lassen (vgl.
Gössel I 264, Laufhütte LK 6 unter Hinweis auf BGH 1 StR 405/79 v. 21. 8. 79). Für das
Erfordernis einer objektiven Komponente spricht auch der Grundgedanke der Reform,
da Handlungen, denen äußerlich jeder Sexualbezug fehlt, nicht schon deshalb speziell die sexuelle
Selbstbestimmung oder die ungestörte sexuelle Entwicklung Jugendlicher beeinträchtigen können, weil der Täter mit seinem Tun insgeheim geschlechtliche Ziele verfolgt (vgl. Lenckner JR
83, 160).

7 b) Nicht mehr erforderlich ist nach h. M., abweichend von der Rspr. zu §§ 174 ff. a. F. (z. B. RG **57** 239, **63** 12, BGH **15** 278), ein **subjektives Element** in Gestalt einer „wollüstigen Absicht" (BT-Drs. VI/3521 S. 36, BGH **29** 338, NStZ **83**, 167, Baumann JR 74, 371, Bockelmann II/2 S. 129, Dreher JR 74, 47, D-Tröndle 7 vor § 174, Gössel I 263, Horn SK 2 f., M-Schroeder I 160; z. T. and. Blei II 144, Lackner 1 a, Sturm JZ 74, 4). Gefolgert wird dies z. T. aus den §§ 174 II, 176 V, wo zu der sexuellen Handlung die Absicht des Täters hinzukommen muß, sich oder den Schutzbefohlenen usw. sexuell zu erregen. Dies ist jedoch unzutreffend, da die dort geforderte Absicht lediglich den Sinn hat, solche sexuellen Vorgänge auszuschließen, die sich zwar vor den Augen des Schutzbefohlenen usw. abspielen, in die dieser aber nicht einbezogen ist. Folgerungen für den Begriff der sexuellen Handlung selbst können daraus mithin nicht gezogen werden. Hier ist richtigerweise zu differenzieren:

8 α) Ist die Handlung nach ihrem äußeren Erscheinungsbild *ausschließlich und eindeutig sexualbezogen,* so kann es in der Tat nicht mehr darauf ankommen, ob der Handelnde mit seinem Tun die Absicht (i. S. von zielgerichtetem Handeln) der Erregung oder Befriedigung eigener oder fremder Geschlechtslust verfolgt. Dies ergibt sich schon aus der Sicht der durch die §§ 174 ff. geschützten Rechtsgüter, für die es unerheblich ist, ob der Täter subjektiv in wollüstiger Absicht handelt. Ebenso besteht z. B. eine pornographische „Live-Show" in einem Nachtlokal aus „sexuellen Handlungen", auch wenn es den Akteuren weder um die Befriedigung eigener noch um die Erregung fremder Geschlechtslust, sondern allein um das „Honorar" geht (von Bedeutung z. B. für § 180 II; vgl. auch Laufhütte LK 7). Bei einem objektiv eindeutig sexualbezogenen Verhalten kann daher nicht mehr verlangt werden, als daß sich der Handelnde des sexuellen Charakters seines Tuns bewußt ist (vgl. auch BGH NStZ **83**, 167). Dies allerdings ist auch erforderlich (zu den diesbezüglichen Anforderungen bei Kindern vgl. u. 11), was sich bei sexuellen Handlungen des Täters spätestens aus dem Vorsatzerfordernis und im übrigen daraus ergibt, daß es eine „sexuelle" Handlung, bei der sich der Handelnde des sexuellen Bezugs überhaupt nicht bewußt ist, schon begrifflich nicht geben kann (vgl. auch Horn JR 81, 252, Laufhütte LK 8).

9 β) Dagegen ist bei Handlungen, die ihrem äußeren Erscheinungsbild nach *ambivalent* sind, weiterhin erforderlich, daß sie durch die Absicht motiviert sind, eigene oder fremde Geschlechtslust zu erregen oder zu befriedigen (vgl. etwa den Sachverhalt von BGH **31** 76 und dazu Lenckner JR 83, 160; wie hier auch Lackner 1 a, and. aber z. B. Horn SK 2, Laufhütte LK 6). So sind z. B. Schläge auf den nackten Körper keine sexuelle Handlung, wenn sie aus Wut erfolgen (vgl. auch RG JW **36**, 389), wohl aber dann, wenn dies in sexueller Absicht geschieht. Ebenso ist z. B. eine Scheidenmassage durch einen Arzt nur unter dieser Voraussetzung eine sexuelle Handlung. Zu §§ 174 ff. a. F. vgl. auch RG **57** 239 (Handeln aus Aberglaube), DR **44**, 767 (Scherz).

10 In den Fällen einer sogenannten *„Motivbündelung"* (BGH **13** 140), in denen eine Handlung, mit der z. B. ärztliche oder Erziehungszwecke verfolgt werden, zugleich von einer sexuellen Tendenz begleitet ist, ist davon auszugehen, daß das bloße Mitschwingen von Lustvorstellungen als Begleiterscheinung des an sich einwandfreien Handlungsmotivs die Handlung nicht zu einer sexuellen macht (vgl. zu § 174 a. F. BGH **13** 142). Dasselbe gilt aber auch, wenn die sexuelle Komponente zwar Antrieb für das Handeln war, der ärztliche oder Erziehungszweck usw. den Täter aber ebenfalls bestimmt hat und dessen Voraussetzungen objektiv vorlagen. Entscheidend ist in diesen Fällen allein, daß das Verhalten des Täters objektiv indiziert, also z. B. eine ärztliche Maßnahme medizinisch erforderlich war. Die sexuelle Tendenz, die dabei im Spiel war oder die gar den Täter zu seinem Verhalten mitveranlaßt hat, verleiht diesem noch nicht den Charakter des Sexuellen (vgl. z. B. auch Bockelmann II/2 S. 129 f., Horn SK 7).

11 γ) Das Gesetz geht davon aus, daß auch *Kinder* sexuelle Handlungen vornehmen können (vgl. §§ 174 I, II Nr. 2, 176 II, V Nr. 2), obwohl bei diesen eine sexuelle Tendenz i. S. einer wollüstigen Absicht (vgl. o. 9) und auch das volle Bewußtsein der sexuellen Bedeutung ihres Verhaltens (vgl. o. 8) vielfach noch fehlen wird. Wie schon nach § 176 I Nr. 3 a. F. (vgl. näher 16. A., § 176 RN 29) kann aber auch hier nicht auf jegliche subjektive Komponente verzichtet und diese durch eine entsprechende sexuelle Tendenz des Partners des Kindes ersetzt werden (vgl. für ambivalente Handlungen auch BGH **17** 280 zu § 176 I Nr. 3 a. F.; and. BGH **29** 336 m. Anm. Horn JR 81, 251, KG JR **82**, 507, D-Tröndle § 176 RN 4, 5, Gössel I 264 f., Lackner 1 a, M-Schroeder I 159). Handlungen, die zwar äußerlich sexualbezogen sind, die das Kind aber völlig arg- und ahnungslos vornimmt und in einen ganz anderen Zusammenhang einordnet, sind schon nach ihrem Handlungssinn keine „sexuellen" Handlungen (vgl. o. 8; vgl. auch BGH NStZ **85**, 24). Auch stellen sie – selbst bei Berücksichtigung des Unbewußten – für die ungestörte sexuelle Entwicklung keine meßbare Gefahr dar, weshalb sie jedenfalls keine sexuellen Handlungen des Kindes sind, die für das geschützte Rechtsgut von einiger Erheblichkeit sind (vgl. u. 14 ff.). Richtig ist nur, daß bei Kindern nach dem Schutzgedanken der fraglichen

Vorschriften geringere Anforderungen an das subjektive Element zu stellen sind. Hier muß es genügen, daß das Kind seinem Alter entsprechende Vorstellungen oder – bei ambivalenten Handlungen – Empfindungen hat oder jedenfalls „kindhaft" erkennt, daß es sich und sein Handeln in den Dienst fremder Sexualität stellt (vgl. auch Blei II 144; and. BGH **29** 336 m. Anm. Horn JR 81, 251, Laufhütte LK 20 f., 24). Daß die damit erforderlichen Feststellungen die praktische Anwendung der §§ 174 ff. erschweren (BGH aaO, Horn aaO, Laufhütte LK 24), ist zwar zutreffend, doch mußten diese nach BGH **17** 280, GA **69**, 378 bei ambivalenten Handlungen auch nach § 176 a. F. getroffen werden. Unzulässig ist es auch, die mit der Beweisführung für das Kind verbundenen Schäden mit der Frage zu verquicken, ob die fragliche Tat strafwürdiges Unrecht ist (so jedoch Horn aaO), was – eine Konsequenz der Reform – zu verneinen ist, wenn das geschützte Rechtsgut der ungestörten sexuellen Entwicklung des Kindes nicht betroffen sein kann.

c) Der Begriff der sexuellen Handlung umfaßt sowohl **hetero-** als auch **homosexuelle Handlungen,** letztere sowohl unter Männern als auch unter Frauen. Lediglich § 175 ist beschränkt auf männliche Homosexualität. **12**

d) Die inhaltlichen Anforderungen an den Begriff der sexuellen Handlung sind ferner unabhängig davon, ob der Täter diese **selbst vornimmt** oder von einem anderen („an" bzw. „vor" sich) **vornehmen läßt.** Im letzteren Fall muß das Verhalten des anderen alle Merkmale einer sexuellen Handlung aufweisen (zu sexuellen Handlungen von Kindern vgl. o. 11); auf ein sexuelles Motiv des Täters kommt es hier nicht an. **13**

2. Entfallen soll nach der Tendenz des 4. StrRG die moralische Komponente, die nach §§ 174 ff. a. F. in dem Begriff der unzüchtigen Handlung enthalten war („Verletzung des Scham- und Sittlichkeitsgefühls in sexueller Beziehung", vgl. 16. A., 6 vor § 173 mwN). An ihre Stelle getreten ist die **Erheblichkeitsklausel** des § 184 c Nr. 1, wonach sexuelle Handlungen „im Sinne dieses Gesetzes" nur solche sind, „die im Hinblick auf das jeweils geschützte Rechtsgut von einiger Erheblichkeit sind". Dabei muß die Erheblichkeit der tatbestandsmäßigen Handlung selbst zukommen; ein als solches tatbestandsloses Begleitgeschehen hat außer Betracht zu bleiben (vgl. Hamm MDR **77**, 862). **14**

Ob damit gegenüber dem normativen und damit zwangsläufig unvollständigen Korrektiv der a. F. unter dem Gesichtspunkt der Rechtssicherheit viel gewonnen ist, muß bezweifelt werden (vgl. Dreher JR 74, 47: „Um keinen Deut besser"). Der auf eine Quantität abstellende Begriff „von einiger Erheblichkeit" läßt schon als solcher einen erheblichen Beurteilungsspielraum. Dadurch, daß er zu dem geschützten Rechtsgut in Beziehung zu setzen ist, gewinnt er nicht wesentlich an Konturen, zumal vielfach auch über das geschützte Rechtsgut keine volle Klarheit besteht (so auch Sturm JZ 74, 4). Aber auch das normative Element selbst ist durch die n. F. nur scheinbar eliminiert. Zwar ist es schon um einer zeitgemäßen Gesetzessprache willen zu begrüßen, daß der zum Moralisieren verleitende Begriff der „unzüchtigen" durch den der „sexuellen" Handlung ersetzt worden ist, wertfrei kann aber auch dieser in Verbindung mit der Erheblichkeitsklausel nicht sein. Bestimmt man die sexuelle Handlung, die für das geschützte Rechtsgut von einiger Erheblichkeit ist, als eine solche, die „nach Art und Intensität eine sozial nicht mehr hinnehmbare Beeinträchtigung eines bestimmten, im Tatbestand geschützten Rechtsguts besorgen läßt" (Lackner 1 b) – und in diese Richtung würden alle „Definitionen" gehen müssen, ohne jedoch mehr Substanz bieten zu können, so setzt die zu treffende Entscheidung eine Orientierung an den Maßstäben der Sozialethik voraus, nicht anders als beim Begriff der unzüchtigen Handlung, wo man auf das allgemeine Scham- und Sittlichkeitsempfinden zurückgreifen mußte (vgl. auch M-Schroeder I 160). Will man hier deshalb von einem Fortschritt sprechen, so liegt er allein darin, daß das normative Element nunmehr in einer weniger penetranten Form in Erscheinung tritt. In der Sache aber ist ein solches Element, durch das zugleich sozialethische Vorstellungen in das Gesetz einfließen, unverzichtbar. **15**

a) Die Erheblichkeitsklausel enthält insofern zunächst eine **quantitative** Komponente, als zu fragen ist, ob das Rechtsgut im Hinblick auf Art, Intensität, Dauer und sonstige Umstände der Handlung in einer Weise berührt wird, daß von „einiger Erheblichkeit" gesprochen werden kann. Der Grad der Gefährlichkeit für das geschützte Rechtsgut (Lackner 1 b) ist dabei nur ein bedingt verwertbares Kriterium, vor allem, wenn es sich dabei um eine empirisch meßbare Größe handeln soll. Darauf kann allenfalls bei den reinen Jugendschutztatbeständen abgestellt werden, obwohl auch bei diesen über die Gefährlichkeit im Grunde nur vage Vermutungen möglich sind; immerhin wird man hier die Erheblichkeit in solchen Fällen verneinen können, in denen nach menschlichem Ermessen eine Gefährdung der sexuellen Entwicklung des Kindes bzw. Jugendlichen ausgeschlossen ist (so zu § 176 Nr. 3 a. F. schon BGH **17** 289; krit. Horn SK § 176 RN 2). In anderen Fällen, insbes. bei Angriffen auf die sexuelle Selbstbestimmung, kann dagegen das normative Problem nicht mit Hilfe einer Gefährlichkeitsprognose umgangen werden, so z. B. wenn es um die Frage geht, ob die gewaltsam vorgenommene Berührung der Brust einer Frau unter dem Büstenhalter (vgl. Koblenz NJW **74**, 870) anders zu beurteilen ist als **15a**

§ 184c 15b, 16 Bes. Teil. Straftaten gegen die sexuelle Selbstbestimmung

der gewaltsame Griff über den Kleidern. Die Entscheidung, ob die Handlung „nach Art und Intensität eine sozial nicht mehr hinnehmbare Beeinträchtigung" (Köln NJW 74, 1830, Lackner 1b) des fraglichen Rechtsguts und damit im Hinblick auf dieses von einiger Erheblichkeit ist, kann in solchen Fällen vielmehr ohne Rückgriff auf gewisse sexualethische Standards und Maßstäbe überhaupt nicht getroffen werden (vgl. auch o. 15). Irgendein neuer Aspekt wird hier durch § 184c Nr. 1 nicht ins Spiel gebracht, vielmehr ist der Maßstab im wesentlichen der gleiche geblieben wie im früheren Recht, wo die Rspr. ebenfalls einen Verstoß gegen die Sexualethik von einer gewissen Erheblichkeit verlangt hatte (vgl. Bockelmann II/2 S. 131). Deshalb hat auch die bisherige Rspr. zu den §§ 174 ff. a. F. ihre Bedeutung nicht verloren (vgl. auch D-Tröndle 10 vor § 174).

15b Mangels „einiger Erheblichkeit" sind daher – wie schon bisher – Handlungen auszuscheiden, die sich als bloße – wenn auch grobe – Taktlosigkeiten und Geschmacklosigkeiten darstellen, sofern sie wegen der damit verfolgten sexuellen Tendenz überhaupt eine sexuelle Handlung sind (vgl. z. B. BGH GA **69**, 378 [Urinieren vor einem Kind als Vorwand für eine Entblößung], NStE § 178 **Nr. 6** [Umarmen und Küssen; dort wegen der weiteren Umstände jedoch zw.]; vgl. ferner z. B. RG **67** 170, JW **36**, 1909, BGH NJW **54**, 120). Aber auch bei eindeutig sexualbezogenen' Handlungen scheiden unabhängig vom geschützten Rechtsgut – also auch bei §§ 174, 176 – nach Art, Dauer und Intensität nur unbedeutende Berührungen aus (vgl. BGH NStZ **83**, 553, EzSt § 176 **Nr. 2**, MDR/H **74**, 545). Dazu gehören z. B. das Berühren des (nackten) Oberschenkels (BGH MDR/D **74**, 545; vgl. ferner BGH GA **52**, 243, FamRZ **66**, 632), das Streicheln des nackten Knies eines Kindes (and. BGH MDR/D **53**, 19 zu § 176 a. F.), der flüchtige Griff an die Genitalien über den Kleidern (vgl. BGH 1 298), das kurze Anfassen der Brust eines Mädchens über den Kleidern (BGH MDR/H **74**, 545; zu § 176 Nr. 3 a. F. vgl. auch BGH NJW **54**, 120, GA **54**, 243), während ein „spürbarer Griff" mit einem kurzen Betasten bzw. ein „massives Anfassen" nach BGH NStZ **83**, 553 (zu § 174), EzSt § 176 **Nr. 2** (zu § 176) „Grenzfälle" sind (vgl. aber auch Koblenz VRS **49** 349: Ausreichend ein „fester Griff"). Verleitet der Täter ein Kind in wollüstiger Absicht, seinen Rock hochzuheben, weil er den Schlüpfer sehen will, so ist dies jedenfalls keine sexuelle Handlung von einiger Erheblichkeit (and. zu § 176 Nr. 2 a. F. BGH **17** 280). Dasselbe gilt für den Versuch, das Opfer zu entkleiden, wenn dies nur das Mittel zur Ermöglichung des beabsichtigten Sexualakts sein soll (BGH NStE § 178 **Nr. 6**). Dagegen wurden als sexuelle Handlungen von einiger Erheblichkeit angesehen z. B. das in anstößiger Weise erfolgende Zeigen des Geschlechtsteils durch ein Kind (KG JR **82**, 507, Koblenz NJW **79**, 1467), das Berühren des nackten Geschlechtsteils (BGH **35** 76), das längere Betasten des Geschlechtsteils einer Frau über der Kleidung, nachdem der Täter sie vorher überfallen und niedergeworfen hatte (BGH MDR/D **74**, 366), das Greifen in die Schamhaare und das Spielen an der Brustwarze (BGH NStZ **83**, 553), die gewaltsam vorgenommene Berührung der Brust einer Frau unter dem Büstenhalter (Koblenz NJW **74**, 870, wobei jedoch zweifelhaft ist, ob dies auch mit der Hartnäckigkeit begründet werden konnte, mit welcher der Täter sein Ziel verfolgt hatte; vgl. dazu auch Horn SK 15).

16 b) Die Erheblichkeit ist insofern eine **relative,** als sie im Hinblick auf das jeweils geschützte Rechtsgut zu bestimmen ist. Bei Tatbeständen mit mehreren Rechtsgütern (z. B. § 174) ist die Handlung zu allen in Beziehung zu setzen, wobei dann auch das unterschiedliche Gewicht der verschiedenen Schutzobjekte zu berücksichtigen ist (vgl. dazu auch Horn SK 10, Laufhütte LK 11 f.). Dieser relative Aspekt der Erheblichkeitsklausel kann dazu führen, daß ein und dieselbe Handlung je nach der Schutzrichtung des betreffenden Tatbestands verschieden zu bewerten ist. So sind bei Tatbeständen zum Schutz der ungestörten sexuellen Entwicklung von Kindern und Jugendlichen an das quantitative Element der Erheblichkeit (vgl. o. 15a f.) geringere Anforderungen zu stellen als bei Delikten gegen die sexuelle Selbstbestimmung Erwachsener – nach BGH NStZ **83**, 553 sind sie bei ersteren „nicht zu hoch zu schrauben" –, weshalb z. B. Zungenküsse i. d. R. zwar sexuellen Handlungen i. S. der §§ 174, 175, 176, nicht aber stets und ohne Rücksicht auf die Umstände des konkreten Falles auch solche i. S. des § 178 sind (vgl. BGH StV **83**, 415 f. im Anschluß an BGH **18** 169 zu §§ 174, 175, 176 I Nr. 1 a. F.; vgl. auch OGH **2** 331, Stuttgart NJW **63**, 1684). Auch bei den §§ 174, 176 kann das Erheblichkeitsmerkmal wegen der z. T. unterschiedlichen Schutzrichtung beider Vorschriften nicht ohne weiteres gleich ausgelegt werden (so aber BGH NStZ **83**, 553). Ebenso kann z. B. bei § 183a mehr an Erheblichkeit zu verlangen sein (z. B. sexuelle Handlungen eines Liebespaars auf einer Parkbank) als z. B. bei §§ 174, 176. Ferner ist bei den Jugendschutztatbeständen die Erheblichkeitsschwelle unterschiedlich anzusetzen, je nachdem, ob es sich um ein jüngeres Opfer handelt oder ob es der Altersgrenze schon verhältnismäßig nahe ist (Lackner 1b aa). Dies gilt auch für homosexuelle Handlungen: Da die Gefahr homosexueller Prägung bei höherem Alter zunehmend zurücktritt, ist in den Fällen, in denen das Opfer bereits älter ist, ein Verhalten von gewisser Intensität und Dauer erforderlich; die Rspr. zu § 175 a. F., die dies aus dem Merkmal des „Unzucht-Treibens" gefolgert hatte (vgl. BGH **1** 293, **2** 40, **9** 113, MDR/He **55**, 650), behält insofern daher unter dem Gesichtspunkt der Erheblichkeit ihre Bedeutung auch für § 175 n. F. (Hamm MDR **77**, 862, Lackner 1b aa; vgl. § 175 RN 4). Andererseits können homosexuelle

Kontakte mit Kindern, bei denen die Triebrichtung noch nicht fixiert ist, gravierender sein als heterosexuelle Handlungen, was gleichfalls dazu führen kann, daß die Erheblichkeit unterschiedlich zu bestimmen ist (Lackner aaO). Ganz allgemein kann bei den Jugendschutztatbeständen für die Erheblichkeit auch von Bedeutung sein, ob das Opfer bereits sexuelle Erfahrungen gemacht hat. Unterschiede ergeben sich ferner z. B. innerhalb des § 180; da dessen Abs. 2 speziell das Abgleiten des Jugendlichen in die Prostitution verhindern soll, sind hier an die Erheblichkeit strengere Anforderungen zu stellen als im Fall des Abs. 1.

III. Die §§ 174ff. n. F. unterscheiden durchgehend zwischen sexuellen Handlungen „an" und 17 solchen „vor" einem anderen (vgl. auch o. 3). Die **Nr. 2** dient vor allem dazu, das Handeln „vor" einem anderen zu erläutern.

1. „**An**" einem anderen ist die sexuelle Handlung vorgenommen, wenn eine körperliche 18 Berührung stattgefunden hat, wofür das Ejakulieren und Urinieren auf den Körper genügt (Laufhütte LK 15 unter Hinweis auf BGH 3 StR 441/83 v. 2. 11. 83), nicht aber – weil noch keine sexuelle Handlung – das bloße Herunterreißen der Kleidungsstücke des Opfers (vgl. BGH NStZ **90**, 490; dort offengelassen, wenn sich der Täter schon dadurch sexuelle Erregung oder Befriedigung verschaffen wollte). Dabei hängt es vom Schutzzweck der jeweiligen Vorschrift ab, ob der andere die an ihm vorgenommene sexuelle Handlung wahrgenommen und ihren sexuellen Charakter erkannt haben muß (generell verneinend jedoch z. B. D-Tröndle 12 vor § 174, § 176 RN 3, Gössel I 266, M-Schroeder I 159). Nicht erforderlich ist dies bei den Tatbeständen, welche die sexuelle Selbstbestimmung des Opfers schützen und wo deshalb schon jedes Handeln ohne den Willen des Betroffenen genügt (vgl. Lenckner JR 83, 160, aber auch Horn SK 19; differenzierend Laufhütte LK 17). Daher kann z. B. die Tat nach § 174a auch an einem Schlafenden begangen werden; erst recht gilt dies für § 179, da dort gerade Personen geschützt werden, die aus psychischen oder physischen Gründen widerstandsunfähig sind. Etwas anderes gilt jedoch entgegen der h. M. (BGH **29** 339 m. Anm. Horn JR 81, 251, NJW **81**, 1850, D-Tröndle aaO, Horn SK 6, M-Schroeder aaO, weitgehend auch Laufhütte LK 20ff.) bei den Jugendschutztatbeständen. Muß das Kind bei der Vornahme eigener sexueller Handlungen am Täter wenigstens eine ungefähre, seinem Alter entsprechende Vorstellung von der sexuellen Bedeutung seines Tuns haben (vgl. u. 11), so kann grundsätzlich nichts anderes gelten, wenn sexuelle Handlungen an dem Kind vorgenommen werden. Auch hier ist trotz körperlicher Berührung eine sexuelle Handlung „an" einem anderen mangels „einiger Erheblichkeit" für das Rechtsgut der ungestörten sexuellen Entwicklung zu verneinen, wenn auch unter Berücksichtigung der Psychologie des Unbewußten die Möglichkeit einer Gefährdung des Opfers nach menschlichem Erfahrungswissen ausgeschlossen ist oder allenfalls eine quantité négligeable darstellt. Dies ist jedenfalls dann der Fall, wenn das Kind bzw. der Jugendliche die Handlung völlig arglos an sich geschehen läßt, so wenn ein Arzt aus sexuellen Motiven, die für das Kind nicht erkennbar sind, unter dem Vorwand einer Untersuchung dessen Geschlechtsteil betastet, wohl aber auch beim Griff an die Genitalien eines Kindes im Säuglingsalter (für Strafbarkeit nach § 176 dagegen BGH **30** 144 bei 7 Monate altem Kind). Ob dies auch für sexuelle Handlungen an einem Schlafenden gilt (bejahend auch hier z. B. D-Tröndle 12 vor § 174, Horn SK 6), hängt davon ab, wie die Möglichkeiten einer Beeinflussung über das Unbewußte zu beurteilen sind. Überholt sind jedenfalls die Erwägungen, aus denen die frühere Rspr. eine Strafbarkeit in solchen Fällen bejaht hat (vgl. BGH **1** 397 zu § 175 a. F., **15** 197 zu § 176 I Nr. 3 a. F.: strafbar, weil der Tatbestand „allein den Mißbrauch des fremden Körpers zum Gegenstand" habe). Daß entsprechende Manipulationen an Kindern ein grober Verstoß gegen die – auch heute noch geltende – Sexualmoral sind, ist unzweifelhaft, ändert aber nichts daran, daß das geltende Recht nicht mehr diese, sondern nur noch die ungestörte sexuelle Entwicklung Jugendlicher schützt; hier zu unterstellen, daß diese mit jedem einen Sexualbezug aufweisenden Betasten eines ahnungslosen Kindes auch nur möglicherweise in Frage gestellt ist, ist jedoch eine unzulässige, weil mit der Erheblichkeitsklausel nicht zu vereinbarende Fiktion.

2. Die §§ 174ff. unterscheiden bei Handlungen, die das Opfer „am" Täter vornimmt, zwi- 19 schen Fällen, in denen der Täter diese Handlungen **an sich vornehmen läßt** und solchen, in denen er das Opfer dazu **bestimmt**, sie **an ihm** (bzw. einem Dritten) **vorzunehmen**. Der Unterschied besteht darin, daß im ersten Falle gleichgültig ist, von wem die Initiative zur Tat ausgegangen ist und welche Motive die Duldung veranlassen – auch das bloße Zulassen aus anderen als sexuellen Beweggründen ist hier erfaßt –, während im zweiten Falle erforderlich ist, daß der Täter durch sein Einwirken auf das Opfer den Entschluß zum Handeln in diesem hervorruft, dieses also „anstiftet".

3. „**Vor**" einem anderen ist die sexuelle Handlung nach § 184c **Nr. 2** vorgenommen, wenn 20 dieser sie wahrgenommen hat. Dieser Satz ist ebenso lapidar wie nichtssagend. Denn fraglich ist schon, ob die Wahrnehmung auch den sexuellen Charakter der Tat umfassen muß. Zweifel-

§ 184c 21–22 Bes. Teil. Straftaten gegen die sexuelle Selbstbestimmung

haft ist aber auch, ob und in welchem Umfang der Handelnde die Wahrnehmung durch einen anderen als Faktor in sein Tun einbeziehen muß. Dessen bloße Anwesenheit genügt jedenfalls nicht.

21 a) Überwiegend wird angenommen, daß die sinnliche (u. U. auch akustische) **Wahrnehmung des äußeren Geschehensablaufs** genüge, während nicht erforderlich sei, daß der andere auch den **sexuellen Charakter** der Handlung erkannt habe (BT-Drs. VI/3521 S. 24, Bockelmann II/2 S. 132, 142, D-Tröndle 12 vor § 174, Gössel I 267, Horn SK 19, Lackner 2, Laufhütte LK 24, M-Schroeder I 159; wohl auch BGH **29** 339 m. Anm. Horn JR 81, 251, MDR/D **74**, 546; vgl. auch Blei II 145). Doch kann diese Frage nicht generell nach dem – insoweit nicht eindeutigen – § 184c Nr. 2, sondern nur nach dem Sinn der jeweiligen Vorschrift entschieden werden.

21a α) Soweit in §§ 174 II Nr. 1, 176 V Nr. 1 *sexuelle Handlungen des Täters* „vor" einem Schutzbefohlenen bzw. Kind erfaßt werden, folgt zwar schon aus der ratio legis, daß sich das Opfer der sexuellen Bedeutung der Handlung nicht voll bewußt gewesen sein muß; ebensowenig kann eine innere Anteilnahme an dem Geschehen oder auch nur dessen „geflissentliches" Betrachten (so die Rspr. zu § 176 I Nr. 3 a. F., z. B. BGH **1** 171, **8** 3, **15** 122) verlangt werden (vgl. BT-Drs. VI/3521 S. 37, D-Tröndle § 176 RN 6, Lackner § 176 Anm. 3b). Andererseits kann aber auch ein bewußtes sinnliches Wahrnehmen des äußeren Geschehensablaufs nicht genügen (so jedoch die h. M., vgl. o. 21), hinzukommen muß vielmehr auch hier eine wenigstens vage, dem Alter entsprechende („kindhafte") Vorstellung von der sexuellen Bedeutung des Vorgangs. Es kann hier nichts anderes gelten als bei sexuellen Handlungen „an" dem Kind (vgl. o. 18) und solchen, die das Kind selbst vornimmt (vgl. o. 11). Nicht ausreichend ist es jedenfalls, wenn das Opfer dem Geschehen völlig arglos zusieht und dieses in keiner Weise als etwas Besonderes empfindet. Hier fehlt es – auch unter Berücksichtigung des Unbewußten – an der Erheblichkeit i. S. der Nr. 1. Die weitergehende Auffassung, die sich mit der Wahrnehmung des äußeren Vorgangs begnügt, würde hier zu einer in der Sache nicht gerechtfertigten Verschärfung gegenüber dem früheren Recht führen, das in § 176 I Nr. 3 a. F. ausdrücklich und in § 174 a. F. dem Sinne nach unzüchtige Handlungen „mit" dem Opfer verlangt hatte (vgl. dazu die 16. A., § 174 RN 21 ff., § 176 RN 26). Wenn bei § 176 schon die Ungewißheit über die Schädlichkeit sexueller Übergriffe auf Kinder die Strafbarkeit rechtfertigt (BT-Drs. VI/3521 S. 35), so muß die sexuelle Handlung vor dem Kind für dessen ungestörte sexuelle Entwicklung jedenfalls abstrakt gefährlich sein. Dies aber ist nicht der Fall, wenn das Kind überhaupt nicht erkennt und u. U. nicht einmal erkennen kann (z. B. Kleinkind), worum es geht. Das gleiche gilt auch für § 174 II Nr. 1; daß dort noch weitere Schutzzwecke hinzukommen (vgl. § 174 RN 1), ändert daran nichts, da auch diese nicht betroffen sein können, wenn der Schutzbefohlene von der sexuellen Bedeutung der vor ihm vorgenommenen Handlung keinerlei Vorstellung hat. Hier liegt daher jeweils nur Versuch vor, wenn der Täter irrig davon ausgegangen ist, daß das Opfer auch die sexuelle Bedeutung der Handlung erfassen wird.

21b β) Nimmt dagegen das *Opfer eine sexuelle Handlung* „vor" dem Täter (§§ 174 II Nr. 2, 176 V Nr. 2) bzw. einem Dritten vor (§§ 176 V Nr. 2, 180 II, 181 Nr. 2), so gilt folgendes: Bei § 181 Nr. 2 ist es eine rein akademische Frage, ob der Dritte nur den äußeren Vorgang oder auch dessen sexuelle Bedeutung erkennen soll; denn Fälle des Menschenhandels, in denen das Opfer zwar zu sexuellen Handlungen vor Dritten gebracht werden soll, diese aber nicht auch den sexuellen Charakter der Handlung erkennen sollen, gibt es nicht. Ebenso dürften – obwohl denkbar – bei §§ 174 II Nr. 2, 176 V kaum Fälle vorkommen, in denen der *Täter* das Opfer dazu bestimmt hat, daß es sexuelle Handlungen *vor ihm* vornimmt, er die sexuelle Bedeutung des Geschehens dann aber nicht erkennt. Das Problem reduziert sich damit für § 176 V Nr. 2 auf die Vornahme sexueller Handlungen vor einem *Dritten*. Im Hinblick auf das geschützte Rechtsgut müßte es hier an sich genügen, daß das Kind in der seinem Alter gemäßen Vorstellung handelt, das Objekt fremder Geschlechtslust zu sein (and. Laufhütte LK 24), ohne Rücksicht darauf, ob der Dritte die Handlung tatsächlich wahrnimmt (noch weitergehend § 176 Nr. 3 2. Alt. a. F., wo ein Dritter nicht einmal in der Vorstellung des Kindes zugegen sein mußte; vgl. 16. A., RN 30). Das in § 184c Nr. 2 aufgestellte Erfordernis einer Wahrnehmung durch den Dritten erscheint in diesem Fall daher wenig folgerichtig, was dann aber auch zugleich dafür spricht, daß man hier nicht mehr verlangt, als nach dem Gesetzeswortlaut unbedingt geboten ist. Hier braucht sich deshalb die Wahrnehmung nur auf den äußeren Geschehensablauf zu beziehen. Entsprechendes gilt für § 180 II.

22 b) **Nicht erforderlich** ist für die Vornahme einer sexuellen Handlung „vor" einem anderen das Bestehen einer **gedanklichen Partnerschaft** i. S. eines einverständlichen sexuellen Erlebnisses (and. das frühere Recht, soweit dort die Vornahme unzüchtiger Handlungen „mit" einem anderen erforderlich war, vgl. z. B. BGH **4** 323, **5** 88, **8** 1). Genügend ist vielmehr eine bestimmte **Intention des Handelnden,** wobei im einzelnen zu unterscheiden ist:

α) Knüpft das Gesetz an eine *sexuelle Handlung des Täters* „vor" dem Opfer an (§§ 174 II Nr. 1, 176 V Nr. 1), so muß sie darauf gerichtet sein, den anderen in der Weise in den sexuellen Vorgang miteinzubeziehen, daß gerade die Wahrnehmung durch ihn für den Täter ein entscheidender Faktor ist. Sowohl in § 174 II als auch in § 176 V folgt dies schon daraus, daß der Täter hier in der Absicht handeln muß, speziell durch die Vornahme der sexuellen Handlung vor dem Kind bzw. Jugendlichen entweder sich selbst oder das Opfer bzw. im Fall des § 176 auch einen Dritten sexuell zu erregen. Nicht ausreichend ist es deshalb z. B., wenn der Täter in Gegenwart eines Kindes an sich selbst sexuelle Handlungen vornimmt, die Tatsache, daß das Kind dies wahrnimmt, für ihn jedoch keinerlei Bedeutung hat.

β) Nimmt dagegen das *Opfer sexuelle Handlungen* „vor" dem Täter bzw. einem Dritten vor (§§ 174 II Nr. 2, 176 V Nr. 2, 180 II) bzw. soll es solche vornehmen (§ 181 Nr. 2), so genügt sein Bewußtsein – bei Kindern die ihrem Alter entsprechende Vorstellung –, daß es sich damit in den Dienst fremder Sexualität stellt (vgl. auch Horn SK § 176 RN 31). Genügen nur sexuelle Handlungen vor einem Dritten, so muß das Opfer speziell für diesen handeln; kein Fall des § 180 II liegt daher z. B. vor, wenn der Täter den Minderjährigen gegen Entgelt für eigene sexuelle Zwecke dazu bestimmt, daß er sexuelle Handlungen vor ihm vornimmt, auch wenn dies zugleich von zufällig anwesenden Dritten wahrgenommen wird.

Vierzehnter Abschnitt. Beleidigung

Vorbemerkungen zu den §§ 185 ff.

Übersicht

I. Rechtsgut	1	IV. Beleidigungsfreie Sphäre	9
II. Beleidigungsfähigkeit	2	V. Beschimpfungs- u. ä. Tatbestände außerhalb des 14. Abschnitts; § 238 StGB-DDR	10
III. Beleidigung unter einer Kollektivbezeichnung	5		

Schrifttum: Arzt, Der strafrechtliche Schutz der Intimsphäre, 1970. – *ders.,* Der strafrechtliche Ehrenschutz – Theorie und praktische Bedeutung, JuS 82, 717. – *Bassenge,* Ehe und Beleidigung, 1937. – *Binding,* Die Ehre und ihre Verletzbarkeit, 1892. – *Binter,* Die Unzucht mit Kindern und ihre Abgrenzung zur Beleidigung, NJW 53, 1815. – *Dau,* Der strafrechtliche Ehrenschutz der Bundeswehr, NJW 88, 2650. – *Graf zu Dohna,* Unzucht und Beleidigung, DStR 41, 34. – *Engelhard,* Die Ehre als Rechtsgut im Strafrecht, 1921. – *Engisch,* Beleidigende Äußerungen über dritte Personen im engsten Kreis, GA 57, 326. – *ders.,* Bemerkungen über Normativität und Faktizität im Ehrbegriff, Lange-FS 401. – *Erhardt,* Kunstfreiheit und Strafrecht, 1989. – *Fischer,* Sind Behörden beleidigungsfähig?, JZ 90, 68. – *Gallas,* Beleidigung und Sittlichkeitsdelikt, ZAkDR 41, 15. – *ders.,* Der Schutz der Persönlichkeit im Entwurf eines StGB, ZStW 75, 16. – *v. Gamm,* Persönlichkeits- u. Ehrverletzungen durch Massenmedien, 1969. – *Geppert,* Straftaten gegen die Ehre, Jura 83, 530, 580. – *Hafter,* Ehrbegriff und Beleidigung, SchwZStr. 57, 405. – *Haß,* Zur Frage der sog. Sexualbeleidigung, SchlHA 1975, 123. – *Heins,* Der historische und soziale Gehalt der inneren Ehre, 1942 (StrAbh. 427). – *Heinz,* Kunst und Strafrecht, in: Mühleisen, Grenzen politischer Kunst (1982). – *Helle,* Die Rechtswidrigkeit der ehrenrührigen Behauptung usw., NJW 1961, 1896. – *ders.,* Der Schutz der persönlichen Ehre, 1957. – *ders.,* Der Ehrenschutz des Freigesprochenen, GA 1961, 166. – *Hellmer,* Beleidigung und Intimsphäre, GA 63, 129. – *Hirsch,* Ehre und Beleidigung, 1967. – *Jescheck,* Ehrenschutz durch das strafrechtliche Feststellungsverfahren, GA 57, 365. – *Kern,* Die Äußerungsdelikte, 1919. – *ders.,* Die Beleidigung, in: Frank-FG II 335. – *Kiehl,* Strafrechtliche Toleranz wechselseitiger Ehrverletzungen, 1986 (Frankfurter kriminalwissenschaftl. Studien, Bd. 15). – *ders.,* Das Ende der „kleinen Sexualdelikte"?, NJW 89, 3003. – *Kienapfel,* Privatsphäre und Strafrecht, 1969. – *Knittel,* Ansehen und Geltungsbewußtsein. Grundlagen der strafrechtlichen Beleidigungstatbestände, 1985. – *Küpper,* Grundprobleme der Beleidigungsdelikte, JA 85, 453. – *Lampe,* Geschäfts- und Kreditverleumdung, Oehler-FS 275. – *Laubenthal,* Beleidigung Jugendlicher durch sexuelle Handlungen, JuS 87, 700. – *Liepmann,* Die Beleidigung, VDB IV, 217. – *Lüthge-Bartolomäus,* Schluß mit der Lückenbüßerfunktion des § 185 auf dem Gebiet von Sitte und Anstand, MDR 75, 815. – *W. Müller,* Beleidigungen im Sühnetermin, GA 61, 161. – *Otto,* Persönlichkeitsschutz durch strafrechtlichen Schutz der Ehre, Schwinge-FS (1973) 71. – *ders.,* Ehrenschutz in der politischen Auseinandersetzung, JR 83, 1. – *Praml,* Beleidigungsdelikte bei anwaltlicher Interessenvertretung, NJW 76, 1967. – *Ramm,* Der Ehrbegriff als Grundlage des Ehrenschutzes im Strafrecht, 1936 (StrAbh. 366). – *Ritze,* Die „Sexualbeleidigung" nach § 185 StGB und das Verfassungsgebot „nulla poena sine lege", JZ 80, 91. – *M. Schmid,* Zum Ehrenschutz bei Tatsachenbehauptungen gegenüber dem Betroffenen, MDR 81, 15. – *Schwinge,* Ehrenschutz im politischen Bereich, MDR 73, 801. – *Tenckhoff,* Die Bedeutung des Ehrbegriffs für die Systematik der Beleidigungstatbestände, 1974. – *ders.,* Grundfälle zum Beleidigungsrecht, JuS 88, 199, 457, 621, 793, JuS 89, 35, 198. – *U. Weber,* Garantenstellung kraft Sachherrschaft? Zur strafrechtlichen Verantwortlichkeit für beleidigende Parolen auf Sachen, Oehler-

§§ 185 ff. Vorbem 1   Bes. Teil. Beleidigung

FS 83. – *Wenzel,* Tatsachenbehauptungen und Meinungsäußerungen, NJW 68, 2353. – *Wolff,* Ehre und Beleidigung, ZStW 81, 886. – *Würkner,* Was darf Satire?, JA 88, 183. – *ders.,* Freiheit der Kunst, Persönlichkeitsrecht und Menschenwürde, ZUM 88, 171. – *Würtenberger,* Karikatur und Satire aus strafrechtlicher Sicht, NJW 82, 610. – *ders.,* Satire und Karikatur in der Rechtsprechung, NJW 83, 1144. – *Zechlin,* Kunstfreiheit, Strafrecht und Satire, NJW 84, 1091. – Rechtsvergleichend: *Deipser* Mat. II BT 199. – Vgl. ferner die Angaben zu §§ 186, 187a, 189, 193.

Speziell zur Beleidigung von Gemeinschaften: *Androulakis,* Die Sammelbeleidigung, 1970. – *Birk,* Die passive Beleidigungsfähigkeit von Kapitalgesellschaften, GmbH-Rundschau 1956, 105. – *Bruns,* Zur Frage der passiven Beleidigungsfähigkeit handelsrechtlicher Kapitalgesellschaften im Strafrecht, NJW 55, 689. – *Flatten,* Strafrechtlicher Ehrenschutz der Handelsgesellschaften, 1962. – *Hammeley,* Die Kollektivbeleidigung, 1910 (StrAbh. 121). – *Hurwicz,* Beleidigung sozialer Einheiten, ZStW 31, 873. – *Arthur Kaufmann,* Zur Frage der Beleidigung von Kollektivpersönlichkeiten, ZStW 72, 418. – *Krug,* Ehre und Beleidigungsfähigkeit von Verbänden, 1965. – *Rotz,* Der strafrechtliche Schutz der Ehre von Personenmehrheiten, 1974. – *Wagner,* Beleidigung eines Kollektivs oder Sammelbeleidigung, JuS 78, 674. – *Welzel,* Über die Ehre von Gemeinschaften, ZStW 57, 28.

1 **I. Rechtsgut** der §§ 185 ff. ist nach allg. M. die **Ehre** (z. B. BGH 1 289, 11 71, 16 62, Herdegen LK 1 vor § 185 mwN; and. nur Bassenge aaO 27: öffentlicher Frieden). Umstritten ist, was darunter zu verstehen ist (zusammenfassend Otto aaO 73f., Tenckhoff aaO 26), wobei die hier bestehenden Unterschiede freilich nicht korrekt gekennzeichnet sind, wenn von einem „faktischen", „normativen" und „normativ-faktischen Ehrbegriff" gesprochen wird, da sich in jedem dieser Begriffe normative und faktische Elemente finden (vgl. näher Engisch, Lange-FS 401). Nach dem *„faktischen"* Ehrbegriff ist Ehre das subjektive Ehrgefühl bzw. der gute Ruf in seiner realen Existenz (vgl. die Nachw. b. Herdegen LK 6 vor § 185; ähnl. Knittel aaO 15 ff.: guter Ruf und das in diesem fundierte Geltungsbewußtsein). Für das Recht ist ein solcher Ehrbegriff aber schon deshalb nicht verwendbar, weil das subjektive Ehrgefühl fehlen oder übertrieben hoch, der tatsächliche Ruf dagegen unverdient gut oder schlecht sein kann. Nach dem dualistischen *(„normativ-faktischen")* Ehrbegriff der wohl h. M. stellt die Ehre deshalb ein komplexes Rechtsgut dar, das sowohl den inneren Wert eines Menschen („innere Ehre") als auch sein Ansehen (guter Ruf) in den Augen anderer („äußere Ehre") umfaßt, wobei die „innere Ehre" z. T. dem § 185, die „äußere Ehre" den §§ 186, 187 zugeordnet wird (vgl. z. B. BGH [GrS] 11 70, Bay 86, 92, Blei II 91, Bockelmann II/2 S. 184, D-Tröndle § 185 RN 2, Frank I vor § 185, Hartung ZStW 71, 387, Kohlrausch-Lange II vor § 185). Doch ist der innere Wert eines Menschen nicht verletzbar, während der gute Ruf nur insoweit Schutz verdient, als er tatsächlich verdient ist (mit dieser Einschränkung z. B. wohl auch BGH 11 71, wobei dann jedoch in der Sache zu der „normativen" Ehrauffassung kein nennenswerter Unterschied mehr besteht). Demgegenüber sieht die heute im Vordringen begriffene *„normative"* Ehrauffassung das Schutzobjekt der §§ 185 ff. in dem auf die Personenwürde gegründeten, einem Menschen berechtigterweise zustehenden Geltungswert bzw. in dem aus diesem folgenden Anspruch, nicht unverdient herabgesetzt zu werden (so mit Unterschieden im einzelnen z. B. BGH 1 289, Arzt JuS 82, 717f., Gallas ZStW 75, 26, Gössel I 348f., Herdegen LK 8ff. vor § 185, Hirsch aaO 29ff., 45ff., 72ff., Arthur Kaufmann ZStW 72, 430, Krug aaO 105ff., 203, M-Maiwald I 216, Rudolphi SK 2ff. vor § 185, Schmidhäuser II 60, Tenckhoff aaO 71, JuS 88, 202ff., Welzel 303, Wessels II/1 S. 97; vgl. auch Otto aaO 74ff., JR 83, 2, NStZ 85, 214, E. A. Wolff ZStW 81, 886). Dem ist insoweit zu folgen, als das Wesen der Beleidigungsdelikte in dem Angriff auf einen Geltungswert und den daraus abgeleiteten Achtungsanspruch besteht, der durch die Kundgabe eigener Mißachtung (§ 185) verletzt und durch die Ermöglichung fremder Mißachtung als Folge ehrenrühriger Tatsachenbehauptungen gegenüber Dritten (§§ 186, 187) gefährdet wird. Zu eng ist es jedoch, diesen Geltungswert bzw. -anspruch allein an die Personenwürde zu knüpfen (so insbes. der „personale" Ehrbegriff von Hirsch aaO, Herdegen aaO, Welzel aaO). Dies mag zwar durch den Begriff der Ehre nahegelegt werden, der nach seinem ursprünglichen Sinn in der Tat einen solchen personalen Bezug aufweist. In den §§ 185 ff. selbst wird dieser Begriff aber an keiner Stelle verwendet, vielmehr hält das Gesetz, wie sich aus § 194 III, IV ergibt, auch bestimmte Institutionen für beleidigungsfähig, womit es zu erkennen gibt, daß auch diesen – und nicht nur ihren Mitgliedern – eine eigene „Ehre" zukommt, die unabhängig davon betroffen sein kann, ob auch einzelne Personen beleidigt sind (vgl. auch u. 3). Dann aber geht es in §§ 185 ff. nicht nur um die Ehre als einen Aspekt der Personenwürde, sondern letztlich um das „Anerkennungsverhältnis", das Voraussetzung dafür ist, daß Personen, aber auch Institutionen in einer Gemeinschaft existieren und wirken können (in bezug auf die Person vgl. E. A. Wolff ZStW 81, 901 [Ehre als das „die Selbständigkeit ermöglichende Anerkennungsverhältnis"], ferner Eser III 181, Geppert Jura 83, 532, Kindhäuser, Gefährdung als Straftat [1989] 303, M-Maiwald I 217, Otto aaO 74ff., Rudolphi SK 5 vor § 185, z. T. krit. dazu jedoch Herdegen LK 9ff. vor § 185; vgl. auch Jakobs aaO 627f., 636f.: Sicherung des informellen Sanktionierungssystems durch „spezielle Wahrheitsgarantien zum Schutz vor inkorrekter und belastender informeller Zurechnung", was allerdings nicht bedeuten kann, daß die §§ 185 ff. zugleich Delikte gegen öffentliche Interessen sind). Rechtsgut der §§ 185 ff. ist daher letztlich der sittliche, personale und soziale Geltungswert und der daraus folgende Achtungsanspruch, der Einzelpersonen und – hier beschränkt auf den sozialen Geltungswert – gewissen Personengemeinschaften (vgl. u. 3) tatsächlich zukommt (vgl. auch BGH 36 148 m. Anm. Hillenkamp NStZ 89, 529 u. Otto JZ 89, 803; krit. zum sozialen Geltungswert Herdegen LK 8ff. vor § 185). Dabei werden diese allerdings, weil sich das Strafrecht auf die Gewährleistung des für die Existenz- und Entfaltungsmöglichkeiten in einer menschlichen Gemeinschaft unabdingbaren „Anerkennungsverhältnisses" beschränken muß, durch die §§ 185 ff. nur insoweit geschützt, als die „Ehre" durch das Zuschreiben einer *negativen Qualität* (Unzulänglichkeiten, Minderwertigkeit des Betroffenen) „bemakelt" wird (vgl. auch BGH aaO), was Bedeutung insofern hat, als die bloße Nichtanerkennung des jemand tatsächlich zukommenden Geltungswerts durch das Absprechen von besonderen Verdiensten, auszeichnenden Eigenschaften usw. nicht unter die §§ 185 ff. fällt (vgl. § 185 RN 2 f.; i. E. auch Herdegen LK 5, 15 vor § 185, Hirsch aaO 45 ff., 55 ff., Rudolphi SK 3 vor § 185, Tenckhoff aaO 50 ff., 181: keine Steigerungsfähigkeit der Ehre; and. Jakobs aaO 640). Zu dem im außerstrafrechtlichen Bereich sich abzeichnenden Wandel des Persönlichkeits- und Ehrschutzes vgl. Kübler JZ 84, 541.

II. Beleidigungsfähigkeit

1. Opfer einer Beleidigung kann zunächst jede **natürliche Person** sein. Beleidigungsfähig sind in den Grenzen ihres Achtungsanspruchs daher auch Kinder (BGH **7** 132) und Geisteskranke (RG **10** 373, **27** 368, BGH **23** 3), die unabhängig von ihrem Verständnis zumindest den personalen Geltungswert besitzen, der jedem kraft seines Menschseins zukommt (vgl. RG **27** 368), während ihnen ein sozialer Geltungswert nur nach Maßgabe eines schon jetzt (Kinder) oder noch bzw. früher (Geisteskranke) ausgefüllten sozialen Pflichtenkreises zukommt; insofern braucht deshalb eine für einen Erwachsenen bereits beleidigende Äußerung, die für ein Kind noch nicht zu sein (vgl. auch Herdegen LK 18 vor § 185, Küpper JA 85, 454, Rudolphi SK 6 mwN). Nicht beleidigungsfähig sind dagegen Verstorbene (RG **13** 95, Blei II 94, Gössel I 350, Lackner § 189 Anm. 1, M-Maiwald I 220, Rudolphi SK 7, Tenckhoff JuS 88, 200; and. Herdegen LK § 189 RN 2, Hirsch aaO 125 ff., Welzel 305). Dies folgt zwar nicht schon aus der Existenz des § 189, die auch anders erklärt werden könnte (vgl. Herdegen aaO), wohl aber daraus, daß es bei einem Toten nicht mehr um den Schutz eines Geltungswerts als Voraussetzung der Existenz und des Wirkens in der Gesellschaft gehen kann (vgl. Rudolphi aaO).

2. Zutreffend nimmt die wohl h. M. an, daß unter gewissen Voraussetzungen auch **Personengemeinschaften** beleidigungsfähig sind (z. B. BGH **6** 186, **36** 88, BGH [Z] NJW **71**, 1655, Bay StV **82**, 576, Düsseldorf MDR **79**, 692, Frankfurt NJW **89**, 1367, Koblenz OLGSt § 77 S. 1, Stuttgart [Z] NJW **76**, 628, Blei II 94, Eser III 181, Geppert Jura 83, 536 ff., Krey I 162, Küpper JA 85, 455, Lackner 2b vor § 185, M-Maiwald I 221, Schmidhäuser II 62, Tenckhoff JuS 88, 457 ff., Wessels II/1 S. 97; and. RG **3** 247, **68** 123, Fischer JZ 90, 68, Gössel I 252, Herdegen LK 19 vor § 185, Hirsch aaO 91 ff., Arthur Kaufmann ZStW 72, 418, Krug aaO 203 ff., Rudolphi SK 9 vor § 185, Wagner JuS 78, 674). Für Behörden, politische Körperschaften usw. folgt dies schon aus § 194 III, IV, aus dem sich zugleich ergibt, daß ein als „Ehre" geschützter sozialer Geltungswert nicht nur natürlichen Personen zukommt, sondern – und zwar nicht nur als „Kollektivehre" der ihnen angehörenden Individualpersonen – unabhängig von ihrer Größe auch gewissen Institutionen als solchen (and. Fischer JZ 90, 68; zur Bundeswehr, die jedenfalls als eine Aufgaben der öffentlichen Verwaltung wahrnehmende Stelle i. S. des § 194 III anzusehen ist [Fischer aaO 72], vgl. BGH **36** 88, Frankfurt NJW **89**, 1367 jeweils m. Anm. Dau NStZ 89, 361, Hamm NZWehrR **77**, 70 m. Anm. Hennings, Dau NJW 88, 2652, Maiwald JR 89, 486; krit. dazu aber Arzt JZ 89, 647, Fischer aaO). Diese von § 194 III, IV vorausgesetzte Beleidigungsfähigkeit auf öffentliche Institutionen zu beschränken, besteht jedoch kein Anlaß, da dies weder dem heutigen Staats- und Gesellschaftsverständnis noch der Bedeutung entsprechen würde, die außerhalb des öffentlichen Rechts stehende Organisationen inzwischen erlangt haben. Mit Recht erkennt deshalb die wohl h. M. im Anschluß an BGH **6** 186 (dazu Bruns NJW 55, 689) den Schutz der §§ 185 ff. ohne Rücksicht auf den rechtlichen Status allen Personenvereinigungen zu, die eine rechtlich anerkannte gesellschaftliche Funktion erfüllen und einen einheitlichen Willen bilden können. Auch für sie gilt, daß ihr Wirken in der Gesellschaft nur möglich ist, wenn ihre Tätigkeit nicht diskreditiert wird, weshalb der soziale Geltungswert solcher Kollektivgebilde in gleicher Weise des Schutzes bedarf wie bei Einzelpersonen. Zwar ließen sich hier Strafbarkeitslücken in Einzelfällen auch durch die Annahme einer Beleidigung der einzelnen Mitglieder unter einer Kollektivbezeichnung (vgl. u. 5 ff.) vermeiden; vielfach ist dies aber nicht möglich, so bei größeren Organisationen (z. B. Gewerkschaft) oder solchen, zu denen ihre Mitglieder nur in einer sehr lockeren Beziehung stehen (z. B. Aktionäre einer AG). Entsprechend den in § 194 III, IV genannten Institutionen ist für die Beleidigungsfähigkeit anderer Personengemeinschaften allerdings zu verlangen, daß sie nicht nur legale Zwecke verfolgen, sondern auch soziale Funktionen von einer gewissen Relevanz erfüllen (zu eng jedoch RG **70** 141, **74** 269: nur bei Erfüllung öffentlicher Aufgaben).

Beleidigungsfähig sind daher z. B. Parteien und ihre Unterorganisationen (Düsseldorf MDR **79**, 692), Gewerkschaften (BGH [Z] NJW **71**, 1665), eine GmbH als Verlegerin einer Tageszeitung (BGH **6** 186) oder als kaufmännisches Unternehmen (Koblenz OLGSt § 77 S. 1), eine Kapitalgesellschaft als Inhaberin einer Bank (Köln NJW **79**, 1723), eine gemeinnützige Wohnungsbaugesellschaft (Bay StV

§§ 185 ff. Vorbem 4–7

82, 576), u. U. auch Personengesellschaften des Handelsrechts (vgl. z. B. BGH [Z] NJW 80, 2807, 81, 2119, Stuttgart [Z] NJW 76, 628), ferner z. B. das Rote Kreuz, religiöse Orden, Ortskrankenkassen usw.; zur Bundeswehr vgl. o. 3. Nicht beleidigungsfähig sind dagegen z. B. Vereine, in denen lediglich private Hobbys gepflegt werden, ferner z. B. – weil kein Verband mit einheitlicher Willensbildung – die „Polizei" als Ganzes (Bay NJW 90, 1742, Düsseldorf NJW 81, 1522; and. jedoch einzelne Polizeibehörden usw. oder die Polizeigewerkschaft!) oder „die deutschen Anwälte" (and. LG Ravensburg JW 37, 181, LG Hannover NJW 48, 349). Zum Ganzen vgl. näher das Schrifttum o. vor 1.

4   3. Mit Recht verneint wird dagegen von der h. M. die Beleidigungsfähigkeit der **Familie** als solcher (z. B. BGH JZ 51, 520 m. Anm. Mezger, Bay 86, 92, Freiburg DRZ 47, 416 und die ältere Rspr. des RG [vgl. die Nachw. in RG 70 98], Gössel I 352, Herdegen LK 25 vor § 185, Hirsch aaO 98, M-Maiwald I 222, Rudolphi SK 10 vor § 185, Schmidhäuser II 62, Tenckhoff JuS 88, 459, Wessels II/1 S. 98; and. z. B. RG 70 97, Arthur Kaufmann ZStW 72, 441). Die Familie ist ein gleichsam interner, aber kein nach außen handelnder, korporativer Verband, der als solcher am sozialen Leben teilnimmt, weshalb hier die o. 3 genannten Gründe für die Zuerkennung eines eigenständigen Ehrenschutzes nicht gegeben sind. Die Familie als solche kann daher weder dadurch beleidigt werden, daß über sie insgesamt (z. B. die „Maiers") etwas Ehrenrühriges ausgesagt wird – hier ohnehin ein rein theoretisches Problem, da in diesem Fall immer die einzelnen Familienmitglieder unter einer Kollektivbezeichnung beleidigt sind (vgl. u. 5 ff.) – noch dadurch, daß ein einzelnes Familienmitglied herabgesetzt wird. Zur Frage einer mittelbaren Beleidigung von Eltern oder Ehegatten, wenn unmittelbar ein Kind oder der andere Gatte betroffen ist, vgl. § 185 RN 10.

III. Beleidigung unter einer Kollektivbezeichnung

5   Von der Beleidigung einer Personengemeinschaft ist die Beleidigung mehrerer Personen unter einer Kollektivbezeichnung zu unterscheiden (näher dazu Androulakis aaO 42 ff., Wagner JuS 78, 674). Während dort die Korporation bzw. Institution als solche betroffen ist – die einzelnen Mitglieder dagegen nur, soweit zugleich eine Beleidigung unter einer Kollektivbezeichnung vorliegt –, sind hier die unter den Sammelbegriff fallenden Einzelpersonen beleidigt, was zu unterschiedlichen Konsequenzen für den Strafantrag führt (vgl. § 194 RN 3). Ob bei der Verwendung einer Gesamtbezeichnung alle beleidigt sind, auf welche die fragliche Kennzeichnung zutrifft, ist allerdings auch das besondere Problem der Kollektivbeleidigung (eingehend dazu Androulakis aaO). Zu beachten ist deshalb, daß dort, wo sich die ehrverletzende Äußerung trotz Benutzung eines Sammelbegriffs erkennbar jedenfalls auch auf eine oder mehrere ganz bestimmte Einzelperson(en) bezieht, zumindest diese beleidigt sind, so daß die Frage einer Kollektivbeleidigung hier nur bezüglich der übrigen Angehörigen der fraglichen Personengruppe entstehen kann (so z. B., wenn der Täter in Beziehung auf einen bestimmten Polizeibeamten davon spricht, es sei ja bekannt, daß „die deutsche Polizei" aus „brutalen Schlägern" bestehe: Beleidigung hier jedenfalls dieses Beamten; vgl. dazu auch Krey I 155). Im übrigen ist Voraussetzung bei einer Sammelbeleidigung einzelner immer, daß sich die fragliche Äußerung nach ihrem objektiven Sinn nicht nur auf das Kollektiv als eine von ihren Mitgliedern abgehobene Gesamterscheinung, sondern auf diese selbst als Einzelperson bezieht (vgl. dazu Androulakis aaO 42 ff.).

6   1. Eine Kollektivbeleidigung ist danach zunächst in der Weise möglich, daß der Täter nicht alle, sondern nur **einen** oder **mehrere Angehörige** der Gruppe meint, seine Äußerung – i. U. zu dem o. 5 a. E. genannten Fall – jedoch offenläßt, wer gemeint ist und damit jeder einzelne betroffen sein kann. Hier sind daher, vorbehaltlich erkennbar gemachter Ausnahmen, alle beleidigt („in der X-Fraktion des Landtags sitzt ein Landesverräter"; vgl. BGH 14 48, 19 235, MDR 64, 518, Herdegen LK 21 vor § 185, Rudolphi SK 12 vor § 185; and. Androulakis 51 ff.). Da hier aber nicht alle, sondern nur einer oder mehrere der Gruppe gemeint sind, ist Voraussetzung, daß es sich um einen verhältnismäßig kleinen, hinsichtlich der Individualität seiner Mitglieder überschaubaren Kreis handelt, weil sich andernfalls die Beleidigung „in der Unbestimmtheit verliert" (KG JR 78, 423, ferner Bay NJW 90, 921 m. Anm. Seibert StV 90, 211, Düsseldorf MDR 81, 868, Tenckhoff JuS 88, 459). Kriterium ist hier, bis zu welcher Zahl und Größe jeder einzelne in den Verdacht geraten kann, der tatsächlich Gemeinte zu sein, wofür die Grenzen enger zu ziehen sind als in den u. 7 f. genannten Fällen: So können die 100 Mitglieder einer bestimmten Kooperation zwar beleidigt sein, wenn von ihnen behauptet wird, sie seien „alle Verbrecher", nicht aber, wenn die Behauptung lautet, unter ihnen sei „ein Verbrecher". Zum Ganzen vgl. auch Lamprecht u. Dolde ZRP 73, 215 bzw. 217.

7   2. Eine Beleidigung einer Mehrheit einzelner Personen unter einer Kollektivbezeichnung ist ferner in der Weise möglich, daß mit der Bezeichnung einer bestimmten Personengruppe **alle ihre Angehörigen** getroffen werden sollen, wobei der Täter selbst diese Personen nicht zu kennen und sich vorzustellen braucht (st. Rspr., z. B. schon R 1 292, RG 3 12, 246, 7 169, 23

246, JW **28**, 806 u. zuletzt BGH **36** 85 m. Anm. Arzt JZ 89, 647, Dau NStZ 89, 361 u. Bespr. Maiwald JR 89, 485; vgl. ferner die Nachw. u. 8). Voraussetzung für eine Beleidigung ist hier im einzelnen: 1. Weil feststehen muß, welche einzelnen Personen beleidigt sind, muß sich die bezeichnete Personengruppe auf Grund bestimmter Merkmale so deutlich aus der Allgemeinheit herausheben, daß der Kreis der Betroffenen klar umgrenzt und damit die Zuordnung des einzelnen zu ihr nicht zweifelhaft ist (vgl. z. B. RG **68** 124, JW **32**, 3113, BGH **2** 38, **11** 208, Bay NJW **53**, 554, JR **89**, 73 m. Anm. Volk, NJW **90**, 921 m. Anm. Seibert StV 90, 212, KG JR **78**, 422, **90**, 124, Herdegen LK 22 vor § 185, M-Maiwald I 221, Rudolphi SK 13 vor § 185; krit. dazu aber Androulakis aaO 46ff.). – 2. Da dies aber auch auf die unter einer Kollektivbezeichnung nicht beleidigungsfähigen Protestanten, Katholiken, Akademiker, Frauen usw. (vgl. u. 8) zutrifft, muß als weiteres Erfordernis hinzukommen, daß der fragliche Personenkreis zahlenmäßig überschaubar ist (vgl. Bay NJW **90**, 1742, Frankfurt NJW **89**, 1367 m. Anm. Dau NStZ 89, 361, Arzt JuS 82, 719, JZ 89, 647, Maiwald JR 89, 485, Volk JR 89, 74, ferner Androulakis aaO 63ff., 79ff., der auf die Überschaubarkeit für den Täter abstellt; krit. zu diesem Kriterium – die Notwendigkeit einer zusätzlichen Einschränkung wird freilich auch dort anerkannt – BGH **36** 87 mit dem Einwand der nicht zuverlässigen Abgrenzbarkeit, der jedoch jeden anderen Versuch der Grenzziehung in gleicher Weise und damit die Figur der Kollektivbeleidigung insgesamt trifft). Ist dieser Kreis so groß, daß sich die ehrenrührige Äußerung in der Masse verliert und den einzelnen nicht mehr erreicht, so kommt eine Kollektivbeleidigung nicht in Betracht (z. B. „alle Kaufleute sind Schieber", „die dummen Schwaben"; zw. daher Frankfurt aaO, wo dies für die Soldaten der Bundeswehr bejaht wird; vgl. i. E. auch BGH aaO, Dau NJW 88, 2653 f. mwN u. krit. dazu Arzt JZ 89, 647). Eine Sammelbeleidigung ist daher umso eher anzunehmen, je kleiner das Kollektiv ist bzw. – von Bedeutung bei zahlenmäßig größeren Gruppen – je mehr der einzelne aufgrund besonderer Umstände in das Kollektiv eingebunden ist und sich daher auch unmittelbar angesprochen fühlen muß. Wenn die Rspr. eine Kollektivbeleidigungsfähigkeit ungeachtet ihrer Zahl auch bei den in Deutschland lebenden Juden bejaht hat (vgl. u. 8), so nur deshalb, weil sie wegen des in der Geschichte einmaligen, „ihnen vom Nationalsozialismus auferlegten Schicksals in der Allgemeinheit als eine eng umgrenzte Gruppe erscheinen" (BGH **11** 209). Für andere, zahlenmäßig nicht mehr ohne weiteres überschaubare und u. U. nach Hunderttausenden oder Millionen zählende „Teile der Bevölkerung" (§ 130) gilt dies jedoch nicht; hier bleibt es vielmehr bei den strengeren Voraussetzungen des § 130, was z. B. auch für pauschale Beschimpfungen der bei uns lebenden Türken gilt (and. Lohse NJW 85, 1680 unter unzulässiger Berufung auf die Rspr. zur Kollektivbeleidigungsfähigkeit von Juden). Daran hat auch die Neuregelung des § 194 durch das 21. StÄG v. 13. 6. 1985 (vgl. § 194 RN 1) nichts geändert (ebenso Herdegen LK § 194 RN 1, Lackner 2a vor § 185, § 194 Anm. 2b). Zwar könnte dessen Entstehungsgeschichte dafür sprechen, daß der Gesetzgeber davon ausging, auch die Verfolgten anderer Gruppen – BT-Drs. 10/3242 S. 10 nennt der Schlesier – seien unabhängig von deren Größe kollektiv beleidigungsfähig. Eine solche Annahme, die dann auch für andere Fälle gelten und damit zu einer uferlosen Ausdehnung der ohnehin vielfach überstrapazierten Figur der Kollektivbeleidigung führen müßte, hatte jedoch schon im damals geltenden Recht (auch in der Rspr.) keine Grundlage. Vor allem aber hat sie auch als (möglicher) Wille des Gesetzgebers in der Neufassung des § 194 keinen hinreichenden Ausdruck gefunden; insbes. folgt aus dem Verzicht auf das Antragserfordernis, wenn der Verletzte als Angehöriger einer Gruppe unter einer Gewalt- und Willkürherrschaft verfolgt wird und die Beleidigung mit dieser Verfolgung zusammenhängt, noch nicht, daß damit alle Angehörigen einer solchen Gruppe auch schon unter der Gruppenbezeichnung beleidigt werden können (vgl. auch D-Tröndle § 194 RN 1, Lackner 2a aa vor § 185; zur Kritik am 21. StÄG vgl. ferner § 185 RN 3 u. die Nachw. dort, § 194 RN 1). – 3. Damit jedes einzelne Mitglied der fraglichen Personengruppe beleidigt ist, muß sich die Äußerung auf alle beziehen. Dies ist nicht nur der Fall, wenn ausdrücklich „alle" einbezogen werden, sondern auch bei Pauschalurteilen, die nach ihrem objektiven Erklärungswert zwar Ausnahmen zulassen, diese aber von der Masse der übrigen nicht erkennbar abgegrenzt werden, so daß dann letztlich doch wieder jeder sich betroffen fühlen muß (vgl. R **1** 293, RG **33** 47, Bockelmann NJW 53, 555; and. RG JW **32**, 3113, Bay NJW **53**, 554, Herdegen LK 22 vor § 185, Rudolphi SK 13 vor § 185, Tenckhoff JuS 88, 459 u. wohl auch BGH **36** 87 m. den o. genannten Anm., wo für den Vergleich des Soldatenberufs mit dem von KZ-Aufsehern, Henkern und Folterknechten jedoch eine Kollektivbeleidigung aller Soldaten angenommen wurde, weil hier das „Unwerturteil mit einem Kriterium verbunden ist, das eindeutig allen Soldaten zuzuordnen ist, weil es ein äußeres Verhalten und ein objektives Eingebundensein in das angefochtene Kollektiv beschreibt"). Dabei bleibt es auch, wenn ausdrücklich Ausnahmen gemacht, diese aber nicht näher gekennzeichnet werden (z. B. „von einigen wenigen Ausnahmen abgesehen, sind die Professoren der Universität X ..." – dies i. U. zu „von einigen wenigen stadtbekannten Ausnahmen abgesehen, sind die ...", wo nur die übrigen beleidigt sind; vgl. aber auch Bockelmann aaO). Etwas anderes gilt hier

§§ 185 ff. Vorbem 8, 9   Bes. Teil. Beleidigung

erst, wenn die nicht näher kenntlich gemachten Ausnahmen nach dem Sinn der Äußerung so zahlreich sind, daß sie sich der Regel anzunähern beginnen; hier ist keiner beleidigt. – 4. Was schließlich den Vorsatz betrifft, so muß sich der Täter bewußt sein, daß seine Äußerung auf alle unter den Sammelbegriff fallenden Personen bezogen werden kann.

8   Von der **Rspr.** wurden **beispielsweise** – z. T. jedoch zu weitgehend (vgl. dazu auch Herdegen LK 24 vor § 185 u. die krit. Übersicht von Androulakis aaO 12 ff.) – folgende Sammelbezeichnungen als ausreichend angesehen: Der preußische Richterstand (R **1** 292), die Großgrundbesitzer eines bestimmten Landstrichs (RG **33** 46), die deutschen Offiziere (RG LZ **15**, 16), die aktiven und solche ehemaligen Soldaten der Bundeswehr, die durch regelmäßige Teilnahme an Wehrübungen usw. ihre Verbundenheit mit dieser manifestieren (BGH **36** 83 m. Anm. Arzt JZ 89, 647, Dau NStZ 89, 361 u. Maiwald JR 89, 485, Frankfurt NJW **89**, 1367), alle christlichen Geistlichen (RG GA Bd. **48**, 121), die deutschen Ärzte (RG JW **32**, 3113), die Patentanwälte (Bay NJW **53**, 554), die „Spitze der Großbanken" (Hamm DB **80**, 1250), die Polizei, soweit damit erkennbar nur die bei einem bestimmten Einsatz beteiligten Beamten gemeint sind (RG **45** 138, Bay NJW **90**, 921 m. Anm. Seibert StV 90, 212, Frankfurt NJW **77**, 1353 m. Anm. Wagner JuS 78, 674), die bei einer polizeilichen Schauveranstaltung teilnehmenden Polizeibeamten, auch wenn sie aus verschiedenen Dienstbereichen kommen (Bay JR **89**, 72 m. Anm. Volk), die „GSG 9" (Sondereinheit des Bundesgrenzschutzes, Köln OLGSt § 185 S. 35; vgl. auch Stuttgart JR **81**, 339), die Kriminalpolizei einer bestimmten Stadt (Köln OLGSt § 185 S. 12), die in Schutz- und Kriminalpolizei tätigen Beamten (Düsseldorf MDR **81**, 868; vgl. aber auch NJW **81**, 1522), die mit Schutzhelm, Schutzschild und Schlagstock tätig werdenden Polizeibeamten (Schleswig SchlHA **84**, 86; vgl auch Hamm NStZ **89**, 578, KG JR **90**, 124), die jetzt in Deutschland lebenden, vom Nationalsozialismus verfolgten Juden (BGH **11** 207, **16** 57, NJW **52**, 1183; vgl. auch BGH **32** 9; noch weitergehend BGHZ **75** 160 m. Anm. Deutsch NJW 80, 1100: auch erst nach 1945 geborene Personen, wenn sie im „Dritten Reich" als „Volljuden" oder „jüdische Mischlinge" verfolgt worden wären; krit. dazu Arzt JuS 82, 719). Nicht als ausreichend wurde dagegen z. B. angesehen: „alle an der Entnazifizierung Beteiligten" (BGH **2** 39; dazu, daß Entsprechendes „für alle an einem Schwangerschaftsabbruch Beteiligten" zu gelten hätte, vgl. F. C. Schroeder NStZ 85, 452), die Christen (LG Köln MDR **82**, 771), die Protestanten, die Akademiker (BGH **11** 209), „die Robenknechte in Moabit" (KG JR **78**, 422), die Polizei in ihrer Gesamtheit (BGH StV **82**, 222, Bay NJW **89**, 1742, **90**, 921, Düsseldorf NJW **81**, 1522), die Frauen (LG Hamburg NJW **80**, 56).

9   **IV.** Nach h. M. ist bei ehrverletzenden Äußerungen über (nichtanwesende) Dritte *in besonders engen Lebenskreisen* schon die Tatbestandsmäßigkeit eines Beleidigungsdelikts zu verneinen (**„beleidigungsfreie Sphäre"**), wenn sie Ausdruck des besonderen Vertrauens sind und nicht die begründete Möglichkeit der Weitergabe besteht (and. noch RG **71** 159, Hamm HESt **2** 273: nur § 193). Streitig ist jedoch, ob dies nur für Äußerungen im engsten Familienkreis gilt (so z. B. Bay MDR **76**, 1036 [unter Hinweis auf Art. 6 GG], Blei II 96, Mezger JW 37, 2332, Otto aaO 87, Welzel 308; vgl. auch BGH MDR/D **54**, 335, Bay **55**, 204, Celle NdsRpfl. **64**, 174, Oldenburg GA **54**, 284, Schleswig SchlHA **76**, 468) oder ob in die „beleidigungsfreie Sphäre" auch vergleichbar enge Freundschaften (z. B. Bockelmann II/2 S. 186, Engisch GA 57, 331, Herdegen LK § 185 RN 13, Rudolphi SK 19 vor § 185, Schmidhäuser II 63 f., Tenckhoff JuS 88, 789, Wessels II/1 S. 100; and. Koblenz NJW-RR **89**, 1195) oder darüber hinaus sogar noch weitere, nicht notwendig persönliche, sondern sachliche Vertrauensverhältnisse, insbes. zwischen Mandant und Anwalt, einzubeziehen sind (vgl. z. B. Gössel I 366, Hellmer GA 63, 139, Küpper JA 85, 456, Lackner § 185 Anm. 3b, M-Maiwald I 227, Praml NJW 76, 1967, Schultz MDR 63, 280; vgl. auch Hamburg NJW **90**, 1246 m. Anm. Dähn JR 90, 516, Hamm NJW **71**, 1854; and. LG Aschaffenburg NJW **61**, 1544 m. Anm. Rutkowsky, Stuttgart NJW **63**, 119). Keine Einigkeit besteht auch über die Begründung. Nicht möglich ist es, hier – vergleichbar einem Selbstgespräch (vgl. § 185 RN 11) – schon das Vorliegen einer Kundgabe oder jedenfalls eine Kundgabe i. S. der §§ 185 ff. mit der Begründung zu verneinen, daß z. B. bei ehrverletzenden Äußerungen im engsten Familienkreis die Beziehung zum sozialen Bereich noch fehle bzw. daß, was in der Sache auf dasselbe hinausläuft, solche Äußerungen nicht gegen den Achtungsanspruch des Betroffenen in der Gemeinschaft gerichtet seien (so mit Unterschieden im einzelnen z. B. Oldenburg GA **54**, 284, Celle NdsRpfl. **64**, 174, Blei II 96, Engisch GA 57, 331, Gallas ZStW 60, 396 FN 31, Hellmer GA 63, 135 ff., Krey I 163, Welzel 308; vgl. auch M-Maiwald I 226). Abgesehen davon, daß dann – viel zu weitgehend – auch eindeutige Verleumdungen (§ 187) straflos gelassen werden müßten, überzeugt diese Begründung schon deshalb nicht, weil es hier nicht darum geht, ob die Familie ein Kreis ist, „der als Träger der Wertschätzung des Betroffenen selbständig in Betracht kommt" (so jedoch Blei aaO). Entscheidend ist vielmehr, daß die einzelnen Familienmitglieder Träger einer solchen Wertschätzung sind und daß sich daran auch nichts ändert, wenn die fragliche Äußerung im Familienkreis fällt (besonders deutlich z. B. bei herabsetzenden Äußerungen über den Nachbarn, die dessen Wertgeltung wesentlich nachteiliger treffen können als entsprechende Aussagen gegenüber einem beliebigen Dritten (vgl. auch Herdegen LK § 185 RN 12). Der Grund der Straflosigkeit kann deshalb nur darin liegen, daß hier dem Bedürfnis Rechnung getragen wird, einen Freiraum zu haben, in dem sich der Mensch aussprechen und dabei auch aufgestauten Emotionen Luft verschaffen kann, ohne deswegen seine Bestrafung befürchten zu müssen (vgl. z. B. BGH [Z] NJW **84**, 1105, Bockelmann II/2 S. 186, Herdegen LK § 185 RN 13, Rudolphi SK 18 vor § 185, Otto aaO 87, Schmidhäuser II 63,

Wessels II/1 S. 100; vgl. auch M-Maiwald I 226). Der Weg, auf dem dies geschieht, kann allerdings nicht in einer teleologischen Reduktion des Tatbestands (so jedoch Küpper JA 85, 456, M-Maiwald aaO, Rudolphi aaO, Wessels aaO) oder in einer Rechtfertigung nach § 193 (so Herdegen LK § 185 RN 14, Schmidhäuser aaO) bestehen, ersteres nicht, weil die Gründe der Straflosigkeit auf einer ganz anderen Ebene liegen und an der Eigenschaft einer verbotenen Ehrverletzung nichts ändern, letzteres nicht, weil § 193 ein sachliches Interesse und damit mehr als das Bedürfnis, sich auszusprechen, verlangt, ganz abgesehen davon, daß damit auch die Möglichkeit einer Ehrennotwehrhilfe (vgl. § 185 RN 15) durch ein anderes Familienmitglied abgeschnitten wäre. Entsprechend § 36, der, wenn auch aus anderen Gründen, gleichfalls eine weitgehend freie Rede ermöglichen soll, kann es sich vielmehr auch hier nur um einen **Strafausschließungsgrund** handeln, der zwar für die §§ 185, 186, nicht aber für § 187 gilt (für Strafbarkeit im Fall des § 187 z. B. auch Hellmer GA 63, 138, Herdegen LK aaO, Rudolphi SK 19 vor § 185, Wessels II/1 S. 101). Nach seinem Grundgedanken muß dieser Strafausschließungsgrund über beleidigende Äußerungen im engsten Familienkreis hinaus auch für andere vergleichbar enge persönliche Verhältnisse gelten – der Hinweis auf Art. 6 GG hat jedenfalls seit Einbeziehung der „nahestehenden Personen" in § 35 keine Überzeugungskraft mehr –, ferner für solche sachlichen Vertrauensverhältnisse, die wegen ihrer besonderen Bedeutung durch eine Schweigepflicht des anderen abgesichert sind und in denen typischerweise das Bedürfnis besteht, sich einmal „abreagieren" zu können. Straflos sind daher auch beleidigende Äußerungen des Mandanten über Dritte gegenüber seinem Anwalt; hier wegen der bei einer Rechtsberatung gebotenen Sachlichkeit Formalbeleidigungen des Mandanten auszunehmen (so Hamburg NJW 90, 1246 m. Anm. Dähn JR 90, 516), widerspricht dem Grundgedanken des Privilegs. Nicht mehr zur „beleidigungsfreien Sphäre" gehören dagegen Beleidigungen in einem kleinen Kreis von Personen, die nur durch vorübergehende gemeinsame Interessen verbunden sind (vgl. BGH [Z] NJW 84, 1105 [geschädigte Aktionäre]). Keine Berücksichtigung verdient das Bedürfnis nach einer ungezwungenen Aussprache ferner, wenn die Wahrung der Vertraulichkeit wegen der besonderen Konstellation von vornherein zweifelhaft erscheint (vgl. dazu den Fall von Bay 55, 204) oder wenn Dritte zugegen sind (vgl. Hamburg NJW 90, 1246 m. Anm. Dähn JR 90, 516). Kein Anlaß besteht dagegen, die Straflosigkeit auf spontane mündliche Äußerungen zu beschränken (ebenso Geppert Jura 83, 535, Herdegen LK § 185 RN 14; and. Hellmer GA 63, 139).

V. Auch **außerhalb des 14. Abschnitts** finden sich Tatbestände, bei denen die Tathandlung in einer **10** Beleidigung i. w. S. besteht (vgl. z. B. §§ 90, 90b [„verunglimpft"], § 103 [„beleidigt"], § 130 Nr. 3 [„beschimpft, böswillig verächtlich macht oder verleumdet"], § 166 [„beschimpft"]). Bezüglich des Stellenwerts, den die Beleidigung in diesen Vorschriften hat, bestehen jedoch erhebliche Unterschiede: Während z. B. § 103 einen reinen Ehrschutztatbestand enthält (vgl. dort RN 1) und § 90 neben dem Amt auch die Person schützt, ist das „Verunglimpfen" bzw. „Beschimpfen" usw. in den §§ 90b, 130 Nr. 3, § 166 nur ein Mittel zur Verfolgung weitergesteckter Ziele (§ 90b: Angriff auf bestimmte Verfassungsorgane und damit letztlich auf die staatliche Ordnung; §§ 130, 166: Angriff auf den öffentlichen Frieden). Zu dieser letzten Gruppe gehört auch der in der **ehemaligen DDR** durch das 9. DDR-StÄG v. 29. 6. 1990 (GBl. I 256) vor dem Hintergrund von Manipulationen der Rechtsprechung durch den ehemaligen Staatssicherheitsdienst und die SED eingeführte und nach dem EV II Kap. III C I weitergeltende **§ 238 StGB-DDR**, der die richterliche Unabhängigkeit und damit die Rechtspflege schützt und nach dessen Abs. 2 bestraft wird, wer u. a. einen Richter, einen Schöffen oder ein Mitglied eines gesellschaftlichen Gerichts wegen einer von ihm getroffenen gerichtlichen Entscheidung beleidigt oder verleumdet (abgedr. im Anhang; vgl. ferner 70 vor § 3, Schneiders MDR 90, 1052).

§ 185 Beleidigung

Die Beleidigung wird mit Freiheitsstrafe bis zu einem Jahr oder mit Geldstrafe und, wenn die Beleidigung mittels einer Tätlichkeit begangen wird, mit Freiheitsstrafe bis zu zwei Jahren oder mit Geldstrafe bestraft.

Schrifttum: Vgl. die Angaben vor Vorbem. 1.

I. Der objektive Tatbestand verlangt eine – in § 185 nicht näher umschriebene (krit. dazu **1** Husmann MDR 88, 727, Ritze JZ 80, 92) – „Beleidigung", worunter der Angriff auf die Ehre eines anderen (vgl. dazu 1 ff. vor § 185) durch die Kundgabe von Nicht-, Gering- oder Mißachtung zu verstehen ist (h. M., z. B. RG **71** 160, BGH **1** 289, **7** 131, **16** 63, Bay JR **63**, 468, NJW **80**, 1969, Herdegen LK 1, M-Maiwald I 228, Rudolphi SK 1). Während die §§ 186, 187 die Ermöglichung *fremder* Mißachtung durch ehrenrührige Tatsachenbehauptungen über den Betroffenen gegenüber Dritten unter Strafe stellen, erfaßt § 185 die Kundgabe *eigener* Mißachtung (vgl. aber auch Tenckhoff JuS 88, 791). Eine solche ist auf dreierlei Weise möglich: 1. durch Äußerung eines beleidigenden *Werturteils* gegenüber dem Betroffenen selbst oder 2. über diesen gegenüber Dritten und 3. durch ehrenrührige *Tatsachenbehauptungen gegenüber dem Betroffenen selbst* (h. M., z. B. Herdegen LK 1, Lackner 2, Rudolphi SK 2; zur Abgrenzung von Tatsachenbehauptungen und Werturteilen vgl. § 186 RN 3f.). Dabei ist in allen Fällen erforderlich, daß

§ 185 2, 3   Bes. Teil. Beleidigung

sich der Täter mit dem ehrenrührigen Inhalt seiner Äußerung identifiziert; keine Beleidigung ist daher die bloße Weitergabe beleidigender Urteile Dritter oder die Wiedergabe einer fremden ehrenrührigen Tatsachenbehauptung gegenüber dem Betroffenen (vgl. Herdegen LK 34). Richtet sich eine ehrenrührige Tatsachenbehauptung diesem gegenüber zugleich an anwesende Dritte, so kommen daneben die §§ 186, 187 in Betracht (vgl. auch § 186 RN 9, 21).

2   1. Erforderlich ist eine Äußerung von **Mißachtung** oder **Nichtachtung** in dem spezifischen Sinn, daß dem Betroffenen der sittliche, personale oder soziale Geltungswert durch das Zuschreiben *negativer Qualitäten* ganz oder teilweise abgesprochen, ihm m. a. W. also seine Minderwertigkeit bzw. Unzulänglichkeit unter einem dieser drei Aspekte attestiert wird (vgl. auch BGH **36** 148, Bay **83**, 32, Düsseldorf NJW **89**, 3030, Geppert Jura 83, 589, ferner Herdegen LK 1). Eine Beleidigung liegt es deshalb, wenn dem Betroffenen ein unsittliches oder rechtswidriges Verhalten vorgeworfen oder angesonnen wird – letzteres freilich nur, wenn damit zum Ausdruck gebracht wird, der andere werde als eine Person eingeschätzt, die zu dem fraglichen Verhalten imstande sei (vgl. Herdegen LK 35, Hirsch aaO 62) – oder wenn ihm sonst die moralische Integrität generell oder in einer bestimmten Richtung abgesprochen wird (z. B. „Lump", „Dieb", Versuch einer Bestechung [RG **31** 194]). Eine Beleidigung liegt ferner in dem eine Mißachtung des anderen als ein vernünftiges Wesen ausdrückenden Vorwurf elementarer menschlicher Unzulänglichkeiten (z. B. „Idiot"; vgl. Herdegen aaO, Hirsch aaO 52ff., Rudolphi SK 12). Eine den sozialen Geltungswert des Opfers betreffende Beleidigung ist es schließlich, wenn diesem ganz oder teilweise die Fähigkeit aberkannt wird, seinen Beruf oder sonstige von ihm übernommene soziale Aufgaben wahrzunehmen (z. B. Bezeichnung eines Arztes als „Pfuscher"; vgl. D-Tröndle 9, Lackner 3, i. E. auch Herdegen LK aaO u. 13ff. vor § 185, Hirsch aaO 73ff., Rudolphi SK 15), nicht dagegen wenn ihm besondere Verdienste und Leistungen abgesprochen werden (vgl. u. 3). Noch keine Beleidigung ist dagegen die bloße Ablehnung eines anderen, weshalb es bei ausländerfeindlichen Äußerungen eine Interpretationsfrage ist, ob damit zugleich die Minderwertigkeit des Betroffenen zum Ausdruck gebracht werden soll (vgl. dazu auch § 130 RN 5); dasselbe gilt für auf bestimmte Personengruppen beschränkte Zutrittsverbote zu Lokalen usw., die nur dann eine Beleidigung enthalten, wenn sie so zu verstehen sind, daß der Inhaber die Betroffenen nicht für würdig hält, bei ihm bedient zu werden (zu verneinen z. B. beim Abweisen von Männern in einem Frauenbuchladen, von Bay **83**, 32 dagegen bejaht für das in höflicher Form erfolgte und mit der angeblich fehlenden Aufnahmemöglichkeit begründete Abweisen von US-Soldaten in einer Diskothek, wobei diese – wovon der objektive Erklärungswert des fraglichen Verhaltens allerdings nicht abhängen kann – den Vorwand tatsächlich durchschauten; allgemein ist bei Zutrittsverboten zu beachten, daß sie auch nur mit Rücksicht auf andere Kunden, die andernfalls wegzubleiben drohen, erlassen sein können, weshalb entgegen Lohse NJW 85, 1680f. auch ein spezielles Verbot für Türken nicht schlechthin eine Beleidigung zu sein braucht). Nicht ausreichend für § 185 sind ferner bloße Unhöflichkeiten und Taktlosigkeiten, sofern sie nicht wegen der besonders groben Form als Ausdruck der Mißachtung erscheinen (vgl. RG LZ **15**, 445 [Weglassen des „Herr"], RG **41** 82, Düsseldorf NJW **60**, 1072 [Anrede mit „Du"; vgl. dazu aber auch Düsseldorf JR 90, 345 m. Anm. Keller]). Auch Belästigungen (vgl. Bay JR **63**, 468 m. Anm. Schröder, NJW **80**, 1969), unpassende Scherze, Foppereien u. ä. (vgl. RG **1** 390, JW **36**, 2997) sind eine Beleidigung nur bei Hinzukommen besonderer Umstände, welche die Ansicht von der Minderwertigkeit des Betroffenen ausdrücken. Allgemein gilt, daß es nicht Aufgabe des § 185 sein kann, den einzelnen vor bloßen Ungehörigkeiten zu schützen; zu verlangen ist daher für das Vorliegen einer Beleidigung stets eine eindeutige Abwertung des Betroffenen, was voraussetzt, daß diese ein gewisses Gewicht hat. Dabei sind bei politischen Äußerungen strengere Anforderungen zu stellen als im privaten Bereich (vgl. Herdegen LK 15 vor § 185; aus weitgehend jedoch KG JR **80**, 290 m. Anm. Volk: Parlament als das „Allerheiligste des bürgerlichen Volksbetrugs" keine Beleidigung). Zu beachten ist ferner, daß nicht jede Verletzung von Persönlichkeitsrechten auch schon eine Ehrverletzung darstellt. § 185 schützt nur einen speziellen Aspekt des allgemeinen Persönlichkeitsrechts, nicht aber dieses selbst, weshalb eine Mißachtung der Persönlichkeit nur dann eine Beleidigung ist, wenn der andere damit gerade in seiner Ehre i. S. seines personalen usw. Geltungswerts getroffen werden soll (vgl. Bay NJW **80**, 1969, Oldenburg NJW **63**, 920, Herdegen LK 2 vor § 185, Hirsch aaO 60ff., Rudolphi SK 17 vor § 185, Tenckhoff aaO 43ff., Welzel 307). Erst recht ist die Mißachtung rechtlich geschützter Beziehungen oder Institutionen als solche noch keine Beleidigung. Von Bedeutung ist dies insbes. in folgenden Fällen:

3   a) Keine Beleidigung ist das bloße **Absprechen** besonderer **Verdienste, Leistungen** und **Vorzüge** einerseits (vgl. Herdegen LK 15 vor § 185; and. hier noch die 22. A. RN 2) und eines **besonders schweren,** durch Not, Krankheit, Verfolgung usw. gekennzeichneten **Schicksals,** das der Betroffene zu erleiden hatte, andererseits. Zwar wird das Persönlichkeitsbild eines Menschen auch durch solche Umstände geprägt, weshalb er, wenn sie zu Unrecht bestritten werden, in seinem allgemeinen

Persönlichkeitsrecht verletzt sein mag; eine strafbare Beleidigung liegt darin aber mangels Zuschreibung einer negativen Qualität nicht (vgl. auch 1 vor § 185), es sei denn, dem Betroffenen werde damit zugleich vorgeworfen, daß er lüge, indem er die fraglichen Umstände fälschlich für sich in Anspruch nehme. Wenn deshalb nach BGHZ **75** 160 m. Anm. Deutsch NJW 80, 1100 Menschen jüdischer Abstammung auf Grund ihres Persönlichkeitsrechts Anspruch auf Anerkennung als in der Geschichte einmaligen Verfolgungsschicksals der Juden unter der NS-Gewaltherrschaft haben, so heißt dies noch nicht, daß schon das bloße Leugnen des millionenfachen Massenmords an Juden auch eine Beleidigung i. S. des § 185 ist (so aber im Anschluß an BGH aaO, wo sich entsprechende Wendungen finden, obwohl es dort nur um den zivilrechtlichen Unterlassungsanspruch ging, Celle NJW **82**, 1545, 1 Ss 126/84 v. 30. 1. 1985 u. inzidenter wohl auch BGH 5 StR 866/83 v. 27. 1. 1984). Gegen die sog. „*Auschwitz-Lüge*" mit den Mitteln des Strafrechts auch in den von § 130 (vgl. auch RN 7) nicht erfaßten Fällen vorzugehen, mag menschlich und politisch geboten sein (vgl. auch 2 vor § 123); hierzu den § 185 als Vehikel zu benutzen, ist jedoch eine juristisch höchst anfechtbare Verlegenheitslösung, die zudem bereits versagt, wenn der Täter von der Richtigkeit seines Bestreitens überzeugt ist (fehlender Beleidigungsvorsatz). Entscheidend ist aber vor allem, daß BGHZ **75** 160, wie auch die Begründung immer wieder erkennen läßt, wegen der Einzigartigkeit und Ungeheuerlichkeit des der Entscheidung zugrundeliegenden historischen Geschehens nicht verallgemeinerungsfähig ist (vgl. auch Deutsch NJW 80, 1100). Zwar liegt der Neuregelung des § 194 durch das 21. StÄG v. 13. 6. 1985 (vgl. § 194 RN 1) offensichtlich die Annahme zugrunde, daß bereits nach geltendem Recht auch schon das bloße Leugnen des unter der nationalsozialistischen oder einer anderen Gewalt- und Willkürherrschaft begangenen Unrechts als Beleidigung der davon betroffenen Opfer anzusehen sei (vgl. BT-Drs. 10/3242 S. 8). Als Beleidigung der bei und nach Kriegsende aus den deutschen Ostgebieten Vertriebenen soll danach z. B. auch die in der politischen Diskussion immer wieder angeführte sog. „*Vertreibungslüge*" anzusehen sein. Abgesehen davon, daß hier auch in anderer Hinsicht Dämme eingerissen würden (vgl. 7f. vor § 185), wird damit jedoch dem strafrechtlichen Ehrschutz eine Funktion zugeschrieben, die er bisher nicht hatte und die er auch nicht haben kann, wenn dies nicht zur völligen Verwischung der Konturen der Ehrverletzungstatbestände und letztlich zu ihrer Auflösung führen soll (krit. zum 21. StÄG auch D-Tröndle § 194 RN 1, Herdegen LK § 194 RN 1, Köhler NJW 85, 2389, Lackner 2a vor § 185, § 194 vor 1, Lenckner, in: 40 Jahre Bundesrepublik Deutschland, 40 Jahre Rechtsentwicklung [Tübinger Rechtswiss. Abh., Bd. 69, 1990] 341, Marqua DRiZ 85, 226, Ostendorf NJW 85, 1062; vgl. aber auch Vogelsang NJW 85, 2386). Zwar könnte den Gesetzgeber niemand hindern, einen solchen Schritt in die falsche Richtung zu tun und die §§ 185 ff. über ihren traditionellen Inhalt hinaus auf das Leugnen erlittenen Unrechts zu erweitern, und nicht ausgeschlossen wäre es auch, gesetzestechnisch dazu die „Hintertür" des § 194 zu benutzen. Seine Absichten bzw. Vorstellungen müßten dann aber im Gesetzeswortlaut hinreichend Ausdruck gefunden haben, was hier gerade nicht der Fall ist: § 194 I knüpft, ebenso wie die a. F., an den Begriff der Beleidigung an, ohne daß die Neuregelung jedoch zu erkennen gäbe, daß damit etwas anderes gemeint sein soll als nach bisherigem Recht. Das 21. StÄG hat deshalb am überkommenen Bestand des materiellen Ehrschutzstrafrechts nichts geändert.

b) Keine Beleidigung sind ferner **sonstige Persönlichkeitsverletzungen,** z. B. unbefugtes Fotografieren u. a. Verletzungen des Rechts am eigenen Bild (Oldenburg NJW **63**, 920, Teubner JR 79, 424), der Privat- und Intimsphäre (Bay **80**, 32 m. Anm. Rogall NStZ 81, 102: Beobachten eines Liebespaares bei Zärtlichkeiten, wobei es jedoch gleichgültig ist, ob diese öffentlich ausgetauscht werden und ob sie von einer Art sind, daß ein Zusehen das Scham- und Sittlichkeitsgefühl verletzt), das Werfen von Steinchen an ein Wohnungsfenster, um die Bewohner zu ärgern (Bay JR **63**, 468 m. Anm. Schröder). Das gleiche gilt entgegen der Rspr. aber auch für die Weitergabe von Aktaufnahmen an Dritte (and. BGH **9** 17), für die unverlangte Zusendung sexuellen Aufklärungsmaterials (and. RG LZ **14**, 396, BGH [GrS] **11** 67 m. Anm. Kern JZ 58, 618, Stuttgart NJW **69**, 684; vgl. auch BGH NJW **70**, 1457, MDR/D **70**, 731 [bloße Werbezettel]) und für die unverlangte Zusendung einer Werbeschrift für die finanzielle Beteiligung am Bau eines Eros-Centers, auch wenn sich der Absender über den bloßen Hinweis auf die Möglichkeit einer solchen Kapitalanlage hinaus „ungeberen als Ratgeber in Fragen der Finanzierung von Bordellen aufdrängt" (and. insoweit Stuttgart MDR **75**, 330 m. Anm. Lüthge-Bartolomäus S. 815 u. Blei JA 75, 801). In diesen Fällen mögen zwar Persönlichkeitsrechte anderer Art (für die ungewollte Zusendung pornographischer Schriften vgl. jetzt § 184 I Nr. 6) mißachtet worden sein, nicht aber die Ehre des Betroffenen.

c) Daß § 185 keine „lückenfüllende Aufgabe" (BGH **16** 63) hat, gilt insbes. auch für den Bereich der sog. **Sexualbeleidigung.** Scham- und Ehrverletzung sind nicht dasselbe (vgl. aber z. B. BGH **1** 289), und ebensowenig enthält die Mißachtung der Persönlichkeit, die in einem Sexualdelikt oder in anderen Fällen sozialethisch mißbilligten sexualbezogenen Verhaltens zum Ausdruck kommt, schon per se oder auch nur in der Regel den Vorwurf mangelnder Ehre. Davon war bisher schon die h. M. im Schrifttum ausgegangen (vgl. z. B. Arzt JuS 82, 726, Geppert Jura 83, 588, Gössel I 361, Haß SchlHA 75, 123, Herdegen LK 28 ff., Hillenkamp JR 87, 126, Wassermann-FS 870, Hirsch aaO 61 ff., Kiehl NJW 89, 303, Lackner 3a, Laubenthal JuS 87, 700, Ritze JZ 80, 91, Rudolphi SK 16 f. vor § 185, Schubarth JuS 81, 728, Tenckhoff aaO 43 ff., JuS 88, 205, Welzel 307; krit. jedoch D-Tröndle 9a). Auf diese Linie sind nunmehr aber auch neuere Entscheidungen eingeschwenkt (BGH **36** 145 m. Anm. Hillenkamp NStZ 89, 529 u. Otto JZ 89, 803, NJW **86**, 2442 m. Anm. Hillenkamp JR 87, 126,

Koblenz OLGSt. **Nr. 6**, Zweibrücken NJW **86**, 2960 u. früher schon Hamm NJW **72**, 884, mit Einschränkungen auch BGH **35** 76; offengelassen in BGH NStZ **87**, 21 u. wohl auch in NJW **89**, 3029), die damit mit der langen Tradition einer Judikatur gebrochen haben, welche die Beleidigung zu einem Auffangtatbestand für „kleine Sexualdelikte" (Arzt JuS 82, 725) gemacht hatte (z. B. Vergewaltigung einer menstruierenden Frau oder ein Vergewaltigungsversuch, von dem der Täter zurückgetreten war, als Beleidigung [Frankfurt NJW **67**, 2075, BGH StV **82**, 14], ebenso der Beischlaf mit einem noch unreifen Mädchen ohne wirkliche Zuneigung [BGH **5** 363, **8** 357, GA **66**, 388, z. T. zusätzlich unter Hinweis auf den großen Altersunterschied], das Ansinnen des Geschlechtsverkehrs an ein 16-jähriges Mädchen [Hamburg NJW **80**, 2592] oder eine verheiratete Frau, die dazu keinen Anlaß gegeben hatte [RG **74** 166], eine nicht unter § 183a fallende exhibitionistische Handlung [Düsseldorf NJW **77**, 262], das Vorzeigen „an sich nicht unzüchtiger" Bilder nackter Frauen vor jungen Mädchen [BGH **1** 288, GA **63**, 50]; zu weiteren Fällen dieser Art vgl. hier die 23. A.). Daß damit die Grenzen des § 185 jedoch überschritten waren, ist nicht erst ein Ergebnis der Reform der §§ 174 ff., auch wenn es richtig ist, daß diese nach dem Willen des Gesetzgebers „zu einer Entlastung des Beleidigungsstrafrechts" führen sollte (vgl. Sonderausschuß Prot. VI S. 1771) und daß sie ihren Sinn verlieren würde, wenn ein als Angriff auf die sexuelle Selbstbestimmung strafrechtlich nicht (mehr) pönalisiertes Verhalten durch die Hintertür des § 185 zur strafbaren Sexualbeleidigung wird (vgl. z. B. BGH NJW **86**, 2442 m. Anm. Hillenkamp JR 87, 126, Zweibrücken NJW **86**, 2960, Laubenthal JuS 87, 701 f., Otto JZ 89, 804, Ritze JZ 80, 92). Entscheidend ist vielmehr, daß die Ehre nur durch Äußerungen und Kundgaben angegriffen werden kann, die ihrem objektiven Sinngehalt nach dem Betroffenen eine negative Qualität zuschreiben und für ihn damit „ehrenrührig" sind (vgl. auch BGH **36** 148 [Beleidigung als „Nachsagen von Mängeln"], Herdegen LK 31). Darum geht es bei den meisten der bisher von der Rspr. dem § 185 zugeschlagenen Fälle jedoch nicht, jedenfalls nicht eo ipso: Auch hier können zwar „Achtungsansprüche" verletzt sein, etwa auf Respektierung des Rechts auf sexuelle Selbstbestimmung, des Schamgefühls, der Intimsphäre usw.; im Vergleich zu Ehrangriffen handelt es sich dabei aber „um sachlich verschiedene und gesetzlich unterschiedlich erfaßte Verletzungen der Persönlichkeitssphäre" (Otto JZ 89, 803; ebenso BGH aaO u. die h. M. im Schrifttum). Dadurch, daß hier vielfach von einem Angriff auf die „Geschlechtsehre" gesprochen wird, wird dieser Sachverhalt nur verdunkelt. Im einzelnen hat dies **folgende Konsequenzen:** 1. Mit dem „gewöhnlichen Erscheinungsbild" von Sexualdelikten ist weder regelmäßig noch „notwendigerweise" (so jedoch BGH StV **82**, 15 zu § 177) der Tatbestand einer nur im Konkurrenzweg zurücktretenden Beleidigung verbunden (für eine solche „Tatbestandslösung" i. U. zu einer bloßen „Konkurrenzlösung" jetzt auch BGH **36** 150 m. Anm. Hillenkamp NStZ 89, 529 u. Otto JZ 89, 803 sowie die h. M. im Schrifttum; offengelassen noch von BGH NJW **86**, 2442 m. Anm. Hillenkamp JR 87, 126). Dies gilt auch für § 177, wo mit Recht darauf hingewiesen wird, daß die Methode des Vorgehens vielfach gerade auf das Gegenteil hindeutet (Herdegen LK 29 mwN). Entgegen BGH StV **82**, 14 bleibt daher beim strafbefreienden Rücktritt vom Versuch nach § 177 nicht automatisch eine strafbare Beleidigung übrig. – 2. Dasselbe gilt für unsittliche Sexualverhaltensweisen, die noch unterhalb der Schwelle der §§ 174 ff. liegen (BGH **36** 145 m. Anm. Hillenkamp NStZ 89, 529 u. Otto JZ 89, 803 sowie die h. M. im Schrifttum). Die bei § 185 notwendigen Einschränkungen nur für Handlungen gelten zu lassen, „die mit dem regelmäßigen Erscheinungsbild eines Sexualdelikts notwendig verbunden sind" (so jedoch BGH **35** 77), verbietet sich unter den genannten Rechtsguts- und Tatbestandsgesichtspunkten – ist ein Angriff im Kernbereich der Sexualdelinquenz nicht schon per se zugleich eine Ehrverletzung, so kann auch ein im Vorfeld liegendes Verhalten einen solchen Effekt nicht haben (Hillenkamp NStZ 89, 530) –, ganz abgesehen davon, daß der Vorwurf eines Unterlaufens der Reform des Sexualstrafrechts hier erst recht erhoben werden könnte. Nicht begründet ist auch die Sorge von BGH NStZ **87**, 21, wonach Frauen bei Verneinung eines Ehrangriffs ihr Notwehrrecht gegen Belästigungen verlieren könnten, da hier immer noch ein notwehrfähiger Angriff auf das allgemeine Persönlichkeitsrecht vorliegen kann (vgl. auch Hillenkamp NStZ 89, 530). Gegen sog. „Busengrapscher" darf sich eine Frau selbstverständlich wehren, und zwar unabhängig davon, ob sie dadurch in ihrer Ehre oder „nur" in ihrem allgemeinen Persönlichkeitsrecht angegriffen wird; auch handelt es sich dabei nach heutigem Verständnis nicht nur um einen Bagatellangriff und damit um einen Fall der bloßen Unfugabwehr (vgl. § 32 RN 49). – 3. Für beide Fallgruppen gilt deshalb, daß sexualbezogene Handlungen nur dann eine Beleidigung sein können, wenn sie über den allgemeinen und meist unspezifischen Angriff auf die Personenwürde oder das allgemeine Persönlichkeitsrecht hinaus *zusätzlich* die Einschätzung von der Minderwertigkeit des Opfers i. S. eines Mangels an Ehre zum Ausdruck bringen (BGH **36** 150 m. Anm. Hillenkamp NStZ 89, 529 u. Otto JZ 89, 803; vgl. auch schon BGH NJW **86**, 2442 m. Anm. Hillenkamp JR 87, 126, Koblenz OLGSt. **Nr. 6**, Zweibrücken NJW **86**, 2960; zum Schrifttum vgl. o.). Dies kann ausdrücklich oder konkludent geschehen und kann sich auch aus den „besonderen Umständen" ergeben (BGH NJW **86**, 2442), jedenfalls aber muß das Täterverhalten diesen *objektiven Erklärungswert* haben. In BGH NJW **86**, 2442 wurde dies bejaht, weil sich die Täter ein schüchternes und noch unerfahrenes 14-jähriges Mädchen zu besonderen Sexualpraktiken „wie eine Dirne auslieferten". Dagegen ist das Ansinnen eines bestimmten sexuellen Verhaltens nicht schon deshalb eine Beleidigung, weil das Opfer dazu keinen Anlaß gegeben hat (auch dann kann darin, ohne daß damit zugleich ein Werturteil über die Person des Angesprochenen abgegeben werden soll, nur der Wunsch auf ein solches Eingehen enthalten sein; vgl. Herdegen LK 29 mwN). Erst wenn der Täter zu erkennen gibt, daß er die Betroffene z. B. als „Flittchen", „dumme Gans" oder sonst als eine Person einschätzt, mit der „man so etwas ohne weiteres machen kann", sind hier wie auch in anderen Fällen die Grenzen zur Beleidigung überschritten (ebenso Koblenz OLGSt. **Nr. 6**). Nach wie vor zu weitgehend ist es deshalb, wenn solche „besonderen Umstände", die ein unmoralisches Sexualverhalten zur Beleidigung machen, in der Ausnutzung der Stellung als Ausbilder und in der ständigen Nichtbeachtung der Bitte des Opfers, doch von ihm abzulassen, gesehen wurden (so aber BGH NStZ **87**, 21; vgl. dagegen auch Herdegen LK 30, Kiehl NJW 89, 3003), und das gleiche gilt für das unter dem Vorwand eines Diebstahlverdachts erfolgende Abtasten zweier Mädchen zwischen 14 und 18 Jahren über und unter der Kleidung (and. – für § 185 – jedoch BGH **35** 76; krit. dazu Herdegen aaO, Kiehl aaO) und für das Betasten der Oberschenkel eines 12-jährigen Mädchens, das der Täter hartnäckig verfolgt hatte und gegen das er mit Nötigungsmitteln vorgegangen war (and. BGH NJW **89**, 3029).

d) Ebensowenig kann § 185 ein Mittel sein, die **Ehe**, insbes. den **Anspruch auf eheliche Treue** vor Eingriffen Dritter zu schützen. Der Ehegatte wird daher nicht dadurch beleidigt, daß ein Dritter mit dem anderen Gatten Eheverfehlungen begeht (Zweibrücken NJW **71**, 1225; and. RG **70** 94 [nächtliche „Bierreise" mit angetrunkener Ehefrau als Beleidigung des Mannes], **65** 1, **70** 176, **75** 259, BGH NJW **52**, 476 [Ehebruch mit Ehefrau als Beleidigung des Mannes, wobei freilich § 172 a. F. [Ehebruch] als eine dem § 185 vorgehende Sonderregelung angesehen wurde, es sei denn, daß die Ehe mangels eherechtlicher Schuld nicht geschieden werden konnte oder daß sich auf Grund der Begleitumstände eine zusätzliche Beleidigung ergab; zu den Konsequenzen der Aufhebung des § 172 a. F. aus der Sicht dieser Rspr. vgl. Pauli JR 71, 194]). Daran ändert auch das Hinzukommen „besonderer Umstände" nichts, sofern diese nicht in einer ausdrücklich oder konkludent geäußerten selbständigen Beleidigung des betroffenen Gatten, sondern z. B. nur darin bestehen, daß der Ehebruch in der ehelichen Wohnung stattfindet (u. U. Verletzung des Hausrechts; and. insoweit Zweibrücken NJW **71**, 1225). Zur sog. mittelbaren Beleidigung von Ehegatten vgl. auch u. 10.

e) Das gleiche gilt für die Mißachtung von **Eltern- und Sorgerechten.** Nicht um die Ehre der Eltern, sondern um deren Erziehungsrecht und Sorge um das Kind geht es z. B. bei einer zu Heilzwecken vorgenommenen, aber vor den Eltern geheimgehaltenen Untersuchung der Genitalien eines 10jährigen Mädchens (and. BGH **7** 129: Beleidigung der Eltern) oder bei der Züchtigung eines fremden Kindes in Anwesenheit des Erziehungsberechtigten (and. Koblenz NJW **55**, 602 m. Anm. Friese). Bei sexuellen Handlungen an oder vor Kindern geht zwar auch die Rspr. davon aus, daß diese nur bei Hinzukommen „besonderer Umstände" zugleich eine unmittelbare Beleidigung der Eltern seien (z. B. RG **70** 248, BGH **16** 59 f., 62, JZ **51**, 520 m. Anm. Mezger u. Welzel MDR 51, 502, Bay **86**, 91, MDR **58**, 264, Hamm MDR **67**, 148, NJW **72**, 883, Stuttgart MDR **51**, 244), doch wurden solche z. B. schon im hinterlistigen Auftreten gegenüber dem Vater unter schnöder Verletzung der diesem gegenüber bestehenden Freundschaftspflicht gesehen (RG JW **37**, 180), ferner darin, daß die Tat in der elterlichen Wohnung begangen wird (RG JW **37**, 1331; and. aber Bay **86**, 92 f.), daß „das Opfer in seiner Familie unter dem Schutz des Vaters lebt (RG **70** 249) oder daß der Täter „das Erziehungswerk der besorgten Eltern bewußt dadurch mißachtet", daß er, obwohl verheiratet und ohne gegenseitige Zuneigung, unter Ausnutzung seiner sozialen Stellung geschlechtliche Beziehungen mit einem Mädchen aufnimmt, das seiner Obhut von den Eltern aus wirtschaftlicher Not überlassen worden war (BGH JZ **51**, 520 m. Anm. Mezger u. Welzel aaO; vgl. auch RG **70** 249, Stuttgart MDR **51**, 244; zurückhaltender Bay **86**, 91, Hamm MDR **67**, 148, NJW **72**, 843). Demgegenüber kann jedoch auch hier eine Beleidigung nur angenommen werden, wenn diese „besonderen Umstände" von der Art sind, daß in ihnen zusätzlich zu der Mißachtung des fremden Sorgerechts zumindest konkludent ein negatives Werturteil über den Sorgeberechtigten selbst zum Ausdruck kommt (so im wesentlichen auch das neuere Schrifttum; vgl. z. B. Hirsch aaO 61 ff., Herdegen LK 33 sowie 29 vor § 185, M-Maiwald I 225, Rudolphi SK 16 f. vor § 185, Tenckhoff aaO 43 ff., Welzel 307). Ob sich der Sorgeberechtigte tatsächlich um die Erziehung gekümmert hat und ob die fragliche Handlung überhaupt in seine Entscheidungskompetenz fällt, ist dafür ohne Bedeutung (vgl. aber auch BGH JZ **51**, 520 m. Anm. Mezger u. Welzel aaO, Bay **86**, 92), ebenso, ob der Täter den Erziehungsberechtigten kennt (vgl. aber auch BGH **16** 60 f.). Zur sog. mittelbaren Beleidigung von Eltern vgl. auch u. 10.

2. Da geschütztes Rechtsgut nur der dem einzelnen tatsächlich zukommende Geltungswert ist, kann auch die Beleidigung nur in einer **unverdienten** Mißachtung bestehen.

a) Bei *Tatsachenbehauptungen* – wobei hier nur solche gegenüber dem Betroffenen in Betracht kommen (vgl. o. 1) – setzt dies voraus, daß diese in den wesentlichen Punkten **unwahr** sind (zur Behauptung einer Straftat vgl. § 190 und dort RN 1), weshalb sich eine Beleidigung hier nur aus der Form der Äußerung oder den besonderen Umständen, unter denen sie geschah, ergeben kann (vgl. § 192). Die Unwahrheit ist hier also – and. als in § 186 – Tatbestandsmerkmal, das vom Vorsatz umfaßt sein muß und für das der Grundsatz „in dubio pro reo" gilt, so daß der Täter freizusprechen ist, wenn die Unwahrheit nicht festgestellt werden kann (Bay NJW **59**, 57, Köln NJW **64**, 2121, Koblenz MDR **77**, 864, OLGSt. § 193 **Nr. 1,** Blei II 97, Bockelmann II/2 S. 187, D-Tröndle § 186 RN 12, Eser III 190, Geppert Jura 83, 587, Arthur Kaufmann ZStW 72, 433, Krey I 154, Lackner 4b, Rudolphi SK 4, M. Schmid MDR 81, 15, Wessels II/1 S. 107).

§ 185 7, 8   Bes. Teil. Beleidigung

Demgegenüber soll nach anderer Auffassung die Unwahrheit kein Tatbestandsmerkmal, sondern – ebenso wie in § 186 – die Feststellung der Wahrheit ein Strafausschließungsgrund sein, dies mit der Folge, daß das Beweisrisiko zu Lasten des Täters geht (so z. B. RG 64 11, Frankfurt [Z] MDR 80, 495, Gössel I 362, Hartung NJW 65, 1743, Herdegen LK 36ff., Hirsch aaO 204ff., Otto aaO 83, Tenckhoff JuS 89, 36f.). Doch ist dies eine unzulässige Analogie zu § 186, dem keineswegs als allgemeines Grundprinzip des Beleidigungsrechts entnommen werden kann, daß die Strafbarkeit vom Nachweis der Unwahrheit unabhängig ist (so aber z. B. Herdegen aaO). Dies gilt vielmehr nur für § 186, weil dort wegen der besonderen Gefährlichkeit des Angriffs durch Tatsachenbehauptungen gegenüber Dritten der ungeschmälerte Geltungswert des Betroffenen im Interesse eines wirksamen Ehrenschutzes vermutet wird (vgl. § 186 RN 1), läßt sich aber nicht auf die für den Betroffenen weniger gravierenden Fälle des § 185 übertragen: Werden Tatsachenbehauptungen nur ihm gegenüber aufgestellt, so ist sein Geltungswert bei Dritten nicht beeinträchtigt, und auch ehrenrührige Werturteile gegenüber Dritten (vgl. u. 7) sind für ihn nicht weniger gefährlich, weil diese – and. als Tatsachenbehauptungen – dem Dritten noch keine Grundlage für eine entsprechende eigene Urteilsbildung liefern. Den Belangen des Betroffenen ist hier dadurch Rechnung zu tragen, daß die Wahrheit bzw. Unwahrheit auch dann zu prüfen ist, wenn bereits feststeht, daß der Täter jedenfalls mangels Vorsatzes freizusprechen wäre (vgl. entsprechend zum Verhältnis des Wahrheitsbeweises in § 186 zu § 193 dort RN 2); zum zivilrechtlichen Rechtsschutz in diesen Fällen, für den andere Beweisregeln gelten als im Strafrecht, vgl. M. Schmid MDR 81, 16 f.

7   b) Auch negative *Werturteile* (gegenüber dem Betroffenen oder Dritten, vgl. o. 1) enthalten, vorbehaltlich einer Formalbeleidigung (§ 192), keine Mißachtung, wenn sie sich auf ein ehrminderndes Verhalten des Betroffenen beziehen und in dem Sinne **richtig** (angemessen) sind, daß sie durch den fraglichen Sachverhalt getragen werden, d. h. keine überschießende Abwertung zum Ausdruck bringen. Dies gilt nicht nur, wenn die Bewertung lediglich die Schlußfolgerung aus mitgeteilten Tatsachen ist (vgl. Bay 63, 177, Hamburg GA Bd. 47, 459), sondern auch dann, wenn das Werturteil zwar nicht mit einer Tatsachenmitteilung verbunden ist, aber erkennbar einen bestimmten ehrmindernden Sachverhalt betrifft (vgl. Frankfurt JR 72, 515 m. Anm. Hirsch, Herdegen LK RN 6, Hirsch aaO 210ff., Lenckner, Noll-GedS 246, M-Maiwald I 244, Rudolphi SK 23, Tenckhoff aaO 135ff., JuS 89, 36; and. Kiehl aaO 107ff.). Tatbestandsmäßig keine Beleidigung – und nicht erst nach § 193 gerechtfertigt oder nach § 199 straffrei – ist daher z. B. die Zurückweisung völlig unsinniger Vorwürfe als „dummes Geschwätz". Demgegenüber soll nach RG 35 232, 64 11, JW 34, 692 die Wahrheit der das negative Werturteil belegenden Tatsachen nur für die Strafzumessung von Bedeutung sein, wobei jedoch verkannt wird, daß die einem ehrmindernden Sachverhalt kongruente negative Bewertung den Betroffenen in seinem – ihm tatsächlich zustehenden – Geltungswert ebensowenig beeinträchtigen kann wie das Vorhalten der fraglichen Tatsachen selbst. Dem steht auch § 199 nicht entgegen (vgl. aber D-Tröndle 8a), da für diesen die Fälle bleiben, in denen sich die Erwiderung nicht darauf beschränkt, dem Erstbeleidiger dessen Beleidigung vorzuwerfen. Für das Beweisrisiko und den Vorsatz bezüglich der dem Urteil zugrundeliegenden Tatsachen gilt das o. 6 Gesagte.

8   3. Erforderlich ist die **Kundgabe** der Mißachtung, d.h. deren Manifestation durch ein Verhalten mit einem entsprechenden Erklärungswert, gleichgültig, ob es sich dabei um Äußerungen durch Wort, Schrift, Bild, Gesten, symbolische Handlungen oder Tätlichkeiten (zu diesen u. 18) handelt. Maßgebend dafür, ob eine Äußerung die Mißachtung eines anderen zum Ausdruck bringt, ist nicht, wie der Täter sie versteht (dies ist nur für den Vorsatz von Bedeutung) oder wie der Empfänger sie tatsächlich verstanden hat, sondern wie er sie verstehen durfte, d. h. ihr durch **Auslegung** zu ermittelnder **objektiver Sinngehalt** (vgl. z. B. BGH 19 237, EzSt § 189 **Nr. 1**, Bay 63, 141, 80, 32, 83, 32, NJW 57, 1607, Düsseldorf NJW 89, 3030 m. Anm. Laubenthal JR 90, 127, Hamm DAR 57, 214, NJW 71, 1852, KG JR 88, 522, Köln NStZ 81, 183, JMBlNW 83, 36, LG Kaiserslautern NJW 89, 1369, Blei JA 93, 97, Herdegen LK 17, Rudolphi SK 7). Bei Presseveröffentlichungen darf – trotz des vielfach nur flüchtigen Zeitungslesers – die Überschrift nicht ohne den folgenden Text gesehen werden (vgl. dazu auch Veith NJW 82, 2225); ebensowenig darf bei einem nicht vorwiegend an geistig anspruchslose Leser gerichteten Zeitungsartikel auf mögliche Mißverständnisse abgestellt werden, die sich für jemand ergeben können, der den klar ausgedrückten gedanklichen Zusammenhang nicht durchschaut (Köln AfP 84, 233). Im übrigen ist die Gesamtheit der äußeren und inneren Umstände zu berücksichtigen – letztere (z. B. eine Kränkungsabsicht) freilich nur, soweit sie nach außen erkennbar geworden sind (vgl. BGH 8 326, dazu auch BGH MDR/D 55, 396) –, insbesondere der Ton (Schimpfworte in scherzhaftem, „Komplimente" in höhnischem, abfälligen Ton), Alter, Stellung, persönliche Eigenschaften und Beziehungen der Beteiligten, die Anschauungsweise der beteiligten Kreise und ihre Gewöhnung an bestimmte Redewendungen, die Ortsüblichkeit bestimmter Ausdrücke, die Umstände, unter denen die Äußerung erfolgte usw. (vgl. z. B. RG

41 51, **60** 35, **75** 182, Bay NJW **57**, 1608, Celle NdsRpfl. **77**, 88, Düsseldorf JR **90**, 345 m. Anm. Keller, Hamm DAR **57**, 214, NJW **82**, 659, Köln JMBlNW **83**, 36). Handlungen oder Äußerungen von schlechthin beleidigendem Charakter gibt es nicht (z. B. RG **65** 1, Düsseldorf NJW **60**, 1072, Lackner 3 a aa, Herdegen LK 18 mwN), vielmehr kommt es immer darauf an, „wer was zu wem sagt und unter welchen Umständen dies geschieht" (Wessels II/1 S. 106). Dies gilt etwa für das heutige „Du-Phänomen" (Keller JR **90**, 345; vgl. dazu auch Düsseldorf ebd.); ebenso kann der Ausdruck „Bulle" nach dem Sprachgebrauch bestimmter Bevölkerungsgruppen nur der wertneutralen Bezeichnung von Polizeibeamten dienen (and. wenn damit erkennbar eine Beschimpfung verbunden ist [vgl. Oldenburg JR **90**, 127 m. Anm. Otto: „Scheißbullen"]), und selbst das Götz-Zitat kann – jedenfalls in seinem Herkunftsland – auch als ein durchaus freundschaftlich gemeintes Mittel der Einleitung, Fortsetzung und Beendigung von Gesprächen zu verstehen sein. Eine Interpretationsfrage ist es auch, ob bei herabsetzenden Äußerungen über bestimmte Tätigkeiten und Funktionen (z. B. Politik als „schmutziges Geschäft", Wehrdienst als „potentieller Mord") nur diese als solche gemeint sind oder (auch) die Personen, welche diese Tätigkeiten usw. ausüben. Auch wenn nur vom „Soldatenberuf" die Rede ist, ist letzteres z. B. anzunehmen, wenn dieser mit dem Beruf von „Folterknechten, KZ-Aufsehern oder Henkern" verglichen wird, weil damit immer auch eine moralische Abwertung der Soldaten selbst verbunden ist (vgl. BGH **36** 83 m. Bespr. Maiwald JR 89, 485, ferner 7 vor § 185). Umgekehrt kann dagegen auch die Bezeichnung von Soldaten als „potentielle Mörder" je nach Kontext und sonstigen Umständen nur als plakative Kennzeichnung radikaler pazifistischer Wertvorstellungen über das „Soldatenhandwerk" als solches zu verstehen sein, ohne daß damit zugleich der sittliche Geltungswert des Soldaten als Person angegriffen werden soll (vgl. dazu Frankfurt NJW **89**, 1367 m. Anm. Dau NStZ 89, 361 u. Bespr. Maiwald aaO, LG Frankfurt NJW **88**, 2683, NStZ **90**, 233 m. Anm. Brammsen). Sollen damit jedoch Soldaten selbst moralisch disqualifiziert werden, indem sie auf dieselbe Stufe mit Mördern gestellt werden, so ist dies eine Beleidigung, die auch durch § 193 nicht mehr gerechtfertigt ist (vgl. aber auch LG Frankfurt aaO). Erst recht gilt dies für die Bezeichnung von Soldaten als „vom Staat bezahlte Berufsmörder" (Düsseldorf OLGSt § 130 **Nr. 2**, Koblenz GA **84**, 575 zu § 130) oder von Offizieren als „Wehrsklavenhalter" (LG Kaiserslautern NJW **89**, 1369). Zu den Grenzen der revisionsgerichtlichen Überprüfung der Auslegung durch den Tatrichter vgl. z. B. BGH **21** 371, Bay NJW **90**, 921 m. Anm. Seibert StV 90, 212, Hamburg NJW **84**, 1130, KG JR **80**, 290, Karlsruhe NJW **82**, 647, Köln NJW **77**, 398, NStZ **81**, 183, JMBlNW **83**, 36, 84, 47, OLGSt **Nr. 1**, § 186 S. 12, Stuttgart OLGSt S. 4; zu den noch weitergehenden Prüfungskompetenzen im Hinblick auf die Vereinbarkeit mit Art. 5 GG vgl. zuletzt BVerfG NJW **90**, 1981 mwN u. Anm. Kübler JZ 90, 916.

Bei **Satiren** und **Karikaturen** ist zwischen dem (verdeckten, aber erkennbaren) Aussagekern und **8a** dessen karikativer bzw. satirischer Einkleidung zu unterscheiden (zu den Strukturmerkmalen der Satire vgl. Erhardt aaO 135ff.). Schon der Aussagekern ist z. B. beleidigend, wenn darin einem Politiker unterstellt wird, er bediene sich der Justiz in anstößiger Weise für seine Zwecke und empfinde dabei auch noch besondere Lust und Freude (vgl. Hamburg NJW **85**, 1654 m. Anm. Geppert JR 85, 430). Enthält der Aussagekern selbst dagegen keine Mißachtung, so ist bei der Prüfung, ob die karikative oder satirische Form eine solche darstellt, zu berücksichtigen, daß es zum Wesen von Karikatur und Satire gehört, mit Mitteln zu arbeiten, die übertreiben und in grotesker oder verzerrender Weise pointieren und verfremden, weshalb hier ein größeres Maß an Gestaltungsfreiheit zugestanden werden muß (vgl. z. B. RG **62** 184, BVerfGE **75** 369, 377 m. Anm. bzw. Bespr. Würkner NStZ 88, 23, NJW **88**, 317, JA 88, 171, ZUM 88, 171, Bay NJW **57**, 1607, UFITA **48**, 356, Celle NJW **53**, 1764, Hamburg MDR **67**, 146, NJW **85**, 1654 m. Anm. Geppert aaO, Hamm NJW **82**, 659, Karlsruhe NJW **82**, 646, Köln JMBlNW **83**, 36, VGH München NJW **84**, 1136, AG Frankfurt NJW **89**, 1745, Herdegen LK 23f., M-Maiwald I, 229f., Rudolphi SK 8 u. näher Erhardt aaO 137ff., Heinz aaO [zur politischen Kunst], Otto JR 83, 1, Würkner aaO, Würtenberger NJW **82**, 610 u. 83, 1144, Zechlin NJW **84**, 1091; vgl. auch BGH [Z] NJW **83**, 1194 [satirisches „Moritatengedicht"] und zur Unterscheidung von Dokumentation und Dokumentarsatire Stuttgart NJW **76**, 629). Weil die satirische usw. Einkleidung als Übertreibung durchschaubar ist, sind hier die Grenzen zur strafbaren Beleidigung nur unter ganz besonderen Umständen überschritten. Jenseits des durch Art. 5 III GG gewährleisteten Freiraums liegt jedoch eine Einkleidung, die nach ihrem objektiven Sinn die Schmähung oder Diffamierung des Betroffenen bezweckt oder diesen in seiner Menschenwürde verletzt (vgl. BVerfG aaO 379f. m. Anm. Würkner aaO [Darstellung eines Politikers als sexuell sich betätigendes Schwein], Hamm aaO, Köln aaO, Herdegen LK 24). Entsprechendes gilt für Parodien (vgl. z. B. Zechlin NJW **84**, 1092f., aber auch Karlsruhe NJW **76**, 1810). Allgemein gilt, daß bei der Ermittlung der Aussage eines **Kunstwerks** nicht auf den mit der betreffenden Kunstform besonders vertrauten (vgl. aber auch Hamburg MDR **67**, 146), aber auch nicht auf den in künstlerischen Dingen völlig unbewanderten Betrachter oder Leser abzustellen ist (vgl. BVerfGE **67** 229f. m. Anm. Otto NStZ 85, 213), sondern auf den unvoreingenommenen, vernünftigen Durchschnittsleser usw. (vgl. z. B. BGH [Z] NJW **61**, 1913, **75**, 1882, Bay NJW **57**, 1607, Köln JMBlNW **83**, 36, VGH München

NJW **84**, 1137, Heinz aaO 60, Würtenberger NJW **82**, 615 u. **83**, 1146), wobei es wegen der Geschlossenheit eines Kunstwerks auf den Gesamteindruck ankommt, den der Betrachter usw. bei nicht nur flüchtigem Hinsehen gewinnen muß (vgl. auch BVerfG aaO). Dies gilt jedenfalls für Kunst, die sich an alle wendet und jedermann zugänglich ist; auf das besondere Kunstverständnis eines konkreten Rezipientenkreises abzustellen (vgl. Erhardt aaO 205 ff.), ist allenfalls möglich, wenn nur dieser angesprochen werden soll und mit sonstigem Publikum nicht zu rechnen ist (z. B. geschlossene Aufführung). Zu berücksichtigen ist ferner, daß künstlerische Ausdrucksformen, insbes. Satiren und Karikaturen von Verkürzungen und Vereinfachungen leben, die stets mit der Gefahr von Mißverständnissen verbunden sind. Hier darf sich das Gericht daher auch nicht allein für die strafrechtlich relevante Deutung entscheiden, indem es mit Hilfe der Figur des „besonnenen Betrachters" nur auf einen flüchtigen, naiven Betrachter abstellt (BVerfGE **67** 230 m. Anm. Otto aaO [Straßentheater, „anachronistischer Zug" als Mittel des Wahlkampfes; vgl. dazu auch AG Kempten NJW **85**, 987]; vgl. auch BGH [Z] NJW **83**, 1194 m. Anm. Zechlin). Zur Kunstfreiheit als Rechtfertigungsgrund vgl. § 193 RN 17a. Soweit es sich um Äußerungen im **politischen Meinungskampf** oder um Beiträge zur öffentlichen geistigen Auseinandersetzung (vgl. BVerfGE **54** 129: Kulturkritik) handelt, müssen die Gesichtspunkte und Maßstäbe, mit deren Hilfe der Inhalt der Äußerung ermittelt wird, mit Art. 5 I GG vereinbar sein. Unzulässig ist danach eine „weite Auslegung im Interesse eines wirksamen Ehrenschutzes" und das Abstellen auf den „flüchtigen Leser" (BVerfGE **43** 130). Bei für den eigenen politischen Standpunkt werbenden Aussagen, insbes. im Wahlkampf, ist schon bei der Feststellung von deren Inhalt zu berücksichtigen, daß polemische Überzeichnungen und vereinfachende Verkürzungen vielfach nicht wörtlich zu nehmen sind, sondern nur dazu dienen, die eigene Meinung möglichst wirksam darzustellen (vgl. BGH [Z] NJW **84**, 1102, Otto JR **83**, 7); schon unter diesem Gesichtspunkt kann dann auch bei Werturteilen über konkurrierende Parteien und politische Gruppierungen ein „robuster Sprachgebrauch" zulässig sein als bei Äußerungen über Personen (BVerfGE **69** 270 m. Anm. F. C. Schroeder NStZ **85**, 451). Von mehreren Deutungsmöglichkeiten darf die zur Strafbarkeit führende nur zugrundegelegt werden, wenn dafür besondere Gründe angegeben werden (BVerfG NJW **90**, 1981 m. Anm. Kübler JZ **90**, 916, JZ **90**, 1072 m. Anm. Tettinger). Diese können sich zwar auch aus den Umständen ergeben, müssen dann aber nach BVerfG NJW **90**, 1981 dem Täter „zurechenbar" sein, was z. B. nicht der Fall ist, wenn er die fraglichen Umstände gar nicht kennt oder wenn sie in dem konkreten Fall nicht erkennbar zum Inhalt seiner Äußerung werden. Andererseits darf aber auch nach Art. 5 I GG die eigene Interpretation einer mehrdeutigen Äußerung nicht als Fremdzitat ausgegeben werden (BVerfGE **54** 208). Zur Rechtfertigung beleidigender Äußerungen im öffentlichen Meinungskampf vgl. § 193 RN 15 f., zu den Grenzen verfassungsgerichtlicher Überprüfung vgl. z. B. BVerfGE **42** 143, 163, **43** 130, **54** 129, 208, **61** 1, **66** 116, **67** 213.

9   4. Die Kundgabe muß den **Betroffenen erkennen lassen.** Die beleidigte Person (bzw. Personengemeinschaft, vgl. 3 vor § 185) muß daher zwar nicht namentlich bezeichnet (RG **52** 160), aber doch bestimmt oder zumindest feststellbar sein (vgl. Hamburg NJW **84**, 1130 [Schlüsselroman]), was z. B. nicht der Fall ist, wenn die „Organe des Innenministers" beschimpft werden (RG JW **32**, 3266) oder ohne erkennbaren Bezug zu einem Betroffenen der Vorwurf der Rechtsbeugung erhoben wird (Düsseldorf NJW **89**, 3030 m. Anm. Laubenthal JR **90**, 127), wohl aber, wenn die abgebildete Person erkennbar ist (insoweit zutr. BGH **9** 17). Richtet sich die Beleidigung gegen eine beleidigungsfähige Personengemeinschaft (vgl. 3 vor § 185), so ist es eine Frage des Einzelfalls, ob damit zugleich die ihr angehörenden Einzelpersonen gemeint sind (die dann freilich individualisierbar sein müssen); umgekehrt ist eine gegen die Mehrheit oder alle Mitglieder der Korporation gerichtete Beleidigung nicht notwendig eine solche gegen diese selbst (vgl. RG **40** 185, **41** 170, **47** 64, **52** 160, KG JR **80**, 290 m. Anm. Volk); zur Beleidigung unter einer Kollektivbezeichnung vgl. 5 ff. vor § 185. Mit politischen Äußerungen, die sich verbal gegen eine bestimmte Institution richten, kann in Wahrheit nur das „System" als solches gemeint sein (vgl. KG JR **80**, 290 m. Anm. Volk). Auch bei einer herabsetzenden Äußerung über einen Polizeieinsatz hängt es von ihrem durch Auslegung zu ermittelnden Sinn ab, ob damit zugleich die beteiligten Beamten getroffen werden sollten (Köln NStZ **81**, 183).

10   Von einer **mittelbaren** oder **indirekten** Beleidigung wird vielfach gesprochen, wenn außer dem unmittelbar Betroffenen noch ein Dritter in seinem Achtungsanspruch verletzt wird (vgl. z. B. Bay **57**, 200, Herdegen LK 26 vor § 185, Hirsch aaO 65 FN 47, M-Maiwald I 224 f., Wessels II/1 S. 99). Die Figur der mittelbaren Beleidigung ist jedoch überflüssig, soweit damit Fälle erfaßt werden sollen, in denen ein beleidigender Ausdruck – z. B. „Hurensohn", Bezeichnung eines Kindes als „verkommen und verwahrlost" – zugleich Dritte (Mutter, Eltern) trifft, weil diese hier bereits unmittelbar beleidigt sind (insoweit zutr. RG **70** 248), wenn sich das fragliche Schimpfwort erkennbar auch auf sie bezieht (und nur unter dieser Voraussetzung können auch sie beleidigt sein, was in den genannten Beispielen keineswegs stets der Fall zu sein braucht; vgl. dazu auch Bremen MDR **62**, 234). Soweit die sog. mittelbare Beleidigung dagegen dazu dient, sexuelle Angriffe auf Kinder oder Ehegatten als Ehrverletzung des Sorgeberechtigten oder anderen Gatten bestrafen zu können (vgl. Bay **57**, 201), stellt sie ein Relikt der überholten Auffassung dar, wonach in der Ehefrau bzw. in dem Kind auch der

Ehemann bzw. Hausvater „injuriiert" ist (iniuria mediata; vgl. Gössel I 354, Herdegen LK 26 vor § 185, Hirsch aaO 65, 68, Jescheck GA 56, 110, Welzel 307). Durch den unsittlichen Griff an die Brust einer verheirateten Frau wird der Ehemann daher weder unmittelbar (vgl. dazu auch o. 3 f.) noch mittelbar beleidigt (and. Bay GA **63**, 20).

5. Die Kundgabe der Mißachtung muß **an einen anderen gerichtet** sein (bei Tatsachenbe- **11** hauptungen an den Betroffenen selbst, bei Werturteilen auch an Dritte; vgl. o. 1); zur Vollendung vgl. u. 16. Daß es sich dabei um den eigentlichen Adressaten der Äußerung handelt, ist nicht erforderlich (z. B. Diktat des beleidigenden Briefs; vgl. RG JW **24**, 911, Tenckhoff JuS 88, 788, zu § 186 aber auch Koblenz OLGSt. § 193 **Nr. 1**). Auch daß diese als „vertraulich" bezeichnet wird, ändert nichts (BGH MDR/D **54**, 335; vgl. auch Bay MDR **76**, 1036). Keine Beleidigung sind dagegen Selbstgespräche oder Tagebuchaufzeichnungen, die nicht für andere bestimmt sind, dies auch dann nicht, wenn sie gegen den Willen des Betreffenden tatsächlich mitgehört bzw. gelesen werden (hier kein Kundgebungsvorsatz; vgl. RG **71** 160, Bay JZ **51**, 786). Zu ehrverletzenden Äußerungen im engsten Familienkreis usw. vgl. 9 vor § 185.

6. Denkbar ist auch eine Beleidigung durch **Unterlassen**, wenn dieses einen eigenen Erklärungs- **12** wert hat. Soweit es sich dabei um die ehrverletzende Weglassung von Höflichkeitsformeln (z. B. der Anrede „Herr"; vgl. RG LZ **15**, 445) handelt, liegt freilich in der Regel bereits ein konkludentes Tun vor. Für ein Unterlassen bleiben daher im wesentlichen die Fälle, in denen der Täter nicht verhindert, daß eigene, von ihm fixierte Äußerungen (z. B. Tagebuchaufzeichnung) zur Kenntnis Dritter gelangen. Dagegen kann das bloße Nichthindern von beleidigenden Äußerungen Dritter, für die der Betreffende verantwortlich ist, mangels Kundgabe eigener Mißachtung nur eine Beihilfe durch Unterlassen sein. Keine solche ist das Nichtbeseitigen beleidigender Aufschriften auf einer Hauswand durch den Eigentümer, weil diesen keine Beseitigungspflicht i. S. des § 13 trifft (vgl. Weber, Oehler-FS 86 ff.). Zum Ganzen vgl. auch Herdegen LK 25, Krey 165, Küpper JA 85, 456, Rudolphi SK 16 mwN.

7. Von der **Rspr.** wurde eine Beleidigung **beispielsweise** in folgenden Fällen angenommen (vgl. **13** dazu auch o. 3 f.): Bezeichnung als „warmer Bruder" (RG **41** 286; vgl. auch Köln OLGSt § 185 S. 44), eines verkehrswidrig fahrenden Autofahrers als „Schwein" (Hamm DAR **57**, 214; vgl. auch Bay **56**, 282, Köln OLGSt S. 57), herabsetzende Anrede in der Du-Form (RG **41** 82, Düsseldorf NJW **60**, 1072; vgl. auch Düsseldorf JR **90**, 345 m. Anm. Keller), Setzen der Worte „Künstler" und „Werke" in Anführungszeichen (Hamm NJW **82**, 1656; im konkreten Fall jedoch nach § 193 gerechtfertigt), u. U. die Bezeichnung als „Lügner" (RG JW **31**, 2800; zum Vorwurf einer „unverschämten Lüge" in der politischen Auseinandersetzung vgl. LG Frankfurt NJW **74**, 2244), als „Nazi" bzw. „alter Nazi" (Düsseldorf NJW **48**, 386, **70**, 905), als „Jungfaschist" (Karlsruhe MDR **78**, 421) bzw. „Oberfaschist" (Düsseldorf NJW **86**, 1262, wo wegen des in der Umgangssprache inzwischen schillernd gewordenen Begriffs „Faschismus" mit Recht auf den Gesamtzusammenhang hingewiesen wird), Vorwurf faschistischer Gesinnung (BVerfG NJW **90**, 1981), Ersetzung des „ß" in einem Namen durch SS-Runenzeichen (Hamburg JR **83**, 298 m. Anm. Bottke), Gleichstellung mit einem Gauleiter (Celle HESt 1 66), erkennbar herabsetzende Bezeichnung als Jude (BGH **8** 325), Leugnen der NS-Judenmorde als Beleidigung der Menschen jüdischer Abstammung, die im „Dritten Reich" verfolgt wurden oder verfolgt worden wären, wenn sie damals schon gelebt hätten (BGHZ **75** 160, Celle NJW **82**, 1545; vgl. auch 7 f. vor § 185 sowie o. 3; zu herabsetzenden Äußerungen über das Schicksal von Juden in einem Plädoyer vgl. BGH EzSt § 189 **Nr. 1**), Vorwurf der „Liquidierung von Rentnern" durch das Kostendämpfungsprogramm (Bay NStZ **83**, 126), des „Faschismus" und der „Kriegstreiberei" (Hamm NJW **82**, 652), Darstellung eines Politikers als blindwütiger Kampfstier (Hamm aaO; zu politischen Karikaturen und Satiren vgl. ferner z. B. Bay NStZ **83**, 265, Hamburg NJW **85**, 1654, aber auch Köln JMBlNW **83**, 36 sowie die z. T. krit. Rspr.-Übersicht von Otto JR **83**, 1, Würtenberger NJW **83**, 1144; vgl. dazu auch o. 8 a), Bezeichnung eines Parteivorsitzenden als „Schweinehirt von Passau" (Koblenz NJW **78**, 1817), von Bankiers als „mafia-vergleichbare Gestalten" (Hamburg DB **80**, 1215), eines Richters als „Verfassungsfeind" (Koblenz OLGSt S. 52) oder seine Zuordnung zum „Volksgerichtshof" (Hamburg NJW **90**, 1246), Vergleich des Soldatenberufs mit dem des „Folterknechts, KZ-Aufsehers oder Henkers" (BGH **36** 83), die Bezeichnung von Soldaten als „potentielle Mörder" (vgl. Frankfurt NJW **89**, 1367, LG Frankfurt NJW **88**, 2683, StV **90**, 73, wo jedoch eine Rechtfertigung nach § 193 für möglich gehalten wird; vgl. dazu auch o. 8), von Offizieren als „Wehrsklavenhalter" (OLG Kaiserslautern NJW **89**, 1369) oder als „Schinder", „Mörder", „Verbrecher" und ihre Gleichsetzung mit den KZ-Schergen des „Dritten Reichs" (LG Baden-Baden NJW **85**, 2431), eines Hauseigentümers als „Wohnungshai" (Köln JMBlNW **83**, 117 [im konkreten Fall jedoch für zulässig erklärt]), höhnische Begrüßung eines Gemeindevorstehers während des Urinierens (RG LZ **16**, 1037), Übersendung einer Postkarte des Graphikers K. Staeck mit der Darstellung der Rückansicht eines überdimensional großen Gesäßes auf einem mit einer kleinen Bürostuhl mit Widmung an einen Polizeibeamten (AG Hamburg NJW **89**, 410), Angebot eines Geschenks an Beamten für nichtpflichtwidrige Handlung (RG **31** 191), ohne sachlichen Grund erfolgende Abweisung von US-Soldaten in einer Gaststätte (Bay **83**, 32; vgl. aber auch o. 2), Ansinnen an Kind zu „unsittlicher Lüge" gegenüber Eltern (BGH **7** 132), Absprechen der für einen Beruf erforderlichen Qualifikation (vgl. R **1** 28 [Bismarck rede „wie ein Schornsteinfeger"], Köln OLGSt § 185 S. 39 [Rat an Richter, „in Rente zu

gehen", weil „im Alter der Kalk rieselt"], VGH Mannheim AnwBl. **79**, 227 [„sog. Anwälte"]), Bezeichnung eines Urteils als „Terrorurteil" (BGH MDR/D **55**, 396), Vorwurf der Rechtsbeugung oder der „willkürlichen Bestrafung" (Köln OLGSt § 185 S. 13, 27; vgl. aber auch Zweibrücken GA **78**, 208, LG Frankfurt AnwBl. **77**, 169 [nicht ausreichend schon jede einseitig gefärbte Kritik an der Verhandlungsführung des Gerichts, auch wenn darin eine tendenziöse Überzeichnung oder ein überspitzt formulierter Hinweis auf falsche Rechtsansichten liegt]), Bezeichnung eines Polizeibeamten als „Spitzel" (Köln OLGSt § 185 S. 27) oder als „Bulle" (Bay JR **89**, 72 m. Anm. Volk [„Bullenauftrieb"], Hamm JMBlNW **82**, 22, LG Essen NJW **80**, 1639; and. KG JR **84**, 116 m. abl. Anm. Otto, offengelassen von Bay NJW **90**, 1742) bzw. als „Scheißbulle" (Oldenburg JR **90**, 126 m. Anm. Otto), der „GSG 9" (Sondereinheit des Bundesgrenzschutzes) als „Killertruppe" (Köln OLGSt § 185 S. 35), die Kennzeichnung eines Polizeieinsatzes als „Mord" und „Terror" (Frankfurt NJW **77**, 1353; vgl. aber auch Köln NStZ **81**, 183), Aufkleber mit der Darstellung prügelnder Polizeibeamter und der Unterschrift „Polizeisportverein" (Hamm NStZ **89**, 578, KG JR **90**, 124, Schleswig SchlHA **84**, 86), Vergleich polizeilichen Vorgehens mit Gestapo-Methoden (LG Hechingen NJW **84**, 1766), Unterstellung der Neigung zu Amtsmißbräuchen bei Polizeibeamten (Düsseldorf JMBlNW **81**, 223), bestimmte symbolische Handlungen, z. B. Ausräuchern eines Stuhls, auf dem der Betreffende gesessen hatte (RG LZ **15**, 60), das „Vogelzeigen" (Tippen an die Stirn; vgl. Bay OLGSt § 185 S. 5), das Anspucken (Zweibrücken NStZ **90**, 541). Zur Frage, ob Formulierungen in den Urteilsgründen eine Beleidigung sein können, vgl. Celle NdsRpfl. **81**, 88; dazu ob Kritik an einer Stellenbesetzung („schwarzer Filz") auch eine Ehrverletzung des Eingestellten sein kann, vgl. BGH (Z) NJW **82**, 1805; zur Beleidigung durch Scherz und Fopperei vgl. o. 2, zur sog. Sexualbeleidigung o. 4, zur Beleidigung von Eltern durch sexuelle Handlungen mit einem Kind o. 4b.

14 II. Für den **subjektiven Tatbestand** genügt (bedingter) Vorsatz bezüglich der objektiven Merkmale; eine besondere Kränkungsabsicht ist nicht erforderlich (vgl. RG **70** 250, Bay OLGSt § 185 S. 5, Koblenz NJW **78**, 1816, D-Tröndle 23, Herdegen LK 39). Ausreichend ist deshalb das Bewußtsein, daß die Äußerung nach ihrem objektiven Erklärungswert einen beleidigenden Inhalt hat (vgl. z. B. BGH **1** 291, **7** 134, GA **63**, 50, Bay **83**, 32, Köln OLGSt § 185 S. 11, Zweibrücken NJW **86**, 2960), wozu – sofern nicht eine weitergehende Formalbeleidigung oder ein Wertungsexzeß vorliegt – auch die Kenntnis der Unwahrheit der Tatsachen gehört, die gegenüber dem Betroffenen behauptet oder einem Werturteil zugrundegelegt werden (bestr.; vgl. o. 5 ff.). Weiß der Täter, daß seine Äußerung objektiv als ehrenkränkend verstanden werden kann, so entfällt sein Vorsatz nicht deshalb, weil er dem benutzten Begriff einen anderen Sinn unterlegen wollte (vgl. RG **65** 21, Köln OLGSt § 185 S. 27; vgl. auch RG **63** 115: objektiv mehrdeutige Erklärung); ist umgekehrt die Äußerung objektiv nicht beleidigend, so wird sie nicht dadurch zu einer Beleidigung, daß der Täter in Kauf nimmt, daß sie als solche mißverstanden werden könnte (Herdegen LK 39). Zum Vorsatz gehört ferner das Wollen des Zugehens der ehrenrührigen Äußerung an einen anderen, wobei es ohne Bedeutung ist, wenn sie an einen anderen als den vom Täter gewollten Adressaten gelangt (z. B. RG **26** 202, **48** 62, **57** 193, **71** 160, Bay **86**, 89 m. Anm. Streng JR 87, 431, Herdegen LK 40, Rudolphi SK 20). Eine vollendete Beleidigung liegt daher auch vor, wenn – Fall eines unbeachtlichen error in persona – der Täter infolge einer Verwechslung einen anderen ohrfeigt oder den „falschen" Fernsprechteilnehmer beschimpft (vgl. RG HRR **41** Nr. 840, KG GA Bd. **69**, 117, Bay **86**, 89 m. Anm. Streng aaO, Küpper JA 85, 458); erkennt der Angesprochene im letzteren Fall den Irrtum des Täters und bezieht er deshalb die ehrverletzende Äußerung nicht auf sich, so hat dies Bedeutung lediglich insofern, als Verletzter und damit antragsberechtigt (§ 194 I) nicht er, sondern der tatsächlich Gemeinte ist (vgl. Bay aaO m. Anm. Streng aaO, Herdegen LK 40). Hat der Täter nur den Vorsatz des § 185, so bleibt es dabei auch, wenn eine an den Betroffenen gerichtete Tatsachenbehauptung nicht diesem, sondern einem Dritten zugeht (keine Strafbarkeit nach § 186, 187; vgl. Herdegen LK 40, Welzel 307).

15 III. Als **Rechtfertigungsgründe** kommen insbes. in Betracht: die *Wahrnehmung berechtigter Interessen* (§ 193; zur Bedeutung der Meinungs- und Kunstfreiheit vgl. dort RN 15 f., 17 a), die *Notwehr* (§ 32), sofern die Notwehrhandlung in einer Beleidigung besteht und diese zur Abwehr einer noch nicht beendigten Ehrenkränkung erforderlich ist (sog. Ehrennotwehr; vgl. RG **21** 171, **29** 240, BGH **3** 217) und die *Einwilligung* (vgl. 33 ff. vor § 32, BGH [GrS] **11** 72, Bay **63**, 25), diese freilich erst, wenn sie der Handlung nicht schon ihren beleidigenden Charakter nimmt und so als „Einverständnis" (30 ff. vor § 32) bereits den Tatbestand ausschließt (für eine solche Differenzierung z. B. Blei II 97, D-Tröndle 14, Lenckner ZStW 72, 450, Rudolphi SK 19, Tenckhoff JuS 89, 198; generell für Tatbestandsausschluß z. B. RG **60** 35, BGH **36** 87, GA **63**, 50, MDR/D **53**, 597, Gössel I 368, Herdegen LK 41, M-Maiwald I 223, für Rechtfertigung z. B. BGH **11** 72, **23** 3 f., NJW **51**, 368, MDR/D **71**, 721, Bay **63** 25, Welzel 311). Nennenswerte praktische Konsequenzen hat diese dogmatisch begründete Unterscheidung hier jedoch nicht, da auch ein tatbestandsausschließendes Einverständnis im Fall des § 185 die natürliche Einsichts- und Urteilsfähigkeit des Betroffenen voraussetzt (vgl. 32 vor § 32), wobei die ursprüng-

Beleidigung 16–20 **§ 185**

lich hohen Anforderungen an diese bei Jugendlichen bezüglich einer wirksamen „Preisgabe der Geschlechtsehre" (vgl. RG **75** 180 mwN) im wesentlichen erst durch BGH MDR/D **71**, 721 unter Hinweis auf die geänderten Verhältnisse eine gewisse Auflockerung erfuhren (zur Einwilligungsfähigkeit Jugendlicher in diesem Zusammenhang vgl. z. B. auch BGH **5** 362, **8** 358, GA **56**, 317, **63**, 50, Bay **63**, 25, Stuttgart NJW **62**, 62). Nach dem o. 4 Gesagten liegt in den Fällen der sog. Sexualbeleidigung der Tatbestand des § 185 i. d. R. jedoch schon aus anderen Gründen nicht vor, so daß sich auch die Frage der Einwilligungsfähigkeit hier nicht mehr stellt. Zu den Voraussetzungen von Einverständnis bzw. Einwilligung vgl. im übrigen 33, 35 ff. vor § 32; zur irrigen Annahme einer wirksamen Einwilligung vgl. 52 vor § 32.

IV. Vollendet ist die Beleidigung, sobald sie zur Kenntnis eines anderen gelangt ist, wobei **16** dieser jedoch nicht notwendig der eigentliche Adressat zu sein braucht (z. B. RG JW **24**, 911 [Kenntnisnahme des nach Diktat Schreibenden], RG **26** 206, **48** 63, Bay MDR **76**, 1037 [Kenntnisnahme von Gefangenenbriefen durch Richter], ferner RG **71** 160, BGH MDR/D **54**, 335; vgl. auch o. 11, 14). Eine Sinnesänderung des Täters vor der Kenntnisnahme durch andere ist ohne Bedeutung, wenn der Täter sie nicht verhindert (RG **57** 194). Nicht erforderlich ist, daß der andere den Inhalt in seinem ehrenrührigen Sinn versteht, da die Verletzung des Achtungsanspruchs davon unabhängig ist und eine Beleidigung gegenüber Kindern und Geisteskranken sonst vielfach unmöglich wäre (RG **10** 373, **29** 399, **60** 35, BGH NJW **51**, 368, Bay NJW **57**, 1607, Wessels II/1 S. 101; and. RG **65** 21, BGH **9** 19, D-Tröndle 15, Gössel I 367, Herdegen LK 26, Hirsch aaO 219 FN 39, Lackner 3 b, M-Maiwald I 224, Rudolphi SK 17, Tenckhoff JuS 88, 789). Erst recht nicht notwendig ist, daß der Betroffene die Äußerung als ihn beleidigend empfindet (z. B. RG **75** 183, BGH **1** 291, **7** 132, NJW **51**, 368, Bay **63**, 25).

V. Täter kann nur sein, wer eigene Mißachtung zum Ausdruck bringt. Auch *Mittäterschaft* ist **17** daher nur möglich, wenn sich jeder Beteiligte die ehrenrührige Erklärung zu eigen macht (zu den Grenzen der Mittäterschaft bei Herausgabe eines beleidigenden Flugblatts vgl. Köln MDR **79**, 158; zur strafrechtlichen Verantwortlichkeit bei Redakteurskollektiven vgl. Franke JZ 82, 579). Ebenso kommt *mittelbare Täterschaft* nur in Betracht, wenn erkennbar bleibt, daß der Hintermann seine Mißachtung zum Ausdruck bringen will (z. B. Übermitteln von dessen Erklärung durch einen Gutgläubigen; vgl. auch Herdegen LK 43).

VI. Eine Qualifikation ist die Beleidigung mittels einer **Tätlichkeit**, d. h. einer unmittelbar **18** gegen den Körper gerichteten Einwirkung, die nach ihrem objektiven Sinn eine besondere Mißachtung des Geltungswerts des Betroffenen ausdrückt (z. B. Anspucken, Ohrfeige, Abschneiden der Haare usw.). Da Grund der Qualifikation nicht der Eingriff in die Körperintegrität, sondern nur die Kundgabe einer den Betroffenen besonders demütigenden Mißachtung sein kann, ist eine körperliche Berührung nicht erforderlich (ebenso Geppert Jura 83, 588; and. die h. M., z. B. RG **67** 174, **70** 250, Blei II 108, D-Tröndle 12, Herdegen LK 15, M-Maiwald I 231, Rudolphi SK 21); auch eine fehlgegangene Ohrfeige kann daher eine tätliche Beleidigung sein, nicht dagegen eine unsittliche Handlung am Körper des anderen, soweit dies nicht in besonders entwürdigender Weise geschieht (vgl. o. 4; and. z. B. BGH JZ **52**, 757, Bay **63**, 25 mwN: sexuelle Handlungen und Geschlechtsverkehr mit einem noch unreifen Mädchen als tätliche Beleidigung; vgl. auch BGH NJW **51**, 368).

VII. Einen **Strafausschließungsgrund** enthält § 36; vgl. ferner 9 vor § 185 (beleidigungsfreie Sphäre) **19** und o. 6 (Bedeutung des Wahrheitsbeweises). Zur **Straffreierklärung** bei wechselseitig begangenen Beleidigungen vgl. § 199, aber auch o. 7.

VIII. Konkurrenzen. Zum Verhältnis mehrerer beleidigender Äußerungen in einer Schrift oder **20** Rede vgl. 29 vor § 52; werden durch eine Handlung zugleich verschiedene Personen beleidigt, so liegt gleichartige Idealkonkurrenz vor (vgl. RG **66** 4). Idealkonkurrenz ist ferner möglich mit § 90 b (vgl. dort RN 10), § 113 (Köln VRS **37** 35), §§ 166 ff., § 239 (BGH GA **63**, 13), §§ 333 f. (vgl. RG LZ **16**, 681), §§ 31, 32, 36 WStG (Celle NJW **61**, 521), zwischen tätlicher Beleidigung und § 223 (BGH MDR/D **75**, 196 mwN). Über das Verhältnis zu §§ 186, 187 vgl. dort RN 21 bzw. 8, zu § 90 vgl. dort RN 12. Mit den Sexualdelikten besteht nach h. M. Gesetzeskonkurrenz (mit Vorrang der §§ 174 ff.), sofern nicht besondere Umstände hinzukommen, die einen zusätzlichen Ehrangriff enthalten und dann zu Idealkonkurrenz führen (zu § 174 vgl. z. B. RG **68** 25, JW **37**, 2380, BGH JZ **52**, 757, zu § 177 z. B. BGH GA **56**, 316, LM § 177 Nr. 8, StV **82**, 14, Frankfurt NJW **67**, 2075, zu § 178 Düsseldorf NStE § 178 **Nr. 4**, zu § 182 z. B. BGH **8** 359, GA **66**, 338, ferner z. B. Gallas ZAkDR 41, 114, Arthur Kaufmann ZStW **72**, 426, Laufhütte LK § 174 RN 23, § 182 RN 6, M-Maiwald I 157). Die Annahme von Gesetzeskonkurrenz erledigt sich jedoch, wenn man nach dem o. 4 Gesagten davon ausgeht, daß Sexualdelikte für sich allein noch keine Beleidigung enthalten (vgl. auch Herdegen LK 47, Rudolphi SK 27); auch bei einem Rücktritt vom Versuch nach § 177 kann der Täter daher nicht ohne weiteres nach § 185 bestraft werden (and. BGH StV **82**, 14). Dies gilt auch für § 183 (vgl. aber auch Stuttgart MDR **74**, 685, Lackner § 183 Anm. 7; generell für Vorrang des § 183 dagegen D-Tröndle § 183 RN 13).

§ 186 1–3   Bes. Teil. Beleidigung

21   **IX. Strafe.** Die Verhängung einer kurzfristigen Freiheitsstrafe nach § 46 I 2. Alt. ist nicht schon deshalb gerechtfertigt, weil ein Gerichtsvorsitzender bei der Urteilsverkündung persönlich beleidigt wird und dies in Anwesenheit einer Schulklasse geschieht (Köln OLGSt § 185 S. 39).

22   **X.** Zum **Strafantrag** vgl. § 194, zur **Bekanntgabe der Verurteilung** vgl. § 200, zur **Verjährung** bei Pressedelikten vgl. § 78 RN 9, § 78a RN 16 u. zur Frage, ob dieser auch beleidigende Aufkleber an Autos unterliegen, vgl. einerseits Hamm NStZ **89**, 578, andererseits KG JR **90**, 124.

§ 186 Üble Nachrede

> Wer in Beziehung auf einen anderen eine Tatsache behauptet oder verbreitet, welche denselben verächtlich zu machen oder in der öffentlichen Meinung herabzuwürdigen geeignet ist, wird, wenn nicht diese Tatsache erweislich wahr ist, mit Freiheitsstrafe bis zu einem Jahr oder mit Geldstrafe und, wenn die Tat öffentlich oder durch Verbreitung von Schriften (§ 11 Abs. 3) begangen ist, mit Freiheitsstrafe bis zu zwei Jahren oder mit Geldstrafe bestraft.

Schrifttum: Beling, Wesen, Strafbarkeit und Beweis der üblen Nachrede, 1909. – *Bemmann,* Was bedeutet die Bestimmung „wenn diese Tatsache nicht erweislich wahr ist" in § 186 StGB?, MDR 56, 387. – *Bockelmann,* Ist die Weitergabe ehrverletzender Tatsachen strafbar, die der Beleidigte selbst mitgeteilt hat?, JR 54, 327. – *Hansen,* Üble Nachrede im Interesse des Verletzten, JR 74, 406. – *Helle,* Die Unwahrheit und die Nichterweislichkeit der ehrenrührigen Behauptung, NJW 64, 841. – *Henning,* Die Zulässigkeit des Wahrheitsbeweises bei der Ehrenkränkung, 1939 (StrAbh. 400). – *Kindhäuser,* Gefährdung als Straftat, 1989. – *Müller,* Üble Nachrede durch Strafanzeige, MDR 65, 629. – *Pfleiderer,* Der Wahrheitsbeweis bei Beleidigungen, 1933 (StrAbh. 315). – *Ranft,* Keine üble Nachrede durch Strafanzeige?, MDR 66, 107. – *Roeder,* Wahrheitsbeweis und Indiskretionsdelikt usw., Maurach-FS 347. – *Streng,* Verleumdung durch Tatsachenmanipulation?, GA 85, 214. – *Veith,* Öffentlichkeit der Hauptverhandlung und üble Nachrede, NJW 82, 2225. – *Wenzel,* Tatsachenbehauptungen und Meinungsäußerungen, NJW 68, 2353. Vgl. ferner die Angaben vor § 185.

1   **I. Grundgedanke.** Während § 185 die Kundgabe eigener Mißachtung betrifft, erfaßt § 186 – ebenso wie § 187 – die *Ermöglichung fremder Mißachtung* durch das Behaupten oder Verbreiten von ehrenrührigen Tatsachen über den Betroffenen gegenüber einem Dritten. Da die ehrverletzende Tatsachenbehauptungen dem Dritten viel eher die Grundlage zur eigenen Mißachtung des Opfers liefern als abwertende Urteile oder Meinungsäußerungen und wegen der möglichen Breitenwirkung, wenn solche Behauptungen Dritten gegenüber aufgestellt werden, kann hier das Opfer in seinem Achtungsanspruch wesentlich nachhaltiger getroffen werden als in den Fällen des § 185 (vgl. z. B. auch Rudolphi SK 1, Welzel 310). § 186 trägt diesem Umstand dadurch Rechnung, daß hier im Interesse eines wirksamen Ehrenschutzes der ungeschmälerte Geltungswert des Betroffenen bis zum Beweis des Gegenteils – d. h. der Wahrheit der Äußerung – vermutet wird (vgl. Arzt/Weber I 173, Herdegen LK 2, Tenckhoff JuS 88, 621). Verboten ist deshalb nach § 186 wegen der bloßen Möglichkeit, daß das Opfer im Ergebnis zu Unrecht in seinem ihm tatsächlich zustehenden Achtungsanspruch verletzt wird, grundsätzlich schon das Behaupten usw. ehrenrühriger Tatsachen schlechthin und ohne Rücksicht darauf, ob sie tatsächlich unwahr sind *(abstraktes Gefährdungsdelikt;* vgl. Bockelmann II/2 S. 189, JR 54, 328, Gössel I 374, Herdegen LK 2, 10, Tenckhoff aaO 622; and. z. B. Hirsch aaO 154f., Kindhäuser aaO 298ff., Küpper JA 85, 459, Welzel 323f.). Tatbestandsmäßig ist daher auch das Aufstellen ehrenrühriger Behauptungen, die sich hinterher als wahr erweisen, weil wegen der praesumtio boni für den Betroffenen bis zum Beweis des Gegenteils von ihrer Unwahrheit auszugehen ist. Erlaubt ist dies, von sonstigen Rechtfertigungsgründen abgesehen, nur dann, wenn der Täter im Einzelfall berechtigte Interessen wahrnimmt (§ 193). Ist dies dagegen nicht der Fall, so berücksichtigt das Gesetz das Bedürfnis, die Wahrheit zu sagen, nur durch Anerkennung eines an das Gelingen des Wahrheitsbeweises geknüpften Strafausschließungsgrunds (vgl. u. 10, 13ff.). Im einzelnen erfaßt § 186, wie sich aus dem Vergleich mit § 187 ergibt, das Behaupten usw. ehrenrühriger Tatsachen gegenüber einem Dritten, wenn diese 1. nicht erweislich wahr sind oder 2. zwar erweislich unwahr sind und damit den objektiven Tatbestand des § 187 erfüllen, der Täter bezüglich der Unwahrheit aber nicht wesentlich (vgl. § 187 RN 5) gehandelt hat.

2   **II. Für den objektiven Tatbestand** ist das Behaupten oder Verbreiten einer Tatsache in Beziehung auf einen anderen erforderlich, die diesen verächtlich zu machen oder in der öffentlichen Meinung herabzuwürdigen geeignet ist. Ob diese Voraussetzungen erfüllt sind, bestimmt sich nach dem durch Auslegung zu ermittelnden objektiven Sinn der Äußerung (vgl. dazu § 185 RN 8f.).

3   **1.** Unter § 186 fällt nur die Behauptung usw. von **Tatsachen,** im Unterschied zu den nicht durch Tatsachen belegten Werturteilen und allgemein gehaltenen Meinungsäußerungen, für die ausschließlich § 185 gilt. Tatsachen sind konkrete Vorgänge oder Zustände der Vergangenheit oder Gegenwart, die sinnlich wahrnehmbar in die Wirklichkeit getreten und damit dem Beweis zugänglich sind (z. B. RG **41** 193, **55** 131, BGH JR **77**, 29 m. Anm. F. C. Schroeder, Herdegen

LK § 185 RN 4). Dazu gehören auch innere Tatsachen (z. B. Absichten, Motive usw.), soweit sie zu bestimmten äußeren Geschehnissen, durch die sie in der äußeren Welt zur Erscheinung gelangt sind, erkennbar in Beziehung gesetzt werden (RG aaO, BGH **6** 357, **12** 291, JR **77**, 29, MDR/D **51**, 404, Braunschweig GA **53**, 50, Köln OLGSt § 185 S. 28, § 186 S. 12, D-Tröndle 1, Herdegen aaO, Lackner 3, Rudolphi SK 3). Aussagen über künftige Ereignisse sind lediglich eine Meinungsäußerung, können aber zugleich eine Behauptung über eine gegenwärtige Tatsache enthalten (vgl. RG **62** 2, BGH MDR/D **52**, 408). Tatsachen sind nur konkrete Geschehnisse usw.; die Ankündigung, über einen anderen „auszupacken" ist daher auch dann keine Tatsachenbehauptung, wenn damit zum Ausdruck gebracht werden soll, es seien irgendwelche Unregelmäßigkeiten vorgekommen (RG JW **35**, 2370; vgl. auch Koblenz OLGSt § 186 S. 9).

Die Grenze zwischen **Tatsachen und Werturteil** (Meinungsäußerung) ist fließend; die Abgrenzung **4** ist im wesentlichen Sache der tatrichterlichen Würdigung im Einzelfall (vgl. z. B. RG **64** 12, OGH **2** 310, BGH **6** 162, NJW **59**, 636, JR **77**, 28 m. Anm. F. C. Schroeder, Frankfurt NJW **89**, 1367, Hamm NJW **61**, 1963, Köln OLGSt § 185 S. 27, § 186 S. 12; näher dazu Hirsch aaO 210 ff., Wenzel NJW **68**, 2353; vgl. auch 11 vor §§ 153 ff., § 263 RN 8 ff.). Um Tatsachen handelt es sich, wenn der Gehalt der Äußerung einer objektiven Klärung zugänglich ist und als etwas Geschehenes oder Vorhandenes mit den prozessualen Möglichkeiten festgestellt werden kann. Tatsachenbehauptungen können daher auch wahr oder unwahr sein, während ein bloßes Werturteil anzunehmen ist, wenn die Äußerung durch Elemente der subjektiven Stellungnahme, des Dafürhaltens oder Meinens geprägt ist und deshalb nicht wahr oder unwahr, sondern je nach persönlicher Überzeugung nur falsch oder richtig sein kann (vgl. z. B. BVerfGE **61** 1, BGH [Z] NJW **82**, 2246, 2248, DB **74**, 1429, Celle NStE § 185 **Nr. 5**, Frankfurt NJW **89**, 1367, Köln [Z] Arch. f. PresseR **84**, 116, LG Köln [Z] NJW **88**, 2895, Arzt/Weber I 172, Otto JR **83**, 5). Dabei ist jedoch zu beachten, daß Urteile Tatsachenqualität haben können, wenn sie – z. B. auf Grund überlegener Sachkunde abgegeben – im Verkehr als Tatsachen behandelt werden. Finden sich in einer einheitlichen Äußerung Elemente des Tatsächlichen und solche eines Urteils, so gilt folgendes: Stehen Tatsachenbehauptung und Werturteil *isoliert* nebeneinander, so behalten beide ihre selbständige Bedeutung (Idealkonkurrenz zwischen §§ 185, 186). Besteht dagegen zwischen beiden ein *innerer Zusammenhang*, so ist für die Abgrenzung maßgebend, welches der beiden Elemente nach dem aus dem Gesamtinhalt der Äußerung sich ergebenden Sinn im Vordergrund steht (vgl. z. B. BVerfGE **61** 1, BGH [Z] NJW **66**, 1617, Celle NStE § 185 **Nr. 5**, Köln [Z] AfP **84**, 116, VGH München NVwZ **86**, 327, Otto JR **83**, 5). Um eine Tatsachenbehauptung handelt es sich deshalb, wenn eine in Form eines Urteils gekleidete Äußerung (z. B. Bezeichnung als Dieb) erkennbar auf ein tatsächliches Geschehen bezogen ist, das in dem Werturteil gleichsam nur verkürzt wiedergegeben ist, oder wenn die Äußerung das tatsächlich Geschehene so deutlich umschreibt, daß ein unbefangener Dritter die Schlußfolgerung nachvollziehen und die der Wertung zugrunde liegenden Tatsachen erkennen kann (vgl. z. B. RG **68** 121, BGH **12** 291, Bay **63**, 177, KG JR **63**, 351, AG Frankfurt AnwBl. **77**, 170, Herdegen LK § 185 RN 6, Otto JR **83**, 5, Rudolphi SK 5, Tenckhoff JuS **88**, 649; vgl. auch BGH [Z] NJW **82**, 2246, 2248). Umgekehrt verliert eine Tatsachenbehauptung diese Eigenschaft nicht deshalb, weil aus den behaupteten Tatsachen zugleich das entsprechende Werturteil abgeleitet wird (Celle NStE § 185 **Nr. 5**); hier erfolgt eine Bestrafung nur aus § 186 (and. jedoch – Idealkonkurrenz zwischen §§ 185, 186 –, wenn das Werturteil aus den behaupteten Tatsachen nicht ableitbar ist oder über eine allgemein akzeptable Wertung des mitgeteilten Tatsachenkerns hinausgeht; vgl. auch u. 21 u. zur Beurteilung einer Dokumentarsatire Stuttgart NJW **76**, 629). Nur ein Werturteil ist dagegen anzunehmen, wenn dieses lediglich in tatsächlicher Beziehung erläutert wird, d. h. ein etwaiges tatsächliches Vorbringen gegenüber dem gewollten Werturteil so sehr zurücktritt, daß es nur dazu dient, dieses näher zu begründen und zu verdeutlichen (vgl. BGH NJW **55**, 311, OGH **2** 310, LG Frankfurt AnwBl. **77**, 169, Rudolphi SK 5). Die Äußerung, auf Grund bestimmter Tatsachen werde jemand eine gewisse Handlungsweise zugetraut, enthält daher in der Regel nur ein Werturteil dahingehend, daß er einer solchen Handlung fähig sei (RG **67** 269, Tenckhoff JuS **88**, 620). Nur ein Werturteil stellt es auch dar, wenn der tatsächliche Gehalt der Äußerung so substanzarm ist, daß er, mag der Tatsachenkern auch erkennbar sein, gegenüber der subjektiven Wertung völlig in den Hintergrund tritt (vgl. BVerfGE **61** 1 [„CSU als NPD Europas"], NJW **84**, 1741 [globale Bewertung der Tendenz der „Bild"-Zeitung]; and. jedoch bei nur ganz allgemein gehaltenen Tatsachenbehauptungen, die aber trotz der mangelnden Substantiierung den Eindruck erwecken, daß ihre Richtigkeit durch Benennung einer Mehrzahl von Einzelfällen belegt werden kann [vgl. dazu Köln AfP **84**, 116: Behauptung, die EAP lege jungen Leuten den Abbruch der Ausbildung und die Trennung vom Elternhaus nahe usw.]). Lediglich ein Werturteil ist es auch, wenn der Täter aus einem richtig mitgeteilten unverfänglichen Sachverhalt eine als unzutreffend erkennbare ehrenrührige Schlußfolgerung zieht (vgl. KG JR **63**, 351), selbst wenn er auf diese Weise zur Behauptung einer ehrenrührigen Tatsache gelangt (vgl. u. 7). Auf ein bloßes Werturteil deutet es ferner hin, wenn in einem neuen Wissenschaftsgebiet ein gegenwärtig noch nicht beweisbarer Standpunkt eingenommen wird (Hamm [Z] AfP **84**, 110). Werden politische Handlungen auf unehrenhafte Motive zurückgeführt, so liegt regelmäßig nur ein Werturteil und keine Aussage über innere Tatsachen vor, solange das historische Urteil über die Ereignisse nicht feststeht (BGH **6** 357). Ebenso überwiegt bei der Behauptung einer mit einem konkreten äußeren Geschehen nicht belegten inneren Tatsache vielfach

§ 186 5–7

das Werturteil, insbes. wenn die Erklärung erkennbar von einseitiger politischer oder weltanschaulicher Sicht geprägt ist (Düsseldorf JMBlNW 81, 223 mwN [angebliche Neigung der Polizeibeamten zum Amtsmißbrauch]). Auch sonst können Äußerungen im politischen Bereich, die zunächst als Tatsachenbehauptung erscheinen, in Wahrheit ganz oder überwiegend als politisches Werturteil zu verstehen sein (vgl. BGH JR 77, 28 m. Anm. Schroeder). Ein Werturteil ist z. B. die Bezeichnung eines Widerstandskämpfers als Landesverräter (BGH 11 329), ebenso der Ausdruck „alter Nazi" (Düsseldorf NJW 70, 905).

5   2. Die behauptete usw. Tatsache muß **geeignet** sein, den Betroffenen **verächtlich zu machen oder in der öffentlichen Meinung herabzuwürdigen.** Das *Verächtlichmachen* und *Herabwürdigen* erfaßt alle Aspekte des Ehrbegriffs (Angriff auf den sittlichen, personalen und sozialen Geltungswert, vgl. 1 vor § 185, § 185 RN 2); eine exakte Abgrenzung beider Begriffe ist weder erforderlich noch möglich, wenngleich ersterer mehr auf die sittlich-personale, letzterer mehr auf die soziale Komponente hindeutet (vgl. Frank II 2, D-Tröndle 13). Ein qualitativer oder auch nur quantitativer Unterschied liegt darin aber nicht (Herdegen LK 10, M-Maiwald I 235, Rudolphi SK 7; and. Blei II 99 f.). Ein solcher wird auch nicht dadurch begründet, daß das Herabwürdigen eine besondere Beziehung zur *„öffentlichen Meinung"* verlangt. Damit wird – was im Grunde selbstverständlich ist und auch für die 1. Alt. gilt – lediglich klargestellt, daß es für die Ehrenrührigkeit nicht auf die Ansicht einzelner Kreise oder geschlossener Gruppen, sondern auf einen generellen Maßstab ankommt (vgl. Herdegen LK aaO), wobei für diesen letztlich auch nicht die tatsächliche „öffentliche Meinung", sondern die Wertung des Rechts maßgebend ist (vgl. BGH 8 326, 11 331, Rudolphi SK 8). Da es genügt, daß die fragliche Tatsache zum Verächtlichmachen usw. *geeignet* ist – ein Erfolg braucht also nicht eingetreten zu sein –, ist diese Voraussetzung schon mit jedem Behaupten ehrenrühriger Tatsachen erfüllt (vgl. Herdegen LK aaO). Auch darauf, ob die Behauptung usw. nach den konkreten Umständen, unter denen sie erfolgt, geeignet ist, den anderen verächtlich zu machen usw., kommt es nicht an, da § 186 allein auf die Eignung der behaupteten Tatsache, nicht aber auf die der Behauptung abstellt (and. Hoyer, Die Eignungsdelikte [1987] 142 ff.). Unerheblich ist daher, ob der Adressat von der fraglichen Tatsache bereits wußte, ob er sie anderweitig erfahren hätte und ob er die Unwahrheit der Behauptung sofort erkannt hat (and. Rudolphi SK 8) oder erkennen konnte. Ohne Bedeutung ist in diesem Zusammenhang auch die Wahrheitsfrage (vgl. aber auch Kindhäuser aaO 305): Auch wenn die behauptete Tatsache wahr ist, bleibt sie zum Verächtlichmachen usw. geeignet, solange sie nicht hic et nunc für jedermann als wahr erwiesen ist. Einschränkungen nach den bei abstrakten Gefährdungsdelikten (o. 1) vertretenen Prinzipien (vgl. 3 a vor § 306) kämen hier nur dann in Betracht, wenn – nach den Gesetzen, denen der „Klatsch" folgt, ganz unwahrscheinlich – mit Sicherheit jede „Beschädigung" des anderen von vornherein ausgeschlossen werden könnte.

6   3. Die **Tathandlung** besteht im Behaupten oder Verbreiten von Tatsachen der fraglichen Art in Beziehung auf einen anderen gegenüber einem Dritten.

7   a) **Behaupten** bedeutet, etwas als nach *eigener Überzeugung* geschehen oder vorhanden hinstellen (vgl. Köln NJW 63, 1634). Ist dies der Fall, so ist es gleichgültig, ob der fragliche Sachverhalt als Produkt eigener oder fremder Wahrnehmung oder Schlußfolgerung erscheint (vgl. Herdegen LK 7, Rudolphi SK 9, Wessels II/1 S. 102; and. M-Maiwald I 236), weshalb ein Behaupten auch in der Weitergabe fremder Wahrnehmungen oder Mitteilungen liegt, sofern zu deren Wahrheitsgehalt positiv Stellung bezogen wird (vgl. den Sachverhalt in BGH 14 49). Unerheblich ist auch, ob die Behauptung ausdrücklich oder nur konkludent aufgestellt wird und in welche sprachliche Form sie gekleidet ist. So ist mit der falschen Wiedergabe eines Zitats immer die Behauptung verbunden, daß die fragliche Äußerung so gefallen sei (vgl. dazu BVerfGE 54 217 f.); ebenso kann das Bestreiten einer Tatsache zugleich das (konkludente) Behaupten einer solchen enthalten (z. B. Bestreiten, daß der andere in Notwehr gehandelt habe: Behauptung einer rechtswidrigen Tötung), eine vor den Augen des Publikums in einem Warenhaus durchgeführte Sensorkontrolle die Behauptung eines Diebstahls (vgl. Hamm NJW 87, 1034; hier allerdings zw., wenn damit nicht mehr als ein bloßer Verdacht geäußert wurde). Desgleichen kann – was Auslegungsfrage im Einzelfall ist – eine Äußerung, die verbal nur als persönliches Urteil (z. B. „meines Erachtens", „offenbar", „es muß angenommen werden"), Vermutung, Verdacht oder sogar nur als (rhetorische) Frage formuliert ist, in der Sache eine versteckte Behauptung enthalten (vgl. z. B. RG 60 374, 67 270, Celle MDR 60, 1032, Hamm NJW 71, 853, Köln NJW 62, 1121 m. Anm. Schaper, 63, 1634, 88, 1803, Koblenz OLGSt § 185 S. 31, Herdegen LK 7, Rudolphi SK 9). Kein Behaupten ist es dagegen, wenn der fragliche Sachverhalt nur als möglich dargestellt wird, mag dies auch in der erkennbaren Absicht geschehen, den anderen zu veranlassen, daraus für den Betroffenen nachteilige Schlüsse zu ziehen. Da § 186 nur die Fälle erfaßt, in denen dem Dritten die tatsächliche Grundlage für eigene Mißachtung geliefert wird, ist der Tatbestand nach dem Sinn der Vorschrift ferner auch dann nicht

Üble Nachrede **8 § 186**

erfüllt, wenn der Täter aus einem von ihm mitgeteilten unverfänglichen Sachverhalt durch unzutreffende persönliche Schlußfolgerungen, die als solche erkennbar sind, zur Behauptung ehrenrühriger Tatsachen gelangt; in Betracht kommt hier vielmehr § 185 (ebenso Bay NStZ **83**, 126, Herdegen LK 7, Rudolphi SK 9; vgl. aber auch RG **67** 268, Köln NJW **63**, 1634). Nicht unter § 186 fällt schließlich, obwohl der ehrverletzende Erfolg der gleiche ist, das bloße Schaffen einer den Betroffenen kompromittierenden Sachlage, so wenn Diebesgut in der Tasche eines anderen versteckt oder eine angeblich von dem Betroffenen stammende und diesen kompromittierende Schrift unter dessen Namen veröffentlicht wird: Im ersten Fall fehlt es mangels einer Äußerung schon an einem Behaupten, im zweiten mangels eines erkennbaren Drittbezugs jedenfalls an einem Behaupten „in Beziehung auf einen anderen", da dies eine Äußerung voraussetzt, hinter der ein anderer als der Betroffene als – angeblicher oder wirklicher – Urheber steht (ebenso BGH NStZ **84**, 216, ferner z. B. D-Tröndle 5, Herdegen LK 7, Krey I 166, Küpper JA **85**, 459, Rudolphi SK 10, Wessels II/1 S. 103, Tenckhoff JuS **88**, 621; dazu, daß hier auch kein Verbreiten vorliegt, vgl. u. 8); auch § 185 gilt, weil gleichfalls ein Äußerungsdelikt, hier nicht.

b) Die 2. Alt. des **Verbreitens** ergänzt die 1. Alt., indem hier solche Tatsachenmitteilungen **8** erfaßt werden, die kein Behaupten sind, weil der Täter die fragliche Tatsache nicht nach eigener Überzeugung als richtig hinstellt. Verbreiten bedeutet deshalb die Mitteilung einer ehrenrührigen Tatsache als Gegenstand fremden Wissens und fremder Überzeugung durch Weitergabe von – wirklichen oder angeblichen – Tatsachenbehauptungen anderer, die sich der Täter nicht selbst zu eigen macht und für deren Richtigkeit er daher auch nicht eintritt (vgl. RG **38** 368, Bay OLGSt § 186 S. 6, D-Tröndle 7, Hansen JR **74**, 406f., Herdegen LK 8, Lackner 5, Rudolphi SK 11). Auch bei der 2. Alt. handelt es sich daher um ein Äußerungsdelikt mit erkennbarem Drittbezug, weshalb das Schaffen einer den Betroffenen kompromittierenden Sachlage (vgl. o. 7) hier gleichfalls ausscheidet (vgl. die Nachw. o. 7, ferner Herdegen LK 9, Lackner 5b). Die Gegenmeinung, die das Verbreiten mit einem „Gelangen-Lassen in einen weiteren Umkreis" gleichsetzt (Streng GA **85**, 222; vgl. auch Gössel I 376f.), macht nicht nur die 1. Alt. (Behaupten) nahezu bedeutungslos, sondern leugnet auch den Charakter des § 186 als Äußerungsdelikt, obwohl die Gesetzesüberschrift von der „üblen Nach*rede*" spricht und § 193 bei den Ehrverletzungsdelikten durchgehend von einer „Äußerung" ausgeht, und zwar, wie sich entgegen Streng aaO 229 aus § 193 a. E. ergibt, auch bei den „ähnlichen Fällen". Nicht hierher gehört ferner die Weitergabe fremder Werturteile; daß ein anderer ein solches abgegeben hat, ist keine Tatsache i. S. des § 186, da dies noch keine Grundlage für fremde Mißachtung ist (in Betracht kommt hier jedoch § 185, sofern sich der Täter mit dem wiedergegebenen fremden Werturteil identifiziert und dadurch eigene Mißachtung zum Ausdruck bringt; vgl. § 185 RN 1, Herdegen LK 9). Auch bei Mitteilung eines fremden Verdachts kommt es deshalb darauf an, ob damit nur eine sprachlich andere Form für eine Tatsachenbehauptung gewählt worden ist. Da der (angebliche) Urheber der fremden Tatsachenbehauptung nicht erkennbar sein muß, kann auch die Weitergabe eines bloßen Gerüchts („Es heißt, X habe...") ein Verbreiten sein (vgl. RG **22** 223, **38** 368, JW **36**, 389, BGH **18** 183, Hamm NJW **53**, 596). Unerheblich ist, in welcher Form die Mitteilung erfolgt und ob sie an einen größeren Kreis gelangt oder gelangen soll (RG **30** 225, Bay OLGSt § 186 S. 6); die Mitteilung an nur eine Person – auch „unter dem Siegel der Verschwiegenheit" – genügt (vgl. Herdegen LK 9). Ebenso wie beim Behaupten ist auch beim Verbreiten nicht erforderlich, daß die fragliche Tatsache dem Empfänger bisher unbekannt war, weil hier schon die Möglichkeit (abstraktes Gefährdungsdelikt) genügen muß, daß dieser in seinem Glauben bestärkt wird (vgl. M-Maiwald I 236; enger Neustadt MDR **62**, 235, Herdegen aaO, Rudolphi SK 11: nur bei tatsächlicher Beseitigung bisher vorhandener Zweifel). Schließlich entfällt ein Verbreiten nicht deshalb, weil der Täter die Richtigkeit der von ihm weitergegebenen fremden Tatsachenbehauptung bezweifelt oder sogar als unglaubwürdig bezeichnet (vgl. RG **22** 223, **38** 368, BGH **18** 183, Hamm NJW **53**, 596 für die Weitergabe eines Gerüchts). Dies gilt selbst dann, wenn die fragliche Behauptung durch eine substantiierte Gegendarstellung entkräftet wird, da dies an der Ehrenrührigkeit der weitergegebenen Tatsache selbst nichts ändert und § 186 nur darauf abstellt, ob die verbreitete Tatsache (nicht: die Äußerung insgesamt) geeignet ist, den anderen verächtlich zu machen usw. (and. Rudolphi SK 11). Doch kann hier, wenn keine Einwilligung des Betroffenen vorliegt, vielfach eine mutmaßliche Einwilligung angenommen werden (vgl. Lackner 5a, ähnl. Hansen JR **74**, 406, Herdegen LK 8; für Rechtfertigung nach § 193 D-Tröndle 7); notwendig ist dies jedoch nicht, da der Betroffene auch hier im Einzelfall gute Gründe gegen diese Form des „Herumtragens" haben kann („semper aliquid haeret"); zum Ganzen vgl. Hansen aaO. Zur Weitergabe vom Betroffenen selbst aufgestellter Behauptungen vgl. u. 12, 16. – Möglich ist ein Verbreiten auch durch *Unterlassen,* wenn der Täter trotz Bestehens einer entsprechenden Garantenpflicht fremde ehrenrührige Tatsachenbehauptungen nicht verhindert (eine Identifizierung mit diesen ist beim

Verbreiten nicht erforderlich, weshalb hier auch Täterschaft möglich ist); nicht hierher gehört jedoch mangels einer Garantenpflicht des Eigentümers das Nichtbeseitigen ehrverletzender Aufschriften auf Hauswänden usw. (vgl. Weber, Oehler-FS 86 ff.).

9   c) Das Behaupten usw. der ehrenrührigen Tatsache muß **in Beziehung auf einen anderen** erfolgen (zur Beleidigungsfähigkeit vgl. 2 ff. vor § 185), der zwar nicht namentlich bezeichnet, aber nach Inhalt oder Umständen der Äußerung doch hinreichend sicher erkennbar sein muß (vgl. z. B. BGH **14** 50, Braunschweig NdsRpfl. **65**, 210, Köln OLGSt § 186 S. 12, Rudolphi SK 12; vgl. auch § 185 RN 9 und zur Beleidigung unter einer Kollektivbezeichnung 5 ff. vor § 185). Wird eine erdichtete ehrenrührige Behauptung eines Dritten verbreitet, so kann darin sowohl eine üble Nachrede gegenüber dem Betroffenen als auch gegenüber dem angeblichen Urheber liegen. Mit der entsprechenden Verfälschung eines Zitats können ehrenrührige Tatsachen in bezug auf den Zitierten behauptet werden (vgl. BVerfGE **54** 208, BGH [Z] NJW **78**, 1797 [Böll-Urteil]). Auch kann § 186 in der Form verwirklicht werden, daß in einer bereits begangenen üblen Nachrede der Name des Betroffenen ausgewechselt wird (Stuttgart NJW **72**, 2320). Daß das Behaupten usw. „in Beziehung" auf einen anderen erfolgen muß, bedeutet zugleich, daß die Äußerung zumindest auch **an einen Dritten** gerichtet sein und an einen solchen gelangen muß (zur Vollendung vgl. u. 17). Kein Fall des § 185 sondern des § 186 liegt deshalb auch vor, wenn in einem Brief an Eheleute ehrenrührige Behauptungen über einen der beiden Gatten enthalten sind (Koblenz § 193 **Nr. 1**); zu Äußerungen in der „beleidigungsfreien Sphäre" (Familie usw.) vgl. dagegen 9 vor § 185. Nicht erforderlich ist auch hier, daß der Dritte der eigentliche Adressat ist (vgl. § 185 RN 11, zum Diktat eines an einen Dritten gerichteten Briefs aber auch Koblenz OLGSt. § 193 **Nr. 1**). Wird dagegen die ehrenrührige Tatsache ausschließlich gegenüber dem Betroffenen selbst behauptet, so ist allein § 185 anwendbar (h. M., z. B. RG **29** 40, **41** 61, Bay NJW **59**, 57, Celle NdsRpfl. **63**, 91, Koblenz MDR **77**, 864, Köln NJW **64**, 2121, Oldenburg NdsRpfl. **55**, 118, Blei II 100, D-Tröndle 5, Lackner 5b, Rudolphi SK 1, 12). § 186 gilt hier nur, wenn sich der Täter des Opfers als Werkzeug zur Weiterleitung an einen Dritten bedient, so wenn der Betroffene zur Mitteilung an diesen verpflichtet ist (vgl. RG **41** 61).

10 **4. Kein Tatbestandsmerkmal** ist dagegen bei § 186 die **Unwahrheit** der behaupteten usw. Tatsache oder deren **Nichterweislichkeit,** vielmehr ist letztere nach h. M. nur eine objektive Bedingung der Strafbarkeit bzw. – was in der Sache hier kein Unterschied ist – die Erweislichkeit ein (sachlicher, vgl. 131 vor § 32) Strafausschließungsgrund (vgl. o. 1; für Strafbarkeitsbedingung z. B. RG **69** 81, Bay **64**, 129, Hamm JMBlNW **51**, 163, MDR **77**, 864, OLGSt. § 193 **Nr. 1**, Arzt/Weber I 173, Blei II 101, Gössel I 379, Lackner 6, Otto II 109, Wessels II/1 S. 104, für Strafausschließungsgrund z. B. RG **64** 425, Kohlrausch-Lange VIII; vermittelnd wie hier z. B. BGH **11** 274, D-Tröndle 12, Herdegen LK 12, § 190 RN 1; für rein prozessuale Wirkung Arthur Kaufmann ZStW 72, 437, M-Maiwald I 233; vgl. aber auch Sax JZ 76, 82, 434). Der Vorsatz braucht sich daher weder auf die Unwahrheit der mitgeteilten Tatsache noch auf deren Nichterweislichkeit (vgl. dazu Herdegen LK 3) zu beziehen. Entgegen einer neueren Auffassung (vgl. Hirsch aaO 168 ff., Küpper JA 85, 459, Rudolphi SK 15 mwN; ähnl. Kindhäuser aaO 305 ff.) setzt das tatbestandliche Unrecht des § 186 aber auch keine objektive Sorgfaltspflichtverletzung bezüglich der Wahrheitsfrage voraus, da dies zu einer unangemessenen und, wie auch § 193 zeigt, vom Gesetz nicht gewollten Verkürzung des strafrechtlichen Ehrenschutzes führen würde (mit Recht ablehnend daher auch die h. M.; vgl. z. B. Herdegen LK 4, Lackner 6a, M-Maiwald I 233, Tenckhoff aaO 115 ff.). Straflos sind daher nicht erweislich wahre ehrenrührige Tatsachenbehauptungen usw. nicht schon deshalb, weil der Täter zuvor sorgfältig Erkundigungen eingezogen hat oder sein Gewährsmann als zuverlässig gilt, sondern erst dann, wenn dies in Wahrnehmung berechtigter Interessen nach § 193 – der sonst bei § 186 weitgehend überflüssig wäre – geschehen ist.

11 **III. Der subjektive Tatbestand** erfordert (bedingten) Vorsatz, der sich zwar auf die Ehrenrührigkeit der behaupteten usw. Tatsache, nicht aber auf deren Unwahrheit oder Nichterweislichkeit beziehen muß (vgl. o. 1, 10); auch eine Sorgfaltswidrigkeit ist insoweit nicht erforderlich (vgl. o. 10). Der Täter muß ferner das Bewußtsein und den Willen der Kundgabe (zumindest auch) an einen Dritten haben. Nicht erforderlich ist auch hier eine Beleidigungsabsicht. Vgl. im übrigen – vorbehaltlich der durch die Besonderheiten des § 186 bedingten Abweichungen – auch § 185 RN 14.

12 **IV.** Als **Rechtfertigungsgrund** kommt insbes. die Wahrnehmung berechtigter Interessen (§ 193) in Betracht; zu einem Fall der (mutmaßlichen) Einwilligung vgl. o. 8. Das Verbreiten einer ehrenrührigen Behauptung ist nicht schon deshalb gerechtfertigt, weil diese selbst in Wahrnehmung berechtigter Interessen erfolgte (z. B. Verbreiten einer nach § 193 gerechtfertigten Strafanzeige); ist die Weitergabe jedoch an eine Person erfolgt, der gegenüber die fragliche Tatsache auch behauptet werden darf (z. B. Weitergabe einer Zeitungsmeldung an jemand, der

die Zeitung nicht gelesen hat), so muß sich die rechtfertigende Wirkung auch auf das Verbreiten der Behauptung erstrecken, sofern der Täter deren Unrichtigkeit nicht kennt oder auf Grund neuer Tatsachen begründete Zweifel hat (vgl. Herdegen LK 9). Bei irriger Annahme, der Behauptende (z. B. die Zeitungsredaktion) habe den Wahrheitsgehalt pflichtgemäß geprüft (vgl. § 193 RN 11, 17), muß in diesem Fall § 16 entsprechend gelten (vgl. § 193 RN 22). Der Umstand, daß sich der Täter bezüglich der mitgeteilten Tatsache auf eine behördliche Auskunft oder eine entsprechende Äußerung des Betroffenen selbst berufen kann, schließt als solcher die Rechtswidrigkeit noch nicht aus (and. RG **73** 67, KG JR **53**, 327, NJW **55**, 1368; vgl. aber auch u. 16).

V. Ein **Strafausschließungsgrund** ist, sofern nicht eine Formalbeleidigung vorliegt (§ 192), **13** die **Erweislichkeit** der behaupteten usw. Tatsache (vgl. o. 1, 10). Maßgeblich ist also nicht, ob diese wahr oder unwahr ist, sondern ob sie als wahr erwiesen wird (zur Bedeutung des Wahrheitsbeweises bei Werturteilen, die in Verbindung mit einer Tatsachenbehauptung abgegeben werden, vgl. dagegen § 185 RN 7). Dabei hat das Gericht auch hier, ebenso wie sonst im Strafverfahren, *von Amts wegen* die materielle Wahrheit zu erforschen (§§ 155 II, 244 II StPO); eine formelle Beweislast i. S. einer Beweisführungspflicht hat der Täter nicht, wohl aber trifft ihn die materielle Beweislast (vgl. z. B. RG DJ **37**, 163, BGH MDR/D **54**, 335, Tübingen DRZ **48**, 497, D-Tröndle 8, Herdegen LK § 190 RN 4, Lackner 6a, M-Maiwald I 245). Im einzelnen gilt folgendes:

1. Das Gericht ist zur **Erhebung des Wahrheitsbeweises** auch **verpflichtet,** wenn bereits **14** feststeht, daß der Täter auch bei Nichterweislichkeit nach § 193 freizusprechen ist (vgl. z. B. RG HRR **37** Nr. 530, BGH **4** 198, **11** 273, Herdegen LK § 190 RN 5; and. Gössel I 380). Obwohl an sich systemwidrig, ist dies damit zu rechtfertigen, daß das Strafverfahren hier im Rahmen des Möglichen zugleich der Wiederherstellung des guten Rufs des Betroffenen dienen soll. Dasselbe muß deshalb auch gelten, wenn ein Freispruch aus anderen Gründen (z. B. Verbotsirrtum) erfolgen muß. Umgekehrt ist der Wahrheitsbeweis auch zu erheben, wenn der Täter auch bei dessen Gelingen nach §§ 192, 185 zu bestrafen ist (RG **64** 11, BGH **27** 290).

2. Der **Wahrheitsbeweis ist geführt,** wenn die behauptete usw. Tatsache in den wesentlichen **15** Punkten als richtig festgestellt ist; ist der Tatsachenkern zutreffend, so sind einzelne Übertreibungen oder unrichtige Nebensächlichkeiten unschädlich (vgl. z. B. RG **55** 132, **62** 95, BGH **18** 182, Hamm JMBlNW **58**, 112, Saarbrücken OLGSt § 186 S. 1, AG Ravensburg AnwBl. **78**, 421; zu dem besonderen Wahrheitsbegriff bei künstlerischen Aussagen vgl. BGH [Z] NJW **83**, 1194 m. Anm. Zechlin [satirisches „Moritatengedicht"]). Daß andere dasselbe behaupten, ist noch kein Wahrheitsbeweis (BGH **18** 183). Die behaupteten und bewiesenen Tatsachen müssen identisch sein (RG **62** 95, **64** 286, BGH MDR/D **55**, 269). Die Feststellung anderer ehrmindernder Tatsachen genügt deshalb nicht, selbst wenn sie dem behaupteten Vorkommnis gleichartig sind. Auch entsprechende Beweisanträge sind deshalb abzulehnen, es sei denn, daß z. B. bei widersprechenden Zeugenaussagen mit dem Beweis ähnlicher Vorkommnisse zugleich ein Beweisanzeichen für die Richtigkeit der behaupteten Tatsache erbracht werden kann (vgl. BGH VersR **63**, 943; zur Zulässigkeit von Beweisanträgen vgl. ferner BGH MDR/D **55**, 269 sowie Herdegen LK § 190 RN 2 mwN; vgl. auch Nr. 230 RiStBV).

3. Wird die **Wahrheit nicht festgestellt,** so gehen Zweifel, abweichend von dem Grundsatz „in **16** dubio pro reo", grundsätzlich zu Lasten des Täters, so daß dieser zu verurteilen ist, wenn nicht die Rechtswidrigkeit (vgl. o. 12) oder die Schuld ausgeschlossen ist (wobei hier zu beachten ist, daß ein Verbotsirrtum schon dann vorliegt, wenn der Täter glaubt, für wahr gehaltene ehrenrührige Tatsachen einem anderen auch zur Wahrnehmung berechtigter Interessen mitteilen zu dürfen; zum Verbotsirrtum vgl. auch Ottow NJW **56**, 211, Sax JZ 76, 436 mwN). Nur ausnahmsweise ist dem Täter die Unwahrheit nachzuweisen, wenn ihm der Schutz des § 193 mit Erwägungen versagt wird, die aus der Unwahrheit der Behauptung hergeleitet werden (Bay **55**, 13). Aber auch sonst gibt es, unabhängig vom Vorliegen des § 193 oder eines Verbotsirrtums, Situationen, in denen der Täter trotz Mißlingens des Wahrheitsbeweises straflos bleiben muß. Dazu gehört zunächst der Fall, daß der Täter lediglich wiedergibt, was der Betroffene selbst von sich gesagt hat. Hier kann zwar, wie auch immer in einer solchen Selbstbezichtigung noch keine Preisgabe oder Verwirkung des Achtungsanspruchs gegenüber Dritten gesehen werden kann, nicht schon die Tatbestandsmäßigkeit verneint werden (so aber z. B. Bockelmann JR **54**, 327, Lackner 5a, Rudolphi SK 11), und ebensowenig ist die Weitergabe in einem solchen Fall ohne Vorliegen eines besonderen Rechtfertigungsgrundes (mutmaßliche Einwilligung, § 193) gerechtfertigt (and. KG JR **54**, 355, NJW **55**, 1368), zumal der Betroffene sonst völlig schutzlos wäre (z. B. auch keine Notwehr). Wohl aber verdient dieser hier nicht mehr den weitreichenden Strafschutz des § 186, der dem Täter das volle Beweisrisiko aufbürdet. Hat dieser daher im Vertrauen auf die Richtigkeit der von dem Betroffenen aufgestellten Behauptung gehandelt, so ist auch bei Mißlingen des Wahrheitsbeweises ein Strafausschließungsgrund anzunehmen. Dasselbe muß gelten, wenn die Mitteilung ehrenrühriger Tatsachen auf die entsprechende Auskunft einer

zuständigen Behörde gestützt wird (vgl. o. 12). Da für staatliches Handeln die Vermutung der Richtigkeit gilt, wäre es auch hier grob unbillig, wenn die Nichterweislichkeit zu Lasten des Täters ginge.

17 **VI. Vollendet** ist die Tat, wenn die Äußerung zur Kenntnis eines Dritten gelangt ist. Da nicht diese, sondern die behauptete usw. Tatsache geeignet sein muß, den Betroffenen verächtlich zu machen usw., kommt es auch bei § 186 (abstraktes Gefährdungsdelikt) nicht darauf an, ob der Dritte den ehrenrührigen Inhalt verstanden hat (zu § 185 vgl. dort RN 16).

18 **VII. Qualifiziert** ist die üble Nachrede, wenn sie **öffentlich** oder durch **Verbreiten von Schriften** begangen wird.

19 a) **Öffentlich** ist die üble Nachrede erfolgt, wenn sie von einem größeren, nach Zahl und Individualität unbestimmten oder durch nähere Beziehung nicht verbundenen Personenkreis unmittelbar wahrgenommen werden kann (vgl. z. B. RG 38 207, 42 112, 63 431, Celle MDR 66, 347, Hamm GA 80, 223 [zu § 140], KG JR 84, 249 [zu § 111], Köln OLGSt § 186 S. 13, Franke GA 84, 458f., Herdegen LK 13). Bei *mündlichen* Äußerungen müssen hier aber – and. als z. B. in § 183a (vgl. dort RN 4) – unbeteiligte Dritte, die sie hätten hören können, tatsächlich anwesend sein (RG 63 431, DR 41, 1838, Braunschweig NJW 53, 875); daß sie hätten anwesend sein können, genügt daher ebensowenig wie die Anwesenheit von nur einem oder wenigen unbeteiligten Dritten (Celle NdsRpfl. 60, 234, Hamm GA 80, 222). Auch wird eine mündliche Äußerung nicht deshalb zu einer öffentlichen, weil sie nacheinander mehreren Personen gegenüber erfolgt (and. F. C. Schroeder GA 62, 231), ebensowenig eine an einen bestimmten Personenkreis (z. B. Mitglieder eines Vereins) gerichtete Erklärung deshalb, weil sie hinterher in die Öffentlichkeit gelangt und der Täter damit rechnet (vgl. Köln OLGSt. § 186 S. 14, Herdegen aaO). Die in einer Mitgliederversammlung ausgesprochene Beleidigung ist daher nur dann öffentlich, wenn auch unbeteiligte Dritte anwesend sind (vgl. RG HRR 39 Nr. 917 [Hauptversammlung einer AG], Köln OLGSt § 186 S. 14 [Parteiversammlung]). Öffentlichkeit des Orts ist nicht erforderlich, ohne die eben genannten Voraussetzungen aber auch nicht ausreichend (RG 38 208); selbst wenn hier Publikum tatsächlich zugegen war, sind die beleidigenden Äußerungen daher nicht öffentlich erfolgt, wenn sie nur für den engeren Kreis, für den sie bestimmt waren, wahrgenommen werden konnten (RG 3 361, 10 296, 21 254, 22 241, 38 208, Herdegen LK 13). Auch nicht jede in einer öffentlichen Gerichtssitzung ausgesprochene Beleidigung ist öffentlich begangen, vielmehr kommt es darauf an, ob unbeteiligte Zuhörer anwesend sind (vgl. Hamm JMBlNW 51, 164, ferner D-Tröndle 19 unter Hinweis auf BGH 5 StR 472/68, Gössel I 380); zu beleidigenden Äußerungen in einem Eisenbahnabteil vgl. RG 58 53, 65 112. Daß der Täter selbst zu dem geschlossenen Personenkreis, in dem er die ehrenrührige Behauptung aufgestellt hat, in keinerlei Beziehung stand, macht die Tat nicht zu einer öffentlich begangenen (RG 42 114). Eine *schriftliche* Beleidigung ist öffentlich begangen, wenn die Möglichkeit der Kenntnisnahme durch beliebige Dritte besteht, so bei einem Plakat, bei einer Zeitungsanzeige, beim Aufsprühen auf eine Wand, aber auch bei einer offenen Postkarte (RG HRR 32 Nr. 1798, Kiel JW 31, 2523, Herdegen LK 14), nicht dagegen bei Zusendung als Drucksache in einem offenen Umschlag (RG 37 289) oder bei der Auslage einer beleidigende Äußerungen enthaltenden Broschüre, weil diese hier nicht unmittelbar wahrnehmbar sind (vgl. KG JR 84, 249 zu § 111). Auch daß die Beleidigung in einem an eine Behörde gerichteten Schreiben oder in einem an eine Redaktion abgesandten Manuskript enthalten ist, macht sie noch nicht zu einer öffentlichen (RG HRR 41 Nr. 518, Stuttgart NJW 72, 2320); dasselbe gilt für eine Pressemitteilung, die im Fall ihrer Veröffentlichung jedoch je nach den Umständen mittelbare Täterschaft oder Anstiftung sein kann (zu § 111 vgl. auch Frankfurt StV 90, 209). Eine nichtöffentliche schriftliche Beleidigung wird nicht dadurch zu einer öffentlichen, daß sie hinterher von anderen gelesen und so der Öffentlichkeit bekannt wird (RG JW 38, 2892).

20 b) Für die **Verbreitung von Schriften**, denen nach § 11 III Ton-, Bildträger usw. gleichstehen (vgl. dort RN 78 ff.), gilt der mit dem „Verbreiten" des Grundtatbestands nicht identische presserechtliche Verbreitungsbegriff, wie er z. B. auch in § 184 III Nr. 1 verwendet wird (vgl. dort RN 57; and. Franke GA 84, 467).

21 **VIII. Konkurrenzen.** Zum Verhältnis mehrerer den Tatbestand des § 186 erfüllender Äußerungen in einer Schrift oder Rede vgl. 29 vor § 52, § 185 RN 20. Mit § 185 ist Idealkonkurrenz möglich, wenn der Täter zusätzlich zu der üblen Nachrede seine Mißachtung des Betroffenen zum Ausdruck bringt, während bezüglich der in dem Behaupten ehrenrühriger Tatsachen notwendig enthaltenen Mißachtung § 186 als speziellere Vorschrift vorgeht, und zwar auch dann, wenn der Täter die ehrenrührige Tatsachenbehauptung noch ausdrücklich mit einer daraus abgeleiteten negativen Schlußfolgerung verbindet (h. M., vgl. z. B. RG 59 417, 65 358, BGH 6 161, 12 291, NStE § 185 **Nr. 6**, Celle GA 60, 248, Düsseldorf JMBlNW 90, 152, Hamm NJW 71, 1850, Köln OLGSt § 185 S. 44, Stuttgart JZ 69, 78, D-Tröndle § 185 RN 24, Gössel I 356, Lackner 9; generell für Vorrang des

Verleumdung 1–4 **§ 187**

§ 186 jedoch Herdegen LK 30 vor § 185, Rudolphi SK 21 vor § 185). Idealkonkurrenz mit § 185 ist deshalb in folgenden Fällen möglich: 1. wenn der Tatsachenbehauptung eine selbständige, aus dieser jedenfalls nicht ausschließlich ableitbare Formalbeleidigung hinzugefügt wird (z. B. RG **65** 359, BGH **12** 292, Bay NJW **62**, 1120, Köln OLGSt § 185 S. 44; and. Tenckhoff JuS 88, 792); 2. bei Tatsachenbehauptungen, die sowohl an den Betroffenen selbst als auch an einen Dritten gerichtet sind, so bei einer mündlichen Äußerung in Anwesenheit beider oder bei einer schriftlichen Äußerung gegenüber dem Betroffenen, die dieser als Werkzeug des Täters auf Grund einer dazu bestehenden Pflicht an einen Dritten weiterleiten soll (vgl. z. B. RG **41** 65, Bay NJW **62**, 1120, Celle GA **60**, 247; and. Tenckhoff aaO). Über das Verhältnis zu § 187 vgl. dort RN 8, zu § 164 dort RN 37.

IX. Zum **Strafantrag** vgl. § 194, zur **Straffreierklärung** § 199, zur **Urteilsbekanntmachung** § 200, zur **Verjährung** bei Pressedelikten § 78 RN 9, § 78a RN 16. 22

§ 187 Verleumdung

Wer wider besseres Wissen in Beziehung auf einen anderen eine unwahre Tatsache behauptet oder verbreitet, welche denselben verächtlich zu machen oder in der öffentlichen Meinung herabzuwürdigen oder dessen Kredit zu gefährden geeignet ist, wird mit Freiheitsstrafe bis zu zwei Jahren oder mit Geldstrafe und, wenn die Tat öffentlich, in einer Versammlung oder durch Verbreiten von Schriften (§ 11 Abs. 3) begangen ist, mit Freiheitsstrafe bis zu fünf Jahren oder mit Geldstrafe bestraft.

I. Die Vorschrift enthält 2 Tatbestände. Die **Verleumdung i. e. S.** knüpft an § 186 an, schützt im Unterschied zu diesem aber nicht den vermuteten, sondern den tatsächlichen Geltungswert, weshalb die ehrenrührigen Tatsachenbehauptungen usw. hier erweislich unwahr sein müssen. Demgegenüber enthält die in § 187 zusätzlich genannte **Kreditgefährdung** kein Ehr-, sondern ein Vermögensdelikt (h. M., vgl. z. B. RG **44** 158, D-Tröndle 2, Gössel I 381, Herdegen LK 3, Lackner 2, M-Maiwald I 238 [and. noch M-Schroeder⁶ I 217: Ehrdelikt], Rudolphi SK 9 u. näher dazu und im Hinblick auf § 15 UWG für Streichung dieser Tatbestandsalternative Lampe, Oehler-FS 283 ff.). Die Kreditwürdigkeit betrifft nicht nur die „wirtschaftliche Seite der Ehre" (so jedoch M-Schroeder⁶ aaO). Wäre dies der Fall, so wäre ihre ausdrückliche Nennung in § 187 überflüssig gewesen. Behauptungen, die den Kredit eines anderen zu gefährden geeignet sind, können zwar zugleich dessen Geltungswert betreffen (z. B. wenn seine „Zahlungsmoral" in Frage gestellt wird oder durch die Behauptung, der Betroffene verspiele sein gesamtes Vermögen), sie müssen dies aber nicht, weil die Kreditwürdigkeit noch von weiteren Umständen abhängen kann (z. B. Behauptung, einem Unternehmer seien wichtige Aufträge gekündigt worden, weil sein Auftraggeber in Schwierigkeiten geraten sei; vgl. auch die Beisp. b. Lampe aaO 284). Soweit dies nicht der Fall ist, hat die nur aus Zweckmäßigkeitsgründen unter die Ehrdelikte eingereihte Kreditgefährdung als Angriff auf das Vermögen daher selbständige Bedeutung. 1

II. Der **objektive Tatbestand** setzt sowohl bei der Verleumdung als auch bei der Kreditgefährdung das Behaupten oder Verbreiten von Tatsachen (also nicht bloßer Werturteile) in Beziehung auf einen anderen voraus (vgl. § 186 RN 3 ff.; zu Äußerungen im engsten Familienkreis vgl. 9 vor § 185), wobei hier aber die behauptete usw. Tatsache – genauer: die Behauptung – unwahr sein muß. Im Unterschied zu § 186 ist die Unwahrheit in § 187 also Tatbestandsmerkmal und muß dem Täter nachgewiesen werden; bleiben insoweit Zweifel, so kommt § 186 in Betracht. Unwahr ist die Behauptung, wenn sie in ihren wesentlichen Punkten falsch ist; geringfügige Übertreibung oder die Unrichtigkeit von Nebensächlichkeiten genügen nicht. Eine Beweiserhebung bezüglich des wesentlichen Sachverhalts ist auch erforderlich, wenn die Unrichtigkeit bestimmter Einzelheiten bereits feststeht, weil erst dann darüber entschieden werden kann, ob diese für eine Verurteilung nach § 187 ausreichen (RG **2** 2). Zum Wahrheitsbeweis vgl. auch § 186 RN 15 sowie § 190. Im übrigen gilt folgendes: 2

1. Bei der **Verleumdung** muß die behauptete usw. Tatsache geeignet sein, den anderen verächtlich zu machen oder in der öffentlichen Meinung herabzuwürdigen (vgl. dazu § 186 RN 5). 3

2. Bei der **Kreditgefährdung** muß die behauptete usw. Tatsache geeignet sein, den Kredit des anderen zu gefährden, d. h. das Vertrauen in die Leistungsfähigkeit und -willigkeit zu beeinträchtigen, das dieser hinsichtlich der Erfüllung seiner vermögensrechtlichen Verbindlichkeiten genießt (vgl. Herdegen LK 3). Daß dieses Vertrauen tatsächlich erschüttert worden ist, ist nicht erforderlich. Auf die Ehrenrührigkeit der behaupteten usw. Tatsache kommt es hier nicht an (vgl. o. 1). Da die Kreditgefährdung ein Vermögensdelikt ist, kann sich die Tat, unabhängig von der Frage der Beleidigungsfähigkeit von Personengemeinschaften (vgl. 3 vor § 185), auch gegen juristische Personen, Handelsgesellschaften usw. richten (D-Tröndle 2, Herdegen LK 3, Lackner 2, M-Maiwald I 238, Rudolphi SK 10). 4

§ 187a 1, 2

5   **III. Subjektiver Tatbestand.** Hinsichtlich der Unwahrheit der behaupteten usw. Tatsache muß der Täter **wider besseres Wissen** gehandelt, also positive Kenntnis von der Unwahrheit gehabt haben. Bedingter Vorsatz genügt insoweit daher nicht (RG **32** 302, JW **37**, 3215; anwendbar ist dann jedoch § 186), wohl aber bezüglich der übrigen Tatbestandsmerkmale.

6   **IV.** Die **Rechtswidrigkeit** kann hier durch Einwilligung, mutmaßliche Einwilligung, in besonderen Fällen auch nach § 34, nicht aber nach § 193 ausgeschlossen werden (bestr.; vgl. § 193 RN 2).

7   **V.** Entsprechend § 186 ist die Tat qualifiziert, wenn sie **öffentlich,** durch **Verbreitung von Schriften** usw. (vgl. § 186 RN 19 f.) oder – insoweit über § 186 hinausgehend – in einer **Versammlung** (vgl. dazu § 90 RN 5; von Bedeutung bei geschlossenen Veranstaltungen) begangen worden ist.

8   **VI. Konkurrenzen.** Für das Verhältnis zu § 185 gilt Entsprechendes wie bei § 186 (vgl. dort RN 21 sowie RG HRR **40** Nr. 1234). Auch mit § 186 ist Idealkonkurrenz denkbar (teils unter § 186, teils unter § 187 fallende Äußerung, die sich auf verschiedene Tatsachenkomplexe oder verschiedene Personen bezieht; vgl. auch RG GA Bd. **52**, 94). Idealkonkurrenz ist ferner möglich mit §§ 153 ff., 164 (vgl. dort RN 37), zwischen Verleumdung und § 15 UWG (während die Kreditgefährdung als der speziellere Tatbestand § 15 UWG vorgeht) und wegen der unterschiedlichen Angriffsrichtung auch zwischen beiden Tatbeständen des § 187 (Rudolphi SK 11; and. Herdegen LK 3: Subsidiarität der Kreditgefährdung). Fortsetzungszusammenhang zwischen § 185 bzw. § 186 und § 187 ist ausgeschlossen (RG HRR **38** Nr. 186, JW **34**, 905).

9   **VII.** Zum **Strafantrag** vgl. § 194, zur **Straffreierklärung** § 199, zur **Urteilsbekanntmachung** § 200, zur **Verjährung** bei Pressedelikten § 78 RN 9, § 78a RN 16.

§ 187a Üble Nachrede und Verleumdung gegen Personen des politischen Lebens

(1) **Wird gegen eine im politischen Leben des Volkes stehende Person öffentlich, in einer Versammlung oder durch Verbreitung von Schriften (§ 11 Abs. 3) eine üble Nachrede (§ 186) aus Beweggründen begangen, die mit der Stellung des Beleidigten im öffentlichen Leben zusammenhängen, und ist die Tat geeignet, sein öffentliches Wirken erheblich zu erschweren, so ist die Strafe Freiheitsstrafe von drei Monaten bis zu fünf Jahren.**

(2) **Eine Verleumdung (§ 187) wird unter den gleichen Voraussetzungen mit Freiheitsstrafe von sechs Monaten bis zu fünf Jahren bestraft.**

Schrifttum: Hartung, Beleidigung von Personen, die im politischen Leben stehen, JR 51, 677. – *Schwinge,* Ehrenschutz im politischen Bereich, MDR 73, 801.

1   **I.** Die Vorschrift, die eine Qualifizierung der §§ 186, 187 enthält, schafft einen **verstärkten Ehrenschutz** für Persönlichkeiten des politischen Lebens und soll der Vergiftung des politischen Lebens durch Ehrabschneidung entgegenwirken. Geschützt wird die Person, nicht das Amt (BGH **6** 161, Bay **82**, 56; vgl. im übrigen z. B. § 90 b). Zur Verfassungsmäßigkeit der Vorschrift vgl. BVerfGE **4** 352.

2   **II.** Den besonderen Schutz des § 187a genießen nur **Personen, die im politischen Leben des Volkes stehen** und die deshalb, weil sie besonders exponiert sind, in erhöhtem Maß auch das Ziel von Ehrverletzungen sind. Schon wegen des relativ hohen Maßes an Unbestimmtheit des damit umschriebenen Personenkreises und der damit bestehenden Gefahr einer Ausuferung sind die Grenzen jedoch eng zu ziehen (Bay **82** 58 ff., **89** 51, Rudolphi SK 1). Personen des „öffentlichen Lebens", wozu auch Künstler, Wissenschaftler, Journalisten usw. gehören können, sind noch nicht solche des „politischen Lebens" (vgl. auch Herdegen LK 1, Rudolphi SK 3). Für den Sonderschutz des § 187a genügt daher nicht schon die Wahrnehmung öffentlicher Aufgaben, auch wenn dies in einer herausragenden Stellung geschieht (z. B. Leiter bedeutender kultureller Einrichtungen). Aber auch eine besonders aktive Teilnahme an der politischen Gestaltung des Gemeinwesens macht den Betreffenden noch nicht zu einer „im politischen Leben des Volkes stehenden Person". Dazu gehören vielmehr nur solche Personen, die sich für eine gewisse Dauer mit den grundsätzlichen, den Staat, seine Verfassung, Gesetzgebung, Verwaltung, internationale Beziehungen usw. unmittelbar berührenden Angelegenheiten befassen und auf Grund der ausgeübten Funktion das politische Leben maßgeblich beeinflussen (vgl. z. B. RG **58** 415, BGH **4** 339, Bay **82**, 56, **89**, 50, D-Tröndle 2, Herdegen LK 2, Rudolphi SK 3). Eine politische *Betätigung* ist dafür nicht erforderlich (BGH **4** 339 betr. Bundesverfassungsrichter). Unerheblich ist auch, ob der Betreffende durch eine allgemeine Wahl in seine Stellung gelangt ist (and. Hartung JR 51, 678), ob er die Staatsgewalt repräsentiert und ob er zu den Regierungsparteien oder der Opposition gehört (vgl. Herdegen aaO).

Zu dem besonders geschützten Personenkreis gehören demnach z. B. der Bundespräsident, Regierungsmitglieder (Düsseldorf NJW **83**, 1211), Bundes- und Landtagsabgeordnete (vgl. BGH **3** 74, NJW **52**, 194) und wegen des erheblichen Einflusses von Entscheidungen des BVerfG auf politische Maßnahmen anderer Verfassungsorgane auch die Bundesverfassungsrichter (BGH **4** 338), ferner die führenden Mitglieder politischer Parteien (Düsseldorf NJW **83**, 1211), u. U. je nach Art und Bedeutung ihres Wirkens auch die Führer von Gewerkschaften, Arbeitgeber- oder anderen bedeutenden Verbänden. Nicht unter § 187a fallen dagegen, weil sie i. d. R. keinen politisch erheblichen Einfluß ausüben, Kommunalpolitiker (Bay **82**, 56 [Gemeinderat]) und einzelne Verwaltungsbeamte (vgl. Frankfurt NJW **81**, 1569 [Landrat; and. jedoch für bayerische Landräte wegen ihrer gegenüber anderen Bundesländern herausragenden Stellung Bay **89**, 50], Herdegen LK 3, Rudolphi SK 3). Nicht hierher gehören auch ausländische Politiker (D-Tröndle 2, Herdegen aaO).

III. Die **Tathandlung** kann eine üble Nachrede (§ 186) oder eine Verleumdung (§ 187) sein, die sich jedoch nicht auf die politische Tätigkeit des Betroffenen zu beziehen brauchen (ebenso Herdegen LK 4). Eine einfache Beleidigung (§ 185) genügt dagegen nicht. Hinzukommen müssen folgende weitere Voraussetzungen:

1. Erforderlich ist eine Begehung **in bestimmter Form,** nämlich *öffentlich* (vgl. dazu § 186 RN 19), in einer *Versammlung* (vgl. § 90 RN 5) oder durch *Verbreitung von Schriften* usw. (vgl. § 186 RN 20).

2. Die Tat muß **geeignet sein,** das öffentliche **Wirken** des Betroffenen – der deshalb z. Z. der Tat noch im politischen Leben stehen muß – **erheblich zu erschweren.** Ob „die Tat" dazu geeignet ist – auf einen Erfolg kommt es nicht an –, bestimmt die h. M. allein nach dem Inhalt der aufgestellten Behauptung und ihrer abstrakten Eignung zu negativen Auswirkungen, während andere Umstände wie der Glaubwürdigkeit des Täters, die Art der Verbreitung und die Größe des erreichten Personenkreises dabei unberücksichtigt bleiben sollen (z. B. BGH NJW **54**, 649, NStZ **81**, 300, MDR/H **80**, 455, D-Tröndle 6, Herdegen LK 4, Lackner 3a, M-Maiwald I 260 u. hier die 23. A.). Im Unterschied zu §§ 186, 187, wo es allein auf die Eignung der behaupteten usw. „Tatsache" zum Verächtlichmachen usw. ankommt (vgl. § 186 RN 5), ist bei dem Begriff „Tat" in § 187a eine solche Verkürzung auf den Inhalt der Äußerung jedoch nicht möglich (Hoyer, Die Eignungsdelikte [1987] 146f.). „Tat" ist hier vielmehr die konkrete Tat in ihrem gesamten Erscheinungsbild (Hoyer aaO, Rudolphi SK 5). Sie ist deshalb auch zur Grundlage der Eignungsprüfung zu machen, was bedeutet, daß trotz des Inhalts der Äußerung die konkrete Eignung der Tat, den Betroffenen als des für sein öffentliches Wirken erforderlichen Vertrauens unwürdig erscheinen zu lassen, zu verneinen sein kann (Hoyer aaO, Rudolphi aaO). Hat bereits eine wahre Behauptung diese Eignung, so ist § 187a nicht deshalb anwendbar, weil zusätzlich aufgestellte unwahre Behauptungen eine solche gleichfalls aufweisen (vgl. Bay **51**, 423, Herdegen LK 4, Rudolphi SK 5).

IV. Zum **subjektiven Tatbestand** vgl. zunächst § 186 RN 11, § 187 RN 5. Hinzukommen muß der (bedingte) Vorsatz in bezug auf die qualifizierenden Merkmale des § 187a. Erforderlich ist außerdem, daß die Tat aus **Beweggründen** begangen wird, die mit der Stellung des Beleidigten im öffentlichen Leben zusammenhängen, was z. B. auch dann der Fall ist, wenn ein führender Politiker lediglich in seiner Eigenschaft als Kanzlerkandidat angegriffen wird (Düsseldorf NJW **83**, 1211). Um politische Motive braucht es sich dabei nicht zu handeln, vielmehr genügt es schon, wenn die Tat z. B. deshalb begangen wird, weil sich der Täter wegen der besonderen politischen Stellung des Opfers einen erhöhten Absatz verspricht (BGH **4** 121). Ist Täter ein verantwortlicher Schriftleiter (vgl. Bay **53**, 170, Hamburg NJW **53**, 1766, Schleswig SchlHA **54**, 63), so gilt die in den Pressegesetzen z. T. enthaltene Beweisvermutung insoweit nicht (zu § 20 II ReichspresseG vgl. BGH **9** 187).

V. Die **Rechtswidrigkeit** kann nach § 193 ausgeschlossen sein, jedoch nur im Fall der üblen Nachrede (vgl. § 193 RN 2), wobei an die Prüfungspflicht hier besonders hohe Anforderungen zu stellen sind (BGH LM Nr. 4 zu § 354 StPO).

VI. **Idealkonkurrenz** ist möglich mit § 90a, aber wegen der Verschiedenheit der geschützten Rechtsgüter auch mit § 90b (BGH **6** 160; and. BGH NJW **53**, 1723); dies gilt auch für die Verleumdung (vgl. § 90b RN 10). Über das Verhältnis zu § 20 RPresseG vgl. BGH **9** 187.

VII. Zum **Strafantrag** vgl. § 194, zur **Straffreierklärung** § 199, zur **Urteilsbekanntmachung** § 200, zur **Verjährung** bei Pressedelikten § 78 RN 9, § 78a RN 16.

§ 188 [Buße] *Aufgehoben durch das EGStGB.*

§ 189 Verunglimpfung des Andenkens Verstorbener

Wer das Andenken eines Verstorbenen verunglimpft, wird mit Freiheitsstrafe bis zu zwei Jahren oder mit Geldstrafe bestraft.

Schrifttum: Kißler, Die Beschimpfung Verstorbener, 1919 (StrAbh. 199). – *Tietz,* Der Schutz der Toten im Recht der Gegenwart, 1931 (StrAbh. 292). – *Rüping,* Der Schutz der Pietät, GA 77, 299. – *Westermann,* Das allgemeine Persönlichkeitsrecht nach dem Tode, FamRZ 69, 561.

1 I. Das **Rechtsgut** der Vorschrift ist umstritten. Gegen die Auffassung, geschützt sei hier die Ehre des Verstorbenen (so z. B. Herdegen LK 2, Hirsch, Ehre und Beleidigung [1967] 125 ff., Welzel 315), spricht, daß Ehrträger nur lebende Personen sein können (vgl. 2 vor § 185, ferner Rüping GA 77, 304). Ebensowenig schützt § 189 die Familienehre (so Kohlrausch-Lange I; vgl. dagegen 4 vor § 185) oder die Ehre von Angehörigen, da solche fehlen können – das Vorhandensein eines Antragsberechtigten (§ 194 II 1) gehört nicht zum Tatbestand des § 189 (Düsseldorf NJW 67, 1143) – und die Tat auch von Angehörigen selbst begangen werden kann (vgl. ferner Rüping aaO). Aus den gleichen Gründen kann das Schutzobjekt nicht ausschließlich im Pietätsempfinden der Angehörigen gesehen werden, wenngleich der historische Gesetzgeber davon ausgegangen sein dürfte (vgl. Rüping aaO, ferner M-Maiwald I 239; für eine Erweiterung auf das Pietätsgefühl der Allgemeinheit daher Düsseldorf NJW 67, 1142, Bockelmann II/2 S. 194, Gössel I 385, Lackner 1, was jedoch auf eine reine Fiktion hinauslaufen dürfte; gegen jeden „Gefühlsschutz" Rudolphi SK 1 mwN, dessen Erklärung – Schutz des sozialen Friedens – jedoch in gleicher Weise auf alle Delikte gegen Individualrechtsgüter zutreffen würde). Richtig dürfte deshalb sein, daß es sich hier primär oder jedenfalls auch um eine Nachwirkung des Schutzes der Persönlichkeit handelt, die in der postmortalen Respektierung der menschlichen und sozialen Leistung des Verstorbenen ihren Ausdruck findet (vgl. BGHZ 50 136 m. Anm. Neumann-Duesberg JZ 68, 703, Maunz-Dürig Art. 1 RN 23, 26; zum Ganzen vgl. auch Westermann FamRZ 69, 561; krit. Rüping aaO). Insofern besteht eine gewisse Parallele zu § 168, der z. T. ebenfalls auf der Erwägung beruht, daß ein Mensch nach seinem Tode als ehemalige Persönlichkeit Achtung und Respekt verdient (vgl. 2 vor § 166).

2 II. Der **objektive Tatbestand** verlangt das Verunglimpfen des Andenkens eines Verstorbenen. Das *Verunglimpfen* kann durch eine Beleidigung (§ 185), üble Nachrede (§ 186) oder Verleumdung (§ 187) begangen werden, setzt aber eine *besonders schwere Ehrenkränkung* voraus (Bay JZ 51, 786, Blei II 102, Lackner 3, M-Maiwald I 239, Rudolphi SK 3; vgl. auch BGH 12 366, D-Tröndle 2, Herdegen LK 3; and. Schmidhäuser II 67 f.). Die Schwere kann sich insbesondere aus dem Inhalt und der Form (z. B. auch Tätlichkeiten am Leichnam), daneben aber auch aus anderen Umständen, etwa dem erkennbar gewordenen Motiv oder der Gelegenheit der Äußerung ergeben (Bay JZ 51, 786). *Verstorbener* i. S. des § 189 ist auch, wer als Verschollener nach dem VerschG für tot erklärt worden ist. Auch mehrere Verstorbene können unter einer Kollektivbezeichnung (vgl. 5 vor § 185) verunglimpft werden (BGH NJW 55, 800). Die Verunglimpfung des *Andenkens* erfordert, daß die Ehrenkränkung zur Kenntnis einer lebenden Person gelangt; eine nach außen hin nicht erkennbare Verunglimpfung eines Leichnams genügt nicht (Bay JZ 51, 786).

3 III. Für den **subjektiven Tatbestand** ist Vorsatz erforderlich; bedingter Vorsatz genügt (Bay JZ 51, 786). Hält der Täter den Verunglimpften irrtümlich für tot, so können wegen der Verschiedenheit der Rechtsgüter (vgl. o. 1) weder § 189 noch §§ 185 ff. Anwendung finden; Entsprechendes gilt für den umgekehrten Fall (i. E. auch RG 26 33, Lackner 4, Rudolphi SK 7, Rüping GA 77, 305, Tenckhoff JuS 88, 201; and. Bockelmann II/2 S. 194, D-Tröndle 4, Herdegen LK 4, Schmidhäuser II 67 f.). Das gleiche gilt, wenn zweifelhaft ist, ob die Äußerung vor oder nach dem Tode des Verunglimpften gemacht worden ist (Rudolphi SK 9).

4 IV. Ist die Tat durch Tatsachenbehauptungen begangen, so ist der **Wahrheitsbeweis** (auch nach § 190) zulässig (D-Tröndle 2, Herdegen LK 5; and. M-Maiwald I 239); der Gedanke des § 192 gilt aber auch hier (vgl. dort RN 2). Eine Rechtfertigung nach § 193 scheidet bei § 189 aus (vgl. § 193 RN 2).

5 V. Zum **Strafantrag** vgl. § 194 II, zur **Anwendbarkeit des § 199** dort RN 2, zur **Urteilsbekanntmachung** § 200; zur **Verjährung** bei Pressedelikten § 78 RN 9, § 78a RN 16.

§ 190 Wahrheitsbeweis durch Strafurteil

Ist die behauptete oder verbreitete Tatsache eine Straftat, so ist der Beweis der Wahrheit als erbracht anzusehen, wenn der Beleidigte wegen dieser Tat rechtskräftig verurteilt worden ist. Der Beweis der Wahrheit ist dagegen ausgeschlossen, wenn der Beleidigte vor der Behauptung oder Verbreitung rechtskräftig freigesprochen worden ist.

I. Die Vorschrift enthält zwei **Beweisregeln** für den Wahrheitsbeweis (zu S. 2 vgl. aber auch Tenckhoff JuS 89, 37). Diese gelten nicht nur bei den §§ 186, 187, sondern auch für den Wahrheitsbeweis im Falle des § 185 (Bay JW **31**, 1619, NJW **61**, 85, KG HRR **26** Nr. 1438, D-Tröndle 1, Herdegen LK 1, Lackner 1; and. Frankfurt JW **27**, 1599, Gössel I 389) und des § 189. Die Vorschrift ist nicht exklusiv in dem Sinn, daß bei Straftaten der Wahrheitsbeweis nur durch eine entsprechende Verurteilung geführt werden könnte; Entsprechendes gilt für die Nichterweislichkeit.

II. Ist die behauptete oder verbreitete Tatsache eine **Straftat**, so wird der Grundsatz der freien richterlichen Beweiswürdigung (§ 261 StPO) durch § 190 in folgender Weise eingeschränkt:

1. Der **Beweis der Wahrheit** ist nach S. 1 als **erbracht** anzusehen, wenn der Beleidigte wegen dieser Tat – auch durch Strafbefehl – rechtskräftig **verurteilt** worden ist (vorbehaltlich der Rechtsstaatsmäßigkeit auch durch ein früheres DDR-Gericht; vgl. dazu und zur Anwendbarkeit des § 193 bei einer späteren Feststellung nach § 15 Ges. über die innerdeutsche Rechts- u. Amtshilfe in Strafsachen v. 2. 5. 1953 [BGBl. I 161; aufgehoben durch EV I Kap. III C II] BGH[Z] NJW **86**, 2644). Eine Verurteilung ist es auch, wenn der andere nach §§ 199, 233 lediglich für straffrei erklärt oder wenn von Strafe abgesehen wurde, ferner in den Fällen des § 59 (D-Tröndle 3, Herdegen LK 7, Lackner 2). Ohne Bedeutung ist, ob die Verurteilung oder deren Rechtskraft vor oder nach der Äußerung erfolgt bzw. eingetreten ist, ebenso ob sie im BZRG bereits getilgt ist. § 49 II BZRG schließt § 190 nicht aus, da abgeurteilte und später getilgte Taten hinsichtlich der Zulässigkeit des Wahrheitsbeweises nicht anders beurteilt werden können als solche Taten, die nie abgeurteilt worden sind (BT-Drs. VI/1550 S. 22, D-Tröndle 3, Herdegen LK 7, Lackner 2, Rudolphi SK 5, Stadie DRiZ 72, 349; and. Dähn JZ 73, 51).

2. Der **Beweis der Wahrheit** ist nach S. 2 **ausgeschlossen**, wenn der Beleidigte wegen dieser Tat **vor** der **Behauptung** oder Verbreitung rechtskräftig **freigesprochen** worden ist. Ist dagegen der Freispruch erst nach der Behauptung erfolgt, so ist der Wahrheitsbeweis ohne Bindung an das freisprechende Urteil zulässig. „Freigesprochen" ist der Beleidigte nur, wenn durch eine Sachentscheidung (auch Freispruch mangels Beweises) festgestellt ist, daß er für die ihm zur Last gelegte Tat strafrechtlich nicht belangt werden kann (vgl. Herdegen LK 8); die Einstellung wegen Verjährung, fehlenden Strafantrags oder die Straffreierklärung (§ 199) genügen nicht (entsprechend zur Außerverfolgungsetzung nach § 198 StPO a. F. München NJW **57**, 793; and. Stuttgart NJW **60**, 1872), ebensowenig die Ablehnung, einen Strafbefehl zu erlassen (LG München NJW **69**, 759). Beschränkt sich die Behauptung auf das Vorliegen einer rechtswidrigen, aber nicht schuldhaften Tat, so schließt ein Freispruch wegen fehlender Schuld den Wahrheitsbeweis nicht aus (Gössel I 390, Herdegen aaO). Eine Berufung auf § 193 ist, wenn der Täter den Freispruch kennt, in der Regel ausgeschlossen (D-Tröndle 4, Herdegen aaO, Rudolphi SK 6; weitergehend Helle GA 61, 166).

§ 191 [Aussetzung des Verfahrens] *Aufgehoben durch das EGStGB; vgl. jetzt § 154e StPO*

§ 192 Beleidigung trotz Wahrheitsbeweises

Der Beweis der Wahrheit der behaupteten oder verbreiteten Tatsache schließt die Bestrafung nach § 185 nicht aus, wenn das Vorhandensein einer Beleidigung aus der Form der Behauptung oder Verbreitung oder aus den Umständen, unter welchen sie geschah, hervorgeht.

Schrifttum: Oppe, Ist eine Beleidigungsabsicht zur Strafbarkeit nach §§ 192, 193 StGB erforderlich?, MDR 62, 947. – Weber, Die Bedeutung der Worte „das Vorhandensein einer Beleidigung" in §§ 192, 193 StGB, ZStW 53, 196.

I. Die Behauptung oder Verbreitung einer erweislich wahren Tatsache ist als solche keine Ehrverletzung. Möglich bleibt aber eine Bestrafung wegen sog. **Formalbeleidigung** nach § 185, wenn das Vorhandensein einer Beleidigung aus der Form der Behauptung oder Verbreitung oder aus den Umständen, unter welchen sie geschah, hervorgeht. Erforderlich, aber auch ausreichend ist dafür, daß durch die Form oder Begleitumstände eine selbständige, durch die wahren Tatsachen nicht mehr gedeckte beleidigende Wertung zum Ausdruck gebracht wird.

§ 193

Dies kann auch bei der Reaktualisierung einer länger zurückliegenden ehrenrührigen Tatsache der Fall sein (vgl. näher Herdegen LK 8, Rudolphi SK 7 mwN). Zweifelhaft ist dagegen, ob hierher auch der sog. Publikationsexzeß – Veröffentlichung einer wahren ehrenrührigen Tatsache, obwohl daran kein öffentliches Interesse besteht – gehört (so die h. M., z. B. Braunschweig MDR **48**, 186, Frankfurt NJW **48**, 226, Herdegen LK 7, M-Maiwald I 247, Rudolphi SK 6 mwN); in einer solchen Bloßstellung liegt u. U. zwar eine Verletzung des allgemeinen Persönlichkeitsrechts, jedenfalls in der Regel aber keine Mißachtung in dem speziellen Sinn des § 185 (vgl. für solche Fälle § 182 E 62). Vgl. im übrigen § 193 RN 26 ff.

2   II. Die Vorschrift gilt für alle Beleidigungsdelikte, die durch **Tatsachenbehauptungen** begangen werden können, also nicht nur für die §§ 186, 187, sondern auch für § 185 (Bay NJW **59**, 58, KG JW **30**, 2579; vgl. § 185 RN 5 ff.). Anwendbar ist § 192 ferner auf entsprechende Verunglimpfungen nach § 189 (D-Tröndle 6, Herdegen LK 2, Lackner 1, Rudolphi SK 1).

3   III. Das Vorliegen einer evtl. übrig bleibenden Formalbeleidigung ist erst dann zu prüfen, wenn **der Wahrheitsbeweis tatsächlich erbracht** ist (Herdegen LK 9). Schon wegen des für die Strafzumessung bedeutsamen unterschiedlichen Unrechtsgehaltes muß dieser auch dann erhoben werden, wenn der Täter auf jeden Fall nach §§ 192, 185 zu bestrafen wäre (h. M., z. B. RG **64** 11, BGH **27** 290, D-Tröndle 5, Rudolphi SK 10).

4   IV. Ist trotz geführten Wahrheitsbeweises auf Grund des § 192 der § 185 wegen der Form oder der Umstände der Äußerung anwendbar, so ist ein **Ausschluß der Rechtswidrigkeit** nach § 193 nicht mehr möglich (RG JW **32**, 409, Herdegen LK 9, Rudolphi SK 8; and. Braunschweig NJW **52**, 237; vgl. § 193 RN 26 ff.).

§ 193 Wahrnehmung berechtigter Interessen

Tadelnde Urteile über wissenschaftliche, künstlerische oder gewerbliche Leistungen, desgleichen Äußerungen, welche zur Ausführung oder Verteidigung von Rechten oder zur Wahrnehmung berechtigter Interessen gemacht werden, sowie Vorhaltungen und Rügen der Vorgesetzten gegen ihre Untergebenen, dienstliche Anzeigen oder Urteile von seiten eines Beamten und ähnliche Fälle sind nur insofern strafbar, als das Vorhandensein einer Beleidigung aus der Form der Äußerung oder aus den Umständen, unter welchen sie geschah, hervorgeht.

Schrifttum: Adam, Die Wahrnehmung berechtigter Interessen im Dienststrafverfahren, JR 59, 12. – *Arzt,* Der strafrechtliche Ehrenschutz, JuS 82, 717. – *Coing,* Ehrenschutz und Presserecht, 1960. – *Czajka,* Pressefreiheit und öffentliche Aufgabe der Presse, 1968. – *v. der Decken,* Meinungsäußerungsfreiheit und Ehrenschutz in der politischen Auseinandersetzung, 1980 (Diss. Göttingen). – *ders.,* Meinungsäußerungsfreiheit und Recht der persönlichen Ehre, NJW 83, 1400. – *Erdsiek,* Wahrnehmung berechtigter Interessen ein Rechtfertigungsgrund?, JZ 69, 311. – *Erhardt,* Kunstfreiheit und Strafrecht, 1989. – *Eser,* Wahrnehmung berechtigter Interessen als allgemeiner Rechtfertigungsgrund, 1969. – *Fritze,* Wettbewerb und Grundrecht der freien Meinungsäußerung, NJW 68, 2358. – *Fuhrmann,* Die Wahrnehmung berechtigter Interessen durch die Presse, JuS 70, 70. – *Helle,* Die Rechtswidrigkeit der ehrenrührigen Behauptung, NJW 61, 1896. – *Kaiser,* Grundrechte als Rechtfertigung für Vergehen der üblen Nachrede?, NJW 62, 236. – *Klee,* Das Recht auf Wahrheit als Grundprinzip des § 193 StGB, Frank-FG II 365. – *Koebel,* Namensnennung in Massenmedien, JZ 66, 389. – *Krekeler,* Ehrverletzungen durch den Verteidiger und § 193 StGB, AnwBl. 76, 190. – *Lenckner,* Die Rechtfertigungsgründe und das Erfordernis pflichtgemäßer Prüfung, H. Mayer-FS 165. – *ders.,* Die Wahrnehmung berechtigter Interessen, ein „übergesetzlicher" Rechtfertigungsgrund?, Noll-GedS 243. – *Lobe,* Die Wahrnehmung berechtigter Interessen, R. Schmidt-FG (1932) 79. – *Loeffler,* Die Sorgfaltspflicht der Presse und des Rundfunks, NJW 65, 942. – *Neumann-Duesberg,* Keine Wahrnehmung berechtigter Interessen durch die Presse bei Mißbrauch der Pressefreiheit, JR 57, 85. – *Otto,* Ehrenschutz in der politischen Auseinandersetzung, JR 83, 1. – *ders.,* Strafrechtlicher Ehrenschutz und Kunstfreiheit der Literatur, NJW 86, 1206. – *Praml,* Beleidigungsdelikte bei anwaltlicher Interessenvertretung, NJW 76, 1967. – *Preuß,* Untersuchungen zum erlaubten Risiko im Strafrecht, 1974. – *Rehbinder,* Die öffentliche Aufgabe und rechtliche Verantwortlichkeit der Presse, 1962. – *Roeder,* Der systematische Standort der „Wahrnehmung berechtigter Interessen" usw., Heinitz-FS 229. – *Schaffstein,* Der Irrtum bei der Wahrnehmung berechtigter Interessen, NJW 51, 691. – *Scheu,* Interessenwahrnehmung durch Rundfunk und Presse, 1965. – *Schmid,* Dienstaufsichtsbeschwerde und Petitionsrecht, BayVerwBl. 81, 267. – *Schmid,* Freiheit der Meinungsäußerung und strafrechtlicher Ehrenschutz, 1972. – *Schmidt,* Wahrnehmung berechtigter Interessen ein Rechtfertigungsgrund?, JZ 70, 8. – *Schmitt Glaeser,* Meinungsfreiheit und Ehrenschutz, JZ 83, 95. – *Seibert,* Zur Wahrnehmung berechtigter Interessen, MDR 51, 709. – *Tettinger,* Der Schutz der persönlichen Ehre im freien Meinungskampf, JZ 83, 317. – *Uhlitz,* Gewerbeschädigende Werturteile, NJW 66, 2097. – *ders.,* Politischer Kampf und Ehrenschutz, NJW 67, 129. – *Veith,* Öffentlichkeit der Hauptverhandlung und üble Nachrede, NJW 82, 2225. – *Walchshöfer,* Ehrverletzende Äußerungen in Schriftsätzen, MDR 75,

11. – A. *Weber,* Die Bedeutung der Worte „das Vorhandensein einer Beleidigung" in §§ 192, 193 StGB, ZStW 53, 196. – R. *Weber,* Ehrenschutz im Konflikt mit der Pressefreiheit, Faller-FS (1984) 442. – *Wenzel,* Das Recht der Wort- und Bildberichterstattung, 1967. – *v. Wich,* Das Grundprinzip der Wahrnehmung berechtigter Interessen, 1932 (StrAbh. 303). – *Würkner,* Was darf Satire?, JA 88, 183. – *ders.,* Wie frei ist die Kunst?, NJW 88, 317. – *ders.,* Freiheit der Kunst, Persönlichkeitsrecht und Menschenwürdegarantie, ZUM 88, 171. – *Zartmann,* Die Wahrnehmung berechtigter Interessen als Schuldausschließungsgrund (StrAbh. 330). – Vgl. ferner die Angaben vor § 185.

I. Die Vorschrift enthält besondere **Rechtfertigungsgründe** für die Ehrverletzungsdelikte (h. M., z. B. RG **59** 415, **65** 335, 427, BVerfGE **12** 125, BGH **12** 293, **18** 184, BGHZ **3** 281, **31** 313, Bay **61**, 46, **62**, 93, Braunschweig SJZ **48**, 768 m. Anm. Kern, Arzt/Weber I 175, Blei II 105, D-Tröndle 1, Herdegen LK 1 ff., M-Maiwald I 248, Rudolphi SK 1, Wessels II/1 S. 107; vgl. ferner 79 vor § 32 sowie Eser aaO 20 f., der bereits eine Tatbestandsbeschränkung für möglich hält; für einen bloßen [„echten"] „Strafunrechtsausschließungsgrund" dagegen Günther, Strafrechtswidrigkeit usw. 309 ff. [vgl. dazu 8 vor § 32], für einen Schuldausschließungsgrund z. B. RG **64** 23, Erdsiek JZ 69, 311, Roeder aaO 229, Schmidt JZ 70, 8, Zartmann aaO 73). Sie beruhen auf dem Prinzip des überwiegenden Interesses (vgl. u. 8), wobei in den „tadelnden Urteile über wissenschaftliche, künstlerische oder gewerbliche Leistungen", die Äußerungen „zur Ausführung oder Verteidigung von Rechten" usw. einschließlich der „ähnlichen Fälle" denselben Prinzipien folgen wie die „Wahrnehmung berechtigter Interessen" und damit in der Sache nur Anwendungsfälle von diesen sind (vgl. Arzt/Weber I 177). Auch für sie gilt daher, daß eine Ehrverletzung nicht schon deshalb gerechtfertigt ist, weil mit der Äußerung irgendwelche rechtlich schutzwürdigen Interessen verfolgt werden, sondern nur dann, wenn diese sich gerade auch gegenüber dem Recht auf Ehre durchsetzen dürfen. Soweit Gesichtspunkte der Meinungsbildung, der Kunst und Wissenschaft eine Rolle spielen, wird § 193 heute meist als eine Ausprägung der Grundrechte des Art. 5 GG verstanden (z. B. BVerfGE **12** 125, **42** 152, BGH **12** 293, BVerwG NJW **82**, 1008, Bay StV **82**, 576, Düsseldorf NJW **82**, 661, 1658, KG JR **80**, 290 m. Anm. Volk, Köln NJW **77**, 398). Richtigerweise hat § 193 insoweit jedoch seine für die Rechtfertigung konstitutive Funktion überhaupt an Art. 5 GG abgegeben (vgl. Lenckner, Noll-GedS 254), wobei die Frage dann nur noch sein kann, ob und inwieweit auch unrichtige Tatsachenbehauptungen dem Schutz des Art. 5 I 1 GG unterfallen (vgl. u. 15); bei ehrenrührigen Werturteilen aber liefert Art. 5 „nicht nur den Maßstab für die Konkretisierung des § 193, sondern ist selbst der in Frage kommende Rechtfertigungsgrund" (Herdegen LK 4). Auch hat § 193 insofern an Bedeutung verloren, als bei einem Ehrbegriff, der nicht auf das subjektive Ehregefühl oder den tatsächlichen Ruf, sondern auf den dem Betroffenen berechtigterweise zustehenden Geltungswert abstellt (vgl. 1 vor § 185), an sich zwar ehrenrührige, aber tatsachenadäquate Werturteile schon tatbestandsmäßig keine Beleidigung sind (vgl. § 185 RN 7, Lenckner, Noll-GedS 246). Über § 34 geht § 193 insofern hinaus, als die Wahrnehmung berechtigter Interessen nicht nur dem Schutz bedrohter, sondern in der geistigen Auseinandersetzung, in Kunst, Literatur usw. auch der Schaffung neuer Werte dient (vgl. § 34 RN 1, Noll ZStW 65, 31).

II. Anwendungsbereich. § 193 gilt grundsätzlich nur für beleidigende Äußerungen i. S. der §§ 185, 186, 187a I. Voraussetzung für die Anwendbarkeit des § 193 ist hier jeweils die Feststellung des objektiven und subjektiven Tatbestands (vgl. Bay **83**, 32, Köln NJW **64**, 2122, Herdegen LK 12); kommt ein Wahrheitsbeweis in Betracht, so ist § 193 ferner erst dann zu prüfen, wenn dieser mißlungen ist (RG JW **36**, 3461, BGH **4** 198, **7** 392, **11** 273, Hamm JMBlNW **53**, 139, Herdegen aaO, M-Maiwald I 256, Rudolphi SK 4; vgl. § 186 RN 14). Unanwendbar ist § 193 dagegen bei § 187, einer wissentlich unwahren Tatsachenbehauptung gegenüber dem Betroffenen (§ 185) und bei § 189 (Rudolphi SK 2). Die Verfolgung eines berechtigten Zwecks ist unvereinbar mit der Verleumdung, der bewußten Lüge (RG DJ **36**, 825; vgl. auch BGH **14** 51, NJW **64**, 1149, Hamm NJW **71**, 853) und mit der Verunglimpfung (Rüping GA 77, 305; u. U. kann hier aber das Merkmal der Verunglimpfung entfallen). Demgegenüber hat die Rspr. in besonderen Ausnahmefällen die Anwendbarkeit des § 193 auch für § 187 und § 189 bejaht, insbesondere zugunsten des Angeklagten, der zu seiner Verteidigung andere durch das Leugnen von Tatsachen verleumdet (RG **34** 222, **48** 415, **58** 39, BGH NJW **52**, 194, Hamm NJW **71**, 853; ebenso und z. T. noch weitergehend Arzt/Weber I 177, Blei II 105, D-Tröndle 3, Gössel I 357, 394, Herdegen LK § 187 RN 5, Küpper JA 85, 461, Tenckhoff JuS 89, 199; vgl. auch M-Maiwald I 249 u. zu § 189 auch BGH EzSt § 189 **Nr. 1**). Kann ein unbegründeter Verdacht und damit die Gefahr eines Fehlurteils nur durch die bewußte Verleumdung Dritter abgewendet werden, so handelt es sich jedoch in Wahrheit um einen gewöhnlichen Notstandsfall, der nach § 34 zu beurteilen ist (Rudolphi SK § 187 RN 6, Roeder aaO 233 FN 9 mwN). Nicht anwendbar ist § 193 schließlich auf Formalbeleidigungen i. S. des § 192 (vgl. dort RN 4) und solche Fälle des § 185, in denen die Mißachtung ausschließlich durch die Form kundgetan wird (RG **60** 335).

Für *Straftaten außerhalb des 14. Abschnitts* gilt § 193 nicht; dieser enthält keinen allgemeinen Rechtfertigungsgrund (vgl. dazu 80 vor § 32, ferner § 123 RN 33, § 164 RN 33, § 201 RN 32, § 203 RN 30). Eine Rechtfertigung nach § 193 erstreckt sich daher nicht auf eine mit der Beleidigung idealkonkurrierende Tat; umgekehrt entfällt § 193 nicht schon deshalb, weil der Täter zugleich eine andere Tat begeht (z. B. § 267; and. RG 39 182). Zur Anwendbarkeit des § 193 in Disziplinarsachen vgl. Adam JR 59, 12.

4   **III. Die einzelnen Fälle des § 193** – einschließlich der Generalklausel der „ähnlichen Fälle" – lassen sich alle auf den gemeinsamen Nenner der „Wahrnehmung berechtigter Interessen" bringen (vgl. o. 1). Voraussetzung ist daher bei allen, daß sie den Anforderungen genügen, die auch für diese gelten (vgl. dazu u. 8 ff.).

5   **1. Tadelnde Urteile über wissenschaftliche, künstlerische oder gewerbliche Leistungen** sind nicht nur Werturteile (vgl. § 186 RN 4), sondern auch tatsächliche Äußerungen, so z. B. die Behauptung bestimmter Eigenschaften der fraglichen Leistung. Soweit sie über eine rein sachliche Kritik nicht hinausgehen, sind sie schon nicht tatbestandsmäßig (vgl. z. B. D-Tröndle 6, Herdegen LK 13, Rudolphi SK 5, Tenckhoff JuS 89, 199; vgl. auch RG 39 311); dasselbe gilt für an sich zwar abwertende, aber noch tatsachenadäquate Werturteile (vgl. § 185 RN 7, o. 1). Für § 193 (bzw. Art. 5 GG; vgl. o. 1) bleiben daher solche Fälle, in denen entweder der Tatbestand des § 186 erfüllt ist oder in denen ein Werturteil (§ 185) den Betroffenen zwar in seinem ihm tatsächlich zustehenden Geltungsanspruch verletzt, dieses aber wegen besonderer Umstände und unter Berücksichtigung des Art. 5 I GG immer noch als eine zulässige Form der Kritik erscheint (vgl. z. B. den Fall Hamm NJW 82, 1656). *Wissenschaftliche* Leistungen sind nach h. M. z. B. auch richterliche Urteile (vgl. Blei II 105, D-Tröndle 6, Herdegen LK 14, Rudolphi SK 6; and. RG 40 348), *gewerbliche* Leistungen z. B. auch die eines Berufssportlers, ebenso Äußerungen der Presse und anderer Massenmedien, soweit diese „Dienstleistungen" für das Informationsinteresse der Allgemeinheit sind (Herdegen aaO, Rudolphi aaO; vgl. auch BVerfGE 12 131, BGHZ 45 297). Urteile über die Dienstführung von Behörden können jedenfalls als Wahrnehmung berechtigter Interessen oder als „ähnlicher Fall" gerechtfertigt sein (vgl. näher Herdegen aaO, Rudolphi aaO; überholt RG 39 312, HRR 30 Nr. 1776), ebenso z. B. solche über Leistungen von Ärzten und Anwälten (RG JW 13, 940) oder von Krankenhäusern (BGH MDR 56, 735).

6   **2.** Gerechtfertigt sein können ferner beleidigende Äußerungen **zur Ausführung oder Verteidigung von Rechten.** Feste Grenzen zur Wahrnehmung berechtigter Interessen bestehen hier noch weniger als in den anderen Fällen, was aber schon deshalb unschädlich ist, weil die Äußerungen zur Ausführung oder Verteidigung von Rechten nur ein Anwendungsfall von diesen sind. Zur *Ausführung von Rechten* gehören nicht nur die die eigentliche Rechtsausübung enthaltenden Äußerungen (z. B. Klage, Einlegen von Rechtsmitteln; zur Ablehnung eines Richters wegen Befangenheit vgl. Bay 55, 178), sondern auch solche, welche die Geltendmachung eines Rechts lediglich vorbereiten oder sichern sollen (vgl. Bay MDR 56, 53); *zur Verteidigung von Rechten* ist eine Äußerung gemacht, wenn sie der Abwehr eines erwarteten oder bereits eingeleiteten Rechtsangriffs dient (vgl. Herdegen LK 15, Rudolphi SK 7). Dabei ist in beiden Fällen nicht entscheidend, ob die beleidigende Äußerung letztlich rechtserheblich war, sondern ob sie vom Gericht als rechtserheblich erachtet werden könnte (vgl. Bay JR 53, 192). Nicht notwendig ist, daß sich die Äußerung gegen den richtet, gegen das Recht ausgeübt wird (vgl. z. B. Celle NJW 61, 231 [Einrede des Mehrverkehrs im Unterhaltsprozeß], Hamburg JW 38, 3104 [Angriffe gegen einen Zeugen]). Nicht hierher gehören die einer Prozeßpartei (bzw. ihrem Anwalt) erteilten Auskünfte, die aber, wenn sie zur Sache gehören, als Wahrnehmung berechtigter Interessen (vgl. u. 13) oder jedenfalls als „ähnliche Fälle" gerechtfertigt sein können (vgl. dazu RG 59 174, Bay 53, 109, 64, 131, Herdegen LK 16, Rudolphi SK 8). Das gleiche gilt für Zeugenaussagen und Sachverständigengutachten (vgl. u. 25). Über Beleidigungen bei anwaltlicher Interessenvertretung vgl. u. 22; zur Frage des zivilrechtlichen Ehrenschutzes gegenüber Zeugenaussagen und Parteivorbringen im Zivilprozeß vgl. z. B. einerseits J. Helle GRUR 82, 207, NJW 87, 233, andererseits Walter JZ 86, 614 mwN.

7   **3.** Zu den namentlich besonders genannten Fällen, in denen eine beleidigende Äußerung gerechtfertigt sein kann, gehören schließlich die **Vorhaltungen und Rügen der Vorgesetzten** gegen ihre Untergebenen und die **dienstlichen Anzeigen oder Urteile** von seiten eines Beamten. *Vorhaltungen und Rügen eines Vorgesetzten* sind nur solche im Rahmen eines beamtenrechtlichen oder sonstigen Über- und Unterordnungsverhältnisses (z. B. Prinzipal-Angestellter); jedenfalls als „ähnliche Fälle" sind aber z. B. auch die Rügen von Beamten gegenüber Nichtuntergebenen zur Wahrung der Ordnung (vgl. RG 30 39) und solche von Lehrern gegenüber ihren Schülern anzusehen (vgl. D-Tröndle 18, Herdegen LK 32, Rudolphi SK 26). Zu den *dienstlichen Anzeigen und Urteilen* eines Beamten gehören alle Erklärungen, die dieser in Erfüllung öffentlich-rechtlicher Aufgaben abgibt (vgl. z. B. VGH München NVwZ 86, 327 [negative Bewertung von Arbeitsplätzen eines ansiedlungswilligen Unternehmers durch Bürgermeister], AG Köln NStZ 85, 384 [negative Bewertung in Widerspruchsbescheiden bei Prüfung der §§ 10–13 StVollzG durch Dezernenten des Justizvollzugsamts], Herdegen aaO).

4. Die Wahrnehmung berechtigter Interessen

8   Der **praktisch wichtigste Fall** des § 193 ist die Wahrnehmung berechtigter Interessen, die zur Rechtfertigung einer beleidigenden Äußerung allerdings nicht schon deshalb führt, weil mit ihr rechtlich schutzwürdige Interessen verfolgt werden, sondern nur dann, wenn der Täter in

berechtigter Wahrnehmung anerkannter Interessen handelt (vgl. die Nachw. u. 9a). Nach h. M. handelt es sich um einen Fall der Güter- und Interessenabwägung (z. B. RG 65 2, 47, 66 2, BGH 18 184, MDR/D 53, 401, BGHZ 3 281, Braunschweig SJZ 48, 768, Hamm NJW 87, 1035, Gössel I 395, Herdegen LK 17, Lackner 1a, 5a, Rehbinder aaO 17f., Rudolphi SK 9, Schmidhäuser II 63, Wessels II/1 S. 107). Dabei sind es jedoch unterschiedliche Gesichtspunkte, die ein überwiegendes Interesse (vgl. u. 12) in der Weise begründen, daß sich das wahrgenommene Interesse gegenüber dem Rechtsgut Ehre durchsetzen darf (vgl. dazu Lenckner, Noll-GedS 249, JuS 88, 352, ferner Herdegen LK 2ff.): Bei *ehrenrührigen Werturteilen* i. S. des § 185 sind es vor allem die Grundrechte des Art. 5 GG, die in dem Konflikt mit dem Recht auf Ehre den Vorrang beanspruchen und damit selbst vorsätzliche Ehrverletzungen rechtfertigen können (vgl. zur „Wechselwirkungstheorie" des BVerfG u. 15; dazu, daß „Sitz" des Rechtfertigungsgrunds hier letztlich nicht mehr § 193, sondern Art. 5 GG selbst ist, vgl. o. 1). Bei der *üblen Nachrede* i. S. des § 186, wo der ungeschmälerte Geltungswert des Betroffenen bis zum Beweis des Gegenteils aus Gründen eines möglichst wirksamen Ehrenschutzes vermutet wird, kommt dagegen noch der – hier auch das Erfordernis pflichtgemäßer Prüfung (vgl. u. 11) erklärende – Gedanke des erlaubten Risikos (vgl. 11f. vor § 32) hinzu, der dem Interessenkonflikt sein spezifisches Gepräge gibt und ein überwiegendes Interesse begründet: Damit z. B. überhaupt Mißstände zur Sprache gebracht werden können – was kaum noch möglich wäre, wenn der Täter im Fall der späteren, nicht selten durch Zufälligkeiten bedingten Nichterweislichkeit immer seine Bestrafung zu gewärtigen hätte –, dürfen hier ehrenrührige Behauptungen unter bestimmten Voraussetzungen auch auf die Gefahr hin aufgestellt werden, daß sie sich hinterher nicht als wahr erweisen, der Betroffene im Ergebnis also zu Unrecht in seiner Ehre verletzt wird (vgl. z. B. auch D-Tröndle 1, Gallas, Niederschr. Bd. 9, 71, Herdegen LK 3, Hirsch ZStW 74, 93ff., Ehre und Beleidigung 200f., Jescheck 361, Lenckner, Mayer-FS 179f., Noll-GedS 249, M-Maiwald I 250, Schmidhäuser 321, Welzel 320; vgl. aber auch Bockelmann II/2 S. 191, Eser aaO 38, Preuß aaO 220, Rudolphi SK 1).

a) Rechtfertigungsvoraussetzung ist zunächst die Wahrnehmung eines **berechtigten Interesses**, d. h. die Verfolgung eines vom Recht als schutzwürdig anerkannten öffentlichen oder privaten, ideellen oder materiellen Zwecks. Zwecke, die dem Recht oder den guten Sitten zuwiderlaufen, scheiden damit von vornherein aus (vgl. RG 15 17, 36 423, Herdegen LK 18, Lackner 3a, Rudolphi SK 11), so z. B. wenn der andere durch Aufdeckung seines Privatlebens unmöglich gemacht werden soll (RG 40 101) oder wenn der Täter durch eine Beleidigung ein Strafverfahren gegen sich herbeiführen will, um das angebliche Unrecht seiner früheren Verurteilung zu beweisen (RG 74 261, JW 34, 1418, 37, 1160, BGH MDR/D 56, 10). Nicht der Wahrnehmung berechtigter Interessen dienen ferner z. B. beleidigende Äußerungen, die lediglich der Freude am Klatsch, der Befriedigung menschlicher Neugier und der Erregung von Sensationen dienen (vgl. RG 36 423, BGH 18 186). Auch werden mit dem Verbreiten ehrenrühriger Umstände aus dem Privatleben eines andern nicht schon deshalb berechtigte Interessen wahrgenommen, weil dieser im öffentlichen Leben steht (vgl. BGH 18 186, JZ 65, 411 m. Anm. Koebel, Gössel I 394, Herdegen LK 18, Rudolphi SK 11). Zur Frage, ob die wahrgenommenen Interessen solche des Täters sein müssen, vgl. u. 13.

b) Die Verfolgung eines berechtigten Zwecks rechtfertigt die Ehrverletzung allein noch nicht, vielmehr muß diese unter Berücksichtigung der gesamten Umstände auch das **angemessene Mittel** hierzu sein: Nicht rechtswidrig ist nur die *berechtigte* Wahrnehmung rechtlich anerkannter Interessen (vgl. z. B. RG 15 17, 42 441, 63 231, BGH 14 48, Braunschweig GA 62, 84, Frankfurt NJW 89, 1368, Koblenz OLGSt S. 57, LG Kaiserslautern NJW 89, 1370, D-Tröndle 8, Eser aaO 58ff., Herdegen LK 25, Lenckner JuS 88, 352, M-Maiwald I 251, Rudolphi SK 22ff., Wessels II/1 S. 108). Im einzelnen gilt folgendes:

α) Voraussetzung ist zunächst, daß die beleidigende Äußerung zur Wahrnehmung des verfolgten Interesses **geeignet und erforderlich** war (vgl. BGHZ 3 281, BGH MDR 56, 735, MDR/D 53, 401, Koblenz OLGSt S. 57, Köln NJW 79, 1723, OLGSt § 186 S. 13, LG Kaiserslautern NJW 89, 1370, Fuhrmann JuS 70, 72, Herdegen LK 25, Rudolphi SK 19ff.). An der *Geeignetheit* fehlt es z. B. bei der Information eines beliebigen Dritten, der nicht in der Lage ist, die Durchsetzung des wahrgenommenen Interesses in irgendeiner Weise zu fördern (vgl. RG 59 173, Rudolphi SK 19). Zulässig ist es dagegen im allgemeinen, sich an einen Rechtsanwalt oder an die zuständige Behörde zu wenden (vgl. Maunz-Dürig Art. 17 RN 49); Interessenverbände stehen einem Anwalt jedenfalls dann gleich, wenn sie im Einzelfall die Interessen des Ratsuchenden wahrnehmen sollen und können (and. Köln NJW 58, 802). Die *Erforderlichkeit* ist zu verneinen, wenn die beleidigende Äußerung zur Wahrnehmung des verfolgten Interesses überhaupt oder in der konkreten Art nicht notwendig war, weil dem Täter ein gleich wirksames, aber milderes Mittel zur Verfügung stand (vgl. Rudolphi SK 20f.). Dies ist z. B. der Fall, wenn beim Verdacht eines Warenhausdiebstahls eine den Betroffenen unnötig bloßstellende Sensorkontrolle vor den Augen des Publikums auch an einem verdeckten Ort hätte durchgeführt werden können (vgl. dazu Hamm NJW 87, 1034, LG Paderborn NStZ 85, 458, wo § 193 schon aus diesem Grund zu verneinen war) oder wenn der Täter unnötigerweise die „Flucht in die Öffentlichkeit" antritt (vgl. Braunschweig MDR 48, 186, Gössel I 395, Herdegen LK 28). Auch bei der Kritik öffentlicher Behörden ist eine solche, wenn nicht zugleich ein Informationsinteresse der Allgemeinheit besteht, daher erst dann zulässig, wenn Vorstellungen bei der zuständigen Stelle erfolglos geblieben sind oder von vornherein aussichtslos erscheinen (vgl. dazu auch RG **15** 19, Braunschweig NJW **48**, 697, Köln NJW **58**, 802, Herdegen LK 28, Rudolphi SK 23). Schon eine Frage der Erforderlichkeit ist es auch, ob das öffentliche Interesse an der Unterrichtung über bestimmte Vorfälle auch eine Namensnennung der daran Beteiligten notwendig macht (vgl. BGH JZ **65**, 413, Herdegen LK 29, Rudolphi SK 21 u. näher Koebel JZ **66**, 389; zur Beleidigung unter einer Kollektivbezeichnung [vgl. 5 ff. vor § 185], wo eine Namensnennung gerade erforderlich sein kann, vgl. aber auch BGH **19** 235). Bei öffentlichen Auseinandersetzungen, insbes. im politischen Meinungskampf, ist im Hinblick auf Art. 5 GG zu berücksichtigen, daß hier auch in der Sache an sich nicht gebotene Schärfen oder mit Entstellungen verbundene Vergröberungen noch erforderlich sein können, weil die fragliche Äußerung nur so überhaupt Wirkung auf die öffentliche Meinungsbildung erzielen kann (vgl. näher u. 15 f.).

11 β) Unter dem Gesichtspunkt der Angemessenheit des Mittels ist auch die von der Rspr. entwickelte **Prüfungs- und Informationspflicht** zu sehen (z. B. RG **62** 93, **63** 204, **74** 257, BGH **14** 48, NJW **53**, 1722, **85**, 2647, Hamburg MDR **80**, 953, Hamm HESt. **2** 274, NJW **87**, 1035, Koblenz OLGSt § 193 **Nr. 1**; vgl. auch D-Tröndle 8, Eser aaO 64 f., Herdegen LK 21, Jescheck 362, Lenckner, Mayer-FS 180, M-Maiwald I 252). Auf dem Gedanken des erlaubten Risikos beruhend, trägt sie den Besonderheiten des § 186 Rechnung (vgl. 11 f., 19 f. vor § 32, o. 8) und ist deshalb ausschließlich dort von Bedeutung: § 193 erlaubt hier zwar das Behaupten usw. ehrenrühriger Tatsachen auch auf die Gefahr hin, daß der Betroffene i. E. zu Unrecht in seinem – nach dem Gesetz bis zum Beweis des Gegenteils vermuteten (vgl. § 186 RN 1) – Geltungswert verletzt wird, macht dies aber folgerichtig davon abhängig, daß das Risiko eines solchen Fehlgriffs durch eine objektiv sorgfaltsgemäße Prüfung der Sachlage und ggf. durch das Einholen weiterer Informationen auf das nach den Umständen mögliche Minimum beschränkt wird. Zu versagen ist dem Täter der Schutz des § 193 daher bei einer Verletzung dieser Prüfungspflicht (Jescheck 362, Lenckner, Mayer-FS 180; i. E. auch Hirsch, Ehre und Beleidigung 200, Rudolphi SK 24). Wenn die Rspr. hier meist von „Leichtfertigkeit" spricht, so ist dies nur richtig, wenn diese in dem genannten Sinn einer objektiven Pflichtwidrigkeit verstanden wird (vgl. dazu auch Hamburg MDR **80**, 953). Nicht möglich ist es auch, hier zwischen der „Leichtfertigkeit" bezüglich der Unwahrheit und der Nichterweislichkeit zu unterscheiden (vgl. aber Hamm NJW **54**, 441), da es bei § 193 allein auf die Prüfung der Wahrheit ankommen kann. Der Umfang der Prüfungspflicht bestimmt sich nach den Umständen des konkreten Falls (vgl. Herdegen LK 21: „situations- und konfliktsabhängig"; zu den aus Art. 5 folgenden Grenzen vgl. u. 15). Maßgebend dafür sind insbes. die zeitlichen, beruflichen und persönlichen Möglichkeiten weiterer Aufklärung, das Gewicht der für die Wahrheit der aufgestellten Behauptung sprechenden Umstände, die Schwere des erhobenen Vorwurfs und die möglichen Auswirkungen für den Betroffenen (vgl. z. B. BGH[Z] NJW **85**, 2647, Herdegen LK 21 f., Lackner 5 a, Rudolphi SK 24). Pflichtwidrig (bzw. „leichtfertig" i. S. der Rspr.) ist es z. B., wenn ehrenrührige Behauptungen auf haltlose Vermutungen gestützt oder Tatsachen in der Erregung entstellt werden (vgl. BGH MDR/D **54**, 335) oder wenn eine durch Urteil oder durch andere amtliche Feststellungen widerlegte Behauptung ohne neue Beweismittel wiederholt wird (RG JW **33**, 961, Bay **51**, 421; vgl. aber auch Hamm NJW **61**, 520 [Feststellung nur der Nichterweislichkeit]), ferner wenn aus mitgeteilten äußeren Tatsachen, auch wenn diese nicht nachgeprüft werden mußten, ohne weiteres (falsche) Schlußfolgerungen bezüglich innerer Tatsachen gezogen werden (Hamburg MDR **80**, 953). Geringere Anforderungen gelten, wenn der Täter unerwartet eine Frage zu beantworten hat (vgl. Hamm NJW **54**, 441), strengere dagegen bei öffentlichen Beleidigungen (vgl. RG **66** 2, BGH **3** 75, NJW **52**, 194), auch wenn es sich dabei um solche im Wahlkampf handelt (Stuttgart JZ **69**, 77). Zu der – allerdings nur begrenzten – Prüfungspflicht, wenn beleidigende Behauptungen sich auf die Entscheidung eines früheren DDR-Gerichts stützen, vgl. BGH(Z) NJW **85**, 2644; zur Prüfungspflicht bei Presseveröffentlichungen vgl. u. 18, bei Strafanzeigen u. 20, bei Petitionen u. 21, bei Anwälten u. 22.

12 γ) Unter Wertgesichtspunkten ist die beleidigende Äußerung ein angemessenes Mittel nur, wenn eine **Abwägung aller Umstände des konkreten Falles** ergibt, daß das Interesse, die fragliche Äußerung tun zu dürfen, das Interesse am Schutz der Ehre **überwiegt** (so z. B. auch Hamm NJW **87**, 1034, Gössel I 395, Herdegen LK 17, Lenckner, Noll-GedS 248 f., Rudolphi SK 9, Seibert MDR **51**, 710; and. z. B. D-Tröndle 8, Lackner 5 a, Tenckhoff JuS **89**, 201 u. wohl auch BGH **18** 184 [Gleichwertigkeit]; vgl. ferner z. B. BGHZ **31** 313, M-Maiwald I 251 [„vertretbares" bzw. „erträgliches" Verhältnis zwischen Ehrverletzung und dem verfolgten Zweck]). Von vornherein zu verneinen ist dies bei einer unzulässigen Interessenverknüpfung, so wenn sich der Täter durch eine ehrenrührige Tatsachenbehauptung von einem in keinem Zusammenhang damit stehenden wirtschaftlichen Schaden schützen oder seine wirtschaftliche Lage verbessern will (vgl. RG **38** 253) oder wenn er mit der Beleidigung lediglich ein Strafverfahren gegen sich herbeiführen will, um dort einen mit der Beleidigung nicht zusammenhängenden Vorfall zur Sprache bringen zu können, mag er an dessen Feststellung auch ein an sich berechtigtes Interesse haben (andernfalls schon keine Wahrnehmung rechtlich anerkannter Interessen, vgl. o. 9; zur Erörterung von Tatsachen im Sühnetermin, die nur mittelbar die Privatklage betreffen, vgl. Braunschweig GA **62**, 83). Im übrigen ist zu unterscheiden: Soweit eine *Beleidigung i. S. des § 185* in einer (vorsätzlich!) unwahren Tatsachenbehauptung (vgl. § 185 RN 6) gegenüber dem Betroffenen besteht, dürften Fälle einer berechtigten Interessenwahrnehmung kaum vorkommen. Für eine Rechtfertigung bleiben hier daher im wesentlichen durch ein Verhalten des Betroffenen veranlaßte negative Werturteile, die zwar nicht mehr tatsachenadäquat und damit ehrverletzend sind (vgl. § 185 RN 7), die von dem Betroffenen wegen eines entgegenstehenden höheren Interesses aber gleichwohl hingenommen werden müssen, insbes. weil dem Grundrecht der freien Meinungsäußerung – schon nach BVerfGE **7** 208 „für eine freiheitlich-demokratische Staatsordnung schlechthin konstituierend" – auf Grund einer umfassenden Gesamtabwägung der Vorrang zukommt (vgl. auch Herdegen LK 5f.; näher dazu u. speziell zu öffentlichen Auseinandersetzungen vgl. u. 15ff.). Unter diesen Voraussetzungen können daher auch scharfe Formulierungen und eine überzogene Kritik gerechtfertigt sein (vgl. z. B. Hamm GA **74**, 62: Bezeichnung als „Nazischwein" als Reaktion auf die Verherrlichung der NS-Gewaltverbrechen); unzulässig sind aber grobe Beschimpfungen, Diffamierungen und eine sog. Schmähkritik (vgl. z. B. BGH MDR/D **74**, 1011, Koblenz OLGSt S. 57, Köln OLGSt § 185 S. 36f.). Sofern das Versagen des Zutritts zu einem Lokal usw. allein wegen der Zugehörigkeit zu einer bestimmten Personengruppe eine Beleidigung sein sollte (vgl. dagegen § 185 RN 2), können ausnahmsweise z. B. auch wirtschaftliche Interessen, wenn sie eindeutig überwiegen, die Tat rechtfertigen (offengelassen von Bay **83**, 32). – Dagegen sind im Fall der *üblen Nachrede (§ 186)* bei der Abwägung vor allem zu berücksichtigen (vgl. dazu auch Herdegen LK 17): Art und Schwere der behaupteten ehrenrührigen Tatsachen und damit zusammenhängend – das Gewicht der wahrgenommenen Interessen (z. B. Aufdeckung privater Verfehlungen oder öffentlicher Mißstände), die Wirkung für den Betroffenen bei Nichterweislichkeit der behaupteten Tatsachen („semper aliquid haeret"), die größere oder geringere Sicherheit bzw. Wahrscheinlichkeit, daß die aufgestellte Behauptung der Wahrheit entspricht, ferner die größere oder geringere Glaubwürdigkeit der fraglichen Aussage, ob diese z. B. mehr oder weniger substantiiert ist oder unter Umständen erfolgt, unter denen mit Vereinfachungen, Übertreibungen und Entstellungen zu rechnen ist (z. B. Wahlkampf). Bei Erklärungen gegenüber der Öffentlichkeit ist insbes. von Bedeutung, wie groß das allgemeine Informationsinteresse ist. Selbst wenn ein solches besteht, kann es jedoch unzulässig sein, bei Presseberichten über Straftaten den Täter namentlich zu nennen oder identifizierbar zu machen, wenn diesem dadurch Nachteile entstehen, die zu dem Gewicht der Straftat und dem öffentlichen Aufsehen, das sie erregt hat, in keinem angemessenen Verhältnis stehen (Rudolphi SK 23; vgl. auch BGH [Z] NJW **63**, 904, Veith NJW **82**, 2225). In keinem Fall sind Presseberichte gerechtfertigt, die über einen von der Anklagebehörde geäußerten Verdacht hinausgehen und das, was dort als Verdacht erscheint, als völlig gewiß hinstellen (Köln JMBlNW **85**, 282).

c) Gerechtfertigt ist die Ehrverletzung nach h. M. grundsätzlich ferner nur, wenn die wahrgenommenen Interessen **den Täter selbst angehen**, wobei davon z. T. das Vorliegen eines berechtigten Interesses (so z. B. Lackner 3b), z. T. die berechtigte Wahrnehmung eines solchen abhängig gemacht wird (so z. B. Herdegen LK 19, Rudolphi SK 12ff.). Bei *Interessen der Allgemeinheit* wird dies heute allgemein bejaht, weil sie jeden angehen und i. d. R. daher auch von jedermann wahrgenommen werden dürfen (z. B. BVerfGE **12** 113, BGH **12** 287, **18** 182, NJW **56**, 799, BGHZ **31** 308, Frankfurt NJW **89**, 1368, D-Tröndle 12, M-Maiwald I 253, Rudolphi SK 5; die frühere RG-Rspr., die dem einzelnen ein Recht zur Wahrnehmung allgemeiner Interessen nur in besonderen Ausnahmefällen zugebilligt hatte [vgl. die Nachw. in der 21. A. RN 14], ist, weil sie dem heutigen Verständnis von der Stellung des Bürgers nicht mehr entspricht, überholt). Soweit es sich um *private Interessen* handelt, soll der einzelne dagegen grundsätzlich nur zur Wahrnehmung eigener Interessen befugt sein, wobei allerdings auch ein mittelbar eigenes Interesse (z. B. als Mitglied eines Vereins) als ausreichend angesehen wird. Zur Wahrung fremder Belange ist der Täter nach h. M. dagegen nur ausnahmsweise befugt, nämlich wenn er ein besonderes Recht dazu hat oder wenn er diesen so nahe steht, daß er sich billiger- und vernünftigerweise zu ihrem Verfechter aufwerfen darf (so z. B. RG **63** 229 mwN, Bay **51**, 240, NJW **65**, 58, D-Tröndle 10, 13, Herdegen LK 19, Lackner 3b, Rudolphi SK 13f.).

Ersteres wird z. B. angenommen bei einer Beauftragung mit der Wahrnehmung fremder Interessen (z. B. als Anwalt [vgl. u. 22], Organ eines Interessenverbands; zu Auskunfteien vgl. RG **38** 131, Jäger NJW 56, 1224) oder bei einer entsprechenden Amts- oder Berufsstellung (z. B. Gemeinderatsmitglied [Bay NJW **56**, 354], Landtagsabgeordneter [BGH MDR/D **55**, 270], Geschäftsführer einer Firma [Hamm NJW **87**, 1035], Vormund, Konkursverwalter usw.), letzteres z. B. bei naher Verwandtschaft, Freundschaft (Bay NJW **65**, 58) oder einem langjährigen Angestelltenverhältnis (Braunschweig SJZ **48**, 768 m. Anm. Kern, Düsseldorf JR **48**, 350), dies allerdings nur, solange der andere dies duldet oder keinen anderen Willen äußert. Schon bei beleidigenden Werturteilen (§ 185), wo solche Einschränkungen im Prinzip berechtigt sein mögen (generell für Einbeziehung auch fremder Interessen dagegen z. B. Blei II 106, Welzel 321), ist dies jedoch zu eng, weil dort bei Beachtung der sonst durch § 193 gezogenen Grenzen eine Wahrnehmung fremder Interessen auch in Fällen zulässig sein muß, die der Geschäftsführung ohne Auftrag entsprechen. Darüber hinaus ist bei § 186 der Rechtfertigungsgrund der Wahrnehmung berechtigter Interessen auch auf solche Fälle zu erstrecken, in denen der Adressat ein berechtigtes Informationsinteresse hat, und zwar unabhängig davon, ob der Täter die Mitteilung von sich aus oder erst auf Anfrage macht und ob er zur Auskunft verpflichtet ist (vgl. Herdegen LK 28). Daß in solchen Fällen ein sachliches Bedürfnis für eine Rechtfertigung bestehen kann, anerkennt auch die Rspr., indem sie hier einen „ähnlichen Fall" annimmt (vgl. RG **59** 172, Bay **53**, 109 mwN); doch steht auch von Wortlaut her nichts im Wege, das Schaffen der Voraussetzungen dafür, daß ein anderer seine Interessen verfolgen kann, als eine wenigstens mittelbare „Wahrnehmung (fremder) berechtigter Interessen" zu bezeichnen.

14   d) **Sonderfragen zur Wahrnehmung berechtigter Interessen** ergeben sich bei Ehrverletzungen im öffentlichen Meinungskampf, insbesondere durch Presseveröffentlichungen (u. 15 ff.), durch eine künstlerische Betätigung (u. 19), bei Strafanzeigen (u. 20), Petitionen (u. 21) und bei Ausübung eines Anwaltmandats (u. 22).

15   α) Da sich in Angelegenheiten von allgemeinem Interesse – wozu nicht nur die Politik, sondern z. B. auch die Kunst (BVerfGE **54** 129), Mißstände in einem bestimmten Wirtschaftszweig (BVerfGE **60** 234) usw. gehören – jedermann auf die Wahrnehmung berechtigter Interessen berufen kann (vgl. o. 13), ist § 193 auch im **öffentlichen Meinungskampf** und bei **Veröffentlichungen in der Presse** oder anderen Medien anwendbar (h. M.; vgl. z. B. BVerfGE **12** 113, **24** 278, BGH **12** 287, **14** 48, **18** 182, BGHZ **31** 308, **45** 296, Düsseldorf NJW **72**, 650, Frankfurt NJW **77**, 1353, Hamburg NJW **67**, 213, Köln NJW **77**, 398, Stuttgart JZ **72**, 745, Arzt/Weber I 175, Blei II 106, D-Tröndle 16, Eser aaO 63 f., Fuhrmann JuS **70**, 73, Herdegen LK 20, M-Maiwald I 253; dazu, daß das Parteienprivileg [Art. 21 GG] als solches der Bestrafung wegen einer in Verfolgung der Ziele der Partei begangenen Beleidigung nicht entgegensteht, vgl. BVerfGE **47** 136, **69** 257; vgl. auch BGH **29** 50, Köln OLGSt § 186 S. 13). Dabei ist es, soweit es sich um eine Presseveröffentlichung handelt, ohne Bedeutung, ob der Täter mit dieser zugleich eine Berufstätigkeit als Journalist ausübt oder nicht (BVerfGE **10** 121, BGH **18** 187); auch Beiträge Dritter einschließlich Leserbriefe genießen in gleicher Weise den Schutz des § 193. In diesem Bereich, in dem es um die öffentliche Meinungsbildung geht, kommt dem durch Art. 5 I GG geschützten Grundrecht der Meinungs- und Pressefreiheit besondere Bedeutung zu. Nach der Rspr. des BVerfG finden bei einer Kollision des grundgesetzlich anerkannten Ehrenschutzes und den Grundrechten auf Meinungs- und Pressefreiheit diese Grundrechte einerseits zwar ihre Schranke in dem Recht der persönlichen Ehre (Art. 5 II GG), andererseits aber ist wegen der in den Bereich des strafrechtlichen Ehrenschutzes hineinwirkenden „Ausstrahlung" des Art. 5 I GG auch die Reichweite des § 193 im Licht der Bedeutung des Grundrechts auf Meinungs- und Pressefreiheit zu bestimmen (vgl. z. B. BVerfGE **7** 198, **12** 124, **42** 169, **54** 136, **60** 240, **61** 10 f., NJW **90**, 1981, JZ **90**, 1072; dazu, daß bei ehrenrührigen Werturteilen Art. 5 GG nicht erst den Maßstab für die Konkretisierung des § 193 liefert, vgl. o. 1; näher zum Verhältnis von Art. 5 und dem strafrechtlichen Ehrschutz und z. T. krit. zu dieser „Wechselwirkungstheorie" des BVerfG vgl. zuletzt z. B. v. d. Decken NJW 83, 1400, Herdegen LK 4 ff., Otto JR 83, 1, Schmitt Glaeser JZ 83, 97 ff., Tettinger JZ 83, 317, R. Weber aaO). Dies bedeutet, daß hier im Einzelfall durch eine umfassende Interessenabwägung zu ermitteln ist, ob der Schutz der Ehre hinter dem Recht auf freie Meinungsäußerung zurückzutreten hat, wobei es insbes. auf den Inhalt des Ehrangriffs, auf seine qualitative und quantitative Wirkung, auf das Mittel des Angriffs und auf dessen Anlaß ankommt (vgl. auch o. 12 u. näher Tettinger aaO 320 ff.). Dabei können die Auswirkungen des Art. 5 GG auf § 193 verschieden sein, je nachdem, ob der Betroffene eine Person oder eine Institution ist, die sich unsachlicher und massiver Kritik u. U. eher stellen muß (BGH **36** 89). Von Bedeutung kann ferner sein, ob es sich um eine spontane freie Rede oder um sonstige Äußerungen handelt, wobei es allerdings zu weitgehend ist – auch ein strafrechtlicher „Ehrenschutz findet dann im Zweifel nicht mehr statt" (Schmitt Glaeser JZ 83, 95) –, wenn für erstere nach Art. 5 GG generell die „Vermutung der Zulässigkeit" sprechen soll (so z. B. BVerfGE **7** 212, **54** 139, **60** 241, **61** 7, **66** 150; krit. dazu z. B. v. d. Decken aaO, Herdegen LK 7, Otto JR 83, 513, Schmitt Glaeser aaO; differenzierend Tettinger aaO 324). Ebenso kann es eine Rolle spielen, daß das Publikum in bestimmten Bereichen an eine harte, ausfällige Sprache, an Übertreibungen und Verzerrungen gewöhnt ist und deshalb von vornherein Abstriche zu machen pflegt (z. B. politische Auseinandersetzungen, geschäftlicher Wettbewerb usw.), in anderen dagegen nicht (z. B. wissenschaftliche Publikationen; vgl. Karlsruhe NJW **89**, 1360). Ein Unterschied ist es schließlich, ob es sich um Werturteile oder Tatsachenbehauptungen bzw. -mitteilungen handelt, da nur erstere als Meinungsäußerung den vollen Schutz des Art. 5 genießen, während dies für unrichtige oder nicht erweislich wahre ehrenrührige Tatsachenbehauptungen nicht gilt, da sie zu der verfassungsmäßig vorausgesetzten Meinungsbildung nicht beitragen können (vgl. auch BVerfGE **61** 8, wo dies nur für „die erwiesen oder bewußt unwahre Tatsachenbehauptung" dezidiert festgestellt wird; krit. hierzu Schmitt Glaeser JZ 83, 96f.). Hier beschränkt sich deshalb die „Ausstrahlungswirkung" des Art. 5 GG darauf, daß die Anforderungen an die Prüfungspflicht nicht so bemessen werden dürfen, daß dadurch der Meinungsbildungsprozeß, der auf Informationen angewiesen ist, ernsthaft gefährdet wird (vgl. auch BVerfGE **54** 219f., **61** 8, Rudolphi SK 23a, aber auch Schmitt Glaeser aaO). Für diesen Fall behält daher § 193 auch seine für die Rechtfertigung konstitutive Bedeutung. Im einzelnen – vgl. auch schon o. 12 – gilt folgendes:

αα) Für **ehrenrührige Werturteile** (§ 185) folgt aus Art. 5 GG zunächst, daß derjenige, der im **16** öffentlichen Meinungsbildungsprozeß über eine die Öffentlichkeit wesentlich berührende Frage begründeten Anlaß zu einem herabsetzenden Urteil gegeben hat, grundsätzlich auch Einschränkungen seines Ehrenschutzes hinnehmen muß (z. B. BVerfGE **12** 131, **54** 138, **66** 150, BGH **12** 287, Bay NStZ **83**, 265, Hamburg NJW **84**, 1130, Hamm NJW **82**, 1656). Solange es dem Kritiker nur darum geht, dem eigenen Standpunkt Nachdruck zu verleihen, ist er nicht auf das schonendste Mittel beschränkt, vielmehr sind hier auch scharfe und polemisierende Formulierungen, überspitzte und „plakative Wertungen" und übertreibende und verallgemeinernde Kennzeichnungen des Gegners zulässig (vgl. z. B. BVerfG JZ **90**, 1073 mwN, BGH **36** 85 m. Anm. Arzt JZ 89, 647, Dau NStZ 89, 861 u. Bespr. Maiwald JR 89, 485 [„Soldatenurteil"], BGH [Z] NJW **81**, 2119, Bay NStZ **83**, 265, Düsseldorf NJW **72**, 650, Frankfurt NJW **77**, 1553, **79**, 1368, Hamm GA **74**, 62, NJW **82**, 1658, Karlsruhe MDR **78**, 421, Otto JR 83, 6ff., Rudolphi SK 23b), ebenso wie bei der Erörterung öffentlicher Angelegenheiten in der Presse auch einseitig gefärbte Stellungnahmen und „beißende Kritik, selbst wenn sie objektiv falsch, geschmacklos oder banal ist", hinzunehmen sind (Zweibrücken GA **78**, 209). Auch brauchen ehrverletzende Äußerungen nicht stets durch Tatsachen belegt zu sein, die eine kritische Beurteilung ermöglichen (BVerfGE **42** 170, BGH NJW **74**, 1763, Hamm NJW **82**, 661). Dabei überwiegt der Schutz der freien Meinungsäußerung umso eher, je gewichtiger die fragliche Angelegenheit für die Öffentlichkeit ist (z. B. Frankfurt NJW **89**, 1368, Karlsruhe MDR **78**, 421, LG Kaiserslautern NJW **89**, 1370, Rudolphi SK 23b). Speziell auf Äußerungen des Betroffenen darf nicht nur dann mit abwertender Kritik reagiert werden, wenn diese ihrerseits beleidigend waren; maßgebend für die Frage der Zulässigkeit einer „reaktiven Verknüpfung" (Herdegen LK 7) ist vielmehr, ob und in welchem Ausmaß der Betroffene seinerseits am Prozeß öffentlicher Meinungsbildung teilgenommen und sich „damit aus eigenem Entschluß den Bedingungen des Meinungskampfes unterworfen hat" (BVerfGE **54** 138, **61** 13; vgl. ferner z. B. BVerfGE **66** 150, Bay NStZ **83**, 265, Köln NJW **77**, 398, JMBlNW **83**, 38, AG Nürnberg StV **82**, 78). Hierin besteht ein „Recht auf Gegenschlag" dergestalt, daß der Täter einen Angriff auf eine von ihm vertretene Auffassung auch mit „starken Formulierungen" (BVerfGE **24** 286, **42** 153) abwehren darf (dazu, daß ein solches Recht auch der Bundesregierung zusteht, vgl. BVerwG NJW **84**, 2591). Dabei braucht sich der „Gegenschlag" nicht auf eine sachliche Widerlegung zu beschränken, vielmehr sind hier auch herabsetzende Äußerungen gerechtfertigt, wenn sie, gemessen an den von der Gegenseite aufgestellten Behauptungen, nicht unverhältnismäßig sind und noch als adäquate Reaktion darstellen (vgl. z. B. BVerfGE **12** 132, **24** 286, **54** 137, BGHZ **45** 308, Bay NStZ **83**, 265, Hamm GA **74**, 62, NJW **82**, 661, 1658, Köln NJW **77**, 398, Koblenz NJW **78**, 816, Rudolphi SK 23b). Dies gilt nicht nur, aber vor allem im politischen Meinungskampf. In besonderem Maß soll die „Vermutung der Zulässigkeit der freien Rede" (vgl. o. 15) im Wahlkampf gelten und erst recht für Auseinandersetzungen unter politischen Parteien (BVerfGE **61** 11f. [„CSU als NPD Europas"]; krit. dazu Schmitt Glaeser JZ 83, 98f.). Nicht gerechtfertigt sind jedoch Äußerungen, bei denen nicht mehr die Auseinandersetzung in der Sache, sondern Beschimpfungen, Schmähungen und Diffamierungen der Person im Vordergrund stehen („Schmähkritik", vgl. z. B. BVerfG JZ **90**, 1072 m. Anm. Tettinger, BGH **36** 85 [„Soldatenurteil"], BGH[Z] NJW **74**, 1763, **77**, 627, Bay NStZ **83**, 126, 265, Düsseldorf NJW **86**, 1262, Hamm NJW **82**, 659, KG JR **90**, 124, Köln AfP 83, 472, aber auch BVerfG NJW **90**, 1981, wonach dies nur „regelmäßig" gelten soll) oder die in keinem Verhältnis zum Anlaß stehenden „Wertungsexzeß" (Bay aaO, Frankfurt NJW **77**, 1353, Hamm aaO, Karlsruhe MDR **78**, 421, Koblenz NJW **78**, 816, Köln OLGSt § 185 S. 36f., Zweibrücken GA **78**, 211, LG Kaiserslautern NJW **89**, 1370; für Auseinandersetzungen unter politischen Parteien im Wahlkampf vgl. aber auch BVerfGE **61** 12 [Einschränkungen der freien Rede nur in „äußersten Fällen"], **69** 269 [Zurückweisung eines Wahlwerbespots durch Rundfunkanstalt nur bei „evidenten" und „nicht leicht wiegenden" Verstößen gegen § 185; krit. dazu F. C. Schroeder NStZ

85, 451 mit dem zutr. Hinweis, daß im konkreten Fall schon die Voraussetzungen des § 185 nicht erfüllt waren]). Durch § 193 nicht mehr gerechtfertigt ist daher z. B. die Bezeichnung von Soldaten als „potentielle Mörder" im Rahmen einer radikalen pazifistischen Kritik, wenn es dabei nicht mehr um die Sache, sondern um die Kränkung des Betroffenen geht (Frankfurt NJW **89**, 1969; vgl. aber auch LG Frankfurt NJW **88**, 2683, NStZ **90**, 233 m. Anm. Brammsen; zur Frage der Tatbestandsmäßigkeit vgl. § 185 RN 8). Auch ist Voraussetzung immer, daß Anlaß und Reaktion durch einen gemeinsamen Bezug auf die Sache, d. h. auf das die öffentliche Meinungsbildung berührende konkrete Interesse miteinander verknüpft sind (vgl. auch Frankfurt NJW **89**, 1368); daß „mit gleicher Münze zurückgezahlt wird", genügt daher nicht (Köln NJW **77**, 398). Von Bedeutung ist hier ferner, ob die Reaktion fallbezogen ist oder ob sie in einer abwertenden Kennzeichnung der Person besteht (vgl. Otto JR 83, 512), weshalb Ehrverletzungen, durch die der Betroffene, losgelöst vom konkreten Streit, umfassend und verallgemeinernd herabgesetzt wird, nicht gerechtfertigt sind (Düsseldorf NJW **86**, 1263). Bei herabsetzender Kritik fremder Äußerungen müssen diese selbst richtig wiedergegeben werden; näher zu den Voraussetzungen und Grenzen einer von Art. 5 I GG noch gedeckten interpretierenden Zitierweise vgl. BVerfGE **54** 208 gegen BGH [Z] NJW **78**, 1797 u. dazu Roellecke JZ 80, 701, W. Schmidt NJW 80, 2066, Wenzel AfP 78, 143). – *Kritisch* zu diesen von der Rspr., insbesondere dem BVerfG entwickelten Grundsätzen ist jedoch anzumerken, daß sie für den Bereich politischer Auseinandersetzung zu einem z. T. bedenklichen Abbau des Ehrenschutzes geführt haben, zumal der Hinweis auf die „heutige Reizüberflutung", wegen der, um Aufmerksamkeit zu erregen, auch „starke Formulierungen" hinzunehmen seien (vgl. BVerfGE **24** 286, aber auch **42** 153, Hamm NJW **82**, 661), den Keim der Eskalation bereits in sich trägt und der Anfang einer Spirale ohne Ende sein könnte (zur Kritik vgl. auch Arzt JuS 82, 727f., M-Maiwald I 254, Otto JR 83, 511, NStZ 85, 214, Würtenberger NJW 83, 1146, Schmitt Glaeser JZ 83, 95).

17 ββ) **Auch für ehrenrührige Tatsachenbehauptungen** i. S. des § 186 gilt zunächst, daß hier ein den Ehrenschutz überwiegendes Interesse um so eher anzunehmen ist, je mehr Gewicht die fragliche Angelegenheit für die Allgemeinheit hat. Dabei darf der Kreis der Angelegenheiten, an denen ein ernsthaftes Informationsinteresse der Öffentlichkeit besteht, nicht zu eng gezogen werden; selbst Berichte, denen es auf Skandale und Sensationen ankommt, stehen nicht schlechthin im Widerspruch zur öffentlichen Aufgabe der Presse, sondern nur dann, wenn es sich dabei um bloße Sensationsmache ohne wirklichen Nachrichtenwert handelt (vgl. Herdegen LK 18, Schneider NJW 63, 665; mißverständl. daher BGH **18** 187). Unzulässig ist jedoch das Eindringen in den privaten Lebensbereich ohne zwingenden Grund (vgl. BGH **19** 235). Dies gilt auch für das Privatleben von Politikern und sonstigen Persönlichkeiten des öffentlichen Lebens, wo gleichfalls besondere Umstände hinzukommen müssen, um die fragliche Angelegenheit zu einer solchen von öffentlichem Interesse zu machen (vgl. BGH **18** 186 m. Anm. Schneider NJW 63, 665, Fuhrmann JuS 70, 74). Erst recht scheidet § 193 bei Berichten über die Intimsphäre aus (vgl. BVerfGE **6** 41, Fuhrmann aaO). – Andererseits sind der Rechtfertigung von Tatsachenbehauptungen i. S. des § 186, weil sie den Betroffenen besonders nachhaltig belasten, umso engere Grenzen gezogen, je höher das Risiko ist, daß sie unwahr bzw. nicht erweislich wahr sind (z. B. BGH [Z] NJW **77**, 1289). Ehrenrührige Beschuldigungen in der Öffentlichkeit sind zwar nicht schon deshalb unzulässig, weil der Täter weiß, daß er sie notfalls nicht beweisen kann (so z. B. wenn der Betroffene die ihn kompromittierenden Äußerungen bei einem Gespräch ohne Zeugen später leugnen sollte; vgl. dazu auch BGH [Z] **49** 266, aber auch Tettinger JZ 83, 323); kommt aber hinzu, daß er selbst Zweifel an der Richtigkeit seiner Behauptung hat oder haben muß, so ist diese nur ausnahmsweise gerechtfertigt, wenn dabei Interessen von besonders hohem Rang auf dem Spiel stehen (Erhardt aaO 195). Ob eine Veröffentlichung von Namen der an ehrenrührigen Vorgängen Beteiligten zulässig ist, hängt von den Umständen des Einzelfalls ab; jedenfalls bei nicht völlig zweifelsfreien Informationen muß hier dem Betroffenen regelmäßig vorher zumindest Gelegenheit zur Stellungnahme gegeben werden (vgl. BVerfGE **35** 202, BGH NJW **63**, 484, Düsseldorf MDR **71**, 661, Stuttgart NJW **72**, 2320).

18 Wegen der Breitenwirkung von Presseveröffentlichungen sind an die *Prüfungspflicht* (vgl. o. 11) besondere Anforderungen zu stellen. Zwar können diese wegen Art. 5 GG nicht so bemessen werden, daß dadurch der Meinungsbildungsprozeß ernsthaft gefährdet wird (vgl. o. 15), weshalb hier auch nicht die strengen Methoden wissenschaftlicher oder gerichtlicher Wahrheitsermittlung gelten können (vgl. BGH NJW **77**, 1289, 99, 267, Coing aaO 27). Vielmehr genügt die „pressemäßige", d. h. bei Prüfung der Wahrheitsfrage mit den Mitteln von Presseorganen zu erbringende Sorgfalt (z. B. BGH[Z] NJW **77**, 1289, **87**, 2226, Köln NJW **63**, 1634, **77**, 2683, Coing aaO, Eser aaO 64f, Herdegen LK 23), an die aber strenge Maßstabe anzulegen sind (vgl. z. B. BGH **14** 51, NJW **52**, 194, Hamburg NJW **67**, 213, Stuttgart NJW **72**, 2380, D-Tröndle 16). Eine Mitteilung oder ein Bericht dürfen daher nicht ohne weiteres ungeprüft übernommen werden (BGH NJW **63**, 904), wobei hinsichtlich des Umfangs der Prüfung einerseits die zur Verfügung stehenden Informationsquellen, die zeitlichen Grenzen einer Presseberichterstattung (Aktualität, Gefahr im Verzug), der Rang des wahrgenommenen Interesses, andererseits die Schwere der ehrenrührigen Behauptung, die Zuverlässigkeit des Informanten usw. zu berücksichtigen sind (vgl. BGH NJW **77**, 1288, Herdegen LK 23). Danach kann z. B. auch die Mitteilung des Verdachts ehrenrühriger Vorgänge unter Hinweis auf den Mangel an Bestätigung oder der Bericht über eine öffentlich erfolgte Ehrverletzung unter gleichzeitiger Distanzierung zulässig sein, wenn ein besonderes Informationsbedürfnis besteht und eine recht-

zeitige Aufklärung nicht möglich ist (BGH NJW 77, 1289, D-Tröndle 16). Auch bei einem Hinweis auf ein noch schwebendes Ermittlungsverfahren ist es jedoch unzulässig, Verdachtsgründe, welche das Presseorgan nicht aus eigenen Recherchen, sondern nur auszugsweise und bruchstückhaft aus den Akten kennt, im Vorgriff auf das Ermittlungsergebnis zu bestimmten Behauptungen über die Schuld des Betroffenen zu verdichten (vgl. Köln NJW **87**, 2682, wo dies zusätzlich mit der Unschuldsvermutung begründet wird). Bestehen nicht behebbare Zweifel an der Richtigkeit einer Meldung, so ist ein entsprechender Hinweis erforderlich (vgl. BGH aaO, Herdegen aaO, Wenzel aaO 187). Ob eine Rückfrage bei dem Betroffenen geboten ist, richtet sich nach den Umständen des einzelnen Falles (Köln NJW **63**, 1635); in der Regel zu bejahen ist dies, wenn sein Name veröffentlicht werden soll (Stuttgart NJW **72**, 2320). Für die Prüfungspflicht bei Leserbriefen gelten nur insofern geringere Anforderungen, als hier zugunsten des Täters seine in der Regel geringeren Informationsmöglichkeiten zu berücksichtigen sind (vgl. Köln JMBlNW **62**, 108). Zur Verantwortlichkeit eines Redakteurs vgl. ferner Bay **62**, 93, zu der eines Verlegers vgl. Stuttgart NJW **76**, 628.

β) Obgleich § 193 neben Art. 5 GG keine eigenständige Bedeutung mehr hat (vgl. o. 1), kann als Wahrnehmung berechtigter Interessen auch eine **künstlerische Betätigung** angesehen werden (zur Tatbestandsmäßigkeit vgl. § 185 RN 8a). Wesentlich für eine solche ist nach BVerfGE **30** 189 „die freie schöpferische Gestaltung, in der Eindrücke, Erfahrungen, Erlebnisse des Künstlers durch das Medium einer bestimmten Formensprache zu unmittelbarer Anschauung gebracht werden", das „Zusammenwirken von Intuition, Phantasie und Kunstverstand" und die weniger auf Mitteilung als auf Ausdruck der individuellen Persönlichkeit des Künstlers gerichtete Tätigkeit (ähnl. z.B. D-Tröndle § 184 RN 11, Maunz-Dürig-Herzog-Scholz Art. 5 III RN 29, Würtenberger, Dreher-FS 89), jedenfalls aber eine in dem Kunstwerk sich ausdrückende „geistige Auseinandersetzung mit der Welt" (Otto JR **83**, 10, Würtenberger NJW **82**, 614). Von den dem BVerfG aaO aufgestellten Grundanforderungen gehen im wesentlichen auch noch BVerfGE **67** 213 (226) m. Anm. Otto NStZ **85**, 213, **75** 369 (377) m. Anm. bzw. Bespr. Würkner NStZ **88**, 23, NJW **88**, 317, JA **88**, 183, ZUM **88**, 171 aus, zugleich wird dort aber die Unmöglichkeit einer generellen Definition von Kunst betont (aaO S. 225 bzw. 377) und deshalb ein „weiter Kunstbegriff" (aaO S. 225) zugrunde gelegt, bei dem eine „Niveaukontrolle" unzulässig ist (aaO S. 377; näher zum – außerordentlich umstrittenen – Kunstbegriff, der je nach seiner formalen oder materialen Bestimmung auch zu einer unterschiedlichen Begrenzung des strafrechtlichen Ehrenschutzes führen muß, vgl. außer BVerfG aaO auch Otto JR **83**, 8 ff., NJW **86**, 1207 ff., Würtenberger aaO jeweils mwN, ferner Emmerich/Würkner NJW **86**, 1195, Erhardt aaO 44 ff., 56 ff., Hoffmann NJW **85**, 237, Kirchhof NJW **85**, 225, Wolfram SchlHA **84**, 2, Zechlin NJW **84**, 1091). Durch Art. 5 III GG ist die Kunstfreiheit zwar vorbehaltlos, aber nicht schrankenlos gewährleistet, sondern begrenzt durch andere Verfassungswerte und damit auch durch das Persönlichkeitsrecht einschließlich des Rechts auf Ehre (Art. 2 I i.V. mit Art. 1 I GG), dem seinerseits allerdings wieder die Kunstfreiheit Grenzen zieht, was im Konfliktsfall eine Abwägung zwischen beiden notwendig macht (vgl. z.B. BVerfG aaO [Roman bzw. politisches Straßentheater bzw. Karikatur], BGH [Z] NJW **75**, 1884 [Theaterstück], **83**, 1194 m. Anm. Zechlin [„Moritatengedicht"], Hamburg NJW **84**, 1130 m. Anm. Otto JR **83**, 511 [Schlüsselroman], Erhardt aaO 103 ff., Herdegen LK 9, Lackner 7, Otto JR **83**, 10, Würtenberger NJW **82**, 615, aber auch Zechlin NJW **84**, 1091 jeweils mwN; zu § 90a I Nr. 2 vgl. BVerfG NJW **90**, 1982, 1985 m. Anm. Gusy JZ **90**, 640). Dabei kann sich dann auch ergeben, daß das Maß der künstlerischen Gestaltung und „Verfremdung" eine Aussage zulässig macht, die dies unter dem Aspekt der Meinungsfreiheit (Art. 5 II GG) nicht mehr wäre (Otto JR **83**, 10, NJW **86**, 1210). Geringfügige Beeinträchtigungen und die bloße Möglichkeit einer schwerwiegenden Beeinträchtigung des Persönlichkeitsrechts sind nach BVerfGE **67** 228 m. Anm. Otto aaO wegen der hohen Bedeutung der Kunstfreiheit hinzunehmen; dagegen sind den Kernbereich der Ehre treffende schwere Beleidigungen und erst recht Angriffe auf die Menschenwürde auch durch Art. 5 III GG nicht gerechtfertigt (BVerfG aaO, **75** 369 m. Anm. bzw. Bespr. Würkner aaO; vgl. auch Hamm NJW **82**, 659, Gössel J **370**, Lackner 7), weshalb die Grenze des Zulässigen z.B. in dem Fall von BVerfGE **75** 369, Hamburg NJW **85**, 1654 m. Anm. Geppert JR **85**, 430 eindeutig überschritten ist, ebenso z.B. wenn in einem Schlüsselroman der Betroffene, mag dieser auch nur für einen kleinen Kreis identifizierbar sein, als „alte Ratte" bzw. „mieser Kerl" bezeichnet wird (and. Hamburg NJW **84**, 1130 m. Anm. Otto JR **83**, 511, wo auch einem Romanautor ein Recht auf „Gegenschlag" [vgl. o. 16] eingeräumt wird). Diese Grenzen gelten auch für die gleichfalls unter den Schutzbereich des Art. 5 III GG fallende politisch engagierte Kunst, bei der mit Mitteln der Kunst eine bestimmte Meinung kundgetan wird (BVerfGE **67** 227 f. m. Anm. Otto aaO, **75** 377 m. Anm. bzw. Bespr. Würkner aaO, Erhardt aaO 169 ff.; enger Stuttgart NJW **76**, 630, Otto JR **83**, 10, NJW **86**, 1210). Im übrigen umfaßt der Schutz des Art. 5 III GG sowohl den „Werkbereich" der Kunst (eigentliche künstlerische Betätigung) als auch deren „Wirkbereich", d.h. das öffentliche Zugänglichmachen des Kunstwerks einschließlich der Werbung (BVerfGE **77** 240, 251 m. Anm. Würkner NJW **88**, 327 mwN), wobei dann allerdings nach BVerfG aaO 254 eine „tatsächliche Vermutung" dafür spricht, daß die Kunstfreiheit im Werkbereich eher den Vorrang genießt als im Wirkbereich (krit. dazu Würkner aaO). Nicht mehr zum „Wirkbereich" der Kunstfreiheit gehört jedoch das Übersenden eines beleidigende Wendungen enthaltenden Gedichtbands durch den Autor an eine bestimmte Einzelperson, um speziell diese zu treffen (vgl. LG Baden-Baden NJW **85**, 2431; vgl. auch den Fall von AG Hamburg NJW **89**, 410). Speziell zur Freiheit der Literatur und ihren

Grenzen vgl. Kastner NJW 82, 601, Otto NJW 86, 1206, zu Karikaturen und Satiren vgl. die Nachw. in § 185 RN 8 a.

20 γ) **Strafanzeigen,** Anzeigen von Dienstpflichtverletzungen oder standesrechtlichen Verstößen sind auch bei Nichterweislichkeit der behaupteten Straftat usw. nach § 193 gerechtfertigt, wenn für den Verdacht Anhaltspunkte gegeben sind, die Anzeige also nicht jeder Grundlage entbehrt. Dies gilt unabhängig davon, ob der Anzeigende von der (angeblichen) Tat selbst betroffen ist, da das Recht zur Erstattung von Anzeigen jedermann zusteht (vgl. z. B. RG **29** 56, **61** 400, **62** 93, **66** 1, Bay NJW **54**, 1011, Düsseldorf VRS **60** 115). Wird die Anzeige bei der untersuchungspflichtigen Behörde erstattet, so hat der Täter im allgemeinen keine eigene Informations- und Prüfungspflicht, da es hier gerade die Aufgabe der Behörde ist, den Verdacht zu klären (vgl. RG **66** 1). Dies gilt insbesondere für die sog. Aufklärungsanzeigen (vgl. Bockelmann NJW 59, 1849), wenn der Anzeigende sich seiner Sache nicht sicher ist, aber begründeten, d. h. nicht nur auf haltlose Vermutungen gestützten Anlaß zu einer Aufklärung durch die Polizei hat. Deshalb braucht der Täter von der Richtigkeit seines Vorwurfs auch nicht überzeugt zu sein. Unzulässig ist es aber auch hier, Tatsachen als gewiß zu behaupten, an deren Richtigkeit der Täter zweifelt (vgl. Herdegen LK 22 mwN). Bei Verfehlungen in Ausübung einer beruflichen Tätigkeit muß eine Mitteilung auch an den (privaten) Arbeitgeber möglich sein. Näher zur strafrechtlichen Würdigung unbegründeter Dienstaufsichtsbeschwerden vgl. Schmid Bay VerwBl. 81, 267.

21 δ) Entsprechendes wie bei Anzeigen gilt für **Petitionen** nach Art. 17 GG. Auch beleidigende Petitionen sind nur in den – hier allerdings weiteren (vgl. o. 20) – Grenzen des § 193 gerechtfertigt; aus Art. 17 GG ergeben sich keine weitergehenden Rechte (vgl. BGH GA/H **59**, 46, Düsseldorf NJW **72**, 650, Hamm JMBlNW **70**, 34, München NJW **57**, 795, Herdegen LK 22, Rudolphi SK 18; and. Arndt NJW 57, 1072 [Art. 17 GG als selbständiger Rechtfertigungsgrund]; vgl. ferner Helle NJW 61, 898, Kaiser NJW 62, 236). Unzulässig sind ehrenrührige Vorwürfe, die mit dem Verfahren offensichtlich nichts zu tun haben (Düsseldorf NVwZ **83**, 502). Für die Prüfungspflicht gelten aber auch hier geringere Anforderungen, insbes. nach Ausschöpfung des Verwaltungswegs (Düsseldorf NJW **72**, 650).

22 ε) Der **Rechtsanwalt** ist nicht schon kraft seines Berufes zur Wahrung fremder Interessen berechtigt, sondern in der Regel erst auf Grund eines entsprechenden Auftrags (RG **47** 171; vgl. ferner Hamburg NJW **52**, 903, LG Köln MDR **73**, 65). Auch soweit er in Ausübung seines Mandats handelt, sind beleidigende Äußerungen jedoch nicht gerechtfertigt, wenn sie in keinem Zusammenhang zur Rechtsverfolgung stehen (KG JR **88**, 523, Köln OLGSt § 185 S. 16) oder der Anwalt bei pflichtgemäßer Prüfung hätte erkennen können, daß die Unterlagen für seine Behauptung unzuverlässig oder unzulänglich sind (vgl. RG **74** 257, Hamburg NJW **52**, 903, KG aaO, Walchshöfer MDR 75, 15) oder daß ein ihm mitgeteilter Sachverhalt noch nicht bestimmte ehrenrührige Schlußfolgerungen zuläßt (Hamburg MDR **80**, 953). Dabei sind für den Umfang seiner Prüfungspflicht vor allem die Schwere der ehrenrührigen Äußerungen und die Erreichbarkeit sicherer Informationen von Bedeutung. Daher hat der Anwalt jedenfalls solche Informationen nachzuprüfen, die er sich schnell und zuverlässig selbst verschaffen kann (Praml NJW 76, 1669); nur im übrigen darf er sich – sofern nicht konkrete Anhaltspunkte für die Unrichtigkeit bestehen – regelmäßig ohne eigene Nachprüfung auf die Angaben seines Mandanten verlassen (vgl. BGH NJW **62**, 244, Köln NJW **79**, 1723, Herdegen LK 15, Praml aaO, Walchshöfer aaO; vgl. auch Hamburg JW **38**, 3104, MDR **69**, 142, **73**, 407, LG Berlin MDR **56**, 758, LG Köln MDR **73**, 65). Für ehrenrührige Behauptungen, die der Anwalt nicht auf Veranlassung des Mandanten, sondern von sich aus aufstellt, trägt er die volle Verantwortung (RG HRR **41** Nr. 840, Seibert MDR 51, 711). In einem Plädoyer darf der Anwalt, wenn es darauf ankommt, aus den mitgeteilten Tatsachen auch ehrenrührige Schlußfolgerungen ziehen, sofern er nicht eine zusätzliche Abwertung des Betroffenen zum Ausdruck bringt (Saarbrücken AnwBl. **79**, 193; vgl. auch BGH NStZ **87**, 554, EzSt § 189 **Nr. 1** [Herabsetzung des Schicksals der Juden im Warschauer Ghetto], LG Hechingen NJW **84**, 1767 [Kennzeichnung bedenklicher Ermittlungsmethoden als „Gestapo-Methoden"]); Verunglimpfungen sind durch Verteidigungsinteressen in keinem Fall gedeckt. Auch übertreibende Wertungen in einem Schriftsatz („Wucherer") können u. U. gerechtfertigt sein (Köln NJW **79**, 1723, LG Berlin NJW **84**, 1760); zur Aufrechterhaltung beleidigender Äußerungen in einer Klageschrift, nachdem der Kläger wegen dieser Äußerung nach § 186 verurteilt worden ist, vgl. Hamm NJW **61**, 250. In *eigener Sache* (z. B. als Angeklagter) dürfen an einen Anwalt keine höheren Anforderungen gestellt werden als an andere (KG JR **88**, 523). Der *Mandant* haftet für ehrenrührige Behauptungen in den Schriftsätzen seines Prozeßbevollmächtigten als mittelbarer Täter (vgl. dazu auch Praml aaO), wenn er diesen durch bewußt wahrheitswidrig oder leichtfertig aufgestellte Tatsachenbehauptungen irregeführt hat (KG DStR **39**, 62; vgl. auch Celle NJW **61**, 232, Hamm NJW **71**, 1850). Zur Anwendbarkeit des § 193 bei Informationserteilung an einen Anwalt vgl. LG Aschaffenburg NJW **61**, 1544 m. Anm. Rutkowsky, wobei freilich umstritten ist, ob hier nicht ohnehin eine „beleidigungsfreie Sphäre" anzunehmen ist (vgl. 9 vor § 185). Zum Ganzen vgl. weiter Reichard AnwBl. 56, 19 und speziell zur Wahrnehmung berechtigter Interessen durch den Verteidiger Krekeler AnwBl. 76, 190.

23 e) Als **subjektives Rechtfertigungselement** ist außer dem Erfordernis pflichtgemäßer Prüfung (vgl. o. 11, 18 sowie 19f. vor § 32) nach h. M. die *Absicht* der Interessenwahrnehmung

erforderlich (vgl. z. B. RG **50** 321, BGH **18** 186, MDR/D **53**, 401, D-Tröndle 17, Eser aaO 25f., Gössel I 396, Herdegen LK 30, Rudolphi SK 25, Tenckhoff JuS 88, 202, Wessels II/1 S. 108; vgl. auch RG **61** 400, Düsseldorf VRS **60** 115, Hamburg JR **52**, 204: Motiv), wobei es allerdings unschädlich sein soll, wenn der Täter daneben noch andere Zwecke verfolgt (vgl. z. B. RG **61** 401, BGH NStZ **87**, 554, Düsseldorf VRS **60** 115, Hamburg JR **52**, 203, NJW **84**, 1132, Koblenz VRS **53** 269, Köln OLGSt § 185 S. 18). Doch müssen auch hier die allgemeinen Grundsätze gelten (vgl. 13 ff. vor § 32), wonach es genügt, wenn der Täter in Kenntnis der rechtfertigenden Sachlage handelt, im Fall des § 193 also, wenn er die objektiven Umstände kennt, bei deren Vorliegen die fragliche Äußerung in der konkreten Situation getan werden darf (vgl. auch Lackner 4, M-Maiwald I 251). Daß die Äußerung „zur" Wahrnehmung berechtigter Interessen gemacht sein muß, steht dem ebensowenig entgegen wie z. B. die entsprechende Wendung in § 34 (vgl. dort RN 48). Etwas anderes ergibt sich hier auch nicht aus dem Prinzip des erlaubten Risikos, da dieses zwar eine besondere Prüfungspflicht, nicht aber eine Beschränkung der Interessenwahrnehmung auf absichtliches Handeln notwendig macht. Rechtfertigen deshalb die Umstände z. B. eine Strafanzeige und hat der Täter diese pflichtgemäß geprüft, so ist § 193 nicht deshalb unanwendbar, weil er allein aus Rachsucht und nicht auch zur Wahrung staatlicher Strafverfolgungsinteressen gehandelt hat (vgl. M-Maiwald I 251; and. Koblenz VRS **53** 269; vgl. ferner Düsseldorf VRS **60** 115); ebenso entfällt bei einer sorgfältig recherchierten und berechtigte Informationsinteressen erfüllenden Zeitungsmeldung der Schutz des § 193 nicht deshalb, weil es dem Täter allein um die Steigerung der Auflage geht (and. Hamm DB **80**, 1215). Daß beleidigende Äußerungen, die nur *gelegentlich* einer Wahrnehmung berechtigter Interessen gemacht werden, nicht gerechtfertigt sind (vgl. RG **29** 57, Bay NJW **52**, 1120, D-Tröndle 17), ergibt sich schon aus dem Fehlen des objektiven Bezugs zu diesen.

f) Bei **irriger Annahme** der Voraussetzungen des § 193 gelten die allgemeinen Grundsätze über 24 den Irrtum bei Rechtfertigungsgründen (vgl. 19 vor § 13, § 16 RN 14, 21 vor § 32). Ein Irrtum über die Geeignetheit zur Interessenwahrung oder über andere Umstände, die den Rechtfertigungsgrund des § 193 ergeben würden, schließt nach h. M. den Vorsatz aus oder ist jedenfalls wie ein vorsatzausschließender Irrtum zu behandeln (vgl. RG **25** 355, **59** 416, JW **23**, 349, Braunschweig GA **62**, 85, D-Tröndle 20, Eser aaO 65, Herdegen LK 31), es sei denn, daß der Täter seine Prüfungspflicht verletzt bzw. – nach der Rspr. – leichtfertig gehandelt hat (krit. dazu Lenckner, Mayer-FS 184; vgl. auch Rudolphi SK 28, Schröder-GedS 92 ff.). Dagegen ist der Irrtum über die rechtlichen Grenzen des § 193 Verbotsirrtum (§ 17; vgl. Braunschweig GA **62**, 85 und zur Frage der Vermeidbarkeit im Falle eines Wertungsexzesses Hamm NJW **82**, 659, AG Frankfurt NJW **89**, 1745); dasselbe soll nach Hamburg NJW **66**, 1978 gelten, wenn der Täter die ihm bekannte Sachlage lediglich falsch beurteilt (vgl. auch D-Tröndle 20 unter Hinweis auf BGH 3 StR 52/63, ferner Herdegen LK 31). Vgl. näher zum Ganzen Schaffstein NJW **51**, 691, Seibert MDR **51**, 711 und – vom Standpunkt der strengen Schuldtheorie aus – Hartung NJW **51**, 212.

5. Auch die „**ähnlichen Fälle**" können nur solche sein, welche die Merkmale einer berechtigten 25 Wahrnehmung schutzwürdiger Interessen aufweisen, weshalb ihre ausdrückliche Nennung neben der Wahrnehmung berechtigter Interessen keine selbständige Bedeutung hat. Die h. M. rechnet hierher die Fälle, in denen jemand in Erfüllung einer Rechtspflicht handelt, z. B. als Zeuge oder Sachverständiger aussagt (RG **41** 255, BGH MDR/D **53**, 147; zum Sachverständigen bei einer Parlamentsanhörung vgl. BGH [Z] NJW **81**, 2117), und zwar auch vor der Polizei (Stuttgart NJW **67**, 792 m. Anm. Roxin). Über weitere Beispiele vgl. o. 5 ff., 13.

IV. Trotz Wahrnehmung berechtigter Interessen usw. bleibt die Tat jedoch als **Formalbelei-** 26 **digung** strafbar, wenn das Vorhandensein einer Beleidigung aus der Form der Äußerung oder aus den Umständen, unter denen sie geschah, hervorgeht (vgl. entsprechend § 192; liegen dessen Voraussetzungen vor, so kommt § 193 nicht mehr in Betracht, da die Merkmale einer Formalbeleidigung in beiden Fällen die gleichen sind [and. Braunschweig NJW **52**, 237]). Als übrigbleibende Beleidigung kommt hier wie in § 192 nur eine solche nach § 185 in Betracht; üble Nachrede (§ 186) und Verleumdung (§ 187) scheiden aus, weil sie sich nicht aus der Form und den Umständen ergeben, sondern nur aus dem Inhalt der Äußerung (Hamm JMBlNW **51**, 164, D-Tröndle 25, Herdegen LK 33, Rudolphi SK 29; and. RG JW **36**, 3491, DR **40**, 682). Daraus, daß die Wahrnehmung berechtigter Interessen nur eine unter Berücksichtigung aller Umstände zulässige Ehrverletzung ist (vgl. o. 9a) und dies auch für die anderen in § 193 aufgeführten Fälle gilt (vgl. o. 1, 5), folgt andererseits, daß die genannte Einschränkung des § 193 für § 185 ohne Bedeutung ist: Hier sind es z. B. schon keine „Vorhaltungen und Rügen eines Vorgesetzten" i. S. einer berechtigten Interessenwahrnehmung, wenn sich der Untergebene dessen an sich berechtigte Vorwürfe in einer entwürdigenden Stellung anhören muß; umgekehrt kann eine Beleidigung i. S. des § 185, die sich als Wahrnehmung berechtigter Interessen darstellt, auch keine Formalbeleidigung mehr sein (vgl. auch Dähn JR **90**, 517, Herdegen LK 33 sowie BVerfGE **60** 242 für durch Art. 5 GG gedeckte Äußerungen). Nur bei § 186, wo es allein auf den Inhalt der Behauptung usw. ankommt, ist die Situation denkbar, daß diese als solche durch die Wahrnehmung berechtigter Interessen gedeckt ist, eine Beleidigung i. S. des § 185 sich aber aus der Form usw. ergibt. Unter diesen Voraussetzungen bleiben auch Presseveröffentlichungen als Formalbeleidigung strafbar (vgl. Bay **61**, 47, UFITA **48**, 356).

27   1. Bestritten ist – ebenso wie bei § 192 –, ob Form und Umstände der Äußerung nur die Bedeutung von Indizien für eine im Einzelfall festzustellende besondere **Beleidigungsabsicht** haben (so z. B. RG **40** 318, **41** 255, **64** 14, Frankfurt NJW **48**, 226, Saarbrücken AnwBl. **79**, 193, Uhlitz NJW 66, 2099) oder ob es genügt, daß Form und Umstände für sich allein ein als selbständige Beleidigung zu würdigendes Mehr an Ehrherabsetzung ergeben, wobei dann insoweit auch bloßer Vorsatz ausreicht (so z. B. Blei II 107, D-Tröndle 22, Gössel I 398, Herdegen LK § 192 RN 5, Lackner 6, M-Maiwald I 246, Rudolphi SK 30). Der Gesetzeswortlaut spricht gegen das Erfordernis einer besonderen Beleidigungsabsicht; da es auf eine solche auch sonst nicht ankommt (vgl. § 185 RN 14), gibt es zudem keinen sachlichen Grund, bei der in den Fällen der §§ 192, 193 übrig bleibenden Formalbeleidigung anders zu entscheiden. Die Befürchtung einer zu weitgehenden Einschränkung der Straflosigkeit erledigt sich, da nicht schon die bloße Ungehörigkeit der Form usw. genügt, diese vielmehr die Qualität einer selbständigen Ehrverletzung haben muß (vgl. Herdegen aaO).

28   2. Die **Form** der Äußerung, aus der sich eine Beleidigung ergeben kann, kann insbesondere der Ausdrucksweise zu entnehmen sein (z. B. eine solche in besonders gehässiger Form, Gebrauch von Schimpfworten, vgl. RG JW **34**, 1852, Frankfurt NJW **77**, 1354, Koblenz OLGSt S. 57, Stuttgart JW **39**, 151). Bei der Würdigung der gewählten Ausdrucksform sind die Persönlichkeit des Täters, seine durch Bildungsgrad und Lebensverhältnisse bedingte gewöhnliche Ausdrucksweise, eine durch den Anlaß der Interessenwahrung hervorgerufene besondere Erregung und alle sonstigen Umstände des Falles in Betracht zu ziehen (RG JW **38**, 1805, Nürnberg FamRZ **65**, 274). Der Richter muß angeben, welche Ausdrücke der Täter an Stelle der gebrauchten hätte benutzen können, um den Inhalt der beleidigenden Äußerung ohne die beleidigende Form wiederzugeben (RG JW **36**, 3461). In Betracht kommen ferner z. B. der Ton der Äußerung (RG **54** 289) und die anonyme Form; Äußerungen, die durch Art. 5 GG gedeckt sind, können auch keine Formalbeleidigung sein (BVerfGE **60** 242).

29   3. Als **Umstände** kommen hier nur solche in Betracht, die die beleidigende Äußerung begleiten, also räumlich und zeitlich mit ihr in so naher Beziehung stehen, daß sie gleichzeitig mit der Äußerung auf den Hörer einwirken und dadurch den Eindruck beeinflussen können, den dieser von dem Sinn und Inhalt der Äußerung empfängt (RG **34** 80, HRR **31** Nr. 1988). Nicht hierher gehören dagegen innere Vorgänge, z. B. die feindliche Gesinnung oder das gespannte Verhältnis zwischen Beleidiger und Beleidigtem (RG HRR **27** Nr. 324), ferner auch nicht das Lauschen an der Wand (RG HRR **27** Nr. 975).

§ 194 Strafantrag

(1) **Die Beleidigung wird nur auf Antrag verfolgt. Ist die Tat durch Verbreiten oder öffentliches Zugänglichmachen einer Schrift (§ 11 Abs. 3), in einer Versammlung oder durch eine Darbietung im Rundfunk begangen, so ist ein Antrag nicht erforderlich, wenn der Verletzte als Angehöriger einer Gruppe unter der nationalsozialistischen oder einer anderen Gewalt- und Willkürherrschaft verfolgt wurde, diese Gruppe Teil der Bevölkerung ist und die Beleidigung mit dieser Verfolgung zusammenhängt. Die Tat kann jedoch nicht von Amts wegen verfolgt werden, wenn der Verletzte widerspricht. Der Widerspruch kann nicht zurückgenommen werden. Stirbt der Verletzte, so gehen das Antragsrecht und das Widerspruchsrecht auf die in § 77 Abs. 2 bezeichneten Angehörigen über.**

(2) **Ist das Andenken eines Verstorbenen verunglimpft, so steht das Antragsrecht den in § 77 Abs. 2 bezeichneten Angehörigen zu. Ist die Tat durch Verbreiten oder öffentliches Zugänglichmachen einer Schrift (§ 11 Abs. 3), in einer Versammlung oder durch eine Darbietung im Rundfunk begangen, so ist ein Antrag nicht erforderlich, wenn der Verstorbene sein Leben als Opfer der nationalsozialistischen oder einer anderen Gewalt- und Willkürherrschaft verloren hat und die Verunglimpfung damit zusammenhängt. Die Tat kann jedoch nicht von Amts wegen verfolgt werden, wenn ein Antragsberechtigter der Verfolgung widerspricht. Der Widerspruch kann nicht zurückgenommen werden.**

(3) **Ist die Beleidigung gegen einen Amtsträger, einen für den öffentlichen Dienst besonders Verpflichteten oder einen Soldaten der Bundeswehr während der Ausübung seines Dienstes oder in Beziehung auf seinen Dienst begangen, so wird sie auch auf Antrag des Dienstvorgesetzten verfolgt. Richtet sich die Tat gegen eine Behörde oder**

Strafantrag 1–3 **§ 194**

eine sonstige Stelle, die Aufgaben der öffentlichen Verwaltung wahrnimmt, so wird sie auf Antrag des Behördenleiters oder des Leiters der aufsichtsführenden Behörde verfolgt. Dasselbe gilt für Träger von Ämtern und für Behörden der Kirchen und anderen Religionsgesellschaften des öffentlichen Rechts.

(4) Richtet sich die Tat gegen ein Gesetzgebungsorgan des Bundes oder eines Landes oder eine andere politische Körperschaft im räumlichen Geltungsbereich dieses Gesetzes, so wird sie nur mit Ermächtigung der betroffenen Körperschaft verfolgt.

Vorbem. Abs. 1 S. 2–5 und Abs. 2 S. 2–4 eingefügt bzw. geändert durch das 21. StÄG v. 13. 6. 1985, BGBl. I 965.

    I. Bei allen Delikten des 14. Abschnitts ist grundsätzlich ein **Strafantrag** (zu diesem vgl. §§ 77 ff. m. Anm.) als Prozeßvoraussetzung erforderlich. Ausnahmen enthalten Abs. 4, wo an die Stelle des Antrags die Ermächtigung tritt, ferner – eingefügt bzw. geändert durch das 21. StÄG (vgl. Vorbem.) – Abs. 1 S. 2, Abs. 2 S. 2, wo unter gewissen Voraussetzungen eine Strafverfolgung von Amts wegen ermöglicht wird; eine entsprechende Anwendung des § 232 I 1 2. Halbs., der – weitergehend – eine Strafverfolgung von Amts wegen bei Bejahung des besonderen öffentlichen Interesses zuläßt, ist bei den §§ 185 ff. dagegen nicht möglich (RG DR **44**, 724, BGH **7** 256). Mit der **Neuregelung** des **Abs. 1 S. 1–5** und des **Abs. 2 S. 2–4** durch das 21. StÄG wollte der Gesetzgeber eine Regelung schaffen, „die es erlaubt, dem Leugnen des unter der Herrschaft des Nationalsozialismus oder einer anderen Gewalt- oder Willkürherrschaft begangenen Unrechts strafrechtlich zu begegnen" (BT-Drs. 10/3242 S. 8). Den politischen Hintergrund hierfür bildete die Diskussion um die Bestrafung des von § 130 (vgl. dort RN 7) nicht erfaßten bloßen Bestreitens der systematischen Judenvernichtung durch die NS-Machthaber (sog. „Auschwitz-Lüge"), das ursprünglich unter dem Gesichtspunkt eines Angriffs auf den öffentlichen Frieden in einem eigenen Tatbestand unter Strafe gestellt werden sollte (vgl. die in BT-Drs. 10/1286 vorgesehene Erweiterung des § 140: Strafbarkeit des öffentlichen usw. Billigens, Leugnens oder Verharmlosens einer unter der NS-Herrschaft begangenen Handlung i. S. des § 220 a I, sofern dies in einer Weise geschieht, die geeignet ist, den öffentlichen Frieden zu stören). Wegen der dagegen erhobenen Einwände einigten sich die Koalitionsparteien dann jedoch auf eine verfahrensrechtliche Lösung im Rahmen des § 194, die mit dem Verzicht auf das Antragserfordernis eine erleichterte Strafverfolgung nach den §§ 185 ff. ermöglichen soll und dabei auch die Beleidigung von Opfern anderer Gewalt- und Willkürherrschaften einbezieht (näher zur Entstehungsgeschichte Vogelsang NJW 85, 2386 sowie DRiZ 85, 225). Dieser Regelung liegt offensichtlich die Annahme zugrunde, daß bereits nach geltendem Recht das bloße Leugnen des unter der nationalsozialistischen oder einer anderen Gewalt- und Willkürherrschaft begangenen Unrechts als Beleidigung der davon betroffenen Opfer anzusehen sei. Abgesehen von der Rspr. zur sog. „Auschwitzlüge" (vgl. § 185 RN 3), die wegen der Einmaligkeit ihres historischen Hintergrunds jedoch erkennbar nicht verallgemeinerungsfähig ist (vgl. dazu auch Deutsch NJW 80, 1100), entbehre eine so weitreichende Annahme aber jeglicher Grundlage. Da eine solche auch nicht der Neuregelung des § 194 entnommen werden kann – daß das Leugnen des Verfolgungsschicksals ganzer Bevölkerungsgruppen eine Kollektivbeleidigung aller ihrer Mitglieder sein sollte, kommt dort an keiner Stelle zum Ausdruck –, ist die Rechnung des Gesetzgebers insoweit daher nicht aufgegangen (vgl. dazu auch 7 vor § 185 sowie § 185 RN 3; zur Kritik am 21. StÄG vgl. ferner die Nachw. in § 185 RN 3). Aber auch sonst dürfte die Änderung des § 194 mehr Probleme geschaffen als gelöst haben. Zu bezweifeln ist schon der kriminalpolitische Sinn einer Regelung, welche Gewalt- und Willkürherrschaften der ganzen Welt und nach Abs. 2 S. 2 auch die einer u. U. schon weiter zurückliegenden Vergangenheit erfaßt. Daß die Gerichte hier mit den erforderlichen (auch historischen) Tatsachenfeststellungen überfordert sein können, ist vorauszusehen. Ebensowenig spricht es für die Praktikabilität der neuen Vorschriften, daß nach Abs. 1 S. 2 mühsame Erhebungen darüber notwendig werden können, ob unmittelbar Betroffene in der Bundesrepublik überhaupt (noch) leben (hier in Zweifelsfällen nach Abs. 2 S. 2 zu verfahren, ist nicht möglich, da § 189 nicht gilt, wenn offenbleibt, ob die Äußerung vor oder nach dem Tod des Betroffenen gemacht wurde [vgl. dort RN 3]). Insgesamt ist die neue Regelung daher „keine beifallswürdige Leistung des Gesetzgebers" (Herdegen LK 1).

    II. Abs. 1 regelt die Voraussetzungen, unter denen eine **Beleidigung,** d. h. eine Tat i. S. der §§ 185–187 a, verfolgt werden kann. Erforderlich ist danach grundsätzlich ein Strafantrag (S. 1; zur Ermächtigung gem. Abs. 4 vgl. u. 17 ff.), wenn nicht der besondere Fall des S. 2 vorliegt. Dabei stellen auch die dort genannten Erfordernisse eine Prozeßvoraussetzung dar, weshalb das Verfahren – sofern auch ein Antrag fehlt – einzustellen ist, wenn sich z. B. herausstellt, daß es Verletzte i. S. des S. 2 nicht gibt oder daß zwischen der Beleidigung und der Verfolgung durch eine Gewalt- und Willkürherrschaft kein Zusammenhang besteht (ebenso Herdegen LK 2).

    1. Soweit nach Abs. 1 ein **Antrag** erforderlich ist, ist antragsberechtigt grundsätzlich der *Verletzte,* d. h. der Beleidigte (über Ausnahmen vgl. Abs. 3). Bei Beleidigung mehrerer unter einer Kollektivbezeichnung (vgl. 5 ff. vor § 185) kann der einzelne nur für sich selbst den Antrag stellen, nicht aber für das Kollektiv (RG **23** 246, **68** 124, Hamburg MDR **81**, 71, Herdegen LK 2; vgl. auch § 77 RN 11); zur Möglichkeit einer Vertretung der übrigen vgl. 25 ff.

vor § 77. Auch der Vorstand eines Vereins kann wegen Beleidigung einzelner Mitglieder Strafantrag nur kraft besonderer Vollmacht stellen, nicht aber schon deswegen, weil er nach der Satzung die Standesinteressen der Mitglieder wahrzunehmen hat (RG 37: Vorstand einer Ärztekammer; vgl. aber auch Hamburg MDR **81**, 71). Ist der Verletzte geschäftsunfähig oder beschränkt geschäftsfähig, so gilt § 77 III (vgl. dort RN 15 ff.). Ist eine Gemeinschaft als solche beleidigt, so ist das vertretungsberechtigte Organ antragsberechtigt (vgl. § 77 RN 14, BGH **6** 186), jedoch nur für die Gemeinschaft als solche und nicht für die einzelnen Mitglieder, wenn diese zugleich persönlich beleidigt sind (KG JR **80**, 290 m. Anm. Volk). – Ist der *Verletzte nach der Tat* (sonst §§ 189, 194 II), aber vor Ablauf der Antragsfrist *gestorben*, so geht das Antragsrecht nach Abs. 1 S. 5 in der in § 77 II bezeichneten Reihenfolge auf die dort genannten *Angehörigen* über (vgl. § 77 RN 12). Dies gilt nicht, wenn der Verletzte vorher wirksam verzichtet hat (vgl. § 77 RN 31) oder die Verfolgung sonst seinem erklärten Willen widerspricht (§ 77 II 4; vgl. dort RN 12).

4 2. Abs. 1 S. 2 ermöglicht – allerdings nicht gegen den Widerspruch des Verletzten (S. 3) – unter bestimmten Voraussetzungen eine **Strafverfolgung von Amts wegen,** wenn die Tat mit der Verfolgung durch die nationalsozialistische oder eine andere Gewalt- und Willkürherrschaft zusammenhängt. Die durch das 21. StÄG eingefügte Vorschrift soll es nach Auffassung des Gesetzgebers erlauben, dem Leugnen des unter der NS-Herrschaft oder einer anderen Gewalt- und Willkürherrschaft begangenen Unrechts mit Hilfe der §§ 185 ff. wirksam zu begegnen (BT-Drs. 10/3242 S. 8; vgl. dazu jedoch o. 1, ferner 7 vor § 185 u. § 185 RN 3). Die Tat bleibt zwar auch in diesen Fällen ein Privatklagedelikt (§ 374 I Nr. 2 StPO); die Gründe, aus denen § 194 I 2 eine Strafverfolgung von Amts wegen vorsieht, sprechen hier i. d. R. aber auch für das Bestehen eines öffentlichen Interesses i. S. des § 376 StPO. Im einzelnen ist erforderlich:

4a a) Die Tat muß durch **Verbreiten** oder **öffentliches Zugänglichmachen einer Schrift** (§ 11 III), in einer **Versammlung** oder durch eine **Darbietung im Rundfunk** begangen sein. Über *Schriften,* denen nach § 11 III Ton- und Bildträger, Abbildungen und Darstellungen gleichstehen, vgl. § 11 RN 78 f. Zum *Verbreiten* vgl. § 184 RN 57; zum *öffentlichen Zugänglichmachen,* das, wie sich aus der beispielhaften Aufzählung in §§ 131 I Nr. 2, 184 III Nr. 2 ergibt, insbes. auch das öffentliche Ausstellen, Anschlagen und Vorführen umfaßt, vgl. § 184 RN 58; zur Begehung in einer *Versammlung,* die keine öffentliche zu sein braucht, vgl. § 90 RN 5; zur Begehung durch *Darbietungen im Rundfunk* vgl. § 184 RN 51, § 131 RN 4. Vom Antragserfordernis ausgenommen sind damit nur Beleidigungen mit einer besonderen Breitenwirkung, wobei allerdings mündliche Äußerungen, die öffentlich erfolgen (vgl. § 186 RN 19), nur z. T. und Biertischgespräche u. ä. überhaupt nicht erfaßt sind (krit. dazu Vogelsang NJW 85, 2386).

5 b) Der Verletzte muß als **Angehöriger einer Gruppe** unter der nationalsozialistischen oder einer anderen **Gewalt- und Willkürherrschaft verfolgt** worden sein. Das Antragserfordernis entfällt danach nur, wenn der Verletzte selbst und gerade wegen seiner Zugehörigkeit zu einer bestimmten Gruppe Verfolgungsmaßnahmen ausgesetzt war; daß er als Nachkomme der unmittelbar Betroffenen beleidigt worden ist, wie die Rspr. für die heute in der Bundesrepublik lebenden, erst nach 1945 geborenen Juden beim Leugnen der NS-Judenmorde angenommen hat (vgl. BGHZ **75** 160, Celle NJW **82**, 1545, 1 Ss 126/84 v. 30. 1. 1985), genügt mithin nicht (Herdegen LK 5, Lackner 2b bb; vgl. auch BT-Drs. 10/3242 S. 10). Auch die Beleidigung einer erst nach der Verfolgung zur Wahrnehmung von Interessen der Verfolgten gebildeten Organisation (z. B. VVN, Vertriebenenverbände), fällt nicht unter S. 2. Daraus, daß der Verletzte wegen seiner Zugehörigkeit zu der Gruppe Verfolgungsmaßnahmen erlitten haben muß, folgt andererseits, daß diese sich zugleich gegen die Gruppe insgesamt gerichtet haben müssen. Dabei ist unter einer *Gruppe,* ebenso wie in § 220a, eine – räumlich nicht notwendig vereinigte – Mehrzahl von Personen zu verstehen, die durch gemeinsame Merkmale verbunden ist und sich dadurch von der übrigen Bevölkerung abhebt (vgl. D-Tröndle 3c, Lackner aaO, Herdegen aaO u. näher Jähnke LK § 220a RN 9). Während jedoch § 220a nur für nationale, rassische, religiöse oder durch ihr Volkstum bestimmte Gruppen gilt, enthält § 194 eine solche Beschränkung nicht; erfaßt sind hier deshalb auch politische, wirtschaftliche und sonstige Gruppen (z. B. Kommunisten, „Kapitalisten", Homosexuelle, Behinderte [NS „Euthanasie"-Aktion], die Widerstandskämpfer gegen den Nationalsozialismus insgesamt in der Verfolgung des gemeinsamen Ziels der Beseitigung des NS-Regimes, aber auch die einzelnen, jeweils durch bestimmte gemeinsame politische Grundauffassungen verbundenen Gruppen des Widerstands [vgl. dazu aber auch BT-Drs. 10/3242 S. 10]). Eine *Gewalt- und Willkürherrschaft* i. S. des § 194 ist, abweichend von der zusammenfassenden Generalklausel in § 92 II Nr. 6 (vgl. dazu dort RN 12, ferner BGH GA/W **61**, 1 Nr. 3), nicht schon eine Gesellschaftsordnung, die wesentliche Grundsätze einer freiheitlichen Demokratie in unserem Verständnis nicht anerkennt. Wie die beispielhafte Voranstellung der NS-Gewalt- und Willkürherrschaft zeigt, fallen darunter vielmehr nur solche Herrschaftssysteme, die sich nach dem Muster des NS-Staats, wenn auch unter anderen ideologischen Vorzeichen, über elementare Menschenrechte hinwegsetzen (ebenso D-Tröndle 3c, Herdegen LK 5, Lackner 2b bb). *Verfolgter* ist jeder, der die Unrechtsmaßnahmen eines solchen Systems (physische Liquidation, KZ-Haft, Verschleppung, Ausweisung, Diskriminierung usw.), mögen diese auch unter dem Deckmantel der Legalität erfolgt sein (z. B. „Nürnberger Gesetze"), zu erleiden oder zu befürchten hatte, wobei es genügt, wenn diese Maßnahmen von staatlichen Stellen gedeckt wurden. Bei Juden, die im Machtbereich der NS-Herrschaft lebten, trifft dies ohne weiteres zu (D-Tröndle 3c, Lackner 2b bb).

c) Mit dem weiteren Erfordernis, daß die Gruppe, als deren Angehöriger der Verletzte verfolgt wurde, **Teil der Bevölkerung** sein muß, soll eine „nicht vertretbare Ausweitung" des Anwendungsbereichs des S. 2 vermieden werden (BT-Drs. 10/3242 S. 11). Nicht notwendig ist, daß die Gruppe schon z. Z. der Verfolgung ein Teil der – hier allein gemeinten – *inländischen* Bevölkerung war, vielmehr kommt es ausschließlich darauf an, ob sie dies z. Z. der Tat ist. Daraus, daß die Gruppe und nicht nur ihre Angehörigen in diesem Zeitpunkt Teil der Bevölkerung sein müssen, folgt zugleich, daß sie auch jetzt noch die Merkmale einer solchen aufweisen muß, weshalb insoweit auch kein Unterschied zwischen der „Gruppe" i. S. des § 194 und den „Teilen der Bevölkerung" in § 130 (vgl. dort RN 4) besteht. Eine Verfolgung von Amts wegen ist daher nicht möglich, wenn die z. Z. der Tat in der Bundesrepublik lebenden Angehörigen der verfolgten Gruppe zahlenmäßig nicht bzw. nicht mehr ins Gewicht fallen oder wenn sie sich wegen des Verlusts der sie verbindenden gemeinsamen Merkmalen von der Bevölkerung im übrigen nicht mehr abheben (vgl. auch Herdegen LK 6). Nicht erforderlich ist dagegen, daß die verfolgte Gruppe in ihrer Gesamtheit Teil der inländischen Bevölkerung ist (vgl. D-Tröndle 3d).

d) Die Tat muß schließlich **mit dieser Verfolgung zusammenhängen.** Dies ist der Fall, wenn die von dem Verletzten erlittene Verfolgung Anlaß oder Bezugspunkt der Beleidigung gewesen ist, wobei sich dieser Zusammenhang, wenn auch nicht ausdrücklich, so doch jedenfalls aus den Umständen ergeben muß, unter denen die Äußerung erfolgte (vgl. auch D-Tröndle 3d, Herdegen LK 7, Lackner 2b dd, Rudolphi SK 6); daß die Verfolgung das nicht erkennbar gewordene Motiv der Tat war, genügt nicht hin. Nicht erforderlich ist, daß ein solcher Zusammenhang gerade zu den eigentlichen Verfolgungsmaßnahmen und ihren Folgen für den Betroffenen besteht; nach dem Sinn der Vorschrift genügt es vielmehr auch, wenn die Tat mit den Gründen der Verfolgung zusammenhängt (z. B. Bezeichnung der am 20. Juli 1944 Beteiligten als „gekaufte Landesverräter" oder der Juden als „Blutsauger der Menschheit"). In subjektiver Hinsicht muß sich der Täter, auch wenn S. 2 keine Tatbestandsmerkmale enthält, des Zusammenhangs mit der Verfolgung bewußt sein (ebenso Herdegen LK 7). Zu beachten sind ferner die allgemeinen Grundsätze des strafrechtlichen Ehrenschutzes. Soweit es sich um abwertende Äußerungen handelt, die sich nur ganz pauschal gegen eine bestimmte Gruppe richten, ist trotz des Zusammenhangs mit deren Verfolgung S. 2 daher nur anwendbar, wenn damit nach den Regeln über die Beleidigung unter einer Kollektivbezeichnung (vgl. 5ff. vor § 185) die einzelnen Gruppenangehörigen beleidigt sind. Nach der Rspr. gilt dies wegen der historischen Einmaligkeit des organisiert und mit technisierter Perfektion begangenen Massenmords an Juden während des NS-Regimes zwar für das Leugnen der Judenvernichtung („Auschwitz-Lüge"; vgl. 7f. vor § 185 u. § 185 RN 3, ferner o. 1). Dagegen fällt die sog. „Vertreibungslüge" schon deshalb nicht unter S. 2, weil weder die Vertriebenen insgesamt noch die einzelnen Vertriebenengruppen (z. B. die Schlesier) unter einer Kollektivbezeichnung beleidigt werden können (vgl. dazu 7 vor § 185 u. § 185 RN 3, ferner o. 1).

e) Ausgeschlossen ist eine Verfolgung von Amts wegen trotz Vorliegens der Voraussetzungen des S. 2, wenn der **Verletzte widerspricht** (S. 3). Ein Prozeßhindernis wird dadurch jedoch nur bezüglich dieses Verletzten geschaffen; sind durch die Tat noch andere verletzt, die nicht widersprochen haben, so nimmt das Verfahren – ebenso wie bei ideal konkurrierenden Offizialdelikten – insoweit seinen Fortgang (vgl. BT-Drs. 10/3242 S. 11, Herdegen LK 8). Widerspricht der Verletzte, so ist darin zugleich ein Verzicht auf das Antragsrecht (vgl. § 77 RN 31) zu sehen, dies schon deshalb, weil andernfalls auch der mit S. 4 verfolgte Zweck, bezüglich der Beendigung des Verfahrens klare Verhältnisse zu schaffen, vereitelt würde. Eine nähere Regelung des verfahrensrechtlich ein Novum darstellenden Widerspruchs enthält das Gesetz, von S. 4 abgesehen, der eine Rücknahme ausschließt, nicht. Hier sind deshalb, soweit möglich, die Vorschriften über den Strafantrag (§§ 77ff.) bzw., weil sich der Widerspruch ebenso wie die Zurücknahme des Antrags (§ 77d) und der Verzicht auf das Antragsrecht (vgl. § 77 RN 31) zu Gunsten des Täters auswirkt, die für diese geltenden Regeln entsprechend anzuwenden (vgl. auch D-Tröndle 3e, Lackner 2c, Rudolphi SK 7). Dies bedeutet z. B., daß der Widerspruch zwar formlos gegenüber jeder Strafverfolgungsbehörde erklärt werden kann, wirksam aber erst mit dem Eingang bei der z. Z. mit der Sache befaßten Stelle wird (zur Zurücknahme des Antrags vgl. § 77d RN 5), daß er bis zum rechtskräftigen Abschluß des Verfahrens möglich ist (vgl. § 77d I 2), daß er auf einen von mehreren Tätern beschränkt werden kann (vgl. § 77 RN 42ff.) und daß er bedingungsfeindlich ist (vgl. § 77 RN 41). Ist der Verletzte nicht (voll) ge-

§ 194 7–10   Bes. Teil. Beleidigung

schäftsfähig, so gilt § 77 III entsprechend; eine gewillkürte Vertretung ist dagegen nur in der Erklärung, nicht dagegen im Willen zulässig (vgl. § 77 RN 25 ff.). Eine Pflicht zur Befragung des Verletzten, ob er von seinem Widerspruchsrecht Gebrauch machen will, ist grundsätzlich zwar zu bejahen, wenn davon ausgegangen werden muß, daß ihm die Tat unbekannt ist (die Situation ist hier eine andere als beim Antragsrecht; vgl. dazu Nr. 6 II RiStBV). Zu einem Prozeßhindernis dürfte das Unterbleiben der Befragung aber nur dort führen, wo sie ohne weiteres möglich gewesen wäre (also z. B. nicht bei einer Kollektivbeleidigung, bei der die einzelnen Verletzten kaum feststellbar sind).

7   3. Ist der **Verletzte nach der Tat** (sonst §§ 189, 194 II), aber vor Ablauf der Antragsfrist **gestorben**, so geht das Antragsrecht (S. 1) nach S. 5 in der in § 77 II bezeichneten Reihenfolge auf die dort genannten Angehörigen über (vgl. § 77 RN 12). Entsprechendes gilt für das Widerspruchsrecht nach S. 3, das bei mehreren Angehörigen gleichen Rangs entsprechend § 77 d II nur von allen gemeinsam ausgeübt werden kann (vgl. BT-Drs. 10/3242 S. 11, D-Tröndle 3 f, Lackner 2 d). In beiden Fällen findet ein Übergang jedoch nicht statt, wenn der Verletzte vorher wirksam verzichtet hat (vgl. § 77 RN 31 zum Strafantrag) oder die Verfolgung bzw. im Fall des S. 2 die Nichtverfolgung seinem erklärten Willen widerspricht; § 77 II 4, wo dies für den Strafantrag ausgesprochen ist (vgl. dort RN 12), muß entsprechend auch für den Widerspruch gelten.

8   **III.** Auch die **Verunglimpfung Verstorbener** (§ 189) ist nach **Abs. 2** grundsätzlich Antragsdelikt (S. 1); ausnahmsweise ist jedoch auch hier eine Verfolgung von Amts wegen möglich, wenn der Verstorbene sein Leben als Opfer einer Gewalt- und Willkürherrschaft verloren hat und die Verunglimpfung damit zusammenhängt (S. 2). Im Unterschied zu § 194 II a. F. gilt dies nach der n. F. jedoch nur noch für Taten, die in der Regel eine besondere Breitenwirkung haben; andererseits ist eine Strafverfolgung von Amts wegen nach der n. F. nicht mehr davon abhängig, daß der Verstorbene keine Antragsberechtigten hinterlassen hat oder diese vor Ablauf der Antragsfrist gestorben sind.

9   1. Soweit ein **Antrag** erforderlich ist, sind hier nach S. 1 die in § 77 II bezeichneten Angehörigen antragsberechtigt, und zwar in der Reihenfolge, in der sonst das Antragsrecht nach § 77 II beim Tod des Verletzten übergeht (vgl. § 77 RN 12). Stirbt daher ein zunächst Antragsberechtigter vor Ablauf der Antragsfrist und ist kein Berechtigter derselben Ranggruppe mehr vorhanden, so geht das Antragsrecht auf die Angehörigen der nach § 77 II 2 folgenden Gruppe über. Der überlebende Ehegatte ist auch dann antragsberechtigt, wenn er wieder geheiratet hat, nicht dagegen, wenn die Ehe z. Z. des Todes bereits aufgelöst war (vgl. § 77 RN 12, Herdegen LK 2). § 77 II 4 ist hier ohne Bedeutung.

9a   2. Eine **Strafverfolgung von Amts wegen** ist nach S. 2 möglich (Prozeßvoraussetzung vgl. o. 2), wenn 1. die Verunglimpfung durch *Verbreiten* oder *öffentliches Zugänglichmachen einer Schrift* i. S. des § 11 III, in einer *Versammlung* oder durch eine *Darbietung im Rundfunk* begangen wurde (vgl. o. 4a); 2. der Verstorbene sein *Leben als Opfer* der nationalsozialistischen oder einer anderen *Gewalt- und Willkürherrschaft* (vgl. o. 5) *verloren* hat, wofür es genügt, wenn der Tod die – wenn auch nur mittelbare – Folge erlittener Verfolgungsmaßnahmen war (z. B. Freitod auf Grund der Verfolgung, Tod nach Beendigung der Gewalt- und Willkürherrschaft als Spätfolge der während dieser erlittenen Mißhandlungen; vgl. D-Tröndle 4, Herdegen LK 9, Rudolphi SK 13 u. zu § 194 II a. F. auch Schafheutle JZ 60, 474); 3. die Tat *damit zusammenhängt* (vgl. o. 6), daß der Verstorbene den Tod als Opfer einer Gewalt- und Willkürherrschaft gefunden hat. Auch hier ist entsprechend Abs. 1 S. 3 eine Verfolgung von Amts wegen jedoch ausgeschlossen, wenn ein Antragsberechtigter *widerspricht* (S. 3, 4; vgl. o. 6a). Sind bezüglich eines Verstorbenen mehrere Antragsberechtigte vorhanden (z. B. Ehegatten und Kinder, vgl. § 77 II 1), so genügt deshalb schon der Widerspruch eines von ihnen (vgl. auch § 77 IV u. dort RN 33; der Grundgedanke des § 77 d II 2 – vgl. dort RN 4 – trifft hier nicht zu); hier können die übrigen eine Strafverfolgung daher nur über einen Antrag gem. S. 1 erreichen.

10   **III.** Ist Verletzter ein **Amtsträger usw.**, so hat neben diesem unter den Voraussetzungen des **Abs. 3 S. 1** auch dessen **Dienstvorgesetzter ein Antragsrecht.** Dieses Antragsrecht beruht nicht auf einer Vertretung des verletzten Untergebenen, sondern stellt ein *selbständiges Recht* dar, das dem Vorgesetzten sowohl im öffentlichen Interesse (Wahrung des durch die Tat mittelbar betroffenen Ansehens der Behörde, die deshalb auch Verletzter i. S. des § 172 StPO ist [vgl. RG 74 313, BGH 9 265]) als auch im Hinblick auf seine Fürsorgepflicht gegenüber dem Untergebenen eingeräumt worden ist (vgl. BGH 7 260, Herdegen LK 10); praktische Bedeutung hat dies u. a. wegen des Kostenrisikos bei einer Privatklage (vgl. § 471 II StPO). Abs. 3 S. 1 enthält kein Tatbestandsmerkmal der Beleidigung i. S. einer besonderen Amts- oder Berufsehre, sondern handelt lediglich vom Antragsrecht des Vorgesetzten (RG 76 369). Die Antragstellung durch den Vorgesetzten macht andererseits auch die Prüfung des öffentlichen Interesses durch die Staatsanwaltschaft nach § 376 StPO nicht überflüssig (vgl. RiStBV Nr. 229 II, ferner Nr. 86, 232 [Beleidigung von Richtern und Justizbeamten]). Da das Strafantragsrecht des Vorgesetzten in den Bereich seiner hoheitlichen Aufgaben fällt, muß eine Beschränkung des Strafantrags in persönlicher Hinsicht dem Gleichheitssatz des Art. 3 GG gerecht werden (Rudolphi SK 16, Stree DÖV 58, 175, Tiedemann GA 64, 358).

Strafantrag   11–16 **§ 194**

1. Voraussetzung für das erweiterte Antragsrecht nach Abs. 3 S. 1 ist zunächst, daß sich die **Tat** 11
gegen bestimmte Personen richtet, nämlich gegen einen *Amtsträger* i. S. des § 11 I Nr. 2 (vgl. dort
RN 16 ff.), wozu ausländische Beamte nicht gehören (and. zu § 196 a. F. RG 4 40), gegen einen *für den
öffentlichen Dienst besonders Verpflichteten* i. S. des § 11 I Nr. 4 (vgl. dort RN 34 ff.) oder gegen einen
Soldaten der Bundeswehr. Gleichgestellt sind nach Abs. 3 S. 3 *Träger von Ämtern* einer der *Kirchen* oder
einer anderen *Religionsgesellschaft* des öffentlichen Rechts, ferner nach Art. 7 II Nr. 9 des 4. StÄG
Angehörige der NATO-Stationierungstruppen in der Bundesrepublik (vgl. 17 vor § 80). Der Amtsträger
usw. muß sich z. Z. der Tat noch im Dienst befinden; der Vorgesetzte hat daher kein Antragsrecht,
wenn ein pensionierter oder sonst aus dem Dienst geschiedener oder verstorbener Amtsträger usw. in
Beziehung auf seinen früheren Dienst beleidigt wird (RG **13** 95, **27** 194, D-Tröndle 10, Herdegen LK
10). Ist dagegen das Antragsrecht des Vorgesetzten einmal entstanden, so entfällt es nicht nachträglich
durch Ausscheiden des Amtsträgers usw. aus dem Dienst. Unerheblich ist auch, ob der Amtsträger
usw. den gesetzlichen Vorschriften entsprechend angestellt wurde (RG **2** 82).

2. Das Antragsrecht des Vorgesetzten setzt ferner voraus, daß die Beleidigung gegen die 12
genannten Personen **während der Ausübung ihres Dienstes** oder in **Beziehung auf ihren
Dienst** begangen wird. In Betracht kommen auch bei der 2. Alt. nur Taten nach §§ 185–187 a,
nicht dagegen § 189, da sich der Amtsträger usw. z. Z. der Tat noch im Dienst befinden muß
(vgl. o. 11).

a) **Während der Ausübung des Dienstes** ist die Beleidigung begangen, wenn sie mit dieser 13
zeitlich zusammentrifft und in einer örtlichen Beziehung zu ihr steht (vgl. D-Tröndle 6, Herdegen LK 11, Lackner 4 a, Rudolphi SK 18). Es genügt daher nicht, wenn sie an einem anderen
Ort zufällig zu einer Zeit erfolgt, zu welcher der Amtsträger usw. im Dienst ist. Dagegen ist es
bei einer schriftlichen Beleidigung ausreichend, wenn sie dem Amtsträger usw. in seine Dienststelle geschickt wird (RG **76** 368 m. Anm. Mezger DR 43, 753). Ob die Dienstausübung
rechtmäßig ist, ist unerheblich (RG **3** 189). In Ausübung seines Dienstes handelt z. B. auch der
Referendar, der als Armenvertreter tätig ist (RG **27** 176), i. d. R. nicht dagegen ein zum Sachverständigen bestellter Hochschullehrer bei der Erstattung seines Gutachtens (Bay GA **79**, 224).
Der Inhalt der Beleidigung kann auch privater Art sein (D-Tröndle 6, Rudolphi SK 18).

b) **In Beziehung auf den Dienst** ist die Beleidigung begangen, wenn sie die Tätigkeit im 14
Dienst oder die dienstliche Stellung erkennbar zum Gegenstand hat oder sonst ein erkennbarer
Zusammenhang zu diesen hergestellt wird (vgl. RG **39** 361, **66** 128, D-Tröndle 7, Herdegen LK
11, Lackner 4 a, Rudolphi SK 19). Dies kann auch bei Vorwürfen wegen eines außerdienstlichen
Verhaltens der Fall sein, wenn der Täter es zu der dienstlichen Stellung in Beziehung bringt, so
z. B. wenn einem Beamten der Vorwurf gemacht wird, er habe sich durch sein außerdienstliches Verhalten seiner Stellung unwürdig erwiesen (vgl. RG **3** 244, **44** 191, **76** 369 m. Anm. Mezger DR 43, 753). Nicht ausreichend ist es dagegen, wenn ein solcher Zusammenhang nicht
hergestellt wird, auch wenn dem Beleidigten ein Verhalten vorgeworfen wird, das ihn, wenn es
wahr wäre, als amtsunwürdig erscheinen ließe (vgl. RG **12** 268: Vorwurf, ein Superintendent
habe mit seiner Magd Unzucht getrieben; zu weitgehend RG **12** 49, wo der Vorwurf eines
außerdienstlichen Fehlverhaltens als ausreichend angesehen wird, wenn dadurch besondere
– auch für den außerdienstlichen Bereich geltende – Berufspflichten verletzt werden; vgl. ferner
RG **25** 127). Nach RG **39** 362 soll auch die Beleidigung eines Polizeibeamten als in Beziehung
auf seinen Beruf begangen anzusehen sein, wenn behauptet wird, er habe bei seiner Vernehmung über den Leumund einer Person die Eidespflicht verletzt (vgl. auch RG **39** 350). Dagegen
ist nach RG **32** 276 die Beleidigung eines Beamten, der als gerichtlicher Sachverständiger tätig
wird, nicht schon deshalb in Beziehung auf seinen Dienst begangen, weil er sein Gutachten auf
seine Berufserfahrung stützte. In subjektiver Hinsicht muß sich der Täter der Beziehung bewußt sein (D-Tröndle 7; and. RG **76** 369); dies ist zwar kein Tatbestandsmerkmal, wohl aber
eine Voraussetzung des Antragsrechts (vgl. entsprechend o. 6).

3. Liegen die genannten Voraussetzungen vor, so hat der **Dienstvorgesetzte** ein **selbständiges** 15
Antragsrecht. Dafür, wer Dienstvorgesetzter ist, wozu nicht nur der unmittelbare, sondern auch der
mittelbar höhere Vorgesetzte gehört (Bay **56**, 277), sind die dienstrechtlichen Bestimmungen maßgeblich; vgl. auch § 77 a m. Anm. und zum Antragsrecht bei Beleidigungen gegen die Bundeswehr
bzw. Soldaten der Bundeswehr Dau NJW 88, 2655. – Das Antragsrecht des Dienstvorgesetzten wird
durch Zurücknahme des vom Beleidigten gestellten Strafantrags nicht berührt. Erforderlich ist allerdings, daß das Antragsrecht des unmittelbar Beleidigten überhaupt zur Entstehung gekommen ist
(vgl. RG JW **32**, 3268). Die Rücknahme des Antrags ist in den Grenzen des § 77 d ebenso möglich wie
durch den Beleidigten selbst (vgl. Bremen MDR **59**, 681 zu § 196 a. F.). Ob eine behördliche Äußerung ein Antrag ist, muß, wie auch sonst, durch Auslegung ermittelt werden (vgl. Köln NJW **65**,
408).

IV. Richtet sich die Tat **gegen eine Behörde** oder eine **sonstige Stelle**, die Aufgaben der 16
öffentlichen Verwaltung wahrnimmt, so wird sie nach **Abs. 3 S. 2** auf Antrag des Behördenlei-

ters oder des Leiters der aufsichtführenden Behörde verfolgt. Dies gilt jedoch nur, wenn die Behörde usw. als solche beleidigt ist (vgl. aber auch Fischer JZ 90, 73: Kollektivbeleidigung der dort tätigen Amtsträger und daher Antragsrecht des Behördenleiters neben dem des Dienstvorgesetzten nach Abs. 3 S. 1); sind nur einzelne Mitglieder betroffen, so gilt Abs. 3 S. 1. Den Behörden (vgl. dazu § 11 I Nr. 7 und dort RN 57ff., § 164 RN 25) und den sonstigen Stellen, die Aufgaben der öffentlichen Verwaltung wahrnehmen (z. B. Krankenkassen, Berufsgenossenschaften, vgl. § 11 RN 37), sind auch hier durch S. 3 Behörden der Kirchen und der anderen Religionsgesellschaften des öffentlichen Rechts gleichgestellt, ferner nach Art. 7 II Nr. 10 des 4. StÄG Dienststellen der in der Bundesrepublik stationierten NATO-Truppen (vgl. 17 vor § 80). Zu der – zu verneinenden – Frage, ob auch die Bundesregierung eine Behörde ist, vgl. D-Tröndle 12 mwN. Antragsberechtigt ist sowohl der Leiter der Behörde als auch der Leiter der Aufsichtsbehörde (vgl. § 77 IV).

17   V. Abs. 4 sieht bei Beleidigungen gegen ein **Gesetzgebungsorgan** des Bundes oder eines Landes oder gegen eine andere **politische Körperschaft** im räumlichen Geltungsbereich des Gesetzes als Verfolgungsvoraussetzung an Stelle des Antrags eine **Ermächtigung** (zu dieser vgl. § 77e m. Anm.) der betroffenen Körperschaft vor. Auch hier ist erforderlich, daß sich die Tat gegen das Gesetzgebungsorgan oder die politische Körperschaft als solche richtet, also nicht nur gegen Teile davon (z. B. eine Fraktion, vgl. Düsseldorf NJW **66**, 1235) oder gegen einzelne Mitglieder (RG **40** 185, **47** 64). Unter Umständen kann jedoch eine Beleidigung einzelner Mitglieder zugleich eine solche der Körperschaft selbst enthalten (vgl. RG **47** 64). Eine Beleidigung der Körperschaft usw. liegt z. B. vor, wenn sie hinsichtlich der Tätigkeit, die ihr obliegt, beleidigend angegriffen wird (RG **33** 66, **41** 70), aber auch, wenn sie in bezug auf ihre Entstehung und Zusammensetzung mit beschimpfenden Bezeichnungen belegt wird (vgl. RG **67** 63: „Geldsackparlament").

18   1. Zu den **Gesetzgebungsorganen des Bundes oder eines Landes** vgl. § 105 RN 4. **Andere politische Körperschaften** sind solche, die, ohne Behörden (Abs. 3 S. 2) oder Gesetzgebungsorgane des Bundes oder eines Landes zu sein, als Teil der Staatsorganisation zur Erreichung des Staatszwecks mitzuwirken berufen sind (vgl. RG **7** 374, **33** 66, **69** 145, Düsseldorf NJW **66**, 1235, D-Tröndle 15, Herdegen LK 13, Rudolphi SK 23). Dazu gehören z. B. Kreistage, Stadt- und Gemeinderäte u. a. Organe der Kommunalverbände (vgl. RG **33** 66, **40** 184), nicht dagegen die Bundesregierung (D-Tröndle 15 unter Hinweis auf BGH 1 StR 532/61) und politische Parteien (Düsseldorf aaO, Herdegen aaO, Lackner 5, Rudolphi aaO).

19   2. Die **Ermächtigung** muß von der Körperschaft selbst erteilt sein; die Ermächtigung eines Ausschusses genügt nur, wenn dieser seinerseits dazu besonders ermächtigt worden ist (Herdegen LK 14 mwN). Ist die beleidigte Körperschaft aufgelöst, so entscheidet sie in der neuen Zusammensetzung über die Ermächtigung (RG **7** 386).

§ 195 [**Antragsrecht des Ehemanns**] *Aufgehoben durch das 3. StÄG v. 4. 8. 1953, BGBl. I 735.*

§ 196 [**Antragsrecht des Vorgesetzten**] *Aufgehoben durch das EGStGB; vgl. jetzt § 194 III.*

§ 197 [**Ermächtigung**] *Aufgehoben durch das EGStGB; vgl. jetzt § 194 IV.*

§ 198 [**Antrag bei wechselseitigen Beleidigungen**] *Aufgehoben durch das EGStGB; vgl. jetzt § 77c.*

§ 199 Wechselseitig begangene Beleidigungen

Wenn eine Beleidigung auf der Stelle erwidert wird, so kann der Richter beide Beleidiger oder einen derselben für straffrei erklären.

Schrifttum: *Baumann,* Die Beweislast bei § 199 StGB, NJW 58, 452. – *Kiehl,* Strafrechtliche Toleranz wechselseitiger Ehrverletzungen, 1986 (Frankfurter kriminalwissenschaftl. Studien Bd. 15). – *Küper,* Die Grundlagen der Kompensation, JZ 68, 651. – *Küster,* Zum Wesen der strafrechtlichen Kompensation, NJW 58, 1659. – *Reiff,* Vom Wesen und der Anwendung der Kompensation, NJW 58, 982. – *Schwarz,* Erwiderung von Beleidigungen, NJW 58, 10.

1   I. Die Vorschrift ermöglicht es, bei gegenseitigen Beleidigungen einen oder beide Täter für straffrei zu erklären (sog. **Kompensation** oder Retorsion). Ihre Begründung ist umstritten und muß für Erst- und Zweitbeleidiger, die bei mehrfacher wechselseitiger Tatbegehung in ihrer Rolle auch wechseln

können, getrennte Wege gehen (and. Kiehl aaO 131 ff. u. pass.). Hinsichtlich des Erstbeleidigers ist ratio legis, daß dieser in Form der Gegenbeleidigung bereits eine Art „Strafe" erhalten hat und damit das Strafbedürfnis entfallen kann (so z. B. Herdegen LK 1, Küper JZ 68, 654, Küster NJW 58, 1660, Lackner 1, M-Maiwald I 262, Rudolphi SK 1; vgl. auch RG **70** 330, Hamm JMBlNW **51**, 142; and. Kiehl aaO 60 ff., 76 ff., Reiff NJW **59**, 181). Dagegen beruht beim Erwidernden (Zweittäter) die Möglichkeit der Straffreierklärung auf einer Unrechts- und Schuldminderung, wobei sich erstere aus der Provokationshandlung des Gegners und der Nähe zur Notwehr, letztere aus der besonderen, durch die Erstbeleidigung ausgelösten affektiven Erregung ergibt (Küper JZ 68, 655 ff., Rudolphi aaO; für eine ausschließlich schuldbezogene Betrachtungsweise dagegen die h. M.; krit. dazu Kiehl aaO 112 ff.). Über die Kompensation von Beleidigungen mit leichten Körperverletzungen vgl. § 233.

1. Die Vorschrift gilt für **alle Delikte** des 14. Abschnitts. Demgegenüber soll nach h. M. die **2** Anwendung auf § 189 „von selbst ausscheiden" (D-Tröndle 4, Kiehl aaO 202, Küper JZ 68, 651). Dies trifft jedoch nicht zu. Erwidernder und Erstbeleidigter brauchen bei § 199 auch unter dem Gesichtspunkt der hier vorausgesetzten Schuldminderung (vgl. o. 1) nicht identisch zu sein (vgl. auch u. 8a), weil eine Affektsituation bei dem Zweittäter auch bestehen kann, wenn die Erstbeleidigung gegen eine ihm nahestehende Person gerichtet war. Diese Situation kann aber auch bei § 189 gegeben sein, so z. B. wenn der Sohn eine Verunglimpfung seines verstorbenen Vaters auf der Stelle durch eine Beleidigung erwidert (ebenso Gössel I 399, Herdegen LK 7, Rudolphi SK 2).

2. Die Möglichkeit einer **Ehrennotwehr** (§ 32) wird durch § 199 nicht ausgeschlossen; § 199 ist erst **3** von Bedeutung, wenn eine solche nicht vorliegt. Obwohl § 199 an sich voraussetzt, daß eine bereits vollendete Beleidigung mit einer Beleidigung erwidert wird (Hamm JMBlNW **51**, 228), muß die Vorschrift aber auch anwendbar sein, wenn der Beleidigte bei einer noch nicht abgeschlossenen Beleidigung über die erforderliche Abwehr hinausgeht und § 32 daher ausscheidet.

3. Bestritten ist, ob § 199 voraussetzt, daß die **jeweils andere Beleidigung bewiesen** ist (so Bay **4** MDR **54**, 690, Bremen NJW **55**, 1645, Reiff NJW 58, 982, Schwarz NJW 58, 10) oder ob es ausreicht, daß die Begehung der Gegenbeleidigung nicht ausgeschlossen werden kann (so BGH **10** 373 m. Anm. Kern JZ **58**, 373, Bay NJW **59**, 58, Celle MDR **57**, 435, Hamburg NJW **65**, 1611, Herdegen LK 4, Küster NJW 58, 1661, M-Maiwald I 262, Rudolphi SK 10). Die letztgenannte Auffassung verdient den Vorzug, weil hier ebenso wie sonst bei Zweifeln über das Vorliegen strafausschließender oder -mildernder Umstände der Grundsatz „in dubio pro reo" gelten muß (Stree, In dubio pro reo [1962] 33). § 199 ist daher sowohl anwendbar, wenn sich der Ersttäter unwiderlegt darauf beruft, seine Beleidigung sei erwidert worden, als auch dann, wenn der Zweittäter seine Tat als Reaktion auf die erste Beleidigung hinstellt.

II. Das Privileg des § 199 **gilt** sowohl für den **Erstbeleidiger** (RG **70** 330) als auch für den **5** **Zweittäter.** Voraussetzung dafür ist zunächst, daß derjenige, der für straffrei erklärt werden soll, eine strafbare und prozessual verfolgbare Beleidigung begangen hat; andernfalls ist er freizusprechen bzw. das Verfahren einzustellen (Gössel I 400, Herdegen LK 2, Küper JZ 68, 658 f., Rudolphi SK 3). Verschieden sind dagegen bei Erst- und Zweittäter – entsprechend den unterschiedlichen Gründen der Privilegierung (vgl. o. 1) – die Anforderungen, die jeweils an die Gegenbeleidigung zu stellen sind:

1. Für die Straffreierklärung des **Ersttäters** genügt es, wenn die gegen ihn gerichtete Beleidi- **6** gung tatbestandsmäßig und rechtswidrig ist, da bereits dann die durch ihn begangene Beleidigung als vergolten erscheint. Nicht ausreichend ist es deshalb, wenn die Erwiderung schon nicht tatbestandsmäßig (vgl. § 185 RN 5 ff.) oder z. B. nach § 193 gerechtfertigt ist (vgl. Hamm GA **74**, 62). Andererseits ist es nicht erforderlich, daß die beleidigende Erwiderung schuldhaft, strafbar (vgl. z. B. § 36) oder prozessual verfolgbar ist (Herdegen LK 2 f., Küper JZ 68, 659, Lackner 2, Rudolphi SK 5, Tenckhoff JuS 89, 202; für das Erfordernis einer schuldhaften Gegenbeleidigung dagegen RG JW **30**, 919, D-Tröndle 3, Kiehl aaO 204 f., M-Maiwald I 262).

2. Für die Straffreierklärung des **Zweittäters** genügt es dagegen nicht, daß die Erstbeleidi- **7** gung tatbestandsmäßig und rechtswidrig gewesen ist (so jedoch Küper JZ 68, 659 f.). Die vom Gesetz beim Zweittäter vorausgesetzte schuldmindernde Affektsituation (vgl. o. 1) verdient vielmehr nur dann Nachsicht, wenn die Erstbeleidigung auch schuldhaft gewesen ist (vgl. RG JW **30**, 919, D-Tröndle 3, M-Maiwald I 262, Rudolphi SK 7, Tenckhoff JuS 89, 203; vgl. auch Lackner 2), genauer: wenn der Zweittäter nach seiner Vorstellung schuldhaft beleidigt worden ist, weil andernfalls von ihm erwartet werden kann, daß er die Beleidigung auch „affektiv verkraftet" (Herdegen LK 2). Eine Straffreierklärung des Zweittäters ist daher z. B. auch möglich, wenn dieser den Erstbeleidiger irrig für schuldfähig gehalten hat (Herdegen LK 3), während sie umgekehrt ausgeschlossen ist, wenn er fälschlich von einem schuldlosen Verhalten des anderen ausgegangen ist. Daraus, daß die Möglichkeit einer Straffreierklärung beim Zweittäter zugleich auf einer Unrechtsminderung beruht (vgl. o. 1), folgt andererseits aber auch, daß eine tatbestandsmäßige und rechtswidrige Erstbeleidigung objektiv gegeben sein muß, da nur dann

§ 199 8–10 Bes. Teil. Beleidigung

der Gesichtspunkt der notwehrähnlichen Lage zum Tragen kommt (vgl. RG **7** 102, D-Tröndle 1, Küper JZ 68, 660, Rudolphi SK 8, Tenckhoff JuS 89, 203; and. Celle GA Bd. **47**, 300, Hamburg NJW **65**, 1611, **66**, 1978 m. Anm. Deubner NJW **67**, 63, Hamm GA **72**, 29, **74**, 62, Herdegen LK 3, Lackner 2, M-Maiwald I 262: maßgebend auch insoweit die Vorstellung des Zweittäters, wobei jedoch außer Betracht bleibt, daß der Privilegierung des Zweittäters nicht nur eine mit seiner besonderen psychischen Situation zu erklärende Schuldminderung zugrunde liegt). Nimmt der Zweittäter irrig das Vorliegen einer rechtswidrigen Erstbeleidigung an, so ist, sofern er auch von der Schuld des Ersttäters ausgeht (vgl. o.), § 199 bei Unvermeidbarkeit des Irrtums jedoch entsprechend anwendbar (vgl. auch M-Maiwald I 262, Rudolphi SK 8 unter Hinweis auf die analoge Situation in § 35 II); dagegen bestünde bei einem vermeidbaren Irrtum ohnehin kein Anlaß, von der Möglichkeit einer Straffreierklärung Gebrauch zu machen (für eine Strafmilderung entsprechend § 35 II Rudolphi aaO; generell für Unbeachtlichkeit eines Irrtums Kiehl aaO 205). Ohne Bedeutung ist auch hier das Vorliegen eines Strafausschließungsgrundes (z. B. § 36; and. RG **4** 14) oder eines Verfolgungshindernisses (Braunschweig SJZ **48**, 769 [fehlender Strafantrag]; vgl. auch Köln MDR **73**, 688) auf seiten des Ersttäters.

8   III. Sowohl beim Erst- als auch beim Zweittäter setzt die Straffreierklärung ferner voraus, daß die Erstbeleidigung durch die Zweitbeleidigung **auf der Stelle erwidert** worden ist.

8a   1. Zur **Erwiderung** gehört, daß die Beleidigungen in ursächlichem Zusammenhang stehen; sie müssen grundsätzlich auch zwischen denselben Personen gewechselt sein. Bei gewissen nahen Beziehungen ist letzteres allerdings nicht erforderlich; so kann bei einer Beleidigung der Ehefrau eine Gegenbeleidigung durch den Ehemann straffrei sein (KG JW **30**, 1316, JR **57**, 388, Hamm GA **72**, 29, D-Tröndle 1, Herdegen LK 5; vgl. auch Hamburg NJW **65**, 1611 [eheähnliche Gemeinschaft], Kiehl aaO 206). Stets muß sich aber die Erwiderung gegen den Erstbeleidiger richten; sie darf keine unbeteiligte dritte Person beleidigen (Hamm JMBlNW **51**, 142; and. Gössel I 400). Unschädlich ist es, wenn die gegen den Erstbeleidiger gerichtete Gegenbeleidigung einem Dritten gegenüber ausgesprochen wird (Braunschweig SJZ **48**, 769). Bei einer Beleidigung mehrerer Personen kann § 199 auch anwendbar sein, wenn nur eine von ihnen die Beleidigung erwidert hat. Die Wirkung des § 199 tritt dann aber nur im Verhältnis zum Erwidernden ein. Hat auch ein anderer Beleidigter Strafantrag gestellt, so scheidet § 199 für den Erstbeleidiger insoweit aus.

9   2. Daß die Erwiderung **auf der Stelle** erfolgen muß, wird von der h. M. nicht als eine unmittelbare zeitliche Aufeinanderfolge, sondern i. S. eines sachlich-psychologischen Zusammenhangs verstanden: Auf der Stelle erwidert ist die Beleidigung danach, wenn und solange – auch bei schriftlichen Beleidigungen und Erwiderungen und solchen durch die Presse (vgl. Herdegen LK 6, M-Maiwald I 262; and. Kiehl aaO 119) – die Zweittat durch die infolge der Erstbeleidigung ausgelösten affektiven Erregung verursacht ist, was z. B. bei deren Anhalten oder erneutem Hervortreten auch bei einer erst am nächsten Tag erfolgten Gegenbeleidigung noch der Fall sein kann (vgl. z. B. RG **38** 341, **70** 331, Braunschweig SJZ **48**, 769, Hamburg NJW **66**, 1978, Oldenburg NdsRpfl. **51**, 51, Schleswig SchlHA **75**, 187, D-Tröndle 2, Herdegen aaO, Hirsch LK § 233 RN 16, Lackner 3, Rudolphi SK 9; and. Kiehl aaO 118ff., 203f.). Eine solche den Wortsinn der Wendung „auf der Stelle" an sich überschreitende Deutung ist unbedenklich, soweit sie sich in bonam partem auswirkt, indem sie die Möglichkeit der Straffreierklärung für beide Beteiligten erweitert, zumal dies auch beim Zweitbeleidiger der ratio legis (Schuldminderung, vgl. o. 1) durchaus entgegenkommt. Zu einer nicht sachgerechten Einschränkung führt die Gleichsetzung des Merkmals „auf der Stelle" mit dem Bestehen eines besonderen Erregungszustands beim Zweitbeleidiger jedoch, wenn dieser affektfrei und in kühler Überlegung handelt (vgl. dazu auch Kiehl aaO 118ff.): Unter diesen Umständen besteht dann zwar kein Anlaß, den Zweitbeleidiger für straffrei zu erklären (vgl. auch u. 10), wohl aber wird die Möglichkeit dazu mit einer rein psychologischen Bestimmung des Erwiderungskonnexes auch für den Ersttäter beschnitten, obwohl dies nicht nur dem Wortlaut der Vorschrift, sondern hier auch ihrem Sinn widerspricht. Mit Rücksicht darauf muß entsprechend der Wortbedeutung eine Erwiderung „auf der Stelle", unabhängig davon, ob sie affektbedingt ist, immer auch dann angenommen werden, wenn zwischen Erst- und Zweitbeleidigung ein unmittelbarer zeitlicher Zusammenhang besteht (Tenckhoff JuS 89, 203); auf einen örtlichen Zusammenhang – von Bedeutung bei schriftlichen Beleidigungen – kommt es nicht an.

10   IV. Liegen die – von Amts wegen zu beachtenden – Voraussetzungen des § 199 vor, so steht es im **Ermessen des Richters,** ob er **beide Beleidiger oder einen** derselben für **straffrei erklären** will; dagegen ist eine Strafmilderung in § 199 nicht vorgesehen. Als Strafe i. S. des § 199 sind auch Erziehungsmaßregeln und Zuchtmittel anzusehen (Bay NJW **61**, 2029). Ferner ist § 199 auch anwendbar, wenn der andere Beleidiger bereits rechtskräftig verurteilt (vgl. Hamm NJW **57**, 392) oder freigesprochen worden ist (Celle MDR **59**, 511). Die Ausübung des Ermessens hat sich vor allem an der ratio legis (vgl. o. 1) zu orientieren, was z. B. von Bedeutung ist, wenn der Zweitbeleidiger affektfrei gehandelt hat (vgl. o. 9). Bei Anwendung des § 199 ergeht kein Freispruch, vielmehr ist der Täter schuldig zu sprechen, verbunden mit der Straffreierklärung (zur Umwandlung von Frei- in Schuldspruch durch das Revisionsgericht vgl. Celle MDR **89**, 840); wegen der Kosten vgl. § 468 StPO.

V. Eine **Anordnung der Urteilsbekanntmachung** nach § 200 ist, da § 200 eine Hauptstrafe voraussetzt, neben der Straffreierklärung nicht möglich; das gleiche gilt für die **Einziehung**, soweit diese Strafcharakter hat (vgl. 14ff. vor § 73, § 74 RN 18, LG Bremen NJW **55**, 959), da dies mit der Freistellung nach § 199 nicht zu vereinbaren wäre. Dagegen ist eine Einziehung und Unbrauchbarmachung nach § 74d wegen des Sicherungscharakters dieser Maßnahme (vgl. § 74d RN 1) neben § 199 möglich. 11

VI. Über die Bedeutung des § 199 bei **Idealkonkurrenz** mit anderen Delikten vgl. § 52 RN 46. 12

§ 200 Bekanntgabe der Verurteilung

(1) **Ist die Beleidigung öffentlich oder durch Verbreiten von Schriften (§ 11 Abs. 3) begangen und wird ihretwegen auf Strafe erkannt, so ist auf Antrag des Verletzten oder eines sonst zum Strafantrag Berechtigten anzuordnen, daß die Verurteilung wegen der Beleidigung auf Verlangen öffentlich bekanntgemacht wird.**

(2) **Die Art der Bekanntmachung ist im Urteil zu bestimmen. Ist die Beleidigung durch Veröffentlichung in einer Zeitung oder Zeitschrift begangen, so ist auch die Bekanntmachung in eine Zeitung oder Zeitschrift aufzunehmen, und zwar, wenn möglich, in dieselbe, in der die Beleidigung enthalten war; dies gilt entsprechend, wenn die Beleidigung durch Veröffentlichung im Rundfunk begangen ist.**

I. **Zweck und Inhalt** der Vorschrift entsprechen weitgehend § 165. Das dort Gesagte gilt hier daher sinngemäß (krit. zu der Vorschrift und für ihre Beschränkung auf Medienbeleidigungen Schomburg ZRP 86, 65). § 200 gilt auch im Fall des § 189 (Bay **49/51**, 458), ferner nach § 103 II bei der Beleidigung von Organen und Vertretern ausländischer Staaten. Vgl. auch Nr. 231 RiStBV. 1

II. Abweichend von § 165, wo der Antrag nur vom **Verletzten** bzw. bei dessen Tod auch von einem in § 77 II bezeichneten Angehörigen gestellt werden kann, kann hier auch ein **sonst zum Strafantrag Berechtigter** (vgl. § 194 II, III) den Antrag auf eine Anordnung i. S. des § 200 stellen. Im Falle des § 194 IV muß der Antrag von der beleidigten Körperschaft als dem Verletzten gestellt werden. Zum Antragsrecht bei Beleidigung der Bundesregierung vgl. D-Tröndle 4 unter Hinweis auf BGH 3 StR 52/63. Möglich ist auch, daß der Antrag nach § 200 von einem anderen gestellt wird als von dem, der den Strafantrag gestellt hat (z. B. Strafantrag durch Dienstvorgesetzten, Antrag nach § 200 durch den Verletzten; vgl. aber zu § 200 a. F. RG **60** 80). Dagegen kann das Verlangen auf Vollzug der Anordnung nach § 463c StPO nur von dem Antragsteller i. S. des § 200 bzw. demjenigen gestellt werden, der an seiner Stelle antragsberechtigt geworden ist (z. B. § 77 II; inzwischen eingetretene Volljährigkeit des Beleidigten). Der Antragsteller braucht nicht als Privat- oder Nebenkläger am Verfahren beteiligt zu sein. Zum Antragsrecht der Staatsanwaltschaft im Falle des § 103 vgl. dort Abs. 2 S. 2; in den Fällen des § 194 I 2, II 2 muß diese auch ohne ausdrückliche Regelung als antragsberechtigt angesehen werden (ebenso Herdegen LK 3). 2

Fünfzehnter Abschnitt

Verletzung des persönlichen Lebens- und Geheimbereichs

Vorbemerkungen zu den §§ 201 ff.

I. Der 15. Abschnitt geht mit Ausnahme des erst durch das 2. WiKG v. 15. 5. 1986 (BGBl. I 721) eingefügten § 202a und der Ergänzung des § 201 II durch das 25. StÄG v. 20. 8. 1990 (BGBl. I 2219) auf das EGStGB zurück und enthält die **Nachfolgebestimmungen zu den §§ 298–300 a. F.**, die das Gesetz systematisch unzutreffend gemeinsam mit den Tatbeständen des strafbaren Eigennutzes in den 25. Abschnitt eingeordnet hatte. Ihre Zusammenfassung in einem selbständigen Abschnitt (vgl. schon §§ 182ff. E 62) soll zugleich die Bedeutung unterstreichen, die den hier geschützten Rechtsgütern nach heutigem Verständnis zukommt (vgl. EEGStGB 235). Auch inhaltlich wurden die früheren Strafvorschriften z. T. erheblich erweitert; wegen der Einzelheiten vgl. die 20. A. 1

II. Die Tatbestände des 15. Abschnitts beruhen auf dem gemeinsamen Grundgedanken, daß eine Entfaltung der Persönlichkeit (vgl. Art. 1, 2 II GG) nur möglich ist, wenn dem einzelnen hierfür ein Freiraum gegenüber Gemeinschaft, Staat und Mitmenschen gewährleistet wird (EEGStGB 235). Die dem E 62 entnommene Abschnittsüberschrift soll dies dadurch zum Ausdruck bringen, daß die den §§ 201 ff. zugrundeliegenden Rechtsgüter unter dem Begriff des „**persönlichen Lebens- und Ge-** 2

§ 201 Bes. Teil. Verletzung des persönlichen Lebens- u. Geheimbereichs

heimbereichs" zusammengefaßt werden. Tatsächlich schützen die §§ 201 ff. jedoch nur bestimmte Ausschnitte aus diesem Bereich, wobei die gesetzlichen Überschriften zu den einzelnen Bestimmungen das jeweils erfaßte Rechtsgut freilich nur ungenau bezeichnen (vgl. § 201 RN 2, § 202 RN 2, § 202a RN 1, § 203 RN 3; vgl. auch Wessels II/1 S. 110 und zur bloßen Hinweisfunktion von amtlichen Überschriften BGH **29** 224). Aber auch die Abschnittsüberschrift selbst gibt die in den §§ 201 ff. geregelte Materie nicht durchweg zutreffend wieder. So bezieht sich § 203 nicht nur auf den „persönlichen Geheimbereich" (zu dem nach E 62, Begr. 326 zwar auch Betriebs- und Geschäftsgeheimnisse zählen sollen, die andererseits aber, wie die Aufzählung in § 203 I, II zeigt, nicht zum „persönlichen Lebensbereich" gehören), vielmehr können im Einzelfall auch Geheimnisse unter die Vorschrift fallen, die dem dienstlichen Geheimbereich entstammen (so wenn einem Anwalt, der die Interessen einer Behörde vertritt, Amtsgeheimnisse anvertraut werden; auch für § 203 II kommen in gewissem Umfang Dienstgeheimnisse in Betracht, vgl. dort RN 44a). Ebenso schützt § 202 nicht nur den persönlichen Geheimbereich, sondern z. B. auch Briefe von Behörden, § 202a auch nichtpersonenbezogene Daten, § 201 nicht nur zum persönlichen Lebensbereich gehörende, sondern z. B. auch dienstliche Äußerungen (Frankfurt NJW **77**, 1547, Karlsruhe NJW **79**, 1513; vgl. § 201 RN 6). Nicht zum Ausdruck kommt schließlich in der Bezeichnung „persönlicher Lebens- und Geheimbereich", daß es sich bei den in §§ 201 ff. geschützten Rechtsgütern nicht nur um Individualgüter handelt (vgl. jedoch EEGStGB 236), sondern daß es hier z. T. auch – wenn nicht sogar primär – um Interessen der Allgemeinheit geht (vgl. § 203 RN 3). Im übrigen wird der fragmentarische Charakter des Strafrechts gerade im vorliegenden Abschnitt deutlich. Obwohl gleichfalls in diesen Zusammenhang gehörend, hat das EGStGB darauf verzichtet, Strafbestimmungen gegen die öffentliche Erörterung fremder Privatangelegenheiten (vgl. § 182 E 62, § 145 AE, BT, Straftaten gegen die Person, 2. Halbbd.) und zum Schutz des Intimbereichs vor unbefugten Aufnahmen usw. (vgl. § 146 II AE) in das Gesetz aufzunehmen (über die Gründe vgl. EEGStGB 235 f.; zum Ganzen vgl. zuletzt Schünemann ZStW **90**, 34 ff. mwN).

§ 201 Verletzung der Vertraulichkeit des Wortes

(1) **Mit Freiheitsstrafe bis zu drei Jahren oder mit Geldstrafe wird bestraft, wer unbefugt**
1. **das nichtöffentlich gesprochene Wort eines anderen auf einen Tonträger aufnimmt oder**
2. **eine so hergestellte Aufnahme gebraucht oder einem Dritten zugänglich macht.**

(2) **Ebenso wird bestraft, wer unbefugt**
1. **das nicht zu seiner Kenntnis bestimmte nichtöffentlich gesprochene Wort eines anderen mit einem Abhörgerät abhört oder**
2. **das nach Absatz 1 Nr. 1 aufgenommene oder nach Absatz 2 Nr. 1 abgehörte nichtöffentlich gesprochene Wort eines anderen im Wortlaut oder seinem wesentlichen Inhalt nach öffentlich mitteilt.**

Die Tat nach Satz 1 Nr. 2 ist nur strafbar, wenn die öffentliche Mitteilung geeignet ist, berechtigte Interessen eines anderen zu beeinträchtigen. Sie ist nicht rechtswidrig, wenn die öffentliche Mitteilung zur Wahrnehmung überragender öffentlicher Interessen gemacht wird.

(3) **Mit Freiheitsstrafe bis zu fünf Jahren oder mit Geldstrafe wird bestraft, wer als Amtsträger oder als für den öffentlichen Dienst besonders Verpflichteter die Vertraulichkeit des Wortes verletzt (Absätze 1 und 2).**

(4) **Der Versuch ist strafbar.**

(5) **Die Tonträger und Abhörgeräte, die der Täter oder Teilnehmer verwendet hat, können eingezogen werden. § 74a ist anzuwenden.**

Vorbem. Abs. 2 Nr. 2 eingefügt durch das 25. StÄG v. 20. 8. 1990, BGBl. I 1764.

Schrifttum: Alber, Zum Tatbestandsmerkmal „nichtöffentlich" in § 201 Abs. 1 Nr. 1 StGB, JR 81, 495. – *Arzt,* Der strafrechtliche Schutz der Intimsphäre, 1970. – *Blei,* Strafschutzbedürfnis und Auslegung, Henkel-FS 109. – *Bottke,* Anfertigung und Verwendung heimlicher Wort- und Stimmaufzeichnungen auf Tonträger außerhalb des Fernmeldeverkehrs, Jura 87, 356. – *Gallas,* Der Schutz der Persönlichkeit, ZStW 75, 16. – *Henkel,* Der Strafschutz des Privatlebens gegen Indiskretion, in: Verhandlungen des 42. DJT, 1957, Bd. II, D 59. – *Klug,* Konfliktlösungsvorschläge bei heimlichen Tonbandaufnahmen zur Abwehr krimineller Telefonanrufe, Sarstedt-FS 103. – *ders.,* Das Grundrecht der Fernsehfreiheit im Spannungsfeld der Interessen- und Rechtsgüterabwägung nach § 34 StGB bei Kollisionen mit § 201 StGB, Oehler-FS 397. – *Kohlhaas,* Das Mitschneiden von Telefongesprächen usw., NJW 72, 238. – *Kramer,* Heimliche Tonbandaufnahmen im Strafprozeß, NJW 90, 1760. – *Marxen,* Tonaufnahmen während der Hauptverhandlung für Zwecke der Verteidigung, NJW 77, 2188. – *Neumann-Duesberg,* Das gesprochene Wort im Urheber- und Persönlichkeitsrecht, 1949. – *Roggemann,* Das Tonband im Verfahrensrecht, 1962. – *G. Schmidt,* Zur Problematik des Indiskretionsdelikts, ZStW 79, 741. – *Schilling*, § 298 StGB bei der Aufzeichnung von Telefongesprächen, NJW 72, 854. – *Sieber*, Informationstechnologie und Strafrechtsreform, 1985. – *Siegert*, Der Mißbrauch von Schallaufnahmegeräten im geltenden Recht, 1953. – *Süß*, Geheimsphäre und moderne Technik, H. Lehmann-FS (1956) I 189. – *Suppert*, Studien zur Notwehr und zur „notwehrähnlichen Lage", 1973. – *Wenzel*, Das Recht der Wort- und Bildberichterstattung, 1967.

I. Durch das **EGStGB** wurde § 298 a. F. und das dazugehörige (unechte) Amtsdelikt des § 353 d I **1** a. F. in einer Vorschrift zusammengefaßt (wegen § 353 d II a. F. vgl. § 354 IV); zu den – nur geringfügigen – Änderungen im übrigen vgl. die 20. A. In der Fassung des EGStGB hatte sich § 201 zunächst darauf beschränkt, das unbefugte Herstellen und Verwenden von Tonaufnahmen und das unbefugte Abhören mittels eines Abhörgeräts unter Strafe zu stellen (vgl. Abs. 1, 2 Nr. 1 n. F.). Nicht strafbar war danach dagegen die Veröffentlichung des illegal aufgenommenen oder abgehörten Wortes in Druckschriften oder im Rundfunk. Darin lag eine bewußte Beschränkung, weil für das Unrecht des § 201 die Unmittelbarkeit des Eingriffs in die Privatsphäre durch einen Angriff auf die Unbefangenheit der mündlichen Äußerung für entscheidend gehalten wurde (vgl. die Nachw. b. Schilling JZ 80, 10, ferner BT-Drs. 11/2714 S. 3). Diese Rechtslage wurde jedoch als unbefriedigend empfunden (vgl. bereits die Gesetzesanträge in BT-Drs. 8/2396, 8/2545, 9/719, 10/1618; krit. jedoch die Stellungnahme der BReg. in BT-Drs. 8/2545 S. 13; vgl. dazu auch Schilling aaO 7 ff.). Vor dem Hintergrund einiger besonders spektakulärer Fälle (vgl. BT-Drs. 11/6714 S. 3) – zuletzt die Veröffentlichung von Berichten in einer Illustrierten, in denen illegal erlangte Informationen des Staatssicherheitsdienstes der ehemaligen DDR über Telefongespräche westdeutscher Politiker verbreitet wurden – wurde deshalb der bisherige Abs. 2 durch das **25. StÄG** (vgl. die Vorbem.) um den neuen Tatbestand der jetzigen Nr. 2 erweitert (vgl. dazu BT-Drs. 11/6714, 11/7414).

II. Nach der Erweiterung des § 201 um Abs. 2 Nr. 2 durch das 25. StÄG (vgl. o. 1) bleibt als **2** gemeinsames **Rechtsgut** der hier formulierten Tatbestände nur noch das aus dem allgemeinen Persönlichkeitsrecht (vgl. BVerfGE **34** 238, BGH **14** 358, **31** 299, **34** 43) folgende Recht auf Bestimmung der Reichweite einer Äußerung (vgl. für § 201 a. F. Samson SK 2) sowie die Wahrung der Unbefangenheit des gesprochenen Worts (vgl. für § 201 a. F. z. B. Lackner 1, Träger LK 2). Zu erklären ist damit zwar die Beschränkung des § 201 auf das nichtöffentlich gesprochene Wort, das Spezifische des durch § 201 a. F. und jetzt durch Abs. 1, 2 Nr. 1 geschützten Rechtsguts war bzw. ist dies jedoch nicht, weil ersteres in gleicher Weise für schriftliche Äußerungen, letzteres auch für das heimliche Mitschreiben einer mündlichen Äußerung zu gelten hätte. Die besondere Eigenart des Rechtsguts des § 201 machen vielmehr zwei weitere Aspekte des Persönlichkeitsrechts aus: in *Abs. 1*, unabhängig von deren Inhalt, der Schutz vor der stimmlichen Perpetuierung einer Äußerung, d. h. davor, daß das, „was als flüchtige Lebensäußerung gemeint war, in eine jederzeit reproduzierbare Tonkonserve verwandelt wird" (Gallas ZStW 75, 19) und der Sprecher damit selbst „verfügbar" bleibt (vgl. auch Träger LK 2, Lackner 1, M-Maiwald 267, Schilling JZ 80, 10), in *Abs. 2 Nr. 1 n. F.* (Abs. 2 a. F.) der Schutz „vor technischer Ausdehnung des Klangbereichs" (Schilling aaO), d. h. vor einer besonderen Form des Ausspähens der Persönlichkeitssphäre des Betroffenen, die – trotz gleicher Strafdrohung – als „Einbrechen" von außen im Grunde noch schwerer wiegt als der Vertrauensmißbrauch beim heimlichen Fixieren eines Gesprächs durch einen Gesprächsteilnehmer (vgl. Arzt aaO 244; zum Ganzen vgl. auch Arzt aaO 238 ff., Suppert aaO 162 ff. mwN, ferner Klug, Sarstedt-FS 103 ff.). Um etwas anderes geht es dagegen in *Abs. 2 Nr. 2 n. F.*: Hier handelt es sich nicht um die akustische Reproduktion einer Äußerung des Sprechers – diese fällt bereits unter Abs. 1 Nr. 2 –, sondern um die nur gedankliche Wiedergabe des gesprochenen Worts, wobei es in Abs. 2 Nr. 2 wesentlich auf den Inhalt der wiedergegebenen Äußerung ankommt (vgl. Abs. 2 Nr. 2 S. 2 und dazu u. 22, 27), der bei Abs. 1, 2 Nr. 1 gerade keine Rolle spielt. Für einen solchen Tatbestand mögen einsichtige kriminalpolitische Gründe sprechen, u. a. daß in ihm erfaßten „mittelbaren Verletzungshandlungen dem unbefugten Aufnehmen oder Abhören vielfach erst ihren Sinn geben" (BT-Drs. 11/6714 S. 3). Doch ändert dies nichts daran, daß Abs. 2 Nr. 2 n. F. eine qualitativ andere Angriffsrichtung hat. Dafür liefert auch die Gesetzesbegründung einen Beleg, denn wenn die Bagatellklausel des S. 2 die Bedeutung haben soll, solche Gesprächsinhalte vor Verbreitung zu schützen, die ein Geheimnis im materiellen Sinn darstellen oder die den Verletzten in der Öffentlichkeit bloßstellen würden (BT-Drs. 11/6714 S. 4), so weist dies in aller Deutlichkeit in die Richtung des Geheimnisschutzes und eines Indiskretionsdelikts (vgl. auch Schilling aaO). Insofern ist Abs. 2 Nr. 2 daher ein Fremdkörper innerhalb des § 201; auch stellt sich die Frage eines Wertungswiderspruchs zu § 202, wo die Veröffentlichung eines unbefugt geöffneten Briefes nach wie vor straflos ist (vgl. dazu auch BT-Drs. 8/2545 S. 13).

III. Die Vorschrift des § 201 enthält, abgesehen von der Qualifikation des Abs. 3, **vier** **3** **Tatbestände:** die Aufnahme des nichtöffentlich gesprochenen Worts auf einen Tonträger (Abs. 1 Nr. 1), das Gebrauchen oder Zugänglichmachen einer solchen Aufnahme (Abs. 1 Nr. 2), das Abhören des nichtöffentlich gesprochenen und nicht zur Kenntnis des Täters bestimmten Worts (Abs. 2 Nr. 1) und das öffentliche Mitteilen eines nach Abs. 1 Nr. 1 aufgenommenen bzw. nach Abs. 2 Nr. 1 abgehörten nichtöffentlich gesprochenen Worts (Abs. 2 Nr. 2); zu dem für alle Tatbestände gemeinsamen, in seiner verbrechenssystematischen Funktion aber nicht einheitlichen Erfordernis eines „unbefugten" Handelns vgl. u. 29 ff. Dabei gehören Abs. 1

Nr. 1 und 2 sachlich unmittelbar zusammen, während Abs. 2 Nr. 1 und 2 ebenso wie Abs. 1 und Abs. 2 Nr. 2 ganz verschiedene Unwertsachverhalte betreffen (vgl. o. 2). Zum – von § 201 nicht erfaßten – Verfälschen von Tonbändern vgl. § 268 u. dort RN 17, zum Löschen vgl. § 274 RN 7, § 303 RN 8b.

4 1. Der Tatbestand des **Abs. 1 Nr. 1** betrifft das **Aufnehmen des nichtöffentlich gesprochenen Worts** eines anderen auf einen Tonträger. Wozu dies geschieht, ist unerheblich. Auch heimliche Gesprächsaufnahmen zum Zweck ihrer auditiv-phonetisch-sprachwissenschaftlichen oder physikalisch-sonographischen Auswertung als Mittel des Stimmvergleichs erfüllen nach Sinn und Wortlaut den Tatbestand (vgl. dazu auch BGH **34** 39 m. Anm. Meyer JR 87, 215 u. Wolfslast NStZ 87, 103).

5 a) Geschützt ist nur das (auch fernmündlich, vgl. Karlsruhe NJW **79**, 1513, Klug, Sarstedt-FS 106, Schilling NJW 72, 854) **gesprochene Wort,** nicht dagegen andere stimmliche Äußerungen wie Seufzen, Gähnen usw. oder das bloße Aneinanderreihen einzelner Silben (and., da auch hier eine Persönlichkeitsverletzung vorliege, Arzt aaO 243). Im übrigen kommt es weder auf die Vertraulichkeit noch auf den Inhalt der Äußerung an, z. B. ob sie privater oder beruflicher bzw. dienstlicher Natur ist (Frankfurt NJW **77**, 1547 m. Anm. Arzt JR 78, 170, Karlsruhe NJW **79**, 1513, Klug, Sarstedt-FS 113ff., Träger LK 2, 5) und ob es sich um eine eigene oder fremde Gedankenerklärung (z. B. Vorlesen aus der Zeitung) handelt (Träger LK 4; and. bezügl. fremder Texte Blei II 115, Henkel-FS 118, D-Tröndle 2, Lackner 2, differenzierend Samson SK 4). Daß nach BVerfG **34** 247 bestimmte Mitteilungen im Geschäftsverkehr (z. B. fernmündliche Durchsagen, Bestellungen) aus dem verfassungsrechtlich geschützten Bereich von vornherein herausfallen (vgl. auch BGH[Z] NJW **88**, 1017), ist für § 201 ohne Bedeutung (vgl. Tenckhoff JR 81, 225 f., Träger LK 2). Gleichgültig ist ferner, ob die Äußerung überhaupt dem Verständnis anderer zugänglich ist; auch zusammenhang- und sinnlose Äußerungen, mag sich der Sprechende dessen bewußt sein oder nicht (Rauschzustand, Geisteskrankheit), sind geschützt. Unerheblich ist schließlich, ob die Äußerung bewußt gemacht wird (z. B. Sprechen im Schlaf). Das gesprochene Wort ist zum einen als Gegensatz zum geschriebenen oder durch andere Zeichen (z. B. Morsezeichen, elektronische Impulse von Datenübertragungsleitungen [Sieber aaO 51 f.]) ausgedrückten Wort zu verstehen, bedeutet also nur das Erfordernis einer mündlichen Äußerung, nicht aber den Ausschluß von Gesang und Sprechgesang aus dem Schutzbereich des Tatbestands (and. D-Tröndle 2, Lackner 2, M-Maiwald I 278, Otto BT 117, Träger LK 6; wie hier Arzt aaO, Gössel I 407, Wessels II/1 S. 110). Zum andern bedeutet es das „live" gesprochene Wort im Gegensatz zu dem von einem Tonträger reproduzierten Wort (dazu u. 12).

6 b) Die Äußerung muß **nichtöffentlich** gemacht sein. Dies ist der Fall, wenn sie nicht für einen größeren, nach Zahl und Individualität unbestimmten oder nicht durch persönliche oder sachliche Beziehungen miteinander verbundenen Personenkreis bestimmt oder unmittelbar verstehbar ist (vgl. Frankfurt NJW **77**, 1547 m. Anm. Arzt JR 78, 170, Karlsruhe NJW **79**, 1513, D-Tröndle 2, Klug, Sarstedt-FS 106, Lackner 2, Träger LK 8; vgl. dazu auch § 186 RN 19). Dies gilt auch für Äußerungen von Amtsträgern; diese wegen der erforderlichen „Transparenz" der Verwaltung als „öffentlich" anzusehen, wenn sie in dienstlicher Eigenschaft gegenüber einem Privaten gemacht worden sind, ist nach dem Gesetzeszweck (vgl. o. 2) nicht möglich (vgl. Karlsruhe aaO, Tenckhoff JR 81, 255 u. näher Alber JR 81, 495; and. Ostendorf JR 79, 468 f.).

7 α) Nicht unter § 201 fallen zunächst Äußerungen, die nach dem Willen des Sprechers *an die Öffentlichkeit gerichtet* sind. Hier kommt es nicht darauf an, ob Dritte sie tatsächlich wahrgenommen haben bzw. ob hierzu überhaupt die Möglichkeit bestand. Ein Rundfunkinterview ist, auch wenn es nie gesendet wird, öffentlich und daher vor zusätzlicher heimlicher Aufnahme (bzw. Abhören nach Abs. 2 Nr. 1) nicht geschützt. Umgekehrt ist eine polizeiliche Beschuldigtenvernehmung auch dann nichtöffentlich, wenn die Möglichkeit einer späteren Reproduktion in einer öffentlichen Hauptverhandlung besteht (Frankfurt NJW **77**, 1547 m. Anm. Arzt JR 78, 170).

8 Bei Gesprächen *mehrerer Personen* kommt es darauf an, ob der Teilnehmer- bzw. Zuhörerkreis begrenzt oder für beliebige Dritte offen ist (vgl. Blei II 115 ff., Henkel-FS 116 f.). Aus der bloßen Anzahl der Hörer allein ergibt sich die Öffentlichkeit einer Äußerung nicht. Auch was in einer großen Versammlung gesagt wird, kann nichtöffentlich sein, wenn die Teilnehmer einen durch gemeinsame Merkmale verbundenen geschlossenen Kreis bilden (Parteiversammlung, Fraktionssitzung; vgl. D-Tröndle 2, Gössel I 407, Träger LK 8). Bei Großversammlungen wird die Öffentlichkeit regelmäßig aber nur dann verneint werden können, wenn durch besondere Maßnahmen (Eingangskontrollen usw.) der „Ausschluß der Öffentlichkeit" sichergestellt ist (vgl. jedoch Blei, Henkel-FS 117). Auch die Gegenwart von Pressevertretern bei einer im übrigen geschlossenen Veranstaltung macht die dort getanen Äußerungen allein nicht zu öffentlichen: § 201 stellt auf die Äußerung in ihrer akustischen

Gestalt ab, weshalb es nicht darauf ankommt, ob der Inhalt zur schriftlichen Veröffentlichung bestimmt ist.

β) Nicht geschützt sind nach dem Grundgedanken des § 201 aber auch solche Äußerungen, **9** die zwar nicht an die Öffentlichkeit gerichtet sind, die aber – dem Sprecher bewußt – so *in der Öffentlichkeit erfolgen,* daß sie von Dritten ohne besonderes Bemühen mitangehört werden können (ähnl. Arzt JR 77, 340). Dies gilt z. B. für laut geführte Gespräche auf öffentlichen Straßen oder in öffentlichen Verkehrsmitteln usw. (zu weitgehend jedoch Celle MDR 77, 596 m. Anm. Arzt aaO; vgl. auch Henkel aaO 82). Öffentlich in diesem Sinn und deshalb durch § 201 nicht geschützt ist aber auch der mit einem gewöhnlichen Rundfunkgerät abhörbare „nichtöffentliche" Sprechfunkverkehr (Polizeifunk, Funktaxis usw.; D-Tröndle 2, Gössel I 407, Träger LK 7, Samson SK 5). Daß solche Sendungen auf Sonderfrequenzen erfolgen, steht dem nicht entgegen (zur Strafbarkeit des Abhörens nach § 15 FAG vgl. Karlsruhe NJW 70, 394 m. Anm. Parmentier S. 873). Etwas anderes gilt nur für Richtfunkanlagen (etwa zur Übertragung von Telefongesprächen); hier ist durch technische Mittel sichergestellt, daß die Sendungen nur vom Berechtigten empfangen werden können.

Was in einer *öffentlichen Verhandlung* (z. B. Gerichtsverhandlung, Gemeinderatssitzung) gesagt **10** wird, ist auch dann öffentlich, wenn kein Publikum anwesend war. Äußerungen in nichtöffentlichen Verhandlungen sind dagegen stets als nichtöffentliche anzusehen, auch wenn bestimmten Personen, etwa Vertretern der Presse gem. § 175 II GVG die Teilnahme gestattet war (Blei II 117, Henkel-FS 117, Gössel I 407); dasselbe gilt für Fragen und Vorhaltungen eines Polizeibeamten bei der Vernehmung eines Beschuldigten im Ermittlungsverfahren, auch wenn sie später in die öffentliche Hauptverhandlung eingeführt werden (Frankfurt NJW 77, 1547). Tonaufnahmen „zum Zwecke öffentlicher Vorführung oder Veröffentlichung ihres Inhalts" sind in öffentlichen Gerichtsverhandlungen freilich auch unabhängig von § 201 I Nr. 1 unzulässig § 169 S. 2 GVG; zum zivilrechtlichen Schutz gegen heimliche Aufnahme von Äußerungen eines Gemeinderats bei einer öffentlichen Sitzung vgl. Köln NJW 79, 661).

c) Das gesprochene Wort ist auf einen **Tonträger** (Schallplatte, Tonband usw., vgl. § 11 RN **11** 78) **aufgenommen,** wenn eine akustische Wiedergabe möglich ist. Ist die Aufnahme mißlungen, so kommt nur Versuch in Betracht (Arzt aaO 260, Samson SK 7; vgl. auch u. 36). Unerheblich ist, ob der Aufnahmevorrichtung ein Abhörgerät i. S. des Abs. 2 Nr. 1 vorgeschaltet war (vgl. dazu u. 20).

α) Nur die im **Augenblick des Sprechens gemachte Aufnahme** genügt für den Tatbestand **12** (Arzt aaO 243 FN 293, Blei II 117f., Lackner 3a, Samson SK 7, Träger LK 12, Wessels II/1 S. 111; and. D-Tröndle 2, Gössel I 409). Das Kopieren einer bereits vorhandenen Aufnahme fällt deshalb nicht unter Abs. 1 Nr. 1. Dies ergibt sich schon aus dem Gesetzeswortlaut, der auf das „gesprochene" – d. h. also nicht auf das mit technischen Mitteln aufgezeichnete – Wort abstellt (Träger aaO). Dafür spricht aber auch die ratio der Nr. 1 und der Vergleich mit Nr. 2: Nur die im Augenblick des Sprechens angefertigte Aufnahme kann das Vertrauen auf die Vergänglichkeit des Worts verletzen, indem sie den Sprechenden zur „Tonkonserve" macht und damit unmittelbar in sein Persönlichkeitsrecht eingreift; dagegen wird der Umgang mit bereits vorhandenen Tonträgern und damit z. B. auch deren Vervielfältigung als nur mittelbarer Eingriff ausschließlich von Abs. 1 Nr. 2 erfaßt. Wurde das Original ohne Wissen des Sprechers aufgenommen, so ist schon deshalb auch das Kopieren nach Nr. 2 strafbar, weshalb es hier eines Rückgriffs auf Nr. 1 ohnehin nicht bedarf. Ist das Kopieren dagegen eine auch nach Nr. 2 aus guten Gründen nicht strafbare Verwertungshandlung (Selbst- und konsentierte Fremdaufnahmen), so kann diese Begrenzung auch nicht durch eine extensive Anwendung der Nr. 1 unterlaufen werden.

β) Seiner Schutzfunktion entsprechend muß der Tatbestand ferner auf das **Aufnehmen ohne** **13** **Wissen des Betroffenen** beschränkt werden (vgl. AG Hamburg NJW 84, 2111, Arzt aaO 266f., Simon, Niederschr. Bd. 9 S. 402; i. E. weitgehend auch Köln NJW 62, 686 m. Anm. Bindokat, Gössel I 411, 415, M-Maiwald I 278 [tatbestandsausschließendes Einverständnis; vgl. u. 14]; and. die wohl h. M., vgl. u. 14). Denn nur durch heimliche Tonaufnahmen wird das Vertrauen in die Flüchtigkeit des gesprochenen Worts enttäuscht; weiß der Sprechende dagegen von der Aufnahme, so weiß er auch und nimmt dies hin, daß er als solcher künftig verfügbar bleibt, weshalb er insofern auch nicht mehr unter dem speziellen Aspekt seines Persönlichkeitsrechts verletzt sein kann, der durch § 201 geschützt wird (vgl. o. 2). Erforderlich ist daher eine entsprechende teleologische Reduktion des Gesetzestextes innerhalb der Nr. 1 oder – der naheliegendere Weg – eine dahingehende Interpretation des vorangestellten Merkmals „unbefugt", das damit die gleiche Doppelfunktion erhält wie z. B. in § 203 (vgl. dort RN 21), indem es über die Bezeichnung des allgemeinen Deliktsmerkmals der Rechtswidrigkeit hinaus zusätzlich das bereits den Tatbestand begrenzende Erfordernis eines Handelns ohne Wissen des Betroffenen in sich aufnimmt (noch weitergehend bei Telefongesprächen – Notwendigkeit einer Täuschung – Kohlhaas NJW 72, 238 u. dagegen Schilling NJW 72, 854, Roggemann aaO 99; vgl. im übrigen u. 14).

14 Demgegenüber geht die wohl h. M. von der Tatbestandsmäßigkeit der mit Wissen des Sprechers gemachten Aufnahme aus und verweist auf die Möglichkeit einer konkludent erklärten rechtfertigenden Einwilligung (vgl. BGH[Z] **88**, 1017 mwN, D-Tröndle 7, Klug, Sarstedt-FS 107, Oehler-FS 401f., Lackner 5a bb, Samson SK 24, Träger LK 9, 24, Wessels II/1 S. 111). Aus der Entstehungsgeschichte ergibt sich dies jedoch nicht. § 183 E 62, der § 298 a. F. und § 201 als Vorbild diente, sollte in Abs. 1 Nr. 1 die Aufnahme des nichtöffentlich gesprochenen Worts eines anderen „ohne dessen Einwilligung" erfassen, womit die Einwilligung bewußt als tatbestandsausschließendes Einverständnis (vgl. dazu 30ff. vor § 32) gekennzeichnet war (E 62, Begr. 327f., 332). In der jetzigen Fassung des Tatbestands hat sich der Gesetzgeber ebenso bewußt einer Stellungnahme zur dogmatischen Funktion der Einwilligung in § 201 I Nr. 1 enthalten (EEGStGB 236; vgl. auch Corves, Diemer-Nicolaus Prot. V 1354f.). Das beiden Nummern vorangestellte und in allen Tatbeständen des 15. Abschnitts verwandte Merkmal „unbefugt" sollte nach der Absicht des Gesetzgebers lediglich darauf hinweisen, daß bei § 201–204 die Möglichkeit straflosen Handelns (z. B. auf Grund verfahrens- oder verwaltungsrechtlicher Regelungen) häufiger gegeben sei als sonst, die dogmatische Entscheidung der dabei maßgeblichen Gesichtspunkte aber offen lassen, so daß darin auch keine Entscheidung gegen das „Einverständnis" gesehen werden kann. In der Sache kann es freilich nicht einmal auf ein Einverständnis i. S. eines zustimmenden Willens ankommen. Denn Nr. 1 würde dann auch das Aufnehmen mit Wissen aber gegen den Willen des Betroffenen erfassen (dafür aber Wessels II/1 S. 111f.). Soweit derartige Fälle einen strafwürdigen Unrechtsgehalt aufweisen, ergibt dieser sich aber nicht aus dem Herstellen der Tonaufnahme, sondern allein aus der Beugung des entgegenstehenden Willens des Sprechers, so daß richtigerweise nicht § 201 I Nr. 1, sondern ausschließlich § 240 anzuwenden ist. Die Entscheidungsfreiheit des Sprechers bereits unterhalb der Schwelle des § 240 zu schützen, besteht andererseits kein Anlaß (ebenso Arzt aaO 266). Die erzwungene Aufnahme ist im übrigen auch nie Gegenstand der Beratungen zu § 183 E 62 bzw. § 298 a. F. gewesen. Erörtert wurde stets nur die heimliche Aufnahme, so daß die Fassung des § 183 I Nr. 1 E 62 auch dem damaligen Stand der Diskussion nicht entsprach (so auch Simon, Niederschr. Bd. 9 S. 402). Konsequenterweise nicht erfaßt ist dann von Abs. 1 Nr. 1 auch die mit Wissen des Betroffenen angefertigte Tonbandaufnahme, wenn dessen Einverständnis dazu durch Täuschung erschlichen wurde. Auch hier sind selbst in besonders gravierenden Fällen (z. B. das angeblich für private Zwecke aufgenommene Gespräch wird später im Rundfunk gesendet) die o. 2 genannten Rechtsgutsaspekte allenfalls z. T. berührt; ebenso wie bei anderen schweren Persönlichkeitsrechtsverletzungen muß es hier deshalb beim Schutz durch § 823 BGB bleiben.

15 2. Abs. 1 Nr. 2, der das **Gebrauchen** und **Zugänglichmachen** einer nach Nr. 1 hergestellten Aufnahme betrifft, ergänzt den Tatbestand der Nr. 1, indem hier die durch das Aufnehmen nach Nr. 1 geschaffene akustische Reproduzierbarkeit des Betroffenen aktualisiert oder einem anderen möglich gemacht wird (vgl. Arzt aaO 263). Dabei kann Täter sowohl der Hersteller selbst (zum Verhältnis von Nr. 1 u 2 vgl. u. 38) als auch – gleichgültig wie er in den Besitz der Aufnahme gelangt ist – ein Dritter sein.

16 a) Tatobjekt ist eine **„so hergestellte Aufnahme"**. Der Wortlaut dieser Bezugnahme auf Nr. 1 ist mehrdeutig. Umstritten ist deshalb auch, ob damit lediglich auf den Text innerhalb der Nr. 1 verwiesen wird (so Mösl LK[9] § 298 RN 9, Rudolphi, Schaffstein-FS 447, Suppert aaO 209ff.) oder ob das „so" darüber hinaus auch das vorangestellte Merkmal „unbefugt" miteinbezieht, also nur die „unbefugt" hergestellte Aufnahme gemeint ist (so die h. M. z. B. KG JR **81**, 255, Arzt aaO 263f., D-Tröndle 4, Kramer NJW 90, 1762, Lackner 5a, M-Maiwald I 278, Otto II 118, Samson SK 11, Träger LK 13, Wessels II/1 S. 112). In der Sache geht es dabei vor allem darum, ob durch Nr. 2 auch der Fall erfaßt ist, daß eine mit Einwilligung des Betroffenen angefertigte Aufnahme mißbräuchlich verwendet wird (z. B. das Tonbandprotokoll einer geschäftlichen Unterredung wird der Konkurrenz in die Hände gespielt). Dies ist mit der h. M. jedoch zu verneinen, wobei auch die Entstehungsgeschichte in diese Richtung weist (vgl. dazu Träger LK 13 mwN). Die Situation des Einwilligenden ist hier keine andere als die desjenigen, der seine Worte selbst aufnimmt und der damit nach dem insoweit eindeutigen Wortlaut der Nr. 2 nicht geschützt wird, wenn er die Aufnahme einem anderen überläßt, der sie abredewidrig verwendet (vgl. dazu auch Hillenkamp, Vorsatztat und Opferverhalten [1981] 77ff., 145ff.). Schon dies zeigt, daß Nr. 2 keine gegenüber Nr. 1 selbständige Schutzfunktion hat und nicht etwa das Vertrauen auf den diskreten Umgang mit Tonaufnahmen schützt oder ein strafrechtlich geschütztes „Recht am aufgenommenen Wort" begründet (ebenso Träger LK 13). Aus dem Charakter der Nr. 2 als Verwertungshandlung folgt vielmehr, daß der Tatbestand sich nur auf solche Aufnahmen beziehen kann, die mit dem Makel einer Persönlichkeitsverletzung i. S. der Nr. 1 – d. h. also ihrer Herstellung ohne Wissen des Sprechenden (vgl. o. 13) – behaftet sind. Nicht notwendig ist dagegen, daß das Herstellen der Aufnahme auch rechtswidrig war: Ist z. B. das (heimliche) Aufnehmen gem. § 34 oder §§ 100a, 100b StPO gerechtfertigt (vgl. u. 31a, 34), so ist nach der ratio legis kein sachlicher Grund ersichtlich, die Nr. 2 nicht anzuwenden, wenn die im Hinblick darauf rechtmäßig angefertigte Aufnahme nachher zu ganz anderen Zwecken mißbraucht wird (z. B. Abspielen am Stammtisch; vgl. aber auch Träger LK 13, der hier auf die §§ 353b, 354 IV verweist und im übrigen die Strafbarkeitslücke für erträglich hält). Für den Umfang der mit der Formulierung „eine so hergestellte Aufnahme" erfolgten Verweisung bedeutet dies, daß hier entgegen der h. M., die pauschal auch das vorangestellte Merkmal „unbefugt" miteinbezieht, zu differenzieren ist (so schon Blei II 118, Henkel-FS 114): „Unbefugt" muß das Aufnehmen danach nur insofern sein, als darin entsprechend der Doppelfunktion dieses Merkmals bereits das den Tatbestand einschränkende Erfordernis des Handelns ohne Wissen des Betroffenen enthalten ist (vgl. o. 13), während ein i. S. des allgemeinen Deliktsmerkmals der Rechtswidrigkeit „unbefugtes" Herstellen der Aufnahme nicht erforderlich ist. Ob bei einem in diesem Sinn „befugten" Herstellen auch das Gebrauchen usw. rechtmäßig und damit „befugt" i. S. der Nr. 2 ist, bedarf daher eigener Prüfung, ebenso wie umgekehrt die Verwertung einer rechtswidrig hergestellten Aufnahme gerechtfertigt sein kann (vgl. u. 29, 33).

b) Die Tathandlung besteht im **Gebrauchen** der Aufnahme oder darin, daß sie **einem Dritten** **17** **zugänglich gemacht** wird. *Gebraucht* ist die Aufnahme, wenn die technischen Möglichkeiten des Tonträgers ausgenutzt werden, sei es zur Reproduktion des gesprochenen Worts durch Abspielen – wobei gleichgültig ist, ob der Täter die Aufnahme nur für sich selbst oder (auch) für Dritte abspielt oder abspielen läßt –, sei es durch Überspielen zur Gewinnung von Kopien (z. B. Lackner 3b, Träger LK 14; and. für den 2. Fall D-Tröndle 4 [Herstellen nach Nr. 1; vgl. dazu o. 12]). Nicht notwendig ist beim Kopieren, daß der Täter selbst vom Inhalt Kenntnis nimmt (Träger aaO; and. Samson SK 12), und ohne Bedeutung ist auch, ob er die Kopien für sich oder Dritte herstellt; im letzteren Fall ist dann auch das Abspielen durch den Empfänger der Kopie nach Nr. 2 strafbar, da es nicht auf den Gebrauch des Originaltonträgers, sondern auf den der Tonaufnahme ankommt (Samson SK 9, Träger aaO). Einem *Dritten zugänglich gemacht* ist die Aufnahme zunächst, wenn diesem durch körperliche Übergabe der Gebrauch in dem genannten Sinn ermöglicht wird; ausreichend ist es aber auch, wenn ihm lediglich die Möglichkeit verschafft wird, von der akustischen Reproduktion Kenntnis zu nehmen (Gössel I 410, Samson SK 13, Träger LK 15). Gebrauchen und Zugänglichmachen überschneiden sich daher teilweise: Wer die Aufnahme einem anderen vorspielt, gebraucht sie und macht sie diesem zugleich zugänglich. Beide Alternativen setzen nicht voraus, daß der Gebrauchende usw. die Aufnahme zuvor selbst hergestellt hat; wie er in ihren Besitz gelangt ist (z. B. auch als Dieb), ist ohne Bedeutung. Weder ein Gebrauchen noch ein Zugänglichmachen ist es jedoch, wenn lediglich über den *Inhalt* der Aufnahme – und zwar selbst bei wortgetreuer Wiedergabe – berichtet wird (allg. M., z. B. BGH[Z] JZ 79, 350, Blei II 118, Lackner 3b, Samson SK 9, 13, Träger LK 14f., Wessels II/1 S. 112); in Betracht kommt hier jedoch seit dem 25. StÄG (o. 1) eine Strafbarkeit nach Abs. 2 Nr. 2 (vgl. u. 22 ff.).

3. Abs. 2 Nr. 1 schützt das nichtöffentlich gesprochene Wort gegen das unbefugte **Abhören** **18** **mit einem Abhörgerät.** Das Belauschen ohne ein solches ist dagegen straflos.

a) **Abhörgeräte** sind technische Vorrichtungen jeglicher Art, „die das gesprochene Wort **19** über dessen normalen Klangbereich hinaus durch Verstärkung oder Übertragung unmittelbar wahrnehmbar machen" (E 62, Begr. 332). Hierher gehören deshalb z. B. Mikrophonanlagen, Richtmikrophone, drahtlose Kleinstsender (sog. „Minispione"), Stethoskope zum Abhören von Wänden, Vorrichtungen zum „Anzapfen" von Telefonleitungen usw., und zwar unabhängig davon, ob ihr Besitz, vorbehaltlich einer besonderen Erlaubnis, verboten ist oder nicht (vgl. jetzt §§ 5a ff. FAG i.d. F. des Ges. zur Verhinderung des Mißbrauchs von Sendeanlagen v. 27. 6. 1986 [BGBl. I 948] für „Minispione" u. a. Anlagen i. S. des § 1 I 2 FAG). Abhörgeräte i. S. des Abs. 2 sind deshalb entgegen der h. M. (z. B. BGH[Z] NJW **82**, 1397 m. Anm. Schlund JR 82, 374, Hamm NStZ **88**, 515 m. Anm. Amelung u. Krehl StV 88, 376, LG Regensburg NStZ **83**, 366, D-Tröndle 5, Lackner 4, Samson SK 18, Träger LK 20, Wessels II/1 S. 113) auch die von der Post angebotenen Zusatzeinrichtungen, die das Mithören von Telefongesprächen ermöglichen (Zweithörer, -gerät, Lautsprecher): Daß im Geschäftsleben Mithöranlagen üblich geworden seien und inzwischen auch bei privaten Telefonanschlüssen mit ihrem Vorhandensein und ihrer Benutzung gerechnet werden müsse (so BGH aaO, wobei letzteres aber mehr als zweifelhaft ist), mag zwar bei der Frage einer mutmaßlichen Einwilligung (vgl. u. 30) von Bedeutung sein, ändert aber nichts daran, daß auch solche Geräte begrifflich und nach Funktion nach „Abhörgeräte" sind, zumal sonst – eine Konsequenz der h. M. – der betroffene Fernsprechteilnehmer auch dann schutzlos bliebe, wenn das Gespräch erkennbar vertraulichen Charakter hat oder der Gesprächspartner ihm sogar ausdrücklich versichert, daß er frei und ungehindert sprechen könne (i. E. wie hier LAG Berlin JZ **82**, 258, Gössel I 414, Klug, Sarstedt-FS 106; vgl. auch BAG NJW **83**, 1691 m. Anm. Schlund BB 83, 1728, Arzt aaO 246). Dagegen wird ein normaler Telefonapparat nicht dadurch zum Abhörgerät, daß technische Störungen das Mithören fremder Gespräche ermöglichen (vgl. BT-Drucks. V/1880 S. 14, Corves, Prot. V 1359, Gössel I 415, Lackner 4, Träger LK 20, Samson SK 18; and. D-Tröndle 7).

20   b) **Abhören** ist zunächst das unmittelbare Zuhören durch den Täter selbst oder das unmittelbare Hörbarmachen für andere (Live-Übertragung), wobei beides zusammenfallen kann und lediglich voraussetzt, daß das Gesprochene akustisch verstehbar ist. Unter Abs. 2 Nr. 1 fällt aber auch das Koppeln eines Abhörgeräts mit einer Aufnahmevorrichtung (vgl. Träger LK 20; and. D-Tröndle 6: nur Abs. 1 Nr. 1), ohne daß es dann noch einen Unterschied macht, ob der Täter beim Abhören selbst zuhört oder das Gesprochene zunächst lediglich aufnimmt (ebenso Träger aaO). Zwar ist hier schon Abs. 1 Nr. 1 anwendbar – weshalb für das Gebrauchen usw. der Tonaufnahme immer auch Abs. 1 Nr. 2 gilt –, nicht erfaßt ist damit aber das besondere Unrecht des „Einbrechens" in die Persönlichkeitssphäre des Betroffenen von außen durch die Anwendung von Abhörgeräten. Da das Abhören kein eigenhändiges Delikt ist, kann Täter auch sein, wer nicht selbst abhört, sondern sich dazu eines Dritten als Werkzeug bedient (vgl. Arzt aaO 249, Träger aaO). Im übrigen ist entsprechend dem Schutzzweck der Vorschrift (o. 2) und ebenso wie bei Abs. 1 Nr. 1 (o. 13f.) auch bei Nr. 2 anzunehmen, daß nur das heimliche Abhören tatbestandsmäßig ist. Ist sich der Abgehörte dessen bewußt, so ist schon zweifelhaft, ob das Gesprochene damit nicht auch zur Kenntnis des Abhörenden bestimmt ist (vgl. u. 21; and. Gössel I 413); jedenfalls aber hat insoweit auch hier das Merkmal „unbefugt" die Funktion einer entsprechenden Tatbestandseinschränkung zu übernehmen (zu Abs. 1 Nr. 1 vgl. o. 13; and. Träger LK 18): Wer weiß, daß er abgehört wird, kann sich darauf ebenso einstellen wie der, dessen gesprochenes Wort auf einem Tonträger konserviert wird; spricht er dennoch, so kann er auch nicht mehr in seinem Vertrauen enttäuscht werden, über seine natürlichen oder – so bei einem Telefongespräch – jedenfalls überschaubaren Grenzen hinaus akustisch nicht vernehmbar zu sein. Weiß von zwei Gesprächspartnern dagegen nur einer, daß das Gespräch abgehört wird, so ist der Tatbestand immer noch im Hinblick auf den anderen verwirklicht (and. Arzt/Weber I 191).

21   c) Auch durch Abs. 2 Nr. 1 wird nur das **nichtöffentlich** gesprochene Wort eines anderen geschützt (vgl. o. 6ff.; zum Abhören des „nichtöffentlichen" Sprechfunkverkehrs vgl. o. 9). Ferner darf das Abgehörte **nicht zur Kenntnis des Abhörenden bestimmt** sein, wobei „Kenntnis" nur als Kenntnisnahme des gesprochenen Worts durch Hören zu verstehen ist (Arzt aaO 255ff., Samson SK 16; and. E 62, Begr. 332, Blei II 119, Lackner 4, Träger LK 19). Damit entfällt die Möglichkeit einer (mittelbaren) Täterschaft nach Abs. 2 Nr. 1 bei einem Gesprächsteilnehmer, der einen Dritten beauftragt, das Gespräch heimlich abzuhören (in Betracht kommt jedoch Teilnahme). Wohl aber kann derjenige den Tatbestand der Nr. 1 erfüllen, der später nur den *Inhalt* des Gesprächs erfahren soll (z. B. der Firmenchef, der sich in ein geschäftliches Telefongespräch seines Prokuristen einschaltet, vgl. Samson SK 16; and. die o. Genannten; vgl. aber auch u. 30). Jedenfalls bei einer Einwilligung ist das Gesprochene auch für den Täter bestimmt (zum Abhören mit Wissen des Betroffenen vgl. o. 20).

22   4. Neu eingefügt wurde durch das 25. StÄG der Tatbestand des **Abs. 2 Nr. 2** (vgl. o. 1), wo mit gewissen Einschränkungen das **öffentliche Mitteilen** des nach Abs. 1 Nr. 1 **aufgenommenen** oder nach Abs. 2 Nr. 1 **abgehörten nichtöffentlich gesprochenen Worts** eines anderen unter Strafe gestellt wird. Während die unmittelbare öffentliche Live-Übertragung des Abgehörten schon bisher durch Abs. 2 a. F. (jetzt Abs. 2 Nr. 1; vgl. o. 20) und die öffentliche akustische Reproduktion des Gesprochenen mit Hilfe einer nach Abs. 1 Nr. 1 oder beim Abhören (o. 20) angefertigten Tonaufnahme durch Abs. 1 Nr. 2 erfaßt waren, ist damit nunmehr auch die nicht akustische, sondern lediglich *inhaltliche* öffentliche Wiedergabe des nichtöffentlich gesprochenen Worts strafbar. Dabei besteht ein wesentlicher Unterschied jedoch insofern, als der Inhalt des Gesprochenen bei der akustischen Übertragung oder Wiedergabe keine Rolle spielt, während er hier, wie S. 2 zeigt (vgl. u. 27), von entscheidender Bedeutung ist (zu den unterschiedlichen Schutzzwecken vgl. o. 2).

23   a) Gegenstand und Grundlage des öffentlichen Mitteilens muß das „**nach Abs. 1 Nr. 1 aufgenommene oder nach Abs. 2 Nr. 1 abgehörte**" nichtöffentlich gesprochene Wort eines anderen sein. Diese Bezugnahme ist ebenso mehrdeutig wie diejenige in Abs. 1 Nr. 2 (vgl. o. 16): Weil gesetzestechnisch nicht anders möglich, könnte damit trotz der Verweisung auf „Abs. 1 Nr. 1" bzw. „Abs. 2 Nr. 1" nur der Text innerhalb der jeweiligen Nr. 1 gemeint sein, ebenso aber auch Abs. 1 Nr. 1 bzw. Abs. 2 Nr. 1 insgesamt, d. h. einschließlich des beiden Nummern vorangestellten Merkmals „unbefugt" (wovon die Gesetzesbegründung auszugehen scheint; vgl. BT-Drs. 11/6714 S. 3, ferner die dort u. pass. sowie in BT-Drs. 11/7414 S. 3 u. pass. ständig wiederkehrende Wendung von den „illegal" erlangten Gesprächsinhalten usw.). Ob-

wohl der Sprecher im Fall des Abs. 2 Nr. 2 nicht selbst verfügbar gemacht wird, sondern nur noch mittelbar betroffen ist – nicht anders, als wenn sich die Veröffentlichung seiner Äußerung auf andere Quellen (z. B. heimlich angefertigtes Wortprotokoll) stützt –, und obwohl es hier i. S. eines Indiskretionsdelikts um den Inhalt des gesprochenen Worts geht (vgl. o. 2), kann die Frage für Abs. 2 Nr. 2 i. E. jedoch nicht anders entschieden werden als bei Abs. 1 Nr. 2 (o. 16). Denn ebenso wie dort gibt es auch hier keine sachlichen Gründe, die einsichtig machen könnten, daß strafbar sein soll, wer aus einem von ihm, aber im Einverständnis des anderen angefertigten Tonbandprotokoll vertrauliche Äußerungen seines Gesprächspartners der Öffentlichkeit mitteilt, während er straflos bleibt, wenn ihm die von dem Gesprächspartner selbst angefertigte Tonaufnahme von diesem überlassen worden ist (weil dessen Äußerungen dann nicht mehr das nichtöffentlich gesprochene Wort „eines anderen" sind). Andererseits besteht aber auch kein Anlaß, als „Vordelikt" ein rechtswidriges und in diesem Sinn „unbefugtes" Aufnehmen oder Abhören zu verlangen: Wer das aus einer rechtmäßigen Abhörmaßnahme gem. §§ 100, 100a StPO Erfahrene in der Presse veröffentlicht, ist selbstverständlich nach Abs. 2 Nr. 2 strafbar. Ebenso wie bei Abs. 1 Nr. 2 gilt deshalb auch hier für den Umfang der Verweisung, daß das Aufnehmen bzw. Abhören zwar tatbestandsmäßig in dem o. 13, 20 genannten Sinn, nicht aber rechtswidrig gewesen sein muß.

b) Tathandlung ist das **öffentliche Mitteilen** des Aufgenommenen oder Abgehörten **im Wortlaut** oder seinem **wesentlichen Inhalt** nach (S. 1). Täter nach Nr. 2 kann sowohl der Aufnehmende oder Abhörende selbst (zum Verhältnis zu Abs. 1, 2 Nr. 1 vgl. u. 38) als auch ein Dritter sein. Wie dieser Kenntnis von dem aufgenommenen oder abgehörten Gesprächsinhalt erlangt hat, ob durch Überlassen oder Vorspielen der Tonaufnahme, durch ein Wortlautprotokoll oder einen mündlichen Bericht über das Abgehörte, ist ohne Bedeutung. Auch das Veröffentlichen einer gestohlenen Tonaufnahme fällt unter Nr. 2.

α) Im Unterschied zu § 353 d genügt hier neben dem öffentlichen Mitteilen *im Wortlaut* – d. h. in voller Übereinstimmung mit dem gesprochenen Wort ohne Änderungen, Hinzufügungen oder Auslassungen – die Wiedergabe des *wesentlichen Inhalts*, weil andernfalls „der Tatbestand insgesamt ins Leere gehen würde" (BT-Drs. 11/7414 S. 4; and. z. B. noch die GesAnträge BT-Drs. 8/2396, 8/2545). Ausreichend ist daher auch die Wiedergabe in indirekter Rede oder eine sinngemäße Darstellung. Daß hier der „wesentliche Inhalt" mitgeteilt werden muß, bedeutet bei einem aufgenommenen Gespräch nicht, daß die Gesprächsbeiträge eines oder beider Partner insgesamt in ihrem wesentlichen Inhalt wiedergegeben sein müssen. Zu beziehen ist dies vielmehr auf das „gesprochene Wort", weshalb der Tatbestand der Nr. 2 auch verwirklicht ist, wenn nur einzelne Äußerungen – diese dann allerdings in ihrem „wesentlichen Inhalt", d. h. ohne sinnentstellende Änderungen, Kürzungen usw. – veröffentlicht werden. Daß auf diese Weise der Gesprächsinhalt durch die isolierte Wiedergabe einzelner Äußerungen ohne ihren Kontext dennoch verfälscht werden kann, ändert an der Anwendbarkeit der Nr. 2 nichts. Im übrigen muß sich aus der Mitteilung zwar nicht ergeben, wann, wo, wem gegenüber und unter welchen Umständen der Betroffene die fragliche Äußerung getan hat, wohl aber, daß sie sich als Quelle auf das „nichtöffentlich gesprochene Wort eines anderen" stützt und wer dieser „andere" ist. Dazu bedarf es keiner Namensnennung, wenn jedenfalls für die Adressaten der Mitteilung der Gemeinte ohne weiteres erkennbar ist.

β) Die *Mitteilung* ist *öffentlich*, wenn ihr Inhalt von einem größeren, nach Zahl und Individualität unbestimmten oder durch nähere Beziehungen nicht verbundenen Personenkreis unmittelbar zur Kenntnis genommen werden kann; daß dies tatsächlich geschieht, ist nicht erforderlich (vgl. entspr. § 353d Nr. 3 u. dort RN 46 sowie § 186 RN 19, ferner BT-Drs. 11/6714 S. 3). Eine Veröffentlichung ist dafür nicht erforderlich, und unerheblich ist auch, ob die öffentliche Mitteilung mündlich oder schriftlich gemacht wird (vgl. im übrigen § 353d RN 46 u. näher § 186 RN 19). Für die Täterschaft und Teilnahme gelten die allgemeinen Regeln; nur Anstifter zur Tat nach Nr. 2 ist daher, wer das von ihm oder einem anderen Aufgenommene oder Abgehörte an eine Zeitschrift verkauft und diese dann einen entsprechenden Bericht veröffentlicht.

c) Eine Tatbestandseinschränkung enthält die sog. Bagatellklausel (BT-Drs. 11/6714 S. 3, 11/7414 S. 4) des S. 2, wonach das öffentliche Mitteilen nach S. 1 nur strafbar ist, wenn es **geeignet ist, berechtigte Interessen eines anderen zu beeinträchtigen**. Ob es sich dabei um materielle oder ideelle, private oder öffentliche Interessen handelt, ist gleichgültig, sofern sie nur vom Recht als schutzwürdig anerkannt sind oder diesem jedenfalls nicht zuwiderlaufen. Der „andere", der diese Interessen hat, kann sowohl der durch das Aufnehmen oder Abhören verletzte Sprecher als auch ein Dritter sein, über den gesprochen wurde. Daß der Betroffene tatsächlich in seinen Interessen beeinträchtigt wird, ist nicht erforderlich; vielmehr genügt es schon, daß die Mitteilung dazu *geeignet* ist. Dies hängt zunächst von dem wiedergegebenen Gesprächsinhalt ab und ist insbes. anzunehmen, wenn es sich um Geheimnisse im materiellen Sinn handelt oder wenn der Betroffene durch die Preisgabe der Äußerung in irgendeiner Weise bloßgestellt würde (vgl. BT-Drs. 11/6714 S. 4); auch die Mitteilung von Tatsachen, die geeignet sind, das berufliche oder öffentliche Wirken zu erschweren, gehören hierher, während Belanglosigkeiten selbstverständlich ausscheiden (vgl. BT-Drs. 11/7414 S. 4: Gespräche über das Wetter). Da es auf die Eignung der konkreten Mitteilung ankommt (vgl. entspr. § 187a RN 6), sind außerdem aber auch die Art der Wiedergabe und die Umstände zu berücksichtigen, unter denen sie erfolgt. Auch die Empfänglichkeit des angesprochenen Adressatenkreises kann hier eine Rolle spielen. Liegen bereits entsprechende Vorveröffentlichungen vor, so kann die Eignung zu verneinen sein, wenn weitere negative Auswirkungen nicht mehr zu befürchten sind.

28   IV. Den qualifizierten Tatbestand des **Abs. 3** erfüllt, wer als **Amtsträger** (vgl. § 11 RN 14ff.) oder als **für den öffentlichen Dienst besonders Verpflichteter** (vgl. § 11 RN 34ff.) eine der in Abs. 1 und 2 genannten Taten begeht (unechtes Amtsdelikt; Anwendbarkeit des § 28 II auf Teilnehmer). *Als* Amtsträger usw. handelt der Täter, wenn er die Tat bei seiner dienstlichen Tätigkeit oder zu dienstlichen Zwecken begeht, wobei es im letzteren Fall gleichgültig ist, ob dies während oder außerhalb der Dienststunden geschieht. Nicht ausreichend ist es dagegen, wenn außerhalb der Dienststunden dienstlich zugängliche Geräte oder Einrichtungen zu privaten Zwecken benutzt werden (and. D-Tröndle 8, Träger LK 32).

29   V. In den in Abs. 1 bis 3 genannten Fällen muß der Täter jeweils „**unbefugt**" handeln. Dieses Merkmal hat bei Abs. 1 Nr. 1, Abs. 2 Nr. 1 eine Doppelfunktion, indem es bei einem Aufnehmen bzw. Abhören mit Wissen des Betroffenen bereits den Tatbestand entsprechend einschränkt (vgl. o. 13f., 20). Im übrigen bezeichnet „unbefugt" das allgemeine Deliktsmerkmal der Rechtswidrigkeit, auf die hier wegen des häufigen Vorliegens eines Rechtfertigungsgrunds besonders hingewiesen wird (vgl. EEGStGB 236, Karlsruhe NJW **79**, 1514). Dabei gilt für Handlungen nach Abs. 1 Nr. 2, Abs. 2 Nr. 2, daß sie nicht eo ipso schon deshalb gerechtfertigt sind, weil das heimliche Aufnehmen bzw. Abhören dies war (vgl. o. 16, 23). Vielmehr bedarf es dazu jeweils einer besonderen Befugnis, die sich freilich aus demselben Rechtfertigungsgrund ergeben kann, der auch das Aufnehmen bzw. Abhören rechtmäßig macht (z. B. rechtfertigt der Beweisnotstand, der nach § 34 das Aufnehmen deckt, auch die spätere Verwendung als Beweismittel, nicht aber Mißbräuche zu anderen Zwecken). Im einzelnen kann sich eine Befugnis zunächst aus den allgemeinen Rechtfertigungsgründen ergeben, wobei die Einwilligung entgegen der h. M. (vgl. o. 14) freilich nur noch für Abs. 1 Nr. 2, Abs. 2 Nr. 2 Bedeutung hat, da in den Fällen des Abs. 1 Nr. 1, Abs. 2 Nr. 1 das Wissen des Betroffenen bereits den Tatbestand ausschließt. Einen weiteren speziellen Rechtfertigungsgrund für das öffentliche Mitteilen nach Abs. 2 Nr. 2 enthält dort S. 3 (vgl. u. 33a). Zusätzliche Befugnisse aus besonderen gesetzlichen Eingriffsermächtigungen ergeben sich für unter Abs. 3 fallende behördliche Maßnahmen (vgl. u. 34).

30   1. Eine Rechtfertigung auf Grund **mutmaßlicher Einwilligung** (vgl. dazu 54ff. vor § 32) kommt im Fall des *Abs. 1 Nr. 1* vor allem bei Telefongesprächen im Geschäfts- und Behördenverkehr in Betracht. Soweit das gesprochene Wort hier nur der Übermittlung sachlicher Information dient und nicht zugleich als Ausdrucksmittel der Persönlichkeit erscheint (z. B. telefonische Durchsagen, Aufgabe einer Bestellung, Fahrplanauskünfte usw., vgl. Karlsruhe NJW **79**, 1514), kann im allgemeinen davon ausgegangen werden, daß der Gesprächspartner auf einen entsprechenden Hinweis keinen Wert legt und im Fall seiner Befragung einwilligen würde (vgl. 54 vor § 32, 2. Fall; i. E. auch Träger LK 25 [konkludente Einwilligung], Lackner 5 a ee [Sozialadäquanz; das Bestehen entsprechender „Gepflogenheiten" ist jedoch nicht der sachliche Grund der Befugnis, sondern ein – vielfach entscheidendes – Indiz für eine mutmaßliche Einwilligung; gegen die Sozialadäquanz als selbständigen Rechtfertigungsgrund vgl. 80 vor § 32]). Geht der Täter, weil das Aufnehmen verbreitete Praxis ist, davon aus, der Anrufer wisse, daß ein Band mitläuft, so fehlt es bereits am Vorsatz des § 201 I Nr. 1 (vgl. o. 13). Dagegen scheidet eine mutmaßliche Einwilligung aus bei Verhandlungen, bei denen der andere Teil nach Art oder Inhalt des Gesprächs vernünftigerweise auf die Flüchtigkeit des gesprochenen Worts vertraut, aber auch schon dann, wenn nicht ohne weiteres angenommen werden kann, daß er auf seine an sich mögliche Befragung verzichtet (vgl. Karlsruhe NJW **79**, 1513 [Telefongespräch über Erweiterung einer Konzession]; vgl. dazu auch BGH **34** 43). Im Fall des *Abs. 2 Nr. 1* kann eine mutmaßliche Einwilligung insbes. vorliegen, wenn das Mitgehörte seinem Inhalt nach zur Kenntnis des Abhörenden bestimmt ist (vgl. das Beisp. o. 21). Auch bei *Abs. 2 Nr. 2* ist eine solche denkbar, so wenn der Betroffene bereits ins Gerede gekommen ist und eine Veröffentlichung für ihn, um größeren Schaden abzuwenden, das geringere Übel ist.

31   2. Möglich ist ferner eine Rechtfertigung wegen **Notstands** nach § 34. Dies gilt zunächst für Abs. 1 u. Abs. 2 Nr. 1 (vgl. u. 31 aff.); zu Abs. 2 Nr. 2 vgl. u. 33a und zu hoheitlichem Handeln nach Abs. 3 u. 34.

Verletzung der Vertraulichkeit des Wortes 31a § **201**

a) Bei Handlungen nach **Abs. 1 Nr. 1, Abs. 2 Nr. 1** gehören hierher zunächst die Fälle, in 31a
denen das heimliche Aufnehmen oder Mithören der **Verhinderung rechtswidriger Angriffe**
dient, z. B. zur rechtzeitigen Ermittlung des unbekannten Täters bei telefonischen Bombendrohungen, erpresserischen Telefonanrufen usw. oder dazu, den bekannten Täter durch Hinweis
auf das gewonnene Beweismittel von weiterem Vorgehen abzuhalten (vgl. BGHZ 27 290,
BGH 14 361, 34 51, Celle NJW 65, 1677 m. Anm. R. Schmidt JuS 67, 19, Düsseldorf NJW 66,
214, Frankfurt NJW 67, 1048; vgl. auch KG JR 81, 254 m. Anm. Tenckhoff, wo freilich nur auf
das Beweisinteresse abgestellt wurde). § 32 gilt hier weder unmittelbar – soweit z. b. in dem
Anruf des Erpressers bereits ein gegenwärtiger Angriff liegt, kann er durch das Aufnehmen
usw. nicht abgewehrt werden (vgl. KG aaO, Schmitt JuS 67, 84; and. Amelung GA 82, 401,
Kramer NJW 90, 1762, Otto, Kleinknecht-FS 334, Träger LK 27) – noch im Hinblick auf den
künftigen Angriff analog (vgl. dazu § 32 RN 17). In der Regel sind in diesen Fällen jedoch die
Voraussetzungen des § 34 erfüllt, soweit dabei zwangsläufig auch Anrufe unbeteiligter Dritter
mitgehört werden, allerdings nur bei Gefahren für erhebliche Rechtsgüter; näher zur Aufnahme
krimineller Telefonanrufe Klug, Sarstedt-FS 101 ff. – In engen Grenzen kann § 34 auch zur
Verhinderung einer Beweisnot anwendbar sein, wenn nur so eine Gefahr für rechtlich geschützte Interessen abgewendet werden kann. Dabei ist jedoch zwischen dem heimlichen Abhören eines Gesprächs (Abs. 2 Nr. 1, u. U. in Verbindung mit Abs. 1 Nr. 1) und dem heimlichen Aufnehmen durch einen Gesprächspartner (Abs. 1 Nr. 1) zu unterscheiden: 1. Das *Abhören* „auf Verdacht" durch Private ausschließlich zu Zwecken der Strafverfolgung ist grundsätzlich schon deshalb unzulässig, weil dies in den Grenzen der §§ 100a, 100b StPO allein den dafür
zuständigen Behörden und nur im Rahmen einer Telefonüberwachung vorbehalten ist (vgl.
§ 34 RN 41: Vorrangigkeit eines besonderen Verfahrens); etwas anderes gilt hier nur für Fälle,
die von vornherein außerhalb des Regelungsbereichs der §§ 100a, 100b StPO liegen, so für
automatische Ton- u. Filmaufnahmen bei einem Banküberfall (vgl. auch Celle NJW 65, 1679).
Aber auch im Zivilprozeß kann das Risiko prozessualer Beweisbarkeit, mit dem jedes Recht
belastet ist, selbst im Fall einer echten Beweisnot jedenfalls kein Eindringen in fremde Gespräche mit technischen Mitteln rechtfertigen, und zwar auch dann nicht, wenn für den Täter selbst
wichtige Persönlichkeitsinteressen auf dem Spiel stehen (z. B. Ehescheidung: Stuttgart MDR
77, 683, Arzt aaO 78 ff.; and. KG NJW 67, 115). 2. Nicht ausgeschlossen ist eine Rechtfertigung
nach § 34 dagegen beim heimlichen *Fixieren eines Gesprächs* durch einen Gesprächspartner zur
Führung eines sonst nicht möglichen Beweises, weil es der Gesprächspartner in diesem Fall eher
hinnehmen muß, beim Wort genommen zu werden. Steht der späteren Verwendung allerdings
ein Beweisverwertungsverbot entgegen, so scheidet auch hier § 34 schon deshalb aus, weil die
Herstellung der Aufnahme nicht das geeignete Mittel ist (vgl. § 34 RN 19), der Beweisnot zu
begegnen. Im übrigen entscheidet eine umfassende Interessenabwägung, bei der u. a. der Grad
der Vertraulichkeit des Gesprächs, der Lebensbereich, dem dieses zugeordnet ist, das von Art
und Bedeutung des zu beweisenden Umstandes abhängige Gewicht des Beweisinteresses und
die Größe der Beweisnot zu berücksichtigen sind. Staatliche Strafverfolgungsinteressen rechtfertigen im allgemeinen noch keine heimlichen, auf Verdacht hin erfolgenden Gesprächsaufzeichnungen unter Privaten zum Zweck der Überführung des Schuldigen. Am ehesten kommt
§ 34 in Betracht bei rechtswidrigen Äußerungen gegenüber dem Täter, deren Nichtbeweisbarkeit für diesen selbst eine unzumutbare Beeinträchtigung seiner Persönlichkeitsinteressen zur
Folge hätte. Für zulässig gehalten hat die Rspr. z. B. die Aufnahme beleidigender Äußerungen
zum Zweck einer zivilrechtlichen Ehrenschutzklage (BGH [Z] NJW 82, 277 m. Anm. Dünnebier NStZ 82, 255), einer Privatklage (Frankfurt NJW 67, 1047) oder eines Scheidungsverfahrens (KG NJW 56, 26) und die Aufzeichnung eines Nötigungsversuchs durch das Opfer zu
Beweiszwecken im Strafverfahren (KG JR 81, 255 m. Anm. Tenckhoff [hier deshalb unbedenklich, weil der Täter nur durch das Strafverfahren der ihm drohende Gefahr abwenden konnte]),
nicht dagegen die Beweismittelerlangung in einer bloßen Grundstücksangelegenheit (Düsseldorf NJW 66, 214) oder sonst zur Verfolgung zivilrechtlicher Ansprüche (BGH[Z] NJW 88,
1018 mwN). Unzulässig ist auch die heimliche Aufnahme von Verhandlungen mit einer Behörde, um die erwartete Zusage eines begünstigenden Verwaltungsakts beweisen zu können (vgl.
Karlsruhe NJW 79, 1513, ferner o. 30), oder von Fragen und Vorhalten eines Polizeibeamten
bei der Beschuldigtenvernehmung, weil die Bitte um eine Protokolldurchschrift abschlägig
beschieden wurde (Frankfurt NJW 77, 1547 m. Anm. Arzt JR 78, 170; and. wenn unzulässige
Vernehmungsmethoden festgehalten werden sollen); zum Ganzen vgl. auch Arzt aaO 88 ff).
– Auch soweit Handlungen nach Abs. 1 Nr. 1, Abs. 2 Nr. 1 der **Informationsbeschaffung für
Presse und Rundfunk** dienen, kommt als Rechtfertigungsgrund nur § 34 in Betracht. Die
Pressefreiheit als solche (Art. 5 GG) schützt das rechtswidrige Beschaffen von Informationen
nicht (BVerfGE 66 137, Klug, Oehler-FS 404). Das Abhören (Abs. 2 Nr. 1) auf bloßen Verdacht hin dürfte allerdings auch hier nach § 34 kaum jemals gerechtfertigt sein. Eher denkbar ist
dies beim heimlichen Fixieren eines Gesprächs (Abs. 1 Nr. 1), wenn z. B. nur auf diese Weise

öffentliche Mißstände aufgedeckt und dadurch Gefahren i. S. des § 34 abgewendet werden können, wobei als Abwägungsfaktoren dieselben Kriterien wiederkehren, die in BVerfGE 66 137 ff. im Zusammenhang mit dem Verwerten rechtswidrig erlangter Informationen genannt sind.

32 Vielfach werden in diesem Zusammenhang noch **weitere Konstruktionen** herangezogen, so die einer „notwehrähnlichen Lage" (vgl. die Nachw. in § 32 RN 17) oder der Begriff der Sozialadäquanz (D-Tröndle 7, Roggemann aaO 98 f.). Beide sind jedoch nicht als selbständige Rechtfertigungsgründe anzuerkennen (vgl. 107 a vor § 32, § 32 RN 17) und zur Gewinnung sachgerechter Ergebnisse auch nicht erforderlich (vgl. auch BGH **31** 304, Träger LK 27 ff.). Auch zu einer analogen Anwendung des § 127 StPO besteht kein Anlaß (Gössel I 418, Hillenkamp aaO [o. 17] 123 f., Samson SK 26 gegen Suppert aaO 292 ff.). Ebensowenig ist hier die „Wahrnehmung berechtigter Interessen" in analoger Anwendung des § 193 ein zusätzlicher Rechtfertigungsgrund (vgl. dazu 79 f. vor § 32, Tenckhoff JR 81, 256, Träger LK 29 u. näher Lenckner, Noll-GedS 250 ff.), und dasselbe gilt für einen von den Voraussetzungen des § 34 gelösten Grundsatz der Güter- und Interessenabwägung (vgl. z. B. Lackner 5a dd, Samson SK 27 ff., Träger LK 27 ff.; and. aber wohl BGHZ **27** 290, **73** 124, NJW **88**, 1017, Bay NJW **90**, 197, KG NJW **56**, 26, 67, 115, Frankfurt NJW **67**, 1048, D-Tröndle 7, Roggemann aaO 100). Dies ist eindeutig beim Abhören (Abs. 2 Nr. 1); aber auch beim Aufnehmen (Abs. 1 Nr. 1) ermöglicht für die in Betracht kommenden Fälle bereits § 34 sachgerechte Lösungen, wobei zu berücksichtigen ist, daß notstandsfähig nicht nur existentielle Güter, sondern alle rechtlich geschützten Interessen sind (§ 34 RN 9) und daß eine „Gefahr" auch die zu befürchtende Fortdauer einer noch nicht abgeschlossenen Beeinträchtigung ist (§ 34 RN 12; vgl. auch Lackner aaO, Samson SK 30 und für die Beschaffung von Beweismitteln BGH **31** 307). Daß es eine notstandsunabhängige Interessenabwägung hier nicht geben kann, zeigt seit dem 25. StÄG (o. 1) im übrigen auch die Sonderregelung des Abs. 2 Nr. 2 S. 3 (u. 33a), die eigens für die Tatbestandsalternative des öffentlichen Mitteilens nach Abs. 2 Nr. 2 S. 1, 2 geschaffen wurde und von der Gesetzesbegründung ausdrücklich auf diese beschränkt wird (vgl. BT-Drs. 11/7414 S. 5). Heimliche Tonaufnahmen, die nicht der Gefahrenabwendung, sondern z. B. wissenschaftlichen Zwecken dienen (z. B. Sprachforschung), sind daher, vorbehaltlich einer mutmaßlichen Einwilligung, nicht gerechtfertigt (and. D-Tröndle 7).

33 b) Ist das heimliche Herstellen einer Tonaufnahme durch § 34 gerechtfertigt, so ist es auch ihre **Verwertung** durch Handlungen i. S. des **Abs. 1 Nr. 2,** wenn sie den Zwecken dient, die auch die Aufnahme gerechtfertigt machten (vgl. o. 29). Aber auch das Verwerten rechtswidrig erlangter Aufnahmen kann nach § 34 gerechtfertigt sein. Dies gilt z. B., wenn der Beweisnotstand, der auch ein heimliches Fixieren gerechtfertigt hätte (vgl. o. 31a), wegen des Todes des einzigen Zeugen erst später eintritt. Ebenso darf z. B. eine unbefugt zur Beweismittelerlangung angefertigte Tonaufnahme, aus der sich als „Zufallsfund" der Hinweis auf eine bevorstehende Straftat oder das Bestehen anderer gravierender Gefahren ergibt, zum Zweck der Verbrechensverhinderung bzw. Gefahrabwendung der Polizei oder dem Bedrohten zugänglich gemacht und von diesen zum selben Zweck gebraucht werden. Entsprechendes gilt, wenn die Verwertung einer unberechtigten Tonaufnahme das einzige Mittel zur Entlastung eines Unschuldigen ist (vgl. BGH **19** 332, Otto, Kleinknecht-FS 338), und zulässig kann es auch sein, wenn ein Anwalt ein Ablehnungsgesuch nach § 26 StPO nur durch Vorlage einer ihm zugespielten Tonbandaufnahme des Telefongesprächs eines Richters glaubhaft machen kann, aus dem sich dessen Befangenheit ergibt (Frankfurt NJW **79**, 1172). Soweit Handlungen i. S. des Abs. 1 Nr. 2 nur dazu dienen, einem anderen eine rechtmäßige Verwertung zu ermöglichen, müssen auch sie zulässig sein, und zwar unabhängig davon, ob sich der Täter auf einen eigenen Rechtfertigungsgrund berufen kann. Ist z. B. die Veröffentlichung des Inhalts nach Abs. 2 Nr. 2 S. 3 gerechtfertigt (vgl. u. 33a), so kann es nicht rechtswidrig sein, wenn die Aufnahme dem Presseorgan zu diesem Zweck zugänglich gemacht wird. Da es sich hier in der Sache vielfach zugleich um die Teilnahme an einer rechtmäßigen Haupttat handelt, können solche Handlungen nicht deshalb strafbar sein, weil sie in Abs. 1 Nr. 2 als täterschaftliche Begehung erfaßt sind.

33a 3. Auch bei **Abs. 2 Nr. 2** ist, von der (mutmaßlichen) Einwilligung abgesehen, eine Rechtfertigung zunächst nach § 34 möglich (z. B. öffentliche Mitteilung einer durch Abhören erlangten Information über in Verkehr gebrachte giftige Lebensmittel). Der **besondere Rechtfertigungsgrund des S. 3,** der ohnehin nur die Wahrnehmung öffentlicher Interessen erlaubt, hat an dem Anwendungsbereich des § 34 nichts geändert. Er erlangt Bedeutung vielmehr erst dort, wo es nicht mehr um die Abwendung einer Gefahr i. S. des § 34 geht (wozu auch die zu befürchtende Intensivierung oder Fortdauer einer noch nicht abgeschlossenen Beeinträchtigung gehört, vgl. § 34 RN 12). Vom Gesetzgeber war Abs. 2 Nr. 2 S. 3 als Konkretisierung eines aus Art. 5 I GG abgeleiteten Rechtfertigungsgrunds gedacht (vgl. BT-Drs. 11/6714 S. 4, 11/7414 S. 4), wobei den Hintergrund die Entscheidung BVerfGE **66** 116 (Publizierung rechtswidrig erlangter Informationen aus dem redaktionellen Bereich eines Presseorgans, „Fall Wallraff") bildete, der auch das Erfordernis vom Bestehen eines „überragenden Interesses" entnommen ist (aaO 139). Danach ist die Veröffentlichung rechtswidrig (im konkreten Fall durch Täuschung) erlangter

Informationen ausnahmsweise zulässig, wenn eine umfassende Interessenabwägung ergibt, „daß die Bedeutung der Information für die Unterrichtung der Öffentlichkeit eindeutig die Nachteile überwiegt, welche der Rechtsbruch für den Betroffenen und die (tatsächliche) Geltung der Rechtsordnung nach sich ziehen muß" (aaO 139). Auch der besondere Rechtfertigungsgrund des Abs. 2 Nr. 2 S. 3 ist daher beschränkt auf die Wahrnehmung „öffentlicher Interessen"; für den Schutz privater Interessen bleibt es bei § 34. Mißverständlich ist es jedoch, wenn BT-Drs. 11/7414 S. 4 das Erfordernis eines „überragenden öffentlichen Interesses" auf den Wertunterschied der kollidierenden Interessen bezieht. Hier gilt vielmehr nichts anderes als bei allen auf dem Prinzip des überwiegenden Interesses beruhenden Rechtfertigungsgründen (vgl. 7 vor § 32) einschließlich des § 34 (vgl. dort RN 45): Ausreichend ist ein eindeutiges Interessenübergewicht (vgl. auch BVerfG aaO), wobei ein solches nach der gesetzgeberischen Wertung hier allerdings nur dann besteht, wenn der Täter „überragende" öffentliche Interessen wahrnimmt. Nach BVerfG aaO 139 ist dies regelmäßig nicht anzunehmen, wenn die veröffentlichte Information Zustände oder Verhaltensweisen betrifft, die ihrerseits nicht rechtswidrig sind. Die Bedeutung des S. 3 dürfte daher im wesentlichen bei der Aufdeckung gravierender Rechtsverstöße – in BT-Drs. 11/7414 S. 4 werden hier beispielhaft die Katalogtaten der §§ 129a I, 138 I und schwerwiegende Verstöße gegen das AWG (z. B. illegale Lieferungen an eine ausländische C-Waffen-Fabrik) genannt – oder öffentlicher Mißstände von ganz erheblichem Gewicht liegen; das Privatleben und die Intimsphäre von Politikern haben dagegen tabu zu sein, ersteres jedenfalls dann, wenn es den Betroffenen für sein Amt nicht völlig disqualifiziert. Nach den für die Lösung jedes Interessenkonflikts geltenden Grundsätzen muß die öffentliche Mitteilung ferner das geeignete und zugleich das relativ mildeste Mittel zur Wahrnehmung der fraglichen Interessen sein. Schließlich gilt S. 3 nur für Taten nach Abs. 2 Nr. 2, nicht dagegen für solche nach Abs. 1 oder Abs. 2 Nr. 1 (BT-Drs. 11/7414 S. 5). Eine Ausnahme ist hier nur bezüglich solcher Handlungen nach Abs. 1 Nr. 2 zu machen, die notwendiges Mittel zu einer nach S. 3 zulässigen Veröffentlichung sind (z. B. Abspielen der Tonaufnahme, vgl. o. 33). Dagegen wird das heimliche Abhören nicht deshalb rechtmäßig, weil das dabei zufällig in Erfahrung Gebrachte eine Veröffentlichung nach Abs. 2 Nr. 2 S. 3 rechtfertigt.

4. Nach **Abs. 3** i. V. mit Abs. 1, 2 tatbestandsmäßige **behördliche Maßnahmen** können zunächst aufgrund **besonderer gesetzlicher Befugnisse** gerechtfertigt sein. Hierher gehören die §§ 100a, 100b StPO, die das Abhören und Aufnehmen des Fernmeldeverkehrs zu Strafverfolgungszwecken regeln, ferner das Ges. zu Art. 10 GG v. 13. 8. 1968 (BGBl. I 949; letztes ÄndG v. 8. 6. 1989, BGBl. I 1026), wo unter bestimmten Voraussetzungen den Verfassungsschutzbehörden zur Abwehr von drohenden Gefahren für die freiheitlich demokratische Grundordnung oder den Bestand oder die Sicherheit des Bundes oder eines Landes die Überwachung des Fernmeldeverkehrs gestattet wird (zur Verfassungsmäßigkeit vgl. BVerfGE 30 1; zur Unzulässigkeit der Telefonüberwachung bei ausländischen Konsularbeamten vgl. BGH NJW 90, 1799 m. Anm. F. C. Schroeder JZ 90, 1034). In beiden Fällen sind die Eingriffsbefugnisse nicht nur unter dem Aspekt des Fernmeldegeheimnisses (Art. 10 GG), sondern auch im Hinblick auf das durch § 201 geschützte Rechtsgut zu sehen, weshalb der h. M. (Hamm NStZ 88, 515 mwN u. Anm. Amelung, Krehl StV 88, 376) auch unter diesem Gesichtspunkt zu widersprechen ist, wenn sie das ohne Wissen des Gesprächspartners erfolgende Mithören eines Telefongesprächs über einen Zweithörer (vgl. o. 19 f.) mit Einwilligung des Anschlußinhabers auch ohne die Voraussetzung der §§ 100a, 100b StPO für zulässig hält (vgl. dagegen auch G. Schäfer LR § 100a RN 9 f.; dazu, daß auch der Schutz des Fernmeldegeheimnisses die Einwilligung aller am Gespräch Beteiligter voraussetzt, vgl. § 354 RN 12). Für das Abhören und Aufzeichnen von Gesprächen zu *Strafverfolgungszwecken* (Überführung eines Straftäters) enthalten die §§ 100a, 100b StPO eine abschließende Regelung, neben der nicht auf § 34 zurückgegriffen werden kann (vgl. § 34 RN 7, BGH 34 51, KK-Laufhütte 4 vor § 94, grundsätzlich auch BGH 31 304 m. Anm. Gössel JZ 84, 361, D-Tröndle 8, Träger LK 28). Schon aus diesem Grund rechtfertigt § 34 daher z. B. nicht eine nach § 100a unzulässige „Raumgesprächs"-Aufzeichnung (BGH 31 296 m. Anm. Amelung JR 84, 254, Geerds NStZ 83, 518) oder die Verletzung der Zuständigkeitsregelung des § 100b StPO (BGH 31 304 m. Anm. Gössel aaO), ebensowenig die Überwachung des Fernmeldeverkehrs zwischen dem Beschuldigten und seinem Verteidiger (vgl. dazu Dahs ZRP 77, 168, G. Schäfer LR § 100a RN 26 mwN) oder – hier unabhängig davon, ob dies auch ein Verstoß gegen § 136a StPO ist – das heimliche Abhören von Äußerungen eines Untersuchungshäftlings in dessen Zelle. Weder nach § 34 noch nach prozessualen Regeln zulässig ist auch die heimliche Aufzeichnung eines Gesprächs des Beschuldigten zu dem Zweck, durch einen physikalisch-sonografischen Stimmenvergleich ein Beweismittel gegen einen Verdächtigen zu gewinnen (BGH 34 39 m. Bespr. Bottke Jura 87, 356 u. Anm. Meyer JR 87, 215 u. Wolfslast NStZ 87, 103; and. nach BGH StV 85, 397 jedoch bei einer einverständlichen Tonbandaufnahme, die, wenn der Beschuldigte darüber nicht getäuscht wurde, später gem. § 81 b

StPO auch ohne seine Zustimmung für einen Stimmenvergleich verwendet werden darf; dazu, daß hier bereits der Tatbestand des Abs. 1 Nr. 2 nicht erfüllt ist, vgl. o. 16). Allein eine Frage des Prozeßrechts ist es schließlich, ob und inwieweit das Überwachungsergebnis im Strafverfahren als Beweismittel durch Handlungen nach Abs. 1 Nr. 2 verwertet werden darf (vgl. dazu die StPO-Kommentare zu § 100a u. zuletzt BGH NJW **90**, 1801 m. Anm. F. C. Schroeder JZ **90**, 1034, Gropp StV **89**, 216, Kramer NJW **90**, 1760, Küpper JZ **90**, 416 jeweils mwN; zu den Grenzen des Verwertungsverbots des § 7 III Ges. zu Art. 10 GG vgl. BVerfG NJW **88**, 1075 u. krit. dazu Schlink NJW **89**, 11). Dasselbe gilt für die prozessuale Verwertung heimlicher Aufnahmen durch Private, die nach der hier gebotenen Interessenabwägung von der h. M. etwa in Fällen schwerer Kriminalität zur Überführung von Straftätern oder zur Entlastung von Unschuldigen für zulässig gehalten wird (vgl. BVerfGE **34** 249f. m. Anm. Arzt JZ 73, 505, BGH **19** 332, **27** 357, **34** 401, **36** 173, Bay NJW **90** 198, KK-Pelchen 37 vor § 48, aber auch BGH **14** 358, wo bei einer unbefugt hergestellten Tonbandaufnahme eines von dem Angeklagten geführten Privatgespräches grundsätzlich ein Verwertungsverbot angenommen wird; zur Verwertbarkeit im Zivilprozeß vgl. z. B. BGH[Z] NJW **82**, 277 m. Anm. Dünnebier NStZ 82, 255 [zivilrechtliche Ehrenschutzklage], KG NJW **67**, 115, Stuttgart MDR **77**, 683 [Ehescheidung], Werner NJW **88**, 993 mwN). – Im übrigen ist eine **Rechtfertigung nach § 34** auch bei behördlichen Maßnahmen möglich (vgl. § 34 RN 7; vgl. auch BGH **31** 304 m. Anm. Gössel JZ 84, 361, **34** 51 m. Anm. Meyer u. Wolfslast aaO). So läßt sich die von der h. M. in Fällen schwerer Kriminalität angenommene Zulässigkeit der heimlichen Aufzeichnung einer Beschuldigtenvernehmung zum Zweck der Identifikation eines Straftäters oder zur Entlastung eines Unschuldigen (vgl. KK-Boujong § 136a RN 25, Hanack LR § 136a RN 44 mwN; offengelassen für den ersten Fall von BGH **34** 52; krit. Meyer JR 87, 216) nur mit § 34 begründen. Erst recht ist § 34 anwendbar (vgl. auch, wenn vorbehaltlich spezieller und abschließender gesetzlicher Ermächtigungen (vgl. z. B. jetzt Art. 30ff. BayPolizeiaufgabenG v. 14. 9. 1990, GVBl. 397) –, wenn Handlungen nach § 201 zur *Abwendung* einer unmittelbar drohenden *Gefahr* erforderlich sind (vgl. auch BGH **31** 307, **34** 51). Da das Ges. zu Art. 10 GG insoweit keine abschließende Regelung darstellt, kann danach z. B. auch das unmittelbare Abhören fremder Gespräche außerhalb einer Telefonüberwachung zulässig sein (vgl. § 34 RN 7). Nach § 34 gerechtfertigt ist ferner z. B. die Rundfunkwiedergabe der Telefonanrufe des Geiselnehmers, um durch dessen Identifikation Maßnahmen zum Schutz der Geisel treffen zu können; das gleiche gilt, wenn sich bei einer Überwachung nach § 100a StPO als „Zufallsfund" Hinweise auf eine bevorstehende Straftat ergeben, die nur durch Handlungen nach Abs. 1 Nr. 2, Abs. 2 Nr. 2 verhindert werden kann. – Keine Befugnis zu heimlichen Tonaufnahmen ergibt sich dagegen aus den §§ 168a II StPO, 160a I ZPO bei der vorläufigen Protokollaufzeichnung durch ein Tonaufnahmegerät (vgl. Kurth NJW 78, 2484 FN 40, KK-Müller § 168a RN 4); daß die Aufzeichnung nach h. M. auch ohne Zustimmung der beteiligten Personen erfolgen kann (vgl. KK-Müller aaO mwN), ist für § 201 ohne Bedeutung, da das Wissen des Betroffenen bereits den Tatbestand ausschließt (vgl. o. 13).

35 **VI. Vorsatz und Irrtum.** Der Vorsatz – bedingter Vorsatz genügt bei allen Tatbeständen des § 201 – muß im Fall des Abs. 1 Nr. 1, Abs. 2 Nr. 1 auch die Heimlichkeit des Aufnehmens bzw. Abhörens (tatbestandseinschränkende Funktion des Merkmals „unbefugt", vgl. o. 13, 20) umfassen. Daß das Aufnehmen oder Abhören ohne Wissen des Betroffenen erfolgt ist, muß auch der Täter des Abs. 1 Nr. 2, Abs. 2 Nr. 2 wissen, nicht aber, daß diese auch rechtswidrig und in diesem Sinne „unbefugt" waren. Letzteres ergibt sich daraus, daß Handlungen nach Abs. 1 Nr. 2, Abs. 2 Nr. 2 auch bei einem rechtswidrigen Aufnehmen gerechtfertigt sein können (vgl. o. 33), während sie umgekehrt nicht eo ipso deshalb rechtmäßig sind, weil das Aufnehmen usw. dies waren (vgl. o. 16, 23, 29; eine dahingehende Annahme wäre daher nur ein Verbotsirrtum). Im übrigen kann der Irrtum über die (rechtfertigende) Befugnis je nach Sachlage ein analog § 16 zu behandelnder Erlaubnistatbestandsirrtum (vgl. 21 vor § 32) oder ein Verbotsirrtum (§ 17) sein (vgl. Frankfurt NJW **77**, 1547, Karlsruhe NJW **79**, 1513; zum Irrtum bei der Einwilligung und mutmaßlichen Einwilligung vgl. 52, 60 vor § 32, zum Irrtum bei § 34 vgl. dort RN 50f.). Eine falsche Abwägung nach Abs. 2 Nr. 2 S. 3 ist bei zutreffend erkanntem Sachverhalt ein bloßer Verbotsirrtum (vgl. entspr. § 34 RN 51).

36 **VII. Vollendet** ist die Tat nach Abs. 1 Nr. 1, Abs. 2 Nr. 1 mit dem Aufnehmen bzw. Abhören des ersten gesprochenen Worts, auch wenn es der Täter auf mehr abgesehen hatte (z. B. auftretender Defekt); Entsprechendes gilt für das Abspielen nach Abs. 1 Nr. 2. Der **Versuch** ist in allen Fällen strafbar **(Abs. 4).** Er beginnt nicht schon, wenn das Gerät betriebsbereit gemacht wird, sondern erst, wenn der Täter sich anschickt, es einzuschalten (vgl. auch Träger LK 34). Beendet ist der Versuch mit dem Einschalten auch, wenn der Aufnehmende oder Abzuhörende (zunächst) nicht spricht. Zum fehlgeschlagenen Versuch bei einem Versagen des Geräts vgl. § 24 RN 7ff.

37 **XI. Konkurrenzen. 1.** Unbefugtes Aufnehmen oder Abhören (Abs. 1 Nr. 1, Abs. 2 Nr. 1) kann zu Strafbestimmungen, die das Ausspähen von Geheimnissen erfassen (z. B. §§ 96, 98, 99) in Idealkonkurrenz treten. Mit Vorschriften, die den Geheimnisverrat bestrafen (so z. B. §§ 94, 95, 97, 203, 354,

§ 17 UWG) besteht Idealkonkurrenz, wenn dies durch Gebrauchen oder Zugänglichmachen der Aufnahme selbst (Abs. 1 Nr. 2) geschieht; wird nur der Inhalt des Aufgenommenen oder Abgehörten weitergegeben, liegt Tatmehrheit vor. Idealkonkurrenz ist auch möglich mit § 15 II c FAG.

2. Für das **Verhältnis der verschiedenen Tatbestände** des § 201 gilt folgendes: Bei Abs. 1 Nr. 1 u. **38** Nr. 2 handelt es sich um unselbständige Alternativen eines Tatbestandes. Daher begeht nur eine Tat nach § 201 I, wer eine Aufnahme herstellt und sie dann gebraucht oder einem Dritten zugänglich macht (ebenso Otto II 119, i. E. auch Samson SK 35; and. D-Tröndle 12, Lackner 8, Träger LK 36). Bei mehrfachem Gebrauchmachen kommt je nach den Umständen Fortsetzungszusammenhang oder Realkonkurrenz in Betracht (vgl. zu der ähnlichen Erscheinung bei § 267 dort RN 79 ff.). Mißbräuchliches Abhören (Abs. 2 Nr. 1) und unbefugtes Aufnehmen usw. (Abs. 1) sind selbständige Tatbestände, so daß zwischen ihnen Idealkonkurrenz möglich ist (D-Tröndle 12, Lackner 8, Träger LK 36). Erst recht gilt dies wegen der unterschiedlichen Schutzrichtung für Abs. 1 Nr. 1, Abs. 2 Nr. 1 einerseits und Abs. 2 Nr. 2 andererseits (vgl. o. 2).

XII. In **Abs.** 5 werden alle **Tonträger** und **Abhörgeräte**, die bei einer der vorgenannten Taten **39** Verwendung gefunden haben, der **Einziehung** unterworfen, ohne daß es dabei auf die Feststellung ankäme, ob sie im Einzelfall als Tatwerkzeug oder als Tatprodukt i. S. des § 74 anzusehen sind. Für die sonstigen Voraussetzungen und Folgen der Einziehung sind die §§ 74 ff. maßgebend, insbes. muß ein Einziehungsgrund i. S. des § 74 II gegeben sein (vgl. 11 f. vor § 73). Darüber hinaus ist aber hier auch die strafähnliche Dritteinziehung nach § 74a für zulässig erklärt (Abs. 5 S. 2). Der Einziehung behördeneigener Geräte usw. im Fall das Abs. 3 steht § 74 II entgegen.

XIII. Die Gemeintatbestände des Abs. 1 und 2 sind gemäß § 205 I **Antragsdelikte.** **40**

§ 202 Verletzung des Briefgeheimnisses

(1) **Wer unbefugt**
1. **einen verschlossenen Brief oder ein anderes verschlossenes Schriftstück, die nicht zu seiner Kenntnis bestimmt sind, öffnet oder**
2. **sich vom Inhalt eines solchen Schriftstücks ohne Öffnung des Verschlusses unter Anwendung technischer Mittel Kenntnis verschafft,**

wird mit Freiheitsstrafe bis zu einem Jahr oder mit Geldstrafe bestraft, wenn die Tat nicht in § 354 mit Strafe bedroht ist.

(2) **Ebenso wird bestraft, wer sich unbefugt vom Inhalt eines Schriftstücks, das nicht zu seiner Kenntnis bestimmt und durch ein verschlossenes Behältnis gegen Kenntnisnahme besonders gesichert ist, Kenntnis verschafft, nachdem er dazu das Behältnis geöffnet hat.**

(3) **Einem Schriftstück im Sinne der Absätze 1 und 2 steht eine Abbildung gleich.**

Vorbem. Abs. 3 geändert durch das 2. WiKG v. 15. 5. 1986, BGBl. I 721.

I. Durch das **EGStGB** wurde der Schutz von Schriftstücken gegen den Bruch des Briefgeheimnisses durch eine Erweiterung des Tatbestandes auf gleichwertige Formen der Kenntnisverschaffung und eine Erhöhung der Strafdrohung gegenüber dem früheren Recht (§ 299 a. F.) wesentlich verstärkt (vgl. EEGStGB 237, ferner § 184 E 62; z. T. krit. Arzt/Weber I 195); wegen der Einzelheiten vgl. die 20. A. Nicht erfaßt werden von § 202 sonstige Indiskretionen (z. B. Mitteilung des Inhalts eines versehentlich oder von einem Dritten geöffneten Schriftstücks, vgl. EEGStGB 237), i. U. zu § 201 Abs. 2 Nr. 2 auch nicht die öffentliche Mitteilung des Inhalts (vgl. dazu § 201 RN 2).

Geschütztes **Rechtsgut** ist nicht schon die Unversehrtheit des Verschlusses (so jedoch zu § 299 a. F. **2** z. B. RG GA Bd. **61**, 339; vgl. auch Samson SK 1), wogegen außer der systematischen Stellung der Vorschrift vor allem Abs. 1 Nr. 2 und Abs. 2 sprechen, u. a. deswegen, weil dort eine Kenntnisnahme vom Inhalt verlangt wird. Entgegen der Überschrift schützt § 202 aber auch nicht nur das Briefgeheimnis, denn während sich dieses seinem Begriffe nach nur auf den Nachrichtenverkehr zwischen zwei verschiedenen Personen bezieht (vgl. für Art. 10 GG Maunz-Dürig RN 13), fallen unter § 202 auch Schriftstücke, die der Eigentümer für sich selbst verschlossen aufbewahrt. Ebenso ungenau ist der Hinweis auf den „Schutz der Privatsphäre" (BGH NJW 77, 590), da § 202 z. B. auch für Mitteilungen im Behördenverkehr gilt (vgl. Träger LK 2). Rechtsgut des § 202 ist vielmehr ganz allgemein die aus dem Recht am gedanklichen Inhalt eines Schriftstücks folgende Befugnis, andere von dessen Kenntnisnahme auszuschließen bzw. diesen nur bestimmten Personen zugänglich zu machen, ein Recht, das freilich nur dann geschützt wird, wenn das Schriftstück durch einen Verschluß gegen beliebige Kenntnisnahme besonders gesichert ist (Lenckner JR 78, 424; vgl. aber auch Küper JZ 77, 465). Dabei braucht es sich nicht notwendig um eine Verkörperung eigener Gedankenäußerungen zu handeln (z. B. die in einer verschlossenen Kassette aufbewahrten Briefe der verstorbenen Ehefrau); nicht entscheidend sind auch die Eigentumsverhältnisse (z. B. beschlagnahmtes Schriftstück, das von der Staatsanwaltschaft in einem Brief verschickt wird). Gegen die Geheimsphäre (so Lackner 1) richtet sich die Tat nur in einem weiteren Sinn, da Inhalt des Schriftstücks kein Geheimnis

§ 202 3–8   Bes. Teil. Verletzung des persönlichen Lebens- u. Geheimbereichs

im materiellen Sinn zu sein braucht (vgl. daher auch Küper JZ 77, 465, M-Maiwald I 267, Träger LK 2: „formaler Geheimbereich"). Zum weiterreichenden, unabhängig von § 201 unmittelbar aus dem allgemeinen Persönlichkeitsrecht abgeleiteten zivilrechtlichen Schutz des Briefgeheimnisses vgl. BGH JZ **90**, 754 m. krit. Anm. Helle (Schutz des „Kommunikationsbereichs" und damit des Empfängers vor Zugang der Sendung).

3   **II. Tatobjekt** sind in Abs. 1 Nr. 1 Briefe und andere Schriftstücke, wogegen Nr. 2 und Abs. 2 nur auf letztere Bezug nehmen. Aus der Formulierung der Nr. 1 ergibt sich jedoch, daß der Brief nur als Unterart des Schriftstücks zu verstehen ist, so daß Nr. 2 und Abs. 2 auch auf Briefe uneingeschränkt anwendbar sind. Gleichgestellt sind den Schriftstücken gewisse andere Gegenstände (Abs. 3).

4   **1. Brief** ist jede schriftliche Mitteilung einer Person an eine andere (RG **1** 115, **36** 268), unabhängig von der Art der Übermittlung (Post, Privatbote etc.) und dem Vorhandensein einer Unterschrift des Absenders (Blei II 119f., D-Tröndle 2, Träger LK 6). Ein leerer, aber unverschlossener Briefumschlag ist kein Brief, ebensowenig eine Warensendung in einem Briefumschlag (and. § 354 II Nr. 1). **Schriftstück** ist jede Verkörperung eines gedanklichen Inhalts durch Schriftzeichen (näher zum Erfordernis der Schrift vgl. Träger LK 4). Um eine Urkunde i. S. des § 267 braucht es sich dabei nicht zu handeln; ebensowenig braucht das Schriftstück eine Mitteilung an andere (z. B. Tagebuch) oder eigene Gedanken zu enthalten (vgl. Träger LK 5, 8). Einschränkungen ergeben sich jedoch sowohl für Briefe als auch für Schriftstücke daraus, daß nur verschlossene Briefe usw. geschützt sind und der Verschluß speziell dazu dienen muß, die beliebige Kenntnisnahme gerade des gedanklichen Inhalts zu verhindern (D-Tröndle 2, Träger LK 10). Nicht unter die Vorschrift fallen daher z. B. verschlossene Umschläge, die lediglich Geld, Zeitungen oder Mitteilungen allgemeiner Art wie z. B. Gebrauchsanweisungen, Werbebroschüren usw. enthalten (Blei II 120, JA 74, 605, D-Tröndle 2, Lackner 2, Wessels II/1 S. 114; and. Bockelmann II/2 S. 171f., z. T. auch Träger LK 10), es sei denn, daß sich aus den besonderen Umständen ein fremder Kenntnisnahme entgegenstehendes Interesse ergibt (z. B. Aufschrift „persönlich" bei Werbung für pornographische Schriften). Ein Geheimnis im materiellen Sinn braucht der Brief usw. nicht zu enthalten (D-Tröndle 2); es genügt, daß sein Inhalt – gleichgültig aus welchen Gründen – anderen nicht ohne weiteres zugänglich sein soll.

5   **2.** Den Schriftstücken sind nach **Abs. 3** gleichgestellt **Abbildungen** (Fotos, Lichtpausen usw.; vgl. § 11 RN 78). Diese brauchen zwar über die schlichte Wahrnehmbarkeit des Abgebildeten hinaus keinen „Gehalt" aufzuweisen (Blei II 121), entsprechend der ratio legis muß der Berechtigte aber ein Interesse daran haben, andere von ihrer beliebigen Kenntnisnahme auszuschließen. Abbildungen i. S. des Abs. 3 sind daher z. B. zwar Erinnerungsfotos, nicht aber die an jedem Kiosk erhältliche Bildpostkarte des Urlaubsorts, die zufällig im verschlossenen Schreibtisch aufbewahrt wird (so mit Recht Blei aaO; vgl. aber auch Träger LK 12). Die ursprünglich den Schriftstücken ebenfalls gleichgestellten sonstigen „zur Gedankenübermittlung bestimmten Träger" wurden durch das 2. WiKG gestrichen, da diese nunmehr von § 202a miterfaßt sind (vgl. BT-Drs. 10/5058 S. 29).

6   **III. Die Tathandlungen** nach **Abs. 1** müssen gegen ein verschlossenes, nicht zur Kenntnis des Täters bestimmtes Schriftstück (einschließlich Brief, vgl. o. 3) bzw. gegen eine dieselbe Voraussetzung erfüllende Abbildung (Abs. 3) gerichtet sein und bestehen darin, daß der Täter dieses entweder öffnet (Nr. 1) oder ohne Öffnung des Verschlusses sich vom Inhalt Kenntnis verschafft (Nr. 2).

7   **1. Verschlossen** i. S. von Abs. 1 ist das Schriftstück usw., wenn ein mit ihm unmittelbar verbundener Verschluß die Kenntnisnahme durch beliebige Dritte zumindest erschwert (vgl. auch EEGStGB 237, ferner RG **16** 288, D-Tröndle 5 [„deutliches Hindernis"]). Dies ist z. B. der Fall, wenn es in einem zugeklebten Umschlag enthalten ist, nicht aber wenn mehrere offene Schriftstücke lediglich zusammengefaltet oder zu einem Bündel verschnürt sind – auch bei Kreuzbandsendungen – oder in einer Aktentasche transportiert werden. Ohne Bedeutung ist, ob der Verschluß durch einen Umschlag hergestellt oder an dem Schriftstück selbst, z. B. durch Versiegelung, angebracht ist. Das der Kenntnisnahme entgegenstehende Hindernis braucht nicht von so erheblicher Art zu sein, daß ein Öffnen nur durch Beschädigen des Verschlusses erfolgen kann (RG **16** 284, Träger LK 13), auch schließt die ordnungsgemäße Lösbarkeit des Verschlusses – z. B. eine Verknotung – das Bestehen eines solchen nicht aus (RG **16** 287); eine leicht aufziehbare Schleife genügt jedoch nicht (D-Tröndle 5, Träger aaO). Daß der Verschluß imstande sein muß, ein unbemerktes Öffnen zu verhindern, ist nicht erforderlich. Maßgeblich sind letztlich die Umstände des Einzelfalles (RG **16** 287, **42** 288). Kein Verschluß ist jedoch die Verschlüsselung der Gedankenerklärung oder eine Codierung eines Datenträgers gegen unbefugtes Datenabrufen (vgl. dazu jetzt § 202a u. dort RN 8).

8   **2.** Hinzukommen muß, daß das Schriftstück zur **Kenntnisnahme** des Täters im Zeitpunkt

der Tathandlung **nicht bestimmt** ist. Die Bestimmung trifft derjenige, der ein Recht am gedanklichen Inhalt des Schriftstücks hat (nicht notwendig der Eigentümer, vgl. o. 2) und deshalb auch darüber entscheiden kann, wem dieses zugänglich gemacht werden soll. Bei einem Brief ist dies in der Regel der Absender; ist er dem Adressaten zugegangen (z. B. Einwurf in den Briefkasten), so wird jedoch ausschließlich dieser verfügungsberechtigt (vgl. Träger LK 25, 36; and. Samson SK 10). Dies gilt auch, wenn der Brief versehentlich oder infolge einer Täuschung einem Dritten ausgehändigt wurde (vgl. § 205 RN 3; i. E. auch BGH[Z] JZ 90, 754 m. Anm. Helle) oder wenn der Absender den Brief mit dem Vermerk „persönlich" versehen hat (and. D-Tröndle 7), da er mit dem Übergang des Rechts am Brief auf den Adressaten nicht mehr rechtlich bindend bestimmen kann, daß dieser den Brief nur selbst öffnen darf (ebensowenig wie er eine Weitergabe des Inhalts durch den Adressaten verhindern kann). Wie der Fall des an den Adressaten gelangten Briefs zeigt, ist bestimmungsberechtigt auch nicht notwendig der Verschließende oder derjenige, der den Verschluß durch einen anderen anbringen läßt (vgl. aber auch D-Tröndle 7, Samson SK 10, Träger LK 24, 28). Öffnet derjenige den Brief usw., zu dessen Kenntnisnahme dieser bestimmt ist, so fehlt es bereits an einer Tatbestandsvoraussetzung; es entfällt hier also nicht erst das Merkmal „unbefugt". Umgekehrt sagt eine besondere Öffnungsbefugnis (vgl. u. 12 ff.) nichts darüber aus, zu wessen Kenntnisnahme der Brief usw. bestimmt ist.

3. Ein **Öffnen** i. S. von **Abs. 1 Nr. 1** liegt vor, wenn der Verschluß so weit aufgehoben ist, **9** daß eine Kenntnisnahme des Inhalts möglich ist. Nicht erforderlich ist hierzu die – auch nur teilweise – Beseitigung oder Beschädigung des Verschlusses (RG **20** 375: ausreichend bei ungenügendem Verschluß des Briefumschlages dessen Zusammendrücken, so daß das inliegende Schriftstück herausgezogen werden kann). Auf die Kenntnisnahme des Täters vom Inhalt kommt es nicht an; es genügt die abstrakte Gefährdung, die in der Verletzung der geheimnissphärenschützenden Form ihren Ausdruck findet (vgl. Träger LK 18).

4. Das ohne Öffnung erfolgte **Kenntnisverschaffen unter Anwendung technischer Mittel 10 (Abs. 1 Nr. 2)** setzt den Gebrauch spezifisch technischer Hilfsmittel (z. B. Durchleuchtungseinrichtung) voraus. Es genügt deshalb nicht, daß der Täter das Schriftstück lediglich von außen abtastet oder gegen das Licht hält (EEGStGB 237). Im Unterschied zu Nr. 1 muß sich der Täter vom Inhalt des Schriftstücks hier tatsächlich Kenntnis verschafft haben, was voraussetzt, daß er dieses zumindest teilweise gelesen und das Gelesene jedenfalls in seiner Wortbedeutung im wesentlichen verstanden hat (and. Träger LK 21). Das bloße „Anstellen einer visuellen Wahrnehmung" ist noch kein Kenntnisverschaffen vom *Inhalt* (ebenso Träger aaO; and. Blei II 122, JA 74, 606, Lackner 3b, Wessels II/1 S. 115); nicht ausreichend ist es deshalb, wenn das Schriftstück in einer dem Täter nicht geläufigen Fremdsprache oder in einer für ihn unleserlichen Schrift geschrieben ist (and. Träger aaO). Andererseits ist für das Kenntnisverschaffen nicht erforderlich, daß der Täter den Gesamtzusammenhang oder den besonderen Sinn einzelner Worte versteht.

Das Erfordernis des Kenntnisverschaffens in Nr. 2 kann gegenüber Nr. 1 zu unterschiedlichen **11** Ergebnissen führen, so wenn der Täter lediglich Geld sucht, dabei aber in Kauf nimmt, auch auf Schriftstücke zu stoßen. Ist dies der Fall, nimmt er von ihrem Inhalt jedoch keine Kenntnis, so ist er zwar nach Nr. 1 strafbar, wenn er den Brief geöffnet hat, nicht aber nach Nr. 2, wenn er den Brief durchleuchtet hat. Das gleiche gilt, wenn dem Täter eine Kenntnisnahme vom Inhalt subjektiv unmöglich ist (vgl. o. 10).

5. Öffnen und Kenntnisverschaffen müssen **unbefugt** erfolgen. Es handelt sich hierbei um **12** das allgemeine Deliktsmerkmal der Rechtswidrigkeit, welches immer dann vorliegt, wenn der Täter kein Recht hat, den Brief oder das Schriftstück zu öffnen oder sich von seinem Inhalt Kenntnis zu verschaffen. Die Einwilligung des Verfügungsberechtigten schließt hier jedoch bereits den Tatbestand aus, da mit der Einwilligung das Schriftstück in der Regel zugleich zur Kenntnis des anderen bestimmt wird (vgl. o. 8, M-Maiwald I 270; Wessels II/1 S. 116; enger Samson SK 10, Träger LK 35).

a) Ein Recht zur Öffnung und damit auch zur Kenntnisnahme kann sich zunächst aus **besonderen 13 gesetzlichen Vorschriften** ergeben. Hierher gehören z. B. Art. 1 des Gesetzes zu Art. 10 GG v. 13. 8. 1968 (BGBl. I 949), §§ 99, 100 III StPO, § 121 KO (im Gebiet der ehem. DDR ist die KO nicht in Kraft getreten; vgl. EV I Kap. III A I), § 5 PostG (vgl. hierzu § 354 RN 14 a), § 2 ÜberwachungsG v. 24. 5. 1961 (BGBl. I 607, ÄndG v. 27. 2. 1974, BGBl. I 437) und das ZollG (i. d. F. v. 18. 5. 1970, BGBl. I 529 [letztes ÄndG EV I Kap. IV B II]; zum ZollG a. F. vgl. BGH **9** 353), ferner das Erziehungsrecht der Eltern und Vormünder (§§ 1626, 1631 BGB; zum Recht des Vormunds, den Briefverkehr des Mündels zu kontrollieren, soweit dies im Einzelfall durch den Schutzzweck der Vormundschaft geboten ist, vgl. Hamm NJW-RR **86**, 81). Eine spezielle gesetzliche Ermächtigung enthalten ferner die §§ 28 ff., 124, 130 StVollzG (zu dessen Geltung im Gebiet der ehem. DDR vgl. EV I Kap. III C III) für die Überwachung des Schriftverkehrs im Straf- und Maßregelvollzug (zum Vollzug von

§ 202 14–19   Bes. Teil. Verletzung des persönlichen Lebens- u. Geheimbereichs

Maßregeln nach §§ 63, 64 vgl. jedoch Baur MDR 81, 803); zur Überwachung des Schriftverkehrs von und mit Untersuchungsgefangenen gem. § 119 III StPO vgl. Wendisch LR § 119 RN 66ff. mwN, ferner § 32 RN 42d.

14   b) Daneben kommen die **allgemeinen Rechtfertigungsgründe,** insbesondere Notstand und mutmaßliche Einwilligung in Betracht. Letztere ist vor allem unter Ehegatten von Bedeutung; bei intakter Ehe dürfte hier ein Öffnungsrecht im Rahmen alltäglicher Angelegenheiten vielfach dem mutmaßlichen Willen des Ehepartners entsprechen (enger Träger LK 32, 37), ohne Vorliegen besonderer Umstände aber nicht bei Briefen, die erkennbar nur an seine Person gerichtet sind. Im übrigen besteht grundsätzlich kein Recht, die an den anderen Ehegatten gerichteten oder von diesem herrührenden Briefe zu öffnen (D-Tröndle 12, M-Maiwald I 271, Träger LK 32).

15   6. Für den **subjektiven Tatbestand** ist *Vorsatz* erforderlich, der sich bei beiden Tatbeständen u. a. darauf beziehen muß, daß es sich um einen Brief bzw. um ein sonstiges, nicht zu seiner Kenntnisnahme bestimmtes Schriftstück handelt. Nicht nach § 202 ist deshalb strafbar, wer auf einem Lohnbüro Lohntüten öffnet, um daraus das Geld zu entnehmen, dabei aber unvorhergesehen auf eine schriftliche Nachricht stößt. Während bei Nr. 1 bezüglich aller Tatbestandsmerkmale auch bedingter Vorsatz genügt, verlangt *Nr. 2* eine besondere *Absicht*: Da das Kenntnisverschaffen *unter Anwendung* technischer Mittel erfolgen muß, hier also eine Mittel-Zweck-Beziehung erforderlich ist, folgt daraus für den subjektiven Tatbestand, daß z. B. das Durchleuchten auf das Ziel der Kenntniserlangung gerichtet sein muß (and. z. B. Träger LK 39). Dafür spricht auch der Vergleich mit dem entsprechend aufgebauten Tatbestand des Abs. 2, wo noch deutlicher zum Ausdruck kommt, daß das Öffnen zum Zweck der Kenntnisverschaffung erfolgt sein muß. Mangels der erforderlichen Absicht ist nach Nr. 2 daher nicht strafbar, wem es beim Durchleuchten des Briefs lediglich auf das Auffinden von Geld ankommt, auch wenn er dann auf ein Schriftstück stößt, von dem er einzelne Teile – quasi unvermeidlich – in sein Bewußtsein aufnimmt; anders ist dies nur, wenn er das Durchleuchten fortsetzt, um das Schriftstück, an dessen Inhalt er Interesse gewonnen hat, lesen zu können. Bei irriger Annahme von Umständen, aus denen sich eine Befugnis zum Öffnen usw. ergeben würde, gilt § 16 entsprechend (vgl. 21 vor § 32); beim Irrtum über das Bestehen einer vom Recht überhaupt nicht oder jedenfalls nicht in diesem Umfang anerkannten Befugnis ist § 17 anzuwenden.

16   7. **Vollendet** ist die Tat nach Nr. 1, sobald der Verschluß soweit beseitigt bzw. überwunden ist, daß einer Kenntnisnahme nichts mehr im Wege steht, nach Nr. 2, wenn der Täter jedenfalls von einem Teil des Inhalts Kenntnis besitzt. Der Versuch ist straflos.

17   IV. Abs. 2 erweitert den Schutz auf zur Kenntnis des Täters nicht bestimmte (vgl. o. 8) **offene,** aber durch ein **verschlossenes Behältnis** gegen Kenntnisnahme besonders **gesicherte Schriftstücke** (einschließlich Briefe, vgl. o. 3) bzw. Abbildungen (Abs. 3) und erfaßt die Kenntnisverschaffung, nachdem der Täter das Behältnis dazu geöffnet hat.

18   1. Der Begriff des **Behältnisses** ist hier ebenso wie in § 243 I Nr. 2 (vgl. dort RN 22) zu verstehen. Schriftstücke, die in einem verschlossenen Raum offen aufbewahrt werden, sind daher durch Abs. 2 nicht geschützt. Hier soll ausreichender Schutz durch § 123 gewährleistet sein (vgl. EEGStGB 237; krit. Blei II 121, JA 74, 606). In Betracht kommen als Behältnisse demnach z. B. Kassetten mit Briefen oder Tagebuchaufzeichnungen, Dokumentenmappen, aber auch Schreibtische, Schubladen, Aktenschränke u. ä. Ebenso wie in § 243 I Nr. 2 (vgl. dort RN 23) muß das Behältnis tatsächlich **verschlossen** sein (nicht ausreichend ist daher die nicht abgeschlossene Schublade), wobei der Verschluß hier jedenfalls auch gerade der Sicherung vor fremder Kenntnisnahme dienen muß (vgl. Träger LK 16).

19   2. Die zweiaktige Tathandlung besteht im **Öffnen des Behältnisses** und dem nachfolgenden **Kenntnisverschaffen** (zu diesem vgl. o. 10). Das Öffnen kann auch mit den dafür vorgesehenen Werkzeugen geschehen (vgl. Träger LK 20). Abs. 2 ist deshalb erfüllt, wenn ein Angestellter, der Zugang zu dem Behältnis hat, dem Täter den Schlüssel aushändigt und dieser sich dann mittels des Schlüssels Zugang und Kenntnis verschafft. Eigenhändiges Öffnen durch den Täter ist nicht erforderlich; es genügt, wenn der Täter den Verschluß durch einen Dritten öffnen läßt, dem es selbst auf die Kenntnisnahme nicht ankommt. Dies ist unzweifelhaft, wenn der Dritte gutgläubig ist (z. B. Täuschung eines Schlossers, der Schlüssel sei verloren) oder unter Zwang handelt. Mittelbare Täterschaft liegt insoweit nach allgemeinen Regeln aber auch vor, wenn der Dritte den ersten Akt des mehraktigen Delikts als absichtslos–dolos handelndes Werkzeug (zur Absicht vgl. u. 21) verwirklicht (vgl. § 25 RN 18f., Träger LK 21; and. Samson SK 13). Öffnet dagegen der Adressat des Schriftstücks das Behältnis, so fehlt es, weil hier das Schriftstück zu seiner Kenntnis bestimmt ist, am Tatbestand des Abs. 2 auch dann, wenn einem Dritten die alleinige Öffnungsbefugnis zusteht (von Bedeutung, wenn dieser dem Adressaten das Schriftstück durch Einschließen in einem ihm gehörenden Behältnis vorenthält; vgl. D-Tröndle 7, Träger LK 29).

Ausspähen von Daten § 202a

3. Der Täter muß auch hier **unbefugt** handeln (näher dazu o. 12 ff.), wobei es aber entscheidend nicht auf die Öffnungsbefugnis, sondern auf die beim Öffnenden fehlende Berechtigung zur Kenntnisnahme ankommt (vgl. auch o. 19).

4. Der **subjektive Tatbestand** erfordert außer dem (bedingten) Vorsatz im übrigen, daß der Täter das Behältnis in der *Absicht* öffnet, sich vom Inhalt der darin befindlichen Schriftstücke Kenntnis zu verschaffen („... nachdem er das Behältnis *dazu* geöffnet hat"; and. z. B. Träger LK 39). Eine solche Absicht i. S. von zielgerichtetem Handeln liegt auch vor, wenn der Täter nicht sicher weiß, ob er auf das gesuchte Schriftstück stößt (vgl. § 15 RN 67). Dagegen gilt Abs. 2 nicht, wenn jemand das Behältnis aus anderen Gründen (z. B. Diebstahlsabsicht) öffnet und sich erst nachträglich zur Kenntnisnahme entschließt.

V. Idealkonkurrenz besteht mit § 242 und § 246, da eine Verurteilung allein wegen Diebstahls oder Unterschlagung den besonderen Unrechtsgehalt des § 202 nicht erfaßt (ebenso BGH NJW 77, 590 m. Anm. Küper JZ 77, 464 u. Lenckner JR 78, 424, Blei II 122 f., D-Tröndle 16, Lackner 6, M-Maiwald I 271, Samson SK 19, Träger LK 43; für Vorrang der §§ 242 ff. jedoch RMG 10 250, wohl auch RG 54 295). Dagegen tritt § 303 hinter Abs. 1 Nr. 1 zurück, soweit nur der Verschluß beschädigt wird (Lenckner aaO, Träger LK 43), während zu Abs. 2 Idealkonkurrenz besteht. Daß § 354 gegenüber § 202 I vorrangig ist, folgt bereits aus dem Gesetzeswortlaut.

VI. Die Strafverfolgung setzt einen **Antrag** voraus, § 205.

§ 202a Ausspähen von Daten

(1) Wer unbefugt Daten, die nicht für ihn bestimmt und die gegen unberechtigten Zugang besonders gesichert sind, sich oder einem anderen verschafft, wird mit Freiheitsstrafe bis zu drei Jahren oder mit Geldstrafe bestraft.

(2) Daten im Sinne des Absatzes 1 sind nur solche, die elektronisch, magnetisch oder sonst nicht unmittelbar wahrnehmbar gespeichert sind oder übermittelt werden.

Vorbem. Eingefügt durch das 2. WiKG v. 14. 5. 1986, BGBl. I 721.

Lit.: Bühler, Ein Versuch, Computerkriminellen das Handwerk zu legen: Das Zweite Gesetz zur Bekämpfung der Wirtschaftskriminalität, MDR 87, 448. – *Etter,* Noch einmal: Systematisches Entleeren von Glücksspielautomaten, CR 88, 1021. – *Granderath,* Das Zweite Gesetz zur Bekämpfung der Wirtschaftskriminalität, DB 86, Beil. 18, 1. – *v. Gravenreuth,* Computerviren, Hacker, Datenspione, Crasher und Cracker, NStZ 89, 201. – *Haft,* Das Zweite Gesetz zur Bekämpfung der Wirtschaftskriminalität (Computerdelikte), NStZ 87, 6. – *Haß,* Der strafrechtliche Schutz von Computerprogrammen, in: Lehmann (Hrsg.), Rechtsschutz und Verwertung von Computerprogrammen (1988) 299. – *Hauptmann,* Zur Strafbarkeit des sog. Computerhackens – Die Problematik des Tatbestandsmerkmals „Verschaffen" in § 202a StGB, jur – PC 89, 215. – *Leicht,* Computerspionage – Die „besondere Sicherung gegen unberechtigten Zugang" (§ 202a StGB), IuR 87, 45. – *Lenckner/Winkelbauer,* Computerkriminalität – Möglichkeiten und Grenzen des 2. WiKG (I), CR 86, 483. – *Möhrenschlager,* Das neue Computerstrafrecht, wistra 86, 128. – *Schlüchter,* Das Zweite Gesetz zur Bekämpfung der Wirtschaftskriminalität, 1987. – *dies.,* Zweckentfremdung von Geldspielgeräten durch Computermanipulationen, NStZ 88, 53. – *Sieber,* Informationstechnologie und Strafrechtsreform, 1985. – *Tiedemann,* Die Bekämpfung der Wirtschaftskriminalität durch den Gesetzgeber, JZ 86, 865. – *Welp,* Datenveränderung (§ 303a StGB), IuR 88, 443. – *Westpfahl,* Strafbarkeit des systematischen Entleerens von Glücksspielautomaten, CR 87, 515. – *Materialien:* Entwurf eines 2. Gesetzes zur Bekämpfung der Wirtschaftskriminalität (2. WiKG), Beschlußempfehlung und Bericht des Rechtsausschusses, BT-Drs. 10/5058.

I. Rechtsgut. Die durch das 2. WiKG (vgl. Vorbem.) eingefügte Vorschrift soll die Strafbarkeitslücken schließen, die mit dem Aufkommen computergestützter Informations- und Kommunikationssysteme bei § 202 entstanden waren (u. a. beim Abfangen von Daten im Übermittlungsstadium; vgl. BT-Drs. 10/5058 S. 28, D-Tröndle 1, Engelhard DVR 85, 171, Möhrenschlager wistra 86, 139 f., Sieber aaO 51 ff.). Entsprechend § 202 (vgl. dort RN 2) ist Rechtsgut des § 202a daher die formelle Verfügungsbefugnis desjenigen, der als „Herr der Daten" – d. h. kraft seines Rechts an ihrem gedanklichen Inhalt und damit unabhängig von den Eigentumsverhältnissen am Datenträger – darüber bestimmen kann, wem diese zugänglich sein sollen (ebenso Celle CR 90, 277, Jähnke LK 2, M-Maiwald I 281, i. E. weitgehend auch D-Tröndle 2, Haß aaO 311, Lackner 1, Leicht IuR 87, 45, Möhrenschlager wistra 86, 140, Samson SK 1; vgl. näher Lenckner/Winkelbauer CR 86, 485, aber auch Tiedemann JZ 86, 871). Ebenfalls in Übereinstimmung mit § 202 ist dieses Recht allerdings auch hier nur dann geschützt – insofern enthalten beide Vorschriften ein „viktimodogmatisches" Element (vgl. 70b vor § 13) –, wenn die Daten besonders gesichert sind. Dagegen dient § 202a nicht dem Schutz von Geheimhaltungs- oder sonstigen Interessen dessen, über den die Daten etwas aussagen („Betroffener" i. S. des BDSG; vgl. Lenckner/Winkelbauer aaO, aber auch Gössel I 426, Lackner 1 [„mitgeschützt"], Schlüchter aaO 61 ff.); diesen Schutz gewährt vielmehr ausschließlich § 43 BDSG, wenngleich nur für personenbezogene Daten, während § 202a entgegen der auch hier ungenauen

Titelüberschrift (vgl. 2 vor § 201) eine solche Beschränkung nicht kennt. Daß mit dem Verfügungsrecht über Daten häufig (aber keineswegs notwendig) wirtschaftliche Interessen verbunden sind, macht die Tat noch nicht zu einem Vermögensdelikt; insoweit handelt es sich vielmehr um einen bloßen Schutzreflex (vgl. aber auch Haft NStZ 87, 9 [Vermögen als Rechtsgut] u. dagegen Haß aaO 311).

2   II. Die Bedeutung der Vorschrift reicht über den Tatbestand des § 202a insofern hinaus, als **Abs. 2** eine **Legaldefinition** der geschützten Daten enthält, die auch für andere Bestimmungen gilt, dies freilich nur, soweit dort ausdrücklich auf § 202a II verwiesen wird (vgl. §§ 274 I Nr. 2, 303a, 303b I Nr. 1 i. V. mit § 303a), während im übrigen (z. B. § 263a) vom allgemeinen Datenbegriff auszugehen ist (vgl. auch BT-Drs. 10/5058 S. 34). Auch davon abgesehen ist die Definition des Abs. 2 jedoch nur von beschränktem Wert, weil sie den Begriff des Datums selbst offenläßt und diesen nur insofern einschränkt, als Daten i. S. des § 202a (bzw. der Vorschriften, die hierauf verweisen) nur solche sein sollen, die elektronisch, magnetisch oder sonst nicht unmittelbar wahrnehmbar gespeichert sind oder übertragen werden.

3   1. Der Begriff der **Daten** (bzw. des Datums), der sich bisher schon in § 268 findet (vgl. dort RN 11), ist auch im Bereich der Datenverarbeitung nicht eindeutig (vgl. dazu Lenckner/Winkelbauer CR 86, 484f. mwN). Bei den einschlägigen Tatbeständen des 2. WiKG ist von einem weiten Datenbegriff auszugehen, der entsprechend dem allgemeinen Sprachgebrauch alle durch Zeichen oder kontinuierliche Funktionen dargestellten Informationen erfaßt, die sich als Gegenstand oder Mittel der Datenverarbeitung für eine Datenverarbeitungsanlage codieren lassen oder die das Ergebnis eines Datenverarbeitungsvorgangs sind. Nicht entscheidend ist daher, ob die Daten noch weiterer Verarbeitung bedürfen, weshalb hierunter neben den Eingabe- und Stammdaten auch die Ausgabedaten fallen (zum Ganzen vgl. auch Jähnke LK 3, Lackner § 263a Anm. 3a, Samson SK 4, Schlüchter aaO 60 u. näher Lenckner/Winkelbauer aaO, Welp IuR 88, 444 f., ferner den Entwurf einer Neudefinition von DIN 44300 Teil 2-3.1.13 bei Möhrenschlager wistra 86, 132). Als Mittel der Datenverarbeitung sind Daten auch die ihrerseits wieder aus Daten zusammengefügten Programme (vgl. Jähnke aaO; and. v. Gravenreuth NStZ 89, 203f.) – daß diese in § 263a neben den Daten eigens genannt sind, dient lediglich der Klarstellung (vgl. BT-Drs. 10/5058 S. 30) –, ferner solche Daten, die einen Zugangscode darstellen (Lackner aaO, Möhrenschlager aaO, Schlüchter aaO). Im Unterschied zum BDSG müssen die Daten hier nicht personenbezogen sein; auch ein Geheimnis braucht ihnen nicht zugrunde zu liegen (wogegen im Fall des § 202a auch nicht dessen Überschrift „Ausspähen von Daten" spricht, vgl. Lenckner/Winkelbauer CR 86, 485 f., ferner Jähnke LK 2, Möhrenschlager wistra 86, 140).

4   2. Dieser allgemeine Datenbegriff erfährt durch **Abs. 2** eine **zweifache Einschränkung**: 1. Die Daten dürfen *nicht unmittelbar wahrnehmbar*, d. h. also erst nach einer entsprechenden technischen Umformung sichtbar oder hörbar sein (krit. zu diesem Kriterium Welp IuR 88, 446). Ausgenommen sind damit manuell erstellte Datensammlungen (BT-Drs. 10/5058 S. 29), aber auch Lochkartendaten, weil sie visuell unmittelbar wahrnehmbar sind, mögen sie zur Erfassung ihres Bedeutungsgehalts auch noch der Entschlüsselung bedürfen (vgl. D-Tröndle 4, v. Gravenreuth NStZ 89, 206, Haß aaO 312, Jähnke LK 4, Lackner 2, Lenckner/Winkelbauer CR 86, 484, Schlüchter aaO 60f., Welp IuR 88, 446; and. Gössel I 426). Dagegen ist Abs. 2, wie durch die Worte „oder sonst" klargestellt wird, offen auch für künftige Technologien bei der Speicherung oder Übermittlung von Daten (vgl. BT-Drs. 10/5058 S. 29). Zu den nur beispielhaft genannten Formen elektronischer oder magnetischer Fixierung gehören z. B. Röhren- und Relaissysteme, Magnetplatten oder -bänder, Disketten, Floppies, COM- bzw. CIM-Systeme (vgl. zu diesen Welp aaO 446, aber auch Jähnke LK 4, Samson SK 7) und Hologrammspeicher (Bühler MDR 87, 453). – 2. Daten i. S. des § 202a sind ferner nur solche, die entweder *gespeichert* sind oder *übermittelt* werden, wobei mit der Einbeziehung der letzteren das praktisch bedeutsame „Anzapfen" von Datenübertragungsleitungen erfaßt werden soll (vgl. BT-Drs. 10/5058 S. 28). Gespeichert sind die Daten, wenn sie zum Zweck ihrer weiteren Verwendung erfaßt, aufgenommen oder aufbewahrt sind (§ 3 V Nr. 1 BDSG), womit alle Formen ihrer Verkörperung auf einen Datenträger geschützt sind (krit. zu der Verwendungsklausel jedoch Welp aaO 445). Übermittelt werden die Daten, wenn sie durch die speichernde Stelle weitergegeben oder zur Einsichtnahme, insbes. zum Abruf bereitgehalten werden (§ 3 V Nr. 3 BDSG), aber auch während des Datenflusses innerhalb der speichernden Stelle (Welp aaO). Daten, die nicht gespeichert sind oder sich nicht im Übertragungsstadium befinden, fallen dagegen auch nicht in den Schutzbereich des § 202a (bzw. der auf diesen verweisenden Vorschriften); dies gilt insbes. für die (noch zu speichernden) Inputdaten und die (bereits ausgedruckten) Outputdaten (i. U. etwa zu §§ 263a, 269, wo auch die falsche Dateneingabe und die Verwendung unrichtiger Ausdruckdaten erfaßt ist).

III. Der objektive Tatbestand setzt voraus, daß der Täter sich oder einem anderen Daten i. S. 5
des Abs. 2 verschafft, die nicht für ihn bestimmt und die gegen unberechtigten Zugang besonders gesichert sind.

1. Für den Täter **nicht bestimmt** sind die Daten, wenn sie ihm nach dem Willen des Berech- 6
tigten im Zeitpunkt der Tathandlung nicht zur Verfügung stehen sollen (vgl. auch Lackner 3a).
Dabei ist Berechtigter i. S. des formell Verfügungsberechtigten (vgl. o. 1) bei gespeicherten
Daten (vgl. o. 4) i. d. R. die speichernde Stelle, u. U. auch – so bei der Datenverarbeitung in
fremdem Auftrag (z. B. Lohnbuchhaltung für fremdes Unternehmen) – ein Dritter, während
bei übermittelten Daten (vgl. o. 4) zu unterscheiden ist: Damit, daß die Daten für den Empfänger zum Abruf bereitgehalten werden, sind sie für ihn zwar auch bestimmt, zum Berechtigten
wird er aber erst, wenn er von seinem Abrufsrecht Gebrauch macht; werden die Daten sonst an
ihn weitergegeben, so wird er Berechtigter erst mit ihrem Empfang (vgl. entsprechend § 202
RN 8). Ohne Bedeutung ist, daß sich die Daten inhaltlich auf den Täter beziehen: Er wird
dadurch weder zum Berechtigten (vgl. o. 1) noch sind sie deshalb schon für ihn bestimmt (vgl.
Granderath DB 86, Beil. 18, 2, Jähnke LK 12, Lackner 3a, Lenckner/Winkelbauer CR 86, 485,
Möhrenschlager wistra 86, 140, Schlüchter aaO 61; zu personenbezogenen Daten vgl. aber auch
Gössel I 427). Eine solche Bestimmung ist auch noch nicht darin zu sehen, daß Daten unter
gewissen Voraussetzungen allgemein zugänglich sind, z. B. der (entgeltliche) Abruf von einer
Datenbank nach ordnungsgemäßem Anschluß (BT-Drs. 10/5058 S. 29; dagegen wäre das weitere Abrufen von Daten durch einen Anschlußinhaber entgegen einer Nutzungsuntersagung,
jedoch ohne gleichzeitige Sperrung seines Anschlusses wegen der fehlenden Zugangssicherung
nicht tatbestandsmäßig; vgl. auch Jähnke LK 9). Hat der Berechtigte dagegen dem anderen die
Daten zugänglich gemacht, so sind sie für diesen auch bestimmt, selbst wenn sie ihm nur für
bestimmte Zwecke überlassen sind. Sie bleiben dies deshalb auch bei einer zweckwidrigen
Verwendung, weshalb z. B. der Angestellte, der das von ihm zu bearbeitende Datenmaterial
seines Geschäftsherrn einem Dritten verschafft, schon aus diesem Grund nicht den Tatbestand
des § 202a erfüllt (vgl. D-Tröndle 7, Gössel I 427, Jähnke LK 10 u. näher Lenckner/Winkelbauer CR 86, 486). Dabei ist jedoch zu beachten, daß die Überlassung von Daten zum Zweck ihrer
Nutzung nicht immer mit ihrem Zugänglichmachen verbunden ist und nach dem Willen des
Berechtigten verbunden sein soll. Dies gilt z. B. für die verschlüsselten Daten auf dem Magnetstreifen einer Bankomatenkarte (vgl. AG Böblingen CR **89**, 308, Richter ebd. S. 303 zu Manipulationen an der Codekarte bzw. der Übertragung der dort enthaltenen Daten auf eine Blankokarte) und für die Programmdaten eines Spielautomaten, die auch für den Erwerber eines
solchen „nicht bestimmt" sind (vgl. Etter CR 88, 1024, Neumann JuS 27, 539, Schlüchter
NStZ 88, 55, i. E. auch Westpfahl CR 87, 517; and. LG Duisburg CR **88**, 1028; zum „Leerspielen" eines Spielautomaten vgl. u. 10). Bei der Herstellung von Raubkopien von Software-Programmen ist deshalb zu unterscheiden: Sind diese so gestaltet, daß der Anwender mit ihnen
zwar arbeiten kann, ihm die Programmdaten selbst aber entsprechend dem Willen des Herstellers unzugänglich bleiben sollen, so sind sie für ihn auch nicht bestimmt, weshalb der Zugriff
auf solche Daten unter Überwindung der Zugangssicherung nach § 202a strafbar ist (vgl. Haß
aaO 314, Lackner 3a, Leicht IuR 87, 50, Lenckner/Winkelbauer CR 86, 486, Schlüchter aaO 66;
and. D-Tröndle 7, Jähnke LK 9, Samson SK 12); verhindert der Programmschutz dagegen nur
die maschinelle Herstellung von Kopien, während die Programmdaten selbst für den Anwender über den Bildschirm seines Betriebssystems zugänglich sind, so sind sie insofern auch für
ihn bestimmt, weshalb § 202a in diesem Falle ausscheidet (vgl. Leicht IuR aaO, Lenckner/
Winkelbauer aaO).

2. Hinzukommen muß als kumulatives Erfordernis, daß die Daten **gegen unberechtigten** 7
Zugang besonders gesichert sind. Nicht geschützt sind mithin – entsprechend § 202 – Daten,
die zwar für den Täter nicht bestimmt sind, denen aber eine solche Zugangssicherung fehlt.
Gegen unberechtigten Zugang besonders gesichert sind sie, wenn Vorkehrungen getroffen
sind, die objektiv geeignet und subjektiv nach dem Willen des Berechtigten dazu bestimmt
sind, den Zugriff auf die Daten auszuschließen oder wenigstens nicht unerheblich zu erschweren. Dies braucht zwar nicht ihr einziger Zweck zu sein, jedenfalls aber muß der Berechtigte
durch die Sicherung gerade auch sein spezielles „Interesse an der ‚Geheimhaltung' dokumentieren" (BT-Drs. 10/5058 S. 29; vgl. ferner D-Tröndle 7, Jähnke LK 14, Lackner 3b, Leicht IuR
87, 74ff., Lenckner/Winkelbauer CR 86, 478, Möhrenschlager wistra 86, 140, Schlüchter aaO
65). Nicht ausreichend ist es deshalb, wenn die fragliche Einrichtung oder Maßnahme, mag sie
auch objektiv zugleich als Zugangssicherung wirken, ausschließlich anderen Zwecken dient
(z. B. Feuerschutz) oder der Zweck der Datensicherung nur von ganz untergeordneter Bedeutung oder gar ein bloßer Nebeneffekt ist (z. B. die mit jedem Gebäude verbundene „Zugangssicherung"; vgl. Jähnke LK 15). Nur von begrenztem Wert als Auslegungshilfe ist der Hinweis
auf die §§ 202 II, 243 I Nr. 2 (vgl. BT-Drs. 10/5058 S. 29, v. Gravenreuth NStZ 89, 206), weil

§ 202a 8–10   Bes. Teil. Verletzung des persönlichen Lebens- u. Geheimbereichs

Sicherungsobjekte im Fall des § 202a nicht nur körperliche Gegenstände, sondern auch unkörperliche Informationen sein können (z. B. beim Abrufen von Daten über einen Bildschirm, Auffangen von Funksignalen oder Nachrichtenströmen). Ebenso wie dort muß die Zugangssicherung im Zeitpunkt der Tathandlung jedoch tatsächlich wirksam sein, weshalb der Tatbestand nicht erfüllt ist, wenn z. B. die sonst in einem Tresor verwahrten Datenträger gerade offen herumliegen (vgl. Haß aaO 313, Jähnke LK 7).

8   a) **Zugangssicherungen** bei *gespeicherten Daten* sind nicht nur solche, die unmittelbar am Datenspeicher oder gar am Datum selbst angebracht sind, vielmehr genügen auch mittelbare Sicherungen in der Weise, daß das zum Abruf der Daten notwendige Betriebssystem gesichert (vgl. Leicht IuR 87, 49f.) oder das Datenverarbeitungszentrum als „Closed-shop" betrieben wird (vgl. D-Tröndle 7, Lenckner/Winkelbauer CR 86, 487, Samson SK 10, Schlüchter aaO 65; and. Leicht aaO 48). Nicht ausreichend sind dagegen bloße Verbote, Genehmigungsvorbehalte usw. (vgl. v. Gravenreuth NStZ 89, 206, Jähnke LK 14). Im einzelnen gehören hierher z. B. Paßworte, Benutzerkennnummern, Magnetkarten, Fingerabdruck- und Stimmerkennungsgeräte (näher zu den technischen Möglichkeiten vgl. Hellfors-Seiz, Praxis der betrieblichen Datensicherung [1977] 81ff., Weck, Datensicherheit [1984] 197ff.); dazu, daß auch die Verschlüsselung gespeicherter Daten ausreichen muß, vgl. u. – Bei im *Übertragungsstadium* befindlichen Daten kommen, solange sie „unterwegs" sind, als Sicherungsmaßnahmen im wesentlichen nur die verschiedenen Möglichkeiten der Datenverschlüsselung in Betracht (vgl. dazu Weck aaO 270). Daß eine Verschlüsselung nach der ratio legis für § 202a genügen muß, ist unzweifelhaft, zumal sonst Daten während ihrer unmittelbaren Übertragung weitgehend schutzlos blieben; aber auch mit dem Gesetzeswortlaut ist dies vereinbar, weil hier der – nicht nur räumlich zu verstehende – „Zugang" zu den Originaldaten verhindert wird, der Schlüssel also als eine den einzelnen Daten unmittelbar anhaftende Zugangssicherung angesehen werden kann (so jedenfalls i. E. auch D-Tröndle 7, Granderath DB 86, Beil. 18, 2, Jähnke LK 16, Lackner 3b, Leicht IuR 87, 51f., Möhrenschlager wistra 86, 140 u. näher dazu Lenckner/Winkelbauer CR 86, 487). Nicht ausreichend ist es dagegen, daß die Kommunikation auf einer gedanklichen Ebene oder in einer Fremdsprache erfolgt, die nur für wenige zugänglich bzw. verständlich ist.

9   b) Nicht ohne weiteres klar ist die Bedeutung der Kennzeichnung der Sicherung als einer solchen gegen **„unberechtigten"** Zugang. Weil eine Zugangssicherung per se schon den Zweck hat, Unbefugte auszuschließen, kann darin nur eine zusätzliche Einschränkung liegen. Nicht ausreichend ist es daher, daß überhaupt eine Zugangssicherung besteht – in diesem Fall wäre das Merkmal „unberechtigt" überflüssig –, aber auch nicht, daß die Daten speziell vor dem Zugriff des Täters besonders geschützt sind (so i. E. aber wohl D-Tröndle 7), weil dann die korrekte Gesetzesfassung hätte lauten müssen: „. . . und ihm gegenüber gegen Zugang besonders gesichert sind". Zu sehen ist dieses zusätzliche Erfordernis vielmehr im Zusammenhang mit dem zunächst genannten Merkmal, daß die Daten „für ihn nicht bestimmt" sein dürfen (and. Jähnke LK 15), was bedeutet: Da „berechtigt" der Zugang nur für diejenigen sein kann, für welche die Daten auch „bestimmt" sind, muß umgekehrt auch die Sicherung gegen „unberechtigten" Zugang gegenüber all denen bestehen, für welche die Daten nicht bestimmt sind. Für das sog. „Closed-shop"-System hat dies z. B. zur Folge, daß sie nur dann eine besondere Sicherung gegen unberechtigten Zugang darstellt, wenn die dort ohne weitere Sicherung abfragbaren Daten für alle „Closed-shop"-Zugangsberechtigten bestimmt sind; haben dort dagegen noch andere Betriebsangehörige ohne weiteres Zutritt, so verlieren damit die Daten den Schutz des § 202a auch gegenüber Betriebsexternen (vgl. Jähnke LK 15, Lenckner/Winkelbauer CR 86, 487; and. D-Tröndle 7). Im praktischen Ergebnis bedeutet dies, daß der Berechtigte, um den Schutz des § 202a zu erlangen, zu umfassenden Sicherungsmaßnahmen gezwungen ist; ob dies vom Gesetzgeber so beabsichtigt war, ist allerdings eine andere Frage.

10   3. Die Tathandlung besteht darin, daß der Täter die Daten **sich oder einem anderen verschafft**, wobei dies, wie sich aus dem Sinnzusammenhang ergibt, unter Überwindung der Zugangssicherung erfolgen muß (vgl. Celle CR **90**, 277 m. Anm. Etter, Jähnke LK 7). Unter dieser Voraussetzung kann sich daher auch der Besitzer des Datenspeichers die Daten verschaffen (vgl. o. 6; and. z. B. D-Tröndle 7, Samson SK 12). Verschafft sind die Daten zunächst, wenn der Täter bzw. der Dritte durch optische bzw. akustische Wahrnehmung von ihnen tatsächlich Kenntnis genommen hat, ferner – i. U. zu § 202 II, wo nur das *Kenntnis*verschaffen genügt (vgl. dort RN 19, 10) – ohne vorherige Kenntnisnahme aber auch dann, wenn der Täter den (körperlichen) Datenträger in seine oder des Dritten Verfügungsgewalt bringt oder wenn er die Daten auf einem solchen fixiert (vgl. D-Tröndle 9, Jähnke LK 6, Lackner 4, M-Maiwald I 281f., Samson SK 11, Schlüchter aaO 66ff. u. näher Lenckner/Winkelbauer CR 86, 488; entsprechend zu § 96 vgl. dort RN 4). Sind die Daten durch ihre Verschlüsselung besonders gesichert, so ist allerdings zu beachten, daß sie erst mit der Überwindung der Zugangssiche-

rung, d. h. also der Entschlüsselung der Daten, verschafft sind; anders als in § 96 genügt es bei § 202a daher z. B. noch nicht, daß der Täter eine Diskette mit verschlüsseltem Text in seine Verfügungsgewalt bringt, vielmehr liegt ein Verschaffen hier erst vor, wenn er die Daten tatsächlich entschlüsselt hat oder jedenfalls auch den Schlüssel in seinen Besitz bringt (and. Samson SK 12 u. auch noch Lenckner/Winkelbauer CR 86, 488). Beim „Leerspielen" eines Glückspielautomaten sind die Programmdaten nur verschafft, wenn der Täter durch (gewaltsames) Herauslösen und Auswerten (Überspielen auf einen Auswertungscomputer usw.) des EPROM-Chips selbst in deren Besitz gelangt (vgl. z. B. Etter CR 88, 1024, Neumann JuS 90, 539, Westpfahl CR 87, 516 f.), nicht aber wenn er das Programm durch Beobachten des Spielablaufs, Experimentieren und Berechnungen entschlüsselt (vgl. i. E. auch LG Göttingen NJW 88, 2488, Füllkrug/Schnell wistra 88, 180, Neumann JuS 90, 539; zu § 242 vgl. dort RN 36, zu § 263a dort RN 20a, zu § 265a dort RN 9, zu § 17 II Nr. 2 UWG Bay NStZ 90, 595, Celle NStZ 89, 367 m. Anm. Etter CR 89, 1006, LG Duisburg CR 88, 1027, LG Freiburg NJW 90, 2635, LG Memmingen CR 88, 1026, AG Ansbach CR 89, 415, AG Aschaffenburg CR 88, 1030, AG Augsburg CR 89, 1004 m. Anm. Etter u. zum Ganzen zuletzt Neumann JuS 90, 535). Ebensowenig ist der Erwerb eines von einem anderen über ein Ausspähen nach § 202a erstellten Datenausdrucks ein Verschaffen in dem hier erforderlichen Sinn (Celle CR 90, 276 m. Anm. Etter). Bewußt straflos gelassen hat das 2. WiKG – entgegen ursprünglich weitergehenden Vorschlägen – das bloße Eindringen in einen Datenspeicher oder Datenübermittlungsvorgang, und damit auch das sog. „Hacking", das sich im „Knacken" eines Computersystems erschöpft (vgl. BT-Drs. 10/5058 S. 28, D-Tröndle 2, Haß aaO 315, Jähnke LK 6, Lackner 4; krit. dazu Granderath DB 86, Beil. 18, 2, Lenckner/Winkelbauer CR 86, 488). Da das normale „Hacking" jedoch aus dem Eindringen und Aufrufen der Daten besteht – mit dem Eindringen ist automatisch die Wahrnehmung der ersten Daten auf dem Bildschirm verbunden –, läßt sich dieses Ergebnis letztlich nur durch eine teleologische Reduktion des Merkmals „Verschaffen" gewinnen (vgl. dazu auch Hauptmann jur-PC 89, 217, der für das Verschaffen deshalb zusätzlich eine Abspeicherung verlangt). Setzt die Überwindung der Zugangssicherung die Kenntnis der Daten des Zugangscodes voraus, so kann deren Ausspähen allerdings auch nach § 202a strafbar sein (vgl. Bühler MDR 87, 453).

IV. Der Täter muß **unbefugt** handeln, womit hier – ebenso wie bei § 202 (vgl. dort RN 12, 20) **11** – das allgemeine Deliktsmerkmal der Rechtswidrigkeit gemeint ist, das nur bei Vorliegen eines Rechtfertigungsgrundes entfällt (vgl. D-Tröndle 9, Lackner 6, Lenckner/Winkelbauer CR 86, 488, Samson SK 13, Schlüchter aaO 68). Als solcher kommt z. B. die (mutmaßliche) Einwilligung in Betracht, wenn die Daten zwar nicht für den Täter, wohl aber für einen Dritten bestimmt sind und der Täter sie diesem verschafft; willigt der Berechtigte dagegen in die Kenntnisnahme durch den Täter ein, so sind damit i. d. R. auch die Daten für diesen bestimmt, was bereits zum Tatbestandsausschluß führt (vgl. auch § 202 RN 21, M-Maiwald I 281). Ohne Bedeutung ist die Einwilligung dessen, den die Daten betreffen, weil er nicht Rechtsgutsinhaber ist (vgl. D-Tröndle 9, Lackner 6, Lenckner/Winkelbauer CR 86, 485). Auch soweit der Betroffene einen Auskunftsanspruch nach § 19 BDSG hat, folgt aus diesem noch nicht die Befugnis, sich die über ihn gespeicherten Daten eigenmächtig zu verschaffen.

V. Für den **subjektiven Tatbestand** genügt (bedingter) Vorsatz; eine weitergehende Absicht **12** der Verwertung der Daten ist nicht erforderlich (vgl. Granderath DB 86, Beil. 18, 2). Hält sich der Betroffene i. S. des BDSG für berechtigt, die über ihn gespeicherten Daten schon deshalb abzurufen, weil sie sich auf ihn beziehen, so ist dies ein bloßer Verbotsirrtum (§ 17).

VI. Idealkonkurrenz ist z. B. möglich mit §§ 123, 242 (Diebstahl von Datenträgern, vgl. Jähnke **13** LK 20, Lackner 7, Schlüchter aaO 61; and. Haft NStZ 87, 10), 274 I Nr. 2, 303a, 303b (Lackner 7), mit § 96 (bei Staatsgeheimnissen), § 17 UWG (bei Geschäftsgeheimnissen, vgl. Grosch/Liebl CR 88, 573, Jähnke LK 20), §§ 106, 108a UrhG (bei urheberrechtlich geschützten Programmdaten), § 43 BDSG (bei personenbezogenen Daten; zu § 41 BDSG a. F. vgl. D-Tröndle 11, Jähnke LK 20, Lackner 7).

VII. Die Strafverfolgung setzt einen **Antrag** voraus (§ 205; zum Ausschluß des Übergangs auf **14** Angehörige vgl. dort Abs. 2 S. 1 u. RN 7).

§ 203 Verletzung von Privatgeheimnissen

(1) **Wer unbefugt ein fremdes Geheimnis, namentlich ein zum persönlichen Lebensbereich gehörendes Geheimnis oder ein Betriebs- oder Geschäftsgeheimnis, offenbart, das ihm als**

1. **Arzt, Zahnarzt, Tierarzt, Apotheker oder Angehörigen eines anderen Heilberufs, der für die Berufsausübung oder die Führung der Berufsbezeichnung eine staatlich geregelte Ausbildung erfordert,**

2. Berufspsychologen mit staatlich anerkannter wissenschaftlicher Abschlußprüfung,
3. Rechtsanwalt, Patentanwalt, Notar, Verteidiger in einem gesetzlich geordneten Verfahren, Wirtschaftsprüfer, vereidigtem Buchprüfer, Steuerberater, Steuerbevollmächtigten oder Organ oder Mitglied eines Organs einer Wirtschaftsprüfungs-, Buchprüfungs- oder Steuerberatungsgesellschaft,
4. Ehe-, Familien-, Erziehungs- oder Jugendberater sowie Berater für Suchtfragen in einer Beratungsstelle, die von einer Behörde oder Körperschaft, Anstalt oder Stiftung des öffentlichen Rechts anerkannt ist,
4a. Mitglied oder Beauftragten einer anerkannten Beratungsstelle nach § 218b Abs. 2 Nr. 1,
5. staatlich anerkanntem Sozialarbeiter oder staatlich anerkanntem Sozialpädagogen oder
6. Angehörigen eines Unternehmens der privaten Kranken-, Unfall- oder Lebensversicherung oder einer privatärztlichen Verrechnungsstelle

anvertraut worden oder sonst bekanntgeworden ist, wird mit Freiheitsstrafe bis zu einem Jahr oder mit Geldstrafe bestraft.

(2) Ebenso wird bestraft, wer unbefugt ein fremdes Geheimnis, namentlich ein zum persönlichen Lebensbereich gehörendes Geheimnis oder ein Betriebs- oder Geschäftsgeheimnis, offenbart, das ihm als

1. Amtsträger,
2. für den öffentlichen Dienst besonders Verpflichteten,
3. Person, die Aufgaben oder Befugnisse nach dem Personalvertretungsrecht wahrnimmt,
4. Mitglied eines für ein Gesetzgebungsorgan des Bundes oder eines Landes tätigen Untersuchungsausschusses, sonstigen Ausschusses oder Rates, das nicht selbst Mitglied des Gesetzgebungsorgans ist, oder als Hilfskraft eines solchen Ausschusses oder Rates oder
5. öffentlich bestelltem Sachverständigen, der auf die gewissenhafte Erfüllung seiner Obliegenheiten auf Grund eines Gesetzes förmlich verpflichtet worden ist,

anvertraut worden oder sonst bekanntgeworden ist. Einem Geheimnis im Sinne des Satzes 1 stehen Einzelangaben über persönliche oder sachliche Verhältnisse eines anderen gleich, die für Aufgaben der öffentlichen Verwaltung erfaßt worden sind; Satz 1 ist jedoch nicht anzuwenden, soweit solche Einzelangaben anderen Behörden oder sonstigen Stellen für Aufgaben der öffentlichen Verwaltung bekanntgegeben werden und das Gesetz dies nicht untersagt.

(3) Den in Absatz 1 Genannten stehen ihre berufsmäßig tätigen Gehilfen und die Personen gleich, die bei ihnen zur Vorbereitung auf den Beruf tätig sind. Den in Absatz 1 und den in Satz 1 Genannten steht nach dem Tode des zur Wahrung des Geheimnisses Verpflichteten ferner gleich, wer das Geheimnis von dem Verstorbenen oder aus dessen Nachlaß erlangt hat.

(4) Die Absätze 1 bis 3 sind auch anzuwenden, wenn der Täter das fremde Geheimnis nach dem Tode des Betroffenen unbefugt offenbart.

(5) Handelt der Täter gegen Entgelt oder in der Absicht, sich oder einen anderen zu bereichern oder einen anderen zu schädigen, so ist die Strafe Freiheitsstrafe bis zu zwei Jahren oder Geldstrafe.

Vorbem. Abs. 1 Nr. 4 erweitert durch das Ges. zur Neuordnung des Kinder- und Jugendhilferechts v. 26. 6. 1990, BGBl. I 1163; Abs. 1 Nr. 4a eingefügt durch das 5. StrRG v. 18. 6. 1974, geändert durch das 15. StÄG v. 18. 5. 1976.

Übersicht

I. Neufassung durch das EGStGB 1	VI. Tod des Geheimnisträgers, Abs. 4 ... 70
II. Rechtsgut 3	VII. Subjektiver Tatbestand 71
III. Unbefugte Geheimnisoffenbarung, Täterkreis nach Abs. 1 4	VIII. Vollendung 72
	IX. Täterschaft, Teilnahme 73
IV. Geheimnisoffenbarung durch Amtsträger usw., Abs. 2 43	X. Qualifikation nach Abs. 5 74
	XI. Konkurrenzen 76
V. Erweiterter Täterkreis in Abs. 3 62	XII. Strafantrag 77

Stichwortverzeichnis

Amtsträger 56
Anvertrauen eines Geheimnisses 12 ff., 16, 18
Arzt, s. Heilberufe
Ausschußmitglieder 59
Beratungsstellen 38 f.
Berufspsychologen 36
Einzelangaben über persönliche oder sachliche Verhältnisse 47 ff.
Geheimnis 5 ff., 44 ff.
 Begriff 5
 Beschränkter Personenkreis 6
 Drittgeheimnis 8, 15
 Fremdes − 8, 44 f.
 Gegenstand 9 ff., 46 ff.: Betriebs- und Geschäftsgeheimnisse 11, Daten für Aufgaben der öffentlichen Verwaltung 46 ff., persönlicher Lebensbereich 9 f.
 Gegenständlich fixiertes − 17
 Geheimhaltungsinteresse 7
 aus Nachlaß erlangtes − 69
 nach Tod des Verpflichteten erlangtes − 66 ff.
 − mit wirtschaftlichem Wert 25
Heilberufe 35
Hilfs- und Lernpersonal 63 ff.
Konkurrenzverhältnisse 76
Krankenanstalten 42
Mitteilung an andere Behörden 52
Offenbaren
 − eines Geheimnisses 19 f., 45
 − nach Tod des Betroffenen 70
Offenbarungsbefugnisse 21 ff., 53 ff.
 − bei Abs. 1: Einverständnis 22 ff., Rechtfertigungsgründe s. dort, Tod des Verfügungsberechtigten 25, Verfügungsberechtigter 23
 − bei Abs. 2: Einverständnis 53, Rechtfertigungsgründe s. dort
Personalvertretungen 58
Privatärztliche Verrechnungsstellen 41
Qualifikationstatbestand 74 f.
Rechtfertigungsgründe 26 ff., 53 ff.
 − bei Abs. 1: mutmaßliche Einwilligung 27, Notstand 30 ff., Offenbarungspflichten 28 f.
 − bei Abs. 2: allgemeine − 53 c, besondere Offenbarungsrechte 53 ff., zwingendes öffentliches Interesse 53 d
Rechtsgut 3
Rechts- und Wirtschaftsleben 37
Rechtsanwalt, s. Rechts- und Wirtschaftsleben
Sachverständiger 16, 60 f.
Sonst bekannt gewordenes Geheimnis 15
Sozialarbeiter, -pädagogen 40
Täterkreis 34 ff., 55 f., 62 ff.
Tod
 − des Verpflichteten 66 ff.
 − des Verfügungsberechtigten, s. Offenbarungsbefugnisse
Unbefugtes Offenbaren, s. Offenbarungsbefugnisse
Untersuchungsanstalten 42
Versicherungsträger 41
Vorsatz 71
Zustimmung des Verfügungsberechtigten, s. Offenbarungsbefugnisse

Schrifttum: Ackermann, Zur Verschwiegenheitspflicht des Rechtsanwalts in Strafsachen, DJT-FS I, (1960) 479. − *Arloth,* Arztgeheimnis und Auskunftspflicht bei AIDS im Strafvollzug, MedR 86, 295. − *Ayasse,* Die Grenzen des Datenschutzes im Bereich der privaten Versicherungswirtschaft, VersR 87, 536. − *Baur,* Schweigepflicht und Offenbarungsbefugnis des Arztes im Rahmen der Mitteilungsvorschriften der RVO, SGb. 84, 150. − *Becker,* Schutz des Privatgeheimnisses im neuen Strafrecht, MDR 74, 888. − *Belz,* Melderecht und Datenschutz, VerwBl Bad.-Württ. 81, 344, 377. − *Bindokat,* Die erschlichene Bekanntgabe des Berufsgeheimnisses, NJW 54, 865. − *Bittmann,* Das Sozialgeheimnis im Ermittlungsverfahren, NJW 88, 3138. − *Bockelmann,* Das Strafrecht des Arztes, in: Ponsold Lb. 9. − *Bohne/Sax,* Der strafrechtliche Schutz des Berufsgeheimnisses, in: Deutsche Landesreferate z. III. Intern. Kongreß f. Rechtsvergl. (1950) 931. − *Bornkamm,* Berichterstattung über schwebende Strafverfahren und das Persönlichkeitsrecht des Beschuldigten, NStZ 83, 102. − *Budde/Witting,* Die Schweigepflicht des Betriebsarztes, MedR 87, 23. − *Dahs,* Die Entbindung des Rechtsanwalts von der Schweigepflicht im Konkurs der Handelsgesellschaft, Kleinknecht-FS 63. − *Däubler,* Die Schweigepflicht des Betriebsarztes − ein Stück wirksamer Datenschutz? BB 89, 282. − *Eberhard,* Juristische Probleme der HTLV-III-Infektion (AIDS), JR 89, 230. − *Eiermann,* Die Schweigepflicht des Betriebsarztes bei arbeitsmedizinischen Untersuchungen nach dem Arbeitssicherheitsgesetz, BB 80, 214. − *Emrich,* Die Tätigkeit der Gerichte und der Sozialdatenschutz, in: Frommann u. a., Sozialdatenschutz (1985), 113. − *Ernesti,* Informationsverbund Justiz − Polizei, NStZ 83, 57. − *Eser,* Medizin und Strafrecht, ZStW 97, 1. − *Finger,* Geheimnisbruch, VDB VIII, 293. − *Flor,* Beruf und Schweigepflicht − eine Gegenüberstellung, JR 53, 368. − *Franzheim,* Informationspflichten in Strafsachen im Konflikt mit dem Daten- und Geheimnisschutz, ZRP 81, 6. − *Frommann,* Schweigepflicht und Berufsauftrag des Sozialarbeiters, in: Frommann u. a., Sozialdatenschutz (1985), 159. − *Geppert,* Die ärztliche Schweigepflicht im Strafvollzug, 1983. − *Göppinger,* Entbindung von der Schweigepflicht und Herausgabe von Krankenblättern, NJW 58, 241. − *Goll,* Offenbarungsbefugnisse im Rahmen des § 203 Abs. 2 StGB, Diss. Tübingen 1980. − *Groell/Mörsberger,* Stolperstein Datenschutz, in: Frommann u. a., Sozialdatenschutz (1985), 212. − *Hackel,* Drittgeheimnisse innerhalb der ärztlichen Schweigepflicht, NJW 69, 2257. − *Hahne-Reulecke,* Das Recht der Rechnungshöfe auf Einsicht in Krankenakten, MedR 88, 235. − *Händel,* Suizidprophylaxe und ärztliche Schweigepflicht, Leithoff-FS 555. − *Haft,* Zur Situation des Datenschutzstrafrechts, NJW 79, 1194. − *Hassemer,* Das Zeugnisverweigerungsrecht des Syndikusanwalts, wistra 86, 1. − *Haus,* Der Sozialdatenschutz in gerichtlichen Verfahren, NJW 88, 3126. – *Hinrichs,* Rechtliche Aspekte zur Schweigepflicht der Betriebsärzte und des betriebsärztlichen Personals, DB 80, 2287. – *Hirte,* Datenschutz contra Privatrecht, NJW 86, 1899. – *Höft,* Straf- und Ordnungswidrigkeitenrecht im Bundesdatenschutzgesetz, 1986. – *Hollmann,* Formularmäßige Erklärung über die Entbindung von der Schweigepflicht gegenüber Versicherungsunternehmen, NJW 78, 2332. – *Hufen,* Das Volkszählungsurteil des BVerfG und das Grundrecht auf informationelle Selbstbestimmung, JZ 84, 1072. – *Hümmerich,* Der Austausch personenbezogener Daten zwischen öffentlicher Verwaltung und freien Trägern, in: Mörsberger, Datenschutz im sozialen Bereich (1981) 120. – *Jakobs,* Ermittlungsverfahren wegen Verstoßes gegen das Betäubungsmittelgesetz, JR 82, 359. – *Jekewitz,* Die Einsicht in Strafakten durch parlamentarische Untersuchungsausschüsse, NStZ 85, 395. – *Jung,* Ärztliche Schweigepflicht, Saarl. ÄBl. 81, 244. – *ders.,* Der strafrechtliche Schutz des Arztgeheimnisses im deutschen und französischen Recht, Constantinesco-GedS 355. – *Kalsbach,* Über die Schweigepflicht und das Offenbarungsrecht des Rechtsanwalts, AnwBl. 55, 41. – *Kilian,* Rechtsfragen der medizinischen Forschung mit Patientendaten, 1983. – *ders.,* Rechtsprobleme der Behandlung von Patientendaten im Krankenhaus, MedR 86, 7. – *Kirchherr/Stützle,* Aktuelle Probleme zu Bankgeheimnis und Bankauskunft, ZIP 84, 515. – *Kleinewefers/Wilts,* Die Schweigepflicht der Krankenhausleitung, NJW 64, 428. – *dies.,* Die Schweigepflicht gegenüber Auskunftsersuchen der Haftpflichtversicherer, VersR 63, 989. – *Knemeyer,* Geheimhaltungsanspruch und Offenbarungsbefugnisse im Verwaltungsverfahren, NJW 84, 2241. – *Kohlhaas,* Medizin und Recht, 1969. – *ders.,* Strafrechtliche Schweigepflicht und prozessuales Schweigerecht, GA 58, 65. – *Krauß,* Schweigepflicht und Schweigerecht des ärztlichen Sachverständigen im Strafprozeß, ZStW 97, 81. – *Kreuzer,* Die Schweigepflicht von Krankenhausärzten gegenüber Aufsichtsbehörden, NJW 75, 2232. – *ders.,* Aids und Strafrecht, ZStW 100, 786. – *Kuchinke,* Ärztliche Schweigepflicht, Zeugniszwang und Verpflichtung zur Auskunft nach dem Tod des Patienten, Küchenhoff-GedS 371. – *Kühne,* Innerbehördliche Schweigepflicht von Psychologen, NJW 77, 1478. – *ders.,* Die begrenzte Aussagepflicht des ärztlichen Sachverständigen, JR 81, 647. – *ders.,* Die innerorganisatorische Schweigepflicht des Sozialarbeiters usw., in: Frommann u. a., Sozialdatenschutz (1985) 155. – *Laufs,* Arztrecht, 4. A. – *ders.,* Krankenpapiere und Persönlichkeitsschutz, NJW 75, 1433. – *ders.,* Praxisverkauf und Arztgeheimnis – ein Vermittlungsvorschlag, MedR 89, 309f. – *Lenckner,* Aussagepflicht, Schweigepflicht und Zeugnisverweigerungsrecht, NJW 65, 321. – *ders.,* Ärztliches Berufsgeheimnis, in: Göppinger, Arzt und Recht (1966) 159ff. – *ders.,* Verschwiegenheitspflicht und Zeugnisverweigerungsrecht des Beraters (§ 218b), in: Eser/Hirsch, Sterilisation und Schwangerschaftsabbruch (1980) 227. – *ders.,* Die Wahrung des ärztlichen Berufsgeheimnisses, in: Forster, Praxis der Rechtsmedizin (1986) 581. – *Lilie,* Ärztliche Dokumentation und Informationsrechte des Patienten, 1980. – *Maier,* Die Sphinx des Sozialgeheimnisses bei besonders schutzwürdigen personenbezogenen Daten, SGb. 83, 89. – *Mallmann/Walz,* Datenschutz bei der Sozial- und Jugendarbeit vor der Neuregelung des Sozialgeheimnisses im SGB, in: Mörsberger, Datenschutz im sozialen Bereich (1981) 28. – *Martens/Wilde,* Strafrecht und Ordnungsrecht in der Sozialversicherung, 4. A. 1987. – *Marx,* Schweigerecht und Schweigepflicht der Angehörigen des Behandlungsstabes im Straf- und Maßregelvollzug, GA 83, 160. – *Merten,* Das Abrufrecht der Staatsanwaltschaft aus polizeilichen Dateien, NStZ 87, 10. – *Molitor,* Das Recht der Akteneinsicht bei Sozialverwaltung und Justiz, im Mörsberger Datenschutz im sozialen Bereich (1981) 246. – *ders.,* Strafvereitelung durch Datenschutz?, in: Frommann u. a., Sozialdatenschutz (1985) 75. – *Mörsberger,* Der Sozialarbeiter im Dilemma zwischen der Notwendigkeit des Informationsaustausches und der Pflicht zur Diskretion, in: Mörsberger, Datenschutz im sozialen Bereich (1981) 140. – *Müller,* Schweigepflicht und Schweigerecht, in: Mergen, Die juristische Problematik in der Medizin, Bd. II (1971), 63. – *Narr,* Die Schweigepflicht des Pathologen, Verh. Dtsch. Ges. Path. 63 (1973) 645. – *Niemeyer,* Geheimnisverletzungen, in: Müller-Gugenberger, Wirtschaftsstrafrecht, 1987. – *Onderka/Schade,* Gilt die Schweigepflicht der Sozialarbeiter/Sozialpädagogen auch innerhalb der Behörde?, in: Mörsberger, Datenschutz im sozialen Bereich (1981) 172. – *Ostendorf,* Die Informationsrechte der Strafverfolgungsbehörden gegenüber anderen staatlichen Behörden im Widerstreit mit deren strafrechtlichen Geheimhaltungspflichten, DRiZ 81, 4. – *ders.,* Die öffentliche Identifizierung von Beschuldigten durch die Strafverfolgungsbehörden als Straftat, GA 80, 445. – *ders.,* Der strafrechtliche Schutz von Drittgeheimnissen, JR 81, 444. – *Pardey,* Informationelles Selbstbestimmungsrecht und Akteneinsicht, NJW 89, 1647. – *Pickel,* Geheimhaltung und Offenbarung von Daten im Sozialrecht, MDR 84, 885. – *Rein,* Die Bedeutung der §§ 203ff. StGB n. F. für die private Personenversicherung, VersR 76, 117. – *Rogall,* Die Verletzung von Privatgeheimnissen (§ 203 StGB), NStZ 83, 1. – *ders.,* Moderne Fahndungsmethoden im Lichte gewandelter Grundrechtsverständnisse, GA 85, 1. – *Roßnagel,* Datenschutz bei Praxisübergabe, NJW 89, 2303. – *Riegel,* Internationale Bekämpfung von Straftaten und Datenschutz, JZ 82, 312. – *Rüping,* Schweigepflicht – Möglichkeiten und Grenzen, Internist 83, 206. – *Schäfer,* Die Einsicht in Strafakten durch Verfahrensbeteiligte und Dritte, NStZ 85, 198. – *ders.,* Der Konkursverwalter im Strafverfahren, wistra 85, 209. – *Schatzschneider,* Die Neuregelung des Schutzes der Sozialgeheimnisse im Sozialgesetzbuch – Verwaltungsverfahren –, MDR 82, 6. – *Schickedanz,* Die Verfassungsmäßigkeit der Mitteilungspflicht der Staatsanwaltschaft gegenüber anderen Behörden, BayVBl. 81, 588. – *Schimke,* Die Schweigepflicht des Betriebsarztes bei freiwilligen Vorsorgeuntersuchungen nach dem Arbeitssicherheitsgesetz, BB 79, 1354. – *Schlink,* Das Volkszählungsurteil und seine Bedeutung für das Sozialrecht, in: Frommann u. a., Sozialdatenschutz (1985) 237. – *Schlund,* Zu Fragen der ärztlichen Schweigepflicht, JR 77, 265. – *Eb. Schmidt,* Der Arzt im Strafrecht (1939) 3ff. – *ders.,* Der Arzt im Strafrecht, in: Ponsold, Lb., 2. A.

(1957) 22. – G. *Schmidt,* Zur Problematik des Indiskretionsdelikts, ZStW 79, 741. – *Schnapp,* Amtshilfe, behördliche Mitteilungspflichten und Geheimhaltung, NJW 80, 2165. – *Scholz,* Schweigepflicht des Berufspsychologen usw. bei psychologischen Einstellungsuntersuchungen, NJW 81, 1987. – *Schuegraf,* Schweigepflicht des Arztes gegenüber dem Dienstherrn eines Beamten?, NJW 61, 961. – *Schünemann,* Der strafrechtliche Schutz von Privatgeheimnissen, ZStW 90, 11. – *Sieveking,* Die Offenbarungsbefugnis der Sozialhilfeträger gegenüber Ausländerbehörden, in: Frommann u. a., Sozialdatenschutz (1985) 50. – *Simitis,* Die informationelle Selbstbestimmung – Grundbedingung einer verfassungskonformen Informationsordnung, NJW 84, 398. – *Simon/Taeger,* Grenzen kriminalpolizeilicher Rasterfahndung, JZ 82, 140. – *Solgraf,* Kann der Arzt von seiner Schweigepflicht entbunden werden, wenn sein Patient verstorben oder willensunfähig ist?, DRiZ 78, 204. – *Taschke,* Akteneinsicht und Geheimnisschutz im Strafverfahren, CR 89, 299 ff., 410 ff. – *Teyssen/Goetze,* Vom Umfang staatsanwaltschaftlicher Ermittlungsrechte am Beispiel des kassenärztlichen Abrechnungsbetruges, NStZ 86, 529. – *Tiedemann,* Datenübermittlung als Straftatbestand, NJW 81, 945. – *Thilo,* Bankgeheimnis, Bankauskunft und Datenschutzgesetze, NJW 84, 582. – *Walter,* Die Auskunftspflicht der Sozialbehörden und Arbeitsämter in Ermittlungs- und Strafverfahren, NJW 78, 868. – *v. Wedel/Eisenberg,* Informationsrechte Dritter im (Jugend-)Strafverfahren, NStZ 89, 505. – *Wente,* Persönlichkeitsschutz und Informationsrecht der Öffentlichkeit im Strafverfahren, StV 88, 216. – *Wiesner,* Zu den Grenzen der ärztlichen Schweige- und Auskunftspflicht, Der medizinische Sachverständige 86, 50. – *Wiethaupt,* Herausgabe von Krankenblättern an Dritte?, JR 54, 174, 375. – *Woesner,* Fragen ärztlicher Geheimhaltungspflicht, NJW 57, 692. – *Zieger,* Zur Schweigepflicht des Anstaltsarztes, StV 81, 559. – *Zöllner,* Daten- und Informationsschutz im Arbeitsverhältnis, 1983. – *Zuck,* Verfassungsrechtliche Anforderungen an eine Regelung der MiStra, StV 87, 32.

I. Der Anwendungsbereich der Vorläuferbestimmung des § 300 a. F. wurde durch das **EGStGB** 1, 2 erheblich erweitert, wobei Abs. 2 die Aufhebung einer Vielzahl, z. T. divergierender Vorschriften des Nebenstrafrechts ermöglichte; wegen der Einzelheiten vgl. die 19. A. und näher Becker MDR 74, 888, Göhler NJW 74, 833. Parallele – durch das EGStGB neugefaßte – Vorschriften finden sich in § 333 HGB, § 404 AktG, § 151 GenG, § 120 BetriebsverfassungsG, § 58 SchwerbehindertenG, § 35 SprecherausschußG; vgl. auch § 85 GmbHG. Zum Datenschutz vgl. ferner § 43 I Nr. 1 BDatenschutzG v. 20. 12. 1990, BGBl. I 2954 und u. 46.

II. **Rechtsgut.** Aus Art. 2 I i. V. mit Art. 1 GG folgt nach BVerfGE **65** 41 ff. zwar auch ein 3 verfassungsrechtlich gesichertes Recht, grundsätzlich selbst zu entscheiden, wann und in welchen Grenzen persönliche Lebenssachverhalte von einem Dritten offenbart werden dürfen („Recht auf informationelle Selbstbestimmung" als Teil des allgemeinen Persönlichkeitsrechts; vgl. auch § 1 I BDSG n. F.). *Strafrechtlich* geschützt ist aber nicht nur und auch nicht in erster Linie das *Individualinteresse an der Geheimhaltung* bestimmter Tatsachen (so aber Bauer [Z] NJW **87,** 1492, Arzt/Weber I 196, D-Tröndle 1, Geppert aaO 12 f., Gössel I 428, Hahne-Reulecke MedR 88, 236, Jähnke LK 14, Kreuzer NJW 75, 2233, ZStW 100, 804, Lackner 1, Otto II 121, Ostendorf JR 81, 446 ff., Rogall NStZ 83, 4 f., Schmidhäuser II 79, Schünemann ZStW 90, 51 ff.), weil dieses Interesse nicht nur im Verhältnis zu den in § 203 genannten Personen besteht. Die Beschränkung des Täterkreises läßt vielmehr auf eine vorrangige sozialrechliche Funktion des § 203 schließen: Schutzgut ist in erster Linie das *allgemeine Vertrauen in die Verschwiegenheit der Angehörigen bestimmter Berufe,* der Verwaltung usw. als Voraussetzung dafür, daß diese ihre *im Interesse der Allgemeinheit liegenden Aufgaben* erfüllen können. Deshalb gilt z. B. der strafrechtliche Schutz des ärztlichen Berufsgeheimnisses letztlich dem allgemeinen Interesse an einer funktionsfähigen ärztlichen Gesundheitspflege, die ohne ein vertrauensvolles Verhältnis zwischen Arzt und Patient nicht möglich ist (vgl. z. B. BGH NJW **68,** 2290, Köln NStZ **83,** 412 m. Anm. Rogall, Schleswig NJW **81,** 294, Ayasse VersR 87, 538 f., Becker MDR 74, 891, Bockelmann II/2 S. 174 f. und aaO 9 f., Frommann aaO 163, 197, Haffke GA 73, 67, Arthur Kaufmann NJW 58, 272, Laufs, Arztrecht 104 ff., Lenckner aaO [1966], 160 f., NJW 64, 1187 u. 65, 322 f., M-Maiwald I 267, Mittelbach MDR 56, 566, Rüping, Internist 83, 206, Samson SK 4, Schäfer DStR 37, 198, Schlund JR 77, 269, Eb. Schmidt JZ 51, 213, NJW 62, 1747 f., Solbach DRiZ 78, 205, i. E. auch Eser ZStW 97, 41; vgl. auch Blei II 123, Rudolphi, Schaffstein-FS 443 f.; zur Gefährdung des Arztgeheimnisses durch die sich ausbreitende medizinische Dokumentation, Informatik usw. vgl. auch Eser ZStW 97, 41 f., Kilian NJW 87, 697, MedR 86, 7, Laufs NJW 80, 1319 u. 87, 1455 mwN). Entsprechendes gilt für die Schweigepflicht der anderen in Abs. 1 genannten Berufsgruppen, wobei die Möglichkeit der freien Auswahl der Vertrauensperson in allen diesen Fällen kein entscheidendes Kriterium ist (vgl. jedoch EEGStGB 238). Ebenso ist das Vertrauen in die Verschwiegenheit von Amtsträgern usw. (Abs. 2) notwendige Voraussetzung für die Bereitschaft des Bürgers, der öffentlichen Verwaltung die von ihr benötigten Angaben zugänglich zu machen (vgl. dazu Knemeyer NJW 84, 2242 mwN). Die gegen eine solche zugleich institutionelle Rechtsgutsbestimmung erhobenen Einwände sind nicht begründet, was insbes. auch für die „viktimologische" Betrachtungsweise von Schünemann (ZStW 90, 53 ff.) gilt, wonach die Beschränkung des Täterkreises mit dem hier bestehenden „faktischen Zwang" zur Preisgabe privater Geheimnisse an die in der Gesetz genannten Berufsgruppen zu erklären sei (aaO 54; gegen Schünemann vgl. u. a. Bockelmann ebd. 211, Grünwald ebd. 214, Jähnke LK 37, Schnorr von Carolsfeld ebd. 215). Dies überzeugt schon deshalb nicht, weil eine „sozial notwendige Preisgabe privater Geheimnisse" (ZSchwR 97, 153) auch in anderen, von § 203 nicht erfaßten Bereichen vorkommt: So müssen z. B. auch Arbeitsuchende ihrem künftigen Arbeitgeber in vielen Fällen

Geheimnisse i. S. des § 203 offenlegen, wobei der „faktische Zwang", der den „billigerweise zu verlangenden Selbstschutz vereitelt", hier vielfach nicht geringer ist als bei der Inanspruchnahme der in § 203 genannten Berufe. Deshalb kann auch keine Rede davon sein, daß die Erweiterung des Täterkreises in § 203 durch das EGStGB lediglich eine Anpassung „an die durch die sozialen Veränderungen eingetretene Verschärfung der viktimologischen Situation" bedeute (ZStW 90, 54; krit. dazu auch Hillenkamp, Vorsatztat und Opferverhalten, 1981, 71ff.).

4 III. Die **Tat nach Abs. 1** besteht im unbefugten Offenbaren eines fremden Geheimnisses, das dem Täter in einer der in Nr. 1–6 genannten Eigenschaften anvertraut oder sonst bekanntgeworden ist.

5 1. **Geheimnisse** sind Tatsachen, die nur einem beschränkten Personenkreis bekannt sind und an deren Geheimhaltung derjenige, den sie betreffen (sog. Geheimnisträger), ein von seinem Standpunkt aus sachlich begründetes Interesse hat oder bei eigener Kenntnis der Tatsache haben würde (vgl. z. B. Düsseldorf JMBlNW **90**, 153, in der Sache weitgehend auch Jähnke LK 19, der neben dem Geheimhaltungsinteresse als eigene Voraussetzung den Geheimhaltungswillen nennt). Dabei kann es sich um Tatsachen beliebiger Art handeln (enger Rogall NStZ 83, 5f.); ein Geheimnis kann daher etwa auch der Umstand sein, daß man zu bestimmten Fragen eine bestimmte Meinung vertritt (von Bedeutung z. B. bei psychologischen Tests; vgl. i. E. auch Scholz NJW 81, 1988). Auch der Tod des Geheimnisträgers ändert an der Geheimniseigenschaft grundsätzlich nichts (vgl. Abs. 4 sowie u. 70). Im einzelnen gilt folgendes:

6 a) Voraussetzung ist zunächst, daß die Tatsache nur einer **beschränkten Zahl von Personen bekannt** ist; ob dazu auch der Betroffene („Geheimnisträger") gehört, ist ohne Bedeutung (z. B. vom Arzt dem Patienten verschwiegene Krankheit). Diese brauchen nicht Angehörige eines geschlossenen, d. h. durch besondere Beziehungen verbundenen Personenkreises zu sein (z. B. Familie, Freunde des Geheimnisträgers), noch müssen sämtliche Mitwisser nach Person und Zahl bestimmt sein. Es genügt vielmehr, daß es sich bei den möglichen Mitwissern um eine überschaubare Zahl handelt. Die Ungewißheit, ob eine Tatsache über einen feststellbaren Personenkreis hinaus noch der einen oder anderen weiteren Person bekannt ist, berührt ihre Geheimniseigenschaft daher nicht (zu weitgehend jedoch RG **74** 111, wonach eine über einen geschlossenen Personenkreis hinaus bekanntgewordene Tatsache noch solange geheim sein soll, als sie „an anderen Stellen noch unbekannt ist"; ähnl. Bockelmann aaO 11, M-Maiwald I 272: erst ihre Offenkundigkeit beseitige Geheimniseigenschaft einer Tatsache). Gleichgültig, wieviele Personen von einer Tatsache Kenntnis genommen haben, ist sie allerdings dann nicht mehr geheim, wenn sie öffentlich, also zur Kenntnis beliebiger Dritter bekanntgemacht ist. Was Gegenstand einer öffentlichen Gerichtsverhandlung war, ist daher nicht mehr geheim (Düsseldorf JMBlNW **90**, 153). Das gleiche gilt für Vorgänge, die sich an der Öffentlichkeit abgespielt haben, weshalb z. B. polizeiliche Maßnahmen gegen einen Straftäter, die von beliebigen Dritten beobachtet werden konnten, kein Geheimnis sind; dies gilt auch für das daran sich anschließende polizeiliche Ermittlungsverfahren (vgl. Koblenz OLGSt § 203 S. 5). Ohne Bedeutung für den Geheimnischarakter einer Tatsache ist es dagegen, wenn darüber nur unbestätigte Gerüchte im Umlauf sind (RG **26** 7, **38** 65, **62** 70). Auch kann eine einmal offenkundig gewesene Tatsache in Vergessenheit geraten und so durch Zeitablauf zu einem Geheimnis werden (Düsseldorf aaO).

7 b) Der **Geheimnisträger** muß ferner **an der Geheimhaltung** ein bei Berücksichtigung seiner persönlichen Situation **sachlich begründetes („verständliches") Interesse** haben (Bockelmann II/2 S. 177 und aaO 11, D-Tröndle 5, Jähnke LK 27, Lackner 3a, Lenckner aaO [1966] 171; i. E. trotz abweichender Formulierungen [„berechtigtes", „schutzwürdiges" Interesse] ebenso z. B. Gössel I 430, M-Maiwald I 272, Wessels II/1 S. 117; krit. Samson SK 26). Dies ist in aller Regel nicht nur bezüglich gesundheitlicher, familiärer, finanzieller Verhältnisse usw. der Fall, sondern kann schon für die bloße Tatsache, daß sich jemand überhaupt in psychologischer oder ärztlicher Behandlung usw. befindet, anzunehmen sein (vgl. BAG NStE **Nr. 2**, Bremen MedR **84**, 112, Oldenburg NJW **82**, 2615, LG Köln NJW **59**, 1598, aber auch Karlsruhe NJW **84**, 676), ebenso für die Begleitumstände einer Krankenhausaufnahme, vor allem, wenn diese Rückschlüsse auf die Identität des Patienten zulassen (vgl. BGH **33** 148 m. Anm. Rogall NStZ 85, 374 u. Hanack JR 86, 35 [zu § 53 StPO]). Das Kriterium der „sachlichen Berechtigung" des Geheimhaltungsinteresses erfordert nicht dessen positive Bewertung in der Weise, daß es bei Anlegung eines objektiven Maßstabs als vernünftig anzusehen sein müßte und daß jeder andere in der Lage des Geheimnisträgers dessen Interessenbewertung teilen würde. Der Schutzzweck des § 203 verlangt vielmehr, auch rein persönliche, von anderen nicht geteilte Auffassungen anzuerkennen, so daß dem Erfordernis der „sachlichen Berechtigung" lediglich die Funktion einer negativen Abgrenzung gegenüber reiner Willkür und Launenhaftigkeit des Geheimnisträgers zukommt, die in der Regel z. B. dem Wunsch nach Geheimhaltung der Präferenz für Urlaub am Meer oder in den Bergen, für eine bestimmte Kunstrichtung usw. zugrundeliegen

Verletzung von Privatgeheimnissen   8–13 § 203

wird (Lenckner aaO [1966] 172; ähnl. Blei II 124, Bockelmann aaO 12, D-Tröndle 5, Gössel I 431, Jähnke LK 27). Gleichgültig ist, wie das Geheimhaltungsinteresse rechtlich zu bewerten ist. Höherrangige entgegenstehende Interessen beseitigen nicht den Geheimnischarakter einer Tatsache, sondern sind erst unter dem Gesichtspunkt der Offenbarungsbefugnis von Bedeutung. Auch eine Krankheit, die einen Autofahrer zum Führen von Kraftfahrzeugen untauglich macht, oder der Plan einer Straftat sind Geheimnisse i. S. des § 203 (Lenckner aaO [1986] 583). Hat der Geheimnisträger selbst von dem Geheimnis keine Kenntnis, so kommt es auf sein mutmaßliches Interesse an der Geheimhaltung an.

c) **Fremd** ist jedes eine andere – natürliche oder juristische – Person betreffende Geheimnis.   8
Ob der Patient, Mandant usw. oder derjenige, der sonst dem Arzt, Rechtsanwalt usw. das Geheimnis anvertraut, selbst der Geheimnisträger ist oder ein Dritter, ist ohne Bedeutung (Bockelmann aaO 10, Lenckner aaO [1966] 171, Eb. Schmidt aaO [1957] 26; vgl. auch Hackel NJW 69, 2257). Jedoch muß im letztgenannten Fall nach dem Schutzzweck des § 203 (vgl. o. 3) auch der Patient, Mandant usw. ein eigenes oder altruistisches Interesse an der Wahrung des Drittgeheimnisses haben (and. Jähnke LK 30).

d) **Unerheblich** für den Geheimnisbegriff ist, auf **welchen Lebensbereich** sich das Geheim-   9
nis bezieht, da die im Tatbestand genannten Geheimnisse lediglich Beispielsfälle sind. Tatobjekt kann daher z. B. auch das Geheimnis sein, das sich auf die wissenschaftliche, künstlerische oder politische Betätigung des Geheimnisträgers bezieht, aber auch ein Dienst- oder Staatsgeheimnis, das z. B. der Beamte oder Politiker seinem Anwalt anvertraut, sofern er nur an dessen Wahrung selbst interessiert ist (EEGStGB 238 und h. M., z. B. Bockelmann aaO 10, D-Tröndle 3, Gössel I 431, Jähnke LK 20, Lackner 3a, M-Maiwald I 271 f., Schlund JR 77, 265; vgl. aber auch Rogall NStZ 83, 5 f.). Von Bedeutung ist der Gegenstand des Geheimnisses nur beim Einverständnis (vgl. u. 23 ff.) und beim Strafantrag (vgl. § 205 RN 10).

α) Zu dem vom Gesetz besonders genannten **persönlichen Lebensbereich** gehört ein Geheimnis   10
dem Wortsinn nach an sich nur, wenn es die Intim- und Privatsphäre des Geheimnisträgers betrifft (vgl. auch D-Tröndle 3). Wie sich jedoch aus § 205 II 2 ergibt (vgl. dort RN 10), ist dieser Begriff in einem viel umfassenderen Sinn zu verstehen. Danach gehören zum „persönlichen Lebensbereich" alle Geheimnisse, soweit sie nicht selbst einen wirtschaftlichen Wert verkörpern – so die in § 203 besonders genannten Betriebs- und Geschäftsgeheimnisse (vgl. u. 11) – oder jedenfalls als dessen Annex auf einen Vermögenswert bezogen sind (vgl. § 205 RN 10). Der Begriff des persönlichen Lebensbereichs dient demnach der Abgrenzung vom wirtschaftlichen Lebensbereich und umfaßt z. B. auch das berufliche, politische usw. Wirken des Geheimnisträgers.

β) **Betriebs- und Geschäftsgeheimnisse** sind solche, die im Zusammenhang mit einem Geschäfts-   11
betrieb stehen und an deren Geheimhaltung der Unternehmer ein wirtschaftliches Interesse hat. Dabei werden dem Begriff des Betriebsgeheimnisses die die technische Seite eines Unternehmens betreffenden Tatsachen (z. B. Produktionsmethoden), dem des Geschäftsgeheimnisses die Geheimnisse des kaufmännischen Bereichs zugeordnet (z. B. Kalkulationen, Marktstrategien, Kundenlisten). Auf das Bestehen eines gewerblichen Schutzrechts oder die Schutzfähigkeit kommt es nicht an. Eine scharfe Grenzziehung zwischen den beiden – z. T. unter dem Oberbegriff „Unternehmensgeheimnis" zusammengefaßten – Begriffen ist weder möglich noch erforderlich (zum Ganzen vgl. ausführlich Baumbach/Hefermehl, Wettbewerbsrecht, 15. A., § 17 UWG RN 2 ff., Geilen, Aktienstrafrecht [1984] § 404 RN 20 ff., v. Gamm, Wettbewerbsrecht, Bd. 1, 5. A., S. 987, Tetzner, UWG, 2. A., § 17 RN 10 ff.). Auch die bei § 17 UWG, § 404 AktG umstrittene Frage nach der Schutzwürdigkeit sitten- und gesetzwidriger Geheimnisse (vgl. Geilen aaO RN 41 ff., Tetzner aaO RN 10) ist für § 203 ohne Bedeutung (vgl. o. 7).

2. Das Geheimnis muß dem **Täter in seiner Eigenschaft als Angehöriger** der vom Gesetz   12
ausdrücklich genannten Berufsgruppen **anvertraut oder sonst bekannt geworden** sein. Dies können auch mehrere Personen sein, die der Informant im einzelnen nicht einmal zu kennen braucht, so z. B. wenn der Versicherungsnehmer „seiner" Krankenkasse (Abs. 1 Nr. 6) Geheimnisse mitteilt, die damit den für ihn zuständigen Sachbearbeitern anvertraut sind.

a) **Anvertraut** ist ein Geheimnis dem Täter „als" Arzt usw., wenn es ihm in innerem Zusam-   13
menhang mit der Ausübung seines Berufs mündlich, schriftlich oder auf sonstige Weise (z. B. Vorzeigen eines Gegenstands, einer Verletzung usw.) unter Umständen mitgeteilt worden ist, aus denen sich die Anforderung des Geheimhaltens ergibt (vgl. RG **13** 60, **66** 274, Köln NStZ **83**, 412 m. Anm. Rogall, D-Tröndle 7, Jähnke LK 24, Samson SK 29; zu den einem Arzt usw. als gerichtlich bestellten Sachverständigen gemachten Angaben vgl. u. 16). Während bei den Angehörigen der „klassischen" Vertrauensberufe (Arzt, Anwalt usw.) das Erfordernis eines funktionalen Zusammenhangs mit der Berufsausübung im Prinzip unproblematisch ist (vgl. auch u. 14), können sich hier bei den in Nr. 5 genannten Sozialarbeitern, soweit sie als Angehörige der freien Wohlfahrtspflege usw. nicht zugleich unter Abs. 2 fallen, erhebliche Schwierigkeiten ergeben, da von den Angehörigen dieses Berufs ganz unterschiedliche Aufgaben wahr-

genommen werden, die – i. U. zu den Ärzten, Anwälten usw. – nur z. T. vertrauensgebunden sind (vgl. näher dazu Frommann aaO 166ff., 198ff., der mit Recht die Tätigkeit „als" Sozialarbeiter i. S. des § 203 auf die Erfüllung solcher Aufgaben beschränkt, welche die strikte Verschwiegenheit des Sozialarbeiters voraussetzen; and. Jähnke LK 34). Ist der fragliche Zusammenhang gegeben, der bei einem Arzt z. B. auch bei einer Blutentnahme von einem Blutspender besteht (and. LG Köln NJW **56**, 1112), so ist es im übrigen dagegen ohne Bedeutung, ob der Anvertrauende der Patient, Mandant usw. des Schweigepflichtigen oder ein Dritter ist (z. B. ein Angehöriger des Patienten, ein ratsuchender Kollege; vgl. Lenckner aaO [1966] 174f., Jähnke LK 31).

14 Unerheblich ist, ob die dem Täter gegebenen Informationen in unmittelbarem Zusammenhang mit der erbetenen ärztlichen Behandlung, dem zu führenden Rechtsstreit usw. stehen (RG **13** 61). Die Schweigepflicht besteht auch insoweit, als der Patient, Mandant usw. den Besuch beim Arzt, Anwalt usw. zu einer allgemeinen Aussprache über sonstige Sorgen und Nöte ausweitet, die vielfach erst das notwendige Vertrauensverhältnis zu diesem schafft (vgl. Lenckner aaO [1966] 174, [1986] 583). Daß die Mitteilung während der Sprech- oder Dienststunden gemacht wird, ist nicht erforderlich; auch wer den Arzt usw. bei anderer Gelegenheit, etwa auf der Straße oder bei gesellschaftlichen Anlässen – sei es auch gegen dessen Willen – in seiner beruflichen Eigenschaft in Anspruch nimmt, vertraut ihm an (Bockelmann aaO 12 FN 19, Kohlhaas aaO 12). Andererseits steht nicht alles, was z. B. dem Arzt in seiner Sprechstunde mitgeteilt wird, schon deshalb in dem seine Schweigepflicht begründenden inneren Zusammenhang mit seiner ärztlichen Tätigkeit. Ausnahmen werden vor allem dann in Betracht kommen, wenn Arzt und Patient auch sonst in engem gesellschaftlichem Kontakt stehen. Ohne Bedeutung ist, ob der Täter für den Anvertrauenden oder Geheimnisträger tatsächlich tätig geworden ist. Auch die vom Arzt sofort abgelehnte Bitte um ein falsches Gesundheitszeugnis unterliegt der Schweigepflicht (Bockelmann aaO 13 FN 20, Kohlhaas aaO 10).

15 b) **Sonst bekanntgeworden** ist das Geheimnis dem Täter „als" Arzt usw., wenn er es auf andere Weise, jedoch gleichfalls in innerem Zusammenhang mit der Ausübung seines Berufs erfahren hat. Entsprechend dem Anvertrauen ist auch hier Voraussetzung, daß dies im Rahmen einer typischerweise auf Vertrauen angelegten Sonderbeziehung geschieht (Samson SK 30 u. für § 53 StPO KK-Pelchen § 53 RN 18; and. z. B. D-Tröndle 8, Gössel I 433, Jähnke LK 36, Rogall NStZ 83, 413; offengelassen von BGH **33** 150 m. Anm. Hanack JR 86, 35, Rogall NStZ **85**, 374 u. Bespr. Mitsch JuS 89, 967 [zu § 53 StPO]), wobei eine solche auch nicht nur zu dem Geheimnisträger (and. insoweit Samson aaO), sondern auch zu dem Informanten bestehen kann (z. B. ein Untersuchungsbefund läßt Rückschlüsse auf körperliche Eigenschaften der Eltern des Untersuchten zu; vgl. dazu auch Köln NStZ **83,** 412 m. Anm. Rogall). Auch daß sie im Einzelfall unfreiwillig eingegangen wird (z. B. Amtsarzt, gerichtlich bestellter Sachverständiger), steht einer solchen Beziehung nicht entgegen. Besteht sie, so sind dem Schweigepflichtigen nicht nur solche Tatsachen „sonst bekannt geworden", deren Feststellung zu seiner beruflichen Tätigkeit gehört – z. B. Feststellung einer dem Patienten unbekannten Krankheit durch den Arzt oder bestimmter persönlicher Eigenschaften durch Psychologen auf Grund von Testfragen (vgl. dazu aber auch Scholz NJW 81, 1989) –, vielmehr genügt es auch, wenn ihm gerade seine Berufsausübung die Möglichkeit ungehinderter Kenntnisnahme verschafft hat (vgl. LG Karlsruhe StV **83**, 144 m. Anm. Kreuzer). Unter diesen Voraussetzungen können daher z. B. auch von einem Arzt bei einem Hausbesuch gemachte Beobachtungen oder mitgehörte Gespräche von Familienangehörigen seiner Schweigepflicht unterfallen (vgl. D-Tröndle 8, Jähnke LK 35, Lackner 4, Lenckner aaO [1966] 174ff.; enger Karlsruhe NJW **84**, 676, Schünemann ZStW **90**, 57 u. krit. auch Hillenkamp aaO [RN 3 a. E.] 63ff.; zum Besichtigungsgang eines Werksarztes vgl. jedoch mit Recht Samson SK 30). Dasselbe gilt für Beobachtungen, die der Schweigepflichtige bereits bei Anbahnung des Behandlungs-, Beratungsverhältnisses usw. macht (vgl. BGH **33** 151 m. Anm. Rogall, Hanack [zu § 53 StPO]), wozu auch solche gehören, die sich lediglich auf eine Begleitperson beziehen (Mitsch JuS 89, 967). An dem inneren Zusammenhang fehlt es dagegen z. B., wenn der Schweigepflichtige aus rein privater Neugier anläßlich seiner Berufsausübung eigenmächtig in eine fremde Geheimsphäre eindringt, z. B. der Arzt liest ohne Wissen des Kranken in dessen Nachttisch verwahrte Briefe). Nach dem Sinn der Schweigepflicht kann sich diese auch nicht auf Straftaten gegen den Schweigepflichtigen im Zusammenhang mit seiner Berufsausübung beziehen (z. B. Beleidigungen des Anwalts bei einem Mandantengespräch).

16 c) **Anvertraut oder bekanntgeworden** i. S. des § 203 sind einem Arzt, Psychologen usw. auch die Tatsachen, die er als vom Gericht **bestellter Sachverständiger** (z. B. im Fall des § 81 StPO) vom oder über den zu Begutachtenden bzw. von oder über einen Dritten erfährt (Bockelmann II/2 S. 180 u. aaO 13f., Jähnke LK 79, Marx GA 83, 163, Krauß ZStW 97, 86ff., Lackner 6a ff., Rüping, Internist 83, 208; and. z. B. RG **61** 384, **66** 273, OGH **3** 63, D-Tröndle 7, Dahs LR § 76 RN 2, Eb. Schmidt aaO [1939] 32ff., wobei nach RG **61** 384 eine Ausnahme nur für solche Mitteilungen gelten soll, die mit dem Gutachten in keinem Zusammenhang stehen und bei denen anzunehmen ist, daß sie unter der Voraussetzung der Geheimhaltung gemacht wurden). Wenn hier von der Gegenmeinung ein Anvertrautsein usw. mit der Begründung bestritten wird, daß der Sachverständige die Mitteilungen von vornherein in der deutlich erkennbaren Absicht ihrer Verwertung vor Gericht entgegennehme, so schüttet sie das Kind mit dem Bade aus, weil damit jeglicher Schutz durch § 203 unmöglich gemacht wird, also z. B. auch dann, wenn der Sachverständige sein Wissen über den Probanden anderen Personen gegenüber ausplaudert (vgl. Krauß aaO 87). Deswegen kann in diesen Fällen nicht schon das Merkmal des Anvertrauens usw. verneint werden, vielmehr schützt § 203 auch das für die Ausübung der Sachverständigentätigkeit erforderliche Vertrauen, das hier allerdings naturgemäß allein darauf gerichtet ist, daß der Sachverständige die ihm anvertrauten usw. Geheimnisse nur im Rahmen der ihm übertragenen Aufgabe mitteilt, d. h. nur soweit sie für die Erstattung des Gutachtens von Bedeutung sind und nur den nach der Verfahrensordnung zur Kenntnisnahme berufenen Personen (Gericht, Staatsanwaltschaft usw.). Nur soweit die Gutachterpflicht reicht, kann deshalb, weil hier das allgemeine Vertrauen in die Verschwiegenheit von Ärzten usw. von vornherein nicht berührt ist, auch das Entstehen einer Schweigepflicht und damit bereits die Tatbestandsmäßigkeit der in Erfüllung des Gutachterauftrags gemachten Mitteilungen verneint werden (and. Jähnke LK 79, Krauß ZStW 97, 96 ff.: bloße Offenbarungsbefugnis), wobei dann allerdings zweifelhaft sein kann, ob dies auch für sog. Zusatztatsachen gilt (für unterschiedliche Behandlung von Befund- und Zusatztatsachen auch bei § 203 näher Krauß aaO). Nicht möglich ist dagegen ein „Rollensplitting" in der Weise, daß darauf abgestellt wird, in welcher „Rolle" (Arzt oder Gerichtshelfer) der Gutachter dem Probanden gegenübergetreten ist (so aber Kühne JZ 81, 647; dagegen Dencker NStZ 82, 460, Jähnke aaO, Krauß aaO 90 f.), und nicht entscheidend kann in den genannten Grenzen auch sein, ob der Betroffene freiwillig mitwirkt oder seine Zustimmung durch seine gesetzliche Duldungspflicht ersetzt wird (vgl. jedoch BGHZ 40 295: Ausnahme von der Schweigepflicht nur „im Umfang der Pflicht zur Duldung"). Im übrigen aber stehen der Arzt, Psychologe usw. auch als Sachverständige unter dem Schweigegebot des § 203.

d) Bei einem **gegenständlich fixierten Geheimnis** – z. B. in einem Schriftstück, in einer bildlichen Darstellung usw. – ist für das Anvertrauen usw. nicht erforderlich, daß der Täter vom Inhalt Kenntnis genommen hat. Es genügt, daß ihm z. B. das Schriftstück als Arzt usw. übergeben worden oder sonst im Zusammenhang mit seiner beruflichen Tätigkeit in seinen Besitz gelangt ist, so daß er imstande ist, den Inhalt auch ohne eigene Kenntnisnahme Dritten durch Weitergabe zu offenbaren (vgl. auch Jähnke LK 31).

e) Die Schweigepflicht besteht nur, wenn der Arzt, Anwalt usw. ein Geheimnis **ausschließlich in beruflicher Eigenschaft** erfahren hat. Hatte er bereits vorher auf andere Weise davon Kenntnis erlangt, so ist es ihm weder als Arzt usw. bekanntgeworden noch – da das Anvertrauen im Tatbestand als Unterfall des Bekanntwerdens gefaßt ist – anvertraut. Der ratio legis zufolge kann sich die Schweigepflicht aber auch nicht auf solche Geheimnisse erstrecken, die der Arzt usw. später noch einmal außerhalb seiner Berufstätigkeit erfährt (Jähnke LK 38). Jedoch können in beiden Fällen Mitteilungen, die über die außerberuflich erlangte Information hinausgehen, z. B. die Tatsache, daß eine bestimmte Person dem Täter das Geheimnis in seiner beruflichen Eigenschaft mitgeteilt hat, durch § 203 untersagt sein.

3. **Offenbart** ist ein Geheimnis, wenn es in irgendeiner Weise an einen anderen gelangt ist. Bei mündlichen Mitteilungen ist dafür die Kenntnisnahme erforderlich, während bei einem in einem Schriftstück usw. verkörperten Geheimnis das Verschaffen des Gewahrsams mit der Möglichkeit der Kenntnisnahme durch den anderen genügt (vgl. Jähnke LK 39). Ob das Offenbaren ausdrücklich oder konkludent, spontan oder auf eine Frage hin erfolgt, ist unerheblich, ebenso, auf welchem Weg das Geheimnis dem anderen zugänglich gemacht wird, weshalb z. B. bei einer Telefondatenerfassung schon das bloße Anrufen eines anderen zugleich eine Geheimnisoffenbarung (Identität des Angerufenen) sein kann (mit Recht hat daher BAG NStE **Nr. 2** für die Gespräche eines bei einer kommunalen Beratungsstelle für Drogensüchtige tätigen Berufspsychologen eine automatische Zielnummernerfassung für unzulässig erklärt, da dieser hier, soweit keine besondere Offenbarungsbefugnis – z. B. mutmaßliche Einwilligung des Angerufenen – besteht, entweder eine rechtswidrige Tat i. S. des § 203 begehen oder Telefongespräche mit den von ihm betreuten Personen unterlassen muß). Ausreichend als Offenbaren ist auch das bloße Inumlaufsetzen eines Gerüchts. Offenbart werden muß sowohl die geheime Tatsache als auch die Person des Geheimnisträgers; Mitteilungen, aus denen die Person des Betroffenen nicht ersichtlich ist (z. B. Publikationen in Fachzeitschriften), genügen daher nicht (vgl. z. B. LG Köln MedR **84**, 110, Bockelmann aaO 14, Rüping, Internist 83, 207, Samson SK 35). Daraus, daß § 203 zwar nicht primär, aber auch (vgl. o. 3) das Geheimnis selbst schützt, folgt, daß dieses dem Empfänger noch unbekannt sein muß (D-Tröndle 26, Jähnke LK 39, Lackner 5, Samson SK 35; and. Kohlhaas GA 58, 69), wobei es jedoch genügt, wenn ihm eine bloße Vermutung, eine bis dahin noch unsichere Kenntnis oder ein Gerücht bestätigt wird (vgl. RG **26** 7, **38** 65, aber auch Karlsruhe NJW **84**, 676). Gleichgültig ist dagegen, ob die Mitteilung „vertraulich" erfolgt, ob der Empfänger seinerseits schweigepflichtig ist (z. B. Mitteilung an

Konsiliarius oder an Sprechstundenhilfe) oder ob es sich dabei um einen Angehörigen handelt (vgl. Stuttgart NJW **87**, 1490, AG Düsseldorf MedR **86**, 83, D-Tröndle 26, Jähnke aaO, Lackner 5, Lenckner aaO [1986] 583 f., Samson SK 35; vgl. dazu aber auch u. 27); nur soweit das Geheimnis nicht einer bestimmten Person, sondern einer Einrichtung (z. B. Versicherungsunternehmen) mitgeteilt wird, müssen für die interne Weitergabe entsprechende Einschränkungen gelten wie bei Behörden (vgl. u. 45, ferner Ayasse VersR **87**, 537).

20 Da die Sonderpflicht des § 203 nicht lediglich auf Verschwiegenheit, sondern – wie in Abs. 3 S. 2 zutreffend formuliert – auf die Wahrung des Geheimnisses gerichtet ist, ist ein Offenbaren auch durch **Unterlassen** möglich, so z. B. wenn der Arzt die Einsichtnahme in seine Krankenblätter oder gar deren Mitnahme nicht verhindert (vgl. § 13 RN 31, Jähnke LK 44 mwN).

21 4. Die Offenbarung des Geheimnisses muß **unbefugt** geschehen. Dies ist der Fall, wenn sie ohne Zustimmung des Verfügungsberechtigten und ohne ein Recht zur Mitteilung erfolgt. Das Merkmal „unbefugt" hat hier eine Doppelfunktion (vgl. 65 vor § 13, ferner z. B. § 201 RN 29): Z. T. begrenzt es bereits den Tatbestand, z. T. hat es aber auch nur die Bedeutung des allgemeinen Deliktsmerkmals der Rechtswidrigkeit, je nachdem, ob die „Befugnis" zur Offenbarung tatbestandsausschließend (vgl. u. 22 ff.) oder rechtfertigend wirkt (vgl. u. 26 ff.; vgl. auch Köln NJW **62**, 686 m. Anm. Bindokat, Jähnke LK 74, M-Maiwald I 275; ausschließlich im zweiten Sinn dagegen die h. M., z. B. Bremen MedR **84**, 112, Dreher MDR 62, 592, D-Tröndle 27, Lackner 2 vor § 201, Samson SK 36). Eine Offenbarungsbefugnis folgt nicht schon daraus, daß auch der Empfänger schweigepflichtig ist; doch kann dies unter dem Gesichtspunkt der mutmaßlichen Einwilligung (vgl. u. 27) und der Rechtfertigung gem. § 34 von Bedeutung sein.

22 a) „Befugt" ist eine Offenbarung zunächst, wenn sie mit **Zustimmung des Verfügungsberechtigten** erfolgt. Daß § 203 nicht primär dem Schutz individueller, sondern allgemeiner Interessen dient (vgl. o. 3), steht dem nicht entgegen, führt vielmehr dazu, daß die Einwilligung des Verfügungsberechtigten nicht erst rechtfertigt (so aber D-Tröndle 27, Lackner 2 vor § 201, Samson SK 38ff.), sondern bereits als „Einverständnis" (vgl. dazu 30 vor § 32) den Tatbestand ausschließt (so auch Köln NJW **62**, 686 m. Anm. Bindokat u. Dreher MDR 62, 592, [offen gelassen jedoch in NStZ **83**, 412 m. Anm. Rogall], Ayasse VersR 87, 537 f., Gössel I 433, Jähnke LK 56, M-Maiwald I 269, Welzel 336; vgl. auch Tiedemann, GmbH-Strafrecht [1981] § 85 RN 16). Denn da das Vertrauen der Allgemeinheit in die Verschwiegenheit von Ärzten usw. nur verlangt, daß diese die ihnen anvertrauten usw. Geheimnisse nicht gegen oder ohne den Willen des Patienten usw. preisgeben, wird es auch durch eine mit Einverständnis erfolgende Offenbarung gar nicht erst berührt (vgl. Lenckner aaO [1966] 177 f., [1986] 584).

23 α) Die **Verfügungsberechtigung** über ein anvertrautes usw. Geheimnis wird von der h. M. allein dem Geheimnisträger zugesprochen (Blei II 126, D-Tröndle 28, Göppinger NJW 58, 243, Gössel I 434, Hackel NJW 69, 2257, Jähnke LK 59, 62, Lackner 6a aa, Rogall NStZ **83**, 414; enger Schünemann ZStW **90**, 57 f.). Unter Berücksichtigung des Schutzzwecks des § 203 (vgl. o. 3) ergibt sich jedoch folgende Differenzierung (vgl. dazu Lenckner aaO [1966] 178 f., ähnl. Samson SK 38 f.): Hinsichtlich der *Geheimnisse, die ihn selbst betreffen,* ist der Patient, Mandant usw. stets allein verfügungsbefugt, d. h. auch dann, wenn ein Dritter den Schweigepflichtigen informiert hat, sofern dies nur in innerem Zusammenhang mit der Inanspruchnahme ärztlicher, anwaltlicher usw. Hilfe durch den Geheimnisträger geschah (so z. B. wenn die Ehefrau des Patienten dem Arzt von ihr für notwendig erachtete zusätzliche Mitteilungen über ihren Ehemann macht [and. Krauß ZStW 97, 113], nicht aber, wenn Mandant A seinem Anwalt im Zusammenhang mit seiner eigenen Rechtsangelegenheit Geheimnisse des B mitteilt, der gleichfalls Mandant des Anwalts ist). Das Einverständnis des Informanten ist hier ohne Bedeutung. Allerdings kann schon die Tatsache, daß er dem Schweigepflichtigen ein Geheimnis des Patienten usw. offenbart hat, ihrerseits ein Geheimnis des Informanten sein, über dessen Preisgabe – auch gegenüber dem Geheimnisträger – nur er entscheiden kann. Da § 203 den Geheimnisschutz nicht in erster Linie um individueller Geheimhaltungsinteressen willen, sondern primär zur Sicherung bestimmter Vertrauensverhältnisse gewährleistet, erstreckt sich die Verfügungsbefugnis des Patienten, Mandanten usw. aber auch auf die *Geheimnisse Dritter,* die er dem Schweigepflichtigen anvertraut hat oder die ihm im Zusammenhang mit der Behandlung, Beratung usw. bekanntgeworden sind. Schon wenn er allein einverstanden ist, entfällt daher die Schweigepflicht (für Dispositionsbefugnis des Patienten über Drittgeheimnisse auch Kohlhaas aaO 40 f., GA 58, 73, ferner z. B. Krauß ZStW 97, 113 f.; and. die h. M., ferner Rüping, Internist 83, 207). Verfügungsbefugt ist in diesen Fällen neben dem Patienten usw. aber auch der betroffene Dritte selbst (ebenso Köln NStZ **83**, 412 m. Anm. Rogall, Otto II 122, i. E. auch Bockelmann aaO 16 FN 36; and. insoweit Samson SK 39, ferner Ostendorf JR 81, 448). Denn auch wenn nur er einverstanden ist, wird das Verhältnis zwischen Arzt und Patient, Mandant und Anwalt usw. durch die Offenbarung nicht berührt. Freilich kann auch hier die Tatsache, daß der Patient usw. den Schweigepflichtigen über den Dritten informiert hat, ein nur seiner Verfügung unterliegendes Geheimnis sein. Ist Mandant eine juristische Person, so ist verfügungsberechtigt diese, weshalb das Einverständnis durch das jeweils vertretungsberechtigte Organ zu erteilen ist, auch wenn das Geheimnis dem Schweigepflichtigen durch eine andere für die juristische Person handelnde Person (z. B. Angestellter, früherer Vorstand) anvertraut worden ist. Beim Konkurs geht das Verfügungsrecht im Rahmen seiner Aufgaben auf den Konkursverwalter über (vgl. BGH[Z] NJW 90, 512 u. dazu Nassall ebd. 496, Nürnberg NJW 77, 303, Schleswig ZIP 83, 968, LG Lübeck ZIP 83, 711 m. Anm. Henckel zu § 383 I Nr. 6 ZPO; and. LG Düsseldorf NJW 58, 1152 zu § 53 StPO [Alleinkompetenz der bisherigen Organe], Dahs aaO 74 ff. [sowohl Konkursverwalter als auch die „faktisch und rechtlich in das anwaltliche Vertrauensverhältnis einbezogenen Repräsentanten der Gesellschaft"]); Entsprechendes gilt für den Vermögensverwalter bei der Gesamtvollstreckung in der ehem. DDR (GesamtvollstrO v. 6. 6. 1990 [GBl. I 285] i. d. F. des EV II Kap. III A II). Auf das zusätzliche Einverständnis des Gemeinschuldners bzw. des bisherigen Organs oder auch der Gesellschafter kommt es hier nur an, wenn das Geheimnis nicht nur die Konkursmasse, sondern zugleich deren persönlichen Bereich betrifft, so z. B. wenn der GmbH-Geschäftsführer dem für die GmbH tätigen Wirtschaftsprüfer eine von ihm begangene Untreue offenbart hat (vgl. BVerfG NJW 81, 1433, Koblenz NStZ 85, 426 m. Anm. Herrmann S. 565, Schleswig NJW 81, 294 m. Anm. Haas wistra 83, 183 zu § 53 StPO, Jähnke LK 61, Samson SK 41, z. T. auch Gülzow NJW 81, 265; and. LG Lübeck NJW 78, 1014, Schäfer wistra 85, 211 f. u. zum Ganzen näher Dahs aaO 63 ff.).

β) Für die **Wirksamkeit des Einverständnisses** ist die natürliche Einsichts- und Urteilsfähigkeit 24 ausreichend, soweit es sich nicht um eigene vermögenswerte Geheimnisse (vgl. o. 9 ff.) handelt, bei denen es auf die Geschäftsfähigkeit ankommt (ebenso Jähnke LK 57; vgl. dazu und zur Möglichkeit einer Vertretung entsprechend 39 ff., 43 vor § 32). Ein konkludent erteiltes Einverständnis genügt, wobei ein solches insbes. anzunehmen ist, wenn die Inanspruchnahme des Schweigepflichtigen speziell im Hinblick auf die von einem Dritten verlangten Informationen erfolgt (z. B. ärztliche oder psychologische Einstellungsuntersuchung), aber auch dann, wenn der Betreffende weiß, daß der Schweigepflichtige nur mit Hilfe Dritter für ihn wirksam tätig werden kann oder dessen Tätigkeit üblicherweise mit der Einschaltung anderer Personen verbunden ist (vgl. Frankfurt NJW 88, 2488). Ein konkludentes Einverständnis liegt i. d. R. daher z. B. vor, wenn der von einem Sozialarbeiter Betreute weiß, daß dieser ihm nur mit Hilfe Dritter die erbetene Hilfe verschaffen kann (vgl. aber auch Frommann aaO 178 f.), ferner hinsichtlich solcher Mitteilungen, die der Arzt, Anwalt usw. üblicherweise seinem Hilfspersonal macht. Ebenso kann die Inanspruchnahme einer Versicherung für einen Unfall eine stillschweigende Zustimmung zu diesbezüglichen Auskünften des Arztes an den Versicherungsträger enthalten; zur Inanspruchnahme eines Arztes auf Krankenschein und die kassenärztliche Abrechnung vgl. jetzt §§ 294 ff. SGB V u. zum früheren Rechtszustand die Nachw. in der 23. A. Das Einverständnis kann gegenständlich und auf die Mitteilung an bestimmte Personen beschränkt sein (z. B. bei der Untersuchung für den Abschluß einer Lebensversicherung nur bezüglich der Weitergabe des verlangten Befundes und nur an die Versicherung; bei einer psychologischen Einstellungsuntersuchung nur bezüglich der Eignungsaussage gegenüber dem Betriebsinhaber; vgl. dazu i. E. auch Scholz NJW 81, 1989). Insbes. wird sich das Einverständnis in aller Regel nicht auf die Offenbarung solcher Geheimnisse beziehen, die dem Verfügungsberechtigten selbst noch unbekannt sind (z. B. ein vom Arzt noch verschwiegener Befund), oder von denen er annimmt, sie seien dem Schweigepflichtigen unbekannt (z. B. Abtreibungsversuch als Ursache einer Erkrankung). Wirksam ist das Einverständnis nur, wenn der Einwilligende die Tragweite seiner Entscheidung jedenfalls im wesentlichen zu überblicken vermag; bei den von Hollmann NJW 78, 2332 wiedergegebenen pauschalen Ermächtigungen, wie sie formularmäßig vielfach gegenüber Lebensversicherungen erklärt werden müssen, dürfte diese Voraussetzung kaum noch erfüllt sein (näher Hollmann aaO; vgl. dazu auch Ayasse VersR 87, 538). Zur Bedeutung von Willensmängeln vgl. entsprechend 45 ff. vor § 32.

γ) Beim **Tod des Berechtigten** ist zu unterscheiden: Bei Geheimnissen, die den persönlichen 25 Lebensbereich i. S. von o. 10 betreffen (z. B. Frage der Testierfähigkeit), ist die Verfügungsbefugnis höchstpersönlicher Natur und erlischt daher mit dem Tod des Berechtigten (vgl. RG 71 22, Bay[Z] NJW 87, 1492, BayLSG NJW 62, 1789, Jähnke LK 51, 73, Lenckner aaO [1966] 181, M-Maiwald I 272, Samson SK 41, Eb. Schmidt NJW 62, 1745). Weder die Erben noch die nächsten Angehörigen können in diesem Fall – ohne daß dies ein Widerspruch zu § 205 II wäre – den Schweigepflichtigen von seiner Pflicht entbinden (h. M.; and. Kuchinke aaO 376 ff., Solbach DRiZ 78, 206); eine Offenbarungsbefugnis kann sich hier deshalb nur aus anderen Gründen ergeben (vgl. u. 26 ff.). Etwas anderes gilt dagegen für Geheimnisse, die selbst einen wirtschaftlichen Wert verkörpern oder sich jedenfalls auf einen Vermögenswert beziehen. Da der Erbe hier mit deren Erwerb zugleich Geheimnisträger wird, steht ihm auch die Verfügungsbefugnis zu (Hamburg NJW 62, 691, Jähnke LK 51, Kuchinke aaO 382 ff., Lenckner aaO, Samson SK 41).

b) Befugt ist ferner die Offenbarung bei **Vorliegen eines Rechtfertigungsgrundes**. Im ein- 26 zelnen gilt folgendes:

α) Die **mutmaßliche Einwilligung** (vgl. 54 ff. vor § 32) ist vor allem nach dem Tod des 27 Verfügungsberechtigten von Bedeutung (vgl. BGH [Z] NJW 83, 2627 m. Anm. Giesen JZ 84, 281, Bay[Z] NJW 87, 1492, Samson SK 27, i. E. auch Jähnke LK 53; and. Solbach DRiZ 78, 205, der deshalb den Angehörigen die Verfügungsbefugnis zuerkennen will [vgl. o. 25]) oder wenn aus anderen Gründen sein Einverständnis nicht eingeholt werden kann, so z. B. wenn der Arzt die Angehörigen eines bewußtlosen Unfallverletzten informiert. Möglich ist Rechtfertigung durch mutmaßliche Einwilligung auch, wenn der Verfügungsberechtigte gefragt werden könnte, jedoch ohne weiteres davon ausgegangen werden kann, daß er bereits hierauf keinen Wert legt, was freilich voraussetzt, daß sein mangelndes Interesse an der Einhaltung der Schweigepflicht offen zutage liegt (vgl. 54 vor § 32). Davon kann häufig unter nächsten Angehörigen ausgegangen werden (enger Schlund JR 77, 266; vgl. auch Jähnke SK 69). Die Tatsache, daß auch der Empfänger der Mitteilung gem. § 203 schweigepflichtig ist, ist in diesem Zusammenhang zwar von Bedeutung, rechtfertigt für sich allein eine solche Beurteilung aber noch nicht (OVG Lüneburg NJW **75**, 2263). Soweit nicht weitere Umstände hinzukommen, sind daher z. B. – entgegen § 2 VI der Berufsordnung der Ärzte (DÄBl. 76, 1543ff.) – auch Mitteilungen unter Ärzten (z. B. Auskünfte des früher behandelnden Arztes, Zuziehung eines weiteren Arztes als Konsiliarius) nur mit Zustimmung des Patienten zulässig (vgl. Bockelmann II/2 S. 178, Kohlhaas aaO 23, Lenckner aaO [1986] 586), und das gleiche dürfte entgegen BGH NJW **74**, 602, Jähnke LK 70, Laufs MedR 89, 309f. (and. noch NJW 75, 1433 u. 76, 1125) auch für die Überlassung der Patientenkartei beim Verkauf einer Arztpraxis gelten (Bockelmann aaO, M-Maiwald I 275, Rüping, Internist 83, 207, Samson SK 42; krit. dazu auch Kuhlmann JZ 74, 670, Roßnagel NJW 89, 2304ff.; vgl. aber auch Blei JA 75, 658). Nicht unbedenklich ist es deshalb auch, wenn der Arzt ohne Einverständnis des Patienten einer privatärztlichen Verrechnungsstelle oder der Krankenhausverwaltung den festgestellten Krankheitsbefund mitteilt, eine Praxis, die allein unter dem Gesichtspunkt der mutmaßlichen Einwilligung zulässig sein könnte (vgl. auch VG Münster MedR **84**, 118, AG [Z] Grevenbroich NJW **90**, 1535, Schlund JR 77, 268; and. Bockelmann aaO 47 FN 40, D-Tröndle 31, Jähnke LK 69; offengelassen von Stuttgart [Z] NJW **87**, 1490; vgl. dazu auch u. 41). Verzichtbar kann eine Rückfrage beim Patienten dagegen sein, wenn ein Arzt ergänzende Fragen einer Versicherung zu einem Bericht beantwortet, den er dieser mit Zustimmung des Patienten erstattet hat. Dasselbe gilt – sofern nicht schon ein konkludent erteiltes Einverständnis vorliegt – in aller Regel für die Informationen, die ein Schweigepflichtiger im Rahmen des Erforderlichen üblicherweise seinem Hilfspersonal (vgl. u. 64) gibt (vgl. jedoch auch OVG Lüneburg NJW **75**, 2263).

28   β) Eine Befugnis zur Offenbarung ist ferner gegeben, wenn der sonst Schweigepflichtige **auf Grund besonderer Gesetze zur Offenbarung verpflichtet** ist.

29   Für alle in Abs. 1 Genannten gilt die *Anzeigepflicht aus § 138,* für Rechtsanwälte, Verteidiger und Ärzte mit der Sonderregelung des § 139 III 2. – Ebenso geht die *prozessuale Zeugnispflicht* der Schweigepflicht vor, soweit den Schweigepflichtigen in den Verfahrensordnungen nicht zugleich ein Zeugnisverweigerungsrecht eingeräumt ist (vgl. einerseits § 383 I Nr. 5 ZPO, andererseits § 53 StPO, § 84 I FGO i. V. mit § 102 AO u. dazu Lenckner NJW 1965, 323, K-Meyer § 53 RN 4 mwN; and. Foth JR 76, 9; für das Sozialgeheimnis vgl. jedoch § 35 III SGB I). Inwieweit zeugnisverweigerungsberechtigte Schweigepflichtige ohne Entbindung von der Schweigepflicht – in diesem Fall fehlt es schon am Tatbestand (vgl. o. 22) – aussagen dürfen, richtet sich nach allgemeinen Regeln (vgl. u. 30ff.); hier ist die Geheimnisoffenbarung nicht schon deshalb befugt, weil sie in einer Zeugenaussage vor Gericht erfolgt (h. M.; vgl. Jähnke LK 80 m. w. N.). Zur Pflicht zur Vorlage von Krankenunterlagen an einen Rechnungshof durch eine von diesem überprüfte Universitätsklinik vgl. BVerwG NJW **89**, 2961, OVG Lüneburg NJW **84**, 2652, Hahne-Reulecke MedR 88, 235. – Eine aus dem *Erziehungsrecht der Eltern* (§§ 1626, 1631 BGB) folgende Offenbarungspflicht besteht diesen gegenüber bei minderjährigen Geheimnisträgern, die allerdings durch das Selbstbestimmungsrecht des Kindes begrenzt ist (vgl. BVerfGE **59** 360 u. speziell für den Bereich der Sozialarbeit Frommann aaO 182ff.). – *Anzeige-, Mitteilungs- und Auskunftspflichten speziell im Gesundheitswesen* enthalten z. B. §§ 12, 13 GeschlechtskrankheitenG, §§ 3ff. BundesseuchenG (vgl. dazu Bay **81**, 69; zur Diskussion über eine gesetzliche Meldepflicht für AIDS vgl. z. B. Arloth MedR 86, 297 FN 29, BR-Drs. 294/87 [Gesetzentwurf Bayern]), die landesrechtlichen Bestattungsgesetze (Auskunftspflicht gegenüber dem Leichenschauarzt, vgl. z. B. § 23 Bad.-Württ. BestattungsG v. 21. 7. 1970, GVBl. S. 395), ferner die §§ 294ff. SGB V (Übermittlung von Leistungsdaten an Krankenkassen durch Kassenärzte usw.), mit denen sich auch die Streitfrage zu dem früheren § 368 II 2 RVO erledigt haben dürfte; zu den Mitteilungspflichten speziell des Betriebsarztes nach dem ArbeitssicherheitsG vgl. Hinrichs DB 80, 2288f. mwN. Nicht in diesen Zusammenhang gehören dagegen § 1543d RVO und § 100 SGB X. Die dort ausgesprochene Verpflichtung des behandelnden Arztes zu Auskünften über Behandlung und Zustand des Verletzten gegenüber dem Träger der Sozialversicherung ist in Wahrheit nicht Grund, sondern Folge einer Befugnis, die sich regelmäßig aus dem Einverständnis (u. U. auch der mutmaßlichen Einwilligung) des Verletzten ergibt, das dieser – um den Preis des Verlusts seiner Ansprüche – aber auch verweigern kann (vgl. § 66 SGB I, Kohlhaas aaO 26f., Martens/Wilde aaO 154f. mwN; and. Jähnke LK 78). Auch aus § 60 SGB I folgt keine Offenbarungspflicht (so jedoch Narr, Ärztl. Berufsrecht, 2. A., RN 758), da § 60 Nr. 1 nur eine Pflicht des Antragstellers zur Zustimmung begründet, bei deren Verletzung die Folgen des § 66 eintreten (ebenso Tiedemann NJW 81, 948). Ebenso begründet § 106 III Nr. 2 SGG eine solche Pflicht nicht. Zu dem durch das GesundheitsreformG v. 20. 12. 1988, BGBl. I 2477, aufgehobenen § 368 II 2 RVO vgl. die 23. A.

γ) Befugt ist schließlich die Offenbarung im **Notstand gem.** § 34, was voraussetzt, daß sie 30 zum Schutz bedrohter, vom Recht anerkannter Interessen erforderlich ist und diese bei einer Gesamtabwägung aller „positiven" und „negativen Vorzugstendenzen" überwiegen, wobei auf der „Eingriffsseite" nicht nur das (größere oder geringere) subjektive Geheimhaltungsinteresse des Geheimnisträgers zu berücksichtigen ist, sondern auch die Bedeutung der Tat für das Vertrauen der Allgemeinheit in die Verschwiegenheit der fraglichen Berufsträger als Voraussetzung für eine funktionsfähige Gesundheits-, Rechtspflege usw. (vgl. Lenckner aaO [1980] 237; näher zu § 34 vgl. dort). Auch in den Fällen, in denen die Rspr. bisher, ohne dabei ausdrücklich auf Notstandsregeln zurückzugreifen, nach dem Grundsatz der „Güter- und Interessenabwägung" verfuhr (z. B. BGH **1** 366, MDR **56**, 625, NJW **68**, 2288; vgl. auch OVG Lüneburg NJW **75**, 2264), ging es in der Sache immer um eine Anwendung des § 34. Dagegen ist ein eigenständiger, geringere Anforderungen stellender Rechtfertigungsgrund der „*Wahrnehmung berechtigter Interessen*" hier ebensowenig anzuerkennen wie z. B. bei § 201 (vgl. § 80 vor § 32 mwN, ferner z. B. Jähnke LK 82, Samson SK 46, Schünemann ZStW 90, 61 f. u. zu § 201 dort RN 32; and. D-Tröndle 31, Eser, Wahrnehmung berechtigter Interessen usw. [1969] 13 f., Rogall NStZ 83, 6 u. dagegen Lenckner, Noll-GedS 250 ff.). Geheimnisoffenbarungen, die nicht dem Schutz bedrohter Interessen, sondern der Schaffung neuer Werte dienen, können analog § 30 IV Nr. 5 AO bei Bestehen eines zwingenden öffentlichen Interesses zwar der Verwaltung zugestanden werden (vgl. u. 53 d), nicht aber dem Täterkreis des Abs. 1; die Weitergabe von Geheimnissen z. B. zu Forschungszwecken bedarf hier vielmehr einer besonderen gesetzlichen Regelung (vgl. z. B. §§ 2 V, 3 KrebsregisterG NRW v. 12. 2. 1985, GVBl. 125; zum Problem der medizinischen Forschung mit Patientendaten vgl. Kilian aaO [1983], MedR 86, 11, 13 f., ferner z. B. Ringwald NJW 82, 2593 gegen Blohmke/Kniep NJW 82, 1324, Simitis MedR 85, 195). Im übrigen besteht dagegen für die Anerkennung eines besonderen Rechtfertigungsgrunds der Wahrnehmung berechtigter Interessen bei Ausschöpfung des § 34 schon kein sachliches Bedürfnis: So fehlt es z. B. in dem in diesem Zusammenhang immer wieder genannten Fall der Geheimnisoffenbarung zum Zweck der Einklagung des Arzthonorars weder an einer gegenwärtigen Gefahrenlage i. S. des § 34 (fortdauernder Beeinträchtigung von Vermögensinteressen; vgl. § 34 RN 12, 17) noch an einem „wesentlich", d. h. eindeutig überwiegenden Interesse (vgl. § 34 RN 45), weil hier auf der „Erhaltungsseite" nicht nur der bedrohte Vermögenswert, sondern auch der allgemeine Gesichtspunkt zu berücksichtigen ist, daß der Schweigepflichtige sonst praktisch rechtlos wäre, während andererseits bei dem Betroffenen seine geringere Schutzwürdigkeit zu Buche schlägt, weil er den hier bestehenden Interessenkonflikt selbst veranlaßt hat (vgl. § 34 RN 30, Samson SK 44). Im einzelnen ist hier folgendes hervorzuheben:

αα) Nach § 34 kann die Offenbarung vor allem gerechtfertigt sein, wenn es um die Abwendung 31 ernstlicher **Gefahren für Leib und Leben** geht. Dies gilt z. B. für die Warnung von Angehörigen oder Kontaktpersonen vor einer von dem Patienten ausgehenden Ansteckungsgefahr, sofern nicht die Gewähr besteht, daß diese selbst für die notwendige Aufklärung sorgt (RG **38** 62; zu Aids vgl. LG Braunschweig [Z] NJW **90**, 770, Arloth MedR 86, 298 f., Bruns MDR 87, 356, Eberbach JR 86, 233, NStZ 87, 142, Jähnke LK 88, Kreuzer ZStW 100, 803, Laufs NJW 87, 2265, Loschelder NJW 87, 1468), ferner für die Mitteilung einer Geisteskrankheit zum Zweck einer erforderlichen Anstaltsunterbringung nach den Unterbringungsgesetzen, aber auch für die Benachrichtigung der zuständigen Verwaltungsbehörde über schwere geistige oder körperliche Mängel eines autofahrenden Patienten als letztes Mittel zur Abwendung erheblicher Gefahren für die Verkehrssicherheit (vgl. BGH NJW **68**, 2288 m. Anm. Händel NJW 69, 555, München MDR **56**, 565 m. Anm. Mittelbach, D-Tröndle 31, Jähnke LK 89, Kohlhaas aaO 30, Laufs NJW 87, 1455, Lenckner aaO [1966] 183, Rüping, Internist 83, 208, Samson SK 43, Schlund JR 77, 268, Wiesner aaO 50; and. Bockelmann aaO 17, Verkehrsstrafrechtl. Aufsätze u. Vorträge 26 ff., Woesner NJW 57, 694; die „Fernwirkung", daß dadurch bestimmte Personen vom Aufsuchen eines Arztes abgehalten werden könnten und damit erst recht einen Risikofaktor darstellen – so Arzt/Weber I 199 –, muß dabei als weniger reale Gefahr hingenommen werden). Nicht zulässig ist dagegen die gegen den ausdrücklichen Willen eines voll einsichts- und urteilsfähigen Patienten erfolgende Mitteilung seines lebensgefährlichen Zustands an Angehörige als Mittel zu seiner Rettung (ebenso M-Maiwald I 276; and. BGH JZ **83**, 151 m. Anm. Geiger, Lilie Kreuzer JR 84, 294); denn abgesehen davon, daß der Patient für seine Weigerung gute Gründe haben kann, ist seine in voller Verantwortung getroffene Entscheidung hier ebenso zu respektieren wie bei der Verweigerung einer ärztlichen Behandlung (and. daher bei Unreifen und psychisch Gestörten oder – vgl. auch § 34 RN 8, 33 – bei Selbstmordgefahr [vgl. hierzu Händel aaO]). Zur Offenbarungsbefugnis des Betriebsarztes gegenüber dem Arbeitgeber usw. vgl. Budde/Witting MedR 87, 25, Budde DB 85, 1529, Däubler BB 89, 282, Hinrichs DB 80, 2288, Zöllner aaO 35 jeweils mwN. – Auch bei **anderen Rechtsgütern** kann in besonderen Fällen § 34 in Betracht kommen, insbes. wenn es darum geht, Unrecht von dem bedrohten Gut abzuwenden: Befugt handelt danach z. B. der Arzt, wenn er die Geisteskrankheit des verstorbenen Erblassers offenbart, der seine Familie enterbt hat (vgl. BGHZ **91** 392, Bay [Z] NJW **87**, 1492, Stuttgart NJW **83**, 1070, 1744; vgl. auch Kuchinke aaO 384 ff.), ferner der Verteidiger, der dem in schwere Not geratenen Opfer eines Diebstahls nach Verurteilung des Diebs das Versteck der Beute preisgibt. Wohl stets gerechtfertigt ist – unabhängig von der Schwere der zu erwartenden Sanktion – auch eine Geheimnisoffenbarung, die dem Schutz eines Unschuldigen vor strafrechtlicher Verfolgung dient (vgl. dazu auch Dahs, Handb. des Strafverteidigers, 3. A., 30, Flor JR 53, 370, Haffke GA 73, 68; and. Woesner NJW 57, 694). Zum Zweck der *Verhinderung* einer bevorstehenden, jedoch nicht nach § 138 anzeigepflichtigen (vgl. sonst o. 28f.) Straftat ist eine Offenbarungsbefugnis jedenfalls in den Fällen des § 139 III 2 anzunehmen (Anzeige nach erfolglosem Bemühen, den Täter von der Tat abzuhalten; vgl. auch M-Maiwald I 276). Aber auch bei einer in § 138 nicht aufgeführten Tat können, sofern diese von einiger Erheblichkeit ist, im Einzelfall die Voraussetzungen des § 34 gegeben sein, wobei dann allerdings als mildestes Mittel statt einer Anzeige bei der Polizei u. U. auch schon eine Mitteilung an den Bedrohten genügen kann. Zu den Befugnissen des Beraters i. S. des Abs. 1 Nr. 4a zur Verhinderung eines unerlaubten Schwangerschaftsabbruchs vgl. Lenckner aaO (1980) 237 f.

32   ββ) Das **Strafverfolgungsinteresse** bezüglich bereits begangener Delikte (zur Straftatverhinderung vgl. o. 31) rechtfertigt die Verletzung der Schweigepflicht grundsätzlich nicht (Bremen MedR **84**, 112, Haffke GA 73, 65, Gössel I 435, Jähnke LK 89, Eb. Schmidt aaO [1957] 27f., Samson SK 45). Etwas anderes dürfte hier nur bei besonders schweren, mit einer nachhaltigen Störung des Rechtsfriedens verbundenen Verbrechen gelten (z. B. terroristische Gewalttakte), ferner wenn die Gefahr besteht, daß der Täter weiterhin erhebliche Straftaten begehen wird (vgl. Lenckner aaO [1966] 183 u. näher Haffke aaO 69f.). Beruht die Kenntnis des Schweigepflichtigen von der Tat freilich gerade darauf, daß der Täter sein Patient, Mandant usw. ist, so besteht eine Offenbarungsbefugnis nur bei hochgradiger Gefährlichkeit für die Zukunft, und auch dies nicht, wenn sich der Täter wegen dieser Tat an einen Anwalt (Übernahme der Verteidigung) oder Arzt (z. B. zur Behandlung einer die Gefährlichkeit begründenden Triebanomalie) gewandt hat.

33   γγ) Auch die **Wahrung eigener Interessen** des Schweigepflichtigen kann die Geheimnisoffenbarung nach § 34 rechtfertigen. Dies ist z. B. der Fall, wenn und soweit sie erforderlich ist zur Abwendung der Gefahr einer unbegründeten strafrechtlichen Verfolgung (BGH **1** 366, KG JR **85**, 162 u. näher Samson SK 45), nach BGH MDR **56**, 625 auch zur Erlangung von Straffreiheit nach § 158 wegen der zuvor geleisteten Beihilfe zu einem Zeugenmeineid, zur Abwehr einer unberechtigten Zivilklage (z. B. Arzthaftungsprozeß), aber auch – i. E. unbestritten – zur gerichtlichen Geltendmachung einer Honorarforderung (vgl. statt aller Jähnke LK 83, Samson SK 44; vgl. auch o. 30). Eine Offenbarungsbefugnis nach § 34 kann sich ferner ergeben, wenn das berufliche Ansehen des Schweigepflichtigen durch unwahre Behauptungen beeinträchtigt wird (vgl. auch § 30 IV Nr. 5c AO für das Steuergeheimnis), wobei es hier jedoch auch darauf ankommt, von wem die fragliche Äußerung stammt (z. B. von dem Patienten selbst oder einem Dritten) und ob sie gut- oder bösgläubig erfolgt ist (vgl. näher die 21. A.).

34   **5.** Täter kann nach Abs. 1 nur sein, wer z. Z. des Anvertrauens usw. **Angehöriger einer der in Nr. 1–6 genannten Berufsgruppen** ist; über die Erweiterung des Täterkreises in Abs. 3 auf das Hilfspersonal, in der Berufsausbildung befindliche Personen und bestimmte Außenstehende vgl. u. 62ff. Dabei genügt es in allen Fällen, daß der Täter dem Publikum gegenüber als Angehöriger einer der vom Gesetz genannten Gruppen auftritt, d. h. die fragliche Tätigkeit unter Inanspruchnahme der dazugehörenden Bezeichnung tatsächlich ausübt (ebenso Jähnke LK 101). Ob die Voraussetzungen, unter denen dies zulässig ist, im Einzelfall gegeben sind, ist dagegen ohne Bedeutung. Täter nach Nr. 1 ist daher z. B. auch der „Arzt", der die ärztliche Praxis betreibt, ohne je eine Approbation erlangt zu haben, Täter nach Nr. 2 auch der Psychologe, der sich zu Unrecht als Dipl.-Psychologe bezeichnet, weil er keine staatlich anerkannte wissenschaftliche Abschlußprüfung abgelegt hat. Dies ergibt sich daraus, daß der einzelne, der die Dienste der fraglichen Berufe in Anspruch nimmt, meist nicht nachprüfen kann, ob der Betreffende tatsächlich Arzt usw. ist; da § 203 jedenfalls auch das Vertrauen in die Verschwiegenheit bestimmter Berufe schützen soll, muß die Vorschrift daher auch anwendbar sein, wenn dieses im Einzelfall einem Täter entgegengebracht wird, der zu Unrecht als Angehöriger der fraglichen Berufsgruppe auftritt.

35   a) Täter nach **Nr. 1** können **Angehörige bestimmter Heilberufe** sein, nämlich *Ärzte* (§ 2 V BÄO), wozu z. B. auch Pathologen gehören (Narr aaO; speziell zum Betriebsarzt vgl. z. B. Eiermann BB 80, 214, Hinrichs DB 80, 2287, Jähnke LK 99, Schimke BB 79, 1354, zum Amtsarzt vgl. Jakobs JR 82, 359), *Zahnärzte* (Ges. uber d. Ausübg. d. Zahnheilkunde i. d. F. v. 16. 4. 1987, BGBl. I 1225; letztes ÄndG EV I Kap. X D II), *Tierärzte* (BTierärzteO i. d. F. v. 20. 11. 1981, BGBl. I 1193; letztes ÄndG EV I Kap. X G II) – deren Aufnahme in den Tatbestand durch das EGStGB darauf beruht, daß gewisse Krankheiten vom Tier auf den Menschen und umgekehrt übertragbar sind und der Tierarzt oft neben oder gar vor dem Arzt von entsprechenden Erkrankungen beim Menschen erfährt (E 62, Begr. 335) –, ferner *Apotheker* (BApothekerO i. d. F. v. 19. 7. 1989, BGBl. I 1478, 1842; letztes ÄndG EV aaO) sowie *Angehörige sonstiger Heilberufe,* deren Ausübung oder Berufsbezeichnung eine *staatlich geregelte Ausbildung* erfordert. Dazu gehören z. B. Beschäftigungs- und Arbeitstherapeuten (Ges. v. 25. 5. 1976, BGBl. I 1246; letztes ÄndG EV aaO), Hebammen (Ges. v. 4. 6. 1985, BGBl. I 902; letztes ÄndG EV aaO), Krankenschwestern, Krankenpfleger, Kinderkrankenschwestern (Ges. v. 4. 6. 1985,

BGBl. I 893; letztes ÄndG EV aaO), medizinisch-technische Assistenten (Ges. v. 8. 9. 1971, BGBl. I 1515; letztes ÄndG EV aaO), pharmazeutisch-technische Assistenten (Ges. v. 18. 3. 1968, BGBl. I 228; letztes ÄndG v. 18. 2. 1986, BGBl. I 265), Logopäden (Ges. v. 7. 5. 1980, BGBl. I 529), Masseure, medizinische Bademeister, Krankengymnasten (Ges. v. 21. 12. 1958, BGBl. I 985; letztes ÄndG EV aaO), Orthoptisten (Ges. v. 28. 11. 1989, BGBl. I 2061; ÄndG EV aaO), Rettungsassistenten (Ges. v. 10. 7. 1989, BGBl. I 1384; ÄndG EV aaO). Nr. 1 gilt auch für die Angehörigen von Heilberufen, die ihre Ausbildung nach Vorschriften der ehem. DDR erhalten haben bzw. abschließen werden (zu den Einzelheiten vgl. EV aaO). Nicht erfaßt, da ohne staatlich geregelte Ausbildung, sind dagegen die Heilpraktiker (vgl. Ges. v. 17. 2. 1939, RGBl. I 251, letztes ÄndG v. 2. 3. 1974, BGBl. I 469).

b) Mit der Einbeziehung der **Berufspsychologen** in den Täterkreis trägt das Gesetz in **Nr. 2** der 36 immer stärker werdenden praktischen Bedeutung dieses Berufs (Psychotherapie, psychologische Tests bei Stellenbewerbungen usw.; zu letzteren vgl. Scholz NJW 81, 1987) Rechnung. Berufspsychologe ist nur, wer auf mindestens einem der Hauptanwendungsgebiete der Psychologie hauptberuflich tätig ist, nicht dagegen wer eine psychologische Tätigkeit lediglich aus Liebhaberei oder als Hilfswissenschaft neben oder bei einem anderen Hauptberuf ausübt. Als Täter kommen damit außer den z. B. in der Psychotherapie tätigen Psychologen auch Werbe- und Verkehrspsychologen in Betracht, wenn sie z. B. durch Tests, auf deren Grundlage sie ihre Vorschläge erarbeiten, fremde Geheimnisse erfahren (vgl. jedoch Blau NJW 73, 2235; zu Einstellungstests durch Betriebspsychologen vgl. Zöllner aaO 39). Ähnlich der Regelung in Nr. 1 werden allerdings nur Berufspsychologen mit staatlich anerkannter Abschlußprüfung erfaßt (z. Z. entweder Diplomprüfung an einer deutschen Universität oder gleichrangigen deutschen Hochschule oder Promotion im Hauptfach Psychologie; vgl. EEGStGB 239).

c) In **Nr. 3** sind Personen mit bestimmten Berufen und Funktionen im **Rechts- und Wirtschaftsleben** 37 zusammengefaßt. Schweigepflichtig sind danach zunächst *Rechtsanwälte* (§§ 1 ff. BRAO, für die ehem. DDR – ausgenommen Ost-Berlin – RAnwG v. 13. 9. 1990, GBl. I 1504 m. d. Maßgabe d. EV II Kap. A III), wozu auch ausländische Anwälte gehören, deren Tätigkeit im Innland anerkannt ist (zu den im Inland tätigen Anwälten von EG-Staaten vgl. 2. Abschn. Nr. 1 d. Ges. v. 16. 8. 1980, BGBl. I 1457; letztes ÄndG v. 14. 3. 1990, BGBl. I 479), ferner Syndikusanwälte, sofern sie typisch anwaltlich, d. h. als unabhängiges Organ der Rechtspflege und nicht nur weisungsgebunden tätig werden (vgl. Hassemer wistra 86, 1 ff. mwN [zu 53 StPO] sowie § 356 RN 5), nicht dagegen Rechtsbeistände und Prozeßagenten (Jähnke LK 103 mwN). Genannt werden in Nr. 1 weiter die *Patentanwälte* (PatentAnwO v. 7. 9. 1966, BGBl. I 557; letztes ÄndG v. 6. 7. 1990, BGBl. I 1349, in der ehem. DDR m. d. Maßgabe d. EV I Kap. III A III), die *Notare* (§§ 1 ff. BNotO, für die ehem. DDR – ausgenommen Ost-Berlin – VO über die Tätigkeit von Notaren usw. i. d. F. v. 22. 8. 1990, BGBl. I 1328 u. m. d. Maßgabe d. EV II Kap. III A III), die – als Amtsträger i. S. d. § 11 Nr. 2b durch Abs. 2 Nr. 1 erfaßt – hier nur um der Einbeziehung ihres Hilfspersonals usw. gem. Abs. 3 willen genannt sind (vgl. E 62, Begr. 335), sowie *Verteidiger in gesetzlich geordneten Verfahren*, also nicht nur in Strafsachen (§ 138 StPO), sondern auch in Bußgeld-, Disziplinar- und Ehrengerichtsverfahren. Schweigepflichtig nach Nr. 1 sind schließlich die *Wirtschaftsprüfer* und *vereidigten Buchprüfer* (WirtschPrüfO i. d. F. v. 5. 11. 1975, BGBl. I 2803; letztes ÄndG EV I Kap. V B II u. für die ehem. DDR mit der Maßgabe des EV I Kap. V B III), denen gem. § 134 WirtschPrüfO die früher in § 300 I Nr. 2 genannten vereidigten Bücherrevisoren gleichstehen, die *Steuerberater* und *Steuerbevollmächtigten* (StBerG i. d. F. v. 4. 11. 1975, BGBl. I 2735; letztes ÄndG EV I Kap. IV B II) sowie *Organe* und *Mitglieder von Organen* von *Wirtschaftsprüfungs-, Buchprüfungs-* und *Steuerberatungsgesellschaften*. Die Einbeziehung der letztgenannten Gruppe beruht darauf, daß Vorstandsmitglieder, Geschäftsführer, persönlich haftende Gesellschafter sowie Mitglieder der durch Gesetz, Satzung oder Gesellschaftsvertrag vorgesehenen Aufsichtsorgane solcher Gesellschaften auch Personen sein können, die selbst nicht Wirtschaftsprüfer usw. sind (vgl. §§ 28 II, 56 II, 130 II WirtschPrüfO, 17 II StBerG). Auch für diese Personengruppe ist die Aufnahme in den Tatbestand des § 203 i. E. allerdings nur von Bedeutung, sofern sie nicht bereits als vertretungsberechtigte Organe juristischer Personen usw. gem. § 14 I Nr. 1 schweigepflichtig sind. Unabhängig davon, daß sich dies in diesen Fällen jedenfalls aus § 14 III ergeben würde, kommt es für die Schweigepflicht der in Nr. 3 genannten Organe usw. generell nicht darauf an, ob ihre Bestellung wirksam bzw. nach den einschlägigen Bestimmungen (z. B. § 28 II WirtschaftsprüferO) zulässig ist. Maßgeblich kann nur sein, daß der Betreffende eine auf der jeweiligen Organisationsgrundlage der Gesellschaft beruhende Funktion als Organ oder Mitglied eines Organs tatsächlich wahrnimmt.

d) Die durch das Ges. zur Neuordnung des Kinder- u. Jugendhilferechts (vgl. die Vorbem.) um die 38 Familienberatung erweiterte **Nr. 4** erfaßt entsprechend der zunehmenden Bedeutung der **Ehe-, Familien-, Erziehungs-, Jugend- und Suchtberatung** die Personen, die eine solche Beratung ausüben, dies freilich nur, wenn sie bei einer besonderen Beratungsstelle tätig sind, die von einer Behörde (vgl. dazu § 11 Nr. 4 und die Anm. dort) oder Körperschaft, Anstalt oder Stiftung des öffentlichen Rechts als solche anerkannt ist. Ehe-, Familienberater usw., die ihre Tätigkeit nicht bei einer solchen Stelle ausüben, fallen nicht unter Nr. 4, können im Einzelfall aber Täter nach Nr. 1, 2 sein (z. B. der Arzt, der einen Rauschgiftsüchtigen behandelt, der freipraktizierende Dipl.-Psychologe bei der Eheberatung usw.). Das Erfordernis besonderer Anerkennung soll der eindeutigen Abgrenzung und sachge-

§ 203 39–43   Bes. Teil. Verletzung des persönlichen Lebens- u. Geheimbereichs

mäßen Beschränkung des Täterkreises dienen (EEGStGB 239). Zu den Körperschaften des öffentlichen Rechts, auf deren Anerkennung es nach dem Gesetzeswortlaut u. a. ankommt, gehören auch die Kirchen (vgl. auch BVerfGE **44** 380). Dies führt zu dem nicht ohne weiteres einleuchtenden Ergebnis, daß zwar die Angehörigen einer kirchlichen Eheberatungsstelle nach § 203 strafbar sein können, nicht aber der Geistliche selbst, der im Rahmen seiner seelsorgerischen Tätigkeit Eheleute in Ehe- oder Erziehungsfragen berät.

39 e) **Nr. 4a** nennt die **Mitglieder und Beauftragten einer anerkannten Beratungsstelle nach § 218b II Nr. 1**, wobei die Beauftragten im Unterschied zu den Mitgliedern bei der fraglichen Stelle nicht selbst tätig zu sein brauchen. Vgl. näher zu dem schweigepflichtigen Personenkreis und zum Umfang der Schweigepflicht Lenckner aaO (1980) 229ff. und zu den anerkannten Beratungsstellen § 218b RN 11. Die Schwangerschaftsberatungsstellen, die in § 3 der in der ehem. DDR zunächst weitergeltenden Durchführungsbestimmung zum Ges. über die Unterbrechung der Schwangerschaft v. 9. 3. 1972 (GBl. II S. 149) genannt sind, sind keine solche „nach § 218b Abs. 2 Nr. 1"; auf ihre Mitglieder ist trotz der ihnen auferlegten Schweigepflicht § 203 daher nur anwendbar, soweit sie sonst zu dessen Täterkreis gehören.

40 f) **Nr. 5** erfaßt die **staatlich anerkannten Sozialarbeiter und Sozialpädagogen.** Während z. B. § 124 II BundessozialhilfeG von „Sozialarbeitern" spricht (früher: Fürsorger, Wohlfahrtspfleger), gehen neuere Tendenzen dahin, diesen Begriff durch den des „Sozialpädagogen" zu ersetzen; aus diesem Grund erscheinen in Nr. 5 beide Bezeichnungen (vgl. Prot. VII 1060). In beiden Fällen ist staatliche Anerkennung erforderlich, die ihrerseits – jedenfalls z. Z. – in allen Bundesländern ein Hoch- oder Fachhochschulstudium voraussetzt (vgl. die Nachw. in Schlegelberger-Friedrich, Das Recht der Gegenwart 1087, 1092). Nur unter dieser Voraussetzung fällt auch z. B. auch ein Bewährungshelfer unter Nr. 5. Ohne Bedeutung ist, in welchem Bereich der Sozialarbeiter usw. tätig ist (Prot. VII 1061) und daß er – i. U. zu den „klassischen" Vertrauensberufen der Nr. 1, 3 – in aller Regel im Dienst einer sozialen Organisation steht (staatliche, kommunale Stellen, freie Wohlfahrtspflege), wobei es hier dann auch unerheblich ist, ob er als Angehöriger einer öffentlichen Einrichtung zugleich unter Abs. 2 fällt (hier dann allerdings ohne Rücksicht auf die von ihm wahrgenommenen Aufgaben [vgl. o. 13]; eingehend zur Problematik des § 203 bei Sozialarbeitern Frommann aaO). Nicht hierher gehören dagegen z. B. staatlich anerkannte Erzieher, Kindergärtnerinnen usw., die weder Sozialarbeiter noch Sozialpädagogen sind (vgl. BT-Drs. 7/1261 S. 15).

41 g) Nach **Nr. 6** sind schweigepflichtig schließlich die **Angehörigen** eines Unternehmens der **privaten Kranken-, Unfall- oder Lebensversicherung** oder einer **privatärztlichen Verrechnungsstelle.** Nr. 6 bezieht sich nur auf die *private* Krankenversicherung usw., wobei es unerheblich ist, ob es sich um eine berufsständische privatärztliche oder um eine freie gewerbliche Verrechnungsstelle handelt (vgl. Stuttgart [Z] NJW **87**, 1490 mwN); bei öffentlich-rechtlichen Versicherungsträgern (Sozialversicherung) gilt Abs. 2. *Angehörige* der genannten Unternehmen sind die Inhaber, Leiter, Organe, Mitglieder eines Organs und alle Bediensteten, die durch ihre Funktion mit Geheimnissen in Berührung kommen (vgl. auch die Formulierung in § 185 I Nr. 5 E 62), ferner aber auch die selbständigen Vertreter der privaten Krankenversicherungen usw. (Jähnke LK 105, Rein VersR 76, 118f.). Da zu den schweigepflichtigen Bediensteten z. B. auch die mit bloßer Schreibarbeit betraute Sekretärin gehören kann, dürfte die Erweiterung des Täterkreises auf die berufsmäßig tätigen Gehilfen in Abs. 3 S. 1 für Nr. 6 im wesentlichen gegenstandslos sein. Von Bedeutung ist sie jedoch für das Hilfspersonal des selbständigen Versicherungsvertreters.

42 h) Abweichend von § 184 I Nr. 5 E 62 werden in § 203 **nicht genannt** die Inhaber, Leiter, Organe und Bedienstete von **Krankenanstalten** und von **medizinischen Zwecken dienenden Untersuchungsanstalten.** Zwar wird man bei Krankenanstalten, soweit nicht bei staatlichen und kommunalen Krankenhäusern ohnehin Abs. 2 in Betracht kommt, auch das Verwaltungspersonal als berufsmäßig tätige Gehilfen des Arztes ansehen können (vgl. u. 64); ob dies ohne Widerspruch zum Gesetzeswortlaut aber auch bei der Krankenhausleitung möglich ist, ist zumindest zweifelhaft (so jedoch EEGStGB 238, Kleinewefers/Wilts NJW 64, 430). Auch die Angehörigen von medizinischen Zwecken dienenden Untersuchungsanstalten sind schweigepflichtig nur, soweit sie bereits unter Nr. 1 fallen oder jedenfalls der Leiter Arzt ist, so daß das Hilfspersonal dann von Abs. 3 S. 1 erfaßt wird.

43 IV. **Abs. 2** enthält in der Sache eine Erweiterung des Tatbestandes des Abs. 1 in persönlicher und gegenständlicher Hinsicht, indem hier die unbefugte Geheimnisoffenbarung durch **Amtsträger und gewisse amtsnahe Personen** mit Strafe bedroht wird und den Geheimnissen in gewissem Umfang **für Aufgaben der öffentlichen Verwaltung erfaßte Daten** gleichgestellt werden. Von § 353b unterscheidet sich Abs. 2 nicht nur durch den größeren Täterkreis (Nr. 4, 5) und das fehlende Erfordernis der Gefährdung wichtiger öffentlicher Interessen, sondern auch dadurch, daß die ausschließlich staatliche Angelegenheiten betreffenden (Staats-, Amts-) Geheimnisse nur in beschränktem Umfang unter Abs. 2 fallen (vgl. u. 44a), während dieser umgekehrt auch bestimmte Angaben ohne Rücksicht auf ihren Geheimnischarakter erfaßt. Soweit sich Überschneidungen mit Abs. 1 ergeben (z. B. Amtsarzt, im Polizeidienst stehender Berufspsychologe), liegt nur eine Tat nach § 203 vor (D-Tröndle 38).

Verletzung von Privatgeheimnissen 44–46 § 203

1. Gegenstand der Tat sind nach **Abs. 2 S. 1** auch hier zunächst **fremde Geheimnisse,** die dem 44
Täter in einer der in Nr. 1–5 genannten Eigenschaften anvertraut worden oder sonst bekanntgeworden sind. Das o. 5–18 zu Abs. 1 Gesagte gilt deshalb auch hier. Dabei genügt es für das Anvertrauen und Bekanntwerden, wenn der Täter die Kenntnis über den behördeninternen Dienstweg nur mittelbar von dem Betroffenen erlangt hat, da Geheimnisse i. d. R. nicht einem bestimmten Amtsträger, sondern der Behörde anvertraut werden (vgl. entsprechend zum Offenbaren u. 45). Geschützt ist hier wegen des anderen Täterkreises auch das Bankgeheimnis bei öffentlichen Sparkassen usw. (allgemein zum Bankgeheimnis vgl. Lerche ZHR 85, 165, Rehbein ZHR 85, 139, Steindorff ZHR 85, 151), dies i. U. zu den von § 203 nicht erfaßten Privatbanken, was wenig sinnvoll ist. Kreditauskünfte von Sparkassen bedürfen damit schon wegen § 203 der – jedenfalls mutmaßlichen – Einwilligung des Kunden (vgl. aber auch Düsseldorf ZIP 85, 1319, Hamm MDR 83, 667), wobei die Ermächtigung in Nr. 7 AGB-Sparkassen (abgedr. b. Kirchherr/Stützle ZIP 84, 515) nicht genügt (vgl. deshalb das Kommuniqué der Verbände der Kreditwirtschaft [ZIP 84, 1412] sowie Kirchherr/Stützle aaO, Thilo NJW 84, 582; zur sog. „Schufa-Klausel" vgl. jetzt auch BGHZ 95 362 m. Anm. Simitis JZ 86, 188 u. Geiger CR 85, 72, ferner ZIP 86, 469; zu den datenschutzrechtlichen Fragen der Bankauskunft vgl. näher Zöllner ZHR 85, 179). Über die Erweiterung durch Abs. 2 S. 2 auf gewisse Daten vgl. u. 46 ff.

Eine Besonderheit gegenüber Abs. 1 besteht jedoch insofern, als Geheimnisse, die *ausschließlich den* 44a
Staat selbst betreffen, jedenfalls für den Personenkreis der Nr. 1, 2 keine „fremden" Geheimnisse sind (vgl. auch Jähnke LK 30). Dies ergibt sich aus dem Zweck des § 203, der zwar das Vertrauen des Publikums in die Verschwiegenheit gewisser Berufe schützt (vgl. o. 3), nicht aber das Vertrauen des Staates in die Verschwiegenheit seiner Funktionäre *im Innenverhältnis* (z. B. im Hinblick auf einen bevorstehenden Polizeieinsatz). Der Amtsträger, der ein ihm in dieser Eigenschaft bekanntgewordenes Dienstgeheimnis preisgibt, ist daher nach Abs. 2 nur strafbar, wenn Geheimnisträger – jedenfalls auch – ein Dritter ist; im übrigen kommt hier nur § 353b in Betracht. Etwas anderes gilt für den Bereich des Abs. 2 nur, wenn der Staat *nach außen* einem Schweigepflichtigen als Vertrauensgeber und damit nicht anders als sonst ein Dritter gegenübertritt. Dies ist z. B. der Fall, wenn eine Behörde einen öffentlich bestellten Sachverständigen (Nr. 5) in Anspruch nimmt, ferner z. B. gegenüber den Mitgliedern von Personalräten (Nr. 3), wobei es gleichgültig ist, ob es sich dabei um Personen nach Nr. 1, 2, um sonstige Bedienstete oder um Gewerkschaftsvertreter (vgl. § 34 BPersonalvertretungsG) handelt; das gleiche dürfte für Nr. 4 gelten. Hier sind deshalb auch Amtsgeheimnisse, die sich ausschließlich auf öffentliche Angelegenheiten beziehen, für den Betreffenden ein „fremdes" Geheimnis.

2. Zum **Offenbaren** des Geheimnisses vgl. o. 19 f. Regelmäßig kein Offenbaren liegt nach 45
dem Sinn der Vorschrift vor, wenn das Geheimnis im Bereich *derselben Behörde* auf dem dafür vorgesehenen Weg zur Kenntnis eines anderen Behördenangehörigen gelangt (vgl. auch Jähnke LK 42 mwN). Zu erklären ist dies damit, daß im Verkehr mit Behörden Angaben, die Geheimnisse enthalten, meist der Behörde und – insoweit anders als bei den „klassischen" Vertrauensberufen des Abs. 1 (Arzt, Anwalt) – nicht einem bestimmten Amtsträger gegenüber gemacht werden und daß auch dort, wo letzteres der Fall ist, das Vertrauen regelmäßig nicht dem Amtsträger in seiner Person, sondern als Repräsentant seiner Behörde entgegengebracht wird (zu entsprechenden Fällen auch bei Abs. 1 vgl. o. 19). Nur wenn Grundlage für die Mitteilung von Geheimnissen erkennbar die Vertrauensbeziehung gerade zu einem bestimmten Behördenangehörigen und dessen zumindest konkludente Zusicherung auch innerbehördlicher Vertraulichkeit ist oder wenn dieser zugleich Inhaber einer besonderen Vertrauensstellung i. S. des Abs. 1 ist und speziell in einer der dort genannten, auf die Behörde nicht übertragbaren Eigenschaften mit fremden Geheimnissen in Berührung kommt, ist deren Weitergabe innerhalb der Behörde auch ein Offenbaren (ebenso BAG NStE **Nr. 2,** Arloth MedR 86, 296 f., Hahne-Reulecke MedR 88, 237, Kreuzer NJW 75, 2234 [Krankenhausärzte], Kühne NJW 77, 1478 [Psychologen im öffentl. Dienst], Onderka/Schade aaO 175 ff. [Sozialarbeiter], Rogall NStZ 83, 8 f., Rüping, Internist 83, 208 [Ärzte u. Psychologen]; vgl. auch OVG Lüneburg NJW **75,** 2263, Jähnke LK 42 f. und u. 53 d). Entsprechendes gilt für die Weitergabe von Geheimnissen an *Aufsichtsbehörden* (Rogall NStZ 83, 9). Dagegen stellt die Mitteilung an *andere Behörden* immer auch ein Offenbaren dar; die Einschränkung des Abs. 2 S. 2, 2. Halbsatz ist hier ohne Bedeutung (vgl. dazu auch Frommann aaO 172, Niemeyer aaO 407).

3. Während Abs. 1 auf den Schutz von Geheimnissen beschränkt ist, schützt **Abs. 2 S. 2** 46
darüber hinaus auch **bestimmte, für Aufgaben der öffentlichen Verwaltung erfaßte Daten,** indem diese – vorbehaltlich der Einschränkung im 2. Halbsatz – den Geheimnissen gleichgestellt werden. Diese Erweiterung in gegenständlicher Hinsicht soll der Entwicklung der modernen Verwaltung Rechnung tragen, die aus Rationalisierungsgründen in zunehmendem Maß dazu gezwungen ist, für ihre vielfältigen Aufgaben im Rahmen der Daseinsvorsorge usw. Einzelangaben über persönliche und sachliche Verhältnisse des Bürgers zu erfassen, zu spei-

chern, zu verarbeiten, unter einzelnen Behörden auszutauschen usw. (EEGStGB 242). Wegen ihres generalklauselartigen Charakters ist die Vorschrift jedoch nicht unbedenklich (vgl. Arzt/ Weber I 204, Schünemann ZStW 90, 26; zum Ganzen vgl. auch Tiedemann NJW 81, 945). Sie ist daher auch einschränkend zu interpretieren, wobei die Gleichstellung mit den Geheimnissen zusätzlich dafür spricht, „den Datenbegriff zum Geheimnisbegriff hinzuentwickeln" (Jähnke LK 45). Einen noch weitergehenden – allerdings auf personenbezogene Daten (vgl. u. 47) beschränkten – straf- und bußgeldbewehrten Datenschutz enthalten das BDSG (§§ 43, 44) und die Datenschutzgesetze der Länder (vgl. dazu die Nachw. b. D-Tröndle 9b), ersteres neugefaßt durch Art. 1 des Ges. v. 20. 12. 1990 (BGBl. I 2954), das u. a. eine engere Zweckbindung bei der Erhebung, Verarbeitung (einschließlich Übermittlung, vgl. § 3 V BDSG) usw. von Daten, eine enumerative Festlegung der Ausnahmen und die Einbeziehung der Akten in das BDSG brachte (zu den berechtigten Zweifeln an der Vereinbarkeit des § 41 BDGS a. F. mit Art. 103 II GG vgl. die Nachw. b. Dammann in: Simitis/Dammann/Mallmann/Reh, BDSG, 3. A., § 41 RN 2, ferner z. B. Arzt/Weber I 204, Haft NJW 79, 1195 f., Höft aaO 38, Schünemann ZStW 90, 23 ff., Tiedemann NJW 81, 946).

47, 48 a) Geschützt sind für Aufgaben der öffentlichen Verwaltung erfaßte **Einzelangaben über persönliche oder sachliche Verhältnisse** eines anderen, wobei der „andere" hier i. U. zu den „personenbezogenen Daten" des BDSG (vgl. § 3 I) auch eine juristische Person sein kann (vgl. EEGStGB 242). Der Bezug der Angaben auf eine bestimmte (natürliche oder juristische) Person muß zumindest aus dem Zusammenhang, in dem sie stehen, erkennbar sein (EEGStGB aaO, Jähnke LK 46, Lackner 3b, Samson SK 33). Fehlt es an einer solchen Beziehung, so kommt nur § 353b in Betracht.

49 α) Die Angaben müssen etwas über die *sachlichen und persönlichen Verhältnisse* des anderen aussagen, was z. B. schon für die bloße Anschrift zutrifft (Samson SK 33). Geheimnischarakter brauchen sie nicht zu haben, weil sie sonst schon unter S. 1 fallen. Sowohl aus dem Schutzzweck der Vorschrift (vgl. o. 3) als auch aus den Merkmalen des „Anvertrauens" und des „Offenbarens" ergibt sich jedoch, daß offenkundige Tatsachen, d. h. solche, von denen „verständige Menschen regelmäßig Kenntnis haben oder über die sie sich aus zuverlässigen Quellen ohne besondere Fachkunde sicher unterrichten können" (so BGH **6** 293 zu § 244 III StPO), nicht gemeint sein können (ebenso D-Tröndle 9, Jähnke LK 46; and. Samson SK 33; vgl. auch die entsprechende Tatbestandseinschränkung in § 43 BDSG). Nicht geschützt sind ferner Daten, wenn und soweit der Betroffene an ihrer Geheimhaltung offensichtlich kein Interesse hat (vgl. o. 46, D-Tröndle 9, Jähnke aaO; and. Gössel I 436). Ob es sich darüber hinaus zugleich um ein Geheimnis handelt, kann wegen der Gleichstellung mit einem solchen in der Regel offenbleiben (auch wenn S. 2 systematisch voraussetzt, daß dies zu verneinen ist, weil sonst bereits S. 1 gilt). Eine Entscheidung darüber, ob ein Geheimnis oder nur eine unter S. 2 fallende Einzelangabe vorliegt, kann jedoch bei Mitteilung an eine andere Behörde notwendig sein, weil diese im Fall des S. 2 vorbehaltlich eines besonderen gesetzlichen Verbots immer zulässig ist, während es bei Geheimnissen hier der Zustimmung des Betroffenen oder eines besonderen Offenbarungsrechts bedarf; auch bei der Frage einer Rechtfertigung – z. B. nach § 34 – kann der Unterschied von Bedeutung sein.

50 β) Die Angaben müssen *für Aufgaben der öffentlichen Verwaltung erfaßt* worden sein. Um welche Aufgaben der öffentlichen Verwaltung (vgl. dazu § 11 RN 22) es sich dabei handelt, ist gleichgültig; auch müssen die Angaben nicht allein zu diesem Zweck erfaßt worden sein (EEGStGB 243). Erfaßt sind sie nur, wenn sie zu dem Zweck festgehalten werden, eine Unterrichtung über die Verhältnisse des Betroffenen auch für später zu ermöglichen; nicht „erfaßt" sind daher z. B. Angaben, die bei einer Personenüberprüfung oder zur Begründung des Antrags auf Erteilung einer Konzession gemacht werden (vgl. EEGStGB 243, D-Tröndle 9, Jähnke LK 48). In welcher Form die Angaben festgehalten werden (schriftlich, auf Lochkarten, Magnetbändern usw.), ist unerheblich; auch brauchen sie noch nicht gespeichert oder sonst eingeordnet zu sein (EEGStGB aaO, D-Tröndle 9, Jähnke aaO, Lackner 3b, Niemeyer aaO 405).

51 b) Unter den genannten Voraussetzungen sind die Einzelangaben i. S. des S. 2 **den Geheimnissen gleichgestellt**. Ersetzt wird damit jedoch nur das Tatbestandsmerkmal „Geheimnis" in S. 1, dessen übrige Voraussetzungen daher auch für S. 2 gegeben sein müssen. Auch hier müssen die fraglichen Tatsachen deshalb dem Täter in seiner Eigenschaft als Amtsträger usw. anvertraut worden oder sonst bekannt geworden sein (vgl. o. 12 ff.).

52 c) Die Tathandlung besteht auch hier im **Offenbaren** (vgl. o. 19 f.), wobei jedoch für Mitteilungen innerhalb *derselben* Behörde generell die o. 45 genannte Einschränkung gilt. Darüber hinaus bestimmt S. 2 2. Halbs. ausdrücklich, daß S. 1 nicht anzuwenden ist im **zwischenbehördlichen Datenverkehr** (einschließlich Mitteilungen an sonstige Stellen [vgl. § 11 RN 25] für Aufgaben der öffentlichen Verwaltung), wenn das Gesetz die Weitergabe an die andere Behörde nicht untersagt (vgl. z. B. § 16 BStatistikG v. 22. 1. 1987, BGBl. I 462). Schon die Formulierung ("ist nicht anzuwenden") spricht dafür, daß hier ebenfalls bereits der Tatbestand und nicht erst die Rechtswidrigkeit ausgeschlossen ist (ebenso Höft aaO 51 f., Jähnke LK 50, Lackner 3 b und wohl auch Prot. VII 1060; and. D-Tröndle 32). Dabei geht das Gesetz in S. 2 2. Halbs. offensichtlich davon aus, daß die zwischenbehördliche Datenübermittlung grundsätzlich – d. h. vorbehaltlich eines besonderen Verbots – zulässig (und damit auch nicht tatbestandsmäßig) ist, was sowohl aus der Fassung des S. 2 als auch daraus folgt, daß der 2. Halbs. bei einem prinzipiellen Verbot mit Erlaubnisvorbehalt keinerlei Sinn hätte, weil ein solches bereits dem 1. Halbs. i. V. mit S. 1 zugrunde liegt. Genau umgekehrt wird das Regel-Ausnahmeverhältnis in dem Volkszählungsurteil des BVerfG (BVerfGE **65** 1 m. Anm. Simitis NJW 84, 398) gesehen, wonach die Erhebung und Weitergabe von Daten – dies jedenfalls bei automatisierter Datenverarbeitung – verfassungsrechtlich nur zulässig ist, wenn das Gesetz dies ausdrücklich gestattet (vgl. dazu auch Hufen JZ 84, 1072, Krause JuS 84, 268, Rogall GA 85, 8, Schlink aaO 237). Für § 203 II 2 hat diese Entscheidung jedoch ebensowenig Konsequenzen wie ihre legislative Umsetzung durch die Neufassung des BDSG, das, von einem grundsätzlichen Verbot ausgehend, die Ausnahmen enumerativ festlegt (vgl. § 15 n. F.). § 203 II 2 entsprechend umzudeuten und dadurch die Diskrepanzen zum BDSG zu beseitigen, ist nicht möglich, da dem Art. 103 II GG entgegensteht. Was § 203 II 2 betrifft, so bleibt es deshalb dabei, daß schon dessen Tatbestand nicht verwirklicht ist, wenn es an einem speziellen Verbot fehlt. Unberührt davon bleibt selbstverständlich die weitergehende Strafbarkeit nach § 43 BDSG usw., wo i. U. zu § 203 II 2 allerdings nur Daten von natürlichen Personen geschützt werden (vgl. o. 47). Davon abgesehen läuft die Vorschrift des § 203 II 2 heute jedoch leer; plausible Gründe für ihre Beibehaltung sind nicht ersichtlich.

4. Zum Merkmal **„unbefugt"** vgl. zunächst o. 21 ff. Während für den zwischenbehördlichen **53** Austausch von Einzelangaben i. S. des S. 2 dessen 2. Halbs. eine bereits den Tatbestand einschränkende Sondervorschrift enthält (o. 52), gelten für die *Mitteilung solcher Daten an Dritte* und die *Weitergabe von Geheimnissen an eine andere Behörde* oder *Dritte* die allgemeinen Regeln. Befugt sind diese deshalb bei einem **Einverständnis** des Betroffenen – wozu auch hier ein konkludentes Verhalten genügt, wenn nicht ausnahmsweise Schriftform vorgeschrieben ist (z. B. § 67 SGB X; vgl. dazu Pickel MDR 84, 887, ferner Höft aaO 44 ff., Roßnagel NJW 89, 2304, Tiedemann NJW 81, 948 [zu § 3 S. 2 BDSG a. F.]) – oder bei Bestehen eines **besonderen Offenbarungsrechts** i. S. eines Rechtfertigungsgrundes. Ein solches folgt nicht schon aus dem allgemeinen Grundsatz der Rechts- und Amtshilfe (Art. 35 I GG) und den diesen lediglich konkretisierenden gesetzlichen Bestimmungen (vgl. § 5 VwVfG, § 35 SGB I, § 4 SGB X, D-Tröndle 32, Jähnke LK 95, Rogall NStZ 83, 7, Schnapp NJW 80, 2167, Walter NJW 78, 869). Ebensowenig genügen bloße Verwaltungsvorschriften (z. B. Nr. 23, 182ff. RiStBV sowie Anordnung über Mitteilung in Strafsachen [MiStra, z. B. Bad.-Württ. AV v. 8. 3. 1985, Justiz 85, 123]), da diese keine Eingriffsrechte schaffen können (ebenso Koblenz NJW **85**, 2038, **86**, 3093, NStZ **85**, 426 m. Anm. Herrmann S. 565, Franzheim ZRP 81, 7, Ostendorf GA 80, 450, v. Wedel/Eisenberg NStZ 89, 507 f., Zuck StV 87, 32; and. – jedenfalls für eine Übergangszeit – Bremen NStZ **89**, 276 m. Anm. Heitmann NZV 89, 322, Hamm NJW **85**, 2040, **88**, 1402 m. Anm. Johnigk NStZ 88, 187, NStZ **88**, 381, Karlsruhe NStZ **88**, 184 m. Anm. Johnigk S. 187, LG Regensburg NStZ **85**, 233, D-Tröndle 32, Jähnke LK 92, Schäfer NStZ 85, 201, Schickedanz BayVBl. 81, 588, wobei die Frage, ob dem Verletzten im Strafverfahren Akteneinsicht zum Zweck der Verfolgung zivilrechtlicher Ansprüche gewährt werden kann, jetzt durch § 406e StPO erledigt ist). Noch keine Befugnis ergibt sich für den einzelnen Amtsträger schließlich aus einer entsprechenden Anweisung oder Erlaubnis seines Vorgesetzten (ebenso wie umgekehrt die Untersagung durch diesen eine materiell erlaubte Offenbarung ungeachtet einer möglichen Dienstpflichtverletzung des Untergebenen noch nicht zu einer „unbefugten" i. S. des § 203 macht). Grundlage für ein Offenbarungsrecht können vielmehr nur sein:

a) **besondere gesetzliche Bestimmungen,** die – wenn auch nicht ausdrücklich, so doch in der **53a** Sache – **qualifizierte Mitteilungspflichten und Auskunftsrechte** in dem Sinn enthalten, daß diese unabhängig davon bestehen, ob die Tatsachen, die mitzuteilen sind und offenbart werden dürfen, ein Geheimnis i. S. des § 203 darstellen (vgl. auch Rogall NStZ 83, 8, Schnapp NJW 80, 2165).

Dies gilt z. B. für § 73 JWG (Bericht des Landesjugendamts an das Vormundschaftsgericht über die **53b** Entwicklung des Minderjährigen), § 31 BZRG (Erteilung von Führungszeugnissen an Behörden), § 9 BSeuchG (Anzeigepflicht von Medizinaluntersuchungsämtern usw.), §§ 276 f. SGB V (Auskunfts- und Mitteilungspflichten im Zusammenhang mit dem Medizinischen Dienst der Krankenversicherung), § 306 SGB V (Mitteilungspflicht der Krankenkasse bzgl. bestimmter Ordnungswidrigkeiten), §§ 17 ff. BVerfSchutzG i. d. F. d. Art. 2 Ges. v. 20. 12. 1990 (BGBl. I 2954), §§ 10 ff. Ges. üb. d. Milit. Abschirmdienst (Art. 3 ebd.), §§ 8 ff. Ges. üb. d. BNachrichtendienst (Art. 4 ebd.), §§ 17 ff.

MelderechtsrahmenG v. 16. 8. 1980 (BGBl. I 1429; letztes ÄndG v. 24. 2. 1983, BGBl. I 186) und die Landesmeldegesetze (dazu BayVerfGH NVwZ **87**, 786, OVG Münster NVwZ **89**, 1177). Hierher gehören ferner z. B. §§ 30 f. StVG (Auskünfte aus dem Verkehrszentralregister), § 26 V StVZO (Kfz.-Halterauskunft, vgl. BVerwG NJW **86**, 2329 m. Anm. Bull JZ 86, 637, NJW **86**, 2331, OVG Koblenz NJW **84**, 1914, VGH Mannheim NJW **84,** 1911, Hirte NJW 86, 1899, Jähnke LK 92) sowie §§ 105, 116 AO (Mitteilungen gegenüber den Finanzbehörden; zu deren Einschränkung vgl. § 105 II AO sowie Klein/Orlopp, AO, 3. A., § 105 Anm. 47). Offenbarungsbefugnisse i. S. des § 203 II sind ferner anzunehmen bei der Pflicht der Polizei, nach § 163 II StPO ihre Mitteilungen, die vielfach auch private Geheimnisse betreffen, der Staatsanwaltschaft mitzuteilen, ebenso bei der Anklageerhebung, der Weiterleitung der Akten im Rechtsmittelverfahren usw. Das gleiche gilt, soweit eine Behörde Dritten Akteneinsicht gewähren kann oder muß (vgl. z. B. für das Strafverfahren §§ 80 II, 147, 385 III, 397 I, 406e StPO, für das Verwaltungs- bzw. verwaltungsgerichtliche Verfahren § 29 I VwVfG bzw. § 100 VwGO, für den Zivilprozeß § 299 I ZPO, für das FGG-Verfahren § 34 FGG [dazu Pardey NJW **89**, 1647]; speziell zu § 61 PStG vgl. z. B. LG Frankenthal NJW **85**, 2538 [kein Einsichtsrecht in Personenstandsbücher für wissenschaftliche Fortbildungszwecke] und zum Akteneinsichtsrecht von parlamentarischen Untersuchungsausschüssen BVerfGE **67** 100, Jekewitz NStZ 84, 515 u. 85, 395, Schäfer NStZ 85, 203f.; dazu, daß auf Nr. 182ff. RiStBV kein Akteneinsichtsrecht und damit auch keine Offenbarungsbefugnis gestützt werden kann, vgl. o. 53). Für das Sozialgeheimnis (§ 35 SGB I) sind die Offenbarungsbefugnisse abschließend in den §§ 67 ff. SGB X geregelt (vgl. dazu z. B. Frankfurt NJW **88**, 2488, VG Düsseldorf NJW **85**, 1794, Emrich aaO 113, Hümmerich aaO 120, Maier SGb. 83, 98, Mallmann/Walz aaO 28, Pickel MDR 84, 885, Schatzschneider MDR 82, 6, Schnapp/ Düring NJW 88, 739, Sieveking aaO, aber auch Frommann aaO 176ff.; eingehend zum Sozialdatenschutz bzw. den hier bestehenden Offenbarungsbefugnissen vgl. Grüner, Komm. zum SGB X, Anm. vor § 67, Martens/Wilde aaO 143ff. und speziell in gerichtlichen Verfahren Haus NJW **88**, 3126); zum Steuergeheimnis vgl. § 355 RN 19 ff. Für die vom Staatssicherheitsdienst der ehem. DDR gewonnenen Daten usw. gelten bis zu einer endgültigen gesetzlichen Regelung die Vorschriften gem. EV I Kap. II B II 2. – **Zweifelhafte Fälle:** Zweifelhaft ist dagegen, ob die aus § 161 StPO folgende Auskunftpflicht (vgl. K-Meyer § 161 RN 1) eine hinreichende Rechtsgrundlage für jede beliebige Geheimnisoffenbarung darstellt (vgl. dazu Goll aaO 96ff., Jakobs JR 82, 359, Ostendorf DRiZ 81, 6, 9, Reiß StV 88, 35f., Schnapp NJW 80, 2169, Walter NJW 78, 868, Winkelbauer in: HWiStR, Amtshilfe 3). Ausdrückliche Regelungen dazu finden sich nur bei einigen besonderen Geheimhaltungspflichten, so bezüglich des Steuergeheimnisses (§ 30 IV AO, vgl. § 355 RN 20, 24 ff.), des Post- und Fernmeldegeheimnisses (vgl. § 354 RN 13 f.) und des Sozialgeheimnisses (vgl. § 35 II, III SGB I i. V. mit §§ 69 I Nr. 1, 73 SGB X, wobei für allgemeine Strafverfahren § 73 [vgl. LG Frankfurt NJW **88**, 84], für Verfahren wegen Mißbrauchs sozialer Einrichtungen § 69 I Nr. 1 gilt; zur Anwendbarkeit auch des § 68 vgl. KG JR **85**, 26, Köln VRS **64** 198; zur Frage, ob unter § 69 I Nr. 1 auch Taten nach § 170b fallen, vgl. einerseits z. B. K-Meyer § 161 RN 6, Kerl NJW 84, 244, andererseits LG Hamburg NJW **84**, 1570, LG Stade MDR **81**, 690, Martens/Wilde aaO 148 f.; zum Sozialgeheimnis im Strafverfahren vgl. ferner z. B. LG Verden CR **87**, 36, Bittmann NJW 88, 3138, Schnapp/Düring NJW 88, 739, Teyssen/Goetze NStZ 86, 531 u. die Rspr.-Übersicht b. Igl CR 85, 93ff.). Daraus, daß bei diesen "gesteigerten Geheimnissen" (Meyer JR 86, 172) eine Offenbarung auch für Zwecke eines Strafverfahrens nur unter bestimmten Voraussetzungen zulässig ist – was zugleich bedeutet, daß es hier auch keine weitergehenden Mitteilungspflichten geben kann –, wird man mit der h. M. folgern müssen, daß im übrigen die Auskunftpflicht nach § 161 StPO dem Geheimhaltungsgebot nach § 203 vorgeht und ihre Grenze erst in den Beschlagnahmeverboten des § 97 StPO, einer Sperrerklärung nach § 96 StPO und dem Grundsatz der Verhältnismäßigkeit findet (so Karlsruhe NJW **86**, 145; vgl. ferner z. B. KK-Müller § 161 RN 2, Meyer aaO, Taschke CR 89, 299ff., 410ff.). Umstritten ist auch, ob Amtsträger, da § 54 StPO für amtlich bekanntgewordene Privatgeheimnisse nicht gilt, im Strafprozeß eine unbeschränkte Aussagepflicht haben (vgl. KMR-Paulus § 54 RN 4 mwN); soweit diese reicht, ist die Geheimnisoffenbarung befugt. – **Kein Recht zu Geheimnisoffenbarungen** enthalten dagegen die Übermittlungsbefugnisse der Datenschutzgesetze (vgl. z. B. §§ 15, 16 BDSG n. F.), da diese ausschließlich unter dem Gesichtspunkt des Datenschutzes konzipiert sind, Daten aber nicht notwendigerweise zugleich Geheimnisse i. S. des § 203 II sind (vgl. auch § 1 IV 2 BDSG, ferner § 39 BDSG, wo der Gesetzgeber bei Daten, die einem Berufs- oder Amtsgeheimnis unterliegen – und dazu gehört auch das Amtsgeheimnis des § 203 II –, eine besondere Regelung für den "verlängerten" Geheimnisschutz für notwendig gehalten hat und wo in der Gesetzesbegründung darauf hingewiesen wird, daß für die Verarbeitung – also einschließlich der Übermittlung [vgl. § 3 V BDSG] – solcher Daten durch die der Geheimhaltungspflicht unterworfenen Stelle die "allgemeinen Vorschriften" gelten [BT-Drs. 11/4306 S. 53]).

53c b) Fehlen besondere gesetzliche Vorschriften, so kann sich die Zulässigkeit der Unterrichtung anderer Behörden oder Dritter auch aus den **allgemeinen Rechtfertigungsgründen** ergeben (vgl. auch EEGStGB 236). Hier kommen insbes. mutmaßliche Einwilligung und – vorbehaltlich einer abschließenden gesetzlichen Regelung – Notstand (§ 34; vgl. dort RN 7, Jähnke LK 86) in Betracht. Dagegen rechtfertigt die dienstliche Anordnung oder Genehmigung eines Vorgesetzten (§ 61 BBG, § 39 BRRG) als solche die Offenbarung nicht, da der Schutz des § 203 nicht zu dessen Disposition steht (vgl. auch Rössler MDR 69, 356, Rogall NStZ 83, 9). Ebensowenig genügt es schon, daß die

Mitteilung der Wahrnehmung berechtigter Interessen dient (vgl. 80 vor § 32, o. 30, 33) oder daß sie sozialadäquat ist (so aber Franzheim ZRP 81, 7; gegen die soziale Adäquanz als Rechtfertigungsgrund vgl. 107a vor § 32; auch die Tatbestandsmäßigkeit [vgl. 68ff. vor § 13] läßt sich hier nicht schon wegen einer früher üblichen Behördenpraxis leugnen). Können rechtlich geschützte Interessen nur durch eine Geheimnisoffenbarung gewahrt werden, so gilt vielmehr auch hier, daß eine solche – vom Fall der mutmaßlichen Einwilligung abgesehen – nach allgemeinen Grundsätzen nur zulässig ist, wenn sie zum Schutz des fraglichen Interesses erforderlich ist (vgl. § 34 RN 18ff., ferner Tiedemann NJW 81, 949) und wenn dieses bei Abwägung aller Umstände des konkreten Falls überwiegt und deshalb den Vorrang verdient (vgl. § 34 RN 22ff.; vgl. auch BSG MDR **79**, 347 zu § 35 SGB I a. F.; ferner – freilich ohne Angabe einer Rechtsgrundlage – Hamm NStZ **88**, 381 [Auskunft über Strafgefangenen an Dritte]; zur entsprechenden Abwägung im Rahmen des Merkmals „unbefugt" in § 30 VwVfG vgl. Knemeyer NJW 84, 2241, Stelkens/Bonk/Leonhardt, VwVfG, 3. A., § 30 RN 17 mwN). Vorbehaltlich besonderer Regelungen (insbes. §§ 69 I Nr. 1, 73 SGB X [Sozialgeheimnis]; § 30 IV AO [Steuergeheimnis; vgl. dazu § 355 RN 24ff.]) entscheidet sich danach daher auch, wann begangene Straftaten offenbart werden dürfen, wobei zu berücksichtigen ist, daß es gerade Aufgabe des Staats ist, Rechtsbrüchen zu begegnen, weshalb das Vertrauen in die Verschwiegenheit staatlicher Stellen hier nicht in derselben Weise zu Buche schlägt wie bei den Schweigepflichtigen des Abs. 1 (vgl. o. 32 u. näher Goll aaO 135ff., 143). Unbeschadet weitergehender Offenbarungsbefugnisse auf Grund eines Auskunftsverlangens gem. § 161 StPO ist eine Rechtfertigung in diesen Fällen daher jedenfalls anzunehmen, wenn es um die Verfolgung strafbarer Störungen des jeweiligen Verwaltungsbereichs selbst oder um Straftaten von erheblicher Bedeutung geht (Hamburg JR **86**, 168 m. krit. Anm. Meyer). Die öffentliche Identifizierung eines Beschuldigten im Ermittlungsverfahren ist, von § 131 StPO abgesehen, nach diesen Grundsätzen aber nur ausnahmsweise zulässig (z. B. zur Warnung der Bevölkerung bei Gefahr weiterer erheblicher Straftaten eines auf freiem Fuß befindlichen Verdächtigen), woran auch das Informationsrecht der Presse nach den Landespressegesetzen nichts ändert (vgl. z. B. § 4 II Nr. 2 LPrGes. Bad.-Württ., aber auch Schleswig NJW **85**, 1090 m. Anm. Wente NStZ 86, 366 u. näher Bornhamm NStZ 83, 107f., Ostendorf, GA 80, 460ff., Wente StV 88, 222f.).

c) Vorbehaltlich einer abschließenden gesetzlichen Regelung ist eine Offenbarungsbefugnis der Behörden entsprechend § 30 IV Nr. 5 AO schließlich auch bei Bestehen eines **„zwingenden öffentlichen Interesses"** anzunehmen (ebenso D-Tröndle 32; and. Jähnke LK 86). Hat schon das vom Gesetz höher eingestufte Steuergeheimnis (vgl. die Strafdrohung des § 355) zwingenden öffentlichen Interessen zu weichen (vgl. § 355 RN 27), so muß dies erst recht für die Geheimnisse i. S. des § 203 gelten. Zwar führt dies über § 34 insofern nicht hinaus, als auch das Bestehen eines zwingenden öffentlichen Interesses das Überwiegen des Offenbarungsinteresses gegenüber dem Geheimhaltungsinteresse verlangt. Im Unterschied zu § 34 aber, der die Gefahr einer Beeinträchtigung bereits existierender Güter voraussetzt, erlaubt es der Begriff des „zwingenden öffentlichen Interesses", über die Erhaltung des Bestehenden hinaus den Aufgaben staatlicher Daseinsvorsorge in einem umfassenderen Sinn Rechnung zu tragen, also z. B. auch, soweit es um die Schaffung neuer Lebensgrundlagen, die Bewältigung von Zukunftsaufgaben usw. geht (vgl. § 355 RN 27). Auch zur Erfüllung solcher Verwaltungsaufgaben ist deshalb eine Offenbarung zulässig, wenn sie dazu unerläßlich ist und das öffentliche Interesse das Geheimhaltungsinteresse im konkreten Fall überwiegt, wobei hier um so höhere Anforderungen zu stellen sind, je mehr die private Sphäre des Geheimnisträgers berührt ist (zu § 30 VwVfG vgl. auch Knemeyer NJW 84, 2245f.). Unter dieser Voraussetzung kann dann allerdings eine Offenbarungsbefugnis auch für Forschungszwecke anzunehmen sein (vgl. dazu auch Bayer JuS 89, 191).

d) Die genannten Grundsätze gelten auch, soweit ausnahmsweise eine **innerbehördliche Schweigepflicht** besteht (vgl. o. 45); auch hier ist eine Geheimnisoffenbarung nicht schon durch das dienstrechtliche Verhältnis gedeckt (BAG NStE **Nr. 2**, Hahne-Reulecke MedR 88, 237, Kühne NJW 77, 1480 [Psychologen im öffentlichen Dienst], OVG Lüneburg NJW **75**, 2263, Kreuzer NJW 75, 2232, Med.Klinik 76, 1396, 1467, 1520 u. 77, 776 [Krankenhausärzte], Geppert aaO, Marx GA 83, 160, Zieger StV 81, 562f. [Arzt und Behandlungsstab im Strafvollzug], Arloth MedR 86, 298, Formmann aaO 180, Kühne in: Frommann aaO [Sozialarbeiter]).

Zu a–d: Während die Verwaltung früher mit fremden Privatgeheimnissen aus der Sicht des Strafrechts verhältnismäßig sorglos umgehen konnte, zwingt § 203 II jetzt zu erheblicher Vorsicht, und zwar auch im alltäglichen Verkehr zwischen den Behörden (vgl. auch Frankfurt NJW **88**, 2488; Haft NJW 79, 1195, Rogall NStZ 83, 7). Soweit ein Einverständnis des Betroffenen nicht vorliegt, von einer mutmaßlichen Einwilligung nicht ausgegangen werden kann und auch eine spezielle Rechtsgrundlage für die Mitteilung fehlt, bleibt im wesentlichen nur der allgemeine Grundsatz der Güter- und Interessenabwägung (vgl. o. 53c f.), dessen Konkretisierung bei den Geheimnisschutzdelikten jedoch noch in den Anfängen steckt (vgl. dazu auch Goll aaO). Zwar ist eine solche inzwischen z. B. durch die §§ 67ff. SGB X für den Bereich der Sozialverwaltung und landesrechtlich z. B. durch Art. 39ff. BayPolizeiaufgabenG v. 14. 9. 1990 (GVBl. S. 397) für den polizeilichen Bereich erfolgt. Sie jedoch auch im übrigen nachzuholen, wird – will man der Verwaltung mit dem Hinweis auf die allgemeinen Grundsätze und Rechtfertigungsgründe (EEGStGB 236) nicht Steine statt Brot geben – eine vordringliche Aufgabe sein (vgl. auch Knemeyer NJW 84, 2242f., ferner Franzheim ZRP 81, 6, Zuck StV 87, 32ff. für die Auskunfts-, Mitteilungs- und Berichtspflichten in Strafsachen; zum Entwurf eines Justizmitteilungsgesetzes; vgl. v. Wedel/Eisenberg NStZ 89, 505, Schoreit MDR 87, 889).

§ 203 55–62   Bes. Teil. Verletzung des persönlichen Lebens- u. Geheimbereichs

55 5. **Täter nach Abs. 2** können nur die **Angehörigen** der in **Nr. 1–5 genannten Personengruppen** sein; die in Abs. 3 erfolgte Erweiterung des Täterkreises auf Hilfspersonen usw. gilt für Abs. 2 nicht (vgl. dazu auch u. 61 f.).

56 a) Zu den **Amtsträgern (Nr. 1)** vgl. § 11 I Nr. 2 und dort RN 14 ff.

57 b) Zu den **für den öffentlichen Dienst besonders Verpflichteten (Nr. 2)** vgl. § 11 I Nr. 4 und dort RN 34 ff.

58 c) **Nr. 3** erfaßt die **Personen, die Aufgaben und Befugnisse nach dem Personalvertretungsrecht wahrnehmen,** womit die unterschiedlichen und z. T. einander widersprechenden Regelungen des früheren Rechts vereinheitlicht worden sind (vgl. näher EEGStGB 240). Der Begriff des Personalvertretungsrechts umfaßt alle Rechtsnormen, welche die Interessenvertretung der Angehörigen von Dienststellen (einschließlich Betriebsverwaltungen) des Bundes, der Länder und der Körperschaften, Anstalten und Stiftungen des öffentlichen Rechts regeln. Dazu gehört deshalb nicht nur das Personalvertretungsrecht nach dem BPersonalvertretungsG v. 15. 4. 1974 (BGBl. I 693, letztes ÄndG v. 28. 5. 1990, BGBl. I 967) und der entsprechenden Landesgesetze (vgl. die Übersicht bei Erbs/Kohlhaas, Registerband-Lexikon des Nebenstrafrechts von Göhler/Buddendiek/Lenzen unter „Personalvertretungen"), sondern z. B. auch das Vertretungsrecht der Richter (§§ 49, 72, 74 DRiG), Staatsanwälte (vgl. z. B. § 71 f bad.-württ. LandesrichterG), Soldaten (vgl. §§ 35, 70 SoldatenG) und der Zivildienstleistenden (§ 37 ZivildienstG i. d. F. v. 31. 7. 1986, BGBl. I 1205); für die ehem. DDR vgl. etwa das Ges. zur sinngemäßen Anwendung des BPersonalvertretungsG v. 22. 7. 1990 (GBl. I S. 1014) u. dazu EV I Kap. XIX A, EV II Kap. XIX A. Aufgaben und Befugnisse nach dem Personalvertretungsrecht werden schon nach dem Sinn der Vorschrift nur von solchen Personen wahrgenommen, die eine „gesteigerte" (EEGStGB 241), d. h. spezifisch der Personalvertretung dienende und deshalb mit einer besonderen Vertrauensstellung verbundene Funktion ausüben. Nicht gemeint ist deshalb die Wahrung von Rechten, wie sie jedem Bediensteten zustehen (z. B. Wahlrecht, Teilnahme an der Personalversammlung). Dagegen fallen unter Nr. 3 z. B. die Mitglieder der Personalräte (einschließlich der Stufenvertretungen und des Gesamtpersonalrats, vgl. §§ 53 ff. BPersVG), gleichgültig, ob es sich dabei um Beamte, Angestellte oder Arbeiter handelt, ferner z. B. der Wahlvorstand, die Jugendvertretung und die Vertrauensleute nach §§ 20, 57 ff., 85 II BPersVG. Eine Wahrnehmung von Aufgaben und Befugnissen des Personalvertretungsrechts ist auch die Mitwirkung an Personalratssitzungen mit nur beratender Stimme durch Gewerkschaftsbeauftragte (§ 36 BPersVG), Jugendvertreter, Vertreter der nicht ständig Beschäftigten usw. nach § 40 BPersVG.

59 d) Nach **Nr. 4** sind schweigepflichtig ferner die **Mitglieder** und **Hilfskräfte** eines für ein Gesetzgebungsorgan des Bundes oder eines Landes (vgl. § 105 RN 4) **tätigen Untersuchungsausschusses, sonstigen Ausschusses** oder **Rates,** die nicht selbst Mitglieder des Gesetzgebungsorgans sind. Gemeint sind hier nicht Ausschüsse „der" Gesetzgebungsorgane, sondern solche, die „für" ein Parlament tätig sind, vor allem Enquete-Kommissionen (vgl. z. B. § 5 Ges. über Enquete-Kommissionen des Abgeordnetenhauses von Berlin v. 7. 12. 1970, GVBl. 1974), Sachverständigenräte usw., die von außen die Tätigkeit der Parlamente unterstützen (EEGStGB 241). Täter können zunächst – auch bei nur vorübergehender Zugehörigkeit – die *Mitglieder* dieser Ausschüsse usw. sein, die, weil sie nicht für eine Aufgaben der öffentlichen Verwaltung wahrnehmende Stelle tätig sind, nicht als für den öffentlichen Dienst besonders Verpflichtete (Nr. 2) behandelt werden können. Ausgenommen sind jedoch solche Mitglieder, die zugleich Mitglied des fraglichen Gesetzgebungsorgans sind. Erfaßt sind ferner die *Hilfskräfte* der genannten Ausschüsse (also nicht eines einzelnen Mitglieds), wozu zwar Assistenten, nicht aber Schreibkräfte gehören dürften. Für diese Einschränkung spricht nicht nur, daß das Gesetz hier nicht den in Abs. 3 in einem umfassenderen Sinn gebrauchten Begriff des „Gehilfen" verwendet, sondern auch der Vergleich mit den sonst nach Abs. 2 Schweigepflichtigen, deren Hilfspersonal weder durch Abs. 2 noch durch Abs. 3 erfaßt wird (im Fall der Nr. 1, 2 nur, soweit es sich dabei ebenfalls um Amtsträger oder besonders Verpflichtete handelt).

60, 61 e) Nach **Nr. 5** sind Täter die **öffentlich bestellten Sachverständigen,** die auf die gewissenhafte Erfüllung ihrer Obliegenheiten auf Grund eines Gesetzes förmlich verpflichtet worden sind. Dabei handelt es sich um die nach § 36 GewO öffentlich bestellten Sachverständigen, die, weil sie freiberuflich und nicht für den öffentlichen Dienst i. S. des § 11 I Nr. 4 tätig sind, nicht zu den für den öffentlichen Dienst besonders Verpflichteten gehören und deshalb auch nicht schon unter Nr. 2 fallen (vgl. auch § 11 RN 39). Eine förmliche Verpflichtung dieser Sachverständigen zur gewissenhaften Erfüllung ihrer Obliegenheiten sieht § 1 III VerpflichtungsG i. d. F. des Art. 42 EGStGB vor. Zur ratio und Kritik der Vorschrift vgl. hier die 20. A. RN 61.

62 V. **Abs. 3** erweitert zunächst in S. 1 den Kreis der nach Abs. 1 Schweigepflichtigen um das **Hilfs- und Lernpersonal** und stellt dann in S. 2 den Angehörigen des so erweiterten Täterkreises nach deren Tod auch **bestimmte Außenstehende** gleich. Für Abs. 2 gilt diese Erweiterung des Täterkreises durch Abs. 3 dagegen nicht, was sich bei den Hilfspersonen usw. der in Abs. 2 Nr. 1, 2 Genannten damit rechtfertigen läßt, daß sie in der Regel selbst jedenfalls besonders Verpflichtete i. S. des Abs. 2 Nr. 2 sein werden. Lücken bleiben jedoch im Bereich des Abs. 2 Nr. 5 (Sekretärin des Sachverständigen).

Verletzung von Privatgeheimnissen 63–68 **§ 203**

1. Nach **S. 1** stehen den in Abs. 1 Genannten ihre **berufsmäßig tätigen Gehilfen** und die 63
Personen gleich, die bei ihnen **zur Vorbereitung auf den Beruf tätig** sind.

a) **Berufsmäßig tätiger Gehilfe** i. S. des S. 1 ist jeder, der innerhalb des beruflichen Wir- 64
kungsbereichs eines Schweigepflichtigen eine auf dessen berufliche Tätigkeit bezogene unterstützende Tätigkeit ausübt, welche die Kenntnis fremder Geheimnisse mit sich bringt oder
ohne Überwindung besonderer Hindernisse ermöglicht. Das Merkmal „berufsmäßiger" Tätigkeit bedeutet also nicht, daß der Gehilfe sie als seinen Beruf ausüben muß (so aber Lackner 2c
aa, Samson SK 15), sondern das Erfordernis eines inneren Zusammenhangs mit der beruflichen
Tätigkeit des Schweigepflichtigen nach Abs. 1 (D-Tröndle 11, Jähnke LK 109, Lenckner aaO
[1966] 166, [1986] 582, M-Maiwald I 274, Eb. Schmidt aaO [1939] 14). Erfaßt sind daher nicht
nur die Bürovorsteher der Rechtsanwälte, Sprechstundenhilfen bei Ärzten, Sekretärinnen usw.,
sondern z. B. auch die nur gelegentlich in der Arztpraxis ihres Mannes helfende Ehefrau, nicht
dagegen Reinigungspersonal, Chauffeure usw. Da es für die Begründung der Schweigepflicht
nur auf die Beziehung seiner Tätigkeit zu der des Schweigepflichtigen ankommt, ist für den
Begriff des Gehilfen nicht erforderlich, daß der Betreffende zu dem Schweigepflichtigen in
einem Dienstverhältnis steht oder in anderer Weise ihm gegenüber weisungsgebunden ist (vgl.
aber auch Jähnke LK 107). Daher kommen als Gehilfen i. S. des S. 1 auch die Angehörigen der
Verwaltung privater und öffentlicher Krankenhäuser in Betracht (Oldenburg NJW **82,** 2615,
Kleinewefers/Wilts NJW 64, 428, Kreuzer NJW 75, 2235, and. Jähnke aaO mwN), nicht
dagegen z. B. diejenigen der Aufsichtsbehörde eines öffentlichen Krankenhauses (Kreuzer aaO,
Geppert aaO 20 [zum Vorgesetzten eines Vollzugsarztes]). Soweit Gehilfen, wie z. B. Krankenpfleger, schon durch Abs. 1 erfaßt sind, bedarf es des Abs. 3 S. 1 nicht. Zu den Problemen bei
der digitalen Archivierung von Röntgenunterlagen durch interne oder externe Dokumentationsstellen vgl. Kilian NJW 87, 697.

b) Zur Gruppe derjenigen, die bei einem Schweigepflichtigen nach Abs. 1 zur **Vorbereitung** 65
auf ihren Beruf (also nicht notwendig auf den des Schweigepflichtigen) tätig sind, gehören
z. B. famulierende Medizinstudenten, Lehrschwestern in Krankenhäusern und Referendare, die
einem Anwalt zur Ausbildung zugewiesen sind.

2. Durch **S. 2** wird den in Abs. 1 und Abs. 3 S. 1 Genannten **nach dem Tode** des zur Wah- 66
rung des Geheimnisses **Verpflichteten** ferner derjenige gleichgestellt, der das **Geheimnis von
dem Verstorbenen oder aus dessen Nachlaß erlangt** hat.

a) **Von einem Schweigepflichtigen** i. S. des Abs. 1 oder Abs. 3 S. 1 **erlangt** ist das Geheim- 67
nis, wenn der Arzt usw. es dem Täter offenbart hat, nicht dagegen, wenn dieser sich die
Kenntnis durch eigenmächtiges rechtswidriges Handeln (z. B. durch Entwenden von Akten)
verschafft hat (Eb. Schmidt aaO [1939] 17; and. D-Tröndle 13, Gössel I 430; vgl. auch Samson
SK 17). Denn die Schweigepflicht Außenstehender – um die allein es hier gehen kann – kann
nicht weiter reichen als die der von Berufs wegen nach Abs. 3 S. 1 Verpflichteten. Gleichgültig ist, ob der Schweigepflichtige das Geheimnis unbefugt oder befugt mitgeteilt hat (Lackner 2c cc; and. – nur bei unbefugter Offenbarung – Jähnke LK 113, ferner Eb. Schmidt aaO 18,
dessen Begründung, die befugte Offenbarung nehme einer Tatsache ihre Geheimniseigenschaft, jedoch nicht zutrifft). Jedoch ist S. 2 dann nicht anwendbar, wenn die Befugnis auf dem
Einverständnis des Verfügungsberechtigten beruht. Ob dieser das Geheimnis dem Dritten
selbst mitteilt oder mit seiner Offenbarung durch den Schweigepflichtigen einverstanden ist,
kann keinen Unterschied machen.

Wenngleich die frühere, wenig einleuchtende Beschränkung des Tatbestands auf das Veröffentli- 68
chen des Geheimnisses nunmehr beseitigt ist, so ist die Regelung doch auch in ihrer jetzigen Fassung
alles andere als überzeugend (vgl. auch Jähnke LK 113). Da die Strafwürdigkeit der Weitergabe eines
von einem Schweigepflichtigen erlangten Geheimnisses nicht davon abhängen kann, ob dies vor oder
nach dessen Tod geschieht, kann der Tod des primär Verpflichteten nur als objektive Bedingung der
Strafbarkeit aufgefaßt werden (vgl. Lenckner aaO [1966] 169f., Jähnke aaO, Schünemann ZStW 90,
59). Im E 62 (Begr. 338) ist das Abstellen auf den Tod des primär Verpflichteten dann auch mit
Erwägungen zum Strafbedürfnis begründet, und zwar damit, daß der Arzt, Anwalt usw. bis zu
seinem Tode selbst für die Wahrung des Geheimnisses zu sorgen habe und strafrechtlich verantwortlich sei, während man sich nachher nur an den Mitwisser halten könne. Abgesehen davon jedoch, daß
der Schweigepflichtige i. d. R. kein wirksames Mittel in der Hand haben wird, seinen Mitwisser an
der Weitergabe des ihm Offenbarten zu hindern, ist nicht einzusehen, wieso das Strafbedürfnis
bezüglich der Tat des Mitwissers dadurch begründet werden soll, daß der Arzt, Anwalt usw. für die
seine nicht mehr zur Verantwortung gezogen werden kann (vgl. auch Becker MDR 74, 890), – ein
Gesichtspunkt, der im übrigen ohnehin nur zutrifft, wenn er, was die Bestimmung nicht voraussetzt
(vgl. o. 67), den Mitwisser unbefugt informiert hat. Eine kriminalpolitische Notwendigkeit für die
Regelung läßt sich entgegen dem E 62 aber auch nicht damit begründen, daß den in Abs. 3 S. 2 an
zweiter Stelle genannten Tätern die oft unwiderlegbare Behauptung abgeschnitten werden müsse, sie

hätten das Geheimnis schon zu Lebzeiten des Schweigepflichtigen von ihm selbst erfahren. Zum einen vermag auch diese Erwägung schon unter praktischen Gesichtspunkten nicht zu überzeugen, da auch die weitergehende Behauptung vielfach nicht zu widerlegen sein wird, die fragliche Tatsache sei kein Geheimnis mehr, weil man sie schon zu Lebzeiten des Schweigepflichtigen einer beliebigen Anzahl von Personen – straflos – weitererzählt habe (vgl. Eb. Schmidt aaO [1939] 18 f.). Zum andern aber ist es illegitim, ein Strafbedürfnis für einen Fall A nicht aus diesem selbst, sondern aus befürchteten Beweisschwierigkeiten in einem Fall B herzuleiten. Auch wenn er als objektive Bedingung der Strafbarkeit verstanden wird, ist der Tod des Schweigepflichtigen aber ein willkürlich gewähltes Kriterium (vgl. Lenckner aaO [1966] 170 FN 23; krit. zu der Regelung auch Kohlhaas GA 58, 67, Samson SK 17).

69 b) Sachgerecht ist dagegen die Verlängerung des Geheimnisschutzes im zweiten Fall des S. 2, die vor allem die Erben des Schweigepflichtigen betrifft. **Aus dem Nachlaß** i. S. des S. 2 hat jedermann die Kenntnis des Geheimnisses **erlangt,** der es in Ausübung wirklicher oder vermeintlicher Rechte an dem Nachlaß daraus erfahren hat. Neben dem wirklichen Erben kommen also z. B. auch der Erbschaftsbesitzer und der Testamentsvollstrecker in Frage. Nicht hierher gehören dagegen der Altpapierhändler, dem alte Unterlagen verkauft werden, der Käufer der verwaisten Arztpraxis – hier gilt Abs. 1 – und bei der Sichtung des Nachlasses zugezogene Helfer (vgl. jedoch Jähnke LK 114, Kohlhaas GA 58, 68, Eb. Schmidt aaO [1939] 20 ff.).

70 VI. **Abs. 4,** nach dem die Abs. 1–3 auch anzuwenden sind, wenn der **Täter das fremde Geheimnis** (im Fall des Abs. 2 auch eine gleichstehende Einzelangabe, vgl. o. 46 ff.) **nach dem Tode des Betroffenen offenbart,** hat lediglich klarstellende Funktion (and. Schünemann ZStW 90, 60). Daß die Schweigepflicht nicht durch den Tod des Patienten, Mandanten usw. aufgehoben wird (so auch schon RG **71** 22), versteht sich im Hinblick auf den Schutzzweck des § 203 von selbst. Denn ein vertrauensvolles Verhältnis zu Ärzten, Anwälten usw. wäre nicht möglich, wenn derjenige, der sie in dieser Eigenschaft in Anspruch nimmt, nicht auch für die Zeit nach seinem Tode mit ihrer Verschwiegenheit rechnen könnte (Bockelmann aaO 15, Lenckner aaO [1966] 173 f.). Aus diesem Grund können z. B. der Schweigepflicht des Arztes auch Feststellungen unterliegen, die dieser erst nach dem Tod des Patienten trifft (z. B. Syphilis als Todesursache; vgl. aber auch Bockelmann aaO 32); selbstverständlich ist ferner, daß bei anvertrauten usw. Drittgeheimnissen der Tod des Dritten die Schweigepflicht unberührt läßt. Auch inhaltlich besteht die Schweigepflicht jedenfalls grundsätzlich unverändert fort und beschränkt sich nicht etwa auf Tatsachen, die den sittlichen oder sozialen Wert des Betroffenen mindern (so aber Düsseldorf NJW **59,** 821, LG Augsburg NJW **64,** 1187 m. Anm. Lenckner u. ähnl. Schünemann aaO; wie hier BayLSG NJW **62,** 1789, Becker MDR 74, 891, Jähnke LK 53, M-Maiwald I 275, Eb. Schmidt NJW 62, 1745; vgl. auch Bay[Z] NJW **87,** 1492, Kuchinke aaO 374 ff.). Allerdings kann sich hier eine zeitliche Begrenzung der Schweigepflicht insofern ergeben, als das Schutzbedürfnis in dem Maß schwindet, in dem die Erinnerung an den Verstorbenen verblaßt oder seine Person hinter der historischen Gestalt zurücktritt (Jähnke LK 52); auch kann nach dem Tode eine mutmaßliche Einwilligung (vgl. o. 27) in Fällen anzunehmen sein, in denen der Betroffene zu seinen Lebzeiten in eine Geheimnisoffenbarung nicht eingewilligt hätte.

71 VII. Für den **subjektiven Tatbestand** ist Vorsatz erforderlich, wobei bedingter Vorsatz genügt (D-Tröndle 34, Jähnke LK 116); zu der besonderen Absicht nach Abs. 5 vgl. u. 74. Der Täter muß also z. B. wissen, daß es sich um ein fremdes Geheimnis oder um eine Einzelangabe i. S. des Abs. 2 S. 2 handelt, daß ihm diese in seiner besonderen Eigenschaft anvertraut worden sind usw. Hinsichtlich des Merkmals „unbefugt" gilt folgendes: Nimmt der Täter irrig ein (tatbestandsausschließendes) Einverständnis des Verfügungsberechtigten an, so gilt § 16 unmittelbar (so zu § 300 a. F. auch Köln NJW **62,** 686 m. Anm. Bindokat; and. die h. M., die hier von einer rechtfertigenden Einwilligung ausgeht [nur entsprechende Anwendung des § 16; vgl. z. B. Dreher MDR 62, 592]); nimmt er irrig die Voraussetzungen eines vom Recht anerkannten Offenbarungsrechts i. S. eines Rechtfertigungsgrundes an, so ist § 16 entsprechend anzuwenden (vgl. 19 vor § 13, § 16 RN 14 ff. u. 21 vor § 32). Dagegen liegt Verbotsirrtum (§ 17) vor, wenn der Täter trotz Kenntnis aller Umstände von seiner Schweigepflicht nichts weiß oder wenn er eine vom Recht überhaupt nicht oder nicht in diesem Umfang anerkannte Offenbarungsbefugnis annimmt. Um einen Verbotsirrtum handelt es sich deshalb z. B. auch, wenn ein Arzt glaubt, einem Kollegen schon deshalb, weil auch dieser schweigepflichtig ist, Anfragen über seinen Patienten beantworten zu dürfen (vgl. o. 21, 27, M-Maiwald I 275, aber auch BGH **4** 356: Tatbestandsirrtum).

72 VIII. **Vollendet** ist die Tat mit dem Offenbaren, d. h. bei mündlicher Mitteilung mit der Kenntnisnahme durch den Empfänger, dies aber ohne Rücksicht darauf, ob er das Mitgeteilte tatsächlich verstanden hat, bei einem in einem Schriftstück usw. verkörperten Geheimnis mit der Übertragung des Gewahrsams derart, daß eine Kenntnisnahme ohne weiteres möglich ist (vgl. auch o. 19; and. M-Maiwald I 273).

73 IX. **Täter** kann nur ein nach Abs. 1–3 Schweigepflichtiger sein (echtes Sonderdelikt). Nicht möglich ist daher z. B. eine mittelbare Täterschaft desjenigen, der einen gutgläubigen Arzt zur Offenbarung eines Geheimnisses veranlaßt (RG **63** 315, BGH **4** 359). Auch wegen Anstiftung kann

der Hintermann hier mangels einer vorsätzlichen Haupttat nicht bestraft werden (BGH 4 355, wo dies für möglich gehalten wurde [aufgegeben in BGH 9 370], ist durch § 26 n. F. überholt; vgl. 32ff. vor § 25). Im übrigen ist **Teilnahme** nach allgemeinen Grundsätzen möglich. Nach h. M. soll auf den Teilnehmer, der selbst nicht zur Geheimhaltung verpflichtet ist, § 28 I anwendbar sein (z. B. D-Tröndle 35, Lackner 2, Samson SK 51, Wessels II/1 S. 117). In der Tat könnte es zunächst naheliegen, in der Eigenschaft als Arzt, Anwalt, Amtsträger usw. ein besonderes persönliches Merkmal i. S. des § 28 I zu sehen. Spätestens bei den in Abs. 3 S. 2 1. Alt. genannten Tätern, die derselben Strafdrohung unterliegen, kann davon jedoch keine Rede mehr sein, weil die bloße Tatsache, Mitwisser des Geheimnisses geworden zu sein, kein personales Unrecht i. S. des § 28 I begründet. Aber auch bei den Ärzten, Anwälten usw. kennzeichnet die Tätereigenschaft in Wahrheit nicht eine besondere personale Pflichtverletzung, sondern lediglich die Beziehung, in der das primär geschützte Rechtsgut – Vertrauen in die Verschwiegenheit bestimmter Berufe – überhaupt verletzt werden kann. Die Eigenschaft als Arzt usw. ist daher ein tatbezogenes und kein täterbezogenes Merkmal i. S. des § 28 I, weshalb diese Bestimmung auf den Teilnehmer nicht anwendbar ist (ebenso Gössel I 437, Grünwald, A. Kaufmann-GedS 563). Zur Frage der Anwendbarkeit des § 28 II im Fall des Abs. 5 vgl. u. 75.

X. **Qualifiziert** ist die Tat nach **Abs. 5,** wenn der Täter **gegen Entgelt** oder in der **Absicht** 74 gehandelt hat, **sich oder einen anderen zu bereichern** oder **anderen zu schädigen.** Handeln gegen *Entgelt* (vgl. § 11 I Nr. 9 und dort RN 68ff.) liegt vor, wenn der Täter das Geheimnis „verkauft", nicht dagegen, wenn der Schuldner des Täters die Begleichung einer Forderung von der Offenbarung abhängig macht; vgl. im übrigen auch § 180 RN 24. Die *Absicht, sich oder einen Dritten zu bereichern,* muß, obwohl Abs. 5 dies im Gegensatz zu § 300 III a. F. nicht mehr ausdrücklich verlangt, auf die Erlangung eines *rechtswidrigen* Vermögensvorteils gerichtet sein, da nur dann die erhöhte Strafe gerechtfertigt ist (ebenso Niemeyer aaO 408, Tiedemann, GmbH-Strafrecht [1981] § 85 RN 30; and. Jähnke LK 117). Eine eigennützige Bereicherungsabsicht liegt z. B. vor, wenn der Täter ein Betriebsgeheimnis offenbart, um sich im Hinblick auf dessen geplante Verwertung beraten zu lassen, eine fremdnützige, wenn es einem anderen zur Verwertung überlassen wird. Meist wird es sich beim Handeln in eigennütziger Bereicherungsabsicht freilich zugleich um eine Offenbarung gegen Entgelt handeln, da auch dieses in dem Täter nicht zustehende Vermögensvorteil ist. Die Alternative entgeltlichen Handelns und die damit verbundene Frage, ob der Täter die Gegenleistung in diesem Fall tatsächlich erhalten haben muß, ist daher jedenfalls i. E. ohne Bedeutung (D-Tröndle 36, Jähnke LK 117, Samson SK 53). Für die *Schädigungsabsicht* genügt jeder vom Täter beabsichtigte Nachteil; ein Vermögensschaden ist nicht erforderlich (ebenso Jähnke aaO, Tiedemann aaO RN 31; and. Samson SK 53). Auch der ideelle Schaden, z. B. bei öffentlicher Bloßstellung, genügt. *Absicht* bedeutet hier zielgerichtetes Handeln (vgl. Lenckner NJW 67, 1894); dem Täter muß es also auf die Bereicherung bzw. Schädigung ankommen.

Zweifelhaft ist, ob auf den **Teilnehmer,** der selbst nicht in Vorteilsabsicht usw. handelt, § 28 II 75 anzuwenden ist. Dafür würde zwar sprechen, daß das Handeln in der Absicht, sich durch die Offenbarung zu bereichern, als Ausdruck einer besonders verwerflichen Gesinnung verstanden werden könnte (vgl. deshalb auch § 273 RN 6). Andererseits ist der Vorteilsabsicht in Abs. 5 das entgeltliche Handeln gleichgestellt, das seinerseits aber nicht anders behandelt werden kann als das mit gleicher Strafe wie in Abs. 5 bedrohte Verwerten eines Geheimnisses in § 204. Ob z. B. ein Anwalt zur Verwertung (§ 204) oder zum Verkauf eines Betriebsgeheimnisses (§ 203 V) angestiftet wird, kann für die Strafbarkeit des Anstifters keinen Unterschied machen. Da aber das Verwerten in § 204 trotz der dafür erforderlichen Gewinnerzielungsabsicht ein tatbezogenes Merkmal ist, der Anstifter hier also aus dem Strafrahmen des § 204 bestraft wird, muß auch für die Anstiftung zum Verkauf des Geheimnisses die Strafdrohung des § 203 V zugrunde gelegt werden. Dies spricht dafür, § 28 II bei § 203 V insgesamt nicht anzuwenden (and. Gössel I 437, Jähnke aaO, Samson SK 54).

XI. **Idealkonkurrenz** ist möglich mit § 353b (D-Tröndle 38, Jähnke LK 118, Lackner 9). Eine 76 Datenübermittlung gem. § 43 I Nr. 1 BDatenschutzG tritt hinter § 203 zurück (zu § 41 I Nr. 1 BDSG a. F. vgl. Arzt/Weber I 205, Becker SchlHA 80, 32; and. Dammann, in: Simitis/Dammann/Mallmann/Reh, BDSG, 3. A., § 41 RN 35: Tateinheit; wegen der gleichen Strafdrohung ohne praktische Bedeutung). Zwischen Abs. 2 und §§ 354, 355 besteht Gesetzeskonkurrenz mit Vorrang der letzteren (vgl. § 354 RN 42, § 355 RN 36). Soweit für die unbefugte Geheimnisoffenbarung durch bestimmte Personen, die zugleich unter Abs. 1 fallen können, noch Sonderregelungen bestehen (z. B. § 333 I HGB, § 404 I Nr. 2 AktG, § 151 I Nr. 2 GenG: Prüfer und deren Gehilfen), dürften diese dem § 203 vorgehen (ebenso Geilen aaO [vgl. o. 11] RN 90; praktisch wegen der gleichen Strafdrohung hier ohne Bedeutung). Geht dem Verwerten des Geheimnisses (§ 204) ein Offenbaren voraus oder erfolgt das Verwerten durch Offenbaren (z. B. Verkauf), so gilt ausschließlich § 203 V (vgl. § 204 RN 5, 12). Treffen Abs. 1 und 2 zusammen (z. B. Amtsarzt), so liegt nur eine Tat nach § 203 vor (D-Tröndle 38, and. Gössel I 437; vgl. o. 43).

XII. Zum Erfordernis des **Strafantrags** vgl. § 205. 77

§ 204 Verwertung fremder Geheimnisse

(1) **Wer unbefugt ein fremdes Geheimnis, namentlich ein Betriebs- oder Geschäftsgeheimnis, zu dessen Geheimhaltung er nach § 203 verpflichtet ist, verwertet, wird mit Freiheitsstrafe bis zu zwei Jahren oder mit Geldstrafe bestraft.**

(2) **§ 203 Abs. 4 gilt entsprechend.**

1 I. Die durch das EGStGB im Anschluß an § 186b E 62 in das StGB aufgenommene Vorschrift, durch die zahlreiche Sonderbestimmungen des Nebenstrafrechts überflüssig wurden, bedeutet eine Ergänzung zu § 203. Das **Rechtsgut** entspricht demjenigen des § 203 (vgl. dort RN 3), mit dem Unterschied, daß es hier nicht um das Vertrauen in die Verschwiegenheit bestimmter Berufsgruppen geht, sondern um das Vertrauen in ihre Integrität dergestalt, daß die Angehörigen dieser Berufe aus den ihnen anvertrauten Geheimnissen nicht selbst Kapital schlagen. Sachlich schließt sich § 204 an das in § 203 V erfaßte Offenbaren gegen Entgelt an, indem hier die eigene wirtschaftliche Verwertung des Geheimnisses mit der gleichen Strafe bedroht wird. Ebenso wie § 203 enthält auch § 204 ein **echtes Sonderdelikt** (Träger LK 4).

2 II. Strafbar ist nach **Abs. 1** das unbefugte **Verwerten eines fremden Geheimnisses** durch einen nach § 203 zur Geheimhaltung Verpflichteten.

3 1. Obwohl sich § 204 seinem Wortlaut nach auf alle dem § 203 unterfallenden **Geheimnisse** bezieht (vgl. § 203 RN 5 ff.), kommen hier, wie sich aus der Tathandlung des „Verwertens" ergibt (vgl. u. 5), praktisch nur solche Geheimnisse in Betracht, die ihrer Natur nach zur wirtschaftlichen Ausnutzung geeignet sind (Träger LK 3; vgl. auch EEGStGB 244). Deshalb werden vom Gesetz auch die Betriebs- und Geschäftsgeheimnisse (vgl. dazu § 203 RN 11) besonders hervorgehoben, die freilich nur die praktisch wichtigsten Beispiele darstellen, da unter der Voraussetzung ihrer wirtschaftlichen Verwertbarkeit auch andere Geheimnisse den Schutz des § 204 genießen. Dies gilt z. B. für die Erfindung einer Privatperson oder andere Geheimnisse, die nur deshalb keine Betriebs- oder Geschäftsgeheimnisse sind, weil ihnen der nach der Rspr. (vgl. z. B. RGZ **149** 332) erforderliche Zusammenhang mit einem Betrieb oder Geschäft (noch) fehlt (vgl. EEGStGB aaO). Wegen der Gleichstellung mit den Geheimnissen können auch Einzelangaben i. S. des § 203 II 2 unter § 204 fallen, dies freilich nur, soweit sie durch die in § 203 II 1 genannten Personen verwertet werden (EEGStGB aaO); die Einschränkung des § 203 II 2 2. Halbsatz gilt für § 204 nicht (ebenso Träger aaO).

4 2. Voraussetzung ist ferner, daß der Täter **nach § 203 zur Geheimhaltung verpflichtet** ist, d. h., daß er zu dem dort genannten Personenkreis gehört und daß ihm das Geheimnis in seiner Eigenschaft als Angehöriger der fraglichen Berufsgruppe anvertraut worden oder sonst bekanntgeworden ist (vgl. § 203 RN 12 ff.). Auch eine Schweigepflicht nach § 203 III genügt, wobei im Fall des § 203 III 2 auch die Verwertung jedoch erst nach dem Tod des primär Verpflichteten strafbar ist.

5 3. Die Tathandlung besteht im **Verwerten** des Geheimnisses, d. h. in der eigenen wirtschaftlichen Nutzung des in dem Geheimnis verkörperten Werts zum Zweck der Gewinnerzielung, gleichgültig, ob dies zum eigenen oder fremden Vorteil geschieht (vgl. auch EEGStGB 244, Blei II 127, D-Tröndle 3, Gössel I 438, Lackner 4, M-Maiwald I 273, Samson SK 2, Träger LK 5, ferner RG **39** 83, **40** 406, **62** 206 zu § 17 II UWG, Bay NStZ **84**, 169 m. Anm. Maiwald zu § 355, Geilen aaO [§ 203 RN 11] RN 55 zu § 404 AktG, Tiedemann, GmbH-Strafrecht [2. A., 1988] § 85 RN 15 mwN zu § 85 GmbHG). Nicht hierher gehört deshalb die Verwertung durch Offenbaren des Geheimnisses (z. B. Verkauf an Dritte), die bereits durch § 203 V erfaßt ist (vgl. EEGStGB aaO). Kein Verwerten i. S. des § 204 ist ferner die nichtwirtschaftliche Verwertung, z. B. zu politischen Zwecken (D-Tröndle 3) oder zum Zweck der Erpressung des Geheimnisträgers (Blei aaO; and. Geilen aaO RN 57, Rein VersR 76, 123); daraus folgt zugleich, daß für § 204 nur Geheimnisse in Betracht kommen, denen ein wirtschaftlicher Wert innewohnt (vgl. o. 3). Ein „Verwerten des Geheimnisses" ist aber auch noch nicht gleichbedeutend mit der wirtschaftlichen Ausnutzung der Kenntnis eines Geheimnisses, wie sie z. B. auch bei der nicht unter § 204 fallenden Verwertung sog. Insider-Informationen gegeben ist, so wenn ein Wirtschaftsprüfer seinen auf Grund einer Betriebsprüfung erlangten Informationsvorsprung zum An- oder Verkauf von Aktien des fraglichen Unternehmens in der Hoffnung auf einen Spekulationsgewinn benutzt (Träger LK 6; and. Samson SK 2, Ulsenheimer NJW 75, 1999 und zu § 355 Bay NStZ **84**, 169 m. abl. Anm. Maiwald, zu § 404 II AktG Geilen aaO RN 63, Stebut, Geheimnisschutz und Verschwiegenheitspflicht im Aktienrecht [1972] 76 ff., DB 74, 613; vgl. auch Dingeldey, Insider-Handel und Strafrecht [1983] 33, Tiedemann aaO RN 17). Ein Verwerten des Geheimnisses liegt vielmehr erst vor, wenn der Täter die den Gegenstand des Geheimnisses bildenden wirtschaftlichen Nutzungsmöglichkeiten selbst in der Absicht realisiert, daraus unmittelbar und auf Kosten des – dadurch entsprechend „entreicherten" – Geheimnisträgers Gewinn zu ziehen (ebenso Tiedemann aaO RN 17, Träger aaO). Dabei ist allerdings erforderlich, daß die Handlung wenigstens geeignet ist, eine solche Vermögensverschiebung herbeizuführen; nicht notwendig ist dagegen die Gefahr einer völligen Entwertung des Ge-

heimnisses für den Geheimnisträger (vgl. auch RG 63 206) oder daß dieser tatsächlich einen Verlust erleidet.

Ein **Verwerten** liegt demnach z. B. vor, wenn ein Patentanwalt das anzumeldende Patent seines 6 Mandanten zur eigenen Produktion benutzt (D-Tröndle 3) oder wenn ein Wirtschaftsprüfer auf dem Kundenstamm seines Mandanten eine eigene Firma errichtet (Blei II 127). Kein Verwerten ist dagegen z. B. der Nachbau einer Erfindung lediglich für private Zwecke (z. B. für den eigenen Haushalt, aus Sammlerleidenschaft usw.), ferner der mit Rücksicht auf die zu erwartende Wertsteigerung vorgenommene Grundstückskauf eines Anwalts, der von den Planungsvorhaben der von ihm beratenen Gemeinde erfahren hat (vgl. dazu auch das Beisp. o. 5).

4. Die Verwertung muß **unbefugt** sein, wofür Entsprechendes gilt wie bei § 203 (vgl. dort RN 7 21ff.). Aus den dort genannten Gründen schließt auch hier das Einverständnis des Betroffen bereits die Tatbestandsmäßigkeit aus. Zur Person des Zustimmungsberechtigten vgl. § 203 RN 23. Handelt es sich um Drittgeheimnisse, so gilt auch hier, daß neben dem Dritten der Mandant usw. verfügungsberechtigt ist (daher keine Strafbarkeit nach § 204, wenn der Anwalt das ihm von einem Mandanten mitgeteilte Betriebsgeheimnis eines Dritten mit Zustimmung des ersteren verwertet, ein Ergebnis, das nur auf den ersten Blick befremdlich ist, weil § 204 nicht die unbefugte Verwertung fremder Geheimnisse als solche bestraft, sondern nur, wenn dadurch zugleich die Vertrauensbeziehung zwischen Mandant und Anwalt usw. verletzt wird, was hier jedoch nicht der Fall ist; auch sonst ist die Verwertung fremder Betriebs- und Geschäftsgeheimnisse, wenn nicht die zusätzlichen Voraussetzungen des § 17 II UWG erfüllt sind, nicht strafbar). § 34 dürfte hier keine praktische Bedeutung haben.

5. Für den **subjektiven Tatbestand** ist Vorsatz erforderlich. Da das Verwerten auf die wirt- 8 schaftliche Nutzung des Geheimnisses *gerichtet* sein muß, ist bedingter Vorsatz insoweit nicht denkbar (Träger LK 9). Der hier erforderliche direkte Vorsatz liegt jedoch auch vor, wenn der Täter zum Zweck der wirtschaftlichen Ausnutzung handelt, dabei aber noch nicht sicher weiß, ob eine solche möglich oder lohnend ist (vgl. § 15 RN 67). Im übrigen genügt dagegen auch bedingter Vorsatz.

III. Durch die Verweisung in **Abs. 2** auf § 203 IV wird auch für den Bereich des § 204 klargestellt, 9 daß der Schutz des Abs. 1 mit dem **Tod des Betroffenen** nicht endet (vgl. § 203 RN 70). Strafbar ist daher auch die nach diesem Zeitpunkt vorgenommene Verwertung. Da für § 204 nur Geheimnisse von wirtschaftlichem Wert in Betracht kommen, geht hier der Zustimmungsbefugnis (vgl. o. 7) auf die Erben des Geheimnisträgers über (vgl. § 203 RN 25); handelt es sich um ein Drittgeheimnis, so sind nach dem Tod des Mandanten usw. ausschließlich der Dritte bzw. dessen Erben zustimmungsbefugt (vgl. § 203 RN 25).

IV. **Vollendet** ist die Tat mit der Verwertung, d. h. mit Herbeiführung des Zustands, in dem 10 eine Gewinnerzielung unmittelbar möglich erscheint. Nicht erforderlich ist dagegen, daß der Täter mit der weiteren Verwertung begonnen oder den erstrebten Vorteil (z. B. Umsatzsteigerung) tatsächlich erlangt hat (ebenso Träger LK 7; and. SK-Samson 2; vgl. auch Godin/Wilhelmi, Komm. zum AktG [4. A.] § 404 Anm. 8). Vollendet ist die Tat daher z. B. nicht erst mit der Inbetriebnahme, sondern schon mit der erfolgreichen Herstellung der den Gegenstand des Geheimnisses bildenden Maschine (vgl. RG 40 408, 63 206, Träger LK 10; zu eng RG 39 85).

V. **Täter** kann nur ein nach § 203 Schweigepflichtiger sein. Die Verwertung braucht zwar 11 nicht eigenhändig zu erfolgen; läßt der Täter jedoch das Geheimnis durch einen Gehilfen für sich verwerten, so liegt in der Regel schon ein qualifiziertes Offenbaren nach § 203 V vor. Für Teilnehmer ist § 28 I ebensowenig anwendbar wie bei § 203 (vgl. dort RN 73).

VI. **Idealkonkurrenz** ist möglich mit § 246. Mit § 17 II UWG ist wegen der unterschiedlichen 12 Regelungsbereiche Idealkonkurrenz nur in seltenen Fällen möglich, so wenn der Täter den primär zur Geheimhaltung Verpflichteten zum Geheimnisverrat anstiftet und nach dessen Tod (§ 203 III 2) das Geheimnis verwertet. Geht dem Verwerten ein Offenbaren voraus oder erfolgt das Verwerten durch Offenbaren (z. B. Verkauf), so gilt ausschließlich § 203 V. Soweit für bestimmte Personengruppen, die zugleich unter § 204 fallen können, noch Sondervorschriften bestehen (z. B. § 355, § 333 II HGB, § 404 II AktG, § 151 II GenG: Prüfer und deren Gehilfen), dürften diese vorgehen (vgl. Träger LK 12; wegen der teilweisen Übereinstimmung der Strafdrohung nur beschränkt von praktischer Bedeutung).

VII. Zum Erfordernis des **Strafantrags** vgl. § 205. 13

§ 205 Strafantrag

(1) **In den Fällen des § 201 Abs. 1 und 2 und der §§ 202 bis 204 wird die Tat nur auf Antrag verfolgt.**

(2) **Stirbt der Verletzte, so geht das Antragsrecht nach § 77 Abs. 2 auf die Angehörigen über; dies gilt nicht in den Fällen des § 202a. Gehört das Geheimnis nicht zum**

§ 205 1–7   Bes. Teil. Verletzung des persönlichen Lebens- u. Geheimbereichs

persönlichen Lebensbereich des Verletzten, so geht das Antragsrecht bei Straftaten nach den §§ 203 und 204 auf die Erben über. Offenbart oder verwertet der Täter in den Fällen der §§ 203 und 204 das Geheimnis nach dem Tode des Betroffenen, so gelten die Sätze 1 und 2 sinngemäß.

Vorbem. Abs. 2 S. 1 geändert durch das 2. WiKG v. 15. 5. 1986, BGBl. I 721.

1   I. Der **Strafantrag** (vgl. dazu §§ 77 ff. m. Anm.) ist nach **Abs. 1** mit Ausnahme von § 201 III bei allen Delikten des 15. Abschnitts Prozeßvoraussetzung. § 232 I ist nicht entsprechend anwendbar. **Antragsberechtigt** ist – von den Fällen des Abs. 2 abgesehen – nur der **Verletzte** (§ 77 I); dem Dienstvorgesetzten steht bei Taten des Amtsträgers nach §§ 203, 204 kein Antragsrecht zu. Im einzelnen gilt folgendes:

2   1. Im Fall des § 201 ist Verletzter und damit antragsberechtigt nur der **Sprecher des nichtöffentlichen Worts**, nicht dagegen z. B. der Eigentümer der weitergegebenen Aufnahme oder ein sonst Betroffener (z. B. derjenige, um dessen Angelegenheit es in dem aufgenommenen Gespräch ging, auch wenn er an ihrer Geheimhaltung ein berechtigtes Interesse hat; ebenso Träger LK 3). Wurde ein Gespräch mehrerer Personen aufgenommen oder abgehört, so kann jeder den Antrag selbständig stellen (§ 77 IV).

3   2. Im Fall des § 202 ist Verletzter der z. Z. der Tat **Verfügungsberechtigte** (RG GA Bd. **61**, 339, RGZ **94** 2, D-Tröndle 3, Lackner 2, Samson SK 4), d. h. derjenige, der auf Grund seines Rechts am Inhalt des Schriftstücks über dessen Kenntnisnahme verfügen kann (Frank § 299 Anm. V; vgl. dazu § 202 RN 8). Dies ist nicht notwendig der Eigentümer oder derjenige, der den Verschluß angebracht hat (and. Träger LK 4; vgl. auch § 202 RN 8). Bei einem Brief ist bis zu dessen Zugang an den Adressaten der Absender antragsberechtigt (enger Samson SK 4), danach ausschließlich der Empfangsberechtigte, und zwar auch dann, wenn der Brief versehentlich oder auf Grund einer Täuschung einem Dritten zugestellt worden ist (vgl. RG GA Bd. **61**, 339, D-Tröndle aaO, Helle JZ 90, 758, Träger aaO; vgl. auch KG LZ **16**, 1269). Derjenige, dessen Angelegenheiten das Schriftstück betrifft, ist nicht Verletzter, wenn er nicht zugleich der Verfügungsberechtigte in dem o. genannten Sinne ist; das gleiche gilt für den Eigentümer des verschlossenen Behältnisses im Fall des § 202 II.

4   3. Entsprechendes gilt im Fall des § 202a, wo Verletzter der über die Daten formell Verfügungsberechtigte ist (vgl. dort RN 1, 6).

5   4. Umstritten ist, wer im Fall des § 203 Verletzter und damit **antragsberechtigt** ist (eine Folge der Meinungsverschiedenheiten über das Rechtsgut des § 203, vgl. dort RN 3). Teilweise wird angenommen, daß antragsberechtigt nur der Geheimnisträger sei (so z. B. D-Tröndle 4, Hackel NJW 69, 2259, 2277, Lackner 2, Träger LK 6); z. T. wird daneben auch der Anvertrauende als antragsberechtigt angesehen (z. B. M-Maiwald I 277, Samson SK 5, Welzel 37), während nach Kohlrausch/Lange § 300 Anm. IX nur dieser das Antragsrecht haben soll. Aus der hier vertretenen Auffassung, wonach Rechtsgut des § 203 primär die Vertrauensbeziehung zwischen Patient und Arzt usw. ist, daneben aber auch das Geheimnis selbst geschützt wird (vgl. § 203 RN 3), ergibt sich für die Antragsberechtigung folgendes: Handelt es sich um Geheimnisse des Patienten, Mandanten usw., so ist ausschließlich dieser antragsberechtigt. Dies gilt auch dann, wenn Anvertrauender ein Dritter ist, weil dieser weder unter dem Gesichtspunkt des auf das Arzt-Patientenverhältnis usw. beschränkten Vertrauensschutzes noch unter dem des Geheimnisschutzes der Verletzte ist (and. nur dann, wenn schon die Tatsache der Mitteilung für den Dritten ein Geheimnis darstellt und dieses zugleich mit der Offenbarung des Geheimnisses des Patienten usw. preisgegeben wird; vgl. auch § 203 RN 23). Hat dagegen der Patient usw. dem Arzt Drittgeheimnisse anvertraut, so ist antragsberechtigt sowohl der Patient als auch der Dritte, der erstere, weil er in seiner Vertrauensbeziehung zum Arzt betroffen ist, der letztere, weil er als Geheimnisträger Verletzter ist. Die Antragsberechtigung deckt sich hier deshalb mit der Verfügungsberechtigung (zu dieser vgl. § 203 RN 23; verkannt von Rogall NStZ 83, 414).

6   5. Entsprechendes wie bei § 203 gilt für die **Antragsberechtigung** im Fall des § 204.

7   II. Ist der **Verletzte nach der Tat**, aber vor Antragstellung **gestorben**, so geht das Antragsrecht nach **Abs. 2 S. 1, 2** grundsätzlich auf die **Angehörigen bzw. Erben** über. Ausgeschlossen ist der Übergang nach S. 1, 2. Halbs. jedoch im Fall des § 202a, was nach BT-Drs. 10/5058 S. 29 der „vergleichbaren Regelung zu § 41 I Nr. 2 BDSG" (a. F.) entsprechen soll (krit. dazu Haft NStZ 87, 10). Ausgeschlossen ist der Übergang außerdem nach allgemeinen Regeln, wenn das Antragsrecht des Verletzten durch Fristablauf oder Verzicht erloschen ist (vgl. § 77 RN 31), ferner nach § 77 II 4, wenn die Verfolgung sonst dem erklärten Willen des Verletzten widerspricht (vgl. § 77 RN 12). Dies gilt auch für das Antragsrecht des Erben, da § 77 II 4, der dem Wortlaut nach nur den Übergang auf Angehörige ausschließt, hier entsprechend anzuwenden ist. Im einzelnen gilt folgendes:

1. Nach **S. 1** geht das Antragsrecht in der Reihenfolge des § 77 II grundsätzlich auf die dort 8
genannten **Angehörigen** des Verletzten über (vgl. § 77 RN 12). Zur Frage, wer Verletzter i. S.
der §§ 201–204 ist, vgl. o. 3 ff.

2. Ausnahmsweise werden nach **S. 2** bei Taten nach §§ 203, 204 nicht die Angehörigen – je- 9
denfalls nicht als solche –, sondern die **Erben** antragsberechtigt, wenn das offenbarte bzw.
verwertete **Geheimnis nicht zum persönlichen Lebensbereich** des Verletzten **gehört**. Handelt
es sich um eine Erbengemeinschaft, so ist trotz der gesamthänderischen Verbundenheit jeder
Miterbe für sich antragsberechtigt. Dies folgt zwar nicht schon aus § 77 IV, der mehrere Antragsberechtigte voraussetzt, ergibt sich aber daraus, daß hier nichts anderes gelten kann als bei
der erst nach dem Tod des ursprünglichen Geheimnisträgers begangenen Geheimnisverletzung
(Abs. 2 S. 3), bei der jeder der Miterben als Verletzter und damit als Antragsberechtigter
anzusehen wäre (vgl. u. 14).

a) Mit den **Geheimnissen, die nicht zum persönlichen Lebensbereich gehören**, können, wie 10
auch die Bezugnahme der Gesetzesbegründung (EEGStGB 243) auf § 300 RN 28 der 16. Aufl.
dieses Kommentars zeigt, nur solche gemeint sein, die selbst einen **Vermögenswert** verkörpern
(z. B. Betriebs- und Geschäftsgeheimnisse; vgl. D-Tröndle 5, Gössel I 438, Lackner 3 b, Träger
LK 7) oder die sich jedenfalls als dessen Annex auf einen noch vorhandenen und deshalb mit
diesem vererblichen Vermögensgegenstand beziehen (z. B. Anlagebeteiligung eines Privatmanns). Denn nur bei Geheimnissen, die vererblich sind – was ihre Zugehörigkeit zum Vermögen voraussetzt (§ 1922 BGB) –, erscheint es sinnvoll, auch das Antragsrecht abweichend von
der Regel des S. 1 auf die Erben übergehen zu lassen. Dagegen besteht kein sachlich begründeter Anlaß, das Antragsrecht abweichend von S. 1 nicht auf die Angehörigen, sondern auf die
Erben (u. U. also auch auf den Fiskus!) übergehen zu lassen, wenn etwa der Patient seinem Arzt
Geheimnisse anvertraut hatte, die sein dienstliches oder politisches Wirken betrafen. Obwohl
auch diese dem Wortsinn nach „nicht zum persönlichen Lebensbereich gehören" (vgl. § 203
RN 10), muß es hier bei dem Grundsatz des S. 1 bleiben. Dies bedeutet daher, daß unter dem
Begriff des „zum persönlichen Lebensbereich gehörenden Geheimnisses" – entgegen der mißglückten Gesetzesterminologie (vgl. auch D-Tröndle § 203 RN 3) – alle Geheimnisse umfassen
muß, die nicht in dem genannten Sinn vermögensbezogen sind. Eine andere Frage ist es, ob die
Regelung des S. 2 ohne weiteres mit dem sonst geltenden Grundsatz zu vereinbaren ist, daß bei
der Verletzung materieller Güter das Antragsrecht nicht vererblich ist (vgl. § 77 RN 13), was
z. B. dazu führt, daß die Erben zwar antragsberechtigt sind, wenn die den Gegenstand eines
Geheimnisses bildende Maschine durch einen Geheimnisverrat wertlos geworden ist, nicht
aber, wenn der Täter die Maschine zerstört hat (§ 303).

b) Eine weitere Einschränkung ist notwendig bei **Drittgeheimnissen**, wenn man davon 11
ausgeht, daß hier sowohl der anvertrauende Mandant usw. als auch der Dritte antragsberechtigt
ist (vgl. o. 5). Hier kann Abs. 2 S. 2 nur für den Todesfall des Dritten (Geheimnisträger) gelten.
Stirbt dagegen z. B. der Mandant, der seinem Anwalt das Betriebsgeheimnis eines Dritten
offenbart hat, so muß es bei der Regel des S. 1 bleiben, da das in der Person des Mandanten
enttäuschte Vertrauen völlig unabhängig davon ist, ob das anvertraute Geheimnis einen Vermögenswert verkörpert oder nicht.

III. Wird in den Fällen der §§ 203, 204 die **Tat nach dem Tod des Betroffenen begangen**, so 12
gilt nach **Abs. 2 S. 3** die Regelung des Abs. 2 S. 1, 2 entsprechend. Dies bedeutet im einzelnen:

1. Grundsätzlich sind antragsberechtigt in der Reihenfolge des § 77 II die **Angehörigen** des 13
Verletzten (daß das Gesetz hier vom „Betroffenen" spricht, bedeutet keinen sachlichen Unterschied), bei Drittgeheimnissen also sowohl die Angehörigen des Patienten usw., wenn dieser
gestorben ist, als auch die Angehörigen des verstorbenen Geheimnisträgers (vgl. o. 5). Daß die
Angehörigen hier antragsberechtigt sind, steht nicht im Widerspruch dazu, daß diese über das
Geheimnis selbst grundsätzlich nicht verfügen können (vgl. § 203 RN 25).

2. Handelt es sich um ein Geheimnis, das **nicht zum persönlichen Lebensbereich** gehört, so sind 14
antragsberechtigt die **Erben**. Ebenso wie S. 2 kann aber auch S. 3 nur für Geheimnisse in dem o. 10
genannten Sinn gelten. Bei sonstigen Geheimnissen gibt es für ein von der Regel des S. 3 i. V. mit S. 1
abweichendes Antragsrecht der Erben ebensowenig einen einleuchtenden Grund wie im Fall des S. 1.
In dieser Beschränkung auf vermögenswerte Geheimnisse enthält S. 3 dann freilich eine Selbstverständlichkeit, da Geheimnisse dieser Art mit dem Tod des ursprünglichen Geheimnisträgers als Teil
des Nachlasses ohnehin auf die Erben übergehen, diese hier also selbst unmittelbar die Verletzten
sind. Allerdings gilt dies nur, wenn sie z. Z. der Tat noch Erben sind; haben die Erben
das Geheimnis (z. B. ein Betriebsgeheimnis) vorher weiterveräußert, so sind nicht mehr sie, sondern
der Erwerber antragsberechtigt. Bei Drittgeheimnissen gilt die entsprechende Einschränkung wie bei
S. 2 (vgl. o. 11); antragsberechtigt sind hier die Erben nur, wenn die Tat nach dem Tod des Geheimnisträgers begangen wird. Bei einer Erbengemeinschaft ist trotz der gesamthänderischen Verbunden-

§§ 211 ff. Vorbem 1

heit jeder der Miterben als Verletzter und damit – auch ohne Mitwirkung der übrigen – als antragsberechtigt anzusehen.

§§ 206–210 *Aufgehoben durch Art. 1 Nr. 58 1. StrRG vom 25. 6. 1969, BGBl. I 645.*

Die §§ 201–210 a. F. hatten den **Zweikampf** mit tödlichen Waffen unter Strafe gestellt. Nennenswerte praktische Bedeutung hatten diese Vorschriften jedoch nie erlangt. An der strafrechtlichen Beurteilung der studentischen Schlägermensur hat sich durch die Aufhebung der §§ 201 ff. a. F. nichts geändert. Nachdem BGH 4 24 es abgelehnt hat, in der Mensur einen Zweikampf mit tödlichen Waffen zu sehen, bleibt diese – wie bisher – auch künftig nach § 226a straflos (vgl. § 226a RN 20).

Sechzehnter Abschnitt. Straftaten gegen das Leben

Vorbemerkungen zu den §§ 211 ff.

Übersicht

I. Systematik der Tötungsdelikte	2. Schmerzlinderung ohne Lebensverkürzung 23
1. Straftaten gegen das menschliche Leben i. w. S. 1	3. Aktive Lebensverkürzung . . . . . . 24 ff.
2. Tötungsdelikte i. e. S. . . . . 2 ff.	4. Passive Euthanasie-Behandlungsabbruch . . . . 27 ff.
3. Erfolgsqualifizierende Todesfolge 10	IV. Selbsttötung . . . . 33 f.
4. Lebensgefährdung 11	1. Straflosigkeit der Teilnahme . . . . 35 f.
II. Schutzgut 12	2. Mittelbare Täterschaft . . . . 37 f.
1. Beginn des Menschseins 13	3. Nichthinderung einer Selbsttötung 39 ff.
2. Lebensfähigkeit; pränatale Eingriffe 14 f.	4. Anderweitige Strafbarkeit 47
3. Todesbegriff . . . . 16 ff.	5. Nötigung durch Suizedverhinderung 48
III. Euthanasie – Sterbehilfe 21	
1. Hirntod als Zäsur 22	

I. Systematik der Tötungsdelikte.

Schrifttum: Albrecht, Das Dilemma der Leitprinzipien auf der Tatbestandsseite der Mordmerkmale, JZ 82, 705. – *Bernsmann,* Zur Konkurrenz von „privilegierten" und „qualifizierten" Tötungsdelikten, JZ 83, 45. – *Busch,* Über die vorsätzliche Tötung, Rittler-FS 287. – *Dotzauer/Jarosch,* Tötungsdelikte, 1971. – *dies.* – *Eser,* Die Tötungsdelikte in der Rspr. zw. BVerfGE 45, 187 u. BGHGSSt. 1/81, NStZ 81, 383. – *ders.,* Die Tötungsdelikte in der Rspr. seit BGH-GSSt 1/81 bis Ende Juni 1983, NStZ 83, 433; 84, 49. – *Frommel,* Die Bedeutung der Tätertypenlehre bei der Entstehung des § 211 StGB, JZ 80, 559. – *Glatzel,* Mord u. Totschlag, 1987. – *Göppinger/Bresser,* Tötungsdelikte, 1980. – *Hardwig,* Zur Systematik der Tötungsdelikte, GA 54, 257. – *Heine,* Tötung aus „niedrigen Beweggründen", 1988. – *Kerner,* Der Wandel der höchstrichterl. Rspr. zu den Mordmerkmalen u. zur lebenslangen Freiheitsstrafe, Heidelberg-FS 419. – *E. v. Liszt,* Die vorsätzlichen Tötungen, 1919. – *F. v. Liszt,* Verbrechen wider das Leben, VDB V 1. – *Möhrenschlager,* Tötungsdelikte (Lit.-Übers.), NStZ 81, 57. – *Riess,* Zur Abgrenzung von Mord und Totschlag, NJW 68, 628. – *Sax,* Der Grundtatbestand bei den Tötungsdelikten und bei der Abtreibung, ZStW 64, 393. – *E. Schmidt,* Aufbau und Auslegung der Tötungsdelikte, DRZ 49, 241. – *H. Schröder,* Der Aufbau der Tötungsdelikte, SJZ 50, 560. – *Welzel,* Zur Systematik der Tötungsdelikte, JZ 52, 72. – *Rechtsvergleichend: Eser/Koch,* Die vorsätzlichen Tötungstatbestände, ZStW 92, 491. – *Rengier,* Ausgrenzung des Mordes aus der vorsätzlichen Tötung? ZStW 92, 459. – *Simson/Geerds,* Straftaten gegen die Person und Sittlichkeitsdelikte, 1969. – Zur *Reform*diskussion: *Albrecht,* Das Dilemma der Leitprinzipien auf der Tatbestandsseite des Mordparagraphen, JZ 82, 697. – *Arzt,* Die Delikte gegen das Leben, ZStW 83, 1. – *Beckmann,* Zur Neuregelung der vorsätzlichen Tötungsdelikte, GA 81, 337. – *Eser,* Empfiehlt es sich, die Straftatbestände des Mordes, des Totschlags und der Kindestötung (§§ 211–213, 217 StGB) neu abzugrenzen? Gutachten D zum 53. DJT, 1980; dazu Referate von *Fuhrmann* und *Lackner* (in DJT-Sitzungsbericht M, 1981). – *Friedrich/Koch,* Reformvorschlag zu den vorsätzlichen Tötungsdelikten, JuS 72, 457. – *Geilen,* Zur Entwicklung und Reform der Tötungsdelikte, JR 80, 309. – *Gössel,* Überlegungen zur Reform der Tötungsdelikte, DRiZ 80, 281. – *Gribbohn,* Zur Neuabgrenzung der Straftatbestände des Mordes, des Totschlags und der Kindestötung, JuS 80, 222. – *Jähnke,* Über die gerechte Ahndung vorsätzlicher Tötung und über das Mordmerkmal der Überlegung, MDR 80, 705. – *Otto,* Straftaten gegen das Leben, ZStW 83, 39. – *Rüping,* Zur Problematik des Mordtatbestandes, JZ 79, 617. – *Thomas,* Die Geschichte des Mordparagraphen, 1985. – *Woesner,* Neuregelung der Tötungstatbestände, NJW 80, 1136. – *Zipf,* Kriminalpolitische Überlegungen zu einer Reform der Tötungsdelikte, Würtenberger-FS 151. – Vgl. ferner die Angaben u. vor 13, 21, 33 sowie zu §§ 211, 212.

1   1. Zu den **Straftaten gegen das (menschliche) Leben** gehören sowohl die *Tötungsdelikte* i. e. S. (§§ 211–213, 216, 217, 222 und mit Vorbehalt die §§ 220a, 221) als auch der *Schwanger-*

schaftsabbruch (§§ 218–219d). Dies ist durch Einordnung in denselben 16. Abschn. auch gesetzlich klargestellt (and. Arzt/Weber 130, Gössel I 11, M-Schroeder I 68, wobei jedoch verkannt wird, daß der Schwangerschaftsabbruch seinen Charakter als Straftat gegen artspezifisches menschliches Leben nicht schon dadurch verliert, daß das ungeborene Leben u. U. zwecks Rettung anderer Güter gerechtfertigterweise geopfert werden darf; vgl. 5 vor § 218). Während der Schwangerschaftsabbruch gegen das *ungeborene* Leben gerichtet ist, haben die Tötungsdelikte i. e. S. den „Menschen" als *geborenes* Leben zum Gegenstand (u. 12).

2. Der den **Tötungsdelikten i. e. S.** gemeinsame *Erfolgsunwert* der Tötung eines Menschen **2** ließe sich an sich durch einen einzigen Tatbestand erfassen (so Dänemark). Doch mit Rücksicht darauf, daß dieser Unwert sowohl durch verschiedenartige Tötungsmodalitäten (z. B. heimtückisch oder grausam) als auch je nach Zielsetzung (Habgier, Ermöglichung einer Straftat) oder Motivation (niedrige Beweggründe einerseits, Tötung aus Mitleid, infolge einer Provokation oder im Erregungszustand einer Geburt andererseits) unterschiedlich hoch oder niedrig sein kann (vgl. Otto ZStW 83, 43 ff., aber auch § 211 RN 6), ist der Gesetzgeber seit langem bemüht, von dem „Normalfall" der vorsätzlichen und fahrlässigen Tötung (§§ 212, 222) sowohl strafschärfende (§ 211) als auch strafmildernde Fälle (§§ 213, 216, 217) abzuheben. Eine solche **Dreistufigkeit** der Tötungsdelikte läßt sich, wenn auch mit teils abw. Differenzierungskriterien und unterschiedlicher Gesetzestechnik, in vielen Rechtsordnungen nachweisen (vgl. Eser/Koch ZStW 92, 491/496 ff., Schröder Mat. I 283 f., Simson/Geerds aaO 7 ff.) und wird i. Grds. auch von den meisten deutschen Reformentwürfen nicht aufgegeben (vgl. E 62 §§ 134–138, ferner AE/BT Straftaten gegen die Person 1. Hbd. §§ 100–104, insbes. durch Differenzierung innerhalb von § 100). Dennoch spricht kriminalpolitisch mehr für eine (auch im Ausland vordringende) grundsätzliche **Zweistufigkeit** zwischen *nicht-privilegierbarer* und *privilegierbarer* Tötung (eingehend Eser DJT-Gutachten D 86, insbes. 106 ff.; grds. zust. der 53. DJT, NJW 80, 2512, Beckmann GA 81, 337 ff.; weit. Reformlit. vor RN 1).

a) Vom **Totschlag** (§ 212), mit dem der „Durchschnittsfall" der vorsätzlichen Tötung erfaßt **3** werden soll (vgl. dort RN 1), wird in *strafschärfender* Richtung der **Mord** (§ 211) abgehoben (zu dessen Tatbestandsgeschichte näher Thomas aaO). Anstelle eines einzigen begrifflichen Abgrenzungskriteriums, wie etwa dem der Überlegung (vgl. u. 4), wird der Mord heute durch eine Kasuistik von Umständen abgeschichtet, die teils durch die Niedrigkeit der *Motivation* (Mordlust, Befriedigung des Geschlechtstriebs, Habgier, sonstige niedrige Beweggründe), teils durch den deliktischen *Tatzweck* (Ermöglichung oder Verdeckung einer Straftat) und teils durch die besondere Gefährlichkeit oder Brutalität der *Tatausführung* (heimtückisch, grausam, mit gemeingefährlichen Mitteln) charakterisiert sind und eine Gemeinsamkeit allenfalls darin haben, daß sie die Tötung als *besonders verwerflich* erscheinen lassen (vgl. aber auch Eser DJT-Gutachten D 50 ff., Rüping JZ 79, 618 f.). Schon deshalb ist der Unterschied von Mord und Totschlag kein qualitativer, sondern lediglich ein *quantitativ-gradueller,* was sowohl für deren systematisches Verhältnis (u. 5) als auch für die Frage nach der abschließenden Natur der Mordmerkmale (§ 211 RN 7 ff.) von Bedeutung ist.

Mit dieser an **sozialethischen** Verwerflichkeitsgedanken ausgerichteten Kasuistik des Mordtatbe- **4** standes hat das StGB eine deutsch-rechtliche Entwicklungslinie wieder aufgenommen, die auf die Heimlichkeit und damit die Unehrlichkeit der Tatbegehung abgestellt hatte, jedoch unter römischrechtlichem Einfluß durch Abheben auf das Merkmal der **Überlegung** (vgl. Art. 137 CCC) abgelöst worden war (vgl. Rüping JZ 79, 618, Simson/Geerds aaO 13 f., aber auch Eser DJT-Gutachten D 115 ff.). Jene *psychologisierende* Betrachtung hatte zunächst auch in das StGB Eingang gefunden, sich aber teils als zu weit, teils als zu eng erwiesen: Zu weit etwa da, wo der Täter zwar mit Vorbedacht, aber zwecks Befreiung aus einer ihm ausweglos erscheinenden Konfliktlage oder aus Mitleid mit einem Schwerleidenden tötet; zu eng hingegen dort, wo die Kurzschlußtötung auf heimtückische oder grausame Weise ausgeführt wird (vgl. Eser DJT-Gutachten D 23 ff., Heine aaO 19 ff., M-Schroeder I 26, aber auch Köhler GA 80, 121 ff.). Mit Neufassung des § 211 durch das Ges. v. 4. 9. 41 wurde daher das Überlegungskriterium völlig aufgegeben und durch die jetzige **Verwerflichkeitskasuistik** ersetzt, wobei die vor allem auf Stooß (VE 1894 S. 147) zurückgehende Konzeption der Art. 111–117 des schweizStGB von 1937 als Vorbild diente (vgl. Jähnke LK 35 ff., Müller-Dietz Jura 83, 568 ff.; auch die Deutung der Mordmerkmale aus einem „Mißverhältnis zwischen Mittel und Zweck" durch Schroeder JuS 84, 277 beruht letztlich auf einer Verwerflichkeitsbetrachtung und liefert zudem nur Teilerklärungen; näher Heine aaO 206 ff.). Anders als Art. 112 a. F. schweizStGB, das sich in weiser Zurückhaltung mit einer generellen Mordklausel begnügte (Tötung unter Umständen oder mit Überlegung, die eine besonders verwerfliche Gesinnung oder Gefährlichkeit des Täters offenbaren), glaubte der deutsche Gesetzgeber die Verwerflichkeitsfälle durch bestimmte *Mordmerkmale* konkretisieren zu können. Dieser Versuch muß schon deshalb als mißglückt bezeichnet werden, weil einerseits schwerste Erscheinungsformen (wie etwa Mutwilligkeit) unerfaßbar bleiben, andererseits bestimmte Mordmerkmale problematisch sind (wie etwa die heimtückische Tötung aus Not oder Mitleid); vgl. u. a. die Kritik von Beckmann GA 81, 337 ff., Geilen JR 80, 309 ff., Gribbohm

§§ 211 ff. Vorbem 5–7   Bes. Teil. Straftaten gegen das Leben

JuS 80, 224f., Heine aaO 23ff., Woesner NJW 80, 1137f. sowie Eser DJT-Gutachten D 34ff. mwN. Daher ist zumindest den Ausweitungen durch entsprechend einschränkende Auslegung abzuhelfen (näher § 211 RN 10).

5   Welche Konsequenzen aus dieser Abschichtung für das **systematische Verhältnis** von § 211 und § 212 zu ziehen sind, ist umstritten. Vereinzelt blieben jedenfalls die Versuche, den § 211 als *Grundtatbestand* zu deuten (so Eb. Schmidt DRZ 49, 241, SJZ 49, 562) bzw. § 212 als *Auffangtatbestand* für alle einerseits nicht qualifizierten und andererseits auch nicht privilegierten Tötungsfälle zu konstruieren (so Sax ZStW 64, 402ff.; ähnl. Hall Eb. Schmidt-FS 343). Dagegen hält der **BGH** nach wie vor daran fest, daß in den §§ 211, 212 zwei **selbständige Tatbestände** mit jeweils unterschiedlichem und abschließend umschriebenem Unrechtsgehalt zu erblicken seien (BGH **1** 370, **6** 330, **22** 377; i. Grds. auch bestätigt durch GSSt. BGH **30** 105 [dazu § 211 RN 10a; vgl. aber auch die Abschwächung in BGH **36** 233 m. Anm. Beulke NStZ 90, 278]; ebenso Woesner NJW 78, 1025), mit der Folge, daß der Teilnehmer akzessorisch nach § 28 I zu behandeln ist (vgl. § 211 RN 46). Gegenüber dieser Auffassung, die spätestens mit Einfügung von § 50 II a.F. unhaltbar wurde (vgl. Arzt JZ 73, 681ff.), erblickt die **h.L.** im **Mord** lediglich eine unselbständige **Qualifizierung des Totschlags** (D-Tröndle § 211 RN 14, Hardwig GA 54, 258, Gössel I 12ff., Hirsch Tröndle-FS 34, Horn SK § 211 RN 2, Kerner Heidelberg-FS 429ff., Lackner 5, M-Schroeder I 27, Schröder NJW 52, 649, Welzel JZ 52, 73, Wessels II/1 S. 17f. sowie Jähnke LK 39ff. mwN; noch weitergehend i. S. von bloßen Regelbeispielen Strangas RechtsTh 85, 491ff.; vgl. aber auch Puppe JR 84, 233). Für diese Auffassung, die für Tatbeteiligte den Weg einer Akzessorietätslockerung nach § 28 II eröffnet (vgl. § 211 RN 46), spricht nicht nur das schweizerische Vorbild, das die Tötungsdelikte in Form eines Grundtatbestandes mit qualifizierenden und privilegierenden Abwandlungen systematisiert hat (o. 4; vgl. Stratenwerth, Schweiz. Strafr., BT/I³ [1983] 21 f.), sondern auch die nur quantitativ graduelle Stufung von Mord und Totschlag (o. 3) und die nicht in jeder Hinsicht als abschließend zu verstehende Natur der Mordmerkmale (§ 211 RN 8ff.).

6   Dieser Annahme eines bloßen Qualifizierungsverhältnisses von Mord und Totschlag steht auch nicht entgegen, daß das Gesetz in § 211 vom „**Mörder**" und in § 212 vom „**Totschläger**" spricht. Denn weder liegt darin eine Anerkennung der Lehre vom „normativen Tätertyp" (so die Bestrebungen von Dahm, Der Tätertyp im Strafrecht [1940] 21, 23, 25; vgl. dazu o. 5 vor § 13), noch sollte damit auf grundsätzlich verschiedene kriminologische Tätertypen Bezug genommen werden (vgl. RG **76** 299, **77** 43, Eser DJT-Gutachten D 32, eingeh. Frommel JZ 80, 559ff.), ganz abgesehen davon, daß für eine solche Typenbildung noch hinreichend gesicherte empirische Befunde fehlen (vgl. Eser aaO 52, 106 mwN). Vielmehr soll durch diese Terminologie der Richter lediglich auf die besondere Rolle hingewiesen werden, die bei der Abgrenzung von Mord und Totschlag der Persönlichkeit des Täters und der Verwerflichkeit seiner Motivation zukommt (vgl. amtl. Begr. DJ 41, 935; krit. Heine aaO 23ff.). Danach hat der Richter bei Auslegung der Mordmerkmale jeweils mitzubedenken, ob die Tat nach allen Umständen des Einzelfalles und nach der Gesamtpersönlichkeit des Täters die abschließende Kennzeichnung als Mord verdient (vgl. RG **76** 299, **77** 43, HRR **42** Nr. 608; and. BGH **3** 332f., M-Schroeder I 36). Zu den Konsequenzen dieser Auffassung im einzelnen vgl. § 211 RN 7ff.

7   b) In *strafmildernder* Richtung sind die **Tötung auf Verlangen** (§ 216) und die **Kindestötung** (§ 217) tatbestandlich abgehoben, wobei sich die Milderung teils mit gemindertem Unrecht: Verlangen des Rechtsgutsinhabers bei § 216 (vgl. dort RN 1, 4ff.), teils vorrangig mit geminderter Schuld: etwa Handeln aus Mitleid bei § 216, psychische Ausnahmesituationen der Mutter bei § 217 (vgl. dort RN 1), erklären läßt (rechtsvergleichend dazu Arzt und Otto ZStW 83, 32ff. bzw. 70ff., Eser/Koch ZStW 92, 531ff., 545ff.). Auch bei diesen Tatbeständen ist das **systematische** Verhältnis zu den §§ 211 bis 213 umstritten: Während die Rspr. in Entsprechung zum Verhältnis von § 211 zu § 212 auch in den §§ 216, 217 *selbständige* Tatbestände erblickt (BGH **1** 237, **2** 258, **13** 165, ebenso D-Tröndle § 216 RN 1, § 217 RN 1), sieht die h.L. darin nur *unselbständige Privilegierungen* des auch insoweit als Grundtatbestand zu verstehenden § 212 (Blei II 28, 31, Jähnke LK 45, Lackner § 216 Anm. 1, § 217 Anm. 1, M-Schroeder I 50, 52, Welzel 274, 275, Wessels II/1 S. 17f.). Soweit es bei diesem Streit jedoch nur darum geht, daß bei gleichzeitigem Vorliegen von strafschärfenden und strafmildernden Merkmalen (z.B. bei Tötung des nichtehelichen Kindes aus Habgier) keinesfalls der Mordtatbestand zum Zuge kommen soll, brauchen dafür die §§ 216, 217 nicht unbedingt als Sonderdelikte verstanden zu werden (so aber offenbar Schröder 17. A. 7 vor § 211); denn nach heutiger h.M. müssen etwaige Qualifizierungen sowohl gegenüber selbständigen wie auch gegenüber unselbständigen Privilegierungen zurücktreten (vgl. Horn SK § 217 RN 2, Maihofer H. Mayer-FS 197, M-Zipf I 279f., Wessels I 32; krit. Bernsmann aaO). Auch hinsichtlich der Anwendbarkeit von § 213 (vgl. BGH **2** 258) hat nach Angleichung der Strafrahmen der Einordnungsstreit seine praktische Bedeutung verloren (Horn SK § 216 RN 2). Frei von solchen Erwägungen ist damit nunmehr eine sachorientierte *Differenzierung* eröffnet: Während die lediglich schuldbezogene

Schutzgut – Mensch   8–12 **Vorbem §§ 211 ff.**

Rücksichtnahme auf die Ausnahmesituation der nichtehelichen Mutter bei § 217 für eine nur **unselbständige Privilegierung** spricht, handelt es sich bei § 216 um eine Art „Selbstmord durch fremde Hand" (Bringewat ZStW 87, 645, D-Tröndle[43] § 216 RN 1), der sich vom Normalfall vorsätzlicher Fremdtötung so tiefgreifend abhebt, daß § 216 als **selbständiger** Tatbestand zu betrachten ist (vgl. E. v. Liszt aaO 161 f.); vgl. auch den auf das Verbot *aktiver* Lebensvernichtung beschränkten Sanktionszweck des § 216 (dort RN 10). Über die sich daraus bei Tatbeteiligung ergebenden Konsequenzen vgl. § 216 RN 17 ff. bzw. § 217 RN 12 ff.

c) Neben den vertatbestandlichten Qualifizierungen (§ 211) bzw. Privilegierungen (§§ 216, 8 217) kann der Totschlag auch noch durch **unbenannte** Strafschärfungsgründe (§ 212 II) bzw. durch strafmildernde Zumessungsregeln (§ 213) modifiziert sein. Diese nicht abschließend vertatbestandlichten Abstufungen kommen in Betracht, wenn der „normale" Unrechts- oder Schuldgehalt eines Totschlags über- oder unterschritten ist, ohne daß damit bereits die Merkmale eines Straferschwerungs- bzw. Strafmilderungstatbestandes erfüllt wären. So etwa läßt sich der durch § 211 nicht erfaßte Fall mutwilliger Tötung (vgl. o. 4) durch § 212 II strafschärfend sanktionieren (vgl. dort RN 12), während eine Strafmilderung nach § 213 etwa bei einer erst nach Ablauf der Geburtsphase, jedoch in Verzweiflungssituation begangenen Tötung eines nichtehelichen Kindes in Betracht kommt.

d) Der früher in § 214 vertatbestandlichte *Totschlag bei Unternehmung einer strafbaren Handlung* ist 9 ebenso wie der *Aszendententotschlag* (früher § 215) durch Ges. v. 4. 9. 41 gestrichen worden. Der erste Fall kann jetzt durch § 211 erfaßt werden (vgl. dort RN 31 f.). Auch im zweiten Fall wird idR das enge Verhältnis des Täters zum Getöteten die Tat als besonders schwer erscheinen lassen; doch kann dies nicht ausnahmslos gelten: so etwa dann nicht, wenn der Sohn den trunksüchtigen Vater, der seine Mutter schwer mißhandelt, tötet. In solchen Fällen ist durch Aufhebung des § 215 dem Richter ermöglicht, die unter Abwägung aller Umstände angemessene Strafe zu finden, ohne an ein zu hohes Mindestmaß gebunden zu sein (vgl. RG 67 280, Lange LK[9] 8 vor § 211).

e) Strittig ist das gleichzeitige **Zusammentreffen von qualifizierenden und privilegieren-** 9a **den Merkmalen,** wie etwa bei heimtückischer Tötung (§ 211), im Affekt (§ 213) oder bei grausam (§ 211) ausgeführter Kindestötung (§ 217). Dabei werden einerseits bei Vorliegen des Mordtatbestandes die strafmildernden Zumessungsregeln bei bloßem Totschlag (§ 213) für unanwendbar erklärt (vgl. § 213 RN 3, aber auch § 211 RN 9 f., 11), während durch die Privilegierungstatbestände der §§ 216, 217 die etwaige Mordqualifizierung verdrängt werde (vgl. jew. RN 2). Die gegen eine solche „Konkurrenzlösung" von Bernsmann JZ 83, 45 ff. erhobenen Einwände sind zwar bedenkenswert, ohne daß aber seine eigene „interpretatorische" Lösung wesentlich über die hier geforderte Gesamtwürdigung (§ 211 RN 10) hinauskäme bzw. im übrigen selbst unbefriedigend bleibt.

3. Von den hier infragestehenden Tötungsdelikten i. e. S., bei denen die Herbeiführung des Todes 10 den tatbestandsmäßigen Erfolg darstellt, sind jene Delikte zu unterscheiden, in denen die Todesfolge lediglich als strafschärfende **Erfolgsqualifizierung** zu betrachten ist: so in den Fällen der §§ 177 III, 178 III, 218 II Nr. 2, 221 III, 226, 239 III, 239 a II, 239 b II, 229 II, 251, 307 Nr. 1, 309, 310 b III, 311 III, 311 a III, 312, 314, 318 II, 319, 320 (vgl. Rengier, Erfolgsqualif. Delikte [1986] 98 ff.). Bei diesen Tatbeständen braucht die Todeserfolg nicht vom Vorsatz umfaßt zu sein. Immerhin fordern die moderneren erfolgsqualifizierten Tatbestände aber zumindest *leichtfertige* Todesherbeiführung (so in §§ 177, 178, 218, 239 a, 239 b, 251, 310 b, 311 a, 311). Soweit dies nicht vorausgesetzt wird, genügt nach § 18 die *fahrlässige* Erfolgsverursachung.

4. Die Tötungsdelikte i. e. S. setzen für ihre Vollendung den Todeseintritt des Opfers voraus. 11 Deshalb genügt dafür nicht schon bloße **Lebensgefährdung.** Obgleich es im Lebensschutzinteresse liegen könnte, auch schon bloße Lebensgefährdungen tatbestandlich zu erfassen, hat das StGB – im Unterschied etwa von PrALR II 20 § 509 und schweizStGB Art. 129 (vgl. auch § 89 östStGB) – von einem *generellen* Lebensgefährdungstatbestand abgesehen, um stattdessen lediglich die Lebensgefährdung durch bestimmte Mittel (z. B. §§ 221, 229, 312) **speziell** zu vertatbestandlichen. Rechtspolitisch dazu Arzt ZStW 83, 2, 37 f., Lange LK[9] 9 vor § 211 sowie Buckenberger, Strafrecht und Umweltschutz, 1975, je mwN.

II. Geschütztes **Rechtsgut** der Tötungsdelikte i. e. S. (o. 2) ist das **menschliche Leben.** *Tatob-* 12 *jekt* ist der **geborene** *Mensch* (im Unterschied zur noch *ungeborenen Leibesfrucht* bei Schwangerschaftsabbruch; vgl. o. 1 sowie 5 vor und 4 zu § 218). Deshalb ist für den Anwendungsbereich der Tötungsdelikte von wesentlicher Bedeutung, in welchem Zeitpunkt das Leben Menschenqualität erlangt (u. 13) und damit zum Tatobjekt werden kann (u. 14 f.) bzw. bis zu welchem Zeitpunkt es diese Qualität behält (u. 16 ff.).

Schrifttum zum Beginn und Ende (der Schutzwürdigkeit) menschlichen Lebens. Bockelmann, Strafrecht des Arztes, 1968, 108 ff. – *Engisch,* Der Arzt an den Grenzen des Lebens, 1973. – *Englert,* Todesbegriff u. Leichnam als Element des Totenrechts, 1979. – *Eser,* Zwischen „Heiligkeit" u. „Qualität" des

§§ 211 ff. Vorbem 13, 14   Bes. Teil. Straftaten gegen das Leben

Lebens, Tüb. FS 377. – *ders.*, Medizin u. Strafrecht, ZStW 97 (1985) 1. – *ders.*, Lebensrecht, in: Eser/
v. Lutterotti/Sporken, Lexikon Medizin – Ethik – Recht (1989) 696. – *Fritsche*, Grenzbereich zwischen Leben und Tod^2, 1979. – *Geilen*, Neue juristisch-medizinische Grenzprobleme, JZ 68, 150. –
ders., Das Leben des Menschen in den Grenzen des Rechts, FamRZ 68, 121. – *ders.*, Medizinischer
Fortschritt u. juristischer Todesbegriff, Heinitz-FS 373. – *ders.*, Legislative Erwägungen zum Todeszeitproblem, in *Eser*, Suizid und Euthanasie (1976) 301. – *Giesen/Kreienburg*, Organtransplantation –
Wann endet das Leben? 1969. – *Hanack*, Todeszeitbestimmung, Reanimation u. Organtransplantation, in: Eser, Recht u. Medizin (1990) 234. – *Horn*, Todesbegriff, Todesbeweis u. Angiographie in
jur. Sicht, Internist 1974, 557. – *Kaiser*, Der Tod u. seine Rechtsfolgen, in *Mergen*, Die jur. Problematik in der Medizin I (1971) 31. – *König*, Todesbegriff, Todesdiagnostik u. Strafrecht, 1988. – *v. Kress/
Heinitz*, Ärztliche/rechtliche Fragen der Organtransplantation, 1970. – *Krösl-Scherzer*, Die Bestimmung des Todeszeitpunktes, 1973. – *Laufs*, Jur. Probleme des Hirntods, Nervenarzt 85, 399. –
Leisner, Das Lebensrecht (hrsg. von der niedersächsischen Landeszentrale f. pol. Bildung), 1976. –
Lenckner, Arzt u. Strafrecht, in: Forster, Praxis der Rechtsmedizin, 1986, 569. – *Lüttger*, Der Tod u.
das Strafrecht, JR 71, 309. – *ders.*, Geburtshilfe u. Menschwerdung in strafr. Sicht, Heinitz-FS 359. –
ders., Geburtsbeginn u. pränatale Einwirkung mit postnatalen Folgen, JuS 83, 481. – *Mueller*, Gerichtliche Medizin ^{2}(1975) 8. – *Neuhaus*, Med. Probleme bei der Todeszeitfeststellung nach erfolgloser
Reanimation, Heinitz-FS 397. – *Peters*, Der Schutz des neugeborenen, insbes. des mißgebildeten
Kindes, 1988. – *Saerbeck*, Beginn und Ende des Lebens als Rechtsbegriffe, 1974. – *Schreiber*, Kriterien
des Hirntodes, JZ 83, 593. – *Schwalm*, Über den Beginn des menschlichen Lebens aus der Sicht des
Juristen, MDR 68, 277. – *Seebaß*, Entstehung des Lebens (Schriftr. Univ. Münster H. 2), 1980. –
Stratenwerth, Zum jur. Begriff des Todes, Engisch-FS 528. – *Tepperwien*, Praenatale Einwirkungen
als Tötung oder Körperverletzung? 1973. – *Waldstein*, Das Menschenrecht zum Leben, 1982. –
Weissauer/Opderbecke, Tod, Todeszeitbestimmung u. Grenzen der Behandlungspflicht, Anästhes.
Inform. 1972, 2. – *Wolfslast*, Grenzen der Organgewinnung, MedR 89, 163. – *Zippelius*, An den
Grenzen des Rechts auf Leben, JuS 83, 659. – Vgl. ferner die Nachw. u. vor 21, 33.

13   **1. Mensch** i. S. des StGB wird man mit **Beginn des Geburtsaktes** (BGH **31** 348 m. Anm.
Arzt FamRZ 83, 1019, Eser NStZ 84, 49, Lüttger NStZ 83, 481, Paehler DRiZ 84, 276,
Karlsruhe MDR **84,** 686) und nicht erst (wie bei § 1 BGB) mit „Vollendung der Geburt" (vgl.
RG DR **39**, 365). Dies ergibt sich schon positiv-rechtlich aus § 217, wo das Gesetz die Tötung
eines „in" der Geburt befindlichen Kindes nicht mehr als Schwangerschaftsabbruch, sondern
bereits als Tötungsdelikt i. e. S. behandelt. Auch ist der Schutzzweck ein anderer: Während es
im Zivilrecht lediglich um Zuerkennung der Rechtsfähigkeit geht (vgl. Larenz, Allg. Teil d.
Bürgerl. Rechts ^{6}[1983] § 5 II) und im Sozialrecht die Erfassung als „Leibesfrucht" dieser bei
Erstreckung des Versicherungsschutzes bis zum Geburtsende hin besser zustatten kommt (vgl.
BSG NJW **86**, 1571), versucht das Strafrecht bereits den Geburtsvorgang als eine Zone erhöhter
Gefahr für das Kind in die umfassenderen, insbes. auch fahrlässige Erfolgsverursachung einschließenden Tötungs- und Körperverletzungsdelikte einzubeziehen (vgl. RG **9** 131, **26** 179,
BGH **10** 5, Saerbeck aaO 94). Der Geburtsbeginn wurde nach einer lange vorherrschenden
Auffassung bei den sog. Preßwehen angesetzt (Preisendanz § 217 Anm. 3, Welzel 280; ähnlich
Saerbeck aaO 95 ff.: Beginn der Austreibungsperiode; noch weiter zurückgehend will Lange
LK^9 3 im Anschluß an Binding und Gerland erst auf das Heraustreten des Kindes aus dem
Mutterleib abstellen; vgl. zum Ganzen auch E. v. Liszt aaO 8 ff. sowie dogmengeschichtl.
Peters aaO 155 ff.). Demgegenüber ist aufgrund neuerer medizinischer Erkenntnisse der Geburtsbeginn bereits mit dem Einsetzen der sog. **Eröffnungswehen** anzunehmen (nachdem in
BGH **31** 356 noch offengelassen, inzwischen klargestellt in BGH **32** 194 m. Anm. Koch MedR
85, 83; ebenso Karlsruhe NStZ **85,** 314 m. Anm. Jung, sowie bereits D-Tröndle 2, Geilen
FamRZ 68, 121 ff., Horn SK § 212 RN 3; eingeh. Lüttger JR 71, 133 ff., NStZ 83, 482; aus med.
Sicht für Abheben auf den Blasensprung Cremer MedR 89, 301). Ob diese spontan eintreten
oder künstlich (so insbes. medikamentös) hervorgerufen werden, ist gleichgültig (vgl. aber
auch Lüttger Heinitz-FS 359 ff.). Bei operativer Entbindung (Kaiserschnitt) ist der die Eröffnungsperiode ersetzende ärztliche Eingriff entscheidend (Karlsruhe NStZ **85,** 315, Lüttger
aaO), wobei im Interesse optimalen Schutzes zwar ein Abheben auf den Eingriffsbeginn nahe
läge (so D-Tröndle 2, Gössel I 26, Schmidhäuser II 15, hier die Voraufl.); da aber die Eröffnung
u. U. auch anderen Zwecken dienen kann, ist auf die Eröffnung des Uterus abzustellen (Isemer/
Lilie MedR 88, 68, Jähnke LK 3). Diese Zäsur gilt für vorsätzliche und fahrlässige Tötung
gleichermaßen (vgl. BGH **31** 352, Arzt FamRZ 83, 1019, Lüttger NStZ 83, 483; vgl. auch Jung
NStZ 85, 316 f.).

14   **2.** Um Objekt eines Tötungsdelikts sein zu können, ist lediglich erforderlich, daß das Kind
im vorbezeichneten Zeitpunkt des Geburtsbeginns *tatsächlich gelebt* hat, ohne dabei noch vom
Leben der Mutter abhängig zu sein (vgl. RG DR **39**, 365, BGH **10** 292). Dagegen ist seine
weitere **Lebensfähigkeit nicht erforderlich** (vgl. v. Liszt VDB V 10, BGH **10** 293, sowie zu
gegenteiligen med. Vorstellungen Hiersche MedR 84, 216). Daher kann auch ein neugeborenes

Kind, das nach Alter oder Bildung seiner Organe keine Chance hat, außerhalb des Mutterleibes längere Zeit fortzuleben, Objekt eines Tötungsdeliktes sein (vgl. § 218 RN 9). Entsprechendes gilt für Menschen, denen etwa aufgrund einer schweren Verletzung oder infolge einer progredient tödlichen Krankheit nur noch geringe oder überhaupt keine Lebenschancen mehr eingeräumt werden können (RG **2** 405, BGH VRS **17** 191, **25** 43, Küper JuS 81, 790; vgl. auch OGH **2** 140, NJW **49**, 910). Denn angesichts der absoluten Lebensgarantie des Art. 2 II GG (vgl. BVerfGE **39** 1, 42) kann auch der strafrechtliche Lebensschutz weder von der physischen Lebensfähigkeit oder Lebenserwartung noch vom subjektiven Lebenswillen, geschweige von seiner sozialen Funktionsfähigkeit oder gesellschaftlichen Wertschätzung abhängig gemacht werden (vgl. Maunz-Dürig Art. 2 II GG 8 ff., Leisner aaO 20 ff., M-Schroeder I 12, 22, Wessels II/1 S. 1); über die damit verbundene Problematik der Euthanasie und Sterbehilfe vgl. u. 21 ff. Daher stehen auch Kinder mit körperlichen oder geistigen Defekten ebenso wie *Mißgeburten*, sofern sie jedenfalls lebend zur Welt gekommen sind, unter dem Schutz der Tötungstatbestände (vgl. Engisch, Euthanasie 23, Gössel I 24, Jähnke LK 6, aber auch Frank I und M-Schroeder I 13, wonach die Mißgeburt wenigstens „Menschenantlitz" tragen müsse); von diesem Schutz ist auch der Anencephalus nur in dem (wohl seltenen) Fall ausgenommen, daß er schon bei Geburtsbeginn überhaupt nicht lebt (vgl. Isemer/Lilie MedR 88, 66 f., Wolfslast MedR 89, 164, aber auch Hanack Noll-GedS 204, Jähnke LK § 218 RN 4, die beim „hirnlosen Foetus" bereits „werdendes Leben" i. S. von § 218 bestreiten). Folglich ist auch für eine Vernichtung sog. „lebensunwerten Lebens" kein Raum (vgl. u. 24). Dagegen scheidet die sog. *Mole* sowohl als Objekt eines Schwangerschaftsabbruchs wie auch eines Tötungsdeliktes aus (vgl. § 218 RN 4). Allg. zu Wandlungen des Lebensschutzes Eser Tüb. FS 377 ff. sowie spez. zum Mißgebildeten Peters aaO.

Fraglich ist die Anwendbarkeit der Tötungstatbestände bei **pränatalen Handlungen**, die 15 zwar erst nach Geburtsbeginn den Tod bewirken, aber bereits zu einem Zeitpunkt vorgenommen wurden, in dem das betroffene Leben noch keine Menschenqualität i. S. der Tötungsdelikte (o. 13 f.) besaß. Für die damit notwendige **Abgrenzung von Schwangerschaftsabbruch** kann weder die Zeit der *Handlungs*vornahme noch des letztendlich tödlichen *Erfolgseintritts*, sondern allein der Zeitpunkt entscheidend sein, in dem sich die Handlung beim Betroffenen *auszuwirken beginnt* (ähnlich auf die „Einwirkung auf das Opfer" abhebend BGH **31** 352, Jähnke LK 4, Lüttger NStZ 83, 483 mwN, wobei jedoch unter „Einwirken" nicht schon das nur tangierende „Auftreffen" auf den Betroffenen, sondern erst dessen schädigende „Auswirkung" verstanden werden darf; ebenso Wessels II/1 S. 3 und wohl auch Karlsruhe MDR **84**, 687). Ist dies noch *vor Geburtsbeginn* der Fall, etwa indem durch einen Eingriff eine Fehlgeburt herbeigeführt wird, so ist diese Handlung selbst dann nur nach § 218 erfaßbar, wenn die Leibesfrucht lebend zur Welt kommt und dann (bereits als Mensch) stirbt (vgl. Arm. Kaufmann JZ 71, 569 ff.; i. gl. S. Horn SK § 212 RN 4, Jähnke LK 4, Wessels II/1 S. 2 ff.). Demzufolge bleibt eine nur fahrlässige pränatale Einwirkung mit letztlich tödlichem Erfolg – jedenfalls im Hinblick auf den Fötus – strafrechtlich sanktionslos (BVerfG NJW **88**, 2945, BGH **31** 352 f., Bamberg NJW **88**, 2963, Karlsruhe MDR **84**, 687; vgl. auch Tepperwien aaO 114 ff.; bzgl. der Schwangeren vgl. § 218 RN 59); denn einerseits steht einer Anwendung von § 222 entgegen, daß die zum Tode führende Wirkung bereits zu einem Zeitpunkt einsetzte, als der Betroffene noch Leibesfrucht war, und andererseits ist § 218 bei bloßer Fahrlässigkeit nicht strafbar. Kommt eine pränatale Handlung dagegen *erst* beim lebend *geborenen* Menschen zur Auswirkung (z. B. indem eine vor Geburtsbeginn der Mutter beigebrachte Virusinfektion durch nachgeburtliche Kontakte auf das Kind übertragen wird und bei diesem zum Tod führt), so ist dies nicht mehr nach § 218, sondern allenfalls als Tötungsdelikt erfaßbar. Entsprechendes muß erst recht für den Fall gelten, daß die schon vor der Geburt aufgestellte Giftflasche erst von dem herumkrabbelnden Kind ausgetrunken wird (Horn SK § 212 RN 4). Zu sonstigen Überschneidungen und Abgrenzungsproblemen von Schwangerschaftsabbruch und Tötungsdelikten vgl. 33 f. vor sowie 5 ff. zu § 218. Zu parallelen Problemen bei (nichttödlichen) pränatalen *Verletzungen* vgl. § 223 a RN 1 a.

3. Ferner bedarf der für das *Ende des Menschseins* maßgebliche **Todeszeitpunkt** einer Festle- 16 gung. Da die Tötungstatbestände nur den Schutz des *lebenden* Menschen bezwecken, endet ihr Anwendungsbereich dort, wo der Mensch als tot zu bezeichnen ist (über den Schutz der Leiche vgl. § 168). Da sich dazu dem StGB keinerlei Aussagen entnehmen lassen, hat man im Anschluß an traditionelle medizinische Auffassungen den maßgeblichen Todeszeitpunkt im „irreversiblen Stillstand von Kreislauf und Atmung verbunden mit dem Aufhören der Tätigkeit des zentralen Nervensystems, gefolgt vom Absterben aller Zellen und Gewebe des gesamten Organismus" erblickt (Hansen, Gerichtliche Medizin^2 [1965] 20). Dieser an Herz- und Atmungsstillstand ausgerichtete sog. *klinische Tod* ist jedoch vor allem aus zwei Gründen problematisch geworden (vgl. Hanack in Eser, Medizin 234 ff.): a) Zum einen wegen der medizinisch-technischen Möglichkeit künstlicher **Reanimation** nach Stillstand der spontanen Atmungs- und

Kreislauftätigkeit. Insoweit stellt sich die Frage, ob der klinische Tod auch weiterhin der maßgebliche Anknüpfungspunkt sein kann, oder ob stattdessen auf einen anderen Zeitpunkt, so etwa den des Hirntodes, abzustellen wäre: Ersteres hätte zur Folge, daß einerseits schon bei Stillstand der Atmungs- und Kreislauftätigkeit die Pflicht zu weiteren Lebenserhaltungsmaßnahmen bei dem ja bereits als tot zu betrachtenden Patienten entfallen würde und damit die künstliche Reanimation im Belieben des Arztes stünde, daß aber andererseits die Behandlungspflicht grundsätzlich so lange andauern würde, wie Atmung und Kreislauf noch funktionsfähig sind, und dies selbst dann, wenn inzwischen der totale Hirntod eingetreten wäre. Ist dagegen etwa auf den Organtod des Gehirns abzuheben, so besteht einerseits die Pflicht zu künstlicher Reanimation solange, wie die Hirnfunktionen noch nicht total erloschen sind, andererseits endet aber die Lebenserhaltungspflicht spätestens dann, wenn der Hirntod eingetreten ist, und zwar unabhängig von der möglicherweise noch intakten Kreislauftätigkeit dieses „lebenden Organpräparats" (Geilen JZ 68, 150). b) Zum anderen wird die an Kreislauf- und Atmungsstillstand ausgerichtete Todesauffassung durch das steigende Bedürfnis nach frühzeitigen **Transplantations**möglichkeiten in Frage gestellt. Denn nicht nur, daß danach eine Herztransplantation grundsätzlich unzulässig wäre, da ja das Herz im Körper des Empfängers weiterschlagen soll, also auch im Körper des Spenders noch hätte zum Schlagen gebracht oder gehalten werden können (vgl. Stratenwerth Engisch-FS 535); auch würde damit das medizinische Interesse an möglichst „frischen" Transplantaten vereitelt (Geilen Heinitz-FS 381, Hanack in Hiersche 144, Schönig NJW 68, 189, Stratenwerth aaO). Insofern erschiene aus Transplantationssicht ein möglichst frühzeitiger Todeszeitpunkt wünschenswert.

17 Diese Verschiedenartigkeit, wenn nicht gar Gegenläufigkeit der Interessen bei Reanimationsbedürfnissen einerseits und Transplantationsinteressen andererseits hat bereits die Frage nach **unterschiedlichen Todesbegriffen** wach werden lassen (Saerbeck aaO insbes. 123ff.), wobei dort, wo es allein um das Lebenserhaltungsinteresse des betreffenden Patienten geht, der Todeszeitpunkt möglichst *spät* anzusetzen sei, während in Transplantationsfällen mit Rücksicht auf das Rettungsinteresse des Organempfängers der Tod des ohnehin nicht mehr zu rettenden Spenders möglich *frühzeitig* anzunehmen wäre. Gegen solche interessenorientierten Todesdefinitionen hat sich jedoch zu Recht bereits die Vollversammlung des Europarates ausgesprochen (Resolution 613 Nr. 4 v. 29. 1. 76; vgl. auch Geilen in Eser, Suizid 303ff., Englert aaO 65ff.). Denn so legitim das Rettungsinteresse des Empfängers auch sein mag, so müßte es doch zu kaum absehbaren Folgen führen, wollte man den für den Lebensschutz wesentlichen Todesbegriff durch heteronome Hilfsaspekte verfälschen; vielmehr wäre solchen Rücksichten auf andere Weise, wie etwa durch ein aus Einwilligungs- und/oder Notstandsgrundsätzen zu entwickelndem Transplantationsrecht Rechnung zu tragen (vgl. dazu auch § 34 RN 20).

18 Daher ist – jedenfalls für das Strafrecht – an einem **einheitlichen Todeszeitpunkt** festzuhalten, wobei zu dessen Bestimmung zwischen dem normativ maßgeblichen Todes*begriff* und den medizinisch-beweismäßigen Todesfeststellungs*kriterien* zu unterscheiden ist. Was den vorrangig zu bestimmenden **Todesbegriff** betrifft, bei dem es sich entgegen einem weitverbreiteten Mißverständnis (vgl. etwa Gerlach AR 82, 262) nicht einfach um eine medizinische Vorgegebenheit, sondern um eine normative Konvention handelt (vgl. Eser ZStW 97, 27ff., Heine LdR 8/1680, 1; Schreiber JZ 83, 593, Laufs, Nervenarzt 85, 399), kann es dafür weder erst auf den völligen Ausfall jeglicher biologischer Lebensregungen (gegen einen solchen „Totaltod" i. S. von Gerlach treffend Weissauer-Opderbecke Anästh. Inf. 72, 2ff.) noch bereits auf den Stillstand von Herz- und Atmungstätigkeit ankommen, sondern allein auf den sog. **Hirntod** (so die heute h. M.: vgl. u. a. D-Tröndle 3, Horn SK § 212 RN 5, Jähnke LK 8f. mwN; ebenso der RefE eines TransplantG des BJM v. 29. 8. 75 S. 17; vgl. aber auch BT-Drs. 11/3759). Denn da es dem Strafrecht um den Schutz menschlichen Lebens geht und der Sitz dessen, was das Personsein des Menschen und sein Lebenszentrum ausmacht, nicht im Herzen oder einem sonstigen Organ, sondern im Gehirn zu erblicken ist (Lenckner aaO S. 612, Stratenwerth Engisch-FS 543), wird der das Ende spezifisch menschlichen Lebens markierende Vorgang zu Recht im irreversiblen und totalen Funktionsausfall des Gehirns gesehen (so auch die Hirntodkriterien der BÄK DÄBl. 82, H. 14 S. 35ff.; dazu Laufs aaO S. 399, Schreiber JZ 83, 593ff., Schuh AR 82, 260ff.; vgl. auch Gsell aaO 174, Wolfslast aaO).

19 Eine ganz andere Frage ist die nach den **Kriterien und Methoden,** mittels derer sich der Hirntod feststellen läßt. Ob dieser bereits bei Ausfall des Großhirns (so etwa i. S. der sog. Kortikalothese etwa Horn Internist 74, 559f.) oder erst dem des Gesamthirns (Hirnrinde und Hirnstamm: so BÄK u. RefE o. 18 aaO, ferner Geilen Heinitz-FS 388, 392, Kaufmann JZ 82, 486) angenommen werden kann, ist eine primär medizinisch-empirische Frage (Jähnke LK 9), ebenso wie die nach der indiziellen Bedeutung sonstiger Ausfallerscheinungen, wie sie erstmals in der Übereinkunft der deutschen Chirurgen und Anästhesisten (Chirurg 68, 196) für maßgeblich erklärt und inzwischen durch die BÄK-Hirntodkriterien (o. 18) aktualisiert wurden (so insbes. das Zusammentreffen von Bewußtlosigkeit, fehlender Spontanatmung, beidseitiger Mydriasis und fehlender Lichtreaktion mit Null-Linie im Elektroencephalogramm und/oder mit angiographisch nachgewiesenem intracraniellem Kreislaufstillstand). Daher sind solche Kriterienkataloge allenfalls insofern rechtlich bedenklich, als der „Gehirntod bereits zum leichter faßbaren Zeitpunkt des Herzstillstandes postuliert" wird (so I Nr. 2 der vorgen. Chirurgenübereinkunft); denn da der Hirntod dem Herzstillstand im Regelfall erst mit einem zeitlichen Abstand von 5–8 Minuten nachzufolgen pflegt (Bockelmann aaO 111, Schwerd, Rechtsmedizin [1979] 199 ff.), handelt es sich bei solchen Postulierungen nicht nur um medizinische Hirntodfeststellungskriterien, sondern um normativ-relevante Vorverlagerungen des Todesbegriffs. Daher läßt sich der Verzicht auf (mögliche) Reanimierung eines progredient und inkurabel Moribunden allenfalls nach den Grundsätzen passiver Sterbehilfe (dazu u. 27 ff.), nicht aber damit rechtfertigen, daß dieser bereits mit Herzstillstand als tot zu betrachten sei. Aus ähnlichen Gründen sind auch diagnostische Eingriffe zur Feststellung des Hirntodes nur insoweit unbedenklich, als sie, wie dies u. U. bei Gehirngefäßdarstellungen durch ein Angiogramm geschehen kann, nicht gerade erst das herbeiführen, was sie als bereits eingetreten lediglich beweisen sollen, nämlich den Hirntod (vgl. Geilen Heinitz-FS 387, Horn SK § 212 RN 6, König aaO 116, aber auch Jähnke LK 9).

Soweit es um die vielfach geforderte **gesetzliche Fixierung** des Todeszeitpunktes geht (vgl. Englert aaO 86 ff. mwN), wird man dies nur hinsichtlich des auf den Hirntod abzustellenden Todes*begriffes* befürworten können (so wohl auch der RefE eines TransplantG o. 18). Dagegen ist die Diskussion über die medizinisch verläßlichsten Hirntodfeststellungs*kriterien* noch zu sehr im Fluß, um bereits gesetzlich festgeschrieben zu werden (vgl. Geilen in Eser, Suizid 310 f.).

III. Euthanasie – Sterbehilfe – Vernichtung sog. „lebensunwerten Lebens"

Schrifttum: vgl. die Angaben o. vor 13, u. vor 33 sowie zu § 216 u. § 223 RN 27, ferner: *AE-Sterbehilfe* (Baumann u. a., Alternativentwurf eines Gesetzes über Sterbehilfe), 1986. – *Aly* u. a., Reform u. Gewissen, „Euthanasie" im Dienst des Fortschritts, 1985. – *Arzt,* Recht auf den eigenen Tod?, JR 86, 309. – *Auer/Menzel/Eser,* Zwischen Heilauftrag und Sterbehilfe, 1977. – *Binding/Hoche,* Die Freigabe der Vernichtung lebensunwerten Lebens, 1920. – *Blaha* u. a., Schutz des Lebens – Recht auf Tod, 1978. – *Bockelmann,* Strafrecht des Arztes (1968) 24 ff. – *Brändel,* Über das Recht, den Zeitpunkt des eigenen Todes selbst zu bestimmen, ZRP 85, 85. – *Brenske,* Tötungen aus eugenischen Gründen und aus Euthanasiegründen, JR 52, 275; 53, 215. – *Burkart,* Das Recht, in Würde zu sterben, 1983. – *v. Dellingshausen,* Sterbehilfe u. Grenzen der Lebenserhaltungspflicht des Arztes, 1981. – 56. DJT, Recht auf den eigenen Tod? Gutachten von *Otto* Bd. I/D. u. Referate von *Hiersche* u. *Tröndle,* Bd. II/M, 1986. – *Dölling,* Zulässigkeit u. Grenzen der Sterbehilfe, MedR 87, 6. – *Ehrhardt,* Euthanasie und Vernichtung „lebensunwerten Lebens", 1965. – *Eid,* Euthanasie, 2. A. 1985. – *Eid-Frey,* Sterbehilfe, 1978. – *Engisch,* Euthanasie und Vernichtung lebensunwerten Lebens in strafrechtlicher Beleuchtung, 1948. – *Ders.,* Der Arzt an den Grenzen des Lebens, 1973. – *Ders.,* Ärztliche Sterbehilfe, Dreher-FS 309. – *Ders.,* Aufklärung und Sterbehilfe bei Krebs, Bockelmann-FS 519. – *Eser,* Suizid und Euthanasie, 1976. – *Ders.,* Der Arzt zwischen Eigenverantwortung u. Recht, Ärztebl. Bad.Württ. (ÄBlBW) 80, 732; 81, 12. – *Ders.,* Grenzen der Behandlungspflicht, in: *Lawin/Huth,* Grenzen der ärztl. Aufklärungs- u. Behandlungspflicht (1982), 102. – *Ders.,* Freiheit zum Sterben – Kein Recht auf Tötung, JZ 86, 786. – *Ders.,* Ziel und Grenzen der Intensivpädiatrie aus rechtlicher Sicht Narr-FS (1988) 47. – *Ders.,* Recht und Medizin, 1990. – *Fischer,* Euthanasie heute?, 1968. – *Geilen,* Euthanasie und Selbstbestimmung, 1975. – *Goll,* Behandlungspflicht u. Sterbehilfe, AR 80, 319. – *Goetzeler,* Gedanken zum Problem der Euthanasie, SchwZStr 65, 403. – *Gsell,* Richtlinien zu Medizin, Ethik u. Recht, ZStW 97, 164. – *Hanack,* Grenzen ärztl. Behandlungspflicht bei schwerstgeschädigten Neugeborenen, MedR 85, 33. – *Heifetz-Mangel,* Das Recht zu sterben, 1976. – *Helgerth,* Strafrechtliche Beurteilung der Sterbehilfe durch den Arzt, JR 76, 45. – *Hiersche,* Euthanasie, 1975. – *Hiersche,* Das Recht des Menschen auf einen würdigen Tod, Weißauer-FS 55. – *Hiersche/Hirsch/Graf-Baumann,* Grenzen ärztlicher Behandlungspflicht bei schwerstgeschädigten Neugeborenen, 1987. – *G. Hirsch,* Der sterbende Mensch, ZRP 86, 239. – *H. J. Hirsch,* Behandlungsabbruch u. Sterbehilfe, Lackner-FS 597. – *Kaufmann,* Zur eth. u. rechtl. Beurteilung der sog. Frühneuthanasie, JZ 82, 481. – *Ders.,* Euthanasie – Selbsttötung – Tötung auf Verlangen, MedR 83, 121. – *Ders.,* Mod. Medizin u. Strafrecht, 1989. – *Keyserlingk,* Die Strafbarkeit der Nichtbehandlung von Neugeborenen (Kanada/USA), ZStW 97, 178. – *Klenner,* Die Tötung auf Verlangen, 1925. – *Koch,* Euthanasie, Sterbehilfe (Bibliogr.), 1984. – *Koch/v. Lutterotti,* „Sterbehilfe" gegen den Willen des Patienten, DMW 87, 1597. – *Krauß,* Medizinischer Fortschritt und ärztliche Ethik, 1975. – *Küper,* Tötungsverbot und Lebensnotstand, JuS 81, 785. – *Kuhlendahl,* Euthanasie – Sterbehilfe – Behandlungsabbruch, NJW 74, 1419. – *Kutzer,* Strafr. Überlegungen zum Selbstbestimmungsrecht des Patienten u. der Zulässigkeit der Sterbehilfe, MDR 85, 710. – *Langer,* Rechtl. Aspekte der Sterbehilfe, in: *Kruse/Wagner,* Sterbende brauchen Solidarität, 1986, 101. – *Lauter/Meyer,* Entkriminalisierung der Sterbehilfe?, MSchrKrim 88, 370. – *Leonardy,* Sterbehilfe, DRiZ 86, 281. – *v. Loewenich,* Grenzen der ärztlichen Behandlungspflicht bei schwerstgeschädigten Neugeborenen, MedR 85, 30. – *Lohmann,* Die Euthanasie – Diskussion seit 1945, 1975. – *v. Lutterotti,* Menschenwürdiges Sterben, ²1987. – *Ders.,* Sterbehilfe, lex artis u. mutmaßl. Patientenwille, MedR 88, 55. – *J.-E. Meyer,* Tötung ohne Einwilligung, ZRP 78, 188. – *Möllering,* Schutz des Lebens – Recht auf Sterben, 1977. – *Moor,* Die Freiheit zum Tode, 1973. – *Opderbecke,* Grenzen der Intensivmedizin, MedR 85, 23. – *Otto,* Pflichtenkollision und Rechtswidrigkeitsurteil, ³1978. – *Pauleikhoff,* Ideologie u. Mord, 1986. – *Pelckmann,* Euthanasie, MKrimBiol. 23, 178. – *Platen,* Die Tötung Geisteskranker, 1948. – *Rickmann,* Zur Wirksamkeit von Patiententestamenten im Bereich des Strafrechts, 1987. – *Roxin,* Die Sterbehilfe im Spannungsfeld von Suizidteiln. etc., NStZ 87, 345. – *Sax,* Zur rechtlichen Problematik der Sterbehilfe durch vorzeitigen Abbruch einer Intensivbehandlung, JZ 75, 137. – *Schmitt,* Euthanasie aus der Sicht des Juristen, JZ 79, 462. – *Ders.,* Eugen. Indikation vor u. nach der Geburt, Klug-FS II 329. – *Ders.,* Ärztl. Entscheidungen zwischen Leben u. Tod, JZ 85, 365. – *Ders.,* Das Recht auf den eigenen Tod, MDR 86, 617. – *Schmuhl,* Rassenhygiene, Nationalsozialismus, Euthanasie, 1987. – *Schöch,* Menschenwürdiges Sterben u. Strafrecht, ZRP 86, 236. – *Schreiber,* Das Recht auf den eigenen Tod, NStZ 86, 337. – *Schwartländer,* Der Mensch und sein Tod, 1976. – *Simson,* Euthanasie als Rechtsproblem, NJW 64, 1153. – *Ders.,* Ein Ja zur Sterbehilfe aus Barmherzigkeit, Schwinge-FS 89. – *Sporken,* Darf die Medizin, was sie kann?, 1971. – *Sternberg-Lieben,* Strafbarkeit des Arztes wegen Verstoß gegen ein Patienten-Testament, NJW 85, 2734. – *Stratenwerth,* Sterbehilfe, SchwZStr 78, 60. – *Trockel,* Sterbehilfe im Wandel der Zeit, NJW 75, 1440. – *Tröndle,* Warum ist die Sterbehilfe ein rechtl. Problem?, ZStW 99, 25. – *Ders.,* Strafr. Lebensschutz u. Selbstbestimmungsrecht des Patienten, Göppinger-FS 595. – *Tuchel,* „Kein Recht auf Leben", 1984. – *Uhlenbruck,* Der Patientenbrief, NJW 78, 566. – *Ders.,* Recht auf den eigenen Tod?, ZRP 86, 209. – *Uhlenbruck/Rollin,* Sterbehilfe u. Patiententestament, 1983. – *Valentin,* Die Euthanasie, 1969. – *Wassermann,* Das Recht auf den eigenen Tod, DRiZ 86, 291. – *v. Weizsäcker,* Euthanasie und Menschenversuche, 1947. – *Winau/Rosemeier,* Tod u. Sterben, 1984. – *Wunderli,* Euthanasie, 1974. – *Zimmermann,* Der Sterbende und sein Arzt NJW 77, 2101.

21 Mit wachsender Manipulierbarkeit des Todes durch die moderne Medizin (vgl. Krauß aaO 102ff.) und mit dementsprechend steigendem Selbstbestimmungsinteresse über das eigene Leben und Sterben (vgl. Eser, Suizid 392f., Geilen aaO 6ff.) stellt sich auch die Frage nach den **Möglichkeiten und Grenzen von Sterbehilfe** in neuartiger Dringlichkeit: und zwar nicht nur als (selbstverständliche) Hilfe *im* Sterben in Form von Schmerzbeseitigung, sondern auch als Hilfe *zum* Sterben durch gezielte Tötung oder Abbruch einer nicht mehr als sinnvoll erscheinenden Lebensverlängerung. Auch geht es dabei schon nicht mehr nur um Sterbehilfe für Moribunde oder Schwerleidende, die ausdrücklich nach Erlösung verlangen, sondern auch um das Sterbenlassen von irreversibel Hirngeschädigten (wie insbes. beim sog. Apalliker) oder um „Früheuthanasie" von Neugeborenen mit schweren Mißbildungen (vgl. Hanack MedR 85, 33ff.). Diesen verschiedenartigen Fragestellungen durch möglichst einfache Entscheidungsprinzipien gerecht zu werden, ist zwar ein verständliches Verlangen, das jedoch schon wegen teils gegenläufiger Interessen nur begrenzt durchsetzbar ist (allg. zu diesen Rahmenbedingungen Eser JZ 86, 786ff.). So etwa ist die vor allem von Medizinerseite erhobene Forderung, dem Arzt im Grenzbereich des Sterbens ein möglichst weites *Ermessen* einzuräumen (vgl. etwa Fritsche aaO 81ff.), schon mit der Lebensschutzgarantie schwer vereinbar (vgl. Eser ÄBlBW 80, 732ff.). Ähnlich bietet auch die in BGH 32 377ff. eingeräumte Möglichkeit, in Ausnahmefällen die Entscheidung über Fortsetzung oder Abbruch lebensrettender Maßnahmen in die *ärztliche Gewissensentscheidung* zu stellen, keinen akzeptablen Weg (näher Eser MedR 85, 6ff.). Auch der Versuch, die (ausdrückliche oder mutmaßliche) *Einwilligung* des Betroffenen als einziges Zulässigkeitskriterium zu nehmen, muß jedenfalls bei Sterbehilfe durch aktive Tötung an die Rechtfertigungssperre des § 216 stoßen; auch wäre eine ausschließliche Einwilligungslösung insofern zu eng, als damit das dringende Problem des Behandlungsabbruchs bei entscheidungsunfähigen Patienten ungelöst bliebe. Andererseits anstelle der Einwilligung allein auf den noch verbliebenen „*Lebenswert*" des Betroffenen abzustellen, stünde in Widerspruch zur grundsätzlichen Unantastbarkeit des Lebens (vgl. o. 14). Daher bedarf der Bereich zulässiger Sterbehilfe auch weiterhin der Umgrenzung anhand bestimmter Falldifferenzierungen (vgl. zum Ganzen insbes. v. Dellingshausen aaO, Engisch, Der Arzt 36ff. sowie in Eser, Suizid 312ff., Hanack in Hiersche 121ff., Goll aaO, Hirsch aaO, Langer aaO, Möllering aaO 8ff., Tröndle aaO; zum eigenen Standpunkt näher in Auer/Menzel/Eser 83ff. sowie in Eid 47ff., rechtspolitisch in Eser, Suizid 392ff., ferner u. 32b). Dabei ist von folgenden – im wesentlichen auch den §§ 114–115 AE-Sterbehilfe (vgl. u. 32b) entsprechenden – **Grundsätzen** auszugehen:

22 1. Problematisch ist von vornherein nur die **vor Eintritt des Hirntodes** geleistete Sterbehilfe. Denn da mit dem Hirntod das Menschsein i. S. der Lebensschutztatbestände endet (vgl. o. 16ff.), ist *nach diesem Zeitpunkt* nicht nur der Verzicht auf weitere Beatmungsmaßnahmen zulässig, sondern u. U. sogar die aktive Beendigung einer möglicherweise noch spontan funktionierenden Kreislauftätigkeit. Dementsprechend wird auch durch Transplantatentnahme von einem Hirntoten kein lebender Mensch mehr betroffen (Stratenwerth Engisch-FS 544), so daß dadurch allenfalls noch besondere Transplantationsvorschriften oder Leichenschutzbestimmungen (etwa § 168) berührt sein könnten.

23 2. Zulässig ist jedenfalls Hilfe *im* Sterben durch bloße **Schmerzlinderung ohne lebensverkürzendes Risiko,** und zwar selbst dann, wenn dies zu einer Bewußtseinstrübung führen kann (vgl. Heine LdR 8/1680, 6, Helgerth JR 76, 45, M-Schroeder I 21), wie etwa bei dem oft so bezeichneten Verwandeln des Todeskampfes in ein sanftes „Hinüberschlummern" (Schröder 17. A. 14, vgl. ferner Bockelmann aaO 30, Ehrhardt aaO 8). Wird diese Hilfe dem Schwerleidenden vorenthalten, so kann sich der für die Behandlung verantwortliche Arzt u. U. wegen

Körperverletzung durch Unterlassen strafbar machen (vgl. Eser in Auer/Menzel/Eser 85 ff., Hanack in Hiersche 122 ff., Roxin in Blaha 86 f., Uhlenbruck Narr-FS 169 f.), wenn nicht sogar wegen Tötung, falls sich die unterlassene Schmerzbekämpfung lebensverkürzend auswirkt (Langer aaO 136 f.).

3. Grundsätzlich *unzulässig* ist dagegen jede gezielte **aktive Lebensverkürzung**. 24

a) Das gilt jedenfalls ausnahmslos für die sog. „**Vernichtung lebensunwerten Lebens**" (vgl. Roxin in Blaha 94 ff.). Denn weder gibt es Leben, das generell vom Schutzbereich der Tötungstatbestände ausgenommen wäre (vgl. o. 14, aber auch u. 32), noch gibt es für derartige Tötungen einen speziellen Rechtfertigungsgrund (vgl. OGH 1 323, 331 m. Anm. Welzel MDR 49, 373, KG DRZ 47, 199 m. Anm. Lange, Frankfurt SJZ 47, 623, Maunz-Dürig Art. 2 II RN 10, Engisch, Euthanasie 36 ff., Jähnke LK 6, Küper JuS 81, 785 ff., Möllering aaO 50, Simson NJW 64, 1155). Demgemäß konnte auch den an den NS-Euthanasie-Aktionen (dazu Aly u. a. aaO, Pauleikhoff aaO, Schmuhl aaO, Tuchel aaO, Winau aaO 27 ff.) beteiligten Selektionsärzten allenfalls entschuldigende Pflichtenkollision (so Welzel 184; ähnlich Rudophi SK 8 vor § 19 mwN; vgl. aber auch Otto aaO 108, 122 ff.) bzw. ein persönlicher Strafausschließungsgrund (so OGH 1 335, 2 126; ähnlich BGH NJW 53, 513, Oehler JR 51, 493, Peters JR 49, 496) zugebilligt werden (vgl. auch Hirsch LK[9] 177, 181 vor § 51, Meyer ZRP 78, 188 sowie o. 115 ff. vor § 32). Dementsprechend ist auch für eine aktive „*Früheuthanasie*" geschädigter Neugeborener kein Raum (Kaufmann JZ 82, 483, 487 mwN; zu deren Sterbenlassen durch Nichtversorgung vgl. u. 32a. Anderseits sind jedoch derartige (Ab-)Wertungstendenzen als Folge einer fragwürdigen „wrongful life"-Ersatzrechtsprechung bei unzureichender Aufklärung über die Möglichkeit eines Schwangerschaftsabbruchs (BGH NJW 83, 1371, 84, 658, tendenziell noch weitergehend Deutsch, JZ 83, 459; 84, 889, MDR 84, 793) – trotz gegenteiliger Beschwichtigungen des BGH – nicht zu verkennen (vgl. demgegenüber u. a. Frankfurt NJW 83, 341, Aretz JZ 84, 719, Giesen JR 84, 223 f.).

b) Auch soweit die aktive Tötung als **Mittel zur Schmerzbeseitigung** i. S. einer Hilfe *zum* 25 *Sterben* oder zwecks Erlösung von einem scheinbar sinnlos gewordenen Leben („Bilanzselbstmord") durch dritte Hand erfolgt, ist sie rechtswidrig, und zwar kraft Einwilligungssperre des § 216 selbst dann, wenn sie auf ausdrückliches und ernstliches Verlangen des Getöteten geschieht (Gössel I 31, Jähnke LK 14, Möllering aaO 38 ff. mwN; abw. Trockel NJW 75, 1445 f.; de lege ferenda vgl. Eser in Eid 64 ff.; siehe auch Kaufmann MedR 84, 124). Auch läßt sich einem etwaigen Mitleidshandeln des Täters in Abwägung von verbleibendem Lebensrest und Schmerzlinderung nicht schon durch Zubilligung eines rechtfertigenden Notstandes (so Buschendorf in Valentin 64, Herzberg NJW 86, 1639 ff., Horn SK § 212 RN 26e, Otto DJT-Gutachten 58 ff. sowie Simson Schwinge-FS 110; vgl. aber demgegenüber in Eser, Suizid 415) oder eines übergesetzlichen entschuldigenden Notstandes (so für „extreme Ausnahmesituationen" Langer aaO 121 ff., ferner Hirsch Lackner-FS 614 ff., Lenckner aaO 604, Tröndle ZStW 99, 41 f.), sondern allenfalls durch Absehen von Strafe Rechnung tragen (so zumindest de lege ferenda § 216 II AE-Sterbehilfe, Dölling MedR 87, 8, Engisch Bockelmann-FS 636 f., Hanack in Hiersche 155 f., Roxin in Blaha 93 f., Wassermann in Winau/Rosemeier aaO 401 ff.; abl. Opderbecke/Weissauer, DÄBl. 87, C-1575; vgl. zum Ganzen auch Eser, Suizid 400, 419, 422 sowie in Auer/Menzel/Eser 90 ff.). Zur Abgrenzung täterschaftlicher Sterbehilfe von bloßer Beihilfe zum Selbstmord vgl. u. 33 ff. sowie § 216 RN 11.

c) Stellt sich die Lebensverkürzung hingegen nur als **unbeabsichtigte Nebenfolge** einer 26 Schmerzlinderung dar – mag dies nach dem Stand der heutigen Schmerztherapie auch nur noch selten zu befürchten sein (v. Lutterotti aaO 124) –, so wird i. E. der Arzt heute nahezu allgemein für straflos gehalten (vgl. DJT-Beschluß aaO II/M 191 f., Tröndle DJT aaO II/M 31 ff., 48 f., Schmitt MDR 86, 620; and. namentlich noch Gössel I 31 und wohl auch Leisner aaO 39 f.), wobei jedoch der maßgebliche Begründungsweg noch höchst umstritten ist (vgl. Otto DJT-Gutachten I/D 54 ff. mwN): Während teilweise bereits die *Tötungsrelevanz* des auf Schmerzlinderung gerichteten Handelns verneint (so etwa Helgerth JR 76, 45 f., Jähnke LK 15, 17, wohl auch noch Blei II 17) bzw. die *Vorsätzlichkeit* in Frage gestellt wird (so Bockelmann aaO 25, 70 f., Goll AR 80, 321), will die wohl überwiegende Auffassung dem Arzt rechtfertigenden *Notstand* (so Buschendorf in Valentin 55 f., Geilen aaO 22 f., Hanack in Hiersche 132 f., Langer aaO 141 ff., Möllering aaO 15 f., Otto DJT-Gutachten I/D 56, Schreiber NStZ 86, 340), eventuell i. V. m. Elementen der – für sich allein nicht ausreichenden (o. 25) – Einwilligung (so Dölling MedR 87, 7), rechtfertigende (so Leonardy DRiZ 86, 286 f.) oder jedenfalls entschuldigende *Pflichtenkollision* (so Schwalm BayÄBl. 75, 566) zubilligen. Richtigerweise wird der Arzt jedoch schon dann als gerechtfertigt anzusehen sein, wenn er sich innerhalb der durch *erlaubtes Risiko* gezogenen Grenzen hält (vgl. v. Dellingshausen aaO 111 ff., aber auch 103 ff. vor § 32). Das ist dann der Fall, wenn der Arzt unter Anwendung der in der konkreten Situation erforderlichen Sorgfalt dem Schmerzlinderungsinteresse des Patienten nachkommen will und dieser das

§§ 211 ff. Vorbem 27–29   Bes. Teil. Straftaten gegen das Leben

damit verbundene Todesrisiko unter verständiger Würdigung seiner Lage in Kauf nimmt bzw.
– im Fall seiner Entscheidungsunfähigkeit – mutmaßlich in Kauf nehmen würde (zust. Engisch
Bockelmann-FS 532; i. gl. S. wohl Roxin in Blaha 87f.; näher zum Ganzen in Auer/Menzel/
Eser 88 ff.; für gesetzl. Klarstellung daher auch § 214a AE-Sterbehilfe, Brändel ZRP 85, 92).

27   4. Von besonderer praktischer Bedeutung ist das Sterbenlassen („**passive Euthanasie**") durch
Verzicht auf lebensverlängernde Maßnahmen, wie dies vor allem bei Moribunden, irreversibel
Bewußtlosen oder ähnlich aussichtslos erscheinenden Behandlungsfällen heute verstärkt gefordert wird (vgl. den Meinungsüberblick in Auer/Menzel/Eser 93ff., 99ff., 119ff., v. Dellingshausen aaO 357ff., die Richtl. d. BÄK u. der Dt. Ges. f. Chir. [abgedr. in AE-Sterbehilfe 41 ff.]
sowie § 214 AE-Sterbehilfe). Strafrechtlich relevant nach §§ 211 ff. wird dies als bloßes *Unterlassen* allerdings von vorneherein nur dann, wenn durch Aufnahme oder Fortführung der
Behandlung der Todeseintritt noch weiter hätte hinausgezögert werden können, und sei es auch
nur kurzfristig (vgl. § 212 RN 3), und dem Unterlassenden als Garanten i. S. von § 13 eine
entsprechende Erfolgsabwendungspflicht oblag: sei es als Arzt kraft Behandlungsübernahme
(vgl. BGH NJW **79**, 1258, Lenckner aaO 573) oder aufgrund von Bereitschaftsdienst (vgl.
Bockelmann aaO 19ff., Kreuzer, Ärztliche Hilfeleistungspflicht 73 ff.), oder sei es, daß aufgrund natürlicher Verbundenheit (Angehöriger) oder Ingerenz (Unfall) zumindest die Pflicht
zum Herbeirufen ärztlicher Hilfe besteht (vgl. BGH NStZ **87**, 406).

28   a) Liegt eine solche Lebenserhaltungspflicht vor, so ist der Verzicht auf (weitere) Lebensverlängerungsmaßnahmen nur dort unproblematisch, wo dies im tatsächlichen oder mutmaßlichen Einverständnis oder gar auf Verlangen des sich der Folge seiner Entscheidung bewußten
Patienten geschieht (vgl. BGH NStZ **83**, 118, LG Ravensburg NStZ **87**, 229, 406, Geilen aaO
12f., Hanack in Hirsche 142, Helgerth JR 76, 46, Kaufmann MedR 84, 122, Möllering aaO 51,
ferner u. 43), wobei einem „Patiententestament" zumindest indizielle Bedeutung zukommen
kann (vgl. gegenüber einer zu pauschalen Abwertung von Spann MedR 84, 13 u. a. Dölling
MedR 87, 9, Heine JR 86, 317, Hiersche MedR 87, 83, Hirsch Lackner-FS 604, Kaufmann
MedR 84, 123, Rickmann aaO 207f., Rieger DMW 88, 999, Wuermeling u. Atrott MMW 84,
973 ff., Wassermann in Winau/Rosemeier aaO 403f., während andere teils sogar für eine strafbewehrte Bindungswirkung eintreten: so namentlich Sternberg-Lieben NJW 85, 2734; vgl.
ferner Arzt JR 86, 310f., Schmitt MDR 86, 620, Uhlenbruck NJW 78, 566, MedR 83, 16, ZRP
86, 215, Uhlenbruck/Rollin aaO sowie Deutsch/Kleinsorge/Ziegler aaO). Freilich wird man
die Straflosigkeit bei derartigem **einverständlichen Behandlungsverzicht** nicht einfach aus
dem damit entzogenen Behandlungs*recht* des Arztes folgern können, wie dies Geilen mit Berufung auf das Selbstbestimmungsrecht des Patienten tut (aaO 8ff.); denn was im Hinblick auf
das disponible Rechtsgut der körperlichen Integrität zwingend sein mag, gilt wegen § 216 nicht
ohne weiteres auch für das Rechtsgut Leben (vgl. auch Engisch Dreher-FS 310, 322). Wie sich
jedoch nicht zuletzt aus der grundsätzlichen Straflosigkeit des Suizids ergibt (u. 33), dürfte die
Rechtfertigungssperre des § 216 von vorneherein auf die *aktive* Tötung *durch* einen *anderen*
beschränkt sein (vgl. § 216 RN 10) und jedenfalls einem garantenpflichtbeseitigenden Hilfsverzicht nicht entgegenstehen (v. Dellingshausen aaO 358ff., Goll AR 80, 323, Jähnke LK 13,
Lenckner aaO 575, 605; i. E. ebenso Arzt JR 86, 310f., Leonardy DRiZ 86, 285), ganz abgesehen davon, daß in der Aufnötigung ungewollter oder gar abgewehrter Hilfe eine dem Arzt
schwerlich zumutbare Verpflichtung läge. Näher dazu wie auch zu weiteren Einzelfragen einverständlichen Sterbenlassens Eser in Auer/Menzel/Eser 99ff., wobei freilich nach neuerdings zu
fragen ist, inwieweit nach der grundsätzlichen Unbeachtlicherklärung des Suizid- (und damit
konsequenterweise wohl jeden Sterbe-)willens in BGH **32** 375, NJW **83**, 351 (m. krit. Anm.
Eser NStZ 84, 56) für einverständliches Sterbenlassen überhaupt noch Raum bleibt (näher dazu
Eser MedR 85, 16; vgl. auch u. 42f.).

29   b) Weitaus problematischer ist der **einseitige Behandlungsabbruch,** d. h. die weder von einer
tatsächlichen noch einer mutmaßlichen Einwilligung des Betroffenen gedeckte Nichtaufnahme
bzw. Nichtfortführung einer Behandlung: α) Geschieht dies, um damit einem Schwerleidenden, bei dem der Sterbensprozeß bereits unwiderruflich eingesetzt hat, weitere Schmerzen zu
ersparen, so kann die Bevorzugung des **Schmerzlinderungsinteresses** gegenüber dem noch
verbleibenden Lebensrest aus einer dem rechtfertigenden Notstand vergleichbaren Pflichtenkollision gerechtfertigt sein (so offenbar Geilen aaO 26; vgl. auch v. Dellingshausen aaO 406ff.,
Hanack in Hiersche 139ff.), falls man nicht bereits die Garantenpflicht wegen Unzumutbarkeit
weiterer sowohl lebens- wie leidensverlängernder Maßnahmen entfallen läßt. β) Besteht dagegen **kein Schmerzlinderungsbedürfnis**, etwa weil der Patient ohnehin bereits bewußtlos ist, so
ist für eine „interne" Abwägung der eigenen Interessen des Patienten kein Raum. Daher kommt
hier ein Behandlungsverzicht nach allgemeinen Unterlassungsgrundsätzen nur dann in Betracht, wenn (weitere) Lebensverlängerungsmaßnahmen entweder faktisch unmöglich oder für
Arzt oder Patienten normativ unzumutbar sind (grds. zust. Detering JuS 83, 419, Kaufmann JZ

83, 484 ff.): Ein Fall von **Unmöglichkeit** liegt jedoch nicht schon darin, daß lediglich das Grundleiden nicht mehr behoben werden kann, aber immerhin noch das Leben verlängert werden könnte; unmöglich ist die Lebenserhaltung vielmehr erst dann, wenn weder die notwendigen Mittel oder Geräte noch das erforderliche Personal vorhanden sind, um den Todeseintritt hic et nunc verhindern zu können. Solange daher eine Lebensverlängerung medizinischtechnisch möglich wäre, kann ein nicht-einverständliches und nicht zur Schmerzerlösung erforderliches Sterbenlassen (wie insbes. beim Apalliker) allenfalls aus normativer **Unzumutbarkeit** weiterer Lebenserhaltungsmaßnahmen zulässig sein. Eine solche Unzumutbarkeit läßt sich jedoch, soll das maßgebliche Kriterium hinreichend objektivierbar sein, weder mit der „Sinnlosigkeit" weiterer Bemühungen (so die h. M. im med. Schrifttum, vgl. Fritsche, v. Lutterotti, Opderbecke, jeweils in Eser, Suizid 136 ff., 153 ff., 291 ff.; ähnlich Roxin Engisch-FS 398, Simson Schwinge-FS 98), noch mit der „Schicksalhaftigkeit" oder „Natürlichkeit des Todes" (so Weissauer/Opderbecke Anästh. Inf. 72, 13, Sax JZ 75, 149, ähnlich Möllering aaO 59 ff., Samson, Internist 74, 549) und auch nicht mit einer Unterscheidung zwischen „gewöhnlichen" und „außergewöhnlichen" Maßnahmen (so namentlich Pius XII. in seiner Anästhesisten-Ansprache von 1957; krit. dazu Häring in Eser, Suizid 265) begründen, sondern ist aus der Zielsetzung des ärztlichen Auftrags herzuleiten: Sieht man diesen mit einer vordringenden Auffassung auf die Erhaltung und Ermöglichung menschlicher Selbstverwirklichung beschränkt (vgl. namentlich Fritsche aaO 57 ff., Krauß aaO 102 ff.), so findet die Lebenserhaltungspflicht dort ihre Grenze, wo dem Menschen aufgrund unwiderruflicher Verluste jeglicher Reaktions- und Kommunikationsfähigkeit jede Möglichkeit weiterer Selbstwahrnehmung und Selbstverwirklichung genommen ist (zust. Goll AR 80, 324, Horn SK § 212 RN 26c; i. gl. S. Dölling MedR 87, 9, Leonardy DRiZ 86, 284, Lenckner aaO 605), wobei es natürlich nicht nur auf sprachliches Unvermögen, sondern auch (i. S. von Kaufmann JZ 82, 486) auf den Ausschluß sonstiger sinnlicher Mitteilungsmöglichkeiten ankommt. Dies ist spätestens bei nachweislich *irreversiblem Bewußtseinsverlust* anzunehmen (i. E. ebenso v. Dellingshausen aaO 401 ff., Opderbecke MedR 85, 27 f.). Daher ist jedenfalls von diesem Zeitpunkt an – nach Schreiber NStZ 86, 342 sogar schon früher – ein Sterbenlassen zulässig, auch ohne daß sich der Arzt dafür des mutmaßlichen Einverständnisses des Betroffenen sicher sein müßte (i. gl. S. Geilen aaO 20, Krauß aaO 107, Häring in Eser, Suizid 266 f., Roxin in Blaha 89 f. sowie schließlich auch Bockelmann WMW 76, 150). γ) Entsprechendes hat für den Fall zu gelten, daß weitere Lebensverlängerungsmaßnahmen gegen die *Menschenwürde* des Sterbenden verstoßen würden (vgl. Hanack in Hiersche 138, v. Lutterotti aaO insbes. 131 ff., Möllering aaO 56 ff., Stratenwerth Engisch-FS 534), wie etwa dort, wo die Hinauszögerung des Todeseintritts allein von finanziellen Interessen der Angehörigen (etwa Erhaltung eines Rentenanspruches) oder des Krankenhauses (z. B. Belegungsinteresse) bestimmt ist (Kaufmann JZ 82, 485). Hier hat der Arzt nicht nur das Recht, sondern sogar die Pflicht zum Behandlungsabbruch (vgl. Otto DJT-Gutachten 38 mwN). Näher zum Ganzen Eser in Auer/Menzel/Eser 119 ff., ferner i. S. von „übergesetzl. Strafausschließungsgrund" Langer aaO 124 ff. Auch nach BGH **32** 379 gibt es keine Lebenserhaltungspflicht um jeden Preis, ohne daß er aber für die in die „ärztliche Verantwortung" gestellte Abwägung der widerstreitenden Interessen konkretere Maßstäbe geben würde. γ) Speziell zum Behandlungsabbruch *entgegen einem ausdrücklichen Behandlungsverlangen* des Patienten bzw. seiner Angehörigen Koch/v. Lutterotti DMW 87, 1587 f.

c) Noch weithin ungeklärt ist die Frage, ob und inwieweit ein einseitiger Behandlungsabbruch auch wegen **Unverhältnismäßigkeit von Aufwand und potentiellem Erfolg** zulässig sein soll. Einer solchen „externen" Abwägung des Lebenserhaltungsinteresses des Patienten gegenüber Interessen anderer bzw. der Allgemeinheit scheint entgegenzustehen, daß nach überkommener Auffassung Leben nicht einmal gegen Leben aufrechenbar sein soll (vgl. § 34 RN 23) und dies noch weniger gegenüber materiellen Interessen möglich sein kann. Tatsächlich ist jedoch nicht zu leugnen, daß die medizinische Praxis nicht nur zu selektivem Einsatz ihrer beschränkten Möglichkeiten gezwungen ist (vgl. Fritsche aaO 52 ff.), sondern im Sinne einer „Pflege-Ökonomie" auch immer wieder vor der Frage steht, ob sich der Einsatz an sich möglicher Lebensverlängerungsmaßnahmen überhaupt noch „lohnt" (vgl. Kautzky in Eid 32, Sporken 198 f.). Stellen sich derartige *Prioritäten*-Probleme, so sind im wesentlichen drei Grundkonstellationen auseinanderzuhalten: α) Bedürfen mehrere Patienten *gleichzeitig* einer gleichartigen Versorgung, ohne daß jedoch Personal und/oder Ausrüstung zur Behandlung aller ausreichen würden, so ist dem Arzt ein *Auswahlermessen* einzuräumen (vgl. Bockelmann aaO 115, 126, BayÄBl. 73, 730, Jähnke LK 19, Küper, Grund- u. Grenzfragen der rechtfertig. Pflichtenkollision (1979) 28 f., Schwalm BayÄBl. 75, 567, wobei freilich strittig ist, ob (dagegen Küper ebda.) bzw. wie weit dieses Ermessen einer Mißbrauchskontrolle unterliegt (vgl. Eser in Auer/Menzel/Eser 133 ff.). β) Tritt dagegen das Versorgungsbedürfnis für mehrere Patienten *nicht gleichzeitig* auf, sondern ist etwa der eine bereits an das einzig verfügbare Gerät angeschlossen, so darf er nicht ohne weiteres zugunsten eines später Eingelieferten „abgehängt" werden. Ebensowenig darf seine Versorgung vernachlässigt werden, um Behandlungskapazitäten für mögliche spätere Neueinlieferungen freizuhalten (Jähnke LK 19, Krey JuS 71, 249, Schwalm BayÄBl. 75, 567, Weissauer/Opderbecke Anästh. Inf. 72, 13 gegen Bockelmann). Vielmehr muß jeder Patient in vollem Umfang die notwendige Versorgung erhalten; wird später ein anderer Patient eingeliefert, so hat grundsätzlich ein Priorität Vorrang (Jähnke LK 19, Jescheck 329, Krey JuS 71, 249; and. Dingeldey Jura 79, 476f., Lenckner Med.klin. 69, 1006, Welzel 185; vgl. auch Otto aaO 119ff.). γ) Wo es hingegen weniger um das zeitliche Moment geht und keine Pflichten zur Erhaltung konkret bestimmter Menschenleben unmittelbar miteinander in Konflikt geraten, ist eine deutliche Tendenz zur Berücksichtigung *sonstiger familiär-sozialer oder wirtschaftlicher Interessen*, also auch materieller Faktoren zu beobachten (vgl. u. a. Ehrhardt aaO 21, Engisch, Euthanasie 21, Kautzky in Eid 32, Opderbecke in Eser, Suizid 136ff., Sporken aaO 198; dagegen für Beschränkung auf medizinisch-biologische Faktoren Hanack in Hiersche 165f., Hirsch ZRP 86, 241; vgl. auch Stratenwerth SchwZStr. 78, 76ff.). Auch wenn die Entwicklung in diese Richtung drängt, dürfen wirtschaftliche Gründe nicht die Frage nach dem „Sinn" weiterer Lebensverlängerung *für den Patienten* verdrängen; wo die Lebenserhaltung irgendeinen Sinn für ihn haben kann, darf sie nicht aus Kostengründen unterlassen werden, soll nicht der Lebensschutz einer totalen Materialisierung zum Opfer fallen. Näher zum Ganzen Eser in Auer/Menzel/Eser 132ff.

31   d) Ist nach den vorerörterten Kriterien die Pflicht zu (weiteren) Lebensverlängerungsmaßnahmen zu verneinen, so ist im Grundsatz gleichgültig, ob das Sterbenlassen bereits durch **Nichtaufnahme** oder erst durch **Abbruch** einer (bereits begonnenen) Behandlung erfolgt; denn soweit der Arzt von der Behandlungsaufnahme absehen darf, muß er sie auch straflos beenden dürfen, und umgekehrt (vgl. Goll AR 80, 324, Roxin Engisch-FS 399ff.; zu gewissen Einschränkungen dieser Gleichbehandlung vgl. Eser in Auer/Menzel/Eser 96ff.). Unberührt davon bleibt jedoch in jedem Fall die Pflicht zur Aufrechterhaltung jener Grundernährung und *Basispflege*, wie sie jedem hilfsbedürftigen Menschen zusteht (dazu Menzel in Eser, Suizid 147, Schara MMW 75, 1422, Kaufmann JZ 82, 487 mwN). Im übrigen hingegen ist es rechtlich unerheblich, ob das Sterben durch Verzicht auf Überführung in eine Intensivstation, durch Abbruch einer bereits begonnenen Therapie oder durch Nichtbehandlung einer sog. interkurrenten Krankheit (z. B. Lungenentzündung eines Apallikers) beschleunigt wird.

32   e) Entsprechendes hat grds. auch für den **technischen Behandlungsabbruch**, wie insbes. für das umstrittene Abschalten von Respiratoren, zu gelten. Denn gleich, ob man darin bloßes *Unterlassen* weiterer Lebensverlängerung erblickt (i. S. dieser vordringenden – wenngleich unterschiedlich begründeten – Auffassung u. a. Engisch Dreher-FS 325ff., Geilen Heinitz-FS 383, Kaufmann MedR 84, 122, Lackner 2 d bb, Lenckner aaO 606, Roxin Engisch-FS 395ff., Wessels II/1 S. 8f. sowie o. 159f. vor § 13), oder ob man es zwar als *aktives* Tun begreift, aber im Hinblick auf den bereits einsetzenden Sterbensprozeß den Schutzzweck des Lebensachtungsgebotes entsprechend enger faßt (so Jähnke LK 17, Möllering aaO 65ff., Sax JZ 75, 137, 144ff.; vgl. auch Hirsch Lackner-FS 604f., Samson Welzel-FS 601f., Horn SK § 212 RN 22, 260 und [mit fragwürdigen Hilfspflichtvorbehalten] Zimmermann NJW 77, 2106; gegen solche Einschränkungen Bockelmann aaO 112f., Anästh. Inf. 73, 233; vgl. auch Jescheck 546) oder u. U. entschuldigende Pflichtenkollision einräumt (Gössel I 33ff.), kann jedenfalls im Ergebnis kein Zweifel sein, daß dort, wo ein medikamentös-therapeutischer Behandlungsabbruch zulässig wäre, auch der technische Behandlungsabbruch zulässig sein muß (näher dazu Eser in Auer/Menzel/Eser 138ff.; i. gl. S. v. Dellingshausen aaO 461ff., Dölling MedR 87, 9f. sowie die Gleichstellung von Abbrechen und Unterlassen in § 214 I AE-Sterbehilfe). Liegen die entsprechenden Voraussetzungen dafür vor, so kann es dann auch keinen wesentlichen Unterschied machen, ob der Behandlungsabbruch durch einen Arzt, eine Krankenschwester oder einen sonstigen *Dritten* herbeigeführt wird (zust. LG Ravensburg NStZ **87**, 229 m. Anm. Roxin 348, Tröndle Göppinger-FS 595, 600; vgl. auch Sax JZ 75, 150, v. Kenne in Eid/Frey 112); denn selbst wenn damit gegen innerdienstliche Anweisungen oder gegen das Hausrecht verstoßen wird, hätte dies doch – natürlich immer vorausgesetzt, daß wegen Vorliegens der Abbruchsvoraussetzungen eine weitere Lebenserhaltungspflicht nicht mehr besteht – jedenfalls nichts mehr mit der Verletzung von Lebensschutzinteressen zu tun.

32a   f) Noch weithin ungeklärt ist das **Sterbenlassen von mißgebildeten Neugeborenen,** wie es – wenn auch meist insgeheim – schon praktiziert wird (vgl. Heifetz/Mangel aaO 47ff., Kaufmann JZ 82, 481, Kreuzer Kriminalistik 82, 491, Regenbrecht MMW 73, 602f., ferner rechtsgeschichtl. Peters aaO sowie rechtsvergl. Keyserlingk ZStW 97, 178ff.; aus med. Sicht v. Loewenich MedR 85, 30ff.). Klar sollte sein, daß es sich bei solcher „Früheuthanasie" schon nicht mehr um individuelle Sterbehilfe, sondern um gesellschaftsnützliche Eugenik handelt (vgl. Eser Narr-FS 61f.), bei der es nicht mehr um biologisch-quantitative, sondern bereits um personal-qualitative Lebensbetrachtung geht. Während Schmitt diesen Schritt für „nunmehr fällig" hält, aber allenfalls für die Eltern (im Unterschied zum weiterhin hilfspflichtigen Arzt) „in menschlich besonders tragischen Fällen" eines übergroßen Konfliktsdrucks die Zumutbarkeit der Behandlungspflicht verneinen würde (Klug-FS II 329ff.), und auch Kaufmann (JZ 82,

486) nur für „Grenzfälle" stark unterentwickelter Mißgeburten einen ärztlichen Beurteilungsspielraum einräumen würde, hält Hanack (MedR 85, 35 ff.) eine weitergehende Reduzierung der ärztlichen Behandlungspflicht für vertretbar (vgl. auch die von der Dt. Ges. f. Medizinrecht vorgeschlagenen Richtlinien in MedR 86, 281 sowie den auf Nichterlangbarkeit des Bewußtseins abhebenden § 214 I Nr. 2 AE-Sterbehilfe m. Begr. 20 sowie die „Einbecker Empfehlungen" in Hiersche/Hirsch/Graf-Baumann aaO). Dies wird noch weiterer Diskussion bedürfen, wobei – unter verstärkter Berücksichtigung auch der familiär-sozialen Implikationen – letztlich wohl nur folgende Alternative bleibt: Je mehr die Allgemeinheit im Interesse weitestgehenden Lebensschutzes ihrerseits bereit ist, neben oder anstelle der Eltern die Folgelasten für ein schwerstbehindertes Kind mitzuübernehmen, desto eher erscheint es zumutbar und geboten, die Pflicht zu lebensrettenden Maßnahmen möglichst streng zu fassen. Je weniger eine solche Solidarbereitschaft mit den Eltern besteht, desto weniger erscheint der Staat berechtigt, den unmittelbar Betroffenen unter Strafandrohung Pflichten aufzubürden, deren Folgelasten die Allgemeinheit nicht mitzutragen bereit ist (vgl. auch Eser JZ 86, 793).

5. Angesichts der verschiedenartigen Unzulänglichkeiten des geltenden Rechts (Überblick bei Eser JZ 86, 791 ff. mwN) sind derzeit weltweit **rechtspolitische Reformbemühungen** zu beobachten, wobei man hierzulande teils schon mit bloßen Rechtsprechungskorrekturen auszukommen hofft (so namentlich Herzberg JZ 86, 1021, Hiersche DJT-Referat 22 ff., Hirsch Lackner-FS 610 ff., Kutzer MDR 85, 715 f. sowie mit Vorbehalt Otto DJT-Gutachten 90 ff.), während andere mehr oder weniger einschneidende Gesetzesänderungen für erforderlich halten (vgl. u. a. Brändel ZRP 85, 85 ff., Dölling MedR 87, 11 f., Eser JZ 86, 793 ff., Schmitt MDR 86, 617 ff., Schöch ZRP 86, 236 ff., Schreiber NStZ 86, 343 ff., Uhlenbruck ZRP 86, 217, Wassermann DRiZ 86, 296 f. sowie letztlich auch Tröndle DJT-Referat 35 ff., 50 ff., ZStW 99, 46 ff., MedR 88, 163, Göppinger-FS 607 f., nachdem dessen Gesamtlösung durch Ausgrenzung kunstgerechten ärztlichen Handelns – unter Einbindung anstelle einer Sonderregelung der Sterbehilfe – zwar grundsätzlich wünschenswert wäre, aber noch weitergehende gesetzliche Eingriffe erfordern würde [med. krit. v. Lutterotti MedR 88, 55 ff.]; vgl. auch die Stellungnahmen der öffentlichen Anhörung zum Thema „Sterbehilfe" im BT-Rechtsausschuß Sten. Prot., 51. Sitzung v. 15. 5. 1985; dazu DRiZ 85, 368 f.). Mit Blick auf den Gesetzgeber hat sich namentlich der AE-Sterbehilfe für eine Klarstellung des (einverständlichen und einseitigen) Behandlungsabbruchs (§ 114) und der leidensmindernden Maßnahmen mit Lebensverkürzungsrisiko (§ 114 a) ausgesprochen, eine die BGH-Rspr. korrigierende Straffreistellung der Nichthinderung einer (freiverantwortlichen) Selbsttötung gefordert (§ 215) sowie für Tötung auf Verlangen in extremen Leidenssituationen ein fakultatives Absehen von Strafe vorgeschlagen (§ 216 II). Obgleich auf dem 56. DJT, der u. a. dem „Recht auf den eigenen Tod?" gewidmet war, der Ruf nach dem Gesetzgeber nur bezüglich des Absehens von Strafe (§ 216 II) Unterstützung fand, kann sich der AE-Sterbehilfe doch insofern bestätigt sehen, als seine Klarstellungs- und Modifizierungsvorschläge als sachgerechte Beschreibung bereits geübter Praxis bzw. als künftig zu befolgende Leitlinie für die Rechtsprechung jedenfalls der Sache nach Anerkennung fanden (vgl. DJT-Beschlüsse II/M 191 ff., Brodersen JZ 86, 1098, Hanack MedR 87, 96, ferner Hiersche DJT-Referat 27 f., Tröndle DJT-Referat 49 f., ZStW 99, 33 ff.). Zur Diskussion im Ausland vgl. allg. Eser/Koch, Materialien zur Sterbehilfe (1991), spez. zur DDR Lammich MedR 87, 90 ff., zu den Niederlanden Sagel ZRP 86, 318 ff., Scholten JZ 84, 877, zur Schweiz Gsell ZStW 97, 164 ff., Heine JR 86, 214 ff.

IV. Selbsttötung: Beteiligung – Nichthinderung.

Schrifttum: vgl. die Angaben o. vor 21, ferner: *Baechler*, Tod durch eigene Hand, 1981. – *Bottke,* Suizid u. Strafrecht, 1982. – *Ders.,* Das Recht auf Suizid u. Suizidverhütung, GA 82, 546. – *Ders.,* Probleme der Suizidbeteiligung, GA 83, 22. – *Bringewat,* Selbstmord, Suizidpatient u. Arztpflichten, NJW 73, 540. – *Ders.,* Tötung auf Verlangen u. der sog. „erweiterte Selbstmord", JuS 75, 155. – *Charalambakis,* Selbsttötung aufgrund Irrtums u. mittelbare Täterschaft, GA 86, 485. – *Dölling,* Suizid u. unterlassene Hilfeleistung, NJW 86, 1011. – *Eser,* Suizid u. Euthanasie, 1976. – *Ders.,* Sterbewille u. ärztl. Verantwortung, MedR 85, 6. – *Gallas,* Strafbares Unterlassen im Falle einer Selbsttötung, JZ 60, 649, 686. – *Geilen,* Suizid u. Mitverantwortung, JZ 74, 145. – *Gores,* Suizid als Problemlösung, 1981. – *Gropp,* Suizidbeteiligung u. Sterbehilfe in der Rspr., NStZ 85, 97. – *Haesler/Schuh,* Der Selbstmord, 1986. – *Heinitz,* Teilnahme u. unterlassene Hilfeleistung beim Selbstmord, JR 54, 403. – *Herzberg,* Zur Strafbarkeit der Beteiligung am reinlichen Selbstmord, ZStW 91, 557. – *Ders.,* Beteiligung an einer Selbsttötung oder tödlichen Selbstgefährdung als Tötungsdelikt, JA 85, 131, 177, 265, 336. – *Ders.,* Zum strafrechtlichen Schutz des Selbstmordgefährdeten, JZ 86, 1021. – *Ders.,* Straffreie Beteiligung am Suizid u. gerechtfertigte Tötung auf Verlangen, JZ 88, 182. – *Hohmann/König,* Zur Begründung der strafr. Verantwortl. in den Fällen aktiver Suizidteilnahme, NStZ 89, 304. – *Holyst,* Selbstmord u. Selbstmordvorbeugung, 1986. – *Klinkenberg,* Die Rechtspflicht zum Weiterleben u. ihre Grenzen, JR 78, 441. – *Koch,* Der Suizidpatient als Rechtsfall, MMW 84, 713. – *Kohlhaas,* Das Recht auf den eigenen Tod, NJW 73, 548. – *Ders.,* Selbstmordverursachung u. Garantenpflicht, JR 73, 53. – *Kreuzer,* Die ärztliche Hilfeleistungspflicht bei Unglücksfällen im Rahmen des § 330c StGB, 1965. – *Michale,* Recht u. Pflicht zur Zwangsernährung, 1983. – *Neumann,* Die Strafbarkeit der Suizidbeteiligung als Problem der Eigenverantwortlichkeit des „Opfers", JA 87, 244. – *Ostendorf,* Das

Recht zum Hungerstreik, 1983 (Zus. in GA 84, 308 ff.). – *Pöldinger/Reimer,* Psychiatrische Aspekte suizidalen Verhaltens, 1985. – *Rehbach,* Bemerkungen zur Geschichte der Selbstmordbestrafung, DRiZ 86, 241. – *Ringel,* Selbstmord, HwbKrim III, 125. – *Roxin,* Die Mitwirkung beim Suizid, Dreher-FS 331. – *Schilling,* Abschied vom Teilnahmeargument bei der Mitwirkung zur Selbsttötung, JZ 79, 159. – *Schmidhäuser,* Selbstmord u. Beteiligung am Selbstmord in strafr. Sicht, Welzel-FS 801. – *Schneider/Rossel/Klug,* Selbsttötung nach Anleitung, Spann-FS 491. – *Simson,* Die Suizidtat, 1976. – *Spendel,* Fahrlässige Teilnahme an Selbstmord u. Fremdtötung, JuS 74, 749. – *Tröndle,* Zwangsernährung u. Rechtsstaat, Kleinknecht-FS 411. – *Wagner,* Selbstmord u. Selbstmordverhinderung, 1975. – *Wasek,* Die Problematik des Selbstmords im poln. Strafrecht, ZStW 95, 775.

33 Die Tötungstatbestände richten sich, auch wenn dies in ihrem Wortlaut nicht mit letzter Eindeutigkeit zum Ausdruck kommt, gegen die Tötung eines **anderen Menschen.** Daher ist die **Selbsttötung straflos,** und zwar schon mangels Tatbestandsmäßigkeit (RG **70** 315, BGH **2** 152, **32** 262, 371, D-Tröndle 4, Gössel I 28, Jähnke LK 21, Lackner 3). Abweichende Konstruktionen eines sowohl die Fremd- wie die Selbsttötung umfassenden Tatbestandes, dessen Verwirklichung lediglich für den Selbsttötenden aus subjektiven Gründen straflos bleibe (Schmidhäuser Welzel-FS 810 ff.; ähnlich Bringewat ZStW 87, 623 ff. unter Berufung auf angebliches Gewohnheitsrecht), sind weder normtheoretisch haltbar (vgl. Gössel JA 76, 396) noch mit der geschichtlichen Entwicklung (allg. dazu Rehbach aaO) und dem Schutzzweck der Tötungstatbestände vereinbar (vgl. v. Holtzendorff Hdb. III 146 f., Herzberg JA 85, 132 ff., Horn SK § 212 RN 8, Roxin Dreher-FS 336 ff., Simson aaO 55 ff., 72 ff.; recht umwegig hingegen der Versuch von Schilling aaO, eine in der Suizidteilnahme vielleicht „logisch" mitenthaltene, aber wertungsmäßig doch gleichzeitig mitprivilegierte „einverständliche Fremdtötung" erst über problematische Einwilligungsgrundsätze [§ 216!] straffrei stellen zu wollen; krit. auch Bottke aaO 32 ff., Hirsch JR 79, 431, Schmitt JZ 79, 464 f.). Auch kennt das deutsche StGB im Unterschied zu manchen ausländischen Rechten weder einen besonderen Tatbestand für den Selbstmord*versuch* (so England bis zum Suicide Act 1961) noch für die *Verleitung* oder *Beihilfe* zur Selbsttötung (so Art. 115 schweizStGB, § 78 östStGB; vgl. auch Simson/Geerds 63 ff., Heine JR 86, 314 ff.).

34 Diese Zurückhaltung sieht sich neuerdings verstärkt mit Befunden empirischer Suizidforschung konfrontiert, wonach der *Suizidwille* regelmäßig als *pathologisch* anzusehen sei (vgl. die Nachw. bei Geilen JZ 74, 148 ff., ferner Meyer MedR 85, 210 ff., Ringel HwbKrim III 160 sowie zu Suizidtheorien Baechler aaO, Gores aaO 46 ff., Kindt MMW 84, 704 ff.; krit. zu § 215 AE-Sterbehilfe Sondervotum von Bochnik MedR 87, 220). Deswegen jede Ermöglichung oder Zulassung eines Suizids generell für strafbar erklären zu wollen (mit dieser Tendenz namentlich Bringewat ZStW 87, 623 ff., Herzberg, Unterlassung im Strafrecht [1972] 265 ff., Schmidhäuser Welzel-FS 801 ff., Schwalm Engisch-FS 553 ff. sowie mit Vorbehalt auch Geilen aaO, Horn SK § 212 RN 12), wäre jedoch nur dann gerechtfertigt, wenn die Möglichkeit eines nichtkrankhaften Suizids praktisch auszuschließen wäre (vgl. demgegenüber den Fall von BGH **32** 367 m. Anm. Eser MedR 85, 6, ferner Sonneck/Ringel in Eser, Suizid 77 f., Pohlmeier MMW 82, 1121, Simson aaO 93 ff. sowie Wagner aaO 110 ff., der zu einem ungefähren Verhältnis von 60:40 zwischen freiverantwortlichen und nichtfreiverantwortlichen Suiziden kommt) und wenn nicht einmal das subjektive Freiheitsbewußtsein des Suizidenten Respektierung verdienen würde. Auch ungeachtet der Frage, ob ein „Recht" auf Selbsttötung, das einer Pönalisierung schon grundsätzlich entgegenstünde, zu bejahen (so etwa Wagner 108 ff., i. E. auch Bottke aaO 42 ff., Uhlenbruck ZRP 86, 214, Wassermann in Winau/Rosemeier aaO 384 ff.) oder zu verneinen wäre (so namentlich Hirsch Lackner-FS 610 ff., Otto DJT-Gutachten 17 f., Roellecke in Eser, Suizid 336 ff.), ist das Strafrecht weder ein taugliches noch ein angemessenes Mittel, um die Unterstützung von existentiellen Entscheidungen zu unterbinden, die zumindest *subjektiv freiverantwortlich* erscheinen (vgl. Eser, Suizid 398 ff., in Auer/Menzel/Eser 92 ff., 103 ff., Roxin Dreher-FS 351 ff., Simson aaO 79 ff., 109 ff. sowie u. 36). Dabei sei jedoch nicht verkannt, daß die Rspr. oft allzu leicht zur Annahme von Freiverantwortlichkeit neigt, wo sachkundige Ermittlungen vielleicht doch verantwortlichkeitsausschließende Depression oder einen bloßen „Appell-Suizidversuch" zu Tage gefördert hätten (so wohl in den Fällen von BGH **7** 168, **13** 162, BGH NJW **60**, 1821, JR **56**, 347, JR **79**, 429 m. krit. Anm. Hirsch; vgl. auch Geilen JZ 74, 148 ff., NJW 74, 572). Solchen tatsächlichen Fehleinschätzungen dürfte jedoch auch **de lege ferenda** nicht durch generelle Pönalisierung der Suizidbeteiligung, sondern lediglich durch größere Zurückhaltung bei Annahme von Freiverantwortlichkeit begegnet zu werden (vgl. auch Bottke aaO 317 ff. sowie u. 36). Demgemäß geht es auch bei § 215 AE-Sterbehilfe, dem im wesentlichen auch die nachfolgenden Leitlinien entsprechen, nicht einfach – wie offenbar Herzberg in seiner Kritik (JZ 86, 1021 ff.) glauben machen möchte – um Ausweitung oder Einengung strafloser Suizidteilnahme, sondern um eine sachgerechte Lösung für die – wenngleich vielleicht wenigen, so deswegen doch keineswegs unerheblichen – Fälle, in denen die Freiverantwortlichkeit des Sterbewillens nach menschlichem Ermessen außer Zweifel steht und ihm dennoch vom BGH **32** 367 die Beachtlichkeit grundsätzlich versagt wird: Solange Herzberg (aaO sowie JA 85, 267 ff.) weder dieses von ihm offenbar nicht so empfundene oder jedenfalls nicht so angesprochene Gravamen mangelnden Respekts für wahrhaft höchstpersönliche und wohl nur moralisch-sittlich erfaßbare Entscheidungen noch den paternalistischen Charakter seiner „Vernünftigkeits"-Abwägungen erkennt, fehlt es – über gesetzestechnische und strafrechtsdogmatische Vordergründigkeiten hinaus – an dem für eine fruchtbare kriminalpolitische Auseinandersetzung erforderlichen Grundkonsens (vgl. auch die Gegenkritik von Baumann u. Schmitt JZ 87, 131 bzw. 400 ff., jew. m. Schlußwort von Herzberg).

Im einzelnen ergibt sich daraus für das geltende Recht:

1. Ebenso wie die *Selbsttötung* als solche (o. 33) ist auch die vorsätzliche **Teilnahme daran** 35 **straflos,** da es mangels Tatbestandsmäßigkeit an einer entsprechenden Haupttat fehlt (BGH **2** 152, **32** 264, 371 mwN, Bottke aaO 235 ff., D-Tröndle 4), wobei sich dieses formale Akzessorietätsargument vor allem mit dem Prinzip der Eigenverantwortlichkeit des Opfers abstützen läßt (so namentlich Neumann JA 87, 245 ff.), während es Sax JZ 75, 146 daraus ableiten will, daß der Selbstmord keine Rechtsgutsverletzung darstelle (dagegen Herzberg ZStW 91, 572 f.). Das gilt sowohl für Anstiftung (Welzel 281) wie für Beihilfe (RG **70** 315, BGH **6** 154, Düsseldorf NJW **73**, 2215), und erst recht – trotz ihrer moralischen Fragwürdigkeit – für allgemeine Suizidanleitungen ohne Bezug zu einem konkreten Fall (wie etwa Guillon/Le Bonniec, Gebrauchsanleitung zum Selbstmord, 1982, Kehl, Sterbehilfe 1989; vgl. auch Schneider u. a. Spann-FS 491 ff.). Auch die **fahrlässige Mitverursachung** einer (freiverantwortlichen) Selbsttötung, z. B. durch leichtfertiges Herumliegenlassen einer schußbereiten Waffe, muß jedenfalls dann straflos bleiben, wenn sie bei vorsätzlicher Begehung als Anstiftung oder Beihilfe zu werten wäre (so – mit allerdings zu weit geratenem Leitsatz – BGH **24** 342, Bay NJW **73**, 565 sowie Hirsch JR 79, 430, Horn SK § 212 RN 21, Lackner 3 a, Roxin Gallas-FS 243 ff., Rudolphi SK 79 vor § 1, Simson aaO 68 ff., 115 f.; and. Kohlhaas JR 73, 53 ff.); i. E. ebenso D-Tröndle 4 sowie van Els NJW 72, 147 durch Verneinung einer Sorgfaltspflicht des Mitverursachers (ähnlich Welp JR 72, 427; vgl. auch Otto JuS 74, 709) sowie Spendel JuS 74, 756 mit Berufung auf die grds. Straflosigkeit fahrlässiger Teilnahme; vgl. auch Blei JA 72, 573, Geilen JZ 74, 146 ff. Entsprechendes hat für die (vorsätzliche oder fahrlässige) Veranlassung einer (sich schließlich als tödlich realisierenden) *Selbstgefährdung* zu gelten (vgl. BGH **32** 265, NStZ **87**, 406 sowie § 216 RN 11 a, § 222 RN 3, 5, je mwN). Davon unberührt bleibt jedoch die Fahrlässigkeitshaftung für sonstige Sorgfaltsverletzungen, z. B. bei Transport eines Suizidpatienten (vgl. Geilen NJW 74, 570 f., Simson aaO 70 sowie u. 46).

Straflos ist die Teilnahme aber immer nur solange, als sie sich auf die bloße Förderung einer 36 *Selbst*tötung beschränkt, also *nicht* in täterschaftliche *Fremd*tötung übergeht (zur Abgrenzung vgl. § 216 RN 11), und die Selbsttötung auf einer **freiverantwortlichen Willensentschließung** beruht (davon absehend bei ärztl. Behandlungsverhältnis BGH JR **79**, 429 m. krit. Anm. Hirsch; grds. gegen die – gelegentlich freilich mißverständl. mit dem nicht völlig inhaltsgleichen Prinzip der *Eigen*verantwortlichkeit vermengte – *Frei*verantwortlichkeit Herzberg JA 85, 136 ff.; mehr aus pragm. Gründen abl. auch Kutzer MDR 85, 713, Schmitt MDR 86, 619). Da es dabei nicht auf „objektive Freiheit", sondern lediglich auf die Respektierung subjektiven Freiheitsbewußtseins ankommen kann (vgl. o. 34; zust. Wassermann DRiZ 86, 295), ist die Suizidentscheidung solange als „freiverantwortlich" anzusehen, als keinerlei Anzeichen für psychische Störungen oder Zwangsvorstellungen erkennbar sind, aufgrund derer die *natürliche Einsichts- oder Urteilsfähigkeit* hinsichtlich der Tragweite und Unwiderruflichkeit dieses Schrittes ausgeschlossen oder wesentlich beeinträchtigt sein könnte. Als Anhaltspunkte dafür können die in § 20 genannten Symptome dienen (vgl. § 103 AE, Sax JZ 76, 81, aber auch Bottke GA 83, 30 ff., der analog auf die §§ 20, 35 bzw. § 19 JGG Bezug nimmt, wiederum auch Wagner aaO 117 f., der darüberhinaus auf die materielle Unterbringungsvoraussetzungen abheben will, bzw. Hirsch JR 79, 432, der eine dem mittelbaren Täter gleichkommende Beherrschung durch den Dritten verlangt (Otto DJT-Gutachten I/D 65 mwN). Dabei ist jedoch zu berücksichtigen, daß es nicht um die Zurechenbarkeit von „Schuld" für fremdschädigendes Verhalten geht, sondern um die vorsorgliche Verhütung möglicherweise unfreiwilliger Selbstvernichtung. Daher kann nicht schon einfach aus dem Fehlen von Krankheitssymptomen i. S. von § 20 auf Freiverantwortlichkeit geschlossen werden; vielmehr muß der Suizidwunsch einem ernstlichen Tötungsverlangen i. S. von § 216 vergleichbar sein (vgl. Geilen JZ 74, 151 f., Herzberg JA 85, 336 ff., Horn SK § 212 RN 15, Wessels II/1 S. 12 f., aber auch Roxin Dreher-FS 343 ff.). Daran wird es regelmäßig bei bloßen Appell-Suizidversuchen (vgl. o. 34) fehlen. Zur Problematik des Hungerstreiks vgl. u. 45. Auch bei *Kindern* und Jugendlichen wird mangels Einsicht in die Tragweite des Suizids die Freiverantwortlichkeit regelmäßig zu verneinen sein (vgl. § 103 AE; and. BGH **19** 135 bei 16jährigem Mädchen).

2. Bei **mangelnder Freiverantwortlichkeit** des Suizidenten (bzw. wenn diese offensichtlich 37 zweifelhaft ist), macht sich ein Dritter, der dies erkennt und dennoch den Suizid veranlaßt oder unterstützt, wegen **Tötung in mittelbarer Täterschaft** strafbar (Arzt/Weber I 92, D-Tröndle 5, Lackner 3 b, Roxin, Täterschaft[4] (1984) 476, 574 f., Simson aaO 113), und zwar nach § 212, da mangels Ernstlichkeit des Todeswunsches auch § 216 zu verneinen ist. Hat er die mangelnde

Verantwortlichkeit des von ihm unterstützten Suizidenten *fahrlässigerweise* nicht erkannt, kommt § 222 in Betracht (vgl. Welp JR 72, 428 sowie Wegener JZ 80, 593 zu psychotherap. Fehlbehandlung). Entsprechendes gilt bei Veranlassung einer nicht eigenverantwortlichen Selbstgefährdung (BGH NStZ **83**, 72; vgl. § 222 RN 5). Hält er den Suizidenten irrtümlich für nicht verantwortlich, so liegt Totschlags*versuch* vor. Darüber hinaus kommt Tötung in mittelbarer Täterschaft in allen Fällen in Betracht, in denen der Getötete als *Werkzeug gegen sich selbst* benutzt wird (BGH **32** 28 m. Anm. Roxin NStZ 84, 71, Schmidhäuser JZ 84, 195, BGH NStZ **84**, 73, (D-Tröndle aaO, Hirsch JR 79, 433, Horn SK § 212 RN 10, Welzel 281), so vor allem, wenn er durch Zwang (Androhung weiterer Mißhandlung: vgl. OGH NJW **49**, 598), Arglist (Vorspiegelung der Bereitschaft zum Doppelselbstmord: vgl. BGH GA **86**, 508, wobei freilich – über die Erzeugung des Motivirrtums hinaus – maßgeblich auf täterschaftliche Handlungssteuerung durch massive intellektuell-psychische Lenkung des Suizidenten abgehoben wird) oder in Ausnutzung eines Irrtums über den Geschehensablauf (vermeintliche Ungefährlichkeit einer tödlichen Droge) oder des zur Selbsttötung treibenden Motivs (scheinbare Unheilbarkeit einer Krankheit) dazu veranlaßt wird, Hand an sich zu legen oder sich dabei helfen zu lassen (Jähnke LK 25; vgl. auch Bottke aaO 247ff.); eingeh. u. diff. zu verschiedenen Formen von Motivirrtümern (u. zugleich krit. zu BGH aaO) Charalambakis GA 86, 485ff., Neumann JA 87, 249ff.

38 Dagegen ist in der bloßen **Veranlassung eines Suizids** (oder gar in einer *Überredung* dazu) solange keine strafbare Tötung in mittelbarer Täterschaft zu erblicken, als die Selbsttötung letztlich *freiverantwortlich* erfolgt (vgl. M-Schroeder I 16). Soweit dies D-Tröndle 5 (m. zw. Berufung auf RG **26** 242 und BGH **2** 151f.) bestreiten will, verkennt er, daß durch Überredung der Suizident nicht notwendig zum Werkzeug des Bestimmenden wird und zudem die allgemein als Möglichkeit strafloser Suizidbeteiligung anerkannte Anstiftung (vgl. o. 35) regelmäßig zu mittelbarer Täterschaft führen müßte, wenn sie über psychische Beihilfe hinausgehe. Aus ähnlichen Gründen wäre auch bei Beschränkung strafloser Teilnahme auf Hilfeleistungen, zu denen der Dritte nicht wenigstens in Form von § 216 durch den Lebensmüden aufgefordert wurde (so Horn SK § 212 RN 16), kaum noch ein Fall strafloser Anstiftung bzw. anstiftungsähnlicher Ratschläge denkbar. Ebensowenig kann mittelbare Täterschaft immer schon dann angenommen werden, wenn der den Tod bewirkende Beitrag des Helfers auch durch den Lebensmüden selbst physisch hätte erbracht werden können. Wenn Horn aaO dies damit begründen will, daß das psychische Nichtverkraften des „letzten Schrittes" durch eigene Hand als Zeichen mangelnder Freiverantwortlichkeit zu betrachten sei, so würde damit nicht nur der Bereich strafloser Suizidbeihilfe auf untergeordnete Unterstützungshandlungen beschränkt, sondern konsequenterweise müßte damit auch die „Ernstlichkeit" des von ihm angenommenen § 216 verneint werden und folglich § 212 zum Zuge kommen. Falls daher das Zurückschrecken vor dem Handanlegen an sich selbst nicht auch durch sonstige Umstände als Indiz mangelnden Sterbeverlangens erhärtet wird, ist im Überlassen des tödlichen Stoßes an den Helfer weniger ein Problem der Freiverantwortlichkeit als vielmehr eine Frage des Übergangs von bloßer Suizidbeihilfe zu täterschaftlicher Tötung auf Verlangen zu erblicken (näher zu dieser Abgrenzung § 216 RN 11).

39 3. Weitere Einschränkungen hat der Bereich strafloser Suizidbeteiligung dadurch erfahren, daß das **tatenlose Geschehenlassen einer Selbsttötung** nach §§ 212, 216, 13 bzw. nach § 323c als *Unterlassen* strafbar sein kann. Und zwar soll dies sowohl dort in Betracht kommen, wo die aktive Unterstützung als solche (z. B. durch Verschaffen einer Waffe) nach den bei 35 genannten Grundsätzen an sich straflos ist (vgl. BGH **6** 154), wie auch da, wo die Selbsttötung in keiner Weise positiv beeinflußt, sondern lediglich unterlassen wird, entweder bereits die *Durchführung* des Suizids zu *verhindern* (z. B. durch Abdrehen des Gashahnes) oder dann wenigstens den Suizid*erfolg abzuwenden* (durch Verbringen des bereits Vergifteten in ein Krankenhaus). Während in solchen Fällen die Rspr. zu extensiver Unterlassungshaftung neigt (vgl. u. 42) und dies von einem Teil der Lehre im Interesse verstärkter Selbstmordprophylaxe befürwortet wird (vgl. namentlich Geilen JZ 74, 153f., Herzberg ZStW 91, 569ff., JA 85, 177ff., Horn SK § 212 RN 12ff., Kutzer MDR 85, 712ff., Schwalm Engisch-FS 535ff.), sieht die h. L. darin zutreffend die Gefahr, daß damit die Straflosigkeit der Suizidteilnahme praktisch völlig unterlaufen wird (vgl. die Meinungsübersicht bei Bottke aaO 272ff., Wagner aaO 25ff.). Daher bedarf es einer **differenzierenden** Betrachtung:

40 a) Soweit dem Suizidvorhaben von vorneherein die **Freiverantwortlichkeit fehlt,** ist nicht nur seine aktive Veranlassung oder Unterstützung (o. 37), sondern unstreitig auch sein bloßes Geschehenlassen strafbar (vgl. RG **7** 332, M-Schroeder I 17, Wagner aaO 128, Roxin, Täterschaft[4] 476), und zwar für einen Lebensschutzgaranten (Angehöriger, Arzt aufgrund Behandlungsübernahme) als Töten durch Unterlassen nach §§ 212, 13 (wobei mangels Beachtlichkeit des Suizidwillens auch § 216 ausscheidet; vgl. dort RN 11), für Nichtgaranten nach § 323c, da jedenfalls der unfreie Suizidversuch grundsätzlich als „Unglücksfall" zu betrachten ist (vgl. BGH **2** 151 sowie § 323c RN 7). Auch ist hier nach Möglichkeit bereits die Durchführung des Suizids zu verhindern (vgl. Horn SK § 212 RN 17) und nicht erst dessen Erfolg abzuwenden.

Wurde ersteres versäumt, so kann von dem darin liegenden Unterlassungsversuch (vgl. § 22 RN 50) aber noch durch rechtzeitige Rettung des Verletzten zurückgetreten werden. Totschlagsversuch liegt auch dann vor, wenn der Garant einen reflektierten „Bilanzselbstmord" fälschlich für defekt ansieht (Horn aaO). Hält er umgekehrt den Suizid irrigerweise für ernstlich, so muß ihm auf der Basis der BGH-Rspr. zum freiverantwortlichen Suizid (u. 42) über § 16 II zumindest § 216 zugute kommen, während er nach der hier vertetenen Auffassung (u. 41) wegen Tatbestandsirrtums (§ 16 I) allenfalls nach § 222 strafbar ist (Wagner aaO 128).

b) Soweit andererseits mit hinreichender Wahrscheinlichkeit von einem **freiverantwortli- 41 chen** und bis zum tödlichen Ende durchgehaltenen Suizidwillen ausgegangen werden kann (der unheilbar Krebskranke bittet ausdrücklich darum, ihn nach Einnahme einer Überdosis nicht in ein qualvolles Leben zurückzuholen), läßt sich bei Respektierung dieses Entschlusses weder für die Nichthinderung des Suizids noch für den Verzicht auf Rettungsmaßnahmen eine strafrechtliche Verantwortlichkeit begründen, und zwar weder aus Garantenhaftung noch aus § 323c (so jedenfalls i. Grds. die **h. L.**: vgl. neuerdings vor allem AE-Sterbehilfe §§ 214 II, 215 (zust. DJT-Beschlüsse II/M 194), ferner u. a. Arzt/Weber I 88 ff., Bottke aaO 272 ff., 292 ff., Charalambakis GA 86, 504, Dreher JR 67, 270, van Els NJW 72, 1477, Friebe GA 59, 163, Gössel I 46 f., Grünwald GA 59, 119 ff., Hartung JR 55, 348, Heinitz JR 54, 403, 55, 105, Hirsch JR 79, 432, Lenckner aaO 575, M-Schroeder I 17, Roxin, Täterschaft[4] 473 ff., in Blaha 96 ff., NStZ 84, 412, Rudolphi SK 38 vor § 13, Schweiger NJW 55, 816, Simson aaO 58 f., 66 ff., 114 f., Wagner aaO 25 ff., 46 ff., Wassermann in Winau/Rosemeier aaO 393 ff., Welzel 281; diff. für Verneinung von Tötung durch Unterlassen, aber für Möglichkeit von § 323c Dölling NJW 86, 1016 [abgesehen von einem „Abwägungssuizid"], Jähnke LK 24, Neumann JA 87, 254 ff., Otto DJT-Gutachten I/D 75 ff., Wessels II/1 S. 14 f.; ebenso Gallas JZ 60, 689 mit dem Vorbehalt, daß jedenfalls § 323c dann zum Zuge kommen müsse, wenn der Suizident nach vollendetem Versuch nur noch als „Opfer" seiner Tat angetroffen werde; vgl. aber dazu u. 44). Entsprechendes hat für fahrlässige Nichthinderung eines freiverantwortlichen Suizids zu gelten (vgl. Bokkelmann ZStW 66, 117, Gallas JZ 60, 690). Damit ist sowohl für den echten „Bilanzselbstmord" (vgl. aber dazu Meyer MedR 87, 210 ff.) wie auch für die Selbstbefreiung aus schwerem Leiden ein Weg eröffnet, den zu verstellen jedenfalls keine strafrechtlich sanktionierbare *Pflicht* besteht. Zu dem davon zu unterscheidenden *Recht* zu (privater oder öffentlicher) Suizid-Prophylaxe vgl. Bottke aaO 81 ff., GA 82, 346 ff., Koch MMW 84, 713 ff., Wagner aaO 123 ff. mwN sowie § 240 RN 32.

Demgegenüber hat vor allem der **BGH** unter teilweiser Billigung der Lehre (vgl. die bei 39 **42** Genannten) das Geschehenlassen eines Suizids schon auf verschiedene Weise zu sanktionieren versucht (näher zur Entwicklung Eser MedR 85, 9 ff., Gropp NStZ 85, 97 ff.): So zunächst durch *generelle* Annahme einer *Rettungspflicht* des Garanten bei jedwedem Suizidversuch (BGH 2 150 ff.; konkludent ebenso BGH 7 268, 13 166, JR 55, 104); dann durch Annahme eines rettungspflichtbegründenden *Unglücksfalles* i. S. von § 323c (dort RN 7) jedenfalls vom Zeitpunkt der Hilfsbedürftigkeit an (BGH 6 147, 7 272 m. insoweit zust. Anm. Gallas JZ 54, 641, BGH 32 381, JR 56, 347; vgl. auch BGH 13 169 wie Wessels II/1 S. 16, der jedoch bei erkennbarem Festhalten am Suizidentschluß die Zumutbarkeit der Hilfeleistung verneinen würde; vgl. ferner Klinkenberg aaO, dessen „Rechtspflicht zum Weiterleben" jedoch bereits im Ansatz verfehlt erscheint: vgl. Roxin Dreher-FS 337 ff., Eser, Suizid 397 ff. sowie Wellmann JR 79, 182 m. Erwiderung von Klinkenberg). Andererseits wurden aber diese Suizidverhinderungspflichten teilweise wieder eingeschränkt: So zum einen dadurch, daß eine Garantenhaftung nur insoweit eingreifen soll, als der Garant das Suizidgeschehen *beherrscht* (BGH 13 166 f. [wo eine solche Tatbeherrschung jedoch in casu mangels „Täterwillens" verneint wurde], zust. Lange LK[9] 5); zum anderen dadurch, daß die Hilfeleistungspflicht, und zwar sowohl nach § 13 wie nach § 323c, erst mit der *Handlungsunfähigkeit* des Suizidenten einsetze (BGH NJW 60, 1821 f.; ebenso Bay NJW 73, 565 m. Anm. Geilen JZ 73, 320, Kielwein GA 55, 227, Niese JZ 53, 175; dagegen – jedenfalls in sich konsequent – die Verhinderungspflicht noch weiter vorverlagernd und dann allenfalls über eine Abwägung nach § 34 zu einer Rechtfertigung des Sterbenlassens gelangend Herzberg JA 85, 185); auch bedürfe bei Freiverantwortlichkeit des Suizids die *Zumutbarkeit* der Hilfeleistung jeweils besonderer Prüfung (BGH 7 272, 13 169, 32 381; vgl. auch BGH NStZ 84, 73). Einen buchstäblich zwiespältigen Höhepunkt hat diese Entwicklung in der Wittig-Fall BGH 32 367 gefunden, indem einerseits – nach gewissen Anklängen in BGH NJW 83, 350 m. Anm. Eser NStZ 84, 56 – der Suizidwille für grundsätzlich unbeachtlich erklärt und damit eine Entbindung von einer einmal eingetretenen Rettungspflicht seitens des Patienten abgeschnitten wird, indem aber andererseits dem Arzt ein eigenverantwortliches Abwägungsermessen eingeräumt wird, innerhalb dessen das Selbstbestimmungsrecht des Suizidenten nur einer unter anderen Faktoren sei, wobei in casu wegen der durch den Suizid bereits eingetretenen „irreparablen schweren Schäden" eine Wiederbelebungspflicht verneint wurde, ohne daß aber

§§ 211 ff. Vorbem 43, 44

der dogmatische Ansatzpunkt dafür völlig klar wäre (so z. B. nach Schmitt JZ 84, 868 wohl mangelnde Zumutbarkeit, nach Herzberg NJW 86, 1639, JZ 86, 1024 hingegen Rechtfertigung nach § 34).

43 Diese Rspr. kann nicht befriedigen. Was einerseits die grundsätzliche Annahme einer Hilfspflicht betrifft, so mag dies in manchen der Entscheidungsfälle deshalb akzeptabel erscheinen, weil in tatsächlicher Hinsicht bereits die Freiverantwortlichkeit infrage zu stellen wäre (vgl. o. 34, 36) und demzufolge die Suizidverhinderungspflicht schon nach den bei 40 bzw. 44 erörterten Grundsätzen hätte bejaht werden können. Dagegen läßt sich ihre normative Begründung nicht halten. Nicht nur, daß sich bei Geschehenlassen eines Suizids brauchbare Abgrenzungskriterien weder nach den allgemeinen Teilnahmeregeln (vgl. Gallas JZ 60, 650f., Roxin, Täterschaft[4] 473f.) noch mit Konstruktion eines Tatherrschaftswechsels bei Handlungsunfähigkeit des Suizidenten gewinnen lassen (vgl. Bringewat NJW 73, 541f., Dreher JR 67, 269f., Heinitz JR 61, 28f.); auch ist der in dieser Zäsur zum Ausdruck kommende Wertungsunterschied schon in sich widersprüchlich: Denn so widersinnig es wäre, zunächst dem Suizidwilligen das aktive Verschaffen von tödlichen Tabletten zu gestatten (o. 35), um ihn nach Einnahme zur Rettung des Suizidenten zu verpflichten (vgl. Heinitz JR 55, 105), so wenig würde einleuchten, daß der Arzt zwar die freiverantwortliche Suizidhandlung des Krebskranken soll geschehen lassen dürfen, dann aber postwendend zur Abwendung des Suiziderfolgs verpflichtet wäre (Jähnke LK 24), wobei diese von BGH **32** 374 bestrittene Widersinnigkeit insbes. auch durch eine Vorverlagerung der Rettungspflicht nicht auszuräumen wäre (vgl. Eser MedR 85, 12). Nicht weniger widersprüchlich wäre es, zwar den Beschützergaranten (Arzt, Angehörigen) zur Suizidverhinderung für verpflichtet zu halten, dagegen bei Ingerenz aufgrund vorangegangener positiver Beihilfe zum Selbstmord nach allgemeinen Grundsätzen (vgl. 87ff. vor § 25) eine täterschaftliche Verantwortlichkeit für die Nichthinderung des Erfolges verneinen zu müssen, ganz abgesehen davon, daß es wertungswidersprüchlich wäre, aus einem an sich strafloses Vorverhalten eine strafbegründende Ingerenzstellung abzuleiten (vgl. Jähnke LK 24). Zumindest aber muß dort, wo der Garant aus Respekt vor dem Willen des Suizidenten untätig bleibt, § 216 und nicht §§ 212, 221 zur Anwendung kommen (vgl. Gallas JZ 60, 688, aber auch § 216 RN 10). Da solche Widersprüche mit der grundsätzlichen Wertentscheidung des Gesetzgebers für die Straflosigkeit aktiver Suizidbeteiligung nicht vereinbar sind, war auch in der **neueren Rspr.** eine verstärkte *Respektierung des freiverantwortlichen Suizids* durch Verneinung einer Verhinderungspflicht zu beobachten: vgl. Düsseldorf NJW **73**, 2215 m. Anm. Blei JA 74, 103 (krit. dazu jedoch Geilen NJW 74, 570, Bringewat JuS 75, 155), mit gleicher Tendenz BGH NStZ **83**, 117, Düsseldorf JMBLNRW **83**, 197, ferner bereits LG Bonn MDR **68**, 66 m. Anm. Paehler und LG Berlin JR 67, 269, wo allerdings an § 323c festgehalten wird (krit. dazu Dreher JR 67, 271); vgl. zum Ganzen auch Eser in Auer/Menzel/Eser 110f., MedR 85, 11. Wenn dann mit BGH **32** 367 dieser Weg abgeschnitten wurde, so kann andererseits das stattdessen eingeräumte ärztliche Abwägungsermessen (vgl. o. 42 a. E.) – trotz des nachherigen Differenzierungsbemühens des Berichterstatters Kutzer (MDR 86, 710ff.) – keine akzeptable Ersatzlösung bieten, und zwar weder für den Arzt noch für den Betroffenen und seine Angehörigen (vgl. im einzelnen Eser MedR 85, 13ff.). Krit. u. a. auch DJT-Beschluß II/M 194, NJW 86, 3073, Dölling MedR 87, 10, Hiersche Weißauer-FS 55ff., Hirsch Lackner-FS 599, 603, Lackner 3c bb, Otto DJT-Gutachten 67ff., 94, Roxin NStZ 87, 345, Schmitt JZ 84, 866, Sowada Jura 85, 88, Solbach JA 84, 756, Tröndle ZStW 99, 45, Göppinger-FS 596, Uhlenbruck ZRP 86, 215f.; dagegen dem BGH trotz Detailkritik grds. zust. Herzberg JA 85, 184f., 267ff., der allerdings in dem hier vertretenen Standpunkt zu Unrecht eine „Apologie des Freitodes" bekämpfen zu müssen glaubt, dabei sein Beispielsmaterial weniger aus dem Bereich praktisch unzweifelhafter als eher aus der Grauzone zweifelhafter Freiverantwortlichkeit bezieht (wo selbstverständlich auch hier eine Rettungspflicht bejaht wird: vgl. u. 44) und der seinerseits bei seiner maßgeblich mit § 34 argumentierenden Abwägung klare Konturen vermissen läßt. Im wesentl. wie hier auch München NJW **87**, 2940 (Fall Hackethal) m. Anm. Herzberg JZ 88, 182; auch in BGH NJW **88**, 1532 m. Anm. Rippa NStZ 88, 553 wurde inzwischen ein deutliches Abrücken von BGH **32** 367 in Aussicht gestellt.

44 c) Zwischen dem Fall des nichtfreiverantwortlichen (o. 40) und des freiverantwortlich durchgehaltenen Suizids (o. 41ff.) stehen die nicht seltenen Fälle, in denen der Suizidversuch zwar freiverantwortlich begonnen wurde, dann aber ein **Sinneswandel** sichtbar wird, z. B. durch Hilferufe des bereits Verletzten. Hier bleibt zwar das *Zulassen* des Versuchs als Respektierung eines freien Entschlusses straflos (vgl. o. 41). Doch tritt spätestens mit Erkennbarwerden der Sinnesänderung die Rettungspflicht nach § 13 bzw. § 323c ein (vgl. BGH JR **56**, 347 m. Anm. Maurach 349, Gallas JZ 60, 689, Horn SK § 212 RN 18). Denn wenn überhaupt, so können Hilfspflichten immer nur solange zurücktreten, wie darauf tatsächlich verzichtet wird. Eine solche Sinnesänderung braucht nicht ausdrücklich erklärt zu werden, sondern kann sich auch aus den Umständen ergeben (hilfeheischende Gesten, Mißlingen des vereinbarten Doppelselbstmords); denn sonst würden jene schutzlos bleiben, die sich bereits so schwer geschädigt haben, daß sie zu keinen Erklärungen mehr fähig sind. Dagegen würde man bereits zu weit in den Versuchsbereich hineingeraten, wollte man, wie von manchen vorgeschlagen (vgl. namentlich Gallas JZ 60, 691f. sowie Wessels I/1 S. 15f. mwN), zumindest eine Hilfspflicht nach

§ 323c grundsätzlich immer schon dann annehmen, wenn man eines Suizidenten ansichtig wird. Denn ganz abgesehen davon, daß damit im Grunde nur der Zufallspassant in Pflicht genommen werden könnte, kann dem vorsorglichen Schutz bei zweifelhaftem Suizidwillen schon dadurch hinreichend Rechnung getragen werden, daß man – „in dubio pro vita" (Wassermann in Winau/Rosemeier aaO 395; i. gl. S. Dölling NJW 86, 1015) – die Rettungspflicht, und zwar sowohl nach § 13 wie auch nach § 323c, jedenfalls dann einsetzen läßt, wenn nach dem Verlauf des Suizidgeschehens (Mißlingen der als schmerzlos geplanten Tötungsart, offensichtliche Ernüchterung angesichts des der Familie zugefügten Schocks) oder aufgrund sonstiger Umstände (wie etwa bei Enthüllung des scheinbaren „Bilanzselbstmordes" als bloßer Appell) eine Sinnesänderung nicht ausgeschlossen werden kann. Vgl. auch Wagner aaO 129.

d) Nach diesen Grundsätzen ist auch die strittige **Zwangsernährung bei Hungerstreik** von 45 Straf- oder Untersuchungsgefangenen zu behandeln, wobei – entgegen einer häufig zu beobachtenden Vermengung – zwischen *vollzugsrechtlichen* Rechten und Pflichten einerseits und der *strafrechtlichen* Verantwortlichkeit bei Ernährungsverzicht anderseits zu unterscheiden ist (vgl. Horstkotte SA VII/2065ff., Michale aaO 188): Vollzugsrechtlich *darf* nach § 119 III StPO, §§ 101 I, 178 StVollzG der hungerstreikende Gefangene im Rahmen des Zumutbaren zwangsweise ernährt werden, wenn für ihn eine schwerwiegende Gesundheits- oder Lebensgefahr besteht; er *muß* zwangsernährt werden, sobald nicht mehr von einer freien Willensbestimmung ausgegangen werden kann; die schon zuvor einsetzende Pflicht zur Zwangsernährung bei Bestehen einer „akuten Lebensgefahr" nach § 101 I 2 StVollzG (vgl. LR-Dünnebier § 119 RN 160ff., Linck NJW 75, 19, Nöldeke-Weichbrodt NStZ 81, 281 ff.; krit. dazu Wagner aaO 143 ff.; vgl. auch Tröndle Kleinknecht-FS 411 ff.) wurde durch das StVollzÄG v. 27. 2. 85 (BGBl. I 461) gestrichen. Von dieser vollzugsrechtlichen Lage zu unterscheiden ist die (hier allein infragestehende) *strafrechtliche Pflicht* zu künstlicher oder notfalls zwangsweiser Ernährung, wofür es nach allg. Unterlassungsgrundsätzen einer entsprechenden Garantenstellung der zuständigen Vollzugsorgane bedarf (vgl. Herzberg ZStW 91, 560f.). Eine solche Pflicht kann zwar grds. auch aus dem öffentlich-rechtlichen Fürsorgeverhältnis, in dem der Gefangene aufgrund der ihm genommenen Möglichkeit zur Selbstverpflegung steht, gefolgert werden (vgl. BGHZ 21 220, Koblenz NJW 77, 1461 m. Anm. Wagner JR 77, 473, Wagner aaO 153ff., i. E. ähnl. Kühne NJW 75, 672); ihrem Umfang nach muß sie jedoch den gleichen Beschränkungen unterliegen wie jede andere Suizidverhinderungspflicht auch (vgl. Horstkotte SA 53. Sitzg. 2065 ff., Bemmann Klug-FS II 568, Wassermann DRiZ 86, 295). Das bedeutet, daß eine über (geduldete) künstliche Versorgung hinausgehende Pflicht zur Ernährung mit *Zwangs*mitteln nur insoweit besteht, als der Hungerstreik pathologisch oder durch Gruppenzwang bedingt ist oder, weil als vermeintlich ungefährlicher kurzfristiger Appell gedacht (vgl. Horn SK § 212 RN 15), in Unkenntnis des tödlichen Risikos durchgeführt wird (Fall des nichtfreiverantwortlichen Suizids: o. 40), bzw. daß die erforderlichen Rettungsmaßnahmen ergriffen werden müssen, sobald (ähnlich beim abgebrochenen Suizidversuch: o. 44) der Hungerstreik aufgegeben wird oder sonstige Anzeichen für einen Sinneswandel sprechen. Soweit der Streikende dagegen trotz voller Aufklärung und ungetrübter Einsicht das tödliche Risiko durchzustehen bereit ist oder gar durch seinen Tod ein Fanal setzen will, ist nach den zum freiverantwortlichen Suizid entwickelten Grundsätzen (o. 41ff., krit. aber Herzberg ZStW 91, 574ff.) sowohl die Verhinderungs- wie die Rettungspflicht und folglich auch die Pflicht zur Zwangsernährung zu verneinen (ebenso Wagner aaO 141f., i. E. auch LR[24]-Wendisch § 119 RN 207, Michale aaO 171 ff., 204, Wassermann in Winau/Rosemeier aaO 396). Nach der Gegenauffassung des BGH (o. 42) könnte dies zwar grds. nur bei Eintritt der Handlungsunfähigkeit bzw. Bewußtlosigkeit gelten; doch wäre dann bei offensichtlich bis zum letzten entschlossenem Selbstaufgabewillen zumindest die Zumutbarkeit von Zwangsernährungs- bzw. sonstigen Rettungsmaßnahmen in Zweifel zu ziehen (vgl. Koblenz NJW 77, 1461; insoweit ebenso Nöldeke-Weichbrodt NStZ 81, 284). Vgl. zum Ganzen auch Geppert, Freiheit und Zwang im Strafvollzug (1976), insbes. 36 ff., Jura 82, 177 ff., Husen ZRP 77, 289 (dagegen Baumann ZRP 78, 358 f.), Ostendorf aaO (dazu aber auch Jakobs ZStW 95, 677 ff.), Wagner ZRP 76, 1 ff., Weis ZRP 75, 83 ff., Winiger SchwZStr. 95, 386 ff., Wagner ZRP 76, 1 ff. sowie mit Erfahrungsberichten, rechtsvergleich. u. rechtspol. Beiträgen Heim aaO; spez. zu den Pflichten beamteter Ärzte Weichbrodt NJW 83, 311 ff.

e) Wird ein bewußtloser Suizident einem **Arzt zur Behandlung überwiesen**, so ist die ärztliche 46 Übernahme- und Rettungspflicht nicht anders zu beurteilen als bei einem „Normalpatienten" (Bringewat NJW 73, 543 f.). Daher entsteht spätestens mit Behandlungsübernahme eine Garantenpflicht, deren kunstwidrige Verletzung fahrlässige Tötung begründen kann (insoweit zutr. Bay NJW 73, 565 m. Anm. Geilen JZ 73, 320; vgl. auch Simson aaO 70). Zu Sorgfaltspflichten bei klinisch-psychiatrischer Behandlung vgl. Fehse Arzt u. Krhs. 86, 45 f., Wolfslast NStZ 84, 105 ff.

§ 211 1, 2   Bes. Teil. Straftaten gegen das Leben

47   4. Kann nach dem Vorstehenden eine Selbsttötung dem Unterlassenden nicht zur Last gelegt werden, so kann dies auch *nicht* unter **anderen rechtlichen Aspekten** zu einer *Strafbarkeit* führen. Schlägt z. B. der nicht verhinderte Suizid fehl, kommt es jedoch zu einer Körperverletzung, so haftet der Unterlassende auch nicht nach §§ 223 ff. Ebensowenig ist die einem Verbrecher geleistete Selbstmordbeihilfe als Strafvereitelung erfaßbar (D-Tröndle 5). Zum *Schwangerschaftsabbruch* durch versuchten Suizid vgl. § 218 RN 11.

48   5. Zu einer **Suizidverhinderung mit Nötigungsmitteln** vgl. § 240 RN 32.

§ 211 Mord

(1) **Der Mörder wird mit lebenslanger Freiheitsstrafe bestraft.**

(2) **Mörder ist, wer**
aus Mordlust, zur Befriedigung des Geschlechtstriebs, aus Habgier oder sonst aus niedrigen Beweggründen,
heimtückisch oder grausam oder mit gemeingefährlichen Mitteln oder
um eine andere Straftat zu ermöglichen oder zu verdecken,
einen Menschen tötet.

Schrifttum: vgl. zunächst die Angaben zu den Vorbem. vor § 211; ferner: *Arzt*, „Gekreuzte" Mordmerkmale?, JZ 73, 681. – *Ders.*, Die Einschränkung des Mordtatbestandes, JR 79, 7. – *Bruns*, Gesetzesänderung durch Richterspruch?, Kleinknecht-FS 49. – *Engisch*, Zum Begriff des Mordes GA 55, 161. – *Eser*, „Heimtücke" auf höchstrichterlichem Prüfstand, JR 81, 177. – *Franke*, Zum Mordmerkmal „Habgier" bei Vorliegen eines Motivbündels, JZ 81, 525. – *Fünfsinn*, Die Rechtsfolgenlösung zur Umgehung der lebenslangen Freiheitsstrafe bei Mord, Jura 86, 136. – *Ders.*, Die Rückwirkung des § 57a StGB auf die Bestrafung wegen Mordes, GA 88, 164. – *Fuhrmann*, Die Verdeckungsabsicht beim Mord, JuS 63, 19. – *Geilen*, Heimtücke und kein Ende?, Schröder-GedS 235. – *Ders.*, Das politische Attentat als Mord?, Bockelmann-FS 613. – *Ders.*, Bedingter Tötungsvorsatz bei beabsichtigter Ermöglichung u. Verdeckung einer Straftat, Lackner-FS 571. – *Glatzel*, Mord und Totschlag, 1987. – *Günther*, Lebenslang für „heimtückischen Mord"?, NJW 82, 353. – *Ders.*, Mordunrechtsmindernde Rechtfertigungselemente, JR 85, 268. – *Hassemer*, Die Mordmerkmale, insbes. „heimtückisch" und „niedrige Beweggründe", JuS 71, 626. – *Heine*, Tötungsdelikte, LdR 8/1680, 1. – *Hohmann/Matt*, Zum Mordmerkmal der „Verdeckung einer anderen Straftat", JA 89, 134. – *Jakobs*, Niedrige Beweggründe beim Mord usw., NJW 69, 489. – *Jescheck/Triffterer*, Ist die lebenslange Freiheitsstrafe verfassungswidrig?, 1978. – *Kerner*, Der Wandel der höchstrichterl. Rspr. zu den Mordmerkmalen u. zur lebenslangen Freiheitsstrafe, Heidelberg-FS 419. – *Ders.*, Tötungsdelikte u. lebenslange Freiheitsstrafe, ZStW 98, 874. – *Köhler*, Zur Abgrenzung des Mordes, GA 80, 121. – *Laber*, Die neue Rspr. zum Mordmerkmal der Verdeckungsabsicht, MDR 89, 861. – *Lange*, Eine Wende in der Auslegung des Mordtatbestandes, Schröder-GedS 217. – *Meyer*, Zu den Begriffen der Heimtücke und der Verdeckungsabsicht, JR 79, 441, 485. – *Meier*, Zur gegenwärtigen Behandlung des „Lebenslänglich" beim Mord, 1989. – *Müller-Dietz*, Mord, lebenslange Freiheitsstrafe u. bedingte Entlassung, Jura 83, 568, 628. – *Paeffgen*, Habgier und niedrige Beweggründe, GA 82, 255. – *Radbruch*, Der politische Mord, SJZ 49, 311. – *Rengier*, Das Mordmerkmal der Heimtücke nach BVerfGE 45, 187, MDR 79, 969; 80, 1. – *Ders.*, Der GSSt auf dem Prüfstand, NStZ 82, 225. – *Ders.*, Das Mordmerkmal „mit gemeingefährlichen Mitteln", StV 86, 405. – *Oppitz*, Strafverfahren und Strafvollstreckung bei NS-Gewaltverbrechen, 1976. – *Schaffstein*, Zur Auslegung des Begriffs der „heimtückischen" Tötung als Mordmerkmal, H. Mayer-FS 419. – *Schmidhäuser*, Gesinnungsmerkmale im Strafrecht, 1958. – *Ders.*, Zum Mordmerkmal der Habgier, Reimers-FS (1979) 445. – *Ders.*, Der Verdeckungsmord usw., NStZ 89, 55. – *Schmoller*, Überlegungen zur Neubestimmung des Mordmerkmals „heimtückisch", ZStW 99, 389. – *Schröder*, Zur Abgrenzung zwischen Mord und Totschlag, JZ 52, 526. – *Schroeder*, Grundgedanken der Mordmerkmale, JuS 84, 275. – *Schwalm*, Heimtücke und achtenswerter Beweggrund, MDR 57, 260. – *Siol*, Mordmerkmale in kriminologischer und kriminalpolitischer Sicht, 1973. – *Sonnen*, Zur Problematik des § 211 StGB, JA 80, 35. – *Spendel*, „Heimtücke" u. gesetzliche Strafe bei Mord, JR 83, 269. – *Veh*, Mordtatbestand u. verfassungskonforme Rechtsanwendung, 1986. – *Woesner*, Moralisierende Mordmerkmale, NJW 78, 1024. – *Wohlers*, Die Abgrenzung des Verdeckungsmords vom Totschlag, JuS 90, 20.

1   **I.** Durch den Tatbestand des **Mordes** wird die vorsätzliche Tötung eines Menschen, sofern sie durch besondere Verwerflichkeit und/oder Gefährlichkeit gekennzeichnet ist (Abs. 2), mit lebenslanger Freiheitsstrafe bedroht (Abs. 1). Obgleich Mord gesetzessystematisch vorangestellt ist, handelt es sich bei § 211 weder um den Grundtatbestand der übrigen Tötungsdelikte noch um einen diesem gegenüber selbständigen Tatbestand, sondern lediglich um eine **Qualifizierung** des als Grundtatbestand zu verstehenden *Totschlags* (§ 212). Näher zum Ganzen 2 ff., 5 vor § 211.

2   **II.** Die **Tathandlung** besteht in der Tötung (§ 212 RN 3) eines *anderen Menschen* (12 ff. vor § 211). Auf welche *Weise* dies geschieht, ist ebenso unerheblich wie bei § 212 (vgl. dort RN 3). Jedoch kann sich aus der Tötungsart ein Mordmerkmal ergeben, wie insbes. bei grausamer

oder gemeingefährlicher Tatausführung (vgl. u. 27, 29). Auch **Unterlassen** kommt in Betracht (vgl. BGH 19 167, MDR/D 66, 24 und 74, 14, Herzberg JuS 75, 171f., Horn SK 47, Krey I 33f., Lackner 2; and. Schünemann, Grund und Grenzen der unechten Unterlassungsdelikte [1971] 372f.; krit. auch Jescheck JZ 61, 752), sofern sich nicht aus dem Charakter des einzelnen Mordmerkmals gewisse Einschränkungen ergeben, wie z. B. bei Unterlassen von Rettungsmaßnahmen bei Verdeckungsabsicht (vgl. u. 35). 3

III. Die Tötung wird zum Mord, wenn ein bestimmtes **Mordmerkmal (Abs. 2)** erfüllt ist. Diesen liegt im wesentlichen folgende *Konzeption* zugrunde: 4

1. Im Unterschied zum früher maßgeblichen *psychologischen Überlegungs*kriterium ist in der gegenwärtigen Fassung der Mord durch seine **besondere sozialethische Verwerflichkeit** charakterisiert (vgl. 4 vor § 211). Diese versucht das Gesetz durch **drei Fallgruppen** zu konkretisieren, wobei zwischen der besonderen Verwerflichkeit des *Beweggrundes* (Gruppe 1: Mordlust, Befriedigung des Geschlechtstriebes, Habgier oder sonstige niedrige Beweggründe), der besonders gefährlichen oder unmenschlichen Art der *Tatausführung* (Gruppe 2: heimtückisch, grausam oder mit gemeingefählichen Mitteln) und der besonderen deliktischen *Zielsetzung* (Gruppe 3: Ermöglichung oder Verdeckung einer Straftat) differenziert wird. 5

2. Die **verbrechenssystematische** Einordnung der Mordmerkmale ist umstritten. Während sie von einigen allesamt als *Schuld*elemente gedeutet wurden (Engisch GA 55, 166, Lange LK⁹ 3 sowie neuerdings wieder Köhler JuS 84, 763; i. E. ebenso - wenngleich nach grds. anderer Grenzziehung zwischen Unrecht und Schuld - Schmidhäuser, Gesinnungsmerkmale 223ff.; vgl. aber auch seinen BT 20f.), hat sie vor allem die Rspr. als *Unrechts*merkmale verstanden (vgl. BGH 6 331, grds. ebenso Jähnke LK 46f. vor § 211 mwN), wobei daran anknüpfend ein Teil der Lehre zwischen *objektiven* (Gruppe 2) und *subjektiven* Unrechtsmerkmalen (Gruppen 1 und 3) differenziert (Horn SK 3, ebenso wohl M-Schroeder I 34). Demgegenüber hat Schröder weder eine ausschließliche Zuordnung zum einen oder anderen Bereich noch überhaupt eine klare Differenzierung für möglich gehalten, sondern von komplexen *Strafzumessungserwägungen* gesprochen, in denen Unrechts- und Schulderwägungen zusammentreffen können (17. A. 6 vor § 211). Dem ist insofern zuzustimmen, als sich - wohl mit Ausnahme der objektiv unrechtssteigernden gemeingefährlichen Mittel - kaum eines der Mordmerkmale mit ausschließlich unrechts- oder schuldbezogenen Faktoren erklären läßt. Doch allein deshalb den § 211 praktisch auf die Ebene einer dem § 213 vergleichbaren Strafzumessungsregel zu stellen, würde seiner (jedenfalls positiv abschließenden Vertatbestandlichung (vgl. u. 7ff.) nicht gerecht. Noch am ehesten vermag die **Differenzierung** zwischen primär **unrechts-** und primär **schuldsteigernden** Merkmalen zu überzeugen (vgl. Heine LdR 8/1680, 4, Wessels II/1 S. 22, 23, 28): Zu ersteren ist die Gruppe 2 zu rechnen, wobei durch Grausamkeit (Schmerzintensivierung) und gemeingefährliche Mittel (Gefährdung anderer) bereits der objektive Erfolgsunwert wesentlich erhöht ist, während sich bei Heimtücke über den objektiven Unwert der Wehrlosigkeit des Opfers hinaus der besondere Vertrauensbruch (vgl. u. 26) vor allem in gesteigertem Handlungsunwert niederschlägt. Dagegen sind die übrigen als spezielle Schuldmerkmale zu betrachten (vgl. aber auch Arzt/Weber I 37f., Paeffgen GA 82, 255ff.), wobei jedoch allenfalls bei den Motivationen der Gruppe 1 an "echte" Gesinnungsmerkmale zu denken ist, aber selbst diese ähnlich wie die Absichten der Gruppe 3 wegen der damit manifestierten Herabsetzung des Rechtswertes Leben bzw. durch Bezug auf ein mittangiertes Rechtsgut eher den „unechten" Gesinnungsmerkmalen (zu dieser Differenzierung 122 vor § 13) nahekommen (eingeh. Heine aaO 213ff., 230; teils and. Vorauflage.). Im übrigen ist diese Kategorisierung nicht überzubewerten, solange durch die Einordnung der Mordmerkmale auf Unrechts- oder Schuldebene weder die Frage des Mordvorsatzes (u. 37) noch die Anwendbarkeit von § 28 (u. 44ff.) präjudiziert wird. Vgl. aber auch Sax JZ 76, 14. 6

3. Der **Katalog des Abs. 2** ist jedenfalls insoweit als **abschließend** anzusehen, als nur bei *positivem* Vorliegen von mindestens einem der Mordmerkmale wegen Mordes bestraft werden darf. Fehlt es daran, so scheidet § 211 selbst dann aus, wenn die Tötung eine noch so verwerfliche Einstellung oder besondere Gefährlichkeit des Täters offenbart (vgl. D-Tröndle 2, Wessels II/1 S. 31). Daß die Tötung gleichzeitig mehreren Gruppen des Abs. 2 zuzurechnen ist (Beisp. bei Eser NStZ 81, 386f.), ist nicht erforderlich, ja teils nicht einmal möglich, wie etwa idR im Verhältnis von Heimtücke und Verdeckungsabsicht (vgl. Eser NStZ 83, 440). Daher genügt bereits, daß der Täter etwa aus niedrigen Beweggründen oder auf heimtückische Weise oder mit Verdeckungsabsicht handelt (vgl. Frankfurt SJZ 47, 628). - Streitig ist dagegen, ob Abs. 2 auch in der Weise abschließend ist, daß bei Vorliegen eines seiner Merkmale **zwingend** auf Mord zu erkennen ist (eingeh. Veh aaO 19ff.). Diese Frage stellt sich vor allem dann, wenn die durch ein Mordmerkmal erschwerte Tötung gleichzeitig durch strafmildernde Umstände relativiert ist: so z. B. bei heimtückischer Tötung aus achtenswerten Motiven, gemeingefährlicher Tötung eines verhaßten Diktators, grausamer Tötung aufgrund eines unverschuldeten Affekts (zu der damit vorgegebenen Unausweichlich- 7 8

keit von Wertungen vgl. Kerner Heidelberg-FS 429ff.). Daß in derartigen Fällen die Möglichkeit bestehen sollte, der Konsequenz der sonst absolut lebenslangen Freiheitsstrafe zu entgehen, wird allgemein eingeräumt. Strittig ist jedoch der dabei einzuschlagende Weg:

9   a) Nach der in der heutigen **Rspr.** vorherrschenden Auffassung ist in Abs. 2 eine sowohl **positiv wie negativ abschließende Umschreibung** der Tötungsfälle zu verstehen, die das Gesetz als besonders verwerflich und deshalb als Mord beurteilt; demzufolge bleibt – jedenfalls auf Tatbestandsebene – auch kein Raum für eine korrektive richterliche Gesamtwürdigung der Tat als ausnahmsweise nicht verwerflich (so in st. Rspr. BGH **3** 186, **9** 389, **11** 143, NJW **51**, 204, GA **71**, 155, MDR/D **70**, 898, bestätigt durch GSSt BGH **30** 105 [vgl. u. 10a], NStZ **84**, 454; i. Grds. ebenso Arzt/Weber I 38f., D-Tröndle 2, Haft II 84, Jagusch SJZ 49, 325, Krey I 24, Schwalm MDR 58, 397, Wessels II/1 S. 31, Woesner NJW 78, 1027; vgl. auch Rengier MDR 80, 3, der aber durch Ausschluß von § 211 bei Milderungsfaktoren nach § 213 zu ähnl. Ergebnissen wie die h. L. u. 10 kommt). Um jedoch den damit vorgezeichneten Zwang zur Annahme von § 211 bei Vorliegen eines Mordmerkmals wenigstens teilweise zu entschärfen, hat man bestimmte Merkmale einschränkend auszulegen versucht: So etwa dadurch, daß für Heimtücke eine „feindliche Willensrichtung" des Täters gegenüber dem Opfer vorausgesetzt (BGH **9** 390; vgl. u. 25a) oder für Grausamkeit eine „gefühllose, unbarmherzige Gesinnung" gefordert wird (vgl. RG **76** 299), wobei neuerdings „Umstände in Tat und Täterpersönlichkeit" zu berücksichtigen seien (BGH NStZ **82**, 380; vgl. u. 28). Doch ganz abgesehen davon, daß damit das angebliche Mehr an Rechtssicherheit (vgl. BGH **11** 143) durch eine zweifelhafte Kasuistik von selbst wieder in Frage gestellt wird, lassen sich damit ohnehin nur Teilkorrekturen erreichen.

10   b) Solchen Halbheiten sucht im Anschluß an das RG die wohl **h. L.** abzuhelfen, indem sie den Fällen des Abs. 2 lediglich *symptomatisch-indizielle* Bedeutung beimißt. Danach wird durch Vorliegen eines Mordmerkmals noch nicht zwingend Mord begründet; entscheidend ist vielmehr, ob aufgrund einer **Gesamtwürdigung** unter Berücksichtigung der Persönlichkeit des Täters und aller Tatumstände die Tötung als eine besonders verwerfliche erscheint (vgl. RG **76** 299, HRR **42**, 608, 671, Bertram u. Jescheck in Jescheck/Triffterer aaO 175 bzw. 132, Busch Rittler-FS 295, Geilen JR 80, 309, Heine LdR 8/1680, 4, Horn SK 6, Lange LK⁹ 3, Riess NJW 68, 630, Schönke NJW 50, 237, Welzel 284, wohl auch Bockelmann II/1 S. 14, Otto ZStW 83, 79 sowie Günther JR 85, 268ff., der nicht voll rechtfertigende Elemente zumindest mordunrechtsausgleichend in Anrechnung bringt). Dementsprechend kann beispielsweise sowohl bei Tötung aus Verdeckungsabsicht aufgrund einer entschuldbaren heftigen Gemütsbewegung wie auch bei altruistisch motivierter Heimtücke Mord verneint werden. Da diese Auffassung sowohl der auf dem Verwerflichkeitsgedanken basierenden Mordqualifikation (vgl. 4, 6 vor § 211) als auch der Einzelfallgerechtigkeit am besten Rechnung trägt, ist ihr im Grundsatz zuzustimmen. Dies ist jedoch *nicht* so zu verstehen, als ob damit dem Mordkatalog des Abs. 2 *zusätzlich* ein *ungeschriebenes Tatbestandsmerkmal* i. S. besonderer Verwerflichkeit zu subintelligieren sei, mit der Folge, daß über das Vorliegen eines bestimmten Mordmerkmals hinaus jeweils noch der positive Nachweis besonderer Verwerflichkeit zu führen wäre (so Lange ZStW 83, 246, ferner LK⁹ 3, aber auch Schröder-GedS 217). Entscheidend ist vielmehr nur, daß dem Richter durch „**negative Typenkorrektur**" die Möglichkeit eröffnet ist, trotz Vorliegens eines Mordmerkmals § 211 dann zu verneinen, wenn aufgrund einer umfassenden Gesamtwürdigung die Tötung ausnahmsweise als nicht besonders verwerflich erscheint.

10a c) Das somit i. Grds. allgemein akzeptierte Gebot einer **restriktiven Handhabung des § 211** ist vor allem in **BVerfGE 45 187** verfassungsrechtlich untermauert worden (NJW **77**, 1525 m. Anm. Beckmann GA 79, 441, Schmidhäuser JR 78, 265, Woesner NJW 78, 1025; vgl. auch BVerfGE **54** 100 sowie die Mat. in Jescheck/Triffterer aaO, ferner die Entwicklungsübersicht von Müller-Dietz aaO); denn danach ist die lebenslange Freiheitsstrafe bei Mord nur dann als verfassungsmäßig anzusehen, wenn der Richter für jeden Einzelfall dem Grundsatz „sinn- und maßvollen Strafens" Rechnung tragen kann, wobei es jedoch der Strafrechtsprechung überlassen wurde, ob diese Restriktion des § 211 durch tatbestandsimmanente Einschränkung einzelner Mordmerkmale (o. 9) oder durch gesamtwürdigende Typenkorrektur (o. 10) oder durch sonstige Herstellung von Verhältnismäßigkeit zwischen Tatbestand und Rechtsfolge zu geschehen hat. Während sich der BGH zunächst mit Einzelkorrekturen begnügen zu können glaubte (vgl. insbes. u. 24, 32a sowie die Rspr.-Übersichten von Geilen, Meyer, Rengier und Sonnen, je aaO), hat auf Vorlagebeschluß des 4. StS (NStZ **81**, 181 m. Anm. Eser JR 81, 177) der **GSSt** in einer zwar auf Heimtücke beschränkten, aber durchaus verallgemeinerungsfähigen Grundsatzentscheidung nunmehr den dritten der vorgenannten Wege eingeschlagen (BGH **30** 105, 120ff. m. Anm. Bruns JR 81, 358, Lackner NStZ 81, 348): Danach wird zwar einerseits an der *tatbestandlichen Exklusivität* der Mordmerkmale festgehalten und demzufolge – unter Ausschluß gesamtwürdigender Typenkorrektur – nur eine merkmalimmanente Restriktion zugelassen, aber andererseits die *Absolutheit der Rechtsfolge aufgehoben,* indem bei Vorliegen außergewöhnlicher schuldmindernder Umstände der **Straf(milderungs)rahmen des § 49 I Nr. 1** eröffnet wird (vgl. näher u. 57).

Diese „**Rechtsfolgenlösung**" ist zwar immerhin ein erster Schritt, um etwa dem die Arglosigkeit **10 b** des Opfers ausnutzenden Konflikttäter wenigstens durch Vermeidung der lebenslangen Freiheitsstrafe Einzelfallgerechtigkeit widerfahren zu lassen. Deshalb hat der BGH jedenfalls nach Grundintention und Ergebnis teilweise Zustimmung gefunden (so namentlich bei Gössel I 65 ff., Rengier NStZ 82, 225; 84, 22 f.; vgl. ferner Albrecht JZ 82, 697, Frommel StV 82, 533, Kratzsch JA 82, 401, Haft II 78, wobei sich freilich über Art und Grad der jeweiligen Zustimmung mit Bruns Kleinknecht-FS 54 trefflich streiten ließe). Doch ganz abgesehen davon, ob damit nicht bereits die verfassungsrechtlichen Grenzen richterlicher Rechtsschöpfung überschritten sind (so Bruns aaO sowie JR 81, 361, ferner Arzt/Weber I 50, D-Tröndle 2 c, 17, Günther NJW 82, 352, Köhler JuS 84, 770, Paeffgen Peters-FS (1984) 69 f., Spendel JR 83, 271, StV 84, 46: „objektive Rechtsbeugung"; vgl. auch Bamberg NJW 82, 1715, Lackner 4 b vor § 211, NStZ 81, 348), kann diese Lösung auch in der Sache nicht befriedigen. Denn nicht nur, daß damit nur für den (ohnehin schwer abgrenzbaren) Teilbereich „außergewöhnlicher" Schuldmilderungsfälle der Weg zu Einzelfallgerechtigkeit eröffnet ist, aber selbst dann der Täter mit dem tatbestandlichen Stigma des „Mordes" behaftet bleibt (vgl. Eser NStZ 81, 348; 84, 433) und „gewöhnlich" schuldgeminderte Fälle nach wie vor mit „lebenslang" sanktioniert werden (vgl. Heine LdR 8/1680, 3), wird durch den damit eingeführten (schon in sich widersprüchlichen) Fall des „minderschweren Mordes" das Wertungsgefüge der Tötungsdelikte noch mehr verzerrt (vgl. Ebert JZ 83, 638, Günther NJW 82, 355 f., Köhler JuS 84, 763, 769 f.); krit. auch Fünfsinn Jura 86, 136 ff., Geilen Lackner-FS 571, Hirsch Tröndle-FS 28 f., Horn SK 6a, Kerner Heidelberg-FS 438 f., Otto II 11, 21, Schmidhäuser II 17, NStZ 89, 58, Wessels II/1 S. 22. Damit ist der Ruf nach dem Gesetzgeber (vgl. 2 vor § 211) nun noch dringlicher geworden (vgl. Albrecht JZ 82, 705, ohne daß aber dessen eigener Strafzumessungsvorschlag ein Mehr an Rationalität erwarten ließe, ferner Blei II 22, Günther NJW 82, 358, JR 85, 268 ff.). Zur weiteren „Entschärfung" des „lebenslangen" Absolutheitsmechanismus durch Ermöglichung einer Strafaussetzung nach § 57 a vgl. dort sowie Fünfsinn GA 88, 164 ff.

d) Bei **Zusammentreffen von Mordmerkmalen mit vertatbestandlichten Privilegierun- 11 gen**, wie z. B. bei Kindestötung unter heimtückischer Ausschaltung eines schutzbereiten Dritten oder bei Tötung auf Verlangen mit gleichzeitiger Verdeckungsabsicht, bedarf es keiner der vorgenannten Restriktionsmethoden, und zwar weder i. S. des BGH (o. 9) noch der h. L. (o. 10). Denn bei solchen tatbestandlichen Zusammentreffen wird nach allgemeiner Auffassung § 211 ohnehin durch den jeweiligen Privilegierungstatbestand verdrängt (vgl. § 216 RN 2, § 217 RN 2). Gleiches will M-Schroeder I 36 f. für benannte Strafmilderungsgründe des § 213 annehmen; dem dürfte jedoch bereits dessen eindeutiger Wortlaut („Totschläger") entgegenstehen (vgl. dort RN 3). Vgl. auch 9a vor § 211.

4. In **zeitlicher** Hinsicht braucht das Mordmerkmal weder von Anfang an gegeben noch bis **12** zum Erfolgseintritt ständig durchgehalten zu sein (Jähnke LK 38). Entscheidend ist vielmehr nur, daß es *innerhalb der deliktischen Durchführungsphase* – d. h. zwischen Versuchsbeginn, also nach Fassung des Tötungsentschlusses und dessen unmittelbarer Umsetzung (vgl. BGH NJW **86,** 266) und nicht nur während der Planungs- oder Vorbereitungsphase (vgl. BGH **32** 382), und vor Abschluß der zum tödlichen Erfolg herbeiführenden Handlung – auftritt (vgl. BGH **6** 331, Lackner 4 sowie Horn SK 19, freilich nur mit Bezug auf die niedrigen Beweggründe). Demgemäß kommt § 211 sowohl dort in Betracht, wo der Täter die als Reaktion auf eine Provokation begonnene Tötung aus Mordlust zu Ende führt oder nach fehlgeschlagenem Totschlagsversuch das Opfer mit Verdeckungsabsicht tötet, wie auch da, wo er nach grausamem Tatbeginn die Schmerzen des nicht mehr rettbaren Opfers zu erleichtern versucht. Jedoch kann in solchen Fällen eine Verneinung von § 211 aufgrund einer Gesamtabwägung (o. 10) naheliegen. Demgegenüber genügt nicht schon ein bloß räumlich-zeitlicher bzw. durch die Art der Tatausführung geschaffener objektiver Zusammenhang, etwa zwischen grausam zu bewertenden Körperverletzungshandlungen und einer selbst nicht grausamen Tötungshandlung (BGH NJW **86,** 265 m. Anm. Amelung NStZ 86, 266).

5. Die einzelnen Tatmodalitäten des § 211, von denen bei derselben Tat durchaus mehrere **13** vorliegen können (vgl. Eser NStZ 81, 386 f. mwN), besitzen einander gegenüber *keine rechtliche Selbständigkeit*. Da sie auf vergleichbaren Verwerflichkeits- bzw. Gefährlichkeitsgedanken beruhen (o. 5), ist eine **Wahlfeststellung** zwischen ihnen ohne weiteres zulässig (BGH **22** 12 m. Anm. Martin LM Nr. 58, GA **80,** 23, StV **81,** 339 [vgl. aber dazu auch Eser aaO], D-Tröndle 10). Bei Wechsel der Qualifikation ist gemäß § 265 StPO auf die Veränderung des rechtlichen Gesichtspunktes hinzuweisen (BGH **23** 95, **25** 287, MDR/H **81,** 102), ebenso wie beim Übergang von § 212 auf § 211 ein bestimmtes Mordmerkmal anzugeben ist (BGH NStZ **83,** 34).

IV. Im einzelnen werden in Gruppe 1 des Abs. 2 **mordqualifizierende Beweggründe** ge- **14** nannt (vgl. o. 5). Während *Absicht* auf einen bestimmten Erfolg absieht (vgl. § 15 RN 65 ff.

sowie u. 33), sind mit *Beweggrund* (weitergehend) jene Vorstellungen gemeint, durch die der zur Tötung führende Wille des Täters entscheidend beeinflußt wird (vgl. OGH NJW **50**, 357, wN b. Heine aaO 161). Dabei können intentionale, nämlich die Zielverfolgung des Verhaltens erfassende Motivationselemente von reaktiven Motivationsformen, welche den Anlaß für die Tötungshandlung darstellen, unterschieden werden. Diese sind jeweils im Zusammenhang zu sehen mit zuständlichen Motivationsarten, die als personale Stimmungslagen bzw. emotionale Befindlichkeiten, wie z. B. Eifersucht, Haß, Rache, die Handlung tragen (zum Ganzen Heine aaO 167 ff.; vgl. auch Alwart GA 83, 433 ff.). Bei *Motivationsbündeln* ist eine Gesamtwürdigung unter Berücksichtigung der jeweiligen Antriebsstärke geboten (vgl. BGH NStZ **89**, 19). Zur Frage der Bewußtheit der Motivation vgl. u. 37. Bei den im einzelnen genannten Motiven der Mordlust, der Befriedigung des Geschlechtstriebes und der Habgier handelt es sich lediglich um gesetzliche Beispiele für *niedrige Beweggründe* (OGH **1** 99, BGH **3** 133, NJW **81**, 933; vgl. auch Paeffgen GA 82, 265), wobei dieser Beispielscharakter selbstverständlich nicht zwingend zu einer „unwiderlegbaren" Einstufung als „niedrig" zu führen braucht (daher fehlgehend die Kritik von Gössel I 68). Entsprechendes gilt im Hinblick auf ihre deliktische Zielsetzung für die Ermöglichungs- und Verdeckungsabsicht der Gruppe 3 (vgl. BGH **11** 228, **23** 37, MDR/H **80**, 628). Soweit einer dieser speziellen (und deshalb auch vorrangig zu prüfenden) Motiv- oder Absichtsmerkmale gegeben ist, kann darin nicht zugleich auch noch ein „sonstiger" niedriger Beweggrund erblickt werden (BGH NStZ/E **81**, 387). Damit ist ein (u. U. strafzumessungsrelevantes) Zusammentreffen eines benannten Mordmerkmals mit einem nicht bereits dadurch erfaßten „sonstigen" niedrigen Beweggrund selbstverständlich nicht ausgeschlossen.

15 1. Als **Mordlust** wurde im Anschluß an BGH NJW **53**, 1440 üblicherweise das Töten „aus unnatürlicher Freude an der Vernichtung eines Menschenlebens" bezeichnet (krit. zB Arzt/Weber I 54). Doch nicht nur, daß diese Begriffsbestimmung auf pathologische Defekte des Täters hinweist (vgl. Jähnke LK 6, Otto ZStW 83, 58) und damit zumindest § 21 regelmäßig nahelegt, kommt ihr auch praktisch wenig Aussagekraft zu (vgl. Eser DJT-Gutachten D 183). Daher stellt der BGH neuerdings zu Recht mehr nach Gefährlichkeitskriterien darauf ab, ob in der Tat eine „prinzipielle, vom individuellen Täter gelöste Mißachtung fremden Lebens zum Ausdruck" kommt (BGH **34** 59 m. Anm. Geerds JR 86, 519), wodurch der Rechtswert Leben prinzipiell herabgesetzt wird (Heine aaO 213). Notwendige äußere Bedingung wird regelmäßig sein, daß das Opfer dem Täter keinerlei sozialen Anlaß zur Tat gegeben hat. Motivational verlangt der BGH, daß der Tod des Opfers „als solcher der einzige Zweck der Tat ist" (BGH **34** 59). Als derart leitende Antriebe kommen etwa in Frage reiner Mutwille an einem Zufallsopfer (BGH **34** 60), völlig willkürliches (vgl. BGH NStZ **88**, 268) oder Töten als sexuelle Stimulanz (M-Schroeder[6] I 34) oder das „sportliche Jagen" von Opfern (BGH **34** 60, Horn SK 9; vgl. auch BGH NStZ/E **81**, 386, Otto II 14 f., Rüping JZ 79, 620). Ein nur bedingter Tötungsvorsatz kann dafür nicht genügen (vgl. BGH MDR/D **74**, 547). Unerheblich ist dagegen, inwieweit das Handeln aus Mordlust auf einer persönlichkeitsadäquaten seelischen Grundlage beruht (BGH NJW **53**, 1440); ebensowenig kann die (von Gössel I 72 geforderte, aber schon forensisch kaum feststellbare) Vorstellung des Täters, den Tötungsakt „lustvoll zu erleben", entscheidend sein.

16 2. Tötung **zur Befriedigung des Geschlechtstriebes** ist unzweifelhaft dann anzunehmen, wenn sich der Täter durch den Tötungsakt als solchen sexuelle Befriedigung verschaffen will (M-Schroeder I 38). Über diesen „Lustmord" i. e. S. hinaus ist diese Motivation aber auch dort noch gegeben, wo das Opfer getötet wird, um sich in nekrophiler Weise an seiner Leiche zu vergehen (BGH **7** 353, StV **82**, 15, OGH **2** 337) oder wo der Tod des Opfers als Folge der Vergewaltigung zumindest billigend in Kauf genommen wird (BGH **19** 105, NJW **82**, 2565, NStZ/E **81**, 384, **83**, 434 f., NStE Nr. **16**, M-Schroeder aaO). Wenn demgegenüber Schröder dieses Merkmal auf den Lustmord beschränken wollte, um in anderen Fällen auf niedrige Beweggründe zurückzugreifen (17. A. RN 9), so kann das nur dort überzeugen, wo die Tötung lediglich der Wut über die Verweigerung des Geschlechtsverkehrs entspringt (vgl. BGH **2** 62 f.), also nicht wenigstens auch noch seiner Ermöglichung oder Verdeckung dient, oder wo nicht das Sexualobjekt, sondern ein Dritter (Begleiter, Voyeur, Tatzeuge) getötet wird (vgl. Arzt/Weber I 55, Gössel I 72, Horn SK 14, Otto II 14 f., Otto ZStW **83**, 60 f.). Nicht erforderlich ist, daß der Täter sein sexuelles Ziel tatsächlich erreicht (BGH NJW **82**, 2565, OGH NJW **50**, 711). Handelt er jedoch nicht zur Befriedigung, sondern lediglich zur *Erregung* des Geschlechtstriebes, so ist dies allenfalls als sonstiger niedriger Beweggrund (u. 19) erfaßbar (Jähnke LK 7, M-Schroeder I 38).

17 3. Aus **Habgier** handelt unstreitig der Raubmörder und der für einen Tatlohn gedungene Täter (M-Schroeder I 38). Wenn darüberhinaus nicht schon jedwede Vermögensvorteilsabsicht genügen soll (so aber – entgegen der h. M. – Arzt/Weber I 55 f., Otto ZStW 83, 79), ist eine Einschränkung erforderlich: und zwar entweder dadurch, daß man mit der h. M. nach Verwerflichkeitskriterien ein Gewinnstreben „um jeden Preis" (OGH **1** 136), nämlich eine „Steigerung des Erwerbsinnes auf ein ungewöhnliches, ungesundes, sittlich anstößiges Maß" voraussetzt (i. S. dieser Formulierung von Schönke 6. A. Anm. V 1 c u. a. BGH 10 399, 29 318, NJW 81, 932, Bay 49 42, Dresden NJ 49, 69, Lackner 3 a aa, M-Schroeder I 38; vgl. auch Horn SK 12, Schmidhäuser Reimers-FS 445 ff.), oder daß man (richtigerweise) mehr nach Gefährlichkeitskriterien auf das von Hemmungslosigkeit und Rücksichtslosigkeit getriebene und nicht auf bloße Behebung einer singulären Konfliktlage gerichtete Streben nach Vermögensmehrung abhebt (vgl. Eser DJT-Gutachten D 161 f., 172 f., Heine LdR 8/1680, 4; im Ansatz auch Jähnke LK 8; vgl. auch BGH 29 317 m. krit. Anm. Paeffgen GA 82, 255 ff., der seinerseits ein „unbedingtes Haben-Wollen/Müssen" verlangt, ferner BGH StV 86, 47). Während die erstgenannte Auffassung grds. keinen Unterschied zwischen dem Erstreben von Zugewinn und dem Ersparen von Aufwendungen macht (BGH 10 399, Wessels II/1 S. 23; ebenso Jähnke aaO, jedoch in Widerspruch zu seiner Charakterisierung von Habgier als Vermögens*mehrung* einerseits und von Verneinung bei bloßer Besitz*erhaltungs*absicht andererseits) und demzufolge auch in der Befreiung von Schulden oder Unterhaltspflichten Habgier erblickt (BGH 10 399, NStZ/E 81, 384, Gössel I 73, Haft II 83, Lackner 3 a aa, M-Schroeder aaO), wird letzteres bei einem lediglich auf Bestandserhaltung und nicht auf ein Mehr an Gütern gerichteten Streben idR zu verneinen sein (i. E. ebenso D-Tröndle 5; vgl. auch Horn SK 14). Dagegen erscheint nach beiden Auffassungen unerheblich, ob ein beträchtlicher Gewinn oder nur ein geringwertiges Objekt erstrebt wird (BGH NJW 81, 933, OGH 1 336, Jähnke aaO); denn selbst letzterenfalls kann gerade in der Kraßheit des Mißverhältnisses von erstrebtem Vorteil und angerichtetem Schaden ein besonders hoher Grad lebensverachtender Gefährlichkeit zum Ausdruck kommen (vgl. BGH 29 318 [wo jedoch der Suchtbefriedigungsaspekt zu wenig berücksichtigt ist: vgl. Paeffgen aaO] sowie Schroeder JuS 84, 277). Gleiches gilt für das rücksichtslose Durchsetzen eines (tatsächlich oder vermeintlich zustehenden) Anspruchs (daher – entgegen Hamburg NJW 48, 350, Arzt/Weber I 57, Schmidhäuser Reimers-FS 446 ff., Welzel 283 – grds. für Habgier auch Jähnke aaO, M-Schroeder aaO). Doch wird es dabei letztlich auf die *Gesamtwürdigung* ankommen, wie sie nun auch vom BGH für Habgier gefordert wird (BGH NJW 81, 933, StV 86, 47; ebenbar Jähnke aaO). Das ist vor allem bei einem *Motivbündel* bedeutsam (allg. dazu Alwart GA 83, 433 ff., Glatzel aaO 60, Heine aaO 173 f.): Dies läßt Habgier unberührt, solange sie – wie etwa neben Haß oder Rache – jedenfalls i. S. von mitbestimmend bewußtseinsdominant war (BGH NJW 81, 933, NStZ 89, 20, OGH 1 137, NJW 49, 911, D-Tröndle 5, Horn SK 18) und nicht durch entlastende Beweggründe – wie etwa Handeln aus akuter Not oder krankhafter Suchtabhängigkeit (insofern zutr. Alwart JR 81, 295) – wesentlich relativiert wird (vgl. OGH 1 90, 136, M-Schroeder I 38, ferner BGH NJW 81, 933 zu mangelnder Eigensüchtigkeit; vgl. auch Franke JZ 81, 525/8, der offenbar nur, aber auch immer bei Vorliegen eines weder ethisch noch wertneutralen Mitmotivs Habgier ausschließen will). Auch durch Handeln im *Affekt* kann, muß aber nicht notwendig Habgier ausgeschlossen sein (BGH 29 317, OGH 1 165, Wessels II/1 S. 23); dies aber dann, wenn der Wegnahmevorsatz erst nach der Tötung gefaßt wird (vgl. BGH StV 83, 359). Vgl. zum Ganzen auch Eser NStZ 81, 384; 83, 435.

4. Über diese konkretisierten Motivationen hinaus kommt nach der zugrunde liegenden Generalklausel (o. 14) Mord auch dann in Betracht, wenn der Täter **sonst aus niedrigen Beweggründen** handelt (zu deren Begriff und Feststellung vgl. Paeffgen GA 82, 265 f., Eser NStZ 81, 835, 836; 83, 435, Heine aaO 139 ff., 167 ff., Paeffgen GA 82, 265 f.). *Maßstab* dafür sind die in der Rechtsgemeinschaft als sittlich verbindlich anerkannten Anschauungen (vgl. OGH 2 345, KG JR 47, 27), wobei vom Standpunkt des unverbildeten Betrachters auszugehen ist (BGH NJW 67, 1141; vgl. Eser III 32; zur Berücksichtigung abw. Wertvorstellungen von Ausländern vgl. BGH 22 77 m. Anm. Kohlhaas LM Nr. 59, MDR/H 77, 809, NJW 80, 537 [m. Anm. Köhler JZ 80, 238], StV 81, 399, Heine aaO 274 f., aber auch Jähnke LK 39). Danach muß sich die Motivation der Tat nicht nur als verwerflich darstellen, sondern auf tiefster Stufe stehen und als besonders verachtenswert erscheinen (BGH 2 63, 3 133, 333, OGH 1 327, 2 345, Kiel SchlHA 48, 129, D-Tröndle 5 a, Jähnke LK 26, M-Schroeder I 40, Wessels II/1 S. 23). Gradmesser ist insoweit die autonome, solipsistisch allein an den eigenen Bedürfnissen ausgerichtete und nicht bloß von „schicksalhaften" Konfliktsituationen abhängige soziale Rücksichtslosigkeit der Interessenverwirklichung, bei welcher der Rechtswert Leben absolut degradiert wird (eing. Heine aaO 217 ff.; vgl. auch BGH NStZ 89, 319, Paeffgen GA 82, 265 ff.). Dabei ist die Niedrigkeit des Beweggrundes nach den *Gesamtumständen* der Tat zu beurteilen (BGH NJW 54, 565, 84, 1830, GA 74, 370, MDR/H 80, 267, StV 83, 504, NStZ 84, 261, NStZ/E 83, 435 mwN), wobei dem Mißverhältnis zwischen Tatanlaß und Zweck (vgl. BGH MDR/D 75, 725, MDR/H 80, 629, NJW 81, 1382, StV 83, 504, NStZ/E 83, 435 mwN, Horn SK 8, 15, M-Schroeder I 40) wie auch der Art oder Verschuldetheit der eigenen Lage (vgl. BGH LM Nr. 25) wesentliche – aber nicht allein entscheidende (BGH StV 81, 399, 400) – Bedeutung zukommt

(BGH **28** 212, Heine aaO 238ff.). Entsprechendes gilt für die Lebensverhältnisse des Täters, seine persönlichen Beziehungen zum Opfer sowie für die Art und Dauer der Tatausführung (BGH NStZ/E **83**, 435). Dabei sind sowohl schwere Persönlichkeitsstörungen als auch provokationsbedingte Affekte und personkonfliktgeprägte Affektlagen eher als entlastend (vgl. OGH **2** 177, BGH StV **81**, 231) denn als belastend zu werten (daher bedenklich BGH NJW **54**, 565, **67**, 1140; vgl. auch BGH MDR **56**, 498, OGH **2** 392, Paeffgen aaO 270ff., eing. Heine aaO 256ff.). Auch bei Berücksichtigung seiner Lebensgeschichte (BGH NStZ/E **83**, 435) muß jedoch der entscheidende *Bezugspunkt* in jedem Falle die Motivation zur konkreten *Tat* und nicht etwa eine allgemeine charakterliche Verwahrlosung des Täters (M-Schroeder I 40) sein. Dementsprechend muß auch bei *Motivbündelung* zumindest einer der leitenden Beweggründe als niedrig einzustufen sein (vgl. BGH MDR/H **77**, 809, GA **80**, 23, OGH **1** 328), ohne daß aber davon die Tat wesentlich geprägt sein müßte (so aber BGH MDR/H **80**, 985, **84**, 441, NJW **81**, 1382, StV **83**, 504; vgl. aber auch Eser NStZ **81**, 385, ferner Alwart GA **83**, 433ff., Heine aaO 174). Daher ist bei vordergründigen Anstößen wie Wut, Enttäuschung oder Haß idR zu prüfen, inwieweit diese ihrerseits auf einer niedrigen Gesinnung (oder wohl richtiger: Einstellung) beruhen (vgl. BGH MDR/H **80**, 629, 985, **81**, 266, StV **81**, 400, **83**, 504, **87**, 296, NStZ **84**, 261, **85**, 216, D-Tröndle 5b, Gössel I 70). Vgl. auch die Rspr.-Übers. in Eser DJT-Gutachten D 41f., NStZ **81**, 384ff., **83**, 435f., ferner Heine aaO 45ff., 222f., 252ff., Jakobs NJW 69, 489.

19 **Beispielsweise** wurde als niedrig eingestuft die Tötung aus Wut über verweigerten Geschlechtsverkehr (BGH **2** 60) oder zur Erregung des Geschlechtstriebes (M-Schroeder I 40; vgl. o. 16), die Beseitigung des einem ehebrecherischen Verhältnis entgegenstehenden Ehegatten (BGH **3** 133, GA **86**, 509), und zwar selbst dann, wenn die Ehe unverschuldet unglücklich ist (BGH NJW **55**, 1727); dagegen kommt es bei Eifersucht entscheidend auf die Umstände des Einzelfalles an (vgl. BGH **3** 182, **22** 13, StV **81**, 399, NStZ/E **81**, 385, NStZ **84**, 261). Als niedrig ist auch hemmungslose, triebhafte Eigensucht anzusehen (BGH **3** 132, **30** 363, VRS **17** 187), wie sie insbes. in übersteigertem Neid oder Geltungsdrang zum Ausdruck kommen kann (BGH **9** 183, MDR/D **69**, 723, NStZ/E **83**, 436, M-Schroeder I 40), sofern dem Täter seine Ichbezogenheit bewußt ist (BGH StV **83**, 504, **84**, 72; vgl. auch Dreher MDR 56, 498) oder eigensüchtiges Karrierestreben auch gegenüber Gehorsam oder Versetzungsangst aus menschlicher Schwäche zurücktritt (BGH MDR/H **84**, 441); auch in der Wut über den möglichen Verlust des Sorgerechts kann überzogene Eigensucht zum Ausdruck kommen (BGH StV **84**, 72), ebenso die Tötung eines Zufallsopfers, um an dessen Stelle für tot zu gelten und ein von bisherigen Verpflichtungen freies „neues Leben" zu beginnen (BGH NStZ **85**, 454), oder das Anfahren eines Unbekannten, um sich aus (unbegründetem) Ärger über die Wegnahme des Führerscheins abzureagieren (BGH b. Sonnen JA **89**, 64), während ein Kind beseitigt sehen zu wollen für sich allein nur ein Beweis für Tötungsvorsatz ist (BGH NJW **84**, 1830). Außerdem kommt als niedrig in Betracht Rachsucht (BGH NJW **58**, 189, StV **81**, 231, OGH **1** 364; vgl. aber auch BGH NJW **82**, 2738), Rassenhaß (BGH **18** 37, **22** 376; vgl. aber auch BGH NStZ/E **81**, 385), ferner eine (der Verdeckungsabsicht vergleichbare) Tötung zur Verhinderung einer berechtigten Festnahme (BGH MDR/D **71**, 722, NStE Nr. 18; vgl. aber auch BGH MDR/H **79**, 280, **88**, 1001, D-Tröndle 5a) oder Entziehung einer Verurteilung wegen eines zuvor begangenen Verbrechens (BGH MDR/H **87**, 280), Tötung eines Strafvollzugsbeamten, um sich eigensüchtig der Verantwortung für begangenes Unrecht zu entziehen (BGH NStE Nr. 15) bzw. Verdeckung von (tatsächlich oder vermeintlich) verwerflichem Fehlverhalten (vgl. u. 33) sowie nicht zuletzt auch mutwillige Lust an körperlicher Mißhandlung (BGH GA **80**, 23, NStZ/E **81**, 386, Jähnke LK 27 mwN). Ob dagegen auch Wut oder Enttäuschung über eine Niederlage (vgl. BGH MDR/D **75**, 542) als derart verabscheuungswert anzusehen ist, hängt wesentlich von Art und Nichtigkeit des Anlasses ab (vgl. D-Tröndle 5a). Auch bei Tötung zur Ausschaltung eines gefährlichen Erpressers (vgl. D-Tröndle 5b) ist die besondere Verwerflichkeit ebenso zweifelhaft wie dort, wo der Täter zwar aus materiellen Gründen, aber unter dem starken Druck einer unverschuldeten wirtschaftlichen Notlage handelt (OGH **1** 90). Entsprechendes gilt für das Mitspielen von (vermeintlichem) Altruismus (vgl. BGH NStZ/E **81**, 385). Freilich bleibt bei dieser Kasuistik immer zu beachten, daß sie zwangsläufig mit dem Stigma das Ausschnitthaften belastet ist, zumal ausschlaggebend eine Gesamtwürdigung des Motivationsvorganges ist (s. auch o. 14).

20 Fraglich ist, inwieweit **politische Beweggründe** als niedrig erscheinen können (so grds. Jähnke LK 29). Die unter dem Eindruck politischer Unterdrückung naheliegende Differenzierung zwischen achtenswertem „Tyrannenmord" und verabscheuungswürdigem „Demokratenmord" (vgl. Jagusch SJZ 49, 324, Radbruch SJZ 48, 311, Stock SJZ 47, 530, Zinn SJZ 48, 141) ist zu vordergründig, um der Vielschichtigkeit von politischem Widerstand, idealistischem Gerechtigkeitsstreben und egoistischen Machtgelüsten gerecht werden zu können (vgl. M-Schroeder I 40f.; spez. zur Problematik der NS-Verbrechen Hanack JZ 67, 229ff. sowie BGH MDR/H **84**, 441). Daher ist weniger entscheidend der politische Standort des Täters oder die Anfechtbarkeit des vom Opfer repräsentierten Regimes, sondern der dabei *persönlich verfolgte Zweck* unter Berücksichtigung der Verhältnismäßigkeit der darauf zielenden Tat (grds. ebenso Horn SK 16, M-Schroeder I 41): Geht es dem Täter lediglich aus Rivalitätsgründen um die Beseitigung eines politischen Gegners, so ist dies ebenso als niedrig anzusehen wie dort, wo durch gewalttätigen Widerstand letztlich nur der Weg für die eigene Macht oder die einer sympathisierenden Gruppe freigemacht werden soll (vgl. Frankfurt SJZ **47**, 629 m. Anm. Radbruch, KG JR **47**, 27; vgl. auch OGH NJW **50**, 435). Gleiches gilt für den Fall, daß sich ein politischer Richter durch Rechtsbeugung zum Herrn über Leben und Tod aufwirft (BGH NJW **71**, 571 m. Anm. Spendel NJW **71**, 537). Dagegen wird bei Handeln in (tatsächlichem oder zumindest vertretbar vermeintlichem) Allgemeininteresse die besondere Verwerflichkeit des Beweggrundes idR zu verneinen sein (OGH **1** 98); dies vor allem dann, wenn der Täter sogar zur Selbstopferung bereit ist (M-Schroeder I aaO). Zur Motivation bei terroristischen Attentaten vgl. Geilen Bockelmann-FS 622 ff.

V. Nach den in Gruppe 2 erfaßten **Ausführungsmodalitäten** (vgl. o. 5) wird der Täter zum 21 Mörder, wenn er die Tötung *heimtückisch, grausam* oder mit *gemeingefährlichen Mitteln* ausführt.

1. Das Mordmerkmal der **Heimtücke,** das in der Praxis eine besonders große Rolle spielt 22 (vgl. Eser NStZ **83**, 436), ist schon seit langem (vgl. Veh aaO 31 ff., 129 ff.) und zwar vor allem deshalb umstritten, weil es für die Berücksichtigung entlastender Motive nur wenig Raum läßt (vgl. Eser DJT-Gutachten D 44 ff., 180 ff. mwN). Der deshalb gerade hier gebotenen restriktiven Handhabung (vgl. BVerfGE **45** 187, 259 ff., BGH JR **81**, 212 f. m. Anm. Eser ebda. 177) versucht ein Teil der Lehre mittels einer Gesamtwürdigung (vgl. o. 10) bzw. durch Abheben auf einen besonders verwerflichen Vertrauensbruch abzuhelfen (u. 26 ff.). Demgegenüber begnügt sich die Rspr. – wie durch GSSt BGH **30** 115 erneut bestätigt (vgl. o. 10a sowie BGH **32** 382, NStZ **83**, 35) – jedenfalls in tatbestandlicher Hinsicht auch weiterhin mit begrifflichen Einzelkorrekturen, indem insbes. an die Arglosigkeit des Opfers (u. 24) bzw. an das Ausnutzungsbewußtsein des Täters (u. 25) verschärfte Anforderungen gestellt werden. Das bedeutet im einzelnen:

a) Nach der **h. M.** handelt heimtückisch, wer die **Arg- und Wehrlosigkeit des Opfers be-** 23 **wußt ausnützt** (RG **77** 44, BGH **2** 251, **7** 218, **9** 385, **32** 382 m. Anm. Jakobs JZ **84**, 996, StV **81**, 623, NStZ **84**, 261), vorausgesetzt jedoch, daß dies **in feindlicher Willensrichtung** geschieht (BGH **9** 390; ebenso D-Tröndle 6c, Gössel I 84, 88f., Jähnke LK 41 f., M-Schroeder I 42f., Wessels II/1 S. 25), ohne daß es aber dabei auf einen verwerflichen Vertrauensbruch ankäme (BGH **7** 221, **28** 211, **30** 115f., StV **81**, 622, Rengier MDR 80, 4).

α) **Arglos** ist, wer sich im Zeitpunkt der Tat, d. h. bei Beginn des ersten mit Tötungsvorsatz 24 geführten Angriffs (BGH **7** 221, **18** 88, **19** 322, NJW **80**, 792, NStZ **87**, 173, GA **87**, 129), wobei auf den Eintritt in das Versuchsstadium abzuheben ist (BGH **32** 382, NStE Nr. 26), keines Angriffs von Seiten des Täters versieht (BGH **7** 218, **20** 302, NStZ/E **83**, 436; vgl. auch BGH VRS **63** 119: Steinwürfe von Autobahnbrücke). Das ist idR auch bei Schlafenden zu bejahen (BGH **23** 119 m. Anm. Hassemer JuS 71, 626, **28** 211, NStZ **83**, 553, Kiel HE **1** 90), nicht dagegen bei Besinnungslosen (vgl. u. 25b). Die Arglosigkeit kann entfallen, wenn der Täter dem Opfer mit offener Feindseligkeit entgegentritt (BGH **19** 321, **20** 302) oder das Opfer wegen unmittelbar *vorangegangener feindseliger Auseinandersetzungen* mit einem Angriff auf sein Leben rechnen könnte: Nachdem dafür unter dem Eindruck von BVerfGE **45** 187 der BGH zunächst schon jede (und damit auch nur verbale) Art einer in offener Feindschaft geführten Auseinandersetzung ausreichen ließ (BGH **27** 322, **28** 211, zust. Rengier MDR 79, 973 f.; krit. Geilen Schröder-GedS 235 ff., M.-K. Meyer JR 79, 441 ff.), wurde dann ein erkennbar gegen das Leben oder die körperliche Unversehrtheit gerichteter Angriff verlangt (BGH NJW **80**, 792, NStZ/E **81**, 387, StV **85**, 235; vgl. auch BGH **30** 113, NStE Nr. **11**, **12**, Sonnen JA 80, 35 f.), während danach wieder schon bei rein verbalen Auseinandersetzungen die Arglosigkeit entfallen sollte (BGH NStZ **83**, 35). Demgegenüber ist seit BGH **33** 363 wiederum eine Rückkehr zum früheren Standpunkt zu beobachten, indem eine nur verbale Attacke Heimtücke nicht ausschließe, wenn das Opfer dennoch gegenüber einem Angriff auf Leben oder körperliche Unversehrtheit arglos blieb (BGH NStE Nr. **21**; krit. Rengier NStZ 86, 505 f.). Auch an das Erfordernis *unmittelbaren* Vorangehens der Feindseligkeit werden unterschiedlich enge Anforderungen gestellt (vgl. im einzelnen BGH NStZ **81**, 387, **83**, 437 sowie Eser JR **81**, 181). Doch trotz aller vorausgegangenen Aggressionen soll Heimtücke jedenfalls dann nicht ausgeschlossen sein, wenn sich das Opfer gerade zur Tatzeit eines Angriffs nicht versieht (BGH MDR/H **82**, 283; vgl. auch NStZ **83**, 256), wie etwa dort, wo das Opfer die Auseinandersetzung für beendet ansieht und darauf in einem Hinterhalt überrascht wird (BGH NStZ **84**, 261) oder wo bei feindseligem Entgegentreten die Tötungsabsicht erst unmittelbar vor dem Angriff erkannt wird (BGH **22** 77, **23** 121; vgl. auch BGH NStE Nr. 6). Auch kann bei einer zunächst nicht bekannten Tatbeteiligung Mehrerer dem erst später angreifenden Mittäter gegenüber noch Arglosigkeit bestehen (vgl. D-Tröndle 6a).

β) Aufgrund der Arglosigkeit muß das Opfer **wehrlos** sein, nämlich keine oder nur eine 24a reduzierte (BGH GA **71**, 113) Möglichkeit zur Verteidigung besitzen (BGH **2** 61, **11** 143, **20** 302). An diesem *Kausalzusammenhang* zwischen Arg- und Wehrlosigkeit (BGH **19** 321, **32** 382) fehlt es sowohl da, wo sich das Opfer bereits zu einem beiderseits arglosen Zeitpunkt (z. B. durch einverständliche Fesselung) wehrlos machen ließ (BGH **32** 382 m. Anm. Jakobs JZ 84,

996 sowie i. E. zust. M.-K. Meyer JR 86, 133), wie auch dort, wo das Opfer – etwa wegen Gefangenschaft oder Lähmung – zwar hilflos, sich aber der Gefahr bewußt ist (vgl. BGH **18** 38) oder wo die Arglosigkeit auf die Wehrlosigkeit keinerlei Einfluß gehabt hat, z. B. weil sich das Opfer selbst bei rechtzeitigem Erkennen des Angriffs doch nicht hätte helfen können. Doch kommt in solchen Fällen u. U. Heimtücke durch arglistige Ausschaltung von *Hilfspersonen* oder sonstigen *schutzbereiten Dritten* in Betracht (vgl. BGH **8** 216, **18** 38, **32** 382, LM **Nr. 6,** NJW **78,** 709, Rengier MDR 80, 6). Im übrigen kommt es nicht mehr darauf an, ob im Augenblick der Tat die Arglosigkeit noch fortgedauert hat, wie bei dem in den Hinterhalt gelockten Opfer, das die Falle zu spät durchschaut (BGH **22** 77, **32** 386 f.). Dabei kann freilich Wehrlosigkeit entfallen, wenn dem Opfer die Flucht oder sinnvolles Einwirken auf den Täter möglich geblieben wäre (BGH NStZ **89,** 365).

25 γ) Die arglosigkeitsbedingte Wehrlosigkeit des Opfers muß der Täter **bewußt ausgenutzt** haben (BGH **6** 121, **9** 389, **11** 143, **27** 323). Dies setzt nicht voraus, daß der Täter die Arg- und Wehrlosigkeit des Opfers planvoll herbeigeführt oder verstärkt hat (BGH **8** 219, **18** 88), so daß er auch eine vorgefundene Situation ausnutzen kann (BGH **27** 324, **32** 382 m. Anm. Jakobs JZ 84, 996; vgl. auch VRS **63** 119: Steinwürfe von Autobahnbrücke); nicht genügend ist hingegen die bloße Ausnutzung einer bereits bestehenden *Wehr*losigkeit (BGH **32** 388). Für das dafür erforderliche Ausnutzungs*bewußtsein* wird vor allem seit BVerfGE **45** 187 verstärkt verlangt, daß der Täter die Arg- und Wehrlosigkeit seines Opfers nicht nur in äußerlicher Weise wahrgenommen, sondern in ihrer Bedeutung für die hilflose Lage des Angegriffenen erfaßt und dies bewußt für die Tatbegehung ausgenutzt hat (BGH NJW **78,** 710, **80,** 293, NStZ **81,** 140, StV **81,** 277, MDR/H **89,** 1052). In Präzisierung dieser Formel verlangt der BGH neuerdings das Bewußtsein, daß die Durchführung der Tat durch die Arglosigkeit des Opfers erleichtert (BGH StV **85,** 235) bzw. daß ein durch seine Ahnungslosigkeit gegenüber einem Angriff schutzloser Mensch überrascht wird (BGH NStZ **85,** 216, **87,** 173, GA **87,** 129 mwN). Hingegen setzt Ausnutzungsbewußtsein zwar nicht unbedingt längere Überlegung oder gar planvolles Vorgehen voraus; vielmehr kann der Täter auch einer raschen Eingebung folgend die für ihn günstige Situation „mit einem Blick" erfaßt haben (BGH **2** 60, NStZ **81,** 140, StV **83,** 523). Auch wird Heimtücke nicht ohne weiteres durch Handeln im *Affekt* ausgeschlossen (BGH **11** 139, OGH **2** 222, 390, Jähnke LK 47 f.; vgl. auch BGH NStZ **88,** 268 m. Anm. Venzlaff, Bernsmann NStZ 89, 163). Immerhin können aber die Spontaneität des Tatentschlusses, eine starke alkoholische Beeinträchtigung (BGH NJW **86,** 1503) oder auch eine heftige Gemütsbewegung prüfungsbedürftige Anzeichen dafür sein, daß es dem Täter am Ausnutzungsbewußtsein gefehlt hat (vgl. BGH MDR/H **78,** 805, NStZ **81,** 140, **83,** 35, StV **81,** 523, NJW **83,** 2456, StV **85,** 235, MDR/H **86,** 272, NStZ/E **83,** 437, NStZ **87,** 555 mwN, D-Tröndle 6c, 12), wie insbes. bei suizidaler Motivation (vgl. BGH GA **79,** 337). Allerdings kann selbst bei schwerer seelischer Abartigkeit das Ausnutzungsbewußtsein vorliegen, wenn die Tatausführung umsichtig und nicht spontan erfolgt (BGH MDR/H **90,** 487). Im übrigen setzt das Ausnutzen natürlich auch voraus, daß die vom Täter zutreffend wahrgenommene Lage des Opfers für seinen Willensbildungsprozeß tatsächlich *kausal* geworden ist, wobei jedoch lediglich die Ursächlichkeit der Umständekenntnis für das Vorstellungsbild des Täters gemeint sein soll, nicht dagegen hinsichtlich seines Entschlusses (wohl verkannt in der Kritik von Gössel I 90); deshalb wird Heimtücke nicht schon dadurch ausgeschlossen, daß der Täter auch in einer nicht arg- oder wehrlosen Situation des Opfers getötet hätte (vgl. BGH NStZ **84,** 506, **85,** 216, aber auch StV **81,** 277, 400).

25 a δ) Zudem wird seit BGH **9** 385 ein Handeln **in feindseliger Willensrichtung** verlangt (BGH GA **87,** 129, Gössel I 90), um damit vor allem bei Tötung zum vermeintlich Besten des Opfers (Ersparen von Not oder Schande) Heimtücke auszuschließen (BGH **11** 143, Jähnke LK 48 mwN), wie insbes. bei mißglücktem Mitnahmesuizid (BGH MDR/H **81,** 267; noch weitergehend für Ausschluß bei „achtenswerten Motiven" Schwalm MDR 57, 261; vgl. aber demgegenüber auch BGH NJW **78,** 709); maßgeblich sei dabei die, wenn auch krankhaft verblendete Sicht des Täters (BGH StV **89,** 390). Dieses (an sich billigenswerte) Ergebnis jedoch mit mangelndem „ausnutzen" zu begründen (so BGH **11** 143), kann nicht überzeugen; denn nicht nur, daß auch der wohlmeinend Tötende sich nun einmal die Arg- und Wehrlosigkeit seines Opfers zunutze macht, um sein Ziel zu erreichen; auch können damit im Grunde nur seltene Extremfälle ausgeschlossen werden, da nahezu jede Tötung auf einer feindlichen Willensrichtung beruht (vgl. auch BGH **3** 183, Arzt/Weber I 48, Rengier MDR 80, 5) und zudem bei Nichtaufklärbarkeit der Beweggründe des Täters die Annahme einer feindlichen Willensrichtung nicht ausgeschlossen sein soll (BGH MDR/D **74,** 366); krit. auch Geilen JR 80, 312, Hassemer JuS 71, 629.

25 b ε) Ferner wird einschränkend Heimtücke dort verneint, wo das Opfer **konstitutionell arg- und wehrlos** ist (Kleinkinder, Besinnungslose) und daher weder die böse Absicht des Täters erkennen noch diesem wirksam entgegentreten kann (BGH **3** 330, **4** 13, **18** 38, NJW 66, 1824,

MDR/H 77, 282, NStE Nr. 26; and. generell Gössel I 86f. bzw. bzgl. Besinnungslosen Dreher MDR 70, 248, Tröndle GA 73, 321; zu weitgehend jedenfalls BGH JZ 74, 512 m. krit. Anm. Baumann, wenn auch Geisteskranken die Verteidigungsfähigkeit abgesprochen wird). Allerdings ist nach BGH **8** 218 und MDR/D **73**, 901 Heimtücke auch gegenüber Kleinkindern möglich, wenn zur Überwindung natürlicher Abwehrinstinkte das Tötungsmittel versüßt wird (krit. Rengier MDR 80, 6) bzw. schutzbereite Dritte ausgeschaltet werden (vgl. BGH NJW **78**, 709 zu 3jährigem Kind, ferner o. 24a); für Beschränkung auf Tötung innerhalb eines Garantenverhältnisses Arzt/Weber I 51.

b) Anstelle (oder jedenfalls in Ergänzung) dieser Ausnutzungsformel des BGH, deren be- 26 griffliche Rigidität sich auch durch Einzelkorrekturen – wie von BGH JR **81**, 212 eingeräumt – weder hinreichend noch widerspruchsfrei beheben läßt (vgl. Eser DJT-Gutachten D 44ff., JR 81, 180ff. mwN), verlangt die **h. L.** einen **besonders verwerflichen Vertrauensbruch** (vgl. Blei II 25, Jescheck in Jescheck/Trifterer 130, Kohlrausch/Lange VIII 5, Schaffstein H. Mayer-FS 424ff., Schmidhäuser, Gesinnungsmerkmale 232ff., Welzel 283; ähnlich Jakobs JZ 84, 996ff., Hassemer JuS 71, 630, Krey I 21f., Lange Schröder-GedS 229ff. sowie Horn SK 32f.; vgl. auch Arzt JR 79, 11, der nach Ausnahmesachverhalten sucht, in denen die besondere Verwerflichkeit in der Regel fehlen soll, ferner Lackner NStZ 81, 349, Wessels I/1 S. 25, die durch Betonung der „Tücke" ein hinterhältigverschlagenes Vorgehen fordern; ähnl. Veh, der eine Einschränkung mittels des Vertrauensbruchskriteriums zwar nicht für verfassungsrechtlich geboten, aber auch nicht für ausgeschlossen hält, seinerseits jedoch entscheidend auf die „Heimlichkeit" und „Tücke" des Täterverhaltens abheben will: aaO 156ff. bzw. 164ff.; and. Schmoller aaO, der in Modifizierung des Überlegungskriteriums auf eine „besonders weitgehende, dem Opfer nicht erkennbare Tatvorbereitung" abstellt). Dabei darf jedoch der Begriff des *Vertrauens* (gegenüber der Kritik von BGH **30** 116, Geilen Schröder-GedS 249ff. und Rengier MDR 80, 4) einerseits weder mit schlichter Arglosigkeit gleichgesetzt noch andererseits auf institutionalisierte Vertrauensbeziehungen familiärer oder freundschaftlicher Art verkürzt werden; vielmehr muß Leitgedanke der „Mißbrauch sozial-positiver Vertrauensmuster" sein (näher dazu M.-K. Meyer JR 79, 485ff.; 86, 135ff., zust. Horn SK 32), wie sie einerseits auch durch sozial-freundliche Kontakte entstehen, aber andererseits selbst innerhalb der Familie oder sonstiger institutionalisierter Vertrauensbeziehungen infolge von Konflikten aufgehoben sein können (vgl. Eser DJT-Gutachten D 181f.). Ein solcher besonders verwerflicher Vertrauens*bruch* kann zwar, muß aber nicht notwendig in jeder Ausnutzung von Arg- und Wehrlosigkeit (o. 23) liegen; denn über bloße Heimlichkeit oder Hinterlist hinaus ist für das Element der „Tücke" kennzeichnend, daß der Täter ein ihm entgegengebrachtes Vertrauen täuscht, indem er die Wehrlosigkeit seines Opfers, das sich gerade von diesem Täter keines Angriffs gewärtig ist, ausnutzt. Daher ist Heimtücke insbes. dann zu verneinen, wenn lediglich das Überraschungsmoment ausgenutzt, z. B. ein ahnungsloser Passant von hinten angefallen wird. Im übrigen aber braucht jenes Vertrauen nicht unbedingt zwecks Tatausführung *erschlichen* zu sein (vgl. BGH NJW **51**, 410); vielmehr genügt (jedenfalls de lege lata) auch schon die Ausnutzung vorhandenen Vertrauens. Daher handelt ein Ehegatte, der den anderen im Schlaf tötet, idR auch dann heimtückisch, wenn er keine besonderen Maßnahmen getroffen hat, um den Partner einzuschläfern (vgl. BGH JR **51**, 687, Kiel HE **1** 91). Zumindest aber muß das Opfer imstande gewesen sein, dem Täter Vertrauen entgegenzubringen und einem etwaigen Angriff selbst oder mit Hilfe Dritter entgegenzutreten, wobei Heimtücke das Mittel darstellt, um diese Abwehr zu verhindern. Das wird bei Bewußtlosen und Kleinkindern nur dann anzunehmen sein, wenn es der Täter darauf anlegt, sogar die natürlichen Abwehrinstinkte (z. B. gegen bittere Gifte) durch entsprechende Zusätze auszuschalten. Zudem kann hier Heimtücke darin liegen, daß *Hilfspersonen* oder schutzbereite Dritte arglistig ausgeschaltet werden (vgl. o. 24a). Im übrigen kann auch hier unter Berücksichtigung der *gesamten Tatumstände* die Annahme von Mord entfallen (vgl. Eser JR 81, 182f. sowie o. 10).

2. Grausam handelt, wer dem Opfer Schmerzen oder Qualen körperlicher oder seelischer Art 27 zufügt, die nach Stärke oder Dauer über das für die Tötung als solche erforderliche Maß hinausgehen (M-Schroeder I 44, Rüping JZ 79, 620). Dazu verlangt die h. M. subjektiv ein Handeln des Täters aus einer gefühllosen und unbarmherzigen Gesinnung (RG **76** 299 m. Anm. Mezger DR 43, 290, **77** 45, Jähnke **3** 181, 264, NStZ **82**, 379, OGH **1** 90, 99, 371, **2** 116, 175f., D-Tröndle 7, Horn SK 43, Jähnke LK 55). Eine solche ist jedoch regelmäßig schon dann anzunehmen, wenn der Täter die Schmerzen in Kenntnis ihrer Wirkung zufügt (Blei II 26, M-Schroeder I aaO; so i. Grds. auch BGH NStZ **82**, 379, MDR/H **87**, 623; vgl. auch BGH NStZ/ E **81**, 388, Nürnberg NStZ **83**, 319, Frister StV 89, 344f., Gössel I 92). Grausamkeit kann auch darin liegen, daß der als solchen schmerzlosen Tötung (z. B. durch sofort tödlichen Schuß) quälende Leiden vorausgehen (BGH NJW **51**, 666, **71**, 1190, JZ **84**, 995: Tötungsvorbereitungen im Angesicht des Opfers), bei deren Zufügung der Täter jedoch mit Tötungsvorsatz handeln muß (BGH NJW **86**, 265 m. Anm. Amelung NStZ 86, 266), während im übrigen aber Eventualvorsatz genügt (BGH NJW **88**, 2682 m. Anm. Frister StV 89, 344, NStE Nr. **22**). Da es sich objektiv um die Zufügung schwerer Leiden handeln muß, ist Grausamkeit zu verneinen, wenn dem Opfer bereits *jede Empfindungsfähigkeit fehlt* (vgl. BGH NJW **86**, 266; and. Gössel I 91). Dies kann jedoch allenfalls bei Bewußtlosigkeit oder totaler Abstumpfung des Gefühlslebens angenommen werden (vgl. Horn SK 41; abw. RG **62** 160, OGH **1** 99.), nicht dagegen bei bloßer Halbohnmacht (OGH HE **2** 277; vgl. auch BGH NStE Nr. **22**, M-Schroeder I 44). Werden körperliche Verletzungen durch Todesangst übertönt, ist auf das seelische Leiden abzuheben (BGH NStZ/E **81**, 388 mwN). Auch gegenüber Kleinkindern kommt Grausamkeit in Betracht, z. B. bei planmäßigem Verhungern- oder Verdurstenlassen (BGH MDR/D **74**, 14), wobei jedoch der Quälungsvorsatz besonders sorgfältiger Prüfung bedarf (BGH NStZ **82**, 379). Nicht grausam handelt, wer mit Tötungsabsicht auf den Hals des Opfers einsticht und

28 dann in einen Blutrausch fällt (BGH NStE Nr. **17**). Ähnlich kann Grausamkeit bei Handeln im **Affekt** oder aufgrund entschuldbarer heftiger Gemütsbewegung, soweit es dadurch nicht bereits an der subjektiven Grausamkeitsgesinnung fehlt (vgl. RG **76** 299, OGH **1** 371, **2** 176, BGH **3** 333, MDR/D **70**, 383, MDR/H **87**, 623, NStE **Nr. 10**), u. U. aufgrund der *Gesamtabwägung* der Tat entfallen (vgl. o. 10); eine solche wird inzwischen auch vom BGH gefordert (BGH NStZ **82**, 380; vgl. auch Eser NStZ 83, 439).

29 3. Mörder ist ferner, wer einen Menschen **mit gemeingefährlichen Mitteln** tötet. Gegenüber einer Beschränkung auf Mittel i. S. der §§ 306 ff. (so etwa Kohlrausch/Lange VIII 7) besteht heute im wesentlichen Einigkeit darüber, daß jedenfalls die abstrakte Gefährlichkeit des Mittels weder erforderlich ist noch für sich allein genügt (so aber offenbar Horn SK 49f.). Dem scheint zwar BGH NJW **85**, 1477 insofern nahezukommen, als das eingesetzte Mittel seiner Natur nach nicht mehr beherrschbar und daher geeignet sein müsse, eine größere Zahl von Menschen zu gefährden; letztlich wird jedoch auf die *Nichtkontrollierbarkeit der konkreten Anwendung* abgehoben, nämlich darauf, daß der Täter die von ihm eingesetzten Mittel in der konkreten Tatsituation unter Berücksichtigung seiner persönlichen Fähigkeit nicht so beherrscht, daß eine Gefährdung jedenfalls einer Mehrzahl von Personen an Leib oder Leben nicht ausgeschlossen erscheint (BGH aaO 1978, ferner D-Tröndle 8, Gössel I 93, Jähnke LK 59, Lackner 3d, M-Schroeder I 45, Wessels II/1 S. 24). Dieser zutreffende Ansatzpunkt wird freilich, sofern die Mordmerkmale als Ausdruck besonderer sozialer Rücksichtslosigkeit und der absoluten Degradierung menschlichen Lebens zu verstehen sind (vgl. BGH **34** 14, NJW **85**, 1478), daraufhin einzuengen sein, daß durch das eingesetzte Mittel *unbeteiligte* Dritte einer *Lebens*gefahr ausgesetzt werden (vgl. Eser DJT-Gutachten D 171; i. gl. S. Rengier StV 86, 406f. sowie hins. Lebensgefahr wohl auch Horn JR 86, 33, während umgekehrt für Blei II 26 schon die Gefährdung von Sachgütern ausreichen soll). Demzufolge setzt dieses Mordmerkmal nicht unbedingt eine Gemeingefahr i. S. von RN 19 vor § 306 voraus; gemeingefährlich ist ein Tötungsmittel vielmehr bereits dann, wenn der Täter die Wirkung der von ihm entfesselten Kräfte nicht bestimmen oder in ihrem Gefährdungsbereich nicht begrenzen kann (vgl. RG **5** 309, Dresden NJW **48**, 274, Maurach JuS 69, 255). Demgemäß wird zwar eine Brandstiftung, Überschwemmung oder Explosion i. S. der §§ 306 ff. regelmäßig § 211 erfüllen, muß dies aber z. B. dann nicht, wenn der Täter weiß, daß sich das Tatopfer allein im angezündeten Haus befindet. Andererseits kann bei Schüssen auf der Straße, wodurch auch unbeteiligte Passanten getroffen werden können, Gemeingefährlichkeit gegeben sein (vgl. Dresden aaO). Gleiches gilt für Steinwürfe von einer Autobahnbrücke (BGH VRS **63** 119). Dagegen fehlt es an einer Tatausführung *mit* gemeingefährlichen Mitteln, wenn der Täter eine bereits vorhandene gemeingefährliche Situation lediglich zur Tat ausnutzt, selbst wenn sie von ihm fahrlässig (ohne Tötungsvorsatz) geschaffen worden ist, z. B. das Opfer in einem fahrlässig in Brand gesteckten Haus schlafend zurückgelassen wird (zust. BGH **34** 13, D-Tröndle 8, Gössel I 93, Rengier StV 86, 408). Zur Problematik dieses Mordmerkmals bei Mehrfachtötungen vgl. Geilen Bockelmann-FS 621 f.

30 VI. Durch die in Gruppe 3 erfaßten **Zielsetzungen** wird zum Mörder, wer einen Menschen tötet, um eine *andere Straftat* entweder zu *ermöglichen* oder zu *verdecken*.

31 1. Der mordqualifizierende Unwert der **Ermöglichungsabsicht** liegt darin, daß die Tötung als Mittel zur Begehung weiteren kriminellen Unrechts dient (vgl. Stratenwerth JZ 58, 545), z. B. um die Wohnung des Opfers auszurauben oder um nach Ausschaltung des Wärters gewaltsam aus der Strafanstalt auszubrechen (vgl. BGH MDR/D **70**, 560). Die besondere Verwerflichkeit der **Verdeckungsabsicht** ist darin zu erblicken, daß ein Menschenleben, sei es als Opfer der zu verdeckenden Tat (BGH GA **62**, 143), als Tatzeuge (RG HRR **42**, 608) oder als Verfolger (BGH **15** 291), vernichtet wird, um die eigene (oder auch eine fremde Bestrafung) zu vereiteln (vgl. BVerfGE **45** 265, BGH **7** 290, Stratenwerth JZ 58, 545, Arzt JR 79, 9; krit. Heine aaO 215, der auf die Mediatisierung des Rechtsguts Leben zu rücksichtsloser Selbstverwirklichung abstellt; zur kriminalpolitischen Berechtigung dieser Mordalternative vgl. Eser DJT-

Gutachten D 177f. mwN). Beide Tatmodalitäten können auch **zusammentreffen,** so bei Verdeckung des versuchten Diebstahls, um dessen Vollendung durch Raub zu ermöglichen (OGH **2** 19, ferner BGH MDR/H **81,** 102; vgl. dazu auch o. 13).

2. Als zu ermöglichende bzw. zu verdeckende **Straftat** kommt nur eine *kriminell strafbare* 32 Handlung i. S. von § 11 I Nr. 5 in Betracht, also ein Verbrechen oder Vergehen (§ 12), nicht dagegen eine bloße Ordnungswidrigkeit (BGH **28** 93, Blei II 26, Lackner 3e; and. Schroeder JuS **84,** 277) oder ein (heute nicht mehr strafbarer) versuchter Ehebruch (vgl. BGH NStZ **85,** 166f.), ebensowenig ein zwar verwerfliches, nicht aber für strafbar gehaltenes Verhalten (BGH NStZ/E **81,** 430, Jähnke LK 9, 14); zu diesbezüglichen Irrtümern vgl. u. 33. Im übrigen ist gleichgültig, ob es sich dabei um eine *eigene* oder *fremde* Straftat handelt (BGH VRS **23** 207, Jähnke LK 9), wie etwa im Falle sukzessiver Mittäterschaft (BGH **9** 180 m. Anm. Dreher MDR 56, 499); denn auch reine Selbstbegünstigungsabsicht vermag den Täter nicht zu entlasten (BGH **9** 182, D-Tröndle 9b). Auch ist unerheblich, ob es sich bei der zu *verdeckenden* Tat um Tun oder Unterlassen, um vorsätzliche oder fahrlässige Begehung (vgl. BGH VRS **23** 207) oder um ein nur versuchtes (vgl. BGH MDR/D **74,** 366) oder ein bereits beendetes Delikt handelt. Entsprechendes gilt grds. auch für die zu *ermöglichende* Tat (OGH **2** 19; zum Unterlassen vgl. Horn SK 55), abgesehen von der nicht absichtlich begehbaren Fahrlässigkeit (vgl. D-Tröndle 9b) und der bereits beendeten Tat, bei der ein weiteres Ermöglichen schon begrifflich ausscheidet (so beim Zustands-, nicht aber beim Dauerdelikt; vgl. 81f. vor § 52).

3. Für das **Verhältnis der Tötung zu der zu ermöglichenden bzw. zu verdeckenden Tat** 32a erschien es nach der früheren Rspr. gleichgültig, ob die Bezugstat mit der Tötung in Tatmehrheit oder Tateinheit steht (vgl. BGH **7** 327, LM **Nr.** 10, M-Schroeder I 39), so daß etwa Verdeckung durch Vollendung des vorangegangenen Totschlagsversuchs an demselben Opfer in Betracht kam (BGH MDR/D **74,** 366 sowie neuerdings wieder NStE Nr. 22); ebensowenig brauchten andererseits die Bezugstat und die Tötung unbedingt unmittelbar aufeinanderzufolgen (Dreher[37] 9). Gegenüber solchen Ausweitungen insbes. der Verdeckungsabsicht glaubte BVerfGE **45** 267 der verfassungsrechtlich gebotenen Restriktion (vgl. o. 10a) etwa dadurch Rechnung tragen zu können, daß Verdeckungsabsicht auf die Fälle *vorausgeplanter* Tötung beschränkt wird (ähnl. Schmidhäuser JR 78, 270). Demgegenüber wurde bereits in BGH **27** 281 das Erfordernis vorangegangener Überlegung ebenso zurückgewiesen (i. gl. S. BGH MDR/H **80,** 105, NStZ **84,** 45 mwN; vgl. aber auch BGH JR **79,** 471) wie eine Einschränkung über die „besondere Verwerflichkeit der Tat" (BGH **30** 115 sowie jüngst wieder NStE Nr. 23) und stattdessen vom 2. Senat (grdleg. BGH **27** 346) das Erfordernis einer „anderen" Straftat wieder verstärkt betont: Danach war *„in Grenzfällen engen zeitlichen und sachlichen Zusammentreffens von Vortat und Verdeckungstötung"* Verdeckungsabsicht zu verneinen, wenn die in einem spontanen Angriff auf Leib oder Leben bestehende Vortat ohne deutliche Zäsur nahtlos in die Tötung übergeht. Diese Formel wurde vom 2. Senat mehrfach einengend präzisiert (BGH GA **78,** 327; LM StGB 1975 Nr. **2,** JR **79,** 470, MDR/H **80,** 106, NStZ **85,** 454), während die anderen Strafsenate die Gefolgschaft offenließen, die Voraussetzungen der Einschränkung aber jeweils aus tatsächlichen Gründen verneinten: Dies galt insbes. dann, wenn sich der Täter bereits in rechtsfeindlicher Einstellung in die zur Tötung führende Situation begeben hatte (BGH **28** 77, NStZ **85,** 454). Auf der Basis dieser Rspr. war demzufolge bei der einer Vortat nachfolgenden Tötung Verdeckungsabsicht praktisch nur dann ausgeschlossen, wenn folgende Elemente kumulativ gegeben waren: α) Gleichartigkeit der Angriffsrichtung von Vortat und Verdeckungstötung, β) Doppelspontaneität bei beiden Taten sowie γ) ein enger räumlich-zeitlicher Zusammenhang (vgl. 23. A. mwN). U. a. auch in Reaktion auf Kritik aus dem Schrifttum (Arzt JR 79, 11, D-Tröndle 9a, Eser NStZ 81, 429f., 83, 439f., Geilen JR 80, 313, M.-K. Meyer JR 79, 488f., Köhler GA 80, 128, Sonnen JA 80, 37f.) hat der 2. Senat in BGH **35** 116 diese *einschränkende Linie aufgegeben* und sich auf den Standpunkt gestellt, daß weder die jähe Eingebung Verdeckungsmord entgegenstehe noch das Mordmerkmal Planung und Vorbedacht voraussetze. Vielmehr seien Verdeckungsabsicht und niedrige Beweggründe unter Wertungsgesichtspunkten gleichzusetzen, zumal beides Tatmotive darstellen; deshalb könne für den Verdeckungsmord nicht eine Tatbestandseinschränkung anerkannt werden, die für niedrige Beweggründe gerade nicht gelte (BGH **35** 116, 120ff., zust. D-Tröndle 9a). Insofern sind die Einschränkungsbemühungen des BGH wieder auf dem Nullpunkt angelangt. Diesbezüglich verwirft der 2. Senat den Weg, Vortat und Tötungsdelikt zu einer einzigen Tat im Rechtssinne zu verklammern, hält es dagegen aber für erwägenswert, die Verdeckungsabsicht als gesetzlich benanntes Regelbeispiel eines niedrigen Beweggrundes zu verstehen und auf diese Weise die Möglichkeit zu einer *Gesamtwürdigung* der Handlungsantriebe zu eröffnen. Dann könnte in Ausnahmefällen der Mordtatbestand – trotz festgestellter Verdeckungsabsicht – verneint werden (BGH **35** 127, vgl. auch NStE Nr. 23; krit. Lackner 3e bb, Hohmann/Matt JA 89, 134ff., Schmidhäuser NStZ 89, 55ff., Wohlers JuS 90, 20ff., die für eine modifizierte Überlegungslö-

sung eintreten, Laber MDR 89, 861 ff., die für eine Heranziehung von § 213 plädiert, Timpe NStZ 89, 71 mit dem Versuch, nach Zuständigkeiten des Täters für seinen Tatantrieb zu differenzieren).

32b Nachdem von den ursprünglichen Einschränkungsbemühungen ohnehin nur wenig übrig geblieben war (vgl. Eser NStZ 83, 439 f.), belegt diese Kehrtwendung die Unzulänglichkeit solcher merkmalsimmanenter Restriktionen, die eine *Gesamtwürdigung von Tat und Täter* (o. 10) letztlich nicht ersetzen können (vgl. auch Horn SK 66, der freilich i. E. für die Rechtsfolgenlösung [u. 57] plädiert). Das gilt auch für den – immerhin aber bereits wertenden – Versuch von Arzt JR 79, 11, bei engem Zusammenhang zwischen Vortat und Tötung Verdeckungsabsicht jedenfalls dann abzulehnen, wenn es sich bei der Vortat um ein Verbrechen handelt oder der Täter durch eine schwere Provokation zur (gegebenenfalls leichten) Vortat hingerissen wurde.

33 4. Für die auf Ermöglichung oder Verdeckung einer anderen Tat gerichtete **Absicht** ist zielgerichtetes Handeln erforderlich (BGH **15** 293, StV **88**, 62, Horn SK 56, 65), aber auch ausreichend (vgl. § 15 RN 65). Da der beabsichtigte Erfolg nicht unbedingt eintreten muß, braucht weder die zu verdeckende Tat tatsächlich begangen worden noch die zu ermöglichende Tat objektiv überhaupt begehbar zu sein (M-Schroeder I 38 f.); entscheidend ist vielmehr allein die darauf gerichtete Vorstellung des Täters (Jähnke LK 10). Dementsprechend kommt Ermöglichungs- oder Verdeckungsabsicht auch dann in Betracht, wenn der Täter die objektiv als Notwehr gerechtfertigte Tat irrigerweise für strafbar (BGH **11** 226 m. Anm. Stratenwerth JZ 58, 545, D-Tröndle 9b, M-Schroeder I 39, Wessels II/1 S. 29; and. OGH **1** 190, Eb. Schmidt DRZ 49, 246 sowie bzgl. der Ermöglichungsabsicht Horn SK 56 bzw. 64) bzw. die zu verdeckende Tat, deretwegen das Verfahren bereits eingestellt ist, noch für verfolgbar hält (BGH MDR/H **83**, 622; zur Verdeckung eines länger zurückliegenden unbewiesen gebliebenen Tatverdachts vgl. BGH NStZ **85**, 166). Umgekehrt wäre konsequenterweise diese Absicht zu verneinen, wenn der Täter die zu ermöglichende oder zu verdeckende Tat aus irgendwelchen Gründen für nicht strafbar oder nicht für verfolgbar hält (so OGH NJW **50**, 195, Arzt/Weber I 61). Dem ist jedoch allenfalls insoweit zuzustimmen, als der Täter die Absichtstat für *gerechtfertigt* ansieht (insoweit ebenso Horn SK 56), so etwa wenn er einen Nachtwächter glaubt ausschalten zu müssen, um sein gestohlenes Eigentum zurückzuholen. Dagegen läßt sich die auch dieser Mordqualifikation zugrundeliegende Verwerflichkeit dann schwerlich verneinen, wenn der Täter die zu ermöglichende Tat lediglich für nicht strafbar oder prozessual für nicht verfolgbar, wohl aber für rechtswidrig hält (insoweit ebenso D-Tröndle 9b; and. Horn SK 64; vgl. auch Gössel I 75 f., 81 f.). Zudem ist in derartigen Fällen auch Mord aus niedrigen Beweggründen in Betracht zu ziehen (vgl. o. 19 sowie BGH **11** 228, GA **79**, 108, NStZ/E **81**, 430, Jähnke LK 27).

34 Verdeckungsabsicht ist auch nicht dadurch ausgeschlossen, daß die **Tat als solche** bereits (tatsächlich oder vermeintlich) **entdeckt** ist, dem Täter es jedoch noch darauf ankommt, seine eigene **Täterschaft zu verbergen** (BGH NJW **52**, 431, GA **79**, 108, M-Schroeder I 39), einen Zeugen zu beseitigen (RG HRR **42**, 608) oder sich der Ergreifung zu entziehen (BGH **11** 270, **15** 291, LM **Nr. 30**, VRS 37 28), vorausgesetzt jedoch, daß er sich oder seine Tat noch nicht voll erkannt glaubt und daher mit der Vorstellung von Entdeckungsvereitelung handelt (BGH **15** 296). Ein Bestreben freilich, das ausschließlich darauf gerichtet ist, einen zeitlichen Vorsprung zu erhalten, um fliehen zu können, genügt nicht (BGH NStZ **85**, 166).

35 Auch bei nur **bedingtem Tötungsvorsatz** ist grds. sowohl Ermöglichungsabsicht (BGH **23** 176, NStZ/E **81**, 429) wie auch Verdeckungsabsicht (BGH **11** 270, **15** 291 m. Anm. Jescheck JZ 61, 752, LM **Nr. 30**, VRS **24** 184, StV **83**, 459) denkbar, wobei jedoch vor allem zwei Fallkonstellationen zu unterscheiden sind: Sofern der Täter davon ausgeht, daß die Verdeckung *nur* durch den Tod des Opfers zu erreichen sei, ist die gleichzeitige Annahme von nur bedingtem Vorsatz ausgeschlossen (BGH **21** 283, NJW **78**, 1460, MDR/H **81**, 102, NStZ/E **81**, 430, StV **83**, 458, NStZ **84**, 116, **85**, 166), wie regelmäßig dort, wo sich der Täter vom Opfer erkannt glaubt und daher bei dessen Weiterleben Entdeckung zu befürchten hat; denn entweder muß er, wenn er dies wirklich verhindern will, mit direktem Vorsatz gehandelt haben, oder falls er den Tod tatsächlich nur bedingt in Kauf genommen hat, kann er schwerlich die Vorstellung gehabt haben, die erstrebte Verdeckung nur durch die Tötung des Opfers erreichen zu können: Deshalb geht es bei dieser Fallkonstellation meist um die Ausräumung von denkgesetzlichen Widersprüchen in den tatrichterlichen Feststellungen (vgl. BGH StV **83**, 459, NStZ **84**, 116, aber auch Arzt/Weber I 60) bzw. um sorgfältigere Prüfung des Tötungsvorsatzes überhaupt (vgl. § 212 RN 5 zu bloßem Gefährdungsvorsatz sowie Eser NStZ 83, 440 mwN). Sofern sich der Täter hingegen nicht erkannt glaubt und daher selbst bei Weiterleben des Opfers keine Identifizierung durch dieses zu befürchten hätte, nach Vorstellung des Täters also an sich auch ohne Tötung des Opfers eine Tatverdeckung möglich wäre, können mit Verdeckungsabsicht vorgenommene Handlungen durchaus mit nur bedingtem Tötungsvorsatz einhergehen. Gleiches soll gelten, wenn eine Entdeckungsgefahr nicht wegen der Aussagen des Opfers, sondern wegen dessen körperlichem Zustand zu befürchten ist (BGH NJW **88**, 2682 m. Anm. Frister StV 89, 344).

Ebenso wie beim grundsätzlich möglichen Zusammentreffen mit anderen Motiven, wie Haß, Wut oder Angst (BGH MDR/H 76, 15; vgl. aber auch NStZ/E 83, 440 zu FN 144 ff.), ist freilich auch für diese Fallkonstellation entscheidend, daß der Tod des Opfers nicht nur Begleiterscheinung oder Folge, sondern das (wenn auch nur bedingte) *Mittel zur Ermöglichung oder Verdeckung* der anderen Straftat darstellt (BGH 7 290, **15** 293, D-Tröndle 9, Wessels I/1 S. 29). Diese Mittel-Folge-Formel braucht jedoch nicht zu bedeuten, daß bei Ermöglichungsabsicht der Täter unbedingt in der Vorstellung töten müsse, die zu ermöglichende Tat unter den gegebenen Umständen nicht auf andere Weise erreichen zu können (so aber BGH MDR/H 80, 629); vielmehr kann für die Ermöglichungsabsicht bereits genügen, daß der Täter sein kriminelles Ziel durch Tötung eines anderen leichter oder schneller zu erreichen hofft (vgl. Geilen Lackner-FS 573 ff.). Demgemäß kommt Verdeckungsabsicht auch in Betracht, wenn der Täter den Tod des Opfers nicht als einziges Mittel der Verdeckung ansieht, sondern es auch für möglich hält, daß die Tat im Fall des Weiterlebens des Opfers unentdeckt bliebe (BGH NJW 88, 2682 m. Anm. Frister StV 89, 344). Andererseits ist für Verdeckungsabsicht die Vorstellung erforderlich, daß das Opfer etwas bisher Unentdecktes zutage fördern könnte, sei es die Begehung einer Straftat oder die Person des Täters (BGH **11** 269, LM Nr. 30). Das kann vor allem bei Tötung durch **Unterlassen** in *Fluchtfällen* fraglich sein, wenn zu diesem Zweck der Täter das versorgungsbedürftige Opfer liegenläßt und dabei dessen Tod in Kauf nimmt: Hier ist Verdeckungsabsicht jedenfalls dann zu verneinen, wenn sich der Täter bereits voll entdeckt glaubt, also nichts mehr zu verbergen hat, sondern sich nur noch vor seinen Verfolgern in Sicherheit bringen will. Gleiches hat für den Fall zu gelten, daß der Täter vor einer drohenden Entdeckung flieht, sofern er von dem Opfer selbst keine Aufdeckung seiner Täterschaft zu befürchten hätte (BGH 7 287; krit. dazu M-Schroeder I 39 f.; vgl. auch BGH MDR/D 66, 24). Dagegen kommt Verdeckungsabsicht dann in Betracht, wenn der Täter von dem im Stich Gelassenen die Entdeckung seiner Person fürchtet und Hilfe gerade deswegen unterläßt, um diese Entdeckung unmöglich zu machen. Demgegenüber glaubt BGH 7 290 für Verdecken mehr verlangen zu müssen als bloßes „Nichtaufdecken" durch Flucht, nämlich ein „Zudecken", wie etwa durch Unkenntlichmachen von Tatspuren oder Unschädlichmachen von Menschen. Eine solche vordergründige Wortklauberei kann jedoch ebensowenig überzeugen wie die zwar grundsätzlichere, aber schwerlich mit § 13 vereinbare Auffassung von Grünwald (H. Mayer-FS 291), wonach Mord mit Ermöglichungs- oder Verdeckungsabsicht nur durch positives Tun begangen werden könne; deshalb kann § 211 allenfalls an der mangelnden Gleichwertigkeit nach § 13 I scheitern (I Iorn SK 69; vgl. auch Jescheck JZ 61, 752). Freilich wird für Ermöglichungsabsicht nicht schon genügen, daß die Rettung des Opfers allein deshalb unterbleibt, weil Rettungsmaßnahmen die beabsichtigte Tat gestört hätten (Horn SK 57). Unstreitig ist die Tötung Mittel zur Verdeckung aber jedenfalls dann, wenn der namentlich noch nicht bekannte Täter sich der Festnahme dadurch entzieht, daß er sich den Fluchtweg freischießt (vgl. BGH **15** 292, VRS **37** 30). Vgl. zum Ganzen auch Eser III 37 f., Fuhrmann JuS 63, 19 sowie teils abw. Gössel I 82 f.

VII. Für den **subjektiven Tatbestand** ist **Vorsatz** erforderlich. Was das im Hinblick auf das Vorliegen eines Mordmerkmals bedeutet, ist strittig, wobei sich jedoch manche Meinungsverschiedenheiten daraus erklären, daß nicht klar genug zwischen Gegenstand und Inhalt des Mordvorsatzes (37 f.), seinen psychologischen Voraussetzungen (39) und seinem Intensitätsgrad (40) unterschieden wird. **36**

1. Daß der Mordvorsatz seinem *Gegenstand* nach auf die **Todesverursachung** gerichtet sein muß, steht ebenso wie bei § 212 außer Frage (vgl. dort RN 5). Dagegen wird die Frage, inwieweit er sich auch auf das **Mordmerkmal** beziehen muß, meist von dessen Stellung im Deliktsaufbau abhängig gemacht: Soweit es als Tatbestands- oder *Unrechts*merkmal eingestuft wird (vgl. o. 6), wird § 15 für unmittelbar anwendbar erklärt (BGH MDR/D **67**, 726, M-Schroeder I 41 f.). Doch auch soweit es lediglich als *Schuld*merkmal begriffen wird, sei das Wissen des Täters um das Vorliegen des betreffenden Merkmales zwar kein eigentliches Vorsatzerfordernis, ergebe sich jedoch aus allgemeinen Schuldprinzipien (Schröder 17. A. RN 23 f., Wessels II/1 S. 24). Soweit es dagegen als bloßes *Gesinnungs*merkmal verstanden wird, komme es auf das Bewußtsein etwa von der Niedrigkeit des Beweggrundes nicht an (vgl. Engisch GA 55, 161, Jescheck GA 56, 110; vgl. auch OGH **2** 345 zum Ganzen Heine aaO 160 ff.). An diesen Differenzierungsversuchen ist richtig, daß die verschiedenen Mordmerkmale hinsichtlich des Vorsatzerfordernisses in der Tat nicht völlig einheitlich behandelt werden können. Jedoch ist die erforderliche Differenzierung weniger von der verbrechenssystematischen Stellung als vielmehr von der phänomenologischen Struktur des einzelnen Mordmerkmals abhängig: a) Soweit es sich um Mordmerkmale handelt, die sich (zumindest auch) im objektiven *Erfolgs*unwert des Mordes niederschlagen (vgl. o. 6), muß dem Täter das Vorliegen der entsprechenden Umstände bewußt sein: so bei Grausamkeit das Wissen um die übermäßige Schmerzzufügung (o. 27) oder bei Gemeingefährlichkeit das Bewußtsein der Nichtkontrollierbarkeit des benutzten Tötungsmittels (vgl. o. 29 sowie Horn SK 51). Entsprechendes hat bei Heimtücke für das Wissen um die Arg- und Wehrlosigkeit des Opfers zu gelten (vgl. o. 23 ff. sowie BGH **6** 121, 333, NJW 66, 1824). Insofern ist § 15 jeweils unmittelbar anzuwenden. Demzufolge ist etwa Heimtücke dort zu verneinen, wo der Täter meint, das Opfer sei längst mißtrauisch geworden und habe **37**

sich daher mit einer Waffe versehen. b) Soweit es sich dagegen um subjektiven *Handlungsunwert* bzw. um spezielle *Schuldmerkmale* handelt (vgl. o. 6), setzt die dafür erforderliche Motivation oder Absicht per se einen bestimmten psychischen Sachverhalt voraus, ohne den sie alles sein kann, nur eben kein handlungsmotivierender Faktor. Insofern handelt es sich bei dementsprechendem Bewußtsein bereits um einen konstitutiven Teil der Motivation bzw. der Absicht (vgl. Horn SK 17, Sax JZ 76, 14, o. § 15 Rn. 25, aber auch 40ff.). Demgemäß erfordern die spezifizierten Absichten der 3. Gruppe das motivierte Anstreben eines über die Tötung hinausgehenden Sachverhalts. Dabei setzt das „Haben" solcher Intentionen notwendigerweise voraus, daß das Angestrebte Gegenstand der Vorstellungen geworden ist. Auch soweit es auf bestimmte Anlässe ankommt (o. 14), muß der Täter die entsprechenden Umstände gekannt haben, wobei freilich abgeschwächte Bewußtseinsgrade hinreichen. Bezüglich Motivationselementen wie Eifersucht, Rache u. ä. genügt demgegenüber, daß der Täter diese personalen Antriebe handlungsvorbereitend und -begleitend miterlebte, sie die Tat mitmotivierten und er sie deshalb als solche „hatte" (eingeh. Heine aaO 176ff.). Im übrigen würde das Erfordernis eines „Erkennens der Antriebsregelungen" im Augenblick der Tat (vgl. BGH NJW **89**, 1739 m. Anm. Heine JR 90, 299, NStZ/E **81**, 385 mwN) jedenfalls dann an der psychologisch-psychiatrischen Wirklichkeit vorbeiführen, wenn damit eine spezifische Reflexion i. S. eines dezidierten Abwägens gemeint wäre (so aber Köhler GA 80, 130, JZ 80, 239). Das bedeutet, daß z. B. beim Lustmord in die Vorstellung des Täters eingegangen ist, daß ihm das Töten zur Befriedigung seines Geschlechtstriebs dient (vgl. o. 16), daß bei Habgier die Vorstellung des erstrebten Gewinns bewußtseinsleitend war (BGH StV **86**, 47) oder daß bei Verdeckungsabsicht der Tod des Opfers für den Täter das Mittel sein soll, um die Entdeckung seiner Tatbeteiligung zu verhindern. Ähnlich muß er von der Strafbarkeit der zu ermöglichenden bzw. zu verdeckenden Tat ausgehen (vgl. o. 33ff.). Handelt es sich hingegen um Fälle, in denen der Täter irrtümlich von Voraussetzungen ausgeht, die sein Verhalten nicht als niedrig erscheinen lassen würden, so fehlt es an einer niedrigen Motivation (BGH GA **67**, 244, Heine aaO 231f.). Zu weitgehend in Verneinung dieser Umstandskenntnis jedoch BGH JZ **74**, 511 m. krit. Anm. Baumann und Kratzsch JR 75, 102 zu NS-Euthanasieaktionen.

38 Nicht zu verwechseln mit Sachverhaltskenntnis und Motivationsbewußtsein ist jedoch die normative **Wertung durch den Täter**. Zwar verlangt der BGH, daß der Täter das Mordmerkmal niedrige Beweggründe „in seiner Bedeutung für die Tat" erfaßt hat (st. Rspr.: BGH **6** 332, **28** 212, MDR/H **79**, 280, StV **87**, 151). Doch ebensowenig wie der Dieb die für die Fremdheit der Sache wesentlichen Wertungen nachzuvollziehen braucht (vgl. § 15 RN 45), so wenig kommt es beim Mörder auf die eigene Einschätzung seiner Beweggründe als niedrig i. S. von § 211 an; denn zum einen bleibt die „Definitionsmacht" auf jeden Fall beim Strafrecht, zum anderen setzt das Gesetz prinzipiell ein entsprechendes Wertwidrigkeitsbewußtsein voraus und schließlich genügt für volle Schuld schon, daß der Täter aus absoluter Gleichgültigkeit gegenüber den unverbrüchlichen Werten der Gesellschaft handelt – wobei es keine Rolle spielt, ob er diese Wertung für sich akzeptiert oder nicht (Heine aaO 185ff. gegen Köhler GA 80, 130ff., JuS 84, 766, vgl. auch BGH NStZ **81**, 259). Daher genügt insoweit bereits, daß sich der Täter der Umstände bewußt ist, die seine Motivation als niedrig erscheinen lassen und damit die Tötung zum Mord stempeln (vgl. BGH **3** 180, **22** 80, MDR/D **68**, 895, **74**, 546, NStZ **83**, 19, NStE Nr. **19**, NJW **89**, 1739 m. Anm. Heine JR 90, 299, D-Tröndle 12, Jähnke LK 35, M-Schroeder I 42; vgl. aber auch Herdegen BGH-FS 200f.). Diesbezüglich ist ausreichend, daß (ähnlich wie bei Vorsatz, o. § 15 RN 45) der soziale Sinngehalt der motivierenden Ereignisse nach Laienart erfaßt wird, so etwa der Umstand, daß eine Bagatelle vorliegt, wenn ein Kleinkind schreit. Dementsprechend braucht es auch hinsichtlich des etwaigen Mißverhältnisses von Tatanlaß und tödlichem Erfolg – entgegen der mißverständlichen Formulierung von BGH MDR/H **79**, 280, NStZ **81**, 259 – lediglich darauf anzukommen, daß sich der Täter etwa der leichtgewichtigen oder selbstverschuldeten Faktoren seiner Wut bewußt ist (vgl. BGH NStZ/E **81**, 386, **83**, 436, Heine aaO 178f.). Ähnlich braucht er nicht den Rechtsbegriff der Heimtücke, sondern nur die dafür erforderlichen Umstände zu kennen (BGH NJW **51**, 411).

39 2. Sachverhaltskenntnis und Motivationsbewußtsein (o. 37) setzen jedoch voraus, daß der Täter dazu überhaupt **psychisch fähig** ist. Das setzt namentlich hinsichtlich niedriger Beweggründe voraus, daß der Täter seine gefühlsmäßigen oder triebhaften Regungen *gedanklich zu beherrschen* und *willensmäßig zu steuern* vermag (vgl. BGH **28** 212, MDR/H **80**, 629, 986, **81**, 266, 267, **84**, 989, **89**, 1052, NStZ **81**, 101, **88**, 360, NStE Nr. **15**, **19**, **20**, NJW **89**, 1739 m. krit. Anm. Heine JR 90, 299). Das ist etwa dann zweifelhaft, wenn die Tat sich bei nichtigem Anlaß jedem Verständnis entzieht (BGH StV **87**, 150) oder der Täter aus plötzlicher Wutaufwallung (BGH MDR/D **74**, 546, MDR/H **81**, 266), aufgrund spontan gefaßten Tatentschlusses (BGH MDR/H **79**, 280, **80**, 986, NStZ **83**, 19), unter Alkoholeinfluß (BGH StV **84**, 465), bei erheblich verminderter Schuldfähigkeit (BGH NStE Nr. **13**) bzw. Triebanomalie (BGH NStE Nr. **20**) oder sonstwie im Affekt handelt (BGH **28** 212, GA **75**, 306, **79**, 337, MDR/H **77**, 637, **78**, 805, **80**, 629, NJW **81**, 1382, StV **87**, 296, OGH **3** 82; vgl. aber auch BGH NJW **51**, 410, LM Nr. **5**; zu weitgehend BGH **6** 329; vgl. ferner zu Mordlust BGH **34** 62f. m. Anm. Geerds JR 86, 519, zu Verdeckungsabsicht BGH NStZ **85**, 455). Ferner ist dies dann zu verneinen, wenn der Täter zu einer Wertung seiner Beweggründe als niedrig schon seiner Persönlichkeitsstruktur nach nicht fähig ist und sich damit auch der Relevanz der maßgeblichen Umstände nicht bewußt werden kann (vgl. BGH NStZ **81**, 259, StV **81**, 338; so dürfte auch die – sonst mit dem bei 38 Ausgeführten unvereinbare – „Wertungsunfähigkeit" nach BGH MDR/D **69**, 723 zu verstehen sein); mwN zur Rspr. Eser NStZ 81, 385 f.; 83, 436, Heine aaO 33, 249 ff., 274. Freilich handelt es sich dabei häufig schon nicht mehr um Vorsatz- bzw. Motivationsprobleme, sondern um die bei Mord naheliegende Frage der *Schuldunfähigkeit* bei affektgeladenen Taten (vgl. Horn SK 17, Lange LK⁹ 16; vgl. auch Jäger MSchrKrim 78, 308 f.; allg. dazu § 20 RN 15). Fehlt dieses spezifische Motivationsbeherrschungsvermögen (oder ist es zweifelhaft), so entfällt nach BGH der Mordvorwurf, nicht dagegen auch die strafrechtliche Verantwortlichkeit für die vorsätzliche Tötung (BGH MDR/H **84**, 980 unter Hinweis auf eine höhere Hemmschwelle; vgl. aber auch BGH NStZ **88**, 361 sowie krit. Heine aaO 250 ff., JR 90, 299 f.). Zu dem Fall, daß der Täter erst *nach Beginn* der Tat schuldunfähig wird und in diesem Zustand die Tat vollendet, vgl. BGH **7** 326, **23** 133 m. Anm. Oehler JZ 70, 379, BGH GA **56**, 26, Oehler GA 56, 1 ff. sowie § 20 RN 40.

3. Dem *Intensitätsgrad* nach genügt grds. auch für Mord **bedinger Vorsatz** (BGH NJW **68**, 40 660, OGH **3** 36, D-Tröndle 11, Lackner 4 b), und zwar sowohl bezüglich des Todeseintritts als auch der Mordqualifizierung, wie etwa bei gemeingefährlicher Tötung im Hinblick auf die Nichtkontrollierbarkeit des Tatmittels. *Auszunehmen* davon sind jedoch jene Mordmerkmale, die entweder gänzlich oder hinsichtlich einzelner Umstände eine bestimmte Zielsetzung voraussetzen, so bei Mordlust (BGH MDR/D **74**, 547) oder bei Verdeckungsabsicht, wofür zwar die bedingte Inkaufnahme des Todes genügt, der Tod jedoch gezielt als Mittel zur Verdeckung dienen muß (vgl. o. 35). In *zeitlicher* Hinsicht muß das erforderliche Bewußtsein – jedenfalls zeitweilig – *bei Tatbegehung*, also nicht nur während der Planungsphase, gegeben sein (vgl. o. 12).

VIII. Zur **Rechtfertigung** und **Entschuldigung** gilt grds. das gleiche wie bei Totschlag (vgl. 41 § 212 RN 6 ff.). Jedoch wird es jedenfalls bei mordqualifizierenden *Motiven* und *Absichten* idR am subjektiven Rechtfertigungs- bzw. Entschuldigungselement fehlen. Zu „übergesetzlicher Schuldminderung" vgl. u. 58.

IX. **Täter** des Mordes kann *jedermann* sein. Zur Straflosigkeit des *Selbstmords* sowie zum 42 täterschaftlichen Mord durch Veranlassung einer nichtfreiverantwortlichen Selbsttötung vgl. 33, 35 ff. vor § 211. Wer mit eigener Hand tötet, ist immer Täter, auch wenn er dies im Interesse eines anderen oder unter dessen Einfluß tut; der gegenteiligen früheren Rspr. (RG **74** 84, BGH **18** 87) ist durch § 25 I 1. Alt. der Boden entzogen (vgl. 58 vor § 25, Wessels II/1 S. 32). Für die *Tatbeteiligung mehrerer* gelten die allgemeinen Grundsätze (§§ 25 ff.). Dabei ist folgendes zu beachten:

1. **Mittäterschaftlicher** Mord setzt nicht unbedingt eigenhändiges Töten jedes Beteiligten 43 voraus; vielmehr kann nach allgemeinen Täterschaftskriterien bereits die Mitwirkung zu Vorbereitungshandlungen genügen (RG **63** 101, LZ **26**, 637). Ebensowenig steht der Annahme von Mittäterschaft entgegen, daß ungewiß ist, welcher der beiden Täter den tödlichen Schlag geführt hat (OGH **1** 111; vgl. aber auch BGH NJW **66**, 1823). Auch ist Mittäterschaft in der Weise denkbar, daß der eine wegen Mordes (etwa weil von niedrigen Beweggründen bestimmt), der andere lediglich des Totschlags schuldig ist (RG DR **44**, 147, Jähnke LK § 212 RN 6 sowie unter Aufgabe von BGH **6** 330 – wenngleich in gewissem Widerspruch zur Annahme von Selbständigkeit zwischen § 211 und § 212 [vgl. 5 vor § 211] – jetzt auch BGH **36** 231 m. Anm. Beulke NStZ 90, 278, Timpe JZ 90, 97; vgl. auch RG **44** 321). Zur Tötung in **mittelbarer** Täterschaft durch Erstattung einer Strafanzeige vgl. § 212 RN 9.

2. Die Bestrafung des **Teilnehmers** wegen Mordes ist unproblematisch dann, wenn er in 44 gleicher Weise wie der Haupttäter ein Mordmerkmal erfüllt, z. B. diesen aus eigenem Rassenhaß zu einer rassistisch motivierten Tötung anstiftet. Dagegen entstehen Schwierigkeiten bereits da, wo Täter und Teilnehmer verschiedene Mordmerkmale verwirklichen, z. B. der Gehilfe die vom Haupttäter aus Verdeckungsabsicht durchgeführte Tötung selbst nur zur Erlangung des Tatlohnes unterstützt (dazu näher u. 54). Noch schwieriger wird es dort, wo im Unterschied zu Mitbeteiligten ein *Beteiligter keinerlei Mordmerkmale* in eigener Person erfüllt. Ihm gegenüber ist schon nach allgemeinen *Vorsatz-* und Schuldgrundsätzen für eine Bestrafung wegen Mordes nur dann Raum, wenn er um die Mordqualifizierung des Mitbeteiligten weiß (§§ 15, 26, 27, 29; vgl. BGH NStZ/E **83**, 440, NJW **83**, 405, Horn SK 23, M-Schroeder I 45): Ist

etwa dem Gehilfen bei Aushändigung der Waffe unbekannt, daß das Opfer heimtückisch erschossen werden soll, so kann er schon mangels Mordvorsatzes nur nach §§ 212, 27 strafbar sein. Freilich sollten die Anforderungen an die Kenntnis des Gehilfen von der Mordqualifikation des Haupttäters auch nicht so überspannt werden, wie dies etwa hinsichtlich heimtückischer NS-Euthanasiemaßnahmen in BGH JZ 74, 511 (m. krit. Anm. Baumann und Kratzsch JR 75, 102) geschehen ist. Zu dem umgekehrten Fall, daß der Teilnehmer einen „überschießenden" Mordvorsatz hat, vgl. u. 50 ff. Weiß dagegen der eine von der Mordqualifizierung des anderen Tatbeteiligten, so stellt sich die Frage, ob und inwieweit dies auch dem persönlich qualifikationslos Handelnden nach allgemeinen *Akzessorietätsregeln* zugerechnet werden kann. Die Antwort darauf ist sowohl vom tatbestandlichen Verhältnis zwischen § 211 und § 212 wie auch vom täter- oder tatbezogenen Charakter der einzelnen Schuldmerkmale i. S. von § 28 abhängig. Dabei sind unter Berücksichtigung des unterschiedlichen Meinungsstandes vor allem folgende Fälle zu unterscheiden (vgl. auch das Schema bei Arzt/Weber I 46):

45 a) Während der **Haupttäter Mord** begeht, handelt der **Teilnehmer qualifikationslos**:

46 α) Auf dem Boden des **BGH**, wonach in § 211 ein gegenüber § 212 *selbständiger* Tatbestand zu erblicken ist (5 vor § 211), ist in einem solchen Fall zunächst danach zu fragen, ob das vom Haupttäter verwirklichte Merkmal ein tat- oder ein täterbezogenes darstellt (BGH NJW **82**, 2738; allg. zu dieser Differenzierung § 28 RN 10 ff.): Handelt es sich um ein *tatbezogenes* Merkmal, was insbes. bei gemeingefährlicher Tatausführung angenommen wird (BGH **22** 378), dann bleibt es wegen Nichtanwendbarkeit der §§ 28, 29 bei der *akzessorischen* Haftung des Teilnehmers aus dem vom Haupttäter verwirklichten Mordtatbestand (§§ 26, 27; vgl. § 28 RN 15). Handelt es sich dagegen um ein *täterbezogenes* Merkmal, wie etwa bei niedrigem Beweggrund (BGH **22** 378) oder Habgier (BGH MDR **82**, 339, NStZ **89**, 19), so ist der Weg frei für eine *Akzessorietätslockerung* nach § 28, wobei dessen Abs. 1 zum Zuge kommt (BGH NStZ **81**, 299, StV **84**, 69), da der BGH die Merkmale selbständiger Tatbestände kurzerhand mit strafbegründenden Merkmalen i. S. von **§ 28 I** gleichsetzt (BGH **22** 377, 381; vgl. aber dazu § 28 RN 23, Samson SK § 28 RN 23). Demzufolge ist zwar auch der Teilnehmer aus dem vom Haupttäter verwirklichten Mordtatbestand zu verurteilen, jedoch kommt ihm, da selbst qualifikationslos handelnd, die obligatorische Straf*milderung* nach § 28 I zugute (vgl. Eser NStZ 83, 440 f.).

47 Die danach wesentliche Frage, welche Merkmale des § 211 als tat- und welche als täterbezogene anzusehen sind, ist vom BGH allerdings noch nicht abschließend geklärt. Jedenfalls wird **Tatbezogenheit** bei den Merkmalen der Gruppe 2 angenommen (zu Heimtücke vgl. BGH **23**, 104, zur Grausamkeit BGH MDR/D **70**, 382, zur Gemeingefährlichkeit BGH **22** 378), während als **täterbezogen** die Motive der Gruppe 1 (vgl. BGH **22** 378, NStZ **81**, 299, **89**, 19, NJW **82**, 2738, StV **84**, 69; and. KG JR **69**, 63 m. abl. Anm. Koffka JR 69, 41), ebenso wie die Absichten der Gruppe 3 (BGH **23** 40, MDR/H **80**, 628, StV **84**, 69; vgl. auch BGH MDR/D **69**, 193 sowie Jakobs NJW 69, 489 ff.) erachtet werden.

48 β) Auch nach der **h. L.** verbleibt es bei streng akzessorischer Bestrafung des Teilnehmers nach dem vom Haupttäter verwirklichten Mordtatbestand, soweit dieser, wie bei Grausamkeit oder Gemeingefährlichkeit, durch ein eindeutig *tatbezogenes* Merkmal erfüllt ist (vgl. Horn SK 46). Hat dagegen der Haupttäter lediglich ein *täterbezogenes* Merkmal verwirklicht, so ist der qualifikationslose Teilnehmer lediglich aus dem Totschlagtatbestand zu bestrafen. Der dahin führende Weg ist allerdings umstritten: Während ein Teil der Lehre die als spezielle *Schuld*elemente zu begreifenden Mordmerkmale nach **§ 29** behandelt (so namentlich Jescheck 427, 597, Schmidhäuser I 278 f.; krit. dazu Herzberg ZStW 88, 70 ff.), ist nach der hier vertretenen Auffassung der Weg über **§ 28 II** zu gehen, da die Mordmerkmale nicht als strafbegründend, sondern lediglich als straf*schärfend* zu verstehen sind (vgl. 5 vor § 211) und § 28 II alle täterbezogenen Merkmale, ungeachtet ihrer Einordnung als Schuld- oder subjektive Unrechtsmerkmale, erfaßt (vgl. § 28 RN 7). Anders als nach BGH (o. 46) trifft daher den qualifikationslos handelnden Teilnehmer nicht nur eine gemilderte Mordstrafe, sondern kraft „Tatbestandsverschiebung" nach § 28 II von vorneherein nur die Totschlagsstrafe (ebenso Baumann NJW 69, 1280, D-Tröndle 14, Heine aaO 232 ff., Jähnke LK 65, Jakobs NJW 69, 492, Lackner 5, M-Schroeder I 46, Wessels II/1 S. 31 f.).

49 Strittig ist jedoch die *Einordnung* der Mordmerkmale als **tat-** oder **täterbezogen**: Während Lange sie allesamt als schuldsteigernd versteht und dementsprechend wohl nach § 29 behandeln will (LK^9 3, 17; vgl. auch Class NJW 49, 83), neigt die h. L. (insofern grds. übereinst. mit dem BGH o. 47) dazu, die Begehungsweisen der Gruppe 2 als tatbezogen und damit streng akzessorisch zu behandeln, die Motive und Absichten der Gruppen 1 und 3 hingegen als täterbezogen i. S. von § 28 II zu betrachten (vgl. u. a. M-Schroeder I 46, Welzel 285, Wessels II/1 S. 33). Dem ist im wesentlichen zuzustimmen, mit Ausnahme der Heimtücke, bei der im Hinblick auf die persönliche Vertrauensbeziehung (vgl. o. 26) die Täterbezogenheit überwiegen dürfte (i. E.

ebenso Herzberg ZStW 88, 105 ff., Langer Lange-FS 262; ähnl. hins. Heimtücke und Grausamkeit Roxin LK § 28 RN 49 f., Schünemann JA 80, 578). Demgegenüber will D-Tröndle RN 14 sogar die Habgier, die Befriedigung der Geschlechtslust, die Absichten der Gruppe 3 wie auch teils sogar die niedrigen Beweggründe (z. B. bei rassistischer Zielsetzung) als tatbezogen verstehen, wobei jedoch das in diesen Motiven und Absichten steckende personale Einstellungsmoment unterbewertet wird (vgl. auch Jakobs NJW 70, 1089).

b) Für den umgekehrten Fall, daß beim **Teilnehmer Mordmerkmale** vorliegen, während der **Haupttäter qualifikationslos** handelt, gilt folgendes: 50

α) Soweit es sich um ein **tatbezogenes** Merkmal handelt (o. 49), ist für eine Akzessorietätslockerung nach § 28 kein Raum, so daß Rspr. und Lehre insoweit wiederum zu gleichen Ergebnissen kommen (vgl. o. 46, 48): Wird etwa die als grausam angestiftete Tötung tatsächlich ohne übermäßige Schmerzzufügung ausgeführt, so ist der Anstifter akzessorisch nach §§ 212, 26 zu verurteilen, wobei allenfalls noch tateinheitlich versuchte Anstifung nach §§ 211, 30 (vgl. § 30 RN 39) oder im Hinblick auf seine grausame Absicht Strafschärfung nach § 212 II in Betracht käme (vgl. Horn SK 38). Dies ist sicher unbefriedigend in Fällen qualifizierter Beihilfe, da diese nicht über § 30 erfaßbar ist. Deshalb glaubte Schröder den Gehilfen, der das Gift unter der Vorspiegelung schmerzloser Wirkung liefert und davon profitieren würde, daß der Haupttäter mangels Grausamkeitsvorsatzes nur nach § 212 strafbar ist, unter entsprechender Anwendung mittelbarer Täterschaftsgrundsätze nach § 211 verurteilen zu sollen (17. A. RN 32; ähnl. Horn aaO zu heimtückischer Teilnahme an nicht-heimtückischer Haupttat). Dem steht zwar dort nichts im Wege, wo der Lieferant im Grunde nicht nur Gehilfe, sondern kraft seiner „Wissensherrschaft" sogar mittelbarer Täter wäre (vgl. § 25 RN 21 ff.). Soweit es dagegen an den allgemeinen Kriterien mittelbarer Täterschaft fehlt, wäre jener rechtspolitisch begrüßenswerte Vorschlag zwar nach Urheberschaftsgrundsätzen (vgl. 33 vor § 25) vertretbar gewesen, mit dem jetzt gesetzlich verankerten Akzessorietätssystem aber kaum vereinbar. 51

β) Zu gleicher akzessorischer Haftung des Teilnehmers aus dem vom Haupttäter verwirklichten § 212 muß die **Rspr.** auch bei **täterbezogenen** Merkmalen kommen. Denn da sie die Mordmerkmale als straf*begründend* versteht (o. 46), wird zwar deren Fehlen durch § 28 I straf*mildernd* honoriert, ihre Verwirklichung durch den Teilnehmer hingegen umgekehrt *nicht* straf*schärfend* berücksichtigt (vgl. § 28 RN 26, Eser II 182). Demzufolge profitiert der aus niedrigen Beweggründen handelnde Teilnehmer davon, daß dem Täter diese Motivation fehlt und er gleich diesem nur aus § 212 bestraft werden kann (BGH **1** 369; ebenso Busch LK[9] § 48 RN 31; zu Täterschaft aus § 211 aufgrund „Wissensherrschaft" vgl. Horn SK 26, aber auch o. 51). Doch wird hier im Hinblick auf die überschießende Motivation des Teilnehmers Strafschärfung nach § 212 II zu erwägen sein (vgl. BGH **1** 372). Dagegen dürfte für eine tateinheitliche Strafbarkeit nach §§ 211, 30 – anders als bei tatbezogenen Merkmalen (o. 51) – hier kein Raum sein; denn da nach § 28 I die beim Teilnehmer selbst vorhandenen strafbegründenden Merkmale unbeachtlich sein sollen (vgl. § 28 RN 26), muß der auf dieser gesetzgeberischen Wertentscheidung beruhende Strafschärfungsverzicht erst recht im Falle nur irriger Annahme strafbegründender Merkmale in der Person des Haupttäters gelten (vgl. auch § 30 RN 13). 52

γ) Demgegenüber gelangt die **h. L.** bei **täterbezogenen** Merkmalen zu befriedigenderen Ergebnissen, da sie – ebenso wie in der umgekehrten Fallkonstellation (o. 48) – auch hier § 28 II zur Anwendung bringen und dem Teilnehmer seine niedrigen Beweggründe durch Verurteilung aus dem strafverschärften § 211 selbst dann zur Last legen kann, wenn der qualifikationslos handelnde Täter nur nach § 212 strafbar ist (Baumann 611, Heine aaO 234, Horn SK 26, 62, M-Schroeder I 46 Welzel 285, Wessels II/1 S. 33 f.). 53

c) Soweit Täter und Teilnehmer zwar **nicht identische,** aber jeder ein mordqualifizierendes Merkmal in eigener Person verwirklicht und jeweils von der Qualifizierung des anderen weiß, ergibt sich für *tat*bezogene Merkmale die Strafbarkeit beider nach § 211 bereits aus allgemeinen Akzessorietätsgrundsätzen (vgl. o. 46 bzw. 48), so etwa wenn das vom Gehilfen gelieferte schmerzsteigernde Gift auf gemeingefährliche Weise eingesetzt wird. Gleiche Akzessorietätsgrundsätze gelten für den Fall, daß der Teilnehmer aus *täter*bezogen aus niedrigen Beweggründen, der Täter hingegen *tat*bezogen grausam tötet. Dagegen stößt der umgekehrte Fall bereits auf Schwierigkeiten: Liefert der Gehilfe ein an sich gemeingefährliches Mittel, das jedoch vom Täter unter Ausschaltung von Gefahren für andere, aber aus Mordlust eingesetzt wird, so scheint zwar die Rspr. akzessorisch aus § 211 verurteilen zu wollen und die für den Teilnehmer bei Fehlen eines täterbezogenen Merkmals zu § 28 I vorgesehene Strafmilderung darauf zu versagen, daß er selbst ein anderes Mordmerkmal verwirklicht hat (vgl. BGH 1 StR 18/63 b. D-Tröndle RN 14). Ob jedoch auf gleiche Weise auch die sich für die Lehre ergebende Tatbestandsverschiebung nach § 28 II (vgl. o. 48) abgeblockt werden kann, ist zweifelhaft. Vor ähnlichen Schwierigkeiten steht die Rspr. bei unterschiedlichen *täter*bezogenen Merkmalen, da auch in diesem Fall dem Teilnehmer, der nicht von gleichen Beweggründen motiviert wird wie der Täter, an sich die Strafmilderung von § 28 I zugute kommen müßte, während 54 die Lehre in diesem Falle eine Verurteilung beider aus § 211 zwanglos über § 28 II erreichen kann (vgl. Horn SK 27, Wessels II/1 S. 34. Der BGH versucht diese Schwierigkeiten dadurch zu überwinden, daß er bei täterbezogenen Merkmalen dem Teilnehmer die Strafmilderung nach § 28 I jedenfalls dann versagt, wenn dieser zwar nicht mit der Verdeckungsabsicht des Täters, wohl aber aus einem „gleichartigen" niedrigen Beweggrund Beihilfe leistet (BGH **23** 39). Obgleich solche **„gekreuzten" Mordmerkmale** dogmatisch nicht unproblematisch sind (vgl. insbes. Arzt JZ 73, 681 ff., M-Schroeder I 46), ist ihre Zielsetzung schwerlich zu mißbilligen (zust. insbes. Jakobs NJW 70, 1089, Jescheck 598, Horn SK § 211 RN 27). Würde man sie auf jegliche Art von Mordkombinationen ausdehnen, so ließen sich vielleicht auch manche anderen Ungereimtheiten des wenig glücklichen Mordtatbestandes entschärfen.

55 d) Im übrigen muß für die **Gesamtwürdigung** der Tat auch zugunsten des Teilnehmers gelten, was dem Täter zugebilligt wird: Läßt man nach den o. 10 erörterten Grundsätzen eine „negative Typenkorrektur" zu, so ist der Tatbeitrag des Teilnehmers ebenso wie der des Haupttäters umfassend dahingehend zu bewerten, ob es sich um einen Fall handelt, in dem die indizielle Bedeutung der Mordmerkmale zu einer Verurteilung aus § 211 führen kann, oder ob mildernde Umstände diese Indizwirkung widerlegen und daher nur eine Verurteilung aus § 212 angebracht erscheint. Jedenfalls wäre es nicht folgerichtig anzunehmen, für den Täter könne trotz eines Mordmerkmals nur Totschlag in Betracht kommen, während bei der Teilnahme reine Akzessorietätsregeln anzuwenden seien.

56 **X. Versuch** (§ 23 I 1. Alt.) ist sowohl dadurch möglich, daß der Tod des Opfers ausbleibt, wie auch dadurch, daß der Täter irrig das Vorliegen eines objektiven mordqualifizierenden Umstandes, z. B. die Vertrauensseligkeit eines bereits abwehrbereiten Opfers (Heimtücke) oder die Nichtkontrollierbarkeit eines in Wirklichkeit begrenzt wirkenden Mittels annimmt (vgl. Horn SK RN 34, 44, M-Schroeder I 47). Zum Versuchs*beginn* vgl. § 212 RN 10, zum Zusammentreffen mit *vollendetem* Totschlag § 212 RN 14.

57 **XI. 1.** Als **Strafe** ist **absolut lebenslange Freiheitsstrafe** angedroht (zu ihrer verfassungsrechtlichen und rechtspolitischen Problematik vgl. § 38 RN 2 f. sowie § 57a mwN; kriminol. vgl. Kerner ZStW 98, 874 ff., Meier aaO). Jedoch ist ihre Absolutheit dadurch **eingeschränkt,** daß nach GSSt BGH **30** 105 bei Vorliegen **außergewöhnlicher schuldmindernder Umstände,** aufgrund welcher die Verhängung lebenslanger Freiheitsstrafe als unverhältnismäßig erscheint, der **Strafrahmen des § 49 I Nr. 1** anzuwenden ist (vgl. o. 10a sowie zur Kritik 10b), wie *beispielsweise* bei Taten, die durch eine notstandsnahe, ausweglos erscheinende Situation, durch große Verzweiflung oder tiefes Mitleid motiviert oder aus „gerechtem Zorn" aufgrund einer schweren Provokation begangen werden, ferner bei Taten, die in einem vom Opfer verursachten und ständig neuangefachten, zermürbenden Konflikt oder in schweren, immer wieder zu heftiger Gemütsbewegung führenden Kränkungen des Täters durch das Opfer ihren Grund haben (i. gl. S. die bereits für die Privilegierbarkeit als bloßer „Totschlag" vorgeschlagenen Faktoren bei Eser DJT-Gutachten D 126 ff., 201 mwN). Damit war jedoch nicht allgemein die Einführung eines Sonderstrafrahmens für minderschwere Fälle beabsichtigt (BGH NJW **83**, 54, NStZ **84**, 20) und zudem in erster Linie nur an die Abwendung lebenslanger Freiheitsstrafe bei Heimtücke gedacht (vgl. Rengier NStZ 82, 227, 230), ohne aber offenbar damit – bei aller gebotenen Differenzierung – die Erstreckung auf andere Mordmerkmale völlig ausschließen zu wollen (vgl. bzgl. Verdeckungsabsicht BGH **35** 127, NStZ/E **83**, 439 zu FN 192, NStZ **84**, 454 sowie Heine aaO 188 f., Horn SK 66). Zudem versucht der BGH möglichen Ausuferungen auf zweifache Weise entgegenzuwirken: Zum einen dadurch, daß der Weg zu § 49 überhaupt nur in außergewöhnlichen „Grenzfällen" offen sein soll (BGH NStZ **82**, 69, **83**, 553), in denen nicht bereits durch restriktive Tatbestandsauslegung das Mordmerkmal ausschließbar bzw. lebenslange Freiheitsstrafe nicht schon durch Ausschöpfung sonstiger gesetzlicher Strafmilderungsmöglichkeiten (wie vor allem nach §§ 21, 23 II, 35 II) vermeidbar ist (BGH NStZ **84**, 454, NJW **83**, 54, 2456 m. Anm. Rengier NStZ **84**, 21; Spendel StV 84, 45). Zum anderen sei ein strenger Maßstab an die berücksichtigungsfähigen Umstände anzulegen; denn obgleich die nach BGH **30** 119 als „außergewöhnlich" in Betracht kommenden Umstände weithin dem Anwendungsfeld des § 213 entsprechen, soll nicht jeder Entlastungsfaktor, der zu einem minderschweren Totschlag führen würde, bei Vorliegen eines Mordmerkmals den Weg zu § 49 eröffnen können (BGH NJW **83**, 54, 56; mit solcher Tendenz aber Rengier MDR 1980, 3, NStZ 82, 226: Umfeld der §§ 213, 216, 217), sondern nur bei solchen Schuldminderungsfaktoren, die – unter einer Gesamtwürdigung des Tatgeschehens und der Täterpersönlichkeit (BGH NStZ **83**, 554, **84**, 20) – in ihrer Gewichtung gesetzlichen Milderungsgründen (wie etwa den §§ 21, 35) vergleichbar sind (BGH NJW **83**, 54, NStZ **82**, 69, **84**, 20). Weitere Nachw. u. Bsp. b. Eser NStZ 83, 438 f. u. Müller NStZ 85, 159. Zur Konkretisierung derartiger Grenzfälle vgl. Günther JR 85, 268 ff., der bei qualifizierten Defensivnotlagen eine teilrechtfertigungsbedingte Unrechtsminderung sieht, die einer

Totschlag 1–3 **§ 212**

Ahndung der Tötung als Mord entgegenstehe. Vgl. zum Ganzen auch Montenbruck, Strafrahmen u. Strafzumessung, 1983, insbes. 127 ff.

2. Im übrigen ist natürlich auch bei § 211 Strafmilderung nach **besonderen gesetzlichen** 58 **Milderungsgründen** (wie insbes. nach §§ 21, 23) nicht ausgeschlossen, andererseits aber auch nicht zwingend (vgl. BVerfGE NJW **79**, 207 zu § 21, LG Frankfurt NJW **80**, 1402 zu § 23). Besteht indes allein die Wahl zwischen lebenslanger und zeitiger Freiheitsstrafe, dann müssen besonders erschwerende Gründe vorliegen, um nicht von der Strafmilderung des § 21 Gebrauch zu machen (BGH StV **90**, 157). Für einen *„übergesetzlichen Schuldminderungsgrund"* bei staatlich angeordneten Verbrechen, wie er von LG Hamburg NJW **76**, 1756 m. Anm. Hanack angenommen, von BVerfGE **54**, 100 und BGH NJW **77**, 1544, **78**, 1336 hingegen verneint wurde, dürfte nunmehr – ganz ungeachtet seiner grundsätzlichen Fragwürdigkeit (dazu 126a vor § 32) – durch Einräumung von § 49 I Nr. 1 das praktische Bedürfnis entfallen sein.

3. Zur Möglichkeit freiwilliger **Kastration** bei Mord aufgrund abnormen Geschlechtstriebs vgl. 59 das KastrG (§ 223 RN 53 ff.).

XII. **Konkurrenzen:** Zwischen **Totschlag** und anschließendem versuchten Mord an demsel- 60 ben Opfer ist Fortsetzungszusammenhang möglich (für Tatmehrheit hingegen BGH **8** 220, wo jedoch der Hinweis auf BGH **7** 287 nicht zieht, da dort fahrlässige Tötung vorlag, mit der versuchte vorsätzliche Tötung nicht in Fortsetzungszusammenhang stehen kann). Umgekehrt ist auch Tateinheit zwischen versuchtem Totschlag und Mord mit Verdeckungsabsicht denkbar (BGH MDR/D **74**, 366). Dagegen tritt Mordversuch hinter der Vollendung als subsidiär zurück (and. OGH **2** 357; vgl. auch 44 f. vor § 52). Über das Verhältnis zu **sonstigen Tatbeständen** vgl. § 212 RN 14 ff.

§ 212 Totschlag

(1) **Wer einen Menschen tötet, ohne Mörder zu sein, wird als Totschläger mit Freiheitsstrafe nicht unter fünf Jahren bestraft.**

(2) **In besonders schweren Fällen ist auf lebenslange Freiheitsstrafe zu erkennen.**

Schrifttum: Vgl. die Angaben vor und zu § 211, ferner: *Jakobs,* Die Konkurrenz von Tötungsdelikten mit Körperverletzungsdelikten, 1967. – *R. Schmitt,* Vorsätzliche Tötung und vorsätzliche Körperverletzung, JZ 62, 389. – *Schroth,* Die Rspr. des BGH zum Tötungsvorsatz in der Form des „dolus eventualis", NStZ 90, 324.

I. Der Tatbestand des **Totschlags** bildet als „Normalfall" vorsätzlicher Tötung das **Grunddelikt** für 1 den qualifizierten Mord (§ 211) einerseits sowie für die privilegierte Tötung auf Verlangen (§ 216) und die Kindestötung (§ 217) andererseits (vgl. 3 ff. vor § 211). Der Zusatz „ohne Mörder zu sein" (Abs. 1) ist heute ohne sachliche Bedeutung (vgl. 6 vor § 211) und zudem irreführend, da es andererseits auch einer Abgrenzung gegenüber §§ 216, 217 bedürfte (D-Tröndle 1). Rechtspolitisch dazu Eser DJT-Gutachten D 97 ff.

II. **Schutzobjekt** ist ein **anderer Mensch;** dazu 12 ff., 33 vor § 211. 2

III. Die **Tathandlung** des **Tötens** besteht in der Verursachung des Todes, und zwar gleich, 3 ob durch Lebensverkürzung eines an sich gesunden Menschen oder durch Sterbensbeschleunigung bei einem bereits Kranken oder gar Moribunden (BGH **21** 61, Jähnke LK 3); ebenso ist gleichgültig, ob das Leben durch Beschleunigung des Todeseintritts nur um eine *geringe Zeitspanne* verkürzt wurde (vgl. BGH NJW **63**, 1366, **87**, 1092, NStZ **81**, 218 m. Anm. Wolfslast, NStZ **85**, 27, StV **86**, 59, 200, Bay NJW **73**, 565, aber auch Sax JZ 75, 142, 147 ff., Wachsmuth/Schreiber NJW **82**, 2097). Ebensowenig kommt es hinsichtlich des *Mittels* darauf an, ob die Lebensverkürzung durch physische Einwirkung (Erschlagen, Erschießen, Vergiften) oder durch psychische Einflußnahme (Erregung eines tödlichen Schocks, Schwächung der Lebenskräfte durch Entmutigung) bewirkt wird. Auch durch HIV-Infizierung (dazu 223 RN 6a) kommt grds. Totschlag in Betracht (vgl. BGH **36** 15 f., 267, LG Nürnberg NJW **88**, 2311, Bottke AIFO **88**, 630 ff.; **89**, 473 ff., Herzberg JZ 89, 478 ff., Lackner 3a cc vor § 211, Rengier Jura 89, 229 ff.), wobei insbes. auch die Zurechenbarkeit nicht etwa schon dadurch ausgeschlossen wird, daß der Tod erst nach vielen Jahren oder nur infolge eines zunächst nur latenten Risikos eines vollen Ausbruchs der AIDS-Erkrankung eintritt (vgl. Bottke AIFO **88**, 635; **89**, 474, Frisch JuS 90, 365; and. Schünemann in Schünemann/Pfeiffer aaO 483 ff., JR 89, 91 f.). Dagegen wird man den Nachweis von zumindest bedingtem Vorsatz nicht schon damit begründen können, daß sich der Täter des HIV-Infektionsrisikos bewußt war, weil dies nicht ausschließt, dennoch auf das Nichtausbrechen der erst letztlich tödlichen AIDS-Erkrankung vertraut zu haben (vgl. BGH **36** 10 ff., 267; vgl. auch Frisch JuS 90, 366 f., Lackner mwN). Solche Bedenken bestehen um so mehr gegenüber der Annahme von versuchtem Totschlag

Eser 1539

§ 212   4–9   Bes. Teil. Straftaten gegen das Leben

allein aufgrund des Einlassens auf ungeschützten Sexualverkehr eines HIV-Infizierten (vgl. BayObLG NJW **90**, 121, LG Kempten NJW **89**, 2068 sowie zum Ganzen auch § 223 RN 6a). Zur Todesverursachung durch Verschaffen von Drogen vgl. Schäfer Middendorff-FS 244 ff. Zu

4 *mittelbarer* Tötung durch Veranlassen eines unfreien Suizids vgl. 37 vor § 211 sowie u. 9. Tötung ist auch durch **Unterlassen** begehbar, wie etwa durch Verhungern- oder Verkommenlassen eines Pflegebefohlenen (vgl. RG **69** 321, BGH MDR/D **74**, 14), durch Nichthinderung einer Kindestötung der Mutter durch den Erzeuger (vgl. RG **66** 71), durch Beteiligung an einer gemeinschaftl. verübten rechtswidrigen Körperverletzung (BGH NStZ **85**, 24), durch Geschehenlassen eines unfreien Suizids durch einen Angehörigen (dazu 40 vor § 211) oder durch Unterlassen möglicher und erfolgversprechender Rettungsmaßnahmen bei einem Unfallverletzten. Zum Sterbenlassen von Moribunden vgl. 27 ff. vor § 211. Zur Eigenverantwortlichkeit staatlicher Organe angesichts terroristischer Lebensbedrohungen vgl. BVerfG NJW **77**, 2255 (Fall Schleyer).

5 **IV.** Für den **subjektiven Tatbestand** ist **Vorsatz** erforderlich, der sich insbes. auf die den Tod herbeiführende Handlung beziehen muß (BGH StV **86**, 59 [m. Anm. Arzt ebda. 338], 200). Dafür genügt zwar kein dolus subsequens (vgl. BGH JZ **83**, 864 m. Anm. Hruschka, ferner BGH NStZ **84**, 214, StV **86**, 59), wohl aber – über *direkten* hinaus (dazu BGH NStE Nr. **9, 13**) – auch *bedingter* Vorsatz (vgl. BGH NJW **68**, 660, NStZ **81**, 22 m. Anm. Köhler JZ 81, 35, VRS **63** 119, 453, aber auch BGH NStZ/E **81**, 430, VRS **62** 120, NStZ/E **83**, 365). Auf letzteres kann aber nicht ohne weiteres schon aus der Inkaufnahme einer Gefährdung geschlossen werden (BGH MDR/H **81**, 630, **85**, 794, NJW **83**, 2268, **89**, 3027, NStZ **82**, 506; **84**, 19, VRS **64** 112, 191, DRiZ/H **83**, 485, StV **82**, 509, **84**, 187, NStZ/E **84**, 49 f., StV **86**, 198, NStE Nr. **8** sowie spez. zum Hineinfahren in Fußgängergruppe JA **89**, 64 m. Anm. Sonnen, JZ **90**, 297 m. Anm. Joerden). Selbst wenn eine Handlung generell geeignet ist, tödliche Verletzungen herbeizuführen, bleibt daher eine sorgfältige Prüfung der inneren Voraussetzungen unentbehrlich (BGH NStZ **86**, 550, NStZ/M–G **86**, 49 f. mwN). So liegt zwar bei äußerst gefährlichen Gewalthandlungen, wie z.B. zahlreichen Hammerschlägen gegen den Kopf des Opfers, die Annahme von Eventualtötungsvorsatz nahe, ohne daß es aber einen derartigen Erfahrungssatz gibt (BGH NStZ **86**, 550; vgl. auch BGH NStE Nr. **17, 19**). Dabei kann etwa schon ein unkontrollierter Gefühlsausbruch im Vorfeld der §§ 20, 21 der Inkaufnahme des Todes entgegenstehen (BGH StV **87**, 92; vgl. auch BGH NStZ **88**, 360, 361). Auch bei spontanen, affektiven Tötungshandlungen kann aus dem Wissen um einen möglichen Erfolgseintritt nicht ohne weiteres auf das Vorliegen des voluntativen Vorsatzelements geschlossen werden (BGH NStZ **88**, 175; vgl. auch BGH NStE Nr. **10, 11, 16**). Wichtige Rückschlüsse können sich dabei aus der Motivation (BGH NStE Nr. **5**) bzw. aus dem Nachtatverhalten ergeben (BGH StV **88**, 93 m. Anm. Sessar). Vgl. zum Ganzen auch Schroth NStZ 90, 324 ff. Spez. zu bedingtem Tötungsvorsatz bei AIDS-Infizierungen und Drogenverabreichung vgl. die diesbezgl. Nachw. o. 3. Zu Schmerzlinderungsmaßnahmen mit bedingt vorsätzlichem Lebensverkürzungsrisiko vgl. 26 vor § 211. Über das Verhältnis zum Körperverletzungsvorsatz vgl. u. 17 ff. Zu Tötungsfällen mit dolus generalis vgl. § 15 RN 57. Zum Vorsatzausschluß bei Beeinträchtigung der Schuldfähigkeit vgl. BGH MDR/H **83**, 794, NStZ/E **84**, 50 mwN.

6 **V.** Eine **Rechtfertigung** der Tötung kann jedenfalls nicht auf *Einwilligung* gestützt werden (vgl. § 216 RN 13). Auch *rechtfertigender Notstand* scheidet grds. selbst dort aus, wo Leben gegen Leben steht (vgl. § 34 RN 23 f., Küper JuS 81, 785 ff., aber auch 25 f. vor § 211). Zur Rechtferti-
7 gung der Tötung eines in der Geburt befindlichen Kindes (Perforation) vgl. 34 vor § 218. Im übrigen ist als Rechtfertigungsgrund vor allem die *Notwehr* von Bedeutung (vgl. § 32 RN 38 f.). Zu deren (umstrittener) Einschränkung durch die MRK vgl. 24 vor und 62 zu § 32, aber auch Schroeder Maurach-FS 127 ff. Die Befugnis der Sicherheitsorgane, zur Durchführung von Festnahmen notfalls den Verbrecher zu töten, ist durch Art. 2 II b MRK ausdrücklich vorbehalten. Zum Recht der Verfolgungsorgane zum *Schußwaffengebrauch*, insbes. auch gegenüber Fliehenden, vgl. 85 vor sowie 42 f. zu § 32. Bei Ausübung eines *Amtsrechts* soll das Einschreiten auch dann gerechtfertigt sein, wenn der Täter sich über die tatsächliche Lage geirrt hat, jedoch aufgrund pflichtgemäßer Prüfung ein Einschreiten für erforderlich halten konnte (RG **72** 311; vgl. aber dazu auch 19, 83 ff. vor § 32). Zur Rechtfertigung der Tötung im *Kriege* vgl. BGH **23** 103, ferner Berber, Völkerrecht II (1969) 57 ff., Jähnke LK 16 ff., M-Schroeder I 30 mwN, Schwenck-Lange-FS 97 ff. Die Rechtfertigung einer *Todesstrafe* ist heute durch Art. 102 GG ausgeschlossen (vgl. 27 vor § 38). Zum Fall einer rechtswidrigen Tötung durch Gerichtsurteil vgl. BGH **9** 302, ferner u. 9.

8 **VI.** Von **Entschuldigungsgründen** sind namentlich *entschuldigender Notstand* (§ 35, vgl. dort insbes. 33) und Pflichtenkollision (115 ff. vor § 32) hervorzuheben. Zu einem Fall von Dauernotstand vgl. RG **60** 318; zu einem „übergesetzlichen Schuldmilderungsgrund" bei staatlich angeordneten Verbrechen vgl. LG Hamburg NJW **76**, 1756 m. Anm. Hanack; dazu § 211 RN 58.

9 **VII.** Für **Täterschaft und Teilnahme** gelten die allgemeinen Grundsätze (§§ 25 ff.). Von zwei *Mittätern* einer Tötung kann der eine des Totschlags, der andere des Mordes schuldig sein (vgl.

§ 211 RN 43). *Mittelbare* Täterschaft ist insbes. auch durch falschverdächtigende Denunziation möglich (vgl. BGH 3 4), bei inhaltlich wahren Anzeigen dann, wenn unter den gegebenen Umständen mit einem rechtswidrigen oder unverhältnismäßigen Todesurteil zu rechnen ist (vgl. BGH 3 110, 4 66, M-Schroeder I 28, Schweiger NJW 52, 1200). Zur Abgrenzung mittelbarer Tötungstäterschaft von strafloser Selbsttötungsteilnahme vgl. 37 f. vor § 211.

VIII. Der **Versuch** ist strafbar (§ 23 I 1. Alt.). Zum Versuchs*beginn* vgl. § 22 RN 39, 44 mwN. 10

IX. 1. Als **Regelstrafe** ist Freiheitsstrafe nicht unter 5 Jahren bis zum Höchstmaß von 15 Jahren 11 (§ 38 II) angedroht. In der Absichtlichkeit der Tötung liegt nicht ohne weiteres ein Strafschärfungsgrund (BGH NJW **81**, 2204 m. Anm. Bruns JR **81**, 513, NStZ **82**, 116, MDR/H **84**, 276); zu weiteren Strafzumessungsproblemen vgl. Eser NStZ **84**, 58 mwN. Die Möglichkeit freiwilliger **Kastration** bei zu befürchtenden Tötungen aufgrund eines abnormen Geschlechtstriebes läßt sich zwar unmittelbar aus § 2 II KastrG begründen, wohl aber mittelbar über die dort angeführten und dem § 212 vorgelagerten §§ 223 ff. (vgl. § 223 RN 55 f.).

2. Strafschärfend ist in **besonders schweren Fällen** (allg. dazu 47 vor § 38) auf lebenslange Freiheitsstrafe zu erkennen (**Abs. 2**; zu dessen – neuerdings wieder von Strangas RechtsTh **85**, 485 bezweifelten – Vereinbarkeit mit Art. 103 I GG vgl. BVerfG JR **79**, 28 m. krit. Anm. Bruns, BGH NJW **82**, 2265). Da damit die Totschlagsstrafe mit der des Mordes gleichzieht, ist die Unterscheidung zwischen den beiden Tatbeständen weitgehend wieder aufgehoben. Dennoch könnte man auch seit Abschaffung der Todesstrafe den Abs. 2 nur dann als obsolet (so Schröder 17. A. RN 9) ansehen, wenn § 211 nicht nur einengende sondern auch ausweitende Tatbestandskorrekturen zuließe (dazu § 211 RN 7 ff.). Diese Lücke kann dadurch geschlossen werden, daß ein Totschlag, der zwar keines der Mordkriterien erfüllt, seinem gesamten Unrechts- und Schuldgehalt nach jedoch der Verwerflichkeit eines Mordes gleichkommt, nach Abs. 2 verschärft wird (vgl. BGH StV **87**, 296, OGH DRZ **49**, 525, ferner Oske MDR 68, 811, Warnken NJW 69, 687), so insbes. bei einem überlegten oder besonders brutal ausgeführten Totschlag (vgl. LG Berlin MDR **67**, 511), bei grausamen Mißhandlungen vor dem endgültigen Tötungsentschluß (vgl. BGH NJW **86**, 266), bei einer „niedrigen Beweggründen sehr nahegekommen" und „hinrichtungsähnlichen Bluttat" (BGH MDR/H **77**, 638; vgl. auch Nürnberg NStZ **82**, 510) oder wenn zur Ermöglichung oder Verdeckung eines Tötung noch ein weiteres Tötungsverbrechen eingeplant war (BGH NJW **82**, 2264 m. Anm. Bruns JR **83**, 28; vgl. auch Eser NStZ **84**, 51 mwN). Dabei darf jedoch das Fehlen einer subjektiven Mordkomponente nicht einfach durch Annahme von § 212 II unterlaufen werden (BGH NStZ **81**, 258, NStZ **84**, 312). Deshalb muß auch das Zurückbleiben hinter einem (nicht voll verwirklichten) Mordmerkmal durch zusätzliche (Unrechts- bzw.) Schuldsteigerungsfaktoren ausgeglichen werden (vgl. BGH NJW **81**, 2310, **82**, 2265, Bruns JR **79**, 30, MDR **82**, 65). Bei *verminderter Schuldfähigkeit* (§ 21) scheint inzwischen auch der BGH einen schweren Fall grds. ausschließen zu wollen (vgl. BGH StV **87**, 296 sowie mwN Eser NStZ **81**, 430, Horn SK 37). Im übrigen ist die gegenüber der Verhängung lebenslanger Freiheitsstrafe bei § 211 zu beachtende *Verhältnismäßigkeitsgrenze* (vgl. dort 10 a, 57) auch gegenüber der Annahme eines besonders schweren Falles nach § 212 II entsprechend zu berücksichtigen (BGH NJW **81**, 2311). Daher kann vor allem dann, wenn das Tatgeschehen einem Milderungsfall nach § 213 nahekommt, die Annahme eines besonders schweren Falles ausgeschlossen sein (vgl. BGH aaO).

3. Zu Strafmilderung in **minderschweren Fällen** vgl. § 213, ferner § 211 RN 58. 13

X. **Konkurrenzen:** 1. Als *allgemeines* Delikt tritt § 212 sowohl hinter den Privilegierungen der 14 §§ 216, 217 wie auch hinter der Qualifizierung des § 211 zurück, es sei denn, daß letzterer nur zum Versuch kommt. Über das Verhältnis zu § 213 vgl. dort 2. Gleichartige *Idealkonkurrenz* von § 212 ist bei Herbeiführung des Todes durch dieselbe Handlung (z. B. durch Sprengstoffanschlag) sowie bei mehreren Akten aufgrund des gleichen Entschlusses (vgl. BGH JZ **77**, 609, aber auch StV **81**, 396, NStZ **84**, 311, JZ **85**, 250), nicht dagegen aufgrund bloßen Fortsetzungszusammenhanges anzunehmen (vgl. 44 vor § 52; and. Horn SK 27). Auch mit § 220 a ist wegen unterschiedlichen Schutzgutes (vgl. dort 2) Idealkonkurrenz möglich.

2. Mit den durch **Todeseintritt qualifizierten Tatbeständen** (z. B. §§ 176 ff., 226, 251) soll Ideal- 15 konkurrenz möglich sein (RG **31** 202, JW **33**, 2059 m. Anm. Gallas, RG HRR **39** Nr. 122; nach OGH **1** 363 Realkonkurrenz). Dies ist jedoch nur bei den „unechten" erfolgsqualifizierten Delikten annehmbar (vgl. § 18 RN 6), nicht dagegen bei den „echten" (wie z. B. §§ 221 III, 226), da sich bei ihnen vorsätzliche und fahrlässige Erfolgsherbeiführung ausschließen (ebenso Horn SK 28).

3. Zwischen **fahrlässiger** und *versuchter* vorsätzlicher Tötung ist Realkonkurrenz denkbar, z. B. 16 wenn der Täter den tödlich Verwundeten nach einem Verkehrsunfall in der Meinung liegen läßt, er sei noch am Leben (vgl. BGH **7** 287, VRS **17** 191). Dagegen tritt § 222 hinter die *vollendete* Tötung als subsidiär zurück.

4. Besondere Probleme stellen sich im **Verhältnis von Tötung und Körperverletzung.** Herkömm- 17 lich wurde dies meist als *Vorsatz*problem gesehen, obgleich sich darin an sich nur das objektive Tatbestandsverhältnis widerspiegelt (vgl. § 15 RN 40, Hirsch LK 14 vor § 223, Jakobs aaO 119 ff.): Nach der sog. „*Gegensatztheorie*" soll der Tötungsvorsatz schon begrifflich das gleichzeitige Vorlie-

gen eines bloßen Körperverletzungsvorsatzes ausschließen (RG 61 375, OGH 1 263, 3 58; vgl. auch Arzt/Weber I 97f., Welzel v. Weber-FS 242). Daher stelle sich hier ein Konkurrenzproblem überhaupt nur dann, wenn eine mit Körperverletzungsvorsatz begonnene Tat mit Tötungsvorsatz fortgesetzt wird (z. B. so für Idealkonkurrenz von § 212 mit § 229 RG 42 214; vgl. auch Oldenburg NdsRpfl. 48, 69, aber auch RG 67 367, wonach die §§ 223, 223a in der späteren Tötung „aufgehen"). Nach einer *eingeschränkten* Auffassung sollen aber immerhin direkter Körperverletzungs- und *bedingter* Tötungsvorsatz ideell konkurrieren können (RG 25 321, 62 8, Kiel MDR 47, 70, Frank V vor § 211, D-Tröndle § 211 RN 16). Beide Auffassungen können jedoch nicht befriedigen: Die erste vermag zwar Diskrepanzen zwischen privilegierten Tötungen (§§ 216, 217) einerseits und qualifizierten Körperverletzungen (§§ 224, 225, 229) andererseits auszuschließen (vgl. Hirsch LK 16 vor § 223, Welzel 282, v. Weber-FS 244; so i. E. auch der u. 25 vertretene Weg); jedoch hat sie beim Rücktritt vom Tötungsversuch keine Möglichkeit, wegen Vorsatzverneinung eine bereits voll verwirklichte Körperverletzung zu erfassen. Andererseits muß die zweite Auffassung bei Rücktritt vom Tötungsversuch zu einer ungerechtfertigten Privilegierung desjenigen führen, der mit unbedingtem Tötungsvorsatz gehandelt hat, während bei nur bedingtem Tötungsvorsatz auf die strafbar verbleibende Körperverletzung zurückgegriffen werden kann. Beides wird zwar durch die heute insbes. in die Rspr. vorherrschende *„Einheitstheorie"* vermieden, wonach im Tötungsvorsatz stets ein Körperverletzungsvorsatz eingeschlossen ist und die §§ 223ff. deshalb nur als subsidiär auf Konkurrenzebene zurücktreten (vgl. BGH 16 122, NJW 62, 115, Blei II 18, Lackner 6b; vgl. auch RG 28 212, 44 223), und zwar gleichgültig, ob der Täter mit bedingtem oder unbedingtem Tötungsvorsatz gehandelt hat (vgl. BGH 21 265 m. Anm. Schröder JZ 67, 709). Da jedoch dabei der Blick auf die subjektive Tatseite beschränkt bleibt, verschließt sich dieser Auffassung die Möglichkeit, bei fehlgeschlagenem Tötungsversuch den bei immerhin vollendeter Körperverletzung verwirklichten Erfolgsunwert durch Idealkonkurrenz zwischen §§ 223ff. und §§ 212ff., 22 sachgerecht zu erfassen (vgl. u. 23; krit. insoweit auch Lange LK[9] 17, Schröder JR 69, 265, Welzel 282; vgl. auch D-Tröndle § 211 RN 16; dagegen für Subsidiarität der §§ 223ff. selbst unter Berücksichtigung des objektiven Erfolgsunwerts Hirsch LK 18 vor § 223, ZStW 81, 929f., Horn SK 32). Eingehend zum Ganzen Jakobs aaO. Befriedigende Lösungen dürften daher nur durch eine **differenzierende** Betrachtung zu erlangen sein:

18 a) Dabei ist zunächst bei den *objektiven* Tatbestandsverhältnissen im Falle **vollendeter Tötung** anzusetzen und jedenfalls insoweit i. S. der „Einheitstheorie" (o. 17) davon auszugehen, daß jede vollendete (aber nicht jede versuchte) Tötung objektiv eine Körperverletzung als notwendiges Durchgangsstadium voraussetzt, weshalb auch subjektiv im Tötungsvorsatz stets der einer Körperverletzung zumindest in Form von Mitbewußtsein (vgl. § 15 RN 52) eingeschlossen ist (vgl. aber auch u. 19). Mit der Tötung konkurriert deshalb auch immer eine **Körperverletzung,** die jedoch hinter jener als **subsidiär** zurücktritt, weil und soweit ihr Unwertgehalt in dem der Tötung bereits mitenthalten ist.

19 aa) Dies gilt auch dann, wenn der Täter im Rahmen einer „natürlichen Handlungseinheit" (dazu 23 vor § 52) *zunächst nur mit Körperverletzungsvorsatz* und erst dann mit Tötungsvorsatz gehandelt hat (vgl. RG 67 367, BGH MDR/D 69, 902, 74, 366, Hirsch LK 20 vor § 223, Horn SK 34, Lackner 6b; and. RG 42 214, D-Tröndle § 211 RN 16; vgl. aber auch u. 20) oder der Tod auf besonders schmerzhafte oder intensiv verletzende Weise herbeigeführt wird, da derart erschwerte Tötungen von § 211 (grausam) oder § 212 II hinreichend erfaßt werden (vgl. Hirsch LK 17 vor § 223, Horn SK 31; and. Jakobs aaO 111ff.; vgl. auch u. 20). Ebenso tritt die nach § 223a durch besondere Gefährlichkeit qualifizierte Körperverletzung hinter die Tötung zurück. Dagegen scheiden schwere Körperverletzungen i. S. der §§ 224, 225, 229 II 1. Alt. (z. B. Tötung durch Schuß ins Auge) als nur kurzfristiges Durchgangsstadium zur Tötung schon tatbestandlich aus, da sie ihr besonderes Gewicht erst bei dauerhafter Auswirkung zu Lebzeiten des Opfers erhalten würden (vgl. Hirsch LK 16f. vor § 223, R. Schmitt JZ 62, 392, Welzel 282; vgl. auch u. 20). Demgegenüber stellt sich bei einer Tötung mittels Vergiftung das Verhältnis von § 212 zu § 229 I nicht schon als Tatbestands- sondern als Konkurrenzproblem, und zwar nicht nur bei bedingtem, sondern – entgegen Schröder (vgl. 18. A. RN 15) – auch bei „primärem" Tötungsvorsatz, da in diesem nach der „Einheitstheorie" (o. 17) die in § 229 I geforderte Gesundheitsbeschädigungsabsicht ebenfalls mitenthalten ist (vgl. Hirsch LK 17). Ebenso wie daher bei Lebenszerstörungsabsicht § 229 hinter § 212 zurücktritt, muß dies (erst recht) bei nur bedingtem Tötungsvorsatz der Fall sein (vgl. RG 44 323, 68 409, D-Tröndle § 229 RN 10, Lackner § 229 Anm. 6, Horn SK 31; and. RG 42 215).

20 bb) Dagegen ist je nach Sachlage *Ideal-* oder *Realkonkurrenz* anzunehmen, wenn der **Körperverletzung** über die Tötung hinaus **selbständiger Unwertgehalt** zukommt, der durch die §§ 211ff. nicht voll erfaßt wird. Dies gilt etwa dann, wenn der Täter erst nach oder im Verlauf einer (u. U. langdauernden) fortgesetzten Mißhandlung zur Tötung übergeht (BGH NJW 62, 115), da hier – im Unterschied zum Fall „natürlicher Handlungseinheit (o. 19) – von einem bloßen Durchgangsstadium nicht mehr die Rede sein kann (BGH NJW 84, 1568). Entsprechendes gilt im Verhältnis zu §§ 224, 225, wenn der Tod erst nach längerem Siechtum des Opfers eintritt bzw. eintreten sollte, da insoweit dem Zeitmoment eine eigene Bedeutung zukommt (vgl. o. 19, M-Schroeder I 111, Welzel 282; and. Hirsch LK 17 vor § 223, Horn SK 31, die hier Subsidiarität annehmen; vgl. auch BGH 22 249). Idealkonkurrenz kommt weiter in Frage, wenn die Tötung zugleich eine Mißhandlung Schutzbefohlener (§ 223b) oder eine Körperverletzung im Amt (§ 340) darstellt, da die damit verbundene beson-

dere Pflichtverletzung durch §§ 211 ff. nicht erfaßt wird (and. Hirsch LK 20 vor § 223, der dann aber nicht, wie in Vorbem. 11, Idealkonkurrenz von § 340 mit § 225 annehmen dürfte). Demgegenüber kann der Auffassung, daß *alle* mit einer Tötung zusammenhängenden Erschwerungsgründe durch §§ 211, 212 II abschließend erfaßt würden (so Hirsch aaO, Horn SK 31), nicht gefolgt werden, da eine Tötung nicht einfach nur eine besonders qualifizierte Körperverletzung darstellt (vgl. auch Welzel v. Weber-FS 244, Lange LK[9] 17) und zudem der spezifische Tötungsunwert in den genannten Fällen nicht unbedingt in einer Erhöhung, sondern auch in einer Ergänzung durch andersartiges Unrecht bestehen kann.

b) Wird die **Tötung nur versucht**, so sind folgende Fälle zu unterscheiden: **21**

aa) Soweit der Tötungsversuch noch **nicht vollendete Körperverletzung** bewirkt hat, tritt der im **22** weiterreichenden Tötungsversuch enthaltene Körperverletzungsversuch (wie etwa nach § 223a II) grds. zurück, und zwar gleichgültig, ob der Täter mit bedingtem oder direktem Tötungsvorsatz gehandelt hat (vgl. BGH **21** 265 sowie o. 17 f.).

bb) Dagegen wird eine bereits **vollendete Körperverletzung** i. S. der §§ 223 ff. durch eine nur **23** versuchte Tötung nicht verdrängt (vgl. D-Tröndle § 211 RN 16, Schröder JR 69, 265, Vogler Bokkelmann-FS 725, Welzel 282; and. BGH **16** 122, **21** 265 m. abl. Anm. Schröder JZ 67, 709, **22** 248 m. abl. Anm. Jakobs NJW 69, 489, **30** 167 m. Anm. Bruns JR 82, 166, MDR/H **81**, 99, **86**, 622, NStZ **81**, 23, NStZ/E **84**, 57, Hirsch LK 18 vor § 223, Horn SK 32, M-Schroeder I 102, R. Schmitt JZ 62, 389; vgl. aber auch BGH **35** 305); denn sonst würde dem (im Vergleich zu o. 22) besonderen Umstand, daß immerhin ein Körperverletzungserfolg eingetreten ist, nicht ausreichend Rechnung getragen. Bei der hier gebotenen Annahme von **Idealkonkurrenz** wird auch nicht der im Tötungsvorsatz enthaltene Körperverletzungsvorsatz unzulässigerweise „doppelt verwertet" (so aber Hirsch aaO), sondern lediglich der im Tötungsvorsatz noch nicht enthaltene Erfolgsunwert der (vorsätzlich herbeigeführten) Körperverletzung in Ansatz gebracht. Der Hinweis der Gegenmeinung auf die nur fakultativ mildere Versuchsstrafe (§§ 23 II) bzw. auf die Möglichkeit, die „verschuldeten Auswirkungen der Tat" nach § 46 II im Rahmen der Strafzumessung zu berücksichtigen, übersieht die Klarstellungsfunktion der Idealkonkurrenz (vgl. § 52 RN 2). Sonst dürfte die Rspr. von ihrer Prämisse aus konsequenterweise auch bei anderen qualifzierten Versuchen nicht zur Annahme von Idealkonkurrenz gelangen, wie z. B. im Verhältnis von § 223 zu §§ 225, 22 (so aber BGH **21** 195; vgl. auch 125 ff. vor § 52; konsequent dagegen Hirsch LK 18 vor § 223, Horn SK § 229 RN 26). Entgegen BGH **22** 248 (m. abl. Anm. Jakobs NJW 69, 489) schließt auch der Vorsatz bei Tötungsversuch die fahrlässige (§ 18) Verursachung der qualifizierenden Folgen des § 224 nicht aus. Daher ist zwischen Mordversuch und vollendetem § 224 Idealkonkurrenz möglich (vgl. Schröder JR 69, 265; i. E. and. Hirsch aaO), ebenso mit § 229.

cc) Im übrigen lebt auch nach der h. M. eine etwa verdrängte Strafbarkeit wegen vollendeter **24** Körperverletzung wieder auf, wenn der Täter von einem *Tötungsversuch strafbefreiend* **zurücktritt** (RG DJ **38**, 723, BGH JR **52**, 414, Hirsch LK 19 vor § 223, Horn SK 33, M-Schroeder I 102). Nach der hier vertretenen Auffassung folgt dies schon daraus, daß die Rücktrittswirkung sich nicht auf vollendete idealkonkurrierende Delikte erstreckt (vgl. § 24 RN 109).

c) Sonderprobleme ergeben sich im Verhältnis von **privilegierten Tötungen** (§§ 213, 216, 217) zu **25** **qualifizierten Körperverletzungen** (§§ 224 ff., 229). Soll hier die Privilegierung der Tötung nicht unterlaufen werden, so muß eine mit höherer Strafe bedrohte qualifizierte Körperverletzung grds. außer Betracht bleiben (vgl. 136, 141 vor § 52). Das gilt auch dann, wenn ein *privilegierte Tötungsdelikt* (z. B. § **216**) nur versucht, die qualifizierte Körperverletzung (z. B. § **224**) dagegen vollendet ist und der Täter vom Tötungsversuch zurücktritt (vgl. Hirsch LK 16 vor § 223, Horn SK § 216 RN 18, M-Schroeder I 51). In diesem Fall kann es auch nicht genügen, lediglich den Strafrahmen etwa des § 224 über dessen Abs. 2 an den des privilegierten Tötungsdelikts anzugleichen (so Schröder 17. A. RN 14 d); denn damit bliebe die Tat nach wie vor als Verbrechen (§ 12 III) und somit schwerer eingestuft als ohne den Rücktritt im Vollendungsfalle des § 216; vielmehr ist hier der Privilegierung des Tötungsdelikts eine **Sperrwirkung** zu entnehmen, die den Rückgriff auf strengere Körperverletzungsdelikte regelmäßig ausschließt, so daß im Beispielsfalle die vollendete Körperverletzung nur über die §§ 223, 223a erfaßt werden kann (vgl. Hirsch aaO, ZStW 81, 931, Horn SK § 216 RN 18, Lackner § 216 Anm. 4; zu § 225 vgl. aber u. 26). Entsprechendes hat für das Zusammentreffen von §§ **216, 22** mit § **229** zu gelten, dessen subjektiver Tatbestand nicht schon durch den primären Tötungsvorsatz ausgeschlossen wird (vgl. o. 19). Dagegen tritt im Verhältnis von §§ **212, 213, 22** zu §§ **224, 229** die zuvor erörterte Friktion nicht auf, da § 213 nach § 12 III den Verbrechenscharakter des Totschlags unberührt läßt (vgl. § 213 RN 2). Insoweit ist also Idealkonkurrenz bzw. bei Rücktritt vom Tötungsversuch eine Verurteilung aus §§ 224 oder 229 möglich, wobei der Strafrahmen des § 224 II ohnehin unter dem des § 213 liegt. Dagegen wäre bei § 229 zwar eine Angleichung an die (mildern) Strafsätze des § 213 zu erwägen, aber letztlich schon deshalb abzulehnen, weil sonst die mit Tötungsvorsatz erfolgte Vergiftung milder bestraft würde als die mit bloßer Verletzungsabsicht begangene, für die § 229 eine (allgemeine) Milderungsmöglichkeit nicht vorsieht (weshalb Hirsch LK 16 vor § 223 hier gegenüber § 213 die Mindeststrafe des § 229 durchgreifen läßt). Mit §§ **217, 22** können die §§ **224, 229 I** ideell konkurrieren bzw. beim Rücktritt vom Versuch des § 217 übrigbleiben, während § 229 II durch die Sperrwirkung des ihm gegenüber milderen § 217 ausgeschlossen wird. Ebenso muß gegenüber § 229 I gegebenenfalls die Milderungsmöglichkeit des § 217 II durchgreifen (Hirsch LK 19, Horn SK § 217 RN 13), wobei die mildere Bestrafung der Vergiftung mit Tötungsvorsatz gegenüber der ohne einen solchen vorgenommenen hier (anders als im vorigen Falle des § 213) wegen des besonderen Privilegierungsgrundes von § 217 (vgl. dort RN 1 f.) gerechtfertigt ist. Schließlich kann auch § 226 mit einem Versuch nach §§ 213, 216, 217, 22 zusammentreffen (oder im Falle des Rücktritts davon übrigbleiben), so etwa, wenn dem Täter der Todeseintritt infolge wesentlicher Abweichung im Kausalverlauf nicht mehr als vorsätzlich aber als fahrlässig zugerechnet werden kann (vgl. § 24 RN 23 f., 65, aber auch § 226 RN 5).

26 Dagegen wird ein Zusammentreffen der §§ 213, 216, 217 mit § 225 kaum praktisch werden, da dieser die dem objektiven Tatbestand entsprechende Absicht verlangt, das Opfer mit den schweren Körperverletzungsfolgen weiterleben zu lassen (vgl. o. 19), eine solche Absicht jedoch regelmäßig einen Fall von §§ 213, 216, 217 ausschließen wird. Davon abgesehen bestünde in einem solchen Fall auch kein Anlaß, die Sperrwirkung des milderen Tötungsdelikts gegenüber § 225 durchgreifen zu lassen, so etwa dort, wo die Mutter den Tod ihres nichtehelichen Kindes aus Haß erst nach längerem Siechtum eintreten lassen wollte.

27 5. Zum Zusammentreffen mit **Schwangerschaftsabbruch** vgl. § 218 RN 59, mit **Raub** § 251 RN 9, mit **Waffendelikten** vgl. Eser NStZ 84, 57 f. mwN.

§ 213 Minder schwerer Fall des Totschlags

War der Totschläger ohne eigene Schuld durch eine ihm oder einem Angehörigen zugefügte Mißhandlung oder schwere Beleidigung von dem Getöteten zum Zorne gereizt und hierdurch auf der Stelle zur Tat hingerissen worden oder liegt sonst ein minder schwerer Fall vor, so ist die Strafe Freiheitsstrafe von sechs Monaten bis zu fünf Jahren.

Schrifttum: *Bernsmann*, Affekt u. Opferverhalten, NStZ 89, 160. – *Blau*, Die Affekttat zw. Empirie u. normativer Bewertung, Tröndle-FS 109. – *Eser*, Renaissance des § 213 StGB, Middendorff-FS 65. – *Geilen*, Provokation als Privilegierungsgrund der Tötung?, Dreher-FS 357. – *Glatzel*, Privilegierung versus Dekulpation bei Tötungsdelikten, StV 87, 553. – *Moos*, Die Tötung im Affekt im österreichischen Strafrecht, ZStW 89, 796. – Vgl. ferner die Angaben vor und zu den §§ 211, 212.

1 I. Durch Strafmilderung bei **minder schweren Fällen des Totschlags,** deren praktische Bedeutung neuerdings beträchtlich zugenommen hat (vgl. Eser NStZ 81, 431; 84, 52, Middendorff-FS 657, Geilen JR 80, 315), soll insbes. der Tatsache Rechnung getragen werden, daß der Täter aufgrund eines durch das Opfer selbst ausgelösten Affekts oder infolge eines vergleichbaren Erregungszustandes in seinem Hemmungsvermögen in einem solchen Grade geschwächt gewesen sein kann, daß er wegen Schuldminderung (OGH **2** 343), wenn nicht gar wegen quantitativ-gradueller Reduzierung des Unrechts (so Heine aaO 269), die volle Totschlagsstrafe weder verdient noch ihrer (so insbes. bei singulärer Tatsituation) bedarf (vgl. BGH **16** 362, Horn SK 3; krit. aber BGH **33** 38). Vgl. auch Bernsmann aaO 162 f., Glatzel aaO.

2 1. Seiner Rechtsnatur nach ist § 213 weder ein selbständiger Tatbestand noch eine unselbständige Privilegierung, sondern lediglich eine **Strafzumessungsregel des § 212** (Hamm NJW **82**, 2786, D-Tröndle 1, Horn SK 2, Jähnke LK 2), die systematisch als dessen Abs. 3 zu sehen ist. Das gilt auch für den (benannten) Strafmilderungsgrund der *Provokation* (1. Alt.; insoweit and. Bockelmann II/2 S. 15, M-Schroeder I 47 f.), da diese lediglich als gesetzlich konkretisiertes Beispiel der (unbenannten) *sonst minderschweren Fälle* (2. Alt.) zu verstehen ist. Demzufolge bleibt auch der Charakter eines nach § 213 strafgemilderten Totschlags als **Verbrechen** unberührt und damit auch der Versuch strafbar (vgl. § 212 RN 10, ferner Horn SK 2, Lackner 1).

3 2. Die Vorschrift ist unmittelbar nur auf Totschlag i. S. von **§ 212** anwendbar, wie sich sowohl aus dem Gesetzeswortlaut („Totschläger") wie nun auch aus der Überschrift („Totschlag") ergibt. Daher ist bei **Zusammentreffen mit mordqualifizierenden Umständen** (z. B. provozierte Tötung mit gemeingefährlichen Mitteln) für den BGH ein Rückgriff auf § 213 verschlossen (vgl. BGH **11** 139 sowie § 211 RN 9), während bei nichtabschließendem Verständnis der Mordmerkmale die Umstände des § 213 aufgrund der für § 211 erforderlichen Gesamtabwägung zumindest zu einer Verneinung von Mord führen können (vgl. § 211 RN 10 sowie u. 14; ebenso Geilen JR 80, 314, Heine LdR 8/1680, 2, Rengier MDR 80, 2 f.; mit gleicher Tendenz D-Tröndle 1, Horn SK 211 RN 5 f.; vermittelnd M-Schroeder I 36 f., 49). Dagegen ist bei Zusammentreffen mit **sonstigen Privilegierungen** (§§ 216, 217) ein Rückgriff auf § 213 – wenn nicht sogar tatbestandlich ausgeschlossen (BGH **2** 258 bzw. **1** 235, ferner D-Tröndle 1 bzgl. § 216) – so jedenfalls entbehrlich, da diese Tatbestände bereits einen ausreichenden Strafmilderungsrahmen eröffnen. Zu einer analogen Heranziehung der Milderungsgründe des § 213 bei den §§ 223, 226a vgl. dort RN 15 bzw. 8.

4 II. Der benannte „provozierte" Totschlag (1. Alt.) setzt folgendes voraus:

Minder schwerer Fall des Totschlags

1. Eine Mißhandlung oder **schwere Beleidigung** muß **dem Täter** oder einem seiner **Ange-** 5
hörigen zugefügt worden sein, wobei nach BGH MDR/D 75, 196, StV 85, 146 schon die
Möglichkeit einer solchen Beleidigung genügen soll (vgl. auch OGH **2** 343). Allerdings muß es
sich nach BGH **34** 37 um eine volltatbestandliche Beleidigung, die auch vom Vorsatz des
Provozierenden getragen ist (vgl. aber dazu auch u. 12), handeln (vgl. auch BGH NStZ **88**, 216,
MDR/H **89**, 111). Zum *Angehörigen* sowie zu einer etwaigen Erstreckung auf sonstige *nahestehende Personen* vgl. § 11 RN 3 ff., 11. Unter *Mißhandlungen* sind nicht nur körperliche Beeinträchtigungen, sondern auch Mißhandlungen seelischer Art (Gössel I 52, Lackner 2a, M-
Schroeder I 48; and. Horn SK 4) zu verstehen, da letztere nicht stets als Beleidigung erfaßbar
sind. Auch die *schwere Beleidigung* ist nicht auf Ehrverletzungen i. S. der §§ 185 ff. zu beschränken (so aber Gössel I 53), sondern umfaßt jede schwere Kränkung (BGH StV **83**, 199), wie etwa
auch durch wiederholte Mißachtung des Hausrechts (BGH MDR/H **79**, 987, mwN Eser Middendorff-FS 69 f.; krit. Jähnke LK 4). Dabei aufgrund einseitig maskuliner Ehrvorstellungen
und antiquierter Privilegien teils sehr weitgehend (vgl. Geilen Dreher-FS 363 ff., ferner Arzt/
Weber I 67, Burgsmüller StV 81, 340 ff.) wurde eine solche Provokation z. B. im Ehebruch mit
der Frau des Totschlägers (RG JW **30**, 919 m. Anm. Mittermaier), in der Bedrohung mit einem
Feuerhaken (RG HRR **35** Nr. 312) oder in Angriffen gegen die Selbstachtung (Herabwürdi-
gung der sexuellen Potenz: BGH MDR/H **79**, 107, StV **83**, 61) erblickt (vgl. aber auch Eser
NStZ **84**, 52 zu einer gewissen Tendenzwende). Auch fortlaufende, sich immer mehr steigern-
de leichte Kränkungen können in ihrem Zusammenwirken eine schwere Beleidigung darstellen
(RG HRR **32**, 1176, BGH MDR/H **79**, 456, MDR/H **89**, 111). Die Schwere der erlittenen
Kränkung ist *objektiv* unter Berücksichtigung auf die Gesamtbeziehung der Streitenden zu
bestimmen (RG HRR **35** Nr. 312, BGH MDR/H **77**, 638, NStZ **81**, 300, **82**, 27, NStZ/E **84**, 52,
StV **81**, 631, NJW **87**, 3143, Jähnke LK 6). Daher kommt es auch bei der einem Angehörigen
zugefügten Beleidigung nicht darauf an, ob sie von diesem oder vom Täter selber, etwa wegen
besonderer Empfindlichkeit, als schwer empfunden wird (RG **66** 162, HRR **36** Nr. 1390).
Vielmehr ist entscheidend, ob die Kränkung, aufgrund einer Gesamtbetrachtung beurteilt, als
schwer zu gelten hat (vgl. BGH b. Eser Middendorff-FS 69 f.). Dabei ist der persönliche
Lebenskreis des Täters maßgebend mitzuberücksichtigen (BGH NJW **87**, 3143, NStZ **85**, 216,
Eser Middendorff-FS 69). Dies bezieht sich nicht nur auf Milieu und Sprachgebrauch der
Beteiligten, sondern auch auf depressive Phasen des Opfers, die sich vom sonstigen Umgang
der Partner unterscheiden. Daher kann einer Kränkung, die gewöhnlich objektiv als schwer
einzustufen wäre, diese Eigenschaft abgehen, wenn die provozierenden Äußerungen auf einer
dem Täter bekannten psychischen Erkrankung des Opfers beruhen und dies nur in bestimmten
Situationen manifest wird (BGH NJW **87**, 3143). Andererseits kann sich bspw. aus asiatischer
Mentalität eine Ehrverletzung als schwer darstellen (vgl. BGH StV **85**, 235 sowie mwN Eser
Middendorff-FS 70 f.; ferner zu Recht jedenfalls gegen strafschärfende Berücksichtigung ausländ. Strafrechtsvorstellungen Nestler-Tremel StV 86, 83 ff. entgegen Grundmann NJW 85,
1251 ff.). Selbst bei einer Äußerung, die den Tatsachen entspricht, kann durch die Art und
Weise ihrer Kundgabe eine erhebliche Kränkung zum Ausdruck kommen (BGH StV **88**, 428,
vgl. auch BGH StV **90**, 204). Zur Verhältnismäßigkeit zwischen Tötung und Kränkung vgl. u.
11.

Die Provokation muß **vom Getöteten** erfolgt sein. Reizung durch einen *Dritten* genügt daher 6
nicht (BGH MDR/D **73**, 901), und zwar auch nicht durch einen *Angehörigen* des Getöteten (vgl.
BGH NStZ **84**, 311, wo jedoch ein sonst minderschwerer Fall i. S. der 2. Alt. nahegelegen
hätte). Da es sich jedoch um keine „eigenhändige" Provokation zu handeln braucht, genügt
auch eine mittelbare Herausforderung durch Zwischenschaltung eines (gut- oder bösgläubigen)
Dritten (vgl. Horn SK 6). Auch sind hinsichtlich der Schwere der Provokation nicht allein das
gegenwärtige Verhalten bzw. bestimmte Einzelakte des Getöteten, sondern das Gesamtverhalten (vgl. BGH MDR/H **78**, 280) sowie auch etwaige frühere Kränkungen mitzuberücksichtigen, als deren Fortsetzung das jetzige Verhalten „gleichsam nur der Tropfen ist, der das Faß
zum Überlaufen bringt" (BGH MDR **61**, 1027, MDR/D **74**, 723, MDR/H **78**, 110, **79**, 280,
NStZ/E **81**, 431; **82**, 27; **83**, 365; **84**, 507, NStZ/E **84**, 52, StV **84**, 284).

2. Der Täter muß **ohne eigene Schuld** gereizt worden sein. Das ist unzweifelhaft der Fall, wo 7
der Täter keinerlei Veranlassung zu einer Mißhandlung oder Beleidigung durch das spätere
Opfer gegeben hatte, ebenso wie umgekehrt die Privilegierung entfällt, wenn der Täter zunächst seinerseits schuldhaft das bis dahin friedfertige Opfer zu seiner provokatorischen Reaktion herausgefordert hatte. Derart einseitig schuldhaft ist die Tötung jedoch nur selten veranlaßt; denn häufig gehen der tötungsauslösenden Provokation beiderseitige Vorwürfe oder mehr
oder weniger lange Auseinandersetzungen voraus. Für solche Fälle, die durchwegs eine „Ganzheitsbetrachtung des beiderseitigen Verhaltens" erfordern (BGH b. Eser Middendorff-FS 71),
ist zu beachten, daß eine privilegierungshindernde „Schuld" des Täters an der Provokation

zwar einerseits kein Verschulden im verbrechenssystematischen Sinne erfordert (BGH MDR/D **74**, 723, StV **83**, 199, Jähnke LK 10, aber auch Horn SK 7), aber andererseits nicht schon ohne weiteres darin zu erblicken ist, daß der Täter die Provokation des späteren Opfers verursacht (BGH StV **86**, 200) oder überhaupt dazu Anlaß gegeben hatte (RG JW **36**, 2998, DR **40**, 682). Entscheidend ist vielmehr, daß der Täter *im gegebenen Augenblick keine genügende Veranlassung* zu der Mißhandlung oder schweren Beleidigung durch das Opfer gab (RG HRR **36** Nr. 1390, BGH **21** 16, MDR **61**, 1027, MDR/D **74**, 733, StV **85**, 367, **86**, 200, OGH **2** 342) bzw. eine etwaige akute Veranlassung ihm *nicht vorzuwerfen* ist (BGH NStZ **83**, 554; **84**, 216 sowie mwN Eser Middendorff-FS 71 f.; vgl. auch BGH NJW **83**, 293, NStE Nr. **9** sowie aus psych. Sicht Blau aaO 114 ff., Glatzel, Mord 53). Deshalb kann in früheren Kränkungen nur insoweit ein privilegierungshinderndes Eigenschulden des Täters erblickt werden, als sie zusammen mit dem gegenwärtigen Verhalten die Provokation auslösen (BGH MDR **61**, 1027, MDR/H **79**, 456; vgl. auch BGH NStZ **81**, 140, 300) und das Opferverhalten seinerseits eine verständliche Reaktion darstellt (BGH StV **86**, 200); daher braucht eigenes Fehlverhalten des Täters einer Privilegierung nicht entgegenzustehen, sofern die unter dem Gesichtspunkt der Angemessenheit zu prüfende Reaktion des Opfers ihrerseits unverhältnismäßig ist (BGH StV **81**, 546; vgl. auch BGH MDR/H **81**, 809, StV **85**, 367). Zudem wird die strafmildernde Provokation nur dann ausgeschlossen, wenn sich das Eigenverschulden des Täters gerade auf die ihm vom Opfer zugefügte tötungsauslösende Kränkung bezieht (BGH StV **81**, 546; vgl. auch BGH MDR/D **74**, 723, MDR/H **79**, 456, NStZ/E **81**, 431). Sozialethisch belanglose Regelverstöße, Lästigkeiten, wie etwa übertrieben fürsorgliche Art, sind jedoch idR nicht zu berücksichtigen (dazu wie auch zu weiteren Rspr.-Bsp. Eser Middendorff-FS 71 f. sowie NStZ 84, 53; krit. zu den uneinheitl. Zurechnungsmodellen Krümpelmann ZStW 99, 219). Jedenfalls unerheblich ist ein etwaiges Verschulden des *Angehörigen*, zu dessen Gunsten der Täter handelt (vgl. Horn SK 7, Jähnke LK 10). Falls es an einer der vorgenannten Privilegierungsvoraussetzungen fehlt, kann jedoch ein sonst minderschwerer Fall (2. Alt.) in Betracht kommen (BGH NJW **68**, 757; vgl. u. 13).

8 3. **Zum Zorne gereizt** ist der Täter nicht etwa nur durch Zornaffekte im engeren Sinne (BGH NStZ **83**, 555); ausreichend sind vielmehr alle sthenischen Antriebe, wie etwa Wut oder Empörung (vgl. BGH NJW **81**, 2310, StV **81**, 546; **83**, 60; abl. Gössel I 56), darüber hinaus aber überhaupt jede zornnahe Erregung (vgl. BGH MDR/H **81**, 980), sofern diese reaktiven Vorgänge bei der Tötung einen beherrschenden Einfluß ausgeübt haben (vgl. BGH StV **83**, 198, Heine LdR 8/1680, 2, aber auch BGH JR **78**, 341 m. krit. Anm. Geilen) und nicht lediglich persönlichkeitsbedingte Überreaktionen darstellen (BGH NStZ/E **84**, 53 FN 244). Das Vorliegen von verminderter Schuldfähigkeit ist dabei unter Umständen eine hinreichende, keineswegs aber notwendige Bedingung für die Intensität des provokationsbedingten Affekts (vgl. BGH NJW **81**, 2310, Eser Middendorff-FS 74, ferner Glatzel, Mord 94).

9 4. Daß der Täter **auf der Stelle** zur Tat hingerissen worden sein muß, ist weniger räumlich oder zeitlich, sondern im Sinne eines *motivationspsychologischen Zusammenhangs* zu verstehen (vgl. BGH NStZ/E **84**, 53, Heine LdR 8/1680, 3). Daher ist § 213 weder dadurch ausgeschlossen, daß die Tat der Mißhandlung nicht unmittelbar, sondern erst nach einem gewissen zeitlichen Zwischenraum folgt (vgl. RG **66** 160, **69** 316, BGH MDR/D **74**, 723, **75**, 542, NStZ **84**, 216, OGH **1** 372), noch etwa dadurch, daß der Zorn den Täter im Tatzeitpunkt nicht mehr im ursprünglichen Umfang beherrscht (vgl. RG HRR **39**, 653; zu weit. Bsp. vgl. Eser Middendorff-FS 74). Entscheidend ist vielmehr allein, daß die Tat jedenfalls noch unter dem Eindruck der durch die Mißhandlung hervorgerufenen Erregung begangen wird (vgl. BGH NStZ/E **81**, 431, **84**, 53). Dabei können auch länger zurückliegende Vorgänge noch eine Rolle spielen, wenn sie durch die Provokation wieder aktualisiert werden (vgl. o. 6 sowie D-Tröndle 6).

10 5. Um **zur Tat hingerissen** worden zu sein, muß die Tötung auf den Affekt und dieser seinerseits auf die Provokation rückführbar sein. Diese tatauslösende **Kausalität** setzt zunächst voraus, daß der Täter eine objektiv beleidigende Äußerung überhaupt zur Kenntnis genommen hat (BGH NStZ/E **84**, 53 FN 249). Daran fehlt es ferner sowohl dann, wenn der Täter bereits zur Tat entschlossen war, als die Provokation erfolgte (vgl. BGH **21** 14, aber auch Geilen Dreher-FS 357 ff.), wie auch da, wo die Erregung bereits völlig verflogen war (vgl. BGH GA **70**, 214) und im Grunde nur noch als Vorwand zur Tötung benutzt wird (vgl. Horn SK 8) oder wo umgekehrt erst für die Zukunft gedroht wird (BGH MDR/H **79**, 280). Dagegen wird § 213 nicht dadurch ausgeschlossen, daß sich der Täter neben dem Zornaffekt auch durch Haß- oder Rachegefühle hat mitbestimmen lassen (vgl. BGH NJW **77**, 2086), vorausgesetzt jedoch, daß innerhalb eines solchen **Motivbündels** dem provokationsbedingten Affekt eine zumindest kumulativ entscheidende Schlüsselstellung zukommt (BGH NStZ/E **81**, 431 FN 189, StV **83**, 60, 198, Geilen JR 78, 341 ff. sowie Eser NStZ 84, 53 FN 251 gegenüber dem Einschränkungsversuch von Bernsmann JZ 83, 50).

11 6. Ferner ist eine gewisse **Verhältnismäßigkeit** zwischen Provokation und Tat zu fordern.

Dabei ist letztlich von untergeordneter Bedeutung, ob man dies als selbständige Milderungsvoraussetzung versteht (so wohl Lackner 2f) oder mit der h. M. bereits bei der Schwere der Beleidigung (o. 5) berücksichtigt (so RG **66** 161, BGH LM **Nr. 4,** GA **70,** 214, NStZ **85,** 216 u. b. Eser Middendorff-FS 71) oder bei der schuldhaften Veranlassung der Provokation und damit der Angemessenheit der Opferreaktion (o. 7) einbringt (so BGH StV **81,** 546, **85,** 367). Denn wenn auch eine Mißhandlung grundsätzlich außer Verhältnis zur Tötung steht (BGH LM **Nr. 4,** Horn SK 5), so gibt es doch unter Berücksichtigung des Anlasses unterschiedliche Grade von Unverhältnismäßigkeit; denn entscheidend ist nicht das Verhältnis von Affektanlaß und Affektfolge (Tod), sondern zwischen Anlaß und Affekt (vgl. Moos ZStW 89, 845). Entscheidend ist daher allein, daß nicht schon jede Provokation genügen kann, sondern nur eine solche, die nach ihrer Art und Schwere geeignet ist, einen heftigen Affekt beim Täter hervorzurufen (vgl. RG JW **39,** 147, Geilen Dreher-FS 374 ff., Gössel I 55). Deshalb ist bei einem objektiv nichtigen Anlaß nicht nur die (tatsächliche) Ursächlichkeit der Provokation für den Tötungsentschluß in Frage zu stellen (so BGH GA **70,** 214, b. Eser Middendorff-FS 74, ferner Horn aaO), sondern die (materielle) Berechtigung einer Milderung zu verneinen (i. gl. S. Jähnke LK 4), so z. B. bei bloßem Vergrämen eines Rehbocks (RG JW **39,** 147). Vgl. auch o. 7.

7. In subjektiver Hinsicht muß der Täter vom Vorliegen einer Mißhandlung oder schweren **12** Beleidigung ausgegangen sein. Nimmt er eine solche **irrtümlich** an, so soll nach BGH (**1** 205, **34** 39, MDR/H **79,** 987, NStZ **88,** 216) nur ein sonst minder schwerer Fall (u. 13) in Betracht kommen (ebenso Gössel I 59, Horn SK 4, Jähnke LK 9, Lackner 2b sowie jetzt auch D-Tröndle 7). Dies soll selbst dann gelten, wenn der Täter ein Verhalten, das nach seinem objektiven Erklärungswert als Beleidigung verstanden werden könne, aber nicht so gemeint sei, als Beleidigung auffasse (BGH **34** 37; zu gegenläufigen Tendenzen in der Rspr. vgl. Eser NStZ 84, 53 mwN). Sofern demgegenüber eine solche Motivation nicht bereits der eines Täters gleichzustellen ist, der tatsächlich motiviert wurde (so RG **69** 314, JW **30,** 919,), zumal sich dies bereits aus dem „impressiven" Element des § 213 begründen ließe (vgl. M-Schroeder I 48), muß jedenfalls § 16 II analog zum Zuge kommen (vgl. dort RN 27). Bei Zweifeln über das Vorliegen einer Provokation ist zugunsten des Täters zu entscheiden (OGH **2** 343). Der Irrtum über die rechtlich hinreichende Schwere der Provokation ist lediglich Subsumtionsirrtum.

8. Selbst bei Vorliegen der vorgenannten Voraussetzungen ist jedoch eine Privilegierung **12a** nach der 1. Alt. (entgegen BGH **25** 222, MDR/H **79,** 987, StV **81,** 524, D-Tröndle 2, Gössel I 61, Jähnke LK 2) **nicht zwingend,** sondern setzt – ähnlich wie bei den Qualifizierungsmerkmalen des § 211 (dort RN 9) – eine **Gesamtwürdigung** aller Tatumstände voraus (Horn SK 10). Bei den sonst *minderschweren* Fällen der 2. Alt. ergibt sich das bereits aus deren offener Fassung (vgl. u. 13); aufgrund der allgemeinen Gleichstellung muß Entsprechendes auch für den benannten Privilegierungsgrund der 1. Alt. gelten (vgl. BGH NStZ/E **81,** 431). Demgemäß kann z. B. eine schwere Beleidigung durch die Grausamkeit oder Heimtücke der Tötung kompensiert sein (vgl. auch o. 3). Zum Zusammentreffen mit *besonderen gesetzlichen Strafmilderungsgründen* (wie etwa §§ 21, 23) vgl. u. 17.

III. Ein unbenannter „sonst minder schwerer Fall" (2. Alt.), wie er wegen der Enge der **13** Provokationsalternative steigende Bedeutung erlangt (vgl. Eser DJT-Gutachten D 123 ff., 129 f., 145 f., NStZ 81, 432; 84, 54, Middendorff-FS 75), kommt in Betracht, wenn aufgrund einer **Gesamtbetrachtung** aller Umstände, die für die Wertung von Tat und Täter bedeutsam sein können und wobei alle wesentlichen entlastenden und belastenden Faktoren gegeneinander abzuwägen sind, sich die Tat in einem solchen Grad vom „Normalfall" einer vorsätzlichen Tötung abhebt, daß die Anwendung des Regelstrafrahmens (§ 212 I) unangemessen wäre (so i. Grds. BGH **4** 8, NJW **56,** 757, MDR/D **75,** 542, MDR/H **76,** 633, **80** 105, GA **80,** 143, StV **82,** 223, **83,** 60, **84,** 284, **84,** 14, NStZ **83,** 366, **84,** 118, 507, NStZ/E **84,** 54 FN 264; vgl. auch allg. zu minderschweren Fällen 48 vor § 38). Ebensowenig wie die dafür maßgeblichen Umstände nach Art und Gewicht denen der Provokationsklausel entsprechen müssen (BGH NStZ/E **84,** 54 FN 265, NStZ **85,** 310; vgl. aber D-Tröndle 2b), können auch Milderungsgründe, die je für sich nicht ausreichen würden, in ihrer Summierung einen minderschweren Fall begründen (BGH StV **84,** 73); Entsprechendes gilt für Reizungen unterhalb der Schwelle der 1. Alt. (BGH StV **84,** 283, 284). Zudem ist gleichgültig, ob die für die Abwägung heranzuziehenden Gesichtspunkte der Tat innewohnen, sie begleiten, ihr vorausgehen oder folgen (BGH NStZ/E **84,** 54 FN 267, NJW **86,** 793 mwN). Daher ist grds. auch die Vorgeschichte der Tat (BGH NStZ **83,** 366, NJW **85,** 870 m. Anm. Timpe JR 86, 7), die gesamten Beziehungen zwischen den Beteiligten, die psychische Lage des Täters wie auch sein Verhalten nach der Tat zu berücksichtigen, außerhalb der Tatausführung liegende Umstände allerdings nur insoweit, als sie entweder sichere Rückschlüsse auf die innere Einstellung des Täters zu seiner Tat zulassen oder Bedeutung für den Unrechtsgehalt der Tat selber haben (BGH NStZ/E **84,** 54 FN 269, NJW **85,** 870, **86,** 794, **88,** 1153, b. Eser Middendorff-FS 76). Täterspezifisch kann bedeutsam

§ 213 14–17   Bes. Teil. Straftaten gegen das Leben

sein, daß er sich in zwar nicht entschuldbarer, aber verständlich hoher Erregung befand (BGH NJW **68**, 757), ferner daß er Entwicklungsrückstände aufweist (BGH StV **84**, 284), aufgrund einer besonderen Persönlichkeitsstruktur übersteigert reagiert, seine Intelligenz im Grenzbereich zum Schwachsinn liegt oder ihm aufgrund seiner kulturellen Prägung die Fähigkeit fehlt, sich von seinen (ausländischen) Wertvorstellungen zu distanzieren (BGHSt NStZ **82**, 115, StV **88**, 341). Bei Affekttaten sind eine Vielzahl von Verletzungshandlungen häufig eher ein Anzeichen für die Stärke einer affektiven Beeinträchtigung als Ausdruck besonderer krimineller Energie; solche Handlungsmodalitäten sind dem Täter nicht anzulasten (BGH NJW **88**, 1153; vgl. auch NStZ **89**, 318, NStE Nr. **13**). Im Hinblick auf das Opferverhalten kann bedeutsam sein, daß die Tötung während einer vom Opfer veranlaßten Auseinandersetzung erfolgt (vgl. BGH NStE Nr. **3**, StV **90**, 205) bzw. in Notwehrnähe angesiedelt war (vgl. BGH StV **81**, 508, **83**, 60). Ebenso wie ein Tötungsverlangen können auch Mitleidsmotive (vgl. BGH **27**, 299, Arzt ZStW **83**, 27 f.), zumal mit anschließendem Suizidversuch, einen minderschweren Fall nahelegen. Gleiches gilt für Handeln in Verzweiflung (Heine LdR 8/1680, 3). Weitere Nachw. (auch zum Vorangehenden) bei Eser NStZ 84, 54 f., Middendorff-FS 75 f.

14   Über solche allgemeinen Entlastungsfaktoren hinaus soll sich ein minderschwerer Fall auch schon – und zwar für sich allein – aus dem Vorliegen eines **besonderen gesetzlichen Strafmilderungsgrundes** i. S. von § 49 ergeben können (i. d. S. bereits BGH NJW **56**, 757) und daher jedenfalls zu prüfen sein: so vor allem bei *verminderter Schuldfähigkeit* (BGH StV **81**, 401, **82**, 69, 474; MDR/H **81**, 809, NStZ **83**, 366, **84**, 507, NStZ/E **81**, 432 FN 196 ff., **84**, 54 FN 271, NJW **86**, 793 m. krit. Anm. Bruns JR 86, 337, NStE Nr. **4, 7, 11**), wobei ggf. auch in dubio-Grundsätze anzuwenden sind (BGH NStZ **87**, 70), ferner bei *Versuch* (BGH StV **82**, 69, 72, NStZ/E **84**, 55 FN 280 f., MDR/H **85**, 793, NJW **86**, 794, NStE Nr. **1**, b. Eser Middendorff-FS 78), sowie offenbar auch bei Tötung durch *Unterlassen* (BGH NStZ/E **84**, 55 FN 283; vgl. aber dazu auch Eser aaO). Allerdings führt das Vorliegen dieser gesetzlichen Strafmilderungsgründe nicht obligatorisch zu § 213 2. Alt. Vielmehr sind alle ent- und belastenden Gesichtspunkte (vgl. § 46 I 1) gegeneinander abzuwägen (BGH NJW **86**, 793 wegen nicht eindeutigen früheren Entscheidungen: vgl. 22. A. sowie Eser Middendorff-FS 78). Dabei können der Einstufung als minder schwer z. B. die Leichtfertigkeit entgegenstehen, mit der sich der Täter in die Tatsituation brachte, wie auch der Umstand, daß das Opfer nicht den geringsten Anlaß gab (BGH NJW **86**, 793). Demgemäß ist etwa einer erheblichen Verminderung der Schuldfähigkeit ihr Gewicht nicht bereits deshalb abzusprechen, weil sie auf übermäßigem *Alkoholgenuß* beruht (BGH NJW **86**, 793; vgl. auch BGH MDR/H **80**, 455, StV **82**, 474, **84**, 284, 285, NJW **84**, 1693). Vielmehr ist insoweit auf die zu den §§ 21, 49 entwickelten Grundsätze zurückzugreifen (BGH NJW **86**, 793 m. krit. Anm. Bruns JR 86, 337, NStZ/D **90**, 175; vgl. auch § 21 RN 20 f.). Auch ist das Ausmaß der Alkoholisierung zu berücksichtigen (BGH aaO). Die trotz dieser *Gesamtbetrachtung* prinzipiell eingeräumten und jeweils nach pflichtgemäßem Ermessen zu prüfende *Wahlmöglichkeit* zwischen einer Strafrahmenherabsetzung nach § 213 oder einer solchen des § 212 nach § 49 i. V. m. §§ 13 II, 21, 23 II (BGH NStZ **82**, 200, **84**, 118, StV **83**, 60, MDR/H **83**, 619, NStZ/E **84**, 55 mwN, Theune NStZ 86, 495, NStZ/D **90**, 175) ist jedoch nicht unproblematisch, weil damit die durch § 49 vorgegebene Limitierung unterlaufen werden kann (vgl. Eser Middendorff-FS 79 sowie § 50 RN 3, während umgekehrt Horn SK 14 sogar eine Pflicht zur Wahl des § 213 annimmt). Dies um so mehr, wenn zudem auch noch die Möglichkeit einer Doppelmilderung eingeräumt wird (dazu u. 17). Unstreitig ist hingegen § 213 nicht schon dadurch ausgeschlossen, daß der Täter nach *Jugendstrafrecht* (§ 18 I 3 JGG) ohnehin in die Vergünstigung eines von § 212 abweichenden Strafrahmens kommt (BGH NStZ/E **81**, 431 FN 173, NJW **82**, 693, MDR/H **82**, 104, StV **82**, 474); denn auch für die Bemessung einer Jugendstrafe ist es nicht ohne Bedeutung, wie die Tat nach allgemeinem Strafrecht einzustufen wäre. Vgl. zum Ganzen auch Eser NStZ 81, 432; 84, 54 f., Middendorff-FS 77 ff. sowie speziell zu weiteren Grenzproblemen gegenüber §§ 20, 21 Bresser NJW 78, 1189, Geilen Dreher-FS 381 f.

15   IV. Da es sich bei diesen Strafmilderungsgründen um primär **täterbezogene** Merkmale handelt, kann § 213 in analoger Anwendung von § 28 II nur dem **Täter** oder **Teilnehmer** zugute kommen, bei dem sie vorliegen (Horn SK 2, Lackner 2; and. Gössel I 18, 60).

16   V. Der **Versuch** bleibt strafbar, da § 213 den Charakter des Totschlags als Verbrechen unberührt läßt (vgl. o. 2).

17   VI. An die Stelle der in § 212 angedrohten **Strafe** tritt Freiheitsstrafe von 6 Monaten bis 5 Jahren. Der Prüfung von § 213 ist der Richter nicht etwa schon deshalb enthoben, weil er eine schuldangemessene Strafe bereits durch Anwendung von *Jugendstrafrecht* oder aufgrund *besonderer gesetzlicher Strafmilderungsgründe* glaubt erreichen zu können (vgl. o. 14, aber auch § 50 RN 3). Über die damit eröffnete **Strafrahmenwahl** hinaus soll nach BGH u. U. auch eine *Doppelmilderung* sowohl aufgrund von § 213 wie auch eines besonderen gesetzlichen Milderungsgrundes (§§ 13 II, 21, 23, 27) in Betracht kommen, wie etwa dort, wo die Gemütsbewegung des Täters über die in § 213 vorausgesetzte Wirkung hinaus eine hochgradige Erregung (§ 21) ausgelöst hat (BGH StV **85**, 233, NStZ **86**, 115); vgl. – auch zu den Prüfungsschritten – BGH MDR **85**, 793, b. Eser Middendorff-FS 79, ferner BGH StV **83**, 60, JZ **83**, 400 m. Anm. Schmitt, NStZ **84**, 54, 55, 118, 216, 548, **86**, 71, Blau aaO 115 ff. Zum **Absehen von Strafe** vgl. BGH **27** 298.

§ 214 [**Totschlag bei Unternehmung einer strafbaren Handlung**] *aufgehoben 1941 (vgl. 9 vor § 211).*

§ 215 [**Aszendententotschlag**] *aufgehoben 1941 (vgl. 9 vor § 211).*

§ 216 Tötung auf Verlangen

(1) **Ist jemand durch das ausdrückliche und ernstliche Verlangen des Getöteten zur Tötung bestimmt worden, so ist auf Freiheitsstrafe von sechs Monaten bis zu fünf Jahren zu erkennen.**

(2) **Der Versuch ist strafbar.**

Schrifttum: vgl. die Angaben zu 12, 21, 33 vor § 211, ferner: *Bringewat*, Unbeachtlicher Selbsttötungswille und ernstliches Tötungsverlangen – ein Widerspruch?, in *Eser*, Suizid und Euthanasie (1976) 369. – *Detering*, § 216 StGB u. die aktuelle Diskussion um die Sterbehilfe, JuS 83, 418. – *Herzberg*, Der Fall Hackethal: Strafbare Tötung auf Verlangen?, NJW 86, 1635. – *Ders.*, Die Quasi-Mittäterschaft bei Eigenverantwortlichkeit des Opfers?, JuS 88, 771. – *Ders.*, Straffreies Töten bei Eigenverantwortlichkeit des Opfers?, NStZ 89, 559. – *Hirsch*, Einwilligung und Selbstbestimmung, Welzel-FS 775. – *Hoerster*, Rechtsethische Überlegungen zur Freigabe der Sterbehilfe, NJW 86, 1786. – *Ders.*, Warum keine aktive Sterbehilfe?, ZRP 88, 1. – *R. Schmitt*, Strafrechtlicher Schutz des Opfers vor sich selbst?, Maurach-FS 113. – *Simson*, Die Tötung aus Barmherzigkeit in rechtsvergleichender Sicht, in *Eser*, Suizid 322. – *Weigend*, Über die Begründung der Straflosigkeit bei Einwilligung des Betroffenen, ZStW 98, 44. – *Wilms/Jäger*, Menschenwürde u. Tötung auf Verlangen, ZRP 88, 41.

I. Durch die Strafmilderung bei **Tötung auf Verlangen,** deren Privilegierung auf die Aufklärungszeit zurückgeht (M-Schroeder I), soll der Tatsache Rechnung getragen werden, daß sich der Täter von dem suizidähnlichen Verlangen des Getöteten hat leiten lassen und dadurch sowohl das *Unrecht* (Rechtsgutsverzicht) wie auch die *Schuld* (Mitleidskonflikt, Hilfsmotivation) *gemindert* erscheint (vgl. § 101 AE Begr. 21; dazu Hirsch aaO 796 f.; ferner Ebert JZ 83, 636, E. v. Liszt aaO 156). Den weitergehenden Forderungen nach völliger Straflosigkeit der einverständlichen Tötung (vgl. namentlich Hoerster ZRP 88, 4, 185 [in Erwid. auf Wilms/Jäger aaO], Arth. Kaufmann ZStW 83, 251 f., MedR 84, 124, Marx, Zur Definition des Begriffs „Rechtsgut" (1972) 64 ff., R. Schmitt aaO 113 ff., JZ 79, 462 f., sowie verschiedene Euthanasie-Gesellschaften) stehen sowohl grundsätzliche Bedenken (Unantastbarkeit fremden Lebens) wie auch praktische Gründe (Mißbrauchsgefahr) entgegen (vgl. Eser in Eid 64 ff., Geilen, Euthanasie 21 ff., Hirsch aaO 775 ff., Möllering aaO 93 ff.; vgl. auch Otto DJT aaO I/D 53 f. sowie Weigend aaO 66 ff. zu einer bewußt von einem sozialen Lebenserhaltungsinteresse her argumentierenden Einschränkung der individuellen Dispositionsfreiheit über das Leben, während Hoerster (NJW 86, 1789) zwar – angeblich weltanschaulich neutral – individualistisch ansetzt, aber dann doch bei „paternalistischem" Schutz vor nachträglich vielleicht „unvernünftig" erscheinender Selbstschädigung endet). Die gegenläufigen Bestrebungen nach Einschränkung der in § 216 eingeräumten Privilegierung (Bringewat in Eser 368 ff.) beruhen auf empirisch zweifelhaften Annahmen genereller Krankhaftigkeit des Sterbewillens wie auch auf mangelnder Respektierung subjektiven Freiheitsbewußtseins (vgl. 34, 36 vor § 211 mwN). Rechtsvgl. Simson in Eser 322 ff. Zur Möglichkeit des *Absehens von Strafe* vgl. § 216 II AE-Sterbehilfe sowie mwN 25 vor § 211. Zu sonstigen Formen von *Sterbehilfe* und Euthanasie vgl. 21 ff. vor § 211, zur Abgrenzung von strafloser *Suizidteilnahme* u. 11. Im Verhältnis zu §§ 211, 212 stellt § 216 nicht nur eine unselbständige Privilegierung, sondern einen **selbständigen Tatbestand** dar (vgl. 7 vor § 211). Liegen seine Voraussetzungen vor, so ist eine Bewertung der Tat als Mord (z. B. wegen Grausamkeit der Tatausführung) ausgeschlossen (vgl. RG **53** 293, Jähnke LK 2, Lackner 1). Entsprechend kommt auch bei Zusammentreffen mit weiteren Milderungsgründen des (insoweit ohnehin strafrahmengleichen) § 213 allein § 216 zum Zuge (RG **45** 248, BGH **2** 258, D-Tröndle 1; vgl. auch Horn SK 2).

II. Die **tatbestandlichen Voraussetzungen** im einzelnen:

1. Das Opfer muß **vorsätzlich getötet** worden sein. Insofern müssen zunächst alle objektiven und subjektiven Voraussetzungen von § 212 vorliegen. Die Art und Weise der Tatausführung ist unerheblich (vgl. jedoch u. 6). War der Patient bei Verabreichung der gewünschten sterbensbeschleunigenden Spritze wider Erwarten bereits hirntot (vgl. 18f. vor § 211), so kommt nach Abs. 2 Versuch von § 216 in Betracht. Fehlt es am Tötungsvorsatz (leichtfertige Überdosierung), kommt allenfalls § 222 in Frage (Horn SK 4).

4   2. Das Opfer muß seine Tötung **ausdrücklich und ernstlich verlangt** haben. Als Unrechtsminderungsgrund (o. 1) muß dies *objektiv* gegeben sein; entgegen Horn SK 3 genügt daher nicht schon die subjektive Vorstellung des Täters, daß ein Sterbeverlangen des Getöteten vorliegt. Fehlt es daran, so kommt § 216 allenfalls über § 16 II zum Zuge (D-Tröndle 2, Jähnke LK 18; vgl. auch u. 9).

5   a) Zum **Verlangen** gehört mehr als bloßes Einverständnis des Getöteten (RG **68** 307 m. Anm. Matzke JW 35, 285); über bloßes Erdulden der Tötung hinaus muß daher der Getötete auf den Willen des Täters eingewirkt haben (vgl. RG DR **45**, 21, M-Schroeder I 50, R. Schmitt JZ 79, 464f.). Dies bedeutet jedoch nicht, daß der Vorschlag oder die Initiative zur Tötung unbedingt vom Getöteten ausgegangen sein müßte (vgl. Jähnke LK 8); vielmehr muß schon ein „Bestimmen" i. S. von § 26 genügen (vgl. Horn SK 5). Ebenso wie Anstiftung auch dann noch in Betracht kommt, wenn der Täter zwar bereits zur Tat entschlossen ist, jedoch die Ausführung noch von der Zustimmung eines anderen abhängt (vgl. § 26 RN 5), ist daher auch § 216 noch annehmbar, wenn das Opfer einem Vorschlag des Täters nachdrücklich zustimmt und der Täter ohne diese Zustimmung nicht handeln würde (ebenso Arzt/Weber I 179; vgl. aber auch u. 9). Dementsprechend kommt es auch beim Entschluß mehrerer Personen, *gemeinsam* in den Tod zu gehen, für § 216 nicht darauf an, von wem der Anstoß dazu ausgegangen ist, sofern nur jeder durch die Entschlossenheit der anderen mitbestimmt wurde (vgl. Lange LK^9 2); zur Abgrenzung von bloßer Suizidbeihilfe in solchen Fällen vgl. u. 11.

6   Das Tötungsverlangen braucht *nicht* unbedingt an den *konkreten* Täter gerichtet zu sein; daher können auch Aufforderungen an die Allgemeinheit genügen (D-Tröndle 2; vgl. aber auch Jähnke LK 5), sofern darin nicht ein bloßer Hilfsappell nach besserer Fürsorge zu erblicken und daher die Ernstlichkeit (u. 8) zu verneinen ist. Wurde das Begehren dagegen an eine *bestimmte* Person (Ehegatten, Arzt) oder Personenkreis (Pflegepersonal) gerichtet, so kommt einem außenstehenden Täter § 216 nicht zugute (Horn SK 6). Entsprechendes hat für Beschränkungen auf bestimmte *Tötungsmodalitäten* zu gelten: Hat der Getötete eine möglichst unauffällige Tötung durch Überdosierung eines Medikaments in stiller Einsamkeit gewünscht, so wäre eine Tötung durch Erschießen während der Besuchszeit von § 216 nicht gedeckt (vgl. Gössel I 100). Indes brauchen sonstige *Bedingungen* der Annahme eines Verlangens nicht entgegenzustehen, wie etwa dem als „aufschiebend" zu verstehenden Verlangen, (nur oder erst) bei Mißlingen eines Suizids aktiv nachzuhelfen (vgl. BGH NJW 87, 1092).

7   b) **Ausdrücklich** ist das Verlangen dann, wenn es in eindeutiger, nicht mißzuverstehender Weise gestellt worden ist. Dies muß nicht unbedingt in Worten, sondern kann auch durch unzweideutige Gesten (Horn SK 7, Jähnke LK 6) oder gar nur in Frageform geschehen (BGH NJW 87, 1092). Ein nur vermutetes Verlangen hingegen genügt nicht (RG **57** 381). Hat der Täter eine Geste des Opfers tatsächlich als Verlangen gedeutet, kommt § 216 jedenfalls über § 16 II zugute (and. offenbar Arzt/Weber I 80).

8   c) Ferner muß das Verlangen **ernstlich,** d. h. von freiem Willen getragen und zielbewußt auf Tötung gerichtet sein, und zwar nicht nur aus der Sicht des Täters (so offenbar M-Schroeder I 51), sondern aufgrund subjektiv freiverantwortlichen Entschlusses des Opfers. Insofern gilt Gleiches wie für Beachtlichkeit des Suizidwillens (vgl. 36 vor § 211). Dementsprechend kann die Ernstlichkeit des Tötungsverlangens sowohl fehlen bei alters- oder krankheitsbedingtem Mangel der natürlichen Einsichts- oder Urteilsfähigkeit (vgl. RG **72** 400, BGH NJW **81**, 932, Jähnke LK 7, aber auch BGH **19** 137, wo bereits der Suizidwille einer 16jährigen für beachtlich gehalten wurde; zu Recht krit. dazu Geilen JZ 74, 149), wie auch bei Zwang, arglistiger Erschleichung des Tötungsverlangens (z. B. durch Vorspiegelung eigener Selbstmordabsichten des Täters, vgl. RG JW **33**, 961 m. Anm. Hall, Gössel I 99) oder bei wesentlichen Motivirrtümern. Da es dabei nicht um strafrechtliche Schuldfähigkeit, sondern um die Beachtlichkeit des Verfügungswillens i. S. der Einwilligungsfähigkeit geht, kann den Symptomen des § 20 lediglich indizielle Bedeutung zukommen (vgl. Horn SK 8). Auch bei Handeln aus einer Augenblicksstimmung oder vorübergehenden Depression ist daher die Ernstlichkeit regelmäßig zu verneinen (D-Tröndle 3, Welzel 285).

9   3. Durch das Verlangen muß der Täter **zur Tötung bestimmt worden** sein. Wie bei Anstiftung ist dies ausgeschlossen, wenn er als omnimodo facturus ohnehin bereits zur Tat entschlossen war (vgl. RG **68** 307) oder nicht durch das Verlangen, sondern durch andere Umstände (z. B. Versprechungen eines Dritten) zur Tat veranlaßt wurde (D-Tröndle 4). Dies bedeutet jedoch nicht, daß das Tötungsverlangen das einzige Tatmotiv gewesen sein müßte, sofern es

wenigstens das hauptsächlich bestimmende war (vgl. Horn SK 5, Jähnke LK 8). Ist dies der Fall, so wird § 216 auch nicht durch minderwertige Nebenmotive (Erbschaftshoffnungen, Loswerden einer familiären Belastung) ausgeschlossen (M-Schroeder I 51; i. E. ebenso Arzt/Weber I 79).

4. Fraglich ist, ob und inwieweit § 216 auch durch **Unterlassen** verwirklicht werden kann. **10** Vom BGH wird dies stillschweigend bejaht (vgl. insbes. BGH **13** 166, **32** 367 m. Anm. Eser MedR 85, 6, ferner Bockelmann, Strafrecht des Arztes 114, Helgerth JR 76, 46, Herzberg JuS 75, 172, M-Schroeder I 50, Schmitt MDR 86, 620), so daß sowohl die Nichthinderung eines Suizids durch den Garanten wie auch der sterbensbeschleunigende Behandlungsabbruch selbst dann nach § 216 strafbar sein müßte, wenn dies in Respektierung eines freiverantwortlichen Sterbeverlangens geschieht. (Fehlt es daran, so kommt ohnehin nicht mehr § 216, sondern bereits § 212 in Betracht; vgl. 37 vor § 211 sowie Horn SK 14). Dem steht jedoch bereits entgegen, daß gerade eine solche Unterordnung unter den Willen des Lebensmüden zugleich der Grund sein kann, der zum Wegfall des auch für § 216 erforderlichen Täter- bzw. Tatbeherrschungswillens führt (vgl. BGH **13** 166ff.). Doch ganz abgesehen von solchen Widersprüchen, die sich weder mit allgemeinen Teilnahmeregeln noch mit der Figur eines Tatherrschaftswechsels bei Eintritt der Handlungsunfähigkeit des Sterbenden befriedigend lösen lassen (vgl. 43 vor § 211), ist die Begehbarkeit des § 216 durch Unterlassen schon grundsätzlich in Zweifel zu ziehen. Denn sieht man die Einwilligungssperre des § 216 (u. 13) ohnehin nur *gegen aktive Fremdtötung gerichtet* (so zu Recht Sax JZ 75, 146ff.; i.gl. S. Engisch, Arzt 43f., Kaufmann MedR 84, 122, Kreuzer, Hilfeleistungspflicht 66 FN 257, Rudolphi Jura 79, 42, Stratenwerth SchwZStr 78, 69), so wird nicht nur das ausdrücklich verlangte, sondern bereits das einverständliche Sterbenlassen von vorneherein schon gar nicht vom Tatbestandsbereich des § 216 erfaßt (vgl. Eser in Auer/Menzel/Eser 108f.; i. E. ebenso Bockelmann II/2 S. 17, Detering JuS 83, 419, Jähnke LK 9 sowie 13, 24 vor § 211, Krey I 40). Andernfalls ist bei Sterbenlassen in Respektierung der im Sterbeverlangen zum Ausdruck kommenden Hilfsverweigerung die Zumutbarkeit aufgedrängter Hilfe bzw. die nach § 13 erforderliche Gleichwertigkeit zu verneinen (vgl. Gössel I 98, Simson Schwinge-FS 98f., ferner 154 vor § 13). Somit kann § 216 durch Unterlassen lediglich für die (freilich selten) Fälle praktisch werden, in denen dem Sterbeverlangen tatsächlich die Freiverantwortlichkeit gefehlt hat und damit objektiv § 212 verwirklicht ist (vgl. 37, 40 vor § 211 sowie o. 4), der Garant jedoch das Verlangen für ernstlich hielt; hier muß ihm, sofern nicht – wegen Annahme eines freiverantwortlichen Suizids und damit mangels Fremdtötungsvorsatzes – ohnehin bereits die Strafbarkeit zu verneinen ist, zumindest § 216 über § 16 II zugute kommen (i. E. ebso Horn SK 14).

5. Besondere Schwierigkeiten kann die **Abgrenzung von Tötung auf Verlangen** gegenüber **11** (strafloser) **Teilnahme an der Selbsttötung** (35 vor § 211) bereiten. Bedeutsam ist dies jedoch von vorneherein nur für solche Fälle, in denen sich der Tatbeteiligte nicht nur auf bloße Tatanstöße, Ratschläge oder Vorbereitungshilfen beschränkt, sondern unmittelbar in das Tötungsgeschehen hineinziehen läßt. Soweit es dabei um bloßes *Nichtabhalten* eines freiverantwortlich handelnden Suizidenten durch einen Beschützergaranten geht, scheidet § 216 bereits nach den bei 10 angeführten Gründen aus (zur Gegenauffassung nach Eintritt der Handlungsunfähigkeit des Suizidenten vgl. 42 vor § 211). Soweit die Tötung dagegen *aktiv* mitbewirkt wird (Aufdrehen des Gashahns, Einflößen des Giftes), ist das maßgebliche Abgrenzungskriterium noch sehr umstritten (vgl. Arzt ZStW 83, 33ff.). Daß die allgemeinen Täterschaftskriterien (Täterwille, Tatherrschaft) dafür schon deshalb nicht taugen, weil für § 216 gerade typisch ist, daß sich der Täter dem Willen des Getöteten unterwirft (vgl. Blei II 29f.), mußte selbst dem BGH einräumen, indem er sein anfängliches Abheben auf den Täterwillen (BGH **13** 166f.) zugunsten einer Tatherrschaftsbetrachtung aufgab (BGH **19** 138f., MDR/D **66**, 382, NJW **87**, 1092 m. Anm. Herzberg JuS 88, 771, NStZ 89, 559, Roxin NStZ 87, 345; ebenso Busch LK[9] § 49 RN 23, Herzberg JuS 75, 37f., Kohlhaas LM Nr. 3 zu § 216; ähnl. diff. Jähnke LK 13 nach dem „Schwergewicht des Tatbeitrags"). Wenn jedoch für eine solche Tatbeherrschung durch den Täter kennzeichnend sein soll, daß das Opfer „duldend von ihm den Tod entgegennimmt" (BGH **19** 139; ähnl. Arzt/Weber I 91: „sich in die Hand eines anderen gibt"), so wird übersehen, daß selbst bei duldender Hinnahme der Lebensmüde das Geschehen dadurch noch beherrschen kann, daß es von seiner Entscheidung abhängig bleibt, ob das Tun des Beteiligten zum Erfolg führt oder (z. B. durch Verweigerung der Gifteinnahme, Verlassen des Zimmers) scheitert (vgl. Horn SK 10, Roxin, Täterschaft[4] 590ff.). Statt dessen den Bereich des § 216 auf die Fälle einzuengen, in denen sich der Getötete auf eine reine *Anstiftungs*tätigkeit beschränkt (Dreher MDR 64, 338), vermag auch in der (inzwischen offenbar zurückgenommenen) Verfeinerung dieser Auffassung durch Horn SK (1983) 11 nicht voll zu überzeugen; denn ob der Getötete lediglich um Öffnung des Gashahnes zu bitten braucht (dann § 216) oder sich dazu selbst noch in einen anderen Raum begeben muß (dann straflose Teilnahme), mag zwar ebenso wie dort, wo er sich den Tod auch selbst geben könnte, für die Ernstlichkeitsfrage relevant sein, nicht dagegen für die Abgrenzung bloßer Suizidteilnahme von täterschaftlicher Tötung. Entscheidend muß vielmehr sein, ob sich das Geschehen letztlich als Selbst- oder als Fremdverfügung darstellt: Soll dem *Getöteten* nach dem letzten Tatbeitrag des anderen noch die *freie Entscheidung* über Leben und Tod verbleiben (durch Verlassen des Raumes, Zurückweisen des Bechers), so handelt es sich um bloße Suizidbeihilfe, andernfalls (so beim Schuß mit der Waffe, dem Zuziehen der Schlinge, der tödlichen Spritze) um täterschaftliche Tötung auf Verlangen. Versteht man „Beherrschung des Tötungsgeschehens" i. S. dieses bereits von Schröder (12. A. Anm. 17) entwickelten Ansatzes, so läßt sich eine gewisse Übereinstimmung konstatieren (vgl. insbes. Roxin, Täterschaft[4] 570ff., der allerdings in Anm. NStZ 87, 347f. zu BGH NJW **87**, 1092 – ähnl. wie Hohmann/König NStZ 89, 304f., Neumann JA 87, 244ff. – durch Abheben auf das in Eigenverantwortlichkeit unternommene „in die eigene Hand nehmen" der Selbsttötung den straffreien Suizidteilnahmebereich noch weiter ausdehnt und damit auf scharfe Kritik gestoßen ist [vgl. Herzberg JuS 88, 771, NStZ 89, 559], ferner Blei II 30, Hanack in Hiersche 150, Krey I 45f., Lackner 2b, M-Schroeder I 18, Paehler MDR 64, 648f., Welzel 286, Wessels II/1 S. 36f.; unscharf, aber wohl i.gl. S. Bottke aaO 236ff.; dazu Jakobs ZStW 95, 675; spez. zum Fall Hackethal vgl. München NJW **87**, 2940, Herzberg NJW 86, 1635ff.). Dementsprechend macht sich auch beim einseitig fehlgeschlagenen *Doppelselbstmord* der Überlebende nur dann nach § 216 strafbar, wenn nach dem letzten von ihm erbrachten Tatbeitrag (z. B. durch Einleiten der Abgase in den PKW) dem Opfer nicht mehr die Möglichkeit verbleibt, sich dem tödlichen Erfolg (etwa durch Aussteigen) zu entziehen; daher auch i. E. fragwürdig BGH **19** 135 (vgl. auch Eser III 45ff. sowie Roxin, Täterschaft[4] 570 mwN).

11a Nach den gleichen Kriterien ist im Falle eines sich letztlich als tödlich realisierenden Risikos zwischen der **Veranlassung einer Selbstgefährdung** und **einverständlicher Fremdgefährdung** zu unterscheiden: Jeweils Freiverantwortlichkeit des Betroffenen vorausgesetzt ist ersteres schon von vornherein mangels einer tatbestandsmäßigen Haupttat straflos (BGH **32** 262 m. Anm. Dach NStZ 85, 24, Horn JR 84, 511, Kienapfel JZ 84, 750, Otto Jura 84, 536, Tröndle-FS 157f., Roxin NStZ 84, 411, BGH NStZ **85**, 25, Stuttgart VRS **67** 429), wobei allerdings diese Straflosigkeit der Beteiligung an eigenverantwortlicher Selbstgefährdung teils dadurch unterlaufen wird, daß nach Eintritt der Hilflosigkeit eine Rettungspflicht angenommen wird (BGH NStZ **85**, 319 m. krit. Anm. Roxin). Demgegenüber bedarf die einverständliche Selbstgefährdung weil an sich tatbestandsmäßig, grds. eines besonderen Rechtfertigung, und zwar nach den für die Einwilligung in riskante Handlungen geltenden Regeln (dazu 102ff. vor § 32). Im Falle *mangelnder Freiverantwortlichkeit* des Betroffenen hingegen kommt je nach den subjektiven Vorstellungen der Veranlassenden mittelbare Täterschaft (vgl. 37, 40 vor § 211) oder fahrlässige Tötung (vgl. 35 vor § 211, § 222 RN 3, 5) in Betracht.

12 Ist nach den vorgenannten Grundsätzen der Tod des Opfers dem Täter nicht zuzurechnen, so kann er auch **nicht** im Rahmen **anderer Delikte** berücksichtigt werden, z. B. wenn die Beihilfe zur Selbsttötung sich als fahrlässige Brandstiftung darstellt (§ 309 2. Alt.), durch die der Suizident ums Leben kommt (vgl. 47 vor § 211; and. Jähnke LK 21). Dagegen kann die Suizidbeihilfe bei einer Schwangeren als Beihilfe zum Schwangerschaftsabbruch strafbar sein (vgl. § 218 RN 11).

13 III. Für **Rechtswidrigkeit und Rechtfertigung** gelten an sich die allg. Regeln (§ 212 RN 6f.), wobei jedoch hier typischerweise nicht einmal für Notwehr Raum ist. Da selbst dem Verlangen des Opfers lediglich straf*mildernde* Kraft zukommt, enthält § 216 zugleich eine für die gesamte Rechtsordnung verbindliche **Einwilligungssperre** (Jähnke LK 17) gegenüber *aktiver* Fremdtötung (vgl. Bay NJW **57**, 1246), und zwar ohne Rücksicht auf Alter und Zustand des Betroffenen (vgl. LG Ravensburg NStZ **87**, 229). Diese Unverfügbarkeit des Lebens läßt sich sowohl aus Tabuisierungsgründen (vgl. Hirsch aaO 775ff. gegen Schmitt aaO 113ff.) wie auch aus Mißbrauchsabwehr (vgl. Arzt ZStW 83, 36f.) begründen. Daher ist auch für einen Rechtfertigungsgrund „Euthanasie" kein Raum (Möllering aaO 96ff.; vgl. auch 24 vor § 211). Dagegen wird eine Rechtfertigung nach § 34 namentlich von solchen Autoren nicht ausgeschlossen, die – auf Kosten straffreier Suizidteilnahme bzw. strafloser Nichthinderung eines Suizids – den Tatbestandsbereich des § 216 eher weit fassen (so z. B. Herzberg JA 85, 131ff., 177ff., 265ff., NJW 86, 1638ff.; vgl. auch Otto DJT-Gutachten 54f., 58f., 97f.). Zu weiteren Strafeinschränkungen bei *passiver Sterbehilfe* vgl. o. 10 sowie 27ff. vor § 211.

14 IV. Für den **subjektiven Tatbestand** ist **Vorsatz** erforderlich, bedingter genügt (Jähnke LK 18). Über den Tötungserfolg (o. 3) hinaus muß der Vorsatz auch auf das objektive Vorliegen eines ausdrücklichen und ernsthaften Verlangens bezogen sein; andernfalls fehlt es bereits am Bestimmtwerden durch das Verlangen (o. 9). Nimmt der Täter ein solches **Verlangen irrtümlich** an (z. B. durch Verkennung der mangelnden Ernstlichkeit) oder bezieht er es fälschlich auf seine Person (vgl. o. 6), so kommt ihm § 216 nach § 16 II zugute (D-Tröndle 2, M-

Schroeder I 50f.; vgl. auch Gössel I 100 sowie o. 4). Fällt ihm bei seinem Irrtum *Fahrlässigkeit* zur Last, so bleibt davon sein (auf § 216 gerichteter) Tötungsvorsatz unberührt (vgl. Horn SK 3) und § 222 ausgeschlossen (vgl. auch M-Schroeder I 51, Germann SchwZStr 54, 361). Kennt **umgekehrt** der Täter ein tatsächlich vorliegendes Tötungsverlangen nicht, so scheidet § 216 schon deshalb aus, weil er sich nicht hat davon bestimmen lassen (vgl. o. 9). Statt dessen kommen §§ 211, 212 zum Zuge (vgl. § 217 RN 11 sowie Horn SK 3). Zu etwaigen Verbotsirrtümern vgl. Jähnke LK 18f. 15

V. Der strafbare **Versuch (Abs. 2)** setzt voraus, daß sich der Täter von einem (tatsächlichen oder vermeintlichen) Sterbeverlangen bestimmen läßt (vgl. o. 4, 14); andernfalls greift § 212 ein (o. 15). Versuch durch *Unterlassen* scheidet hier aus: Denn sofern der Unterlassende von der Freiverantwortlichkeit des Verlangenden ausgeht, fehlt ihm bereits der Entschluß zu einem tatbestandlich erfaßbaren Verhalten (vgl. o. 10, Jähnke LK 20); und sofern er den Verlangenden für nicht freiverantwortlich hält, greifen die §§ 211, 212 ein (vgl. 37 vor § 211). 16

VI. 1. **Täter** des § 216 kann nur sein, wer als (tatsächlicher oder vermeintlicher) Adressat des Sterbeverlangens getötet hat (vgl. o. 6, 14, Jähnke LK 10). War das Verlangen etwa ausschließlich an den Arzt gerichtet, bleibt die an der Ausführung täterschaftlich mitwirkende Krankenschwester *mittäterschaftlich* nach § 212 strafbar (Jähnke aaO). Demgegenüber wäre bei selbständiger Natur des § 216 (o. 2) dann auch die Bezeichnung der beiden als „Mittäter" ausgeschlossen (vgl. § 25 RN 87), was jedoch lediglich für den Urteilstenor von Bedeutung ist (Horn SK 13). 17

2. **Teilnahme** kommt idR nur in Form von Beihilfe in Betracht. Doch ist auch Anstiftung nicht grundsätzlich ausgeschlossen (Jähnke LK 10; and. Horn SK 13): so wenn der Arzt durch Angehörige veranlaßt wird, dem Sterbeverlangen des Schwerleidenden nachzukommen. Da es sich dabei nicht um ein ausschließlich tatbezogenes, sondern auch um ein *täterbezogenes* Merkmal (Mitleidsmotivation) handelt (vgl. o. 1), ist § 28 anwendbar (vgl. Jähnke LK 10), und zwar dessen Abs. 2, der auch bei selbständigem Charakter des § 216 (o. 2) nicht ausgeschlossen ist (vgl. 7 vor § 211). Demzufolge kann § 216 jedenfalls nur dem Tatbeteiligten zugute kommen, der durch das Sterbeverlangen bestimmt wird. Nach der Gegenauffassung (Horn aaO, Schröder 17. A. RN 16) ist der Teilnehmer akzessorisch aus § 216 zu verurteilen, und zwar selbst dann, wenn er selbst nicht durch das Sterbeverlangen zur Beteiligung bestimmt wurde. Hat er von dessen Vorliegen jedoch nichts gewußt, ist er mangels Vorsatzes i. S. von § 216 nach § 212 strafbar (vgl. o. 15). Dies hat dann auch für den umgekehrten Fall zu gelten, daß zwar der Teilnehmer ein Sterbeverlangen hat unterstützen wollen, der Täter selbst sich davon jedoch nicht hat leiten lassen. Falls der Gehilfe diesen Mangel nicht erkennt, kann ihm § 216 aber über § 16 II zugute kommen (vgl. o. 14). Das *Opfer* selbst bleibt auch bei mißglücktem Tötungsversuch straflos: *notwendige* Teilnahme (49f. vor § 25, M-Schroeder I 51). 18

VII. **Idealkonkurrenz** ist möglich mit Mord oder Totschlag, wenn durch dieselbe Handlung eine weitere Person getötet wird, der gegenüber die Voraussetzungen von § 216 nicht vorliegen (RG 53 293). Über das Verhältnis zu den §§ 223ff. vgl. § 212 RN 14ff., insbes. 25f. 19

§ 217 Kindestötung

(1) Eine Mutter, welche ihr nichteheliches Kind in oder gleich nach der Geburt tötet, wird mit Freiheitsstrafe nicht unter drei Jahren bestraft.

(2) In minder schweren Fällen ist die Strafe Freiheitsstrafe von sechs Monaten bis zu fünf Jahren.

Schrifttum: Vgl. die allg. Angaben zu den Vorbem. vor § 211; ferner *Blanke*, Die Kindestötung in rechtl. u. kriminolog. Sicht, Diss. Kiel 1966. – *Gummersbach*, Kindesmord und Kindestotschlag, ZStW 54, 232. – *ders.*, Untersuchungen über die Milderungsgründe für die Kindestötung, GS 107, 179. – *ders.*, Zur kriminologischen und rechtlichen Beurteilung der Kindestötung, MonKrimBiol. 37, 364. – *Konow*, Die Bedeutung des § 217 usw., NJW 61, 861. – *Krauskopf*, Die Kindestötung in Dtld., Frankreich u. der Schweiz, Diss. Fribourg 1971. – *Peters*, Der Schutz des neugeborenen, insbes. des mißgebildeten Kindes, 1988. – *Ponsold*, Kindestötung, in: Ponsold Lb. S. 378. – *Schwarz*, Die Kindestötung, 1935. – *Sieg*, Gegen die Privilegierung der Tötung des nichtehelichen Kindes, ZStW 102, 292. – *Streb*, Über die Kindestötung, Diss. Frankfurt 1968. – *Vossen*, Zur Schuldfähigkeit sog. Kindesmörderinnen, in Göppinger-Bresser, Tötungsdelikte (1980) 81. – *Wahle*, Zur Privilegierung der Kindestötung, FamRZ 67, 542.

I. Die Strafmilderung für die **Tötung des nichtehelichen Kindes** im Zusammenhang mit der Geburt hat ihren Grund in der seelischen, oft auch wirtschaftlichen Notlage der Mutter in Verbindung mit dem Erregungszustand während der Geburt (vgl. Blau Tröndle-FS 114, Gummersbach GS 107, 188, Wahle FamRZ 67, 542; zur geschichtl. Entwicklung Peters aaO, insbes. 163 ff., wie auch zur 1

§ 217 2–7 Bes. Teil. Straftaten gegen das Leben

praktischen Bedeutung vgl. Eser DJT-Gutachten D 147f. mwN, NStZ 84, 57, Arzt/Weber I 70f. sowie Sieg aaO, der für ersatzlose Streichung des § 217 eintritt). Anders als nach Art. 116

2 schweizStGB ist der Erregungszustand jedoch kein selbständiges Tatbestandsmerkmal (vgl. u. 8). Im Hinblick auf die nur schuldbezogene Rücksichtnahme auf die Ausnahmesituation der Mutter (Arzt/ Weber I 72) ist § 217 nicht als selbständiger Tatbestand (so jedoch RG DR **44**, 657, BGH **1** 237, Bay **50**, 127, D-Tröndle 1, Schröder SJZ 50, 567), sondern lediglich als **unselbständige Privilegierung** des § 212 zu betrachten (Gössel I 102, Jähnke LK 2, Lackner 1, M-Schroeder I 52, Welzel 286). Die Befürchtung von Schröder, daß dann etwa bei gemeingefährlicher Ausführung einer Kindestötung § 211 durchgreifen müßte (vgl. 17. A. RN 2), ist nicht mehr begründet, da nach heutiger h. M. das grundsätzliche Zurücktreten einer Qualifizierung gegenüber einer Privilegierung nicht vom Grad ihrer tatbestandlichen Verselbständigung abhängen kann (vgl. 7 vor § 211). Danach kommt auch bei Zusammentreffen mit etwaigen Mordmerkmalen der Mutter § 217 zugute (Horn SK 2, Wessels II/1 S. 39). Hingegen ist bei bloßer Fahrlässigkeit der Mutter § 222 anwendbar (vgl. u. 10). Trotz Privilegierung bleibt die Kindestötung im Hinblick auf die Mindeststrafe von 3 Jahren **Verbrechen** (§ 12 I).

3 II. **Tatobjekt** ist ein *nichteheliches Kind*. Da **Kind** als *Mensch* i. S. von § 212 (und nicht mehr als „Leibesfrucht" i. S. von § 218) zu verstehen ist (Horn SK 5), muß die Einwirkung zu einem Zeitpunkt erfolgen oder jedenfalls noch fortdauern, zu dem bereits die Eröffnungswehen eingesetzt haben (vgl. 13 vor § 211 sowie u. 6) und das Kind, ohne Rücksicht auf seine möglicherweise beschränkte Lebensfähigkeit, tatsächlich *lebt* (vgl. BGH NStZ **87**, 21 sowie 14 vor § 211). **Nichtehelich** ist ein Kind, dessen Eltern weder z. Zt. der Zeugung noch z. Zt. der Geburt in formell gültiger Ehe miteinander verheiratet waren (D-Tröndle 2). Daher ist ein Kind, das vor der Ehe vom späteren Ehemann empfangen und dann in der nachfolgenden Ehe geboren wurde, ebenso ehelich wie ein in der Ehe gezeugtes, aber erst nach Auflösung der Ehe geborenes Kind. Maßgeblich für die Abstammung des Kindes sind nicht die Vermutungen des BGB (§§ 1591ff.), sondern der tatsächliche biologische Nachweis (BGH **32** 140, Jähnke LK 4).

4 III. Die **Tathandlung** besteht in der Tötung des Kindes in oder gleich nach der Geburt.

5 1. **In der Geburt** bedeutet, daß sie ihren Anfang genommen haben muß. Dies ist der Fall, wenn die schließlich zur Ausstoßung führenden Eröffnungswehen eingesetzt haben (vgl. 13 vor § 211). **Gleich nach der Geburt** ist nicht im Sinne eines bestimmten Zeitraums (so aber Gössel I 103), sondern – ähnlich wie bei der Provokation des § 213 (vgl. dort RN 9) – *psychologisch* zu verstehen. Entscheidend ist dafür, ob die durch die Geburt hervorgerufene Gemütsbewegung z. Zt. der Tat noch anhält (D-Tröndle 5, Jähnke LK 6). Dies kann auch noch 1½ Stunden nach der Geburt der Fall sein (RG DR **44**, 148). Bei einer Tötung ½ Stunde nach der Geburt wird dies idR selbst dann anzunehmen sein, wenn die Täterin zwischenzeitlich ihrer häuslichen Arbeit nachgegangen war (RG DR **44**, 657). Eine *alternative* Feststellung zwischen „in" oder „gleich nach" der Geburt ist zulässig, da es sich um gleichwertige Erscheinungsformen handelt (vgl. RG **62** 201).

6 2. **Töten** ist im gleichen Sinne zu verstehen wie bei § 212 (vgl. dort RN 3). Lediglich die Tötungs*handlung* muß innerhalb der Geburtsphase (o. 5) erfolgt sein, während der Tötungs*erfolg* auch später eintreten kann (Jähnke LK 7). Daß die Schwangere Bedingungen, die zum Tode des Kindes führen, schon vor Geburtsbeginn gesetzt hat (Wegschicken von Hausbewohnern, Zurückziehen in Wald, um fremde Geburtshilfe auszuschalten), schließt § 217 jedenfalls dann nicht aus, wenn die Wirkungen dieses aktiven Tuns nicht mehr am Kind als (noch) Leibesfrucht (dazu 33 vor § 218), sondern erst am *geborenen* Kind zur Entfaltung kommen sollen und die dafür wesentlichen Bedingungen auch noch in der Geburtsphase aufrechterhalten werden (vgl. RG **62** 199). Insoweit steht dem § 217 auch nicht entgegen, daß die Mutter den Tötungsentschluß schon vor der Geburt des Kindes gefaßt hat (RG DR **44**, 657, BGH MDR/D **72**, 570). Hat sich jedoch die Schwangere durch die vor der Geburt gesetzten Bedingungen bereits jeder Möglichkeit begeben, das auf den Tod des Kindes hinführende Kausalgeschehen noch rechtzeitig abzuwenden (z. B. durch Verstecken in weit abgelegenem Wald, von wo aus rechtzeitige Hilfe nicht herbeigeholt werden kann), so ist nach den Grundsätzen der actio libera in causa (dazu § 20 RN 33ff.) nicht § 217, sondern § 212 anzuwenden (i. E. ebenso Horn SK 7; and. Jähnke LK 5, der jedoch – statt nur von geminderter Schuld bei geburtstypischer Erregung – fälschlich von gemindertem Schutz des Kindes in der Geburtsphase ausgeht; vgl. auch Gössel I 104).

7 Entsprechendes hat für Kindestötung durch **Unterlassen** zu gelten, z. B. dadurch, daß die Mutter als Garantin für das Leben ihres Kindes die erforderlichen Geburtsvorbereitungen unterläßt (BGH GA **70**, 86) oder bei einem medizinisch versorgungsbedürftigen Kind von der Herbeirufung eines Arztes absieht (vgl. RG **62** 200, **72** 373 m. Anm. Kohlrausch ZAkDR 39, 244, HRR **27** Nr. 977, BGH GA **79**, 107, aber auch NStZ **87**, 21). Auch hier bleibt § 217 jedenfalls so lange anwendbar, als der Mutter noch während der Geburtsphase die Möglichkeit zur Erfolgsabwendung verbleibt. Dagegen soll § 217 ausgeschlossen sein, wenn sich die Mutter

bereits durch Pflichtversäumnisse vor der Geburt darüber im klaren sein muß, das Kind dann nicht mehr ordnungsgemäß versorgen zu können; demzufolge käme dann je nach Erfolgseintritt – bzw. den entsprechenden Vorstellungen darüber – versuchte oder vollendete Tötung nach §§ 211, 212 bzw. § 222 in Betracht (vgl. Horn SK 12). Ob diese Differenzierung freilich dem Umstand gerecht wird, daß die Tötung in der Geburt wohl nur selten einem Augenblicksentschluß entspringt (und dies von Gesetzes wegen auch gar nicht so sein muß), erscheint sehr zweifelhaft.

3. *Nicht* erforderlich ist hingegen der Nachweis, daß sich die Täterin tatsächlich in einem **8** **Erregungszustand** befunden oder von der Nichtehelichkeit des Kindes hat motivieren lassen (vgl. RG 77 247, OGH 3 117, ferner Maihofer H. Mayer-FS 197). Auch steht dem § 217 nicht entgegen, daß die Täterin überlegt oder planmäßig handelt (M-Schroeder I 53). Zum häufig naheliegenden Ausschluß der Schuldfähigkeit vgl. BGH NStZ **83**, 280, **87**, 21.

IV. Zur **Rechtfertigung** der Tötung eines in der Geburt befindlichen Kindes zur Rettung von **9** Leben oder Gesundheit der Mutter vgl. 34 vor § 218.

V. Für den **subjektiven Tatbestand** ist **Vorsatz** erforderlich. Fehlt er, so kommt Bestrafung **10** nach § 222, der durch die Existenz von § 217 nicht ausgeschlossen wird (RG **59** 83, BGH LM Nr. 2), in Betracht, wie z. B. dort, wo die Täterin das Kind fälschlich für tot hält und deshalb unversorgt läßt (vgl. BGH NStZ **87**, 21, insbes. auch zu den Grenzen zumutbarer Rettungsbemühungen); vgl. auch BGH GA **79**, 106 zur Abgrenzung Vorsatz/Fahrlässigkeit. Zur Abgrenzung von bloßer Fahrlässigkeit vgl. BGH GA **79**, 106. Über das Verhältnis zum Körperver- **11** letzungsvorsatz vgl. § 212 RN 17 ff. Hält die Täterin ein tatsächlich eheliches Kind **irrtümlich** für *nichtehelich,* so ist sie trotzdem nur nach § 217 zu bestrafen. Dies ließ sich schon früher daraus begründen, daß sie sich psychisch in der gleichen privilegierenden Situation befindet (vgl. Horn SK 3, M-Schroeder I 47), und ergibt sich jetzt ausdrücklich auch aus § 16 II (vgl. dort RN 26 sowie Jähnke LK 11). Hält sie umgekehrt ein nichteheliches Kind irrtümlich für *ehelich,* so entfällt der Privilegierungsgrund (vgl. o. 1), so daß sie nach § 211 oder § 212 zu bestrafen ist (D-Tröndle 2, Maihofer H. Mayer-FS 197, Welzel JZ 51, 692; vgl. § 16 RN 28); demgegenüber wollte die früher h. M. auch in diesem Fall nach § 217 bestrafen (vgl. v. Liszt-Schmidt 470).

VI. 1. Täter(in) kann nur die leibliche *nichteheliche* **Mutter** sein; zur Nichtehelichkeit vgl. o. **12** 3. *Mittelbare* Täterschaft der Mutter ist etwa dadurch möglich, daß sie einen gutgläubigen Dritten zur Vergabe einer tödlichen Infusion veranlaßt; denn § 217 ist kein eigenhändiges Delikt (so aber Maurach BT⁵ 44), sondern setzt lediglich als täterschaftliche Sondereigenschaft die nichteheliche Mutterschaft voraus (vgl. M-Schroeder I 54). Infolgedessen ist mittelbare Täterschaft eines *Dritten* durch Benutzung der Mutter als Werkzeug nicht nach § 217, sondern nach §§ 211, 212, 213 zu behandeln (vgl. § 25 RN 43 f.).

2. Dementsprechend ist auch die **Teilnahme Dritter** nicht nach § 217, sondern unstreitig **13** nach den allgemeinen Tötungstatbeständen (§§ 211, 212, 213) zu beurteilen (vgl. RG **72** 373, **74** 86, BGH **1** 240; vgl. auch Herzberg ZStW **88**, 70). Strittig ist jedoch, wonach etwaige *Mordqualifizierungen* auszurichten sind (vgl. Arzt/Weber I 73): Hält man im Hinblick auf den unselbständigen Charakter des § 217 (o. 2) eine Tatbestandsverschiebung nach § 28 II für möglich, so kommt es für die Beurteilung des Drittbeteiligten allein auf die *von ihm* verwirklichten Mordmerkmale an (Lackner 5, M-Schroeder I 54, Welzel 287, Wessels II/1 S. 39); entsprechendes hat für § 213 zu gelten. Demgegenüber glaubt der BGH wegen Selbständigkeit des § 217 auf die Person der *Mutter* abstellen zu müssen, so daß der Teilnehmer dann aus § 211 bestraft werden kann, wenn bei der Mutter, falls nicht zu ihren Gunsten § 217 eingreifen würde, Mord gegeben wäre und der Teilnehmer um diese qualifizierenden Umstände weiß (BGH NJW **53**, 1440; vgl. auch OGH **3** 116 f., Heinitz DJT-FS 112 und diff. Jähnke LK 8; unklar D-Tröndle 7, wenn er sowohl auf den Teilnehmer wie auf die Mutter abhebt). Diese „als ob"-Betrachtung ist jedoch weder kriminalpolitisch befriedigend noch konstruktiv zwingend, da die Anwendbarkeit von § 28 II auf den Teilnehmer auch bei selbständiger Deliktsnatur des § 217 nicht ausgeschlossen ist (vgl. 7 vor § 211, Schröder SJZ 50, 568 sowie Horn SK 11).

3. Bei bloßer **Teilnahme der Mutter** an der von einem anderen vorgenommenen Kindes- **14** tötung kommt für sie auf jeden Fall nur Bestrafung nach § 217 in Betracht (Blei II 32, M-Schroeder I 54). Da sie jedoch gleichzeitig Beschützergarantin ist (vgl. § 13 RN 17 ff.), macht sie sich durch Zulassung der Tötung regelmäßig auch wegen *täterschaftlichen Unterlassens* strafbar (vgl. 91 vor § 25).

VII. Der **Versuch** ist wegen der Verbrechensnatur des § 217 (o. 2) strafbar. Das setzt voraus, **15** daß die Mutter von der Nichtehelichkeit des Kindes ausgeht und die Tötung innerhalb der Geburtsphase (o. 5) unternommen wird (vgl. Horn SK 3).

§§ 218 ff. Vorbem

16 VIII. Als **Strafe** ist Freiheitsstrafe nicht unter 3 Jahren angedroht. Bei Vorliegen eines **minder schweren Falles (Abs. 2)** tritt Freiheitsstrafe von 6 Monaten bis 5 Jahren ein. Als Milderungsgrund wurde z. B. die seelische Belastung aufgrund einer früheren nichtehelichen Geburt angesehen (BGH NJW **60**, 1869). Zur Frage zusätzlicher Milderung aufgrund verminderter Schuldfähigkeit vgl. § 50 RN 2 ff. Daß das getötete Kind aus nichtehelichem Verkehr hervorgegangen ist, darf, da Tatbestandsmerkmal, nicht strafschärfend berücksichtigt werden (BGH GA **73**, 26). Vgl. auch BGH NStZ/E **84**, 57.

17 **IX. Konkurrenzen:** § 221 tritt zurück (vgl. dort RN 14). Über das Verhältnis zu Körperverletzung vgl. § 212 RN 25 f., zu § 218 vgl. dort RN 59.

Vorbemerkungen zu den §§ 218 bis 219 d (Schwangerschaftsabbruch)
Stichwortverzeichnis
Zahlen in Normalschrift bedeuten die RN zu den §§ bzw. zu den Vorbem.

Abbrechender Arzt, s. Arzt
Abbruchsfristen, s. Fristen
Abortive Mittel **219 b** 3, **219 c** 2, **219 d** 3 ff.
Absaugung **218** 6, **219 b** 4
Absterben der Leibesfrucht, s. Leibesfrucht
Abtöten der Leibesfrucht, s. Leibesfrucht
Abtreibung **218** 4, s. a. Schwangerschaftsabbruch; Fremd- **218** 1 ff., 14, 37, 40 ff.; Laien- Vorbem. 12, **218** 2, 44, **219 c** 12; Selbst- **218** 1 ff., 15, 37
Adoption **218 a** 50 a, **218 b** 6
Anbieten, Ankündigen, Anpreisen von Diensten und Mitteln zum Schwangerschaftsabbruch **219 b** 1 ff.
Approbation, Erfordernis der – **218 a** 55, **218 b** 15, 21, **219** 8
Arzt, *allgemein:* Abbruch durch – Vorbem. 19 ff., **218** 50, **218 a** 55 ff.; Beratung durch – s. Beratung u. beratender Arzt; Strafbarkeit des – Vorbem. 19 ff.; Weigerungsrecht des – s. Weigerungsrecht
abbrechender –: **218** 50, **218 a** 55 ff., **219** 1 ff.; Approbationserfordernis des – **218 a** 55; Identität des – mit ärztlich beratendem, sozialberatendem u. indikationsfeststellendem – s. Identität; Letztverantwortung des – **219** 16; Prüfungspflicht des – **218 a** 61; Täterschaft und Strafbarkeit des – Vorbem. 20 ff., **218** 2, **218 a** 56 ff., **218 b** 25 ff., **219** 20
beratender –: **218** 51, **218 a** 65, **218 b** 17 ff. s. a. Beratung; Identität mit abbrechendem Arzt s. Identität; Prüfungspflicht des – **218 b** 23
indikationsfeststellender –: Vorbem. 21, **218** 38 a, **219** 1, **219 a** 1 ff.; Identität mit abbrechendem – s. Identität; Feststellungsbefugnis **219 a** 1 ff.; Feststellungspflicht des – **218** 24, **218 a** 66 ff.; Strafbarkeit des – Vorbem. 21, **218** 38 a, **219 a** 9 ff.; Weigerungsrecht des – s. Weigerungsrecht
sozialberatender –: **218** 51, **218 a** 65, **218 b** 13 ff. s. a. Beratung; Beratungspflicht des – **218 b** 4 ff.; Identität mit abbrechendem – s. Identität; Qualifikation des – **218 b** 10 ff.
Ärztliche Beratung, s. Beratung
Ärztliche Kunstregeln **218 a** 56 ff., 67
Ausland, Abbruch im – Vorbem. 35
Ausschabung **218** 6, **219 d** 3
Ausspülung **219 d** 3
Berater, s. Beratung
Beratender Arzt, s. Arzt
Beratung
  allgemein: Vorbem. 15, **218** 49 ff., **218 b** 1 ff.
  ärztliche –: **218** 51, **218 a** 65, **218 b** 17 ff.
  Fortsetzungs-: **218 b** 6 a
  Konflikt-: **218 b** 5
  Pflicht zur –: s. Beratungspflicht
  Sozialberatung: **218** 51, **218 a** 65 ff., **218 b** 1 ff.; Ausnahme – **218 b** 16; Bestätigung **218 b** 8; Form **218 b** 8; Karenzfrist, s. Fristen
Beratungspflicht **218** 24, **218 b** 1 ff., 4 ff.
  Verletzung der –: **218** 24, **218 b** 1 ff.
Beratungsstelle **218** 51, **218 b** 10 ff., **219 b** 10
Beratungssystem Vorbem. 4, **218 b** 1 ff., 5 ff., 15, 17 ff.
DDR: Fortgeltung Vorbem. 1, 4 a, 41 ff.
Dritter, Beteiligung – am Schwangerschaftsabbruch Vorbem. 24 ff., **218** 37 ff.
Eihautstich **218** 6
Einnistung, s. Nidation
Einwilligung der Schwangeren **218** 17, 20, 43, **218 a** 58 ff., 68 ff.; – des Vaters **218** 23
Embryo **218** 4, s. Leibesfrucht
Embryonenschutzgesetz Vorbem. 5, 6, 6 a, 26, 27, **218** 1, 4 b, **219 d** 8
Empfängnisverhütung Vorbem. 26 ff., **219 d** 3
Eröffnungswehen Vorbem. 33, **218** 6
Eugenik **218 a** 26
Eugenische Indikation, s. Indikation
Fetaltherapie **218 a** 22
Fetozid s. Mehrlingsreduktion
Förderungshandlungen Vorbem. 37, **219 b** 1 ff., **219 c** 1 ff.
Fremdabtreibung, s. Abtreibung
Fristen
  – allgemein: **218** 51, **218 a** 17, 30 ff., 40, 53, 62 ff., **218 b** 9, 20 – für ärztliche Beratung: **218** 51, **218 b** 20 – eugeni-

sche Indikation: **218a** 30 – kriminologische Indikation: **218a** 40 – med.-soziale Indikation: **218a** 17 – für Sozialberatung: **218** 51, **218b** 9 – soziale Indikation: **218a** 53
Fristenlösung Vorbem. 1, 35, **218** 49, **218a** 1
Früheuthanasie Vorbem. 34
Frühgeburt durch Schwangerschaftsabbruch **218** 7 ff.
Frühphase Vorbem. 10, 26 ff., **218** 1, 4, **218b** 4
Geburt, s. a. Frühgeburt
   Geburtsvorgang Vorbem. 33 ff.
   Notstandstötung i. d. – Vorbem. 34
   Tötung i. d. – Vorbem. 33 ff., **218** 5 ff.
Gegenstände z. Schwangerschaftsabbruch **218** 6 ff., **219c** 1 ff.
Güterabwägung beim Schwangerschaftsabbruch **218a** 6
Identität zw. ärztlich beratendem u. abbrechendem Arzt Vorbem. 19 ff., **218b** 21; zw. indikationsfeststellendem u. abbrechendem Arzt Vorbem. 19 ff., **219** 12; zw. sozialberatendem u. abbrechendem Arzt Vorbem. 19 ff., **218b** 15
Indikation
   embryophatische – **218a** 26
   eugenische – Vorbem. 29 ff., **218a** 19 ff.
   genetische – **218a** 26
   Gesamt- **218a** 3
   kindliche – **218a** 26
   kriminologische – Vorbem. 29 ff., **218a** 32 ff.
   medizinische – Vorbem. 29 ff., **218a** 7 ff.
   medizinisch – soziale – **218a** 3
   Notlagen- Vorbem. 29, **218a** 42
   Rechtfertigung durch- Vorbem. 12, **218a** 5 ff., 42
   soziale – Vorbem. 29 ff., **218a** 41 ff.
   System der – **218a** 2 ff.
Indikationsarzt, s. Arzt
Indikationsfeststellung Vorbem. 15, **218** 38 a, **219a** 4 ff.; Befugnis zur – **219a** 1; bewußt falsche – **219** 1, **219a** 2 ff.; Form der – **219** 4 ff.; mißbräuchl. Ausübung der – **219a** 1; System der – **219** 1 ff.; Untersagung der – **219** 22 ff.
Indikationsmodell Vorbem. 2 ff., 35, **218a** 1 ff.
Insemination **218** 4 a
Irrtum s. bei Schwangerschaftsabbruch
Karenzfristen, s. Fristen
Konfliktberatung, s. Beratung
Kontrollvorschriften, ergänzende **218a** 64 ff.
Krankenhauspflicht **218a** 67
Kriminologische Indikation, s. Indikation
Kürettage, s. Ausschabung
Laienabtreibung, s. Abtreibung
Leben
   Lebensgefahr für Schwangere **218a** 9, 16
   Lebensrecht des Kindes **218a** 15, 26
   Rechtsqualität des ungeborenen – Vorbem. 5 ff., **218** 10
Leibesfrucht Vorbem. 26 ff., **218** 4 ff.

Abtöten der – **218** 4 ff., **218a** 58, **219b** 4
Absterben der – **218** 5 ff., 30 ff.
Medizinische Indikation, s. Indikation
Medizinisch-soziale Indikation, s. Indikation
Mehrlingsschwangerschaft, – reduktion Vorbem. 5, **218** 4b, **218a** 12, 15, 27 a, 27 b, 44
Meldepflicht s. Statistik
Mole **218** 4 a
Morning-after-pills **219c** 2, **219d** 3
Neugeborenes **218** 7 ff., 60
Nidation Vorbem. 26 ff., 29, **218** 1, 4, **219d** 2 ff.; Abschluß der – **219d** 4; – hemmende Mittel Vorbem. 26, **219c** 2, **219d** 1 ff.; – verhindernde Mittel **219d** 1 ff.; Zeitpunkt der – **219d** 2 ff.
Nothilfe zugunsten des Embryos **218** 23
Notlagenindikation, s. Indikation
Notstand beim Schwangerschaftsabbruch Vorbem. 2 ff., **218** 22, **218a** 6 – Tötung in der Geburt, s. Geburt
Perforation Vorbem. 34
Pessare Vorbem. 26, **219c** 2, **219d** 3
Prostaglandine **218** 6, **219b** 4
Prüfungspflicht
   – des Arztes, s. Arzt
Rechtsgut beim Schwangerschaftsabbruch, s. Schwangerschaftsabbruch
Reform des § 218 Vorbem. 2 ff.
Schwangere
   Einverständnis der – **218** 17, 20, 43, **218a** 58 ff., 68 ff.; Privilegierung der – **218** 47 ff.; Selbsttötung der – **218** 11; Strafbarkeit der – Vorbem. 18, **218** 49 ff., **219** 20, **219c** 9; Weigerungsrecht der –, s. Weigerungsrecht
Schwangerschaft
   Schutzphasen bei- Vorbem. 25 ff.; Zumutbarkeit der – **218a** 13, 25 ff., 42, 48 ff.
Schwangerschaftsabbruch, Begriff **218** 4
   Anbieten, Anpreisen, Ankündigen zum –, s. Anbieten
   Beschleunigung des – **218** 5
   Gegenstände zum – **218** 6 ff., **219c** 1 ff.
   Güterabwägung beim – **218a** 6
   Indikationen beim –, s. Indikation
   Inverkehrbringen von Mitteln zum illegalen – **219c** 1 ff.
   Irrtum beim – **218** 27 ff.
   Mittel zum –, s. Gegenstände
   Notstand beim –, s. Notstand
   partieller – **218a** 15, 27 a, s. auch Mehrlingsschwangerschaft
   Recht auf – **218a** 68 ff.
   Rechtfertigung des – Vorbem. 29, 34, **218** 19 ff., **218a** 5 ff., 42, 63
   Rechtsgut beim – Vorbem. 5 ff., **218b** 1
   Rechtswidrigkeit des – **218** 19
   Strafbarkeit des – **218a** 64 ff.
   Täterschaft beim – **218** 13 ff.
   Teilnahme am – **218** 37 ff.
   Unterlassen beim – **218** 39
   Verbreiten von Schrifttum zum – **219b** 7
   Verhinderung des – durch Notwehr, Nothilfe **218** 23
   Versuch des – **218** 31 ff.

§§ 218 ff. Vorbem

Sozialberatung s. Beratung
Soziale Indikation, s. Indikation
Statistik Vorbem. 40
Systematik der §§ 218–219 Vorbem. 9 ff.
Tötung in der Geburt Vorbem. 33
  Selbst- der Schwangeren 218 11
Unterlassen 218 39
Untersagung der Indikationsfeststellung 219 22 ff.
Vakuumaspiration, s. Absaugung
Verbreiten von Schriften z. Schwangerschaftsabbruch 219 b 7
Vergewaltigung 218 a 34
Versuch 218 31 ff.

Vollendung 218 30
Vorbereitungshandlungen Vorbem. 16, 218 33
Wahlfeststellung 218 61
Weigerungsrecht des Arztes 218 a 68 ff.; Grenze des – 218 a 70; – des Indikationsarztes 219 17; – des Personals 218 a 68; – der Schwangeren 218 a 68 ff.; – des Krankenhausträgers 218 a 68
Werbung für Mittel zum Schwangerschaftsabbruch 219 b 1 ff.
Zumutbarkeit der Schwangerschaft 218 a 15

Aus dem *neueren Schrifttum* (zum *älteren* vgl. 19. A.): *Albrecht,* Schwangerschaftsabbruch – Empirische Untersuchungen zur Implementation der strafrechtlichen Regelung des Schwangerschaftsabbruchs, in *Eser/Kaiser/Weigend,* II. dt.-poln. Koll. über Strafrecht u. Kriminologie, 1986, 195. – *Arndt/Erhard/Funke,* Der § 218 StGB vor dem BVerfG (Dokumentation), 1979. – *Augstein/Koch,* Was man über den Schwangerschaftsabbruch wissen sollte, 1985. – *Baumann,* Das Abtreibungsverbot des § 218, 1971. – *Ders.,* Gefahren eines Indikationsmodells beim Schwangerschaftsabbruch, H. Schultz-FG 134. – *Beckel,* § 218 – Abtreibung in der Diskussion, 1972. – *Beckmann,* Embryonenschutz u. Grundgesetz, ZRP 87, 80. – *Belling,* Ist die Rechtfertigungsthese zu § 218 a StGB haltbar?, 1987. – *Bemmann,* Zur Frage der Strafwürdigkeit der Abtreibung, ZStW 83, 81. – *Böckle,* Schwangerschaftsabbruch, 1981. – *Brugger,* Abtreibung – ein Grundrecht oder ein Verbrechen?, NJW 86, 896. – *Däubler-Gmelin u. a.,* § 218. Der tägliche Kampf, 1987. – *Eberbach,* Forschungen an menschl. Embryonen, ZRP 90, 217. – *Eser,* Reform der Schwangerschaftsabbruchs, Med. Welt 71, 721. – *Ders.,* Schwangerschaftsabbruch im Ausland, Sexualpäd. u. Familienplanung 81, H. 3 S. 18. – *Ders.,* Konzeptionsverhütung und Schwangerschaftsabbruch bei geistig behinderten Adoleszentinnen, in *Müller/Olbing,* Ethische Probleme in der Pädiatrie, 1981, 105. – *Ders.,* Humengenetik, in: *Reiter/Theile,* Genetik u. Moral, 1985, 130. – *Ders.,* Reform des Schwangerschaftsabbruchsrechts: Entwicklung u. gegenwärtiger Stand, in: *Eser/Kaiser/Weigend* (s. Albrecht) 123. – *Ders.,* Straf. Schutzaspekte im Bereich der Humangenetik, in: *Braun/Mieth/Steigleder,* Eth. u. rechtl. Fragen der Gentechnologie u. der Reproduktionsmedizin, 1987, 120 ff. – *Ders.,* Neuartige Bedrohungen ungeborenen Lebens, 1990. – *Eser/Hirsch,* Sterilisation und Schwangerschaftsabbruch, 1980. – *Eser/Koch,* Schwangerschaftsabbruch im intern. Vergleich, Teil 1: Europa, 1988; Teil 2: Außereuropa, 1989. – *Fezer,* Zum gegenwärtigen Stand der Reform des § 218 StGB, GA 74, 65. – *Fleisch,* Die verfassungsrechtl. Stellung des Vaters, 1987. – *Frankowski/Cole,* Abortion and Protection of the Human Fetus, 1987. – *Frommel,* Strategien gegen die Demontage der Reform der §§ 218 ff. StGB in der Bundesrepublik, ZRP 90, 351. – *Dies.* Vorschläge für eine Neufassung des § 218 StGB/BRD, NJ 90, 329. – *Geddert,* Abtreibungsverbot u. Grundgesetz, in *Lüderssen/Sack,* Vom Nutzen und Nachteil der soz. Wiss. f. d. Strafrecht II (1980) 333. – *Geiger,* Die Rechtswidrigkeit des Schwangerschaftsabbruchs, FamRZ 86, 1. – *Ders.,* Der Schwangerschaftsabbruch, Tröndle-FS 647. – *Geilen,* Neue juristisch-medizinische Grenzprobleme, JZ 68, 145. – *Ders.,* Das Leben des Menschen in den Grenzen des Rechts, FamRZ 68, 121. – *Gropp,* Der straflose Schwangerschaftsabbruch, 1981. – *Ders.,* § 218 a StGB als Rechtfertigungsgrund, GA 88, 1. – *Gründel,* Abtreibung – Pro und Contra, 1971. – *Günther,* Der Diskussionsentwurf eines Embryonenschutzgesetzes, GA 87, 433. – *Günther/Keller,* Fortpflanzungsmedizin u. Humangenetik – Strafrechtl. Schranken?, 1987. – *Häußler-Sczepan,* Arzt u. Schwangerschaftsabbruch, 1989. – *Häußler/Holzhauer,* Die Implementation der reformierten §§ 218 f. StGB, ZStW 100 (1988) 817. – *Hanack,* Künstliche Eingriffe in die Fruchtbarkeit, in *Göppinger,* Arzt und Recht, 1966, 11. – *Ders.,* Zum Schwangerschaftsabbruch aus sog. kindlicher Indikation als Grenzproblem, Noll-GedS 197. – *Hansen,* Die Tatbeschreibung der verbotenen Abtreibung im alen und neuen Recht, MDR 74, 797. – *Herzog,* Der Verfassungsauftrag zum Schutze des ungeborenen Lebens, JR 69, 441. – *Hiersche,* § 218 aus der Sicht eines Frauenarztes, Tröndle-FS 669. – *Hiersche/Jähnke,* Der todkranke Foetus, MDR 86, 1. – *v. Hippel,* Besserer Schutz des Embryos vor Abtreibung?, JZ 86, 53. – *Hirsch,* Die „Pille danach", MedR 87, 12. – *Hirsch/Weißauer,* Rechtliche Probleme des Schwangerschaftsabbruchs, 1977. – *Hoerster,* Ein Lebensrecht f. die menschl. Leibesfrucht?, JuS 89, 1/2. – *Hoffacker/Steinschulte/Fietz,* Auf Leben u. Tod, 1985. – *Hofmann,* Schwangerschaftsunterbrechung, 1974. – *Holzhauer,* Schwangerschaft u. Schwangerschaftsabbruch, 1989. – *Isensee,* Abtreibung als Leistungstatbestand der Sozialversicherung, NJW 86, 1645. – *Jerouschek,* Lebensschutz und Lebensbeginn. Kulturgeschichte des Abtreibungsverbots, 1988. – *Ders.,* Vom Wert und Unwert der pränatalen Menschenwürde, JZ 89, 279. – *Jüdes,* In-vitro-Fertilisation u. Embryo-Transfer, 1983. – *Jürgens/Pieper,* Demographische und sozialmedizinische Auswirkungen der Reform des § 218, 1975. – *Jung/Müller-Dietz,* § 218 StGB – Dimensionen einer Reform, 1983. – *Juristen-Vereinigung Lebensrecht* Schriftenreihe, 1985 ff. – *Arth. Kaufmann,* Rechtsfreier Raum und eigenverantwortliche Entscheidung, Maurach-FS 327. – *Ketting/v. Praag,* Schwangerschaftsabbruch. Gesetz und Praxis im intern. Vergleich, 1985. – *Klug,* eyn noch nit lebendig kindt, 1986. – *Kluth*, Zur Rechtsnatur der indizierten Abtreibung, FamRZ 85, 440. – *Koch*, Landesbericht Bundesrepublik Deutschland, in: Eser/Koch (s. o.) I 17. – *Ders.*, Recht u. Praxis des Schwangerschaftsabbruchs im intern. Vergleich, ZStW 97, 1043. – *Koffka*, Zur Reform des Abtreibungsrechts, Heinitz-FS 343. – *Kraiker*, § 218 – Zwei Schritte vorwärts, einen Schritt rückwärts, 1983. – *Kriele*, § 218 StGB nach dem Urteil des BVerfG, ZRP 75, 73. – *Krumbiegel*, Strafnormen als Verfassungsauftrag?, FamRZ 75, 550. – *Lackner*, Die Neuregelung des Schwangerschaftsabbruchs, NJW 76, 1233. – *Lang-Hinrichsen*, Zum strafrechtlichen Rechtsschutz des Lebens vor der Geburt, JR 70, 365. – *Lau*, Die Abruptio, SexMed. 78, 718. – *Lauff/Arnold*, Der Gesetzgeber u. das „Retortenbaby", ZRP 84, 279. – *Laufhütte/Wilkitzki*, Zur Reform der Vorschriften über den Schwangerschaftsabbruch, JZ 76, 329. – *Lay*, Zum Begriff der Leibesfrucht in § 218 StGB, JZ 70, 465. – *Lenckner*, Der rechtfertigende Notstand, 1965. – *Lenzen*, Staatl. Lebensschutzverweigerung, Tröndle-FS 723. – *Liebl*, Ermittlungsverfahren, Strafverfolgungs- und Sanktionspraxis beim Schwangerschaftsabbruch, 1990. – *Lüttger*, Der Beginn des Lebens u. das Strafrecht, JR 69, 445. – *Ders.*, Der Beginn der Geburt u. das Strafrecht, JR 71, 133. – *Mahrad*, Schwangerschaftsabbruch in der DDR, 1987. – *Müller-Emmert*, Die Vorschriften des 15. StÄG über den Schwangerschaftsabbruch, DRiZ 76, 164. – *Oeter/Nohke*, Der Schwangerschaftsabbruch: Gründe, Legitimationen, Alternativen, 1982. – *Ostendorf*, Experimente mit dem „Retortenbaby", JZ 84, 595. – *v. Pacensky u. a.*, Die neuen Moralisten, § 218, 1984. – *Peters*, Der Schutz des neugeborenen, insbes. des mißgebildeten Kindes, 1988. – *Ramm*, Die Fortpflanzung – ein Freiheitsrecht?, JZ 89, 861. – *Roxin*, Entwicklung u. gesetzliche Regelung des Schwangerschaftsabbruchs, JA 81, 226, 542. – *Reis*, Das Lebensrecht des ungeborenen Kindes als Verfassungsproblem, 1984. – *Rudolphi*, Straftaten gegen das werdende Leben, ZStW 83, 105. – *Rüpke*, Schwangerschaftsabbruch u. Grundgesetz, 1975. – *Saerbeck*, Beginn u. Ende des Lebens als Rechtsbegriffe, 1974. – *Sax*, Der verbrechenssystematische Standort der Indikationen zum Schwangerschaftsabbruch, JZ 77, 326. – *R. Schmitt*, Überlegungen zur Reform des Abtreibungsstrafrechts, JZ 75, 356. – *Schreiber*, Der Spielraum des Gesetzgebers bei der Neuregelung des Schwangerschaftsabbruchs, FamRZ 75, 669. – *Schroeder*, Abtreibung – Reform des § 218 (Dok.), 1972. – *Schulte*, Unerwünschte Schwangerschaft, 1969. – *Schutz/Siebers*, Ärztliche Schwangerschaftskonflikt-Beratung, DMW 85, 1175. – *Siebel*, Soziologie der Abtreibung, 1971. – *Siegrist*, Der illegale Schwangerschaftsabbruch, 1971. – *Simson/Geerds*, Straftaten gegen die Person u. Sittlichkeitsdelikte in rechtsvergleichender Sicht, 1969. – *Spieker*, Schwangerschaftsabbrüche. Zur Problematik der Statistik in der Bundesrepublik Deutschland, Jura 87, 57. – *Stoll/Sievers*, Versuch einer Handhabung der neuen gesetzl. Regelung zum § 218, Fortschr. d. Med. 94, 1468. – *Stürner*, Schadensersatz für mißglückte Abtreibung, JZ 86, 122. - *Ders.*, Die Unverfügbarkeit ungeborenen menschl. Lebens, JZ 90, 709. – *Tallen*, § 218 – Zwischenbilanz einer Reform, 1980. – *Tepperwien*, Praenatale Einwirkung als Tötung oder Körperverletzung?, 1973. – *Trube-Becker*, Abtreibung mit Todesfolge, Med. Kl. 74, 867. – *Tröndle*, „Soziale Indikation"– Rechtfertigungsgrund?, Jura 87, 66. – *Ders.*, Der Schutz des ungeborenen Lebens in unserer Zeit, ZRP 89, 54. – *v. Voss* u. a., Chancen für das ungeborene Leben, 1988. – *Wilkitzki/Lauritzen*, Schwangerschaftsabbruch in der Bundesrepublik Deutschland, 1981. – *Wille*, Der Schwangerschaftsabbruch, in: Forster, Praxis der Rechtsmedizin, 1986, 220. – *H. Wolff*, Schwangerschaftsabbruch als medizinischer Sicht, 1973. Zur Rechtslage in der ehemaligen DDR vgl. die Angaben u. 52. Vgl. ferner die Angaben zu §§ 218a, 218b, 219d sowie zu § 223 RN 27, 53.

Gesetzesmaterialien: E 1962 §§ 140–142, AE-BT §§ 105–107. *Entwürfe zum 5. StrRG*: BT-Drs. VI/3434 (= RegE); BT-Drs. 7/375 (= SPD/FDP-Entwurf) m. Bericht des Sonderausschusses BT-Drs. 7/1981 (neu) (= *1. Ber.*); BT-Drs. 7/443 (= Müller-Emmert-Entwurf) m. Bericht des Sonderausschusses BT-Drs. 7/1982; BT-Drs. 7/554 (= CDU-Entwurf) m. Bericht des Sonderausschusses BT-Drs. 7/1983; BT-Drs. 7/561 (= Heck-Entwurf) m. Bericht des Sonderausschusses BT-Drs. 7/1984 (neu). *Entwürfe zum 15. StÄG* (Anpassung des 5. StrRG an BVerfGE 39 1): BT-Drs. 7/4128 (= SPD/FDP-ÄndE), BT-Drs. 7/4211 (CDU-ÄndE), dazu Bericht des Sonderausschusses BT-Drs. 7/4696 (= *2. Ber.*). *Protokolle des Sonderausschusses*: 6. Wahlperiode S. 2141 ff., 7. Wahlperiode S. 669 ff., 1277 ff., 1295 ff., 1323 ff., 1381 ff., 1401 ff., 1439 ff., 1517 ff., 1549 ff., 1557 ff., 1593 ff., 1631 ff., 2343 ff., 2353 ff., 2359 ff., 2393 ff., 2413 ff., 2451 ff. *Stenographische Berichte der Verhdlgn*. d. 7. Dt. Bundestages S. 5729 ff., S. 6331 ff., S. 15358 ff., 16656 ff. *Sonstige einschlägige Materialien*: BT-Drs. VI/2025, VI/3137, 7/376, 7/1753, 7/2099, 7/2318, 7/2319, 7/2411, 7/4876, 7/4932, 7/5022, 7/5627, BR-Drs. 58/72, 329/74, ferner Bericht der „Kommission zur Auswertung der Erfahrungen mit dem reformierten § 218 StGB", BT-Drs. 8/3630 sowie BT-Drs. 8/4160.

Übersicht zu den Vorbem. vor § 218

I. Entwicklung und Grundlage des geltenden Rechts .... 1 ff.
II. Schutzgut – Verhältnis zum EschG . 5 ff.
III. Gesetzestechnik 9
  1. Strafbegründungs- und Strafschärfungsnormen 10
  2. Strafbefreiungsgründe .... 11 ff.
  3. Ergänzende Schutz- und Kontrollvorschriften 15
  4. Vorbereitungstatbestände 16
  5. Unterschiedliche Strafbarkeit der Schwangeren, des Arztes und Dritten .... 17 ff.
IV. Zeitliche Schutzphasen 25
  1. Frühphase .... 26 ff.

2. von der Nidation bis 12. Woche.. 29
3. von 12. bis 22. Woche 30
4. Endphase 32
5. Abgrenzung Schwangerschaftsab-
   schluß und Geburtsbeginn ..... 33 f.
V. Internationalstrafrechtliche Aspekte 35 ff.
VI. Übergangsregelung .... 39 ff.
VII. Meldepflicht 40
VIII. Räumlicher Anwendungsbereich –
      Verhältnis der §§ 218–219 d zu den
      §§ 153–155 DDR-StGB .... 41 ff.
IX. Fortgeltendes DDR-Recht im Bei-
    trittsgebiet .... 48 ff.

1 **I. Grundlage des geltenden Rechts** über Schwangerschaftsabbruch ist (für den Bereich der bisherigen Bundesländer) das **5. StrRG** v. 18. 6. 74 idF des **15. StÄG** v. 18. 5. 76 (zur ÜbergangsAO des BVerfGE **39** 1 anstelle der für verfassungswidrig erklärten Fristenlösung vgl. 18. A. zu § 218a sowie u. 3); für den Bereich der Beitrittsgebiete der ehemaligen DDR vgl. u. 41 ff. Ergänzende „flankierende" Maßnahmen sozialpolitischer Art (soziale Hilfen, Versicherungs- und Kündigungsschutz bei legalem Schwangerschaftsabbruch u. ä.) finden sich im Strafrechtsreform-Ergänzungsgesetz (StREG) v. 28. 8. 75 (zu dessen Verfassungsmäßigkeit vgl. BVerfG NJW **77**, 31, **84**, 1805; zu seinem Inhalt die Nachw. zu § 218b). Damit hatte die wechselvolle Reform des Abtreibungsrechts auf der Basis eines zeitlich abgestuften **Indikationsmodells** in Verbindung mit einer weitergehenden Straffreistellung der Schwangeren vorerst einen Abschluß gefunden. Vgl. aber auch u. 4a, 41 ff. zu den noch aus der Herstellung der Einheit Deutschlands zu ziehenden Konsequenzen.

2 Die **Reform** des alten § 218, der vom Zeitpunkt der Empfängnis an jede Selbst- und Fremdabtreibung ausnahmslos unter Strafe gestellt hatte und damit manche historische Vorgänger an Strenge überbot (vgl. dahin in Baumann, Abtreibungsverbot 329 ff., Simson/Geerds aaO 81 ff., Trommsdoff-Gerlich in Prot. VII 685 ff. sowie allg. zur Geschichte des Abtreibungsverbots Jerouschek aaO, Peters aaO), war schon seit längerem überfällig (vgl. im einzelnen Eser in Eser/Kaiser/Weigand aaO 123 ff., Koch aaO 64 ff.). Denn auch nach zwischenzeitlicher Anerkennung der sog. medizinischen Indikation als rechtfertigender „übergesetzlicher Notstand" (RG **61** 242) war das Abtreibungsverbot noch zu rigide, um auch sonstigen Notlagen der Schwangeren hinreichend Rechnung zu tragen. Dadurch waren selbst in unzumutbaren Konfliktsituationen die betroffenen Frauen in die Illegalität gedrängt. Sofern sie nicht Mittel besaßen, um in Ländern mit großzügigeren Abtreibungsregelungen (dazu BT-Drs. VI/2025 S. 6 ff., Prot. VII 1299 ff., Hanack in Baumann, Abtreibungsverbot 209 ff.) einen Abbruch vornehmen zu lassen (vgl. u. 35), mußten sie bei Kurpfuschern, bei denen sie selbst erheblich mitgefährdet waren, oder bei Ärzten, die sich ihr strafrechtliches Risiko entsprechend honorieren ließen (vgl. 1. Ber. 6), ihre Zuflucht suchen. Daß dabei einer Dunkelziffer von schätzungsweise 75 000 bis 300 000 illegalen Abtreibungen pro Jahr zuletzt nur noch rund 300 Verurteilungen gegenüberstanden (vgl. 1. Ber. 5 f., Prot. VII 1446 ff., ferner Jürgens-Pieper aaO 37 ff.), war Beweis für die weitergehende Wirkungslosigkeit des strikten Abtreibungsverbots.

3 Das *Reformziel* war im wesentlichen, durch teilweise Rücknahme der Strafdrohung die legale Lösung unzumutbarer Konfliktlagen zu ermöglichen, den Weg zum Arzt zu eröffnen und durch verstärkte soziale Hilfe und Beratung langfristig eine Aborteindämmung zu erreichen. Umstritten war jedoch der dafür einzuschlagende *Weg:* Das dem 5. StrRG zugrundeliegende **Fristenmodell,** wie es von der AE-Mehrheit entwickelt worden war (vgl. §§ 105–107 AE-BT), erhoffte sich einen besseren Schutz des ungeborenen Lebens dadurch, daß im ersten Schwangerschaftsdrittel der Abbruch straflos bleibt, damit sich die Schwangere ohne Angst vor Strafe und im Bewußtsein, in ihrer Entscheidung freizubleiben, einer Beratung unterzieht (vgl. SPD/FDP-E mit 1. Ber. 5 ff.; zu rechtshistorischen Vorläufern fristmäßiger Differenzierungen vgl. Klug aaO). Demgegenüber waren sich die auf dem **Indikationsmodell** beruhenden Entwürfe im Grundsatz darin einig, daß die Tötung ungeborenen Lebens grundsätzlich strafwürdig und strafbedürftig ist und nur ausnahmsweise in unzumutbaren Konfliktsituationen zugelassen werden kann (so im Anschluß an den AE-Minderheitsvorschlag – wenn auch mit unterschiedlich weit gezogenen Indikationen – der Müller-Emmert-E, der CDU-E sowie der Heck-E; näher zum Vergleich der verschiedenen Entwürfe Eser in Hofmann 136 ff., Fezer GA 74, 65 ff.; zu den gesetzgeberischen Stationen Lackner NJW 76, 1233; zur öffentlichen Diskussion vgl. Sandschneider in Jung/Müller-Dietz aaO 19 ff.). Diesem Standpunkt hat sich das BVerfG angeschlossen, da nur so das Recht auf Leben, wie es „jedem" – und damit auch dem Embryo – nach Art. 2 II 1. V. m. Art. 1 GG zusteht, hinreichend gewährleistet ist (BVerfGE **39** 1, 36 ff.; auszugsweise in NJW **75**, 573 ff.); deshalb hat es die dreimonatige Freistellungsfrist und damit den wesentlichen Kern des 5. StrRG für verfassungswidrig erklärt. Ob damit das BVerfG seine Entscheidungskompetenz überschritten hat (so das Minderheitsvotum BVerfGE **39** 69 ff.), muß hier dahinstehen (krit. Geddert aaO, Kriele JZ 75, 222 ff., Menger VerwArch. 75, 397 ff., Rüpke aaO sowie aus dogmatischen Gründen Jerouscheck JZ 89, 279; vgl. andererseits aber auch Krumbiegel FamRZ 75, 550 ff., R. Schmitt JZ 75, 356 ff., Laufhütte/Wilkitzki JZ 76, 329 mwN; zum Ganzen auch Müller-Dietz in Jung/Müller-Dietz aaO 77 ff.). In *kriminalpolitischer* Hinsicht jedenfalls hatte sich das Fristenmodell des 5. StrRG bereits so weit von der Beratungskonzeption, wie sie den sozialpolitisch entscheidenden Kern des AE-Fristenmodells ausmachte (vgl. insbes. Grünwald und Lenckner in Baumann, Abtreibungsverbot 204 bzw. 276 ff.), entfernt, daß von einer ernstzunehmenden und langfristig auf Aborteindämmung hinzielenden Beratung kaum noch die Rede sein konnte (vgl. Eser in Hofmann 120 f., 144, Fezer GA 74, 72 f. sowie 18. A. 4 vor § 218, § 218c RN 10 ff.; insoweit krit. auch Minderheitsvotum BVerfGE **39** 86). Für die damit notwendig gewordene Anpassung des 5. StrRG an den vom BVerfG gezogenen Rahmen war zwar nur noch auf dem Boden eines Indikationsmodells Raum; doch konnte sich auch dabei der Gesetzgeber zu keinem, für eine breitere Mehrheit gangbaren Lösungsweg durchringen: Während der CDU/CSU-E (BT-Drs. 7/4211) die allgemeine Notlage nur als fakultativen Strafabsehensgrund anerkennen und im übrigen an einem strengeren Beratungs- und Begutachtungsverfahren festhalten wollte, versucht der schließlich Gesetz gewordene SPD/FDP-E eines **15. StÄG** (BT-Drs. 7/4128) den vom BVerfG belassenen Spielraum voll auszuschöpfen, indem er eine *umfassende medizinisch-soziale Indikationskonzeption* mit einem sehr offenen Beratungs- und Feststellungsverfahren verbindet und zudem der Schwangeren bei vorheriger Beratung bis zum Ende der 22. Woche Straffreiheit einräumt (vgl. den krit. Vergleich von Gössel JR 76, 1 ff., Schreiber FamRZ 75, 669 ff.; zum Gesetzgebungsverfahren Eser in Eser/Kaiser/Weigend aaO 127 ff., Jähnke LK 4 ff., Koch aaO 76 ff., Laufhütte/Wilkitzki JZ 76, 329 sowie Kraiker aaO).

Allerdings kam auch damit die Reformdiskussion zu keinem Ende, wobei freilich die weiteren **4** Auseinandersetzungen um eine **Reform der Reform** von durchaus gegenläufigen Zielsetzungen bestimmt sind: Von den einen wird vor allem im Interesse größerer Selbstbestimmung der Schwangeren eine weitere Liberalisierung, wenn nicht sogar völlige Abschaffung des § 218 gefordert (vgl. u. a. Frommel aaO, Hoerster JuS 89, 172, Smaus in Jung/Müller-Dietz aaO 43 ff., ferner die Beiträge in v. Paczensky aaO sowie die parlam. Initiativen der Grünen BT-Drs. 10/6137, 11/2422 [nach Lackner 3 „offensichtlich verfassungswidrig"], des Landes Berlin BR-Drs. 650/90 wie auch Forderungen in der SPD-Dokumentation aaO, ferner seitens des Europ. Parlaments BT-Drs. 11/6895). Demgegenüber wird von anderen vor allem mangelnde Kontrollierbarkeit der anteilsmäßig sehr hohen allgemeinen Notlagenindikation (vgl. u. 40) wie auch Ineffizienz des Beratungs- und Indikationssystems beklagt (vgl. § 218b RN 1a, § 219 RN 2 je mwN) und daher eine Verschärfung gefordert, wobei nicht zuletzt die *Finanzierung* von Schwangerschaftsabbrüchen *mit öffentlichen Mitteln* (Sozialversicherung und staatliche Beihilfen) gerügt wird (vgl. u. a. die Schriftenreihe der Jur.Ver. Lebensrecht aaO sowie die Beiträge in Hoffacker/Steinschulte/Fietz, ferner v. Hippel JZ 86, 53 ff., Isensee NJW 86, 1645 ff., Geiger u. Lenzen Tröndle-FS 662 ff. bzw. 723 ff, Tröndle NJW 89, 2990). In diese Richtung zielten auch verschiedentlich erhobene Klagen von Versicherungspflichtigen gegen ihre Ersatzkassen auf Unterlassung von Leistungen nach §§ 200 f, g RVO bei Schwangerschaftsabbrüchen wegen einer allg. Notlage. Während von Sozialgerichten diese Klagen überwiegend abgewiesen wurden, gelangte ein Verfahren auf Vorlage des SG Dortmund zum BVerfG, das – ohne Stellungnahme zur Sache – die Vorlage samt der ihr zugrundeliegenden (unzulässigen) Popularklage verwarf (BVerfG NJW **84**, 1805), dementsprechend auch die Sozialgerichte die Unterlassungsklagen abwiesen (SG Dortmund NJW **85**, 701, BSG NJW **87**, 517, zust. Franke AöR 89, 36 ff.) und auch die dagegen gerichtete Verfassungsbeschwerde erfolglos blieb (BVerfG NJW **88**, 2288 m. krit. Anm. v. Hippel NJW 88, 2940, Kluth Jura 89, 408; vgl. auch Philipp NJW 87, 2275 zur Prüfungspflicht der Krankenkassen hins. der Rechtmäßigkeit der abgerechneten Schwangerschaftsabbrüche, ferner zur Lohnfortzahlungspflicht BVerfG NJW **90**, 241 m. krit. Anm. Kluth JR 90, 104, sowie allg. zu diesen „flankierenden" Maßnahmen Koch aaO 186 ff.). Auch die *zivilrechtlichen* Auswirkungen, die bei fehlgeschlagenem Schwangerschaftsabbruch einen Ersatzanspruch auslösen können (vgl. insbes. BGH NJW **85**, 671, 2749, 2752), lassen jedenfalls im allgemeinen Bewußtsein das „Kind als Schaden" erscheinen (vgl. Grunsky Jura 87, 82, ferner u. a. Dannemann VersR 89, 676, Engelhardt VersR 88, 540, Stürner FamRZ 85, 753 ff., JZ 86, 122 ff., Jura 87, 75 ff., Waibl NJW 87, 1513 ff. mwN). Ebenso ist das *verfassungsrechtliche* Risiko, das der Gesetzgeber mit dieser nicht ganz grundlos bereits so zu bezeichnenden „verkappten Fristenlösung" (Lademann DRiZ 75, 398, Schreiber aaO 673, Rudolphi SK 23 vor § 218) einging, nicht ohne weiteres von der Hand zu weisen (vgl. § 218 RN 49, § 218b RN 1a sowie die Diskussion in DÄBl. 78, 781 ff., 1349 ff. ferner Tröndle ZRP 89, 54 ff.), wobei als vorläufiger Höhepunkt der Auseinandersetzung um die Verfassungsmäßigkeit der §§ 218ff. das im Februar 1990 seitens der Bayer. Reg. vor dem BVerfG in Gang gesetzte abstrakte Normenkontrollverfahren zu betrachten ist. Dieses richtet sich in erster Linie gegen das Beratungs- und Indikationsfeststellungsverfahren (§§ 218b, 219 StGB), verfolgt aber auch die Feststellung der Verfassungswidrigkeit der §§ 200 f, g RVO, soweit diese eine Kostentragungspflicht bei der allg. Notlagenindikation statuieren (krit. dazu Fischer StV 90, 332). Nicht zuletzt hatten auch die Fortschritte der Fortpflanzungsmedizin bei extrakorporaler Erzeugung von menschlichem Leben bedenkliche Schutzlücken sichtbar werden lassen (vgl. u. 6). Zur weiteren Würdigung des geltenden Rechts mit teils gegenläufigen Tendenzen vgl. u. a. auch Kommissionsbericht BT-Drs. 8/3630, BT-Drs. 8/4160, Augstein/Koch aaO 216 ff., Albrecht u. Eser in Eser/Kaiser/Weigend aaO 146 ff., 195 ff., Jähnke LK 27 ff., Jung in Jung/Müller-Dietz aaO 133 ff., Koch aaO 271 ff., ZStW 97, 1069 ff., Köpcke ZRP 85, 161 ff., Stürner JZ 90, 709 ff. sowie die Beiträge in Jura 87 (H. 2) 57 ff.

Angesichts dieser teils recht weit auseinandergehenden rechtspolitischen Divergenzen, wie **4a** sie freilich auch in internationaler Perspektive zu beobachten sind (vgl. die Landesberichte in Eser/Koch aaO, Frankowski/Cole aaO, Stürner JZ 90, 713 ff.), wird auch künftig eine allseits befriedigende Lösung kaum zu finden sein. Dennoch wird der deutsche Gesetzgeber schon zur

§§ 218 ff. Vorbem 5   Bes. Teil. Straftaten gegen das Leben

Herstellung eines **einheitlichen Schwangerschaftsabbruchsrechts für die gesamte Bundesrepublik Deutschland** um eine nochmalige Reform der §§ 218 ff. nicht herumkommen. Denn da es bei den Einigungsverhandlungen zwischen der Bundesrepublik Deutschland und der DDR nicht gelungen war, den Geltungsbereich der §§ 218–218 d auch auf die **Beitrittsgebiete der ehemaligen DDR** (Art. 3 EV) zu erstrecken und daher dort die §§ 153–155 des bisherigen DDR-Strafrechts weitergelten (vgl. u. 41 ff.), wurde in Art. 31 IV EV der gesamtdeutsche Gesetzgeber beauftragt, „spätestens bis zum 31. 12. 1992 eine Regelung zu treffen, die den Schutz vorgeburtlichen Lebens und die verfassungskonforme Bewältigung von Konfliktsituationen schwangerer Frauen vor allem durch rechtlich gesicherte Ansprüche für Frauen, insbesondere auf Beratung und soziale Hilfen, besser gewährleistet, als dies in beiden Teilen Deutschlands derzeit der Fall ist" (u. Anhang 1). Inwieweit dabei der von BT-Präsidentin Süßmuth vorgeschlagene Weg, gleichsam in der Mitte zwischen der jetzigen bundesdeutschen „Indikationslösung" einerseits und der betont selbstbestimmungs-orientierten „Fristenlösung" der ehemaligen DDR andererseits in einem umfassenden „Lebensschutzgesetz" unter Zurückdrängung des Strafrechts vor allem auf eine Verbesserung und Verstärkung der (obligatorischen) Beratung zu setzen (ZRP 90, 366 ff.), oder, wie von einer Fraueninitiative innerhalb der SPD, FDP und den Grünen angestrebt, zu einer Fristenlösung ohne Beratungspflicht zu kommen (vgl. die Gesetzesinitiativen der Grünen BT-Drs. 11/2422 sowie des Landes Berlin BR-Drs. 650/90, ferner Frommel ZRP 90, 351 ff., NJ 90, 329, Körner/Richter NJ 90, 235), wird neben den politischen Kräfteverhältnissen nicht zuletzt davon abhängen, wieviel gesetzgeberischen Spielraum das „Fristenurteil" in BVerfGE **39** 1 (o. 2) läßt (zur keinesfalls strikten Bindungswirkung dieses Urteils insbes. im Hinblick auf den Fortbestand der Fristenlösung für die DDR vgl. Sachs DtZ 90, 193 ff., ferner Wilms ZRP 90, 470 ff.). Soweit das BVerfG seinerzeit bereits (zu Recht) im Strafrecht lediglich die „ultima ratio" für den Schutz ungeborenen Lebens erblickt und dabei dem Strafrecht eine (wohl mehr auf Hoffnung denn auf Tatsachen begründete) Wirkung beigelegt hat, wird sich jedenfalls diese Erwartung durch die zwischenzeitlichen rechtsvergleichenden wie auch kriminologischen Untersuchungen (vgl. u. a. Eser/Koch, Häußler-Sczepan, Holzhauer, Liebl, jew. aaO) schwerlich bestätigt sehen können. An diesen Erfahrungen wird man auch bei Würdigung der verfassungsrechtlichen Vorgaben aus heutiger Sicht nicht vorbeikommen.

5 II. Geschütztes **Rechtsgut** ist (auch) beim Schwangerschaftsabbruch, wie sich schon aus seiner systematischen Stellung im Abschnitt der „Straftaten gegen das Leben" ergibt, in erster Linie das **menschliche Leben,** und zwar vom Zeitpunkt seiner Individuation an, durch die es, wenn auch erst keimhaft und entwicklungsbedürftig, als nicht mehr teil- und austauschbare „Lebensprogrammeinheit" einer bestimmten Person abschließend festgelegt ist (vgl. u. 26 f., ferner BT-Drs. 7/1981, S. 5, D-Tröndle 6, Gropp aaO 12 ff., Jähnke LK 15, Koch aaO 91, Roxin in Baumann, Abtreibungsverbot 177, aber auch u. 6 zum EschG). Auch hat es, weil noch ungeboren, deshalb keine geringere Wertqualität als das bereits geborene Leben (BVerfGE **39** 37; vgl. auch BT-Drs. 7/1981 S. 5, Eser in Hofmann 150 f., Belling aaO 110 ff., Bockelmann JZ 59, 498 Anm. 12, D-Tröndle 6, Jerouschek GA 87, 483, Arth. Kaufmann JZ 63, 142; and. Arzt/Weber I 141, Rüpke 70 ff., Geddert aaO m. Erwiderung von Kulenkampff). Denn daß das ungeborene Leben strafrechtlich weniger hoch bzw. abgestuft sanktioniert ist (vgl. u. 11 ff.), erklärt sich weniger aus einer unterschiedlichen Wertqualität (so aber offenbar AE-BT 31 zu § 105, M-Schroeder I 68, Schwalm MDR 68, 277 sowie noch weitergehend dem Embryo sogar prinzipiell das Lebensrecht absprechend Hoerster JuS 89, 172 ff. m. Reaktionen in JuS 89, 772 ff., 1031 f.), sondern einmal aus dem notwendigen Ausgleich der objektiven Interessenkollision, in die Mutter und Embryo aufgrund ihrer naturgegebenen Verbindung geraten können, zum anderen aus Rücksicht auf die subjektive Konfliktsituation der Schwangeren, aufgrund der auch der personale Handlungsunwert gemindert ist (vgl. Lackner § 218a Anm. 1 sowie Eser in Hofmann 152 ff.; diese die Schutzwürdigkeit des ungeborenen Lebens prinzipiell nicht infragestellenden Abschichtungen durch Straffreistellungsgründe, die nicht zuletzt auch von Strafrauglichkeitsfaktoren abhängen, werden namentlich von Reis aaO durch Verkürzung auf den verfassungsrechtlichen Schutzwürdigkeitsaspekt verkannt; näher zu diesen Strafabstufungsproblemen Eser in Hofmann 144 ff., 158 ff.; vgl. auch § 218a RN 5 f. sowie spez. zu Reis Engelhardt DRiZ 86, 11 ff.). Auch ändert diese den Schwangerschaftsabbruch bereits unrechtsimmanent Interessenabwägung nichts daran, daß es sich auch beim ungeborenen Leben um ein **eigenständiges, höchstpersönliches** und vom Leben und Schutzwillen der Mutter unabhängiges Rechtsgut handelt (vgl. BVerfGE **39** 42 ff.; insoweit ebenso die fast ganz h. M.: vgl. BGH **11** 17, D-Tröndle 6, Hanack ZRP 70, 134, Jähnke LK 15, Lüttger JR 69, 446, M-Schroeder I 68, Rudolphi SK 24, Spendel LK § 32 RN 168 ff., Welzel 300; einschr. aber Köhler GA 88, 435; zum konträren verfassungsrechtl. Ansatz in den USA vgl. Brugger aaO, Morris ZStW 89, 892 ff.). Aus diesem Grunde kommt auch einer Einwilligung der Frau in den Schwangerschaftsabbruch

für sich allein keine rechtfertigende Kraft zu (Wessels II/1 S. 50; vgl. § 218 RN 20). Da es somit nicht (allein) um die Integrität der Schwangerschaft als besonderem Zustand der Frau (wie etwa nach poln. Recht: vgl. Weigend in Eser/Koch I 1190f., 1214f.), sondern um das Leben des einzelnen Embryos geht, ist auch bei einer Mehrlingsschwangerschaft jeder einzelne Embryo als selbständig geschützt zu betrachten (vgl. Eser, Bedrohungen 64f., Hirsch MedR 88, 293, ferner u. § 218 RN 4b, § 218a RN 12, 15, 27, 44). Während im übrigen beim Grundtatbestand des § 218 das ungeborene Leben als Schutzgut außer Zweifel steht, ist gleiches – zumindest *mittelbar* – auch für die subsidiären Ergänzungstatbestände der §§ 218b–219c anzunehmen (vgl. § 218b RN 1, aber auch Gössel JR 76, 3ff.).

Dagegen hat es während der (nach § 219d tatbestandlich nicht erfaßten) **Frühphase** (u. 26) bis zum Inkrafttreten des ESchG (u. 6a) an einem strafrechtlichen oder sonstigen Schutztatbestand zugunsten des ungeborenen Lebens gefehlt (vgl. Eser in Braun/Mieth/Steigleder aaO 137, Gössel I 121, Horstkotte Prot. VII 1639, Koch MedR 86, 262, Lenckner in Baumann, Abtreibungsverbot 294 Anm. 12, Rudolphi SK § 218 RN 2, R. Schmitt JZ 75, 357). Dieser Mangel einfachgesetzlichen Schutzes noch nicht nidierten menschlichen Lebens brauchte aber schon bisher einerseits weder seine Schutzwürdigkeit im allgemeinen noch seine Notwehrfähigkeit im besonderen auszuschließen; denn sofern menschliches Leben bereits vom Befruchtungszeitpunkt an Grundrechtsschutz in Anspruch nehmen kann (so namentlich Beckmann, Belling, Reis je aaO mwN), kommt ihm – obgleich nicht geeignetes „Tatobjekt" i. S. des § 218 – doch jedenfalls Rechtsgutsqualität zu (vgl. Hirsch MedR 87, 13). Andererseits braucht aber selbst die Anerkennung einer solchen Schutzwürdigkeit nicht die Verfassungswidrigkeit eines strafrechtlichen Schutzverzichts in dieser Frühphase zu bedeuten, kommt es doch für eine Pönalisierung – über die Strafwürdigkeit hinaus – auch noch auf die Strafbedürftigkeit und Straftauglichkeit an (näher Eser in Hofmann aaO 144f., i. gl. S. BVerfGE 39 44ff., 47; vgl. auch Eberbach ZRP 90, 217, Hirsch aaO 14f sowie u. 27). Dementsprechend wäre auch den Schutzbedürfnissen, wie sie sich bei **extrakorporaler Befruchtung** gegenüber dem Experimentieren bzw. Vernichten von gezielt dafür „produzierten" bzw. als Folge einer In-vitro-Fertilisation „überschüssigen" Embryonen stellen können, erst dann und nur insoweit mit strafrechtlichen Sanktionen zu begegnen gewesen, als andere Kontrollinstrumentarien keinen ausreichenden Schutz erwarten ließen (weitere Einzelheiten bei Eser, Bedrohungen 28ff. sowie in Braun/Mieth/Steigleder aaO; vgl. zum Ganzen auch die bei § 223 RN 50 zur Embryoforschung u. Humangenetik zit. Lit.).

Inzwischen ist jedoch die bis dahin straffreie **Pränidationsphase außer- und innerhalb des Mutterleibs** durch das am 1. 1. 1991 in Kraft getretene **Embryonenschutzgesetz (EschG)** einer straf- und bußgeldbewehrten Regelung unterworfen worden. Nachdem ein im April 1986 vom BMJ vorgelegter „Diskussionsentwurf eines ESchG" (veröff. in ZRP 86, 242 sowie in Günther/Keller aaO 348) sich noch weitgehend an die eher zurückhaltenden Empfehlungen der Benda-Kommission gehalten hatte (vgl. dazu die Beiträge in Günther/Keller aaO), verfolgten die aufgrund von Vorschlägen einer Bund/Länder-Arbeitsgruppe „Fortpflanzungsmedizin" (vgl. Keller MedR 88, 59 sowie Kabinettsbericht BT-Drs. 11/1856) vorgelegten Entwürfe der BReg (BT-Drs. 11/5460) und der SPD-Fraktion (BT-Drs. 11/5709/5710; vgl. auch BT-Drs. 11/1662) eine schärfere Linie (dazu Eser, Bedrohungen 58ff.). Nach dem daraus – in weitgehender Übernahme des BRegE (vgl. Rechtsausschußbericht BT-Drs. 11/8057) – hervorgegangenen ESchG ist im wesentlichen folgendes verboten: die gezielte Erzeugung menschlicher Embryonen zu Forschungszwecken (§ 1 I Nr. 2), jegliche Verwendung menschlicher Embryonen zu fremdnützigen, nämlich nicht ihrer Erhaltung dienenden Zwecken (§ 2), die extrakorporale Befruchtung von mehr Eizellen als innerhalb eines Zyklus übertragen werden sollen (§ 1 I Nr. 5), die intratubare Befruchtung bzw. Übertragung von mehr als drei Eizellen bzw. Embryonen (§ 1 I Nr. 3, 4), der Gentransfer in menschliche Keimzellen (§ 5), die Abspaltung noch totipotenter Zellen eines menschlichen Embryos, z. B. zu Zwecken der Forschung und Diagnostik (§ 6), das Klonen durch gezielte Erzeugung genetisch identischer Menschen (§ 6), die gezielte Erzeugung von Chimären- und Hybridwesen aus Mensch und Tier (§ 7), die gezielte Festlegung des Geschlechts des künftigen Kindes (§ 3) sowie die Mitwirkung an gespaltenen Mutterschaften durch Leih- oder Ersatzmutterschaft (§ 1 I Nrn. 1, 7). Außerdem ist für künstliche Befruchtung und Embryoübertragung ein strafbewehrter Arztvorbehalt vorgesehen (§ 11). Auch wenn sich diese Tatbestände des ESchG von denen der §§ 218ff. dadurch leicht abgrenzen lassen, daß es bei ersteren um Eingriffe außerhalb des Mutterleibs oder jedenfalls vor Abschluß der Einnistung des befruchteten Eis in der Gebärmutter geht, während Schwangerschaftsabbruch erst mit diesem Zeitpunkt einsetzt (§ 219d), sind mögliche Rückwirkungen nicht von der Hand zu weisen. Dabei wird vor allem der mögliche Wertungswiderspruch zwischen dem nahezu absoluten, jeder Abwägung entzogenen Schutz, der durch das ESchG dem pränidativen Embryo garantiert wird, einerseits und der Abwägung mit möglichen Gegeninteressen der Schwangeren, denen sich durch § 218a der bereits nidierte Embryo ausgesetzt sieht, andererseits (vgl. Eser, Bedrohungen 57ff.) weiterer Prüfung, wenn nicht gar einer gesetzgeberischen Korrektur bedürfen.

7 Neben dem ungeborenen Leben ist auch die **Gesundheit der Schwangeren** Schutzgut des § 218 (Blei II 35, D-Tröndle 6 vor § 218, Lackner § 218 Anm. 1; and. die frühere h. M.: vgl. Hanack aaO 140, Lay LK[9] § 218 RN 6, Lüttger JR 69, 447; einschr. auch jetzt noch Jähnke LK 16, M-Schroeder I 69, Rudolphi SK 25, Wessels II/1 S. 50: bloßer „Schutzreflex"). Denn nicht nur, daß sich § 218 primär gegen den Schwangerschaftsabbruch durch Laienabtreiber und die damit verbundenen Gefahren für die Frau richtet (vgl. § 218a RN 55 sowie insbes. auch die Strafschärfung qualifizierter Gefährdung der Schwangeren nach § 218 II Nr. 2); auch sind die Indikationsfristen vornehmlich aus dem sich dann steigernden Eingriffsrisiko für die Frau zu erklären (vgl. u. 29; ferner Prot. VII 1323ff.; noch weitergehend in solcher Einseitigkeit freilich schwerlich überzeugende Versuch von Rüpke aaO 89ff., 154ff., den Strafschutz gegen Schwangerschaftsabbruch primär aus dem „Privatheitsgrundrecht" der Schwangeren zu begründen und zu begrenzen). Schon mit Rücksicht auf ihre eigenen Schutzinteressen bedarf es daher für die Rechtfertigung eines Schwangerschaftsabbruchs über das Vorliegen eines bestimmten Indikationsgrundes hinaus immer auch der Einwilligung der Frau (vgl. § 218 RN 20). Insoweit kommt denn auch die **Entscheidungsfreiheit** der Schwangeren als weiteres Schutzgut hinzu (vgl. Arzt/Weber I 141; and. Jähnke LK 17 mwN).

8 Dagegen dient das Verbot des Schwangerschaftsabbruchs – anders als nach den NS-Erbgesh-Gesetzen (vgl. RG **76** 93; Rietzsch DR 43, 242) – weder den „Bestand und der Lebenskraft des Volkes" (so aber mittelbar nach BGH **18** 283; vgl. auch Schmidhäuser II 36) noch sonstigen **bevölkerungspolitischen Interessen** (D-Tröndle 6, Hanack aaO 40, Jähnke LK 15, Lüttger JR 69, 447, Rudolphi SK 26; vgl. aber auch Blei II 35, Ebbinghaus FamRZ 59, 93, Zillmer NJW 58, 2099; dazu Martin NJW 59, 468). Andernfalls wären auch die freiwillige Sterilisation und sonstige Empfängnisverhütungsmethoden unter Strafe zu stellen (Hanack aaO 41). Vgl. auch Prot. VII 1382ff.

9 III. **Gesetzessystematisch** sind die §§ 218–219d folgendermaßen zu begreifen:

10 1. **Strafbegründungsnorm** für das grundsätzliche Verbot des Schwangerschaftsabbruchs ist § **218 I**, wobei jedoch die *Frühphase* bis zum Abschluß der Nidation schon tatbestandlich durch § 219d ausgenommen ist (vgl. u. 26f.). Zwar wird heute nicht mehr ausdrücklich zwischen *Selbst-* und *Fremd*abtreibung unterschieden; doch stehen der Sache nach auch weiterhin beide Abbruchsformen einheitlich als *Vergehen* unter Strafe, wobei freilich bei Selbstabbruch der Schwangeren nach § 218 III 1 Straf**milderung** eingeräumt wird (näher § 218 RN 1 ff.). Straf**schärfung** ist nach Regelbeispieltechnik durch § 218 II vorgesehen (näher dort RN 42ff.).

11 2. **Strafbefreiungsgründe** finden sich in dreifacher *Abstufung* (grdl. dazu Gropp aaO):

12 a) Zum einen aufgrund **rechtfertigender Indikation** nach § 218a, wobei jeweils unterschiedliche Eingriffsfristen vorgesehen sind (näher dort RN 5, 62). Da diese Indikationsgründe nur bei *ärztlichem* Schwangerschaftsabbruch durchgreifen, bleiben Laienabtreibungen, von seltenen Ausnahmefällen (§ 218a RN 55) abgesehen, grundsätzlich nach § 218 strafbar.

13 b) Zum anderen ist der *Schwangeren,* sofern nicht bereits Rechtfertigung nach § 218a (o. 12) durchgreift, durch § 218 III 2 ein **persönlicher Strafausschließungsgrund** eingeräumt, vorausgesetzt, daß der Abbruch von einem Arzt nach ordnungsgemäßer Beratung innerhalb der ersten 22 Schwangerschaftswochen durchgeführt wird (näher § 218 RN 49ff.). Da dies die Rechtswidrigkeit des Abbruchs unberührt läßt, bleiben sonstige Tatbeteiligte, und zwar auch der Arzt, nach § 218 I strafbar. Entsprechendes gilt bei dem der Schwangeren eingeräumten persönlichen Strafausschließungsgrund bei bloßem *Versuch* (§ 218 IV 2).

14 c) Schließlich ist darüber hinaus – und zwar ohne daß ein Rechtfertigungsgrund vorliegen, eine Beratung vorausgegangen bzw. der Abbruch durch einen Arzt durchgeführt sein müßte – bei der Schwangeren im Falle „besonderer Bedrängnis" ein **Absehen von Strafe** möglich (§ 218 III 3; vgl. dort RN 56f.). Dies ist vor allem bei Laienabort bedeutsam, wobei jedoch der Dritte, ebenso wie bei den vorgenannten Strafbefreiungsgründen, nach § 218 strafbar bleibt.

15 3. Durch die **subsidiären §§ 218b, 219** sollen die **Beratung** und **Indikationsfeststellung** gewährleistet werden. Freilich kommen diese Tatbestände nur dann zum Zuge, wenn an sich ein rechtfertigender Indikationsgrund nach § 218a (o. 12) vorliegt (denn andernfalls greift bereits § 218 durch), also lediglich die Beratungs- bzw. Feststellungspflicht verletzt ist. Da jedoch auch insoweit der Schwangeren ein persönlicher Strafausschließungsgrund eingeräumt ist (§ 218b I 2, § 219 I 2), kann sich danach praktisch nur der Arzt strafbar machen (vgl. u. 18, 20). Dies gilt auch – und zwar schon aufgrund von dessen Sonderdeliktsnatur – für § **219a**, durch den die Indikationsstellung gegen unrichtige ärztliche Feststellung abgesichert werden soll. Entsprechendes ist für die Pflicht zur Durchführung des Abbruchs in einem **Krankenhaus** anzunehmen, wobei deren Verletzung jedoch lediglich als Ordnungswidrigkeit sanktioniert ist (Art. 3 des 5. StrRG; vgl. § 218a RN 67).

16 4. Schließlich werden in den **§§ 219b, 219c** noch bestimmte Anstiftungs- und Beihilfehandlungen im **Vorbereitungsbereich** des Schwangerschaftsabbruchs als abstrakte Gefährdungsdelikte unter Strafe gestellt (Jähnke LK 20), und zwar teils im Hinblick auf die Rechtswidrigkeit des dadurch geförderten Abbruchs (§ 219c), wobei die Schwangere wiederum aufgrund eines persönlichen Strafausschließungsgrundes straffrei bleibt (§ 219c II), teils wegen der anstößigen Form bzw. der gewinnsüchtigen Absicht der Förderung des Abbruchs, wobei dieser selbst jedoch nicht unbedingt rechtswidrig zu sein braucht (§ 219b).

5. Zu **außerstrafrechtlichen Zusatzregeln** vgl. u. 40 *(Meldepflicht)* sowie § 218a RN 68ff. *(Weigerungsrecht)*. **16a**

6. Aufgrund der **personbezogen** verschiedenartigen Strafbefreiungen können sich *Schwangere, Ärzte* und sonstige *Drittbeteiligte* somit **unterschiedlich strafbar** machen (vgl. auch die Übersicht in Eser/Hirsch aaO 120ff. u. Augstein/Koch aaO 202ff.): **17**

a) Die **Schwangere** kann hinsichtlich eines an ihr selbst durchgeführten oder zugelassenen Abbruchs überhaupt nur nach § 218 I, III strafbar sein, und auch dies nur dann, wenn es sich um eine Laienabtreibung handelt oder bei ärztlichem Abbruch der Indikationsgrund und die vorgängige Beratung fehlen bzw. die 22-Wochen-Frist überschritten ist; denn dann kommt weder Rechtfertigung nach § 218a (o. 12) noch ein persönlicher Strafausschließungsgrund nach § 218 III 2 (o. 13) in Betracht. Immerhin kann aber selbst dann noch bei „besonderer Bedrängnis" nach § 218 III 3 von Strafe abgesehen werden (o. 14). Diese Strafbefreiungsgründe gelten sowohl für täterschaftliche wie für teilnehmende Beteiligung. Denkbar ist daher allenfalls noch Strafbarkeit der Schwangeren nach § 219b, wenn sie das bei ihr verwendete Mittel oder Verfahren auch für andere Schwangerschaftsabbrüche anpreist. Dagegen bleibt sie sowohl hinsichtlich der Veranlassung eines ohne Beratung oder Indikationsfeststellung durchgeführten Abbruchs (§ 218b I 2, § 219 I 2) wie auch hinsichtlich der Anstiftung zu einer unrichtigen ärztlichen Feststellung (§ 219a II) straffrei. Entsprechendes gilt für vorbereitendes Inverkehrbringen von Abtreibungswerkzeugen nach § 219c II. **18**

b) Der **Arzt** kann in vierfacher Rolle am Schwangerschaftsabbruch beteiligt sein: als *abbrechender* (§ 218a), als *sozial beratender* (§ 218b I Nr. 1), als *ärztlich beratender* (§ 218b I Nr. 2) oder als *indikationsfeststellender* Arzt (§ 219). Dabei ist **Rollenidentität** nur insoweit ausgeschlossen, als der abbrechende Arzt nicht zugleich die Sozialberatung und/oder die Indikationsfeststellung vornehmen darf (vgl. § 218b RN 15, § 219 RN 12), während der abbrechende mit dem ärztlich beratenden Arzt personengleich sein kann (§ 218b RN 21). Demgemäß müssen die hier möglichen ärztlichen Funktionen beim Schwangerschaftsabbruch von mindestens zwei Ärzten wahrgenommen werden, wobei eine Rollenteilung in der Weise möglich ist, daß entweder der eine Arzt sich auf den Abbruch beschränkt, während der andere die Beratungen und Indikationsfeststellung vornimmt, oder aber, daß der abbrechende Arzt auch noch die ärztliche Beratung übernimmt, um lediglich die Indikationsfeststellung (sowie u. U. die Sozialberatung) dem Kollegen zu überlassen (vgl. Eser/Hirsch aaO 131f.). Je nach der im Einzelfall wahrgenommenen Funktion kann sich der Arzt dabei auf *unterschiedliche* Weise strafbar machen: **19**

α) Soweit der Arzt lediglich als **abbrechender** tätig wird, kommt entweder Strafbarkeit nach § 218 I oder nach den §§ 218b, 219 in Betracht: Nach § 218 I, wenn der Arzt ohne Einwilligung der Schwangeren oder ohne rechtfertigende Indikation nach § 218a abbricht, wobei nach § 218 II Strafschärfung eintreten kann, wenn er dabei *gegen* den Willen der Schwangeren oder unter *leichtfertiger* Gefährdung von Leib oder Leben handelt (vgl. ferner § 218 RN 45 zur Gewerbsmäßigkeit). Nach § 218b oder § 219 macht er sich strafbar, wenn der Abbruch schon aufgrund Einwilligung und Indikation nach § 218a gerechtfertigt ist, jedoch die Beratung der Schwangeren bzw. die Indikationsfeststellung durch einen anderen Arzt fehlt. **20**

β) Soweit er nur als **Indikationsarzt** nach § 219 mitwirkt, kann er sich – je nach Gut- oder Bösgläubigkeit des Operateurs – wegen mittelbarer Täterschaft bzw. Beihilfe zu § 218 strafbar machen, falls er durch falsche Indikationsstellung einer rechtswidrigen Abtreibung vorsätzlich Vorschub leistet. Demzufolge bleibt für die subsidiäre Strafdrohung des § 219a gegenüber dem Indikationsarzt nur Raum, wenn der Abbruch, für den die wider besseres Wissen unrichtige Indikationsfeststellung geliefert wurde, nicht zur Ausführung gelangt (vgl. Lackner NJW 76, 1242) oder aus einem anderen als dem fälschlich festgestellten Grund objektiv indiziert war (vgl. § 219a RN 10). Nach dem gegenüber § 218 subsidiären § 219 kommt eine Strafbarkeit des Indikationsarztes allenfalls insoweit in Betracht, als er bei einem nach § 218a gerechtfertigten Abbruch die Ordnungsmäßigkeit einer mangelhaften Indikationsfeststellung vorspiegelt (mittelbare Täterschaft von § 219) oder den Operateur trotz Mangelhaftigkeit der Indikationsfeststellung zum Abbruch veranlaßt (vgl. § 219 RN 20). **21**

γ) Soweit der Arzt nur als **Berater** i. S. von § 218b I Nr. 1 oder 2 mitwirkt, kommt Tatbeteiligung an § 218 I in Betracht, wenn durch die Beratung ein nicht gerechtfertigter Abbruch (z. B. bei mangelnder Indikation) unterstützt wird. Insofern gilt Gleiches wie für die Tatbeteiligung sonstiger Dritter (u. 24). Ist der Abbruch als solcher nach § 218a gerechtfertigt, kann subsidiär mittelbare Täterschaft bzw. Tatbeteiligung von § 218b zum Zuge kommen, wenn der beratende Arzt trotz Mangelhaftigkeit der Beratung die Durchführung des Abbruchs veranlaßt. Insofern gilt entsprechendes wie zur subsidiären Strafbarkeit des Indikationsarztes nach § 219 (o. 21). **22**

δ) Soweit der **abbrechende** Arzt **zugleich** noch **beratende** und/oder **indikationsfeststellende** Funktionen wahrnimmt, hat seine etwaige Strafbarkeit nach § 218 Vorrang (vgl. o. 20). Ist der **23**

Abbruch als solcher nach § 218a gerechtfertigt (o. 12), so kommt auch dann, wenn der abbrechende Arzt unter Verletzung des Identitätsverbots zugleich die Rolle des Sozialberaters und/oder des Indikationsarztes übernommen hat (vgl. o. 19), nur die subsidiäre Strafbarkeit nach § 218 bzw. § 219 in Betracht, gegebenenfalls in Idealkonkurrenz miteinander.

24   c) **Sonstige Dritte,** die an einem rechtswidrigen Schwangerschaftsabbruch beteiligt sind (z. B. bei mangelnder Einwilligung der Schwangeren, fehlender Indikation oder nichtärztlicher Durchführung), sind nach § 218 I (bzw. II) strafbar, und zwar gleichgültig, ob sie als Laienaborteur, als nichtärztliche Berater (z. B. durch Adressenvermittlung) oder als Arzt in bloßer Beraterfunktion (vgl. o. 22) mitgewirkt haben. Dabei ist die Strafe selbst dann aus § 218 I zu entnehmen, wenn lediglich eine nach § 218 III 1 strafgemilderte Selbstabtreibung der Schwangeren durch bloße Beihilfe unterstützt wurde (§ 218 RN 37). Ebenso bleibt die Strafbarkeit des Dritten nach § 218 I durch einen etwaigen persönlichen Strafausschließungsgrund der Schwangeren nach § 218 III 2, IV 2 (o. 13, 18) unberührt. Im übrigen kommt auch für Drittbeteiligte, soweit nicht bereits § 218 durchgreift, subsidiäre Strafbarkeit nach den §§ 218b–219c in Betracht. Bei § 219b und § 219c ist dies sowohl täterschaftlich wie durch Teilnahme möglich, ebenso bei §§ 218b, 219, indem etwa in mittelbarer Täterschaft dem gutgläubigen Operator eine gefälschte Beratungs- bzw. Indikationsfeststellung vorgelegt wird (vgl. § 218b RN 26, § 219 RN 20). Dagegen ist bei § 219a wegen dessen Sonderdeliktsnatur (mittelbare) Täterschaft durch Nichtärzte zwingend ausgeschlossen (vgl. dort RN 9).

25   **IV. Zeitlich** sind **vier Schutzphasen innerhalb der Schwangerschaft** zu unterscheiden:

26   1. Für die **Frühphase** bis zum *Abschluß der Einnistung* des befruchteten Eies in der Gebärmutter fehlt es – jedenfalls im Bereich des Schwangerschaftsabbruchsrechts (vgl. aber o. 6a zum EschG) – an einer strafrechtlichen Schutznorm zugunsten des Embryos, da nach § 219d Handlungen, deren Wirkungen *vor* diesem Zeitpunkt eintreten, nicht als Schwangerschaftsabbruch gelten. Damit hat die bereits zum alten § 218 entwickelte Auffassung, wonach von einer abtreibungsfähigen „Leibesfrucht" erst mit Abschluß der sog. *Nidation* gesprochen werden kann (vgl. Lay LK[9] § 218 RN 15 mwN, Saerbeck aaO 15), ausdrücklich gesetzliche Anerkennung gefunden (vgl. RegE 15, 2. Ber. 13). Da dieser Vorgang etwa auf den 14. Tag nach der Empfängnis anzusetzen und zu deren Fixierung ihrerseits jeweils auf die letzte Menstruation zurückzurechnen ist (vgl. § 219d RN 5), sind demnach alle Eingriffe in die Schwangerschaft innerhalb der ersten *vier Wochen seit Beginn der letzten Periode* durch § 218 schon **tatbestandlich nicht erfaßt**. Näher zu den Konsequenzen sowie zur Begriffsbestimmung und Berechnung des Nidationszeitpunktes § 219d RN 3ff.

27   Ob sich die Straffreiheit dieser Frühphase daraus erklären läßt, daß es bis zum Nidationsabschluß noch an *individuiertem Leben fehlt,* wird inzwischen wieder zunehmend bestritten (vgl. Belling aaO 66, Gropp aaO 49). Aber wenngleich biologisch-genetisch nicht zu bestreiten ist, daß bereits mit der Vereinigung von Ei und Samen artspezifisch menschliches Leben in dem Sinne entsteht, daß daraus nur ein Mensch, nicht aber ein nicht-menschliches Wesen erwachsen kann (vgl. Blechschmidt, Vom Ei zum Embryo [1970] 34f., Saerbeck aaO 19) und somit bereits dieses Leben eine andere Qualität als sonstiges biologisches Leben besitzt (vgl. Eberbach ZRP 90, 218, Eser, Bedrohungen 39ff. sowie in Günther/Keller aaO 282ff.), erscheint die Frühphase letztlich aus pragmatischen Gründen (vgl. RegE 15) strafrechtlich *nicht schutzfähig,* da hier das Vorliegen einer Schwangerschaft idR weder objektiv beweisbar noch für die Frau subjektiv erfahrbar ist (vgl. Eser in Hofmann aaO 167f., Gesenius, Empfängnisverhütung[3] 103f., Rudolphi SK 10, ferner Prot. VI 2177ff.). Solche praktischen Nachweisbarkeitsmängel würden nun zwar nicht auch extrakorporal erzeugtem Leben entgegenzuhalten sein; doch selbst wenn bereits dem nicht-implantierten Embryo grundsätzliche Schutzwürdigkeit zuzuerkennen ist, brauchte das Schutzinstrument nicht unbedingt strafrechtlicher Art zu sein. Dazu wie auch zu sonstigen Konsequenzen der bis zum Inkrafttreten des EschG straffreien **Vornidationsphase** für das nicht-implantierte befruchtete Ei vgl. o. 6f.

28   Unberührt von dieser Freistellung abortiver Eingriffe in der Frühphase bleiben selbstverständlich die der **Gesundheit der Schwangeren** dienenden Schutztatbestände. Wird etwa die Frau durch eine kunstfehlerhafte abrasio eventualis verletzt oder bei einer Nachblutung unzureichend versorgt, so kommen nach allgemeinen Grundsätzen die §§ 223ff. zum Zuge.

29   2. Nach Abschluß der Nidation, d. h. praktisch **vom 14. Tag seit Empfängnis** bzw. mit Beginn der 5. Woche nach der letzten Menstruation (vgl. o. 26), ist der Schwangerschaftsabbruch nach § 218 grundsätzlich strafbar, und zwar sowohl bei Selbstabbruch der Schwangeren wie auch bei Fremdabbruch durch einen Dritten. Dies gilt grundsätzlich auch bei kunstgerechter Durchführung durch einen Arzt. Jedoch kann der Eingriff bei Vorliegen einer der in § 218a genannten **Indikationen** sowohl für die Schwangere wie für den Arzt *gerechtfertigt* sein. Jedoch muß sowohl bei der „*kriminologischen*" wie auch bei der *allgemeinen Notlagen*-Indikation der Eingriff bis spätestens zum **Ende der 12. Woche** seit Empfängnis durchgeführt werden, wäh-

rend die „eugenische" Indikation bis zum Ende der 22. Woche, die „medizinische" Indikation bis zum Ende der Schwangerschaft zulässig ist (§ 218a III). Die 12-Wochenfrist erklärt sich im wesentlichen daraus, daß in dieser Phase der Eingriff noch relativ gefahrlos für die Schwangere durchführbar ist (vgl. RegE 26, 28, Zander Prot. VI 2160ff. AE-BT Begr. 31).

3. Vom Beginn der 12. bis Ende 22. Woche seit Empfängnis ist neben der (ohnehin durchgängig zulässigen) *medizinischen* Indikation (u. 32) ein Abbruch nur noch bei *„eugenischer"* Indikation gerechtfertigt (§ 218a II Nr. 1 i. V. m. III), und zwar vor allem deshalb, weil spätere Eingriffe einen bereits lebensfähigen Fötus treffen könnten (vgl. 1. Ber. 15, ferner Prot. VII 1461 ff.) und sich damit die Problematik einer Pflicht zur Lebenserhaltung stellen würde (dazu u. 33 f.). Ferner bedeutet das Ende der 22. Woche eine Zäsur insofern, als damit die Möglichkeit der Schwangeren, schon aufgrund bloßer Beratung – also auch ohne Vorliegen eines Indikationsgrundes – einen *persönlichen* *Strafausschließungsgrund* für einen ärztlich durchgeführten Schwangerschaftsabbruch zu erlangen (§ 218 III 2), ihr Ende findet. Vgl. § 218 RN 52. 30 31

4. Die Möglichkeit einer Kollision mit etwaigen Lebenserhaltungspflichten besteht in noch stärkerem Maße ab der mit der **23. Woche** nach Empfängnis einsetzenden **Endphase** der Schwangerschaft. Daher ist hier ein Abbruch *nur* noch bei *medizinischer* Indikation gerechtfertigt (arg. § 218a III). Da in dieser Phase idR bereits mit einem lebensfähigen Fötus zu rechnen ist (vgl. o. 30), bedarf die Nichtanwendbarkeit bzw. Unzumutbarkeit der Lebens- oder Gesundheitsgefahr für die Schwangere besonders sorgfältiger Prüfung (näher § 218a 9 ff., 17). 32

5. Da § 218 den Abbruch einer „Schwangerschaft" voraussetzt, endet sein Anwendungsbereich mit **Abschluß der Schwangerschaft**. Dazu könnte allgemeinsprachlich an sich auch noch der *Geburtsvorgang* gerechnet werden. Wie jedoch schon der Vergleich mit § 217 ergibt, ist eine Tötung „in der Geburt" bereits als Tötungsdelikt i. S. der §§ 211 ff. zu betrachten. Da für den Geburtsbeginn das Einsetzen der sog. **Eröffnungswehen** maßgeblich ist (vgl. Koch in Eser/Koch I 104 ff. sowie 13 vor § 211), findet § 218 nur auf solche Eingriffe Anwendung, die noch *vor* diesem Zeitpunkt, so vor allem auch während der Geburt, vorgenommen werden, während Eingriffe *nach* Beginn der Eröffnungswehen bereits den §§ 211 ff. bzw. §§ 223 ff. unterliegen. Dabei kommt es weniger auf den Zeitpunkt des tödlichen *Erfolgs*eintritts als vielmehr auf den Auswirkungsbeginn des *Eingriffs* bzw. im Falle von Unterlassen (wie notwendigen „Hilfsmaßnahmen zur Menschwerdung" durch rechtzeitige Geburtseinleitung einerseits bzw. Nichtversorgung einer Frühgeburt andererseits) auf die auswirkungserhebliche Versäumung der Hilfspflicht an (vgl. BVerfGE NJW 88, 2945, Bamberg NJW 88, 2963, Karlsruhe MDR 84, 686, Jähnke LK § 218 RN 15, 17, 22, Lüttger NStZ 83, 484). Daher bleibt § 218 geb. auch dann noch anwendbar, wenn das Kind erst nach Vollendung der Geburt stirbt, dies jedoch infolge eines Eingriffs, der bereits vor Einsetzen der Eröffnungswehen vorgenommen worden war. Zu möglichen Überschneidungen und Konkurrenzen mit Tötungs- und Körperverletzungsdelikten vgl. § 218 RN 8 f., 59. 33

Diese Grenzlinie ist auch für *Rechtfertigungs*fragen von Bedeutung. Da § 218a nur bei einem noch als Schwangerschaftsabbruch zu betrachtenden Eingriff durchgreift, ist damit eine Tötung des Kindes **nach Geburtsbeginn** nicht zu rechtfertigen (Koch aaO 108, Rudolphi SK 15; and. Arzt/Weber I 158). Die damit vor allem für die sog. *Perforation* bei Wasserköpfigkeit des Kindes entstehende Rechtfertigungslücke versuchten mehrere Entwürfe durch einen allgemeinen Privilegierungstatbestand der „Notstandstötung in der Geburt" zu schließen (vgl. § 217a in BT-Drs. 7/1982/83/84). Da aber damit nur *Lebens*gefahren für die Mutter erfaßt worden wären, hat das 5. StrRG auf diesen Tatbestand verzichtet, um auf solche Tötungen die weitergehende (weil auch *Gesundheits*gefahren umfassende) allgemeine Notstandsregel des § 34 anwendbar sein zu lassen (vgl. 1. Ber. 13). Jedoch wurde dabei nicht bedacht, daß mit Geburtsbeginn bereits – nach § 212 gleichermaßen hochgeschütztes – Leben gegen Leben steht und damit nach allgemeinen Grundsätzen eine Rechtfertigung ausgeschlossen wäre (vgl. § 34 RN 23). Da auch § 35 für den Arzt regelmäßig ausscheidet, weil für ihn die Mutter meist keine „nahestehende Person" ist, wird ihm von einem Teil der Lehre allenfalls ein übergesetzlicher Entschuldigungsgrund eingeräumt (vgl. D-Tröndle § 34 RN 21, Rudolphi SK 15). Andererseits ist jedoch i. S. einer Rechtfertigung zu berücksichtigen, daß es bei der Perforation nicht um eine normale schwangerschaftsbedingte Interessenkollision geht, sondern um die Rettung der Mutter aus einer Gefährdung, die von der besonderen Konstitution des Kindes ausgeht (vgl. § 34 RN 23, 30 sowie Hirsch LK § 34 RN 74, Jähnke LK § 212 RN 10; so i. S. rechtfertigender Pflichtkollision M-Schroeder I 71 und wohl auch Lackner § 34 Anm. 2e cc). Allerdings bleibt dabei zu bedenken, daß heute die Perforation in vielen Fällen durch abdominalen Kaiserschnitt ersetzt werden kann (vgl. v. Mikulicz-Radezki, Geburtshilfe[6] 407 ff.); ist ein solcher ohne besonderes Risiko durchführbar, wäre eine Perforation nicht indiziert. Andererseits wird man aber der Schwangeren einen Kaiserschnitt schwerlich gegen ihren Willen aufzwingen können. Zu dem dadurch entstehenden, rechtlich noch wenig ausgeleuchteten Dilemma für den Arzt wie auch zu der dann möglicherweise auftauchenden Frage einer „Früheuthanasie" mißgebildeter Neugeborener vgl. 32a vor § 211, ferner Hiersche u. Hanack Gynäkologe 82, 89 ff. bzw. 96 ff. sowie Hiersche MedR 83, 53 ff., Jähnke LK § 218 RN 23 ff. 34

35 **V. 1. Internationalstrafrechtlich** besteht im Hinblick auf den bekannten „Abtreibungstourismus" in Länder mit Fristen- oder weitergehenden Indikationsregelungen (wie zunächst England, Dänemark, Schweden sowie inzwischen auch Österreich, Frankreich und Italien) oder wie zeitweilig aufgrund faktischer Nichtverfolgungspraxis in den Niederlanden (vgl. Wilkitzki/Lauritzen aaO 108 ff. sowie eingeh. zum internat. Vergleich Ketting/v. Praag aaO 7 ff., Koch ZStW 97, 1043 ff. sowie die Länderberichte in Eser/Koch aaO, Frankowski/Cole aaO) Anlaß zu dem Hinweis, daß nach dem Schutzprinzip des **§ 5 Nr. 9** das deutsche Strafrecht auch dann auf den Schwangerschaftsabbruch einer Deutschen im Ausland anwendbar bleibt, wenn er nach **Tatortrecht straflos** ist (vgl. § 5 RN 17, aber auch 55 vor § 3). Dies gilt jedoch nur für einen Abbruch nach § 218, soweit er nach § 218a materiell gerechtfertigt ist. Liegt dagegen eine Indikation tatsächlich vor, so bleibt der im Ausland materiell geführte Abbruch selbst dann straflos, wenn er ohne vorgängige Beratung (§ 218b) bzw. ohne formelle Indikationsfeststellung (§ 219) durchgeführt wird (vgl. AG Albstadt MedR **88**, 261 m. Anm. Mitsch Jura 89, 193, Jähnke LK § 218 RN 66); denn die Einhaltung dieser Pflichten bildet keine Rechtfertigungsvoraussetzung (§ 218a RN 63). Entsprechendes gilt für den Fall, daß der Abbruch nicht durch einen nach deutschem Recht approbierten, sondern durch einen nach Tatortrecht zugelassenen Arzt durchgeführt wird; denn für die Rechtfertigung nach § 218a genügt, daß es sich beim Operateur um einen den deutschen Qualifikationserfordernissen vergleichbaren Arzt handelt (vgl. § 218a RN 55).

36 Fraglich ist jedoch, inwieweit die Schwangere bei einem nichtindizierten und damit durch § 5 Nr. 9 erfaßten (vgl. dort RN 17) Abbruch den *persönlichen Strafausschließungsgrund* des § 218 III 2 (o. 13) in Anspruch nehmen kann: Ausgeschlossen ist dieser jedenfalls da, wo sie sich vorher keinerlei Beratung i. S. von § 218b unterzogen hat; andererseits ist ein solcher aber einzuräumen dort, wo sie bei Fahrtantritt ihrer Beratungspflicht nachgekommen ist (M-Schroeder I 73; trotzdem für Strafbarkeit der Schwangeren bei Abbruch im Ausland Rudolphi SK 20, 27). Da als „Berater" auch ein Arzt in Betracht kommt, der sich „auf geeignete Weise über die im Ernstfall zur Verfügung stehenden Hilfen unterrichtet hat" (§ 218b II Nr. 2c), müßte dies u. U. auch noch ein ausländischer Arzt sein können, der etwa aufgrund einschlägiger Tätigkeit in Deutschland in fortwährendem Kontakt die entsprechenden Informationen besitzt (vgl. Müller-Emmert DRiZ 76, 167, § 218b RN 14) oder bei einer deutschen Sozialbehörde rückfragt. Indes würde eine solche Beratung, die jeglicher Kontrolle entzogen wäre und bei der die Würfel im Grunde schon vor Fahrtantritt gefallen waren, dem Sinn des für § 218 III 2 wesentlichen Beratungserfordernisses schwerlich gerecht. Daher dürfte in Fällen, in denen die Schwangere ohne inländische Beratung im Ausland hat abbrechen lassen, allenfalls ein Absehen von Strafe nach § 218 III 3 in Betracht kommen.

37 Unzweifelhaft dagegen ist, daß bloße Förderungshandlungen nach §§ 219b, 219c, da durch § 5 Nr. 9 nicht ausdrücklich erfaßt, nur dann strafbar sind, wenn sie gem. §§ 3, 9 im Inland vorgenommen werden (vgl. Jähnke LK § 218 RN 66; Laufhütte/Wilkitzki JZ 76, 330) bzw. hier den tatbestandsmäßigen Erfolg herbeiführen (z. B. das vom Ausland versandte Abtreibungsinstrument im Inland in den Verkehr gelangt). Vgl. im übrigen auch § 5 RN 17.

38 **2.** Soweit dagegen der Schwangerschaftsabbruch auch nach **Tatortrecht strafbar** ist, kommen bei Abbruch an einer deutschen Schwangeren über § 7 I die §§ 218 ff. zur Anwendung, und zwar auch gegenüber einem *ausländischen* Täter (vgl. § 7 RN 6, 11). Eingehend zum Ganzen in Eser/Hirsch aaO 245 ff. sowie Koch aaO 108 ff.

39 **VI.** Zur (heute nicht mehr bedeutsamen) **Übergangsregelung** für Taten vor dem 21. 6. 76 sowie zu der bis dahin eingeschränkten Geltung in **Berlin** vgl. 20. A. 39 ff. vor § 218.

40 **VII.** Zur **statistischen** Erfassung ist für Ärzte eine **Meldepflicht** an das Stat. Bundesamt über die von ihnen nach § 218a durchgeführten Schwangerschaftsabbrüche (ohne Nennung des Namens der Schwangeren) vorgesehen (Art. 4 des 5. StrRG idF v. Art. 3 des 15. StÄG), um auf diese Weise zuverlässigeres Material über Ursachen und Auswirkungen des Schwangerschaftsabbruchs zu erhalten (vgl. 1. Ber. 19). Obgleich die Verletzung dieser Pflicht eine Ordnungswidrigkeit nach § 14 BStatistikG darstellt, ist von einem nicht unerheblichen Meldedefizit auszugehen (vgl. Erhard in Hoffacker u. a. 159 ff., Spieker Jura 87, 57 ff.). Deshalb haben die jährlich vom Statist. Bundesamt (in: Gesundheitswesen, Fachserie 12, Reihe 3) herausgegebenen Zahlen mit (zuletzt) 1988 insgesamt 83 784 indizierten Abbrüchen wie auch deren Verteilung auf die medizinische (einschließlich psychiatrische) Indikation mit 10,2 %, die eugenische mit 1,3 %, die kriminologische mit 0,1 % sowie die allg. Notlagenindikation mit 86,8 % nur einen begrenzten Verläßlichkeitswert (vgl. auch Albrecht aaO, v. Hippel JZ 86, 54 f., Kuhn DÄBl. 87, 1157 f. ferner – auch zur Anzahl der Ermittlungsverfahren und Verurteilungen – Koch aaO 234 ff. bzw. 248 ff., BT-Drs. 11/2907, Tröndle Jura 87, 66 f.).

41 **VIII. Räumlicher Anwendungsbereich – Verhältnis der §§ 218–219d zu den §§ 153–155 DDR-StGB.** Bei den Verhandlungen über den Einigungsvertrag (EV; dazu Einf. 12 vor § 1)

stand das im vereinten Deutschland anzuwendende Schwangerschaftsabbruchsrecht bekanntlich bis zuletzt in heftigstem Streit (vgl. Schneiders MDR 90, 1053, Wilms ZRP 90, 473). Dieser wurde schließlich dahingehend gelöst, daß auf dem jeweiligen Teilgebiet der bisherigen Bundesrepublik Deutschland und der ehemaligen Deutschen Demokratischen Republik für eine Übergangszeit bis spätestens Ende 1992 (vgl. o. 4a zu Art. 31 EV) von einem einheitlichen Schwangerschaftsabbruchsrecht im Bereich der jetzigen Bundesrepublik Deutschland abgesehen wird. Dies hat im wesentlichen folgende Konsequenzen (vgl. auch Eser GA 91, 253 ff.):

1. Indem von der grundsätzlichen Erstreckung des Bundesrechts auf die ehemalige DDR die **42** §§ 218–219d einschließlich des § 5 Nr. 9 ausgenommen wurden (vgl. Art. 8 EV i. V. m. EV I Kap. III C I Nr. 1, III Nr. 1), bleibt der Anwendungsbereich dieser Vorschriften nach wie vor auf die **bisherigen Bundesländer** einschließlich West-Berlin beschränkt (vgl. § 5 RN 17).

2. Andererseits bleiben in den **Beitrittsgebieten** nach Art. 3 des EV (d. s. die fünf neuen **43** Bundesländer einschließlich Ost-Berlin) die bisherigen §§ 153–155 **DDR-StGB** sowie zum Teil die dazu ergangenen Gesetze und Durchführungsbestimmungen über die „Unterbrechung der Schwangerschaft" als partielles Bundesrecht in Kraft (Art. 9 I 2, II i. V. m. EV II Kap. III C I Nr. 1, 4, 5; vgl. 71, 74 vor § 3, aber auch Wilms ZRP 90, 474). Diese Vorschriften sind u. 49–51 abgedruckt.

Die DDR-Regelung der dort sog. Schwangerschaftsunterbrechung **unterscheidet sich** vor **44** allem in dreifacher Hinsicht von der des StGB: zum einen durch die *grundsätzliche Straffreiheit der Schwangeren,* und zwar sowohl bei Selbstabtreibung als auch hinsichtlich der Teilnahme an der Abtreibung durch einen Dritten (vgl. § 153 I DDR-StGB, Buchholz/Dähn/Weber aaO 122); zum zweiten durch die grundsätzliche *Straffreiheit* des ärztlichen Schwangerschaftsabbruchs *innerhalb der ersten zwölf Wochen* (§ 1 II SchwangUG), solange ein bestimmtes Verfahren eingehalten wird und keine Gegenindikation (§ 3) vorliegt; zum dritten die Ausgestaltung dieser Straffreiheit als ein *„Recht" auf Abbruch* (so jedenfalls nach der ursprünglichen Präambel samt § 1 I SchwangUG (zu weiteren Einzelheiten vgl. Lammich in Eser/Koch I 329ff., insbes. 341ff. mwN, Wilms ZRP 90, 472f.). Auch wenn sehr zweifelhaft erscheint, ob eine derart einseitig selbstbestimmungsorientierte Fristenlösung den von BVerfGE 39 1 gesetzten Maßstäben (o. 3) gerecht würde (entschieden verneinend D-Tröndle[45] § 3 RN 11a, § 5 RN 9), läßt sich dies für die Art. 143 I GG (Art. 4 Nr. 5 EV, u. Anhang 1) eingeräumte Übergangsfrist bis zum 31. 12. 92 nicht ohne weiteres behaupten; denn während bei Einlösung der dem Gesetzgeber durch Art. 31 IV EV aufgegebenen Neuregelung (o. 4a) auch die Lebensschutzgarantie von Art. 2 II GG mitzuberücksichtigen ist, ist eine übergangsweise Rechtsungleichheit zwischen alten und neuen Bundesländern selbst bei Abweichungen vom Grundgesetz nur dann und insoweit als verfassungswidrig anzusehen, als sich dafür keine Anpassungsbedürfnisse anführen lassen bzw. die Wesensgehalts- und Unantastbarkeitsgarantien der Art. 19 II und 79 III GG verletzt werden. Doch selbst für diesen keineswegs klaren Fall (verneinend namentlich Schneiders MDR 90, 1053 und wohl auch Stern DtZ 90, 191) bedürfte die Verfassungswidrigkeit einer dahingehenden Erklärung durch das BVerfG (näher dazu Sachs DtZ 90, 193 ff.).

3. Infolge dieser Rechtsverschiedenheit kann es zu einem **Auseinanderfallen von Wohnsitz- 45 und Tatortrecht** kommen, wenn ein Schwangerschaftsabbruch in einem Anwendungsgebiet begangen wird, in dem der Täter nicht zugleich seinen Wohnsitz hat (wie z. B. beim Abbruch einer in Frankfurt/Main wohnhaften Schwangeren in Frankfurt/Oder). Da es sich beim gegenwärtigen Schwangerschaftsabbruchsstrafrecht der §§ 218–218d einerseits und bei den §§ 153–155 DDR-StGB andererseits jeweils um partikuläres Bundesrecht handelt, ist in Kollisionsfällen mangels besonderer Regelungen im Einigungsvertrag auf die allgemeinen Grundsätze des **interlokalen Strafrechts** zurückzugreifen (47 ff. vor § 3). Danach ist grds. nach dem *Tatortprinzip* von dem am Tatort geltenden Recht auszugehen. Dies würde nach (freilich umstrittener) Ansicht eine gleich- oder gar vorrangige Heranziehung des Wohnsitzprinzips zwar nicht ausschließen (54 vor § 3). Dem dürfte aber gerade bei dem hier in Frage stehenden Abtreibungsstrafrecht der gegenteilige Wille der am Abschluß des EV beteiligten Parteien entgegenstehen: Gewiß war zunächst von seiten der BReg beabsichtigt gewesen, in einem in das EGStGB einzufügenden Art. 1a unter „Interlokales Strafrecht" grundsätzlich das Tatortprinzip festzuschreiben, davon aber ausdrücklich für die §§ 218, 218b und 219 eine Ausnahme zugunsten des Wohnortprinzips vorzusehen (vgl. 52 vor § 3). Da jedoch diese Lösung bekanntlich politisch nicht durchsetzbar war, wurde lediglich für interlokal divergierende Auslandstaten Deutscher (wie bei Abbruch einer Freiburgerin bzw. Magdeburgerin in Holland) das Wohnsitzprinzip vorgesehen (vgl. u. 47), während für innerdeutsch divergierende Kollisionsfälle (wie im eingangs angeführten Frankfurt-Fall) keine derartige Regelung getroffen wurde. Aus diesem „beredten" Schweigen der Einigungspartner und des schließlich vorbehaltlos zustimmenden Bundesgesetzgebers wird man kaum einen anderen Schluß ziehen können als den, daß es bei der im interlokalen Strafrecht vorherrschenden Praktizierung des Tatortprinzips bleiben soll. Hinzu kommt, daß man in der Nichterstreckung des § 5 Nr. 9 auf die Beitrittsgebiete (vgl. EV o. 42) sogar einen positiv rechtlichen Ansatzpunkt für den Verzicht auf das Wohnsitzprinzip sehen könnte. Denn wenn normalerweise das Tatortprinzip eine Ergänzung bzw. Einschränkung für jene Fälle erfahren kann, in denen Straftaten ohne Rücksicht auf den Tatort und dessen Recht durch das deutsche StGB erfaßt werden (vgl. 55 vor § 3), was auf § 5 Nr. 9 zuträfe, und diesem Rechtsgedanken entsprechend Deutsche mit Lebensgrundlage in der (bisherigen) Bundesrepublik Deutschland auch bei Tatbegehung in der bisherigen DDR an sich nach den §§ 218 ff. zu beurteilen wären, so wird in der absichtsvollen Nichterstreckung des § 5 Nr. 9 auf die Beitrittsgebiete zugleich ein Verzicht auf die Geltung des Wohnsitzprinzips bei einem im Osten begangenen Schwangerschaftsabbruch eines im Westen wohnhaften Täter zu erblicken sein. Dem wird sich auch mit Schneiders MDR 90, 1050, 1054, kaum entgegenhalten lassen, daß Art. 2 Nr. 1 EGStGB eine von den §§ 3–7 StGB abweichende Regelung des Geltungsbereichs und damit auch eine Anknüpfung am Wohnsitzprinzip zuläßt; denn ganz abgesehen davon, daß diese Vorschrift (wie von Schneiders selbst eingeräumt) nur abweichendes Landesrecht betrifft und für partikuläres Bundesrecht (wie hier) nicht ohne weiteres gleiches zu gelten braucht, und so unerfreulich daraus resultierende Wertungwidersprüche auch sein mögen (vgl. 55 vor § 3), wird dem Gesetzgeber, sofern er den ersten Schritt einer territorial unterschiedlichen Schwangerschaftsabbruchsregelung in verfassungsrechtlich vertretbarer Weise tun durfte (dazu o. 44), schwerlich auch der zweite – vergleichsweise nur noch weniger gravierende – Schritt einer rein territorialen Anknüpfung verwehrt sein, wie sie dem Tatortprinzip des interlokalen Strafrechts ohnehin gemäßer erscheint (vgl. 52 vor § 3). Demzufolge ist ein Schwangerschaftsabbruch innerhalb der jetzigen Bundesrepublik Deutschland jeweils nach dem am *Tatort* geltenden Recht zu beurteilen (i. E. ebenso – wenngleich mit verfassungsrechtl. Bedenken – D-Tröndle[45] § 3 RN 10, 11a, § 5 RN 9). Dabei ist allerdings im Falle einer **Teilnahme** zu beachten, daß nach den entsprechend anwendbaren Grundsätzen des Internationalen Strafrechts (vgl. 58 vor § 3) nach § 9 II nicht nur der Ort der *Haupttat,* sondern auch der *Teilnahmeort* als Begehungsort in Betracht kommt.

46 In der Praxis wird man jedoch die Frage nach dem Tat- oder Wohnsitzprinzip nicht überschätzen dürfen. Daß einerseits eine Deutsche mit Wohnsitz im Gebiet der ehemaligen DDR in der bisherigen Bundesrepublik Deutschland einen Abbruch vornehmen läßt, wird ohnehin ein Ausnahmefall sein. Dem umgekehrten Fall, daß eine westdeutsche Schwangere in einem Beitrittsland abbrechen läßt, sind durch den im Beitrittsgebiet fortgeltenden § 1 der DDR-Durchführungsbestimmung zum SchwangUG (u. 51) enge Grenzen gesetzt; denn selbst wenn es eine DDR-Staatsbürgerschaft heute nicht mehr gibt und daher das in den vorgenannten § 1 den Frauen mit DDR-Staatsbürgerschaft (oder jedenfalls dortigem ständigen Wohnsitz) vorbehaltene „Recht", die Schwangerschaft durch einen ärztlichen Eingriff unterbrechen zu lassen, leerzulaufen scheint, kann die Aufrechterhaltung dieser Vorschrift durchaus noch einen Sinn darin haben, den mehr öffentlich-rechtlichen Anspruch auf Durchführung eines Schwangerschaftsabbruchs in einer dortigen ärztlichen Einrichtung den Frauen mit Lebensgrundlage in den Beitrittsgebieten vorzubehalten.

47 4. Anders als bei interlokalen Divergenzen kommt es bei **Auslandstaten von Deutschen** entscheidend auf das *Wohnsitzprinzip* im Sinne des „Lebensgrundlageprinzips" (vgl. BT-Drs. 11/7817 S. 51) an. Nach dem neu eingeführten Art. 1b EGStGB (EV I Kap. III C II Nr. 1a) finden bei Auslandstaten im Falle von interlokal unterschiedlichem Strafrecht jene Vorschriften Anwendung, „die an dem Ort gelten, an welchem der Täter seine Lebensgrundlage hat" (vgl. 57 vor § 3). Da zudem § 5 Nr. 9 von der Erstreckung auf die Beitrittsgebiete ausgenommen wurde (o. 42, 45), finden auf Auslandstaten von Deutschen mit Lebensgrundlage in einem der *Beitrittsländer* die bisherigen §§ 153–155 DDR-StGB Anwendung, während auf Auslandstaten von Deutschen mit Lebensgrundlage in der (bisherigen) *Bundesrepublik* Deutschland nach § 5 Nr. 9 die §§ 218–219d anzuwenden sind.

48 IX. **Fortgeltendes DDR-Recht in den Beitrittsgebieten** (Art. 3 EV, u. Anhang 1). *Soweit bisherige Vorschriften nicht in Kraft geblieben sind, wurden sie zum Verständnis des Gesamtzusammenhangs dennoch mitabgedruckt, aber durch kursive Schrift samt dem Zusatz „außer Kraft" kenntlich gemacht.*

49 1. **Strafgesetzbuch der Deutschen Demokratischen Republik** i. d. F. v. 19. 12. 1975 (GBl. 1975 I, S. 14) – Auszug
Unzulässige Schwangerschaftsunterbrechung
§ 153. (1) Wer entgegen den gesetzlichen Vorschriften die Schwangerschaft einer Frau unterbricht, wird mit Freiheitsstrafe bis zu drei Jahren oder mit Verurteilung auf Bewährung bestraft.

(2) Ebenso wird bestraft, wer eine Frau dazu veranlaßt oder sie dabei unterstützt, ihre Schwangerschaft selbst zu unterbrechen oder eine ungesetzliche Schwangerschaftsunterbrechung vornehmen zu lassen. Die Strafverfolgung verjährt in drei Jahren.

§ 154. (1) Wer die Tat ohne Einwilligung der Schwangeren vornimmt oder wer gewerbsmäßig oder sonst seines Vorteils wegen handelt, wird mit Freiheitsstrafe von einem Jahr bis zu fünf Jahren bestraft.

(2) Ebenso wird bestraft, wer durch Mißhandlung, Gewalt oder Drohung mit einem schweren Nachteil auf eine Schwangere einwirkt, um sie zur Schwangerschaftsunterbrechung zu veranlassen.

Schwere Fälle

§ 155. Wer durch eine Straftat nach den §§ 153 oder 154 eine schwere Gesundheitsschädigung oder den Tod der Schwangeren fahrlässig verursacht, wird mit Freiheitsstrafe von zwei bis zu zehn Jahren bestraft.

2. Gesetz über die Unterbrechung der Schwangerschaft vom 9. 3. 1972 (GBl. 1972 I, Nr. 5, S. 89) 50

Die Gleichberechtigung der Frau in Ausbildung und Beruf, Ehe und Familie erfordert, daß die Frau über die Schwangerschaft und deren Austragung selbst entscheiden kann. Die Verwirklichung dieses Rechts ist untrennbar mit der wachsenden Verantwortung des sozialistischen Staates und aller seiner Bürger für die ständige Verbesserung des Gesundheitsschutzes der Frau, für die Förderung der Familie und der Liebe zum Kind verbunden. Dazu beschließt die Volkskammer folgendes Gesetz:

§ 1. *(1) Zur Bestimmung der Anzahl, des Zeitpunktes und der zeitlichen Aufeinanderfolge von Geburten wird der Frau zusätzlich zu den bestehenden Möglichkeiten der Empfängnisverhütung das Recht übertragen, über die Unterbrechung einer Schwangerschaft in eigener Verantwortung zu entscheiden (insoweit außer Kraft).*

(2) Die Schwangere ist berechtigt, die Schwangerschaft innerhalb von 12 Wochen nach deren Beginn durch einen ärztlichen Eingriff in einer geburtshilflich-gynäkologischen Einrichtung unterbrechen zu lassen.

(3) Der Arzt, der die Unterbrechung der Schwangerschaft vornimmt, ist verpflichtet, die Frau über die medizinische Bedeutung des Eingriffs aufzuklären und über die künftige Anwendung schwangerschaftsverhütender Methoden und Mittel zu beraten.

(4) Die Unterbrechung einer Schwangerschaft ist auf Ersuchen der Schwangeren und nur nach den Bestimmungen dieses Gesetzes und der zu seiner Durchführung erlassenen Rechtsvorschriften zulässig. Im übrigen gelten die §§ 153 bis 155 des Strafgesetzbuches vom 12. Januar 1968 (GBl. I S. 1).

§ 2. (1) Die Unterbrechung einer länger als 12 Wochen bestehenden Schwangerschaft darf nur vorgenommen werden, wenn zu erwarten ist, daß die Fortdauer der Schwangerschaft das Leben der Frau gefährdet, oder wenn andere schwerwiegende Umstände vorliegen.

(2) Die Entscheidung über die Zulässigkeit einer später als 12 Wochen nach Schwangerschaftsbeginn durchzuführenden Unterbrechung trifft eine Fachärztekommission.

§ 3. (1) Die Unterbrechung der Schwangerschaft ist unzulässig, wenn die Frau an einer Krankheit leidet, die im Zusammenhang mit dieser Unterbrechung zu schweren gesundheitsgefährdenden oder lebensbedrohenden Komplikationen führen kann.

(2) Die Unterbrechung einer Schwangerschaft ist unzulässig, wenn seit der letzten Unterbrechung weniger als 6 Monate vergangen sind. In besonderen Ausnahmefällen kann die Genehmigung von der Fachärztekommission gemäß § 2 Absatz 2 erteilt werden.

§ 4. (1) Die Vorbereitung, Durchführung und Nachbehandlung einer nach diesem Gesetz zulässigen Unterbrechung der Schwangerschaft sind arbeits- und versicherungsrechtlich dem Erkrankungsfall gleichgestellt.

(2) Die Abgabe ärztlich verordneter schwangerschaftsverhütender Mittel an sozialversicherte Frauen erfolgt unentgeltlich (insoweit außer Kraft).

§ 5. (1) Dieses Gesetz tritt mit seiner Beschlußfassung in Kraft.

(2) Zugleich tritt § 11 des Gesetzes vom 27. September 1950 über den Mutter- und Kinderschutz und die Rechte der Frau (GBl. S. 1037) außer Kraft.

(3) Die Einzelheiten der Vorbereitung und Durchführung der Unterbrechung der Schwangerschaft, einschließlich der Nachbehandlung, legt der Minister für Gesundheitswesen in Durchführungsbestimmungen fest.

Das vorstehende, von der Volkskammer der Deutschen Demokratischen Republik am neunten März neunzehnhundertzweiundsiebzig beschlossene Gesetz wird hiermit verkündet.

3. Durchführungsbestimmung zum Gesetz über die Unterbrechung der Schwangerschaft vom 9. 3. 1972 (GBl. 1972 II, Nr. 12, S. 149) 51

Auf Grund des § 5 Abs. 3 des Gesetzes vom 9. März 1972 über die Unterbrechung der Schwangerschaft (GBl. I, Nr. 5, S. 89) wird im Einvernehmen mit den Leitern der zuständigen zentralen staatlichen Organe und in Übereinstimmung mit dem Bundesvorstand des FDGB folgendes bestimmt.

§ 1. (1) Das im Gesetz geregelte Recht, die Schwangerschaft durch ärztlichen Eingriff unterbrechen zu lassen, steht jeder Frau zu, die die Staatsbürgerschaft der Deutschen Demokratischen Republik besitzt oder beantragt hat oder die Ehefrau eines Staatsbürgers der Deutschen Demokratischen Republik ist. Gleichgestellt sind staatenlose Frauen, die ihren ständigen Wohnsitz in der Deutschen Demokratischen Republik haben.

§§ 218 ff. Vorbem 51   Bes. Teil. Straftaten gegen das Leben

(2) Unberührt hiervon sind dringend notwendige Schwangerschaftsunterbrechungen zur Anwendung eines lebensbedrohlichen Zustandes (vitale Indikation) während eines Aufenthaltes in der Deutschen Demokratischen Republik.

§ 2. (1) Das Ersuchen zur Vornahme einer Schwangerschaftsunterbrechung richtet die Frau an ihren Haus- oder Betriebsarzt, an einen in einer ambulant-medizinischen Einrichtung tätigen Facharzt für Frauenkrankheiten oder an die für den Wohnort zuständige Schwangerenberatungsstelle.

(2) Schwangere, die zum Zeitpunkt der Durchführung der Schwangerschaftsunterbrechung noch nicht das 18. Lebensjahr vollendet haben, bedürfen zu ihrer Durchführung des schriftlichen Einverständnisses der Erziehungsberechtigten.

§ 3. (1) Die Aufgabe der im § 2 Abs. 1 genannten Ärzte bzw. der Schwangerenberatungsstelle besteht darin, die Schwangerschaft festzustellen oder diese feststellen zu lassen. Die Schwangere ist vertrauensvoll zu beraten. Der Inhalt dieser Gespräche unterliegt der ärztlichen Schweigepflicht.

(2) Die im § 2 Abs. 1 genannten Stellen überweisen die Schwangere unverzüglich in eine staatliche stationäre gynäkologische Einrichtung.

§ 4. (1) Die Unterbrechung der Schwangerschaft ist in staatlichen Kliniken und Krankenhäusern als stationäre Behandlung durchzuführen.

(2) Die Aufgabe dieser Einrichtungen besteht darin, die Schwangerschaft und deren Dauer sowie den Gesundheitszustand der Frau gemäß § 3 Abs. 1 des Gesetzes festzustellen, die Schwangere gemäß § 1 Abs. 3 des Gesetzes aufzuklären und zu beraten. *Die Beratung der Frau über die wirksame Anwendung von Verhütungsmitteln und -methoden muß das Ziel haben, im Interesse der Gesundheit der Frau einen erneuten ärztlichen Eingriff zur Unterbrechung der Schwangerschaft vermeiden zu helfen (insoweit außer Kraft).*

(3) Ergibt die Feststellung des Gesundheitszustandes der Frau keine Gegenindikation zur Durchführung des Eingriffes, ist die Schwangerschaftsunterbrechung unverzüglich durchzuführen.

(4) Der Eingriff ist nur bei ausdrücklich erklärtem Willen der Schwangeren zulässig.

§ 5. (1) Ergibt die medizinische Untersuchung gemäß § 4 Abs. 2 eine Gegenindikation zur Durchführung der Schwangerschaftsunterbrechung, ist diese der Schwangeren ausführlich mitzuteilen. Die Schwangere hat das Recht, gegen diese Feststellung des Arztes beim Leiter der Einrichtung innerhalb einer Woche schriftlich Einspruch zu erheben. Der Leiter der Einrichtung ist verpflichtet, unverzüglich die Entscheidung der Fachärztekommission herbeizuführen.

(2) Ergibt die medizinische Untersuchung die Indikation, eine länger als 12 Wochen bestehende Schwangerschaft (§ 2 Abs. 1 des Gesetzes) zur Abwendung ernster Gefahren für das Leben der Frau oder aus anderen schwerwiegenden Gründen vorzeitig zu beenden oder in besonderen Ausnahmefällen eine Schwangerschaftsunterbrechung nach Ablauf von weniger als 6 Monaten seit der letzten Schwangerschaftsunterbrechung (§ 3 Abs. 2 des Gesetzes) vorzunehmen, so muß unverzüglich über die Zulässigkeit von der Fachärztekommission entschieden werden. Die Entscheidung der Fachärztekommission hat derjenige Arzt der gynäkologischen Einrichtung zu beantragen, der die oben genannten Umstände feststellt. Der Leiter der Einrichtung ist verpflichtet, unverzüglich die Entscheidung der Fachärztekommission herbeizuführen.

(3) Schwerwiegende Umstände im Sinne des § 2 Abs. 1 des Gesetzes liegen vor, wenn
– bei Fortdauer der Schwangerschaft oder infolge der Geburt schwere bleibende und die Lebenserwartung der Frau beeinträchtigende Gesundheitsschäden erwartet werden müssen;
– während der Schwangerschaft außerordentliche Ereignisse eintreten, von denen nach ärztlichem Ermessen angenommen werden muß, daß sie im Zusammenhang mit der Austragung der Schwangerschaft dauernde erhebliche physische oder psychische Belastungen der Frau zur Folge haben werden, die zu einer schweren bleibenden Störung ihres Gesundheitszustandes und zu einer Beeinträchtigung ihrer Lebenserwartung führen.

(4) Ausnahmefälle im Sinne des § 3 Abs. 2 des Gesetzes liegen vor, wenn
– die Voraussetzungen gemäß Abs. 3 erfüllt sind oder
– die Schwangerschaft als Folge einer Straftat nach §§ 121, 122 StGB *[Vergewaltigung bzw. Nötigung und Mißbrauch zu sexuellen Handlungen]* angesehen werden muß, die Gegenstand eines Ermittlungs- oder Strafverfahrens ist.

§ 6. (1) Eine ablehnende Entscheidung der Fachärztekommission ist der Schwangeren mündlich mitzuteilen und in geeigneter Weise zu erläutern. Die Mitteilung der Entscheidung und die damit verbundene Belehrung über eine Einspruchsmöglichkeit sind von der Schwangeren schriftlich zu bestätigen.

(2) Gegen eine ablehnende Entscheidung der Fachärztekommission kann die Schwangere innerhalb einer Woche beim zuständigen Kreisarzt schriftlich Einspruch erheben. Der Kreisarzt leitet unverzüglich den Einspruch unter Beifügung der Unterlagen an eine Fachärztekommission des Bezirkes zur Beurteilung und Entscheidung weiter.

(3) Die Entscheidung der Fachärztekommission des Bezirkes ist der Schwangeren mündlich mitzuteilen und zu erläutern. Bei Abwesenheit der Schwangeren ist die Entscheidung schriftlich mitzuteilen und zu begründen. Die Entscheidung der Fachärztekommission des Bezirkes ist endgültig.

Abbruch der Schwangerschaft

§ 7. (1) Die Fachärztekommissionen in den Kreisen sind durch die Kreisärzte in der Regel in den für die Durchführung von Schwangerschaftsunterbrechungen zuständigen staatlichen Einrichtungen zu bilden.

(2) Die Fachärztekommissionen der Bezirke sind durch die Bezirksärzte zu bilden. Die Bezirksärzte bestimmen den Sitz der Kommissionen.

§ 8. Die zuständigen Organe und Einrichtungen des Gesundheits- und Sozialwesen sind verpflichtet, für jene Schwangeren, die von ihrem Ersuchen auf Schwangerschaftsunterbrechung zurückgetreten sind oder deren Einspruch nicht stattgegeben wurde, eine auf diese Umstände besonders orientierte Beratung und Betreuung während der Schwangerschaft zu sichern. Sie haben dafür Sorge zu tragen, daß die mit der Austragung der Schwangerschaft und der Geburt des Kindes verbundenen Probleme im Zusammenwirken mit anderen staatlichen Bereichen und gesellschaftlichen Organisationen im Interesse von Mutter und Kind einer Lösung zugeführt werden.

§ 9. (1) Schwangere, die keinen Anspruch auf Leistungen der Sozialversicherung haben, erstatten die Kosten für die Schwangerschaftsunterbrechung an die durchführende Einrichtung.

(2) Ausnahmen regelt der Minister für Gesundheitswesen.

Schrifttum zum Schwangerschaftsabbruchsrecht in der DDR: Buchholz/Dähn/Weber, Strafrecht, Bes. Teil, 1981, S. 121–123. – *Duft u. a.*, Strafrecht der Deutschen Demokratischen Republik, Kommentar zum StGB, 1981, S. 361–364. – *Körner/Richter*, Schwangerschaftsabbruch u. künstl. Fortpflanzung, NJ 90, 235. – *Lammich*, Landesbericht Deutsche Demokratische Republik, in: Eser/Koch aaO I 325. – *Mahrad*, Schwangerschaftsabbruch in der DDR, 1987. – *Sachs*, Der Fortbestand der Fristenlösung für die DDR u. das Abtreibungsurteil des BVerfG, DtZ 90, 193. – *Schneiders*, Die Regelungen über das mat. Strafrecht im Einigungsvertrag, MDR 90, 1049. – *Wilms*, Rechtsprobleme des Schwangerschaftsabbruchs im vereinten Deutschland.

§ 218 Abbruch der Schwangerschaft

(1) **Wer eine Schwangerschaft abbricht, wird mit Freiheitsstrafe bis zu drei Jahren oder mit Geldstrafe bestraft.**

(2) **In besonders schweren Fällen ist die Strafe Freiheitsstrafe von sechs Monaten bis zu fünf Jahren. Ein besonders schwerer Fall liegt in der Regel vor, wenn der Täter**
1. **gegen den Willen der Schwangeren handelt oder**
2. **leichtfertig die Gefahr des Todes oder einer schweren Gesundheitsschädigung der Schwangeren verursacht.**

Das Gericht kann Führungsaufsicht anordnen (§ 68 Absatz 1).

(3) **Begeht die Schwangere die Tat, so ist die Strafe Freiheitsstrafe bis zu einem Jahr oder Geldstrafe. Die Schwangere ist nicht nach Satz 1 strafbar, wenn der Schwangerschaftsabbruch nach Beratung (§ 218b Absatz 1 Nr. 1, 2) von einem Arzt vorgenommen worden ist und seit der Empfängnis nicht mehr als zweiundzwanzig Wochen verstrichen sind. Das Gericht kann von einer Bestrafung der Schwangeren nach Satz 1 absehen, wenn sie sich zur Zeit des Eingriffs in besonderer Bedrängnis befunden hat.**

(4) **Der Versuch ist strafbar. Die Frau wird nicht wegen Versuchs bestraft.**

Vorbem. Die §§ 218–219d gelten nicht in den Beitrittsgebieten nach Art. 3 EV (vgl. 41ff. vor § 3). Stattdessen gelten dort die §§ 153–155 DDR-StGB fort (49–51 vor § 3).

I. Abgesehen von der allenfalls durch das ESchG erfaßten Frühphase bis zur sog. Nidation (vgl. 6a, 26 vor § 218 sowie § 219d) ist durch § 218 der Abbruch einer Schwangerschaft grundsätzlich und **allgemein strafbedroht**. Abs. 1 enthält den strafbegründenden Grundtatbestand, der sowohl den **Fremdabbruch** durch einen Dritten wie auch den **Selbstabbruch** durch die Schwangere erfaßt.

Für die *Fremd*abtreibung i. S. von § 218 II a. F. ist dies (auch) schon vom (jetzigen) Wortlaut her unzweifelhaft. Ebenso wird dabei keinerlei Unterschied zwischen dem Abbruch durch einen *Laien*abtreiber oder durch einen *Arzt* gemacht; denn soweit der Arzt nach § 218a straflos bleibt, folgt dies lediglich aus Rechtfertigungsgründen (vgl. § 218a RN 55), ohne daß davon die Tatbestandsmäßigkeit des Schwangerschaftsabbruchs i. S. von § 218 I berührt würde. Doch auch für die *Selbst*abtreibung i. S. von § 218 I a. F. bildet hier Abs. 1 die tatbestandliche Grundlage; denn da die Strafmilderungsklausel in Abs. 3 S. 1 die Möglichkeit der Tatbegehung durch Schwangere voraussetzt, ohne diese „Tat" aber näher zu umschreiben, ist auch für die Strafbegründung des Selbstabbruchs auf den Grundtatbestand des Abs. 1 zurückzugreifen (vgl. RegE 12, D-Tröndle 8, Lackner 2); über etwaige Besonderheiten bei bloßer *Zulassung* des Schwangerschaftsabbruchs durch die Schwangere vgl. u. 16f. Dies entspricht auch der schon früher vertretenen Auffassung, wonach Fremd- und Selbstabtreibung keine selbständigen Tatbestände darstellten (BGH **1** 140, Lay LK[9] 8; and. RG **72** 404, **74** 22, Sax ZStW 64, 404), sondern als ein **einheitliches Delikt** des Schwangerschaftsabbruchs zu verstehen sind, bei dem nur in der Strafdrohung je nach der Person des Täters differenziert wird. Demgemäß ist in Abs. 3 S. 1 lediglich ein *persönlicher Strafmilderungsgrund* (i. S. von § 28 II) der durch Abs. 1 bereits tatbestandlich miterfaßten Selbstabtreibung zu erblicken (vgl. RegE 12, 1. Ber. 14). Über die sich daraus ergebenden Konsequenzen für Täterschaft und Teilnahme vgl. u. 13 ff. Die in Abs. 2 vorgesehenen *Strafschärfungsgründe* kommen allerdings nur bei Fremdabbruch in Betracht (vgl. u. 46). Gleiches gilt bei *Versuch,* der – wie in Abs. 4 S. 2 ausdrücklich klargestellt – nur für den *Fremd*abtreiber strafbar ist.

4   **II. Tatobjekt** des Schwangerschaftsabbruchs ist die menschliche **Leibesfrucht** (krit. zu diesem Begriff Paehler DRiZ 84, 276). Dem steht nicht entgegen, daß der insoweit deutlichere Wortlaut des § 218 a. F. („Abtöten der Leibesfrucht") durch den Begriff des „Schwangerschaftsabbruchs" ersetzt wurde; denn ganz abgesehen von allgemein-sprachlichen Gründen, die hinter dieser terminologischen Änderung stehen (Mißverständlichkeit des „Abtötens", Ungenauigkeit des „Abtreibens": vgl. BT-Drs. VI/3434 S. 12; krit. Gössel JR 76, 1f., Lackner NJW 76, 1235), kann mit Schwangerschaftsabbruch nur ein Eingriff gemeint sein, der über die Beendigung des Schwangerschaftszustandes für die Schwangere hinaus (z. B. durch vorzeitige Herbeiführung der Geburt) gerade das *Absterben der Leibesfrucht* zum Ziel hat (vgl. auch u. 5, 7). Ungeachtet der Frage, wann biologisch-medizinisch von Schwangerschaft bzw. vom Vorliegen einer Leibesfrucht gesprochen werden kann (vgl. dazu Hofmann aaO 13 ff.), ist durch die tatbestandliche Nichterfassung der Frühphase bis zur Nidation (§ 219d; vgl. 26 vor § 218) klargestellt, daß nicht schon das befruchtete, sondern erst das durch Nidation in die Gebärmutterschleimhaut **eingenistete Ei** als Leibesfrucht i. S. der §§ 218 ff. anzusehen ist (näher dazu wie auch zum geschützten Rechtsgut 5 ff., 27 vor § 218).

4a   Daher scheidet zwar das in einer Retorte befruchtete Ei, solange es nicht eingenistet ist, als Tatobjekt aus; im übrigen jedoch kommt es auf die Art der Befruchtung (künstliche Insemination, extrakorporale Befruchtung, Vergewaltigung, vgl. aber dazu § 218a RN 34) nicht an (D-Tröndle 2). Ist die Nidation einmal abgeschlossen, was idR mit Ablauf von 4 Wochen seit Beginn der letzten Menstruation der Fall (vgl. § 219d RN 5) ist, so ist der Entwicklungsstand des Embryos unerheblich, solange er nur im Zeitpunkt des Eingriffs lebt. Daher kann auch ein *mißgebildeter* Embryo Gegenstand eines Schwangerschaftsabbruchs sein (M-Schroeder I 71, Rudolphi SK 2, Weinknecht Frauenarzt 88, 427), nicht dagegen eine bereits abgestorbene Frucht, wie z. B. ein hirntoter Anencephalus (vgl. aber auch Isemer/Lilie MedR 88, 66 sowie 14 vor § 211, weitergeh. hingegen Hanack Noll-GedS 204) bzw. eine sog. *Mole,* bei der lediglich die Zellelemente noch eine Weile weiterwachsen, während sich die Fruchtanlage des Keimes aufgrund endogener Faktoren oder exogener Schädigung nicht mehr fortentwickelt und somit noch innerhalb der Schwangerschaft zum Untergang bestimmt ist (vgl. Hofmann, Die Fehlgeburt² (1969), 143 ff., ferner M-Schroeder I 71, Jähnke LK 4, aber dazu auch Hiersche MedR 84, 215 f.; andererseits wohl noch weitergehend durch Ausgrenzung von ärztlichen Eingriffen, die nicht schon intra-, sondern u. U. erst perinatal zum unvermeidlichen Fruchttod führen, Koch aaO 208 f.). Nach gleichen Grundsätzen wird auch bei extrauteriner Schwangerschaft zu verfahren sein (D-Tröndle 3, Koch aaO 102 f., M-Schroeder I 71, Rudolphi SK 2). Allerdings kommt in den letztgenannten Fällen (untauglicher) Versuch in Betracht (vgl. u. 32).

4b   Ist mithin Tatobjekt die in der Gebärmutter eingenistete Leibesfrucht, so kommt bei *Mehrlingsschwangerschaft* jeder Embryo als eigenständiges Tatobjekt in Betracht. Werden also bei einer Zwillingsschwangerschaft ein behinderter Embryo mittels selektiven Fetozids oder bei einer durch Sterilitätsbehandlung provozierten höhergradigen Mehrlingsschwangerschaft unselektiv einzelne Embryonen abgetötet (§ 218a RN 27a, b), um dadurch einen Totalabbruch zu vermeiden, so fehlt es bei einer solchen „Schwangerschaftskorrektur" jedenfalls nicht schon an der Tatbestandsmäßigkeit nach § 218 (vgl. Eser, Bedrohungen 67; i. gl. S. Hirsch MedR 88, 292, wohl auch Eberbach JR 89, 269). Deshalb kommt bei einer „Mehrlingsreduktion" für den Arzt Straffreiheit allenfalls über § 218a in Betracht (vgl. dort RN 12, 15, 24, 27b, 44).

5   **III. Die Tathandlung** besteht im **Abbrechen der Schwangerschaft.** Als einer gegen die Leibesfrucht gerichteten Handlung (o. 4) genügt dafür nicht schon die Beendigung der Schwangerschaft durch vorzeitige Herbeiführung der Geburt des Kindes; entscheidend ist vielmehr, daß durch den Eingriff das **Absterben der Leibesfrucht** bewirkt wird. Daran fehlt es sowohl dort, wo mit wehenfördernden Mitteln lediglich die Geburt beschleunigt wird (Lackner NJW 76, 1235), als auch bei einem Eingriff im letzten Schwangerschaftstrimester, durch den die Geburt eines vermeintlich bereits lebensfähigen Kindes herbeigeführt werden soll, dieses aber tot geboren wird oder in so schwachem Zustand zur Welt kommt, daß es stirbt (vgl. D-Tröndle 6, Jähnke LK 6, Wessels II/1 S. 50, wofür nach Koch aaO 207 f., M-Schroeder I 71 schon dolus eventualis genügen soll). In solchen Fällen ist die Handlung nicht auf einen für das Kind tödlichen Abbruch, sondern lediglich auf eine Beschleunigung bzw. vorgezogene Vollendung der Schwangerschaft gerichtet (vgl. RegE 13, D-Tröndle 6, aber auch Gössel I 122, wonach es offenbar nur am Vorsatz fehlen soll; zur besonderen Situation des Kaiserschnitts an sterbenden und toten Schwangeren vgl. Hiersche MedR 85, 45 ff.). Führt hingegen der Eingriff zum Tod der Leibesfrucht, so ist unerheblich, ob überhaupt und ggf. zu welchem Zeitpunkt die Frucht aus dem mütterlichen Körper ausgestoßen oder entfernt wird (i. E. ebenso Koch aaO 200). Im übrigen gilt folgendes:

1. Auf welche **Art und Weise** der Tod der Leibesfrucht bewirkt wird, ist *unerheblich*. In Betracht kommen sowohl *unmittelbare* Einwirkungen auf die Leibesfrucht, wie etwa durch Absaugen (Vakuumaspiration), Ausschaben der Gebärmutter (Kürettage) oder sonstige mechanische Werkzeuge (z. B. Eihautstich) oder chemische, medikamentöse (z. B. Prostaglandine oder intrakardiale Injektion von Herzgiften), thermische oder elektrische Mittel, als auch Einwirkungen auf die Schwangere, die *mittelbar* zum Absterben des Embryos führen, wie z. B. die einer Schwangeren verabreichten oder von ihr eingenommenen Medikamente oder Drogen, sofern sie (auch) zur Vernichtung des Embryos geeignet sind (vgl. D-Tröndle 5, Jähnke LK 41 vor § 218, Rudolphi SK 4). Entscheidend ist allein, daß der Eingriff noch vor Einsetzen der Eröffnungswehen vorgenommen wird (vgl. 33 vor § 218, Lackner 2a) und dadurch das Kind nicht nur geschädigt, sondern in seiner Lebensfähigkeit zerstört wird. Über die Anwendung der Körperverletzungstatbestände bei bloßen *Beschädigungen* vgl. § 223 RN 1a.

Erfolgt der Abbruch durch eine mit Tötungsabsicht herbeigeführte **Frühgeburt,** so ist unerheblich, 7 ob das Kind bereits (bzw. noch) im Mutterleib stirbt oder ob es zwar lebend zur Welt kommt, aber infolge des Abbruchs den Tod findet (vgl. Gössel I 135). Die zweite Möglichkeit will die Rspr. allerdings auf den Fall beschränken, daß die *Todesursache in der mangelnden Ausreifung* des Kindes liegt (BGH **10** 5, 293, **13** 24, MDR/D **53**, 597, ebenso D-Tröndle 6 und wohl auch Blei II 36, M-Schroeder I 72; wie hier Jähnke LK 12, Lackner 2a, Roxin JA 81, 545 f.). Diese Einschränkung kann *nicht* befriedigen; denn entweder müßten damit alle Fälle, in denen die Lebensunfähigkeit im Zeitpunkt des Eingriffs weniger auf die (vom Normalfall abweichende) Vorzeitigkeit der Geburt als auf andere Gründe, wie etwa Mißbildung von Organen oder Schädigungen während der Schwangerschaft, zurückzuführen ist, unerfaßt bleiben (so Tepperwien aaO 100 ff.) oder aber über die Tötungstatbestände erfaßt werden. Für eine solche Alternative, wie sie schon aufgrund der früheren Unterscheidung zwischen Abtötung im Mutterleib und Abtreibung i. e. S. nicht akzeptabel erschien (vgl. Schröder 17. A. 3b, ferner Lay LK[9] 25), besteht heute um so weniger Anlaß, als das Gesetz nur noch von Abbruch der Schwangerschaft spricht und es allein darauf ankommen kann, daß dieser für den Tod des Kindes mitursächlich ist, gleich, durch welche sonstigen Gründe auch immer dieser Erfolg noch mitbeeinflußt wird. Die (vermeintliche) Gegenauffassung von Rudolphi SK 5 läuft letztlich auf das gleiche hinaus; denn wenn er dort, wo das Kind „ohne den Eingriff des Täters trotz der vorhandenen Schädigung in lebensfähigem Zustand geboren worden wäre", (zu Recht) § 218 bejaht, so ist die hier gemeinte Mitursächlichkeit von Abbruch und (täterunabhängiger) Schädigung insofern gegeben, als jedenfalls für dieses Kind – trotz einer im übrigen normalen Ausreifung – aufgrund individueller Mängel der Abbruch zu früh kam.

2. Auch auf einen **engen zeitlichen Zusammenhang** zwischen Geburt und Tod, wie er in 8 BGH **10** 5, 293, **13** 24 gefordert wurde (i. e. ebenso Arzt/Weber I 142, Jähnke LK 13, Tepperwien aaO 109 ff.), kann es *nicht* ankommen (ebenso Gössel I 121, Lackner 2a, Lay LK[9] 25, Rudolphi SK 5). Sonst würde die Entscheidung über vollendete oder versuchte Abtreibung davon abhängen, wie lange die Kunst der Ärzte das Leben des Neugeborenen verlängern kann. So wenig § 226 unanwendbar wird, wenn die Körperverletzung erst nach längerer Zeit zum Tode führt, so wenig kann vollendete Abtreibung ausgeschlossen werden, wenn der Tod des Neugeborenen erst zu einem späteren Zeitpunkt eintritt, solange nur die Ursache für diesen Erfolg auf einer während der Schwangerschaft vorgenommenen vorsätzlichen Einwirkung beruht.

Kommt nach Schwangerschaftsabbruch das **Kind lebend** zur Welt, so ist es ohne Rücksicht auf 9 Lebensfähigkeit oder Lebenserwartung Mensch i. S. der Tötungsdelikte (vgl. 14 vor § 211). Bleibt es am Leben, so liegt nur *versuchter* Schwangerschaftsabbruch vor (vgl. RG **4** 381, D-Tröndle 6). Falls es Dauerschäden erlitten hat, kann darüberhinaus Körperverletzung in Betracht kommen (vgl. § 223 RN 1a). Wird das lebend geborene Kind nach der Geburt getötet, so sind die §§ 211 ff. erfüllt. Daneben liegt (nur) versuchter Schwangerschaftsabbruch vor, da der tödliche Erfolg nicht durch den Abbruch, sondern durch die Tötungshandlung herbeigeführt worden ist (so BGH **13** 21, Lackner 2a, M-Schroeder I 72, Wessels II/1 S. 53; and. BGH **10** 291, Jähnke LK 11: vollendete Abtreibung, nach D-Tröndle 6 je nach den Umständen in Tateinheit oder Tatmehrheit mit § 212). Vgl. zum ganzen Eser III 53 ff., insbes. 56 ff., sowie Koch aaO 105 ff.

3. Aus der eigenständigen Rechtsgutsqualität des ungeborenen Lebens (5 vor § 218) ergibt 10 sich, daß die Anwendbarkeit des § 218 **vom Schicksal der Schwangeren unabhängig** ist. Daher wird für § 218 weder vorausgesetzt, daß die Schwangere den Tod des Kindes überlebt (RG **67** 207, BGH **1** 281, Preisendanz II 2, Wessels II/1 S. 51), noch wird § 218 dadurch ausgeschlossen, daß der Täter die Schwangere vorsätzlich tötet bzw. zu töten versucht und den

damit zwangsläufig verbundenen Tod des Kindes in Kauf nimmt (vgl. BGH **11** 15 m. abl. Anm. Jescheck JZ 58, 749, Roxin JA 81, 547); denn da „Schwangerschaftsabbruch" lediglich als Kurzformel für alle unmittelbaren oder mittelbaren Einwirkungen auf die Leibesfrucht dient (vgl. RegE 13), kann aus diesem Terminus noch weniger als aus dem früheren „*Abtöten*" entnommen werden, daß die Frau den Abbruch der Schwangerschaft überleben müsse (Jähnke LK 8). Über das Verhältnis zu *Körperverletzung* an der Schwangeren vgl. u. 59.

11–12 Demzufolge kann Schwangerschaftsabbruch an sich auch durch **Selbsttötung der Schwangeren** (und dementsprechend auch durch Selbstverletzung) verwirklicht werden (Blei II 35, Jähnke LK 9, Rudolphi SK RN 7; and. Welzel 302) und demgemäß in der Beihilfe zur Selbsttötung eine Beihilfe (oder u. U. sogar mittelbare Täterschaft) zu § 218 liegen (vgl. RG DR **40**, 26, M-Schroeder I 72, Roxin JA 81, 543; and. Jescheck JZ 58, 749). Doch wird bei Selbsttötung der Schwangeren besonders zu prüfen sein, ob sie sich auch der Mitvernichtung ihrer Leibesfrucht bewußt war (vgl. Bockelmann ZStW 65, 573, Lackner 2b) bzw. die für ihre Schuldfähigkeit (§ 20) erforderliche Steuerungsfähigkeit besaß (vgl. auch Jähnke LK 9).

13 IV. **Täterschaftlicher** Schwangerschaftsabbruch ist sowohl in Form des *Fremdabbruchs* durch einen Dritten (Abs. 1) als auch des *Selbstabbruchs* durch die Schwangere (Abs. 3) möglich; jedoch ist bei letzterer Strafmilderung bzw. unter bestimmten Voraussetzungen ein persönlicher Strafausschließungsgrund eingeräumt (vgl. u. 47, 56). Zum Verhältnis dieser beiden Begehungsformen vgl. o. 3.

14 1. **Fremdabbruch** kann **durch jedermann** begangen werden (außer durch die Schwangere selbst), insbes. neben Laien auch durch einen Arzt, da selbst ein nach § 218a indizierter Abbruch i. S. von § 218 I tatbestandsmäßig ist. Ob dies eigenhändig geschieht oder *mittelbar* durch Einschaltung eines weiteren Dritten (z. B. eines gutgläubigen Arztes, dem eine Vergewaltigung vorgespiegelt wird), ist gleichgültig (D-Tröndle 8, Rudolphi SK 9). Auch die Schwangere kann zum Werkzeug des Dritten werden, wenn sie zur Einnahme eines angeblich harmlosen, in Wirklichkeit jedoch abortiven Mittels veranlaßt wird. Täterschaftliche Fremdabtreibung durch **Unterlassen** ist anzunehmen, wenn der Dritte als Garant für das Leben des Nasciturus (z. B. als dessen Erzeuger) einzustehen hat (vgl. 91 vor § 25, ferner BGH MDR/D **73**, 369, Arzt/Weber I 144 Rudolphi SK 10; and. RG **56** 169, Heinitz in 41. DJT-FS 113; diese mögliche Täterschaft des Vaters offenbar verkannt von AG Albstadt MedR **88**, 262); gleiches gilt für den Aufsichtspflichtigen einer schuldunfähigen Schwangeren (M-Schroeder I 73) bzw. für den Arzt im Falle von Bereitschaftsdienst oder Behandlungsübernahme (Jähnke LK 17, Lüttger NStZ 83, 484). Ob der Abbruch mit oder ohne *Einwilligung* der Schwangeren erfolgt, ist für die Tatbestandsbegründung nach Abs. 1 ohne Bedeutung; jedoch kommt bei Handeln gegen den Willen der Schwangeren Strafschärfung nach Abs. 2 in Betracht (dazu u. 43).

15 2. Täterschaftlicher **Selbstabbruch durch die Schwangere** ist in vierfacher Weise denkbar: α) *eigenhändig*, indem z. B. die Schwangere selbst durch mechanische oder chemische Einwirkung auf die Leibesfrucht oder durch Einnahme von medikamentösen Abortmitteln (z. B. Prostaglandine) den Abbruch herbeiführt; β) in *mittelbarer* Täterschaft durch Einsatz eines gutgläubigen Werkzeugs, z. B. indem sie einen Arzt die angeblichen Reste einer Fehlgeburt ausräumen läßt oder eine medizinische Indikation (z. B. eine suizidale Depression) vortäuscht (vgl. Arzt/Weber I 143); γ) durch *mittäterschaftliches* Zusammenwirken mit einem Dritten (vgl. BGH **1** 142, Düsseldorf SJZ **48**, 470; M-Schroeder I 75, Rudolphi SK 9; and. aufgrund abw. Tatbestandsverständnisses RG **72** 404, **74** 22; vgl. ferner u. 40); δ) durch bloßes *Zulassen* einer Fremdabtreibung.

16 Zwar ist das in § 218 I a. F. genannte **Zulassen** in der Neufassung nicht mehr ausdrücklich geregelt. Doch wurde diese Hervorhebung zu Recht für entbehrlich gehalten, weil die Schwangere schon aufgrund Ermöglichung (und damit regelmäßig positivem Tun durch Hingabe: vgl. Jähnke LK 16, Roxin JA 81, 542) oder einverständlicher Duldung des Abbruchs durch einen Dritten zur Beteiligten an dessen Haupttat wird (vgl. RegE 14, BT-Drs. 7/1984 S. 9). Da ihr zudem eine Garantenstellung i. S. einer Obhutspflicht zugunsten ihrer Leibesfrucht zukommt (Arzt/Weber I 144, Rudolphi SK 10), haftet sie nach allgemeinen Grundsätzen nicht nur als Teilnehmerin, sondern als Täterin (vgl. 91 vor § 25). Soweit bei Unterlassen Täterschaft und Teilnahme nach anderen Kriterien differenziert wird (dazu 85 ff. vor § 25), ergibt sich die Täterschaft des Zulassens einer Fremdabtreibung durch die Schwangere regelmäßig aus ihrem Eigeninteresse bzw. aus ihrer Tatherrschaft (vgl. Horstkotte Prot. VII 1519, Lackner 6a, Preisendanz 6; einschr. D-Tröndle 8, Rudolphi SK 9; nach Gössel I 131 Fall von „mittäterschaftl. Begehungstäterschaft"); vgl. auch RegE 14. Über die Beschränkung des Zulassens von Abtreibungs*handlungen* Dritter (und nicht nur die Hinnahme abortiver *Wirkungen*) vgl. Hansen MDR 74, 797 ff., aber auch Jähnke LK 17.

17–18 Für das Zulassen genügt das ausdrückliche oder stillschweigende *Einverständnis* der Schwangeren mit dem Eingriff. Ein solches liegt auch dann vor, wenn sie sich lediglich dem Ansinnen eines Dritten fügt oder narkotisieren läßt, damit der Eingriff an ihr vorgenommen werden

Abbruch der Schwangerschaft 19–23 **§ 218**

kann. Besondere Voraussetzungen für die Willens- oder Einsichtsfähigkeit sind nicht erforderlich, können jedoch im Rahmen von § 20 eine Rolle spielen.

V. Wird unter den vorgenannten Voraussetzungen **nach Abschluß der Nidation**, d. h. prak- 19
tisch ab 4 Wochen nach der letzten Menstruation (vgl. 26 vor § 218) ein Abbruch vorgenommen, so ist er grds. **rechtswidrig**. Das gilt auch für den kunstgerecht durchgeführten Abbruch eines Arztes (vgl. o. 2). Um rechtmäßig zu sein, bedarf daher jeder Schwangerschaftsabbruch einer besonderen **Rechtfertigung**.

1. Die **Einwilligung** der Schwangeren hat für sich allein schon früher *nicht* als Rechtfer- 20
tigungsgrund ausgereicht (vgl. RG **61** 252f., **70** 108) und kann weiterhin nicht genügen; denn als selbständiges Rechtsgut ist das ungeborene Leben der für eine wirksame Einwilligung erforderlichen Dispositionsbefugnis der Schwangeren entzogen (vgl. 5 vor § 218, Jähnke LK 37, Rudolphi SK 8). Ebensowenig kommt ihrem Selbstbestimmungsrecht grundsätzlicher Vorrang vor der mit ihrem eigenen Leben aufs engste verbundenen Leibesfrucht zu (BVerfGE **39** 48). Soweit daher in § 218a die Einwilligung der Schwangeren vorausgesetzt wird, ist dies primär zur Rechtfertigung des mit dem Abbruch zwangsläufig verbundenen Eingriffs in Eigeninteressen der Schwangeren (Gesundheitsrisiko, Selbstbestimmung über ihren Körper, Erhaltung ihrer Leibesfrucht) erforderlich (vgl. 7 vor § 218 sowie Lenckner aaO 276 ff., M-Schroeder I 69; ferner § 218a RN 58).

2. Dagegen kommt Rechtfertigung in Betracht, wenn neben der Einwilligung der Schwan- 21
geren auch noch eine **Indikation zum Schwangerschaftsabbruch** nach § 218a vorliegt und der Eingriff unter Einhaltung der je nach Indikationsgrund unterschiedlichen *Frist* (§ 218a III) durch einen **Arzt** ausgeführt wird. Einzelheiten dazu bei § 218a.

3. **Sonstige Rechtfertigungsgründe** kommen *grundsätzlich nicht* in Betracht (and. Gössel I 22
122). Das gilt auch – entgegen Bay NJW **90**, 2332 (dazu nachfolgend) – für den allgemeinen Notstand des § 34. Denn da es sich bei den Indikationsgründen um gesetzlich vorwegbewertete Anwendungsfälle des Notstandsgedankens handelt (vgl. § 218a RN 6 sowie § 34 RN 6), würde diese Wertung unterlaufen, wenn auch beim Fehlen von Voraussetzungen eines spezielleren Rechtfertigungsgrundes bzw. über dessen Anwendungsbereich hinaus auf § 34 zurückgegriffen werden könnte (weswegen auch der Versuch von Bay aaO verwundert, für die von ihm als Rechtfertigungsgrund abgelehnte allg. Notlagenindikation mit Hilfe von § 34 oder rechtfertigender Pflichtenkollision Ersatz zu schaffen – so als ob diese größere Trennschärfe aufzuweisen hätten und nicht in gleichem Maße dem gegen § 218a II Nr. 3 erhobenen Einwand ausgesetzt wären, daß das Leben des Einen den nicht-vitalen Interessen eines Anderen geopfert werden; denn dieser Einwand wäre allenfalls bei streng medizinisch-vitaler Indikation ausgeräumt, worauf aber wohl selbst das Bay die rechtfertigende Wirkung des § 218a nicht einschränken will; vgl. auch § 218a RN 6, 42). Zweifelhaft ist allerdings die schon früher umstrittene Frage, inwieweit sich ein **Nichtarzt**, dem durch das Arzterfordernis (§ 218a RN 55) der Schwangerschaftsabbruch grds. untersagt ist, in Notfällen auf § 34 berufen könnte. Da das Arzterfordernis kein „Medizinerprivileg" darstellt, sondern dem Schutz der Mutter vor unsachgemäßen Eingriffen dienen soll, muß es jedenfalls dort verzichtbar sein, wo bei akuter Gefahr für Leib oder Leben der Mutter wegen Nichterreichbarkeit eines Arztes andernfalls überhaupt keine Hilfe möglich wäre. In solchen – wenn auch praktisch sehr seltenen – Fällen muß auch der Nichtarzt ebenso wie die Schwangere bei Vorliegen aller sonstigen Indikationsvoraussetzungen gerechtfertigt sein (so schon Schröder 17. A. RN 11, Welzel 301 und wohl auch BGH **1** 330; ebenso RegE 18, Blei JA 76, 601, D-Tröndle § 218a RN 4, Lackner NJW 76, 1237, M-Schroeder I 74, Rudolphi SK 11; einschr. auf Lebensgefahr Jähnke LK 38; and. RG **62** 137, **70** 60; vgl. auch BGH **2** 244).

4. Fehlt es an einer Rechtfertigungsvoraussetzung, so kann der Abbruch als rechtswidriger 23
Angriff gegen den Fötus (bzw. bei mangelnder Einwilligung der Schwangeren auch gegen diese) mittels **Notwehr/Nothilfe** (§ 32) verhindert werden (vgl. Coester-Waltjen NJW 85, 2175; zu vormundschaftsgerichtl. Zwangsmaßnahmen gegenüber einer minderjähr. Schwangeren vgl. AG Celle NJW **87**, 2307). Ist dagegen der Abbruch als solcher gerechtfertigt (o. 21 f. sowie § 218a RN 5 ff.), so ist auch seine Verhinderung durch Notwehr **ausgeschlossen**. Das gilt sowohl für die Nothilfe zugunsten des Kindes (vgl. M-Schroeder I 78 sowie hins. zivilr. Abwehrmöglichkeiten AG Köln NJW **85**, 2201 m. [abl.] Anm. Jagert FamRZ 85, 1173, [zust.] Roth-Stielow 2746, Stürner Jura 87, 80f.), als etwa auch zur Durchsetzung eigener Interessen des Erzeugers (Jähnke LK 40; i. E. ebenso Spendel LK § 32 RN 168ff. sowie [entgegen AG Köln aaO] Coester-Waltjen NJW 85, 2175). Für ersteres fehlt es – jedenfalls im Verhältnis zur Schwangeren und zum Arzt – an der Rechtswidrigkeit des Angriffs (vgl. Seebald GA 74, 338), für letzteres am Vorrang etwaiger Eigeninteressen des Vaters gegenüber denen der Mutter (Coester-Waltjen aaO; vgl. auch Fleisch aaO 46ff.). Inwieweit eine derart totale Ignorierung

des Erzeugers freilich auch rechtspolitisch auf die Dauer vertretbar ist, steht dahin (vgl. Prot. VII 1311 ff., Schünemann JZ 81, 576, Wilkitzki/Lauritzen aaO 49 sowie auch rechtsvergl. Bienwald FamRZ 85, 1096 ff.; dagegen für Alleinbestimmungsrecht der Frau Finger KritJ 86, 336 f.).

24 Auch die **Verletzung der Beratungs- bzw. Indikationsfeststellungspflicht** (§§ 218b, 219) vermag für sich allein kein Notwehrrecht gegen den Schwangerschaftsabbruch zu begründen. Einmal dienen diese Formalabsicherungen primär öffentlichen Vorsorge- und Kontrollinteressen (vgl. § 218b RN 1 f., § 219 RN 1 f.). Zum anderen müßte selbst dann, wenn sie als notwehrfähig anzusehen wären (was allerdings bei öffentlichen Interessen idR zu verneinen ist, vgl. § 32 RN 6 f., Jähnke LK 40), die Verteidigungshandlung auf Durchsetzung jener Pflichten beschränkt bleiben. Dementsprechend wäre auch die Verhinderung eines Abbruchs mit Nötigungsmitteln so lange nicht als rechtswidrig i. S. von § 240 anzusehen, als damit lediglich die vorherige Beratung bzw. Indikationsfeststellung erzwungen werden soll. Hat sich die Schwangere dagegen diesen Pflichten unterzogen, so wird die gewaltsame Verhinderung eines auch im übrigen legalen Abbruchs zur strafbaren Nötigung.

25 5. Zum **Weigerungsrecht** des Arztes (selbst bei rechtmäßigem Abbruch) vgl. § 218a RN 68 ff.

26 VI. 1. Für den **subjektiven Tatbestand** ist **Vorsatz** erforderlich. Fahrlässige Herbeiführung eines Schwangerschaftsabbruches (z. B. durch Verabreichung bzw. Einnahme fruchtschädigender Medikamente oder durch fehlgeburtinduzierendes Verhalten) ist nicht strafbar (§ 15). Der Vorsatz, für den auch bedingter genügt (BGH NJW **51**, 412), muß sich auf das Absterben der Leibesfrucht beziehen (vgl. RG **4** 381). Die Absicht, lediglich eine Frühgeburt herbeizuführen, reicht dafür nicht (bloßer Gefährdungsvorsatz), es sei denn, daß der mögliche Tod mit in Kauf genommen wird (vgl. o. 5, 7, Rudolphi SK 12). Jedoch ist der Vorsatz nicht dadurch ausgeschlossen, daß er je nach den Umständen auf die Vernichtung der noch ungeborenen Leibesfrucht oder den Tod des Kindes in oder nach der Geburt gerichtet ist (vgl. BGH **10** 6, BGH MDR/D **53**, 597, D-Tröndle 9, Jähnke LK 43, Lackner 3).

27 2. Für **Irrtum** gelten die allgemeinen Grundsätze. Glaubt etwa der Arzt fälschlich, daß das verabreichte Medikament nur nidationsverhindernd wirken könne oder daß im Hinblick auf die unregelmäßige Periode der Schwangeren im Zeitpunkt seines Eingriffs die Nidation noch nicht abgeschlossen gewesen sei, so ist er wegen *Tatbestandsirrtums* straffrei (vgl. D-Tröndle 9, Rudolphi SK 12). Gleiches gilt bei einer Ausschabung, die lediglich der Ausräumung einer vermeintlich bereits abge-
28 storbenen Frucht dienen soll (Jähnke LK 44). Ähnlich ist bei irrtümlicher Annahme von Indikationsvoraussetzungen nach den allgemeinen Grundsätzen über den *Rechtfertigungsirrtum* (§ 16 RN 14 ff., § 17 RN 10) zu verfahren, nachdem die in verschiedenen Entwürfen vorgesehenen besonderen Irrtumsregeln, wonach der Täter nur bei Leichtfertigkeit strafbar sein sollte (vgl. etwa § 219e in BT-Drs. 7/1982, ferner Prot. VII 1603 ff.), nicht Gesetz geworden sind, sondern die Lösung dieser Fragen im Fristenmodell bewußt der Rspr. überlassen wurde (vgl. Prot. VII 1640 f.). Damit ist auch künftig nicht ausgeschlossen, daß die Rspr. über die Statuierung einer Pflicht zur *gewissenhaften Prüfung* der Indikationsvoraussetzungen (vgl. § 218a RN 61) selbst dort zu vorsätzlichem Schwangerschaftsabbruch kommt, wo der Täter lediglich fahrlässig einen Eingriffsgrund (z. B. eine Lebensgefahr für die Schwangere) angenommen hat (RG **62** 138, **64** 104, BGH **2** 114, **3** 7, NJW **51**, 770; ebenso noch Blei I 170). Demgegenüber kann es nach der hier vertretenen Auffassung für die Rechtfertigung nur darauf ankommen, daß die Indikationsvoraussetzungen objektiv vorliegen (vgl. 14 ff. vor § 32). Dementsprechend entfällt nach allgemeinen Grundsätzen (§ 16 RN 14 ff.) bei irrtümlicher Annahme eines Indikationsumstandes (Lebensgefahr, eugenische Schädigung des Kindes, Vergewaltigung) die Vorsatzhaftung jedenfalls bei einem unvermeidbaren Irrtum (LG Memmingen NStZ **89**, 228), aber auch dann, wenn bei größerer Sorgfalt die Depression der Schwangeren als vorgespiegelt hätte erkannt werden können (ebenso Jescheck 377 mwN; and. M-Schroeder I 81; vgl. auch § 219 RN 16), während umgekehrt bloßer Verbotsirrtum anzunehmen ist, wenn die Schwangere einer „besonderen Bedrängnis" i. S. von § 218 III 3 irrigerweise rechtfertigende Wirkung beilegt. Zu dem Fall ungewisser Vorstellungen des Täters über eine (tatsächlich nicht gegebene) Indikation vgl. Warda Lange-FS 119 ff., 144 sowie § 16 RN 22. Zu den Konsequenzen eines Irrtums bei Einordnung der allg. Notlagenindikation (§ 218a II Nr. 3) als bloßen Schuldausschließungsgrund vgl. Bay NJW **90**, 2330, dazu aber auch § 218a RN 6. Vgl. zum Ganzen auch Eser u. Lenckner in Eser/Hirsch aaO 153 f. bzw. 185 f. sowie Jähnke LK § 218a RN 30 ff., Roxin JA 81, 543 ff.

29 VII. Zum **persönlichen Strafausschließungsgrund** nach § 218 III 2 vgl. die zusammenfassende Übersicht über Privilegierungen der Schwangeren u. 47 ff.

30 VIII. 1. **Vollendet** ist die Tat nicht schon mit Abschluß des schwangerschaftsabbrechenden Eingriffs (so aber D-Tröndle 5 bei Nichtlebensfähigkeit), sondern erst mit dem Absterben der Leibesfrucht als dem eigentlichen Ziel des Abbruchs (vgl. o. 5; ferner RG HRR **39** Nr. 396, Arzt/Weber I 142, Jähnke LK 6). Das gilt auch für das *Zulassen* des Schwangerschaftsabbruchs durch die Frau (RG **61** 361). Kann eine Kausalität zwischen Eingriff und Tod der Leibesfrucht nicht (bzw. nach BGH nicht innerhalb eines engen zeitlichen Zusammenhanges: o. 8) nachgewiesen werden, so kommt „in dubio pro reo" nur Verurteilung wegen Versuchs in Betracht (vgl. RG 41 352, BGH MDR/D 68, 201), gegebenenfalls in Tateinheit mit versuchter oder vollendeter Tötung (vgl. o. 9, u. 31 ff. sowie Eser III 58 f.)

2. Der **Versuch** ist nicht mehr generell, sondern nur noch für den **Dritten** strafbar (Abs. 4 **31** S. 1). Die *Frau* hingegen bleibt insoweit *straflos* (Abs. 4 S. 2). Da es sich aber dabei lediglich um einen *persönlichen Strafausschließungsgrund* handelt, bleiben Teilnehmer ihres Versuches strafbar (AG Albstadt MedR **88**, 261 m. Anm. Mitsch JurA 89, 192, RegE 15, D-Tröndle 10; vgl. BGH FamRZ **75**, 488). Zu welchem Zeitpunkt sie den Versuch unternimmt, ist unerheblich; deshalb bleibt sie selbst bei Durchstechen der Fruchtblase in Geburtsnähe straflos, sofern das Kind den Eingriff überlebt. Gleiches gilt für das Zulassen eines nicht zur Vollendung kommenden Abbruchs. Infolgedessen kann sich die Schwangere nach einem mißglückten illegalen Abbruchsversuch ohne Furcht vor Strafe in ärztliche Behandlung begeben.

Im übrigen gelten die allgemeinen Versuchsgrundsätze. Insbesondere ist auch der **untaugliche** **32** Versuch strafbar (vgl. § 22 RN 6): so vor allem an einer Nichtschwangeren (vgl. RG **47** 66, AG Albstadt MedR **88**, 261), was das Gesetz (überflüssigerweise) durch den Terminus „Frau" anstelle von „Schwangere" in Abs. 4 klarzustellen versucht (vgl. Prot. VII 1636), oder bei bereits abgestorbener Frucht (vgl. Hamm HE **2** 13, Bay **78** 41). Gleiches gilt für den Versuch mit untauglichen Mitteln (vgl. RG **1** 439, **17** 159, **34** 218, **68** 13), wobei freilich bei offensichtlich ungeeigneten Mitteln (Spülungen mit bloßem Wasser nach abgeschlossener Nidation) an § 23 III zu denken ist. Ferner ist Versuch dort denkbar, wo ein möglicherweise auch noch abortiv wirkender Nidationshemmer verspätet genommen wird, wobei freilich bei Erfolglosigkeit die Schwangere nach Abs. 4 S. 2 in jedem Falle straffrei bleibt (vgl. Blei JA 76, 531 f.). Dagegen ist die Verabreichung reiner Nidationshemmer in der irrigen Annahme, daß dies bereits strafbar sei (vgl. § 219d RN 3 ff.), strafloses Wahndelikt (Koch in Eser/Koch I 211, Lackner 5, Lüttger Sarstedt-FS 179; vgl. § 22 RN 78 ff.).

Für die Abgrenzung **bloßer Vorbereitungshandlungen** vom Versuch kommt es noch strenger als **33** früher darauf an, daß der Täter unmittelbar zum Eingriff ansetzt (vgl. § 22 RN 36 ff.). Das ist mit Einweisung oder Verbringung der Schwangeren in das Sanatorium, in dem der Abbruch vorgenommen werden soll, noch nicht der Fall (vgl. RG HRR 30 Nr. 1671), ebensowenig schon mit der Bereiterklärung eines Arztes zum Abbruch (vgl. RG 76 3/8 und BGH **4** 17 zum vergleichbaren Fall des Erkundigens bzw. Aufforderns durch die Schwangere). Selbst die Untersuchung durch einen zum Abbruch bereiten Arzt kann noch bloße Vorbereitungshandlung sein (vgl. aber BGH MDR/D **53**, 19), es sei denn, daß dies zur Ermöglichung des unmittelbar folgenden Eingriffs dienen soll (z. B. Einsetzen des Gebärmutterspiegels zum Eihautstich: Bay **53**, 155, D-Tröndle 10, Jähnke LK 47, M-Schroeder I 74, Rudolphi SK 14). Auch in einer Einspritzung zur Herbeiführung einer den Eingriff dann „rechtfertigenden" Blutung liegt bereits ein Versuch (RG **77** 252).

Versuch in **mittelbarer** Täterschaft kommt bei Übergabe angeblich harmloser Beruhigungsmittel, **34** in Wirklichkeit jedoch wirksamer Abtreibungsmittel an eine gutgläubige Schwangere in Betracht, und zwar auch dann, wenn es nicht zur beabsichtigten Einnahme kommt (vgl. aber § 22 RN 54). Ist die Schwangere dagegen ihrerseits bösgläubig, so ist der Dritte bis zur Einnahme allenfalls nach § 219c strafbar (vgl. Jähnke LK 47; and. RG **76** 384); die Schwangere selbst bleibt straflos (§ 219c II).

3. Für den **Rücktritt** vom Versuch gelten die allg. Grundsätze des § 24. Als *unbeendet* ist der **35** Versuch so lange anzusehen, als der Täter noch mit keinen tödlichen Verletzungen für die Leibesfrucht rechnet oder noch nicht alles Erforderliche für einen Fruchtabgang getan zu haben glaubt (z. B. bei Durchstoßen der Gebärmutter, ohne jedoch bereits die Fruchtblase angestochen zu haben: vgl. BGH MDR/D **53**, 721). Gibt die Schwangere den (für sie ohnehin straflosen) Versuch *freiwillig* auf (z. B. durch Ausspeien eines widrig schmeckenden Mittels: RG **35** 102), so kommt dies wegen der persönlichen Natur des Rücktritts (§ 24 RN 73) dem Dritten nicht ohne weiteres zugute. Anders etwa dort, wo dieser von Angst oder Unwohlsein befallene Schwangere dazu überredet, das Mittel wieder auszubrechen (vgl. auch RG **57** 280 zum Herausnehmen eines schmerzhaften Katheters). Auch wenn der Arzt mit Rücksicht auf das ihm zu hoch erscheinende Verletzungsrisiko den Eingriff abbricht, kann darin noch freiwilliger Rücktritt liegen, es sei denn, daß er mit Todesgefahr für die Schwangere rechnet oder ihm ähnliche Gründe die Fortführung des Schwangerschaftsabbruchs praktisch unmöglich erscheinen lassen (vgl. BGH MDR/D **53**, 721, Jähnke LK 50).

4. Zu selbständig **strafbaren Vorbereitungshandlungen** vgl. §§ 219b, 219c. **36**

IX. Teilnahme ist sowohl am Fremdabbruch nach Abs. 1 (o. 14) als auch am Selbstabbruch **37** nach Abs. 3 (o. 15) möglich. Da es sich jedoch bei der Privilegierung der Selbstabtreibung um einen persönlichen Strafmilderungsgrund zugunsten der Schwangeren i. S. von § 28 II handelt (vgl. RegE 13, Horstkotte Prot. VII 1519 f.), sind *Fremdbeteiligte ausschließlich aus Abs. 1* (u. U. i. V. m. Abs. 2) zu bestrafen (vgl. BGH **1** 142, 251, D-Tröndle 11, Lackner 6b, Rudolphi SK 15). Umgekehrt käme der Schwangeren auch bei Beteiligung an der bei ihr vorgenommenen

Fremdabtreibung des Dritten immer Abs. 3 zugute; doch tritt ihre Anstiftung dazu regelmäßig hinter ihrer eigenen Täterschaft durch Zulassen des Abbruchs (vgl. o. 16) zurück (vgl. RG **64** 150, Lackner 6c). Im einzelnen ist noch folgendes zu beachten:

38 1. **Beihilfe** kann z. B. sowohl durch Verschaffen von Abtreibungsmitteln (vgl. RG **58** 115), durch Benennung oder Vermittlung von abtreibungsbereiten Personen (Preisendanz II 7b) oder Einrichtungen (Bay MDR **78**, 951), Verbringung in die Klinik (AG Albstadt MedR **88**, 262), durch Gewährung der für einen Abbruch erforderlichen Geldmittel (BGH FamRZ **75**, 488) wie auch durch Assistieren bei einem illegalen Eingriff oder durch Zurverfügungstellen von Einrichtungen oder Räumlichkeiten zur Durchführung des Eingriffs (Horstkotte Prot. VII 1522) geleistet werden. Dies gilt auch für einen schließlich untauglich gebliebenen Versuch (vgl. BGH FamRZ **75**, 488). Wird der Schwangeren jedoch bewußt ein untaugliches Mittel gegeben, kommt zwar Betrug in Betracht (vgl. RG **44** 230, § 263 RN 150), für Beihilfe zu § 218 hingegen würde es am erforderlichen Vollendungsvorsatz fehlen (vgl. § 27 RN 19 sowie RG **56** 170, BGH MDR/D **54**, 335, D-Tröndle 11); zur Strafbarkeit nach § 219c in solchen Fällen vgl. dort RN 2, 6.

38a Auch **Berater** oder **Begutachter** sind von der Strafbarkeit wegen Teilnahme nicht ausgenommen. So kommt Beihilfe insbes. dort in Betracht, wo die Schwangere in gesetzwidriger Form beraten, z. B. trotz fehlender Indikation in ihrem Abtreibungswunsch bestärkt wird (Rudolphi SK 16), oder wo ihr zur Durchführung eines illegalen Abbruchs eine Adresse benannt wird. Allerdings kommt es letzterenfalls für die Förderungshandlung i. S. von § 27 entscheidend darauf an, daß die fragliche Adresse nicht bereits allgemein zugänglich war (z. B. durch Veröffentlichung in Illustrierten) oder zumindest ohne konkrete Hinweise durch den Berater nicht hätte gefunden werden können. Bei Preisgabe von Abtreibungsadressen durch ein allgemeines Medium (Fernseh- oder Radioreportage, Zeitungsbericht) wird es regelmäßig an dem für § 27 erforderlichen Bezug zu einer konkreten Tat fehlen; stattdessen kann Strafbarkeit nach § 219b in Betracht kommen, falls die Veröffentlichung aus Vorteilsabsicht oder in grob anstößiger Weise erfolgt (vgl. dort RN 7f.). Gibt der Berater die Adresse eines abbruchswilligen Arztes allein deshalb heraus, um angesichts der unbedingten Abtreibungsentschlossenheit der Schwangeren wenigstens eine kunstgerechte Durchführung zu gewährleisten, so ist im Hinblick auf die mitgeschützte Gesundheit der Schwangeren (7 vor § 218) bezüglich der Beihilfe an Rechtfertigung nach § 34 zu denken, wenn nicht bereits aufgrund gesamtabwägender Risikominderung der Förderungscharakter zu verneinen ist (vgl. 94 vor § 13, § 27 RN 10, Roxin LK § 27 RN 4, Rudolphi/Samson SK 58 vor § 1 bzw. § 27 RN 10; insoweit and. Jähnke LK 32). Auch durch eine bewußt falsche *Indikationsfeststellung* ist Beihilfe, wenn nicht sogar mittelbare Täterschaft, möglich (vgl. Prot. VII 1609 sowie § 219a RN 10). Dies für den Indikationsarzt auf *wissentlich* unrichtige Feststellungen zu beschränken und damit bedingt vorsätzliche Beteiligung auszuschließen (so im Hinblick auf § 219a Rudolphi SK dort RN 7), ist angesichts der (teils) unterschiedlichen Schutzgüter von § 218 und § 219a nicht berechtigt (zust. Jähnke LK 32).

39 2. Auch **durch Unterlassen** kann Beihilfe zu § 218 geleistet werden, sofern der Unterlassende zur Verhinderung des Schwangerschaftsabbruchs verpflichtet ist. Dies ist insbes. bei einem *Überwachungsgaranten* (vgl. § 13 RN 11 ff.) anzunehmen, der die Pflicht hat, innerhalb bestimmter Lebensbereiche strafbare Handlungen zu verhindern, z. B. zwischen Eheleuten innerhalb der ehelichen Wohnung (BGH NJW **53**, 591, östOGH ÖJZ 62, 107, Jähnke LK 34). Doch ergibt sich aus § 139 III, daß ein Angehöriger niemals gezwungen sein kann, durch sein Einschreiten den Täter in die Gefahr einer Strafverfolgung zu bringen. Deshalb kann ein Ehegatte lediglich zum Einreden auf seinen Partner verpflichtet sein, nicht dagegen, Strafverfolgungsorgane in Anspruch zu nehmen (Lay LK[9] 94); jedenfalls zu weitgehend Schleswig NJW **54**, 285, wonach die Arbeitgeberin gegenüber einer minderjährigen anhanglosen Hausangestellten verpflichtet sein soll, deren offenbar außerhalb der Wohnung erfolgende Abtreibung zu verhindern. Ebensowenig trifft den Vermieter eine Verhinderungspflicht, wenn er aufgrund eines bereits bestehenden Vertrages weder tatsächlich noch rechtlich in der Lage ist, auf Vorgänge in den von ihm vermieteten Räumen Einfluß zu nehmen (Horstkotte Prot. VII 1520). Soweit dagegen einem *Beschützergaranten* (vgl. § 13 RN 10, Jähnke LK 33) sogar eine Schutzpflicht zugunsten des Nasciturus obliegt, ist er nicht nur wegen Beihilfe, sondern wegen Täterschaft strafbar (dies offenbar übersehen von AG Albstadt MedR **88**, 262; vgl. o. 14).

40 3. Auch **Mittäterschaft** ist zwischen Fremdabtreibung und Selbstabtreibung möglich, da es sich um das gleiche Delikt mit Strafdrohungen für verschiedene Täter handelt (vgl. o. 1, 13 ff.). Jedoch kommt eine Beihilfe des einen an der Tat des anderen neben solcher Mittäterschaft nicht mehr in Betracht. Vgl. zum Ganzen auch Lange, Die notwendige Teilnahme (1940) 71 ff., Lackner 6c, Schröder MDR 49, 391 ff.

41 X. 1. Als **Regelstrafe** ist für den **Fremdabtreiber** nach Abs. 1 Freiheitsstrafe bis zu 3 Jahren oder Geldstrafe vorgesehen; gegenüber der Schwangeren vgl. u. 46 ff. Daß die Strafwürdigkeit des Schwangerschaftsabbruchs in der Öffentlichkeit umstritten sei, ist für sich allein kein Grund für eine „symbolische" Beschränkung auf die geringstmögliche Strafe; vielmehr ist auch bei § 218 eine Gesamtabwägung i. S. des § 46 geboten (vgl. auch Jähnke LK 59f.).

2. Für **besonders schwere Fälle (Abs. 2)** ist Strafschärfung vorgesehen. Die ausdrücklich genannten Fälle des Handelns gegen den Willen der Schwangeren (Nr. 1) bzw. der leichtfertigen Verursachung einer Todes- oder schweren Gesundheitsgefahr (Nr. 2) sind jedoch nicht mehr als abschließend zu verstehen, sondern bloße **Regelbeispiele** (vgl. RegE 13; allg. zu dieser Gesetzestechnik 44 vor § 38). 42

a) Ein Handeln **gegen den Willen der Schwangeren (Nr. 1)** liegt nicht schon dann vor, wenn lediglich das ausdrückliche Einverständnis der Schwangeren fehlt oder wo sie den Abbruch zwar innerlich mißbilligt, aber ohne erkennbaren Widerstand hinnimmt. Erforderlich ist vielmehr, daß sie ihren entgegenstehenden Willen, und sei es auch nur durch entsprechende Gestik, nach außen hin unmißverständlich manifestiert hat (Koch aaO 213, Lackner 7a). Maßgebend ist dabei (wie bei § 237) der natürliche Wille (vgl. dort RN 16). Da es dabei vornehmlich um den Schutz des Selbstbestimmungsrechts der Frau geht, ist ein Handeln gegen ihren Willen auch dort anzunehmen, wo sie, um ihrem möglichen Widerspruch zuvorzukommen, durch Narkose (zw. Gössel I 130), Drogen oder ähnliche Mittel in einen willensbeeinträchtigenden Zustand versetzt wurde (Rudolphi SK 19). Im Unterschied zu § 237 ist jedoch nicht erforderlich, daß ihr Widerstand mit List, Drohung oder Gewalt überwunden wird. Vielmehr genügt bereits das schlichte Hinwegsetzen des Erzeugers oder der Eltern über den erklärten Widerspruch der sich hilflos fühlenden Frau bzw. einer minderjährigen Tochter (and. Jähnke LK 62), und zwar selbst dann, wenn der Abbruch an sich nach § 218a (z. B. wegen Vergewaltigung) indiziert wäre (Koch aaO 213f.). Dagegen ist Widerstand der Schwangeren dort unbeachtlich, wo ihre Einwilligung wegen eigener Entscheidungsunfähigkeit durch den gesetzlichen Vertreter ersetzt wurde (vgl. D-Tröndle 15 sowie § 218a RN 58). 43

b) Durch die „Kurpfuscherklausel" von **Nr. 2** soll vor allem (wenngleich nicht ausschließlich) *Laienabtreibungen* vorgebeugt werden, bei denen nicht nur infolge unsachgemäßer Durchführung, sondern auch im Hinblick auf mangelnde Nachbehandlungsmöglichkeiten regelmäßig mit der **Gefahr schwerer Gesundheitsschäden** zu rechnen ist (vgl. BT-Drs. 7/1981 S. 13); zur Abtreibung mit **Todesfolge** vgl. Trube-Becker Med. Klinik 74, 897ff. Anders als bei §§ 113 II Nr. 2, 250 I Nr. 3 müssen hier nicht schwere Körperverletzungen i. S. von § 224 zu befürchten sein, vielmehr genügen bereits Gesundheitsschäden, die die Schwangere in ihrer physischen oder psychischen Stabilität oder in ihrer Arbeitsfähigkeit nachhaltig beeinträchtigen oder in eine qualvolle oder langwierige Krankheit stürzen könnten (vgl. BT-Drs. VI/3434 S. 13). Doch auch ein *Arzt* kann **leichtfertig** i. S. grober Fahrlässigkeit (vgl. § 15 RN 205) handeln, wenn er einen Abbruch ohne die gynäkologisch erforderliche Sachkunde oder ohne hinreichende Komplikationsvorsorge durchführt. Auch wird Nr. 2 nicht dadurch ausgeschlossen, daß der Tod oder die Gesundheitsschädigung tatsächlich eintritt. *Vorsätzliche* Gefährdung wird, wenn nicht bereits unmittelbar durch Nr. 2 (vgl. § 251 RN 9), so jedenfalls als ein dem Regelbeispiel vergleichbarer Fall (u. 45) erfaßbar sein (vgl. Jähnke LK 63, Laufhütte/Wilkitzki JZ 76, 330). 44

c) Da es sich bei Nr. 1 und 2 lediglich um Regelbeispiele handelt, ist bei ihrem Vorliegen ein Strafschärfungsgrund nicht zwingend gegeben, sondern noch von einer **Gesamtabwägung** abhängig (vgl. 44ff. vor § 38). Andererseits kommt aber darüber hinaus Strafschärfung auch in anderen **vergleichbar schweren Fällen** in Betracht, so insbes. bei *gewerbsmäßigem* Handeln (vgl. BT-Drs. 7/1982, Jähnke LK 64, Rudolphi SK 23), wobei selbstverständlich nur illegale Abtreibungen mitberücksichtigt werden können (Lackner NJW 76, 1236). 45

Bei Vorliegen eines Strafschärfungsgrundes **erhöht** sich die Mindeststrafe auf 6 Monate, die Höchststrafe auf 5 Jahre Freiheitsstrafe. Außerdem kann Führungsaufsicht (§ 68) angeordnet werden (Abs. 2 S. 3); dies wird vor allem gegenüber gewerbsmäßigen Abtreibern in Betracht kommen (D-Tröndle 17). In jedem Falle gilt die Strafschärfung nach Abs. 2 jedoch immer nur für **Drittäter** bzw. Tatbeteiligte nach dem vorangehenden Abs. 1, nicht dagegen für die durch die nachfolgend in Abs. 3 privilegierte Schwangere (vgl. Lackner 7). 46

3. Die **Schwangere** ist demgegenüber in vierfacher Weise **privilegiert:** 47

a) Durch **Herabsetzung des Strafrahmens (Abs. 3 S. 1)** ist die Höchststrafe für die Schwangere auf Freiheitsstrafe bis zu 1 Jahr oder Geldstrafe beschränkt. Damit soll der persönlichen Konfliktsituation Rechnung getragen werden, aus der heraus die Schwangere regelmäßig handelt (1. Ber. 14). Ob sie im Abbruch selbst mitgewirkt oder lediglich den Eingriff durch einen Dritten zugelassen hat, ist dabei unerheblich (vgl. o. 37 sowie Laufhütte/Wilkitzki JZ 76, 330). 48

b) Zudem erlangt die Schwangere **volle Straffreiheit (Abs. 3 S. 2)**, wenn sie den Abbruch nach vorheriger *Beratung* innerhalb von *22 Wochen* seit Empfängnis von einem *Arzt* durchführen läßt. 49

Auf diese Weise soll die Bereitschaft der Schwangeren gefördert werden, sich zunächst einmal einer Beratung zu unterziehen, ohne dabei fürchten zu müssen, daß ihr bei negativem Ausgang der Weg zu straffreiem Abbruch verschlossen wäre (2. Ber. 6, Prot. VII 2347ff., 2353ff., 2359ff., 2370f.). Da 49a diese Hoffnung jedoch damit erkauft wird, daß auch ohne Vorliegen irgendeiner rechtfertigenden Indikation Schwangerschaftsabbruch bis in den 6. Monat hinein ermöglicht wird, hat man darin nicht ganz ohne Grund eine „verkappte Fristenlösung" erblickt (vgl. Dt. Richterbund DRiZ 75, 398, Lackner NJW 76, 1236), deren Vereinbarkeit mit BVerfGE **39** 1, 55 ff. bis zuletzt heftig umstritten war (vgl. 2. Ber. 6, Spranger Prot. VII 2362) und auch jetzt noch angezweifelt wird (D-Tröndle 8 c, Jähnke LK 57, Rudolphi SK 26; vgl. auch Lackner NJW 76, 1243, M-Schroeder I 80 f. sowie Gössel I 132: „ideologisch motivierter Verfassungsbruch"). In der Tat wird man eine so weitgehende Freistellung allenfalls damit rechtfertigen können, daß darin lediglich ein *persönlicher Strafausschließungsgrund* für die Schwangere zu erblicken ist, der das Rechtswidrigkeitsurteil über den Schwangerschaftsabbruch und demzufolge auch die Strafbarkeit aller anderen Tatbeteiligten unberührt läßt (Laufhütte/Wilkitzki JZ 76, 330, Müller-Emmert DRiZ 76, 165). **Im einzelnen** setzt die Straffreiheit der Schwangeren folgendes voraus:

50 α) Der Schwangerschaftsabbruch muß **vom Arzt durchgeführt** werden. Insofern gilt Gleiches wie bei einem nach § 218 a indizierten Abbruch (vgl. dort RN 55). Dementsprechend braucht der Eingriff weder durch einen nach deutschem Recht approbierten Arzt noch in der Bundesrepublik ausgeführt zu sein; entscheidend ist allein, daß der Operateur die nach Tatortrecht erforderliche Qualifikation eines Arztes besitzt (vgl. auch 35 vor § 218).

51 β) Vor Durchführung des Abbruchs muß sich die Schwangere einer sowohl *sozialen* wie *ärztlichen* **Beratung** i. S. von § 218 b unterzogen haben (vgl. dort RN 4 ff. sowie Bay NJW 90, 2329, 2333). Als Berater kommen nur die in § 218 b II genannten Beratungsstellen bzw. Ärzte in Betracht, wobei letzterenfalls zu beachten ist, daß beratender Arzt und Operateur nicht identisch sein dürfen; auch muß der beratende Arzt, anders als der Operateur, nach deutschem Recht approbiert sein (vgl. § 218 b RN 15 sowie 36 vor § 218, Jähnke LK 58). Die für die soziale Beratung vorgeschriebene Karenz von drei Tagen (§ 218 b I Nr. 1, dort RN 9) gilt auch hier.

52 γ) Der Abbruch muß **vor Ablauf der 22. Woche** seit Empfängnis erfolgen, also praktisch bis Ende der 24. Woche seit der letzten Menstruation (zur Berechnung vgl. § 219 d RN 5). Ein Irrtum darüber ist ebenso wie bei jenen persönlichen Strafausschließungsgründen, die auf ähnlichen (zumindest auch) schuldbezogenen Erwägungen beruhen, analog nach § 16 II zu behandeln (vgl. § 16 RN 34; and. Jähnke LK 58).

53 δ) *Nicht* erforderlich ist hingegen, daß eine bestimmte *Indikation* vorliegt oder von der Schwangeren auch nur geltend gemacht wird. Demzufolge braucht sie sich auch nicht um eine Indikationsfeststellung nach § 219 zu bemühen. Liegt dagegen eine Indikation tatsächlich vor, so kommt sogar Rechtfertigung nach § 218 a in Betracht. Auch wird die Straffreiheit nach Abs. 3 S. 2 nicht dadurch ausgeschlossen, daß der Abbruch ordnungswidrig nicht in einem Krankenhaus durchgeführt wird (vgl. § 218 a RN 67).

54 Abs. 3 S. 2 hat zur **Folge**, daß bei Vorliegen der in 50–52 genannten Voraussetzungen die Schwangere hinsichtlich des *Schwangerschaftsabbruchs straffrei* wird, und zwar **zwingend** (Laufhütte/Wilkitzki JZ 76, 330). Dagegen läßt dies eine Strafbarkeit wegen *anderer* damit zusammenhängender Delikte (z. B. Nötigung des Arztes zum Abbruch) ebenso unberührt (D-Tröndle 8 a, Müller-Emmert DRiZ 76, 165) wie die Strafbarkeit von *Tatbeteiligten* (o. 49 a).

55 c) Ferner bleibt für die Schwangere der **Versuch straffrei (Abs. 4 S. 2);** vgl. o. 31.

56 d) Schließlich ist für die Schwangere noch ein **Absehen von Strafe (Abs. 3 S. 3)** möglich, wenn sie sich zur Zeit des Eingriffs in **„besonderer Bedrängnis"** befunden hat.

Dies ist bedeutsam für die Fälle, in denen der Abbruch weder nach § 218 a rechtfertigend indiziert ist noch die Strafausschließungsvoraussetzungen von Abs. 3 S. 2 (o. 49 ff.) erfüllt sind, insbes. also dort, wo keine ordnungsgemäße Beratung vorausgegangen ist, wie meist bei Abbruch im Ausland (vgl. 36 vor § 218), oder eine Selbstabtreibung bzw. ein sonstiger Laienabort vorliegt (2. Ber. 6). Da hier alle Gründe, derentwegen sich die teilweise Zurückdrängung des Abtreibungsverbots rechtfertigen läßt (unzumutbare Notlage, Beratungsgedanke, Verminderung des Gesundheitsrisikos bei ärztlichem Abbruch; vgl. 3 vor § 218), nicht durchzuschlagen vermögen, ist dieser Strafverzicht nicht unproblematisch (vgl. auch Gössel JR 76, 6, Lackner NJW 76, 1236). Sollen daher Mißachtungen der Beratungspflicht bzw. Laienabtreibungen für Schwangere nicht völlig sanktionslos bleiben, kann eine **besondere Bedrängnis** nicht schon aufgrund der Schwangerschaft als solcher oder der mit dem Aufsuchen einer Beratungsstelle bzw. eines Arztes verbundenen Unbequemlichkeiten angenommen werden (vgl. Rudolphi SK 28), sondern erst dort, wo die Bedrängnis entweder einem der in § 218 a umschriebenen Interessenkonflikten nahekommt (vgl. RegE 14), die Schwangere unter Zwang stand (z. B. bei Bedrohung durch den Erzeuger, vgl. Blei JA 76, 534) oder die Beratung (etwa wegen längerem Auslandsaufenthalt oder gesteigerter Offenbarungsangst, vgl. Laufhütte Prot. VII 2393) bzw. die Zuziehung eines Arztes (mangelnde Gelegenheit oder Mittel) in besonderem Grade erschwert war; vgl. auch Müller-Emmert DRiZ 76, 165 f., wonach offenbar sowohl die Beratung als auch die Zuziehung eines Arztes erschwert sein müsse, sowie Rudolphi SK 28; teils and. Jähnke LK 65.

Anders als die zwingende Straffreiheit im Falle von § 218 III 2 (o. 54) steht hier das Absehen 57
von Strafe im **Ermessen** des Gerichts (allg. dazu 54 vor § 38). Auch kann diese Privilegierung
nur der Schwangeren selbst, nicht dagegen anderen Tatbeteiligten zugute kommen.

XI. Konkurrenzen: 1. Kommt es zu einem strafbaren Schwangerschaftsabbruch nach § 218, so 58
tritt die gleichzeitige Verletzung von Beratungs- oder Indikationsfeststellungspflichten nach §§ 218b I
1, 219 I 1 als *subsidiär* zurück. Gleiches gilt für Anstiftung oder Beihilfe der Schwangeren zu dem an ihr
vorgenommenen Abbruch eines Dritten (Abs. 1) gegenüber ihrer eigenen Täterschaft nach Abs. 3
(vgl. o. 15, 37). Zwischen § 218 und § 219b Nr. 1 ist Realkonkurrenz möglich (vgl. D-Tröndle 19).
Fortsetzungszusammenhang ist zwischen **mehreren Abbruchsversuchen** hinsichtlich derselben
Schwangerschaft (vgl. BGH MDR/D **56**, 394, Jähnke LK 51), nicht aber zwischen Abbrüchen bei
verschiedenen Schwangerschaften derselben Frau möglich, ebensowenig bei verschiedenen Frauen
(so schon die bisher h. M.; vgl. RG **59** 98, **68** 14, BGH MDR/D **66**, 727; vgl. 44 vor § 52).

2. Eine mit dem Schwangerschaftsabbruch notwendig verbundene **Körperverletzung der** 59
Schwangeren (zivilr. dazu unterschiedl. Düsseldorf NJW **88**, 777 bzw. Koblenz NJW **88**, 2959) wird
als sog. Begleittat durch den vollendeten § 218 miterfaßt (BGH **10** 312, GA **66**, 339), während mit nur
versuchtem Abbruch Tateinheit in Betracht kommt (BGH GA **72**, 162, Lackner 8). Letzteres gilt auch
für weitergehende (vorsätzliche oder fahrlässige) Verletzungen der Frau, wie z. B. bei kunstfehlerhafter ärztlicher Behandlung (vgl. Lüttger NStZ **83**, 484 sowie Arzt FamRZ **83**, 1020 gegen BGH **31** 357)
oder nach §§ 223a, 224 durch Tritte in ihren Leib, und zwar sowohl bei nur versuchtem (h. M.; vgl.
BGH **28** 17, Rudolphi SK 30) als auch bei vollendetem Abbruch (vgl. D-Tröndle 20, Rudolphi SK 30;
insofern and. BGH **28** 16, wohl auch Wessels II/1 S. 54; diff. Jähnke LK 54f.; vgl. auch Jung NStZ 85,
316f.). Gleiches wird bei **Tötung der Schwangeren** als Folge des (versuchten oder vollendeten)
Abbruchs durch Tateinheit zwischen §§ 218, 226 anzunehmen sein (BGH **28** 14, NJW **84**, 674, D-Tröndle 20, Jähnke LK 55, Koch aaO 206, 215, Wessels II/1 S. 54; and. BGH **15** 345: § 218 in
Tateinheit mit § 222 unter Beachtung der Mindeststrafe des § 226). Ist die Tötung der Frau das
primäre Angriffsziel des Täters, so ist im Hinblick auf die Verschiedenheit der Rechtsgutsträger
Idealkonkurrenz zwischen vorsätzlicher Tötung und Schwangerschaftsabbruch möglich, sofern der
Vorsatz beide Folgen umfaßt (BGH **11** 15; and. OGH NJW **50**, 195); denn würde man § 218 hinter
Tötung zurücktreten lassen, so würde das nicht nur bei Tötung der Schwangeren zur Verlangen zu
Ungereimtheiten im Strafmaß führen, sondern müßte bei bloßer Beihilfe zur Selbsttötung – entgegen
OGH aaO – selbst im Hinblick auf § 218 Straflosigkeit zur Folge haben (vgl. Jähnke LK § 212 RN
42). Entsprechendes gilt für fahrlässige Tötung (BGH **1** 280), desgleichen zwischen Anstiftung und
Beihilfe zum Schwangerschaftsabbruch und fahrlässiger Tötung (BGH **1** 280, MDR/D **71**, 722). Wird
die Frau mit Nötigungsmitteln zum Abbruch gezwungen, kommt Tateinheit zwischen § 218 II Nr. 1
und § 240 in Betracht (BGH GA **66**, 339, Lackner 8).

3. Im Hinblick auf das **Kind** verbleibt es bei mißglücktem Schwangerschaftsabbruch idR bei 60
Versuch des § 218, da pränatale Körperverletzung tatbestandlich ausgeschlossen ist (vgl. § 223 RN
1a, Jähnke LK 53, aber auch BGH MDR/D **71**, 895). Kommt nach einem Eingriff ein lebendes Kind
zur Welt, das alsbald nach der Geburt durch einen erneuten Angriff getötet wird, besteht Realkonkurrenz zwischen versuchter Abtreibung, die jedoch für die Schwangere selbst nicht mehr strafbar ist
(Abs. 4 S. 2), und vollendeter Tötung (BGH **13** 21, Lackner 8; and. noch BGH **10** 291: Idealkonkurrenz zwischen vollendeter Abtreibung und vollendeter Tötung); vgl. dazu auch o. 9 sowie Eser III 59.

4. Wahlfeststellung soll möglich sein zwischen § 218 und §§ 211ff., wenn nicht nachweisbar ist, 61
ob das Kind den Schwangerschaftsabbruch überlebt hat und erst durch nachgeburtliche Einwirkung
bzw. Nichtversorgung den Tod fand (vgl. BGH **10** 294, dazu Eser III 53ff., insbes. 61, ferner D-Tröndle 6, Jähnke LK 67, Lackner 8; vgl. aber demgegenüber o. § 1 RN 97a). Jedenfalls ist Wahlfeststellung zwischen § 218 und § 263 (Lieferung eines möglicherweise untauglichen Abtreibungsmittels)
ausgeschlossen (BGH MDR/D **58**, 739, Rudolphi SK 31; vgl. § 1 RN 115).

XII. Da die Abtreibung ein *Erfolgsdelikt* ist, beginnt die **Verjährung** nicht schon mit der letzten 62
Handlung des Täters, sondern erst mit dem Tod der Leibesfrucht (§ 78a; vgl. RG DR **43**, 577).

§ 218a Indikation zum Schwangerschaftsabbruch

**(1) Der Abbruch der Schwangerschaft durch einen Arzt ist nicht nach § 218 strafbar,
wenn**

1. die Schwangere einwilligt und
**2. der Abbruch der Schwangerschaft unter Berücksichtigung der gegenwärtigen und
zukünftigen Lebensverhältnisse der Schwangeren nach ärztlicher Erkenntnis angezeigt ist, um eine Gefahr für das Leben oder die Gefahr einer schwerwiegenden
Beeinträchtigung des körperlichen oder seelischen Gesundheitszustandes der
Schwangeren abzuwenden, und die Gefahr nicht auf eine andere für sie zumutbare
Weise abgewendet werden kann.**

**(2) Die Voraussetzungen des Absatzes 1 Nr. 2 gelten auch als erfüllt, wenn nach
ärztlicher Erkenntnis**

1. dringende Gründe für die Annahme sprechen, daß das Kind infolge einer Erbanlage oder schädlicher Einflüsse vor der Geburt an einer nicht behebbaren Schädigung seines Gesundheitszustandes leiden würde, die so schwer wiegt, daß von der Schwangeren die Fortsetzung der Schwangerschaft nicht verlangt werden kann,
2. an der Schwangeren eine rechtswidrige Tat nach den §§ 176 bis 179 begangen worden ist und dringende Gründe für die Annahme sprechen, daß die Schwangerschaft auf der Tat beruht, oder
3. der Abbruch der Schwangerschaft sonst angezeigt ist, um von der Schwangeren die Gefahr einer Notlage abzuwenden, die
   a) so schwer wiegt, daß von der Schwangeren die Fortsetzung der Schwangerschaft nicht verlangt werden kann, und
   b) nicht auf eine andere für die Schwangere zumutbare Weise abgewendet werden kann.

(3) In den Fällen des Absatzes 2 Nr. 1 dürfen seit der Empfängnis nicht mehr als zweiundzwanzig Wochen, in den Fällen des Absatzes 2 Nr. 2 und 3 nicht mehr als zwölf Wochen verstrichen sein.

Schrifttum: Siehe die Angaben vor § 218 sowie zu § 218b. Ferner: *Ahrens*, Medizinische Indikationen zum therapeutischen Schwangerschaftsabbruch, 1972. – *Bernsmann,* Zum Zusammenspiel von strafrechtl. Regelung u. „flankierenden Gesetzen" beim Schwangerschaftsabbruch, ArbuR 89, 10. – *Böhm-Mehring,* Nidationshemmende und abortive Maßnahmen nach Notzuchtverbrechen, Med. Klinik 71, 989. – *Böhme-Marr,* Schwangerschaftsunterbrechung aus psychiatrischer Indikation, DMW 75, 865. – *Bundesärztekammer (BÄK),* Mehrlingsreduktion durch Fetozid, DÄBl. 89, 1389. – *Eberbach,* Rechtsprobleme der HIV-III-Infektion, 1987. – *Ders.,* Pränatale Diagnostik usw., JR 89, 265. – *Engelhardt,* Ethische Indikation und Grundgesetz, FamRZ 63, 1. – *Esser,* Rechtfertigt § 218a die Indikationsfälle? AR 81, 260, 295. – *Ders.,* Die Rechtswidrigkeit des Aborts, MedR 83, 57. – *Hepp,* Höhergradige Mehrlinge, Geburtshilfe u. Frauenheilkunde (GebFra) 89, 225. – *Hirsch,* „Reduktion" von Mehrlingen, MedR 88, 292. – *Kaiser,* Eugenik und Kriminalwissenschaft heute, NJW 69, 538. – *Kathke-Krahnke,* Zur Beurteilung der Notlagen-Indikation, Öff. Gesundh.Wesen 78, 20. – *Köhler,* Personensorge u. Abtreibungsverbot, GA 88, 435. – *Kluth,* Das Grundrecht auf Leben u. die „ratio" des Gesetzgebers, GA 88, 547. – *Krischek,* Psychiatrische Aspekte der Schwangerschaftsunterbrechung, in: Hofmann, Schwangerschaftsunterbrechung (1974) 251. – *Küper,* Der „verschuldete" rechtfertigende Notstand, 1983. – *Lang-Hinrichsen,* Betrachtungen zur sog. ethischen Indikation der Schwangerschaftsunterbrechung, JZ 63, 721. – *Lau,* Indikationen zum Schwangerschaftsabbruch, 1976. – *Lenckner,* Der rechtfertigende Notstand, 1965. – *Mende,* Schwangerschaftsabbruch und Sterilisation aus nervenärztlicher Sicht, 1968. – *Schlund,* Rechtsfragen der „eugenischen" Judikation, AR 90, 105.

Übersicht

I. Indikationsmodell – Rechtsnatur	1 ff.		4. Subjektive Rechtfertigungselemente	60 f.
II. Medizinisch-soziale Indikation	7 ff.		5. Fristen	62
III. Eugenische Indikation	19 ff.		6. Rechtfertigungswirkung	63
IV. Kriminologische Indikation	32 ff.		VII. Sonstige Straffreiheitsvoraussetzungen	64
V. Allgemeine Notlagenindikation	41 ff.		1. Beratung	65
VI. Gemeinsame Rechtfertigungsvoraussetzungen	54		2. Indikationsfeststellung	66
1. Durchführung durch einen Arzt	55		3. Krankenhauspflicht	67
2. Beachtung der ärztlichen Kunstregeln	56 f.		VIII. Weigerungsrecht	68 ff.
3. Einwilligung der Schwangeren	58 f.		IX. Übergangregelung	71

1 I. Die Vorschrift bildet das Kernstück des sog. **Indikationsmodells,** auf dem das geltende Schwangerschaftsabbruchsrecht beruht (vgl. 3 f. vor § 218). Sie enthält eine Zusammenfassung der *materiellen* Voraussetzungen, unter denen ein Schwangerschaftsabbruch nicht nur straffrei, sondern sogar *gerechtfertigt* ist (dazu u. 5). Der *formellen* Absicherung dient die Indikationsfeststellungspflicht nach §§ 219, 219a. Neben der *medizinischen* (Abs. 1 Nr. 2) und *eugenischen* Indikation (Abs. 2 Nr. 1), die bereits im Fristenmodell der 5. StrRG enthalten war (dort § 218b), sind heute auch die *kriminologische* (Abs. 2 Nr. 2) und die *allgemeine Notindikation* (Abs. 2 Nr. 3), die beide durch das BVerfG als teilweiser Ersatz für die Nichterklärung der Fristenregelung zugelassen worden waren (vgl. 18. A. 1 ff.), gesetzlich anerkannt.

2 1. **Gesetzestechnisch** sind die einzelnen Indikationen des § 218a nicht (wie etwa noch im RegE) als selbständig nebeneinanderstehend, sondern lediglich als *gesetzlich konkretisierte Unterfälle* einer **medizinisch-sozialen Gesamtindikation** zu begreifen (vgl. 2. Ber. 7, Prot. VII

2393 ff., Laufhütte/Wilkitzki JZ 75, 331, Müller-Emmert DRiZ 76, 166; daher auch der Singular von „Indikation" in der amtl. Überschrift des § 218a).

Demgegenüber könnte die Differenzierung zwischen der medizinischen Hauptindikation in Abs. 1 **3** Nr. 2 einerseits und den zusätzlichen Indikationen von Abs. 2 andererseits die Deutung nahelegen, daß letztere als Unterindikation einer *medizinischen Oberindikation* zu begreifen wären (vgl. Lackner NJW 76, 1236f.). Dies müßte konsquenterweise zur Folge haben, daß eine Unterindikation nur bei einer solchen Gefährdung der Schwangeren bejaht werden könnte, die zumindest dem Schweregrad nach einer Gesundheitsbeeinträchtigung i. S. der medizinischen Oberindikation vergleichbar wäre (vgl. Schreiber FamRZ 75, 670). Eine solche schwerenmäßige Anbindung an die medizinische Indikation, wie sie mit den „Regelfällen" des CDU-ÄndE angestrebt war (vgl. BT-Drs. 7/4211 S. 9), wurde jedoch durch die Gesetz gewordene Fassung offensichtlich nicht gewollt; denn da einerseits bei den nicht-medizinischen Indikationen eine vergleichbare Belastung der Schwangeren zwar typischerweise gegeben sein kann, aber tatsächlich nicht unbedingt vorzuliegen braucht (vgl. Prot. VII 2400), andererseits jedoch die Voraussetzungen nach Abs. 1 Nr. 2 kraft unwiderleglicher Vermutung (Laufhütte/Wilkitzki aaO) schon dann als erfüllt „gelten", wenn einer der in Abs. 2 Nr. 1 bis 3 genannten Eingriffsgründe vorliegt (daher nach Hirsch/Weißauer aaO 37, Sax JZ 77, 329, 333 eine „Fiktion"; insoweit ebenso Gössel I 125), wird damit für den Einzelfall bewußt auf den Nachweis einer der medizinischen Indikation vergleichbaren Belastung der Schwangeren verzichtet (Müller-Emmert DRiZ 76, 166). Ob dies mit dem Kongruenzerfordernis von BVerfGE 39 49 noch vereinbar ist, mag zweifelhaft sein (vgl. Lackner NJW 76, 1238f.), hängt aber nicht zuletzt davon ab, welche Anforderungen an die allgemeine Notlagenindikation gestellt werden (dazu u. 43ff.). In konstruktiver Hinsicht kann jedenfalls kein Zweifel sein, daß die Abbruchsgründe von Abs. 2 Nr. 1 bis 3 nicht als bloße Unterfälle einer medizinischen Indikation, sondern als konstitutive Teile einer umfassenden medizinisch-sozialen Indikation zu verstehen sind und auch damit deren Rahmen und Rechtfertigungsniveau mitbestimmen (vgl. Rudolphi SK 6). Insofern bilden die **Einzelindikationen,** einschließlich der medizinischen i. S. von Abs. 1 Nr. 2, lediglich **gesetzliche Konkretisierungen der medizinisch-sozialen Gesamtindikation,** wobei die allgemeine Notlagenindikation zwar weder den grundlegenden „Generaltatbestand" (so Lackner aaO 1239) noch die „Grundnorm" (so Jähnke LK 2), wohl aber die Untergrenze bildet. Vgl. im übrigen auch u. 5f.

2. Die in § 218a umschriebenen Einzelindikationen sind als **abschließend** zu verstehen (Rudolphi **4** SK 1; einschr. M-Schröder 74), nachdem der Gesetzgeber bewußt davon abgesehen hat, die in Abs. 2 anerkannten Abbruchsgründe lediglich als Regelfälle zu konstruieren (vgl. Prot. VII 2399f.). Daher kann bei Fehlen einzelner Indikationsvoraussetzungen auch nicht auf allgemeine Unzumutbarkeitsgedanken zurückgegriffen werden. Zur ausnahmsweisen Heranziehung von § 34 bei nichtärztlichen Eingriffen vgl. § 218 RN 22.

3. Ihrer **Rechtsnatur** nach sind die Indikationen des § 218a als **Rechtfertigungsgründe** zu **5** verstehen (2. Ber. 7, Bay MDR **78**, 951 [and. NJW **90**, 2328 m. Anm. Otto JR 90, 342, dazu u. 6], grdl. Gropp aaO 52ff., GA 88, 1ff.; Koch aaO 113ff.; grds. ebenso Bernsmann ArbuR 89, 10, Gössel I 122, H. J. Hirsch Bockelmann-FS 97f., G. Hirsch/Weißauer aaO 17, Jähnke LK 22 f. vor § 218, Köhler JZ 88, 904, GA 88, 435, Lackner 1a, NJW 76, 1236, Laufhütte/Wilkitzki JZ 76, 331, M-Schroeder I 78, Müller-Emmert DRiZ 76, 166, Roxin JA 81, 229, Rudolphi SK 1, Schmidhäuser II 36, 40, Lackner-FS 93, Wessels II/1 S. 51 sowie die BReg.: vgl. BT-Drs. 11/861 S. 26f., 11/1709 S. 4, 11/2094 S. 11f., 11/2278 S. 2, ferner BGH (Z) NJW **83**, 1371 [wobei fälschlicherweise – weil die bloße Straffreistellung verkennend – sogar von einem anspruchsähnlichen „Recht" auf Schwangerschaftsabbruch die Rede ist; vgl. dazu auch 24 vor § 211], NJW **84**, 659, **85**, 2750, 2752 m. Anm. Stürner JZ 86, 122, Düsseldorf VersR **87**, 414, Frankfurt VersR **87**, 416, BSG NJW **87**, 517, VGH Mannheim NJW **84**, 1417; vgl. auch SG Dortmund NJW **85**, 704, ferner gegen ArbG Iserlohn NJW **87**, 1509, LAG Hamm NJW **87**, 2326 [m. krit. Anm. Tröndle NJW **89**, 2990], bestät. von BAG NJW **89**, 2347, sowie [in Abweisung einer Verfassungsbeschwerde die Rechtsnatur des § 218a ausdrücklich offenlassend] BVerfG NJW **90**, 241 [m. krit. Anm. Kluth JR 90, 104]; zu abw. Auffassungen vgl. u. 6). Für die *medizinische* Indikation war dies bereits seit der Grundsatzentscheidung zum „übergesetzlichen Notstand" (RG **61** 242) anerkannt und erstmals durch § 14 ErbGesundhG v. 14. 7. 33 (RGBl. I 529) legalisiert worden (vgl. 17. A. § 218 RN 9). Gleiches ist für die *eugenische* Indikation bereits durch § 218b Nr. 2 des 5. StrRG geschehen. Gleiche Wirkung hat das BVerfG der *kriminologischen* Indikation eingeräumt und auch für die Notlagenindikation jedenfalls nicht ausgeschlossen. Vgl. BVerfGE **39** 49f. sowie 18. A. § 218 RN 4, 14).

Zwar läßt sich die rechtfertigende Wirkung der Indikation nicht schon aus dem Wortlaut des **6** § 218a entnehmen, da indizierte Eingriffe lediglich für „nicht strafbar" erklärt werden und dies auch i. S. eines bloßen Entschuldigungs- oder persönlichen Strafausschließungsgrundes gedeutet werden könnte (so zum früheren Recht z. B. Peters in Baumeister-Smets, Das Lebensrecht des Ungeborenen (1955) 50ff.; i. gl. S. zum jetzigen Recht Bay NJW **90**, 2328, Burmeister JR 89, 55, Esser aaO, Geiger FamRZ 86, 1ff., Tröndle-FS 647, Kluth FamRZ 85, 440, GA 88, 545, Lecheler MedR 85, 216, Müller

§ 218 a 6

NJW 84, 1798, Reis [vgl. 5 vor § 218], Stürner JZ 86, 123 sowie bzgl. nicht-med. Indikationen SG Dortmund MedR **84**, 113 m. Anm. Gritschneder MedR 84, 99 [dagegen aus formellen Gründen BVerfG NJW **84**, 1805], BSG NJW **87**, 517, Otto II 56, Schmitt JZ 75, 357; weitgehend gegen Rechtfertigung neuerdings auch D-Tröndle 9 vor § 218, MedR 86, 32, Jura 87, 66ff., ZRP 89, 58f.); darüber hinaus sogar noch vor RG **61** 242 zurückgehend Belling aaO 129ff., der nur bei „doppelt vitaler" Indikation einer Gefährdung von Mutter und Kind Rechtfertigung einräumen will. Vgl. auch Arth. Kaufmann Maurach-FS 339ff., JuS 78, 366f., Schild JA 78, 635: Indikationsbereich als „rechtsfreier Raum", ferner Günther 314ff.: Indikation als bloße „Strafunrechtsausschließungsgründe" (vgl. aber dazu 8 vor § 32) bzw. Sax JZ 77, 326ff.: Indikationen als „negative Strafwürdigkeitsvoraussetzungen", wobei jedoch gegen solche Lösungen spricht, daß – unter Aufspaltung des Rechtswidrigkeitsbegriffes – damit zwar der Vorwurf *straf*rechtswidrigen Verhaltens zurückgenommen wird, jedoch die für sonstige Rechtsfolgen (vor allem im zivil- und sozialrechtlichen Bereich) vorentscheidende Rechtswidrigkeitsfrage offenbleibt. Das kann vom Gesetzgeber – schon um allen an einem indizierten Schwangerschaftsabbruch Beteiligten volle Legalität zu sichern – nicht gewollt sein (vgl. auch Bernsmann aaO 10ff., Eser III 65f., Gropp aaO 117ff., Lackner 1a, Laufhütte/Wilkitzki JZ 76, 331, Rudolphi SK 1, Wille aaO 224). Denn sonst würde das Recht selbst in den gesetzlich anerkannten Notlagen wegen des Arzterfordernisses in § 218a die Straffreiheit der Schwangeren von der rechtswidrigen Mitwirkung eines Arzts abhängig machen, gegen die wiederum Nothilfe möglich wäre. In den von Art. 2 Abs. 2 5. StRG erfaßten Fällen medizinisch-somatischer Indikation wäre es zudem untersagt, die Mitwirkung an einem illegalen Schwangerschaftsabbruch zu verweigern. Beratung und Indikationsfeststellung nach §§ 218b, 219 wären Teilnahmehandlungen an einer rechtswidrigen Haupttat. Schließlich würden die Vorschriften über die Kostenerstattung in Fällen eines „nicht rechtswidrigen Abbruchs der Schwangerschaft durch einen Arzt" nach §§ 200f, g RVO leerlaufen. Der Systematik des Gesetzes wird daher allein die Interpretation der Indikation als Rechtfertigungsgrund gerecht (vgl. Bernsmann aaO 13f., Lackner 1a). Und da die erwähnten Mitwirkungserfordernisse grundsätzlich für alle Einzelindikationen in § 218a vorgesehen sind, läßt die Gesetzessystematik eine differenzierende Betrachtungsweise nicht zu. Insbes. scheidet eine auch nur partielle Einordnung als Entschuldigungs- oder Strafausschließungsgrund aus. Als Rechtfertigungsgrund bricht § 218a freilich mit dem ansonsten die Rechtfertigungsdogmatik beherrschenden Grundsatz, daß unschuldiges und an der Entstehung der Notlage unbeteiligtes menschliches Leben nicht mit direktem Vorsatz ausgelöscht werden darf (vgl. Roxin Oehler-FS 187). Dieser Bruch läßt sich jedoch – was von den meisten Gegnern einer Rechtfertigung unterhalb der med.-somatischen Indikation schlicht ignoriert wird – selbst bei Rechtfertigung (doppelt-)vitaler Indikationslagen nicht vermeiden (näher Gropp GA 88, 1). Will man den betroffenen Schwangeren eine Rettung aus Lebensgefahr nicht auf legalem Wege versagen (so aber einzig Esser MedR 83, 59 und bei einfach-vitaler Indikation Belling aaO 128), muß man diesen Bruch wohl oder übel akzeptieren. Im übrigen lassen sich die gegen Rechtfertigung sprechenden Bedenken (wie insbes. die Bevorzugung nicht-vitaler Interessen der Schwangeren gegenüber dem ungeborenen Leben) allenfalls damit ausräumen, daß aufgrund des Indikationserfordernisses der Schwangerschaftsabbruch nicht in das freie Belieben der Schwangeren gestellt, sondern von einer **Notstandsabwägung** abhängig gemacht wird, wie sie dem Prinzip nach auch dem § 34 zugrundeliegt. Daß bei Berücksichtigung der Konflikte, in welche die Schwangere durch ihre singuläre Schicksalsgemeinschaft mit dem in ihr wachsenden Leben geraten kann (vgl. BVerfGE **39** 48f.), nicht nur (wie bei der medizinischen Indikation) Lebens- und Gesundheitsinteressen, sondern (wie bei der eugenischen, kriminologischen oder Notlagenindikation) auch sonstigen Belangen der Schwangeren Vorrang vor dem ungeborenen Leben eingeräumt wird, steht der Annahme einer Rechtfertigung nicht unbedingt entgegen. Denn ebensowenig wie bei § 34 reicht eine abstrakte Güterabwägung genügt (vgl. dort RN 22f.), kommt es auch für die rechtfertigenden Indikationen bei Schwangerschaftsabbruch auf eine *umfassende Interessenabwägung* an. Diese darf nicht auf eine Gegenüberstellung von Leben gegen Leben verkürzt werden, sondern hat neben den sonstigen individuellen Belastungen der Schwangeren (dazu Bemmann ZStW 83, 43ff.) auch das Interesse der Allgemeinheit an einer möglichst wenig gefährlichen, d. h. kunstgerechten Durchführung eines Schwangerschaftsabbruches durch einen Arzt in die Abwägung miteinzubeziehen (vgl. RegE 11, 7/1982 S. 9, o. § 34 RN 22). Dieses Ziel wäre nicht zu erreichen, wenn selbst in indizierten Fällen der Schwangerschaftsabbruch mit dem Makel des Illegalen behaftet bliebe. Hinzu kommt, daß die im StREG vorgesehenen öffentlichen Hilfen (vgl. 4 vor § 218) für einen als rechtswidrig anzusehenden Schwangerschaftsabbruch nicht zu rechtfertigen wären (vgl. Horstkotte Prot VII 1472, Lackner NJW 76, 1236). *Verbrechenssystematisch* sind daher die einzelnen Indikationen des § 218a als Rechtfertigungsgründe zu betrachten, in denen der unzumutbaren Konfliktsituationen der Schwangeren aufgrund einer **gesetzlichen Vorwegabwägung** i. S. von § 34 Rechnung getragen wird (vgl. § 34 RN 6 sowie Gropp aaO 170ff., Lenckner GA 85, 306, Rudolphi SK 1, aber auch Köhler GA 88, 435, der die Indikationen beim defensiven Notstand ansiedelt, sowie den – teils durch die hier vertretenen Gesamtinteressenabwägung nahekommenden – Versuch von Bernsmann aaO 14ff., eine Lösung von § 34 verankerten Prinzipien in den Beratungs- und Indikationsfeststellungsverfahren zusätzliche Rechtfertigungselemente zu finden). Soweit **verfassungsrechtliche** Bedenken gegen eine Interpretation der Einzelindikationen erhoben werden – sei es ausnahmslos (vgl. Esser MedR 83, 59, Kluth FamRZ 85, 444, ferner offenbar generell für Verfassungswidrigkeit Gössel I 123) oder unter Ausklammerung der (doppelt-)vitalen

Indikation (so Belling aaO 142, D-Tröndle 9j vor § 218; ähnl. bereits Dürig in Maunz/Dürig, Art. 2 II Anm. 23) bis hin zur medizinisch-somatischen Indikation (vgl. Gritschneder MedR 84, 100, Philipp Jura 87, 90, Reis aaO 178) oder zumindest gegenüber der Notlagenindikation (vgl. Burmeister JR 89, 55, Isensee NJW 86, 1647, Tröndle Jura 87, 66) –, so wäre ihnen jedenfalls nicht im Wege einer verfassungskonformen Interpretation durch Degradierung der Indikationen zu bloßen Entschuldigungs- oder Strafausschließungsgründen abzuhelfen (insoweit ebenso Gössel I 124; für Umdeutung hingegen Belling aaO 150f., D-Tröndle 8e vor § 218 sowie jedenfalls die allg. Notlagenindikation als Schuldausschließungsgrund Bay NJW **90**, 2328ff., dazu u. 42). Denn wenn die einzelnen Indikationen die ihnen gesetzlich zugedachte Funktion haben sollen, so ist dieses Ziel nicht anders als durch Anerkennung als Rechtfertigungsgründe erreichbar (vgl. Lackner Jur.-Ver. Nr. 1 S. 23 sowie Gropp GA 88, 1). Zur Einzelbegründung der verschiedenen Indikationen vgl. u. 7, 19, 32 bzw. 41f.

II. Die **medizinisch-soziale Indikation (Abs. 1 Nr. 2)** beruht auf der Erwägung, daß die 7 Schwangere in menschlich unzumutbarer Weise überfordert würde, wenn das Austragen der Schwangerschaft selbst auf Kosten ihres eigenen Lebens oder Gesundheitszustandes von ihr verlangt würde (vgl. Horstkotte Prot. VII 1470). Zwar ist die praktische Bedeutung dieser Indikation insofern zurückgegangen, als Gesundheitsgefährdungen im somatischen Bereich durch gynäkologische Fortschritte geringer wurden und Eingriffe bei noch nicht 14-jährigen auch ohne konkrete Gefahr schon kriminologisch indiziert sind (vgl. u. 34ff.). Um so größere Bedeutung hat sie für den psychiatrischen Bereich erlangt (vgl. Prot. VI 2195f., 2202f., VII 1438, Krischek aaO 251ff., aber auch Böhme-Marr aaO). Dies wird sich durch Einbeziehung sozialer Faktoren (vgl. u. 10) sicherlich noch verstärken. Auch bleibt die medizinische Indikation vor allem für Späteingriffe von Bedeutung (vgl u. 17). **Im einzelnen** setzt diese Indikation folgendes voraus:

1. Der Schwangerschaftsabbruch muß zur Abwendung einer „*Gefahr für das Leben*" oder der 8 „*Gefahr einer schwerwiegenden Beeinträchtigung des körperlichen oder seelischen Gesundheitszustandes*" der Schwangeren angezeigt sein.

a) Als **Lebensgefahr** kommen sowohl solche Risiken in Betracht, die sich aus mangelnder 9 körperlicher Stabilität der Schwangeren oder aus bereits vorhandenen Leiden, die durch die Schwangerschaft verschlimmert werden könnten, ergeben (z. B. bei chronisch entzündeter Restniere oder Gebärmutterkrebs; vgl. im einzelnen Lau aaO 17ff.), als auch psychische Depressionen, die eine Suizidneigung hervorrufen oder verstärken könnten (vgl. RG **61** 258, BGH **3** 9, Frankfurt VersR **87**, 416). Doch ist eine solche nicht schon in jeder Selbstmorddrohung, die erfahrungsgemäß nur selten wahrgemacht werden (vgl. Schulte Prot. VI 2196), zu sehen, sondern jeweils im Einzelfall zu prüfen, inwieweit dies auf einer ernstzunehmenden Entschlossenheit oder Verzweiflung beruht (vgl. BGH **2** 115, AG Celle NJW **87**, 2309, ferner Krischek aaO 262ff., 268f.).

b) Auch als **Gesundheitsgefahr** kommt sowohl die Hervorrufung wie auch die Steigerung 10 von Krankheiten in Betracht, wobei neben *körperlichen* nun ausdrücklich auch *seelischen* Leiden genannt sind (zu letzteren vgl. Böhme-Marr aaO). Wie sich zudem aus der Ersetzung eines verschiedentlich geforderten „Gesundheitsschadens" (vgl. § 218a in BT-Drs. 7/554, 7/561) durch „Beeinträchtigung des Gesundheitszustandes" ergibt, ist Gesundheitsbeschädigung weder im engen Sinne der §§ 223ff. zu verstehen, noch braucht die Gesundheitsgefahr einem bestimmten Krankheitsbild zu entsprechen bzw. aus spezifischen somatischen oder psychischen Faktoren zu diagnostizieren sein (vgl. Hirsch/Weißauer aaO 33f., Lackner 3a, Rudolphi SK 17). Entscheidend ist vielmehr eine *ganzheitliche Betrachtung,* in die neben biologisch-medizinischen Bedingungen auch die gesamten sozialen Lebensumstände der Schwangeren miteinzubeziehen sind, und zwar sowohl der *gegenwärtigen* als auch, wie vom Gesetz nun ausdrücklich gefordert, unter Berücksichtigung der *künftigen* Lebensverhältnisse der Schwangeren (vgl. Prot. VII 1522ff., 1576ff., 1. Ber. 15, BGH NJW **85**, 2749). Zwar ist damit nicht i. S. der WHO schon jede Störung des sozialen Wohlbefindens als Gesundheitsgefahr zu verstehen, und damit ebensowenig bereits jede normalerweise mit Schwangerschaft und Geburt verbundene Belastung (vgl. D-Tröndle 10). Dennoch ist diese Indikation keine rein medizinische mehr, sondern insofern eine bereits *medizinisch-soziale* (vgl. Bremen VersR **84**, 289, Wilkitzki Prot. VII 2398; enger Jähnke LK 35), als auch solche Gefährdungen in Betracht kommen, die sich durch Summierung wirtschaftlicher und familiärer Belastungen als psychische Dauerüberlastung der Schwangeren niederschlagen können (Bremen aaO, Bild der „verbrauchten Mutter": Horstkotte Prot. VII 1523; ferner Düsseldorf NJW **87**, 2307, Lackner 3a, Rudolphi SK 14, 17, BT-Dr. VI/3434 S. 20: psychosomatische Persönlichkeitsverbiegungen, neurasthenische Entwicklungen mit ständigen Versagenserlebnissen und depressive Fehlentwicklungen; vgl. im einzelnen auch Mende in Lau aaO 79ff.). Auch bei jugendlichen Schwangeren, deren körperliche oder seelische Reife noch nicht abgeschlossen ist oder die bei Austragen der

Schwangerschaft zu einem nicht nur vorübergehenden Abbruch ihrer Ausbildung gezwungen werden, sind derartige psychische Entwicklungsstörungen denkbar (vgl. Poettgen DÄBl. 77, 515).

11 Auf jeden Fall muß jedoch die zu befürchtende Beeinträchtigung des Gesundheitszustandes eine **schwerwiegende** sein. Damit sind zwar einerseits sowohl solche Belastungen ausgeschlossen, wie sie naturgemäß jede Schwangerschaft zur Folge hat (Lackner 3a), als auch solche psychischen Umstellungen, wie sie etwa mit der Einplanung eines unerwarteten Kindes oder der Beschränkung des Lebensstandards verbunden sein können. Andererseits muß aber die Beeinträchtigung nicht so schwerwiegend sein, daß sie praktisch einer Lebensgefahr gleichkäme; denn wie ein Vergleich mit den Entwürfen zu § 217a zeigt, wonach eine Notstandstötung in der Geburt nur bei Todesgefahr für die Mutter straffrei bleiben sollte (vgl. BT-Drs. 7/1982 S. 12f.), ist in der Gesundheitsgefahr ein eigenständiger Indikationsgrund zu erblicken, der aus sich selbst heraus zu bestimmen und hinsichtlich seiner Schwere an dem der Schwangeren Zumutbaren zu messen ist (vgl. dazu auch u. 15, Rudolphi SK 18, aber auch Jähnke LK 46, der bei – kaum sachgerechter – Orientierung an der Erwerbsfähigkeit von deren wenigstens 50%iger Minderung ausgeht; insoweit zu Recht krit. Hiersche Tröndle-FS 674f.).

12 c) Eine **konkrete** Gefahr wird zwar nicht ausdrücklich vorausgesetzt, doch ergibt sich dies, ähnlich wie das frühere Erfordernis einer „ernsten" Gefahr (§ 14 I ErbGesundhG, BGH **2** 114), aus dem ultima ratio-Gedanken (u. 13; i. Grds. ebenso Rudolphi SK 19). Deshalb müssen über rein spekulative Vermutungen hinaus konkrete Anhaltspunkte für den möglichen Schadenseintritt bestehen, wobei der Grad der Wahrscheinlichkeit von der Größe der Gefahr abhängig zu machen ist. Dementsprechend kann bei Lebensgefahr schon ein relativ geringer Wahrscheinlichkeitsgrad genügen (vgl. RegE 21). Konkretheit der Gefahr bedeutet jedoch **nicht Gegenwärtigkeit;** denn das Gesetz läßt aufgrund Berücksichtigung künftiger Lebensverhältnisse (o. 10) zu Recht auch Gefahren genügen, die erst im weiteren Schwangerschaftsverlauf, bei der Geburt oder gar erst danach einzutreten drohen (Rudolphi SK 20; vgl. auch § 34 RN 17; umgekehrt zum *nachträglichen* Wegfall einer Notlage, was idR aber wohl nur unterhaltsersatzrechtlich bedeutsam sein dürfte, vgl. BGH NJW **85**, 2752 m. Anm. Stürner JZ 86, 122). Daher kann bei einer (hochgradigen) Mehrlingsschwangerschaft neben einer Gefährdung der Schwangeren durch Thromboembolien, Gestosen, Fruchtwasserembolien, atypische kindliche Lagen im Mutterleib u. dgl. (vgl. auch Eser, Bedrohungen 65, Eberbach JR 89, 271, Hirsch MedR 88, 293 sowie aus med. Sicht BÄK DÄBl. 89, 1390, Hepp GebFra 89, 231), was einem spezifischen Krankheitsbild entspräche, im Einzelfall auch die mögliche (durch die Betreuung einer großen Anzahl an Kindern hervorgerufene) nachgeburtliche Überforderung der Schwangeren die Annahme einer med.-soz. Indikation begründen (vgl. auch u. 15).

13 2. Die Lebens- oder Gesundheitsgefahr darf *nicht auf eine andere für die Schwangere zumutbare Weise abwendbar* sein. Dieses **ultima ratio-**Erfordernis bedarf jeweils sowohl einer medizinischen Prüfung (a) als auch einer normativen Wertung (b):

14 a) An der **faktischen Nichtabwendbarkeit** kann es fehlen, wenn die Gefahr für die Schwangere bereits durch eine medizinische Behandlung zu beheben wäre, der Abbruch also schon medizinisch nicht erforderlich ist: so z. B. bei medikamentöser Stützung des Kreislaufs oder bei Beseitigung depressiver Zustände durch entsprechende Psychopharmaka (D-Tröndle 12; vgl. auch BGH **3** 12 zur Aufnahme in eine Nervenklinik; dazu aber auch u. 15). Entsprechendes gilt bei sozialbedingten Gesundheitsbelastungen durch personelle oder materielle Überbrückungshilfen, während bei bloßen Gegenvorstellungen und Vertröstungen (vgl. BGH **3** 12) i. allg. nur eine vorübergehende Entlastung oder Scheinberuhigung zu erreichen sein wird. Einziges Mittel ist der Abbruch insbes. auch dann nicht, wenn das Lebens- oder Gesundheitsrisiko allein in der Schwangerschafts*dauer* liegt und durch eine künstliche Frühgeburt beseitigt werden könnte. Geschieht dies zu einem Zeitpunkt, in dem das Kind bereits lebensfähig ist bzw. durch entsprechende medizinische Maßnahmen am Leben erhalten werden könnte, so wäre ein Abbruch mit gezielter Tötung des Kindes jedenfalls aus medizinischer Sicht nicht indiziert.

15 b) Entscheidend ist jedoch letztlich die **Unzumutbarkeit** anderweitiger Abwendungsmöglichkeiten. Denn selbst bei faktischer Behebbarkeit der Lebens- oder Gesundheitsgefahr durch entsprechende medizinische, psychiatrische oder sozialhelferische Maßnahmen bleibt der Abbruch zulässig, wenn der Weg, auf dem der Schwangerschaftsabbruch abgewendet werden könnte, für die Schwangere nicht zumutbar erscheint: so z. B. Einweisung in eine Heilanstalt (vgl. RegE 21, Jähnke LK 48, Lackner 3b, M-Schroeder I 79, aber auch D-Tröndle 12). Das ist insbes. bei medizinisch-sozialer Indikation bedeutsam. Liegt etwa die gesundheitliche Überforderung der Schwangeren nicht nur in der Austragung der Schwangerschaft, sondern auch oder gerade in der nachgeburtlich fortwirkenden Dauerbelastung, so kann die Schwangere nicht ohne weiteres auf eine das Leben des Kindes erhaltende Frühgeburt verwiesen werden. Andererseits wird man bei einer hochgradigen und das Leben oder die Gesundheit der Schwangeren gefährdenden Mehrlingsgravidität (vgl. o. 12) trotz der medizin-technischen Möglichkeit eines partiellen Schwangerschaftsabbruchs (vgl. Hepp GebFra 89, 225), einen Abbruch der gesamten Schwangerschaft zumindest derzeit nicht von vornherein verwehren können. Zwar wäre die Indikationslage u. U. durch eine fraktionierte Abruptio anders als durch einen Totalabbruch abwendbar; doch ist der Schwangeren nicht zuletzt wegen des noch experimentellen Charakters eines solchen Eingriffs ein solches Vorgehen nicht generell zumutbar (ebenso Eberbach JR 89, 271, enger Hirsch MedR 88, 293 f., vgl Eser Bedrohungen 65). Im übrigen hängt das, was der Schwangeren unter Berücksichtigung des Lebensrechts des Kindes an Ausweichmöglichkeiten zugemutet werden kann, wie bei jeder Interessenabwägung entscheidend von den Umständen des Einzelfalles ab (Prot. VII 2397, Laufhütte/Wilkitzki JZ 76, 332; vgl. dazu auch § 34 RN 22 f. sowie speziell zu *Adoption* als Alternative u. 50 a). Dabei wird der Maßstab um so strenger sein, je mehr sich die Schwangerschaft ihrer Endphase nähert (vgl. RegE 21, D-Tröndle 11).

16 3. Art und Schwere der Gefahr sind jeweils **nach ärztlicher Erkenntnis** zu beurteilen. Gleiches gilt für die medizinische Unausweichlichkeit des Schwangerschaftsabbruchs. Durch Ersetzung des Begriffs der „medizinischen Wissenschaft" (Fassung des 5. StrRG) durch den der „ärztlichen Erkenntnis" will der Gesetzgeber sichergestellt wissen, daß sich die Prüfung der Indikationsvoraussetzungen nicht auf medizinisch-technische Daten beschränkt, sondern alle ärztlich bedeutsamen Faktoren, einschließlich des Wertes des ungeborenen Lebens, mitberücksichtigt (vgl. Prot. VII 2395 f.). Soweit ein Arzt die erforderliche Sachkunde nicht selbst besitzt (z. B. als Gynäkologe hinsichtlich eines suizidalen Syndroms), hat er einen Facharzt hinzuzuziehen (vgl. BGH 3 11, NJW 51, 413, Jähnke LK 49). Entsprechendes hat für sozialbedingten Gesundheitsgefahren zu gelten, zu deren Beurteilung ein Arzt ohne einschlägige Erfahrungen nicht ohne weiteres kompetent sein wird (vgl. BVerfGE 39 62). Vgl. auch u. 60 f. sowie § 219 RN 10, 22 ff. Andererseits dürfte das Gesetz durch Abheben auf die „ärztliche" Erkenntnis ähnlich wie bei sonstigen medizinischen Eingriffen auch hier dem Arzt insoweit einen gewissen *Beurteilungsspielraum* einräumen, als es um die Einhaltung der dem Arzt im Abbruchszeitpunkt zugänglichen Erkenntnismöglichkeiten geht. Eine solche Beschränkung der Prüfung auf „Vertretbarkeit" der ärztlichen Entscheidung (vgl. BGH (Z) NJW **85**, 2753 m. krit. Anm. Kluth NJW 86, 2348, Stürner JZ 86, 123) ist einerseits nicht etwa schon deshalb ausgeschlossen, weil die Entscheidung über Straffreiheit nicht gerichtlicher Überprüfung entzogen werden dürfe (so aber Bay NJW **90**, 2329, D-Tröndle 13, Gössel I 126, Lackner 2 c, Philipp Jura 87, 88, Rudolphi SK 25 a je mwN); denn selbst grundsätzliche richterliche Kontrollbedürftigkeit auch der Indikationsfeststellung schließt nicht aus, bestimmte tatsächliche Erhebungen und Einschätzungen innerhalb einer „vertretbaren" (und insoweit überprüfbaren) Bandbreite dem sachverständig(er)en Urteil eines Arztes zu überlassen (vgl. allg. zu Beurteilungsspielräumen BGH 30 324 mwN); dieses muß aber immerhin insoweit gerichtlich überprüfbar bleiben, als es um die Einhaltung der dem Arzt im Abbruchszeitpunkt zugänglichen Erkenntnismöglichkeiten geht (daher BGH NJW **85**, 2753 jedenfalls insoweit mißverständlich, als zu weit subjektivierend dem Arzt die „letzte eigenverantwortliche Entscheidung" eingeräumt wird; wohl noch weitergehend Düsseldorf NJW **87**, 2307, Fischer StV 90, 336 durch Annahme eines jeder Überprüfung entzogenen „weiten Ermessens" des Arztes, sowie Köhler GA 88, 435 mit dem Abstellen auf die „willkürfrei-wohlüberlegte Beurteilung der Schwangeren"). Näher zum Ganzen demnächst Eser in Baumann-FS.

17 4. **Zeitlich** ist im Unterschied zu den übrigen Indikationen (u. 62) bei der medizinischen **keine Befristung** vorgesehen (vgl. Abs. 3; offenbar verkannt von BGH NJW **85**, 2750 m. krit. Anm. Köster JZ 86, 586). Demgemäß ist bei entsprechender Leibes- oder Lebensgefahr für die Mutter ein Schwangerschaftsabbruch an sich bis zum Beginn der Geburt möglich (vgl. 32 vor § 218). Doch wird in der Endphase die Zumutbarkeit eines Eingriffs, durch den das Leben des Kindes geschont werden könnte (vgl. o. 15), besonders sorgfältig zu erwägen sein.

18 5. Zu den sonstigen **allgemeinen Voraussetzungen** für einen straffreien medizinisch indizierten Schwangerschaftsabbruch vgl. u. 54 ff.

19 III. Die sog. **eugenische Indikation (Abs. 2 Nr. 1)** beruht auf ähnlichen Unzumutbarkeitserwägungen wie die medizinische, da es auch hier nicht auf die Verhinderung erbkranken Nachwuchses, sondern entscheidend darauf ankommt, der Schwangeren die zu befürchtende psychische Belastung zu ersparen (vgl. auch u. 26). Da durch solche Konflikte die Schwangere generell überfordert wäre, ist sie nicht nur als subjektiv entschuldigt anzusehen, sondern bereits die objektive Rechtswidrigkeit des Abbruchs zu verneinen (vgl. RegE 23, 1. Ber. 15, Lackner 1, Laufhütte/Wilkitzki JZ 76, 323, Rudolphi SK 27, vgl. aber auch Rüpke aaO 49, 144). **Im einzelnen** müssen sowohl auf seiten des *Kindes* als auch der *Schwangeren* bestimmte 20 Voraussetzungen erfüllt sein:

21 1. Hinsichtlich des **Kindes** müssen *dringende Gründe* für die Annahme sprechen, daß es infolge einer *Erbanlage* oder *schädlicher Einflüsse vor der Geburt* an einer *nicht behebbaren Schädigung* seines Gesundheitszustandes leiden würde.

22 a) Die **Art der Schädigung** ist gleichgültig. *Körperliche* Schäden (Mißbildungen von Gliedmaßen, Verkrüppelungen, Stoffwechselkrankheiten) kommen (entgegen Jähnke LK 54; diff., aber zweifelhaft Schlund AR 90, 105: zwar nicht schon eine fehlende Hand, wohl aber fehlende Arme mit an den Schultern angewachsenen Händen) ebenso in Betracht wie *seelische* (Psychosen, Epilepsie) oder *geistige* Leiden (Schwachsinn, Schizophrenie u. dgl.). Entscheidend ist allein, daß es sich nicht bloß um vorübergehende, im Laufe der Entwicklung sich von selbst verlierende oder sonstwie heilbare Beeinträchtigungen handelt (z. B. operative Korrektur von Lippen-Kiefer-Gaumenspalte, vgl. Degenhardt Prot. VII 2187), sondern um **nicht behebbare** Schädigungen des Gesundheitszustandes, sei es, daß diese in absehbarer Zeit zum Tod führen können (wie etwa bei Zystinose, Ahornsirup-Krankheit oder Tay-Sachs'sche Krankheit: vgl. Bickel Prot. VI 2189; ferner Eberbach JR 86, 232 zu AIDS) oder daß sie irreparable Demenzen (wie Taubstummheit oder Blindheit) hinterlassen (vgl. im einzelnen Lau aaO 97 ff., aber auch u. 27). Da der Gesetzgeber bei Beschränkungen auf nicht behebbare Schädigungen angesichts damals noch fehlender Fetaltherapie nur *nachgeburtliche* Behandlungsmöglichkeiten im Auge hatte, sind die sich aus der inzwischen versuchten (wenn auch derzeit noch in den Anfängen steckenden) *intrauterinen Fetaltherapie* ergebenden rechtlichen Folgerungen noch wenig geklärt. Jedenfalls wird bei (erhofftermaßen zunehmender) medizin-technischer Behebbarkeit einer kindlichen Schädigung nicht allein hierauf abzustellen, sondern auch in diesem Zusammenhang der individuellen Zumutbarkeit (dazu u. 27) entscheidende Bedeutung beizumessen sein. Führt nämlich eine intrauterine Maßnahme im Interesse des Kindeswohles immer auch zu einem Eingriff in die körperliche Integrität der Schwangeren, wird man ihr dies nicht ohne weiteres abverlangen können (i. gl. S. und näher hierzu Eberbach JR 89, 268; vgl. auch Augstein/Koch aaO 100f., Jähnke LK § 218 RN 18, Laufs MedR 90, 231). Anders als bei Abs. 1 Nr. 2, wo u. U. auch schon eine aus verschiedenen Einzelfaktoren summierende Beeinträchtigung ausreicht (o. 10), muß hier ein *spezifisches Krankheitsbild* und nicht nur eine Störung des allgemeinen Wohlbefindens diagnostizierbar sein (vgl. Koch aaO 124, Lackner 4a; and. Jähnke LK 52, Rudolphi SK 29).

23 b) Erforderlich ist ferner, daß die an sich beliebige Art der Schädigung (o. 22) in einer **Erbanlage** (gleich ob väterlicher- oder mütterlicherseits) oder in schädlichen Einflüssen *vor* der Geburt ihre Ursache hat. Als derartige **pränatale Schadensursachen** kommen neben Viruserkrankungen (wie z. B. Röteln: vgl. BGH NJW **83**, 1371, **84**, 659) oder Stoffwechselstörungen der Schwangeren auch intrauterine Schädigungen durch Medikamente (z. B. Thalidamide) oder Strahlenbelastungen in Betracht (vgl. auch Degenhardt Prot. VI 2181 ff., Saerbeck aaO 43 ff.). Ob solche Einwirkungen durch bessere Prophylaxe zu vermeiden (gewesen) wären oder sonstwie durch die Schwangere mitverschuldet sind (z. B. bei Einnahme bekanntermaßen embryoschädigender Medikamente), ist unerheblich (vgl. D-Tröndle 15, Jähnke LK 29, Koch aaO 126f., Lackner 4a, Rudolphi SK 31, einschr. M-Schroeder I 79, Gropp aaO 216 [Berücksichtigung bei der Zumutbarkeit], vgl. auch Küper aaO 112ff.). Läßt sich dagegen die Gefahr einer schweren Dauerschädigung, z. B. aufgrund von Blutunverträglichkeit (Rhesusfaktor), etwa dadurch bannen, daß bei der Geburt des Kindes sofort ein Blutaustausch vorgenommen wird, fehlt es, wenn nicht bereits am Merkmal der Schädigung, so doch wenigstens an deren Nichtbehebbarkeit (vgl. o. 22). Auch da, wo die Schädigung erst durch ärztliche Kunstfehler im Zusammenhang *mit* der Geburt verursacht wird, ist Abs. 2 Nr. 1 (ganz abgesehen von der 22-Wochenfrist, u. 30f.) nicht mehr anwendbar.

24 c) Für die Annahme einer nicht behebbaren Schädigung der vorgenannten Art und Ursache müssen **dringende Gründe** sprechen. Wann dies der Fall ist, ist bislang umstritten. Die wohl h. M. will auf bestimmte *statistische Wahrscheinlichkeitswerte* abstellen, wobei – wie z. B. bei rezessiver Erbanlage oder Rötelnerkrankung der Mutter (Düsseldorf VersR **87**, 416) – manche eine 50%ige Quote verlangen (so etwa D-Tröndle[43] 16), andere hingegen 25% (mit dieser Tendenz die Gesetzesmotive; vgl. 1. Ber. 15, Laufhütte/Wilkitzki JZ 76, 332, ferner M-Schroeder I 80, Preisendanz 5b aa), ja manche sogar schon 10% Schadenswahrscheinlichkeit (so Hiersche aaO 568) genügen lassen wollen. Gegenüber derartigen Generalisierungen erscheint jedoch Vorsicht geboten (vgl. Beulke FamRZ 76, 599): Zwar sollen einerseits bloße vage Vermutungen ausgeschlossen sein; doch kann andererseits weder eine absolut sichere Prognose noch eine allgemeine Wahrscheinlichkeitsquote gefordert werden (so aber, wenngleich stark herabgesetzt, Jähnke LK 55ff.). Denn da es nicht um die Ausschaltung mißgebildeter Kinder als solcher, sondern um die Rücksicht auf die Schwangere geht (u. 25ff.), ist den *individuellen* Faktoren maßgebliche Bedeutung beizumessen (Koch aaO 125, Rudolphi SK 32, Schlund AR 90, 105ff.). Dementsprechend kann es weniger darauf ankommen, inwieweit beispielsweise

Röteln „überhaupt" oder „generell" Dauerschäden befürchten lassen, sondern wie sich die Dringlichkeit dieser Annahme gerade unter Berücksichtigung der Konstitution der Schwangeren, des Erkrankungszeitpunktes und -grades oder ähnlicher individueller Einflüsse darstellt. Handelt es sich somit um eine Prognoseentscheidung unter Berücksichtigung der Faktoren des Einzelfalls, so kann keine Voraussetzung sein, daß die Leibesfrucht bereits zum Zeitpunkt des Eingriffs tatsächlich geschädigt ist; genügen muß vielmehr, daß mit hinreichender Wahrscheinlichkeit mit dem Eintreten einer schwerwiegenden Schädigung im weiteren Verlauf der Schwangerschaft oder nach der Geburt zu rechnen ist.

2. Im Hinblick auf die **Schwangere** muß die nicht behebbare Schädigung des Kindes so schwer wiegen, daß die **Fortsetzung** der Schwangerschaft **von ihr nicht verlangt werden kann**. Nicht die Schädigung des Kindes als solche, sondern erst die daraus erwachsende Belastung der Schwangeren bildet somit den eigentlichen Eingriffsgrund. 25

Daher geht es bei Abs. 2 Nr. 1 weder um *„Eugenik"* in einem bevölkerungspolitischen Sinne noch um vorbeugendes Mitleid mit einem Menschen, dem man „in seinem eigenen wohlverstandenen Interesse" ein Leben ersparen will, das dem Gesunden als wenig lebenswert erscheinen mag, für den Betroffenen selbst aber durchaus seinen eigenen Sinn haben kann; entscheidend ist vielmehr auch hier die notstandsähnliche Konfliktlage, in der die Schwangere gegenüber dem als solchen uneingeschränkt anerkannten Leben und Lebensrecht des Embryos – auch des Geschädigten – steht und in der ihr die Hinnahme unzumutbarer Belastungen von der Rechtsordnung nicht abverlangt werden kann (vgl. RegE 23, 1. Ber. 15, aber auch Seidler ZStW 97, 77). Insofern ist die übliche Bezeichnung dieser Indikation als „eugenische" nur mit Vorbehalt richtig; wenn sie hier dennoch benützt wird, dann deshalb, weil auch mit „genetischer", „embryopathischer" oder „kindlicher" Indikation der tragende Eingriffsgrund kaum sachgerechter benannt ist (krit. zur Terminologie auch Koch aaO 122). 26

Dementsprechend lassen sich auch Art und Schwere der als indikationsbegründend anzuerkennenden Schädigungen des Kindes keinesfalls generell abstrakt festlegen, sondern immer nur *in Relation zu* den damit verbundenen *Belastungen für die Schwangere* bemessen (D-Tröndle 17). Welcher Art diese Belastungen sein müssen, läßt das Gesetz offen. Immerhin wird aber nicht zuletzt daraus, daß die in BT-Drs. 7/1983 zu § 218b vorgeschlagene Ableitung der eugenischen aus der medizinischen Indikation auch durch die jetzige Regelung nicht voll übernommen wurde (vgl. o. 3), zu schließen sein, daß sich die Belastung der Schwangeren nicht unbedingt in psychischen Nöten oder gesundheitlichen Beeinträchtigungen niederschlagen muß, sondern auch zeitliche, kräftemäßige oder finanzielle Überforderungen bei Mitversorgung eines unheilbaren geschädigten Kindes ausreichen sollen (vgl. 1. Ber. 15, Lackner 4b, Rudolphi SK 34; noch weitergehend Hirsch/Weißauer aaO 35; für weite Grenzziehung auch BGH NJW 84, 660; enger Jähnke LK 54). Dabei auch die Familienverhältnisse mitzuberücksichtigen (vgl. Prot. VII 2404f.). Auch die Aussicht auf Unterbringung des Kindes in einer entsprechenden Anstalt wird idR nicht zumutbar sein (D-Tröndle 17). Doch so sehr dies menschlich verständlich ist, die Gefahr, daß dadurch langfristig das Tor zu platter Eugenik geöffnet wird, sollte dabei nicht übersehen werden (vgl. Eser in Hofmann aaO 170f., Hanack Noll-GedS 199ff., Hiersche Tröndle-FS 675ff., Rüpke aaO 49, 144, Seidler aaO 77). Dies gilt um so mehr, als neue Methoden der pränatalen Diagnostik (wie z. B. die Chorionbiopsie) zunehmend (auch leichte) fetale Schädigungen erkennen lassen und über die nach der gesellschaftlichen Konvention zu entwerfenden Kriterien der „Schwere der Schädigung" sowie der „Zumutbarkeit" die geringer werdende „Fehlertoleranz" hinsichtlich fetaler Krankheiten durchzuschlagen scheint (vgl. Eberbach JR 89, 265). 27

Inwieweit die seit Ende der 70er Jahre praktizierte **selektive Abtreibung eines behinderten Zwillings**, hinsichtlich dessen die oben genannten Indikationsvoraussetzungen vorliegen, von der eugenischen Indikation gedeckt wird, ist aus jur. Sicht noch wenig untersucht (vgl. aber Eberbach JR 89, 271f., Hirsch MedR 88, 294) und wegen der eingriffsbedingten Risiken für den „ausgesparten" gesunden Feten problematisch. Da dieser Fallbereich kaum von dem schon dem historischen Gesetzgeber vorschwebenden Normbereich des § 218 II Nr. 1 erfaßt war (vgl. Eberbach JR 89, 272), ist eine Lösung allenfalls aus dem dieser Indikation zugrundeliegenden Prinzip abzuleiten. Kommt es danach entscheidend darauf an, ob der Schwangeren die Fortsetzung der konkreten Schwangerschaft zumutbar ist, so wird man nicht generell von ihr verlangen können, (auch) den kranken um des gesunden Embryos willen auszutragen (so aber offenbar Hirsch MedR 88, 294 mit dem Hinweis auf gewichtige, allerdings nicht näher genannte Gründe). Ebensowenig wird man generell von einer Zulässigkeit eines Abbruchs ausgehen können, der eine Gefährdung des gesunden Zwillings ausgehen können, sondern die Entscheidung von den individuellen Faktoren des konkreten Einzelfalles abhängig machen müssen. Im übrigen ist zu beachten, daß nach allg. Grundsätzen eine Schädigung des gesunden und von dem Eingriff ausgesparten Zwillings nur bei **vorsätzlich** bewirkter Abtreibung strafrechtlich erfaßt wird, wobei freilich angesichts des noch experimentellen Charakters eines selektiven Reduktionseingriffs ein – zumindest bedingt – vorsätzliches Handeln nicht von vornherein auszuschließen ist. 27a

27b Soweit es darüber hinaus um die seit Mitte der 80er Jahre praktizierte „**Mehrlingsreduktion**" i. S. der Veringerung einer höhergradigen und im Gefolge einer Sterilitätstherapie auftretenden Mehrlingsgravidität durch Abtötung eines Teils der Feten geht (vgl. Eberbach JR 89, 272, Hirsch MedR 88, 294, aus med. Sicht BÄK DÄBl. 89, 1389 sowie Hepp MMW 88, 16, GebFra 89, 225), wird man eine eugenische Indikation weder mit dem schematischen Hinweis auf die Anzahl an Feten noch mit dem Ziel, dadurch die Überlebenschancen der übrigen Feten auf ein gesundes Überleben zu steigern, begründen können; denn schon nach dem Wortlaut des Gesetzes müssen dringende Gründe für die Annahme einer fetalen Schädigung auszumachen sein. Sofern dies freilich für alle Mehrlinge gleichermaßen oder für bestimmte Feten im Einzelfall aufgrund konkreter Anhaltspunkte nach ärztlicher Erkenntnis der Fall ist, wird man – vorbehaltlich der weiteren Voraussetzung, daß von der Schwangeren die Fortsetzung der konkreten Schwangerschaft nicht verlangt werden kann – eine Abtötung der betroffenen Feten als von § 218a II Nr. 1 gedeckt ansehen müssen. Soweit danach sogar ein vollständiger Schwangerschaftsabbruch zulässig wäre, wird man einen partiellen Abbruch als „quantitatives Minus" der Schwangeren nicht von vornherein verwehren können (vgl. auch Eser, Bedrohungen 67f.). Dabei wird im Rahmen der Zumutbarkeitsprüfung insbes. auch bedeutsam sein, inwieweit durch eine „Mehrlingsreduktion" – anstelle eines sonst für alle Feten voraussichtlichen fatalen Ausgangs – wenigstens einem Teil von ihnen eine Überlebenschance eröffnet werden kann. Um solche geradezu makabren Folgeprobleme der modernen Reproduktionsmedizin von vornherein zu vermeiden, kommt naturgemäß der ärztlichen Prävention gesteigerte Bedeutung zu (vgl. BÄK DÄBl. 89, 1389, Eser, Bedrohungen 68ff.). Dies freilich allein schon von der in § 1 I Nrn. 3, 4 ESchG vorgeschriebenen Beschränkung der Befruchtung von maximal drei Eizellen bzw. der Implantation extrakorporal erzeugter Embryonen auf maximal drei (vgl. o. 6a vor § 218) zu erhoffen, würde verkennen, daß höhergradige Mehrlingsschwangerschaften auch von einer noch weitaus schwerer beherrschbaren hormonellen Ovulationsauslösung herrühren können.

28 3. Ob die Indikationsvoraussetzungen vorliegen, ist auch hier **nach ärztlicher Erkenntnis** zu beurteilen. Insoweit gilt Gleiches wie bei der medizinischen Indikation (o. 16), wobei jedoch hier neben der Belastbarkeit der Schwangeren insbes. auch die Ursache und Nichtbehebbarkeit der Schädigung des Kindes der besonderen Feststellung bedarf. Dazu wird nicht zuletzt mit Rücksicht auf das Fortschreiten der Medizin in diesem Bereich die Zuziehung eines Genetikers oder sonstigen einschlägigen Spezialisten erforderlich sein (vgl. Jähnke LK 58, R. Schmitt JZ 75, 359, Schreiber FamRZ 75, 670, ferner AG Celle NJW **87**, 2309 zur Verweisung der Schwangeren auf Durchführung einer pränatalen Diagnostik; insoweit krit. Koch aaO 126).

29 4. Liegen die vorgenannten Erfordernisse vor, so „*gelten*" damit die Voraussetzungen von Abs. 1 Nr. 2 als erfüllt, ohne daß es dafür noch der weiteren Feststellung einer Gesundheitsbeschädigung i. S. der medizinischen Indikation bedürfte (vgl. Prot. VII 2399ff.). Allerdings beschränkt sich diese **unwiderlegliche Vermutung** (2. Ber. 7, Laufhütte/Wilkitzki JZ 76, 323, Müller-Emmert DRiZ 76, 166; vgl. aber auch o. 3) auf die Gleichstellung der eugenisch bedingten Konfliktlage mit einer anderweitig nicht abwendbaren Gesundheitsgefahr i. S. von Abs. 1 Nr. 2 (Lackner NJW 76, 1237). Deshalb müssen alle **sonstigen Rechtfertigungsvoraussetzungen** (Einwilligung der Schwangeren, Abbruch durch Arzt usw.) noch zusätzlich gegeben sein (Laufhütte/Wilkitzki aaO); dazu im einzelnen u. 54ff.

30 5. Zudem ist die **Fristbegrenzung** von Abs. 3 zu beachten (vgl. u. 62). Danach darf ein eugenisch indizierter Abbruch nur bis zum **Ende der 22. Woche** seit Empfängnis erfolgen (zur Berechnung vgl. § 219d RN 5). Sind gleichzeitig auch die Voraussetzungen einer medizinischen Indikation erfüllt, wozu jedoch nicht schon die gesetzliche Vermutung (o. 29) genügt, sondern eine tatsächliche Lebens- oder Gesundheitsgefahr i. S. von Abs. 1 Nr. 2 erforderlich ist, so bleibt der Abbruch bis zum Ende der Schwangerschaft zulässig (vgl. o. 17, D-Tröndle 18; krit. Lackner NJW 76, 1237, Schreiber FamRZ 75, 671).

31 Die 22-Wochenfrist bei eugenischer Indikation, die damit erheblich weiter reicht als die 3-Monatsfrist bei kriminologischer und Notlagenindikation (u. 40, 53), erklärt sich vor allem daraus, daß bestimmte Diagnoseverfahren, wie z. B. die Amniocentese zur Feststellung von Stoffwechselerkrankungen (deren Durchführung freilich ihrerseits nicht ohne Schädigungsrisiko für das Kind ist: Hirsche/Jähnke MDR 86, 1), nach dem Stand der Medizin bei Erlaß des derzeitigen § 218a (1975) überhaupt erst nach 3 Monaten möglich waren und dann zudem noch eine gewisse Beobachtungsdauer benötigen (vgl. Bickel Prot. VI 2189ff.). Deshalb kann es gerade im Interesse des Kindes liegen, zur Vermeidung voreiliger Entscheidungen genügend Zeit für eine möglichst sichere Diagnose zu belassen, um bei negativem Befund die Fortsetzung der Schwangerschaft zu ermöglichen. Andererseits muß nach Ablauf von 22 Wochen seit der Empfängnis bereits mit der Lebensfähigkeit des Kindes gerechnet werden (vgl. Zander Prot. VI 2165). Daher galt es, dem Töten oder Sterbenlassen von bereits Lebensfähigen durch eine Ausschlußfrist von vorneherein vorzubeugen (vgl. 1. Ber. 15). Angesichts damit drohener Wertungswidersprüche zur sog. „Früheuthanasie" (vgl. 32a vor § 211) erscheint eine Fristüberschreitung jedenfalls nicht unvertretbar, wenn bei einem ohnehin

IV. Durch die sog. kriminologische Indikation (Abs. 2 Nr. 2) soll der Schwangeren ein Weg 32
aus *rechtswidrig aufgezwungener Schwangerschaft* eröffnet werden. Denn auch eine solche kann für die betroffene Frau eine derart schwere Belastung darstellen, daß die Rechtsordnung von einer Mißbilligung des Schwangerschaftsabbruchs als rechtswidrig Abstand nehmen muß (vgl. RegE 24 sowie o. 6f.).

Anders als die medizinische und eugenische war diese oft auch als *„ethisch"* oder *„humanitär"* 33 bezeichnete Indikation sowohl ihrer inneren Berechtigung nach als auch hinsichtlich ihres praktischen Bedürfnisses lange umstritten (abl. etwa noch E 62 Begr. 292f.; vgl. ferner BGH 2 383, Engelhardt FamRZ 63, 1, Lang-Hinrichsen JZ 63, 721, Lay LK[9] § 218 RN 63ff. mwN). Demgegenüber hatte sich bereits in den neueren Indikationsentwürfen allgemein die Auffassung durchgesetzt, daß auch bei solchen Konfliktlagen ein rechtfertigender Ausweg geschaffen werden müsse (vgl. RegE 24, BT-Drs. 7/1982 zu § 219b, 7/1983 zu § 218c; davon weicht 7/1984 nur insofern ab, als man schweren seelischen Notlagen der Schwangeren bereits durch die medizinische Indikation glaubt Rechnung tragen zu können, vgl. dort S. 11, ferner Horstkotte Prot. VII 1471f.). Diese Auffassung hat auch die Billigung in BVerfGE 39 49 gefunden. Die gegen die jetzige Regelung geltend gemachte Befürchtung, damit weitestgehende Mißbrauchsmöglichkeiten zu eröffnen (D-Tröndle 19), die jedoch schon der Gesetzgeber bewußt in Kauf zu nehmen bereit war (vgl. RegE 25), haben sich in der Zwischenzeit nicht bewahrheitet (vgl. Koch aaO 127ff.). **Im einzelnen** setzt die kriminologische Indikation folgendes voraus:

1. An der Schwangeren muß eine **rechtswidrige Tat i. S. der §§ 176 bis 179** vorgenommen 34 worden sein. Hauptanwendungsfall ist die Vergewaltigung nach § 177, da es dort bereits tatbestandsmäßig zum Beischlaf gekommen sein muß. Da aber damit nur bestimmte Formen der Gewalt bzw. Drohung erfaßt würden, werden auch der sexuelle Mißbrauch von Kindern (§ 176), die sexuelle Nötigung (§ 178) und der sexuelle Mißbrauch Widerstandsunfähiger (§ 179) in den Indikationsbereich einbezogen, selbstverständlich vorausgesetzt, daß es über deren tatbestandserhebliche sexuelle Handlungen hinaus auch zum Beischlaf oder sonstwie zu einer Schwängerung gekommen ist (vgl. Prot. VII 1594, D-Tröndle 20). Ist dies der Fall, wie namentlich bei Verkehr mit einem noch nicht 14-jährigen Mädchen (§ 176), so ist ein Indikationsgrund selbst dann gegeben, wenn dieses eingewilligt hatte (vgl. Lackner 5a, R. Schmitt JZ 75, 358); Entsprechendes gilt bei Verkehr mit einer i. S. von § 177 widerstandsunfähigen Frau. Dagegen gibt die innerhalb einer Ehe aufgezwungene Schwangerschaft keinen kriminologischen Indikationsgrund ab, da die §§ 176ff. nur *außerehelichen* Beischlaf erfassen. Daher ist bei „Vergewaltigung" der eigenen Frau allenfalls über die medizinische oder eugenische Indikation (z. B. bei vererblicher Geisteskrankheit des Mannes) abzuhelfen. (Zu einer – zumindest theoretisch denkbaren – Kombination von „Vergewaltigung in der Ehe" und Entscheidungsrecht des Mannes über die Austragung der Schwangerschaft vgl. u. 59). Entsprechendes gilt für eine durch Inzest (§ 173) begründete oder durch Verführung (§ 182) ermöglichte Schwangerschaft (vgl. RegE 25, Lackner 5a, Rudolphi SK 37).

Im übrigen braucht die Tat nur *rechtswidrig* zu sein. Daher steht eine etwaige Schuldunfähigkeit des 35 Täters dem Schwangerschaftsabbruch ebensowenig entgegen wie ein Irrtum über das Alter des Opfers (vgl. § 11 RN 42ff., Jähnke LK 61). Ebensowenig braucht wegen der Tat ein Strafverfahren zu laufen (D-Tröndle 20); deshalb ist die von Stoll/Sievers Fortschr. Med. 76, 1469 verlangte Strafanzeige jedenfalls strafrechtlich nicht geboten.

2. Ferner müssen **dringende Gründe** für die Annahme sprechen, daß die **Schwangerschaft** 36 **auf der Tat beruht.** Demzufolge muß ein hoher Wahrscheinlichkeitsgrad (D-Tröndle 21) für die Schwängerung durch einen rechtswidrig handelnden Mann bestehen; dieser braucht jedoch nicht identifiziert zu sein. Auf welche Weise der Nachweis zu erbringen ist, läßt das Gesetz offen. Die gelegentlich erwogene Meldefrist wurde nicht nur, weil unzumutbar, sondern auch weil in vielen Fällen psychologisch verfehlt, schließlich zu Recht fallen gelassen (vgl. BT-Drs. VI/3434 S. 25). Da auch keine sonstige Prüfungsinstanz vorgesehen ist, bleibt es somit letztlich dem Beurteilungsvermögen des Arztes überlassen, inwieweit er dem Vorbringen der Schwangeren glaubt vertrauen zu dürfen. Vgl. dazu auch § 219 RN 10.

3. Auch hier ist das Vorliegen der Indikationsvoraussetzungen **nach ärztlicher Erkenntnis** zu 37 beurteilen (vgl. o. 28). Das bedeutet, daß der Arzt zu keinen quasi-polizeilichen Ermittlungen verpflichtet ist, sondern lediglich die ihm als Arzt verfügbaren Erkenntnismittel einzusetzen hat (zust. aus med. Sicht Hiersche Tröndle-FS 679). Dazu gehört insbes. die Möglichkeit, aufgrund von Verletzungen der Schwangeren oder sonstiger Umstände (Alter, Tatzeit, Mehrverkehr, Periode, Zeugungsfähigkeit) Rückschlüsse auf die Schwängerung durch den angeblichen Täter

oder die Willensbeeinträchtigung der Schwangeren zu ziehen (vgl. D-Tröndle 22, Wilkitzki/Lauritzen aaO 55). Selbstverständlich ist es darüber hinaus dem Arzt unbenommen, etwaige Zweifel am Vorbringen der Schwangeren durch sonstige Beweismittel (z. B. Anhörung von Tat- oder Leumundszeugen) ausräumen zu lassen (Jähnke LK 63; enger Koch aaO 129). Vgl. auch § 219 RN 10 sowie (mit Vorbehalt) G. Schmidt in Lau 89 ff.

38   4. Bei Vorliegen der vorgenannten Voraussetzungen gilt kraft **unwiderleglicher Vermutung** Abs. 1 Nr. 2 als erfüllt (vgl. o. 2, 29), ohne daß es dazu noch des Nachweises einer fortbestehenden Konfliktlage der Schwangeren bzw. der anderweitigen Vermeidbarkeit des Schwangerschaftsabbruchs (etwa aufgrund eines Adoptionsangebots) bedürfte (vgl. Prot. VII 2399,
39   2401 f., Hirsch/Weißauer aaO 37, Lackner NJW 76, 1238, Rudolphi SK 36). Jedoch müssen darüber hinaus noch die sonstigen **allgemeinen Rechtfertigungsvoraussetzungen** gegeben sein, so insbes. die Einwilligung der Schwangeren. Dies kann vor allem in den Fällen der §§ 176, 179 problematisch sein; im Zweifelsfall ist die Zustimmung des gesetzlichen Vertreters einzuholen (vgl. u. 58). Zu den sonstigen Rechtfertigungsvoraussetzungen vgl. u. 54 ff.

40   5. Bei dieser Indikation ist die **12-Wochen-Frist** seit Empfängnis zu beachten (Abs. 3; vgl. u. 62); zur Berechnung der Frist vgl. § 219 d RN 5. Diese Beschränkung erklärt sich vor allem daraus, daß ein längeres Zuwarten weder gegenüber dem bereits weiter entwickelten Kind gerechtfertigt noch mit Rücksicht auf das steigende Eingriffsrisiko vor allem bei jüngeren Schwangeren zu verantworten wäre (vgl. RegE 26).

41   V. Die **allgemeine Notlagenindikation (Abs. 2 Nr. 3),** der mit einem Anteil von inzwischen über 80% die praktisch größte Bedeutung zukommt (vgl. Koch aaO 239 ff.), beruht auf der Erwägung, daß auch „die allgemeine soziale Lage der Schwangeren und ihrer Familie Konflikte von solcher Schwere erzeugen (kann), daß von der Schwangeren über ein bestimmtes Maß hinaus Opfer zugunsten des ungeborenen Lebens mit den Mitteln des Strafrechts nicht erzwungen werden können" (BVerfGE **39** 49; vgl. ferner RegE 26, BT-Drs. 7/1982 S. 16). Deshalb wird sie häufig auch als „**soziale Indikation**" bezeichnet. Jedoch bleibt gegenüber einem damit verbundenen weitverbreiteten Mißverständnis zu beachten, daß soziale Faktoren nicht erst bei dieser Indikation, sondern teilweise auch schon über die medizinisch-soziale i. S. von Abs. 1 Nr. 2 erfaßbar sind (vgl. o. 10) und daß die allgemeine Notlage, wenngleich meist sozial begründet, keineswegs ausschließlich auf derartigen Gründen zu beruhen braucht (vgl. u. 44).

42   Im Unterschied zu den vorangegangenen Indikationen war die „soziale" hinsichtlich ihrer **rechtfertigenden** Wirkung bis zuletzt am heftigsten umstritten (vgl. BT-Drs. 7/1983, 7/1984 zu § 218 a sowie 7/4211 zu § 218 a, wo jeweils nur Absehen von Strafe eingeräumt wurde; zum früheren abl. Schrifttum vgl. Lay LK⁹ § 218 RN 71; zur weiter anhaltenden Diskussion über die gegenwärtige Indikationspraxis vgl. 4 vor § 218 mwN). In der Tat ist nicht zu verkennen, daß sich in den anderen Indikationsfällen die Opferung von Leben immerhin noch mit der Rettung von Personwerten, deren Verletzung sich auch gesundheitlich niederschlagen kann, rechtfertigen läßt, während mit der allgemeinen Notlagenindikation in Kauf genommen wird, daß ungeborenes Leben u. U. auch wirtschaftlichen Bedürfnissen soll weichen müssen (vgl. RegE 26). Die damit implizierte gesetzliche Umwertung von Werten ist in ihren rechtspolitischen Folgewirkungen noch nicht abzuschätzen. Andererseits ist einzuräumen, daß auch wirtschaftlich-soziale Belastungen durch Schwangerschaft einen derartigen Grad erreichen können, daß die Schwangere durch strafrechtlichen Austragungszwang in unzumutbarer Weise überfordert würde. Zwar hat auch das BVerfG dafür zunächst nur ein Absehen von Strafe zugestanden (Nr. II/3 seiner ÜbergangsAO; vgl. 18. A. RN 14, 21), dabei aber für eine Rechtfertigungslösung jedenfalls dann Raum gelassen, wenn „unter dem Gesichtspunkt der Unzumutbarkeit betrachtet, die Kongruenz dieser Indikation mit den anderen Indikationsfällen gewahrt bleibt" (BVerfGE **39** 50). Ob dies durch die jetzige Fassung von Abs. 2 Nr. 3 erreicht ist, mag zwar zweifelhaft sein (vgl. Gössel JR 76, 4, Hiersche Tröndle-FS 680, Lackner NJW 76, 1239, Schmitt JZ 75, 358) und daher der Absicherung durch entsprechende Auslegung bedürfen (vgl. u. 47, 50). Im Grundsatz jedenfalls kann schon im Hinblick auf die einheitliche Gesetzestechnik kein Zweifel daran sein, daß bei der Notlagenindikation der Abbruch in gleicher Weise *gerechtfertigt* sein soll wie bei den anderen Indikationen (vgl. auch o. 5 f. sowie Rudolphi SK 40, Koch aaO 132 f. mwN). Die hiervon abw., aufgrund eines angeblichen „dokumentierten Willens des Gesetzgbers" (nur) einen Schuldausschließungsgrund einräumende Entscheidung von Bay NJW **90**, 2328 findet weder in BVerfGE **39** 50 noch in den Materialien, welche sogar eher für als gegen die Annahme eines Rechtfertigungsgrundes sprechen (vgl. Laufhütte/Wilkitzki JZ 76, 331, M-Schroeder I 77, Otto JZ 90, 343 sowie Prot. VII 2397, BT-Drs. 7/4696, S. 7), eine hinreichende Grundlage (vgl. auch o. 6, ferner 22 vor § 218 sowie demnächst näher in R. Schmitt-FS). Eine ganz andere Frage ist, ob trotz formeller Gleichstellung damit der „sozialen" Indikation auch das gleiche *materielle* Gewicht wie der rein medizinischen zukommt, eine Frage, die im Zusammenhang mit einem angeblichen „Recht" auf Schwangerschaftsabbruch gegenüber Ärzten und Krankenhäusern diskutiert wird. Dies läßt sich nicht abstrakt, sondern jeweils nur mit Rücksicht auf die Umstände des Einzelfalles beantworten (vgl. auch u. 68). **Im einzelnen** setzt die allgemeine Notlagenindikation folgendes voraus:

1. Der Schwangerschaftsabbruch muß sonst angezeigt sein, um von der Schwangeren die 43
Gefahr einer Notlage abzuwenden.

a) Die **Notlage** braucht, da gerade „sonstige" Gefährdungen erfaßt werden sollen, keine 44
primär physisch oder psychisch bedingte zu sein. Im Gegenteil, da gesundheitliche Beeinträchtigungen, auch soweit sie in den Lebensumständen ihre Grundlage haben, bereits durch die medizinisch-sozial zu verstehende Indikation i. S. von Abs. 1 Nr. 2 erfaßt werden können (vgl. o. 10), kommen hier als Notlage auch rein familiäre oder soziale Konflikte und Belastungen in Betracht (LG Memmingen NStZ **89**, 227 f., Lackner 6a, Rudolphi SK 41; vgl. Kathke/Krahnke aaO 20). Das gilt insbes. auch für die durch die kriminologische Indikation nicht erfaßbaren Fälle aufgezwungener künstlicher Insemination (vgl. Augstein/Koch aaO 107), die Fälle einer nicht konsentierten Verwendung von Samencocktails oder einer Eizellenübertragung im Rahmen einer Sterilitätsbehandlung oder eine durch Inzest (§ 173) bzw. eheliche Vergewaltigung begründete Schwangerschaft (vgl. D-Tröndle 20, 26, Jähnke LK 67). Auch jugendliches Alter (unter 16) oder Gefährdung der Ehe können bei Zusammentreffen mit anderen belastenden Faktoren in Betracht kommen (M-Schroeder I 81), nicht aber sind Jugendlichkeit bzw. Alter oder Nichtehelichkeit schon für sich allein ein Abbruchsgrund (vgl. Bremen VersR **84**, 289, LG Aachen VersR **81**, 443, AG Celle NJW **87**, 2309). Ebensowenig kann allein die Tatsache einer unerwünschten Mehrlingsschwangerschaft ohne weiteres die Annahme einer Notlage begründen (vgl. D-Tröndle 26, Eser, Bedrohungen 66, Hirsch MedR 88, 295, aber auch Popp/Müller-Holve/Martin, Frauenarzt 84, 59 ff.).

b) Da bereits die **Gefahr** einer Notlage ausreicht, braucht diese im Zeitpunkt des Schwanger- 45
schaftsabbruchs noch *nicht gegenwärtig* zu sein (vgl. o. 12). Vielmehr genügt, daß die Notlage erst nach Austragen der Schwangerschaft durch Hinzutreten dieses Kindes eintreten würde. Doch darf es sich bei Berücksichtigung der künftigen Entwicklung nicht nur um vage Vermutungen handeln, sondern die zu befürchtenden Belastungen müssen mit erheblicher Wahrscheinlichkeit in absehbarer Zeit zu erwarten sein und gerade aus der Gravidität resultieren (Bay NJW **90**, 2330).

c) Zwar muß die Notlage für die **Schwangere** selbst bestehen. Jedoch ist dabei ihre eigene 46
Lage nicht isoliert zu betrachten, sondern die gesamte Familiensituation mitzuberücksichtigen (vgl. Prot. VII 2404 f.). Daher kommt eine Notlage i. S. von Abs. 2 Nr. 3 nicht nur dort in Betracht, wo die Schwangere infolge einer bereits bestehenden Unterversorgung bei Austragen der Schwangerschaft in eine noch ausweglosere Lage gestürzt würde (vgl. aber auch u. 47 f.), sondern auch da, wo bereits vorhandene Kinder oder Angehörige, die wegen eigener Behinderung besonderer Pflege bedürfen, durch ein weiteres Kind in unverantwortlicher Weise zu vernachlässigen wären (vgl. auch Prot. VII 1614 ff., LG Memmingen NStZ **89**, 227 f., Müller-Emmert DÄBl. 77, 1372).

2. Die Notlage muß so schwerwiegend sein, daß von der Schwangeren die Fortsetzung der 47
Schwangerschaft nicht verlangt werden kann (Abs. 2 **Nr. 3a**). Damit soll die von BVerfGE **39** 50 (o. 42) geforderte Kongruenz der durch die Notlage entstandenen Belastungen mit denen der anderen Indikationsfälle hergestellt werden (Bay MDR **78**, 951, NJW **90**, 2329; vgl. o. 3). Zwar braucht danach die Notlage kein lebensbedrohliches Ausmaß anzunehmen; wohl aber muß sie über die Belastungen, die üblicherweise mit einer Schwangerschaft verbunden sind, erheblich hinausgehen. Daher genügen weder bloße wirtschaftliche Engpässe noch die Angst um Verlust eines einmal erreichten Lebensstandards (vgl. BGH NJW **85**, 2752, LG Kiel VersR **84**, 452; Lackner NJW 76, 1239). Auch der Zwang zu Wohnungs- oder Arbeitsplatzwechsel ist nur dann als vergleichbar schwerwiegend anzusehen, wenn dies zu beträchtlichen Einkommensverlusten führen müßte oder aus sonstigen Gründen einem „sozialen Abstieg" gleichkommen würde (enger Jähnke LK 72 f.). Ebensowenig können Ausbildungs- und Studienverzögerungen für sich allein genügen, es sei denn, daß damit der ganze Ausbildungsabschluß gefährdet wäre (zust. Jähnke LK 73). Auch die Sorge, dem Kind „kein schönes Leben" garantieren zu können, ist für sich allein kein Grund, ihm deshalb das Leben überhaupt vorzuenthalten (vgl. RegE 28, Hollmann AR 81, 206, Lackner NJW 76, 1939).

3. Zudem darf i. S. des ultima-ratio-Erfordernisses die schwerwiegende Notlage *nicht auf* 48
eine andere für die Schwangere zumutbare Weise abwendbar sein (Abs. 2 **Nr. 3b**). Auch damit soll das Kongruenzerfordernis des BVerfG (vgl. o. 47) abgesichert werden (vgl. Prot. VII 2402, Laufhütte/Wilkitzki JZ 76, 333). Ähnlich wie hinsichtlich der Gesundheitsgefahr bei medizinischer Indikation setzt dies auch hier eine doppelte Prüfung voraus (vgl. o. 13 ff.):

a) Die **faktische Nichtabwendbarkeit der Notlage** kann etwa darauf beruhen, daß der fami- 49
liäre Konflikt durch fremde Hilfe ohnehin nicht behebbar wäre (z. B. bei krankhafter Abhängigkeit des süchtigen Mannes von seiner schwangeren Frau) oder geeignete Hilfen oder Mittel für den konkreten Fall objektiv nicht zur Verfügung stehen. Dies zu klären, ist insbes. Aufgabe

der Sozialberatung nach § 218b I Nr. 1 (vgl. dort RN 5f.). Zum Bemühen um Abwendbarkeit vgl. u. 61.

50 b) Doch selbst bei tatsächlicher Abwendbarkeit der Notlage kann der Abbruch zulässig sein, wenn die an sich mögliche **Alternative für die Schwangere unzumutbar** wäre. Das kann etwa dort der Fall sein, wo ein bereits vorhandenes Kind aus der Familie herausgerissen und auf unabsehbare Zeit in fremde Pflege gegeben werden müßte (RegE 27) oder wo einer jugendlichen Schwangeren nicht nur ein leicht ersetzbarer Arbeitsplatz verloren ginge, sondern bei Scheitern des Ausbildungsabschlusses der weitere Lebensweg verbaut würde (Rudolphi SK 43; i. Grds. auch Bay MDR **78**, 951, enger NJW **90**, 2329f.). Entsprechendes gilt für Studierende, wenn dadurch nicht nur der Studienabschluß vorübergehend hinausgezögert, sondern mangels sonstiger Hilfen für das Kind das ganze Studium aufgegeben werden müßte. Dagegen sind im Hinblick auf das sonst zu opfernde Leben *nachholbare* Ausbildungsverzögerungen idR ebenso zumutbar wie das Zurückstellen von Prestigeanschaffungen (größeres Auto) oder das Aufschieben von wohnungsmäßigen Vergrößerungswünschen (vgl. D-Tröndle 26, Lackner 6b, M-Schroeder I 81; i. Grds. ebenso Bay MDR **78**, 951, wobei jedoch die konkreten Belastungen aufgrund Aussiedlung und Umschulung nicht hinreichend berücksichtigt erscheinen; noch strenger Bay NJW **90**, 2329f., wonach offenbar sogar die Aufgabe eines mit größtem Einsatz betriebenen Geschäfts zumutbar sein soll). Im übrigen muß die infragestehende Alternative gerade für diese *Schwangere* zumutbar sein. Deshalb kann es weniger auf eine abstrakt-generelle Beurteilung als vielmehr auf eine *Gesamtwürdigung der individuellen Situation* ankommen (vgl. u. 51a). Dabei wird idR auch die etwaige Bereitschaft von Angehörigen, die Sorge für das Kind zu übernehmen, von Bedeutung sein; deshalb wird man allenfalls dort, wo die Offenbarung der Schwangerschaft gegenüber den Eltern oder dem Ehepartner ihrerseits unzumutbar ist, auf die Einbeziehung dieser Personen in den Beratungs- und Abwägungsvorgang verzichten dürfen (vgl. Bay MDR **78**, 951, Wilkitzki/Lauritzen aaO 49, 67 sowie u. 59). Keinesfalls ist die Austragung der Schwangerschaft schon deshalb zumutbar, weil sie von der Frau selbst „verschuldet" wurde (Augstein/Koch aaO 114, D-Tröndle 28); denn sonst wäre ein Abbruch im Grunde nur bei aufgezwungener Schwangerschaft zulässig.

50a Problematisch dagegen ist und war schon während des Gesetzgebungsverfahrens, inwieweit der Schwangeren die Freigabe des Kindes zur **Adoption** oder zu (möglicherweise dauernder) **Heimunterbringung** zugemutet werden kann (vgl. RegE 27, BR-Drs. 58/72 S. 27, Prot. VI 2351, VII 1333, 1409). Wäre dies generell zu bejahen (mit dieser Tendenz etwa AG Celle NJW **87**, 2310, D-Tröndle 28, Petersen DÄBl. **78**, 374ff.; vgl. auch Bay MDR **78**, 952, Weimar Hegnauer-FS 650f.), so würde diese Indikation praktisch leerlaufen, da die Schwangere, sofern nicht ihre Gesundheit gefährdet wäre, in jedem Falle auf den Adoptionsweg verwiesen werden könnte (vgl. LG Memmingen NStZ **89**, 228, Jähnke LK 33 vor § 218). Anderseits wird aber dieses Alternativangebot auch nicht generell zu verwerfen sein (so aber für den Regelfall Arzt/Weber I 152, M-Schroeder I 81, letztlich auch Jähnke LK 76). Vielmehr ist auch hier – wie vom Gesetz ohnehin vorausgesetzt – auf die *individuellen Umstände* abzuheben (vgl. o. 50; insoweit ders. ebenso Bay NJW **90**, 2330, i. gl. S. Hollmann AR 81, 206, Koch aaO 140ff., Lackner 6b, Rudolphi SK 22, 44). Danach wird man einer Schwangeren, die etwa selbst schlechte Heim- oder Adoptionserfahrungen hinter sich hat oder die in Sorge um das Schicksal des Kindes sich dauernden psychischen Belastungen ausgesetzt sähe, schwerlich den Adoptionsweg zumuten können (insoweit enger Bay NJW **90**, 2330). Soweit es ihr dagegen lediglich um „Wahrung des Gesichts" ginge, ist nicht einzusehen, warum das Leben des Kindes vordergründigen Prestigeinteressen geopfert werden sollte. Dies umso weniger, je mehr sich die Adoptionsbedingungen aufgrund des reformierten Adoptionsrechts verbessern und damit auch die allgemeine Aufgeschlossenheit für derartige Formen zwischenmenschlicher Solidarität wächst.

51 4. Ob die vorgenannten Voraussetzungen vorliegen, ist auch hier **nach ärztlicher Erkenntnis** zu beurteilen (vgl o. 16; vgl. aber auch Köhler GA **88**, 435, der – jedenfalls im Widerspruch zum geltenden Recht – auf die „willkürfreie – wohlüberlegte Beurteilung" der Schwangeren abhebt). Da dies sowohl für das Vorliegen einer schwerwiegenden Notlage als auch für die Nichtzumutbarkeit anderweitiger Abwendung gilt, wird vom Arzt mehr als nur die Erhebung medizinischer Daten, nämlich auch die Feststellung und Einschätzung sozialer Faktoren und Interessenkonflikte erwartet (womit freilich der Arzt überfordert sein kann: vgl. Stoll DÄBl. **86**, 1185). Wie schon bei anderen Indikationen (vgl. insbes. o. 16, 37) stellt sich somit auch hier die Frage, in welchem Umfang der Arzt berechtigt oder gar verpflichtet ist, den Sachverhalt aufzuklären. Da es auch hier lediglich auf die „ärztliche Erkenntnis" ankommt, wird man – ebensowenig wie bei der kriminologischen Indikation (o. 37) – vom Mediziner keine quasirichterliche Erhebung erwarten dürfen (Eser in Eser/Hirsch 164). Zwar hat er die tradierten ärztlichen Erkenntnisquellen, wie namentlich Untersuchung der Schwangeren und Gespräch mit der Patientin sowie erforderlichenfalls mit einem erfahrenen Kollegen (vgl. auch Koch aaO 173), auszuschöpfen; doch ist er anderseits nicht gehalten, weitere Informationsquellen zu suchen (Jähnke LK 77). Bei eigenmächtiger Einholung von Auskünften über die Schwangere, etwa bei deren Arbeitgeber, einer Behörde oder Organisation, läuft er sogar Gefahr, die ärztliche Schweigepflicht zu verletzen (Koch aaO 174), weshalb von einem solchen Vorgehen abzuraten ist (Jähnke LK 77). Mit Einverständnis der Patientin kann es allerdings hilfreich sein, deren Hausarzt zu Rate zu ziehen (Jähnke LK 77, Koch aaO 174). Eröffnet das Gesetz dem Arzt somit lediglich einen sehr begrenzten Handlungsspielraum, so wird damit deutlich, daß keine rundum ausgeleuchtete Objektivität verlangt wird, sondern es maßgeblich auf die Einschätzung des Arztes ankommt (vgl. Eser in Eser/Hirsch aaO 164), was im Lichte der persönlichen Weigerungsrechts, einen Abbruch vorzunehmen, auch durchaus verständlich erscheint. Über daraus folgende Pflichten bei der Indikationsfeststellung vgl. § 219 RN 8, 10, 16.

5. Wie sich aus dem Vorangehenden ergibt, setzt die Annahme einer Indikation jeweils eine **51a** **einzelfallbezogene Gesamtabwägung** voraus (vgl. BGH NJW **85**, 2754 m. krit. Anm. Stürner JZ 86, 124 gegen zu weitgehende Subjektivierung; grds. ebenso Bay NJW **90**, 2330, LG Memmingen NStZ **89**, 227f.). Deshalb ist gegenüber schlagwortartigen **Beispielen** Vorsicht geboten. Immerhin wird aber – ohne Anspruch auf Vollständigkeit – in folgenden Fallgruppen eine allgemeine Notlagenindikation naheliegen (vgl. eingeh. Koch aaO 132ff., ferner Wilkitzki/Lauritzen aaO 59ff. sowie die Analogie- und Pflichtkollisionsfälletypik von Jähnke LK 66ff.): *persönliche Überforderung* der Schwangeren infolge Konflikts mit bestehender Verantwortung für andere anvertraute und besonders zuwendungsbedürftige Menschen oder infolge eigener reduzierter Leistungsfähigkeit durch Behinderung, Krankheit oder außergewöhnlich belastende Lebenssituation (z. B. bestehende Ehezerrüttung, Diskriminierung durch die Umwelt, u. U. auch relativ hohes oder jugendliches Alter der Mutter); *ernstliche Gefährdung des gesamten Lebenswegs* infolge noch nicht abgeschlossener begabungsgemäßer Berufsausbildung, bevorstehender langer Arbeitslosigkeit oder drohender Zerrüttung von Ehe oder eheähnlicher Partnerschaft (vgl. LG Memmingen NStZ **89**, 227f., wohl kaum dagegen bei der bloßen Besorgnis verminderter Heiratsaussichten); sowie *außergewöhnliche wirtschaftliche Überlastung* nach besonders eingehender Prüfung der Abwendbarkeitsfrage (vgl. BGH JZ **77**, 139), etwa durch nicht zu beseitigende, ungewöhnlich schlechte Wohnsituation, durch drückende Schuldenlast oder durch die Gefahr dauernder Abhängigkeit von staatlicher Sozialhilfe bzw. durch schwerwiegenden sozialen Abstieg (also nicht schon bei Ablehnung flankierender Maßnahmen als „Almosen").

6. Bei Vorliegen der vorgenannten Voraussetzungen wird eine **Gesundheitsgefahr** i. S. von **52** Abs. 1 Nr. 2 (o. 8ff.) **unwiderleglich vermutet** (vgl. o. 3, 6, 42). Demzufolge bedarf es auch hier insbes. keiner ausdrücklichen Feststellung, daß sich die Notlage in einer gesundheitlichen Beeinträchtigung der Schwangeren niederschlägt (vgl. o. 29, 38). Zu den sonstigen **allgemeinen Rechtfertigungsvoraussetzungen** vgl. u. 55ff.

7. Ebenso wie bei der kriminologischen Indikation ist auch hier die **12-Wochen-Frist** zu **53** beachten (Abs. 3; vgl. o. 40), und zwar trotz der Tatsache, daß schwerwiegende Notlagen durchaus auch noch in einem späteren Stadium auftreten können. Denn im Hinblick auf die fortschreitende Entwicklung des Embryos wie auch wegen des steigenden Eingriffsrisikos für die Schwangere ist das Bedürfnis für eine solche Befristung nicht zu leugnen (BT-Drs. 7/1982 S. 60), zumal späteren Notlagen u. U. bei entsprechend schweren psychischen Belastungen noch über die medizinisch-soziale Indikation nach Abs. 1 Nr. 2 Rechnung getragen werden kann (vgl. o. 10, 17, aber auch Jähnke LK 65).

VI. Sonstige gemeinsame Rechtfertigungsvoraussetzungen. Das Vorliegen eines bestimm- **54** ten **Abbruchsgrundes** i. S. einer der vorgenannten *Indikationen* ist zwar eine notwendige, aber für sich allein nicht hinreichende Rechtfertigungsvoraussetzung. Zudem müssen jeweils noch folgende Erfordernisse erfüllt sein:

1. Der Abbruch muß **durch einen Arzt** erfolgen (Abs. 1). Damit soll der Abtreibung durch **55** Kurpfuscher entgegengewirkt und auch im Interesse der Schwangeren gewährleistet werden, daß sowohl die Diagnose richtig gestellt als auch der Eingriff in einer möglichst wenig gefährlichen und schonenden Weise durchgeführt wird (vgl. BGH **1** 331, **2** 245). Allerdings wird diese Schutzabsicht vom Gesetz selbst in Frage gestellt, wenn keine besondere Fachkunde (z. B. als Gynäkologe oder Chirurg) verlangt, sondern jedem Arzt der Eingriff gestattet wird (krit. dazu auch D-Tröndle 4, Rudolphi SK 11; and. Jähnke LK 17, Koch aaO 177), sofern er eine nach deutschem Recht gültige *Approbation* für Humanmedizin besitzt. Dies ist zwar bei Medizinalassistenten und Heilpraktikern wie auch beim Zahn- und Tierarzt zu verneinen (vgl. Prot. VII 2431), während ein zugleich auch ärztlich approbierter Psychologe zum Abbruch befähigt wäre (Prot. VII 2432); vgl. im einzelnen auch §§ 2ff. BÄrzteO. Bei Abbruch im *Ausland* muß jedoch auch eine nach dortigem Recht wirksame ärztliche Zulassung genügen (D-Tröndle 4, Laufhütte/Wilkitzki JZ 76, 331), da es für den Eingriff – anders als für die Sozialberatung (§ 218b

RN 15) und Indikationsfeststellung (§ 219 RN 8) – lediglich auf die Kunstgerechtheit der Ausführung anzukommen braucht. Wird diese beachtet (dazu u. 56), so ist auch der Abbruch einer *Ärztin an sich selbst* gedeckt (vgl. Laufhütte/Wilkitzki aaO FN 44; and. D-Tröndle 4, Jähnke LK 18; krit. zu diesem „Ärztinnen-Privileg" Gössel JR 76, 2). Erfolgt der Eingriff nicht operativ, sondern medikamentös (z. B. durch sog. Placentationshemmer, vgl. Prot. VII 2371), so muß für die ärztliche Vornahme genügen, daß der Arzt die ordnungsgemäße Einnahme des von ihm verschriebenen Abortivmittels überwacht (vgl. D-Tröndle aaO, Laufhütte/Wilkitzki aaO), es sei denn, daß durch den Fruchtabgang besondere Risiken für die Schwangere (als mitgeschützt: vgl. 7 vor § 218) zu erwarten sind (vgl. Jähnke LK 19, Rudolphi SK 11). Zum Schwangerschaftsabbruch durch einen *Nichtarzt* in Notfällen vgl. § 218 RN 22.

56   2. Der Abbruch muß unter Beachtung der **ärztlichen Kunstregeln** erfolgen (Jähnke LK 21, Koch aaO 181, M-Schroeder I 77, Rudolphi SK 12; and. Arzt/Weber I 150, D-Tröndle 4: gegebenenfalls §§ 223ff.). Das ergibt sich zwar nicht schon aus dem Wortlaut des § 218a, wohl aber aus der mitgeschützten Gesundheit der Schwangeren (7 vor § 218) sowie aus den allg. Grundsätzen rechtfertigenden Notstands. Wollte die Begründung zu § 218a in BT-Drs. 7/1981 S. 14, wonach § 218 auch dann nicht anzuwenden sei, „wenn der Arzt die Schwangere leichtfertig in Todes- oder schwere Gesundheitsgefahr gebracht hat", anders verstanden sein (so auch RegE 18), könnte ihr nicht gefolgt werden; denn wenn schon bei Notstand das eine Gut zu opfern ist, muß zumindest im Interesse des zu rettenden Gutes der Eingriff so schonend und kunstgerecht wie möglich durchgeführt werden (vgl. § 34 RN 20, sowie Lenckner in Baumann, Abtreibungsverbot 281, 293 FN 6). Die Beachtung der ärztlichen lex artis betrifft sowohl die *Diagnose* der Eingriffsvoraussetzungen als auch die *Durchführung* selbst (vgl. BGH **1** 331, **2** 115, **14** 2). Doch fallen dabei nur solche Kunstfehler ins Gewicht, die ihrerseits eine erhebliche Gefahr für Leben oder Gesundheit der Schwangeren bedeuten. Zur Durchführung lege artis gehört auch, daß die zur Versorgung der Frau *nach* Durchführung des Eingriffs notwendig werdenden ärztlichen Maßnahmen ins Auge gefaßt sind (and. Jähnke LK 20). Dagegen können Fehler in der Nachbehandlung als solcher dem Arzt jedenfalls nicht mehr als Schwangerschaftsabbruch zur Last gelegt werden (ebenso schon bisher Eb. Schmidt NJW 60, 361, Schmidt-Leichner NJW 59, 1998, Lenckner aaO 258 sowie Rudolphi SK 12). Vgl. auch 7 vor § 218. Gegebenenfalls zum Zusammentreffen mit §§ 211, 223ff. vgl. § 218 RN 59.

57   Demgegenüber wurde in BGH **1** 331, **2** 115 ein Arzt wegen Verletzung der lex artis nach § 218 verurteilt, weil er eine Frau *nach dem Eingriff* nicht kunstgerecht behandelt hatte (vgl. auch BGH NJW **59**, 2028, Schäfer NJW 60, 87). Diese Argumentation verkennt, daß die Rechtmäßigkeit eines Schwangerschaftsabbruchs nicht in der Schwebe bleiben und so auch letztlich nicht vom späteren Verhalten des Arztes, also nicht davon abhängen kann, ob die Nachbehandlung lege artis erfolgt (vgl. Jähnke LK 20). Im übrigen kann auch gegen eine Pflicht zur Vorsorge nicht eingewandt werden, daß die Durchführung eines Schwangerschaftsabbruchs außerhalb eines Krankenhauses gesondert erfaßt und lediglich als Ordnungswidrigkeit mit Geldbuße bedroht wird (vgl. u. 67). Denn damit würde verkannt, daß durch jenen Ordnungswidrigkeitstatbestand bereits die abstrakte Gefährlichkeit eines ambulant durchgeführten Abbruchs erfaßt werden soll, gleich ob der Arzt auf andere Weise die notwendige Vorsorge getroffen hat, während es für die rechtfertigungserhebliche Beachtung der lex artis allein darauf ankommt, daß der Arzt, wo immer er den Eingriff durchführt, für etwaige Komplikationen die erforderlichen Vorsorgemaßnahmen ins Auge faßt, und sei es auch nur durch entsprechende Absprachen mit einem Belegkrankenhaus.

58   3. Der Schwangerschaftsabbruch muß **mit Einwilligung der Schwangeren** erfolgen (Abs. 1 Nr. 1). Dabei geht es hier nicht um die (für eine Rechtfertigung nicht genügende) Einwilligung der Schwangeren in die Tötung ihrer Leibesfrucht (dazu § 218 RN 20), sondern um die Wahrung ihrer *eigenen Interessen* (7 vor § 218): Sie selbst soll darüber entscheiden dürfen, ob sie das Risiko der Geburt oder des Eingriffs auf sich nehmen oder etwa aus Gewissensgründen dem Kind den Vorrang lassen will (so bereits RG **61** 256; vgl. ferner Lenckner aaO 276 ff., M-Schroeder I 78, Rudolphi SK 8). Für die Wirksamkeit bzw. den Ersatz der Einwilligung sind weiterhin die *allgemeinen Einwilligungsgrundsätze* (dazu 39 ff. vor § 32) maßgebend, nachdem die in verschiedenen Entwürfen vorgesehenen Einwilligungsregeln (vgl. insbes. § 219e RegE 28 ff., Prot. VII 1598 ff.) in der Hoffnung auf eine baldige umfassende Neuregelung zurückgestellt wurden (1. Ber. 14, Prot. VII 2434 f.). Demgemäß kommt es für die Einwilligungsfähigkeit nicht auf die bürgerlich-rechtliche Geschäftsfähigkeit, sondern allein auf die natürliche Einsichts- und Urteilsfähigkeit der Schwangeren an (vgl. D-Tröndle 11 ff. vor § 218, Henke NJW 76, 1776, Lackner NJW 76, 1237, Laufhütte/Wilkitzki JZ 76, 231 f., Rudolphi SK 9). Dementsprechend kann das höchstpersönliche Einwilligungsrecht i. S. von § 218a I Nr. 1 auch einer *Minderjährigen* allein und selbständig, d. h. ohne Rücksicht auf Zustimmung oder Widerspruch der gesetzlichen Vertreter, zustehen, wenn sie selbst bereits die erforderliche Einsichts- und Urteilsfähigkeit über die Bedeutung und Risiken eines Schwangerschaftsabbruchs besitzt (vgl. Hirsch/Weißauer aaO 47 ff. sowie LG München NJW **80,** 646 zum Unterschied von der Zustimmungsbedürftigkeit des Behandlungsvertrags). Dies wird bis zum 14. Lebensjahr in der Regel zu verneinen, bei über 16jährigen dagegen regelmäßig zu bejahen sein (and. AG Celle NJW **87,** 2308: ab 18) und in der Zwischenphase entscheidend vom individuellen Reifegrad abhängen (vgl. auch D-Tröndle 13 vor § 218). *Fehlt* der Schwangeren die eigene Einwilligungsfähigkeit (mangelnde Reife, Geistesgestörtheit, Bewußtlosigkeit infolge Unfalls), so kann die Einwilligung durch den gesetzlichen Vertreter oder den sonst Sorgeberechtigten ersetzt werden (vgl. Celle MDR **60,** 136, Jähnke LK 10, M-Schroeder I 78). Wird diese verweigert und ist der mutmaßliche Wille der Schwangeren nicht bestimmbar, so ist ein Abbruch nur bei akuter Lebensgefahr statthaft (Jähnke LK 12, Rudolphi SK 10a). Dies hat im Hinblick auf den höchstpersönlichen Charakter auch für den Fall zu gelten, daß eine (für sich allein nicht voll entscheidungsfähige) Schwangere einem Abbruch ausdrücklich widerspricht (vgl. Laufhütte/Wilkitzki aaO 332). Wurde die Einwilligung der Schwangeren erzwungen oder durch Täuschung (z. B. über die Art des Eingriffs: angeblich nur gynäkologische Untersuchung) erschlichen, so ist der Schwangerschaftsabbruch auch für den Arzt objektiv nicht gerechtfertigt und bei entsprechendem Vorsatz sogar nach § 218 II Nr. 1 strafverschärft (vgl. dort RN 43). Eingeh. zur Einwilligungsproblematik Lenckner in Eser-Hirsch aaO 173 ff., Jähnke LK 7 ff. sowie insbes. auch zur Minderjährigenproblematik Koch aaO 144 ff., 149 ff.

Nicht erforderlich ist hingegen eine Einwilligung des **Ehemannes** bzw. **Vaters.** Auch haben diese 59 kein Widerspruchsrecht (Laufhütte/Wilkitzki JZ 76, 331 FN 47; vgl. auch § 218 RN 23). Doch kann die Bereitschaft des Partners auch eines Angehörigen der Schwangeren, die Sorge für das Kind zu übernehmen, für die Abwendbarkeit der Notlage bedeutsam sein (vgl. o. 50).

4. Subjektiv ist nach allg. Rechtfertigungsgrundsätzen erforderlich, daß der Arzt **in Kenntnis** 60 der objektiven Indikationsvoraussetzungen den Eingriff vornimmt (vgl. 14 vor § 32, § 34 RN 48, Rudolphi SK 46). Handelt er in dieser Vorstellung, so ist ihm der entsprechende **Rettungswille** zugutezuhalten. Dagegen wird dies regelmäßig zu verneinen sein, wenn der Arzt ohne jegliche Untersuchung und damit praktisch auch ohne Rücksicht auf das Vorliegen der Indikationsvoraussetzung den Eingriff vornimmt. Daher ist lediglich insoweit BGH JZ **77,** 139 (m. krit. Anm. Schroeder) zuzustimmen, als einem Arzt Rechtfertigung schon deshalb versagt wird, weil er die Inanspruchnahme sozialer Hilfe erst gar nicht gesucht und die Patientinnen teils nicht einmal körperlich untersucht hat (Jähnke LK 25). Unerheblich ist hingegen, daß sich der Arzt neben einem Hilfswillen auch noch von anderen Motiven (etwa materieller Art) hat leiten lassen (vgl. Eser JuS 70, 462).

Darüberhinaus hatte die Rspr. eine besondere Pflicht zu **gewissenhafter Prüfung** der Rechtfertigungsvoraussetzungen aufgestellt (RG **62** 138, **64** 104, JW **35,** 26, 37, BGH **2** 115, **3** 7, NJW **51,** 770). 61 Danach soll sich auf Notstand nicht berufen dürfen, wer seiner Prüfungspflicht nicht nachgekommen ist (so auch zur ÜbergangsAO BGH JZ **77,** 139 sowie zum jetzigen Recht Bay MDR **78,** 951, Gössel I 127, M-Schroeder I 81; vgl. auch D-Tröndle 22, 30; über die sich daraus ergebenden Konsequenzen bei irriger Annahme eines Indikationsgrundes vgl. § 218 RN 28). Doch schon vom früheren Recht wurde eine solche Prüfungspflicht nicht allg. abgelehnt (vgl. 17 ff. vor § 32, § 34 RN 49). Auch im jetzigen § 218a findet sie keine Stütze (Arzt/Weber I 150, Jähnke LK 26f., Rudolphi SK 47f.; vgl. auch Hirsch/Weißauer aaO 39f.). Insbes. kann man eine solche nicht aus der Beurteilung der Indikation „nach ärztlicher Erkenntnis" (o. 16) herleiten (so Schroeder JZ 77, 140), da es dabei lediglich um die spezifisch ärztliche (im Unterschied zu einer etwa quasi-richterlichen) Beurteilungs*grundlage,* nicht aber um einen gesteigerten Prüfungs*grad* geht. Vgl. zum Ganzen auch § 219 RN 10, 16, 19.

5. Zeitlich sind je nach Indikationsgrund unterschiedliche **Fristen (Abs. 3)** zu beachten: Während die *medizinische* Indikation i. S. von Abs. 1 Nr. 2 bis zum Ende der Schwangerschaft 62 zulässig ist, darf ein nach Abs. 2 Nr. 1 *eugenisch* indizierter Abbruch nur bis zum Ablauf der 22. Woche seit Empfängnis vorgenommen werden. Bei der *kriminologischen* (Abs. 2 Nr. 2) und *Notlagenindikation* (Abs. 2 Nr. 3) ist die Abbruchsfrist noch weiter verkürzt auf die ersten 12 Wochen seit Empfängnis. Näher zu diesen zeitlichen Eingriffsphasen 25 ff. vor § 218 sowie zu ihrer Begründung im einzelnen o. 30 f., 40, 53.

6. Bei Vorliegen aller vorgenannten Voraussetzungen (54–62) einschließlich einer bestimmten Indikation (7 ff.) ist der *Schwangerschaftsabbruch als solcher gerechtfertigt* und damit jedenfalls 63 eine Bestrafung nach **§ 218 ausgeschlossen** (Bremen VersR **84,** 289). Auch bedarf es für diese Folge weder einer vorgängigen Beratung nach § 218b noch einer formellen Indikationsfeststellung nach § 219 und ebensowenig der Durchführung des Abbruchs in einem Krankenhaus. Zwar handelt es sich bei diesen Bestimmungen um ergänzende Schutz- und Kontrollpflichten, die ihrerseits sanktioniert sind (vgl. u. 64 ff.). Auf die Rechtfertigung von § 218 jedoch hat deren Einhaltung oder Verletzung keinerlei Einfluß (ebenso Hirsch/Weißauer aaO 21, D-Tröndle 4, 29, Rudolphi SK 49, i. E. auch Jähnke LK 78). Dies gilt sowohl für die Rechtfertigung der *Schwangeren* als auch des *Arztes*. Da es damit an einer rechtswidrigen Tat nach § 218 fehlt, entfällt insoweit auch die Strafbarkeit sonstiger *Tatbeteiligter* (vgl. 31 vor § 25). Dementsprechend gilt der Schwangerschaftsabbruch auch i. S. des StREG (1 vor § 218) als nicht rechtswidrig und damit als versicherungs- und sozialhilferechtlich förderungsfähig (vgl. Henke NJW 76, 1773 f. sowie o. 6, auch zu Gegenstimmen, wie insbes. ArbG Iserlohn NJW **87**, 1509 mwN).

64 **VII. In jeder Hinsicht straffrei** bleibt der Schwangerschaftsabbruch allerdings erst dann, **wenn** über die Rechtfertigungsvoraussetzungen des § 218 a hinaus auch noch folgende **ergänzende Schutz- und Kontrollvorschriften erfüllt** sind (näher zu dieser Verbindung von materiellen und formellen Straffreistellungserfordernissen in Eser/Hirsch aaO 150 ff.).

65 1. Vor Durchführung des Abbruchs muß sich die Schwangere nach § 218 b einer *sozialen* und *ärztlichen* **Beratung** unterzogen haben, wobei die Sozialberatung dem Abbruch mindestens 3 Tage vorausgegangen sein muß. Soweit diese durch einen Arzt erfolgt, darf er mit dem abbrechenden Arzt nicht identisch sein. Wird eine dieser Beratungspflichten verletzt, so bleibt zwar davon (gegebenenfalls) die Rechtfertigung des Schwangerschaftsabbruchs als solchem unberührt, jedoch macht sich der abbrechende Arzt nach § 218 b strafbar, während die Schwangere straffrei bleibt (§ 218 b I 2; Einzelheiten dort).

66 2. Zudem bedarf es über die vorgenannte Beratung hinaus einer schriftlichen **Feststellung des Indikationsgrundes** durch einen Arzt (§ 219), der zwar mit dem beratenden Arzt, nicht aber mit dem abbrechenden Arzt identisch sein darf (Einzelheiten bei § 219). Auch die Verletzung dieser Pflicht läßt zwar eine materiell gegebene Rechtfertigung des Abbruchs unberührt, jedoch macht sich der abbrechende Arzt nach § 219 strafbar. Die Schwangere bleibt auch insoweit straffrei (§ 219 I 2).

67 3. Schließlich darf der Abbruch nur in einem **Krankenhaus** oder einer dafür **zugelassenen Einrichtung** vorgenommen werden (Art. 3 I des 5. StrRG idF 15. StÄG). Damit soll nicht nur die Schwangere für den Fall von Komplikationen bestmöglich abgesichert sein, sondern auch die Entwicklung gewerbsmäßiger „Abtreibungskliniken" unter Kontrolle gehalten werden (vgl. Prot. VII 2435 f., Wilkitzki/Lauritzen aaO 83 ff., aber auch Lackner NJW 76, 1243 sowie zu amerikanischen Erfahrungen Lehfeldt/Tietze in Eser/Hirsch aaO 207 ff.). Dies schließt den Abbruch in einer *Arztpraxis* zwar nicht grundsätzlich aus, setzt jedoch deren *förmliche Zulassung* durch eine zuständige Landesbehörde voraus (zum fraglichen Anspruch auf Zulassung vgl. VGH-BW MedR **85**, 232 m. Anm. Lecheler 214 sowie das Rev.urteil BVerwG NJW **87**, 2315); davon haben die Länder bislang nur unterschiedlich Gebrauch gemacht (vgl. die bei § 218 b RN 2 genannten Richtlinien, abgedr. in Eser/Hirsch aaO Anh. E). Da der Abbruch als solcher in einem Krankenhaus bzw. einer zugelassenen Einrichtung durchgeführt werden muß, wäre diesem Erfordernis auch nicht schon dadurch genügt, daß der Abbruch außerhalb ambulant erfolgt und lediglich für etwaige Komplikationen für Nachbehandlung in einer zugelassenen Einrichtung Vorsorge getroffen ist. Im übrigen hingegen kann der Abbruch in einem Krankenhaus bzw. der zugelassenen Einrichtung sowohl **stationär** wie auch **ambulant** erfolgen (Jähnke LK 79), vorausgesetzt natürlich, daß dies den ärztlichen Kunstregeln zulassen (andernfalls kann sogar die Rechtfertigung entfallen: vgl. o. 56, Rudolphi SK 13). Wird die Krankenhauspflicht verletzt, so läßt dies zwar die Rechtfertigung des Eingriffs unberührt (vgl. o. 63); jedoch kann dies gegenüber dem Arzt als **Ordnungswidrigkeit** mit einer Geldbuße geahndet werden (Art. 3 II des 5. StrRG), während die Schwangere als notwendige Teilnehmerin auch insoweit ohne Sanktion bleibt (vgl. Prot. VII 1670; i. E. ebenso Jähnke LK 80). Allerdings kann die Krankenhauspflicht in **Wegfall** kommen, wenn bei Aufschub des Abbruchs die Schwangere in eine *schwere Leibes- oder Lebensgefahr* geraten würde (Koch aaO 223). Dies (wie erwogen) durch eine entsprechende Notstandsklausel ausdrücklich klarzustellen, wurde im Hinblick auf § 34 schließlich zu Recht für entbehrlich gehalten (vgl. Prot. VII 1650, 1670).

68 **VIII. Weigerungsrecht.** Wäre ein Schwangerschaftsabbruch gerechtfertigt (o. 63) und auch in sonstiger Hinsicht straffrei (o. 64 ff.), so stellt sich die Frage, inwieweit damit nicht nur eine *Berechtigung,* sondern sogar eine *Verpflichtung* zur Durchführung, Mitwirkung oder Zulassung des Abbruchs besteht. Für die **Schwangere** selbst ist dies bereits damit zu verneinen, daß ohne ihre (bzw. notfalls ihres Vertreters) Einwilligung der Schwangerschaftsabbruch schon gar nicht gerechtfertigt wäre (o. 58 sowie Laufhütte Prot. VII 2436). Für *Dritte* und damit namentlich für den **Arzt** ist durch die *Weigerungsklausel* des Art. 2 I des 5. StrRG klargestellt, daß „niemand verpflichtet (ist), an einem Schwangerschaftsabbruch mitzuwirken". Schon deshalb kann von einem „Recht" auf Schwangerschaftsabbruch, wie der bloße Verzicht auf strafrechtliche Mißbilligung in der Öffentlichkeit (aber offenbar auch in BGH NJW **83**, 1372: vgl. o. 5) immer wieder mißverstanden wird, keine Rede sein, jedenfalls nicht in dem Sinne, daß damit einem bestimmten Arzt oder Krankenhaus gegenüber ein „Anspruch" auf Durchführung eines indizierten Schwangerschaftsabbruchs bestünde (vgl. Grupp NJW 77, 329 ff.; insbes. wird auch durch § 200 f. RVO idF des StREG nicht ein Anspruch auf Kosten*erstattung,* nicht aber auf Durchführung des Abbruchs gewährt; vgl. Gitter in Eser/Hirsch aaO 198 ff., Koch aaO 186). Zwar ist das Weigerungsrecht in erster Linie für den *Arzt* bedeutsam. Da jedoch „**niemand**"

zur Mitwirkung verpflichtet und „*Mitwirkung*" in weitem Sinne zu verstehen ist (Prot. VII 2436f.), können auch die Operations- und Anästhesieschwestern ihre Assistenz bzw. die Krankenhausleitung die Zulassung des Abbruchs verweigern (Laufhütte JZ 76, 337; dies soll nach Prot. VII 2437 sogar für den Krankenhausträger gelten; diff. Jähnke LK 86), nicht dagegen etwa das Abrechnungspersonal oder der Klimatechniker des Krankenhauses (vgl. Hirsch/Weißauer aaO 73, Koch aaO 184). Auch bedarf die Verweigerung *keiner Begründung*. Zwar sollte das Weigerungsrecht zunächst auf die Geltendmachung von Gewissensgründen beschränkt bleiben (vgl. § 220b RegE). Diese Einschränkung wurde jedoch schließlich zu Recht fallengelassen, da jeder – und zwar ohne Zwang zur Offenlegung seiner Motive – über die Mitwirkung an einem Schwangerschaftsabbruch frei soll entscheiden dürfen (vgl. 1. Ber. 19). Sowenig daher der sich Weigernde überhaupt Gründe für seine Entscheidung anzugeben braucht, so wenig trifft ihn eine Beweislast für die Ernsthaftigkeit oder Annehmbarkeit einer etwaigen Begründung. Auch muß die Verweigerung sowohl generell wie für den konkreten Fall zulässig sein, es sei denn, daß aufgrund offensichtlicher Willkür eine mißbräuchliche Berufung auf das Weigerungsrecht anzunehmen ist, wie etwa bei Abnötigung eines Sonderentgelts (Jähnke LK 85).

Ein solcher *Ermessensmißbrauch* ist jedoch nicht schon darin zu erblicken, daß sich ein Arzt oder **69** Krankenhaus mit Rücksicht auf seine übrige Patientenschaft die Durchführung von Schwangerschaftsabbrüchen für schwerere Fälle oder Fallgruppen (z. B. medizinische Indikation i. e. S.) vorbehält; denn trotz formeller Gleichstellung aller Indikationen (o. 3) ist nicht zu verkennen, daß die Interessenkollision materiell von unterschiedlichem Gewicht und Dringlichkeitsgrad sein kann, wobei freilich eine allgemeine Notlagenindikation nicht in jedem Falle hinter einer (etwa relativ leichten) Gesundheitsgefährdung zurückzustehen braucht; entscheidend sind vielmehr auch hier die Umstände des Einzelfalles. Ebenso wird das Weigerungsrecht nicht etwa dadurch „verwirkt", daß man in früheren Fällen bereits zur Mitwirkung bereit war (vgl. Jähnke LK 85). And. D-Tröndle 4 für den Fall, daß sich ein Arzt zur Durchführung von Schwangerschaftsabbrüchen verpflichtet hatte; danach soll er die Weigerung nur noch auf Art. 4 I GG stützen dürfen (wohl ebenso Hirsch/Weißauer aaO 79f., Koch aaO 185; vgl. auch Harrer DRiZ 90, 137ff. zur Auswirkung des Weigerungsrechts auf zivilrechtl. Schadensersatzansprüche wegen fehlgeschlagener Familienplanung). Dies läßt sich freilich nicht schon aus der Weigerungsklausel, sondern allenfalls dienstrechtlich begründen. Dazu wie auch zu den primär arbeitsrechtlichen bzw. verwaltungsrechtlichen Fragen, inwieweit das Weigerungsrecht des Arztes durch seinen *Anstellungsvertrag* abbedungen bzw. durch sonstige interne Anordnungen überspielt werden kann, vgl. Maier NJW 74, 1405ff., DÄBl. 74, 353ff., Grupp NJW 77, 329ff. sowie Prot. VII 1458ff., 1483ff., 1507ff., 1562f. Eingeh. zum Ganzen Gitter in Eser/Hirsch aaO 198ff.

Das Weigerungsrecht findet jedoch dort seine **Grenze,** wo die Mitwirkung zur Rettung der **70** Schwangeren aus einer anders nicht abwendbaren **Gefahr des Todes** oder einer schweren Gesundheitsbeschädigung notwendig ist (Art. 2 II des 5. StrRG). Hier wird dem Leibes- und Lebensschutz der Frau Vorrang vor etwaigen Gewissensbedenken eingeräumt. Weigert sich der Arzt trotzdem, so kann er sich je nach Art der Gefährdung oder Verletzung nach § 323c bzw. bei bereits übernommener Behandlung nach §§ 211ff. oder 223ff. i. V. m. § 13 strafbar machen (vgl. Bockelmann, Strafrecht des Arztes (1968) 26, Hirsch/Weißauer aaO 74ff., Jähnke LK 82, Maier NJW 74, 1405, o. 120 vor § 32, aber auch Lenckner aaO 242 FN 8). Auch bleiben die allgemeinen ärztlichen und pflegerischen Hilfspflichten insoweit unberührt, als es lediglich um die *Nachversorgung* der Schwangeren nach einem bereits abgeschlossenen Schwangerschaftsabbruch geht (Hirsch/Weißauer aaO 73, Jähnke LK 84, Koch aaO 184).

IX. Zur (heute nicht mehr bedeutsamen) **Übergangsregelung** für Taten vor dem 21. 6. 76 vgl. **71** 23. A. sowie 39 vor § 218.

§ 218b Abbruch der Schwangerschaft ohne Beratung der Schwangeren

(1) Wer eine Schwangerschaft abbricht, ohne daß die Schwangere
1. sich mindestens drei Tage vor dem Eingriff wegen der Frage des Abbruchs ihrer Schwangerschaft an einen Berater (Absatz 2) gewandt hat und dort über die zur Verfügung stehenden öffentlichen und privaten Hilfen für Schwangere, Mütter und Kinder beraten worden ist, insbesondere über solche Hilfen, die die Fortsetzung der Schwangerschaft und die Lage von Mutter und Kind erleichtern, und
2. von einem Arzt über die ärztlich bedeutsamen Gesichtspunkte beraten worden ist,
wird mit Freiheitsstrafe bis zu einem Jahr oder mit Geldstrafe bestraft, wenn die Tat nicht in § 218 mit Strafe bedroht ist. Die Schwangere ist nicht nach Satz 1 strafbar.

(2) Berater im Sinne des Absatzes 1 Nr. 1 ist
1. eine von einer Behörde oder Körperschaft, Anstalt oder Stiftung des öffentlichen Rechts anerkannte Beratungsstelle oder

2. ein Arzt, der nicht selbst den Schwangerschaftsabbruch vornimmt und
   a) als Mitglied einer anerkannten Beratungsstelle (Nr. 1) mit der Beratung im Sinne des Absatzes 1 Nr. 1 betraut ist,
   b) von einer Behörde oder Körperschaft, Anstalt oder Stiftung des öffentlichen Rechts als Berater anerkannt ist oder
   c) sich durch Beratung mit einem Mitglied einer anerkannten Beratungsstelle (Nr. 1), das mit der Beratung im Sinne des Absatzes 1 Nr. 1 betraut ist, oder mit einer Sozialbehörde oder auf andere geeignete Weise über die im Einzelfall zur Verfügung stehenden Hilfen unterrichtet hat.

(3) Absatz 1 Nr. 1 ist nicht anzuwenden, wenn der Schwangerschaftsabbruch angezeigt ist, um von der Schwangeren eine durch körperliche Krankheit oder Körperschaden begründete Gefahr für ihr Leben oder ihre Gesundheit abzuwenden.

Vorbem. Fassung durch 15. StÄG anstelle von § 218b i. d. F. des 5. StrRG. – Zu landesrechtlichen Ergänzungsvorschriften vgl. die Nachw. u. 2.

Schrifttum: Siehe die Angaben vor § 218 sowie zu § 218a. Ferner: *Dalheimer*, Die Leistungen der gesetzl. Krankenversicherung bei Schwangerschaft u. Mutterschaft, 1990. – Entwurf eines Gesetzes über die Beratung von Schwangeren (*SchwangBeratGesE*), Frauenarzt 88, 523. – *Franz*, Kosten der sozialen Beratung nach der Reform des § 218 StGB, NJW 77, 1085. – *Goebel*, Abbruch der ungewollten Schwangerschaft – Ein Konfliktlösungsversuch?, 1984. – *Henke*, Ergänzende Maßnahmen zur Neuregelung des Schwangerschaftsabbruchs, NJW 76, 1773. – *ders.*, Gedanken zu den „sonstigen Hilfen" im Bereich der gesetzlichen Krankenversicherung, Sozialgerichtsbarkeit 77, 6. – *Kausch*, Soziale Beratung Schwangerer, 1990. – *Knöferl/Voigt/Kolvenbach*, Modellprogramm „Beratungsstellen" – § 218, 1982. – *Köhler*, Zum Entwurf eines Schwangerenberatungsgesetzes, JZ 88, 904. – *Koschorke-Sandberger*, Schwangerschaftskonfliktberatung, 1978. – *Matzke-Schirmer*, Empfängnisregelung, Sterilisation, Schwangerschaftsabbruch (StrEG), Die Betriebskrankenkasse 75, 293. – *v. Münch*, Schwangerenberatungsgesetz 1988, DRiZ 88, 230. – *Petersen*, Ges. Regelung u. seelische Folgen des Schwangerschaftsabbruchs, MMW 82, 183. – *Ders.*, Schwangerschaftsabbruch – unser Bewußtsein vom Tod im Leben, 1986. – *Ders.*, Meine Verantwortung als Arzt u. Berater angesichts des Schwangerschaftskonflikts, MedR 90, 1. – *Poettgen*, Schwangerschafts-Konfliktberatung bei der „Notlagen-Indikation", DÄBl. 77, 515. – *Schuth/Siebers*, Ärztl. Schwangerschaftskonflikt-Beratung, DMW 85, 1175. – *Szydzik*, Handreichung zur Beratung von werdenden Müttern in Konfliktsituationen, 1978. – *Tröndle*, Schwangerschaftskonfliktberatung im Richtungsstreit, Geiger-FS 190.

1 I. Die Vorschrift will bestimmte **Beratungspflichten** strafrechtlich absichern. Im Unterschied und in Ergänzung zu § 218 richtet sich somit § 218b primär nicht gegen den Schwangerschaftsabbruch als solchen, sondern dient der Sicherung des ergänzenden *Beratungssystems* (Lackner NJW 76, 1239). Auch gesetzestechnisch handelt es sich bei den Beratungspflichten des § 218b um einen gegenüber § 218 **selbständigen Tatbestand** (vgl. demgegenüber etwa § 105 AE), der lediglich aus Konkurrenzgründen zurücktritt, wenn der Täter bereits nach § 218 strafbar ist (vgl. u. 28). Doch ist geschütztes **Rechtsgut** auch hier jedenfalls *mittelbar das ungeborene Leben* (vgl. BT-Drs. 7/4128 S. 6, Blei II 43, Rudolphi SK 1). Die abw. Auffassung von Gössel JR 76, 3 f. u. Jähnke LK 1 sowie 18 vor § 218 (lediglich Sicherstellung staatlicher Sozialaufgaben bzw. des Verfahrens) könnte nur dann durchschlagen, wenn sich die Beschränkung des § 218b auf Fälle, die nicht schon durch § 218 abgedeckt sind, nicht erst aus Konkurrenzgründen, sondern bereits tatbestandlich ergäbe.

1a Seinem ursprünglichen **Zweck** nach sollte das Beratungssystem zur Legitimierung des Fristenmodells dienen; denn der Schwangeren für einen gewissen Zeitraum die Alleinentscheidung über Fortsetzung oder Abbruch der Schwangerschaft zu überlassen, erschien nur dann gerechtfertigt, wenn durch eine entsprechende Beratungspflicht der Schwangeren über die ihr zur Verfügung stehenden Hilfen zumindest langfristig eine Eindämmung voreiliger Abtreibungen zu erhoffen ist (vgl. 1. Ber. 9 ff., 16, AE-BT, Straftaten gegen die Person 1. Hbd. 25 f.). Doch auch die Indikationsmodelle haben sich den Beratungsgedanken bald zu eigen gemacht, um über das mehr negativ-repressive Abtreibungsverbot hinaus die Entscheidung der Schwangeren zugunsten des ungeborenen Lebens auch durch **positive Hilfen** zu erleichtern (vgl. § 219 f. in BT-Drs. 7/1982, 7/1983 sowie § 218c in BT-Drs. 7/1983; vgl. auch Prot. VII 1315 ff.). Bei der allgemeinen Notlagenindikation liegt dies auf der Hand. Doch auch bei medizinisch oder eugenisch indiziertem Schwangerschaftsabbruch kann ein Bedürfnis dafür bestehen, zumindest für die Zukunft durch Aufklärung über entsprechende Empfängnisverhütungsmethoden einer Schwangerschaft von vornherein vorzubeugen (vgl. Prot. VII 1643 f.; verkannt von M-Schroeder I 82). In ihrer praktischen Ausgestaltung konnte jedoch die Beratungsregelung in § 218c des 5. StrRG diesem hohen rechtspolitischen Anspruch in keiner Weise genügen; denn nicht nur, daß danach jeder Arzt, auch ohne irgendwelche sozialpflegerische Erfahrungen zu haben, die Beratung übernehmen konnte; auch durfte er in gleicher Person die Indikationsfeststellung treffen und ohne jede weitere Bedenkzeit „in einem Zuge" den Eingriff durchführen (vgl. 18. A. § 218c RN 7 ff., 13). Obgleich diese auch vom BVerfG-Minderheitsvotum nicht geleugneten

Mängel (BVerfGE **39** 61 ff., 86 sowie Rüpke aaO 28 ff.) durch die Neuregelung des 15. StÄG wenigstens teilweise behoben wurden (vgl. u. 9, 10, 15), kann das Beratungssystem doch keineswegs schon als optimal bezeichnet werden (vgl. insbes. u. 6 ff., 14, 23 sowie Augstein/Koch aaO 216 ff., D-Tröndle 1, Geiger, Tröndle-FS 660 ff., Hepp in Jung/Müller-Dietz aaO 6 ff., Knöferl u. a. aaO, Lackner NJW 76, 1240 f., Oeter/Nohke aaO insbes. 143 ff.; Pirkl BayÄBl. 83, 791 f.).

Zur praktischen Durchführung bedarf es teilweise noch ergänzender **landesrechtlicher Richtlinien** 2 für die Anerkennung und Tätigkeit der Beratungsstellen sowie für die Zulassung von Einrichtungen zum Schwangerschaftsabbruch (vgl. § 218a RN 67). Nach dem Stand von Mitte 1990 finden sich einschlägige Durchführungsbestimmungen (nach damaligem Stand zusammengestellt in Eser/Hirsch aaO Anh. E, vgl. auch Koch aaO 178 ff.): für *Baden-Württemberg:* GemAmtsBl. 1977, 338; 1980, 568; 1986, 126; *Bayern:* GVBl. 1977, 401; 1982, 682 m. DVO GVBl. 1978, 646; ABl.-Beilage 11/1978, 194; *Berlin:* GVBl. 1978, 2514; *Bremen:* AmtsBl. 1976, 385; 1977, 413, GBl. 1988, 223; *Hamburg:* GVBl. 1976 II 611; *Hessen:* GVBl. I 1978, 273, Staatsanz. 1978, 1210; *Niedersachsen:* MinBl. 1976, 1142, 1940; 1977, 56; *Nordrhein-Westfalen:* GBl. 1978, 632; MinBl. 1977, 1672; 1979, 115/228; *Rheinland-Pfalz:* GVBl. 1977, 455; 1979, 4; *Saarland:* AmtsBl. 1976, 597, 814; 1977, 41, GemMinBl. 1976, 537; 1977, 550; 1978, 478; *Schleswig-Holstein:* GVBl. 1976, 220, AmtsBl. 1976, 708. Krit. zu einzelnen landesrechtlichen Ausführungsbestimmungen mit dem Verdikt der Nichtigkeit Kausch aaO 17 ff., 61.

II. Die Tathandlung besteht im **Schwangerschaftsabbruch ohne** vorherige *soziale* (Abs. 1 3 Nr. 1) und/oder *ärztliche* (Abs. 1 Nr. 2) **Beratung.** Da beide Beratungen nicht als alternativ, sondern als *kumulativ* zu verstehen sind, wirkt bereits das Fehlen von *einer* dieser Beratungen strafbegründend, und zwar i. S. eines echten negativen Tatbestandsmerkmals (D-Tröndle 3). An einer Beratung fehlt es, wenn sie entweder überhaupt nicht, nicht in der vorgeschriebenen Weise, nicht von zuständiger Stelle oder (im Falle der Sozialberatung) nicht spätestens 3 Tage vor dem Schwangerschaftsabbruch vorgenommen wurde (Koch aaO 219). Unerheblich ist dagegen – anders als bei § 219 – die formelle Bestätigung der Beratung. Daher ist § 218b nicht schon dadurch verwirklicht, daß bei tatsächlich stattgefundener Beratung lediglich eine Bescheinigung darüber fehlt, ähnlich wie umgekehrt § 218b nicht dadurch ausgeschlossen wird, daß sich der Täter mit einer offensichtlich unrichtigen Beratungsbescheinigung zufrieden gibt. Vgl. auch u. 7 f.

III. Zur Beratungspflicht im einzelnen. Abgesehen von der schon begrifflich ausgenomme- 4 nen Frühphase bis zum Nidationseintritt (§ 219d; vgl. 26 vor § 218) sowie den somatisch indizierten Ausnahmefällen von Abs. 3 (u. 16) ist die Beratung **bei jedem Schwangerschaftsabbruch** erforderlich, gleichgültig, ob er von einem Arzt oder Laien vorgenommen wird oder ob er nach § 218a materiell rechtmäßig bzw. nach § 219 formell als indiziert festgestellt ist oder nicht (vgl. Jähnke LK 2, Lackner NJW 76, 1239, Rudolphi SK 3; and. D-Tröndle 2, M-Schroeder I 82). Denn daß bei Abbruch durch einen Laien bzw. bei Fehlen einer Indikation grundsätzlich § 218 vorgeht (vgl. u. 28), läßt auch in diesen Fällen die Beratungspflicht als solche unberührt. Erforderlich ist eine **zweifache** Beratung:

1. Die Sozialberatung (Abs. 1 Nr. 1) hat der Unterrichtung über mögliche öffentliche oder 5 private Hilfen für Schwangere, Mütter und Kinder zu dienen (eingeh. Augstein/Koch aaO 22 f., 46 ff. mwN).

a) **Ziel und Gegenstand** der Beratung ist nicht die Aufklärung über Empfängnisverhütung 6 oder Schwangerschaftsabbruch im allgemeinen, sondern die Entscheidungshilfe für die Frau im Hinblick auf Fortsetzung oder Abbruch ihrer *konkreten* Schwangerschaft, weswegen eine Beratung bei einer vorangegangenen Schwangerschaft eine erneute Beratung nicht ohne weiteres entbehrlich macht (daher insoweit Bay NJW **90**, 2334 grds. zu Recht abl. gegen LG Memmingen NStZ **89**, 229). Eine Informierung durch bloßes Prospektmaterial, ohne daß dieses auf die spezifische Situation der Schwangeren hin durchbesprochen würde, kann dafür nicht genügen. Vielmehr ist die Schwangere insbes. auch über solche Hilfen aufzuklären, welche die *Fortsetzung* der Schwangerschaft und die Lage von Mutter und Kind erleichtern. Das gilt sowohl für öffentliche Mittel und Maßnahmen (Heimunterbringung, Sozialhilfe, Versicherungsschutz, Lohnfortzahlung, Schwangerschaftsurlaub u. dgl.; vgl. im einzelnen Matzke/Schirmer aaO 293 ff.) als auch für private Hilfen im Haus (z. B. finanzielle Unterstützung von Haushaltshilfen durch kirchliche oder private Organisationen) oder die Vermittlung von Adoptionen (vgl. aber auch § 218a RN 15, 50a). Nach BVerfGE **39** 61 f. darf sich diese Aufklärung jedoch nicht in „neutraler" Information erschöpfen, sondern ist i. S. einer gezielten Motivierung der Schwangeren zur Fortsetzung der Schwangerschaft zu verstehen. Deshalb soll sich die (nunmehr so bezeichnete) „Beratung" nicht mehr nur in einer bloßen „Unterrichtung" (so die a. F.) erschöpfen (vgl. 2. Ber. 8, Laufhütte/Wilkitzki JZ 76, 333). Jedoch darf der ausdrückliche Hinweis auf die Fortsetzung der Schwangerschaft nicht i. S. einer manipulativen Beeinflussung verstanden werden. Beratungsziel muß vielmehr in jedem Falle sein, der Schwangeren zu einer eigenen

Entscheidung zu verhelfen, ohne ihr diese einfach abzunehmen (vgl. Frick-Bruder in Eser/ Hirsch aaO 145 f.). Daher wäre ein einseitiges Drängen zur Fortsetzung der Schwangerschaft ebensowenig vertretbar wie eine gezielte Abbruchsberatung (vgl. auch u. 6 a). Deshalb kann bei offensichtlich tiefer liegenden Schwierigkeiten oder längerfristigen Notlagen nicht schon die Verdeckung des Konflikts durch kurzfristige Überbrückungshilfen genügen; wesentlich ist vielmehr i. S. einer *umfassenden Konfliktberatung*, daß über das Austragen der Schwangerschaft hinaus auch die *nachgeburtliche* Situation von Mutter und Kind, einschließlich der ganzen Familie (vgl. Prot. VII 2404), in die Abwägung mit einbezogen wird (vgl. Laufhütte/Wilkitzki aaO). Auch reicht zur Vermeidung von Scheinlösungen nicht schon der Hinweis auf zwar rechtlich zustehende, aber möglicherweise nur zeitraubend durchzusetzende Ansprüche (z. B. gegen einen arbeitsunwilligen Erzeuger); entscheidend ist vielmehr das faktisch in angemessener Zeit Erlangbare. Daß derartige materielle Hilfen nicht, wie etwa vom AE vorgeschlagen (vgl. AE-BT 26 sowie Rolinski in Baumann, Abtreibungsverbot 259 ff.), von den Beratungsstellen selbst gegeben werden können, sondern deren Funktion sich praktisch in verbaler Aufklärung erschöpft, bleibt auch weiterhin eine ihre sozialpolitische Ernsthaftigkeit geradezu in Frage stellende Schwäche der gegenwärtigen Beratungskonzeption (vgl. auch BVerfGE **39** 61). Zur Entwicklung eines dem französischen „dossier-guide" ähnlichen Hilfskatalogs vgl. Seebald GA 76, 65, 68, aber auch Laufhütte/Wilkitzki aaO 333. Speziell zur Konfliktberatung bei der Notlagenindikation Poettgen DÄBl. 77, 515 ff. sowie Frick-Bruder in Eser/Hirsch aaO 144 ff., Schuth/Siebers aaO. Zu dem 1988 von der damaligen BFamMinisterin Süßmuth vorgelegten SchwangBeratGesE, wonach die Beratung „die Bereitschaft der Schwangeren zur eigenverantwortlichen Annahme des ungeborenen Lebens wecken, stärken und erhalten" soll, vgl. einerseits (mit noch weitergehenden Forderungen i. S. einer Tendenzberatung) Tröndle Geiger-FS 190 ZRP 89, 54, andererseits krit. Kausch aaO, Köhler, v. Münch jew. aaO.

6a Fraglich ist, inwieweit der Berater auch über **Mittel und Wege zum Abbruch** der Schwangerschaft aufklären darf. Dies wird weder prinzipiell zu verneinen noch vorbehaltlos zu bejahen sein. Unzulässig ist die Vermittlung von Abtreibungsadressen jedenfalls dort, wo es sich um einen illegalen Abbruch handeln würde (vgl. § 218 RN 38 a). Bestehen dagegen hinreichende Anhaltspunkte über das Vorliegen einer anerkannten Indikation, so kann dem Berater nicht verwehrt sein, die Schwangere über die weiteren Schritte eines legalen Abbruchs (Indikationsarzt, Klinik, Versicherungsschutz u. dgl.) zu beraten (vgl. Jähnke LK 7, Rudolphi SK 7). Gegenteilige Richtlinien, welche die Beratung ausschließlich auf Fortsetzungshilfen beschränken wollten, könnten sich dafür – so wohlmeinend sie auch sein mögen – nicht auf den Wortlaut von § 218 b berufen (vgl. Wilkitzki/Lauritzen aaO 65); denn wenn in Abs. 1 Nr. 1 die Fortsetzungsberatung zwar als „insbesondere" hervorgehoben wird, so ist sie damit doch gleichzeitig auch nur als eine von anderen Hilfen deklariert. Auch müßte die Zielsetzung der „flankierenden Maßnahmen" des StREG leerlaufen, wenn z. B. nicht über den Versicherungsschutz bei legalem Schwangerschaftsabbruch beraten werden dürfte (näher in Eser/Hirsch aaO 128 f.).

7 b) Auch die **Form der Beratung** ist vom Gesetz offengelassen. Immerhin ist aber daraus, daß die Beratung auf eine konkrete Schwangerschaft zu beziehen ist (vgl. o. 6) und die Schwangere sich an einen Berater (u. 10 ff.) gewandt haben und „dort" beraten worden sein muß, zweierlei zu entnehmen: Zum einen, daß nicht schon die Aushändigung oder Übersendung von allgemeinem Informationsmaterial über Geburtenregelung genügt, sondern die konkrete Konfliktlage besprochen werden muß; zum anderen, daß eine briefliche oder telefonische Unterrichtung nicht hinreicht, sondern ein unmittelbarer räumlich-persönlicher Kontakt mit dem Berater herzustellen ist (vgl. 1. Ber. 16, Prot. VII 2368, 2405 f., D-Tröndle 10, Lackner 2 a, M-Schroeder I 83, Rudolphi SK 10; vgl. auch § 4 I des SchwangBeratGesE). Dazu wird die Schwangere idR die Beratungsstelle bzw. den beratenden Arzt aufzusuchen haben, ohne daß jedoch damit ein Beratungsgespräch im Krankenhaus oder in der Wohnung der Schwangeren (z. B. zwecks Einbeziehung der Familie) ausgeschlossen wäre (Jähnke LK 8, Müller-Emmert DRiZ 76, 167). Im übrigen liegen Art und Umfang der Beratung im pflichtgemäßen Ermessen des Beraters. Insbes. können sich auch *Minderjährige* beraten lassen, ohne dafür die Zustimmung des gesetzlichen Vertreters nachweisen zu müssen (vgl. BayABl. 11/1978, A 94, Koch aaO 165 f., Schmitt BayVBl. 77, 718).

8 Fraglich ist, ob und inwieweit die Beratung einer **schriftlichen Bestätigung** bedarf. Da eine solche im Unterschied zur Indikationsfeststellung bei § 219 (vgl. dort RN 6) – und unerklärlicherweise auch anders als bei der zeitweilig geplanten Sterilisationsberatung (§ 226 c in BT-Drs. 7/375; vgl. auch die Pflicht zu unverzüglicher und datierter Bestätigung der Beratung in § 7 SchwangBeratGesE) – hier nicht gefordert wird und damit der Gesetzgeber naheliegende Mißbrauchsmöglichkeiten zugunsten einer unbürokratischen Handhabung offensichtlich in Kauf nehmen wollte, wird jedenfalls die **Pflicht** des Beraters zur Ausstellung einer Bescheinigung bzw. die der Schwangeren zur Vorlage einer solchen beim Abbruch zu verneinen sein (vgl. Koch aaO 230, Laufhütte/Wilkitzki JZ 76, 336,

Rudolphi SK 10). Dementsprechend muß sich der abbrechende Arzt u. U. auch mit glaubwürdigen Beratungszusicherungen der Schwangeren zufriedengeben dürfen (Jähnke LK 8; vgl. auch u. 23). Wenn demgegenüber in den ministeriellen Richtlinien (Nachw. o. 2) den Beratungsstellen aufgegeben wird, auf Verlangen der Schwangeren eine Beratungsbescheinigung auszustellen, so läßt sich dies zwar aufsichtsrechtlich begründen, doch hat der Verzicht darauf keinerlei Einfluß auf die strafrechtliche Beachtlichkeit einer tatsächlich durchgeführten Beratung. Damit sei nicht bestritten, daß es sich bei dieser Bestätigungsauflage in der Tat um eine sinnvolle Erleichterung für die Schwangere handelt. Deshalb muß zumindest das **Recht** zur Ausstellung von Bescheinigungen bejaht werden. Wenn freilich dabei, wie dies einige ministerielle Richtlinien fordern, die Bescheinigung auf die bloße Tatsache, *daß* eine Beratung stattgefunden hat, zu beschränken sei, so ist dies zwar im Hinblick auf die Verschwiegenheitspflicht des Beraters (§ 203 I Nr. 4a) dort sachgerecht, wo die Schwangere keine weitergehende Bescheinigung wünscht. Soweit dagegen durch solche Beschränkungen auch ausgeschlossen werden soll, daß eine auch das Beratungsergebnis zusammenfassende Bescheinigung als Grundlage für die Indikationsfeststellung nach § 219 dienen könnte (vgl. insbes. BW-Richtl. Ziff. 5.2, BaySBG Art. 9, 10 II), so wird verkannt, daß durch die gesetzlich zulässige Identität von Beratungs- und Indikationsarzt (vgl. u. 15) die Möglichkeit des Ineinandergehens von Beratung und Indikationsfeststellung nicht ausgeschlossen ist; im Gegenteil sollten etwaige Bedenken gegenüber möglichen Neutralitätseinbußen eher zurückgestellt werden zugunsten der Chance, aufgrund einer umfassenden Beratung zu einer sachgerechten Indikationsfeststellung zu kommen. Damit soll nicht der Berater zum Indikationssteller umfunktioniert werden. Wohl aber muß möglich sein – und sei es durch ein Ergebnisprotokoll, das der Schwangeren auf Verlangen zusätzlich zur formalen Beratungsbestätigung ausgehändigt wird –, daß die Beratungsergebnisse bei der Indikationsfeststellung mitverwertet werden. Dies vor allem da, wo sich – wie bei der Sozialberatung – die Ärzteschaft weithin sogar selbst die Kompetenz zu sachgerechter Indikationsstellung abspricht und daher ohnehin auf die Einschätzung erfahrener Sozialberater angewiesen ist. Vgl. auch § 219 RN 10. Eingehend zum Ganzen in Eser/Hirsch aaO 133 f.

c) Die Sozialberatung muß **mindestens 3 Tage vor dem Eingriff** stattgefunden haben (Abs. 1 Nr. 1). Bei der Fristberechnung wird nach § 187 I BGB der Tag, an dem die Beratung stattfindet, nicht mitgezählt; der Eingriff darf daher frühestens am 4. Tag nach der Beratung vorgenommen werden. Mit dieser *Karenz* soll zur Vermeidung überstürzter Entscheidungen sichergestellt werden, daß die Schwangere das Beratungsergebnis verarbeiten und mit Vertrauenspersonen besprechen kann (2. Ber. 9). Dem Zweck der Bedenkzeit würde es daher nicht genügen, daß sich die Schwangere lediglich fristgerecht an den Berater wendet, um dann erst kurz vor Eingriff die eigentliche Beratung durchzuführen (Lackner NJW 76, 1239). *Nicht* erforderlich ist dagegen, daß die Beratung unbedingt vor der *Indikationsfeststellung* stattfindet (M-Schroeder I 81 f.; and. aber § 5 II SchwangBeratGesE hins. § 218 II Nr. 3). Zwar kann das Vorziehen der Indikationsfeststellung u. U. dem Beratungszweck zuwiderlaufen; doch ist ein solches Vorgehen dort verständlich, wo eine Schwangere z. B. bei eugenischer Indikation zunächst einmal Gewißheit über Art und Wahrscheinlichkeitsgrad einer etwaigen Schädigung haben will, um sich dann über mögliche Hilfsmaßnahmen beraten zu lassen (näher in Eser/Hirsch aaO 130 f.; vgl. auch Wilkitzki/Lauritzen aaO 66, 78). 9

d) Um eine qualifizierte Beratung zu gewährleisten, ist sie bestimmten **Beratern (Abs. 2)** vorbehalten (vgl. Prot. VII 2407). Dafür kommt nach der Generalklausel des Abs. 2 neben den als solchen *anerkannten Beratungsstellen* (Nr. 1) gleichberechtigt auch jeder *Arzt* in Betracht, sofern er sich auf bestimmte Weise die erforderliche Sachkunde verschafft hat (Nr. 2a bis c). Damit ist den Bedenken, die gegen die vorbehaltlose Zulassung jedes beliebigen Arztes durch § 218c des 5. StrRG auch vom BVerfG erhoben worden waren (vgl. 18. A. § 218c RN 7), zwar insofern Rechnung getragen, als der sozialberatende Arzt nicht zugleich auch der Eingriffsarzt sein darf (u. 15) und sich zumindest für den Einzelfall durch geeignete Selbstinformation über mögliche Hilfen unterrichtet haben muß (u. 14). Bedenkt man jedoch, daß dieses ohnehin zweifelhafte Minimum angesichts des absehbaren Entstehens von gewinnorientierten Arztspannen (vgl. 19 vor § 218) leicht zum Standard werden kann, so darf man sich von solchem halbherzigen Qualitätsanhebungsbemühen langfristig nur wenig Erfolg versprechen (vgl. auch Gössel JR 76, 5 f., Lackner NJW 76, 1240, Schreiber FamRZ 75, 672 sowie u. 14). **Im einzelnen** stehen der Schwangeren nach **freier Wahl** folgende Beratungsstellen bzw. als Berater zugelassene Ärzte offen: 10

α) Als **anerkannte Beratungsstelle (Abs. 2 Nr. 1)** ist – ohne Rücksicht auf ihre rechtliche Organisationsform – jede Stelle oder Einrichtung anzusehen, die im Rahmen sozialer Aufgaben jedenfalls auch schwangerschafts- und familienbezogene Beratung betreibt und in dieser Funktion von einer juristischen Person des öffentlichen Rechts (Behörde, Körperschaft, Anstalt oder Stiftung) anerkannt ist, insbes. also von einem Ministerium, staatlichen Gesundheitsamt, Gemeinde, Landkreis oder Kirche (vgl. Prot. VII 2415 f., Laufhütte/Wilkitzki JZ 76, 334). Diese Institutionen sind bereits kraft Gesetzes zur Anerkennung befugt, bedürfen also nicht ihrerseits noch einer staatlichen Legitimation. Freilich 11 ist damit, obgleich dies der Wortlaut zuließe, nicht schon jede juristische Person des öffentlichen Rechts als solche zur Anerkennung befugt, sondern nach dem Sinn der Vorschrift nur dann, wenn sie – ähnlich den „Sozialbehörden" i. S. v. Abs. 2 Nr. 2 c (u. 14) – auch mit einschlägigen Sozialaufgaben befaßt ist (2. Ber. 9, Prot. VII 2414 ff., 2418). Daher kann zwar nicht ein Landwirtschaftsministerium oder eine Bundesversicherungsanstalt eine Beratungsstelle anerkennen, wohl aber jede Gesundheits- oder Familienbehörde sowie die Kirchen kraft ihrer traditionellen Sozialfunktion (2. Ber. 9). Die nähere Ausgestaltung des **Anerkennungsverfahrens** (näher dazu in Eser/Hirsch aaO 132 f.) obliegt mangels Bundeskompetenz nach Art. 83 GG den Ländern. Soweit bereits nach dem früheren § 218 c eine Ermächtigung ausgesprochen wurde (so insbes. für die sog. Modellberatungsstellen), gilt dies auch als Anerkennung i. S. von § 218 b fort (vgl. Lackner 3 a, Laufhütte/Wilkitzki aaO, Rudolphi SK 11; vgl. im einzelnen auch den jeweils aktualisierten „Beratungsführer" der Bundeszentrale für gesundheitliche Aufklärung). Die *personelle* Zuständigkeit innerhalb einer anerkannten Beratungsstelle richtet sich nach der internen Geschäftsverteilung, wobei nach dem Sinn der Vorschrift nur fachlich kompetente Personen (Psychologen, Sozialarbeiter, Ärzte mit sozialpflegerischer Erfahrung) zur sozialen Beratung eingesetzt werden dürfen. Doch wird ein solcher fachlicher Kompetenzmangel, sofern er nicht offensichtlich ist, im Einzelfall weder der Schwangeren noch dem abbrechenden Arzt angelastet werden dürfen.

12 β) Bei den als Berater zugelassenen *Ärzten* (Abs. 2 Nr. 2) wird an erster Stelle der **als Mitglied** einer anerkannten Beratungsstelle **mit Beratung betraute Arzt (Nr. 2 a)** genannt. Dies ist zwar sachgerecht, als besondere Zulassung jedoch insofern überflüssig geworden, als die ursprünglich nur den formell einer Beratungsstelle angehörenden Ärzten zugestandene Beraterfunktion (SPD/FDP-ÄndE) schließlich zu Recht auf die materiell mit Beratungsaufgaben betrauten Ärzte beschränkt wurde (vgl. Prot. VII 2408, 2413) und diese schon im Rahmen von Abs. 2 Nr. 1 beraten können (vgl. o. 11 f.). Eigene Bedeutung hat dieser Zulassungsgrund daher nur für solche Ärzte, die neben ihrer Tätigkeit innerhalb einer Beratungsstelle auch noch selbständige Schwangerschaftsberatung treiben wollen (vgl. im übrigen auch u. 15).

13 γ) Beraten darf ferner der von einer zur Anerkennung befugten Stelle (o. 11) **als Berater anerkannte Arzt (Nr. 2 b)**. Für Auswahl und Anerkennungsverfahren sind die landesrechtlichen Richtlinien entscheidend (vgl. o. 2). Materiell setzt die Anerkennung voraus, daß der betreffende Arzt einschlägige sozialpflegerische Erfahrungen hat. Vgl. auch Laufhütte/Wilkitzki JZ 76, 334 sowie u. 14.

14 δ) Schließlich darf auch der **sonstwie unterrichtete Arzt (Nr. 2 c)** die Sozialberatung vornehmen. Für diese bereits im Gesetzgebungsverfahren umstrittene, weil auf jede staatliche Kontrolle verzichtende Zulassung (vgl. Prot. VII 2422 ff.) wird lediglich vorausgesetzt, daß sich der Arzt *durch Beratung* mit einem sozialberatenden Mitglied einer Beratungsstelle i. S. von Nr. 1 (o. 11) oder mit einer „*Sozialbehörde*", worunter alle mit sozialen Problemen befaßten oder für die Gewährung von Hilfen zuständigen Behörden zu verstehen sind (vgl. Laufhütte/Wilkitzki JZ 76, 335), oder auf *andere geeignete Weise* über die im Einzelfall zur Verfügung stehenden Hilfen unterrichtet hat. Zwar muß diese Selbstunterrichtung einzelfallbezogen sein, wovon sich der Gesetzgeber möglichst individuelle Hilfe erhofft (2. Ber. 10); doch soll dafür auch schon die Orientierung an vergleichbaren Fällen genügen (vgl. Laufhütte/Wilkitzki aaO). Auch muß der Informierungsweg zur Erlangung der erforderlichen Kenntnisse „geeignet" sein. Da dies jedoch entscheidend von den Umständen des Einzelfalles abhängt, sowie Art und Ergebnis der Beratung keiner schriftlichen Fixierung bedürfen (vgl. o. 8), wird die Kompetenz des Arztes als Sozialberater praktisch unkontrollierbar von seiner Selbsteinschätzung bestimmt (vgl. Jähnke LK 9). So selbstverständlich das dahinterstehende Anliegen, der Schwangeren den Weg zum „Arzt ihres Vertrauens" zu eröffnen (vgl. Müller-Emmert DRiZ 76, 167), auch ist, in dieser Form wird es erkauft mit einer Lösung, bei der jedenfalls langfristig von Gewährleistung einer ernsthaft qualitativen Beratung nicht die Rede sein kann (vgl. auch Lackner NJW 76, 1240 f., Rudolphi SK 13, Schreiber FamRZ 76, 672, aber auch Blei JA 76, 602).

15 Soweit ein *Arzt als Sozialberater* tätig geworden ist, darf er im gleichen Falle *nicht* mit dem *abbrechenden* Arzt **identisch** sein (vgl. 19 vor § 218). Dies ist zwar nur für die Ärzte i. S. von Abs. 2 Nr. 2 (o. 12–14) ausgesprochen, hat jedoch sinngemäß auch für den Fall zu gelten, daß der Arzt als Angehöriger einer Beratungsstelle nach Abs. 2 Nr. 1 beraten hat (o. 11). Dagegen ist weder eine Identität mit dem ärztlichen Berater i. S. von Abs. 1 Nr. 2 (u. 21) noch mit dem Indikationsarzt i. S. von § 219 ausgeschlossen (vgl. dort RN 12; auch insoweit and. § 6 SchwangBeratGesE, indem Identität von ärztlich beratendem und indikationsfeststellendem Arzt ausgeschlossen sein soll). Entsprechendes gilt für die Selbstberatung einer schwangeren Ärztin, sofern sie den Abbruch nicht auch noch selbst durchführt (vgl. auch Gössel JR 76, 2). Zum Erfordernis einer **deutschen Approbation** gilt das bei § 219 RN 8 Ausgeführte auch für den sozialberatenden Arzt entsprechend (Jähnke LK 9).

16 e) **Ausgenommen** von der Sozialberatungspflicht ist der Schwangerschaftsabbruch aus rein **medizinisch-somatischen** Gründen **(Abs. 3)**. Dies deshalb, weil eine Sozialberatung von vornherein keinen Erfolg erwarten läßt, wenn die Ursachen der Lebens- oder Gesundheitsgefahr nicht wenigstens teilweise auch im psychischen oder sozialen Bereich liegen (vgl. Laufhütte/Wilkitzki JZ 76, 335, Müller-Emmert DRiZ 76, 167). Dementsprechend ist nicht einfach die

gesamte medizinische Indikation i. S. von § 218a I Nr. 2 als solche, sondern nur deren somatischer Teilbereich ausgenommen, und selbst dieser nur insoweit, als es sich um eine körperlich *begründete* Gefahr handelt. Entscheidend ist daher weniger die Wirkung als vielmehr die somatische Ursache der Gefahr (vgl. Wilkitzki Prot. VII 2425). *Verbrechenssystematisch* handelt es sich dabei bereits um *Tatbestandsausschluß* und nicht erst um einen Rechtfertigungsgrund. Von dieser Befreiung unberührt bleibt die *ärztliche* Beratung nach Abs. 1 Nr. 2 (u. 17 ff.). Zu weitergehenden Rechtfertigungsgründen vgl. u. 22.

2. Ferner muß durch eine **ärztliche Beratung (Abs. 1 Nr. 2)** die Schwangere über die *ärztlich* 17 *bedeutsamen Gesichtspunkte* von einem Arzt beraten worden sein.

a) Diese Beratung hat nicht nur der Aufklärung über die mit jedem medizinischen Eingriff 18 verbundenen Risiken zu dienen (dazu § 223 RN 40 ff.; darauf beschr. aber Lenckner in Eser/Hirsch aaO 184), sondern alle Gesichtspunkte zu erfassen, die aus ärztlicher Sicht für das Austragen oder Abbrechen der Schwangerschaft von Bedeutung sind, so insbes. der definitiv lebensvernichtende Charakter des Eingriffs, das Schwangerschaftsstadium, die Konstitution von Mutter und Embryo, sowie alternative Eingriffsmöglichkeiten und Kontraindikationen (vgl. D-Tröndle 13, M-Schroeder I 83, Rudolphi SK 14; i. E. ebenso Jähnke LK 11), einschließlich der Aufklärung über geeignete Vorbeugungsmaßnahmen (vgl. Prot. VII 2406 f., Lackner NJW 76, 1241, Laufhütte/Wilkitzki JZ 76, 333). Insofern ist diese ärztliche *Beratung* ihrer Funktion nach zwar keinesfalls mit der für die Eingriffsbefugnis erforderlichen *Aufklärung* identisch, kann aber praktisch mit dieser verbunden werden (vgl. auch Hirsch/Weißauer aaO 66 f., Koch aaO 171).

b) Für **Form und Bestätigung** der Beratung gilt das zur Sozialberatung Ausgeführte (o. 7 f.) 19 entsprechend.

c) Anders als bei der Sozialberatung (o. 9) ist hier **keine Karenzfrist** vorgesehen. Daher kann, 20 was im Hinblick auf die für den Eingriff ohnehin notwendige Untersuchung der Schwangeren im Regelfall sogar zweckmäßig sein wird (vgl. Müller-Emmert DRiZ 76, 168), die ärztliche Beratung dem Abbruch unmittelbar vorausgehen, sofern sie nur spätestens vor dessen Einleitung vorgenommen wird.

d) Anders als die Sozialberatung kann die ärztliche Beratung vorbehaltlos **von jedem Arzt** 21 vorgenommen werden. Auch darf – wenn nicht sogar muß (vgl. Jähnke LK 13) – im Unterschied zur Sozialberatung der ärztliche Berater mit dem abbrechenden Arzt **identisch** sein (Rudolphi SK 15), so daß auch aus diesem Grunde ärztliche Beratung und Abbruch zeitlich miteinander verbunden werden können. Dementsprechend müssen auch für die **Approbation** die gleichen Voraussetzungen gelten, so daß auch für die ärztliche Beratung jeweils die am Ort der Durchführung hinreichende ärztliche Zulassung genügen muß (vgl. § 218 a RN 55); ebenso Jähnke LK 13 mwN, während von Laufhütte/Wilkitzki JZ 76, 334 offenbar für beide Beratungen eine *deutsche* Approbation vorausgesetzt, dabei jedoch übersehen wird, daß die für die Sozialberatung maßgeblichen Kontrollgesichtspunkte (vgl. § 219 RN 8) bei der ärztlichen Beratung nicht durchschlagen. Wird der ärztliche Berater dagegen sowohl als Sozialberater wie auch als Indikationsarzt tätig, was beides ebenfalls nicht ausgeschlossen ist (vgl. 19 vor § 218), so darf er nicht auch noch den Abbruch ausführen (vgl. o. 15; i. gl. S. Koch aaO 171); auch bedarf er dann der für Sozialberatung bzw. Indikationsfeststellung vorausgesetzten *deutschen* Approbation (vgl. § 219 RN 8).

IV. Eine **Rechtfertigung** *des Abbruchs ohne vorherige ordnungsgemäße Beratung* kommt in Be- 22 tracht, wenn die mit einem beratungsbedingten Aufschub verbundene Gefahr für die Schwangere so schwer wiegt, daß demgegenüber das Beratungsinteresse zurückzutreten hat (D-Tröndle 12). Dies durch eine besondere Notstandsregel klarzustellen (so § 220 IV in RegE), wurde im Hinblick auf § 34 (Jähnke LK 13) m Recht für überflüssig gehalten (vgl. Prot. VII 1644, Laufhütte/Wilkitzki JZ 76, 335). Verzichtbar ist aber danach die soziale und/oder ärztliche Beratungspflicht idR wohl nur bei Lebens- oder schwerer Gesundheitsgefahr, wobei zu beachten ist, daß bei somatisch begründeter Gefahr die Sozialberatungspflicht ohnehin nach Abs. 3 bereits tatbestandlich entfällt (vgl. o. 16).

V. Für den **subjektiven Tatbestand** ist **Vorsatz** erforderlich, der sich auf das Fehlen bzw. die 23 nicht ordnungsgemäße Vornahme von einer der beiden Beratungen erstrecken muß (vgl. o. 3). Ein solcher Vorsatz ist praktisch nur dann anzunehmen, wenn die Schwangere das Fehlen der Beratung offen einräumt oder der Arzt dies aus ihren Erklärungen konkludent entnehmen kann und dennoch darauf verzichtet, die Beratung entweder selbst (so hinsichtlich der ärztlichen, vgl. o. 21) oder durch einen sozialberatenden Kollegen (o. 12 ff.) nachzuholen, oder wo dem Täter das Beratungserfordernis völlig gleichgültig ist (dolus eventualis). Denn da § 218 b – anders als § 219 – weder eine förmliche Beratungsbescheinigung der Schwangeren (vgl. o. 8) noch eine besondere Prüfungspflicht des Arztes verlangt, trifft ihn lediglich eine *Vergewisserungspflicht* (D-Tröndle 14), der er schon damit genügen kann, daß er sich die ordnungsgemäße Beratung glaubhaft zusichern läßt (vgl. Jähnke LK 16; ähnl. Koch aaO 220). Hält er demzufolge die Schwangere bereits für beraten, so scheidet selbst dann, wenn er leichtfertig auf durchsichtige Vorspiegelungen der Schwangeren vertraut hat, eine Bestrafung nach § 218b aus, und zwar aufgrund Tatbestandsirrtums nach § 16 I (vgl. Rudolphi SK 17). Auch im umgekehrten Fall, wenn er ohne weitere Rückfrage in Kauf nimmt, daß eine (tatsächlich erfolgte) Beratung nicht stattgefunden habe, bleibt er mangels Strafdrohung für Versuch straffrei (D-Tröndle 14).

24   Beruht der Beratungsverzicht auf *Unkenntnis* der Beratungs*pflicht* als solcher, so liegt darin bloßer Verbotsirrtum (§ 17). Dagegen sind etwaige Fehlvorstellungen über das Vorliegen einer rechtfertigenden *Indikation* unerheblich (and. Lackner 5: Verbotsirrtum), da auch objektiv ohne Einfluß auf die Tatbestandsmäßigkeit nach § 218b (vgl. o. 3). Hält der Täter den Abbruch irrtümlich für medizinisch indiziert, so bleibt er zwar nach § 218 straflos, nicht aber nach § 218b (D-Tröndle 14). Bei umgekehrtem Irrtum hingegen würde § 218b durch den (untauglichen) Versuch von § 218 als subsidiär verdrängt (vgl. u. 28).

25   **VI.** Als **Täter** kommt an sich jeder in Betracht (Lackner 6, Laufhütte/Wilkitzki JZ 76, 334, Rudolphi SK 18), mit *Ausnahme* der *Schwangeren* selbst, die auch hier durch einen persönlichen Strafausschließungsgrund freigestellt ist (Abs. 1 S. 2); denn anders als in § 219a ist hier der Tatbestand nicht ausdrücklich auf Ärzte beschränkt. Freilich kommt als *unmittelbarer* Täter praktisch immer nur ein Arzt in Betracht, da bei Durchführung des Schwangerschaftsabbruchs durch einen Laien regelmäßig § 218 erfüllt ist (vgl. dort 2, 14, aber auch 22 sowie Jähnke LK 14) und damit § 218b als subsidiär zurücktritt (u. 28).

26   Dagegen ist **Teilnahme** (wiederum mit Ausnahme der Schwangeren selbst) nach allg. Grundsätzen (§§ 26, 27) möglich, so etwa durch die Arztgehilfin, die weiß, daß der Arzt den Eingriff ohne vorherige Beratung der Schwangeren durchführt, oder auch durch einen Arzt, der zur Deckung seines operierenden Kollegen eine nicht durchgeführte Beratung bescheinigt. Für § 28 I ist dabei kein Raum (M-Schroeder I 77). Handelt der Operateur hingegen in gutem Glauben, so scheidet mangels Tätervorsatzes zwar Anstiftung aus, jedoch kommt stattdessen *mittelbare Täterschaft* des (eine Beratung vorspiegelnden) Hintermannes in Betracht (Laufhütte/Wilkitzki JZ 76, 334 FN 86), da der für § 218b wesentliche Unrechtsgehalt nicht im Schwangerschaftsabbruch, sondern in der Mißachtung der Beratungspflicht liegt (vgl. o. 1, 3).

27   **VII.** Die Tat ist **vollendet**, sobald ohne ordnungsgemäße Beratung mit dem Abbruch begonnen wird (vgl. o. 3; vgl. aber auch Jähnke LK 3). Der **Versuch** ist **nicht** strafbar.

28   **VIII.** Gegenüber § 218 tritt § 218b als **subsidiär** zurück, und zwar auch bei nur versuchtem Abbruch (Lackner 7). Demgemäß kommt sowohl bei Schwangerschaftsabbruch durch einen Nichtarzt als auch bei nicht-indiziertem Eingriff durch einen Arzt § 218b regelmäßig nicht zum Zug (Koch aaO 219). Dagegen ist bei einem zwar materiell indizierten Schwangerschaftsabbruch, für den jedoch die Indikationsfeststellung fehlt, Tateinheit mit § 219 möglich (Rudolphi SK 20). Bei gleichzeitiger Verletzung der Krankenhauspflicht (nur Ordnungswidrigkeit, vgl. § 218a RN 67) geht § 218b vor (§ 21 OWiG). Vgl. ferner Jähnke LK 17.

29   **IX.** Zur **Übergangsregelung** im allg. vgl. 20. A. 39 vor § 218. Zu **Verschwiegenheitspflicht** und Zeugnisverweigerungsrecht der Berater vgl. § 203 I Nr. 4a bzw. §§ 53 I Nr. 3a, 97 II 2 StPO sowie Lenckner in Eser/Hirsch aaO 227 ff.

§ 219 Abbruch der Schwangerschaft ohne ärztliche Feststellung

(1) Wer eine Schwangerschaft abbricht, ohne daß ihm die schriftliche Feststellung eines Arztes, der nicht selbst den Schwangerschaftsabbruch vornimmt, darüber vorgelegen hat, ob die Voraussetzungen des § 218a Absatz 1 Nr. 2, Absatz 2, 3 gegeben sind, wird mit Freiheitsstrafe bis zu einem Jahr oder mit Geldstrafe bestraft, wenn die Tat nicht in § 218 mit Strafe bedroht ist. Die Schwangere ist nicht nach Satz 1 strafbar.

(2) Ein Arzt darf Feststellungen nach Absatz 1 nicht treffen, wenn ihm die zuständige Stelle dies untersagt hat, weil er wegen einer rechtswidrigen Tat nach Absatz 1 oder den §§ 218, 218b, 219a, 219b oder 219c oder wegen einer anderen rechtswidrigen Tat, die er im Zusammenhang mit einem Schwangerschaftsabbruch begangen hat, rechtskräftig verurteilt worden ist. Die zuständige Stelle kann einem Arzt vorläufig untersagen, Feststellungen nach Absatz 1 zu treffen, wenn gegen ihn wegen des Verdachts einer der in Satz 1 bezeichneten rechtswidrigen Taten das Hauptverfahren eröffnet worden ist.

Vorbem.: Eingefügt durch das 5. StrRG idF des 15. StÄG (vgl. 1, 4 vor § 218). – *Schrifttum*: Vgl. die Angaben vor § 218 sowie zu §§ 218a, 218b.

Abbruch der Schwangerschaft ohne ärztliche Feststellung   1–7 § 219

I. Die Vorschrift dient i. V. m. § 219a der Sicherung des **Indikationsfeststellungssystems**. Um leichtfertige oder voreingenommene Annahmen von Indikationen zu verhindern, darf der Schwangerschaftsabbruch erst nach Vorlage einer schriftlichen Indikationsfeststellung eines mit dem Abbrechenden nicht identischen „neutralen" Arztes erfolgen (vgl. Laufhütte/Wilkitzki JZ 76, 335). Da die Indikationsfeststellung auf die Rechtmäßigkeit des Abbruchs als solchen jedoch keinerlei Einfluß hat (u. 15) und für den abbrechenden Arzt weder positiv noch negativ bindend ist (u. 16), kommt ihr lediglich die Funktion einer **Entscheidungshilfe** zu, durch die der Arzt seiner eigenen Verantwortung für das Vorliegen einer Indikation nicht enthoben wird (Bremen VersR **84**, 289, LG Kiel VersR **84**, 451, Müller-Emmert DRiZ 76, 168). Dementsprechend kann Täter des § 219 I grundsätzlich nur der *abbrechende* Arzt sein (vgl. aber auch u. 20), während unrichtige Feststellungen des Indikationsarztes primär durch die §§ 219a, 219 II erfaßt werden. Obgleich somit die §§ 219, 219a nicht gegen den Schwangerschaftsabbruch als solchen, sondern gegen die Verletzung eines formellen Kontrollsystems gerichtet sind (vgl. Lackner NJW 76, 1241), ist *Schutzgut* dieser subsidiären *Gefährdungsdelikte* (Sturm Prot. VII 2428) letztlich doch – ähnlich wie bei § 218b (vgl. dort RN 1) – das *ungeborene Leben* (Blei II 43, Rudolphi SK 1; and. Jähnke LK 1: bloße Verfahrenssicherung). 1

Wie das Indikationsmodell als solches (vgl. 3 f. vor § 218) hat auch das entsprechende Feststellungssystem zu den umstrittensten Punkten der Abtreibungsreform gehört (vgl. insbes. RegE 32 ff., 1. Ber. 17, BT-Drs. 7/1983 S. 16 ff., 7/4211 S. 9, Prot. VII 1309 ff., 1433 ff., 1439 ff., 1525 ff., 1604 ff., 1629, 1645 ff., 2426 ff.). Denn während einerseits einzuräumen ist, daß bei jeder Mitsprache von Dritten die Schwangere aus Angst vor einer möglicherweise negativen Entscheidung leicht in die Illegalität gedrängt werden kann (vgl. 1. Ber. 12, Schulte Prot. VI 2598, AE-BT zu § 105 S. 27 f.), ist andererseits jedoch nicht zu verkennen, daß die Mitverantwortung der Rechtsgemeinschaft für das ungeborene Leben (vgl. BVerfGE **39** 42 ff.) zumindest durch Einschaltung einer neutralen, an der Durchführung des Schwangerschaftsabbruchs selbst nicht beteiligten Instanz zum Ausdruck zu bringen ist (vgl. Eser in Hofmann aaO 174 f.). Ob dies in Form von Gutachterstellen, durch ein Konsiliarsystem oder durch einen unabhängigen Indikationsarzt geschieht (zu solchen Alternativen vgl. insbes. Horstkotte Prot. VII 1439 ff. sowie Laufhütte/Wilkitzki JZ 76, 335 mwN), ist eine mehr pragmatische Frage, solange nur die **Neutralität der Indikationsstellung** gewahrt bleibt. Ob dieser Grundsatz freilich auch beim jetzigen System des „beliebigen" Indikationsarztes noch sichergestellt ist, wird – ganz ungeachtet seiner verfassungsrechtlichen Fragwürdigkeit (krit. dazu Lackner NJW 76, 1241 f., Schreiber FamRZ 76, 672 f., aber auch Jähnke LK 1) – die Zukunft erweisen müssen. Die praktisch unkontrollierbare Bildung von „Arztgespannen" (u. 12) muß jedenfalls skeptisch stimmen (vgl. Rudolphi SK 23 vor § 218, § 219 RN 2, aber auch Blei JA 76, 602 f.). 2

II. Die **Tathandlung** besteht im **Schwangerschaftsabbruch, ohne** daß dem Abbrechenden die **schriftliche Indikationsfeststellung eines Arztes** vorgelegen hat (Abs. 1). Eine solche ist heute bei *jeder Indikation* i. S. von § 218a erforderlich (vgl. D-Tröndle 1), ausgenommen bei Eingriffen in der Nidationsphase (dazu § 219d RN 6). Das Fehlen der Indikationsfeststellung ist negatives Tatbestandsmerkmal (vgl. § 218b RN 3). Im einzelnen gilt folgendes: 3

1. Die **Indikationsfeststellung** muß sich lediglich dazu äußern, *„ob"* die Voraussetzungen einer Indikation nach § 218a I Nr. 2, II, III (also einschließlich der Wahrung etwaiger Fristen) gegeben sind. Anders als in allen früheren Indikationsmodellen, wo jeweils zu bestätigen war, „daß" bestimmte Indikationsvoraussetzungen vorliegen (vgl. 18. A. 7), bedarf es einer solchen positiven Feststellung heute nicht mehr. Vielmehr genügt, daß im Sinne einer Entscheidungshilfe für den abbrechenden Arzt (vgl. o. 1) überhaupt eine schriftliche Äußerung zu den Indikationsvoraussetzungen vorliegt, und zwar *gleichgültig*, ob letzlich mit *positivem* oder *negativem* Ergebnis (vgl. D-Tröndle 4, Jähnke LK 3 f., Hirsch/Weißauer aaO 23, Laufhütte/Wilkitzki JZ 76, 336, Müller-Emmert DRiZ 76, 168, Rudolphi SK 4; krit. M-Schroeder I 81). Vgl. auch u. 14 ff. **Inhaltlich** darf sich die Feststellung nicht auf ein bloßes Ja oder Nein zum Vorliegen einer bestimmten Indikation beschränken. Denn wie sich nicht nur aus dem ausdrücklichen Hinweis auf § 218a III ergibt, wonach zum Stadium der Schwangerschaft eine Feststellung zu treffen ist (Laufhütte/Wilkitzki aaO), sondern auch dem Zweck der Indikationsfeststellung als Entscheidungshilfe zu entnehmen ist, darf sie sich nicht – wie freilich weithin Praxis (vgl. Wuermeling in Jur.-Ver.Nr. 2 S. 68 ff.) – nur in der Feststellung eines Ergebnisses erschöpfen (so aber – wenngleich krit. – Lackner 2), sondern muß zumindest auch die **wesentlichen Gründe** anführen, die für oder gegen die Annahme einer bestimmten Indikation sprechen (vgl. Hollmann AR 81, 207, Koch aaO 172, Rudolphi SK 5). Dagegen bedarf es zu der (ohnehin erst im Zeitpunkt des Eingriffs relevanten) Einwilligung der Schwangeren, da in Abs. 1 nicht miterwähnt, keiner Feststellung (Jähnke LK 4). Der **Form** nach muß die Indikationsfeststellung **schriftlich** sein. Daher genügen weder mündliche Übermittlungen durch die Schwangere (Rudolphi SK 9) noch telefonische Bestätigungen durch den Indikationsarzt (Augstein/Koch aaO 84). 4 5 6

2. Die Indikationsfeststellung kann von **jedem Arzt** getroffen werden, mit Ausnahme des 7

Eser   1609

§ 219 8–12   Bes. Teil. Straftaten gegen das Leben

Abbrechenden selbst. Im Vergleich zu den früheren Gutachterstellen hat sich der Gesetzgeber dadurch mit einer nicht unbedenklichen Minimalforderung begnügt (vgl. o. 2 sowie Beulke FamRZ 76, 602, Rudolphi SK 8). Im einzelnen gilt folgendes:

8 a) Einer besonderen Zulassung oder Ermächtigung zur Indikationsfeststellung, wie von einigen Entwürfen gefordert (vgl. Laufhütte/Wilkitzki JZ 76, 335), bedarf es nicht. Solange ihm dies nicht ausdrücklich durch ein Indikationsverbot nach § 219 II untersagt ist (dazu u. 22 ff.), ist vielmehr jeder **approbierte Arzt** zu Indikationsfeststellungen befugt, wobei der Gesetzgeber von einer Approbation nach **deutschem** Recht ausgeht (vgl. 2. Ber. 1, Jähnke LK 6, D-Tröndle 3, Lackner 2), damit aber für den Indikationsarzt widersprüchlicherweise mehr verlangt als von dem letztverantwortlichen abbrechenden Arzt (vgl. u. 16 sowie Rudolphi SK 6). Diese im Vergleich zum abbrechenden Arzt (vgl. § 218a RN 55) verschärften Anforderungen lassen sich sachlich damit begründen, daß es – ähnlich wie bei der Sozialberatung (§ 218b RN 15) – auch beim Indikationsfeststellungsverfahren nicht allein auf die medizinische Sachkunde ankommt, sondern auch, wie insbes. dem Indikationsverbot nach Abs. 2 zu entnehmen ist, auf die standes- und verwaltungsrechtliche Einbindung des Arztes in die deutsche Rechtsordnung (vgl. Laufhütte/Wilkitzki JZ 76, 336, Müller-Emmert DRiZ 76, 167 f.). Umso unverständlicher ist jedoch, daß dieses unterschiedliche Verständnis des Arztbegriffes – vgl. einerseits § 218a RN 55 und § 218b RN 21, andererseits § 219 I und § 218b RN 15 – in den einschlägigen Tatbeständen nicht eindeutig klargestellt ist (vgl. auch Lackner NJW 76, 1237), sondern sich allenfalls aus Abs. 2 entnehmen läßt (vgl. D-Tröndle 3). Fehlt dem Indikationsarzt die deutsche Approbation, so ist seine Indikationsfeststellung unbeachtlich, mit der Folge, daß mit Berufung darauf der abbrechende Arzt keine Straffreiheit von § 219 I erlangen kann (and. Koch aaO 176, Rudolphi SK 6). Zum Irrtum über die Indikationsbefugnis vgl. u. 19.

9 In gleicher Weise unbeachtlich sind Feststellungen eines nach Abs. 2 mit **Indikationsverbot** belegten Arztes (vgl. Müller-Emmert DRiZ 76, 168; zu den Voraussetzungen u. 22 ff.). Auch dies ergibt sich zwar nicht aus dem Wortlaut von Abs. 1, wohl aber daraus, daß ein in seiner Wirkung allein auf den Indikationsarzt beschränktes Verbot im Rahmen eines gegen den Abbrechenden gerichteten Tatbestandes (vgl. o. 1) nicht nur systematisch falsch plaziert, sondern auch kaum sinnvoll wäre (Jähnke LK 15, Lackner 3).

10 b) Im übrigen jedoch wird eine besondere **Qualifikation** oder spezielle Kompetenz für die infragestehende Indikation *nicht* ausdrücklich vorausgesetzt. Deshalb ist die gelegentlich verlangte Stellungnahme eines Facharztes (vgl. Hanack/Hiersche ArchGyn 79, 341, Stoll/Sievers Fortschr. Med. 76, 1468 ff.) jedenfalls gesetzlich nicht generell geboten (vgl. D-Tröndle 3, Jähnke LK 6). Wie sich aber mittelbar aus der Strafdrohung für unrichtige Indikationsfeststellungen (§ 219a) ergibt, wird vom Arzt erwartet, daß er sich zu dieser Aufgabe nur dort bereitfindet, wo er entweder aufgrund eigener Kompetenz oder nach Rücksprache mit einem sachverständigen Konsiliarius eine zuverlässige Indikationsfeststellung treffen kann (vgl. Laufhütte/Wilkitzki JZ 76, 335 sowie § 219a RN 5, 7). Entspricht er dieser Erwartung jedoch nicht oder trifft er aus sonstigen Gründen eine falsche Indikationsfeststellung, so führt das, da es für diesen Tatbestand lediglich auf das *Vorliegen* einer Indikationsfeststellung und weniger auf deren Ergebnis ankommt (vgl. o. 4), nicht ohne weiteres zur Anwendung von § 219, sondern – abgesehen von der eigenen Strafbarkeit des Indikationsarztes nach § 219a – lediglich dazu, daß sich der abbrechende Arzt bei seiner eigenen Entscheidung auf eine erkennbar inkompetente Indikationsfeststellung nicht verlassen darf (vgl. u. 14 ff.).

11 c) Auf irgendeine **räumlich-örtliche** Zuständigkeit des Indikationsarztes kommt es **nicht** an, und zwar weder im Verhältnis zur Schwangeren noch zum abbrechenden Arzt. Entscheidend ist vielmehr allein seine Approbation nach deutschem Recht (o. 8). Dementsprechend kann sich die Schwangere an jeden Arzt ihrer Wahl und notfalls an beliebig viele wenden. Damit haben sich auch die früher bei *Ortsfremden* auftauchenden Probleme (vgl. 18. A. 6) erledigt.

12 d) Eine Beschränkung besteht lediglich insofern, als in Erwartung größerer Neutralität der *indikationsfeststellende* Arzt *nicht* zugleich auch der *abbrechende* Arzt sein darf, insoweit also **Rollenidentität** ausgeschlossen ist (vgl. Laufhütte/Wilkitzki JZ 76, 335, Müller-Emmert DRiZ 76, 168). Dies dürfte auch für arbeitsteiliges Mitwirken am Eingriff gelten (vgl. Rudolphi SK 7). Demzufolge kann auch eine schwangere Ärztin, da zumindest durch Zulassen selbst am Abbruch beteiligt (vgl. § 218 RN 15 f.), sich nicht selbst die Indikation stellen (Jähnke LK 6). Nähme sie dennoch einen materiell nach § 218a indizierten Abbruch vor, so bliebe sie freilich aufgrund ihres persönlichen Strafausschließungsgrundes nach Abs. 1 S. 2 straffrei (insoweit unklar Gössel JR 76, 2). Im übrigen hingegen ist weder Identität des Indikationsarztes mit dem sozialberatenden noch mit dem ärztlich beratenden Arzt (§ 218b) ausgeschlossen (Laufhütte/Wilkitzki aaO). Da andererseits der ärztliche Berater mit dem abbrechenden Arzt personengleich sein kann, dann aber Sozialberatung und Indikationsfeststellung von einem anderen Arzt vorgenommen werden müssen (vgl. § 218b RN 21), lassen sich, sofern der Abbruch in jeder Hinsicht straffrei bleiben soll (vgl. § 218a RN 64ff.), mit dem erforderlichen Mindesteinsatz von zwei Ärzten alternativ folgende „Gespanne" bilden: Entweder Identität von ärztlich beratendem und abbrechendem Arzt einerseits und sozialberatendem und indikationsfeststellendem Arzt andererseits oder Identität von sozial- und ärztlich beratendem sowie indikationsfeststellendem Arzt einerseits und dem abbrechenden andererseits. Vgl. auch 19 vor § 218 sowie insgesamt zu solcher *Rollenteilung* in Eser/Hirsch aaO 130, 133f., 167.

3. Die Indikationsfeststellung muß dem abbrechenden Arzt **vorgelegen** haben. Daher reicht 13 die bloße Zusicherung der Schwangeren oder eines Arztes, daß eine ärztliche Indikationsfeststellung mit diesem oder jenem Ergebnis tatsächlich existiere, nicht aus (vgl. Prot. VII 2427ff.). Ebensowenig genügt eine nachträgliche Vorlage, da das Gesetz fordert, daß die Indikationsfeststellung vorgelegen *hat*. Zwar ist dafür – anders als bei der Sozialberatung (§ 218b I Nr. 1) – **keine Karenz** zwischen Indikationsfeststellung und Abbruch erforderlich. Auch braucht die Sozialberatung der Indikationsfeststellung nicht unbedingt vorauszugehen (Jähnke LK 1, M-Schroeder I 81f.). Jedenfalls aber muß der abbrechende Arzt die Feststellung bis spätestens bei Eingriffsbeginn schriftlich in Händen haben. Ob und inwieweit er davon, wie vom Gesetzgeber erhofft (vgl. 2. Ber. 11), tatsächlich auch inhaltlich Kenntnis nimmt, ist angesichts der mangelnden Verbindlichkeit der Feststellung (u. 14) für § 219 ohne Bedeutung (vgl. Jähnke LK 3, 8, auch zu abw. M.).

4. Tatbestandsrelevant für § 219 ist die Indikationsfeststellung somit nur insofern, als eine 14 solche überhaupt vorliegen muß, ungeachtet ihres Ergebnisses. Darüberhinaus hat sie unmittelbar **keine Verbindlichkeit,** und zwar weder in positiver noch in negativer Hinsicht (Koch aaO 172, Rudolphi SK 14; näher in Eser/Hirsch aaO 151ff.) Im Vergleich zur positiv erforderlichen Indikationsbestätigung nach § 219 des 5. StrRG ist damit die Bedeutung der jetzigen Indikationsfeststellung noch weiter abgeschwächt (vgl. Wilkitzki Prot. VII 2426). Das bedeutet im wesentlichen:

a) Die formelle Indikationsfeststellung ist für die **materielle** *Rechtfertigung* des Abbruchs als 15 solchem **unerheblich** (vgl. Jähnke LK 8, Horstkotte Prot. VII 1670). Das bedeutet einerseits, daß bei materiellem Vorliegen einer Indikation der Schwangerschaftsabbruch auch dann gerechtfertigt bleibt, wenn er ohne oder gar gegen eine negative Indikationsfeststellung durchgeführt wird (vgl. § 218a RN 66, D-Tröndle 4, Lackner 1). Andererseits wird ein nichtindizierter Abbruch nicht dadurch rechtmäßig, daß eine positive Indikationsfeststellung vorliegt; dies kann allenfalls einen strafbefreienden Rechtfertigungsirrtum begründen (vgl. § 218 RN 28). Vgl. auch Roxin JA 81, 543ff.

b) Zudem bleibt die **Letztverantwortung** für das Vorliegen einer rechtfertigenden Indikation 16 in jedem Falle beim **abbrechenden Arzt** (Bremen VersR **84,** 289, Jähnke LK 8, Koch aaO 172, Lackner NJW 76, 2141, Laufhütte/Wilkitzki JZ 76, 336, Müller-Emmert DRiZ 76, 168). Votum und Begründung der Indikationsfeststellung haben für ihn lediglich die Bedeutung einer Entscheidungshilfe. Bricht er ab, obwohl er eine positive Indikationsfeststellung für falsch hält, so macht er sich, je nachdem, ob eine Indikation tatsächlich vorliegt oder nicht, wegen Versuchs bzw. Vollendung von § 218 strafbar (vgl. § 22 RN 81 sowie 15 vor § 32). Hält er umgekehrt eine Indikation fälschlich für verneint, so kann er sich über dieses negative Votum hinwegsetzen und hinsichtlich § 219 ohnehin (vgl. o. 14), zudem aber auch nach § 218 straffrei bleiben, falls der Abbruch tatsächlich indiziert war (vgl. o. 15, D-Tröndle 4). Lag dagegen ein Abbruchsgrund tatsächlich nicht vor, wird er sich bei Ignorierung einer negativen Indikationsfeststellung jedenfalls nach der Rspr. auf strafbefreienden Rechtfertigungsirrtum in der Regel nicht mehr berufen können (vgl. § 218 RN 28). Vgl. auch u. 19 sowie allg. zur unterschiedlichen Verantwortlichkeit von Indikationsarzt und abbrechendem Arzt in Eser/Hirsch aaO 168ff.

c) Im übrigen bleibt aufgrund seines generellen **Weigerungsrechts** der um Abbruch gebetene 17 Arzt selbst dann in seiner Entscheidung frei, wenn er eine positive Indikationsfeststellung tatsächlich für begründet hält, es sei denn, daß bei Verweigerung des Abbruchs die Schwangere einer Todes- oder schweren Gesundheitsgefahr ausgesetzt wäre (vgl. § 218a RN 68ff.).

III. Eine **Rechtfertigung** des Verzichts auf schriftliche Indikationsfeststellung kommt – ähn- 18 lich wie bei § 218b (RN 22) – nach § 34 in Betracht, wenn durch den damit verbundenen Zeitaufwand die Schwangere einer Todes- oder schweren Gesundheitsgefahr ausgesetzt würde (Jähnke LK 10, Koch aaO 221, Rudolphi SK 12). Dagegen schlagen die für einen weitergehenden Tatbestandsausschluß nach § 218b III maßgeblichen Gründe (dort RN 16) hier nicht durch.

IV. Für den **subjektiven Tatbestand** ist **Vorsatz** erforderlich. Dem abbrechenden Arzt muß 19 als Täter bei Beginn des Abbruchs bewußt sein, daß ihm noch keine ordnungsgemäße schriftli-

Eser

che Indikationsfeststellung vorliegt. Eventualvorsatz genügt, so etwa für den Fall, daß er die Unechtheit der Indikationsfeststellung in Kauf nimmt (Jähnke LK 11). Bloße Fahrlässigkeit oder Leichtfertigkeit reichen dagegen nicht. Weiß er etwa nicht, daß die Indikationsfeststellung von einem Arzt stammt, der mangels deutscher Approbation oder wegen Untersagung nach § 219 II nicht befugt ist (vgl. o. 8f.), so kommt ihm Tatbestandsirrtum (§ 16 I) zugute. Hält er dagegen trotz Kenntnis dieser Umstände die Indikationsfeststellung für wirksam, so handelt es sich um einen bloßen Subsumtionsirrtum (dazu § 15 RN 45). Verbotsirrtum kommt in Betracht, wenn dem abbrechenden Arzt das Erfordernis vorheriger Indikationsfeststellung nicht bekannt ist (vgl. zum parallelen Fall der Beratungspflicht § 218b RN 24). Auch die fälschliche Ansicht, sich blindlings auf die Indikationsfeststellung verlassen zu dürfen (vgl. demgegenüber o. 16), kann Verbotsirrtum begründen, der jedoch regelmäßig vermeidbar sein dürfte (vgl. Blei JA 76, 604).

20   V. Als **Täter** kommt an sich jeder in Betracht, der ohne gründliche Indikationsfeststellung abbricht, mit *Ausnahme der Schwangeren* (persönlicher Strafausschließungsgrund nach Abs. 1 S. 2). Doch kommt aus ähnlichen Gründen wie bei § 218b auch hier praktisch nur der (abbrechende) *Arzt* als Täter in Betracht. Insofern gilt entsprechendes, auch hinsichtlich der Teilnahme, wie bei § 218b (vgl. dort RN 25f.). Zur Verantwortlichkeit des (falsch begutachtenden) *Indikationsarztes* vgl. o. 1 sowie u. 22 ff.

21   VI. Für die **Subsidiarität** gegenüber § 218 gilt entsprechendes wie zu § 218b RN 28.

22   VII. Als **ergänzende** Maßnahme kommt die **Untersagung von Indikationsfeststellungen (Abs. 2)** in Betracht (vgl. Prot. VII 2430ff.). Sie soll der Ausschaltung von Ärzten aus dem Indikationsfeststellungsverfahren dienen, die aufgrund einschlägigen Fehlverhaltens keine hinreichende Gewähr für die verfassungsrechtlich gebotene Achtung des ungeborenen Lebens bieten (vgl. Laufhütte/Wilkitzki JZ 76, 336). Obgleich primär nicht gegen den Abbruch, sondern gegen die Befugnis zur Indikationsfeststellung gerichtet, ist die Untersagung doch auch für den abbrechenden Arzt insofern von *mittelbarer* Bedeutung, als die Indikationsfeststellung eines hiernach gemaßregelten Arztes als unbeachtlich zu betrachten ist (vgl. o. 9) und demzufolge dem trotzdem abbrechenden Arzt keine Straffreiheit von § 219 I verschaffen kann (Müller-Emmert DRiZ 76, 168). Im einzelnen gilt folgendes:

23   1. Die **Wirkung** der Untersagung beschränkt sich darauf, daß der Betroffene keine Indikationsfeststellungen i. S. von § 219 I mehr treffen darf. Im übrigen jedoch bleiben seine ärztlichen Befugnisse unberührt; insbesondere ist ihm weder die Untersuchung von Schwangeren samt interner Dokumentation des Untersuchungsergebnisses noch eine damit begründete Überweisung an einen Spezialarzt zwecks Schwangerschaftsabbruchs an ein Krankenhaus untersagt. Denn mit dem „*Treffen*" von Feststellungen ist lediglich die formelle Indikationsfeststellung i. S. von Abs. 1 gemeint (Müller-Emmert DRiZ 76, 168 sowie Prot. VII 2432). Insofern ist die Untersagung enger als der verwaltungsrechtliche Approbationsentzug (§§ 5ff. BÄO) und das strafrichterliche Berufsverbot (§ 70), die demgemäß gegebenenfalls vorgehen (vgl. 2. Ber. 12, Laufhütte/Wilkitzki JZ 76, 336, aber auch D-Tröndle 6, Lackner NJW 76, 1241 f.). Die Untersagung kann eine *endgültige* (Abs. 2 S. 1) oder eine *vorläufige* (Abs. 2 S. 2) sein. In beiden Fällen handelt es sich um eine durch **Verwaltungsakt** anzuordnende Maßnahme, deren Verfahren und gerichtliche Kontrolle sich nach den entsprechenden Vorschriften des Landesrechts bzw. der VwGO zu richten hat (vgl. Müller-Emmert aaO). Dies gilt auch für die landesrechtlich zu bestimmende „*zuständige Stelle*"; dazu Laufhütte/Wilkitzki aaO.

24   2. a) Die **endgültige Untersagung** (Abs. 2 S. 1) hat zur *Voraussetzung,* daß der Betroffene entweder eines der ausdrücklich genannten Abtreibungsdelikte oder eine andere mit einem Schwangerschaftsabbruch zusammenhängende Tat begangen hat, z. B. eine über den indizierten Abbruch hinausgehende Körperverletzung oder Tötung der Schwangeren oder Betrug durch ein unrichtiges Gesundheitszeugnis (§ 278) zwecks Verdeckung eines illegalen Abbruchs gegenüber dem Arbeitgeber oder der Versicherung (Jähnke LK 14). In jedem Fall muß es sich um eine *Straftat* („rechtswidrige Tat" i. S. von § 11 I Nr. 5; vgl. dort RN 40ff.) handeln; daher genügt nicht die nur als Ordnungswidrigkeit sanktionierte Verletzung der Krankenhauspflicht (dazu § 218a RN 67). Auch muß es aufgrund dieser Tat zu einer *rechtskräftigen Verurteilung* gekommen sein, wofür jedoch u. U. auch schon eine nur rechtswidrige Tatbegehung genügt, wie z. B. nach § 63 f., 70. Unerheblich ist dagegen, ob der Betroffene die verbotsbegründende Tat in seiner Funktion als Arzt oder bereits vor Erlangung der Approbation begangen hat.

25   b) Die Möglichkeit zu **vorläufiger Untersagung** (Abs. 2 S. 2) wird im Hinblick auf die u. U. unabsehbare Dauer eines Strafverfahrens bis zu seinem rechtskräftigen Abschluß eingeräumt (2. Ber. 12). Um voreiligen Diffamierungen des Betroffenen vorzubeugen, genügt dafür nicht schon jedwede Anzeige oder Tatverdächtigung; erforderlich ist vielmehr, daß es wegen einer der in Abs. 2 S. 1 genannten Taten (o. 24) zur förmlichen *Eröffnung eines Hauptverfahrens* (§ 207 StPO) gekommen ist (vgl. Prot. VII 2431 f., Laufhütte/Wilkitzki JZ 76, 336). Diesem Beschluß ist der Erlaß eines Strafbefehls (§ 409 StPO) gleichzustellen (vgl. K-Meyer 3 vor § 407).

Unrichtige ärztliche Feststellung 1–6 **§ 219a**

3. Die **Anordnung und Dauer** der Untersagung stehen im **Ermessen** der zuständigen Stelle (Laufhütte/Wilkitzki JZ 76, 336), und zwar sowohl bei der vorläufigen wie bei der endgültigen Verhängung. Dabei ist insbes. auch hinsichtlich der Dauer der Verhältnismäßigkeitsgrundsatz zu beachten (vgl. Jähnke LK 13). 26

4. Die **Nichtbefolgung der Untersagung** hat – abgesehen von der Unbeachtlichkeit der Indikationsfeststellung (o. 22) – allenfalls standesrechtliche Konsequenzen (vgl. Müller-Emmert DRiZ 76, 168). Dagegen fehlt – anders als bei Mißachtung eines strafgerichtlichen Berufsverbots (§ 145c), des Approbationsentzugs (§ 132a) oder der Anordnung des Ruhens der Approbation (§ 13 BÄO) – jede Strafbewehrung (Laufhütte/Wilkitzki JZ 76, 336). Demzufolge ist auch ein Verfall der aus einer untersagten Indikationstätigkeit gezogenen Gewinne nach § 73 ausgeschlossen. 27

VIII. Zur (heute praktisch nicht mehr bedeutsamen) **Übergangsregelung** vgl. allg. 20. A. 39 vor § 218 bzw. auf vor dem 21. 6. 1976 begangene Taten vgl. 21. A. § 219 RN 28. 28

§ 219a Unrichtige ärztliche Feststellung

(1) **Wer als Arzt wider besseres Wissen eine unrichtige Feststellung über die Voraussetzungen des § 218a Absatz 1 Nr. 2, Absatz 2, 3 zur Vorlage nach § 219 Absatz 1 trifft, wird mit Freiheitsstrafe bis zu zwei Jahren oder mit Geldstrafe bestraft, wenn die Tat nicht in § 218 mit Strafe bedroht ist.**

(2) **Die Schwangere ist nicht nach Absatz 1 strafbar.**

Schrifttum: Vgl. die Angaben zu den Vorbem. vor § 218.

I. Die Vorschrift bezweckt die Absicherung des Indikationsfeststellungssystems gegen **mißbräuchliche Ausübung der Feststellungsbefugnis** (vgl. § 219 RN 1, Laufhütte/Wilkitzki JZ 76, 336). In Ergänzung zu § 219, der primär gegen den abbrechenden Arzt gerichtet ist (vgl. dort RN 1), wendet sich § 219a als **Sonderdelikt** (vgl. u. 9) ausschließlich gegen den *indikationsstellenden Arzt*. Neben den §§ 278, 279 wurde § 219a sowohl wegen des unterschiedlichen Rechtsguts (hier zumindest mittelbar auch das ungeborene Leben; vgl. § 219 RN 1, Lackner 1, aber auch Jähnke LK 1) als auch deshalb für erforderlich gehalten, weil jene Tatbestände lediglich den Mißbrauch von Gesundheitszeugnissen gegenüber Behörden und Versicherungen erfassen (vgl. Laufhütte/Wilkitzki JZ 76, 336). Aufgrund *Subsidiarität* gegenüber § 218 wird die eigene Bedeutung dieser Vorschrift jedoch gering bleiben (vgl. Lackner NJW 76, 1242 sowie u. 10). 1

II. Die **Tathandlung** besteht darin, daß der Täter *als Arzt* eine *unrichtige Indikationsfeststellung* nach § 218a I Nr. 2, II, III *zur Vorlage* beim abbrechenden Arzt nach § 219 I *trifft*. 2

1. Der Täter muß in seiner Eigenschaft **als (indikationsfeststellender) Arzt** i. S. von § 219 handeln; dementsprechend muß er nach deutschem Recht *approbiert* sein (Jähnke LK 8, Lackner 1, Laufhütte/Wilkitzki JZ 76, 336 FN 135; vgl. dazu § 219 RN 8). Daran fehlt es aber nicht schon deshalb, weil er etwa unter Mißachtung eines Indikationsverbots nach § 219 II tätig wird (vgl. Müller-Emmert DRiZ 76, 169). 3

2. Als **Indikationsfeststellung** i. S. von § 219 gilt an sich sowohl die Bejahung wie auch die Verneinung der Voraussetzungen von § 218a I Nr. 2, II, III (vgl. § 219 RN 4). Doch kann hier nur die *positive* Annahme einer Indikation gemeint sein (and. D-Tröndle 3, Jähnke LK 7, Koch aaO 217, M-Schroeder I 85, Rudolphi SK 3), da durch ein negatives Votum das ungeborene Leben als Schutzgut nicht verletzt wird. Daher ist § 219a selbst dann zu verneinen, wenn durch fälschliche Ablehnung einer medizinischen Indikation die Gesundheit der Schwangeren gefährdet wird; denn diese ist kein alternatives, sondern lediglich ein kumulatives Schutzgut der §§ 218ff. (vgl. 7 vor § 218). Jedoch kann dann gegenüber der Frau u. U. Körperverletzung bzw. gegenüber einer getäuschten Behörde § 278 gegeben sein. 4

3. Die Indikationsfeststellung ist **unrichtig,** wenn einer der für eine Rechtfertigung nach § 218a I Nr. 2, II oder III wesentlichen Umstände (dazu § 219 RN 4f.) im Widerspruch zur Wirklichkeit als gegeben hingestellt (z. B. Suizidgefahr, hoher Wahrscheinlichkeitsgrad einer Erbschädigung, soziale Notlage, noch erstes Schwangerschaftsquartal) bzw. verneint wird (z. B. die Abwendbarkeit einer sozialen Notlage) oder das Gutachten grob unvollständig ist (Koch aaO 218; zu den Mindestanforderungen vgl. Augstein/Koch aaO 83ff.). Unrichtig ist die Feststellung jedenfalls immer dann, wenn ihr überhaupt keine oder nur eine völlig unzulängliche Untersuchung vorangegangen ist; denn mit der Indikationsfeststellung wird inzident ihr Beruhen auf einem ordnungsgemäß erhobenen Befund bestätigt (vgl. BGH 6 90 sowie § 278 RN 2; vgl. auch u. 7). 5

4. **Zur Vorlage nach § 219 bestimmt** ist die Feststellung dann, wenn sie nicht nur für die interne Patientenkartei oder zur Überweisung an einen anderen Arzt gedacht ist, sondern (zumindest auch) als Grundlage eines nach § 218a indizierten Schwangerschaftsabbruchs dienen soll. Dazu **getroffen** ist sie dementsprechend erst dann, wenn sie der Arzt nach ihrer schriftli- 6

chen Fixierung an die Schwangere, an den abbrechenden Arzt oder einen sonstigen Dritten herausgegeben hat oder herausgeben ließ, und zwar derart, daß ihre Verwendung als förmliche Indikationsfeststellung i. S. von § 219 nicht mehr ausgeschlossen ist (vgl. Jähnke LK 4, Müller-Emmert DRiZ 76, 169, Rudolphi SK 4).

7   III. Für den **subjektiven Tatbestand** wird Handeln **wider besseres Wissen** verlangt. Damit ist jedoch nur bezüglich der *Unrichtigkeit* des Inhalts bedingter Vorsatz ausgeschlossen, nicht dagegen hinsichtlich der Verwendbarkeit der Feststellung als formelle Abbruchsgrundlage nach § 219 (D-Tröndle 5, Gössel I 136, Lackner 3; and. Jähnke LK 9, Rudolphi SK 6). Wider besseres Wissen handelt der Täter nicht nur dann, wenn er um die Unrichtigkeit seiner Feststellung positiv weiß, sondern auch dort, wo er sie ohne jede vorherige Untersuchung (vgl. Jähnke LK 9, Laufhütte/Wilkitzki JZ 76, 336; and. Arzt/Weber I 156) oder ohne volle Ausschöpfung der ihm verfügbaren Erkenntnisquellen trifft (Rudolphi SK 3; einschr. Augstein/Koch aaO 86). Gleiches gilt für den Fall, daß er etwa als Chirurg um seine unzureichende Sachkompetenz bei
8   Erbschädigung weiß und dennoch auf Zuziehung eines Genetikers verzichtet (vgl. o. 5). Dagegen liegt ein Handeln wider besseres Wissen nicht schon allein in der Mißachtung eines Indikationsverbots nach § 219 II (vgl. Müller-Emmert DRiZ 76, 169). Tatbestands*irrtum* ist anzunehmen, wenn der Arzt kontraindizielle Tatsachen (z. B. Vorspiegelungen der Schwangeren, neue Heilmethoden) nicht gekannt hat (§ 16 I).

9   IV. **Täter** kann, da Sonderdelikt, nur der *feststellende Arzt* sein (D-Tröndle 2, Jähnke LK 5). Daher scheidet auch mittelbare Täterschaft durch Täuschung eines gutgläubigen Arztes aus (vgl. § 25 RN 43, Rudolphi SK 5). Dagegen sind Anstiftung und Beihilfe zu vorsätzlichem Handeln des Arztes möglich, aber nach § 28 I zu mildern (Rudolphi SK 5). Die Schwangere selbst bleibt jedoch auch hier kraft eines persönlichen Strafausschließungsgrundes (Abs. 2) straffrei, soweit es um § 219a geht, nicht dagegen hinsichtlich sonstiger konkurrierender Delikte, wie z. B. § 278 (u. 10; vgl. Jähnke LK 11). Zusammenfassend zur Strafbarkeit des Indikationsarztes in Eser/Hirsch aaO 168 ff. Vgl. auch 21 vor § 218.

10 V. Die **Strafe** entspricht der von § 278, mit dem wegen der unterschiedlichen Rechtsgüter (vgl. o. 1) Tateinheit möglich ist (Lackner 6). Dagegen besteht gegenüber § 218, gleich ob vollendet oder nur versucht, **Subsidiarität**. Deshalb kommt § 219a praktisch nur dort zur Anwendung, wo der Abbruch, zu dessen Durchführung die unrichtige Indikationsfeststellung getroffen wird und damit zumindest Beihilfe zu § 218 gegeben wäre (vgl. dort RN 38a), nicht einmal bis zum Versuch gediehen ist (vgl. Lackner NJW 76, 1242) oder der Abbruch aus einem anderen als dem fälschlich festgestellten Grund objektiv indiziert war (vgl. M-Schroeder I 84). Dagegen scheidet bei unrichtiger *Verneinung* einer Indikation § 219a schon aus tatbestandlichen Gründen aus (vgl. o. 4).

§ 219b Werbung für den Abbruch der Schwangerschaft

(1) Wer öffentlich, in einer Versammlung oder durch Verbreiten von Schriften (§ 11 Absatz 3) seines Vermögensvorteils wegen oder in grob anstößiger Weise
1. eigene oder fremde Dienste zur Vornahme oder Förderung eines Schwangerschaftsabbruchs oder
2. Mittel, Gegenstände oder Verfahren, die zum Abbruch der Schwangerschaft geeignet sind, unter Hinweis auf diese Eignung
anbietet, ankündigt, anpreist oder Erklärungen solchen Inhalts bekanntgibt, wird mit Freiheitsstrafe bis zu zwei Jahren oder mit Geldstrafe bestraft.

(2) Absatz 1 Nr. 1 gilt nicht, wenn Ärzte oder anerkannte Beratungsstellen (§ 218b Abs. 2 Nr. 1) darüber unterrichtet werden, welche Ärzte, Krankenhäuser oder Einrichtungen bereit sind, einen Schwangerschaftsabbruch unter den Voraussetzungen des § 218a vorzunehmen.

(3) Absatz 1 Nr. 2 gilt nicht, wenn die Tat gegenüber Ärzten oder Personen, die zum Handel mit den in Absatz 1 Nr. 2 erwähnten Mitteln oder Gegenständen befugt sind, oder durch eine Veröffentlichung in ärztlichen oder pharmazeutischen Fachblättern begangen wird.

Schrifttum: Siehe dazu die Angaben zu den Vorbem. vor § 218.

1   I. Die Vorschrift faßt die bis zur Abtreibungsreform getrennt geregelten Tatbestände des öffentlichen **Anerbietens zum Schwangerschaftsabbruch** (Nr. 1; § 220 a. F.) und der öffentlichen **Werbung für Schwangerschaftsabbruchsmittel** (Nr. 2; § 219 a. F.) mit geringfügigen Modifizierungen zusammen. Da derartige Vorstufen der Teilnahme wegen des Vergehenscharakters des § 218 nicht mehr durch § 30 erfaßt werden können (vgl. 17. A. § 218 RN 1, 48), kommt diesen Tatbeständen nunmehr besondere Bedeutung zu. Anders als beim Inverkehrbringen von Mitteln zum Schwangerschaftsabbruch nach § 219c, wo der Täter auf *illegalen* Abbruch abzielen muß (vgl. dort 1), richtet sich § 219b

Werbung für den Abbruch der Schwangerschaft 2–7 § 219 b

gegen die bedenkenlose Propagierung und Kommerzialisierung des Schwangerschaftsabbruchs, und zwar gleichgültig, ob dessen Durchführung im Einzelfall *legal* oder illegal wäre (1. Ber. 17f., Prot. VII 1645ff., D-Tröndle 4, Jähnke LK; krit. Arzt/Weber I 146). Ihrer Struktur nach handelt es sich um **abstrakte Gefährdungstatbestände** (vgl. Lackner 1, Rudolphi SK 1), die bereits in einem dem § 30 noch vorgelagerten Vorfeld des § 218 das ungeborene Leben gegen die Verharmlosung und Ausbeutung des Schwangerschaftsabbruchs abschirmen wollen. Vgl. auch Prot. VII 1468f. Zur Werbung für Mittel gegen Geschlechtskrankheiten vgl. § 21 GeschlKrG.

II. Gegenstand der Werbung (Abs. 1) können Dienste oder Mittel zum Schwangerschaftsabbruch sein. 2

1. Als **Dienste** (Nr. 1) kommen eigene wie auch fremde in Betracht. Auch können sie 3 sowohl in der Vornahme (eigenhändige Durchführung oder Mitwirkung) als auch in der Förderung eines Abbruchs bestehen. Für letzteres genügt bereits die Vermittlungshilfe oder der Hinweis auf Personen oder Stellen, bei denen sie zur Selbstabtreibung beschafft werden können. Da der angebotene *Schwangerschaftsabbruch nicht illegal* zu sein braucht (vgl. o. 1), kommen als Täter grundsätzlich auch *Ärzte* in Betracht, soweit sie unter den u. 5ff. genannten Voraussetzungen ihre Bereitschaft zu einem indizierten Abbruch kundtun (D-Tröndle 4, Rudolphi SK 2). Entscheidend ist jedoch, daß es sich um (zumindest auch) *abortiv* wirkende und nicht nur um nidationshemmende Dienste handelt (vgl. D-Tröndle 4 sowie u. § 219d RN 6).

2. Die in Nr. 2 genannten **Mittel** (z. B. Pharmaka wie Prostaglandine), **Gegenstände** (Kü- 4 rette oder Absauginstrumente) oder **Verfahren** (z. B. Hysterotomie; vgl. ferner § 218 RN 6) müssen zwar nicht ausschließlich bzw. ihrer spezifischen Zweckbestimmung nach, zumindest aber *auch* zum Schwangerschaftsabbruch geeignet sein. Daher scheiden einerseits sowohl reine Empfängnisverhütungsmittel bzw. -methoden, deren Anbietung nur noch gewerbe- oder gesundheitsrechtlich erfaßt wird (vgl. §§ 20f. GeschlKrG), ebenso aus wie rein nidationshemmende Handlungen (vgl. § 219d RN 6); andererseits bleiben aber etwa noch solche Präparate erfaßt, die bei entsprechender Überdosis abortiv verwendbar sind (vgl. D-Tröndle 5, Jähnke LK 3, Lackner 2, ferner § 219c RN 2). Auch ist nunmehr gesetzlich klargestellt, daß die fraglichen *Gegenstände* in der ihnen zugeschriebenen Weise *objektiv* zum Schwangerschaftsabbruch *geeignet* sein müssen (D-Tröndle 5, Jähnke LK 4, Rudolphi SK 4; and. Lackner 3). Entsprechendes gilt für die *Verfahren*, zu denen nicht nur kunstgerechte medizinische Eingriffstechniken (Absaugen, Ausschaben), sondern jedwede zur Abtötung des Embryos geeignete Methoden zählen.

III. Als **Tathandlung** kommt sowohl bei Diensten (o. 3) wie auch bei Mitteln zum 5 Schwangerschaftsabbruch (o. 4) das *öffentliche Anbieten, Ankündigen, Anpreisen* oder *Bekanntgeben* solchen Inhalts in Betracht, wenn es eines *Vermögensvorteils* wegen oder in *grob anstößiger* Weise erfolgt. Dagegen ist das Ausstellen an allgemein zugänglichen Orten (§ 219 a. F.) nicht mehr genannt, da idR mittelbar als Anbieten oder Anpreisen erfaßbar (vgl. RegE 16). Entsprechendes gilt für das schon früher fehlende Feilhalten (vgl. D-Tröndle 2).

1. Zum **Anbieten, Ankündigen** und **Anpreisen** vgl. § 184 RN 31. Für das **Bekanntgeben** 6 **von Erklärungen** über Dienste oder Mittel zum Schwangerschaftsabbruch, z. B durch Veröffentlichung von Berichten oder Inseraten in Zeitungen, genügt nicht schon der Hinweis, daß es solche Wege zum Schwangerschaftsabbruch überhaupt bzw. in bestimmten Städten gibt; erforderlich ist vielmehr, daß sie den Adressaten auf diese oder jene Weise zugänglich dargestellt werden (vgl. BT-Drs. VI/3434 S. 16, Lackner 3, M-Schroeder I 85; weitergeh. Jähnke LK 4). Soweit damit die Aufforderung zu illegalem Abbruch verbunden wird, ist auch § 111 in Tateinheit verwirklicht. Das Anbieten von *Mitteln* usw. i. S. von Nr. 2 setzt voraus, daß auf deren Eignung zum Schwangerschaftsabbruch hingewiesen worden ist, und sei es auch nur in versteckter Form. Dazu zählt jedoch nicht schon die Warnung des Herstellers von Pharmaka vor unerwünschten abortiven Nebenwirkungen (vgl. 1. Ber. 18, D-Tröndle 5); ebensowenig wird die allgemeine Aufklärung über die Existenz oder Wirkungsweise von derartigen Mitteln erfaßt (Rudolphi SK 5). Aus dem Erfordernis objektiver Geeignetheit des Mittels (o. 4) wird zu schließen sein, daß nur ein *ernstgemeintes* Anerbieten genügt. Dementsprechend sind auch im Falle von Nr. 1 Schwindelangebote nicht zu erfassen (Jähnke LK 4; and. Lackner 3).

2. Ferner muß das Anbieten usw. **öffentlich** (dazu § 184 RN 32), in einer **Versammlung** 7 (dazu § 111 RN 7) oder durch **Verbreiten von Schriften** (dazu § 11 RN 78ff., § 184 RN 34) erfolgen. Dafür genügt etwa der Abdruck von Listen abbruchswilliger Ärzte in einer Zeitschrift (D-Tröndle 2) oder die Auslage entsprechender Listen in allgemein zugänglichen Räumen, *nicht* dagegen die Mitteilung von Adressen im Rahmen von *individuellen Beratungen* (D-Tröndle 4, Jähnke LK 6). Ebensowenig wird das Erbieten gegenüber einer bestimmten Person

zu einem bestimmten Schwangerschaftsabbruch erfaßt. Da dafür auch § 30 nicht in Betracht kommt (§ 218 nur Vergehen; vgl. auch o. 1), werden solche konkreten Anerbieten oder Vermittlungsdienste erst dann strafbar, wenn es zumindest zum Versuch eines nach § 218 strafbaren Abbruchs kommt.

8 3. Zudem muß das Anbieten usw. eines **Vermögensvorteils wegen** oder **grob anstößig** erfolgen. Zum Begriff des *Vermögensvorteils* vgl. § 11 RN 68 ff., § 73 RN 4 ff. Ein solcher ist sowohl in der erstrebten Auflagensteigerung durch Veröffentlichung von Adressen als auch in der Provision für Vermittlerdienste oder in ärztlichen Honoraren zu erblicken (D-Tröndle 2, Lackner 4a), und zwar selbst insoweit, als darin kein besonderer „Risikozuschlag" enthalten ist; denn dem Arzt soll zwar nicht der entgeltliche Schwangerschaftsabbruch, wohl aber die öffentliche Bereitschaftserklärung dazu untersagt sein (vgl. 1. Ber. 18). Nicht erfaßt wird dagegen die unentgeltliche Überlassung von Aufklärungsschriften. Gleiches hat für die Weitergabe von Informationen durch frei zugängliche und auch nicht mittelbar durch interessierte Dritte finanzierte Aufklärungsaktionen zu gelten. Doch kann dies *grob anstößig* werden, wenn es in anreißerischer oder den Schwangerschaftsabbruch verherrlichender Weise geschieht (vgl. Prot. VII 1656 f.); Vermittlungsbereitschaft für nicht-indizierte Abtreibung wird schon als solche regelmäßig grob anstößig sein (Jähnke LK 7, Laufhütte/Wilkitzki JZ 76, 337).

9 **IV. Ausgenommen** von der durch Abs. 1 recht weitgezogenen Tatbestandsmäßigkeit werden durch Abs. 2 und 3 im Interesse einer funktionsgerechten Unterrichtung **berufsmäßig** mit Schwangerschaftsabbruch befaßter Personen **bestimmte Formen der Information und Werbung;** und zwar nicht erst i. S. eines Rechtfertigungsgrundes (so aber D-Tröndle 6), sondern bereits durch **tatbestandlichen** Ausschluß (Jähnke LK 8 mwN).

10 1. Für Fälle von Abs. 1 Nr. 1 wird durch **Abs. 2** sowohl **Ärzten** und **Kliniken** die Mitteilung ihrer eigenen Bereitschaft zu honoriertem Schwangerschaftsabbruch an **Beratungsstellen** wie auch der entgeltliche Austausch von Adressenlisten zwischen Ärzten, Krankenhäusern und Beratungsstellen ermöglicht. Auch gewerbsmäßige Vermittlerdienste zwischen solchen Personen und Institutionen durch Dritte sind danach zulässig (vgl. D-Tröndle 7). Entscheidend ist jedoch, daß es sich jeweils nur um die Bereitschaft zu Eingriffen handelt, die nach § 218a *gerechtfertigt* durchgeführt werden dürfen. Dazu sind heute zweifelsfrei auch sozialindizierte Abbrüche nach § 218a II Nr. 3 zu rechnen.

11 2. Für Fälle von Abs. 1 Nr. 2 werden durch **Abs. 3** zweierlei Arten von **Werbung** freigestellt: einmal solche, die sich an Ärzte oder Personen richtet, die zum *Handeln mit einschlägigen Mitteln* befugt sind; zum anderen Werbung durch Veröffentlichung in *ärztlichen oder pharmazeutischen Zeitschriften,* und zwar auch in Form dort beigelegter Reklameschriften (D-Tröndle 8, Jähnke LK 8).

12 V. Für den **subjektiven Tatbestand** ist **Vorsatz** erforderlich; bedingter genügt (Jähnke LK 9). In Fällen von Abs. 1 Nr. 2 muß der Täter die Tauglichkeit der Mittel usw. kennen. Hält er sie irrtümlich für tauglich, liegt nur (strafloser) Versuch vor.

13 VI. Als **Strafe** wird Freiheitsstrafe bis zu 2 Jahren oder Geldstrafe angedroht. Dem **Tatbeteiligten,** der ohne Vorteilsabsicht handelt, kommt § 28 I zugute. Die in § 219 III a. F. vorgesehene **Einziehung** ausgestellter Mittel usw. konnte entfallen, nachdem das Ausstellen nicht mehr unter Strafe steht (vgl. o. 5). Dagegen können Werbematerialien, *mit* denen die Mittel usw. angeboten werden, auch weiterhin als Tatwerkzeuge nach § 74 eingezogen werden. Vermögensvorteile, die aus der Tat erlangt werden, sind nach § 73 obligatorisch für **verfallen** zu erklären.

14 VII. Wegen des abstrakten Gefährdungscharakters des § 219b ist mit § 218 **Realkonkurrenz** möglich, wenn es zu einem nach Abs. 1 Nr. 1 angebotenen Abbruch kommt oder der Täter das nach Abs. 1 Nr. 2 angebotene Mittel zu einem konkreten Abbruch einsetzt (vgl. 129 vor § 52, Rudolphi SK 12), ebenso mit § 219c (vgl. D-Tröndle 10). Bei Werbung für illegale Eingriffe kommt Tateinheit mit § 111 in Betracht (Jähnke LK 10).

15 VIII. Zur **Übergangsregelung** vgl. allg. 20. A. 39 vor § 218 bzw. zu Taten vor dem 19. 6. 74 vgl. 21. A. RN 15.

§ 219 c Inverkehrbringen von Mitteln zum Abbruch der Schwangerschaft

(1) Wer in der Absicht, rechtswidrige Taten nach § 218 zu fördern, Mittel oder Gegenstände, die zum Schwangerschaftsabbruch geeignet sind, in den Verkehr bringt, wird mit Freiheitsstrafe bis zu zwei Jahren oder mit Geldstrafe bestraft.

(2) Die Teilnahme der Frau, die den Abbruch ihrer Schwangerschaft vorbereitet, ist nicht nach Absatz 1 strafbar.

(3) Mittel oder Gegenstände, auf die sich die Tat bezieht, können eingezogen werden.

Schrifttum: Siehe dazu die Angaben zu den Vorbem. vor § 218.

I. Die Vorschrift will bereits im Vorfeld des § 218 das **Inverkehrbringen von Mitteln zum illegalen Schwangerschaftsabbruch** unterbinden. Abweichend von § 218 IV a. F. genügt hier jedwedes Inverkehrbringen von Mitteln oder Gegenständen, die zum illegalen Abbruch geeignet sind (vgl. Jähnke LK 1). Insofern handelt es sich hier um ein **abstraktes Gefährdungsdelikt** (Lackner 1, Rudolphi SK 1). Doch anders als § 219b, der sich gegen Förderung durch Werbung hinsichtlich jeder Art von Schwangerschaftsabbruch richtet (vgl. dort RN 1), will § 219c lediglich dem Handel mit Mitteln zum *illegalen* Schwangerschaftsabbruch entgegenwirken. Insofern richtet sich § 219c primär gegen die Zulieferer von Laienabtreibern (vgl. 1. Ber. 18).

II. Tatobjekt können hier nur **abortive Mittel** oder **Gegenstände** sein, nicht dagegen (so bei § 219b) die Vermittlung von bloßen *Verfahren* (Lackner 2). Daß sie zum Schwangerschaftsabbruch *objektiv geeignet* sein müssen, ist nunmehr i. S. der h. M. zu § 218 IV a. F. (vgl. Lay LK[9] § 218 RN 97) ausdrücklich klargestellt (D-Tröndle 2, Koch aaO 217, M-Schroeder I 86). Daher ist der Vertrieb eines vermeintlich abortiven, in Wirklichkeit jedoch nur antikonzeptionell wirkenden Mittels nicht mehr erfaßt (vgl. Jähnke LK 3). Entsprechendes gilt für rein nidationshemmende Mittel oder Gegenstände (z. B. Intra-Uterin-Pessare, morning after-pills), nachdem diesbezügliche Handlungen nach § 219d schon tatbestandlich nicht als Schwangerschaftsabbruch gelten (vgl. dort RN 6 sowie 26 vor § 218). Jedoch ist ebenso wie bei § 219b I Nr. 2 nicht erforderlich, daß das Mittel (wie z. B. ein Absauggerät) seiner spezifischen Zielsetzung nach oder gar ausschließlich zum Schwangerschaftsabbruch geeignet wäre; vielmehr reicht auch die abortive Tauglichkeit durch bestimmungswidrigen Einsatz, z. B. durch Überdosierung von Prostaglandinen oder sonstigen Hormonpräparaten, aus (vgl. § 219b RN 4, Koch aaO 227, Rudolphi SK 2). Ist eine solche *relative Tauglichkeit* anzunehmen, kommt es im übrigen auf konkrete Wirksamkeit im Verwendungsfall nicht an (vgl. Hamm NJW **56**, 482 zu Chinin, Lackner 2).

III. Die **Tathandlung** besteht im **Inverkehrbringen** des Mittels oder Gegenstandes. Inverkehrgebracht ist ein Gegenstand dann, wenn er vom Täter derart aus seinem Gewahrsam entlassen wird, daß er von irgendeinem anderen (also nicht notwendig von einer bereits zum Abbruch entschlossenen Person) an sich genommen und nach eigenem Belieben verwendet oder weitervermittelt werden kann (vgl. D Tröndle 2, Lackner 3, Rudolphi SK 3). Damit ist einerseits jede Art von Veräußerung, gleich ob entgeltlich oder geschenkweise, gewerbsmäßig oder nur gelegentlich, erfaßt (vgl. auch § 146 RN 21), andererseits jedoch nicht genügend, daß lediglich die Möglichkeit zum Zugriff auf das Abtreibungsmittel eröffnet ist (vgl. D-Tröndle 2, Jähnke LK 4 gegen die insoweit weitergehende Auslegung des Inverkehrbringens bei §§ 6, 7 ArzneimittelG) oder nur leihweise Überlassung zu einem bestimmten Eingriff erfolgt (Gössel I 137, Lackner 3). Vgl. auch Horn NJW 77, 2329, 2333 f.

Da die Tat auf die Förderung *illegaler* Schwangerschaftsabbrüche gerichtet sein muß (vgl. o. 1, u. 7), bedurfte es (zu Recht) **keiner Ausnahmeklausel** zugunsten des Handels mit Ärzten usw. i. S. von § 219b III (vgl. RegE 17).

IV. Für den **subjektiven Tatbestand** ist *Vorsatz* sowie die *Absicht* der Förderung illegaler Eingriffe erforderlich.

1. Der **Vorsatz** muß sich auch auf die Tauglichkeit des Mittels (o. 2) erstrecken; bedingter Vorsatz genügt (Jähnke LK 5, Rudolphi SK 4). Weiß der Täter um die Untauglichkeit, kann er nach § 263 strafbar sein (vgl. § 218 RN 38). Schreibt er einem reinen Antikonzeptionsmittel bzw. Nidationshemmer (vgl. o. 2) hingegen irrtümlich abortive Kraft zu, so liegt nur (strafloser) Versuch vor. Nicht erforderlich ist dagegen die Vorstellung, daß es mit dem fraglichen Mittel tatsächlich zu einem Schwangerschaftsabbruch (bzw. einem Versuch dazu) kommt; der Vorsatz muß lediglich auf das Inverkehrbringen gerichtet sein (vgl. Lackner 4a).

2. Für die **Förderungsabsicht** ist erforderlich, daß der Täter die Verwendung des Mittels zu einem nach § 218 **rechtswidrigen** Abbruch ermöglichen will, d. h. einem solchen, der nicht nach § 218a gerechtfertigt wäre. Das ist auch dann der Fall, wenn der Schwangeren lediglich ein persönlicher Strafausschließungsgrund (§ 218 III 2) bzw. ein Absehen von Strafe (§ 218 III 3) eingeräumt ist (Jähnke LK 5). Das *Fördern* entspricht dem Hilfeleisten i. S. von § 27 I (vgl. dort RN 6 ff.); nur dieses muß zielgerichtet erfolgen, während hinsichtlich der Rechtswidrigkeit des geförderten Abbruchs auch bedingter Vorsatz genügt (vgl. D-Tröndle 3). Unerheblich ist, inwieweit der geförderte Abbruch bereits konkretisiert ist (vgl. Herzberg JR 77, 470, Koch aaO 227). Bei Handel mit Laienabtreibern wird eine *illegale* Förderungsabsicht regelmäßig anzunehmen sein (D-Tröndle 3, Jähnke LK 5), ebenso bei Überlassung von Geräten, die zur Selbstanwendung durch die Schwangere geeignet sind; nicht dagegen im Geschäftsverkehr mit Ärzten und Krankenhäusern (Lackner 4b, Rudolphi SK 4).

8 **V. Täter** kann jedermann sein, auch ein Arzt, der einem Laien ein Gerät zur Anwendung überläßt. Auch **Teilnahme** ist nach allgemeinen Grundsätzen (§§ 26, 27) möglich. § 28 findet
9 keine Anwendung. Dagegen ist auch hier die **Schwangere** durch einen persönlichen Strafausschließungsgrund (Abs. 2) insoweit **freigestellt**, als sie zur Vorbereitung des an ihr vorgenommenen Eingriffs am Inverkehrbringen beteiligt war. Demzufolge bleibt die Schwangere straflos, wenn sie einen anderen zur Überlassung eines Abbruchsgerätes anstiftet (Rudolphi SK 5). Ihre etwaige Strafbarkeit nach § 218 III bei Durchführung des Schwangerschaftsabbruchs bleibt davon selbstverständlich unberührt.

10 **VI. Der Versuch** ist hier **nicht strafbar.** Ist das Inverkehrbringen **vollendet,** so kommt – anders als bei dem als versuchte Beihilfe zu einem konkreten Schwangerschaftsabbruch konstruierten § 218 IV a. F. (vgl. 17. A. 57) – im Hinblick auf den abstrakten Gefährdungscharakter des § 219c (vgl. o. 1) ein strafbefreiender **Rücktritt** in analoger Anwendung des § 31 **nicht** mehr in Betracht, und zwar selbst dann nicht, wenn der Abbruch, zu dem das überlassene Gerät Verwendung finden sollte, auf Betreiben des Lieferanten unterbleibt (vgl. § 24 RN 109). Etwas anderes könnte allenfalls dann gelten, wenn das Abortivum gerade zu einem bestimmten Abbruchsversuch hingegeben worden war, es sich daher materiell (nur) um eine *konkrete* Gefährdung gehandelt hat; in diesem Falle wäre an die Heranziehung der bei § 24 RN 116 erörterten Grundsätze zu denken (teils and. Jähnke LK 7).

11 **VII.** Als **Strafe** ist Freiheitsstrafe bis zu 2 Jahren oder Geldstrafe angedroht. Die in Verkehr gebrachten Mittel und Gegenstände unterliegen nach Abs. 3 der **Einziehung.** Dies ausdrücklich vorzusehen, war erforderlich, weil nach § 74 grundsätzlich nur Tatwerkzeuge und Tatprodukte, nicht dagegen bloße Tatobjekte, auf die sich eine Tat (wie hier das Inverkehrbringen) bezieht, eingezogen werden können (vgl. dort RN 5ff.). Eine „strafähnliche" Dritteinziehung nach § 74a ist, da hier nicht ausdrücklich vorgesehen, ausgeschlossen.

12 **VIII.** Für das **Verhältnis zu § 218** ist davon auszugehen, daß bei Schwangerschaftsabbruch mittels des inverkehrgebrachten Gegenstandes § 219c als abstraktes Gefährdungsdelikt nicht als subsidiär zurücktritt (so oben Gössel I 137), sondern grundsätzlich in *Tatmehrheit* zu § 218 steht (vgl. 129 vor § 52, D-Tröndle 6, M-Schroeder I 86, Rudolphi SK 7; nach Lackner 7 und Preisendanz § 219b Anm. 6 auch Tateinheit möglich). Dies wird im wesentlichen in drei Fallgruppen praktisch: Einmal da, wo der Täter z. B. ein Absauggerät zu einem schon hinreichend konkretisierten Abbruch überläßt, im Hinblick darauf also bereits mit Teilnehmervorsatz handelt (abw. für Subsidiarität von § 219c D-Tröndle 6, Jähnke LK 8, Rudolphi SK 7); zum anderen dort, wo er das Gerät einer Dritten zu einem noch nicht bestimmten Abbruch überläßt hat, dann aber an dessen Durchführung mitwirkt; sowie schließlich da, wo der Täter oder Teilnehmer des Abbruchs nach § 218 I zur Erlangung des dafür erforderlichen Geräts einen anderen zur Überlassung angestiftet oder dabei mitgewirkt hat (zur Straflosigkeit der Teilnahme der Schwangeren vgl. o. 9). Solange ein Laienabtreiber dagegen seine Geräte nur selbst benutzt bzw. lediglich zur Durchführung eines konkreten Abbruchs überläßt, ohne sie dabei freiverfüglich in Verkehr zu bringen (vgl. o. 3), ist § 219c schon tatbestandlich nicht erfüllt, so daß lediglich Täterschaft bzw. Teilnahme nach § 218 I in Betracht kommt. Im übrigen ist § 219c auch als *fortgesetzte* Tat möglich. Mit § 219b (öffentliche Form der Werbung) kommt bei nachfolgender Verschaffung nach § 219c Tatmehrheit in Betracht (D-Tröndle § 219b RN 10). Mit §§ 222, 230 ist Tateinheit denkbar (Lackner 7, Rudolphi SK 7).

13 **IX.** Zur (heute praktisch nicht mehr bedeutsamen) **Übergangsregelung** vgl. 20. A. RN 14.

§ 219d Begriffsbestimmung

Handlungen, deren Wirkung vor Abschluß der Einnistung des befruchteten Eies in der Gebärmutter eintritt, gelten nicht als Schwangerschaftsabbruch im Sinne dieses Gesetzes.

Schrifttum: Lüttger, Genese und Probleme einer Legaldefinition, Sarstedt-FS 169. – Vgl. ferner die Angaben zu den Vorbem. vor § 218.

1 **I.** Die durch das 15. StÄG eingefügte Vorschrift ersetzt die in § 218 I idF des 5. StrRG enthaltene Fristregel, wonach nur der „später als am 13. Tage nach der Empfängnis" vorgenommene Schwangerschaftsabbruch unter Strafe gestellt war, durch eine materielle Begriffsbestimmung (zur Genese und Begründung näher Lüttger aaO). Damit sollen Eingriffe in der Frühphase der Schwangerschaft, soweit sie lediglich **nidationsverhindernde** Wirkung haben, schon **tatbestandlich** aus dem Verbotsbereich des Schwangerschaftsabbruchs **ausgenommen** werden (2. Ber. 13). Das mag zwar kriminalpolitisch berechtigt sein (vgl. oben 6, 26 f. vor § 218), ist jedoch gesetzestechnisch schwerlich voll geglückt.

2 Diese Ersetzung der früheren – gewiß nicht mangelfreien – *formellen* Fristregel durch eine **materielle Umschreibung des Nidationszeitpunkts** wird damit begründet, daß der 13. Tag nach der Empfängnis zwar das statistische Mittel des Nidationsabschlusses darstelle, dieser aber auch schon vor oder nachher eintreten könne (Prot. VII 2433 f.). Doch wird dadurch medizinisch-biologische Genauigkeit

Begriffsbestimmung 3–5 § 219 d

nicht nur mit einem Verlust an Praktikabilität (vgl. aber demgegenüber Lüttger aaO 181 ff.), sondern auch mit anderweitigen Problemen erkauft; denn während der Nidationszeitpunkt nach heutigen Erkenntnissen praktisch nicht fixierbar ist, läßt sich der Empfängniszeitpunkt immerhin durch Rückrechnung auf die letzte Periode bestimmen (vgl. u. 5). Soweit zum anderen die Notwendigkeit einer *allgemeinen Begriffsbestimmung* anstelle einer auf § 218 beschränkten damit begründet wird, daß andernfalls in sonstigen Vorschriften (wie etwa bei Beratungspflichten oder Werbeverbot nach den §§ 219b, 219c) Schwangerschaftsabbruch in einem weiteren, auch Nidationshemmer umfassenden Sinne hätte mißverstanden werden können (Laufhütte/Wilkitzki JZ 76, 329, Müller-Emmert DRiZ 76, 164 f.), war eine solche Besorgnis bereits durch einhellig gegenteilige Interpretation widerlegt (vgl. 18. A. 13 vor § 218, § 219a RN 4, § 219b RN 2 sowie D-Tröndle § 219b RN 5, § 219c RN 2). Auch daß bei Abheben auf die *nidationshindernde Wirkung* der Arzt von strafrechtlichem Risiko frei sei (Laufhütte Prot. VII 2433), trifft nur begrenzt zu. Denn zeitlichen Spekulationen ist er im Grunde nur bei *reinen* Nidationshemmern enthoben (vgl. Franz Prot. VII 2434). Bleibt ihm dagegen nur ein u. U. auch noch abortiv wirkendes Verfahren, wie z. B. der Ausschabung (vgl. u. 3), so kann er diesen Weg nur wählen, wenn er aufgrund entsprechender zeitlicher Berechnungen die Nidation noch nicht für abgeschlossen zu halten braucht (vgl. auch Jähnke LK 2, Rudolphi SK 2). Daß damit gerade der gewissenhafte Arzt einem gesteigerten Risiko ausgesetzt wird, scheint dem Gesetzgeber völlig entgangen zu sein; denn während der „großzügige" Arzt sich durch die Unsicherheit des Nidationszeitpunktes dazu verleitet sehen könnte, diesen möglichst spät anzusetzen und damit notfalls über Tatbestandsirrtum Straffreiheit zu erlangen (vgl. § 218 RN 27), handelt der einen früheren Nidationsabschluß einkalkulierende Arzt mit bedingtem Abbruchsvorsatz und macht sich damit wegen Versuchs strafbar (vgl. § 218 RN 32 sowie Blei JA 76, 531 f.). Auch daß mit § 219d primär die Ärzteschaft angesprochen sei (Laufhütte/Wilkitzki JZ 76, 330), verrät ein fragwürdiges Strafrechtsverständnis – ganz abgesehen davon, daß gerade die Frühphase der einzige Zeitraum ist, in dem die Schwangere u. U. auch noch ärztliche Hilfe den Nidationseintritt verhindern könnte und deshalb durch eine mehr *formelle* zeitliche Befristung Klarheit über den straffreien Raum erhalten sollte. Näher zum Ganzen auch Gropp aaO 35 ff., 193 ff., Koch aaO 97 ff.

II. Im einzelnen gilt unter folgenden **Voraussetzungen** eine Handlung nicht als Schwangerschaftsabbruch:

1. Die in Betracht kommenden **Handlungen** sind in umfassendem Sinne zu verstehen. Da der 3 Gesetzgeber bewußt darauf verzichtet hat, die Ausschlußklausel des § 219d auf spezifische Nidationshemmer zu beschränken (Prot. VII 2434), kommen dafür Mittel und Verfahren verschiedenster Art in Betracht: so vor allem die Verabreichung oder Einnahme von Medikamenten (wie z. B. morning after-pills; vgl. aber auch vorausschauend Hirsch MedR 87, 15 zur Gefahr einer Weiterentwicklung solcher Pharmazeutica bis hin zu fruchtabstoßenden „Abtreibungspillen", wie sie inzwischen mit der Entwicklung des Präparates RU-486 eingetreten zu sein scheint, wobei freilich eine klinische Prüfung oder Zulassung in der Bundesrepublik bislang offenbar nicht ins Auge gefaßt ist: vgl. BT-Drs. 11/2094 S. 29), ferner die Anwendung sonstiger chemischer oder mechanischer Mittel (Pessare, Spiralen und Schleifen), oder auch operative Behandlungen und Verfahren (wie Ausspülung oder Ausschabung), die darauf gerichtet oder dazu geeignet sind, bei einem bereits befruchteten Ei die volle Einnistung in die Gebärmutter zu verhindern. Dagegen gehören ausschließlich *empfängnisverhütende* Mittel *nicht* zu solchen Handlungen; denn da sie eine bereits bestehende Schwangerschaft nicht mehr beeinflussen können, liegen sie noch im Vorfeld der §§ 218 ff. und bedürfen daher auch keines besonderen tatbestandlichen Ausschlusses.

2. Die **Wirkung** der Handlung muß **vor Nidationsabschluß eintreten.** Dieses Erfordernis ist 4 nicht so zu verstehen, als ob damit nur ausschließlich nidationshemmende Mittel und Verfahren erfaßt würden; denn da § 219d nicht auf die *Art* der Maßnahme, sondern lediglich auf ihre nidationshemmende *Wirkung* abstellt, kommen dafür auch Verfahren, die (wie etwa die Ausschabung) an sich auch noch *abortiv* wirken, d. h. die Vernichtung eines bereits eingenisteten Eies bewirken könnten, in Betracht, vorausgesetzt jedoch, daß sie im konkreten Fall – weil noch rechtzeitig vor Nidationsabschluß vorgenommen – tatsächlich nur die Nidation verhinderten (gerade umgekehrt, weil im Ansatz verfehlt, M-Schroeder I 70). Entscheidend ist ferner, daß durch das Mittel oder den Eingriff nicht nur, wie der Wortlaut des § 219d nahelegen könnte, *irgendeine* Wirkung (z. B. bloße Nidationsverzögerung) eintritt, sondern daß dadurch das Ei *abstirbt* (Lüttger aaO 177); denn der Tatbestandsausschluß findet seinen Grund nicht schon darin, daß vor Nidationsabschluß eine schwangerschaftsbeeinflussende Maßnahme vorgenommen, sondern dadurch noch nicht voll individuiertes Leben vernichtet wurde (vgl. 26 vor § 218).

3. Fraglich ist, ob und inwieweit die Annahme einer nur nidationsverhindernden Maßnahme 5 die Fixierung des (potentiellen) **Nidationszeitpunktes** voraussetzt. Soweit es sich um *reine Nidationshemmer* handelt, ist dies entbehrlich; denn sofern ein Mittel schon seiner Art nach ein bereits eingenistetes Ei nicht mehr beeinträchtigen kann, ist der Zeitpunkt seines Einsatzes für

Eser 1619

§ 219d unerheblich. Deshalb bedarf es bei solchen Mitteln auch keiner Reflexion darüber, ob der Nidationszeitpunkt möglicherweise bereits überschritten ist oder nicht. Soweit ein Mittel oder Verfahren dagegen sowohl nidationsverhindernde als auch noch abortive Wirkung haben kann – und eine solche *ambivalente Wirkung* ist offenbar nicht allgemein auszuschließen (vgl. Döring, Empfängnisverhütung[12] [1990] 51f., Hirsch MedR 87, 15) –, wäre an sich für den konkreten Einzelfall festzustellen, daß im Zeitpunkt des tödlichen Wirkungseintritts die Nidation noch nicht abgeschlossen war. Da damit den Beteiligten jedoch eine nach heutigen medizinischen Erkenntnissen praktisch undurchführbare Prüfung aufgegeben würde (vgl. Bardens Prot. VII 2433), bleibt kein anderer Weg als der einer Berechnung aufgrund von allgemeinen Erfahrungswerten, und zwar durch Rückrechnung auf den vermutlichen *Empfängniszeitpunkt* und von dort auf die letzte *Menstruation*. Danach ist die Nidation idR mit Ablauf des 13. Tages nach der Empfängnis abgeschlossen und diese ihrerseits rund 2 Wochen nach Beginn der letzten Regel anzusetzen (vgl. Langman, Embryologie[7] (1985) 43f., Martius, Lehrb. der Geburtshilfe[11] (1985) 36). Zusammengerechnet bedeutet dies, daß bei schwangerschaftsbezogenen Maßnahmen, die nicht schon ihrer Art nach auf Nidationsverhinderung beschränkt sind, eine solche Wirkung idR so lange angenommen werden kann, als sie innerhalb der ersten **4 Wochen seit Beginn der letzten Menstruation** eintritt bzw. einzutreten pflegt (zust. Rudolphi SK 2, Lüttger aaO 182). Legen Besonderheiten des Einzelfalles einen früheren oder späteren Wirkungszeitpunkt nahe, so ist selbstverständlich dieser maßgeblich; denn anders als bei der fristmäßigen Abgrenzung nach § 218 I idF des 5. StrRG (o. 1) ist bei § 219d an sich der tatsächliche Wirkungseintritt entscheidend. Erst dann, wenn sich diese Feststellung für den konkreten Einzelfall nicht treffen läßt, ist der Nidationszeitpunkt mit Hilfe genereller Rückrechnungen zu fixieren. Dies wird freilich in der Praxis die Regel sein, was freilich nicht zu einer „großzügigen Handhabung der Daten" berechtigt, um auf diese Weise das in § 218a III statuierte Fristerfordernis zu unterlaufen (vgl. BGH NJW **89**, 1536). Zu etwaigen Irrtümern aufgrund falscher tatsächlicher Prämissen oder fehlerhafter Berechnungen vgl. o. 2 sowie § 218 RN 27, 32. Näher zum Ganzen Gropp aaO 35 ff.

6   **III.** Eine Handlung mit *nur nidationsverhindernder Wirkung* im vorgenannten Sinne **gilt nicht als Schwangerschaftsabbruch** i. S. dieses Gesetzes. Das bedeutet, daß sie schon tatbestandlich nicht dem Verbot des § 218 unterfällt und demzufolge auch weder einer besonderen Rechtfertigung nach § 218a noch einer vorgängigen Indikationsfeststellung nach § 219 bzw. Beratung nach § 218b bedarf (Rudolphi SK 1; vgl. im einzelnen 26f. vor § 218). Dementsprechend werden nidationshemmende Mittel auch vom Werbe- und Vertriebsverbot der §§ 219b und 219c schon tatbestandlich nicht erfaßt (vgl. dort RN 4 bzw. 2). Zwar gilt diese negative Legaldefintion an sich nur für dieses Gesetz. Doch ist sie über das StGB hinaus jedenfalls überall dort als verbindlich anzusehen, wo es um Schwangerschaftsabbruch im strafrechtlichen Sinne geht. Dies ist insbes. im StrREG der Fall (vgl. 1 vor § 218).

7   Im übrigen jedoch läßt § 219d medizinische Sachverhalte und Termini unberührt. Insbes. wird dadurch nicht ausgeschlossen, auch schon vor Nidationseintritt das Vorliegen einer Schwangerschaft anzunehmen (and. offenbar 2. Ber. 13); denn mit dem „Nichtgelten" nidationsverhindernder Maßnahmen als Schwangerschaftsabbruch sollen diese lediglich normativ aus dem Regelungsbereich des Abtreibungsverbots ausgenommen werden. Ebensowenig ist dem § 219d eine Aussage über den Beginn des „Menschseins" zu entnehmen (vgl. Eser in Günther/Keller aaO 282ff.). Zu etwaigen Subsumtionsirrtümern vgl. Gössel JR 76, 2 sowie § 218 RN 27, 31f.

8   **IV.** Andererseits wird durch § 219d nicht ausgeschlossen, danach nicht als Schwangerschaftsabbruch erfaßbare Eingriffe in der Frühphase **anderweitig tatbestandlich** zu erfassen, wie dies neuerdings durch das **Embryonenschutzgesetz** geschehen ist (dazu 6a vor sowie 4b zu § 218).

§ 220 [Erbieten zur Abtreibung] *sachlich aufgegangen in § 219b I Nr. 2 (vgl. dort RN 1)*.

§ 220a Völkermord

(1) **Wer in der Absicht, eine nationale, rassische, religiöse oder durch ihr Volkstum bestimmte Gruppe als solche ganz oder teilweise zu zerstören,**
1. **Mitglieder der Gruppe tötet,**
2. **Mitgliedern der Gruppe schwere körperliche oder seelische Schäden, insbesondere der in § 224 bezeichneten Art, zufügt,**
3. **die Gruppe unter Lebensbedingungen stellt, die geeignet sind, deren körperliche Zerstörung ganz oder teilweise herbeizuführen,**
4. **Maßregeln verhängt, die Geburten innerhalb der Gruppe verhindern sollen,**
5. **Kinder der Gruppe in eine andere Gruppe gewaltsam überführt,**
wird mit lebenslanger Freiheitsstrafe bestraft.

Völkermord 1–8 § 220a

(2) **In minder schweren Fällen des Abs. 1 Nr. 2 bis 5 ist die Strafe Freiheitsstrafe nicht unter fünf Jahren.**

Schrifttum: Bassionni, Intern. Criminal Law, 1986, 269 ff. – *Berber,* Völkerrecht II, 1962. – *Campbell,* § 220a – Der richtige Weg zur Verhütung u. Bestrafung von Genozid?, 1986. – *Coing,* Grundrechte der Menschenwürde usw., SJZ 47, 641. – *Dahm,* Völkerrecht III, 1971. – *Drost,* Genocide, The crime of state Bd. II, 1959. – *Hoffmann,* Strafrechtliche Verantwortung im Völkerrecht, 1962. – *Jescheck,* Die internat. GenocidiumKonv. v. 9. 12. 48, ZStW 66, 193. – *Ders.,* Entwicklung, gegenwärtiger Stand u. Zukunftsaussichten des intern. Strafrechts, GA 81, 58. – *Robinson,* The Convention, 1949. – *Stillschweig,* Das Abk. zur Bekämpfung von Genocide, Friedenswarte 1949, 93. – *Wegner,* Der strafrechtliche Schutz des Völkerrechts, Mat. I 357.

1   I. Die strafrechtliche Sanktionierung des Völkermords (**Genocidium**), eingefügt durch Ges. v. 1 9. 8. 54 (BGBl. II 729), beruht auf Art. II der Intern. Konv. über die Verhütung und Bestrafung des Völkermordes v. 9. 12. 48 (dt. in Europa-Arch. 1949, 2310); dazu Jescheck ZStW 66, 197 ff., GA 81, 58 f., Stillschweig aaO 94 ff. Die systematische Einordnung dieses Tatbestandes ist nicht glücklich, da 2 es sich in den Fällen von Abs. 1 Nr. 2–5 in erster Linie nicht um Verbrechen wider das Leben, sondern eher um solche gegen die **Menschlichkeit** handelt (Gössel I 12, Jähnke LK 4, M-Schroeder I 11). Zur Entstehungsgeschichte Campbell aaO, der – ausgehend von Genozid als staatlich koordiniertem, unterstütztem bzw. geduldetem Verbrechen – für Streichung des § 220a eintritt.

3   II. **Schutzobjekte** sind *nationale, rassische, religiöse* und *völkische* (ethnische) **Gruppen,** wobei 3 deren (tatsächliche oder auch nur vermeintliche [letzterenfalls and. Jähnke LK 10]) Mitglieder das physische Angriffsobjekt bilden (vgl. Horn SK 2). Ein räumlicher Zusammenhang innerhalb dieser Gruppen ist nicht erforderlich. Politische Gruppen zählen nicht hierzu, obwohl gerade für sie die Gefahr besteht, von Ausschreitungen und Verfolgungen betroffen zu werden. Ebensowenig werden nach dieser Vorschrift wirtschaftliche Gruppen geschützt (Jähnke LK 9).

4   III. Für die **Tathandlung** ist erforderlich, daß die biologisch-physische Integrität der Mitglie- 4 der dieser Gruppen durch bestimmte, im einzelnen **abschließend** aufgezählte Handlungen verletzt oder gefährdet wird. Eine lediglich kulturelle Unterdrückung reicht nicht aus (Stillschweig aaO 98), so z. B. nicht das Verbot einer bestimmten Sprache oder der Ausschluß von bestimmten Berufen, auch nicht die Zerstörung von Bibliotheken, Gotteshäusern, heiligen Schriften. Da nur die *biologisch-physische Integrität* geschützt ist, kommen als seelische Schäden in Nr. 2 nur solche in Betracht, die sich mittelbar in nicht unerheblichem Maße physisch auswirken (vgl. Jescheck aaO 213). Solche Schäden können etwa durch medizinische Experimente oder durch Erzeugung von Sucht mittels Verbreitung von Rauschgiften herbeigeführt werden (Jähnke LK 11, Stillschweig aaO 97). *Lebensbedingungen* i. S. der Nr. 3 werden z. B. geschaffen, indem einer Gruppe das Lebensnotwendigste entzogen oder ärztliche Pflege versagt wird. Eine *Maßnahme* i. S. der Nr. 4 kann die Sterilisation sein, aber auch die Trennung der Geschlechter oder ein Heiratsverbot (Stillschweig aaO 97, Robinson aaO 18). Dagegen reicht die bloße Freigabe der Abtreibung nicht aus (Kohlrausch/Lange V). Es genügt die Handlung gegen einen *Einzelnen,* wenn er als Angehöriger einer Gruppe und nicht aus persönlichen Gründen angegriffen wird (Stillschweig aaO 99, Jescheck ZStW 66, 213). Unerheblich ist, ob die Handlung in Kriegs- oder Friedenszeiten begangen wird (Jähnke LK 10).

5   IV. Der **subjektive Tatbestand** erfordert **Vorsatz** und die **Absicht** (zielgerichtetes Handeln; 5 vgl. § 15 RN 65 ff.), eine der geschützten Gruppen als solche **ganz oder teilweise zu zerstören.** Diese Absicht kann nicht nur bei Massenaktionen gegeben sein, sondern auch bei einer Einzeltat, sofern der Wille des Täters über diese hinaus auf die Zerstörung einer Gruppe gerichtet ist. Es braucht nicht beabsichtigt zu sein, die völkische Substanz zu vernichten. Eine Gruppe wird als solche auch dann (teilweise) zerstört, wenn die Führungsschicht ausgemerzt wird (Jescheck ZStW 66, 213, Horn SK 3). An der Absicht kann es fehlen, wenn jemand die Tat auf Befehl ausführt (vgl. Robinson aaO 15).

6   V. **Täter** kann ein einzelner sein. Eine Verbindung zu einer größeren, schlagkräftigen Gruppe 6 braucht nicht zu bestehen. Fehlt einem Tatbeteiligten die Zerstörungsabsicht, so ist er nur als Teilnehmer strafbar, jedoch ohne Anwendbarkeit von § 28 (Jähnke LK 12).

7   VI. Als **Strafe** ist wie bei § 211 lebenslange Freiheitsstrafe angedroht. In *minderschweren* Fällen 7 (Abs. 2) kommt Freiheitsstrafe von 5 bis 15 Jahren in Betracht, wobei jedoch der Fall von Abs. 1 Nr. 1 (Tötung eines Gruppenmitgliedes) von der Strafmilderung ausgenommen ist.

8   VII. Die Tat des § 220a gilt in *keinem* Fall als *politische.* § 6 II IRG ist nicht anwendbar. Nach dem 8 *Weltrechtsprinzip* (§ 6 Nr. 1) ist § 220a unabhängig vom Tatortrecht verfolgbar. Die Verfolgungs- und Vollstreckungs*verjährung ist ausgeschlossen* (§§ 78 II, 79 II).

§ 221 Aussetzung

(1) Wer eine wegen jugendlichen Alters, Gebrechlichkeit oder Krankheit hilflose Person aussetzt, oder wer eine solche Person, wenn sie unter seiner Obhut steht oder wenn er für ihre Unterbringung, Fortschaffung oder Aufnahme zu sorgen hat, in hilfloser Lage verläßt, wird mit Freiheitsstrafe von drei Monaten bis zu fünf Jahren bestraft.

(2) Wird die Handlung von Eltern gegen ihr Kind begangen, so tritt Freiheitsstrafe von sechs Monaten bis zu fünf Jahren ein.

(3) Ist durch die Handlung eine schwere Körperverletzung (§ 224) der ausgesetzten oder verlassenen Person verursacht worden, so tritt Freiheitsstrafe von einem Jahr bis zu zehn Jahren und, wenn durch die Handlung der Tod verursacht worden ist, Freiheitsstrafe nicht unter drei Jahren ein.

Vorbem. Abs. 2 idF des AdoptG v. 2. 7. 76 (BGBl. I 1749).

Schrifttum: v. Els, Zur Auslegung des § 221 StGB, NJW 67, 966. – *Feloutzis,* Das Delikt der Aussetzung nach dt. u. griech. Recht, 1984. – *Hall,* Die normativen Tatbestandselemente der Aussetzung, SchwZStr. 46, 328.

1   I. Der Tatbestand (zu seiner Entwicklung vgl. Feloutzis aaO 83ff.) erfaßt mit seinen beiden Alternativen des *Aussetzens* bzw. *Verlassens in hilfloser* Lage besondere Fälle **(konkreter) Lebensgefährdung** (Blei II 63 f., Gössel I 109, Lange LK⁹ 1, M-Schroeder I 58, Ulsenheimer StV 86, 202, Wessels II/1 S. 44). Demgegenüber will die wohl h. M. auch schon eine bloße *Leibes*gefährdung genügen lassen (vgl. RG JW 38, 2334, BGH **25** 219, MDR/H **82**, 448, KG JR **73**, 72 m. Anm. Schröder, D-Tröndle 1, Horn SK 3, Lackner 1, Welzel 296; einschr. auf schwerwiegende Leibesgefahr Feloutzis aaO 100ff., Jähnke LK 4); dagegen spricht jedoch nicht nur die Systematik des Gesetzes, sondern auch die Gefahr der Ausuferung in den ansonsten straffreien Bereich des einfachen Körperverletzungsversuchs.

2   II. **Tatobjekt** kann nur eine aus bestimmten Gründen hilflose Person sein.

3   1. **Hilflos** ist eine Person, wenn sie sich nicht selbst zu schützen oder zu helfen vermag, und zwar gegenüber einer Lebensgefährdung (vgl. o. 1, demgegenüber Hamm VRS **19** 431; eingeh. Feloutzis aaO 120 ff.). Unerheblich ist, ob die Hilflosigkeit verschuldet oder unverschuldet bzw. dauernd oder nur vorübergehend ist.

4   2. Jedoch ist der Schutz auf **bestimmte Ursachen der Hilflosigkeit** beschränkt, und zwar auf jugendliches Alter, Gebrechlichkeit oder Krankheit. Die *Jugendlichkeit* ist insbes. für Neugeborene und nicht selbst versorgungsfähige Kinder bedeutsam (vgl. RG **7** 112, BGH **21** 44). Für *Gebrechlichkeit* genügt jede die Bewegungsfreiheit behindernde Störung der körperlichen Gesundheit. Unter *Krankheit* ist jeder pathologische Zustand zu verstehen, und zwar gleichgültig, ob schicksalhaft oder durch vorsätzliche Verletzung herbeigeführt. Auch Bewußtlosigkeit oder starke Berauschung können einen solchen Zustand bewirken (vgl. RG **5** 393, BGH **26** 36, NStZ **83**, 454, Hamm VRS **19** 431), ebenso der Geburtsakt (RG **54** 273), während dies bei Schwangerschaft verneint wird (vgl. RG **77** 70).

5   III. Als **Tathandlung** kommt *Aussetzen* oder *Verlassen in hilfloser Lage* in Betracht.

6   1. Durch das **Aussetzen (1. Alt.)** muß der Schutzbedürftige (o. 3f.) aus bisher sicherer in eine hilflose Lage versetzt werden (vgl. RG **7** 111, **31** 167, **54** 274), und zwar durch *Veränderung seines Aufenthaltsortes*. Dies kann bereits bei Verbringen eines Volltrunkenen auf die Straße in kalter Nacht (KG JR **73**, 73) oder bei Gefährdung durch den Straßenverkehr (vgl. BGH **26** 35) der Fall sein. Dagegen genügt nicht schon das bloße Abschneiden von Hilfsmitteln oder der Zwang, in hilfloser Lage zu verharren (RG GA Bd. **54** 297); allerdings kommt dann u. U. die 2. Alt. (u. 7) in Betracht. Nicht erforderlich ist gewaltsames Wegschaffen; vielmehr kann schon genügen, daß das Opfer durch Täuschung oder Drohung zum Verlassen eines sicheren Ortes veranlaßt wird (vgl. RG GA Bd. **45** 357). Im übrigen muß die bisherige sichere Lage grundsätzlich eine *legale* sein (and. Gössel I 111); daher ist etwa Notwehr nicht deshalb ausgeschlossen, weil der Einbrecher durch Verweisung aus dem Haus in hilflose Lage gerät (M-Schroeder I 59; and. Jähnke LK 9; vgl. auch KG JR **73**, 73 m. Anm. Schröder).

6a Die Tat kann auch **durch Unterlassen** begangen werden (D-Tröndle 5, Horn SK 6, M-Schroeder I 60; vgl. aber auch RG **7** 112, **31** 167, Blei II 64). Denn sofern der Aufenthaltsort des Opfers zu dessen Nachteil geändert wird, kann es im übrigen nicht mehr entscheidend darauf ankommen, ob dies durch positives Tun oder dadurch geschieht, daß der Garant pflichtwidrig (§ 13) ein „Sich-selbst-aussetzen" des Opfers geschehen läßt. Dementsprechend kann z. B. ein Kindermädchen sowohl dadurch aussetzen, daß es den Babywagen aktiv in einen Abgrund stößt, als auch dadurch, daß es ihn die abschüssige Böschung hinunterrollen läßt (Jähnke LK 10).

7   2. Für das **Verlassen in hilfloser Lage (2. Alt.)** ist charakteristisch, daß zwar der Aufenthaltsort

Aussetzung 7a–9a §**221**

des Opfers unverändert bleibt, stattdessen sich jedoch der Täter entfernt. Nach h. M. soll dafür eine *räumliche Trennung* erforderlich sein (vgl. RG **10** 184, **38** 378, BGH **21** 47 m. Anm. Dreher JZ 66, 577, Geilen JZ 73, 324, Horn SK 7; i. E. auch Feloutzis aaO 181 ff., Jähnke LK 14). Dies kann jedoch nicht überzeugen; denn „verlassen" ist der Hilflose auch dann, wenn er vom Täter **im Stich gelassen** wird (vgl. Blei II 64, Gössel I 21, M-Schroeder I 60 f., Welzel 296, Wessels II/ 1 S. 45 f.); daher kann es nicht darauf ankommen, ob eine Krankenschwester einen Hilfsbedürftigen dadurch gefährdet, daß sie das Zimmer verläßt oder – im Zimmer bleibend – keine Hilfe leistet (vgl. auch RG DR **41**, 193 m. Anm. Mezger). Anders als das Jedermannsdelikt des Aussetzens setzt aber das Verlassen eine entsprechende **Obhutspflicht** voraus (vgl. u. 9).

Ähnlich dem Aussetzen (o. 6a) kann auch diese Tatbestandsalternative **durch Unterlassen** 7a verwirklicht werden (vgl. BGH **25** 218, NStZ **83**, 454), und zwar vor allem dadurch, daß der Täter entgegen einer entsprechenden Pflicht an den Aufenthaltsort des Schutzbedürftigen *nicht zurückkehrt* (BGH **21** 47 f., Blei II 64, van Els NJW 67, 966, Wessels II/1 S. 45 f.; insoweit ebenso Feloutzis aaO 149 ff., Jähnke LK 14; and. Dreher JZ 66, 581, Horn SK 9 f.). Zudem kann es auch hier – und zwar noch weniger als beim aktiven Verlassen (o. 7) – auf räumliche Trennung nicht ankommen, sondern bereits genügen, daß der Täter in einer Situation der Hilflosigkeit des zu Betreuenden nichts unternimmt (vgl. Eser III 122).

3. Als **Folge** des Aussetzens oder Verlassens muß das Opfer in hilflose oder zumindest 8 weniger gesicherte Lage geraten bzw. die bereits bestimmte Hilflosigkeit zur Gefahr werden (vgl. BGH MDR/H **82**, 448, NStZ **85**, 501). Dieses (tatbestandseinschränkende) **Gefährdungserfordernis** ergibt sich zwar nicht ausdrücklich aus dem Wortlaut, wohl aber aus dem Charakter des § 221 als konkretem Gefährdungsdelikt (o. 1). Demzufolge muß das Opfer einer *Lebensgefahr* ausgesetzt sein, während die h. M. auch schon die Gefahr von bloßen Gesundheitsschäden ausreichen läßt (o. 1, wobei D-Tröndle 1, 7, Horn SK 3 u. Jähnke LK 4 immerhin eine schwere Leibesgefahr verlangen). Im übrigen setzt der Begriff der Gefahr voraus, daß noch die Möglichkeit zu einer günstigen Beeinflussung besteht. Daher ist für § 221 kein Raum, wenn dem Opfer keine (weitere) Verschlechterung seiner Lage droht (BGH MDR/H **82**, 448), ebenso wie im umgekehrten Fall § 221 ausscheidet, wenn z. B. das Opfer durch den Verkehrsunfall bereits den Tod gefunden bzw. so schwere Verletzungen erlitten hat, daß keine Hilfsmöglichkeit, auch nicht in Form von Schmerzlinderung, mehr besteht. Dies schließt selbstverständlich nicht aus, daß der Täter bei entsprechender Vorstellung wegen Versuchs nach § 221 III strafbar sein kann (vgl. u. 13a), so insbes. auch bei bedingter Inkaufnahme einer Lebensgefährdung bei zweifelhafter Lage. Dies gilt auch für den Fall, daß ein Mensch auf einer belebten Verkehrsstraße ausgesetzt wird, solange es vom Zufall abhängt, ob einer der Passanten Hilfe leisten will oder rechtzeitig leisten kann (RG **7** 113, JW **38**, 2334). Auch ein in der Wohnung eingeschlossener 4-jähriger Junge ist in hilfloser Lage verlassen (RG HRR **41** Nr. 366, 367). Dagegen ist Hilflosigkeit solange zu verneinen, als sich der Täter selbst hilfsbereit in der Nähe aufhält (RG **2** 15, **7** 113).

IV. Als **Täter** einer *Aussetzung* (1. Alt.) kommt *jedermann* in Betracht. Beim **Verlassen** 9 (2. Alt.) hingegen ist erforderlich, daß die hilflose Person unter der **Obhut** des Täters steht oder dieser für die Unterbringung, Fortschaffung oder Aufnahme des Verlassenen zu sorgen hat. Diese Aufzählung von Pflichtstellungen hat jedoch nur zufälligen Charakter; deshalb greift die Verlassensalternative des § 221 immer schon dann ein, wenn der Täter **Garant** dafür ist, daß der Verlassene nicht in Lebensgefahr gerät (Horn SK 13; vgl. auch D-Tröndle 4, Jähnke LK 19, M-Schroeder I 60). Dafür kommen alle Garantietatbestände unechter Unterlassungsdelikte in Frage (vgl. BGH **26** 37, ferner § 13 RN 7f., D-Tröndle 4), insbes. also auch Ingerenz (RG **66** 73), z. B. durch pflichtwidrige Verletzung eines anderen bei einem Verkehrsunfall (vgl. BGH **25** 220, **26** 37; mißverst. BGH NStZ **83**, 454 durch Vermengung der Garantenstellungs- mit der Gleichwertigkeitsfrage); zur Hilfspflicht aus gemeinsamem Zechen (zu weitgehend) Bay NJW **53**, 556.

Nach h. M. handelt es sich bei der **2. Alt.** um ein *unechtes* Unterlassungsdelikt (vgl. Lange LK^9 6). 9a Sieht man das entscheidende Verhalten des Täters nicht im Verlassen des Hilflosen, sondern darin, daß er ihm nicht den Beistand gewährt, zu dem er verpflichtet wäre, so würde es sich zwar in der Tat um ein Unterlassungsdelikt handeln, allerdings um ein *echtes*, da die Unterlassung unmittelbar tatbestandsmäßig wäre (so wohl Jähnke LK 14, aber auch 20). Richtigerweise ist jedoch im Verlassen als solchem ein positives Tun zu sehen, so daß ein *Begehungsdelikt mit* (durch die Obhutspflicht) *begrenztem Täterkreis* vorliegt (krit. Feloutzis aaO 175 ff.). Das schließt nicht aus, daß der Tatbestand, wie auch bei sonstigen Begehungsdelikten, durch Unterlassen erfüllt sein kann (vgl. o. 7a). Denn auch wer beim Hilflosen bleibt, verläßt ihn, wenn er sich nicht um ihn kümmert; insoweit liegt dann ein unechtes Unterlassungsdelikt vor.

Eser 1623

10 Teilnahme ist nach allgemeinen Grundsätzen möglich, aber ohne Anwendung von § 28 I, da die Obhutspflicht kein täterbezogenes Merkmal ist (vgl. § 28 RN 19; and. Horn SK 13, Jähnke LK 20).

11 V. Für den **subjektiven Tatbestand** ist **Vorsatz** erforderlich. Als Gefährdungsvorsatz muß er neben dem Bewußtsein von der Hilflosigkeit des Opfers auch die potentielle Lebensgefährdung (bzw. Gesundheitsgefahr, o. 1) umfassen (vgl. RG DR **41**, 193 m. Anm. Mezger, BGH **22** 73 f.; inkonsequent verneint von BGH NStZ **85**, 501 m. krit. Anm. Ulsenheimer StV 86, 201 f.; vgl. auch Horn SK 11). Handelt der Täter hinsichtlich des Todeseintritts mit Vorsatz, so wird § 221 durch Mord oder Totschlag verdrängt (vgl. u. 14).

12 VI. **Strafverschärft** ist die Aussetzung, wenn sie von **Eltern gegen das Kind (Abs. 2)** begangen wird; die Strafe ist Freiheitsstrafe von 6 Monaten bis zu 5 Jahren. Nachdem die frühere Beschränkung auf „leibliche" Eltern durch Art. 6 Nr. 5 des AdoptG v. 2. 7. 76 (BGBl. I 1749) gestrichen wurde, gilt diese Strafschärfung auch bei Aussetzung *adoptierter* Kinder (vgl. BR-Drs. 691/74 S. 62). Auf andere Tatbeteiligte ist § 28 II anwendbar (Roxin LK § 28 RN 36).

13 Weiter erschwert ist die Aussetzung bei Verursachung einer **schweren Körperverletzung** (§ 224) oder des **Todes (Abs. 3)**; es tritt dann Freiheitsstrafe von 1 bis zu 10 Jahren bzw. nicht unter 3 Jahren ein. Wird die Tat jedoch unter den Umständen des § 217 begangen, so muß dessen Strafrahmen die Strafmöglichkeiten des § 221 limitieren, da andernfalls die vorsätzliche Kindestötung milder bestraft würde als die bloße Aussetzung mit Todesfolge. Für die Kausalität ist erforderlich, daß sich im tödlichen Erfolg gerade die dem Aussetzungstatbestand eigentümliche Gefahr niedergeschlagen hat (BGH NStZ **83**, 424; vgl. auch RG JW **31**, 1482 zur Verursachung eines früheren Todeseintritts, ferner Feloutzis aaO 208 ff.). Die schwere Folge muß zumindest fahrlässig herbeigeführt sein (§ 18).

13a Zur Strafbarkeit des **Versuchs** im Falle von Abs. 3 gelten die allgemeinen Grundsätze zum erfolgsqualifizierten Delikt (vgl. § 18 RN 8 ff.; offengelassen von BGH NStZ **85**, 501 m. abl. Anm. Ulsenheimer StV 86, 201; vgl. auch Horn SK 18, Jähnke LK 25, Rengier, Erfolgsqualif. Delikte (1986) 245).

14 VII. **Konkurrenzen:** Tateinheit ist u. a. möglich mit Unerlaubtem Entfernen vom Unfallort (§ 142) sowie mit Körperverletzung (BGH **4** 117, Jähnke LK 26). Gegenüber **Tötung**statbeständen tritt § 221 zurück (RG **68** 407 mit Anm. Oetker JW 35, 1415, BGH **4** 116, D-Tröndle 11). Treten infolge der Aussetzung **Verletzungen** ein, so müßte dies im Hinblick auf die grds. Vorrang der Verletzung gegenüber der bloßen Gefährdung zur Unanwendbarkeit des § 221 und damit zu den milderen Strafen der §§ 223 ff. führen. Wer daher in § 221 auch ein Delikt der Leibesgefährdung erblickt, kann dem nur durch Tateinheit entgehen, was sich damit rechtfertigen ließe, daß in dem eingetretenen Erfolg der Grad der Gefährlichkeit nicht stets seinen Ausdruck findet (vgl. 17 vor § 306). Dem § 222 geht § 221 III vor (vgl. BGH NStZ **83**, 424, § 18 RN 6). Auch gegenüber § 323c ist § 221 das speziellere Delikt, da in § 323c eine Lebensgefährdung nicht gefordert wird. Ebenso wird § 170d durch § 221 verdrängt. Vgl. zum Ganzen auch Feloutzis aaO 236 ff.

§ 222 Fahrlässige Tötung

Wer durch Fahrlässigkeit den Tod eines Menschen verursacht, wird mit Freiheitsstrafe bis zu fünf Jahren oder mit Geldstrafe bestraft.

Schrifttum: Dölling, Fahrlässige Tötung bei Selbstgefährdung des Opfers, GA 84, 71. – *Geerds*, Fahrlässige Tötungen, Middendorff-FS 81. – *v. Liszt*, Fahrlässige Tötung und Lebensgefährdung, VDB V 144. – *Tröndle*, Abschaffung der Strafbarkeit der fahrlässigen Tötung und fahrlässigen Körperverletzung bei leichtem Verschulden?, DRiZ 76, 129.

1 I. Im Hinblick auf den hohen Rang des Rechtsguts Leben wird mit diesem Tatbestand auch seine **fahrlässige** Vernichtung erfaßt. Im Gegensatz zur (relativ) seltenen vorsätzlichen Tötung ist die fahrlässige ein massenhaft vorkommendes Delikt (vgl. Arzt/Weber I 99, Geerds aaO). Rechtspolitisch dazu Tröndle aaO.

2 II. **Tatobjekt** ist ebenso wie bei vorsätzlicher Tötung auch hier ein **anderer Mensch** (dazu 12 ff. vor § 211). Dabei kommt hier dem *Beginn* des Menschseins noch größere Bedeutung zu, da zwar die fahrlässige Tötung, nicht aber der fahrlässige Schwangerschaftsabbruch strafbar ist (vgl. BVerfG NJW **88**, 2945, Bamberg NJW **88**, 2963). Auch ein Kind in oder gleich nach der Geburt kann Objekt einer fahrlässigen Tötung sein, ohne daß es auf die Lebensfähigkeit ankäme (vgl. RG **1** 446, **2** 404, DR **39**, 365 sowie 14 vor § 211). Zu fahrlässiger Tötung durch Verursachung eines Selbstmordes vgl. BGH **7** 268 sowie 37 vor § 211.

2a III. Als **Tathandlung** kommt jedwedes für den Tod ursächliche *Tun* oder pflichtwidrige *Unterlassen* in Betracht. Insofern gelten die allgemeinen Zurechnungsregeln (vgl. 71 ff. vor § 13).

Fahrlässige Tötung 3–6 § 222

IV. Der **Einwilligung** kommt auch hier keine rechtfertigende Kraft zu (vgl. BGH **4** 93, Celle **3** MDR **80**, 74 sowie 36 vor § 32, § 216 RN 13). Soweit es jedoch bei einer tödlichen Folge lediglich um die Realisierung einer einverständlichen Fremdgefährdung oder einer vom Täter (mit)veranlaßten Selbstgefährdung des freiverantwortlich handelnden Betroffenen geht, scheidet letzterenfalls Strafbarkeit schon mangels Tatbestandsmäßigkeit der Selbstgefährdung aus (vgl. BGH **32** 262, Bay NZV **89**, 80 m. Anm. Molketin sowie mwN dazu § 216 RN 11a), während ersterenfalls Rechtfertigung nach den Regeln für Einwilligung in riskante Handlungen in Betracht kommt (vgl. im einzelnen Dölling GA **84**, 71, ferner § 15 RN 144f. bzw. 102ff. vor § 32, 35 vor § 211, § 216 RN 11a sowie allg. Hobbing, Strafwürdigkeit der Selbstverletzung, 1982). Auch nach Eintritt der Gefahrenlage kommt eine nachträgliche Rettungspflicht nur insoweit in Betracht, als der Betroffene – wie im Fall von BGH NStZ **84**, 452 m. Anm. Schmidt MDR **85**, 1) seinen Tod nicht wollte oder ein Sinneswandel nicht auszuschließen ist: Insofern hat Gleiches wie bei einem zunächst beabsichtigten Suizid zu gelten (vgl. 44 vor § 211 sowie u. 5). Speziell zu Schmerzlinderungsmaßnahmen mit tödlichem Risiko 26 vor § 211.

V. Hinsichtlich des Todeseintritts muß das Verhalten **fahrlässig** gewesen sein. Insofern gel- **4** ten die allgemeinen Fahrlässigkeitsgrundsätze (vgl. § 15 RN 102ff.). Speziell zu Sorgfaltswidrigkeiten im ärztlichen Bereich vgl. § 223 RN 35f. Zu irrtümlicher Annahme von *Rechtfertigungs*voraussetzungen vgl. § 16 RN 18 sowie 22 vor § 32. Zu irrtümlicher Annahme eines *Entschuldigungs*grundes vgl. § 16 RN 30.

VI. Täter kann nicht nur sein, wer **unmittelbar** handelt, sondern auch der **mittelbar** Dahin- **5** terstehende, wie etwa der Auftraggeber oder Unternehmer (vgl. Stuttgart NJW **84**, 2897). Demgemäß soll nach § 222 strafbar sein, wer einem Süchtigen eine Droge zur Selbstinjektion überläßt (BGH MDR/H **80**, 986, NJW **81**, 2015 m. Anm. Loos JR **82**, 342; Schünemann NStZ **82**, 60; Bay StV **82**, 73; vgl. auch § 223 RN 10, 50b), wer einem Angestellten ohne Führerschein einen Fahrauftrag mit führerscheinpflichtigem Fahrzeug erteilt (vgl. Oldenburg NJW **50**, 555, ferner Bay MDR **55**, 627). Ähnlich haftet der Gastwirt, der einem bereits angetrunkenen Kraftfahrer weiterhin Alkohol ausschenkt, u. U. für einen tödlichen Unfall des Bewirteten (vgl. RG JW **38**, 1241, BGH **19** 152, **26** 35), ebenso wer einen angetrunkenen Fahrer zum Fahren überredet (BGH VRS **5** 42). Auch soll nach BGH **7** 112 der fahrlässigen Tötung schuldig sein, wer mit einem Angetrunkenen ein Wettrennen auf Motorrädern vereinbart, und sei es auch durch eigenes Verschulden, ums Leben kommt (vgl. auch BGH VRS **13** 470, KG JR **56**, 150 sowie § 13 RN 41, aber auch § 15 RN 146ff.). Dieser Rspr. ist jedoch auf der Basis von BGH **32** 262 (vgl. o. 3) nur insoweit zu folgen, als dem Betroffenen – wie etwa im Falle von BGH NStZ **83**, 72 – von vornherein die erforderliche Freiverantwortlichkeit fehlte oder – wie im Falle von BGH NStZ **85**, 26 wohl vorschnell verneint – im Hinblick auf das jugendliche Alter des Betroffenen das erforderliche Risikobewußtsein abgeht (vgl. Stuttgart VRS **67** 430) oder der Dritte kraft überlegenen Sachwissens das Risiko besser erfaßt bzw. sich selbst Gefährdende (BGH NStZ **85**, 25; vgl. auch 37 vor § 211, § 216 RN 11a). Eine *Delegierung von Sorgfaltspflichten* ist zwar nicht grundsätzlich ausgeschlossen; auch besteht keine Pflicht zu unausgesetzter Kontrolle und Nachprüfung der Tätigkeit des Beauftragten; jedoch ist der Auftraggeber insoweit wegen Fahrlässigkeit strafbar, als ihm ein Auswahlverschulden bzw. das völlige oder unzureichende Unterlassen von Stichproben vorzuwerfen ist (vgl. RG **26** 22, **57** 151, Celle NdsRpfl. **86**, 133, Kassel NJW **48**, 350; mit wohl zu weitgehender Entlastung Stuttgart NJW **84**, 2897 m. krit. Anm. Henke NStZ **85**, 124).

VII. Werden durch dasselbe fahrlässige Verhalten mehrere Personen getötet, so liegt **Idealkonkur-** **6** **renz** vor. Zur Tötung der Frau bei Schwangerschaftsabbruch vgl. § 218 RN 59. *Realkonkurrenz* ist mit § 142 möglich (vgl. dort RN 84). *Gesetzeskonkurrenz* besteht gegenüber echten Erfolgsqualifizierungen, wie insbes. § 226 (BGH **8** 54), gegenüber erfolgsqualifizierten Lebensgefährdungstatbeständen, wie § 221 III (vgl. dort RN 14), sowie gegenüber „unechten" Erfolgsqualifizierungen, soweit diese Leichtfertigkeit voraussetzen: so §§ 176 IV (RN 25), § 177 III, 178 III, 239 a II (RN 47), 239b II, 251 (RN 9). Dagegen ist bei sonstigen „unechten" Erfolgsqualifizierungen Idealkonkurrenz mit § 222 anzunehmen, damit die (nur) fahrlässige Todesverursachung zum Ausdruck kommt: so etwa bei § 239 III (RN 17); Entsprechendes gilt im Verhältnis zu § 176 I (RN 16); ferner schließt das Nichtvorliegen von § 309 Alt. 2 nicht ohne weiteres die Anwendung des § 222 aus (BGH NJW **89**, 2479). Vgl. zum Ganzen auch § 18 RN 6. Ausnahmsweise kommt auch Idealkonkurrenz oder Realkonkurrenz mit versuchter vorsätzlicher Tötung in Frage (BGH **7** 287, **20** 270). § 230 ist subsidiär. Zur Konkurrenz mit § 248b vgl. dort RN 14.

Siebzehnter Abschnitt. Körperverletzung

Vorbemerkungen zu den §§ 223 bis 233

1 I. 1. **Grundtatbestand** der Körperverletzungsdelikte ist § 223. Durch § 223a werden besonders *gefährliche Tatmittel* qualifiziert, während die §§ 224–226 besonders *schwere Tatfolgen* erfassen. Auch § 223b enthält einen Sonderfall der Körperverletzung, obwohl sich seine Voraussetzungen (seelische Einwirkung, Obhutsverhältnis) nicht voll mit denen des § 223 decken (vgl. Eser III 74f. mwN). Als *unechtes Amtsdelikt* ist ferner § 340 qualifiziert, demgegenüber § 223 nach Spezialitätsgrundsätzen zurücktritt (BGH MDR/D **73**, 18).

2 2. Zur Möglichkeit von Tateinheit bei **mehreren Verletzungen** derselben bzw. verschiedener Personen vgl. 43ff. vor u. 22ff. zu § 52. **Zwischen den verschiedenen Qualifikationen** der §§ 223ff. ist **Idealkonkurrenz** möglich, soweit sie einen selbständigen Unrechtsgehalt verkörpern, was im Einzelfall festzustellen ist: so wenn z. B. bei Zusammentreffen der §§ 223a, 224 der Umfang des Gefährdungsmittels (§ 223a) durch den eingetretenen Erfolg (§ 224) nicht voll ausgeschöpft wäre (and. Hirsch LK 10 mwN; bei nur versuchter schwerer Körperverletzung wie hier BGH **21** 195 m. Anm. Schröder JZ 67, 370). Gleiches gilt für das Verhältnis zwischen §§ 223a, 223b, zwischen §§ 226, 223b sowie zwischen §§ 223a, 340 (vgl. RG **75** 359, ferner 111 vor § 52, Vogler Bockelmann-FS 722f.). Zum Verhältnis zu § 229 vgl. dort RN 15. Zwischen verschiedenen Qualifikationen ist *Fortsetzungszusammenhang* möglich (RG **31** 150, **70** 360), wobei nach h. M. die schwerste Begehungsform das fortgesetzte Delikt bestimmen soll (Hirsch LK 13). Richtigerweise wird jedoch Idealkonkurrenz zwischen den verschiedenen Qualifikationen anzunehmen sein.

3 3. Soweit die Körperverletzung ein **Bestandteil anderer Tatbestände** bildet, wie insbes. bei Gewaltdelikten (z. B. §§ 113, 249, 252), besteht mit diesen Idealkonkurrenz. Über das Verhältnis zur Tötung vgl. § 212 RN 17ff.

4 II. **Ergänzend** kommen z. B. die §§ 6, 7 GeschlKrG sowie die §§ 17, 25, 30 WStG in Betracht. Zudem finden sich auch sonst über das StGB verstreut zahlreiche Vorschriften, die dem Schutz der körperlichen Integrität gegenüber bestimmten Gefährdungen dienen, wie insbes. die Verkehrsdelikte (§§ 315ff.). Vgl. auch 11 vor § 211.

5 III. Zur **Reform** vgl. Hirsch ZStW 83, 140, Koch LdR 453f., Lampe ZStW 83, 177.

§ 223 Körperverletzung

(1) **Wer einen anderen körperlich mißhandelt oder an der Gesundheit beschädigt, wird mit Freiheitsstrafe bis zu drei Jahren oder mit Geldstrafe bestraft.**

(2) **Ist die Handlung gegen Verwandte aufsteigender Linie begangen, so ist auf Freiheitsstrafe bis zu fünf Jahren oder auf Geldstrafe zu erkennen.**

Schrifttum: Blei, Körperverletzung durch Schädigung der Leibesfrucht? MMW 70, 741. – *Eser,* Zur strafrechtlichen Verantwortlichkeit des Sportlers, JZ 78, 368. – *Heldrich,* Der Deliktsschutz des Ungeborenen, JZ 65, 593. – *Hobbing,* Strafwürdigkeit der Selbstverletzung, 1982. – *Armin Kaufmann,* Tatbestandsmäßigkeit und Verursachung im Contergan-Verfahren, JZ 71, 569. – *Koch,* Körperverletzung, LdR 449. – *Lüttger,* Der Beginn der Geburt und das Strafrecht, JR 71, 133. – *Schneider-Grohe,* Doping, 1979. – *Tepperwien,* Praenatale Einwirkungen als Tötung oder Körperverletzung? 1973. Vgl. ferner die Nachw. u. zu 16, 27, 53 sowie zu den §§ 223a–229.

1 I. Schutzgut ist das **körperliche Wohl** des Menschen, und zwar durch Schutz seiner *körperlichen Integrität* und *Gesundheit* (vgl. Eser ZStW 97, 3ff.). Dieses Wohl ist sowohl durch körperliche als auch durch seelische Einwirkungen verletzbar. Insoweit ist das Rechtsgut der §§ 223ff. zwar im Ansatz physiologisch, hinsichtlich seines Verletzungsumfangs aber auch psychologisch zu verstehen, zumal zwischen Leib und Seele mannigfache, im Einzelfall nur schwer abgrenzbare Wechselwirkungen bestehen. Demgegenüber beharrt die h. M. – jedenfalls verbal – auf einem einseitig somatologischen Rechtsgutsverständnis (vgl. insbes. Hirsch LK 1f. vor § 223, ferner Arzt/Weber I 110, M-Schroeder I 88f., Wessels II/1 S. 54, aber auch Gössel I 141), während andererseits Wolfslast aaO 3ff, auch in den Psyche als solcher ein Schutzgut des § 223 erblickt (vgl. auch u. 6). Da Tatobjekt ein **anderer** sein muß, ist die Selbstverletzung grundsätzlich straflos (vgl. aber auch u. 9f.). Mit dem „anderen" ist unstreitig der **geborene Mensch** gemeint (Hirsch LK 2). Zum *Beginn* und *Ende* der Menschqualität vgl. 13f. bzw. 16ff. vor § 211.

1a Zweifelhaft ist, inwieweit durch § 223 auch **pränatale** Handlungen erfaßt werden, d. h. solche, die schon während der Schwangerschaft und damit vor Erlangung der Menschqualität begangen wurden, deren körperliche Schädigungen aber erst nach Geburtsbeginn eintreten oder fortwirken (vgl. dazu Blei MMW 70, 741). Die h. M. glaubte dies bejahen zu müssen, weil jedenfalls die *Folgen* einen Menschen treffen (so namentlich Schröder[17] 1, LG Aachen JZ **71**, 507, Arzt/Weber I 160, Gössel I

149 ff., sowie für das Zivilrecht BGHZ **8** 243, Hamm VersR **83**, 883, Heldrich JZ 65, 593; vgl. ferner Hofmann ÖJZ 63, 288); jedoch komme im Hinblick auf die ausdrückliche Straflosigkeit fahrlässiger Abtreibung nur Haftung für *vorsätzliche* Körperverletzung in Betracht (insofern and. LG Aachen JZ **71**, 507), da andernfalls die fahrlässige Tötung im Mutterleib straflos, die fahrlässige Herbeiführung der Geburt eines noch nicht lebensfähigen Kindes hingegen nach § 222 zu bestrafen wäre. Demgegenüber will eine vordringende Auffassung auf die Objektqualität zum Zeitpunkt der *Einwirkung* abstellen (vgl. Blei II 46, Hirsch LK 7 vor § 223, Horn SK 2, Lüttger JR 71, 133, NStZ 83, 485, M-Schroeder I 89, Wessels II/1 S. 54 f.). Indes kann die Grenzlinie hier keine andere sein als im Verhältnis von § 218 zu § 212: Ebenso wie dort kann es weder auf den Zeitpunkt der Handlungsvornahme noch der letztendlich eintretenden Körperschädigung ankommen; allein entscheidend ist vielmehr der Zeitpunkt, in dem sich die Handlung *auszuwirken beginnt* (vgl. 15 vor § 211). Tritt etwa die Verkrüppelung noch vor Geburtsbeginn ein, so bleibt sie, weil durch § 218 nicht erfaßbar, jedenfalls strafrechtlich sanktionslos (zu abw. Abgrenzungen hier zivilr. Haftung vgl. BGH NJW **85**, 1390, ferner Heldrich aaO, Fuchs NJW 81, 610 ff., zum Sozialrecht BSG MDR **85**, 876). Kommt eine pränatale Handlung dagegen erst beim geborenen Kind zur Auswirkung (z. B. indem eine vor Geburtsbeginn der Mutter beigebrachte Infektion durch nachgeburtliche Kontakte auf das Kind übertragen wird und dadurch zu einer Schädigung führt), so ist § 223 anwendbar (i. E. ebenso Roxin JA 81, 549, ferner Arzt/Weber I 160). Im übrigen kommt u. U. eine Körperverletzung gegenüber der *Mutter* in Betracht, wenn z. B. durch ein Medikament ihre Gebärfähigkeit (vgl. § 224) beeinträchtigt wird (and. LG Aachen aaO, wohl auch Hirsch LK 7 vor § 223; zivilr. zur Frage, ob in der Schädigung der Leibesfrucht zugleich eine Körperverletzung der Schwangeren liegt, mit unterschiedlicher Auffassung Düsseldorf NJW **88**, 777, OLG Koblenz NJW **88**, 2959; vgl. auch § 218 RN 59). Zum Ganzen Tepperwien aaO, Kapp aaO.

II. Das Gesetz unterscheidet **zwei Tatmodalitäten:** die *körperliche Mißhandlung* und die *Gesundheitsbeschädigung,* die im Verhältnis zwei sich schneidender Kreise selbständig nebeneinanderstehen (Hirsch LK 4); deshalb braucht die körperliche Mißhandlung nicht unbedingt zu einer Gesundheitsbeeinträchtigung zu führen (Horn SK 3). Ob im Einzelfall Mißhandlung und/oder Gesundheitsbeschädigung vorliegt, ist für die Tatbestandsverwirklichung gleichgültig. Daher kommt Wahlfeststellung zwischen beiden Modalitäten in Betracht (vgl. § 1 RN 87). 2

1. Unter **körperlicher Mißhandlung** ist eine üble, unangemessene Behandlung, durch die das Opfer in seinem körperlichen Wohlbefinden in mehr als nur unerheblichem Grade beeinträchtigt wird, zu verstehen (BGH **25** 277, Hamm VRS **8** 133). Das ist insbes. bei *substanzverletzenden* Einwirkungen auf den Körper der Fall: so bei Substanz*schäden* (wie Beulen, Wunden) oder Substanz*verlusten* (wie Einbuße von Gliedern, Organen oder Zähnen). Auch *Verunstaltungen* des Körpers, wie z. B. durch Abschneiden des Haares (vgl. BGH NJW **53**, 1440, Arzt/Weber I 110; and. RG **29** 58) oder durch Beschmieren mit schwer entfernbaren Materialien (z. B. Teer), kann Mißhandlung sein; ebenso das Hervorrufen körperlicher *Funktionsstörungen,* z. B. durch gehörschädigende Lärmbelästigung (vgl. Wessels II/1 S. 56). 3

Der erforderliche *Körperlichkeitsbezug* kann vor allem in zweierlei Hinsicht problematisch werden. So einerseits bei Erregung von Ekel oder Angst: Da seelische Beeinträchtigungen als solche für § 223 grundsätzlich nicht genügen sollen (BGH NStZ **86**, 166, Hirsch LK 2 vor § 223, M-Schroeder I 88, aber auch Eser III 78 f.), verlangt die h. M. eine körperliche Auswirkung jedenfalls insoweit, als neben der Erschütterung des seelischen Gleichgewichts „zugleich eine Reizung der die sinnlichen Eindrücke vermittelnden Empfindungsnerven des Zentralnervensystems eintritt" (Hirsch LK 8). Das kann etwa bei Bespritzen mit Tripperwasser (RG GA Bd. **49** 274) oder bei Anspeien der Fall sein (RG GA Bd. **58** 184), ebenso bei einer sich in der körperlichen Verfassung des Bedrohten auswirkenden Einschüchterung mit einer Schußwaffe (BGH NStZ **86**, 166). Andererseits setzt der Körperlichkeitsbezug aber nicht unbedingt eine unmittelbare körperliche *Ein*wirkung (wie etwa durch Berührung oder Stoß) voraus, ebensowenig wie eine solche schon ohne weiteres genügt (vgl. Köln StV **85**, 17); entscheidend ist vielmehr die körperliche *Aus*wirkung; eine solche kann auch durch *mittelbare* Einwirkungen ausgelöst werden (Gössel I 145), wie z. B. durch Vorenthalten der Nahrung oder durch magenschmerzenverursachende Angst, Schrecken oder Ekel (vgl. RG **32** 113, BGH MDR/D **75**, 22, KG GA Bd. **52** 421, München VersR **63**, 666, Hamm JMBlNRW **63**, 274, Frankfurt VRS **39** 49). Auch lang andauernder heftiger Lärm (Koblenz ZMR **65**, 223; zu Open-air-Konzert vgl. StA Hannover NStZ **87**, 175 f.) oder „Telefonterror" (vgl. Bay JZ **74**, 393, Brauner-Göhner NJW 78, 1472, D-Tröndle 6) können dafür ausreichen. Bloßes Erschrecken allein genügt jedoch nicht (Hamm MDR **58**, 939), wohl aber ein schwerer Schock durch Verkehrsunfall (Stuttgart NJW **59**, 831, KG VRS **35** 353, Koblenz VRS **42** 29, Hamm DAR **72**, 190), durch Mitteilung einer nicht hinreichend fundierten Diagnose (vgl. Köln NJW **87**, 2936) oder durch Bedrohung mit einer Waffe (BGH MDR/H **86**, 272). 4

Ob die Beeinträchtigung des körperlichen Wohlbefindens **mehr als nur unerheblich** und damit als **unangemessen** anzusehen ist, kann nicht nach dem (möglicherweise höchst willkürli- 4a

§ 223 5–6a   Bes. Teil. Körperverletzung

chen) subjektiven Empfinden, sondern nur aus der Sicht eines *objektiven* Betrachters bestimmt werden (vgl. Oldenburg NJW **66**, 2133); dies schließt selbstverständlich die Berücksichtigung individueller Faktoren nicht aus, sofern diese hinreichend objektivierbar sind, z. B. aufgrund neuropathologischer Überempfindlichkeit oder auch Abgestumpftheit (vgl. RG **19** 136). Auch kann sich die Erheblichkeit sowohl aus der *Dauer* (z. B. bei Liegestützen bis zur Erschöpfung) wie auch aus der *Intensität* der Einwirkung (z. B. bei Brandwunden) ergeben (vgl. Gössel I 148). Deshalb kann auch in den möglicherweise nur kurz anhaltenden Schmerzen einer Ohrfeige aufgrund ihrer Intensität eine Mißhandlung liegen (vgl. Hirsch LK 9). Zur (zweifelhaften) Verneinung der Sozialwidrigkeit von strapaziösen „Sonderübungen", da „noch im Zuge eines normalen militärischen Betriebes" liegend (BGH **14** 269), vgl. Gössel I 144f.

5 2. Als **Gesundheitsbeschädigung** ist jedes Hervorrufen oder Steigern eines krankhaften Zustandes zu verstehen (Düsseldorf MedR **84**, 29); dies kann auch schon durch eine Infektion, wie etwa Ansteckung mit einer Geschlechtskrankheit, geschehen (Hirsch LK 11; speziell zu AIDS vgl. u. 6a). Auch die Dauer des Krankheitszustandes ist unerheblich (RG DR **39**, 365). Deshalb kann schon die Verschlimmerung oder Aufrechterhaltung einer bereits vorhandenen Krankheit genügen (RG **19** 226, BGH NJW **60**, 2253). Auch die Herbeiführung oder Aufrechterhaltung von *Schmerzzuständen* (Düsseldorf NStZ **89**, 269) kann Gesundheitsbeschädigung sein (insofern mißverst. BGH NJW **84**, 1396); dies ist insbes. für pflichtwidriges Unterlassen adäquater Schmerzlinderung bei Moribunden bedeutsam (vgl. 23 vor § 211). Die Art der Schädigungshandlung ist grundsätzlich gleichgültig. Daher kann auch durch Beleidigung (vgl. BGH NJW **76**, 1143) oder Mitteilung einer (fingierten) Schreckensnachricht (vgl. LG Aachen NJW **50**, 759) eine Gesundheitsbeschädigung bewirkt werden. Gleiches gilt für das nicht ärztlich begründete Verschreiben von Arzneien mit Betäubungsmitteln (vgl. RG **77** 18, BGH JR **79**, 429 m. Anm. Hirsch, ferner u. 10, 28), für die Aufrechterhaltung einer Tablettensucht durch nicht medizinisch indizierte Verschreibung (Frankfurt NJW **88**, 2965) oder für die Freisetzung radioaktiver Strahlung (vgl. LG München NStZ **82**, 470).

6 Anders als das ausdrücklich auf „körperlich" abhebende Mißhandeln (o. 4) ist die Gesundheitsbeschädigung nicht auf die Beeinträchtigung des körperlichen Zustandes beschränkt; vielmehr kann auch die Erregung oder Steigerung einer **psychischen** pathologischen Störung Gesundheitsbeschädigung sein (vgl. Blei II 47, Horn SK 23, Welzel 288, Wessels II/1 S. 56, sowie spez. zu HIV-Infizierung BGH **36** 7, 265, AG Hamburg NJW **89**, 2071; noch weitergehend durch grds. Erfassung von Psychotherapie als Körperverletzung Wolfslast aaO 19ff.; demgegenüber somatisch einschränkd. Hirsch LK 14; vgl. auch RG **64** 119, M-Schroeder I 104 sowie o. 1).

6a Besondere Probleme, die bislang weder medizinisch beherrschbar noch juristisch voll gelöst sind, stellen sich bei **HIV-Infizierung und AIDS,** wie dies vor allem durch ungeschützten Sexualverkehr (vgl. Bottke AIFO **89**, 468ff., Frisch JuS **90**, 362ff., Meier GA **89**, 207ff., Schlehofer NJW **89**, 2017ff., Schünemann JR **89**, 89ff.), aber auch durch Mitbenutzen infizierter Drogengeräte oder durch Blutspenden und -transfusionen (vgl. Deutsch NJW **85**, 2746, Teichner NJW **86**, 761, MedR **86**, 110ff., Prittwitz JA **88**, 427ff., 486ff.) erfolgen kann. Hierzu ist zunächst einmal davon auszugehen, daß eine tatbestandsmäßige Körperverletzung auch schon durch die Infizierung mit einer erst nach längerer Inkubationszeit ausbrechenden Krankheit vorliegen kann; dies zwar nicht schon mit dem ansteckenden Kontakt, wohl aber spätestens dann, wenn eine pathologische Veränderung eintritt. Demzufolge ist in diesem Infektionsbereich Körperverletzung nicht erst und nicht nur dann anzunehmen, wenn das „acquired immune deficiency syndrom" *(AIDS)* – idR nach bis zu sechs Jahren – voll zum Ausbruch kommt (aber dies nicht einmal zwangsläufig der Fall zu sein braucht), sondern bereits dann, wenn idR 4 bis 6 Wochen nach dem infizierenden Kontakt der „human immune deficiency virus *(HIV)*" auftritt; denn bereits infolge dieser HIV-Infektion weicht der körperliche Zustand des Infizierten in pathologisch signifikanter, u. U. auch für andere Krankheitssymptome anfälliger Weise vom Normalbild eines Gesunden ab (vgl. Maass in Schünemann/Pfeiffer aaO 16ff. sowie o. 6 zu psychischen Belastungen). Läßt sich diese Infektion auf einen bestimmten Übertragungsakt zurückführen, so ist mit insoweit einhelliger Meinung von einer tatbestandsmäßigen Körperverletzung auszugehen (vgl. BGH **36** 6, 264 mwN, ebenso LG Kempten NJW **89**, 2068, LG Nürnberg-Fürth NJW **88**, 2311, AG Hamburg NJW **89**, 2071, D-Tröndle 6b; and. wohl nur AG Kempten NJW **88**, 2313, zutr. dagegen Bottke AIFO **88**, 628; zw. aber auch Prittwitz StV 89, 126, Prittwitz/Scholderer NStZ **90**, 387). Fraglich kann jedoch der *Vorsatz*nachweis sein, und zwar nicht nur dort, wo zB der infizierende Sexualpartner von seiner bereits bestehenden HIV-Infektion nicht wußte, sondern auch da, wo er nur mit einem geringen Ansteckungsrisiko rechnete und zudem aufgrund entsprechender Vorsichtsmaßnahmen beim Verkehr davon ausging, daß es nicht zu einer Ansteckung seines Partners kommen werde (Lackner § 223a Anm. 6b). Allein aus dem Wissen um ein dennoch verbleibendes Risiko auf bedingten Vorsatz zu schließen (so BGH **36** 9ff.), würde voraussetzen, daß der Täter in seinem Fall nicht vom statistischen Regelfall (nämlich der Folgenlosigkeit), sondern umgekehrt von dem (eher unwahrscheinlichen) Fall einer Infizierung ausgegangen ist (vgl. Frisch JuS **90**, 368). Soweit dies nicht nachweisbar ist, kommt nur *Fahrlässigkeits*strafbarkeit nach § 230 in

Körperverletzung 7–12 § 223

Betracht (dazu Wokalek/Köster MedR 89, 286 ff.). Weitaus häufiger und auch schwieriger ist jedoch der Fall, daß eine HIV-*Infektion* (oder jedenfalls deren Rückführbarkeit auf einen bestimmten Übertragungsakt) *nicht nachweisbar* ist. Dann stellt sich die Frage, ob nicht bereits der Sexualverkehr eines zu einer sog. Risikogruppe Gehörenden als *Versuch* einer Körperverletzung „mittels einer das Leben gefährdenden Behandlung" nach § 223a I, II (vgl. dort RN 12) oder gar als Tötungsversuch strafbar sein kann. Während der BGH zwar letzteres mangels Tötungsvorsatzes – vor allem wegen der höheren „Hemmschwelle" gegenüber Tötung – verneint, dagegen ersteres bejahen würde (BGH **36** 8 f., 15 f., 265 ff., ebenso AG München NJW **87**, 2314 m. Anm. Herzberg JuS 87, 777), wird in der Lehre die Differenzierung zwischen tötungs- und lebensgefährdendem Körperverletzungsvorsatz idR wohl zu Recht für kaum durchführbar gehalten (Bottke AIFO 89, 474 f., Bruns MDR 89, 199, Frisch JuS 90, 365 f., Schünemann JR 89, 93 f.; vgl. auch Kreuzer ZStW 100, 796 ff.). Läßt sich hingegen ein solcher Vorsatz nachweisen, so braucht die Versuchsstrafbarkeit jedenfalls nicht an mangelnder objektiver *Zurechenbarkeit* zu scheitern, da diese weder durch den möglicherweise geringen Verwirklichungsgrad des Risikos noch durch den möglicherweise langen Zeitfaktor ausgeschlossen wird (Frisch aaO; vgl. auch Meier GA 89, 215 ff.). Auch kann dann, sofern es sich nicht um bloße Veranlassung oder Förderung fremder Selbstgefährdung handelt (vgl. 52a, 107 vor § 32), auf *Rechtfertigung*sebene die Strafbarkeit allenfalls nach den Grundsätzen einverständlicher Fremdgefährdung (dazu 101 vor § 13) ausgeschlossen sein, was bei Sexualverkehr eines HIV-Infizierten insbes. voraussetzt, daß dem Partner das Infektionsrisiko bekannt ist (vgl. BGH **36** 17 f. mwN sowie insbes. BayObLG NJW **90**, 131, LG Kempten NJW **89**, 2068, Eberbach JR 86, 231, Geppert Jura 87, 671 f., Herzberg NJW 87, 2283, JZ 89, 473 ff., Herzog/Nestler-Tremel StV 87, 366, Prittwitz NJW 88, 2942). Die anstelle der Körperverletzungstatbestände von manchen erwogene Strafbarkeit wegen *Vergiftung* nach § 229 (so namentlich Schünemann in Schünemann/Pfeiffer aaO 485 ff., JR 89, 91 ff.; vgl. auch Herzberg JZ 89, 480 f.) kann zwar auch auf Krankheitserreger als „andere zur Zerstörung der Gesundheit geeignete Stoffe" zur Anwendung kommen, wird aber idR an der erforderlichen Gesundheitsbeschädigungsabsicht scheitern (BGH **36** 266, Frisch JuS 90, 370; krit. dazu auch Bottke AIFO 89, 474).

3. Auch **durch Unterlassen** kann Körperverletzung begangen werden (Horn SK 25), so etwa 7 dadurch, daß ein garantenpflichtiger Angehöriger durch Nichtherbeirufen eines Arztes eine Gesundheitsverschlechterung zuläßt (Düsseldorf NStZ **89**, 269) oder der Unfallverursacher nichts zur Versorgung seines durch Blutung noch weiter geschwächten Opfers unternimmt (zur Grundlage und zu den Grenzen der Hilfspflicht im einzelnen vgl. § 13). Danach kann sich auch ein Bereitschaftsarzt, dessen Untätigkeit bei einem Kranken die Aufrechterhaltung erheblicher Schmerzen zur Folge hat, nach §§ 223, 230 strafbar machen (Hamm NJW **75**, 604). Speziell zur 8 Schmerzlinderungspflicht bei Sterbehilfe Eser in Auer/Menzel/Eser (u. 27) 84 ff.

III. Da die Tat gegen einen *anderen* gerichtet sein muß, ist die **Selbstverletzung straflos** (nicht 9 dagegen bei § 109 wegen anderer Schutzrichtung: vgl. dort RN 1, 15). Doch stellen sich auch hier, wenn zur Herbeiführung der Körperverletzung ein Zusammenwirken zwischen Täter und Opfer erforderlich ist (wie z. B. bei ärztlicher Behandlung), *Abgrenzungsprobleme,* die denen zwischen Beihilfe zum Selbstmord und Tötung auf Verlangen entsprechen. Auch diese Entscheidung hat nach den in § 216 RN 11 dargelegten Grundsätzen zu erfolgen: Liegt die Entscheidung über die Tat beim Verletzten, so ist der Mitwirkende nur Gehilfe und deshalb straflos (vgl. Mitsch Jura 89, 195). Gibt z. B. ein Apotheker oder Arzt einem Patienten ein Medikament, das körperliche Schäden bewirkt (Rauschgift), so ist die freiverantwortliche und wirkungsbewußte Selbstanwendung durch den Empfänger keine Körperverletzung i. S. von § 223, die Aushändigung des Mittels daher mangels Haupttat nicht strafbar. Wie bei der Beihilfe zum Selbstmord 10 sind aber auch hier Fälle denkbar, in denen die Grundsätze der **mittelbaren Täterschaft** zur Strafbarkeit führen. Dies dann, wenn die Selbstanwendung nicht auf einem freiverantwortlichen Willen beruht (vgl. 37 vor § 211, § 216 RN 8 [„ernstliches" Verlangen]; vgl. auch Hirsch LK 3). Vor allem bei Jugendlichen ist zu prüfen, ob ihre Entscheidung als verantwortlich anzuerkennen ist. Zur Herbeiführung eines Rauschzustandes vgl. BGH MDR/H **81**, 631, NJW **83**, 462, NStZ **86**, 266, ferner § 222 RN 5 mwN, zu Drogenverschreibung und „Doping" vgl. Hobbing aaO sowie u. 50 zu β). Diese Abgrenzungen und Grundsätze haben im wesentlichen auch für die Veranlassung einer **Selbstgefährdung** bzw. für **einverständliche Fremdgefährdung** zu gelten, wenn sich das dabei eingegangene Risiko schließlich realisiert (vgl. BGH **32** 262 sowie mwN dazu § 216 RN 11a, § 222 RN 5; ferner 102 ff. vor § 32).

IV. Die **Rechtswidrigkeit** der Körperverletzung kann vor allem durch folgende Rechtferti- 11 gungsgründe ausgeschlossen sein:

1. Die größte praktische Bedeutung kommt der **Einwilligung** zu. Zu deren Grundlagen und 12 Grenzen näher 29 ff. vor § 32 sowie die Anm. zu § 226a. Speziell zur Einwilligung bei *Heilbehandlung* u. 37 ff. Zu Tatbestands- oder Rechtswidrigkeitsausschluß im *sportlichen* Bereich vgl. Eser JZ 78, 368 ff. mwN sowie (mit weitgehend ähnl. Ergebnissen) Dölling ZStW 96, 36 ff., Schild Jura 82, 464, 520, 585, aber auch Karlsruhe NJW **82**, 394, Gössel I 167 ff.

§ 223 13–20

13 2. Auch durch **Notwehr** (§ 32) kann die Körperverletzung gerechtfertigt sein, wobei die sich aus der MRK gegen tödliche Notwehr ergebenden Probleme (vgl. § 32 RN 62) bei Körperverletzung nicht durchgreifen. Zur Rechtfertigungsproblematik von Gesundheitsbeeinträchtigungen durch Umweltverschmutzung unter Berufung auf § 34 vgl. Stuttgart DVBl. **76**, 798, StA Mannheim NJW **76**, 586.

14 3. Aufgrund **staatlicher Zwangsbefugnisse** kommt Rechtfertigung insbes. in Betracht bei Verletzungen infolge von strafprozessualen *Festnahmen* (§ 127 StPO; vgl. 81 f. vor § 32), polizeilichem *Waffengebrauch* (vgl. 83 vor § 32) sowie bei Blutproben und anderen körperlichen Eingriffen nach § 81a StPO (vgl. § 113 RN 34 sowie BVerfG NJW **78**, 1149: zwangsweise Änderung der Haartracht); speziell zur Zulässigkeit strafprozessualer Eingriffe im Hirnbereich
15 vgl. Hamm NJW **75**, 2256, Kuhlmann NJW **76**, 350. Zu spezialpräventiver *Kastration* vgl. u. 55 ff. Ferner können aus *sozialhygienischen* Gründen Zwangsbehandlungen zulässig sein, so insbes. nach §§ 3, 14 GeschlKrG und § 34 BSeuchenG (vgl. Gallwas NJW **76**, 1134). Zu zwangsweiser psychischer Behandlung bei Selbstgefährdung vgl. Hamm NJW **76**, 378, Rüping JR 82, 744 ff.

16 4. Ob Körperverletzung durch ein **Züchtigungsrecht** gerechtfertigt sein kann, ist strittig.

Schrifttum: Jung, Das Züchtigungsrecht des Lehrers, 1977. – *Kienapfel,* Körperl. Züchtigung u. soziale Adäquanz, 1961. – *Petri,* Abschaffung des elterlichen Züchtigungsrechts, ZRP 76, 64. – *Rüping/Hüsch,* Abschied vom Züchtigungsrecht des Lehrers, GA 79, 1. – *Stettner,* Die strafr. Problematik der körperlichen Züchtigung, 1958. – *Thomas,* Die gerechtfertigte Züchtigung?, ZRP 77, 181. – *Vormbaum,* Zur Züchtigungsbefugnis von Lehrern u. Erziehern, JR 77, 492. – *Zenz,* Kindesmißhandlung aus juristischer Sicht, MMW 86, 49. – Zur *älteren* Lit. vgl. 19. A.

17 a) Die (wohl noch) **h. M.** hält eine Körperverletzung durch Ohrfeigen, Stockschläge oder ähnliche körperliche Züchtigungen für gerechtfertigt, wenn dies auf **angemessene** Weise durch einen **Erziehungsberechtigten** zu einem bestimmten **Erziehungszweck** erfolgt (vgl. BGH **6** 263, **11** 241, **12** 62, Saarbrücken NJW **63**, 2379, Bay NJW **79**, 1371 m. krit. Anm. Vormbaum JR 79, 477, Blei II 56 f., Hirsch LK 21, 29 ff., M-Schroeder I 93, Welzel 291; weitergehend soll u. a. nach Kienapfel aaO 101 ff., Eb. Schmidt JZ 59, 519, Würtenberger DRZ 48, 241 sogar die Tatbestandsmäßigkeit entfallen; krit. dazu Hirsch ZStW 74, 111 ff.).

18 aa) Im **familienrechtlichen** Bereich wird ein solches Züchtigungsrecht aus der *elterlichen Sorge* von Vater und Mutter (§§ 1626, 1631 BGB) hergeleitet (vgl. BGH NJW **53**, 1440, aber auch Jescheck 357 FN 25). Gleiche Rechte werden der *nichtehelichen Mutter* (§ 1705 BGB), den *Adoptiveltern* (§ 1754 BGB) sowie dem *Vormund* (§ 1800 BGB) zugebilligt, *nicht* dagegen den *Stiefeltern,* da sie mit den Stiefkindern nur verschwägert sind (§ 1590 BGB); jedoch kann ihnen das Züchtigungsrecht als Ausfluß des Erziehungsrechts übertragen sein (vgl. RG **49** 389, GA **48** 134, BGH **12** 68 sowie u. 26).

19 bb) Auch dem **Lehrer** wurde aufgrund *Gewohnheitsrecht* ein Züchtigungsrecht eingeräumt (vgl. RG **31** 267, BGH **11** 241, **14** 53, Hamm NJW **56**, 1690, Zweibrücken NJW **74**, 1772). Auch soll der Umstand, daß die schulrechtliche Befugnis zu körperlicher Züchtigung inzwischen fast allgemein durch landesrechtliche Vorschriften aufgehoben wurde (vgl. Jung aaO 36 ff. sowie die mwN D-Tröndle 13 a), der strafrechtlichen Fortgeltung des Züchtigungsrechts nicht entgegenstehen (BGH **11** 242, Zweibrücken NJW **74**, 1772). Da auf dem dienstlichen Erziehungsauftrag und damit aus Amtsrecht begründet, bedürfe das Züchtigungsrecht des Lehrers keiner Übertragung elterlicher Rechte, ebenso wie es umgekehrt in seinem Umfang nicht durch die Eltern eingeschränkt werden könne (BGH **12** 69). Auch beschränke sich das Züchtigungsrecht des Lehrers nicht auf die Schüler der ihm zugewiesenen Klasse, sondern gelte gegenüber allen Schülern der Schule, an der er tätig ist (noch weitergehend RG **42** 142, wonach der Lehrer u. U. auch gegenüber Schülern fremder Schulen wegen eines außerschulischen Fehlverhaltens ein Züchtigungsrecht haben soll). Dagegen ist dem **Lehrherrn** gegenüber dem Lehrling das Züchtigungsrecht bereits ausdrücklich aberkannt (vgl. § 31 JArbSchG, ferner § 108 SeemannsG für Vorgesetzte von jugendlichen Besatzungsmitgliedern). Entsprechendes gilt für **Berufsschullehrer** gegenüber Berufsschülern (Stuttgart Justiz **63**, 325, M-Schroeder[6] I 93).

20 b) Gegen das Züchtigungsrecht sprechen jedoch **grundsätzliche Bedenken.** Nicht nur, daß schon die pädagogische Zweckmäßigkeit von körperlichen Mißhandlungen höchst fragwürdig geworden ist (vgl. u. a. Hartmann RdJ 65, 263, Rüping/Hüsch GA 79, 6 f. mwN) Auch die grundrechtliche Vereinbarkeit von körperlichen Maßnahmen mit der Würde und Unversehrtheit auch des noch heranwachsenden Menschen wird sich allenfalls innerhalb der familiären Intimsphäre begründen lassen (vgl. Jescheck 357; ebenso entschieden abl. bereits Maunz-Dürig Art. 2 II RN 48, ferner Gössel I 170 ff., Horn SK 12, Thomas ZRP 77, 182, Vormbaum JR 77, 493 ff.; zw. auch Lackner 5 b aa sowie BGH NJW **76**, 1949 m. Anm. Schall NJW 77, 113, Vormbaum JZ 77, 654). Nimmt man noch die schulrechtliche Abschaffung der im allgemeinen Bewußtsein ohnehin längst verpönten Prügelstrafe hinzu, so muß jedenfalls das gewohnheitsrechtliche Züchtigungsrecht des **Lehrers** heute als **derogiert** betrachtet werden (vgl. D-Tröndle 13, Koch LdR 452, M-Schroeder I 93, Rüping/Hüsch GA 79, 9, Vormbaum JR 77, 492,

Wessels I 109 sowie Hirsch LK 24 mwN; mit widersprüchl. Begr. auch Jung aaO 40ff., 65; vgl. auch Murswiek JuS 83, 384 zur abw. Rspr. des EuGMR). Daher kommen körperliche Maßnahmen von Lehrern gegenüber Schülern allenfalls unter Notwehr- oder Notstandsvoraussetzungen in Betracht (ebenso D-Tröndle 14, Jescheck 356), wie insbes. zur Abwehr von Angriffen eines Schülers gegen den Lehrer, gegen andere Schüler oder gegen die Zertrümmerung von Einrichtungsgegenständen, während sonstigen Unterrichtsstörungen idR angemessener durch Ausschluß zu begegnen ist (zust. Hirsch LK 24). Ob darüber hinaus auch das **familienrechtliche** Züchtigungsrecht als strafrechtlicher Rechtfertigungsgrund völlig abzuschaffen wäre (so Petri ZRP 76, 64; mit gleicher Tendenz Münder RdJ 75, 23f., Vormbaum RdJ 77, 373), erscheint zweifelhaft: So wenig einerseits das Züchtigungsrecht als Deckmantel für Kindesmißhandlungen mißbraucht werden darf, so wenig wäre andererseits die Strafjustiz ein adäquates Instrument, um im „familiären Kleinkrieg" pädagogisch verunsicherte Eltern schon bei jedem körperlichen Übergriff durch kriminalisierende Sanktionen in die Schranken zu weisen (vgl. Hirsch LK 22, Thomas ZRP 77, 184f.; vgl. auch Zenz aaO zur Problematik polizeil.-strafr. Maßnahmen anstelle sozialpflegerischer Hilfe).

c) **Im einzelnen** ist zu den **Voraussetzungen und Grenzen** eines (etwaigen) Züchtigungsrechts noch folgendes zu beachten: 21

aa) Von vornherein *unzulässig* sind quälerische, gesundheitsschädliche, das Anstandsgefühl verletzende, entwürdigende oder sonstige *grobe* Mißhandlungen (vgl. RG **73** 258, BGH **3** 106, **6** 273, **11** 260, NStZ **87**, 173). Deshalb darf die Züchtigung nicht über eine *Mißhandlung* i. S. der 1. Tatbestandsalternative (o. 3) hinausgehen (vgl. Horn SK 13).

bb) Die Züchtigung muß durch ein bestimmtes *Fehlverhalten* veranlaßt und nach Art und 22 Umfang zur Erreichung des *Erziehungszwecks erforderlich* und *angemessen* sein (vgl. RG HRR 30 Nr. 2118, BGH **6** 263, **11** 257, Hirsch LK 29 mwN). Bloß „generalpräventive" Züchtigung ist unzulässig. Auch sind Art und Gewicht des Anlasses, das sonstige Verhalten sowie Alter und Konstitution des Betroffenen mitzuberücksichten, wobei dem Berechtigten ein gewisser Beurteilungsspielraum zugestanden wird (vgl. Hirsch aaO), dessen Einhaltung jedoch in vollem Umfang richterlicher Überprüfung unterliegt (vgl. – entgegen früheren Einschränkungen in RG **5** 193, **20** 98 – BGH **11** 258, ferner RG **65** 263, **67** 327).

Soweit dem **Lehrer** ein Züchtigungsrecht zugestanden wird (o. 19), soll dieses jedenfalls gegenüber 23 einem bereits 19jährigen Schüler entfallen (OGH **3** 154), ebenso bei Anwesenheit eines Elternteils, da deren elterliches Recht dem Züchtigungsrecht des Lehrers vorgeht (Koblenz NJW **55**, 602). Etwaige Verwaltungs- oder Schulordnungen geben keine letztverbindliche Richtschnur für die Rechtmäßigkeit oder Rechtswidrigkeit einer Züchtigung (BGH **11** 242, GA **63**, 82, Köln NJW **52**, 479; vgl. aber auch RG **43** 277). Noch weniger kann der Umfang des Züchtigungsrechts durch mündliche Anweisungen einer Aufsichtsinstanz in strafrechtlich beachtlicher Weise bestimmt werden.

cc) Für den **subjektiv** geforderten **Erziehungswillen** (Hirsch LK 30, Horn SK 14) wird idR 24 genügen, daß der Täter um das objektive Vorliegen der eine Züchtigung rechtfertigenden Umstände weiß. Eine darüber hinausgehende Absicht, wie etwa die richtig verstandene Erziehung (so z. B. BGH **11** 257), wird hier ebensowenig wie bei sonstigen Rechtfertigungsgründen zu fordern sein (vgl. 13ff. vor § 32). Auch auf die letzten Motive kann es nicht ankommen (in dem häufig als Gegenbeispiel angeführten Fall von BGH **13** 138 – Auspeitschen eines nackten Mädchens aus sexuellem Antrieb – scheitert die Rechtfertigung bereits an objektiver Nichtangemessenheit). Auch wird eine objektiv zulässige Züchtigung nicht schon deshalb rechtswidrig, weil der Täter auch aus Ärger oder Zorn handelt (vgl. BGH GA **63**, 82, Hamm NJW **56**, 1690, Horn SK 14).

dd) Gegenüber **fremden Kindern** ist (vorbehaltlich u. 26) eine Züchtigung grds. ausge- 25 schlossen (vgl. RG **61** 193, **76** 6, Saarbrücken NJW **63**, 2379, Hirsch LK 28, Horn SK 12, Lackner 5b aa, inzwischen auch D-Tröndle 15a, M-Schroeder I 93; and. KG GA Bd. **69** 116, Frankfurt GA Bd. **63** 466, Welzel 93). Dies gilt auch für leichtere Züchtigungen in Abwesenheit des Erziehungsberechtigten, da idR weder von dessen mutmaßlicher Einwilligung ausgegangen werden kann, noch die Geschäftsführung ohne Auftrag als solche einen Rechtfertigungsgrund darstellen.

ee) Die grundsätzliche Nichtübertragbarkeit des Züchtigungsrechts als eines rein persönli- 26 chen Rechts schließt nicht aus, seine **Ausübung zu übertragen** (vgl. RG **61** 193, BGH **12** 68), so etwa an das Kindermädchen oder den Privatlehrer. Allerdings kann dies nicht ohne weiteres aus der Betrauung mit einer Erziehungsaufgabe geschlossen werden (RG **76** 5), ebensowenig aus dem Auftrag an einen Arzt, ein Kind zu operieren; deshalb können Schläge zwecks Duldung der Operation rechtswidrig sein (RG **61** 393). Auch ist die Übertragung des Ausübungsrechts nicht beliebig, sondern nur im Rahmen der elterlichen Pflichten möglich (vgl. RG **33** 32) und daher idR nur insoweit gerechtfertigt, als besondere Umstände dafür sprechen (vgl. RG **76** 6,

Hirsch LK 23). Die *nachträgliche* Ermächtigung vermag eine bereits erfolgte Züchtigung nicht mehr zu rechtfertigen (RG **61** 394).

27 V. Ärztliche Heilbehandlung

Aus dem (vornehmlich neueren) *Schrifttum* (zum älteren vgl. 19. A.): *Adler-Saupe,* Psychochirurgie, 1979. – *Ankermann,* Arzthaftpflicht-Rechtsprechung, 1987. – *Arzt,* Die Aufklärungspflicht des Arztes, in: *Wiegand,* Arzt u. Recht, 1985, 49. – *Auer/Menzel/Eser,* Zwischen Heilauftrag und Sterbehilfe, 1977. – *Baden,* „Wirtschaftliche" Aufklärungspflichten in der Medizin, NJW 88 746. – *Bockelmann,* Strafrecht des Arztes, 1968. – *Bockelmann/Koffka,* Empfiehlt es sich, daß der Gesetzgeber die Fragen der ärztlichen Aufklärungspflicht regelt? Ref. z. 44. DJT 1962, II. – *Bodenburg,* Entzerrung der ärztlichen Aufklärungspflicht, NJW 81, 601. – *Bork,* Klin. Versuche in der Psychiatrie, NJW 85, 654. – *Brandes,* Aids: Test und Einwilligung, VersR 87, 747. – *Breddin/Deutsch/Ellermann/Jedinsky,* Rechtliche u. ethische Probleme bei klinischen Untersuchungen am Menschen, 1987. – *Brügmann,* Widerrechtlichkeit des ärztl. Eingriffs u. Aufklärungspflicht des Arztes, NJW 77, 1473. – *Buchborn,* Ärztliche Erfahrungen u. rechtliche Fragen bei AIDS, MedR 87, 260. – *Carstens,* Das Recht der Organtransplantation, 1978. – *Deutsch,* Das Recht der klinischen Forschung am Menschen, 1979. – *Ders.,* Arztrecht u. Arzneimittelrecht, 1983. – *Ders.,* Theorie der Aufklärungspflicht des Arztes, VersR 81, 293. – *Ders.,* Neue Aufklärungsprobleme, NJW 82, 2585. – *Deutsch,* Rechtsprobleme von AIDS: HIV-Test, 1988. – *Deutsch/Hartl/Carstens,* Aufklärung u. Einwilligung im Arztrecht, 1986. – *Deutsch/Kleinsorge/Scheler,* Verbindlichkeit der med., diagnost. u. therap. Aussage, 1983. – *Deutsch/Matthies,* Arzthaftungsrecht³, 1988. – *Eberbach,* Rechtsprobleme der HTLV-III-Infektion (AIDS), 1986. – *Ders.,* Grundsätze zur Aufklärung nicht voll Geschäftsfähiger, MedR 86, 14. – *Ders.,* Die ärztliche Aufklärung unheilbar Kranker, MedR 86, 180. – *Ders.,* Heimliche Aids-Tests, NJW 87, 1470. – *Eberbach,* AIDS u. Strafrecht, MedR 87, 267. – *Ders.,* Forschung an menschlichen Embryonen, ZRP 90, 217. – *Eberbach/Schuler,* Aufklärungspflicht bei psychol. Experimenten, JZ 82, 356. – *Ehlers,* Die ärztliche Aufklärung vor medizinischen Eingriffen, 1987. – *Engisch,* Die rechtliche Bedeutung der ärztlichen Operation, 1958. – *Ders. und Hallermann,* Die ärztliche Aufklärungspflicht aus rechtlicher und ärztlicher Sicht, 1970. – *Eser,* Das Humanexperiment, Schröder-GedS 191. – *Ders.,* Aufklärung und Einwilligung, bes. in der Intensivtherapie, in: *Becker/Eid,* Begleitung von Schwerkranken (1984), 188. – *Ders.,* Recht u. Humangenetik, in: *Koslowski* u. a., Die Verführung durch das Machbare (1983) 49. – *Ders.,* Medizin u. Strafrecht, ZStW 97, 1. – *Ders.,* Kontrollierte Arzneimittelprüfung, Internist 82, 218. – *Ders.,* Strafr. Aspekte der Humangenetik, in: *Braun/Mieth/Steigleder,* Eth. u. rechtl. Fragen der Gentechnologie u. der Reproduktionsmedizin, 1987, 120. – *Ders.,* Neuartige Bedrohungen ungeborenen Lebens, 1990. – *Ders.,* Recht u. Medizin, 1990. – *Eser/Koch/Wiesenbart,* Regelungen der Fortpflanzungsmedizin u. Humangenetik, 2 Bde., 1990. – *Eser/v. Lutterotti/Sporken,* Lexikon Medizin-Ethik-Recht, 1989. – *Fincke,* Arzneimittelprüfung, 1977. – *Francke/Hart,* Ärztl. Verantwortung u. Patienteninformation, 1987. – *Franzki,* Zur zivil- u. strafr. Verantwortung der Krankenhausärzte u. des Pflegepersonals, Arzt u. Krankenhaus 85, 168. – *Geilen,* Einwilligung und ärztliche Aufklärungspflicht, 1963. – *Giese,* Medizinschaden u. Arzthaftungspflicht, 1988 ff. – *Giesen,* Die zivilr. Haftung des Arztes bei neuen Behandlungsmethoden u. Experimenten, 1976. – *Ders.,* Wandlungen des Arzthaftungsrechts, 1983. – *Ders.,* Zwischen Patientenwohl u. Patientenwille, JZ 87, 282. – *Giesen,* Arzthaftungsrecht, 1990. – *Göppinger,* Arzt und Recht, 1966. – *Goetze,* Arzthaftungsrecht u. kassenärztl. Wirtschaftlichkeitsgebot, 1988. – *Grahlmann,* Heilbehandlung u. Heilversuch, 1977. – *Grünwald,* Die Aufklärungspflicht des Arztes, ZStW 73, 5. – *Günther,* Strafrecht u. Humangenetik, ZStW 102 (1990) 269. – *Günther/Keller,* Fortpflanzungsmedizin u. Humangenetik, 1987. – *Hart,* Arzneimitteltherapie u. ärztl. Verantwortung, 1990. – *Heidner,* Die Bedeutung der mutmaßlichen Einwilligung als Rechtfertigungsgrund, insbes. im Rahmen des ärztlichen Heileingriffs, 1987. – *Held,* Strafr. Beurteilung von Humanexperimenten u. Heilversuchen in der med. Diagnostik, 1990. – *Herrmann,* Soll ein Krebspatient über seine Diagnose aufgeklärt werden?, MedR 88, 1. – *Herzog/Nestler-Tremel,* AIDS u. Strafrecht, StV 87, 360. – *Heusinger/Röhl,* Rechtsfragen der ärztl. Aufklärung, NJ 89, 139. – *Hirsch,* AIDS-Test bei Krankenhauspatienten, AIFO 88, 157. – *Hiersche/Hirsch/Graf-Baumann,* Rechtliche Fragen der Organtransplantion, 1990. – *Hollmann,* Das ärztliche Gespräch mit dem Patienten, NJW 73, 1393. – *Honecker,* Aspekte u. Probleme der Organverpflanzung, 1973. – *Hymmen/Ritter,* Behandlungsfehler, 1981. – *Jacob,* Standardisierte Patientenaufklärung, Jura 82, 529. – *Janker,* Heimliche HIV-Antikörpertests, NJW 87, 2897. – *Jordan,* Zur strafr. Zulässigkeit placebokontrollierter Therapiestudien, 1987. – *Jung,* Das Recht auf Gesundheit, 1982. – *Ders.,* Außenseitermethoden u. strafr. Haftung, ZStW 97, 47. – *Jung,* Biomedizin u. Strafrecht, ZStW 100 (1988) 3. – *Jung/Meiser/Müller,* Aktuelle Probleme u. Perspektiven des Arztrechts, 1989. – *Jung/Schreiber,* Arzt u. Patient zwischen Therapie und Recht, 1981. – *A. Kaufmann,* Die eigenmächtige Heilbehandlung, ZStW 73, 341. – *Ders.,* Moderne Medizin u. Strafrecht, 1989. – *Kapp,* Der Fötus als Patient?, MedR 86, 275. – *F.-X. Kaufmann,* Ärztl. Handeln zw. Paragraphen u. Vertrauen, 1984. – *Kern,* Aufklärungspflicht u. wissender Patient, MedR 86, 176. – *Ders.,* Die Selbstbestimmungsaufklärung unter Einbeziehung des nichtärztlichen Pflegepersonals, Weißauer-FS 71. – *Koch,* Transsexualismus u. Intersexualität, MedR 86, 500. – *Kohlhaas,* Medizin und Recht, 1969. – *Komo,* Die verordnete Intoxikation, 1978. – *Krauß,* Zur strafrechtl. Problematik der eigenmächtigen Heilbehandlung, Bockelmann-FS 557. – *Kreuzer,* AIDS u. Strafrecht, ZStW 100 (1988) 786. – *Kuhlmann,* Zur ärztlichen Aufklärungspflicht, NJW 73,

2239. – *Kuntz*, Arzthaftungsrecht⁴, 1988. – *Laufs*, Arztrecht³, 1984. – *Ders.*, Die Entwicklung des Arztrechts, NJW 80, 1315; 81, 1289; 82, 1319; 83, 1345; 84, 1383; 85, 1361; 86, 1518; 87, 1454; 88, 1499; 89, 1521; 90, 1505. – *Ders.*, Die klinische Forschung am Menschen, VersR 78, 385. – *Laufs/ Laufs*, AIDS u. Arztrecht, NJW 87, 2257. – *Laufs/Narr*, AIDS, MedR 87, 282. – *Lenckner*, Arzt u. Strafrecht, in: *Forster*, Praxis der Rechtsmedizin, 1986, 570. – *Lesch*, Die strafr. Einwilligung beim HIV-Antikörpertest an Minderjährigen, NJW 89, 2309. – *Lüttger*, Die humane artifizielle Insemination, Jahrb. d. Berliner Wiss. Ges. 77, 150. – *Majunke*, Anästhesie u. Strafrecht, 1988. – *Meier*, Strafr. Aspekte der AIDS-Übertragung, GA 89, 207. – *Mergen*, Die juristische Problematik in der Medizin, 3 Bde., 1971. – *Moll*, Strafr. Aspekte der Behandlung Opiatabhängiger, 1990. – *Müller-Emmert/ Hiersche*, Med.-jur. Aspekte der Geschlechtsumwandlung, Gynäkologe 76, 95. – *Narr*, Ärztliches Berufsrecht², 1987. – *Perels/Teyssen*, AIDS-Antikörpertest u. Einwilligungserfordernis, MMW 87, 376. – *Pfeiffer*, Durchführung von HIV-Tests ohne den Willen des Betroffenen, 1989. – *Roemer*, Die ärztliche Aufklärungspflicht vom Standpunkt u. aus der Erfahrung des Arztes, 1961. – *Roßner*, Verzicht des Patienten auf eine Aufklärung durch den Arzt, NJW 90, 2291. – *Samson*, Zur Strafbarkeit der klinischen Arzneimittelprüfung, NJW 78, 1182. – *Schild*, Rechtliche Fragen des Dopings, 1986. – *Schlenker*, Das „berufsunwürdige Handeln" des Arztes, 1973. – *Schlosshauer-Selbach*, Typologie der ärztl. Aufklärungspflicht, DRiZ 82, 361. – *Schmid*, Die Grundl. der ärztl. Aufklärungspflicht, NJW 84, 2601. – *Eb. Schmidt*, Der Arzt im Strafrecht, 1939. – *Ders.*, Empfiehlt es sich, daß der Gesetzgeber die Frage der ärztlichen Aufklärungspflicht regelt?, Gutachten z. 44. DJT 1962, I/4. – *Schmidt-Elsäßer*, Med. Forschung an Kindern u. Geisteskranken, 1987. – *Schneider*, Rechtsprobleme der Transsexualität, 1977. – *Schröder*, Eigenmächtige Heilbehandlung im geltenden Recht und im E 1960, NJW 61, 951. – *Schünemann*, Einwilligung und Aufklärung von psychisch Kranken, VersR 81, 306. – *Schünemann/Pfeiffer*, Die Rechtsprobleme von AIDS, 1988. – *Schwalm*, Zum Begriff und Beweis des ärztlichen Kunstfehlers, Bockelmann-FS 539. – *Siebert*, Strafr. Grenzen ärztl. Therapiefreiheit, 1983. – *Solbach*, „Aufklärung" des Patienten über wirtschaftl. Aspekte der Behandlung?, JA 86, 419. – *Solbach/Solbach*, Zur Frage der Aufklärung der Patienten bei Blutentnahmen (AIDS), MedR 88, 241. – *Spann*, Der ärztliche Kunstfehler, MMW 79, 557. – *Spann/Liebhardt/Denning*, Übermaßaufklärung, Weißauer-FS 143. – *Staak-Weiser*, Klinische Prüfung von Arzneimitteln, 1978. – *Steffen*, Neue Entwicklungslinien der BGH-Rspr. zum Arzthaftungsrecht, 3. A. 1989. – *Sternberg-Lieben*, Strafbarkeit des Arztes bei Verstoß gegen ein Patienten-Testament, NJW 85, 2734. – *Ders.*, Fortpflanzungsmed. u. Strafrecht, NStZ 88, 1. – *Ders.*, Strafbarkeit eigenmächtiger Genomanalyse, GA 90, 289. – *Tempel*, Inhalt, Grenzen u. Durchführung der ärztl. Aufklärungspflicht, NJW 80, 609. – *Trockel*, Das Recht des Arztes zur Heilbehandlung unter Erprobung neuer Heilmethoden, NJW 79, 2329. – *Tröndle*, Selbstbestimmungsrecht des Patienten – Wohltat u. Plage, MDR 83, 881. – *v. Troschke/Schmidt*, Ärztl. Entscheidungskonflikte, 1983. – *Uhlenbruck*, Rechtspflicht der Krankenhausarztes zur Schmerzbekämpfung, Narr-FS 159. – *Ulsenheimer*, Arztstrafrecht in der Praxis, 1989. – *Ulsenheimer*, u. a., Rechtl. Probleme in Geburtshilfe u. Gynäkologie, 1990. – *Wachsmuth*, Die chirurgische Indikation, Bockelmann-FS 473. – *Ders./Schreiber*, Grenzen der ärztl. Aufklärungspflicht im westeurop. Vergleich, DÄBl. 84, 153. – *Weber-Steinhaus*, Ärztliche Berufshaftung als Sonderdeliktsrecht, 1990. – *Weißauer*, Bluttransfusion u. AIDS, MedR 87, 272. – *Wilhelm*, Verantwortung u. Vertrauen bei Arbeitsteilung in der Medizin, 1984. – *Wilts*, Die ärztliche Heilbehandlung in der Strafrechtsreform, MDR 70, 971 u. 71, 4. – *Wolfslast*, Psychotherapie in den Grenzen des Rechts, 1985. – *Zipf*, Probleme eines Straftatbestandes der eigenmächtigen Heilbehandlung, Bockelmann-FS 577. – Speziell zu *Sterilisation* und *Kastration* vgl. die Nachw. u. 53.

28 Strittig ist, ob und inwieweit **ärztliche Maßnahmen,** zu denen neben operativen Eingriffen und medikamentösen Behandlungen und Verschreibungen auch sonstige somatisch-psychische Einwirkungen (Betäubung, Bestrahlung, Elektroschock, Psychotherapie u. dgl.) zählen (vgl. § 161 E 62 Begr. 297 ff., aber auch u. 34), als Körperverletzung zu behandeln sind. Der Meinungsstand ist im wesentlichen folgender (zur Entwicklung vgl. Bockelmann ZStW 93, 105 ff. sowie aus schutzgutorientierter Sicht Eser ZStW 97, 1 ff.):

29 a) Nach **st. Rspr.** ist jede ärztliche, die Integrität des Körpers berührende Maßnahme **tatbestandlich Körperverletzung** (so seit RG **25** 375), und zwar gleichgültig, ob erfolgreich oder mißglückt, kunstgerecht oder fehlerhaft; daher bedarf sie jeweils einer besonderen *Rechtfertigung*, in der Regel durch *Einwilligung* des Patienten (vgl. insbes. BGH **11** 111, **12** 379, **16** 303, NJW **56**, 1106, Hamm MDR **63**, 520, Hamburg NJW **75**, 603; so i. E. auch die zivilrechtliche h. M.: vgl. BGHZ **29** 49, 176, NJW **71**, 1887, Köln NJW **78**, 1690; ebenso Arzt/Weber I 125, Baumann 184 ff., Krey NJW **58**, 2092, sowie i. E. Horn SK 35 ff.; Krey I 5; grds. and. aufgrund verfehlter Prämissen Brügmann NJW 77, 1473 ff.). Kann die Einwilligung nicht eingeholt werden (etwa wegen Bewußtlosigkeit), läßt man auch mutmaßliche Einwilligung genügen (RG **25** 381, **61** 256; dazu u. 38, 42, 44). Im übrigen gilt zu den Einwilligungsvoraussetzungen das u. 37 ff. zum Einverständnis Ausgeführte entsprechende. Dagegen kommt das ärztliche Berufsrecht, wie gelegentlich angenommen (z. B. Hafter, Schweiz. Strafr. I (1926) 158; vgl. auch Gallwas NJW 76, 1134), für sich allein als Rechtfertigungsgrund nicht in Betracht (RG **25** 379, **61** 252); zur Rechtfertigung nach Notstandsgrundsätzen vgl. u. 42, 44, 52. – Dieser

§ 223 30, 31   Bes. Teil. Körperverletzung

Standpunkt kommt zwar dem Selbstbestimmungsrecht des Patienten über seinen Körper, in dem Horn SK 35 neben dem Gesundheitsinteresse sogar ein eigenständiges Rechtsgut des § 223 sehen will (vgl. aber u. 31), sehr entgegen; doch vermag sie durch die vielgescholtene tatbestandliche „Gleichstellung mit dem Messerstecher" (vgl. Bockelmann aaO 62 mwN, aber auch Lenckner aaO 594) der tendenziell auf Heilung und nicht auf Verletzung ausgerichteten und als Gesamtakt zu begreifenden Tätigkeit des Arztes nicht hinreichend gerecht zu werden (vgl. Hirsch LK 5 vor § 223). Auch müßte sie konsequenterweise dazu führen, daß selbst eine schmerzlindernde Injektion, falls ohne wirksame Einwilligung verabreicht, als Körperverletzung zu behandeln und bei Handhabung der Spritze als „gefährliches Werkzeug" nach § 223a sogar als qualifiziert zu betrachten wäre (vgl. BGH NStZ **87**, 174 m. Anm. Wolski GA 87, 527). Dazu wie auch zu weiteren Konsequenzen dieser Auffassung krit. Bockelmann aaO 51 ff.

30 b) Dagegen ist für die **h. L.** der Heileingriff schon **tatbestandlich keine Körperverletzung**, da die Behandlung des kranken Patienten zur Wiederherstellung seiner Gesundheit keine Körper(interessen)verletzung sei. Über die dabei im einzelnen an den Heileingriff zu stellenden Forderungen besteht freilich noch weithin Streit, wobei im wesentlichen zwei Abgrenzungsversuche vorherrschen: Nach der „Erfolgstheorie" ist zwischen **gelungenem** und **mißlungenem** Eingriff zu unterscheiden (so namentlich Bockelmann aaO 67 ff., Baldus und Koffka Niederschr. VII 189 ff., Gössel I 159 ff., Hardwig GA 65, 163, M-Schroeder I 95, H. Mayer 170). Da es für den Heileingriff nicht auf die einzelnen Teilakte (Injektion, Schnitt, Amputation usw.), sondern auf den Gesamterfolg ankomme, sei § 223 schon tatbestandlich zu verneinen, wenn im Ergebnis das körperliche Wohl im ganzen erhöht oder jedenfalls bewahrt worden ist. Ist der Eingriff hingegen mißlungen, indem sich der Patient in einem schlechteren Zustand wiederfindet, als er ihn ohne den Eingriff erleiden müßte, so liege tatbestandsmäßig eine Körperverletzung vor, die jedoch u. U. durch eine das Erfolgsrisiko deckende Einwilligung gerechtfertigt sei (vgl. Frank II 3 vor § 223). Freilich steht damit der Arzt unter einem erheblichen Erfolgsrisiko, das eine andere Auffassung dadurch zu mindern sucht, daß sie auf die **Kunstgerechtheit** abstellt: Ist der Eingriff von Heilungstendenz getragen und kunstgerecht durchgeführt, so sei er selbst bei Mißlingen tatbestandsmäßig keine Körperverletzung (so insbes. Engisch aaO 20, ZStW 58, 5, Gallas Niederschr. VII 197, Eb. Schmidt, Arzt 69 ff., Welzel 289; i. gl. S. wohl Hirsch LK 4 f. vor § 223, wenn er bei gelingendem Heileingriff bereits den objektiven, bei mißlungenem aber kunstgerechtem hingegen zumindest den subjektiven Tatbestand verneint). – Allerdings entsteht dadurch, daß es mangels Tatbestandsmäßigkeit auf eine rechtfertigende Einwilligung des Patienten schon gar nicht mehr ankommt, bei zwar kunstgerechten bzw. gelungenen, aber *eigenmächtigen* Heileingriffen eine nicht unbeträchtliche Schutzlücke. Diese ist auch durch Rückgriff auf die §§ 185, 239, 240 (so M-Schroeder I 98, Welzel aaO) nur unvollkommen zu schließen (vgl. Schröder NJW 61, 953 ff.).

31 c) Für das damit sichtbar gewordene **Ausgleichsbedürfnis** zwischen den Interessen des **Patienten** an Wahrung seiner *Gesundheit* und Achtung seiner *Selbstbestimmung* einerseits und dem Interesse des **Arztes** an einer von *Diskriminierung* und *strafrechtlichem Risiko* freien Tätigkeit andererseits wird eine befriedigende Lösung nicht zu erreichen sein, solange nicht bei grundsätzlicher Enttatbestandlichung des Heileingriffs zumindest die eigenmächtige Heilbehandlung tatbestandlich erfaßt bleibt. Solange dahingehende Reformpläne (vgl. insbes. §§ 161, 162 E 62, § 123 AE-BT, Wilts und Zipf aaO, aber auch Krauß aaO 575 f., ferner Tröndle ZStW 99, 33 ff. zwecks Miterledigung der Sterbehilfeprobleme) nicht Wirklichkeit sind, kann auf § 223 als *umfassenden* (wenngleich nicht unbegrenzten) *Schutztatbestand* nicht verzichtet werden. Das bedeutet einerseits, daß alle ausschließlich auf körperliche Gesamtbilanz oder Kunstgerechtheit abhebenden Lösungen (o. 30) – weil schutzverkürzend – nicht genügen können, da sie den Patienten letztlich zum Objekt „ärztlicher Vernunfthoheit" werden lassen bzw. die Behandlung im Grunde schon aus ärztlichem Berufsrecht legitimieren, ohne daß es dafür wesentlich auf den Patientenwillen ankäme. Dies darf jedoch andererseits nicht bedeuten, daß die Selbstbestimmung als eigenständiges Schutzgut des § 223 zu betrachten wäre (vgl. o. 29); denn ähnlich wie bei § 242 Selbstbestimmung nicht generell, sondern lediglich als eigentumsbezogenes Dispositionsrecht (mit)geschützt ist, geht es auch bei § 223 um Selbstbestimmungsschutz (bzw. Wahrung der körperlichen Integrität) nur insoweit, als der Betroffene keine materialen Einbußen seines gesundheitlichen Wohles oder seiner körperlichen Verfassung ohne sein Einverständnis soll hinnehmen müssen (zust. Sternberg-Lieben GA 90, 294). Dies sollte für Gesundheits*verschlechterungen*, mögen sie auch noch so kunstgerecht beigebracht sein, kaum noch der Begründung bedürfen. Gleiches muß darüber hinaus aber auch für wesentliche *Substanzeingriffe* gelten, und zwar ungeachtet ihres Erfolgs; denn mögen auch durch medikamentöse Substanzveränderungen die Grenzen zwischen konservativer und operativer Medizin fließend geworden sein, so bleibt doch an dem Grundsatz festzuhalten, daß Eingriffe, die zu wesentlichen Substanz- oder Funktionsverlusten oder ähnlich gravierenden Persönlichkeitsveränderungen führen können, nicht ohne Einverständnis des Betroffenen vorgenommen werden dürfen, wenn der Mensch Herr seiner inneren und äußeren Person und Gestalt bleiben soll (verkannt von Hirsch LK 4 vor § 223). Soweit es dagegen lediglich um Heilmaßnahmen geht, die ohne wesentliche Substanzveränderung den gesundheitlichen Gesamtzustand erhalten oder gar verbessern, kann von einer materialen Körper(interessen)verletzung keine Rede sein. Dem kann auch nicht entgegen gehalten werden, daß ja selbst die schmerzbefreiende Injektion, wenn aus Mitleid aber ohne Einverständnis beigebracht, die körperliche Integrität verletze; denn dies könnte nur dann durchschlagen, wenn es in § 223 um Gewährleistung der Selbstbestimmung als solcher ginge und damit selbst ein „Recht auf Schmerzen" geschützt wäre: Das aber kann nicht die Aufgabe eines gegen Mißhandlung und Gesundheitsbeschädigung gerichteten Tatbestandes sein (insofern besteht gegenüber dem Zivilrecht, dem es bei § 823 BGB gerade auch um allgemeinen Persönlichkeitsschutz geht, schon von Grund auf ein wesentlicher Unterschied; vgl. BVerfG NJW **79**, 1930, Geilen aaO 18 f., Laufs NJW **74**, 2028; vgl. zum Ganzen auch Eser ZStW 97, 1 ff. sowie Müller-Dietz u. Jung in Jung/Schreiber aaO 7ff. bzw. 189ff., Tröndle MDR **83**, 881ff.). Demgemäß bleibt nach dem bereits von Schröder vorgezeichneten Grundansatz (vgl. 17. A. 8ff.) folgendermaßen zu **differenzieren:**

1. Die **gelungene Heilmaßnahme,** die **ohne wesentlichen Substanzverlust** (dazu u. 33) zu **32** einer Wiederherstellung, Verbesserung oder gegenüber dem sonst zu befürchtenden Krankheitsverlauf jedenfalls zu keiner Gesundheitsverschlechterung führt, kann schon tatbestandlich weder als eine „das körperliche Wohlbefinden beeinträchtigende üble, unangemessene Behandlung" (vgl. o. 3) noch als „Gesundheitsbeschädigung" i. S. von § 223 betrachtet werden; dafür fehlt es bereits am Erfolgsunwert (i. E. ähnlich Krauß Bockelmann-FS 573 ff.). Deshalb hängt bei einer geglückten (und nicht mit Substanzverlust erkauften) Heilbehandlung das Entfallen von § 223 weder vom Einverständnis des Patienten noch von der Kunstgerechtheit der Durchführung ab (vgl. Hirsch LK 3 vor § 223), es sei denn, die lex artis (u. 35) wird in so grober Weise verletzt, daß darin eine „Mißhandlung" i. S. der 1. Alt. von § 223 zu erblicken ist (z. B. bei völlig unzureichender Anästhesie). Ist insoweit lediglich Fahrlässigkeit zur Last zu legen, kommt § 230 in Betracht. Dagegen sind sonstige geglückte *eigenmächtige* Behandlungen, und zwar auch für einen Nichtarzt (z. B. durch Einflößen eines Schmerzlinderungsmittels), strafrechtlich allenfalls bei Anwendung von Zwang (§§ 239, 240) oder unter ehrverletzenden Umständen (§ 185) erfaßbar (vgl. Bockelmann aaO 71, Schröder NJW **61**, 953).

2. Bei **wesentlichen Substanzveränderungen** hingegen (wie z. B. durch Amputation von **33** Gliedmaßen, Abtötung oder Änderung von Funktionen, Persönlichkeitsveränderungen durch Stereotaxie oder Psychopharmaka) kann der Erfolgsunwert allenfalls dann verneint werden, wenn der Eingriff insgesamt betrachtet zu einer Gesundheitsverbesserung führt und dem Selbstbestimmungsrecht durch (insoweit tatbestandsausschließendes) Einverständnis des Betroffenen Rechnung getragen ist (vgl. o. 31). Dagegen läßt sich bei **gesundheitsverschlechternden** Eingriffen jeder Art zwar nicht der Erfolgsunwert bestreiten; wohl aber kann bei einverständlicher und kunstgerechter Durchführung und entsprechendem Heilwillen des Arztes der Handlungsunwert entfallen. Daher ist für den Tatbestandsausschluß der hier infragestehenden Substanzeingriffe und Gesundheitsverschlechterungen **im einzelnen** folgendes **vorauszusetzen:**

a) Die Behandlung muß **zu Heilzwecken indiziert** sein, was häufig eine Abwägung zwischen **34** verschiedenen Methoden und Risiken voraussetzt (vgl. BGH NJW **81**, 633, Düsseldorf VersR **85**, 456). Der *Heilzweck* kann sowohl in der Erhaltung des Lebens wie auch in der Beseitigung oder Linderung von Leiden (vgl. Uhlenbruck Narr-FS 165 ff.), Mißbildungen oder sonstigen Störzuständen liegen. Ob es sich dabei um körperliche oder seelische Krankheiten, Beschwerden oder Störungen handelt, ist gleichgültig. Dagegen kann die Herstellung oder Hebung des „sozialen Wohlbefindens" i. S. der WHO-Gesundheitsformel für sich allein nicht genügen, wenn der Begriff der Heilbehandlung nicht jede Konturen verlieren und nicht etwa auch rein sozialpflegerische Maßnahmen erfassen soll. *Indiziert* sind nicht nur die *unmittelbar* auf die Behebung des Leidens gerichteten Maßnahmen, sondern auch solche *vorbereitender* oder *nachbehandelnder* Art. Daher werden neben den eigentlichen therapeutischen Eingriffen (Operation samt Anästhesie, Intensivtherapie, medikamentöse oder Strahlenbehandlung) auch diagnostische (Blutentnahme, Röntgenaufnahme, Leberfunktionstest: vgl. BGH NJW **74**, 604; Angiographie: LG Bremen MedR **83**, 73, spez. zu AIDS vgl. StA/KG NJW **87**, 1496 sowie u. 41) oder prophylaktische Maßnahmen (wie z. B. Impfungen) erfaßt (vgl. § 161 E 62 Begr. 296 ff.; zu Psychotherapie vgl. Wegener JZ **80**, 592, Wolfslast aaO, zur Verschreibung von Ersatzdrogen AG Landau MedR **90**, 97, Böllinger MedR **89**, 290 ff., Moll aaO 256 ff.). Dagegen fehlt es bei Transfusionen jedenfalls auf Spenderseite ebenso an der erforderlichen Heiltendenz wie bei überwiegend experimentellen Eingriffen; Entsprechendes gilt für kosmetische Operationen, sofern sie nicht gleichzeitig einen Heilzweck verfolgen. Zu diesen und ähnlichen Grenzfällen mangelnder Indikation vgl. u. 50.

b) Die Behandlung muß **lege artis,** d. h. unter Beachtung der anerkannten ärztlichen Kunstre- **35**

§ 223 35a

geln durchgeführt werden (allg. dazu Krauß in Jung/Schreiber aaO 141ff., Schwalm Bockelmann-FS 541ff.; zur Unschärfe dieses Begriffes vgl. Lenckner aaO 599ff.; im Zivilrecht wird dabei vor allem mit Rücksicht auf Beweislastunterschiede neuerdings noch weiter untergegliedert zwischen „Kunstfehlern" i. S. der Verletzung elementarer Grundsätze, „Behandlungsfehlern" i. S. von Überschreitung der Ermessensgrenzen sowie „Gerätefehlern"; vgl. Deutsch NJW 78, 1658, JZ 78, 278). Die lex artis ist zwar weder mit einer bestimmten „Schulmedizin" gleichzusetzen (vgl. RG **67** 23f., **74** 91, 95, Geilen aaO 71ff., Laufs NJW 84, 1384; vgl. aber Siebert aaO 30ff., der zwar bei der Methodenwahl einen Beurteilungsspielraum einräumt, im übrigen aber der Schulmedizin die unwiderlegliche Vermutung der Richtigkeit zuerkennt; allg. Deutsch/Kleinsorge/Scheler aaO insbes. 35ff.; zu Außenseitermethoden Backes AR 82, 148ff., Jung ZStW **97**, 47ff., zu med.-techn. Behandlungsalternativen vgl. Damm NJW 89, 737, zu Substitutionsbehandlung Heroinabhängiger Böllinger MedR 89, 290, Moll aaO 256ff.), da dies dem Grundsatz der Methodenfreiheit widerspräche (vgl. Bockelmann aaO 86f.), noch lassen sich die zu beachtenden Regeln auf einen einmal erreichten Standard festschreiben, da dies zu einer Blockierung jeder Fortentwicklung führen müßte (vgl. Eser ZStW 97, 11ff.; allg. zu „wissenschaftlich anerkannten" Methoden und Mitteln Kriele NJW 76, 355ff., Kienle NJW 76, 1126ff.; vgl. auch Stuttgart VersR **89**, 295, 1. Buchborn MedR 87, 221). Zumindest aber muß sich der Arzt zunächst jeweils an die Regeln halten, die bereits als hinreichend erprobt gelten. Daher wird er erst dort, wo ihm die „Standardbehandlung" im Einzelfall als weniger erfolgversprechend oder gar schädlich erscheinen, zu weniger erprobten Verfahren greifen bzw. umgekehrt nicht ohne entsprechendes Einverständnis des Patienten an bereits ernsthaft angefochtenen Verfahren festhalten dürfen (vgl. BGH NJW **78**, 587: Schließmuskeldurchtrennung). Zudem hängen die jeweiligen Anforderungen nicht zuletzt von den im Einzelfall verfügbaren Mitteln (gut ausgestattetes Krankenhaus oder Notfall auf dem Lande), von der Dringlichkeit des Eingriffs (Unfall oder bloße Vorsorgemaßnahme) sowie nicht zuletzt von der Höhe des Risikos ab (vgl. BGH **12** 379). So kann insbes. bei sog. *Risikooperationen* ein Regelverstoß nicht schon darin erblickt werden, daß in Wahrnehmung einer letzten Rettungschance ein für den Normalfall unzulässiger Weg beschritten wird (vgl. auch Hirsch LK 5 vor § 223 zur ergänzenden Heranziehung von Notstandsgesichtspunkten, sowie Deutsch NJW 76, 2291f. und Grahlmann aaO, insbes. 14f., 18f., 44f., 50f. zu den Anforderungen bei einem sog. „Heilversuch"; vgl. dazu auch u. 50 zu α). Zur lex artis ist auch die *„therapeutische Aufklärung"* zu zählen, bei der es weniger um Gewährleistung des Selbstbestimmungsrechts (dazu u. 37) als vielmehr schon darum geht, die für den Heilerfolg erforderliche Kooperationsfähigkeit des Patienten herzustellen (vgl. Geilen in Mergen II 11ff.) oder ihn – i. S. einer *„Sicherungsaufklärung"* – vor Selbstgefährdung zu bewahren, wie etwa durch Versäumung eines fristgebundenen Eingriffs (Stuttgart MedR **85**, 175; vgl. auch BGH AR **88**, 233, Celle MedR **87**, 108, Frankfurt MedR **87**, 187, Hamm VersR **87**, 106) oder infolge Unkenntnis der Wirkungen eines Medikaments (vgl. BGH NJW **70**, 511, Oldenburg VersR **86**, 69 m. Anm. Uhlenbruck AR 86, 294, Hart aaO 116ff., Laufs NJW 74, 2028; noch weitergehend für Mitentscheidungsaufklärung bereits als Teil der lex artis Krauß Bockelmann-FS 565ff.). Dazu gehört insbes. auch die Aufklärung über die verkehrstauglichkeitsmindernde Wirkung von Medikamenten (Schlenker aaO 35). Im übrigen gehört zur ärztlichen Sorgfalt selbstverständlich auch die Kontrolle der *Einsatzfähigkeit von Geräten* (vgl. BGH NJW **78**, 584). Zur Einzelverantwortlichkeit bei *ärztlicher Zusammenarbeit* und *Arbeitsteilung* unter Anwendung des Vertrauensgrundsatzes vgl. BGH NJW **80**, 649, 650, MedR **83**, 77, 78, StV **88**, 251, Düsseldorf NJW **84**, 2636, AR **85**, 34, Hamm MedR **83**, 187, LG München MedR **84**, 234 m. Anm. Opderbecke, Ulsenheimer MedR 84, 165f., Wilhelm aaO sowie in MedR 83, 45ff. u. Jura 85, 183ff. mwN; zur Zusammenarbeit mit nichtärztl. Personal vgl. LG Dortmund MedR **85**, 219, LG Heidelberg VersR **86**, 148, Franzki Arzt u. Krhs. 85, 168, sowie zu dessen eigener Verantwortlichkeit Heinze/Jung MedR 85, 62, speziell bei Dialyse Rieger NJW 78, 582ff., bei intraoperativen Lagerungsschäden Eberhardt MedR 86, 117 bzw. im Rettungsdienst Lippert MedR 84, 41ff.; zu Wirtschaftlichkeitsfaktoren vgl. Goetze aaO.

35a   **Beispiele** aus der neueren **Behandlungsfehlerkasuistik** (wobei jedoch bei den meist *zivil*rechtlichen Entscheidungen zu beachten ist, daß sich die Verletzung der lex artis regelmäßig stillschweigend aus der Annahme von Fahrlässigkeit i. S. objektiver Sorgfaltswidrigkeit ergibt, somit also im Falle *straf*rechtlicher Verfolgung entweder für § 223 sogar Vorsatz oder für § 230 zumindest auch noch subjektive Sorgfaltswidrigkeit nachzuweisen wäre): *verspätete Einweisung* (Celle VersR **81**, 684, **85**, 346, Stuttgart VersR **88**, 1156), *geburtshilfl. Versäumnisse* (Hamm VersR **89**, 255, **90**, 52, Karlsruhe NStZ **85**, 314, Oldenburg VersR **88**, 64, Stuttgart VersR **87**, 1252, LG Weiden VersR **88**, 196), wie insbes. verspätete Vornahme eines Kaiserschnitts (LG Darmstadt MedR **84**, 72; vgl. ferner BGH VersR **85**, 343, NJW **89**, 1538, aber auch Braunschweig VersR **86**, 1214, Hamm VersR **86**, 660; dagegen ist im Fehlschlagen einer versuchten Sterilisation nicht ohne weiteres ein Behandlungsfehler zu erblicken: vgl. Hamm VersR **87**, 1146, Köln VersR **88**, 43, Dannemann VersR 89, 676, Engelhardt VersR **88**, 540), *Diagnosefehler* (BGH NJW **73**, 454, **87**, 1482, 2925, **88**, 1513, 2303, **89**, 1541, 2332, MedR **86**,

Körperverletzung – Ärztliche Heilbehandlung   36, 37 § 223

36, Braunschweig VersR **87,** 76, Celle VersR **87,** 941, Düsseldorf VersR **84,** 446, **86,** 64, 893, **87,** 994, **89,** 190, 478, NJW **86,** 700, 2375, Hamm AR **80,** 17, VersR **83,** 884, **88,** 601, **89,** 292, Karlsruhe NJW **87,** 718, Köln NJW **88,** 2306, m. Anm. Deutsch, VersR **88,** 1299, **89,** 631, KG VersR **88,** 1184, Stuttgart VersR **87,** 421, **88,** 605, LG Braunschweig VersR **87,** 518, LG Dortmund MedR **86,** 205, LG Koblenz VersR **85,** 672; vgl. ferner BGH NStZ **86,** 217, aber auch Düsseldorf MedR **86,** 197, Oldenburg NJW **90,** 1538, Schleswig VersR **87,** 391, Stuttgart VersR **88,** 832; allg. zu den Sorgfaltsmaßstäben bei *präoperativer Diagnostik* Ratzel, Die deliktsrechtl. Haftung für ärztl. Fehlverhalten im Diagnosebereich, 1986, Schreiber AR **83,** 8 ff.), *Kontraindikation* (Hamm VersR **88,** 807, Köln VersR **87,** 418, Stuttgart VersR **89,** 198), u. U. auch wegen psychischer Folgebeschwerden (Düsseldorf NJW **85,** 684), *Hilfskraftfehler* (BGH NJW **79,** 1935, **81,** 628, StV **88,** 251, Stuttgart VersR **88,** 856), *mangelnde Desinfizierung* (BGH NJW **82,** 699, MedR **83,** 107, Zweibrücken MedR **84,** 24), *Infusionsfehler* (Hamm VersR **86,** 603), *Injektionsfehler* (BGH NJW **89,** 771, Düsseldorf VersR **84,** 241, Frankfurt VersR **83,** 349, **87,** 1118, Hamm VersR **87,** 1043, Karlsruhe VersR **89,** 195, Köln MedR **87,** 192), *Narkosefehler* (BGH NJW **74,** 1424, **83,** 1374, **85,** 1392, 2189, MDR **85,** 834, Bamberg VersR **88,** 407, Köln NJW **90,** 776, LG Saarbrücken MedR **88,** 193; allg. zur Anästhesie Majunke aaO 106 ff.), *Bestrahlungsfehler* (BGH NJW **72,** 336, Koblenz VersR **81,** 689), *fehlerhafte Planung* und/oder *Durchführung* einer Operation (BGH NJW **80,** 2751, **89,** 1541, VersR **85,** 1187, MedR **86,** 77, **88,** 149 m. Anm. Krümmelmann JA **89,** 353, AR **86,** 143, Braunschweig VersR **88,** 915, Düsseldorf VersR **84,** 1045, **85,** 744, **86,** 1244, **87,** 287, **88,** 569, 968, **88,** 970, 1296, Frankfurt VersR **87,** 502, Hamm VersR **83,** 883, **89,** 293, Karlsruhe VersR **90,** 53, Köln VersR **83,** 277, **88,** 1155, Oldenburg NJW-RR **88,** 38, Stuttgart VersR **89,** 198, LG Aurich VersR **83,** 46, LG Bielefeld NJW **76,** 1156; vgl. aber auch BGH NJW **87,** 2291), unzulänglich qualifizierte und/oder mangelhaft überwachte *Anfängeroperation* (BGH NJW **84,** 655 m. Anm. Deutsch 650, Franzki MedR **84,** 186, Giesen JZ **84,** 331), Müller-Graf JuS **85,** 352, BGH NJW **85,** 2193, **87,** 1479 m. Anm. Deutsch, BGH NJW **88,** 2298 m. Anm. Bundschuh AR **89,** 241, Düsseldorf MedR **85,** 85, VersR **85,** 1049, Köln VersR **87,** 192, Zweibrücken MedR **89,** 96), *mangelnder Verweis auf Spezialklinik* oder Facharzt (Celle VersR **88,** 159, Düsseldorf AR **86,** 174; vgl. aber auch Celle VersR **87,** 591), *postoperative* Behandlungs- und Überwachungsmängel (BGH NJW **83,** 2080, **84,** 1400, **86,** 1540, **87,** 2291, 2293, 2927, 2940, **89,** 767 m. Anm. Deutsch, 2330, **90,** 759, NStZ **85,** 27, VersR **89,** 189, Celle VersR **85,** 994, 1047, Düsseldorf VersR **85,** 291, **87,** 489, **88,** 1297, **89,** 806, NJW **86,** 1548, Frankfurt MedR **87,** 187, Hamm VersR **83,** 564, **88,** 743, Koblenz MedR **90,** 40, Oldenburg VersR **89,** 481, Stuttgart NJW **83,** 2644, Zweibrücken MedR **83,** 68, LG Heidelberg VersR **86,** 148; vgl. aber auch BGH MedR **84,** 78, Karlsruhe VersR **86,** 44), *Unterlassen gebotener Maßnahmen* (Absterben der Leibesfrucht: Koblenz VersR **88,** 2959, Appendektomie: Düsseldorf VersR **88,** 807, Atemstillstand: Oldenburg AR **90,** 165, Handdesinfektion: Düsseldorf NJW **88,** 2307, Schleswig NJW **90,** 773, innere Blutungen: Koblenz VersR **88,** 41, Kontrolluntersuchung: Frankfurt VersR **90,** 659), wie vor allem auch Nichteinsatz vorhandener medizinischer Geräte (BGH NJW **89,** 2321, vgl. aber auch Hamburg VersR **90,** 660 bei Nichtverordnung einer sog. Thomasschiene), Weiterbehandlung trotz *gefährlicher Nebenwirkungen* (Zweibrücken MedR **83,** 194), *Zurücklassen von Fremdkörpern* im Operationsbereich (BGH VersR **81,** 462, Celle VersR **90,** 50, Köln MedR **84,** 67, VersR **88,** 140, Stuttgart VersR **89,** 632, LG München NJW **84,** 671), *verfrühte Abnahme* eines Verbandes (Nürnberg VersR **82,** 1153; vgl. aber auch Hamm MedR **83,** 189), verfrühte *Entlassung* (BGH MDR **82,** 132, Hamm MedR **83,** 189, aber auch Köln VersR **87,** 1250), mangelnde Überwachung bei *suizidalem* Patienten (Köln VersR **84,** 1078; vgl. aber auch Hamm MedR **86,** 154). Speziell zu den Sorgfaltsanforderungen beim *Delegieren* von Pflichten vgl. Köln MedR **87,** 192 sowie Hahn NJW **81,** 1977 ff. Weitere *Grundsatzfragen* und Fallbeispiele bei Bodenburg, Der ärztliche Kunstfehler als Funktionsbegriff zivilrechtlicher Dogmatik, 1983, Carstensen Chirurg **86,** 288 ff., Carstensen/Schreiber in Jung/Schreiber aaO 167 ff., Deutsch Weißauer-FS 14 ff., Giesen, Wandlungen 11 ff., Hart aaO 86 ff., Hymmen/Ritter aaO, Jung aaO 149 ff., Laufs, Arztrecht 154 ff., Narr RN 883 ff., Ulsenheimer aaO 27 ff., Weber-Steinhaus aaO 30 ff., sowie die Entscheidungssammlungen von Ankermann aaO, Giese aaO u. Kuntz aaO; spez. zur Geburtshilfe und Gynäkologie vgl. Ulsenheimer u. a. aaO, zu psychotherap. Behandlungsfehlern Stuttgart MedR **89,** 251, Wolfslast aaO 461 f.

c) Ob der Eingriff medizinisch indiziert (o. 34) und lege artis durchgeführt wurde (o. 35), ist **36** nicht – entgegen einem weitverbreiteten Mißverständnis unter Medizinern (vgl. etwa Wachsmuth Bockelmann-FS 474 ff.) – rückschauend von den eingetretenen Folgen aus, sondern **vorausschauend ex ante** zu beurteilen, d. h. so, wie sich die Sachlage im Augenblick des Eingriffs und auf Grund der medizinischen Erfahrung darstellt (Engisch 7, Laufs NJW **74,** 2028, Schwalm Bockelmann-FS 544). Liegen in diesem Zeitpunkt die Voraussetzungen für einen medizinisch gebotenen Eingriff vor, so wird er zur Körperverletzung auch dann nicht, wenn er mißlingt und der Zustand des Patienten nicht nur nicht gebessert, sondern vielleicht sogar verschlechtert wird. Diese ex ante-Betrachtung ist nicht zuletzt auch deshalb geboten, weil die Frage der Zulässigkeit nicht in der Schwebe bleiben darf, sondern im Zeitpunkt des ärztlichen Handelns feststehen muß, wenn sich der Arzt nicht einem unzumutbaren Strafbarkeitsrisiko ausgesetzt sehen soll (vgl. auch Grünwald in Göppinger aaO 138 f.).

d) Voraussetzung ist ferner, daß der Eingriff mit **Einverständnis** bzw. mit **Einwilligung des** **37** **Patienten erfolgt.** *Terminologisch* muß hier die Rspr. von „Einwilligung" sprechen, da sie darin

§ 223 38   Bes. Teil. Körperverletzung

erst einen Rechtfertigungsgrund sieht (vgl. o. 11), während nach der hier vertretenen Auffassung dem „Einverständnis" bereits tatbestandsausschließende Bedeutung zukommt (vgl. o. 31 sowie allgemein zu dieser Differenzierung 29 ff. vor § 32). Da die Wirksamkeitsvoraussetzungen jedoch im wesentlichen die gleichen sind, können hier Einwilligung und Einverständnis als gleichbedeutend behandelt werden. Seine *Ratio* hat das Einwilligungserfordernis darin, daß der Arzt kein eigenes berufsbegründetes Recht zur Heilbehandlung besitzt, sondern erst durch das Heilungsverlangen des Patienten zur Berufsausübung an diesem legitimiert wird (vgl. BGHZ **29** 49 f., 180, aber auch Gallwas NJW 76, 1135). Sofern daher, wie bei den hier infragestehenden gesundheitsverschlechternden bzw. substanzverletzenden Eingriffen, nicht bereits der Erfolgsunwert entfällt (vgl. o. 30 f.), kann der Eingriff nur dann als sozialadäquat betrachtet werden, wenn im übrigen die Interessen des Patienten voll gewahrt sind. Und dazu gehört neben der kunstgerechten Durchführung insbes. auch die Achtung des Selbstbestimmungsrechts über seinen Körper (zu ausnahmsweiser *Zwangs*behandlung vgl. 45 vor § 211 sowie o. 14). Von den Einwilligungs*voraussetzungen* (allg. dazu 35 ff. vor § 32) seien hier lediglich die für Heilbehandlung besonders bedeutsamen Punkte hervorgehoben:

38   aa) **Einwilligungsberechtigt** ist grundsätzlich der *Patient* selbst. Da es dabei um die Disposition über ein höchstpersönliches Rechtsgut geht, hängt die Einwilligungsbefugnis weder von der zivilrechtlichen Geschäftsfähigkeit noch von der strafrechtlichen Schuldfähigkeit, sondern entscheidend von der natürlichen Einsichts- und Urteilsfähigkeit ab (RG **41** 396 f., BVerfGE **10** 309, BGH **4** 90, **12** 382, BGHZ **29** 36, NJW **56**, 1106, Hirsch LK § 226a RN 16 mwN). Diese kann seinerseits selbst einem volljährigen, an sich verständigen Patienten fehlen, wenn er derart auf seine Schmerzen fixiert ist, daß er in seiner Aufnahmefähigkeit erheblich eingeschränkt erscheint (Frankfurt MedR **84**, 194), ebenso wie andererseits auch ein noch *minderjähriger* oder *psychisch Kranker* allein und selbständig eine voll wirksame Einwilligungserklärung abgeben kann, wenn er die Bedeutung und Tragweite des vorzunehmenden Eingriffs in seinem Für und Wider hinreichend zu beurteilen vermag (vgl. 40 f. vor § 32, ferner Eberbach MedR 86, 14 ff., Kleinewefers VersR 81, 103 f., Schünemann VersR 81, 306 ff.; zu Drogenabhängigkeit vgl. BGH MDR/H **78**, 987, AG Landau StV **89**, 536). Dies wird bei „alltäglichen" Eingriffen, wie z. B. Blutentnahmen (spez. zu HIV-Test vgl. Lesch NJW 89, 2309) oder Behandlung von Erkältungskrankheiten, idR ab dem 16. Lebensjahr angenommen werden können; zur Verschreibung von Empfängnisverhütungsmitteln vgl. Grömig NJW 71, 233 f., Matzke/Schirmer BetrKrkasse 75, 296. Dagegen wird das Risiko einer größeren Operation oder die Dauerfolgen einer Sterilisation von einem Minderjährigen noch nicht voll zu überschauen sein (vgl. u. 62). Zur Einwilligungsfähigkeit bei Schwangerschaftsabbruch vgl. § 218a RN 58 ff. Soweit danach ein Minderjähriger selbst als entscheidungsfähig zu betrachten ist, ist die Zustimmung des gesetzlichen **Vertreters** weder erforderlich noch rechtlich überhaupt erheblich (vgl. 42 vor § 32). Fehlt dem Patienten dagegen (aus Alters- oder Krankheitsgründen) die eigene Entscheidungsfähigkeit (worauf jedoch nicht schon aus der objektiven „Unvernünftigkeit" des Operationswunsches geschlossen werden kann: insoweit verfehlt BGH NJW **78**, 1206 im Zahnextraktions-Fall, u. 50; vgl. auch OLG Karlsruhe VersR **87**, 1147), so ist das Einverständnis des gesetzlichen Vertreters einzuholen (BGH NJW **72**, 337; vgl. aber auch Stuttgart NJW **81**, 638 gegen zwangsweise med. Behandlung von Untergebrachten; allg. dazu Baumann NJW 80, 1873 ff.), mithin ist bei einem Minderjährigen in aller Regel die Einwilligung beider Elternteile erforderlich (BGH NJW **88**, 2946). Kann die tatsächliche Einwilligung des Patienten (bzw. bei eigener Entscheidungsunfähigkeit die seines Vertreters) nicht eingeholt werden (Bewußtlosigkeit, Unerreichbarkeit), so ist für eine **mutmaßliche Einwilligung** (allg. dazu 54 ff. vor § 32 sowie Heidner aaO) nur insoweit Raum, als sich der Einwilligungsberechtigte nicht bereits unmißverständlich gegen die Behandlung ausgesprochen hat (RG **25** 375). Die mutmaßliche Einwilligung ist jedoch im übrigen nicht auf die Fälle einer vitalen Indikation beschränkt (BGH **35** 249). Der Meinung von *Angehörigen* kommt allenfalls für die Ermittlung des mutmaßlichen Willens des Betroffenen, nicht dagegen stellvertretende Bedeutung zu (vgl. BGHZ **29** 51 f., 185, NJW **89**, 2318 m. Anm. Laufs JZ 89, 903, Eser in Auer/Menzel/Eser 116 f., Grünwald ZStW 73, 27 f.); ähnlich stellen auch „Patiententestamente" lediglich eine Hilfe für die Ermittlung des im Eingriffszeitpunkt maßgeblichen Willens dar (vgl. Eser aaO 112 ff., aber auch Sternberg-Lieben NJW 85, 2794, ferner 28 vor § 211 mwN). Auch objektiven Kriterien, wie etwa einer Beurteilung des geplanten Eingriffs als gemeinhin vernünftig und normal oder den Interessen eines verständigen Patienten entsprechend, kommt keine eigenständige Bedeutung zu. Sie stellen ebenfalls lediglich Hilfen bei der Ermittlung des hypothetischen Patientenwillens dar (BGH **35** 249). Mangels entgegenstehender Anhaltspunkte wird man allerdings den hypothetischen Willen mit dem gleichsetzen dürfen, was gemeinhin als vernünftig und normal betrachtet wird (BGH **35** 250). Praktische Bedeutsamkeit erlangt die mutmaßliche Einwilligung vor allem bei Aufklärungsbeschränkung (u. 42) und nachträglicher Operationserweiterung (u. 44).

bb) Die Einwilligung muß **frei von Willensmängeln** sein. Daher ist sie unwirksam, wenn sie 39 durch Zwang oder Drohung (vgl. BGH NJW 74, 604), durch arglistige Täuschung, wie etwa über den Zweck einer Punktion (vgl. Karlsruhe NJW 83, 352) oder eines bloßen Placebos (vgl. aber auch Hamm NStZ 88, 556)), oder aufgrund Irrtums erlangt wurde, vorausgesetzt jedoch, daß es sich dabei um einen rechtsgutsbezogenen Irrtum handelt (vgl. 46 vor § 32), wie etwa hinsichtlich eines Indikationsmangels (es sei denn, daß der Arzt darüber aufgeklärt hat: daher Bichlmeier JZ 80, 53 zu BGH NJW 78, 1206 zwar i. Grds., nicht aber i. E. zutr.). Dagegen ist eine Einwilligung nicht schon wegen eines bloßen Motivirrtums unwirksam, wie etwa hinsichtlich der Behandlungskosten oder deren Erstattungsfähigkeit (vgl. Bockelmann aaO 57 FN 38, Solbach JA 86, 419ff.). Demzufolge kann in mangelnder *Kostenaufklärung* bzw. hinsichtlich sonstiger wirtschaftlicher Aspekte einer Behandlung allenfalls eine zivilrechtliche Vertragsverletzung liegen (vgl. BGH NJW 83, 2630 m. Anm. Deutsch, ferner Andreas AR 83, 180, MedR 83, 109, LG Köln VersR 83, 960 m. Anm. Bach, Füllgraf NJW 84, 2619f., AG Düsseldorf MDR 86, 494, OLG Köln NJW 87, 2304 m. Anm. Baden NJW 88, 746), nicht aber ein körperverletzungsrelevanter Rechtfertigungsmangel, es sei denn, daß es sich um eine einwilligungsbeseitigende arglistige Täuschung handelt (vgl. Schmid NJW 84, 2603; allg. zu Wirtschaftlichkeitsaspekten vgl. Goetze aaO, Hart aaO 75ff.). Entsprechendes gilt hinsichtlich der *Person oder Qualifikation des Behandelnden*: So ist die irrige Vorstellung, von einem Arzt behandelt zu werden, während es sich in Wirklichkeit um eine andere Medizinalperson (Famulus, Pfleger) handelt, idR unbeachtlich (vgl. BGH 16 309, Bockelmann JZ 62, 525, Busch SchwZStr 78, 405), vorausgesetzt freilich, daß es sich um Maßnahmen handelt, die üblicher- und berechtigterweise auch von ärztlichem Hilfspersonal vorgenommen werden (wie Anlegen eines Wund- oder Gipsverbandes, intramuskuläre Spritzen), nicht dagegen dort, wo es um eine grundsätzlich dem Arzt vorbehaltene Maßnahme geht (wie etwa bei intravenöser Injektion durch eine MTA: BGH NJW 74, 604, oder bei Entfernen und Einsetzen von Zahnprovisorien durch eine Sprechstundenhilfe: LG Frankfurt NJW 82, 2601; vgl. auch Hirsch LK § 226a RN 18). Ebensowenig wird durch Fehlvorstellungen über die Erfahrung des Operateurs bzw. durch Nichtaufklärung über eine Anfängeroperation die Wirksamkeit der Einwilligung berührt (vgl. BGH NJW 84, 655 m. Anm. Deutsch 650, Franzki MedR 84, 186, Giesen JZ 84, 327, Müller-Graf JuS 85, 352), es sei denn, daß es sich dabei um risikoerhöhende Faktoren handelt (vgl. Giesen JZ 84, 331). Sofern jedoch der Patient seine Einwilligung ausdrücklich auf die Behandlung durch einen (bestimmten) Arzt beschränkt, würde durch Mißachtung dieser Bedingung der Einwilligung der Boden entzogen; denn so wie der Patient über das „Ob" des Eingriffs entscheidet, muß ihm im Rahmen seiner Vertragsfreiheit auch die Wahl der Behandlungsperson überlassen bleiben (vgl. München NJW 84, 1412 zur Auswechslung des Anästhesisten, ferner Kern/Laufs aaO 14f.; zivilr. diff. Celle NJW 82, 706; krit. dazu Deutsch NJW 82, 2586; vgl. auch Franzki aaO).

cc) Die Einwilligung des Patienten setzt grundsätzlich eine **ärztliche Aufklärung** voraus 40 (st. Rspr. seit RG 66 181, RGZ 168 206; zur Entwicklung und Begründung vgl. u. a. Deutsch VersR 81, 293ff., Geilen aaO 50ff., Giesen, Wandlungen 47ff., Kern/Laufs aaO, Niebler in Kaufmann aaO 23ff.; Ulsenheimer aaO 42ff.; grdl. Francke/Hart aaO; interdiszipl. v. Troschke/Schmidt aaO 15ff.). Soweit eine solche nicht bereits als „**therapeutische Aufklärung**" durch die lex artis geboten ist (vgl. o. 35), ergibt sie sich aus dem Erfordernis einer inhaltlich irrtumsfreien und deshalb entsprechend vorausinformierten Einwilligung (BGH 11 113f., Bockelmann aaO 57); deshalb ist gegenüber zivilgerichtlichen Aufklärungserfordernissen (trotz genereller Bedeutsamkeit auch für das Strafrecht) insoweit Vorsicht geboten, als die Aufklärungshaftung lediglich als Ersatz für nicht durchsetzbare Behandlungsfehlerhaftung herangezogen wird (vgl. BGH NJW 78, 587, Celle VersR 82, 500, Frankfurt NJW 84, 1382, Hirsch LK § 226a RN 19, Tröndle MDR 83, 882). Das *Ziel* einer solchen „**Selbstbestimmungsaufklärung**" (Geilen aaO insbes. 80ff.) muß sein, dem Patienten Art, Bedeutung und Tragweite des Eingriffs jedenfalls in seinen Grundzügen erkennbar zu machen, um ihm eine Abschätzung von Für und Wider des Eingriffs zu ermöglichen (BVerfG NJW 79, 1929ff., BGHZ 29 51, 180, BGH NJW 56, 1106, Hamm MDR 63, 520). Soweit er dabei nicht ohnehin bestimmten Umständen erkennbar oder gar ausdrücklich Bedeutung beimißt (vgl. § 31 KastrG, Stuttgart NJW 73, 560, Geilen in Mergen II 33), ist er jedenfalls über solche Umstände aufzuklären, die für die Entscheidung eines „verständigen Patienten" (dazu Steffen MedR 83, 88ff.) ins Gewicht fallen können (vgl. § 123 IV AE-BT Begr. 79f., BVerfG NJW 79, 1929 [krit. Mind.-Vot. 1931f.], BGH NJW 63, 394, **72,** 337, **77,** 338). **Umfang und Intensität** der Aufklärung lassen sich nicht abstrakt festlegen, sondern sind an der konkreten Sachlage auszurichten (BGHZ 29 53, Bockelmann aaO 60, Hirsch LK § 226a RN 20, Kern/Laufs aaO 53ff.), wobei der Genauigkeitsgrad der Aufklärung in dem Maße zunimmt, in dem der Dringlichkeitsgrad des Eingriffs abnimmt: Je leichter aufschiebbar und je weniger geboten die Heilmaßnahme aus der Sicht eines verständigen Patienten erscheint, desto weitergehender ist die Aufklärungspflicht (BGH 12 382f., NJW 72, 335,

80, 1905, **84,** 1396, Stuttgart NJW **73,** 560, Hamm NJW **76,** 1157, Schlenker aaO 33, Tempel NJW 80, 612): so insbes. bei rein prophylaktischen, diagnostischen (vgl. BGH NJW **71,** 1887, **79,** 1934, Düsseldorf VersR **84,** 644, Hamm VersR **81,** 686, **89,** 807, Karlsruhe MedR **85,** 79, Stuttgart NJW **79,** 2356, VersR **83,** 278, **88,** 832, MedR **86,** 41, LG Landau [Frischzellenbehandlung] VersR **87,** 1102, LG Memmingen VersR **85,** 349, Deutsch MedR 87, 73 ff., Uhlenbruck AR 80, 177, NJW 81, 1294 f.) oder kosmetischen Maßnahmen (Düsseldorf NJW **63,** 1679, VersR **85,** 552, München MedR **88,** 187; vgl. auch u. 50b). Umgekehrt kann sich auch der Arzt um so eher mit einer mehr pauschalen Aufklärung begnügen, wenn es um eine unaufschiebbare oder gar lebensrettende Maßnahme geht (BGH **12** 382, VersR **60,** 478, Hirsch aaO); doch selbst bei vitaler Indikation und/oder fehlender Behandlungsalternative wird nicht schon allein deshalb eine Aufklärung völlig entbehrlich, sondern kann allenfalls deren Eindringlichkeit und Genauigkeit beeinflußt werden (vgl. Celle VersR **84,** 89, Düsseldorf VersR **85,** 480, **87,** 163, Hamm VersR **88,** 1133, Saarbrücken VersR **88,** 95). Auch wird ein verständiger Patient um so mehr mit gewissen Gefahren rechnen müssen, je schwerwiegender der Eingriff seiner Natur nach ist (BGH NJW **76,** 364, Bremen VersR **83,** 496). Der Genauigkeitsgrad der Aufklärungspflicht bestimmt sich dabei allerdings weniger nach einer solchen subjektiven Einschätzung des Kranken oder etwa einer Einschätzung des Arztes, sondern in erster Linie nach dem gegenwärtigen Stand der medizinischen Wissenschaft, wie er in der einschlägigen medizinischen Fachliteratur beschrieben wird (vgl. LG Bremen NJW-RR **88,** 607). Ihre **Grenze** findet die Aufklärung jedenfalls dort, wo sie für den Patienten riskanter sein könnte als der Eingriff; dazu wie auch zu weiteren Einschränkungen der Aufklärung u. 42. **Aufklärungsberechtigt** und *-bedürftig* ist – als Einwilligungsberechtigter (o. 38) – grundsätzlich der Patient selbst; deshalb ist seine Aufklärung nicht ohne weiteres durch die seines Ehegatten ersetzbar (Köln VersR **87,** 572; spez. zu Aufklärungsproblemen bei nicht voll Geschäftsfähigen Eberbach MedR 86, 14 ff., bei alten Menschen Kloppenborg MedR 86, 18 ff.). **Aufklärungspflichtig** ist grundsätzlich der den Eingriff eigenverantwortlich durchführende Arzt (Hamburg NJW **75,** 604; vgl. auch BGH VersR **61,** 1038, nach Düsseldorf VersR **84,** 644 der überweisende Facharzt), der aber zu gewissen Fragen auch nichtärztliches Personal beiziehen kann (näher Kern Weißauer-FS 71 ff.). Doch trifft den Klinikchef bzw. den aufsichtsführenden Arzt eine entsprechende Überwachungspflicht (BGH NJW **63,** 395, Bamberg MedR **88,** 99). Bei ärztlicher Arbeitsteilung wird sich der Operateur wohl nur dann ohne weiteres auf volle Aufklärung durch den Anästhesisten (allg. dazu Majunke aaO 35 ff.) oder Stationsarzt verlassen dürfen, wenn es sich um ein aufeinander eingespieltes Team handelt (vgl. Rudolphi JR 75, 513), während sich der letztlich eingreifende Spezialarzt über die Aufklärung wird vergewissern müssen (BGH MDR **90,** 808). Sehr weitgehend aber BGH hinsichtlich (Mit-)Aufklärungspflicht des einweisenden (NJW **80,** 633) bzw. anweisenden (Chef-)Arztes (NJW **80,** 1905 m. abl. Anm. Schünemann 2753, Wachsmuth JR 80, 21 bzw. umgekehrt zur Vergewisserungspflicht des eingreifenden gegenüber dem einweisenden Arzt BGH NStZ **81,** 351; weitere Einzelheiten bei Kern/Laufs aaO 11 ff.). Doch selbst ein nachweislicher Aufklärungsmangel kann allenfalls dann zur Strafbarkeit wegen Körperverletzung führen, wenn bei ordnungsgemäßer Aufklärung die Einwilligung unterblieben wäre: Auch diese **Kausalität des Aufklärungsmangels** für die (sonst verweigerte) Einwilligung ist – abweichend von den teils andersartigen zivilprozessualen Beweislastregeln und der daher insoweit nur mit Vorbehalt verwendbaren Zivilrechtsprechung (wie etwa BGH NJW **80,** 1333, 2753, **81,** 632, **86,** 1541, **89,** 1533 Anm. Deutsch NJW 89, 2313, Hauß VersR 89, 514, BGH VersR **82,** 168, 1142, Düsseldorf VersR **85,** 478, **86,** 474, Hamm VersR **90,** 663, Karlsruhe NJW **83,** 2643 m. krit. Anm. Dunz MedR 84, 184, VersR **89,** 808, Köln VersR **89,** 632, Schleswig NJW **87,** 712, Zweibrücken VersR **87,** 108 sowie allg. Hirsch/Weißauer MedR 83, 41 ff., Jungnickel/Meinel MDR 88, 456) – dem Arzt nachzuweisen (vgl. BGH JZ **64,** 232, aber auch Arzt aaO 57). Eine solche Kausalität ist nicht schon etwa damit zu verneinen, daß ein "vernünftiger Patient" auch bei hinreichender Aufklärung eingewilligt hätte (vgl. BGH NJW **84,** 1399, München NJW **83,** 2642) oder daß er sich ohnehin hätte operieren lassen (müssen), falls er dazu bei Kenntnis der besonderen Risiken nur in einer renommierteren Klinik bereit gewesen wäre (vgl. BGH NJW **84,** 1809). Bei der Kausalitätsprüfung ist nämlich weniger auf solch generelle Überlegungen als vielmehr auf das konkrete Entscheidungsergebnis des jeweiligen Patienten abzuheben (vgl. Koblenz VersR **88,** 1135).

41 Ungeachtet dieser im wesentlichen anerkannten Grundsätze bestehen hinsichtlich der **im einzelnen aufklärungsbedürftigen** Punkte noch gewisse Meinungsverschiedenheiten: α) Daß jedenfalls über die Vornahme eines **Eingriffs überhaupt** aufzuklären ist, steht außer Frage (vgl. BGH NJW **78,** 2337); denn andernfalls würde es bereits an der grundlegenden „Behandlungseinwilligung" fehlen (vgl. Geilen in Mergen II 23 f.). Auf diese Aufklärung kann allenfalls bei einem Basedow-Symptom verzichtet werden, bei dem schon die geringste psychische Erregung tödlich wirken könnte und daher auch die entfernteste Operationsvorbereitung zu verheimlichen ist (vgl. D-Tröndle 9p, Eb. Schmidt DJT-Gutachten 136). β) Ferner ist über **Art, Ziel und Alternativen der Behandlung** (vgl. BGHZ 29

Körperverletzung – Ärztliche Heilbehandlung 41 § 223

180), u. U. auch über ihren **Dringlichkeitsgrad** (Hamm MedR 86, 152) aufzuklären: So insbes. darüber, ob es sich etwa um eine Injektion oder Blutabnahme bzw. um Amputation oder Bestrahlung handelt (vgl. BGH NJW 72, 336, Hamm NJW 76, 1157) oder der Eingriff lediglich diagnostischen (vgl. BGH NJW 71, 1887 O), wissenschaftlich-statistischen (Stuttgart VersR 81, 343), experimentellen (vgl. Trockel NJW 79, 2330) oder aber therapeutischen Charakter hat (Hirsch LK § 226 a RN 26). Dementsprechend sind auch HIV- und AIDS-Tests nur insoweit von einer allgemeinen Untersuchungs- oder Behandlungseinwilligung erfaßt und daher nicht eigens aufklärungsbedürftig, als sie zur kunstgerechten Erfassung der Diagnose oder Therapie, derentwegen die ärztliche Hilfe in Anspruch genommen wird, zumindest mitindiziert sind (i. gl. S. u. a. StA Aachen DRiZ 89, 20, D-Tröndle 9 w, Eberbach MedR 87, 271, Janker NJW 87, 2897, Laufs/Narr MedR 87, 282, Lesch NJW 89, 2309, Michel JuS 88, 8 ff., Rieger DMW 87, 113, 736, Solbach/Solbach MedR 88, 241, Sternberg-Lieben GA 90, 295; abw. insbes. auch ausdrückliche Einwilligung in die AIDS-Austestung fordernd StA Mainz NJW 87, 2946, Buchborn MedR 87, 263, Perels/Teyssen MMW 87, 376; vgl. zum Meinungsstand sowie nach Gründen für die Blutentnahme diff. Hirsch AIFO 88, 157). Dies wird bei Blutentnahmen und -untersuchungen ausschließlich zum Selbstschutz des Arztes oder seines Personals ebenso wie bei gesundheitspolizeilichen Erfassungsmaßnahmen idR zu verneinen sein; deshalb würden heimlich oder zwangsweise durchgeführte AIDS-Tests in besonderen gesetzlichen Grundlage bedürfen oder allenfalls in besonderen Gefahrenlagen nach § 34 zu rechtfertigen sein (vgl. Brandes VersR 87, 747 ff., Bruns MDR 87, 355, Eberbach NJW 87, 1470 ff., Laufs/Laufs NJW 87, 2263, aber auch STA/KG NJW 87, 1485 sowie u. 42). Hinsichtlich möglicher *Behandlungsalternativen* ist die Wahl solange Sache des Arztes, als es mehrere gleich erfolgversprechende und übliche Behandlungsmöglichkeiten gibt (BGH NJW 82, 2121 m. Anm. Andreas AR 83, 18, NJW 86, 780); deshalb ist über mögliche Behandlungsalternativen nur (aber immerhin) insoweit aufzuklären, als sie mit unterschiedlichen Folgen oder Risiken behaftet sind (Bremen VersR 85, 1404, Düsseldorf VersR 86, 1193, Hamburg VersR 86, 1195, Hamm VersR 84, 1076, 87, 106 (vgl. aber auch Düsseldorf VersR 87, 412, Schleswig VersR 87, 419) – wie etwa bei oraler oder intramuskulärer Verabreichung von Medikamenten (Frankfurt NJW 83, 1382), bei Vollnarkose oder Periduralanästhesie (vgl. BGH NJW 74, 1422, aber auch Karlsruhe VersR 78, 549, Eser in Becker/Eid aaO 195 ff.), bei unterschiedlich hohen Versagerquoten von Sterilisationsalternativen (BGH NJW 81, 631, VersR 81, 730; vgl. ferner Celle MedR 84, 233, Frankfurt VersR 83, 879, Hamburg VersR 89, 147, Koblenz MedR 84, 108, Eser/Koch MedR 84, 9 f., 86, 478), bei verschiedenen Geburtsmethoden (Braunschweig VersR 88, 382, MedR 89, 147, Düsseldorf NJW 90, 771 (spez. Anforderungen bei ausl. Patientin), Köln VersR 88, 1185) sowie bei Zahnbehandlungs- (LG Hannover NJW 81, 1320) bzw. Dialysealternativen (vgl. Rieger NJW 79, 586) – und zudem der Patient eine echte Wahlmöglichkeit hat (vgl. BGH NJW 82, 2122), was beispielsweise zu verneinen ist, wenn sich das Verfahren noch in der Erprobung befindet und erst vereinzelt anderswo vorhanden ist (vgl. BGH NJW 84, 1810, 88, 763 m. Anm. Giesen, Damm NJW 89, 737) bzw. wenn die medizinische Indiziertheit oder kunstgerechte Durchführbarkeit der Alternativen zweifelhaft erscheint (Hamm VersR 83, 565, AG Köln VersR 83, 473). Vgl. auch BGH VersR 82, 169 zur Aufklärung über die Erforderlichkeit eines recht umfangreichen und schweren Eingriffs sowie Stuttgart MedR 85, 175 hins. der Fristgebundenheit einer Folgeoperation (vgl. aber dazu auch o. 35). γ) Hinsichtlich der **Folgen des Eingriffs** ist unstreitig aufzuklären über damit verbundene erhebliche *Schmerzen* (BGH NJW 84, 1395 m. Anm. Giesen JR 84, 372, Laufs/Kern JZ 84, 631), ferner über den *postoperativen Zustand* (z. B. Verlust eines Gliedes, Funktionsbeeinträchtigung eines Organs; vgl. BGH NJW 76, 363), insbes. bei kosmetischen Operationen (Köln MedR 88, 1049, München MedR 88, 187), sowie über wesentliche *sicher* (oder jedenfalls typischerweise) *eintretende Auswirkungen* (sichtbare Narben: Hamburg MDR 82, 580; Erektionsbeeinträchtigung nach Circumcision: Hamburg NJW 75, 603; Armplexuslähmung nach Bestrahlung: Zweibrücken VersR 87, 108) bzw. umgekehrt auch über das etwaige *hohe Mißerfolgsrisiko* der gewünschten Behandlung (vgl. BGH NJW 81, 633, 87, 1481, Köln VersR 78, 551, aber auch BGH MDR 90, 808); beruht dieses Risiko zudem auf *mangelnder Indikation*, entfällt ohnedies bereits der Heilcharakter: vgl. o. 34, u. 50). δ) Fraglich ist dagegen, inwieweit auch auf *mögliche Risiken oder sonstige unerwünschte Nebenfolgen* hinzuweisen ist (sog. **Risikoaufklärung**): Während die Ärzteschaft davon auszugehen wünscht, daß ein Patient, der sich seinem Arzt anvertraut, in aller Regel mit dessen Entscheidungen, soweit sie medizinisch indiziert sind, einverstanden sein wird und sich somit den sachdienlichen Maßnahmen des Arztes unterwirft (vgl. Roemer JZ 60, 137, Schröder 7. A. RN 16), gingen die weitaus strengeren Anforderungen der Rspr. zunächst dahin, daß über alle „typischen Folgen" aufzuklären sei, die mit einer Behandlung verbunden zu sein pflegen und mit deren Eintritt nach dem Stande ärztlicher Erfahrung und Wissenschaft gerechnet werden muß (BGHZ 29 57 f., 181 f.; in diesem Sinne freilich neuerdings wieder Köln VersR 82, 453; 83, 277, Karlsruhe NJW 83, 2643 m. krit. Anm. Kern MedR 83, 190, Dunz MedR 84, 184). Als „typisch" waren dabei sowohl statistisch häufig eintretende (vgl. BGH NJW 56, 1106, 71, 1887, VersR 56, 449; von Schleswig VersR 82, 378 verneint bei Sudeckschen Syndrom) wie auch für diese Behandlung „eigentümliche" Risiken anzusehen (BGH VersR 59, 391, 1045, MDR 62, 45; vgl. auch Grünwald ZStW 73, 12 ff.). Unter dem Eindruck nahezu einhelliger Kritik (vgl. u. a. Bockelmann aaO 60, Engisch, Aufklärungspflicht 29 ff., Grünwald in Göppinger aaO 143 ff.) ist die Rspr. davon jedoch zu Recht teilweise abgerückt: Danach kann weder die statistische Komplikationsdichte (daher mißverst. BGH NJW 80, 2753) noch ein bestimmter Wahrscheinlichkeitsgrad für sich allein genügen (Bremen MedR 83, 75, 111); entscheidend muß vielmehr sein, ob und inwieweit unter Berücksichtigung der Dringlichkeit des Eingriffs und der bei seinem Unterbleiben drohenden Gefahren das fragliche *Eingriffsrisiko nach seiner Art, Schwere und Kalkulierbarkeit für einen verständigen Menschen ernsthaft ins Gewicht fallen kann* (vgl. insbes. BGH NJW **63**, 394, **72**, 337, **77**, 338, **80**, 1905 [mit bes. Betonung des nicht-vitalen Charakters des Eingriffs: dies verkannt von Wachsmuth JR 81, 22], Düsseldorf NJW **89**, 2334 [Komplikationsdichte unter 1‰ bei Ziehen des Weisheitszahnes]. Frankfurt NJW **73**, 1416, Stuttgart VersR **81**, 691, Celle VersR **84**, 89), wobei es hinsichtlich des Risikogrades nicht zuletzt auf die Verhältnisse an der betreffenden Klinik und der Fähigkeiten und Erfahrungen des jeweiligen Arztes ankommt (Bremen MedR **83**, 75). Demzufolge können auch seltene Komplikationen aufklärungspflichtig sein, wenn sie im Falle ihres Eintritts die körperliche Befindlichkeit des Patienten, insbes. seine weitere Lebensführung belasten können und der Arzt nicht annehmen kann, daß der Patient mit solchen Folgen rechnet (vgl. BGH NJW **85**, 2192, Celle VersR **87**, 567, Stuttgart VersR **87**, 516). Nicht aufklärungsbedürftig sind hingegen solche Folgen oder Risiken, die nach allgemeiner Erfahrung mit jedem Eingriff verbunden (z. B. Gefahr einer Embolie, BGH NJW **86**, 780) oder die gegebenenfalls jederzeit (wie z. B. bei einer Blutung während der Operation) mit medizinischen Gegenmaßnahmen beherrschbar sind (BGHZ **29** 57f., Düsseldorf VersR **87**, 487, Köln NJW **78**, 1690). Ebensowenig braucht über die sich etwa erst aus einem Behandlungsfehler ergebenden Risiken aufgeklärt zu werden (BGH NJW **85**, 2193, Düsseldorf VersR **88**, 968), zumal sich darauf ohnehin die Einwilligung nicht erstreckt (Düsseldorf VersR **85**, 1051). Im übrigen brauchen Risiken nicht in allen Details beschrieben, sondern lediglich „*in groben Zügen*" erkennbar gemacht zu werden (BGHZ **29** 54, 181, NJW **63**, 395, **73**, 557, **84**, 1398, Geilen in Mergen II 30f.), wobei bei Eingriffen, die sowohl hinsichtlich ihres Verlaufs wie auch Schweregrades wegen ihrer Häufigkeit der Allgemeinheit in besonderem Maße vertraut sind (wie z. B. Blinddarmoperation), der Arzt sich kurz fassen (BGH NJW **80**, 635) und u. U. auch der Vergleich mit den Risiken einer derart vertrauten Operation genügen kann (BGH NJW **76**, 365). Doch gilt auch dabei der Grundsatz, daß die Aufklärung umso eingehender sein muß, je weniger dringlich der Eingriff ist (vgl. o. 40), bzw. wenn zwischen unterschiedlich riskanten Untersuchungsmethoden eine Wahlmöglichkeit besteht (Frankfurt NJW **73**, 1417) oder gar von einer erprobten Methode abgewichen werden soll (Düsseldorf MedR **84**, 28); zu Besonderheiten in Unfallsituationen vgl. Ludolph MedR 88, 120ff. Hinweispflichtig sind Risiken selbstverständlich auch dann, wenn sie wegen *besonderer persönlicher Bedürfnisse* (wie etwa die Sprachfähigkeit oder Stimmöglichkeit eines Schauspielers, Gesangslehrers oder Vertreters) erkennbar sehr schwerwiegend erscheinen (BGH VersR **68**, 558, Karlsruhe NJW **66**, 399, Koblenz VersR **88**, 1135; vgl. auch Celle NJW **79**, 1252: Hodenatrophie, Stuttgart VersR **83**, 278: angiographiebedingte Lähmung bei Leistungssportler), wegen der Neuartigkeit der Behandlungsmethode schwer kalkulierbar sind (vgl. Engisch, Aufklärungspflicht 35, Hirsch LK § 226a RN 27) bzw. umgekehrt ein hergebrachtes Verfahren bereits ernsthaft angefochten ist (BGH NJW **78**, 587 zur sog. Fadenmethode bei Analfisteln), dem Operationsteam die erforderliche Erfahrung fehlt (vgl. BGH NJW **80**, 1907, 2753, Celle NJW **78**, 593; spez. zur „Anfängeroperation" vgl. o. 39), örtlich bedingt erhöhte Infektionsgefahr besteht (Köln NJW **78**, 1690) oder sich aus der Gesamtmedikation besondere Risiken ergeben können (BGH NJW **82**, 697). Entsprechendes gilt hins. der möglicherweise größeren Reparaturanfälligkeit bzw. kürzeren Lebensdauer eines „aufbereiteten" Herzschrittmachers (vgl. Bringewat NStZ 81, 210, MDR 84, 93ff.). Speziell zur Aufklärung bei gynäkol. Eingriffen vgl. Börner DÄBl. 81, 829ff. sowie hins. der Risiken für das Kind Düsseldorf NJW **86**, 2373, Hamm VersR **85**, 598. ε) Auch zu einer **Diagnoseaufklärung** soll der Arzt nach h. M. grundsätzlich verpflichtet (RG **66** 182, RGZ **163** 137, BGHZ **29** 184, Stuttgart NJW **58**, 262, D-Tröndle 9k, Hirsch LK § 226a RN 24, Horn SK § 226a RN 14, A. Kaufmann, ZStW 73, 384) und davon nur dort ausnahmsweise entbunden sein, wo der von der Mitteilung eines schlimmen Befundes ausgehende Schock eine ernste und nicht behebbare Schädigung bewirken könnte (vgl. u. 42). Diese Pflicht erscheint jedoch – sofern es sich nicht gerade um einen „Diagnosevertrag" handelt (dazu Deutsch NJW 80, 1305) – schon im Ansatz verfehlt, da verkannt wird, daß es hier bei der hier infragestehenden Einwilligungsaufklärung nicht um das (primär standesethisch durchzusetzende) Postulat von mehr „Wahrheit am Krankenbett" – und somit nicht um eine Art von „Selbstverwirklichungsaufklärung" (dazu Eser in Becker/Eid aaO 202) –, sondern allein darum geht, dem Patienten eine eigenverantwortliche Entscheidung zu ermöglichen (vgl. o. 40 sowie Eser ZStW 97, 17ff.). Das schließt die Mitteilung des Befundes zwar nicht aus; als Wirksamkeitsvoraussetzung für die Einwilligung kann dies jedoch überhaupt nur dann und lediglich insoweit geboten sein, als die Diagnose für die Abwägung des Für und Wider eines Eingriffes für den Patienten aufgrund ausdrücklicher Nachfrage oder sonstwie erkennbar von entscheidungserheblicher Bedeutung ist (i. Grds. ebenso Grünwald ZStW 73, 18ff., Koffka 44. DJT II/F 29f., M-Schroeder I 97f., Roemer aaO 6, Schlenker aaO 36ff., Wilts MDR 71, 7; speziell zur *Krebs*aufklärung sowie bei sonst unheilbar Kranken vgl. Bauer u. Engisch, Bockelmann-FS 500ff. bzw. 521ff., Eberbach MedR 86, 180ff., Franzki u. Diehl VersR 82, 716ff., Heberer Weißauer-FS 39ff., Uhlenbruck AR 87, 67ff.). In jedem Fall wird man den Arzt bei schwerwiegenden Erkrankungen für verpflichtet halten müssen, den Patienten in schonender Art und Weise zu informieren (vgl. zu Krebskranken Herrmann MedR 88, 1 sowie spez. zu HIV-Infektion Köln AR **89**, 176 m. Anm. Simon-Weidner, Deutsch NJW **88**, 2306 sowie die Entscheidung der AG f. Arztrecht Karlsruhe AR 88, 154). Entscheidungserhebliche Bedeutung kann die Mitteilung des Befundes auch bei *Unsicherheit* der Diagnose haben (vgl. Stuttgart NJW **58**, 262, Hirsch LK § 226a RN 24); daher hat der Arzt in diesen Fällen sowohl über den Befund als auch über die Unsicherheit der Diagnose aufzuklären. Sein mit dieser Verpflichtung korrespondierendes Aufklärungsrecht wird aber dabei jedenfalls dort eine Grenze finden, wo die Mitteilung der (angeblich) fatalen Folgen bei bloßer Verdachtsdiagnose und wegen der Art der Darstellung den Patienten zu schädigen vermag (vgl. Köln NJW **87**, 2936, aber auch VersR **88**, 384). ζ) Dagegen ist die **Kostenaufklärung nicht** ohne weiteres einwilligungserheblich (vgl. o. 39).

Ausnahmsweise **Einschränkungen** oder gar **Wegfall der Aufklärungspflicht** können sich 42 unter folgenden Umständen ergeben: α) Nach dem „**Fürsorgeprinzip**" bedarf es insoweit keiner Aufklärung, als eine dadurch zu befürchtende *Gefährdung des Patienten* gravierender sein könnte als die Beeinträchtigung seines Selbstbestimmungsrechts (vgl. Bockelmann aaO 62, Grünwald in Göppinger aaO 142; zu weiteren Anwendungsfällen dieses – freilich mißverständlich als „therapeutisches Privileg" bezeichneten – Schonungsgrundsatzes vgl. Deutsch NJW 80, 1306f., aber auch Bodenburg NJW 81, 603, Eberbach MedR 86, 181; allg. zu den Gefahren einer „Übermaßaufklärung" Spann/Liebhardt/Denning aaO). Strittig ist jedoch der hierbei anzulegende Maßstab: Während die Rspr. teilweise nur dann von der Aufklärung glaubt absehen zu dürfen, wo diese zu einer „ernsten und nicht behebbaren Gesundheitsschädigung" des Patienten führen würde (BGHZ **29** 185) und dafür nicht schon das bloße „Herabdrücken der Stimmung oder des Allgemeinbefindens" genügen könne (BGH NJW **56**, 1106; krit. Tröndle MDR 83, 883), will die h. M. bereits bei ernster und nicht nur vorübergehender seelischer Beeinträchtigung oder bei einer mehr als unerheblichen Gesundheitsschädigung (so Hirsch LK § 226a RN 25f., 28, ferner Bockelmann aaO 62, Engisch, Aufklärungspflicht 37f., Grünwald ZStW 73, 37f., Eb. Schmidt, DJT-Gutachten 110f., 171f.) bzw. bei einer ernstlichen Gefährdung des Heilerfolgs (so BGHZ **29** 57, D-Tröndle 9p) die Aufklärungspflicht einschränken. Dem ist unter dem Vorbehalt zuzustimmen, daß für die Annahme einer aufklärungsbeschränkenden Gefährdung nicht nur vage oder generelle Vermutungen, sondern konkrete Anhaltspunkte bestehen müssen (vgl. BGH **11** 115, BGHZ **29** 56; and. Geilen in Mergen II 39, Grünwald ZStW 73, 29ff.), wenn nicht die Aufklärungspflicht praktisch unterlaufen werden soll. Soweit danach nur eine Teilaufklärung möglich oder diese (wie in den Basedow-Fällen, o. bei 41α) gänzlich ausgeschlossen ist, kommt ersatzweise mutmaßliche Einwilligung in Betracht (vgl. o. 38 sowie Hirsch LK § 226a RN 35 sowie spez. zu AIDS-Test StA/KG NJW **87**, 1496 mwN). Stattdessen unmittelbar auf rechtfertigenden Notstand (§ 34) zurückzugreifen (so Bokkelmann aaO 64f., Engisch, Aufklärungspflicht 37, Eb. Schmidt, DJT-Gutachten 87ff., 134ff.; vgl. auch Geilen aaO 140ff.), erscheint nur dort veranlaßt, wo nicht einmal hinreichende Anhaltspunkte für eine dem Willen des nicht voll entscheidungsfähigen Patienten gerecht werdende Mutmaßung erkennbar sind (z. B. bei Bluttransfusion für Zeugen Jehovas), der Eingriff aber jedenfalls vorsorglich zur Rettung aus einer sonst unabwendbaren Leibes- oder schweren Gesundheitsgefahr erforderlich erscheint. Das ist insbes. auch für das „Zurückholen" von Suizidenten bedeutsam (vgl. Hirsch LK § 226a RN 37, aber auch hier 41 vor § 211 sowie Eser in Auer/Menzel/Eser 110f.). Zur Weiterbehandlung nach Widerruf vgl. u. 46. Zu Sonderproblemen im Strafvollzug vgl. Sigel NJW 84, 1390. β) Ferner ist weitere Aufklärung insoweit entbehrlich, als der Patient bereits *anderweitig hinreichend* **vorausinformiert** erscheint, so etwa aufgrund eigener Sachkunde (vgl. Hamm VersR **89**, 480, Karlsruhe VersR **79**, 58), vorangegangener Konsultierung anderer Ärzte (vgl. aber BGH NJW **84**, 1807) oder sonstiger Erfahrungen aus der Krankenvorgeschichte (BGH NJW **73**, 558, **76**, 364, Hamm MedR **86**, 105, Bockelmann aaO 59, Geilen in Mergen II 31; vgl. aber auch Celle NJW **79**, 1252 m. abl. Anm. Wachsmuth), nicht aber schon aufgrund beiläufiger Hinweise von Mitpatienten (München NJW **83**, 2642 m. Anm. Schlosshauer-Selbach JuS **83**, 913) und auch nicht ohne weiteres als Medizinstudent (LG Duisburg MedR **84**, 196). Auch kann aufgrund einer **Nachfragepflicht** bei bereits vorhandenen Teilinformationen von einem Patienten je nach Intelligenz und Bildungsgrad erwartet werden, daß er durch entsprechende Nachfragen selbst auf die Vervollständigung einer ihm unzureichend oder zu knapp erscheinenden Belehrung hinwirkt (BGH NJW **76**, 364, **80**, 635, **84**, 1811, Celle VersR **82**, 500, Frankfurt VersR **83**, 879, Hamburg MedR **86**, 105, Laufs NJW 74, 2028); vgl. zum Ganzen Kern MedR 86, 176ff. γ) Schließlich bedarf es einer Aufklärung auch insoweit nicht, als der Patient erkennbar darauf **verzichten** will (BGHZ **29** 54, Bockelmann aaO 59, D-Tröndle 9l, Hirsch LK § 226a RN 20, Schmid NJW **84**, 2604). Doch wäre es falsch, einen solchen Verzicht ohne weiteres schon aus scheuem oder vertrauensseligem Verhalten des Patienten herleiten zu wollen (vgl. Bremen MedR **83**, 76, 112), da dieser damit vielleicht nur Unsicherheit verbergen oder Angst unterdrücken, nicht aber schlechthin sein Entscheidungsrecht aufgeben will. Das gilt auch für „einfachere" Menschen, denen gegenüber sich der Arzt leicht in der Rolle des Vormunds fühlen könnte. Daher sind an die Annahme eines Aufklärungsverzichts zu Recht strenge Anforderungen zu stellen (BGH NJW **73**, 558; vgl. auch Geilen in Mergen II 32f., Roßner NJW 90, 2291, Schmid NJW 84, 2605).

43 dd) Die **Form der Einwilligung** ist unerheblich (vgl. Köln NJW **78**, 1691), sofern nur die innere Zustimmung des Patienten auch nach außen manifestiert ist. Das kommt zwar am deutlichsten (und idR auch beweismäßig am sichersten) durch eine *schriftliche* Einwilligungserklärung zum Ausdruck. Doch ist eine solche weder unbedingt erforderlich noch in jedem Fall hinreichend: Denn einerseits entbehrlich deshalb, weil das Einverständnis auch mündlich erklärt (vgl. BGH NJW **76**, 1791, Düsseldorf VersR **87**, 162) und notfalls durch Zeugenbeweis belegt werden oder sich aus den Umständen oder dem Gesamtverhalten des Patienten (Einfinden zur Operation) ergeben kann (vgl. BGH NJW **56**, 1106, JZ **64**, 232, Köln VersR **84**, 1094), wobei freilich bloße Passivität nicht genügt (vgl. Bockelmann aaO 54f., Hirsch LK § 226a RN 15). Andererseits kann selbst eine schriftliche Erklärung nicht genügen, wenn sie zu global gehalten (Einwilligung in „alle erforderlich erscheinenden Maßnahmen") oder gar einer totalen Freizeichnung gleichkommt (Einverständnis „mit allen in diesem Haus üblichen Maßnahmen"); denn dabei wird verkannt, daß die Einwilligung sich nicht nur auf die Behandlung im allgemeinen, sondern auch auf die einzelnen Eingriffe im besonderen beziehen muß (vgl. BGH NJW **73**, 558, Bockelmann aaO 55, Hirsch aaO). Das erfordert zwar keine jeweilige Einzeleinwilligung für jeden Behandlungsakt; wohl aber müssen zumindest die Haupteingriffe umschrieben und besonders gefährliche Vorsorge-, Begleit- oder Nachbehandlungsmaßnahmen erfaßt sein (vgl. Frankfurt NJW **73**, 1416). Entsprechendes gilt auch für die **Form der Aufklärung**, die in einer auch für Laien nachvollziehbaren Weise zu erfolgen hat (vgl. Hamburg MedR **83**, 25 zu „Insulinkoma"; ferner Düsseldorf VersR **84**, 644). Dafür kann auch eine *formularmäßige* Vermittlung oder Bestätigung genügen (grds. krit. aber Tempel NJW 80, 615f., Tröndle MDR 83, 887, vgl. auch Laufs, Gynäkologe 89, 364), vorausgesetzt jedoch, daß sie sich nicht nur in der pauschalen Versicherung „allseitiger Aufklärung" erschöpft, sondern die Informierung über Eingriffsart und Behandlungsverlauf samt etwaiger aufklärungsbedürftiger Risiken (vgl. o. 41 zu γ) erkennen läßt (vgl. München VersR **88**, 525, 1136 LG Bremen MedR **83**, 75, Jacob Jura 82, 529ff., Kern/Laufs aaO 47f., Rudolphi JR 75, 513; reserviert auch BGH NJW **84**, 1399 m. Anm. Deutsch). Dies kann selbstverständlich auch durch Bezugnahme auf (notfalls beweisbare) ergänzende mündliche Erklärungen (vgl. Bockelmann aaO 78 Anm. 60; allg. zum Arztgespräch Hollmann NJW 73, 1396ff., Schmidt u. Wawersik in Jung/Schreiber aaO 103ff. bzw. 90ff., aber auch Eberbach MedR 84, 201ff.) oder entsprechende behandlungsspezifische Merkblätter geschehen, sofern diese in einer auch für Laien verständlichen Weise abgefaßt sind (vgl. BGH NJW **71**, 1887; ferner Kuhlmann NJW 73, 2239, Laufs NJW 83, 1349 sowie Bodenburg NJW 81, 604f.). Auch muß die Aufklärung so **rechtzeitig** erfolgen, daß dem Patienten hinreichend Gelegenheit zur Abwägung des Für und Wider bleibt (vgl. Celle NJW **79**, 1253 m. abl. Anm. Wachsmuth, Stuttgart NJW **79**, 2355, München NJW **84**, 1412, Deutsch NJW 79, 1906ff., Tempel NJW 80, 615), also nicht erst unmittelbar vor dem Eingriff (wie in BGH VersR **83**, 957), sondern – soweit möglich – spätestens am Vortag (Bremen MedR **83**, 76, 112).

44 ee) Die **Reichweite der Einwilligung** erstreckt sich α) **personell** grundsätzlich nur auf den Arzt, dem sie erteilt wird (Bockelmann aaO 61). Doch ist sie bei Behandlung im Krankenhaus oder einer Teampraxis idR stillschweigend als allen Ärzten erteilt anzusehen, die aufgrund interner Arbeitsteilung für die fragliche Maßnahme zuständig sind (vgl. Düsseldorf VersR **85**, 1049, Eb. Schmidt DJT-Gutachten 106f.; vgl. auch o. 35 zur ärztlichen Arbeitsteilung), es sei denn, daß die Einwilligung ausdrücklich oder erkennbar auf einen bestimmten Arzt (z.B. wegen seiner besonderen Spezialkenntnisse) beschränkt sein soll (vgl. BGH VersR **57**, 408f., Hirsch LK § 226a RN 30). β) In **sachlicher** Hinsicht sind alle Eingriffe abgedeckt, in die aufgrund entsprechender Aufklärung eingewilligt wurde (vgl. o. 43). Dazu gehören idR auch die funktionsentsprechenden Maßnahmen des zugezogenen Hilfspersonals (Anästhesisten, Assistenzärzte, Operationsschwester; vgl. Hirsch aaO). Erweist sich nach Operationsbeginn eine zuvor nicht ausgesprochene **Operationserweiterung** als indiziert, so kann deren Durchführung nach den Grundsätzen mutmaßlicher Einwilligung zulässig sein, falls der Patient der Operation auch bei Kenntnis ihres vollen Ausmaßes zugestimmt hätte (vgl. BGH VersR **87**, 770, Hirsch LK § 226a RN 35). Dies kann zwar nicht generell (vgl. BGH **11** 113), wohl aber dann angenommen werden, wenn dem Patienten ohnehin keine andere Wahl geblieben wäre (vgl. BGH JZ **64**, 231 m. Anm. Eb. Schmidt). Andernfalls läßt sich die Fortführung der Operation nur aus dem Notstandsgrund (§ 34) rechtfertigen, daß die Unterbrechung der Operation zwecks Nachholung des Einverständnisses zu einer schwerwiegenden Gefährdung des Patienten führen könnte (Frankfurt NJW **81**, 1322, LG Mannheim VersR **81**, 761). Hatte jedoch der Arzt die Notwendigkeit einer Operationserweiterung fahrlässigerweise nicht vorbedacht, so kommt Haftung nach § 230 in Betracht, vorausgesetzt freilich, daß er zudem hätte erkennen müssen, daß bei voller Aufklärung der Patient einen Eingriff dieses Umfanges verweigert hätte (vgl. BGH **11** 115 mit der in JZ **64**, 232 verdeutlichenden Einschränkung; ferner BGH **35** 250 m. Anm. Weitzel, Giesen JZ 88, 1022, Fuchs StV 88, 524, OLG Karlsruhe VersR **78**, 549 zur Art

Körperverletzung – Ärztliche Heilbehandlung 45–47 **§ 223**

der Narkose). Gleichermaßen sind auch die Fälle nachträglich *erweiterten Risikos* zu beurteilen (vgl. BGH NJW 77, 337 m. Anm. Dunz DMW 78, 1226, Deutsch NJW 79, 1908; krit. Wachsmuth Bockelmann-FS 476ff.; vgl. auch BVerfG NJW 79, 1932, Zweibrücken MedR 83, 194). Wird hingegen eine mit wirksamer Einwilligung gewonnene *Blutprobe* nachträglich einer weiteren, nicht ausdrücklich konsentierten Untersuchung unterzogen, so stellt dies die Rechtmäßigkeit der Blutentnahme nicht rückwirkend in Zweifel und beinhaltet auch keinen selbständigen Eingriff in den von § 223 geschützten Bereich, da der Umgang mit der Sache Blut hiervon nicht mehr erfaßt wird (so hinsichtlich nachträglicher AIDS-Testung Hirsch AIFO 88, 161, Janker NJW 87, 2903, Sternberg-Lieben GA 90, 295, vgl. auch Lesch NJW 89, 2309). Soweit die Einwilligung reicht, ist grds. auch das Mißlingen des Eingriffs mit abgedeckt (vgl. § 226a RN 4, Bockelmann aaO 61), es sei denn, daß er nicht kunstgerecht durchgeführt wurde (dazu u. 51).

ff) Die ansonsten bei Einwilligung besonders zu prüfende **Sittenwidrigkeit** nach § 226a scheidet 45 bei einer Heilbehandlung in dem hier infragestehenden Sinne schon begrifflich aus (Schmitt Schröder-GedS 267). Dem steht auch RG 74 91 nicht entgegen, da den „Scheidenmassagen" mit masturbatorischer Wirkung bei Beachtung der lex artis bereits die medizinische Indiziertheit abzusprechen gewesen wäre. Zu sonstigen Grenzfällen vgl. u. 50. Auch bei lebensgefährlichem Risiko wird die Einwilligung nicht ohne weiteres unbeachtlich (vgl. 103 f. vor § 32); speziell zur Schmerzlinderung mit Tötungsrisiko vgl. 26 vor § 211.

gg) Ein **Widerruf der Einwilligung** ist jederzeit möglich (RG 25 382, BGH VersR 54, 98, 46 Hirsch LK § 226a RN 33 mwN; vgl. auch 44 vor § 32), jedoch nur insoweit beachtlich, als er nicht nur einem momentanen Schock oder vorübergehenden Angstgefühlen entspringt, sondern als ernstlich und endgültig anzusehen ist (vgl. BGH NJW 80, 1903). Ein dennoch weitergeführter Eingriff wäre tatbestandsmäßig i. S. von § 223 (vgl. RG 25 382), könnte jedoch nach gleichen Grundsätzen wie eine Operationserweiterung (o. 44) gerechtfertigt sein, wenn der Abbruch bereits getroffener ärztlicher Maßnahmen zu einer akuten Lebensgefährdung des Patienten führen müßte (vgl. Hirsch LK § 226a RN 33, 37; für weitergehende Zulässigkeit Koffka DJT-Ref. II/F 17ff., Eb. Schmidt DJT-Gutachten 142).

hh) **Rspr-Kasuistik zu Einwilligungsfragen: Strafgerichte:** BGH 4 118 (Einwilligung eines KZ- 47 Häftlings in Entmannung; vgl. dazu jetzt KastrG u. 55 f.), BGH 11 111 (1. Myom-Fall: nachträgliche Operationserweiterung), BGH JZ 64, 232 (2. Myom-Urteil), BGH 12 379 (prophylaktischer Eingriff bei 17jähriger), BGH 16 309 (Behandlung durch Famulus), 35 246 (mutmaßliche Einwilligung in Eileiterunterbrechung) m. Anm. Weitzel u. Giesen JZ 88, 1022, Fuchs StV 88, 524, Hoyer StV 89, 245, Müller-Dietz JuS 89, 280, BGH JZ 64, 231 (Operationserweiterung bei Hoden), NStZ 81, 351 (Sterilisation), Hamburg NJW 75, 603 (Nebenfolgen bei Circumcision), Karlsruhe NJW 83, 352 (Täuschung über Zielsetzung des Eingriffs), Düsseldorf MedR 84, 28 (Abweichung von Standardbehandlung). – **Zivilgerichte** (beachte dazu den Vorbehalt o. 40): *BVerfG* NJW 79, 1925/9 (nervus accessorius), *BGH* VersR 54, 98 (Widerruf der Einwilligung), NJW 56, 1106 (1. Elektroschock-Urteil), VersR 56, 449 (lebensnotwendige Operation), *BGHZ* 29 33 (Schilddrüsenoperation bei Minderjährigem), 29 46 (2. Elektroschockurteil), 29 176 (Strahlenurteil), BGH VersR 57, 408 (Gehirnoperation), VersR 59, 391 (Punktion des Ohres), VersR 60, 475 (gleichwertige Behandlungsmethoden), VersR 61, 810 (Thorostrastinjektion), NJW 63, 393 (Neomycinbehandlung), NJW 71, 1887 (diagnostische Hirnarteriographie bei 16jähriger), NJW 72, 335 (Narben nach Warzenbestrahlung bei 16jähriger), NJW 73, 556 (Beinlähmung durch Unterbauchoperation), NJW 74, 604 (Bromthaleintest durch MTA bei erhöhter Thrombosebereitschaft), NJW 74, 1422 (Wahl zwischen unterschiedlich riskanten Anästhesieverfahren), NJW 76, 363 (Krankenvorgeschichte bei Otosklerose), NJW 76, 365 (Querschnittslähmung), NJW 77, 337 (nachträglich erkanntes Operationsrisiko), NJW 78, 587 (Fadenmethode), NJW 79, 1933 (Nierenbiopsie), NJW 80, 633 (Blinddarm), 1333 (Ursächlichkeit des Aufklärungsmangels), 1903 (Widerruf), 1905 (Tympanoplastik), 2751 (Hodenatrophie), NJW 81, 630 (Sterilisation), 633 (Hautschiebeplastik), VersR 81, 677 (Nervdurchtrennung), VersR 82, 168 (Nervenschädigung), 1142 (Mammaablation), NJW 82, 697 (Myambutol), 2121 (Behandlungsalternativen), NJW 83, 2630 (Kostenalternativen), VersR 83, 957 (verspätete Aufklärung), NJW 84, 655 (Anfängeroperation), 1395 (Rektoskopie), 1397 (Strahlenbehandlung), 1807 (Exstirpation), 1810 (PEG), NJW 85, 2192 (Lagerungsrisiko) 2193 (Ischiasnerv), 86, 780 (Embolie), 87, 1481 (Hüftluxation), NJW 87, 2921 (Verlauf- und Risikoaufklärung), NJW 88, 763 (solange Standard gewahrt, keine Hinweispflicht auf bessere apparative und personelle Ausstattung andernorts) m. Anm. Bundschuh AR 89, 42, Damm NJW 89, 737, Giesen JZ 88, 414, Rieger DMW 88, 526, NJW 88, 765 (Behandlungsalternativen), 1514 (talonaviculare Arthrodese), 1516 (Magenoperation), 2946 (Elternaufklärung), NJW 89, 1533 m. Anm. Simon-Weidner MedR 89, 188, Hauß VersR 89, 514 (intraartikuläre Injektion in das Schultergelenk), NJW 89, 1538 (Schnittentbindung), 1541 (Anastomose), 2320 (Schwangerschaftsrisiken) m. Anm. Matthies JR 90, 25, NJW 90, 1528 (Strahlentherapie), MDR 86, 77 (Adduktionsosteotomie), *Braunschweig* VersR 88, 382, MedR 89, 147 (Entbindung), *Bremen* MDR 83, 73, 111 (Carotisangiographie), VersR 83, 496 (Stimmbandlähmung), *Celle* NJW 78, 593 (Strumektomie), NJW 79, 1251 (Hodenatrophie), NJW 82, 706 (keine Aufklärung über Operateur), VersR 82, 500, MedR 84, 106

(Gebärmutterexstirpation), VersR **84**, 89 (Hepatitis), NdsRpfl. **85**, 234 (Bauchdeckenstraffung), MedR **87**, 108 (Hodentorsion), VersR **87**, 567 (Scheidenplastik), NJW **87**, 2304 m. Anm. Barnikel VersR **89**, 236 (kosmetische Operation), *Düsseldorf* NJW **63**, 1679 (kosm. Operation), VersR **85**, 478 (Telekobaltbestrahlung), 552 (Mammahypertrophie), **86**, 472 (Estracyt), 1193 (Bestrahlung), MedR **86**, 162 (Leistenbruchoperation), NJW **86**, 2373 (Vakuumextraktion), **87**, 161 (Siebbein), 412 (Tubenligatur), 487 (axilläre Plexusblockade), MedR **87**, 189 (Telekobalt-Bestrahlung), AR **88**, 147 (Laparoskopie), VersR **88**, 1132 (vitale Indikation), **89**, 191 (Mastektomie), 703 (Stimmbandlähmung), NJW **89**, 2334 (Weisheitszahnextraktion), **90**, 771 (Sterilisation), *Frankfurt* NJW **73**, 1415 (Querschnittslähmung durch Renovasographie), NJW **81**, 1322 (Operationserweiterung), VersR **84**, 643 (Vertebralis-Angiographie), MedR **84**, 28 (Insulinabsetzung), NJW **83**, 1382 (Behandlungsalternativen), VersR **83**, 879 (Sterilisation), MedR **84**, 194 (Einwilligung unter Schmerzen), VersR **89**, 254 (Strahlentherapie, vitale Indikation), *Hamburg* MDR **82**, 580 (verbleibende Narben), MedR **83**, 25 (Minderjährige), VersR **86**, 1195 (Beckenendlage), **89**, 147 (Sterilisation), *Hamm* NJW **76**, 1157 (Zystoperation), VersR **81**, 686 (Carotis-Angiographie), NJW **83**, 2095 (Sterilisation bei Entmündigter), VersR **83**, 565 (Schnittentbindung), **85**, 598 (PCB), **86**, 477 (Tubenkoagulation), MedR **86**, 150 (Osteotomie), 153 (intramedullärer Tumor), VersR **87**, 106 (Osteosynthese), 994 (Arzneimittelgefahren), 1019 (Heilpraktiker), **88**, 1133 (zervikale Myelographie bei vitaler Indikation), **89**, 807 (Karotisangiographie), **90**, 663 (Rektumkarzinom), *KG* VersR **82**, 74 (Urosepsis), *Karlsruhe* VersR **78**, 549 (Allgemeinnarkose), VersR **79**, 58 (Mastektomie), NJW **83**, 2643 (Angiographie), MedR **85**, 79 (Narkoserisiko), **88**, 93 (Appendektomie), *Koblenz* MedR **84**, 108 (Sterilisation), *Köln* VersR **78**, 551 (mangelnde Routine), NJW **78**, 1690 (erhöhte Infektionsgefahr), VersR **82**, 453 (Erstoperation), **83**, 277 (Darmverletzung bei Totaloperation), MedR **83**, 112 (Konsiliarius), VersR **85**, 844 (Kurzzeitlyse), **87**, 572 (Schädeloperation), **89**, 629 (Verlängerungsosteotomie), NJW **90**, 1540 (Strahlenbehandlung), *Köln* NJW **87**, 2302 (Carotisangiographie mit nachfolgender Operation bei eröffnetem Schädel), VersR **87**, 1250 (vorzeitige Entlassung), **88**, 603 (Zahnwurzelbehandlung), 744 (Cervikal-Syndrom), 1049 (kosmetische Operation, 1185 (Geburtsalternativen), **89**, 707 (Zahnstift), *München* NJW **83**, 2642 (Hinweise durch Mitpatient), **84**, 1412 (Anästhesistenwechsel), VersR **88**, 525 (Harninkontinenz), 746 (Andbereich), 1136 (Eileiterschwangerschaft), **89**, 198 (Schmerzbekämpfung), MedR **88**, 187 (Brustreduktionsplastik), *Nürnberg* MedR **86**, 162 (Darmvorfall), VersR **88**, 299 (Penisprothese), *Oldenburg* VersR **85**, 274 (Stellatumblockade), **86**, 69 (Tuberkulostatica), **88**, 408 (Schilddrüsenoperation, Stimmbandlähmung), 603 (Sudecksche Dystrophie nach Meniskusoperation), 695 (Operation im Halswirbelbereich), *Saarbrücken* VersR **88**, 95 (Einwilligung bei akutem Notfall u. unter Schmerzen), *Schleswig* VersR **87**, 419 (Tubenligatur), NJW **87**, 712 (Bandscheibe), *Stuttgart* NJW **79**, 2355 (Rechtzeitigkeit bei Angiographie), VersR **81**, 342 (Gastroskopie), 691 (eingeengtes Halsmark), VersR **83**, 278 (Hirnangiographie), MedR **85**, 175 (Osteosynthese), **86**, 41 (Coloskopie), VersR **86**, 1198 (DPT-Impfung), **87**, 515 (Isthmusplastik), 1099 (Zahnersatz), **88**, 695 (fehlender Hinweis auf Unsicherheit des Befundes), **89**, 519 (Schnittentbindung), NJW-RR **88**, 608 (Angiographie), *Zweibrücken* VersR **87**, 108 (Kobaltbestrahlung), *LG Bonn* VersR **89**, 811 (Zahnextraktion), *LG Bremen* NJW-RR **88**, 606 (Lymphknotenoperation im Halsbereich), *LG Duisburg* MDR **84**, 285 (Medizinstudent), *LG Frankfurt* NJW **82**, 2610 (Behandlung durch Hilfskraft), *LG Gießen* AR **89**, 261 (Mumpsschutzimpfung), *LG Koblenz* VersR **87**, 1101 (Leistenbruch), *LG Hannover* NJW **81**, 1320 (Zahnbehandlungsalternativen), *LG Köln* VersR **83**, 960 (Kostenvergleich), *LG Landau* VersR **87**, 1102 (Frischzellenbehandlung), *LG Mannheim* VersR **81**, 761 (Operationserweiterung), *LG Memmingen* VersR **85**, 349 (Katheter-Angiographie), *AG Köln* VersR **83**, 473 (Zahnbehandlungsalternativen). Vgl. ferner die Entscheidungssammlungen von Deutsch/Hartl/Carstens aaO, Giese aaO sowie die von den BÄK u. der Dt. Krankenhauses. empfohlenen „Richtlinien zur Aufklärung der Krankenhauspatienten über vorgesehene Maßnahmen", MedR **87**, H. 3 VII–XI, sowie die Entscheidungssammlung von Ulsenheimer u. a. aaO u. ferner rechtsvergleich. Giesen JZ **87**, 282 ff.

48 e) In **subjektiver** Hinsicht ist **Heilungswille** erforderlich. Dieses Handeln des Arztes zum Wohle des Patienten (vgl. Maurach BT^5 79) ist nicht schon dadurch ausgeschlossen, daß er sich dabei eines möglichen Risikos bewußt ist (vgl. Bockelmann aaO 69f.); vgl. aber auch u. 50 zur Abgrenzung von Heilversuch und Humanexperiment.

49 3. Fehlt auch nur eine der vorgenannten Voraussetzungen, so ist der Eingriff grundsätzlich als **tatbestandsmäßige Körperverletzung** zu betrachten: Das gilt für *gesundheitsverschlechternde* oder *substanzverletzende* Behandlungen (o. 33) im Falle (objektiv oder subjektiv) *mangelnder Indikation* (u. 50), bei *nichtkunstgerechter* Durchführung (u. 51) oder bei *mangelndem Einverständnis* des Patienten (u. 52). Das bedeutet im einzelnen:

50 a) **Mangelnde medizinische Indikation** nimmt dem Eingriff trotz ärztlicher Durchführung zwar den Charakter eines Heileingriffs (insofern zutr. BGH NJW **78**, 1206 zu nichtindizierter Zahnextraktion aufgrund unsinniger Selbstdiagnose des Patienten; vgl. auch Karlsruhe VersR **87**, 1147, ferner Düsseldorf NJW **85**, 684 zu Schönheitsoperation). Doch schließt dies weder eine Rechtfertigung durch Einwilligung aus noch hat der Indikationsmangel ohne weiteres die Unwirksamkeit der Einwilligung zur Folge (vgl. o. 39; insofern verfehlt BGH aaO, wenn er zudem in Widerspruch zur st. Rspr. o. 37f. den Patientenwillen durch ärztliche Vernunfthoheit

ersetzt; krit. auch Hruschka JR 78, 519, Rogall NJW 78, 2344). Problematisch ist die Indikation vor allem in folgenden Fallgruppen:

α) Bei Maßnahmen mit (zumindest auch) **experimentellem** Charakter, wozu sowohl das eigentliche *„Humanexperiment"*, bei dem es weniger um individuelle Heilung als primär um generelle Forschungszwecke (diagnostische Erkenntnisse, Erprobung neuer Heilverfahren oder Medikamente) geht, als auch der *„Heilversuch"* zu zählen sind, bei dem zwar subjektiv die therapeutische Zielsetzung im Vordergrund steht, jedoch objektiv (wie etwa bei Erstoperation) wegen noch ungesicherter Verfahren der experimentelle Charakter dominiert (vgl. Deutsch NJW 76, 2293; näher zur Abgrenzung Grahlmann aaO insbes. 6ff., 22ff.; vgl. auch BGHZ **20** 61): Daß beide Eingriffsarten jedenfalls durch eine entsprechend intensiv aufgeklärte Einwilligung gerechtfertigt sein können (dazu insbes. Eberbach/Schuler JZ 82, 356ff., Giesen aaO 15, 21ff.), bei wissenschaftlicher Zielsetzung insbes. also auch § 226a idR nicht entgegensteht, ist grds. anerkannt (vgl. Hirsch LK § 226a RN 47), erweist sich aber dort als problematisch, wo es um Experimente mit (einwilligungsunfähigen und insoweit auch kaum vertretungsfähigen) Kleinkindern, Geisteskranken (dazu Schmidt-Elsäßer aaO) oder um tödliches oder ein unangemessen hohes Gesundheitsrisiko geht (vgl. auch Trockel NJW 79, 2329ff.). Zu diesen noch weithin ungeklärten Fragen vgl. u. a. Breddin aaO, Deutsch aaO, VersR 83, 1ff., Eberbach MedR 88, 7ff., Eser Schröder-GedS 191ff., Fischer aaO, Grahlmann aaO, Held aaO, Helmchen/Winau, Versuche mit Menschen (1986), Kleinsorge/Hirsch/Weissauer, Forschung am Menschen (1985), Laufs VersR 78, 385, Schimikowski, Experiment am Menschen (1980) mwN. Speziell zur *Arzneimittelerprobung* vgl. §§ 21ff., 40ff. ArzneimittelG, ferner Eser Internist 82, 218ff., Fincke aaO (dagegen Deutsch JZ 80, 291, Hart aaO 124ff., Wartensleben Bruns-FS 339ff.), Fischer AuR 89, 32, Jordan aaO, Kleinsorge MMW 90, 215, Plagemann JZ 79, 257ff., Samson NJW 78, 1182, Scholz/Stoll MedR 90, 58, Staak-Weiser aaO, Staak/Uhlenbruck MedR 84, 177, Winkel, Randomisation u. Aufklärung bei klin. Studien (1984) Witte u. a., Ordnungsgemäße klin. Prüfung (1990), zu *psychiatr.* Humanexperimenten vgl. Bork NJW 85, 654, zur Forschung mit *Embryonen* vgl. §§ 1, 2 ESchG (dazu 6a vor § 218); ferner Eberbach ZRP 90, 217, Eser, Bedrohungen aaO sowie die Beiträge in Günther/Keller, Kapp aaO. Allg. zur Einschaltung von *Ethikkommissionen* vgl. v. d. Daele, Die Kontrolle der Forschung am Menschen durch Ethik-Komm. (1990), Dengler/Schwilden, Ethik-Komm. bei klin. Prüfungen (1989), Kreß, Die Ethik-Komm. im System der Haftung usw. (1990), Toellner, Die Ethik-Komm. in der Medizin (1990).

β) Bei **gestalt- oder funktionsverändernden** Eingriffen kommt es entscheidend auf die individuelle Zielsetzung an. Daher kann bei **kosmetischen** Operationen der Heilcharakter weder generell bejaht (mit dieser Tendenz Engisch aaO 6, Kohlhaas, Medizin 113ff., Maurach BT[5] 80 und wohl auch Horn SK § 226a RN 20) noch grundsätzlich verneint werden (so aber wohl Bockelmann aaO 69, M-Schroeder I 99, Schröder 17. A. RN 11, Welzel 289). Denn sofern durch „medizinische Plastik" oder „wiederherstellende Chirurgie" angeborene Mißbildungen und Unebenheiten (Klumpfuß, abstehende Ohren, Schielaugen) oder spätere Verletzungen (verstümmelte Nase, entstellende Narben) beseitigt werden sollen, deren Nichtbehebung zumindest eine seelische Belastung bedeutet, ist die medizinische Indizierung zu bejahen. Geht es dagegen allein um Änderung oder Verschönerung des äußeren Erscheinungsbildes („lifting", Beseitigung von Identitätsmerkmalen), so kann von Heilungszweck keine Rede sein (Blei II 61, Hirsch LK § 226a RN 44); deshalb bedürfen derartige tatbestandsmäßige Eingriffe einer rechtfertigenden Einwilligung, wobei vor allem an die Risikoaufklärung besonders strenge Anforderungen zu stellen sind (vgl. o. 41 sowie BGH NJW **72**, 335, Düsseldorf NJW **63**, 1679, Köln VersR **88**, 1049, München MedR **88**, 187, Geilen in Mergen II 42 FN 49, Hirsch aaO). Nach § 226a steht solchen Eingriffen nichts entgegen, solange sie nicht deliktischen Zwecken dienen (z. B. Gesichtskorrektur zur Identitätstäuschung; vgl. Horn SK § 226a RN 20). Zur *Psychochirurgie* vgl. Adler-Saupe aaO, insbes. 208ff. Auch bei Kastration, Sterilisation und sonstigen **Empfängnisverhütungsmaßnahmen** hängt der Heilcharakter vom individuellen Indikationsgrund ab (vgl. u. 56, 61, sowie speziell zu Ovulationshemmern Grömig NJW 71, 233). Entsprechendes gilt für *Schwangerschaftsabbruch*, der jedenfalls bei rein medizinischer Indikation (§ 218a RN 7ff.) hinsichtlich der Schwangeren Heilcharakter haben kann. Zu **humangenetischen** Verfahren diagnostischer Art (wie pränatale Diagnostik und Genomanalyse) und reproduktive Zielsetzung (wie Insemination, in-vitro-Fertilisation und Embryotransfer) vgl. insbes. den Bericht der gemeins. Arbeitsgruppe des BMFT u. des BMJ „In-vitro-Fertilisation, Genomanalyse u. Gentherapie" (1985) sowie die in derselben Reihe „Gentechnologie – Chancen u. Risiken" des Schweizer Verlages erschienenen Publikationen, ferner den Kabinettsber. der BReg. zur künstlichen Befruchtung beim Menschen (BT-Drs. 11/1856), den Arbeitsbericht der Bund-Länder-Arbeitsgruppe „Fortpflanzungsmedizin" (1988), die Beiträge in Günther/Keller aaO sowie spez. mit strafrechtl. Einschlag Eser in W. Schloot, Möglichkeiten u. Grenzen der Humangenetik (1984) 185ff., in Reiter/Theile, Genetik u. Moral (1985) 134ff., in Braun/Mieth/Steigleder aaO 120ff., Günther ZStW 102, 269, Hirsch MedR 86, 237ff., Jung ZStW 100, 3, Kaufmann Oehler-FS 549ff., Keller Tröndle-FS 705, Koch MedR 86, 259ff., Lauff/Arnold ZRP 84, 279ff., Lüttger aaO, Mersson, Fortpflanzungstechnologien u. Strafrecht (1984) Ostendorf in Jüdes, In-Vitro-Fertilisation u. Embryotransfer (1983) 177ff., JZ 1984, 595ff., Sternberg-Lieben JuS 86, 673ff., NStZ 88, 1, GA 90, 289 sowie rechtsvergleich. die Sammlungen Escr/Koch/Wiesenbart aaO. Auch die **Geschlechtsumwandlung** kann Heilmaßnahme sein, wo sie eine persönlichkeitskonformere Identitätsfindung ermöglichen soll (vgl. BVerfG NJW **79**, 595, Walter JZ **72**, 263ff., Koch MedR 86,

172 ff., Müller-Emmert aaO 97, ferner BVerfG JZ **82**, 503, Sigusch NJW 80, 2740 zum TranssexuellenG v. 10. 9. 80, BGBl. I 1654); in anderen Fällen hingegen wird auch nach heutigen Maßstäben ihre Sittengemäßheit zu verneinen sein (vgl. BGH JZ **72**, 282f.); zum Ganzen Eicker, Transsexualismus, 1984, Schneider aaO. „**Doping**" wird nicht schon dadurch zur Heilmaßnahme, daß es zur Kraftsteigerung bzw. aufgrund ärztlicher Verordnung verabreicht wird (vgl. auch § 226a RN 18 sowie Schneider-Grohe, Doping, 1979, insbes. 129 ff., Körner ZRP 89, 419 f., ferner Schild, aaO 13 f.). Zur Verschreibung von **Drogen** vgl. BGH MDR/H **78**, 987 sowie § 222 RN 5 (zu Ersatzdrogen vgl. o. 34), zu *Psychopharmaka* Komo aaO, zu „Scheidenmassagen" vgl. o. 45.

50 c   γ) Auch bei **fremdnützigen Eingriffen,** die einem Dritten zugute kommen sollen (Blutspende, Transplantatentnahme) oder Allgemeinzwecken dienen (sozialhygienische Impfung, strafprozessuale Maßnahmen), fehlt es hinsichtlich des Spenders bzw. des Duldungspflichtigen am Heilzweck. Deshalb bedürfen solche Eingriffe der Rechtfertigung durch Einwilligung (vgl. § 34 RN 41) bzw. eines besonderen gesetzlichen Eingriffsrechts (vgl. o. 14). Zudem kommt eine Organentnahme vom lebenden Spender grds. nur bei paarigen Organen (wie z. B. Nieren, vgl. BGH NJW **87**, 2925) in Betracht, wobei im Rahmen von § 226 a zu berücksichtigen ist, inwieweit sich der Spender dadurch einer schweren Eigengefährdung aussetzen darf (vgl. Bockelmann aaO 104, Gössel I 166, Hirsch ZStW 83, 168 f.). Allg. zur **Organtransplantation** Carstens aaO, Dietrich, Organspende, Organtransplantation (1985), Grahlmann aaO 59 ff., Hiersche/Hirsch/Graf-Baumann aaO, Kramer, Rechtsfragen der Organtransplantation (1987), Kunert Jura 79, 350 ff., Lenckner aaO 611 f., Rüping GA 78, 129 ff., MMG 82, 77 ff., Wolfslast MMW 82, 105 ff. sowie die Erl. u. Nachw. zu § 168.

51   b) Bei **nichtkunstgerechter Durchführung** (vgl. o. 35) ist ein gesundheitsverschlechternder bzw. substanzverletzender Eingriff grds. tatbestandsmäßig i. S. von § 223 (vgl. o. 33) und idR auch rechtswidrig, da kunstwidrige Maßnahmen von der Behandlungseinwilligung als solcher normalerweise nicht mitgedeckt sind (vgl. BGHZ **29** 180, BGH VersR **60**, 20, **61**, 450, Bockelmann aaO 61, Hirsch LK § 226a RN 32). Die Strafbarkeit nach § 223 ff. bzw. § 230 hängt davon ab, ob die Kunstregeln vorsätzlich (wofür auch dolus eventualis genügt) oder fahrlässig mißachtet wurden. Zur *Ursächlichkeit* vgl. BGH NJW **79**, 1258. Bei Fehlbehandlungen von *Nichtärzten* dürfte idR sowohl der Sorgfaltsverstoß (vgl. Hirsch LK 5 vor § 223) als auch die Vorhersehbarkeit des Mißlingens anzunehmen sein; zu fahrlässigem Fehlverhalten vgl. auch § 15 RN 219; zur *Delegierung* an nichtärztliches Hilfspersonal vgl. Hahn NJW 81, 1977 ff. Soweit *vorsätzliche* Kunstwidrigkeit vorliegt, kommt gegebenenfalls auch Strafschärfung für schwere Folgen nach §§ 224, 225 in Betracht. War jedoch der Patient mit der unsachgemäßen Behandlungsmethode einverstanden, kann der Eingriff unter Beachtung der Schranken des § 226 a gerechtfertigt sein (Hirsch LK § 226 a RN 32). Vgl. auch o. 50 a zum „Heilversuch". Auch in der Verletzung einer Hausbesuchspflicht kann bei entsprechender Garantenstellung kraft Übernahme u. U. ein Behandlungsfehler liegen (vgl. BGH NJW **79**, 1248 m. Anm. Weißauer BayÄBl. 80, 219, StV **87**, 21 m. Anm. Frelessen, ferner Karlsruhe NJW **79**, 2360 m. Anm. Bruns JR 80, 297). Vgl. auch die Behandlungsfehlerkasuistik o. 35 a sowie allg. zur ärztl. Hilfeleistungspflicht Lenckner aaO 570 ff.

52   c) Die **eigenmächtige,** weil nicht von einer wirksamen Einwilligung gedeckte Substanzverletzung oder Gesundheitsverschlechterung ist grds. sowohl tatbestandsmäßig i. S. von §§ 223 ff., 230 (vgl. o. 33, 37 ff.) wie auch rechtswidrig, sofern nicht ersatzweise mutmaßliche Einwilligung angenommen werden kann (zu solchen Fällen vgl. o. 42, 44). Handelt es sich freilich nur um eine *Gesundheitsverschlechterung,* die trotz Beachtung der lex artis eingetreten ist, so wird mangels Sorgfaltsverstoßes selbst fahrlässige Haftung regelmäßig ausscheiden (vgl. Hirsch LK 5 vor § 223). Bei einem eigenmächtigen *Substanzeingriff* hingegen, dessen Tatbestandsmäßigkeit ja nicht dadurch aufgehoben wird, daß er kunstgerecht durchgeführt wird, bedarf es sonstiger Straffreistellungsgründe. Dafür kommt bei fürsorgebedingter Aufklärungsbeschränkung oder Suizidfällen (o. 42) sowie bei nachträglicher Operationserweiterung (o. 44) und Einwilligungswiderruf (o. 46) u. U. *rechtfertigender Notstand* (§ 34) in Betracht. Entsprechendes gilt für den Fall mißbräuchlicher Behandlungsverweigerung durch den gesetzlichen Vertreter bei Gefahr im Verzug (Bockelmann aaO 61, 79, FN 65, Horn SK § 226 a RN 16; vgl. auch Hamm NJW **68**, 212 m. Anm. Ulsenheimer FamRZ 68, 568). Sofern sich jedoch der voll einwilligungsfähige Patient reflektiert und unmißverständlich gegen seine Behandlung erklärt hat, ist dieser Wille zu respektieren (Hirsch LK § 226a RN 37, Horn aaO), und zwar selbst dann, wenn das (z. B. bei Verweigerung einer Bluttransfusion aus religiösen Gründen) zum Tode führen könnte (vgl. 27 f. vor § 211). Wird er dennoch zwangsweise einer Behandlung unterzogen, kommt § 223 in Tateinheit mit §§ 239, 240 in Betracht (vgl. o. 32). Zu ausnahmsweise zulässigen *Zwangseingriffen* vgl. o. 14. Hat der Arzt den Einwilligungsmangel *irrtümlich* verkannt, so scheidet nach allgemeinen Grundsätzen (§ 16) zwar Strafbarkeit nach den §§ 223 ff. aus (vgl. Hirsch LK § 226a RN 50), jedoch kommt § 230 in Betracht, falls er den Mangel hätte erkennen können (vgl. o. 44, ferner Bockelmann aaO 61, D-Tröndle 9v). Das gilt insbes. auch für den Fall, daß der Arzt die Aufklärungsbedürftigkeit postoperativer Folgen fahrlässigerweise verkannt hat (vgl. Hamburg NJW 75, 604 m. Anm. Rudolphi JR 75, 513).

4. Besondere Probleme stellen sich bei **Kastration und Sterilisation.**   53

Schrifttum: Neben den allg. Nachw. zum Heileingriff o. 27 vgl. speziell: *Bundesver. Lebenshilfe,* Regelungen zur Sterilisation einwilligungsunfähiger Personen im Betreuungsgesetz, 1990. – *Engisch,* Die Strafwürdigkeit der Unfruchtbarmachung mit Einwilligung, H. Mayer-FS 399. – *Eser,* Freiwillige Sterilisation u. Strafrechtsreform, Med. Welt 70, 1751. – *Ders.,* Sterilisation geistig Behinderter, Tröndle-FS 625. – *Eser/Hirsch,* Sterilisation u. Schwangerschaftsabbruch, 1980. – *Eser/Koch,* Aktuelle Rechtsprobleme der Sterilisation, MedR 84, 6. – *Finger,* Schwangerschaftsabbruch u. Sterilisation in der Ehe, Krit. 86, 326. – *Fischer,* Zwangssterilisation geistig Behinderter?, 1989. – *Hanack,* Die strafr. Zulässigkeit künstlicher Unfruchtbarmachung, 1959. – *Ders.,* Künstliche Eingriffe in die Fruchtbarkeit, in Göppinger, Arzt und Recht (1966) 11. – *Ders.,* Die Sterilisation aus sozialer Indikation, JZ 64, 393. – *Hardwig,* Sterilisation und Sittlichkeit, GA 64, 289. – *Harmsen,* Familienplanung, in Mergen III 104. – *Heiss,* Die Sterilisation der Frau, 1969. – *Hirsch/Hiersche,* Sterilisation geistig Behinderter, MedR 87, 135. – *Hiersche/Hirsch/Graf-Baumann,* Die Sterilisation geistig Behinderter, 1988. – *Hoerster,* Grundsätzl. zur Strafwürdigkeit der Gefälligkeitssterilisation, JZ 71, 123. – *Horn, Jur.* Aspekte der Sterilisation, MMG 82, 70. – *Ders.,* Strafbarkeit der Zwangssterilisation, ZRP 83, 265. – *Jung,* Stereotaktik u. KastrationsG, NJW 73, 2241. – *Kaiser,* Eugenik u. Kriminalwissenschaft heute, NJW 69, 538. – *Koffka,* Wie soll die freiwillige Sterilisierung künftig gesetzlich geregelt werden?, Heusinger-FS 355. – *Krause,* Freiwilligkeit u. Strafmilderung als umstrittene Probleme bei der Kastration von Sittlichkeitsverbrechern, MSchr. Krim. 67, 240. – *Neuer-Miebach/Krebs,* Schwangerschaftsverhütung bei Menschen mit geistiger Behinderung, 1987. – *Petersen,* Sterilisation, 1981. – *Reinhardt,* Einverständliche Sterilisation bei sozialer Indikation, JuS 67, 399. – *Schwalm,* Kastration u. Sterilisation in strafrechtl. Sicht, in Mergen III 200. – *Spann,* Rechtsgrundlagen der operativen Sterilisation beim Mann u. bei der Frau, Geburtsh. u. Frauenheilk. 75, 501. – *Ders.,* Zur besonderen Problematik der Sterilisation aus sozialer Indikation und der Gefälligkeitssterilisation, ebda. 76, 197. – *Urbanczyk,* Sind freiwillige Sterilisierungen strafbar? NJW 64, 425. – *Wille,* Nachuntersuchungen an sterilisierten Frauen, 1978. – *Wulfhorst,* Wäre eine Strafbarkeit der freiwilligen Sterilisierung verfassungswidrig? NJW 67, 649. Vgl. ferner Sondernr. 28 der MMW 118 (1976) über „Probleme der Sterilisation bei Mann und Frau."

a) Die gegenwärtige **Rechtsunsicherheit** in diesem Bereich hat ihren wesentlichen Grund in einer   54
wechselvollen Gesetzgebungsgeschichte: Ursprünglich waren Kastration und Sterilisation in gleicher Weise wie jeder andere Eingriff in die körperliche Integrität durch die §§ 223ff. erfaßt, bis sie durch § 14 ErbGesG idF v. 26. 6. 35 (RGBl. I 773) sowie durch den 1943 in das StGB eingefügten § 226b eine tatbestandliche Sonderregelung erfuhren. Danach war die Sterilisation u. a. zulässig, wenn sie „zur Abwendung einer ernsten Gefahr für das Leben oder die Gesundheit" erforderlich war; die Kastration war zu dem Zweck gestattet, „von einem entarteten Geschlechtstrieb zu befreien, der die Begehung weiterer Verfehlungen i. S. der §§ 175–178, 183, 223–226 (a. F.) des StGB befürchten läßt." Nachdem die Sonderstrafdrohung des § 226b durch KRG Nr. 11 von 1946 wieder beseitigt war, wurde in einigen Bundesländern § 14 ErbGesG weiterhin als partielles Bundesrecht für anwendbar gehalten, während andere Länder §§ 223, 225 i. V. m. § 226a für verbindlich hielten (vgl. die Nachw. bei Hirsch LK § 226a RN 29, Schwalm in Mergen III 203f.). Demgegenüber zog BGH **20** 81 (Dohrn-Urteil) aus der Sondervertatbestandlichung in § 226b und dessen späterer Aufhebung den Schluß, daß freiwillige Sterilisationen vom Strafrecht schon tatbestandlich nicht mehr erfaßt würden und es daher auch auf ihre Sittengemäßheit im Einzelfall nicht ankäme (vgl. u. 62 sowie zur Entwicklung im einzelnen Hanack aaO 55ff., Eser Med. Welt 70, 1751ff.). Da diese Konstruktion jedoch normtheoretisch nicht haltbar ist (vgl. u. a. Bockelmann aaO 52f., Hanack JZ 65, 221ff., Hirsch LK § 226a RN 38 mwN), wird von der h. L. der vor Einführung des § 226b herrschende Rechtszustand wiederum für maßgeblich gehalten (vgl. u. 60f.). Dabei ist jedoch zu beachten, daß die Kastration durch das KastrG v. 15. 8. 69 (BGBl. I 1143) eine teilweise Sonderregelung erfahren hat. Das bei dieser Gelegenheit bereits überwiegend für nicht mehr anwendbar erklärte ErbGesG wurde schließlich durch Art. 8 Nr. 1 des 5. StrRG (vgl. 1 vor § 218) gänzlich aufgehoben. Somit ist die Rechtslage derzeit im wesentlichen folgende:

b) Bei der **Kastration** sind aufgrund des **KastrG** (o. 54) drei Fallgruppen zu unterscheiden: die   55
Entmannung (§ 1), *andere Behandlungsmethoden* (§ 4) sowie *sonstige* vom KastrG nicht erfaßte triebbeinflussende Maßnahmen.

aa) Die eigentliche „**Entmannung**", durch welche die Keimdrüsen eines Mannes (durch operativen   56
Eingriff) absichtlich entfernt oder (z. B. durch Bestrahlung) dauernd funktionsunfähig gemacht werden (§ 1), ist nicht als Körperverletzung strafbar, wenn der mindestens 25 Jahre alte Betroffene eingewilligt hat, die durch die Entmannung zu erwartenden Nachteile nicht unverhältnismäßig sind, der Eingriff durch einen Arzt lege artis vorgenommen wird (§ 2 I Nr. 1, 3, 4, 5) und der Eingriff entweder *medizinisch* indiziert (zur Verhütung, Heilung oder Linderung einer mit seinem abnormen Geschlechtstrieb zusammenhängenden schwerwiegenden Krankheit, seelischen Störung oder Leiden:

§ 2 I Nr. 2; vgl. LG Trier NJW 80, 1908) oder *kriminologisch* angezeigt ist (zur Verhinderung triebbedingter rechtswidriger Taten nach §§ 175–179, 183, 211, 223–226: § 2 II). Während im Falle einer medizinischen Indikation bereits die Tatbestandsmäßigkeit von § 223 zu verneinen ist (vgl. o. 34; and. Schwalm in Mergen III 215), ist in der kriminologischen Indikation i. V. mit der Einwilligung ein Rechtfertigungsgrund zu erblicken (vgl. o. 50 b). Ist der Betroffene trotz entsprechender Aufklärung (dazu richtungweisend § 3 I) nicht voll einwilligungsfähig, so ist der Eingriff zulässig, wenn entweder der Betroffene wenigstens die unmittelbare Kastrationswirkung akzeptiert und ein Vormund oder Pfleger ergänzend zugestimmt hat (§ 3 III) oder wenn die Kastration durch eine lebensbedrohende Krankheit des Betroffenen indiziert ist (§ 3 IV); letzterenfalls ist die Entmannung auch schon vor Erreichen des 25. Lebensjahres zulässig. In formaler Hinsicht ist eine (landesrechtlich) zu regelnde Gutachterstelle (§ 5) einzuschalten bzw. bei Einwilligungsersatz (§ 3 III, IV) die vormundschaftsrichterliche Genehmigung erforderlich (§ 6). Jedoch wird die Verletzung dieser Schutzvorschriften lediglich nach § 7 bestraft, läßt also die Straflosigkeit nach §§ 223 ff. StGB unberührt. Weitere Einzelheiten am Ganzen bei Schwalm aaO 213 ff.

57 bb) Als **„andere Behandlungsmethoden"**, die gegen die Auswirkungen eines abnormen Geschlechtstriebs bei einem **Mann** oder einer **Frau** gerichtet sind, *ohne daß aber damit eine (möglicherweise eintretende) dauernde Funktionsunfähigkeit der Keimdrüsen beabsichtigt wäre* (§ 4), kommen derzeit insbes. *medikamentöse* Behandlungen durch Östrogene oder Antiandrogene in Betracht, während die (umstrittene) stereotaktische Hypothalamotomie, die durch psychochirurgische Eingriffe im Zwischenhirn zur Ausschaltung des Sexualtriebs führt, ohne die Keimdrüsen als solche funktionsunfähig zu machen, durch § 4 nicht erfaßt wird (vgl. Hamm NJW 76, 2311, Lackner § 226 a Anm. 5 c bb, Jung NJW 73, 2241 ff. mwN.; vgl. aber dazu u. 58). Im Vergleich zur Entmannung sind in Fällen von § 4 die Zulässigkeitsvoraussetzungen insofern gelockert, als die Triebbehandlung auch schon vor dem 25. Lebensjahr zulässig ist (Abs. 1 S. 2), bei Einwilligungsunfähigkeit nicht erst bei lebensbedrohender, sondern bereits bei schwerwiegender Krankheit behandelt werden darf (Abs. 2; zur Vertretereinwilligung bei Minderjährigen vgl. Abs. 3) sowie die Gutachterstelle nur in Ausnahmefällen einzuschalten ist (§ 5 II).

58 cc) Bei allen **sonstigen Eingriffen mit triebbeeinflussender Wirkung,** die nicht durch §§ 1 bzw. 4 KastrG erfaßt werden, verbleibt es bei den allgemeinen Regeln (Hirsch LK § 226 a RN 42, Lackner § 226 a Anm. 5 c bb). Das bedeutet zum einen, daß Eingriffe, die bereits aus anderen Gründen medizinisch indiziert sind und lediglich als (zwangsläufige oder auch nur mögliche) Nebenfolge zum Verlust der Keimdrüsen bei Mann oder Frau führen können (Krebsoperationen im Genitalbereich), bei Vorliegen aller sonstigen Heileingriffsvoraussetzungen schon tatbestandlich keine Körperverletzung darstellen (vgl. o. 33 ff., 50 b) bzw. nach der Rspr. durch Einwilligung gerechtfertigt sind, ohne daß dem § 226 a entgegenstünde (vgl. o. 29, 45; insoweit offenbar and. D-Tröndle § 226 a RN 12). Fehlt es dagegen an einer medizinischen Indikation, so ist der triebdämmende Eingriff zwar einerseits als rechtfertigungsbedürftige Körperverletzung i. S. der §§ 223 ff. zu betrachten und demzufolge ist insbes. bei stereotaktischen Gehirnoperationen im Hinblick auf ihre (teils noch unkontrollierbare) persönlichkeitsverändernde Wirkung (vgl. Rieber u. a. MSchrKrim. 76, 246 ff.) die Zulässigkeit nach § 226 a zu prüfen (vgl. Lackner aaO; insofern weitergehend für Strafbarkeit Schmitt Schröder-GedS 268); doch bedarf es andererseits keiner Einschaltung der Gutachterstelle (Hamm NJW 76, 2311). Diese unterschiedliche Behandlung erscheint rechtspolitisch nicht gerechtfertigt (vgl. Jung aaO, Hauptmann ZRP 74, 231 ff., je mwN). Zum Ganzen Adler-Saupe insbes. 208 ff., Schwalm aaO 231 ff.

59 c) Im Unterschied zur triebunterdrückenden Kastration beschränkt sich die **Sterilisation** auf die Ausschließung der Zeugungs- oder Empfängnisfähigkeit durch Unterbrechung des Samenstranges bzw. der Eileiter; zu den verschiedenen medizinischen Methoden der neuerdings auch sog. „chirurgischen Kontrazeption" bzw. „endgültigen Fruchtbarkeitsverhütung" (Petersen aaO 1) vgl. Eser/Hirsch aaO 21 ff. Mangels besonderer gesetzlicher Regelung ist hier der Meinungsstand uneinheitlich:

60 aa) Nach **h. L.** ist die Sterilisation, sofern sie nicht als Nebenfolge eines bereits anderweitig medizinisch indizierten Eingriffs (Gebärmutterkrebs, Eierstockoperation) eine normale Heilbehandlung darstellt (vgl. o. 34), **tatbestandsmäßige schwere Körperverletzung** i. S. von §§ 223, 224, 225, die der Rechtfertigung durch *Einwilligung* bedarf und nur bei Vorliegen einer bestimmten *Indikation* als nicht sittenwidrig i. S. von § 226 a zu betrachten ist (so i. Grds. u. a. Bockelmann aaO 43, D-Tröndle § 226 a RN 13, Engisch H. Mayer-FS 414, Hanack JZ 65, 223 ff., Hirsch LK § 226 a RN 39 f., Lackner § 226 a Anm. 5 b, M-Schroeder I 100, Welzel 290; vgl. aber auch die sich von der Indikationsabhängigkeit lösenden Versuche von Roxin JuS 64, 380 ff., Urbanczyk NJW 64, 425, Wulfhorst NJW 67, 649; unklar Gössel I 165, der zwar einerseits eine Beachtung der Grenzen des § 226 a fordert, aber andererseits das Abheben auf bestimmte Indikationen ablehnt).

61 **Im einzelnen** werden folgende **rechtfertigende Indikationen** in Betracht gezogen: α) Als **medizinische** allgemein anerkannt ist die Sterilisation, wenn durch Verhinderung von Schwangerschaft Lebens- oder Gesundheitsgefahren von der Frau abgewendet werden sollen (vgl. BGH **19** 203 m.

Anm. Eb. Schmidt JZ 64, 298, Hanack aaO 110ff., Hirsch LK § 226a RN 39 mwN). In solchen Fällen wird die Sterilisation regelmäßig Heilcharakter haben (vgl. o. 34). β) Auch die **medizinisch-soziale** Indikation, für die sich die gesundheitliche Gefährdung nicht unbedingt aus somatischen oder psychischen, sondern auch aus dem Zusammenwirken mit sozialen Faktoren ergeben kann, ist heute allgemein anerkannt (vgl. bereits Hanack aaO 258ff., JZ 64, 401, Schwalm in Mergen III 240f.; zu medizinisch-sozialen Faktoren vgl. § 218a RN 7ff.). γ) Dagegen ist streitig, ob auch rein **soziale** Gründe (hohe Kinderzahl, wirtschaftliche Enge, Beruf) genügen können. Während dies teils noch mit der vorrangigen Inanspruchnahme staatlicher oder karitativer Hilfen abgelehnt wird (vgl. Schröder 17. A. § 226a RN 17, ferner Celle NJW **63**, 407, Brühl JR 51, 498, Hanack JZ 64, 393f., Spann aaO; zurückhaltend auch Schwalm aaO 241), ist der überwiegend bejahenden Auffassung (D-Tröndle § 226a RN 13, Hardwig GA 64, 300f., Hirsch LK § 226a RN 40, Kohlhaas NJW 63, 2352, Noll ZStW 77, 25, Reinhardt JuS 67, 399) heute nicht zuletzt deshalb zuzustimmen, weil durch soziale Indikation sogar der weitaus gravierendere Fall von Schwangerschaftsabbruch gerechtfertigt wird (§ 218a II Nr. 3) und eine präventive Sterilisation demgegenüber das zweifellos kleinere Übel darstellt. δ) Aus ähnlichen Gründen kann auch die **eugenisch** indizierte Verhinderung von möglicherweise erbgeschädigtem Nachwuchs nicht als sittenwidrig bezeichnet werden (vgl. Hanack aaO 208ff., Hardwig GA 64, 300, Kaiser NJW 69, 538, Eb. Schmidt JZ 51, 68; abw. Kienzle GA 57, 72, Maunz-Dürig Art. 2 II RN 33). ε) Problematisch bleibt danach lediglich die sog. **Gefälligkeits**sterilisation, die außer dem Ziel, jegliches Schwangerschaftsrisiko auszuschalten, keinen der vorgenannten Gründe für sich in Anspruch nehmen kann (abl. die frühere h. L. sowie aus neuerer Zeit insbes. Becker Med. Klinik 72, 553, D-Tröndle § 226a RN 13, Engisch H. Mayer-FS 416, Koffka Heusinger-EhrG 358ff., Schwalm aaO 236f., Schröder 17. A. § 226a RN 18, Spann aaO; vgl. demgegenüber u. a. Bockelmann aaO 74, Klug E. v. Hippel-FS 148ff., Roxin JuS 64, 380ff., Urbanczyk NJW 64, 425, Wille aaO 121ff.; vgl. auch Hoerster JZ 71, 123ff., Röhmel JA 77, 185ff.). Obgleich dies rechtspolitisch schwerlich akzeptabel ist (vgl. u. 64), kann angesichts dieser Meinungsvielfalt gegenwärtig kaum ein so eindeutiges Sittenwidrigkeitsverdikt gefällt werden, wie es für die Unbeachtlichkeit der Einwilligung nach § 226a erforderlich wäre (vgl. dort RN 6, ferner Blei II 61f., Hirsch LK § 226a RN 41, Horn MMG 82, 72, Lenckner aaO 608; i. gl. S. BGHZ NJW **76**, 1790f.). Dem steht auch nicht entgegen, daß § 6 BerufsO f. Ärzte lediglich die medizinische, eugenische und schwerwiegende soziale Indikation zuläßt (DÄBl. 76, 1543, vgl. auch Stellungnahme der BÄK DÄBl. 87, 1769, krit. dazu Finger MedR 88, 231); denn für § 226a ist Standesethik ein zwar wichtiger, aber – da nicht unbedingt für das gesamtgesellschaftliche Rechtsbewußtsein repräsentativ – kein letztverbindlicher Maßstab (vgl. in Eser/Hirsch aaO 60f., Horn aaO, Wille aaO 151ff., aber auch Petersen aaO 42ff.). ζ) Soweit bei einer Frau eine Sterilisation zulässig wäre, muß gleiches i. S. einer **vikariierenden** *Indikation* auch beim Ehemann erlaubt sein (vgl. § 226b II Nr. 4 in BT-Drs. 7/1981, Narr RN 823, Schwalm aaO 242).

bb) Demgegenüber ist nach **BGH** die *freiwillige* Sterilisation mangels besonderer Strafdrohung schon gar **nicht tatbestandsmäßig** und daher auch *nicht indikationsbedürftig* (BGH **20** 81; vgl. aber auch BGHZ NJW **76**, 1790). Trotz ihrer konstruktiven Anfechtbarkeit (vgl. o. 54) hat sich diese Auffassung in der Praxis inzwischen so allgemein durchgesetzt, daß ein Strafverfolgungsrisiko praktisch auszuschließen ist (vgl. Blei II 61f., Hirsch LK § 226a RN 41, Schmitt Schröder-GedS 269, Wessels II/1 S. 66; daher entbehren auch die Befürchtungen von Narr RN 825 und Spann aaO, die nach Wille aaO 142ff. zu einer Verunsicherung der Gynäkologenschaft geführt haben, jeder realen Grundlage). Entscheidend ist danach allein, daß die Sterilisation durch eine wirksame **Einwilligung** gedeckt ist (vgl. Köln JMBlNRW **86**, 273). Da es dafür weder auf Volljährigkeit noch auf zivilrechtliche Geschäftsfähigkeit, sondern entscheidend auf die *konkrete Einsichts- und Urteilsfähigkeit* ankommt (o. 38), ist jeweils für den Einzelfall zu prüfen, inwieweit die betroffene Person aufgrund entsprechender Risiko- und Folgenaufklärung (o. 41), einschließlich der möglichen Versagerquote (vgl. Schleswig VersR **87**, 419, aber auch Düsseldorf VersR **87**, 412), Bedeutung und Tragweite der Sterilisation hinreichend abzuschätzen vermag (näher Eser/Koch MedR 84, 7f.). Dies wird vor allem hinsichtlich der Irreversibilität der Unfruchtbarkeit und deren möglicher psychischer Auswirkungen (vgl. Mende, Wille und Petersen MMW 76, Nr. 28 S. 909ff.) einem noch in der Reifung stehenden Menschen kaum zuzutrauen sein (vgl. auch Hirsch LK § 226a RN 41, wonach diese Einsichtsfähigkeit analog zu § 2 I Nr. 3 KastrG erst mit 25 Jahren anzunehmen sei). Solange daher die volle Einsichtsfähigkeit fehlt (allg. dazu Eser/Koch MedR 84, 8ff. mwN), bedarf es ergänzend der Zustimmung des gesetzlichen Vertreters, nicht aber unbedingt des Vormundschaftsgerichts (vgl. Hamm MDR **83**, 317 mwN). Umgekehrt kann jedoch diese Einwilligung für sich allein nicht genügen, um einen so höchstpersönlichen Eingriff wie den der Unfruchtbarmachung einem Menschen ohne oder gar gegen seinen natürlichen Willen aufzuzwingen (vgl. BGH NStZ **81**, 351, ferner Hirsch aaO), es sei denn, daß die Sterilisation zur Abwehr einer lebensbedrohlichen Gefahr geboten erscheint (analog § 3 IV KastrG; wohl zu eng Horn ZRP 83, 265, zur Sterilisation geistig Behinderter vgl. auch v. d. Daele, Mensch nach Maß? (1985) 169ff., Fischer aaO, Hirsch/Hiersche MedR 87, 135ff., Hiersche/Hirsch/Graf-Baumann aaO). Weitergehende Zwangseingriffe müssen dem Gesetzgeber vorbehalten bleiben. Soweit jedoch der Betroffene selbst voll einwilligungsfähig ist, bedarf es über seine Einwilligung hinaus weder einer Zustimmung der Eltern noch des Ehegatten (BGHZ NJW **76**, 1791, Finger KritJ 86, 337f.; vgl. aber auch Schwalm aaO 228, 244). Weitere Einzelheiten zur Sterilisationseinwilligung bei Lenckner in Eser/Hirsch aaO 187ff. Fehlt es an einer wirksamen Einwilligung, so ist die Sterilisation als Körperverletzung nach § 223 strafbar und bei entsprechender Absicht nach § 225 strafverschärft. Dies hat auch für den Fall zu gelten, daß der Eingriff *nicht kunstgerecht* durchgeführt wird (Hirsch aaO).

63 cc) Zu „**flankierenden**" **Maßnahmen** bei rechtmäßiger Sterilisation (Versicherungsschutz, Sozialhilfe u. dgl.) vgl. das StREG (1 vor § 218, 218b RN 6) sowie Eser/Koch MedR 84, 13, Gitter in Eser/ Hirsch aaO 214ff., Henke NJW 76, 1773ff.; zu **zivilrechtlichen** Ersatz- und Unterhaltsfolgen bei fehlgeschlagener Sterilisation vgl. u. a. Deutsch MDR 84, 793ff., Eser/Koch DÄBl. 81, 1673, MedR 84, 10, Giesen JR 84, 222.

64 d) Angesichts der Unzulänglichkeit des gegenwärtigen Rechtszustandes ist eine **Reform** des gesamten Sterilisations- und Kastrationsbereiches nach wie vor erwünscht, wobei das KastrG vor allem hinsichtlich der Einwilligung und der den Selbstschutz vor übereilter Entscheidung bezweckenden Altersgrenze als Modell dienen könnte. Einschlägige Gesetzesvorschläge finden sich bereits in §§ 226b– 226d BT-Drs. VI/3434 m. Begr. 38ff., BT-Drs. 7/1981, § 112 II AE-BT, Straftaten gegen die Person. Eine Spezialregelung für die Sterilisation bei Einwilligungsunfähigkeit Erwachsener in Form eines strengen Indikationsmodells mit Verfahrensabsicherungen findet sich – mit Wirkung ab 1. 1. 1992 – in § 1905 BGB und §§ 67, 69a IV, 69d III FGG jew. idF des BetreuungsG v. 12. 9. 90 (BGBl. I 2002), zugleich unter Ausschließung jeder Sterilisation bei Minderjährigen in § 1631c BGB (vgl. auch Wolf u. Reis ZRP 88, 313 bzw. 318). Zu rechtspolitischen Grundsatzfragen vgl. ferner in Eser/Hirsch aaO 62ff.; Horn MMG 82, 73ff., ZRP 83, 265 (m. krit. Erwid. Mahnkopf ZRP 83, 255, Hirsch/Hiersche aaO), Koffka aaO, Reis ZRP 88, 318, Wille aaO 121ff., Wolf ZRP 88, 313 sowie m. rechtsvergleich. Einschlag Eser Tröndle-FS 625.

65 VI. Für den **subjektiven Tatbestand** ist bei § 223 **Vorsatz** erforderlich (zu Fahrlässigkeit vgl. § 230); bedingter Vorsatz genügt (zu den Anforderungen dafür vgl. BGH NStZ **87**, 362 m. Anm. Puppe, Freund JR 88, 116). Der Irrtum über Art und Umfang des Züchtigungsrechts ist Verbotsirrtum; dagegen ist analog § 16 der Vorsatz ausgeschlossen, wenn der Täter eine Verfehlung des Zöglings als gegeben annimmt, die die Ausübung des Züchtigungsrechtes rechtfertigen würde (BGH **3** 105, BayObLG NJW **55**, 1848; vgl. Eser I 158f. sowie § 16 RN 14ff.). Noch als unwesentliche Abweichung soll es nach BGH MDR/D **75**, 22 zu werten sein, wenn das Opfer, das zusammengeschlagen werden soll, vor Angst erhebliche Magenschmerzen bekommt. Der *Beweggrund,* aus dem der Täter handelt, ist *unerheblich*. Auch eine aus Scherz

66 vorgenommene Handlung kann eine Körperverletzung sein (vgl. aber Bay HRR **29** Nr. 671). Über das Verhältnis zum *Tötungsvorsatz* vgl. § 212 RN 17.

67 VII. Die **Strafe** der Körperverletzung ist Freiheitsstrafe bis zu 3 Jahren oder Geldstrafe. In der Praxis überwiegt bei weitem die Geldstrafe. Im übrigen ist noch folgendes zu beachten:

68 1. **Strafschärfung (Abs. 2)** tritt ein, wenn die Tat **gegen Verwandte aufsteigender Linie** (Eltern, Großeltern; vgl. § 11 RN 6) begangen wird. Angesichts dieser ausdrücklichen Beschränkung wird die Verletzung anderer Angehöriger i. S. von § 11 Nr. 1 (z. B. Geschwister oder Schwiegereltern) nicht strafverschärft. Demzufolge genießen bei Adoption zwar die annehmenden Eltern gesteigerten Schutz (vgl. § 1754 BGB), nicht mehr hingegen die leiblichen Eltern, da deren Verwandtschaftsverhältnis zum abgegebenen Kind nach § 1755 BGB erlischt (vgl. § 11 RN 12 sowie BR-Drs. 691/74 S. 62). Auf Tatbeteiligte, die in keinem qualifizierenden Verwandtschaftsverhältnis zum Opfer stehen, ist § 28 II anwendbar.

69 2. Über **Kompensation** vgl. § 233, über **Strafantrag** § 232.

70 3. Bei einem Körperverletzungsdelikt infolge *abnormen Geschlechtstriebs* besteht nach § 2 II KastrG die Möglichkeit freiwilliger **Kastration** (vgl. o. 55f.).

71 VIII. **Idealkonkurrenz** ist möglich mit allen Tatbeständen, die eine Gewaltanwendung erfordern, z. B. mit § 113 (RG **41** 84), §§ 177, 178 (BGH **13** 138). Das gleiche Konkurrenzverhältnis kommt weiter z. B. mit Sachbeschädigung (RG GA Bd. **60** 66) und tätlicher Beleidigung (RG JW **38**, 1389; und. Hirsch LK RN 38) in Betracht, ferner mit § 218 (vgl. dort RN 59) und dem BetMG (vgl. RG **77** 17: Verschreiben von Morphium) § 25 WStG geht § 223 vor (Frankfurt NJW **70**, 1333; für Tateinheit D-Tröndle 18). Über das Verhältnis zu §§ 211ff. vgl. näher § 212 RN 17ff., zu § 240 vgl. dort RN 40. Werden mehrere Personen durch eine Handlung verletzt, so liegt (gleichartige) Idealkonkur-

72 renz vor. Eine einheitliche Schlägerei begründet dagegen bei Verletzung mehrerer Personen keine Tateinheit. Wird dieselbe Person mehrmals verletzt, ist Fortsetzungszusammenhang möglich (RG **31** 50), nicht dagegen bei Verletzung verschiedener Personen (vgl. 43 vor § 52, RG **27** 20).

§ 223a Gefährliche Körperverletzung

(1) **Ist die Körperverletzung mittels einer Waffe, insbesondere eines Messers oder eines anderen gefährlichen Werkzeugs, oder mittels eines hinterlistigen Überfalls oder von mehreren gemeinschaftlich oder mittels einer das Leben gefährdenden Behandlung begangen, so ist die Strafe Freiheitsstrafe bis zu fünf Jahren oder Geldstrafe.**

(2) **Der Versuch ist strafbar.**

Schrifttum: Lampe, Gefährliche Körperverletzung und körperliche Gefährdung, ZStW 83, 117. – *Stree*, Gefährliche Körperverletzung, Jura 80, 281.

I. Die **gefährliche Körperverletzung** wird als erschwerter Fall des § 223 mit höherer Strafe bedroht, weil Art und Weise der Handlung die Gefahr erheblicher Verletzungen begründet oder die Chancen des Opfers verringert, sich erfolgreich zu wehren. Qualifikationsmerkmal ist allein die besondere Tatausführung. Als Verletzungserfolg genügt auch eine leichte Körperverletzung (RG HRR **35** Nr. 979). 1

Zweifelhaft kann sein, ob es sich um ein *abstraktes* oder ein *konkretes Gefährdungsdelikt* (vgl. 2ff. vor § 306) handelt. Während das Gesetz durch die Kennzeichnung bestimmter Tatmittel offenbar davon ausgegangen ist, daß die Modalitäten des § 223a generell zu einer erhöhten Gefährdung des Verletzten führen, ist die Interpretation bei der ersten Gruppe von Merkmalen und der lebensgefährdenden Behandlung den entgegengesetzten Weg gegangen und versteht § 223a insoweit als Regelung eines *konkreten* Gefährdungsdelikts (vgl. u. 4, 12). Als Voraussetzung für alle Tathandlungen fordert Hirsch LK 3 die konkrete Gefährdung des Angegriffenen, erhebliche Verletzungen davonzutragen. Vgl. aber auch Horn SK 3. 2

II. Eine gefährliche Körperverletzung liegt in **vier Fällen** vor:

1. Wenn sie mittels einer **Waffe**, insb. eines **Messers** oder eines **anderen gefährlichen Werkzeugs,** begangen wird. Für die Strafschärfung ist hier die Verwendung eines Tatwerkzeugs mit der Gefahr erheblicher Verletzungen maßgebend. An diesem Gefährlichkeitskriterium hat sich die Auslegung der Tatmodalität auszurichten. 3

a) Das Merkmal „gefährlich" weist diese Alternative als konkretes Gefährdungsdelikt aus. Nicht der Begriff der Waffe (der abstrakt gefährlich verstanden werden könnte), sondern der des **gefährlichen Werkzeugs** ist danach der **Oberbegriff** (Blei II 48, Lackner 2, M-Schroeder I 106, Schmitt JZ 69, 304, Schröder JZ 67, 523; and. D-Tröndle 2, Hirsch LK 6). Die Anwendung einer Waffe im technischen Sinne reicht daher nur aus, wenn sie als „gefährliches Werkzeug", d. h. in konkret gefährlicher Weise benutzt wird; der leichte Schlag mit einer Pistole auf den Rücken genügt z. B. ebensowenig wie der Stoß mit einem Gewehrkolben gegen das Gesäß (Blei II 48). Gefährliches Werkzeug ist jeder Gegenstand, der bei der konkreten Art der Benutzung und des Körperteils, auf den er angewendet wird (vgl. Neustadt JR **58**, 228), geeignet ist, *erhebliche Verletzungen* hervorzurufen (RG **4** 397, BGH **3** 109, MDR/D **52**, 273, Neustadt JR **58**, 228, Hirsch LK 7, Lackner 2c, Schröder JZ 67, 523). U. U. kann auch die Körperbeschaffenheit des Opfers bedeutsam sein, z. B. bei Verabreichen falsch dosierter Arzneimittel. Was ein Erwachsener ohne Gefahr ernster Gesundheitsschäden noch verträgt, kann einem Kind erheblich schaden; ein Gebrechlicher oder Kranker kann eher als ein Kerngesunder erhebliche Verletzungen zu befürchten haben. Zum Merkmal „erhebliche Verletzungen" vgl. Stree Jura 80, 286, aber auch Horn SK 4. Auf irgendeine generelle Eignung ist nicht abzustellen (vgl. jedoch RG **4** 397, BGH MDR/D **52**, 273); deshalb können auch generell an sich ungefährliche Gegenstände bei entsprechender Anwendungsart „gefährliche Werkzeuge" sein, z. B. der zum Würgen benutzte Damenstrumpf (Hirsch LK 10, Schröder JZ 67, 524; and. Braunschweig NdsRpfl. **57**, 17) oder Schal (vgl. BGHR § 223a Abs. 1 Werkzeug 4) oder der spitze Bleistift beim Stich ins Auge sowie der Federhalter bei Einstechen mit der an ihm befestigten Feder auf das Gesicht (BGE **101** IV 287). Umgekehrt ist die zum Haarabschneiden verwendete Schere kein gefährliches Werkzeug (and. beim Zufügen von Stichverletzungen; vgl. BGH NJW **66**, 1763). Der Kleiderbügel oder der Fackelstock, mit dem auf das Gesäß geschlagen wird, ist im allgemeinen kein gefährliches Werkzeug, wohl aber bei Schlägen ins Gesicht (BGH MDR/D **75**, 367). Ähnliches gilt für einen Weinschlauch (BGH **3** 109) oder Wasserschlauch (BGH GA **87**, 179; krit. dazu Rolinski StV 88, 63). Körperteile des Täters sind niemals Werkzeuge (Faust- oder Handkantenschlag; BGH GA **84**, 124: Knie), auch nicht das künstliche Gebiß (Stree Jura 80, 283). 4

Beispiele für gefährliche Werkzeuge: Dolch (RG HRR **35** Nr. 979), Knüppel (BGH MDR/H **85**, 446), Eishockeyschläger (OG Zürich SchwJZ **90**, 425), Flasche, Bierkrug oder Bierglas (vgl. BGE **101** IV 285), kochende Flüssigkeit (RG GA Bd. **62** 321), Eisenstange, Rohrzange (BGH GA **89**, 132), Mistgabel (RG **59** 390), Katapult mit Stahlkugeln (vgl. BGH NJW **75**, 985), Stuhlbein, Teppichklopfer (RG DR **43**, 754), Peitsche, die gegen nackten Körper angewendet wird, Fahrradkette, Schlagring, 5

§ 223 a 6–9a   Bes. Teil. Körperverletzung

Kraftfahrzeug (BGH VRS **14** 286, **56** 189, Düsseldorf VRS **5** 293), Gipsarm (Schleswig SchlHA/E-J **78**, 185), Armprothese (RG Recht **07**, 264), u. U. auch der „beschuhte" Fuß (BGH MDR/D **52**, 273, **71**, 16, MDR/H **79**, 987, NStZ **84**, 329, NStE Nr. **3**, Braunschweig NdsRpfl. **57**, 16, **60**, 233, Neustadt JR **58**, 228), es kommt auf die konkreten Umstände an, wie Art des Schuhs (schwerer Stiefel, Fußballstiefel), Anwendungsart (besondere Wucht beim Zutreten), Opfer (kleines Kind, Gebrechlicher usw.) und betroffenen Körperteil (Tritt in den Unterleib oder ins Gesicht; BGH **30** 377; vgl. auch Schleswig SchlHA/E-J **78**, 185); Tritt mit Halbschuh gegen Arm genügt nicht (Schleswig SchlHA/E-L **80**, 172), ebensowenig Tritt mit leichtem Turnschuh ins Gesicht (Schleswig SchlHA/L **87**, 105), wohl aber heftiger Tritt mit einem am Schuh befindlichen Schlittschuh gegen Bein (vgl. BGE 111 IV 123). Zum Turnschuh als Werkzeug vgl. auch Düsseldorf NJW **89**, 920.

6   Nicht erforderlich ist eine Einwirkung mechanischer Art; Einwirkung auf *chemischem Weg* genügt, z. B. Betäubung durch Äther (vgl. BGH MDR/D **68**, 373), gleichgültig, ob die Wirkung äußerlich (Begießen mit Vitriol) oder innerlich (Hineinschütten von Brennspiritus in Bier) herbeigeführt wird (BGH **1** 2 m. Anm. Hülle in LM Nr. 1, MDR/D **56**, 526, Blei II 48; and. R **7** 298, RG DJ **35**, 518, DR **40**, 1937); auch das Streuen von Pfeffer in die Augen kann ausreichen (BGH LM **Nr. 7**), nicht jedoch Spritzen eines Mittels in die Augen, das nur geeignet ist, eine leichte Bindehautreizung zu bewirken (Düsseldorf JMBlNW **88**, 68). Auch Verabreichen von Schlaftabletten oder Arzneimitteln in zu hoher Dosis (vgl. BGH MDR/H **86**, 272), Verabreichen verdorbener Lebensmittel oder Einwirkung mit Gas kann Anwendung eines gefährlichen Werkzeugs sein (zur Gaspistole vgl. BGH **4** 125, KG VRS **19** 115), ferner eine *thermische* Einwirkung (Verbrennungen) oder eine Einwirkung mit elektrischem Strom oder mit Strahlen.

7   Auch **Tiere** (bissiger Hund) sind u. U. gefährliche Werkzeuge (BGH **14** 152, Hirsch LK 12; and. RG **8** 315); daneben kann eine lebensgefährdende Behandlung in Betracht kommen (Köln JMBlNW **52**, 81, Hamm JMBlNW **58**, 154). Das Tier muß jedoch dem Täter als *Mittel* der Körperverletzung dienen (Hamm NJW **65**, 164; vgl. auch u. 9a).

8   Mittels eines gefährlichen Werkzeugs wird eine Körperverletzung nicht nur dann begangen, wenn die Waffe gegen den Körper geführt, sondern auch dann, wenn das Opfer durch Stoßen und dergleichen gegen das Werkzeug in Bewegung gesetzt, z. B. gegen eine glühende Herdplatte oder in eine laufende Maschine gestoßen wird (Blei II 49, Hirsch LK 13, M-Schroeder I 107, Schmidhäuser II 7, ebenso RG **24** 373, soweit es sich um bewegbare Gegenstände handelt). Demgegenüber wird z. T. unter Berufung auf den Sinn des Wortes „Werkzeug" angenommen, daß der Stoß usw. gegen einen **unbewegbaren Gegenstand** nicht erfaßt werde (so RG **24** 374, BGH **22** 235 m. abl. Anm. Schmitt JZ 69, 304, MDR/H **79**, 987, NStZ **88**, 361, D-Tröndle 2, Lackner 2b). Indes hat der Täter beim Stoß usw. gegen einen unbewegbaren Gegenstand ebenfalls ein gefährliches Tatmittel eingesetzt (vgl. Stree Jura 80, 285). Ob jemand einen Stein auf den Kopf oder den Kopf auf einen Stein oder gegen eine Hauswand schlägt, kann keinen Unterschied machen, ebensowenig, ob jemand einen anderen mit einem spitzen Gegenstand sticht oder ihn auf ein mit eisernen Spitzen versehenes Staket schleudert. Der Einwand hiergegen, für eine extensive Auslegung bestehe kein Bedürfnis, da in gravierenden Fällen zumeist eine lebensgefährdende Behandlung vorliege (so Wessels II/1 57), überzeugt nicht. Er wird den Fällen nicht gerecht, in denen das Leben ungefährdet bleibt, wohl aber die Gefahr erheblicher Verletzungen gegeben ist, wie etwa, wenn nur Knochenbrüche drohen. Zu beachten ist jedoch, daß der Täter den gefährlichen Gegenstand als Mittel zur Tat eingesetzt haben muß; die bloße Verursachung der Körperverletzung durch einen gefährlichen Gegenstand genügt nicht (and. anscheinend Köln VRS **70** 273: umherfliegende Glassplitter bei Einschlagen einer Scheibe). Wer einen anderen auf steinigem Boden niederschlägt und dabei in Kauf nimmt, daß der andere sich den Kopf an einem Stein aufschlägt, benutzt den Stein nicht als Mittel zur Körperverletzung (vgl. Horn SK 14, auch Hamm NJW **65**, 165).

9   b) Mittels eines **Messers** ist die Körperverletzung dann begangen, wenn es als schneidendes oder stechendes Instrument (auch Wurfmesser) verwendet wurde. Die Benutzung eines zugeklappten Taschenmessers als Schlagwerkzeug kann aber Gebrauch eines gefährlichen Werkzeugs sein (RG **30** 1/8). Auch beim Schneiden oder Stechen ist der Qualifikationstatbestand nur erfüllt, wenn das Messer in gefährlicher Weise (o. 4) eingesetzt wird.

9a   c) Fraglich ist, ob und wann ein Garant die Qualifikation durch **Unterlassen** erfüllen kann. Da das erhöhte Unrecht sich aus dem Einsetzen eines gefährlichen Mittels ergibt, entspricht das bloße Untätigbleiben nicht ohne weiteres einem solchen Tun. Das gilt unzweifelhaft, wenn der Garant den nach einem Messerstich usw. drohenden weiteren Schäden nicht entgegentritt, aber auch dann, wenn er bereits die Verletzung durch einen gefährlichen Gegenstand nicht unterbindet. Wer eine solche Körperverletzung lediglich nicht verhindert, bedient sich nicht des Gegenstandes als eines Mittels zur Tat (vgl. Horn SK 17), so z. B. nicht der Lieferant verdorbener

Lebensmittel, der nach später erlangter Kenntnis von deren Zustand lediglich aus geschäftlichen Gründen den bereits Belieferten nicht warnt, so daß dieser nach Genuß der Lebensmittel erkrankt (vgl. BGH NStE Nr. **5** zu § 223; der BGH hat insoweit § 223a nicht erörtert; möglich aber u. U. lebensgefährdende Behandlung durch Unterlassen; vgl. u. 12), oder der Tierhalter, der es geschehen läßt, daß sein Hund von sich aus jemanden beißt (vgl. Hamm NJW **65**, 165). Anders ist es allerdings, wenn der Hundebesitzer sein Tier nicht hereinholt, damit es einen „Besucher" verscheuchen kann, und zwar notfalls durch einen Biß. Für erhöhtes Unrecht nach § 223a hat ferner derjenige einzustehen, dessen Unterlassen als Teilnahme an einer fremden Tat, die eine gefährliche Körperverletzung darstellt, zu beurteilen ist (Aufsichtspflichtiger verhindert nicht, daß der zu Beaufsichtigende einen anderen niedersticht).

d) Erforderlich ist nach der BGH-Rspr., daß der Täter das gefährliche Werkzeug bei einem Angriff **9b** oder Kampf zu **Angriffs-** oder **Verteidigungszwecken** einsetzt (BGH NJW **78**, 1206). Hieran fehlt es bei ärztlichen Behandlungen (BGH aaO: zahnärztliche Zange bei Zahnextraktion, Skalpell bei chirurgischem Eingriff). Entsprechendes gilt für Spritze bei ärztlicher Blutentnahme zwecks Feststellung des Alkoholgehalts (Geppert Jura 86, 536). Den Arztfällen sind jedoch nach BGH NStZ **87**, 174 die Fälle nicht gleichzustellen, in denen jemand ohne die erforderliche Prüfung unbefugt die Heilkunde ausübt und Spritzen verabreicht; wegen der größeren Gefährlichkeit ist hier nach dem BGH § 223a anwendbar (krit. dazu Wolski GA 87, 534, Sowada JR 88, 124).

2. Gefährlich ist auch die mittels eines **hinterlistigen Überfalls** ausgeführte Körperverlet- **10** zung. *Überfall* ist ein unvorhergesehener Angriff, auf den sich der Angegriffene nicht rechtzeitig einstellen kann. *Hinterlistig* ist ein Überfall dann, wenn der Täter planmäßig, in einer auf Verdeckung seiner wahren Absicht berechneten Weise zu Werke geht, um gerade hierdurch dem Angegriffenen die Abwehr des nicht erwarteten Angriffs zu erschweren (BGH GA **68**, 370, **69**, 61, NStE Nr. **8**). Das in der Heimtücke des § 211 enthaltene Merkmal der „Tücke" braucht hier nicht vorzuliegen. Nicht wesentlich ist, ob der Angriff von hinten ausgeführt wird (RG **65** 66, BGH MDR/D **56**, 526). Entgegentreten mit vorgetäuschter Friedfertigkeit reicht aus (freundlicher Gruß, Erkundigung nach Weg usw.). Bloße Ausnutzung der Überraschung genügt allein noch nicht (BGH GA **61**, 241, MDR/H **81**, 267), wie beim unerwarteten Angriff von hinten (BGH NStE Nr. **8**, Schleswig SchlHA/L-G **88**, 107) Nicht erforderlich ist, daß der Täter mit seinem hinterlistigen Vorgehen die konkrete Gefahr erheblicher Verletzungen begründet (Lackner 3; and. Hirsch LK 16) oder die Zufügung erheblicher Verletzungen ermöglichen wollte (and. Horn SK 19).

3. Bei der von mehreren **gemeinschaftlich** verübten Körperverletzung liegt die größere **11** Gefährlichkeit darin, daß der Verletzte mehreren Feinden gegenübersieht und deshalb eingeschüchtert und in seiner Verteidigung gehemmt sein kann. Daher kann in diesem Zusammenhang Mittäterschaft nicht ausreichen, sofern nur einer der Mittäter die Tat ausführt, während die anderen sich auf eine Beteiligung an Vorbereitungshandlungen beschränken. Ebensowenig reicht aus, daß einer die Tat ausführt und der andere den Angriff nicht verhindert, obwohl er hierzu verpflichtet war (and. Krumme zu LM Nr. 2), oder daß 2 Garanten einverständlich eine Körperverletzung ihres Schützlings zulassen (and. Horn SK 25 bei Verabredung zum Nichtstun). Aber auch der Garant, der eine gemeinschaftliche Körperverletzung durch andere nicht unterbindet, erfüllt nicht den Tatbestand des § 223a, da er selbst nicht gemeinschaftlich mit anderen die Tat begeht (and. Horn SK 25). Umgekehrt kann es bei gemeinsamer Anwesenheit am Tatort nicht darauf ankommen, ob einer der Beteiligten nur Gehilfe war (and. BGH LM **Nr. 2** m. Anm. Krumme, VRS **14** 287, Düsseldorf NJW **89**, 2003 m. krit. Anm. Deutscher NStZ 90, 125, D-Tröndle 4, Hirsch LK 17, Lackner 4; wie hier Baumann JuS 63, 51, Blei II 49, Otto NStZ 89, 531; zweifelnd BGH **23** 122). Der für die Strafschärfung maßgebliche Gefährlichkeitsfaktor ändert sich nicht, wenn eine zweite Person zwar als Gehilfe mitwirkt, etwa das Opfer festhält. Daher ist eine gemeinschaftlich begangene Körperverletzung immer dann gegeben, wenn mindestens 2 Personen, die im Verhältnis der Mittäterschaft oder Teilnahme zueinander stehen können, am Tatort zusammenwirken. Es genügt, wenn einer von ihnen die Körperverletzung ausführt (vgl. BGH MDR/D **68**, 201, GA **86**, 229) und der andere nur seine jederzeitige Eingriffsbereitschaft erkennen läßt oder die Täter einverständlich nacheinander tätlich werden (Schleswig SchlHA/E-J **79**, 202). Sind 2 Beteiligte am Tatort anwesend, so kann auch ein Nichtanwesender Mittäter nach § 223a sein (Düsseldorf MDR **63**, 521, Baumann JuS 63, 51). Im übrigen kommt es nicht darauf an, daß sämtliche Beteiligten strafrechtlich verantwortlich sind (BGH **23** 122, Baumann aaO). Wohl aber ist ein Zusammenwirken erforderlich (vgl. BGHR § 223a Abs. 1 gemeinschaftlich 1), so daß die zufällig gleichzeitige Tatausführung (z. B. Steinwurf auf Redner) nicht ausreicht. Zum Ganzen vgl. Stree Jura 80, 289.

4. Eine gefährliche Körperverletzung liegt zudem vor, wenn sie **mittels einer das Leben** **12** **gefährdenden Behandlung** erfolgt. Hier kann zweifelhaft sein, ob eine abstrakte oder eine konkrete Gefahr vorausgesetzt wird. Die h. M. (vgl. RG **10** 1, HRR **29** Nr. 1799, JW **32**, 3350,

BGH 2 163, StV 88, 65, Köln NJW 83, 2274, Düsseldorf NJW 89, 920, D-Tröndle 5, Frisch JuS 90, 365, Gallas Heinitz-FS 183) geht dahin, daß bei der Beurteilung der Lebensgefahr zwar die konkreten Gegebenheiten des Falles zu berücksichtigen seien, eine Lebensgefährdung aber nicht tatsächlich eingetreten zu sein brauche. Dem kann nicht gefolgt werden. Da die Qualifikationen des § 223a unmittelbar dem Schutz des Opfers dienen, kommt es darauf an, daß dessen Leben in Gefahr gerät. Das ist erst bei einer konkreten Gefährdung der Fall (vgl. Hirsch LK 21, Schröder JZ 67, 522, Stree Jura 80, 291 f.). Der Einwand, ein Vergleich mit den anderen Tatmodalitäten lege es nahe, keine allzu hohen Anforderungen an das Merkmal der lebensgefährdenden Behandlung zu stellen, überzeugt wenig angesichts eines Vergleichs mit § 250 (konkrete Lebensgefährdung – Beisichführen einer Waffe als Qualifikation). Lebensgefährdend braucht aber nur die Handlung zu sein, nicht auch der Verletzungserfolg. Hierbei genügt es, daß die Lebensgefahr nur kurze Zeit besteht. Eine lebensgefährdende Behandlung kann z. B. im Stoß in ein tiefes Wasser liegen (R 6 282), im Stoß von einem hohen Wall in einen Graben (RG HRR 29 Nr. 1799), im Stoß vom fahrenden Moped (BGH MDR/D 57, 652), im Abschütteln einer Person von einem fahrenden PKW (BGH VRS 27 31, 56 144, 57 280), im Anfahren eines Fußgängers mit einem Kfz. (vgl. BGH VRS 14 286), im Hetzen eines Hundes auf einen Menschen (vgl. o. 7), im Würgegriff an den Hals (BGH GA 61, 241), im Zuziehen eines um den Hals gelegten Schals (vgl. BGHR § 223a Abs. 1 Werkzeug 4), im Ansetzen eines spitzen Dolches an den Kehlkopf (vgl. BGE 114 IV 8), in einem kräftigen Schlag auf den Kopf (vgl. Köln NJW 83, 2274), im Einspritzen einer nicht sterilen Seifenlauge beim Schwangerschaftsabbruch (BGH 28 17), in der Bedrohung mit Waffen, die einen Herzinfarkt auslöst (BGH MDR/H 86, 272), in der Verleitung einer Schwerkranken durch einen Heilbehandler, sachgemäße und wirksame Hilfe (z. B. Aufsuchen eines Krankenhauses) nicht in Anspruch zu nehmen (RG JW 35, 2735); vgl. weiter RG DR 43, 754. Die Qualifikation kann auch durch Unterlassen verwirklicht werden (BGH JR 56, 347 m. Anm. Maurach), so z. B. wenn der Lieferant einer Ware, deren Gebrauch oder Verbrauch lebensgefährdend sein kann, nach erlangter Kenntnis von der Gefahr die Ware nicht zurückruft oder den Belieferten nicht warnt, so daß dieser nach Gebrauch (Verbrauch) der Ware erkrankt (vgl. BGH 37 107). Hat die Tat nur eine abstrakte Gefahr für das Leben auf Grund weiterer Umstände hervorgerufen, so ist § 223a auch nach dem BGH nicht anwendbar (BGH NStE Nr. 10: Faustschlag gegen Kraftfahrer, dessen Reaktion Unfallgefahr begründet).

12a   Eine lebensgefährdende Behandlung stellt auch die Ansteckung mit einer lebensgefährlichen Krankheit dar. Die hiermit verbundene Problematik ist in jüngster Zeit bei der **AIDS-Infizierung** deutlich mit kontroversen Stellungnahmen hervorgetreten. Da ein Verletzungserfolg insoweit selten nachweisbar ist, kommt hier idR nur Versuch in Betracht, wobei dann insb. das Vorsatzmerkmal, namentlich bei bedingtem Vorsatz, besondere Fragen aufwirft. Zur Ansteckung mit AIDS und zum Vorsatzproblem vgl. BGH 36 1 m. Anm. Bruns MDR 89, 199, Helgerth NStZ 89, 117, Herzberg JZ 89, 470, Prittwitz StV 89, 123, ferner BGH 36 262, AG München NJW 87, 2314, LG Nürnberg-Fürth NJW 88, 2311, AG Hamburg NJW 89, 2071, Eberbach JR 86, 232, Bruns NJW 87, 693, MDR 87, 356, Herzog/Nestler-Tremel StV 87, 363, Helgerth NStZ 88, 261, Prittwitz JA 88, 427, 486, Bottke in Schünemann/Pfeiffer, Die Rechtsprobleme von AIDS, 1988, 178, Rengier Jura 89, 225, Meier GA 89, 210, Schlehofer NJW 89, 2025 jeweils mwN, aber auch Herzberg NJW 87, 1465, Kreuzer ZStW 100, 796, Schünemann JR 89, 89. Zur Tatsachenalternativität von versuchter und vollendeter Tat vgl. BGH 36 262 m. Anm. Prittwitz/Scholderer NStZ 90, 385 u. Otto JR 90, 205. Näher zu den AIDS-Problemen § 212 RN 3, § 223 RN 6a.

13   III. Für den **subjektiven Tatbestand** ist Vorsatz erforderlich; bedingter Vorsatz genügt, soweit nicht ein zweckgerichtetes Handeln wie beim Einsatz eines gefährlichen Werkzeugs als Mittel zur Tat vorausgesetzt wird. Bei der Körperverletzung mittels eines gefährlichen Werkzeugs oder einer das Leben gefährdenden Behandlung muß sich der Vorsatz entsprechend dem o. 4, 12 Ausgeführten auf den Eintritt einer konkreten Gefahr für das Opfer erstrecken (abw. z. T. die Rspr. auf Grund ihres anderen Ausgangspunkts im objektiven Tatbestand: vgl. RG JW 32, 3350 m. Anm. Coenders, BGH 2 163, 19 352, MDR/H 86, 272, 90, 677, StV 89, 64, Köln VRS 70 275; ebenso D-Tröndle 6; vgl. auch BGH MDR/D 56, 526, 68, 373). Wie hier Hirsch LK 23; vgl. noch Schlüchter, Irrtum über normative Tatbestandsmerkmale, 1983, 118.

14   IV. Der **Versuch** ist seit 1. 1. 1975 strafbar (Abs. 2). Zu den gesetzgeberischen Gründen vgl. BT-Drs. V/4095 S. 49. Versuch kann auch bei Eintritt einer Körperverletzung vorliegen, so z. B., wenn jemand einen vermeintlichen Nichtschwimmer ins tiefe Wasser stößt (Horn SK 28) oder mit einem vermeintlich gefährlichen Werkzeug einen anderen verletzt, objektiv die Eignung zu erheblichen Verletzungen jedoch fehlt. In einem solchen Fall stehen die §§ 223a, 22 in Idealkonkurrenz mit § 223.

V. Bei der **Strafzumessung** kann straferschwerend ins Gewicht fallen, daß mehrere Tatmodalitäten vorliegen oder ganz erhebliche (etwa an die Fälle des § 224 heranreichende) Verletzungen eingetreten sind oder einzutreten drohten. Unzulässig ist, die Gefühlsroheit als solche straferschwerend zu bewerten; sie gehört bereits zum Tatbestand. Wohl aber darf ihr überaus hohes Maß, das einen besonderen Roheitsakt bewirkt hat, strafschärfend herangezogen werden (RG DR **43**, 754; vgl. auch BGH NStZ/D **91**, 275), ebenso die besondere Nachhaltigkeit einer lebensgefährdenden Behandlung (BGH NStZ **88**, 310) oder die Verwendung eines besonders gefährlichen Werkzeugs in besonders gefährlicher Weise, weiter etwa, daß sich die Tat gegen die Schwester gerichtet hat (RG JW **28**, 2233). Strafschärfend zu berücksichtigen sind auch Tatfolgen, die zwar vom Vorsatz nicht umfaßt, für den Täter aber voraussehbar gewesen sind (vgl. § 46 RN 26). Die Strafe ist zu mildern, wenn der Täter unter Voraussetzungen, die denen des § 213 entsprechen, zur Tat hingerissen worden ist (BGH NStZ **88**, 498). Strafmildernd kann sich auch eine nach § 226a nicht rechtfertigende Einwilligung auswirken, ferner der Umstand, daß der Täter sofort nach Zufügen der Verletzung (ärztliche) Hilfe holt und dadurch schwerwiegende Tatfolgen verhindert.

VI. Idealkonkurrenz ist möglich mit § 223b, mit 227 (RG **59** 110), mit §§ 224, 226 (vgl. zur versuchten schweren Körperverletzung BGH **21** 195 m. Anm. Schröder JZ 67, 370; and. RG **63** 424, **74** 311, BGH JR **67**, 146 m. Anm. Schröder, OGH **1** 113, Hirsch LK 26, Geerds, Zur Lehre von der Konkurrenz im Strafrecht [1961] 218, Wegner NJW 67, 671) sowie mit § 340 (RG **75** 359); vgl. dazu 2 vor § 223. Auch mit § 230 kommt Idealkonkurrenz in Betracht, so z. B., wenn der Täter bei Nichtbefolgung eines Handlungsgebots die (lebensgefährdende) Körperverletzung eines Opfers bewußt hingenommen und die Körperverletzung eines anderen Opfers übersehen hat, jedoch hätte erkennen können (vgl. BGH NJW **90**, 2567). Ferner ist Idealkonkurrenz u. a. mit §§ 177, 178, 240 (BGH NStZ **90**, 490), 249, 315b sowie mit unbefugtem Führen einer Schußwaffe möglich (vgl. Bay **75**, 89). Keine Idealkonkurrenz besteht zwischen mehreren Tatmodalitäten des § 223a; sie stellen nur eine Tat dar (vgl. § 52 RN 28). Zum Verhältnis zu §§ 211ff. vgl. § 212 RN 17ff.

VII. Die Strafverfolgung setzt **keinen Strafantrag** voraus (vgl. § 232). Die gefährliche Körperverletzung zählt jedoch zu den Privatklagedelikten (§ 374 I Nr. 4 StPO). Zur **Nebenklage** und zum Übergang der Nebenklagebefugnis auf nahe Angehörige gem. § 77 II vgl. BGH **33** 114.

§ 223 b Mißhandlung von Schutzbefohlenen

(1) **Wer Personen unter achtzehn Jahren oder wegen Gebrechlichkeit oder Krankheit Wehrlose, die seiner Fürsorge oder Obhut unterstehen oder seinem Hausstand angehören oder die von dem Fürsorgepflichtigen seiner Gewalt überlassen worden oder durch ein Dienst- oder Arbeitsverhältnis von ihm abhängig sind, quält oder roh mißhandelt, oder wer durch böswillige Vernachlässigung seiner Pflicht, für sie zu sorgen, sie an der Gesundheit schädigt, wird mit Freiheitsstrafe von drei Monaten bis zu fünf Jahren bestraft.**

(2) **In besonders schweren Fällen ist die Strafe Freiheitsstrafe von einem Jahr bis zu fünf Jahren, in minder schweren Fällen Freiheitsstrafe bis zu drei Jahren oder Geldstrafe.**

Schrifttum: Bauer, Die Kindesmißhandlung, 1969. – *Schaible-Fink*, Das Delikt der körperlichen Kindesmißhandlung, 1968 (Kriminol. Schriftenreihe Bd. 34). – *Schleich*, Der neue strafrechtliche Schutz der Pflegebefohlenen und der Arbeitskraft, JW 34, 15. – *Schreiber*, Mißhandlung von Kindern und alten Menschen, 1971 (Kriminol. Schriftenreihe Bd. 48). – *Trube-Becker*, Gewalt gegen das Kind, 2. A. 1987. – *Ullrich*, Die Kindesmißhandlung in strafrechtlicher, kriminologischer und gerichtsmedizinischer Sicht, 1964. – Über weiteres Schrifttum vgl. das Sammelreferat von *Kruse*, MonKrimBiol. 40, 30. – Vgl. auch *Schneider*, Körperliche Gewaltanwendung in der Familie, 1987.

I. Bei der **Mißhandlung Schutzbefohlener** handelt es sich nicht um einen Fall erschwerter Körperverletzung, sondern um einen selbständigen Tatbestand (Hirsch LK 1, M-Schroeder I 114; and. RG **70** 359, DR **44**, 724, Bay **60**, 286, D-Tröndle 1, Lackner 1).

Von *ergänzenden* Vorschriften sei hingewiesen auf § 58 V, VI JugendarbeitsschutzG vom 12. 4. 1976 (BGBl. I 965).

II. Geschützt werden nur bestimmte Personengruppen, die besonders schutzbedürftig sind und denen der Täter zu besonderem Schutz verpflichtet ist oder die in einem Abhängigkeitsverhältnis zum Täter stehen.

1. Die **geschützten Personengruppen** sind: a) **Menschen unter 18 Jahren**, nämlich Kinder (vgl. § 19) und Jugendliche (vgl. § 1 II JGG).

b) Wegen **Gebrechlichkeit** oder **Krankheit wehrlose Menschen.** Wehrlos ist, wer sich gegen eine Mißhandlung überhaupt nicht oder nicht in entsprechender Weise wehren kann. Wehrlos ist nicht gleichbedeutend mit hilflos. Wer fliehen kann, ist nicht hilflos, kann aber wehrlos sein.

Die Wehrlosigkeit muß auf Gebrechlichkeit oder Krankheit beruhen. Über den Begriff der Krankheit vgl. § 221 RN 4. *Gebrechlichkeit* bedeutet eine Störung der körperlichen Gesundheit, die ihren Ausdruck in einer erheblichen Körperbehinderung findet. Die Schwangerschaft ist keine Gebrechlichkeit (RG **77** 70). Wehrlosigkeit, die nicht auf Gebrechlichkeit oder Krankheit beruht, kommt auch dann nicht in Betracht, wenn der Täter sie selbst verursacht, z. B. den Verletzten gefesselt hat (D-Tröndle 3).

6   2. Der Täter muß gegenüber den genannten Personen eine besondere **Sorgepflicht** haben. Das Gesetz zählt vier derartige Fälle auf.

7   a) Der Verletzte untersteht der **Fürsorge oder Obhut des Täters.** Der *Fürsorge* untersteht, wer vom Täter derart abhängt, daß dieser rechtlich verpflichtet ist, für das geistige oder leibliche Wohl zu sorgen. Es handelt sich hier um Verhältnisse von längerer Dauer wie bei Eltern, Pflegeeltern, Vormündern, Pflegern, Betreuern im Rahmen der Heimerziehung, Beamten des Straf- und Maßregelvollzugs, Personal in Altersheimen und ähnlichen Personen. Ein Verhältnis der Fürsorge kann auch aus schlüssigem Verhalten entstehen, so z. B. für den Ehemann gegenüber dem vorehelichen Kind der Ehefrau, das er zu sich genommen hat. Ein bloßes Gefälligkeitsverhältnis genügt jedoch nicht (BGH NJW **82**, 2390). Unter der *Obhut* eines anderen steht der Verletzte, wenn der andere die Pflicht zur unmittelbaren körperlichen Beaufsichtigung hat. Die Obhut setzt immer ein enges räumliches Verhältnis voraus. So steht z. B. das Kind unter der Obhut des Kindermädchens, das es spazierenführt. Das Verhältnis der Obhut ist i. d. R. auf kürzere Zeit berechnet. Es kann auch durch pflichtwidriges Vorverhalten begründet werden. Zwischen Stiefeltern und Stiefkindern kann ein Verhältnis der Fürsorge oder Obhut bestehen; allein die Eigenschaft als Stiefmutter oder Stiefvater begründet jedoch keine derartige Beziehung.

8   b) Der Verletzte **gehört dem Hausstand des Täters an.** Als Verletzte kommen hier alle Personen in Betracht, die zur Hausgemeinschaft gehören; auch die zur Erziehungshilfe in einer Familie Aufgenommenen gehören hierher. Täter kann nicht nur der Ehemann sein, sondern jeder, der tatsächlich den Hausstand leitet, z. B. die Ehefrau (RG **73** 391 m. Anm. Nagler ZAkDR 40, 100), weiter etwa die an Stelle der Hausfrau stehende Hausdame (Olshausen 2d; and. Hirsch LK 8).

9   c) Der Verletzte ist **vom Fürsorgepflichtigen der Gewalt des Täters überlassen worden.** Es handelt sich hierbei um ein rein tatsächliches Verhältnis, das auf dem Willen eines Fürsorgepflichtigen beruht; dieses Verhältnis begründet an sich nicht Pflichten der Fürsorge oder der Obhut. Das Überlassen der Gewalt muß vom Fürsorgepflichtigen erfolgen; handelt ein anderer, so reicht es nur aus, wenn es im Einvernehmen mit dem Fürsorgepflichtigen geschieht.

10   d) Schließlich werden die genannten Personen dann geschützt, wenn sie **durch ein Dienst- oder Arbeitsverhältnis vom Täter abhängig sind.** Es braucht kein Dienst- oder Arbeitsvertrag im technischen Sinne vorzuliegen; auch die sog. arbeitnehmerähnlichen Verhältnisse werden erfaßt. Erforderlich ist stets, daß es sich um unselbständige Arbeitnehmer handelt. Die Unselbständigkeit ist regelmäßig dann gegeben, wenn jemand hinsichtlich der Ausführung der Arbeit Weisungen nachzukommen hat. Andererseits liegt aber nicht bei jeder Gebundenheit an Weisungen eine Abhängigkeit im hier gemeinten Sinne vor, z. B. nicht bei Maklern (Schleich aaO 16). Ist jemand als unselbständiger Arbeitnehmer tätig, so ist er vom Arbeitgeber, aber auch von Zwischenpersonen wie Abteilungsleitern, Werkmeistern usw. auf Grund des Arbeitsverhältnisses abhängig. Vgl. näher Schleich aaO. Die Tat muß im Rahmen des Abhängigkeitsverhältnisses erfolgen (Hirsch LK 10, Horn SK 4); Verletzungen, die der Arbeitgeber einem Arbeitnehmer bei sonstiger Gelegenheit zufügt, fallen nicht unter § 223b.

11   III. Als **Handlungen** nennt das Gesetz Quälen, rohe Mißhandlung oder Gesundheitsschädigung durch böswillige Vernachlässigung der Sorgepflicht. Zweifelhaft ist, ob alle 3 Tatmodalitäten auch durch *Unterlassen* verwirklicht werden können (so BGH NStZ **91**, 234, 1 StR 561/68 b. D-Tröndle 8 u. 5 StR 329/61 b. D-Tröndle 11, Düsseldorf NStZ **89**, 270) oder das Unterlassen ausschließlich der dritten Tatmodalität zuzuordnen ist (so Hirsch LK 11, 17). Für eine Beschränkung auf diese Begehungsform wird angeführt, daß sonst das limitierende Erfordernis der Böswilligkeit umgangen wird. Dagegen spricht jedoch, daß die anderen Tatmodalitäten mehr als eine bloße Gesundheitsschädigung voraussetzen. Es besteht kein sachlicher Grund, bei Vorliegen dieser weiteren Erfordernisse die Fälle des Unterlassens nur bei einem böswilligen Verhalten und einer Gesundheitsschädigung zu erfassen. So muß z. B. für ein Quälen genügen, daß der Fürsorgepflichtige ein Kind, das versehentlich im dunklen Keller eingesperrt worden ist, erst nach längerer Zeit befreit. Zu beachten ist die Entsprechensklausel des § 13 I. Soweit eine Gesundheitsschädigung durch böswillige Vernachlässigung der Sorgepflicht vorliegt, ist eine Strafmilderung nach § 13 II ausgeschlossen (vgl. § 13 RN 1a).

12   1. **Quälen** bedeutet das Verursachen länger dauernder oder sich wiederholender erheblicher

Mißhandlung von Schutzbefohlenen 13–17 § 223 b

Schmerzen oder Leiden (RG JW 38, 1879). Diese müssen mit dem Täterhandeln als solchem verknüpft sein. Es genügt nicht, daß sie sich als bloße Tatfolge einstellen, auf die der Täter keinen weiteren Einfluß mehr hat, wie bei Leiden als Folge eines längeren Krankenlagers oder einer notwendig gewordenen Operation. Nicht nötig ist, daß körperliche Schmerzen zugefügt werden; auch seelische Mißhandlung ist ein Quälen (RG DR **45**, 22, Bay **60**, 286, Hirsch LK 12). Verursachung häufiger oder länger dauernder Erregungs- und Angstzustände bei einem Kind durch Einsperren in einen dämmrigen Keller kann ein Quälen sein (vgl. Kiel DJ **34**, 582). Weitergehend (Erregung von Todesangst für einige Minuten) BGH LM **Nr. 3**. Es ist nicht erforderlich, daß die seelische Mißhandlung eine Gesundheitsschädigung zur Folge hat (Hirsch LK 12). Eine gefühllose Gesinnung setzt das Quälen nicht voraus (and. Horn SK 6).

2. Eine **Mißhandlung** ist dann **roh,** wenn sie aus einer gefühllosen, gegen die Leiden des 13
Opfers gleichgültigen Gesinnung heraus erfolgt (RG JW 38, 1879, DR **40**, 26). Die Verwendung gefährlicher Werkzeuge braucht nicht stets eine rohe Mißhandlung zu sein (RG DR **44**, 724). Eine gefühllose Gesinnung liegt dann vor, wenn der Täter bei der Mißhandlung das – notwendig als Hemmung wirkende – Gefühl für das Leiden des Mißhandelten verloren hat, das sich bei jedem menschlich und verständig Denkenden eingestellt haben würde. Da die Gesinnung sich in der Tat niedergeschlagen haben muß, ist regelmäßig die Zufügung erheblicher Schmerzen oder Leiden erforderlich (RG DR **40**, 26, **44**, 330). Es kann jedoch ein Eingriff von erheblichem Gewicht ohne Schmerzzufügung genügen, wenn der Verletzte schmerzunempfindlich oder vermindert schmerzempfindlich ist (BGH **25** 277 m. krit. Anm. Jakobs NJW 74, 1829). Die gefühllose Gesinnung braucht keine dauernde Charaktereigenschaft des Täters zu sein; sie kann auch als vorübergehender Zustand auftreten (RG JW 38, 2808, DR **40**, 26). Beruht aber das Handeln des Täters auf einer augenblicklichen Aufwallung über eine ihm zugefügte Kränkung, so wird nur ausnahmsweise eine gefühllose Gesinnung anzunehmen sein (vgl. RG DR **44**, 330). Entsprechendes gilt bei einer Mißhandlung in großer Erregung (BGH **3** 109). Über Mißhandeln vgl. im übrigen § 223 RN 3f.

3. Als weitere Begehungsform nennt das Gesetz **Gesundheitsschädigung durch böswillige** 14
Vernachlässigung der Sorgepflichten, die in § 223b aufgezählt sind. *Böswillig* ist diese Vernachlässigung dann, wenn sich jemand gegen die Pflicht aus schlechter Gesinnung, aus einem verwerflichen Beweggrund, z. B. aus Haß, Geiz, Eigennutz, sadistischer Neigung, auflehnt (RG JW 36, 882, RG **72** 119 m. Anm. Klee JW 38, 1517, **73** 391 m. Anm. Nagler ZAkDR 40, 100, BGH NStZ **91**, 234). Ein Handeln aus reiner Lust an fremdem Schmerz wird vom Gesetz nicht gefordert. Getroffen wird hier z. B. die Gesundheitsbeeinträchtigung bei Kindern durch Verwahrlosenlassen, etwa durch Beeinträchtigung der gesunden Entwicklung (vgl. RG **76** 373, aber auch Horn SK 15). Der verwerfliche Beweggrund braucht sich als solcher nicht gegen den Schutzbefohlenen zu richten; es genügt, daß der Sorgepflichtige sein „Ich" in den Vordergrund stellt (RG **72** 119). Eine Böswilligkeit kann somit darin liegen, daß eine Mutter ihre Kinder vernachlässigt, um ihrem Vergnügen nachzugehen (RG DR **43**, 1179; and. Horn SK 16). Dagegen kann dieses Merkmal entfallen, wenn der Täter aus Schwäche lediglich Handlungen Dritter duldet (RG DJ **36**, 257). Über das Merkmal böswillig in den verschiedenen Gesetzen vgl. RG **75** 27 m. Anm. Mittelbach DR 41, 490, BGH **3** 22.

IV. Der **subjektive Tatbestand** verlangt Vorsatz. Erforderlich ist Kenntnis des Täters davon, 15
daß der andere unter 18 Jahre alt oder wegen Gebrechlichkeit oder Krankheit wehrlos ist. Der Täter muß ferner wissen, daß der andere in einem der genannten Verhältnisse zu ihm steht. Bei der letzten Begehungsform muß sich der Vorsatz auch auf die Gesundheitsschädigung erstrecken; es genügt nicht, daß diese nur als objektive Folge der böswilligen Vernachlässigung der Sorgepflicht eingetreten ist (RG **72** 119, JW **35**, 527). *Bedingter Vorsatz* genügt nicht für das Merkmal „böswillige Vernachlässigung", wohl aber für das Merkmal der Gesundheitsschädigung (RG **72** 119). Soweit Eltern usw. die Kindesmißhandlung aus erzieherischen Gründen für erlaubt halten, liegt ein Verbotsirrtum vor, der idR vermeidbar sein dürfte.

V. **Täter** des Delikts kann nur sein, wer in einem der bezeichneten Pflichtverhältnisse steht; 16
Teilnehmer, bei denen diese Voraussetzungen fehlen, sind nach den allgemeinen Tatbeständen der Körperverletzung zu bestrafen (§ 28 II). Soweit diese nicht erfüllt sind (seelisches Quälen), ist § 28 I anzuwenden. Wie hier Lackner 3; and. Hirsch LK 22 (nur § 28 I).

VI. **Idealkonkurrenz** ist möglich mit § 223a, mit §§ 224, 226 (vgl. 2 vor § 223; and. RG **70** 359, JW 17
39, 337, BGH **4** 117, MDR/D 74, 724, BGHR Konkurrenzen **1**, D-Tröndle 15, Lackner 9, die Gesetzeseinheit annehmen), mit § 229 sowie mit § 340 (BGH **4** 117); zum Verhältnis zu den Tötungsdelikten und deren Versuch vgl. § 212 RN 20, 23f. Idealkonkurrenz ist ferner mit § 170d möglich (vgl. dort RN 12).

Stree

18   VII. Einen geänderten Strafrahmen enthält Abs. 2 für **besonders schwere Fälle** (vgl. dazu 47 vor § 38) und für **minder schwere Fälle** (vgl. dazu 48 vor § 38).

§ 224 Schwere Körperverletzung

(1) **Hat die Körperverletzung zur Folge, daß der Verletzte ein wichtiges Glied des Körpers, das Sehvermögen auf einem oder beiden Augen, das Gehör, die Sprache oder die Zeugungsfähigkeit verliert oder in erheblicher Weise dauernd entstellt wird oder in Siechtum, Lähmung oder Geisteskrankheit verfällt, so ist auf Freiheitsstrafe von einem Jahr bis zu fünf Jahren zu erkennen.**

(2) **In minder schweren Fällen ist die Strafe Freiheitsstrafe bis zu fünf Jahren oder Geldstrafe.**

1   I. Der Tatbestand der **schweren Körperverletzung** umfaßt ein erfolgsqualifiziertes Delikt. Das Grunddelikt (Körperverletzung) muß vorsätzlich begangen werden; für die schwere Folge genügt dagegen Fahrlässigkeit. Eine Körperverletzung durch vorsätzliches Unterlassen reicht aus (zu schützende Person wird bewußt zu spät zum Arzt gebracht oder Angriff eines Tieres wird nicht verhindert). Grund für die Strafschärfung ist die Verursachung schwerer Folgen, die den Verletzten in seiner Lebensqualität dauernd empfindlich beeinträchtigen. Über den Kausalzusammenhang vgl. § 226 RN 2ff.; über das Erfordernis einer spezifischen Gefahr für den Eintritt der schweren Folge vgl. § 226 RN 3 (z. B. keine Zurechnung des Verlustes der Sehfähigkeit, wenn der Verletzte eine zumutbare, das Augenlicht erhaltende Operation ablehnt; vgl. Burgstaller Wiener Komm. zum StGB, § 85 RN 29 gegen ÖstOGH 51, 108; vgl. auch § 226 RN 5); über Tatbeteiligung vgl. § 226 RN 10. Über das Verhältnis zu §§ 211ff. vgl. § 212 RN 17ff.

II. Eine schwere Körperverletzung liegt vor:

2   1. Bei **Verlust eines wichtigen Körpergliedes.** Unter einem *Glied* ist jeder nach außen in die Erscheinung tretende Körperteil, der eine in sich abgeschlossene Existenz mit besonderer Funktion im Gesamtorganismus hat, zu verstehen (RG **3** 392; and. [nur Körperteile mit Verbindung durch Gelenke] Blei II 51, Hirsch LK 8, Horn SK 5), nicht also jedes Organ, insb. nicht innere Organe (BGH **28** 100 m. Anm. Hirsch JZ 79, 109; and. Neustadt NJW **61**, 2076 für eine Niere, Wessels II/1 59). Das ergibt sich daraus, daß in § 224 die Fälle der Funktionszerstörung einzelner Organe abschließend aufgezählt sind. In Anbetracht der großen Bedeutung innerer Organe ist diese Regelung unbefriedigend. Maßgebend dafür, ob es sich um ein *wichtiges* Glied handelt, ist die Individualität des Verletzten, insb. sein Beruf (Henkel, Recht und Individualität [1958] 54, Hirsch LK 9, Lackner 2, M-Schroeder I 108). Bei einem Geiger fällt der Verlust der beiden vorderen Glieder eines Fingers unter § 224. Demgegenüber wird z. T. angenommen, daß die Wichtigkeit ohne Rücksicht auf die gerade für den Verletzten herbeigeführten Folgen zu beurteilen ist (RG **64** 201, D-Tröndle 4). Differenzierend will Horn SK 7 individuelle Körpereigenschaften (z. B. Linkshänder) berücksichtigen, nicht jedoch „außerkörperliche" Gesichtspunkte wie Beruf. Sein Argument, die Körperverletzungsvorschriften hätten nicht die Aufgabe, spezifische „soziale Funktionen" zu erhalten, läßt jedoch außer acht, daß berufsbeeinträchtigende Gliederverluste das Opfer ebenso schwer treffen können wie besondere Beeinträchtigungen auf Grund individueller Körpereigenschaften. Als wichtiges Glied ist z. B. der Daumen, u. U. auch dessen oberes Glied (RG **64** 201) angesehen worden, nicht dagegen der Ringfinger der rechten Hand (RG **62** 162); wohl aber der Zeigefinger (BGH MDR/D **53**, 597). Zum Verlust des Mittelfingers der linken Hand vgl. RG GA Bd. **52** 91, zum Verlust von zwei Fingergliedern vgl. RG **6** 348. Ein Glied ist *verloren,* sobald es seiner Körperfunktion nicht mehr dienen kann. Nicht erforderlich ist, daß es vom Körper getrennt worden ist; z. B. genügt dauernde Steifheit der Finger oder der Kniegelenke (Hirsch LK 12, Horn SK 8, M-Schroeder I 109, Wessels II/1 59; and. RG **3** 34, BGH NJW **88**, 2622 m. abl. Anm. Kratzsch JR 89, 295, D-Tröndle 3, Löffler VDB V 222). Die Gegenmeinung, die eine Trennung vom Körper voraussetzt, wird dem Sinngehalt des § 224 (o. 1) nicht hinreichend gerecht. Bei dauernder Gebrauchsunfähigkeit eines wichtigen Gliedes leidet der Betroffene kaum geringer als beim physischen Verlust, insb. bei Berufsbeeinträchtigungen. Der Wortlaut bedingt keine Einschränkung, da auch bei Gebrauchsunfähigkeit ein Verlust für den Körper eingetreten ist (Kratzsch JR 89, 295). Kein Gliedverlust ist entstanden, wenn ein abgetrenntes Glied dem Körper erfolgreich wieder angefügt wird. Künstlicher Gliedersatz (Prothese) schließt dagegen den Tatbestand nicht aus.

3   2. Dem Verlust eines wichtigen Gliedes stellt das Gesetz den **Verlust gewisser Fähigkeiten** gleich, nämlich des Sehvermögens auf einem oder beiden Augen, den Verlust des Gehörs, der Sprache, der Zeugungsfähigkeit. Ein Verlust ist nur anzunehmen, wenn der Verletzte eine der genannten Fähigkeiten für längere Zeit verliert und eine Heilung sich der Zeit nach nicht

bestimmen läßt (RG 72 322). Zum Beurteilungszeitpunkt vgl. u. 4a. Auch eine Heilung durch einen zumutbaren operativen Eingriff ist zu berücksichtigen (vgl. dazu van Els NJW 74, 1074, auch Hamm GA **76**, 306). Die der Anwendbarkeit des § 224 entgegenstehende Heilung in absehbarer Zeit braucht nicht mit Gewißheit festzustehen; ihre große Wahrscheinlichkeit genügt, nicht jedoch eine bloße Möglichkeit, da die Heilungschancen dann zu vage sind (vgl. auch Blei JA 76, 803; weitergehend van Els NJW 74, 1076). *Sehvermögen* ist die Fähigkeit, mittels des Auges Gegenstände wahrzunehmen; über den Verlust dieser Fähigkeit vgl. RG **71** 119, **72** 321, JW **38**, 2949, DR **41**, 1403. Nach RG **72** 321 ist Sehvermögen i. S. des § 224 bei Herabsetzung der Sehkraft auf $\frac{1}{50}$ nicht mehr vorhanden, dagegen noch bei einer Sehkraft von $\frac{1}{5}$. Vgl. auch Hamm GA **76**, 304, wonach der Verlust der Sehfähigkeit vorliegt, wenn sie nur bis zu 10% des Normalzustands bei 30% Erfolgschancen wiederhergestellt werden kann. *Gehör* bedeutet die Fähigkeit, artikulierte Laute zu verstehen. Verlust des Gehörs auf einem Ohr genügt nur, wenn der Verletzte bereits auf dem anderen Ohr taub war. *Sprache* ist die Fähigkeit zu artikuliertem Reden. Ihr Verlust setzt keine völlige Stimmlosigkeit voraus; bloßes Stottern genügt jedoch nicht. *Zeugungsfähigkeit* bedeutet die Fähigkeit, sich fortzupflanzen; sie umfaßt auch die Gebär- und Empfängnisfähigkeit (RG JW **33**, 2911 m. Anm. Klee, BGH **10** 315, Köln JMBlNW **86**, 274), ebenso die Fähigkeit, ein Kind voll auszutragen. Bei Greisen kann daher insoweit § 224 entfallen, nicht dagegen bei noch nicht zeugungsfähigen Kindern.

3. Die Körperverletzung ist weiter eine schwere, wenn sie eine **dauernde erhebliche Entstellung** zur Folge hat. Dies setzt voraus, daß die äußere Gesamterscheinung des Verletzten in ihrer ästhetischen Wirkung derart verändert wird, daß er für Dauer starke psychische Nachteile im Verkehr mit seiner Umwelt zu erleiden hat. Eine solche Veränderung kann auch bei bereits vorhandener Unansehnlichkeit eintreten (vgl. RG **39** 419, BGH MDR/D **68**, 16). Die Relation zu den übrigen Folgen des § 224 ergibt, daß die Entstellung ihnen an Gewicht etwa gleichkommen muß. Es genügt die Beeinträchtigung einzelner Körperteile, jedoch ist Voraussetzung, daß diese nach den „natürlichen und sozialen Lebensverhältnissen des Verletzten" (RG **14** 345) sichtbar zu sein pflegen. Insoweit reicht aus, daß das betroffene Körperteil nur zeitweilig, z. B. beim Baden (vgl. BGH **17** 163), sichtbar wird (vgl. LG Saarbrücken NStZ **82**, 204: Bruststümmelung bei einer Frau) oder die Entstellung nur beim Gehen in Erscheinung tritt (vgl. RG **39** 419: Verkürzung des Oberschenkels um 3½ cm; vgl. auch BGH StV **91**, 262). **4**

Die Entstellung muß **dauernd** sein. Das erfordert nicht unbedingt, daß der Verletzte zeit seines Lebens entstellt bleibt. Eine schwere Beeinträchtigung, die dem Strafschärfungsgrund des § 224 entspricht, erleidet er bereits, wenn er damit rechnen muß, für eine unabsehbare Zeit erheblich entstellt zu sein. Dauernd ist die Entstellung daher, wenn sich ihr Ende nicht vorherbestimmen läßt (RG JW **32**, 1744), vielmehr eine unbestimmt langwierige Beeinträchtigung des Aussehens zu befürchten ist (vgl. BGH **24** 317). Wie beim Verlust eines wichtigen Gliedes, des Sehvermögens usw. (vgl. o. 3) steht der Anwendbarkeit des § 224 allerdings nicht nur die Gewißheit entgegen, daß die Verletzung (oder deren Erheblichkeit) in absehbarer Zeit beseitigt ist, sondern auch die große Wahrscheinlichkeit; denn eine sichere Prognose läßt sich oftmals gar nicht stellen. Dagegen reicht die bloße Möglichkeit nicht aus (RG JW **32**, 1744; and. van Els NJW 74, 1076). Abzustellen ist grundsätzlich auf den Zeitpunkt des Urteils, so daß eine inzwischen behobene Entstellung i. d. R. nicht den Tatbestand erfüllt. Etwas anderes kann sich jedoch bei einer erheblich verzögerten Aburteilung ergeben. Hat der Verletzte bis dahin lange Zeit in der Ungewißheit leben müssen, ob sich die Entstellung beseitigen läßt, so kann hierin bereits ein dem § 224 entsprechender Dauerschaden erblickt werden (vgl. Hirsch LK 13). **4a**

Bestritten ist, welche Bedeutung der Tatsache zukommt, daß die entstellende Wirkung der Verletzung durch medizinische oder technische Möglichkeiten behoben werden kann. Steht fest, daß diese Möglichkeit besteht, und ist ihre Realisierung dem Verletzten zumutbar und möglich, so kann von einer *dauernden* Entstellung nicht gesprochen werden. So wenig ein „Verlust" eines wichtigen Körperglieds vorliegt, wenn dieses nach völliger Abtrennung chirurgisch wieder angefügt wird, so wenig ist eine dauernde Entstellung anzunehmen, wenn die ästhetische Beeinträchtigung und damit der Dauerschaden beseitigt werden kann. Aus diesem Grunde kann z. B. der Verlust mehrerer Vorderzähne nicht als dauernde Entstellung angesehen werden, da beim heutigen Stand der zahnmedizinischen Prothetik niemand dauernd ohne diese Zähne zu leben braucht (BGH **24** 315 m. Anm. Hanack JR **72**, 472 u. Ulsenheimer JZ **73**, 63, NJW **78**, 1206, Bay **54**, 111, Stuttgart NJW **60**, 1399, LG Hamburg NJW **66**, 1178, 1876; and. BGH **17** 161, GA **68**, 120). Die gleichen Grundsätze müssen für die Wiederherstellung des Äußeren durch kosmetische Operationen gelten (and. BGH MDR/D **57**, 267, JR **67**, 146 m. Anm. Schröder). Weitgehend wie hier Hirsch LK 20, Remmele NJW 63, 22, Wegner NJW 66, 1849. Ganz sicher ist die Wiederherstellung dann von Bedeutung, wenn die Entstellung noch im Wege der „Heilung" (abgerissenes Ohr wird wieder angenäht) beseitigt wird. **5**

§ 224 6–12

6   **Beispiele** für Entstellung: Verletzung des Unterkiefers (RG JW **28**, 2232), auffallende Narben im Gesicht (BGH JR **67**, 146, BGE **115** IV 17) oder am Hals (RG HRR **33** Nr. 1057, Bremen MDR **59**, 777), Verletzung der Nase (BGH MDR/D **57**, 267), Verlust des oberen Ohrdrittels (RG LZ **33**, 1339), schlaff herunterhängendes und geschlossen bleibendes Augenlid (RG JW **32**, 1744), talergroße trichterförmige Vertiefung in Stirnmitte (RG **3** 392), deutlich sichtbare und auffallende Narbe am Bauch (vgl. BGH NJW **88**, 2748).

7   4. Die Körperverletzung ist schließlich eine schwere, wenn sie das Verfallen in **Siechtum, Lähmung oder Geisteskrankheit** zur Folge hat. *Siechtum* bedeutet einen chronischen Krankheitszustand, der, den Gesamtorganismus des Verletzten ergreifend, ein Schwinden der Körper- oder Geisteskräfte und Hinfälligkeit zur Folge hat und dessen Heilung sich überhaupt nicht oder doch der Zeit nach nicht bestimmen läßt (RG **72** 322, 346, BGH MDR/D **68**, 17, OGH JR **50**, 565). Völliger Verlust der Arbeitsfähigkeit kann Siechtum sein (RG **72** 346; zu eng RG JW **29**, 2270 m. Anm. Coenders), ebenfalls eine allgemeine Hinfälligkeit mit Minderung der Erwerbsfähigkeit um 40% auf Grund einer Hirnsubstanzschädigung (BGH MDR/D **68**, 17). *Lähmung* ist die erhebliche Beeinträchtigung der Bewegungsfähigkeit eines Körperteils (vgl. RG **21** 224), die den ganzen Körper in Mitleidenschaft zieht. Völlige Bewegungslosigkeit des rechten Armes kann eine Lähmung sein (RG JW **30**, 1596), ferner die Versteifung eines Kniegelenks (BGH NJW **88**, 2622) oder die Versteifung des Hüftgelenks, wenn der Verletzte Krücken zum Gehen benutzen muß (RG HöchstRR **2** 260), nach RG **6** 6 dagegen nicht ohne weiteres die Lähmung einiger Finger oder die Steifheit des Handgelenks, ebensowenig nach RG **6** 66 die Steifheit des Mittelfingers. Die *Geisteskrankheit* braucht nicht unheilbar zu sein. Ein **Verfallen** liegt dann vor, wenn der Körper im ganzen in erheblicher Weise chronisch beeinträchtigt wird und die Beseitigung dieses Zustands sich für eine absehbare Zeit nicht bestimmen läßt (RG **21** 223). Vorübergehende Beeinträchtigungen erfüllen nicht den Tatbestand. Ein vorübergehender Krankheitszustand ist indes nicht schon immer deswegen anzunehmen, weil er im Zeitpunkt des Urteils nicht mehr besteht. Hat sich die Aburteilung erheblich verzögert und war lange Zeit ungewiß, ob und wann Heilung möglich sei, so war bereits ein Zustand chronischer Art eingetreten (RG **44** 60f.). Eingehend zum Ganzen Hirsch LK 22ff.

8   III. Die genannten schweren Folgen müssen mindestens **fahrlässig** verursacht worden sein (§ 18; vgl. dazu § 226 RN 7). Auch bei bedingtem Vorsatz ist § 224 anwendbar, bei direktem Vorsatz dagegen § 225; vgl. dort RN 2. Soweit das Vorliegen einer schweren Folge von individuellen Eigenschaften des Opfers abhängt, muß sich die Fahrlässigkeit auch auf diese beziehen.

9   IV. Möglich und strafbar ist der **Versuch** einer schweren Körperverletzung (Verbrechen). Er kommt in Betracht, wenn der Täter mit bedingtem Vorsatz hinsichtlich einer schweren Folge gehandelt hat und diese ausgeblieben ist (BGH **21** 194, D-Tröndle 14, Hirsch LK 28, Lackner 1, M-Schroeder I 110; and. Schröder JZ 67, 368). Unerheblich ist, ob der Täter das Grunddelikt der Körperverletzung vollendet oder nur dazu angesetzt hat (D-Tröndle 14, Hirsch LK 29, Arzt/Weber I 119; and. M-Schroeder I 110). Ist das Grunddelikt vollendet, so muß dieser Umstand durch die Annahme von Idealkonkurrenz mit dem Versuch der schweren Körperverletzung im Urteilsspruch zum Ausdruck kommen (für vollendete gefährliche Körperverletzung und versuchte schwere Körperverletzung ebenso BGH **21** 194).

10   Zweifelhaft ist, ob ein Versuch auch dann anzunehmen ist, wenn die auf eine Körperverletzung abzielende Handlung nicht den vorgestellten Erfolg hat, jedoch auf einem anderen Weg zum Eintritt der schweren Folge führt. Vgl. dazu § 226 RN 6; das dort Gesagte gilt für § 224 entsprechend.

11   V. Als **Strafe** ist primär Freiheitsstrafe von 1 Jahr bis zu 5 Jahren angedroht (Verbrechen). In minder schweren Fällen entfällt die Mindeststrafe; es kann auch auf Geldstrafe erkannt werden (Abs. 2). Ein *minder schwerer Fall* ist u. a. anzunehmen, wenn dem § 213 entsprechende Voraussetzungen vorliegen, der Täter also ohne eigene Schuld durch eine ihm oder einem Angehörigen zugefügte Mißhandlung oder schwere Beleidigung vom Verletzten zum Zorn gereizt und hierdurch auf der Stelle zur Tat hingerissen worden ist (vgl. BGH **25** 224, Hirsch LK 33, Lackner 6). Ferner kommt ein minder schwerer Fall in Betracht, wenn eine fehlgeschlagene Tötung auf Verlangen zu einer schweren Folge des § 224 geführt hat. Vgl. auch 48 vor § 38.

12   VI. Hat eine Handlung mehrere schwere Folgen verursacht, so liegt dennoch nur eine Tat vor, nicht etwa gleichartige Idealkonkurrenz (vgl. § 52 RN 28). Das Vorliegen mehrerer schwerer Folgen kann jedoch bei der Strafzumessung strafschwerend berücksichtigt werden.

§ 225 Beabsichtigte schwere Körperverletzung

(1) **War eine der vorbezeichneten Folgen beabsichtigt und eingetreten, so ist auf Freiheitsstrafe von zwei bis zu zehn Jahren zu erkennen.**

(2) **In minder schweren Fällen ist die Strafe Freiheitsstrafe von sechs Monaten bis zu fünf Jahren.**

I. Die Vorschrift setzt außer dem Tatbestand des § 224 voraus, daß der Täter die schwere Folge absichtlich herbeigeführt hat. 1

II. Absicht bedeutet hier den direkten Vorsatz im Gegensatz zum bedingten Vorsatz; Absicht i. S. zielgerichteten Handelns braucht nicht vorzuliegen (BGH **21** 194, Hirsch LK 2, M-Schroeder I 104; and. wohl RG **24** 369). Bei bedingtem Vorsatz ist § 224 anzuwenden. Bedingter Tötungsvorsatz schließt die Absicht schwerer Körperverletzung nicht aus (BGHR Konkurrenzen 1). 2

Bei Eintritt einer schweren Folge in anderer Weise als der gewollten kann zweifelhaft sein, wie sich der Irrtum rechtlich auswirkt. Da die von § 225 erfaßten Folgen qualitativ erhebliche Unterschiede aufweisen, kann der Irrtum nicht schlechthin unbeachtlich sein. Er ist unwesentlich, wenn die Abweichung dasselbe Qualifikationsmerkmal betrifft (vgl. Bremen MDR **59**, 777: Entstellung des Halses statt des Gesichts). Hier kann er allenfalls die Strafzumessung beeinflussen, so etwa, wenn der angerichtete Schaden größer ist als der erstrebte (z. B. Handverlust statt Verlustes eines Daumens). Gleiches gilt, wenn Qualifikationsmerkmale berührt sind, von denen das eine in aller Regel im anderen enthalten ist, wie bei Glied- oder Sehverlust und dauernder Entstellung. Strafbar nach § 225 ist daher, wer einem anderen das Auge ausstechen will und statt dessen das Gesicht dauernd entstellt oder umgekehrt. Dagegen liegt eine erhebliche Abweichung vor, wenn die eingetretene Folge sich von der gewollten qualitativ wesentlich unterscheidet, wie es u. a. beim Verlust des Sehvermögens gegenüber dem Verlust der Sprache oder der Zeugungsfähigkeit der Fall ist. Wer insoweit eine vom Vorsatz abweichende schwere Folge herbeiführt (Verlust der Sprache statt Erblindung usw.), ist wegen versuchter Tat nach den §§ 225, 23 zu bestrafen, evtl. in Idealkonkurrenz mit vollendeter Tat nach § 224. Zum Problem vgl. auch Hirsch LK 3, Horn SK 4. 2a

III. Die **Einwilligung** des Verletzten kommt als Rechtfertigungsgrund in Betracht, wenn man ärztliche Heileingriffe, die zu einem Substanzverlust führen (z. B. Amputation), als tatbestandsmäßige Körperverletzung wertet (vgl. § 223 RN 29, auch Köln JMBlNW **86**, 274). In sonstigen Fällen rechtfertigt die Einwilligung regelmäßig nicht die Tat (vgl. § 226a). Zur Strafmilderung bei Vorliegen einer nicht rechtfertigenden Einwilligung vgl. u. 6. 3

IV. Da die Tat Verbrechen ist, ist der **Versuch** strafbar. Er setzt voraus, daß der Täter mit der Körperverletzung begonnen hat; nicht erforderlich ist Vollendung des Grunddelikts (Hirsch LK 5). Ist das Grunddelikt vollendet, so besteht Idealkonkurrenz zwischen § 223 und §§ 225, 22 (vgl. § 224 RN 9). 4

V. Die **Teilnahme** unterliegt Akzessorietätsregeln. Es genügt, daß der Teilnehmer die Absicht des Täters kennt; direkten Vorsatz hinsichtlich der schweren Tatfolge braucht er nicht zu haben (Horn SK 6; and. D-Tröndle 1, Hirsch LK 6). Beteiligt sich jemand mit direktem Vorsatz an der Tat eines anderen, der nur mit bedingtem Vorsatz handelt, so scheidet eine Teilnahme an einer Tat nach § 225 aus (and. Hirsch LK 6); es kommt entweder mittelbare Täterschaft nach § 225 oder Teilnahme an einer Tat nach § 224 in Betracht (Horn SK 6). Ebenso verhält es sich, wenn der Beteiligte den direkten Vorsatz des anderen nicht kennt. Bestimmt jemand einen anderen zu einer mit bedingtem Vorsatz begangenen schweren Körperverletzung in der irrigen Annahme, der andere führe die schwere Tatfolge mit direktem Vorsatz herbei, so besteht Idealkonkurrenz zwischen den §§ 224, 26 und den §§ 225, 30 I. Idealkonkurrenz zwischen §§ 225, 22, 26 oder §§ 225, 30 I und §§ 223 (223a), 26 kommt in Betracht, wenn die Anstiftung zu einer vollendeten Tat nach § 223 (223a) geführt hat (vgl. BGH JA **87**, 395). 5

VI. Der Strafrahmen ermäßigt sich für **minder schwere Fälle** auf Freiheitsstrafe von 6 Monaten bis zu 5 Jahren. Ein solcher Fall kann insb. vorliegen, wenn die Verletzung auf Verlangen des Opfers oder mit dessen Einwilligung erfolgt, ferner, wenn der Täter unter Voraussetzungen, die denen des § 213 entsprechen, zur Tat hingerissen worden ist (vgl. § 224 RN 11). Vgl. auch 48 vor § 38. Kommt ein besonderer gesetzlicher Milderungsgrund hinzu, liegt etwa nur der Versuch einer entsprechend § 213 provozierten Tat vor, so kann sich der Strafrahmen des Abs. 2 nach § 49 I ermäßigen (vgl. § 50 RN 6). 6

VII. Über das **Verhältnis zu den Tötungsdelikten** vgl. § 212 RN 17 ff. Idealkonkurrenz ist mit § 340 möglich (vgl. § 340 RN 8), auch mit § 227. 7

§ 226 Körperverletzung mit Todesfolge

(1) **Ist durch die Körperverletzung der Tod des Verletzten verursacht worden, so ist auf Freiheitsstrafe nicht unter drei Jahren zu erkennen.**

(2) **In minder schweren Fällen ist die Strafe Freiheitsstrafe von drei Monaten bis zu fünf Jahren.**

Schrifttum: Rengier, Erfolgsqualifizierte Delikte und verwandte Erscheinungsformen, 1986.

1   I. Die Vorschrift der **Körperverletzung mit tödlichem Ausgang** gilt für Körperverletzungen nach §§ 223 ff., 340. Körperverletzung i. S. des § 226 ist – unabhängig von der systematischen Zugehörigkeit – auch die Tat nach § 223 b (Lackner 1; and. Hirsch LK 1, Horn SK 3); dies ergibt seine Stellung innerhalb des Abschnitts. Begeht z. B. der seelisch Gequälte Selbstmord, so ist § 226 anwendbar (RG DR **45**, 22, Bay **60**, 286). Auch eine Körperverletzung durch Unterlassen genügt (BGH MDR/H **82**, 624), etwa bewußtes Verzögern des Herbeiholens ärztlicher Hilfe für einen (zu schützenden) Erkrankten. Dagegen reicht fahrlässiges Verhalten nicht aus, auch wenn es zwischen einzelnen Akten einer vorsätzlichen Körperverletzung liegt (BGH NJW **85**, 2958 m. Anm. Jakobs JR 86, 380).

2   1. Erforderlich ist zunächst, daß zwischen der Körperverletzung und dem Tod **Kausalzusammenhang** besteht. Hierfür gelten die allgemeinen Grundsätze der Äquivalenztheorie (vgl. BGH GA **69**, 90); vorsätzliches Handeln eines Dritten unterbricht daher nicht den Kausalzusammenhang (OGH **3** 100).

3   a) Der bloße Kausalzusammenhang reicht jedoch nicht aus. Hinzu kommen muß, daß sich im tödlichen Ausgang die **spezifische Gefahr** niedergeschlagen hat, die der Körperverletzung im Hinblick auf den Eintritt des Todes anhaftet (BGH **31** 98 m. Anm. Stree JZ 83, 75, Hirsch JR 83, 78, Maiwald JuS 84, 439, Puppe NStZ 83, 22 u. Schlapp StV 83, 60, NStE Nr. **1**); denn nur dann liegt der besondere Unrechtsgehalt vor, der die wesentlich erhöhte Strafe für erfolgsqualifizierte Delikte rechtfertigt. Das setzt kein besonders hohes Todesrisiko (so aber Wolter JuS 81, 176) oder die Evidenz der Gefahr voraus (Stree JZ 83, 76). Erforderlich ist nur, daß die der Körperverletzung eigentümliche, d. h. die gerade von ihr ausgehende tödliche Gefahr zum Tod geführt hat. Zum Merkmal der spezifischen Gefahr, insb. zur Frage, ob insoweit auf den Körperverletzungserfolg oder auch auf die Körperverletzungshandlung abzustellen ist, vgl. noch u. 4 f. Beruht der Tod nicht auf der hierfür spezifischen Gefährlichkeit der Körperverletzung, so ist § 226 nicht anwendbar. Das ist z. B. grundsätzlich der Fall, wenn der Verletzte aus Furcht vor weiteren Körperverletzungen flieht und bei der Flucht ums Leben kommt (vgl. BGH MDR/D **54**, 150), etwa auf Grund eines Sturzes. Um eine Auswirkung der spezifischen Gefahr handelt es sich dagegen, wenn der Verletzte infolge der Körperverletzung oder bei deren Abwehr taumelt und daraufhin tödlich stürzt (vgl. u. 5).

4   b) Umstritten ist, ob die tödliche Folge aus dem gewollten **Körperverletzungserfolg** hervorgegangen sein muß und ob zwischen der Körperverletzung und der tödlichen Folge noch weitere Ursachen für den Todeseintritt liegen können. Z. T. wird angenommen, daß § 226 unanwendbar ist, wenn nur die zur Körperverletzung bestimmte Handlung, nicht der gewollte Körperverletzungserfolg den Tod bewirkt (so RG **44** 137 beim Schlag mit Schußwaffe, der ohne Willen des Täters den tödlichen Schuß auslöst; and. BGH **14** 110 m. abl. Anm. Deubner NJW 60, 1068, MDR/D **75**, 196, D-Tröndle 1). Der BGH läßt demgegenüber die spezifische Gefahr der vorsätzlichen **Körperverletzungshandlung** genügen (BGH NStE Nr. **1** mwN). Sie soll sich im tödlichen Ausgang aber nur niedergeschlagen haben, wenn die Handlung die Todesfolge unmittelbar bewirkt hat. An dieser Unmittelbarkeit soll es fehlen, wenn erst das Verhalten des Opfers oder eines Dritten den Tod herbeiführt. Vgl. BGH **31** 99, NJW **71**, 152 m. Anm. Schröder JR 71, 205, MDR/D **76**, 16, MDR/H **82**, 103. Zu weiteren Fällen aus der Rspr. vgl. Geilen Welzel-FS 655 ff. Andererseits hat Schröder in der 17. A. darauf abgestellt, ob der tödliche Erfolg, wäre er nur als Körperverletzung eingetreten, dem Täter als vollendete vorsätzliche Körperverletzung zuzurechnen wäre, also keine wesentliche Abweichung vom vorgestellten Kausalverlauf vorgelegen hätte. Eine unwesentliche Abweichung hat er angenommen, wenn das Opfer einem Schlag ausweicht, dabei zu Boden stürzt und sich eine Verletzung zuzieht. Dementsprechend soll § 226 anwendbar sein, wenn diese Verletzung tödlich ist. Dagegen hat Schröder eine auf Körperverletzung abzielende Handlung nicht genügen lassen, wenn der hierdurch bewirkte Erfolg eine wesentliche Abweichung vom Kausalverlauf darstellt.

5   Die Ansicht Schröders ist folgerichtig, wenn man unter Körperverletzung i. S. des § 226 den Körperverletzungserfolg versteht, da bei unwesentlichen Abweichungen stets eine vorsätzliche Körperverletzung Durchgangsstadium für den Tod ist. Einen Körperverletzungserfolg als Ursache für die tödliche Folge verlangen u. a. Deubner NJW 60, 1068, Hirsch LK 3, Oehler-FS 129, Lackner 2, Ulsenheimer GA 66, 272. Dieser Ausgangspunkt ist indes nicht zu teilen. Die

den besonderen Unrechtsgehalt der erfolgsqualifizierten Delikte prägende Gefahr (vgl. o. 3) haftet nicht allein dem Grunddeliktserfolg an, sondern kann bereits aus der hierauf gerichteten Handlung hervorgehen. Bei § 226 kann nichts anderes gelten; es fehlt hier an einem zwingenden Grund für eine Einschränkung auf den Erfolg. Ähnlich wie eine Raubhandlung (§ 251) oder eine Vergewaltigungshandlung (§ 177 III) kann auch die Körperverletzungshandlung die für eine tödliche Folge eigentümliche Gefahr enthalten (vgl. BGH **31** 99, Rengier aaO 217, Stree GA 60, 292, JZ 83, 75, Wessels II/1 61, Wolter JuS 81, 170, GA 84, 444), insb., wenn der Täter das Opfer mit einem gefährlichen Werkzeug oder an gefährlicher Stelle angreift (vgl. dazu Horn SK 11, der aber Kenntnis des Täters von den Gefahrmomenten fordert). Zudem spricht der Wortlaut des § 226 nicht gegen ein Abstellen auf die Körperverletzungshandlung (Rengier aaO 216). Die Gegensätzlichkeit der Standpunkte verringert sich allerdings, wenn man mit Schröder den Kreis der unwesentlichen Abweichungen vom Vorgestellten weit zieht. Bei einer wesentlichen Abweichung wird dann die Todesfolge zumeist nicht voraussehbar sein, so daß die für § 226 erforderliche Fahrlässigkeit hinsichtlich des Todeserfolges entfällt. Entgegen der Ansicht Schröders ist jedoch wegen des beträchtlich veränderten Unrechtsgehalts bereits dann eine wesentliche Abweichung anzunehmen, wenn der eingetretene Körperverletzungserfolg einen erheblich höheren Gefährlichkeitsgrad aufweist als der vorgestellte (Geilen Welzel-FS 680, Hirsch LK § 224 RN 5, Stree GA 60, 291; vgl. auch Rengier aaO 202). Da hier eine andere Tatbewertung die Wesentlichkeit der Abweichung begründet, die Todesfolge aber durchaus voraussehbar sein kann, muß in diesem Fall zumindest die fahrlässig verursachte Todesfolge ausreichen, die i. S. der BGH-Rspr. unmittelbar aus dem Handlungsvorgang hervorgeht. § 226 ist indes hierauf nicht zu beschränken. Auch eine sonstige Todesfolge muß genügen, sofern für sie die spezifische Gefahr des Handlungsvorgangs maßgebend war, wie z. B. der tödliche Sturz bei Abwehr der Körperverletzung. Ob beim Angriff am Rande eines Abgrundes ein Schlag den Sturz in den Abgrund bewirkt oder das getroffene Opfer auf Grund einer Abwehrmaßnahme in die Tiefe stürzt, kann keinen entscheidenden Unterschied begründen. Ebensowenig läßt sich in dem Fall, in dem das auf einem hohen Dach befindliche Opfer mit Steinen beworfen wird, danach unterscheiden, ob ein Treffer den tödlichen Sturz vom Dach verursacht oder das Ausweichen vor weiteren Treffern. Ferner kann das Verhalten eines Dritten durchaus noch der spezifischen Gefahr des Körperverletzungsvorgangs zugerechnet werden (vgl. Wessels II/1 63, Wolter JuS 81, 175, GA 84, 444). Das kann etwa beim Unterbleiben wirksamer Gegenmaßnahmen der Fall sein (vgl. den BGH **31** 96 zugrundeliegenden Fall und dazu Stree JZ 83, 76, aber auch Puppe NStZ 83, 24; wie hier für das österr. Recht ÖstOGH 51, 110: Ablehnung risikobehafteter Operation als Gegenmaßnahme, sowie Burgstaller Jescheck-FS 367, WienerKomm. zum StGB, § 86 RN 6: nicht rechtzeitige Operation auf Grund fahrlässiger Fehldiagnose des behandelnden Arztes). Ebenso kann eine falsche Gegenmaßnahme als Bestandteil der spezifischen Gefahr der Körperverletzung zu werten sein, so z. B., wenn die Gegenmaßnahme unter widrigen Umständen vorgenommen, der Verletzte etwa bei schlechtem Wetter von einem Berg zu einem Krankenhaus ins Tal gebracht werden muß und hierbei dem Dritten ein folgenschwerer Fehler versehentlich unterläuft. Die spezifische Gefahr des Handlungsvorgangs verliert jedoch ihre Bedeutung, wenn bewußt (oder grobfahrlässig) falsche Gegenmaßnahmen zum Eintritt des Todes beigetragen haben (ebenso Burgstaller Jescheck-FS 365 für das österr. Recht). Ebenso verhält es sich, wenn das Opfer bewußt eine zumutbare wirksame Gegenmaßnahme unterläßt, z. B. Wunden nicht pflegt oder ärztliche Hilfe nicht oder viel zu spät in Anspruch nimmt, etwa eine lebenserhaltende Operation ablehnt (vgl. dazu Burgstaller Pallin-FS, 1989, 43 und dessen Ausführungen zur Rspr. des ÖstOGH, wonach nur schlechthin unbegreifliches Verhalten die Zurechnung ausschließt). Wie beim Verhalten Dritter genügt bereits ein grobfahrlässiges Verhalten des Verletzten, den daraufhin eintretenden Tod nicht dem Körperverletzungsvorgang zuzurechnen. Ferner ist das Eingreifen eines Dritten, der eine auf der Körperverletzung beruhende Lage (z. B. Bewußtlosigkeit) zu einer todbringenden Handlung gegen den Verletzten ausnutzt, nicht Ausfluß der spezifischen Gefahr der Körperverletzung (i. E. daher richtig BGH **32** 28).

c) Geht man vom Handlungsvorgang aus, so stellt sich die Frage nach der Möglichkeit eines **6 Versuchs** der Körperverletzung mit Todesfolge (vgl. dazu Stree GA 60, 289 ff., Wolter JuS 81, 179). In Betracht käme er, wenn die gewollte Körperverletzung nicht, auch nicht als unwesentliche Abweichung vom Vorgestellten, erreicht wird, wohl aber die qualifizierende Folge eintritt. Freilich wird es insoweit, wenn man den Kreis einer unwesentlichen Abweichung weit zieht, regelmäßig an der erforderlichen Fahrlässigkeit fehlen (vgl. o. 5), so daß sich damit das Problem eines strafbaren Versuchs erledigt. Sieht man dagegen Abweichungen vom Vorgestellten weitgehend als wesentlich an, so ist, da sie durchaus voraussehbar sein können, ein strafbarer Versuch ohne weiteres denkbar, z. B. wenn der Schlag mit einer Schußwaffe das Opfer nicht trifft und bei diesem Schlag der tödliche Schuß ausgelöst wird. Jedenfalls ist dann,

§ 226 7–11   Bes. Teil. Körperverletzung

wenn der für den Tod ursächliche und für ihn spezifisch gefährliche Versuch der Körperverletzung strafbar ist, wie bei der gefährlichen Körperverletzung (§ 223a II), ein strafbarer erfolgsqualifizierter Versuch nach § 226 zu bejahen (Baumann/Weber 487, Laubenthal JZ 87, 1068, Rengier aaO 246, Wolter JuS 81, 179; and. Horn SK 12). Ebenso für das österr. Recht Kienapfel Grundriß des österr. Strafrechts BT I, 3. A. 1990, 159 (Steinwurf, wobei das Opfer beim Ausweichen tödlich abstürzt).

7 2. Ferner muß der Täter bezüglich der Todesfolge **fahrlässig** gehandelt haben (§ 18); vgl. z. B. BGH MDR/D **72**, 386, **73**, 18, **76**, 16. Da die Todesfolge aus einer spezifischen Gefahr hervorgegangen sein muß, ist es erforderlich, daß die Fahrlässigkeit diese spezifische Gefahr umfaßt. Die insoweit maßgebliche Sorgfaltswidrigkeit liegt zwar regelmäßig, aber nicht notwendigerweise in der Verwirklichung des Grunddelikts, so daß die Fahrlässigkeitsprüfung entgegen BGH **24** 213, NStZ **82**, 27 nicht auf die Vorhersehbarkeit der tödlichen Folge beschränkt bleiben kann (vgl. Horn SK 4, Wessels I 217, Wolter JuS 81, 171, GA 84, 445). Vielmehr ist eine am Moment der spezifischen Gefahr ausgerichtete Fahrlässigkeitsprüfung unumgänglich (vgl. auch ÖstOGH JBl 88, 395 u. dazu Burgstaller Pallin-FS, 1989, 55, ferner ÖstOGH JBl 89, 395 m. Anm. Kienapfel). Nicht erforderlich ist beim Täter die Vorhersehbarkeit, der bewirkte Körperverletzungserfolg könne den Tod herbeiführen. Es genügt, wenn der Täter seiner Körperverletzungshandlung eine solche Wirkung hätte beimessen können (vgl. BGH **31** 101 m. Anm. Stree JZ 83, 75). An den Grad der Fahrlässigkeit sind keine besonderen Anforderungen zu stellen (and. Wolter JuS 81, 177). Sie muß aber bereits bei der Körperverletzungshandlung vorgelegen haben und kann nicht einem späteren Verhalten des Täters entnommen werden (vgl. BGH **33** 66 entsprechend zu § 30 I Nr. 3 BtMG); z. B. nicht einem unsachgemäßen Transport ins Krankenhaus oder dem Unterlassen einer erforderlichen Hilfeleistung wegen grobfahrlässiger Fehleinschätzung der Gefährlichkeit der zugefügten Verletzungen (vgl. ÖstOGH JBl 89, 395). Bleibt offen, ob der Täter bezüglich der Todesfolge vorsätzlich oder fahrlässig gehandelt hat, so ist er ebenfalls nach § 226 zu verurteilen (keine Wahlfeststellung; vgl. § 1 RN 93).

8 3. In **minder schweren Fällen** tritt Strafermäßigung nach Abs. 2 ein. Aber auch bei Annahme eines minder schweren Falles kann das Gericht auf 3 Jahre Freiheitsstrafe erkennen (OGH **2** 63). Ein minder schwerer Fall ist u. a. anzunehmen, wenn der Täter auf Grund von Voraussetzungen, die denen des § 213 entsprechen, auf der Stelle zur Tat hingerissen worden ist (BGH **25** 222, MDR/D **74**, 723, StV **81**, 524, NStZ **83**, 555), nach dem BGH u. U. auch bei verminderter Schuldfähigkeit (vgl. BGH NJW **86**, 1557 und dagegen § 50 RN 3). Ein minder schwerer Fall kann zudem vorliegen, wenn das Opfer die Körperverletzung in Kenntnis einer etwaigen tödlichen Gefahr verlangt hat, die Tat jedoch trotz der im Verlangen enthaltenen Einwilligung nach § 226a rechtswidrig ist. Vgl. auch 48 vor § 38.

9 4. Bei der **Strafzumessung** darf die Vernichtung eines Menschenlebens als solche nicht straferschwerend herangezogen werden (vgl. § 46 III, auch RG JW **26**, 818, Bay NJW **51**, 245). Dagegen kann die Gefährlichkeit der Tatwaffe zur Strafschärfung führen (RG JW **28**, 913), ferner der Umstand, daß die rohe und brutale Handlungsweise nahe an einen mit bedingtem Tötungsvorsatz ausgeführten Totschlag heranreicht (BGH MDR/D **73**, 18), nicht jedoch der bloße Verdacht bedingten Tötungsvorsatzes. Vgl. im übrigen zur Strafzumessung Dreher NJW **51**, 492 zu Nr. 19.

10 II. Ein **Mittäter** haftet nach § 226 nur, wenn die tödliche Handlung auch von seinem Vorsatz umfaßt ist (RG **67** 369) und ihm hinsichtlich der Todesfolge Fahrlässigkeit zur Last fällt, wobei unerheblich ist, daß er selbst die zum Tode führende Handlung nicht eigenhändig vorgenommen hat (BGH MDR/H **86**, 795). Der Mittäterschaft steht nicht entgegen, daß der andere Mittäter mit Tötungsvorsatz gehandelt und damit nach § 211 oder § 212 zu belangen ist (BGH MDR/H **90**, 294). Bei **Exzeß** des Täters, der statt einer Körperverletzung eine vorsätzliche Tötung begeht, ist der Tatbeteiligte aus § 226 strafbar, wenn er bezüglich des Erfolges fahrlässig gehandelt hat, mit dem Exzeß also hätte rechnen müssen (§ 18; vgl. BGH MDR/H **86**, 794). Sukzessive Mittäterschaft nach der todbringenden Handlung begründet keine Haftung nach § 226, wenn sie ohne Einfluß auf den tödlichen Ausgang geblieben ist (BGH NStZ **84**, 548). Zur Haftung bei **Teilnahme** vgl. § 18 RN 7.

11 III. Nach OGH **1** 363 soll **Realkonkurrenz** mit § 212 möglich sein. Jedoch schließt die Haftung für vorsätzliche Verursachung des Todes die für die Herbeiführung im Rahmen dieses erfolgsqualifizierten Delikts aus. Anders ist es beim Tötungsversuch (z. B. anschließende Unterlassungstat). U. U. kommt auch Idealkonkurrenz zwischen § 226 und §§ 212, 22 oder §§ 211, 22 in Betracht (BGH MDR/H **77**, 282, NJW **89**, 597). Mit den qualifizierten Tatbeständen der Körperverletzung kann **Idealkonkurrenz** vorliegen (vgl. 2 vor § 223; and. OGH **1** 113, **2** 328 [Gesetzeseinheit]), auch mit § 340, ebenso mit § 30 WStG (BGH NJW **70**, 1332), § 218 (BGH **28** 17) und § 227 (BGH NJW **61**, 840). **Gesetzeseinheit** besteht mit § 222, der zurücktritt (BGH **8** 54). Andererseits tritt § 226 hinter § 251 zurück (vgl. § 251 RN 9).

§ 226a Einwilligung des Verletzten

Wer eine Körperverletzung mit Einwilligung des Verletzten vornimmt, handelt nur dann rechtswidrig, wenn die Tat trotz der Einwilligung gegen die guten Sitten verstößt.

Schrifttum: *Becker*, Sportverletzung und Strafrecht, DJ 38, 1720. – *Berz*, Die Bedeutung der Sittenwidrigkeit, GA 69, 145. – *Eser*, Zur strafrechtlichen Verantwortlichkeit des Sportlers, insb. des Fußballspielers, JZ 78, 368. – *Gerland*, Selbstverletzung und Einwilligung des Verletzten, VDA II, 487. – *Roxin*, Verwerflichkeit und Sittenwidrigkeit als unrechtsbegründende Merkmale im Strafrecht, JuS 64, 373. – *Zipf*, Einwilligung und Risikoübernahme im Strafrecht, 1970.
Schrifttum zur Einwilligung im allgemeinen vgl. bei 29 vor § 32; Schrifttum zur Einwilligung in ärztliche Eingriffe einschließlich Kastration und Sterilisation vgl. bei § 223 RN 27, 53.

I. Die Vorschrift betrifft die **Einwilligung bei Körperverletzungen,** und zwar in der Bedeutung als Rechtfertigungsgrund (vgl. 32 f. vor § 32, Dreher Heinitz-FS 220, Hirsch LK 1, Lackner 1; and. Horn SK 2). Sie bezieht sich auf alle Körperverletzungen mit Ausnahme des § 340 (vgl. dort RN 5), auch auf fahrlässige (BGH **6** 234, **17** 359 m. abl. Anm. Rutkowsky NJW 63, 165, MDR **59**, 856, Bay JR **63**, 27 m. Anm. Martin, Celle VRS **26** 292, MDR **69**, 69, Frankfurt DAR **65**, 217, Zweibrücken VRS **30** 284, Köln NJW **66**, 896, Oldenburg NJW **66**, 2133, Hamm DAR **72**, 77, D-Tröndle 5; and. Haefliger SchwZStR 67, 94). Die rechtfertigende Wirkung ergreift aber nur die Körperverletzung; für konkurrierende Tatbestände ist die Frage, ob die Einwilligung rechtfertigt, besonders zu entscheiden (vgl. Frankfurt DAR **65**, 217, Hamm VRS **40** 26). Auf die Tötung kann § 226a jedenfalls keine Anwendung finden (Bay **57**, 76). Jedoch gelten dessen Grundsätze für die Einwilligung in lebensgefährliche Handlungen (vgl. 104 vor § 32). Unberührt von § 226a bleibt die Möglichkeit einer Strafmilderung auf Grund einer nichtrechtfertigenden Einwilligung (vgl. § 46 RN 25). 1

Zur Einwilligung im allgemeinen vgl. 29 ff. vor § 32. § 226a, den Schmitt Schröder-GedS 263 als überflüssig ansieht, enthält keine allgemeine gesetzliche Regelung der Einwilligung, ist also auf andere Bestimmungen nicht zu übertragen (vgl. Berz GA 69, 149, Geppert ZStW 83, 956; näher dazu 37 vor § 32). 2

II. Über die **Voraussetzungen der Einwilligung** vgl. im einzelnen 33 ff. vor § 32 sowie § 3 KastrG. Die Einwilligung kann auch konkludent erklärt werden; sie ergibt sich insoweit aber noch nicht allein aus einem nahen Verwandtschaftsverhältnis (Celle VRS **33** 433). Ferner kann sie u. U. durch Dritte erteilt werden, z. B. durch die Eltern für ihr Kind bei einer Schönheitsoperation (vgl. 41 f. vor § 32). Um eine solche Einwilligung handelt es sich indes nicht, wenn die Eltern die Ausübung ihres Züchtigungsrechts auf einen Dritten übertragen. Gerechtfertigt ist die Tat nur, wenn sich der Täter nach Art und Maß im Rahmen der Einwilligung hält (BGH **4** 92, Bay HRR **29** Nr. 671, Haefliger SchwZStr. 67, 95, Hirsch LK 4). Das ist auch dann nicht der Fall, wenn der Täter mit seinem Eingriff einen anderen als den der Einwilligung zugrundeliegenden Zweck verfolgt (vgl. RG **77** 356, BGH **4** 92), z. B. ein Arzt einen therapeutisch unnötigen Eingriff bei einer auf Heilung bezogenen Einwilligung vornimmt (vgl. BGH NJW **78**, 1206 m. Anm. Rogall NJW 78, 2344 u. Hruschka JR 78, 519). 3

Die Einwilligung rechtfertigt nicht nur sicher eintretende, sondern auch als *möglich* angesehene *Verletzungen* (Celle MDR **69**, 69; vgl. näher 102 ff. vor § 32 mwN). Wer also in eine Gefahr der Körperverletzung einwilligt, kann sich nicht darauf berufen, er habe gehofft, den für ihn ungünstigen Ausgang zu vermeiden; er überläßt sich bewußt allen Möglichkeiten des Ausgangs und nimmt sie in Kauf (BGH VRS **17** 277, Bay NJW **68**, 665, Schleswig SchlHA **59**, 154, Celle VRS **26** 294, Zweibrücken VRS **30** 285; and. BGH DAR/M **61**, 66). Nur so wird verständlich, daß auch fahrlässige Körperverletzungen beim Sport usw. durch Einwilligung gerechtfertigt sein können. And. E. Schmidt JZ 54, 369. 4

III. Verstößt die **Tat** trotz der Einwilligung **gegen die guten Sitten,** so ist sie **nicht gerechtfertigt.** Ähnlich dem Ausschluß einer rechtfertigenden Einwilligung in die Tötung (vgl. § 216 RN 13) liegt der Einschränkung der Gedanke zugrunde, daß trotz des mit der Einwilligung zum Ausdruck gebrachten Verzichts auf Rechtsschutz das geschützte Rechtsgut dem Zugriff Dritter nicht preisgegeben werden soll, wenn dieser sozialethischen Wertvorstellungen zuwiderläuft. Dem körperlichen Eingriff Dritter wird dort eine Schranke gesetzt, wo das sozialethische Unwerturteil einsetzt (vgl. E 62 Begr. 186). Demgegenüber wird der Grund für die Einschränkung z. T. in der Wahrung der Menschenwürde erblickt und als maßgebend angesehen, daß die Einwilligung nicht einer Selbstaufgabe gleichkommen dürfe, so daß das Handeln des Täters den Einwilligenden zum bloßen Objekt, zu einer austauschbaren Größe herabwürdige (so Schmidhäuser 272 f.). Andere wiederum stellen die Abwehr gemeinschaftsschädlicher Eingriffe in den Vordergrund und heben darauf ab, daß die Gesundheit die Grundvorausset- 5 zung für die Erfüllung der meisten Aufgaben des Menschen in der Gemeinschaft ist (so z. B. Jescheck 340; ähnlich für das österr. Strafrecht Burgstaller WienerKomm. zum StGB, 1989, § 90 RN 66).

6 1. Der Begriff der **guten Sitten** ist dem bürgerlichen Recht entnommen. Ein Verstoß gegen die guten Sitten liegt nach st. Rspr. vor, wenn eine Handlung dem Anstandsgefühl aller billig und gerecht Denkenden zuwiderläuft (RG JW **38**, 30, BGH **4** 32, 91). Diese Formel ist, wie ohnehin der Begriff der Sittenwidrigkeit, jedoch wenig geeignet, präzise Grenzlinien zu liefern (vgl. auch Blei II 56). Es werden daher Zweifel an der Verfassungsmäßigkeit des § 226a im Hinblick auf Art. 103 II GG geäußert (vgl. u. a. Berz GA 69, 145, Lenckner JuS 68, 251f., 307, Roxin JuS 64, 379; weit. Nachw. bei Hirsch LK 2). Voraussetzung für die Verfassungswidrigkeit wäre allerdings, daß Rechtfertigungsgründe und deren Eingrenzungen uneingeschränkt dem Bestimmtheitsgebot des Art. 103 II GG unterliegen (verneinend Dreher Heinitz-FS 222, Hirsch LK 2, D-Tröndle 1; vgl. auch § 1 RN 14, Lenckner JuS 68, 252). Um des Bestimmtheitspostulats willen sollen nach Horn SK 9 nur solche Körperverletzungen als sittenwidrig anzusehen sein, die zum Zweck der Vorbereitung, Vornahme, Verdeckung oder Vortäuschung einer Straftat erfolgen. Aus § 226a läßt sich diese Eingrenzung indes nicht herleiten. Wohl aber ist die Annahme eines Verstoßes gegen die guten Sitten auf die Fälle zu beschränken, in denen allgemein gültige Wertmaßstäbe, die vernünftigerweise nicht anzuzweifeln sind, zu einem eindeutigen Sittenwidrigkeitsurteil führen. Die Wertvorstellung einer bestimmten Gruppe oder gar die subjektive richterliche Wertung reicht nicht aus (vgl. § 1 RN 22). Läßt sich ein sicheres Werturteil über die Tat nicht abgeben, so ist der Angekl. freizusprechen (vgl. dazu Engisch H. Mayer-FS 401, Hirsch LK 2, Lenckner JuS 68, 308, Roxin JuS 64, 379 ff.). Zum Begriff der guten Sitten insb. aus gesetzestechnischer Sicht vgl. auch Roth-Stielow JR 65, 210.

7 2. Nach dem Wortlaut des § 226a ist entscheidend, ob die **Tat** gegen die guten Sitten verstößt, ihr also das Anstößige anhaftet (vgl. RG **74** 95, DR **43**, 234, BGH **4** 91). Fraglich ist, ob insoweit die Tat isoliert von dem mit ihr verfolgten Zweck, d. h. allein nach Art und Umfang des tatbestandsmäßigen Rechtsgutsangriffs, zu betrachten ist (so Hirsch LK 9, Weigend ZStW 98, 64; vgl. auch Arzt, Willensmängel bei der Einwilligung, 1970, 37 ff.) oder ob auch dem Tatzweck Bedeutung zukommt (so h. M.; vgl. RG **74** 94, DR **43**, 579, D-Tröndle 9). Zuzustimmen ist der h. M. Ohne Einbeziehung des Tatzwecks läßt sich vielfach gar nicht sachgerecht beurteilen, ob der körperliche Eingriff sittenwidrig ist. Soweit der Täter positive Zwecke verfolgt (z. B. Organentnahme zwecks Transplantation), soll dem auch nach der Gegenmeinung Gewicht beizumessen sein (Kompensierung der negativen Bewertung durch den positiven Zweck; so Hirsch aaO; vgl. auch Arzt aaO 39; einschränkend Otto Tröndle-FS 168 auf Interessenabwägung i. S. des § 34, wobei die Einwilligung ein mitzuberücksichtigendes Interesse sein soll). Es läßt sich dann aber umgekehrt dem sittenwidrigen Tatzweck nicht jegliche Bedeutung für die Zulässigkeit des körperlichen Eingriffs absprechen. Ein solcher Zweck kann vielfach erst ergeben, daß dieser Eingriff trotz der Einwilligung sozialethischen Wertvorstellungen widerspricht und daher von der Rechtsordnung nicht gebilligt werden kann. Der hiergegen erhobene Einwand, damit werde entgegen dem Gesetzeswortlaut die Sittenwidrigkeit der Einwilligung in die Beurteilung einbezogen (so Hirsch aaO), greift nicht durch. Es wird nicht die Sittenwidrigkeit der Einwilligung als ausschlaggebender Faktor herangezogen, sondern der vom Täter mit der Tat verfolgte Zweck. Ist nur die Einwilligung betroffen, nicht jedoch der Tatzweck, so bleibt sie als Rechtfertigungsgrund beachtlich (vgl. u. 9).

8 a) Die Heranziehung des Tatzwecks darf indes nicht dazu führen, daß er ohne Rücksicht auf Art und Umfang des Eingriffs zum alleinigen Beurteilungsmaßstab wird. Da die Tat *trotz der Einwilligung* gegen die guten Sitten verstoßen muß, ist der Verzicht auf Rechtsgutsschutz stets mitzuberücksichtigen. Bei geringfügigen Eingriffen wirkt sich der sittenwidrige Zweck nicht so stark aus, daß der Körper entgegen dem Willen des Rechtsgutsträgers schützenswert bleibt. Eine andere Ansicht läuft Gefahr, sich des Körperschutzes lediglich als Mittel zum Schutz anderer Interessen zu bedienen. Die Einwilligung in geringfügige Eingriffe ist daher nicht deshalb bedeutungslos, weil der Täter sadistische Zwecke verfolgt (and. RG DR **43**, 234). Schläge auf das nackte Gesäß ohne ernste Gefahren für den körperlichen Zustand sind dementsprechend bei Einwilligung keine rechtswidrige Körperverletzung (and. RG JW **38**, 30f.), ebensowenig gentechnische Eingriffe (vgl. Sternberg-Lieben JuS 86, 675). Auch der Zusammenhang mit einer geplanten Straftat schließt die Rechtfertigung durch Einwilligung nicht stets aus. So ist z. B. die schmerzhafte Voruntersuchung einer Schwangeren zwecks eines illegalen Schwangerschaftsabbruchs keine rechtswidrige Körperverletzung, wenn die Schwangere hierin eingewilligt hat. Sogar wenn der Körpereingriff eine Straftat darstellt, kann die Körperverletzung auf Grund der Einwilligung gerechtfertigt sein, nämlich dann, wenn der Sittenverstoß nicht in der körperlichen Beeinträchtigung als solcher zu erblicken ist. Das ist z. B. der Fall, wenn ein Verbrecher sein Gesicht operativ verändern läßt, um unerkannt zu bleiben. Hier kann die Operation zwar als Strafvereitelung, nicht aber ohne weiteres als Körperverletzung geahndet werden. Verstößt allerdings die Körperverletzung als solche gegen ein strafbewehrtes Verbot zur Sicherung körperlicher Fähigkeiten, wie bei Herbeiführen der Wehrdienstuntauglichkeit gem. § 109, so steht § 226a einer rechtfertigenden Einwilligung entgegen. Im übrigen bedarf es, je schwerwiegender der Eingriff ist, um so mehr eines rechtfertigenden Zwecks, soll die Sittenwidrigkeit der Tat entfallen. Das gilt insb. bei irreparablen Körperschäden. Nach öst. OGH 49, 31 ist eine Tat u. a. sittenwidrig, wenn die Verletzung nicht unbeträchtlich und ohne einen allgemein verständlichen Grund mutwillig zugefügt worden ist.

b) Auf die **Sittenwidrigkeit der Einwilligung** kommt es dagegen nach h. M. nicht an (Nachweise 9 38 vor § 32). Dieser Gesichtspunkt hat indes für § 226a ohnehin keine eigenständige Bedeutung. Wird nämlich ein körperlicher Eingriff gestattet, der nicht gegen die guten Sitten verstößt, so kann auch der Gestattung als solcher in Gestalt der Einwilligung nicht der Makel der Sittenwidrigkeit anhaften (vgl. 38 vor § 32). Daß mit der Einwilligung sittenwidrige Zwecke verfolgt werden, ändert daran nichts. Wer etwa als einzig erreichbarer Blutspender einen Wucherpreis für die Blutabnahme zwecks einer lebensnotwendigen Bluttransfusion verlangt, knüpft seine Einwilligung zwar an sittenwidrige Bedingungen an, so daß ein sittenwidriger Vertrag vorliegt; die Einwilligung selbst bleibt aber von der Sittenwidrigkeit unberührt. Entsprechendes gilt für den Verkauf eines Körperorgans zur Transplantation (v. Bubnoff GA 68, 70; and. anscheinend Kohlhaas NJW 71, 1872). Ebenso unerheblich ist, welchen Zwecken das Entgelt für die Körperverletzung zugeführt werden soll. Die rechtfertigende Wirkung der Einwilligung entfällt nicht etwa deswegen, weil der Blutspender mit dem Entgelt Diebeswerkzeug erwerben will.

c) **Beispiele für Sittenwidrigkeit** bei Vorsatztaten: Verstümmelung (vgl. RG DRiZ **32** Nr. 444); 10 dauernde erhebliche Entstellung oder lebensgefährdende Behandlung ohne berechtigten Grund; schwerwiegende Körpereingriffe zu sittenwidrigen Zwecken, etwa zur Begehung eines Versicherungsbetrugs oder zur Verdeckung einer Straftat; erhebliche sadistische Verletzungen, z. B. durch Auspeitschungen; Körperverletzungen im Rahmen einer tätlichen Auseinandersetzung, die auf Feindseligkeit beruht und mit ernsten Gefahren für Leib oder Leben verbunden ist (Hamm JMBlNW **64**, 129; vgl. auch u. 19); körperliche Beeinträchtigungen erheblicher Art bei unzulässigen Experimenten oder Versuchen ohne anerkennenswerten Zweck; körperliche Eingriffe, die geeignet sind, Suchtgefahren herbeizuführen oder zu verstärken, etwa die medizinisch nicht indizierte Verabreichung von Opiaten (vgl. RG **77** 20); Einspritzen einer nicht sterilen Seifenlauge beim Schwangerschaftsabbruch.

d) Zurückhaltung ist bei der Annahme eines Sittenverstoßes im Falle einer **Fahrlässigkeitstat** 11 geboten (weitergehend Horn SK 9, der hier bei Einwilligung Sittenwidrigkeit völlig ausschließen will). So macht die bloße Tatsache, daß eine fahrlässige Verletzung unter Alkoholeinfluß verursacht wurde, die Tat nicht sittenwidrig (Bay JR **63**, 27 m. Anm. Martin, Celle NJW **64**, 736), auch nicht ohne weiteres bei Eintritt eines schweren Schadens (vgl. aber Hamm MDR **71**, 67, DAR **72**, 77). Eine sittenwidrige Tat läßt sich auch noch nicht deswegen annehmen, weil das zur Körperverletzung führende Verhalten verbotswidrig ist (vgl. Bay **77**, 107) oder für sich gesehen, d. h. bei Außerachtlassung der Einwilligung, ein besonderes öffentliches Interesse an der Verfolgung der Körperverletzung gem. § 232 zu bejahen gewesen wäre (vgl. Bay JR **63**, 27 m. Anm. Martin, Frankfurt DAR **65**, 217). Entscheidend sind vielmehr der Grad der eingegangenen Gefahr für einen erheblichen Körperverletzungserfolg und sein Verhältnis zum Tatzweck. Je größer die Gefahr und je geringer der Wert ist, der dem Tatzweck zukommt, desto eher ist ein Verstoß gegen die guten Sitten gegeben. Danach käme er trotz Einwilligung etwa in Betracht, wenn jemand beim Experimentieren, das verwerflich und besonders gefährlich ist, einen anderen verletzt, auch dann, wenn das Opfer mit einer geringen Verletzung glimpflich davon gekommen ist. Zur Problematik vgl. näher 103f. vor § 32.

3. Bestritten ist, wie die **irrige Annahme**, die **Tat verstoße nicht gegen die guten Sitten**, zu 12 werten ist. Sie wird z. T. als Irrtum über ein normatives Tatbestandsmerkmal eines Rechtfertigungsgrundes angesehen und damit dem Tatbestandsirrtum zugeordnet (so Engisch ZStW 70, 585), z. T. als Verbotsirrtum behandelt (so Hamm JMBlNW **64**, 129, D-Tröndle 14, Hirsch LK 50, Schaffstein OLG Celle-FS 194ff.). Da es sich bei der Beurteilung einer Tat als sittenwidrig um eine Bewertung der Gesamttat und nicht um die Bewertung einzelner tatbestandlicher Voraussetzungen handelt, können nur die Regeln über den Verbotsirrtum anwendbar sein (vgl. § 16 RN 20 sowie 66 vor § 13). Anders verhält es sich, wenn der Täter irrig Umstände annimmt, bei deren Vorliegen die Tat nicht sittenwidrig ist oder ein sicheres Werturteil über die Sittenwidrigkeit der Tat (vgl. o. 6) nicht abgegeben werden kann; in diesem Fall ist die Fehlvorstellung als Tatbestandsirrtum zu beurteilen.

4. Das Opfer, das den Täter zu einer sittenwidrigen Verletzung auffordert (Einwilligung), ist nicht 13 selbst wegen Anstiftung zur Körperverletzung der eigenen Person strafbar (D-Tröndle 9, Horn SK 10; and. Otto Lange-FS 213).

14 **IV. Praktische Bedeutung** hat die Vorschrift insb. für ärztliche Eingriffe, für Körperverletzungen im Rahmen des Sports, für körperliche Auseinandersetzungen und für Verletzungen eines Mitfahrers im Straßenverkehr.

15 1. Zur Einwilligung bei **ärztlichen Eingriffen** und zur Sittenwidrigkeit solcher Eingriffe vgl. § 223 RN 37 ff. Zur **Kastration** und zur **Sterilisation** vgl. § 223 RN 53 ff.

16 2. Im Rahmen des **Sports** kommt eine durch Einwilligung gerechtfertigte Körperverletzung vor allem bei gegeneinander ausgetragenen Wettkämpfen in Betracht (Boxen, Ringen, Fußball, Eishockey, Fechten usw.). Der Beteiligte an einem solchen Wettkampf nimmt mit seiner Teilnahme mögliche Verletzungen in Kauf und willigt damit konkludent in diese ein. Das gilt zumindest, auch bei erheblichen Körperschäden, soweit die Wettkampfregeln eingehalten worden sind (z. B. erlaubte Boxschläge). Darüber hinaus umfaßt die mit der Teilnahme (konkludent) bekundete Einwilligung aber auch mögliche Verletzungen durch leichte fahrlässige Regelverstöße, die auf Übereifer, Erregung, Unüberlegtheit, Benommenheit, unvollkommene Spieltechnik, mangelnde Körperbeherrschung oder auf ähnliche Gründe zurückzuführen sind und mit denen jeder Teilnehmer rechnet (vgl. Bay **60**, 209, NJW **61**, 2073, D-Tröndle 7, Hirsch LK 12). Auch hier kommt es auf die Schwere der zugefügten Verletzung nicht an (Bay NJW **61**, 2073). Dagegen erstreckt sich die Einwilligung im allgemeinen nicht auf vorsätzliche oder grobe fahrlässige Regelverstöße (Bay **60**, 209, NJW **61**, 2073, Braunschweig NdsRpfl. **60**, 233, BGE 109 IV 103), z. B. auf den bewußten Einsatz eines Eishockeyschlägers gegen den Körper eines Mitspielers (vgl. OG Zürich SchwJZ 90, 425). Gegen die Heranziehung der Einwilligung bei Sportverletzungen jedoch Haefliger SchwZStr. 67, 100; zur Problematik vgl. ferner Zipf aaO 91 ff., Dölling ZStW 96, 36 (Sozialadäquanz), Eser JZ 78, 372 ff. (erlaubtes Risiko), Schild Jura 82, 521 ff.

16a Auch **Zuschauer** können in mögliche Verletzungen durch das Sportgeschehen (konkludent) einwilligen, etwa beim Fußballspiel auf einem Platz ohne besonderen Schutz. Eine solche Einwilligung umfaßt jedoch nicht Verletzungen, die ein Spieler Zuschauern während einer Spielpause zufügt (Karlsruhe NJW **82**, 394).

17 Soweit die Verletzung bei Einhaltung der allgemein anerkannten Wettkampfregeln oder bei einem leichten Verstoß hiergegen herbeigeführt worden ist, widerspricht die Tat nicht sozialethischen Wertvorstellungen und verstößt mithin nicht gegen die guten Sitten. Anders kann es jedoch sein, wenn ein Wettkampf nach eigenen Regeln der Teilnehmer ausgetragen wird. Bleiben hierbei angemessene Sicherheitsvorkehrungen unbeachtet und sind die Wettkämpfer infolgedessen der Gefahr erheblicher Verletzungen ausgesetzt, so liegt ein körperlicher Eingriff trotz Einwilligung außerhalb des sozialethisch Tragbaren; seine Sittenwidrigkeit nimmt der Einwilligung die Wirksamkeit (vgl. BGH **4** 92). Zu diesen Fällen gehört etwa der Boxkampf ohne Boxhandschuhe. Ferner kann die Frage der Sittenwidrigkeit bedeutsam werden, wenn grobe Verstöße gegen allgemein anerkannte Wettkampfregeln ausnahmsweise von einer Einwilligung gedeckt sind. Sittenwidrig ist die Tat dann, wenn eine erhebliche Verletzung vorsätzlich zugefügt wird oder bei fahrlässigem Verhalten die Gefahr erheblicher Schäden bestanden hat.

18 Die Rechtswidrigkeit einer Körperverletzung steht ferner beim Beibringen aufputschender Mittel **(Doping)** mit schädlichen Nebenwirkungen in Frage. Eine wirksame Einwilligung setzt voraus, daß der Betroffene sich der schädlichen Nebenwirkungen bewußt ist. Die Wirksamkeit der Einwilligung entfällt wegen Sittenwidrigkeit der Tat, wenn ernste Schäden zu befürchten sind. Dagegen reicht für ihren Ausschluß noch nicht aus, daß die Tat gegen Sportregeln und das Sportethos verstößt (and. Linck NJW 87, 2550). Zur Problematik vgl. Kohlhaas NJW 70, 1958, Schild, Rechtliche Fragen des Dopings, 1986, 24, Schneider-Grohe, Doping, 1979, 138 ff.

19 3. Bei körperlichen Auseinandersetzungen außerhalb des Sportbereichs, namentlich bei einer **Prügelei,** kann die Rechtswidrigkeit einer Körperverletzung ebenfalls durch Einwilligung ausgeschlossen sein. Dies hängt entscheidend von den Umständen ab, insb. von dem Maß der Gefährdung und der Möglichkeit der Kontrolle über den Umfang der Verletzung (vgl. BGH **4** 89, Bremen NJW **53**, 1364, Hamm JMBlNW **64**, 129, Stuttgart MDR **72**, 623, LG Köln MDR **90**, 1033). Auf den Ort der Auseinandersetzung kommt es grundsätzlich nicht an (and. Bremen NJW **53**, 1365), da der Körper nicht mehr und nicht weniger schützenswert ist, je nachdem, ob die Auseinandersetzung vor einer Kirche, vor einem Tanzlokal oder an einem Platz fern der Öffentlichkeit stattfindet. Anders ist es nur, wenn der Ort besonders gefährlich ist (z. B. Prügelei am Rand eines Abgrunds).

20 4. Die für Sportverletzungen maßgebenden Grundsätze gelten entsprechend für studentische **Schlägermensuren.** Körperliche Eingriffe sind, soweit kein grober Regelverstoß vorliegt, auf Grund der Einwilligung in die mögliche Verletzung gerechtfertigt. Ein Verstoß gegen die guten Sitten ist zu verneinen, da zumindest eine unzweifelhafte Beurteilung als sittenwidrig nicht möglich ist (BGH **4** 32). Vgl. auch Hartung NJW 54, 1225 ff. und abw. E. Schmidt JZ 54, 369.

5. Unter dem Gesichtspunkt der Einwilligung kann des weiteren die **Verletzung eines Mit-** 21
fahrers bei einem Verkehrsunfall gerechtfertigt sein. Maßgebend ist insoweit die Einwilligung in riskante Handlungen mit der Möglichkeit einer Verletzung (vgl. dazu näher 102ff. vor § 32). Der Verletzte muß in Kenntnis der Gefahrenumstände das Risiko einer Verletzung durch sorgfaltswidriges Handeln bewußt auf sich genommen haben. Die Einwilligung kann sich auch aus einem konkludenten Verhalten ergeben (BGH MDR **59**, 856, Bay NJW **68**, 665; vgl. aber BGHZ **34** 355), so, wenn jemand sich unter gefahrenträchtigen Umständen mitnehmen läßt, etwa von einem ersichtlich Fahruntüchtigen (z. B. bei erkannter Trunkenheit des Fahrers; vgl. Schleswig DAR **61**, 312, Celle NJW **64**, 736, Hamm VRS **40** 25), in einem Fahrzeug, dessen Verkehrsuntauglichkeit ihm bekannt ist (abgefahrene Reifen, defekte Bremsen, fehlende Beleuchtung bei Nachtfahrt usw.), oder auf einer der Verkehrssicherheit widersprechende Weise (vgl. BGH MDR **59**, 856: Fahrt zu viert auf Motorroller, Oldenburg DAR **59**, 128: Beförderung auf Ladefläche eines LKW mit unbefestigten Bänken). Aus dem bloßen Mitfahren läßt sich jedoch nicht ohne weiteres eine Einwilligung in mögliche Körperverletzungen herleiten, auch nicht bei nahen Angehörigen des Fahrers (Oldenburg NJW **66**, 2132, Celle VRS **33** 433), ebensowenig aus dem unterlassenen Widerspruch gegen riskantes Fahren. Zur Sittenwidrigkeit bei Fahrlässigkeitstaten vgl. o. 11.

§ 227 Beteiligung an einer Schlägerei

Ist durch eine Schlägerei oder durch einen von mehreren gemachten Angriff der Tod eines Menschen oder eine schwere Körperverletzung (§ 224) verursacht worden, so ist jeder, welcher sich an der Schlägerei oder dem Angriff beteiligt hat, schon wegen dieser Beteiligung mit Freiheitsstrafe bis zu drei Jahren oder mit Geldstrafe zu bestrafen, falls er nicht ohne sein Verschulden hineingezogen worden ist.

I. Der Tatbestand der Beteiligung an einer Schlägerei (**Raufhandel**) enthält ein (abstraktes) 1
Gefährdungsdelikt. Die Unübersichtlichkeit der Tatbeiträge bei einer Schlägerei stellt das Gericht nicht nur vor erhebliche *Beweisschwierigkeiten* (RG **9** 380, BGH **15** 370, Stree JuS 62, 94), sondern verursacht auch die Gefahr, daß es zu erheblichen Verletzungen der Beteiligten kommt. Aus diesem Grunde wird jeder an einer Schlägerei Beteiligte schon *wegen dieser Beteiligung* bestraft. Das Gesetz geht davon aus, daß sowohl die Schlägerei als solche als auch der Tatbeitrag des einzelnen Beteiligten potentiell gefährlich sind (vgl. BGH **14** 132, **15** 370, Stree aaO, Welzel 297). Indiz für diese Gefährlichkeit ist die schwere Folge (Tod, schwere Körperverletzung), die als objektive Bedingung der Strafbarkeit (BGH **33** 103, D-Tröndle 5, Lackner 5, Montenbruck JR 86, 138, Stree JuS 65, 472; and. Bemmann, Zur Frage der obj. Bed. der Strafbarkeit [1957] 42, Hirsch LK 1) den Raufhandel des § 227 von sonstigen Schlägereien abhebt. Da jedoch das Gesetz auch die Gefährlichkeit des einzelnen Tatbeitrags präsumiert, wenn es zu einer der schweren Folgen gekommen ist, genügt nur eine Beteiligung, die potentiell zur Gefährlichkeit des Schlägerei beigesteuert haben kann. Nimmt der Täter am Raufhandel erst teil, wenn bereits die schwere Folge eingetreten oder die hierfür ursächliche Handlung erfolgt ist, so ist ausgeschlossen, daß sein Tatbeitrag zur Gefährlichkeit des Raufhandels beigetragen hat (vgl. näher u. 15). Für Streichung des § 227 Hund, Beteiligung an einer Schlägerei – Ein entbehrlicher Straftatbestand? Diss. Mainz 1987, mit beachtenswerten Gründen.

II. Für den **objektiven Tatbestand** ist erforderlich, daß eine Schlägerei oder ein Angriff 2
mehrerer stattgefunden hat. Für einen Angriff ist insoweit Voraussetzung, daß die erforderliche Anzahl von Personen rechtswidrig gehandelt hat. Verfolgen z. B. mehrere Polizisten einen Verbrecher und machen sie hierbei im Rahmen ihrer Befugnisse von der Schußwaffe Gebrauch, so liegt kein Angriff i. S. des § 227 vor. Für das Merkmal der Schlägerei kommt es hingegen nur darauf an, daß die erforderliche Anzahl von Beteiligten gegenseitig tätlich geworden ist, mag auch einer von ihnen rechtmäßig gehandelt haben. Um eine Schlägerei handelt es sich daher auch dann, wenn jemand, der von zwei Personen angegriffen wird, in Trutzwehr gegen die Angreifer vorgeht; anders verhält es sich, wenn der Angegriffene sich auf reine Schutzwehr beschränkt (BGH **15** 371, Horn SK 3).

1. Eine **Schlägerei** ist der in *gegenseitige Tätlichkeiten* ausartende Streit zwischen mehr als 3
2 Personen (RG JW **34**, 763, Hirsch LK 4). Erforderlich ist, daß mindestens 3 Personen an der Rauferei aktiv beteiligt sind (RG JW **38**, 3157, BGH **15** 371, **31** 125, Köln NJW **62**, 1688). § 227 ist daher nicht anwendbar, wenn von 3 Beteiligten sich einer entfernt, bevor die Handlung mit der schweren Folge vorgenommen wird (RG JW **38**, 3157, Köln NJW **62**, 1688; vgl. jedoch RG GA Bd. **59** 333). Bestehen Zweifel, ob die folgenschwere Handlung während der Beteiligung von 2 oder 3 Personen verübt wurde, so ist § 227 nach dem Grundsatz in dubio pro reo nicht anwendbar (Köln NJW **62**, 1688). Eine Auseinandersetzung zwischen 2 Personen wird dadurch

zur Schlägerei, daß ein Dritter tätlich eingreift (BGH GA **60**, 213). Erforderlich ist, daß von beiden Seiten Tätlichkeiten begangen werden; dies erfordert nicht, daß jeder Beteiligte Körperverletzungen zufügen und erhalten muß (Frank I mwN); es genügt, wenn die Beteiligten solche beabsichtigen. Nicht erforderlich ist, daß gleichzeitig mehr als zwei geschlagen haben (vgl. RG HRR **41** Nr. 369). Eine Schlägerei ist nicht nur ein Streit, bei dem „geschlagen" wird; es genügt jede tätliche Auseinandersetzung, wie Messerstecherei, Schießerei oder Werfen mit Steinen (vgl. den Sachverhalt in RG **32** 33). Nach BGH **15** 369 soll eine Schlägerei auch dann vorliegen, wenn der Dritte einen anderen daran hindert, die tätliche Auseinandersetzung zwischen 2 Personen zu schlichten oder dem Angegriffenen zu Hilfe zu kommen; dies ist abzulehnen, da keine aktive Beteiligung vorliegt (vgl. Hirsch LK 4, Horn SK 5).

4   2. Unter einem **Angriff mehrerer** ist die in feindseliger Absicht gegen den Körper des Opfers gerichtete Einwirkung von mindestens 2 Personen zu verstehen (RG **59** 264, BGH **31** 126). Jeder der Angreifer muß das Ziel verfolgen, den Angegriffenen körperlich zu mißhandeln; bloße Drohungen oder Einschüchterungen (Schießen in die Luft) genügen nicht (R **10** 505). Die Angreifer müssen zusammenwirken; das bloße Zusammentreffen verschiedener Angriffe gegen eine Person genügt nicht (BGH **31** 127). Für das Zusammenwirken genügt, daß bei den Angreifenden Einheitlichkeit des Angriffs, des Angriffsobjektes und des Angriffswillens besteht (BGH **31** 126, **33** 102); nicht erforderlich ist, daß die Angreifer als Mittäter handeln (BGH **31** 127), ebensowenig, daß jeder der Angreifer den Gegner körperlich berührt oder verletzt hat (RG **59** 109, BGH **2** 160) oder daß es von beiden Seiten zu Tätlichkeiten gekommen ist; letzteres unterscheidet den Angriff von der Schlägerei. Für das Vorliegen eines Angriffs reicht bereits das unmittelbar auf eine körperliche Einwirkung abzielende Vorgehen aus (BGH **33** 102); zu einem körperlichen Eingriff muß es nicht gekommen sein.

5   III. Als **Täter** ist jeder strafbar, der sich an der Schlägerei oder am Angriff beteiligt hat, falls er nicht ohne sein Verschulden in die Auseinandersetzung hineingezogen wurde. Voraussetzung ist ein aktives Eingreifen. Wer entgegen einer Rechtspflicht, die Schlägerei, den Angriff oder die Beteiligung einer bestimmten Person hieran zu verhindern, untätig bleibt, erfüllt nicht die Voraussetzungen einer täterschaftlichen Beteiligung. Es kommt aber Beihilfe in Betracht.

6   1. **Beteiligt** ist jeder, der am **Tatort anwesend** ist und in **feindseliger Weise** an den **Tätlichkeiten teilnimmt** (Blei II 65, Horn SK 5; vgl. aber Hirsch LK 6). Nicht erforderlich ist, daß der Beteiligte mitgeschlagen hat; es genügt jede physische Anteilnahme an den Tätlichkeiten, so z. B. Zureichen von Wurfgeschossen oder, soweit damit der Fortgang des Streites gefördert wird, das Abhalten von Hilfe (BGH **15** 369; weitergehend h. M., die psychische Unterstützung durch Zurufe usw. genügen läßt; vgl. Hirsch LK 7). Erforderlich ist aber, daß derjenige, der sich nicht unmittelbar an den Tätlichkeiten beteiligt, Partei ergreift. Daher genügt eine allen Kämpfenden zugute kommende Hilfe (z. B. Zurverfügungstellung von Waffen, Ablenken der Polizei) nicht; es kommt dann Teilnahme i. S. der §§ 26, 27 in Betracht (vgl. u. 12). Zu diesen Fragen vgl. jedoch RG JW **32**, 948 m. Anm. Wegner, HRR **41** Nr. 369. An einer Schlägerei beteiligt sich auch, wer erst durch sein Eingreifen eine tätliche Auseinandersetzung zwischen 2 Personen zu einer Schlägerei macht (BGH GA **60**, 213). Auch der Verletzte ist beteiligt und selbst dann strafbar, wenn außer ihm niemand zu Schaden kam (RG **32** 37, Hirsch LK 19; and. Günther JZ 85, 586); zu beachten ist dann aber § 60. Wer nur aus Neugier am Tatort anwesend ist, ist nicht beteiligt, ebensowenig, wer nur den Streit schlichten will, wer Verletzte fortschafft oder ausschließlich Gegenstand des Angriffs ist. Über die Möglichkeit, einen Einzelvorgang vom Gesamtgeschehen des Raufhandels abzutrennen, vgl. BGH MDR **67**, 683.

7   2. Jeder Beteiligte wird schon wegen dieser Beteiligung am Raufhandel bestraft, falls er nicht **ohne sein Verschulden hineingezogen** worden ist. Die negative Formulierung „falls nicht" hat nicht die Bedeutung einer Beweisumkehr zuungunsten des Angekl. (vgl. R **9** 584, **10** 627, RG **65** 340, Hirsch LK 16). Der Begriff des Verschuldens ist hier nicht im technischen Sinn gemeint; er umfaßt auch die Frage, ob die Beteiligung an der Schlägerei rechtswidrig ist (vgl. Hirsch aaO). Dabei genügt, daß der Täter sich an irgendeiner Phase der Schlägerei in vorwerfbarer Weise beteiligt hat; so ist strafbar, wer zunächst unverschuldet in die Auseinandersetzung hineingezogen wurde, sich aber dann schuldhaft beteiligte (RG **30** 283, Celle MDR **70**, 608; and. Frank III).

8   a) Keine Rechtfertigung kann sich aus einer Einwilligung ergeben, etwa bei einer einverständlichen Schlägerei, da kein disponibles Rechtsgut betroffen ist. Umstritten ist, wieweit die Beteiligung an der Schlägerei durch **Notwehr** gerechtfertigt sein kann. Hier ist zu unterscheiden:

9   α) Gegenüber der Beschuldigung **einzelner** während des Raufhandels begangener **Verletzungen** (§§ 211ff., 223ff.) ist die Berufung auf § 32 möglich (RG **3** 238, **32** 35, **59** 266, **73** 341, Bay **54**, 115). Wer jedoch bei Beteiligung an einer einverständlichen Schlägerei den Kürzeren

zieht, handelt nicht in Notwehr, wenn er nunmehr entgegen den Abmachungen zum Messer greift und auf den Gegner einsticht (vgl. BGH NJW **90**, 2263). Im übrigen hat die Notwehrbefugnis bei einer einzelnen Verletzung jedoch grundsätzlich keinen Einfluß auf die Strafbarkeit wegen Beteiligung an der Schlägerei als solcher.

β) Die **Beteiligung** i. S. von § 227 soll nach der o. a. Rspr. nur in begrenztem Rahmen durch Notwehr oder Nothilfe gedeckt sein können, nämlich dann, wenn der Beteiligte nicht aus anderen Gründen, z. B. Provozieren des Gegners, schuldhaft in die Auseinandersetzung hineingezogen wurde (so grundlegend schon RG **3** 238). Dieser Standpunkt ist jedoch auf der Grundlage der früheren Rspr. zu § 53 a. F. (jetzt § 32) zu sehen, die ein Verschulden an der Notwehrsituation beim Umfang der zulässigen Abwehr unberücksichtigt ließ. Nachdem inzwischen die Erforderlichkeit der Verteidigungshandlung bei einem verschuldeten Angriff modifiziert wurde (vgl. § 32 RN 23, 54 ff.), ist, sofern sich der Täter im Rahmen der durch diese Grundsätze abgesteckten Grenzen hält, seine Beteiligung an der Schlägerei insoweit gerechtfertigt; auch Nothilfe ist in diesem Rahmen zulässig (vgl. RG **65** 163). Im praktischen Ergebnis bedeutet dies, daß die Beteiligung an der Schlägerei nur rechtswidrig ist, wenn dem Täter ein Ausweichen vor dem provozierten Angriff zumutbar ist. I. E. ebenso RG HRR **33** Nr. 441, Hirsch LK 17; zweifelnd BGH GA **60**, 214. **10**

b) Die Beteiligung muß außerdem vorsätzlich **verschuldet** sein; das ist sie dann, wenn der Täter sich in vorwerfbarer Weise, d. h. im Bewußtsein der tätlichen Auseinandersetzung, in sie hat hineinziehen lassen. Daran kann es bei einem Eingreifen in vermeintlicher Notwehr fehlen (vgl. RG JW **34**, 763). **11**

3. Neben der täterschaftlichen Beteiligung an der Schlägerei oder am Angriff mehrerer ist auch **Teilnahme** i. S. der §§ 26, 27 möglich. Die Schwierigkeiten liegen hier bei der Abgrenzung zwischen Beihilfe i. S. von § 27 und Beteiligung am Raufhandel. Während jedes tätliche Eingreifen in die Auseinandersetzung als Täterschaft nach § 227 zu bestrafen ist, sofern der Täter Partei ergreift (vgl. o. 6), sind die den Streitenden insgesamt zugute kommende Hilfe (z. B. Ablenken der Polizei) sowie die nur intellektuelle Teilnahme am Streit (wie Aufreizen der Kämpfenden) nur als Beihilfe i. S. von § 27 zu bestrafen. Die von der h. M. (vgl. Hirsch LK 7) vorgenommene Gleichstellung der psychischen Mitwirkung mit der physischen wird dem idR geringeren Unrechtsgehalt des psychischen Verhaltens gegenüber dem Tätlichwerden einschließlich der geringeren Gefährlichkeit nicht gerecht. Ferner kann Beihilfe bei rechtspflichtwidrigem Nichtverhindern einer Schlägerei oder einer Beteiligung daran vorliegen. Für die Anstiftung gelten die allgemeinen Regeln. Insgesamt ähnlich Hirsch LK 20, der aber die psychische Unterstützung einer Partei als täterschaftliche Beteiligung wertet. Teilnahme ist nur bis Beendigung der Kampfhandlungen möglich; der Eintritt der schweren Folge ist hierfür ein unmaßgeblicher Zeitpunkt. Keine Teilnahme, sondern (versuchte oder vollendete) Strafvereitelung liegt z. B. vor, wenn jemand einen Schlägereibeteiligten, wenn auch vor Eintritt der schweren Folge, vor strafrechtlichen Ermittlungen bewahrt (vgl. § 258 RN 8). Ebenso scheidet Teilnahme an der Schlägerei bei einem Handeln aus, das nicht zum Kampfgeschehen, sondern allein zum Eintritt der schweren Folge beiträgt. **12**

IV. Die Beteiligung an der Schlägerei ist nur strafbar, wenn bei der Schlägerei oder dem Angriff mehrerer der **Tod** eines Menschen oder eine **schwere Körperverletzung** (§ 224) verursacht wurde. Es handelt sich hierbei um eine objektive Strafbarkeitsbedingung (vgl. o. 1), durch die die besondere Gefährlichkeit des Raufhandels indiziert wird. Diese Voraussetzung ist auch gegeben, wenn feststeht, daß die schwere Folge auf einen einzelnen Beteiligten zurückzuführen ist und dieser nach §§ 211 ff., 224 ff. haftet oder auf Grund von Notwehr gerechtfertigt ist. Auch wenn mehrere schwere Folgen eintreten, handelt es sich nur um *einen* Raufhandel. Der Bedeutung einer objektiven Strafbarkeitsbedingung entsprechend ist an sich das Ausmaß der schweren Folgen für die Strafzumessung unerheblich. Soweit ihm jedoch eine hochgradige Gefährlichkeit der Schlägerei zu entnehmen ist und der Schlägereibeteiligte sie kannte, etwa bei einer Auseinandersetzung mit Schußwaffen, kann dies strafschärfend berücksichtigt werden. Zur Bedeutung der objektiven Strafbarkeitsbedingung für die Tatortfrage vgl. einerseits § 9 RN 7, andererseits Stree JuS **65**, 473. **13**

1. Der Tod oder die schwere Körperverletzung muß durch die Schlägerei oder den Angriff **verursacht** sein. Daran fehlt es, wenn die tödliche oder verletzende Handlung vor oder erst nach der tätlichen Auseinandersetzung erfolgt ist (vgl. RG **61** 272, JW **38**, 3157, Köln NJW **62**, 1688). Das Opfer braucht nicht an der Schlägerei beteiligt gewesen zu sein. So genügt z. B. die Tötung eines einschreitenden Polizeibeamten, eines Zuschauers oder eines Vorbeigehenden. Selbst der Tod eines Angreifers auf Grund einer Notwehrhandlung des Angegriffenen (BGH **33** 100) oder eigener Unvorsichtigkeit reicht aus (RG **9** 149); vgl. auch RG **11** 237 (versehentliche Selbsttötung des Angegriffenen bei der Verteidigung); and. Günther JZ 85, 587 mit beachtens- **14**

werten Gründen; vgl. dazu noch Henke Jura 85, 589, Schulz StV 86, 250. Fraglich kann sein, ob eine schwere Körperverletzung oder der Tod auch dann noch als Folge der Schlägerei zu werten ist, wenn das spätere Verhalten des Verletzten oder eines Dritten, etwa eines Arztes, nach Zufügen der gefährlichen Verletzung für den Eintritt der schweren Folge mitursächlich war, diese also ohne ein solches Verhalten (möglicherweise) ausgeblieben wäre. Insoweit gilt das in RN 5 zu § 226 Ausgeführte entsprechend. Versehentliches, leichtfahrlässiges Verhalten schließt die Zurechnung der schweren Folge zum Schlägereigeschehen nicht aus. Anders ist es bei einem vorsätzlichen oder grobfahrlässigen Verhalten, etwa beim leichtfertig unterbliebenen Aufsuchen eines Arztes, der die schwere Folge abgewendet hätte. Die Zurechnung einer schweren Folge entfällt ferner bei einem Handeln ohne unmittelbare Ausweitung der aus der Schlägerei stammenden Verletzung, wie im Fall eines für den Verletzten tödlich verlaufenden Verkehrsunfalls beim Transport ins Krankenhaus.

15 2. Nach der Rspr. ist unerheblich, in welchem **Zeitpunkt** der Täter sich an der Schlägerei **beteiligt** hat (RG **72** 75, JW **39**, 91, BGH **14** 132, **16** 130). Auch eine Beteiligung nach Verursachung der schweren Folge soll unter § 227 fallen (BGH **16** 130, D-Tröndle 9, Lackner 5, Wessels II/1 72). Diese Ansicht entspricht indes nicht dem für § 227 maßgebenden Gefährlichkeitsaspekt. Wer sich erst nach der für die schwere Folge ursächlichen Schlägereiphase an der tätlichen Auseinandersetzung beteiligt (Schwerverletzter ist z. B. schon vom Kampfplatz fortgetragen worden), hat keinen potentiellen Beitrag zur Gefährlichkeit der Schlägerei beigesteuert (vgl. o. 1 sowie Stree JuS 62, 94 mwN., Birkhahn MDR 62, 625, Hirsch LK 8, Horn SK 8). Die vorhergegangene Gefährlichkeitsphase kann ihm nicht angelastet werden. Läßt sich nicht feststellen, ob der später Hinzugekommene vor oder nach der maßgeblichen Verletzungshandlung beteiligt war, so muß sich das non liquet zu seinen Gunsten auswirken (Stree aaO 97). Demgegenüber hält Eser III 113 im Anschluß an Schröder in der 17. A. Straflosigkeit nur dann für vereinbar mit § 227, wenn der Beteiligte nachweislich zur schweren Folge und damit zur Gefährlichkeit der Schlägerei nichts beigetragen hat. Das Erfordernis des gelungenen Entlastungsbeweises ist jedoch ein strafprozessualer Fremdkörper (Hirsch LK 1), der sich mit dem Grundsatz in dubio pro reo nicht vereinbaren läßt. Der nachträglichen Beteiligung ist das Ausscheiden vor Verursachung der schweren Folge nicht gleichzustellen (Stree aaO). In einem solchen Fall bleibt ein potentieller Beitrag zur Gefährlichkeit der Schlägerei erhalten, da die Auswirkungen auf deren Fortgang durch das Ausscheiden nicht ohne weiteres beseitigt werden (vgl. BGH **14** 132, Horn SK 8, BGE **106** IV 252). § 227 ist allerdings nicht anwendbar, wenn nach dem Ausscheiden nur 2 Personen die Tätlichkeiten fortsetzen und nunmehr die folgenschwere Handlung erfolgt (vgl. o. 3; and. BGE **106** IV 253, soweit Tätlichkeit der durch die Schlägerei bewirkten Gemütserregung entspringt).

16 V. Für den **subjektiven Tatbestand** ist *Vorsatz* erforderlich. Der Täter muß das Bewußtsein haben, sich an einer Schlägerei oder an einem Angriff mehrerer zu beteiligen (vgl. RG HRR **41** Nr. 369). Der schwere Erfolg braucht nicht vom Vorsatz umfaßt zu sein (BGH **33** 103). Da es sich um eine Bedingung der Strafbarkeit handelt, ist auch § 18 nicht anwendbar (BGH MDR **54**, 371). Vgl. jedoch Hirsch LK 1, 15, der Voraussehbarkeit einer schweren Folge fordert.

17 VI. **Idealkonkurrenz** ist möglich mit §§ 211 ff., 223 ff., sofern gegenüber einem Beteiligten der Nachweis der Ursächlichkeit und Schuld geführt werden kann. Vgl. BGH **59** 110, **67** 370, BGH **33** 104, NStZ **84**, 329. § 227 tritt jedoch zurück, wenn sein Tatunrecht voll von den §§ 211 ff., 224 ff. erfaßt wird, wie bei der mittäterschaftlichen Tötung des Angegriffenen durch sämtliche Angreifer. Idealkonkurrenz kann ferner zwischen § 227 und § 125 I bestehen (BGH **14** 132). Ob bei einer aus mehreren Einzelakten bestehenden Schlägerei eine (fortgesetzte) Tat oder mehrere selbständige Schlägereien vorliegen, ist im wesentlichen Tatfrage (RG GA Bd. **59** 332, JW **32**, 948 m. Anm. Wegner). Anstiftung oder Beihilfe zur Tat des § 227 soll nach RG **59** 86 (ebenso D-Tröndle 12) hinter Täterschaft geme. § 340 (Begehenlassen) zurücktreten. Die Ansicht wird jedoch dem Unrechtsgehalt der Schlägerei und der Teilnahme hieran nicht gerecht; es ist daher Idealkonkurrenz anzunehmen.

§ 228 Führungsaufsicht

In den Fällen der §§ 223 bis 226 und 227 kann das Gericht Führungsaufsicht anordnen (§ 68 Abs. 1).

Vorbem. Fassung des 23. StÄG vom 13. 4. 1986, BGBl. I 393.

In Anbetracht des Umstandes, daß vorsätzliche Straftaten gegen die körperliche Unversehrtheit zuweilen durch Umwelteinflüsse (z. B. bei sog. Schlägern) bedingt sind, denen sich der Täter nach seiner Persönlichkeit aus eigenen Kräften nur schwer entziehen kann, ermöglicht die Vorschrift dem Gericht die *Anordnung der Führungsaufsicht* gem. § 68 I neben der Bestrafung

Vergiftung 1–5 § 229

nach den §§ 223–226 und nach § 227 (vgl. BT-Drs. V/4095 S. 46). Nicht einbezogen sind Verurteilungen nach den §§ 229, 230 (zu § 229 vgl. aber Hirsch LK 2). Wegen der Tat nach den §§ 223 ff. muß eine Freiheitsstrafe von mindestens 6 Monaten verwirkt sein; es muß zudem die Gefahr bestehen, daß der Täter weitere Straftaten begeht (vgl. näher § 68 RN 6 ff.). Bei realkonkurrierenden Körperverletzungsdelikten reicht aus, wenn die Gesamtfreiheitsstrafe 6 Monate oder mehr beträgt. Ob z. B. der Täter auf Grund eines Gesamtplans dasselbe Opfer mehrfach brutal mißhandelt (Fortsetzungstat) oder verschiedene Opfer (Tatmehrheit) und dafür eine Freiheitsstrafe von mindestens 6 Monaten als einzige Strafe oder als Gesamtstrafe erhält, kann für die Anordnung der Führungsaufsicht keinen erheblichen Unterschied begründen (vgl. § 68 RN 5). Unerheblich ist, ob die Verurteilung wegen einer vollendeten oder einer versuchten Tat oder wegen Täterschaft oder Teilnahme erfolgt. Auch eine Verurteilung wegen versuchter Beteiligung (§ 30) kann genügen. Unzulässig ist die Anordnung der Führungsaufsicht in einem Privatklageverfahren (§ 384 I 2 StPO).

§ 229 Vergiftung

(1) **Wer einem anderen, um dessen Gesundheit zu beschädigen, Gift oder andere Stoffe beibringt, welche die Gesundheit zu zerstören geeignet sind, wird mit Freiheitsstrafe von einem Jahr bis zu zehn Jahren bestraft.**

(2) **Ist durch die Handlung eine schwere Körperverletzung (§ 224) verursacht worden, so ist auf Freiheitsstrafe nicht unter fünf Jahren und, wenn durch die Handlung der Tod verursacht worden ist, auf lebenslange Freiheitsstrafe oder auf Freiheitsstrafe nicht unter zehn Jahren zu erkennen.**

I. Bei der **Vergiftung** handelt es sich um einen erschwerten Fall der gefährlichen Körperverletzung, bei dem die Vollendung auf einen besonders gefährlichen Versuch vorverlegt ist (vgl. D-Tröndle 1, Hirsch LK 2). Demgegenüber wird die Tat z. T. als Delikt der Lebensgefährdung angesehen (Binding Lehrb. 1 S. 59; vgl. weiter Sauer BT 288) oder als konkretes Gefährdungsdelikt (Horn SK 2). Die Vorschrift steht mit den sonstigen Delikten gegen Leib oder Leben nicht voll in Einklang (vgl. Stree JR 84, 335) und sollte als eine nicht mehr zeitgemäße und überflüssige Sonderregelung alsbald gestrichen werden. Sie ist, solange sie noch gültig ist, möglichst eng auszulegen. 1

II. Der **objektive Tatbestand** erfordert das Beibringen von Gift oder anderen Stoffen, welche die Gesundheit zu zerstören geeignet sind. 2

1. a) Unter **Gift** ist jeder anorganische oder organische Stoff zu verstehen, der unter bestimmten Bedingungen lediglich durch chemische oder chemisch-physikalische Wirkung die Gesundheit zu zerstören vermag (Hamm HESt. 2 292). Das Gift muß ebenso wie die anderen Stoffe zur Gesundheitszerstörung geeignet sein (RG **10** 179, OGH **3** 92, Hirsch LK 5; and. Olshausen 3). Hierher gehören z. B. Arsen, Strychnin, Zyankali, Salzsäure (BGH **15** 113), Gas (LG Berlin MDR **64**, 1023), ferner Rauschgifte, Stechapfelsamen (BGH NJW **79**, 556), das im Fliegenpilz enthaltene Gift (RG JW **36**, 513), aber auch übertragbare, physiologisch wirkende Ansteckungsstoffe (sog. Krankheitsgifte, z. B. bei Pocken oder Syphilis). Zu den **anderen Stoffen,** die die Gesundheit zerstören können, zählen namentlich alle, die nicht chemisch oder chemisch-physikalisch, sondern mechanisch oder thermisch wirken, z. B. gehacktes Blei, zerhacktes Glas, kochendes Wasser. Hierher gehören auch Bakterien und sonstige Krankheitserreger, sofern man sie nicht schon zu den Giften zählt. Wahlfeststellung bzgl. des Mittels ist zulässig. Strahlen sind keine Stoffe und fallen daher nicht unter § 229 (D-Tröndle 2, Hirsch LK 6; and. BGH **15** 115). Bei ionisierenden Strahlen kommt § 311 a zum Tragen; sonstige Strahlen können gefährliche Werkzeuge i. S. des § 223 a sein (vgl. § 223 a RN 6). 3

b) Ob ein Gift oder ein anderer Stoff **geeignet** ist, die Gesundheit zu zerstören, ist nicht nach der abstrakten Möglichkeit, sondern nach den besonderen Umständen des Einzelfalles im Hinblick auf Quantität und Qualität des beigebrachten Stoffes, der körperlichen Beschaffenheit des Opfers sowie der Art der Anwendung zu beurteilen (RG **10** 178, OGH **3** 92, BGH **4** 278, NJW **79**, 556, MDR/H **86**, 272; and. bzgl. Opferbeschaffenheit Hoyer, Die Eignungsdelikte, 1987, 162). Daher genügt auch bei absolut tödlichen Giften nur die Beibringung einer hinreichenden Menge, wobei von erheblicher Bedeutung sein kann, ob ein Erwachsener oder ein Kind das Opfer ist und ob der Stoff einem Gesunden, einem Kranken oder einem Altersschwachen beigebracht wird. Ebenso können an sich unschädliche Stoffe wie z. B. Zucker bei Zuckerkranken oder Heilmittel in falscher Dosierung Gift i. S. des § 229 sein. Vgl. auch Schröder JZ 67, 522. Hat das Mittel die in § 229 geforderte Intensität nicht, so kommt § 223 a (gefährl. Werkzeug) in Betracht; vgl. § 223 a RN 3 ff. 4

c) § 229 setzt voraus, daß das Mittel zur **Gesundheitszerstörung** geeignet ist. Hierunter fallen 5

Stree 1675

zunächst Tod, Siechtum und andere chronische Krankheitszustände erheblicherer Art, etwa i. S. von § 224 (OGH **3** 92), z. B. Erblindung (BGH **32** 132). Eine Beschränkung darauf wäre jedoch zu eng, auch wenn die schwere Strafdrohung, die das Gesetz an das bloße Beibringen geeigneter Mittel knüpft – ohne daß eine Schädigung tatsächlich eingetreten sein müßte –, dazu zwingt, den Begriff der Gesundheitszerstörung eng auszulegen. Entsprechend der Abgrenzung von Beschädigung und Zerstörung im Bereich der §§ 303ff. ist daher erforderlich, aber auch genügend, daß wesentliche körperliche Fähigkeiten völlig oder mindestens in erheblichem Umfang aufgehoben werden (OGH **3** 38, BGH **4** 278, MDR/H **86**, 272, Stree JR 84, 337; enger Hirsch LK 10, Horn SK 5). Wesentliche körperliche Funktionen sind solche, die der leiblich-geistige Organismus normalerweise hervorbringt und die zu dessen Gesunderhaltung notwendig sind (z. B. Bewegungs-, Atmungs-, Verdauungstätigkeit). Anders als beim Verlust eines wichtigen Gliedes i. S. von § 224 ist jedoch nicht auf die Individualität des Verletzten abzustellen; vielmehr beurteilt sich die Frage, wann die Gesundheit zerstört ist, für alle Menschen gleich. Nicht notwendig ist der Eintritt von Dauerfolgen (OGH **3** 38, 92, BGH **4** 278), es genügen auch Ausfallerscheinungen, deren Beseitigung zeitlich nicht abzusehen ist. Die Einbeziehung nur vorübergehender Beeinträchtigungen, wie z. B. Ohnmacht, Dauerschlaf, auch wenn sie sich über mehrere Tage erstrecken sollten, ist dagegen angesichts der schweren Strafdrohung nicht gerechtfertigt, jedenfalls dann nicht, wenn der menschliche Organismus diese Beeinträchtigung durch eigene Abwehrmittel vollständig zu beheben pflegt (vgl. BGH NJW **79**, 556, OGH **3** 39).

6 2. **Beibringen** bedeutet, daß der Täter eine Verbindung des Giftes oder der anderen Stoffe mit dem Körper derart herstellt, daß diese ihre gesundheitszerstörende Wirkung entfalten können (vgl. RG JW **36**, 513). Dies ist zumindest dann der Fall, wenn die Stoffe in das Körperinnere gelangen, wobei gleichgültig ist, ob dies durch Vermengen mit Speisen, Einspritzen, Einnehmenlassen oder dadurch geschieht, daß das Gift usw. durch das Bestreichen einer offenen Wunde in die Blutbahn gelangt (Schröder JR 60, 466). Ebenso genügt es, wenn die Substanzen durch natürliche Körperöffnungen wie Augen (Tränenkanal) und Ohren in den Körper eingeführt werden (BGH **15** 113 m. Anm. Schröder JR 60, 466), jedoch ist das bloße Einführen von Gift in den Mund i. d. R. noch kein vollendetes Beibringen (RG **53** 210). Aber auch durch eine nur äußerliche Anwendung kann das Gift beigebracht werden, sofern die *Wirkung* der Stoffe im Innern des Körpers eintritt, was z. B. beim Bestreichen mit einer giftigen Salbe der Fall sein kann (vgl. BGH **15** 113 m. Anm. Schröder aaO, M-Schroeder I 113). Zweifelhaft sind allein die Fälle, in denen eine äußerliche Verbindung nur eine Wirkung auf die Körperoberfläche ausübt. In diesen Fällen hat der BGH früher nur § 223a (gefährliches Werkzeug) angewandt (BGH **1** 2: Besspritzen mit Vitriol; vgl. § 223a RN 4ff.). Nach seiner neueren Rspr. soll es jedoch ausreichen, wenn das Gift die Gesundheit allein von außen her zerstört (BGH **32** 130 m. abl. Anm. Stree JR 84, 335 u. Bottke NStZ 84, 166, zust. Schall JZ 84, 337, NJW **76**, 1851: Zerstörung der Hornhaut eines Auges durch Salzsäure mit der Folge der Erblindung). Indes erscheint angesichts der hohen Strafdrohung und im Hinblick auf eine klare Abgrenzung zu § 223a eine Einschränkung auf innere Wirkungen geboten (vgl. Schröder aaO, Stree JR 77, 342, auch Hirsch LK 13, Horn SK 5). Die besondere Gefährlichkeit des Giftes, das unabhängig vom weiteren Zutun des Täters seine zerstörerische Wirkung entfalten kann (so BGH NJW **76**, 1851), vermag noch nicht die wesentlich erhöhte Strafdrohung gegenüber der Verwendung eines sonstigen gefährlichen Werkzeugs zu rechtfertigen. Auch beim Einsetzen solcher Werkzeuge sind Fälle denkbar, in denen ohne weiteres Zutun des Täters die gesundheitszerstörerische Wirkung eintreten kann, so etwa, wenn jemand einen bissigen Hund auf einen anderen hetzt oder ein Gefesselter einem Feuer ausgesetzt wird und die Gefahr besteht, daß große Teile der Haut verbrennen. Gegenüber diesen Fällen läßt sich schwerlich vertreten, das Übergießen mit kochendem Wasser, einem an sich dem Gift gleichgestellten Stoff (vgl. o. 3), strenger zu beurteilen und nach § 229 zu ahnden. Für Gifte kann dann aber nichts anderes gelten, so daß ebenfalls das Überschütten mit einer ätzenden Säure, die nur die Körperoberfläche angreift, aus dem Bereich des § 229 auszuscheiden hat. Für die äußerliche Anwendung eines Giftes, das ins Körperinnere gelangen kann, folgt daraus, daß ein vollendetes Beibringen erst dann anzunehmen ist, wenn das Gift tatsächlich ins Körperinnere eingedrungen ist. Ohne Bedeutung ist, ob die Tat heimlich oder gewaltsam erfolgt und ob das Opfer das Gift als Werkzeug des Täters selbst zu sich nimmt. Auch durch Unterlassen kann das Merkmal des Beibringens erfüllt werden, so z. B., wenn Eltern es geschehen lassen, daß ihr Kind Gift zu sich nimmt. Das bloße Verschaffen von Gift ist noch kein Beibringen i. S. des § 229.

7 III. Der **subjektive Tatbestand** setzt Vorsatz und die Absicht der Gesundheitsbeschädigung voraus:

8 1. Der Täter muß wissen, daß er das Mittel beibringt und daß dieses in der gewählten Dosierung geeignet ist, die Gesundheit zu zerstören (OGH **3** 91, BGH **4** 279). Insoweit genügt

Fahrlässige Körperverletzung 1 **§ 230**

bedingter Vorsatz. Nicht erforderlich ist der Wille zur Herbeiführung einer Todes- oder Siechtumsgefahr (OGH **3** 91). Auch braucht der Täter die konkrete Wirkungsweise des gesundheitszerstörenden Stoffes nicht zu kennen – wozu i. d. R. nur ein Fachmann befähigt wäre –, vielmehr genügt die allgemeine Vorstellung, das beigebrachte Mittel könne irgendeine gesundheitszerstörende Wirkung haben.

2. Der Täter muß zudem die **Absicht** haben, die **Gesundheit zu beschädigen**. Nach RG **53** 9 211 soll bereits eine nur vorübergehende Beeinträchtigung der Gesundheit von geringerer Art ausreichen, z. B. eine Ohnmacht. Dem kann nicht gefolgt werden. Die extrem hohe Strafe des § 229 bedingt eine Auslegung dahin, daß es sich auch bei der beabsichtigten Gesundheitsbeschädigung um eine solche erheblicher (wenn auch nur vorübergehender) Art gehandelt haben muß (vgl. Hirsch LK 18). „Ganz erheblich" braucht diese jedoch nicht zu sein (BGH **32** 131 m. Anm. Stree JR 84, 335). Die Gesundheitsbeschädigung muß nicht Endziel des Täters sein (Hirsch LK 19, Horn SK 7). Die erforderliche Absicht ist auch in einer Tötungsabsicht enthalten, so daß der Täter, der vom Tötungsversuch mittels Giftes zurücktritt, nach § 229 zu bestrafen ist, wenn seine Tat bereits zu einem Gesundheitsschaden geführt hat. Zur Problematik bei einer provozierten Tat vgl. Stree JR 84, 335. Fraglich ist, ob die Gesundheitsbeschädigungsabsicht nur als Absicht i. e. S. (zielgerichtetes Handeln) aufzufassen ist. Hierfür spricht außer dem Gesetzeswortlaut „um zu" das o. 1 herausgestellte Gebot einer engen Auslegung. Auf keinen Fall genügt bedingter Vorsatz (and. Schünemann JR 89, 94, Herzberg JZ 89, 481; wie hier BGH NJW **90**, 129).

3. Über das Verhältnis von Tötungs- und Vergiftungsvorsatz vgl. § 212 RN 17 ff. 10

IV. Versuch ist denkbar (RG **59** 1, JW **36**, 513, BGH **4** 278). Er kommt in Betracht, wenn der 11 Täter zur Tat unmittelbar angesetzt hat, ohne das Gift schon beigebracht zu haben, oder wenn die verabreichte Dosis noch nicht zur Gesundheitszerstörung geeignet ist (vgl. LG Berlin MDR **64**, 1023). **Vollendet** ist die Tat erst, wenn der verabreichte Stoff nach Menge und Anwendungsform die Gesundheit dieses Opfers zerstören konnte (RG DStR **36**, 290, Hamm HESt. **2** 292). Ist das Gift beigebracht, so ist ein Rücktritt nach § 24, z. B. durch Verabreichung eines Gegenmittels, ausgeschlossen (RG **59** 1, Hirsch LK 22), jedoch sind die für Unternehmenstatbestände entwickelten Grundsätze (vgl. § 24 RN 116) auch hier anzuwenden (zust. Hirsch aaO; ähnlich Horn SK 4, der § 311 c II analog heranziehen will; and. D-Tröndle 6, Lackner 4). Wer dies für unzulässig hält, hat jedenfalls die Abwendung des Verletzungserfolges strafmildernd zu berücksichtigen.

V. Der **Gehilfe** muß seinen Tatbeitrag in dem Bewußtsein leisten, daß der Täter dem Opfer 12 vorsätzlich ein Mittel beibringt, das die Gesundheit zu zerstören geeignet ist (OGH **3** 38), und daß er die erforderliche Absicht hat. Eine entsprechende Absicht braucht der Teilnehmer nicht zu haben. Bedingter Vorsatz genügt.

VI. Die **Straferhöhung** nach Abs. 2 kommt nur dann in Betracht, wenn die schwere Folge auf der 13 Wirkung des beigebrachten Giftes beruht, da allein dann dem Grunddelikt die spezifische Gefahr (vgl. § 226 RN 3, 5) für den qualifizierenden Erfolg anhaftet, und wenn sie wenigstens fahrlässig herbeigeführt worden ist (§ 18). Ebenso Hirsch LK 24. Versuch einer Tat nach Abs. 2 ist möglich, wenn der Tätervorsatz eine schwere Körperverletzung umfaßt (Hirsch LK 25).

VII. Konkurrenzen: Zum Verhältnis des § 229 zu den §§ 211, 212 vgl. § 212 RN 19 ff.; zum 14 Verhältnis zu den §§ 213, 216, 217 vgl. § 212 RN 25.

Als Sondertatbestand einer (versuchten) besonders gefährlichen Körperverletzung geht § 229 den 15 §§ 223 ff. vor (Spezialität). Das gilt auch für die §§ 224, 225, 226, die hinter Abs. 2 zurücktreten (Hirsch LK 28), es sei denn, nicht das Gift, sondern die zur Giftbeibringung vorgenommene Handlung hat die schwere Folge verursacht (dann Idealkonkurrenz mit § 229 I). Nach anderer Ansicht (Horn SK 11, D-Tröndle 11) ist bei vorsätzlicher Herbeiführung der schweren Folge Idealkonkurrenz zwischen Abs. 2 und § 224 oder § 225 anzunehmen. Mit § 223 b sowie mit § 340 ist Idealkonkurrenz möglich. Zwischen §§ 229, 22 und § 223 a kann Tateinheit vorliegen (BGH MDR/H **86**, 273).

§ 230 Fahrlässige Körperverletzung

Wer durch Fahrlässigkeit die Körperverletzung eines anderen verursacht, wird mit Freiheitsstrafe bis zu drei Jahren oder mit Geldstrafe bestraft.

I. Die Vorschrift über die **fahrlässige Körperverletzung** entspricht in ihrem Aufbau dem 1 § 222 (fahrlässige Tötung). Zur Einschränkung des Strafbereichs de lege ferenda vgl. Zipf Krause-FS, 1990, 437. Über Reformüberlegungen zur Strafbarkeit der fahrlässigen Körperverletzung im Straßenverkehr vgl. Volk GA 76, 161.

§§ 231, 232 Bes. Teil. Körperverletzung

2 II. Unter **Körperverletzung** sind alle im § 223 genannten Begehungsformen zu verstehen; auch die Mißhandlung setzt nicht begriffsnotwendig vorsätzliches Handeln voraus (RG 11 26, GA Bd. **52** 421). Ob die Körperverletzung in ihren Folgen eine leichte i. S. des § 223 oder eine schwere i. S. des § 224 ist, ist für den Tatbestand des § 230 ohne Bedeutung, wohl aber für die Strafzumessung (vgl. u. 5). § 230 ist auch dann anwendbar, wenn das fahrlässige Verhalten eine Körperverletzung herbeiführt, die erheblicher ist als die Verletzung, die sonst bei pflichtgemäßem Verhalten eingetreten wäre (Blei II 53, Hirsch LK 7; and. Oldenburg NJW **71**, 631 m. abl. Anm. Schröder NJW **71**, 1143). Über einen Fall fahrlässiger Körperverletzung durch Unterlassen vgl. Bremen NJW **57**, 72, Düsseldorf NJW **87**, 201, Bay VRS **74** 360; vgl. auch BGH **6** 282, **37** 107, Hamm NJW **75**, 604.

3 III. Über die Frage der **Verursachung** vgl. 71 ff. vor § 13, über **Fahrlässigkeit** § 15 RN 105 ff., insb. über Fahrlässigkeit auf dem Gebiete der Krankenbehandlung und im Straßenverkehr § 15 RN 207 ff., 219. Zur Fahrlässigkeit des Hundehalters bei Verletzungen durch frei herumlaufenden Hund vgl. Bay NJW **87**, 1094, aber auch Bay NJW **91**, 1695. Nach § 230 ist auch zu bestrafen, wer durch sorgfaltswidriges Verhalten den Tod eines anderen verursacht hat, aber nur eine Körperverletzung voraussehen konnte (vgl. Köln NJW **56**, 1848), ebenfalls, wenn offen bleibt, ob der Täter vorsätzlich oder fahrlässig gehandelt hat (vgl. § 1 RN 91).

4 IV. Zur Frage, ob **Mittäterschaft** möglich ist, vgl. § 25 RN 101 f.

5 V. Für die **Strafzumessung** sind außer der Intensität der Fahrlässigkeit vor allem die *Folgen der Tat* von Bedeutung. Strafmildernd fällt ins Gewicht, wenn der Täter durch die Handlung selbst verletzt worden oder in Gefahr gekommen ist. Strafmildernd ist auch eine Mitschuld des Verletzten oder eines Dritten zu bewerten. Im übrigen steigt und fällt die *Schuldschwere der Fahrlässigkeit* „mit der Fähigkeit des Täters, den widerrechtlichen Erfolg zu vermeiden, ihn vorauszusehen und auszuschließen" (Jagusch LK, 7. A., B IV 7b vor § 13; vgl. auch BGH VRS **18** 201).

6 Zur Strafzumessung bei Verkehrsdelikten vgl. § 315c RN 39. Als Tatfolgen sind auch die von der Fahrlässigkeit umfaßten (konkreten) Gefährdungen anderer zu berücksichtigen.

7 Von besonderer Bedeutung für die Strafzumessung sind hier auch die Strafempfindlichkeit und die Strafempfänglichkeit des Täters; vgl. hierzu § 46 RN 54.

8 VI. **Realkonkurrenz** ist möglich mit § 142 und § 323c. Gesetzeseinheit besteht mit § 221 III; § 230 tritt zurück. Mit §§ 315 ff. ist **Idealkonkurrenz** möglich; ferner mit den Raubvorschriften, auch mit § 250 I Nr. 3 (and. LG Köln MDR **90**, 1134: Konsumtion), sowie mit § 323a, wenn eine fahrlässige actio libera in causa vorliegt. Im Verhältnis zu § 22 II StVG besteht trotz dessen Subsidiaritätsklausel keine Gesetzeseinheit (Bay NJW **56**, 1768). Mit vorsätzlicher Körperverletzung kommt Idealkonkurrenz nur in Betracht, wenn Opfer der Fahrlässigkeit ein Dritter ist. Dagegen ist § 230 nicht anwendbar, wenn dasselbe Opfer betroffen ist (RG **16** 129), z. B. der vorsätzlich Niedergeschlagene sich beim Sturz zusätzlich verletzt. In einem solchen Fall ist nur wegen der Vorsatztat zu verurteilen; die fahrlässig herbeigeführte Folge ist, falls § 224 nicht eingreift, allein bei der Strafzumessung zu berücksichtigen (vgl. § 46 RN 26).

9 VII. Die Tat ist **Antragsdelikt** (§ 232) und Privatklagedelikt (§ 374 I Nr. 4 StPO). Zur beschränkten Möglichkeit der Nebenklage vgl. § 395 III StPO. Im Rahmen wechselseitiger Körperverletzungen bzw. Beleidigungen ist die fahrlässige Körperverletzung in die **Kompensation** nach § 233 einbezogen, soweit der Täter nicht fahrlässig eine schwere Folge herbeigeführt hat (vgl. § 233 RN 1).

§ 231 [Buße] aufgehoben durch das EGStGB vom 2. 3. 1974, BGBl. I 469.

§ 232 Strafantrag

(1) **Die vorsätzliche Körperverletzung nach § 223 und die fahrlässige Körperverletzung nach § 230 werden nur auf Antrag verfolgt, es sei denn, daß die Strafverfolgungsbehörde wegen des besonderen öffentlichen Interesses an der Strafverfolgung ein Einschreiten von Amts wegen für geboten hält. Stirbt der Verletzte, so geht bei vorsätzlicher Körperverletzung das Antragsrecht nach § 77 Abs. 2 auf die Angehörigen über.**

(2) **Ist die Tat gegen einen Amtsträger, einen für den öffentlichen Dienst besonders Verpflichteten oder einen Soldaten der Bundeswehr während der Ausübung seines Dienstes oder in Beziehung auf seinen Dienst begangen, so wird sie auch auf Antrag des Dienstvorgesetzten verfolgt. Dasselbe gilt für Träger von Ämtern der Kirchen und anderen Religionsgesellschaften des öffentlichen Rechts.**

Schrifttum: Oehler, Die amtliche Verfolgung der leichten vorsätzlichen und fahrlässigen Körperverletzung, JZ 1956, 630.

1 I. Bei der Körperverletzung nach § 223 und § 230 ist grundsätzlich zur Verfolgung ein **Strafantrag** erforderlich (vgl. u. 9 ff.). Die StA kann aber in diesen Fällen die Körperverletzung

Strafantrag 2–6 **§ 232**

von Amts wegen verfolgen, wenn sie wegen des besonderen öffentlichen Interesses an der Strafverfolgung ein Einschreiten von Amts wegen für geboten hält (Abs. 1 S. 1), selbst dann, wenn der Verletzte auf einen Strafantrag verzichtet hat (BGH MDR/D **56**, 270) oder die Antragsfrist verstrichen ist (Hamm JMBlNW **52**, 13, Karlsruhe NJW **74**, 1006). Ein solches Einschreiten kommt aber nur in Betracht, soweit ein wirksamer Strafantrag fehlt oder zurückgenommen worden ist. Liegt ein Antrag vor, so hat die StA nach § 376 StPO zu entscheiden, ob Anklage zu erheben ist (Hirsch LK 6, Lackner 3a; and. Bay DAR **60**, 143).

II. Die **Rechtsnatur** der Bejahung des öffentl. Interesses an der Strafverfolgung ist umstritten. 2

1. Die h. M. sieht in ihr eine **Ermessensentscheidung** der StA, die einer gerichtlichen Überprüfung entzogen ist (RG **77** 20, BGH **16** 225, Hamm JMBlNW **51**, 196, Kauffmann Kleinknecht-FS 210, D-Tröndle 4, Lackner 3c); sie stützt sich dabei auf Wortlaut und Entstehungsgeschichte von § 232 (vgl. Rietzsch DJ 40, 532). Daraus ergeben sich jedoch unliebsame Konsequenzen. So ist nicht das Gericht, sondern die StA Herr des Verfahrens, weil sie jederzeit, d. h. auch noch in der Revisionsinstanz, das öffentliche Interesse bejahen (BGH **6** 282, **16** 225, KG VRS **11** 208, Oldenburg NJW **52**, 989, Köln NJW **52**, 1307, Celle GA **61**, 215; vgl. auch BGH **19** 381) oder wieder verneinen kann (Stuttgart JR **53**, 348, Bremen JZ **56**, 663, Celle GA **61**, 215, Düsseldorf NJW **70**, 1054); dies widerspricht dem Sinn des § 156 StPO mindestens dann, wenn man mit der h. M. den Widerruf der Bejahung des öffentl. Interesses als Verfahrenshindernis i. S. von § 260 III StPO ansieht (so BGH **19** 380, KG NJW **61**, 569, Stuttgart NJW **61**, 1126, D-Tröndle 6, Mühlhaus JZ 52, 170; and. [Einstellung nach § 153 II StPO] RG **77** 73, Karlsruhe VRS **15** 356, Bremen JZ **56**, 663, Oehler aaO). Im übrigen ergeben sich aus dem Standpunkt der h. L. zahlreiche Streitfragen (vgl. u. 7), die vermieden werden, wenn man mit Vogel NJW **61**, 761 davon ausgeht, daß das **Vorliegen** eines **öffentlichen Interesses** an der Strafverfolgung eine **Verfahrensvoraussetzung** bildet, die vom Gericht selbständig beurteilt werden muß und entgegen der Auffassung der StA verneint werden kann (§ 155 II StPO; ebenso LG München I StV **90**, 400, Hirsch LK 16, Horn SK 4; vgl. auch Havekost DAR 77, 289, Husmann MDR 88, 727, Keller GA 83, 516, Kröpil DRiZ 86, 19, M.-K. Meyer, Zur Rechtsnatur und Funktion des Strafantrags, 1984, 43ff.). Der Wortlaut des § 232 sollte diesem sachgerechten Ergebnis nicht entgegenstehen (Vogel aaO 763), obwohl hier – entsprechend den bei der Einführung dieser Regelung bestehenden politischen Verhältnissen – nicht das Bestehen eines öffentlichen Interesses, sondern die Entscheidung der weisungsgebundenen StA hierüber als Verfahrensvoraussetzung genannt ist; trotz gleichartigen Wortlauts hat die Rspr. aber bei §§ 24 I Nr. 3, 74 GVG stets den Standpunkt eingenommen, daß die Strafkammer die besondere Bedeutung der Strafsache nachprüfen kann (vgl. Schäfer LR § 24 GVG RN 17). Ein sachgerechter Grund, das richterliche Kontrollrecht bei der Aburteilbarkeit einer Tat und bei der Zuständigkeit für die Aburteilung unterschiedlich auszugestalten, besteht nicht. Für den Täter ist der Umstand, ob seine Tat abgeurteilt werden kann, nicht weniger bedeutsam als der Umstand, wer die Tat abzuurteilen hat. In der von der h. M. angenommenen Nichtüberprüfbarkeit der staatsanwaltlichen Entscheidung ist aber nach BVerfGE **51** 177ff. kein Verfassungsverstoß zu erblicken.

2. Demgegenüber ist teilweise angenommen worden, die Bejahung des öffentlichen Interesses 4 durch die StA sei nach **§§ 23ff. EGGVG anfechtbar** (Bremen NJW **61**, 144, Thierfelder NJW 62, 116; and. BGH **16** 225); nach Celle NdsRpfl. **60**, 259 beschränkt sich die gerichtliche Nachprüfung gem. §§ 23ff. EGGVG auf Ermessensfehler der StA.

III. Ein **besonderes öffentliches Interesse** an der Strafverfolgung wird z. B. zu bejahen sein, 5 wenn der Täter einschlägig vorbestraft ist, besonders leichtfertig gehandelt hat, die Verletzung besonderer Berufspflichten in Frage steht (z. B. Verstoß gegen Arbeitsschutzvorschriften) oder wenn die Verurteilung Grundlage für die Entscheidung einer Behörde ist (z. B. Entziehung einer Konzession; vgl. Rietzsch DJ 40, 543; and. Hirsch LK 8). Bei Körperverletzungen im Zusammenhang mit Zuwiderhandlungen gegen Verkehrsvorschriften wird ein besonderes öffentl. Interesse namentlich dann bestehen, wenn die Tat in angetrunkenem Zustand begangen wurde oder zu erheblichen Schäden geführt hat; vgl. auch Mühlhaus JZ 52, 170. Ist der Verletzte ein Angehöriger des Täters, so wird i. d. R. kein öffentliches Interesse an der Strafverfolgung bestehen. Vgl. dazu Nrn. 234, 243 III RiStBV. Zum besonderen öffentl. Interesse an der Strafverfolgung von Körperverletzungen im Sport vgl. Kauffmann Kleinknecht-FS 211 ff.

Das besondere öffentl. Interesse muß für **jeden einzelnen Fall** bejaht werden. Dabei ist zu 6 berücksichtigen, daß nach dem Gesetzeswortlaut die Strafverfolgung von Amts wegen bei §§ 223, 230 die Ausnahme bleiben soll (and. Preisendanz DRiZ 89, 367), zumindest noch nicht im Regelfall zu erfolgen hat (Rebmann DAR 78, 304). Eine Anweisung der vorgesetzten Behörde, bei bestimmten Straftatengruppen das öffentl. Interesse zu bejahen, ist unstatthaft (Köln NJW **52**, 1307, Oehler aaO). Die Einhaltung dieser Grundsätze kann nur über die

Stree

unabhängige richterliche Kontrolle gewährleistet werden (vgl. o. 3). Die Erklärung des besonderen öffentl. Interesses erfaßt die gesamte Tat i. S. des § 264 I StPO, so daß auch der StA bei Abgabe der Erklärung unbekannte Verletzungen eines weiteren Opfers durch dieselbe Tat in die Aburteilung einzubeziehen sind (Braunschweig MDR **75**, 862). Eine Beschränkung der Erklärung auf einzelne Verletzungen ist bei Beachtung des Art. 3 GG jedoch zulässig (Hirsch LK 21, Lackner 3a; and. Braunschweig aaO). Sie kann sich auch auf einen Teil der Einzelakte bei einer Fortsetzungstat erstrecken (vgl. 33 vor § 52).

7 IV. Einer besonderen **Form** bedarf die Erklärung der StA nicht (BGH **16** 227 mwN); insb. ist Schriftform nicht vorgeschrieben (and. Bremen NJW **61**, 144). Dagegen ist umstritten, ob die Erklärung auch konkludent abgegeben werden kann oder ausdrücklich ausgesprochen sein muß. Nach überwiegender Rspr. (RG **75** 341, **76** 8, BGH **6** 284, **16** 227, NJW **64**, 1630, Bay **51**, 577, Karlsruhe NJW **74**, 1006; vgl. auch D-Tröndle 5) genügt die Anklageerhebung oder der Antrag auf Erlaß eines Strafbefehls; auch der Antrag des Generalbundesanwalts in der Revisionsinstanz, den Strafausspruch aufzuheben und die Sache zurückzuverweisen, soll konkludent das öffentl. Interesse an der Strafverfolgung bejahen (BGH MDR/D **74**, 546). Dagegen ist nach Stuttgart JR **53**, 349, Bremen MDR **61**, 167 eine ausdrückliche Erklärung erforderlich; dem stimmt BGH **19** 379 für den Fall zu, daß die Anklageerhebung zunächst unter anderen rechtlichen Gesichtspunkten (z. B. Raub, Vergewaltigung) erfolgt ist (and. Bay NJW **90**, 461, wenn StA im Schlußvortrag vom Offizialdelikt abrückt und Bestrafung wegen eines § 232 entsprechenden Antragsdelikts beantragt). Dieser Streit hat nur auf dem Boden der h. M. Bedeutung, die im Rahmen des § 232 jede gerichtliche Nachprüfung ablehnt (vgl. o. 3); bei diesem Ausgangspunkt verdient die letztere Ansicht den Vorrang. Möglich ist z. B., daß die StA irrtümlich von einem wirksamen Strafantrag und damit von den Voraussetzungen des § 376 StPO, nicht des § 232 ausgegangen ist; in einem solchen Fall ist auch nach dem BGH (BGHR § 303c Einschreiten **1**) die Anklage nicht als Erklärung des besonderen öffentl. Interesses zu verstehen. Ist Anklage wegen eines Offizialdelikts erhoben worden, sieht das Gericht aber nur den Tatbestand des § 223 oder des § 230 als erfüllt an, so bedarf es einer ausdrücklichen Erklärung der StA, daß sie ein besonderes öffentl. Interesse an der Verfolgung der übrigbleibenden Körperverletzung bejahe (Hirsch LK 20, Oehler aaO, Kohlhaas NJW **56**, 118; and. RG **75** 341, **76** 8). Nur wenn der StA nach § 223 angeklagt und das besondere öffentl. Interesse bejaht hat, kann dieses auch für eine übrigbleibende Bestrafung wegen fahrlässiger Körperverletzung angenommen werden, wenn die StA nichts Gegenteiliges erklärt.

8 V. Die Erklärung der StA unterliegt keiner Frist (BGH **6** 285) und kann noch in der Revisionsinstanz nachgeholt werden (BGH NStE Nr. **1** zu § 303c). **Verneint** die StA im gerichtlichen Verfahren ein **besonderes öffentliches Interesse** an der Strafverfolgung, so ist sie hieran nach Erlaß des Urteils gebunden (BGH **19** 377, Düsseldorf NJW **70**, 1054, KG VRS **70** 9). Eine Verneinung soll nach BGH **19** 377 anzunehmen sein, wenn das Gericht darauf hinweist, daß abweichend vom Eröffnungsbeschluß möglicherweise nur eine Verurteilung wegen Körperverletzung nach § 223 in Betracht kommt, und die StA sich weigert, eine verbindliche Erklärung nach § 232 abzugeben. Dagegen soll im bloßen Schweigen zu einem solchen Hinweis noch keine Verneinung eines besonderen öffentl. Interesses zu erblicken sein (BGH MDR/D **75**, 367). Die Einstellung der Ermittlungen durch die StA mangels eines besonderen öffentl. Interesses an der Strafverfolgung steht dessen nachträglicher Bejahung nicht entgegen (Hamburg NStZ **86**, 81). Die **Rücknahme der Erklärung,** an der Strafverfolgung bestehe ein besonderes öffentl. Interesse, ist während des gesamten Verfahrens zulässig (BGH **19** 380, Düsseldorf NJW **53**, 237, **70**, 1054, KG NJW **61**, 569, Stuttgart NJW **61**, 1126). Sie kann darin zum Ausdruck kommen, daß der Anklagevertreter im Schlußvortrag erklärt, „die Anklage hinsichtlich der Körperverletzung fallenlassen" (Düsseldorf NJW **70**, 1054), dagegen noch nicht in der Anregung, das Verfahren nach § 153 II StPO einzustellen (Düsseldorf DAR **71**, 160; and. D-Tröndle 6). Umstritten ist, welche Rechtsfolgen im Falle der Rücknahme eintreten (vgl. dazu o. 3). Räumt man dem Gericht die Überprüfung des besonderen öffentl. Interesses an der Strafverfolgung ein (vgl. o. 3), so ist die Rücknahmeerklärung für das Gericht nicht bindend; dieses hat vielmehr das Verfahren nur einzustellen, wenn es selbst zu der Überzeugung gelangt, daß kein besonderes öffentl. Interesse an der Strafverfolgung besteht (vgl. Hirsch LK 22, Vogel NJW **61**, 763).

9 VI. Hat die StA das besondere öffentl. Interesse an der Strafverfolgung nicht erklärt, so setzt die Verfolgung einen **Strafantrag** des Verletzten voraus (vgl. §§ 77, 77b und die dort Anm.). Bei vorsätzlicher Körperverletzung (nicht bei fahrlässiger) geht das Antragsrecht nach § 77 II auf die Angehörigen des Verletzten über, wenn dieser stirbt (vgl. § 77 RN 12).

10 Zum Antragsrecht bei **Taten gegen einen Amtsträger** usw. (Abs. 2) vgl. § 194 RN 10 ff. sowie Anm. zu § 77a.

Zur Möglichkeit, den Antrag zurückzunehmen, vgl. Anm. zu § 77 d. Die Zurücknahme des Antrags hindert die StA nicht, unter Berufung auf ein besonderes öffentl. Interesse die Verfolgung zu übernehmen (vgl. o. 1).

Hat der Antragsberechtigte nicht fristgerecht Strafantrag gestellt, so kann fraglich sein, ob er als Nebenkläger zugelassen werden kann, wenn die StA Anklage erhoben oder ein Dienstvorgesetzter Strafantrag gestellt hat. Zur Bejahung dieser Frage vgl. § 77 RN 50 sowie KG NStZ **91**, 148 m. Anm. Wendisch, Nürnberg NJW **91**, 712.

VII. In allen übrigen Fällen einer Körperverletzung, z. B. § 223 a oder § 340, ist ein Strafantrag nicht erforderlich. Bei fortgesetzter Körperverletzung, deren Teilakte teils unter § 223 und teils unter §§ 223 a ff. fallen, können, wenn kein Antrag gestellt ist, nur die Offizialdelikte verfolgt werden (D-Tröndle 2, Hirsch LK 1; and. RG **57** 81; vgl. hierzu § 77 RN 3), es sei denn, die StA bejaht hinsichtlich der unter das Antragserfordernis fallenden Teilakte das besondere öffentliche Interesse an der Strafverfolgung.

§ 233 Wechselseitig begangene Straftaten

Wenn Körperverletzungen nach § 223 mit solchen, Beleidigungen mit Körperverletzungen nach § 223 oder letztere mit ersteren auf der Stelle erwidert werden, so kann das Gericht für beide Angeschuldigte oder für einen derselben die Strafe nach seinem Ermessen mildern (§ 49 Abs. 2) oder von Strafe absehen. Satz 1 gilt entsprechend bei fahrlässigen Körperverletzungen nach § 230, soweit nicht eine der in § 224 bezeichneten Folgen verursacht ist.

I. Die Vorschrift entspricht in ihrem Grundgedanken dem § 199 (vgl. näher zu diesem Grundgedanken § 199 RN 1). Nach ihr sind der **Kompensation** zugänglich wechselseitige Körperverletzungen gem. § 223 oder § 230, auch wenn sich vorsätzliche und fahrlässige Körperverletzungen gegenüberstehen (vgl. Köln MDR **73**, 688), sowie die Fälle, in denen Körperverletzungen der genannten Art mit Beleidigungen oder umgekehrt diese mit solchen Körperverletzungen auf der Stelle erwidert werden. Fahrlässige Körperverletzungen sind allerdings von der Kompensation ausgeschlossen, wenn sie eine der in § 224 bezeichneten Folgen herbeigeführt haben (vgl. dazu RG **39** 288); erforderlich ist insoweit, daß die Fahrlässigkeit sich auch auf die schwere Folge erstreckt (D-Tröndle 1, Hirsch LK 4). Für §§ 223 a–226, 340 kommt § 233 nicht in Betracht (RG **14** 360, **61** 192), auch dann nicht, wenn diese Delikte mit § 185 ideell konkurrieren (Hamm MDR **53**, 693, Neustadt JR **58**, 228). Dies gilt jedoch entgegen dem Wortlaut des § 233 nur für die Tat, die nach § 233 begünstigt werden soll. Dagegen kann die Tat, mit der erwidert wird, bzw. die Tat, auf die erwidert wird, auch einen qualifizierten Tatbestand erfüllen oder im Fall des § 230 eine schwere Folge verursacht haben. Sie nimmt dann ihrerseits an der Vergünstigung des § 233 nicht teil, kann aber u. U. innerhalb des normalen Strafrahmens mit einer milderen Strafe zu ahnden sein, so etwa, wenn ein Mißhandelter den auf ihn begangenen Angriff auf der Stelle mit Stockhieben beantwortet. Es ist nicht erforderlich, daß die Körperverletzung gerade dem Täter zugefügt war, es genügt die Verletzung naher Angehöriger (KG JR **57**, 388). Auch die Auslandstat eines Ausländers kann berücksichtigt werden (Köln MDR **73**, 688). Zum Merkmal der Erwiderung auf der Stelle vgl. § 199 RN 8 ff.

II. Wenn das Gesetz von beiden Angeschuldigten spricht, so bedeutet dies **nicht**, daß **beide Täter** angeklagt sein oder beide Strafantrag gestellt haben müssen (Koblenz NJW **55**, 602). Ebensowenig macht es etwas aus, daß einer der Beteiligten bereits rechtskräftig verurteilt (Hamm NJW **57**, 392), mangels Beweises freigesprochen (Celle NJW **59**, 542) oder das Strafverfahren gegen einen Täter bereits nach § 383 II StPO oder auf Grund eines StFG eingestellt worden ist. Auch gegenüber Handlungen Strafunmündiger kommt die Aufrechnung in Betracht (Dresden JW **31**, 1392, D-Tröndle 4, Hirsch LK 14; and. KG HRR **29** Nr. 1800). Beleidigungen, die nicht unter § 199 fallen, scheiden aber auch hier aus; vgl. § 199 RN 5 ff. Ebenfalls ist § 233 nicht anwendbar, wenn eine der Körperverletzungen gerechtfertigt ist (RG LZ **23**, 404, Hirsch LK 10, 13).

III. Im Gegensatz zu § 199, der nur die Möglichkeit eröffnet, einen oder beide Täter für straffrei zu erklären, kann nach § 233 der Richter außerdem die Strafe nach seinem Ermessen mildern (§ 49 II). Vgl. im übrigen die Anm. zu § 199, dessen Grundsätze auch für § 233 gelten (KG JR **57**, 388); das gilt insb. für die Anwendbarkeit in Fällen, in denen die Tat, auf der der Angekl. erwidert hat, nicht feststeht (in dubio pro reo) oder er nur irrtümlich angenommen hat, beleidigt worden zu sein (Hamburg NJW **65**, 1611, Hamm GA **72**, 29). Bei Jugendlichen kann auch von Erziehungsmaßregeln und Zuchtmitteln abgesehen werden (Bay NJW **61**, 2029).

4   IV. Zur Frage, wie zu verfahren ist, wenn mit der für straffrei erklärten Körperverletzung eine **andere Tat ideell konkurriert,** vgl. KG VRS 35 355 und § 52 RN 46.

Achtzehnter Abschnitt. Straftaten gegen die persönliche Freiheit

Vorbemerkungen zu den §§ 234 bis 241a

Schrifttum: allg. zu den *Freiheitsdelikten* sowie insbes. zum *Gewaltbegriff: Baumann,* Ergebnisse der (Anti-) Gewaltkommission der Bundesregierung, ZRP 90, 103. – *BKA* (Bundeskriminalamt), Was ist Gewalt?, 3 Bde.: I (1986), II (1988), III (1989). – *Blei,* Zum strafrechtlichen Gewaltbegriff, NJW 54, 583. – *ders.,* Die Auflösung des strafrechtlichen Gewaltbegriffs, JA 70, 19, 77, 141. – *Boeckmann,* Was ist Gewalt?, JZ 86, 1050. – *Bohnert,* Das Tatbestandsmerkmal der „List" im StGB, GA 78, 353. – *Brink/Keller,* Politische Freiheit und strafrechtlicher Gewaltbegriff, KJ 83, 107. – *Calliess,* Der Begriff der Gewalt im Systemzusammenhang der Straftatbestände, 1974. – *Fezer,* Die persönliche Freiheit im System des Rechtsgüterschutzes, JZ 74, 599. – *Geilen,* Neue Entwicklungen beim strafrechtlichen Gewaltbegriff, H. Mayer-FS 445. – *ders.,* Lebensgefährdende Drohung als Gewalt in § 251 StGB?, JZ 70, 521. – *ders.,* Zur Problematik der gewaltsamen Entführung (§ 237 StGB), JZ 74, 540. – *Haffke,* Gewaltbegriff und Verwerflichkeitsklausel, ZStW 84 (1972) 37. – *v. Heintschel-Heinegg,* Die Gewalt als Nötigungsmittel im Strafrecht, Diss. Regensburg, 1975. – *Jakobs,* Nötigung durch Gewalt, H. Kaufmann-GedS 791. – *Keller,* Strafrechtlicher Gewaltbegriff und Staatsgewalt, 1982. – *ders.,* Die neue Entwicklung des strafrechtlichen Gewaltbegriffs in der Rechtsprechung, JuS 84, 109. – *Knodel,* Der Begriff der Gewalt im Strafrecht, 1962. – *Krauß,* Die Beurteilung „passiver Resistenz", NJW 84, 905. – *Krey,* Probleme der Nötigung und Gewalt, JuS 84, 418. – *Müller-Dietz,* Zur Entwicklung des strafrechtlichen Gewaltbegriffes, GA 74, 33. – *Pelke,* Die strafr. Bedeutung der Merkmale „Übel" u. „Vorteil", 1990. – *Rössner,* Gewaltbegriff und Opferperspektive bei der Vergewaltigung, Leferenz-FS 527. – *Schultz,* Der strafrechtliche Begriff der Gewalt, SchwZStr. 52, 340. – *ders.* Gewaltdelikte als Schutz der Menschenwürde, Maihofer-FS 517. – *Schünemann,* Die Freiheitsdelikte im künftigen Strafrecht, MSchrKrim. 70, 250. – *Schwind/Baumann,* Ursachen, Prävention und Kontrolle von Gewalt (Gewaltkommission), Bd. I–IV, 1990. – *Wolter,* Gewaltanwendung u. Gewalttätigkeit, NStZ 85, 193, 245. – Vgl. ferner (insbes. zu Demonstrationsdelikten) die Angaben zu § 240.

1   I. Dieser Abschnitt erfaßt nicht alle Angriffe auf die persönliche Freiheit, sondern nur jene Tatbestände, bei denen die **Freiheit allein oder ganz überwiegend** geschützt werden soll, während andere Tatbestände, in denen die Freiheit nur immanent (vgl. Eser III 143) oder neben anderen Rechtsgütern nur zusätzlich mitgeschützt ist, sich in anderen systematischen Zusammenhängen finden (z. B. in §§ 174ff., 249, 253); eingeh. Heimann-Trosien LK[9] 1 f. vor § 234, Fezer JZ 74, 599f. Grds. gegen die Möglichkeit eines allgemeinen Rechtsguts „Freiheit" Keller aaO 34ff. Vgl. auch § 240 RN 1f.

2   II. Bei der **Freiheit** handelt es sich um ein *„intrasoziales"* Rechtsgut, das – im Unterschied zu den „transsozialen", weil nicht erst gesellschaftlich konstituierten Gütern wie Leib oder Leben – überhaupt erst in sozialem Kontext und im Spannungsfeld einander widerstreitender Interessen Bedeutung erlangt (vgl. Eser, Wahrnehmung berechtigter Interessen als allg. Rechtfertigungsgrund, (1969) 45ff., Kostaras aaO 118f.; insoweit ebenso Lenckner Noll-GedS 244f.). Schon deshalb kann die Freiheit nicht absolut, sondern nur *relativ* gegenüber bestimmten illegitimen Angriffen geschützt werden (vgl. Eser III 143f., M-Schroeder I 125, Wessels II/1 S. 77; noch weiter von der grds. Ungeschütztheit der Freiheit ausgehend Timpe aaO 20). Von den dadurch erforderlichen normativen Einschränkungen abgesehen (dazu § 240 RN 1f., 15ff.) lassen sich *zwei Erscheinungsformen* des Schutzguts der Freiheitsdelikte mit jeweils korrespondierenden Beeinträchtigungsformen unterscheiden (vgl. auch mit etwas anderer Akzentuierung M-Schroeder I 123f. sowie Gössel I 206f.):

3   1. Die Freiheit der **Willensentschließung** (Dispositionsfreiheit), die sowohl dadurch beeinträchtigt werden kann, daß jemand seiner Fähigkeit zur Willensentschließung *überhaupt* (wie z. B. durch Betäuben oder Hypnose) beraubt wird, als auch dadurch, daß jemand durch deliktischen Zwang oder durch List zu einem *bestimmten Entschluß* gebracht wird.

4   2. Die Freiheit der **Willensausübung** (Handlungsfreiheit i. e. S.), die insbes. dadurch beeinträchtigt werden kann, daß jemand gegen seinen Willen zu einem *bestimmten Verhalten* gezwungen wird (z. B. durch Einsperren, Festhalten, Beiseitestoßen, gewaltsames Führen der Hand o. dgl.).

5   III. Mögliche **Mittel der Freiheitsbeeinträchtigung** sind – neben der durch Betrug erfaßten Täuschung – *Gewalt, Drohung* und *List.* Dabei können manche Freiheitstatbestände durch jedes dieser Mittel verwirklicht werden (so z. B. §§ 234, 235, 237), während für andere nur Gewalt oder Drohung genügt (so z. B. bei §§ 240, 253), und wieder andere diese beiden

Mittel noch weiter einschränken auf Gewalt gegen eine *Person* oder Drohung mit *Leibes-* oder *Lebens*gefahr (§§ 249, 255) bzw. auf *Drohung mit Gewalt* (§§ 81, 113) oder *Gewalttätigkeit* (§ 125). Vgl. u. 26 ff., 30.

IV. Gewalt i. allg. S. der Freiheitsdelikte – also vorbehaltlich *besonderer* Erfordernisse bestimmter Tatbestände: u. 26 ff. – ist jedes Mittel, mit dem auf den Willen oder das Verhalten eines anderen durch ein gegenwärtiges empfindliches Übel eine Zwangswirkung ausgeübt wird (im wesentlichen ebenso D-Tröndle § 240 RN 5 ff., Horn SK § 240 RN 9 ff., Knodel aaO, insbes. 33 ff., Schäfer LK § 240 RN 5 ff.; grds. and. Jakobs H. Kaufmann-GedS 796 ff.: Gewalt als „Verletzung garantierter Rechte" [ähnl. Timpe aaO 70 ff.: Gewalt als „Kränkung absoluter Rechte"], womit freilich schon wegen des seinerseits konkretisierungsbedürftigen Garantierahmens kaum größere Bestimmbarkeit des Gewaltbegriffs erreicht wird und zudem wegen ausschließlicher Herleitung aus dem Nötigungstatbestand seine Verallgemeinerungsfähigkeit für andere Gewaltdelikte verloren geht; vgl. § 240 RN 1 a sowie Kühl StV 87, 129). Ebenso wie Drohung und List ist somit auch die Gewalt ein Mittel zur Einflußnahme auf Fremdverhalten. Doch während sich Gewalt und Drohung von der (mittels gewisser Fehlvorstellungen wirkenden) *List* durch die **Zwangswirkung** unterscheiden, hebt sich die Gewalt von der *Drohung* dadurch ab, daß der Zwangseffekt nicht nur durch Ankündigung einer sonst erst zu befürchtenden, sondern bereits **durch gegenwärtige Zufügung eines empfindlichen Übels** bewirkt wird (zust. BVerfGE **73** 237, 243; vgl. u. 9 mwN). Keine Gewalt ist somit die bloße Erzeugung „moralischen Drucks", wie etwa durch übermäßige Vorteilszuwendung (vgl. Horn SK § 240 RN 9), ebensowenig die rational wirkende (suggestive) Überredung, wohl aber die Hypnose (vgl. M-Schroeder I 129). Im übrigen hingegen setzt die Zwangswirkung weder eine besondere Kraftentfaltung seitens des Täters voraus (vgl. Horn SK § 240 RN 11, Knodel aaO 33 ff., M-Schroeder I 130 f., Schäfer LK § 240 RN 31 ff.), noch kommt es auf Seiten des Opfers entscheidend darauf an, ob der Zwang durch unmittelbare körperliche oder mittels Einwirkung auf Sachen erzeugt wird (vgl. aber auch u. 13, 17).

Dieser *allgemeine* Gewaltbegriff ist die Quintessenz einer Entwicklung, die zwar in Einzelergebnissen anfechtbar sein mag, in ihren Grundzügen jedoch unvermeidlich war, um mit den immer raffinierteren Formen moderner Zwangseinwirkung Schritt zu halten (vgl. BVerfGE **73**, 239 ff. m. Anm. Kühl StV 87, 127 ff., Schäfer LK § 240 RN 30 ff.). Dies geschah durch eine kontinuierliche „Vergeistigung" des **ursprünglichen Gewaltbegriffes,** für den eine *unter Anwendung von Körperkraft erfolgende Einwirkung auf den Körper des Opfers zur Überwindung eines Widerstandes* vorausgesetzt wurde (vgl. statt vieler RG **56** 88, **64** 115, Schäfer LK § 240 RN 5). Doch trotz verbaler Beibehaltung dieser Definition (vgl. BGH **16** 341, Neustadt MDR **57**, 309, Bay NJW **59**, 495, Celle NJW **59**, 1597, Koblenz VRS **20** 436; and. Karlsruhe MDR **59**, 233) ist von ihrem Inhalt kaum noch etwas übriggeblieben (näher zu dieser Entwicklung Arzt/Weber I 222 ff., Krey aaO 28 ff. sowie JuS 74, 418 ff., Keller aaO 87 ff., JuS 84, 109 ff., Müller-Dietz GA 74, 33 ff.). Dies wurde dadurch erleichtert, daß die vorgenannte Gewaltdefinition ursprünglich ohnehin nur die Grenzen der *vis absoluta* (u. 13) betraf, während für *vis compulsiva* (u. 15) schon das RG nicht die Kraftentfaltung des Täters, sondern die körperliche Zwangswirkung beim Opfer als entscheidend ansah und damit z. B. Schreckschüsse als Gewalt qualifizierte (RG **60** 157, **66** 355; zu dieser meist nicht gesehenen Differenzierung des RG vgl. Müller-Dietz aaO 44, ferner Otto NStZ 82, 212 f., Starck JZ 87, 146). Aber auch bei *vis absoluta* wurde das Merkmal der **Kraftentfaltung** – mit deren Bejahung z. B. beim Einsperren durch bloßes Abschließen einer Tür (RG **13** 50, **27** 406, **73** 343, i. E. zust. BGH GA **65**, 57; vgl. aber auch BGH NJW **81**, 2204) – zunächst aufgelöst und schließlich von BGH **1** 145 (m. Anm. Jagusch LM Nr. 1 zu § 249) ausdrücklich aufgegeben, wobei anerkannt wurde, daß wegen der gleichartigen *Wirkung* auch das „gewaltlose" Beibringen narkotischer Mittel als Gewalt anzusehen ist (ebenso BGH NJW **53**, 351, Blei II 71, M-Schroeder I 129; vgl. aber demgegenüber wieder die Betonung der physischen Kraftentfaltung in BGH NStZ **81**, 218, ohne daß jedoch dargetan wäre, worin etwa bei Ausschaltung des Opfers mit chemischen Sprays eigentlich jene Kraftentfaltung liegen bzw. wieviel für die nach BGH NStZ **85**, 71 genügende „gewisse – nicht erhebliche – körperliche Kraftentfaltung" erforderlich sein soll). Als Begrenzungsfaktor spielt damit das Kraftelement keine wirklich entscheidende Rolle, wird aber gelegentlich unter Vernachlässigung des – entscheidenden – Kriteriums der Zwangswirkung (u. 9) als hinreichendes Gewaltkriterium verwendet (vgl. BGH **16** 314, **25** 238). Statt dessen hat sich der Schwerpunkt mehr auf das Erfordernis einer **körperlichen Einwirkung auf das Opfer** verlagert (vgl. BGH NJW **81**, 2204 m. Anm. Otto JR 82, 116, Blei NJW 54, 583, Geilen JZ 70, 527, Schmidhäuser II 44; so im Grunde auch Arzt/Weber I 226, wenn sie mangelnden Kraftaufwand durch entsprechende technische Verstärkung – und damit praktisch durch den Zwangseffekt beim Opfer – ersetzt wissen wollen). Doch auch dieses Kriterium ist bereits weitgehend seines Sinnes beraubt, wenn etwa Gewalt durch Schreckschüsse mit der „Nervenerregung" (RG **60** 158) bzw. Nötigung durch dichtes Auffahren im Straßenverkehr u. a. damit begründet wird, daß dies „den Vorausfahrenden erheblich aus dem inneren Gleichgewicht bringen" könne (BGH **19** 266). Sachlich liegt hier lediglich eine psychische Zwangswirkung vor (vgl. LG Bonn StV **85**, 192, bezeichnend auch Bay JZ **86**, 405), die aber nach dem u. 15, 17 Ausgeführten durchaus generell ausreichen kann. Demgegenüber führt die Anwendung jenes Kriteriums insbes. in Fällen von *Sachgewalt* zu wenig plausiblen Distinktionen (vgl. u. 18) und darüber hinaus zu Widersprüchen in der Rspr.: so etwa wenn bei Unterbrechung der Strom- oder Wasserzufuhr durch den Vermieter einmal eine Körperwirkung und daher Gewalt verneint (Neustadt MDR **57**, 309; vgl. auch Bay NJW **59**, 495), das andere Mal dagegen beides bejaht wird (Karlsruhe MDR **59**, 233, Danzig LZ **28**, 922; vgl. auch Hamm NJW **83**, 1506). Schließlich wäre auch die Qualifizierung des Generalstreiks oder eines Sitzstreiks als Gewalt (BGH **8** 102, **23** 54) mit dem Erfordernis physischer Einwirkung nicht haltbar (vgl. auch Wolter/Schünemann u. Zechlin zu Beschränkungen aus dem Streikrecht u. 10). Gleiches gilt für den Versuch, körperlichen Zwang (wie als Minimum von Köln StV **90**, 267 gefordert) mit der Körperlichkeit des Hindernisses (AG Schwäb. Gmünd NJW **86**, 2445, AG Schwandorf NStZ **86**, 462, Offenloch JZ **88**, 13) bzw. damit zu begründen, daß der Genötigte, wollte er seinen Willen durchsetzen, den Täter körperlich verletzen oder gar töten müßte (BGH **23** 54, Düsseldorf NJW **86**, 943, Köln NJW **85**, 2435, Zweibrücken NJW **86**, 1055, Bick in BKA III 49 f.); denn auch insoweit handelt es sich gerade nicht um eine unmittelbare körperliche Einwirkung durch den Täter, sondern um einen (nur) psychisch vermittelten, mit der Angst des Opfers vor seinerseitiger körperlicher Abwehr kalkulierenden Zwang (i. gl. S. LG Heilbronn MDR **87**, 430, Bergmann Jura **85**, 459 f.; insoweit zutr. auch Wolter NStZ **85**, 246 f.; vgl. auch u. 16). Im übrigen braucht das Abheben auf eine körperliche Auswirkung durchaus nicht nur eine – an sich billigenswerte – Restriktion, sondern kann umgekehrt sogar eine Expansion des Gewaltbegriffs zur Folge haben, so wenn etwa das einen tödlichen Schock auslösende Vorhalten einer Pistole zur Annahme von Gewalt führt (BGH **23** 126), obwohl hier zumindest subjektiv ein (körperliches) Übel nicht

9 gesetzt, sondern nur angedroht werden sollte (vgl. Geilen JZ **70**, 528, u. 16). Solche Verdrängungen und Friktionen des ursprünglichen Gewaltbegriffes sind zur Erfassung aller strafwürdig erscheinenden Fälle nur dadurch zu vermeiden, daß er auch von der Rspr. so gefaßt wird, wie sie ihn in dem o. bei 6 wiedergegebenen Sinne der Sache nach schon seit längerem praktiziert und wie er nunmehr auch von der tragenden Meinung des BVerfG für verfassungsgemäß erklärt wurde: nämlich Gewalt als physische oder psychische **Zwangseinwirkung aufgrund einer** (über Drohung und List hinausgehenden) **gegenwärtigen Übelszufügung** (BVerfGE **73** 242 ff. m. Anm. Kühl StV **87**, 125 ff., Otto NStZ **87**, 212, Starck JZ **87**, 146 [abl. Calliess NStZ **87**, 209 f., Prittwitz JA **87**, 27 f.]; i. gl. S. bereits LG Frankfurt NStZ **83**, 25, Brohm JZ **85**, 503 ff., D-Tröndle § 240 RN 5, Horn SK § 240 RN 9, Rössner aaO 529; weitgehend ähnl. Kostaras aaO 62 ff.), wobei diese freilich einen Grad erreichen muß, wie auch im Falle einer Drohung erforderlich wäre (vgl. LG Bonn StV **85**, 192 sowie u. 17a. E.; zu weitgehend, da kaum noch Abgrenzung zur Drohung erlaubend, Gössel I 214 ff., wonach Gewalt als Unterwerfung und Ersetzung fremder Willensbildung oder -betätigung unter und durch den eigenen Willen des Täters zu verstehen sei).

10 Gegen diese sog. „Vergeistigung" bzw. „Entmaterialisierung" des Gewaltbegriffs hat sich freilich in letzter Zeit eine beachtliche **Gegenströmung** gebildet, die eine volle oder teilweise Rückkehr zum „klassischen" Gewaltbegriff (o. 7) fordert (vgl. etwa Arzt/Weber I 225, Blei II 71 f., Geilen H. Mayer-FS 495 ff., JZ **70**, 528, Hirsch Tröndle-FS 24, Krauß NJW **84**, 905, Krey JuS **74**, 418 ff., Müller-Dietz GA **74**, 33 ff., Schmidhäuser II 37 f., Wessels II/1 S. 77 ff., Wolter AK § 105 RN 7, NStZ **85**, 194 ff., ferner Kaufmann NJW **88**, 2583 sowie rechtsvergleichend Dearing StV **86**, 125 ff., Seiler Pallin-FS 399, ferner spez. zu Beschränkungen des Gewaltbegriffs bei Streiks im Hinblick auf Art. 9 III GG Schumann/Wolter, in: Däubler, Arbeitskampfrecht ² (1987) 213 ff., 264 ff., Zechlin AuR **86**, 295 f.), oder auch Neuformulierungen vorschlägt: So etwa begreift Calliess aaO 31 Gewalt wie Gewalttätigkeit als „primär physisch vermittelte soziale Interaktion" (vgl. auch NJW **85**, 1513), ähnlich schlägt die von der BReg eingesetzte Gewaltkommission zwar eine Beschränkung auf physische Gewalt vor, möchte aber Strafbarkeitslücken dadurch schließen, daß dem § 240 ein drittes Nötigungsmittel in Form vergleichbar schweren psych. Zwanges hizugefügt werden soll (Baumann ZRP **90**, 108, Schwind/Baumann aaO I 430 f., II 810 ff.), während Haffke ZStW **84**, 37 ff. die vis compulsiva nur als Sonderfall der Drohung und als Gewalt nur die vis absoluta in Form eines „Angriffs" versteht, an dem es bei der Verfolgung „sozial üblicher substanziell-eigener Interessen" regelmäßig fehle (58 ff.; ähnl. Dingeldey NStZ **82**, 160). Wieder and. Keller, der Gewalt – in Loslösung vom Rechtsgut der Freiheit und vom Zwangserfolg – auf generell untragbare Verhaltensweisen und aus Bestimmtheitsgründen auf tötende, körperverletzende, freiheitsberaubende oder gegenwärtig leib- oder lebensgefährdende Tätigkeiten beschränken will (aaO 215 ff., 161), damit aber – gesetzwidrig – nur die *Personengewalt* zu erfassen vermag. Eher umgekehrt versucht Köhler durch Betonung des Willens*beugungs*moments die vis absoluta auszuschließen (dazu § 240 RN 1a). Derartige Einschränkungsbemühungen sind sicherlich insoweit ernstzunehmen, als es nicht bloß um terminologische Grenzverschiebungen zwischen Gewalt und Drohung, sondern um sachliche Eingrenzungen des gesamten Tatbestandsbereiches geht; denn daß sonst der Schutz der Freiheit der einen leicht in Unterdrückung der politischen (Willensäußerungs- und Gestaltungs-)Freiheit anderer umschlagen kann, ist vor allem im Demonstrationsbereich nicht von der Hand zu weisen (vgl. u. a. Brink/Keller KJ **85**, 107 ff., Arzt/Weber I 230 ff., Krauß aaO). Auch bleibt sicherlich darauf zu achten, daß der Gewaltbegriff nicht durch stete Absenkung der Schwelle zur Gewalt „verharmlost" wird und damit seine tabuisierende Wirkung in der Gesellschaft verliert (vgl. Kube RuP **89**, 14). Statt dies jedoch durch bewußte Hinnahme zufälliger Lücken zwischen Gewalt und Drohung erreichen zu wollen, ist der Ausschluß nichtstrafwürdiger Freiheitsbeeinträchtigungen methodengerechter mit jenem Kriterium zu suchen,

das gerade der Umgrenzung sozialinadäquater Zwänge dient: mit der Verwerflichkeitsklausel der §§ 240 II, 253 II (vgl. Roxin JuS 64, 374f., Lenckner JuS 68, 254 sowie § 240 RN 15ff.). Danach kann insbes. gerade bei einem weiten Begriff von Gewalt diese schon von Verfassungs wegen nicht schon per se als verwerflich gelten (insoweit einmütig auch BVerfGE **73** 247ff.; näher § 240 RN 16); ähnlich verdienen dann spezielle Gewaltkriterien (wie etwa die *Person*gewalt bei § 249: u. 27) mehr Beachtung als bisher. Vgl. auch den rechtspol. Überblick zu Neudefinierungsversuchen bei König in BKA III 61ff.

Im einzelnen ist auf der Grundlage des hier vertretenen (o. 6) und im wesentlichen auch von der Rspr. praktizierten Gewaltbegriffes (o. 7ff.) folgendes zu beachten: **11**

1. Hinsichtlich der **Formen der Gewalt** ist zunächst zwischen vis absoluta und vis compulsiva zu unterscheiden (and. Gössel I 218): **12**

a) Gewalt in Form von **vis absoluta** ist das *unmittelbare Erzwingen eines Verhaltens*, indem entweder die Willensbildung (z. B. durch Betäubung) oder die Verwirklichung des vorhandenen Willens durch Beseitigung ihrer äußeren Voraussetzungen absolut unmöglich gemacht wird (insoweit ebenso Wessels II/1 S. 81): wie etwa durch Festhalten (vgl. aber BGH NJW **81**, 2204), Einsperren (insoweit and. Schmidhäuser II 47), Zurückstoßen (vgl. Schleswig SchlHA/L **87**, 105), Ausderhandschlagen (Karlsruhe Justiz **82**, 26) oder gezieltes Niederschreien eines Redners durch „Verbalterror" (vgl. BGH NJW **82**, 189 m. Anm. Dingeldey NStZ 82, 161, Schroeder JuS 82, 491, KG JR **79**, 162, Koblenz MDR **87**, 162; abl. Bergmann aaO 126, Keller aaO 158ff., Köhler NJW 83, 10 [dagegen Brendle NJW 83, 727], Schmidhäuser II 47; vgl. auch u. 16, aber auch § 240 RN 29 a. E.); näher zum Ganzen Knodel aaO 59, 72ff. Praktisch wird hier das äußere Verhalten des Opfers unmittelbar durch den Täter gesteuert, so daß von einer „Handlung, Duldung oder Unterlassung" des Opfers nur noch in einem uneigentlichen – gleichwohl für § 240 ausreichenden – Sinne gesprochen werden kann (vgl. § 240 RN 12, Horn SK § 240 RN 23). Auch unmittelbar erzwungene Quasi-Handlungen sind denkbar, so z. B. gewaltsames Führen der Hand eines anderen. Gewalt in Form von vis absoluta ist auch die ohne besonderen Kraftaufwand erfolgte und insofern „gewaltlose" Beibringung von Betäubungsmitteln (BGH **1** 145 m. Anm. Jagusch LM Nr. 1 zu § 249, BGH NJW **53**, 351, vgl. o. 7) oder Rauschmitteln (z. B. Alkohol, vgl. BGH **14** 82) sowie die Hypnose (vgl. M-Schroeder I 129; and. noch RG **64** 116), sofern nicht das Opfer mit der Anwendung des Mittels einverstanden ist (vgl. u. 21). Auch mittels **Einwirkung auf Sachen** kann absoluter Zwang ausgeübt werden: so z. B. durch Unbrauchbarmachen von Betätigungsmitteln (wie etwa eines Autos zwecks Verhinderung einer Fahrt oder Behinderung eines Pferdes: Köln MDR **79**, 777; and. Schmidhäuser II 48), es sei denn, daß eine Wiederinstandsetzung leicht möglich ist (wie bei Aufpumpen eines Fahrrads vgl. Bay NJW **87**, 3271), ferner durch Verschließen einer Tür zwecks Einsperrens (RG **13** 49, 27 406, 73 345, BGH GA **65**, 57; vgl. aber auch LG Saarbrücken NStZ **81**, 222) oder Aussperrens eines anderen (RG **69** 330, JW **27**, 1757 m. Anm. Grünhut, vgl. auch BGH **18** 135; einschr. RG GA Bd. **49**, 281; and. noch RG R **3** 12, RG **20** 354, GA Bd. **62** 131), durch Entziehung von Geschäftsunterlagen (BGH JR **88**, 75), u. U. auch durch Abdrehen von Strom und/oder Heizung (vgl. Hamm NJW **83**, 1506; vgl. aber auch o. 8 sowie § 240 RN 23), wobei freilich in Entziehungsfällen (insbes. hins. § 240) jeweils zu beachten ist, daß darin liegende Gewalt als Mittel zu einem über die Entziehungswirkung als solche hinausgehenden Zweck (wie bei § 240 ein abzunötigendes Verhalten des Opfers) dienen soll (woran es z. B. bei eigenmächtiger Inpfandnahme einer Sache fehlen kann: (nur) insoweit i. E. § 240 zutr. verneinend Köln StV **90**, 266; vgl. auch u. 25). **13**

Weiter gehören **beispielsweise** hierher das absichtliche (vgl. u. 25) Versperren der Ausfahrt aus einem Hof (Bay NJW **63**, 1261) oder Parkplatz (Koblenz VRS **20** 436, MDR **75**, 243), das Versperren der Fahrbahn durch ein langsam bzw. links fahrendes Fahrzeug (BGH **18** 389, NJW **63**, 1629, Celle NJW **59**, 1597, Saarbrücken VRS **17** 26, Hamm VRS **22** 50, **57** 348), während das Verstellen des Weges durch Personen – auch die „Reservierung" einer Parklücke (Bay NJW **53**, 1723, **63**, 824) – zwar ebenfalls Gewalt sein kann (vgl. RG **45** 153, DJZ **23**, 371, HRR **42** Nr. 193, Bay NJW **70**, 1803, Hamm VRS **59** 427), die jedoch bereits auf der Grenze zu bloßer vis compulsiva liegt (vgl. Köln NJW **79**, 2056 bei mangelnder Gefährdung). Vgl. dazu auch u. 16f. sowie § 240 RN 16, 24. Zu Sitzblockaden vgl. u. 22 a. E. **14**

b) Bei **vis compulsiva** wird Zwang (im Unterschied zur vis absoluta) nicht durch die äußere Ausschaltung von alternativen Verhaltensmöglichkeiten, sondern dadurch ausgeübt, daß das Opfer *mittels* (meist psychischen) *Drucks durch gegenwärtige Übelszufügung* zu einem bestimmten Verhalten motiviert wird (vgl. RG **64** 116, D-Tröndle § 240 RN 13, Eser IV 81, Horn SK § 240 RN 9, aber auch Boeckmann JZ **86**, 1051). Eine solche Gewalt kann auch in der Herbeiführung einer **Gefahr** liegen, wie z. B. durch dichtes Auffahren auf der Autobahn zur Erzwingung eines Überholvorgangs (BGH **19** 263, KG VRS **35** 437, Köln VRS **61** 425; für Drohung Karlsruhe Justiz **64**, 124; einschr. auch Frankfurt VRS **56** 286, KG VRS **63** 120), durch Schneiden nach **15**

§§ 234 ff. Vorbem 16, 17 Bes. Teil. Straftaten gegen die persönliche Freiheit

einem Überholvorgang (Celle NdsRpfl. 62, 68), durch Zufahren auf Menschen, um diese zum Ausweichen zu zwingen (BGH MDR/D 55, 145, DAR/S 87, 195, Bay NJW 61, 2074, 63, 824, KG VRS 11 198, Hamm NJW 73, 240, VRS 49 100) oder umgekehrt durch starkes Abbremsen, um einen Nachfahrenden zu scharfem Abbremsen zu zwingen (Celle VRS 68 43, Düsseldorf JZ 85, 544, NStZ 87, 401; vgl. auch Bay JZ 86, 407). Vgl. zum Ganzen auch die Nachw. bei § 240 RN 24.

16 Zwar wird Zwang in solchen Fällen genau genommen schon nicht mehr durch ein gegenwärtiges, sondern durch die Aussicht auf ein „drohendes" Übel erzeugt. Dennoch wird darin herkömmlicherweise zu Recht keine bloße Drohung (im Rechtssinne) erblickt, da hier der Täter *nicht* erst eine (noch) von seinem Willen abhängige Übelszufügung *nur angekündigt* (dann bloße „Drohung"), sondern bereits alle von seiner Seite aus erforderlichen *Bedingungen für den Übelseintritt gesetzt hat*, zu dessen Vermeidung das Opfer zu einem bestimmten Verhalten gezwungen ist (Geilen H. Mayer-FS 464, JZ 70, 526f.; insoweit i. gl. S. Ostendorf NJW 80, 2593; zur Begr. der Rspr. vgl. o. 8; dagegen für bloße Drohung Jakobs Peters-FS 84). Dies gilt erst recht für Fälle, wo jemand an der Durchsetzung seines Willens dadurch gehindert wird, daß er sonst sich selbst (z. B. durch vom Täter gelegte Bomben oder Selbstschüsse) oder auch den Täter körperlich verletzen oder gar töten müßte, so etwa der LKW- oder Straßenbahnführer gegenüber einem Sitzstreik (für Gewalt hier BGH 23 54 für Drohung Meurer/Bergmann JR 88, 50; vgl. auch o. 8, 14, u. 22 a. E.). Eine **gegenwärtige Übelszufügung** liegt hier immerhin im Zwangseffekt als solchem, der dadurch freilich mit den Zwangsmitteln konfundiert wird. Andererseits wäre nicht einzusehen, warum für solche Fälle von Zwang eine Lücke zwischen Gewalt und Drohung bestehen und z. B. eine Drohung mit Verkehrsbehinderung, nicht jedoch diese selbst, unter § 240 fallen sollte (vgl. Horn SK § 240 RN 11a). Dabei ist es letztlich eine sekundäre Frage, ob man solche Fälle einem (entsprechend berichtigten) Begriff der Drohung (so Jakobs aaO; vgl. auch Bergmann Jura 85, 460f., Horn SK § 240 RN 22) oder aber (wie hier) dem Gewaltbegriff subsumiert und dafür schon die Setzung eines potentiellen Übelssachverhalts ausreichen läßt (nicht aber dessen bloße Vorspiegelung). Im übrigen ist heute allgemein anerkannt, daß auch die vis compulsiva Gewalt ist, obwohl sie meist **Drohungselemente** mitenthält (Maurach Heinitz-FS 411, vgl. D-Tröndle § 240 RN 13, Knodel aaO 29ff., Lackner § 240 Anm. 3, M-Schroeder I 131, Schäfer LK § 240 RN 5; and. z. B. noch Binding I 83 sowie neuerdings Haffke, vgl. o. 10). So hat auch die Rspr. die Abgabe von Schreckschüssen (RG 60 157, 66 355, BGH 1 146, GA 62, 145) und (zu weitgehend) BGH 23 126 schon das Vorhalten einer entsicherten Pistole als Gewalt angesehen (zust. Maurach aaO; vgl. dagegen o. 8, u. 25, sowie § 251 RN 4, Geilen JZ 70, 528). Gewalt i. S. gegenwärtiger Übelszufügung können auch Streik und Aussperrung sein (vgl. BGH 8 102), mag auch deren Zwangswirkung primär durch die Aussicht auf Fortsetzung eintreten (vgl. auch u. 22, 31). Näher dazu Knodel aaO 50ff., 119f.; vgl. auch § 81 RN 4. Praktisch wird damit die Gewalt als Zwangsmittel nur noch *negativ* von der Drohung abgrenzbar: nämlich durch *Ausscheidung von Zwang mittels bloßer Übelsankündigung*. Deshalb ist die Ankündigung, mit einer Hausbesetzung fortzufahren, nicht erst Drohung (so aber Hamm NJW 82, 2676; vgl. auch Wolter NStZ 85, 252), sondern u. U. bereits Kompulsivgewalt (auch insoweit abl. Schön NJW 82, 2650). Entsprechendes gilt für lautstarke Forderungen gegenüber einem Dozenten auf Diskussion (nach BGH NJW 82, 189, Wolter aaO nur Drohung; vgl. o. 13, aber auch § 240 RN 29 a. E.).

17 Demgegenüber will die Rspr. auch noch auf die **physische Beeinträchtigung des Opfers** abheben (vgl. o. 8). Dies kann jedoch **nicht** überzeugen, und zwar bei vis compulsiva noch weniger als bei vis absoluta (vgl. o. 13); denn wenn es für Kompulsivgewalt auf die psychisch-motivatorische Zwangswirkung durch eine nicht erst nur angekündigte (dann bloße Drohung), sondern aktualisierte Übelszufügung ankommt (vgl. o. 6, 15f., u. 19), kann es keinen Unterschied machen, ob dies durch unmittelbar körperliche oder aber insbes. durch (zwangserzeugende) **Einwirkung auf Sachen** erfolgt (so mit Recht auch Müller-Dietz GA 74, 45): so z. B. durch eine Sachentwendung zur Erzwingung eines Rückgabeentgelts, während die Rspr. hier wegen mangelnden Körper- bzw. Personbezugs nur eine Drohung (mit Nichtherausgabe) annehmen will (vgl. RG 3 180, GA Bd. 56 222, Hamburg MDR 74, 330). Dementsprechend liegt im Zerkratzen eines Autos, um den Fahrer zu anderwärtigem Parken zu veranlassen, nicht bloß eine Drohung mit weiterer Beschädigung, sondern Kompulsivgewalt durch aktuelle Übelszufügung. Von praktischer Bedeutung wird diese Kontroverse vor allem dort, wo Zwang allein durch die *Wirkung vollendeter Tatsachen* ausgeübt wird und deshalb der Ausweg über die Drohung versagt: so etwa wenn ein Mieter durch Abstellen des Wassers oder Entfernung des Mobiliars zum Auszug bzw. ein mißbiliger Dorfbewohner durch Vergiftung seines Brunnens zum Wegzug gezwungen wird. Wollte man hier (mit RG 20 356, GA Bd. 35 64, Neustadt MDR 57, 309, vgl. auch Bay NJW 59, 495; aber auch o. 8) Gewalt ablehnen, so ergäbe sich die Friktion, daß zwar die Drohung mit derartigen Maßnahmen unter § 240 fiele, nicht dagegen deren unmittelbare Ausführung. Schon deshalb erscheint es geboten, als Gewalt einerseits jede, aber anderseits auch nur jene Übelszufügung anzusehen, mit der auch gedroht werden könnte (vgl. o. 9 u. 24 sowie BGH JR 88, 75, AG Schwäb. Gmünd NJW 86, 2445, ferner Dreher NJW 70, 1157, D-Tröndle § 240 RN 13, Horn SK § 240 RN 11a, Müller-Dietz in

Böhme aaO 24; i. E. wohl auch Schäfer LK § 240 RN 56; and. Schmidhäuser II 47, Sommer NJW 85, 769 ff., wo jedoch der hier vertretenen Auffassung fälschlich eine Gleichsetzung von gewaltkonstitutiver Zwangswirkung und der für § 240 zusätzlich erforderlichen Abnötigung eines bestimmten Opferverhaltens unterstellt wird; ähnl. Mißinterpretation bei Calliess NJW 85, 1509). Daß im übrigen der Körper- bzw. Personbezug kein *generelles* Gewaltkriterium darstellen kann, ergibt sich zudem e contrario auch aus den Tatbeständen, die (wie §§ 249, 255) ausdrücklich Gewalt gegen eine *Person* verlangen (u. 27).

Immerhin hat auch die Rspr. zumindest bei Einwirkung auf Sachen *in Anwesenheit* des Betroffenen **18** Gewalt bejaht (so insbes. in Vermieterfällen: RG **7** 271, **9** 58, **20** 355, **61** 157), obwohl dort einerseits nur ein ganz rudimentärer Körperbezug vorliegt und andererseits die betreffende Zwangswirkung von der Anwesenheit des Opfers bei der Tat nicht abhängt (zutr. dagegen Karlsruhe MDR **59**, 233). Gegen diese Differenzierung zwischen An- und Abwesenheit des Opfers auch Horn SK § 240 RN 11b, Schäfer LK § 240 RN 43 ff.

c) Auch durch **Einwirkung auf Dritte** kann Zwang mittels Gewalt – und zwar auch i. S. von **19** *Person*gewalt (u. 27) – ausgeübt werden (and. Schmidhäuser II 48; diff. Schroeder NJW 85, 2392 f.): so etwa (mit vis absoluta-Wirkung), wenn der Blinde durch Niederschlagen seines Führers bzw. die Insassen eines Verkehrsmittels durch Betäubung des Fahrers festgehalten werden (vgl. RG **17** 82, Schäfer LK § 240 RN 39). Ebenso genügt vis compulsiva in der Form, daß durch die Gewalt gegen die eine Person (z. B. Verprügeln, Einsperren) ein rein psychischer Zwang auf einen anderen ausgeübt wird, wobei es sich nicht notwendig um einander irgendwie „nahestehende" Personen handeln muß. Einschr. verlangt BGH **23** 50 hier wenigstens eine räumliche Nähe zwischen Nötigungs- und Gewaltopfer, womit die schon o. 18 abgelehnte Distinktion der Rspr. in Sacheinwirkungsfällen wieder anklingt. Dagegen wird das Näheerfordernis in BGH **8** 102 (zum Generalstreik) nicht aufgestellt.

d) Auch Anwendung von **Gewalt durch Unterlassen** ist möglich, gemäß § 13 aber nur **20** insoweit, als der Täter Garant für die Abwendung einer Zwangslage ist: so etwa wenn er eine Einsperrung zunächst ohne entsprechenden Vorsatz herbeigeführt hat (vgl. RG **13** 50, Bay NJW **63**, 1261, Koblenz VRS **20** 436, Eser NJW 65, 379, Schäfer LK § 240 RN 48, Knodel aaO 114 ff.; vgl. auch BGH NStZ **81**, 344). Zweifelhaft ist dagegen der Fall, daß eine Pflegeperson einen Kranken nicht versorgt, bis er ohnmächtig wird, um ihn dann unbehindert zu bestehlen (§ 249?); denn hier besteht eine *freiheits*bezogene Garantenstellung allenfalls mittelbar für die Gesundheit (vgl. § 13 RN 14).

2. Im übrigen ist für den allgemeinen Gewaltbegriff noch folgendes zu beachten:

a) Gewalt setzt eine Einwirkung **ohne Einverständnis** des Betroffenen voraus (vgl. 32 vor **21** § 32, Knodel aaO 90 f.). Ob dieses etwa durch List erschlichen ist, ist dabei gleichgültig. Daher ist Gewalt zu verneinen, wenn das Opfer infolge Täuschung über die wahren Absichten des Täters z. B. in eine Hypnose, Narkose oder sonstige Intoxikation einwilligt (vgl. BGH **14** 82, NJW **59**, 1092, Celle NJW **61**, 1079, § 177 RN 4; and. Maurach NJW **61**, 1051); denn dabei bedient sich der Täter lediglich des Mittels der List, nicht aber des Zwangs. Andererseits kann jedoch von einer „Einwilligung" keine Rede mehr sein, wenn das Opfer nicht nur über die Absichten des Täters, sondern über die Beibringung eines widerstandsausschließenden Mittels überhaupt getäuscht wird (z. B. durch heimliches Beibringen einer Droge). Auch kann bei pflichtwidriger Aufrechterhaltung z. B. einer Narkose oder Hypnose über den vom Einverständnis gedeckten Zeitraum hinaus Gewalt durch Unterlassen vorliegen (vgl. o. 20; and. noch RG **64** 116 zu Hypnose).

b) Die Gewalt braucht sich aber **nicht** unbedingt gegen einen **aktuellen Widerstand** zu **22** richten; denn entgegen einer weitverbreiteten, aber mißverständlichen Formel (vgl. o. 7) kann die Gewalt sowohl zur Überwindung eines *tatsächlichen* wie auch eines *erwarteten* Widerstandes dienen (vgl. Eser IV 80, Lenckner JR 83, 161, D-Tröndle § 240 RN 5). Daher ist nicht nur die Überwindung eines speziell den Täterabsichten entgegengesetzten Widerstandes ausreichend, sondern bereits die eines generellen Abwehrwillens (BGH **20** 32). Ebenso genügt schon die Unterdrückung von „unbewußten Abwehrmaßnahmen" eines fast bewußtlosen Opfers (BGH **16** 341; krit. Geilen JZ 74, 542) oder die „vorsorgliche" Ausschaltung des erwarteten Widerstandes eines Schlafenden, indem er angebunden (vgl. § 249 RN 4, aber auch § 239 RN 3) oder durch einen Schlag betäubt wird (RG **67** 186). Nach BGH **4** 210, **25** 237 soll Gleiches sogar für den Fall gelten, daß ein Bewußtloser zu deliktischen Zwecken an einen abgelegenen Ort geschafft wird, um u. a. Hilferufe bzw. Gegenwehr von vornherein aussichtslos zu machen, obwohl damit in jener Fallkonstellation gar nicht zu rechnen war und deshalb allenfalls ein (der Ortsveränderung) *mutmaßlich* entgegenstehender Wille des Opfers „überwunden" wurde (vgl. Eser IV 80, krit. auch Baldus LK^9 § 249 RN 5, Geilen JZ 74, 542, Horn SK § 240 RN 31); auch eine mögliche *Hilfe Dritter* wird hier diesen gegenüber jedenfalls nicht durch Zwang bzw. Gewalt

§§ 234 ff. Vorbem 23–27 Bes. Teil. Straftaten gegen die persönliche Freiheit

verhindert. Im übrigen kann durch Gewalt nicht etwa nur die Unterlassung von Widerstand i. e. S., sondern auch sonstiges Verhalten erzwungen werden: so z. B. das Anhalten von Verkehrsteilnehmern durch einen Sitzstreik (BVerfGE **73** 242 ff. [m. zust. Anm. Kühl StV 87, 122 ff., Starck JZ 87, 145 f.; krit. Otto NStZ 87, 212, Prittwitz JA 87, 27, abl. Calliess NStZ 87, 209 f.], BGH **23** 54, Bay JZ **86**, 404, Düsseldorf NJW **86**, 943, Koblenz NJW **85**, 2433, Köln NJW **83**, 2206, **85**, 2434, Stuttgart NJW **69**, 1543, NJW **84**, 1909, LG Koblenz StV **85**, 151, AG Erlangen StV **84**, 28, AG Schwäb. Gmünd NJW **86**, 2445, D-Tröndle § 240 RN 12, Ermer aaO 40 ff., Gössel I 220, Kostaras aaO 171, Müller-Dietz in Böhme aaO 24; nach Zweibrücken NJW **86**, 1055 jedoch nur, wenn es zu einer „konkreten, eine körperliche Zwangswirkung entfaltenden Konfrontation" kommt; grds. and. AG Frankfurt StV **83**, 374, **85**, 61, 373, 462, AG Reutlingen NStZ **84**, 508, Ott NJW **85**, 2386; wieder and. nach Bergmann Jura 85, 460, Wolter NStZ **85**, 248, 252; **86**, 249 zwar nicht Gewalt, u. U. aber Drohung; ersatzweise ebenso Nürnberg StV **84**, 29, AG Schwäb. Gmünd NJW **86**, 2445, Schroeder NJW **85**, 2392); darin braucht jedoch nicht zwingend eine strafbare Nötigung zu liegen; vgl. § 240 RN 14 a, 26 sowie allg. zur Vollendungsproblematik u. 29.

23   Keine Gewalt hingegen ist die bloße Ausnutzung eines **Überraschungsmoments**: so etwa das überraschende Wegreißen der Handtasche (vgl. § 249 RN 4 a mN) oder die überraschende Vornahme sexueller Handlungen an anderen (RG **77** 82, BGH **31** 76 m. Anm. Lenckner JR 83, 159, Hamburg JR **50**, 409; vgl. auch Schäfer LK § 240 RN 38). Tut der Täter jedoch mehr, als zur überraschenden Wegnahme erforderlich wäre, etwa weil er effektiven Widerstand erwartet, so kann Gewaltanwendung vorliegen (vgl. BGH NJW **55**, 1404, Baldus LK[9] § 249 RN 8). Eingeh. dazu Knodel JZ 63, 702.

24   c) Die Gewalt braucht auch **nicht unwiderstehlich** zu sein; insbes. kommt es nicht darauf an, ob sich der Genötigte dem Zwang durch Widerstand, Flucht oder Anrufung fremder Hilfe entziehen konnte bzw. hätte entziehen können (vgl. KG VRS **35** 437). Immerhin ist aber einschränkend und in Parallele zur Drohung i. S. von § 240 zu fordern, daß sich das angewandte Zwangsmittel als ein objektiv **empfindliches Übel** darstellt, nämlich einen Grad an *Zwangsintensität* erreicht hat, der geeignet ist, einen normal empfindenden Menschen in der gewollten Richtung zu beeinflussen (vgl. o. 9, 17; i. S. einer solchen *wirkungs*geeigneten Intensität auch schon BGH **23** 54, **31** 201, **32** 174 m. Anm. Arzt JZ 84, 429, während Wessels II/1 S. 77 primär auf die *Angriffs*intensität abheben will; vgl. auch Müller-Dietz GA 74, 48). Daran fehlt es etwa bei Besetzung eines leerstehenden Hauses, wenn seiner Räumung kein – und zwar nicht einmal passiver – Widerstand entgegengesetzt werden soll (LG Münster NStZ **82**, 202), nicht aber auch dann noch, wenn die Besetzer ankündigen, das Haus unter keinen Umständen freigeben zu wollen (Hamm NJW **82**, 2676). Auch bei einer nur vorübergehenden kurzfristigen Behinderung, durch welche eine Handlung zwar verzögert oder erschwert, aber letztlich nicht verhindert wird, kann es an der erforderlichen Zwangsintensität fehlen (so etwa beim Ausderhandschlagen von Flugblättern: vgl. Karlsruhe Justiz **82**, 26). Da der Grad der Zwangsintensität an einem objektiven Maßstab zu messen ist (Horn SK § 240 RN 10), kann die bloße Ausnutzung von Überängstlichkeit oder Aberglauben (z. B. durch den als Gespenst verkleideten Täter, vgl. Geilen JZ 70, 527) nicht genügen (vgl. auch § 240 RN 9, § 241 RN 5, Eser III 146).

25   d) **Subjektiv** setzt Gewalt voraus, daß der Täter beabsichtigt, durch Einwirkung auf Personen oder Sachen einen aktuellen oder erwarteten Widerstand des Opfers auszuschalten (vgl. Wessels II/1 S. 81) oder dieses zu einem sonstigen Verhalten zu zwingen (vgl. o. 22). Auch die Übelszufügung als solche muß vom Täter (insbes. bei vis compulsiva) absichtlich als Zwangsmittel eingesetzt werden und darf nicht nur unbeabsichtigte Nebenfolge z. B. einer Drohung sein (dies zu BGH **23** 126; vgl. o. 9). Vgl. auch § 240 RN 34. Zu beachten ist weiter, daß Gewalt durch Übelszufügung stets nur *Mittel* für einen weiteren Zweck, nicht aber Selbstzweck sein kann; so ist z. B. die bloße Wegnahme (vgl. o. 13 zu Köln StV **90**, 266) und Herausgabeverweigerung einer streitigen Sache nicht schon gewaltsame Nötigung zu einem Verzicht (Wessels II/1 S. 80). Vgl. auch § 240 RN 40.

26   3. *Abweichend* von diesem *allgemeinen* Gewaltbegriff können in einzelnen Tatbeständen **besondere Gewaltelemente** gefordert sein und dadurch zu einer Einengung führen (näher Knodel aaO 162 ff., Krey in BKA II 22 ff., teils and. Wolter AK § 105 RN 6 ff., NStZ 85, 250 f.):

27   a) Das gilt insbes. für die §§ 249, 255, wo **Gewalt gegen eine Person** vorausgesetzt wird (vgl. auch § 113 RN 42, § 177 RN 4). Anders als bei § 240, für den jede Form von Gewalt, also sowohl Person- wie auch Sachgewalt genügt (vgl. dort RN 7), reicht letztere für § 249 nicht aus (vgl. dort RN 4 f. sowie Eser IV 81 f.). Wer daher ein Auto beschädigt, um bei dessen Eigentümer andernorts ungestört stehlen zu können, begeht zwar § 303 in Tatmehrheit mit § 242 (und u. U. § 240), nicht aber § 249. Ähnlich erfüllt Sachentziehung zu Erpressungszwecken nur § 253, nicht aber § 255. Auch gegenüber der Drohung ergeben sich dabei keine der o. 17

genannten Friktionen, weil bei §§ 249, 255 auch die Drohung auf körperliche Einwirkungen (mit Leibes- oder Lebensgefahr) beschränkt ist. Vgl. auch o. 19.

b) Dagegen kennzeichnet der gelegentlich verwendete Begriff der **„Gewalttätigkeit"** (z. B. § 125; vgl. dort RN 5) nicht ein Zwangsmittel i. e. S., sondern schlechthin den Angriff auf Personen oder Sachen in ihrer körperlichen Existenz durch physische Kraftentfaltung (vgl. auch RG **45** 157, Knodel aaO 172 ff., Wolter NStZ **85**, 251). Calliess aaO 33 ff. versteht freilich Gewalt durchweg in diesem Sinne (vgl. o. 10). **28**

c) Über solche ausdrücklichen Sonderformen von Gewalt hinaus können sich auch **tatbestandsspezifische Einschränkungen** des Gewaltbegriffs ergeben, wie vor allem im Bereich der Staatsschutzdelikte (vgl. BGH **32** 169 ff. sowie § 81 RN 4, § 105 RN 6). Ähnliche Einschränkungsbemühungen sind bei den Sexualdelikten zu beobachten (vgl. BGH **31** 76 m. Anm. Lenckner JR **83**, 159, BGH NJW **81**, 2204 [m. Anm. Otto JR **82**, 116], NStZ **86**, 409, ferner Keller NStZ **84**, 113 ff.), wobei jedoch die Betonung des Körperlichkeitsmoments dem gebotenen Opferschutz geradezu diametral zuwiderläuft (vgl. Rössner aaO, insbes. 532 ff., aber auch § 177 RN 4). **28a**

4. Vollendet ist die **Gewaltanwendung als solche** mit Setzung der Umstände bzw. der Übelszufügung, die zur Auslösung der Zwangswirkung geeignet und bestimmt ist. Unwesentliche Abweichungen vom Täterplan sind dabei unerheblich, so wenn z. B. der gezielte, aber fehlgehende Schuß seine Wirkung als Schreckschuß tut. Dagegen ist es eine Frage des jeweiligen Tatbestandes, was ansonsten noch zur *Vollendung der Tat insgesamt* erforderlich ist. So verlangt etwa § 240 (dort RN 13 ff.) Kausalität zwischen der Einwirkung und einem Verhalten des Opfers, so daß insoweit die vorsorgliche Ausschaltung einer Verhaltensmöglichkeit (vgl. o. 22), die das z. B. schlafende oder ohnmächtige Opfer ohnehin nicht realisiert hätte, jedenfalls nicht genügt (vgl. auch § 239 RN 3). Anders ist dies etwa bei § 249 (dort RN 6), wo die Einwirkung auf das Opfer vom Täter nur *subjektiv als Mittel* (zur Wegnahme) eingesetzt, nicht aber objektiv kausal geworden sein muß (vgl. Eser NJW 65, 378 ff., Horn § 240 SK 27). Insoweit ist daher die o. bei 22 referierte Rspr. primär für § 249, nicht so sehr für § 240 relevant. **29**

V. Die **Drohung** bezeichnet das Inaussichtstellen eines Übels, dessen Verwirklichung davon abhängen soll, daß der Bedrohte nicht nach dem Willen des Täters reagiert. Das angedrohte Übel wird in den verschiedenen Tatbeständen z. T. nicht näher gekennzeichnet (z. B. §§ 234 f., 237), teils verlangt das Gesetz die Drohung mit einem empfindlichen Übel (z. B. §§ 108, 240, 253), mit Gewalt (z. B. §§ 81, 107, 113), mit der Begehung eines Verbrechens (z. B. § 241) oder mit einer gegenwärtigen Gefahr für Leib oder Leben (z. B. §§ 177, 178, 249, 252, 255). Zu parallelen Differenzierungen bei Gewalt vgl. o. 26 ff. Dabei gelten für den **allgemeinen** Drohungsbegriff folgende Grundsätze: **30**

1. Eine Drohung liegt nur vor, wenn der Drohende den Eintritt des Übels als von seinem *Willen abhängig* darstellt, dieser also tatsächlich oder scheinbar „Herr des Geschehens" ist (BGH **31** 201). Dies ist nicht nur der Fall, wenn er ein von ihm selbst zu bewirkendes Übel in Aussicht stellt, sondern auch dann, wenn er mit der Übelszufügung durch einen Dritten droht, auf dessen Willen er Einfluß zu haben vorgibt (RG **24** 152, **27** 308, BGH **7** 197, **16** 387, Bay **51** 213, NJW **60**, 1965, Hamburg HESt **2** 316). Damit unterscheidet sich die Drohung von der bloßen **Warnung**, durch die lediglich auf eine unabhängig vom Willen des Warnenden eintretende Folge eines bestimmten Verhaltens hingewiesen werden soll (RG **34** 19, **54** 237, JW **23**, 398, HRR **42** Nr. 675, BGH NJW **57**, 588, Bay **55** 12, Frankfurt HESt **2** 234). Dagegen ist die Warnung vor einer von dem Warnenden selbst herbeizuführenden Folge rechtlich eine Drohung (vgl. Schäfer LK § 240 RN 51). Dies gilt auch dann, wenn der Täter vorspiegelt, bereits sämtliche Bedingungen für einen Übelseintritt gesetzt, z. B. eine Bombe gelegt zu haben (insoweit zutr. Jakobs Peters-FS 84 f.; vgl. auch u. 33), während die tatsächliche Setzung Gewalt darstellt (vgl. o. 16 sowie spez. zu Sitzblockaden o. 22). **31**

2. Die Drohung muß nach dem Willen des Täters unmittelbar oder mittelbar **zur Kenntnis des Bedrohten** gelangt sein. Ob der Bedrohte sich der Drohung erst nach einer Überlegung fügt, ist ohne Bedeutung (RG **64** 16). **32**

3. Unerheblich ist, ob der Drohende die Drohung verwirklichen will; es genügt, wenn sie objektiv den **Eindruck der Ernstlichkeit** erweckt und dem Bedrohten auch als ernsthaft erscheint (RG **2** 286, **4** 10, **12** 198, DRiZ **33** Nr. 692, BGH **26** 310, Bay NJW **63**, 824; vgl. auch RG **75** 246), oder wenn der Täter weiß, sein Verhalten werde vom anderen als Drohung aufgefaßt, und er dies ausnutzt. Unter denselben Voraussetzungen kommt es auch auf die Ausführbarkeit der Drohung nicht an (RG **3** 262; vgl. auch Bay **55** 12). Daher kann eine Drohung sich mit den Elementen der List vereinen oder die Wirkung der Drohung durch List verstärkt werden; vgl. § 253 RN 37. Auch die Ausnutzung von Dummheit, nicht aber von Aberglauben kann zu einer **33**

Drohung führen (vgl. o. 24). Im übrigen ist unerheblich, ob der Täter an die Ausführbarkeit glaubt; er muß nur davon ausgehen, sein Opfer werde daran glauben (vgl. § 241 RN 7). Dieser Drohungseindruck kann auch durch schlüssiges Verhalten erzeugt werden, wofür freilich nicht genügt, daß lediglich das Opfer eine Gefährdung erwartet; vielmehr muß der Täter auch seinerseits billigend damit rechnen, daß sein Verhalten als dazu bestimmt und geeignet angesehen wird, den Widerstand des Opfers zu brechen (vgl. BGH MDR/H **87**, 281). Dementsprechend kann auch in früheren bzw. im Vorbereitungsstadium einer Tat vorgenommenen Gewalttätigkeiten eine konkludente Drohung liegen, wie etwa, wenn der Täter erkennt und billigt, daß das Opfer offenbar mit einer Wiederholung der Gewalttätigkeit rechnet und daher das jetzige Verhalten des Täters als Drohung mit gegenwärtiger Gefahr für Leib oder Leben empfindet (vgl. BGH NStZ **86**, 409).

34   Die Drohung kann auch **bedingt** sein in dem Sinn, daß die Zufügung des angekündigten Übels von dem Eintritt oder Nichteintritt eines bestimmten Umstandes abhängen soll (BGH **16** 386). Je ungewisser allerdings der Eintritt der Bedingung ist, um so mehr kann die Ernstlichkeit der Drohung zweifelhaft werden (BGH **16** 386). Dies gilt auch dort, wo die Drohung, wie in § 241, nicht als Nötigungsmittel wirken soll, sondern sich in dem schlichten Ankündigen des Übels erschöpft (vgl. RG **20** 180). Wird zu Nötigungszwecken gedroht, so ist die Verwirklichung des angedrohten Übels ohnehin schon durch das Verhalten des Opfers bedingt; jedoch kann die Drohung auch hier weitere, davon unabhängige Bedingungen enthalten.

35   4. Gedroht werden kann sowohl **durch Unterlassen** als auch **mit Unterlassen.** Ersterenfalls ist eine Garantenstellung erforderlich, so z. B. wenn der Täter zunächst ungewollt den Eindruck einer Drohung erweckt und dies ausnutzt (vgl. Horn SK § 240 RN 21, aber auch o. 20; grds. abl. Bergmann aaO 148). Dagegen ist bei Drohung *mit* einem Unterlassen zu differenzieren: Kann Gegenstand einer Drohung z. B. nur eine „strafbare Handlung" sein (vgl. § 241), so gelten dafür die Grundsätze über Unterlassungsdelikte (§ 13). Dagegen ist für die Frage, ob ein Unterlassen ein empfindliches Übel i. S. des § 240 darstellt, das Bestehen einer Rechtspflicht ohne Bedeutung (vgl. § 240 RN 9f., Eser III 146, 151, Gössel I 224; and. Jakobs Peters-FS 67, ihm folgend Horn SK § 240 RN 16; einschr. will Schroeder JR 77, 358 darauf abstellen, ob hinsichtlich der Handlung, deren Unterlassen angedroht wird, zunächst gewisse „Erwartungen geweckt" wurden).

36   5. Das angedrohte Übel kann sich gegen den **Bedrohten oder einen Dritten** richten. Im letzteren Fall muß sich aber die Verwirklichung der Drohung auch für deren Adressaten als ein Übel darstellen, was nicht nur dann zutrifft, wenn zwischen dem Dritten und dem Bedrohten nähere persönliche Beziehungen bestehen (vgl. Schäfer LK § 240 RN 54, aber auch RG **17** 82; grdl. Bohnert JR 82, 397ff.). Lediglich in § 241 muß es sich (wie in § 35) um einander „nahestehende" Personen handeln, weil dort nur besonders gravierende Bedrohungen erfaßt werden (vgl. § 241 RN 1, 6), während für die übrigen Drohungstatbestände eine Zwangserzeugung durch jegliche (empfindliche) Übelsankündigung ausreicht. Vgl. im übrigen auch die zu § 239a RN 14f. entwickelten Grundsätze.

37   6. Somit ist für die **Abgrenzung von Gewalt und Drohung** nach dem hier vertretenen Gewaltbegriff (o. 6ff.) entscheidend, daß zwar sowohl bei Gewalt als auch bei Drohung die *Zwangs*wirkung eine gegenwärtige ist, das angedrohte *Übel* jedoch bei Drohung lediglich in Aussicht gestellt, bei Gewalt hingegen bereits gegenwärtig ist (vgl. o. insbes. 16f., ferner Knodel aaO 61ff., Eser IV 81, Horn SK § 240 RN 22, Rössner aaO 535, Wessels II/1 S. 82; i. gl. S. BGH **23** 126; vgl. aber auch Boeckmann JZ 86, 1051, Schwind/Baumann aaO II 885f.; and. Sommer NJW 85, 769ff.).

38   VI. Unter **List** ist ein Verhalten zu verstehen, das darauf abzielt, unter geflissentlichem und geschicktem Verbergen der wahren Absichten oder Umstände die Ziele des Täters durchzusetzen (BGH **1** 201, **16** 62, **32** 269, MDR **62**, 751 [sehr weitgehend], Bremen JR **61**, 108, Vogler LK 9 vor § 234). Dies wird zwar idR durch Täuschung, d. h. Irrtumserregung, geschehen; notwendig ist dies jedoch nicht (Vogler aaO; and. Bohnert GA 78, 361ff.). Andererseits ist eine einfache, leicht durchschaubare Lüge nicht ohne weiteres List (Bremen JR **61**, 107). Denkbar ist z. B. auch, daß der Täter vorhandene Irrtümer ausnutzt (RG **17** 93, HRR **42** Nr. 131, BGH **1** 201, 366, **10** 377, **16** 62, Hamburg HESt **2** 300, D-Tröndle § 234 RN 3). Keine List ist aber das bloße „hartnäckige" Verschweigen z. B. des Aufenthaltsorts eines Kindes, und zwar auch bei Bestehen der Offenbarungspflicht (vgl. Bohnert aaO 362; and. RG **17** 93; vgl. auch BGH NJW **57**, 1642). Bei Bewußtlosigkeit des Opfers kommt List allenfalls gegenüber (schutzbereiten) Dritten, nicht aber gegenüber dem Opfer selbst in Betracht (vgl. BGH **25** 238, Geilen JZ 74, 540).

Verschleppung §§ 234, 234a

§ 234 Menschenraub

Wer sich eines Menschen durch List, Drohung oder Gewalt bemächtigt, um ihn in hilfloser Lage auszusetzen oder in Sklaverei, Leibeigenschaft oder in auswärtige Kriegs- oder Schiffsdienste zu bringen, wird mit Freiheitsstrafe nicht unter einem Jahr bestraft.

I. Beim **Menschenraub** handelt es sich um einen Spezialfall der Freiheitsberaubung nach § 239, bei 1 dem der Täter bestimmte Absichten mit dem Geraubten verfolgen muß (für Eigenständigkeit des § 234 Gössel I 253). **Ergänzend** kommt in Betracht das Ges. v. 28. 7. 1895 betr. die Bestrafung des Sklavenraubs und des Sklavenhandels (näher Binding I 110). Zur Entstehungsgeschichte vgl. Vogler LK vor 1.

II. Für den **objektiven Tatbestand** ist erforderlich, daß sich jemand eines Menschen durch 2 List, Drohung oder Gewalt bemächtigt.

1. Gegenstand des Verbrechens kann jeder **Mensch** sein ohne Rücksicht auf Alter, Geschlecht 3 und Willensfähigkeit.

2. Eines anderen hat sich **bemächtigt,** wer die physische Herrschaft über dessen Person 4 gewonnen hat (vgl. § 239a RN 7). Es ist nicht erforderlich, daß der andere fortgeschafft oder von seinem gewöhnlichen Aufenthaltsorte ferngehalten wird.

3. Die Bemächtigung muß durch **List, Drohung** oder **Gewalt** erfolgen; vgl. dazu 5 ff. vor 5 § 234. Die durch das Tatmittel erlangte Einwilligung ist unbeachtlich (Vogler LK 15). Diese Tatmittel sind auch gegenüber Dritten, unter deren Obhut das Opfer steht, anwendbar (Vogler LK 5).

III. Für den **subjektiven Tatbestand** ist zunächst **Vorsatz** erforderlich. Weiter muß die **Ab-** 6 **sicht** bestehen, den Menschen in hilfloser Lage auszusetzen oder in Sklaverei, Leibeigenschaft oder in auswärtige Kriegs- oder Schiffsdienste zu bringen, wobei Absicht ein zielgerichtetes Handeln verlangt (vgl. § 15 RN 65, 85; and. D-Tröndle 4, Vogler LK 7, die direkten Vorsatz unter Ausschluß bedingten Vorsatzes genügen lassen). Über Aussetzung vgl. § 221. Im Unterschied dazu ist hier aber nicht erforderlich, daß der Geraubte wegen jugendlichen Alters, Gebrechlichkeit oder Krankheit hilflos ist und daß er schon vor der Tat hilflos war; es genügt, daß er hilflos werden sollte. Da es sich bei der Absicht um ein tatbezogenes Merkmal handelt, findet § 28 keine Anwendung.

IV. Der **Versuch** ist strafbar (Verbrechen) und z. B. dann gegeben, wenn das Opfer die List 7 durchschaut und gleichwohl den Anweisungen des Täters folgt (Vogler LK 15).

V. **Idealkonkurrenz** kommt z. B. in Betracht mit §§ 109h, 169 sowie mit § 235. § 239 I wird durch 8 § 234 verdrängt (D-Tröndle 7). Die Tat ist (ebenso wie § 239) **Dauerdelikt** (RG DR **42,** 438).

§ 234a Verschleppung

(1) Wer einen anderen durch List, Drohung oder Gewalt in ein Gebiet außerhalb des räumlichen Geltungsbereichs dieses Gesetzes verbringt oder veranlaßt, sich dorthin zu begeben, oder davon abhält, von dort zurückzukehren, und dadurch der Gefahr aussetzt, aus politischen Gründen verfolgt zu werden und hierbei im Widerspruch zu rechtsstaatlichen Grundsätzen durch Gewalt- oder Willkürmaßnahmen Schaden an Leib oder Leben zu erleiden, der Freiheit beraubt oder in seiner beruflichen oder wirtschaftlichen Stellung empfindlich beeinträchtigt zu werden, wird mit Freiheitsstrafe nicht unter einem Jahr bestraft.

(2) In minder schweren Fällen ist die Strafe Freiheitsstrafe von drei Monaten bis zu fünf Jahren.

(3) Wer eine solche Tat vorbereitet, wird mit Freiheitsstrafe bis zu fünf Jahren oder mit Geldstrafe bestraft.

Schrifttum: Maurach, Das Gesetz zum Schutze der persönlichen Freiheit, NJW 52, 163. – Amtliche Denkschrift DRiZ 51, 162.

I. Die Vorschrift richtet sich gegen die **konkrete Individualgefährdung** von *Leib* oder *Leben,* 1 *persönlicher Freiheit* und *freier wirtschaftlicher Betätigung* (vgl. BGH NJW **60,** 1211) gegenüber bestimmten Formen der Verschleppung. Schutzgut ist somit weder allein die Menschenwürde (so Maurach BT[5] 401) noch ausschließlich die Freiheit (so Blei II 87), sondern die Gesamtheit dieser Rechtsgüter (vgl. Horn SK 2, Vogler LK 1; dort vor 1 auch Näheres zur Entstehungsgeschichte; zur Einstufung in die polit. Kriminalität vgl. Laubenthal MSchr Krim 89, 326). Soweit es sich um eine *Inlandstat* handelt, sind In- und Ausländer gleichermaßen geschützt (D-Tröndle 3, Horn SK 2), während sich der Schutz gegen *Auslandstaten* nach § 5 Nr. 6 auf „Inlandsdeutsche" beschränkt (vgl. dort RN 12f.; nur insoweit sind die teleologischen Schutzeinschränkungen von Vogler LK 3 begründet).

2   II. Als **Tathandlung** kommt das Verbringen eines Menschen in ein Gebiet außerhalb des räumlichen Geltungsbereichs des § 234 a oder das Hindern an einer Rückkehr von dort in Betracht.

3–5   1. Das **Verbringen** setzt die Begründung eines tatsächlichen Herrschaftsverhältnisses über das Opfer voraus. Eine psychische Beeinflussung reicht hierfür ebensowenig aus wie bei der Entführung; vgl. § 236 RN 4ff. Dem Verbringen gleichgestellt ist das **Veranlassen,** sich in ein solches Gebiet zu begeben. Ausreichend ist ferner das **Abhalten von der Rückkehr** aus dem fremden Gebiet, in das sich das Opfer vorher freiwillig begeben hatte.

6   2. Die Verbringung muß geschehen in ein Gebiet **außerhalb des räumlichen Geltungsbereichs** des § 234a, also außerhalb der Bundesrepublik (vgl. 32 vor § 3).

7   3. Als **Tatmittel** kommt neben **Gewalt** oder **Drohung** auch **List** in Betracht (vgl. 5ff. vor § 234).

8   III. Als **Folge** der Tat muß das Opfer durch die *Gefahr politischer Verfolgung* (u. 9) *bestimmten Individualgefährdungen* (u. 10) ausgesetzt sein.

9   1. Die Gefahr einer **Verfolgung aus politischen Gründen** (zur eigenständigen Bedeutung dieses Merkmals vgl. Vogler LK 13f.) ist hier anzunehmen, wenn sie aus Gründen der Machtausübung oder der Machtkämpfe eines fremden Regimes erfolgt (Arndt SJZ 50, 112), wobei auch rassische, religiöse oder sonstige weltanschauliche Motive mitbestimmend sein können (D-Tröndle 8). Erfaßt wird also auch die Verschleppung zur Zwangsarbeit etwa als Ingenieur, Wissenschaftler, Forscher. Hierher gehört weiter auch eine Verfolgung, die unter dem Anschein der Bekämpfung von Wirtschaftsstraftaten oder angeblich verwerflicher Bestrebungen auf kulturellem oder weltanschaulichem Gebiet in Wirklichkeit politischen Zwecken dient. Der politische Grund braucht nicht der einzige zu sein, sofern er nur wesentlich mitbestimmt ist. Das kann auch bei Verdächtigung wegen einer an sich nicht-politischen kriminellen Tat (wie etwa Drogendelikte oder unerlaubter Waffenbesitz) der Fall sein (vgl. BGH **6** 166, LG Dortmund NJW **54**, 1539; vgl. auch Horn SK 6), vorausgesetzt jedoch, daß aus politischen Hintergründen eine rechtsstaatswidrige Verfolgung zu befürchten ist (vgl. LG Koblenz NStZ **83**, 508; zu pauschal OLG Koblenz NStZ **82**, 525); ebenso bei der Verfolgung wegen „Republikflucht" (BGH **14** 104).

9a   2. Die **Gefahr** der politischen Verfolgung muß eine *konkrete* sein (Horn SK 5). Das ist zwar nicht schon dadurch ausgeschlossen, daß sich das Opfer noch im Inland befindet, während der zu befürchtende Verletzungserfolg als solcher nur im Ausland eintreten kann; wohl aber müssen hinreichende Anhaltspunkte dafür bestehen, daß das im Inland befindliche Opfer in die Hand der ausländischen Macht geraten könnte (vgl. LG Koblenz NStZ **83**, 509).

10   3. Infolge der Gefahr politischer Verfolgung muß ferner das Opfer Gefahr laufen, durch rechtsstaatswidrige Maßnahmen bestimmte **Schädigungen** zu erleiden:

11   a) Im **Widerspruch zu rechtsstaatlichen Grundsätzen** stehen sowohl menschenrechtswidrige Verfolgungsmethoden, gerichtliche Scheinverfahren oder sonstwie unabdingbaren Prozeßgrundsätzen widersprechende Verfahren (vgl. Schroeder JR 86, 164) als auch die Verhängung von unmenschlichen oder grob ungerechten oder im Gesetz nicht vorgesehenen Strafen oder Maßnahmen (vgl. auch BGH **1** 392, OGH **1** 93, Maurach NJW 52, 165). Zu U- und Strafhaft wegen Republikflucht vgl. KG ROW **89**, 311.

12   b) Für **Gewalt- und Willkürmaßnahmen** ist kennzeichnend, daß mit dem Opfer nach den Zwecken und den Vorstellungen des fremden Regimes verfahren wird, ohne daß sich dieses an die Grundsätze der Gerechtigkeit und Menschlichkeit hält (vgl. BGH **1** 392, OGH **1** 50, 51, 58). *Maßnahme* ist weiter als Verfahren; zu den Maßnahmen gehören auch Handlungen von Parteien, Organisationen und einzelnen Personen. Allerdings werden nicht alle Maßnahmen eines den rechtsstaatlichen Maßstäben des Grundgesetzes nicht entsprechenden Staates schon allein deshalb, weil sie überhaupt der Förderung staatlicher Ziele dienen und zu hier einschlägigen Nachteilen führen, zu Gewalt- und Willkürmaßnahmen zu zählen sein, sondern nur dann, wenn sie selbst infolge ihres rechtsstaatswidrigen Grades jene Kennzeichnung verdienen, was z. B. bei Verfolgung von Devisenverstößen oder auch bei sonstigen nicht rechtshilfefähigen Verfahren nicht ohne weiteres der Fall ist (BGH **33** 238 m. krit. Anm. Schroeder JR 86, 162).

13   c) Durch diese Verfolgung und durch diese Maßnahmen muß das Opfer der Gefahr ausgesetzt werden, **Schaden an Leib oder Leben** zu erleiden, der **Freiheit** beraubt oder in seiner beruflichen oder **wirtschaftlichen Stellung** empfindlich beeinträchtigt zu werden; das letztere kann z. B. geschehen durch Einziehung des Vermögens oder Ausschluß der Möglichkeit zur beruflichen Betätigung. Über Leib oder Leben vgl. § 34 RN 9, über Beraubung der Freiheit vgl. BGH **1** 392 sowie § 239 RN 4ff.

IV. Für den **subjektiven Tatbestand** ist (mindestens bedingter) **Vorsatz** erforderlich, der sich 14 sowohl auf das Verbringen, Veranlassen oder Abhalten wie auf die besondere Art der Gefährdung beziehen muß. Eine Gefährdungs*absicht* ist dafür nicht erforderlich (Vogler LK 23).

V. Um den Schutz gegen Verschleppung wirksamer zu gestalten, hat das Gesetz auch **Vor-** 15 **bereitungshandlungen (Abs. 3)** mit Strafe bedroht. Als solche kommen z. B. in Betracht das Aufstellen einer Liste mit Namen von Personen, die entfernt werden sollen, das Beobachten oder Beobachtenlassen derartiger Personen. Soweit § 30 eingreift, geht dieser vor (BGH **6** 85, Maurach NJW 52, 165), insbesondere, wenn die Vorbereitung von mehreren Personen geschieht. Auch *Teilnahme* ist daran möglich (Vogler LK 29). In den Fällen des Abs. 3 findet § 31 entsprechende Anwendung (BGH **6** 85).

VI. Als **Strafe** ist Freiheitsstrafe nicht unter 1 Jahr angedroht, in minder schweren Fällen (vgl. § 46 16 RN 6 ff.) Freiheitsstrafe von 3 Monaten bis zu 5 Jahren (Abs. 2). *Vorbereitungshandlungen* (Abs. 3) sind mit Freiheitsstrafe bis zu 5 Jahren bedroht.

VII. Idealkonkurrenz besteht mit §§ 211, 212, wenn festgestellt wird, daß der Tod des Opfers 17 vorsätzlich herbeigeführt worden ist; ebenso mit § 94 (BGH GA/W **62**, 197). Gegenüber § 239 ist § 234a regelmäßig das speziellere Delikt; vgl. jedoch BGH ROW **59**, 202.

VIII. Zur Tatbegehung im **Ausland** vgl. § 5 Nr. 6, zur Anwendbarkeit des **Opportunitäts-** 18 **prinzips** vgl. § 74a I GVG i. V. m. §§ 153b, c, d StPO.

Vorbemerkung zu §§ 235 bis 238

Bei Neuregelung der sog. Entführungstatbestände durch das 1. StrRG ist bedauerlicherweise versäumt worden, sich die Frage nach der kriminalpolitischen Berechtigung und dem systematischen Verhältnis der drei Tatbestände zueinander grundsätzlich neu zu stellen. So ist insbes. unklar geblieben, warum die gegen die elterliche Gewalt gerichteten Tatbestände der §§ 235 und 236 weiterhin nebeneinander stehen (vgl. Puppe JR 84, 232). Unklar ist ferner, warum die Entführung mit Willen, bei der es zu sexuellen Handlungen nicht gekommen zu sein braucht, mit der gleichen Strafe bedroht ist wie die Entführung wider Willen, die ja als mehraktiges Delikt die Ausnutzung der hilflosen Lage zu außerehelichen sexuellen Handlungen voraussetzt. Demgegenüber bleibt bei § 235 II die Möglichkeit der Freiheitsstrafe bis zu 10 Jahren, obwohl dieser Fall mit Ausnahme der Mittel List, Drohung oder Gewalt dem Sachverhalt entspricht, den § 236 nur mit Freiheitsstrafe bis zu 5 Jahren oder Geldstrafe bedroht. Im Verhältnis zu § 237, der die gleichen Mittel verlangt und überdies die tatsächliche Ausführung der sexuellen Handlungen, ist die Strafdifferenz ebenfalls unverständlich. Vgl. zum Ganzen Eb. Schwarz, Entwicklung und Reform der Entführungsdelikte (§§ 235–238 StGB), 1972.

§ 235 Kindesentziehung

(1) **Wer eine Person unter achtzehn Jahren durch List, Drohung oder Gewalt ihren Eltern, ihrem Vormund oder ihrem Pfleger entzieht, wird mit Freiheitsstrafe bis zu fünf Jahren oder mit Geldstrafe bestraft.**

(2) **In besonders schweren Fällen ist die Strafe Freiheitsstrafe von sechs Monaten bis zu zehn Jahren. Ein besonders schwerer Fall liegt in der Regel vor, wenn der Täter aus Gewinnsucht handelt.**

Schrifttum: Geppert, Zur strafbaren Kindesentziehung beim „Kampf um das gemeinsame Kind", H. Kaufmann-GedS 759.

I. Die Vorschrift des früher sog. *Muntbruchs* dient zwar mittelbar (auch) dem Interesse des Minder- 1 jährigen (Vogler LK 1), bezweckt aber in erster Linie den Schutz der **elterlichen** oder sonstigen **familienrechtlichen Gewalt** (RG **48** 326, **66** 255, BGH **1** 364, **10** 376, **16** 61), wobei mit dieser jedoch heute im Sinne „elterlicher Sorge" (§ 1626 BGB) lediglich die zur Ausübung der Personensorge erforderliche tatsächliche Einwirkungsmöglichkeit geschützt sein soll (M-Schroeder II 88; näher, auch zur praktischen Bedeutung, Geppert aaO 760ff., 771ff.); nicht geschützt ist hingegen das Gewaltverhältnis eines Heimes, in dem der Minderjährige untergebracht ist (BGH NJW **63**, 1412); vgl. auch Düsseldorf NStZ **81**, 103 m. Anm. Bottke JR 81, 387. Hieraus ergibt sich, daß eine Einwilligung des Minderjährigen die Tat nicht rechtfertigt. Geschützt ist in allen Fällen nur das auf rechtlicher Grundlage beruhende Gewaltverhältnis. § 235 II enthält eine Strafschärfung für besonders schwere Fälle. Die Tat bleibt aber auch hier Vergehen. **Ergänzend** kommt § 86 JWG in Betracht 2 sowie das intern. Abk. v. 4. 5. 10 (RGBl. 1913, 31) zur Bekämpfung des Mädchenhandels. Das **Schutzalter** ist auf **18 Jahre** festgesetzt. Ob es sich bei dem Entzogenen um einen **Jungen** oder ein 3 **Mädchen** handelt, ist gleichgültig.

II. Die **Tathandlung** besteht in dem Entziehen durch List, Drohung oder Gewalt. 4

1. a) Eine **Entziehung** liegt vor, wenn die Ausübung des Elternrechts in seinem wesentlichen 5

Inhalt beeinträchtigt wird. Da dies auch bei Vereitelung einzelner Erziehungsmaßnahmen der Fall sein kann, ist zur Tatbestandseinschränkung zu fordern, daß die Beeinträchtigung durch **räumliche Trennung** des Minderjährigen vom Berechtigten erfolgt (vgl. M-Schroeder II 89; Wessels II/1 S. 93; and. D-Tröndle 6). Dabei ist es gleichgültig, ob der Minderjährige an einen Ort verbracht wird, an dem er dem Einfluß der Eltern entzogen ist, oder ob der Erziehungsberechtigte (z. B. durch Einsperren) von einem Zutritt zum Kind ausgeschlossen wird. Deshalb kann die Tat auch durch *Unterlassen* begangen werden, indem z. B. eine Auskunft über den Aufenthalt des Kindes verweigert wird (RG **37** 165, HRR **42** Nr. 131, Hamburg HESt **2** 301, BGH MDR/D **68**, 728), sofern eine Pflicht zur Aufklärung besteht (vgl. Geppert aaO 783 ff., Horn SK 12 f., Vogler LK 10 f.). Die bloße Aufnahme eines entlaufenen Kindes ist kein Entziehen, es sei denn, der Täter würde zusätzliche Maßnahmen treffen, um die Rückführung des Kindes zu verhindern oder die Eltern von einem Verkehr mit dem Kind auszuschließen.

6   Die Entziehung setzt nicht voraus, daß ein neues Abhängigkeitsverhältnis begründet wird (RG **18** 275 und h. M.). Zumindest aber ist eine **gewisse Dauer** der Entziehung (BGH **1** 200, Bremen JR **61**, 107, Hamm JMBlNRW **66**, 237, M-Schroeder II 89) und zudem auch eine familienrechtswidrige Inanspruchnahme der personensorgerechtlichen Stellung als Ganzer zu verlangen (Geppert aaO 781 ff.), was etwa bei einer nur vorübergehenden Lösung des Gewalt- und Obhutsverhältnisses (z. B. für einen Kinobesuch) zu verneinen ist (RG JW **35**, 3108, **38**, 1388); dies gilt auch bei Kleinkindern (vgl. Horn SK 5; and. BGH **16** 61). Im übrigen kann für die Annahme an der Entziehung auch der Grad der Fürsorgebedürftigkeit des Kindes (geringes Alter, Krankheit usw.) von Bedeutung sein (vgl. BGH **16** 61); ein Vorenthalten von nur 10 Minuten dürfte aber auch dafür kaum ausreichen (D-Tröndle 6); zur Entziehung zwischen
7   Eltern vgl. BGH **10** 376, aber auch u. 14. Es ist ohne Bedeutung, ob die **Initiative** zur Tat vom Täter oder vom Kind ausgegangen ist. Auch braucht das Kind zur Zeit der Tat nicht tatsächlich
8   beaufsichtigt worden zu sein (BGH **16** 62). Keine Entziehung ist die durch List bewirkte **gerichtliche Entziehung** der elterlichen Gewalt, da hierdurch die Substanz (nicht nur die Ausübung) beseitigt wird (Stuttgart NJW **68**, 1341, D-Tröndle 7, Vogler LK 9; and. Horn SK 2). Das Vereiteln einzelner Erziehungsmaßnahmen kann nur ausreichen, wenn dadurch das Sorgerecht in seinem wesentlichen Bestand beeinträchtigt wird (RG JW **35**, 3108, **38**, 1388). Aber auch hier ist die Herbeiführung einer räumlichen Trennung auf jeden Fall erforderlich.
9   Falls eine räumliche **Trennung bereits vorliegt** (minderjähriger Schüler am entfernten Schulort), so erfüllt auch eine etwa durch Gewalt herbeigeführte weitere Ortsveränderung des Minderjährigen nicht § 235, wenn durch die Tat das Sorgerecht der Eltern nicht noch weiter wesentlich beeinträchtigt wird (Vogler LK 7). Vgl. auch § 236 RN 8.
10   b) Bei **Einverständnis** des Inhabers der elterlichen Gewalt mit der Handlung des Täters fehlt es an einem „Entziehen", so daß bereits der Tatbestand entfällt, und zwar auch dann, wenn Gewalt usw. gegen den Minderjährigen angewandt wird (Horn SK 6), und selbst wenn die Absicht des Abs. 2 verfolgt wird (Vogler LK 22). Das Einverständnis (vgl. 30 ff. vor § 32) braucht sich lediglich auf die Herbeiführung der räumlichen Trennung zu beziehen, so daß § 235 auch dann entfällt, wenn der Täter sonstigen Anweisungen der Eltern zuwiderhandelt (z. B. statt einer Filmvorführung eine Tanzveranstaltung besucht wird). Zu beachten ist jedoch, daß das durch Täuschung (List) erschlichene Einverständnis diese tatbestandsausschließende Wirkung für § 235 nicht haben kann (BGH **1** 366), da nach dem Wortlaut der Vorschrift auch listiges Handeln den Tatbestand erfüllt (Horn SK 6); dies gilt auch dann, wenn der Gewalthaber über die Zwecke, die der Täter verfolgt (vgl. Abs. 2), getäuscht wird (RG DR **42**, 438, BGH **1**
11   200). Das Einverständnis *eines* Elternteils reicht nur bei berechtigter Vertretung des anderen aus (vgl. u. 13). Über Irrtumsfälle vgl. u. 16.
12   2. Über **List, Gewalt, Drohung** vgl. 5 ff. vor § 234. Diese Mittel können sowohl gegenüber dem Kind wie auch gegenüber dem Sorgeberechtigten oder Dritten angewandt werden (RG **15** 342, DR **41**, 1840, HRR **42** Nr. 131, BGH **16** 62, MDR **62**, 57, NJW **63**, 1412), sofern der Täter wenigstens davon ausgeht, daß diese Personen für den Fortbestand des Obhutsverhältnisses einzutreten bereit sind (vgl. § 249 RN 6a). Der bloße „Diebstahl" von Säuglingen fällt daher nicht unter § 235 (Vogler LK 13). List kann aber nicht schon darin gefunden werden, daß der Täter den Minderjährigen auffordert, den Eltern nichts zu erzählen, und ihm Geschenke zuwendet (and. Hamm JMBlNRW **56**, 236; vgl. auch RG **18** 273). Über die Täuschung des Vormundschaftsgerichts vgl. Stuttgart NJW **68**, 1341 und o. 8.
13   III. Der Minderjährige muß seinen **Eltern**, seinem **Vormund** oder **Pfleger** entzogen werden. Zu den *Eltern* sind hier sowohl die leiblichen wie auch Adoptiveltern zu rechnen, und zwar letztere nicht nur deshalb, weil sie Inhaber der elterlichen Gewalt sind, sondern weil sie bereits durch Volladoption aufgrund von § 1754 BGB den Status ehelicher Eltern erlangen; umgekehrt erlischt für die Abgebenden das rechtliche Verwandtschaftsverhältnis (§ 1755 BGB; vgl. auch BR-Drs. 691/74 S. 62). Auch Pflege- und Stiefeltern genießen nur dann den Schutz von § 235,

wenn ihnen nach § 1666 BGB das Erziehungsrecht übertragen wurde (RG **37** 1, **48** 198, Düsseldorf NStZ **81**, 103 m. Anm. Bottke JR **81**, 387 [vgl. aber auch ZBl JugR **81**, 431], Vogler LK 14). Unter Eltern sind nicht nur beide Eltern gemeinschaftlich zu verstehen, sondern auch jeder einzelne *Elternteil,* sofern sich aus dem Personensorgerecht ergibt, daß jeder einzeln verfügungsbefugt ist. Rein tatsächliche Erziehungs- und Fürsorgeverhältnisse, wie sie zwischen alten und jungen Anverwandten häufig bestehen, werden von der Vorschrift nicht erfaßt (RG JW **38**, 1389). *Vormund* oder *Pfleger* sind die Personen, die nach den Vorschriften des BGB (§§ 1773 ff., 1896, 1909 ff.) dazu bestellt sind; Mängel bei der Bestellung schließen die Anwendung der Vorschrift nur dann aus, wenn die Anordnung nichtig und der Bestellte überhaupt nicht als Vormund oder Pfleger anzusehen ist (Vogler LK 15). Über den Schutz des Jugendamts als **Amtsvormund** für nichteheliche Kinder vgl. BGH **1** 364, Bremen JR **61**, 107, Düsseldorf aaO. Ist das Kind bei **anderen Personen** als bei den Eltern, dem Vormund usw. untergebracht und deren Aufsicht und Obhut unterstellt, so fällt die Beeinträchtigung der Gewalt dieser Personen als solche nicht unter § 235 (BGH NJW **63**, 1412). Vielfach wird aber in der Entziehung aus der Gewalt dieser Personen zugleich ein Eingriff in die Rechte der Eltern usw. liegen (vgl. z. B. RG GA Bd. **53** 287), was für § 235 genügt (vgl. BGH NJW **63**, 1413, Düsseldorf aaO, Vogler LK 8, 17). Bei Heimunterbringung des Kindes ist das einwilligungsrelevante Sorgerecht der Eltern nicht ohne weiteres aufgehoben (vgl. BGH NJW **81**, 2015). Vgl. aber auch § 238 RN 3 zum Antragsrecht.

IV. Täter können auch die Eltern selbst sein, vor allem auch ein Elternteil gegenüber dem **14** anderen (RG **48** 326, 428, BGH **10** 377, Lackner 2, Vogler LK 26; ebenso Hamm MDR **82**, 1040 m. Anm. Oehler JR 83, 513 bzgl. tunes. Vater, Karlsruhe MDR **86**, 873 bzgl. griech. Mutter), entgegen dieser h. M. freilich nur gegenüber einem (zumindest mit-)sorgeberechtigten Elternteil, nicht jedoch gegenüber einem nur besuchs- und verkehrsberechtigten (Geppert aaO 775 ff.). Auch der beauftragte Berufsvormund kann Täter sein, wenn er das Mündel dem Aufsichtsrecht des Jugendamts entzieht (Horn SK 10). Da die Vorschrift auch dem Schutze des Minderjährigen dient (vgl. o. 1) und dieser das in § 235 erfaßte Unrecht nicht selbst verwirklichen kann, kann er nicht strafbarer Teilnehmer sein (RG **18** 281, D-Tröndle 2, Vogler LK 27; i. E. auch M-Schroeder II 90), ebenso ein lediglich an einer Selbstentziehung des Minderjährigen Beteiligter (Geppert aaO 773).

V. Die **Rechtswidrigkeit** kann durch Notwehr (Nothilfe), behördliche Maßnahmen, evtl. **15** auch durch erlaubte Selbsthilfe ausgeschlossen sein (Vogler LK 24), was freilich idR nur für kurzfristige Eilmaßnahmen, nicht aber für eine eigenmächtige „Korrektur" einer vom Täter für verfehlt gehaltenen Sorgerechtsentscheidung des Familiengerichts in Betracht kommt (Geppert aaO 786 f.).

VI. Für den **subjektiven Tatbestand** ist **Vorsatz** erforderlich. Nimmt der Täter irrig das **16** Einverständnis der Eltern an, handelt er im Tatbestandsirrtum. Dasselbe gilt, wenn er glaubt, auch das Einverständnis nur eines Elternteiles reiche aus, da er dann ebenfalls von einem wirksamen Einverständnis ausgeht (Vogler LK 19; and. Horn SK 11).

VII. Die **Strafe** ist Freiheitsstrafe bis zu 5 Jahren oder Geldstrafe (Abs. 1). **Strafverschärfung** ist für **17** besonders schwere **Fälle** vorgesehen **(Abs. 2).** Ein solcher liegt **in der Regel** vor, wenn der Täter aus **Gewinnsucht** handelt. Diese setzt die Absicht i. S. zielgerichteten Handelns voraus (vgl. § 15 RN 65). Dafür genügt nicht schon die Absicht, sich oder einem Dritten einen Vermögensvorteil oder irgendeinen materiellen Vorteil zu verschaffen (so aber z. B. RG **43** 176, Bremen HESt **2** 237, Oldenburg NdsRpfl. **49**, 96); vielmehr wird im Hinblick auf die erhöhte Strafdrohung eine Steigerung des berechtigten Erwerbssinnes auf ein ungewöhnliches überzogenes und sittlich anstößiges Maß zu verlangen sein (vgl. BGH **1** 389, **3** 31, GA **53**, 154, **61**, 171, Hamm NJW **49**, 191, Vogler LK 30). Diese Absicht kann aber auch dann vorliegen, wenn es dem Täter lediglich um einen vorübergehenden Genuß oder einen alsbaldigen Verbrauch zu tun ist (RG **55** 256; and. RG **50** 396). Dagegen genügt nicht das Streben des Täters, sich selbst oder einen Angehörigen der Bestrafung zu entziehen (RG **70** 19). Wegen der hohen Strafdrohung ist weiterhin zu fordern, daß der Täter beabsichtigt, mit Ziel unter Ausnutzung des durch die Entziehung geschaffenen Zustands erhöhter Schutzlosigkeit des Minderjährigen zu erreichen (Vogler LK 31). Aus Gewinnsucht handelt der Täter auch, wenn er von den Eltern ein Lösegeld erpressen will (and. RG **70** 136 zu § 235 a. F.). Ein **sonstiger schwerer Fall** kommt in Betracht, wenn das Kind für längere Zeit in ein asoziales Milieu verbracht wird (D-Tröndle 10), der Vater sein Kind gegen dessen und den Willen der alleinsorgeberechtigten Mutter ins Ausland (hier: Pakistan) verbringt (BGH MDR/H **90**, 295, LG Koblenz NStZ **88**, 312), u. U. auch, wenn das Opfer in sexuelle Abhängigkeit gebracht werden soll, wofür jedoch (entgegen D-Tröndle aaO) im Hinblick auf sonst zu befürchtende Wertungswidersprüche mit §§ 236, 237 nicht schon jede auf sexuelle Handlungen gerichtete Absicht genügen kann (vgl. Horn SK 17). Handelt im Falle des Abs. 2 ein **Teilnehmer** ohne Gewinnsucht, so liegt für diesen nach § 28 II kein schwerer Fall **18** vor (Vogler LK 33).

19 VIII. Die Tat ist **vollendet,** sobald zwischen dem Berechtigten und dem Minderjährigen eine räumliche Trennung herbeigeführt worden ist. Der **Versuch** ist **nicht** strafbar, da Abs. 2 lediglich eine regelbeispielhafte Strafschärfung darstellt (vgl. § 12 RN 9f.).

20 IX. **Idealkonkurrenz** ist möglich mit §§ 120 IV, 169, 234 (vgl. BGH NJW 63, 1412), ebenso mit § 236, um klarzustellen, daß es sich bei der Entführten um eine Frau handelt (vgl. Vogler LK 35). Entsprechendes gilt gegenüber § 237 (vgl. dort RN 22, ferner die Vorbem. zu § 235). Mit § 239a ist ebenfalls Tateinheit anzunehmen (Horn SK 14; and. D-Tröndle 11). Über das Verhältnis zu § 185 vgl. BGH **16** 58. Kommt es in Fällen des Abs. 2 zu strafbaren sexuellen Handlungen mit dem
21 Entführten, so besteht Idealkonkurrenz (vgl. BGH **18** 29). Als **Dauerdelikt** endet die Tat erst mit der Wiederherstellung der elterlichen Einflußmöglichkeit (RG DR **42**, 438).

22 X. Zum **Antragserfordernis** und **Verfolgungshindernis** bei **Eheschließung** vgl. § 238.

§ 236 Entführung mit Willen der Entführten

Wer eine unverehelichte Frau unter achtzehn Jahren mit ihrem Willen, jedoch ohne Einwilligung ihrer Eltern, ihres Vormunds oder ihres Pflegers entführt, um sie zu außerehelichen sexuellen Handlungen (§ 184c) zu bringen, wird mit Freiheitsstrafe bis zu fünf Jahren oder mit Geldstrafe bestraft.

Schrifttum: Bohnert, Zu § 236, ZStW 100 (1988), 508.

1 I. Die im wesentlichen überflüssige Vorschrift (vgl. Vorbem. vor § 235) enthält ebenso wie § 235 einen **Angriff auf die Muntgewalt** (Bohnert aaO 509 ff.). Angriffsobjekt ist eine unverheiratete Frau (Bay NJW **61**, 1033) unter 18 Jahren (allg. dazu Bohnert aaO 520 ff.). Dazu wurde früher auch die minderjährige Witwe oder Geschiedene gerechnet (vgl. 20. A.); nachdem sich jedoch die elterliche Sorge für diese Personen auf das Vertretungsrecht beschränkt (§ 1633 BGB), dürfte sich der Schutz von § 236 heute auf (noch) nicht verehelichte (gewesene) Frauen beschränken (ebenso Lackner 2, M-Schroeder II 88, Vogler LK 3). Verletzter ist jeder Inhaber der Muntgewalt, also auch jeder Elternteil (Bay NJW **61**, 1033). Während aber in § 235 das Mittel der List, Drohung oder Gewalt erforderlich ist, genügt hier schon ein Handeln **ohne Einwilligung des Sorgeberechtigten,** wenn auch mit Willen der Minderjährigen. Außerdem genügt in § 235 ein Entziehen, während § 236 ein Entführen verlangt. Schließlich setzt § 236 die Absicht voraus, die Entführte zu außerehelichen sexuellen Handlungen zu bringen.

2 II. Der **objektive Tatbestand** verlangt die Entführung einer unverehelichten Frau unter 18 Jahren mit ihrem Willen, jedoch ohne Einwilligung ihrer Eltern, ihres Vormundes oder Pflegers.

3 1. **Entführen** bedeutet hier, da es sich um ein Delikt gegen die Muntgewalt der Eltern handelt, ebenso wie in § 235 die Herbeiführung einer **räumlichen Trennung** zwischen Minderjähriger und Sorgeberechtigtem (vgl. § 235 RN 5 ff.; auf das Verbringen aus dem „Muntbereich" abstellend Bohnert aaO 513 ff.). Dies muß jedoch durch Verbringen der Minderjährigen von ihrem bisherigen an einen anderen Aufenthaltsort erfolgen, die Nichtherausgabe eines Kindes usw. reicht nicht aus. Den Eltern muß es gerade durch die räumliche Trennung unmöglich gemacht oder wesentlich erschwert werden, durch Ausübung ihres Schutz- und Aufsichtsrechts die Absicht des Täters zu vereiteln (vgl. RG **16** 392, **29** 407, **39** 215, BGH NJW **66**, 1523). Das kann schon durch eine nur vorübergehende Entfernung der Minderjährigen geschehen, so daß – anders als in § 235 (vgl. dort RN 6) – für die Entführung keine besondere **Dauer** zu verlangen ist (Bohnert aaO 517, Horn SK 4; and. D-Tröndle 2, Vogler LK 5). Eine Geheimhaltung des neuen Aufenthaltsorts vor dem Sorgeberechtigten ist nicht erforderlich; es genügt, daß dieser für ihn nicht beliebig erreichbar oder zugänglich ist (RG **29** 411). Zu einer Beschränkung der Freiheit der Minderjährigen braucht die Tat nicht zu führen (BGH **1** 201).

4 Der **Täter** braucht die Minderjährige **nicht selbst** an den anderen Ort zu bringen. Es genügt vielmehr, wenn er bei der Durchführung der Ortsveränderung einen bestimmenden Einfluß ausübt (vgl. RG **19** 160, BGH NStZ **81**, 62); daß er dabei „tätige Hilfe" leistet, ist nicht erforderlich (and. RG GA Bd. **52** 399, Bay NJW **53**, 1195). Liegen diese Voraussetzungen vor, so ist § 236 auch anwendbar, wenn die Anregung von der Minderjährigen ausgegangen ist (vgl. BGH MDR/D **68**, 728, Bay NJW **53**, 1195, Vogler LK 9); bloße Beihilfe bei der Flucht aus dem Elternhaus genügt dagegen nicht (z. B. Besorgen einer Fahrgelegenheit; vgl. RG **39** 215).

5 2. Ferner muß die Entführung einerseits **mit Willen der Minderjährigen** erfolgen. Ihr Einverständnis (30 ff. vor § 32) muß nicht nur die Entführung als solche, sondern auch deren Zweck (sexuelle Handlung) umfassen (BGH **1** 199, Celle HE **1** 305, Bohnert aaO 523, M-Schroeder II 90, Vogler LK 8); andernfalls kommen §§ 235 II (vgl. dort RN 17; and. Horn SK 8) bzw. 237 in Betracht. Maßgebend ist der natürliche Wille der Frau (vgl. BGH **23** 1). § 236 muß jedoch auch anwendbar sein, wenn die Minderjährige zwar nicht eingewilligt hat, der

Täter jedoch von einer solchen Einwilligung ausgeht; es wäre nicht einzusehen, wenn in diesen Fällen nur ein strafloser Versuch des § 236 vorliegen würde (BGH **24** 168 m. Anm. Küper NJW 72, 646, Schröder JR 71, 511; and. Bohnert aaO 525, Puppe JR 84, 232; vgl. auch § 217 RN 11).

3. a) Anderseits muß die Entführung **ohne Einwilligung der Eltern,** des *Vormunds* oder des *Pflegers* (dazu § 235 RN 13) geschehen. Das Einverständnis (30 ff. vor § 32, § 235 RN 10) dieser Personen schließt den Tatbestand nur aus, wenn es auch den Zweck der Entführung umfaßt, nicht aber, wenn es sich lediglich auf die Ortsveränderung bezieht. Liegt Einverständnis vor, so ist es nicht deshalb unbeachtlich, weil es unter diesen Umständen regelmäßig sittenwidrig ist (M-Schroeder II 90, Vogler LK 12); doch kommt dann u. U. für die Eltern usw. Förderung sexueller Handlungen Minderjähriger in Betracht (Stuttgart NJW **56**, 1002), wobei allerdings § 180 I 2 zu beachten ist. **6**

b) Das Einverständnis *Dritter,* bei denen sich die Minderjährige, wenn auch mit Wissen der Eltern usw. aufhält, genügt nur, wenn sie als Vertreter der Sorgeberechtigten anzusehen sind (RG **29** 10, Vogler LK 13). Vgl. auch § 235 RN 13. **7**

c) Zweifelhaft sind die Fälle, in denen *weder* eine *positive* noch eine *negative* Willensäußerung der Eltern usw. vorliegt und der Täter das Mädchen nur *vorübergehend* von ihrem Aufenthaltsort entfernt. So z. B. wenn er es, während die Eltern im Theater sind, aus der elterlichen Wohnung in seine eigene verbringt. Für diese Fälle wird eine Entführung i. S. von § 236 jedenfalls insoweit zu verneinen sein, als sie den zeitlichen und räumlichen Bereich nicht überschreitet, der der Jugendlichen von ihren Eltern **zur eigenen Disposition** überlassen ist (and. Bohnert aaO 514). Ob diese Voraussetzungen zutreffen, hängt von den Umständen, insbes. auch vom Alter der Entführten ab. Entführt der Täter ein kleines Kind vom Kinderspielplatz für kurze Zeit, so ist der Fall anders zu beurteilen, als wenn ein 17jähriges Mädchen, dem die Eltern die Entscheidung über ihren Aufenthaltsort jedenfalls innerhalb bestimmter Zeiten übertragen haben, für einige Stunden „entführt" wird. Vgl. auch § 235 RN 9. **8**

d) Entsprechendes hat zu gelten, wenn die **Minderjährige selbständig** – gegen den Willen des Sorgeberechtigten – eine räumliche Trennung herbeigeführt hat (Flucht aus dem Elternhaus). Hier kann ein Entführen vorliegen, wenn der Täter eine weitere wesentliche Beeinträchtigung des Sorgerechts herbeiführt, indem er z. B. das Mädchen noch weiter vom Elternhaus entfernt oder seine Rückführung vereitelt (vgl. BGH NStZ **81**, 62, Vogler LK 11). **9, 10**

III. Für den **subjektiven Tatbestand** ist zunächst **Vorsatz** erforderlich. Der Täter muß das Bewußtsein haben, daß die Frau noch nicht 18 Jahre alt und unverehelicht ist und daß eine Einwilligung der Eltern usw. (o. 6 f.) nicht vorliegt. Kennt der Täter die vorhandene Einwilligung der Minderjährigen nicht, so liegt regelmäßig § 235 vor, da der Täter in diesen Fällen von den Entziehungsmitteln dieser Vorschrift Gebrauch machen wird (and. Bohnert aaO 525: strafloser Versuch des § 237). Zum umgekehrten Fall (der Täter geht fälschlich vom Einverständnis der Minderjährigen aus) vgl. o. 5. Um einen (hier straflosen) Versuch des § 236 handelt es sich, wenn der Täter das tatsächliche Einverständnis der Eltern nicht kennt (Vogler LK 14). Nimmt er ein solches fälschlich an, handelt er ohne Vorsatz (vgl. § 235 RN 16). Der Täter muß ferner in der **Absicht** handeln, die Minderjährige zu außerehelichen sexuellen Handlungen (§ 184 c) zu bringen, wobei dieser zielgerichtete Wille (§ 15 RN 65) im Zeitpunkt der Entführung vorliegen muß (BGH NStZ **81**, 62). **11**

IV. Zu **Täterschaft** und **Teilnahme** gilt Entsprechendes wie zu § 235 RN 14, 18. **12**

V. **Vollendet** ist die Tat mit Erreichen eines Ortes, an dem die Eltern ihren Einfluß nicht mehr geltend machen können. Sie **dauert** bis zum Wiedereintritt der Möglichkeit, die elterliche Sorge wahrzunehmen, bzw. bis die Entführte das 18. Lebensjahr erreicht hat (Vogler LK 19; and. Bohnert aaO 516, für den Vollendung und Beendigung zusammenfallen). **13**

VI. Zum **Antragserfordernis** und **Verfolgungshindernis bei Eheschließung** vgl. § 238. **14**

VII. Mit § 235 II besteht **Idealkonkurrenz** (vgl. dort RN 20; and. D-Tröndle § 235 RN 11). **15**

§ 237 Entführung gegen den Willen der Entführten

Wer eine Frau wider ihren Willen durch List, Drohung oder Gewalt entführt, namentlich mit einem Fahrzeug an einen anderen Ort bringt, und eine dadurch für sie entstandene hilflose Lage zu außerehelichen sexuellen Handlungen (§ 184 c) mit ihr ausnutzt, wird mit Freiheitsstrafe bis zu fünf Jahren oder mit Geldstrafe bestraft.

Schrifttum: Dreher, Zum Meinungsstreit im BGH um § 237, NJW 72, 1641. – *ders.,* Nochmals § 237 StGB, JZ 73, 276. – *Geilen,* Zur Problematik der gewaltsamen Entführung, JZ 74, 540. – *Hruschka,* Methodologische Bemerkungen zur Auslegung des § 236 StGB, JR 68, 454. – *ders.,* Zum Tatvorsatz

§ 237 1–9   Bes. Teil. Straftaten gegen die persönliche Freiheit

bei zweiaktigen Delikten insb. bei § 237 n. F. StGB, JZ 73, 12. – *ders.*, Rückkehr zum dolus subsequens?, JZ 73, 279. – *Meyer-Gerhards*, Sexueller Mißbrauch, Entführung und Freiheitsberaubung bei Bewußtlosigkeit, JuS 74, 566. – *Schmitt*, Reform der Reform des § 237 StGB?, Lackner-FS 621.

1, 2 I. Schutzgut ist die **sexuelle Selbstbestimmung der Frau** (Bay NJW **61**, 1033, Gössel I 278; vgl. auch BGH **1** 201, D-Tröndle 1, Wessels II/1 S. 91). Das Delikt wurde deshalb von manchen (v. Liszt-Schmidt 540) zu den Sittlichkeitsdelikten gerechnet. Richtiger erscheint es jedoch, obwohl der Tatbestand heute ein tatsächliches Ausnützen zur Vornahme außerehelicher sexueller Handlungen verlangt, darin ein Freiheitsdelikt zu sehen (vgl. auch Dreher SA V/123 S. 2477).

3 II. Tatobjekt ist jede **Frau** ohne Rücksicht auf Alter, Stand, Beruf oder Ruf und gleichgültig, ob sie verheiratet oder ledig ist. Aus diesem Grunde kann entgegen BGH **21** 188 (m. Anm. Roxin NJW 67, 1286, Rejewski JR 67, 339, Schröder JR 67, 226, Hruschka JZ 67, 594) auch eine Dirne Opfer der Entführung sein (D-Tröndle 1, Horn SK 4, Hruschka JR 68, 454), ausgenommen die Ehefrau des Täters (Vogler LK 3 mwN).

4 III. Die **zweiaktige Tathandlung** besteht im *Entführen* durch List, Drohung oder Gewalt und im *Ausnutzen* der hilflosen Lage der Frau zu sexuellen Handlungen.

5 1. Das **Entführen** erfordert lediglich eine Ortsveränderung. Die Entfernung aus einem Obhutsverhältnis usw., wie z. B. bei §§ 235, 236, ist nicht erforderlich. Auch die alleinstehende Frau kann entführt werden. Dagegen genügt nicht das bloße Festhalten usw. (u. 9).

6 a) Aus der Entstehungsgeschichte (der Gesetzgeber wollte den Anwendungsbereich des § 236 a. F. einengen) und der Tatsache, daß es sich um ein Delikt gegen die Selbstbestimmung der Frau über ihr Geschlechtsleben handelt, ist zu schließen, daß die Entführung bereits in der **Absicht**, die Frau **zu außerehelichen sexuellen Handlungen** zu bringen, zu erfolgen hat. Dies folgt nicht nur aus der Parallele zu §§ 236 und 235 II, sondern auch daraus, daß Entführung und Unzucht immer in einem inneren Zusammenhang standen und auch weiter stehen (BGH MDR/D **70**, 197, NJW **72**, 647 m. Anm. Schröder JZ 72, 289, Horn SK 10, Krey I 117; and. BGH **24** 90 m. Anm. Schröder JZ 71, 435, D-Tröndle 7, NJW **72**, 1641, Gössel I 282, M-Schroeder I 178, Schmitt aaO 623, Vogler LK 18, Wessels II/1 S. 92; diff. Hruschka JZ 73, 12, dazu Dreher JZ 73, 276 und nochmals Hruschka JZ 73, 279; vermitt. BGH **29** 233, wonach der Täter bereits während des Entführungsvorganges zumindest die Absicht gehabt haben muß, die Frau in eine hilflose Lage zu bringen). Eine Entführung zu anderen (nicht-sexuellen) Zwecken reicht nicht aus, es sei denn, der Entführer entschließt sich noch während des Entführungsvorganges zu sexuellen Handlungen mit der Frau (so denn auch bezeichnenderweise die Fallgestaltung in BGH **29** 233). Genausowenig genügt es, wenn der Täter erwartet, die Frau werde sich am Entführungsort freiwillig (vgl. u. 15) mit ihm sexuell einlassen und er sich erst, nachdem diese Erwartung enttäuscht wurde, etwa zur Vergewaltigung entschließt.

7 b) Durch die Entführung muß für die Frau eine **hilflose Lage** geschaffen werden. Diese ist im Unterschied zu § 221 (vgl. dort RN 8) nicht erst dann gegeben, wenn objektiv keine Verteidigungs- oder Ausweichmöglichkeit mehr besteht, sondern schon dann, wenn sich die Frau dem Täter allein gegenübersieht und ihre Schutz- und Verteidigungsmöglichkeiten in einem Maße vermindert sind, daß sie seinem ungehemmten Einfluß preisgegeben ist (vgl. BGH **22** 178, **24** 93, GA **65**, 183, **66**, 310, **68**, 246 NJW **89**, 917). Dies ist dann anzunehmen, wenn das Opfer aus einem Zustand von „Geborgenheit" aufgrund eigener Kräfte oder dem Schutz von anderen unter die Herrschaftsmacht des Täters verbracht wird (Lampe JR 75, 425). Dagegen ist dies zu verneinen, wenn sich das Opfer den Zudringlichkeiten des Täters durch einfaches Wegrücken entziehen kann (Koblenz VRS **49** 350). Liegt eine hilflose Lage vor, so ist es unerheblich, ob die Verbringung für längere oder kürzere Zeit (BGH NJW **69**, 1774, Celle HE **1** 305) oder über eine größere oder kleinere Strecke erfolgt (BGH NJW **67**, 1765); vgl. Vogler LK 5. Eine Freiheitsberaubung (§ 239) ist nicht erforderlich.

8 c) Die hilflose Lage der Frau muß **durch die Entführung entstanden** sein. War die Frau schon vorher hilflos, so führt die – auch gewaltsam herbeigeführte – Ortsveränderung nicht zur Anwendung des § 237, es sei denn, die Schutz- und Wehrlosigkeit der Frau habe sich wesentlich erhöht. Dasselbe gilt, wenn die Frau etwa durch freiwilligen Alkoholgenuß am Entführungsort hilflos wird, nicht jedoch, wenn der Täter dies seinem Plan gemäß durch List usw. erreicht, da

9 dann die Frau *diesen* Angriffen hilflos ausgeliefert war. Die Tat kann auch innerhalb derselben Ortschaft (RG **29** 404, BGH NJW **66**, 1523), u. U. auch innerhalb eines Hauses begangen werden, wenn dadurch der gleiche Effekt erzielt wird (zw. RG **29** 408, Vogler LK 5; vgl. jedoch BGH NJW **66**, 1523 [Nebengebäude], **89**, 317 [Parkplatz]). Nach dem Wortlaut ist aber jedenfalls eine **Ortsveränderung** erforderlich (vgl. Blei II 84), wobei es ohne Bedeutung ist, auf welche Weise diese erfolgt. Kein Entführen ist deshalb das Zurückhalten am gegenwärtigen Aufenthaltsort (BGH MDR/D **74**, 724) oder wenn durch die Mittel des § 237 andere Personen daran gehindert werden, der Frau zu Hilfe zu kommen (Vogler LK 4).

Entführung gegen den Willen der Entführten   10–17 § 237

Die praktisch besonders bedeutsamen Fälle der Entführung mit **Fahrzeugen**, insbes. mit Kfz 10
(vgl. RG HRR **36** Nr. 443, **39** Nr. 59, BGH **22** 178, GA **68**, 246, Celle HE **1** 305, NdsRpfl. **64**,
70), sieht das Gesetz als **Regelfall** an. Fahrzeuge sind nicht nur Kraftfahrzeuge oder Motorräder, sondern auch Schiffe und Luftfahrzeuge (vgl. SA V/120 S. 2416, § 248b RN 3). Es genügt, wenn der Täter erst während der Fahrt den Entschluß zur Entführung faßt und dann woanders als angegeben hinfährt (BGH GA **68**, 246).

d) Dagegen setzt Entführen *nicht* voraus, daß die Frau vom Täter **selbst fortgeschafft** wird; es 11
reicht aus, wenn sich der Aufenthaltswechsel lediglich unter der geistigen Herrschaft des Täters als dem betreibenden und bestimmenden Teil vollzieht (vgl. RG **39** 215, Vogler LK 9): so etwa, wenn die Frau als Fahrerin von dem sie begleitenden Täter irregeleitet wird, aber auch dann, wenn sich die Frau allein, aber unter dem Einfluß des Täters an den Entführungsort begibt (D-Tröndle 2). Bei der durch List erfolgenden Veranlassung der Frau, in einem Fahrzeug des Täters mitzufahren, ist ohne Bedeutung, ob der Täter von der vorgesehenen Route abweichen oder auf dieser an einer Stelle anhalten will, die für seinen Zweck besonders geeignet ist.

2. **Tatmittel** der Entführung können **List, Drohung** oder **Gewalt** sein (vgl. 5ff. vor § 234 12
sowie Krey in BKA II 58ff.). Zu beachten ist, daß nicht jede Täuschung eine List darstellt (38 vor § 234). Ohne Bedeutung ist, ob die Frau über den Ort, an den sie verbracht werden soll, oder über den wahren Zweck, den der Täter verfolgt, durch List getäuscht wird. Auch Entführung durch Überlistung *Dritter* kommt in Betracht, vorausgesetzt, daß bereits zu diesem Zeitpunkt ein Entführungsplan besteht (vgl. BGH **25** 238, Geilen JZ 74, 540, Meyer-Gerhards JuS 74, 568).

3. Als **zweiter Teilakt** sind **außereheliche sexuelle Handlungen** erforderlich (vgl. o. 4). Der 13
bloße Versuch einer derartigen Handlung reicht nicht aus, selbst wenn er (z. B. versuchte Vergewaltigung) eine Straftat darstellt. Es macht keinen Unterschied, ob die sexuellen Handlungen mit dem Entführer oder **mit einem anderen** erfolgen: § 237 ist kein eigenhändiges Delikt. Die irreführende Gesetzesfassung („... und ... ") stellt nur klar, daß es sich nunmehr um ein zweiaktiges Delikt handelt, bedeutet jedoch nicht, daß der Entführer selbst die sexuelle Handlung vornehmen muß, auch wenn dies der Regelfall sein wird (and. D-Tröndle 6, Horn SK 12, Vogler LK 19). Für *außereheliche sexuelle Handlungen* (dazu § 184c) genügen auch solche, 14
die ihrerseits nicht strafbar sind (BGH MDR/D **73**, 18), wie z. B. homosexuelle. Da die Handlungen „mit ihr" vorgenommen sein müssen, ist aber jedenfalls ein körperlicher Kontakt erforderlich, so daß bloßes Auftreten als Nackttänzerin nicht mehr genügt (D-Tröndle 6, Vogler LK 15; and. BGH **12** 28). Unerheblich ist, ob schon früher eine sexuelle Beziehung zu der Entführten bestand (RG **16** 391, Bay NJW **53**, 1195).

4. Der Täter muß die hilflose Lage zur Vornahme sexueller Handlungen **ausnutzen**. Das 15
bedeutet, daß er gerade die Entführungsmittel bzw. die durch sie entstandene Situation bewußt dazu einsetzt, den Widerstand der Frau zu überwinden. Dazu ist nicht erforderlich, daß er nach der Entführung Gewalt ausübt. Es genügt, wenn die Frau angesichts ihrer hilflosen Lage eine Verteidigung für sinnlos hält (vgl. RG **41** 396, BGH **1** 201). Ist die Frau aus anderen Gründen mit den sexuellen Handlungen einverstanden, so fehlt es an einem Ausnutzen der hilflosen Lage. Es kommt dann nur noch ein strafloser Versuch des § 237 in Betracht. Dagegen liegt ein Ausnutzen auch vor, wenn der Täter gemäß seinem Plan die Entführungssituation benutzt, um die Frau erst jetzt durch Gewaltanwendung jeder Verteidigungsmöglichkeit zu berauben (vgl. o. 8). Wendet er jedoch Gewalt oder Drohungen an, ohne daß bis dahin eine hilflose Lage vorlag, so ist lediglich § 178 verwirklicht (BGH NJW **89**, 917f.).

5. Die Entführung muß hier (im Unterschied zu § 236) **wider den Willen der Entführten** 16
erfolgen. Das Einverständnis (vgl. BGH **23** 1; 30ff. vor § 32) mit der Entführung läßt nur dann den Tatbestand entfallen, wenn die Frau auch mit den späteren sexuellen Handlungen einverstanden ist (BGH **32** 267), da trotz der Neufassung des § 237 dem Entführen als solchem immer noch ein geschlechtlicher Zweck innewohnt. Maßgebend ist allein der natürliche Wille der Entführten (Wessels II/1 S. 91). Ist wegen Bewußtlosigkeit eine Willensäußerung nicht möglich, genügt der mutmaßlich entgegenstehende Wille der Frau (BGH **25** 237, vgl. auch Meyer-Gerhards JuS 74, 567f.). Erreicht der Täter das Einverständnis der Frau durch die Entführungsmittel (z. B. durch List), so ist das Einverständnis unbeachtlich (BGH **32** 267; vgl. § 235 RN 10, aber auch Gössel I 280, Schmitt aaO 623ff.). Unerheblich ist dagegen, ob die wider Willen Entführte den anschließenden Geschlechtsverkehr freiwillig geschehen läßt oder nicht (BGH MDR/D **74**, 724).

IV. Für den **subjektiven Tatbestand** ist **Vorsatz** erforderlich. Der Täter muß wissen, daß er 17
mit den Mitteln des § 237 und ohne Willen der Frau handelt; die irrtümliche Annahme des Einverständnisses der Frau schließt daher den Vorsatz aus. Der Vorsatz muß sich ferner darauf erstrecken, daß die Frau in eine hilflose Lage gebracht wird. Daran fehlt es, wenn sich der Täter

Eser

erst nach der zu anderen Zwecken erfolgten Ortsveränderung zu deren Ausnutzung entschließt (BGH NStE Nr. 1). Dafür genügt, daß der Täter die Umstände kennt, aus denen sich die Schutz- und Wehrlosigkeit der Frau ergibt. Glaubt er, er handle ohne den Willen der Frau, während sie in Wirklichkeit mit seiner Handlung einverstanden ist, so liegt nur (strafloser) Versuch vor (vgl. o. 16 und u. 19). Zu der beim Entführungsakt erforderlichen **Absicht** vgl. o. 6.

18   V. **Vollendet** ist die Tat erst mit Ausführung der sexuellen Handlung (vgl. o. 13). Sieht der Täter nach der Entführung davon ab, diese zu begehen, dann entfällt § 237. *Beendet* ist die Tat erst, wenn der mit der Entführung geschaffene Zustand erhöhter Schutzlosigkeit der Frau
19   wieder beseitigt ist (**Dauerdelikt;** vgl. RG **43** 285, BGH **18** 29, NStZ **84**, 262). Da nur mehr Vergehen, ist bei § 237 der **Versuch nicht** strafbar.

20   VI. **Täter** kann jeder sein, auch eine Frau. Der Täter braucht die Frau nicht selbst an den anderen Ort zu bringen (vgl. o. 11, 13). Auf den Teilnehmer, der ohne sexuelle Absicht handelt, findet § 28 II keine Anwendung.

21   VII. Die **Strafe** ist Freiheitsstrafe bis zu 5 Jahren oder Geldstrafe. Zum **Antragserfordernis** und **Verfolgungshindernis** bei späterer **Eheschließung** vgl. § 238.

22   VIII. **Idealkonkurrenz** ist möglich mit § 235 (RG **18** 283, BGH **1** 203), ferner mit § 185 (RG HRR **36** Nr. 443). Dagegen schließen sich die §§ 236, 237 tatbestandlich aus. Delikte, die der Täter gleichzeitig (vgl. BGH VRS **60** 292 zu § 316) bzw. während der Entführung gegen die Frau begeht, stehen mit § 237 in Tateinheit, soweit die Entführung Mittel zu ihrer Begehung sein soll (vgl. 91 vor § 52), so z. B. §§ 177, 179 (i. E. ebenso BGH **18** 29, **29** 233, GA **67**, 21, JR **83**, 210 m. Anm. Keller) sowie Fahren ohne Fahrerlaubnis (BGH MDR/H **82**, 102, NStZ **84**, 135, 408) bzw. in Trunkenheit (BGH NStZ/J **83**, 108, **84**, 262; vgl. auch BGH DRiZ/H **82**, 222, DAR/S **83**, 198 sowie zur Verklammerung
23   durch § 237 selbst bei Fehlen eines Strafantrags BGH NStE Nr. 14 zu § 52). Im **Verhältnis zu §§ 239, 240** zeigt sich die Fragwürdigkeit der jetzigen Regelung: Da bei der Entführung mit Drohung oder Gewalt § 237 voraussetzt, daß der Täter eine Freiheitsberaubung bzw. eine Nötigung begeht, an die sich eine sexuelle Handlung anschließt, besteht angesichts der gleichen Strafdrohung in §§ 237 und 239, 240 eine Daseinsberechtigung des § 237 nur für den Fall der durch List (vgl. dazu aber § 239 RN 6) bewirkten Entführung. In den übrigen Fällen ist eine Privilegierung des Täters (vgl. z. B. § 239 II) nur zu vermeiden, wenn Tateinheit zwischen diesen Vorschriften angenommen wird (Lackner 5; and. BGH MDR/D **71**, 722, Wessels II/1 S. 93). Das kann aber wiederum nicht dazu führen, daß das in § 238 der Verletzten eingeräumte Recht, durch Stellung eines Strafantrages über das Ob der Strafverfolgung zu entscheiden, durch die Anwendung der §§ 239, 240 ausgehöhlt wird. Das bedeutet, daß auch die tateinheitlich vorliegenden Delikte nur dann verfolgt werden können, wenn die Verletzte einen Strafantrag stellt (vgl. BGH **19** 320, NStE Nr. 2 zu § 239, Bottke JR 81, 389, Krey I 117, ferner 136 vor § 52). Entsprechendes muß für das Verfolgungshindernis der Eheschließung gelten. Die gleichen Grundsätze sind anzuwenden, wenn der Täter deshalb nicht nach § 237 bestraft werden kann, weil z. B. mangels einer sexuellen Handlung nur ein strafloser Versuch vorliegt. Auch hier kann die Freiheitsberaubung bzw. die Nötigung nur auf Antrag der Frau verfolgt werden (BGH
24   NStE Nr. 2 zu § 239, Vogler LK 25). Zum Verhältnis von § 240 in diesen Fällen vgl. dort RN 34. Anders ist lediglich bei § 239 III zu entscheiden, da dessen Anwendung den Tod der Verletzten voraussetzt (BGH **28** 19). In diesen Fällen kann § 238 nicht entsprechend angewandt werden, da im Regelfall keine antragsberechtigte Verletzte mehr vorhanden wäre, trotzdem aber ein Strafbedürfnis besteht (ebenso bzgl. § 239 II Vogler LK 24). Begeht der Täter nach der Entführung eine Nötigung (die Frau wird zum Entkleiden gezwungen), so besteht ebenfalls Tateinheit zu § 237. Letzterenfalls besteht aber für die entsprechende Anwendung des § 238 kein Bedürfnis, da auch die etwa tateinheitlich vorliegende Vergewaltigung als Offizialdelikt verfolgbar sein muß.

§ 238 Voraussetzungen der Verfolgung

(1) In den Fällen der §§ 235 bis 237 wird die Tat nur auf Antrag verfolgt.

(2) Hat ein Beteiligter in den Fällen der §§ 235 bis 237 die Person, die er entzogen oder entführt hat, geheiratet, so wird die Tat nur dann verfolgt, wenn die Ehe für nichtig erklärt oder aufgehoben worden ist und das Antragsrecht nicht vor Eingehung der Ehe erloschen war.

1, 2   I. **Abs. 1** macht alle Entführungstatbestände der §§ 235–237 zu **Antragsdelikten.** *Antragsberechtigt* ist jeweils der Verletzte. Wer dies ist, läßt sich für §§ 235 ff. jedoch nicht einheitlich beantworten, da diese Vorschriften verschiedene Rechtsgüter schützen.

3   a) Da sowohl § 235 als auch § 236 einen Angriff auf die Muntgewalt enthalten, ist antragsberechtigt lediglich der Inhaber des Sorgerechts (vgl. § 235 RN 13), nicht auch die entführte Person (Horn SK 3, Vogler LK 1). Bei Eltern ist dies jeder Elternteil, da hier lediglich eigene Rechte der Eltern, nicht aber solche des Kindes wahrgenommen werden, und somit die Grundsätze über die elterliche Gesamtver-

tretung (vgl. § 77 RN 16) nicht zur Anwendung kommen (Bay NJW **61**, 1033). Daß dem Antragsteller das Personensorgerecht über den Entführten zusteht, ist nach Stuttgart NJW **56**, 1011 nicht erforderlich; doch kann jedenfalls nicht gegen den Willen des Sorgerechtsinhabers Strafantrag gestellt werden (vgl. Düsseldorf NStZ **81**, 103 zum Verhältnis von Amtsvormund zu Pflegeeltern); and. Bottke ZBlJugR 81, 431, wenn Pflegeeltern nach § 1632 IV BGB der Aufenthalt des Kindes zugebilligt wurde.

b) Bei **§ 237** dagegen ist nur die Entführte bzw. im Falle ihrer Minderjährigkeit nach § 77 III ihr **4** gesetzlicher Vertreter antragsberechtigt (BGH NStZ **81**, 479). Die Eltern als solche oder der Ehemann (RG **18** 285) haben kein selbständiges Antragsrecht.

c) **Fehlt** es am erforderlichen **Strafantrag,** so kann auch nicht auf die subsidiär verwirklichten **5** §§ 239, 240 zurückgegriffen werden (vgl. BGH NStE Nr. 2 zu § 239, Düsseldorf NStZ **81**, 103 zu § 235, ferner § 237 RN 23).

II. **Abs. 2** enthält das für diese Tatbestände *auflösend* bedingte **Verfolgungshindernis der 6 Eheschließung des Entführers** mit der Entführten (D-Tröndle 3, Horn SK 4). Auch Anstifter und Gehilfen sind als Entführer i. S. dieser Vorschrift anzusehen; ihre Heirat mit der Entführten steht daher der Verfolgung entgegen (D-Tröndle 3). In beiden Fällen ist die Verfolgung nicht nur gegenüber dem unzulässig, der die Ehe geschlossen hat, sondern gegenüber allen an der Tat Beteiligten, und zwar ohne Rücksicht darauf, ob Mittäter jeweils in eigener Person sexuelle Handlungen vorgenommen haben (D-Tröndle 3, Vogler LK 2). Ist eine Ehe geschlossen worden, **7** so darf die Verfolgung nur stattfinden, nachdem die Ehe **für nichtig erklärt** oder **aufgehoben** worden ist. Aus welchem Grunde die Nichtigkeitserklärung oder Aufhebung erfolgte, ist ohne Bedeutung. Eine Scheidung macht die Verfolgung nicht zulässig. Soll die Tat verfolgt werden, nachdem die Ehe für nichtig erklärt oder aufgehoben worden ist, darf die Antragsfrist vor der Eingehung der Ehe noch nicht abgelaufen sein. Der Lauf der **Antragsfrist** wird durch **8** den Bestand der Ehe **gehemmt**. Um den Fristablauf nach Beendigung der Ehe zu verhindern, ist die Antragsstellung auch schon während des Bestehens der Ehe möglich (Vogler LK 3).

III. **§ 238 gilt entsprechend** für die mit §§ 235 bis 237 in Gesetzes- bzw. Tateinheit stehenden **9** Delikte, um eine Aushöhlung der Geltung dieser Vorschrift zu verhindern. Vgl. im einzelnen § 237 RN 22ff.

§ 239 Freiheitsberaubung

(1) **Wer widerrechtlich einen Menschen einsperrt oder auf andere Weise des Gebrauchs der persönlichen Freiheit beraubt, wird mit Freiheitsstrafe bis zu fünf Jahren oder mit Geldstrafe bestraft.**

(2) **Wenn die Freiheitsentziehung über eine Woche gedauert hat oder wenn eine schwere Körperverletzung (§ 224) des der Freiheit Beraubten durch die Freiheitsentziehung oder die ihm während derselben widerfahrene Behandlung verursacht worden ist, so ist auf Freiheitsstrafe von einem Jahr bis zu zehn Jahren zu erkennen. In minder schweren Fällen ist die Strafe Freiheitsstrafe bis zu fünf Jahren oder Geldstrafe.**

(3) **Ist der Tod des der Freiheit Beraubten durch die Freiheitsentziehung oder die ihm während derselben widerfahrene Behandlung verursacht worden, so ist auf Freiheitsstrafe nicht unter drei Jahren zu erkennen. In minder schweren Fällen ist die Strafe Freiheitsstrafe von drei Monaten bis zu fünf Jahren.**

Schrifttum: Bloy, Freiheitsberaubung ohne Verletzung fremder Autonomie?, ZStW 96, 703. – *Widmann,* Die Freiheitsberaubung mit Todesfolge als erfolgsqualifizierte Straftat mit eingeschränktem Ursachenrahmen, MDR 67, 972. – Vgl. ferner die Angaben vor § 234 sowie zu § 237.

I. **Schutzgut** ist die **potentielle persönliche Fortbewegungsfreiheit,** d. h. die Freiheit der **1** Willensbetätigung in bezug auf die Veränderung des Aufenthaltsortes (vgl. BGH **14** 314, **32** 188 m. Anm. Geerds JR 84, 428, Köln NJW **86**, 334, D-Tröndle 1, Meyer-Gerhards JuS 74, 569, Wessels II/1 S. 75; abw. Arzt/Weber I 209, Bloy aaO 718). Freiheitsberaubung durch einen **2** *Amtsträger* ist nach Aufhebung von § 341 (krit. dazu Wagner ZRP 75, 273) allenfalls noch im Rahmen von § 345 strafverschärft (vgl. aber LG Mainz MDR **83**, 1004).

II. **Tatobjekt** kann **jeder Mensch** sein; auch gegenüber einem Zurechnungsunfähigen ist eine **3** Freiheitsberaubung möglich. Erforderlich ist nur, daß der Betreffende in natürlichem Sinne die Fähigkeit hat, willkürlich seinen Aufenthalt zu verändern (BGH **32** 187). Ein Mensch, der seinen Aufenthaltsort nur mit Hilfe anderer verlassen kann oder dazu technischer Hilfsmittel (Rollstuhl, Brille usw.) bedarf, kann der Freiheit durch Entfernen dieser Hilfsmittel beraubt werden (ebenso M-Schroeder I 139). Wer den Willen, seinen Aufenthalt zu verändern, nicht haben kann (1-jähriges Kind: Bay JZ **52**, 237; Schlafende, sinnlos Betrunkene), kann für die

§ 239 4–6   Bes. Teil. Straftaten gegen die persönliche Freiheit

Dauer dieses Zustands seiner Bewegungsfreiheit nicht beraubt werden (Krey I 119; and. Gössel I 248, Schmidhäuser II 52; diff. Bloy aaO 721 ff.). Dagegen entfällt § 239 nicht deshalb, weil während der Dauer der Einsperrung das Opfer den Willen, sich fortzubegeben, tatsächlich nicht gehabt oder von der Einsperrung nichts gewußt hat; es genügt die Beeinträchtigung der potentiellen Fortbewegungsmöglichkeit (BGH **14** 314, Köln NJW **86**, 333, M-Schroeder I 139, Schmidhäuser II 52, Wessels II/1 S. 75; and. RG **33** 236, Horn SK 2a, Arzt/Weber I 209f., Bloy aaO 720; vgl. aber auch Meyer-Gerhards JuS 74, 570). Ist das Opfer jedoch mit der Freiheitsentziehung einverstanden, so entfällt der Tatbestand (vgl. aber Herzberg/Schlehofer JZ 84, 482 zu BGH **32** 183). Über die Freiheitsberaubung gegenüber Kriegsgefangenen vgl. BGH LM **Nr. 2** zu § 3.

4   III. Die **Tathandlung** besteht darin, daß ein Mensch ohne seinen Willen des Gebrauchs der persönlichen Freiheit beraubt wird. Dazu ist erforderlich, daß ihm, wenn auch nur vorübergehend, *unmöglich* gemacht wird, nach seinem freien Willen seinen *Aufenthalt zu verändern,* wobei jedoch unerhebliche Beeinträchtigungen nicht ausreichen (Schröder JZ 64, 31; vgl. aber Schmidhäuser II 52). Durch gleichzeitig erzwungene Ortsveränderung (Wegtransportieren) wird der Tatbestand nicht ausgeschlossen (vgl. LG Mainz MDR **83**, 1044). Dagegen liegt keine Freiheitsberaubung vor, wenn jemand daran gehindert wird, einen bestimmten Ort aufzusuchen (BGH **32** 183), z. B. die Hinderung von Arbeitswilligen am Betreten des Arbeitsplatzes durch Streikposten, oder wenn er gezwungen wird, einen bestimmten Ort zu verlassen; im allg. auch nicht, wenn er durch Zwang veranlaßt wird, einen bestimmten Ort aufzusuchen (vgl. Schäfer LK 3). In diesen Fällen liegt idR nur Nötigung vor. Vgl. auch § 240 RN 41.

5   1. Als wichtigstes **Mittel** der Freiheitsberaubung ist *beispielhaft* das **Einsperren** hervorgehoben: die Verhinderung am Verlassen eines Raumes durch äußere Vorrichtungen. Ein Mensch ist eingesperrt, sobald er objektiv gehindert ist, von seiner Fortbewegungsfreiheit Gebrauch zu machen (RG **7** 259, **61** 239). Ob dies durch Verschließen der Ausgänge oder auf andere Weise geschieht, ist unerheblich. Die Unmöglichkeit, sich zu entfernen, braucht keine unüberwindliche zu sein (vgl. östOGH ÖJZ 63, 158). Es genügt, daß der Zurückgehaltene etwaige Ausgänge nicht benutzen kann, z. B. weil er einen vorhandenen Ausgang nicht kennt (RG JW **29**, 2729 m. Anm. Dohna) oder den Mechanismus einer Tür nicht zu bedienen weiß (RG **27** 360). Eine räumliche Trennung zwischen Täter und Opfer ist nicht erforderlich; der Täter kann sich selbst mit einsperren.

6   2. Neben der Einsperrung kann jemand auch **auf andere Weise** des Gebrauches der persönlichen Freiheit beraubt werden. Dafür kommt jedes Mittel in Betracht, das tauglich ist, einen anderen seiner Fortbewegungsfreiheit zu berauben; es braucht, wie etwa das Festbinden auf einem Stuhl oder Bett (vgl. Koblenz NJW **85**, 1409), der Einsperrung nicht ähnlich zu sein (RG **6** 232). Daher reicht neben Gewalt (vgl. Hamm JMBlNRW **64**, 31) und Drohung auch List aus (D-Tröndle 4), und zwar nicht nur, wenn sie dazu dient, eine Ortsveränderung in der Vorstellung des Opfers unmöglich zu machen (wenn z. B. vorgespiegelt wird, eine Tür sei verschlossen), sondern auch dann, wenn lediglich eine psychische Schranke errichtet wird (angeblicher Hausarrest), nicht dagegen bei einem erschlichenen Einverständnis (vgl. **32** vor § 32; and. Bloy aaO 713 ff.), u. U. aber dann, wenn einer offensichtlich hörigen Person durch entsprechende Anweisungen die Möglichkeit der Ortsveränderung abgeschnitten wird (insoweit problem. BGH **32** 189 m. krit. Anm. Herzberg/Schlehofer JZ 84, 482). Ferner soll, wenn nicht sogar eingesperrt, so jedenfalls seiner Freiheit beraubt sein, wer zwar mehrere Ausgänge sieht oder faktisch weggehen könnte, die Benutzung dieses Weges jedoch allgemein oder nach den Umständen des Falles als ungewöhnlich, beschwerlich oder als anstößig anzusehen wäre (vgl. RG **8** 210, D-Tröndle 3, Gössel I 249, M-Schroeder I 139), wie etwa in dem Fall, daß einem Nacktbadenden die Kleider weggenommen werden (vgl. Krey I 118f., Schmidhäuser II 52); dem kann jedoch nur im Falle unzumutbarer Gefährlichkeit der verbleibenden Entfernungsmöglichkeit zugestimmt werden (einschr. auch RG **6** 231, Arzt/Weber I 212, Horn SK 5), wie etwa, wenn der Lenker eines Wagens durch rasches Fahren dem Fahrgast das Aussteigen unmöglich macht (RG **25** 147, Koblenz VRS **49** 350) oder der Zugführer entgegen dem berechtigten Verlangen eines Reisenden die Tür des Abteils nicht öffnet (RG DJZ 08, 746). Gleiches gilt für den Fall, daß einem Flugzeug die Landeerlaubnis verweigert bzw. die Landung auf andere Weise unmöglich gemacht wird (z. B. durch Fluglotsenstreik, vgl. Blei JA 73, 386), oder daß eine Leiter weggenommen wird, die zum Herabsteigen benutzt werden sollte. Da es nur auf den Erfolg der Freiheitsberaubung ankommt, muß auch ausreichen, daß dem Eingesperrten die Selbstbefreiung unmöglich gemacht wird. In der zwangsweisen Unterbringung in einer psychiatrischen Anstalt wird nicht schon per se, sondern idR erst dann eine Freiheitsberaubung zu erblicken sein, wenn die Heiminsassen auf einem bestimmten beschränkten Raum festgehalten werden, ständiger Überwachung unterliegen und von Kontakten mit Personen außerhalb des Raumes abgeschnitten sind (näher Sack/Denger MDR 82, 973).

Freiheitsberaubung 7–13 § 239

3. Die Freiheitsberaubung kann auch durch **Unterlassen** begangen werden (BGH GA 63, 16, 7 D-Tröndle 5, Eser NJW 65, 379f., M-Schroeder I 140; vgl. aber auch Horn SK 11); so etwa dadurch, daß der Täter einen versehentlich Eingesperrten nicht herausläßt, nachdem er sein Versehen erkannt hat (RG 24 339); weiter kommt das Unterlassen des Widerrufs einer falschen Anschuldigung bei der Polizei in Betracht (RG HRR 35 Nr. 471).

IV. Die **Rechtswidrigkeit** kann durch Ausübung amtlicher Befugnisse, z. B. bei Verhaftung 8 oder vorläufiger Festnahme (vgl. RG HRR 38 Nr. 1568), staatsanwaltschaftlicher Vorführung (vgl. Moritz NJW 77, 796), polizeiliche Verbringung zur Blutentnahme (Köln NJW 86, 234) oder Anstaltsbehandlung aufgrund von Sondergesetzen ausgeschlossen sein, wobei Förmlichkeitsmängel unerheblich sein können, solange der Freiheitsentzug zumindest sachlich begründet ist (vgl. BGH MDR/H 78, 624, Schleswig NStZ 85, 74 m. krit. Anm. Otto u. Amelung/Brauer JR 85, 474, aber auch LG Mainz MDR 83, 1044 zu unzulässiger Verbringung von Stadtstreichern „aufs Land"; zu Sonderproblemen bei jugendpsychiatrischer Unterbringung vgl. Sack/Denger MDR 82, 972ff., zur „Ruhigstellung" eines Patienten vgl. Koblenz NJW 85, 1409). Ebenso kann die Rechtswidrigkeit durch erlaubte Selbsthilfe (§§ 229, 861 BGB), Notwehr oder Erziehungsbefugnisse ausgeschlossen sein (zur Rechtfertigung „familiärer Selbsthilfe" gegenüber kranken Verwandten vgl. BGH 13 197 m. krit. Anm. Sax JZ 59, 776, aber auch Arzt/Weber I 213). Eine Überschreitung der erlaubten Selbsthilfe liegt dann vor, wenn die Einsperrung auf eine dritte unbeteiligte Person ausgedehnt wird, um sie gegen denjenigen wirksam zu erhalten, gegen den sie gerechtfertigt war. Eine an sich berechtigte Freiheitsentziehung wird nicht dadurch unrechtmäßig, daß sie von entwürdigenden Umständen begleitet wird, sofern dabei nicht die Grenzen der Erforderlichkeit und Verhältnismäßigkeit überschritten werden (z. B. wenn das ausreichenden Einsperrens in einem Raum nicht einer kurzen Kette an die Wand gefesselt wird). Diese Gesichtspunkte hat die Rspr. nicht immer deutlich genug unterschieden (vgl. RG 17 127, JW 25, 973, OGH 3 125, NJW 50, 436). Eine **Einwilligung** beseitigt nicht erst die Rechtswidrigkeit, sondern bereits die Tatbestandsmäßigkeit (D-Tröndle 8, Lackner 2, Wessels II/1 S. 76).

V. Für den **subjektiven Tatbestand** ist **Vorsatz** erforderlich, bedingter genügt. Für fahrlässi- 9 ge Freiheitsberaubung ist der privatrechtliche Schutz der §§ 823, 847 BGB ausreichend. Der Vorsatz muß auf die völlige Aufhebung der Bewegungsfreiheit gerichtet sein. Irrtum über die Widerrechtlichkeit ist nach den für Rechtfertigungsirrtum geltenden Grundsätzen zu behandeln (vgl. § 16 RN 14ff.). Demgemäß liegt Verbotsirrtum vor, wenn es sich um die Annahme nicht vorhandener Rechtfertigungsgründe handelt (BGH 3 364), wie etwa bei Zurückholung der Ehefrau durch einen Ausländer (AG Grevenbroich NJW 83, 528).

VI. Die Freiheitsberaubung kann auch in **mittelbarer Täterschaft** begangen werden, indem 10 staatliche Organe (z. B. Polizeibeamte, Richter usw.; vgl. RG HRR 39 Nr. 464, BGH 3 5, 110, 32 294, Schleswig o. 8) durch Täuschung zu amtlichem Eingreifen veranlaßt werden. Dies fällt nicht nur dann unter § 239, wenn ein ungerechtfertigter Verdacht erzeugt wird, sondern auch dann, wenn unrichtige Beweismittel beigebracht werden, ohne die das Opfer seiner Freiheit nicht hätte beraubt werden können (and. RG HRR 38 Nr. 1568). Dagegen kommen wahrheitsgemäße Anzeigen oder Zeugenaussagen, sofern nicht etwa eine rechtsstaatswidrige Verhaftung (vgl. KG ROW 89, 311) oder rechtswidrige Behandlung zu befürchten ist (vgl. Düsseldorf NJW 79, 60), als Freiheitsberaubung nicht in Betracht (BGH NJW 58, 874); zumindest fehlt es dann idR an einer Tatbeherrschung durch den Denunzianten (vgl. Eser II 156). Vgl. auch § 25 RN 7.

VII. Vollendet ist die Freiheitsberaubung, sobald es dem Opfer, und sei es auch nur vorüber- 11 gehend, unmöglich gemacht wird, seinen Aufenthalt nach eigenem Belieben zu verändern (vgl. BGH MDR/H 79, 281). Eine bestimmte Dauer ist dafür nicht vorausgesetzt (vgl. BGH 14 315, Hamm JMBlNRW 64, 31); für Bagatellfälle vgl. jedoch o. 4. Wird die Bewegungsfreiheit nicht aufgehoben, sondern tritt nur eine Erschwerung der freien Bewegung ein, so liegt (strafloser) Versuch der Freiheitsberaubung vor. Es ist zur Vollendung nicht erforderlich, daß sich der Eingesperrte der Tatsache der Freiheitsberaubung bewußt geworden ist (vgl. o . 1). Die Frei- 12 heitsberaubung ist **Dauerdelikt** (vgl. 81ff. vor § 52), das erst mit Aufhebung der Freiheitsentziehung beendet ist (vgl. M-Schroeder I 141, Eser NJW 65, 380).

VIII. Strafverschärfte Fälle enthalten – nach Wegfall der früheren Freiheitsberaubung im Amt 13 (vgl. aber o. 2) – die **Abs. 2** und **3**, und zwar, wie Abs. 2 deutlich ergibt, in allen drei Fällen in Form von **Erfolgsqualifizierungen**, so daß auch bei der eine Woche überschreitenden Freiheitsberaubung kein Vorsatz erforderlich ist, sondern ausreicht, daß sie tatsächlich länger gedauert hat und der Täter damit hätte rechnen können (§ 18; BGH 10 306, D-Tröndle 11, Schäfer LK 35, M-Schroeder I 142). In Abs. 3 genügt neben dem Tod als Folge der Freiheitsentziehung (z.B. durch Verhungern oder Erfrieren; vgl. Hirsch Oehler-FS 131) auch, daß der Tod durch eine während der Freiheitsentziehung dem

§ 239a 1 Bes. Teil. Straftaten gegen die persönliche Freiheit

14 Opfer widerfahrene Behandlung verursacht wird, wie z. B. durch Würgen nach Vergewaltigung (BGH **28** 18). Die Tat nach Abs. 2 kann auch in der Form des **Versuchs** begangen werden, wenn die Freiheitsberaubung zwar weniger als eine Woche gedauert hat, der Vorsatz des Täters jedoch auf eine entsprechende Dauer gerichtet war (RG **61** 179, HRR **39** Nr. 464, BGH GA **58**, 304; vgl. § 18 RN 11; and. Gössel I 251). Ähnlich setzt ein Versuch hins. Abs. 3 voraus, daß es jedenfalls zur Vollendung der Freiheitsberaubung als Grunddelikt gekommen ist (vgl. § 18 RN 9 sowie Laubenthal JZ 87,
15 1067). *Selbstmord* des Eingesperrten konnte nach BGH LM **Nr. 3** zu § 346 dem Täter jedenfalls dann zugerechnet werden, wenn Freiheitsberaubung im Amt (§ 341 a. F.) vorlag; für die sonstigen Fälle
16 kann aber nichts anderes gelten (vgl. Schäfer LK 40, Schmidhäuser II 54). Der Tod ist dann die Freiheitsberaubung auch dann verursacht, wenn ihn das Opfer infolge des unmittelbaren *Fluchtversuchs* erleidet (BGH **19** 382, M-Schroeder I 142, Schäfer LK 41; vgl. auch § 18 RN 4; and. Widmann MDR 67, 972).

17 **IX. Idealkonkurrenz** ist insbes. möglich mit §§ 113, 132 (RG **59** 298), 164, ferner (Abs. 3) mit §§ 211 ff., 222 (vgl. § 18 RN 6, 81 ff. vor § 52). § 234a geht dem § 239 vor. Über das Verhältnis zu § 240 vgl. dort RN 41. Soweit die Freiheitsberaubung nur Mittel oder Bestandteil anderer strafbarer Handlungen ist, mit denen eine Freiheitsberaubung regelmäßig verbunden ist, wie z. B. §§ 177, 249 ff., besteht **Gesetzeskonkurrenz**; Entsprechendes gilt für §§ 239a, b. Soweit § 239 zurücktritt, kommt insoweit Strafverfolgung selbst dann nicht in Betracht, wenn es für das vorgehende Delikt am erforderlichen Strafantrag fehlt (BGH MDR/H **80**, 455; vgl. auch § 237 RN 23). Ferner entfällt § 239 als Begleittat, wo die Beeinträchtigung nur Nebenfolge eines anderen Delikts (z. B. Körperverletzung, Vergiftung) ist. Kommt jedoch der Freiheitsberaubung eine Eigenbedeutung zu, ist Tateinheit auch mit diesen Delikten denkbar (BGH MDR/H **88**, 627; vgl. auch § 177 RN 16, § 249 RN 13); ferner dort, wo eine Körperverletzung gerade zwecks Freiheitsberaubung begangen oder wo jemand zu dem Zweck eingesperrt wird, ihm eine Körperverletzung zuzufügen. Als **Dauerdelikt** kann § 239 währenddessen verwirklichte Delikte zur Handlungseinheit zusammenfassen, sofern nicht beide einen schwereren Unrechtsgehalt haben (daher Verklammerung von 2 Vergewaltigungen durch § 239 im BGH NStE Nr. **12** zu § 177 abgelehnt, während dies zwischen §§ 177, 178 u. § 315c nach BGH NStZ **88**, 70, NJW **89**, 1227 möglich sein soll).

§ 239a Erpresserischer Menschenraub

(1) Wer einen anderen entführt oder sich eines anderen bemächtigt, um die Sorge des Opfers um sein Wohl oder die Sorge eines Dritten um das Wohl des Opfers zu einer Erpressung (§ 253) auszunutzen, oder wer die von ihm durch eine solche Handlung geschaffene Lage eines anderen zu einer solchen Erpressung ausnutzt, wird mit Freiheitsstrafe nicht unter fünf Jahren bestraft.

(2) In minderschweren Fällen ist die Strafe Freiheitsstrafe nicht unter einem Jahr.

(3) Verursacht der Täter durch die Tat leichtfertig den Tod des Opfers, so ist die Strafe lebenslange Freiheitsstrafe oder Freiheitsstrafe nicht unter zehn Jahren.

(4) Das Gericht kann die Strafe nach § 49 Abs. 1 mildern, wenn der Täter das Opfer unter Verzicht auf die erstrebte Leistung in dessen Lebenskreis zurückgelangen läßt. Tritt dieser Erfolg ohne Zutun des Täters ein, so genügt sein ernsthaftes Bemühen, den Erfolg zu erreichen.

Vorbem. Abs. 1 geändert und Abs. 2 eingefügt durch Ges. v. 9. 6. 1989 (BGBl. I 1059).

Schrifttum: Backmann, Geiselnahme bei nicht ernst gemeinter Drohung, JuS 77, 444. – *Blei,* Erpresserischer Menschenraub und Geiselnahme (§§ 239a, 239b), JA 75, 91, 163. – *Bohlinger,* Bemerkungen zum 12. StÄG, JZ 72, 230. – *Hansen,* Tatbild, Tatbestandsfassung und Tatbestandsauslegung beim erpresserischen Menschenraub, GA 74, 352. – *Maurach,* Probleme des erfolgsqualifizierten Delikts bei Menschenraub, Geiselnahme und Luftpiraterie, Heinitz-FS 403. – *Müller-Emmert,* Erpresserischer Menschenraub und Geiselnahme, MDR 72, 97. – *Rengier,* Genügt die „bloße" Bedrohung mit (Schuß-)Waffen zum „Sichbemächtigen" i. S. der §§ 239a, 239b?, GA 85, 314.

1 **I.** Die Neufassung aufgrund des 12. StÄG 1971 – mit weiteren Änderungen durch das „Artikelgesetz" v. 9. 6. 1989 (dazu Hassemer StV 89, 78, Jung JuS 89, 1025, Kunert NStZ 89, 449) – ersetzt den früheren erpresserischen Kindesraub durch den **erpresserischen Menschenraub**. Während bis dahin Opfer der Entführung nur ein Kind unter 18 Jahren sein konnte, kann heute *jede Person* ohne Rücksicht auf Alter und Geschlecht die entführte sein. Dies leuchtet ein, da die Sorge um Angehörige an das Alter nicht gebunden ist und § 239a seine frühere Gestalt wohl nur der Tatsache zu verdanken hatte, daß Fälle der Entführung von Kindern häufiger waren (vgl. Hansen GA 74, 358 ff.). Gleichzeitig wurde dem erpresserischen Menschenraub die sog. **Geiselnahme** zur Seite gestellt (§ 239b), die sich von § 239a nur darin unterscheidet, daß als Ziel der Entführung einerseits eine Nötigung statt einer Erpressung genügt, andererseits aber als Drohmittel die Tötung oder Zufügung einer schweren Körperverletzung gegenüber dem Entführten erforderlich ist (vgl. Blei JA 75, 19), aufgrund einer Tatbestandserweiterung durch Ges. v. 9. 6. 1989 freilich auch schon eine Freiheitsentziehung von

über einer Woche ausreicht. Durch diese Novelle wurde zudem in Reaktion auf die zunehmende Bereitschaft radikaler Gruppen, ihre Ziele notfalls mit Gewalt – insbes. gegen Personen – durchzusetzen, die Mindeststrafe der §§ 239a, 239b von 3 auf 5 Jahre erhöht, gleichzeitig aber auch in einem neuen Abs. 2 des § 239a eine Strafmilderungsmöglichkeit eingeräumt, auf die seinerseits § 239b II verweist. Mit dieser in sich wohl wenig ausgewogenen Strafrahmenänderung (krit. Nachw. u. 28) soll dem besonderen Unrechtsgehalt dieser für den Terrorismus typischen Gewaltkriminalität Rechnung getragen und die präventive Wirkung der Vorschriften verstärkt werden (BR-Drs. 238/88 S. 11, 18; zw. Hassemer StV 89, 78). Da sich die Strafen für beide Delikte auch weiterhin vollkommen entsprechen, leuchtet das Nebeneinander dieser Tatbestände nicht recht ein, zumal die Grenzen zwischen ihnen fließend sind (zur abw. Ansicht des Gesetzgebers vgl. BT-Drs. VI/2722 S. 2). Weiter **2** wurde durch die Novelle von 1989 – wie schon von verschiedenen Stimmen in der Literatur für § 239b gefordert (vgl. Backmann JuS 77, 444ff., D-Tröndle § 239b RN 4 mwN) – die bisherige Dreiecksstruktur des erpresserischen Menschenraubs und der Geiselnahme (Täter-Entführter-Genötigter) aufgehoben, indem nunmehr auch das Entführungsopfer selbst Genötigter sein kann; dies deshalb, weil die persönliche Freiheit und Unversehrtheit des Opfers in besonders hohem Maße gefährdet sind (BR-Drs. 238/88 S. 19; krit. Kunert NStZ 89, 450). Aufgrund der in Abs. 2 eingeräumten Strafmilderungsmöglichkeit ist die Neufassung gegenüber der vorherigen als milder i. S. von § 2 III anzusehen (BGH StV **90**, 111).

II. Den §§ 239a, 239b ist gemeinsam die Entführung von Menschen, um auf das Entführ- **3** rungsopfer selbst oder auch andere einen Zwang durch Drohung ausüben zu können, ohne daß freilich wegen der unterschiedlichen Nötigungsmittel (o. 2) Spezialität zwischen ihnen bestünde. § 239a hat daher eine **doppelte Angriffsrichtung:** Vermögen und Freiheit des zu *Erpressenden* sowie Freiheit und psycho-physische Integrität des *Entführten* (vgl. Backmann JuS 77, 445, D-Tröndle 4, ferner BGH GA **75**, 53), wobei jedoch das Schwergewicht nach wie vor auf der Erpressungskomponente liegen dürfte (vgl. Arzt/Weber I 234; and. Schäfer LK 2; zum früheren Streitstand vgl. 19. A.).

Der **Tatbestand** enthält **zwei Alternativen:** zum einen den *eigentlichen Entführungstatbestand:* durch **4** Entführen oder Sichbemächtigen eines anderen zum Zwecke der Erpressung, zum anderen als Auffangtatbestand zu verstehenden *Ausnutzungstatbestand:* für alle Fälle, in denen der Täter die in der 1. Alt. genannten Handlungen ohne Erpressungsabsicht ausgeführt hat, die von ihm geschaffene Lage jedoch später tatsächlich zu einer Erpressung ausnützt.

III. Der **Entführungstatbestand** (**1. Alt.** von Abs. 1) erfordert, daß der Täter einen anderen **5** mit Erpressungsabsicht entführt oder sich seiner bemächtigt.

1. a) Das **Entführen** hat zwar in den §§ 236, 237 ein Vorbild, kann sich jedoch allenfalls an **6** § 237 orientieren (vgl. Lackner 3a sowie nun auch D-Tröndle 5), da auch dort die Freiheit des Entführten mitgeschützt ist. Daher ist auch hier zweifelhaft, wann von einer für den Tatbestand ausreichenden *Ortsveränderung* gesprochen werden kann. Dabei ist hier zu beachten, daß § 239a das *Entführen* und *Sichbemächtigen* (u. 7) gleichstellt und sich daher die Notwendigkeit einer *Koordinierung* dieser beiden Begriffe ergibt. Für das Entführen ist daher die Herbeiführung einer Ortsveränderung mit der Absicht erforderlich, ein Sichbemächtigen zu erreichen (vgl. Horn SK 4), so daß die Entführung eine Vorstufe des Sichbemächtigens darstellt. Die Fälle, in denen bei einer „Entführung" von einem Beginn des Sichbemächtigens noch nicht gesprochen werden kann, bleiben daher außerhalb des Tatbestandes. Wann dies der Fall ist, ist ebenso wie im Rahmen des § 22 nur für den Einzelfall zu entscheiden. Das Besteigen eines öffentlichen Verkehrsmittels kann je nach Alter und Einsichtsfähigkeit des Opfers bereits Beginn des Sichbemächtigens und damit Entführung sein oder auch nicht. Jedenfalls kann nicht davon gesprochen werden, daß jede mit List bewirkte Ortsveränderung den Tatbestand des § 239a erfüllt (aber offenbar weiter M-Schroeder I 139).

b) Das **Sichbemächtigen** eines anderen setzt voraus, daß man die **physische Gewalt** über ihn **7** erlangt (vgl. BGH MDR/H **78**, 987). Dieses Herrschaftsverhältnis kann in etwa mit dem Gewahrsam an Sachen verglichen werden. Eine Ortsveränderung ist hier nicht erforderlich. Es genügt, daß der Zustand von „Geborgenheit" des Opfers (aufgrund eigener Kräfte oder unter dem Schutz anderer) zugunsten des Täters vermindert wird (Lampe JR 75, 425; vgl. auch Krey II 138ff.). Das ist z. B. der Fall, wenn der Täter sein Opfer durch Einschließen oder durch die Vernichtung von Befreiungs- oder Bewegungsmöglichkeiten an seinem Aufenthaltsort festhält, indem er es an sich drückt und im Gemser gegen es richtet (BGH **26** 72). Ob das Opfer seine Lage erkennt oder nicht (z. B. ein Kind), ist unerheblich (BGH GA **75**, 53, NStZ **85**, 455 zu § 239b). Der Begriff ist jedoch mit dem der Freiheitsberaubung nicht identisch, da diese keine physische Herrschaft über das Opfer verlangt. Umgekehrt ist das Sichbemächtigen **nicht notwendig** mit einer **Freiheitsberaubung** verbunden (D-Tröndle 5), wie das Beispiel des Kleinstkindes zeigt (vgl. BT-Drs. VI/2722 S. 2, aber auch Blei JA 75, 37f.). Vgl. zum Verhältnis beide Modalitäten auch Maurach Heinitz-FS 407. Ein Sichbemächtigen ist auch derart

§ 239a 8–15   Bes. Teil. Straftaten gegen die persönliche Freiheit

möglich, daß der Täter sein Opfer mit Schußwaffen in Schach hält und über eine größere Distanz hinweg an der freien Bestimmung über sich selbst hindert (BGH NStZ **86**, 166, Rengier GA 85, 314ff. mwN).

8   2. **Tatobjekt** kann jeder **Mensch** sein (vgl. o. 1). Daher ist § 239a selbst bei Entführung des *eigenen* Kindes denkbar, was z. B. bei Sorgerechts- und Unterhaltsstreitigkeiten vorkommt
9   (BGH **26** 71, GA **75**, 53). Ebensowenig ist § 239a dadurch ausgeschlossen, daß sich das Opfer – z. B. als **Ersatzgeisel** – „freiwillig" in die Gewalt des Täters begibt (M-Schroeder I 147). Der dadurch herbeigeführte illegale Zustand der Beherrschung eines Menschen kann durch die Freiwilligkeit der Geisel nicht legalisiert werden. Auch scheidet § 239a (oder § 239b) nicht dadurch aus, daß ein Sorgeberechtigter mit der Geiselnahme eines willensunfähigen Kleinkindes einverstanden ist (vgl. BGH **26** 70, 72 m. Anm. Lampe JR 75, 424, Lackner 3a).

10   3. **Subjektiv** muß der Täter die **Absicht** haben, die Entführung oder das Sichbemächtigen zu einer **Erpressung** auszunützen.

11   a) Durch die Verweisung auf § 253 sind dessen sämtliche Voraussetzungen in Bezug genommen, wenn auch nur in der Vorstellung des Täters. Der Täter muß sich zu *Unrecht bereichern* wollen (D-Tröndle 6). Falls also der Täter die Entführung usw. zur Erlangung eines rechtmäßigen Vorteils ausnutzen will, kommt nur Freiheitsberaubung i. V. mit Nötigung in Betracht. Für die Rspr., die den Raub als Spezialfall der Erpressung ansieht (vgl. § 253 RN 31), würde auch die Absicht ausreichen, mit den Mitteln des § 239a einen Raub zu ermöglichen (Duldung der Wegnahme, weil das Leben der Geisel bedroht wird). Ferner kommt es hier nicht auf § 253 II an, da die in § 239a beschriebene Mittel-Zweck-Relation stets **verwerflich** ist (Krey II 140).

12   b) Zu beachten ist jedoch, daß § 239a die **Nötigungsmittel** gegenüber § 253 **begrenzt:** Da der Täter die Sorge um das Wohl des Entführten ausnützen wollen muß, **scheidet Gewalt** (als gegenwärtige Übelszufügung) hier **aus.** Aber auch im Bereich der **Drohung** genügt nicht jede mit einem empfindlichen Übel, sondern nur eine solche, die das „Wohl" des Entführten betrifft (vgl. u. 14f.).

13   α) **Genötigter** können nach der Fassung von 1989 (vgl. o. 1) sowohl das **Bemächtigungsopfer** selbst als auch ein **Dritter** sein (Horn SK 7). Damit werden nunmehr insbes. auch solche Fälle erfaßt, die bisher nur als Freiheitsberaubung und Nötigung bestraft werden konnten, wie z. B. die Geiselnahme eines Politikers, um diesen zu einem bestimmten Verhalten zu zwingen (BR-Drs. 238/88; daher wäre heute in BGH MDR/H **89**, 305 § 239a anwendbar). Als **Dritter** kommt jede Person in Betracht, von welcher der Täter annimmt, sie werde aus Sorge um das Wohl des Entführten leisten. Es kommen also nicht nur Angehörige des Opfers in Betracht; auch der Staat kann Dritter i. S. des § 239a sein (vgl. Blei JA 75, 20f.). Unerheblich ist, ob das Lösegeld von Angehörigen aus dem Vermögen des Entführten bezahlt wird.

14   β) Nach der Vorstellung des Täters muß die von ihm bezweckte Vermögensverfügung des Genötigten auf dessen **Sorge um sein eigenes oder um das Wohl eines anderen** Bemächtigungsopfers beruhen, wobei es gleichgültig ist, ob die Sorge für ein Drittopfer auf einer Rechtspflicht beruht oder einem tatsächlichen Verantwortlichkeitsgefühl für den Dritten entspringt. Unter *Wohl* ist nur ein leibliches, nicht aber ein bloßes Vermögensinteresse zu verstehen. Dieses muß der Genötigte dadurch gefährdet sehen, daß er bzw. das Drittopfer sich in der Gewalt des Täters befindet. Nicht erforderlich ist, daß der Genötigte eine unmittelbare Gefährdung fürchtet oder eine solche vom Täter angedroht wird (vgl. BT-Drs. VI/2722 S. 2; enger Hansen GA 74, 368; vgl. auch Backmann JuS 77, 445ff.). Es muß vielmehr ausreichen, daß dem Opfer eine Fortsetzung der Freiheitsberaubung mit allen damit verbundenen Risiken angedroht wird (zumindest in der Formulierung enger BGH **25** 35).

15   Druckmittel muß gerade die Sorge um das **persönliche Wohl** des Entführten sein. Das wird nicht dadurch ausgeschlossen, daß neben dieser Sorge noch andere Motive für die Entschließung des Erpreßten mitbestimmend sind (bei Entführung ausländischer Botschafter z. B. die Rücksicht auf diplomatische Beziehungen). § 239a ist jedoch nicht anwendbar, wenn die Motivation des Erpreßten dadurch beeinflußt werden soll, daß ihm die Arbeitskraft eines besonders qualifizierten Angestellten vorenthalten wird. Die hohe Strafdrohung des § 239a beruht (u. a.) auf der Verwerflichkeit, die in der Ausnützung persönlicher Gefühle des Erpreßten für das Opfer liegt. Dies ist nicht der Fall, wenn der Erpreßte die Vermögensverfügung trifft, weil er auf diese Weise einen größeren Vermögensschaden abwenden will. Der Begriff der **Sorge** ist aber nicht zu eng zu verstehen. Er bezeichnet *nicht nur* die Fälle, in denen *gefühlsmäßige* Bindungen die Sorge verursachen, sondern er erfaßt auch die Fälle, in denen sich der Erpreßte für das Wohl des Entführten aus anderen Gründen verantwortlich fühlt (wie der Bankangestellte für das Wohl des bedrohten Kunden: BGH NStE Nr. 3). Geht es dagegen um rein egoistische Beweggründe (Rückgewinnung einer wertvollen Arbeitskraft), so dürfte der Druck nicht auf der Sorge um das Wohl des Entführten beruhen.

γ) Bei § 253 genügt nur die Drohung mit einem **empfindlichen Übel**, ein Merkmal, das dazu 16 dient, abnorme Reaktionen Überängstlicher auszuschließen (vgl. § 240 RN 9). Eine entsprechende Eingrenzung ist wegen der Verweisung auf § 253 auch im Rahmen des § 239a notwendig (vgl. auch D-Tröndle[39] 8); doch spielt dies keine große praktische Rolle, weil die von § 239a vorausgesetzte Situation bereits Fälle ausschließt, wie sie bei § 253 durch das Merkmal des „empfindlichen Übels" ausgeschlossen werden sollen.

4. Vollendet ist diese Tatbestandsalternative, sobald der Täter das Opfer in Erpressungsabsicht entführt oder sich seiner bemächtigt hat, und zwar ohne daß es darüberhinaus zu einer vollendeten oder auch nur versuchten Erpressung kommen müßte (vgl. auch Horn SK 7). 17

IV. Der **Ausnutzungstatbestand (2. Alt.** von Abs. 1) setzt voraus, daß der Täter die von ihm 18 durch die in der 1. Alt. beschriebene Handlung geschaffene Lage zur Erpressung ausnützt. Anstelle der für die vorangehende Entführungsalternative genügenden Nötigungs*absicht* muß also hier zu der zunächst absichtslosen Schaffung der Gewaltlage eine diese ausnützende Nötigungshandlung hinzukommen; insofern handelt es sich um ein zweiaktiges Delikt (vgl. M-Schroeder I 143f.).

1. Mit der durch eine „**solche Handlung**" geschaffenen Lage wird auf die Tatmodalitäten der 19 1. Alt. (o. 5 ff.) Bezug genommen: Der Täter muß das Opfer entführt oder sich seiner bemächtigt haben, ohne daß dies bereits mit der in der 1. Alt. geforderten erpresserischen Absicht (o. 10) geschehen ist.

Die Entführung usw. muß **rechtswidrig** sein, und zwar gegenüber dem Entführten. Ein 20 Verstoß gegen Rechtsgüter Dritter (z. B. nach den §§ 235, 236) ist unbeachtlich. Erfaßt werden sollen die Fälle, in denen der Täter das Opfer widerrechtlich entführt oder sich seiner bemächtigt hat, damit aber zunächst andere Zwecke als Erpressung verfolgte (z. B. Sexualabsicht; vgl. BT-Drs. VI/2722 S. 2). In Betracht kommen auch Fälle, in denen der Täter ohne Vorsatz gehandelt, z. B. das Opfer versehentlich eingesperrt hat (vgl. D-Tröndle 7). Hier ergibt sich eine Garantenstellung aus vorangegangenem Tun, so daß sich eine Unterlassung der Freilassung als eine dem Täter zurechenbare Beeinträchtigung der Freiheit seines Opfers darstellt.

2. Strafbar ist nur, wer die **von ihm geschaffene Lage** ausnutzt. Hat dies ein *Dritter* getan 21 oder haben vom Täter *unabhängige* Umstände das Opfer in seine Hand gegeben (Sturz in eine Felsspalte), so genügt es nicht, wenn der Täter diese Situation zu einer Erpressung ausnutzt. Die Entführung oder das Sichbemächtigen brauchen jedoch nicht eigenhändig erfolgt zu sein. Eine dem Erpresser zurechenbare Lage ist auch dann gegeben, wenn die Entführung von einem anderen begangen wurde, dies dem Täter jedoch nach den Regeln der Mittäterschaft oder mittelbaren Täterschaft zuzurechnen ist. Vgl. dazu Maurach Heinitz-FS 407.

3. Der Begriff „**solche Erpressung**" stellt ebenfalls eine Beziehung zur 1. Alt. her. Gemeint 22 ist eine Erpressung, die auf der Ausnutzung der Sorge des Nötigungsopfers um sein oder eines Dritten Wohl beruht (vgl. o. 14 ff.).

4. Der Täter muß die Lage zu einer Erpressung **ausnutzen.** Dies ist nicht bereits dann der 23 Fall, wenn er einen entsprechenden Entschluß faßt, sondern erst dann, wenn er *mit der Erpressungshandlung beginnt*. Lebt zu diesem Zeitpunkt der Entführte im Falle der Erpressung eines Dritten nicht mehr, so können zwar die §§ 253, 255 Anwendung finden, weil hier die Realisierbarkeit der Drohung nicht vorausgesetzt wird; § 239a hingegen ist nicht anwendbar (Blei JA 72, 180, D-Tröndle 8; and. M-Schroeder I 147), ebensowenig wie wenn der Täter nur vorspiegelt, der Entführer zu sein, um auf diese Weise zu Geld zu kommen.

5. Im Gegensatz zur 1. Alt. ist der Tatbestand hier nur dann **vollendet,** wenn der Täter die 24 von ihm geschaffene Lage *tatsächlich* zur Erpressung ausnutzt. Die bloße Absicht genügt hier nicht. Aber auch hier kann wegen der Parallelität zur 1. Alt. nicht verlangt werden, daß es zu einer vollendeten Erpressung gekommen ist (and. M-Schroeder I 148). Es muß genügen, daß der Täter die Erpressung „unternommen", d. h. zumindest den Versuch einer Erpressung vorgenommen (z. B. den Erpresserbrief abgeschickt) hat (BGH StV **87**, 483 m. Anm. Horn sowie SK 15). Wollte man hier mehr verlangen, so wäre das Gefälle zwischen den beiden Alternativen nicht erklärbar (zust. Maurach Heinitz-FS 408).

V. Für den **subjektiven Tatbestand** ist bei beiden Tatbestandsalternativen **Vorsatz** erforder- 25 lich. Der Täter muß wissen, daß er gegen den Willen des Opfers handelt. Glaubt er, dieses sei mit der Entführung einverstanden, so entfällt der Vorsatz. Außerdem ist in der 1. Alt. die Absicht erforderlich, eine Erpressung zu begehen, während bei der zweiten der allgemeine Vorsatz der Erpressung ausreicht.

VI. Für die **Teilnahme** gelten die allgemeinen Grundsätze. § 28 II findet auf Teilnehmer, die 26 selbst keine Erpressungsabsicht haben, keine Anwendung (vgl. § 28 RN 20, Horn SK 11).

§ 239a 27–35

27 VII. Der **Versuch** ist strafbar (Verbrechen).

28 VIII. 1. Die **Strafe** ist (seit Ges. v. 9. 6. 1989: vgl. o. 2) Freiheitsstrafe nicht unter 5 Jahren (statt bis dahin nur 3 Jahre; krit. Kunert NStZ 89, 450f.). Für **minder schwere** Fälle ist zwar die Mindestfreiheitsstrafe auf 1 Jahr herabgesetzt **(Abs. 2)**, aber keine Höchststrafe vorgesehen (krit. dazu Jung JuS 89, 1025).

29 2. Die leichtfertige Tötung ist **erfolgsqualifiziert (Abs. 3).**

a) Erforderlich dafür ist, daß der **Tod** des Opfers durch die Tat **verursacht** worden ist. Die Tat ist i. S. der 1. Alt. die Entführung oder das Sichbemächtigen des Opfers, i. S. der 2. Alt. nicht die Ausnützung der vom Täter geschaffenen Lage zur Erpressung, sondern die Aufrechterhaltung der Freiheitsbeeinträchtigung, die zum Zwecke der Erpressung ausgenützt wird (Maurach Heinitz-FS 408). Wann während dieser Zeit die zum Tode führende Ursache gesetzt wird, ist gleichgültig (Dauerdelikt). Abs. 3 ist ferner auch dann anwendbar, wenn im Zeitpunkt der Erpressung der Tod des Opfers schon eingetreten war.

30 b) Der Tod muß **durch die Tat** verursacht worden sein. Dafür ist einerseits nicht schon jedweder Bedingungszusammenhang zwischen Tat und Tod genügend (so aber nach BGH **19** 387, M-Schroeder I 149) noch andererseits unmittelbare Todesherbeiführung durch des Täters Hand erforderlich, sondern die Rückführbarkeit auf eine tatbestandsspezifische Gefahr zu fordern (heute grds. h. M.: vgl. BGH **33** 322 m. Anm. Küpper NStZ 86, 117, Fischer ebda. 314, Krehl StV 86, 432, Löffeler JA 86, 288, Wolter JR 86, 465, Horn SK 28, Schäfer LK 19). Das ist fraglos der Fall, wo das Opfer infolge der Einwirkungen bei der Freiheitsberaubung oder bei deren Aufrechterhaltung stirbt, aber auch da, wo das Opfer bei Realisierung eines für diesen Tatbestand typischen Befreiungsrisikos durch die Polizei den Tod findet (insoweit ebenso BGH **33** 324 sowie die Vorgenannten; and. aber Krehl aaO), dagegen nicht mehr dort, wo es sich schon nicht mehr in der Gewalt des Täters befindet (und zwar – entgegen BGH **33** 325 u. Schäfer aaO – objektiv und nicht nur nach den subjektiven Vorstellungen des dazwischentretenden Dritten: vgl. Fischer, Löffeler, Wolter aaO) und daher z. B. erst durch einen fehlgehenden Fluchtverhinderungsschuß den Tod findet. Ähnlich scheitert diese Erfolgsqualifizierung dort, wo ein nur leicht Verletzter erst bei Verbringung zu einem Arzt einem tödlichen Verkehrsunfall zum Opfer fällt (vgl. auch Schäfer LK 18) oder bei einem Fluchtverhinderungsversuch ein Passant tödlich getroffen wird (D-Tröndle 9; vgl. auch § 18 RN 5). Im übrigen hingegen genügt für die Anwendbarkeit des Abs. 2, daß schon der *Versuch* einer jeden Modalität des § 239a den Erfolg herbeigeführt hat (D-Tröndle 9, Horn SK 27; z. T. abw. Maurach Heinitz-FS 413, M-Schroeder I 149).

31 c) Für den **subjektiven Tatbestand** ist (mindestens) **Leichtfertigkeit** erforderlich (vgl. § 15 RN 106). Vorausgesetzt ist also ein gesteigerter Grad der Fahrlässigkeit dergestalt, daß sich der Täter in besonders leichtsinniger oder gleichgültiger Weise über die Möglichkeit der Todesfolge hinweggesetzt hat (vgl. Tenckhoff ZStW 88, 911f.). Bei vorsätzlicher Erfolgsqualifizierung gilt entsprechendes wie bei § 251 (vgl. dort RN 9 sowie M-Schroeder I 148).

32 d) Die **Strafe** ist im Falle von Abs. 3 wahlweise *lebenslange* oder mindestens *10jährige Freiheitsstrafe*. Erstere kommt etwa bei hohem Grad von Leichtfertigkeit oder Grausamkeit in Betracht, nach D-Tröndle 9 auch bei Tötung einer exponierten Persönlichkeit (krit. dazu Horn SK 31).

33 IX. **Rücktritt von vollendetem Delikt** wird durch **Abs. 4** eröffnet (wobei diese Sonderregelung wiederum von den sonst üblichen Rücktrittsprinzipien abweicht, indem nämlich dem Wortlaut nach auf das Merkmal der Freiwilligkeit verzichtet wird: vgl. § 24 RN 117). Für die dafür eingeräumte *Strafmilderungsmöglichkeit* nach § 49 I ist lediglich vorausgesetzt, daß der Täter sein Opfer unter Verzicht auf die erstrebte Leistung in dessen Lebenskreis zurückgelangen läßt (S. 1) oder, falls dies ohne sein Zutun geschieht, sich ernsthaft darum bemüht (S. 2).

34 1. Für die **erste Rücktrittsalternative (S. 1)** ist zunächst erforderlich, daß der Täter das Opfer in seinen Lebenskreis zurückgelangen läßt.

35 a) Das **Zurückgelangenlassen** erfordert vom Täter nichts weiter als die *Freigabe des Opfers*. Dies kann schon dann der Fall sein, wenn zwar die Tür der Wohnung, in der das Opfer festgehalten wird, verschlossen ist, aber anwesende Polizeibeamte dem Opfer volle Bewegungsfreiheit in der Wohnung sichern (BGH NStE Nr. **2**). Es genügt auch, wenn der Täter dem Opfer bedeutet, es sei frei, oder wenn er dessen Fluchtversuch nicht entgegentritt. Dabei muß allerdings die Freilassung unter Umständen geschehen, die den Entführten in den Stand setzen, von ihr Gebrauch zu machen, er also z. B. die nächstgelegene Ortschaft zu Fuß erreichen kann oder Geld zur Benutzung von Verkehrsmitteln besitzt. Da mit der Herbeiführung dieses Zustandes der Täter alles getan hat, was Abs. 4 von ihm verlangt, ist es unerheblich, welche Nachteile den Entführten auf dem Heimweg treffen (z. B. das Flugzeug, für das der Entführer eine Flugkarte zur Verfügung gestellt hat, unterwegs abstürzt).

b) Der **Lebenskreis des Opfers** kann nicht mit seinem Wohnsitz oder gewöhnlichen Aufenthaltsort 36 gleichgesetzt werden. Eine Festlegung des Ortes, an den das Opfer zurückgelangen müßte, ist überhaupt unmöglich. Entscheidend ist nicht so sehr die Lokalisierung des Ortes, an den der Täter sein Opfer zu schaffen hat, sondern die Wiedererlangung der Freiheit, über sich selbst zu bestimmen (vgl. Lackner 6, aber auch Horn SK 21). Lebenskreis kann daher überhaupt nicht als eine örtliche Fixierung verstanden werden, sondern als die Wiederherstellung der Möglichkeit, seinen Aufenthaltsort frei zu bestimmen und den ausgewählten frei zu erreichen. Diese Freiheit setzt voraus, daß die Umstände der 37 Freilassung so beschaffen sind, daß die **Freiheit auch realisiert** werden kann. So genügt es bei Kindern und bei älteren Leuten nicht, daß sie die Freiheit zurückerhalten, wenn sie nicht imstande sind, den am Ort bestehenden Gefahren zu begegnen und aus eigenen Kräften ihren Lebenskreis zu erreichen. Hier ist zu verlangen, daß sie in die Obhut der Aufsichtspersonen zurückgelangen (Lackner 6) oder sonst sichergestellt ist, daß ein Dritter sich ihrer annimmt (Ablieferung des Kindes bei der Polizei). Ein Erwachsener ist demgegenüber bereits dann in seinen Lebenskreis zurückgelangt, wenn er seinen Aufenthaltsort frei bestimmen kann und dies unter Umständen geschieht, die keine erhöhte Gefahr für ihn bedeuten.

c) Da der Täter einen bestimmten Erfolg herbeiführen muß, liegt in entsprechender Anwen- 38 dung des § 24 I 1 Alt. 2 das **Erfolgsrisiko beim Täter**, so z. B. wenn das Auto, mit dem die Rückführung bewirkt werden soll, verunglückt oder der Freigelassene auf dem Heimweg bei einem Verkehrsunfall verletzt wird oder die Freiheitsentziehung eine Entkräftung bewirkt hat, an der das Opfer stirbt, bevor es seinen Lebenskreis erreicht. Das ernsthafte Bemühen hilft dem Täter hier nicht, da der zu bewirkende Erfolg (Zurückgelangenlassen in den Lebenskreis) nicht eingetreten ist. Nicht erforderlich ist jedoch, daß das Opfer *unversehrt* in seinen Lebenskreis zurückgelangt (vgl. BT-Drs. VI/2722 S. 3, Horn SK 21).

d) Ferner muß das Zurückgelangenlassen unter **Verzicht auf die erstrebte Leistung** erfol- 39 gen. Erforderlich ist hierfür die erkennbare Abkehr des Täters von seiner Erpressungsabsicht. Dafür kann nicht verlangt werden, daß der Täter dem Erpreßten oder anderen Personen die Aufgabe seiner Erpressungsabsicht mitteilt. Es genügt, wenn er die bisherigen Aufforderungen an den Erpreßten nicht fortsetzt, wofür LG Mainz MDR **84**, 687 bereits ausreichen läßt, daß der Täter davon Abstand nimmt, seine Forderung unter den qualifizierten Voraussetzungen des § 239b weiterzuverfolgen. Hat der Täter die Leistung bereits erhalten, so genügt es, wenn er sich ihrer mit dem Ziel entledigt, sie an den Erpreßten und nur an ihn zurückgelangen zu lassen (i. gl. S. Horn SK 23; and. D-Tröndle 12). Dies gilt auch dann, wenn er lediglich einen gewissen Teil des Lösegeldes verbraucht hat (vgl. BT-Drs. VI/2722 S. 3). Daß er die Leistung einem Dritten zuwendet, genügt nicht (Horn SK 23). Das Risiko der erfolgreichen Rückgabe liegt hier jedoch nicht beim Täter (vgl. u. 41).

e) Fraglich ist, ob der Rücktritt *freiwillig* zu erfolgen hat. Da dieses Merkmal in sonstigen 40 neueren Regelungen ausdrücklich erwähnt ist (vgl. z. B. § 316c IV), ist aus dem Schweigen des Gesetzes im vorliegenden Fall zu schließen, daß Strafmilderung auch dann möglich sein soll, wenn der Täter **nicht aus autonomen Motiven** zurücktritt (D-Tröndle 12, Schmidhäuser II 54f.). Dies ergibt sich auch aus dem kriminalpolitischen Ziel, selbst in der ausweglosesten Situation einen Anreiz für den Rücktritt zu schaffen (vgl. Bohlinger JZ 72, 232). Daher greift Abs. 4 sogar dann ein, wenn der Täter, von der Polizei umstellt, das Opfer unter Verzicht auf die erstrebte Leistung freigibt. Allerdings ist solche „Unfreiwilligkeit" dann bei der Milderungsfrage zu berücksichtigen (Horn SK 22).

2. Als **zweiter Rücktrittsweg (S. 2)** kommt **ernsthaftes Bemühen** in Betracht, falls **ohne** 41 **Zutun des Täters** das Opfer in seinen Lebenskreis zurückgelangt. Doch auch nach dieser dem § 24 I 2 entsprechenden Regelung (vgl. dort RN 68 ff.) sind Rücktrittsvoraussetzungen sowohl das tatsächliche Zurückgelangen des Opfers in seinen Lebenskreis (ohne daß freilich das Bemühen des Täters dafür ursächlich wäre) wie auch der Verzicht auf die erstrebte Leistung (M-Schroeder I 149). Dagegen ist nicht erforderlich, daß der Erpreßte die von ihm bereits erbrachte 42 Leistung tatsächlich zurückerhält. Insoweit trifft den Täter, da es sich jedenfalls um eine ansatzweise Ausprägung des Freiwilligkeitsgrundsatzes handelt, kein Erfolgsrisiko. Geht das Lösegeld auf dem Rücktransport verloren, so genügt das ernsthafte Bemühen des Täters um die Rückgabe des Geldes.

3. Für **Teilnehmer** gilt Abs. 4 trotz seines abweichenden Wortlautes entsprechend (Horn SK 43 25). Vgl. § 24 RN 85. Auch hier wirkt aber der Rücktritt rein *persönlich*. Beteiligte, die ihrerseits nicht dazu beigetragen haben, daß das Opfer in seinen Lebenskreis zurückgelangt, bleiben strafbar.

4. Die **Wirkung des Rücktritts** nach Abs. 4 beschränkt sich darauf, daß die (durch Ges. v. 44 9. 6. 1989 erhöhte) Mindeststrafe gem. § 49 I auf 2 Jahre (statt vormals 6 Monate) Freiheitsstrafe herabgesetzt wird (krit. dazu Kunert NStZ 89, 451). An sich gilt dies nur für § 239a, nicht aber für solche Taten, die im Zusammenhang mit der erpresserischen Entführung begangen und

§ 239 b 1–4   Bes. Teil. Straftaten gegen die persönliche Freiheit

vollendet sind, wie etwa Freiheitsberaubung oder räuberische Erpressung, wenn der Täter den Vorteil bereits in Händen hat. Wollte man in solchen Fällen die Milderung auf die Strafbarkeit aus § 239a beschränken, so würde Abs. 4 weitgehend leerlaufen. Deshalb wird man die Konsequenzen des Abs. 4 – und das rechtfertigt auch die von sonstigen Rücktrittsregelungen abweichende Rücktrittsfolge – auch auf Delikte erstrecken müssen, die normalerweise im Rahmen der Entführung usw. mitbegangen werden.

45   **X. Konkurrenzen: 1.** Gegenüber §§ 239, 240 ist § 239a **1. Alt.** das speziellere Delikt, während mit § 239 II Tateinheit möglich ist. Letzteres gilt auch für §§ 253, 255, falls der Täter eine versuchte oder vollendete Erpressung tatsächlich begeht; dies schon wegen der Möglichkeit, die §§ 250, 251 anzuwenden; denn einerseits schließt erpresserische Absicht von § 255 die Entführung und spätere Erpressung zur rechtlichen Handlungseinheit zusammen (vgl. 14 vor § 52); andererseits darf § 253 nicht zurücktreten, weil sonst im Urteilsspruch nicht zum Ausdruck käme, ob der Täter nur die Tat des § 239a oder später auch noch eine Erpressung begangen hat (ebenso BGH **16** 316, NStZ **86**, 166, **87**, 222; vgl. auch Maurach JZ 62, 562). Zum Verhältnis zu §§ 223ff. vgl. § 239b RN 22. **2.** Auch gegenüber § 239a **2. Alt.** treten die §§ 239, 240 zurück, da der Täter auch hier für die hilflose Lage des Opfers verantwortlich sein muß (vgl. o. 20). Idealkonkurrenz liegt im Verhältnis zu §§ 253, 255 vor and M-Schroeder I 149), da die Verurteilung nach § 239a 2. Alt. nicht deutlich macht, ob der Täter nur eine versuchte oder eine vollendete Erpressung unternommen hat. **3.** Die §§ **235, 236, 237** stehen zu beiden Alt. des § 239a in Idealkonkurrenz. **4.** Zwischen **§ 239a III** und den **§§ 211ff.** besteht **Idealkonkurrenz**, um die Vorsätzlichkeit der Tötung klarzustellen (vgl. § 251 RN 9), während § 222 im Hinblick auf das Leichtfertigkeitserfordernis des § 239a III zurücktreten kann (vgl. § 222 RN 6). § 239 III tritt gegenüber § 239a III zurück (Spezialität). **5.** Zum Verhältnis zwischen § 239a und § 239b vgl. dort RN 22, zu § 249 dort RN 15.

§ 239 b Geiselnahme

(1) Wer einen anderen entführt oder sich eines anderen bemächtigt, um ihn oder einen Dritten durch die Drohung mit dem Tod oder einer schweren Körperverletzung (§ 224) des Opfers oder mit dessen Freiheitsentziehung von über einer Woche Dauer zu einer Handlung, Duldung oder Unterlassung zu nötigen, oder wer die von ihm durch eine solche Handlung geschaffene Lage eines anderen zu einer solchen Nötigung ausnützt, wird mit Freiheitsstrafe nicht unter fünf Jahren bestraft.

(2) § 239a Abs. 2 bis 4 gilt entsprechend.

Vorbem. Fassung durch Ges. v. 9. 6. 1989 (BGBl. I 1059).

Schrifttum: Vgl. die Angaben vor § 234 und zu § 239a, ferner *Krey/Meyer*, Zum Verhalten von Staatsanwaltschaft und Polizei bei Delikten mit Geiselnahme, ZRP 73, 1.

1   **I.** Auch nach seiner Neufassung von 1989 entspricht § 239b in seinem **Schutzgut** wie auch nach seinem **Tatbestandsaufbau** im wesentlichen dem § 239a (vgl. dort 1ff.). Gewisse Unterschiede bestehen aber zum einen darin, daß an die Stelle der erpresserischen Absicht die *Nötigungs*absicht tritt. Zum anderen muß der Täter die Absicht haben, die Nötigung mit bestimmten qualifizierten Drohmitteln zu begehen, nämlich der Drohung mit dem Tod, einer schweren Körperverletzung (§ 224) des Opfers oder (seit 1989) auch mit Freiheitsentziehung von über 1 Woche (dazu krit. Hassemer StV 89, 78, Kunert NStZ 89, 451; vgl. zum Ganzen auch Blei JA 75, 19f. sowie § 239a RN 2f.). Insofern tritt hier im Vergleich zu § 239a an die Stelle der Vermögenskomponente die Leibes- oder Lebensgefährdung (vgl. Backmann JuS 77, 445, oben auch Gössel I 255).

2   **II.** Für den **Entführungstatbestand** (**1. Alt.** von Abs. 1) ist erforderlich, daß der Täter zwecks Nötigung eines anderen diesen selbst oder einen Dritten entführt oder sich seiner bemächtigt.

1. Zum **Entführen** und **Sichbemächtigen** vgl. § 239a RN 6ff.

3   **2. Subjektiv** muß der Täter in der **Absicht** handeln, das Entführungsopfer selbst oder einen Dritten durch Drohung mit dem Tod, mit einer schweren Körperverletzung (§ 224, nicht aber nur mit § 223a: BGH NJW **90**, 57) oder mit Freiheitsentziehung von über 1 Woche zu einer Handlung (z. B. Freilassung von Gefangenen), Duldung oder Unterlassung (z. B. die Flucht des Täters zu verhindern: BGH NJW **90**, 1055) zu nötigen. Die Absicht muß daher alle Merkmale des § 240 umfassen, wobei Gewalt als Nötigungsmittel ebenso wie in § 239a ausscheidet (vgl. dort RN 12). § 240 II ist auch hier unanwendbar (vgl. § 239a RN 11). Zur Nötigung vgl. im übrigen § 240. Ebenso wie dort genügt auch hier, daß der Täter damit rechnet, seine (subjektiv nicht ernstgemeinte) Drohung könnte für ernst gehalten werden (BGH **26** 310, NStZ **85**, 455, LG Mainz MDR **84**, 687). Vgl. aber auch Backmann JuS 77, 447f., der mit beachtlichen Gründen zumindest eine abstrakte Gefährdung des Entführten fordert. Für den ohne diese Absicht handelnden *Teilnehmer* gilt das zu § 239a RN 26 Gesagte.

4   a) Als **Nötigungsmittel** ist die **Drohung mit dem Tod,** einer **schweren Körperverletzung**

oder einer **mehr als einwöchigen Freiheitsentziehung** des Opfers erforderlich. Dabei ist vor allem die Beschränkung auf § 224 unbefriedigend, da dessen Katalog unter völlig anderen Aspekten zustande gekommen ist und andere Schäden, die dem Opfer angedroht werden, mindestens ebenso verwerflich sein können (wie Marterung, Vergewaltigung usw.). Trotz der von § 239a abw. Formulierung ist § 239b auf die Fälle zu **beschränken,** in denen die Sorge um das Leben oder den Körper des Entführten die Nötigung bewirken soll (vgl. auch § 239a RN 14). Daher werden auch hier die Fälle nicht erfaßt, in denen der angedrohte Tod für den Genötigten nur deshalb motivierende Kraft besitzt, weil er an dessen Arbeitsleistung oder an dessen Kenntnis von Geheimnissen interessiert ist.

b) **Opfer** der beabsichtigten Nötigung kann (seit der Novelle von 1989: vgl. § 239a RN 2) der **Entführte** selbst oder ein **Dritter** sein, wobei freilich zweifelhaft sein kann, ob die unterschiedliche Formulierung in den §§ 239a und 239b eine Unterschiedlichkeit des Personenkreises bedeutet, dem gegenüber der Täter zu drohen beabsichtigt. Unzweifelhaft ist auch hier wie in allen Fällen der Drohung erforderlich, daß sich die Ausführung der Tat für den Bedrohten als ein Übel darstellt (vgl. RG **17** 82, BGH **16** 318), wobei dieses nicht ausdrücklich benannt zu sein braucht, sondern sich aus dem konkludenten Verhalten des Täters ergeben kann (vgl. BGH NJW **90,** 1055). Wenn das Gesetz hier trotzdem anders formuliert als in § 239a, so dürfte dies auf der Überlegung beruhen, daß sich für die schweren angedrohten Folgen ein größerer Personenkreis für verantwortlich hält als derjenige, den persönliche Sorge um das Wohl des Opfers zur Zahlung (§ 239a) veranlaßt (vgl. Blei JA 75, 20, Horn SK 5). Sachliche Unterschiede bestehen aber zwischen beiden Tatbeständen nicht. Denn entscheidend ist bei beiden, daß das angedrohte Übel **nach Tätervorstellung geeignet** ist, die zu nötigende Person in ihren Entscheidungen **zu beeinflussen,** so daß es für die Vollendung der Tat unerheblich ist, ob sich die Androhung des Übels für den zu Nötigenden tatsächlich als Zwang auswirkt oder nicht (BGH NStZ **85,** 455; vgl. auch § 239a RN 8f.). Im übrigen ist jedenfalls ohne Bedeutung, ob sich die Nötigung gegen eine staatliche Stelle oder einen Privatmann richtet (BT-Drs. VI/2722 S. 3).

c) Im Rahmen des § 239b genügt als Nötigungsziel jede **Handlung, Duldung oder Unterlassung** (vgl. § 240 RN 12ff.), also z. B. auch die Abnötigung bestimmter politischer Bedingungen (vgl. BR-Drs. 238/88 S. 19). Dabei kommt es hier nicht darauf an, ob der Täter auf die erstrebte Handlung einen **Anspruch** hat oder nicht und wie bedeutsam diese Handlung für den Bedrohten oder für die Allgemeinheit sein würde. Diese Gesichtspunkte würden zwar bei der Entscheidung über die Mittel-Zweck-Relation im Rahmen des § 240 II eine Rolle spielen, sollten aber für § 239b dadurch ausgeschlossen werden, daß der Täter die besonderen Drohmittel (Tod, schwere Körperverletzung oder andauernden Freiheitsentzug) verwendet hat (vgl. BT-Drs. VI/2722 S. 3, Horn SK 5).

3. § 239b erfaßt nur die Fälle, in denen der Täter tatsächlich eine Entführung usw. vorgenommen hat, nicht dagegen solche, in denen er unter der **Vorspiegelung,** eine Geisel in seinen Händen zu haben, eine Nötigung versucht (vgl. Gössel I 256, Wessels II/1 S. 94). Hier können jedoch die §§ 240, 253, 255 eingreifen (vgl. 33 vor § 234); außerdem kommt § 145d in Betracht.

4. **Vollendet** ist die Tat mit der Entführung usw. (BGH **26** 310). Die Nötigung braucht nicht einmal versucht zu sein (vgl. § 239a RN 17).

III. Der Ausnutzungstatbestand (2. Alt. von Abs. 1) erfordert ebenso wie in § 239a, daß der Täter die von ihm durch eine solche Handlung geschaffene Lage eines anderen zu einer Nötigung ausnützt. Insofern handelt es sich auch hier um ein zweiaktiges Delikt (vgl. § 239a RN 18). Abgesehen vom unterschiedlichen Nötigungsziel – bei § 239a Erpressung, hier Abnötigung jedweder Art von Verhalten – entsprechen die Voraussetzungen dieser Alternative denen des Ausnutzungstatbestandes des § 239a (vgl. dort RN 19ff.), nämlich:

1. Der Täter muß die **von ihm geschaffene Lage** eines anderen, die z. B. zunächst nur der Ausschaltung von Widerstand gedient hat (der Kassierer der Bank wird eingesperrt, um Störungen zu verhindern), zu einer solchen Nötigung **ausnutzen.** „Solche" Nötigung ist die Drohung mit dem Tod, einer schweren Körperverletzung oder andauerndem Freiheitsentzug; vgl. o. 4f.

2. Wie bei § 239a ist für die Vollendung nicht erforderlich, daß auch die Nötigung vollendet wird. Es genügen Handlungen des Täters, die sich als **versuchte Nötigung** darstellen, so z. B. die telephonische Drohung, ohne daß der Dritte darauf reagiert (vgl. BGH **26** 310, D-Tröndle 5, Müller-Emmert/Maier MDR 72, 98; and. M-Schroeder I 148).

3. Da die 2. Alt. nur die Aufgabe hat, die Fälle zu erfassen, die von der ersten nicht gedeckt sind, kommt sie neben der 1. Alt. nicht in Betracht.

§§ 239 c, 240

16   IV. Für den **subjektiven Tatbestand** ist hinsichtlich des abgenötigten Verhaltens **Absicht** i. S. zielgerichteten Handelns erforderlich, und zwar auch die Absicht, gerade mit den Mitteln des § 239b vorzugehen. Im übrigen genügt bedingter **Vorsatz**. Der Täter muß sich insbes. vorstellen, der Bedrohte werde – bei Auseinanderfallen von Entführtem und Genötigtem – die dem Opfer angedrohten Schäden seinerseits als Übel empfinden. Vgl. ferner § 240 RN 34 ff. und § 239a RN 13 ff.

17   V. Der **Versuch** ist, da die Tat Verbrechen, bei beiden Tatbestandsalternativen strafbar.

18   VI. Für **Auslandstaten von Deutschen** bzw. **gegen Deutsche** gelten die allg. Grundsätze der §§ 3 ff. ebenso wie für Taten von Ausländern (z. B. bei der Entführung deutscher Diplomaten im Ausland), da § 239b (anders als § 316c) nicht in die Auslandskataloge der §§ 5, 6 aufgenommen ist.

19   VII. Die **Strafe** ist auch hier (seit Ges. v. 9. 6. 89) Freiheitsstrafe nicht unter 5 Jahren. „Bagatellfälle", wie z. B. im familiären oder nachbarlichen Bereich, können nunmehr – im Unterschied zu § 239a a. F. (vgl. LG Mainz MDR **84**, 687) – als **minder schwere Fälle** i. S. des über Abs. 2 anwendbaren § 239a II behandelt werden. Da **Abs. 2** ferner den § 239a II bis IV für anwendbar erklärt, gelten auch im Rahmen des § 239b die **erhöhten** Strafen bei (mindestens) *leichtfertiger* Verursachung des *Todes* (vgl. 239a RN 29 f.) sowie die **Rücktrittsregelung** von § 239a IV (vgl. dort RN 33 ff.). *„Leistung"* i. S. jener Vorschrift ist bei § 239b der Nötigungseffekt beim Genötigten. Der Täter verzichtet daher auf die erstrebte Leistung, wenn er davon Abstand nimmt, sein Opfer zu einem bestimmten Verhalten zu veranlassen bzw. dieses Verhalten nicht ausnutzt (vgl. dazu § 239a RN 39: „Rückgabe", ferner BGH NStZ **87**, 497).

20   VIII. Konkurrenzen: 1. Gegenüber § 239a ist § 239b grds. subsidiär (BGH **25** 386, **26** 28). Dies ergibt sich einmal daraus, daß die Erpressungsabsicht des § 239a den Vorsatz der Nötigung enthält, zum anderen daraus, daß die Nötigungsmittel des § 239b auch in den meisten Fällen des § 239a angewendet werden. Dies gilt auch dann, wenn eine zu Erpressungszwecken vorgenommene Entführung tatsächlich nur zu einer Nötigung ausgenutzt wird. Soweit jedoch die Entführung sowohl zu Erpressungs- als auch zu Nötigungszwecken vorgenommen wird, besteht Idealkonkurrenz (BGH **26** 24). Das gleiche gilt, wenn sich der Täter nach erfolgreicher Erpressung als Fluchtbegleiter eine Ersatzgeisel stellen läßt. 2. Für das Verhältnis zu §§ 239, 240 gelten die Ausführungen zu § 239a entsprechend (vgl. dort RN 45). Mit § 240 (§ 22) besteht **Idealkonkurrenz,** wenn der Täter seine Absicht, den Dritten zu nötigen, in der Tat umsetzt bzw. dies versucht (vgl. § 239a RN 47). § 241 ist gegenüber § 239b subsidiär. Zu § 249 vgl. dort RN 13. 3. Kommt es während oder infolge der Tat zur Tötung des Opfers, so greift Abs. 2 ein. Über das dann geltende **Verhältnis zu §§ 211 ff.,** 222 vgl. § 239a RN 47. Idealkonkurrenz besteht auch im Verhältnis des Abs. 1 zu §§ 223 ff., 230, wenn das Opfer durch Handlungen des Täters verletzt wird, die der Aufrechterhaltung der Freiheitsberaubung dienen. Im übrigen besteht Realkonkurrenz. Dies gilt auch für den Fall, daß der Täter die angedrohte schwere Körperverletzung begeht. 4. Zu **sonstigen Konkurrenzen** vgl. § 239a RN 47.

§ 239 c Führungsaufsicht

In den Fällen der §§ 239a und 239b kann das Gericht Führungsaufsicht anordnen (§ 68 Abs. 1).

1   Bei den genannten Tatbeständen ist auch bei Versuch und Teilnahme Führungsaufsicht zulässig. Über die sonstigen Voraussetzungen und Grenzen der Führungsaufsicht vgl. §§ 68 ff.

§ 240 Nötigung

(1) **Wer einen anderen rechtswidrig mit Gewalt oder durch Drohung mit einem empfindlichen Übel zu einer Handlung, Duldung oder Unterlassung nötigt, wird mit Freiheitsstrafe bis zu 3 Jahren oder mit Geldstrafe, in besonders schweren Fällen mit Freiheitsstrafe von 6 Monaten bis zu 5 Jahren bestraft.**

(2) **Rechtswidrig ist die Tat, wenn die Anwendung der Gewalt oder die Androhung des Übels zu dem angestrebten Zweck als verwerflich anzusehen ist.**

(3) **Der Versuch ist strafbar.**

Schrifttum: Vgl. zunächst die Angaben vor § 234; ferner: *Arzt,* Zum Zweck u. Mittel der Nötigung, Welzel-FS 823. – *ders.,* Zwischen Nötigung u. Wucher, Lackner-FS 641. – *Baumann,* Demonstrationsziel als Bewertungsposten, NJW 87, 36. – *ders.,* Bei § 240 StGB ist der Gesetzgeber gefordert, ZRP 87, 265. – *Bergmann,* Das Unrecht der Nötigung, 1983. – *ders.,* Zur strafr. Beurteilung von Straßenblockaden als Nötigung, Jura 85, 457. – *Bertuleit,* Verwerflichkeit von Sitzblockaden, JA 89, 16. – *Bertuleit/Herkströter,* Nötigung durch Versammlung?, KritJ 87, 331. – *Berz,* Die Grenzen der Nötigung, JuS 69, 367. – *Böhme,* Ziviler Ungehorsam?, 1984. – *Brohm,* Demonstrationsfreiheit u. Sitzblockaden, JZ 85, 501. – *Busse,* Nötigung im Straßenverkehr, 1968. – *Calliess,* Der strafr. Nötigungstatbestand u. das verfassungsr. Gebot der Tatbestandsbestimmtheit, NJW 85, 1506. – *Dearing*, Sitzblockade u. Gewaltbegriff, StV 86, 125. – *Ehrlich*, Der „sozialwidrige Zwang" als tatbestandsmäßige Nötigung gem. Art 181 [schweiz.] StGB, 1984. – *Ermer*, Politisch motivierte Sitzblockaden als Problem der strafbaren Nötigung, 1987. – *Eser*, Wahrnehmung berechtigter Interessen als allg. Rechtfertigungsgrund, 1969. – *ders.*, Irritationen um das „Fernziel", Jauch-FS 35. – *Fezer*, Zur jüngsten Auseinandersetzung um das Rechtsgut des § 240 StGB, GA 75, 353. – *ders.*, Zur Rechtsgutsverletzung bei Drohungen, JR 76, 95. – *Giehring*, Verkehrsblockierende Demonstration und Strafrecht, in *Lüderssen/Sack*, Vom Nutzen und Nachteil der Sozialwissenschaften für das Strafrecht, 2 (1980) 513. – *Hagen*, Widerstand u. ziviler Ungehorsam, 1990. – *Hanisch*, Vergewaltigung in der Ehe, 1988. – *Hansen*, Die tatbestandliche Erfassung von Nötigungsunrecht, 1972. – *Helmken*, Vergewaltigung in der Ehe, 1979. – *Horn*, Nötigung des Ehegatten zum Beischlaf – strafbar?, ZRP 85, 265. – *Jakobs*, Nötigung durch Drohung als Freiheitsdelikt, Peters-FS 69. – *Kaufmann*, Gerechtigkeit, 1986. – *ders.*, Der BGH u. die Sitzblockade, NJW 88, 2581. – *Klein*, Zum Nötigungstatbestand, 1988. – *Kostaras*, Zur strafr. Problematik der Demonstrationsdelikte, 1982. – *Köhler*, Nötigung als Freiheitsdelikt, Leferenz-FS 511. – *ders.*, Vorlesungsstörung als Gewaltnötigung?, NJW 83, 10. – *Krey*, Probleme der Nötigung mit Gewalt, JuS 74, 418. – *Kühl*, Sitzblockaden vor dem BVerfG, StV 87, 122. – *Laker*, Ziviler Ungehorsam, 1986. – *Lüttger*, Der Mißbrauch öffentlicher Macht und das Strafrecht, Dreher-FS 587 = JR 77, 223. – *Martin*, Zur strafr. Beurteilung „passiver Gewalt" bei Demonstrationen, in: 25 Jahre BGH (1975) 211. – *Meurer/Bergmann*, Gewaltbegriff u. Verwerflichkeitsklausel, JR 88, 49. – *Offenloch*, Geforderter Rechtsstaat, JZ 86, 11. – *ders.*, Zur rechtl. Bewertung der Blockade von Militäreinrichtungen, JZ 88, 12. – *Ostendorf*, Kriminalisierung des Streikrechts, 1987. – *Paetow*, Vergewaltigung in der Ehe, 1987. – *Pelke*, Die strafrechtl. Bedeutung der Merkmale „Übel" u. „Vorteil", 1990. – *Preuß*, Nötigung durch Demonstration?, R. Schmid-FS 419. – *Prittwitz*, Sitzblockaden – ziviler Ungehorchsam u. strafbare Nötigung?, JA 87, 17. – *Roxin*, Verwerflichkeit und Sittenwidrigkeit als unrechtsbegründende Merkmale im Strafrecht, JuS 64, 373. – *Schmitt Glaeser*, Polit. motivierte Gewalt u. ihre „Fernziele", BayVBl. 88, 454. – *Schroeder*, Widerstand gegen Willensmittler als Nötigung?, NJW 85, 2392. – *Sommer*, Lücken im Strafrechtsschutz des § 240 StGB?, NJW 85, 769. – *Stoffers*, Drohung mit dem Unterlassen einer rechtl. gebotenen Handlung, JR 88, 492. – *Timpe*, Die Nötigung, 1989. – *Tröndle*, Ein Plädoyer für die Verfassungsmäßigkeit des § 240 StGB, Lackner-FS 627. – *ders.*, Sitzblockaden u. ihre Fernziele, Rebmann-FS 481. – *Volk*, Nötigung durch Drohung mit Unterlassen, JR 81, 274. – *Voß-Broemme*, Nötigung im Straßenverkehr, NZV 88, 2. – *Weingärtner*, Demonstration u. Strafrecht, 1986. – *Wolter*, Verfassungskonforme Restriktion u. Reform des Nötigungstatbestandes, NStZ 86, 241. – *Zechlin*, Streikposten u. Nötigung, AuR 89, 289.

I. 1. Schutzgut des Nötigungstatbestandes ist die **Willensbildungs-** und **Willensbetätigungsfreiheit** (vgl. 1 ff., 13 vor § 234, RG **48** 346, **64** 115, BVerfGE **73** 237, Blei II 67, D-Tröndle 1, Lackner 1, M-Schroeder I 127, Wessels II/1 S. 77; i. Grds. ebenso Arzt/Weber I 219 f.; weitergehend soll nach Krey in BKA III 35 f. § 240 auch dem Schutz des staatlichen Gewaltmonopols dienen; zu den rechtshistor. Wurzeln vgl. Jakobs H. Kaufmann-GedS 791 ff.). **1**

Während demgegenüber v. Liszt-Schmidt 521 den § 240 nur gegen die Freiheit der Willens*betätigung* gerichtet sahen, will umgekehrt Köhler die Nötigung als reines Willens*beugungs*delikt auf den Schutz der Willens*entschließung* beschränken und demzufolge vis absoluta als Nötigungsmittel ausschließen (Leferenz-FS 512 ff., NJW 83, 11 f.; im Ansatz ähnlich spricht Marxen KJ 84, 57 vom Schutz der „inneren Freiheit gegen Angriffe auf ihr Zentrum"). Doch selbst wenn zuzugeben ist, daß die Nötigung nicht zum universellen crimen vis auswachsen darf, geht es bei § 240 gerade nicht um die Erfassung der Gewaltanwendung als solcher, sondern nur insoweit, als damit dem Opfer ein bestimmtes Verhalten abgezwungen werden soll, was aber gerade auch dann – wenn nicht erst recht – der Fall ist, wenn ihm ein bestimmtes Verhalten durch vis absoluta unmöglich gemacht wird und wie dies für das (gesetzlich erfaßte) aufgenötigte „Dulden" sogar typisch ist. Deshalb wäre eine derartige Einschränkung allenfalls durch entsprechende gesetzliche Korrekturen möglich, wogegen freilich als wenig einsichtig zu bedenken wäre, weshalb die Nötigung zu einer Handlung durch *Androhung* eines Übels, nicht aber auch das Erzwingen dieser Handlung durch die *Zufügung* dieses Übels Nötigung sein soll, nachdem in beiden Fällen das Opfer gezwungen wird, sich entgegen seinem unbeeinflußten Willen zu verhalten (zust. Horn SK § 240 RN 112, vgl. auch Kühl StV 87, 129). – Auf andere Weise einschr. auch Jakobs Peters-FS 69 ff., der die Nötigung (jedenfalls de lege ferenda: aaO 85) als „Beschneidung und Usurpierung der rechtlich garantierten Freiheit eines anderen" begreift („Freiheitsverschiebungsdelikt": aaO 78) und demzufolge jedwede zwangsweise Durchsetzung eines dem Täter an sich zustehenden Anspruchs (aaO 77 f., 80; dazu u. 21) ebenso wie jegliche Drohung mit an sich zulässigen Maßnahmen (aaO 82; dazu u. 22) aus dem Bereich des § 240 ausklammern (grds. ebenso Horn SK 3, Timpe aaO 27 ff.). Doch nicht nur, daß bereits dem legitimen Ziel, andere zur Einhaltung von Rechtspflichten oder zur Unterlassung rechtswidrigen Verhaltens mittels privaten Zwanges zu nötigen, durch § 240 II Verhältnismäßigkeitsgrenzen gesetzt sind, kann es erst recht niemandem freistehen, Anforderungen der Rechtsordnung an andere zweckentfremdet zu eigenen Gunsten auszunützen (vgl. u. 23; and. zur Chantage Jakobs aaO 81). – Wiederum anders Arzt Welzel-FS 830 ff. (ferner Lackner-FS 643 ff.), der in § 240 die Willensfreiheit in einer Verbindung von materiellen und formellen Elementen gewährleistet sehen will, aber dadurch zu einer Ausweitung des **1a**

Schutzbereichs gelangt. – Krit. sowohl zu Arzt wie zu Jakobs Fezer GA 75, 352 ff. (vgl. auch JZ 74, 599 ff., JR 76, 95 ff.), der seinerseits für eine Ersetzung des allgemeinen Nötigungstatbestandes durch spezielle Freiheitsschutzdelikte eintritt.

1 b 2. Die gegen die **Verfassungsmäßigkeit** des § 240 vor allem im Hinblick auf Sitzdemonstrationen erhobenen Beschwerden (vgl. namentlich AG Hagen MDR **85**, 601 sowie Calliess NJW **85**, 1506 ff. mwN), mit denen insbes. mangelnde Bestimmtheit der Verwerflichkeitsklausel des Abs. 2, teils aber auch schon die des erweiterten Gewaltbegriffs und teils auch die beider Merkmale gerügt wurde (vgl. im einzelnen die Analyse von Wolter NStZ **86**, 241 ff.), wurde von BVerfGE **73** 206 = NJW **87**, 43 zurückgewiesen (i. E. ebenso bereits Bay JZ **86**, 404, Düsseldorf NJW **86**, 942, Köln NStZ **86**, 31; krit. Bertuleit/Herkströter KritJ **87**, 331, Kaufmann NJW **88**, 2582). Da das Urteil jedoch nicht in jeder Hinsicht einstimmig erging, sondern sich teilweise je 4 Richter mit Stimmengleichheit gegenüberstanden, wobei es dann insoweit (gem. § 15 III 3 BVerfGG) von den eine Grundrechtsverletzung verneinenden Stimmen getragen wird, daneben aber auch die abw. Meinung der anderen veröffentlicht wurde, wird von manchen mangelnde Klarheit beklagt (vgl. z. B. Lackner 1 b, Otto NStZ **87**, 212). Daher seien seine wesentlichen Aussagen kurz zusammengefaßt: Der gesetzliche Nötigungstatbestand als solcher wurde einstimmig für hinreichend bestimmt befunden (aaO 233 ff.; vgl. § 1 RN 17 ff.). Auch der weite Gewaltbegriff i. S. einer Zwangswirkung durch gegenwärtige Übelszufügung (vgl. 6 ff. vor § 234) und dementsprechend auch seine Anwendung auf Sitzblockaden hält sich jedenfalls nach der tragenden Ansicht noch im Rahmen zulässiger richterlicher Auslegung (aaO 242 ff.; zust. Schwind/Baumann aaO II 888; krit. Meurer/Bergmann JR **88**, 51). Jedoch ist bei einem solchen erweiterten Gewaltverständnis dann wiederum nach einmütiger Ansicht § 240 in der Weise verfassungskonform auszulegen, daß die Annahme von Gewalt nicht schon zugleich die Rechtswidrigkeit der Tat indiziert, sondern die Verwerflichkeitsfeststellung i. S. von Abs. 2 eine Abwägung unter Berücksichtigung aller Umstände voraussetzt (aaO 247, 252 ff., NJW **88**, 693; vgl. u. 16 ff.). Sofern freilich der Richter dieser verfassungsrechtlich gebotenen Einzelprüfung überhaupt Rechnung getragen hat, ist es im übrigen nach der tragenden Ansicht Sache des einfachen Rechts, inwieweit bei der Gesamtwürdigung auch die Fernziele von Demonstranten berücksichtigt werden: entgegen der nicht tragenden Ansicht (aaO 257 ff.) sei dies verfassungsrechtlich nicht geboten (aaO 260 f.), doch wird dies auch nicht ausdrücklich ausgeschlossen (vgl. u. 17). Während diese Entscheidung verständlicherweise sowohl einerseits die Kritik derer gefunden hat, die entweder eine Verfassungswidrigerklärung des § 240 oder jedenfalls eine grundsätzliche Entkriminalisierung von Sitzdemonstrationen erwartet hatten (so namentlich Calliess NStZ **87**, 209 ff., vgl. ferner u. a. Bertuleit/Herkströter KritJ **87**, 331, Kaufmann NJW **88**, 2582), als andererseits auch jener, die absichtliche Verkehrsbehinderungen – aus welchen Gründen auch immer – grundsätzlich als Nötigung bestraft sehen wollen (so u. a. Schmitt Glaeser BayVBl. **88**, 454, Starck JZ **87**, 145 ff., Tröndle Lackner-FS 626 ff., Rebmann-FS 481), kann ihr – vielleicht abgesehen von der eher der nichttragenden Ansicht nahekommenden Mitberücksichtigung von Fernzielen – weitgehende Übereinstimmung mit der hier schon bisher vertretenen mittleren Linie bescheinigt werden (vgl. u. 15 ff., 26 ff. sowie 6 ff. vor § 234; im wesentlichen zust. auch Kühl StV **87**, 122 ff., Lackner 1b; vgl. auch Prittwitz JA **87**, 28). Würden ihre Leitlinien durch einen höchstrichterlich untermauerten Faktorenkatalog weiter konkretisiert, könnte sich auch eine möglicherweise übereilte Reform, wie sie neuerdings von den Parteien betrieben und u. a. auch von Baumann ZRP **87**, 265 ff., Bertulejt JA **89**, 17 f., Calliess NJW **85**, 1513, Kaufmann NJW **88**, 2581, Schwind/Baumann aaO I 430 f., II 810 ff., 898 ff., Wolter NStZ **86**, 248 f. mit durchaus unterschiedlicher Tendenz gefordert wird (vgl. zur aktuellen Reformdiskussion auch Miebach NStZ **88**, 132), von selbst erledigen.

2   II. **Tatobjekt** der Nötigung muß ein **anderer Mensch** sein; doch braucht dieser nicht ausdrücklich genannt zu werden. Richtet sich die Nötigung gegen eine Mehrheit von Personen, so genügt es, daß sich innerhalb eines bestimmten Kreises verschiedene Personen durch die Drohung getroffen fühlen können (vgl. RG JW **31**, 942).

3   III. **Mittel der Nötigung** sind *Gewalt* oder *Drohung mit einem empfindlichen Übel*. Dagegen kommt *List* nicht als Nötigungsmittel in Betracht.

4   1. Über **Gewalt** vgl. 6 ff. vor § 234. Es genügen hier vis absoluta (grds. abl. Köhler: o. 1a) und vis compulsiva (Frank II 1, Schäfer LK 5, M-Schroeder I 128 ff.; einschr. Arzt/Weber I 208). Gewaltanwendung liegt z. B. vor, wenn ein Autofahrer auf Menschen zufährt, um diese zu veranlassen, ihm Platz zu machen (BGH MDR/D **55**, 145, VRS **51** 210, DAR/S **87**, 195, Bay NJW **61**, 2074, **63**, 824, KG VRS **11** 198, Hamm VRS **27** 30), beim Versperren eines Weges durch Dazwischentreten (RG HRR **42** Nr. 193, Bay NJW **70**, 1803, Köln MDR **79**, 777) oder ein Verhindern des Überholens durch Linksausbiegen (BGH **18** 389 m. Anm. Schröder JZ 64, 30). Auch die Abgabe von Schreckschüssen kann Anwendung von Gewalt sein (vgl. 16 vor

Nötigung 5–10 § 240

§ 234), ebenso Sitzstreiks (vgl. 22 vor § 234) oder „Verbalterror" (vgl. 13, 16 vor § 234, aber 5 auch u. 29 a. E.). Dagegen wird durch telefonische Störanrufe noch kein Zwang (zum Abheben) mittels Gewalt erzeugt (vgl. Herzog GA 75, 263, Brauner/Göhner NJW 78, 1472). Weitere Beisp. u. Nachw. 11 ff. vor § 234 sowie u. 24.

a) Gewalt **gegen dritte Personen** kann eine mittelbare Gewaltanwendung gegen den Genö- 6 tigten sein (Schäfer LK 39; and. Schmidhäuser II 48, wonach Gewalt gegen Dritte allenfalls eine an das Opfer gerichtete konkludente Drohung mit Fortsetzung des Übels sei). Das gilt nicht nur dann, wenn der Dritte (wie bei den typischen Angehörigenfällen) eine Person der *Sympathie* des Genötigten ist, so daß dieser die gegen jene Person gerichtete Gewalt selbst mitempfindet, sondern immer dann, wenn das von dem Dritten erzwungene Verhalten sich als ein die Entschließung des Genötigten beeinflussender Nachteil darstellt (grdl. dazu Bohnert JR 82, 397 ff.; vgl. auch § 253 RN 6), z. B. Nötigung des A zur Unterlassung wichtiger Lieferungen an B, um B zu einer Preiserhöhung zu zwingen, oder Nötigung des Arbeitgebers dadurch, daß seine Arbeitnehmer zur Niederlegung der Arbeit gezwungen werden (vgl. Niese, Streik u. Strafrecht (1954) 72, 153, Schröder BB 53, 1018, zu Streikposten Zechlin ArbuR 86, 289 sowie zu sonstigen Nötigungen im Rahmen von Streiks Seiter, Streikrecht und Aussperrungsrecht (1975), insbes. 522, 535, 548, ferner u. 25). Vgl. auch 6 ff., 19 vor § 234.

b) Auch eine **gegen Sachen** gerichtete Gewalt kommt als Nötigungsmittel in Betracht (vgl. 7 13 vor § 234).

c) Die gewaltsame Einwirkung kann auch in einem **Unterlassen** bestehen (and. Schmidhäu- 8 ser II 49, Bergmann aaO 63), so z. B. im Nichtgewähren von Nahrung (vgl. 20 vor § 234 sowie u. 14a) oder im Nichtaufheben einer Blockade (Bay VRS **60** 189). Jedoch werden bei Nötigen durch Unterlassen besonders strenge Anforderungen an die Verwerflichkeit (u. 15 ff.) zu stellen sein (vgl. § 13 II).

2. Weiteres Nötigungsmittel ist die **Drohung mit einem empfindlichen Übel**. Allg. zur 9 *Drohung* vgl. 30 ff. vor § 234. Unter *Übel* ist jede – über bloße Unannehmlichkeiten hinausgehende – Einbuße an Werten oder Zufügung von Nachteilen zu verstehen (eingeh. Pelke aaO 87 ff.), was dann als *empfindlich* zu betrachten ist, wenn der drohende Verlust oder der zu befürchtende Nachteil geeignet ist, einen besonnenen Menschen zu dem mit der Drohung erstrebten Verhalten zu bestimmen (vgl. BGH **31** 201 [Anzeigeerstattung], **32** 174 [Flughafenblockierung], Koblenz VRS **68** 209 [Scheumachen von Pferden], Schleswig SchlHA **88**, 108 [wirtschaftliche Konkurrenz]; i. gl. S. BGH NStZ **82**, 287, Bay **55** 12, Köln JMBlNW **62**, 34, Schleswig SchlHA **78**, 185, Schäfer LK 52, Wessels II/1 S. 82; die Gegenmeinung von Bergmann aaO 139, Blei II 72 f. und Kohlrausch-Lange IV 2, wonach es auf persönliche Besonderheiten der Bedrohten ankomme [so offenbar auch BGH wistra **84**, 23], verkennt, daß durch den normativen Begriff der Empfindlichkeit ein gewisses Standhalten „in besonderer Selbstbehauptung" soll zugemutet werden können und deshalb ungewöhnliche Reaktionen eines Überängstlichen auszuschließen sind; vgl. Schleswig SchlHA **88**, 107, Arzt JZ 84, 429). Dagegen liegt eine Drohung auch vor, wenn nur Dummheit, nicht aber, wenn nur Aberglaube (vgl. 24 vor § 234) das Angedrohte als Übel erscheinen läßt (vgl. Schall JuS 79, 105). Es kommen nicht nur Drohungen mit einer strafbaren Handlung in Betracht; andererseits ist auch nicht jede Drohung mit einer strafbaren Handlung eine Nötigung; die Drohung ist vielmehr zu dem im Einzelfall verfolgten Zweck in Beziehung zu setzen (vgl. u. 15 ff.). Bedrohung mit Entziehung der Dienst- oder Arbeitsstelle kann Drohung mit einem empfindlichen Übel sein, ferner die Bedrohung mit Aufnahme in schwarze Listen (vgl. Hamburg HESt **2** 294), die Androhung der öffentlichen Bekanntgabe privater Meinungsverschiedenheiten (München NJW **50**, 714), ferner die Drohung, einen anderen mit Aids zu infizieren (Eberbach MedR 87, 270 f.) bzw. einem entspr. Risiko durch Verletzung auszusetzen, nicht dagegen schon die Ankündigung einer Dienstaufsichtsbeschwerde (Koblenz VRS **51** 208) oder die Ankündigung von Schwierigkeiten oder sonstigen Weiterungen (BGH NJW 76, 760), und idR wohl ebensowenig in der Drohung, eine freundschaftliche Beziehung aufzukündigen (BGH NStZ **82**, 287). Im übrigen aber muß 10 das angedrohte Übel nicht unbedingt in einem Tun, sondern kann auch in einem **Unterlassen** bestehen, sofern es den o. g. Grad an Empfindlichkeit erreicht (Schleswig SchlHA **88**, 107, Klein aaO 136 ff.). Dabei ist gleichgültig, ob eine Rechtspflicht zum Handeln besteht (vgl. 35 vor § 234, Bergmann aaO 132, Stoffers JR 88, 496 f., Volk JR 81, 274, Bergmann aaO 132; vgl. aber auch u. 20 zur Frage der Rechtswidrigkeit bei angedrohtem Unterlassen). Ebenso genügt es, wenn die **Fortsetzung** eines schon begonnenen Übels angedroht wird. Vgl. zum Ganzen auch (teils enger) Jakobs Peters-FS 77 ff. Zur Beschränkung der Meinungs- oder Vereinigungsfreiheit durch „Mißbrauch öffentlicher Macht" bzw. durch die Drohung mit Entzug von Berufs- oder Verdienstchancen vgl. Lüttger JR 77, 223.

Eser 1715

11   3. Das angedrohte Übel kann sich gegen den Bedrohten oder **gegen einen Dritten** richten. Die Ausführung der angedrohten Tat muß sich aber stets für den Bedrohten als ein Übel darstellen (RG **17** 82, BGH **16** 318, Bohnert JR 82, 397 ff., M-Schroeder I 132).

12   IV. Die Nötigungshandlung muß auf Opferseite zu einem **Nötigungserfolg** führen, der in einer **Handlung, Duldung** oder **Unterlassung** bestehen kann. Es genügt also jedes Verhalten des Genötigten. Seine Reaktion braucht sich nicht als Handlung im Rechtssinne darzustellen (vgl. 13 vor § 234, M-Schroeder I 128; zur abw. Auffassung von Köhler, der eine Nötigung zu willentlichem Verhalten verlangt und demzufolge vis absoluta ausschließt, vgl. o. 1 a). Das Dulden ist eine Unterart des Unterlassens, nämlich das Unterlassen der Gegenwehr gegen eine Handlung des Täters oder eines Dritten. Der Zwang kann sich auch auf einen demnächst zu fassenden Entschluß beziehen, zumal die Nötigung nicht nur die Freiheit der Willensbetätigung, sondern auch die der Willensentschließung schützt (3, 13 vor § 234, o. 1).

13   Bei abgenötigtem *Handeln* ist die Tat **vollendet**, sobald das Opfer unter der Einwirkung des Nötigungsmittels mit der vom Täter geforderten Handlung begonnen hat (BGH MDR/H **79**, 280, NStZ **87**, 70). Im Falle von erzwungenem *Dulden* oder *Unterlassen* ist die Nötigung vollendet, wenn das Opfer entweder an einer Entschlußfassung überhaupt (z. B. durch Betäubung, aber auch durch „vorsorgliche" Drohung) oder aber an der Realisierung des dann gefaßten Entschlusses effektiv gehindert wird (z. B. das Opfer will jetzt die vorher versperrte Tür öffnen). Nach Horn SK 25 (ähnlich Schaffstein Dreher-FS 160 f.) soll es dagegen im ersten Fall auf den hypothetischen Zeitpunkt der Handlung des Opfers ankommen. Dies erscheint jedoch zum einen wenig praktikabel (was Schaffstein aaO selbst einräumt) und zum anderen auch mit dem Schutz der *Entschließungsfreiheit* nicht recht vereinbar.

14   Zwischen Nötigungsmittel und Nötigungserfolg muß **Kausalzusammenhang** bestehen (Wessels II/1 S. 86), und zwar in dem Sinne, daß das abgenötigte Verhalten die spezifische und unmittelbare Folge des angewandten Zwangsmittels sein muß (Bay NStZ **90**, 281, Stuttgart NJW **89**, 1620; vgl. u. 14 a). So fehlt es an der Kausalität jedenfalls dann, wenn jemand aus Furcht vor Folgen, die nicht angedroht sind, aber auf der Hand liegen, spontan reagiert. Geht hingegen der Bedrohte auf Rat der Polizei an den Ort, an den er sich nach dem Willen des Täters begeben sollte, um auf diese Weise den Täter zu überführen, so fehlt zwar nicht der Kausalzusammenhang, wohl aber die objektive Zurechenbarkeit des Erfolgs, da das Opferverhalten nicht das vom Täter geschaffene rechtlich mißbilligte Risiko, nämlich den vom Täter ausgeübten Zwang, realisiert (vgl. 91 ff. vor § 13); daher kommt nur Versuch in Frage (vgl. BGH MDR/H **53**, 722).

14 a   Bei der **Nötigung zu einer Unterlassung** ist die Feststellung erforderlich, daß das Opfer entweder willens oder wenigstens in der Lage gewesen wäre, die betreffende Handlung vorzunehmen. Deren wirklichen Zweck braucht der Täter aber nicht zu kennen. Wer eine Telefonleitung durchschneidet, um einen anderen an einem Telefongespräch mit A zu hindern, begeht vollendete Nötigung auch dann, wenn dieser stattdessen mit B telefonieren wollte. Steht jedoch fest, daß der andere überhaupt nicht handeln wollte oder konnte (der Telefonanschluß ist z. B. abgemeldet), so liegt nur versuchte Nötigung vor. Ähnlich kann es bei einer Sitzblockade an dem für Vollendung erforderlichen Nötigungseffekt fehlen, wenn der Verkehr ohnehin bereits polizeilich umgeleitet ist (Düsseldorf NStZ **87**, 368, Köln NJW **83**, 2206, AG Erlangen StV **84**, 28, AG Frankfurt StV **85**, 61; vgl. auch Zweibrücken NJW **86**, 1055, LG Münster StV **85**, 417, Schroeder NJW 85, 2392 f.; and. Stuttgart MDR **86**, 602) oder nicht festgestellt werden kann, ob die blockierte Ausfahrt überhaupt benutzt werden sollte (Schleswig SchlHA **87**, 101). Ferner kommt dort, wo Kraftfahrer ohne Sichtkontakt zu einer Blockade schon weiträumiger durch polizeilich für zweckmäßig erachtete Maßnahmen angehalten werden, wegen Fehlens eines spezifischen und unmittelbaren Zusammenhangs mit der Gewaltanwendung der Blockierer allenfalls Versuch in Betracht (vgl. Bay NJW **90**, 59, NStZ **90**, 281; dies scheint trotz richtigen Ansatzes von Stuttgart NJW **89**, 1620 insoweit verkannt, als den Vorstellungen des Angehaltenen – gleich ob widerwillig oder vielleicht sogar in Sympathie mit den Demonstrierenden haltend – keine Bedeutung beigemessen wird).

15   V. Die **Rechtswidrigkeit der Nötigungshandlung (Abs. 2)** stellt das Kernproblem des § 240 dar. Während früher neben der Gewalt nur die Drohung mit einem Verbrechen oder Vergehen ausreichte und damit eine größere Begrenzung des Tatbestandes schon durch die Nötigungsmittel erreicht war, genügt heute außer der Gewalt die Drohung mit jedem empfindlichen Übel. Damit und zumal durch Ausweitung des Gewaltbegriffes (vgl. 6 ff., 10 vor § 234) hat der Tatbestand eine Ausweitung erfahren, die der Korrektur bedarf, um angemessene Ergebnisse zu erzielen (vgl. Arzt/Weber I 218 f., 226, Eser III 144, 147 f., Schwind/Baumann aaO II 890, 898 ff., auch zur Diskussion einer Neufassung des Abs. 2). Diese Korrektur soll durch Abs. 2 herbeigeführt werden. Danach ist die Tat dann rechtswidrig, wenn die Anwendung der Gewalt oder die Androhung des Übels zu dem angestrebten Zweck als verwerflich anzusehen ist. Die

Widerrechtlichkeit ergibt sich damit aus dem **Verhältnis von Nötigungsmittel und Nötigungszweck;** beide sind zueinander in Beziehung zu setzen (BGH **17** 331), wobei der Nötigungszweck allein vom Willen des Täters bestimmt wird, so daß bei der Nötigung zu Unterlassen maßgebend ist, welche Handlung des Opfers der Täter verhindern wollte, und nicht, welche Handlung das Opfer tatsächlich vornehmen wollte (vgl. u. 21, ferner den Versuch von Timpe aaO 70ff., die Prüfung nach § 240 II durch Reduzierung des Gewaltbegriffs auf den Schutz absoluter Rechte überflüssig zu machen).

1. In **systematischer** Hinsicht ist im Verwerflichkeitserfordernis des Abs. 2 nicht erst ein allg. Rechtswidrigkeitsmerkmal (so aber BGH **2** 196, Bay NJW **63**, 824, Braunschweig NJW **76**, 62, Bergmann aaO 175ff., Günther, Strafrechtswidrigkeit und Strafrechtsausschluß (1983) 323, Müller-Dietz LdR 8/1100f., Offenloch JZ 88, 15, Schäfer LK 66, Schmidhäuser II 46), sondern eine **Ergänzung des Tatbestandes** zu erblicken (vgl. 66 vor § 13, ferner Lenckner Noll-GedS 244ff., Wessels II/1 S. 87 sowie Hirsch LK 19ff. vor § 32 mwN), und zwar i. S. eines „tatbestandsregulierenden Korrektivs" (BVerfGE **73** 238, 253); denn das Gesetz kann nicht beabsichtigt haben, zunächst in Abs. 1 jeden Zwang als tatbestandliche Nötigung zu bezeichnen und die Korrektur erst durch eine Art „negativ gefaßten Rechtfertigungsgrund" des Abs. 2 (so Gössel I 229) vorzunehmen; vielmehr ist dessen Klausel bereits als Tatbestandsteil anzusehen, mit der Folge, daß Freiheitsbeeinträchtigungen, die außerhalb der „Verwerflichkeitszone" des Abs. 2 liegen, schon tatbestandlich keine Nötigung sind (M-Schroeder I 133, Schröder ZStW 65, 201 f.; i. Sacherg. auch Sax JZ 76, 82f.; vgl. ferner Hansen aaO 67, 103, 116f.; Hirsch ZStW 74, 118ff., Köln-FS 413 sowie Zipf ZStW 82, 653, der von einem Fall „rechtlich vorgezeichneter Sozialadäquanz" spricht, die er – wie jede Sozialadäquanz – als Tatbestandsproblem ansieht). Über die Konsequenzen bei Irrtum vgl. u. 35 f. Im übrigen gilt das Erfordernis einer besonderen Verwerflichkeitsprüfung i. S. des Abs. 2 nicht nur bei **Drohung,** sondern ist durch verfassungskonforme Auslegung auch bei **Gewalt** geboten (BVerfGE **73** 206, 247ff., 256; vgl. o. 1b); deshalb ist für eine „Indizwirkung der Gewaltanwendung für die Verwerflichkeit", wie sie zeitweilig vom BGH angenommen worden war (BGH **23** 55, NJW **82**, 189, u. a. auch KG NJW **85**, 211), allenfalls Raum für den „harten Kern" der Gewalt, nicht jedoch für deren „vergeistigte" Formen (in diesem Sinne einer jeweils erforderlichen Gesamtabwägung inzwischen auch BGH **34** 71, 77 m. Anm. Jakobs JZ 86, 1064, Janknecht NJW 86, 2411, BGH wistra **87**, 213, sowie zuvor bereits Hamm VRS **59** 427, Köln NJW **79**, 2057 sowie spez. bei Verkehrsblockaden Bay JZ **86**, 405, Düsseldorf NJW **86**, 943, Koblenz NJW **85**, 2433, Köln NJW **85**, 2435, NStZ **86**, 31, LG Bonn StV **85**, 193, LG Frankfurt NStZ **83**, 26, LG Koblenz StV **85**, 152, LG Münster NStZ **82**, 202, NJW **85**, 815, AG Münster NJW **85**, 213, ferner D-Tröndle 24, Eser III 147, 149, Kostaras aaO 171, Krey JuS 74, 423, Schäfer LK 59, 67, Wolter NStZ **86**, 249; vgl. auch u. 26, 28).

2. Inhaltlich ist mit **Verwerflichkeit** i. S. von Abs. 2 ein erhöhter Grad *sozialethischer Mißbilligung* der für den erstrebten **Zweck** angewandten **Mittel** gemeint (BGH **17** 332, Koblenz NJW **85**, 2433, Köln NJW **86**, 2443; allein auf die „Verhältnismäßigkeit der Mittel" abheb. Gössel I 232). Da dafür Zweck und Mittel zueinander in Beziehung zu setzen sind, kann zwar das eine wie das andere für die Verwerflichkeit indiziell sein (vgl. Bay NJW **60**, 1966; ferner Ehrlich aaO insbes. 47ff.); doch wird sich die Verwerflichkeit letztlich nur aufgrund einer **Gesamtwürdigung** des Wertverhältnisses und des sachlichen *Zusammenhangs von Zweck und Mittel* abschließend beurteilen lassen (BVerfGE **73** 247, 255, BGH **2** 196, **35** 274, Bergmann aaO 178 ff., Schmidhäuser II 49f.), wobei neben dem Gewicht der auf dem Spiele stehenden Rechte und Interessen insbes. auch Umfang und Intensität der Zwangswirkung mitzuberücksichtigen sind (BGH **34** 77) und auch eine Berücksichtigung der vom Täter verfolgten Fernziele – wenngleich verfassungsrechtlich nicht geboten – jedenfalls nicht ausgeschlossen ist (BVerfGE **73** 257ff., 261 m. Anm. Kühl StV **75**, 135, Starck JZ **87**, 148; vgl. auch u. 21, 29 sowie Bick in BKA III 53f., der ein Eingehen (auch) auf die Fernziele für ein der Verwerflichkeitsprüfung immanentes Gebot ansieht, während Krey III 40f. insoweit nur auf § 34 zurückgreifen will). Kann die Motivation des Täters nicht ermittelt und deshalb Zweck und Mittel nicht in Relation gesetzt werden, scheidet eine Verurteilung aus § 240 StGB aus (Bay NJW **89**, 1621; vgl. dazu auch Eser Jauch-FS 51f.). Im übrigen können sowohl unrechte Mittel zum gebilligten Zweck wie auch erlaubte Mittel zu einem unrechten Zweck letztlich zur Verwerflichkeit führen. Je billigenswerter der verfolgte Zweck, umso mehr wird man die Anwendung von Zwang zu seiner Durchsetzung noch tolerieren (zust. Kaufmann NJW 88, 2583; vgl. auch LG Frankfurt NStZ **83**, 25), je minderwertiger oder sinnloser der Zweck, umso eher wird man seine Durchsetzung mit Nötigungsmitteln unterbinden wollen (Hamm VRS **57** 348). Auf der anderen Seite dient jedoch diese Formel auch zur Ausschaltung von Freiheitsbeeinträchtigungen mit Bagatellcharakter (zust. Schäfer LK 59): Wer etwa einem anderen aus Schabernack für einige Sekunden die Tür zuhält, handelt allein damit jedenfalls nicht verwerflich i. S. von § 240 (vgl. Schröder JZ 64, 30).

18 Der im Abheben auf sozialethische Mißbilligung liegende Verweis auf außerrechtlich an der „Sozialwidrigkeit" des Täterverhaltens ausgerichtete Wertmaßstäbe (vgl. Celle NJW 59, 1597, Stuttgart NStZ 88, 129f., Horn SK 39) ist zwar nicht unbedenklich, weil damit der Verbotsumfang weitgehend in die Wertung des Richters gestellt bleibt. Dennoch wurde darin im Hinblick auf die Vielgestaltigkeit zwischenmenschlicher Bezüge sowie mangels besserer Konkretisierungsmöglichkeit zu Recht keine Verletzung des Bestimmtheitsgebots (Art. 103 II GG) erblickt (vgl. o. 1b; vgl. auch Bertuleit JA 89, 20, wonach Abs. 2 als Generalklausel den Zweck habe, je nach den gesellschaftlichen Wandlungen interpretiert zu werden). Zudem ist die „sozialethische Mißbilligung" der Zweck-Mittel-Relation weder als „amoralische" Disqualifizierung zu verstehen noch an einer bestimmten sittlichen Weltanschauung, geschweige an der Privatmoral des einzelnen Richters auszurichten, sondern nach Kriterien **sozialer Unerträglichkeit** zu bestimmen (so bereits Welzel 327; ferner BGH 18 391, Düsseldorf NJW 86, 943, Köln NJW 86, 2443, Dreher MDR 88, 20, Ermer aaO 120f., Kreuzer NJW 70, 670, Kühl StV 87, 126, Otto II 91). Für eine solche Ausrichtung des Sozialwidrigkeitsurteils am „Mindestgemeinsamen" (Schlüchter NStZ 84, 301f.) findet sich eine beachtenswerte Systematisierung von „sozialen Ordnungsprinzipien" bei Roxin JuS 64, 376. **Im einzelnen** ist folgendes zu beachten:

19 a) Die Verwerflichkeit kann bereits dadurch indiziert sein, daß das **Nötigungsmittel** als solches eine (z. B. nach §§ 223, 303) **strafbare** Handlung darstellt (vgl. Hamm VRS 57 348) oder sonstwie gegen die Rechtsordnung verstößt (wie z. B. bei menschenwürdewidriger Vergewaltigung in der Ehe: vgl. Helmken aaO 20ff., ZRP 80, 171ff.; 85, 170ff.; abw. Horn ZRP 85, 265, der jedoch dort offenbar verkennt, daß es ein „zwangsvollstreckbares" Recht auf Geschlechtsgemeinschaft gerade nicht geben soll [so denn inzw. auch in SK 48; vgl. auch Limbach ZRP 85, 289f., Huff ZRP 86, 32]; bzgl. Verstößen gegen die milit. Disziplin sehr weitgehend Bay NJW 60, 1965; jedenfalls überzogen Karlsruhe Justiz 81, 212, wonach schon die ungeprüfte Weitergabe einer Mandantenbehauptung über eine tatsächlich nicht begangene Straftat des Genötigten per se rechtswidrig sein soll. Doch selbst in solchen Fällen kann auch hier das Verhältnis zum Nötigungszweck (u. 21) nicht völlig unbeachtet bleiben (Bay JZ 86, 407, Schleswig SchlHA/L 87, 105), so z. B. bei körperverletzender (aber schon mit Rücksicht auf § 34 kaum rechtswidriger) Gewalt zur Verhinderung einer Selbsttötung (vgl. u. 32). Das gilt insbes. auch für ordnungs- oder gar verfassungswidrige Blockaden (vgl. u. 28f.).

20 Umgekehrt wird die Widerrechtlichkeit der Nötigung nicht schon dadurch ausgeschlossen, daß das Nötigungs**mittel** als solches **erlaubt** ist; denn daß man zur Vornahme einer bestimmten Handlung berechtigt ist, wie z. B. zu einer Strafanzeige (vgl. BGH AnwBl. 55, 69) oder zu einer wahrheitsgemäßen Veröffentlichung in der Presse (vgl. Hamm NJW 57, 1081, aber auch Bremen NJW 57, 151), bedeutet nicht, daß man damit zum Zwecke der Nötigung einem anderen ohne weiteres drohen darf (vgl. Schroeder JZ 83, 285; and. Jakobs aaO 82); dies jedenfalls dann nicht, wenn eine Inadäquanz zwischen der Veröffentlichung und dem erstrebten Zweck besteht (so im Fall des OLG Hamm) oder wenn Beamte oder Soldaten die Möglichkeit haben, Mißstände durch innerbetriebliche Beschwerden zu rügen (Bay NJW 60, 1965). Das ist auch für das (umstrittene) **Drohen mit einem Unterlassen** von Bedeutung: Während die frühere Rspr. (Überblick bei Klein aaO 177ff.) und ein Teil der Lehre unter Anwendung von allgemeinen Unterlassungsgrundsätzen eine Nötigung durch Drohung mit Unterlassen (nur) dann als rechtswidrig ansehen, wenn eine Pflicht zum Handeln besteht (RG 14 265, 63 425, BGH GA 60, 278, NStZ 82, 287, Hamburg NJW 80, 2592 m. Anm. Ostendorf, Schubarth JuS 81, 726, NStZ 83, 312, ferner Arzt/Weber I 213, Frohn StV 83, 365, Haffke ZStW 84, 71, Horn SK 16, NStZ 83, 407ff., Timpe aaO 149ff., Wessels II/1 S. 83f.), kann nach der Gegenauffassung zu Recht auch in der Ankündigung, ein rechtlich nicht gebotenes Handeln zu unterlassen, eine Nötigung liegen (so inzw. BGH 31 195; ebenso bereits Stuttgart NStZ 82, 161, ferner D-Tröndle 18, M-Schroeder I 132f., Pelke aaO 15ff., Schäfer LK 81ff., Schmidhäuser II 48, Volk JR 81, 274; i. Grds. auch Lackner-FS 656f.; einschr. Roxin JR 83, 333ff.; auf die Merkmale des § 302a abhebend Klein aaO 144ff.; vgl. auch Meyer, Ausschluß der Autonomie durch Irrtum (1984) 122ff.). Denn nicht, was man tun oder unterlassen darf, sondern womit man drohen darf, ist die für die Nötigung entscheidende Frage (zust. Stoffers JR 88, 496): Diese aber hängt weniger vom Verhaltenscharakter des angedrohten Übels (Tun oder Unterlassen des Bedrohenden) als vielmehr davon ab, ob das Opfer einer Verschlechterung seiner Lage ausgesetzt werden oder bleiben soll (insofern zutr. Roxin aaO 336) und zwischen der angedrohten Situationsverschlechterung bzw. Nichtabwendung einer drohenden Gefahr und dem abgenötigten Verhalten Konnexität besteht (insoweit ebenso Volk aaO; and. darauf abhebend, ob Übel oder Vorteil angekündigt wird, Pelke aaO 82ff.). Daher ist Nötigung anzunehmen, wenn zur Erzwingung geschlechtlicher Hingabe mit der Fortführung bzw. Nichteinstellung eines Strafverfahrens oder mit Kündigung bzw. Nichtfortführung einer Probezeit gedroht wird, während es bei bloßer Drohung mit Nichtänderung des status quo (wie etwa durch Absehen von einer vom Opfer erhofften Gehaltserhöhung oder Einstellung) am erforderlichen Verschlechterungsmoment fehlen wird (vgl. auch den Typisierungsversuch von Schroeder JZ 83, 287f.). Zur Abgrenzung des Drohens mit Unterlassen von Wucher vgl. Arzt Lackner-FS 650ff., Klein aaO 138ff., Pelke aaO 167ff.

b) Ferner kann die Verwerflichkeit durch den erstrebten **Zweck** indiziert sein. Damit ist die 21 *subjektive Zielsetzung* des Täters gemeint (vgl. BGH **17** 332, **18** 392 m. Anm. Schröder JZ 64, 29, ferner Hansen aaO 100, Otto NStZ 87, 213, Wessels II/1 S. 87; vgl. auch u. 29; dagegen enger auf den Nötigungs*erfolg* abstellend BGH **5** 246, **23** 55, Schäfer LK 70 sowie Arzt Welzel-FS 828 ff., 837, der jedoch selbst einräumen muß, daß damit nicht alle Zweck-Mittel-Relationen erfaßbar, sondern wie z. B. Demonstrationen, nur über besondere Rechtfertigungsgründe zu lösen sind; wie hier i. E. auch Giehring aaO 557 f.). Danach kann sich eine Verwerflichkeit insbes. daraus ergeben, daß der Täter ein Verhalten des Genötigten bezweckt, auf das er *keinen Anspruch* hat (vgl. Wessels II/1 S. 88), mag auch das Mittel, mit dem dies geschieht, selbst nicht zu beanstanden sein. Dies ist insbes. bei Ladendiebstahl für das Abverlangen einer „Fangprämie" bedeutsam, falls ein Anspruch darauf zu verneinen ist (dazu § 253 RN 19; vgl. Braunschweig NJW **76**, 62, Koblenz JR **76**, 69, aber auch Anm. Roxin sowie Blei JA 76, 390). Umgekehrt schließt die Tatsache, daß der Genötigte zu dem abgenötigten Verhalten verpflichtet war, Nötigung nicht aus; denn der Gläubiger darf seine Ansprüche nur mit den vom Recht zur Verfügung gestellten Mitteln und nicht durch eigenmächtigen Zwang durchsetzen (vgl. BGH StV **88**, 385, **90**, 205, Bay DAR/R **82**, 249, Arzt Welzel-FS 835). Wer z. B. eine Darlehensschuld mit Gewalt oder Drohung einzutreiben sucht, macht sich nach § 240 strafbar; ebenso der Vermieter, der Türen und Fenster aushängt, um den gekündigten Mieter zur Räumung zu zwingen. Gleiches gilt für Erzwingen der Einfahrt in eine Parklücke (Bay NJW **61**, 2074, Hamm DAR **69**, 274, NJW **70**, 2074, Schleswig SchlHA **68**, 265, Düsseldorf VM **78**, 59; vgl. auch Bay NJW **63**, 824, Hamm NJW **72**, 1826 sowie mwN u. 24) oder für die Drohung mit einer politischen Anzeige, um persönliche Vorteile durchzusetzen (Hamburg HESt **2** 295). Weitere Beispiele bei M-Schroeder I 135 ff.

Nicht verwerflich ist der *Zwang zur Unterlassung rechtswidriger Angriffe* oder einer *Selbsttötung*, 22 sofern die durch §§ 32, 34 gezogenen Grenzen der Verhältnismäßigkeit des Mittels gewahrt bleiben (vgl. Bay NJW **65**, 163; wie hier i. E. auch M-Schroeder I 137, dessen Kritik am BayObLG verkennt, daß dieses unter einer mißbräuchlichen Ausübung des Notwehrrechts gerade die Unverhältnismäßigkeit von Angriff und Abwehr meint; zur Verhinderung des Suizids vgl. u. 32 mwN). Auch sonst sind bei der (insbes. gewaltsamen) Unterbindung von Normverletzungen (z. B. einer Geschwindigkeitsüberschreitung) durch Privatpersonen strenge Anforderungen an die Verhältnismäßigkeit des Mittels zu stellen (vgl. Schleswig VM **77**, 61, Horn SK 46, weniger streng Saarbrücken VRS **17** 25). Sind die Zielvorstellungen des Täters von *Irrtum* geleitet (z. B. bei Verhinderung einer vermeintlichen Trunkenheitsfahrt; vgl. BGH VRS **40** 107), so schließt dies die Rechtmäßigkeit der Nötigung nicht unbedingt aus, da für die sozialethische Mißbilligung bei Abs. 2 die subjektive Relation Maßstab der Beurteilung ist. Stets *verwerflich* ist dagegen der *Zwang zur Begehung strafbarer Handlungen* (einschr. Horn SK 45), wie z. B. bei Nötigung zu Mord.

c) Schließlich kann sich die Verwerflichkeit auch erst aus dem **Mißverhältnis von Mittel und** 23 **Zweck** ergeben (BGE 87 IV 14). Das betrifft die Fälle, in denen an sich sowohl das angewandte Mittel wie auch ein Anspruch auf das abgenötigte Verhalten auf seiten des Täters begründet ist, jedoch die Verbindung beider von der Rechtsordnung mißbilligt wird (nach Timpe aaO 30 f. soll es dann schon an der Verletzung des von § 240 geschützten Rechtsguts fehlen). Dies gilt insbes. in den Fällen, in denen völlig inadäquate Mittel (z. B. Drohung mit Strafanzeige wegen eines ganz anderen Vorfalls) zur Erzwingung der Rückzahlung einer Darlehensschuld angewandt werden (vgl. RG **64** 380 zur sog. Chantage durch bloßstellende Veröffentlichungen); vgl. auch Düsseldorf JMBlNRW **84**, 56 zur Erzwingung der Rücknahme eines Einspruchs gegen einen Bußgeldbescheid durch Androhung eines Vergleichswiderrufs. In den Fällen dieser Art, in denen jeder innere Zusammenhang zwischen Zweck und Mittel fehlt (vgl. Arzt Welzel-FS 834 ff., Roxin JuS 64, 193 f., dazu Fezer GA 75, 357 ff.), ist entscheidend, ob die Anwendung der Nötigungsmittel zur Durchsetzung des Anspruchs noch toleriert werden kann: So begeht einerseits etwa der Hauseigentümer idR keine Nötigung, wenn er durch Unterbrechung der Stromzufuhr die Zahlung rückständiger Miete erreichen will (es sei denn, daß davon andere mitbetroffen oder bei Abdrehen der Heizung Gesundheitsschäden zu befürchten sind: vgl. Hamm NJW **83**, 1505), ebensowenig der Rechtsanwalt eines Beleidigten, wenn er dem Beleidiger, um ihn zur Zahlung der Anwaltskosten zu veranlassen, Privatklage oder Strafanzeige wegen eines mit der Tat zusammenhängenden Offizialdelikts androht (Bay MDR **57**, 309), so wie sich überhaupt sagen läßt, daß die Nötigung nicht widerrechtlich ist, wenn der durch eine strafbare Handlung Geschädigte durch Drohung mit Strafanzeige Wiedergutmachung des Schadens verlangt (BGH **5** 254, NJW **57**, 598, BGE 87 IV 14).

Vgl. ferner BGH NJW **57**, 1796 zu § 123 BGB: Drohung mit Strafanzeige gegen den Ehemann, 23a falls die Ehefrau keine Bürgschaft für dessen Schuld übernimmt; östOGH ÖJZ **64**, 497: Bloßstellung des Schuldners wegen seiner Säumigkeit. Anderseits kann widerrechtliche Nötigung vorliegen, wenn in einem Zivilprozeß der Gegner durch Drohung mit Strafanzeige zu einem Rechtsmittelverzicht gezwungen werden soll, selbst wenn die strafbare Handlung auch Sachverhalt des Zivilverfahrens ist (BGH NJW 57, 596). Droht der Täter mit bestimmten rechtlichen Konsequenzen, deren Eintritt von seinem Willen abhängt, so kann Abs. 2 gegeben sein, wenn diese Konsequenzen als empfindlicher dargestellt werden, als sie in Wirklichkeit sind (z. B. wenn der Täter mit einer an sich berechtigten Strafanzeige, die zu einem Führerscheinentzug führen werde, droht, ein solcher jedoch nicht vorgesehen ist). Über die Nötigung, Aussagen zu machen, vgl. BGH MDR/He 55, 528. Vgl. ferner Bay NJW 71, 768 sowie die Fallgruppierungen bei Eser III 159ff., Roxin JuS 64, 376ff.

24   3. Speziell bei *Behinderungen* anderer Verkehrsteilnehmer im **Straßenverkehr** – wie etwa dadurch, daß ein Kraftfahrer durch seine Fahrweise einem anderen das Überholen unmöglich macht oder, um das Überholen zu erzwingen, dicht auf ein anderes Fahrzeug zufährt, ist es fraglich, inwieweit darin nur eine Verletzung der einschlägigen Verkehrsvorschriften oder darüber hinaus auch eine strafbare Nötigung zu erblicken ist (Überblick bei Voß-Broemme NZV 88, 2ff.). Vorausgesetzt, daß es sich beim Einsatz des Fahrzeugs überhaupt um Drohung oder Gewaltanwendung handelt (dazu 15 vor § 234), sind auch hier Zweck und Mittel zueinander in Beziehung zu setzen. Dabei kann sich die Verwerflichkeit der Nötigung einmal aus dem mißbilligenswerten *Zweck der Willensbeeinträchtigung* ergeben: z. B. bei schikanösem Abbremsen (vgl. Celle VRS **68** 43, Düsseldorf JZ **85**, 544, NStZ/J **87**, 401, VRS **77**, 280) oder Verhindern des Überholens (BGH **18** 389 m. Anm. Schröder JZ 64, 30, Hamm VRS **24** 374, KG VRS **36** 105, Koblenz VRS **55** 355, Schleswig SchlHA/E-L **81**, 90; grdl. Hamm VRS **57** 347ff., Düsseldorf NStZ/J **87**, 401, NJW **89**, 51, Köln NStZ/J **89**, 258), wie z. B. bei Rechtsabbiegen vor einem (gerade überholten) Radfahrer (Düsseldorf NJW **89**, 2409); idR zu verneinen bei hoher Eigengeschwindigkeit des Blockierenden (Frankfurt VRS **51** 436; vgl. auch die Fälle Bay JZ **86**, 407, NStZ/J **86**, 541, **90**, 272, Düsseldorf NJW **61**, 1783, Celle NdsRpfl. **63**, 189) oder wenn ein Überholen nur durch Überschreiten der zulässigen Höchstgeschwindigkeit möglich gewesen wäre (BGH **34** 241f.), ferner bei nur kurzfristiger Behinderung (Karlsruhe VRS **55** 352, Bay DAR/R **81**, 245, **82**, 250, **90**, 272); and. Hamm VRS **22** 50, das allein auf den Eintritt einer Gefährdung abstellt, Celle NJW **59**, 1597, das einen „sozial unerträglichen" Zweck voraussetzt (einschr. jedoch Celle NdsRpfl. **62**, 68, vgl. auch Schmidt DAR 62, 354). Aber auch die *Gefährlichkeit des Mittels* kann Anlaß zur Mißbilligung der Tat sein: so wenn ein Kraftfahrer zur Erzwingung des Überholens bis auf wenige Meter an ein anderes Fahrzeug heranfährt (BGH **19** 263, Stuttgart DAR **64**, 275, Celle VRS **38** 431, Karlsruhe VRS **42** 277, Köln VRS **67** 224; enger [„konkrete" Gefährdung, gegen diese Bezeichnung zurecht BGH **19** 268] Köln NJW **63**, 2383 m. Anm. Schweichel, NJW **68**, 1892, Hamm VRS **27** 276; dagegen wiederum weiter auch Köln VRS **61** 425; jedenfalls bei eng Karlsruhe VRS **57** 415; vgl. auch KG VRS **63** 120). Ein Auffahren bis auf 15 m bei 80 km/h genügt auch bei zusätzlicher Abgabe von Licht- und Schallzeichen nicht (Düsseldorf VRS **52** 192; zu eng aber Bay NStZ/J **90**, 272, wenn nicht einmal Auffahren auf unter 5 m reichen soll); vgl. ferner Saarbrücken VRS **17** 25, Hamm VRS **22** 50, Schleswig VM **65**, 86, Stuttgart NJW **66**, 745 mit Anm. Bockelmann, NJW VRS **35** 438, Hamburg NJW **68**, 663 m. Anm. Rasehorn NJW 68, 1246, Frankfurt NJW **79**, 28; Karlsruhe VRS **57** 21, Haubrich NJW 89, 1197f.; Schmidt DAR 62, 354, Brozat DAR 80, 335. Zur Verwerflichkeit des beharrlichen Blockierens einer Ausfahrt vgl. Koblenz MDR **75**, 243, zum Sperren eines Reitweges mit Invalidenstock Köln MDR **79**, 777, zum Freihalten eines Parkplatzes durch Fußgänger zu Recht verneinend Köln NJW **79**, 2056 m. krit. Anm. Schmid DAR 80, 81, Hamm VRS **59** 426, vgl. auch Schleswig NJW **84**, 1470. Jedenfalls ist die Nötigung immer dann verwerflich, wenn die Voraussetzungen der §§ 315ff. verwirklicht sind (vgl. Celle VRS **68** 44, Busse aaO 186; vgl. aber auch Düsseldorf VM **79**, 63: rechtmäßiges Mitnehmen auf Kühlerhaube), als Minimum kann dies jedoch nicht angesehen werden. Vgl. auch Köln VRS **57** 196 (rücksichtslose Vorführfahrt) sowie zum Ganzen Roxin JuS 64, 378, Berz JuS 69, 367.

25   4. Nötigung durch **Streik im Rahmen eines Arbeitskampfes** ist idR rechtmäßig, nachdem die Drohung mit Arbeitsniederlegung oder Fortsetzung der Arbeitsverweigerung heute als legales Kampfmittel der Art nach anerkannt ist (vgl. Zöllner, Arbeitsrecht[3] (1983) 360ff., Seiter, Streikrecht und Aussperrungsrecht (1975), insbes. 522, 535, 548 mwN, ferner der Landesverfassungen, in denen z. T. das Streikrecht verfassungsmäßig verankert ist, z. B. Bremen Art. 51 III, Hessen Art 29 IV, Rheinland-Pfalz Art. 66 II; noch weitergehend bereits für Verneinung eines tatbestandlichen Nötigungsmittels Ostendorf aaO 35ff.). Erlaubt ist die Nötigung mittels Streik aber nur insoweit, als Mittel und Zweck in einem adäquaten Verhältnis zueinander stehen. Daran fehlt es z. B. bei Streik als Druckmittel gegenüber dem Arbeitgeber, damit er einen nichtorganisierten Arbeitnehmer entläßt. Ferner können einzelne Streikmaßnahmen strafbare Nötigung sein: so etwa bei gewaltsamer Hinderung Arbeitswilliger am Betreten des Arbeitsplatzes durch Streikposten (vgl. Bay NJW **55**, 1806, o. 6). Näher Niese, Streik- u. Strafrecht (1954) 57ff., Hueck-Nipperdey, Arbeitsrecht II[7] (1970) 1051ff., Däubler, Strafbarkeit bei Arbeitskämpfen, in: Studien zum Wirtschaftsstrafrecht (1972) 91ff., Schumann/Wolter, in: Däubler, Arbeitskampfrecht[2](1987) 213ff., 264ff., Zechlin AuR 86, 294ff. Vgl. auch BAG NJW **57**, 1047. Spez. zu **Betriebsbesetzungen** vgl. Ostendorf aaO 45ff., zur Nötigung durch *Fluglotsenstreik* vgl. Krey JuS 74, 423f., ferner Blei JA 73, 188, 203; 74, 138. Studenten ist mangels eines Arbeitsverhältnisses zur Universität die Berufung auf Streikrecht verwehrt (vgl. BGH NJW **82**, 189).

26   5. Soweit es außerhalb von legalen Arbeitskämpfen um **Sitzstreiks, Verkehrsblockaden** oder sonstige **Demonstrationen** mit allgemein-politischer Zielsetzung geht, in deren Verlauf es zur Beein-

trächtigung der Bewegungs- oder sonstigen Handlungsfreiheit von anderen kommen kann oder gar soll, ist die Erfassung als strafbare Nötigung trotz gewisser grundsätzlicher Klarstellungen durch BVerfGE 73 206 (vgl. o. 1 b) im einzelnen nach wie vor umstritten. Bis dahin war in derartigen Fällen einerseits Nötigung *bejaht* worden von: BGH **23** 54, Bay JZ **86**, 404, Düsseldorf NJW **86**, 942, Koblenz MDR **87**, 162, Stuttgart NJW **69**, 1543, **84**, 1909, MDR **86**, 602, AG Schwäb. Gmünd NJW **85**, 211, **86**, 2445, AG Schwandorf NStZ **86**, 461, mit gleicher Tendenz LG Münster NJW **85**, 815, Düsseldorf StV **87**, 393 m. abl. Anm. Frankenberg, GA **87**, 407, AG Schwandorf NStZ **87**, 230 (im Schrifttum u. a. tendenziell ebenso Baumann NJW **87**, 36 ff., Bergmann Jura **85**, 461 ff., Brohm JZ **85**, 510 f., Jakobs JZ **86**, 1064, Müller-Dietz in Böhme aaO 26 f., Offenloch JZ **86**, 11 ff., Starck JZ **87**, 148, Tröndle Lackner-FS 634 ff.), während andererseits jedenfalls i. E. Nötigung *verneint* wurde von: Koblenz NJW **85**, 2432, Köln NJW **83**, 2206, **86**, 2443, NStZ **86**, 30, Oldenburg StV **87**, 489, Zweibrücken NJW **86**, 1055, LG Bonn StV **85**, 191, LG Bremen StV **86**, 439, LG Frankfurt NStZ **83**, 25, StV **86**, 254, LG Koblenz StV **85**, 151, LG Münster StV **85**, 417, LG Stuttgart StV **84**, 28, AG Erlangen StV **84**, 28, AG Frankfurt StV **83**, 374, **85**, 61, 373, 462, AG Nürnberg StV **84**, 29, AG Münster NJW **85**, 213, AG Reutlingen StV **84**, 508, ferner LG Heilbronn MDR **87**, 430, LG Zweibrücken StV **87**, 206, mit gleicher Tendenz BayVGH NJW **87**, 2100, Düsseldorf NStZ **87**, 386 (aus dem Schrifttum u. a. abl. Calliess NJW **85**, 1506, Dearing StV **86**, 125, Kaufmann aaO 86 ff., Prittwitz JA **87**, 25 ff., Wolter NStZ **85**, 252; **86**, 242 ff., 249 m. Rspr.-analyse; vgl. auch Kostaras aaO 166 ff. mwN sowie rechtsvergleichend Weingärtner aaO insbes. 293 ff.). Vgl. zum Ganzen auch den bis zu BGH **35** 270 (u. 29) reichenden Rspr.-Rückblick bei Kramer KritJ **88**, 201, u. Schmitt Glaeser BayVBl. **88**, 454 ff. Während ein Teil der Lehre solche Aktionen generell als Ausdruck legitimen „zivilen Ungehorsams" gerechtfertigt sehen möchte (vgl. u. a. Cobler/Geulen/Narr, Das Demonstrationsrecht, 1983, Holtfort, Ungehorsam als Bürgerpflicht, 1983, insbes. 36 ff., ferner Brink/Keller KJ **83**, 107 ff., Rinken/Brüggemeier/Marxen KJ **84**, 44 ff., tendenziell u. a. auch Dreier u. Huber in Glotz, Ziviler Ungehorsam im Rechtsstaat, 1983, Franke AöR **89**, 40 ff.), ist nach vorherrschender Auffassung in Rspr. und Rechtslehre Widerstand gegen politische Entscheidungen oder Maßnahmen nur unter den – gegenwärtig so gut wie nie gegebenen – Voraussetzungen von Art. 20 IV GG zulässig (vgl. Blank, Die strafrechtliche Bedeutung des Art. 20 IV GG, 1982, Dreher MDR **88**, 19, Karpen JZ **84**, 249 ff., Kröger JuS **84**, 172 ff., Kostaras aaO 172 f., auch zu diesbezügl. Irrtumsfragen 132 ff., ferner Böhme aaO, Ermer aaO 87 ff., Schüler-Springorum in Glotz aaO 76 ff.; vgl. zum Ganzen auch Hagen aaO, insbes. 156 ff, Laker aaO, insbes. 189 ff. sowie den Überblick von Prittwitz JA **87**, 17 ff., RuP **87**, 98 f.); demzufolge sind auch verkehrsbehindernde Demonstrationen oder sonstige freiheitsbeeinträchtigende Aktionen nicht schon einfach deshalb vom Nötigungstatbestand ausgenommen, weil sie einer verfehlt erscheinenden Politik entgegenwirken wollen oder die Behebung von sonstigen (tatsächlichen oder vermeintlichen) Mißständen bezwecken (ebenso gegen pauschale Berufung auf Art. 8 GG bzw. Rechtfertigung aus „zivilem Ungehorsam" BVerfGE 73 248 ff. m. Anm. Kühl StV **87**, 13 ff. u. Prittwitz aaO; vgl. ferner Koblenz NJW **88**, 720, NStE Nr. **20**, aber auch Bertuleit JA **89**, 18 f. u. Bertuleit/Herkströter KritJ **87**, 337 ff. zur Berufung auf Art. 8 GG). Soweit es daher nicht bereits am Merkmal der Drohung oder Gewaltanwendung fehlt (wie neuerdings z. T. zu Sitzblockaden angenommen: vgl. 22 vor § 234 mN) oder zumindest der Nötigungseffekt zu verneinen ist (so bei vorsorglicher Verkehrsumleitung durch die Polizei: vgl. o. 14a mN), kommt es letztlich auf der Verwerflichkeitsprüfung nach Abs. 2 an (vgl. o. 15 f. mN). Auch wenn diese entscheidend von den Umständen des Einzelfalles abhängt, wird nach folgenden Grundsätzen, wie sie sich im wesentlichen auch in BVerfGE 73 206 bestätigt finden (vgl. o. 1 b), zu differenzieren sein (ähnlich Kostaras aaO 174 ff., Kühl StV **87**, 134 ff.):

a) Beeinträchtigungen der Bewegungsfreiheit, die nur **zwangsläufige Folge** der Ausübung des Grundrechtes der Versammlungs- und Meinungsfreiheit sind (etwa Behinderung des Straßenverkehrs durch einen Demonstrationszug), sind, soweit sie nicht ohnehin bereits durch die Versammlungsfreiheit gedeckt sind (vgl. BVerfGE 73 248, Brohm JZ **85**, 505 ff., Lackner 6 a aa), insoweit keine rechtswidrige Nötigung, als sie nicht unverhältnismäßig sind (LG Bonn StV **85**, 193, LG Koblenz StV **85**, 151; offengelassen in BGH **23** 56 m. Anm. Ott NJW **69**, 2023, Eilsberger JuS **70**, 164; vgl. Eser, Wahrnehmung 60; i. Grds. zust. Stuttgart NJW **84**, 1910). Zudem fehlt es hier an der für § 240 erforderlichen Nötigungsabsicht (Bergmann Jura **85**, 459; vgl. u. 34). 27

b) Falls dagegen die Demonstration gerade **darauf angelegt** war, die Fortbewegungsfreiheit anderer zeitweilig zu beeinträchtigen, um auf diese Weise etwa die Bevölkerung auf ihre politischen Vorstellungen oder auf bestimmte Mißstände aufmerksam zu machen, so mag das zwar über die Art. 5, 8 GG hinausgehen, weil die Meinungsäußerungs- und Versammlungsfreiheit nicht das Recht beinhalten, „Gewalt zu üben, um auf diese Weise die Aufmerksamkeit der Öffentlichkeit zu erregen und eigenen Interessen oder Auffassungen Geltung zu verschaffen" (BGH **23** 56, **35** 282 f., Brohm JZ **85**, 501 ff., Schwind/Baumann aaO II 879, Tröndle Rebmann-FS 505; and. LG Kreuznach NStE Nr. **15**, Bertuleit JA **89**, 18 f., Preuß Schmid-FS 442 ff.). Dennoch braucht eine unbefugte Beeinträchtigung fremder Handlungsfreiheit nicht per se verwerflich i. S. des § 240 II zu sein (vgl. Eser Jauch-FS 51); denn aus der Grundrechtswidrigkeit des Verhaltens folgt noch nicht zwingend seine Strafbarkeit (verkannt von Bay JZ **86**, 405, Düsseldorf NJW **86**, 944, AG Schwäb.-Gmünd NJW **86**, 2446, Bergmann Jura **85**, 463, Schmitt Glaeser BayVBl. **88**, 456 f., Tröndle Lackner-FS 638 ff.), ebensowenig aus seiner Ordnungs- oder Polizeiwidrigkeit (i. gl. S. Köln NStZ **86**, 31, NJW **86**, 2444; demge- 28 genüber kurzschlüssig die Verwerflichkeit schon aus jedem Rechtsnormverstoß herleitend Brohm JZ 85, 505, 510 f., Offenloch JZ 88, 14 ff.; vgl. auch Dietel/Gintzel, Demonstrations- u. Versammlungsfreiheit[9] (1989) § 15 RN 66, Weichert StV 89, 461, Kühl StV 87, 132 f. gegenüber einer streng verwaltungsrechtsakzessorischen Gewalt- und/oder Verwerflichkeitsbegründung, wie namentlich bei Horn SK 48). Im übrigen war selbst in BGH **23** 56 trotz fälschlich angenommener „Indizwirkung der Gewaltanwendung" (vgl. o. 16) eingeräumt worden, daß ausnahmsweise „besondere Umstände das Verwerflichkeitsurteil ausschließen" können (i. Grds. ebenso KG NJW **85**, 211, Stuttgart NJW **84**, 1910); noch klarer i. S. einer Gesamtbewertung war schon nach BGH **18** 392 „nicht jede bloße beabsichtigte Behinderung eines anderen Verkehrsteilnehmers ... ohne Ausnahme als immer schon sittlich so mißbilligenswert, sozial so unerträglich, daß sie verwerflich ... sein müßte" (so in deutlicher Distanzierung von BGH **23** 46 auf Vorlage von Köln NStZ **86**, 30 denn auch BGH **34** 71, 76 f. m. Anm. Jakobs JZ 86, 1064, Janknecht NJW 86, 2411; vgl. auch schon LG Bonn StV **85**, 195 mwN sowie o. 17). Dieses Gesamtwürdigungserfordernis wird – jedenfalls dem Grundsatz nach – selbst in dem die Berücksichtigung von „Fernzielen" ausschließenden Vorlagebeschluß BGH **35** 270 (dazu u. 29) nicht in Zweifel gezogen.

29   Für diese nunmehr sogar für verfassungsrechtlich geboten erklärte „**Abwägung unter Berücksichtigung aller Umstände**" (BVerfGE **73** 255 f., vgl. o. 1 b, 16 ff. mwN) sind also auch bei gewaltsamer Beeinträchtigung fremder Handlungsfreiheit durch Sitzstreiks u. dgl. Handlungsmittel und Handlungszweck zueinander in Beziehung zu setzen. Dabei war vor allem streitig, inwieweit beim Handlungszweck auch die von Blockierern verfolgten „*Fernziele*" zu berücksichtigen sind. Nachdem das BVerfG dies zwar verfassungsrechtlich nicht für geboten, aber auch nicht für ausgeschlossen erklärt hatte (vgl. o. 1 b), war die darauffolgende Rspr. der OLGe, wie mangels einer höchstrichterlichen Leitlinie zunächst auch gar nicht anders zu erwarten, hins. der auf einfachgesetzlicher Ebene im Rahmen einer umfassenden Verwerflichkeitsprüfung vorzunehmenden Auslegung des Zweckbegriffs nicht einheitlich: Während Bay (NJW **88**, 718), Koblenz (MDR **87**, 162, NStE Nr. 20) und der 1. StS Stuttgart (Justiz **88**, 33; and. aber wohl 3. StS Stuttgart StV **87**, 538) innerhalb der Verwerflichkeitsprüfung Fernziele nicht berücksichtigen wollten, fanden sie bei Düsseldorf (MDR **87**, 692), Oldenburg (StV **87**, 489) und Zweibrücken (NJW **88**, 717) Beachtung. Aufgrund eines Vorlagebeschlusses des 4. StS Stuttgart (NStZ **88**, 129 m. Anm. Miebach) macht sich BGH **35** 270 die erstgenannte Auffassung zu eigen, wonach Fernziele ausschließlich bei der Strafzumessung zu berücksichtigen seien (dem folgend – unter ausdrücklicher Aufgabe seiner vorherigen Rspr. – Düsseldorf MDR **89**, 840, Stuttgart NJW **89**, 1870, Zweibrücken StV **90**, 264, ferner Dreher u. Schmitt Glaeser je aaO, Tröndle Rebmann-FS 481 ff.; ähnl. für Berücksichtigung von Fernzielen allein im Rahmen von § 46 II 2 Gössel Tröndle-FS 366; gegen diese BGH-Rspr. ausdrückl. abl. hingegen LG Kreuznach NJW **88**, 2627; ferner krit. bis abl. Bertuleit JA 89, 16 ff., Bick in BKA III 53 f., Ermer aaO 103 f., Frommel KritJ 89, 484, Hirsch Tröndle-FS 24, Kaufmann NJW 88, 2581, Ostendorf StV 88, 488, Roggemann JZ 88, 1108 ff.; vgl. auch Jahn JuS 88, 948 f. zur besonderen Bindungswirkung der BGH-Rspr.). Doch selbst wenn das damit verfolgte Streben nach Rechtssicherheit grundsätzlich zu billigen ist, kann der auf Tatbestandsebene jede Fernzielberücksichtigung ausschließende Weg weder rechtsdogmatisch noch rechtspolitisch überzeugen (zur näheren Begr. vgl. Eser Jauch-FS 35 ff.). So führt namentlich die in BGH **35** 276 vorgenommene Gleichsetzung von Nötigungs*zweck* mit dem unmittelbaren Nötigungs*erfolg*, nämlich der Beeinträchtigung der Bewegungsfreiheit anderer, zu einer unberechtigten Blickverkennung (wie u. a. namentl. auch verkannt von Koblenz NJW **85**, 2433, LG Münster **85**, 815, AG Schwäb.-Gmünd NJW **85**, 212, **86**, 2446 und wohl auch von Bay JZ **86**, 405, während noch zutr. erkannt in in BGH NStE Nr. **1** zu § 178); denn genau besehen ist diese Freiheitsbeeinträchtigung nicht Demonstrationsziel, sondern lediglich das *Mittel*, um eine aufklärende oder aufrüttelnde Wirkung zu erzielen. Demzufolge ist aber andererseits der für die Mittel-Zweck-Relation erhebliche Nötigungszweck nicht erst im möglichen Fernziel der Demonstration (wie etwa in der Erreichung eines bestimmten politischen Zustands oder im Abstellen von bestimmten Mißständen) zu erblicken (in diesem Sinne aber z. B. LG Köln JZ **69**, 82, AG Nürnberg StV **84**, 30; dagegen insoweit zu Recht Düsseldorf NJW **86**, 945), sondern im unmittelbaren Meinungsäußerungs- und Meinungsbeeinflussungsziel der Demonstration (Eser Jauch-FS 40 ff., ebso. LG Frankfurt StV **86**, 255, AG Schwandorf NStZ **86**, 462; i. gl. S. Oldenburg StV **87**, 490, LG Bremen StV **86**, 440, LG Kreuznach NStE Nr. **15**, LG Zweibrücken StV **89**, 399 [aufgehob. durch Zweibrücken StV **90**, 264 m. krit. Anm. Kramer], Bertuleit JA 89, 24.; i. E. auch Ermer aaO 108 f.; insoweit wohl ebenso Baumann NJW 87, 37, ZRP 87, 265). Daher ist die Verwerflichkeit einer verkehrsbeeinträchtigenden Demonstration nicht schon deshalb ausgeschlossen, weil die Fernziele der Aktion billigenswert erscheinen (vgl. Koblenz NStE Nr. 20); deshalb können diese allenfalls – dies aber immerhin – im Rahmen der Gesamtwürdigung von mittelbarer Bedeutung sein (vgl. o. 17 sowie Köln NJW **86**, 2444, Wolter NStZ 86, 249, aber auch Düsseldorf StV **87**, 393 m. krit. Anm. Frankenberg GA **87**, 407). Das bedeutet, daß für die Mittel-Zweck-Relation in erster Linie die Art der Gewaltanwendung und deren unmittelbares Ziel – nämlich mittels Beeinträchtigung der Bewegungsfreiheit demonstrativ aufklärend, aufrüttelnd oder auch verunsichernd zu wirken – in Beziehung zu setzen sind, wobei dann freilich bei der gegenseitiger Gewichtung auch der Grad der Beeinträchtigung einerseits und die Art der letztendlichen Demonstrationsmotive andererseits Mitberücksichtigung finden können; insofern geht es auch bei dieser Gesamtabwägung – wenngleich auf strafrechtlicher Ebene – um die Herstellung einer optimalen

Nötigung 30, 31 § 240

„praktischen Konkordanz" (Hesse, Verfassungsrecht[17] [1990] 127f.) zwischen gewissen Beeinträchtigungen der Bewegungsfreiheit einerseits und der Ermöglichung von Meinungs- und Demonstrationsfreiheit andererseits (vgl. Eser Jauch-FS 50f.; i. gl. S. Köln NStZ **86**, 31, LG Bonn StV **85**, 195, AG Münster NJW **85**, 214, Wolter NStZ **86**, 243f., 249; weitergeh. auch auf das Fernziel „Frieden" abheb. Roggemann JZ **88**, 1109ff.; grds. and. Offenloch JZ **88**, 15f.). Auch das dabei auftretende, weil jeder Abwehr immanente Wertungsproblem (vgl. Bertuleit JA 89, 23ff., Bick in BKA III 52ff.) ist – entgegen BGH **35** 280ff. – kein Anlaß, Fernziele völlig unberücksichtigt zu lassen (vgl. LG Kreuznach NJW **88**, 2628), sind doch Abwägungserfordernisse auch sonst dem Strafrecht nicht fremd (wie z. B. beim Mordmerkmal der „niedrigen Beweggründe" oder bei der Interessenabwägung im Rahmen des rechtfertigenden Notstandes), ganz abgesehen von der – u. a. auch Schmitt Glaeser BayVBl. 88, 457f., Schwind/Baumann II 896f. u. Tröndle Rebmann-FS 494, 502ff. – unterlaufenden Widersprüchlichkeit, im Rahmen der Verwerflichkeitsprüfung eine Abwägung mangels brauchbarer Maßstäbe abzulehnen, genau aber dann auf Strafzumessungsebene doch zuzulassen (vgl. Eser Jauch-FS 49f.). Im übrigen geht es bei der im Rahmen der erforderlichen Gesamtabwägung unausweichlichen Wertung, wie dies auch hins. der umstrittenen Berücksichtigung von Fernzielen einer Protestaktion nichts grundsätzlich Neues ist, sondern dort bloß praktisch deutlicher zutage tritt, nicht um die inhaltliche Richtigkeit des politischen Zieles (insofern zutr. Koblenz MDR **87**, 163, Stuttgart NJW **84**, 1910, MDR **86**, 602, AG Schwäb. Gmünd NJW **86**, 2446), sondern allein um die soziale Gewichtigkeit des verfolgten Anliegens (i. gl. S. die nicht tragende Meinung in BVerfGE **73** 257ff., Düsseldorf NStZ **87**, 369, Köln NJW **86**, 2445, Oldenburg StV **87**, 490, AG Schwandorf NStZ **86**, 231, Kühl StV **87**, 135f.; daher zu pauschal abl. Baumann NJW **87**, 37, ZRP **87**, 265f., Starck JZ **87**, 148), wobei existenziellen Fragen der Allgemeinheit grundsätzlich größeres Gewicht zukommt als etwa eigensüchtigen Einzelinteressen (vgl. neben Düsseldorf u. Köln aaO auch LG Frankfurt StV **86**, 256, LG Kreuznach NStE Nr. **15**, LG Zweibrücken StV **87**, 206). Auf dieser Grundlage ist *Verwerflichkeit* anzunehmen: α) wenn die Beeinträchtigung fremder Freiheit ein **generell ungeeignetes Mittel** zur Erreichung des angestrebten Zweckes ist (vgl. Eser, Wahrnehmung 60). Dabei wird vor allem auch von Bedeutung sein, ob die unmittelbar Betroffenen in keinerlei Beziehung zum Gegenstand der Meinungsäußerung stehen oder ob sie für die angegriffenen Mißstände verantwortlich sind oder die Möglichkeit haben, sie abzustellen oder jedenfalls darauf hinzuwirken (vgl. Köln NJW **86**, 2444, LG Bremen StV **86**, 440); daher braucht selbst die Nötigung an sich unbeteiligter Bürger nicht stets verwerflich zu sein (z. B. bei Aufrüttelung der Öffentlichkeit, um auf erhebliches Fehlverhalten staatlicher Organe hinzuweisen; vgl. auch LG Bonn StV **85**, 195; zu pauschal and. LG Ellwangen NStE Nr. **11**; vgl. auch Stuttgart StV **87**, 538). β) Ferner kommt Verwerflichkeit in Betracht, wenn die Beeinträchtigung fremder Handlungsfreiheit **außer Verhältnis** zum unmittelbaren Zweck der Aktion steht (vgl. Eser, Wahrnehmung 60, Kühl StV **87**, 136). Für die dafür erforderliche einzelfallorientierte Gesamtabwägung können als Leitlinien vor allem folgende Faktoren bedeutsam sein: die Vergleichbarkeit mit alltäglichen Behinderungen (vgl. Koblenz NJW **85**, 2433f.), die Geringfügigkeit oder Vermeidbarkeit von Behinderungen (Schleswig SchlHA/L **87**, 102), die vorherige Ankündigung der Blockade (Zweibrücken NJW **88**, 717), das Vorhandensein anderweitiger Zufahrts- bzw. Ausweichmöglichkeiten (BayVGH NJW **87**, 2100, LG Heilbronn MDR **87**, 430, LG Zweibrücken StV **87**, 207; vgl. auch LG Bremen StV **86**, 440; dagegen nicht berücksichtigt von Bay JZ **86**, 404), die Beendigung der Blockade erst durch Eingreifen der Polizei (Düsseldorf MDR **89**, 840), eine Auflösungsverfügung von seiten der Polizei (Weichert StV 89, 459), die Bedeutung als Verkehrsknotenpunkt (vgl. BGH **23** 56 gegen LG Köln JZ **69**, 80), die Dringlichkeit blockierter Transporte (BayVGH NJW **87**, 2101), die Zahl der Betroffenen (vgl. Köln NJW **86**, 2444, LG Frankfurt StV **86**, 255), die Kurzfristigkeit der Behinderung (Koblenz NJW **85**, 2433, Köln NJW **86**, 2444, LG Frankfurt StV **86**, 255, LG Stuttgart StV **84**, 28; vgl. auch Düsseldorf MDR **89**, 840, aber auch Stuttgart NJW **84**, 1909) oder aber der längerfristige Stop weiterer Arbeit, sodaß die Aktion weniger eine Meinungsäußerung als vielmehr dauernde Verhinderung zum Ziel hat (AG Schwandorf NStZ **86**, 462, **87**, 231; vgl. auch Koblenz MDR **87**, 163), wobei allgemein Verwerflichkeit um so eher zu verneinen ist, je mehr sich die Nötigung im unteren Grenzbereich der Gewalt bewegt (Koblenz NJW **86**, 2433, Köln NJW **86**, 2444, LG Kreuznach NJW **88**, 2626, LG Zweibrücken StV **87**, 207). Vgl. ferner den Kriterienkatalog von Düsseldorf StV **87**, 393, GA **87**, 407, LG Heilbronn MDR **87**, 430 sowie zum Ganzen auch Arzt/Weber I 230ff., Eser III 152f., Giehring aaO, insbes. 544ff., 555ff., Schäfer LK 61ff., Tröndle GA 73, 325. Zu *Vorlesungsstörungen* durch Gewalt oder Drohung (o. 4 mwN), für deren Verwerflichkeit es entscheidend auf Anlaß und Ziel des Diskussionsbegehrens sowie auf Dauer und Intensität der Störung ankommt, vgl. KG JR **69**, 162 sowie BGH NJW **82**, 189 m. Anm. Dingeldey NStZ 82, 160, Schroeder JuS 82, 491/4, Wolter NStZ **85**, 252; abl. Köhler NJW **83**, 10; dagegen Brendle NJW 83, 727f.; allg. zu Beeinträchtigungen des Lehrbetriebs Mertins GA 80, 61ff.

6. Bei **Hungerstreik** oder sonstigen **Selbstmorddrohungen** (bzw. deren **Abwendung**) können sich 30 Nötigungsprobleme sowohl auf Seiten des Suizid*willigen* (a) wie auch des Suizid*verhindernden* (b) stellen, wobei jeweils die Frage des Nötigungs*mittels* und der *Verwerflichkeit* auseinanderzuhalten ist. Bei dieser im einzelnen recht umstrittenen Problematik (vgl. u. a. Arndt/Olshausen JuS 75, 143ff., Böhm JuS 75, 288ff., Bottke, Suizid und Strafrecht (1982) 10/ff., Kühne NJW 75, 675f., Linck NJW 75, 18ff. sowie mwN 45 vor § 211) ist im wesentlichen von folgenden Grundsätzen auszugehen:

a) Was das **Erzwingen(wollen)** bestimmter (privater oder politischer) Ziele durch Androhung 31

Eser 1723

aktiver oder passiver Selbsttötung betrifft, so ist hinsichtlich des Nötigungs*mittels* (§ 240 I) zwar darin keine Gewalt, wohl aber die Drohung mit einem empfindlichen Übel zu erblicken, wenn dadurch politische Unruhen oder sonstige Pressionen sozialer oder privater Art ausgelöst werden sollen (vgl. aber auch BGH MDR **78**, 326); und zwar gilt dies (entgegen Rudolphi Bruns-FS 324f.) selbst für die schlichte Verweigerung der Nahrungsaufnahme, nachdem ein solches Drohen mit Unterlassen nicht unbedingt eine Rechtspflicht zum Handeln (vgl. o. 20) und somit auch nicht eine etwaige Rechtspflicht zur eigenen Lebenserhaltung voraussetzt. Eine ganz andere Frage ist die der *Verwerflichkeit* (§ 240 II) einer solchen Drohung: Diese kann jedenfalls nicht schon in der angedrohten Selbsttötung – da als solche rechtlich nicht verboten (vgl. 33 vor § 211) – erblickt werden (ebenso D-Tröndle 29, Roxin JuS 64, 377, Schäfer LK 82; vgl. auch BGH **27** 329), sondern allenfalls dort, wo ein illegitimer oder nichtkonnexer Zweck verfolgt wird (vgl. o. 21, 23, Eser III 149ff. sowie BGH NStZ **82**, 286 zur Erzwingung geschlechtlicher Hingabe). Danach wird ein Hungerstreik, der lediglich auf Herstellung humaner (und damit berechtigt erscheinender) Haftbedingungen gerichtet ist, nicht als verwerflich zu bezeichnen sein, wohl aber dann, wenn eine Zusammenschließung mehrerer Gefangener erzwungen werden soll, um damit die kriminelle Verbindung aufrechtzuerhalten oder die anstaltsinterne Sicherheit zu untergraben.

32   b) Wird andererseits mit Gewalt ein **Suizid verhindert** oder ein Hungerstreik durch **Zwangsernährung** abgebrochen (vgl. 45 vor § 211), so ist zwar meist das Nötigungs*mittel* fraglos gegeben; doch wird dann idR die *Verwerflichkeit* zu verneinen sein (so generell Lackner 6a aa; vgl. auch Nöldeke/Weichbrodt NStZ 81, 284; and. Arth. Kaufmann ZStW 73, 368). Dies jedenfalls dann, wenn wegen mangelnder Freiverantwortlichkeit des Suizidenten sogar eine Verhinderungspflicht besteht (40 vor § 211) bzw. die Suizidandrohung ihrerseits eine Nötigung darstellt: wie etwa bei Hungerstreik (vgl. o. 30), wo zudem die Anwendung von unmittelbarem Zwang nach Vollzugsregeln gerechtfertigt sein kann (vgl. 45 vor § 211 mwN). Im übrigen dürfte die gewaltsame Verhinderung selbst eines freiverantwortlichen Suizids (41 vor § 211) zumindest nach § 34 gerechtfertigt sein (vgl. dort RN 33 sowie Bottke, Suizid 127f., GA 82, 354ff., Simson aaO 53, Wagner aaO 130f., aber auch Gallas JZ 60, 655).

33   VI. Auch aufgrund der **allgemeinen Rechtfertigungsgründe** kann an sich die Rechtswidrigkeit einer Nötigung entfallen. Genaugenommen kommen diese, da es sich bei § 240 II um ein tatbestandseinschränkendes Merkmal handelt (vgl. o. 16), als Ausnahmeregeln erst dann zum Zuge, wenn ohne sie die Nötigung an sich als rechtswidrig i.S. von Abs. 2 anzusehen wäre (vgl. Sax JZ 76, 82f.; für Vorrang der Rechtfertigungsgründe LG Bonn StV **85**, 193, AG Schwäb. Gmünd NJW **86**, 2445, Bergmann Jura 85, 461f., Krey in BKA I 27, 88, Schäfer LK 68, wohl auch Köln NJW **85**, 2435, VRS **75** 104, vgl. auch Kühl StV 87, 130 zum Problem von Gegenwehr). In praxi wird freilich durch die in jenen Gründen enthaltenen Wertungen regelmäßig schon das Urteil der Verwerflichkeit in concreto mitbeeinflußt (vgl. Eser I 104, III 148, ferner auch o. 1a, 19, 22, Arzt/Weber I 228), auf jeden Fall aber i.E. ein Nötigungsunrecht zwingend ausgeschlossen (vgl. Horn SK 51 sowie M-Schroeder I 137 gegen Bay NJW **65**, 163). In Betracht kommt etwa ein Unrechtsausschluß durch ein Amts- oder Dienstrecht, durch das Erziehungsrecht, durch Notwehr (BGH VRS **30** 281) oder Notstand (vgl. Köln NJW **85**, 2435, NStZ **86**, 31), berechtigte Selbsthilfe (§§ 229, 230 BGB), durch das Recht zur vorläufigen Festnahme (§ 127 StPO; vgl. Bay DAR/R **68**, 226); so auch Bay NJW **63**, 824. Aber auch bei Wahrnehmung von Amts- oder Dienstrechten kann dem anderen eine gewisse Freiheit der Willensentschließung und der Willensbetätigung verbleiben, auf die in unzulässiger Weise eingewirkt werden kann (BGH **1** 87). Das Recht zur Festnahme umfaßt auch die Befugnis, dem Täter eine ihm gehörige Sache wegzunehmen, um die Feststellung der Persönlichkeit zu ermöglichen. So kann z.B. der Fahrer einer Taxe gegen den fluchtverdächtigen Fahrgast Gewalt anwenden oder Drohungen aussprechen, um sein Fahrgeld zu erlangen (vgl. aber Köln VRS **75** 104 zu nicht gerechtfertigtem Blockieren, um die Identität eines der Ruhestörung beschuldigten Fahrers durch die Polizei feststellen zu lassen). Sog. Privatdetektive haben nur die allen zustehenden Befugnisse (RG **59** 296). Zu der (im Entscheidungsfall problematischen) Rechtfertigung einer Festnahme durch Notwehr vgl. Hamburg JR **73**, 69 m. krit. Anm. Schroeder. Für die Selbsthilfe im Verhältnis des Vermieters zum Mieter ist zu beachten, daß der Vermieter bei Ausübung seines gesetzlichen Pfandrechts (§ 561 BGB) nicht an die Voraussetzungen des § 229 BGB gebunden ist; insbes. ist nicht erforderlich, daß obrigkeitliche Hilfe nicht rechtzeitig zu erlangen ist. *Einwilligung* des Verletzten kann bei Vorliegen der allg. Voraussetzungen die Tatbestandsmäßigkeit ausschließen. Zur Wahrnehmung berechtigter Interessen vgl. Hamburg HESt **2** 295, Krey I 131, JuS 74, 423 sowie 79f. vor § 32, ferner o. 26ff. zur Wahrnehmung der Versammlungsfreiheit bzw. zu „zivilem Ungehorsam".

34   VII. Für den **subjektiven Tatbestand** ist **Vorsatz** erforderlich, wobei bedingter genügt; jedoch ist bzgl. des abgenötigten Verhaltens **Absicht** i.S. zielgerichteten Handelns (§ 15 RN 65) zu fordern (vgl. Bergmann aaO 60, Schmidhäuser II 46). Es genügt also nicht, daß der Fahrzeugentwender sich als notwendige Folge vorstellt, der Eigentümer werde zu Fuß nach

Hause gehen; dies ergibt sich auch aus Abs. 2 (Zweck!); zust. Bay NJW **63**, 1262 (vgl. auch Bay NJW **89**, 1621, Horn SK 7, M-Schroeder I 137). Der Vorsatz muß auf Vollzug desjenigen Verhaltens gerichtet sein, zu dem der Angegriffene tatsächlich gezwungen wird. Bei der Drohung ist aber nicht erforderlich, daß der Täter ernstlich gewillt ist, sie auszuführen; es genügt, daß er den ernstlichen Willen hat, durch die Drohung zu nötigen, und daß er wußte oder es für möglich hielt, daß die Drohung geeignet sei, in dem Bedrohten Furcht vor Verwirklichung hervorzurufen. Hinsichtlich des Irrtums ist nach der Rspr. des BGH auch hier zwischen Tatbestands- und Verbotsirrtum zu unterscheiden (vgl. BGH **17** 90 m. Anm. Schröder JR 62, 346):

1. Der **Irrtum** darüber, ob die Anwendung der Gewalt oder Drohung zum erstrebten Zweck als 35 „verwerflich" anzusehen ist, ist nach BGH **2** 194 Verbotsirrtum, weil in § 240 II eine Art „Rechtfertigungsgrund" liege (vgl. auch Bay NJW **65**, 164, Hamburg NJW **68**, 663, Braunschweig NJW **76**, 62, Koblenz JR **76**, 69 m. Anm. Roxin). Richtigerweise ist diese Klausel jedoch als Teil des Tatbestandes zu verstehen (o. 16), so daß nicht jede Drohung ohne Rücksicht auf ihre soziale Adäquanz tatbestandsmäßig ist, sondern nur diejenige, die zum erstrebten Erfolg in *keinem angemessenen Verhältnis* steht (o. 15 ff.). Doch selbst bei einer solchen Einordnung der Verwerflichkeitsklausel ist der Irrtum über die soziale Adäquanz eines Druckmittels – entgegen der nach der Vorsatztheorie von Schröder vertretenen Auffassung – nach § 17 als Verbotsirrtum zu behandeln, da auf falscher Wertung beruhend (vgl. Eser I 150 f., III 153 f.; insoweit verkannt von Langer GA 76, 200; vgl. auch Arzt/Weber I 228, Vianden-Grüter GA 54, 359, D-Tröndle 35, Puppe Lackner-FS 231 f.). Umgekehrt ist mit BGH LM Nr. 3 Tatbestandsirrtum gegeben, wenn der Täter Umstände annimmt, die ihm gestatten würden, mit einer Anzeige zu drohen, um einen Ersatzanspruch durchzusetzen (vgl. Frankfurt DAR 67, 223). Vgl. auch Karlsruhe NJW **73**, 378.

2. Glaubt der Täter irrtümlich an ein **Recht zur Nötigung**, so liegt ein vorsatzausschließender 36 Irrtum jedenfalls dann vor, wenn er das Vorhandensein von Voraussetzungen eines Rechtfertigungsgrundes annimmt: so wenn A unter irrtümlicher Annahme der Voraussetzungen z. B. einer Selbsthilfe oder des Notstandes des § 904 BGB eine Sache mit Gewalt wegnimmt. In den übrigen Fällen liegt nach § 17 Verbotsirrtum vor, der den Vorsatz nicht ausschließt. Vgl. dazu § 15 RN 26, § 16 RN 7 ff., Bay NJW **61**, 2074, GA **62**, 80 sowie (teils abw.) Horn SK 53 f.

VIII. Der **Versuch** ist strafbar (Abs. 3) und jedenfalls bereits mit Einsatz des Nötigungsmit- 37 tels gegeben (Koblenz VRS **68** 207, Schleswig SchlHA/L **87**, 101). Zur **Vollendung** vgl. o. 13, 14a.

IX. Die **Strafe** ist Freiheitsstrafe bis zu 3 Jahren oder Geldstrafe, für **besonders schwere Fälle** 38 (verneinend dazu BGH NStZ **83**, 72 bei Nötigung in der Ehe; vgl. auch BGH NStZ **83**, 407 zur Strafrahmenwahl) von 6 Monaten bis zu 5 Jahren. Bei einer **Nötigung im Amt** (vgl. § 339 a. F.) wird idR ein besonders schwerer Fall anzunehmen sein (D-Tröndle 38).

X. Konkurrenzen: 1. Gegenüber Tatbeständen, in denen die Freiheit mitgeschützt ist (wie z. B. in 39 §§ 177, 178, 249, 253, 255), tritt § 240 nach Spezialitätsgrundsätzen zurück, kann aber zum Zuge kommen, falls das spezielle Delikt nicht voll verwirklicht ist (nicht aber bei Rücktritt; vgl. BGH NStE Nr. 1 zu § 178). Soweit jedoch in einem spezielleren Tatbestand Nötigung nur unter eingeschränkten Voraussetzungen, wie vor allem hins. der Zwangsmittel oder des erzwungenen Verhaltens strafbar ist (wie bei §§ 105, 113), bleibt § 240 selbst dann ausgeschlossen, wenn zwar diese Voraussetzungen, nicht aber die des (insoweit privilegierenden) Sondertatbestands erfüllt sind (vgl. RG **24** 188, **31** 4, BGH **32** 176 m. Anm. Arzt JZ 84, 429, § 113 RN 68 mwN). Keine Sperrwirkung entfaltet § 177 hins. Vergewaltigung in der Ehe; diese ist weiterhin nur nach § 240 strafbar (vgl. Hanisch aaO 46 ff., Mitsch JA 89, 484). Zu § 253 vgl. dort RN 30. Bildet die *Bedrohung* das Mittel der Nötigung, so wird § 241 verdrängt (dort RN 11).

2. Nicht in jeder *Tötung* oder *Körperverletzung* liegt gleichzeitig eine Nötigung, obwohl diese 40 Tatbestände regelmäßig durch Gewalt begangen werden. Idealkonkurrenz ist einmal denkbar, wenn die zur Erreichung eines bestimmten Zwecks angewandte Gewalt an sich Körperverletzung ist (Hamm VRS **27** 31), ferner dann, wenn der Zweck des Täters dahin geht, den durch Gewalt oder Drohung Genötigten zur Duldung einer Körperverletzung oder Tötung zu zwingen: so wenn z. B. jemand festgehalten wird, um ihn verprügeln oder ihm die Haare abschneiden zu können (RG **33** 340, Blei II 74).

3. Ähnliches gilt im Verhältnis zur *Freiheitsberaubung*. Soll der seiner Freiheit Beraubte zu etwas 41 anderem genötigt werden als zur Duldung der Freiheitsberaubung, etwa zum Akzeptieren eines Wechsels, so kann Idealkonkurrenz vorliegen; und zwar auch dann, wenn Ziel des Täters der Zwang zur Unterlassung einer bestimmten Handlung ist, deren Vornahme durch Einsperrung unmöglich gemacht wird. Beschränkt sich aber der Vorsatz auf die Nötigung zur Duldung der Freiheitsberaubung, so wird § 240 verdrängt (vgl. RG **31** 301, **55** 241, Koblenz VRS **49** 350, Blei II 74; and. Schmidhäuser II 51). Kommt es nur zu einem (straflosen) Versuch von § 239, so dürfte dies nicht generell (so jedoch BGH **30** 235, D-Tröndle 36, Otto Jura 89, 498, Schäfer LK § 239 RN 34), sondern nur insoweit als versuchte Nötigung erfaßbar sein, als diese über die Beeinträchtigung der Fortbewegungsfreiheit als solcher hinausgeht (Jakobs JR 82, 206; vgl. auch Horn SK 13). Problematisch sind nur die Fälle, in denen sich die Nötigung zu einer Handlung derart auswirkt, daß das Opfer die verlangte Handlung nur unter zeitweiligem Verzicht auf freie Betätigung seiner Bewegungsmöglichkeit ausführen kann, so z. B. wenn es gezwungen wird, einen Garten umzugraben, oder mit vorgehaltener Pistole veranlaßt wird, sich an einen bestimmten Ort zu begeben. Soweit hier die Beeinträchtigung der Bewegungsfreiheit notwendige Begleiterscheinung der Nötigung ist, findet nur § 240 Anwendung. Kommt es dagegen dem Täter zugleich darauf an, den Genötigten an einer Veränderung des Aufenthalts nach freiem Willen zu hindern (z. B. Festnahme und Zwang zum Mitgehen zur Polizeiwache), so liegt Idealkonkurrenz zwischen § 239 und § 240 vor (zust. Krey I 116).

42   **XI.** Bei der Drohung mit Offenbarung einer Straftat braucht der Staatsanwalt die Tat, deren Offenbarung angedroht worden ist, nur dann zu **verfolgen**, wenn eine Sühne wegen der Schwere der Tat unerläßlich ist (§ 154c StPO).

§ 241 Bedrohung

(1) **Wer einen anderen mit der Begehung eines gegen ihn oder eine ihm nahestehende Person gerichteten Verbrechens bedroht, wird mit Freiheitsstrafe bis zu einem Jahr oder mit Geldstrafe bestraft.**

(2) **Ebenso wird bestraft, wer wider besseres Wissen einem anderen vortäuscht, daß die Verwirklichung eines gegen ihn oder eine ihm nahestehende Person gerichteten Verbrechens bevorstehe.**

Vorbem. Fassung durch das 14. StÄG (vgl. 3 vor §§ 110ff.).

Schrifttum: Jakobs, Kriminalisierung im Vorfeld einer Rechtsgutsverletzung, ZStW 97, 751. – *Laufhütte,* Das 14. StÄG, MDR 76, 441. – *Schroeder,* Die Bedrohung mit Verbrechen, Lackner-FS 665. – *Stree,* Strafrechtsschutz im Vorfeld von Gewalttaten, NJW 76, 1177. – *Sturm,* Zum 14. StÄG (Gewaltbekämpfung), JZ 76, 347. – *Gesetzesmaterialien:* BT-Drs. 7/2772, 7/2854, 7/3030, 7/3064, 7/4549, 7/4808; SA Prot. VII 2237ff.

1   **I. 1.** Über den eigentlichen **Bedrohungstatbestand (Abs. 1)** ist durch das 14. StÄG der **Vortäuschungstatbestand (Abs. 2)** hinzugekommen; damit wird in Parallele zu § 126 II auch das Vortäuschen eines angeblich bevorstehenden Verbrechens erfaßt, da hierdurch der Betroffene in gleicher Weise beunruhigt werden kann wie durch die eigentliche Bedrohung nach Abs. 1 (Stree NJW 76, 1182). Zu Vorläufern vgl. Schroeder aaO 666ff.

2   **2.** Als Gegenstück zu § 126, der dem **öffentlichen** Rechtsfrieden dient, ist **Schutzgut** des § 241 der **individuelle Rechtsfrieden**, indem das Vertrauen des einzelnen auf seine durch das Recht gewährleistete Sicherheit vor besonders gravierenden Bedrohungen geschützt werden soll (vgl. D-Tröndle 2, Jakobs aaO 774ff., Lackner 1, Laufhütte MDR 76, 443, Stree NJW 76, 1182, Sturm JZ 76, 351; vgl. auch RG **32** 102, Bay **4** 278). Jedoch kommt es dabei nicht darauf an, ob sich das Opfer durch die Bedrohung (Abs. 1) bzw. ihre Vorspiegelung (Abs. 2) im Einzelfall auch tatsächlich beunruhigen läßt; ausreichend, aber auch erforderlich ist vielmehr, daß die Tathandlung nach Art und Umständen *objektiv geeignet* ist, einen solchen Effekt bei einem „normal" empfindenden Menschen auszulösen (vgl. D-Tröndle 3, Laufhütte und Stree je aaO). Dies durch eine (dem § 126 entsprechende) Eignungsklausel ausdrücklich klarstellen zu sollen, erschien dem Gesetzgeber angesichts der bereits dahingehenden Auslegung des § 241 a. F. (dazu RG **32** 102, BGH MDR/D **75,** 22) entbehrlich (vgl. BT-Drs. 7/3030 S. 9, Prot. VII 2298f., Schäfer LK 2). § 241 stellt somit ein **abstraktes Gefährdungsdelikt** gegen den individuellen Rechtsfrieden dar, bei dem jedoch eine besondere Überängstlichkeit, Dummheit oder Aberglaube des Opfers ebenso außer Betracht bleibt, wie eine besondere Unerschrockenheit oder Leichtsinn des Bedrohten (vgl. Schäfer LK 11; and. Horn SK 2, 4 und wohl auch Stree NJW 76, 1182; vgl. aber auch § 240 RN 9, woraus sich jedoch angesichts des unterschiedlichen Deliktscharakters kein Widerspruch ergibt). Abw. wollen Blei II 85, Gössel I 243, Schroeder aaO 671, Welzel 332 in § 241 ein (abstraktes) Gefährdungsdelikt gegen die Handlungsfreiheit des einzelnen erblicken (vgl. auch BT-Drs. 7/3030 S. 9).

3   **II.** Der eigentliche **Bedrohungstatbestand (Abs. 1)** erfaßt die Bedrohung eines anderen mit der Begehung eines gegen ihn oder eine ihm nahestehende Person gerichteten Verbrechens. Als Tatopfer kommen somit zwei Personen in Betracht: der Bedrohte *(Drohungsadressat)* sowie der als Verbrechensopfer in Aussicht Genommene *(Verbrechensadressat),* wobei aber beide auch identisch sein können (vgl. u. 6).

4   **1.** Über **Drohung** vgl. zunächst 30ff. vor § 234, ferner § 240 RN 9. Der Täter muß die von seinem Willen abhängige Begehung eines Verbrechens in Aussicht stellen (Gössel I 244); insoweit unterscheidet sich Abs. 1 von der Vortäuschung einer Bedrohung durch einen anderen nach Abs. 2 (vgl. u. 10). Ob er die Bedrohung tatsächlich zu realisieren beabsichtigt oder der Bedrohte ihm glaubt bzw. die Drohung ernst nimmt, ist unerheblich, solange sie **objektiv den Eindruck der Ernstlichkeit** erweckt (vgl. o. 2), und der Täter will, daß sie vom Bedrohten

ernstgenommen wird (vgl. BGH MDR/D 75, 22, D-Tröndle 3, Schäfer LK 3). Hat jedoch andererseits der Täter bereits mit der verbrecherischen Handlung begonnen, so liegt darin schon nicht mehr ein bloßes Inaussichtstellen, es sei denn, daß darin zugleich das Androhen weiterer Verbrechen liegt (BGH NStZ **84**, 454). Die Drohung braucht nicht ausdrücklich mit Worten, sondern kann auch *konkludent*, z. B. durch Schreckschüsse, erfolgen (vgl. RG **12** 198, D-Tröndle 3). Jedoch sind von der Bedrohung bloße Verwünschungen und Beschimpfungen (z. B. „Du sollst verrecken": RG **32** 102) zu unterscheiden. Nach BGH NJW **53**,1441 soll ausnahmsweise auch eine in momentaner Erregung ausgesprochene Drohung mit „Totschlagen" als bloße Verwünschung anzusehen sein. Ferner können prahlerische Redensarten, wie z. B. einen anderen „kaltzumachen" oder ihn so zu schlagen, daß er „seine Glieder einzeln nach Hause tragen" müsse, den Eindruck der Ernstlichkeit vermissen lassen, aber je nach den Umständen auch durchaus ernstzunehmen sein (vgl. Schäfer LK 3, 7).

a) *Gegenstand* der Drohung muß die **Begehung eines Verbrechens** i. S. von § 12 I (vgl. dort RN 5 ff.) sein, und zwar in der Weise, daß dessen *wesentliche Merkmale* aus der Äußerung bzw. der Bedrohungshandlung eventuell in Verbindung mit den Begleitumständen ersichtlich sind (vgl. RG **4** 326, BGH **17** 307, MDR/H **86**, 795, NStZ/M–G **86**, 105, Düsseldorf JMBlNW **90**, 44, Schleswig SchlHA **78**, 185 Nr. 44, Schäfer LK 5). Allgemeine Ankündigungen, wie z. B. der andere werde „noch etwas erleben" oder „keine ruhige Minute" mehr haben, genügen daher auch dann nicht, wenn dieser sich dadurch mit irgendeinem Verbrechen bedroht fühlt (BGH aaO, Schäfer aaO). Im Gegensatz zu Abs. 2 (u. 12) muß das Verbrechen aber nicht als nahe bevorstehend angedroht sein (vgl. Stree NJW **76**, 1180), ebensowenig als zeitlich bestimmt; doch wird bei Androhung für eine fernere Zukunft u. U. der Eindruck hinreichender Ernstlichkeit zu bezweifeln sein (Stree aaO). Unerheblich ist ferner, ob mit schuldhafter Begehung gedroht wird; daher reicht auch die Drohung, z. B. im Zustand der Volltrunkenheit tätig zu werden (vgl. Blei II 85, Lackner 2, M-Schroeder I 150, Schäfer LK 4, Stree NJW **76**, 1180; and. offenbar Düsseldorf JMBlNW **90**, 44). Im übrigen muß jedoch auch der subjektive Tatbestand des betreffenden Verbrechens zumindest in Form „*natürlichen Vorsatzes*" neben etwaigen Absichten (wie z. B. in § 225) aus der Drohung ersichtlich sein (vgl. Laufhütte MDR **76**, 442, Schäfer LK 4). Ferner muß die angedrohte Tat *rechtswidrig* sein. Sie kann auch von einer Bedingung abhängig gemacht werden (RG **20** 180, BGH **16** 287, Schäfer LK 3), es sei denn, daß ein rechtswidriges Verhalten des Bedrohten oder sonstige Umstände zur Bedingung gesetzt werden, bei deren Eintritt die angedrohte Tat (z. B. durch Notwehr) gerechtfertigt wäre (vgl. RG **12** 197). Daher genügt nicht die Drohung, jemanden „in rücksichtsloser Ausübung des Notwehrrechts" zu erschießen (RG GA Bd. **49** 265), vorausgesetzt freilich, daß er sich dabei noch in den Grenzen zulässiger Abwehr halten würde (vgl. § 32 RN 48ff.). Auch dürfte gegenüber einem gegenwärtigen Angriff die Drohung als solche u. U. auch dann gerechtfertigt sein, wenn ihre Realisierung nicht gerechtfertigt wäre. Nicht ausreichend ist schließlich die Ankündigung, einen an sich verbrecherischen Erfolg mit Hilfe übernatürlicher Kräfte herbeizuführen. Dies folgt zwar nicht schon daraus, daß das Übel hier objektiv nicht vom Täter abhängig ist (so aber KG JW **30**, 3433), weil es insoweit allein auf dessen Darstellung ankommt (vgl. § 240 RN 9); wohl aber daraus, daß dies – den Grundsätzen des abergläubischen Versuchs entsprechend (vgl. § 23 RN 13f.) – nicht als objektiv ernstzunehmende Bedrohung mit einem Verbrechen angesehen werden kann, mag auch der Bedrohte sich subjektiv davon beeindrucken lassen (vgl. o. 2, Schäfer LK 7). Im übrigen ist unerheblich, ob der Täter das Angedrohte zu realisieren in der Lage ist (so bei Drohung mit einer Scheinwaffe, vgl. RG **12** 198, D-Tröndle 3), sofern das Gegenteil nicht (für den Bedrohten) offensichtlich ist.

b) *Bedrohungsopfer* muß ein **anderer** sein, also eine **bestimmte Person.** Von diesem Drohungsadressaten zu unterscheiden ist der Verbrechensadressat, gegen den die angedrohte Tat gerichtet sein soll. *Verbrechensadressat* kann sowohl der Drohungsadressat selbst wie auch eine ihm **nahestehende Person** sein (zu diesem Begriff vgl. § 35 RN 15). Es muß sich dabei um eine Person handeln, die dem Bedrohten so nahesteht, daß er selbst sich in seiner Rechtssicherheit beeinträchtigt fühlen kann (BT-Drs. 7/3030 S. 9). Im übrigen braucht jedoch die Drohung nicht unmittelbar gegenüber dem Drohungsadressaten geäußert zu sein, sondern kann auch über Dritte erfolgen, die sie dem eigentlichen Drohungsadressaten auftrags- oder erwartungsgemäß übermitteln (vgl. Schäfer LK 8; vgl. auch § 164 RN 24).

2. Für den **subjektiven Tatbestand** ist **Vorsatz** erforderlich. Der Täter muß sich der bedrohlichen Bedeutung seiner Äußerung bewußt sein (vgl. RG **12** 198, Schäfer LK 11) und den Willen haben, daß die Drohung zur Kenntnis des Bedrohten gelangen und von diesem als ernstgemeint aufgefaßt werden soll (Schleswig SchlHA **87**, 105). Dieser Wille braucht nur bei Äußerung der Drohung vorzuliegen und nicht auch zur Zeit der Kenntniserlangung (eventuell über Mittelsmänner) durch den Bedrohten. Ob der Täter selbst die Drohung in dem Sinne ernst meint, daß er ihre Realisierung beabsichtigt, ist nicht maßgeblich (RG **32** 102, D-Tröndle 3; vgl. o. 4). Das

Bewußtsein, mit einem „Verbrechen" im Rechtssinne zu drohen, ist nicht erforderlich; wohl aber die (zumindest laienhafte) Vorstellung, es handele sich um ein schweres Delikt (vgl. Horn SK 8, Schäfer LK 11, aber auch BGH **17** 307, wonach bereits Kenntnis der bewertungsrelevanten Tatsachen genügen soll).

8   3. **Täter** von Abs. 1 kann nicht nur sein, wer mit eigenhändiger Begehung des Verbrechens droht, sondern auch, wer zu erkennen gibt, daß er in der Lage sei, den Willen eines Dritten, der das Verbrechen begehen soll, zu beeinflussen (RG **5** 214, **24** 151, **27** 308, Schäfer LK 3), zumal eine etwaige Anstiftung selbst ein Verbrechen wäre. **Teilnehmer** ist nicht schon, wer eine Bedrohung lediglich übermittelt, um den Bedrohten zu warnen, wohl aber, wer sich als Bote des Täters versteht.

9   III. Durch den **Vortäuschungstatbestand (Abs. 2)** wird über den Fall tatsächlicher Bedrohung (Abs. 1) hinaus auch derjenige erfaßt, der wider besseres Wissen einem anderen die bevorstehende Verwirklichung eines gegen ihn oder eine ihm nahestehende Person gerichteten Verbrechens vorspiegelt.

10   1. Im Gegensatz zur eigentlichen „Bedrohung" nach Abs. 1 handelt es sich hier um Fälle der „**falschen Warnung**" (vgl. Laufhütte MDR 76, 443), durch die der Täter ein (tatsächlich nicht geplantes) Verbrechen in Aussicht stellt, ohne aber dabei vorzugeben, auf dessen Verwirklichung (noch) Einfluß zu haben (vgl. demgegenüber o. 4). Dies kann sowohl dadurch geschehen, daß das Verbrechen als von dritter Seite drohend dargestellt wird, wie auch dadurch, daß der Täter ein von ihm eingeleitetes Verbrechen als nicht mehr beeinflußbar bevorstehend vorspiegelt (z. B. durch die Vortäuschung, eine Bombe versteckt zu haben, die jeden Moment explodieren könne). Dagegen fällt eine subjektiv nicht ernst gemeinte, aber mit dem gewollten Anschein der Ernstlichkeit geäußerte Drohung nach Abs. 1 (vgl. o. 4, 7) nicht etwa zusätzlich bzw. idealkonkurrierend auch noch unter Abs. 2 (vgl. Blei II 86, Laufhütte MDR 76, 443); ebensowenig ist eine objektiv nicht ernstzunehmende und deshalb nach Abs. 1 nicht tatbestandsmäßige Drohung (o. 2, 4f.) durch Abs. 2 erfaßbar. Zudem muß auch die Vorspiegelung als solche objektiv den **Anschein der Ernstlichkeit** erwecken bzw. zur Beeinträchtigung des Rechtsfriedens des Bedrohten geeignet sein (vgl. o. 2, 4f., Laufhütte aaO, Sturm JZ 76, 351). Ebenso wie die Drohung (o. 4) kann auch das Vorspiegeln nicht nur verbal, sondern auch konkludent erfolgen, z. B. durch Einschmuggeln einer Bombenattrappe beim Betroffenen (vgl. BT-Drs. 7/2772 S. 8).

11   a) Die **Ankündigung** bzw. Warnung muß **objektiv falsch** sein, so daß es nicht genügt, wenn entgegen der Annahme des Täters ein der angekündigten Tat entsprechendes Delikt tatsächlich bevorstand (M-Schroeder I 150): so etwa, wenn der Täter ihm zugegangene Hinweise fälschlich für nicht ernst gemeint hält, aber dennoch dem Betroffenen das Verbrechen ernsthaft in Aussicht stellt. Mit dem Merkmal „wider besseres Wissen" soll nicht etwa die subjektive Bösartigkeit des Täters getroffen, sondern lediglich der Ausschluß von bloßem dolus eventualis erreicht werden, um dem Betroffenen auch möglicherweise berechtigte Warnungen auf zweifelhafter Wissensgrundlage zukommen zu lassen bzw. um mögliche Kollisionen mit Anzeigepflichten nach § 138 zu verhindern (vgl. BT-Drs. 7/3030 S. 7). Wie sich gerade aus § 138 ergibt, soll die Wahrung des Rechtsfriedens vor objektiv richtigen Warnungen keinen Vorrang haben, zumal auch in § 138 – trotz des scheinbar anderen Wortlauts – ebenfalls die objektive Sachlage maßgeblich ist (vgl. dort RN 2). Der Gegenauffassung (Blei JA 75, 30, Stree NJW 76, 1180) ist zwar zuzugeben, daß damit u. U. die Strafbarkeit vom Zufall abhängt; jedoch ist dies ein typisches Charakteristikum für Versuchsstrafbarkeit, die aber in § 241 gerade nicht sanktioniert ist (vgl. auch § 263 RN 165).

12   b) Zu dem angekündigten **Verbrechen** und dessen Bestimmtheitserfordernissen vgl. o. 5. Anders als dort muß aber hier das Verbrechen **als bevorstehend** angekündigt werden, womit eine gewisse zeitliche Nähe zum Ausdruck gebracht werden soll: so wenn das Verbrechen als bereits in der Ausführung befindlich oder jedenfalls als in Kürze zu befürchten dargestellt wird (BT-Drs. 7/3030 S. 7, Stree NJW 76, 1180). Zwar können auch Hinweise auf bereits konkretisierte (angebliche) Verbrechensvorbereitungen ausreichen, nicht jedoch solche auf erst in fernerer Zukunft zu verwirklichende Planungen (BT-Drs. aaO).

13   c) Zum **Adressaten** der Täuschung bzw. des vorgetäuschten Verbrechens gilt entsprechendes wie zu Abs. 1 (o. 6). Auch hier kann eine Äußerung gegenüber außenstehenden Dritten genügen, von denen der Täter weiß oder will, daß sie dem eigentlichen Täuschungsadressaten Mitteilung machen werden: so z. B. Anruf bei der Polizei, gegen X sei ein Verbrechen geplant.

14   2. Für den **subjektiven Tatbestand** ist Vorsatz erforderlich (vgl. o. 7), wobei der Täter hinsichtlich des objektiven Nichtbevorstehens eines Verbrechens **wider besseres Wissen** handeln muß (vgl. auch o. 11); das bedeutet, daß der Täter im Zeitpunkt seiner Äußerung (vgl. Bay **63** 218 zu § 164) davon überzeugt sein muß, daß das in Aussicht gestellte Verbrechen

tatsächlich nicht bevorsteht. Es genügt daher nicht, daß er diesbezügliche Wissensgrundlagen lediglich aufbauscht, um eine im Ergebnis für zutreffend gehaltene Warnung zu bekräftigen. Vgl. auch § 164 RN 30.

IV. Vollendet ist die Tat nach Abs. 1 und 2, wenn die Drohung bzw. Warnung mit Willen 15 des Täters zur Kenntnis des Drohungs- bzw. Täuschungsadressaten gekommen ist und dieser den Sinn der Mitteilung verstanden hat. Nicht erforderlich ist hingegen, daß der Adressat durch die Furcht vor dem angekündigten Verbrechen tatsächlich erregt, er also in seinem subjektiven Rechtsfrieden effektiv gestört wird. Vielmehr genügt bereits eine objektiv dazu geeignete Drohung bzw. Warnung (vgl. o. 4, 2, 10). Der **Versuch** ist **nicht** strafbar (vgl. auch o. 11).

V. Idealkonkurrenz ist möglich mit § 126 (vgl. Blei JA 75, 35), ebenso mit § 145d (vgl. o. 13). 16 Dagegen tritt § 241 zurück hinter § 113 (RG **54** 206, BGH NJW **90**, 1055), §§ 240, 253, 255 (RG **36** 133, **41** 276, **54** 289), auch hinter bloßem Nötigungsversuch (BGH MDR/H **79**, 281, Koblenz MDR **84**, 1040; vgl. auch Meyer-Goßner NStZ **86**, 106 mwN). Das gleiche gilt, wenn eine Bedrohung mit Versuch oder Vollendung des angedrohten Verbrechens zusammentrifft, z. B. mit § 177 (BGH GA **77**, 306; vgl. auch Schäfer LK 14). Die gleichzeitige Bedrohung *mehrerer* Personen führt zu Idealkonkurrenz (vgl. § 52 RN 25 f.).

§ 241 a Politische Verdächtigung

(1) **Wer einen anderen durch eine Anzeige oder eine Verdächtigung der Gefahr aussetzt, aus politischen Gründen verfolgt zu werden und hierbei im Widerspruch zu rechtsstaatlichen Grundsätzen durch Gewalt- oder Willkürmaßnahmen Schaden an Leib oder Leben zu erleiden, der Freiheit beraubt oder in seiner beruflichen oder wirtschaftlichen Stellung empfindlich beeinträchtigt zu werden, wird mit Freiheitsstrafe bis zu fünf Jahren oder mit Geldstrafe bestraft.**

(2) **Ebenso wird bestraft, wer eine Mitteilung über einen anderen macht oder übermittelt und ihn dadurch der in Absatz 1 bezeichneten Gefahr einer politischen Verfolgung aussetzt.**

(3) **Der Versuch ist strafbar.**

(4) **Wird in der Anzeige, Verdächtigung oder Mitteilung gegen den anderen eine unwahre Behauptung aufgestellt oder ist die Tat in der Absicht begangen, eine der in Absatz 1 bezeichneten Folgen herbeizuführen, oder liegt sonst ein besonders schwerer Fall vor, so kann auf Freiheitsstrafe von einem Jahr bis zu zehn Jahren erkannt werden.**

Schrifttum: vgl. die Angaben zu § 234a; ferner: *Bath,* Innerdeutsches Strafrecht u. polit. Verdächtigung, Jura 85, 197.

I. Das **Schutzgut** entspricht dem des § 234a (vgl. dort RN 1, ferner BGH **32** 293 m. Anm. Oehler 1 JZ 84, 946, aber auch Maurach NJW 52, 163, LG Dortmund NJW **54**, 1539). Hingegen unterscheiden sich § 234a und § 241a in den Mitteln der Tatausführung: dort durch Verschleppung, hier durch Denunziation. Geschützt sind sowohl In- wie Ausländer (Horn SK 2; vgl. aber auch u. 3). Daher kommt der Schutz des § 241a auch Agenten westlicher Nachrichtendienste zugute, sofern ihnen unmenschliche oder grob ungerechte Strafen drohen (KG NJW **57**, 684). Zur (beschränkten) Erfassung von **Auslandstaten** vgl. § 5 Nr. 6 m. RN 12.

II. Als **Tathandlung** kommt eine **Anzeige** oder **Verdächtigung** in Betracht (dazu § 164 RN 2 5 f.). Gleichgestellt ist der Anzeige oder Verdächtigung eine **Mitteilung über einen anderen** (Abs. 2); dadurch kann insbes. die Agententätigkeit und die Bespitzelung erfaßt werden. Es genügen Mitteilungen jeder Art, z. B. über den Aufenthalt, sofern der andere dadurch der Verfolgung ausgesetzt wird, wie etwa Mitteilungen von Behörde zu Behörde (Maurach BT⁵ 405), nicht dagegen die wahrheitsgemäße Beantwortung von Fragen eines Polizeibeamten (BGH **11** 91). Auf die Wahrheit oder Unwahrheit der in der Anzeige usw. enthaltenen Behauptungen kommt es nicht an; die Unwahrheit kann strafschärfend wirken (vgl. u. 6).

Die Anzeige, Verdächtigung oder Mitteilung kann an *Parteien,* Behörden wie etwa die sowje- 3 tische Botschaft (vgl. LG Koblenz NStZ **83**, 508) oder (seinerzeit) an eine Rechtsberatungsstelle der (damaligen) DDR (BGH **32** 293 m. Anm. Bath aaO), Organisationen und Einzelpersonen innerhalb wie außerhalb des räumlichen Geltungsbereichs des § 241a erfolgen (vgl. KG ROW **89**, 311), weiter auch an Behörden außerhalb des Geltungsbereichs; die Mitteilung an eine Behörde der Bundesrepublik fällt nicht unter § 241 a.

III. Die Tathandlung muß die **Gefahr der Verfolgung aus politischen Gründen** usw. zur 4 Folge haben. Dazu § 234a RN 8 ff.

§ 242   Bes. Teil. Diebstahl und Unterschlagung

5   IV. Für den **subjektiven Tatbestand** ist **Vorsatz** erforderlich. Dieser muß sich auf die Gefährdung und ihre Art erstrecken (vgl. LG Dortmund NJW **54**, 1539). Bedingter Vorsatz genügt (BGH ROW **61**, 22).

6   V. 1. Als **Regelstrafe** ist Freiheitsstrafe bis zu 5 Jahren angedroht. **Strafschärfung** kommt nach **Abs. 4** in drei Fällen in Betracht: bei Aufstellen von *unwahren* Behauptungen (dazu § 164 RN 15ff.), bei *Beabsichtigung* (mit zielgerichtetem Willen) der in Abs. 1 bezeichneten Folgen sowie bei einem *sonstigen besonders schweren Fall*. In allen diesen strafverschärften Fällen bleibt die Tat **Vergehen**, also auch dann, wenn eines der genannten Beispiele gegeben ist (BGH **20** 184, NJW **67**, 1330, D-Tröndle 11), nachdem es sich nicht um eine abschließende Strafmodifizierung handelt (vgl. Schroeder JR 65, 308, ferner § 12 RN 9).

7   2. Der **Versuch** ist strafbar (Abs. 3) und z. B. gegeben, wenn die Anzeige unterwegs abgefangen wird (D-Tröndle 12).

8   VI. **Idealkonkurrenz** ist möglich mit §§ 186, 187, 187a, im Fall von Abs. 4 auch mit § 164 (D-Tröndle 13), ebenso mit § 99 (BGH GA/W **62**, 198, 201). Dem Versuch von § 239 II geht § 241a vor (BGH NJW **60**, 1211 m. Anm. Baumann JZ 61, 99). Die gleichzeitige Verdächtigung mehrerer Personen führt zu Idealkonkurrenz (vgl. BGH GA/W **63**, 305; vgl. § 52 RN 26).

9   VII. Zur Tatbegehung im **Ausland** vgl. § 5 Nr. 6, zur Anwendung des **Opportunitätsprinzips** vgl. §§ 153b bis 153d StPO i. V. m. § 74a GVG.

Neunzehnter Abschnitt. Diebstahl und Unterschlagung

Schrifttum zu den Vermögensdelikten im *allgemeinen: Baumann,* Über die notwendigen Veränderungen im Bereich des Vermögensschutzes, JZ 72, 1. – *Grünhut,* Der strafrechtliche Schutz wirtschaftlicher Interessen, in: Die RG-Praxis im dt. Rechtsleben V (1929) 116. – *Hegler,* Die Systematik der Vermögensdelikte, ARSP IX 153, 278, 369, X 26, 151. – *Hirschberg,* Der Vermögensbegriff im Strafrecht, 1934. – *Kohlrausch,* Vermögensverbrechen im Wandel der Rechtsprechung und der Gesetzgebung, Schlegelberger-FS (1936) 203. – *Lampe,* Eigentumsschutz im künftigen Strafrecht, in: Müller-Dietz, Strafrechtsdogmatik und Kriminalpolitik (1971) 59. – *Otto,* Die Struktur des strafrechtlichen Vermögensschutzes, 1970. – *Peters,* Das Begreifen der Eigentumsordnung als kriminalpolitisches Problem, Sauer-FS (1949) 9. – *Sax,* Bemerkungen zum Eigentum als strafrechtlichem Schutzgut, Laufke-FS (1971) 321. – *E. Wolf,* Der Sachbegriff im Strafrecht, in: Die RG-Praxis im dt. Rechtsleben V (1929) 44.

§ 242 Diebstahl

(1) **Wer eine fremde bewegliche Sache einem anderen in der Absicht wegnimmt, dieselbe sich rechtswidrig zuzueignen, wird mit Freiheitsstrafe bis zu fünf Jahren oder mit Geldstrafe bestraft.**

(2) **Der Versuch ist strafbar.**

Stichwortverzeichnis
Die Zahlen bedeuten die Randnoten

Ablationstheorie 37
Absicht rechtswidriger Zueignung,
  s. Zueignungsabsicht
Absichtslos doloses Werkzeug 72
Alleingewahrsam 33
Apprehensionstheorie 37
Aufgabe des Eigentums 17

Behältnis mit Inhalt
  Gewahrsam an – 34
  Zueignung von – 63
Beobachteter Gewahrsamsbruch 40
Bereicherung 46
Besitz – Gewahrsam 31
Bewegliche Sache 11

Codekartenmißbrauch 36, 75

Dereliktion s. Aufgabe des Eigentums
Dieb, Diebstahl gegenüber dem – 25

Eigene Sachen, Diebstahl von – 45
Eigentümer als Verletzter 1f.
Eigentum
  Aufgabe des – 17
  ausschließliches – 13
  Eigentumsvorbehalt 5, 13
  Miteigentum 13
  Sicherungseigentum 5, 13
Einwilligung, – des Eigentümers 59;
  – des Gewahrsamsinhabers 36

Fangbrief 41
Felddiebstahl 78
Forderungen, Diebstahl von – 9
Forstdiebstahl 78
Fremdheit der Sache 12
Furtum usus, s. Gebrauchsanmaßung

Gebrauch, Abgrenzung zur Zueignung 51f.
Gebrauchsanmaßung 51ff.

Diebstahl § 242

Gewahrsam, allgemein 23 ff.
 – einer Behörde 29
 – und Besitz 31
 fremder – 22, 35
 – von Geisteskranken 29
 – in generellem Herrschaftsbereich 26
 genereller Gewahrsamswille 30
 Gewahrsamsbruch 35
 gewahrsamslose Sachen 28
 Herrschaftswille für – 23, 29
 – einer juristischen Person 29
 – von Kindern 29
 Mitgewahrsam 32 f.
 räumlicher Machtbereich 39 f.
 – als Schutzgut 2
 – als tatsächliches Herrschaftsverhältnis 23, 25 ff.
 unrechtmäßiger – 25
 – an verschlossenen Behältnissen 34
Gewahrsamsbegründung, allgemein 37 ff.
 – durch Dritte 42
Gewahrsamsbruch, allgemein 35
 beobachteter – 40
Gewahrsamsinhaber
 – als Verletzter 2
 Dritter als neuer – 42
Gewahrsamswille, genereller – 30
 s. auch Herrschaftswille

Herrenlose Sachen 15 ff.
Herrschaftsbereich, genereller – 26
Herrschaftswille 29
 genereller – 30, natürlicher – 29,
 potentieller – 30

Illationstheorie 37
Implantate 10, 20
Irrtum über die Rechtswidrigkeit 65

Juristische Person, Gewahrsam der – 29

Kinder, Gewahrsam von – 29
Konkurrenzen: Gesetzeskonkurrenz 76, Idealkonkurrenz 75, Straflose Nachtat 76 f.
Kontrektationstheorie 37
Kraftfahrzeug, Gebrauch von – 54

Leichnam 10, 21
Lockspitzel 40
Luft 19

Menschlicher Körper 20
Mitgewahrsam 32 f., gleichrangiger – 32, mehrstufiger – 32
Mittelbare Täterschaft 70

Nebenstrafen 74

Objekt des Diebstahls 8 ff.

Privilegierte Fälle 74

Räumlicher Machtbereich 39 f.
Rechte, Diebstahl von – 9
Rechtswidrigkeit
 – der Zueignung 59
 Irrtum über die – 65

Sache, allgemein 9, Aggregatzustand 9, bewegliche – 11, fremde – 12 ff., gewahrsamslose – 28, herrenlose – 15 ff., verlorene – 18, 28, wirtschaftlicher Wert 4, 6
Sachentziehung 55
Sachwerttheorie 49
SB-Tanken 12, 36
Schutzgut 1 f.
Selbstbedienungsladen, Diebstahl im – 40
Sondergesetze 78
Spielautomaten, Austricksen von – 36
Strafdrohung 74
Straflose Nachtat 76 f.
Strafzumessung 74
Substanztheorie 49

Täterschaft und Teilnahme 71 ff.
Tatsächliches Herrschaftsverhältnis 25 f.
 s. auch Gewahrsam
Trickdiebstahl 36

Verbrauch 53
Verletzter bei Diebstahl 1 f.
Verlorene Sache 18, 28
Versuch 68
Vollendung, allgemein 67
 – bei mittelbarer Täterschaft 70
Vorsatz 44 f.

Wahlfeststellung 79
Wasser im Meer 19
Wegnahme, allgemein 22, 37
 Begründung neuen Gewahrsams bei –, s. Gewahrsamsbegründung
 Einwilligung in die – 36
 – zum Gebrauch 51 ff.
 Gewahrsamsbruch, s. dort
 – im Selbstbedienungsladen 40
 – zwecks Zerstörung 55
 s. auch Ablations-, Apprehensions-, Illations-, Kontrektationstheorie
Wegwerfen, Zueignung durch – 52
Wilde Tiere 16
Wirtschaftlicher Wert 4, 6, 53

Zerstörung
 Wegnahme zwecks – 55
 Zueignung durch – 52
Zueignung, allgemein 47
 Abgrenzung zum Gebrauch 51 ff.
 Absicht rechtswidriger – 46, 60 ff., 65 f.
 – bei Behältnis mit Inhalt 63
 – an Dritte 56
 Einwilligung in die – 59
 – durch Entzug des wirtschaftlichen Wertes 53
 Komponenten der – 47
 Rechtswidrigkeit der – 59
 Sachwerttheorie 49
 Substanztheorie 49
 – durch Vernichtung oder Wegwerfen 52
Zueignungsabsicht, allgemein 46, 60 ff.
 – bei der Wegnahme 66

Schrifttum: Vgl. zunächst die Angaben vor § 242. Ferner *Androulakis,* Objekt und Grenzen der Zueignung im Strafrecht, JuS 68, 409. – *Backmann,* Die Abgrenzung des Betrugs von Diebstahl und Unterschlagung, 1974. – *Bittner,* Zur Abgrenzung von Trickdiebstahl, Betrug und Unterschlagung, JuS 74, 156. – *Bloy,* Die Behandlung der Sachentziehung im dt., österr. u. schweiz. Strafrecht, Oehler-FS 559. – *ders.,* Der Diebstahl als Aneignungsdelikt, JA 87, 187. – *Brandenburg,* Wem gehört der Herzschrittmacher?, JuS 84, 47. – *Bringewat,* Die Wiederverwendung von Herzschrittmachern, JA 84, 61. – *Charalambakis,* Die Nichtbezahlung beim SB-Tanken, MDR 85, 975. – *Cordier,* Diebstahl oder Betrug in Selbstbedienungsläden, NJW 61, 1340. – *Ebel,* Die Zueignung von Geldzeichen, JZ 83, 175. – *Ehrlicher,* Der Bankomatenmißbrauch, 1989. – *Eser,* Der Bankomatenmißbrauch, 1989. – *Eser,* Zur Zueignungsabsicht beim Diebstahl, JuS 64, 477. – *Gehrig,* Der Absichtsbegriff usw., 1986. – *Geilen,* Wegnahmebegriff und Diebstahlsvollendung, JR 63, 466. – *Geppert,* Die Abgrenzung von Betrug und Diebstahl, JuS 77, 69. – *Gössel,* Über die Vollendung des Diebstahls, ZStW 85, 591. – *Gribbohm,* Zur Abgrenzung des Diebstahls vom Betrug, JuS 64, 233. – *ders.,* Gewahrsamsbruch und guter Glaube, NJW 67, 1897. – *ders.,* Schaden, Bezeichnung und das Erfordernis ihrer Stoffgleichheit bei Diebstahl und Unterschlagung, NJW 68, 1270. – *Gropp,* Die Codekarte: Der Schlüssel zum Diebstahl, JZ 83, 487. – *Haffke,* Mitgewahrsam, Gewahrsamsgehilfenschaft und Unterschlagung, GA 72, 225. – *Harburger,* Diebstahl und Unterschlagung, VDB VI, 183. – *Herzberg,* Betrug und Diebstahl durch listige Sachverschaffung, ZStW 89, 367. – *Heubel,* Grundprobleme des Diebstahltatbestandes, JuS 84, 445. – *Hirsch,* Eigenmächtige Zueignung geschuldeter Sachen, JZ 63, 149. – *Hölzenbein,* Das Verhältnis der Unterschlagung zu Aneignungs- und Vermögensdelikten, 1966. – *Huschka,* Diebstahl oder Betrug in Selbstbedienungsläden, NJW 60, 1189. – *Isenbeck,* Beendigung der Tat bei Raub und Diebstahl, NJW 65, 2326. – *Jungwirth,* Diebstahlsvarianten im Zusammenhang mit Geldausgabeautomaten, MDR 87, 537. – *Kruse,* Die scheinbare Rechtsgutsverletzung bei den auf Enteignung gerichteten Eigentumsdelikten, 1986. – *Lampe,* Objektiver und subjektiver Tatbestand beim Diebstahl, GA 66, 225. – *Laubenthal,* Einheitl. Wegnahmebegriff im StrafR?, JA 90, 38. – *Lenckner/Winkelbauer,* Strafrechtliche Probleme im modernen Zahlungsverkehr, wistra 84, 84. – *Maiwald,* Der Zueignungsbegriff im System der Eigentumsdelikte, 1970. – *H. Mayer,* Zum Begriff der Wegnahme, JZ 62, 617. – *Miehe,* Zueignung u. Sachwert, Heidelberg-FS 481. – *Mohrbotter,* Rechtswidrigkeit bei Zueignung und Bereicherung im Strafrecht, GA 67, 199. – *Otto,* Zur Abgrenzung von Diebstahl, Betrug und Erpressung bei der deliktischen Verschaffung fremder Sachen, ZStW 79, 59. – *ders.,* Die neuere Rspr. zu den Vermögensdelikten, JZ 85, 21, 69. – *ders.,* Strafr. Aspekte des Eigentumsschutzes, Jura 89, 137, 200. – *Paulus,* Der strafrechtliche Begriff der Sachzueignung, 1968. – *Ranft,* Grundfälle aus dem Bereich der Vermögensdelikte, JA 84, 1, 277. – *Rheineck,* Zueignungsdelikte und Eigentümerinteresse, 1979. – *Roxin,* Geld als Objekt von Eigentums- und Vermögensdelikten, H. Mayer-FS 467. – *Rudolphi,* Der Begriff der Zueignung, GA 65, 33. – *Ruß,* Die Aneignungskomponente bei Wegnahme eines Behältnisses, Pfeiffer-FS 61. – *Schaffstein,* Der Begriff der Zueignung bei Diebstahl und Unterschlagung, GS 103, 292. – *ders.,* Die Abgrenzung von Diebstahl und Gebrauchsanmaßung, GA 64, 97. – *Schmidhäuser,* Über die Zueignungsabsicht als Merkmal der Eigentumsdelikte, Bruns-FS 345. – *Schröder,* Zur Abgrenzung der Vermögensdelikte, SJZ 50, 94. – *ders.,* Rechtswidrigkeit und Irrtum bei Zueignungs- und Bereicherungsabsicht, DRiZ 56, 69. – *Schroth,* Der Diebstahl mittels Codekarte, NJW 81, 729. – *Schünemann,* Die Rechte am menschl. Körper, 1985. – *Seelmann,* Grundfälle zu den Eigentumsdelikten, JuS 85, 201, 288, 454, 699; 86, 201. – *Siebert,* Der strafrechtliche Besitzbegriff, StrafrAbh. H. 235. – *Soltmann,* Der Gewahrsamsbegriff, StrafrAbh. H. 349. – *Sonnen,* Der Diebstahl nach § 242 StGB, JA 84, 569. – *Steininger,* Strafr. Probleme des Selbstbedienungstankens, ÖRZ 88, 233. – *Strätz,* Zivilrechtl. Aspekte der Rechtsstellung des Toten, 1971. – *Tenckhoff,* Der Zueignungsbegriff bei Diebstahl u. Unterschlagung, JuS 80, 723. – *Tiedemann,* Computerkriminalität und Mißbrauch von Bankomaten, WM 83, 1326. – *Unger,* Die Zueignung von Geld und der allgemeine Unrechtsausschließungsgrund des „nicht schutzwürdigen Interesses", 1973. – *Welzel,* Der Gewahrsamsbegriff und die Diebstähle in Selbstbedienungsläden, GA 60, 257. – *Wessels,* Zueignung, Gebrauchsanmaßung und Sachentziehung, NJW 65, 1153. – *Widmann,* Die Grenzen der Sachwerttheorie, MDR 69, 529. – *Wiechers,* Strafrecht und Technisierung im Zahlungsverkehr, JuS 79, 847.

1 **I. 1.** Diebstahl ist Eigentumsverletzung durch Wegnahme zwecks Eigentumsanmaßung. **Rechtsgut** ist daher jedenfalls das **Eigentum.** Dies jedoch weniger in seiner Eigenschaft als Sachenrecht; denn da einem Eigentumswechsel am Diebesgut regelmäßig § 935 BGB entgegensteht, wird der Eigentümer im Grunde nur in der Ausübung seines Rechts, mit der Sache nach Belieben zu verfahren und andere von jeder Einwirkung auszuschließen (vgl. § 903 BGB), betroffen; Rechtsgut des § 242 ist daher lediglich die Verfügungsmöglichkeit des Rechtsgutsinhabers (vgl. Ruß LK 3 vor § 242, Heubel JuS 84, 445, Samson SK 6 vor § 242, Otto, Struktur 274).

2 Daneben soll nach h. M. auch der **Gewahrsam** selbständiges Schutzgut des § 242 sein mit der Folge, daß sowohl der Eigentümer als auch der Gewahrsamsinhaber als „Verletzter" i. S. von §§ 77, 247 in Betracht kämen (vgl. RG **54** 282, BGH **10** 401, Hamburg MDR **47,** 35, Hamm NJW **64,** 1428, Blei II 188, Ruß LK 3 vor § 242, Lackner 1, M-Schroeder I 303, Welzel 347, Wessels II/2 S. 15). Das

Diebstahl 3–6 § 242

ist jedoch weder mit dem Wegnahmemerkmal zu begründen noch sachgerecht. Denn einerseits dient der Gewahrsamsbruch lediglich als Unterscheidungsmerkmal zur Unterschlagung sowie als Anknüpfungspunkt für die aufgrund der besonderen Intensität der Eigentumsverletzung gegenüber § 246 erhöhten Strafe (and. Lampe GA 66, 228). Andererseits wäre bei *alternativem* Schutz des Gewahrsamsinhabers dem Eigentümer konsequenterweise die Möglichkeit genommen, im Falle von § 247 durch Strafantragsverzicht die Strafverfolgung zu verhindern, wenn die Sache bei einem Dritten weggenommen wird, der seinerseits Strafantrag stellt (vgl. § 247 RN 11). Demgegenüber ist der Gewahrsam lediglich als Ausfluß der dem Eigentümer zustehenden Verfügungsmöglichkeiten über die Sache und somit allenfalls als **kumulativ** mitgeschützt anzusehen (zust. Samson SK 1; i. E. ebenso Arzt/Weber III 29). Das bedeutet zwar nicht, daß beim Auseinanderfallen von Eigentum und Gewahrsamsinhaber letzterer ungeschützt wäre; denn Diebstahl ist auch gegenüber dem rechtmäßigen, dem unrechtmäßigen oder gar dem deliktischen Gewahrsamsinhaber (wie etwa dem Dieb) möglich, da dadurch grundsätzlich auch der Eigentümer (erneut) mitverletzt wird; wohl aber verbleibt im Falle von § 247 die Entscheidung über einen Strafantrag vorrangig beim Eigentümer. Da der Gewahrsamsbruch somit selbst Teil der Eigentumsverletzung ist, stellt sich der Diebstahl als Verletzung der Eigentümerbefugnisse in Form eines in Zueignungsabsicht begangenen Gewahrsamsbruchs dar (ähnlich bereits Binding I 294; vgl. auch D-Tröndle § 247 RN 5, Haffke aaO).

2. Da es somit bei § 242 um den Schutz der sich aus dem Eigentum ergebenden Verfügungs- 3 befugnisse geht (vgl. Schmidhäuser II 84), ist die Beeinträchtigung der **formalen Rechtsposition** über eine bestimmte Sache von entscheidender Bedeutung. Das hat im wesentlichen folgende Konsequenzen:

a) Anders als bei den Vermögensdelikten i. e. S. (wie Betrug, Untreue und Erpressung), bei 4 denen es um den Schutz des Vermögens als Ganzes geht (vgl. § 263 RN 2), ist der Diebstahl auf die eigentumsanmaßende Wegnahme einer **bestimmten Sache** gerichtet, und zwar ohne Rücksicht auf deren wirtschaftlichen Wert (vgl. RG **44** 210, **50** 255, **51** 98, BGH MDR **60**, 689, Düsseldorf NJW **89**, 116; and. östOGH ÖJZ **59**, 665; vgl. auch Hegler aaO 159, Samson JA 80, 285, aber auch u. 6). Ähnlich geht es bei der beabsichtigten Zueignung allein um die Anmaßung einer eigentümerähnlichen Herrschaftsmacht über die Sache (vgl. u. 47), aber auch ohne Rücksicht darauf, ob und inwieweit dadurch der Eigentümer einen wirtschaftlichen Vermögensnachteil erleidet bzw. der Täter einen entsprechenden Vermögensvorteil erstrebt. Da es somit weder auf eine Entreicherung des Verletzten noch auf eine Bereicherung des Täters ankommt, wird Diebstahl auch nicht etwa dadurch ausgeschlossen, daß der Täter für die gestohlene Sache einen gleichwertigen Geldbetrag am Tatort hinterläßt.

b) Auch bei den im Wirtschaftsleben entwickelten *Sonderformen des Eigentums,* wie Vorbehalts- und 5 Sicherungseigentum, ist an die formale Rechtsposition anzuknüpfen, so daß ungeachtet der meist abweichenden Interessenlage nicht der Vorbehaltskäufer bzw. Sicherungsgeber, sondern der Vorbehaltsverkäufer und der Treuhänder als Eigentümer i. S. v. § 242 anzusehen sind (vgl. RG **61** 65, Ruß LK 14 sowie zu den Konsequenzen u. 13 bzw. § 246 RN 5 f.).

c) Durch Anknüpfung an die formale Rechtsposition des Eigentümers kommen Eigentums- 6 delikte selbst dort in Betracht, wo es an jeglicher **wirtschaftlichen Interessenverletzung fehlt:** wie etwa bei eigenmächtigem Geldwechseln, beim Austausch vertretbarer Sachen (1 Kilo-Packung Zucker gegen 2 Pfund-Packungen gleichen Preises), bei Wegnahme einer geschuldeten Speziessache bzw. bei Auswahl und Wegnahme einer nur gattungsmäßig bestimmten Sache durch den Gläubiger, bei Mitnahme einer Ware (wie etwa Zigaretten) unter Hinterlassung des entsprechenden Kaufpreises sowie bei eigenmächtiger Teilung des Miteigentumsanteils durch einen Miteigentümer (vgl. Samson SK 12 vor § 242). Da in solchen Fällen eine Bestrafung problematisch erscheint, wird – über die mögliche Verneinung einer rechtswidrigen Zueignung hinaus (vgl. u. 59 sowie § 246 RN 22) – immer wieder versucht, den Schutzbereich des § 242 von vornherein auf die Fälle materieller Interessenverletzung des Betroffenen einzuschränken (vgl. Gribbohm NJW 68, 241, Maiwald JA 71, 582, Roxin H. Mayer-FS 469 ff. sowie Welzel-FS 462, Tiedemann JuS 70, 111; eingeh. Kruse aaO). Demgegenüber ist zwar einzuräumen, daß mit dem Eigentum regelmäßig wirtschaftliche Interessen verknüpft sind und die §§ 242 ff. als Vermögensdelikte i. w. S. (vgl. Eser IV 2) zumindest auch dem Schutz dieser Interessen dienen (vgl. Vogt JuS 80, 860 f.). Doch würde mit einer generellen Materialisierung des von den §§ 242 ff. bezweckten Eigentumsschutzes und einer darin liegenden Einschränkung des Schutzbereichs verkannt, daß die Eigentumsdelikte im Gegensatz zu den schadensorientierten Vermögensdelikten i. e. S. gerade nicht nur das Vermögen, sondern darüber hinaus die grundsätzlich freie tatsächliche Verfügungsmacht des Eigentümers schützen wollen. Daher erscheint die materielle Einschränkung des formalen Bestandsschutzes unter dem Vermögensschadensaspekt nur in jenen Fällen möglich, in denen nach allgemeiner Lebenserfahrung Entscheidungsinteressen des Eigentümers von vornherein keine Rolle spielen. Dementsprechend dürfte lediglich das eigenmächtige Geldwechseln aus dem Schutzbereich des § 242 fallen (vgl. Celle NJW **74**, 1833,

Eser 1733

Schmidhäuser II 92 f.), wobei sich dies damit rechtfertigen läßt, daß die wertmäßige Austauschbarkeit gerade die bestimmungsmäßige Funktion von *Geld* darstellt (vgl. Ebel JZ 83, 184), wie dies auch der im Zivilrecht entwickelte (vgl. Larenz, Schuldr. AT[14] 168) und von Roxin aaO in das Strafrecht übernommene Wertsummengedanke zum Ausdruck bringt (zust. Maiwald aaO). Einer weitergehenden Übertragung des Gedankens auf *andere vertretbare Sachen,* wenn die Quantität die gleiche bleibt und der individuelle Gegenstand für den Eigentümer nur als Quantitätsfaktor bedeutsam ist (vgl. Schönke/Schröder 17. A. RN 4 a; i. gl. S. Gribbohm aaO, Krey II 19 f.), steht entgegen, daß es sich – im Vergleich zu Geld – nicht um gleichermaßen typische Tauschobjekte handelt. Aber auch in den übrigen der eingangs genannten Fälle kann die individuelle Zuordnungsfunktion des Eigentums nicht völlig ignoriert werden (vgl. Bockelmann II/1 S. 34 f., Ebel aaO): So kann der Schuldner einer Speziessache u. U. ein Zurückbehaltungsrecht wahrnehmen bzw. der einer Gattungssache ein Interesse an der Auswahl aus einer bestimmten Sachgruppe haben. Diese und ähnliche Fälle bleiben daher allenfalls mangels Rechtswidrigkeit der Zueignung oder mittels Rechtfertigung durch „mutmaßliche Einwilligung" straflos. Eingeh. zum Ganzen (mit weitgehend ähnl. Erg.) Rheineck aaO; vgl. ferner Eser IV 6, 40 f., Ruß LK 2, 69, Otto aaO 99, Kruse aaO 219 ff., Samson SK 91 ff., Sax Laufke-FS 321 ff. sowie § 246 RN 15.

7 d) Die grundsätzliche Maßgeblichkeit formalen Eigentumsschutzes schließt jedoch nicht aus, Diebstahl in solchen Fällen zu verneinen, in denen dem Tatobjekt **weder materieller noch immaterieller Wert** zukommt (vgl. Baumann NJW 64, 705, Schröder JR 64, 266) und somit kein sinnvolles Strafbedürfnis zu erkennen ist. Die abw. h. M. ist schwerlich mit ihrem Standpunkt zu § 303 vereinbar, wonach die Zerstörung wertloser Gegenstände nicht als Sachbeschädigung zu betrachten sei (vgl. § 303 RN 3); denn es wäre widersprüchlich, wenn der Täter die wertlose Sache zwar wegnehmen und zerstören, nicht aber wegnehmen und behalten dürfte.

8 **II. Tatobjekt** des Diebstahls ist eine **fremde bewegliche Sache.**

9 **1. Sachen** sind körperliche Gegenstände (vgl. § 90 BGB), einschließlich Tiere. Unerheblich ist der *Aggregatzustand* (fest, flüssig oder gasförmig). Daher können auch Wasser, Leuchtgas, Dampf u. dgl. Diebstahlsobjekte sein (RG **14** 123, **44** 335), ebenso eine auslaufende Flüssigkeit bis zum Versickern im Erdboden (RG GA Bd. **64** 117, KG GA Bd. **69** 123). Die zivilrechtliche Forderung nach räumlicher Abgrenzbarkeit des Gegenstandes (vgl. Palandt/Heinrichs[49] § 90 Anm. 1, Ruß LK 1) ist aus strafrechtlicher Sicht keine Frage der Sachqualität des Gegenstandes sondern seiner Fremdheit (Samson SK 6 mwN). Somit sind auch die freie Luft oder das fließende Wasser Sachen i. S. v. § 242. Dagegen sind Kräfte und Energien in Gasen und Flüssigkeiten (wie Heizungsdampf oder Heißwasser) als solche keine Sachen, wohl aber ihre Trägersubstanzen; deshalb ist insoweit Diebstahl nur durch Wegnahme des Energieträgers und Zueignung der Energie möglich (vgl. Samson JA 80, 286). Die Frage nach der Sachqualität elektrischer Energie erübrigt sich infolge Einführung von § 248 c. Ebenso wie der Aggregatzustand ist auch der wirtschaftliche Wert des Gegenstandes für den Sachbegriff unerheblich (vgl. Ruß LK 2, Samson SK 7, aber auch o. 7). Dagegen können Forderungen und sonstige Rechte nicht Gegenstand des Diebstahls sein (vgl. München JZ **77**, 409 zu Buch- oder Giralgeld), wohl aber die solche Rechte verkörpernden Urkunden, wie z. B. Wechsel, Lebensmittelkarten, Bezugsscheine oder Sparkassenbücher (vgl. RG **52** 296, **61** 127, **75** 186, GA Bd. **41** 692, **64** 126).

10 Der **lebende Mensch** als ein mit Menschenwürde ausgestattetes Rechtssubjekt ist keine Sache. Entsprechendes wird für den nichtimplantierten menschlichen Embryo zu gelten haben, weil es sich dabei bereits um artspezifisches menschliches Leben handelt (vgl. Eser, Neuartige Bedrohungen ungeborenen Lebens (1990) 8 f., 39 ff.), während dem menschlichen Samen ebenso wie dem Ei vor deren Vereinigung die Sachqualität wohl nicht abzusprechen ist. Umstritten ist, inwieweit einzelne *Teile des lebenden Körpers* Sachqualität haben können: Nach h. M. (vgl. Ruß LK 4, Samson SK 4, je mwN) werden sie mit der Trennung (Unfall, Organspende usw.) Sachen, während sie diese Qualität durch Einfügen in den Organismus wieder verlieren sollen. Dem ist zuzustimmen, soweit es um *natürliche Körperbestandteile* geht. Soweit dagegen *künstliche Implantate* – wohl um Rechte Dritter an dem eingefügten Gegenstand auszuschließen (vgl. Strätz aaO 54 sowie u. 20) – ausnahmslos ihre Sachnatur verlieren sollen, sobald sie dem Körper fest eingepflanzt werden (so LG Mainz MedR **84**, 199, Ruß LK 4, Otto Jura 89, 138; vgl. auch die Nachw. bei Samson SK 4), ist allenfalls insoweit zuzustimmen, als es sich um therapeutische Hilfsmittel handelt, die als *Ersatz* für defekte Körperteile zur individuellen Verwendung eingefügt werden („Substitutiv-Implantate", wie z. B. künstliche Hüftgelenke, Rippen oder Zahnplomben). Dagegen dürften therapeutische Hilfsmittel, die defekten Körperteilen als *Zusatz* beigefügt werden („Supportiv-Implantate", wie z. B. Herzschrittmacher) jedenfalls ihre Sachqualität behalten, weil sie wiederverwendbar sind (vgl. Brandenburg JuS 84, 47 f., Görgens JR 80, 141; zu Ersatz- u. Zusatz-Implantat Gropp JR 85, 181 ff.). Denn nur so ist ein sonst kaum nachvollziehbarer, durch Einfügen und Abtrennen hervorgerufener Wandel von der Sache zur Nicht-Sache und umgekehrt zu vermeiden (vgl. Samson SK 4). Auch der Sachcharakter des **Leichnams** wird bestritten (näher zum Streitstand Ruß LK 5 mwN), jedoch zu Unrecht; denn soweit es um zivilrechtlichen Ausschluß von Rechten Dritter am Körper des Verstorbenen und weniger um den strafrechtlichen Schutz des Leichnams geht, ist dies im Grunde erst für die Fremdheitsfrage von Bedeutung (vgl. Samson SK 4 sowie u. 21; ähnl. aus zivilr. Sicht Schünemann aaO 212 ff.).

2. Beweglich sind alle Sachen, die *tatsächlich fortbewegt* werden können, also ohne Rücksicht 11 auf die zivilrechtliche Einordnung als beweglich oder unbeweglich: Wer ein vom Grundstückspächter für die Zeitdauer der Pacht auf dem Grundstück errichtetes Wohnhaus besetzt, begeht keinen Diebstahl, obwohl das Gebäude nach § 95 I BGB nicht Bestandteil der unbeweglichen Sache „Grundstück" und daher „beweglich" im BGB-Sinne ist (vgl. Palandt/Heinrichs[49] § 95 Anm. 1). Umgekehrt werden Bestandteile einer unbeweglichen Sache i. S. v. § 94 BGB (wie der auf dem Grundstück stehende Baum) durch die mit der Wegnahme verbundene Abtrennung beweglich i. S. v. § 242 (vgl. Samson SK 8 mwN): so z. B. gestochener Torf (RG **21** 30), abgemähtes Getreide (RG **23** 74) oder abgeweidetes Gras (BGE **72** IV 54). Ebenso sind von einem Grundstück zwecks Wegnahme losgelöste Bodenbestandteile bewegliche Sachen. Dagegen kann die Grundstücksfläche als solche nicht Diebstahlsobjekt sein; insofern kommt aber § 274 I Nr. 2 in Betracht.

3. Fremd ist eine Sache, wenn sie (zumindest auch) *im Eigentum eines Anderen* steht, also 12 weder Alleineigentum des Täters (u. 13 f.) noch herrenlos (u. 15 ff.) noch eigentumsunfähig (u. 19) ist. In wessen Eigentum die Sache steht, ist nach bürgerlichem Recht zu beurteilen, da es – anders als bei § 74 RN 22 ff. – bei 242 keinen besonderen strafrechtlichen Eigentumsbegriff gibt (Düsseldorf NJW **83**, 2153, **88**, 1335, Samson SK 9 ff. mwN). Auch bei sittenwidrigen Geschäften bestimmt sich der Eigentumserwerb nach bürgerlichem Recht (krit. dazu Baumann JZ 72, 4, Eser IV 7, Lampe in Müller-Dietz aaO 63 ff.). Wegen des dort geltenden Abstraktionsprinzips findet daher ein Eigentumsübergang auch an solchem Geld statt, das für vereinbarte (BGH **6** 377, Köln MDR **54**, 695) oder erhoffte (Düsseldorf MDR **69**, 862) sexuelle Handlungen hingegeben wird; nicht dagegen dort, wo ein gesetzliches Verbot i. S. v. § 134 BGB – wie z. B. bei Verstößen gegen das BtMG – nicht nur das Verpflichtungsgeschäft, sondern auch die darauf beruhende Übereignung erfaßt (BGH **31** 145). Zur Fremdheit bei bedingter Übereignung vgl. Saarbrücken NJW **76**, 65, speziell bei SB-Tanken ohne Zahlungsbereitschaft u. 36 sowie § 246 RN 7, § 263 RN 28, 63.

a) **Ausgeschlossen** als Diebstahlsobjekt sind somit Sachen, die im **ausschließlichen Eigen-** 13 **tum des Täters** stehen. Soll der Täter als *offener Stellvertreter* Eigentum für den Vertretenen erwerben, so kommt ein die Fremdheit der Sache ausschließender Eigentumserwerb des *Täters* nur in Betracht, wenn der Geschäftsgegner die Übereignung des Tatobjekts an den Täter erklärt und dieser die Übereignungserklärung zumindest konkludent annimmt (vgl. zum Eigentumserwerb des mit der Einlösung eines Barschecks Beauftragten an dem ausgezahlten Geld RG **54** 185; weiterhin RG LZ **25**, 442, GA Bd. **53** 78). Zu den Eigentumsverhältnissen bei *verdeckter Stellvertretung* eingeh. Ruß LK 15; zum Eigentumserwerb des Kommissionärs an dem vom Kommittenten erzielten Erlös bei Vereinbarung eines Besitzkonstituts RG **62** 31. Fremd ist die Sache für den Täter auch dann, wenn er nur **Miteigentümer** nach Bruchteilen oder **Gesamthandseigentümer** ist (vgl. Ruß LK 16). Bei im Miteigentum stehenden vertretbaren Sachen wird jedoch regelmäßig die Rechtswidrigkeit der Zueignung, zumindest aber das Bewußtsein hierüber, beim Täter fehlen, soweit er sich mengenmäßig im Rahmen dessen hält, was ihm bei der Teilung zusteht (vgl. § 246 RN 4). Soweit das **Eigentum als Sicherungsrecht** dient, bestimmt sich die Fremdheit ausschließlich nach der formalen Rechtsposition (vgl. o. 5): Daher können weder der Vorbehaltsverkäufer (vor Zahlung der letzten Rate) noch der Sicherungsnehmer einen Diebstahl begehen (vgl. aber zu den Gebrauchsrechten des Sicherungsgebers § 289 RN 7), wohl aber der Sicherungsgeber, der sich die Sache zur anderweitigen wirtschaftlichen Verwertung vom Sicherungsnehmer zurückholt. Durch *Verpfändung* oder *Beschlagnahme* geht das Eigentum nicht verloren (vgl. aber § 289), ebensowenig durch eine Verpflichtung, in bestimmter Weise mit einer Sache zu verfahren.

Für den *Gesellschafter einer Ein-Mann-GmbH* ist das Gesellschaftsvermögen rechtlich gesehen fremd 14 (RG **71** 355, Samson SK 11, Ruß LK 16, Otto Jura 89, 139 f., 329 f.; and. noch Otto, Strukturen 153, ihm folgend hier die Voraufl.). Eine wirtschaftliche Betrachtungsweise kann auch insoweit nicht ausschlaggebend sein. Dennoch wird die Wegnahme von im Eigentum der Gesellschaft stehenden Gegenständen nur selten einen Diebstahl darstellen: Ist der Täter zugleich Alleingeschäftsführer, willigt er konkludent in die Wegnahme ein, so daß ein Gewahrsamsbruch ausscheidet (Labsch wistra 85, 6). Ist ein anderer Geschäftsführer und willigt dieser auch nicht in die Wegnahme ein, so wird es häufig an der Rechtswidrigkeit der Zueignung fehlen (vgl. näher Otto Jura 89, 139 f.).

b) Auch **herrenlose Sachen** – und zwar gleichgültig, ob von Natur aus oder durch Eigen- 15 tumsaufgabe – sind nicht fremd und scheiden daher als Diebstahlsobjekt aus.

16 α) *Herrenlos* sind zum einen die Sachen, die *von Natur aus in niemandes Eigentum stehen*, wie z. B. wilde (in Freiheit befindliche oder wiederum dorthin gelangte) sowie solche gezähmten Tiere, die den animus revertendi abgelegt haben (§ 960 BGB; vgl. RG **48** 384); zum Herrenloswerden eines Bienenschwarmes vgl. § 961 BGB. Auch jagdbare wilde Tiere sind herrenlos, unterliegen jedoch dem durch die §§ 292ff. geschützten Aneignungsrecht des Jagdberechtigten (näher Wessels JA 84, 221ff.). Nicht herrenlos sind dagegen wilde Tiere in Tiergärten (zum Begriff vgl. Ruß LK 12) sowie Fische in Teichen; vgl. auch RG **39** 428, **60** 273, JW **34**, 3204, KG DJ **37**, 1363.

17 β) Herrenlos sind ferner Sachen, an denen der Eigentümer in der Absicht des Eigentumsverzichts den Besitz aufgegeben hat (sog. *Dereliktion*, § 959 BGB): wie etwa Speisereste im Mülleimer (RG **48** 123) oder von Kunden absichtlich zurückgelassene Rabattmarken (RG **42** 44), idR auch Hausrat, der zur Sperrmüllabfuhr gegeben wird, nicht dagegen das im Rahmen einer bestimmten Werbeaktion auf dem Gehsteig zur Abholung bereitgelegte Sammelgut (Bay MDR **87**, 75). Weit. Beisp. bei Ruß LK 13.

18 γ) *Verlorene*, verlegte und vergessene Sachen dagegen sind nicht herrenlos, können also Diebstahlsobjekt sein.

19 c) Mangels Fremdheit scheiden ferner als Diebstahlsobjekt solche Sachen aus, die als *nichtverkehrsfähig* **in niemandes Eigentum stehen können** (vgl. Ruß LK 8, Staudinger-Dilcher[12] 27ff. vor § 90 BGB): atmosphärische Luft, Wasser im Meer, regelmäßig auffließendes Wasser in Flüssen und Teichen, die einen natürlichen Zufluß und Abfluß haben.

20 d) Ob der **menschliche Körper** bzw. natürliche oder künstliche Körperteile Tatobjekt eines Diebstahls sein können, läßt sich nicht einheitlich beantworten. So scheidet der Körper des lebenden Menschen schon von vornherein mangels Sachqualität (o. 10) als Diebstahlsobjekt aus. Dagegen werden *Teile des Körpers eines lebenden Menschen* (wie Zähne oder Haare) mit der Abtrennung selbständige Sachen, an denen derjenige, zu dessen Körper sie bisher gehörten, Eigentum erwirbt (eingeh. Schünemann aaO, der selbst von einer differenzierten Überlagerung der sachenrechtlichen Beziehung durch die persönlichkeitsrechtliche ausgeht). Umstritten war lediglich, ob die abgetrennten Sachen zunächst herrenlos sind und daher der Aneignung bedürften (so Frank III 2e, Soergel-Baur[10] § 90 BGB RN 4, Staudinger-Coing[11] § 90 BGB RN 4). Nach nunmehr h.M. erwirbt der frühere Träger analog § 953 BGB mit Abtrennung des Körperteils unmittelbar Eigentum (Blei II 171, Ruß LK 9, Soergel-Mühl[12] § 90 BGB RN 4, Staudinger-Dilcher[12] § 90 BGB RN 16 mwN). Dem ist zuzustimmen, da im Hinblick auf die mögliche Verwendung als Transplantat ein lückenloser Eigentumsschutz des abgetrennten Körperteils angezeigt ist. Bei *künstlichen Körperimplantaten* besteht insofern Einigkeit, als diese jedenfalls *vor* Einpflanzung bzw. *nach* Trennung vom lebenden Körper eigentumsfähige Sachen i. S. von § 242 sind (vgl. BGH MDR/D **58**, 739). Dagegen soll es, solange sie mit dem Körper fest verbunden sind (wie künstliche Rippen, Adern, eingepflanzte Herzschrittmacher und Zahnplomben), bereits an der Sachqualität fehlen (vgl. LG Mainz MedR **84**, 199, Soergel-Baur[11] § 90 BGB RN 4, Staudinger-Dilcher[12] § 90 BGB RN 18; für Sacheigenschaft des Herzschrittmachers jetzt aber Soergel-Mühl[12] § 90 BGB RN 4), mit der Folge, daß mangels Eigentumsfähigkeit auch Fremdheit i. S. v. § 242 ausgeschlossen wäre. Dem kann jedoch zumindest bei künstlichen *Zusatz-Implantaten* nicht gefolgt werden (vgl. o. 10): So erscheint z. B. die leih- und mietweise Überlassung von Herzschrittmachern zur Kostendämpfung im Gesundheitswesen nicht realitätsfern (Samson SK 16) und aus der Sicht des Patienten auch nicht bedenklich, da der gerichtlichen Durchsetzung von Herausgabeansprüchen des Eigentümers das Recht des Trägers auf körperliche Unversehrtheit entgegensteht (vgl. Strätz aaO 53ff.). Jedoch wird sich die Frage, ob eingepflanzte künstliche Körperteile Tatobjekt i. S. der Eigentumsdelikte sein können, idR erst nach dem Tod ihres Trägers (u. 21) stellen. Eingeh. zum Ganzen Gropp JR 85, 181ff.

21 Der **menschliche Leichnam** ist, selbst wenn man wie hier seine Sachqualität i. S. von § 242 (o. 10) bejaht, zunächst herrenlos (Ruß LK 10, Samson SK 16) und demzufolge nur nach § 168 schutzfähig. Da nicht Teil des Vermögens des Erblassers, wird er insbes. auch nicht Eigentum des Erben. Nach zivilrechtl. h.M. (vgl. Soergel-Mühl[12] § 90 BGB RN 6, Staudinger-Dilcher[12] § 90 BGB RN 22, je mwN) soll ein Aneignungsrecht und somit ein Eigentumserwerb am Leichnam ausgeschlossen sein (vgl. aber auch die erbrechtl. Lösung von Schünemann aaO 265ff.). Davon wird jedoch dann eine Ausnahme zu machen sein, wenn der Verstorbene selbst noch zu Lebzeiten bzw. nach seinem Tode u. U. die nächsten Angehörigen als Totensorgeberechtigte (dazu Strätz aaO 31) die Überweisung des Leichnams an ein anatomisches Institut verfügt haben: In diesem Fall erwirbt das Institut Eigentum (RG **64** 313, Ruß LK 10, Samson SK 16, Roxin JuS 76, 505f.; ferner Edlbacher ÖJZ 65, 451, 454, Eichholz NJW 68, 2273f.). Ebenso wie der Leichnam im Ganzen sind *einzelne Leichenteile* (wie Herz, Niere, Hornhaut des Auges, zu denen auch die zu Lebzeiten eingefügten künstlichen *Ersatz-Implantate* zu zählen sind (vgl. o. 10), zunächst herrenlos (zu Zahnplomben vgl. Dotterweich JR 53, 174). Wenn entsprechende Verfügungen des Verstorbenen (z. B. durch Organspenderausweis) oder u. U. des Totensorgeberechtigten vorliegen, wird aber auch hier wie beim

Leichnam ein Aneignungsrecht Dritter zu bejahen sein (vgl. Ruß LK 10). *Zusatz-Implantate* gehen nach § 1922 BGB in das Eigentum der Erben über, wenn sie der Verstorbene zu Eigentum erworben hatte; ein zu Lebzeiten bestehendes Eigentum Dritter bleibt unberührt (vgl. Samson SK 16; spez. zu Herzschrittmachern – allerdings bei Annahme eines Aneignungsrechts – Weimar JR 79, 363, für Eigentum Brandenburg JuS 84, 48, Bringewat JA 84, 63, Görgens JR 80, 141, Sonnen JA 84, 570f.). Sind die betreffenden Implantate noch fest mit dem Leichnam verbunden, kann der Aneignungsberechtigte bzw. Eigentümer die Trennung jedoch nur mit Erlaubnis des Totensorgeberechtigten vornehmen (vgl. Samson SK 16). Wird diese nicht erteilt, so wird bei eigenmächtiger Entnahme durch den Aneignungsberechtigten § 242 schon an mangelnder Fremdheit scheitern, während gegenüber § 168 an Rechtfertigung nach § 34 zu denken ist (vgl. dort RN 8).

III. Die **Tathandlung** besteht in der **Wegnahme** der Sache: durch Bruch fremden und Begründung neuen (idR eigenen) Gewahrsams. Aufgrund der dafür erforderlichen *Gewahrsamsverschiebung* vom Opfer zum Täter kommt diesem Begriff vorrangige Bedeutung zu. 22

1. **Gewahrsam** ist ein *tatsächliches Herrschaftsverhältnis* zwischen einer Person und einer Sache (objektiv-physisches Element: u. 25), das von einem *Herrschaftswillen* (subjektiv-psychisches Element: u. 29) getragen ist. Ob diese Elemente vorliegen, ist nach der *natürlichen Auffassung des täglichen Lebens* zu beurteilen (BGH **16** 273, **22** 182, GA **79**, 391, Arzt/Weber III 31f.), ohne daß jedoch in diesem sozial-normativen Maßstab ein selbständiges Element des Gewahrsamsbegriffs zu erblicken wäre (vgl. M-Schroeder I 307, Schmidhäuser II 90). 23

Soweit demgegenüber im *sozial-normativen Maßstab* eine eigenständige Gewahrsamskomponente erblickt wird (so Welzel GA 60, 264ff., Gössel ZStW 85, 636ff., Laubenthal JA 90, 39, Samson SK 20ff.; umgekehrt grds. abl. Seelmann JuS 85, 201f.), weil der Gewahrsam als normative Beziehung zwischen Person und Sache in der sozialen Anschauung begründet und daher vor dem Gesetz existent sei, während das tatsächliche Herrschaftsverhältnis nur eins unter mehreren Indizien für jene normative Beziehung bilde (Samson aaO), so sind doch trotz dieser prinzipiellen Unterschiede im Ausgangspunkt die Ergebnisse im Einzelfall im wesentlichen dieselben. Das gilt entgegen Samson SK 25 auch dann, wenn der Täter Sachen des Rauminhabers im generell beherrschten Raum (vgl. u. 26) derart versteckt, daß der Rauminhaber sie nicht wiederfinden kann, während sie der Täter leicht selbst abzuholen vermag. So kann das tatsächliche Herrschaftsverhältnis des Täters nicht etwa mit dem Argument verneint werden, daß der Wohnungsinhaber nicht in eine fremde Tabusphäre eindringe, wenn er den versteckten Gegenstand findet; denn in diesem Moment endet auch nach der hier vertretenen Auffassung das tatsächliche Herrschaftsverhältnis des Täters über die nunmehr entdeckte Sache (vgl. u. 26, 28). Bis dahin aber dürfte auch nach sozialer Anschauung mangels Entdeckung eine faktische Tabusphäre des Täters in seiner Beziehung zur Sache anzunehmen sein (vgl. u. 39). Daher erweist sich der Streit um die sozial-normative Komponente als eigenständiges Gewahrsamselement – da bloßes Regulativ von Herrschaftsmacht und Gewahrsamswille – im wesentlichen als eine Frage der Terminologie (vgl. auch Ruß LK 18). 24

a) Ein **tatsächliches Herrschaftsverhältnis** besteht, wenn der unmittelbaren Verwirklichung des Einwirkungswillens auf die Sache keine Hindernisse entgegenstehen (vgl. RG **60** 272, Hamburg MDR **47**, 35, M-Schroeder I 307). Da es dabei nicht auf das rechtliche Dürfen, sondern auf das *faktische* Verfügen-*Können* ankommt, ist gleichgültig, ob diese Herrschaftsmacht dem Gewahrsamsinhaber von Rechts wegen zusteht oder nicht. Daher kann auch der Dieb (wenngleich *unrechtmäßigen*) Gewahrsam an der gestohlenen Sache erlangen und somit seinerseits um die Beute bestohlen werden (RG **60** 278, **70** 9, BGH NJW **53**, 1358, Ruß LK 18 mwN). Zur Wegnahme durch einen Mittäter vgl. u. 77. Für die Annahme eines solchen Herrschaftsverhältnisses kommt es in erster Linie auf die enge räumliche Beziehung zwischen Mensch und Sache an, d.h. auf die effektive, jederzeit ausübbare Macht (BGH GA **79**, 391). Stattdessen auf die „jedermann offenkundige Zuordnung einer Sache zu einer Person" abzustellen (so Bittner JuS 74, 157f., Haffke GA 72, 227f., Samson JA 80, 287), führt i.E. kaum weiter (vgl. Blei JA 74, 83). Da sich die tatsächliche Herrschaftsmacht jedoch letztlich nach der *natürlichen Auffassung des täglichen Lebens* bestimmt, wird Gewahrsam einerseits teils selbst dann nicht ausgeschlossen, wenn die unmittelbare Einwirkungsmöglichkeit beeinträchtigt ist (u. 26), bzw. andererseits verneint, obwohl sie uneingeschränkt vorliegt (u. 27). 25

Zur erstgenannten Fallgruppe *fortbestehenden* Gewahrsams trotz **Gewahrsamslockerung** gehören zunächst die Fälle, in denen trotz *räumlicher Entfernung* des Inhabers von der Sache seine Einwirkung darauf im Rahmen des Soziolüblichen bestehen bleibt (vgl. auch die „Sphärenformel" von Gössel ZStW 85, 619ff.): so bei den vom Bauer auf dem Feld zurückgelassenen Gerätschaften (BGH **16** 273), bei der Wohnung des vorübergehend abwesenden Inhabers samt Inventar (RG **30** 89), bei Sachen des Ladeninhabers, die von Dieben vor dem zertrümmerten Schaufenster zurückgelassen werden (BGH GA **62**, 77), bei frei umherlaufenden Haustieren (RG **50** 184, GA Bd. **48** 311, BGH MDR/D **54**, 398; and. Goetzeler ZStW 63, 103), sowie bei einem PKW, den der Eigentümer nach einem Unfall im 26

Graben liegen läßt (Köln VRS **14** 299); ebensowenig geht bei einem geparkten PKW der Gewahrsam dadurch verloren, daß der Halter einen von mehreren Autoschlüsseln verliert und ein Dritter diesen findet (BGH VRS **62** 274). Innerhalb von *Kommunikationsbeziehungen* bleibt einerseits Gewahrsam an kurzfristig weggegebenen Sachen bestehen: so an Kleidungsstücken, die der Kunde zwecks Mitnahme in den Geschäftsräumen bereits angezogen hat (BGH LM **Nr. 11**, GA **66**, 244; vgl. M-Schroeder I 308), sowie bei Geldscheinen, die zum Wechseln auf den Ladentisch gelegt wurden (RG GA Bd. **74** 205; vgl. aber auch RG JW **19**, 321). Andererseits entsteht neuer Gewahrsam trotz Abwesenheit des Empfängers, wenn dieser antizipierten Erlangungswillen hat (vgl. Eser IV 14): so bei Rückgabe des entliehenen Kraftfahrzeugs durch Abstellen am vereinbarten Ort (BGH GA **62**, 78), bei Abstellen von Waren für den Ladeninhaber vor seinem noch geschlossenen Geschäft (BGH NJW **68**, 662 m. Anm. Schmitt JZ 68, 307), bei Zurücklassen von Geldmünzen in öffentlichen Münzfernsprechern (Düsseldorf JMBlNW **83**, 155). Schließlich befinden sich nach der natürlichen Auffassung des täglichen Lebens trotz fehlender tatsächlicher Einwirkungsmöglichkeit auch solche Gegenstände in Gewahrsam, deren Aufenthaltsort dem Inhaber zwar nicht bekannt ist, die sich aber in einem *generell beherrschten Raum* befinden, innerhalb dessen er seinen Herrschaftswillen betätigen kann: so z. B. bei Sachen, die innerhalb eines Hauses verloren werden (östOGH ÖJZ **65**, 215), es sei denn, daß ein Anderer nach den konkreten Umständen eine den Rauminhaber zurückdrängende Gewalt ausüben kann (RG **30** 89), wie etwa bei Sachen, die von dem Anderen innerhalb fremder Räume derart versteckt werden, daß er ohne weiteres Zugang zu dem Versteck hat (RG **53** 175; vgl. auch RG **12** 355 sowie o. 24).

27   Zur zweiten Fallgruppe des Gewahrsams*ausschlusses* trotz unmittelbarer Einwirkungsmöglichkeit gehören die Fälle, in denen die Sachherrschaft **im Rahmen sozialer Abhängigkeitsverhältnisse** anderen Personen zusteht: So soll an den in der Wohnung befindlichen Sachen nicht die *Hausgehilfin*, sondern der Hausherr, an den Arbeitsgeräten nicht der *Arbeitnehmer*, sondern der Arbeitgeber Alleingewahrsam haben, wobei Hausgehilfin und Arbeitnehmer lediglich Gewahrsamsgehilfen seien (vgl. Ruß LK 25 mwN). Zwar wäre demgegenüber zu bedenken, daß der Gehilfe während seiner Tätigkeit tatsächliche Sachherrschaft ausübt und dies auch will, wobei dem Umstand, daß er dies im Interesse eines anderen und für diesen tut, zwar zivilrechtlich, nicht aber strafrechtlich gewahrsamsrelevante Bedeutung hat, so daß zumindest die Annahme von Mitgewahrsam naheliegt (so Ruß LK 25). Letztlich kann jedoch diese Streitfrage auf sich beruhen: Denn soweit es um die Wegnahme durch einen Außenstehenden geht, ist gleichgültig, ob dieser den untergeordneten Mitgewahrsam des Gehilfen oder den Alleingewahrsam des Dienstherrn bricht; und soweit sich der Gehilfe eine Sache rechtswidrig zueignet, kann er entweder den Alleingewahrsam des Dienstherrn oder dessen übergeordneten Mitgewahrsam brechen (vgl. u. 32f.).

28   Auch bei **verlegten, versteckten** oder **verlorenen** Sachen ist das Fortbestehen des Gewahrsams grds. von der tatsächlichen Einwirkungsmöglichkeit aufgrund Kenntnis des Lageortes abhängig: Jedenfalls werden Sachen, die der Gewahrsamsinhaber außerhalb eines räumlich umgrenzten Herrschaftsbereiches – wie etwa auf der Straße – verliert, gewahrsamslos (vgl. BGH GA **69**, 25). An lediglich **vergessenen** Sachen kann dagegen Gewahrsam bestehen, sofern man weiß, wo sie sind und wo man sie ohne äußere Hindernisse zurückerlangen kann (RMG **2** 278). Dagegen kann bei den in einem fremden Herrschaftsbereich vergessenen oder verlorenen Sachen der alte Gewahrsam verloren und neuer begründet sein: So besteht etwa bei den in der Bahn liegengebliebenen Sachen nach Zugabfahrt kein Gewahrsam des früheren Gewahrsamsinhabers mehr, wohl aber „Hilfsgewahrsam" (Ruß LK 20) der Bahn (RMG **13** 236, Frank V; and. RG **38** 444). Ebenso gelangen z. B. die in Dienstgebäuden von Behörden, in Wartesälen oder auf Bahnsteigen verlorenen oder vergessenen Sachen in den Gewahrsam der Behörde bzw. der Bahnverwaltung (RG **54** 231, JW **30**, 3222 m. Anm. Oetker). Auch an den in Gaststätten oder Läden verlorenen oder zurückgelassenen Sachen steht der Gewahrsam dem Inhaber der Räumlichkeit zu (RG GA Bd. **65** 371). Näher zu diesen Fragen Soltmann aaO 50ff.; vgl. auch BGH GA **69**, 25.

29   b) Subjektiv-psychisch setzt Gewahrsam **Herrschaftswillen** voraus (vgl. Blei II 182, D-Tröndle 11, Ruß LK 21, M-Schroeder I 308; and. Bittner JuS 74, 159, Samson SK 35; mißverst. die Rspr.: vgl. einerseits RG **27** 225, **60** 272, BGH GA **62**, 78, wo eindeutig ein Herrschaftswille gefordert wird, andererseits RG **50** 48, **54** 346, **56** 207, BGH **4** 211, wo hiervon scheinbar abgesehen wird, wobei jedoch wohl nur die Notwendigkeit eines genauen Wissens um die einzelne Sache bei Vorliegen eines generellen Gewahrsamswillens verneint werden soll; vgl. auch Siebert aaO 48, Soltmann aaO 21). Dieser Wille muß darauf gerichtet sein, im Rahmen des tatsächlich Möglichen mit der Sache nach eigenem Willen verfahren zu können; daran fehlt es beispielsweise, solange die Sache erst zur Kasse gebracht werden soll (Köln NJW **86**, 392). Im übrigen bedarf es aber weder eines Eigentums- noch eines Zueignungswillens; vielmehr genügt *natürlicher Beherrschungswille*. Einen solchen können auch – ungeachtet mangelnder rechtlicher Willensfähigkeit – Kinder und Geisteskranke haben (vgl. Hamburg MDR **47**, 35, Blei II 182), sofern sie zur Bildung eines natürlichen Willens fähig sind (vgl. RG **2** 334). Juristische Personen oder Behörden können zwar als solche keinen Gewahrsam haben (RG **60** 271), wohl aber durch ihre gesetzlichen Vertreter oder Amtsträger (vgl. RG **52** 144, **54** 232, BGH NStE Nr. **25**).

Ebenso wie die tatsächliche Herrschaftsmacht erfährt auch der Herrschaftswille seine genauere 30 Ausprägung durch die *Anschauung des täglichen Lebens.* Das ist vor allem in dreifacher Hinsicht von Bedeutung: α) Zum einen genügt **genereller Gewahrsamswille** in dem Sinne, daß dieser sich auf einen bestimmten Bereich erstreckt, ohne daß er unbedingt auf jede dort befindliche Sache spezifiziert sein müßte. Daher tritt nicht notwendig Gewahrsamsverlust ein, wenn die Sache innerhalb des vom Willen umfaßten Herrschaftsbereichs verlegt oder gar versteckt wird, es sei denn, daß sie dadurch der tatsächlichen Verfügungsmacht des Gewahrsamsinhabers entzogen wird (vgl. o. 28). β) Ferner genügt **potentieller Gewahrsamswille** in dem Sinne, daß er im Falle seiner Antastung bekräftigt würde, ohne daß er also ständig aktualisiert werden müßte: Der Gewahrsamsinhaber braucht daher nicht ständig auf der Lauer zu liegen. Auch der Schlafende oder Bewußtlose behält Gewahrsam an seinen Sachen (BGH **4** 211), und zwar selbst dann, wenn er vor Wiedererlangung des Bewußtseins stirbt (BGH NJW **85**, 1911 m. zust. Anm. Lampe JR 86, 294 u. abl. Anm. Seelmann/Pfohl JuS 87, 199, M-Schroeder I 308, Ruß LK 22; and. Bay JR **61**, 188 m. krit. Anm. Schröder); als Toter freilich hat er keinen Gewahrsam mehr. Ob die bei ihm befindlichen Sachen gewahrsamslos werden oder in den Gewahrsam anderer Personen (Mitbewohner, Hausangestellte) übergehen, hängt von den Umständen ab; keinesfalls findet ein Übergang auf den Erben nach § 857 BGB *von Gesetzes wegen* statt; denn da sich der Gewahrsam nach tatsächlichen Faktoren bestimmt, müssen die Erben erst noch ihren Beherrschungswillen manifestieren. γ) Ansonsten genügt jedoch auch **antizipierter Erlangungswille** in dem Sinne, daß alle Sachen in den Beherrschungswillen aufgenommen werden, die in den eigenen Herrschaftsbereich gelangen werden: Demgemäß erlangt man Gewahrsam an allen Briefen, die in den eigenen Briefkasten geworfen werden, bzw. an allen Fischen, die sich in ausgelegten Netzen fangen. Ähnlich erhält der Besitzer eines vorübergehend verliehenen Kfz den Gewahrsam zurück, wenn dieses vereinbarungsgemäß vor seiner Wohnung abgestellt wird, auch wenn er davon nichts weiß (BGH GA **62**, 78); entsprechend erlangt der Wohnungs- oder Ladeninhaber Gewahrsam an Waren, die vor die noch geschlossene Tür gestellt werden (vgl. o. 26). Dagegen erlangt etwa der Grundstückseigentümer, in dessen Garten jemand eine Sache geworfen hat, Gewahrsam daran erst dann, wenn er von ihr erfährt und sie zu beherrschen beschließt.

c) Gewahrsam ist **nicht gleichbedeutend mit Besitz** i. S. v. BGB (RG **50** 184, **52** 145, M-Schroeder 31 I 307, Samson SK 36; vgl. auch schon Bruns, Die Befreiung des Strafrechts vom zivilistischen Denken [1938] 199, 202 ff.; im Ansatz and. Schünemann GA 69, 50), obwohl auch dieser tatsächliche Herrschaft bedeutet, infolge seiner rechtsähnlichen Ausgestaltung jedoch einerseits enger, andererseits weiter als der strafrechtliche Gewahrsam ist. Daher kann auch der zivilrechtliche Nicht-Besitzer strafrechtlichen Gewahrsam haben (wie etwa der Besitzdiener) und umgekehrt (wie z. B. der Erbe; vgl. RG **58** 229). Auch der mittelbare Besitzer (§ 868 BGB) ist nicht schon aufgrund dieser Stellung Gewahrsamsinhaber (RG **53** 340, **56** 116).

2. Der Täter muß **fremden** Gewahrsam brechen. Dies ist der Fall, wenn er ihn *nicht ausschließ-* 32 *lich selbst* hat. Demzufolge ist Gewahrsamsbruch jedenfalls gegenüber einem *gleichrangigen* **Mitgewahrsam**sinhaber möglich. Im Rahmen von Über-Unterordnungsverhältnissen kann der Untergeordnete gegenüber dem Übergeordneten Gewahrsamsbruch begehen, nicht aber umgekehrt (vgl. Hamm JMBlNW **65**, 10, LG Karlsruhe NJW **77**, 1302; näher Eser IV 16f., Soltmann aaO 76), wobei jedoch umstritten, aber letztlich ohne sonderliche Bedeutung ist, ob im Über-Unterordnungsverhältnis *mehrstufiger* Gewahrsam (dazu BGH **10** 400) – also auch Gewahrsam des Untergeordneten – vorliegt oder ob der *Übergeordnete alleiniger* Gewahrsamsinhaber ist (so Samson SK 38, Schünemann GA 69, 52f.). Denn hinsichtlich der Wegnahme erblicken beide Auffassungen gleichermaßen sowohl in der Sachentziehung durch den Untergeordneten als auch in der eines Dritten beim Untergeordneten einen Gewahrsamsbruch (vgl. aber auch Haffke aaO 227, der die „geistige Zuordnung" entscheiden lassen will). Und auch hinsichtlich der Antragsberechtigung des untergeordneten Sachinhabers nach § 77 kommen beide Auffassungen zur Ablehnung: sei es, daß man dem Gewahrsam selbständigen Rechtsgutscharakter abspricht (vgl. o. 2), sei es, daß man nur den Eigentümer als „Verletzten" i. S. v. §§ 77, 247, 248a ansieht (vgl. § 247 RN 10, § 248a RN 19). Daher ist die Figur des „untergeordneten Mitgewahrsams" praktisch entbehrlich.

Ob **Mitgewahrsam oder Alleingewahrsam** vorliegt, kann zweifelhaft sein (vgl. Arzt/Weber III 33 32ff., Wessels II/2 S. 21ff.). **Beispielsweise** wird bei *vermieteten* Räumen regelmäßig der Mieter alleiniger Gewahrsamsinhaber sein (RG **5** 43); bei Hotelzimmern sollen dagegen Wirt und Gast Mitgewahrsam haben (RG GA Bd. **68** 277). *Angestellte* und *Verkäufer* in einem Ladengeschäft haben nach RG bezüglich der Waren, der Kasse sowie der Gelder, die sie von den Kunden als Bezahlung in Empfang nehmen, keinen Mitgewahrsam; vielmehr wird Alleingewahrsam des Geschäftsherrn angenommen (RG **2** 1, **21** 17, **30** 89, HRR **39** Nr. 351); doch kann u. U. auch Alleingewahrsam der Angestellten vorliegen, so insbes. bei Kassenverwaltern hins. des Kasseninhalts (BGH **8** 275, NStE Nr. 26, MDR/H **89**, 111, Rostock HRR **28** Nr. 572, Hamm NJW **73**, 1811; vgl. aber auch RG **77** 38). Über den Gewahrsam an Sachen, die *Hausangestellten* zur eigenen Benutzung überlassen sind, vgl. RG GA Bd. **68** 276, Kiel GA Bd. **69** 147. Im Verhältnis zwischen einem LKW-*Fahrer* und dem Geschäftsherrn kann je nach den Umständen Mitgewahrsam oder Alleingewahrsam des einen oder des anderen bestehen (vgl. RG **52** 144, **54** 34, **56** 116, JW **22,** 585 mit Anm. Köhler, BGH **2** 318). Bei Fernfahrten ist regelmäßig Alleingewahrsam des Fahrers (bzw. Mitgewahrsam des Beifahrers) anzunehmen (vgl. BGH GA **79,** 390; ebenso Düsseldorf MDR **85,** 427 bzgl. Mineralöltransport, Otto JZ 85, 23), während Transporte innerhalb desselben Ortes, abgesehen von Großstädten, zumeist in der Reichweite des Geschäftsherrn bleiben und daher sein Gewahrsam auf Grund seiner Einwirkungsmöglichkeit fortbesteht. Bei *Verwahrungsverträgen* steht der Gewahrsam an der aufbewahrten Sache regelmäßig dem Verwahrer zu (RG HRR **39** Nr. 1281, dagegen M-Schroeder I 310); gleiches wird für den Steuerberater hinsichtlich der ihm vom Mandanten übergebenen Belege zu gelten haben (and. LG Aachen NJW **85,** 338, D-Tröndle 10). Bei Fahrzeugen, die in einer fremden Garage untergestellt sind, wird regelmäßig Mitgewahrsam anzunehmen sein (BGH **18** 222). An Holz im Wald soll der *Revierförster* keinen Gewahrsam haben (BGH MDR/D **54,** 398), während der *Briefträger* regelmäßig an den von ihm zuzustellenden Sendungen Alleingewahrsam hat. Der Postbeamte hingegen, der Wertpakete am Paketschalter ausgibt, hat an diesen nur Mitgewahrsam (BGH NStE Nr. **25**). Eingeh. Nachw. zur Rspr. bei Olshausen 17, Ruß LK 25ff.

34 Speziell bei **verschlossenen Behältnissen** kann fraglich sein, ob der Inhaber des Gewahrsams am Behältnis auch Gewahrsam am Inhalt hat, wenn er nicht den Schlüssel dazu besitzt, sondern ein anderer, der das Behältnis zwar zur Aufbewahrung gegeben, sich aber durch das Verschließen eine Sicherung gegen fremde Einwirkung geschaffen hat. Die Rspr. hat in solchen Fällen Gewahrsam des Verwahrers angenommen, wenn der Besitzer des Schlüssels nur mit Zustimmung des Verwahrers an den Inhalt gelangen kann und der Verwahrer in der Lage ist, das ganze Behältnis fortzuschaffen und darüber zu verfügen. Es kommt dann lediglich Unterschlagung (allerdings meist in Form von Veruntreuung) in Betracht. Liegen diese Voraussetzungen nicht vor, so soll der Schlüsselbesitzer jedenfalls Mitgewahrsam am Inhalt behalten (RG **5** 222, **45** 252, Stuttgart Justiz **63,** 211 [Gasautomat], BGH **22** 180 [Fernsehautomat], RG **47** 213, JW **37,** 3302 [Bankschließfach], BGH GA **56,** 318 [Spendenbüchse], RG **35** 117 [der Post bzw. der Bahn übergebene verschlossene Behältnisse]). Gegen diese Differenzierung hat Schröder (vgl. 17. A. RN 26) eingewandt, sie berücksichtige nicht hinreichend die Schranke, die der Schlüsselbesitzer mittels des Verschlusses errichtet habe (vgl. auch Bockelmann II/1 S. 14 f.); denn mit dem Ausschluß der Möglichkeit, ohne weiteres auf den Inhalt einzuwirken, entfalle insoweit der Gewahrsam (vgl. auch RG **67** 231); der Umstand, daß das Behältnis samt Inhalt fortgeschafft und veräußert werden könne, ändere hieran nichts. Dieser Einwand beachtet aber seinerseits zu wenig, daß es beim strafrechtlichen Gewahrsamsbegriff auf das *faktische* Verfügen-*Können* ankommt. Daher dürfte der Rspr. i. E. zuzustimmen sein (vgl. auch Ruß LK 31, Wessels II/2 S. 23 f.). Umgekehrt kann der **Gewahrsam beendet** werden, indem jemand einen frei zugänglichen Raum (Behältnis) *eigenmächtig derart verschließt,* daß der bisherige Gewahrsamsinhaber keinen Zugang mehr hat (vgl. Celle JR **68,** 431 m. Anm. Schröder).

35 3. Erster Handlungsteil ist der **Bruch fremden Gewahrsams** auf Seiten des Opfers. Erforderlich dafür ist die Aufhebung der tatsächlichen Herrschaftsmacht (o. 25) ohne Willen des bisherigen Gewahrsamsinhabers oder einer zur Disposition über den Gewahrsam befugten Person. Auf welche Weise dies geschieht, ist unerheblich; daher kann die Aufhebung des Gewahrsams durch den Täter selbst wie auch durch Vermittlung Dritter oder eines Tieres bewirkt werden (vgl. RG **53** 181, **57** 168, **70** 213, sowie BGH MDR/D **54,** 398: Verkauf von Holz durch einen nichtberechtigten Forstbeamten, den der gutgläubige Käufer das Holz selbst abfahren läßt). **Ohne Willen des Gewahrsamsinhabers** handelt der Täter bereits dann, wenn er zum Zwecke der Wegnahme den Gewahrsam des Berechtigten lockert, indem er ihn von der Sache weglockt, sich unbehindert Zugang verschafft oder – wie beim sog. Trickdiebstahl – die Sache zu kurzfristiger Benutzung übergeben (vgl. BGH NStE Nr. **11,** Düsseldorf NJW **90,** 923, Stuttgart Justiz **73,** 396) oder zur Ansicht herzeigen läßt (vgl. auch § 263 RN 63). Gleiches gilt, wenn der Gewahrsamsinhaber die Sache deshalb weggibt, weil er infolge Drohung oder Täuschung glaubt, die Wegnahme ohnehin dulden zu müssen wie etwa der bloßen Duldung der Beschlagnahme durch einen falschen Kriminalbeamten (näher dazu § 263 RN 63 f. mwN, ferner Samson SK 44, Thiel Jura 89, 454), sowie dann, wenn der Gewahrsamsinhaber nichts gegen die Wegnahme unternimmt, weil er sie gar nicht bemerkt (BayObLG NStE Nr. **23**).

36 **Mit Willen des Gewahrsamsinhabers** (und damit tatbestands*ausschließend*) handelt der Täter jedoch dort, wo er sich die Sache nicht nur kurzfristig übergeben läßt bzw. ein Einverständnis des Gewahrsamsinhabers mit der „Wegnahme" vorliegt (vgl. Samson SK 42 f., JA 80, 288 f. sowie u. 41). Wenn also der Täter durch Täuschung nicht nur das Herzeigen, sondern das Mitgeben der Ware bewirkt, kommt nicht Diebstahl, sondern Betrug in Betracht (Hamm NJW **74,** 1957). Gleiches gilt, wenn der Täter die Übergabe der Ware dadurch bewirkt, daß er sie in der Verpackung eines von ihm an der Kasse vorgelegten und bezahlten Gegenstandes verbirgt (Düsseldorf NJW **88,** 922); zur Abgrenzung von Betrug und Trickdiebstahl vgl. auch BGH MDR/D **74,** 15, Köln MDR **73,** 866, Bittner JuS 74, 156, Eser IV 17, 126. Sowohl beim Gebenlassen durch den Gewahrsamsinhaber als auch für dessen „Einverständnis" mit der Wegnahme reicht der natürliche Wille aus; rechtliche Willensfähigkeit ist nicht erforderlich, so daß es auch bei Veranlassung eines Betrunkenen, sein Geld auszuhändigen, an der Wegnahme fehlen kann (RG JW **39,** 224). Das Einverständnis muß stets **vor** oder spätestens *bei*

Diebstahl   37, 38 § 242

„*Wegnahme*" erteilt sein; durch nachträglich erteilte Genehmigung kommt trotz § 184 BGB ein Gewahrsamsbruch nicht in Wegfall (vgl. RG **61** 394). Besteht Mitgewahrsam, so entfällt die Wegnahme nur, wenn alle Gewahrsamsinhaber einverstanden sind (BGH **8** 273). Ist die Zustimmung des Betroffenen nicht rechtzeitig einholbar, lassen aber die Umstände die Annahme zu, daß er sie erteilt haben würde, so kommt ergänzend **mutmaßliche Einwilligung** in Betracht. Gleiches gilt, wenn ohne weiteres davon ausgegangen werden kann, daß der Betroffene auf das Einholen seiner Zustimmung keinen Wert legt (vgl. 54 ff. vor § 32, § 246 RN 22 sowie Köln NJW **68**, 2348 m. Anm. Tiedemann JuS 70, 108). Bei einem (möglicherweise) modifizierten oder **bedingten Einverständnis** entfällt die Wegnahme nur dann, wenn der Täter die betreffenden äußerlich erkennbaren Voraussetzungen erfüllt (Ruß LK 36, Samson SK 45; vgl. auch Köln NJW **86**, 392). Deshalb fehlt es am Einverständnis beim Bedienen eines Warenautomaten mit Falschgeld (Ranft JA 84, 6 mwN; krit. Dreher MDR 52, 563), oder eines Geldautomaten mit einer gefälschten Codekarte (AG Böblingen CR **89**, 308 m. Anm. Richter CR 89, 303, Otto JR 87, 225, wobei § 242 aber auch hier von § 263a auf Konkurrenzebene verdrängt wird; vgl. § 263a RN 41). Um jedoch eine Grenze zwischen Wegnahme durch Nichterfüllung der Bedingungen einerseits und Täuschung i. S. v. § 263 andererseits ziehen zu können, kann sich die Bedingung beim Einverständnis in die Wegnahme nicht auf rein innere Vorgänge und Entscheidungen, wie etwa das Vorhandensein von Zahlungsbereitschaft des Ansichnehmenden, beziehen. Deshalb wird beim **SB-Tanken** selbst bei fehlender Zahlungsbereitschaft jedenfalls hinsichtlich der Wegnahme des Treibstoffs idR von unbedingtem Einverständnis auszugehen sein (vgl. Charalambakis MDR 85, 978 mwN; Sicht and. Steininger ÖRZ 88, 233) und allein kann § 246 in Betracht kommen (vgl. dort RN 7 sowie § 263 RN 28, 63). Dagegen wird bei dem ebenfalls umstrittenen **Codekartenmißbrauch** zwar hins. der anschließend wieder zurückgegebenen *Codekarte* mangels Zueignungsabsicht Diebstahl zu verneinen (BGH **35** 156 ff. [gegen Düsseldorf NStE Nr. **14**], Ehrlicher aaO 59 ff.), hins. des damit erlangten *Geldes* hingegen wegen des nur bedingten Einverständnisses der Bank regelmäßig zu bejahen sein (Bay NJW **87**, 663, 665, Koblenz wistra **87**, 261, LG Köln CR **87**, 441, NJW **87**, 667, AG Gießen NJW **85**, 2283, Gropp JZ 83, 487 ff., Jungwirth MDR 87, 538 ff., Lenckner/Winkelbauer wistra 84, 83, Mitsch JuS 86, 771), wobei jedoch letzterenfalls nach BGH **35** 158 nur § 246 anzunehmen sei (zust. Otto Jura 89, 142, Ranft JR 89, 165, Schmitt/Ehrlicher JZ 88, 364; abl. Huff NJW 88, 981, Spahn Jura 89, 513, Thaeter wistra 88, 339, ferner Stuttgart NJW **87**, 666, D-Tröndle 19 a, Ehrlicher aaO 64 ff., Lackner 5 a bb, Ruß LK 36); selbst soweit § 242 bzw. 246 gegeben ist, geht allerdings nunmehr § 263a als lex specialis vor (Bay aaO, AG Gießen NJW **85**, 2283, Schneider NStZ 87, 123, i. E. auch Huff NJW 87, 816, Otto JR 87, 225, Weber JZ 87, 215; umgekehrt für Subsidiarität des § 263 a Ranft wistra 87, 84; gegen die Anwendbarkeit von § 263 a überhaupt LG Wiesbaden NJW **89**, 2551). Ebenso stellt die vertragswidrige Barabhebung durch den berechtigten Karteninhaber einen Diebstahl dar (LG Karlsruhe NJW **86**, 948), woran sich auch nach dem 2. WiKG nichts geändert hat, da hier weder § 263 a (dort RN 19) noch § 266 b (dort RN 8) in Betracht kommen. Eingeh. zum Ganzen mwN zum Streitstand § 263 a RN 14 ff. sowie § 263 RN 29 a, 50, 53. Auch beim **„Austricksen"** von Spielautomaten mittels bedienungswidriger *mechanischer Einwirkungen* auf das Gerät kommt – mit Vorrang vor dem etwaigen § 265 a – Diebstahl in Betracht (vgl. Stuttgart NJW **82**, 1659 m. Anm. Albrecht JuS 83, 101, Otto JZ 85, 23, Seier JR 82, 509, Koblenz NJW **84**, 2424, Schleswig SchlHA/E–L **86**, 121; vgl. aber auch Bay NJW **81**, 2826; allein für § 265 a AG Lichtenfels NJW **80**, 2206 m. Anm. Seier JA 80, 681, Schultz NJW 81, 1351). Dagegen stellt das systematische **Leerspielen von Spielautomaten** unter Verwendung von *Kenntnissen über den Programmablauf* nach richtiger Auffassung mangels bedienungswidriger Einwirkung auf den Automat kein Eigentumsdelikt dar (Celle NStZ **89**, 367 m. insow. zust. Bespr. Neumann JuS 90, 535, LG Aachen JR **88**, 436 m. Anm. Lampe, LG Freiburg NJW **90**, 2635, Füllkrug/Schnell wistra 88, 177, Neumann CR 89, 717, Schlüchter NStZ 88, 58, Westpfahl CR 87, 519; and. AG Neunkirchen CR **88**, 1029, bestät. von LG Saarbrücken NJW **89**, 2272). Umstritten ist, ob eine Strafbarkeit nach § 263 a (dafür AG Augsburg CR **89**, 1004 m. Anm. Etter, Lampe, Westpfahl, jeweils aaO, Lackner § 263 a Anm. 4 c cc; dagegen Celle aaO, LG Duisburg wistra **88**, 278, LG Freiburg aaO, Neumann, Schlüchter, jeweils aaO oder § 17 II UWG (dazu Celle aaO, LG Freiburg aaO, Schlüchter NStZ 88, 60, Etter CR 88, 1024, CR 89. 1007) in Betracht kommt (vgl. auch § 263 a RN 8 f.). Allg. zu listiger Sachverschaffung vgl. auch Herzberg ZStW **89**, 367 ff. Zur Abgrenzung zwischen Diebstahl in mittelbarer Täterschaft und Dreiecksbetrug vgl. § 263 RN 65 ff.

 4. Als zweiter Handlungsteil ist zwecks Vollendung der Wegnahme die **Begründung neuen** 37
Gewahrsams auf *Täterseite* erforderlich. Dafür genügt nach der heute vorherrschenden *Apprehensionstheorie* (vgl. M-Schroeder I 310) das Ergreifing des Gegenstandes. Das bedeutet, daß einerseits weder die bloße Berührung ausreicht (sog. Kontrektationstheorie) noch andererseits ein Wegbringen der Sache (sog. Ablationstheorie; Beispiel in Hamm NJW **68**, 1151) noch deren Bergung (sog. Illationstheorie) erforderlich ist. Näher zu diesen Theorien Binding I 292, Hafter II/1 S. 245 sowie zur Geschichte des Wegnahmebegriffes H. Mayer JZ 62, 617 (gegen ihn Geilen JR 63, 448). Wie sich jedoch in der Einzelanwendung zeigt, wird trotz des allgemeinen Berufens auf bloße Apprehension praktisch immer eine *die Möglichkeit der Ablation begründende Apprehension* verlangt (vgl. Eser IV 18 f. sowie die nachfolgende Kasuistik).

 a) Ob **neuer Gewahrsam** begründet ist, beurteilt sich nach den tatsächlichen Umständen 38

§ 242 39, 40   Bes. Teil. Diebstahl und Unterschlagung

unter Berücksichtigung der *Verkehrsanschauung* (BGH 20 196, 23 255, NJW 81, 997, Köln NJW 84, 810). Entscheidend ist, ob der Täter die Herrschaft über die Sache derart erlangt hat, daß er sie ohne Behinderung durch den alten Gewahrsamsinhaber ausüben und dieser seinerseits ohne Beseitigung der Verfügungsgewalt des Täters nicht mehr über die Sache verfügen kann (vgl. BGH MDR/D 55, 145, Hamburg MDR 60, 780, Celle MDR 68, 777). Regelmäßig ist neuer Gewahrsam in dem Augenblick begründet, in dem die Herrschaftsmacht des bisherigen Gewahrsamsinhabers vollständig aufgehoben ist, wie z. B. bei Verzehr (Köln NJW 86, 392). Vgl. aber auch u. 43).

39 α) Befindet sich die Sache (oder der Täter mit ihr) **noch im räumlichen Machtbereich** des bisherigen Gewahrsamsinhabers, so ist neuer Gewahrsam im allgemeinen dann begründet, wenn der Täter die Sache an sich genommen hat und der Wegschaffung unter normalen Umständen kein Hindernis mehr entgegensteht (BGH NJW 75, 320, Köln NJW 84, 810, Ruß LK 41 ff. mwN). Dies ist vor allem der Fall, wenn für den Täter nicht mehr die Gefahr besteht, von einem hinzukommenden Dritten an der Wegschaffung der Beute gehindert zu werden (vgl. jedoch Köln MDR 71, 595). So wird man etwa bei einem (unbeobachteten) Warenhausdiebstahl Gewahrsamsbegründung dann annehmen müssen, wenn der Täter die Sache in seiner Tasche versteckt (RG 52 76, Ruß LK 43a, Samson SK 24, vgl. auch BGH 20 196) oder wenn er mit ihr die betreffende Abteilung des Kaufhauses verlassen hat (Hamm MDR 69, 862; dagegen soll es nach Köln StV 89, 156 insoweit ganz auf die Umstände des Einzelfalles ankommen). Sofern jedoch die Ware, weil etwa zu groß, um bereits in der Kleidung oder Handtasche versteckt zu werden, lediglich überdeckt im Einkaufswagen liegt, kommt es auf das Verlassen des Kassenbereichs bzw. darauf an, ob das Kassenpersonal die Abfertigung des Täters als abgeschlossen ansieht (Köln NJW 84, 810). Bei einem nächtlichen Einbruchsdiebstahl wird Gewahrsam idR erst mit Verlassen des Gebäudes begründet, ebenso beim Diebstahl aus einer fremden Wohnung, die vom Täter berechtigterweise nicht betreten werden kann (ebenso BGH JR 63, 466 m. Anm. Geilen JR 63, 446, Kühl JuS 82, 112; vgl. jedoch BGH MDR/D 67, 896). Hingegen haben etwa eine Hausangestellte oder ein Gast neuen Gewahrsam bereits dann, wenn sie die Sache heimlich einstecken. Neuer Gewahrsam liegt auch vor, wenn der Täter die Sache in den Räumen des Bestohlenen zunächst versteckt, um sie später abzuholen, und er zu diesen Räumen ohne weiteres Zugang hat (vgl. RG 12 355, GA Bd. 68 275, BGH LM **Nr. 9** zu § 243 I Nr. 2, KG JR 66, 308; and. Samson SK 25; vgl. aber o. 24). Das bloße Zurechtlegen oder Verpacken der Diebesbeute stellt noch keine vollendete Wegnahme dar (R 7 539, RG 27 396, 52 202, JW 34, 1358, BGH LM **Nr. 18** zu § 243 I Nr. 2, JR 63, 466; and. R 2 660, GA Bd. 69 104, vgl. auch RG Recht 10 Nr. 2184). Wenn nur noch natürliche Hindernisse (z. B. Mauern) der Wegschaffung der Beute entgegenstehen, kann neuer Gewahrsam vorliegen oder nicht, je nachdem, ob es sich um kleinere oder größere Sachen handelt (vgl. östOGH ÖJZ 59, 413, Eser IV 19f.). Bei letzteren genügt die Gefährdung des alten Gewahrsams durch Beginn des Abtransports regelmäßig nicht (vgl. Bamberg HE 2 80, Celle JR 65, 68). Entsprechendes gilt für schwer bewegliche Gegenstände zumindest bis zu deren abgeschlossener Verladung (BGH NStZ 81, 435); daher zw. Koblenz VRS 46 430 (Pkw-Oldtimer).

40 β) Besondere Probleme entstehen, wenn der Täter beim Gewahrsamsbruch durch den Berechtigten oder durch Dritte, die zu dessen Gunsten einzuschreiten gewillt sind (z. B. Angestellte eines Warenhauses, Polizeibeamte) **beobachtet** wird. Die Rspr. bejahte in solchen Fällen Wegnahmevollendung zunächst meist nur dann, wenn der Täter an der Herrschaft über die Sache trotz der Beobachtung infolge besonderer Umstände nicht gehindert werden konnte (RG 66 396, 76 133, BGH MDR/D 57, 141, vgl. auch Hamburg NJW 60, 1920, Tübingen SJZ 47, 556 m. Anm. Sachs), während Versuch angenommen wurde, wenn der Beobachtende ohne weiteres in der Lage war, sofort mit Erfolg einzugreifen (RG GA Bd. 69 103, BGH 4 199, Hamm NJW 54, 523; and. RG 53 145, vgl. auch RG 52 76). Demgemäß verneinten Hamm NJW 61, 328 (m. abl. Anm. Welzel) und Düsseldorf NJW 61, 1368 (m. abl. Anm. Welzel GA 61, 350) Wegnahmevollendung, wenn der Täter im **Selbstbedienungsladen** Sachen in die Tasche steckt und dabei vom Personal beobachtet wird (ebenso Huschka NJW 60, 1189). Dagegen nimmt BGH 16 271 im Anschluß an Welzel GA 60, 257 (ebenso BGH 17 206, 23 254, GA 63, 147, 69, 91, Cordier NJW 61, 1340, Heubel JuS 84, 448, M-Schroeder I 311, Otto ZStW 79, 61 ff., Wessels II/2 S. 27 f., Wimmer NJW 62, 614, D-Tröndle 15, Ruß LK 43a, Arzt/Weber III 38; vgl. auch KG JR 61, 271) hier vollendeten Diebstahl mit der Begründung an, die natürliche Lebensauffassung bzw. die soziale Anschauung (Samson SK 20, 24) weise demjenigen, der eine Sache in seinen Taschen trage, den ausschließlichen Gewahrsam zu (i. E. ebenso Geilen JR 63, 446, Gössel ZStW 85, 649, Backmann aaO 89 f.; ähnl. bzgl. einer polizeilich beobachteten Wegnahme aus einem Pkw BGH NStZ 87, 71; dagegen bzgl. angezogener Kleidungsstücke BGH MDR/D 69, 902, wobei es aber nach BGH NStZ 88, 270 ganz auf die Umstände des Einzelfalls ankommen soll; für Gewahrsamserlangung bei unter dem eigenen Mantel verborgenen Kleidungsstücken Düsseldorf NJW 90, 1492; unzweifelhaft zu Recht Gewahrsamserlangung verneinend bei umfangreicher Beute BGH StV 84, 376 [32 Pfundpackungen Kaffee in 4 Plastiktüten und 38 Zigarettenstangen]

sowie Bay NStE **Nr. 23**, Düsseldorf NJW **86**, 2266, Köln NJW **86**, 392 bei noch im Einkaufskorb befindlichen Waren; vgl. auch AG Braunschweig NJW **88**, 2055). – Diesem Ausgangsgrundansatz kann jedoch nicht zugestimmt werden. Daß das Tragen einer Sache in der Tasche gerade nach der Lebensauffassung allein nicht genügt, um Gewahrsam zu bejahen, zeigt z. B. der Fall des Arbeiters, der Werkzeuge seines Arbeitgebers mit sich führt. Daß das mit Willen des Arbeitgebers geschieht, kann nichts ausmachen. Zu berücksichtigen ist ferner die Tatsache, daß der im Selbstbedienungsladen auf frischer Tat ertappte Dieb regelmäßig ohne weiteres zur sofortigen Herausgabe bereit ist. Die Begründung von Gewahrsam setzt aber – bei Verständnis der Wegnahme als „Apprehension plus Möglichkeit der Ablation" (o. 37) – das Herstellen eines tatsächlichen Herrschaftsverhältnisses voraus, kraft dessen der Einwirkung auf die Sache keine Hindernisse entgegenstehen. Ein solches Verhältnis liegt beim beobachteten Dieb im Selbstbedienungsladen in keinem Augenblick vor. Vielmehr spricht im Hinblick auf das Recht des Ladeninhabers zur vorläufigen Festnahme (§ 127 I StPO) bzw. zur Selbsthilfe (§ 859 II BGB) sowohl die tatsächliche wie auch die soziale Betrachtung gegen die Annahme von Gewahrsam (vgl. Eser IV 19f., H. Mayer JZ 62, 620). Das Tabu, mit dem die h. M. die körperliche Sphäre des Täters ausstattet, steht in Widerspruch zu den tatsächlichen Verhältnissen. Dies wird besonders deutlich in dem Parallelfall, daß Kriminalbeamte zum Zwecke der Überführung von Taschendieben eine als Hausfrau getarnte Beamtin begleiten, um dem Täter die ergriffene Sache sofort wieder abzunehmen; auch hier hatte der Täter nur scheinbar Gewahrsam (BGH **4** 199) erlangt. Dringt der Dieb in einen Raum ein, dessen Türen sich auf Grund einer Alarmvorrichtung durch Eisengitter schließen, so kann es für den Gewahrsam nichts ausmachen, ob er das Diebesgut in die Tasche steckt oder nicht. Ebenso hat der BGH selbst ein Fortbestehen des Gewahrsams in LM **Nr. 11** angenommen, obwohl die Täter Kleidungsstücke bereits angezogen hatten und die Verkäuferin mit der Waffe bedrohten, um die Beute in Sicherheit zu bringen; wie hier weitgehend BGH JR **63**, 466, GA **66**, 244; vgl. auch BGH StV **85**, 323 zu polizeilicher Beobachtung (and. Düsseldorf NJW **88**, 1336). Nur auf dem Boden der hier vertretenen Auffassung läßt sich schließlich überzeugend begründen, warum Wegnahmevollendung so lange ausscheidet, als die Ware durch ein elektronisches Sicherungsetikett geschützt ist (vgl. Borsdorff JR 89, 4, Seier JA **85**, 391 gegen Stuttgart NStZ **85**, 76; vgl. auch § 243 RN 24). Jedenfalls ist für Versuch und Vollendung nicht entscheidend, ob der Täter schon alles Beabsichtigte getan hat (and. Karlsruhe Justiz **72**, 361).

γ) Ähnliche Probleme bestehen bei der sog. **Diebesfalle**, wie vor allem bei präparierten Geldscheinen, oder wenn **Fangbriefe** zur Überführung von Dieben in den Verkehr gegeben werden. Hier wird der Dieb regelmäßig Gewahrsam erlangen, da im unmittelbarer Zugriff seitens der Kontrollorgane meist nicht mehr möglich sein wird. Wenn jedoch der Gewahrsamsinhaber mit der Ansichnahme durch den Dieb einverstanden ist, kommt schon mangels Gewahrsamsbruchs nur versuchter Diebstahl – u. U. in Tateinheit mit Unterschlagung (Celle JR **87**, 253 m. Anm. Hillenkamp) – in Frage (Köln NJW **61**, 2360, Bay NJW **79**, 729 m. Anm. Paeffgen JR 79, 297, Otto JZ 85, 22, Düsseldorf NJW **88**, 83; vgl. o. 36). Sind dagegen Gewahrsams- oder Mitgewahrsamsinhaber nicht eingeweiht, liegt vollendeter Diebstahl vor (Hamm JMBlNW **57**, 176). 41

b) Der neue Gewahrsam muß jedoch nicht unbedingt beim **Täter** selbst, sondern kann auch bei einem **Dritten** begründet werden. Letzterenfalls ist nicht erforderlich, daß der Täter zwischenzeitlich eigenen Gewahrsam erlangt; es genügt vielmehr, daß der Täter einen anderen als sein Werkzeug veranlaßt, sich die Sache zu holen und unmittelbar in den eigenen Gewahrsam zu überführen (RG **47** 147, **48** 58, **57** 166, **70** 213 m. Anm. Rilk JW 36, 3000, RG HRR **39** Nr. 351, BGH MDR/D **54**, 398, Blei II 184, D-Tröndle 13, M-Schroeder I 310). Eine Wegnahme kann z. B. darin liegen, daß der Täter einen anderen veranlaßt, die in einer fremden Gänsebucht befindlichen und Dritten gehörenden Gänse herauszutreiben (RG **48** 58). Zur Kritik der Rspr. vgl. Lampe GA 66, 232ff. 42

5. Regelmäßig vollzieht sich der **Bruch** des fremden mit der **Begründung** neuen Gewahrsams in einem Akt. Ausnahmsweise können jedoch beide Vorgänge **auseinanderfallen** (vgl. OGH **3** 37, Eser IV 20, Ruß LK 75, Wimmer NJW **62**, 610), so etwa, wenn der Täter Sachen von einem fahrenden Güterzug herabwirft, um sie später abzuholen. Solange hier noch kein neuer Gewahrsam begründet ist, liegt lediglich Versuch vor (Frank VI 1; and. wohl D-Tröndle 13; vgl. auch KG GA Bd. **69** 121). 43

IV. Für den **subjektiven Tatbestand** ist *Vorsatz* und die *Absicht rechtswidriger Zueignung* notwendig. 44

1. Zum **Vorsatz** gehört insbes. das Bewußtsein, daß die Sache in fremdem Eigentum und fremdem Gewahrsam steht. Daran fehlt es, wenn der Täter sich irrigerweise selbst als Gewahrsamsinhaber (RG **53** 303) oder Eigentümer ansieht. Ferner wird der Vorsatz durch die irrige Annahme ausgeschlossen, der Gewahrsamsinhaber sei mit der Wegnahme einverstanden. Bei irrtümlicher Wegnahme einer eigenen Sache liegt ein strafbarer Versuch am untauglichen Objekt vor (vgl. u. 68). Hinsichtlich des **Konkretisierungsgrades** ist gleichgültig, ob der Vorsatz von vorneherein auf *bestimmte* Objekte gerichtet war oder allgemein dahin ging, stehlenswerte Dinge mitzunehmen (vgl. § 22 RN 19); denn § 242 stellt nicht auf die Wegnahme bestimmter 45

Sachen ab. Ändert oder erweitert der Täter seinen Diebstahlsvorsatz *während der Tat* auf andere Objekte als ursprünglich geplant, so liegt dennoch nur *ein* Diebstahl vor (und nicht etwa versuchter in Tateinheit mit vollendetem Diebstahl): vgl. RG **14** 312, BGH **22** 350, MDR/D **53**, 272, GA **69**, 92 (daher unzutr. wenn BGH MDR/D **67**, 726 in einem derartigen Fall nur über Fortsetzungszusammenhang zu Handlungseinheit kommt). Dies erlangt besondere Bedeutung beim schweren Diebstahl und beim Raub (vgl. § 243 RN 59, § 249 RN 8). Anderes gilt jedoch, wenn der Täter erst *nach* endgültigem Scheitern eines Diebstahlsversuches (vgl. BGH StV **83**, 460) beschließt, eine andere Sache mitzunehmen: Dies führt zu Tatmehrheit (vgl. BGH MDR/ D **69**, 722). Zur Frage der Vorsatzänderung auf Objekte des § 248a vgl. u. 76, § 243 RN 53f.

46   2. Die **Absicht rechtswidriger Zueignung** geht als subjektives Unrechtselement über den äußeren Tatbestand der Wegnahme hinaus (vgl. Ruß LK 32 mwN; bei der abw. Differenzierung von Schmidhäuser Bruns-FS 351, 363 zwischen der *Ent*eignungsabsicht als Unrechtsmerkmal und der *An*eignungsabsicht als bloßem Schuldmoment geht der Charakter des § 242 als Sachverschiebungsdelikt verloren). Weil es nur auf die *Zueignung* ankommt, braucht *keine Bereicherung* erstrebt zu werden (RG **67** 266, BGH NJW **77**, 1460); weil es nur auf die *Absicht* ankommt, braucht eine *Zueignung nicht tatsächlich* eingetreten zu sein (Diebstahl als „erfolgskupiertes Delikt": vgl. Eser IV 24, 49). Wesentlich sind vier Elemente: die Absicht (d), sich (b) rechtswidrig (c) zuzueignen (a).

47   a) **Zueignung** bedeutet die Anmaßung einer eigentümerähnlichen Herrschaftmacht über die Sache, indem der Täter entweder die *Sache selbst* oder den in ihr verkörperten *Sachwert* dem eigenen Vermögen einverleibt, sich also wirtschaftlich an die Stelle des Eigentümers setzt (sog. *Vereinigungstheorie;* vgl. RG **61** 232, **64** 415, **67** 334; ferner BGH **1** 264, **4** 238, **16** 192, Braunschweig NdsRpfl. **50**, 94, Hamm NJW **64**, 1429, Eser JuS **64**, 479, Kohlrausch-Lange III 2b, Wessels NJW **65**, 1153ff., Tenckhoff JuS **80**, 724 mwN). In **materieller** Hinsicht enthält somit die Zueignung zwei Komponenten: eine negative, die sog. *„Enteignung"*, die in der Verdrängung des Eigentümers aus seiner wirtschaftlichen Position besteht, indem ihm die Sachsubstanz als solche oder der in ihr verkörperte Sachwert gänzlich oder in wesentlichem Umfang endgültig entzogen wird (dies ist insbes. für die Abgrenzung zwischen Zueignung und bloßem Gebrauch bedeutsam; vgl. u. 51ff.), und eine positive, die sog. *„Aneignung"*, die in der Einverleibung der Sache in das Vermögen des Täters bzw. in der Ausnutzung des entzogenen Sachwertes besteht (vgl. BGH NStZ **81**, 63; Celle MDR **68**, 777), und die insbes. für die Abgrenzung von Zueignung und bloßer Sachentziehung bedeutsam ist (vgl. u. 55). Diese beiden Komponenten müssen in einem *Korrespondenzverhältnis* zueinander stehen: d.h. der wirtschaftliche Nachteil und der erstrebte Vorteil müssen sich entsprechen (vgl. Schröder JR 67, 391, Deubner Anm. zu Celle NJW **67**, 1922, Eser IV 3, 26, 31: „Verschiebungsdelikt", sowie Samson SK 78 arg. a maiore aus der „Stoffgleichheit" bei den Vermögensdelikten iwS). Dagegen muß die Enteignung nicht *durch* Aneignung geschehen (so aber Rudolphi GA 65, 50, Samson SK 78); vielmehr genügt es, wenn der Täter bei der Wegnahme beabsichtigt, sich die Sache zunächst anzueignen und sie sodann auf Dauer dem Eigentümer zu entziehen. Als weiteres **formales** Moment muß jedoch hinzukommen, daß der Täter über die Sache gerade kraft einer angemaßten *Eigentümer*stellung verfügen will („Pseudo-Eigentümerstellung": Wessels JZ 65, 634) und nach außen erkennbar als Eigentümer auftritt (vgl. Eser IV 25f.; and. Herzberg/Brandts JuS 83, 203ff.). Daran fehlt es, wenn er die Sache für eigene Zwecke gebraucht, ohne dabei das fremde Eigentum zu leugnen (vgl. Eser JuS 64, 481, M-Schroeder I 316f., Rudolphi GA 65, 33f., Schaffstein GS 103, 305): so etwa wenn er die Sache wegnimmt, um sie dem Eigentümer „gegen Finderlohn" zurückzugeben, oder wenn er bei der Lottoverwaltung eine der auszuwertenden Lottokarten, die versehentlich leer geblieben war, mit seinem Namen und den Gewinnzahlen ausfüllt (unzutr. Stuttgart NJW **70**, 672 m. abl. Anm. Widmaier und Blei JA **70**, 338). Allerdings darf der formale „se ut dominum gerere"-Gedanke auch nicht überschätzt werden, da sich sonst insbes. die Grenzen zur bloßen Gebrauchsanmaßung verwischen; deshalb in Einzelfragen zu weitgehend Wessels NJW 65, 1154ff.

48   α) Die für den **Gegenstand der Zueignung** maßgebliche „Vereinigungstheorie" ist eine Verbindung der (älteren) „Substanztheorie" und der (jüngeren) „Sachwerttheorie".

49   Nach der **Substanztheorie** sollte Gegenstand der Zueignung *nur die Sache selbst* sein können (so die frühe Rspr. des RG: vgl. u.a. RG **4** 415, **5** 220, **10** 371, **24** 22, **35** 356; ferner Binding I 264, v. Hippel 239, v. Liszt-Schmidt 617), nach der **Sachwerttheorie** auch der in der Sache verkörperte *wirtschaftliche Wert*, da sich nur so jene Fälle erfassen lassen, in denen es dem Täter weniger auf die Sache selbst als auf ihren wirtschaftlichen Wert (z.B. die im Legitimationspapier verbriefte Forderung) ankommt (so RG **40** 10, **43** 17, **44** 336, **49** 406, **57** 45, 204; ferner Frank VII 2a, Sauer GA Bd. 63, 284). Die Verbindung beider Ansätze zur sog. **Vereinigungstheorie** erfolgte erstmals in RG **61** 232 (zur Entwicklung vgl. Eser IV 26f., Kohlrausch-Lange III 2b, Schaffstein GS 103, 292ff., Wessels NJW 65, 1153f.). Seit einiger Zeit macht sich wieder eine Zurückdrängung der Sachwerttheorie zugunsten

Diebstahl 50–52 § 242

einer (erweiterten) Substanztheorie bemerkbar (M-Schroeder I 316f., Welzel 340ff., vgl. auch Blei II 177f., Kleb-Braun JA 86, 252ff., Maiwald JA 71, 584, Ranft JA 84, 283f., Rudolphi GA 65, 33ff., Seelmann JuS 85, 289), die aber bei Legitimationspapieren – teils eingestandenermaßen – zu keinen befriedigenden Ergebnissen kommt (vgl. Miehe aaO 497ff.). Zudem läßt sich die befürchtete Verflachung der Eigentums- zu Bereicherungsdelikten jedenfalls dann aufhalten, wenn durch **Einschränkung der Sachwertkomponente** innerhalb der Vereinigungstheorie als zueignungsfähiger Sachwert nicht jegliche Verwendungsmöglichkeit der Sache in Betracht kommt (nicht also ihr bloßer Gebrauchswert, insbes. ihre Eignung, sich verfälschen zu lassen; vgl. Schröder JR 65, 27, Widmaier NJW 70, 672), sondern nur ihr *spezifischer*, d. h. der nach Art und Funktion mit ihr verknüpfte Wert (Bockelmann ZStW 65, 575: „lucrum ex re", und nicht „lucrum ex negotio cum re"; vgl. ferner Eser JuS 64, 481; ähnlich Rudolphi GA 65, 38ff.: Entzug der „objektiv innewohnenden Funktionsmöglichkeiten der Sache"; and. Wessels JZ 65, 633f.). Eingehend zum Ganzen Paulus aaO, der selbst von Zueignung des „Zwecknutzens" spricht (163ff., 218ff.) sowie Samson SK 54ff., der seinerseits auf „die Anmaßung der aus dem Eigentum fließenden Herrschaftsmacht durch wirtschaftlich sinnvolle Nutzung der Sache" abhebt (RN 3), damit aber zu weitgehend gleichen Ergebnissen wie hier kommt. Vgl. auch Arzt/Weber III 51 ff. **Im einzelnen** führt die hinsichtlich ihrer Sachwertkomponente eingeschränkte Vereinigungstheorie zu folgenden Ergebnissen:

In der Wegnahme eines **Sparbuchs** zwecks Abhebung von Geld liegt eine Zueignung auch 50 dann, wenn der Täter die Absicht hat, das Buch selbst zurückzugeben (RG **43** 17, **61** 127, Frank VII 2a, Ruß LK 47f., BGE 72 IV 118; i. E. ebenso M-Schroeder I 317f., Rudolphi GA 65, 53f., Welzel 342, and. Otto aaO 185f.). Das gleiche gilt, wenn der Täter Gutscheine, Getränkemarken usw. an sich nimmt, um dafür die Leistung in Empfang zu nehmen (RG **40** 11). Dagegen liegt Betrug und keine Zueignung vor, wenn der Sparkassenangestellte in ein ihm zugängliches Sparbuch Auszahlungsvermerke einträgt und sich die Beträge auszahlen läßt (RG **61** 128). Die **Verwendbarkeit** einer Sache als Mittel **zur rechtswidrigen Erlangung von Vorteilen** (vgl. für den Fall der Erpressung BGH MDR/H 80, 106) ist allein nicht Gegenstand der Zueignung. Daher ist Diebstahl zu verneinen, wenn der Täter eine zuvor von ihm gestohlene Sache dem Hehler wieder wegnimmt, um sie dem Eigentümer zurückzugeben (BGH NJW **85**, 1564 m. Anm. Rudolphi JR 85, 252) oder wenn er eine veräußerte Sache dem Verkäufer wegnimmt, um sie dem Käufer zu überbringen und bei dieser Gelegenheit den Kaufpreis für sich einzuziehen, da von der Eigentumsordnung her gesehen der Eigentümer der Verbringung des Gegenstandes zum Käufer nicht widersprechen kann (vgl. u. 59; and. Bay JR **65**, 27 m. Anm. Schröder; ferner Wessels NJW 65, 1157). Das gleiche gilt, wenn ein Soldat zur Vermeidung von Regreßansprüchen anderen Soldaten Ausrüstungsgegenstände wegnimmt, um sie als die von ihm empfangenen abzuliefern (BGH **19** 387, Celle NdsRpfl. **64**, 230, ferner Stuttgart NJW **79**, 277, Otto aaO 195, Ranft JA 84, 285; and. Frankfurt NJW **62**, 1879 m. Anm. Kohlhaas u. abl. Anm. Westermann NJW **62**, 2216, Hamm NJW **64**, 1427); denn hier wird dem Staat sein Eigentum weder der Substanz noch dem Sachwert nach entzogen (überdies fehlt hier bereits das formale Element der Eigentumsanmaßung, vgl. o. 47 sowie Eser JuS 64, 477, Heubel JuS 84, 450, M-Schroeder I 317, Wessels JZ 65, 634). Gleiches gilt, wenn der Täter einen entlaufenen Hund dem Finder wegnimmt, um beim Eigentümer die ausgesetzte Belohnung zu kassieren (RG **55** 59, Wessels II/2 S. 42f.). Dagegen liegt eine Zueignung vor, wenn der Täter leere Flaschen wegnimmt, um das dem Eigentümer zustehende Flaschenpfand für sich zu bekommen (Bay **60** 187, Eser JuS 64, 481). Findet ein **Rückverkauf** an den Eigentümer statt, nimmt z. B. der A bei der Ablieferung von Getreide dem Käufer bereits verrechnete Säcke weg, um sie erneut zur Abrechnung vorzulegen, so ist ausnahmsweise auch der allgemeine Verkaufswert (bzw. Wiederbeschaffungswert) der Sache als spezifischer Sachwert anzusehen, wenn für den Eigentümer die Funktion der Sache gerade in ihrem Verkaufswert als Ware besteht oder er sich zur Wiederbeschaffung gezwungen sieht (ebenso für Zueignung in den Rückverkaufsfällen RG **40** 12, **57** 199, Gribbohm NJW 66, 191, Rudolphi GA 65, 43, Tenckhoff JuS 80, 723, Welzel 343, Wessels NJW 65, 1156; and. Schröder JR 65, 27, Ranft JA 84, 282, Seelmann JuS 85, 290; diff. Otto aaO 192; vgl. auch Eser IV 32).

β) Die **Abgrenzung von Zueignung und Gebrauch** einer Sache ist deshalb besonders wich- 51 tig, weil die bloße Gebrauchsanmaßung (furtum usus) – von Ausnahmen abgesehen (§§ 248b, 290) – straflos ist. Da sie nur eine vorübergehende Nutzung der Sache zum Ziel hat, fehlt ihr das Diebstahlselement der dauernden Enteignung (vgl. o. 47, RG **35** 356; verfehlt Oldenburg NdsRpfl. **50**, 93). Somit bildet die **(dauernde) Enteignung** das maßgebliche Abgrenzungskriterium zwischen Zueignung und Gebrauch.

Danach ist Enteignung und infolgedessen Zueignung zu bejahen, wenn die *Sache nach Gebrauch* 52 *vernichtet* wird: wie etwa bei Entwendung eines Briefes, um ihn nach der Lektüre zu vernichten, ohne daß es im übrigen darauf ankommt, daß der Täter seinen Inhalt „ausnutzt" (so aber Celle JR **64**, 266 m. krit. Anm. Schröder; vgl. auch Otto aaO 202). Entsprechendes gilt für den Gebrauch fremder polizeilicher Aufforderungszettel (vgl. Hamburg JR **64**, 228 m. Anm. Schröder; and. Baumann NJW

Eser 1745

64, 707). Teils enger Rudolphi GA 65, 49f.; vgl. auch Ruß LK 54. Selbst bei nur vorübergehender Benutzung kann Enteignung vorliegen, wenn sich der Täter der Sache anschließend in einer Weise entäußert, daß beim Berechtigten die *Wiederherstellung der Besitzerposition ausgeschlossen* erscheint (BGH NStZ **81**, 63), indem er sie z. B. wegwirft. Dabei ist die Dauer des beabsichtigten Gebrauchs ohne Bedeutung: Wer z. B. eine Axt wegnimmt, um damit einen Baum zu fällen und sie dann im Wald liegenzulassen, handelt in Zueignungsabsicht. Entsprechendes gilt nach BGH MDR **60**, 689, wenn ein fliehender Gefangener Gefängnisschlüssel mitnimmt, um sie nach Gebrauch wegzuwerfen (and. Rudolphi GA 65, 49f.), nicht dagegen, wenn es hinsichtlich des weiteren Verbleibs der weggenommenen Sache noch an einem konkreten Plan fehlt (BGH NStZ **81**, 63; vgl. u. 64). Zu den Grenzfällen bei Benutzung fremder Sachen als *Kreditbasis* (Verpfändung, Sicherungsübereignung) vgl. § 246 RN 17, aber auch u. 55 zur Wegnahme zwecks Verschaffung eines „Pfandes".

53   Enteignung kommt ferner dort in Betracht, wo zwar die Sache nach Gebrauch ihrer Substanz nach   53
dem Berechtigten wieder zugänglich gemacht wird, doch ihr **Wert** durch den Gebrauch teilweise oder ganz **entzogen**, der Gebrauch also zum **Verbrauch** wird (vgl. Eser IV 30). Jedoch muß dabei die Wertminderung über unwesentliche Einbußen hinausgehen (vgl. Hamm JMBlNW **62**, 110, Arzt/Weber III 46, Wessels NJW 65, 1156, JZ 65, 634ff.; enger Rudolphi GA 65, 46ff.; gegen ihn Fricke MDR 88, 538, dessen „50%-Grenze" aber auch kein taugliches Abgrenzungskriterium darstellt). Daher handelt nicht in Zueignungsabsicht, wer z. B. Akten wegnimmt, um sie einzusehen und dann zurückzugeben (RG JW **22**, 293 m. Anm. Wach; bedenkl. Köln NJW **50**, 959), ebensowenig wer Datenspeicher kopiert (vgl. Vogt JuS 80, 861; allerdings kommt stattdessen § 202a in Betracht). Gleiches gilt für die Wegnahme eines Buches, das nach dem Durchlesen wieder an den Eigentümer zurückgegeben werden soll. Daß es sich dabei um ein druckfrisches Buch aus einem Buchladen handelt, kann keinen Unterschied machen, da der Geschäftsverkehr in diesem Handelszweig Bücher, die vorübergehend in der Hand eines Kunden gewesen sind, nicht als minderwertig ansieht und daher der Eigentümer in seinem Eigentum durch die kurzfristige Entwendung nicht beeinträchtigt wird (Eser IV 30f., Schröder JR 67, 390ff.; and. Celle NJW **67**, 1921 m. Anm. Deubner und Androulakis JuS 68, 409; vgl. auch Gribbohm NJW 68, 1270, Widmann MDR 69, 529). Dies kann jedoch anders sein, wenn bereits auf Grund der vorübergehenden Benutzung aus dem fabrikneuen Gegenstand eine nur noch zu einem reduzierten Preis verkäufliche Gebrauchtsache wird, wie dies z. B. bei Kraftfahrzeugen regelmäßig der Fall ist (vgl. Schröder JR 67, 391). Eindeutig liegt Enteignung vor, wenn eine elektrische Batterie ausgebrannt zurückgegeben wird oder Autoreifen abgefahren werden (vgl. Hamm JMBlNW **60**, 230: Abnutzung eines Mopeds). Entsprechendes gilt für die Benutzung von Dampf durch unerlaubt angeschlossene Heizkörper (vgl. RG **44** 337). Zur Abhebung von einem fremden Sparbuch vgl. o. 50. Um eine Zueignung kann es sich auch bei einem Gebrauch für lange Zeit handeln, wenn dies praktisch einem Entzug des wirtschaftlichen Werts gleichkommt (vgl. auch M-Schroeder I 315).

54   Die vorgenannten Grundsätze gelten auch für die Abgrenzung von Zueignung und bloßem   54
Gebrauch fremder Kraftfahrzeuge und Fahrräder. Im Falle einer Enteignung ist § 242 anzuwenden (RG **68** 218), andernfalls kommt nur § 248b zum Zuge, wie vor allem dort, wo der Täter das Fahrzeug nur für wenige Stunden benutzen will (Stuttgart Justiz **73**, 396). Dagegen wird Zueignungsabsicht dann bejaht, wenn der Täter ein Fahrzeug wegnimmt, um sich seiner nach Beendigung der Benutzung derart zu entäußern, daß es dem Zugriff Dritter preisgegeben ist und es somit dem Zufall überlassen bleibt, ob es der Eigentümer zurückerlangt (RG JW **35**, 3387, BGH **5**, 206, **22** 46, VRS **13** 41, **14** 363, **24** 213, GA **60**, 82, NStZ **82**, 420 [m. Anm. Schwab DAR 83, 388; vgl. auch Ranft JA 84, 280], Celle NdsRpfl. **55**, 18, Bay VRS **19** 365, Neustadt VRS **21** 362, Hamm VRS **59** 39; vgl. auch Blei II 185, Krey II 25f., M-Schroeder I 316, Schaffstein GA 64, 107). Diese sich im wesentlichen schon mit mangelndem Rückführungswillen begnügende Rspr. (vgl. BGH NJW **87**, 266 m. Anm. Keller JR 87, 343) erweitert aber den Anwendungsbereich des § 242 zu Lasten des § 248b gegenüber den o. 51f. dargelegten Grundsätzen. Angesichts der Möglichkeiten des § 248b erscheint dies rechtspolitisch nicht erforderlich, so daß für den Gebrauch von Kraftfahrzeugen das gleiche gelten muß wie für den Gebrauch sonstiger Sachen (so i. E. auch BGE 85 IV 21). Diebstahl liegt daher nur dann vor, wenn eine Entäußerung des Wagens unter Umständen erfolgen soll, die nicht gewährleisten, daß der Wagen an den Berechtigten zurückkommt, oder wenn der Gebrauch für unbestimmte Zeit fortgesetzt werden soll (Köln VRS **23** 284; vgl. auch Schmidhäuser Bruns-FS 354f.). Beim Abstellen auf Straßen oder Parkplätzen erscheint dies bei den heutigen Verhältnissen gewährleistet (vgl. Schaudwet JR 65, 414, Eser IV 59, Heimann-Trosien LK[9] 53 [and. aber jetzt Ruß LK 57]; i. E. ebenso BGH NJW **87**, 266 bei Stehenlassen in Tatortnähe), desgleichen bei auffälligen Fahrzeugen (BGH VRS **51** 210: Hochdruckspülwagen; daher unhaltbar Koblenz VRS **46** 33 bei Feuerwehrfahrzeug); anders aber etwa auf Schrottplätzen. Dabei ist ohne Bedeutung, ob es sich um eine Kleinstadt, wo auch der BGH zur Ausschließung der Zueignung neigt, oder um eine größere Stadt handelt (BGH VRS **12** 441, **13** 41, **14** 363, **19** 441; vgl. auch BGH **22** 46, KG VRS **37** 438). Gegen Diebstahl in derartigen Fällen überhaupt Rudolphi GA 65, 50; vgl. auch Jäger MSchrKrim. 78, 307 zum sog. „Joy-riding" von Jugendlichen. Der Wille zur Preisgabe des

Fahrzeugs muß bereits bei der Wegnahme vorhanden sein (BGH VRS **14** 199, GA **60**, 82), so daß es nicht ausreicht, wenn der Täter zunächst die Sache nur gebrauchen will, sie dann aber behält oder wegwirft (vgl. u. 66). Doch kommt dann je nach den Umständen Unterschlagung in Betracht (vgl. Eser IV 60).

γ) Die **Abgrenzung von Zueignung und Sachentziehung** ist deshalb erforderlich, weil **55** letztere – wenn nicht zugleich Beschädigung i. S. von § 303 (vgl. dort RN 10) – straflos bleibt (vgl. RG **64** 250, HRR **27** Nr. 193; allg. Bloy Oehler-FS 559 ff.). Für letztere ist charakteristisch, daß sich die Absicht des Täters – unter Fehlen des Aneignungsmoments – darauf beschränkt, den Berechtigten seiner tatsächlichen Verfügungsmacht über die Sache zu entkleiden. Maßgebliches Abgrenzungskriterium zwischen Zueignung und Sachentziehung ist somit die für erstere erforderliche **Aneignung**. Daran fehlt es z. B. beim Durchsuchen von (danach weggeworfenen) Kleidern nach anderen Wertgegenständen (BGH MDR/D **76**, 16), ebenso wenn der Täter Sachen wegnimmt, um Sicherheiten oder ein Pfand für eine Forderung in die Hand zu bekommen (BGH LM **Nr. 15** zu § 249, NJW **82**, 2265, StV **83**, 329, Celle NJW **70**, 1139 m. Anm. Mohrbotter ebd. 1857, Noll SchwZStr. 56, 154, Bernsmann NJW **82**, 2214 ff.; vgl. auch BGH GA **69**, 306; anders jedoch, wenn der Täter von vornherein Befriedigung aus dem Veräußerungserlös erstrebt: vgl. BGH StV **84**, 422). Ebenso fehlt es an der Aneignung, wenn der Täter die Sache wegnimmt, um den Eigentümer zu *ärgern* (BGH MDR/H **82**, 810, Frankfurt StV **84**, 248) oder um sie *sogleich zu zerstören* (vgl. RG **35** 357, **61** 232, HRR **27** Nr. 193, BGH MDR/D **66**, 727, NJW **77**, 1460 m. Anm. Lieder ebd. 2272 u. Geerds JR 78, 172), es sei denn, daß der Täter durch Zerstörung der Sache ihren wirtschaftlichen Wert erlangt, wie etwa beim Verbrennen von Kohle (vgl. auch RG HRR **27** Nr. 1866).

b) Der Täter muß die Sache **sich zueignen**, d. h. sich wirtschaftlich an die Stelle des Berech- **56** tigten setzen wollen. Im Unterschied zur Wegnahme als Tathandlung, die auch durch Heranziehung Dritter (mit-)verwirklicht werden kann, geht es beim „Sich-Zueignen" um ein bestimmtes Verhältnis des Täters zum Gegenstand, das nur der Täter in eigener Person herstellen kann (BGH StV **86**, 61, NJW **87**, 77, wistra **87**, 253; näher zur Abgrenzung von bloßer Beihilfe u. 71 f.). Dies setzt jedoch nicht unbedingt voraus, daß der wirtschaftliche Wert der Sache endgültig beim Täter verbleiben soll; vielmehr kann auch die unentgeltliche oder entgeltliche Übergabe an einen **Dritten** Zueignung für „sich" sein, wenn der Täter dadurch dem Dritten gegenüber als Schenkender oder Quasiberechtigter auftritt (Blei II 186, Frank VII 2 a β, Ruß LK 65, M-Schroeder I 315; krit. Seelmann JuS 85, 290 f.). Von der Rspr. wird dies – sachlich gleichbedeutend – dahin formuliert, daß der Täter über die Sache entweder im fremden oder eigenen Namen verfügen oder durch die Weggabe einen Nutzen oder Vorteil im weitesten Sinne, wenn auch nur *mittelbar* erlangen müsse (BGH **4** 236, NStE Nr. **16**, 21, Düsseldorf GA **86**, 120 m. Anm. Bloy JA 87, 187; vgl. auch RG **33** 39, **57** 168, **61** 233, **62** 17, **64** 409, **67** 266, 334, JW **34**, 1658, DJ **36**, 1126, BGH GA **53**, 83, **59**, 373, NJW **70**, 1753 m. Anm. Schröder, Braunschweig MDR **48**, 260, Köln JMBlNRW **54**, 27, LG Frankfurt StV **81**, 427 f.); zur Verfügung des Geschäftsführers zugunsten der GmbH vgl. BGH wistra **82**, 107. Der Nutzen oder Vorteil muß **wirtschaftlicher** Art sein (vgl. BGH **17** 88, Köln NJW **80**, 898, aber auch Otto JuS 80, 491 f.); ein rein immaterieller Vorteil, wie etwa das Bestreben, sich bei jemandem „gut zu stellen" oder „tüchtig zu erscheinen", reicht nicht aus (so ausdrücklich BGH NJW **54**, 1295, Stuttgart NJW **70**, 66). Zu weit auch BGH **17** 88, wonach es bereits genügen soll, daß der Täter sich wirtschaftliche Vorteile lediglich erhalten oder für die Zukunft sichern will (dagegen Schröder JR 62, 348).

Der vereinzelt vertretenen Auffassung, daß **Dritt-Zueignung** schlechthin genüge (Celle **57** HannRPfl. **47**, 34, Rudolphi GA 65, 41 f., 51 f., Wachenfeld ZStW 40, 324; vgl. auch Roxin LK § 25 RN 94 f.), kann nicht gefolgt werden (dagegen auch Lampe GA 66, 240; diff. Otto aaO 266 ff.), da nicht nur der Wortlaut (z. B. im Gegensatz zu §§ 253, 263) gegen sie spricht, sondern auch von ihrer Basis aus die Fälle des absichtslosen Werkzeugs Schwierigkeiten bereiten. Nimmt der Täter für einen anderen weg („alles für die Partei"), so liegt § 242 jedenfalls dann nicht vor, wenn er auf Anordnung eines anderen gehandelt hat (Fall des absichtslos-dolosen Werkzeugs, vgl. u. 72; bedenklich BGH GA **59**, 373), denn hier fehlt es insbes. am formalen Element der Eigentumsanmaßung (vgl. o. 1, 47 sowie Eser IV 38); jedoch ist Zueignungsabsicht gegeben, wenn der Täter z. B. als Vereinsmitglied einen mittelbaren Nutzen zieht. Vgl. auch BGH MDR/D **70**, 560 sowie Krey II 31 ff.

Die Absicht bloßer *Verwendung für den Eigentümer* reicht nicht aus (RG GA Bd. **52** 397, BGH **58** MDR/D **58**, 139, Stuttgart NJW **70**, 66, Ruß LK 63). Dies gilt auch dann, wenn die weggenommene Sache vertauscht und die Gegenleistung für den Eigentümer verwendet werden soll (BGH aaO).

c) **Rechtswidrig** ist die Zueignung dann, wenn ihr **kein Anspruch auf Übereignung** zugrun- **59** de liegt. Hat daher der Täter einen fälligen und einredefreien Anspruch auf Übereignung gerade der weggenommenen Sache, so entfällt Diebstahl (RG **64** 210, HRR **37** Nr. 209, BGH **17** 88 m. Anm. Schröder JR 62, 347, BGH GA **62**, 144, **66**, 212, Hamm NJW **69**, 620, Schleswig StV **86**, 64, Blei II 186, D-Tröndle 21, Kruse aaO 258 ff., Krey II 35 ff., M-Schroeder I 319; vgl. im einzelnen Eser IV 39 ff., Samson SK 82 ff.; and. Hirsch JZ 63, 162, Kohlrausch-Lange III 2d, Welzel 361, nach denen zusätzlich die Voraussetzungen der Selbsthilfe vorliegen müssen; eingeh. Mohrbotter GA 67, 199 ff., 212 f.; krit. Fezer GA 75, 356 ff.). Die abw. Ansicht verkennt, daß die Eigenmächtigkeit der Wegnahme die Rechtmäßigkeit der Zueignung nicht berührt (vgl. Schmidhäuser Bruns-FS 359 f.). Der zur Übereignung verpflichtete Eigentümer verdient nicht mehr den Schutz seiner formalen Rechtsposition (Samson SK 85). Das gleiche gilt, wenn der Täter durch Anfechtung einen Anspruch auf Rückübereignung begründen könnte, auch schon vor Ausübung des Anfechtungsrechts. Regelmäßig wird die Sachlage anders sein, wenn der Inhaber eines Gattungsanspruchs sich eigenmächtig aus der Gattung Gegenstände nimmt, um sich auf diese Weise zu befriedigen (RG **25** 172, BGH **17** 88 m. Anm. Schröder JR 62, 346; and. Binding I 272 f.; näher Schröder DRiZ 56, 96 ff.). Jedoch sind auch hier Fälle denkbar, in denen das Eigentum gegenüber einer eigenmächtigen Befriedigung des Täters keinen Schutz verdient, so insbes. bei *Geldschulden* (vgl. Schleswig StV **86**, 64, Eser IV 40, Samson SK 86, je mwN, sowie o. 6). Auch wenn der Eigentümer nur zur Leistung Zug um Zug verpflichtet ist, ist eine eigenmächtige Zueignung rechtswidrig, da der Täter den Verkäufer zur Vorleistung zwingt. Dagegen entfällt die Rechtswidrigkeit der Zueignung (Ruß LK 70), wenn nicht sogar diese selbst (so Hirsch JZ 63, 155), bei **Einwilligung** des Eigentümers (oder des sonstigen Verfügungsberechtigten); zur mutmaßlichen Einwilligung vgl. o. 36.

60   d) Der Täter muß in der **Absicht** rechtswidriger Zueignung handeln, d. h. mit einem auf Zueignung gerichteten Willen (RG **49** 142, BGH VRS **22** 206).

61   α) Demnach muß der Täter das **Sich-Aneignen** der Sache oder ihres Wertes mit (subjektiv) *unbedingtem Willen* erstreben (vgl. Samson SK 79 sowie o. § 15 RN 66 f.), so daß z. B. Diebstahl an den Anstaltskleidern, die der flüchtende Gefangene an sich trägt, regelmäßig ausscheidet (M-Schroeder I 320). Unerheblich ist, ob die Erlangung der Sache das Motiv der Tat (RG **49** 142; and. Frank VII 2c, Kohlrausch-Lange III 2a) oder ihren Endzweck bildet; dieser kann über die eigene Zueignung hinausgehen, z. B. auf Zuwendung der Sache an einen Dritten gerichtet sein (RG **44** 209). Vgl. auch Krauß Bruns-FS 20 f.

62   Im übrigen braucht sich die Absicht nur auf die *Zueignung* zu erstrecken, ohne von vornherein unbedingt auf *bestimmte Objekte* **konkretisiert** zu sein (vgl. RG **65** 148, JW **33**, 2706 [zu § 350 a. F.], BGH NStZ **82**, 380, ferner o. 45). Sofern der Täter hingegen eine Sache zunächst nur an sich nimmt, um sie auf ihre Verwendungsfähigkeit oder ihren Inhalt hin zu überprüfen und dann über das Behalten oder Zurückgeben zu entscheiden (wie bei Öffnung eines Pakets durch einen Postbeamten unter dem Vorbehalt endgültiger Wahl), kann von subjektiver Unbedingtheit der Zueignungsabsicht, wie sie auch für den Entschluß beim Versuch erforderlich ist (vgl. § 22 RN 18), noch keine Rede sein (vgl. RG **52** 148, **54** 229, JW **32**, 3087), es sei denn, der Täter hat das Behaltenwollen nur noch vom objektiven Vorhandensein einer erhofften Eigenschaft der Sache oder ihrem Wert abhängig gemacht (vgl. Gehrig aaO 62). Ist letzteres der Fall, so entfällt die Zueignungsabsicht nicht etwa dadurch, daß der Täter die seinen Erwartungen nicht entsprechende Sache zurückgibt; vielmehr ist Vollendung anzunehmen, da die Verwirklichungsstufe nur von der Tathandlung – bei § 242 der Wegnahme – abhängt und der Diebstahl schon tatbestandlich nur die Absicht, nicht aber die Tatsache der Zueignung voraussetzt. Daher ist bei Rückgabe der Sache Strafmilderung allenfalls über die Strafzumessung (§ 46 II: Verhalten nach der Tat) möglich (vgl. Seier/Schlehofer JuS 83, 54).

63   Nimmt der Täter ein **Behältnis mit Inhalt** weg, um sich nur letzteren anzueignen und das Behältnis wegzuwerfen oder zu zerstören, so liegt Zueignungsabsicht nur hinsichtlich des Inhalts vor (BGH GA **62**, 145; diff. Ruß Pfeiffer-FS 64 ff., Otto Jura 89, 143); erweist sich das Behältnis als leer, so bleibt mangels Wegnahme des Inhalts nur Versuch (BGH MDR/D **68**, 372, **75**, 543, StV **87**, 245, **88**, 14, **90**, 408, NJW **90**, 2569, Otto JZ 85, 23; vgl. auch Celle NJW **70**, 1140); Entsprechendes gilt für den Fall, daß es nur zur Wegnahme des Behältnisses kommt (BGH MDR/D **75**, 22). Umgekehrt liegt nur Diebstahl am Behältnis (z. B. Auto) vor, wenn der Täter sich nur dieses, nicht aber den Inhalt zueignen will (BGH **16** 190, JZ **87**, 52, Ruß Pfeiffer-FS 67).

64   β) Im Unterschied zur Aneignung ist es hinsichtlich der **Enteignung** nicht erforderlich, daß es dem Täter darauf ankommt, dem Eigentümer die Sache unbedingt auf Dauer zu entziehen; vielmehr reicht insoweit auch dolus eventualis aus (i. E. ebenso Gehrig aaO 59; and. Seelmann JuS 85, 454). Hieraus sowie aus der Tatsache, daß der Grund für die Privilegierung des Gebrauchsdiebstahls Wille und Vorstellung des Täters sind, dem Berechtigten nur vorübergehend die Gebrauchsmöglichkeit zu entziehen, ergibt sich, daß der „Enteignungs"-Vorsatz grundsätzlich nur dann entfällt bzw. zum bloßen Gebrauchsvorsatz wird, wenn der Täter mit der **Rückführung der Sache** sicher rechnet (Schröder JR 64, 229, i. E. ebenso Schaffstein GA 64, 102 ff.; vgl. auch Otto aaO 191 sowie Baumann NJW 64, 705, der jedoch schon die Absicht des Täters,

die Sache zurückzubringen, ausreichen läßt). Andererseits kann jedoch aus dem Fehlen jeglicher Vorstellungen über das weitere Schicksal der weggenommenen Sache nicht ohne weiteres auf einen (zumindest bedingt) auf dauernde Enteignung gerichteten Vorsatz geschlossen werden (so dürfte wohl auch BGH NStZ **81**, 63 zu verstehen sein). Hält der Täter die Rückführung für zweifelhaft, nämlich eine Enteignung in der Weise für möglich, daß die Herstellung der Besitzerposition beim Berechtigten als ausgeschlossen erscheint (vgl. o. 52, 54) und findet er sich mit diesem Risiko ab, so liegt kein bloßer furtum usus vor (vgl. jedoch Schleswig SchlHA **53**, 216), sondern vollendeter Diebstahl, selbst wenn sich der Täter später doch noch zur Rückgabe entschließt (vgl. o. 62). Gleiches gilt für den Fall, daß sich der Täter unter bestimmten Bedingungen für später die Rückgabe der entwendeten Sachen vorbehält (BGH NJW **85**, 812 m. Anm. Gropp JR **85**, 518).

γ) Auch hinsichtlich der **Rechtswidrigkeit der Zueignung** genügt bedingter Vorsatz (RG **49** 65 142, Ruß LK 52), wie z. B. hins. mangelndem oder nur bedingtem Übereignungswillens des Eigentümers (Köln NJW **86**, 392). Für den *Irrtum über die Rechtswidrigkeit* gilt folgendes: Glaubt der Täter, einen Anspruch auf Übereignung speziell der weggenommenen Sache zu haben, so nimmt er irrig einen Umstand an, der die Rechtswidrigkeit der beabsichtigten Zueignung ausschließen würde (BGH **17** 90 m. Anm. Schröder JR **62**, 346, BGH GA **68**, 121, NStZ **82**, 380, StV **84**, 422; and. Hirsch JZ **63**, 153), und handelt somit in Tatbestandsirrtum (i. E. ebenso der BGH bei Annahme eines Irrtums über tatsächliche Rechtfertigungsvoraussetzungen). Glaubt der Täter als Gläubiger eines Gattungsanspruchs dagegen, sich einen Gegenstand aus der Gattung nehmen zu dürfen, so liegt regelmäßig Verbotsirrtum vor, da der Täter an einen Rechtfertigungsgrund glaubt, den die Rechtsordnung nicht anerkennt (BGH **17** 90 m. Anm. Schröder JR **62**, 346); dagegen soll nach BGH **17** 91 Tatbestandsirrtum anzunehmen sein, wenn der Täter – wie häufig bei Geldschulden – irrtümlich davon ausgeht, sein Anspruch beziehe sich auf eine bestimmte Sache aus der Gattung (ebenso BGH GA **62**, 144, **66**, 212, wistra **87**, 98, 136, NJW **90**, 2832, Schleswig StV **86**, 64). Vgl. auch Schröder DRiZ **56**, 71, JR **62**, 347, Eser IV 43f., Samson SK 88f.

e) Die Zueignungsabsicht muß **bei der Wegnahme** vorhanden sein; wird sie erst später 66 gefaßt, so kommt nur Unterschlagung in Betracht (RG **52** 147, **54** 229, BGH GA **62**, 78; vgl. auch östOGH ÖJZ **65**, 246). Hat der Täter z. B. einen PKW weggenommen, um ihn später irgendwo stehen zu lassen, und entschließt er sich dann, sich im Wagen liegende Sachen zuzueignen, die er ursprünglich nicht haben wollte, so kommt § 246 zum Zuge (BGH **16** 190). Nimmt jemand ohne Einverständnis mit einem anderen Sachen für diesen weg, so scheidet § 242 auch dann aus, wenn der andere die Aneignung später vollzieht; hier kommt nur Unterschlagung bzw. Beihilfe dazu in Betracht.

V. Vollendet ist der Diebstahl mit Vollendung der Wegnahme der Sache in Zueignungsab- 67 sicht (BGH NStZ **82**, 420). Die Wegnahme ist vollendet, sobald neuer Gewahrsam begründet ist (näher dazu o. 37ff., 43). Ein Zueignungselement verlangt der objektive Tatbestand des Diebstahls nicht (Ruß LK 32, M-Schroeder I 306, eingeh. Gössel ZStW **85**, 592ff.; and. Welzel 346ff., Hirsch JZ **63**, 149, hins. der Enteignung auch Lampe GA **66**, 237f.). Daß der Zeitpunkt der Wegnahme für die Zueignungsabsicht auch dann maßgeblich ist, wenn die Zueignung über die Sachwerttheorie begründet wird (Eser JuS **64**, 478; vgl. aber Frankfurt NJW **62**, 1879f.), ergibt sich damit schon aus dem allgemeinen Simultaneitätsprinzip.

Für **Versuch** ist das unmittelbare Ansetzen zum Gewahrsamsbruch, idR also das Einwirken auf den 68 fremden Gewahrsam, erforderlich (Celle NdsRpfl. **61**, 182). Das wird von der **Rspr.** z. B. angenommen, wenn sich der Täter in einem fremden Hause auf den Dachboden schleicht und bereits vor einer unversperrten Kammer steht, in die er nur einzutreten braucht, um die dort umherliegenden Sachen wegzunehmen (RG **54** 254, **70** 203); ähnlich war der Täter in RG JW **22**, 1019 in den Hof einer Gastwirtschaft eingedrungen, um dort ein Fahrrad wegzunehmen; vgl. auch BGH MDR/D **66**, 892. Wer zwecks Begehung eines Diebstahls unter falschen Vorwänden Einlaß in eine Wohnung begehrt, begeht Versuch, auch wenn ihm der Eintritt verweigert wird (BGH MDR/H **85**, 627; and. RG JW **26**, 2753). Als genügend für den Diebstahlsversuch hat RG **53** 218 ferner das Entfernen des Hofhundes angesehen, um ungestört stehlen zu können. Handlungen, welche die Signalstellung auf der Eisenbahn verhindern sollen, um einen herannahenden Zug zum Halten zu bringen (OGH **2** 160), sind heute wohl nicht mehr als Diebstahlsversuch anzusehen. Bei einem Täter, der Mitgewahrsam an der Sache hat, kann der Beginn der Wegnahme bereits darin gefunden werden, daß er durch sein Verhalten den Entschluß, sich die Sache zuzueignen, offenbart und den Mitgewahrsam ernstlich gefährdet (RKG **2** 10). Eine nur vorbereitende Handlung ist dagegen z. B. das Beschaffen falscher Schlüssel (RG **54** 254, BGH **28** 162) oder die Verfolgung eines zu bestehlenden Lastzuges auf der Autobahn (BGH MDR/D **73**, 900). Auch das Besteigen des Daches eines fremden Hauses, um von dort auf das Dach des Hauses zu gelangen, aus dem gestohlen werden soll, dürfte noch kein Versuch sein (RG HRR **29** Nr. 1537). Ob im Wegschaffen der Sache innerhalb von Räumen des Gewahrsamsinhabers ein vollendeter Gewahrsamsbruch liegt oder nur ein Versuch, hängt von den Umständen des Falles ab (vgl. RG **30** 89 und o. 39).

69 Der **Entschluß** braucht hier wie stets beim Versuch noch nicht spezialisiert zu sein. Es reicht der Entschluß aus, das zu stehlen, was an Brauchbarem auffindbar sein wird (RG **70** 202, Hamm JMBlNRW **76**, 20; vgl. auch o. 45, 62). Nach dem heute herrschenden Versuchsbegriff (vgl. § 22 RN 60) ist ein Diebstahlsversuch auch an der eigenen Sache möglich (RG **39** 433). Ebenso ist Diebstahlsversuch z. B. der Griff in die leere Tasche oder die Wegnahme eines Behältnisses, das der Täter sich zueignen will und das sich wider Erwarten als leer erweist (BGH MDR/D **68**, 372, NStZ/M–G **86**, 106, StV **87**, 245) oder die (erfolglose) Durchsuchung der Kleider des Opfers nach Wertgegenständen (BGH MDR/D **76**, 16). Über weitere Fälle des strafbaren untauglichen Versuchs vgl. RG **53** 338, JW **36**, 1974. Über Vollendung bei Autodiebstahl vgl. BGH MDR/D **72**, 925, Hamburg MDR **70**, 1027.

70 Bei **mittelbarer Täterschaft** ist der Diebstahl vollendet, sobald die Mittelsperson Gewahrsam erlangt hat; auf den Zeitpunkt der Gewahrsamserlangung durch den mittelbaren Täter kommt es nicht an (RG **24** 86, **53** 181).

71 VI. 1. Die Abgrenzung zwischen **Täterschaft und Teilnahme** am Diebstahl richtet sich nach den allg. Kriterien (vgl. 53 f. vor §§ 25 ff.). Speziell zur Abgrenzung von Diebstahl in mittelbarer Täterschaft zum Dreiecksbetrug vgl. § 263 RN 65 ff.

72 2. Umstritten ist die Abgrenzung zwischen Täterschaft und Teilnahme, wenn der unmittelbar Wegnehmende nicht in der Absicht handelt, die Sache sich selbst zuzueignen, sondern einem Hintermann (Problem des **absichtslos-dolosen Werkzeugs**). Richtigerweise wird man hier eine *mittelbare Täterschaft des Hintermannes* annehmen müssen: Denn da Täter eines Diebstahls nur sein kann, wer die Sache sich selbst zueignen will (o. 56 f.), kommt Täterschaft des absichtslos Handelnden nicht in Betracht (vgl. Eser IV 38 f.). Dieses Ergebnis sucht die Rspr. zu vermeiden, indem sie ein Sich-Zueignen bereits in Fällen annimmt, in denen der unmittelbar Handelnde irgendwelchen Nutzen oder Vorteil auch nur mittelbarer Art erstrebt (vgl. Ruß LK 66 mwN). Jenes Vorgehen stößt jedoch im Hinblick auf den Wortlaut des § 242 auf erhebliche Bedenken (vgl. Eser aaO); ebenso insoweit, als eine Täterschaft damit begründet wird, daß man die eigenverantwortliche Weitergabe des weggenommenen Gegenstandes an den Hintermann als Ausdruck angemaßter Verfügungsmacht ansieht und für ein Sich-Zueignen i. S. des § 242 ausreichen läßt (vgl. Roxin LK § 25 RN 95 mwN). Vielmehr gibt die nur beim Hintermann vorliegende überschießende Tendenz der Zueignungsabsicht diesem ein Übergewicht, das ihm die Verfolgung seiner Ziele mit Hilfe des Wegnehmenden als Werkzeug ermöglicht. Dies reicht aus, um den Hintermann als Täter einzustufen (vgl. 78 ff. vor §§ 25 ff.). Der unmittelbar absichtslos dolos Wegnehmende ist somit als Gehilfe und Werkzeug des Hintermanns anzusehen. Gegen die mittelbare Täterschaft des Hintermanns wird eingewandt, dieser begehe mangels Tatherrschaft gar keinen Diebstahl, sondern vielmehr eine Unterschlagung dadurch, daß er die weggenommene Sache entgegennimmt (so Krey II 33 f.). Diese Konstruktion, deren es nach dem vorher Gesagten nicht bedarf, führt jedoch insbes. zu Strafbarkeitslücken in den Fällen, in denen der Hintermann keinen Gewahrsam an der Sache erlangt (vgl. § 246 RN 1 zur „kleinen berichtigenden Auslegung" sowie Maiwald aaO 244 FN 58).

73 3. **Beihilfe** zum Diebstahl ist auch noch nach Vollendung (o. 67) bis zur Beendigung des Diebstahls möglich. Beendet ist der Diebstahl, sobald der an der Sache begründete neue Gewahrsam gegen Angriffe Dritter gesichert ist (vgl. Ruß LK 76). Nach Beendigung kommt Beihilfe zum Diebstahl nicht mehr in Betracht (BGH JZ **89**, 759).

74 VII. Als **Strafe** ist Freiheitsstrafe bis zu 5 Jahren oder Geldstrafe angedroht. Über Privilegierungen durch **Strafantragserfordernis** vgl. §§ 247, 248 a. Über **strafverschärfte** Fälle vgl. §§ 243, 244. Zur **Führungsaufsicht** vgl. § 245.

75 VIII. **Konkurrenzen: Idealkonkurrenz** kommt z. B. in Betracht mit § 132 (RG **54** 256), § 133 (RG **43** 175), §§ 134, 136, § 223 (BGH NStZ **83**, 364), ferner mit § 266 (RG DR **43**, 912), mit § 21 StVG (BGH **18** 66, VRS **13** 350, NJW **81**, 997, NStE Nr. **19** zu § 52, Meyer-Goßner NStZ **86**, 52), mit § 316 (Trunkenheitsfahrt zur Sicherung des Diebesguts, Bay NJW **83**, 406), mit Zolldelikten (BGH **19** 217) und Verstößen gegen das BtMG (vgl. BGH NStZ **82**, 169, 250), nicht dagegen mit nachfolgender Inbrandsetzung des Gebäudes, aus dem zuvor gestohlen wurde (BGH NStZ **86**, 314). Mit § 263 ist ebenfalls Idealkonkurrenz möglich (Haas GA **90**, 206; auch BGH **17** 209, Backmann aaO 159); dies jedenfalls dann, wenn beide Delikte gegen verschiedene Berechtigte gerichtet sind (vgl. RG **70** 212) oder durch § 263 ein weiterer Nachteil zugefügt wird (Koblenz GA **77**, 347); vgl. auch Schröder ZStW 60, 79 ff., SJZ 50, 94 sowie § 263 RN 66 f. und Schünemann GA 69, 47, je mwN. Demgegenüber übersieht BGH **17** 209, daß die Täuschung zur Erhaltung der Diebesbeute der Wegnahme nachfolgt und somit als Abwehr der drohenden Entziehung den Tatbestand des § 263 erfüllt, also lediglich unter Konkurrenzgesichtspunkten entfällt. Dagegen kommt Idealkonkurrenz mit § 259 (RG **34** 304) und § 253 (vgl. Schröder ZStW 60, 112 f.) nicht in Betracht; zum Verhältnis von Täterschaft und Teilnahme am Diebstahl und nachfolgender Hehlerei vgl. § 259 RN 53 ff. Zu Konkurrenzfragen bei Codekartenmißbrauch vgl. o. 36 sowie § 263 a RN 14 ff. Zur (zw.) Annahme von Tateinheit mit § 267 vgl. BGH MDR/H **81**, 452. **Fortsetzungszusammenhang** kommt in Betracht, wenn der Täter einen Gegenstand stiehlt, um damit einen weiteren Diebstahl zu begehen (BGH MDR/H 83, 621, 90, 488, Düsseldorf JZ 84, 1000), und zwar auch dann, wenn davon verschiedene Eigentümer betroffen sind (RG 70 243, BGH GA 75, 123; vgl. weiter 41 vor § 52). Entwendet dagegen der Täter während der Diebstahlsbegehung noch weitere Gegenstände, mit denen er die Beute abtransportieren will, so liegt bereits tatbestandliche Handlungseinheit vor (vgl. o. 45 mwN).

Gesetzeskonkurrenz mit Zurücktreten von § 242 besteht gegenüber **Diebstahlsqualifizierungen**, und zwar gleich, ob unselbständig (§ 244) oder verselbständigt (§§ 249 ff., 252). Gegenüber §§ 247, 248a stellen sich keine Konkurrenzprobleme mehr, da hier § 242 lediglich zum Antragsdelikt wird. Handlungen, die der Dieb mit der gestohlenen Sache vornimmt, sind **straflose Nachtaten**, wenn der durch die zweite Handlung angerichtete Schaden mit dem durch die erste Handlung herbeigeführten zusammenfällt bzw. nicht weiter vertieft wird (vgl. 114 vor § 52 mN). Daher ist die Beseitigung von Motor- und Fahrgestellnummer an einem gestohlenen Kraftfahrzeug ohne neues Anbringen falscher Nummern straflose Nachtat (BGH NJW 55, 876). Dies gilt auch dann, wenn durch die neue Tat fremder Gewahrsam verletzt wird, z. B. der Dieb dem Hehler die Sache entwendet. Da der Gewahrsam keinen selbständigen Schutz genießt und die Eigentumsverletzung durch die Vortat abgegolten ist, liegt kein erneuter Diebstahl vor (and. BGH 3 194). Dagegen bleibt die Nachtat als solche strafbar, wenn z. B. Scheckvordrucke nach Entwendung gefälscht und eingelöst werden, ebenso bei entwendeten Sparbüchern, soweit durch die Auszahlung die Bank geschädigt wird (BGH MDR 82, 280). Gleiches gilt, wenn ein gutgläubiger Dritter durch Verkauf der abhandengekommenen Sache betrogen wird (D-Tröndle 26). Vgl. weiter RG JW 20, 559, HRR 33 Nr. 550, DJ 40, 1115. 76

Nimmt der **Mittäter** eines Diebstahls die gemeinsam gestohlene Sache dem anderen Mittäter weg, um sie sich entgegen der Verabredung allein zuzueignen, so ist dies nur die Verwirklichung der schon früher betätigten Zueignungsabsicht und daher ebenfalls straflose Nachtat (vgl. RG 11 441, Olshausen 28). Dies soll nach BGH 3 194 dann nicht gelten, wenn die Beute bereits aufgeteilt ist (zust. Ruß LK 67). Sieht man jedoch den Gewahrsam nicht als in § 242 alternativ geschütztes Rechtsgut an (o. 2), so führt diese Ansicht selbst in den Fällen zu unbefriedigenden Ergebnissen, in denen der Dieb die einem gutgläubigen Dritten übergebene Sache erneut wegnimmt. Denn soweit infolge von § 935 BGB der Eigentümer derselbe geblieben ist, stellt die erneute Wegnahme durch den Täter keine erneute Verletzung des Eigentümers dar. 77

IX. Für **landesrechtliche** Vorschriften zum Schutz von **Feld** und **Forst** (Einzelnachw. 17. A.) bleibt nach Art. 4 IV und V EGStGB nur noch insoweit Raum, als die Straf- bzw. Verfolgungshoheit bei Geringfügigkeit eingeschränkt oder ausgeschlossen wird (vgl. 46 vor § 1). 78

X. Möglich ist eine **Wahlfeststellung** zwischen Diebstahl und Hehlerei (BGH 1 304, 11 26, Freiburg DRZ 47, 65, Celle DRZ 47, 64, MDR 87, 75, Kassel NJW 48, 696, OGH 2 90; für eindeutige Verurteilung wegen Hehlerei in Fällen sog. Postpendenz jetzt BGH NStZ 89, 574, vgl. § 1 RN 98a) bzw. dem in einem Raub enthaltenen Diebstahl (BGH MDR/H 86, 793), ferner zwischen (schwerem) Diebstahl und Begünstigung (BGH 23 360 m. Anm. Schröder JZ 71, 141 und Hruschka NJW 71, 1392), während zwischen § 242 und § 248b ein Stufenverhältnis besteht (vgl. § 1 RN 90). Zu Wahlfeststellung zwischen § 242 und gewerbsmäßiger Hehlerei (§ 260) vgl. § 1 RN 110. Ist zweifelhaft, ob Diebstahl oder Unterschlagung vorliegt, so ist zugunsten des Täters Unterschlagung anzunehmen; vgl. § 1 RN 58 ff., insbes. 90. Unzulässig ist eine Wahlfeststellung wegen der fehlenden Gleichwertigkeit der Rechtsgüter zwischen Diebstahlsversuch und § 145d (Köln NJW 82, 347 mwN), ebenso zwischen Diebstahl und Beihilfe zum Betrug (BGH NStZ 85, 123). 79

§ 243 Besonders schwerer Fall des Diebstahls

(1) **In besonders schweren Fällen wird der Diebstahl mit Freiheitsstrafe von drei Monaten bis zu zehn Jahren bestraft. Ein besonders schwerer Fall liegt in der Regel vor, wenn der Täter**
1. zur Ausführung der Tat in ein Gebäude, eine Wohnung, einen Dienst- oder Geschäftsraum oder in einen anderen umschlossenen Raum einbricht, einsteigt, mit einem falschen Schlüssel oder einem anderen nicht zur ordnungsmäßigen Öffnung bestimmten Werkzeug eindringt oder sich in dem Raum verborgen hält,
2. eine Sache stiehlt, die durch ein verschlossenes Behältnis oder eine andere Schutzvorrichtung gegen Wegnahme besonders gesichert ist,
3. gewerbsmäßig stiehlt,
4. aus einer Kirche oder einem anderen der Religionsausübung dienenden Gebäude oder Raum eine Sache stiehlt, die dem Gottesdienst gewidmet ist oder der religiösen Verehrung dient,
5. eine Sache von Bedeutung für Wissenschaft, Kunst oder Geschichte oder für die technische Entwicklung stiehlt, die sich in einer allgemein zugänglichen Sammlung befindet oder öffentlich ausgestellt ist,
6. stiehlt, indem er die Hilflosigkeit eines anderen, einen Unglücksfall oder eine gemeine Gefahr ausnutzt oder

§ 243 1–4

7. eine Handfeuerwaffe, zu deren Erwerb es nach dem Waffengesetz der Erlaubnis bedarf, ein Maschinengewehr, eine Maschinenpistole, ein voll- oder halbautomatisches Gewehr oder eine Sprengstoff enthaltende Kriegswaffe im Sinne des Kriegswaffenkontrollgesetzes oder Sprengstoff stiehlt.

(2) In den Fällen des Abs. 1 Nr. 1 bis 6 ist ein besonders schwerer Fall ausgeschlossen, wenn sich die Tat auf eine geringwertige Sache bezieht.

Vorbem. Abs. 1 S. 2 Nr. 7 eingefügt, Abs. 2 geändert durch das Ges. zur Änderung d. StGB, d. StPO usw. v. 9. 6. 1989 (BGBl. I 1059).

Schrifttum: Arzt, Die Neufassung der Diebstahlsbestimmungen, JuS 72, 385, 515, 576. – *Bittner,* Schwerer Diebstahl nach § 243 Ziff. 2, MDR 71, 104. – *Blei,* Die Regelbeispieltechnik der schweren Fälle und §§ 243, 244 StGB, Heinitz-FS 419. – *Börtzler,* Verurteilung wegen Diebstahls nach der n. F. der §§ 243, 244, NJW 71, 682. – *Calliess,* Die Rechtsnatur der „besonders schweren Fälle" und Regelbeispiele im Strafrecht, JZ 75, 112. – *Corves,* Die ab 1. April 1970 geltenden Änderungen des Bes. Teils des StGB, JZ 70, 156. – *Fabry,* Der bes. schwere Fall der versuchten Tat, NJW 86, 15. – *Gribbohm,* Der Bezug der Tat auf eine geringwertige Sache als subjektives Merkmal minderer Schuld, NJW 75, 1153. – *Kastenbauer,* Die Regelbeispiele im Strafzumessungsvorgang, 1986. – *v. Löbbecke,* Strafbarkeit des versuchten Diebstahls in einem schweren Falle, MDR 73, 374. – *Maiwald,* Bestimmtheitsgebot, tatbestandliche Typisierung und die Technik der Regelbeispiele, Gallas-FS 137. – *Schmitt,* Juristische „Aufrichtigkeit" am Beispiel des § 243 StGB, Tröndle-FS 313. – *Sternberg-Lieben,* Versuch u. § 243 StGB, Jura 86, 183. – *Wessels,* Zur Problematik der Regelbeispiele für „schwere" und „besonders schwere Fälle", Maurach-FS 295. – *Zipf,* Dogmatische und kriminalpolitische Fragen bei § 243 II, Dreher-FS 389.

1 **I.** Die Vorschrift hat ihre jetzige Struktur durch das 1. StrRG (Abs. 1) und das EGStGB (Abs. 2) erhalten (vgl. BT-Drs. 7/1261 S. 16f.). Um die unbefriedigenden Ergebnisse der früheren Tatbestandskasuistik zu vermeiden, werden zur Strafschärfung **„besonders schwerer Fälle"** die – teilweise an § 243 a. F. angelehnten (vgl. Nrn. 1, 2, 4) – Erschwerungsgründe nicht mehr als abschließende Qualifikation, sondern nur noch als bloße **Regelbeispiele** ausgestaltet. Diese Gesetzestechnik (dazu 44ff. vor § 38) hat einerseits zur Folge, daß im Vorliegen eines Regelbeispieles zwar ein *Indiz* für die Annahme eines besonders schweren Falles zu erblicken ist, diese Indizwirkung jedoch aufgrund einer *Gesamtabwägung widerlegt* werden kann, und daß andererseits auch bei *Nichtvorliegen eines Regelbeispiels* die Annahme eines schweren Falles in Betracht kommen kann, wenn dieser sich aufgrund einer Gesamtbewertung deutlich vom Normalfall des einfachen Diebstahls nach § 242 abhebt (BGH **29**
2 322). Zu Einzelbeispielen vgl. u. 42f. Verbrechenssystematisch handelt es sich bei den Erschwerungsmerkmalen um **Strafzumessungsregeln** (vgl. BGH **23** 254, Kastenbauer aaO 125ff., Wessels Maurach-FS 298, Zipf Dreher-FS 391), die allerdings durch ihre Indizfunktion den Tatbestandsmerkmalen zumindest angenähert (vgl. BGH **29** 368, Schleswig NJW **79**, 2057 m. Anm. Grünwald JR 80, 302, D-Tröndle 3, Fabry NJW 86, 17, M-Schroeder I 324), ja diesen jedenfalls bei bloßem Versuch in BGH **33** 374 praktisch sogar gleichgestellt sind (ähnl. bereits Calliess JZ 75, 117; krit. Gössel u.
3 Schmitt, jew. Tröndle-FS 357 bzw. 313). Dabei fungiert Abs. 2 als *unwiderlegliche Gegenindikation* gegen die besondere Schwere eines der nach Abs. 1 gegebenen Erschwerungsgründe (vgl. E 62 Begr. 402, Calliess JZ 75, 114; vgl. ferner u. 48f.). Die Euphorie, mit der diese Regelbeispieltechnik ursprünglich begrüßt wurde, ist jedoch allmählich einer teilweisen Ernüchterung gewichen (vgl. Blei Heinitz-FS 419, Maiwald Gallas-FS 137). § 243 n. F. hat nicht weniger Probleme geschaffen, als er beseitigt hat. Dies gilt sowohl für den subjektiven Tatbestand wie insbes. für die Neuregelung des Abs. 2 (dazu u. 49), der mit seiner isolierenden Verabsolutierung eines einzelnen Merkmals (der Geringwertigkeit) ein Novum im System der schweren Fälle bzw. der Regelbeispieltechnik darstellt, für die an sich eine Gesamtabwägung *aller* be- und entlastenden Umstände charakteristisch ist (vgl. BGH NJW **70**, 1197, D-Tröndle § 46 RN 43). Die rigide Lösung des Abs. 2 erscheint umso erstaunlicher, als die amtl. Begr. selbst den Wert einer Sache nicht als durchweg geeignetes Kriterium für den Unwertgehalt eines Vermögensdelikts ansieht (vgl. BT-Drs. 7/1261 S. 17), man sich vielmehr umgekehrt fragen könnte, weshalb bloße Geringwertigkeit nicht werden bestraft werden sollte, wo nicht (wie nach § 248a a. F.) oder sonst verständliche Beweggründe (wie bei § 370 I Nr. 5 a. F.) um geringfügiger Vorteile willen sogar einen nächtlichen Einbruch begeht (vgl. auch Zipf Dreher-FS 399ff.). Die Regelung des Abs. 2 wird auch nicht dadurch überzeugender, daß ihre Anwendbarkeit auf das neue Regelbeispiel des Schußwaffen- oder Sprengstoffdiebstahls (Nr. 7) mit an sich zutreffenden Erwägungen generell ausgeschlossen wurde. Daß diese Strafschärfung nicht an den Wert der entwendeten Sache anknüpfe (so BR-Drs. 238/88 S. 20), trifft auch auf andere Regelbeispiele zu, ohne daß die daraus resultierenden Bedenken vom Gesetz berücksichtigt wurden (vgl. u. 41c). Als reiner Schuldminderungsgrund kann Abs. 2 daher sicher nicht erklärt werden (so aber Gribbohm NJW 75, 1153).

4 **II.** Für eine Strafschärfung nach § 243 wird zunächst der volle **Tatbestand des einfachen Diebstahls** (§ 242) vorausgesetzt. Außerdem müssen die in § 243 I genannten besonderen Umstände vorliegen, die jedoch einen besonders schweren Fall und damit die Anwendbarkeit des § 243 I nur „in der Regel" begründen (vgl. o. 1, u. 42). Da jedoch § 243 I (abgesehen von dessen Nr. 7) seinerseits bei Geringwertigkeit des Tatobjekts durch § 243 II zwingend ausgeschlossen

Besonders schwerer Fall des Diebstahls 5–12 **§ 243**

wird (u. 48), kann sich vor Prüfung der Erschwerungsgründe des Abs. 1 die des Ausschlußgrundes von Abs. 2 empfehlen (Zipf Dreher-FS 391). Zum Fall bloßen *Versuchs* von Diebstahl oder Regelmerkmal vgl. u. 44f.

III. Der Einbruchsdiebstahl (Nr. 1) stellt sich als eine Kombination der Fälle dar, die früher 5 in Nrn. 2, 3 und 7 des § 243 a. F. geregelt waren. Er setzt im einzelnen voraus:

1. Eine **bestimmte Örtlichkeit,** an der der Diebstahl begangen wird. Diese wird als Gebäu- 6 de, Wohnung, Dienst- oder Geschäftsraum oder nur als umschlossener Raum definiert. Dabei ist der *umschlossene Raum der Oberbegriff*, unter den alle übrigen Räume subsumiert werden können. Die Erweiterung der Örtlichkeiten, die gegenüber der a. F. erfolgt ist, hat daher sachlich keine Bedeutung (Ruß LK 9). Die frühere Interpretation der Begriffe Gebäude und umschlossener Raum ist in vollem Umfang auch für die n. F. maßgeblich.

a) **Gebäude** ist ein mit dem Grund und Boden verbundenes Bauwerk, das den Eintritt von 7 Menschen ermöglicht und geeignet und bestimmt ist, dem Schutze von Menschen oder Sachen zu dienen, und Unbefugte abhalten soll (vgl. RG **70** 361, BGH **1** 163). Eine dauernde Verbindung mit dem Grund und Boden ist nicht erforderlich; daher können z. B. auch Ausstellungs- und Zirkuszelte Gebäude sein. Stets muß aber zum mindesten eine durch die Schwere des Bauwerks hergestellte natürliche Verbindung mit dem Grund und Boden vorhanden sein (RG **53** 268, BGH **1** 163). Ein Gebäude kann auch eine Bahnhofshalle mit durchgehenden Gleisen sein (RG **55** 154).

b) Unter **umschlossenem Raum** ist jedes durch (zumindest teilweise) künstliche Hindernisse 8 gegen das Betreten durch Unbefugte geschützte Raumgebilde zu verstehen, das von Menschen betreten werden kann; gleichgültig ist, ob es mit dem Boden verbunden ist oder nicht (BGH **1** 164, Kiel SchlHA **46,** 271; and. RG **70** 360, **71** 198). „Umschlossen" bedeutet nicht verschlossen (RG **32** 141, BGH NJW **54,** 1897). Daher gehören auch Räume hierher, die zeitweilig unverschlossen sind, es sei denn, daß sie von jedermann frei und ungehindert benutzt werden können (RG **7** 265, **32** 142, **54** 20, **56** 97, BGH NJW **54,** 1897).

Zu den umschlossenen Räumen gehören **beispielsweise** Eisenbahnwagen (Jena DJ **39,** 1402; and. 9 Hamm JZ **51,** 307), Wohnwagen (BGH **1** 166), Büroräume eines Baugeschäfts (BGH **2** 215), Schiffe (BGH **1** 116; and. Hamburg SJZ **49,** 425 m. Anm. Busch), ein Untergrundbahnhof (OGH **3** 114), unter Tage liegende Teile eines Bergwerks (BGH LM **Nr. 5**), nach Köln MDR **69,** 237 auch eine mit einem Zaun umgebene Weide, *nicht* aber, wenn der Zaun nicht der Fernhaltung Unbefugter dient (BGH NStZ **83,** 168), sondern z. B. lediglich zu Verschönerungszwecken (vgl. Bremen JR **51,**88), auch nicht eine Telephonzelle, da sie jederzeit von jedermann frei benutzt werden kann (Hamburg NJW **62,**1453). Dagegen ist ein mit Mauern umgebener Fabrikhof oder Lagerplatz ein umschlossener Raum, u. U. auch dann, wenn eine Seite nur von einem Bach begrenzt wird (BGH MDR/D **55,**145; vgl. ferner BGH NJW **54,**1897: umzäunter Friedhof). Zu den umschlossenen Räumen gehören auch abgeschlossene Räume *innerhalb eines Gebäudes*, wie z. B. Zimmer (BGH **1** 167) oder ein Lagerraum (Hamm MDR **50,**753), ein Verschlag (Kiel SchlHA **46,** 271) oder ein Boden (BGH **1** 167, Oldenburg HE **1** 104). Vgl. weiter u. 22, 25ff.

2. Weitere Voraussetzung ist eine bestimmte **Modalität des Eindringens** in die geschützten 10 Räume, und zwar kommen dafür das Einbrechen, das Einsteigen sowie der Gebrauch falscher Schlüssel in Betracht. Dagegen wird der Diebstahl mittels Erbrechens von Behältnissen heute in Nr. 2 durch eine besondere, von der a. F. abweichende Regelung erfaßt.

a) Das **Einbrechen** bezeichnet das gewaltsame Öffnen von Umschließungen, die dem Ein- 11 tritt in den geschützten Raum entgegenstehen. Eine Substanzverletzung ist nicht erforderlich (RG **4** 354, Blei II 191; and. Frank III 2 a). Jedoch muß es sich um eine *nicht ganz unerhebliche* Anstrengung handeln (BGH NJW **56,** 389; vgl. auch Hamm JR **52,** 287: eine „dem Hindernis angemessene" Kraftanstrengung); daher zu weitgehend BGH aaO (ferner VRS **35** 416) bei bloßem Aufdrücken der Lüftungsklappen eines Pkw (vgl. Samson SK 12). Dagegen kann der Einbruch z. B. durch Ausheben der Türen erfolgen oder durch Auseinanderbiegen der Flügel eines Scheunentors (RG **4** 354), durch Beiseiteschieben eines die Türöffnung versperrenden Schrankes (RG **60** 378). Der von innen mit der Beute nach außen ausbrechende Dieb wird von der Vorschrift nicht erfaßt (RG **55** 211). Ein *Betreten* des Gebäudes oder umschlossenen Raumes ist *nicht* erforderlich (BGH NStZ **85,** 217 m. krit. Anm. Arzt StV 85, 104, Düsseldorf MDR **84,** 961, JZ **84,** 684); es genügt z. B., daß von außen durch eine Öffnung in den Innenraum (z. B. in ein Schaufenster) hineingegriffen wird (vgl. BGH MDR/D **54,** 336). Das Einbrechen ist *vollendet*, sobald durch das Vorgehen des Täters der Zugang zu dem umschlossenen Raum eröffnet ist (Düsseldorf aaO).

b) **Einsteigen** bedeutet das Betreten des geschützten Raumes auf einem dafür regelmäßig 12 nicht bestimmten Wege unter Entfaltung einer gewissen Geschicklichkeit oder Kraft (vgl. RG HRR **42** Nr. 194). Dies ist nicht schon deshalb zu verneinen, weil auch der Eigentümer dieselben Schwierigkeiten überwinden müßte, die sich dem eindringenden Dieb entgegengestellt haben (RG LZ **19**, 903), z. B. der Dieb eine Leiter als Zugang zu einem Raum benutzt, den auch der Berechtigte nur mit einer Leiter erreichen kann (vgl. weiter RG **53** 174, **59** 171). Einsteigen setzt nicht notwendig eine steigende Tätigkeit voraus, wohl aber die Überwindung eines gewissen, sich aus der Bauart usw. ergebenden Hindernisses (RG HRR **39** Nr. 263, BGH **10** 133, MDR/H **82**, 810, StV **84**, 204), wie etwa bei Einkriechen (RG **13** 257, HRR **39** Nr. 660, BGH **14** 198, MDR/D **54**, 16, Bremen MDR **50**,753). Ferner kommt in Betracht, daß jemand durch ein Fenster einsteigt, das der Bestohlene wegen Unbenutzbarkeit der Tür vorübergehend als Notzugang benutzt hat (RG **59** 171), oder daß der Täter vom Dachboden des benachbarten Gebäudes durch ein Fenster in das Haus gelangt, aus dem gestohlen wird (RG **3** 173). Das Einsteigen braucht nicht vom Freien aus zu erfolgen; es kann auch innerhalb desselben Gebäudes eingestiegen werden (BGH **1** 160, Kiel SchlHA **46**, 271, Frank III 2b; and. RG **8** 103, **30** 122). Zum Einsteigen ist das Eindringen eines großen Teils des Körpers in das Gebäude erforderlich; daher genügt nicht schon das Betreten nur mit einem Fuß oder das Hineinlangen in einen Wagen (vgl. BGH **10** 132, NJW **68**,1887, Bay JZ **73**, 324, Kiel SchlHA **47**, 30; and. Frank III 2b); nach Hamm NJW **60**, 1359 genügt es, wenn sich der Täter innerhalb des umfriedeten Raumes einen festen Stützpunkt verschafft.

13 c) Die **Benutzung falscher Schlüssel** oder anderer nicht zur ordnungsmäßigen Öffnung bestimmter Werkzeuge entspricht dem Nachschlüsseldiebstahl in Nr. 3 a. F., mit dem Unterschied jedoch, daß diese Geräte zum Eindringen in die geschützten Räume verwendet sein müssen, während die früher ebenfalls erfaßten Behältnisse nicht mehr erwähnt sind. Ebenfalls weggefallen ist die Erwähnung der im Innern befindlichen Türen. Dieser Passus erscheint entbehrlich, da auch die Räume im Innern eines Gebäudes umschlossene Räume i. S. der Nr. 1 sind.

14 α) Ein **Schlüssel** ist ein Instrument zum Betätigen von Schlössern, das traditionell aus Metall oder Holz geformt ist, aber auch – wie einem neueren Hoteltrend entsprechend – in einer scheibenartigen Codekarte bestehen kann (vgl. Bay NJW **87**, 666, LG Köln NJW **87**, 668 zu Scheckkarten für Bankomaten). Schlüssel sind **falsch,** wenn sie zur Tatzeit vom Berechtigten nicht oder nicht mehr zur Öffnung des fraglichen Verschlusses bestimmt sind (vgl. BGH MDR **60**, 689, Hamburg VRS **31** 362), nicht aber schon allein bei unbefugter Benutzung (BGH StV **87**, 20), z. B. einer einem anderen überlassenen Bankomatenkarte (vgl. Bay NJW **87**, 664). Der Berechtigte kann einem gestohlenen, verlorenen oder sonst abhanden gekommenen Schlüssel die Bestimmung zur ordnungsmäßigen Eröffnung durch seinen Willen entziehen; diese Willenserklärung braucht nicht ausdrücklich zu sein; sie muß aber nach außen erkennbar hervortreten (RG **52** 84, BGH **21** 189: idR genüge Kenntnis vom Diebstahl). Ein gestohlener Schlüssel, von dessen Abhandenkommen der Berechtigte nichts weiß, ist idR kein falscher (RG LZ **21,** 691, BGH GA **65**, 344); daher wird ein Schlüssel auch nicht schon allein wegen Strafbarkeit der Verschaffung falsch (vgl. Huff NStZ 85, 440). Ein Schlüssel, der hilfsweise und gelegentlich benutzt wird und als Ersatzschlüssel dienen soll, ist idR ein „richtiger" Schlüssel; denn die Bestimmung zur ordnungsmäßigen Öffnung können auch mehrere Schlüssel gleichzeitig haben (Celle HannRpfl. **46**, 121, Karlsruhe Justiz **84**, 211). Werden Räume, Wohnungen usw. an Mieter übergeben und dann vom Mieter an den Vermieter zurückgegeben, so werden die nicht mitübergebenen Schlüssel dadurch falsch (RG **11** 436, **53** 101, BGH JR **59**, 306 m. Anm. Schröder; vgl. auch BGH **20** 235: von früherer Hausgehilfin zurückbehaltener Schlüssel, sowie Stuttgart VersR **83**, 745: unbefugt beschaffter Nachschlüssel eines Angestellten). Kein falscher ist der Schlüssel zum eigenen Vorhängeschloß des Diebes, das er anstatt des bisherigen angebracht hat (RG JW **24**, 306 m. Anm. Köhler). Zu dem Fall, daß der Täter den richtigen Schlüssel für einen falschen hält, vgl. u. 59.

15 β) Gleichgestellt sind den falschen Schlüsseln **andere zur ordnungsmäßigen Öffnung nicht bestimmte Werkzeuge:** nämlich solche, durch die der Mechanismus des Verschlusses ordnungswidrig in Bewegung gesetzt wird (RG **53** 277), z. B. Dietriche, Haken, nicht dagegen Brechwerkzeuge, die nicht den Mechanismus in Bewegung setzen, sondern eine gewaltsame Eröffnung herbeiführen sollen. Daher ist das Herausreißen von Türgriffen bei einem PKW kein Fall dieser Alternative, wenn dann das Schloß mit den Fingern geöffnet wird (BGH NJW **56**, 271). Wie die Öffnung des Verschlusses durch das Werkzeug erfolgt, ist unerheblich; das Werkzeug braucht nicht in das Schlüsselloch eingeführt zu werden (RG **27** 285).

16 γ) Der Täter muß **mittels** des falschen Schlüssels in den umschlossenen Tatort eingedrungen sein, aus dem er stiehlt. Der Begriff des Eindringens entspricht nicht immer dem des § 123 (BGH **22** 127). So ist dieses Regelmerkmal etwa dort zu verneinen, wo der Täter aus dem einen Raum ohne Zueignungsabsicht nur einen (richtigen) Schlüssel holt, um damit den eigentlichen Diebstahlsraum zu öffnen. Vgl. aber auch u. 23.

3. Subjektiv ist erforderlich, daß das Einbrechen usw. **zur Ausführung eines Diebstahls** 17 geschieht, der Täter also bereits bei Vornahme einer der vorgenannten Handlungen Diebstahlsvorsatz hatte. Daher scheiden diese Regelhandlungen aus, wenn die Diebstahlsabsicht erst *nach* erfolgtem Einbrechen usw. gefaßt wird (vgl. aber auch u. 18 ff.). Dagegen ist unerheblich, ob der Diebstahl aus dem umschlossenen Raum erfolgt oder dieser selbst (mit-)gestohlen wird (vgl. u. 27).

4. Dem vorgenannten Zutrittverschaffen ist gleichgestellt der Fall, daß sich der Täter zur 18 Ausführung der Tat in einem der geschützten Räume **verborgen hält.** Der Strafschärfungsgrund liegt hier darin, daß das heimliche Verbergen es dem Täter gestattet, sich den Zeitpunkt für die Durchführung der Tat auszusuchen, in dem der geringste Gewahrsamsschutz wirksam ist (Ruß LK 5). Nicht erforderlich ist, daß der Täter sich an dem Ort verborgen hält, an dem er auch den Diebstahl ausführen will.

a) *Ohne Bedeutung* ist, auf welche Art und Weise der Täter in die genannten Räume gelangt 19 ist, insbesondere, ob dies **legal oder illegal** geschehen ist. Auch der Angestellte, der sich nach Geschäftsschluß in den Geschäftsräumen verbirgt, um ungestört stehlen zu können, ist daher nach Nr. 1 strafbar. Erforderlich ist aber, daß der Täter sich zum Zeitpunkt der Tat illegal in den Räumen befindet, also jetzt keine Berechtigung zur Anwesenheit mehr besitzt.

b) Das Sichverborgenhalten muß **zur Ausführung** der Tat geschehen. Daher fällt, wer sich 20 zu anderen Zwecken, z. B. zur Ausführung von Sabotageakten, verbirgt und dann stiehlt, nicht unter Nr. 1. „Zur Ausführung" ist die Handlung nicht vorgenommen, wenn der Täter einbricht, um Diebesgut zu verstecken (D-Tröndle 14, M-Schroeder I 326; and. Ruß LK 6, Lackner 4a, wonach jede Förderung der Wegnahme bis zu ihrer Beendigung genügen soll).

IV. Diebstahl von besonders gesicherten Sachen (Nr. 2) kommt in Betracht, wenn der 21 Täter eine Sache stiehlt, die durch ein *verschlossenes Behältnis* oder eine andere Schutzvorrichtung gegen Wegnahme *besonders gesichert* ist.

1. a) Sicherungsobjekt kann zunächst ein **Behältnis** sein: nämlich ein umschlossener Raum, 22 der zur Verwahrung und Sicherung von Sachen dient, jedoch nicht dazu bestimmt ist, von Menschen betreten zu werden (BGH **1** 163); in Betracht kommen z. B. Koffer, Kisten, Säcke (vgl. Kiel SchlHA **46**, 271, Bremen MDR **55**, 628), Münzgaszähler (Stuttgart Justiz **63**, 211; D-Tröndle 22). Teile eines Gebäudes oder umschlossenen Raumes, wie z. B. Zimmer, Glasveranden, Bodenkammern, sind ihrerseits umschlossene Räume (BGH **1** 167, Kiel aaO, Oldenburg HE **1** 104, vgl. o. 8), nicht aber bloße Behältnisse. Zu Briefumschlag oder Paket als Behältnis vgl. u. 24. Im übrigen muß das Behältnis **verschlossen,** d. h. nicht ohne weiteres zugänglich sein. Auf welche Weise dies geschieht (eingebautes Schloß, Vorhängeschloß, Geheimfach oder sonstige Vorrichtungen), ist gleichgültig. Jedoch soll Nr. 2 ausscheiden, wenn der Täter das verschlossene Behältnis mit einem richtigen **Schlüssel,** den er befugtermaßen erhalten hat, unbefugt öffnet (Hamm NJW **82**, 777 m. abl. Anm. Schmid JR 82, 119). Eine unverschlossene Registrierkasse fällt jedenfalls unter Nr. 2 (vgl. BGH NJW **74**, 567, aber auch Frankfurt NJW **88**, 3028 sowie u. 24, 25).

b) Als **andere Schutzvorrichtungen** kommen z. B. die Lenkradschlösser von Autos, das 23 Fahrradschloß oder eine die Sachen umhüllende Zeltplane in Betracht, die durch eine Kette gesichert ist. Nicht darunter fällt die Umzäunung eines Grundstücks (Bay JR **73**, 508 m. Anm. Schröder), da Räumlichkeiten i. S. der (spezielleren) Nr. 1 nicht als Schutzvorrichtungen der Nr. 2 anzusehen sind (vgl. Schröder JR 73, 508, Hamm NJW **78**, 769). Jedoch kommen auch mittelbare Schutzvorrichtungen in Betracht, so z. B. eine (verschlossene) Kassette, in der der Schlüssel zu Räumlichkeiten i. S. d. Nr. 1 (z. B. dem Saferaum einer Bank) verwahrt wird (vgl. Koblenz VRS **46**, 33, u. 25).

c) Ferner muß das Behältnis bzw. die sonstige Schutzvorrichtung gerade der **besonderen** 24 **Sicherung gegen Wegnahme** dienen. Nicht genügend sind daher Verpackungen oder Verschnürungen, die nur ornamentalen Zweck haben oder lediglich dem Zusammen- oder Sauberhalten dienen oder den Inhalt des Behältnisses vor fremden Augen verbergen sollen, wie dies etwa bei Briefumschlägen der Fall ist (vgl. Stuttgart NJW **64**, 738), aber auch für eine zugeknöpfte Hosentasche zu gelten hat (vgl. D-Tröndle 24 gegen RG GA Bd. **60** 277). Dementsprechend stellt auch die Halterung eines eingebauten Autoradios idR keine besondere Sicherung gegen Wegnahme dar (Schleswig NJW **84**, 67). Worin bei Zweckbündelung der Hauptzweck liegt, ist (entgegen Heimann-Trosien LK[9] 25) gleichgültig, sofern dem Sicherungszweck zumindest eine nicht unerhebliche Rolle zukommt (vgl. Hamm NJW **78**, 769; zust. jetzt auch Ruß LK 19), wie wohl (entgegen Zweibrücken NStZ **86**, 411) der mit einem Zählwerk verbundenen Abfüllanlage eines Tanklastzugs. Daher kann u. U. auch schon der mit Klebestreifen verschlossene Karton (Hamm aaO) oder das Festbinden eines Koffers an der Kleidung während des Schlafes (Ruß LK 19) eine besondere Wegnahmesicherung darstellen (enger Lackner 4b bb).

Dagegen reichen eingebaute Signale oder sonstige Vorkehrungen dann nicht aus, wenn sie lediglich der nachträglichen Entdeckung des Täters oder Wiedererlangung dienen sollen (vgl. Stuttgart NStZ **85**, 76 m. Anm. Dölling JuS 86, 688, Kadel JR 85, 385, Seier JA 85, 387). Sofern jedoch wohl zutreffend davon auszugehen ist, daß elektronische Sicherungsetiketten an Waren die Wegnahmevollendung verhindern (vgl. § 242 RN 40), stellen diese durchaus eine besondere Wegnahmesicherung dar (Seier JA 85, 391). Ebenso kann das bei ordnungsgemäßen Öffnen einer Registrierkasse ertönende Klingelzeichen (anders als der ebenfalls erfolgende Ausdruck auf der Bonrolle) als Sicherung gegen die Entwendung des Geldes dienen (vgl. Frankfurt NJW **88**, 3028; krit. Otto Jura 89, 200).

25   2. Die **Tatmodalität** erfordert, daß der Täter die (unmittelbare oder mittelbare) **Gewahrsamssicherung überwindet** und dadurch seine größere deliktische Energie dartut. Daher ist die Nr. 2 jedenfalls dann nicht erfüllt, wenn der Täter ein zwar verschlossenes, jedoch als Ganzes mühelos entwendbares bzw. transportables **Behältnis** (so z. B. einen Schmuckkoffer) wegnimmt, um sich dieses **samt Inhalt** (and. Bittner MDR 71, 106, Wessels II/2 S. 56) oder auch *nur* den Inhalt zuzueignen (Samson SK 22; and. BGH **24** 248 m. krit. Anm. Krüger NJW 72, 648, Schröder ebd. 778; wie BGH D-Tröndle 25). Dies schon deshalb, weil der Verschluß hier gar nicht die Funktion hat, die Gesamtsache (Behältnis mit Inhalt) gegen eine Wegnahme zu sichern, wie dies Nr. 2 voraussetzt, und daher auch nicht als hinreichende Schutzvorrichtung zugunsten des Inhalts als solchen angesehen werden kann (vgl. Eser IV 67f., Krüger aaO). Anders dagegen wäre die Wegnahme von (oder aus) fest montierten (z. B. Außenautomaten), relativ schweren oder sperrigen verschlossenen Behältnissen zu beurteilen, da hier dem Verschluß unter Mitberücksichtigung der Eigenschaften des Behältnisses eine besondere Sicherungsfunktion zukommt. Entsprechend würde auch der Diebstahl eines durch Schloß gesicherten Fahrrades, z. B. mittels Abtransport auf einem LKW, unter Nr. 2 fallen. Gleiches gilt wohl auch für die Öffnung einer Registrierkasse mittels eines versteckt angebrachten Notöffnungshebels unter Umgehung der in dem Klingelzeichen liegenden Gewahrsamssicherung (vgl. Frankfurt NJW **88**, 3028 und o. 24 a. E.). Dagegen erfüllt die regelwidrige Beeinflussung des Spielautomatismus eines **Glücksspielautomaten** erst dann die Tatmodalität von Nr. 2, wenn dies durch Eingriffe in das Behältnis von außen geschieht und es dabei auf die Natur des laufenden Spielbetriebs nicht ankommt (Stuttgart NJW **82**, 1659 m. Anm. Albrecht JuS 83, 101, Seier JR 82, 509; ähnl. Ranft JA 84, 7; vgl. aber auch Bay NJW **81**, 2826). Dementsprechend erfüllt der **Bankomatenmißbrauch** (sofern er überhaupt unter § 242 fällt, vgl. § 242 RN 36) die Tatmodalität von Nr. 2 nicht schon dann, wenn der Täter durch Mißbrauch einer überlassenen oder entwendeten Codekarte zwar rechtlich unbefugt, aber technisch ordnungsgemäß vorgeht (Gropp JZ 83, 487, Huff NStZ 85, 438, Lackner 4b cc, Otto JR 87, 225; and. Bay NJW **87**, 666, LG Köln CR **87**, 445, NJW **87**, 668, AG Kulmbach NJW **85**, 2282 m. Anm. Kramer CuR 86, 340, Mitsch JuS 86, 771), sondern erst bei Verwendung *manipulierter* Codekarten (AG Böblingen CR **89**, 308 m. Bespr. Richter CuR 89, 303; Bieber JuS 89, 477, Otto JR 87, 225; zur Konkurrenz mit § 263a vgl. § 242 RN 35).

26   3. Besondere Probleme wirft der **Diebstahl von oder aus Kraftfahrzeugen** auf. Während das RG dem Kfz die Eigenschaft eines umschlossenen Raumes abgesprochen hatte (RG **71** 198, HRR **41** Nr. 947, ferner Hamburg SJZ **49**, 425), hat der BGH anerkannt, daß der Personenteil eines Kraftwagens sowie der Laderaum, soweit er dazu bestimmt ist, von Menschen betreten zu werden, umschlossener Raum i. S. der Nr. 1 ist (BGH **1** 164, **2** 214, **4** 16, ebenso D-Tröndle 17; and. Bockelmann JZ 51, 298; 59, 653). Der Kofferraum eines PKW und der Laderaum eines Lieferwagens, der zum Betreten nicht bestimmt ist, wird dagegen (nur) als Behältnis i. S. der Nr. 2 anerkannt (BGH **4** 16, JZ **59**, 672). Die Konsequenzen, die sich aus der a. F. gerade für diese Fälle ergaben, haben den Gesetzgeber veranlaßt, § 243 zu ändern. Danach gilt folgendes:

27   a) Stiehlt der Täter den **Kraftwagen selbst**, so konnte er nach früherem Recht nicht nach § 243 bestraft werden, auch wenn er ihn aufgebrochen hatte, da hier nicht *aus* einem umschlossenen Raum, sondern dieser Raum selbst gestohlen wird (BGH **5** 205, NJW **52**, 1148, **56**, 271, VRS **19** 286; and. Kohlrausch-Lange 2e). Dies galt auch dann, wenn der Inhalt des Kfz mitgestohlen wurde. Stiehlt dagegen der Täter nur den Inhalt des verschlossenen Kfz, so konnte er auch früher nach § 243 bestraft werden, da hier „aus" dem umschlossenen Fahrgastraum gestohlen wird. Diese ungereimten Ergebnisse sind in der jetzigen Fassung des § 243 beseitigt. Es ist danach nur erforderlich, daß der Einbruch in das verschlossene Kfz das Mittel „zur Ausführung der Tat" ist, unabhängig davon, ob nur der Inhalt des Kfz oder dieses selbst gestohlen werden soll. Für den Nachschlüsseldiebstahl (§ 243 Nr. 3 a. F.) galt dies schon vorher (BGH **5** 206). Über Vorsatzwechsel in solchen Fällen vgl. u. 30.

28   b) Werden Sachen **aus einem verschlossenen Kraftwagen** gestohlen, so spielt es heute keine Rolle mehr, wo sich die gestohlene Sache befindet, wenn nur der Einbruch in den umschlossenen Raum dazu dienen soll, an die Sache heranzukommen. Für die Anwendung der Nr. 1 ist

aber erforderlich, daß der Täter „zur Ausführung der Tat" in den umschlossenen Fahrgastraum eindringt. Demnach scheidet Nr. 1 aus, wenn nur der von außen zugängliche Koffer- bzw. Laderaum erbrochen wird, da dies nur Behältnisse sind. Hier kommt aber Nr. 2 in Betracht.

c) Eine Vorschrift über den **Transportdiebstahl** ist in § 243 n. F. nicht mehr enthalten. Diese Fälle werden jedoch z. T. durch die Nrn. 1, 2 oder 6 erfaßt. Wird z. B. Reisegepäck oder ein Reserverad mittels Einbruchs aus dem Wageninneren gestohlen, so ist Nr. 1 anzuwenden. Dagegen fällt das Abmontieren von Gegenständen, wie z. B. einer Radioantenne oder eines außen am Kfz angebrachten Ersatzreifens, nicht mehr unter § 243; denn ihre Befestigung am Kfz ist keine Schutzvorrichtung, die gegen Wegnahme besonders sichern soll, sondern dient lediglich der Verbindung mit dem Kfz. Für die Anwendung der Nr. 2 kommt es also darauf an, ob die Verbindung zwischen Kfz und weggenommenem Gegenstand auch eine besondere Sicherung gegen Diebstahl beinhaltet. Dies ist etwa dann der Fall, wenn Gepäck auf dem Dachgepäckträger eines Pkw mit einer durch Vorhängeschloß gesicherten Kette befestigt wird. Dagegen fällt ein Diebstahl unter Ausnutzung einer Autopanne oder eines Autounfalls unter Nr. 6. **29**

d) War der Vorsatz des Täters auf Wegnahme des **Fahrzeugs samt Inhalt** gerichtet, nimmt er jedoch nach dem Aufbrechen nur den Inhalt, so entstehen die gleichen Fragen wie dort, wo der Täter einbricht, um eine bestimmte Sache zu stehlen und statt dessen eine andere Sache mitnimmt. Da der Vorsatz beim Einbruch nicht auf die Wegnahme bestimmter Sachen fixiert sein muß, kann dem **Wechsel des Diebstahlsobjekts** keine Bedeutung beigemessen werden. Es liegt daher ein vollendeter schwerer Diebstahl vor (vgl. BGH 22 350). **30**

V. Der (neu hinzugekommene) **gewerbsmäßige Diebstahl (Nr. 3)** will der Tatsache Rechnung tragen, daß gerade der Diebstahl ein Delikt ist, das sich Gewohnheitsverbrecher zum Gewerbe machen. Unter dieses Regelbeispiel fällt, wer den Diebstahl mit der Absicht begeht, sich aus ihrer wiederholten Begehung eine Einnahmequelle von einer gewissen Dauer und Erheblichkeit zu schaffen. Diese Voraussetzungen können bereits bei der ersten Tat vorliegen (vgl. 95 vor § 52; and. Samson SK 23). Der Weiterverkauf an andere braucht dabei nicht unbedingt beabsichtigt zu sein (BGH MDR/H **76**, 633). In analoger Erweiterung der „Regelbeispiele" kann auch die Gewohnheitsmäßigkeit einen schweren Fall begründen (D-Tröndle 26, § 46 RN 47). **31**

VI. Der sog. **Kirchendiebstahl (Nr. 4)** ist heute vor allem räumlich erweitert. **32**

1. Der **geschützte Raum** kann eine **Kirche** oder ein anderes der Religionsausübung dienendes Gebäude sein. Mit dieser Formulierung hat der Gesetzgeber – seiner Tendenz zur Anerkennung auch anderer als christlicher Bekenntnisse folgend – klargestellt, daß außer Kirchen auch Gebäude geschützt sind, die der Ausübung irgendeiner Religion dienen. Dabei ist ohne Bedeutung, ob der Diebstahl aus den Räumen erfolgt, die unmittelbar zu religiösen Handlungen bestimmt sind. Auch profane Räume innerhalb einer Kirche werden durch Nr. 4 erfaßt (z. B. Sakristeien; RG **45** 243, BGH NJW **66**, 1420). Zur Religionsausübung dient ein Gebäude, wenn es zu diesem Zweck tatsächlich benutzt wird (RG **45** 243), ohne Rücksicht darauf, ob es dafür bereits errichtet wurde. Im Gegensatz zu früher werden außer selbständigen Gebäuden auch abgeschlossene Räume innerhalb von Gebäuden erfaßt, so z. B. die Kapelle eines Heims. **33**

2. Das **Tatobjekt** muß **dem Gottesdienst gewidmet** sein oder der religiösen Verehrung dienen. Ersteres ist bei Gegenständen der Fall, die dazu bestimmt sind, daß an oder mit ihnen religiöse Verrichtungen vorgenommen werden, wie z. B. der Altar oder ein Weihwasserkessel. Gegenstände der religiösen Verehrung, wie z. B. Christus- oder Heiligenbilder, wurden schon früher als geeignete Objekte des Kirchendiebstahls angesehen. Das Inventar der Kirche usw., wie z. B. das Gestühl oder die Opferstöcke (BGH LM **Nr. 1**), fallen nicht unter Nr. 4, ebensowenig bloße Hilfsmittel für den Gottesdienst wie Gesangbücher. Nicht erforderlich ist, daß die Gegenstände im kirchlichen Sinn geweiht oder gesegnet sind (RG GA Bd. **67** 444), wie z. B. Votivtafeln oder Heiligenbilder (BGH **21** 64). Im Gegensatz zu §§ 166 ff. sind hier die Sachen von **weltanschaulichen Vereinigungen nicht** einbezogen, was aber wegen des gleichen Unrechtsgehalts der Annahme eines schweren Falles nicht entgegensteht (vgl. o. 1, D-Tröndle 29, § 46 RN 45, Lackner 4 d; and. Arzt JuS 72, 516). Für die Geringwertigkeit i. S. d. Abs. 2 sind hier nicht allein kommerzielle Gesichtspunkte maßgebend; vgl. u. 51. **34**

VII. Der (ebenfalls neue) **gemeinschädliche Diebstahl (Nr. 5)** sieht ähnlich dem § 304 Strafschärfung für Diebstahl *kulturell bedeutsamer, allgemein zugänglicher Gegenstände* vor. Da es dabei nicht nur um Eigentumsschutz, sondern um das Allgemeininteresse an der Erhaltung kultureller Werte geht, handelt es sich hier um mehr als nur um einen qualifizierten Fall von § 242 (vgl. auch § 304 RN 1). Die Strafschärfung soll jedoch nur dann eingreifen, wenn sich die genannten Gegenstände aufgrund ihrer leichten Zugänglichkeit in einem Zustand relativer Schutzlosigkeit befinden. Der durch die leichte Zugänglichkeit erhöhten Diebstahlsgefahr wird mit der erhöh- **35** ten Strafdrohung entgegengewirkt. Hinsichtlich Abs. 2 kann hier nicht auf den reinen Verkehrswert abgestellt werden (vgl. u. 51).

36 1. **Tatobjekt** sind Sachen von Bedeutung für **Wissenschaft, Kunst oder Geschichte** oder für die **technische Entwicklung**. Insbes. kommen hier Gegenstände in Betracht, die in Museen oder Ausstellungen untergebracht sind und entweder, wie solche der Kunst, der Erbauung oder, wie die der Wissenschaft oder Geschichte, der wissenschaftlichen Erkenntnis dienen. Diese Begriffe sind unpräzise und unklar. Eine gewisse Korrektur kann durch den Begriff der „Sammlung" erfolgen.

37 2. Erforderlich ist weiter, daß sich die Sache in einer allgemein zugänglichen **Sammlung** befindet oder **öffentlich ausgestellt** ist. Privatsammlungen genießen also nicht den Schutz des § 243, genausowenig wie die in abgeschlossenen Lagern verwahrten Bestände eines Museums oder einer Gerichtsbücherei (BGH 10 285, D-Tröndle 32). Werden diese Gegenstände jedoch der Öffentlichkeit zugänglich gemacht (Leihgabe Privater an ein Museum, turnusmäßiger Wechsel der Bilder in den Ausstellungsräumen), dann greift Nr. 5 ein.

38 VIII. Der (gleichfalls neue) „**Schmarotzerdiebstahl**" (Nr. 6) will die Ausnutzung der *Hilflosigkeit* anderer und damit *verminderte Schutzmöglichkeiten* des Eigentums erfassen.

39 1. Als Fälle der **Hilflosigkeit** kommen z. B. Krankheit, Blindheit (Bay NJW 73, 1808 m. Anm. Schröder JR 73, 427), Lähmung, Schlaf (and. Ruß LK 32; diff. BGH NJW 90, 2569) usw. in Frage (Samson SK 30), u. U. auch die Sprachunkundigkeit eines Ausländers (and. D-Tröndle 34, Ruß aaO). Auch eine vom Opfer selbst planmäßig herbeigeführte Hilflosigkeit, etwa infolge eines Suizidversuchs, reicht aus. Beim **Unglücksfall** ist unerheblich, wo er sich ereignet hat. Nicht nur Verkehrsunfälle, sondern Unfälle jeder Art fallen unter Nr. 6, gleichgültig, ob vom Opfer selbst verschuldet oder nicht (Eser IV 68, Ruß LK 32; zw. M-Schroeder I 331). Gemeint ist somit jede Situation, in der ein Gewahrsamsschutz als besonders vordringlich anzusehen ist (Ruß LK 33). Das gleiche gilt für die **Gemeingefahr** (zum Begriff näher 19 vor § 306).

40 2. Der Täter muß die genannten Situationen für den Diebstahl **ausnutzen**, insbes. also in Kenntnis der Umstände seine Tat gerade durch die Ausnutzung der Situation erleichtern wollen. Dies ist jedoch nicht schon dann gegeben, wenn der Täter lediglich die Abwesenheit des Wohnungsinhabers zum Diebstahl nutzt (BGH NStZ 85, 215).

41 IX. Der (durch Ges. v. 9. 6. 1989) eingefügte **Diebstahl von Schußwaffen oder Sprengstoff** (Nr. 7) will dem bei derartigen Taten – auch im Hinblick auf die von den Tatobjekten ausgehende Gefahr – häufig überdurchschnittlichen Unrechts- und Schuldgehalt Rechnung tragen und die genannten Tatobjekte besser vor kriminellem Zugriff schützen (BT-Drs. 11/2834 S. 10). Das von Kunert NStZ 89, 451 gerügte Ungleichgewicht dieser Verschärfung im Vergleich zu dem im Regelfall auf 5 Jahre begrenzten Strafrahmen des § 16 KWKG läßt sich wohl damit erklären, daß es bei § 243 I Nr. 7 um eine Strafschärfung für ein *Eigentumsdelikt* geht, während in § 16 KWKG die unbefugte Verbreitung von Kriegswaffen ohne Rücksicht auf die Eigentumsverhältnisse pönalisiert wird.

41a 1. Als **Tatobjekte** kommen zunächst **Handfeuerwaffen** in Betracht. Deren Begriff bestimmt sich nicht nach § 1 IV WaffenG, sondern umfaßt alle tragbaren Schußwaffen (vgl. § 244 RN 4), wobei deren *sofortige* Funktionsfähigkeit (anders als bei § 244 I Nr. 1) nicht erforderlich ist. Allerdings muß der Erwerb der Handfeuerwaffe nach dem WaffenG **erlaubnispflichtig** sein (vgl. § 28 WaffenG sowie zum Anwendungsbereich des WaffenG dessen § 6 IV Nr. 1 a–c iVm §§ 1, 3 der 1. VO z. WaffenG idF v. 10. 3. 1987, BGBl. I 777, ferner dazu Steindorf in Erbs/Kohlhaas W 12a). Ob freilich dieser Einschränkung im Hinblick auf das hier vertretene Verständnis der Handfeuerwaffe praktische Bedeutung zukommt, erscheint zweifelhaft. Unerheblich für die Annahme eines Regelbeispiels ist die Erlaubnispflicht hingegen beim Diebstahl eines *Maschinengewehrs*, einer *Maschinenpistole* oder eines *voll-* oder *halbautomatischen Gewehrs*. Weiterhin ist strafverschärft der Diebstahl einer Sprengstoff enthaltenden **Kriegswaffe** i. S. d. KWKG sowie von **Sprengstoff**. Während letzterer unabhängig vom Anwendungsbereich des Sprengstoffgesetzes als explosionsgefährlicher Stoff zu definieren ist (näher zum Begriff § 311 RN 4), bestimmt sich der Begriff der Kriegswaffe nach der ausdrücklichen Verweisung des Gesetzes nach § 1 I, II KWKG iVm der Kriegswaffenliste idF v. 6. 10. 1986, zuletzt geänd. durch VO v. 10. 10. 1989 (BGBl. I 1853); zur Zulässigkeit einer derartigen dynamischen Verweisung auf eine Rechtsverordnung vgl. Schenke NJW 80, 747. Als Tatobjekte kommen danach etwa Panzerfäuste, Handgranaten oder Minen in Betracht.

41b 2. Auch bei **Geringwertigkeit** der Tatobjekte wird – im Unterschied zu den anderen Erschwerungsgründen des § 243 – das Vorliegen eines Regelbeispiels nicht ausgeschlossen (vgl. u. 57a).

X. 1. Selbst wenn ein Regelbeispiel vorliegt, ist aber jeweils noch eine **Gesamtwürdigung** 42 **der Tat** erforderlich. Denn da die Nrn. 1 bis 7 jeweils nur „*in der Regel*" einen besonders schweren Diebstahl begründen, ist im Einzelfall eine **Widerlegung der Indizwirkung** möglich, wenn sich aufgrund außergewöhnlicher Umstände bei Gesamtabwägung aller be- und entlastenden Gesichtspunkte der infragestehende Einzelfall nach Unrecht und/oder Schuld deutlich vom Normalfall des Regelbeispiels abhebt (vgl. BGH 23 257, **24** 249, D-Tröndle 5, § 46 RN 46, Wessels Maurach-FS 301), wie etwa bei Handeln aus akuter Not. Über den Ausschluß der Indizwirkung durch die *Geringwertigkeitsklausel* (Abs. 2) vgl. u. 48 ff.

2. Umgekehrt kann aber dann auch bei **Nichtvorliegen eines Regelmerkmals** eine Straf- 42a schärfung nach § 243 in Frage kommen, wenn sich aufgrund ihrer Gesamtbewertung die Tat nach ihrem Gewicht von Unrecht und Schuld deutlich vom Normalfall des einfachen Diebstahls nach § 242 abhebt (BGH **23** 257, **29** 322, Bay NJW **80**, 2207, Karlsruhe Justiz **84**, 212, Stuttgart Justiz **81**, 136, Arzt JuS 72, 516; grds. krit. Otto JZ 85, 24, Jura 89, 200) bzw. dem eines Regelbeispiels quantitativ mindestens entspricht (vgl. Stuttgart NStZ **85**, 76, Maiwald Gallas-FS 158). Dies kommt insbes. in Betracht beim Diebstahl besonders hochwertiger Gegenstände (vgl. E 62 Begr. 405, BGH **29** 322f. m. Anm. Bruns JR 81, 336f., D-Tröndle 37), bei arglistigem oder brutalem Vorgehen (vgl. Dreher MDR 79, 533), bei gesteigerter Rücksichtslosigkeit (LG Stuttgart NJW **85**, 2489, Dölling JuS 86, 691) oder nach BGH **29** 322 auch bei Amtsträgerschaft des Täters. Im übrigen dürfte die Annahme eines besonders schweren Falles jedenfalls dann unbedenklich sein, wenn die konkreten Tatumstände einem der den Regelbeispielen zugrundeliegenden Leitbilder vergleichbar sind (vgl. Eser IV 69, Wessels Maurach-FS 303; ähnlich für „Randzonen" eines Regelfalls M-Schroeder I 323), wie etwa bei Entwendung eines Kultgegenstandes von Weltanschauungsvereinigungen (Lackner 4d).

XI. Die straferhöhenden Umstände müssen vom (Quasi-) **Vorsatz** umfaßt sein (vgl. § 15 43 RN 35, § 46 RN 26; i. E. ähnl. Kastenbauer aaO 253ff.); so muß z. B. bei Nr. 2 dem Täter erkennbar gewesen sein, daß die Vorrichtung wirklich gegen Wegnahme besonders sichern soll (vgl. R 4 597, LG Köln NJW **87**, 668). Beim Einbruch, Einsteigen, beim Nachschlüsseldiebstahl usw. muß Diebstahlsvorsatz bereits bei Ausführung der erschwerenden Umstände vorgelegen haben. Wer aus anderen Gründen unter den erschwerenden Umständen in ein Gebäude (umschlossenen Raum) eindringt und erst später den Diebstahlsvorsatz faßt, unterliegt nicht der Qualifikation.

XII. 1. Auch der **Versuch**, der bereits nach § 242 II strafbar ist (vgl. D-Tröndle § 46 RN 48, 44 Ruß LK 36), kann nach § 243 strafverschärft sein (vgl. Köln MDR **73**, 779 m. Anm. Dreher MDR 74, 57, D-Tröndle 43, § 46 RN 48, Lackner § 46 Anm. II 2d, Samson SK 37f.), wobei jedoch folgendermaßen zu differenzieren ist: Soweit nur der Grundtatbestand versucht, dagegen das *Regelbeispiel voll verwirklicht* ist (z. B. nach geglücktem Einbruch der Täter mangels Beute abziehen muß), bestehen gegen eine Anwendung von § 243 keine grundsätzlichen Bedenken (insoweit h. M.: vgl. BGH NStZ **85**, 218 m. abl. Anm. Arzt StV 85, 104, Calliess JZ 75, 118). Ist umgekehrt zwar der Diebstahl vollendet, dagegen das *Regelmerkmal nur versucht* (z. B. weil sich die zu erbrechende Tür als offen erweist), kann § 243 nicht schon infolge der Regelwirkung (so jedoch i. Grds. Köln MDR **73**, 779 m. Anm. Dreher MDR 74, 57, Samson SK 38, Zipf JR 81, 121), sondern – wenn überhaupt – allenfalls aufgrund ergänzender Gesamtbewertung (o. 42a) zur Anwendung kommen (Bay NJW **80**, 2207, Stuttgart Justiz **81**, 135, 366, M-Schroeder I 333, Otto Jura 89, 201, Wessels II/2 S. 49ff. mit Falltypik; vgl. auch Düsseldorf JZ **84**, 1000). Gleiches gilt für den Fall, daß sowohl der Diebstahl wie auch das Erschwerungsmerkmal im Versuch stecken bleibt (Düsseldorf NJW **83**, 2712; Lieben NStZ 84, 538 mwN); dagegen selbst in diesem Fall, weil die Regelbeispiele im Ergebnis wie ein Tatbestandsmerkmal zu behandeln seien, für Indizwirkung BGH **33** 370 m. zust. Anm. Schäfer JR 86, 522; i. gl. S. bereits BGH NStZ **84**, 262, Fabry NJW 86, 18f., Zipf JR 81, 121; krit. Küper JZ 86, 518ff., Sternberg-Lieben Jura 86, 187f., Wessels Lackner-FS 430ff. Vgl. zum Ganzen auch Laubenthal JZ 87, 1068, v. Löbbecke MDR 73, 374, Wessels Maurach-FS 305, Zipf Dreher-FS 392f. sowie speziell zur ggf. erforderlichen Strafrahmenwahl § 22 RN 59a.

2. Hinsichtlich des **Versuchsbeginns** ist fraglich, ob dafür nur auf das Ansetzen zur Wegnahme 45 oder auch auf die Vornahme eines Erschwerungsgrundes abgehoben werden kann. Da es nach allg. Grundsätzen auf das Ansetzen zur Verwirklichung des Gesamttatbestandes ankommt (§ 22 RN 58), muß der Täter eine Tätigkeit entfalten, die bereits einen unmittelbaren Angriff auf den Gewahrsam enthält (vgl. Fabry NJW 86, 18, Sternberg-Lieben Jura 86, 185f.), was jedenfalls bei (Teil-)Verwirklichung einer der Tatmodalitäten der Nrn. 1, 2 regelmäßig der Fall sein wird (vgl. Wessels Maurach-FS 305f., Lackner-FS 427). Dagegen liegt ein versuchter Einbruchsdiebstahl nicht schon darin, daß sich der Täter dem Gebäude nähert (vgl. RG **54** 43). Auch wer Seife kauft, um diese später beim Einbruch zum Beschmieren der Fenster zu verwenden, damit diese beim Eindrücken nicht klirren, befindet sich noch im Vorbereitungsbereich. Beschmiert er aber bereits das Fenster, so ist schon dies (und nicht erst das Eindrücken der Scheibe) Ausführungshandlung (RG **54** 36); ebenso das Übersteigen einer Mauer, um in dem dahinterliegenden Hof nach Stehlenswertem zu suchen (vgl. Hamm MDR **76**, 155, dazu Blei JA 76, 168; vgl. aber auch RG HRR **29** Nr. 1537, ferner § 22 RN 42, § 242 RN 69). Versuch eines Nachschlüsseldiebstahls ist gegeben, wenn der falsche Schlüssel in diebischer Absicht in das Schloß eingeführt und versucht wird, es zu öffnen (RG JW **31**, 2787).

46 3. Gemäß §§ 22, 23 II kann auch bei Annahme eines Versuchs in einem besonders schweren Fall die **Mindeststrafe** des § 243 (in den Grenzen des § 49 I Nr. 3) unterschritten werden (vgl. Köln MDR **73**, 779 m. abl. Anm. Dreher MDR 74, 57, Lackner § 46 Anm. II 2 d, Wessels Maurach-FS 307, Braunsteffer NJW 76, 736; and. D-Tröndle § 46 RN 48). Doch wird in Fällen solch geringer Strafbedürftigkeit regelmäßig ein besonders schwerer Fall abzulehnen sein.

47 XIII. Bei **Teilnahme** an einer als besonders schwer verschärften Haupttat besteht an sich **keine Akzessorietät**, nachdem § 243 keine abschließende Vertatbestandlichung, sondern lediglich eine Strafrahmenerweiterung enthält (vgl. o. 2); deshalb sind für den einzelnen Beteiligten die Erschwerungsgründe jeweils gesondert festzustellen (BGH MDR/H **82**, 101, D-Tröndle § 46 RN 49, Samson SK 40). Dennoch sind die Grundsätze von **§ 28 analog** anwendbar (vgl. dort RN 9), mit der Folge, daß täterbezogene Erschwerungsgründe, wie z. B. die Gewerbsmäßigkeit, nur jenem Tatbeteiligten anzulasten ist, der dieses Merkmal selbst aufweist (Ruß LK 39), während für die Anlastung besonders gefährlicher Begehungsweisen bzw. schutzobjektbezogener Erschwerungsgründe bereits ein entsprechender Vorsatz des Teilnehmers genügt (vgl. Arzt/Weber III 73, D-Tröndle § 46 RN 49, Wessels Maurach-FS 307). Dem *mittelbaren Täter* fallen grundsätzlich alle Regelmerkmale zur Last, die das Werkzeug in seinem Auftrag verwirklicht.

48 XIV. 1. Bei **Geringwertigkeit der Sache (Abs. 2)**, auf die sich die Tat bezieht, ist bei den Regelbeispielen der Nrn. **1–6** ein bes. schwerer Fall **zwingend ausgeschlossen,** und zwar ohne daß dafür eine abschließende Gesamtwürdigung (o. 1, 42) erforderlich bzw. überhaupt noch möglich wäre. Zur Nichtanwendbarkeit dieser Klausel bei Schußwaffen oder Sprengstoffdiebstahl (Nr. 7) vgl. u. 57a.

49 **Rechtsnatur** und systematische Stellung dieser Geringwertigkeitsklausel sind zweifelhaft. Eine Privilegierung i. e. S. scheidet aus, da Abs. 2 nicht wie die §§ 248a, 370 I Nr. 5 a. F. einen gesonderten Tatbestand mit eigenem Strafrahmen, sondern nur einen Hinderungsgrund für die Anwendung eines erhöhten Strafrahmens aufstellt. Ebensowenig handelt es sich um eine negativ formulierte Voraussetzung für die Anwendbarkeit des § 243 (so Samson SK 49), der demnach – mit entsprechenden Konsequenzen für den Vorsatz – nur für den Diebstahl nicht geringwertiger Sachen gelten würde. Es handelt sich vielmehr um einen (nicht einheitlich zuordnungsfähigen) selbständigen Ausschluß erhöhter Strafbarkeit bzw. um eine unwiderlegliche Gegenindikation gegen die Schwere eines Falles (vgl. o. 2f.; and. [Schuldminderungsgrund] Karlsruhe MDR **76**, 335, Gribbohm NJW 75, 1153). Zwar kommt es danach auf eine besondere Motivation des Täters – wie früher nach § 370 Nr. 5 a. F. („zum alsbaldigen Verbrauch") bzw. § 248a a. F. (Handeln aus Not) erforderlich – nicht an. Dies kann jedoch nicht bedeuten, daß für die Auslegung des Abs. 2 allein objektive Kriterien maßgeblich seien, und zwar schon deshalb nicht, weil Abs. 2 auch für Versuchsfälle gilt, für die naturgemäß die Absichten bzw. die Vorstellung des Täters von der Tat maßgeblich sind. Dazu u. 54.

50 1. Als **Objekt**, auf dessen Geringwertigkeit es ankommt, kann immer nur die *gestohlene Sache als solche* in Betracht kommen, nicht dagegen etwa mitbeschädigte Gegenstände. Daher scheitert Abs. 2 nicht daran, daß z. B. bei einem Einbruch zur Entwendung geringwertiger Sachen höherwertige Gegenstände (z. B. Fenster, Türen usw.) beschädigt werden. Doch hat der Ausschluß von § 243 dann allerdings auch zur Folge, daß neben § 242 noch § 303 anwendbar bleibt und nicht mehr durch Nr. 1 verdrängt wird (KG JR **79**, 250 m. Anm. Geerds, Samson SK 52; vgl. auch u. 59).

51 2. Zur **Geringwertigkeit** vgl. § 248a RN 7. Anders als dort kann es hier jedoch auf den gemeinen Verkehrswert nur insoweit ankommen, als sich nicht aus der „Natur der (weggenommenen) Sache" etwas anderes ergibt. Das kommt insbes. für die Nrn. 4 und 5 in Betracht, da Gegenstände der religiösen Verehrung (wie etwa Reliquien) oder solche von Bedeutung für die Wissenschaft (wie etwa Versuchstiere) häufig gar keinen oder nur einen ganz geringen Verkehrswert haben, in dem ihnen eigenen Funktionsbereich jedoch „unbezahlbar" sind (vgl. auch BGH NJW **77**, 1460 zum Wert von Strafakten, ferner Otto Jura 89, 202 mwN).

52 3. Ob „sich die Tat auf eine geringwertige Sache **bezieht**", ist nicht nur nach dem Gegenstand des Diebstahls, d. h. dem Wert des tatsächlich Weggenommenen, sondern auch im Hinblick auf die diesbezüglichen Absichten und Vorstellungen des Täter zu bestimmen (Lackner 3b, Wessels II/2 S. 60). Denn da sich § 243 auf der Strafzumessungsebene bewegt, für die nicht nur Gesichtspunkte des (geminderten) Erfolgsunwerts, sondern auch solche des Handlungsunrechts bzw. der Schuld maßgeblich sind (vgl. § 46 RN 4), darf die Anwendung von Abs. 2

weder einseitig von objektiven Gegebenheiten (so aber Braunsteffer NJW 75, 1571: Geringwertigkeit des tatsächlich Weggenommenen) noch einseitig vom subjektiven Tatplan (so Gribbohm NJW 75, 1153: Erstrebung einer geringwertigen Sache; vgl. auch Arzt/Weber III 71 f.) abhängig gemacht werden. Vielmehr ist für den Ausschluß eines besonders schweren Falles nur dann Raum, wenn auch die Absicht des Täters auf eine objektiv geringwertige Sache gerichtet war (vgl. auch BGH **26** 104, NStZ **87**, 71, Karlsruhe MDR **76**, 335, Krey II 44f., o. 49). Das führt im einzelnen zu folgenden **Konsequenzen** (i. E. weitgeh. übereinst. Gribbohm NJW 75, 1153, Samson SK 49):

a) Entwendet der Täter eine objektiv hochwertige Sache, so ist (wegen des erhöhten Erfolgsunwerts) Abs. 2 nicht erfüllt, und zwar gleichgültig, ob der Täter die Sache **irrtümlich** für eine geringwertige (z. B. wertvollen Schmuck für eine billige Imitation) gehalten oder verwechselt hat, da es sich insofern nicht um ein Tatbestandsmerkmal handelt; gleichwohl wird hier idR wegen Minderung von Handlungsunrecht und Schuld aufgrund der *Gesamtbewertung* ein besonders schwerer Fall nach Abs. 1 zu verneinen sein (D-Tröndle 41). Hält der Täter umgekehrt eine geringwertige Sache fälschlich für hochwertig, so fehlt der subjektive Bezug auf eine geringwertige Sache. Trotz höheren Handlungsunwerts wird jedoch hier wegen des fehlenden Erfolgsunwerts idR ein schwerer Fall abzulehnen sein. Zu den Konsequenzen derartiger Irrtumsfälle im Hinblick auf § 248a vgl. dort RN 16. Dagegen ist als bloßer Subsumtionsirrtum ohne Bedeutung, daß der Täter den richtig erkannten Wert der Sache fälschlich für hoch bzw. für gering einschätzt. Vgl. zum Ganzen auch (teils abw.) Zipf Dreher-FS 396f.

b) Bei **Versuch** kommt Abs. 2 insoweit und solange in Betracht, als der Täter nur geringwertige Sachen zu entwenden beabsichtigt. Geht er also mit allgemeinem oder unbeschränktem Diebstahlsvorsatz vor, so ist für Abs. 2 kein Raum mehr (Zipf Dreher-FS 393f.; and. offenbar D-Tröndle 41). Ist die Absicht in *natürlicher Handlungseinheit* auf die Entwendung mehrerer Sachen gerichtet (z. B. durch stückweises Wegtragen der Diebesbeute), so ist für Abs. 2 der Gesamtwert des Erstrebten maßgeblich (and. wohl D-Tröndle 41). In diesen Fällen ist nach dem o. 44 Gesagten zu prüfen, ob bereits der Versuch als solcher einen schweren Fall darstellt.

c) Bei **Vorsatzwechsel** während der Tat gilt folgendes: Bricht der Täter zur Entwendung geringwertiger Sachen ein, nimmt er dann aber wertvolle mit, so ist Abs. 1 Nr. 1 erfüllt (Zipf Dreher-FS 395), da dafür allgemeiner Diebstahlsvorsatz genügt (vgl. § 242 RN 45) und die Ausschlußwirkung des Abs. 2 nicht eingreift (vgl. o. 54). Dies entspricht der Rspr. zu § 370 I Nr. 5 a. F. (vgl. BGH **9** 253, **16** 186). Bricht umgekehrt der Täter mit allgemeinem Diebstahlsvorsatz ein, entwendet er dann aber nur geringwertige Sachen, so ist für Abs. 2 ebenfalls kein Raum (vgl. BGH **26** 104, NStZ **87**, 71, o. 52; and. Braunsteffer NJW 75, 1571), vielmehr wird nach o. 54 zu prüfen sein, ob bereits der Versuch als solcher einen schweren Fall darstellt; trifft dies zu, so wird damit die gesamte (vollendete) Tat zu einem besonders schweren Fall (vgl. D-Tröndle 41). Die insoweit abw. Rspr. zu § 370 I Nr. 5 a. F. (vgl. BGH **21** 244: Versuch von §§ 242, 243 in Tateinheit mit § 370 I Nr. 5) ist obsolet, da Abs. 2 keinen eigenen Tatbestand bildet (vgl. auch § 248a RN 17). Das gilt jedoch – in entsprechender Anwendung der Rücktrittsvorschriften: Teilrücktritt (vgl. § 24 RN 113) – dann nicht, wenn der Täter sich freiwillig mit geringwertigen Sachen begnügt (vgl. auch BGH **26** 104). Teils abw. Samson SK 50, Seelmann JuS 85, 456f.

d) Bei **fortgesetzter** Handlung hängt Abs. 2 vom Gesamtwert des tatsächlich Erlangten, nicht von dem des darüberhinaus Erstrebten ab (vgl. BGH **5** 263, D-Tröndle 41); zur natürlichen Handlungseinheit vgl. o. 54. Bei **Mittäterschaft** kommt es auf die Gesamtmenge, nicht auf den Anteil des einzelnen Täters an (vgl. BGH NJW **64**, 117, **69**, 2210, Hamm NJW **71**, 1954 sowie § 248a RN 15), wobei dem einzelnen Tatbeteiligten allerdings immer nur die von ihm mitzuverantwortenden Teilakte zuzurechnen sind (vgl. Zipf Dreher-FS 398f.).

4. Diese Geringwertigkeitsklausel ist **entsprechend anwendbar bei Betrug und Untreue** (§§ 263 IV, 266 III). Dagegen ist für eine – kriminalpolitisch bedenkenswerte – Erstreckung dieser Privilegierungsklausel auf Fälle der §§ 244, 249ff. mit der Folge, daß deren Anwendung bei geringwertiger Beute ebenfalls generell zugunsten von §§ 242, 248a (u. U. in V. m. § 240) ausgeschlossen wäre (vgl. Burkhardt JZ 73, 110, Eser IV 85), kein Raum, da § 243 IV weder einen eigenen Tatbestand bildet noch die Anwendung eines anderen ausschließt, sondern als Strafzumessungsregel lediglich die Annahme eines schweren Falles verhindert. Allenfalls könnte mit einer derartigen Analogie die obligatorische Annahme eines minderschweren Falles nach §§ 249 II, 250 II (vgl. dort RN 29), nicht aber eine Änderung des Deliktstyps begründet werden. Vgl. auch § 1 RN 32.

5. Andererseits ist die **Geringwertigkeitsklausel ausgeschlossen** im Regelfall von **Nr. 7** (vgl. Abs. 2), und zwar deshalb, weil Grund der Strafverschärfung beim Diebstahl von *Schußwaffen* und *Sprengstoffen* die von diesen Tatobjekten ausgehende erhöhte Gefahr sei, nicht aber ihr Wert

§ 244 1–4 Bes. Teil. Diebstahl und Unterschlagung

(BT-Drs. 11/2834 S. 10). Doch ganz abgesehen davon, daß dieser Ausschluß der Geringwertigkeitsklausel schon aus tatsächlichen Gründen – weil derartige Objekte meist ohnehin höherwertig – keine große Bedeutung erlangen wird, vermag er auch systematisch nicht zu überzeugen, da auch die Tatmodalitäten der Nrn. 4–6 nicht am Wert der weggenommenen Sache anknüpfen, ohne daß deswegen die Anwendung des Abs. 2 gesetzlich ausgeschlossen wäre (vgl. Hassemer StV 89, 78, Jung JuS 89, 1025, Kunert NStZ 89, 452 sowie allg. zu Abs. 2 o. 3).

58 XV. Im Falle von Abs. 1 tritt **Strafschärfung** durch Anhebung der Mindeststrafe auf 3 Monate, der Höchststrafe auf 10 Jahre Freiheitsstrafe ein. Die Deliktsnatur bleibt davon unberührt; anders als früher bleibt daher auch der besonders schwere Fall eines Diebstahls **nur Vergehen**.

59 XVI. Auch die **Konkurrenzprobleme** stellen sich beim neuen § 243 anders als früher: **1.** **Tateinheit** zwischen Versuch von § 243 und Vollendung von § 242 (vgl. RG **15** 284, BGH **10** 230) ist nicht mehr möglich, da es sich um einen einzigen Tatbestand des Diebstahls handelt; vgl. o. 44. Benutzt daher z. B. der Täter einen echten Schlüssel in der Annahme, es sei ein falscher, so liegt ein vollendeter Diebstahl vor, dessen Strafschärfung nach § 243 I sich nach den allg. Grundsätzen bestimmt, im Beispielsfalle also allenfalls über eine Gesamtbewertung in Betracht kommt (o. 42a, 44). Liegt dem Irrtum eine falsche Wertung (Zweitschlüssel sei immer ein falscher) zugrunde, scheidet § 243 I schon nach Wahngrundsätzen aus (vgl. § 22 RN 78 ff.). Dagegen ist Tateinheit der §§ 242, 243 mit anderen Delikten möglich. Über das Verhältnis zu § 244 vgl. dort RN 35. **2.** Zwischen Einbruchsdiebstahl und § 123 bzw. § 303 bestand schon nach früherer h. M. **Gesetzeskonkurrenz** (RG **53** 279, R **3** 252, BGH **22** 127, Geerds aaO 217; and. RG **47** 27, M-Gössel II 390, M-Schroeder I 334). Daran hat sich auch durch die n. F. nichts geändert; denn verurteilt der Richter aus § 243 und wendet er dessen Strafrahmen an, so hat er damit die Tatsache, daß der Täter in fremde Räume eingedrungen ist und fremde Sachen beschädigt hat, in die Gesamtwürdigung der Tat einbezogen, einer Verurteilung aus §§ 123, 303 bedarf es nicht (KG JR **79**, 25, Ruß LK 43, D-Tröndle 45). Erfolgt dagegen die Verurteilung nur aus § 242, so ist Tateinheit mit § 123 bzw. § 303 möglich (vgl. o. 50 sowie § 244 RN 35). Das gleiche gilt, wenn der Diebstahl nur versucht, Hausfriedensbruch und Sachbeschädigung aber vollendet sind (vgl. 124 ff. vor § 52). **3.** Ein in **Fortsetzungszusammenhang** begangener Diebstahl kann ganz als schwerer Fall nach § 243 gewürdigt werden, wenn auch nur ein Entwendungsakt unter erschwerenden Umständen verübt worden ist (D-Tröndle § 46 RN 50). **4.** Treffen **mehrere Schärfungsgründe** bei derselben Straftat zusammen (z. B. Einsteigen mit Einbrechen oder mit Einschleichen), so liegt nur ein Diebstahl in einem schweren Fall vor. Auch eine (Quasi-)Wahlfeststellung zwischen einzelnen Modalitäten von Abs. 1 ist möglich (vgl. § 1 RN 88).

60 XVII. Zur Fassung des **Urteilstenors** vgl. 49 vor § 38 mwN.

§ 244 Diebstahl mit Waffen; Bandendiebstahl

(1) **Mit Freiheitsstrafe von sechs Monaten bis zu zehn Jahren wird bestraft, wer**
1. **einen Diebstahl begeht, bei dem er oder ein anderer Beteiligter eine Schußwaffe bei sich führt,**
2. **einen Diebstahl begeht, bei dem er oder ein anderer Beteiligter eine Waffe oder sonst ein Werkzeug oder Mittel bei sich führt, um den Widerstand eines anderen durch Gewalt oder Drohung mit Gewalt zu verhindern oder zu überwinden, oder**
3. **als Mitglied einer Bande, die sich zur fortgesetzten Begehung von Raub oder Diebstahl verbunden hat, unter Mitwirkung eines anderen Bandenmitglieds stiehlt.**

(2) **Der Versuch ist strafbar.**

Schrifttum: Vgl. die Angaben zu den §§ 243, 250.

1 I. Während § 243 eine Reihe von Umständen aufzählt, die einen Diebstahl lediglich „in der Regel" zu einem schweren machen (vgl. dort RN 1 f.), sind die hier genannten Umstände vom Gesetzgeber selbst **abschließend** bewertet. Liegen daher die in den Nrn. 1 bis 3 genannten Umstände vor, so ist die Tat
2 ein **qualifizierter** Diebstahl. Auch dieser Fall ist aber nur als **Vergehen** eingestuft. Da § 244 keine dem § 243 II entsprechende Regelung enthält, kann hier die Geringwertigkeit des Diebstahlsobjekts allenfalls bei der Strafzumessung (nicht aber durch Anwendung des § 248a) berücksichtigt werden (vgl. § 243 RN 57, § 248a RN 4, § 250 RN 29, Köln NJW **78**, 652). In den Fällen des § 247 kann die Tat nur auf Antrag verfolgt werden. Zum Vorgänger des jetzigen § 244 vgl. 19. A. RN 2.

3 II. **Diebstahl mit Schußwaffen (Nr. 1)** liegt vor, wenn der Täter oder ein anderer Beteiligter eine „Schußwaffe" bei sich führt. Daß der Gesetzgeber aus dem allgemeinen Bereich der Waffen die Schußwaffen herausgelöst hat (und sich demzufolge die Nrn. 1 und 2 gegenseitig ausschließen: vgl. BGH GA **80**, 470), hat seinen Grund in der besonderen Gefährlichkeit, die aus schneller Einsatzbereitschaft und mechanischer Überwindung der Distanz zwischen Täter und Opfer resultiert.

4 **1.** Bei Bestimmung der **Schußwaffe** ist daher darauf abzustellen, daß es sich um Instrumente

Diebstahl mit Waffen; Bandendiebstahl 5–7 § 244

einer erhöhten abstrakten Gefährlichkeit handelt. Daher ist weder der allgemeine Wortsinn des „Schießens" (z. B. mit Pfeil und Bogen) noch auch der weitere und anderen Überlegungen entstammende Begriff des § 1 WaffenG hierher zu übertragen (Bay NJW **71**, 392; and. BGH **24** 136 m. Anm. Schröder JR **71**, 382). Vielmehr sind Schußwaffen alle Instrumente, mit denen **aus einem Lauf mechanisch wirkende Geschosse** gegen den Körper eines anderen abgefeuert werden können, mag dies mit Hilfe von Explosivstoffen oder z. B. durch Luftdruck geschehen (vgl. BGH MDR/D **74**, 547, Ruß LK 3, Samson SK 5; and. jedoch [Luftpistole] BGH GA **67**, 315; zw. bei Bolzenschußapparat zum Töten von Tieren Hamm MDR **75**, 420). Darauf deutet auch die Begründung zu § 237 E 62 Begr. 406 hin, in der im übrigen das Problem nicht behandelt ist. Chemisch wirkende Instrumente, wie z. B. eine Gaspistole, sind dagegen nicht Schußwaffen i. S. der Nr. 1 (vgl. Bay NJW **71**, 392, Haft JuS **88**, 366; and. BGH **24** 136, vorausgesetzt jedoch, daß das Gas den Lauf nach vorne verläßt: BGH MDR/H **76**, 813, NStZ **81**, 301, Wessels II/2 S. 63), wohl aber kann insoweit Nr. 2 in Betracht kommen (vgl. BGH **4** 125, GA **62**, 145, StV **88**, 300; vgl. u. 13). Um die Gefährlichkeit der Modalität zu begründen, ist eine *funktionsfähige* Waffe erforderlich, d. h. eine solche, die zum Einsatz geeignet ist, also zwar nicht unbedingt schon durchgeladen ist, dies aber jederzeit geschehen könnte (BGH NStZ **81**, 301, StV **82**, 574; vgl. auch Schröder NJW **72**, 1833). Eine defekte (BGH StV **82**, 574), nicht oder nur mit Platzpatronen geladene Pistole fällt nicht unter Nr. 1 (vgl. BGH **3** 232, NJW **65**, 2115, StV **87**, 67), ebensowenig eine bloße Attrappe (vgl. BGH **20** 196, LG Hamburg NJW **48**, 698, Herdegen LK § 250 RN 5). Vgl. ferner § 250 RN 4.

2. Erforderlich, aber auch ausreichend ist ferner das **Beisichführen** der Schußwaffe durch den 5 **Täter** oder einen **Teilnehmer**. Anders als nach Nr. 2 (u. 15 ff.) und in Übereinstimmung mit der Rspr. zu § 250 I Nr. 1 a. F. bei Waffen i. techn. S. (vgl. RG **66** 117, BGH LM **Nr. 2, Nr. 5** zu § 250 a. F., BGH GA **62**, 165) ist dabei *keine bestimmte Gebrauchsabsicht* erforderlich. Maßgeblicher Gesichtspunkt ist vielmehr auch insoweit (vgl. o. 3 f.) die aus der *(bewußten)* Verfügbarkeit einer derartigen Waffe sich ergebende Gefahr einer effektiven Anwendung (vgl. BGH **20** 194, StV **87**, 67, Lackner 2b, E 62 Begr. 406). An dieser Gefährlichkeitsvermutung kann es fehlen, wo wegen der Besonderheiten des Einzelfalls die Gefahr eines Waffengebrauchs erfahrungsgemäß ausgeschlossen werden kann (Lenckner JR **82**, 424, 427 zu BGH **30** 44), so namentlich dort, wo eine Schußwaffe nicht aus irgendwelchen deliktischen Hintergründen oder Motiven, sondern – wie etwa von einem Polizeibeamten oder Soldaten – allein aus dienstlichen Gründen und ohne jeglichen Bezug zum Diebstahl mitgeführt wird (i. E. ebenso D-Tröndle 4, Hruschka NJW **78**, 1338, Kotz JuS **82**, 97, Solbach NZWehrR **77**, 161, Schünemann JA **80**, 355; and. BGH **30** 44, Köln NJW **78**, 652, Katzer NStZ **82**, 236, Peterson NZWehrR **78**, 134, Ruß LK 5; vgl. zum Ganzen auch Hettinger GA **82**, 525, Haft JuS **88**, 368 f.).

a) *Zeitlich-räumlich* muß der Täter (oder Teilnehmer) die Waffe **bei Begehung der Tat**, d. h. 6 in irgendeinem – vom Versuch bis zur Beendigung möglichen (vgl. § 250 RN 6 ff. mwN) – Stadium des Tathergangs derart bei sich haben, daß er sie jederzeit, also ohne nennenswerten Zeitaufwand und ohne besondere Schwierigkeiten zum Einsatz bringen könnte (BGH **31** 105 m. Anm. Hruschka JZ **83**, 217, Kühl JR **83**, 474; i. gl. S. Samson SK 13). Das setzt zwar keine konkrete Gebrauchsabsicht, zumindest aber stillschweigend die Förderlichkeit des Mitführens für die Tatverwirklichung voraus (vgl. o. 5; zu der dadurch offen gehaltenen Möglichkeit eines Rücktritts vgl. § 24 RN 113). Nicht erforderlich ist, daß der Täter die Waffe längere Zeit mit sich führt. Auch wenn er sie erst an Ort und Stelle ergreift, z. B. dem Opfer oder einem Dritten entreißt, liegt ein Beisichführen i. S. der Nr. 1 vor (vgl. BGH **13** 259, **20** 197, **29** 185, ferner BGH StV **88**, 429 m. Anm. Scholderer), desgleichen wenn er sie lediglich aus „Sicherheitsgründen" aus den Sachen des Opfers an sich nimmt (vgl. BGH NStZ **85**, 547). Ebensowenig muß die Waffe unmittelbar am Körper getragen werden. Es genügt, daß der Täter sie am Tatort bereitgelegt (vgl. Blei JA **74**, 235) oder in der Nähe verborgen und damit zu seiner Disposition hat (vgl. RG **55** 17, Eser IV 71 f.; aber auch BGH MDR/H **80**, 106), u. U. auch, wenn er sie im PKW in unmittelbarer Nähe des Tatorts zurückläßt, sofern ihm damit der Zugriff auf die Waffe bei der Tatausführung jederzeit möglich ist (offen in BGH GA **71**, 82, von BGH **31** 105 zu Recht verneint bei einer etwa 200 m vom Tatort entfernt zurückgelassenen Waffe). Hiervon zu unterscheiden ist die Frage, ob diese Voraussetzungen auch beim Abtransport der Beute noch zurechenbar erfüllt sein können (BGH GA **71**, 82, vgl. § 250 RN 10 ff.). Dies ist jedenfalls dann nicht möglich, wenn die Schußwaffe erst bei der späteren (der Wegnahme nicht alsbald folgenden) Bergung der Beute mitgeführt wird (vgl. RG HRR **35** Nr. 632, BGH MDR/H **80**, 106). Ebensowenig genügt die bloße Möglichkeit, eine am Tatort zufällig herumliegende (nicht bereit gelegte) Schußwaffe zu ergreifen (vgl. Blei JA **74**, 235).

b) Auch beim Mitführen einer Schußwaffe durch **Tatbeteiligte** (Mittäter, Anstifter, Gehilfen) ist 7 erforderlich, daß sich diese in unmittelbarer Nähe des Tatorts befinden, so daß die Waffe bei Durchführung der Tat zum Einsatz kommen könnte (BGH **3** 232, **13** 260, NJW **65**, 2115). Der bewaffnete

§ 244 8–14   Bes. Teil. Diebstahl und Unterschlagung

Beteiligte, der lediglich mit dem *Fluchtauto* in der Nähe des Tatortes auf den Täter zu warten hat, gibt daher dem Diebstahl noch nicht ohne weiteres den Charakter des § 244, sondern erst dann, wenn er sich tatsächlich auf der Flucht mit der Beute befindet (vgl. o. 6). Zum Mitführen der Schußwaffe kann sich der Täter auch seines gutgläubigen Werkzeugs bedienen (dem die Waffe z. B. in seinen Werkzeugkoffer gesteckt wurde), soweit und solange sie dem Täter zum Einsatz verfügbar bleibt und

8   ihm dies deshalb als *eigenes* Beisichführen zugerechnet werden kann (vgl. u. 10). Das Mitführen der Waffe durch einen Teilnehmer (z. B. Gehilfen) am Diebstahl ändert an der *Art seiner Beteiligung* nichts. Er wird also dadurch nicht zum Täter eines Diebstahls mit Schußwaffen, wohl aber zum Gehilfen, sofern auch der Täter um die Mitführung der Waffe weiß oder damit rechnet (vgl. u. 10).

9   3. Für den **subjektiven Tatbestand** der Nr. 1 ist **Vorsatz** des jeweiligen Beteiligten erforderlich, daß entweder er selbst oder ein anderer Tatbeteiligter eine (bei der Tat) einsatzfähige Schußwaffe bei sich führt; dolus eventualis genügt (vgl. Herdegen LK § 250 RN 14, Lackner 2d). Ein *Irrtum* über die rechtliche Qualität der Waffe als Schußwaffe i. S. der Nr. 1 ist bloßer Subsumtionsirrtum, der aber u. U. als Grundlage eines Verbotsirrtums Bedeutung erlangen kann (so z. B. nach der von o. 4 abw. Ansicht bzgl. einer Gaspistole); vgl. Karlsruhe NJW 70,

10   1056. Das Mitführen der Waffe durch einen **Tatbeteiligten** ist echter Tatumstand i. S. des § 16 I, für den, da tatbezogenes Merkmal, nicht die Regeln des § 28, sondern die allgemeinen Akzessorietätsgrundsätze gelten (vgl. § 28 RN 15f., Arzt JuS 72, 578). Führt daher lediglich ein Teilnehmer (z. B. Gehilfe) eine Schußwaffe mit sich, so muß dies (auch) der Täter in zurechenbarer Weise wissen und wollen (vgl. RG 54 249, BGH 3 233, Arzt aaO, D-Tröndle 2; and. Herdegen LK § 250 RN 14, wohl auch Lackner 2d); andernfalls fehlt es (insoweit dann auch für den Gehilfen) an einer vorsätzlich begangenen Haupttat i. S. der §§ 244 I Nr. 1, 27 (vgl. § 27 RN 28f.). Weiß dagegen der Täter, nicht aber der Gehilfe, daß dieser eine ihm z. B. heimlich zugesteckte Schußwaffe bei sich führt, so hängt die Strafbarkeit des *Täters* nach Nr. 1 davon ab, ob für ihn die Waffe damit faktisch verfügbar ist oder er deren Einsatz jederzeit steuern könnte (vgl. o. 7); abw. hält Arzt aaO insoweit auch Kenntnis des Teilnehmers für erforderlich, während Lackner 2d bereits die des Täters für sich allein genügen läßt. Jedenfalls zu pauschal die von BGH StV 82, 575 zu § 250 geforderte gesonderte Prüfung eines bes. schweren Falles im Hinblick auf jeden Tatbeteiligten.

11   4. Hält der Täter oder Beteiligte die Voraussetzungen der Nr. 1 irrig für gegeben, so kommt **Versuch** in Betracht, beim *Teilnehmer* jedoch nur dann, wenn auch der Täter insoweit irrt; andernfalls fehlt es an einer (versuchten) Haupttat (vgl. o. 10). Dagegen genügt nicht schon die Absicht, am Tatort erwartete Waffen zu ergreifen oder zu stehlen.

12   III. Strafverschärft ist auch der **Diebstahl mit (sonstigen) Waffen (Nr. 2)**.

13   1. Als **Waffen** kommen hier sowohl solche i. techn. S., die nicht schon unter Nr. 1 fallen (vgl. § 1 VII WaffenG), in Betracht, wie auch **sonstige Werkzeuge oder Mittel,** mit denen gegebenenfalls der Widerstand eines anderen durch Gewalt oder Drohung mit Gewalt verhindert oder überwunden werden soll. Stets muß es sich dabei um körperliche Gegenstände handeln; daher genügt der geplante Einsatz von Hypnose oder eigener Körperkräfte ebensowenig wie z. B. der zum Vortäuschen einer Schußwaffe ausgestreckte Zeigefinger in der Jackentasche (vgl. BGH NStZ 85, 547). Unerheblich ist hingegen, ob die Werkzeuge oder Mittel eine mechanische, physikalische oder chemische Wirkung haben, bzw. ob sie fest, gasförmig oder flüssig sind (vgl. BGH 1 2, MDR/D 68, 373): so z. B. eine Gaspistole (vgl. BGH 4 125, GA 62, 145, Bay NJW 71, 392; abw. hier für Anwendung von Nr. 1 BGH 24 136 m. abl. Anm. Schröder JR 71, 382, vgl. o. 4), Tränengassprühdosen (vgl. BGH 22 230), Betäubungsmittel, Gifte oder Säuren (vgl. ferner D-Tröndle 3); weiter sonstige Mittel, die zwar nicht per se, wohl aber nach ihrer speziellen Zweckbestimmung als *gefährliche Werkzeuge* anzusehen sind (so z. B. ein Strick zum Würgen des Opfers, vgl. u. 16, § 223a RN 4); zum „beschuhten Fuß" als Werkzeug i. S. v. § 250 I Nr. 2 vgl. BGH 30 375 m. Anm. Hettinger JuS 82, 895 sowie § 250 RN 16.

14   2. Wie sich aus der Parallele zu Nr. 1 ergibt, muß es sich aber auch bei den Waffen usw. i. S. der Nr. 2 um Gewalt- oder Drohmittel handeln, die **objektiv geeignet** sind, bei ihrem geplanten Einsatz wenigstens eine **Leibesgefahr** (i. S. des § 35) für das (potentielle) Opfer zu schaffen (vgl. Schröder NJW 72, 1833). Weder genügt das Mitführen eines Gewaltmittels, mit dessen (geplanter) Anwendung keinerlei Gefährdung des Opfers verbunden wäre (z. B. ein Schlüssel zum Einsperren, eine Schnur zur Fesselung), noch insbes. die bloße **Scheinwaffe** (Attrappe, Pistole ohne Munition usw.), die lediglich zum Zwecke einer „leeren Drohung" mitgeführt wird (vgl. § 250 RN 15ff., sowie [zu § 250 I Nr. 1 a. F.] BGH NJW 72, 731 m. Anm. Schröder, BGH 24 276 m. Anm. Küper NJW 72, 1059, BGH NJW 76, 248 m. Anm. Küper JuS 76, 647, ferner [zu § 250 I Nr. 2 n. F.] Blei JA 72, 374, 574; 74, 233, Henkel-FS 121 f., Corves JZ 70, 158, Haft JuS 88, 364 f., Lackner 2c, Samson SK 11, Schmidhäuser II 96, Schröder NJW 72, 1833, Tröndle GA 73, 328; vgl. aber auch u. 18). Dagegen soll nach BGH 24 339 auch schon das

Mitführen eines objektiv ungefährlichen Mittels zur Einschüchterung des Opfers genügen, da der Erschwerungsgrund der Nr. 2 im Charakter der Tat als Raubvorbereitung – bzw. dem darin zum Ausdruck kommenden stärkeren „verbrecherischen Willen" des Täters einerseits und dem Schutzbedürfnis eines potentiellen Opfers vor *jeglicher* Gewaltausübung oder -bedrohung andererseits – zu erblicken sei (ebenso Ruß LK 9, Schünemann JA 80, 355, Wessels II/2 S. 65 f.). Nachdem jedoch nunmehr § 250 I Nr. 2 im Wortlaut völlig an § 244 I Nr. 2 angeglichen ist und dort die abw. Argumentation des BGH kaum annehmbar erscheint (vgl. § 250 RN 16, Blei JA 74, 233), spricht vieles dafür, den Erschwerungsgrund hier wie dort nur in der „erhöhten objektiven Gefährlichkeit der Tat und des Täters" zu erblicken (so auch BGH 24 342 zu § 250 I Nr. 1 a. F.; and. aber zu § 250 I Nr. 2 n. F. BGH NJW 76, 248, vgl. § 250 RN 16). Dem Schutzbedürfnis eines potentiellen Opfers vor objektiv ungefährlicher Bedrohung mit Gewalt wird durch § 249 ausreichend Rechnung getragen; auch wird der verbrecherische Wille des Täters durch das Mitführen irgendeines (relativ ungefährlichen) Tatmittels nicht unbedingt erhöht, sondern ist eher geringer, als wenn er z. B. vorhat, das Opfer notfalls mit seinen Händen zu würgen oder niederzuschlagen (vgl. Blei aaO).

3. Im Unterschied zu Nr. 1 (o. 5 ff.) genügt hier nicht schon bloßes Beisichführen; vielmehr muß dies in der **Absicht der Überwindung von Widerstand** geschehen. **15**

Durch dieses Erfordernis einer **subjektiven Gebrauchsabsicht** wird das einer objektiven Gefähr- **16** lichkeit des Mittels (o. 14) nicht etwa widerlegt, sondern lediglich die gegenüber Nr. 1 *geringere* Gefährlichkeit der Waffen usw. der Nr. 2 in gewisser Weise kompensiert bzw. der Tatsache Rechnung getragen, daß es insbes. bei den sonstigen Mitteln der Nr. 2 rein objektive Abgrenzungskriterien naturgemäß nicht geben kann, sondern sich regelmäßig nur unter Berücksichtigung der diesbezüglichen Verwendungsabsichten entscheiden läßt, ob sich aus der Tatsache des Mitführens eine erhöhte *„objektive"* Gefährlichkeit der Tat und des Täters ergibt (vgl. o. 13 f., u. 18; so auch die Rspr. zu § 250 I Nr. 1 a. F. bei Waffen i. nichttechn. S.: vgl. BGH 3 230, GA 67, 315, NJW 68, 2344, 72, 731, Schröder NJW 72, 1833 mwN). So kann z. B. das objektiv neutrale Mitführen einer Schnur oder eines Lappens das Urteil erhöhter Gefährlichkeit dann rechtfertigen, wenn der Täter beabsichtigt, das Opfer damit notfalls zu würgen oder zu knebeln. Entsprechendes gilt für ein zum Abschütteln des Opfers eingesetztes Fahrzeug (BGH MDR/H 78, 987 f.). Schließlich bedeutet es keinen Widerspruch **17** zu dem hier vertretenen Gefährlichkeitsprinzip, daß bereits die *Absicht* der bloßen *Drohung* mit Gewalt ausreicht: Entscheidend ist hier die Gefahr i. S. der Möglichkeit, daß der Täter b. bei einem Fehlschlagen der Drohung jederzeit zur Verwirklichung des Angedrohten übergehen kann (vgl. BGH NJW 72, 731 m. Anm. Schröder, Blei aaO, Küper NJW 72, 1060, Schröder NJW 72, 1835).

a) Absicht bedeutet hier den **zielgerichteten Willen,** die mitgeführte Waffe usw. im Bedarfs- **18** fall (BGH MDR/H 85, 446, 86, 623) in der o. 14 ff. beschriebenen Weise – also i. S. eines gefährlichen Gewalt- oder Drohmittels – *gegen Personen* einzusetzen, wobei die Realisierung der Absicht von äußeren Bedingungen abhängig gemacht werden kann, so z. B. vom Auftauchen Dritter oder vom möglichen Widerstand des Opfers (vgl. § 15 RN 67, § 22 RN 18, Gehrig aaO 36 ff., Lackner 2d). Daher kann das Mitführen einer *Scheinwaffe* u. U. dann ausreichen, wenn der Täter von vornherein vorhat oder sich nachträglich entschließt (vgl. u. 20), diese z. B. bei Wirkungslosigkeit der Drohung doch noch in gefährlicher Weise (z. B. als Schlaginstrument) einzusetzen (vgl. den Fall BGH 20 194, Schröder NJW 72, 1835 f.). Der beabsichtigte Gebrauch als bloßes Einschüchterungsmittel genügt nur, soweit dies zur Zufügung des Angedrohten objektiv geeignet ist (vgl. o. 17, BGH NJW 72, 731 m. Anm. Schröder zum Fall einer Fleischgabel; aber auch Eser IV 93). Das bloße Bewußtsein, ein auch gegen Personen einsetzbares Instrument bei sich zu haben (z. B. zum Aufbrechen der Tür mitgeführte Brechstange), genügt demgegenüber nicht (and. wohl Arzt JuS 72, 578), ebensowenig das für das Opfer nicht sichtbare Tragen einer Waffe ohne konkrete Verwendungsabsicht (BGH MDR/H 76, 813). Hält der Täter einen mitgeführten Gegenstand irrig für gefährlich (z. B. ein harmloses Spray für giftiges Gas), so kommt nur *Versuch* in Betracht. Vgl. zum Ganzen auch Herdegen LK § 250 RN 22.

b) **Gegen wen** die Waffe eingesetzt werden soll, ist ebenso wie beim Raub ohne Bedeutung. **19** Erforderlich ist nur, daß dies gegenüber einer Person geschehen soll, von der der Täter Widerstand gegen die Durchführung der Tat für möglich hält (vgl. § 249 RN 6a). Es genügt also *nicht,* wenn der Täter plant, lediglich *bei Gelegenheit* des Diebstahls auch noch einen Mord zu begehen. Vgl. ferner u. 20.

c) In **zeitlicher** Hinsicht gelten für die Gebrauchsabsicht die gleichen Kriterien wie für das **20** Beisichführen (vgl. o. 6, § 250 RN 6 ff.). Es genügt also auch eine erst während der Tat (bis zur Beendigung) gefaßte Gebrauchsabsicht. Dagegen reicht das Mitführen (oder etwa auch die Wegnahme) einer Waffe nicht, wenn sie der Täter nicht jetzt, sondern erst bei einer anderen noch in derselben Nacht auszuführenden Tat (z. B. einem Raub) einsetzen will. Ebensowenig genügt das Mitführen einer Waffe, mit der lediglich die Flucht im Falle eines fehlgeschlagenen

§ 244 21–27   Bes. Teil. Diebstahl und Unterschlagung

Versuchs gesichert werden soll, da das Mittel hier keinerlei Bezug zum spezifischen Diebstahlscharakter der Tat mehr hat, sondern ausschließlich zur Verhinderung einer Strafverfolgung dienen soll (vgl. § 250 RN 12; and. BGH **22** 230).

21   4. Ebenso wie das *Mitführen* der Waffe ist auch die *Gebrauchsabsicht* kein persönliches Merkmal i. S. des § 28, sondern ein *tatbezogenes*. Daher genügt für die Zurechnung der Qualifizierung jeweils bereits das **Wissen des Täters bzw. Teilnehmers,** daß einer von ihnen eine Waffe usw. mit entsprechender Absicht bei sich führt (vgl. o. 10, BGH GA **85**, 270, Samson SK 25). Glaubt der *Täter* irrig an eine solche Gebrauchsabsicht des Teilnehmers, so kommt es darauf an, ob *er* den Einsatz der Waffe bei der Tat notfalls selbst steuern kann und will (vgl. o. 7, 10). Andernfalls kommt für den Täter nur Versuch in Betracht, während für den Gehilfen die Grundsätze des agent provocateur gelten, wenn er sich gegen ein entsprechendes Ansinnen des Täters innerlich verwahrt.

22   5. Einer Klärung bedarf das **Verhältnis zum versuchten Raub** nach § 249 ff., da die Nr. 2 die Absicht voraussetzt, notfalls Raubmittel einzusetzen: Richtigerweise beginnt in diesen Fällen der Raubversuch erst mit dem effektiven Einsatz der Raubmittel (vgl. § 22 RN 38, Arzt JuS 72, 578), so daß durch Nr. 2 lediglich das Vorbereitungsstadium eines Raubes erfaßt wird; so wohl auch BGH **24** 339; vgl. ferner § 252 RN 8, D-Tröndle § 250 RN 4, Schröder NJW 72, 1834.

23   **IV. Bandendiebstahl (Nr. 3)** liegt vor, wenn mindestens zwei Mitglieder einer Diebesbande, die sich zur fortgesetzten Begehung von Raub oder Diebstahl verbunden hat, den Diebstahl ausführen. Durch diese Bestimmung soll einmal die erhöhte, aus der Existenz der Bande sich ergebende Gefahr für die Allgemeinheit getroffen werden, die von einer Gruppe von Tätern ausgeht, die sich gegenseitig zur Ausübung von Raub oder Diebstahl verpflichtet haben. Zum anderen ist aber auch hier die Erwägung maßgeblich, daß die Ausführung durch mehrere der Tat eine erhöhte Gefährlichkeit verleiht (RG **66** 242, BGH **8** 209; grdl. Schild GA 82, 55 ff.; vgl. auch Katholnigg/Brüner ZRP 84, 173 f.). Daraus ergeben sich insbes. für Täterschaft und Teilnahme Konsequenzen; vgl. u. 27 f. Eine ausdrückliche Vereinbarung oder eine feste Organisation ist nicht erforderlich (BGH MDR/D **73**, 555, GA **74**, 308, NStZ **86**, 408).

24   1. Erforderlich ist zunächst, daß sich **mindestens zwei Personen verbunden** haben (BGH **23** 239 m. Anm. Schröder JR 70, 388, MDR/D **70**, 560, Heimann-Trosien LK[9] 14, Wessels II/2 S. 66; zw. Lackner 3 a; vgl. auch BGH **28** 150 m. Anm. Volk JR 79, 425, BGH StV **84**, 245; dagegen für *mehr als zwei* Personen Dreher NJW 70, 1802, D-Tröndle 9, Ruß LK 11, Samson SK 19, Schmidhäuser II 96), und zwar zumindest für eine gewisse Dauer (Hamm NJW **81**, 2207) zur fortgesetzten Begehung von Raub oder Diebstahl. Auch zwei Ehegatten können eine Bande bilden (BGH MDR/D **67**, 369).

25   2. Die Verbindung muß auf die Begehung **mehrerer noch unbestimmter Diebstähle** gerichtet sein (vgl. BGH MDR/H **78**, 624). Daß deren Durchführung noch von Bedingungen (z. B. Geldmangel) abhängig gemacht wird, steht der Annahme einer Bande nicht entgegen (BGH GA **74**, 308). Die Planung eines (i. S. von Handlungseinheit) fortgesetzten Diebstahls genügt nicht (RG **66** 238, BGH GA **57**, 85, NStZ **86**, 408, Hamm NJW **81**, 2207; and. wohl Samson SK 20). Eine bereits bestehende Vereinigung kann zu einer „Bande" im Sinne der Nr. 3 umfunktioniert werden. Im übrigen ist ohne Bedeutung, daß sich alle Einzeltaten gegen denselben Eigentümer richten (and. RG **52** 211). Ist die erforderliche Absicht vorhanden, dann genügt die Begehung *eines* Diebstahls in Ausführung der Absicht. Nr. 3 ist nicht deswegen ausgeschlossen, weil die Bande nur bestimmte Arten von Diebstählen geplant hat (Ruß LK 12).

26   3. Notwendig ist ferner, daß bei dem Diebstahl mehrere Bandenmitglieder **mitgewirkt** haben; es muß sich um eine *Tat der Bande* handeln. Voraussetzung dafür ist ein zeitliches und örtliches Zusammenwirken von mindestens *zwei* Bandenmitgliedern bei der Ausführung der Tat. Die Ausführung *einer* Tat genügt (BGH MDR/D **67**, 269). Die Beteiligung nur *eines* Bandenmitgliedes reicht nicht aus (and. Arzt JuS 72, 579).

27   a) Hieraus folgt insbes. die Rspr., daß **Täter** der Nr. 3 nur ein Bandenmitglied sein könne, das sich in der genannten Weise an der Tatausführung beteiligt, während andere Bandenmitglieder, mögen sie auch nach allg. Grundsätzen Mittäter sein, nur wegen Teilnahme strafbar sein sollen (RG **66** 242, **73** 323, BGH **8** 205 [m. Anm. Dünnebier JR 56, 146, Kielwein MDR 56, 307], **33** 50 (m. zust. Anm. Taschke StV **85**, 367; krit. Jakobs JR **85**, 342; Joerden StV **85**, 328, J. Meyer JuS **86**, 189), StV **84**, 245, Maurach BT[5] 222, Otto JZ **85**, 25, Ruß LK 13; vgl. auch Corves SA V/122 S. 2474 und für den entspr. Fall des § 401 b II Nr. 1 RAO RG **39** 54, **47** 379, **60** 346, BGH **3** 40, **4** 32, **6** 261, NJW **52**, 945). Dies ergibt sich jedoch weder aus dem Wortlaut der n. F. noch aus dem Zweck der Vorschrift. Vielmehr sollte mit dem Erfordernis des Mitwirkens mehrerer lediglich die Tatausführung selbst gekennzeichnet und damit dem Umstand Rechnung getragen werden, daß die besondere Gefährlichkeit der Tat nur bei räumlicher Anwesenheit von mindestens zwei Bandenmitgliedern gegeben ist (J. Meyer aaO 192). Dage-

gen sollte die Möglichkeit einer Täterschaft nicht beschränkt werden, da andernfalls z. B. gerade der Bandenchef, der die Tat, ohne bei ihrer Ausführung selbst Hand anzulegen, aus dem Hintergrund beherrscht, im Widerspruch zur Intensität seines Tatbeitrags nicht als Mittäter nach Nr. 3 erfaßt werden könnte (vgl. Arzt JuS 72, 580). Maßgebend für die Abgrenzung von Täterschaft und Teilnahme sind daher auch hier die allg. Grundsätze (Eser IV 73f., Jakobs aaO; vgl. 76ff. vor § 25), mit der Folge, daß auch ein räumlich nicht anwesendes Bandenmitglied Mittäter sein kann (Arzt/Weber III 82, Samson SK 28, Schünemann JA 80, 395), während umgekehrt u. U. auch ein örtlich mitwirkendes Mitglied nur wegen Beihilfe strafbar sein kann (für den letzten Fall zutr. bei § 401 b II Nr. 1 RAO daher BGH **4** 35, **8** 70, **12** 220, NJW **52**, 945; and. BGH **3** 40). Diese Lösung begegnet auch der Ungereimtheit, daß ein nicht am Tatort anwesendes Bandenmitglied an der Beute Hehlerei sollte begehen können (so RG **73** 322). Trotz Bandenzugehörigkeit ist straflos, wer zur einzelnen Tat keinerlei kausalen Beitrag geleistet hat.

b) Täter kann nur ein Bandenmitglied sein; *Außenstehende* sind daher ohne Rücksicht auf die Art ihrer Mitwirkung lediglich als **Teilnehmer** zu § 244 Nr. 3 strafbar. § 28 II findet dabei keine Anwendung, da Grund der Strafschärfung nicht eine in der Person des einzelnen Bandenmitglieds liegende erhöhte Gefährlichkeit ist, sondern die Gefahr, die von der Existenz der Bande und der Tatbegehung durch mehrere ausgeht; insoweit handelt es sich um rein *tatbezogene* Merkmale (vgl. BGH **6** 260, **8** 205, Eser IV 74; and. BGH MDR/H **78**, 624, Arzt JuS 72, 579, Herzberg ZStW 88, 102, M-Schroeder I 337, Ruß LK 15, Samson SK 27, Schünemann JA 80, 395f. sowie betr. Bandenschmuggel BGH **4** 35, **12** 220). Bei bloßer Beihilfe zu § 244 kommt Tateinheit zu Mittäterschaft von § 242 in Betracht (vgl. BGH **25** 18, **33** 53 sowie 51 vor § 25). 28

4. Durch die bandenmäßige Begehung verlieren die Einzeldiebstähle nicht ihre Selbständigkeit; sie können in Realkonkurrenz stehen (RG JW **39**, 33). Zum **Urteilstenor** („Bandendiebstahl") vgl. BGH MDR/H **70**, 560. 29, 30

V. Der **Versuch** ist strafbar (Abs. 2). Vgl. dazu § 22 RN 58, § 242 RN 68ff., § 243 RN 44ff. 31

VI. Teilnahme ist in allen Fällen möglich; wegen Nr. 3 vgl. o. 27f. Die Straferhöhungsgründe sind keine persönlichen i. S. des § 28, sie brauchen daher nicht bei jedem Teilnehmer vorzuliegen. 32

VII. Zwischen den einzelnen Nummern ist eine **Wahlfeststellung** möglich (§ 1 RN 87). Sind **mehrere Modalitäten** des § 244 verwirklicht, so liegt doch nur *ein* Diebstahl vor (vgl. § 52 RN 28, Heimann-Trosien LK[9] 20; für Tateinheit zw. Nrn. 1 oder 2 und Nr. 3 hingegen BGH **26** 174, MDR/D **71**, 363, D-Tröndle 16, Lackner 4a, Ruß LK 18). 33

VIII. Die **Strafe** ist Freiheitsstrafe von 6 Monaten bis zu 10 Jahren. Die gegenüber § 243 höhere Mindeststrafdrohung verschließt die Möglichkeit, gemäß § 47 auf Geldstrafe zu erkennen. 34

IX. 1. Idealkonkurrenz zwischen versuchtem § 244 und vollendetem §§ 242, 243 ist wegen der tatbestandlich abschließenden Regelung des § 244 möglich, so z. B. wenn der Täter einbricht in der irrtümlichen Annahme, ein Mittäter führe eine Waffe bei sich. Ist § 244 dagegen vollendet, ist auch mit § 243 Idealkonkurrenz ausgeschlossen, da diese Vorschrift keinen selbständigen Diebstahlstatbestand mehr enthält (BGH NJW **70**, 1279f.); dagegen kommt mit bloßer Teilnahme zu § 244 Tateinheit in Betracht (BGH **25** 19, **33** 53). Gleiches ist möglich zwischen vollendetem § 244 und versuchtem schweren Raub (vgl. BGH **21** 78). Über das Verhältnis von § 244 Nr. 1, 2 zum versuchten Raub vgl. o. 22. Auch mit §§ 123, 303 ist Tateinheit möglich, und zwar insbes. dann, wenn § 243 durch § 244 verdrängt wird (§ 243 RN 59), ebenso zwischen Nr. 3 mit § 129 bzw. Nrn. 1, 2 mit §§ 52a, 53 I Nr. 3a, 4, 7, III Nr. 1, 3, 5 bis 7 WaffenG (vgl. RG **61** 119, BGH **29** 185), während mit den sonstigen Tatbeständen des § 53 WaffenG idR Tatmehrheit anzunehmen ist (D-Tröndle 16). 35

2. Ein **Wechsel des Vorsatzes** auf andere Sachen als ursprünglich geplant, ist für § 244 ohne Bedeutung (vgl. § 242 RN 45); und zwar – anders als nach § 243 (vgl. dort RN 55) – auch im Hinblick auf den Wert des Tatobjekts, da die §§ 243 II, 248a auf Fälle des § 244 keine Anwendung finden können (vgl. o. 1). 36

§ 245 Führungsaufsicht

In den Fällen der §§ 242 bis 244 kann das Gericht Führungsaufsicht anordnen (§ 68 Abs. 1).

I. Die einer besonderen Zulassung bedürftige Führungsaufsicht wird durch § 245 für **sämtliche Diebstahlsfälle** nach §§ 242 bis 244 zugelassen. Im Grundsatz gilt dies auch für die §§ 247, 248a, da diese lediglich ein Strafantragserfordernis vorsehen und damit Tatbestand und Strafdrohung des § 242 unberührt lassen. Doch wird schon mit Rücksicht auf die für Führungsauf- 1

§ 246 1

sicht erforderliche Mindeststrafe von 6 Monaten (§ 68 I) in Fällen von §§ 247, 248a eine solche Maßnahme regelmäßig ausscheiden. Generell ausgeschlossen ist Führungsaufsicht bei den selbständigen Tatbeständen der §§ 246, 248b und 248c, da in § 245 nicht ausdrücklich genannt.

2 II. Über die **sonstigen Voraussetzungen** und Grenzen der Führungsaufsicht vgl. die §§ 68ff.

§ 246 Unterschlagung

(1) **Wer eine fremde bewegliche Sache, die er in Besitz oder Gewahrsam hat, sich rechtswidrig zueignet, wird mit Freiheitsstrafe bis zu drei Jahren oder mit Geldstrafe und, wenn die Sache ihm anvertraut ist, mit Freiheitsstrafe bis zu fünf Jahren oder mit Geldstrafe bestraft.**

(2) **Der Versuch ist strafbar.**

Schrifttum: vgl. die Angaben zu § 242; ferner: *Baumann,* Der strafrechtliche Schutz bei den Sicherungsrechten des modernen Wirtschaftsverkehrs, 1956. – *ders.,* Pönalisierung von Kaufverträgen durch Eigentumsvorbehalt, ZStW 68, 622. – *Bernsmann,* Zur strafrechtlichen Beurteilung der eigenmächtigen „In-Pfand-Nahme", NJW 82, 2214. – *Bockelmann,* Ist eine berichtigende Auslegung des § 246 statthaft?, MDR 53, 3. – *Borchert/Hellmann,* „Tanken ohne zu zahlen" – eine Problemklärung in Sicht?, NJW 83, 2799. – *Charalambakis,* Der Unterschlagungstatbestand de lege lata u. de lege ferenda, 1985. – *Deutscher,* Kein Eigentumsdelikt beim Selbstbedienungstanken ohne zu zahlen?, JA 83, 125. – *Gribbohm,* Zur Problematik des Zueignungsbegriffes, JuS 63, 106. – *Haß,* Gibt es eine Zueignung nach der Zueignung?, SchlHA 72, 176. – *Herzberg,* Verkauf u. Übereignung beim SB-Tanken, NStZ 83, 251. – *ders.,* Zivilrechtliche Verschiebungen zur Schließung von Strafbarkeitslücken?, NJW 84, 896. – *Kruse,* Die scheinbare Rechtsgutsverletzung bei der Enteignung, 1986. – *Louven,* Fällt der mittelbare Besitz unter die Begriffe „Besitz oder Gewahrsam" in § 246?, MDR 60, 268. – *H. Mayer,* Eigentum an Geld und strafrechtliche Konsequenzen, GS 104, 100. – *D. Meyer,* Die Nichtbenachrichtigung des Sicherungs(Vorbehalts-)Eigentümers usw., MDR 74, 809. – *Post,* Der Anwendungsbereich des Unterschlagungstatbestandes (§ 246 StGB), 1956. – *Puppe,* Exklusivität von Tatbeständen, JR 84, 229. – *Roth,* Eigentumsschutz nach der Realisierung von Zueignungsunrecht, 1986. – *Schroeder,* Tanken ohne Bezahlen, JuS 84, 2827. – *Samson,* Grundprobleme des Unterschlagungstatbestandes, JA 90, 5. – *Schünemann,* Die Stellung der Unterschlagungstatbestände im System der Vermögensdelikte, JuS 68, 114. – *Tenckhoff,* Die Unterschlagung, JuS 84, 775.

1 I. Unterschlagung ist *Eigentumsverletzung durch Eigentumsanmaßung,* im Unterschied zum Diebstahl (§ 242 RN 1f.) aber *ohne Gewahrsamsbruch.* **Rechtsgut** ist daher hier unstreitig nur das **Eigentum**. Daher kommt nur der Eigentümer als **Verletzter** in Betracht, und zwar auch da, wo die Sache einem Dritten oder von einem Dritten anvertraut war (was für § 247 bedeutsam ist). Strittig ist jedoch, ob § 246 jede nichtgewahrsamsbrechende Eigentumsanmaßung erfassen will oder – wie der Wortlaut nahelegt – beschränkt ist auf Sachen, die der Täter bereits selbst „in Besitz oder Gewahrsam hat" (Meinungsstand bei Geppert/Bartl Jura 84, 615f.). Während im letztgenannten Sinne eine Mindermeinung in der Unterschlagung einen gleichsam zweiaktigen Vorgang erblickt, bei dem der Täter (ohne Bruch fremden Gewahrsams) zunächst *Vorausgewahrsam* erlangt haben muß, bevor er sich die Sache zueignen kann (so namentlich Bockelmann II/1 S. 36, Ranft JA 84, 285f., Schünemann JuS 68, 115f., Tenckhoff JuS 84, 777; vgl. auch Seelmann JuS 85, 699f.), ging im Anschluß an Binding (I 275f., Normen II/2 S. 1040ff.) die früher vorherrschende *„große berichtigende Auslegung"* davon aus, daß es sich bei jenem gesetzlichen Gewahrsamselement um kein eigentliches Tatbestandsmerkmal, sondern lediglich um ein schlecht formuliertes Abgrenzungskriterium zum Diebstahl handele, wobei dieser nur einen qualifizierten Fall der Unterschlagung darstelle, diese also als das allgemeinste Zueignungsdelikt, nämlich als *Zueignung ohne Bruch fremden Gewahrsams* zu verstehen sei (in dieser Richtung RG **49** 197f., Recht **27** Nr. 752, JW **34**, 486; in der Lit. noch Schröder 17. A., Heimann-Trosien LK[9] § 246, Schmidhäuser II 97f., Welzel 344). Danach wären durch § 246 auch solche Fälle erfaßbar, in denen der Täter bei der Tat weder Gewahrsam an der Sache erlangt, so z. B. bei „Übereignung" einer fremden Sache gem. § 929 S. 2 BGB. Doch so sehr diese Auffassung dem kriminalpolitischen Bedürfnis nach einem lückenlosen Eigentumsschutz sowie systematischen Anliegen entsprechen mag, ist sie doch mit dem Wortlaut des § 246 – da diesem gerade zuwiderlaufend – schwerlich vereinbar (vgl. auch RG **10** 237, **17** 59, **19** 38, **42** 420, **53** 302, **61** 37, **68** 90, **72** 326, **76** 131, BGH **2** 317, OGH **1** 359, Schleswig NJW **79**, 883 m. Anm. Ostendorf, Arzt/Weber III 87ff., Bockelmann MDR 53, 3, Puppe JR 84, 231, Samson SK 6ff., Schünemann aaO, Tenckhoff aaO; vgl. aber auch Welzel JZ 52, 617). Dem Analogieverbot zu entgehen vermag daher allenfalls die sog. *„kleine berichtigende Auslegung"*, die zwar grundsätzlich am Gewahrsamserfordernis festhält, jedoch nicht nur – wie von der erstgenannten Mindermeinung gefordert – eine der Gewahrsamserlangung *nachfolgende,* sondern schon eine mit dieser *zusammenfallende* Zueignung ausreichen läßt (so BGH LM **Nr. 3**, BGH **4** 76, Celle JR **87**, 254 m. Anm. Hillenkamp, D-Tröndle 10, Krey II 66, Lackner 3, Wessels II/2 S. 68f., i. E. auch Charalambakis aaO 92ff.; vgl. zum Ganzen auch Eser IV 47ff.). Diese Auffassung trägt auch den Problemen etwa der Fundunterschlagung (vgl. u. 10) bereits ausreichend Rechnung. Soweit darüberhinaus Lücken verbleiben, sind diese jedenfalls de lege lata nicht zu korri-

gieren. Im übrigen läßt sich die Problematik dadurch noch weiter entschärfen, daß man mit einer im Vordringen begriffenen Auffassung dem in § 246 (neben dem „Gewahrsam") ausdrücklich erwähnten „Besitz" seine Eigenbedeutung wiedergibt und dafür auch ein mittelbares BGB-Besitzverhältnis ausreichen läßt (so u. a. Blei II 199, Louven MDR 60, 268 f., M-Schröder I 343, Post aaO 50 ff./59, Otto JZ 85, 25, Ranft aaO 286 f., Rutkowsky NJW 54, 180, Seier JA 79, 488, Timmermann MDR 77, 534; i. E. auch Charalambakis aaO 95 ff.; zw. Lackner 3; krit. Krey II 64 f., Tenckhoff aaO 776). Damit wird es etwa möglich, den von Binding I 275 erwähnten Fall des Mieters, der die Mietsache durch einen gutgläubigen Untermieter veräußern läßt, mit § 246 zu erfassen, ohne daß man Bindings o. g. Prämissen übernimmt. Zu weiteren Konsequenzen der („kleinen") berichtigenden Auslegung vgl. u. 10, 24. Die Frage der *Mit*täterschaft ist dagegen unabhängig von den verschiedenen Auslegungen zu entscheiden, vgl. u. 27.

Die früher strafverschärfte **Amtsunterschlagung** (§§ 350, 351 a. F.) ist durch das EGStGB ersatzlos gestrichen worden (vgl. BT-Drs. 7/550 S. 281). Das hindert jedoch nicht, eine im Amt bzw. durch dessen Ausnutzung begangene Unterschlagung strafschärfend zu behandeln. Über die Unterschlagung von Feldfrüchten, Walderzeugnissen usw. vgl. § 242 RN 78. **2**

II. Tatobjekt ist (wie bei Diebstahl) eine **fremde bewegliche Sache** (vgl. § 242 RN 8 ff.). **3**

1. Entgegen einem verbreiteten Alltagsverständnis ist daher auch eine Unterschlagung von Forderungen nicht möglich (Düsseldorf NJW 87, 854), wohl aber eine Unterschlagung der Urkunden, in denen Forderungen oder sonstige Rechte verkörpert sind, wie etwa ein Grundschuldbrief (RG HRR 35 Nr. 1188). Zudem kann in einer schädigenden Verfügung über Forderungen und andere Vermögensstücke, die nicht Sachen sind, eine Untreue (§ 266) liegen. Ferner können Unterschlagungsobjekt nur **einzelne Sachen** sein, nicht dagegen unausgesonderte Teile einer Sachgesamtheit. Daher kommt (vollendete) Unterschlagung erst mit der Aussonderung in Betracht (vgl. BGH NJW 59, 1377 [Benzin im Tank]; RG **54** 34, JW **34**, 614, D-Tröndle 13, 15; vgl. auch u. 16). Aus den gleichen Gründen scheidet eine Zueignung aus, wenn der Täter den Bestand einer von ihm verwalteten Kasse illegal vermehrt (durch Überfordern der Kunden oder Verkürzung auszuzahlender Leistungen). Eine Zueignung liegt erst dann vor, wenn er den Überbetrag effektiv der Kasse entnimmt.

2. Fremd ist eine Sache, wenn sie in fremdem Eigentum steht; dies ist nach bürgerlichem **4**
Recht zu beurteilen (vgl. § 242 RN 12 ff.). Hat jemand Eigentum durch ein anfechtbares Rechtsgeschäft erworben, so ist er gleichwohl Eigentümer geworden (vgl. Köln NJW **80**, 2367) und die ihm übergebene Sache bis zur Anfechtung keine fremde (KG JW **30**, 943; zur mißbräuchlichen Geldabhebung mittels Codekarte vgl. § 242 RN 36). Umgekehrt begeht Unterschlagung, wer eine Sache verkauft, die er in anfechtbarer Weise an einen Dritten sicherungsübereignet hat. Der die Wirkungen der Anfechtung zurückbeziehende § 142 II BGB ist in strafrechtlicher Hinsicht ohne Bedeutung. Auch an fehlerhaft verbuchten Geldern kann bereits Eigentum erlangt sein (BGH MDR/D **75**, 22). An einer im **Miteigentum** stehenden Sache ist Unterschlagung durch den Miteigentümer, der Alleingewahrsam hat, möglich (vgl. BGH NJW **54**, 889). Bei **Eigentum mehrerer** an vertretbaren Sachen liegt Unterschlagung nur dann vor, wenn der Täter den ihm bei der Teilung zustehenden Anteil überschreitet. Zwar kann nicht bestritten werden, daß wegen des Miteigentums an allen Sachen der Täter sich fremde Sachen zugeeignet hat. Da er jedoch nach §§ 749 ff. BGB einen Anspruch auf reale Teilung hat und den übrigen Beteiligten ein Auswahlrecht nicht zusteht, ist die Zueignung erst dann *rechtswidrig,* wenn das Maß dessen überschritten wird, was dem Täter bei der Teilung zufällt (RG **21** 271). Dies rechtfertigt sich aus den gleichen Gründen, die bei der eigenmächtigen Wegnahme verkaufter, aber noch nicht übereigneter Sachen maßgeblich sind (vgl. § 242 RN 59). Bei **Gesamthandseigentum,** z. B. Sachen, die den Gesellschaftern einer OHG (RG **7** 18, **27** 11) oder einer Gesellschaft des BGB (RG **29** 252) gehören, gelten diese Grundsätze nicht: Hier ist die eigenmächtige Verfügung zum eigenen Nutzen stets eine Eigentumsverletzung. Vgl. weiter RG HRR **37** Nr. 533. Als „Scheinbestandteil" eines Grundstücks i. S. v. § 95 I BGB kann auch ein Grenzstein Unterschlagungsobjekt sein (Frankfurt NJW **84**, 2303).

a) **Sicherungseigentum** und **Vorbehaltseigentum** sind vollgültige Eigentumsformen. Der Veräußerer einer zur Sicherung übereigneten Sache kann diese also unterschlagen (RG **61** 65, BGH **1** 262) **5**
oder stehlen. Dagegen ist der Sicherungsnehmer vollgültiger Eigentümer, gleichwohl ob das Eigentum auflösend bedingt ist oder eine Pflicht zur Rückübereignung besteht (zur fehlenden Rechtswidrigkeit der Zueignung in letzterem Fall vgl. u. 22). Ebenso liegen die Verhältnisse beim uneigennützigen Treuhandeigentum (RG **61** 343). Beim Vorbehaltseigentum bleibt der Vorbehaltsverkäufer so lange vollgültiger Eigentümer, bis die Bedingung für den Eigentumsübergang eingetreten ist; bis dahin kann also der Vorbehaltskäufer die Sache unterschlagen. Auch ist nur dem Vorbehaltsverkäufer gegenüber Unterschlagung möglich, nicht dagegen bei Herausgabeverweigerung des Halters gegenüber dem Vorbehaltskäufer (BGH MDR/D **74**, 367; krit. dazu D-Tröndle 17). Die Formen der Zueignung können hier – vor allem beim Wiederverkäufer – sehr verschiedenartig sein

(vgl. Baumann ZStW 68, 526 ff.). Beim Wiederverkauf unter Eigentumsvorbehalt gelieferter Waren ist regelmäßig auf Grund der Einwilligung des Vorbehaltsverkäufers die Rechtswidrigkeit ausgeschlossen (Eser IV 52, ebenso Dempewolf MDR 59, 801 mit z. T. abw. Begr.: Tatbestandsausschluß); bei einem Verstoß gegen die an die Verkaufserlaubnis geknüpften Bedingungen können aber § 246 und daneben § 266 in Betracht kommen (and. Dempewolf aaO).

6 b) Für **Geld** gilt nichts Besonderes. Entscheidend ist also der bürgerlich-rechtliche Übereignungsvorgang, d. h. die Frage, ob es mit dem Willen, das Eigentum zu übertragen, gezahlt und mit Erwerbswillen in Empfang genommen ist. An dem aufgrund *Postanweisung* ausgezahlten Geld erwirbt nicht stets Eigentum, wer das Geld entgegennimmt; die Post überträgt vielmehr regelmäßig das Eigentum gemäß dem aus der Anweisung ersichtlichen Willen des Absenders (RG **26** 389, **63** 406). Eigentümer des auf ein *Postscheckkonto* eingezahlten Geldes wird die Postverwaltung; der Kontoinhaber begeht allein durch Verfügung über das Guthaben keine Unterschlagung (RG LZ **27**, 852). Hingabe von Geld als sog. *Kaution* ist nach der Verkehrsauffassung meist so gemeint, daß der Empfänger Eigentümer werden, aber zur Rückerstattung verpflichtet sein soll; nur unter besonderen Umständen kommt hier Unterschlagung in Betracht (RG **64** 88). Zum Eigentumserwerb am Erlös bei der Verkaufskommission vgl. Hamm NJW **57**, 1773 m. Anm. Baumann, Ruß LK 5. Vgl. noch § 242 RN 6. Auch bei *Codekartenmißbrauch* durch einen Nichtberechtigten bleibt das erlangte Geld zunächst fremd, kann aber zudem (entgegen BGH **35** 158 ff., Stuttgart NJW **87**, 666, LG Oldenburg NJW **87**, 667) bereits mittels Wegnahme nach § 242 erlangt sein (näher § 242 RN 36, § 263a RN 14 ff.).

7 c) Strittig ist die tatbestandliche Erfassung beim **SB-Tanken ohne zu zahlen:** Hier bleibt die Strafbarkeit nach § 246 zunächst ohne eigenständige Bedeutung, wenn der Täter von vornherein zahlungsunwillig war und beim Tanken vom Tankstelleninhaber beobachtet wurde bzw. von einer Beobachtung ausging; denn in diesen Fällen liegt eine (versuchte) Täuschung und damit unstreitig (zumindest versuchter) Betrug vor (BGH NJW **83**, 2827 m. Anm. Schroeder JuS 84, 846, Düsseldorf NStZ **82**, 249, **85**, 270 m. Anm. Herzberg JR 85, 209; vgl. auch § 263 RN 28 mwN). Tankt der Täter dagegen heimlich oder wird er erst nach dem Einfüllen zahlungsunwillig, kommt es, sofern § 242 mangels Wegnahme ausscheidet (vgl. dort RN 36), für die verbleibende Strafbarkeit nach § 246 darauf an, ob und wann der Täter (Allein-)Eigentum an dem im Tank befindlichen Benzin erwirbt. Nach Herzberg JA 80, 385, NStZ 83, 251, NJW 84, 896 und zust. Düsseldorf aaO m. Anm. Herzberg JR 82, 343 (ähnlich wohl auch Schroeder JuS 84, 847) soll dies mit dem Einfüllen geschehen: Der Tankstelleninhaber nehme den Übereignungsantrag des Kunden durch Gewährenlassen des Tankens an. Diese Ansicht vermag jedoch einerseits die Fälle nicht zu erfassen, in denen das Einfüllen nicht bemerkt wird. Andererseits erfordert es der Schutz des Kunden nicht, Eigentum bereits durch das Einfüllen anzunehmen (näher Deutscher JA 83, 125 f.). Lehnt man somit Eigentumserwerb durch Einfüllen ab, so ist es für die Anwendbarkeit von § 246 unerheblich, ob man mit Hamm NStZ **83**, 266 (m. Anm. Müller-Luckmann) einen Eigentumsvorbehalt bis zur Bezahlung annimmt oder – der überzeugenderen Lösung von Borchert/Hellmann NJW 83, 2799 und Deutscher JA 83, 128 folgend – ähnlich den Eigentumsverhältnissen beim Kauf im SB-Laden Einigung und Übereignung des Kraftstoffs erst bei Bezahlung an der Kasse annimmt (zust. Ranft JA 84, 4 f.; vgl. auch Charalambakis MDR 85, 976 f.).

8 III. Die **Tathandlung** besteht in der *Zueignung* der *im Besitz oder Gewahrsam des Täters* befindlichen Sache.

9 1. Statt der Wegnahme beim Diebstahl muß für Unterschlagung der Täter zumindest im Zeitpunkt der Zueignung **Besitz oder Gewahrsam** an der betroffenen Sache haben. Beide Begriffe werden von der h. M. als gleichbedeutend angesehen (vgl. Schleswig NJW **79**, 882, Ruß LK 10, je mwN), und zwar i. S. eines **tatsächlichen Herrschaftsverhältnisses;** Besitz im bürgerlich-rechtlichen Sinne ist dafür nicht erforderlich (RG **37** 200); doch kann der mittelbare Besitzer (§ 868 BGB) u. U. Gewahrsam haben (RG JW **37**, 1334). Bedeutung hat letzteres jedoch nur, wenn man der im Vordringen befindlichen Auffassung, dem Tatbestandsmerkmal „Besitz" seine eigenständige Bedeutung wiederzugeben und somit neben dem Gewahrsam als tatsächlichem Herrschaftsverhältnis auch den Besitz im bürgerlich-rechtlichen Sinne (und damit auch den *mittelbaren Besitz*) für eine Unterschlagung genügen zu lassen (vgl. o. 1), nicht glaubt folgen zu können.

10 Das Gewahrsamserfordernis setzt nach der „kleinen berichtigenden Auslegung" (vgl. o. 1) aber nicht voraus, daß sich die Sache bereits *vor* der Zueignung im Gewahrsam des Täters befindet; vielmehr ist lediglich erforderlich, daß der Täter zumindest **bei der Zueignung Gewahrsam** hat, wobei die Gewahrsamserlangung und die Zueignung auch in einem Akt zusammenfallen können. Damit ist bereits auf diese Weise – entgegen der einen *Vorausgewahrsam* fordernden Mindermeinung (vgl. o. 1 sowie RG **53** 302, Frank II 3) – auch die sog. *Fundunterschlagung* erfaßbar (vgl. BGH **4** 77, LM **Nr. 3**, Bremen MDR **48**, 260; i. E. ebenso die sog. „große berichtigende Auslegung [vgl. o. 1 mwN], ferner Post aaO 42 ff.; vgl. auch Paeffgen JR 79, 299), und zwar ohne dafür auf die strittige Figur der „wiederholten Zueignung" (dazu u. 19) zurückgreifen zu müssen.

2. Die Zueignung besteht darin, daß der Täter die Sache selbst oder den in ihr verkörperten 11
Sachwert dem eigenen Vermögen einverleibt (RG 61 233, 67 335, BGH 1 264). Insofern gilt
hinsichtlich des Zueignungsgegenstandes (Substanz oder Sachwert) wie auch der eigentümer-
verdrängenden Eigentumsanmaßung das Gleiche wie beim Diebstahl: Der Täter muß sich
selbst an die Stelle des Berechtigten setzen wollen, so daß die „Enteignung" auf Opferseite mit
der „Aneignung" auf Täterseite korrespondiert (vgl. § 242 RN 47); ein Eigentumsverlust ist
dafür nicht erforderlich, reicht aber andererseits stets aus. Anders als bei § 242, wo schon die
Absicht der Zueignung genügt, ist für Unterschlagung über das innere Zueignenwollen hinaus
ein nach außen **manifestierter Zueignungsakt** erforderlich, indem der Wille, die Sache zu
behalten, durch eine nach außen erkennbare Handlung betätigt wird (RG 63 378, 65 147, 67 73,
BGH 14 43 [GrS], 34 311 f., Braunschweig NJW 50, 158, Hamm JMBlNW 52, 14, 60, 231, Köln
VRS 23 285, Ruß LK 13), und zwar durch ein Verhalten, das sich seinem Sachgehalt nach als
Erlangung einer eigentümerähnlichen Stellung darstellt (Gallas; vgl. Tenckhoff JuS 80, 727;
and. Schmidhäuser II 98 f.; vgl. auch u. 26 zum Vollendungszeitpunkt). Dies bedeutet jedoch
nicht, daß bereits ein nur objektiv den Anschein von Zueignung erweckendes Verhalten genügen würde; vielmehr muß dabei auch der subjektive Zueignungswille vorhanden sein (Schleswig SchlHA 53, 216). Zueignung ist somit hier *Betätigung des Zueignungswillens in objektiv
erkennbarer Weise* (vgl. Arzt/Weber III 94 ff.; teils abw. Samson SK 40 ff.). Daher genügt z. B.
nicht das „Beisichliegenlassen" einer Sache aus Nachlässigkeit (Hamm JMBlNW 60, 231; vgl.
aber auch Schaffstein Dreher-FS 159). Auch können Maßnahmen nicht ausreichen, durch die
der Täter den ihm erteilten Auftrag des Eigentümers derart ausführt, daß er sich äußerlich im
Einklang mit dem Willen des Eigentümers befindet, mag er auch subjektiv die Absicht haben,
das Ergebnis seiner Handlungen dem Eigentümer vorzuenthalten (Schröder NJW 63, 1959; vgl.
aber auch Bockelmann JZ 60, 622): Wer z. B. beauftragt ist, Geld einzukassieren, unterschlägt
dieses nicht schon dadurch, daß er es mit der Absicht entgegennimmt, es für sich zu behalten;
anders jedoch, wenn er dies durch Umgehung vorgeschriebener Kontrollmaßnahmen (z. B.
Nichterteilung einer Quittung) deutlich macht (Schröder NJW 63, 1959) oder trotz Aufforderung nicht abliefert (vgl. Koblenz GA 75, 122). Wer als Bote Waren in der Absicht aushändigt,
den in Empfang genommenen Kaufpreis für sich zu behalten, oder wer mit gleicher Absicht im
Auftrag eines anderen dessen Sachen veräußert, unterschlägt nicht die Waren; Unterschlagung
liegt erst in der Zueignung des kassierten Geldes. Dabei ist gleichgültig, ob der Täter dem
Empfänger der Waren gegenüber als Bote oder Stellvertreter auftritt oder nicht; entscheidend
ist nur, daß er sich im Rahmen seines Auftrags hält. Ebenso liegt es bei der Einlösung eines
Schecks für einen anderen in der Absicht, das Geld für sich zu behalten (BGH MDR/D 53, 21).
Wer dagegen für sich Waren einkauft und mit fremdem Geld bezahlt, unterschlägt dieses Geld
dann, wenn er vom Eigentümer den Auftrag erhalten hatte, *für diesen* entsprechende Waren zu
kaufen. Ebenso kann im auftragswidrigen Zurückbehalten einer auszuliefernden Ware (oder
eines Teils davon) eine Unterschlagung liegen (Düsseldorf MDR 85, 427 bzgl. Öl).

Die vorgenannten Grundsätze gelten nunmehr auch für Unterschlagungen im Rahmen von Amts- 12
verhältnissen, nachdem durch Abschaffung der §§ 350, 351 a. F. (vgl. o. 2) für die gelockerten
Zueignungsmaßstäbe der Rspr. bei der früheren „**Amtsunterschlagung**" (vgl. 17. A. § 350 RN 15 f.)
kein Raum mehr ist. Daher stellt das bloße *Vermischen* amtlicher und eigener Gelder (vgl. RG 26 437)
nicht ohne weiteres eine Zueignung dar, vielmehr muß dies in einer Weise geschehen, welche die
Zueignungsabsicht objektiv erkennbar werden läßt (vgl. RG 71 96, HRR 37 Nr. 533, Köln NJW 63,
1992, wo jedoch zu einseitig auf die bloße Absicht abgestellt wird). Auch kann in der Verwendung
ordnungsmäßig vereinnahmter Gelder zur *Deckung von Fehlbeträgen* eine Zueignung nicht schon darin
liegen, daß sie zwar der Kasse zugeführt werden, jedoch durch Art der Berechnung bzw. Buchung
der Anschein erweckt wird, als handele es sich nicht um neu vereinnahmte Beträge (hier bereits für
Zueignung aber u. a. RG LZ 28, 910, HRR 35 Nr. 79, 40 Nr. 711, BGH LM **Nr. 1**, BGH 24 115 m.
Anm. Deubner NJW 71, 1469, Schöneborn MDR 71, 811, Köln NJW 66, 1373, Wessels II/2 S. 72 ff.),
und dies noch weniger dann, wenn der Täter den Fehlbetrag nur vorübergehend verdecken will, um
Zeit für die Wiederbeschaffung des fehlenden Geldes zu gewinnen (für § 350 a. F. aber RG 64 415, JW
32, 950, BGH **9** 348; vgl. aber auch RG 61 233, **62** 175, HRR 40 Nr. 711). Vielmehr ist Zueignung erst
dann anzunehmen, wenn der Täter die Falschbuchung nach Empfang und vor Einlegen des Geldes in
die Kasse vornimmt, da nur dann der auf das vereinnahmte Geld gerichtete Zueignungswille und
dessen objektive Manifestation – wie nach dem allgemeinen Simultaneitätsprinzip erforderlich –
zeitlich zusammenfallen (zust. Tenckhoff JuS 84, 781; vgl. auch Arzt/Weber III 96 f., D-Tröndle 18,
zw. Lackner 4 aaa). Ob dem Amtsträger eine Pflicht zum Ersatz von Fehlbeträgen oblag, ist dabei
unerheblich, sofern er nur eine solche Ersatzpflicht annahm (vgl. RG DRiZ 27 Nr. 320). Gibt ein
Amtsträger *Behördeneigentum* im eigenen Namen *unentgeltlich* weg, so eignet er es sich regelmäßig
damit zu; wer es nicht im eigenen Namen, so liegt eine Zueignung jedenfalls dann vor, wenn er
dadurch einen eigenen Vorteil erstrebt (BGH LM **Nr. 6, 9** zu § 350). In der Bildung einer „schwarzen
Kasse" kann eine Zueignung des Geldes liegen, wenn dessen Verwendung auch im Interesse des
Beamten erfolgen soll (Bay GA **58**, 370).

Im einzelnen ist noch folgendes hervorzuheben:

13 a) Was die Zueignungswirkung betrifft, so ist irgendeine aktuelle Verschlechterung der rechtlichen Position des Eigentümers nicht erforderlich. Auch **rechtlich wirkungslose Maßnahmen** (Veräußerung an Bösgläubige) oder Handlungen, bei denen selbst die Besitzverhältnisse unverändert bleiben (Ableugnen des Besitzes, Verkaufsangebot), reichen aus. Erforderlich ist jedoch, daß die Zueignung auf Beeinträchtigung der Eigentümerstellung in ihrer wirtschaftlichen Funktion ausgerichtet ist: Nimmt etwa der Täter ein Kraftfahrzeug unberechtigt in Gebrauch, um es demnächst wieder stehen zu lassen, so liegt ebensowenig wie im analogen Fall des § 242 Zueignung vor (vgl. § 242 RN 54; and. BGH **13** 43, VRS **41** 272, Ruß LK 18); dasselbe gilt, wenn der Täter sich erst nach der unbefugten Ingebrauchnahme entschließt, das Fahrzeug stehen zu lassen (Bay NJW **61**, 280). Ebensowenig stellt die vertragswidrige Weiterbenutzung eines gemieteten Kraftfahrzeugs über die vertragliche Mietdauer hinaus für sich allein eine Unterschlagung dar (Düsseldorf StV **90**, 164; allerdings kommt dann § 248b in Betracht, vgl. dort RN 7). Gibt jedoch der Täter auf andere Weise seinen Zueignungswillen zu erkennen, so kann darin eine Unterschlagung liegen (vgl. BGH VRS **14** 201).

14 b) Als Zueignungshandlung kommen vor allem das **Verbrauchen oder Verzehren** einer Sache in Betracht. *Ver*brauchen im Gegensatz zum bloßen *Ge*brauchen liegt vor, wenn die wirtschaftliche Brauchbarkeit ganz oder wesentlich verändert wird. Die Zerstörung einer Sache enthält für sich allein noch keine Zueignung (Düsseldorf NJW **87**, 2526), ebensowenig das Wegwerfen der Sache (BGH MDR/H **77**, 461) oder das Stehenlassen eines unbrauchbar gewordenen Fahrrades (Celle NdsRpfl. **62**, 168; vgl. Ruß LK 18). Dagegen kann in der Verarbeitung oder Umbildung der Sache eine Zueignung liegen; dem steht nicht entgegen, daß hier der Täter u. U. gemäß § 950 BGB Eigentümer wird.

15 c) In der **Vermischung** fremden Geldes oder anderer vertretbarer Sachen mit eigenen kann grds. eine Zueignung nicht erblickt werden (Celle NJW **74**, 1833; and. z. B. RG **71** 96, HRR **29** Nr. 1413, **34** Nr. 1170 [Rechtsanwalt vermischt Mandantengelder], **37** Nr. 533, Lackner 4 a aa; vgl. auch D-Tröndle 14, Ruß LK 19, Roxin H. Mayer-FS 477 ff. sowie § 242 RN 6). Hier entsteht nach § 948 BGB Miteigentum, eine Rechtsposition, die den Interessen des Eigentümers regelmäßig hinreichend gerecht wird. Nur wenn die Vermischung unter Umständen geschieht, die die Absicht des Täters erkennen lassen, das Miteigentum nicht zu respektieren (z. B. das Geld wird von dem normalen Aufbewahrungsort in die weit entfernt liegende Wohnung des Täters verbracht und dort vermischt), kann schon in der Vermischung selbst eine Zueignung gesehen werden. Andernfalls liegt sie erst dann vor, wenn der Täter in unberechtigter Weise über den Gesamtbestand verfügt (vgl. dazu o. 3).

16 d) Eine Zueignung kann weiter im **Abschluß von Verträgen** über die Sache liegen. So kann bereits das bloße Angebot zum Kauf u. U. die Betätigung der Zueignung enthalten (RG **73** 254, BGH MDR/D **54**, 398, Braunschweig NJW **47**, 109, **49**, 477), ebenso die Weiterveräußerung „zu getreuen Händen" angedienter Dokumente hinsichtlich der betroffenen Waren (Timmermann MDR 77, 536 f.). Es genügt jedoch nicht, daß der Täter aus einer Sachgesamtheit (z. B. Benzin im Tank, vgl. BGH NJW **59**, 1377, Stuttgart JZ **60**, 289, ferner RG **54** 34) noch nicht ausgesonderte Teile zum Kauf anbietet (RG JW **34**, 614, D-Tröndle 15, Ruß LK 14; and. RG **73** 253). In einem solchen Fall ist der Zueignungswille nicht auf bestimmte Sachen gerichtet, sondern nicht auf die Sachgesamtheit, wie RG **73** 253 meint; andernfalls würde für den Wert des Objekts (z. B. im Rahmen des § 248a) der Wert der Gesamtheit maßgebend sein müssen. Eine Zueignung liegt daher erst dann vor, wenn der Täter die verkaufte Menge aussondert.

17 Bei Verträgen, durch die Sachen als Basis einer **Kreditbeschaffung** (Sicherungsübereignung, Verpfändung) benutzt werden, stellt sich die Frage der Abgrenzung zwischen Zueignung und Gebrauchsanmaßung. Die **Verpfändung** einer Sache ist dann eine Zueignung, wenn der Verpfänder davon ausgeht, die Pfandsache nicht wieder einlösen zu können; eine bloße Gebrauchsanmaßung ist dagegen anzunehmen, wenn der Täter die Sache rechtzeitig wieder einlösen will und sich dazu in der Lage glaubt (vgl. RG **66** 156, HRR **34** Nr. 1328, JW **37**, 2391, BGH **12** 299; eingeh. Baumann aaO 51 ff., Eser IV 49, Ruß LK 16). Ausnahmsweise kann eine Verpfändung aber auch eine Form der Entäußerung des Besitzes sein, die nicht unter § 246 fällt (Hamburg GA **61**, 121). Unerheblich ist die Wirksamkeit der Verpfändung (RG JW **24**, 1435); es kommt allein darauf an, ob der Täter die Verpfändung für wirksam hält. Ebenso ist das Verleihen einer Sache idR noch keine Zueignung. Die **Sicherungsübereignung** ist stets Zueignung, wenn der Übereignende sie als wirksam ansieht und damit das Eigentum des Berechtigten zum Erlöschen bringen will. Auf den Willen zur Wiedereinlösung kommt es hier nicht an, weil der Entzug des Eigentums durch die Übereignung über einen bloßen Gebrauch der Sache hinausgeht, was sich schon daraus ergibt, daß der Sicherungsnehmer, sofern er Eigentümer wird (§§ 932 ff. BGB), über die Sache verfügen kann, ohne selbst eine Unterschlagung daran zu begehen (and. Rudolphi GA **65**, 38 f.). Hält der Sicherungsgeber die Sicherungsübereignung nicht für wirksam, so fehlt es an der Betätigung des Zueignungswillens, selbst wenn die Übereignung tatsächlich

wirksam ist (vgl. RG HRR **39** Nr. 60, GA Bd. **77** 283, BGH **1** 264, Baumann aaO 48 ff., ZStW **68**, 527, Ruß LK 15). Soll jedoch eine zweite Sicherungsübereignung zur tatsächlichen Ausschaltung des ersten Sicherungseigentümers führen, so liegt eine Zueignung vor (BGH GA **65**, 207, MDR/D **67**, 173). Veräußert der Täter eine unter Eigentumsvorbehalt gekaufte Sache, so liegt darin keine Zueignung (fehlender Enteignungswille), wenn er den Eigentumsübergang von der restlichen Bezahlung des Kaufpreises durch den Erwerber abhängig macht und das Recht des Verkäufers nicht antasten will (Celle NdsRpfl. **50**, 236, Hamm JMBlNW **61**, 44).

Dagegen liegt bei **Pfändung** einer Sache eine Zueignung nur vor, wenn der Täter die fremde Sache dem Gerichtsvollzieher zur Verfügung stellt (Schleswig SchlHA **53**, 216), es sei denn, der Täter hat die Absicht, die Sache wieder einzulösen; insoweit gilt Entsprechendes wie bei der Verpfändung (o. 17). Das Geschehenlassen der Pfändung reicht nicht aus, da es an einer Rechtspflicht zum Einschreiten fehlt (vgl. M-Schroeder I 349, Ranft JA 84, 287, Schmid MDR 81, 808 [dazu krit. Schürmann MDR 82, 374]; and. Oldenburg NJW **52**, 1267, Meyer MDR 74, 809, Ruß LK 17); jedoch kann in der Nichtbenachrichtigung des Eigentümers über die Pfändung eine Zueignung gesehen werden, weil dem Eigentümer dadurch die Möglichkeit der Drittwiderspruchklage (§ 771 ZPO) vorenthalten wird (vgl. Eser IV 50, Tenckhoff JuS 84, 779); auch hier bedarf aber das Vorliegen einer Erfolgsabwendungspflicht i. S. d. § 13 sorgfältiger Prüfung (vgl. Schürmann MDR 82, 374, § 13 RN 28). Zur *eigenmächtigen Inpfandnahme* vgl. Bernsmann NJW 82, 2218 sowie § 242 RN 55. **18**

e) Strittig ist, ob sich der Täter eine Sache **wiederholt zueignen** kann. Von der Rspr. wird dies schon tatbestandlich verneint, wenn der Täter an der Sache bereits auf schuldhafte und strafbare Weise (z. B. durch Betrug oder Diebstahl) Eigenbesitz begründet hat (grdl. i. S. dieser „*Tatbestandslösung*" BGH **14** 38, ferner Haß SchlHA 72, 176, Lackner 4 a bb, Maiwald aaO 261 ff., Otto aaO 106 ff., i. E. wohl auch Schünemann JuS 68, 114 ff.; vgl. ferner RG **15** 246, **49** 16, **60** 371, **61** 38; sachlich der Tatbestandslösung nahekommend mittels „Ausschlußfunktion" der Perpetuierungstatbestände Roth aaO, insbes. 91 ff.). Demgegenüber ist nach der hier von Schröder vertretenen „*Konkurrenzlösung*" in der wiederholten Betätigung des Herrschaftswillens über eine bereits deliktisch erlangte Sache tatbestandlich noch eine erneute Zueignung zu erblicken, die lediglich als *straflose Nachtat* hinter dem ersten deliktischen Zueignungsakt zurucktritt, sofern dadurch keine weitere Vertiefung des Schadens bewirkt wird (vgl. Baumann NJW 61, 1141, Bockelmann JZ 60, 621, Ruß LK § 242 RN 81, M-Schroeder I 347, Schröder JR 60, 308, Seelmann JuS 85, 702, Welzel 351, Wessels II/2 S. 75 f.; vgl. auch RG **62** 62, Samson SK 52). Für die Konkurrenzlösung spricht, daß eine deliktisch (z. B. durch Betrug) entzogene Sache auch gegen weitere Eigentumsverletzungen (z. B. gegen Zueignung durch Verbrauch) zu schützen ist und die Tatbestandslösung etwa bei Straflosigkeit der Erstzueignung oder im Falle der Tatbeteiligung an Verwertungshandlungen zu Lücken führen kann. Freilich sind diese nicht so groß, wie es auf den ersten Blick erscheint. So kann von einer (Erst-)Zueignung überhaupt erst dann die Rede sein, wenn sich der Täter unter Verdrängung des Berechtigten *Eigenbesitz* an der Sache *angemaßt* bzw. *erschlichen* hat, woran es etwa dort fehlt, wo jemand gutgläubig eine gestohlene Sache erwirbt oder eine vermeintlich derelinquierte Sache an sich nimmt. Demzufolge ist auch nach der Tatbestandslösung Unterschlagung in der Weise möglich, daß der Täter, nachdem er bösgläubig geworden ist, seinen Herrschaftswillen über die zunächst gutgläubig erlangte Sache betätigt (vgl. BGH **10** 151, ferner BGH MDR/D **54**, 398); entsprechendes gilt für den Fall, daß sich der Täter zunächst ohne Aneignungswillen durch Betrug lediglich *Fremdbesitz* verschafft hatte (BGH **16** 280, i. gl. S. Samson SK 52). Allerdings kann nach der Tatbestandslösung für den tatbestandlichen Ausschluß wiederholter Zueignung nicht entscheidend sein, ob der Täter bereits auf *strafbare* Weise Eigenbesitz erlangt hat (so freilich mißverständlich BGH **14** 43); denn die Strafbarkeit der (Erst-)Erlangung kann kein Merkmal des Zueignungsbegriffs als solchem sein. Somit beschränkt sich die praktische Bedeutung der Konkurrenzlösung zum einen auf die dolose Verwertung von Sachen, die der Täter in schuldunfähigem Zustand an sich gebracht hat (vgl. aber dazu Maiwald aaO 267, Otto aaO 120), zum anderen auf die Beteiligung an Verwertungshandlungen, soweit diese nicht ohnehin durch die §§ 257, 259 erfaßbar sind (vgl. auch Eser IV 50 f.). Zu Konsequenzen der Tatbestandslösung bei Wahlfeststellung vgl. Hamm NJW **74**, 1957 sowie § 1 RN 96 ff. **19**

f) Im übrigen kann **beispielsweise** eine Zueignung liegen im Ableugnen des Besitzes (RG **72** 382, Bay JR **55**, 271), in der Verweigerung der Herausgabe der Sache an den Berechtigten mit der ausdrücklichen oder zumindest konkludenten Erklärung, die Sache für sich behalten zu wollen (vgl. RG JW **28**, 410, BGH **34** 309, aber auch Noll SchwZStr. 56, 164), in der Erklärung gegenüber dem Berechtigten, die Sache sei Eigentum des Erklärenden (RG JW **31**, 1037), oder in der Verschleierung des Standorts einer sicherungsübereigneten Sache, um die Verwertung durch den Sicherungsnehmer zu vereiteln (Celle NJW **74**, 2326, wo allerdings tatsächlich zweifelhaft erscheint, ob der Sicherungsgeber mehr als nur einen vorübergehenden Verwertungsaufschub erreichen wollte). Es muß aber in jedem Einzelfall geprüft werden, ob unter den *vorliegenden besonderen Umständen* in einer mündlichen **20**

Erklärung eine zweifelsfreie Betätigung des Zueignungswillens gesehen werden kann. Bezeichnet ein Beschuldigter in dem gegen ihn wegen Diebstahls eingeleiteten Ermittlungsverfahren die in seinem Besitz befindlichen Sachen als sein Eigentum, so liegt darin keine Betätigung des Zueignungswillens (Frankfurt SJZ **47** Sp. 676, Hamm JMBlNW **52**, 14). Das Beiseitelegen an einen an sich ordnungsmäßigen Platz kann bereits eine Zueignung sein, sofern die Gesamtumstände eine Zueignungsabsicht dokumentieren (RG **33** 378). Eine Zueignung ist weiter darin gesehen worden, daß ein Straßenbahnschaffner, der einem bereits abgefahrenen Fahrgast einen entsprechenden Fahrschein gibt, das empfangene Fahrgeld in die amtliche Geldtasche in der Absicht legt, später einen entsprechenden Betrag zurückzubehalten (RG JW **35**, 3626; bedenklich, da hierdurch die Zueignung nur vorbereitet wird). Weitere Beispiele in RG HRR **36** Nr. 502, 852. Allg. zu Unterschlagung durch (idR für sich allein nicht genügendem) **Unterlassen** vgl. Koblenz StV **84**, 287, Otto JZ **85**, 25, Ranft JA **84**, 287, Schmid MDR **81**, 806 ff., aber auch Schürmann MDR **82**, 374.

21   3. Ebenso wie bei Diebstahl ist auch hier ein **Sich-Zueignen** durch den Täter erforderlich (vgl. § 242 RN 56f.). Dies kann auch der Fall sein, wenn **unentgeltliche** Verfügungen zugunsten Dritter über fremdes Eigentum vorgenommen werden. Es macht hierbei keinen Unterschied, ob der Täter zum Beschenkten in mehr oder weniger naher Beziehung steht (BGH **4** 238, Braunschweig JBl. **47**, 270; and. Bremen MDR **48**, 2). Vgl. dazu auch RG **74** 2 m. Anm. Mezger DR **40**, 285, JW **34**, 1657 m. Anm. Mezger, DJ **36**, 1126, DR **43**, 756. Der Täter muß durch die Verfügung jedoch einen Vorteil wirtschaftlicher Art erlangen (vgl. § 242 RN 56); eine „Quasi-Dereliktion" reicht nicht aus (vgl. BGH NJW **70**, 1753 m. Anm. Schröder). Verfügt der Täter nicht im eigenen Namen, so liegt eine Unterschlagung nur vor, wenn er unmittelbar oder mittelbar durch die Verfügung einen Vorteil erstrebt oder erlangt (BGH NJW **54**, 1295). Zu unentgeltlichen Verfügungen von Amtsträgern vgl. o. 12. Zur Verfügung des Geschäftsführers zugunsten der GmbH vgl. BGH wistra **82**, 107; zur Zueignung von aus Leichen explantierten Herzschrittmachern vgl. Bringewat JA **84**, 65 sowie § 242 RN 20.

22   4. Zur **Rechtswidrigkeit der Zueignung** gilt das zum Diebstahl Ausgeführte entsprechend (§ 242 RN 59). Darüberhinaus kommt auch **Rechtfertigung** in Betracht, wobei von untergeordneter Bedeutung ist, ob man damit bereits tatbestandsausschließend die Rechtswidrigkeit der Zueignung oder lediglich die allgemeine Rechtswidrigkeit der Tat entfallen läßt (vgl. dazu Eser IV 39ff.). Als ein solcher Ausschlußgrund kommt vor allem die Einwilligung in Betracht; eine nur nachträgliche Genehmigung hingegen macht die Tat nicht straflos. Die Einwilligung ist insbes. bei unter Eigentumsvorbehalt gelieferten, zur Verarbeitung oder Weiterveräußerung bestimmten Waren bedeutsam (vgl. Düsseldorf NJW **84**, 810, Baumann ZStW **68**, 522). Ferner ist die Tat gerechtfertigt, wenn eine gesetzliche Befugnis besteht, die Sache zu verwerten (z. B. § 1228 BGB, § 371 HGB). Auch ein Sicherungsgeber, der seine Schuld getilgt hat, handelt bei Verfügungen über die ihm noch nicht wieder zurückübereigneten Sachen nicht rechtswidrig (bedenklich RG **61** 66, wonach die Schuldentilgung nur den Vorsatz berühren soll). Zur Verwertung von Vorbehaltseigentum vgl. o. 5. Nicht rechtswidrig sind auch die Fälle, in denen das Eigentum nach der gesetzlichen Intention in der konkreten Situation keines Schutzes bedarf. Dies gilt vor allem, wenn jemand sich **vertretbare Sachen zueignet** und bereit und fähig ist, sie jederzeit zu ersetzen, oder wenn er bei Auswechslung sofort vornimmt, z. B. Geld wechselt (eingeh. Kruse aaO 28ff., 237ff.; and. zu § 350 a. F. RG JW **30**, 1217, BGH **24** 115 m. Anm. Deubner NJW **71**, 1469, Köln NJW **68**, 2348). Der Gedanke der mutmaßlichen Einwilligung bildet hier nicht immer eine tragfähige Grundlage; vgl. im einzelnen § 242 RN 6. Über die Zueignung von Bagatellfunden vgl. Hirsch ZStW **74**, 91ff. Zum Mißbrauch von Codekarten zwecks automatischer Geldabhebung vgl. § 242 RN 36.

23   Im Rahmen von *Amtsverhältnissen* wird bei einfachem Umwechseln regelmäßig mutmaßliche Einwilligung anzunehmen sein (vgl. RG **5** 305, Tiedemann JuS **70**, 108f., ferner § 242 RN 6; and. Köln NJW **68**, 2348). Dagegen wird durch eine Einwilligung des Vorgesetzten zur Verfügung über die amtlichen Gelder zu persönlichen Bedürfnissen des Beamten grds. die Rechtswidrigkeit nicht ausgeschlossen, da der Vorgesetzte idR nicht ermächtigt ist, eine derartige Einwilligung zu erteilen (RG HRR **37** Nr. 533). Ebensowenig ist die Zueignung von Geld deshalb rechtmäßig, weil der Beamte seinerseits einen Geldanspruch gegen seine Dienststelle hat (vgl. RG DStR **34**, 255, DR **39**, 994).

24   **IV.** Für den **subjektiven Tatbestand** ist **Vorsatz** erforderlich, bedingter genügt. Der Täter muß insbes. wissen, daß die Sache fremd ist. Geht der Täter irrtümlich davon aus, ein anderer sei Eigentümer, so liegt, je nachdem, ob sich der Irrtum im tatsächlichen (Täter hält eigenen Mantel für fremden) oder normativen Bereich (Täter glaubt, schon durch den Kaufabschluß gehe Eigentum über) bewegt, Versuch oder Wahndelikt vor (vgl. Stuttgart NJW **62**, 65, Bay NJW **63**, 310, aber auch Bindokat NJW **63**, 745, Eser II 135ff.). Glaubt er irrtümlich, fremden Gewahrsam zu brechen, so liegt versuchter Diebstahl vor, mit dem vollendete Unterschlagung ideell konkurriert (Celle JR **87**, 254 m. Anm. Hillenkamp), da auch nach der „kleinen" berichtigenden Auslegung des § 246 (vgl. o. 1) Gewahrsamserlangung und Zueignung zusammenfallen

können und deshalb der Vorsatz des § 242 den des § 246 mitumfaßt. Die irrige Annahme, es 25
bestehe ein fälliger Anspruch oder der Eigentümer willige ein, ist Tatbestandsirrtum (OLG
Hamm NJW **69**, 619) bzw. als Irrtum über tatsächliche Rechtfertigungsvoraussetzungen auch
nach BGH gleichermaßen zu behandeln (vgl. § 16 RN 16 sowie Eser IV 39f.). Entsprechendes
gilt für die Fälle, in denen der Täter auf Grund seiner jederzeitigen Ersatzbereitschaft bei
vertretbaren Sachen, insbes. Geld, mit dem Einverständnis des Eigentümers rechnet (RG **21**
366, HRR **37** Nr. 1562); die bloße Absicht, Ersatz zu leisten, genügt jedoch nicht (RG **60** 312,
HRR **37** Nr. 533). Die irrige Annahme des Täters, er dürfe sich die fremde Sache (über die bei
22 genannten Grundsätze hinaus) aus irgendwelchen Gründen, z. B. wegen ihrer Wertlosigkeit,
zueignen oder bei einer Sicherungsübereignung Teile der Sache entfernen, weil der Rest zur
Sicherung des Gläubigers ausreiche, stellt einen Verbotsirrtum dar (Bay **60**, 228).

V. Vollendet ist die Unterschlagung mit dem nach außen manifestierten Zueignungsakt 26
(vgl. o. 11); nachträgliche Äußerungen des Herrschaftswillens stellen lediglich die Ausnutzung
der bereits vollzogenen Eigentumsanmaßung dar (vgl. Düsseldorf JZ **85**, 592, aber auch o. 19).
Eine Bereicherung des Täters ist nicht erforderlich. Der **Versuch** ist strafbar (Abs. 2) und
beispielsweise mit dem Öffnen des Briefes, aus dem das Geld entwendet werden soll, gegeben
(RG **65** 148), noch nicht dagegen, wenn sich der Täter erst über den Inhalt vergewissern will
(D-Tröndle 19; vgl. auch § 242 RN 62). Zur irrigen Zueignung einer vermeintlich fremden
Sache als untauglicher Versuch (vgl. RG **39** 433 sowie o. 24).

VI. Ob **Mittäterschaft** vorliegt, richtet sich nach den allg. Grundsätzen. Sofern alle Beteiligten 27
Tatherrschaft haben, reicht es für §§ 246, 25 II demnach aus, daß nur *ein* Mittäter spätestens mit
der Zueignung Gewahrsam erlangt (vgl. Roxin TuT 386f., Arzt/Weber III 99, Charalambakis
aaO 181ff., D-Tröndle 20, M-Schroeder I 350, Tenckhoff JuS 84, 777f.; ebenso schon Bay GA
74, 312, Bremen SJZ **50**, Sp. 387, Nürnberg MDR **50**, 627). Die Gegenauffassung, nach der
Mittäter einer Unterschlagung nicht sein könne, wer niemals eigenen Gewahrsam an der Sache
erlangt (vgl. RG **53** 302, **68** 90, **72** 326, BGH **2** 319, Ruß LK 24, sowie hier die Vorauf.), vermengt
die Täterschaftsproblematik mit der Frage nach der richtigen Auslegung des § 246 (dazu o. 1) und
deutet die Unterschlagung contra legem in ein Pflichtdelikt um. Auch **Anstiftung** und **Beihilfe**
sind uneingeschränkt möglich. Das Gewahrsamserfordernis stellt kein besonderes persönliches
Merkmal i. S. von § 28 dar (anders jedoch das Anvertrautsein in der 2. Alt., vgl. u. 29). Zur
Frage, ob der bösgläubige Erwerber einer dem Veräußerer nicht gehörenden Sache *Hehler* oder
Teilnehmer an der Unterschlagung des Veräußerers ist, vgl. § 259 RN 15. Über das Verhältnis
von Anstiftung zur Unterschlagung und § 259 vgl. dort RN 55.

VII. 1. Als **Regelstrafe** ist Freiheitsstrafe bis zu 3 Jahren oder Geldstrafe angedroht. 28

2. Strafschärfung ist für den Fall angedroht, daß die unterschlagene Sache dem Täter *anver-* 29
traut war (sog. **Veruntreuung**). Das ist der Fall, wenn er den Gewahrsam mit der Verpflichtung
erlangt hat, die Sache zurückzugeben oder zu bestimmten Zwecken zu verwenden. Deshalb ist
mehr erforderlich als nur schlichte Gewahrsamsüberlassung. Anvertraut ist eine Sache auch
dann, wenn zunächst nur Mitgewahrsam anvertraut wurde, der dann durch Wegfall des anderen Mitgewahrsamsinhabers zum Alleingewahrsam wird. Dabei ist gleichgültig, ob der Gewahrsam vom Eigentümer oder für diesen von einem Dritten erlangt wird. Anvertraut sind
z. B. Sachen, die zur Erfüllung eines Auftrags übergeben worden sind, ferner geliehene, vermietete (BGH **9** 90) oder hinterlegte. In diesen Fällen muß die Erlangung des Gewahrsams der
Zueignung vorausgehen (ebenso Blei II 200). Auch beim Kauf unter *Eigentumsvorbehalt* vertraut
der Verkäufer dem Käufer eine Sache an (BGH **16** 280, Baumann aaO 46; einschränk. Arzt/
Weber III 98); nicht anders liegt es bei einer *Sicherungsübereignung,* bei dem der Sicherungsgeber
die übereignete Sache zum Gebrauch belassen wird: In beiden Fällen besitzt der Gewahrsamsinhaber die Sache auf Grund eines Vertrauensverhältnisses und darf sie nur in einem bestimmten
Rahmen verwenden. Anvertraut kann eine Sache auch dann sein, wenn jemand nicht dem
Eigentümer, sondern einem Dritten gegenüber eine Verpflichtung im o. g. S. übernommen
hat, so z. B. der Untermieter gegenüber dem Mieter. Im übrigen kommt strafschärfende Veruntreuung nur bei dem in Betracht, dem die Sache anvertraut war (Samson SK 50); denn da
Qualifikationsgrund die besondere Vertrauensstellung ist, die der Täter gegenüber dem Eigentümer hat und die als gesteigerte Pflicht zur Respektierung des Eigentums wirkt, ist § 28 II
anzuwenden (Arzt/Weber III 98, Ruß LK 27, M-Zipf II 396).

Zweifelhaft ist, ob ein Anvertrauen bei **sittenwidrigen Verhältnissen** möglich ist. Das wird i. allg. 30
bejaht, soweit der Eigentümer selbst die Sache einem anderen in sittenwidriger Weise anvertraut hat,
z. B. Geld zum Ankauf von Diebeswerkzeug (RG GA Bd. **48** 445, BGH NJW **54**, 889, Braunschweig
NJW **50**, 656, Bruns NJW 54, 860, Mezger-FS 48, M-Schroeder I 351, Ruß LK 26). Dagegen hat das
RG ein Anvertrauen verneint, wenn die Übergabe der Sache durch einen Dritten den Interessen des
Eigentümers zuwiderläuft, z. B. der Dieb seine Beute von einem anderen verwahren läßt (RG **40** 223,

§ 247 1–4   Bes. Teil. Diebstahl und Unterschlagung

70 7, D-Tröndle 27, Ruß LK 26). Da jedoch Grund der erhöhten Strafe hier neben der Eigentumsverletzung der Vertrauensbruch ist und das Vertrauen bei sittenwidrigen Verhältnissen keinen Schutz verdient, kann in beiden Fällen keine Veruntreuung angenommen werden (Samson SK 49). Das gleiche gilt, wenn der Täter die Sache durch Betrug „anvertraut" erhalten hat. Nimmt der Dritte, dem eine Sache übergeben worden ist, **irrtümlich** die Voraussetzungen des Anvertrautseins an, etwa weil er nichts vom Diebstahl weiß, so macht er sich bei der Zueignung einer versuchten Veruntreuung in Idealkonkurrenz mit vollendeter einfacher Unterschlagung schuldig.

31 3. Über **privilegierte Fälle** vgl. §§ 247, 248a.

32 **VIII. Konkurrenzen.** Tateinheit kommt z. B. in Betracht mit §§ 133, 136, 202 (vgl. dort RN 23), 253, 263 (BGH MDR/D 67, 173; vgl. aber auch § 263 RN 184 f.), ebenso mit versuchtem Diebstahl (vgl. o. 24); gegenüber dem Diebstahl eines PKW ist die vorausgehende Unterschlagung des dazugehörigen Schlüssels nur mitbestrafte Vortat (Hamm MDR 79, 421). Über das Verhältnis zur Hehlerei vgl. o. 27 und § 259 RN 63 und zur Untreue § 266 RN 55. Zu *Fortsetzungszusammenhang* zwischen § 242 und § 246 vgl. 38 vor § 52.

33 **Verwertungshandlungen,** die der Täter an unterschlagenen Sachen vornimmt, sind – soweit dadurch nicht in andere Rechtsgüter des betroffenen Eigentümers oder einer anderen Person eingegriffen wird – u. U. bereits als tatbestandslos zu betrachten (vgl. o. 19), jedenfalls aber auf Konkurrenzebene auszuscheiden (vgl. 114 vor § 52, § 263 RN 185). Daher ist der Verkauf einer unterschlagenen Sache nicht auch noch als Betrug gegenüber dem früheren Eigentümer strafbar (RG 49 18; vgl. aber 73 62), ebensowenig wie bei Unterschlagung durch Verpfändung einer leihweise überlassenen oder unter Eigentumsvorbehalt verkauften Sache in weiteren Verpfändungen eine erneute Unterschlagung erblickt werden kann (RG JW 24, 1435). Wer sich ausnahmsweise bereits durch Vermischung fremden Geldes mit eigenem dieses zugeeignet hat (vgl. o. 15), macht sich dadurch, daß er dann das vermischte Geld verwendet, nicht noch einmal wegen Unterschlagung strafbar. Hat der Täter dagegen beim Betrug lediglich Gebrauchs- und nicht Zueignungsabsicht, so kommt Tatmehrheit von § 263 mit nachfolgendem § 246 in Betracht (BGH 16 280; vgl. Eser IV 51), ebenso dort, wo der Betrug noch keine Zueignung enthält, sondern dem Täter lediglich eine Position verschafft, durch welche ihm die Zueignung ermöglicht oder erleichtert wird (RG 61 38) oder wo durch die Verwertungshandlung dem Eigentümer oder einem Dritten ein neuer Schaden entsteht (BGH MDR/He 55, 17).

§ 247 Haus- und Familiendiebstahl

Ist durch einen Diebstahl oder eine Unterschlagung ein Angehöriger, der Vormund oder der Betreuer verletzt oder lebt der Verletzte mit dem Täter in häuslicher Gemeinschaft, so wird die Tat nur auf Antrag verfolgt.

Vorbem. Soweit es den Betreuer betrifft, in der ab 1. 1. 92 geltenden Fassung des BetreuungsG v. 12. 9. 90 (BGBl. I 2002).

Schrifttum: vgl. die Angaben vor und zu §§ 242, 246; zum Schrifttum zu und vor der Reform vgl. 21. A.

1 I. Die durch das EGStGB eingefügte Vorschrift ersetzte den § 247 a. F., der sowohl hinsichtlich der einseitigen Straffreierklärungen von Entwendungen gegenüber Deszendenten bzw. Ehegatten untereinander (Abs. 2 a. F.) als auch hinsichtlich des weitgezogenen Kreises von Strafantragsberechtigten (Abs. 1 a. F.) durch die soziale Entwicklung bereits weitgehend überholt war (vgl. BT-Drs. 7/550 S. 246 f.). Dem bei Entwendungen im *häuslich-familiären* Bereich bestehenden Interesse an einer *internen Erledigung* (vgl. BGH 10 403, 18 126) trägt die heutige Fassung durch ein **einheitliches Strafantragserfordernis** bei den durch § 247 erfaßten Taten, und zwar ohne die frühere Beschränkung auf Sachen von unbedeutendem Wert, ausreichend Rechnung. Zur entsprechenden Anwendung der Vorschrift auf Hehlerei, Betrug oder Untreue innerhalb gleicher familiärer bzw. häuslicher Beziehungen vgl. §§ 259 II, 263 IV, 266 III.

2 II. Der **Anwendungsbereich** erfaßt alle Formen von (versuchtem oder vollendetem) **Diebstahl oder Unterschlagung,** also einschließlich der qualifizierten Fälle der §§ 243, 244 (vgl. RG 74 374) bzw. der Veruntreuung nach § 246 I 2. Alt. (vgl. RG 49 198, D-Tröndle 1), *nicht* dagegen für Raub oder räuberischen Diebstahl (Lackner 1; vgl. auch § 249 RN 1); denn nicht nur, daß in Fällen des §§ 249 bis 252 zugleich auch § 240 als Offizialdelikt erfüllt und damit die Strafverfolgung ohnehin bereits der familieninternen Erledigung entzogen ist, auch ist damit der auf häuslich-familiäre Eigentumsbeziehungen bezogene Privilegierungsbereich überschritten. Zur entspr. Anwendung bei § 248c vgl. dort RN 16.

3 III. **Strafantragsprivilegiert** sind danach folgende – zur **Tatzeit** bestehende (vgl. u. 14) – **Beziehungen zwischen Täter und Verletztem:**

4 1. Das **Angehörigenverhältnis,** und zwar (anders als nach § 247 a. F.: o. 1) uneingeschränkt. Näher zum *Angehörigen* § 11 I Nr. 1 m. RN 3 ff.; danach läßt insbesondere auch eine Scheidung die Angehörigeneigenschaft unberührt (and. BGH 7 383 zu § 52 II a. F.).

Haus- und Familiendiebstahl 5–11 **§ 247**

2. Im **Vormundschaftsverhältnis** ist nur die Tat des Mündels gegenüber dem Vormund, 5 nicht dagegen etwa eine Veruntreuung von Mündelvermögen durch den Vormund, von einem Strafantrag abhängig. Unter *Vormund* i. S. der §§ 1773 ff. BGB ist auch der gem. § 1792 BGB bestellte Gegenvormund zu verstehen (D-Tröndle 3), obgleich dessen Verhältnis zum Mündel idR weniger eng sein wird als das des Vormunds i. e. S., aber auch für diesen, wie etwa bei Vormundschaft über Volljährige nach §§ 1896 ff. BGB, nicht unbedingt eine enge persönliche Beziehung zum Mündel eigentümlich ist (vgl. Ruß LK 5). Zum Betreuungsverhältnis vgl. das ab 1. 1. 92 geltende BetreuungsG v. 12. 9. 90 (BGBl. I 2002).

3. Ferner sind Entwendungen im Rahmen **häuslicher Gemeinschaft** strafantragsbedürftig. 6 Ohne Angehörige i. e. S. (o. 4) sein zu müssen, zählen dazu auch *Familienmitglieder i. w. S.*, sofern sie – wie etwa die unverheiratete Tante auf dem Gut des Hoferben – in der gleichen Hausgemeinschaft tatsächlich zusammenleben; eine Unterbringung im selben Gebäude (wie etwa im Haus des Hofherrn) ist nicht erforderlich (vgl. RG 74 373, D-Tröndle 4). Entsprechend erfaßt sind auch sonstige *tatsächliche Wohn- und Haushaltsgemeinschaften*, soweit sie auf *freiem Entschluß* beruhen (also insbes. nicht nur aufgrund öffentlichen Rechts zwangsweise zusammenleben) und ernstlich auf ein Zusammenleben von gewisser Dauer ausgerichtet sind (BGH **29** 54, NStE Nr. 3, Samson SK 9).

Nicht anwendbar ist daher § 247 z. B. auf Soldaten in einer Kaserne, Insassen einer Strafanstalt oder 7 die in einem Flüchtlingslager Untergebrachten (BT-Drs. 7/550 S. 247, D-Tröndle 4, Lackner 2; and. Seelmann JuS 85, 703). Dagegen bilden die mit einer Familie zusammenlebenden Hausangestellten ebenso eine häusliche Gemeinschaft wie die Insassen eines Internats, Klosters oder Altersheims (BT-Drs. 7/550 S. 247, D-Tröndle 4, Lackner 2). Auch zwischen landwirtschaftlichen Arbeitern und ihrem Arbeitgeber ist bei gemeinsamer Unterbringung und Versorgung eine häusliche Gemeinschaft denkbar (vgl. RG 74 374); dagegen wird durch bloße Unterbringung und Verpflegung von Krankenpflegerinnen in einer Privatklinik noch keine Hausgemeinschaft begründet (vgl. BGH NJW **68**, 1197 zum „Gesinde" i. S. von § 247 a. F.). Ebenso ist häusl. Gemeinschaft zu verneinen, wenn es an einer Übernahme der für eine solche Gemeinschaft typischen Bindungen und gegenseitigen Verpflichtungen fehlt, wie insbes. da, wo es der Täter von vornherein auf Straftaten gegen Gemeinschaftsmitglieder absieht (vgl. BGH **29** 54 m. Anm. Giemulla JA 80, 64, Otto JZ 85, 26).

Soweit eine häusliche Gemeinschaft besteht, bedarf *jede Entwendung zwischen deren Mitgliedern* 8 eines Strafantrags, also nicht nur bei Diebstählen des Hauspersonals gegenüber dem Dienstherrn (so aber einseitig die frühere h. M.; vgl. 17. A. RN 7), sondern auch in umgekehrtem Verhältnis ebenso wie zwischen Hausangestellten oder Heiminsassen untereinander.

IV. Strafantragsberechtigt ist bei Erfüllung von § 247 nur der *Verletzte*. 9

1. Als **Verletzter** kommt jeweils nur der **Eigentümer** in Betracht, und zwar nicht nur im (un- 10 bestrittenen) Falle einer Unterschlagung, sondern auch bei Diebstahl. Denn gleich, ob man durch § 242 allein das Eigentum oder auch den Gewahrsam mitgeschützt sieht (vgl. § 242 RN 1 f.), ist letzterer doch nicht alternativ neben dem Eigentum, sondern allenfalls kumulativ als Ausfluß des Eigentums geschützt, so daß es für das Antragserfordernis allein darauf ankommen kann, ob der Täter zum Eigentümer der entwendeten Sache in einer privilegierten Beziehung steht (i. E. ebenso Arzt/Weber 29, Samson SK 5, vgl. ferner D-Tröndle 5, Maiwald, Zueignungsbegriff 208). Es steht der Anwendung des § 247 nicht entgegen, daß durch den Diebstahl ein *außenstehender Dritter* als *Gewahrsamsinhaber* mitbetroffen ist (daher i. E. richtig, wenn auch über die Konstruktion eines nur „untergeordneten Mitgewahrsams" BGH **10** 400). Umgekehrt *entfällt* danach § 247, wenn die dort genannten Personen lediglich Gewahrsamsinhaber sind (vgl. RG **2** 73, **54** 282), also der Eigentümer oder auch nur einer der Miteigentümer ein Fremder ist (vgl. RG **4** 436, **26** 43, **50** 46); nach Bay NJW **63**, 1464 (zu § 370 Nr. 5 a. F.) soll dem Eigentümer auch der Käufer bereits nach Gefahrübergang gleichzustellen sein. Ist das Tatobjekt Eigentum einer *personalistisch strukturierten Gesellschaft*, so sind als Verletzte i. S. d. § 247 nur deren Gesellschafter anzusehen. Steht der Täter zu allen (übrigen) Gesellschaftern in einer privilegierten Beziehung, findet § 247 Anwendung (vgl. BGH MDR/H **87**, 624 zu § 266 III).

Die Gegenauffassung, die auch den **Gewahrsamsinhaber** zum Kreis der Verletzten rechnet (RG **4** 11 436, **50** 46, **73** 153, Lackner 2, M-Schroeder I 339, Ruß LK 3, Welzel 357), kommt jedenfalls dort zu unbefriedigenden Ergebnissen, wo dieser ein Außenstehender ist und daher schon allein wegen dessen mitbetroffenen Gewahrsams § 247 ausscheiden soll. Doch nicht nur, daß ein Dritter als Gewahrsamsinhaber durch den Diebstahl nicht mehr und nicht weniger „verletzt" wird (nämlich nur i. S. von § 858 BGB), als wenn ihm die Sache vom Eigentümer selbst oder mit dessen Einwilligung vom Täter abgenommen wird; auch muß dem Eigentümer ebenso wie die Disposition über sein Eigentum auch die über die Strafverfolgung wegen Diebstahls jedenfalls dann verbleiben, wenn ihm diese – in den Fällen des § 247 – gerade im Interesse des Hausfriedens übertragen werden sollte. Dies schließt selbstverständlich nicht aus, daß der Täter dem außenstehenden Gewahrsamsinhaber gegenüber je nach Art des „Gewahrsamsbruches" nach §§ 123, 303 verfolgbar bleibt.

§§ 248, 248a 1–3　　　　　　　　　　　　　　　　　Bes. Teil. Diebstahl und Unterschlagung

12　　**2.** Bei **mehreren Verletzten** (Miteigentum) steht **jedem** das Antragsrecht auch ohne Zustimmung der Mitberechtigten zu (RG **4** 347, **26** 43), sofern alle zum Personenkreis des § 247 gehören; andernfalls entfällt ohnehin bereits das Antragserfordernis des § 247 (vgl. o. 10).

13　　**3.** Das Strafantragserfordernis hängt allein vom **objektiven Vorliegen** einer durch § 247 privilegierten persönlichen Beziehung ab (Stree FamRZ 62, 58). Da sie vom Vorsatz nicht umfaßt zu sein braucht, ist auch ein diesbezüglicher **Irrtum bedeutungslos.** Daher ist § 247 nicht schon dadurch ausgeschlossen, daß der Täter die der Mutter weggenommene Sache irrig für Eigentum eines fremden Dritten hält (BGH **18** 123), ebensowenig wie § 247 dadurch anwendbar wird, daß der Täter die einem Dritten gehörende Sache fälschlich für Eigentum der Ehefrau hält (vgl. BGH **23** 281 zu § 247 II a. F.). Bedeutungslos ist auch ein Irrtum des Täters über seine Beziehung zum Verletzten (RG **73** 153).

14　　**4.** Bleibt eine der Voraussetzungen des § 247 zweifelhaft, z. B. weil nicht aufzuklären ist, ob ein Verlöbnis bestanden hat oder eine Sache dem Angehörigen gehörte, so findet insoweit der Grundsatz in dubio pro reo Anwendung (Bay NJW **61**, 1222, Stree, In dubio pro reo 61). Ein **Wegfall** der privilegierenden **Beziehung** nach der Tat läßt das Antragserfordernis unberührt (Celle NJW **86**, 733 m. Anm. Stree JR 86, 386, Hamm NJW **86**, 734, D-Tröndle 4, Lackner 2; and. Koch GA 62, 304; vgl. auch § 77 RN 2): Soweit sich dies nicht bereits aus der Unbeachtlichkeit einer nachträglichen Scheidung (§ 11 I Nr. 1a) und deren analoger Anwendung auf andere Näheverhältnisse ergibt, läßt sich dafür, weil weniger eine Auflehnung gegen die allgemeine Rechtsordnung als eine Mißachtung der zur Tatzeit (noch) bestehenden Familienordnung bedeutet, insbes. das verminderte öffentliche Verfolgungsinteresse ins Feld führen. Ein Übergang des Strafantragsrechts bei Tod des Verletzten nach § 77 II ist nicht vorgesehen.

15　　**5.** Bei **Tatbeteiligung mehrerer** bedarf es eines Strafantrags nur gegenüber solchen Beteiligten, die zum Verletzten in einem Beziehungsverhältnis i. S. von § 247 stehen. Dies folgt zwar nicht unmittelbar aus § 28 II (vgl. dort RN 7), wohl aber aus allgemeinen Grundsätzen (vgl. E 62 Begr. 411, Samson SK 13, ferner Herzberg ZStW 88, 88).

§ 248 [Polizeiaufsicht] *aufgehoben durch das EGStGB; vgl. jetzt § 245.*

§ 248a Diebstahl und Unterschlagung geringwertiger Sachen

Der Diebstahl und die Unterschlagung geringwertiger Sachen werden in den Fällen der §§ 242 und 246 nur auf Antrag verfolgt, es sei denn, daß die Strafverfolgungsbehörde wegen des besonderen öffentlichen Interesses an der Strafverfolgung ein Einschreiten von Amts wegen für geboten hält.

Schrifttum (auch allg. zur Bagatellkriminalität): AE-Gesetz gegen Ladendiebstahl, 1974 (dazu *Schoreit* u. *Arzt* JZ 76, 49 bzw. 54). – AE-Gesetz zur Regelung der Betriebsjustiz, 1975. – *Arzt,* Zur Bekämpfung der Vermögensdelikte usw., JuS 74, 693. – *Baumann,* Über die notwendigen Veränderungen im Bereich des Vermögensschutzes, JZ 72, 1. – *ders.,* Bekämpfung oder Verwaltung der Kleinkriminalität?, Schröder-GedS 523. – *Berckhauer,* Soziale Kontrolle der Bagatellkriminalität, DRiZ 76, 229. – *Burkhardt,* Gewaltanwendung bei Vermögensdelikten mit Bagatellcharakter, JZ 73, 110. – *Dencker,* Die Bagatelldelikte im E eines EGStGB, JZ 73, 144. – *51. DJT,* 1976: Empfiehlt es sich, in bestimmten Bereichen der kleinen Eigentums- und Vermögenskriminalität, insbes. des Ladendiebstahls usw.? Gutachten von *Naucke* und *Deutsch,* Referate von *Arzt* und *Stoll.* – *Dreher,* Die Behandlung der Bagatellkriminalität, Welzel-FS 917. – *Droste,* Privatjustiz gegen Ladendiebe, 1972. – *Eckl,* Neue Verfahrensweisen zur Behandlung der Kleinkriminalität, JR 75, 99. – *Eser,* Gesellschaftsgerichte in der Strafrechtspflege, 1970. – *Geerds,* Ladendiebstahl, Dreher-FS 533. – *ders.,* Über mögliche Reaktionen auf Ladendiebstähle, DRiZ 76, 225. – *Hanack,* Das Legalitätsprinzip und die Strafrechtsreform, Gallas-FS 339. – *Hirsch,* Zur Behandlung der Bagatellkriminalität in der Bundesrepublik Dtld., ZStW 92, 218. – *Hünerfeld,* Kleinkriminalität und Strafverfahren, ZStW 90, 905. – *Jungwirth,* Bagatelldiebstahl und Sachen ohne Verkehrswert, NJW 84, 954. – *Kaiser,* Möglichkeiten der Bekämpfung von Bagatellkriminalität, ZStW 90, 877. – *Kaiser/Metzger-Pregizer,* Betriebsjustiz, 1976. – *Kausch,* Der Staatsanwalt – Ein Richter vor dem Richter?, 1980. – *Keunecke/Schinkel,* § 153a StPO und Ladendiebstahl, MSchrKrim 84, 157. – *Kramer,* Ladendiebstahl und Privatjustiz, ZRP 74, 62. – *ders.,* Willkürliche oder kontrollierte Warenhausjustiz?, NJW 76, 1607. – *Krümpelmann,* Die Bagatelldelikte, 1966. – *Kunz,* Das strafrechtl. Bagatellprinzip, 1984. – *Lange,* Privilegierung des Ladendiebstahls?, JR 76, 177. – *H. Mayer,* Strafrechtsreform für heute und morgen, 1962. – *Meurer,* Die Bekämpfung des Ladendiebstahls, 1976. – *Rössner,* Bagatelldiebstahl und Verbrechenskontrolle, 1976. – *Schmechtig,* Personaldelikte, 1982. – *Schmidhäuser,* Freikaufverfahren mit Strafcharakter im Strafprozeß, JZ 73, 529. – *Wagner,* Staatliche Sanktionspraxis beim Ladendiebstahl, 1979.

1–3　　**I.** Die durch das EGStGB eingefügte Vorschrift, deren Verfassungsmäßigkeit durch BVerfGE **50** 205 bestätigt wurde, tritt an die Stelle des früheren „*Mundraubs*" (§ 370 I Nr. 5 a. F.) und der sog. „*Notentwendung*" nach § 248a a. F. (vgl. BT-Drs. 7/550 S. 247). Durch entsprechende Anwendung auf Begünstigung (§ 257 IV 2), Hehlerei (§ 259 II), Betrug (§§ 263 IV, 265a III) und Untreue (§ 266 III) soll die schon seit längerem als unbefriedigend gelöst angesehene **Bagatellkriminalität** bei Eigentums- und Vermögensdelikten durch eine neue, insgesamt **prozessuale Lösung** bereinigt werden: Sofern sich diese Straftaten auf geringwertige Gegenstände beziehen, ist ihre Verfolgung nur noch aufgrund eines **Strafantrages** bzw. bei Vorliegen eines **besonderen öffentlichen Interesses** zulässig. Zur Unzulänglichkeit dieser Reform vgl. 19. A. RN 2f. sowie die Nachw. o. im Schrifttum.

II. Der **Anwendungsbereich** beschränkt sich auf **Diebstahl und Unterschlagung**, und zwar „in den Fällen der §§ 242 und 246". Damit werden einerseits sowohl die Veruntreuung i. S. von § 246 I 2. Alt. (D-Tröndle 3), als mittelbar auch die Fälle des § 243 erfaßt, da nach dessen Abs. 2 bei Geringwertigkeit der Sache ein besonders schwerer Fall ausgeschlossen ist und dadurch wiederum § 242 zum Zuge kommt. Zur entsprech. Anwendung bei § 248c vgl. dort RN 16. Andererseits werden damit nicht nur die Fälle des § 244 (Köln NJW **78**, 653), sondern umso mehr die der §§ 249ff. ausgeschlossen, so daß dem kriminalpolitisch wünschenswerten Versuch, auch bei Raub und räuberischem Diebstahl die Geringwertigkeit der Sache privilegierend zu berücksichtigen (vgl. Burkhardt JZ 73, 110, Eser IV 85), durch die Fassung des § 248a der Boden entzogen ist (vgl. auch § 244 RN 2, § 250 RN 29, Samson SK 11, D-Tröndle 3, § 249 RN 1, widersprüchlich aber bei § 244 RN 2). Der Diebstahl bzw. die Unterschlagung muß eine **geringwertige Sache** zum Gegenstand haben. Im übrigen aber ist – im Unterschied zu § 370 I Nr. 5 a. F. – die Art der Sache völlig unerheblich; deshalb kommen nicht mehr nur Nahrungs- und Genußmittel bzw. Gegenstände des hauswirtschaftlichen Verbrauchs, sondern auch Gebrauchsgegenstände jeder Art (z. B. Bücher, Werkzeuge) in Betracht. Auch die Motivation oder Absicht des Täters ist im Unterschied zum früheren § 248a (Handeln aus Not) bzw. § 370 I Nr. 5 a. F. (zum alsbaldigen Verbrauch) allenfalls noch für die Beurteilung des öffentlichen Verfolgungsinteresses, nicht dagegen für die Anwendbarkeit der Vorschrift, von Bedeutung. Vgl. u. 23.

1. Im übrigen deckt sich der Begriff der **Geringwertigkeit** mit dem des „unbedeutenden Wertes" i. S. von § 370 I Nr. 5 a. F., so daß insoweit die von Rspr. und Lehre dazu entwickelten Grundsätze weiterhin verwendbar bleiben (vgl. 17. A. § 370 RN 18ff., D-Tröndle 5, Jungwirth aaO, Kunz aaO 215ff., Lackner 3a, Wagner aaO 63ff. mwN).

a) Entscheidend ist nicht der Substanz-, sondern der **Verkehrswert der Sache zur Tatzeit** (BGH NStZ **81**, 62; für „Herstellungswert" Jungwirth NJW 84, 956, wobei aber offenbleibt, ob es auf den Ursprungs- oder den Neuherstellungswert ankommen soll). Dafür ist ein objektiv-generalisierender Maßstab anzulegen, wobei besondere Verhältnisse, wie etwa Armut des Täters oder ein spezielles Affektionsinteresse des Opfers, grds. außer Betracht bleiben (vgl. BT-Drs. 7/1261 S. 27 sowie o. § 243 RN 51; ferner zu §§ 370 I Nr. 5 a. F. RG **48** 53, **52** 296, **76** 66, GA Bd. **65** 545, HRR **37** Nr. 1430, Hamburg NJW **53**, 396; and. BGH GA **57**, 18, 19, Braunschweig NJW **66**, 1527, Schleswig SchlHA **67**, 186, D-Tröndle 5; einschr. auch Lackner 3a), aber ein sonstiges Marktinteresse (wie etwa das der Presse an bestimmten Bildern) bedeutsam sein kann (vgl. LG Frankfurt StV **81**, 428). Allerdings würde dieser objektive Maßstab dann relativiert, wenn bei Beurteilung des besonderen öffentlichen Interesses die speziellen Verhältnisse des Opfers schließlich dann doch noch mit zu berücksichtigen wären (so BT-Drs. 7/1261 S. 17, 27; vgl. aber hiergegen u. 27 sowie D-Tröndle 10). In Krisenzeiten kann die Änderung der wirtschaftlichen Verhältnisse, wie etwa eine Rationierung oder Knappheit von Waren, auf die Bestimmung des Wertes Einfluß haben (vgl. RG **51** 318, 418, JW **19**, 48; aber auch RG **76** 67, HRR **41** Nr. 515). Auch bei Sachen *ohne meßbaren Verkehrswert* stellt dieser das entscheidende Kriterium für die Anwendbarkeit des § 248a dar (and. D-Tröndle 5, Lackner 3a, Ruß LK 4, die insoweit auf den funktionellen Wert für den Täter abstellen wollen, sowie BGH 4 StR 224/87 v. 25. 8. 1987 [zit. b. Ruß LK 4], wonach § 248a insoweit überhaupt nicht anwendbar sein soll). Für eine aus dem Gesetzeswortlaut nicht ableitbare Differenzierung besteht kein Anlaß, da § 248a keinen Privilegierungstatbestand darstellt (u. 18; vgl. aber auch § 243 RN 51) und der durch die Wegnahme einer derartigen Sache Verletzte sein Strafverlangen durch Stellung eines Strafantrags realisieren kann (vgl. u. 27). In besonderen Fällen kann sich auch ein öffentliches Interesse an der Strafverfolgung ergeben, so bei der Entwendung von Scheckformularen oder Scheckkarten. Deren Verfälschbarkeit oder Mißbrauchbarkeit erhöht ihren Verkehrswert jedoch nicht und ändert demnach nichts an der Anwendbarkeit von § 248a (i. E. ebenso für *Scheckformulare* BGH NStZ **81**, 62, Jungwirth NJW 84, 957, Otto JZ 85, 24; and. Bay NJW **79**, 2218 m. Anm. Paeffgen JR 80, 299 zu § 259 II; für *Scheckkarten* ebenso LG Köln NJW **87**, 667, AG Kulmbach NJW **85**, 2285, Ehrlicher aaO 58, Jungwirth MDR 87, 538; and. LG Oldenburg NdsRpfl. **87**, 37, AG München wistra **86**, 268, Huff NStZ 85, 439, Ruß LK 4).

b) Der Wert der Sache ist **gering**, wenn er nach allgemeiner Verkehrsauffassung als unerheblich sowohl für den Gewinn wie für den Verlust angesehen und behandelt wird (Bay HRR **27** Nr. 2162, Celle NJW **66**, 1931).

§ 248 a   9–15   Bes. Teil. Diebstahl und Unterschlagung

9   In der **Rspr.** wird beispielsweise als gering ein Wert bezeichnet, der etwa der Arbeitslosenunterstützung für eine Woche entspricht (Schleswig NJW **53**, 234; dagegen BGH **6** 41). Im einzelnen wurde Geringwertigkeit in folgenden Fällen **angenommen:** bei einem Huhn im Werte von 5 DM (BGH MDR/D **54**, 336), 2 Säcke Zement bzw. Kalk im Werte von 8 DM (BGH GA **57**, 18), eine Flasche Weinbrand und drei Flaschen Bier (Hamburg NJW **53**, 396); zwei Flaschen Branntwein im Werte von zusammen 14 DM (Braunschweig NJW **66**, 1527); Zigaretten im Wert von 11 DM (Stuttgart NJW **63**, 1415), Pralinen im Wert von 20 DM (BGH **21** 244), 3 Fleischpakete im Gesamtwert von 37 DM (AG Köln MDR **79**, 777), Kiste Apfelsinen unter 50 DM (AG Köln MDR **81**, 780), Geld bis zu 50 DM (LG Kempten NJW **81**, 933), Geldbörse im Wert von 29,95 DM (AG Köln MDR **82**, 772), Christbaumschmuck im Wert von 52,85 DM (AG Köln MDR **84**, 687), 20-Markschein (Celle JR **87**, 253 m. Anm. Hillenkamp). Dagegen wurde Geringwertigkeit **abgelehnt:** bei 3 Würsten im Wert von 23 DM (BGH MDR/D **54**, 336; vgl. auch Karlsruhe Justiz **73**, 26; abw. für Geringwertigkeit bei 24 DM Hamm MDR **70**, 607); Käse im Wert von 30 DM (Schleswig SchlHA **67**, 186), bei Lebensmitteln im Wert von 27 DM (Hamm NJW **71**, 1954; vgl. auch Karlsruhe Justiz **73**, 55 bei 57 DM).

10   Bei einer Änderung des Preisgefüges können sich diese Wertangaben verschieben (Schleswig SchlHA **67**, 186, Hamm NJW **70**, 1387, LG Kempten NJW **81**, 934). Jedoch besteht keine automatische Koppelung an den Lebenshaltungsindex (Hamm NJW **71**, 1594; vgl. aber Samson SK 15). Auch läßt sich kein starr fixierter Betrag dafür nennen; entscheidend ist vielmehr die Einschätzung des Tatrichters (vgl. BGH MDR/D **75**, 543), wobei die ungefähre Grenze wohl noch bei etwa 50 DM liegen dürfte (Düsseldorf NJW **87**, 1958, AG Landstuhl MDR **75**, 509, LG Kempten NJW **81**, 933, D-Tröndle 5, Wagner aaO 63 ff., 428, Wessels II/2 S. 78; vgl. ferner Bay MDR **77**, 387). Zum Ganzen auch Schwind Rpfleger 70, 126.

11   2. **Sonderfragen** werfen die Fälle auf, in denen neben geringwertigen auch höherwertige Sachen weggenommen werden oder die entwendete Gesamtmenge nicht mehr als geringwertig bezeichnet werden kann.

12   a) In solchen Fällen ist § 248 a jedenfalls dann ausgeschlossen, wenn **durch dieselbe Tat sowohl gering- wie höherwertige Gegenstände** entwendet werden. Gleiches gilt für den Fall, daß mehrere, an sich geringwertige Sachen, die jedoch zusammengenommen einen höheren Wert ausmachen, durch *eine* Handlung im rechtlichen Sinne weggenommen werden (Düsseldorf NJW **87**, 1958). Umgekehrt bleibt dagegen § 248 a dort anwendbar, wo aus einer an sich wertvolleren *Sachgesamtheit* ein für sich genommen geringwertiger Einzelgegenstand entwendet wird, da es offenbar nur auf den Wert der entwendeten Sache als solcher ankommt (Samson SK 16). Wird allerdings dadurch die Sachgesamtheit in ihrem Wert unverhältnismäßig gemindert (wie z. B. bei Entwendung eines nicht nachbeschaffbaren Bandes aus einem nur zusammen verkäuflichen Gesamtwerk oder bei Entnahme aus einer infolgedessen unverkäuflichen Originalpackung), so ist dieser Schaden nicht erst beim öffentlichen Verfolgungsinteresse zu berücksichtigen (so aber BT-Drs. 7/1261 S. 27), sondern dann ist im Hinblick auf den objektiven Verlustwert (vgl. o. 8; aber auch u. 27) bereits § 248 a überschritten (and. Samson SK 16). War die Zueignungsabsicht lediglich auf den (geringwertigen) Inhalt eines Behältnisses gerichtet, so hat dessen (möglicherweise höherer) Wert bei der Berechnung regelmäßig außer Betracht zu bleiben (BGH MDR/D **75**, 543).

13   b) Bei **fortgesetzter Begehung** sind bei entsprechendem **Gesamtvorsatz** die einzelnen Gegenstände ziffern- und wertmäßig **zusammenzurechnen** (so zu § 370 I Nr. 5 a. F. RG **17** 333, **50** 398, **63** 274, Stuttgart NJW **63**, 1415 m. Anm. Philipp 2087, R. Schmitt JZ 63, 74, Mittelbach JR 63, 471, Mayer NJW 64, 1060; and. Samson SK 19), *nicht* dagegen bei bloßem *Fortsetzungsvorsatz* (52 vor § 52); vgl. Schroeder GA 64, 229. War der Gesamtvorsatz des Täters auf eine insgesamt höherwertige Menge gerichtet, so bleibt § 248 a solange anwendbar, als durch die verwirklichten Einzelakte die Grenze der Geringwertigkeit nicht überschritten wird; entscheidend ist daher nicht der Wert des Erstrebten, sondern des *tatsächlich Erlangten* (vgl. u. 17, § 243 RN 56, D-Tröndle 6; ebenso schon so zu § 370 I Nr. 5 a. F. RG **63** 273, Bremen NJW **59**, 1839; vgl. auch BGH **5** 263 zu § 264 a. F.).

14   Für die abw. Lösung von Schröder, der hinsichtlich des *weitergehenden Vorsatzes* des Täters *Versuch* von § 242 und hinsichtlich der tatsächlich entwendeten geringen Menge tateinheitliche Vollendung des § 370 I Nr. 5 a. F. annahm (17. A. § 370 RN 19, ebenso Stuttgart NJW **63**, 1415), ist heute kein Raum mehr, da § 248 a keinen eigenen Tatbestand gegenüber § 242 bildet. Dies schließt jedoch nicht aus, die weitergehende Absicht des Täters u. U. bei der Frage nach dem öffentlichen Verfolgungsinteresse zu berücksichtigen; dies freilich – in entsprechender Anwendung der Rücktrittsvorschriften – dann nicht, wenn der Täter von weiteren Teilakten freiwillig Abstand genommen hat. Vgl. auch u. 17, 28.

15   c) Sind **mehrere als Täter** beteiligt, so bestimmt sich die Geringwertigkeit nicht etwa nach dem auf den einzelnen Beteiligten umgelegten Anteil, sondern nach der *Gesamtmenge des Erbeuteten* (Samson SK 20; ebenso bereits für § 370 I Nr. 5 a. F. BGH NJW **64**, 117, Schleswig

SchlHA **67**, 186, Hamm NJW **71**, 1594, Schroeder GA **64**, 229). Für die gegenteilige Auffassung von Schröder, wonach mit Rücksicht auf die individuellen aktuellen Bedürfnisse des einzelnen Täters auf den ihm jeweils zufließenden Anteil abzustellen war (17. A. § 370 Nr. 5 RN 19, JR **72**, 253), ist bei § 248a kein Raum mehr, da hier die Privilegierung allein auf dem objektiven Bagatellcharakter der Tat beruht. Bei **Teilnehmern** hingegen kommt es darauf an, ob sich der Tatbeitrag lediglich auf eine geringwertige Sache bezieht; dies kann vor allem bei Mitwirkung an einzelnen Teilakten einer fortgesetzten Handlung von Bedeutung sein (D-Tröndle 6, vgl. auch o. 13f.).

3. Ein **Irrtum** des Täters über die Geringwertigkeit der Sache ist für die *Anwendbarkeit* des § 248a grundsätzlich *unerheblich*, da die Geringwertigkeit weder direkt noch analog als Tatbestandsmerkmal i. S. des § 16 I bzw. II angesehen werden kann, sondern lediglich für die Strafverfolgung von Bedeutung ist (vgl. § 16 RN 36, § 247 RN 13, D-Tröndle 7, Lackner 3c; vgl. aber auch § 243 RN 53). Das schließt jedoch nicht aus, daß bei irrtümlicher Annahme der Geringwertigkeit Handlungsunrecht und Schuld erheblich gemindert sein können; dem ist gegebenenfalls bei der Strafzumessung oder u. U. bereits durch Einstellung nach §§ 153, 153a StPO Rechnung zu tragen. Hält umgekehrt der Täter eine objektiv geringwertige Sache fälschlich für höherwertig, so steht dies zwar einer Annahme von § 248a nicht entgegen, wohl aber wird dann ein besonderes öffentliches Verfolgungsinteresse in Betracht zu ziehen sein (teils abw. Samson SK 22f.).

4. Auch bei im **Versuchs**stadium steckengebliebenen Taten ist § 248a – anders als der frühere „Mundraub" (§ 370 I Nr. 5 a. F.) – anwendbar, da es sich bei § 248a lediglich um die Antragsprivilegierung des im übrigen durchgreifenden § 242 (einschließlich dessen Abs. 2) handelt (vgl. u. 18, Hamm NJW **79**, 117). Ob der Versuch nach § 248a zu behandeln ist, hängt grds. von der *objektiven* Geringwertigkeit der vom Täter anvisierten Sache ab: Nimmt er bei der Ausführung stattdessen oder daneben eine höherwertige Sache mit, so scheidet § 248a insgesamt aus; die Tat ist dann einheitlich und unmittelbar nach § 242 zu beurteilen (vgl. dort RN 45, D-Tröndle 6). Schlägt dagegen umgekehrt der auf eine hochwertige Sache gerichtete Versuch fehl und begnügt sich der Täter stattdessen mit einer geringwertigen, so ist für die früher angenommene Tateinheit zwischen versuchtem Diebstahl und vollendetem Mundraub (vgl. 17. A. § 242 RN 75) heute kein Raum mehr, da § 248a keinen eigenen Tatbestand darstellt. Läßt man im Hinblick auf die Geringwertigkeit des tatsächlich Entwendeten § 248a zur Anwendung kommen (dafür D-Tröndle 6), so führt dies zu dem schwerlich akzeptablen Ergebnis, daß sich dieser Täter u. U. besser stellt als derjenige, der nach erkanntem Fehlschlag seines auf eine höherwertige Sache gerichteten Versuchs überhaupt nichts mitnimmt. Diese Friktion läßt sich nur dann auf befriedigende Weise beseitigen, wenn man den Vorsatzwechsel in Zusammenhang mit § 248a in gleicher Weise behandelt wie in den Fällen des § 243 (vgl. dort RN 55). Wo bereits der Versuch als solcher einen besonders schweren Fall i. S. v. § 243 darstellt, sich also nicht „auf eine geringwertige Sache bezieht", ist für eine Anwendung des § 243 II und damit für § 248a ohnehin kein Raum mehr (vgl. BGH **26** 104, D-Tröndle 6 sowie o. 4); in solchen Fällen ist daher die Tat einheitlich nach § 243 zu beurteilen.

III. Die **Wirkung** des § 248a erschöpft sich darin, daß die Tat zum **Antragsdelikt** wird, freilich selbst dies nur **in der Regel**, nämlich *sofern kein öffentliches Verfolgungsinteresse* besteht. § 248a bildet also keinesfalls einen eigenen Privilegierungstatbestand (vgl. Hamm NJW **79**, 117 sowie o. 16f.). Im übrigen ist folgendes zu beachten:

1. Zu dem bei Diebstahl und Unterschlagung **Verletzten** gilt das zu § 247 RN 10ff. Gesagte entsprechend. Zum Strafantragsrecht vgl. § 77. Ein Übergang des Antragsrechts gem. § 77 II ist nicht vorgesehen.

Wird ein Strafantrag gestellt, so kommen jedoch noch **ergänzend die §§ 153, 153a StPO** zum Zuge; denn erst in Verbindung mit den dort eingeräumten erweiterten Einstellungsmöglichkeiten erhofft sich der Gesetzgeber eine wesentliche Entkriminalisierung der kleineren Eigentums- und Vermögenskriminalität (vgl. BT-Drs. 7/550 S. 247, 297ff., Wagner aaO insbes. 33ff., 56ff.; krit. Kunz aaO 49ff.). Dabei ist im wesentlichen folgendes zu beachten:

a) Ist der durch die Tat verursachte **Schaden gering** – und das ist für die Fälle des § 248a typisch (vgl. o. 12) –, so kann die StA auch ohne Zustimmung des Gerichts von einer Strafverfolgung absehen, wenn die (nach Lage der Dinge zu unterstellende) Schuld des Täters als gering anzusehen ist und kein öffentliches Verfolgungsinteresse besteht (§ 153 I StPO). Unter im übrigen gleichen Voraussetzungen – jedoch mit Zustimmung des Beschuldigten – kann die StA auch gem. § 153a I StPO *vorläufig* von einer Anklageerhebung absehen und dem Beschuldigten bestimmte *Auflagen* und *Weisungen* (gleich denen der §§ 56b II, 56c II Nr. 5) erteilen, wenn diese geeignet sind, ein (an sich bestehendes) öffentliches Verfolgungsinteresse zu beseitigen. Erfüllt der Beschuldigte das ihm Auferlegte innerhalb einer ihm gesetzten Frist, so kann die Tat (im prozessualen Sinne; vgl. dazu K-

§ 248a 22–28   Bes. Teil. Diebstahl und Unterschlagung

Meyer § 264 RN 1 f.) nicht mehr als *Vergehen* verfolgt werden (*anders,* wenn sich die Tat nachträglich als *Verbrechen* herausstellt). Bei erfolglosem Fristablauf kann Klage erhoben, u. U. aber auch Fristverlängerung eingeräumt werden. Zu entsprechenden Möglichkeiten des Gerichts nach Anklageerhebung vgl. §§ 153 II, 153a II StPO. Zum Ganzen vgl. Eckl JR 75, 101.

22   b) Die Einstellung setzt *keine definitive* **Schuldfeststellung** voraus, sondern lediglich die *Prognose,* daß weitere Ermittlungen jedenfalls keine *höhere* Schuld des Täters ergeben würden (vgl. BT-Drs. 7/ 550 S. 298, Dreher Welzel-FS 938). Dies ist nicht unbedenklich, soweit es um eine mit Auflagen oder Weisungen gekoppelte vorläufige Einstellung nach § 153a I StPO geht (vgl. o. 21); denn da die Zustimmung des Beschuldigten hierzu nicht als Schuldbekenntnis anzusehen ist (vgl. BT-Drs. 7/ 1261 S. 27, Dreher aaO), können dem Beschuldigten damit („freiwillige") Leistungen auferlegt werden für eine Tat, die er möglicherweise gar nicht begangen hat. Der Vorschlag von D-Tröndle 12, die Auflage der Schadenswiedergutmachung (§ 153a I Nr. 1 StPO) nur im Falle eines Geständnisses für zulässig zu erklären, müßte konsequenterweise auch auf die Nrn. 2 und 3 ausgedehnt werden, da diesen – nicht anders als den entsprechenden Auflagen nach § 56b – insgesamt eine gewisse Genugtuungsfunktion zukommt (vgl. § 56b RN 3 ff.) und andernfalls auch schwerlich das öffentliche Verfolgungsinteresse entfallen könnte. Zudem müßte im Falle der Nr. 4 auch das Bestehen einer zivilrechtlichen Unterhaltspflicht festgestellt werden, doch alles dies in einem nicht gerichtsförmigen Verfah-

23   ren! Vgl. auch die Kritik von Hanack Gallas-FS 339. Im übrigen können bei der Frage der *geringen Schuld* besondere Umstände sowohl zugunsten des Täters (z. B. seine Notlage) wie auch zu seinen Lasten (z. B. eine besonders rücksichtslose Einstellung) Berücksichtigung finden (vgl. BT-Drs. 7/ 1261 S. 17).

24   c) Soweit es für die Einstellung auf die *Höhe* des durch die Tat verursachten *Schadens* ankommt (§ 153 I 2 StPO), gilt ebenso wie für die Geringwertigkeit ein objektiver Maßstab (vgl. o. 7). Jedoch können die besonderen Verhältnisse auf Seiten des Geschädigten, wie etwa Armut oder ein spezielles Affektionsinteresse, für die Beurteilung des öffentlichen Verfolgungsinteresses i. S. der §§ 153, 153a StPO eine Rolle spielen (vgl. BT-Drs. 7/1261 S. 27).

25   **2.** Auch ohne den für den Regelfall erforderlichen Strafantrag (vgl. o. 18 ff.) ist ausnahmsweise („es sei denn") die Verfolgung einer dem § 248a unterfallenden Tat möglich, wenn die Strafverfolgungsbehörde wegen eines **besonderen öffentlichen Strafverfolgungsinteresses** ein Einschreiten von Amts wegen für geboten hält. Dieses wird idR schon in einer Klageerhebung bzw. in der Beantragung eines Strafbefehls zu erblicken sein (vgl. aber auch LG Kempten NJW 81, 934).

26   a) Ein solches Verfolgungsinteresse kann sich einmal aus *spezialpräventiven* Gesichtspunkten, so namentlich aus einer erheblichen kriminellen Intensität des Täters ergeben (vgl. BT-Drs. 7/ 1261 S. 27, Eckl JR 75, 100), wie etwa bei Rückfall oder bei einem zunächst auf eine höherwertige Sache gerichteten Versuch (vgl. o. 17), u. U. auch bei Tatmodalitäten des § 243, soweit nach dessen Abs. 2 ein schwerer Fall ausgeschlossen ist. Daneben kommen auch *generalpräventive* Gesichtspunkte in Betracht: so etwa ein erheblich über den reinen Sachentzug hinausgehender Gesamtschaden (vgl. aber auch o. 27) oder das gehäufte Auftreten von Taten der betreffenden Art, durch die – wie etwa bei Ladendiebstählen – über eine entsprechende Preisüberwälzung letztlich auch die Allgemeinheit in Mitleidenschaft gezogen wird (vgl. D-Tröndle 10). Vgl. auch Dencker JZ 73, 147 zu der bei mangelnder Verfolgung von Ladendiebstählen sonst zu besorgenden Ausweitung von bereits zu beobachtenden Ansätzen zu (erpresserischer) Privatjustiz (grds. krit. zu zivilrechtl. Sanktionslösungen Kunz aaO 166 ff.).

27   Dagegen vermögen *besondere Verhältnisse beim Verletzten,* wie etwa sein Affektionsinteresse an der Sache, für sich allein kein *besonderes* öffentliches Verfolgungsinteresse zu begründen, da das Opfer sein etwaiges Strafverlangen durch Strafantrag realisieren kann (vgl. D-Tröndle 10, Samson SK 27; and. BT-Drs. 7/1261 S. 27). Auch der Mißbrauch einer besonderen Vertrauensstellung (z. B. bei Veruntreuung nach § 246 I 2. Alt.) vermag für sich allein das Verfolgungsinteresse nicht zu begründen, da sonst die entsprechende Anwendung von § 248a auf § 266 (vgl. dort Abs. 3) kaum verständlich wäre; ebensowenig genügt allein der Umstand, daß bei der Tat eine höherwertige Sache beschädigt wurde (so z. B. in einem Fall des § 243 I Nr. 1 i. V. m, II), da sonst das Antragserfordernis bei § 303 (§ 303c) unterlaufen würde.

28   b) Die Bejahung eines öffentlichen Strafverfolgungsinteresses nach § 248a wird zwar idR eine **Einstellung** nach § 153 StPO ausschließen, nicht jedoch nach § 153a StPO, wenn dem Verfolgungsinteresse durch entsprechende Auflagen oder Weisungen hinreichend Rechnung getragen werden kann (vgl. o. 21, D-Tröndle 12). Kommt es dagegen zu einer Anklageerhebung, so gilt für dessen gerichtliche Überprüfung das zu § 232 RN 3 Gesagte entsprechend.

§ 248b Unbefugter Gebrauch eines Fahrzeugs

(1) Wer ein Kraftfahrzeug oder ein Fahrrad gegen den Willen des Berechtigten in Gebrauch nimmt, wird mit Freiheitsstrafe bis zu drei Jahren oder mit Geldstrafe bestraft, wenn die Tat nicht in anderen Vorschriften mit schwererer Strafe bedroht ist.

(2) Der Versuch ist strafbar.

(3) Die Tat wird nur auf Antrag verfolgt.

(4) Kraftfahrzeuge im Sinne dieser Vorschrift sind die Fahrzeuge, die durch Maschinenkraft bewegt werden, Landkraftfahrzeuge nur insoweit, als sie nicht an Bahngleise gebunden sind.

Schrifttum: *Ebert,* Zur Strafbarkeit ungetreuer Kfz-Mieter, DAR 54, 291. – *Franke,* Zur unberechtigten Ingebrauchnahme eines Fahrzeugs (§ 248b), NJW 74, 1803. – *Lienen,* Mißbräuchliche Benutzung von Kfz u. Strafrechtsreform, NJW 60, 1438. – *Schaffstein,* Zur Abgrenzung von Diebstahl u. Gebrauchsanmaßung, GA 64, 97. – *Schaudwet,* Die Kraftfahrzeugentwendung in der Rspr., JR 65, 413. – *Seibert,* Zur Frage des unbefugten Gebrauchs von Fahrzeugen, DAR 55, 298. – *ders.,* Unbefugter Fahrzeuggebrauch, NJW 58, 1222. – *Wersdörfer,* Unbefugter Fahrzeuggebrauch u. Strafantrag, NJW 58, 1031.

I. Die (durch das 3. StÄG v. 4. 8. 53 eingefügte) Vorschrift regelt den sog. **Gebrauchsdiebstahl an** 1 **Kraftfahrzeugen und Fahrrädern.** Ihre *systematische Einordnung* ist zweifelhaft. Sieht man (ähnlich wie bei § 289) selbständig und ausschließlich das **Gebrauchsrecht** als geschützt (so die wohl h. M.; vgl. Wessels II/2 S. 95f. mwN), so muß konsequenterweise auch der Eigentümer gegenüber dem Gebrauchsberechtigten § 248b begehen können. Erblickt man dagegen (richtigerweise) in der Gebrauchsberechtigung lediglich einen **Ausfluß des Eigentums,** das jeweils mitverletzt sein wird, so scheidet § 248b aus, da der Eigentümer nicht gegenüber sich selbst Täter sein kann (i. E. ebenso M-Schroeder I 377, Samson SK 14, Schmidhäuser II 104). Unerheblich sind jedenfalls die jeweiligen Gewahrsamsverhältnisse (vgl. auch u. 5). Ebensowenig geht es bei § 248b um den Schutz des öffentlichen Verkehrs oder die Sicherheit der anderen Verkehrsteilnehmer (BGH NJW **57,** 500, Lackner 1).

II. Die **Tathandlung** verlangt die Ingebrauchnahme eines Kraftfahrzeuges oder Fahrrades 2 gegen den Willen des Gebrauchsberechtigten.

1. Beim **Kraftfahrzeug** handelt es sich nach der Legaldefinition von Abs. 4 um Fahrzeuge, 3 die durch Maschinenkraft bewegt werden; auf die Art der Kraftquelle kommt es nicht an (z. B. Elektrokarren). Es fallen somit auch Wasser- und Luftfahrzeuge mit eigener Antriebsquelle unter das Gesetz. Lediglich Landfahrzeuge, die an Bahngleise gebunden sind, sind ausgenommen. Nicht zu den Kfz i. S. dieses Gesetzes gehören die Anhänger, da sie keine eigene Antriebskraft haben (RG Recht **38** Nr. 3591). Für das **Fahrrad** fehlt eine Legaldefinition; doch wird dazu nicht nur das Zweirad zu rechnen sein, sondern auch Sondertypen, wie etwa das Dreirad. Sofern ein Fahrrad über einen Hilfsmotor verfügt, rechnet es zu den Kfz i. S. v. Abs. 4.

2. **Ingebrauchnehmen** bedeutet, daß das Fahrzeug als Fortbewegungsmittel benutzt wird 4 (BGH **11** 50). Unerheblich ist, ob dies mit oder ohne Motorkraft (Abrollenlassen) geschieht (BGH **11** 44, Lackner 3; and. Hamm VRS **6** 210). Voraussetzung ist aber, daß das Fahrzeug in Bewegung gesetzt wird. Die bloße Inbetriebnahme (z. B. Einschalten der Zündung) reicht dagegen nicht aus (vgl. auch § 315c RN 6f.). Zwar ist auch das Laufenlassen von Motoren eine Beeinträchtigung des Eigentums. Diese soll aber nicht schon in dieser Form, sondern nur durch Benutzung des Fahrzeugs als Fortbewegungsmittel erfaßt werden (Samson SK 6). Ebensowenig wird eine sonstige Benützung erfaßt; z. B. eines Autokranes zu Hebezwecken oder zum Schlafen (BGH **11** 49, NJW **60,** 1068) oder das Mitfahren als blinder Passagier; doch kommt dann § 265a in Betracht (M-Schroeder I 377). Der Gebrauch muß nicht unbedingt einer ortsverändernden Beförderung dienen (zust. Ruß LK 3; and. noch Heimann-Trosien LK^9 5); es genügt z. B. das Üben des Einparkens.

Zweifelhaft ist, ob schon die **Unbefugtheit der Art oder Dauer** des Gebrauchs ausreicht (so 4a i. Grds. BGH **11** 50, GA **63,** 344, Lackner 3, Ruß LK 4, Samson SK 11, Wessels II/2 S. 96). Für diese Auffassung würde sprechen, daß es sich um ein Delikt gegen den Eigentümer und dessen Interessen durch jede Benutzung beeinträchtigt werden, die von seinem Willen nicht gedeckt ist. Angesichts der Tatsache jedoch, daß der unbefugte Gebrauch fremder Sachen grds. vom StGB nicht erfaßt wird, muß versucht werden, den Anwendungsbereich des § 248b zu begrenzen. Dies kann aus der Formulierung „Ingebrauchnehmen" abgeleitet werden: Erfaßt werden sollen lediglich die Fälle, in denen der Täter ohne Gebrauchserlaubnis in Gebrauch nimmt (was jedoch – entgegen Schmidhäuser NStZ 86, 461 – jedenfalls de lege lata nicht unbedingt einen Gewahrsamsbruch voraussetzt), nicht dagegen jene Fälle, in denen ein Gebrauchsberechtigter im Einzelfall von den Weisungen des Eigentümers abweicht (Ebert DAR 54, 291), z. B. der Taxifahrer den Wagen zu privaten Umwegen benutzt oder der Mieter das Steuer unbefugt seiner Frau überläßt. Erfaßt werden soll jedoch eine Tätigkeit, die schon in ihrer äußeren Erscheinung von dem gestatteten Verhalten abweicht (vgl. Hamm VersR

83, 234), so wenn der Werksfahrer sich den Wagen am Sonntag zu einer Spazierfahrt aus der Werksgarage holt. Mangels Erforderlichkeit eines Gewahrsamsbruchs ist strafbar auch die Fortsetzung unbefugten Gebrauchs, wenn der Täter das Fahrzeug gutgläubig in Gebrauch genommen hat und erst später seine mangelnde Berechtigung erfährt (vgl. auch u. 7). Dies ergibt sich aus dem Charakter des § 248b als Dauerdelikt (vgl. Eser IV 58, Ruß LK 11); i. E. richtig daher BGH **11** 47, Zweibrücken VRS **34** 444; and. Franke NJW 74, 1803.

5   Eine **Wegnahme** zwecks unerlaubten Gebrauchs setzt der Tatbestand **nicht** voraus (so aber Ebert DAR 54, 292); er ist auch dann erfüllt, wenn der Mechaniker den zur Reparatur eingestellten Wagen benutzt oder jemand sich von dem Dieb einen gestohlenen Wagen ausleiht; ebenso für unbefugten Verleih durch Mieter Neustadt MDR **61**, 708, Celle VRS **41** 271,
6   Lackner 3, Welzel 359. Zur **Abgrenzung** zwischen **Gebrauch und Zueignung** vgl. § 242 RN 51ff. Die Zueignung kann auch der Ingebrauchnahme nachfolgen (vgl. Bay NJW **61**, 280, M-Schroeder I 316 sowie Ranft JA 84, 283 zu KG VRS **37** 438). Keine Zueignung ist das Stehenlassen des Wagens, weil unerwartet das Benzin ausgegangen ist.

7   3. Strafbar ist die Ingebrauchnahme, wenn sie **gegen den Willen des Berechtigten** erfolgt. Dies ist nach dem o. 1 Gesagten grds. der **Eigentümer** (M-Schoeder I 377, Samson SK 14; and. [jeder Gebrauchsberechtigte] BGH VRS **39** 199, D-Tröndle 4, Wessels II/2 S. 96, Arzt/Weber III 83). Dieser kann jedoch die Disposition über den Gebrauch auch an andere Personen übertragen, deren Erlaubnis dann den § 248b ausschließt. Andererseits schließt die Gebrauchsberechtigung nicht notwendig die Befugnis ein, anderen Personen den Gebrauch zu gestatten, z. B. das Mietfahrzeug anderen zu überlassen (Neustadt MDR **61**, 708). Der entgegenstehende Wille muß nicht ausdrücklich erklärt, sondern kann auch aus den Umständen vermutet werden (Eser IV 61). Eine wirksame **Erlaubnis** schließt die Tatbestandsmäßigkeit (nicht erst die Rechtswidrigkeit) aus (29ff. vor § 32, M-Schroeder I 377). Der Widerruf der Erlaubnis, nachdem das Fahrzeug in Gebrauch genommen ist, schadet nicht; maßgeblich ist der Zeitpunkt der Ingebrauchnahme (Bay NJW **53**, 193, Franke NJW 74, 1803; and. BGH **11** 48), jedoch kann in der unbefugten Weiterbenutzung, wie etwa nach Ablauf der Mietzeit, ein erneutes Ingebrauchnehmen liegen (vgl. o. 4a, Schleswig MDR **89**, 841, Lackner 3; einschr. Ebert DAR 54, 291 f.; and. AG München NStZ **86**, 458 m. Anm. Schmidhäuser). Je nach den Umständen kommt aber auch Unterschlagung in Betracht (vgl. KG GA **72**, 277). Die Rechtswidrigkeit kann nach allgemeinen Regeln (z. B. Notstand nach § 904 BGB) ausgeschlossen sein.

8   III. Der **subjektive Tatbestand** verlangt (mindestens bedingten) **Vorsatz.** Dieser muß sich auch darauf erstrecken, daß die Benutzung gegen den Willen des Berechtigten erfolgt. Der entgegenstehende Wille ist Tatbestandsmerkmal, das die gleiche Funktion erfüllt wie das Merkmal „fremd" in §§ 242, 246 oder die Verletzung fremden Jagdrechts in § 292; der Irrtum darüber ist also *Tatbestandsirrtum.*

9   IV. **Vollendet** ist das Delikt mit der Ingebrauchnahme. Es dauert an, solange der unbefugte Gebrauch dauert (Düsseldorf NStZ **85**, 413). Der **Versuch** ist strafbar (Abs. 2).

10 V. **Teilnahme** ist nach allg. Regeln möglich. Bedient von mehreren Mitfahrern nur einer das Fahrzeug, so kommt Mittäterschaft (RG **76** 176, östOGH ÖJZ 63, 221, JurBl. 64, 273), aber auch Beihilfe in Frage. Hat jedoch der Fahrgast zur Ingebrauchnahme nichts beigetragen und genießt er nur die Vorteile der Fahrt, so bleibt er straflos (RG **76** 176, BGH VRS **19** 288, Bay **63**, 111 [zu § 25 StVG], Hamm DAR **61**, 92). Auch sukzessive Mittäterschaft ist in der Weise denkbar, daß jemand nach Ingebrauchnahme durch einen anderen das Fahrzeug bedient oder das Ausmaß des weiteren Gebrauchs mitbestimmt (vgl. östOGH JurBl. 60, 79). Dient jedoch der Tatbeitrag ausschließlich der Rückführung des Fahrzeugs zum Berechtigten, wird die Strafbarkeit idR schon aufgrund seiner mutmaßlichen Einwilligung entfallen (vgl. Düsseldorf NStZ **85**, 413). Da § 248b kein eigenhändiges Delikt enthält, kommt Täterschaft auch in der Weise in Frage, daß einem anderen der Gebrauch unbefugt gestattet wird, so wenn der Garageninhaber das eingestellte Fahrzeug einem anderen, mag dieser bös- oder gutgläubig sein, ausleiht.

11 VI. Die Verfolgung setzt einen **Strafantrag** voraus (Abs. 3). Antragsberechtigt ist der *Eigentümer* sowie in Übereinstimmung mit ihm Drittätern gegenüber auch der *Gebrauchsberechtigte* (vgl. o. 1, 7; weiter – jeder Gebrauchsberechtigte – D-Tröndle 8, Lackner 7, Ruß LK 12). Zu den allg. Strafantragsvoraussetzungen vgl. §§ 77ff. Die Frist des § 77b beginnt, da Dauerdelikt, erst mit Kenntnis von der Beseitigung des rechtswidrigen Zustandes (RG **43** 287).

12 VII. Die früher vorgesehene **Straflosigkeit** einer Tat gegen **Verwandte** absteigender Linie oder gegen den **Ehegatten** (Abs. 4 a. F.) ist ebenso wie beim Familiendiebstahl ersatzlos **gestrichen** (vgl. BT-Drs. 7/550 S. 247).

13 VIII. **Konkurrenzen:** § 248b ist kraft ausdrücklicher Bestimmung (Abs. 1) **subsidiär** gegenüber Taten, die nach anderen Vorschriften mit schwererer Strafe bedroht sind. Sinnvollerweise kann dies

jedoch nur im Verhältnis zu Delikten mit gleicher oder ähnlicher Angriffsrichtung gelten (**relative Subsidiarität**): so insbes. gegenüber §§ 242, 246 (vgl. jedoch u. 15), und zwar auch gegenüber der Teilnahme an diesen Delikten (z. B. wenn A ohne eigene Zueignungsabsicht für B ein Kfz entwendet), ebenso wenn der Täter des § 248b sich das Kfz erst während des Gebrauchs zueignet (Dauerdelikt) oder wenn er es nur zum Abtransport der Beute eines Diebstahls benützt (insoweit für Tateinheit BGH 3 StR 61/84 v. 16. 3. 1984 b. Ruß LK 13; vgl. zum Ganzen auch 106 vor § 52). Subsidiarität gegenüber den §§ 253, 263 kommt etwa in Betracht, wenn sich der Täter den Besitz des Kfz durch Betrug oder Erpressung verschafft (für Fälle gewaltsamer Wegnahme vgl. u. 16); entsprechendes gilt im Verhältnis zu § 266.

Zu Delikten mit anderer Schutzrichtung besteht dagegen, je nach den Umständen, **Ideal- oder Realkonkurrenz,** und zwar unabhängig von der Höhe der jeweiligen Strafdrohung. Mit Straßenverkehrsdelikten, die der Täter bei der unerlaubten Fahrt begeht (etwa §§ 315c, 316, 230, 222 bzw. 21 StVG), besteht regelmäßig Idealkonkurrenz, da sich die Ausführungshandlungen decken (vgl. 89 vor § 52, ferner RG **68** 218, BGH MDR/He **55**, 528). 14

Soweit durch den Gebrauch des Fahrzeugs **Kraftstoffe** und Schmiermittel **verbraucht** werden, sind die §§ 242, 246 gegenüber § 248b subsidiär; dies ergibt der Zweck dieser Bestimmung, die andernfalls regelmäßig unanwendbar wäre (BGH **14** 388, GA **60**, 182, Celle NJW **53**, 37, Köln JMBlNW **54**, 204, Seibert DAR **55**, 299; diff. Ranft JA 84, 282; vgl. weiter RG JW **28**, 238, sowie Vogler Bockelmann-FS 731, der § 242 sogar für tatbestandlich ausgeschlossen hält). 15

Zur **gewaltsamen Wegnahme** eines Kfz in Gebrauchsabsicht vgl. § 253 RN 8 f., 31, 35. 16

§ 248c Entziehung elektrischer Energie

(1) **Wer einer elektrischen Anlage oder Einrichtung fremde elektrische Energie mittels eines Leiters entzieht, der zur ordnungsmäßigen Entnahme von Energie aus der Anlage oder Einrichtung nicht bestimmt ist, wird, wenn er die Handlung in der Absicht begeht, die elektrische Energie sich rechtswidrig zuzueignen, mit Freiheitsstrafe bis zu fünf Jahren oder mit Geldstrafe bestraft.**

(2) **Der Versuch ist strafbar.**

(3) **Wird die in Absatz 1 bezeichnete Handlung in der Absicht begangen, einem anderen rechtswidrig Schaden zuzufügen, so ist die Strafe Freiheitsstrafe bis zu zwei Jahren oder Geldstrafe. Die Tat wird nur auf Antrag verfolgt.**

Schrifttum: vgl. die Angaben zu § 242.

I. Die Vorschrift erfaßt den **Entzug fremder elektrischer Energie** aus einer elektrischen Anlage oder Einrichtung mittels eines nicht zur ordnungsgemäßen Entnahme bestimmten Leiters. Sie verdankt ihre Entstehung der Unsicherheit darüber, ob in Elektrizität eine Sache i. S. von § 242 zu erblicken sei. Nachdem dies in RG **29** 111, **32** 165 verneint worden war, wurde § 248c durch Ges. v. 9. 4. 1900 eingefügt. 1

II. Der **objektive Tatbestand** erfordert die Entziehung fremder elektrischer Energie aus einer elektrischen Anlage mittels eines nicht ordnungsgemäßen Leiters. 2

1. Tatobjekt ist **fremde elektrische Energie.** Deren Merkmale sind nach physikalisch-naturwissenschaftlichen Kriterien zu bestimmen (Samson SK 3). *Fremd* ist sie für jeden, der kein Recht zur Entnahme der Energie hat; insofern ist der dem § 242 entnommene Begriff der Fremdheit hier i. untechn. i. S. zu verstehen, nachdem Elektrizität in niemandes Eigentum stehen kann (Celle MDR **69**, 597). 3–5

2. Die elektrische Energie muß einer **elektrischen Anlage oder Einrichtung entzogen** werden. Ob die *Einrichtung* oder *Anlage* der Energielieferung an Abnehmer zu dienen bestimmt ist oder ob es sich um eine solche handelt, die elektrische Energie nur zum Eigenbetrieb führt, wie z. B. die Fernsprechanlage, ist dabei gleichgültig. Zu den Anlagen und Einrichtungen gehören auch Energiespeicher, wie z. B. Akkumulatoren oder Energieerzeuger. Anlage und Einrichtung unterscheiden sich lediglich insoweit, als der Einrichtung auch das Moment des nur Vorübergehenden eigen ist. *Entzogen* ist die elektrische Energie dann, wenn sie nicht berechtigt empfangen ist. Dies setzt auf Seiten des Berechtigten einen Energieverlust voraus. Die Entziehung kann sich gegen das Kraftwerk, gegen die Stromversorgung wie gegen den Endverbraucher oder Batteriebesitzer richten. Entzogen hat auch derjenige, dem der entzogene Strom **zufließt,** ohne daß er selbst die Zuleitung des Stroms hergestellt hat (Hamburg MDR **68**, 257). 6–8

3. Die Energie muß **mittels eines Leiters** entzogen sein. *Leiter* ist nicht nur jeder Stoff, der geeignet ist, Elektrizität weiterzuleiten, sondern erfaßt werden auch Stoffe und technische Mittel, die Elektrizität durch Induktion, Lichtbogen usw. aufzunehmen vermögen (vgl. RG **39** 436; and. Ranft JA 84, 3). Die Entnahme von Energie ohne Leiter genügt nicht; daher bleibt z. B. die unberechtigte Benutzung eines elektrisch betriebenen Fahrzeugs oder das Anhängen an ein solches nach dieser Vorschrift straflos, obwohl durch die Mehrbelastung dem Netz oder der 9

Batterie fremde elektrische Energie entzogen wird. Über das sog. Schwarzhören vgl. § 265a RN 5.

10   4. Ferner darf der Leiter **nicht zur ordnungsmäßigen Energieentnahme bestimmt** sein. Nicht erfaßt sind somit Fälle, in denen jemand ordnungsmäßige Leiter innerhalb von Anlagen und Einrichtungen lediglich *unbefugt* benutzt, d. h. also Anlagen, Einrichtungen oder Teile davon einschaltet und ihnen auf diese Weise Energie entzieht (zur unbefugten Telefonbenutzung vgl. Mahnkopf JuS 82, 886). Ob ein Leiter zur ordnungsmäßigen Energieentnahme bestimmt ist, hängt im übrigen von dem Willen des Verfügungsberechtigten ab (RG **39** 436, **74** 244; weitergehend verlangt Samson SK 8 einen nicht-sozialadäquaten Einsatz des Leiters). So ist z. B. die unbefugte Stromentnahme aus einer ordnungsgemäßen Anlage mittels eines nicht zur Anlage gehörenden Kabels nach § 248c strafbar (BGH GA **58**, 369, Düsseldorf NStE Nr. 1), ebenso die Verbindung eines gesperrten Netzes mit einem nicht gesperrten, auch wenn der Strom dabei durch einen Zähler läuft (Celle MDR **69**, 597). Weiter macht sich ein Untermieter strafbar, der an Stelle seiner über den Unterzähler laufenden Lichtanlage einen Steckkontakt des Hauptmieters benutzt. Ebenso begeht der Büroangestellte einen Stromdiebstahl, der gegen den Willen des Berechtigten z. B. einen Heizofen oder eine Kochplatte anschließt (zust. Ruß LK 5; and. Kohlrausch-Lange IV, wohl auch D-Tröndle 4), nicht dagegen, wer einen elektrischen Herd unbefugt benutzt. Wer einen Licht- und Kraftzähler mit zwei verschiedenen Tarifen hat, ist strafbar, wenn er hinter dem Zähler im eigenen Verfügungsbereich seine Lichtleitung an das Kraftnetz anschließt, um in den Genuß des billigeren Tarifs zu kommen (RG **45** 233), ferner wer einen Fernsprechnebenanschluß unangemeldet in Betrieb genommen hat (RG GA Bd. **56** 67) oder wer den Zähler mittels einer Zweigleitung umgeht (RG **42** 19, RG GA Bd. **55** 314, AG Berlin StV **83**, 335). Auch die unberechtigte Benutzung einer Batterie stellt eine Stromentnahme mittels eines Leiters dar, der nicht zum ordnungsmäßigen Gebrauch bestimmt ist. Wer dagegen eine Taschenlampe mit Batterie zum Gebrauch entwendet und die Lampe, nachdem die Batterie leergebrannt ist, wieder zurückgibt, ist nach § 242 zu bestrafen, da er sich die Batterie als Sache zugeeignet hat (Sachwerttheorie; vgl. § 242 RN 53).

11   Bei Übernahme des Gesetzes von 1900 in das StGB ist versäumt worden, die Schwächen in der Formulierung zu beseitigen. So ist de lege lata strafbar, wer unberechtigt sein elektrisches Gerät (Tauchsieder, Heizsonne) an einen fremden Stromkreis anschließt, während straffrei ausgeht, wer ebenso unberechtigt ein solches, jedoch fest angeschlossenes Gerät benutzt, weil hier die Entnahme der Energie mittels eines ordnungsmäßig dafür bestimmten Leiters erfolgt (vgl. D-Tröndle 4).

12   5. Maßnahmen, die sich lediglich gegen das ordnungsmäßige Funktionieren des **Zählers** richten, können Betrug oder Automatenmißbrauch sein, fallen aber nicht unter § 248c (RG **74** 243, Bay JR **61**, 270).

13   III. 1. Der **subjektive Tatbestand** verlangt zunächst **Vorsatz** hinsichtlich aller objektiven Tatbestandsmerkmale, setzt also insbes. das Bewußtsein voraus, daß die fremde Energie mittels eines nicht ordnungsgemäßen Leiters entzogen wird. Vgl. im übrigen § 242 RN 46.

14   2. Darüberhinaus ist eine bestimmte **Absicht** erforderlich, und zwar entweder zielgerichtet (§ 15 RN 65f.) auf *rechtswidrige Zueignung* (Abs. 1) oder *rechtswidrige Schadenszufügung* (Abs. 2), wobei durch **unterschiedliche Strafrahmen** die bloße Schädigungsabsicht im Vergleich zur Zueignungsabsicht als minder strafwürdig abgestuft wird.

15   a) Die dem § 242 entlehnte **Absicht rechtswidriger Zueignung (Abs. 1)** erfordert mit der hier gebotenen Modifizierung des Sach- bzw. Fremdheitsbegriffes (vgl. o. 1, 3) idR eine Umwandlung der entzogenen elektrischen Energie in Licht, Wärme oder Kraft. Ebenso wie bei § 242 setzt dies nicht unbedingt eine Bereicherungsabsicht voraus (RG DJZ **11**, 765, GA Bd. **54** 78). Auf den Gewahrsam – selbst im übertragenen Sinne (z. B. in wessen Akkumulator sich die Energie befindet) – kommt es nicht an (Lackner 1), da § 248c kein dem § 242 vergleichbares „Wegnehmen" erfordert und somit auch für eine Unterscheidung wie die zwischen Diebstahl und Unterschlagung kein Bedürfnis besteht.

16   Eine den §§ **247, 248a** entsprechende Strafantragsprivilegierung fehlt; jedoch ist deren Grundgedanke **analog** hierher zu übertragen, so daß bei Elektrizitätsentziehungen innerhalb häuslicher Gemeinschaften bzw. bei Geringwertigkeit ein Strafantrag vorauszusetzen ist (vgl. Düsseldorf NStE Nr. **1**, LG Schweinfurt NJW **73**, 1809, Samson SK 12).

17   b) Bei **Absicht widerrechtlicher Schadenszufügung (Abs. 3)** ist der Strafrahmen herabgesetzt. Der Anwendungsbereich ist jedoch gering; denn gerade beim „Kurzschluß" als dem Hauptfall, in dem elektrische Energie nicht zum Zwecke der Nutzung entzogen, sondern vernichtet werden soll (näher Gehrig aaO 138 f.), wird heute aufgrund der strengen Absicherungsvorschriften (VBE) ein meßbarer Stromverlust nicht eintreten, weil die Sicherungen unmittelbar ansprechen und abschalten. Im übrigen wirken sich ebenso wie bei Abs. 1 auch hier die Mängel des Gesetzes aus: so ist z. B. ein Kurzschluß nur dann strafbar, wenn die Tat mittels eines Leiters, der nicht zur ordnungsgemäßen Energieentnahme bestimmt ist, begangen wird. Wird dagegen ein Kurzschluß durch Entfernen der Isolierung zweier nebeneinanderliegender Drähte verursacht, so fehlt es de lege lata am Tatbestand. Vgl. aber auch Samson SK 11. Eine Akzessorietätslockerung nach § 28 kommt nicht in Betracht. Die Verfolgung setzt hier in **18** jedem Falle einen **Strafantrag** des Geschädigten voraus (Abs. 3 S. 2).

IV. Vollendet ist das Delikt mit der Entziehung elektrischer Energie, d. h. mit Eintritt eines **19** Energieverlusts. Ob der Täter die entzogene Energie tatsächlich für sich verwendet hat oder beim Berechtigten ein Schaden eingetreten ist, bleibt gleichgültig. Der **Versuch** ist nur im Falle des **Abs. 1** (o. 15) strafbar.

V. Ideal- oder Realkonkurrenz ist mit § 263 zwar möglich, jedoch insoweit bedeutungslos, als der **20** Betrug in den meisten Fällen die unerlaubte Stromentnahme sichern soll (Sicherungsbetrug: BGH GA **58**, 369; vgl. noch § 263 RN 184f.). Als spezielles Delikt geht § 248c dem § 242 vor (Samson SK 13). In den Fällen von § 265a ist für § 248c praktisch kein Raum (vgl. D-Tröndle 7).

Zwanzigster Abschnitt. Raub und Erpressung

§ 249 Raub

(1) Wer mit Gewalt gegen eine Person oder unter Anwendung von Drohungen mit gegenwärtiger Gefahr für Leib oder Leben eine fremde bewegliche Sache einem anderen in der Absicht wegnimmt, sich dieselbe rechtswidrig zuzueignen, wird mit Freiheitsstrafe nicht unter einem Jahr bestraft.

(2) **In minder schweren Fällen ist die Strafe Freiheitsstrafe von sechs Monaten bis zu fünf Jahren.**

Schrifttum: Blei, Die Neugestaltung der Raubtatbestände, JA 74, 233. – *Burkhardt*, Gewaltanwendung bei Vermögensdelikten mit Bagatellcharakter, JZ 73, 110. – *Eser*, Zum Verhältnis von Gewaltanwendung und Wegnahme beim Raub, NJW 65, 377. – *Frank*, Raub und Erpressung, VDB VI, 1. – *Geilen*, Raub und Erpressung, Jura 79, 53, 109, 165, 221, 277, 333, 445, 501, 557, 613, 669; 80, 43. – *Hagel*, Raub und Erpressung nach englischem und deutschem Recht, 1979. – *Mohrbotter*, Mitbestrafte Vortat bei Raub und Erpressung, GA 68, 112. – *Schünemann*, Raub und Erpressung, JA 80, 349, 393, 486. – Vgl. ferner die Angaben zu den Nötigungsmitteln vor § 234 sowie zu den Diebstahlselementen bei § 242.

I. Raub ist ein **aus Diebstahl und Nötigung zusammengesetztes** Delikt: Der Täter nimmt fremde **1** Sachen weg, indem er einen anderen dazu nötigt, die Wegnahme zu dulden. Geschütztes **Rechtsgut** ist in erster Linie das **Eigentum,** daneben auch die persönliche **Freiheit** (vgl. auch Arzt/Weber III 107); der Angriff gegen die Freiheit stellt aber nur das Mittel zur Verwirklichung des Eigentumsdelikts dar. Der Raub ist ein **selbständiges** Delikt, nicht nur ein erschwerter Diebstahl (BGH NJW **68**, 1292; heute unbestr.). Daraus ergibt sich, daß die Privilegierungen des Diebstahls durch ein Strafantragserfordernis (§§ 247, 248a) hier keine Sonderrolle spielen (and. Burkhardt JZ 73, 112); auch eine gewaltsame Entwendung geringwertiger Gegenstände ist Raub (vgl. § 248a RN 4, Herdegen LK 1, Schünemann JA 80, 349f.; and. Hardwig GA 54, 261). Zum Konkurrenzverhältnis von Raub und Diebstahl vgl. u. 13.

II. Erforderlich ist zunächst, daß **alle Tatbestandsmerkmale des Diebstahls** (§ 242) gegeben **2** sind. Insbes. muß eine *Wegnahme* aus fremdem Gewahrsam vorliegen; Bruch des Mitgewahrsams genügt (vgl. RG JW **30**, 3407, Braunschweig NdsRpfl. **47**, 24). Durch dieses Erfordernis ist der Raub von dem – ihrem äußeren Erscheinungsbild nach sehr ähnlichen – (räuberischen) Erpressung abgegrenzt. Wird durch die Gewalt oder Drohung erreicht, daß der Gewahrsamsinhaber die Sache weggibt, dann liegt keine Wegnahme und damit kein Raub vor; es kommt dann nur räuberische Erpressung (§ 255) in Betracht. In allen diesen Fällen kann aber nicht entscheidend sein, wer die Handlung vornimmt, durch die die Sache in die Gewalt des Täters gelangt, ob also der Täter eigenhändig nimmt oder das Opfer hingibt (and. BGH **7** 252, der auf den äußeren Vorgang abstellt: Gibt das Opfer die Sachen heraus, so soll ohne Rücksicht auf die innere Willensrichtung § 255 vorliegen). Vielmehr muß das gleiche gelten wie beim Betrug: Die erzwungene Duldung der Wegnahme kann Raub sein, wenn die Duldung bloßes Gewährenlassen ist, das dem Zwange weicht und der Handlung des Täters nicht die Eigenschaft als Gewahrsamsbruch nimmt (vgl. Braunschweig NdsRpfl. **47**, 24, **48**, 183). In diesem Falle kommt Erpressung nicht in Frage, da dieses Dulden keine Vermögensverfügung ist. Umgekehrt wird die Weggabe regelmäßig willentliche Aufgabe des Gewahrsams sein und damit eine Vermögensverfügung. In diesen Fällen liegt Erpressung vor; Raub entfällt mangels Wegnah-

§ 249 3–6   Bes. Teil. Raub und Erpressung

me. Raub und Erpressung stehen daher zueinander im Verhältnis der Exklusivität. Sie schließen einander aus, so daß eine Konkurrenz in der Regel nicht möglich ist; über Ausnahmen und abw. Meinungen vgl. § 253 RN 8 f., 31.

3   III. Die Wegnahme muß unter Einsatz **bestimmter Mittel** erfolgen, nämlich entweder durch Gewalt gegen eine Person oder durch Anwendung von Drohungen mit gegenwärtiger Gefahr für Leib oder Leben.

4   1. Allg. zur **Gewalt** vgl. 6 ff. vor § 234. Diese muß sich hier **gegen eine Person** richten (vgl. 27 vor § 234). Dafür ist eine zumindest mittelbar gegen den Körper des Opfers gerichtete Einwirkung erforderlich (vgl. Herdegen LK 5 sowie u. 4a). Daher muß diese (zumindest auch) als körperlicher Zwang empfunden werden (BGH **23** 126 m. Anm. Geilen JZ 70, 521). Ganz unwesentliche Beeinträchtigungen der körperlichen Unversehrtheit scheiden aus (RG **72** 230, BGH **7** 254; daher zu weitgehend BGH GA **74**, 219: Griff an die Gesäßtasche; vgl. Krey in BKA II 46 ff.). Im übrigen kommt sowohl vis absoluta wie auch vis compulsiva in Betracht. Ebenso ist gleichgültig, ob die Gewalt erst zum Brechen eines geleisteten Widerstandes oder bereits zur Verhinderung eines erwarteten Widerstandes (insoweit and. Schünemann JA 80, 350) eingesetzt wird (RG **69** 330). Daher liegt auch in einer unversehens durch Schläge auf den Kopf herbeigeführten sofortigen Betäubung oder Tötung, die keinen Widerstand aufkommen läßt, Gewalt (vgl. östOGH ÖJZ **65**, 637); dies kommt auch gegenüber einem Schlafenden in Betracht (RG **67** 186, D-Tröndle 4). Gleiches gilt für eine Betäubung durch Narkose oder bei Einschließen des zu Beraubenden (RG **69** 330, **73** 344), so um Widerstand von vornherein auszuschließen (BGH **20** 195). In jedem Fall muß jedoch die Gewaltanwendung darauf gerichtet sein, das *Verhalten* des Opfers zu beeinflussen: Daher ist das Umdrehen eines Bewußtlosen, um ihn ausrauben zu können, nicht Persongewalt. Demgegenüber will BGH **4** 211 das Wegtragen eines Bewußtlosen zwecks Ausplünderung genügen lassen (vgl. auch BGH **25** 237; dagegen Herdegen LK 7, Seelmann JuS 86, 202; vgl. auch Eser IV 80). Hingegen ist bedeutungslos, ob der Widerstand des Opfers nur auf einer instinktiven Reaktion beruht (BGH **16** 341). Deshalb kommt es auch nicht darauf an, daß das Opfer bereits das spezifische Angriffsziel des Täters kennt; ein genereller Abwehrwille genügt (Eser NJW 65, 378).

4a   Eine lediglich gegen eine **Sache** gerichtete Gewalt genügt nicht: Wer eine Tür zertrümmert, um Sachen wegzunehmen, begeht einen Einbruchsdiebstahl, aber keinen Raub. Ausreichend ist allerdings auch schon nur *mittelbar* gegen die Person, unmittelbar gegen Sachen gerichtete Einwirkung (RG **45** 156), wie z. B. beim Wegreißen von Sachen, etwa einer Handtasche. Voraussetzung dafür ist, daß die vom Täter entfaltete Kraft wesentlicher Bestandteil der Wegnahme ist (BGH MDR/D **75**, 22), also erheblich genug ist, um zur Brechung erwarteten Widerstands geeignet zu sein und insbes. vom Opfer auch als körperlicher Zwang empfunden wird (BGH NStZ **86**, 218, NStE **3**, 6, StV **90**, 262; vgl. Herdegen LK 8). Das ist z. B. der Fall, wenn das Opfer die Sache mit beiden Händen in Erwartung des Angriffs festhält (BGH NJW **55**, 1404, GA **68**, 338; vgl. auch BGH NJW **55**, 1238, ferner Eser IV 82, Schünemann JA 80, 350), ebenso wenn eine Kette vom Hals gerissen wird (Hamm MDR **75**, 772). Zur Gewaltanwendung durch Einschließen s. o. 4. Dagegen liegt keine Wegnahme mittels Gewalt vor, wenn bei überraschendem Wegreißen kein Widerstand geleistet wird (RG **46** 403, Blei II 203, D-Tröndle 4; M-Schroeder I 356; and. BGH **18** 329 m. Anm. Knodel JZ 63, 701, Saarbrücken NJW **69**, 621), das Tatbild also nicht durch die Gewalt gegen eine Person, sondern durch List und Schnelligkeit geprägt ist (BGH NStE **2**, 6, StV **90**, 262).

5   2. Über **Drohung mit gegenwärtiger Gefahr für Leib oder Leben** vgl. 30 ff. vor § 234 und § 34 RN 17; zur Gegenwärtigkeit vgl. Geilen Jura 79, 110, aber auch Schünemann JA 80, 351. Das angedrohte Übel kann sich auch gegen *dritte* Personen wenden, deren Verletzung dem Bedrohten nahegehen würde (D-Tröndle 5, Wessels II/2 S. 82); es braucht sich dabei nicht um einen Angehörigen zu handeln (Herdegen LK 5, Schünemann JA 80, 353; weitergehend Seelmann JuS 86, 203). Zweifelhaft kann sein, ob die Drohung zu einer **effektiven Gefahr** für Leib oder Leben führen müssen oder ob es ausreicht, daß sich dem Bedrohten die Situation **so darstellt**. Für die Drohung als solche ist anerkannt, daß es weder auf den Willen des Täters zur Realisierung noch auf die Möglichkeit der Realisierung der Drohung ankommt. Anders als bei Raub bzw. Diebstahl mit Waffen ist jedoch hier ratio legis nicht die effektive Gefährdung des Opfers, sondern die besondere Wirksamkeit der Drohung, so daß Raub nicht dadurch ausgeschlossen wird, daß die Drohung z. B. mit einer ungeladenen Pistole erfolgt (vgl. BGH **15** 322, D-Tröndle 5).

6   3. Gewalt und Drohung müssen das **Mittel** sein, um die Wegnahme zu ermöglichen (vgl. BGH MDR/D **71**, 896, **73**, 555, Herdegen LK 13). Daraus ergibt sich, daß die Nötigung *zum Zweck* der Wegnahme erfolgt (vgl. BGH MDR/H **80**, 455, NStZ **82**, 380, **83**, 365, MDR/H **84**, 276) und ihr daher regelmäßig vorausgegangen sein muß (vgl. BGH **32** 92). Auch wenn die

Drohung schon früher als vorgesehen wirkt, kann sie als Mittel der Wegnahme angesehen werden (vgl. BGH MDR/D **73**, 555). Soweit eine dem Täter zurechenbare Freiheitsbeeinträchtigung Dauercharakter hat, genügt die pflichtwidrige Aufrechterhaltung und Ausnutzung der Zwangslage des Opfers (**fortdauernde Gewalt**; zu einzelnen Fallgestaltungen vgl. Eser NJW 65, 378 ff., Schünemann JA 80, 352 f.). Deshalb reicht für § 249 auch eine ohne Raubvorsatz begonnene, aber zum Zwecke der Mitnahme einer Sache fortgesetzte Gewaltanwendung aus (BGH **20** 32, GA **66**, 244, NJW **69**, 619, MDR/D **68**, 17, **73**, 556; vgl. auch BGH NStZ **81**, 344). Anders ist es dagegen, wenn der Täter nur die *Wirkung* der von ihm zuvor ohne Raubvorsatz angewendeten Gewalt zur Wegnahme ausnützt, *ohne* daß die Gewalt*anwendung* selbst noch fortdauern würde (BGH NJW **69**, 619, MDR/D **68**, 17, GA **71**, 22, NStZ **82**, 380, **83**, 365, Wessels II/2 S. 83 f.; offenbar verkannt in BGH MDR/H **81**, 265), oder wenn er lediglich die von einem Dritten geschaffene Wehrlosigkeit des Opfers ausnutzt (BGH StV **90**, 159; vgl. auch BGH GA **77**, 144 zur Parallele bei § 177). Zu beachten ist jedoch, daß fortdauernde Gewaltanwendung auch in einem *Unterlassen* bestehen kann (and. Samson SK 26), so etwa, wenn das Opfer gefesselt ist (offengelassen in BGH MDR/D **68**, 17; näher Eser NJW 65, 379; zust. Schünemann aaO, Seelmann JuS 86, 203; vgl. auch Jakobs JR 84, 386; and. Herdegen LK 16, Otto JZ 85, 26, Krey in BKA II 491 f.). Entsprechendes gilt für die **Drohung**, die aus anderen Motiven begangen wurde und als Mittel der Wegnahme oder Erpressung **weiterwirkt** (wie wohl im Falle BGH NStZ **82**, 380 näherliegend; vgl. ferner BGH StV **83**, 460, MDR/H **88**, 1002, **90**, 294, Frankfurt NJW **70**, 342). Raub ist auch dann anzunehmen, wenn das Opfer aus anderen Gründen niedergeschlagen wird, und die Täter ihm anschließend in einer Weise Sachen abnehmen, aus der das Opfer – was die Täter erkennen – die Drohung mit erneuter Gewalt entnimmt.

Fraglich ist, ob zwischen Nötigung und Wegnahme objektiv **Kausalzusammenhang** bestehen muß (so Samson SK 16 ff., Schmidhäuser II 100) oder ob es genügt, daß die Gewaltanwendung oder Drohung subjektiv dem *Täter* zur Wegnahme dienen soll. Nach der ersten Auffassung wäre die Feststellung erforderlich, daß die Wegnahme objektiv durch Anwendung des Nötigungsmittels ermöglicht worden ist, mit der Folge, daß sie sich gegen den Gewahrsamsinhaber oder eine schutzbereite Person gerichtet haben müsse. Nach der subjektiven Auffassung hingegen braucht dies alles nur in der **Vorstellung des Täters** der Fall zu sein (vgl. Eser NJW 65, 378, Geilen Jura 79, 165 f., Herdegen LK 14, Lackner 2 c, Schünemann JA 80, 352, Wessels II/2 S. 81; vgl. auch BGH StV **90**, 159). Denn Grund für die Qualifizierung des Raubes gegenüber dem Diebstahl ist die Tatsache, daß die Nötigungsmittel dem Täter zur Durchführung seiner Tat dienen sollen. Dies läßt sich (entgegen Samson SK 18) auch daraus entnehmen, daß – anders als für die Nötigung „durch" Drohung bei § 240 – für § 249 lediglich Wegnahme „unter Anwendung" von Drohung vorausgesetzt wird. Demzufolge kommt es hier weder darauf an, daß mit der Nötigung die Durchführung der Tat objektiv gefördert worden ist (vgl. BGH GA **66**, 244), noch darauf, daß das Opfer der Gewaltanwendung usw. objektiv ein Berechtigter oder Schutzbereiter war (BGH **4** 211; ebenso i. E. bereits RG **67** 186, **69** 330; vgl. auch M-Schroeder I 357). Die Gewalt muß aber gegen eine existierende Person angewendet werden; andernfalls liegt nur Versuch vor. „Schutzbereite Person" kann auch sein, wer nur Hilfe herbeiholen könnte. Daher kann Gewalt oder Drohung gegenüber einem Kinde ausreichen. Die Nötigung muß unmittelbar der Wegnahme dienen, wofür jedoch auch ausreichen kann, daß die Wegnahme durch einen Mittäter gewaltsam abgesichert wird (vgl. Stuttgart NJW **66**, 1931) oder zunächst lediglich die Herausgabe eines Tresorschlüssels abgenötigt, aber auch noch während der andernorts ausgeführten Wegnahme die Gewaltanwendung aufrechterhalten wird (BGH MDR/H **84**, 276). Der Zwang, ein Versteck preiszugeben, genügt für sich allein hingegen nicht (vgl. BGH MDR **55**, 17, D-Tröndle 6). Ebensowenig liegt Raub vor, wenn der bei der Tat überraschte Täter den Zeugen tötet, um unerkannt zu bleiben, oder wenn der Entschluß zur Wegnahme erst nach der Anwendung der Gewalt oder der Bedrohung gefaßt wird (OGH **3** 114; vgl. aber o. 6) oder die Raubmittel erst nach der Wegnahme angewendet werden (RG JW **32**, 2433); letzterenfalls kommt aber § 252 in Betracht. Es ist nicht erforderlich, daß der Beraubte die Wegnahme bemerkt (BGH **4** 210, **20** 32; MDR/D **72**, 16; insoweit mißverst. BGH MDR/H **88**, 1002).

IV. Für den **subjektiven Tatbestand** ist **Zueignungsabsicht** i. S. von § 242 erforderlich (vgl. dort RN 44 ff.). Bloße Inpfandnahme genügt daher nicht (BGH NJW **82**, 2265 m. Anm. Bernsmann ebd. 2214, StV **83**, 329), es sei denn, daß sich der Täter von vornherein daraus befriedigen will (BGH StV **84**, 422; vgl. auch § 242 RN 55). Ebensowenig genügt bloße Gebrauchsanmaßung (RG HRR **32** Nr. 580; bedenklich BGH MDR **60**, 689); doch soll dann § 255 eingreifen (BGH **14** 386; vgl. aber dagegen § 253 RN 31, 35). Im übrigen ist (mindestens bedingter) **Vorsatz** erforderlich, der insbes. auf Wegnahme mit Gewalt oder Drohung mit gegenwärtiger Gefahr für Leib oder Leben gerichtet sein muß (RG GA Bd. **47** 284). Nimmt der Täter nach der

§ 249 10–13   Bes. Teil. Raub und Erpressung

Gewaltanwendung mehr, als ursprünglich geplant, weg, so liegt dennoch nur Raub, und nicht Raub in Tateinheit mit Diebstahl vor (BGH **22** 350, NStZ **82**, 380; vgl. § 242 RN 45). Lediglich Raubversuch ist gegeben, wenn der Täter versehentlich nur Gegenstände wegnimmt, auf deren Zueignung die Wegnahme nicht gerichtet ist (BGH NStE Nr. **1**; vgl. auch BGH StV **90**, 206, NStE Nr. **12** zu § 250 sowie § 242 RN 63). Zum **Irrtum** über die Widerrechtlichkeit der Zueignung vgl. RG HRR **37** Nr. 209, BGH **17** 88 m. Anm. Schröder JR **62**, 346, BGH GA **62**, 144, **68**, 338, NStZ **82**, 380, **88**, 216, NStE Nr. **4**, **5**, NJW **90**, 2832, Hirsch JZ **63**, 149, ferner § 242 RN 65.

10   V. **Vollendet** ist der Raub erst mit der Vollendung der Wegnahme (dazu § 242 RN 37 ff., 67), nicht bereits mit Vollendung der Gewaltanwendung oder Drohung (vgl. BGH **20** 195, **21** 378), spätestens aber mit dem Verbringen der Beute in eigene Räume des Täters (BGH StV **81**, 127). Mit dem Beiseitelegen der Sache kann die Wegnahme vollendet sein, wenn der Gewahrsamsinhaber niedergeschlagen und der Täter körperlich überlegen ist (RG **66** 394). Zur **Beendigung** vgl. 4 vor § 22. Ein **Versuch** liegt vor, sobald eine Handlung vorgenommen wird, die zur unmittelbaren Verwirklichung auch nur eines der Tatbestandsmerkmale gehört (RG **69** 329, Samson SK 28; and. Arzt/Weber III 111: Ansetzen zur Nötigung). Ein Versuch ist z. B. dann angenommen worden, wenn der Täter angriffsbereit am Tatort lauert, wo das Opfer nach seinen Berechnungen zu dieser Zeit eintreffen muß (BGH NJW **52**, 514 m. Anm. Mezger; zu Recht and. aber BGH MDR/D **73**, 728; vgl. auch BGH NJW **54**, 567, StV **89**, 526, KG GA **71**, 54); ferner wenn der Täter einen Begleiter des Opfers tätlich angreift (BGH **3** 299) oder mit offener Schußwaffe vor der Postdienststelle auftaucht (BGH MDR/D **73**, 555). Eine Gewaltanwendung stellt aber nur dann einen Raubversuch dar, wenn die Vollendung der Tat unmittelbar anschließend erstrebt wird. Gewalttaten, die nach dem Tatplan nicht in unmittelbarem zeitlichen Zusammenhang mit der Wegnahme stehen sollen, sind nur Vorbereitungshandlungen (Samson SK 28; ebenso – entgegen Baldus LK[9] 11 – Herdegen LK 19); vgl. auch u. 13.

11   VI. **Mittäter** kann sein, wer sich an der Planung des Raubes beteiligt, auch wenn er während der Ausführung nur Schmiere steht (BGH NStZ **88**, 406, Düsseldorf JR **48**, 199). Stets ist Voraussetzung, daß der Mittäter selbst Zueignungsabsicht hat (vgl. BGH **6** 251, **17** 92, MDR/H **85**, 284, StV **86**, 61, **90**, 160, NJW **87**, 77, NStE Nr. **4** sowie § 25 RN 83, § 242 RN 56 f., 71 f.).

12   VII. Als **Strafe** ist Freiheitsstrafe nicht unter 1 Jahr angedroht, somit die Tat ein **Verbrechen** (§ 12 I). Ein **minder schwerer Fall** (Abs. 2) kann im Fall von § 21 (BGH StV **81**, 68, 180) wie etwa aufgrund von Heroinsucht (BGH StV **83**, 363) oder dann vorliegen, wenn der Entschluß zur Gewaltanwendung erst bei der Wegnahme aufgrund Überraschtwerdens durch einen anderen gefaßt wird (vgl. Koblenz GA **78**, 251). Über **erschwerte** Fälle vgl. §§ 250, 251. Zum Raub von *geringwertigen* Gegenständen vgl. o. 1. Zur **Führungsaufsicht** vgl. § 256.

13   VIII. **Konkurrenzen**. Gegenüber **§ 242** geht § 249 als spezieller vor. Gleiches gilt gegenüber §§ 243, 244, da § 243 keinen eigenen Tatbestand mehr bildet (D-Tröndle 1; vgl. aber Vogler Bockelmann-FS 723) bzw. alle Voraussetzungen des § 244 in § 250 enthalten sind (vgl. zum früheren Rechtszustand 14. A. RN 13). Idealkonkurrenz ist aber möglich zwischen versuchtem Raub und vollendeten §§ 242 ff. (RG DJ **38**, 831, BGH **21** 78; vgl. ferner 126 vor § 52). Fortsetzungszusammenhang zwischen § 242 und § 249 ist ausgeschlossen (BGH NJW **68**, 1292). Statt Wahlfeststellung ist in dubio pro reo aus § 242 zu verurteilen (vgl. § 1 RN 90, § 242 RN 79). Gesetzeskonkurrenz besteht mit **§ 240**, und zwar bei Einheitlichkeit des Raubobjekts auch dann, wenn sich die Nötigung gegen mehrere Personen richtet (z. B. Überfall auf zwei Wächter einer Bank); denn obwohl die Freiheit ein höchstpersönliches Rechtsgut ist, ist in § 249 auch eine evtl. Mehrzahl von Nötigungen eingeschlossen (i. E. ebenso Herdegen LK 28); and. aber hins. der Körperverletzung oder Tötung mehrerer Personen. Über das Verhältnis zur Erpressung vgl. §§ 253 RN 31 f., 255 RN 3. Dem § 239 geht § 249 vor, soweit die Freiheitsentziehung als Mittel zur Verwirklichung des Raubes dient; geht sie jedoch über dieses Maß hinaus, z. B. um einer Verfolgung vorzubeugen, so liegt Idealkonkurrenz vor (RG LZ **21** Sp. 659). Zu §§ 247, 248 a vgl. o. 1. Richtet sich der Raub als solcher gegen mehrere Personen, so ist ebenso wie bei der Erpressung (vgl. § 253 RN 39) Realkonkurrenz anzunehmen (and. RG DJ **35**, 1460), es sei denn, daß nur *eine* Nötigungshandlung vorliegt: dann Idealkonkurrenz. Eine solche ist auch möglich mit § 237 (BGH NStE Nr. **18** zu § 52), §§ 239 a, 239 b (BGH **26** 24), § 316 a (vgl. dort RN 15); ferner mit §§ 223, 223 a (Gewaltanwendung besteht nicht immer in einer Körperverletzung; RG JW **37**, 1328, M-Schroeder I 359), und zwar nach BGH GA **69**, 347 auch, wenn der Raub bereits vollendet, aber noch nicht beendet ist. Entsprechendes gilt für eine vor Beendigung des Raubes begonnene Erpressung oder Geiselnahme (BGH **26** 27). Über das Verhältnis zu **§§ 211 ff.** vgl. § 251 RN 9.

§ 250 Schwerer Raub

(1) Auf Freiheitsstrafe nicht unter fünf Jahren ist zu erkennen, wenn
1. der Täter oder ein anderer Beteiligter am Raub eine Schußwaffe bei sich führt,
2. der Täter oder ein anderer Beteiligter am Raub eine Waffe oder sonst ein Werkzeug oder Mittel bei sich führt, um den Widerstand eines anderen durch Gewalt oder Drohung mit Gewalt zu verhindern oder zu überwinden,
3. der Täter oder ein anderer Beteiligter am Raub durch die Tat einen anderen in die Gefahr des Todes oder einer schweren Körperverletzung (§ 224) bringt oder
4. der Täter den Raub als Mitglied einer Bande, die sich zur fortgesetzten Begehung von Raub oder Diebstahl verbunden hat, unter Mitwirkung eines anderen Bandenmitglieds begeht.

(2) In minder schweren Fällen ist die Strafe Freiheitsstrafe von einem Jahr bis zu fünf Jahren.

Schrifttum: Vgl. die Angaben zu den §§ 243, 249; ferner: *Blei,* Die Neugestaltung der Raubtatbestände, JA 74, 233. – *Braunsteffer,* Schwerer Raub gemäß § 250 I Nr. 2 StGB bei (beabsichtigter) Drohung mit einer Scheinwaffe?, NJW 75, 623. – *Eser,* „Scheinwaffe" und „schwerer Raub", JZ 81, 761, 821. – *Haft,* Grundfälle zu Diebstahl u. Raub mit Waffen, JuS 90, 364. – *Hau,* Die Beendigung der Straftat und ihre rechtlichen Wirkungen, 1974. – *Isenbeck,* Beendigung der Tat bei Raub und Diebstahl, NJW 65, 2326. – *Kühl,* Die Beendigung des vorsätzlichen Begehungsdelikts, 1974. – *Rengier,* Erfolgsqualifizierte Delikte, 1986. – *Schröder,* Diebstahl und Raub mit Waffen (§§ 244, 250 StGB), NJW 72, 1833.

I. Aufgrund Neufassung durch das EGStGB werden die **Straferschwerungsgründe** bei Raub weitgehend an die bereits durch das 1. StrRG neugeregelten Straferschwerungsgründe des § 244 bei Diebstahl angeglichen. Die früheren Nrn. 3 und 4 (Straßenraub bzw. Raub zur Nachtzeit) sind ersatzlos weggefallen (vgl. aber auch § 2 RN 25); dafür wurde – insoweit über § 244 hinausgehend – in Nr. 3 nach dem Vorbild der §§ 113 II Nr. 2, 125a Nr. 3 ein neuer, gefährdungsbezogener Strafschärfungsgrund eingefügt (vgl. Herdegen LK vor 1). 1

Wie § 244 im Verhältnis zu § 242, so enthält auch § 250 **abschließende Qualifizierungen** des § 249 bzw. – über die dortige Verweisung („gleich einem Räuber zu bestrafen") – auch zu den §§ 252, 255. Liegen daher die in den Nrn. 1 bis 4 genannten Umstände vor, so ist die Tat ein schwerer Raub, ohne daß es dafür noch einer zusätzlichen Gesamtbewertung bedürfte. Auch die Verurteilung erfolgt daher nicht wegen Raubes „in einem schweren Falle" (entsprechend § 243), sondern wegen *„schweren Raubes"* (vgl. BGH MDR/D 73, 191). 2

II. **Raub mit Schußwaffen (Nr. 1),** der nunmehr aus dem allgemeinen Waffenraub (Nr. 1 a. F.) herausgehoben ist, entspricht sachlich dem Schußwaffendiebstahl nach § 244 I Nr. 1 (vgl. dort RN 3). Im einzelnen ist folgendes zu beachten: 3

1. Da der Grund für die Strafschärfung in der erhöhten (abstrakten) Gefährlichkeit einer **Schußwaffe** (dazu § 244 RN 4) liegt, muß diese **einsatzbereit** und tauglich oder doch jederzeit einsatzfähig zu machen sein (vgl. zu § 250 a. F. BGH **3** 233, **24** 277; zu § 244 BGH **24** 341). Dazu gehört auch die Fähigkeit und Möglichkeit zum Bedienen der Waffe (vgl. BGH MDR/D **72,** 16). Ist die Waffe nicht geladen, muß die Munition griffbereit sein (BGH StV **82,** 574). Hält der Täter oder Teilnehmer diese Voraussetzungen *irrig* für gegeben, so kommt Versuch von § 250 in Betracht, gegebenenfalls in Idealkonkurrenz mit vollendetem § 249 (vgl. BGH MDR/D **72,** 16, § 22 RN 73, § 244 RN 11). 4

2. Die Schußwaffe muß der **Täter oder ein Teilnehmer bei sich führen.** Anders als beim einfachen Waffenraub nach Nr. 2 (vgl. u. 17) ist hier für das Mitsichführen *keine* bestimmte *Gebrauchsabsicht* erforderlich, sondern die Gefahr einer effektiven Anwendung ausreichend, d. h., daß die Schußwaffe bei Durchführung der Tat notfalls ohne weiteres zum Einsatz gebracht werden könnte (vgl. BGH **20** 194, Lackner § 244 Anm. 2b). Im übrigen gilt das zu § 244 RN 5ff. Gesagte entsprechend. 5

3. Zeitlich muß die Waffe **bei Begehung** des Raubes mitgeführt werden (vgl. § 244 RN 6). Dazu gehört jedenfalls unstreitig der Zeitraum **vom Versuchsbeginn** bis zur Tatvollendung. 6

a) Noch weiter vorverlagernd wollte zunächst der BGH in gewissem Umfang auch das *Vorbereitungsstadium* (z. B. Hinfahrt zum Tatort) in den möglichen Zeitraum des Beisichführens einbeziehen (vgl. die Nachw. in BGH **31** 107; ebenso D-Tröndle 4). Dies wird jedoch neuerdings (auch) vom BGH aaO (m. Anm. Hruschka JZ 83, 217, Kühl JR 83, 424) zu Recht abgelehnt, weil zu diesem Zeitpunkt der Täter die zeitliche Grenze der Strafbarkeit überhaupt noch nicht überschritten hat (Geilen Jura 79, 222, Laubenthal JZ 87, 1066, Schünemann JA 80, 354; vgl. auch § 22 RN 38). Auch wäre damit dem Täter die Möglichkeit verschlossen, etwa dadurch einen „Teilrücktritt" von § 250 vorzunehmen (vgl § 24 RN 113, Herdegen LK 8), daß er sich noch im Vorbereitungsstadium der Waffe in einer Weise entäußert, die ihm eine weitere Verwendung unmöglich macht (z. B. durch Wegwerfen). 7

§ 250 8–15   Bes. Teil. Raub und Erpressung

8   b) Andererseits läßt die h. M. für das Beisichführen noch genügen, daß sich der Täter zwar nach Vollendung, aber noch **vor Beendigung** der Tat mit der Schußwaffe versieht (so zu § 250 I Nr. 1 a. F. BGH **20** 194, GA **61**, 82, D-Tröndle 4; vgl. auch BGH **20** 230, MDR/H **80**, 106, StV **88**, 429 m. Anm. Scholderer, m. Klarstellung Salger StV 89, 66 u. Erwid. 153, Geilen Jura 79, 222, 277; abl. Isenbeck NJW 65, 2326, Hruschka GA 68, 205, JZ 69, 609, Hau aaO 135, Kühl aaO 143 ff., Samson SK § 244 RN 13). Hierzu ist folgendes auseinanderzuhalten:

9   α) Soweit sich ein Raub aus **mehreren Einzelakten** zusammensetzt, die insgesamt eine *natürliche Handlungseinheit* bilden (so z. B. bei stückweisem Wegtragen der Raubbeute), fällt die Tat insgesamt unter Nr. 1, sofern der qualifizierende Umstand auch nur beim letzten Einzelakt verwirklicht wird, mag auch bereits vorher ein (formell) vollendeter Raub gegeben sein (vgl. 9, 11 vor § 22, insoweit ebenso Kühl aaO 147).

10 β) Auch in sonstigen Fällen kommt über den formellen Vollendungszeitpunkt des Raubes hinaus ein Beisichführen solange in Betracht, als dies in **unmittelbarem zeitlichen und räumlichen Zusammenhang** mit der Wegnahme **zur Beutesicherung** erfolgt, so z. B. beim Verlassen des Tatorts, beim Wegtragen oder Abfahren der Beute (vgl. BGH **20** 194, 197, GA **71**, 82; and. Herdegen LK 1 mwN; vgl. auch § 244 RN 6). Denn nicht nur, daß unter den genannten Voraussetzungen Vollendung des Grundtatbestandes und die qualifizierte Beendigungsphase oft so nahtlos ineinander übergehen, daß eine exakte Abgrenzung weder möglich noch eine solche Differenzierung im Hinblick auf die (gleiche) spezifische Gefährlichkeit des betreffenden Räubers überhaupt gerechtfertigt wäre (augenfällig dafür BGH **20** 194, wo ebensogut auch noch un*v*ollendete wie un*b*eendete Wegnahme hätte angenommen werden können); auch würde damit die Zurechenbarkeit des qualifizierenden Umstandes (ohne innere Berechtigung) u. U. von der Größe des Wegnahmeobjekts abhängen (vgl. § 242 RN 39).

11 Auch die Möglichkeit, *nach Raubvollendung* eintretende Qualifikationen dann noch *über § 252* zuzurechnen (so Schröder 17. A. RN 2d, ebenso Hau aaO 135), zwingt zu keiner gegenteiligen Auffassung. Nicht nur, daß es keineswegs in allen qualifizierten Beendigungsfällen tatsächlich noch zu einer Tat nach § 252 kommen muß (vgl. etwa BGH GA **71**, 82; für Unanwendbarkeit des § 250 in solchen Fällen jedoch Hruschka aaO, hiergegen zutr. Kühl aaO 143); auch kann sich das gleiche Problem in der Beendigungsphase des § 252 stellen. Im Grunde handelt es sich im Hinblick auf die Qualifizierung des § 249 bzw. § 252 lediglich um ein **Konkurrenzproblem** (vgl. BGH **21** 377, 379, GA **68**, 339, **69**, 347, Eser IV 90, 94 f., Jescheck Welzel-FS 698 sowie u. 28), dem wegen der Rückverweisung des § 252 auf die §§ 249 ff. keine entscheidende Bedeutung zukommt. Auch muß der Kette der §§ 244 I Nr. 1, 2, 249 ff., 252 der Wille des Gesetzes entnommen werden, den gesamten Komplex einer besonders qualifizierten Wegnahme in jedem Stadium eines einheitlichen Tatgeschehens – vom Versuch bis zur Beendigung – zu erfassen (krit. Scholderer StV 88, 430; vgl. auch D-Tröndle 4).

12 Dies allerdings immer unter der *einschränkenden* Voraussetzung, daß der Handlungsausschnitt, welcher unter Mitführen der Waffe begangen wird, wenigstens zu einer Intensivierung der tatbestandstypischen Rechtsgutsverletzung bzw. **zur Sicherung des Erlangten** dient. Daher ist § 250 *nicht* anzuwenden, wenn der Täter die Waffe lediglich auf der Flucht *nach fehlgeschlagenem Versuch* bei sich hat (zust. BGH **31** 108; ebenso Herdegen LK 11, Lackner § 244 Anm. 2a). Denn mangels Bezugs zum Schutzgut des § 249 kann hier der Täter nicht anders behandelt werden als jeder andere, der sich auf der Flucht mit einer Waffe versieht; vgl. BGH **20** 197, GA **71**, 82, wonach der Täter die Waffe „bei der weiteren Verwirklichung seiner Zueignungsabsicht" bei sich haben muß; and. wohl RG R **5** 558; vgl. auch BGH **22** 230, dazu § 244 RN 20.

13 4. Für den **subjektiven Tatbestand** ist bei Nr. 1 **Vorsatz** des jeweiligen Beteiligten erforderlich, daß entweder er selbst oder ein anderer Beteiligter am Raube eine einsatzfähige Schußwaffe bei sich führt. Vgl. im einzelnen § 244 RN 9 ff.

14 **III. Raub mit (sonstigen) Waffen (Nr. 2)** ist in Angleichung an § 244 I Nr. 2 nunmehr an strengere Voraussetzungen geknüpft als in § 250 I Nr. 1 a. F.

15 1. Bei den **Waffen, Werkzeugen oder Mitteln** (dazu § 244 RN 13, 16) muß es sich um Gewalt- oder Drohmittel handeln, die bei ihrer eventuellen Anwendung **objektiv zur Gefährdung von Leib oder Leben geeignet** wären; denn dieses schon für § 244 I Nr. 2 wesentliche Erfordernis (vgl. dort RN 14), das die Rspr. bereits zu § 250 I Nr. 1 a. F. entwickelt hatte (vgl. zuletzt BGH NJW **72**, 731 m. Anm. Schröder, **24** 276 m. Anm. Küper NJW 72, 1059), ist auch und erst recht bei § 250 I Nr. 2 unverzichtbar (grds. ebenso LG Hamburg NJW **77**, 1931, Blei JA 74, 235, Haft JuS 90, 365, Henkel-FS 122, Herdegen LK 19, Geilen Jura 79, 389, Krey II 82 f., Küper JuS 76, 647, Lackner 2a, M-Schroeder I 359 f., Samson SK 4, Schmidhäuser II 101, Schünemann JA 80, 355, Seelmann JuS 86, 204, Wessels II/1 S. 85, Zaczyk JZ 85, 1059; vgl. auch Braunsteffer NJW 75, 623, D-Tröndle 5; zur Gegenauffassung vgl. u. 16). Daher genügt insbes. nicht schon das Mitführen einer bloßen Scheinwaffe (Attrappe, Pistole ohne Munition usw.), die lediglich zu einer „leeren Drohung" bzw. bloßer Einschüchterung eingesetzt werden

kann und soll (vgl. § 244 RN 14 mwN). Denn da der Strafschärfungsgrund bei Waffenraub nach wie vor lediglich in der (gegenüber § 249) „erhöhten Gefährlichkeit der Tat und des Täters" liegen kann (so auch BGH 24 342 zu § 250 I Nr. 1 a. F., vgl. u. 16), reichen dafür nicht schon Werkzeuge der List (insoweit ebenso BGH NStZ 85, 547), sondern nur solche von gesteigerter objektiver Gefährlichkeit aus (eingeh. Eser JZ 81, 761 ff.).

Demgegenüber will der BGH mit Rücksicht auf die (vermeintlich) subjektiv gefaßten Vorausset- **16** zungen des § 250 I Nr. 2 schon lediglich **gefährlich erscheinende** Gewalt- oder Drohmittel genügen lassen (NJW **76**, 248, MDR/H **79**, 281, NStZ **81**, 436 [m. krit. Anm. Küper NStZ 82, 28], **85**, 408, StV **86**, 19, NJW **89**, 2549 [m. abl. Anm. Hillenkamp JuS 90, 454]; in JZ **90**, 552 sogar dann, wenn das Opfer die Scheinwaffe als solche erkennt; vgl. auch BGH **26** 167, EKMR NJW 85, 2076; zust. wohl nur Otto II 169, 188 f., während Herdegen LK 17 die eigene Gefährlichkeitseinschätzung des Täters genügen lassen will). Doch während dies bei § 244 I Nr. 2 im Hinblick auf dessen Charakter als Raubvorbereitung (vgl. dort RN 14 zu BGH **24** 339) noch hingehen mag, ist für eine solche Betrachtungsweise bei § 250 I Nr. 2 von vornherein kein Raum: Denn zum einen werden hierdurch weder der Versuch noch die Vollendung eines einfachen Raubes i. S. des § 249 vorverlegt (so auch D-Tröndle § 249 RN 7); zum andern setzt dieser ohnehin bereits eine tatsächliche Gewaltanwendung oder eine Drohung, und zwar sogar eine solche mit gegenwärtiger Gefahr für Leib oder Leben, voraus. Warum dann aber in jedem Falle die gegenüber § 249 außerordentlich erhöhte Strafdrohung des § 250 gerechtfertigt sein soll, wenn der Täter zum Zwecke einer Drohung irgendeinen – objektiv noch so ungefährlichen – Gegenstand mitführt, ist schlechterdings nicht einzusehen (vgl. BVerfGE **25** 269, 286, Küper JuS 76, 645, Tröndle GA 73, 328). Der „verbrecherische Wille" (BGH aaO, NJW **76**, 248) ist hier nicht stärker, sondern eher geringer als in vielen (einfachen) Fällen des § 249, weil der Täter ja dadurch eine effektive (möglicherweise gefährliche) Anwendung von Gewalt gerade vermeiden will (Blei JA 74, 233, Herdegen LK 19; i. gl. S. muß letztlich auch Walter GA 85, 197 ff. bei seiner Kritik der „kriminellen Energie" einräumen, daß sich bei Verwendung von Scheinwaffen allenfalls hinsichtlich der psychischen Erschütterung des Opfers keine wesentlichen Unterschiede ausmachen lassen, dagegen bei echten Waffen das vom Täter eingeplante physische Gefährdungspotential regelmäßig ungleich größer ist). Was schließlich die motivatorische Wirkung der Scheinwaffe auf das Opfer angeht (worauf BGH NJW **76**, 248 u. a. abhebt), so kann diese ebensogut von einem mit dem Einsatz überlegener Körperkräfte drohenden Täter ausgehen (vgl. etwa BGH NStZ **85**, 547). Doch ist – was vielfach übersehen wird – mit der nicht realisierbaren Drohung die Problematik keineswegs erschöpft. Würde man (dem reinen Gesetzeswortlaut folgend) „*jedes Mittel*" (so BGH aaO) ausreichen lassen, mit dem *Gewalt* nicht nur angedroht, sondern auch *ausgeübt* werden kann und soll, so würde hierunter auch der Schlüssel fallen, mit dem das Opfer eingesperrt, die Schnur, mit der es gefesselt wird (vgl. BGH NJW **89**, 2549), fallen, nicht dagegen – trotz höheren Unrechtsgehalts – das Niederschlagen mit bloßer Faust. Aus derartigen Ungereimtheiten wird deutlich, daß der – zu weit gefaßte – Tatbestand der Nr. 2 (noch mehr als der des § 244) einer restriktiven Interpretation bedarf, wobei der jeweils vorangestellte Begriff der Waffe als ein Angriffs- oder Verteidigungsmittel von gesteigerter objektiver Gefährlichkeit einen geeigneten Vergleichsmaßstab abgibt (vgl. Eser JZ 81, 767 ff., Schröder NJW 72, 1835). Für eine Rechtsfolgenlösung nach Abs. 2 jedoch BGH NJW **89**, 2549 m. krit. Anm. Hillenkamp JuS 90, 458.

2. Im Unterschied zu Nr. 1 genügt hier nicht schon das bloße Beisichführen (dazu o. 5) der **17** Waffe, sondern dies muß mit **Gebrauchsabsicht** bei Begehung des Raubes geschehen. Vgl. § 244 RN 15 ff.

3. Ebenso wie das Mitführen der Waffe ist auch die Gebrauchsabsicht kein persönliches **18** Merkmal i. S. des § 28, sondern ein **tatbezogenes.** Daher genügt für die Zurechnung der Qualifizierung jeweils bereits das Wissen des Täters bzw. Teilnehmers, daß einer von ihnen eine Waffe usw. mit entsprechender Absicht bei sich führt (vgl. o. 13).

4. Zum Verhältnis des **Versuchs** von Nr. 2 zu § 244 I Nr. 2 vgl. dort RN 22 sowie Arzt JuS **19** 72, 578, D-Tröndle 4, Laubenthal JZ 87, 1066.

IV. Gefährlicher Raub (Nr. 3) setzt voraus, daß *durch die Tat* ein *anderer* in die *Gefahr des* **20** *Todes* oder einer *schweren Körperverletzung* (§ 224) gebracht wird. Damit wird nicht nur der den schweren Folgen i. S. von §§ 224, 251 vorgelagerte Gefahrenbereich erfaßt, sondern auch der früher nach § 251 a. F. strenger bestrafte Raub mit schwerer Körperverletzung (vgl. § 251 RN 1).

1. Während in den anderen Fällen des § 250 der Raub durch die (abstrakte) Gefährlichkeit **21** bestimmter Mittel (Nrn. 1, 2) bzw. Begehungsweisen (Nr. 4) qualifiziert wird, liegt bei Nr. 3 der Strafschärfungsgrund in einer nach Art und *Ausmaß* intensiveren Gefährlichkeit: gleichgültig auf welche Weise, muß hier durch die Tat ein bestimmtes Opfer in eine **konkrete Gefahr,** d. h. in eine Situation gebracht werden, in der es bereits unmittelbar der (nicht mehr beherrschbaren) Möglichkeit eines Erfolgs i. S. der §§ 211, 212 bzw. 224 ausgesetzt ist, so daß es nur noch vom Zufall abhängt, ob dieser eintritt oder ausbleibt (vgl. auch § 125a RN 11, 5 ff. vor § 306, Herdegen LK 25). Die bloße Drohung mit einer geladenen Schußwaffe würde dafür

§ **250** 22–28   Bes. Teil. Raub und Erpressung

noch nicht ausreichen, wohl aber ein anschließendes Handgemenge, weil und soweit sich dabei ein tödlicher Schuß lösen könnte. Auf einen tatsächlichen Erfolgseintritt kommt es nicht an; doch ist Nr. 3 selbstverständlich auch dann erfüllt, wenn sich die qualifizierende Gefahr in einem entsprechenden Erfolg realisiert (Blei JA 74, 236; zu den Konkurrenzen vgl. u. 25). Zur Gefahr der **schweren Körperverletzung** vgl. § 224 RN 2 ff. Da deren Abgrenzung von der Gefahr des **Todes** (§ 212) häufig nur schwer möglich ist, stellt Nr. 3 beide Gefahren gleichrangig nebeneinander. Jedoch kann ein unterschiedlich hoher Grad der Gefährdung gegebenenfalls bei der Strafzumessung zu berücksichtigen sein (vgl. Hamm NJW **73**, 1891).

22   2. Der gefährdete **Andere** braucht weder der Beraubte selbst noch eine Person zu sein, von der Widerstand geleistet oder erwartet wird; vielmehr genügt auch eine Gefährdung Unbeteiligter (D-Tröndle 7, Samson SK 8, Schünemann JA 80, 394), z. B. durch abirrende Schreckschüsse oder den Einsatz von Handgranaten als Gewaltmittel, nicht dagegen von Tatbeteiligten (vgl. § 251 RN 3, Herdegen LK 27).

23   3. Erforderlich ist jedoch, daß die Gefährdung **durch die Tat** eintritt. Dafür reicht jede Handlung im Zusammenhang mit der Tatbegehung, und zwar *vom Versuchsbeginn bis zur Beendigung* des Raubes bzw. räuberischen Diebstahls (vgl. o. 10 f., teils enger Herdegen LK 26, Rengier aaO 226 f., 281, Samson SK 11, Schünemann JA 80, 394). Darunter fallen insbes. solche Gefährdungen, die auf die unmittelbar zur Wegnahme bzw. Beutesicherung eingesetzten Gewaltmittel (z. B. Bauchschuß) bzw. Drohungen (z. B. gegenüber einem schwer Herzkranken) zurückzuführen sind, einschließlich der sich aus dadurch geschaffener Hilflosigkeit des Opfers ergebenden Gefahren (z. B. wenn es gefesselt in einsamer Gegend oder Kälte zurückgelassen wird). Auch Gefährdungen bei Verfolgung des Opfers oder der Abwehr Dritter reichen ebenso aus wie die bei Flucht des Täters mit seinem Auto für Passanten entstehenden Gefahren (and. Herdegen LK 26), vorausgesetzt jedoch, daß die Gefahr unmittelbar durch den Täter bzw. einen anderen Tatbeteiligten herbeigeführt wird und nicht durch das Opfer selbst (vgl. BGH **22** 363) bzw. durch gefährliches Verhalten Dritter bei Verfolgung des Täters. Vgl. § 251 RN 4, 5.

24   4. Für den **subjektiven Tatbestand** ist Vorsatz auch hins. der Gefährdung erforderlich, ohne daß insoweit § 18 zum Zuge kommt (vgl. BGH **26** 176, 245, MDR/H **77**, 638, D-Tröndle 7, Geilen Jura 79, 446, Herdegen LK 28, Lackner 2b, Rengier aaO 87, 281; i. E. zust. Küper NJW 76, 543, Meyer-Gerhards JuS 76, 228; krit. Blei JA 75, 804); denn unabhängig davon, ob man mit BGH aaO einer Gefahr die Erfolgsqualität schlechthin abspricht (dagegen Küper, Meyer-Gerhards, Blei jew. aaO), kann sie jedenfalls nicht als besondere Folge i. S. von § 18 aufgefaßt werden. Dies ergibt sich schon daraus, daß das Gesetz für sonstige Fälle nur fahrlässiger Gefahrverursachung stets eine besondere Regelung trifft (vgl. z. B. §§ 310b II, 311 IV, 315a III Nr. 1, 315b IV, 315c III Nr. 1), was bei Anwendbarkeit von § 18 überflüssig wäre. Im übrigen ist (entgegen Küper aaO 545 f.) in der Tat zweifelhaft, ob Nr. 3 konstruktiv überhaupt einen Gefahr*erfolg* beinhaltet, und ob es nicht vielmehr ebenso wie bei der lebensgefährdenden Behandlung in § 223a um die *konkrete* Gefährlichkeit einer *Handlung* geht (vgl. § 223a RN 12, Hirsch ZStW 83, 148; vgl. auch E 62 Begr. 284 zu § 249, Rengier aaO 94 f., ferner § 113 RN 67). Zum *Gefährdungsvorsatz* vgl. BGH MDR/H **78**, 111, ferner § 315c RN 35. Für die Strafbarkeit eines von **mehreren Beteiligten** reicht aus, daß er das gefährdende Vorgehen eines anderen billigt (vgl. o. 13, 18, § 251 RN 8 sowie D-Tröndle 7, Herdegen LK 30). Doch wird ein bloßer Raubgehilfe nicht schon durch eigenes gefährdendes Vorgehen zum Täter von Nr. 3 (vgl. § 244 RN 8).

25   5. Zwischen Nr. 3 und §§ 224, 225 besteht **Idealkonkurrenz** (BGH NStE Nr. 12). Gegenüber § 251 tritt Nr. 3 zurück.

26   **V. Bandenraub (Nr. 4)** entspricht § 244 I Nr. 3 (vgl. dort RN 23 ff.). Soweit in Nr. 4 im Unterschied zu den Nrn. 1 bis 3 (bzw. § 244 I Nr. 3) lediglich vom „Täter" die Rede ist, hat dies keine sachlichen, sondern nur sprachliche Gründe; Nr. 4 gilt daher auch für Teilnehmer (vgl. Blei JA 74, 236, D-Tröndle 8). Auch wenn die Verbindung ursprünglich *nur* auf die Begehung von *Diebstählen* gerichtet war, kann Nr. 4 vorliegen (vgl. OGII NJW **49**, 910, D-Tröndle 8, Lackner 2a). § 28 findet keine Anwendung (vgl. § 244 RN 28; and. Herdegen LK 32 mwN).

27   **VI.** Liegen bei derselben Straftat **mehrere Strafschärfungsgründe** vor, so ist dennoch nur ein einziger „schwerer Raub" anzunehmen (vgl. § 244 RN 33 sowie Samson SK 14; and. D-Tröndle 10, Herdegen LK 33). Zur Verhängung der *Mindest*strafe vgl. BGH NStZ **84**, 359 m. Anm. Zipf. Zu § 316a vgl. dort RN 15.

28   Im **Verhältnis** zu § 252 gilt folgendes: Hinter einem vollendeten qualifizierten Raub (§§ 249, 250) tritt § 252 (selbst wenn seinerseits nach § 250 qualifiziert) zurück. Wird dagegen der qualifizierende Umstand erst in der Beendigungsphase des § 249 bei der Beutesicherung i. S. des § 252 verwirklicht

(vgl. o. 10ff.), so wird auch der vollendete § 249 durch §§ 252, 250 konsumiert (vgl. BGH **21** 379, GA **68**, 339, **69**, 347, Eser IV 94f., Samson SK § 252 RN 17). Anders jedoch dann, wenn es lediglich zu einem Versuch des § 252 kommt, der erst mit dem Beginn einer erneuten Gewaltanwendung einsetzt (vgl. § 252 RN 8); hier muß der Beendigungsgedanke (vgl. o. 10) im Hinblick auf §§ 249, 250 durchgreifen. Soweit § 249 bzw. § 252 zurücktritt, ist die Nötigung gegenüber dem Opfer des verdrängten Tatbestandes durch ideell konkurrierenden § 240 in Ansatz zu bringen.

VII. Zu den **minderschweren Fällen (Abs. 2)** vgl. allg. 48 vor § 38 sowie Eser JZ 81, 821ff. **29** Speziell bei Mitführen *objektiv ungefährlicher Tatmittel* ist im Falle von Nr. 2 auf der Basis der BGH-Rspr. (o. 16) jedenfalls ein minderschwerer Fall in Erwägung zu ziehen (vgl. BGH NJW **76**, 248, StV **81**, 68, 525, 547, **82**, 70, **83**, 18, 279, **84**, 335, **86**, 19, NStE Nrn. **8, 15**, NJW **89**, 2549 m. krit. Anm. Hillenkamp JuS **90**, 458, ferner Eser JZ **81**, 821ff., Herdegen LK 20, Otto JZ **85**, 27; and. LG Stuttgart JZ **81**, 789; vgl. auch Hettinger JZ **82**, 849), insbes. wenn das Opfer die objektive Ungefährlichkeit erkennt (BGH NStE Nr. **14**). Zumindest aber ist umgekehrt der Gefährlichkeitseindruck des Opfers nicht als strafschärfend anzulasten (BGH StV **86**, 342, **89**, 250, **90**, 206, MDR/H **90**, 98). *Im übrigen* kann für alle Fälle des Abs. 2 u. a. bedeutsam sein die Geringwertigkeit der Beute (BGH NStE **7, 13**; vgl. § 243 II, Eser IV 85), wobei freilich je nach Sachlage – insbes. im Falle von Nr. 3 – die Geringwertigkeit auch den erhöhten Vorwurf rechtfertigen kann, daß der Täter habe um eines geringen Vorteils willen sogar den Tod eines Menschen in Kauf genommen (Herdegen LK 34). Auf jeden Fall ist § 248a auf § 250 ebensowenig anwendbar wie auf § 244 (vgl. § 244 RN 2, § 248a RN 4). Ferner kommt als milderungsrelevant in Betracht ein provozierendes Verhalten des Opfers (BGH StV **82**, 575; vgl. aber auch Karlsruhe Justiz **83**, 125 zu [nicht akzeptiertem] Denkzettel-Motiv), ein etwaiges Verhinderungsbemühen (BGH StV **81**, 343), das bewußte Einplanen des Scheiterns (BGH StV **81**, 620; vgl. auch BGH NStZ **86**, 117, 453), die Unerheblichkeit eines Gehilfenbeitrags (BGH MDR/H **80**, 453, StV **85**, 411; vgl. auch NStE Nr. 5), ein Geständnis (BGH NStE Nr. **2, 5**) oder ein sonst um Aufklärung bemühtes Nachtatverhalten (BGH StV **82**, 421). Auch *verminderte Schuldfähigkeit* kommt als Minderungsgrund in Betracht (vgl. BGH MDR/H **76**, 813, StV **82**, 113, **84**, 357, NStZ **86**, 117, NStE Nr. **1**), ebenso Reiferückstände (BGH StV **83**, 279, NStZ **87**, 72), eine schwere persönliche Krise (BGH StV **83**, 19), ungünstige wirtschaftliche Lage (BGH NStE Nr. **6**) oder eine nur noch kurze Lebenserwartung (BGH NStE Nr. **4**, LG Krefeld StV **89**, 439). Generell kann bei *gesetzlich vertypten Milderungsgründen* (z. B. §§ 27 II 2, 30 I 2) die Milderung auch durch Wahl des Strafrahmens des Abs. 2 erfolgen (BGH NStE Nr. **2, 3**, NStZ **90**, 96, MDR/H **90**, 486). *Umgekehrt* kann der Anwendung von Abs. 2 entgegenstehen, daß erhebliche Vorstrafen vorliegen (BGH MDR/H **90**, 97) oder der Täter tateinheitlich weitere (BGH NStE **89**, 72) oder kurz nacheinander mehrere gleichartige Straftaten begangen hat (BGH NStE Nr. **9, 16**). Zur *Abwägung* zwischen strafmildernden und straferhöhenden Umständen vgl. BGH StV **90**, 206.

§ 251 Raub mit Todesfolge

Verursacht der Täter durch den Raub (§§ 249 und 250) leichtfertig den Tod eines anderen, so ist die Strafe lebenslange Freiheitsstrafe oder Freiheitsstrafe nicht unter zehn Jahren.

Schrifttum: Vgl. die Angaben zu den §§ 249, 250; ferner: *Geilen,* Unmittelbarkeit und Erfolgsqualifizierung, Welzel-FS 655. – *Hruschka,* Konkurrenzfragen bei den sog. erfolgsqualifizierten Delikten, GA 67, 42. – *Kunath,* Zur Einführung eines einheitlichen Straftatbestandes gegen Luftpiraterie usw., JZ 72, 201. – *Maurach,* Probleme des erfolgsqualifizierten Delikts usw., Heinitz-FS 403. – *Schröder,* Konkurrenzprobleme bei erfolgsqualifizierten Delikten, NJW 56, 1737.

I. In seiner Neufassung durch das EGStGB enthält § 251 (in Anlehnung an §§ 177 III, 239a II) nur **1** noch eine **Erfolgsqualifizierung** des Raubes bei leichtfertiger Todesfolge, während der frühere Erschwerungsgrund der Marterung ersatzlos weggefallen ist. Dagegen wird die schwere Körperverletzung schon im Falle einer dahingehenden *Gefahr* durch den Strafschärfungsgrund des § 250 I Nr. 3 erfaßt, ebenso wie eine (bloße) Gefahr des Todes (vgl. § 250 RN 20, Rengier aaO 86f.).

II. Im einzelnen ist für § 251 folgendes erforderlich: **2**

1. Als qualifizierender **Erfolg** muß der **Tod eines anderen** tatsächlich eingetreten sein. Wie **3** bei § 250 I Nr. 3 (RN 22) kann auch hier der „andere" ein Unbeteiligter sein (vgl. RG **75** 54), der z. B. durch abirrende Schüsse des Täters auf das Opfer oder auf Verfolger getötet wird (teils enger Rengier aaO 226f.), nicht dagegen ein Tatbeteiligter (vgl. § 316c RN 30, Herdegen LK 1; and. Kunath JZ 72, 201).

2. a) Der Tod muß **durch den Raub** verursacht worden sein, d. h. durch eine Handlung, die **4** (einschließlich des Versuchs) spezifischer Bestandteil der Raubbegehung i. S. der §§ 249, 250 ist; so insbes., wenn eine Gefährdung i. S. von § 250 I Nr. 3 (vgl. dort RN 21) in den Tod des Betroffenen umschlägt. Nicht erforderlich ist hingegen, daß der Tod gerade auf die der Wegnahme dienende *Gewalt* rückführbar ist (so jedoch zu § 251 a. F. BGH **16** 316, **22** 363); vielmehr kann auch schon eine bloße *Drohung,* die z. B. durch ihre Schockwirkung den Tod des Opfers

§ 251 5–9   Bes. Teil. Raub und Erpressung

verursacht, genügen (D-Tröndle 2; vgl. auch BGH **23** 126 m. Anm. Geilen JZ 70, 521, ferner Maurach Heinitz-FS 411, wo jedoch die von der Bedrohung mit einer Schußwaffe ausgehende psychische Wirkung bereits als Gewaltanwendung angesehen wird). Dagegen ist der lediglich durch die *Wegnahme* verursachte Tod (etwa des eines lebenswichtigen Medikaments oder bei Kälte seiner Kleider beraubten Opfers) nur durch Tateinheit mit §§ 211 f., 222 erfaßbar (vgl. Blei JA 74, 236, Rengier aaO 230 ff., Seelmann JuS 86, 205; Wessels II/2 S. 86 f.), da sonst gegenüber dem Fall, daß der Tod infolge einfachen Diebstahls verursacht ist (§§ 242, 222, 52), die Anwendbarkeit von § 251 i. V. m. § 252 schon bei bloßem Hinzukommen von Gewalt zwecks Beutesicherung gegenüber einem Dritten eine unverhältnismäßige Strafschärfung zur Folge hätte (vgl. Herdegen LK 2). Im übrigen kann auch in der Beendigungsphase des Raubes noch eine Todesverursachung in Betracht kommen, so z. B. wenn sich der Räuber den Fluchtweg freischießt (D-Tröndle 2; and. Herdegen LK 7, Rengier aaO 220 f.). Wird dagegen etwa der Tod von Passanten lediglich durch verkehrswidriges Verhalten beim Abtransport der bereits gesicherten Beute verursacht, so scheidet § 251 aus (D-Tröndle 2, Lackner 1), da es an dem spezifischen inneren Zusammenhang zum vorangegangenen Raub fehlt. Vgl. auch § 250 RN 12.

5   b) Zudem muß auch hier – ähnlich wie bei § 226 (vgl. dort RN 3) – der Tod **unmittelbar** durch den betreffenden Teilakt der Raubbegehung verursacht sein. Das bedeutet zwar nicht, daß der Tod gerade auf eine (vorsätzliche) Körperverletzungshandlung rückführbar sein müßte (so aufgrund entsprechender Tatbestandsfassung bei § 226); wohl aber muß der Tod in einer entsprechend gefährlichen Teilhandlung des Raubes seine unmittelbare Ursache haben (vgl. Geilen Welzel-FS 657, 681, Jura 79, 502 f., Herdegen LK 3 ff. mwN). Dafür würde schon ausreichen, daß z. B. das bedrohlich angegangene Opfer beim Zurückweichen fällt und zu Tode kommt (vgl. Blei JA 74, 236), nicht hingegen, wenn das Opfer oder Dritte ohne unmittelbare Einwirkung des Täters bei der Nacheile oder beim Versuch, Hilfe beizuschaffen, tödlich verunglücken (vgl. BGH **22** 363). Ebensowenig genügt Todesverursachung durch die Handlung eines Dritten, z. B. der Polizei bei Verfolgung des Täters (vgl. Schünemann JA 80, 396; and. Lackner 1). Vgl. aber auch § 18 RN 4, § 250 RN 23.

6   3. Obgleich es sich bei der Todesfolge um eine bloße *Erfolgsqualifizierung* handelt, ist für den **subjektiven Tatbestand** nicht schon Fahrlässigkeit genügend, sondern – insofern wie von § 18 – (mindestens) **Leichtfertigkeit** i. S. einer gesteigerten (nicht aber unbedingt bewußten) Fahrlässigkeit erforderlich (vgl. § 15 RN 205, § 18 RN 3; zu vorsätzlicher Erfolgsherbeiführung vgl. u. 9). Aus der Raubbegehung als solcher kann diese Leichtfertigkeit nicht schon gefolgert werden, da sonst diesem zusätzlichen subjektiven Erfordernis keinerlei Eigenbedeutung zukäme (vgl. Herdegen LK 9, Lackner 2, Wessels II/2 S. 87, aber auch Maiwald GA 74, 257, Maurach Heinitz-FS 403, 414). Erforderlich ist vielmehr, daß der Täter gerade im Hinblick auf die Möglichkeit des konkreten Tötungserfolgs in besonderer Weise leichtsinnig gehandelt hat, z. B. durch ein Übermaß an brutaler Gewalt (vgl. Nürnberg NStZ **86**, 556), nicht dagegen durch nachträglich rücksichtloses Verhalten, wie etwa Zurücklassen eines offensichtlich schwerverletzten Opfers (Rengier aaO 124 ff., 181).

7   III. **Versuch** ist in gleichem Umfang möglich wie bei sonstigen erfolgsqualifizierten Delikten (vgl. § 18 RN 8 ff., Schünemann JA 80, 397), so etwa dadurch, daß der Tod bereits durch die Gewaltanwendung herbeigeführt wird, ohne daß die Wegnahme noch gelingt (vgl. RG **62** 423, **69** 332, **85** 54, D-Tröndle 4, Herdegen LK 15, Laubenthal JZ 87, 1067 f.).

8   IV. Hat einer von **mehreren Tatbeteiligten** die unmittelbare Todesursache gesetzt, so haften auch die übrigen nach § 251, soweit ihnen hinsichtlich des Erfolges ebenfalls Leichtfertigkeit zur Last fällt und sie die betreffende Handlung des Teilnehmers als solche zumindest bedingt vorsätzlich hingenommen haben (vgl. BGH MDR **51**, 274, LM **Nr. 2** zu § 250 a. F., NJW **73**, 377, NJW **87**, 77, D-Tröndle 5, Herdegen LK 17 mwN), m. a. W. kein Exzeß vorliegt (vgl. RG HRR **32** Nr. 1523, Rengier aaO 252 ff.). Ob der unmittelbare Todesverursacher seinerseits leichtfertig gehandelt hat, ist für die Strafbarkeit der übrigen unerheblich; deshalb haftet bei eigener Leichtfertigkeit der Anstifter auch dann, wenn der Täter ohne Verschulden gehandelt hat (vgl. BGH **19** 339 m. Anm. Cramer JZ 65, 31, D-Tröndle 5).

9   V. Für das **Verhältnis zu anderen Delikten,** die ebenfalls den **Todes**erfolg erfassen, gilt folgendes: §§ 222 und 226 treten aufgrund Gesetzeskonkurrenz zurück (vgl. BGH NJW **65**, 2116 m. abl. Anm. Fuchs NJW 66, 868, Lackner 4), da sonst der Erfolg doppelt in Ansatz käme. Dagegen ist mit **§§ 211 ff.** Idealkonkurrenz möglich (vgl. RG **63** 105, BGH **9** 135, D-Tröndle 6, Herdegen LK 11 ff., 19, Herzberg JuS 76, 43), um dadurch die *vorsätzliche* Art der Tatbegehung klarzustellen (and. Hruschka GA 67, 50 f.); dagegen für tatbestandliche Exklusivität des (fälschlich auf Leichtfertigkeit beschränkten) § 251 gegenüber den vorsätzlichen §§ 211 ff. BGH **26** 175 m. zust. Anm. Rudolphi JR 76, 74 (krit. dazu Blei JA 76, 248), BGH NStZ **84**, 454, NStZ/E **84**, 57, M-Schroeder I 361, Samson

SK 10, wobei jedoch verkannt wird, daß es sich auch bei § 251 um ein „unechtes" erfolgsqualifiziertes Delikt handelt (vgl. § 18 RN 2, Schröder NJW 56, 1737), für das durch das Leichtfertigkeitserfordernis lediglich eine gegenüber § 18 gesteigerte *Mindest*schuldform vorausgesetzt wird (Geilen Jura 79, 557 ff., 614, Schünemann JA 80, 396, Wessels II/2 S. 87). Vgl. auch Lackner 4 u. Tenckhoff ZStW 88, 912 ff., die bei vorsätzlicher Todesherbeiführung dem (mit BGH) als verdrängt angesehenen § 251 jedenfalls eine Sperrwirkung in dem Sinne beilegen wollen, daß die Mindeststrafe von § 251 nicht unterschritten werden dürfe (gegen die Beschränkung auf Leichtfertigkeit neuerdings offenbar BGH **35** 258 m. Anm. Alwart NStZ 89, 225, Arzt StV 89, 57, Laubenthal JR 88, 335, Rudolphi JZ 88, 880). Im übrigen ist für das Verhältnis zu Tötungsdelikten zu beachten, daß *Idealkonkurrenz* (nur) vorliegt, wenn die Tötung der Gewahrsamserlangung dient und der neue Gewahrsam spätestens unmittelbar im Anschluß an die Tötung begründet wird (i. E. ebenso RG **63** 105, **72** 351, OGH **1** 86; enger dagegen RG **56** 24, **59** 274, wonach nur die Gewahrsamsbegründung, die spätestens mit dem Tode des Opfers erfolgt, zur Idealkonkurrenz führt; vgl. auch OGH **1** 138). Die letztgenannte Voraussetzung rechtfertigt sich dadurch, daß nach natürlicher Betrachtung die Gewalt, der die Wegnahme nicht unmittelbar folgt, noch keinen Anfang des Raubes darstellt. Besteht also zwischen Tötung und Wegnahme eine Zeitspanne, die nach natürlicher Betrachtung beides als getrennte Vorgänge erscheinen läßt, so ist vielmehr *Realkonkurrenz* zwischen Tötungsdelikt und Unterschlagung anzunehmen, so z. B. wenn der Täter sein Opfer vergiftet und erst nach Stunden zurückkommt, um Beute zu machen. Realkonkurrenz ist ebenfalls gegeben, wenn jemand den Aneignungsvorsatz erst nach der Tötung faßt, und zwar auch dann, wenn der Gewahrsam unmittelbar nach dem Tode des Opfers begründet wird (vgl. RG **59** 273, M-Schroeder I 361). Mit § 250 ist – mit Ausnahme von Nr. 3 (Vogler Bockelmann-FS 724) – Idealkonkurrenz möglich (vgl. dort RN 25), so bei Raub mit tödlichem Einsatz von Waffen (vgl. Schröder JZ 65, 729; and. BGH **21** 183, Herdegen LK 18, Samson SK 13, Wessels II/2 S. 87). Zu Tateinheit von § 249 mit nachfolgender Tötung vgl. BGH StV **83**, 104. **10** Über das Verhältnis zu § 316 a vgl. dort RN 15.

VI. Trotz Voranstellung der **lebenslangen Freiheitsstrafe** (and. noch § 251 a. F.) ist diese nicht **11** regelmäßig, sondern nur in besonders schweren Fällen auszusprechen (vgl. 40 vor § 38, § 46 RN 62, D-Tröndle 7).

§ 252 Räuberischer Diebstahl

Wer, bei einem Diebstahl auf frischer Tat betroffen, gegen eine Person Gewalt verübt oder Drohungen mit gegenwärtiger Gefahr für Leib oder Leben anwendet, um sich im Besitz des gestohlenen Gutes zu erhalten, ist gleich einem Räuber zu bestrafen.

Schrifttum: Vgl. die Angaben zu §§ 242, 249; ferner: *Arndt,* Die Teilnahme am räuberischen Diebstahl, GA 54, 269. – *Bach,* Zur Problematik des räuberischen Diebstahls, MDR 57, 402. – *Dreher,* Die Malaise mit § 252 StGB, MDR 76, 529. – *ders.,* Im Gestrüpp des § 252 StGB, MDR 79, 529. – *Kratzsch,* Das „Räuberische" am räuberischen Diebstahl, JR 88, 397. – *Perron,* Schutzgut u. Reichweite des räuberischen Diebstahls (§ 252 StGB), GA 89, 145. – *Schnarr,* Kann ein Dieb von einem Ahnungslosen i. S. von § 252 StGB betroffen werden?, JR 79, 314. – *Seier,* Probleme der Abgrenzung und der Reichweite von Raub u. räuber. Diebstahl, JuS 79, 336. – *ders.,* Die Abgrenzung des räuber. Diebstahls von der räuber. Erpressung, NJW 81, 2152.

I. Der **räuberische Diebstahl** ist die *Verteidigung der Diebesbeute mit Raubmitteln.* Er hat daher mit **1** §§ 242 ff. unmittelbar nichts zu tun, außer daß die Vortat ein Diebstahl gewesen sein muß. § 252 hat somit gegenüber allen Diebstahlstatbeständen eine Sonderstellung (and. Burkhardt JZ 73, 112; vgl. auch Seier NJW 81, 2152). Er verhält sich zu §§ 242 ff. und 240, die in ihm enthalten sind, ebenso wie § 249 und vereinigt die Unrechtsgehalte beider Grundtatbestände (RG **66** 354, DJ **38**, 1189, DR **40**, 685, BGH **3** 76, D-Tröndle 1, M-Schroeder I 354; and. RG **60** 381). Der Grund der Gleichstellung mit dem Raub ist umstritten (vgl. Perron GA 89, 147, 150). Während die Rspr. sich auf eine angebliche kriminalpsychologische Gleichwertigkeit stützt (wer zur Erhaltung des eben Entwendeten gewalttätig ist, hätte dieselbe Gewalt auch zur Vollendung der Wegnahme angewendet: RG **73** 345, BGH **9** 255, **26** 96; abl. aber Herdegen LK 3), wird im Schrifttum zu Recht auf Unrechts- und Schulddefizite des räuberischen Diebstahls gegenüber dem Raub hingewiesen (Geilen Jura 79, 669, Herdegen LK 3, Perron GA 89, 166, Seier JuS 79, 337; vgl. auch Herzog Anm. EzSt § 252 Nr. 2; and. Kratzsch JR 88, 400): Die Gewaltanwendung des auf frischer Tat betroffenen Diebes kann nämlich regelmäßig als begreifliche, „normal-psychologische" Affektreaktion (Blau Tröndle-FS 112) erklärt werden, welche an anderen Stellen des StGB (§§ 20, 21, 213) schuldmindernd berücksichtigt wird. Problematisch freilich ist auch der Versuch, die hohe Strafdrohung des räuberischen Diebstahls mit besondere Präventionsbedürfnissen zu stützen (Geilen Jura 79, 669, Herdegen LK 3: bes. Gefährlichkeit des ertappten Diebes; Seier NJW 81, 2154: bes. strafrechtl. Schutz der Notrechte des Bestohlenen); denn dabei bleibt unklar, welche erhöhten Schutzwirkungen von einer nicht auf einen gesteigerten Tatunwert gestützten Strafschärfung ausgehen sollen; außerdem würde die konsequente Umsetzung dieses Präventionsgedankens zu einer zusätzlichen Ausdehnung des Tatbestandsbereichs führen (vgl Perron GA 89, 152, 168). Daher ist i. E. der Rspr. darin zuzustimmen, daß der räuberische Diebstahl nur als „zweite Hälfte" des Raubtatbestandes aufgefaßt werden kann, weil die Raubmittel eingesetzt werden,

§ 252 2–4   Bes. Teil. Raub und Erpressung

um die gerade errungene, aber noch unsichere Sachherrschaft zu verfestigen (vgl. auch BGH StV **87**, 535, Kratzsch JR 88, 399). Phänomenologisch entspricht der räuberische Diebstahl insoweit denjenigen Raubfällen, in denen der Täter kurz vor Vollendung der Wegnahme betroffen wird und daraufhin Gewalt oder Drohung anwendet; zugleich ermöglicht dieses Verständnis eine (wegen der Unrechts- und Schulddefizite kriminalpolitisch gebotene) enge Begrenzung des Tatbestandsbereichs (Perron GA 89, 169).

2   II. Für den **objektiven Tatbestand** ist erforderlich, daß jemand, bei einem Diebstahl auf frischer Tat betroffen, gegen eine Person Gewalt verübt oder Drohungen mit gegenwärtiger Gefahr für Leib oder Leben anwendet.

3   1. Als **Vortat** ist ein **vollendeter Diebstahl** i. S. der §§ 242 ff. erforderlich, wobei unter Diebstahl jede Form der Wegnahme in Zueignungsabsicht zu verstehen ist (Samson SK 2). Daher ist unerheblich, ob der Diebstahl qualifiziert oder etwa durch ein Strafantragserfordernis (§§ 247, 248a) privilegiert ist (vgl. BGH **3** 77, NJW **68**, 2386, MDR/D **75**, 543) oder ob es sich um einen Feld- oder Forstdiebstahl handelt (vgl. RG **66** 354). Auch ein Raub kommt (entgegen RG GA Bd. **48** 355) als Vortat in Betracht (BGH **21** 377, Herdegen LK 5, Lackner 2, Schünemann JA 80, 399 mwN); sonst wären u. U. die §§ 250, 251 unanwendbar, wenn die qualifizierenden Merkmale erst nach der Wegnahme verwirklicht werden (vgl. aber auch Arzt/Weber III 115). Zeitlich setzt § 252 ein mit *Vollendung* der Vortat (BGH MDR/D **67**, 896, **72**, 752, **87**, 94, StV **85**, 13, NJW **87**, 2687, ferner BGH **26** 95, **28** 225 [m. Anm. Seier JuS 79, 336, Schnarr JR 79, 314], Koblenz GA **78**, 251, Eser IV 89, Geilen Jura 79, 670, Herdegen LK 7ff., Lackner 3, Samson SK 3) und reicht grds. bis zu deren *Beendigung* (BGH **28** 229, StV **86**, 530, **87**, 196, NJW **87**, 2687, JZ **88**, 471, Hamm MDR **69**, 238, Herdegen LK 6, Kratzsch JR 88, 400; and. noch Voraufl. RN 4, Lackner 4), wobei jedoch etwaige Einschränkungen durch das Betroffenheitserfordernis zu beachten sind (vgl. u. 4) und im übrigen der Annahme von Diebstahlsvollendung nicht entgegensteht, daß der Täter mehr wegnehmen wollte, als er bis dahin getan hat (vgl. § 242 RN 45).

3a   Wenn demgegenüber Dreher für das Einsetzen von § 252 auf die *Beendigung* der Vortat abheben (MDR 76, 529; 79, 559 f.; zust. Schmidhäuser II 100, 102) und daher (unter Berufung auf BGH **20** 194 m. Anm. Hruschka JZ 69, 607, BGH NJW **68**, 2252) bei Gewaltanwendung zwischen Vollendung und Beendigung noch Raub annehmen will, so kann dem nicht gefolgt werden: Beim Raub bilden Gewalt oder Drohung das *Mittel* zur Gewahrsamserlangung. An dieser Voraussetzung fehlt es, wenn die Gewaltanwendung erst *nach* Vollendung der Wegnahme erfolgt (BGH **28** 226). Drehers Auffassung beruht auf der kaum begründbaren Prämisse, daß in der Phase zwischen Vollendung und Beendigung eines durch Wegnahme begehbaren Zueignungsdelikts mit strafschärfender Wirkung nicht nur ein Qualifikationsgrund verwirklicht, sondern auch die Tat noch zu einem *anderen Delikt* (also Diebstahl zum Raub) umgestaltet werden könne (vgl. Blei JA 76, 525). Sie hat überdies eine kriminalpolitisch nicht sinnvolle Ausdehnung des Anwendungsbereichs der Raubdelikte (einschl. § 253) zur Folge (vgl. o. 1 sowie zum Ganzen auch Baldus LK[9] 5, der BGH **20** 194 anders als Dreher versteht).

4   2. Das Erfordernis des **Betreffens auf frischer Tat** dient – zusätzlich zur fehlenden Beendigung der Vortat (o. 3) – der zeitlichen und örtlichen Tatbestandseingrenzung (BGH **26** 96). „Auf frischer Tat" betroffen ist der Dieb dann, wenn er noch am *Tatort* oder in dessen *unmittelbarer Nähe* nach der Tatausführung wahrgenommen oder bemerkt wird (BGH **9** 255, LG Köln MDR **86**, 340; vgl. auch Herdegen LK 14, Schünemann JA 80, 398). Diese Kombination von engem raum-zeitlichem Zusammenhang und noch nicht vollzogener Beutesicherung soll gewährleisten, daß der räuberische Diebstahl nicht wesentlich von der tatbestandlichen Situation des Raubes abweicht (krit. dazu Perron GA 89, 154; vgl. auch Kratzsch JR 88, 400; teils and. Voraufl.). Daher kann die Tat schon vor Beendigung ihre Frische verlieren (Herdegen LK 6; and. Dreher MDR 79, 531), so etwa wenn der Täter nach der Wegnahme mit dem ahnungslosen Opfer noch eine längere Fahrt unternimmt (BGH **28** 228 f. m. Anm. Kühl JA 79, 489, Seier JuS 79, 336; krit. Schnarr JR 79, 316 f.). Wird der Täter dagegen erst *später* betroffen, so ist die Abwehr des Verfolgers nur als selbständige Handlung, z. B. als Körperverletzung oder Nötigung, erfaßbar (vgl. auch Baldus LK[9] 8). Im übrigen kann der Täter auch dadurch *betroffen* sein, daß er dem Bemerktwerden durch schnelles Zuschlagen zuvorzukommen versucht (vgl. BGH **26** 95 mit freilich zu weitgehenden und teils mißverständlichen Formulierungen; krit. dazu auch D-Tröndle 5, Fezer JZ 75, 609, Samson SK 5). Auch ist nicht erforderlich, daß der Beobachter den Diebstahlscharakter der Tat erkannt hat (vgl. BGH **9** 258, Blei II 206 f., aber auch Geilen Jura 80, 43). Vielmehr genügt auch hier, daß der Täter irrtümlich davon ausgeht, der andere werde unmittelbar gegen ihn einschreiten (BGH StV **87**, 196) bzw. er sei entdeckt (vgl. Herdegen LK 12; and. Dreher MDR 79, 529, Samson SK 5, Seelmann JuS 86, 206). Ein Überraschen ist dafür nicht erforderlich (Hamm HE **2** 24). Auch der Gewahrsamsinhaber kann den Täter auf frischer Tat betreffen (RG **73** 343, BGH NJW **58**, 1547).

3. Der Täter muß **Gewalt gegen eine Person** verüben (dazu 6 ff. vor § 234, § 249 RN 4, **5** München MDR **50**, 627) oder **Drohungen mit gegenwärtiger Gefahr für Leib oder Leben** anwenden (dazu 30 ff. vor § 234, § 34 RN 17, RG **72** 230, Celle NdsRpfl. **48**, 120). Dies braucht nicht am Tatort zu geschehen; vielmehr genügt, daß der am Tatort wahrgenommene Dieb (o. 4) bei der Verfolgung droht oder Gewalt antut (BGH **3** 77, GA **62**, 145, Oldenburg HE **2** 313). Die Nötigungsmittel müssen auch hier der Erhaltung des Gewahrsams dienen (vgl. BGH **6** MDR/D **72**, 17), sie brauchen sich nicht gegen den Eigentümer oder gegen den Gewahrsamsinhaber zu richten, noch weniger gegen den, der den Täter betroffen hat; es genügt, daß sie gegen eine **schutzbereite Person,** d. h. gegen jemanden verübt wird, der die Sache zugunsten des Berechtigten schützen will, wobei ausreicht, daß der Täter an eine derartige Absicht des Genötigten glaubt (Geilen Jura 80, 44, Herdegen LK 15; vgl. auch Schünemann JA 80, 389 sowie § 249 RN 7). Gewalt gegenüber einem Mittäter, der seinen Beuteanteil verlangt, fällt daher nicht unter § 252.

III. Der **subjektive Tatbestand** setzt **Vorsatz** voraus, jedoch braucht der Entschluß zur **7** Gewaltanwendung bei der Entwendung noch nicht vorzuliegen (BGH **3** 78). Ferner muß der Täter in der **Absicht** (zielgerichteter Wille; § 15 RN 65) handeln, sich den Besitz des gestohlenen Gutes zu erhalten (vgl. Schünemann JA 80, 399). Daher reicht nicht aus, daß der Täter sich nur der Ergreifung entziehen oder gegen eine spätere Entziehung der Beute Vorsorge treffen will; hier kommt nur (tatmehrheitlich) Nötigung und/oder. Körperverletzung in Betracht (BGH **9** 162, MDR/H **87**, 94). Erforderlich ist aber, daß die Nötigung dazu dient, zwecks Ermöglichung oder Abschluß der Zueignung die Gewahrsamsentziehung zu verhindern (vgl. BGH StV **87**, 196, 535, Geilen Jura 80, 44); der bloße Wille, sich eines verräterischen Beweisstückes zu entledigen, reicht nicht aus (BGH MDR **87**, 154, Herdegen LK 17, Samson SK 11; and. Köln NJW **67**, 739 m. abl. Anm. Schröder 1335, Gehrig aaO 68 ff.). Die *Absicht,* den Besitz zu *verteidigen,* braucht jedoch nicht das einzige Ziel des Täters gewesen zu sein (BGH **13** 64, GA **62**, 145, NStZ **84**, 454, Köln aaO). Es genügt auch, daß ein Mittäter den Besitz des anderen schützen will (BGH **6** 251). Hatte jedoch der Täter den Gewahrsam an der Beute zwischenzeitlich verloren und wendet er nunmehr zur Wiedererlangung Gewalt an, so kommt nicht mehr § 252, sondern §§ 253, 255 in Betracht (BGH StV **85**, 13).

IV. Vollendet ist die Tat mit der Anwendung der Nötigungsmittel. Ein Nötigungseffekt **8** wird nicht vorausgesetzt (Herdegen LK 20). Daher ist § 252 z. B. vollendet, wenn der Täter die Beute trotz Gewaltanwendung verliert (vgl. BGH NJW **68**, 2386; and. Schmidhäuser II 103).

V. Bestritten ist, wer (Mit-)**Täter** des räuberischen Diebstahls sein kann: ob nur der Dieb- **9** stahls*täter* (bzw. Mittäter) oder auch andere Personen, die entweder bloße *Teilnehmer* der Vortat waren (so Frank III, M-Schroeder I 362, sowie unter der Voraussetzung, daß der Teilnehmer in Besitz der Beute gewesen ist, BGH **6** 248, MDR/D **67**, 727, D-Tröndle 9) oder an der Vortat überhaupt *nicht beteiligt* waren (so Arndt GA 54, 270). Richtig dürfte folgendes sein:

1. Da der räuberische Diebstahl in der gleichen Weise eine Kombination von Diebstahl und **10** Nötigung darstellt wie der Raub, kann wegen Täterschaft des § 252 nur strafbar sein, wer **beide Elemente täterschaftlich** erfüllt. Das bedeutet, daß § 252 nur sein kann, wer auch das subjektive Unrechtselement der Zueignungsabsicht verwirklicht und damit die Voraussetzungen der Täterschaft des Diebstahls erfüllt (Geilen Jura 80, 44, Herdegen LK 18, Schünemann JA 80, 399, Seier NJW 81, 2152, je mwN). Daher scheidet als Täter von § 252 zunächst aus, wer nur Gehilfe des Diebstahls war. Ferner können später hinzukommende Beteiligte Täter nur unter der Voraussetzung sein, daß sie im Wege sukzessiver Mittäterschaft auch in den Diebstahl in vollem Umfang eintreten (Blei II 210). Umgekehrt kann ein Diebstahls*mit*täter auch dann § 252 täterschaftlich verwirklichen, wenn er selbst nicht im Besitz der Beute ist (Stuttgart NJW **66**, 1931, Herdegen LK 18 mwN; and. Blei II 210).

2. Alle **übrigen Beteiligten** können **nur Teilnehmer** an § 252 sein. Das hat zur Folge, daß **11** dort, wo ein an der Vortat Nichtbeteiligter dem Dieb die Beute mit Nötigungsmitteln sichern will, dieser (mangels einer Haupttat nach § 252) nur aus § 240 strafbar ist, es sei denn, die Unterstützung geschehe im Einvernehmen mit dem Täter und begründe dadurch bei diesem Täterschaft nach § 252 (vgl. BGH **6** 250; Herdegen LK 18). Das Problem verliert allerdings seine Bedeutung, wenn man mit dem BGH für Erpressung keine Vermögensverfügung voraussetzt: Dann sind die hier strittigen Fälle räuberische Erpressung (and. Seier NJW 81, 2155), und die §§ 249ff. schon aus diesem Grunde anzuwenden.

VI. Der Täter ist **gleich einem Räuber zu bestrafen.** Aufgrund dieser Rechtsfolgenverwei- **12** sung sind die Erschwerungsgründe des Raubes (§§ 250, 251) auch auf § 252 anzuwenden (RG **19** 141, Celle HE **1** 16, OGH **2** 323, Hamm JMBlNW **50**, 50, Blei II 210). Hierfür genügt, daß die Nötigungshandlung, nicht auch die Wegnahme, unter einem der erschwerenden Merkmale

§ 253 1-3 Bes. Teil. Raub und Erpressung

(z. B. mit Waffen) begangen ist (RG **71** 66 m. Anm. Mezger JW 37, 1333, BGH **17** 179). Dagegen reicht nicht aus, daß die Qualifizierungsumstände nur bei der Wegnahme vorliegen; dann kommt gegebenenfalls Tateinheit zwischen § 252 und § 244 in Betracht.

13 VII. Aufgrund **Gesetzeskonkurrenz** geht § 252 den §§ **239, 240** und § **242** vor, und zwar auch für den Fall, daß die Gewaltanwendung nur bis zum Versuch gedeiht (z. B. weil die Waffe versagt); denn auch Versuch von § 252 setzt regelmäßig eine vollendete Vortat voraus (vgl. o. RN 3; Karlsruhe MDR **78**, 244; and. Herdegen LK 21, Lackner 8). Mit § 242 handlungseinheitlich zusammentreffende Delikte werden durch die Klammer des § 252 zur Tateinheit verbunden. Mit § 243 kommt mangels Vertatbestandlichung Idealkonkurrenz nicht mehr in Betracht. Da alle Voraussetzungen des § 244 auch in §§ 252, 250 enthalten sind, ist hier ebenfalls Idealkonkurrenz nicht möglich. Mit § **249** kommt Tateinheit in Frage, wenn ein Gewaltakt gleichzeitig der Erlangung und der Sicherung verschiedener Sachen dient (OGH **2** 323). War die Vortat ein Raub, so schließt die Verurteilung aus § 249 die aus § 252 aus, da das Diebstahlselement bereits erfaßt ist (vgl. BGH **21** 379, GA **69**, 347) und die Gewaltanwendung bei Beutesicherung durch § 240 in Ansatz gebracht werden kann, und zwar durch Idealkonkurrenz: Klammerwirkung des (subsidiären) § 252 (vgl. 20 vor § 52). Über die Behandlung eines Räubers, dessen Beute unter den erschwerenden Voraussetzungen der §§ 250, 251 durch § 252 verteidigt wird, vgl. § 250 RN 28. Zu Tateinheit mit nachfolgendem § 255 vgl. BGH StV **85**, 13. Auch mit § **113** (Hamm JMBlNW **50**, 50) und §§ **223ff.** kann Idealkonkurrenz vorliegen (BGH VRS **21** 113, Oldenburg HE **2** 313). Für das Verhältnis zu den Tatbeständen, die mit den Qualifikationen des Raubes zusammentreffen können (z. B. §§ 211, 222), vgl. § 251 RN 9f. Soweit ein Beteiligter die Voraussetzungen von § 257 erfüllt, tritt dieser hinter § 252 zurück (Herdegen LK 24). **Wahlfeststellung** zwischen §§ 252 und 249 ist möglich (vgl. § 1 RN 58ff., 71).

§ 253 Erpressung

(1) **Wer einen anderen rechtswidrig mit Gewalt oder durch Drohung mit einem empfindlichen Übel zu einer Handlung, Duldung oder Unterlassung nötigt und dadurch dem Vermögen des Genötigten oder eines anderen Nachteil zufügt, um sich oder einen Dritten zu Unrecht zu bereichern, wird mit Freiheitsstrafe bis zu fünf Jahren oder mit Geldstrafe, in besonders schweren Fällen mit Freiheitsstrafe nicht unter einem Jahr bestraft.**

(2) **Rechtswidrig ist die Tat, wenn die Anwendung der Gewalt oder die Androhung des Übels zu dem angestrebten Zweck als verwerflich anzusehen ist.**

(3) **Der Versuch ist strafbar.**

Schrifttum: Vgl. die Angaben zu §§ 249, 263; ferner: *Günther,* Zur Kombination von Täuschung und Drohung bei Betrug und Erpressung, ZStW 88, 960. – *Herzberg,* Konkurrenzverhältnisse zwischen Betrug und Erpressung, JuS 72, 570. – *Lüderssen,* Kann gewaltsame Wegnahme von Sachen Erpressung sein?, GA 68, 257. – *Otto,* Zur Abgrenzung von Diebstahl, Betrug und Erpressung, ZStW 79, 59. – *Rengier,* Die „harmonische" Abgrenzung des Raubes von der räuberischen Erpressung, JuS 81, 654. – *ders.,* „Dreieckserpressung" gleich „Dreiecksbetrug"?, JZ 85, 565. – *Schlehofer,* Einwilligung und Einverständnis, 1985. – *Schröder,* Über die Abgrenzung des Diebstahls von Betrug und Erpressung, ZStW 60, 33. – *ders.,* Sicherungsbetrug und Sicherungserpressung, MDR 50, 398. – *Tenckhoff,* Die Vermögensverfügung des Genötigten als ungeschriebenes Merkmal der §§ 253, 255 StGB, JR 74, 489.

1 I. Die **Erpressung** ist eine Nötigung, die gegen die Freiheit der *wirtschaftlichen* Dispositionen gerichtet ist (Schröder aaO 95). **Schutzgüter** sind sowohl das **Vermögen** wie auch die **Freiheit** (BGH **1** 20, Blei II 251, M-Maiwald I 473). Dies ist dadurch klargestellt, daß der äußere Tatbestand die Zufügung eines Vermögensnachteils verlangt. In ihrer Tatbestandsstruktur entspricht die Erpressung damit weitgehend dem Betrug: Der Betrüger veranlaßt die Selbstschädigung seines Opfers durch Täuschung, der Erpresser durch Nötigung (vgl. BGH MDR/D **72**, 197, M-Maiwald I 471; vgl. aber auch Schünemann JA 80, 486f.).

2 II. Der **objektive Tatbestand** erfordert, daß ein anderer durch Gewalt oder Drohung zu einer Handlung, Duldung oder Unterlassung genötigt und dadurch dem Vermögen des Genötigten oder eines anderen Nachteil zugefügt wird.

3 1. a) Als **Tatmittel** der **Gewalt** (allg. dazu 6ff. vor § 234) kommt mit Rücksicht darauf, daß sich das abgenötigte Verhalten als Vermögensverfügung darstellen muß (vgl. u. 8), hier nur **vis compulsiva** in Betracht, *nicht vis absoluta* (D-Tröndle 4, Lackner LK 3). Wer z. B. seinen Gläubiger, der sich auf dem Wege zum Gericht befindet, niederschießt, um die Erwirkung eines Vollstreckungsbefehls unmöglich zu machen, begeht Nötigung, jedoch keine Erpressung. Da bei Gewalt *gegen eine Person* § 255 eingreift (vgl. dort RN 2), erfaßt § 253 als Gewalt lediglich die Zufügung eines gegenwärtigen Übels, das nicht unmittelbar (insoweit and. Frank II) gegen den Körper wirkt (vgl. 15ff. vor § 234).

b) Als **Drohung mit einem empfindlichen Übel** (allg. dazu § 240 RN 9) kommt hier z. B. in 4 Betracht die Mitteilung, jemanden bei Nichtzahlung eines bestimmten Betrages durch Veröffentlichungen in der Presse bloßzustellen (RG **64** 381; östOGH ÖJZ **64**, 497), oder die Drohung mit Entziehung der Arbeitsstelle. Es genügt auch ein seelisches Übel, so z. B. wenn ein Ehegatte sich gegenüber dem anderen weigert, seine Zustimmung zur notwendigen Operation des Kindes zu geben (BGH MDR/He **54**, 530). Das angedrohte Übel kann auch in einer *Unterlassung* bestehen, so z. B. in der Erklärung des Taxifahrers, nur gegen einen übertariflichen Lohn weiterfahren zu wollen (R **6** 508), in der Erklärung des Hausdieners, die Reisetasche nur gegen ein Trinkgeld herausgeben zu wollen (RG DJZ **08**, 140), oder in der Drohung mit Nichtangabe des Verstecks einer versicherungsrelevanten Sache, falls nicht auf eine anderweitig begründete Forderung verzichtet werde (übersehen in BGH NJW **80**, 602). Die angedrohte Unterlassung kann nicht nur dann ein Übel sein, wenn das Handeln rechtlich geboten war, sondern auch dann, wenn keine Pflicht zum Tätigwerden bestand. Denn es kommt bei Nötigung und Erpressung nicht darauf an, was man tun oder unterlassen darf, sondern womit man drohen darf (and. RG **14** 265, **63** 425, BGH GA **60**, 278; wie hier jedoch RG **72** 76; diff. M-Maiwald I 476; vgl. auch Bay **60** 296, Lackner LK 4 sowie o. § 240 RN 20). Ob der Täter tatsächlich Einfluß auf das angedrohte Übel hat, ist hier – wie stets bei Drohung – ohne Bedeutung (vgl. aber auch u. 37). Daher liegt § 255 vor, wenn der Täter wegen angeblicher Entführung des Kindes Lösegeld fordert (BGH **23** 294 m. Anm. Küper NJW **70**, 2253, vgl. auch Günther ZStW **88**, 961 mwN). Zur Abgrenzung von Betrug bei (vorgetäuschter) Realisierbarkeit der „Drohung" vgl. Schleswig SchlHA/L **88**, 107.

c) Das angedrohte Übel oder die Gewalt müssen nicht unmittelbar gegen denjenigen gerichtet sein, von dessen Willen die Gewährung des Vorteils abhängt; auch Gewalt **gegen dritte Personen** oder Drohung ihnen gegenüber kann Erpressung sein, vorausgesetzt freilich, daß die Drittbedrohung der zu einer Verfügung Genötigte selbst als Übel empfindet (vgl. § 240 RN 6 und 11, BGH NStZ **85**, 408 [m. krit. Anm. Zaczyk JZ **85**, 1059], **87**, 222 [m. Anm. Jakobs JR **87**, 340], M-Maiwald I 475; and. Blei II 252); auch brauchen der Genötigte und der durch die Leistung Geschädigte – wie beim Betrug – nicht dieselbe Person zu sein (vgl. § 263 RN 65f.); es genügt, daß der Genötigte in der Lage ist, über das Vermögen eines anderen zu dessen Nachteil zu verfügen (RG **63** 165, **71** 292, Blei II 252, Schünemann JA **80**, 489; vgl. aber auch RG HRR **40** Nr. 959). 6

2. Durch Gewalt oder Drohung muß ein anderer zu einer **Handlung, Duldung oder Unterlassung** genötigt werden. Daher ist *objektive Kausalität* zwischen Nötigung und Erfolg erforderlich (vgl. BGH **32** 89, MDR/H **78**, 625, **88**, 1002, VRS **55** 265, StV **84**, 377). Anders als bei § 249 (RN 7) genügt hier also nicht, daß die Nötigung nur nach der Vorstellung des Täters das abgenötigte Verhalten bewirkt. Auch fehlt es an der Kausalität dann, wenn das Opfer eine nur erwartete Übelszufügung durch Erbringen einer Leistung abzuwenden hofft (vgl. BGH **7** 253; and. BGH MDR/D **52**, 408). Vgl. auch § 240 RN 12ff. 7

Strittig ist, ob das abgenötigte Verhalten auf eine **Vermögensverfügung** gerichtet sein muß. 8 Dies ist mit der h. L. zu bejahen, da die Erpressung den Eintritt eines Vermögensnachteils wie auch Bereicherungsabsicht erfordert, § 253 also ein dem Betruge gleich konstruiertes Vermögensdelikt enthält (vgl. o. 1), wobei für die Verfügung zwar willentliches (nicht aber unbedingt „freiwilliges") Verhalten erforderlich ist, aber auch ausreicht (Rengier JuS **81**, 656). Daher muß im abgenötigten Verhalten eine unmittelbare Einwirkung des Genötigten auf sein Vermögen oder das eines anderen, über das zu verfügen er in der Lage ist (vgl. § 263 RN 54ff.), liegen (D-Tröndle 11, Küper NJW **78**, 956, Lackner LK 5ff., M-Maiwald I 478, Schmidhäuser II 129f., Schröder SJZ **50**, 101, Wessels II/2 S. 160f., i. E. auch Samson SK 13ff. vor § 249, § 253 RN 5ff.; vgl. auch RG JW **34**, 488, Braunschweig NdsRpfl. **48**, 183, Eser IV 166f.; abschwächend will jedoch Tenckhoff JR **74**, 489, 493 unter Verzicht auf das Unmittelbarkeitserfordernis bei § 253 bereits eine abgenötigte Gewahrsamslockerung genügen lassen; i. gl. S. Lackner 2b; vgl. dagegen Rengier JuS **81**, 660; spez. zu *drittschädigenden* Verfügungen Rengier JZ **85**, 565ff.). Ebenso wie bei § 263 (vgl. dort RN 59) reicht daher nicht aus, daß der Genötigte die Sache, um sie dem Zugriff des Täters zu entziehen, vernichtet. Hier handelt es sich gerade nicht zur *Vermeidung* einer Verfügung. Im übrigen kann eine Vermögensverfügung auch darin bestehen, daß jemand genötigt wird, von der Durchsetzung seines Selbsthilferechts abzusehen (Braunschweig NdsRpfl. **47**, 24); vgl. weiter über Vermögensverfügung durch Unterlassen § 263 RN 58. Bei der Verfügung des § 253 gelten jedoch nicht die zu § 263 RN 41 dargelegten Grundsätze über die unbewußte Selbstschädigung (Lackner LK 14). Über die Erlangung von Gegenständen durch Nötigung des Gewahrsamsinhabers vgl. u. 32.

Anstelle dieses Verfügungserfordernisses will die Rspr. schon **jedwede Duldung durch das Opfer** 8a genügen lassen (BGH **14** 387, Hamburg HE **2** 318, grds. auch Schlehofer aaO 10ff.), so etwa, daß dessen abgenötigtes Verhalten dem Täter ermöglicht, die schädigende Handlung selbst vorzunehmen (ebenso Arzt/Weber III 123f., Blei II 254, Geilen Jura 80, 51, Schünemann JA 80, 486f., Seelmann JuS 82, 914, Wimmer NJW 48, 244). Insbes. soll ausreichen, daß der Genötigte die Wegnahme von Sachen durch den Täter oder dritte Personen duldet, so daß Erpressung vorliegt, wenn zum Zwecke des Gebrauchsdiebstahls (BGH **14** 387) oder der Pfandkehr (RG **25** 436, BGH **32** 91 m. krit. Anm. Otto JZ 84, 143f.) eine Sache gewaltsam weggenommen wird oder es durch Weglaufen dem Opfer unmöglich gemacht wird, seine Forderung (Taxifahrpreis) durchzusetzen (BGH **25** 224). Diese Meinung verkennt, daß dadurch die Privilegierung dessen, der Sachen ohne Zueignungsabsicht wegnimmt, auf dem Weg über § 255, der auf die §§ 249ff. verweist, unterlaufen wird, wie „ein Räuber" also auch derjenige bestraft wird, der eine Sache nur gebrauchen wollte oder seine eigene Sache dem Pfandgläubiger wegnimmt (and. Blei II 254f.). Vgl. zu diesen Fällen noch Lüderssen GA 68, 257.

9   3. Ferner muß dem Vermögen des Genötigten oder eines anderen ein **Nachteil** zugefügt worden sein. Dies ist dann der Fall, wenn die Vermögenslage des Betroffenen nach der Tat ungünstiger ist als vorher; es gilt insoweit das gleiche wie zum Vermögensschaden beim Betrug (BGH NJW **87**, 3145, Hamburg NJW **66**, 1525 m. Anm. Cramer JuS 66, 472 und Schröder JR 66, 471), insbes. auch zu bloßer Vermögensgefährdung (BGH wistra **87**, 21); näher zum Ganzen § 263 RN 99ff. Demzufolge kann bei sog. „Mieterrücken" der Schaden nicht schon in der gewaltsam durchgesetzten Nichtbezahlung der bereits entstandenen Mietschulden, sondern allenfalls in der Beeinträchtigung des Gastwirtspfandrechts erblickt werden (BGH **32** 88 m. Anm. Jakobs JR 84, 385, Otto JZ 84, 143f.; vgl. auch BGH NStE Nr. 7). Ähnlich fehlt es bei bloßer Beutesicherung an dem gerade durch Nötigung bewirkten Schaden (BGH NJW **84**, 501 m. Anm. Kienapfel JR 84, 388, StV **84**, 377). Hingegen kann in der erzwungenen Hingabe eines Schuldscheins oder -anerkenntnisses eine schadensgleiche Vermögensgefährdung liegen (BGH NStE Nr. 2, NJW **87**, 3144 m. abl. Anm. Sonnen StV 89, 479; vgl. zur Abnötigung von Beweismitteln auch RG GA Bd. **44** 396, BGH **20** 136, Eser IV 141f. sowie u. § 263 RN 146f.). Ferner kann auch bei Erpressung die Vermögensminderung durch einen gleichzeitig zufließenden Vorteil ausgeglichen sein. Jedoch ist zu beachten, daß der subjektive Einschlag bei der Berechnung des Schadens gerade im Bereich des § 253 besondere und gegenüber § 263 verstärkte Bedeutung besitzt: Nötigt der Täter sein Opfer zum Kauf einer Ware, so ist dieses auch bei angemessenem Preis geschädigt, wenn es für diese Ware keine sinnvolle Verwendung hat, oder sie auch nur nicht verwenden will. Verzichtet der Täter auf einen Anspruch, so kann es an einer Vermögensminderung fehlen (RG **36** 384, Frank IV). Ein Nachteil ist weiter z. B. in der Räumung einer Wohnung gesehen worden (Hamm JR **50**, 630) sowie in einem vorübergehenden Besitzverlust (z. B. an einem Mietwagen: so BGH **14** 387, dazu (Gebrauchsbetrug) § 263 RN 157f. Am Schaden fehlt es, wenn zur Vernichtung bestimmte Lebensmittelkarten weggegeben werden (BGH **4** 260). Die aus dem wirtschaftlichen Vermögensbegriff gezogene Folgerung, auch rein faktische Positionen könnten Vermögenswert haben (vgl. BGH **2** 364, Hamburg NJW **66**, 1525), trifft jedoch für § 253 nur bedingt zu. Weigert sich der zur Herausgabe Aufgeforderte mit Gewalt, eine nichtige Forderung zu erfüllen, so zeigt dies eindeutig, daß die faktische Position des Verlangenden keinerlei Vermögenswert besitzt (vgl. Cramer JuS 66, 472, Lenckner JZ 67, 110, Schröder JR 66, 472 gegen Hamburg NJW **66**, 1525). Dagegen kann darin, daß der Dieb für die Rückgabe der Sache dem Eigentümer eine Gegenleistung abnötigt, ein Vermögensschaden liegen, und zwar selbst dann, wenn dieses Entgelt erheblich unter dem Wert der zurückgegebenen Sache liegt (BGH **26** 346 m. Anm. Blei JA 76, 672, Gössel JR 77, 32 gegen Hamburg MDR **74**, 330 m. abl. Anm. Jakobs JR 74, 474, Mohrbotter JZ 75, 102; and. Trunk JuS 85, 944).

10   III. Bei der **Rechtswidrigkeit** sind zwei Elemente der Tat, das der *Nötigung* und das der *Vermögensverschiebung* zu unterscheiden (Lackner LK 23ff.).

11   1. Die Rechtswidrigkeit des **Nötigungselements** ist gegeben, wenn die Anwendung der Gewalt oder die Androhung des Übels zu dem angestrebten Zweck als verwerflich anzusehen ist. Mit dieser Formulierung verweist das Gesetz den Richter an die ethischen Grundnormen, wie es etwa auch § 826 BGB tut (vgl. § 240 RN 15ff.). Auch hier kann zweifelhaft sein, ob Abs. 2 einen Rechtfertigungsgrund enthält (so BGH **2** 196, D-Tröndle 14, M-Maiwald I 472) oder den im Abs. 1 zu weit gefaßten *Tatbestand* einengt (Eser IV 168f., Hirsch Köln-FS 413). Ungeachtet des systematischen Standorts kommt jedoch bei falscher Bewertung des Verhältnisses von Mittel und Zweck nach § 17 nur Verbotsirrtum in Betracht (vgl. u. 22 sowie § 240 RN 35). Nicht rechtswidrig ist die Drohung z. B. dann, wenn jemand seinem Verkäufer droht, die Beziehungen zu ihm abzubrechen, wenn er eine vielleicht unbegründete Mängelrüge nicht anerkennen will, wenn einem Unternehmer Konkurrenz in Aussicht gestellt wird, falls er das mit einer Geldforderung verbundene Angebot zum Abschluß einer wettbewerbsbeschränkenden Abrede nicht annimmt (Schleswig SchlHA/L **88**, 107), weiter auch dann nicht, wenn Arbeitnehmer Lohnerhöhung verlangen unter Hinweis auf Arbeitsniederlegung nach gesetzlicher Kündigung (Nipperdey SJZ 49, 814). Überhaupt wird die Rechtswidrigkeit im Regelfall durch das Streikrecht ausgeschlossen (vgl. Niese, Streik und Strafrecht [1954] 57 ff., Schröder BB 53, 1015). Die Rechtswidrigkeit fehlt ferner etwa, wenn jemand seinen beim Diebstahl ertappten Angestellten durch die Drohung mit einer Strafanzeige bestimmt, die gestohlene Sache wieder zurückzugeben. Anderseits schließt der Umstand, daß ein Verhalten in Aussicht gestellt wird, zu dem der Drohende berechtigt sein würde, noch nicht ohne weiteres die Rechtswidrigkeit aus; auch die Drohung mit einer Anzeige (vgl. Kiel SchlHA 48, 115) oder mit einer Klage (vgl. RG 49 356) kann rechtswidrig sein (BGH MDR/D 52, 408). Rechtswidrig ist regelmäßig die Durchsetzung nicht bestehender Ansprüche mit den Mitteln des Zwanges. An der Verwerflichkeit der Nötigung fehlt es dagegen regelmäßig dann, wenn der durch eine strafbare Handlung Verletzte unter Drohung mit Anzeige die Zahlung einer Buße an einen Dritten (z. B. eine Wohlfahrtseinrichtung) verlangt (Lackner LK 26). Vgl. ferner § 240 RN 15 ff., 23 f.

2. Außer dieser Rechtswidrigkeit ist erforderlich, daß die **Vermögensverschiebung** zwischen dem Erpreßten und dem Täter von der Rechtsordnung **mißbilligt** wird (dazu u. 16 ff.). Zwischen beiden Bewertungsvorgängen bestehen insofern gewisse wechselseitige Beziehungen, als derjenige, der etwas verlangt, was er nicht zu beanspruchen hat, idR auch i. S. des Nötigungstatbestandes widerrechtlich handelt. **12**

3. Über **Rechtfertigung** durch *Notwehr* vgl. Haug MDR 64, 548, Baumann MDR 65, 346, Arzt MDR 65, 344. **13**

IV. Für den **subjektiven Tatbestand** sind *Vorsatz* und *Bereicherungsabsicht* erforderlich. **14**

1. Zum **Vorsatz** gehören das Bewußtsein und der Wille, einen anderen durch Gewalt oder Drohung zu nötigen, d. h. ihm ein anderes Verhalten, als es seinem freien Willen entsprechen würde, zwangsweise aufzudrängen (RG 64 381, DR 41, 1403). Bei Drohung genügt, daß der Täter sich vorstellt, der Genötigte werde an die Ernstlichkeit glauben und dadurch in seinen Entschlüssen bestimmt werden, wobei es unerheblich ist, ob der Bedrohte zu seinem Entschluß sofort oder erst nach reiflicher Überlegung kommen soll (RG 64 16). Ferner muß der Täter Schädigungsvorsatz haben (RG 67 201, 71 292), und zwar schon im Augenblick der Ankündigung des Übels oder der Anwendung des sonstigen Nötigungsmittels (BGH NJW 53, 1400) **15**

2. Erforderlich ist ferner die **Absicht, sich oder einen Dritten zu Unrecht zu bereichern.** Dies entspricht der Vorteilsabsicht bei § 263 (BGH MDR/D 72, 197, NJW 88, 2623). **16**

a) **Bereicherung** ist jede günstigere Gestaltung der Vermögenslage (vgl. § 263 RN 167). Eine solche ist z. B. gesehen worden in der Erteilung eines gewinnbringenden Auftrags (RG 33 409), im Abschluß eines Zwangsvergleichs (R 8 137), in der Erlangung von Kredit oder auch in einer nur vorübergehenden Besitzerlangung (BGH 14 386), verneint dagegen bei Abwehr einer Bußgeldvollstreckung (Schleswig SchlHA 78, 59; vgl. § 263 RN 167). Ebenso wie beim Betrug können Schaden und Bereicherung durch entsprechende korrespondierende Vermögenswerte ausgeglichen werden (*Kompensation*); vgl. RG 64 382. Beim Verzicht auf einen Anspruch als Gegenwert kann es an einer Bereicherung fehlen (RG 36 384). **17 18**

b) Die erstrebte **Vermögensverschiebung** muß **zu Unrecht** erfolgen. Trotz der von § 263 abw. Formulierung finden die gleichen Grundsätze Anwendung (vgl. dort RN 170 ff.). Erforderlich ist daher, daß der Täter einen Vermögensvorteil erstrebt, auf den er materiellrechtlich keinen Anspruch hat (vgl. BGH MDR/H 80, 106, Bay 55 14, Blei II 239, Welzel NJW 53, 652; and. Hamm HE 2 33, Celle HE 2 315, Kohlrausch-Lange VIII b). Ein fälliger Anspruch beseitigt daher, wenn nicht bereits den Vermögens*schaden* (vgl. § 263 RN 170 ff.), so jedenfalls die Rechtswidrigkeit der Vermögensverschiebung (vgl. BGH StV 84, 422 kener sEcr IV 152, 169). Daß er mit Nötigungsmitteln durchgesetzt werden soll, macht den begehrten Vermögensvorteil nicht rechtswidrig (BGH NStZ 88, 216). Ob ein Anspruch auf Erstattung von Unkosten für die Diebstahlsaufklärung besteht, ist zivilrechtlich höchst umstritten (vgl. die Rspr.- und Meinungsübersicht bei Wollschläger NJW 76, 12 ff., Braun/Spiess MDR 78, 356 ff. sowie § 263 RN 118) und wurde vom BGH lediglich für *Fangprämien* bis 50 DM, nicht aber für sonstige Personal- oder Bürokosten bejaht (BGH NJW 80, 119 m. Anm. Mertins JR 80, 357; vgl. auch LG Berlin DB 84, 1029). Dieser Zustand ist zweifellos unbefriedigend (vgl. Lange JR 76, 177 ff., Meier NJW 76, 584, Meurer JuS 76, 300 ff., Roxin JR 76, 71, aber auch Blei JA 76, 159 ff., 387 ff., 453 f., Meyer MDR 76, 980 ff.; vgl. auch § 240 RN 21); daher ist ebenso wie für informelle „Betriebsbußen" eine gesetzliche Bereinigung dieses Bagatellbereichs dringend geboten (zu Lösungsvorschlägen vgl. 19. A. § 248a RN 3). Das beim Glücksspiel Verlorene kann nicht zurückgefordert werden (BGH MDR 68, 938; vgl. auch LG Flensburg MDR 80, 248). Eine unrechtmäßige Bereicherung kann auch vorliegen, wenn der Täter den Vorteil ohne Nötigung auf andere Weise hätte erlangen können (RG JW 30, 2548 m. Anm. Bohne). Vgl. ferner Klee DStR 43, 131. **19**

20 c) Die erstrebte Bereicherung muß dem Schaden entsprechen, den der Täter zufügen will; es muß also **Stoffgleichheit** zwischen Schaden und Nutzen bestehen (RG **67** 201, **71** 291). Daran fehlt es, wenn jemand die Schädigung eines fremden Vermögens erzwingt, um von einem Dritten dafür belohnt zu werden (RG **53** 283, Blei II 253), oder wenn er den durch Nötigung erlangten Besitz an einer Sache lediglich als Faustpfand für den letztlich erstrebten Geldbetrag einsetzt (vgl. BGH MDR/H **80**, 106, BGH NJW **82**, 2266; vgl. aber auch Bernsmann NJW **82**, 2216ff.). Daher liegt (entgegen Hamm MDR **72**, 706) auch dort keine Erpressung vor, wo der Täter mittels der abgepreßten Sache einen ihm (tatsächlich oder vermeintlich) zustehenden Herausgabeanspruch hinsichtlich einer anderen Sache realisieren will. Weitere Einzelheiten bei § 263 RN 168.

21 d) **Absicht** ist hier i. S. zielgerichteten Handelns, nicht als Motiv zu verstehen (vgl. § 263 RN 176). Hinsichtlich der Unrechtmäßigkeit des erstrebten Vermögensvorteils genügt bedingter Vorsatz (RG **55** 259). Daß die erstrebte Bereicherung tatsächlich eintritt, ist weder erforderlich noch genügend (vgl. u. 23). So kommt nach den gleichen Grundsätzen wie bei der Zueignungsabsicht (§ 242 RN 52) Vollendung u. U. auch dann in Betracht, wenn die abgenötigte Sache nicht den erhofften Wert hat und deshalb zurückgegeben wird (teils abw. BGH StV **82**, 223, GA **83**, 411, Lackner LK 28; vgl. auch BGH GA **89**, 171 zu abgenötigten Behältnissen). Ist umgekehrt dem Täter ein Vermögensvorteil objektiv zugewachsen, muß er, um ihn erstreben zu können, sich dessen bewußt gewesen sein (BGH NJW **88**, 2623). Fehlt einem Tatbeteiligten die Absicht der Eigen- oder Fremdbereicherung, kommt allenfalls Teilnahme in Betracht (BGH NJW **77**, 204). Vgl. auch u. 28.

22 3. Für die **Irrtumsfälle** ist zu unterscheiden zwischen dem Irrtum über Tatumstände, über das angemessene Verhältnis zwischen Nötigungsmittel und Nötigungszweck und endlich über die Legalität der Vermögensverschiebung. Irrt sich der Täter über einen Tatumstand (glaubt er etwa, daß seine Drohung nicht als ernst gemeint aufgefaßt werde), so fehlt es am Vorsatz. Bewertet der Täter die Mittel-Zweck-Relation nach Abs. 2 falsch, so liegt nach § 17 Verbotsirrtum vor (so bereits BGH **2** 196). Glaubt jedoch der Täter irrig, auf die erstrebte Leistung einen Anspruch zu haben, so nimmt er einen Umstand an, der den erstrebten Vorteil zu einem rechtmäßigen machen würde, handelt also im Tatbestandsirrtum (vgl. BGH MDR/H **79**, 107, NJW **86**, 1623, ferner BGH **4** 106, **17** 88 [m. Anm. Schröder JR 62, 346], VRS **42** 110, StV **84**, 422, **90**, 205, wistra **83**, 29, Meyer-Goßner NStZ 86, 106 sowie § 263 RN 175).

23–27 V. **Vollendet** ist die Erpressung erst, wenn ein Vermögensnachteil bei dem Genötigten oder einem Dritten eingetreten ist (vgl. § 263 RN 178, BGH wistra **87**, 21, Schaffstein Dreher-FS 163ff.). Daran kann es z. B. fehlen, wenn aufgrund Überwachung durch Polizei ein erfolgreicher Abschluß der Tatausführung von vornherein ausgeschlossen ist (vgl. BGH StV **89**, 149). Im übrigen genügt, daß der Vermögensnachteil durch eine Handlung herbeigeführt wird, die sich als eine Verfügung des Genötigten darstellt; dagegen ist nicht erforderlich, daß sie zu einer Bereicherung des Täters führt (vgl. o. 21). Daher ist § 253 auch dann vollendet, wenn z. B. das erpreßte Geld auf dem Transport zum Täter verloren geht (vgl. BGH **19** 343). Vollendung liegt auch vor, wenn die erpreßte Leistung hinter den Forderungen des Täters zurückbleibt (RG **33** 78; vgl. aber auch RG JW **34**, 488 m. Anm. Kalsbach), es sei denn, daß der Täter von vornherein entschlossen ist, einen angebotenen geringeren Betrag sofort zurückzuweisen (BGH StV **90**, 206; vgl. auch o. 21). Für den **Versuch** genügt, daß mit der Ausführung der Nötigung, also der Anwendung von Gewalt oder Drohung, begonnen worden, z. B. ein Drohbrief abgesendet ist. Ferner liegt Versuch vor, wenn der Nötigende das an sich zur Willensbeeinflussung ungeeignete Mittel für dazu geeignet hält (RG **71** 292). Dagegen liegt im erfolglosen Bemühen, in das Haus des zu Erpressenden zu gelangen, noch kein Versuch, da damit noch nicht auf den Willen des Opfers eingewirkt wird (BGH MDR/D **75**, 21).

28 VI. **Mittäterschaft** ist auch in der Weise möglich, daß der eine Mittäter nur eine Nötigung begeht, wenn ihm die Bereicherungsabsicht fehlt und er von dem Vorhandensein dieser Absicht beim anderen Täter auch nichts weiß, während der andere Mittäter sich der Erpressung schuldig macht (vgl. RG **54** 153). Der **Anstifter** braucht selbst keine Bereicherungsabsicht zu haben (RG **56** 172). **Beihilfe** ist nicht nur bis zur Vollendung, sondern bis zur tatsächlichen Beendigung möglich (RG LZ **21**, 461, HRR **40** Nr. 469). § 28 findet keine Anwendung (vgl. Herzberg ZStW 88, 93). **Mittelbare Täterschaft** ist auch in der Weise möglich, daß das Einschreiten einer *Amtsstelle* veranlaßt wird (Hamburg JR **50**, 630).

29 VII. 1. Als **Strafe** ist Geldstrafe oder Freiheitsstrafe bis zu 5 Jahren, in besonders schweren Fällen nicht unter 1 Jahr, angedroht. 2. Einen **qualifizierten** Fall der Erpressung enthält § 255. 3. Über **Führungsaufsicht** vgl. § 256.

VIII. Verhältnis zu anderen Tatbeständen (eingeh. Lackner LK 32 ff.).
1. Aufgrund **Spezialität** geht § 253 den §§ **240, 241** vor (RG **41** 276). Doch kommt mit § 240 30
Tateinheit in Betracht, wenn die Drohung zwei verschiedene Zwecke verfolgt, von denen der eine
dem § 253, der andere nur dem § 240 entspricht (RG GA Bd. **48**, 451; vgl. auch BGH MDR/D **72**,
197).
2. Zwischen **Raub und Erpressung** besteht für den Regelfall Exklusivität: Nimmt der Täter weg 31
und fehlt es demzufolge am Verfügungswillen des Opfers, so kommt nur Raub in Betracht (vgl. o. 8;
and. BGH **7** 254, NStZ **81**, 301, der lediglich auf das „äußere Erscheinungsbild" des Nehmens bzw.
Gebens abhebt; dies kann aber immerhin Indiz für die innere Willensrichtung sein: vgl. Rengier JuS
81, 657; grds. abhebend auf wirksames Einverständnis mit der Gewahrsamsaufhebung Schlehofer
aaO 49 ff.). Liegt umgekehrt eine Vermögensverfügung vor, so ist Raub auszuschließen, da angesichts der Verfügung ein Gewahrsamsbruch ausgeschlossen ist (Eser IV 169 f., aber auch Schmidhäuser II 131 f. bzgl. § 255). Demgegenüber nimmt die auf das Verfügungserfordernis verzichtende
Auffassung (o. 8a), wonach konsequenterweise mit § 249 zugleich auch die §§ 253, 255 gegeben sind,
Spezialität von § 249 an (RG **4** 432, BGH **14** 387, MDR/H **87**, 281, Blei II 255, Schünemann JA **80**,
491; vgl. auch Lüderssen GA **68**, 257, M-Maiwald I 481). Tateinheit ist denkbar, wenn dasselbe
Zwangsmittel zur Wegnahme der einen und zur Herausgabe der anderen Sache führt (vgl. § 255 RN
3). Vgl. auch § 249 RN 2. **Versuchter** Raub tritt hinter eine auf das gleiche Objekt gerichtete
vollendete Erpressung nach § 255 zurück; das gleiche gilt für eine versuchte Erpressung gegenüber
dem vollendeten Raub (BGH NJW **67**, 60, Mohrbotter GA **68**, 112 ff.). Erreicht jedoch der Täter
eines versuchten Raubes sein Ziel durch eine einfache Erpressung, so liegt je nach Sachlage Ideal- oder
Realkonkurrenz vor.
3. Im Verhältnis zum **Diebstahl** gilt, soweit das Dulden der Wegnahme mit anderen Mitteln als 32–34
denen des Raubes erzwungen wird, das o. 31 Gesagte entsprechend. Die in § 242 geforderte Wegnahme und die für die Erpressung notwendige Vermögensverfügung schließen sich generell aus (M-
Maiwald I 478; and. Wimmer NJW **48**, 241; vgl. auch § 263 RN 63 f.). Bei der Nötigung *zur Begehung*
eines Diebstahls entfällt Erpressung regelmäßig, da die abgenötigte Handlung sich nicht als Vermögensverfügung darstellt. Ausnahmsweise ist jedoch Idealkonkurrenz mit Diebstahl möglich, wenn
der Täter eine dem Vermögen des Geschädigten nahestehende Person (Gewahrsamsdiener) zur Wegnahme und Herausgabe nötigt (vgl. Schröder ZStW **60**, 100, aber auch Otto ZStW **79**, 90 ff.; and.
Samson SK 18), ferner, wenn dasselbe Zwangsmittel zur Duldung der Wegnahme der einen und zur
Herausgabe der anderen Sache führt (Frank VII 2).
4. Zwang zur **Duldung eines anderen Vermögensdelikts** (z. B. Unterschlagung, Gebrauchsanmaßung, Wilderei) ist regelmäßig Nötigung in Idealkonkurrenz mit dem betreffenden Delikt, nicht 35–36
jedoch Erpressung, da in der Duldung nicht ohne weiteres eine Vermögensverfügung gesehen werden kann (Welzel 382; and. Frank VII 2). Über das Verhältnis zur Hehlerei vgl. § 259 RN 42, 62.
5. Zwischen **Betrug und Erpressung** besteht Idealkonkurrenz, wenn *neben* den durch Drohung 37
hervorgerufenen Vorstellungen Irrtumserregungen über anderweitige, mit dem in Aussicht gestellte
Übel nicht zusammenhängende Tatsachen auf die Entschließung eingewirkt haben, so daß die Entschließung teils dem Einfluß der Furcht, teils dem Einfluß der Täuschung zuzuschreiben ist (BGH **9**
247, RG **20** 330, Lackner LK § 263 RN 330, Schünemann JA **80**, 490; vgl. auch Seelmann JuS **82**, 915).
Ist dagegen die mit der Drohung verbundene Irrtumserregung lediglich darauf gerichtet, die Drohung zu verstärken oder das in Aussicht gestellte Übel in einem möglichst grellen Licht erscheinen zu
lassen, so besteht Einigkeit, daß insoweit jedenfalls keine Idealkonkurrenz vorliegt, der Täter also
nicht neben der Erpressung zugleich noch wegen Betrugs bestraft werden darf (BGH **23** 294, **11** 66,
NStZ **85**, 408, RG **20** 326, JW **34**, 3258, GA Bd. **69** 400, Schünemann aaO mwN). Strittig ist dabei,
ob Betrug schon tatbestandsmäßig ausscheidet (so die freilich nicht immer klare Rspr., vgl. BGH **23**
294, RG JW **34**, 3258, DR **40**, 27 Nr. 9, HRR **41** Nr. 169, ferner mit teils unterschiedlichen Begründungen Blei JA 71, 107, Günther ZStW **88**, 960, Küper NJW **70**, 2253, Otto ZStW **79**, 96) oder
lediglich infolge Gesetzeskonkurrenz hinter § 253 zurücktritt (so Herzberg JuS **72**, 570, Krey II 133 f.,
Lackner LK § 263 RN 330). Die letztgenannte Auffassung verdient Zustimmung, weil auch in diesen
Fällen sämtliche Merkmale des Betrugstatbestandes vorliegen. So fehlt es insbes. nicht bereits an einer
Täuschung (and. Otto aaO). Daß sie nur zur Verstärkung der Drohung dient, ändert auch nichts
daran, daß die Vermögensverfügung durch den Irrtum *mitbedingt* sein kann (and. Günther aaO, ferner
Küper aaO, der meint, es fehle an einer in § 263 vorausgesetzten *freiwilligen* Vermögensverfügung).
Im übrigen läßt sich nur auf der Basis dieser „Konkurrenzlösung" die kriminalpolitisch vernünftige
Annahme von BGH **11** 66 begründen, daß ein Gehilfe, der nur von der Täuschung, nicht aber von der
Drohung weiß, zwar nicht aus § 253, wohl aber – wenn die übrigen Voraussetzungen gegeben sind –
aus §§ 263, 27 bestraft werden kann. Wer durch die falsche Angabe, er werde erpreßt, sich Geld
beschafft, um den angeblichen Erpresser bezahlen zu können, begeht, da er nicht angibt, Einfluß auf
das Übel zu haben, nur Betrug (BGH **7** 197), auch wenn der Getäuschte das angeblich in Aussicht
gestellte Übel selbst zu fürchten hat. Wird der Getäuschte mit Gewalt lediglich davon abgehalten,
seine Sache zurückzuholen, fehlt es für § 253 an einem weiteren Vermögensschaden; doch ist dann
Realkonkurrenz von § 263 und § 240 anzunehmen (BGH MDR/D **75**, 23).
6. Mit **Vorteilsannahme** kann Idealkonkurrenz vorliegen (vgl. § 331 RN 20, 56). Die abw. Ansicht 38

(Vorrang von § 253: vgl. Bohne SJZ 48, 697) führt zu einer keineswegs berechtigten Privilegierung des Beamten, der seine Forderung auf Entlohnung eines pflichtwidrigen Verhaltens durch zusätzlichen Druck realisiert.

39 7. Bei **Erpressung verschiedener Personen** ist Fortsetzungszusammenhang auszuschließen (43 f. vor § 52; RG HRR **37** Nr. 981, BGH **5** 261, Lackner LK 32). Zur Erpressung als strafloser Nachtat (Diebesbeute wird durch Nötigung verteidigt: **Sicherungserpressung**) vgl. 114 vor § 52, BGH StV **86**, 530 [dazu aber auch § 252 RN 4], Schünemann JA 80, 490.

40 IX. Zum Schutze von Opfern einer Erpressung ist der **Verfolgungszwang** gelockert: vgl. § 154 c StPO, Nr. 102 RiStBV.

§ 254 [Schwere Erpressung] *gestrichen 1943*

§ 255 Räuberische Erpressung

Wird die Erpressung durch Gewalt gegen eine Person oder unter Anwendung von Drohungen mit gegenwärtiger Gefahr für Leib oder Leben begangen, so ist der Täter gleich einem Räuber zu bestrafen.

1 I. Die Vorschrift enthält eine **Qualifizierung der Erpressung,** indem sie bei Einsatz der Nötigungsmittel des Raubes den Erpresser einem Räuber gleichstellt.

2 II. Die Erpressung muß durch **Gewalt gegen eine Person** (dazu allg. § 249 RN 4 sowie BGH **18** 75) oder unter Anwendung von **Drohungen mit gegenwärtiger Gefahr für Leib oder Leben** (dazu allg. 30 ff. vor § 234, § 34 RN 12 ff., § 249 RN 5) begangen werden. Für Gewalt muß es sich also um eine unmittelbar oder mittelbar gegen den Körper gerichtete Gewalt handeln, die nicht völlig unerheblich ist (BGH **16** 318; vgl. auch BGH **18** 75, Lackner LK 2, Blei II 254, ähnl. M-Maiwald I 481; and. Frank II 1, nach dem nur die unmittelbare Gewalt gegen eine Person unter § 255 fällt). Jedoch kommt hier, anders als in § 249, nur vis compulsiva in Betracht (vgl. § 253 RN 3). Zur Gegenwärtigkeit der Gefahr bei Drohung vgl. BGH LM **Nr. 5,** StV **82**, 517, NJW **89**, 176, 1289. Hins. des Nötigungsadressaten gilt Gleiches wie bei § 253 (vgl. dort RN 6, BGH NStZ **85**, 408); insofern kann sich die Gewalt oder die angedrohte Gefahr auch gegen *Dritte* richten (vgl. 19, 27 vor § 234, ferner BGH NStZ **86**, 166, **87**, 222). Bei einem Banküberfall ist die Drohung auch dann für die Herausgabe des Geldes ursächlich, wenn der Kassierer es lediglich aufgrund einer bankinternen Anweisung herausgibt (BGH NStE Nr. 2). Ein Irrtum des Täters darüber ist unbeachtlich (BGH NJW **89**, 176; vgl. § 15 RN 56).

3 III. **Idealkonkurrenz** ist möglich mit §§ 211 f. (RG **44** 344), mit §§ 223 ff. (BGH MDR/H **83**, 793) und mit § 181 (BGH NStE Nr. 2 zu § 181), während die Plünderung oder Beschädigung von Sachen nach § 125 a Nr. 4 zurücktritt (vgl. dort RN 24). Dagegen schließen sich Raub und Erpressung bereits tatbestandlich aus, da die Erpressung eine Vermögensverfügung verlangt, die ihrerseits das Vorliegen einer Wegnahme ausschließt (vgl. § 249 RN 2, § 253 RN 8 f., 31; zu versuchtem § 255 als mitbestrafte Vortat vor vollendetem Raub vgl. BGH StV **82**, 114). Ausnahmsweise kommt aber Idealkonkurrenz in Betracht, so etwa, wenn der Täter zur Duldung der Wegnahme und außerdem zu einer Handlung, namentlich zur Herausgabe noch anderer Sachen nötigt (RG **55** 240, BGH LM **Nr. 17** zu § 73) oder die Taten sich sonst auf unterschiedliche Gegenstände beziehen (BGH **32** 92 m. krit. Anm. Jakobs JR 84, 387). Zum Verhältnis zu § 252 vgl. BGH StV **82**, 114, Seier NJW 81, 2152 ff. sowie zu Ausschlußtaten vor Beendigung der räuberischen Erpressung BGH NStZ **84**, 409, NStE Nr. **1** bzw. MDR/H **84**, 981. **Wahlfeststellung** zwischen §§ 255, 249 ist möglich (BGH **5** 280, NStZ **84**, 506, womit aber BGH **14** 387 kaum vereinbar ist): vgl. § 1 RN 71.

4 IV. Der Täter ist **gleich einem Räuber zu bestrafen.** Dies bedeutet, daß die §§ 249, 250, 251 entsprechend anzuwenden sind (RG **55** 242), einschließlich der *Milderungs*möglichkeit nach § 249 II bzw. § 250 II (vgl. BGH StV **81**, 547, **82**, 575), nicht aber § 252. Auch hier kann nach § 256 auf *Führungsaufsicht* erkannt werden.

§ 256 Führungsaufsicht

In den Fällen der §§ 249 bis 255 kann das Gericht Führungsaufsicht anordnen (§ 68 Abs. 1).

Über die Voraussetzungen und Grenzen der hier für alle Tatbestände des Raubes und der Erpressung zugelassenen Führungsaufsicht vgl. im einzelnen die §§ 68 ff.

Einundzwanzigster Abschnitt. Begünstigung und Hehlerei

Vorbemerkungen zu den §§ 257 ff.

Schrifttum: Beling, Hehlerei und Begünstigung, VDB VII, 1. – *Furtner*, Verhältnis von Beihilfe und Begünstigung, MDR 65, 431. – *Geerds*, Begünstigung und Hehlerei, GA 88, 243. – *Hruschka*, Hehlerei und sachliche Begünstigung, JR 80, 221. – *Köhler*, Begünstigung und Hehlerei, GS 61, 44. – *Miehe*, Die Schutzfunktion der Strafdrohungen gegen Begünstigung und Hehlerei, Honig-FS 91. – *Rehberg*, Hehlerei und Begünstigung, Handwörterbuch der Kriminologie, 1. Band (1966) 373. – *Schröder*, Begünstigung und Hehlerei, Rosenfeld-FS 161. – *ders.*, Die Rechtsnatur der Begünstigung und Hehlerei, MDR 52, 68. – *Stree*, Begünstigung, Strafvereitelung und Hehlerei, JuS 76, 137.

I. Die **Tatbestände** des 21. Abschnitts sind durch das EGStGB erheblich **umgestaltet** worden. Vgl. im einzelnen 19. A. Zur Notwendigkeit einer Reform der Hehlereivorschrift im Hinblick auf die Geldwäscherei bei Geld aus Drogen oder Waffengeschäften Arzt NStZ 90, 4. **1**

II. Die jetzige Gesetzesfassung läßt z. T. klarer als früher erkennen, welche **Rechtsgüter** in den einzelnen Vorschriften geschützt werden. Unergiebig für die Erkenntnis, welchen Rechtsgütern Schutz zuteil wird, ist allerdings die Zusammenfassung der Vorschriften in einem Abschnitt. Diese Zusammenfassung, die sich nur aus der geschichtlichen Entwicklung erklären läßt, ist aus gesetzestechnischen Gründen beibehalten worden. Als Gemeinsamkeit läßt sich allenfalls der Umstand werten, daß Anschlußtaten nach einer rechtswidrigen Tat erfaßt werden und, da solche Taten dem Vortäter nützlich sind, ihre Strafbarkeit mittelbar dazu dient, die Vortaten einzudämmen (vgl. § 257 RN 1, § 258 RN 1, § 259 RN 3). Trotz etlicher Verbesserungen der Tatbestände läßt sich bezweifeln, ob alle Änderungen sachgemäß sind. Erhebliche Bedenken bestehen z. B. gegen die Ausgestaltung der Strafvereitelung als Erfolgsdelikt (vgl. Lenckner Schröder-GedS 342 ff.). Überaus fragwürdig ist zudem die unterschiedliche Behandlung der Sicherung der durch die Vortat erlangten Vermögensvorteile. Unterliegen diese dem Verfall, so greift § 258 ein; andernfalls ist § 257 maßgebend. Die hiermit verbundenen Abweichungen bei der strafrechtlichen Ahndung entsprechen schwerlich sachgemäßen Erfordernissen (vgl. § 258 RN 15). Unbefriedigend ist ferner die Regelung des § 257 III 2 (vgl. § 257 RN 33). Der Vortäter, der einen an der Vortat Nichtbeteiligten zur Absatzhilfe anstiftet, macht sich nicht zusätzlich wegen Anstiftung zur Hehlerei strafbar (vgl. § 259 RN 58), wohl aber nach § 257 III 2 wegen Anstiftung zur Begünstigung, wenn die Absatzhilfe dazu dient, ihm die Vorteile seiner Tat zu sichern. Daß für die Anstiftung zur Begünstigung etwas anderes zu gelten hat als für die Anstiftung zur Hehlerei, läßt sich weder kriminalpolitisch noch dogmatisch überzeugend begründen. Zu bemängeln ist außerdem noch das Fehlen einer besonderen Rücktrittsvorschrift für die Begünstigung (vgl. Stree JuS 76, 139). **2**

III. Die Tatbestände des 21. Abschnitts setzen voraus, daß ein anderer, der Vortäter, eine rechtswidrige Tat i. S. des § 11 I Nr. 5 begangen hat. Die Abhängigkeit von der Vortat hat man vielfach als „**Akzessorietät**" bezeichnet und daraus Folgerungen abgeleitet, die zu Angleichungen an die Teilnahmevorschriften geführt haben (vgl. BGH 1 49). Solche Schlüsse sind indes verfehlt. Akzessorietät bedeutet das Abhängigsein von einer anderen Tat in dem Sinne, daß der Täter für die Verursachung der anderen Tat haftet, deren Unwert also auch ihm zugerechnet wird. Davon kann weder bei der Begünstigung und Strafvereitelung noch bei der Hehlerei die Rede sein. Diese Delikte weisen ein eigenständiges Unrecht auf; auch wenn die zu erwartende nachfolgende Hilfe einen Anreiz zur Verübung der Vortat bieten kann (vgl. etwa für die Hehlerei § 259 RN 3, § 260 RN 1), haben Begünstiger und Hehler nicht für das Unrecht der Vortat einzustehen. Dementsprechend berechtigt die gemeinschaftsschädliche Zunahme der jeweiligen Vortat nicht dazu, die Strafe für Begünstigung usw. aus generalpräventiven Gründen zu schärfen (Bay StV 88, 530). **3**

IV. Enge **Berührungspunkte** bestehen **zwischen Begünstigung und Hehlerei**. Bei der Begünstigung liegt das Entscheidende darin, daß der Begünstiger auf die Sicherung der aus der Vortat erlangten Vorteile gegen Entziehung hinwirkt; für die Hehlerei ist maßgebend die Aufrechterhaltung der rechtswidrigen Besitzlage durch Verschiebung der aus der Vortat erlangten Beute in die zweite Hand. Überschneidungen sind ohne weiteres möglich, etwa bei der Absatzhilfe. Diese kann aber auch nur Begünstigung oder nur Hehlerei sein. Sie stellt allein eine Begünstigung dar, wenn es dem Täter nur auf die Vorteilssicherung ankommt, er also nicht bezweckt, sich oder einen anderen mittels der Tat zu bereichern. Dagegen erfüllt sie ausschließlich den Hehlereitatbestand, wenn der Täter in Bereicherungsabsicht handelt, nicht jedoch eine Vorteilssicherung ins Auge gefaßt hat. Sind sowohl die Voraussetzungen des § 257 als auch die des § 259 gegeben, so ist Idealkonkurrenz zwischen beiden Vorschriften anzunehmen. **4**

§ 257 Begünstigung

(1) **Wer einem anderen, der eine rechtswidrige Tat begangen hat, in der Absicht Hilfe leistet, ihm die Vorteile der Tat zu sichern, wird mit Freiheitsstrafe bis zu fünf Jahren oder mit Geldstrafe bestraft.**

(2) **Die Strafe darf nicht schwerer sein als die für die Vortat angedrohte Strafe.**

(3) **Wegen Begünstigung wird nicht bestraft, wer wegen Beteiligung an der Vortat strafbar ist. Dies gilt nicht für denjenigen, der einen an der Vortat Unbeteiligten zur Begünstigung anstiftet.**

(4) **Die Begünstigung wird nur auf Antrag, mit Ermächtigung oder auf Strafverlangen verfolgt, wenn der Begünstiger als Täter oder Teilnehmer der Vortat nur auf Antrag, mit Ermächtigung oder auf Strafverlangen verfolgt werden könnte. § 248a gilt sinngemäß.**

Schrifttum: Bockelmann, Über das Verhältnis der Begünstigung zur Vortat, NJW 51, 620. – *Furtner*, Verhältnis von Beihilfe und Begünstigung, MDR 65, 431. – *Hergt*, Zur Theorie der Begünstigung, GS 76, 298. – *Lenckner*, Das Zusammentreffen von strafbarer und strafloser Begünstigung, JuS 62, 302. – *Müller*, Straflose Teilnahme des Vortäters an der Begünstigung, GA 58, 334. – *Schröder*, Die Koordinierung der drei Begünstigungstatbestände, NJW 62, 1037. – *Vogler*, Die Begünstigungshandlung, Dreher-FS 405.

1   I. Die Vorschrift erfaßt die **sachliche Begünstigung** i. S. des § 257 a. F. Ihr Zweck besteht darin, der auf Sicherung der Tatvorteile gerichteten Unterstützung eines Täters nach der Tat entgegenzutreten, diesen dadurch zu isolieren und somit die Rentabilität einer Straftat zu erschweren (vgl. Amelung JR 78, 231, Miehe Honig-FS 104f., Vogler aaO 413). Mit der nachträglichen Unterstützung will der Begünstiger verhindern, daß der dem Gesetz entsprechende Zustand wiederhergestellt wird (vgl. RG 54 134, 55 19, 58 292, BGH 2 363, 24 167 m. Anm. Maurach JR 72, 70, NStZ 87, 22). Die Begünstigung ist hiernach Restitutionsvereitelung (Schröder Rosenfeld-FS 165). Ihr Wesen ist dementsprechend als Hemmung der Rechtspflege gekennzeichnet worden (vgl. RG 76 32, BGH 24 167). Da jedoch die Rechtspflege allein in ihrer Aufgabe, die Wirkungen der Vortat zu beseitigen oder wenigstens zu mildern (vgl. BGH 36 280), betroffen ist und ihr bei der Wiederherstellung des gesetzmäßigen Zustandes nur eine ausführende Rolle zukommt, trifft die Beurteilung der Begünstigung als Angriff auf die Rechtspflege, die ihrerseits dann geschütztes Rechtsgut sein soll, nicht genau den Kern der Sache. Die Vorschrift soll vielmehr die Rechtsordnung als Ganzes und ihre auf Restitution gerichtete Forderung schützen (Schröder Rosenfeld-FS 165, MDR 52, 70; and. Samson SK 4). Zugleich dient sie, soweit die Restitutionsvereitelung Individualinteressen berührt, nämlich Ansprüche des durch die Vortat Verletzten auf Wiederherstellung des früheren Zustandes, dem Schutz des Einzelnen (vgl. Lackner 1: kumulativer Schutz von Allgemein- und Individualinteressen; D-Tröndle 2 vor § 257, Ruß LK 2).

2   Demgegenüber soll sich nach Binding Lehrb. 2 S. 642, Bockelmann NJW 51, 621, Welzel 393 die Begünstigung gegen das Vermögen richten. Zu dieser Ansicht neigt auch BGH 23 361 (and. jedoch derselbe Senat in BGH 24 167). Die Auffassung ist jedoch zu eng und entspricht nicht dem gesetzgeberischen Willen. Der Gesetzgeber hat bewußt auf eine rechtswidrige Tat als Vortat und nicht – wie in § 259 – auf eine gegen fremdes Vermögen gerichtete Tat abgehoben. Er hat auch Vortaten, die keinen Angriff auf das Vermögen enthalten, für ausreichend erachtet und die Vorteile, deren Sicherung der Begünstiger erstrebt, nicht auf Vermögensvorteile beschränkt wissen wollen (vgl. BT-Drs. 7/550 S. 248, E 62 Begr. 460). Nach Frank I verletzt die Begünstigung dasselbe Rechtsgut wie die Vortat. Eine solche Ansicht erfaßt jedoch den Sinngehalt der Vorschrift nur unvollkommen, wie das in der Begr. 460 zum E 62 gebrachte Beispiel der Sicherung einer mittels Urkundenfälschung erschlichenen Approbation als Arzt zeigt. Zu einer modifizierten Teilnahmekonstruktion kehrt Miehe Honig-FS 105 zurück. Nach seiner Ansicht soll die Strafbestimmung gegen Begünstigung bewirken, daß der Vortäter nicht auf die häufig nötige Hilfe nach Tatbegehung rechnen kann. Diese auf mittelbaren Rechtsgüterschutz abstellende Auffassung wird indes der Eigenständigkeit des mit der Begünstigung erstrebten Eingriffs in die Rechtsordnung nicht gerecht (ebenso Vogler aaO 414). Wohl aber trägt sie dazu bei, den Zweck, der hinter dem Rechtsgüterschutz des § 257 steht, zu erhellen.

3   II. Begünstigung ist Unterstützung eines Täters nach der Tat. Sie muß sich auf eine bereits begangene rechtswidrige Tat **(Vortat)** beziehen. Diese ist Tatbestandsmerkmal, nicht bloße Strafbarkeitsbedingung (and. Bockelmann NJW 51, 623; gegen ihn Schröder Kern-FS 466 Anm. 26, 29).

4   1. Bei der Vortat muß es sich um eine **rechtswidrige Tat** i. S. des § 11 I Nr. 5 handeln. Sie muß wider das Recht den objektiven Tatbestand eines Strafgesetzes verwirklicht haben und sich damit objektiv als ein kriminelles Geschehen erweisen; eine Ordnungswidrigkeit genügt nicht. Soweit eine Strafvorschrift subjektive Tatbestandsmerkmale aufweist, müssen auch sie

Begünstigung 5–8 § 257

erfüllt sein. Ferner ist bei Taten, die nur bei vorsätzlichem Handeln unter ein Strafgesetz fallen, Vorsatz erforderlich; Fahrlässigkeit reicht allein bei Taten aus, bei denen auch fahrlässiges Verhalten mit Strafe bedroht ist. Diese Anforderungen an die Vortat sind unabhängig davon, wo Vorsatz und Fahrlässigkeit im Verbrechensaufbau systematisch einzuordnen sind. Sie ergeben sich bereits daraus, daß das Gesetz die beiden Formen der Herbeiführung eines widerrechtlichen Zustandes verschieden bewertet und fahrlässiges Verhalten nur in bestimmten Fällen als ein kriminelles Geschehen beurteilt. Andererseits kommt es auf die Schuldfähigkeit des Vortäters nicht an. Auch ein Kind oder ein Geisteskranker kann begünstigt werden. Unerheblich ist ebenfalls, ob der Vortäter in einem unvermeidbaren Verbotsirrtum gehandelt hat, seine Tat entschuldigt ist, ein persönlicher Strafausschließungsgrund vorgelegen hat oder ob die Tat im Vollrausch begangen worden ist. Ebensowenig entfällt die Voraussetzung einer rechtswidrigen Tat deswegen, weil diese als straflose Nachtat beurteilt wird, z. B. der gesicherte Vorteil aus einer Unterschlagung im Gefolge einer Untreue stammt.

2. Ohne Bedeutung ist die **Art der Vortat**. Einschränkungen, nach denen die Vortat eine 5 rechtswidrige Vermögenslage geschaffen haben muß (vgl. etwa Welzel 393), entsprechen nicht dem Sinn des § 257. Entscheidend ist allein, daß es sich um eine vom Strafgesetz erfaßte Tat handelt, die dem Vortäter (irgend) einen Vorteil eingebracht hat, der ihm nach der Rechtsordnung nicht zusteht (vgl. BT-Drs. 7/550 S. 248, Stree JuS 76, 137 f.). In Betracht kommen neben Vermögensdelikten u. a. Verwahrungsbruch (vgl. RG 55 19), Münzdelikte, Kindesentziehung, Entführungsdelikte, Urkundenfälschung (vgl. E 62 Begr. 460), Bestechung. Unerheblich ist, ob der Begünstiger selbst die Tat (als Täter) begehen kann (Sonderdelikte) oder ob der Begünstigte Täter oder Teilnehmer der Vortat gewesen ist.

3. Vortat kann nur eine bereits **begangene Tat** sein. Das schließt an sich nicht aus, daß die 6 Begünstigung an einen Tatversuch anknüpft (vgl. RG 50 220, 53 284). Er muß aber dem Täter bereits einen Vorteil eingebracht haben, dessen Sicherung nunmehr erstrebt wird. An diesem Erfordernis wird es in den meisten Fällen einer Hilfe vor der Tatvollendung fehlen. Soweit sich die Hilfeleistung noch auf die Tatbegehung auswirkt, kommt Teilnahme, nicht Begünstigung in Betracht. Das ist nicht nur bei Hilfeleistungen der Fall, die der Tatvollendung dienen, sondern auch dann, wenn die Wirkung einer auf die spätere Vorteilssicherung gerichteten Unterstützung schon bei der Tat eintritt. Wer einem Täter dabei hilft, das Entstehen von Tatspuren zu verhindern, die der Beute deuten, ist Gehilfe. Beihilfe leistet zumeist auch, wer vor der Tat die spätere Vorteilssicherung zusagt.

Das Erfordernis der Vortat bedeutet jedoch nicht, daß die auf Vorteilssicherung zielende 7 Hilfeleistung erst nach einer begangenen Tat vorgenommen sein muß. Es kommt nicht auf den Zeitpunkt der Begünstigungshandlung an, sondern darauf, daß sie keinerlei Auswirkungen auf die Tat als solche hat, ihr vielmehr allein Bedeutung für eine Restitutionsvereitelung zufällt (and. Class Stock-FS 117; vgl. auch Schaffstein Honig-FS 183 f.). Erforderlich ist also nur, daß sich die Hilfeleistung erst nach der Tat auswirkt. Begünstigung liegt daher vor, wenn jemand dem Täter vor oder während der Tat einen Brief zusendet, der genaue Angaben über ein Versteck für die Beute enthält, jedenfalls dann, wenn der Täter erst nach der Tat hiervon Kenntnis erlangt und dann das Versteck benutzt. Bei vorheriger Kenntniserlangung kann sich die Hilfeleistung ähnlich wie die Zusage späterer Unterstützung als psychische Beihilfe darstellen. Ist das nicht der Fall, so ist die Hilfeleistung als Begünstigung zu beurteilen, weil ihre Auswirkungen ausschließlich in die Zeit nach der Tat fallen.

Überschneidungen sind denkbar, wenn ein Delikt vollendet, aber noch nicht beendet ist (vgl. 8 RG 58 14, 73 333), vorausgesetzt, Beihilfe bis zur Tatbeendigung ist rechtlich möglich (vgl. § 27 RN 17); wer dies verneint, kann eine Hilfeleistung nach Tatvollendung nur als Begünstigung beurteilen (vgl. Ruß LK 5, auch Isenbeck NJW 65, 2326). Die h. M. läßt die Willensrichtung des Hilfeleistenden entscheiden. Will er die Vortat beenden helfen, so soll Teilnahme vorliegen; will er den Effekt des § 257 herbeiführen, so soll Begünstigung anzunehmen sein (vgl. BGH 4 133, VRS 16 267, Köln NJW 90, 588, Baumann JuS 63, 54). Diese Abgrenzung überzeugt jedoch nicht. Soweit sich die Unterstützung noch bis zur Tatbeendigung auswirkt, kann der Hilfeleistende, der sich dieser Auswirkung bewußt ist oder sie jedenfalls in Kauf nimmt, nicht deswegen von der gegenüber der Begünstigung u. U. strengeren Haftung wegen Beihilfe verschont bleiben, weil er eine Vorteilssicherung anstrebt (vgl. auch Furtner MDR 65, 431, Laubenthal Jura 85, 633, Vogler aaO 417, Wessels II/2 178). Ob er etwa beim Spurenverwischen (vgl. o. 6) noch vor Tatvollendung oder zwischen Vollendung und Beendigung der Tat hilft, kann keinen Unterschied in der strafrechtlichen Haftung begründen. Dahinstehen mag, ob neben der Beihilfe tatbestandlich auch eine Begünstigung vorliegt; zumindest ist eine Bestrafung wegen Begünstigung ausgeschlossen (vgl. u. 31). Entsprechendes gilt bei Dauerdelikten und Fortsetzungstaten (and. h. M., die auch hier auf die Willensrichtung des Hilfeleistenden abstellt; vgl. RG 58 14, Ruß LK 6, Welzel 394). Beschränkt sich allerdings die Hilfeleistung bei

Stree 1809

einer fortgesetzten Tat auf Vorteile aus bereits beendeten Teilakten, ohne sich auf noch ausstehende Teilakte auszuwirken, so ist sie als Begünstigung zu beurteilen (vgl. 33 vor § 52). Die z. T. vertretene Ansicht, zwischen Beihilfe und Begünstigung könne auch Idealkonkurrenz bestehen (vgl. RG **58** 14, Furtner MDR 65, 431), ist auf Grund des § 257 III überholt.

9   4. Setzt ein Strafgesetz eine **objektive Strafbarkeitsbedingung** voraus, so ist der Zeitpunkt ihres Eintritts ohne Bedeutung für die Frage, ob die Hilfe nach der Tatbegehung geleistet worden ist und somit Begünstigung vorliegt (vgl. Stree JuS 65, 474, Jakobs 279, Jescheck 505). Der Täter eines Konkursdelikts kann z. B. bereits begünstigt werden, ehe er seine Zahlungen eingestellt hat oder über sein Vermögen das Konkursverfahren eröffnet worden ist (vgl. § 283 RN 65). Die Ahndung der Begünstigungstat ist jedoch erst mit Eintritt der objektiven Strafbarkeitsbedingung zulässig.

10 5. **Unerheblich** für das Vorliegen einer Begünstigung ist die **Verfolgbarkeit des Vortäters**. Ist die Vortat nur auf Antrag verfolgbar, so ist für die Begünstigung bedeutungslos, ob Strafantrag gestellt worden ist. Eine Begünstigung ist auch dann noch möglich, wenn der Antragsberechtigte bereits auf den Antrag verzichtet hat oder die Antragsfrist hat verstreichen lassen. Nur für die Verfolgung der Begünstigung bedarf es u. U. eines hierauf gerichteten Strafantrags (vgl. u. 37 f.). Ferner kommt es nicht darauf an, ob die Vortat wegen Verjährung oder auf Grund eines StFG nicht (mehr) verfolgt werden kann. Der Vortäter kann auch nach Verbüßung seiner Strafe noch begünstigt werden, so z. B., wenn die versteckte Beute zuvor nicht gefunden worden ist und jemand nach der Strafverbüßung dabei hilft, eine drohende Entdeckung zu verhindern. Ebensowenig steht die Einstellung des Verfahrens gegen den Vortäter (z. B. nach § 153 StPO) einer nachfolgenden Begünstigung entgegen.

11 6. Fraglich kann sein, ob die **Vortat der deutschen Strafverfolgung unterliegen muß**. Die Frage ist zu verneinen, soweit die Vortat Individualrechtsgüter beeinträchtigt (and. Samson SK 14). Da die Begünstigung in einem solchen Fall ebenfalls Individualinteressen berührt (vgl. o. 1), scheidet eine Einschränkung nach allgemeinen Grundsätzen aus (vgl. 15, 22 vor § 3). Erforderlich ist aber immer, daß die Vortat den o. 4 genannten Voraussetzungen entspricht. Eine Auslandsstraftat, die nach inländischem Recht eine Ordnungswidrigkeit darstellt, ist keine hinreichende Vortat. Eine Einschränkung ist dagegen geboten, soweit die Begünstigung Vorteile sichert, deren Entziehung ausschließlich aus staatlichen Interessen erfolgt. Insoweit gehört der Schutz ausländischer Interessen nicht zur Aufgabe der deutschen Strafrechtspflege (vgl. 16 ff. vor § 3), so daß in diesem Rahmen eine Vortat, die der deutschen Strafverfolgung nicht unterliegt, die Voraussetzungen des § 257 nicht erfüllt (and. D-Tröndle 3, Ruß LK 9: unbeachtlich, ob die Vortat der inländischen Strafgewalt eine rechtliche Verfolgungsgrundlage bietet).

12 7. Die **Vortat** muß **tatsächlich begangen** worden sein. Obwohl die Begünstigung mit dem Erfordernis der Begünstigungsabsicht ins Subjektive verlagert ist, genügt nicht die irrtümliche Annahme einer rechtswidrigen Vortat (vgl. RG **50** 218, Bay JZ **73**, 385 sowie u. 15). Es bedarf allerdings nicht der Feststellung einer bestimmten Vortat; es reicht die Feststellung aus, daß eine von mehreren möglichen rechtswidrigen Taten, die dem § 257 entsprechen, vorgelegen hat (RG **58** 291, BGH MDR/D **69**, 194). Nicht erforderlich ist, daß die Voraussetzungen einer die Bestrafung des Begünstigten zulassenden Wahlfeststellung gegeben sind (Ruß LK 7).

13 8. Das die Begünstigung beurteilende Gericht hat das Vorliegen einer rechtswidrigen **Vortat selbständig zu prüfen** (vgl. RG **58** 290, BGH MDR/D **69**, 194). So ist es z. B. trotz Freispruchs des Vortäters nicht gehindert, eine rechtswidrige Vortat festzustellen und eine Strafe wegen Begünstigung zu verhängen. Das gilt auch dann, wenn die Begünstigung erst nach Freispruch des Vortäters vorgenommen worden ist. Umgekehrt kann das Gericht trotz rechtskräftiger Verurteilung des Vortäters zu dem Ergebnis gelangen, daß eine rechtswidrige Vortat nicht feststellbar ist. Entsprechendes gilt für den Fall der Aburteilung des Begünstigers vor dem Vortäter; das gegen den Begünstiger ergangene Urteil bindet nicht das den Vortäter aburteilende Gericht.

14 9. Als rechtswidrige Tat i. S. des § 11 I Nr. 5 muß die Vortat nicht nur z. Z. der Begünstigungshandlung, sondern auch noch bei deren Aburteilung zu beurteilen sein. Zwar kommt der Begünstigung als Restitutionsvereitelung ein eigenständiger Unrechtsgehalt gegenüber der Vortat zu; dieser bleibt aber mit dem auf die Vortat fallenden Makel eng verbunden. Das Erfordernis einer rechtswidrigen Tat als Vortat läßt erkennen, daß nur die Sicherung solcher Vorteile, deren Erlangung mit einem besonderen Makel behaftet ist, als kriminelles Fehlverhalten einzustufen ist. Wird aber der Vortat der besondere Makel durch eine Gesetzesänderung genommen, so muß sich das auch auf die Sicherung der mittels dieser Vortat erlangten Vorteile auswirken. Vgl. dazu auch BGH **14** 156 m. Anm. Dreher NJW 60, 1163 zur persönlichen Begünstigung i. S. des § 257 a. F.

15 **III.** Die Tathandlung besteht darin, daß dem Vortäter **Hilfe geleistet** wird. Welcher Art die Hilfe sein muß, ergibt sich aus dem weiteren Erfordernis, daß die Hilfe in der Absicht geleistet sein muß, dem Vortäter die Vorteile der Tat zu sichern. Dementsprechend muß es sich um eine der Vorteilssicherung dienende Hilfe handeln. Bestritten ist, ob die subjektive Tendenz des Täters, die Vorteile zu sichern, ausreicht (vgl. zum Beistandleisten i. S. des § 257 a. F. RG **50**

366, Welzel 394, 519, ferner RG **66** 324) oder ob eine objektive Qualität der Handlung zu fordern ist, sei es eine tatsächliche Verbesserung der Lage des Vortäters (so für § 257 a. F. z. B. RG **63** 241, **76** 34, BGH **2** 376, Frank V), sei es die objektive Eignung der Handlung, den Vortäter günstiger zu stellen (so D-Tröndle 6, Lackner 3, Ruß LK 13 und für § 257 a. F. RG **36** 77, **58** 15, **76** 123, BGH **4** 224, NJW **71**, 526, Geerds v. Hentig-FS 137). Die Ansicht, es genüge ein Verhalten mit bloßer Hilfstendenz, dehnt den Tatbestand unangemessen aus, weil sie auch völlig ungefährliche Handlungen erfaßt. Allein das mit einer Handlung verbundene Streben nach Vorteilssicherung verdient noch keine Strafe. Das zeigt sich schon darin, daß eine Vortat, die dem Vortäter einen Vorteil eingebracht hat, tatsächlich vorgelegen haben muß. Da der Begünstigungsversuch nicht unter Strafe gestellt ist, bleibt auch nach der Ansicht, die bloße Hilfstendenz genüge für die Hilfeleistung, der Hilfeleistende straflos, der in der irrtümlichen Meinung, eine solche Vortat sei gegeben, eine auf Vorteilssicherung angelegte Hilfe erbringt. Ein kriminalpolitisches Bedürfnis, jedenfalls die demgegenüber keineswegs gefährlichere untaugliche Hilfeleistung als Begünstigung zu bestrafen, besteht nicht. Denn für das Strafbedürfnis kann es keinen entscheidenden Unterschied begründen, ob die Ungefährlichkeit der Hilfeleistung aus dem Fehlen einer Vortat oder eines erlangten Vorteils hervorgeht oder daraus, daß der erlangte Vorteil z. Z. der Hilfeleistung nicht mehr vorhanden oder die Hilfeleistung sonst zur Vorteilssicherung ungeeignet ist. Andererseits läßt sich das Merkmal der Hilfeleistung aber auch nicht auf eine tatsächliche Verbesserung der Lage des Vortäters beschränken. Die Begünstigung ist nicht zu einem Erfolgsdelikt ausgestaltet worden. Hilfe erhält der Vortäter bereits mit einer Handlung, die objektiv geeignet ist, ihm die Vorteile seiner Tat zu sichern. Wegen der objektiven Gefährlichkeit einer solchen Unterstützung für die geschützten Rechtsgüter (vgl. o. 1) ist eine strafrechtliche Ahndung zudem kriminalpolitisch geboten. Demgemäß ist der Ansicht zuzustimmen, die eine objektive Eignung der Hilfeleistung fordert, vom Erfordernis einer tatsächlichen Besserstellung des Vortäters jedoch absieht. Vgl. zum Ganzen auch Vogler aaO.

1. Beispiele für Hilfeleistung: Mitwirken beim Verbergen geraubter Sachen, Aufbewahren des Diebesgutes, Unkenntlichmachen gestohlener Sachen wie Umlackieren eines Kraftfahrzeugs, Verarbeiten gestohlener Stoffe (vgl. RG **26** 120), falsche Angaben über den Aufenthaltsort erbeuteter Sachen (vgl. RG **54** 41), deren Verheimlichen oder sonstige Irreführungen bei Ermittlungen, Abheben eines Geldbetrags vom gestohlenen Sparbuch (RG **39** 236; vgl. dazu u. 24), Mitwirken beim Absatz der Beute (BGH **2** 362, **23** 361), Übergabe gestohlener Sachen als Geschenk an einen Dritten (BGH **4** 124), Transport von erbeutetem Geld ins Ausland (vgl. BGH MDR/H **85**, 447), Geldwäscherei, Warnung vor bevorstehendem Zugriff der Behörden. Die Handlungen müssen der Restitutionsvereitelung dienen. Hilfeleistungen, mit denen die Sache lediglich nutzbar gemacht wird (z. B. Reparatur einer defekten Sache) oder erhalten wird (z. B. Bergen der Beute bei einem Brand), scheiden als Tathandlung aus (vgl. RG **26** 119, **60** 278 sowie u. 24). 16

2. Hilfe kann auch durch **Unterlassen** geleistet werden, soweit eine Rechtspflicht zum Handeln i. S. des § 13 besteht. Hiernach können z. B. Eltern dadurch Hilfe leisten, daß sie ihr minderjähriges Kind nicht zur Herausgabe eines Verbrechensvorteils anhalten. Ein Ehegatte kann als Wohnungsinhaber den anderen Ehegatten begünstigen, indem er duldet, daß gehehlte Waren in der ehelichen Wohnung versteckt werden (weitergehend RG DR **43**, 234). In beiden Fällen besteht jedoch keine Pflicht, staatliche Zwangsmaßnahmen zu erwirken (vgl. 156 vor § 13). Der Eigentümer eines Hauses hat dagegen einzuschreiten, wenn Diebe ihre Beute dort vor den Nachforschungen der Polizei verbergen. Keine Rechtspflicht zum Einschreiten trifft allerdings den Vermieter, wenn ein Mieter Diebesbeute in die Mietwohnung bringt (vgl. RG **57** 242, JW **31**, 1576 m. Anm. H. Mayer, Celle HannRpfl. **46**, 138), wohl aber einen Gastwirt, wenn seine Gasträume als Beuteversteck benützt werden (vgl. RG **58** 300). Eine Rechtspflicht zum Eingreifen kann sich ferner aus einer amtlichen Stellung ergeben, etwa für einen Polizeibeamten, der bei Nachforschungen auf ein Diebeslager stößt, oder für einen Zugführer, der entdeckt, daß ein Bahnbediensteter aus einem Güterwagen eine Kiste Wein gestohlen hat (RG **53** 108). 17

Fraglich ist, ob sich im Rahmen der Begünstigung eine Rechtspflicht auch aus *vorangegangenem Tun* herleiten läßt. Dies ist jedenfalls dann ausgeschlossen, wenn die Unterlassung den gutgläubig geschaffenen Zustand nicht intensiviert, da eine Rechtspflicht aus vorangegangenem Tun die Situation voraussetzt, in der ohne Eingreifen des Täters ein weiterer Erfolg zu erwarten ist, der über den unvorsätzlich bereits herbeigeführten hinausgeht (vgl. § 13 RN 42). Daher kann eine Pflicht zum Handeln für jemanden, der gutgläubig Diebesgut in Verwahrung nimmt und dann dessen Herkunft erfährt, nicht aus vorangegangenem Tun hergeleitet werden; die weitere Verwahrung ist kein Begünstigen durch Unterlassen (and. BGH MDR/D **56**, 271; vgl. auch BGH NJW **79**, 2622). 18

3. Zweifelhaft kann sein, ob auch **mittelbare Förderungshandlungen** Täterschaft i. S. von § 257 begründen können, so z. B., wenn dadurch Hilfe geleistet wird, daß ein anderer zur Begünstigung bestimmt wird. Die Rspr. hat z. T. täterschaftliches Beistandleisten i. S. des 19

§ 257 a. F. im Rahmen der persönlichen Begünstigung angenommen, wenn jemand auf einen anderen einwirkt, im Strafverfahren keine Angaben zu machen (RG DR **39**, 1067), oder Zeugen vereinbaren, zugunsten des Beschuldigten falsch auszusagen (RG JW **29**, 2730, **36**, 2806, BGH **19** 114). Wäre dieser Rspr. zu folgen, so müßte für die auf Vorteilssicherung gerichtete Hilfeleistung Entsprechendes gelten, also Begünstigung zu bejahen sein, wenn jemand einen anderen zur Vorteilssicherung überredet oder mit einem anderen eine gemeinsame Hilfeleistung vereinbart. Eine solche Ansicht ist jedoch verfehlt. Eine tatbestandsmäßige Begünstigungshandlung kann erst bei unmittelbarer Gefährdung des geschützten Rechtsguts vorliegen. Es muß eine Handlung vorgenommen werden, die objektiv geeignet ist, zur Restitutionsvereitelung unmittelbar beizutragen (vgl. Lackner 3, Lenckner JR 77, 75, NStZ 82, 403, Ruß LK 14). Das ist ebensowenig bei bloßen Vereinbarungen wie beim Einwirken auf andere der Fall. Wer einen anderen zu einer Hilfeleistung bestimmt, ist daher nicht Täter einer Begünstigung, sondern stiftet zu ihr an, auch dann, wenn er ein Organ der Rechtspflege zu einer Begünstigungshandlung überredet (vgl. aber RG **9** 242). Anders ist es indes, wenn auf die Mittelsperson in einer Weise eingewirkt wird, die ihre freie Entscheidung derart beeinträchtigt, daß dem Hintermann das weitere Geschehen als seine Tat (mittelbare Täterschaft) zuzurechnen ist. In solchen Fällen liegt eine vollendete Begünstigung vor, wenn die Mittelsperson die zur Vorteilssicherung objektiv geeignete Handlung vornimmt. Wer einen anderen, unter der Drohung, ihn sonst zu töten, dazu nötigt, einem Dieb, der die Beute in ein Versteck bringen will, das hierfür benötigte Kfz. zur Verfügung zu stellen, ist Täter. Ebenfalls ist Täter, wer einen Polizeibeamten gewaltsam zwingt, die an sich erfolgversprechende Suche nach der Beute einzustellen.

20 4. Fraglich kann ferner sein, ob eine Hilfeleistung gem. § 257 vorliegt, wenn jemand den Vortäter bei einer **Selbstbegünstigung** unterstützt oder ihn hierzu veranlaßt. Beschränkt sich jemand auf die bloße Stärkung des Selbstschutzwillens oder auf die bloße Veranlassung einer Schutzmaßnahme, so ist hierin kein eigenständiger Beitrag zur Vorteilssicherung zu erblicken, der nach § 257 zu ahnden ist. Anders verhält es sich bei einer darüber hinausgehenden Unterstützung der Selbstbegünstigung. Sie wird als Begünstigung von § 257 erfaßt. Nach dieser Vorschrift ist daher strafbar, wer dem Vortäter ein Kfz. für das Fortschaffen der Beute zur Verfügung stellt, ihm ein Beuteversteck zeigt oder ihn vor einer drohenden Entziehung der Tatvorteile warnt. Dagegen reicht noch nicht aus, daß jemand dem Vortäter, der auf Herausgabe der erlangten Vorteile verklagt worden ist, zusagt, zu dessen Gunsten vor Gericht falsch auszusagen, auch dann nicht, wenn die Zusage für das Verhalten des Vortäters im Prozeß von wesentlicher Bedeutung ist (vgl. aber BGH **27** 74 m. abl. Anm. Lenckner JR 77, 74, NJW **71**, 526). Eine solche Zusage bestärkt lediglich den Willen zur Selbstbegünstigung. Geht jemand jedoch über die Zusage hinaus und unterbreitet er dem Vortäter bestimmte Vorschläge für ein gemeinsames Vorgehen im Prozeß, so ist Begünstigung zu bejahen (Ruß LK 23a). Ein solches Verhalten entspricht dem Fall, in dem ein Beuteversteck gezeigt oder sonst Rat erteilt wird, wie sich die Beute am besten vor Entziehung sichern läßt.

21 IV. Die Hilfe muß **vorsätzlich** und in der **Absicht** geleistet werden, dem Vortäter die **Vorteile** der Tat zu **sichern.**

22 1. Unter der **Absicht,** die Vorteile der Tat zu sichern, ist nach h. M. der zielgerichtete Wille zu verstehen, neben dem auch andere Zwecke maßgeblich sein können (BGH **4** 107, Amelung JR 78, 232, D-Tröndle 9, Lackner 5a, Ruß LK 18, Gehrig, Der Absichtsbegriff in den Straftatbeständen des Bes. Teils des StGB, 1986, 111). Dem Täter muß es danach u. a. auf die Vorteilssicherung ankommen; sie braucht aber nicht Beweggrund des Täters zu sein (BGH MDR/H **85**, 447). Entgegen der h. M. ist jedoch davon auszugehen, daß Wissentlichkeit in bezug auf den Begünstigungseffekt ausreicht, d. h. die Vorstellung des Täters, die notwendige und sicher eintretende Folge seiner Hilfeleistung werde die Vorteilssicherung sein. Dem Absichtsmerkmal, mit dem das Gesetz die Vorteilssicherung als Beeinträchtigung des geschützten Rechtsguts ins Subjektive rückt, kommt die Bedeutung einer Vorverlegung des Rechtsgüterschutzes zu. Für die Vollendung der Tat ist nicht die tatsächliche Beeinträchtigung des geschützten Rechtsguts erforderlich; es genügt eine in diese Richtung gehende Handlung. Kennzeichnet aber das Absichtsmerkmal nur die Richtung einer tatbestandsmäßigen Handlung, so kann es für die Strafbarkeit keinen Unterschied begründen, ob der Täter die Richtung anstrebt oder sich als sicher vorstellt, daß sein Handeln in diese Richtung führt (vgl. Lenckner NJW 67, 1894, Oehler NJW 66, 1637 f., Schröder NJW 62, 1040, Samson SK 31). Auch besteht kein kriminalpolitisch sinnvoller Grund, bei der Vereitelung des Restitutionsanspruchs andere Maßstäbe an die subjektive Tatseite anzulegen als bei der Vereitelung des Strafanspruchs, für die nach § 258 Wissentlichkeit ausreicht. Bedingter Vorsatz genügt dagegen nicht.

23 2. Als **Vorteile,** die gesichert werden sollen, kommen Vorteile aller Art, nicht nur Vermögensvorteile in Betracht (BT-Drs. 7/550 S. 248, RG **54** 134, D-Tröndle 9, Lackner 5a). Sie müssen beim Vortäter z. Z. der Begünstigungshandlung noch vorhanden sein (BGH 24 166, NJW **85**, 814); mittelbarer Besitz genügt (vgl. Düsseldorf NJW **79**, 2320). Außerdem muß ein Rechtsanspruch auf Entziehung dieser Vorteile bestehen. Daher kommen nur solche Vorteile in Betracht, die **unmittelbar** durch die Vortat erlangt sind (RG **55** 19, BGH **24** 168 m. Anm. Maurach JR 72, 70, NJW **86**, 1185, NStZ **87**, 22, **90**, 124, D-Tröndle 9, Lackner 5 a, Samson SK 17). Nicht als Vorteil i. S. des § 257 ist somit anzusehen, was durch Veräußerung einer erbeuteten Sache erlangt worden ist (RG **58** 118, 155), es sei denn, der Umtausch selbst stellt eine Straftat dar (z. B. Betrug). Unmittelbar durch die Vortat sind auch die Sachen nicht erlangt, die der Vortäter veräußert hat und die ihm später wieder zurückgegeben worden sind (BGH **24** 168). Ebensowenig genügt der Ertrag aus steuerunehrlichen Geschäften, durch welche die Steuerpflicht erst entsteht (BGH MDR/D **53**, 147; weiteres Bsp. in RG HRR **27** Nr. 328). RG **70** 384 und RG JW **38**, 793 lassen es dahingestellt, ob noch an der früheren Rspr. festzuhalten ist; vgl. auch RG **76** 32 m. Anm. Dahm DR **42**, 570, ferner Schaffstein ZAkDR **42**, 174, Miehe Honig-FS 120. Die Unmittelbarkeit ist nach dem Gesetzeszweck jedoch nicht zu eng aufzufassen, auch nicht nach dem Gesetzeswortlaut. Weder ist bei Sachen auf Sachidentität noch bei sonstigen Vorteilen auf eine Substanzidentität abzustellen. So ist ein unmittelbarer Vorteil bei dem Geldbetrag anzunehmen, der von einem gestohlenen Sparbuch abgehoben worden ist (vgl. RG **39** 237). Ebensowenig geht die Unmittelbarkeit verloren, wenn jemand sich betrügerisch Geld auf sein Bankkonto überweisen oder einen betrügerisch erlangten Verrechnungsscheck von der Bank einziehen läßt oder gestohlenes Geld auf sein Bankkonto einzahlt und das Geld anschließend wieder abhebt (vgl. BGH **36** 277 m. Anm. Keller JR **90**, 480, Hamm HESt **2** 35, Ruß LK 11). Es handelt sich hierbei um rein finanztechnische Vorgänge, die an der Unmittelbarkeit des deliktisch erlangten Vorteils nichts Wesentliches ändern (vgl. BGH **36** 277, wonach auch das Anlegen deliktisch erworbener Guthaben in börsengehandelte, frei verkäufliche Wertpapiere die Unmittelbarkeit noch nicht ausschließt). Auch Umbuchungen von einem Konto auf ein anderes des Vortäters beenden nicht die Unmittelbarkeit (BGH **36** 277; offen gelassen in BGH NStZ **87**, 22). Dementsprechend bleibt die Unmittelbarkeit ebenfalls beim Geldwechsel erhalten (D-Tröndle 9, Ruß LK 11), wobei unerheblich ist, ob das eingewechselte Geld zum selben Währungsgebiet gehört wie das umgewechselte. Weitergehend haben Hegler JW **23**, 931, Sauer BT 500 einen mittelbaren Vorteil genügen lassen. Keine Vorteilssicherung i. S. des § 257 ist die Abwehr von Ersatzansprüchen des Verletzten. Nicht unter § 257 fällt die Sicherung von Vermögensvorteilen vor Anordnung des Verfalls; insoweit greift § 258 ein (vgl. aber BGH MDR/H **85**, 447, der die Verhinderung einer möglichen Verfallerklärung zur Begründung der Vorteilssicherung heranzieht).

3. Die Absicht muß darauf gerichtet sein, dem Vortäter die **Vorteile gegen ein Entziehen** **24** zugunsten des Verletzten oder sonst Berechtigten zu **sichern** (vgl. BGH NJW **58**, 1244; and. M-Schroeder II 330). Eine Handlung, die allein dazu dient, die durch die Vortat erlangte Sache gegenüber Naturgewalten, rechtswidrigen Angriffen usw. zu erhalten, genügt ebensowenig wie eine Handlung, die allein die Verwertung fördern soll (RG **26** 119, **60** 278, **76** 33, JW **38**, 793, Celle HannRpfl. **46**, 138). Begünstigung liegt daher nicht vor, wenn jemand gestohlenen Stoff nur zum Zwecke des Gebrauchs verarbeitet (RG **26** 119), einen gestohlenen Pfandschein einlöst, weil er zu verfallen droht (and. RG LZ **15**, 1383), ein gestohlenes Tier pflegt, einen entwendeten PKW repariert oder den Diebstahl der Beute verhindert (RG **60** 278). Das Abheben von Geld mittels eines gestohlenen Sparbuchs dient daher nur dann der Vorteilssicherung, wenn es einem Entziehen des Sparbuchs zugunsten des Berechtigten oder einer drohenden Kontosperrung zuvorkommen soll (vgl. RG **39** 236). Entsprechendes gilt für das Einlösen eines gestohlenen Schecks. Auch der zugunsten des Eigentümers erfolgte Rückkauf der Beute vom Dieb fällt nicht unter § 257 (RG **40** 17; vgl. auch Erdsiek NJW **63**, 1049), grundsätzlich ebensowenig der für den Vortäter vorgenommene Rückverkauf an den Eigentümer, da er nicht darauf gerichtet ist, das unmittelbar Erlangte gegen ein Entziehen zu sichern (and. Düsseldorf NJW **79**, 2320 m. Anm. Zipf JuS **80**, 24, Geppert Jura **80**, 329; i. E. wie hier Hruschka JR **80**, 225, Samson SK 33). Das Mitwirken an der Verwertung der erlangten Vorteile (z. B. Verkauf, Verzehr) reicht nur aus, wenn es die drohende Entziehung zugunsten des Berechtigten vereiteln soll (BGH **2** 364, **4** 122; zu weitgehend Braunschweig GA **63**, 211 [Mitverzehren gestohlener Sachen]). Wer dagegen dem Vortäter allein helfen will, die Beute günstig abzusetzen, will ihm einen weiteren Vorteil verschaffen, nicht aber das Erlangte sichern. Die erforderliche Absicht ist indes bereits gegeben, wenn die Hilfeleistung neben anderen Zwecken dem Begünstigungseffekt dienen, d. h. die Wiederherstellung des rechtmäßigen Zustandes verhindern soll. Es reicht die Absicht aus, den Zugriff zu erschweren (RG HRR **37** Nr. 1422). Begünstigung ist demnach zu bejahen, wenn der entwendete PKW u. a. repariert wird, damit der Dieb ihn in Sicherheit bringen kann. Ebenso handelt mit Begünstigungsabsicht, wer den gestohlenen Stoff u. a. deswegen verarbeitet, weil er dem Eigentümer die Wiedererlangung erschweren will (RG **26** 120).

25 Die Absicht der Vorteilssicherung setzt nicht voraus, daß dem Vortäter der Besitz der Beute erhalten bleiben soll. Es genügt der Wille, ihm mit der Restitutionsvereitelung die Möglichkeit, über den Vorteil zu verfügen, zu bewahren. Das Mitwirken beim Absatz, der einem Zugriff auf die Beute zuvorkommen soll, reicht daher aus (BGH **2** 362; and. RG **58** 129, Hruschka JR 80, 225). Der Begünstigung macht sich sogar schuldig, wer für den Dieb die gestohlene Sache einem anderen schenkungsweise überbringt, um dadurch ihre Entziehung zugunsten des Bestohlenen zu verhindern (BGH **4** 122). Eine Vorteilssicherung beabsichtigt des weiteren, wer erpreßtes Geld wechselt, damit die numerierten Geldscheine beim Erpresser nicht gefunden werden (vgl. Roxin H. Mayer-FS 476).

26 4. Im übrigen ist **Vorsatz** erforderlich. Der Täter muß wissen, daß der Begünstigte eine rechtswidrige Tat i. S. des § 11 I Nr. 5 begangen und dadurch den Vorteil erlangt hat, der gesichert werden soll. Bedingter Vorsatz genügt (vgl. RG **53** 342, **55** 126, **76** 34). Genaue Vorstellungen über die Art der Vortat sind allerdings nicht erforderlich; der Begünstiger muß nur davon ausgehen, daß der Begünstigte sich den Vorteil unmittelbar durch eine rechtswidrige Tat i. S. des § 11 I Nr. 5 verschafft hat (vgl. BGH **4** 222). Wer in diesem Bewußtsein einen Kasten mit Schmuck und Goldmünzen verbirgt, kann daher aus § 257 auch dann bestraft werden, wenn er keinerlei konkrete Vorstellungen darüber besitzt, ob der Vortäter durch Diebstahl, Unterschlagung, Raub oder Erpressung in den Besitz des Kastens gelangt ist. Es bedarf außerdem keiner genauen Kenntnisse über die Person des Vortäters oder über die Art der Vorteile (vgl. RG **76** 34). Ein Irrtum über die Art der Vortat oder über die Art der Vorteile ist unerheblich, sofern sich der Begünstiger nur eine taugliche Vortat und einen dem § 257 entsprechenden Vorteil vorgestellt hat. So entfällt z. B. die Strafbarkeit wegen Begünstigung nicht deswegen, weil der Begünstiger Diebstahl als Vortat annimmt, während in Wirklichkeit Hehlerei vorgelegen hat. Ein Irrtum ist jedoch erheblich, wenn sich der Begünstiger als Vortat ein Delikt vorgestellt hat, bei dessen Vorliegen seine Handlungsweise ungeeignet war, den Vorteil zu sichern (BGH **4** 222).

27 V. Die Begünstigung ist bereits mit einer zur Vorteilssicherung objektiv geeigneten Handlung **vollendet**; auf irgendeinen Erfolg kommt es nicht an (vgl. o. 15). Infolgedessen ist die freiwillige Verhinderung des Erfolgseintritts nicht als **Rücktritt** i. S. des § 24 zu beurteilen. Wohl aber sind die für Unternehmensdelikte geschaffenen besonderen Rücktrittsregeln (z. B. §§ 83 a I, 316 a II) analog anzuwenden (Samson SK 34; and. Lackner 6, Ruß LK 19). Es würde sonst eine unsachgemäße Diskrepanz gegenüber der Strafvereitelung bestehen (vgl. Stree JuS 76, 139). Wer z. B. Spuren verwischt, um dem Vortäter die erlangten Vorteile zu sichern und ihn zugleich der Bestrafung zu entziehen, dann aber vor Eintritt eines Erfolges freiwillig die Aufklärung der Vortat ermöglicht, hat nicht nur Straffreiheit wegen des Versuchs der Strafvereitelung verdient. Ein sinnvoller, kriminalpolitisch berechtigter Grund, in einem solchen Fall die Begünstigung von der Straffreiheit auszuschließen, liegt nicht vor. Die Berufung auf die Vollendung der Tat wäre ein rein formales Argument, das den Sachgegebenheiten nicht gerecht wird. Zur Anwendbarkeit des § 158 auf eine Begünstigung durch Aussagen vor Gericht vgl. § 158 RN 11. Wer die Heranziehung von Rücktrittsregeln für unzulässig hält, muß die freiwillige Verhinderung des Erfolgseintritts jedenfalls strafmildernd berücksichtigen (vgl. § 46 RN 40).

28 VI. Für **Täterschaft** und **Teilnahme** gelten grundsätzlich die allgemeinen Regeln (vgl. dazu o. 19). Nur Teilnehmer ist hiernach, wer einen anderen zur Begünstigung bestimmt oder ihn bei seiner Tat lediglich unterstützt. Täterschaft liegt allerdings vor, wenn jemand sich an der Selbstbegünstigung des Vortäters in einer Weise beteiligt, die über die bloße Stärkung des Selbstbegünstigungswillens oder die bloße Veranlassung der Selbstbegünstigung hinausgeht (vgl. o. 20). Zu beachten sind jedoch einige Besonderheiten.

29 1. Straflos ist die **Selbstbegünstigung**, d. h. ein Verhalten, mit dem der Vortäter die erlangten Vorteile gegen Entziehung sichert oder zu sichern sucht (vgl. aber u. 33). Es entfällt hier bereits die Tatbestandsmäßigkeit, da keinem anderen Hilfe geleistet wird (vgl. BGH **5** 81, **9** 73, E **62** Begr. 461). Die Einschränkung rechtfertigt sich aus dem Gedanken der mitbestraften Nachtat (Schröder MDR 50, 398, SJZ 50, 98). Zur Beteiligung an der Selbstbegünstigung vgl. o. 20. Bleibt offen, ob der Begünstiger die Vortat begangen und sich deshalb nur selbst begünstigt hat, so kann u. U. Wahlfeststellung zulässig sein, etwa dann, wenn er möglicherweise Täter des als Vortat festgestellten Diebstahls gewesen ist (BGH **23** 360 m. Anm. Schröder JZ 71, 141). Wahlfeststellung ist jedoch ausgeschlossen, wenn Strafverfolgung wegen der Vortat nicht (mehr) zulässig ist; Bestrafung wegen Begünstigung entfällt dann nach dem Grundsatz in dubio pro reo, weil die Tatbestandsmäßigkeit nicht sicher feststellbar ist.

30 Die Straflosigkeit beschränkt sich auf die Selbstbegünstigung als solche. Ist zugleich ein **anderer Straftatbestand** erfüllt (z. B. Strafvereitelung zugunsten eines anderen, falsche Verdächtigung, Urkundenfälschung), so ist der Täter nach diesem strafbar (vgl. RG **63** 237, 375, **71**

281, 76 191, BGH 2 375, 15 54). Für eine Fremdbegünstigung trifft dies allerdings nur zu, wenn keine strafbare Beteiligung an der Vortat vorgelegen hat. I. d. R. wird die mit der Selbstbegünstigung verknüpfte Fremdbegünstigung eine gemeinsame Vortat betreffen, so daß Abs. 3 eingreift.

2. Wegen Begünstigung wird ferner der **Beteiligte an der Vortat** nicht bestraft, sofern er wegen dieser Beteiligung strafbar ist (**Abs. 3**). Es ist hier nur die Strafe ausgeschlossen; die Tatbestandserfüllung und die Rechtswidrigkeit der Hilfeleistung bleiben unberührt, so daß sich jemand, der an der Vortat nicht oder jedenfalls nicht in strafbarer Weise beteiligt war, wegen Beteiligung an der Begünstigung strafbar machen kann. Der Strafausschluß beruht auf dem Gedanken der mitbestraften Nachtat (BT-Drs. 7/550 S. 248; vgl. auch Lenckner JuS 62, 304). Er setzt eine strafbare Beteiligung an der Vortat voraus. Soweit diese nicht verhindert wird, liegt eine Beteiligung nur im Falle einer Garantenstellung vor; Nichtanzeige der Vortat gem. § 138 (z. B. bei einem Raub) oder unterlassene Hilfeleistung gem. § 323c reicht nicht aus. Unerheblich ist die Art der Beteiligung. Der Begünstiger kann Mittäter, Anstifter oder Gehilfe gewesen sein; auch Alleintäterschaft kommt in Betracht, nämlich dann, wenn ein Teilnehmer der Vortat begünstigt wird. Maßgebend ist allein, daß sich der Begünstiger wegen der Beteiligung an der Vortat strafbar gemacht hat. Nicht erforderlich ist, daß er deswegen (noch) z. Z. der Aburteilung der Begünstigung strafrechtlich belangt werden kann (vgl. 116 vor § 52, Lackner 7, Ruß LK 21, Samson SK 39; and. Blei II 432, JA 74, 28). Ist z. B. die Beteiligung an der Vortat mangels Strafantrags oder wegen Verjährung nicht (mehr) verfolgbar, so ändert sich hierdurch an der Straflosigkeit der Begünstigung nichts. Die Strafbarkeit einer Begünstigung, die dem Vortäter vor Begehung seiner Tat zugesagt worden ist, hängt davon ab, ob die Zusage als psychische Beihilfe zu werten ist. Scheidet Beihilfe aus, so ist der Begünstiger im Unterschied zum früheren Recht (§ 257 III a. F.) nach § 257 zu bestrafen. Dagegen läßt sich auf § 257 nicht schon dann zurückgreifen, wenn die Zusage als Beihilfe mangels Strafantrags nicht verfolgt werden kann (and. D-Tröndle 11; vgl. auch Geppert Jura 80, 330). Ohne Bedeutung für die Straflosigkeit ist, ob der Beteiligte an der Vortat die Begünstigung als Täter begeht oder an ihr teilnimmt. Nur die Anstiftung zur Begünstigung ist von der Straflosigkeit ausgenommen, soweit sie an der Vortat Unbeteiligter zu dieser bestimmt wird (vgl. u. 33).

Trotz Beteiligung an der Vortat kann der Begünstiger wegen seiner nachträglichen Hilfe mit Strafe belegt werden, wenn er wegen der vorherigen Beteiligung nicht strafbar ist, z. B. in diesem Zeitpunkt schuldunfähig gewesen ist oder zu seinen Gunsten ein Entschuldigungsgrund eingreift. Strafbar ist die Begünstigung auch dann, wenn sich eine strafbare Beteiligung an der Vortat nicht zweifelsfrei feststellen läßt (vgl. 117 vor § 52, Ruß LK 21), sei es, daß sich der Begünstiger möglicherweise überhaupt nicht an der Vortat beteiligt hat oder daß möglicherweise Schuldunfähigkeit oder ein Entschuldigungsgrund in Betracht kommt. Steht allerdings fest, daß er wegen der etwaigen Beteiligung an der Vortat strafrechtlich nicht mehr verfolgt werden kann, so ist entsprechend dem o. 31 Gesagten nach dem Grundsatz in dubio pro reo Straflosigkeit der Begünstigung anzunehmen.

Abs. 3 S. 1 ist ferner nicht anwendbar, wenn die Tat, an der sich der Begünstiger zuvor in strafbarer Weise beteiligt hat, nicht (vollständig) identisch mit der Tat ist, auf die sich die Begünstigung bezieht. Das ist u. a. der Fall, wenn dem Begünstiger bei der Vortatbeteiligung qualifizierende oder deliktsändernde Umstände (z. B. Diebstahl mit Waffen oder Raub statt des angenommenen einfachen Diebstahls) unbekannt waren und er hiervon z. Z. der Begünstigung Kenntnis hat. In solchen Fällen ist der Begünstiger nach § 257 zu bestrafen, weil er nicht schon wegen des Unrechts der Tat, deren Vorteile er nachträglich zu sichern hilft, (voll) einzustehen hat und somit der Gedanke der mitbestraften Nachtat, der dem Abs. 3 S. 1 zugrunde liegt, nicht durchgreifen kann (BGH MDR/H **81**, 454, Ruß LK 21).

3. Der Strafausschluß nach Abs. 3 erstreckt sich nicht auf die **Anstiftung eines** an der Vortat **Unbeteiligten zur Begünstigung** (Abs. 3 S. 2). Der Gesetzgeber hat ein kriminalpolitisches Bedürfnis für die Ausnahme darin erblickt, daß der Anstifter, ohne sich in einer notstandsähnlichen Lage zu befinden, einen bisher Unbeteiligten in das strafbare Geschehen hineinzieht (BT-Drs. 7/550 S. 249). Die Ausnahmeregelung läuft indes auf eine Bestrafung des Anstifters wegen Korrumpierens eines Dritten hinaus und ist als Abweichung von den allgemeinen Teilnahmegrundsätzen weder dogmatisch sachgemäß noch kriminalpolitisch geboten (vgl. auch Lackner 7). Sie ist daher eng auszulegen. Wer sich bereits wegen Beteiligung an der Vortat strafbar gemacht hat, ist wegen Anstiftung zur Begünstigung nur dann zu bestrafen, wenn feststeht, daß der Angestiftete an der Vortat unbeteiligt war. Ist eine Beteiligung nicht zweifelsfrei auszuschließen, so entfällt die Möglichkeit der Bestrafung wegen Anstiftung ebenso wie bei festgestellter Beteiligung. Für diese ist im übrigen unerheblich, ob sie strafbar oder straflos ist. Auch wenn der Angestiftete sich schuldlos an der Vortat beteiligt hat und somit wegen der Begünstigung strafrechtlich zur Verantwortung gezogen werden kann, greift der Strafaus-

schluß für die Anstiftung ein. Straflos ist ferner der Vortatbeteiligte, der einen Unbeteiligten anstiftet, Beihilfe zur Begünstigung zu leisten. Vgl. zum Ganzen Stree JuS 76, 138.

34 Von Abs. 3 S. 2 nicht betroffen sind sonstige Mitwirkungen an der Begünstigung, wie Mittäterschaft und Beihilfe. Gleiches gilt im Falle einer mittelbaren Täterschaft. Wer sich selbst begünstigt, indem er einen Schuldunfähigen oder einen Gutgläubigen zur Vorteilssicherung einsetzt, handelt ebensowenig wie bei einer unmittelbaren Selbstbegünstigung tatbestandsmäßig. Fremdbegünstigung in mittelbarer Täterschaft ist nach Abs. 3 S. 1 nicht strafbar, wenn der mittelbare Täter sich bereits wegen Beteiligung an der Vortat strafbar gemacht hat.

35 4. Die **Teilnahme** an der Begünstigung richtet sich im übrigen nach den allgemeinen Regeln. Wer nicht in strafbarer Weise an der Vortat beteiligt war, kann sich wegen Anstiftung oder Beihilfe zur Begünstigung strafbar machen, auch dann, wenn der Begünstiger selbst nach Abs. 3 nicht bestraft wird (vgl. o. 31). Besonderheiten gelten jedoch für die Beteiligung an einer Selbstbegünstigung (vgl. o. 20).

36 VII. Die **Strafe** für die Begünstigung steht in gewisser Abhängigkeit von der Strafe für die Vortat. Zwar stellt § 257 einen selbständigen Strafrahmen auf; dieser ändert sich aber, wenn für die Vortat ein niedrigeres Höchstmaß angedroht ist. Nach Abs. 2 darf die Strafe nicht schwerer sein als die für die Vortat angedrohte Strafe. Daraus folgt nicht nur, daß deren Höchstgrenze nicht überschritten werden darf, sondern auch, daß die Strafzumessung sich an dem modifizierten Strafrahmen auszurichten hat. Es muß also der Strafrahmen des § 257 mit dem verglichen werden, der für die Aburteilung der Vortat vom Gesetz vorgesehen ist. Dabei ist die Vortat als solche, losgelöst von der Person des Begünstigten, zu betrachten. Belanglos ist, welche Strafe der Begünstigte innerhalb des Strafrahmens verwirkt hat (RG 54 96). Es ist durchaus zulässig, den Begünstiger härter zu bestrafen als den Begünstigten. Strafschärfungen oder Strafmilderungen, die auf Grund besonderer persönlicher Merkmale beim Vortäter zu berücksichtigen sind, bleiben entsprechend § 28 II außer Betracht (and. Samson SK 46). Hat der Vortäter z. B. eine Veruntreuung begangen, so ist für den Begünstiger der Strafrahmen für eine einfache Unterschlagung maßgebend. War der Begünstigte nur Gehilfe bei der Vortat, so kann nur der Strafrahmen für die Vortat, nicht der nach § 27 II gemilderte Strafrahmen für die Strafe nach § 257 bedeutsam sein. Andererseits ändert sich der Strafrahmen für den Begünstiger nicht deswegen, weil bei ihm besondere persönliche Merkmale vorliegen, die im Falle einer Beteiligung an der Vortat deren Strafrahmen modifiziert hätten. Entsprechendes gilt für das Fehlen besonderer persönlicher Merkmale. Das kann sich etwa auswirken, wenn die Vortat ein Sonderdelikt ist, an dem der Begünstiger nur als Teilnehmer hätte mitwirken können. Der nach § 28 I gemilderte Strafrahmen ist insoweit für § 257 bedeutungslos. Das Ergebnis ist allerdings unbefriedigend, da der Begünstiger sich u. U. schlechter steht als bei einer Vortatbeteiligung. Bedauerlicherweise hat der Gesetzgeber auf eine dem § 290 I E 62 entsprechende Vorschrift verzichtet (vgl. BT-Drs. 7/550 S. 249). Es steht jedoch nichts im Wege, das Manko bei der Strafzumessung strafmildernd auszugleichen. Nimmt der Begünstiger irrtümlich eine andere als die tatsächlich begangene Vortat an, so soll der Strafrahmen der vorgestellten Tat maßgebend sein (D-Tröndle 13). Das kann jedoch nur gelten, wenn sich der Begünstiger eine mildere zu beurteilende Vortat vorstellt (Ruß LK 25). Geht er dagegen etwa von einem Diebstahl aus, während in Wirklichkeit eine einfache Unterschlagung vorgelegen hat, so muß der Strafrahmen des § 246 herangezogen werden. Auf den vorgestellten Diebstahl ließe sich nur nach Versuchsgrundsätzen abstellen; das ist jedoch mangels Strafbarkeit des Versuchs nicht zulässig. Kann nicht sicher festgestellt werden, welche Vortat begangen worden ist, so bestimmt sich die Limitierung der Strafe nach dem Grundsatz in dubio pro reo. Zur Unzulässigkeit, die Strafe wegen gemeinschaftsschädlicher Zunahme entsprechender Vortaten aus generalpräventiven Gründen zu schärfen, vgl. 3 vor § 257.

37 VIII. Die Strafverfolgung wegen Begünstigung setzt einen **Strafantrag,** eine Ermächtigung oder ein Strafverlangen voraus, wenn der Begünstiger als Beteiligter an der Vortat nur auf Antrag usw. verfolgt werden könnte (Abs. 4 S. 1). Entscheidend ist die objektive Lage, nicht die Vorstellung des Begünstigers. Stellt die Vortat ein absolutes Antragsdelikt dar, so ist auch für die Ahndung der Begünstigung ein Strafantrag erforderlich. Ist die Vortat ein relatives Antragsdelikt (vgl. § 77 RN 2), z. B. ein Diebstahl, so kommt es nicht darauf an, ob die Vortat nur auf Antrag verfolgbar ist; vielmehr ist maßgebend, ob zwischen dem Begünstiger und dem Verletzten der Vortat die näheren Beziehungen bestehen, welche die Verfolgung der Vortat oder der Teilnahme an der Vortat von einem Strafantrag abhängig gemacht hätten. Bei einem Diebstahl als Vortat ist die Begünstigung somit gem. § 247 nur auf Antrag verfolgbar, wenn der Bestohlene Angehöriger des Begünstigers ist. Wird gegen den Begünstiger Strafantrag gestellt, so ist gegen ihn auch dann einzuschreiten, wenn der Vortäter mangels Strafantrags nicht belangt werden kann (vgl. E 62 Begr. 461).

38 Nach Abs. 4 S. 2 gilt **§ 248a sinngemäß.** Mit der Regelung ist keine Erweiterung des Antragserfordernisses auf alle Begünstigungen gemeint, die der Sicherung geringwertiger Vorteile jeglicher Art dienen (and. Lackner 9, M-Schroeder II 331, Ruß LK 27, Samson SK 48). Sonst würde sich der Begünstiger besser stehen als bei einer Beteiligung an der Vortat (vgl. Stree JuS

76, 139), wofür in der Sache kein sinnvoller Grund vorliegt. Das Tatobjekt muß daher entsprechend § 248a und den auf ihn verweisenden Vorschriften (z. B. § 263 IV) ein geringfügiger Vermögensvorteil sein (Wessels II/2 181). Voraussetzung ist also ein geringfügiges Vermögensdelikt als Vortat (D-Tröndle 14) oder die Beschränkung der Hilfe auf Sicherung geringwertiger Vermögensvorteile bei Vermögensdelikten von erheblichem Umfang (Stree JuS 76, 139; and. D-Tröndle 14). Die Bedeutung der sinngemäßen Geltung des § 248a liegt hiernach darin, daß die Strafverfolgung gegen den Begünstiger auch in diesen Fällen einen Strafantrag bedingt oder dann zulässig ist, wenn die Strafverfolgungsbehörde wegen des besonderen öffentlichen Interesses an der Strafverfolgung ein Einschreiten von Amts wegen für geboten hält (vgl. BT-Drs. 7/1261 S. 18).

IX. **Konkurrenzen:** Idealkonkurrenz ist möglich mit den §§ 153ff., 240, 253, 258, 258a, 263, ferner mit § 259 (RG 47 221; vgl. auch § 259 RN 62). Mehrfache Unterstützung derselben Person in bezug auf dieselbe Vortat ist nicht eine Straftat; es kann aber eine fortgesetzte Tat vorliegen (vgl. RG 57 307, Ruß LK 28; and. Frank III). Fortgesetzte Begünstigung ist auch möglich, wenn es sich um mehrere selbständige Vortaten handelt (RG HRR 28 Nr. 1771) oder verschiedene Personen begünstigt werden (Ruß LK 28). Fortsetzungszusammenhang zwischen Begünstigung und Hehlerei ist ausgeschlossen (vgl. § 259 RN 64). Wahlfeststellung ist möglich zwischen Begünstigung und Diebstahl (vgl. o. 29), Hehlerei (vgl. § 259 RN 65) oder Strafvereitelung (vgl. § 258 RN 43). 39

§ 258 Strafvereitelung

(1) **Wer absichtlich oder wissentlich ganz oder zum Teil vereitelt, daß ein anderer dem Strafgesetz gemäß wegen einer rechtswidrigen Tat bestraft oder einer Maßnahme (§ 11 Abs. 1 Nr. 8) unterworfen wird, wird mit Freiheitsstrafe bis zu fünf Jahren oder mit Geldstrafe bestraft.**

(2) **Ebenso wird bestraft, wer absichtlich oder wissentlich die Vollstreckung einer gegen einen anderen verhängten Strafe oder Maßnahme ganz oder zum Teil vereitelt.**

(3) **Die Strafe darf nicht schwerer sein als die für die Vortat angedrohte Strafe.**

(4) **Der Versuch ist strafbar.**

(5) **Wegen Strafvereitelung wird nicht bestraft, wer durch die Tat zugleich ganz oder zum Teil vereiteln will, daß er selbst bestraft oder einer Maßnahme unterworfen wird oder daß eine gegen ihn verhängte Strafe oder Maßnahme vollstreckt wird.**

(6) **Wer die Tat zugunsten eines Angehörigen begeht, ist straffrei.**

Schrifttum: Ackermann, Darf der Verteidiger auf Freispruch hinwirken usw.?, Gedenkschrift für Cüppers (1955) 92. – *ders.,* Die Verteidigung des schuldigen Angeklagten, NJW 54, 1385. – *Geerds,* Über die Erscheinungsformen der Strafvereitelung, v. Hentig-FS 133. – *Lange,* Ist die Bezahlung fremder Prozeßstrafen gem. § 888 oder § 890 ZPO Begünstigung?, Engisch-FS 621. – *Lenckner,* Das Zusammentreffen von strafbarer und strafloser Begünstigung, JuS 62, 302. – *ders.,* Zum Tatbestand der Strafvereitelung, Schröder-GedS 339. – *Schröder,* Die Koordinierung der drei Begünstigungstatbestände, NJW 62, 1037. – *Ulsenheimer,* Zumutbarkeit normgemäßen Verhaltens bei Gefahr eigener Strafverfolgung, GA 72, 1. – *Vormbaum,* Der strafrechtliche Schutz des Strafurteils, 1987.

I. Die Vorschrift faßt die aus § 257 ausgegliederte persönliche Begünstigung mit der Vereitelung von Maßnahmen, die früher nur z. T. in § 257a a. F. unter Strafe gestellt war, als **Strafvereitelung** zusammen. Sie regelt diese abweichend vom früheren Recht als Erfolgsdelikt, erklärt andererseits aber den Versuch für strafbar. Geschütztes Rechtsgut ist die staatliche Rechtspflege. Sie soll ihre Aufgabe, den staatlichen Strafanspruch und die Maßnahmen i. S. des § 11 I Nr. 8 so bald wie möglich zu verwirklichen, ungehindert erfüllen können. Ihr Schutz dient zugleich der Isolierung des Vortäters nach der Tat durch Eindämmung späterer Hilfe. Damit verbindet sich der Zweck, das Risiko einer Straftat zu erhöhen und die generalpräventive Wirkung des Strafrechts zu stärken (vgl. Lenckner Schröder-GedS 353 mwN, Rudolphi Kleinknecht-FS 384). Tatbestandlich wird zwischen Verfolgungsvereitelung (Abs. 1) und Vollstreckungsvereitelung (Abs. 2) unterschieden. 1

II. Eine **Verfolgungsvereitelung** liegt nach Abs. 1 vor, wenn jemand absichtlich oder wissentlich ganz oder zum Teil vereitelt, daß ein anderer dem Strafgesetz gemäß wegen einer rechtswidrigen Tat bestraft oder einer Maßnahme i. S. des § 11 I Nr. 8 unterworfen wird. 2

1. Die Verfolgungsvereitelung ist wie die Begünstigung (§ 257) Unterstützung eines Täters oder Teilnehmers nach der Tat. Es muß mithin eine **Vortat** gegeben sein. Welche Merkmale sie aufweisen muß, hängt davon ab, auf welche Deliktstolge sich die Verfolgungsvereitelung erstreckt. Da diese ein Erfolgsdelikt darstellt und Tatvollendung erst eintritt, wenn eine Strafe oder eine Maßnahme wenigstens z. T. vereitelt worden ist, müssen bei der Vortat alle Voraus- 3

§ 258 4–7 Bes. Teil. Begünstigung und Hehlerei

setzungen erfüllt sein, die für die Verhängung der betroffenen Deliktssanktion notwendig sind. Im Falle einer Strafe muß die Vortat tatbestandsmäßig, rechtswidrig und schuldhaft begangen worden sein, und es darf kein Strafausschließungs- oder Strafaufhebungsgrund eingreifen. Dagegen braucht der Vortäter bei einigen Maßnahmen, wie bei der Unterbringung in einem psychiatrischen Krankenhaus oder der Anordnung des Verfalls, nicht schuldhaft gehandelt zu haben. Steht der Ahndung der Vortat im Augenblick der auf Verfolgungsvereitelung gerichteten Handlung ein endgültiges Verfolgungshindernis entgegen (z. B. Verjährung, Verzicht auf Strafantrag), so scheidet eine vollendete Verfolgungsvereitelung aus (vgl. dazu Düsseldorf NStE Nr. **1**). Möglich ist jedoch ein Versuch (vgl. u. 31).

4   Ist die Vortat ein **Antragsdelikt**, so kann eine Verfolgungsvereitelung schon vor Stellung des Strafantrags begangen werden. Sie soll jedoch erst nach Antragstellung verfolgt werden können (so D-Tröndle 3, Ruß LK 4, ebenso zum früheren Recht RG **75** 234). Dem kann nicht zugestimmt werden. Besteht die Verfolgungsvereitelung darin, daß die Antragstellung unterbunden wird und deshalb die Bestrafung unterbleibt, so wird gerade hierdurch der Erfolg erzielt, auf den Abs. 1 abhebt; für ihre Verfolgbarkeit bedarf es daher keines Strafantrags gegen den Vortäter. Entsprechend verhält es sich, wenn jemand den Antragsteller zwingt, den Strafantrag zurückzunehmen (vgl. dazu u. 18), und auf Grund der Zurücknahme des Antrags das Verfahren eingestellt wird. In anderen Fällen kann allerdings angezeigt sein, abzuwarten, ob Strafantrag gestellt wird, da hiervon abhängen kann, ob vollendete oder versuchte Verfolgungsvereitelung vorliegt. Das gilt auch für die Maßnahmevereitelung; ohne Strafantrag ist eine Maßnahme auf Grund eines Antragsdelikts unzulässig. Ist die Antragsfrist ungenutzt verstrichen, so ist die auf Verfolgungsvereitelung gerichtete Handlung als versuchte Tat zu ahnden. Steht schon vorher fest, daß ohnehin nur Versuch in Betracht kommt, so erübrigt sich das Abwarten, ob Strafantrag gestellt wird. Für Antragsdelikte, die bei Vorliegen eines besonderen öffentlichen Interesses an der Strafverfolgung von Amts wegen verfolgt werden (vgl. § 77 RN 6), gilt grundsätzlich nichts anderes. Ist jedoch von Amts wegen gegen den Vortäter eingeschritten worden und eine Verurteilung ohne geraume Zeitverzögerung (vgl. u. 16) erfolgt, so entfällt trotz Verhinderung des Strafantrags eine vollendete Strafvereitelung; es liegt dann nur deren Versuch vor. Ebenfalls ist das auf Strafvereitelung gerichtete Handeln nur als Versuch zu ahnden, wenn offen bleibt, ob ohne diese Tat ein Strafantrag gestellt oder ein besonderes öffentliches Interesse an der Strafverfolgung der Vortat bejaht worden wäre.

5   a) Vortat kann nur eine bereits **begangene Tat** sein. Als eine solche Tat sind auch die Teilnahmehandlung, der strafbare Versuch und die strafbare Vorbereitungshandlung anzusehen. Erforderlich ist, daß sich die auf Verfolgungsvereitelung gerichtete Handlung nicht mehr auf die Tat ausgewirkt hat. Andernfalls liegt eine Tatbeteiligung vor. Wer dem Vortäter hilft, das Entstehen von Tatspuren zu verhindern, ihm etwa Handschuhe zwecks Vermeidung von Fingerabdrücken zur Verfügung stellt, leistet Beihilfe. Die Abgrenzung zwischen Beteiligung an der Vortat und Verfolgungsvereitelung bestimmt sich wie bei der Begünstigung (vgl. § 257 RN 6ff.) danach, ob sich die Hilfe bereits in der Vortat niederschlägt oder sich erst nachher auswirkt. Dagegen spielt es keine Rolle, zu welcher Zeit – ob vor, während oder nach der Vortat – die Handlung vorgenommen wird, welche die Strafe oder die Maßnahme vereiteln soll. Wirkt sie sich erst nach der Vortat aus, findet z. B. der Vortäter das ihm heimlich zugesteckte Geld für die Flucht erst nach Abschluß seiner Tat, so ist eine (versuchte oder vollendete) Verfolgungsvereitelung gegeben. Ebenso Ruß LK 6.

6   b) Soweit **Hilfe zwischen Vollendung und Beendigung einer Tat** geleistet wird, hat die h. M. zum früheren Recht die Willensrichtung des Helfenden darüber entscheiden lassen, ob Beihilfe oder persönliche Begünstigung anzunehmen ist (vgl. 17. A. § 257 RN 2b). Wäre dieser Meinung zu folgen, so wäre entsprechend zwischen Beihilfe und Verfolgungsvereitelung abzugrenzen. Indes kann hier nichts anderes gelten als bei der Begünstigung (vgl. § 257 RN 8). Hat sich die Unterstützung bis zur Beendigung der Vortat auf diese ausgewirkt, so kann der Hilfeleistende, der sich dieser Auswirkung bewußt war oder sie in Kauf genommen hat, der gegenüber § 258 u. U. strengeren Haftung wegen Beihilfe nicht deswegen entgehen, weil er die Bestrafung oder die Anordnung einer Maßnahme verhindern will. Wer einem Angehörigen vor Beendigung der Tat hilft, Tatspuren zu verwischen, kann nicht anders behandelt werden, als wenn er vor Tatvollendung beim Spurenverwischen mitwirkt. Straffreiheit nach Abs. 6 ist ihm nur zuzubilligen, soweit sich seine Hilfe nur nach Tatbeendigung auswirkt. Fraglich ist, ob die als Beihilfe zu wertende Unterstützung zwischen Vollendung und Beendigung der Tat zugleich auch als Strafvereitelung beurteilt werden kann. Bejaht man die Frage, so ist jedenfalls vom Zurücktreten der Strafvereitelung hinter die Beihilfe auszugehen.

7   Entsprechendes gilt bei Dauerdelikten und fortgesetzten Taten. Wirkt sich z. B. eine Handlung, die auf Verdeckung eines bereits vorgenommenen Teilakts gerichtet ist, noch auf das weitere Tatgeschehen aus, so liegt bei Kenntnis des Helfenden hiervon Beihilfe zur fortgesetzten Tat vor; andernfalls ist eine (versuchte oder vollendete) Strafvereitelung gegeben.

Strafvereitelung   8–13   § 258

c) Setzt ein Strafgesetz eine **objektive Strafbarkeitsbedingung** voraus, so ist der Zeitpunkt ihres   8
Eintritts ohne Bedeutung für die Frage, ob die Verfolgungsvereitelung nach der Vortat begangen
worden ist (vgl. § 257 RN 9, Jakobs 279, Jescheck 505; and. Ruß LK 3). Wer nach einer Schlägerei
einen Beteiligten vor Ermittlungen der Strafverfolgungsbehörde bewahrt, macht sich auch dann nach
§ 258 strafbar, wenn die von § 227 vorausgesetzte schwere Folge erst nach der Vereitelungshandlung
eintritt. Solange die Strafbarkeitsbedingung nicht vorliegt, kommt aber nur ein Versuch in Betracht.
Auch wenn er sich mit ihrem Eintritt nicht mehr zur Tatvollendung ausweiten kann (z. B. fehlgeschlagener Versuch), ist seine Ahndung erst zulässig, wenn die Strafbarkeitsbedingung eingetreten
ist, ausgenommen die Fälle, in denen der Täter irrig das Vorliegen der Strafbarkeitsbedingung
angenommen hat.

d) Die **Vortat muß der deutschen Strafverfolgung unterliegen.** Es ist nicht Aufgabe der   9
deutschen Strafrechtspflege, Verfolgungsinteressen ausländischer Staaten zu schützen. Vgl.
Schröder JZ 68, 244 sowie 16 ff. vor § 3. Entsprechend zum schweiz. Recht BGE 104 IV 238.

e) Nicht erforderlich ist die **Feststellung einer bestimmten Vortat.** Die Merkmale der   10
Vortat müssen nur so weit feststehen, daß sich beurteilen läßt, ob der Vortäter der Bestrafung
oder einer Maßnahme entzogen worden ist. Es reicht daher aus, wenn die Voraussetzungen für
eine Wahlfeststellung ermittelt worden sind. Ausnahmsweise kann sogar hierauf verzichtet
werden, nämlich dann, wenn die Aufklärung hintertrieben worden ist und feststeht, daß sonst
eine hinreichende Aufklärung erfolgt wäre. Hier genügt die Feststellung, daß eine von mehreren möglichen Taten, die zu einer Bestrafung bzw. einer Maßnahme geführt hätten, vorgelegen
hat. Für die Straflimitierung nach Abs. 3 (vgl. u. 40) ist in einem solchen Fall das Delikt
maßgebend, für das die geringste Strafe angedroht ist.

f) Wie bei der Begünstigung (vgl. § 257 RN 13) hat das Gericht, das einen Angekl. wegen Strafver-   10a
eitelung abzuurteilen hat, das Vorliegen einer **Vortat selbständig zu prüfen** (einschränkend Zaczyk
GA 88, 356). Es kann den Angekl. mangels Vorliegens einer Vortat freisprechen, obwohl der Vortäter rechtskräftig verurteilt worden ist. Die frühere Entscheidung bindet das später entscheidende
Gericht ebensowenig wie in dem umgekehrten Fall, in dem der Vortäter nach dem Strafvereiteler vor
Gericht steht. Ein Freispruch für den Vortäter ist trotz Verurteilung des Strafvereitelers ebenso
möglich wie eine Verurteilung nach Freisprechung des Strafvereitelers mangels Vorliegens einer
Vortat. Einer Verurteilung wegen vollendeter Strafvereitelung steht jedoch ein vorhergehender Freispruch für den Vortäter entgegen, wenn die Entscheidung auf Erwägungen zurückgeht, die nicht auf
dem Verhalten des Strafvereitelers beruhen. In einem solchen Fall ist das Verhalten des Strafvereitelers nicht ursächlich für einen Tatererfolg geworden.

g) Die **Vortat** braucht z. Z. der Aburteilung der Verfolgungsvereitelung nicht mehr unter **Straf-**   11
androhung zu stehen (Ruß LK 4; and. Samson SK 17 u. zu § 257 a. F. BGH **14** 156 m. Anm. Dreher
NJW 60, 1163) oder Voraussetzung für die vereitelte Maßnahme zu sein. Die bei der Begünstigung
vertretene Einschränkung (vgl. § 257 RN 14) läßt sich nicht entsprechend auf die Strafvereitelung
übertragen. Ist jemand der Bestrafung entzogen worden, so verliert die Beeinträchtigung der Rechtspflege ihren spezifischen Unrechtsgehalt nicht dadurch, daß die Strafbarkeit der Vortat nachträglich
entfallen ist. Die Strafwürdigkeit eines solchen Verhaltens ist unabhängig von einem Wandel in der
Beurteilung der Vortat. Entsprechendes gilt für die Maßnahmevereitelung. Daß ein späterer Wandel
in der Beurteilung der Vortat ohne Einfluß auf das Vereitelungsdelikt sein muß, zeigt auch die
Strafbarkeit des Versuchs. Für diesen genügt die irrige Annahme der Strafbarkeit eines Vorverhaltens, etwa die Wertung einer Ordnungswidrigkeit als Straftat (vgl. u. 31). Gegenüber dem Täter
eines solchen Versuchs kann aber der Täter, der bei Vornahme seiner auf Strafvereitelung gerichteten
Handlung die Vortat zutreffend als Straftat einstuft, nicht besser gestellt sein. Er wäre es jedoch,
würde sich die spätere Herausnahme der Vortat aus dem Strafbereich, etwa deren Umwandlung in
eine Ordnungswidrigkeit, auch zugunsten des Strafvereitelers auswirken.

2. Die **Tathandlung** besteht darin, daß die Bestrafung des Vortäters oder eine gegen ihn bzw.   12
einen Dritten zu treffende Maßnahme ganz oder zum Teil vereitelt wird. Sie muß also einen
Vereitelungserfolg erzielen; es genügt nicht die bloße Behinderung der Strafverfolgung (vgl. u.
16). Das Vorliegen eines Verletzungserfolgs muß im Urteil wegen Strafvereitelung nachprüfbar begründet werden (vgl. BGHR § 258 Abs. 1 Bestrafung **1** zur Begründungspflicht im Falle
eines Heranwachsenden als Vortäter: Jugendstrafe oder nur Zuchtmittel vereitelt?).

a) Da die vereitelte Rechtsfolge „dem Strafgesetz gemäß" sein muß, ist unter **Bestrafung** nur   13
die Verhängung einer Kriminalstrafe zu verstehen. Es reicht nicht aus, daß jemand einer Diszi-
plinarstrafe, einer Geldbuße, einem Ordnungsgeld oder einer Ordnungshaft entzogen wird. Zu
den Strafen zählt neben der Freiheits- und der Geldstrafe auch die Jugendstrafe sowie eine
Nebenstrafe, so daß sich nach § 258 strafbar macht, wer ein Fahrverbot vereitelt. Fraglich ist
dagegen, ob als Bestrafung i. S. des § 258 ebenfalls die Anordnung einer Nebenfolge anzusehen
ist. Da das StGB die Nebenfolge klar von der Strafe scheidet (vgl. Überschrift vor § 45), ist ihre
Einbeziehung in § 258 mit dessen Wortlaut unvereinbar (and. D-Tröndle 3). Ebensowenig

wird die Vereitelung eines Zuchtmittels gem. § 15 JGG erfaßt. Ferner fällt die Vereitelung einer Bestrafung im Ausland nicht unter § 258, da Verfolgungsinteressen ausländischer Staaten nicht geschützt werden (vgl. o. 9). § 258 ist daher nicht anwendbar, wenn Auslieferungshaft verhindert wird (and. Ruß LK 1). Daß Auslieferungshaft Teil der inländischen Strafrechtspflege ist, ändert nichts daran, daß die Bestrafung selbst nur zum Bereich der ausländischen Strafrechtspflege gehört.

14   b) Zu den **Maßnahmen** rechnen nach § 11 I Nr. 8 alle Maßregeln der Besserung und Sicherung, der Verfall, die Einziehung und die Unbrauchbarmachung. Unerheblich ist, ob sich die Maßnahme gegen den Vortäter oder einen Dritten richtet. Auch wer eine Einziehung nach § 74a verhindert, erfüllt den Tatbestand des § 258. Keine Maßnahmen sind die Erziehungsmaßregeln und Zuchtmittel des JGG (§ 447 VII E 62, wonach Jugendarrest einer Maßnahme gleichstehen sollte, ist nicht Gesetz geworden), ebensowenig Auflagen und Weisungen, auch nicht solche nach § 153a StPO, oder vorbeugende Maßnahmen gemäß der StPO, wie vorläufige Fahrerlaubnisentziehung (Koblenz VRS **63** 130) oder vorläufiges Berufsverbot.

15   Kriminalpolitisch bedenklich ist die Einbeziehung des **Verfalls**. Seine Vereitelung steht der Begünstigung nach § 257 näher als der Bestrafungs- oder Maßregelvereitelung. Ungereimtheiten aus der Zuordnung zu § 258 ergeben sich vor allem bei der nachträglichen Hilfe für einen Angehörigen. Wer einem Angehörigen die Vermögensvorteile sichert, die dem Verfall unterliegen, ist nicht weniger strafwürdig als der Begünstiger, der einen Angehörigen davor bewahrt, daß diesem sonstige Tatvorteile entzogen werden. Die Verfallvereitelung hätte entweder dem § 257 zugewiesen oder jedenfalls von der Straffreiheit nach Abs. 6 ausgenommen werden müssen. Vgl. näher Stree JuS 76, 140.

16   c) Die Bestrafung des Vortäters oder die Anordnung einer Maßnahme, und zwar durch ein deutsches Gericht, muß **ganz oder zum Teil vereitelt** worden sein. Das Merkmal der Vereitelung ist nicht erst dann erfüllt, wenn eine Strafe oder eine Maßnahme endgültig nicht mehr verhängt werden kann, etwa wegen Eintritts der Verjährung, sondern schon dann, wenn der Strafanspruch oder die Anordnung einer Maßnahme für geraume Zeit unverwirklicht bleibt (vgl. BT-Drs. 7/550 S. 249, BGH MDR/H **81**, 631, NJW **84**, 135, KG JR **85**, 25, Karlsruhe NStZ **88**, 504, Ruß LK 10; vgl. auch RG **70** 254, BGH **15** 21 zu § 346 a. F.; and. Samson SK 31, JA 82, 181, Vormbaum aaO 394ff.). Die Einbeziehung des Verzögerungsmoments läßt sich mit dem Gesetzeswortlaut vereinbaren und erweist sich zum Schutz der Strafrechtspflege als notwendig. Je später ein Strafverfahren abgeschlossen werden kann, desto mehr und desto leichter kann es an Qualität und an einer den Straf- oder Maßregelzwecken entsprechenden Wirkung einbüßen. Wann allerdings eine geraume Zeit bereits verstrichen ist, kann zweifelhaft sein. Nach BGH NJW **59**, 495 (zu § 346 a. F.) soll eine Verzögerung der Ermittlungen um 6 Tage noch nicht genügen, nach KG NStZ **88**, 178 eine einwöchige Verzögerung nicht. Andererseits reicht es nach Stuttgart NJW **76**, 2084 aus, wenn einem aus der U-Haft entwichenen Täter die Flucht ins Ausland ermöglicht wird und dieser etwa 10 Tage später freiwillig zurückkehrt. Stets ist eine geraume Zeit vergangen, wenn eine Falschaussage zu einem erstinstanzlichen Freispruch führt und in der Berufungsinstanz sodann die Strafe verhängt wird. Die Verzögerung für geraume Zeit muß sich auf die Bestrafung oder die Anordnung einer Maßnahme auswirken; eine Verfolgungsverzögerung allein genügt nicht (vgl. KG JR **85**, 25, Bay wistra **91**, 159; and. Beulke, Die Strafbarkeit des Verteidigers, 1989, 118, der Behinderung der Strafverfolgung ausreichen läßt; vgl. dagegen u. 16a). Unterbleibt die Verurteilung des Vortäters, etwa wegen Eintritts seines Todes oder auf Grund eines StFG, so ist daher der Tatbestand trotz vorheriger Verfolgungsverzögerung nicht erfüllt, wenn es auch bei ungestörter Verfolgung nicht (mehr) zur Verurteilung gekommen wäre (vgl. aber BGH LM **Nr. 1** zu § 346 a. F.). Eine Bestrafung wird **zum Teil** vereitelt, wenn der Täter bewirkt, daß die Strafe milder als den wahren Umständen entsprechend ausfällt. Das ist etwa der Fall, wenn eine Verurteilung wegen eines Vergehens statt eines Verbrechens erfolgt, ein strafschärfender Umstand unberücksichtigt bleibt, ein Strafmilderungsgrund zu Unrecht herangezogen oder die Tagessatzhöhe bei der Geldstrafe niedriger festgesetzt wird, als sie nach den tatsächlichen Einkünften des Verurteilten hätte betragen müssen. Eine Maßnahme wird z. T. vereitelt, wenn sie in ihrem Ausmaß hinter dem zurückbleibt, was sachgemäß gewesen wäre. Eine Teilvereitelung liegt u. a. vor, wenn der Täter erreicht, daß entgegen sachlichen Erfordernissen die Höchstdauer der Führungsaufsicht abgekürzt wird, das Gericht eine zu kurze Sperrfrist für die Wiedererteilung der entzogenen Fahrerlaubnis bestimmt oder die Anordnung der Einziehung bzw. des Verfalls nur einen Teil der Einziehungs- bzw. Verfallgegenstände erfaßt.

16a   Für Vorverlegung des Vollendungszeitpunkts gegenüber der h. M. tritt Lenckner ein (Schröder-GedS 344ff.; vgl. auch Koblenz NJW **82**, 2786 u. dagegen Frisch NJW 83, 2473). Ohne Rücksicht auf die zeitliche Wirkung soll der Tatenerfolg immer dann vorliegen, wenn die Tathandlung zur Einstellung des Verfahrens gegen den Vortäter oder zu dessen Freispruch geführt hat. Außerdem soll jede zeitliche Verzögerung der Bestrafung usw. genügen, ausgenommen eine kurzzeitige Verschiebung (quantité négligeable). Zur Begründung hebt Lenckner auf den Gesetzeszweck ab. Dieser Zweck ergibt indes nicht zwingend die Notwendigkeit, den Vollendungszeitpunkt vorzuverlegen. Eine Verzögerung der Verurteilung des Vortäters um einen Tag untergräbt den Gesetzeszweck nicht nachhaltiger als eine Verzögerung um wenige Stunden. Ähnliches gilt für den Verzicht auf das Zeitmoment bei Einstellung der Ermittlungen. Nimmt etwa die StA die Ermittlungen noch am selben Tag wieder auf, so macht es keinen erheblichen Unterschied, ob sie zuvor die Ermittlungen eingestellt hat oder sie nur hat ruhen lassen. Gegen Vorverlegung des Vollendungszeitpunkts spricht zudem, daß mit ihr dem Täter vorzeitig die Rücktrittsmöglichkeit abgeschnitten wird, ein Ergebnis, das kriminalpolitisch nicht gerade sachgemäß ist. Dagegen ähnlich wie Lenckner, aber noch weitergehend Beulke, Die Strafbarkeit des Verteidigers, 1989, 117 ff., der schon Tatvollendung annimmt, wenn die Tätigkeit der Strafverfolgungsorgane beeinträchtigt worden ist. Der Ansicht steht bereits der Gesetzeswortlaut entgegen; bloßes Behindern der Strafverfolgung ist noch kein Vereiteln der Bestrafung.

d) **Beispiele für eine Vereitelungshandlung:** falsche Angaben gegenüber den Strafverfolgungsbehörden, Behinderung eines Polizeibeamten bei der Verfolgung, Verbergen des verfolgten Vortäters, Gewähren einer Unterkunft als Unterschlupf (vgl. Stuttgart NJW **81**, 1569, Koblenz NJW **82**, 2785 u. dazu krit. Frisch NJW 83, 2471, LG Hannover NJW **76**, 979 m. Anm. Schroeder, BGE 103 IV 98 u. 104 IV 186 u. 106 IV 189 u. 114 IV 36, aber auch die Einschränkung bei Schubarth Schultz-FG 162), Fluchthilfe jeder Art (z. B. Aushändigung gefälschter Ausweispapiere oder von Geld; vgl. BGH **33** 347 u. dazu Beulke Jura 86, 648), Trübung einer Beweisquelle (vgl. RG **50** 365, 66 324) wie Verwischen von Tatspuren oder Beseitigung der Tatwaffe, Beiseiteschaffen der Ermittlungsakten, Verschaffen von Bargeld zur Verdeckung von Veruntreuungen (vgl. RG HRR **30** Nr. 1559; and. wohl, wenn dies der Wiedergutmachung des Schadens dient). Auch die wahrheitswidrige Angabe vor der Polizei, nichts zu wissen, kann genügen (D-Tröndle 6; vgl. auch RG **54** 41, Bay NJW **66**, 2177, Ruß LK 16); eine solche Angabe kann die Polizei durchaus irreführen und sie davon abhalten, eine Vernehmung durch die StA (§ 161 a StPO) oder einen Richter zu veranlassen. Eine Auskunftsverweigerung reicht dagegen nur aus, soweit eine Auskunftspflicht besteht (vgl. u. 19). 17

Handlungen, die nicht unmittelbar die Verfolgungsvereitelung herbeiführen, erfüllen den Tatbestand nur, wenn die Voraussetzungen der mittelbaren Täterschaft vorliegen. Die von der Rspr. zu § 257 a. F. vertretene abweichende Ansicht, nach der eine persönliche Begünstigung bereits anzunehmen war, wenn jemand auf einen anderen eingewirkt hat, im Strafverfahren keine oder unrichtige Angaben zu machen (RG **20** 233, DR **39**, 1067), oder Zeugen vereinbaren, zugunsten des Beschuldigten falsch auszusagen (RG JW **29**, 2730, **36**, 2806), läßt sich nicht übernehmen. Führt eine solche Einwirkung oder Vereinbarung zur Verfolgungsvereitelung durch einen anderen, so ist sie als Anstiftung oder Beihilfe, nicht als Täterschaft zu beurteilen (vgl. u. 32, auch Lenckner JR 77, 75). Eine Tatbeteiligung entfällt indes mangels einer Haupttat, wenn ein anderer nur dazu überredet wird, von seinen Rechten Gebrauch zu machen oder auf ein Recht zu verzichten, z. B. vom Strafantrag abzusehen (vgl. RG **40** 394), einen gestellten Strafantrag zurückzunehmen (vgl. RG DStR **36**, 368), sich auf sein Zeugnisverweigerungsrecht zu berufen (vgl. BGH **10** 393) oder eine Strafanzeige zu unterlassen (vgl. aber RG **14** 88). Ebensowenig wird von § 258 erfaßt, wer den Vortäter dazu bestimmt, eine geplante Selbstanzeige zu unterlassen (vgl. BGH **2** 375). Hat jemand aber bei der Einwirkung auf einen anderen dessen Entschließungsfreiheit aufgehoben (Zwang, Täuschung), so kommt Täterschaft in Betracht. Bei Nötigung ist zu unterscheiden, ob jemand zu einer mit Strafe bedrohten Strafvereitelung oder zu einem erlaubten Verhalten gezwungen wird. Im erstgenannten Fall ist entsprechend den allgemeinen Grundsätzen für die Abgrenzung zwischen Täterschaft und Anstiftung die Stärke des Nötigungsmittels dafür maßgebend, ob Täterschaft oder Anstiftung vorliegt. Bei der Nötigung zu einem erlaubten Verhalten, etwa zur Rücknahme eines Strafantrags, ist stets Täterschaft zu bejahen, da das Geschehen für den Nötigenden eine rechtswidrige Vereitelung der Strafverfolgung darstellt. Es gilt insoweit Entsprechendes wie bei einer Tat, in die der Rechtsgutsträger nur auf Grund einer Drohung eingewilligt hat. Dagegen entspricht die Bestechung dem bloßen Überreden (vgl. aber BGH **10** 393, Krekeler NStZ 89, 150). Da sie die Entschließungsfreiheit nicht aufhebt oder einschränkt, kann sie trotz Einsetzen eines u. U. unlauteren Mittels ebensowenig wie sonstige Straftaten täterschaftliches Handeln sein (vgl. dazu Beulke, Die Strafbarkeit des Verteidigers, 1989, 47, 50, Siepmann, Abgrenzung zwischen Täterschaft und Teilnahme im Rahmen der Strafvereitelung, Diss. Münster 1988, 22 ff.). Täterschaftliche Strafvereitelung ist ferner nicht darin zu erblicken, daß jemand den Vortäter nur zu Selbstschutzmaßnahmen veranlaßt (vgl. u. 33). Demgemäß greift § 258 nicht ein, wenn jemand einem Angekl. zusagt, zu dessen Gunsten als Zeuge falsch auszusagen, diesen dadurch in seinem Willen, die Tat zu leugnen, bestärkt und ihm somit die Verteidigung erleichtert (vgl. dagegen aber BGH **27** 74 m. abl. Anm. Lenckner JR 77, 74, MDR/D **69**, 723 f., NJW **71**, 526, Hamm GA **73**, 211). Macht der Zusagende zusätzlich bestimmte Vorschläge für ein gemeinsa- 18 mes Vorgehen im Prozeß, so ließe sich zwar an den Versuch einer Strafvereitelung denken; es fehlt aber noch am unmittelbaren Ansetzen zur Tatbestandsverwirklichung (vgl. u. 31).

19   e) Auch ein **Unterlassen** kann den Tatbestand der Verfolgungsvereitelung erfüllen. Maßgebend hierfür sind die allgemeinen Grundsätze. Soweit vorangegangenes Tun eine Erfolgsabwendungspflicht begründet (§ 13 RN 32ff.), hängt die Art der gebotenen Handlung von den Auswirkungen des Vorverhaltens ab. Ist dadurch die Rechtspflege bereits beeinträchtigt worden, so trifft den Täter eine Anzeigepflicht gegenüber der Strafverfolgungsbehörde. Wer z. B. Spuren endgültig beseitigt hat, muß dies durch Aufklären der Strafverfolgungsbehörde wieder ausgleichen. Hat sich dagegen das Verhalten, das die Rechtspflege gefährdet, noch nicht ausgewirkt und läßt es sich rückgängig machen, so genügt eine solche Tätigkeit. Wer etwa Gegenstände, die auf einen Täter hinweisen, vom Tatort entfernt hat, braucht sie nur, solange Auswirkungen auf die Rechtspflege noch ausstehen, an den Tatort zurückzubringen. Besondere Rechtspflichten zum Handeln können sich ferner aus einer amtlichen Stellung und aus einer Aussagepflicht nach der StPO (vgl. § 13 RN 31 a. E.) ergeben. Soweit Amtsträger nicht zum Personenkreis i. S. des § 258a gehören, sind sie nur unter besonderen Umständen verpflichtet, auf die Strafverfolgung eines Täters hinzuwirken. Solche besonderen Umstände liegen nicht schon dann vor, wenn ein Amtsträger für den Schutz des vom Vortäter verletzten Rechtsguts verantwortlich ist, z. B. für den Gewässerschutz (vgl. dazu Papier NJW 88, 1115), wohl aber, wenn ein Gesetz eine Mitteilung an die Strafverfolgungsbehörden bei Verdacht einer Straftat vorschreibt, wie z. B. § 6 SubvG. Sie sollen ferner für einen Dienstvorgesetzten bestehen, der von der Straftat eines Untergebenen Kenntnis erlangt. Eine Anzeige soll dann im pflichtgemäßen Ermessen des Vorgesetzten liegen, so daß im allgemeinen das Unterlassen einer Anzeige nur bei Ermessensmißbrauch gegen § 258 verstößt (vgl. RG **73** 266, **74** 180, BGH **4** 170, D-Tröndle 6, Lackner 2c). Indes ergibt sich aus der Verantwortlichkeit eines Dienstvorgesetzten für einen ordnungsgemäßen Dienstbetrieb und für die Wahrung der Behördenbelange noch keine Rechtspflicht, für die Strafrechtspflege tätig zu werden und deren Organe im Interesse der Verbrechensbekämpfung über Straftaten zu unterrichten (and. Voraufl.; wie hier Samson SK 47). Das Gebot, zur Wahrung der Behördenbelange eine Strafanzeige zu erstatten, dient allein dem Schutz der jeweiligen Behördeninteressen. Ebensowenig geht eine Rechtspflicht gegenüber der Strafrechtspflege daraus hervor, daß der Dienstvorgesetzte gem. § 357 verpflichtet ist, Untergebene an rechtswidrigen Taten im Amt zu hindern. Die Rechtspflicht, Straftaten zu unterbinden, ist nicht zugleich eine Rechtspflicht, Straftaten anzuzeigen. Nur wenn zum Funktionsbereich des Vorgesetzten (auch) Aufgaben der Strafrechtspflege gehören, läßt sich eine solche Anzeigepflicht annehmen. Auf ein Ermessen läßt sich dann aber nur bei Aufgaben der Strafrechtspflege abstellen, die neben anderen Haupttätigkeiten anfallen. Treten derartige Tätigkeiten dagegen hinter die Aufgabe der Strafrechtspflege zurück, wie bei einer Polizeiverwaltung, so entfällt ein Ermessensspielraum (vgl. BGH **4** 170). Keine Anzeigepflicht kann eine Stellung in einem Privatbetrieb begründen. So läßt sich etwa aus der Verletzung einer vertraglichen Pflicht, Straftaten aufzudecken und anzuzeigen (Warenhausdetektiv), kein Verstoß gegen § 258 herleiten. Aussagepflichten nach der StPO bestehen für Zeugen und Sachverständige im Falle einer richterlichen oder staatsanwaltschaftlichen Vernehmung, nicht gegenüber der Polizei. Kein strafbares Unterlassen ist, sofern keine Pflicht nach § 75 StPO begründet worden ist, die Weigerung eines Arztes, einem Trunkenheitstäter eine Blutprobe zu entnehmen (vgl. Händel BA 77, 195 ff.).

19a   f) Die Täterhandlung muß für den Taterfolg (vgl. o. 16) **ursächlich** gewesen sein. Hierfür genügt noch nicht jede Besserstellung des Vortäters (mißverständlich D-Tröndle 5). Es muß vielmehr mit an Sicherheit grenzender Wahrscheinlichkeit feststehen, daß die Bestrafung usw. ohne die Täterhandlung geraume Zeit früher erfolgt wäre (vgl. BGH NJW **84**, 135, Lenckner Schröder-GedS 347, Schroeder NJW 76, 980). Eine solche Feststellung ist häufig gar nicht möglich, so daß dann nur die Annahme eines Strafvereitelungsversuchs in Betracht kommt. So läßt sich etwa bei einer Ermittlungsverzögerung von 8 Tagen zumeist nicht feststellen, daß ohne sie die Bestrafung des Vortäters geraume Zeit früher erfolgt wäre (KG JR **85**, 25). Wird ein Polizeibeamter bei der Verfolgung behindert, so ist vielfach kaum nachweisbar, daß er ohne die Behinderung den Verfolgten gefaßt und damit dessen frühere Verurteilung bewirkt hätte. Ebensowenig ist oftmals feststellbar, ob der Vortäter ohne Unterschlupfgewährung oder Hilfe beim Absetzen ins Ausland früher entdeckt und verurteilt worden wäre. Zweifel an der Kausalität gehen zugunsten des Täters (in dubio pro reo).

20   g) Besondere Probleme können sich für einen **Strafverteidiger** ergeben, wobei im einzelnen fraglich sein kann, ob der Tatbestand (so KG NStZ **88**, 178, Krekeler NStZ 89, 146 mwN) oder die Rechtswidrigkeit berührt ist und ob Täterschaft oder Teilnahme (vgl. u. 32) vorliegt. Soweit er sich auf verfahrensrechtlich erlaubte Mittel beschränkt, kann er sich für die Freisprechung seines Mandanten auch dann einsetzen, wenn er von dessen Schuld, etwa auf Grund eines ihm gegenüber abgelegten Geständnisses, überzeugt ist (RG **66** 325, BGH **2** 377 m. Anm. Cüppers NJW 52, 894, **29** 107, MDR/D **57**, 267). Er kann z. B. unter Hinweis darauf, daß die Beweisaufnahme keinen Schuldbeweis erbracht hat, auf Freispruch plädieren, mag auch eine unwahre Zeugenaussage zum non liquet geführt haben, oder sich zugunsten des Mandanten auf Rechtsansichten im Schriftsatz berufen, die er selbst an sich nicht teilt. Mit prozeßadäquaten Mitteln kann er eine rechtskräftige Verurteilung verzögern, so durch Stellen eines Beweisantrags, auch wenn deswegen die Hauptverhandlung unterbrochen oder ausgesetzt werden muß (Düsseldorf StV **86**, 288), oder durch Einlegen eines Rechtsmittels trotz völliger Aussichtslosigkeit. Mit inadäquaten Mitteln darf er den Prozeß jedoch nicht verschleppen, z. B. nicht durch sachwidriges Zurückhalten überlassener Prozeßakten in reiner Verschleppungsabsicht. Ferner darf er dem Mandanten von einer Selbstanzeige (BGH **2** 375) oder einem Geständnis abraten (and. Oldenburg GA **56**, 189), ihm zuraten, sich nicht zur Sache einzulassen (BGH MDR/H **82**, 970), sowie aussageverweigerungsberechtigten Zeugen die Aussageverweigerung nahelegen (BGH **10** 393) oder die Zurücknahme eines Strafantrags veranlassen (auch mit Geld zum Ausgleich für die entfallende Genugtuung). Zulässig sind außerdem Auskünfte über die Rechtslage, mögen sie auch einen Tatentschluß zur Strafvereitelung fördern (Hinweis auf § 258 VI; vgl. RG **37** 322, Bottke ZStW **96**, 756, Krekeler NStZ **89**, 148). Dagegen muß sich der Verteidiger jeder Verdunklung der wahren Sachlage und der sachwidrigen Erschwerung der Strafverfolgung enthalten (BGH **2** 377). Er darf weder falsche Aussagen herbeiführen, auch nicht durch Benennung eines zum Meineid entschlossenen Zeugen (RG **66** 324; vgl. auch BGH NStZ **83**, 503 m. Anm. Beulke; and. Krekeler NStZ **89**, 150, Mehle Koch-FS, 1989, 187, Vormbaum aaO 421) oder durch Suggestivfragen (RG **70** 391), noch Zeugen im Willen zur Falschaussage bestärken (BGH **29** 107). Ebensowenig darf er Zeugen mittels Täuschung oder Nötigung zur Aussageverweigerung bestimmen (vgl. BGH **10** 393). Strafrechtlich nicht verwehrt ist ihm jedoch, dem Angekl. zum wahrheitswidrigen Widerruf eines Geständnisses zu raten (and. BGH **2** 378, Ruß LK 20), da er ihn hiermit nur zum Selbstschutz veranlaßt (vgl. u. 33). Wohl aber ist ihm versagt, Lügen für den Angekl. zu erfinden (Krekeler NStZ **89**, 148), unwahre Angaben des Angekl. sich zu eigen zu machen und sie als wahr hinzustellen (Beulke Jura 86, 648; and. Ostendorf NJW 78, 1349) oder die Verdunklung einer Strafsache durch Hinausschmuggeln von Briefen aus der U-Haftanstalt oder durch Weiterleiten mündlicher Mitteilungen zu fördern (vgl. LG Hamburg JW **38**, 448), z. B. durch Übermitteln von Einlassungen eines Untersuchungshäftlings an einen Mitangekl. mit dem Ziel, übereinstimmende unwahre Einlassungen herbeizuführen (Frankfurt NStZ **81**, 144, dazu Seier JuS 81, 806), dagegen nicht ohne weiteres die Mitteilung solcher Einlassungen an den Verteidiger des Mitangekl., wenn die Einlassungen mit diesem nur erörtert werden sollen (Frankfurt aaO). Ferner darf er nicht Beweisquellen trüben, etwa Beweisstücke beseitigen (vgl. Frankfurt aaO: Veranlassung von Kontenbewegungen bei einem den Strafverfolgungsbehörden noch unbekannten Bankguthaben des Angekl.), die Entnahme einer Blutprobe bei einem angetrunkenen Kraftfahrer vereiteln (vgl. Hamm DAR **60**, 19) oder die Glaubwürdigkeit eines Zeugen mittels unwahrer Behauptungen von Tatsachen erschüttern (BGH **29** 107). Des weiteren darf er den Beschuldigten nicht vor einer Verhaftung oder einer Durchsuchung warnen, von deren Bevorstehen er Kenntnis erlangt hat (vgl. KG NStZ **83**, 557 m. krit. Anm. Mehle, Liemersdorf MDR 89, 208, Ostendorf NJW 78, 1349, Ruß LK 20, D-Tröndle 7; and. Krekeler NStZ **89**, 149, Tondorf StV **83**, 257), auch nicht vor einer angeordneten Telefonüberwachung. Wohl aber darf er ihn allgemein über erfahrungsgemäß zu erwartende Ermittlungshandlungen unterrichten (AG Köln StV **88**, 256). Nicht als Strafvereitelung ist zu werten, wenn er einem schuldigen Mandanten Gift zum Selbstmord verschafft (and. Ruß LK 20), da für die Strafvereitelung ein Weiterleben des Vortäters ohne die diesem gebührende Strafe oder Maßnahme vorauszusetzen ist. Mangels einer Garantenstellung gegenüber der Strafrechtspflege entfällt ferner eine Strafvereitelung, wenn ein Strafverteidiger nicht zur Hauptverhandlung erscheint und dadurch eine Terminverschiebung mit der Folge einer verzögerten Bestrafung bewirkt (Schneider Jura 89, 343). Das gilt auch für den Fall der notwendigen Verteidigung (Schneider aaO 347).

Vgl. zum Ganzen noch Ackermann NJW 54, 1385, Arzt/Weber IV 135, Beulke, Der Verteidiger im Strafverfahren (1980) 149 ff., ders., Die Strafbarkeit des Verteidigers (1989), Bottke ZStW 96, 726, Dahs, Handbuch des Strafverteidigers (5. A. 1983) 33 ff., Ebermayer DJZ 27, 134, Krekeler NStZ 89, 146, Liemersdorf MDR 89, 204, Müller-Dietz Jura 79, 242, Ostendorf NJW 78, 1345, v. Scanzoni JW 32, 3587, Seibert JR 51, 678, Strzyz, Die Abgrenzung von Strafverteidigung und Strafvereitelung, 1983, Vormbaum aaO 414 ff., Welp ZStW 90, 804.

h) **Nicht** in den Strafbereich des § 258 fällt eine Hilfe, die dem Schutzzweck dieser Norm **21** nicht zuwiderläuft, mag sie auch die Bestrafung des Vortäters hinauszögern (vgl. Lenckner Schröder-GedS 355 ff., auch Arzt/Weber IV 134, wonach hierin ein Rechtfertigungsproblem liegen soll). So ist ein **Arzt** nicht wegen Strafvereitelung strafbar, weil er einen geflohenen verwundeten oder erkrankten Täter behandelt und ihm dadurch die weitere Flucht ermöglicht. Er kommt nur seiner ärztlichen Aufgabe nach, fällt aber nicht der Rechtsordnung in den Arm. Anders ist es, wenn er über die erforderliche Heilbehandlung hinaus tätig wird, etwa dem Flüchtigen Stärkungs- oder schmerzstillende Mittel gibt, damit dieser sich in Sicherheit bringen und sich dann in einem Schlupfwinkel der notwendigen Heilbehandlung unterziehen kann. Entsprechendes gilt für einen Nichtarzt. Wenn er dem Flüchtigen nur „erste Hilfe" gewährt, ihn etwa verbindet oder zum Arzt bringt, macht er sich nicht nach § 258 strafbar. Ebensowenig ist § 258 anwendbar, wenn im Rahmen der üblichen Tätigkeit Ladeninhaber einem steckbrieflich Gesuchten Lebensmittel verkaufen (and. Ruß LK 10) oder Bankangestellte diesem Geld von dessen Konto aushändigen. Auch die bloße Vermietung eines Hotelzimmers an den Flüchtigen reicht nicht aus. Weitere Beispiele bei Lenckner aaO. Zur Problematik vgl. auch Beulke, Die Strafbarkeit des Verteidigers, 1989, 69, Küpper GA 87, 385 (keine Tatbestandsmäßigkeit mangels Vereitelungswillens), Schumann, Strafrechtliches Handlungsunrecht und das Prinzip der Selbstverantwortung der Anderen, 1986, 58.

21a Ähnliche Ergebnisse will Frisch JuS 83, 922 (vgl. auch Frisch NJW 83, 2473) mit der Begründung erreichen, allgemeine oder spezielle Freiheiten, die im Umgang mit Nichtstraftätern bestünden, seien beim Umgang mit Straftätern nicht eingeschränkt, so daß ein Handeln innerhalb dieses Freiraums nicht tatbestandsmäßig i. S. des § 258 sei. Ein solcher Ansatzpunkt führt jedoch zu unvertretbaren Ausweitungen tatbestandsloser Beeinträchtigungen der Strafrechtspflege. Eine Handlung, mit der jemand zweckgerichtet der Strafverfolgungsbehörde in den Arm fällt und damit die Strafrechtspflege sabotiert, kann nicht deswegen vom Strafbereich des § 258 ausgeschlossen sein, weil der Täter ein entsprechendes Handeln auch gegenüber Nichtstraftätern vornehmen kann. Man denke etwa an ein Darlehen, das für die Flucht ins Ausland gewährt wird, oder an das Ausleihen eines Kraftfahrzeugs, mit dem dann der Flüchtige von seiner Ehefrau ins Ausland gebracht wird. Eine Bestrafung wegen Strafvereitelung stellt in solchen Fällen entgegen der Annahme von Frisch keineswegs einen Rückgriff auf ein verpöntes Gesinnungsstrafrecht dar.

22 3. Der **subjektive Tatbestand** setzt hinsichtlich der Verfolgungsvereitelung Absicht oder Wissentlichkeit voraus. Dem Täter muß es entweder auf die Verfolgungsvereitelung ankommen (zielgerichtetes Handeln; vgl. KG JR **85**, 25), oder er muß sie als sichere Folge seines Verhaltens vorausgesehen haben. Bedingter Vorsatz genügt insoweit nicht. Nur bedingter Vorsatz wird, soweit Absicht entfällt, zumeist in den Fällen vorliegen, in denen der Kausalitätsnachweis (vgl. o. 19a) Schwierigkeiten bereitet, da der Hilfeleistende hier die Strafvereitelung kaum als sichere Folge seines Handelns ansieht (vgl. Lenckner Schröder-GedS 355). Nach KG JR **85**, 26 soll sichere Kenntnis von der erheblichen Dauer der Verzögerung bei der Bestrafung nicht erforderlich sein; es soll vielmehr genügen, wenn der Täter sicher weiß, daß die Ermittlungen sich auf Grund seines Verhaltens verzögern. Diese kriminalpolitisch durchaus sinnvolle Ansicht läßt sich jedoch mit der Gesetzesfassung schwerlich vereinbaren. Da die Wissentlichkeit sich auf den tatbestandlichen Erfolg erstrecken muß und dieser Erfolg zumindest ein Hinausschieben der Bestrafung um geraume Zeit voraussetzt, kann das entsprechende Zeitmoment nicht aus dem Erfordernis der Wissentlichkeit herausgenommen werden. Hat der Täter allerdings die Verfolgungsvereitelung erstrebt, so reicht aus, wenn er nur mit der Möglichkeit des Erfolgseintritts rechnet. Hier genügt also die Vorstellung des Täters, sein Verhalten werde nur möglicherweise bewirken, daß sich die Bestrafung des Vortäters erheblich verzögert. Die Absicht (Wissentlichkeit) muß sich auf die Vereitelung einer o. 13f. genannten Sanktion erstrecken. Ist etwa ein Jugendlicher Vortäter, so muß der Strafvereiteler gewußt oder beabsichtigt haben, daß die Verhängung einer Jugendstrafe auf Grund seiner Tat unterbleibt. Es genügt, sofern keine Absicht vorliegt, also nicht, daß er nur mit der Möglichkeit einer Jugendstrafe anstatt einer sonstigen Ahndung der Vortat gerechnet hat. Dagegen liegt der subjektive Tatbestand vor, wenn der Strafvereiteler von einer anderen als der in Betracht kommenden Strafe ausgegangen ist. Wer eine Freiheitsstrafe vereiteln wollte, erfüllt den subjektiven Tatbestand auch dann, wenn der Vortäter nur einer Geldstrafe entzogen worden ist. An einer wesentlichen Abweichung vom Vorgestellten fehlt es ferner, wenn statt der erstrebten Vereitelung einer Bestrafung die Anordnung einer Maßnahme verhindert worden ist oder umgekehrt. Wer den Vortäter vor der Fahrerlaubnisentziehung bewahren wollte, ist nach § 258 auch dann strafbar, wenn er nur ein Fahrverbot vereitelt hat. Unerheblich ist, ob der Täter neben seiner Vereitelungsabsicht auch oder sogar in erster Linie andere Zwecke verfolgt (vgl. BGH **4** 107). Nach § 258 strafbar ist daher der Taxifahrer, der den flüchtigen Vortäter um des Fahrlohns willen zu einem unüberwachten Grenzübergang fährt, um ihm das Absetzen ins Ausland zu ermöglichen.

23 Hinsichtlich der Vortat genügt bedingter Vorsatz (vgl. RG **55** 126, Düsseldorf NJW **64**, 2123 zu § 257 a. F., BGH **15** 21 zu § 346 a. F.), auch bei einer wissentlichen Strafvereitelung. Es reicht also aus, wenn sich der Täter, der eine Vortat für möglich hält, die Verfolgungsvereitelung im

Falle der tatsächlich gegebenen Vortat als sicher eintretende Folge seines Verhaltens vorstellt. Vom Charakter der Vortat braucht der Täter keine konkreten Vorstellungen zu haben (vgl. aber Hamburg NJW **53**, 1155, Düsseldorf NJW **64**, 2123, Hartung JZ 54, 694). Er muß nur davon ausgehen, daß (möglicherweise) eine rechtswidrige Tat unter den Voraussetzungen begangen worden ist, die eine Strafe oder eine Maßnahme zur Folge haben. Wer Vortäter ist, braucht er nicht zu wissen. Wegen Strafvereitelung macht sich daher strafbar, wer einen Polizeibeamten bewußt daran hindert, einen flüchtigen Verbrecher zu stellen, auch wenn er weder den Flüchtenden kennt noch weiß, welche Straftat vorliegt. Ein Irrtum über die Art der Vortat ist unbeachtlich, sofern sich der Täter nur eine taugliche Vortat vorstellt. So entfällt z. B. die Strafbarkeit wegen Verfolgungsvereitelung nicht deswegen, weil dieser einen Diebstahl als Vortat annimmt, während in Wirklichkeit ein Mord vorgelegen hat.

Der Täter ist auch dann wegen Verfolgungsvereitelung verantwortlich, wenn er irrtümlich an eine **24** Vollstreckungsvereitelung glaubt, so z. B. bei der irrigen Annahme, der Flüchtende, dem er den Grenzübertritt ermöglicht und der gerade erst ein Verbrechen verübt hat, sei aus der Vollzugsanstalt entwichen. Ein solcher Irrtum ist unbeachtlich, da zwischen Verfolgungs- und Vollstreckungsvereitelung kein qualitativer Unterschied besteht. Ebenso Ruß LK 26.

III. Eine **Vollstreckungsvereitelung** liegt nach Abs. 2 vor, wenn jemand absichtlich oder **25** wissentlich die Vollstreckung einer gegen einen anderen verhängten Strafe oder Maßnahme ganz oder zum Teil vereitelt. Die Tat muß sich gegen inländische Vollstreckungen richten; das o. 9 Gesagte gilt entsprechend.

1. Zu den Merkmalen **Strafe** und **Maßnahme** vgl. o. 13f. Die auf eine Strafe oder eine **26** Maßnahme lautende Entscheidung muß rechtskräftig sein. Nicht erforderlich ist allerdings, daß die Tathandlung erst nach Rechtskraft der Entscheidung vorgenommen wird. Sie muß sich nur erst danach auswirken; bei vorherigen Auswirkungen zugunsten des Vortäters fällt sie unter Abs. 1. Anders als bei der Verfolgungsvereitelung kommt es nicht darauf an, ob die Vortat begangen worden ist. Maßgebend ist allein die rechtskräftige Verhängung einer Strafe oder Maßnahme; die Entscheidung ist bei der Aburteilung der Vollstreckungsvereitelung nicht nachzuprüfen (vgl. RG 73 331, BT-Drs. 7/550 S. 250).

2. Die Vollstreckung der Strafe oder Maßnahme muß **ganz oder zum Teil vereitelt** worden **27** sein. Entsprechend der Verfolgungsvereitelung ist der Tatbestand bereits erfüllt, wenn sich die Vollstreckung für geraume Zeit verzögert hat, wie etwa beim Bewirken eines Strafaufschubs mittels Täuschung (vgl. RG **16** 204). Die Einbeziehung der Vollstreckungsverzögerung erweist sich ähnlich der Vollstreckungsvereitelung für einen hinreichenden Rechtsgüterschutz als notwendig. Verzögerungen bei der Vollstreckung gefährden deren Wirksamkeit. Auch bei der Aussetzung einer Strafe oder Maßnahme zur Bewährung ist Vollstreckungsvereitelung möglich, nämlich dann, wenn jemand den gebotenen Widerruf (auch Widerruf des Straferlasses gem. § 56g II) abwendet. Zum Teil wird die Vollstreckung einer Strafe vereitelt, wenn der Verurteilte der Verbüßung eines Strafrestes entzogen wird (z. B. Fluchthilfe nach Teilverbüßung). Die Vollstreckung einer Maßnahme vereitelt jemand zum Teil, wenn er erreicht, daß deren Rest unvollstreckt bleibt oder nur Teile der Verfall- oder Einziehungsgegenstände dem Zugriff offenstehen. Voraussetzung für eine vollendete Tat ist stets, daß die Vollstreckung z. Z. der Auswirkungen der Tathandlung noch zulässig ist. Hieran fehlt es, wenn etwa ein Straferlaß nicht mehr widerrufen werden kann, eine Maßnahme bereits erledigt oder Vollstreckungsverjährung eingetreten ist. Zum Kausalitätserfordernis gilt das o. 19a Ausgeführte entsprechend.

3. Beispiele für Vollstreckungsvereitelung: Verbergen eines Verurteilten vor der Polizei **28** (vgl. RG **73** 331), Gewähren eines Obdachs als Versteck (Koblenz NJW **82**, 2785), Gefangenenbefreiung, Fluchthilfe, unrichtige Angaben in einem für einen anderen eingereichten Gesuch um Gnade (vgl. RG **35** 128) oder um Vollstreckungsaufschub (vgl. RG **16** 204), Vernichten von Vollstreckungsakten, Beiseiteschaffen von Verfall- oder Einziehungsgegenständen oder von Vermögensbestandteilen des Verurteilten bei Vollstreckung einer Geldstrafe, falsche Angaben, die bei einer Geldstrafe zu nachträglichen Zahlungserleichterungen oder zum Absehen von der Vollstreckung der Ersatzfreiheitsstrafe führen, Verbüßen einer Freiheitsstrafe für einen anderen (vgl. RG **8** 367). Bestritten ist, ob auch die Zahlung einer Geldstrafe für einen anderen als Strafvereitelung anzusehen ist. Da der Tatbestand des Abs. 2 ohne weiteres umgangen werden kann (nachträgliche Erstattung der Geldstrafe, Darlehensgabe mit späterem Verzicht auf Rückzahlung; vgl. BGHZ **23** 224, **41** 223), wird schlechthin Straflosigkeit bei Schadloshaltung des Verurteilten angenommen (so BGH MDR **91**, 268, Samson SK 35). Diese Ansicht entwertet jedoch die Geldstrafe, die als Strafleistung den Verurteilten persönlich treffen soll. Daß sich im Endergebnis ähnliche Wirkungen auf straflose Weise erzielen lassen, kann daher nicht dazu berechtigen, die Zahlung einer Geldstrafe für einen anderen aus dem Strafbereich des § 258 herauszunehmen. Vgl. hierzu Frankfurt StV **90**, 112 m. krit. Anm. Noack, Stree JZ 64, 588, ferner RG **30** 332, Brüggemann GA 68, 161, D-Tröndle 9, Hillenkamp Lackner-FS 466, Ruß LK 24, Lackner 2c, aber auch Engels Jura 81, 581. Wer dagegen nur Nachteile aus der Vollstreckung ausgleicht, z. B. Haftfolgeschäden, erfüllt nicht den Tatbestand des Abs. 2 (vgl. Horn VersR 74, 1141).

29 Werden in einem **Wiederaufnahmeverfahren** falsche Angaben zugunsten des Verurteilten gemacht (vgl. BGH **17** 303), so liegt eine Vollstreckungsvereitelung vor, wenn sie einen Aufschub oder eine Unterbrechung der Vollstreckung (§ 360 II StPO) bewirken. Führen sie zur Aufhebung des rechtskräftigen Urteils, so ist die Tat als Verfolgungsvereitelung zu beurteilen, gleichgültig, ob die Aufhebung nach oder während der Vollstreckung der Strafe erfolgt (vgl. aber D-Tröndle 9, der Abs. 1 nur im Falle eines Wiederaufnahmeantrags nach Vollstreckungsende anwenden will).

29a 4. Vollstreckungsvereitelung kann gemäß den allgemeinen Grundsätzen auch durch ein **Unterlassen** begangen werden. So kommt Vollstreckungsvereitelung durch Unterlassen in Betracht, wenn im Rahmen einer Behandlung, die nach § 35 BtMG zur Zurückstellung der Strafvollstreckung oder der Vollstreckung der Unterbringung in einer Entziehungsanstalt geführt hat, die behandelnden Personen oder die Verantwortlichen der Therapieeinrichtung entgegen § 35 III BtMG der Vollstreckungsbehörde nicht den Abbruch einer Behandlung mitteilen (Bay NStZ **90**, 85 m. abl. Anm. Kreuzer). Eine Garantenpflicht, den Nichtantritt zur Behandlung zu melden, besteht dagegen für die genannten Personen nicht, es sei denn, es liegt ein Fall der Übernahme einer alsbaldigen Meldung vor (Bay aaO).

29b 5. Wie bei der Verfolgungsvereitelung sind bei der Vollstreckungsvereitelung **von der Anwendbarkeit des § 258** solche Hilfen **ausgenommen,** die dem Schutzzweck dieser Norm nicht zuwiderlaufen. Das o. 21 Ausgeführte gilt hier entsprechend. Danach greift § 258 II z. B. nicht ein, wenn ein Arbeitgeber einen flüchtigen Strafgefangenen weiterbeschäftigt, nachdem er von dessen Flucht Kenntnis erhalten hat (Koblenz NJW **82**, 2785). § 258 ist auch dann nicht anwendbar, wenn ein Arbeitgeber die Beitreibung einer Geldstrafe gegen einen Arbeitnehmer dadurch vereitelt, daß er auf vereinbarte Überstunden des Arbeitnehmers verzichtet. Ebensowenig macht er sich nach § 258 strafbar, wenn er bei Lohnpfändungen auf Grund einer Geldstrafe die ihm obliegenden Geldleistungen an den Justizfiskus nicht erbringt, da der Pfändungs- und Überweisungsbeschluß keine Garantenstellung gegenüber der Strafrechtspflege begründet. Das gilt auch dann, wenn er den gepfändeten Lohn an den Arbeitnehmer auszahlt. Anders ist es, wenn er die Vollstreckung der Geldstrafe durch falsche Angaben über den Arbeitslohn hintertreibt.

30 6. Für den **subjektiven Tatbestand** ist Absicht oder Wissentlichkeit hinsichtlich der Vollstreckungsvereitelung erforderlich. Das o. 22 Ausgeführte gilt hier sinngemäß. Hinsichtlich der rechtskräftigen Verurteilung genügt bedingter Vorsatz. Da es bei der Tat nach Abs. 2 nur auf die rechtskräftige Verhängung einer Strafe oder Maßnahme ankommt, läßt die Annahme, der Verurteilte habe die seiner Verurteilung zugrunde liegende Tat nicht begangen und sei daher zu Unrecht verurteilt worden, den Vorsatz unberührt; sie kann allenfalls einen Verbotsirrtum begründen. Der Irrtum, es werde statt der Strafvollstreckung die Strafverfolgung vereitelt, ist unbeachtlich (vgl. o. 24), ebenso die irrige Annahme, bei der vereitelten Strafvollstreckung habe es sich um die Vereitelung einer Maßregelvollstreckung gehandelt oder umgekehrt.

31 IV. Der **Versuch** ist sowohl im Falle der Verfolgungsvereitelung als auch im Falle der Vollstreckungsvereitelung strafbar (Abs. 4). Er liegt erst dann vor, wenn der Täter zur Herbeiführung des Vereitelungserfolges unmittelbar ansetzt. An dieser Unmittelbarkeit fehlt es noch, wenn sich jemand erbietet, als Zeuge falsch auszusagen (Hamburg NJW **81**, 771 m. Anm. Rudolphi JR 81, 160; vgl. aber BGH NJW **71**, 526 zu § 257 a. F.), oder jemand mit anderen Zeugen eine Falschaussage vereinbart (vgl. aber BGH **19** 114 zu § 257 a. F.). Erst mit Beginn der Aussage geht der Zeuge unmittelbar dazu über, den geplanten Tatbestandserfolg zu verwirklichen (BGH **31** 13 m. Anm. Beulke NStZ **82**, 330, NJW **82**, 1601 m. Anm. Lenckner NStZ 82, 401, Bremen JR **81**, 474 m. Anm. Müller-Dietz, Bay NJW **86**, 202, Düsseldorf NJW **88**, 84). Andererseits setzt ein Anwalt zur Tatbestandsverwirklichung bereits unmittelbar an, wenn er die Vernehmung eines Zeugen beantragt, von dem er eine entlastende Falschaussage erwartet (BGH NStZ **83**, 503 m. Anm. Beulke, StV **87**, 196). Soweit jemand den Vortäter berät, wie sich dieser am besten der Strafe entziehen kann, liegt Versuch erst vor, wenn der Vortäter unmittelbar dazu ansetzt, den Vereitelungserfolg herbeizuführen (Ruß LK 28). Demgemäß ist noch kein Versuch gegeben, wenn ein Zeuge, der dem Angekl. eine Falschaussage zugesagt hat, diesem bestimmte Vorschläge für ein gemeinsames Vorgehen unterbreitet. Im Falle mittelbarer Täterschaft beginnt der Versuch mit der Einwirkung auf das Tatwerkzeug. Erfaßt wird als untauglicher Versuch auch eine Hilfeleistung in der irrigen Annahme, eine taugliche Vortat liege vor. Es reicht insoweit aus, daß der Täter das fragliche Geschehen irrig für strafbar gehalten, z. B. eine bestimmte Ordnungswidrigkeit als Straftat gewertet (vgl. BGH **15** 210 m. abl. Anm. Weber MDR 61, 426, Lackner 3a, Puppe GA 90, 159, Ruß LK 29, Schlüchter,

Irrtum über normative Tatbestandsmerkmale, 1983, 160 sowie JuS 85, 529, Wessels II/1 149; and. Bay NJW **81**, 772 m. abl. Anm. Stree JR 81, 297, Burkhardt JZ 81, 681) oder eine bereits verjährte Tat als noch nicht verjährt angesehen hat. Denn ob jemand die Voraussetzungen für die Möglichkeit einer Bestrafung des (vermeintlichen) Vortäters in tatsächlicher oder in rechtlicher Hinsicht verkennt, macht keinen Unterschied in dem Streben, die Durchsetzung des staatlichen Strafanspruchs zu vereiteln. Der Versuch einer Strafvereitelung liegt ebenfalls vor, wenn jemand vermeintliche strafschärfende Umstände unterdrückt (vgl. Bay JZ **73**, 385), vermeintliche Einziehungsgegenstände beiseiteschafft oder einen Jugendlichen oder Heranwachsenden, dessen Tat mit einem Zuchtmittel geahndet wird, vor einer vermeintlich zu erwartenden Jugendstrafe bewahren wollte. Dagegen handelt es sich um ein Wahndelikt, wenn jemand die Ahndung einer Ordnungswidrigkeit in der Annahme vereitelt, Ordnungswidrigkeiten seien ebenfalls rechtswidrige Vortaten i. S. des § 258 und Geldbußen stünden den Geldstrafen gleich (Herzberg JuS 80, 473).

V. Ob **Täterschaft** oder **Teilnahme** vorliegt, richtet sich grundsätzlich nach allgemeinen **32** Regeln. Danach ist Teilnehmer, wer bei der Strafvereitelung durch einen anderen nur mitwirkt (vgl. o. 18, Rudolphi JR 84, 338, Kleinknecht-FS 386). Wer einen anderen zur Strafvereitelung bestimmt, ist Anstifter; wer den anderen berät oder dessen Tatwillen bestärkt, ist Gehilfe. Das gilt auch für einen Strafverteidiger (Samson SK 43; and. KG JR **84**, 250). Aus seiner Stellung im Strafverfahren läßt sich nichts anderes herleiten und mit ihr nicht Täterschaft begründen (and. Beulke NStZ 82, 330 u. 83, 504; für Täterschaft anscheinend auch BGH **31** 13; unklar BGH **29** 107). Anders ist es nur, wenn es sich um eine eigenständige Verfahrenstätigkeit des Anwalts handelt, wie beim Antrag, einen (zur Falschaussage überredeten) Zeugen zu vernehmen (vgl. BGH NJW **83**, 2712, **89**, 1814, StV **87**, 195; and. Rudolphi Kleinknecht-FS 387). Ferner kommt allein Täterschaft in Betracht, wenn jemand sich an Selbstschutzmaßnahmen des Vortäters beteiligt (vgl. u. 33). Im übrigen sind wie bei der Begünstigung einige Besonderheiten zu beachten.

1. Wer nur **sich selbst** der strafrechtlichen **Verfolgung** oder der **Vollstreckung** einer Strafe **33** oder Maßnahme **entzieht,** handelt nicht tatbestandsmäßig, da er nicht zugunsten eines anderen tätig geworden ist (vgl. u. a. RG **63** 235, BGH **5** 81, **9** 73). Die Herausnahme aus dem Strafbereich hat ihren Grund in der Anerkennung der notstandsähnlichen Lage des Täters (vgl. RG **63** 236). Zweifelhaft kann sein, ob sich die Herauslösung des Selbstschutzes aus § 258 auch auf einen hieran Beteiligten auswirkt. Insoweit ist zu unterscheiden: Beschränkt sich jemand darauf, den Vortäter zum Selbstschutz, etwa zur Flucht, zu veranlassen oder den Selbstschutzwillen zu bestärken, so erhält der Vortäter noch nicht die nachträgliche Hilfe, deren Ausschaltung mit § 258 bezweckt wird (vgl. o. 1); eine Strafe nach § 258 ist daher nicht gerechtfertigt (vgl. BGH NJW **84**, 135 m. Anm. Rudolphi JR 84, 338, Krekeler NStZ 89, 148, Lenckner Schröder-GedS 352ff., Lackner 2b, Ruß LK 35; and. D-Tröndle 14). Wer jedoch über das bloße Veranlassen (Stärken) des Selbstschutzes hinausgeht, z. B. dem Vortäter bei Verdunkelungsmaßnahmen behilflich ist (vgl. Schleswig SchlHA/E-L **84**, 87), ihn auf die drohende Entdeckung oder eine bevorstehende Verhaftung oder Durchsuchung (vgl. o. 20) hinweist, ihm Geld oder gefälschte Ausweispapiere für die Flucht aushändigt oder durch sonstige Handlungen die Flucht ermöglicht (vgl. Bay BA **84**, 452: Freimachen des Fluchtwegs durch Öffnen einer Tür), ist wegen Strafvereitelung strafbar, wobei die Frage, ob eine versuchte oder vollendete Tat vorliegt, davon abhängt, ob sich der Vortäter daraufhin erfolgreich der Bestrafung usw. hat entziehen können. Zur Bewertung solcher Hilfe als Täterschaft vgl. Frisch NJW 83, 2472, JuS 83, 919, Küpper GA 87, 394f., Siepmann, Abgrenzung zwischen Täterschaft und Teilnahme im Rahmen der Strafvereitelung, Diss. Münster 1988, 77ff., Wessels II/1 150 sowie krit. Lenckner Schröder-GedS 351f. Gegen die Bewertung als Täterschaft und für Straflosigkeit Rudolphi JR 84, 339, Kleinknecht-FS 394, Samson SK 45; die unerwünschte Strafbarkeitslücke soll aber vom Gesetzgeber dringend alsbald zu schließen sein. Die Einschränkung ist jedoch weder sachlich geboten noch sachdienlich. Ob jemand die Flucht eines Vortäters durch Festhalten eines Verfolgers oder durch Überlassen eines Fahrzeugs ermöglicht, kann hinsichtlich der Täterschaft keinen Unterschied ausmachen.

Die Straflosigkeit bezieht sich nur auf die Strafvereitelung als solche. Werden mit der Tat **andere** **34** **Straftatbestände** verwirklicht (z. B. falsche Verdächtigung), so bleibt die Strafbarkeit nach den für diese maßgebenden Vorschriften unberührt (vgl. RG **63** 375, **76** 191, BGH **2** 375, **15** 54). Die Zerstörung fremder Sachen zwecks Verschleierung der Tat durch Vernichten eines Beweismittels ist daher nach § 303 strafbar. Die Absicht, sich mittels einer solchen Tat der Strafverfolgung zu entziehen, kann indes u. U. zur Strafmilderung oder zum Absehen von Strafe führen (§ 158); sie kann aber auch straferschwerend wirken (§ 211). Vgl. hierzu Ulsenheimer GA 72, 1. Zur Frage, ob der Strafvereitelung die Fremdbegünstigung gleichzustellen ist, vgl. u. 37.

35 2. Wegen Strafvereitelung ist ferner nicht strafbar, wer die **Tat zugunsten eines anderen und für sich selbst** ausführt, d. h. mit der Hilfe für einen anderen zugleich erreichen will, daß er selbst der strafrechtlichen Verfolgung oder der Vollstreckung einer gegen ihn verhängten Strafe oder Maßnahme entgeht (Abs. 5). Der Regelung liegt ebenfalls der Gesichtspunkt der notstandsähnlichen Lage beim Täter zugrunde. Allerdings ist hier nicht der Tatbestand, sondern nur die Strafbarkeit ausgeschlossen. Es handelt sich um einen Strafausschluß, der im Schuldbereich wurzelt. Unwesentlich ist, ob die Strafvereitelung zugunsten der eigenen Person und die zugunsten eines anderen identische oder verschiedene Vortaten betreffen (vgl. RG 63 242, BT-Drs. 7/550 S. 250). Nach Abs. 5 ist auch straffrei, wer einem anderen deshalb hilft, weil dieser ihn sonst anzeigen will. Erforderlich ist aber stets, daß die Strafvereitelung zugunsten eines anderen dem Täter zugleich dazu dient, sich selbst vor strafrechtlichen Folgen zu schützen. Wer nur anläßlich einer Handlung, die ihn der Strafverfolgung oder der Strafvollstreckung entziehen soll, die Bestrafung eines anderen vereitelt, ist nach § 258 strafbar, so z. B., wer bei seiner Flucht unterwegs einen anderen, ebenfalls verfolgten Verbrecher in seinem Kfz. mitnimmt. Ebensowenig entfällt die Strafbarkeit nach § 258, wenn ein Vortäter ausschließlich zugunsten eines anderen Vortatbeteiligten tätig wird (vgl. RG 21 376, 60 348, 63 375, D-Tröndle 13, Lackner 7). Von einer dem § 257 III entsprechenden Regelung hat der Gesetzgeber bewußt abgesehen (vgl. BT-Drs. 7/550 S. 250). Es muß also, damit der Strafausschluß nach Abs. 5 eintritt, nach der Vorstellung des Täters ein innerer Zusammenhang zwischen der Strafvereitelung zugunsten eines anderen und der Strafvereitelung zugunsten der eigenen Person in der Weise bestehen, daß sich beides notwendigerweise miteinander verknüpft. Ist das der Fall, so ist gleichgültig, ob die Hilfe für einen anderen nur Mittel zum Selbstschutz oder dessen notwendige Folge ist. Abs. 5 greift sowohl dann ein, wenn der Vortäter einem Komplizen zur Flucht verhilft, weil er bei dessen Festnahme die Aufdeckung seiner eigenen Tatbeteiligung befürchtet, als auch dann, wenn er auf sich weisende Spuren beseitigt, die zugleich einen anderen belasten würden. Das Bestreben der Selbsthilfe braucht gegenüber dem der Fremdhilfe nicht zu überwiegen; es ist allein erforderlich, daß die Handlung auch darauf gerichtet ist, sich selbst vor strafrechtlichen Folgen zu schützen (vgl. RG 60 102, 347, 63 234, 375, 73 268, HRR 39 Nr. 1068, 40 Nr. 1213, BGH 2 378, 9 73, NJW 52, 754, MDR/D 74, 367, BGE 102 IV 32; vgl. auch BT-Drs. 7/550 S. 250). Ebensowenig kommt es darauf an, ob dem Täter andere Möglichkeiten, sich selbst zu schützen, zur Verfügung gestanden haben (Samson SK 53). Da die Straflosigkeit im Schuldbereich wurzelt, ist der Täter auch straffrei, wenn er irrtümlich annimmt, selbst gefährdet zu sein, und die vermeintliche Gefahr abwenden will (vgl. RG 70 392, 73 268, JW 36, 2806, BGH 2 375, Hamm NJW 58, 1246). Unerheblich ist, ob der Irrtum vermeidbar ist. Am Willen zur Selbsthilfe, auf den Abs. 5 abhebt, ändert sich nichts, wenn der Täter seinen Irrtum hätte vermeiden können. Auch wenn er die eigene Strafbarkeit wegen eines früheren Verhaltens nur für möglich hält und mögliche Sanktionen mit der Tat verhindern will, bleibt er straffrei. Wer dagegen nur den Unannehmlichkeiten etwaiger Strafverfolgungsakte entgehen will, ohne eine Bestrafung usw. zu befürchten, kann sich nicht auf Abs. 5 berufen. Bleibt offen, ob der Täter an der Vortat beteiligt war und daher zugleich sich selbst der Bestrafung entziehen wollte, so ist Abs. 5 anzuwenden (in dubio pro reo) und nicht auf Wahlfeststellung zwischen Strafvereitelung und Vortatbeteiligung abzustellen (BGH MDR/H 81, 99, NJW 84, 136).

36 Bestrafung wegen Strafvereitelung ist auch dann nicht zulässig, wenn der Täter sein Bestreben, mit der Fremdhilfe sich selbst vor strafrechtlichen Folgen zu schützen, mit der Absicht verbindet, die von ihm erlangten Vorteile zu sichern. Die zum früheren Recht vertretene gegenteilige Meinung (BGH NJW 61, 1827) ist mit Abs. 5 nicht vereinbar. Nach Abs. 5 kommt es allein darauf an, daß die Strafvereitelung zugunsten eines anderen zugleich dem eigenen Schutz vor Bestrafung oder Maßnahmen dient. Eine Ausnahme für die Fälle, in denen der Täter daneben noch andere Zwecke verfolgt, ist nicht vorgesehen und ist im übrigen auch sachwidrig. Die notstandsähnliche Lage verliert nicht deshalb ihre Bedeutung, weil der Täter außer dem hierauf beruhenden Selbstschutz zugleich eine Vorteilssicherung bezweckt. Welcher Zweck im Vordergrund steht, ist hier ebenso bedeutungslos wie beim Verhältnis zwischen Fremd- und Selbsthilfe (vgl. o. 35).

37 Abs. 5 schließt nur die Bestrafung wegen Strafvereitelung aus, nicht die Bestrafung wegen sonstiger zugleich begangener Straftaten, z. B. nach § 145d (Bay JR 79, 252 m. Anm. Stree; vgl. auch o. 34). Es fragt sich daher, ob die zum früheren Recht vertretene Ansicht, die zwecks Verhinderung der eigenen Bestrafung begangene (sachliche) **Fremdbegünstigung** sei ebenfalls straflos (vgl. 17. A. § 257 RN 41), hinfällig geworden ist. Die Frage stellt sich freilich nur, soweit nicht bereits § 257 III eingreift, also nur, soweit der Begünstiger nicht in strafbarer Weise an der Vortat des Begünstigten beteiligt gewesen ist. Trotz der Beschränkung des Abs. 5 auf die Strafvereitelung ist weiterhin davon auszugehen, daß auch die Fremdbegünstigung, mit der jemand sich selbst vor strafrechtlichen Folgen schützen will oder die notwendige Folge des Selbstschutzes ist, straffrei bleibt (Amelung JR 78, 227; and. Lackner 7, M-Schroeder II 331,

Ruß LK 32). Dem Abs. 5 ist eine gesetzgeberische Absage an die frühere Meinung nicht zu entnehmen. Er sollte der früheren Rspr. zur persönlichen Begünstigung Anerkennung verschaffen (vgl. BT-Drs. 7/550 S. 250) und ist somit nur als Regelung eines Teilbereichs zu verstehen. Überdies hat sich an der notstandsähnlichen Lage des Täters gegenüber dem früheren Recht nichts geändert. Zudem ist die Fremdbegünstigung keineswegs strafwürdiger als die Strafvereitelung zugunsten eines anderen. Vgl. näher Stree JuS 76, 140f.

3. Aus Abs. 5 folgt ferner, daß die vom Vortäter vorgenommene **Anstiftung zur Strafvereitelung,** die zu seinen Gunsten begangen wird, nicht strafbar ist (Bay JR 79, 252). Die abweichende Rspr. zum früheren Recht (vgl. BGH 17 236), die in der Rechtslehre überwiegend auf Ablehnung gestoßen war, ist angesichts des klaren Wortlauts des Abs. 5 überholt. Eine vom Vortäter gleichzeitig vorgenommene Anstiftung zu seiner (sachlichen) Begünstigung ist entgegen § 257 III 2 ebenfalls straflos, wenn diese das erforderliche Mittel für die Strafvereitelung oder deren notwendige Folge ist (D-Tröndle 13, Ruß LK 34). 38

4. Nicht strafbar ist außerdem die **Strafvereitelung,** die jemand **zugunsten eines Angehörigen** (§ 11 I Nr. 1) begeht (Abs. 6). Straflos bleibt hiernach auch, wer sich an einer Strafvereitelung zugunsten eines Angehörigen beteiligt, sei es als Anstifter (vgl. RG 14 102, BGH 14 172 m. Anm. Schröder JR 60, 348) oder als Gehilfe. Es handelt sich hierbei um einen persönlichen Strafausschließungsgrund, der freilich im Schuldbereich wurzelt, da er der notstandsähnlichen Lage desjenigen, der einen Angehörigen vor Strafe schützt, Rechnung trägt (vgl. Geerds v. Hentig-FS 138). Der Schuldbezogenheit gemäß ist Straflosigkeit auch dann anzunehmen, wenn jemand irrtümlich glaubt, zugunsten eines Angehörigen tätig zu werden, nicht dagegen, wenn er nicht weiß, daß er einen Angehörigen der Bestrafung oder einer Maßnahme entzieht (Lackner 8, Samson SK 55, Wessels I 145; and. Baumann/Weber 460, D-Tröndle 16, Ruß LK 37, die auf die objektive Lage abstellen). Straffreiheit ist dem Täter zumindest bei einem unvermeidbaren Irrtum zu gewähren. Bei einem vermeidbaren Irrtum fragt sich, ob § 35 II entsprechend anzuwenden ist (so M-Schroeder II 326, Schünemann GA 86, 303) und die Strafe lediglich nach § 49 I zu mildern ist. Indes wird man die Fehlvorstellung ebenso berücksichtigen müssen wie bei einem Täter im Falle des Abs. 5 (vgl. o. 35, Stree JuS 76, 141, Wessels I 145). Es kommt demnach allein auf den Willen an, die Strafvereitelung zugunsten eines Angehörigen zu begehen. Dieser Wille bleibt davon unberührt, wie die Fehlvorstellung entstanden ist, ob also der Täter sie hätte vermeiden können oder nicht. Straffreiheit ist dem Täter sogar zuzubilligen, wenn er sich nicht sicher ist, ob die Strafvereitelung einen Angehörigen betrifft, sondern dies nur für möglich hält, jedenfalls dann, wenn nach seiner Vorstellung eine wirksame Hilfe für einen etwaigen Angehörigen sofortiges Handeln bedingt und keine Zeit zur Aufklärung besteht (vgl. Warda Lange-FS 139 ff.); denn auch hier geht es dem Täter darum, einem Angehörigen zu helfen. In die Straffreiheit eingeschlossen ist die Strafvereitelung zugunsten eines Nichtangehörigen, sofern sie in einem inneren Zusammenhang mit der Strafvereitelung zugunsten eines Angehörigen steht, d. h. nach der Vorstellung des Täters dazu dient, den Angehörigen zu schützen, oder notwendige Folge dieses Schutzes ist (vgl. Celle NJW 73, 1937, D-Tröndle 16, Lackner 8, Lenckner JuS 62, 302, Ruß JR 74, 164; z. T. abw. RG JW 36, 1606, Kratzsch JR 74, 186). Für jemanden, der einen Angehörigen der Bestrafung usw. entziehen will, kann wie bei der Fehlvorstellung nichts anderes gelten als für den Täter, der sich selbst gem. Abs. 5 schützen will. Infolgedessen kommt es hier ebensowenig darauf an, welcher Zweck überwiegt. Entsprechend dem o. 37 Ausgeführten bleibt auch die (sachliche) Begünstigung eines Angehörigen oder eine sonstige Fremdbegünstigung straffrei, wenn sie als Mittel für die Strafvereitelung zugunsten des Angehörigen eingesetzt wird oder deren notwendige Folge ist (vgl. D-Tröndle 16, Lenckner JuS 62, 302, Stree JuS 76, 141; z. T. abw. BGH 11 343; and. Lackner 8, Ruß LK 38). Andere Straftaten, die jemand bei der Strafvereitelung zugunsten eines Angehörigen begeht (z. B. falsche Verdächtigung), sind in die Straffreiheit nach Abs. 6 nicht einbezogen. Strafbar bleibt im übrigen auch die Teilnahme Außenstehender an einer von Abs. 6 erfaßten Tat. Eine Beteiligung durch bloße Rechtsauskunft über die Straflosigkeit nach Abs. 6 ist jedoch nicht rechtswidrig (vgl. Mallison, Rechtsauskunft als strafbare Teilnahme, 1979, 136). 39

Den Angehörigen sind **sonstige nahestehende Personen** nicht gleichzustellen (vgl. BGH NJW 84, 136, Bay NJW 83, 832; and. M-Schroeder II 326, Samson SK 55). Eine Angleichung an § 35 im Wege der Analogie verbietet sich schon deshalb, weil der Gesetzgeber die Strafvereitelung nach dem entschuldigenden Notstand nicht geregelt und in Abs. 6 an der früheren Beschränkung des Strafausschlusses auf Taten zugunsten eines Angehörigen festgehalten hat. Zudem hat Abs. 6 eine andere Reichweite als § 35 (vgl. § 35 RN 28). De lege ferenda mag allerdings seine Erweiterung auf sonstige nahestehende Personen angebracht sein. De lege lata läßt sich dieser Faktor nur strafmildernd berücksichtigen. 39a

VI. Wie bei der Begünstigung steht die **Strafe** für die Strafvereitelung in gewisser Abhängigkeit von der Strafe für die Vortat. Sie darf nach Abs. 3 nicht schwerer sein als die für die Vortat angedroh- 40

te Strafe. Die Limitierung betrifft den Strafrahmen des § 258; er ändert sich, wenn für die Vortat ein niedrigeres Höchstmaß angedroht ist. Vgl. näher § 257 RN 36. Abweichend von dem dort Ausgeführten ist in den Fällen, in denen der Täter irrtümlich eine andere als die tatsächlich begangene Vortat annimmt, der Strafrahmen für die vorgestellte Tat auch dann innerhalb des in § 258 festgesetzten Strafrahmens maßgebend, wenn sich der Täter eine Vortat vorstellt, die strenger als die wirklich begangene zu beurteilen ist (Ruß LK 41; and. Samson SK 58). Die Abweichung beruht darauf, daß auch der Strafvereitelungsversuch strafbar ist. Geht etwa der Täter von einem Diebstahl aus, während in Wirklichkeit eine einfache Unterschlagung vorgelegen hat, so verbleibt es beim Strafrahmen des § 258. Aber auch soweit dieser Strafrahmen unberührt bleibt, hat die Vortat für die Strafe maßgebliches Gewicht; ihre Schwere ist ein wesentlicher Strafzumessungsfaktor (vgl. LG Hannover NJW **76**, 979 m. Anm. Schroeder). Bei der Beurteilung der Vortat ist das Gericht im Fall der Verfolgungsvereitelung nicht an die Auffassung des Gerichts gebunden, das den Vortäter verurteilt hat. Es kann z. B. die als Unterschlagung abgeurteilte Vortat als Diebstahl werten. Zur Strafzumessung bei Strafverteidiger als Täter vgl. Oldenburg StV **87**, 523.

41   VII. Die Strafvereitelung ist **kein Antragsdelikt,** auch dann nicht, wenn die Vortat nur auf Antrag verfolgbar ist. Dies ergibt sich aus der Eigenschaft der Strafvereitelung als einer selbständigen Tat (vgl. RG **57** 81, D-Tröndle 1) sowie daraus, daß eine dem § 257 IV entsprechende Regelung in § 258 fehlt. Zur Frage, ob die Strafvereitelung verfolgt werden kann, wenn kein Antrag bezüglich der Vortat gestellt ist, vgl. o. 4.

42   VIII. **Konkurrenzen:** Idealkonkurrenz ist u. a. möglich mit §§ 113, 120, 153ff., 164, 240, 257, 271. Eine einzige Tat nach § 258 (nicht Idealkonkurrenz) liegt vor, wenn eine Handlung den Vortäter sowohl der Bestrafung als auch einer Maßnahme entzieht oder die Ahndung mehrerer Taten des Vortäters vereitelt. Gleiches gilt, wenn eine Handlung zugleich Verfolgungs- und Vollstreckungsvereitelung ist (Verurteilter, der weitere Taten begeht, wird vor seinem Ergreifen bewahrt). Dagegen ist eine mehrfache Strafvereitelung zugunsten eines Vortäters, wie z. B. zunächst Verfolgungsvereitelung und später Vollstreckungsvereitelung, nicht als eine einzige Straftat zu werten; es kann aber eine fortgesetzte Tat vorliegen (vgl. RG **57** 307, Ruß LK 42). Fortsetzungszusammenhang ist auch möglich, wenn die einzelnen Handlungen verschiedene selbständige Vortaten betreffen (RG HRR **28** Nr. 1771) oder verschiedene Vortäter der Strafe entziehen (RG **57** 353). Ist die Strafvereitelung vor Begehung der Vortat zugesagt worden und die Zusage als Beihilfe zu beurteilen, so kann das Verhältnis zwischen Beihilfe zur Vortat und Strafvereitelung zweifelhaft sein. Entgegen dem früheren Recht ist jedoch ein Zurücktreten der Strafvereitelung hinter die Beihilfe zu verneinen. Das folgt einerseits daraus, daß der Gesetzgeber weder eine dem § 257 II a. F. noch eine dem § 257 III n. F. entsprechende Regelung in § 258 getroffen hat, und zum anderen aus der Eigenschaft der Strafvereitelung als einer selbständigen Tat. Hält jemand seine Zusage allerdings nur deswegen ein, weil er sonst eine Strafverfolgung wegen seiner vorherigen Beteiligung befürchtet (Vortäter droht z. B. mit Anzeige, wenn ihm nicht die zugesagte Hilfe zuteil wird), so greift Abs. 5 ein. Werden mehrere Vortäter durch eine Handlung der Bestrafung entzogen, so ist gleichartige Idealkonkurrenz gegeben (vgl. § 52 RN 27).

43   IX. **Wahlfeststellung** ist möglich zwischen Strafvereitelung und Begünstigung (D-Tröndle § 257 RN 15, Ruß LK § 257 RN 29), da in beiden Fällen die Rechtspflege beeinträchtigt wird. Daß dies in unterschiedlicher Art geschieht, schließt die Wahlfeststellung noch nicht aus. Sie ist dagegen unzulässig zwischen Strafvereitelung und Delikt nach dem BtMG (BGH **30** 77 m. abl. Anm. Günther JR 82, 81) oder Hehlerei (vgl. § 259 RN 65), ebenso grundsätzlich zwischen Strafvereitelung und Beteiligung an der Vortat, etwa Beihilfe zum Raub (BGH wistra **89**, 19).

§ 258a Strafvereitelung im Amt

(1) **Ist in den Fällen des § 258 Abs. 1 der Täter als Amtsträger zur Mitwirkung bei dem Strafverfahren oder dem Verfahren zur Anordnung der Maßnahme (§ 11 Abs. 1 Nr. 8) oder ist er in den Fällen des § 258 Abs. 2 als Amtsträger zur Mitwirkung bei der Vollstreckung der Strafe oder Maßnahme berufen, so ist die Strafe Freiheitsstrafe von sechs Monaten bis zu fünf Jahren, in minder schweren Fällen Freiheitsstrafe bis zu drei Jahren oder Geldstrafe.**

(2) **Der Versuch ist strafbar.**

(3) **§ 258 Abs. 3 und 6 ist nicht anzuwenden.**

Schrifttum: H. Goldschmidt, Zur Interpretation des § 346 StGB, ZStW 46, 416. – *Krause,* Erfüllt die Nichtverfolgung durch den Staatsanwalt bei privat erlangter Kenntnis einer strafbaren Handlung den Tatbestand des § 346 StGB?, GA 64, 110. – *Vormbaum,* Der strafrechtliche Schutz des Strafurteils, 1987. – *Weber,* Zur Auslegung des § 346 StGB, ZStW 51, 199.

1   I. Die § 346 a. F. ersetzende Vorschrift regelt die **Strafvereitelung im Amt** als qualifizierten Fall der von § 258 erfaßten Tat und damit als **unechtes Amtsdelikt.** Der besondere Täterkreis, der die Tat von sonstigen Strafvereitelungen abhebt, unterscheidet sich, je nachdem, ob eine Verfolgungs- oder eine Vollstreckungsvereitelung vorliegt. In beiden Fällen beruht die Straf-

Strafvereitelung im Amt 2–6 **§ 258a**

modifizierung auf einem besonderen persönlichen Merkmal (Amtsträger). Beteiligte, die dieses Merkmal nicht aufweisen, sind daher gem. § 28 II nach § 258 abzuurteilen, so daß für sie insb. auch die in § 258a III ausgeschlossene Straflimitierung nach § 258 III gilt und bei einer Tat zugunsten eines Angehörigen Straffreiheit nach § 258 VI besteht.

II. Qualifikationsmerkmal ist allein die besondere Tätereigenschaft. Tathandlung und Taterfolg entsprechen dem Grunddelikt des § 258. 2

1. Im Falle der Verfolgungsvereitelung setzt Abs. 1 voraus, daß die Tat von jemandem begangen wird, der als **Amtsträger zur Mitwirkung bei dem Strafverfahren** oder dem Verfahren zur Anordnung der Maßnahme berufen ist. Soweit die Bestrafung vereitelt wird, muß der Amtsträger (§ 11 I Nr. 2) zur Mitwirkung bei dem Strafverfahren berufen sein, das ohne sein Eingreifen zur Bestrafung des Vortäters geführt hätte. Zum Strafverfahren rechnen alle auf die Strafverfolgung gerichteten Handlungen, auch das von der StA oder der Polizei geführte Ermittlungsverfahren. Dieses braucht noch nicht eingeleitet zu sein (BGH MDR/H 80, 630). Auch der Amtsträger, der die Einleitung eines Ermittlungsverfahrens, an dem er mitzuwirken hat, verhindert oder der entgegen seiner Amtspflicht von Ermittlungen absieht, macht sich nach § 258a strafbar. Entsprechendes gilt hinsichtlich des Verfahrens zur Anordnung der vereitelten Maßnahme. Zu einem solchen Verfahren gehören auch das Sicherungsverfahren nach den §§ 413ff. StPO und das objektive Verfahren nach den §§ 440ff. StPO. Andererseits reicht nicht aus, daß der Täter zur Mitwirkung bei einem Disziplinarverfahren oder einem Verfahren wegen Ordnungswidrigkeiten berufen ist, ausgenommen die Fälle, in denen gem. § 41 I OWiG eine Sache an die StA abzugeben ist. 3

Zweifelhaft kann sein, welche **Beziehungen des Amtsträgers zum Verfahren** bestehen müssen, damit er als „zur Mitwirkung bei dem Verfahren berufen" anzusehen ist. Dem Wortlaut und dem Sinn des § 258a ist nur zu entnehmen, daß allein die Eigenschaft als ein in der Strafverfolgung tätiger Amtsträger noch nicht ausreicht. Wer in keinerlei Beziehungen zum konkreten Fall steht, hat amtlich mit dem Verfahren, in das er eingreift, nichts zu tun. Andererseits wollte der Gesetzgeber keine zu enge Beziehung als Tatbestandsvoraussetzung aufstellen. Nicht unbedingt erforderlich soll sein, daß der Amtsträger gerade für Bearbeitung der beeinträchtigten Strafsache zuständig ist (BT-Drs. 7/550 S. 251; vgl. aber Geerds JZ 61, 455, Samson SK 6, Vormbaum aaO 436). Noch weniger ist zu verlangen, daß dem Amtsträger die betreffende Sache durch den Geschäftsverteilungsplan der Behörde zur Bearbeitung zugewiesen ist (vgl. BGH **4** 168, Ruß LK 3). Es muß vielmehr genügen, daß die konkrete Amtsstellung des Täters ihm die Möglichkeit gibt, in das Verfahren einzugreifen, sei es auch unter Verletzung innerdienstlicher Zuständigkeiten oder sogar in einer strafbaren Weise, so z. B., wenn ein Polizeibeamter einem Kollegen die von diesem bearbeitete Akte wegnimmt (vgl. Bay **60**, 257). Welche Stellung der Amtsträger bekleidet, ist unerheblich. Eine leitende Funktion braucht er nicht innezuhaben (vgl. RG **73** 297); es genügt eine untergeordnete Mitwirkung beim Verfahren, z. B. die Durchführung eines Haftbefehls. Die Rspr. hat jedoch für § 346 a. F. verlangt, daß der Amtsträger unter eigener Verantwortung mitzuwirken hat; wer eine Handlung oder Entscheidung zur Durchführung eines Strafverfahrens nur vorzubereiten hat, soll nicht unter den besonderen Täterkreis fallen (vgl. RG **73** 297, **76** 395). Indes erscheint eine solche Einschränkung fragwürdig. Die Rspr. hat denn auch den Bereich der eigenen Verantwortlichkeit weit gezogen und diese z. B. angenommen, wenn der Vorbereitung einer Sache herangezogene Amtsträger den an sich Verantwortlichen irreführt (vgl. RG **76** 395 f.). Eine eigene Verantwortung ist auch dem Amtsträger zugesprochen worden, der lediglich Akten an das Revisionsgericht zu übersenden (RG **73** 297) oder Akten fristgemäß vorzulegen hat (RG HRR **40** Nr. 650). 4

Als Täter i. S. des § 258a kommen hiernach in Betracht: Strafrichter, Staatsanwälte, Hilfsbeamte der StA (vgl. dazu VO der einzelnen Länder zu § 152 GVG), Beamte des Polizeidienstes nach den §§ 161, 163 StPO, auch Bahnpolizeibeamte (vgl. RG **57** 19) oder Bürgermeister als Ortspolizeibehörde (BGH **12** 277), Beamte der Finanzverwaltung in Steuer- und Zollstrafsachen (BT-Drs. 7/550 S. 251; vgl. auch RG **68** 79, **76** 394), Geschäftsstellenbeamte der Strafverfolgungsbehörden (vgl. RG **73** 297), u. U. der Innenminister eines Landes (vgl. BGH LM **Nr. 3** zu § 346 a. F.) oder ein Justizminister. Dagegen fehlt einem Sachverständigen die besondere Tätereigenschaft, mag er auch im übrigen Amtsträger sein. 5

2. Im Falle der Vollstreckungsvereitelung ist § 258a anwendbar, wenn der Täter als **Amtsträger zur Mitwirkung bei der Vollstreckung der Strafe** oder Maßnahme berufen ist, deren Vollstreckung er vereitelt. Als Täter kommen hiernach in erster Linie die Beamten der Vollstreckungsbehörde und das Vollzugspersonal einer Vollzugsanstalt in Betracht, ferner Richter und Polizeibeamte, denen Vollstreckungsaufgaben obliegen. Zwischen dem Täter und der beeinträchtigten Vollstreckung müssen konkrete Beziehungen bestehen. Für diese Beziehungen gilt Entsprechendes wie für die Verfolgungsvereitelung (vgl. o. 4). Es genügt demzufolge, daß 6

Stree 1831

die konkrete Amtsstellung dem Täter ermöglicht, die Vollstreckung zu vereiteln. Von § 258a wird daher auch der Strafrichter oder der Geschäftsstellenbeamte erfaßt, der nach Rechtskraft des Urteils die für die Vollstreckung benötigten Akten beiseite schafft (D-Tröndle 2). Gehört der Täter zum Vollzugspersonal, so genügt es, wenn er in der Anstalt tätig ist, aus der mit seiner Hilfe ein Verurteilter entweicht. Er braucht weder für dessen Bewachung noch überhaupt für Aufgaben, die diesen unmittelbar betreffen, zuständig zu sein.

7 III. Zur **Tathandlung,** die in ihren Voraussetzungen der Tathandlung des § 258 entspricht, vgl. § 258 RN 12 ff., 26 ff. Folgendes sei hervorgehoben:

8 1. Eine **Verfolgungsvereitelung** kann etwa dadurch begangen werden, daß der Täter überflüssige oder unzweckmäßige Ermittlungen vornimmt und auf diese Weise die Verfahrensdauer mit der Folge einer späteren Verurteilung unnötig verlängert (vgl. BGH **19** 79). Eine Verfahrensverzögerung kann indes sachgemäß sein, wenn eine Rechtsänderung zugunsten des Vortäters unmittelbar bevorsteht (Aufhebung einer Strafvorschrift, Erlaß eines StFG; vgl. dazu Kaiser ZRP 70, 51 mwN, auch D-Tröndle 4). Allerdings ist § 258a beim Vereiteln einer Bestrafung für geraume Zeit nicht stets unanwendbar, wenn das spätere Verfahren auf Grund eines StFG eingestellt wird (vgl. BGH LM **Nr. 1** zu § 346 a. F.). Den Tatbestand erfüllt ferner, wer Akten aus dem Geschäftsgang entfernt, auch dann, wenn ein Kollege die Akten bearbeitet (vgl. Bay **60**, 257). Ein Dienstvorgesetzter darf eine Anzeige auch dann nicht entfernen, wenn er deren Richtigkeit bezweifelt (BGH MDR/D **56**, 563). Des weiteren handelt tatbestandsmäßig, wer das Ergebnis seiner Ermittlungen unrichtig wiedergibt, etwa Wesentliches unterdrückt, und dadurch eine Verfahrenseinstellung oder das Absehen von einer Maßnahme bewirkt. Gleiches gilt für einen Amtsträger, der den Täter kennt und trotzdem die Anzeige gegen Unbekannt erstattet (RG **63** 276, BGH MDR/D **54**, 17). Dagegen scheidet eine Strafvereitelung aus, wenn der Amtsträger im Falle eines Antragsdelikts den Antragsberechtigten veranlaßt, keinen Strafantrag zu stellen oder einen Antrag zurückzunehmen; er darf hierbei jedoch keinen Druck ausüben (vgl. RG DStR **36**, 368).

9 2. Besondere Bedeutung kann im Rahmen des § 258a das **Unterlassen** einer Verfolgungshandlung erlangen. Da eine Rechtspflicht zum Einschreiten bestehen muß (§ 13), kommt es entscheidend auf die Zuständigkeit an. Namentlich ist auch die Geschäftsverteilung der jeweiligen Verfolgungsbehörde zu berücksichtigen (vgl. Braunschweig NdsRpfl. **63**, 137). Ob eine Rechtspflicht zum Einschreiten besteht, richtet sich nach den Voraussetzungen einer Garantenstellung und ist nach den Umständen des einzelnen Falles zu entscheiden. Sie kann bis zur Verjährung der Vortat reichen, so daß erst dann die Strafvereitelung beendet ist und deren Verjährung beginnt (BGH MDR/H **90**, 887).

10 a) Hat ein Amtsträger, dessen spezifische Aufgabe die Strafverfolgung ist, **dienstlich** von einer Straftat **Kenntnis** erhalten, so ist er grundsätzlich verpflichtet, die erforderlichen Maßnahmen zu treffen, sofern ihm nicht ein Absehen von der Strafverfolgung gesetzlich gestattet ist (vgl. §§ 153 ff. StPO). Nach § 258a ist daher strafbar, wer als Polizeibeamter im Rahmen seiner dienstlichen Tätigkeit von einer Straftat erfährt und diese nicht anzeigt (vgl. RG HRR **41** Nr. 457, 839, Hamm HESt. **2** 355; vgl. auch Hamburg SJZ **48**, 692). Zum Einschreiten ist der Polizeibeamte bereits verpflichtet, wenn ihm ein allgemeines Gerücht bekannt wird (RG **70** 252) oder wenn er Zweifel an der Richtigkeit einer ihm erstatteten Anzeige hat (BGH LM **Nr. 10** zu § 346 a. F.). Ausnahmen können sich allenfalls bei Amtsträgern mit einer amtlichen Doppelstellung ergeben (z. B. Bürgermeister als Ortspolizeibehörde), da diese nicht jede Kenntnis, die sie aus der nicht polizeilichen Tätigkeit erlangen, unter polizeilichen Gesichtspunkten zu verwerten brauchen (RG **73** 267, BGH **4** 170, Ruß LK 7). Verfolgungsvereitelung durch Unterlassen begeht auch, wer eine ihm zur Bearbeitung angewiesene Strafsache längere Zeit unbearbeitet läßt und dadurch den Vortäter für geraume Zeit der Bestrafung oder einer Maßnahme entzieht (BGH **15** 22). An einer pflichtwidrigen Unterlassung fehlt es jedoch, wenn der Amtsträger Strafanzeigen wegen unverschuldeter Arbeitsüberlastung nicht bearbeitet und seine vorgesetzte Dienststelle rechtzeitig über die Unmöglichkeit sachgemäßer Erledigung unterrichtet (BGH **15** 18).

11 b) Erlangt der Amtsträger **außerdienstlich Kenntnis** von einer Straftat, so ist er zum Einschreiten nur dann verpflichtet, wenn es sich um eine schwere, die Öffentlichkeit berührende Straftat handelt (RG **70** 252, BGH **5** 225, **12** 280, Freiburg HESt. **2** 59, Karlsruhe NStZ **88**, 503 m. Anm. Geerds JR 89, 212, Lackner 3b, M-Schroeder II 328, Ruß LK 7, D-Tröndle 4, vgl. auch BGH NJW **89**, 916, Böhme SJZ 48, 699, Geerds JZ 61, 454, Jescheck GA 55, 107; weitergehend Stuttgart NJW **50**, 198; and. [keine Verfolgungspflicht schlechthin] Geerds Schröder-GedS 309, Krause GA 64, 110, JZ 84, 548, Meyer-Goßner LR § 160 RN 10, Samson SK 14, Vormbaum aaO 438, Wagner Amtsverbrechen, 1975, 296). Die Einschränkung folgt daraus, daß auch bei Amtsträgern ein Bereich rein menschlicher Beziehungen anzuerkennen ist.

Strafvereitelung im Amt   12–17 § 258 a

Zwischen diesem und dem öffentlichen Interesse an einer Strafverfolgung muß daher im Einzelfall abgewogen werden. Handelt es sich um eines der in § 138 genannten Delikte, so geht das öffentliche Interesse im allgemeinen vor. Eine Ausnahme kommt etwa bei Unzumutbarkeit des Einschreitens gegen Angehörige in Betracht (vgl. auch u. 18 a. E.). Bei Rauschgiftdelikten besteht idR eine Pflicht zum Einschreiten, wenn ein besonders schwerer Fall i. S. des § 29 III BtMG vorliegt (vgl. Köln NJW **81**, 1794). Förderung der Prostitution nach § 180 a I ist dagegen kein Delikt, das auch bei privatem Wissen zum Einschreiten verpflichtet (BGH NJW **89**, 914). Um bloß privates Wissen handelt es sich nicht allein deswegen, weil die Kenntnis des Amtsträgers auf einem allgemeinen Gerücht beruht (vgl. RG **70** 252, o. 10).

c) Entsprechende Grundsätze gelten für die Nichtanzeige der Straftat eines Untergebenen   **12** durch den **Dienstvorgesetzten,** der zugleich Amtsträger i. S. des § 258a ist (vgl. RG **73** 266 m. Anm. Klee ZAkDR 39, 651, **74** 180 m. Anm. Klee ZAkDR 40, 272 u. Mezger DR 40, 1238, BGH **4** 170). Erfährt der Vorgesetzte von dienstlichen Verfehlungen des Untergebenen, so ist auch die Kenntnis davon immer in dienstlicher Eigenschaft erlangt.

d) Zur Anzeigepflicht des *Richters* vgl. Graumann DRiZ 64, 405.   **13**

3. Vollstreckungsvereitelung liegt u. a. vor, wenn der Amtsträger einem Strafgefangenen   **14** oder einem Untergebrachten das Entweichen aus der Anstalt ermöglicht oder ihn aus sachwidrigen Gründen vorzeitig entläßt, etwa den Entlassungszeitpunkt ohne zwingende Gründe i. S. des § 16 III StVollzG vorverlegt. Desgleichen genügen Vergünstigungen hinsichtlich der Vollstreckung als solcher (and. bei Vollzugsvergünstigungen; vgl. u. 14 a), z. B. sachwidriger Vollstreckungsaufschub, unzulässige Vollstreckungsunterbrechung oder Gewährung von Urlaub aus der Haft oder sachwidrige nachträgliche Bewilligung von Zahlungserleichterungen bei Geldstrafen. Auch ein Unterlassen kann im Rahmen der Vollstreckungsvereitelung Bedeutung erlangen, wie das Nichteinschreiten gegen einen Flüchtigen, das Nichtbetreiben der Strafvollstreckung oder der Vollstreckung einer Maßnahme sowie das Absehen vom Widerruf der Aussetzung einer Vollstreckung trotz Vorliegens der Widerrufsgründe.

4. Keine Vollstreckungsvereitelung ist die bloße Vergünstigung bei der Ausgestaltung des Voll- **14a** zuges durch Nichtbeachten von Vollzugsvorschriften. Solche Vergünstigungen berühren nur den Vollzug, nicht die Vollstreckung als solche. Trotz der Zuordnung zu den Vollzugslockerungen ist aber die unzulässige Gewährung von Freigang (§ 11 I Nr. 1 StVollzG; vgl. LG Berlin NStZ **88**, 132 und dagegen Ostendorf JZ 89, 579) oder Ausgang (§ 11 I Nr. 2 StVollzG) als Vollstreckungsvereitelung anzusehen, da der Strafgefangene hier zeitweise von jeglicher Vollstreckung freigestellt wird. Daß die Zeit des Freigangs und des Ausgangs als Vollstreckungszeit zählt, ist insoweit ebenso bedeutungslos wie beim Urlaub (vgl. o. 14) die Anrechnung auf die Vollstreckungszeit.

IV. Für den **subjektiven Tatbestand** gilt zunächst das zu § 258 Ausgeführte (vgl. dort RN   **15** 22ff., 30). Außerdem muß sich der Amtsträger seiner besonderen Beziehungen zu der Sache, in die er eingegriffen hat, bewußt gewesen sein. Wer eine Verfolgungs- oder eine Vollstreckungshandlung unterläßt, muß seine Zuständigkeit zur Bearbeitung der Sache kennen. Die lange Zeitdauer, in der ein Verfahren nicht betrieben wurde, oder das unzweckmäßige und verfahrensverzögernde Vorgehen beweist noch nicht ohne weiteres, daß der Amtsträger den Willen zur Strafvereitelung gehabt hat (BGH **19** 79), wenn auch ein Verdacht naheliegt.

V. Die **Qualifizierung** der Tat kommt in der Strafdrohung einschließlich des Entfallens der   **16** Straflimitierung gem. § 258 III zum Ausdruck sowie in dem Ausschluß des in § 258 VI verankerten Angehörigenprivilegs.

1. Die **Strafe** ist gegenüber § 258 in ihrem Mindestmaß auf 6 Monate Freiheitsstrafe angehoben   **17** worden. Das Höchstmaß hat sich hingegen nicht geändert, abgesehen von den Fällen, in denen beim Grunddelikt eine Straflimitierung gem. § 258 III eingreift. Eine solche Straflimitierung entfällt bei der Strafvereitelung im Amt (Abs. 3). Sie ist hier nicht vorgesehen, weil neben dem Gewicht der Vortat auch die Schwere der Dienstpflichtverletzung den Unrechtsgehalt der Tat maßgebend bestimmt (vgl. BT-Drs. 7/550 S. 251). Nicht zu verkennen ist allerdings, daß die Schwere der Pflichtverletzung ihrerseits vom Gewicht der Vortat abhängen kann. Dem trägt das Gesetz dadurch Rechnung, daß es für minder schwere Fälle das Höchstmaß der Strafe herabgesetzt und von einem besonderen Mindestmaß abgesehen hat. Das bedeutet zwar nicht, daß bei einer Vortat, die im Falle des Grunddelikts zu einer Straflimitierung geführt hätte, stets ein minder schweres Delikt der Strafvereitelung im Amt anzunehmen ist. Das geringe Gewicht der Vortat kann aber ein wesentlicher Faktor für die Annahme eines minder schweren Falles sein. Die Reduzierung des Strafrahmens für minder schwere Fälle schafft im übrigen einen gewissen Ausgleich dafür, daß auch die Tat zugunsten eines Angehörigen unter Strafe steht. Zum minder schweren Fall vgl. noch 48 vor § 38. Bei Unterlassungstaten (vgl. o. 9 ff.) ist zwar § 13 II anwendbar; soweit der Amtsträger bei dienstlich erlangter Kenntnis untätig bleibt, steht aber die Pflichtwidrigkeit zumeist der Strafmilderung entgegen.

18   2. Die **Strafvereitelung zugunsten eines Angehörigen** ist entgegen § 258 VI **strafbar** (Abs. 3). Die Belange der Allgemeinheit, die der zur Mitwirkung am Strafverfahren oder an der Strafvollstreckung berufene Amtsträger wahrzunehmen hat, gehen seiner Rücksichtnahme auf Angehörige vor (vgl. BGH NJW 55, 1488). Der Umstand, daß der Amtsträger einen Angehörigen der strafrechtlichen Verfolgung oder der Vollstreckung einer Strafe bzw. Maßnahme entzogen hat, kann die Tat jedoch in ein milderes Licht rücken und sie als einen minder schweren Fall erscheinen lassen (D-Tröndle 9). Unberührt von Abs. 3 bleibt jedoch die Straflosigkeit der Strafvereitelung durch Unterlassen, wenn dem Amtsträger nicht zuzumuten ist, gegen einen Angehörigen einzuschreiten (vgl. Stree JuS 76, 142).

19   VI. Unberührt von Abs. 3 bleibt die **Strafvereitelung zugunsten der eigenen Person.** Soweit der Amtsträger nur sich selbst schützt, handelt er nicht tatbestandsmäßig, da die Voraussetzungen für die Tathandlung dem Grunddelikt entsprechen und somit ein Handeln zugunsten eines anderen erforderlich ist. Er ist aber auch dann nicht strafbar, wenn er mit der Hilfe für einen anderen zugleich erreichen will, daß er selbst strafrechtlichen Folgen entgeht. Abs. 3 schließt die Anwendbarkeit des § 258 V nicht aus. Zur Reichweite dieser Vorschrift vgl. § 258 RN 35 ff. Danach ist unerheblich, worauf sich die dem Amtsträger drohenden strafrechtlichen Folgen gründen, ob auf Beteiligung an der Vortat des anderen (vgl. RG 31 196, 73 267, BGH 6 21), auf nachträgliche Hilfe durch Begünstigung (vgl. RG JW 25, 258, GA Bd. 55 224, BGH 6 21) oder Hehlerei (vgl. RG Recht 13 Nr. 1237, BGH 6 21) oder auf eine mit der Vortat des anderen nicht zusammenhängende Tat (vgl. BT-Drs. 7/550 S. 252, Karlsruhe NStZ 88, 504; and. D-Tröndle 8, Geerds JR 89, 214, Ruß LK 12 sowie RG 70 253 zu § 346 a. F.). Auf Identität der Vortat kann es hier ebensowenig wie bei § 258 ankommen, weil allein die Gefahr strafrechtlicher Folgen maßgeblich ist, der sich der Amtsträger auf Grund seiner Vortat ausgesetzt sieht. Es besteht kein sachlicher Grund, der Motivation zum Selbstschutz beim Bezug zur Vortat eine weitergehende entlastende Bedeutung zuzumessen als beim Selbstschutz wegen einer anderen Tat. Voraussetzung für den Strafausschluß ist jedoch, daß sich der Amtsträger strafrechtlichen Folgen zu entziehen sucht; es genügt nicht, daß er einem Disziplinarverfahren entgehen will (vgl. RG 70 253, Hamm HESt. 2 355).

20   Eine Einschränkung dieser Grundsätze kommt auch dort nicht in Betracht, wo der Täter die *Strafvereitelung vorher zugesagt* hat. Abgesehen davon, daß § 258 V keinerlei Einschränkungen vorsieht, ist der Amtsträger, der sich mittels der Zusage späterer Strafvereitelung an der Vortat beteiligt, nicht anders zu stellen als der Amtsträger, der sich bei einer sonstigen Tatbeteiligung bereits bewußt ist, daß er später amtlich an der Tataufklärung mitzuwirken hat und dann zu Verdunkelungsmaßnahmen greifen muß, um nicht bestraft zu werden. Eine generelle Herausnahme der Strafvereitelungsfälle aus § 258 V, in denen sich die spätere Notstandslage schon bei der Beteiligung an der Vortat abgezeichnet hat, ist aber schwerlich zu vertreten, zumal eine Strafvereitelung nur zugunsten der eigenen Person mangels Tatbestandserfüllung stets straflos ist.

21   Straffreiheit nach § 258 V tritt nicht ein, wenn sich der Amtsträger strafbar macht, nachdem er bereits die Pflicht und Gelegenheit hatte, gegen den Vortäter einzuschreiten, so z. B., wenn ihn erst die dienstlich erlangte Kenntnis von einer Straftat auf den Gedanken bringt, sie durch eine eigene Straftat auszubeuten (vgl. BGH 4 169, 5 156, MDR/He 55, 529, Karlsruhe NStZ 88, 504). Wer etwa einen Diebstahl nicht verfolgt, sondern sich statt dessen einen Teil der Beute als Schweigegeld geben läßt, ist wegen Strafvereitelung im Amt strafbar (vgl. BT-Drs. 7/550 S. 252). Ebensowenig erlangt ein Amtsträger Straffreiheit für eine unwahre dienstliche Erklärung als strafvereitelnde Handlung, nachdem er bis dahin gegen den Vortäter pflichtwidrig nicht ermittelt hat (BGH MDR/H 90, 887; vgl. zur ähnlichen Lage beim Aussagenotstand § 157 RN 11).

22   VII. Die **Teilnahme** an der Strafvereitelung im Amt beurteilt sich nach allgemeinen Grundsätzen. Gem. § 28 II erfolgt ihre Ahndung nach § 258, soweit der Beteiligte nicht die besonderen Voraussetzungen des § 258a erfüllt (vgl. o. 1). Anwendbar sind insb. auch die Abs. 3 und 6 des § 258. Straflos bleibt aber nicht nur, wer sich zugunsten eines Angehörigen beteiligt, sondern auch, wer sich der eigenen Bestrafung dadurch entzieht, daß er einen Amtsträger zur Strafvereitelung anstiftet (vgl. § 258 RN 38; BGH 5 81 ist überholt).

23   VIII. Zu den **Konkurrenzen** vgl. § 258 RN 42. Möglich ist insb. noch Idealkonkurrenz mit § 133 (vgl. BGH MDR/He 55, 529), § 336 oder § 345. Nach Köln JMBlNW 50, 254, Lackner 4 soll auch mit § 332 Idealkonkurrenz in Betracht kommen; die Strafvereitelung beginnt indes noch nicht mit der Zusage, gegen Entgelt die Strafverfolgung oder -vollstreckung zu verhindern, so daß Realkonkurrenz vorliegt (vgl. BGH 4 169, § 332 RN 30).

§ 259 Hehlerei

(1) **Wer eine Sache, die ein anderer gestohlen oder sonst durch eine gegen fremdes Vermögen gerichtete rechtswidrige Tat erlangt hat, ankauft oder sonst sich oder einem Dritten verschafft, sie absetzt oder absetzen hilft, um sich oder einen Dritten zu bereichern, wird mit Freiheitsstrafe bis zu fünf Jahren oder mit Geldstrafe bestraft.**

(2) **Die §§ 247 und 248a gelten sinngemäß.**

(3) **Der Versuch ist strafbar.**

Schrifttum: Bockelmann, Über das Verhältnis der Hehlerei zur Vortat, NJW 50, 850. – *Geerds*, Zum Tatbestand der Hehlerei aus der Sicht des Kriminologen, GA 58, 129. – *Goltz*, Metalldiebstahl und Metallhehlerei, JR 55, 86. – *Kohlrausch*, Hehler und Nutznießer, DStR 39, 113. – *Maurach*, Bemerkungen zur neuesten Hehlereispr. des BGH, JZ 52, 714. – *Meister*, Beteiligung an der Vortat und Hehlerei, MDR 55, 715. – *Meyer*, Zum Problem der Ersatzhehlerei an Geld, MDR 70, 379. – *Mezger*, Zur Entwicklung der sog. Ersatzhehlerei, ZStW 59, 549. – *Oellers*, Der Hehler ist schlimmer als der Stehler, GA 67, 6. – *Otto*, Die Struktur des strafrechtlichen Vermögensschutzes, 1970. – *Roth*, Eigentumsschutz nach der Realisierung von Zueignungsunrecht, 1986. – *Roxin*, Geld als Objekt von Eigentums- und Vermögensdelikten, H. Mayer-FS 467. – *Stree*, Mitwirken zum Absatz strafbar erworbener Güter, GA 61, 33. – *ders.*, Die Ersatzhehlerei als Auslegungsproblem, JuS 61, 50. – *ders.*, Abgrenzung der Ersatzhehlerei von der Hehlerei, JuS 61, 83. – *ders.*, Probleme der Hehlerei und Vernachlässigung der Aufsichtspflicht, JuS 63, 427. – *Waider*, Zum sog. „derivativ-kollusiven" Erwerb des Hehlers, GA 63, 321. – Vgl. auch die Angaben vor § 257. – Rechtsvergleichend: *Ens* Mat. II BT 329. – Zum schweiz. Recht vgl. *Trechsel*, Zum Tatbestand der Hehlerei, SchwZStr 91, 385. – *Walder*, Die Hehlerei gemäß StrGB Art. 144, SchwZStr 103, 233.

I. Die durch das EGStGB neugefaßte Vorschrift bezieht sich wie zuvor auf Verhaltensweisen, die eine Verbringung der Deliktsbeute in fremde Hand zum Gegenstand haben. Sie stellt in Übereinstimmung mit der h. M. zum früheren Recht klar, daß **geschütztes Rechtsgut** das Vermögen ist und die Hehlerei demgemäß ein Vermögensdelikt darstellt. Das **Wesen der Hehlerei** ist danach in der Aufrechterhaltung und Vertiefung der durch die Vortat geschaffenen rechtswidrigen Vermögenslage zu erblicken, die durch Weiterschieben der durch die Vortat erlangten Sache im Einverständnis mit dem Vorbesitzer erreicht wird (vgl. BT-Drs. 7/550 S. 252, ferner RG **70** 385, **72** 146 m. Anm. Mezger ZAkDR 38, 384, **75** 29, BGH **7** 137, NJW **59**, 1377, **78**, 710, KG JR **66**, 207, D-Tröndle 1, Lackner 1, Ruß LK 1). Als rechtswidrige Vermögenslage kommt indes, da die Hehlerei sich nicht schlechthin auf Vermögenswerte, sondern ausschließlich auf Sachen erstrecken kann, nur der unrechtmäßige Sachbesitz in Betracht (vgl. Stree JuS 61, 52ff. und 76, 142, GA 61, 36ff., ferner Bay NJW **79**, 2219, Küper JuS 75, 635, NJW 77, 58, Otto aaO 95, Rudolphi JA 81, 1, Ruß LK 1, Samson SK 1; entsprechend die schweiz. Rspr., vgl. BGE 114 IV 110). Die Perpetuierung muß sich mithin auf eine rechtswidrige Besitzlage beziehen, die fremden Vermögensinteressen entgegensteht. Zu einer konkreten Schlechterstellung des Betroffenen in seinem Vermögen braucht sie nicht geführt zu haben (vgl. Arzt NStZ 81, 10: abstraktes Gefährdungsdelikt). Krit. zum Ganzen Hruschka JR 80, 221. An der Perpetuierung einer rechtswidrigen Besitzlage fehlt es, wenn der Erwerber einer gestohlenen Sache einen fälligen Anspruch gegen den Bestohlenen auf Übereignung gerade dieser Sache hat (vgl. Roth JR 88, 259, der die Rechtswidrigkeit des Verschaffens verneint). 1

Überholt ist die Auffassung, nach der das Wesen der Hehlerei in der Ausbeutung deliktischen Erwerbs durch Aufrechterhaltung einer rechtswidrigen oder nach der Verkehrsauffassung mißbilligten Vermögenslage besteht (Nutznießungstheorie; vgl. Kantorowicz, Tat und Schuld [1933] 187, 190 Anm. 43, Geerds GA 58, 131, Düsseldorf SJZ **49**, 207, Koblenz DRZ **50**, 69, ähnlich Gallas Gleispach-FS 59, K. Schäfer JW 37, 3300). Für Nutznießungstheorie beschränkt auf unredlichen Geldempfang jedoch Knauth NJW 84, 2669; gegen ihn zutreffend Roth NJW 85, 2242, Sippel NStZ 85, 348. 2

Fraglich ist jedoch, ob die Charakterisierung der Hehlerei als Aufrechterhaltung einer rechtswidrigen, fremden Vermögensinteressen widerstreitenden Besitzlage den Unrechtsgehalt der Tat hinreichend erfaßt. Als weiterer Faktor für die Strafwürdigkeit der Hehlerei wird deren **Gefährlichkeit** für die allgemeine Sicherheit hervorgehoben. Die allgemeinen Sicherheitsinteressen sollen durch einen Hehler bedroht sein, weil er mit seiner Bereitschaft zur Abnahme oder zum Absatz der Deliktsbeute einen ständigen Anreiz zur Verübung von Vermögensdelikten bilde (BGH **7** 142; vgl. auch Lenckner JZ 73, 797, Oellers aaO, Rudolphi JA 81, 4, Stree JuS 63, 431 sowie Miehe Honig-FS 105, der sogar als maßgeblichen Gesichtspunkt für § 259 den Zweck ansieht, dem Vortäter die häufig nötige Hilfe nach Tatbegehung abzuschneiden). Diesen Gefährlichkeitsaspekt veranschaulichen Wendungen wie „der Hehler ist der Zuhälter der Diebe" oder „der Hehler ist schlimmer als der Stehler". Ihm läßt sich in der Tat die Bedeutung für manche Hehlereitaten nicht absprechen, so daß der höhere Strafrahmen gegenüber einigen 3

Vermögensdelikten (z. B. Unterschlagung), die Strafschärfung für gewerbsmäßige Hehlerei sowie die Möglichkeit, gegen Hehler Führungsaufsicht anzuordnen (§ 262), berechtigt sind (vgl. Stree JuS 76, 142 f.). Anderseits ist nicht zu verkennen, daß eine Hehlereihandlung keineswegs generell die hervorgehobene Gefährlichkeit aufweist. Das gilt namentlich für die Gelegenheitshehlerei. Wer sich etwa aus der Deliktsbeute eine Sache schenken läßt, bietet im allgemeinen keinen Anreiz für weitere Vermögensdelikte. Dem entspricht die sinngemäße Anwendbarkeit der §§ 247, 248a (Abs. 2). Man wird daher die Auslegung der Tatmodalitäten nicht von der o. 1 gekennzeichneten Aufrechterhaltung der rechtswidrigen Besitzlage lösen und sie statt dessen am Gefährlichkeitsmoment ausrichten können (vgl. aber Lenckner JZ 73, 797). Dennoch ist dieses Moment für die Auslegung nicht völlig belanglos. Soweit Abgrenzungsschwierigkeiten gegenüber Vermögensdelikten auftreten, wie vor allem gegenüber der Unterschlagung, ist die Grenze so zu ziehen, daß unter die strengere Hehlereivorschrift nur die Handlungen fallen, die im allgemeinen mehr als die bloße Vermögensbeeinträchtigung bedeuten, nämlich zusätzlich das besondere Gefährlichkeitsmoment aufweisen (weitergehend Rudolphi JA 81, 5).

3a Gegenüber der Vortat stellt die Hehlerei eine **selbständige Straftat** dar, die aus den Teilnahmevorschriften herausgelöst ist (Hamm JZ **52**, 37). Sie begründet ebenso wie die Begünstigung eigenes und neues Unrecht. Dies ist zu beachten, wenn man von einem Akzessorietätsverhältnis der Hehlerei zur Vortat spricht. Vgl. u. 10f.

4 Über **Steuerhehlerei** vgl. § 374 AO sowie BGH **29** 230, NJW **75**, 2109, MDR **79**, 773, Stuttgart NJW **77**, 770.

5 **II. Gegenstand der Hehlerei** können nur **Sachen** sein, auch unbewegliche (RG **56** 336), nicht dagegen sonstige Werte (vgl. Düsseldorf NJW **90**, 1492), wie etwa ein betrügerisch erlangtes Bankguthaben (vgl. Ruß LK 2), wohl aber ein Recht verkörpernde Papiere (BGH NJW **78**, 710: Grundschuldbrief; BGE **100** IV 31: Wertpapiere), auch solche, die ohne das verbriefte Recht nicht übertragen werden können (BGH aaO). Mangels einer Sache entfällt Hehlerei, wenn sich jemand von einem anderen Daten verschafft, die dieser zuvor nach § 202a ausgespäht hat; der Datenträger dagegen kann Hehlereigegenstand sein. Bei den Sachen muß es sich nicht um fremde handeln. Hehlerei kann auch an herrenlosen (Wild) oder an eigenen Sachen des Hehlers begangen werden, so in dem Fall, in dem der Hehler eine ihm gehörende Sache sich verschafft und ein anderer ihm gegenüber als Pfandgläubiger (vgl. § 289) zum Besitz berechtigt ist (RG **18** 303, BGH NStE Nr. 2). Kauft allerdings der Eigentümer lediglich seine gestohlene Sache an, so scheidet vollendete Hehlerei aus (BGH wistra **88**, 25); es liegt aber Hehlereiversuch vor, wenn der Rückerwerber sein Eigentum nicht erkennt. Hehlerei ist ferner an Sachen möglich, die im Eigentum des Vortäters stehen, so, wenn dieser durch die Vortat nur anfechtbares Eigentum erlangt hat (vgl. u. 8) oder durch die Veräußerung fremde Rechte an der Sache beeinträchtigt (RG **20** 223). Hat dagegen der Vorbesitzer unanfechtbar Eigentum erworben (z. B. gutgläubig oder durch nachträgliche Übereignung seitens des Bestohlenen), so entfällt die Möglichkeit einer Hehlerei (BGH **15** 57); es fehlt hier an der Beeinträchtigung fremden Vermögens durch Aufrechterhalten einer rechtswidrigen Besitzlage.

6 **III.** Die Sache muß aus der **Vortat eines anderen** stammen, und zwar aus einem Diebstahl oder einer sonst gegen fremdes Vermögen gerichteten rechtswidrigen Tat.

7 **1.** Als Vortat reicht nur eine **rechtswidrige Tat** aus, die den Tatbestand eines Strafgesetzes verwirklicht (§ 11 I Nr. 5) und sich **gegen fremdes Vermögen** richtet. Ein Versuch genügt, wenn er zur Erlangung der Sache geführt hat (RG GA Bd. **61** 126, Braunschweig HESt. **2** 320). Unter das Erfordernis einer gegen fremdes Vermögen gerichteten Tat fallen nicht nur Vermögensdelikte im eigentlichen Sinn, sondern alle Delikte, die fremdes Vermögen verletzt und eine rechtswidrige, fremden Vermögensinteressen entgegenstehende Besitzlage begründet haben. Neben dem ausdrücklich genannten Diebstahl können geeignete Vortat sein: Raub, Unterschlagung (RG **58** 230), Untreue, sofern aus ihr dem Vortäter ein Vermögensvorteil zugeflossen ist, Betrug (RG **59** 128, BGH NJW **69**, 1261), Subventionsbetrug, Erpressung, Jagdwilderei (RG **63** 38), Pfandkehr (RG **18** 303), Hehlerei (BGH **33** 48, LM **Nr. 2**, GA **57**, 177, MDR/H **77**, 283, NJW **79**, 2621, ÖstOGH **54**, 83), Begünstigung (RG **39** 237), Urkundenfälschung (RG **52** 96, **55** 281, BGH NJW **69**, 1261; and. Sippel NStZ **85**, 349), Nötigung (BGH MDR/D **72**, 571; and. Roth JR **88**, 198), Konkursstraftaten (BGH GA **77**, 145).

8 Die Beeinträchtigung fremden Vermögens genügt allein nicht. Zum tauglichen Hehlereigegenstand wird eine Sache, die durch eine gegen fremdes Vermögen gerichtete Tat erlangt worden ist, nur dann, wenn insoweit eine **rechtswidrige Besitzlage** entstanden ist. Hieran fehlt es, wenn jemand unanfechtbar Eigentum erlangt hat. Ebenso verhält es sich bei der Unterschlagung eines Gegenstandes durch Verarbeitung (§ 950 BGB), die Eigentum beim Hersteller der neuen Sache begründet hat (vgl. RG **53** 167, **57** 159; vgl. auch RG JW **21**, 1084 m. Anm. Köhler). Hat der Vortäter dagegen anfechtbar Eigentum erworben, wie bei einer betrügerisch

bewirkten Übereignung, so schließt das Eigentum die Rechtswidrigkeit der Besitzlage nicht aus. Ebenfalls besteht eine rechtswidrige Besitzlage, wenn der Vortäter gestohlenes Geld mit eigenem vermischt hat; Hehlerei läßt sich hier im allgemeinen aber nur feststellen, wenn jemand von dem vermischten Geld mehr an sich bringt, als dem eigenen Anteil des Vortäters entspricht (BGH NJW **58**, 1244 m. krit. Anm. Mittelbach JR 58, 466, Stree JuS 61, 85; vgl. auch östOGH 52, 240). Erforderlich ist des weiteren, daß die Besitzlage noch z. Z. der Hehlereihandlung rechtswidrig ist. Hat der Vortäter durch Betrug Eigentum an einer Sache erworben, so scheidet diese mit Ablauf der Anfechtungsmöglichkeit aus dem Kreis der Hehlereigegenstände aus. Gestohlenes kann nicht mehr gehehlt werden, wenn der Dieb den Bestohlenen beerbt oder durch Verarbeitung nach § 950 BGB Eigentum erlangt hat (vgl. Bay NJW **79**, 2219). Im übrigen müssen der rechtswidrigen Besitzlage schützenswerte Vermögensinteressen entgegenstehen. Das ist bei gestohlenem Falschgeld nicht der Fall (vgl. auch Walder SchwZStr 103, 249), so daß der bösgläubige Erwerber keine Hehlerei begeht oder, wenn er die Falschheit des Geldes nicht kennt, nur einen Hehlereiversuch. Auch die gefälschte Urkunde ist als solche kein tauglicher Hehlereigegenstand (vgl. Weber Locher-FS, 1990, 438).

Keine i. S. des § 259 **geeignete Vortat** sind Delikte, die nur öffentlichen Interessen zuwiderlaufen, mögen sie auch einen Sachbesitz begründet haben, der nach der Rechtsordnung wieder zu entziehen ist. Keine Hehlerei begeht daher, wer einen Einziehungs- oder Verfallgegenstand an sich bringt, wie etwa jemand, der Falschgeld oder von einem bestochenen Amtsträger den Bestechungslohn entgegennimmt. Gleiches gilt für den Erwerb von Gegenständen, die der Vortäter durch strafbare Umarbeitung eigener Sachen hervorgebracht hat (RG **70** 385, Mezger ZAkDR 38, 164). Ebensowenig reicht als Vortat ein Verstrickungs- oder ein Verwahrungsbruch aus, soweit hierdurch nur öffentliche Interessen beeinträchtigt worden sind (vgl. RG **52** 318, **75** 29, Schleswig SchlHA **48**, 105), ein Verstoß gegen steuer- und waffenrechtliche Vorschriften (BGH MDR/D **75**, 543) oder die Verletzung eines Urheberrechts, wie Herstellen einer Video-Raubkopie (KG NStZ **83**, 562 m. Anm. Flechsig; vgl. näher Friedrich MDR 85, 366, Rupp wistra 85, 138, Wulff BB 85, 428, Weber Locher-FS, 1990, 431; and. Ganter NJW 86, 1480). 9

2. Mit der Umschreibung der Vortat als rechtswidriger Tat soll das Gesetz nur zum Ausdruck bringen, daß die Vortat **zumindest tatbestandsmäßig und rechtswidrig** sein muß (vgl. BT-Drs. 7/550 S. 252). Ob noch weitere Anforderungen an die Vortat – von der Beeinträchtigung fremden Vermögens abgesehen – zu stellen sind, bleibt offen (vgl. E 62 Begr. 457). Die Frage ist nicht anders als bei der Begünstigung (vgl. § 257 RN 4) zu beantworten. Auch bei der Hehlerei handelt es sich nicht um eine Form echter Akzessorietät; die Tat des Hehlers begründet ebenso wie die Begünstigung eigenes und neues Unrecht. Für dieses Unrecht ist ohne Bedeutung, ob den Vortäter ein persönlicher Schuldvorwurf trifft. Auf dessen Schuldfähigkeit kommt es ebensowenig an wie auf das Fehlen von Entschuldigungsgründen (BGH **1** 49, **4** 78, Oldenburg NJW **53**, 1237, Neustadt NJW **62**, 2313, D-Tröndle 4, Lackner 3a, Stree JuS 63, 429). Auch ein unvermeidbarer Verbotsirrtum des Vortäters schließt Hehlerei nicht aus (D-Tröndle 4, Lackner 3a, Ruß LK 4, M-Maiwald I 391; and. Hamburg NJW **66**, 2228, Otto Jura 85, 150). Hingegen ist bei Taten, die nur bei vorsätzlichem Handeln unter ein Strafgesetz fallen, Vorsatz beim Vortäter erforderlich. Allein bei Vortaten, die auch bei Fahrlässigkeit mit Strafe bedroht sind, genügt fahrlässiges Verhalten (vgl. BGH **4** 76); es reicht dann bereits die objektive Sorgfaltswidrigkeit aus (Lackner 3a). Diese Anforderungen ergeben sich daraus, daß das Gesetz die beiden Formen der Herbeiführung eines widerrechtlichen Zustandes verschieden bewertet und fahrlässiges Verhalten nur in bestimmten Fällen als kriminelles Geschehen beurteilt. Eine andere Ansicht verwischt jede Grenzlinie zur nur unerlaubten Handlung i. S. des BGB. 10

Die **Vortat** braucht **nicht verfolgbar** zu sein. Hehlerei ist auch dann möglich, wenn der Vortäter mangels des erforderlichen Strafantrags oder wegen Verjährung seiner Tat strafrechtlich nicht (mehr) belangt werden kann. Ebensowenig hindert die Zurücknahme des Strafantrags gegen den Vortäter die Bestrafung des Hehlers (BGE 73 IV 97). Gleiches gilt, wenn zugunsten des Vortäters ein persönlicher Strafausschließungsgrund eingreift oder seine Tat als mitbestrafte Nachtat zu werten ist (BGH NJW **59**, 1378, **69**, 1261). Unerheblich ist ferner, ob die Vortat im Ausland begangen worden ist und im Inland deswegen nicht geahndet werden kann, vorausgesetzt, daß die Tat nach deutschem Recht strafbar wäre (RG **55** 234, Ruß LK 4). 11

3. Die **Feststellung einer bestimmten Vortat** ist **nicht erforderlich.** Es muß nur feststehen, daß eine von mehreren möglichen Taten, die als geeignete Vortat dem § 259 entsprechen, vorgelegen hat (ungenau RG **50** 201, wonach nur „irgendeine Straftat" festgestellt zu werden braucht). Offen kann z. B. bleiben, ob die Vortat Diebstahl oder Unterschlagung war oder aus welcher konkreten Tat bei mehreren Diebstählen die Beute stammt (BGHR § 259 Abs. 1 Vortat 3). Bei den in Frage stehenden Vortaten kommt es nicht darauf an, daß die Voraussetzungen einer die Bestrafung des Vortäters zulassenden Wahlfeststellung gegeben sind. Unerheblich ist zudem die Feststellbarkeit, wer Verletzter oder wer Vortäter war (RG **44** 250, **50** 12

200). Im übrigen ist das Gericht, das den Hehler aburteilt, ebensowenig wie bei der Begünstigung (vgl. § 257 RN 13) an die Entscheidung zur Vortat gebunden, sondern hat selbständig das Vorliegen einer hinreichenden Vortat zu beurteilen.

13 4. Die Sache muß der Vortäter **durch die Vortat erlangt** haben. Das setzt nicht stets voraus, daß er erst mit seiner Tat die Sachherrschaft begründet. Er erfüllt das Merkmal des Erlangens auch dann, wenn er schon vorher Besitz an der Sache gehabt hat, mit seiner Tat aber eine veränderte Besitzposition manifestiert, wie z. B. bei der Unterschlagung (RG **55** 145, **58** 230). Tauglicher Hehlereigegenstand sind jedoch allein die Sachen, die der Vortäter **unmittelbar** durch die Vortat erlangt hat; nur insoweit besteht die widerrechtliche Besitzposition, deren Aufrechterhaltung das entscheidende Moment für den Wesensgehalt der Hehlerei bildet. Nicht erforderlich ist andererseits, daß der Hehler die Sache unmittelbar vom Vortäter bezogen hat (ungenau daher BT-Drs. 7/550 S. 252; dort wird nur auf das Einvernehmen mit dem Vortäter und damit auf unmittelbaren Erwerb von diesem abgehoben). Auch an Sachen, die jemand gutgläubig vom Vortäter erworben hat, ohne Eigentümer geworden zu sein (z. B. gestohlene Sache), ist Hehlerei möglich (RG **44** 250, BGH **15** 57, Düsseldorf NJW **78**, 713 m. krit. Anm. Paeffgen JR 78, 466, Celle NJW **88**, 1225, Ruß LK 10, 17; and. Rudolphi JA 81, 6). Ausgeschlossen ist Hehlerei allerdings, wenn der Zwischenerwerber unanfechtbar Eigentum erlangt hat (§ 932 BGB), da hier keine widerrechtliche Besitzposition mehr vorliegt.

14 Aus dem Erfordernis, daß die Sache unmittelbar durch die Vortat erlangt sein muß, ergibt sich, daß die sog. **Ersatzhehlerei** nicht unter § 259 fällt (RG **26** 318, BGH **9** 139, NJW **69**, 1261, Braunschweig NJW **52**, 557, D-Tröndle 8, Ruß LK 14, Stree JuS 61, 51ff., ebenso östOGH ÖJZ 62, 107; and. Hegler JW 23, 931, Kantorowicz, Tat und Schuld [1933] 190 Anm. 43, Sauer BT 152). An Ersatzsachen, z. B. an der für das gestohlene Geld gekauften Sache, kann eine Hehlerei nicht begangen werden, weil sich die widerrechtliche Besitzlage nicht an ihnen fortsetzt. Das gilt auch für eingewechseltes Geld. Wechselt z. B. der Dieb eine gestohlene Banknote von 100 DM in 10-DM-Scheine um und gibt er einen solchen Schein einem Dritten, so macht sich dieser nicht wegen Hehlerei strafbar (D-Tröndle 8, Lackner 3 d bb, M-Maiwald I 389, Ruß LK 14, Wessels II/2 184, Walder SchwZStr 103, 246; and. Blei II 283, Roxin H. Mayer-FS 472f., Rudolphi JA 81, 4, die jedoch die Strafbarkeit der Ersatzhehlerei auf diesen Fall beschränken; vgl. auch Meyer MDR 70, 377). Die Bedenken gegen die Gegenmeinung zeigen sich besonders deutlich, wenn gestohlenes Geld gegen ausländisches Geld eingewechselt und dieses weitergegeben wird. Ebenso scheidet Hehlerei aus, wenn jemand erst über das mit gestohlenem Geld aufgefüllte Bankkonto des Diebes mittelbar etwas von der Diebesbeute erlangt, indem er einen vom Dieb ausgestellten Scheck einlöst (vgl. Ruß LK 14) oder ihm Geld auf das eigene Konto überwiesen wird (Bay **88**, 21). In der Mehrzahl der Fälle hat freilich der Vortäter, der sich eine Ersatzsache verschafft, hierbei eine weitere Straftat begangen. Verkauft oder vertauscht der Dieb das gestohlene Gut, so liegt vielfach Betrug vor; der Erwerber der Ersatzsachen kann somit Hehler sein, weil diese unmittelbar durch eine rechtswidrige Tat erlangt sind. Zur Abgrenzung zwischen Hehlerei und Ersatzhehlerei vgl. Stree JuS 61, 83ff.

15 5. Bestritten ist das **zeitliche Verhältnis** der Hehlerei **zur Vortat.** Die h. M. verlangt, daß die Vortat rechtlich abgeschlossen ist, bevor die Hehlerei begangen wird. Sei das nicht der Fall, falle also die Erlangung der Sache durch den Vortäter mit dem Verschaffen zeitlich zusammen, so komme keine Hehlerei, sondern nur Beteiligung an der Vortat in Betracht (RG **67** 72, HRR **39** Nr. 351, 595, Köln JMBlNW **53**, 9, Düsseldorf NJW **90**, 1493, BGE **90** IV 14, D-Tröndle 10, Roesen NJW 50, 715, Ruß LK 11; vgl. auch BGH NStE Nr. **6**, Braunschweig NJW **49**, 477). Diese Auffassung findet sich auch in der amtl. Begründung zur Neufassung des § 259 (BT-Drs. 7/550 S. 252). Sie hat sich jedoch im neugefaßten Gesetzeswortlaut nicht ausdrücklich niedergeschlagen und ist als zu eng anzusehen. Es muß ausreichen, daß die Übertragung der Sache sich für den Vortäter als eine rechtswidrige Tat darstellt, daß also die Vortat durch die Verfügung zugunsten des Hehlers begangen wird (Stuttgart JZ **60**, 289, Blei II 288, Eser IV 193, Geerds GA 88, 255, Rudolphi JA 81, 7; vgl. auch Karlsruhe Justiz **72**, 319). Denn beim kollusiven Verhalten des Vortäters anläßlich seiner Verfügung zugunsten des Hehlers stehen sich Vortäter und Hehler als Angehörige „zweier Lager" gegenüber, die normalerweise durch einen Interessengegensatz getrennt sind, so läßt sich durchaus davon sprechen, der Vortäter habe die Sache durch eine rechtswidrige Tat erlangt, wenn er in verbotener Weise zugunsten des Hehlers darüber verfügt (z. B. Treuhänder veräußert Treugut an Hehler; § 266). Diese Frage spielt vor allem bei einer Unterschlagung als Vortat eine Rolle. Hier hat die Rspr. z. T. angenommen, der Käufer, der vom Vortäter erwerbe, könne nur wegen Beteiligung an der Unterschlagung, nicht aber wegen Hehlerei bestraft werden (z. B. RG HRR **39** Nr. 595; vgl. aber auch BGH NJW **59**, 1377). Soweit hier bloße Beihilfe zur Unterschlagung bejaht wird (so z. B. Stuttgart JZ **90**, 1144), bleibt unverständlicherweise die vom Erwerber vorgenommene eigene Zueignung als täterschaftlicher Akt unberücksichtigt (Stree NStZ **91**, 285). In anderen Entscheidungen wird dagegen der Zeitpunkt der Unterschlagung vorverlegt und diese als bereits durch das Kaufangebot an den Hehler begangen und damit als abgeschlossene Vortat bezeichnet (RG 58 230; vgl. auch RG 55 146, § 246 RN 16). Das führt zu befriedigenden Ergebnissen, wenn die Unterschlagung an bestimmten Sachen begangen wird. Diese Lösung versagt dagegen bei Teilmengen aus einer Sachgesamtheit, die erst nach Aussonderung, die häufig durch den Käufer erfolgt, unterschlagen werden können (das verkennt Maurach JZ 60, 290). Da unterschiedliche Ergebnisse je nachdem, ob der Verkäufer aus der Sachgesamtheit ausgesonderte Sachen zum Kauf anbietet oder den Käufer die Sachen aussondern läßt, sachlich unberechtigt sind, lassen sich befriedigende Ergebnisse nur mit der gekennzeichneten Ansicht erzielen (Stuttgart JZ 60, 289). BGH NJW **59**, 1377 kommt zum gleichen Ergebnis, wenn er im Fall einer unbefugten Entnahme von Treibstoff aus einem Tanklager die Vortat bereits dann als abgeschlossen ansieht, wenn der Treibstoff in die Flüssigkeitsleitung gelangt ist, durch die er dem Hehler zugeführt ist (ebenso M-Maiwald I 392). Ferner läßt sich die Entscheidung OLG Braunschweig NJW **49**, 477 nur mit dem hier eingenommenen Standpunkt rechtfertigen. Auch vom Standpunkt der h. M. erscheint es aber unrichtig, wenn Hamburg NJW **66**, 2227, dem D-Tröndle 10 zustimmt, nicht nur Vollendung, sondern Beendigung der Vortat verlangt. Vgl. aber auch BGH **22** 208, MDR/Schn **90**, 98.

Ob daneben eine Beteiligung des Hehlers an der Vortat in Frage kommt, ist eine andere Frage; vgl. **16** darüber u. 54ff. Nicht vergleichbar mit den o. 15 angeführten Unterschlagungsfällen ist das Verschleudern von auf Kredit beschafften Waren gem. § 283 I Nr. 3. Hier erlangt der Verschleuderer mit der Veräußerung nicht die verschleuderten Waren, so daß seitens des Käufers keine Hehlerei vorliegt (BGH GA/He **56**, 348, GA **77**, 146).

IV. Die **Tathandlung** des Hehlers kann darin bestehen, daß er den Hehlereigegenstand **17** ankauft oder sonst sich oder einem anderen verschafft, ihn absetzt oder absetzen hilft. Zu den Abweichungen gegenüber dem früheren Recht vgl. 19. A. Alle Tathandlungen setzen das Einvernehmen mit dem Vorbesitzer voraus (vgl. u. 42f.).

1. Eine Hehlereihandlung nimmt hiernach vor, wer den Hehlereigegenstand (vgl. o. 5ff.) **18** **sich oder einem anderen verschafft.** Diese Tatmodalität entspricht sachlich dem Ansichbringen i. S. des früheren Rechts in der Auslegung durch den BGH, nach der ein Ansichbringen nicht nur bei Erlangung eigener Verfügungsgewalt, sondern auch bei Begründung fremder Verfügungsgewalt vorliegen konnte (vgl. BGH **2** 262, 355, **6** 59). Diese Rspr. sollte mit der Wendung „sich oder einem Dritten verschafft" auf eine sichere gesetzliche Grundlage gestellt werden (BT-Drs. 7/550 S. 252). Auch nach der Neufassung ergeben sich, da die Vortat nicht zur Begründung von Eigentum beim Vortäter geführt hat, Abgrenzungsschwierigkeiten zu den Eigentumsdelikten. Um eine sachgerechte Grenze zwischen Unterschlagung und Hehlerei zu finden, ist das Merkmal des „Einvernehmens mit dem Vorbesitzer" (vgl. u. 42f.) eng zu interpretieren, da der strengere Strafrahmen der §§ 259, 260 nur dort angemessen erscheint, wo eine über die bloße Eigentumsverletzung hinausgehende Gefährlichkeit bestehen kann (vgl. o. 3).

a) Der Täter verschafft sich oder einem Dritten den Hehlereigegenstand, wenn er oder der **19** Dritte über diesen Gegenstand die **tatsächliche Verfügungsgewalt** durch deren Übertragung erlangt. Zum Erfordernis selbständiger Verfügungsgewalt vgl. RG **18** 304, **51** 181, **55** 58, BGH **5** 49, **7** 274, **15** 56, **27** 46, 163, **33** 46. Die übertragene Verfügungsgewalt muß darauf angelegt sein, mit der Sache zu eigenen Zwecken zu verfahren, und zwar in dem Sinn, daß die Sache ihrem wirtschaftlichen Wert nach vom Hehler übernommen oder dem Dritten zugeleitet wird (vgl. BGH **15** 56). Kein Verschaffen i. S. des § 259 liegt daher vor, wenn jemand eine Sache übernimmt, um sie zu vernichten (BGH **15** 56) oder dem Berechtigten zurückzugeben (BGH NStE Nr. 2, Bay **59**, 79), ebensowenig, wenn eine Urkunde nur zwecks Kenntnisnahme von ihrem Inhalt erworben wird (BGH MDR/D **58**, 13). Verfügungsgewalt zu eigenen Zwecken erlangt auch nicht der Verkaufskommissionär, so daß sich sein Handeln nur der Tatmodalität des Absetzens zuordnen läßt (RG **55** 58). Dagegen ist das Merkmal des Verschaffens erfüllt, wenn jemand gestohlenes Geld als Darlehen entgegennimmt (BGH NJW **58**, 1244). Im allgemeinen erfolgt die Einräumung der Verfügungsgewalt durch Besitzübertragung unter gleichzeitiger Besitzaufgabe seitens des Vorbesitzers. § 259 beschränkt sich jedoch nicht auf diese Fälle; es genügt auch eine sonstige Erlangung der Verfügungsgewalt im Einvernehmen mit dem Vorbesitzer (vgl. u. 21). Der Erlangung der Verfügungsgewalt steht regelmäßig auf seiten des Vorbesitzers der Verlust der Verfügungsgewalt gegenüber. Er ist jedoch kein unerläßliches Kriterium (and. wohl Stuttgart NJW **73**, 1385). Es kommt allein darauf an, daß der Hehler oder der Dritte selbständig, also unabhängig vom Vorbesitzer, über die Sache verfügen kann, mag daneben auch noch der Vorbesitzer Verfügungsgewalt behalten (vgl. BGH **35** 176, Kraemer/Ringwald NJW **73**, 1386, Lenckner JZ **73**, 797, auch RG **39** 308, **52** 203, Schleswig SchlHA/E-J

78, 186). Dieses Kriterium ist auch maßgebend dafür, ob Gesellschafter dadurch Hehlerei begehen, daß ein Mitgesellschafter als Vortäter seine Deliktsbeute in die Gesellschaft einbringt. Können sie ohne den Mitgesellschafter keine Verfügung über diese eingebrachte Sache treffen, so fehlt es an der Erlangung selbständiger Verfügungsgewalt. Mit der Erlangung der tatsächlichen Verfügungsgewalt muß eine rechtswidrige Besitzlage aufrechterhalten werden; der Rückerwerb durch oder für den bestohlenen Eigentümer ist keine Hehlerei (vgl. auch o. 5).

20 b) Die Verfügungsgewalt braucht nicht in die Hand eines Einzelnen zu gelangen. Es reicht aus, wenn sie einer **Mehrheit von Personen** übertragen wird, die nur zusammen über den Hehlereigegenstand verfügen können (BGH **35** 175). Tatbestandsmäßig handeln daher Gesellschafter, die gestohlene Sachen für ihre Gesellschaft erwerben. Die nicht am Erwerbsakt selbst beteiligten Gesellschafter können aber nur Hehler sein, wenn sie die Mitverfügungsgewalt übernehmen; eine Gesellschafterstellung allein genügt nicht. Zu dem Fall, daß ein Mitgesellschafter als Vortäter seine Deliktsbeute in die Gesellschaft einbringt, vgl. o. 19 a. E.

21 c) Die Erlangung der Verfügungsgewalt braucht nicht mit der Begründung des unmittelbaren Besitzes an der Hehlereisache verbunden zu sein. **Mittelbarer Besitz** kann genügen (BGH **27** 160 m. zust. Anm. D. Meyer JR 78, 253 u. abl. Anm. Schall NJW 77, 2221), so z. B., wenn der Erwerber die Sache im Besitz des Vortäters beläßt, sofern ihm die endgültige Verfügungsgewalt darüber eingeräumt wird. Obwohl hier äußerlich kein Weiterschieben der Sache (vgl. o. 1), d. h. kein tatsächliches Verbringen in die zweite Hand, vorliegt, ist § 259 anwendbar, weil mit der Übernahme der Verfügungsgewalt bereits die weitere Beeinträchtigung des Vermögens des Berechtigten erfolgt, die § 259 erfassen soll. Dementsprechend ist der Hehlereitatbestand erfüllt, wenn jemand eine gestohlene Sache erwirbt und sie dem Veräußerer noch für einige Zeit miet- oder leihweise beläßt (and. Ruß LK 19). Es kann nicht darauf ankommen, ob er für kurze Zeit unmittelbaren Besitz begründet oder sich sofort einstweilen mit dem mittelbaren Besitz begnügt. Ebenso verschafft sich jemand eine Sache bereits dann, wenn er mit dem Vorbesitzer vereinbart, daß er sich das Diebesgut von einem frei zugänglichen Platz abholt. Es reicht ferner die Erlangung der Verfügungsgewalt in der Weise aus, daß der Hehler vom selbst nicht unmittelbar besitzenden Vortäter die Erlaubnis und Möglichkeit erhält, sich vom unmittelbaren Besitzer die Sache übergeben zu lassen. Hat z. B. der Dieb seine Beute bei einem Dritten in Verwahrung gegeben, so genügt zum Verschaffen der Erwerb der Legitimationsmöglichkeit gegenüber dem Dritten (Gepäckschein, Pfandschein usw.; RG **70** 37, BGH **27** 160, D-Tröndle 15, Lackner 4a bb, M-Maiwald I 393, Rudolphi JA 81, 91, Ruß LK 19; and. bei Pfandschein Schleswig NJW **75**, 2217, Samson SK 20). Nach Schleswig aaO m. abl. Anm. Blei JA 76, 35 kann Hehlerei am Pfandschein vorliegen, wenn dieser zuvor durch Betrug gegenüber dem Pfandhaus erworben ist.

22 d) Die **Erlangung der tatsächlichen Verfügungsgewalt** kann auch **mittelbar** erfolgen, indem ein Beauftragter des Täters den Gewahrsam für diesen begründet (RG **59** 205, BGH **7** 274). Gleichgültig ist, ob der Beauftragte gut- oder bösgläubig ist. Bereits mit Gewahrsamserlangung seitens des Beauftragten hat sich der Auftraggeber die Sache verschafft, mag er sich auch in diesem Augenblick seiner Verfügungsgewalt nicht bewußt sein. Der bösgläubige Beauftragte kann Mittäter oder Gehilfe sein (vgl. u. 28). Hat jedoch der Geschäftsherr bestimmte Sachen vom Erwerb ausgeschlossen, so fehlt es an seinem Erwerbswillen; er verschafft sich daher nicht die Sachen, die der Beauftragte auftragswidrig erwirbt.

23 e) Knüpft die tatsächliche Verfügungsgewalt am unmittelbaren Besitz an, so werden **Besitzerlangung** und **Verschaffen** regelmäßig **zusammenfallen.** Möglich ist aber auch, daß zunächst nur Besitz begründet (z. B. Verwahrung, Lieferung zur Ansicht) und die Verfügungsgewalt später durch bloße Einigung mit dem Vorbesitzer erlangt wird (BGH **15** 58; vgl. auch BGH **10** 252, Celle MDR **65**, 761). In diesem Fall hat sich der neue Besitzer die Sache erst mit Einigung über den Übergang der Verfügungsgewalt verschafft. Entsprechendes gilt, wenn Angestellte im Vertrauen auf die Zustimmung des Geschäftsherrn Hehlereigegenstände erwerben; erst mit dem Einverständnis des Geschäftsherrn liegt bei diesem Hehlerei vor.

24 f) Streitig ist, ob im bloßen **Mitverzehren** von Genuß- oder Nahrungsmitteln ein Sichverschaffen liegt. Nach der Begründung zu § 259 n. F. (BT-Drs. 7/550 S. 252) soll Hehlerei in solchen Fällen „wie bisher" ausscheiden. Diese Stellungnahme geht auf die h. M. zum Merkmal des Ansichbringens zurück, nach der ein „äußeres Verhältnis" erforderlich sei, das „eine selbständige Verfügung" ermögliche (vgl. RG **55** 281, **63** 38, BGH NJW **52**, 754, OGH **1** 177, Kiel SchlHA **46**, 33, HESt. **1** 108, Hamm DRZ **47**, 416, Saarbrücken DRZ **48**, 68, Braunschweig GA **63**, 211, Frank IV 2). Entsprechend wird nunmehr das Merkmal des Verschaffens verstanden (so D-Tröndle 15, Ruß LK 21, Samson SK 21). Dem Ausschluß des Mitgenusses erbeuteter Sachen aus dem Hehlereitatbestand ist jedoch mit Recht widersprochen worden (vgl. M-Maiwald I 394, Roth JA 88, 203, Sauer BT 153f., Welzel 397, Düsseldorf SJZ **49**, 204, Koblenz DRZ **50**, 69). Wer eine Sache mitverzehrt, erlangt ebenso eigene Verfügungsgewalt (so auch BGE 114 IV 11) wie der Gast, der sich in einem Gasthaus einen gewilderten Hasen vorsetzen läßt, oder der Käufer einer gestohlenen Sache, der diese sofort verzehrt. Ebenso wie im Verzehr ein Sichzueignen i. S. des § 246 oder § 292 liegt, auch wenn der Täter erst dadurch Gewahrsam begründet, muß Verzehren als Sichverschaffen ausreichen. Auf die Dauer der Verfügungsmöglichkeit kommt es nicht an. Auch Familienmitglieder, z. B. Ehefrau, können durch Mitverzehren die Deliktsbeute sich verschafft haben. Vielfach wird es beim Mitgenuß aber an der Bereicherungsabsicht (u. 46) fehlen. Soweit jemand Diebesgut entgegennimmt und bei sich stapelt, um es im Laufe der Zeit gemeinsam mit dem Dieb zu verbrauchen, ist auch nach BGH MDR/D **75**, 368 das Merkmal des Sichverschaffens erfüllt. Ähnlich Schleswig SchlHA/E-J **78**, 186, wonach ein Sichverschaffen vorliegt, wenn das Mitglied einer Kommune sich die Möglichkeit des jederzeitigen Verbrauchs von gestohlenen, in die gemeinsame Unterkunft eingebrachten Nahrungsmitteln einräumen läßt. Es kann dann aber nicht anders sein, wenn das Kommunemitglied beim gemeinsamen Essen die gestohlenen Nahrungsmittel mitverzehrt. Vgl. auch BGH GA **57**, 176, BGE **114** IV 110. An der Erlangung eigener Verfügungsgewalt fehlt es jedoch beim gemeinsamen Konsum von Betäubungsmitteln, wenn jemand sich das Rauschgift einspritzen läßt (vgl. BGE **114** IV 111).

g) Tatsächliche Verfügungsmöglichkeit erlangt regelmäßig auch die **Ehefrau**, die von ihrem Mann **25** gestohlenes Geld als **Haushaltsgeld** erhält. Ist ihr ausnahmsweise keine eigene Verfügungsgewalt eingeräumt worden, so kommt bei der Ausgabe des Geldes Absetzen oder Absatzhilfe in Betracht (vgl. BGH GA **65**, 374).

h) Kein Verschaffen stellt die bloße **Besitzerlangung ohne Verfügungsgewalt** dar. Die **26** Übernahme einer Sache allein zur Benutzung (RG **51** 181, BGH MDR/D **69**, 723, StV **87**, 197, Oldenburg MDR **48**, 30 m. Anm. Arndt), z. B. leih- oder mietweise, oder zur Verwahrung für den Vortäter (vgl. BGH **2** 137) genügt nicht, auch dann nicht, wenn der neue Besitzer eigene Verfügungsgewalt erlangen, der Vortäter sie jedoch nicht übertragen will (BGH **15** 57, OGH **1** 175, 178, Gallas Eb. Schmidt-FS 427 Anm. 73, Waider GA 63, 330). Täuscht z. B. der Entleiher den Vortäter über seinen Rückgabewillen, so liegt u. U. Betrug, aber nicht Hehlerei vor; denn es kann nicht darauf ankommen, ob er den Willen zur Rückgabe erst später aufgibt, indem er die Sache unterschlägt, oder ihm der Rückgabewille bereits bei Gewahrsamserlangung fehlt (vgl. auch Waider GA 63, 330f.). Dagegen entfällt das Merkmal der Verfügungsgewalt nicht deswegen, weil Vortäter und neuer Besitzer die Deliktsbeute später gemeinsam verbrauchen wollen (vgl. BGH MDR/D **75**, 368).

i) Der Täter muß die Sache **sich oder einem Dritten** verschaffen. Mit der Einbeziehung des **27** Dritten sind die Fälle problemlos geworden, in denen der Täter aus eigenen Interessen die Deliktsbeute, ohne selbst Besitz zu erlangen, unmittelbar einem Dritten zukommen läßt. Wer gestohlenes Geld auf sein Bankkonto einzahlen oder zur Begleichung einer Verbindlichkeit unmittelbar seinem Gläubiger überbringen läßt, handelt tatbestandsmäßig. Ebenso verhält es sich, wenn jemand als Zwischenhändler das von ihm schon weiterveräußerte Diebesgut vom Vortäter gleich an den Dritterwerber liefern läßt. Unerheblich ist, ob der Dritte gut- oder bösgläubig ist.

Es genügt aber auch, daß jemand den Hehlereigegenstand einem Dritten in dessen Interesse **28** verschafft. Als Hehlerei erfaßt wird hiernach insb. der nach früherem Recht umstrittene Fall des Gewerbegehilfen, der für seinen Geschäftsherrn Diebesgut oder sonstige Deliktsbeute erwirbt (vgl. BGH **2** 262, 355, **6** 59, KG NJW **53**, 558). Ihm gleicht etwa der Erwerb einer Sache für den Ehegatten (D-Tröndle 17). Die Abgrenzung zwischen Täterschaft und Teilnahme an der Tat des Erwerbers richtet sich nach allgemeinen Grundsätzen. Wer etwa nur nach genauen Weisungen des Erwerbers diesem eine Deliktsbeute verschafft, ist selbst nicht Täter, sondern leistet Beihilfe zur Hehlerei des Erwerbers. Zu den Problemen der fremdnützigen Hehlerei vgl. Arzt JA 79, 574.

j) Das Sichverschaffen kann auch durch **Unterlassen** erfolgen, so z. B., wenn ein Stellvertre- **29** ter die Sache erwirbt und der Geschäftsherr nach Kenntniserlangung die weitere Verwendung in seinem Betrieb duldet (vgl. RG **55** 220) oder ein Ehegatte der Verwendung gestohlener Sachen im Rahmen des ehelichen Haushalts nicht entgegenwirkt (vgl. RG **52** 204, Celle HESt. **1** 110). Hat jemand jedoch nur die Pflicht, gegen Hehlerei anderer deswegen einzuschreiten, weil er ihnen gegenüber aufsichtspflichtig ist, so kommt regelmäßig nur Beihilfe zur Hehlerei in Betracht (vgl. 85ff. vor § 25).

2. Als die häufigste Form des Verschaffens nennt das Gesetz ausdrücklich das **Ankaufen.** Es **30** handelt sich hierbei, wie die Gesetzesformulierung eindeutig erkennen läßt, um einen Unterfall des Verschaffens. Die Handlung muß daher den Voraussetzungen des Verschaffens entsprechen. Es genügt somit der Abschluß des Kaufvertrags allein nicht; erforderlich ist auch die Erlangung der tatsächlichen Verfügungsgewalt über die gekaufte Sache (RG **73** 105, BGH GA/H **54**, 58, D-Tröndle 13). Der Abschluß des Kaufvertrags, auf dessen Gültigkeit es nicht ankommt (RG **4** 184, D-Tröndle 13), kann aber Hehlereiversuch sein (vgl. u. 51). Dem Verschaffen entsprechend braucht der Täter die Sache nicht für sich selbst anzukaufen; den Tatbe-

Stree

stand erfüllt auch, wer den Ankauf für einen anderen vornimmt, etwa in dessen Gewerbebetrieb (vgl. BGH 2 262, 355, 6 59 und o. 28). Für die Abgrenzung zwischen Täterschaft und Teilnahme gilt Entsprechendes wie beim Verschaffen (vgl. o. 28).

31 3. Hehlerei begeht ferner, wer den Hehlereigegenstand **absetzt** oder **absetzen hilft**. Diese Tatmodalitäten entsprechen sachlich dem Mitwirken zum Absatz i. S. des § 259 a. F. Die sprachlichen Änderungen sollen nur klarstellen, daß Hehlerei auch dann vorliegt, wenn jemand zwar im Einverständnis mit dem Vortäter, aber sonst völlig selbständig auf dessen Rechnung absetzt (BT-Drs. 7/550 S. 253).

32 a) **Absetzen** bedeutet die Übertragung der tatsächlichen Verfügungsgewalt über die Sache auf einen Dritten. Der Begriff kennzeichnet die Gegenseite des Verschaffens beim Weiterschieben des Hehlereigegenstandes. Er umfaßt den gesamten Vorgang der Übertragung, nicht nur die hierauf gerichtete Tätigkeit (Köln NJW **75**, 988; vgl. auch BGH NJW **75**, 2110). Das Absetzen ist daher erst mit gelungenem Absatz vollendet (BGH NJW **76**, 1698, Franke NJW **77**, 857, Krey II 250, Küper JuS **75**, 635, NJW **77**, 58, Lackner 4b, Rudolphi JA 81, 93, Ruß LK 26, Samson SK 26, M-Maiwald I 395, Stree JuS **76**, 143; and. BGH **27** 45, NStZ **83**, 455, D-Tröndle 18, Wessels II/2 190), d. h. dann, wenn der Dritte die Verfügungsgewalt erlangt hat, wobei es nicht darauf ankommt, ob er gut- oder bösgläubig ist. Die abw. Ansicht des BGH seit BGH **27** 45, wonach es auf den Absatzerfolg nicht ankommt, nicht einmal auf Absatzbemühungen (vgl. BGH NJW **89**, 1490 m. abl. Anm. Stree JR 89, 384: Übernahme der Deliktsbeute durch Verkaufskommissionär genügt), wird weder dem Wortsinn des Merkmals „absetzen" noch dem Sinngehalt des § 259 gerecht und führt überdies zu unnötigen Diskrepanzen gegenüber dem Merkmal des Verschaffens (vgl. Stree JuS **76**, 143). Für den BGH ist der gesetzgeberische Wille maßgebend. Indes hat dieser im Gesetzestext keinen hinreichenden Niederschlag gefunden. Zudem ist fraglich, ob der Gesetzgeber die Gesetzesanwendung i. S. des BGH bindend festlegen wollte oder seine Absicht nur dahin ging, mit dem neuen Wortlaut keine Änderung gegenüber der früheren Auslegung durch die Rspr. vorzuschreiben. Im allgemeinen erfolgt der Absatz durch Übertragung des unmittelbaren Besitzes. Sie ist jedoch nicht unbedingt notwendig; es genügt wie beim Verschaffen (vgl. o. 21), daß der Dritte ohne Begründung des unmittelbaren Besitzes die tatsächliche Verfügungsgewalt erlangt. Eine bei einem anderen in Verwahrung befindliche Sache ist abgesetzt, wenn der Dritte die Legitimationsmöglichkeit (Gepäckschein, Pfandschein usw.) erhalten hat. Da es dem Wesensgehalt der Hehlerei entsprechend (vgl. o. 1) allein darauf ankommt, daß die tatsächliche Verfügungsgewalt in die zweite Hand übergeht, beschränkt sich das Merkmal des Absetzens nicht auf eine wirtschaftliche Verwertung gegen Entgelt. Neben Verkauf, Tausch, Verpfändung (RG **17** 392), u. U. auch Versteigerung (RG **67** 431), reicht ebenfalls das Verschenken aus (Schröder Rosenfeld-FS 179 f., Stree GA 61, 38, Roth JA 88, 204; and. RG **32** 214, BGH NJW **76**, 1950, D-Tröndle 18, Lackner 4b aa, Ruß LK 27, wohl auch Hamm NJW **72**, 835). Es besteht kein sachlicher Grund dafür, beim Verschenken nur den Erwerbsvorgang unter Hehlereigesichtspunkten (Verschaffen) zu erfassen, nicht jedoch den Übertragungsakt selbst, obwohl er ebenso zur Verschiebung der Deliktsbeute beiträgt. Dagegen liegt kein Absetzen vor, wenn jemand die Beute dem Vortäter nur nutzbar macht oder sie ihm erschließt. Wer eine Sache für den Vortäter vermietet, setzt sie ebensowenig ab wie jemand, der für ihn einen gestohlenen Gepäckschein oder einen gestohlenen Scheck einlöst (Ruß LK 27) oder Geld vom gestohlenen Sparkassenbuch abhebt. Vgl. auch BGH NJW **76**, 1950: kein Absetzen beim Einlösen von Schecks, die durch Fälschungen auf gestohlenen Formularen hergestellt worden sind. Wohl aber ist das Merkmal des Absetzens erfüllt, wenn gestohlenes Geld einem anderen als Darlehen zur Verfügung gestellt wird.

33 b) Mit dem Absetzen muß die rechtswidrige Besitzlage aufrechterhalten werden. Die **Veräußerung** an den durch die Vortat **Verletzten** stellt ebensowenig eine Hehlerei dar wie der Rückerwerb durch den Verletzten (vgl. o. 19). Sie ist es auch dann nicht, wenn dieser die ihm zustehende Sache nicht wiedererkennt (Frank IV 3, Lackner 4b aa, M-Maiwald I 394, Otto Jura 85, 153, Rudolphi JA 81, 3, Ruß LK 27, Stree GA 61, 39; and. RG **30** 401, **54** 124, D-Tröndle 19, Wessels II/2 191). Daß eine solche Veräußerung nicht zwecks Wiederherstellung der ursprünglichen Besitzposition geschieht und mit ihr eine wirtschaftliche Verwertung des Hehlereigegenstandes verknüpft ist, führt hinsichtlich des Sachbesitzes nicht zur Aufrechterhaltung der rechtswidrigen Lage (and. Wessels aaO). Vermögensbeeinträchtigungen beim Verletzten sind in derartigen Fällen unter Betrugsgesichtspunkten, nicht nach § 259 zu erfassen.

34 c) Der Absetzende muß **im Interesse des Vortäters** (Vorbesitzers) tätig werden (vgl. BGH **9** 138, **23** 38, Hamm NJW **72**, 835), wie etwa der Verkaufskommissionär. Ob er daneben eigene Interessen verfolgt, ist unerheblich. Nimmt er jedoch ausschließlich eigene Interessen wahr, so handelt er entweder nicht im Einvernehmen mit dem Vortäter oder hat sich die Sache bereits verschafft. Zur Abgrenzung zwischen Absetzen und Absatzhilfe vgl. BGH **23** 36, NJW **76**, 1699.

d) **Absatzhilfe** bedeutet die Unterstützung des Vorganges, durch den die Deliktsbeute aus 35 der Hand des Vortäters oder Vorbesitzers in die des Erwerbers gelangt. Da der Absatz für den Vortäter selbst keine nach § 259 strafbare Handlung darstellt, hat das Gesetz mit der Einbeziehung der Absatzhilfe in den Hehlereitatbestand klargestellt, daß eine solche Unterstützung strafbar ist, obwohl der geförderte Vorgang selbst nicht bestraft wird. Da diese Hilfe als täterschaftliche Hehlerei gewertet wird, entfällt eine Strafmilderung nach den §§ 27 II, 49 I.

Ob eine Hilfe beim Weiterverschieben der Deliktsbeute als Unterstützung des Absatzvorgangs zu 36 beurteilen ist, richtet sich danach, in wessen Lager sich der Helfer befindet. Nur wenn er für die Seite des Absetzenden tätig wird, kommt Absatzhilfe in Betracht. Eine dem Erwerber gewährte Unterstützung ist, obwohl auch sie an sich den Absatz fördert, als Beteiligung am Erwerbsvorgang zu werten (vgl. RG **58** 263, BGH **33** 48, StV **84**, 285, NStE Nr. **8**, Düsseldorf NJW **48**, 491 m. Anm. Mezger, Ruß LK 29). Die Abgrenzung ergibt sich daraus, daß § 259 eindeutig zwischen Absatzvorgang und Erwerbsvorgang unterscheidet.

Täterschaftliche Absatzhilfe ist nur die Unterstützung, die unmittelbar dem Vortäter (Vorbesitzer) gewährt oder die in mittelbarer Täterschaft erbracht wird. Die Hilfe beim Absetzen, das ein 37 anderer für den Vortäter vornimmt, ist Beihilfe zur Hehlerei (BGH **26** 362, **33** 49, MDR/H **82**, 970, NStE Nr. **7**). Gleiches gilt für die Hilfe, die einem täterschaftlich handelnden Absatzhelfer geleistet wird. Zu unterscheiden ist also zwischen einem Absatzhelfer und einem Absatzgehilfen.

e) Wie das Absetzen selbst (vgl. o. 32), so setzt auch die Absatzhilfe einen **Absatzerfolg** 38 voraus, d. h. den Übergang der tatsächlichen Verfügungsgewalt auf einen Dritten; es genügt nicht die bloße auf Absatz hinzielende Hilfe (Köln NJW **75**, 987, Krey II 250, Küper JuS **75**, 635, NJW **77**, 58, Lackner 4b, M-Maiwald I 395, Rudolphi JA **81**, 93, Ruß LK 30, Samson SK 31, Schall JuS **77**, 181, Stree GA **61**, 43, JuS **76**, 143; and. BGH **22** 207, **26** 358, **27** 45, NJW **76**, 1699, D-Tröndle 19, Meyer MDR **75**, 509, Wessels II/2 190). Die Gegenmeinung, nach der sogar konkrete Verkaufsbemühungen nicht erforderlich sind und geeignete (sonst nach BGH MDR **90**, 936 nur Versuch) Absatzvorbereitungen genügen (BGH NJW **78**, 2042, MDR **90**, 936), wenn auch nicht schlechthin (vgl. u. a. E.), wird weder dem Wesensgehalt der Hehlerei gerecht, noch vermag sie den von ihr gemachten Unterschied zum Erwerb, der abgeschlossen sein muß, überzeugend zu begründen, etwa den nach ihr bestehenden Unterschied zwischen dem Überbringen der Beute und deren Abholen. Zu welchen Ungereimtheiten sie führt, machen die nach ihr unterschiedlichen Möglichkeiten des strafbefreienden Rücktritts deutlich. Wer als Erwerber auftritt, kann bis zur Erlangung der Verfügungsgewalt strafbefreiend zurücktreten; dem Absatzhelfer ist diese Möglichkeit dagegen nach der BGH-Rspr. weit vor Übergang der Verfügungsgewalt verschlossen. Hinzu kommt die besondere Erwähnung des Absetzens, das nicht als bloßer Tätigkeitsakt verstanden werden kann (vgl. o. 32). Der Vollendungszeitpunkt für die Absatzhilfe kann aber nicht vor dem des Absetzens liegen (Köln NJW **75**, 987 m. Anm. Fezer NJW **75**, 1892). Der von BGH **26** 362 herangezogene Hinweis auf die besondere Gefährlichkeit eines Unterstützungsbeitrags stellt keinen hinreichenden Grund dar. Die dafür angeführten Tatbeiträge kann auch der selbständig Absetzende leisten wie übrigens auch jemand, der beim Verschaffen hilft. Ebensowenig rechtfertigt die Gefährlichkeit organisierter Hehlerbanden als Absatzhelfer die Annahme, bei der Absatzhilfe sei die Tatvollendung gegenüber dem Verschaffen vorzuverlegen (and. Wessels II/2 191). Organisierte Hehlerbanden als Absatzhelfer sind nicht gefährlicher als organisierte Hehlerbanden, die sich Beute verschaffen, wie es zumeist der Fall ist. Im übrigen schneidet die Annahme einer vorzeitigen Tatvollendung dem Täter sachwidrig die Möglichkeit eines strafbefreienden Rücktritts ab. Bis zum Abschluß des Absatzvorgangs kommt daher nur Versuch in Betracht (vgl. dazu u. 51f.). Sämtliche Handlungen im Vorfeld von unmittelbaren Absatzbemühungen sind reine Vorbereitungshandlungen. Demgegenüber ist nach BGH NJW **89**, 1490 m. abl. Anm. Stree JR 89, 384 der Hehlereitatbestand bereits bei einer Tätigkeit erfüllt, die für den Vortäter einen Beginn des Absetzens bedeutet, wobei es auf ein unmittelbares Ansetzen zur Weitergabe der Beute an einen Dritten nicht ankommt, wie beim Transport der Deliktsbeute zum Absatzort (BGH NJW **90**, 2897). Hat die Tätigkeit keine solche Bedeutung für den Vortäter, wie das bloße Verwahren der Beute zwecks späterem Absatzes, ist sie auch nach BGH NJW **89**, 1490 nur als Vorbereitungshandlung anzusehen. Nicht anders als das Verwahren läßt sich das Verändern der Deliktsbeute durch Handlanger zwecks Verbesserung der Absatzchancen werten. Es ist für den Vortäter noch nicht der Beginn des Absetzens; es bereitet den Absatz nur vor und ist somit noch (straflose) Vorbereitungshandlung (and. noch BGH NJW **78**, 2042, Wessels II/2 191). Gleiches trifft auf das Umsehen nach einem geeigneten Transportmittel für die Beute zu.

f) Absatzhilfe setzt die **Förderung der Übertragung der** tatsächlichen **Verfügungsgewalt** auf 39 einen Dritten voraus. Es scheiden daher alle Fälle aus, die nicht diesen Vorgang, sondern die Gegenleistung des Erwerbers betreffen. Wer z. B. den Kaufpreis einzieht, trägt nicht zur Aufrechterhaltung der rechtswidrigen Besitzlage bei (Stree GA **61**, 40; and. RG **58** 155, JW **39**, 224;

vgl. auch RG HRR **36** Nr. 773). Ebensowenig liegt eine Hilfe zum Absetzen der Beute vor, wenn jemand nur die Gegenleistung bestimmt, auswählt usw. oder dazu mitwirkt (Stree aaO). Dies wird besonders deutlich, wenn der Vortäter seine Leistung (Geld oder sonstige Deliktsbeute) dem Erwerber bereits erbracht hat und jemand nunmehr bei der Auswahl der Gegenleistung hilft. Nicht anders ist es aber auch, wenn Leistung und Gegenleistung Zug um Zug vorgenommen werden. Absatzhilfe ist daher nicht gegeben, wenn der Täter bei der Auswahl von Kleidungsstücken mitwirkt, die mit gestohlenem Geld erworben werden sollen (and. BGH **10** 1; vgl. aber BGH **9** 137). Auch im Mitzechen und Sichfreihaltenlassen aus gestohlenem Geld liegt keine Absatzhilfe (BGH **9** 137; and. RG **72** 88, Hamm NJW **54**, 1380, BGE 69 IV 71), auch wenn der Mitzecher die Speisen und Getränke aussucht.

40   g) **Beispiele für Absatzhilfe:** Hinweise auf Absatzquellen, etwa Benennung von Kaufinteressenten, Unterstützung bei Verkaufsverhandlungen, Übermittlung von Verkaufsangeboten, Bereitstellen von Räumen zum Verkauf, Transport des Diebesgutes zum Abnehmer. Es genügt bereits jede untergeordnete Absatzförderung (BGH **23** 38). Unter die Absatzhilfe fällt auch, wenn jemand gestohlenes Geld für den Dieb auf dessen Bankkonto einzahlt oder als Beauftragter mit diesem Geld Schulden des Diebes bezahlt (BGE 68 IV 137).

41   h) Absatzhilfe ist auch durch **Unterlassen** möglich, sofern eine Rechtspflicht besteht, gegen den Absatzvorgang einzuschreiten, wie bei einem Gastwirt, der Gästen ein separates Hinterzimmer für Geschäfte zur Verfügung stellt und dann nach Bemerken des Absatzes von Diebesgut untätig bleibt (vgl. § 13 RN 54), oder einem Polizeibeamten, der bei Dienstausübung auf einen Beuteabsatz stößt und dagegen nicht einschreitet.

42   4. In allen genannten Fällen ist erforderlich, daß der Hehler im **Einvernehmen mit dem Vorbesitzer**, der nicht der Vortäter zu sein braucht (RG **44** 250, BGH **15** 57), gehandelt hat (BGH **7** 137, **9** 138, **10** 152; krit. Hruschka JR 80, 222; and. Roth aaO 115 ff., JA 88, 207, Samson SK 33). Diese Voraussetzung dient dazu, den Erwerb durch eigenmächtiges Handeln (z. B. Diebstahl, Raub usw.) aus § 259 auszuschließen und die Vorschrift auf die Fälle zu beschränken, in denen der Hehler mit dem Vorbesitzer quasi rechtsgeschäftlich zusammenarbeitet. Sie stellt den inneren Zusammenhang mit der Vortat her (vgl. BGH **10** 152) und gibt der Hehlerei das ihr eigentümliche Gepräge als Vertiefung der rechtswidrigen Besitzlage und Weiterführung des deliktischen Werkes des Vortäters (vgl. Stree GA 61, 36 f., aber auch Hruschka JR 80, 222). Das Zusammenwirken mit dem Vorbesitzer entfällt noch nicht, wenn der Hehler den Willen des Vorbesitzers in deliktischer Weise beeinflußt, z. B. durch Täuschung (vgl. aber auch o. 26) oder Nötigung (RG **35** 279, D-Tröndle 16, Lackner 4a aa, Ruß LK 17, Wessels II/2 188; and. Otto Jura 88, 606, Rudolphi JA 81, 6). „Kollusives" Zusammenwirken zwischen den beiden Partnern der Hehlerei ist nicht erforderlich (and. Hamburg NJW **66**, 2228, Bockelmann NJW 50, 852, Geerds GA 58, 135). Auch ein Zusammenwirken mit einem gutgläubigen Vorbesitzer genügt (vgl. o. 13). Beim Verschaffen muß der Wille des Vorbesitzers dahin gehen, dem Erwerber die tatsächliche Verfügungsgewalt zu übertragen. Daher liegt Hehlerei z. B. nicht vor, wenn der Täter eine vom Dieb „derelinquierte" Sache an sich nimmt oder der (schuldunfähige) Vortäter die für das Einvernehmen erforderlichen Geisteskräfte nicht aufbringt (vgl. Stree JuS 63, 429). Hat dagegen der Vortäter dem Erwerber die Sache zur beliebigen Verwendung übergeben, so ist der Tatbestand des § 259 auch dann erfüllt, wenn sich der Abnehmer erst nachträglich dazu entschließt, die Sache zu behalten (Celle MDR **65**, 761).

43   Das Einverständnis des Vorbesitzers braucht nicht ausdrücklich erklärt zu sein; konkludentes Verhalten genügt. Bei mehreren Vortätern reicht das Einvernehmen mit einem von ihnen aus (D-Tröndle 16, Ruß LK 17). Fraglich ist, ob das Einverständnis stets effektiv hergestellt sein muß (so BGH NJW **55**, 351, D-Tröndle aaO, Ruß aaO) oder ob auch das **mutmaßliche Einverständnis** den Voraussetzungen entspricht (so M-Maiwald I 392). Da in diesem Fall die Verbindungslinie zum rechtswidrigen Vorbesitz nicht völlig unterbrochen ist, bestehen vom Wesensgehalt der Hehlerei her keine Bedenken dagegen, das mutmaßliche Einverständnis dem effektiven gleichzustellen. Es werden zudem Lücken im Rechtsgüterschutz vermieden. Wer für den Vortäter und Eigentümer dessen betrügerisch erlangte Sachen verwahrt, könnte sich diese sonst bei mutmaßlicher Einwilligung straflos zueignen, nicht dagegen bei tatsächlicher Einwilligung des Vortäters, solange noch eine Anfechtungsmöglichkeit wegen des Betruges besteht. Es ist somit davon auszugehen, daß dem Erfordernis des Zusammenwirkens mit dem Vorbesitzer auch das mutmaßliche Einverständnis genügt. Hehlerei ist daher z. B. anzunehmen, wenn ein Angehöriger des Diebes in dessen Abwesenheit das Diebesgut veräußert (Absetzen) oder wenn ein Mieter das vom Mitmieter gestohlene Holz verbraucht (Verschaffen), soweit er mit dem Einverständnis des Vortäters rechnen konnte.

44   V. Der **subjektive Tatbestand** erfordert Vorsatz und die Absicht, sich oder einen Dritten zu bereichern. Zu den Änderungen gegenüber dem früheren Recht vgl. 19. A.

45   1. Erforderlich ist zunächst **Vorsatz** (vgl. aber § 148b GewO, nach dem auch fahrlässige

Hehlerei strafbar ist); bedingter Vorsatz genügt (RG **55** 205, HRR **42** Nr. 290). Der Täter muß wissen, daß die Sache durch eine rechtswidrige Tat erlangt ist. Genaue Kenntnisse von dieser Tat und vom Vortäter sind nicht erforderlich. Weder bedarf es des Wissens, mittels welcher bestimmten Tat die Sache erlangt wurde, noch der Kenntnis der näheren Einzelheiten und Umstände der Vortat (RG **55** 234, KG JR **66**, 307). Auch von der Person des Vortäters braucht der Hehler keine bestimmten Vorstellungen zu haben. Er muß sich nur bewußt sein, daß die gehehlte Sache aus einem gegen fremdes Vermögen gerichteten Delikt stammt (BGH GA **77**, 146). Wer bei gestohlener Ware irrtümlich annimmt, sie sei geschmuggelt, kann daher nicht nach § 259 bestraft werden (Schleswig SchlHA/E-J **75**, 187). Zudem muß der Täter das Bewußtsein haben, daß er im Einvernehmen mit dem Vorbesitzer sich oder einem Dritten die Sache verschafft oder sich an ihrem Absatz beteiligt (RG **57** 75) und mit seiner Tat eine mißbilligte Besitzlage aufrechterhält. Geht er etwa vom unanfechtbaren Eigentum des Vorbesitzers aus, so fehlt es am erforderlichen Vorsatz. Dieser muß z. Z. der Hehlereihandlung vorhanden sein (BGH GA **67**, 315, MDR/H **80**, 629). Erfährt der Täter nachträglich die Herkunft der Sachen, so liegt Hehlerei nur vor, wenn er nunmehr Handlungen vornimmt, die den Tatbestand des § 259 erfüllen, so z. B., wenn er jetzt bei einem weiteren Absatz hilft. Da als eine solche Hilfe nicht die Einziehung des Kaufpreises anzusehen ist (vgl. o. 39), begründet Kenntnis von der Vortat erst bei dieser Tätigkeit keine Strafbarkeit wegen Hehlerei (and. Zweibrücken MDR **78**, 952). Ebensowenig ist der gutgläubige Erwerber einer gestohlenen Sache wegen Hehlerei strafbar, wenn er die Sache nach erlangter Kenntnis veräußert. Gleiches gilt für den gutgläubigen Verwahrer einer gestohlenen Sache, der sich diese nach erlangter Kenntnis ohne Einverständnis des Vortäters zueignet (BGH **10** 151); hier greift nur § 246 ein.

2. Ferner muß **Bereicherungsabsicht** vorliegen; der Hehler muß das Ziel verfolgen, sich oder **46** einen Dritten zu bereichern. Triebfeder oder Endzweck seines Tuns braucht die Bereicherung nicht zu sein (and. zu § 259 a. F. RG **54** 342, **58** 122, BGH **15** 55); erforderlich ist nur zielgerichtetes Handeln (Lackner 6). Dagegen genügt nicht, daß der Täter die Bereicherung als notwendige Folge seines Handelns hinnimmt. Anderseits setzt § 259 nicht voraus, daß die Bereicherung wirklich erlangt wurde (vgl. BGH GA **69**, 62, MDR/H **81**, 267) oder noch erreichbar war (vgl. RG **56** 98). Zur Vorteilsabsicht bei einer fortgesetzten Tat vgl. RG HRR **38** Nr. 995.

a) Bereicherungsabsicht bedeutet Streben nach **Vermögensvorteilen;** andere Vorteile blei- **47** ben außer Betracht, so das Bestreben, immaterielle Bedürfnisse zu befriedigen (vgl. BGH GA **80**, 70, NStZ **81**, 147). Der Hehler muß es auf eine günstigere Gestaltung der Vermögenslage abgesehen haben. Das ist nicht der Fall, wenn nach seiner Vorstellung gleichwertige Güter ausgetauscht werden oder eine entsprechende Sache anderswo auf legalem Wege zum gleichen Preis erhältlich ist (BGH MDR/D **67**, 369, GA **69**, 62). Auch der Erwerb von Gegenständen, die im legalen Handel nicht erhältlich sind, ist nicht stets eine Bereicherung, z. B. nicht ohne weiteres der Erwerb gefälschter Ausweispapiere (BGH MDR/H **83**, 92, GA **86**, 559, Bay NJW **79**, 2219 m. Anm. Paeffgen JR 80, 300) oder von Sachen zum Eigenbedarf, für die der Erwerber einen erhöhten Preis bezahlt (vgl. Stuttgart NJW **77**, 770, Düsseldorf NJW **78**, 600), wohl aber, wenn Hamsterkäufe erwartete Preissteigerungen auffangen sollen (BGH MDR **79**, 773). Vermögensvorteil ist bereits der übliche Geschäftsverdienst durch Weiterverkauf des Erlangten (RG **58** 122, JW **35**, 126, BGH GA **78**, 372, MDR/H **81**, 267), die Erfüllung einer ungesicherten Forderung des Täters durch einen Dritten (BGH GA **78**, 372) oder die nachträgliche Annahme einer gestohlenen Sache als Pfand für eine ungesicherte und gefährdete Forderung (RG HRR **36** Nr. 444, BGH MDR/D **54**, 16), nicht jedoch das Pfand, von dem ein Darlehen abhängig gemacht wird (BGH aaO; vgl. auch RG **54** 342, **66** 63).

b) Der Hehler braucht es nicht darauf abgesehen zu haben, den Vermögensvorteil aus der **48** gehehlten Sache zu erzielen (BGH MDR/H **77**, 283, Bay NJW **79**, 2219); **Stoffgleichheit** zwischen Hehlereigegenstand und Vermögensvorteil ist **nicht erforderlich** (Lackner 6, Ruß LK 37, Samson SK 39, Wessels II/2 193). Das entspricht der h. M. zum früheren Recht (vgl. BGH **15** 55). Die Umwandlung des Merkmals der Vorteilsabsicht in Bereicherungsabsicht zwingt nicht zur Aufgabe dieser Meinung (Blei II 286, JA 74, 528, Stree JuS 76, 144; and. Arzt NStZ 81, 14, D-Tröndle 23). Das zeigt sich deutlich bei der Absatzhilfe. Für deren Unrechtsgehalt macht es keinen Unterschied, ob der Absatzgehilfe seine Belohnung aus der Deliktsbeute oder aus sonstigen Mitteln erstrebt. Für das Verschaffen kann nichts anderes gelten. Daher begeht z. B. Hehlerei, wer Waren, für die er keine Verwendung hat, dem Vortäter abnimmt, um mit ihm ins Geschäft zu kommen und später günstigere Angebote zu erhalten. Vgl. auch RG JW **19**, 384 (Erhaltung der Kundschaft), HRR **38** Nr. 995 (künftiger Erwerb von Schmugglerware).

c) Der erstrebte Vermögensvorteil braucht **nicht rechtswidrig** zu sein (Ruß LK 37, Samson SK 38, **49** Wessels II/2 193; and. Arzt NStZ 81, 12). Das geht bereits aus dem von den §§ 253, 263 abweichenden Gesetzeswortlaut hervor. Aber auch der Zweck des § 259 gebietet keine Beschränkung auf rechtswidrige Vermögensvorteile. Wer die Tat begeht, um die Erfüllung vermögensrechtlicher Ansprüche zu erreichen, beeinträchtigt das geschützte Rechtsgut in gleichem Maße wie jemand, der einen rechtswidrigen Vermögensvorteil erstrebt. Ebensowenig ändert sich etwas am Gefährlichkeitsmoment (vgl. o. 3), je nachdem, ob die beabsichtigte Bereicherung mit der Rechtsordnung im Einklang steht oder gegen sie verstößt.

50   d) Der Täter muß die Absicht haben, **sich oder einen Dritten** zu bereichern. Dritter kann auch der Vortäter sein (BGH NJW **79**, 2621, Arzt/Weber IV 167, Wessels II/2 193). Die Gegenmeinung (Lackner 6, Lackner/Werle JR 80, 215 ff., D-Tröndle 22, Ruß LK 38) beruft sich demgegenüber auf Wortlaut, Entstehungsgeschichte und Sinn des § 259 sowie auf die Abgrenzung zur Begünstigung. Keines dieser Argumente überzeugt. Der Wortlaut steht der Einbeziehung des Vortäters nicht zwingend entgegen. Die Entstehungsgeschichte ist für das Problem unergiebig. Der Gesetzeszweck spricht mehr für die Einbeziehung des Vortäters als gegen sie. Wer dem Vortäter hilft, die Beute vorteilhaft abzusetzen, etwa gestohlenes Geld gewinnbringend anzulegen, trägt ebenso zur Aufrechterhaltung der rechtswidrigen Besitzlage durch Weiterschieben der Beute (vgl. o. 1) bei wie der Hehler, der eine andere Person bereichern will. Für den Anreiz zur Begehung der Vortat (vgl. o. 3) gilt Entsprechendes. Strafwürdigkeit und Strafbedürftigkeit sind daher in beiden Fällen gleich zu beurteilen. Das geschichtliche Deliktsbild des Hehlers als eines eigennützig Handelnden (vgl. Lackner/Werle aaO 216) liefert kein entscheidendes Gegenargument. Es ist zu sehr an der überholten Ausbeutungs- oder Nutznießungstheorie ausgerichtet. Verfehlt ist schließlich das weitere Gegenargument, die auf Bereicherung des Vortäters zielende Handlung werde in ihrem Unwert durch den zugleich verwirklichten Tatbestand des § 257 vollauf erfaßt. Eine solche Handlung soll dem Vortäter einen zusätzlichen Vorteil verschaffen, nicht aber das Erlangte (gegen Entziehung) sichern (vgl. § 257 RN 24), so daß § 257 ihren Unwert gar nicht umschließt. Sie ist zudem wie eine sonstige Absatzhilfe keineswegs immer mit einem Sicherungszweck verbunden und fällt somit vielfach überhaupt nicht unter § 257. Die Notwendigkeit einer klaren Abgrenzung zur Begünstigung zwingt mithin nur dazu, die bloße Sicherung der erlangten Vorteile nicht als Bereicherung anzuerkennen.

51   VI. Der **Versuch** ist strafbar (Abs. 3). Er liegt vor, wenn der Täter nach seiner Vorstellung von der Tat zur Tatbestandsverwirklichung unmittelbar ansetzt. Da zur Tatbestandsverwirklichung die Übertragung der tatsächlichen Verfügungsgewalt gehört, ist ein unmittelbares Ansetzen zur Übernahme oder zur Übertragung der Verfügungsgewalt erforderlich. Kaufverhandlungen stellen demgemäß nur dann einen Versuch dar, wenn sich die Übergabe der Sache sofort anschließen soll (Rudolphi JA 81, 90, Ruß LK 40; weitergehend anscheinend D-Tröndle 24; vgl. auch BGH MDR/D **71**, 546, Celle MDR **86**, 421). Mit dem Aushandeln der Bedingungen wird der Übertragungsakt hier unmittelbar eingeleitet. Entsprechendes gilt für die Äußerung des Wunsches, an der Deliktsbeute beteiligt zu werden (vgl. BGH **21** 267). Bei einer für später vereinbarten Übergabe liegt ein versuchtes Verschaffen vor, wenn der Käufer zur abgemachten Zeit am Übergabeort eintrifft (vgl. Koblenz VRS **64** 22). Versuch liegt ferner vor, wenn der Täter irrigerweise eine rechtswidrige Vortat gegen fremdes Vermögen annimmt (RG **64** 131), wobei bedingter Vorsatz genügt (BGH NStZ **83**, 264), oder von einer rechtswidrigen Besitzlage ausgeht, z. B. nicht weiß, daß er selbst bereits Eigentümer der Sache ist (Schultz ZBernJV 66, 61; and. BGE 90 IV 14, 19, Girsberger SchwJZ 66, 73).

52   Besondere Fragen stellen sich beim *Versuch der Absatzhilfe.* Hier kann fraglich sein, ob über den Versuchsbeginn die auf Absatz gerichtete Tätigkeit oder das Anbieten der Hilfe entscheidet. Dem Wesensgehalt der Hehlerei entspricht indes nur die Ansicht, die auf den Absatzbeginn abstellt (Stree GA 61, 44). Handlungen im Vorfeld von Absatzbemühungen sind bloße Vorbereitungshandlungen (vgl. o. 38 a. E.). Die bloße Inverwahrungnahme zwecks künftigen Absatzes ist daher noch kein Versuch der Absatzhilfe (vgl. RG **67** 70, GA Bd. **49** 474, JW **34**, 560, BGH NJW **89**, 1490 m. Anm. Stree JR 89, 384), auch dann nicht, wenn der Verwahrer verspricht, sich nach einem Abnehmer umzusehen, oder die Sache in Kommission nimmt (and. RG **55** 58, **67** 70, BGH NJW **78**, 2042, **89**, 1490 m. abl. Anm. Stree JR 89, 384). Hinzu kommen muß vielmehr, daß die Verwahrung bereits als Beginn der Verwertung erscheint, so z. B., wenn der Verwahrer sie zur unmittelbar bevorstehenden Abholung durch einen bestimmten Erwerber bereithält oder wenn er (z. B. durch Anbieten, Ausstellen usw.) auf einen konkreten Absatz unmittelbar hinwirkt. Um einen Versuch der Absatzhilfe handelt es sich auch dann, wenn der Absatzgehilfe nicht weiß, daß er die Sache dem Berechtigten aushändigt. Der Transport der Deliktsbeute zum Absatzort ist als „Gang zum Tatort" entsprechend der Fahrt des Abnehmers zum Übergabeort beim Sichverschaffen noch Vorbereitung der Absatzhilfe (and. BGH NJW **90**, 2897, wonach bereits Tatvollendung vorliegt). Allenfalls bei der unmittelbar bevorstehenden Ankunft am Übergabeort läßt sich von einem unmittelbaren Ansetzen zum Absatz und damit von einem Absatzbeginn sprechen. Versuchte Absatzhilfe setzt im übrigen voraus, daß die Hilfeleistung den Absatzversuch gefördert hat (Küper JuS 75, 637). Bietet

Hehlerei

jemand seine Hilfe zum Absatz vergebens an, so ist hierin auch dann kein Versuch i. S. des Abs. 3 zu erblicken, wenn der Absatzvorgang bereits stattfindet. Eine andere Ansicht würde zu einem sachwidrigen Unterschied gegenüber dem abgewiesenen Angebot der Hilfe beim Absetzen für den Vortäter führen; ein solches Angebot ist als Beihilfeversuch straflos.

VII. **Täter** kann jeder sein, der nicht an der Vortat beteiligt war und nicht der von der Vortat 53 betroffene Berechtigte ist. Zweifelhaft ist nur, ob und inwieweit ein Beteiligter an der Vortat als Täter einer Hehlerei in Betracht kommt.

1. Hehlerei kann zunächst nicht der **Täter** oder Mittäter **der Vortat** begehen (RG **73** 324, 54 BGH **7** 137, **33** 52; vgl. auch Bay **62**, 316, NJW **58**, 1597). Das ergibt eindeutig der Gesetzeswortlaut, nach dem ein anderer die Vortat begangen haben muß (vgl. BT-Drs. 7/550 S. 252). Ausnahmen wurden nach früherem Recht z. T. beim Rückerwerb der Beute vom Hehler gemacht (Meister MDR 55, 715; ebenso noch nach geltendem Recht Ruß LK 41) sowie beim Erwerb des Anteils eines Mittäters nach Teilung der Beute (BGH **3** 194 m. Anm. H. Mayer JZ **53**, 86; and. RG **34** 304). Danach wäre auch nachträgliches Austauschen von Beuteteilen Hehlerei. Diese Ansicht ist nach der Neufassung des § 259 nicht mehr vertretbar (D-Tröndle 26, Lackner 7, M-Maiwald I 397). Gegen sie sprach aber schon früher, daß der Mittäter – ebenso wie der Alleintäter – für die Vortat in ihrem vollen Umfang, nicht nur für den erstrebten Beuteteil, haftet und ihm daher mangels Verletzung eines neuen Rechtsguts der Erwerb eines Anteils von einem Mittäter oder der Rückerwerb nicht als selbständiges Unrecht zur Last gelegt werden kann (vgl. Oellers GA 67, 15). Dies gilt auch dann, wenn es sich um Absatzhilfe für den anderen Mittäter handelt. Die Annahme einer Hehlerei ist auch dann nicht zulässig, wenn sich die täterschaftliche Beteiligung an der Vortat nicht nachweisen läßt (and. Hamm JMBlNW 67, 138); in einem solchen Fall kommt eine Bestrafung nur nach den Grundsätzen der Wahlfeststellung in Betracht (vgl. u. 65). Demgegenüber ist nach BGH **35** 86 m. Anm. Wolter NStZ 88, 456, NJW **89**, 1867, NStZ **89**, 574 wegen Hehlerei zu verurteilen (Postpendenzfeststellung), wenn die Übernahme der Deliktsbeute von einem anderen feststeht und lediglich zweifelhaft ist, ob eine mittäterschaftliche Beteiligung an der Vortat des anderen vorgelegen hat (vgl. auch Küper Lange-FS 85 ff., Probleme der Hehlerei bei ungewisser Vortatbeteiligung, 1989, Joerden JZ 88, 847, Bauer wistra 90, 218 sowie o. § 1 RN 98). Diese Lösung darf jedoch nicht dazu führen, daß der Täter sich schlechter steht als bei Feststellung einer mittäterschaftlichen Vortatbeteiligung, wie es bei der Verurteilung nach § 260 oder mit der Anordnung der Führungsaufsicht nach § 262 der Fall sein könnte; die Strafzumessung muß sich daher u. U. (in dubio pro reo) am Strafrahmen für die Vortat ausrichten, Führungsaufsicht darf nicht angeordnet werden, wenn ihre Anordnung auf Grund der Vortat unzulässig ist. Bleibt zweifelhaft, ob jemand sich Diebesgut durch Diebstahl als Alleintäter oder durch Hehlerei verschafft hat, so kommt auch nach dem BGH (NJW 90, 2476) nur eine Wahlfeststellung, nicht eine Postpendenzfeststellung in Betracht. Dagegen schließt Mittäterschaft an der Vortat Hehlerei nicht aus, wenn eine Sache betroffen ist, die aus einem Exzeß eines anderen Mittäters stammt. Der Beteiligte an einem Landfriedensbruch begeht daher Hehlerei, wenn er nachher von einem Mitbeteiligten Sachen aus einer Plünderung erwirbt, an der er selbst nicht mitgewirkt hat (RG **58** 207). Zur Abgrenzung zwischen sukzessiver Mittäterschaft bei der Vortat (Raub) und Hehlerei vgl. BGH JZ **81**, 596 m. abl. Anm. Küper JZ 81, 569.

2. Bestritten ist, ob **Teilnehmer an der Vortat** durch Erwerb von Beuteteilen oder durch 55 Absatzhilfe wegen Hehlerei strafbar werden können. Die Neufassung des § 259 läßt diesen Streit unberührt (vgl. BT-Drs. 7/550 S. 252). Die Rspr. bejaht uneingeschränkt die Strafbarkeit wegen Hehlerei (RG **51** 100, **72** 328, BGH **5** 378 m. Anm. Mittelbach MDR 54, 347, [GrS] **7** 134, **8** 392, **13** 403, **22** 207 m. Anm. Schröder JZ 69, 32, **33** 52, MDR/H **86**, 793, Hamburg NJW **53**, 1604, Düsseldorf JMBlNW **55**, 43; ebenso D-Tröndle 26, M-Maiwald I 397, Ruß LK 42; z. T. abw. BGE 70 IV 70). Die vorübergehend vertretene Auffassung, der Anstifter, der es von vornherein auf einen Beuteteil abgesehen habe, sei nur wegen Anstiftung zur Vortat zu bestrafen (BGH **2** 315, **4** 42; zust. Meister MDR 55, 715), ist aufgegeben. Dies führt beim Bandendiebstahl zu dem Ergebnis, daß das Bandenmitglied, das sich an einer einzelnen Bandentat nur als Gehilfe beteiligt hat, Hehlerei begeht, wenn es sich von der Beute der anderen etwas geben läßt (RG **73** 322). Ist das Bandenmitglied allerdings mangels unmittelbaren Mitwirkens nur hinsichtlich des Bandendiebstahls (§ 244 I Nr. 3) Teilnehmer, sonst aber Mittäter des Diebstahls, so entfällt Hehlerei (BGH **33** 50). Gegen jede Bestrafung des Teilnehmers an der Vortat wegen Hehlerei Oellers GA 67, 15. Es ist indes zu unterscheiden:

a) Ist der Teilnehmer an der Vortat in der Weise beteiligt, daß der **gemeinsame Wille auf** 56 **Erlangung** bestimmter **Beute** gerichtet war, und ist die Beteiligung an der Vortat das Mittel, einen Teil dieser Beute zu erlangen, so ist die spätere Verteilung kein hehlerischer Erwerb, wie ihn § 259 voraussetzt, sondern nur die Teilung unter Tatbeteiligten, mag auch deren Rolle bei der Tatdurchführung verschieden gewesen sein. Die Teilung geschieht hier sozusagen zur Erfüllung einer „Verbindlichkeit" gegenüber Anstifter oder Gehilfen; diese haben die Beute mit dem Täter zusammen „erlangt". In diesen Fällen fehlt es schon am Tatbestand des § 259, der die Disposition des Vortäters über die Beute zugunsten eines anderen voraussetzt, der an ihr erst durch die Verfügung des Vortäters „Rechte" erwirbt. Auch besteht kein kriminalpolitisches Bedürfnis, den Gehilfen, der für seine Hilfe 10% der Beute erhält, auch wegen Hehlerei zu bestrafen. Gleiches gilt, wenn der Zusage späterer Absatzhilfe (psychische Beihilfe) die Absatzhilfe nachfolgt; sie läßt sich hier nicht anders werten als im Rahmen der Begünstigung (§ 257 III).

57 b) Anders verhält es sich, wenn der Hehler den Vortäter angestiftet oder unterstützt hat, um sich die **Gelegenheit** zu einem **hehlerischen Erwerb** zu verschaffen (vgl. BGH **13** 403). Voraussetzung ist, daß durch die Teilnahme an der Vortat kein „Anrecht" auf die Beute erworben wird, sondern deren Übertragung auf den Hehler durch eine „freie" Verfügung des Vortäters geschieht (vgl. BGH NJW **87**, 77), so z. B. wenn der Hehler den Vortäter zu einem Einbruchsdiebstahl anstiftet oder ihm die Werkzeuge dazu liefert, weil er dadurch Gelegenheit zum Ankauf der Beute erhält, oder wenn er durch die Zusage des späteren Erwerbs den Vortäter zu der Tat bestimmt. Hier ist die Möglichkeit einer Realkonkurrenz (BGH **22** 206, MDR/H **86**, 793) grundsätzlich anzuerkennen. Jedoch ergibt die Konstruktion der Hehlerei als Sonderfall der Zueignung fremder Sachen (§ 246), daß bei einer Beteiligung an einer Unterschlagung die Teilnahme hinter die Hehlerei zurücktritt (vgl. u. 63). Vgl. auch Gera NJ **47**, 135, Nürnberg NJW **49**, 875, Roesen NJW **50**, 716.

58 3. Für die **Teilnahme** an der Hehlerei gelten die allgemeinen Regeln. Der Vortäter kann sich nicht wegen Anstiftung zur Hehlerei strafbar machen (straflose Nachtat; Bay NJW **58**, 1597, Oellers GA 67, 15). Entsprechendes gilt für den Absatzhelfer. Seine Bestrafung wegen Hehlerei schließt eine Bestrafung wegen Anstiftung zur Hehlerei des Erwerbers aus. Beihilfe zur Absatzhilfe soll nach BGH MDR **90**, 937 bereits in der dem Absatzhelfer gemachten Zusage liegen, für ihn die Deliktsbeute zum Absatzort zu transportieren. Nach dem o. 38, 52 vertretenen Standpunkt setzt Beihilfe zur Absatzhilfe das Mitwirken am erfolgreichen Absatz voraus und Beihilfe zum Tatversuch das Mitwirken am unmittelbaren Ansetzen zur Übergabe der Hehlereisache.

59 4. Soweit die vom Haupttäter angestrebte Bereicherung nicht auch Ziel der Teilnehmerhandlung ist, fragt sich, ob die Strafe für den Teilnehmer nach den §§ 28 I, 49 I zu mildern ist. Als besonderes persönliches Merkmal wurde die Vorteilsabsicht i. S. des § 259 a. F. angesehen (17. A. RN 61a). Im Unterschied zu ihr kommt es bei der Bereicherungsabsicht jedoch nicht mehr auf Eigennutz an. Da die beabsichtigte Bereicherung eines Dritten genügt, läßt sich das Absichtsmerkmal schwerlich noch als personales Moment werten, das einem Tatbeteiligten ohne eine solche Absicht nicht voll anzurechnen ist. Die Bereicherungsabsicht prägt das Tatgeschehen, nicht das Täterbild. Für den Teilnehmer bleibt mithin der Strafrahmen des § 259 maßgebend, auch wenn es ihm auf die vom Haupttäter erstrebte Bereicherung nicht ankam, er insoweit vielmehr nur mit bedingtem Vorsatz gehandelt hat. Vgl. BGH JR **78**, 345, Herzberg ZStW 88, 92, Lackner 6, Ruß LK 39, Stree JuS 76, 144.

60 VIII. Nach Abs. 2 gelten die §§ 247, 248a sinngemäß. Hehlerei ist danach nur auf **Antrag** verfolgbar, wenn der Verletzte Angehöriger oder Vormund (oder Betreuer) des Hehlers ist oder mit ihm in häuslicher Gemeinschaft lebt, außerdem wenn die gehehlte Sache geringwertig ist, es sei denn, daß die Strafverfolgungsbehörde wegen des besonderen öffentlichen Interesses an der Strafverfolgung ein Einschreiten von Amts wegen für geboten hält. Vgl. näher zu diesen Voraussetzungen die Anm. zu den §§ 247, 248a. Für die sinngemäße Anwendbarkeit des § 248a kommt es allein auf die gehehlte Sache an, nicht auf die angestrebte Bereicherung (Ruß LK 44, Samson SK 45, Stree JuS 76, 144f., Wessels II/2 195; and. D-Tröndle 25, Lackner 10). Denn an der Beeinträchtigung des geschützten Rechtsguts gemessen bleibt die Hehlerei bei Geringwertigkeit der Hehlereisache auch dann eine Bagatelle, wenn der Hehler einen größeren Gewinn erstrebt. Im übrigen bedarf es für die Verfolgung der Hehlerei keines Strafantrags, auch dann nicht, wenn die Vortat ein Antragsdelikt ist.

61 IX. Die **Strafe** für Hehlerei ist unabhängig von der für die Vortat angedrohten Strafe (and. § 164 IV ÖstStGB). Anders als bei der Begünstigung besteht keine an der Vortat ausgerichtete Straflimitierung. Die Strafe ist daher ausschließlich nach dem in § 259 enthaltenen Strafrahmen zu bemessen (vgl. RG **73** 400). Für die Strafzumessung gelten die allgemeinen Grundsätze. Fehlerhaft ist danach, straferschwerend zu bewerten, daß der Hehler dem Dieb Vorschub geleistet hat (RG JW **25**, 1403, BGH NStZ/M **83**, 164), oder die Strafe wegen gemeinschaftsschädlicher Zunahme entsprechender Vortaten aus generalpräventiven Gründen zu schärfen (vgl. 3 vor § 257). Zulässig ist dagegen, die Gewohnheitsmäßigkeit beim Hehler strafschärfend heranzuziehen. Handelt es sich um eine Gelegenheitshehlerei, so kann strafmildernd ins Gewicht fallen, daß es an der besonderen Gefährlichkeit fehlt, auf die der Strafrahmen zugeschnitten ist (zum Gefährlichkeitsaspekt vgl. o. 3, Stree JuS 76, 142f.). Insoweit kann dann auch berücksichtigt werden, daß die Vortat mit geringerer Strafe bedroht ist als die Hehlerei, da hier kein Grund vorliegt, die Festigung einer rechtswidrigen Besitzlage strenger zu ahnden als das Herstellen dieser Position. Zur Strafschärfung bei Gewerbsmäßigkeit vgl. § 260, zur Möglichkeit, Führungsaufsicht anzuordnen, vgl. § 262.

X. Konkurrenzen: Idealkonkurrenz ist möglich mit Begünstigung (RG **47** 220, Schröder Rosenfeld-FS 181), Erpressung (RG **35** 279), Betrug (RG **59** 131, KG JR **66**, 307), Urkundenfälschung (RG **69** 203). Tatmehrheit zwischen Hehlerei und Urkundenfälschung, Betrug liegt jedoch vor, wenn jemand gestohlene Euroschecks und Scheckkarten erwirbt und anschließend nach Fälschung der Unterschriften der Berechtigten die Schecks einlöst (BGH MDR/H **88**, 278). Über das Verhältnis zwischen Beteiligung an der Vortat und Hehlerei vgl. o. 55 ff. 62

Mit § 246 besteht Gesetzeskonkurrenz; § 259 geht vor (RG **56** 336, **64** 327; vgl. aber noch Köln JMBlNW **50**, 235). Entsprechendes gilt für das Verhältnis zu § 292. Hat der Hehler jedoch bei der Absatzhilfe einen Teil der abzusetzenden Deliktsbeute ohne Einverständnis des Vorbesitzers für sich abgezweigt und sich zugeeignet, so steht die Unterschlagung in Realkonkurrenz zur Hehlerei (vgl. RG **70** 8), u. U. auch in Idealkonkurrenz. Andererseits tritt eine Beteiligung des Hehlers an der Unterschlagung des Vortäters hinter die Hehlerei zurück, da die mit ihr verbundene Beeinträchtigung fremden Eigentums durch die Hehlereihandlung verfestigt wird und somit in deren Unrechtsgehalt aufgeht (vgl. o. 57; and. RG **72** 328). 63

Bei mehrfacher Hehlerei derselben Person hinsichtlich einer oder mehrerer durch dieselbe Vortat erlangten Sachen kann Tatmehrheit bestehen (vgl. RG **50** 195; and. Frank III), so z. B., wenn jemand zunächst Absatzhilfe leistet und später auf Grund eines neuen Entschlusses die abgesetzte Beute vom Abnehmer erwirbt. Wer sich eine Hehlereisache verschafft hat, kann jedoch hinsichtlich dieser Sache keine weitere Hehlerei mehr begehen, weder durch Absetzen (BGH **23** 38, Lackner/Werle JR 80, 214; and. [mitbestrafte Nachtat] D-Tröndle 12; vgl. auch BGH NJW **75**, 2110 m. abl. Anm. Hübner) noch durch Rückerwerb der weiterveräußerten Sache (and. Ruß LK 41, 46). Hat sich jemand Deliktsbeute als Pfand verschafft und erwirbt er sie später endgültig, so liegt nur eine einzige Hehlerei vor. Entsprechendes gilt, wenn der Absatzgehilfe die Beute mehreren potentiellen Käufern nacheinander anbietet (vgl. RG **67** 80 [Fortsetzungszusammenhang]). Sonstige mehrfache Absatzhilfe kann in Fortsetzungszusammenhang stehen. Zwischen Hehlerei und Begünstigung ist Fortsetzungszusammenhang dagegen nicht möglich (RG DRiZ 31 Beil. Nr. 277, JW **37**, 1334; vgl. auch BGH NJW **51**, 450). 64

XI. Möglich ist **Wahlfeststellung** zwischen Hehlerei und Diebstahl (BGH **1** 304, **12** 386, **15** 63, 266, **21** 154), Unterschlagung (BGH **16** 184; and. Hruschka MDR 67, 269), Untreue oder Betrug (BGH NJW **74**, 804). Es ist jedoch folgendes zu beachten: Hat der Täter nach den Ergebnissen der Beweisaufnahme für den Fall des Diebstahls zwar die gesamte Beute, für den Fall der Hehlerei aber nur einen Beuteteil erlangt, so ist für den Schuldumfang allein dieser Teil maßgebend (BGH **15** 266). Steht der etwaige Diebstahl in Idealkonkurrenz mit einer anderen Tat, so ist diese, falls auf der Seite der Hehlerei nichts Vergleichbares gegenübersteht, aus der Wahlfeststellung auszuscheiden (BGH aaO). Entsprechendes gilt bei Strafschärfungsgründen, die nur den Alternativen betreffen. Andererseits ist eine unterschiedliche Zahl der zur Wahlfeststellung herangezogenen Delikte unschädlich; Wahlfeststellung zwischen mehreren Diebstahlsfällen und einer Hehlereitat ist zulässig (BGH MDR/D **75**, 368). Bei der Alternative zwischen Raub und Hehlerei hat eine Wahlfeststellung zwischen Diebstahl und Hehlerei zu erfolgen, da der Diebstahl als die der Hehlerei rechtsethisch vergleichbare Tat im Raub enthalten ist (vgl. BGH **25** 182 m. Anm. Hruschka NJW 73, 1804, MDR/H **86**, 793). Vgl. dazu noch § 1 RN 108. Ist die mögliche Vortat eine Erpressung, so kommt nur Wahlfeststellung zwischen Unterschlagung, die in der Erpressung enthalten ist, und Hehlerei in Betracht (Küper, Probleme der Hehlerei bei ungewisser Vortatbeteiligung, 1989, 85). Wahlfeststellung ist ferner zwischen Hehlerei und Begünstigung zulässig, auch bei etwaiger Tateinheit der Begünstigung mit einer Strafvereitelung. Die Strafvereitelung bleibt dann unberücksichtigt, da die erforderliche Vergleichbarkeit mit der Hehlerei fehlt. Bleibt offen, ob eine Tat nach § 257, nach § 258 oder nach § 259 vorgelegen hat, so ist Wahlfeststellung ausgeschlossen. Sie entfällt auch, wenn der Erwerber einer gestohlenen Sache möglicherweise zur Vortat angestiftet hat, um nachher die Beute erwerben zu können. Hier steht eine Hehlerei fest; die etwaige Anstiftung zum Diebstahl bleibt nach dem Grundsatz in dubio pro reo außer Betracht (BGH **15** 66). Zu den Problemen der Wahlfeststellung vgl. auch Küper Lange-FS 71 ff. 65

Zulässig ist die wahlweise Feststellung zwischen verschiedenen Hehlereihandlungen (RG **56** 61). Hat der Täter, der Diebesgut veräußert hat, entweder zuvor die Sachen erworben (Verschaffen) oder für den Vortäter gehandelt (Absetzen), so steht einer Bestrafung wegen Hehlerei nichts im Wege. 66

XII. Zur Frage, ob die Verurteilung wegen Hehlerei die **Strafklage** wegen des vorangegangenen strafbaren Verschaffens der Hehlereisache **verbraucht** hat, vgl. BGH **35** 60 (konkrete Umstände maßgebend) und dazu Gillmeister NStZ 89, 1, ferner BGH NJW **89**, 1868, Roxin JZ 88, 260. 67

§ 260 Gewerbsmäßige Hehlerei

(1) **Wer die Hehlerei gewerbsmäßig begeht, wird mit Freiheitsstrafe von sechs Monaten bis zu zehn Jahren bestraft.**

(2) **Der Versuch ist strafbar.**

1   I. Die gewerbsmäßige Hehlerei stellt einen **qualifizierten Fall** der von § 259 erfaßten Tat dar (vgl. BGH NStZ **82**, 29). Die Strafschärfung trägt dem erhöhten Unrechts- und Schuldgehalt sowie der besonderen Gefährlichkeit (vgl. § 259 RN 3) Rechnung. Gerade der gewerbsmäßige Hehler bildet mit seiner Bereitschaft, fortlaufend Deliktsbeute abzunehmen, den Nährboden für Vermögensdelikte, insb. für die Diebstahlskriminalität („Zuhälter" der Diebe). Ohne sein Dasein würde sich manche Vortat nicht lohnen, so daß er den Vortätern, vor allem Dieben, maßgeblichen Rückhalt und Anreiz zur Tat bietet (vgl. BGH NJW **67**, 2416). Entfallen ist die Gewohnheitsmäßigkeit als Qualifikation (zur Begründung vgl. BT-Drs. 7/550 S. 253). Sie kann jedoch innerhalb des Strafrahmens des § 259 strafschärfend berücksichtigt werden.

2   II. **Gewerbsmäßigkeit** liegt vor, wenn der Hehler mit der Absicht handelt, sich durch wiederholte Hehlereihandlungen eine fortlaufende Einnahmequelle von einiger Dauer und einigem Umfang zu verschaffen (vgl. 95f. vor § 52). Es braucht sich hierbei weder um eine ständige (RG DR **42**, 171, BGH **1** 383) noch um eine hauptsächliche (vgl. BGH **1** 383, GA **55**, 212) Einnahmequelle oder um ein „kriminelles Gewerbe" (BGH **1** 383, NJW **53**, 955) zu handeln. Geringfügige Nebeneinkommen genügen jedoch nicht (BGH MDR/D **75**, 725). Nicht erforderlich ist, daß die einzelnen Hehlereihandlungen in Realkonkurrenz zueinander stehen; fortgesetzte Hehlerei schließt gewerbsmäßiges Handeln nicht aus (RG **58** 19, **72** 286, DR **42**, 1321, Düsseldorf JMBlNW **55**, 43; and. RG JW **22**, 1682, BGH MDR/D **66**, 24). Selbst dann, wenn der Täter ohne Wiederholungsabsicht von vornherein nur eine fortgesetzte Hehlerei vorgesehen hat, kann Gewerbsmäßigkeit vorliegen (BGH **26** 5). Hat er die erforderliche Absicht gefaßt, so ist bereits die erste Einzelhandlung als gewerbsmäßige Hehlerei zu beurteilen (Ruß LK 2; and. Samson SK 3). Die Tatsache allein, daß jemand in seinem Gewerbebetrieb Hehlereigegenstände erwirbt, bedeutet aber noch nicht das Vorliegen eines qualifizierten Falles i. S. des § 260 (vgl. RG **53** 155, BGH GA **55**, 212). Andererseits braucht der Hehler nicht die Absicht zu verfolgen, die erworbenen Sachen gewerbsmäßig zu veräußern. Die Voraussetzungen des § 260 können auch dann erfüllt sein, wenn die Sachen im eigenen Haushalt oder Betrieb des Täters Verwendung finden sollen (RG **54** 185). Ferner ist nicht notwendig, daß sich der Täter die Sachen von verschiedenen Vortätern verschaffen will; es reicht aus, wenn er einem Vortäter fortlaufend die Deliktsbeute abnehmen will. Bei der Absatzhilfe genügt dementsprechend, daß der Absatzgehilfe fortlaufend für denselben Dieb tätig wird oder denselben Abnehmer mit Diebesgut versorgt. Bei einer einmaligen Notlage (Arztrechnungen) kann allerdings die Gewerbsmäßigkeit fehlen (Köln JMBlNW **51**, 179).

3   III. Ein nach Absatz 2 strafbarer **Versuch** kommt in Betracht, wenn bereits die erste Einzelhandlung erfolglos bleibt. Er ist ferner möglich, wenn der Täter irrtümlich davon ausgeht, daß die erworbenen Sachen aus einer rechtswidrigen Tat gegen fremdes Vermögen stammen (vgl. RG **64** 131, KG JR **66**, 307). Der Versuch kann auch mit nur bedingtem Vorsatz begangen werden, so, wenn der Täter über die Art und Weise im Zweifel ist, in der die Sache in die Hand des Vorbesitzers gelangt ist (KG aaO; vgl. auch BGH NStZ **83**, 264).

4   IV. Die Gewerbsmäßigkeit stellt ein **besonderes persönliches Merkmal** i. S. des § 28 II dar. Ein Teilnehmer ist daher aus § 260 nur dann strafbar, wenn er selbst gewerbsmäßig handelt (RG DR **41**, 1285, D-Tröndle 1, M-Maiwald I 399, Ruß LK 1). Andernfalls ist für ihn die Strafe dem § 259 zu entnehmen. Für das gewerbsmäßige Verhalten des Teilnehmers genügt es, daß er eine fortlaufende Einnahmequelle in Gestalt eines mittelbaren Nutzens aus der Haupttat erstrebt (vgl. RG **61** 268).

5   V. Die **Einzeltaten** der gewerbsmäßigen Hehlerei bilden **keine Handlungseinheit**; es liegt kein sog. Sammelverbrechen vor (RG **72** 285, JW **38**, 2271, BGH **1** 41, NJW **53**, 955, KG JR **51**, 213; vgl. 100 vor § 52). Es kann aber Fortsetzungszusammenhang bestehen (vgl. o. 2).

6   VI. Da die erhöhte **Strafe** für den gewerbsmäßigen Hehler u. a. darauf beruht, daß er mit seiner Bereitschaft zur Verwertung der Deliktsbeute einen ständigen Anreiz zur Verübung von Vermögensdelikten bietet (vgl. o. 1), darf innerhalb des Strafrahmens des § 260 nicht strafschärfend berücksichtigt werden, daß der Hehler durch seine Handlungsweise den Vortäter zur Begehung immer weiterer Straftaten ermuntert hat (BGH NJW **67**, 2416, StV **82**, 567). Eine solche Strafschärfung würde dem Verbot zuwiderlaufen, die gesetzgeberischen Gründe für eine Qualifizierung bei der Strafzumessung zu verwerten (vgl. § 46 RN 46). Ebensowenig läßt sich eine höhere Strafe mit einem Handeln aus reinem Gewinnstreben begründen, da dieses zum regelmäßigen Erscheinungsbild der gewerbsmäßigen Hehlerei gehört (BGH NStZ/T **87**, 495). Für die Strafzumessung kann hingegen der

Umfang der gewerbsmäßigen Hehlereigeschäfte ins Gewicht fallen. Über Führungsaufsicht vgl. § 262.

VII. Wahlfeststellung zwischen gewerbsmäßiger Hehlerei und Diebstahl ist zulässig, wenn der Täter auch beim möglicherweise verübten Diebstahl gewerbsmäßig gehandelt hat (vgl. BGH 11 26, JR **59**, 305; vgl. aber auch BGH MDR/D **70**, 13 zur gewohnheitsmäßigen Hehlerei i. S. des § 260 a. F.). Andernfalls hat sich die Wahlfeststellung auf Diebstahl und einfache Hehlerei zu beschränken. Entsprechendes gilt für die Wahlfeststellung zwischen Hehlerei und Betrug. Auf gewerbsmäßige Hehlerei darf hierbei nur abgestellt werden, wenn auch der mögliche Betrug gewerbsmäßig begangen wäre; unerheblich ist insoweit, daß die Gewerbsmäßigkeit kein straferhöhendes Tatbestandsmerkmal beim Betrug ist, sondern nur im Rahmen der Strafzumessung strafschärfend berücksichtigt werden kann (BGH NJW **74**, 805).

§ 261 (Hehlerei im Rückfall) *aufgehoben durch 1. StrRG vom 25. 6. 1969.*

§ 262 Führungsaufsicht

In den Fällen der §§ 259 und 260 kann das Gericht Führungsaufsicht anordnen (§ 68 Abs. 1).

Vorbem. Fassung des 23. StÄG vom 13. 4. 1986, BGBl. I 393.

Neben der Verurteilung wegen Hehlerei kann **Führungsaufsicht** gem. § 68 I angeordnet werden. Unerheblich ist, ob die Verurteilung aus § 259 oder aus § 260 erfolgt, ob ihr eine vollendete oder eine versuchte Tat zugrunde liegt und ob der Verurteilte an der Hehlerei als Täter oder als Teilnehmer beteiligt war. Voraussetzung ist jedoch stets, daß wegen der Hehlerei eine Freiheitsstrafe von mindestens 6 Monaten verhängt wird und die Gefahr weiterer Straftaten des Verurteilten besteht (vgl. dazu die Anm. zu § 68).

Zweiundzwanzigster Abschnitt. Betrug und Untreue

Vorbemerkungen zu den §§ 263 ff.

Schrifttum: Vgl. die Angaben zu § 263.

Der 22. Abschnitt des StGB wurde in neuerer Zeit, insb. durch das Erste und Zweite Gesetz zur Bekämpfung der Wirtschaftskriminalität (1. WiKG v. 29. 7. 1976, BGBl. I 2034; 2. WiKG v. 15. 5. 1986, BGBl. I 721) weitgehenden Änderungen unterworfen. Er greift damit über die Zentraldelikte Betrug und Untreue, denen der Abschnitt seine Überschrift verdankt und die das Vermögen als Individualrechtsgut schützen, weit hinaus.

I. Die Wurzeln der Straftatbestände Betrug und Untreue reichen fragmentarisch bis ins römische Recht zurück (zur geschichtlichen Entwicklung vgl. Cramer, Vermögensbegriff 23 ff.; Lackner LK § 263 RN 2 mwN, Naucke, Strafbarer Betrug 62 ff.). Allerdings kann von einem eigenständigen Betrugstatbestand moderner Prägung, der einerseits von den Fälschungsdelikten unabhängig ist und andererseits den Vermögensschutz in den Vordergrund stellt, im Bereich der Gesetzgebung erst in den Vorarbeiten zum preußischen StGB v. 1851 gesprochen werden, die dann in § 241 PrStGB ihren Niederschlag fanden. Die heutige Fassung des § 263 entspricht weitgehend dieser Vorschrift. Auch für die heutige Fassung des Untreuetatbestandes war erst die Arbeit des Gesetzgebers von 1851 grundlegend. Nach jahrzehntelangen wechselvollen Vorarbeiten gelang ihm mit § 246 PrStGB die Zusammenfassung der bestehenden vielfältigen partikulargesetzlichen Untreuevorschriften (Hübner LK § 266 Entstehungsgeschichte, H. Mayer, Untreue 33 ff., 338 ff., Mat. I 333 ff.). Nachdem der Anwendungsbereich des Tatbestands durch das StGB des Norddeutschen Bundes v. 31. 5. 1870 erweitert worden war, erfolgte seine Übernahme in das StGB v. 1871 (vgl. Hübner LK § 266 Entstehungsgeschichte). Der Nachteil der damals gültigen Norm bestand in ihrer Kasuistik. Die Vereinfachung des Tatbestands durch eine zusammenfassende Umschreibung der Untreuehandlung gelang erst im Gesetz v. 26. 5. 1933 (RGBl. I 295). Diese Fassung gilt in ihrem Kern heute noch.

Der Untreue ist mit dem Betrug gemein, daß sie ein reines Vermögensdelikt ist (ganz h. M. vgl. § 266 RN 1; zum diesbezüglichen Streitstand vgl. Hübner LK § 266 RN 19). Dies gilt auch für den in dieser Hinsicht durch das 1. WiKG nicht geänderten Straftatbestand der Erschleichung von Leistungen (§ 265a, erstmals eingefügt durch Ges. v. 28. 6. 1935, RGBl. I 839), der lediglich das durch die Leistungserschleichung betroffene Vermögen schützen will (Lackner LK § 265a RN 1).

Vorbem. §§ 263 ff. 4–11   Bes. Teil. Betrug und Untreue

4   Auch der seit Erlaß des StGB in seinem Kern unverändert gebliebene Tatbestand des Versicherungsbetrugs (§ 265) schützt jedenfalls auch das Vermögen des Versicherungsgebers (§ 265 RN 1 mwN [and. noch die 18. A.], Lackner LK § 265 RN 1; and. BGH 25 261 m. Anm. F.-C. Schroeder JR 75, 71). Daneben soll nach h. M. (vgl. § 265 RN 2 mwN, D-Tröndle § 265 RN 2, Lackner LK § 265 RN 1) § 265 als einzige vor dem 1. WiKG erlassene Norm des 22. Abschnitts ein überindividuelles Rechtsgut, nämlich die soziale Leistungsfähigkeit des den Interessen der Allgemeinheit dienenden Versicherungswesens schützen (vgl. § 265 RN 1, Lackner LK § 265 RN 1).

5   **II.** Durch das **1. WiKG** wurden im 22. Abschnitt die Straftatbestände des Subventionsbetrugs (§ 264) und des Kreditbetrugs (§ 265 b) eingefügt.

6   **1.** Die Vorschrift des § 264 verdankt ihre Existenz einer gegenüber dem 19. Jahrhundert gewandelten Wirtschaftsverfassung. Erst die Abkehr von rein liberalem Denken und die Hinwendung zu einem sozialen Verständnis des Verhältnisses von Staat und Wirtschaft ließen, begünstigt durch die teilweise Beibehaltung zentralverwaltungswirtschaftlicher Formen nach dem Ersten Weltkrieg, die Subvention in der Weimarer Zeit zu einem selbstverständlichen Instrument der Wirtschaftslenkung werden, das sich nach dem 2. Weltkrieg im Hinblick auf die erforderliche finanzielle Förderung des Wiederaufbaus als unerläßliche und richtige Voraussetzung für die Funktionsfähigkeit der wiedererstehenden Volkswirtschaft erwies (vgl. Tiedemann LK § 264 RN 2). Mit der enormen Steigerung der Bedeutung der Subvention ergab sich die Notwendigkeit eines effektiven Schutzes gegen die daraus erwachsende spezifische Delinquenz. So wurde die Schaffung einer Spezialnorm erforderlich, zumal sich der Betrugstatbestand insb. im Hinblick auf die weitgehende Unmöglichkeit des Nachweises von Täuschungsvorsatz und Absicht, sich rechtswidrig zu bereichern, als unzulängliches Instrument erwies (näher Tiedemann LK § 264 RN 4). Unbestritten ist, daß das Institut der Subvention als Instrument staatlicher Wirtschaftslenkung und die mit ihr verfolgte wirtschaftliche Zielsetzung als Schutzgut der Vorschrift fungiert (§ 264 RN 4, Tiedemann LK § 264 RN 8, jeweils zum Schutz der Dispositionsfreiheit). Damit wird durch § 264 – nach § 265 – durch einen weiteren Tatbestand des 22. Abschnitts ein überindividuelles Rechtsgut geschützt.

7   **2.** Seit Ende der 60er Jahre wurde die Forderung nach Einführung eines Straftatbestandes zum Schutz gegen Krediterschleichung laut. Angesichts der wachsenden Unternehmensverflechtung und der seit dem Wiederaufbau schwach mit Eigenkapital ausgestatteten deutschen Volkswirtschaft war das Bedürfnis nach erhöhtem Schutz des gesamtwirtschaftlich bedeutenden Kreditwesens klar zu Tage getreten (Tiedemann LK § 265 b RN 3). Der Ursprung der Vorschrift liegt aber, schon wegen der langen Tradition des Bankgewerbes, vor dem des Subventionsbetrugs, wobei die einschlägigen Regelungen im Nebenstrafrecht zu finden sind. Bereits das KWG v. 5. 12. 1934 (RGBl. I 1203), das aufgrund der Erfahrungen mit der großen Banken- und Wirtschaftskrise von 1931 ergangen war, enthielt in § 50 einen (subsidiären) Straftatbestand der Krediterschleichung. Dem lagen die Bemühungen der späten 20er und frühen 30er Jahre um einen effektiven Kreditschutz sowie die Ausbreitung neuartiger Kreditierungsformen, wie z. B. der Beteiligung der Banken an der Teilzahlungsfinanzierung beim Autokauf, zugrunde (vgl. Tiedemann LK § 265 b RN 2). Die Gefährdung der Volkswirtschaft durch Krediterschleichung war dabei ein Aspekt, der über die einzelnen Gläubigerinteressen hinausreichte (Tiedemann LK § 265 b RN 2). Daß der Straftatbestand dann anläßlich der Schaffung des KWG v. 10. 7. 1961 (BGBl. I 881) ohne erkennbaren Grund nicht übernommen wurde, mußte als Rückschritt betrachtet werden, der durch die Einführung des § 265 b nun als ausgeglichen angesehen werden kann.

8   Wie sich schon aus der volkswirtschaftlichen Bedeutung des Tatbestandes ergibt, soll auch § 265 b nicht nur das Vermögen des Kreditgebers oder Gläubigers schützen, sondern darüber hinaus das Funktionieren der Kreditwirtschaft als solche und den Kredit an sich als Instrument des Wirtschaftsverkehrs (§ 265 b RN 3).

9   **3.** Insgesamt läßt sich somit feststellen, daß schon mit Inkrafttreten des 1. WiKG der Individualgüterschutz als dominierendes Ziel der Straftatbestände des 22. Abschnitts nicht mehr ohne weiteres festgestellt werden kann.

10 **Materialien zum 1. WiKG:** Tagungsberichte der durch das BMJ berufenen Sachverständigenkommission zur Bekämpfung der Wirtschaftskriminalität Bd. I bis IV; Prot. 7 S. 2467; Prot. 7 S. 2605; BT-Drs. 7/3441; BT StenBer. 7 S. 17719; BT-Drs. 7/5291.

11 **III.** Sind die durch das 1. WiKG eingefügten Vorschriften vor dem Hintergrund eines gewandelten Staatsverständnisses sowie des einschneidenden Ereignisses des 2. Weltkriegs zu sehen, so versucht das **2. WiKG** dem rapiden Fortschritt im Bereich der technischen Entwicklung Rechnung zu tragen. Ein Schwerpunkt des Gesetzes ist dabei der Versuch der mit dem zunehmenden Einsatz von Datenverarbeitungsanlagen einhergehenden Computerkriminalität entgegenzu-

Betrug **§ 263**

wirken (vgl. Tiedemann WM 83, 1326, Sieber, Informationstechnologie 14 ff., Steinke NStZ 84, 295, Sieg Jura 86, 352). Diese Bestrebung schlug sich auch außerhalb des 22. Abschnitts nieder, so bei der Fälschung beweiserheblicher Daten (§ 269), der Erweiterung der Anwendbarkeit der §§ 271 und 348 auf alle öffentlichen Dateien sowie des § 273 auf den Fall der Datenspeicherung und des § 274 auf den Fall des unbefugten Löschens gespeicherter Daten. Weiter erfolgte durch § 270 die Gleichstellung der fälschlichen Beeinflussung einer Datenverarbeitung mit der Täuschung im Rechtsverkehr. Durch § 152 wurde die Fälschung von Euroschecks und Scheckkarten strafbewehrt und § 303 durch die Vorschriften über die rechtswidrige Datenveränderung (§ 303a) und der Computersabotage (§ 303b) ergänzt sowie zur Bekämpfung der Computerspionage der Tatbestand des Ausspähens von Daten (§ 202a) aufgenommen. Zur Frage, ob ein weiterer Regelungsbedarf zur Bekämpfung der Wirtschaftskriminalität besteht, vgl. Weinmann [Lit. zu § 263a] Pfeiffer-FS 87.

1. Im 22. Abschnitt wurden durch das 2. WiKG die Straftatbestände Computerbetrug **12** (§ 263a), Kapitalanlagebetrug (§ 264a), Vorenthalten und Veruntreuen von Arbeitsentgelt (§ 266a) und Mißbrauch von Scheck- und Kreditkarten (§ 266b) eingefügt, und damit die in diesem Abschnitt eingeleitete Entwicklung hin zum Schutz überindividueller Rechtsgüter fortgesetzt. Zwar will § 263a mit seinem Schutzgegenstand „Ergebnis eines vermögensrelevanten Datenverarbeitungsvorgangs" in erster Linie das Individualvermögen schützen, mittelbar werden – in Anbetracht des Ausmaßes, das der Computereinsatz angenommen hat – wichtige Allgemeininteressen im Bereich von Wirtschaft und Verwaltung geschützt (D-Tröndle § 263a RN 2; and. Hass [vgl. Lit. zu § 263a] 301: Nur Schutz des Vermögens).

2. Bei § 264a kann ein Überwiegen des Schutzes individueller Vermögensinteressen von **13** Kapitalanlegern schon nicht mehr festgestellt werden, vielmehr ist der Schutz des Vertrauens der Allgemeinheit in den Kapitalmarkt zumindest als gleichwertiges Anliegen des Straftatbestandes zu sehen (vgl. zum Ganzen § 264a RN 1).

3. Auch die Tatbestände der §§ 266a und 266b haben zwei Schutzrichtungen. § 266a (vgl. **14** Abs. 2) dient zwar auch dem Schutzinteresse der Arbeitnehmer an der treuhänderischen Verwaltung von Teilen ihres Arbeitseinkommens, indem der Tatbestand, wie seit längerer Zeit angestrebt (BT-Drs. VI/3250 S. 416; 7/550 S. 432), die Vorschriften des Sozialversicherungsrechts (§§ 529, 1428 RVO; § 225 AFG; § 150 AVG; § 234 RKnappschaftsG) zusammenfaßt (vgl. D-Tröndle § 266a RN 1). Zumindest gleichrangig geschützt ist aber das Interesse der Solidargemeinschaft der Versicherten an der Sicherstellung des Aufkommens der Mittel für die Sozialversicherung.

4. Der im Hinblick auf die weltweite Bedeutung der Scheck- und Kreditkarten und die **15** Entscheidung BGH 33 251 eingeführte § 266b stellt dagegen wiederum den Schutz des Individualvermögens in den Vordergrund (D-Tröndle § 266b RN 2, Otto wistra 86, 152), schützt daneben aber auch die Funktionsfähigkeit des bargeldlosen Zahlungsverkehrs in seiner volkswirtschaftlichen Bedeutung (dazu U. Weber, Dreher-FS 563).

Materialien zum 2. WiKG: Schlußbericht der Sachverständigenkommission zur Bekämpfung der **16** Wirtschaftskriminalität, BMJ 1980; BR-Drs. 219/82; BT-Drs. 9/2008; GesEntwurf des Landes Hessen BR-Drs. 215/83, 215/1 bis 4/83; BR StenBer. 522. Sitz. S. 143, 524. Sitz. S. 189 ff.; BR-Drs. 215/83; GesE der SPD-Fraktion BT-Drs. 10/119; BT-Drs. 10/5100 (Ausschreibungsbetrug; § 10 AÜG); BR-Drs. 150/83; BT-Drs. 10/318; BT-Drs. 10/5058; BT StenBer. 10 S. 15433 ff., S. 15444 (Schlußabstimmung); BR-Drs. 155/1/86; BR-Drs. 155/2/86 (Antrag He, NW, Saarl: Ausschreibungsbetrug); BR-Drs. 155/86 (GesBeschl.).

§ 263 Betrug

(1) **Wer in der Absicht, sich oder einem Dritten einen rechtswidrigen Vermögensvorteil zu verschaffen, das Vermögen eines anderen dadurch beschädigt, daß er durch Vorspiegelung falscher oder durch Entstellung oder Unterdrückung wahrer Tatsachen einen Irrtum erregt oder unterhält, wird mit Freiheitsstrafe bis zu fünf Jahren oder mit Geldstrafe bestraft.**

(2) **Der Versuch ist strafbar.**

(3) **In besonders schweren Fällen ist die Strafe Freiheitsstrafe von einem Jahr bis zu zehn Jahren.**

(4) **§ 243 Abs. 2 sowie die §§ 247 und 248a gelten entsprechend.**

(5) **Das Gericht kann Führungsaufsicht anordnen (§ 68 Abs. 1).**

Übersicht

I.	Allgemeines	(1–4)	
II.	Tatbestandsaufbau	(5)	
III.	Täuschung	(6–31 b)	
IV.	Irrtum	(32–53)	
V.	Vermögensverfügung	(54–77)	
VI.	Vermögensbegriff	(78–98)	
VII.	Vermögensschaden	(99–163)	
VIII.	Subjektiver Tatbestand	(164–177)	
IX.	Versuch und Vollendung	(178, 179)	
X.	Täterschaft und Teilnahme	(180)	
XI.	Konkurrenzen	(181–186)	
XII.	Strafe	(187–189)	
XIII.	Haus- und Familienbetrug. Erlangung geringwertiger Sachen	(190–192)	
XIV.	Verjährung	(193)	

Stichwortverzeichnis
Die Zahlen bedeuten die Randnoten

Abgrenzung z. Diebstahl 63 f.
Absicht rechtswidriger Bereicherung 176, s. auch Bereicherungsabsicht
Abzahlungsgeschäft 131, s. auch Kreditbetrug
Anfechtbare Verträge 131 f.
Angehörigenbetrug 191 f.
Angemessenheit des Preises 16 d, 17 c
Anstellungsbetrug 153 f f.
Anwartschaften 86 ff.
Arbeitskraft 96 f., 155
Aufklärungspflicht 20 ff., s. auch Unterlassen
Ausgleich der Vermögensminderung durch Vermögenszuwachs 106 ff., 120
Ausnützen eines Irrtums 46
Ausschreibung 16 e, 67, 88

Bargeschäfte 28
Beamtenstellung, Erschleichung 156
Beendigung 178
Berechnungsgrundlagen bei Eingehungs- und Erfüllungsbetrug 126
Bereicherungsabsicht 166 ff.
Besitzbetrug 94 f., 157 f., s. auch deliktischer Besitz
Bettelbetrug 41, 77, 101 ff.
Beweismittelbetrug 51, 70, 75, 146 f.
Blankounterschrift 61
Blinder Passagier 33, 37

Codekartenmißbrauch 29 a, 50
Computerkriminalität 53

Darlehensbetrug 25 ff., 162 f., s. auch Kreditbetrug
Deliktischer Besitz 95
Diebstahl, Abgrenzung zum Betrug 63 f.
Dirnenlohn 97
Dispositionsfreiheit 3, 81, 121
Dreiecksbetrug 65 ff.
Duldung der Wegnahme einer Sache 63 f.

Einfordern einer Leistung 16 c
Eingehungsbetrug 125 ff.
Vollendung 130 ff.
– bei wirtschaftlich unausgewogenen Verträgen 131
– bei wirtschaftlich ausgeglichenen Verträgen 132
Entgangener Gewinn 141
Entgelt, gleichwertiges – 112 f.
Entsprechensklausel 19

Entstellung wahrer Tatsachen 6
Erfolgsdelikt, kupiertes 5
Erfüllungsbetrug 125 ff., 135 ff.
   Täuschung vor und nach Vertragsabschluß 137
Erfüllungsfähigkeit 16 a
Erfüllungswille 16 a
Erklärungswert 12
Erschleichung einer Beamtenstellung 56
Exspektanzen 87 ff.

Faktische Position als Vermögenswert 87 f., 94 f., 149
Fangprämie bei Ladendiebstahl 118
Finderlohn 94, 157
Forderungen
   nichtige – 92 f.
   unklagbare – 91
Fortgesetzte Handlung 186

Geldautomat 53
Geldstrafe 151
Geringwertige Sachen 192
Geschäftsgrundlage 16 e
Gleichwertigkeit von Leistung und Gegenleistung 106 ff., 120
Gutglaubenserwerb 111

Haus- und Familienbetrug 190 f.
Haustürgeschäft 131
Heiratsschwindel 159 f.

Identität
– von Getäuschtem und Geschädigtem 65 ff.
– von Getäuschtem und Verfügendem 65 ff.
Ignorantia facti s. Irrtum
Immaterieller Wert 98
Individuelle Verhältnisse des Betroffenen 121 ff.
Ingerenz 20
Irrtum 33 ff.
   Ausnützen eines – 46
   Bezugsgegenstand 34 f.
   Erregung eines – 43 f.
   ignorantia facti 36 f., 44, 60
   Intensitätsgrad der Fehlvorstellung 38 ff.
   Unterhaltung eines – 45

Kaskoversicherung 161
Kausalzusammenhang 77
Kaution 120
Kompensation 106 ff., 120

Konkludentes Tun 14ff.
Konkurrenzen 181ff.
Kreditbetrug 25ff., 162f.
  Täuschung über Verwendungszweck des Darlehns 31
  vollwertige Sicherungen 162a
  Zahlungswille beim – 22, 27
Kreditkarte 29

Lastschriftverfahren 30
Legitimationspapier 16b, 48
Leistungsentgegennahme 17a
Liebhaberwert 124
Listenpreis, Vorspiegelung von – 16d

Mahnverfahren 52, 74
Makeltheorie 111
Mehraktige Verfügungen 62
Minderwertige Ware 110
Mißverhältnis
  – von Anspruch und Leistung, s. Erfüllungsbetrug
  – von Leistung und Gegenleistung, s. Eingehungsbetrug
Mittelbare Täterschaft 180
Motive, Mehrzahl – 77

Nachträgliche Zahlungsunfähigkeit 17a, 22
Naturalobligation 91
Nichtgeltendmachen einer Forderung 60

Objektiv-individueller Schadensbegriff 108ff.
Offenbarungspflicht 20ff., s. Unterlassen
Optionsgeschäft 31b, 114a

Parteibehauptungen, unwahre – 51, 69ff.
Persönlicher Schadenseinschlag 121ff.
Plagiat 110
Provisionsvertreter 16f., 169
Prozeßbetrug 51f., 69ff.
  – durch unwahre Parteibehauptungen 71
  – Irrtum 51ff.
  – Verfügung 69ff.
  – Versäumnis- und Mahnverfahren 74
Prozeßkostenhilfe 73
Prozeßrisiko 111, 144

Rechtsgut beim Betrug 1
Rechtswidrigkeit des Vermögensvorteils 170ff.
  Irrtum über – 175
  – der Vermögensverschiebung 172ff.
Risikogeschäft 16e

Scheck 16c, 29, 49
Scheckkarte 29a, 50, 145
Schenkungsbetrug 31, 115
Schutzrichtung 2
Schwarzmarktgeschäfte 150
Selbstbedienungsladen 16f, 58, 118, 184
Selbsthilfebetrug 147
Selbstschädigung
  bewußte 105
  bei gemischten Verträgen 105
  unbewußte 41, 101f.
Sicherungsbetrug 184f.
Sittenwidrige Geschäfte 93, 148ff.

Soziale Zweckverfehlung 102, s. auch Bettel- und Spendenbetrug
Spätwette 16e, 39, 114
Sparkassenbuch 16b, 48
Spekulationsgeschäft 16e, 114
Spendenbetrug 41, 101ff.
Stoffgleichheit 168f.
Stundung 115
Subj. Einschlag bei Schadensberechnung 121ff.
Subventionsbetrug 31a, 104

Täuschung 11ff.
  – ausdrückliche 13
  – durch Unterlassen 18ff.
  – schlüssige (konkludente) 14ff.
  – über innere Tatsachen 10
  – über Tatsachen 8
  – über Zahlungswillen 10
Täuschungshandlung 6ff., 11ff.
  – Erklärungswert 12
  – gesetzliche Aufgliederung 7
Tarifmäßige Vergütung 16d, 138
Tatsachen 8
  – innere 10
  – und Prognosen 9, 34
  – und Werturteile 9
  – zukünftige 8
Teilnahme 180
Treu und Glauben
  Offenbarungspflicht aus – 23
  – als Rechtsgut des Betruges 1

Überhöhte Vergütung, Täuschung über – 16d, 17c
Unterdrückung wahrer Tatsachen 7
Unterlassen
  Aufklärungspflicht 20ff.
  aus besonderem Vertrauensverhältnis 19, 21
  aus Gesetz 21
  aus Ingerenz 20
  aus Treu und Glauben 23
  aus Vertrag 22
  Täuschung durch – 18ff.
  Vermögensverfügung durch – 58

Verbotene Geschäfte 93, 150
Verfügungsbefugnis 16b
Verjährung 196
Verletzter 4
Vermittlungslehre 82ff.
Vermögen 84ff.
  Ansprüche
    unwirksame 92
    aus sittenwidrigem oder verbotenem Rechtsgeschäft 93
  Anwartschaften 86
  Arbeitskraft 96f.
  Besitz 94f.
  Gewinnchancen 90
  immaterielle Werte 98
  Naturalobligationen 91
  subjektive Vermögensrechte 85
  tatsächliche Anwartschaften (Exspektanzen) 87ff.
Vermögensbegriff 78a ff.
  dynamischer – 81

individualisierender – 81
juristischer – 79
juristisch-ökonomischer 82
materialer – 82
personaler – 81
wirtschaftlicher 80
Vermögensbeschädigung, s. Vermögensschaden
Vermögensgefährdung 143 ff.
Vermögensschaden 78 ff., 99 ff.
– bei anfechtbaren Verträgen 131 f.
Anstellungsbetrug 153 ff.
– bei Ausgleich durch gesetzliche Ansprüche 120
Ausgleich durch Vermögenszuwachs 106 ff.
Bearbeitungskosten bei Ladendiebstahl 118
– bei Befreiung von einer Verbindlichkeit 116 f.
Besitzverlust, endgültiger 157
– vorübergehender 158
– bei Beweismittelbetrug 146 f.
– Fangprämie bei Ladendiebstahl 118
– bei gutgläubigem Erwerb 111
individuelle Verhältnisse 121 ff.
– bei Mißverhältnis von Anspruch und Leistung 128 ff.
– bei Mißverhältnis von Leistung und Gegenleistung 110
– bei nicht durchsetzbaren Rechtspositionen 119
– bei nichtigen Verträgen 149 f.
objektiv-individueller Schadensbegriff 108 ff.
staatliche Sanktionen 151
Stufen der Schadensverwirklichung 127 ff.
subjektive Wertschätzung 124
– durch unentgeltliche Hingabe von Vermögenswerten 138
– unmittelbarer 61, 140 ff.
– bei unsittlichen Rechtsgeschäften 148 ff.
– bei verbotenen Rechtsgeschäften 150
– durch Vermögensgefährdung 143 ff.
– bei wirtschaftlich ausgeglichenen Verträgen 132 f.
– bei wirtschaftlich unausgewogenen Verträgen 131
Vermögensverfügung 54 ff.
bewußte oder unbewußte – 60
mehraktige 62
– durch Dulden 57
– durch positives Tun 56
– durch hoheitliche Anordnung 56, 68
– durch Unterlassen 58
Vermögensvorteil 166 ff.
rechtwidriger – 170 ff.
– zugunsten eines Dritten 177
Versäumnisverfahren 52, 74
Verschweigen als Täuschung 18
Versuch 179
Vertreter ohne Vertretungsmacht 120
Verwendungszweck 16e, 31
Vollendung 178
Vorbereitungshandlung 179
Vorsatz 164 f.
Vorspiegelung falscher Tatsachen 6 ff., 13 ff.
– gegenüber Dritten 180
– durch schlüssiges Verhalten 14 ff.
– zugesicherter Eigenschaften 13
VW-Aktien 88, 105, 114

Warentermingeschäft 31b, 114a
Wechselgeldbetrug 64
Wechselgeschäfte 29, 163
Wirtschaftliche Bewegungsfreiheit 98, s. auch Dispositionsfreiheit

Zahlungsfähigkeit, Täuschung über – 16a, 25, 28
Zahlungswilligkeit, Täuschung über – 16a, 25, 27, 162
Zechprellerei 16a, 28, 39, 186
Zweckverfehlung, soziale 102 ff.

Schrifttum: Achenbach, Aus der 1987/1988 veröffentlichten Rechtsprechung zum Wirtschaftsrecht, NStZ 89, 497. – *Amelung,* Unternehmerpfandrecht und Schadensberechnung beim Betrug NJW 75, 624. – *ders.,* Irrtum und Zweifel des Getäuschten beim Betrug, GA 77, 1. – *Backmann,* Die Abgrenzung des Betruges von Diebstahl und Unterschlagung, 1974. – *Baumann,* Amtsunterschlagung und Betrug, NJW 61, 1141. – *Bittner,* Der Gewahrsamsbegriff und seine Bedeutung für die Vermögensdelikte, Diss. Göttingen 1972. – *ders.,* Zur Abgrenzung von Trickdiebstahl, Betrug und Unterschlagung, JuS 74, 156. – *Bockelmann,* Der Unrechtsgehalt des Betruges, in: Probleme der Strafrechtserneuerung (Kohlrausch-FS) 226. – *ders.,* Zum Begriff des Vermögensschadens beim Betrug, JZ 52, 461. – *ders.,* Betrug verübt durch Schweigen, Eb. Schmidt-FS 437. – *ders.,* Betrug trotz ausreichender Gläubigersicherung, NJW 61, 145. – *ders.,* Kriminelle Gefährdung und strafrechtlicher Schutz des Kreditgewerbes, ZStW 79, 28. – *Bohnenberger,* Betrug durch Vertragserschleichung, 1990. – *Bringewat,* Der Mißbrauch von Kreditkarten, JA 84, 347. – *Bruns,* Gilt die Strafrechtsordnung auch für und gegen Verbrecher untereinander?, Mezger-FS 335. – *ders.,* Können ordnungswidrige Preisabsprachen bei öffentlichen Ausschreibungen nach geltendem Recht auch als Betrug mit Kriminalstrafe geahndet werden?, NStZ 83, 385. – *Burchardt,* Täuschung und Rechtswidrigkeit beim Kreditbetrug, 1937 (Abh. des Berl. Kriminal. Instituts). – *Busch,* Erpressung und Betrug, 1922. – *ders.,* Betrug durch Verschweigen, 1934 (Sonderausgabe aus der FS der Leipziger Juristenfakultät für R. Schmidt). – *Charalambakis,* Die Nichtbezahlung beim Selbstbedienungstanken – Eine kritische Diskussionsübersicht, MDR 85, 975. – *v. Cleric,* Betrug verübt durch Schweigen, 1918. – *Cramer,* Vermögensbegriff und Vermögensschaden im Strafrecht, 1968. – *ders.,* Die Grenzen des Vermögensschutzes im Strafrecht, JuS 66, 472. – *ders.,* Kausalität und Funktionalität der Täuschungshandlung im Rahmen des Betrugstatbestandes, JZ 71, 415. – *Dästner,* Straffreiheit für den Prozeßbetrug im automatisierten Mahnverfahren?, ZRP 76, 36. – *Detter,* Zum Strafzumessungs- und Maßregelrecht, NStZ 89, 465. – *Ellmer,* Betrug und Opfermitverantwortung, 1986. – *Ellscheid,* Das Problem der bewußten Selbstschädigung beim Betrug GA 71, 161. – *Engisch,* Das Problem der psychischen Kausalität beim

Betrug, v. Weber-FS 247. – *Eser,* Die Beeinträchtigung der wirtschaftlichen Bewegungsfreiheit als Betrugsschaden GA 62, 289. – *Fabricius,* Betrug, Betrugsbegriffe und gesellschaftliche Entwicklung, 1985. – *Fleischer,* Die strafrechtliche Bewertung provozierter Auffahrunfälle, NJW 76, 878. – *Foth,* Betrug und illegales Rechtsgeschäft, GA 66, 33. – *Franzheim,* Zur Strafbarkeit des Komplizen- und Dirnenlohnbetrugs, GA 60, 269. – *ders.,* Probleme des Beitragsbetruges im Bereich der illegalen Arbeitnehmerüberlassung, wistra 87, 313. – *Franzheim-Krug,* Betrug durch Erschleichen von Unterschriften, GA 75, 97. – *Frisch,* Funktion und Inhalt der „Irrtums" im Betrugstatbestand, Bockelmann-FS 647. – *Gallas,* Der Betrug als Vermögensdelikt, Eb. Schmidt-FS 401. – *Geerds,* Baubetrug, NStZ 91, 57. – *Geppert,* Die Abgrenzung von Betrug und Diebstahl, insbesondere in den Fällen des sogenannten „Dreiecks-Betruges", JuS 77, 69. – *Gerhold,* Zweckverfehlung und Vermögensschaden, 1988. – *Giehring,* Prozeßbetrug im Versäumnis- und Mahnverfahren, GA 73, 1. – *Goldschmidt,* Beiträge zur Lehre vom Kreditbetruge, ZStW 48, 149. – *Gössel,* Vom Scheckbetrug zum Scheckkartenbetrug, MDR 73, 177. – *ders.,* Probleme notwendiger Teilnahme bei Betrug, Steuerhinterziehung und Subventionsbetrug, wistra 85, 125. – *Groß,* Betrug ohne Irrtum?, NJW 73, 600. – *Grünhut,* Der strafrechtliche Schutz wirtschaftlicher Interessen, RG-FG Bd. V, 116. – *ders.,* Der strafrechtliche Schutz loyaler Prozeßführung, SchwZStr. 51, 43 (67). – *Günther,* Wahlfeststellung zwischen Betrug und Unterschlagung?, JZ 76, 665. – *ders.,* Zur Kombination von Täuschung und Drohung bei Betrug und Erpressung, ZStW 88, 960. – *Gutmann,* Der Vermögensschaden beim Betrug im Licht der neueren höchstrichterlichen Rechtsprechung, MDR 63, 3, 91. – *Haft,* Die Lehre vom bedingten Vorsatz, ZStW 88, 365. – *Hansen,* Die subjektive Seite der Vermögensverfügung beim Betrug, MDR 75, 533. – *R. Hassemer,* Schutzbedürftigkeit des Opfers und Strafrechtsdogmatik, 1981. – *Hardwig,* Beiträge zur Lehre vom Betruge, GA 56, 6. – *Hegler,* Betrug, VDB VII, 405. – *Hartmann,* Das Problem der Zweckverfehlung beim Betrug, 1988. – *Herzberg,* Bewußte Selbstschädigung beim Betrug, MDR 72, 93. – *ders.,* Betrug und Diebstahl durch listige Sachverschaffung, ZStW 89, 367. – *Hirsch,* Zum Spannungsverhältnis von Theorie und Praxis im Strafrecht, Tröndle-FS 19. – *Hirschberg,* Der Vermögensbegriff im Strafrecht, 1934. – *Jecht,* „Überhöhte" Preisforderung und Betrugstatbestand, GA 63, 41. – *Joecks,* Zur Vermögensverfügung beim Betrug, 1982. – *Kaiser,* Betrug durch bewußtes Ausnutzen von Fehlern beim Geldwechseln, NJW 71, 601. – *Keunecke,* Prozeßbetrug, 1940 (StrAbh. Heft 417). – *Kühl,* Umfang und Grenzen des strafrechtlichen Vermögensschutzes, JuS 89, 505. – *Kühne,* Geschäftstüchtigkeit oder Betrug?, 1978. – *Lackner/Imo,* Zum Vermögensschaden bei betrügerischen Manipulationen mit Warenterminoptionen, MDR 83, 969. – *Lampe,* Strafrechtliche Aspekte der „Unterschriftserschleichung" durch Provisionsvertreter, NJW 78, 679. – *ders.,* Der Kreditbetrug (§§ 263, 265b StGB), 1980. – *Lange,* Privilegierung des Ladendiebes?, JR 76, 177. – *Lenckner,* Vertragswert und Vermögensschaden beim Betrug des Verkäufers, MDR 61, 652. – *ders.,* Zum Problem des Vermögensschadens (§§ 253, 263 StGB) beim Verlust nichtiger Forderungen, JZ 67, 105. – *ders.,* Kausalzusammenhang zwischen Täuschung und Vermögensschaden, NJW 71, 599. – *ders.,* Vermögensschaden und -gefährdung beim Eingehungsbetrug, JZ 71, 320. – *ders.,* Computerkriminalität und Vermögensdelikte, 1981. – *Lenckner/Winkelbauer,* Strafrechtliche Probleme im modernen Zahlungsverkehr, wistra 84, 83. – *Maaß,* Betrug verübt durch Schweigen, 1982. – *ders.,* Betrug gegenüber einem Makler, JuS 84, 25. – *ders.,* Die Abgrenzung von Tun und Unterlassen beim Betrug, GA 84, 264. – *Maurach,* Die strafrechtliche Beurteilung des unberechtigten Erwerbes von Volkswagen-Aktien, NJW 61, 625. – *H. Mayer,* Die Untreue im Zusammenhang der Vermögensverbrechen, 1926. – *Merkel,* Kriminalistische Abhandlungen II., Die Lehre vom strafbaren Betruge, 1867. – *Meurer,* Betrug als Kehrseite des Ladendiebstahls?, JuS 76, 300. – *ders.,* Die Bekämpfung des Ladendiebstahls, 1976. – *Meyer,* Die mißbräuchliche Benutzung der Scheckkarte – Betrug oder Untreue?, JuS 73, 214. – *ders.,* Schließt das Werkunternehmerpfandrecht beim Betrug einen Vermögensschaden aus?, MDR 75, 357. – *Mezger,* Vermögensberechnung bei Sachwucher und Betrug, DR 37, 1289. – *Miehe,* Unbewußte Verfügungen, 1987. – *Mohrbotter,* Rechtswidrigkeit von Zueignung und Bereicherung im Strafrecht, GA 67, 199. – *ders.,* Der Bettel-, Spenden- und Subventionserschleichungsbetrug, GA 69, 225. – *ders.,* Die Anwartschaften im System des Betrugstatbestandes, GA 71, 321. – *ders.,* Grenzen des Vermögensschutzes beim Betrug, GA 75, 41. – *Müller/Wabnitz,* Wirtschaftskriminalität, 2. A., 1986. – *Naucke,* Zur Lehre vom strafbaren Betrug, 1964. – *ders.,* Der Kausalzusammenhang zwischen Täuschung und Irrtum beim Betrug, Peters-FS 109. – *ders.,* Der Kleinbetrug, Lackner-FS 695. – *Oehler,* Liegt beim gutgläubigen Erwerb vom Nichtberechtigten ein Vermögensschaden im Rahmen des Betruges vor?, GA 56, 161. – *Otto,* Zur Abgrenzung von Diebstahl, Betrug und Erpressung bei der deliktischen Verschaffung fremder Sachen, ZStW 79, 59. – *ders.,* Die Struktur des strafrechtlichen Vermögensschutzes, 1970. – *ders.,* Bargeldloser Zahlungsverkehr und Strafrecht, 1978. – *ders.,* Die neuere Rechtsprechung zu den Vermögensdelikten, JZ 85, 21 ff. u. 69 ff. – *ders.,* Mißbrauch von Scheck- und Kreditkarten sowie Fälschung von Vordrucken für Euroschecks und Euroscheckkarten, wistra 86, 150. – *E. Putzo,* Betrug durch Angabe fingierter Forderungen im Lastschrift-Einzugsverkehr, NJW 78, 689. – *Ranft,* Grundfälle aus dem Bereich der Vermögensdelikte, JA 84, 723. – *Rengier,* „Dreieckserpressung" gleich „Dreiecksbetrug"?, JZ 85, 565. – *ders.,* Kündigungs-Betrug des Vermieters durch Tun und Unterlassen bei vorgetäuschtem Eigenbedarf – BayObLG NJW 87, 1654. – *Riemann,* Vermögensgefährdung und Vermögensschaden, 1989. – *Rietzsch,* Prozeßbetrug und Wahrheitspflicht, DStR 34, 9. – *Samson,* Grundprinzipien des strafrechtlichen Vermögensbegriffes, JA 89, 510. – *Sarstedt,* Betrug durch Amtserschleichung, JR 52, 308. –

Schauer, Grenzen der Preisgestaltungsfreiheit im Strafrecht, 1989. – *Scheffler,* Prozeßgesinnung und Prozeßbetrug, DStR 39, 204. – *Schmidhäuser,* Der Zusammenhang von Vermögensverfügung und Vermögensschaden beim Betrug (§ 263 StGB), Tröndle-FS 305. – *Schmoller,* Ermittlung des Betrugsschadens bei Bezahlung eines marktüblichen Preises, ZStW 103, 92. – *ders.,* Betrug bei bewußt unentgeltlichen Leistungen, JZ 91, 117. – *Schönfeld,* Interessenverletzung und Betrugsschaden, JZ 64, 206. – *Schröder,* Über die Abgrenzung des Diebstahls von Betrug und Erpressung, ZStW 60, 33. – *ders.,* Grenzen des Vermögensschadens beim Betrug, NJW 62, 721. – *ders.,* Zum Vermögensbegriff bei Betrug und Erpressung, JZ 65, 513. – *ders.,* Betrug durch Behauptung wahrer Tatsachen?, Peters-FS 153. – *Schumann,* Betrug und Betrugsbeihilfe durch wahre Behauptungen?, JZ 79, 588. – *Schünemann,* Methodenprobleme bei der Abgrenzung von Betrug und Diebstahl in mittelbarer Täterschaft, GA 69, 46. – *ders.,* Einige vorläufige Bemerkungen zur Bedeutung des viktimologischen Ansatzes in der Strafrechtsdogmatik, in: H. J. Schneider, Das Verbrechensopfer in der Strafrechtspflege, 1982, 407. – *ders.,* Zukunft der Viktimodogmatik: die viktimologische Maxime als umfassendes regulatives Prinzip zur Tatbestandseingrenzung, Faller-FS, 357. – *Seier,* Kündigungsbetrug durch Verschweigen des Wegfalls von Eigenbedarf, NJW 88, 1617. – *ders.,* Der Kündigungsbetrug, 1989. – *ders.,* Prozeßbetrug durch Rechts- und ungenügende Tatsachenbehauptungen, ZStW 102, 563. – *Sennekamp,* Zur Strafbarkeit der Begebung ungedeckter Schecks unter Verwendung der Scheckkarte, BB 73, 1005. – *Sieber,* Computerkriminalität und Strafrecht, 2. A., 1980. – *ders.,* Informationstechnologie und Strafrechtsreform, 1985. – *Sieg,* Strafrechtlicher Schutz gegen Computerkriminalität, Jura 86, 352. – *Sonnen,* Strafrechtliche Grenzen des Handels mit Optionen auf Warentermin-Kontrakte, wistra 82, 123. – *ders.,* Der Vermögensschaden beim betrügerischen Handel mit Warenterminoptionen, StV 84, 175. – *Stahlschmidt,* Beitragsvorenthaltung und Betrug im Zusammenhang mit illegaler Beschäftigung, wistra 84, 209. – *Steinhilper,* Zur Betrugsstrafbarkeit des Kreditkartenmißbrauchs, NJW 85, 300. – *ders.,* Ist die Bedienung von Bargeldautomaten unter mißbräuchlicher Verwendung fremder Codekarten strafbar?, GA 85, 114. – *Steinke,* Kriminalität durch Beeinflussung von Rechnerabläufen, NStZ 84, 295. – *Sternberg-Lieben,* Internationaler Musikdiebstahl und deutsches Strafanwendungsrecht, NJW 85, 2121. – *Tenckhoff,* Eingehungs- und Erfüllungsbetrug, Lackner-FS 677. – *Tiedemann,* Der Vergleichsbetrug, Klug-FS 405. – *ders.,* Gründungs- und Sanierungsschwindel durch verschleierte Sacheinlagen, Lackner-FS 737. – *ders.,* Computerkriminalität und Mißbrauch von Bankomaten, WM 83, 1326. – *Traub,* Betrug bei Veräußerung unterschlagener Sachen an einen gutgläubigen Erwerber, NJW 56, 450. – *Trifterer,* Abgrenzungsprobleme beim Betrug durch Schweigen, JuS 71, 181. – *ders.,* Vermögensdelikte im Bundesligaskandal, NJW 75, 612. – *von Ungern-Sternberg,* Wirtschaftskriminalität beim Handel mit ausländischen Aktien, ZStW 88, 653. – *Wachinger,* Vorbemerkung über Kreditbetrug, GS 102, 376. – *Weidemann,* Die funktionale Beziehung zwischen Irrtum und Schaden beim Betrug, GA 67, 238. – *ders.,* Zur Frage des Betrugsschadens bei Gleichwertigkeit von Leistung und Gegenleistung, MDR 73, 992. – *Weimar,* Veräußerung von Sicherungsgut als Betrug zum Nachteil des Treunehmers?, MDR 61, 24. – *Welzel,* Die Wahrheitspflicht im Zivilprozeß, 1935. – *ders.,* Zum Schadensbegriff bei Erpressung und Betrug, NJW 53, 652. – *ders.,* Vorteilsabsicht beim Betrug, NJW 62, 20. – *Werle,* Der strafrechtliche Schutz des Mietbesitzes an Wohnungen, NJW 85, 2913. – *Wiechers,* Strafrecht und Technisierung im Zahlungsverkehr, JuS 79, 847. – *Wismer,* Das Tatbestandselement der Arglist beim Betrug, 1988. – *E. Wolf,* Zum gegenwärtigen Stand der Lehre vom Prozeßbetrug, JW 38, 1921. – *Worms,* Warenterminoptionen: Strafbarer Betrug oder nur enttäuschte Erwartungen?, wistra 84, 123. – *Würtenberger,* Betrug durch Schweigen im Kunsthandel, NJW 51, 176. – *Zahrnt,* Die Scheckkarte unter strafrechtlichen Gesichtspunkten, NJW 72, 277.

1 I. **Betrug** ist die durch Täuschung verursachte Vermögensschädigung eines anderen in Bereicherungsabsicht. **Geschütztes Rechtsgut** ist ausschließlich das **Vermögen** (Bockelmann Kohlrausch-FS 240, M-Maiwald II/1 408 f., Naucke, Strafbarer Betrug 103, Blei II 215 f., Lackner LK 4, D-Tröndle 1 a, RG **74** 168 m. Anm. Gallas ZAkDR 40, 246, BGH **3** 99, **16** 325, 372), nicht „Treu und Glauben" im Geschäftsverkehr (so aber Mezger II 167) oder das „Recht auf Wahrheit", das nach Frank I und Gutmann (MDR 63, 3) neben dem Vermögen und nach Kohlrausch (Schlegelberger-FS 222) ausschließlich geschützt sein soll; zur Entwicklung vgl. Hirschberg aaO 256, Cramer, Vermögensbegriff 23 ff. Zur Entwicklung der Betrugsstrafbarkeit aus sozialwissenschaftlicher Sicht vgl. Fabricius aaO.

2 Geschützt ist sowohl das private wie das Vermögen der öffentlichen Hand, und zwar inländisches wie ausländisches Staatsvermögen; richtet sich die Tat allerdings gegen eine durch einseitigen Hoheitsakt des ausländischen Staates auferlegte Zahlungspflicht, so scheidet § 263 aus (Bay NJW **80,** 1057), weshalb z. B. die Hinterziehung ausländischer Steuern nicht als Betrug bestraft werden kann (Schröder JR 64, 353).

3 1. Geschützt wird hier das **Vermögen** als **Ganzes** im Gegensatz zu den Eigentumsdelikten und solchen Tatbeständen, die nur einzelne Vermögensbestandteile erfassen, wie z. B. das Pfandrecht oder den Nießbrauch in § 289 oder das Aneignungsrecht des Jagdberechtigten in § 292, wenn auch die Absicht des Täters auf einen bestimmten Gegenstand gerichtet sein kann (vgl. Eser IV 99). Aber das Vermögen als Ganzes ist hier **nur gegen** eine **bestimmte Angriffsmethode** geschützt, nämlich „gegen die zur Selbstschädigung veranlassende Täuschung" (Wimmer DRZ 48, 118 Anm. 6): Der Täter veranlaßt einen anderen, für ihn eine Handlung vorzunehmen, die dessen – oder das Vermögen eines Dritten – beeinträchtigt und das Vermögen des Täters oder eines Dritten vermehren soll; eine Situa-

tion, die der mittelbaren Täterschaft insofern ähnlich ist, als § 263 voraussetzt, daß dem Getäuschten der vermögensschädigende Charakter seiner Verfügung verborgen bleiben muß (vgl. Zimmerl ZStW 49, 54, Schröder ZStW 60, 70, Cramer, Vermögensbegriff 206 f.); näher dazu u. 41, 101.

2. Aus der Eigenschaft des Betruges als Vermögensdelikt ergibt sich, daß **Verletzter** beim Betrug 4 ausschließlich der Träger des geschädigten Vermögens ist; nicht dagegen der Getäuschte und damit der über fremdes Vermögen Verfügende.

II. Der **objektive Tatbestand** erfordert folgende Tatbestandsmerkmale: Täuschung (u. 6 ff.), 5 Irrtum (u. 32 ff.), Vermögensverfügung (u. 54 ff.), Vermögensschaden (u. 99 ff.). Die Täuschung des Täters muß den Irrtum des Getäuschten hervorrufen, der Irrtum zu einer Vermögensverfügung und diese dann zu einem Vermögensschaden führen. Alle Merkmale des objektiven Tatbestandes müssen in einem kausalen und funktionalen Zusammenhang zueinander stehen. Der Betrug stellt wie die Erpressung ein **kupiertes Erfolgsdelikt** dar (Lackner LK 6, M-Maiwald II/1 407); and. Schmidhäuser II 115, der jedoch übersieht, daß sich die unrechtstypisierenden Merkmale des Betruges nicht in der täuschungsbedingten fremden Vermögensschädigung erschöpfen. Hat der Täter die auf Vorteilserlangung gerichtete Absicht (vgl. u. 166 ff.), so ist der Tatbestand schon mit dem Eintritt des Nachteils beim Geschädigten erfüllt. Eine Bereicherung des Täters oder eines anderen braucht nicht eingetreten zu sein.

III. Die **Täuschungshandlung** besteht nach dem Wortlaut des Gesetzes in der Vorspiegelung 6 falscher oder in der Entstellung oder Unterdrückung wahrer Tatsachen. Vorspiegeln einer Tatsache bedeutet, daß der Täter einem anderen eine nicht bestehende Tatsache als bestehend zur Kenntnis bringt. Entstellen ist das Verfälschen des tatsächlichen Gesamtbildes durch Hinzufügen oder Fortlassen einzelner Elemente. Unterdrücken einer wahren Tatsache bedeutet schließlich ein Handeln, durch das eine Tatsache der Kenntnis einer anderen Person entzogen wird. Es genügt also jedes Verhalten, durch das im Wege einer Einwirkung auf das intellektuelle Vorstellungsbild eines anderen eine Fehlvorstellung über die Realitäten erregt werden kann.

Die **gesetzliche Aufgliederung der Täuschungshandlung** in die drei genannten Modalitäten ist 7 **irreführend**, da sie letztlich keine verschiedenartigen Formen darstellen (so schon Binding Lehrb. 1, 348), sondern weitgehend ineinander übergehen. Auf der Grundlage der geläufigen Definitionen wird deutlich, daß das Vorspiegeln einer nichtbestehenden Tatsache zugleich die Unterdrückung der in Wahrheit bestehenden Tatsache ist. Weiter beinhaltet jede Entstellung von Tatsachen ein Vorspiegeln nichtbestehender oder ein Unterdrücken bestehender Tatsachen, wohingegen die Unterdrückung einer Tatsache gleichzeitig das Vorspiegeln eines Tatsachenbildes ohne die unterdrückte Tatsache enthält. Dies ist bei der Bewertung älterer Rspr. zu berücksichtigen, die häufig an den gesetzlichen Formulierungen klebt, ohne die entscheidenden Kriterien herauszuarbeiten. So soll z. B. das Unterdrücken einer wahren Tatsache vorliegen bei Veränderung des Elektrizitätszählers zur Verwischung von Spuren unerlaubter Stromentnahme (RG **35** 311) oder beim Verpacken vertragswidriger, unter einer besseren Oberschicht verdeckter Waren (RG GA Bd. **50** 392) oder bei Überstreichen mit Schwamm befallener Stellen eines Hauses (RG **20** 144). Ebenso darin, daß jemand ein Testament, in dem er sich eigenmächtig eine Zuwendung ausgesetzt hat, dem Erblasser nur unvollständig vorliest (RG **42** 171) oder daß ein Provisionsreisender einen Bestellschein, den er abweichend von den mündlichen Vereinbarungen ausgefüllt hat, dem Kunden zur Unterschrift vorlegt und dabei das Durchlesen des Bestellscheins verhindert (RG JW **13**, 950). In Wahrheit kann der Täter in dreifacher Weise täuschen: Durch ausdrückliches Vorspiegeln, durch schlüssiges Verhalten und durch Unterlassen bei bestehender Aufklärungspflicht. Der entscheidende Unterschied zwischen den verschiedenen Modalitäten einer Täuschungshandlung besteht in Folgendem: Während beim Vorspiegeln der Täter die Unwahrheit expressis verbis zum Ausdruck bringt, verschleiert er sie beim schlüssigen Verhalten, sagt also etwas an sich nicht Unwahres, dies aber in einer Form, die aufgrund ihres Erklärungswertes dem Adressaten den Schluß auf die Unwahrheit aufdrängt. In beiden Fällen handelt es sich um einen Betrug durch positives Tun. Beim Betrug durch Unterlassen hingegen wird ein bestehender Irrtum nicht aufgeklärt, weshalb § 263 nur in Betracht kommt, wenn dem Täter die Pflicht obliegt, das von der Realität abweichende Vorstellungsbild des Partners zu korrigieren. Zu den verschiedenen Täuschungsmodalitäten vgl. u. 11 ff.

1. Die Täuschungshandlung kann sich nur auf **Tatsachen** beziehen. Unter diesem Begriff 8 sind alle konkreten vergangenen oder gegenwärtigen Geschehnisse oder Zustände der Außenwelt und des menschlichen Innenlebens zu verstehen. Als Tatsache ist nicht nur das tatsächlich, sondern auch das angeblich Geschehene oder Bestehende anzusehen, sofern ihm das Merkmal der objektiven Bestimmtheit und Gewißheit eigen ist (RG **56** 231). Zu den hier bedeutsamen Tatsachen gehören z. B. die Beschaffenheit (RG **28** 189), Vertragsmäßigkeit (RG GA Bd. **50** 392), Verkehrsfähigkeit (Koblenz NJW **72**, 1907) und Herkunft (BGH **8** 48) einer Sache, das Alter, die Identität oder die gegenwärtigen familiären, sozialen, körperlichen (RG **4** 352) und finanziellen (BGH **6** 198, Zweibrücken wistra **89**, 72 m. Anm. Keller JR 89, 391; vgl. auch Seier ZStW 102, 583) Verhältnisse einer Person, zu den verschiedenen Formen des Baubetruges vgl.

Geerds NStZ 91, 57. Etwas Zukünftiges ist noch keine Tatsache, es wird zur Tatsache erst mit seinem Eintritt (RG **52** 232, M-Maiwald II/1 411; and. Binding Lehrb. 1, 346); dagegen sind wissenschaftliche Erkenntnisse oder Konventionen, die auf künftige Ereignisse (Sonnenfinsternis, Frühlingsanfang, Ostern) sichere Schlüsse zulassen, als gegenwärtige Tatsachen anzusehen (vgl. Welzel 368, Lackner LK 11), weshalb z. B. Betrug begeht, wer gefärbte Gläser zur Beobachtung einer angeblich bevorstehenden Sonnenfinsternis verkauft; ebenso wenn ein Angestellter einen Dieb zur Zahlung einer sog. Fangprämie mit dem Hinweis veranlaßt, die Angelegenheit werde dann lediglich der Polizei vorgelegt, die dann den Vorgang nur in ihren Akten vermerke, ansonsten sei die Angelegenheit erledigt (Koblenz MDR **76**, 421; krit. Meyer MDR 76, 980). Ist dagegen das künftige Ereignis nicht vorausberechenbar, so liegt in der Behauptung, es werde eintreten, keine Täuschungshandlung; Betrug scheidet daher aus, wenn jemand durch die Behauptung, es werde im Sommer in einem bestimmten Gebiet zu Hagelschlägen kommen, einen anderen zum Abschluß einer entsprechenden Versicherung veranlaßt. Ein Betrug kommt insoweit nur in Betracht, wenn über das Bestehen naturgesetzlicher Gegebenheiten getäuscht, also z. B. die Behauptung aufgestellt wird, aufgrund wissenschaftlicher Erkenntnisse sei mit dem sicheren Eintritt eines Erdbebens zu einem bestimmten Zeitpunkt zu rechnen. Zur Frage der Täuschung über Tatsachen, wenn der Aberglaube der Opfer ausgenützt wird, vgl. BGH wistra **87**, 255.

9 Den Gegensatz zu Tatsachenbehauptungen bilden die **Urteile** oder **Meinungsäußerungen,** bei denen durch die Mitteilung von subjektiven persönlichen Wertungen Tatsachen zu Normen in Beziehung gesetzt werden; vgl. § 186 RN 4. Gegenstand eines Urteils können zunächst vergangene oder gegenwärtige Sachverhalte sein. Ein bloßes Werturteil ist z. B. in der Regel die Erklärung eines Rechtsbeistandes, er könne als Verteidiger die gleichen Dienste wie ein Rechtsanwalt leisten (RG **56** 321). Urteile sind ferner z. B. die Rechtsausführungen der Partei im Zivilprozeß (vgl. BGH JR **58**, 106 m. Anm. Schröder), es sei denn, sie betreffen ausländisches Recht, das dem Beweis zugänglich ist, oder enthalten einen Tatsachenkern, über den ggf. noch Beweis zu erheben ist (Zweibrücken wistra **89**, 72 m. Anm. Keller JR 89, 391; vgl. auch Seier ZStW 102, 568f.). Ebenfalls keine Tatsachen sind reine Rechtsbehauptungen (zur Geltendmachung einer unvollkommenen Verbindlichkeit [Ehemaklerlohn i. S. v. § 656 BGB] vgl. Stuttgart NJW **79**, 2573 m. Anm. Loos NJW 80, 847, U. Frank NJW 80, 848, Müller JuS 81, 255, 82, 25 u. Heid JuS 82, 22). Die Grenzen zwischen Werturteil und Tatsache sind allerdings fließend. Bei der Unterscheidung ist weniger auf die Form der Äußerung oder die sinnliche Wahrnehmbarkeit des Äußerungsgegenstandes als vielmehr darauf abzustellen, ob sich aus dem Erklärungswert der Äußerung ein objektivierbarer Tatsachenkern ergibt, über dessen Vorhandensein oder Fehlen beim Getäuschten unrichtige Vorstellungen erweckt werden sollen (vgl. Lackner LK 12, der allerdings darauf abstellt, ob die Behauptung dem gerichtlichen Beweise zugänglich ist). So werden gewisse Urteile, sofern sie zu einem konkreten Ereignis in Beziehung stehen, im Rechtsverkehr als Tatsachen behandelt, da sie als solche auch dem Nichtjuristen geläufig sind (z. B. Kauf, Darlehen, Miete). Erklärungen über Qualität oder Wert einer Sache können bloße Urteile (z. B. Wert eines Bildes), aber auch Tatsachenbehauptungen sein, wenn damit zugleich gewisse Eigenschaften des Gegenstandes gekennzeichnet werden; z. B. Verkehrswerte einer Sache, Sicherheit einer Hypothek (RG **20** 3), u. U. auch die Ausnutzungsmöglichkeiten eines Patents (vgl. RG **70** 152), eine Ware sei gut und gangbar (RG HRR **26** Nr. 2306), ein Gasthof gehe gut (RG Recht **13** Nr. 3207), ein Schlankheits-, Haarwuchsmittel sei in seiner Wirksamkeit wissenschaftlich überprüft (BGH **34** 199 m. Anm. Bottke JR 87, 428). Keine Tatsachenbehauptungen stellen dagegen regelmäßig Prognosen über eine zukünftige Entwicklung dar, wie z. B. ein „todsicherer Wettip". Wird hingegen die Prognose auf der Grundlage unzutreffender gegenwärtiger Verhältnisse gestellt, so liegt in deren Bekundung eine Tatsachenbehauptung (vgl. BGH MDR/D **73**, 18; and. Naucke, Strafbarer Betrug 214). Der Unterschied zwischen Tatsachenbehauptung und Werturteil wird vor allem bei der Reklame und ähnlichen Anpreisungen bedeutsam, die Betrug nur sein können, wenn konkrete Tatsachen ernsthaft behauptet werden. Dabei ist zu berücksichtigen, daß die Verkehrsanschauung übertriebene Anpreisungen und marktschreierische Reklame im Bereich der Werbung häufig nicht als ernsthafte Tatsachenbehauptung auffaßt (vgl. Lackner LK 15). Demgegenüber müssen die Angaben in Prospekten stets den Tatsachen entsprechen (RG LZ **28** 1090).

10 Wird für die Erklärung eine sprachliche Form gewählt, die ein Urteil oder die Voraussage eines künftigen Ereignisses enthält, so kann dennoch eine Tatsachenbehauptung vorliegen, wobei hier insbes. eine **innere Tatsache** (Überzeugung, Absicht usw.) in Betracht kommt. Z. B. kann das Versprechen, in Zukunft bezahlen zu wollen, die Behauptung der gegenwärtigen Absicht des Täters einschließen, entsprechend zu handeln (BGH **15** 24, Blei II 222; and. Naucke, Strafbarer Betrug 111, 215; vgl. u. 27f.); in der Erklärung eines Kaufmanns, die Einführung einer Rationierung stehe bevor, liegt die Tatsachenbehauptung, eine solche Maßnahme sei von der Behörde beabsichtigt. Außerdem kann ein Urteil zugleich die Tatsachenbehauptung enthalten, der Urteilende sei von der Richtigkeit seines Urteils überzeugt oder er sei zu der Abgabe des Urteils aufgrund besonderer Sachkunde befähigt (z. B. der Arzt über die Entwicklung einer Krankheit). Schließlich kann auch die Behauptung der Richtigkeit eines

Urteils als Tatsache wirken, wenn der Täuschende mangels Nachprüfbarkeit des Gesagten durch den Getäuschten Anspruch auf Verbindlichkeit seiner Äußerung erhebt, so etwa bei Rechtsauskünften des Anwalts oder der Behauptung, ein Urteil entspreche der Judikatur der obersten Gerichte (Schröder JR 58, 106; vgl. auch Stuttgart NJW **79**, 2574).

2. Eine **Täuschungshandlung** liegt vor, wenn der Täter durch sein Verhalten auf das intellek- **11** tuelle Vorstellungsbild eines anderen einzuwirken sucht oder bei bestehender Rechtspflicht einen schon vorhandenen Irrtum oder eine sich bildende Fehlvorstellung nicht beseitigt. Dabei kommt nicht bloß ein Vorspiegeln in dem Sinne, daß der Täter sich der Sprache, der Gestik oder sonstiger kommunikativer Mittel bedient, um etwas Unwahres zu behaupten, sondern jedes Verhalten in Betracht, dem ein Erklärungswert zukommt, der den Schluß auf die Unwahrheit zuläßt. Neben diesen Formen positiven Tuns besteht auch die Möglichkeit eines Betruges durch Verschweigen, bei dem die „Täuschung" darin liegt, daß der Täter einen schon bestehenden oder sich bildenden Irrtum nicht aufklärt (vgl. dazu eingehend u. 18ff.). Wie diese verschiedenen Täuschungsformen voneinander abzugrenzen sind, ist im einzelnen allerdings umstritten. Einigkeit besteht nur darin, daß die entscheidende Grenze zwischen prositivem Tun und Unterlassen gezogen werden muß, weil letztenfalls von einer Täuschung, soweit ein Betrug durch Unterlassen anerkannt wird (vgl. u. 18), nur bei bestehender Aufklärungspflicht gesprochen werden kann. Streitig ist zunächst die Abgrenzung zwischen ausdrücklichem und konkludentem Verhalten. Teilweise wird hier jede Differenzierungsbedürftigkeit abgelehnt und allein von Täuschen durch positives Tun gesprochen (Kühne aaO 15ff., Lampe Kreditbetrug 9ff.; ebenso wohl Samson SK 23ff., 37f., Wessels II/2 122f.); dem ist sich zwar i. E. zustimmen, indessen ist der Begriff des Täuschens durch positives Tun zu farblos, um die unterschiedlichen Täuschungsmodalitäten zu beschreiben. Teilweise wird das ausdrückliche Vorspiegeln auf Fälle ausgedehnt, in denen nur den Umständen der Schluß auf eine unwahre Tatsachenbehauptung entnommen werden kann (vgl. u. 13). Dies geschieht vor allem dann, wenn für das konkludente Vorspiegeln eine Aufklärungspflicht verlangt wird (vgl. u. 14). Schließlich ist streitig, ob und in welchem Umfang ein Betrug durch Unterlassen möglich ist (vgl. u. 18).

3. Die Fälle einer Täuschung durch positives Tun (ausdrückliches und konkludentes Vorspie- **12** geln) setzen voraus, daß dem Verhalten des Täters ein **Erklärungswert** zukommt, aus dem sich die unwahre Behauptung erschließt. Der Erklärungswert des Verhaltens ist ebenso wie der in ihm enthaltene Erklärungsinhalt nach allgemeinen Interpretationsregeln zu ermitteln. Dies bedeutet, daß zunächst der objektive Inhalt einer Äußerung festzustellen ist, daß aber darüber hinaus auch berücksichtigt werden muß, was der andere nach den Umständen des Falles und den Beziehungen zum Täter als Inhalt der Erklärung verstehen durfte. Es kommt dann darauf an, wie der rechtsgeschäftliche Verkehr die Handlung oder Erklärung des Täters versteht oder verstehen darf, so daß die am Rechtsverkehr orientierte Auslegung seines gesamten Verhaltens zu dem Schluß führt, der Täter wolle eine bestimmte Tatsache erklären (vgl. dazu eingehend u. 14ff.). Dabei ist in allen Fällen zunächst zu fragen, ob aus dem Gesamtverhalten des Täters eine unwahre Erklärung abzuleiten ist. Von hieraus ist es von zweitrangiger Bedeutung, ob der Täter die Unwahrheit in Worte faßt oder in anderer Weise zum Ausdruck bringt. Besonders sorgfältiger Prüfung bedarf es aber, wenn die Erklärung nur den Umständen entnommen werden kann. Auch die bloße Schaffung oder Veränderung einer äußeren Situation kann einen Erklärungswert besitzen, wenn dadurch auf das Vorstellungsbild eines anderen irreführend eingewirkt wird, wenn der Täter in die Räume seiner Bank eindringt und durch Verfälschung seines Kontoblattes sein Guthaben „verbessert", wenn er in einem Kaufhaus Preisschilder an Waren austauscht, um günstiger einzukaufen (vgl. Hamm NJW **68**, 1895 m. Anm. Peters, Düsseldorf NJW **82**, 2268) oder in den Ablauf von Meßzählwerken eingreift (Bay MDR **62**, 70, Hamm NJW **68**, 903, LG Marburg MDR **73**, 67); hier erklärt der Täter, das Guthaben sei vorhanden, das Schild entspreche der Preisauszeichnung durch den Verkäufer oder das Zählwerk funktioniere einwandfrei. Selbst die verbale Behauptung der Wahrheit kann u. U. eine Täuschungshandlung sein (Schröder Peters-FS 153; dagegen Schumann JZ 79, 589f., diff. M-Maiwald II/1 411). Der Täter kann sich dann auf den objektiv wahren Inhalt seiner Äußerung nicht zurückziehen, wenn er erkennt oder beabsichtigt, daß der Empfänger sie unrichtig verstehen wird, z. B. wenn die Behauptung unter Umständen geschieht, die den Eindruck einer Scherzerklärung entstehen lassen sollen (der Bankangestellte gibt einen falschen Geldschein aus mit dem „Bemerken", er sei falsch; vgl. Lackner LK 23, dagegen Schumann JZ 79, 589).

a) Ein **ausdrückliches Vorspiegeln** setzt voraus, daß der Täter die Unwahrheit expressis **13** verbis zum Ausdruck bringt, d. h. die unwahre Tatsache zum Gegenstand der Aussage macht. Eine solche liegt etwa in der Zusicherung nicht vorhandener Eigenschaften der Kaufsache, wobei gleichgültig ist, ob sie Bestandteil eines schriftlichen Vertrages geworden ist oder nur mündlich abgegeben wurde (Hamm NJW **60**, 643); ein Betrug kommt also auch dann in

Betracht, wenn der schriftliche Vertrag die Klausel enthält, mündliche Nebenabreden seien unbeachtlich (vgl. München NJW **78**, 435). Weiterhin ist ein ausdrückliches Vorspiegeln gesehen worden im Erheben nicht entstandener Schreibgebühren für Abschriften (RG **65** 52), im Einfordern von Polizeigebühren durch Unbefugte (BGH GA **64**, 151), in der Beantragung von Beihilfe für Umzugskosten, die nicht entstanden sind (vgl. RG **60** 294, Celle NdsRpfl. **63**, 239). Darüber hinaus werden teilweise auch das Unterschieben falscher Beweismittel (vgl. BGH **8** 46, NJW **69**, 1260), die Verwendung falscher Maße, Gewichte oder Meßinstrumente (vgl. Bay MDR **62**, 70, Hamm NJW **68**, 903) oder sonstige irreführende Veränderungen als ausdrückliches Vorspiegeln angesehen (Lackner III 2a aa, LK 21, 25 ff.); die Notwendigkeit zu dieser den Wortsinn verfälschenden Auslegung besteht nicht, da auch ein hierin liegendes schlüssiges Verhalten als Täuschen durch positives Tun zu bewerten ist (vgl. u. 14).

14 b) Ein Vorspiegeln durch **schlüssiges (konkludentes) Verhalten** und damit ein aktives Tun ist gegeben, wenn der Täter die Unwahrheit zwar nicht expressis verbis zum Ausdruck bringt, wohl aber durch sein Verhalten miterklärt. Die Möglichkeit einer Täuschungshandlung durch schlüssiges Verhalten ist allgemein anerkannt (vgl. die zahlreichen Nachweise u. 16 ff.), wobei die Rspr. allerdings auf die unterschiedlichsten Begehungsformen der in § 263 genannten Täuschungsmodalitäten abstellt (Entstellen, Unterdrücken usw., vgl. o. 7). Beim schlüssigen Verhalten ist also entscheidend, welcher Erklärungswert dem Gesamtverhalten des Täters nach der Verkehrsanschauung zukommt. Diese ist nach den objektiven Maßstäben der Verkehrsweise in bezug auf den konkret in Frage stehenden Geschäftstyp (Kauf, Darlehen, Wertpapier-, Risikogeschäfte usw.) zu bestimmen. Bei dieser faktischen Betrachtungsweise ist die Risikoverteilung unter den Partnern bei den verschiedenen Geschäftssituationen ein wesentlicher Gesichtspunkt (zur abw. Auffassung Lackners LK 28 ff., der allein auf die Risikoverteilung abstellt [„normative Betrachtungsweise"], vgl. u. 15). Dem Partner, der das Risiko trägt, dürfen allerdings expressis verbis keine unwahren Angaben gemacht werden (Lackner LK 29; and. RG **23** 244). Außerdem muß das Minimum an Redlichkeit im Geschäftsverkehr verbürgt bleiben. Unter Heranziehung dieser Umstände ergibt sich eine Anzahl von Leitlinien, welche eine sachgerechte Beurteilung der vielfältigen Fallgestaltungen aus den verschiedensten Lebensbereichen ermöglichen. Zugleich spiegeln diese im wesentlichen die kasuistischen Ergebnisse der h. M. wider. Eine weitergehende Präzisierung der Abgrenzung von (konkludentem) Tun und Unterlassen, welche zugleich zur Entscheidung verschiedenartigster Sachverhalte in der Lage ist, erscheint wegen der Natur der Sache unmöglich (vgl. dazu eingehend Maaß GA **84**, 284). Dies ist auch bei der Erläuterung der wichtigsten Geschäftstypen, wie etwa bei Kreditbetrug oder Optionsgeschäft, zu berücksichtigen; vgl. dazu u. 24 ff. Vgl. Tiedemann Lackner-FS 737, 745 zum Gründungs- und Sanierungsschwindel durch verschleierte Sacheinlagen nach § 399 AktG.

15 Abweichend von der h. M. ist nach Lackner (LK 28 ff.; ähnlich Samson SK 36 ff., Seelmann NJW **80**, 2546 f., Tiedemann Klug-FS 407, Lackner-FS 743, Volk JuS **81**, 881 f.) nicht der Erklärungswert eines bestimmten Verhaltens maßgeblich, sondern es sei (normativ) festzustellen, was „über den konkreten Sinngehalt hinaus als mitgegebener Inhalt" unterstellt werden dürfe; konkludentes Täuschen setze also wie strafbares Unterlassen die Verletzung einer Aufklärungspflicht voraus, wobei die Grenze zum Unterlassen danach zu bestimmen sei, „ob der Getäuschte aus dem Verhalten des Täters im Vertrauen auf dessen Pflichtmäßigkeit falsche Schlüsse zieht oder ob er die falsche Vorstellung bereits hat oder aus anderen Hinweisen entnimmt" (Lackner LK 53). Dem kann nicht zugestimmt werden, weil die jeweilige Verhaltensform bei § 263 nicht von der psychischen Situation des Opfers abhängig sein kann und zudem ein als Täuschen durch positives Tun festgestelltes Verhalten zu seiner Strafbarkeit keiner Garantenpflicht bedarf (Maaß GA **84**, 266 f.). Einen anderen Ausgangspunkt wählt Kühne aaO 35 ff., indem er untersucht, ob der Täter die „schadenstiftende Ausgangssituation" geschaffen und damit ein aktives Tun an den Tag gelegt oder nur eine bereits bestehende derartige Situation ausgenutzt hat. Dieser neuartige Abgrenzungsversuch vermag nicht in jedem Einzelfall überzeugend und eindeutig nachvollziehbar die „schadenstiftende Ausgangssituation" zu bestimmen. Trotz weitgehend übereinstimmender Ergebnisse kann ihm daher nicht gefolgt werden (Maaß GA **84**, 267 f.).

16 α) Als **konkludente Täuschung** ist beispielsweise zu **bejahen**:
16a Das Eingehen einer Vertragsverpflichtung enthält konkludent die Erklärung des **Erfüllungswillens** (st. Rspr., BGH **15** 26, **27** 294 f., NJW **54**, 1415, GA **72**, 209, **74**, 284, wistra **88**, 25, Bay **57**, 147 m. Anm. Mittelbach JR 58, 67, Köln NJW **67**, 741, Schleswig SchlHA **53**, 156, **59**, 155, Stuttgart NJW **58**, 1833). Zur Täuschung über innere Tatsachen vgl. o. 10; zum Zahlungswillen bei Kreditgeschäften vgl. u. 27. Darüber hinaus wird zumindest bei Geschäften, die auf sofortigen Leistungsaustausch gerichtet sind (Bargeschäfte), die **Erfüllungsfähigkeit** schlüssig miterklärt (BGH GA **72**, 209, **74**, 284, Bay **57**, 147, Hamburg NJW **69**, 335). So täuscht der Zechpreller über seine Zahlungswilligkeit und ggf. Zahlungsfähigkeit; gleiches gilt für das

Tanken ohne Bezahlung (u. 28); zur Problematik bei Kreditgeschäften vgl. u. 26 f.; zur Verwendung von Schecks vgl. u. 29. Ein Rechtsanwalt täuscht, wenn er eine von ihm nicht erfüllbare Verpflichtung (Übertragung eines Grundstückes) übernimmt (BGH NStZ **82,** 70). Abweichungen können sich bei besonderen zivilrechtlichen Vertragsgestaltungen ergeben; zum Kauf auf Besicht vgl. Köln NJW **68,** 1294; zum Maklervertrag vgl. BGH **31** 178 m. Bespr. Maaß JuS 84, 26.

Mit Abgabe einer rechtsgeschäftlichen Erklärung wird schlüssig die **Verfügungsbefugnis** 16 b behauptet. So gibt der Verkäufer einer Ware konkludent zu verstehen, zur Übertragung des Eigentums imstande zu sein (Eser IV 113, Lackner LK 40, übersehen von Düsseldorf OLGSt. § 263 S. 41 [Unterlassen], dazu Maaß aaO 147). Ebenso erklärt der Zedent einer Forderung schlüssig, daß er als deren Inhaber zur Verfügung berechtigt sei (RG **41** 31; vgl. auch RG **21** 68 f.). Im Einziehen einer Forderung (RG **39** 82, R **3** 478; vgl. auch RG **19** 161) liegt wie in der Benutzung eines Legitimationspapiers (z. B. Sparkassenbuch) die konkludente Behauptung, der Berechtigte oder dessen Bevollmächtigter zu sein (zum Irrtum im letzteren Fall vgl. u. 48). Durch selbstsicheres Auftreten kann schlüssig die Berechtigung zur Abholung eines Autos aus einer bewachten Sammelgarage vorgespiegelt werden (BGH **18** 221). Mit der Vornahme eines Rechtsgeschäfts wird darüber hinaus die Geschäftsfähigkeit miterklärt (BGH v. 21. 1. 67 b. Pfeiffer-Maul-Schulte 8).

Beim **Einfordern einer Leistung** wird schlüssig erklärt, daß ein entsprechender Anspruch 16 c gegenüber dem Schuldner bestehe (RG **26** 29, Karlsruhe Justiz **78,** 174, Köln NJW **61,** 1736 m. Anm. Schröder JR 61, 434). Daher bringt etwa ein Bankkunde, der von seinem laufenden Konto Geld abhebt, gegenüber der Bank schlüssig zum Ausdruck, daß diese den Betrag aus dem ihm zustehenden Guthaben auszahlen solle, d. h. daß er über eine entsprechende Forderung (oder Kreditrahmen) gegenüber der Bank verfüge (Karlsruhe Justiz **78,** 174, Köln NJW **61,** 1735, Stuttgart NJW **79,** 2321 m. Anm. B. Müller JR 79, 472). Daher stellt das Abheben (bankintern) fehlgebuchter Beträge einen Betrug dar, da insoweit kein Anspruch gegenüber der Bank begründet und damit schlüssig die Unwahrheit erklärt wird (BGH MDR/D **75,** 22, Köln NJW **61,** 1736, **80,** 2366 m. Bespr. Volk JuS 81, 880, Stuttgart NJW **79,** 2321). Dagegen liegt bei der Fehlüberweisung (irrtümliche Überweisung durch Dritten), wie auch beim Abheben von unberechtigt überwiesenen Rentenleistungen für sich keine Täuschung vor (Hamm MDR **79,** 692, Köln NJW **79,** 278 m. Anm. Kühl JA 79, 682). Zur bloßen Entgegennahme von Leistungen vgl. u. 17 a.

Eine schlüssige Erklärung hinsichtlich der Angemessenheit des **Preises** ist grundsätzlich nicht 16 d anzuerkennen (BGH MDR/H **89,** 1053, OLG Stuttgart NStZ **85,** 503 m. Anm. Lackner/Werle). Auch der Umstand, daß eine zulässige Preisbindung nach § 16 GWB vorliegt (z. B. bei Büchern), ändert nichts daran, daß keine Zusicherung hinsichtlich der Angemessenheit des Preises erfolgt (BGH MDR/H **89,** 1053). Eine derartige Zusicherung kommt nur in Ausnahmefällen in Betracht (vgl. u. 17 c); so etwa, wenn für eine Leistung Tax- oder Listenpreise vorhanden sind (RG **42** 150 [Arzneimitteltaxe], BGH LM **Nr. 5** m. Anm. Krumme [Rollgeld des bahnamtlichen Spediteurs], Stuttgart NJW **66,** 990); and. bei volkswirtschaftlichen Interessen staatlich vorgeschriebenen Höchstpreisen (RG **53** 330 f., DR **41,** 1658, BGH LM **Nr. 5**; vgl. auch RG **66** 284 ff., OGH **2** 261). Ebenso läßt sich nur ausnahmsweise aus dem Verhalten des Verkäufers eine schlüssige Erklärung über die **Qualität** des Kaufobjektes ableiten (vgl. u. 17 b), etwa wenn er täuschende Manipulationen an der Ware vorgenommen hat, um dem Käufer die Mängelfeststellung zu erschweren oder der Ware den Schein der Vertragsmäßigkeit zu geben, z. B. Übertünchen von Schwammstellen (RG **20** 145; vgl. aber RG GA Bd. **41,** 144), Überdecken schlechter Ware durch gute (RG **59** 305 f.) oder persönliches Verfälschen der Ware durch den Verkäufer (RG **29** 370, **59** 312). U. U. kann auch das Fordern eines bestimmten Preises eine schlüssige Qualitätszusicherung enthalten, z. B. beim Verkauf von Wein zum für verkehrsfähigen Wein üblichen Preis (Koblenz NJW **72,** 1907). Zum Verkauf von Milch zum Vollmilchpreis vgl. RG **59** 311; vgl. auch RG **50** 340. Bei Wertsachen (Schmuck, Antiquitäten usw.) läßt sich regelmäßig nicht bereits aus der Preishöhe die Echtheit schließen, wohl aber wird diese konkludent erklärt, wenn es sich um ein Geschäft handelt, in dem nach dessen Image und Renommee nur echte Stücke geführt werden (Maaß aaO 130, 133; ähnlich Jecht GA 63, 43, Kühne aaO 66 f.; zu weit Lackner LK 46). Bringt der Kaufinteressent eine für ihn besonders wichtige Eigenschaft zum Ausdruck und wird ihm daraufhin ein bestimmtes Objekt angeboten, erklärt der Verkäufer schlüssig das Vorliegen dieser Eigenschaft (vgl. Hamm VRS **43** 188).

Der Abschluß eines Rechtsgeschäfts enthält schlüssig die Erklärung jener Umstände, die den 16 e Geschäftstyp ausmachen, d. h. die **Geschäftsgrundlage** bilden (Lackner LK 43). Dies gilt etwa für das Vorhandensein der Risikosituation bei **Risikogeschäften.** Daher liegt ein konkludentes Täuschen vor beim Abschluß eines Spielvertrages unter Ausschaltung des Zufalls (Karlsruhe Justiz **70,** 265) oder Beeinflussung des Ausgangs (RG **21** 108, **61** 16); so erklärt z. B., wer eine sog. Spätwette über ein auswärtiges Rennen eingeht, stillschweigend, den Ausgang des bereits stattgefundenen Rennens nicht zu kennen (RG **62** 416; and. BGH **16** 120 m. abl. Anm. Bokkelmann NJW 61, 1934, Wersdörfer JZ 62, 451, Mittelbach JR 61, 506; vgl. aber auch Ordemann MDR 62, 623). In Betracht kommt ferner das Beimischen des Gewinnloses für den Haupttreffer erst gegen Ende des Losverkaufs (RG **62** 394, BGH **8** 289; vgl. auch Hamburg NJW **62,** 1407 m. Anm. Schröder JR 62, 431), das Aufstellen von Spielautomaten, bei welchem die Gewinnchancen durch den Eingriff in die Apparatur vermindert sind (Hamm NJW **57,** 1162), die Absprache über den Ausgang eines sportlichen Wettkampfes (vgl. Triffterer NJW 75, 615) oder der Abschluß einer Rennwette nach vorheriger Bestechung einiger Reiter zur Erhöhung der Gewinnchance (BGH **29** 167 m. Anm. Schmidt, LM **Nr. 5** [StGB 75], Klimke JZ 80, 581). Zum Options- und Warentermingeschäft vgl. u. 31 b. Geschäftsgrundlage eines Rechtsgeschäfts kann auch ein bestimmter **Verwendungszweck** sein; so erklärt ein Bergmann schlüssig, die nur für den eigenen Bedarf zustehenden Deputatkohlen entsprechend zu verwenden und nicht zu veräußern (BGH **2** 326 m. Anm. Bockelmann NJW 52, 896, Celle GA **55,** 155). Zur Verwendungsabsicht bei Kreditgeschäften vgl. u. 31. Mit Vorlage eines ausländischen Geldscheines wird schlüssig zum Ausdruck gebracht, daß dieser den seiner Beschriftung entsprechenden Wert habe und die Währung nicht abgewertet sei (Hamm MDR **78,** 778; a. A. Frankfurt NJW **71,** 527 m. Anm. Böhm NJW 71, 1143). Ebenso erklärt ein Bankangestellter, der Sorten verkauft, daß der Umtausch zum Tageskurs erfolgt, wenn über diesen nicht ausdrücklich gesprochen wird. Der Teilnehmer an einer öffentlichen **Ausschreibung** behauptet konkludent, daß sein Angebot selbstverantwortlich und zum Zwecke des Wettbewerbs kalkuliert sei, so daß bei Preisabsprache eine Täuschung vorliegt (BGH **16** 371, Hamm NJW **58,** 1152; zum Schaden vgl. u. 110). Eine Täuschung ist auch dann zu bejahen, wenn die Angebotsunterlagen geändert werden und die Vergabekommission aufgrund dessen den Auftrag an die begünstigte Firma erteilt (BGH wistra **89,** 101). Zur Beurteilung von Scheingeboten bei Versteigerungen vgl. Baumann NJW 71, 24, Locher/Blind NJW 71, 2291, Otto NJW 79, 684 f. mwN. Konkludentes Täuschen wurde weiterhin darin gesehen, daß ein Kunsthändler einseitig auf das von einem – was ihm bekannt war – unzuverlässigen Sachverständigen erstellte Gutachten Bezug nahm, ohne auf eine entgegenstehende Expertise hinzuweisen (RG **68** 213). Beim Abschluß eines **Vergleichs** wird schlüssig erklärt, daß der nach den Vorverhandlungen als feststehend zugrunde gelegte Sachverhalt sich im Zeitpunkt des Vertragsschlusses nicht geändert hat; daher ist etwa Betrug gegeben, wenn ein Unterhaltsberechtigter im Prozeß vorträgt, er sei ohne Einkommen, zwischenzeitlich vor Vergleichsschluß jedoch eine Arbeitsstelle gefunden hat.

16 f Ein Provisionsvertreter erklärt bei Vertragsabschluß konkludent, daß er beabsichtige, den Auftrag unverändert weiterzugeben, insb. nicht die Bestellmenge nachträglich zu erhöhen (Celle NJW **59,** 400, **75,** 2219; vgl. auch u. 61, 146). Ebenso liegt in der schriftlichen Aufnahme einer Bestellung und anschließenden Vorlage zur Unterschrift die schlüssige Erklärung, daß der Bestellschein den vorausgegangenen mündlichen Vereinbarungen entspreche (RG JW **13,** 950); zur Täuschung bei bewußt kompliziert oder mißverständlich gehaltenen Vertragsformulierungen vgl. Baumann JZ 57, 368. In der Vorlage einer Ware an der Kasse ist eine Täuschung zu sehen, wenn vorher vom Käufer das Preisschild am Kaufobjekt ausgewechselt (Hamm NJW **68,** 1895 m. Anm. Peters, Düsseldorf NJW **82,** 2268) oder der Inhalt des Warenpakets ausgetauscht wurde (Hamm NJW **78,** 2209). Ebenso wird in einem Selbstbedienungsladen konkludent erklärt, andere als die an der Kasse zur Abrechnung vorgezeigten Waren nicht entnommen zu haben (Düsseldorf NJW **61,** 1369 m. abl. Anm. Welzel GA 61, 351; and. KG JR **61,** 271, Cordier NJW 61, 1341; vgl. auch BGH **17** 209); vgl. auch u. 58, 184.

17 β) Eine **konkludente Täuschung** ist in den folgenden Fällen zu **verneinen**. Hier kommt nur Betrug durch Unterlassen in Betracht, wofür eine Aufklärungspflicht erforderlich ist (vgl. dazu u. 19).

17 a Mit der **Entgegennahme einer Leistung** bringt der Empfänger nicht zum Ausdruck, daß ihm diese geschuldet sei (RG **25** 96, **46** 416, HRR **28** Nr. 389, Düsseldorf NJW **69,** 624 m. Anm. Deubner, Köln NJW **61,** 1736 m. Anm. Schröder JR 61, 434, **80,** 2366 m. Bespr. Volk JuS 81, 880, LG Bremen JZ **67,** 371 m. Anm. Naucke; vgl. auch Kaiser NJW 71, 601). Als Beispiele seien genannt die Fehlüberweisung (vgl. o. 16c), die Doppel- und die Überzahlung, aber auch die Annahme von zuviel Wechselgeld (and. insoweit BGH MDR/D **53,** 21). Auch bei der Entgegennahme von Sozialleistungen wird nicht erklärt, daß die Bewilligungsvoraussetzungen noch vorliegen (RG **46** 416, **65,** 213; and. RG **62** 420; vgl. auch Köln NJW **84,** 1979). Der bloßen Inempfangnahme der vereinbarten (Vor-)Leistung läßt sich nicht entnehmen, daß der Empfänger seinerseits noch leistungsfähig ist (BGH GA **74,** 284, Bay OLGSt. § 263 S. 60, Hamburg NJW **69,** 335 m. zust. Anm. Schröder JR 63, 110, Triffterer JuS 71, 181; abl. Anm. G. E. Hirsch NJW 69, 853; zur Stromlieferung vgl. Stuttgart OLGSt. § 263 S. 173); vgl. auch u. 22. Auch über die Verwendungsabsicht wird regelmäßig bei Leistungsentgegennahme nichts erklärt; zur Inempfangnahme von Nachnahmezahlungen vgl. BGH

NJW **54,** 1296; zur Achtung eines Eigentumsvorbehaltes vgl. RG **20** 142, **24** 406f.; vgl. auch RG **42** 182, BGH v. 30. 11. 56 b. Pfeiffer-Maul-Schulte 5.

Dem Angebot oder der Lieferung einer Sache kann grundsätzlich nicht die Erklärung ent- **17b** nommen werden, daß diese keine **Mängel** aufweise bzw. die möglicherweise vorausgesetzten Eigenschaften besitze (zu Ausnahmen vgl. o. 16d). Der Verkäufer darf sich gegenüber den irrigen Qualitätsvorstellungen des Käufers passiv verhalten, da das Mängelrisiko in den Bereich des Erwerbers fällt (RG **14** 311, **29** 37, Lackner LK 47). So wird beim Verkauf nicht schlüssig erklärt, daß ein Pferd kein „Krippensetzer" (RG **2** 430), ein Haus nicht von Schwamm befallen (RG GA Bd. **41,** 144; vgl. aber RG **20** 145 und o. 16d), das ausgeschenkte Bier kein „Mischbier" (RG **29** 37; vgl. auch RG **29** 370, **59** 312) und ein Eiercognac von einer bestimmten Qualität sei (RG GA Bd. **47,** 283).

Das Verlangen eines bestimmten Preises oder einer Vergütung enthält grundsätzlich nicht die **17c** Behauptung der **Angemessenheit** oder Üblichkeit (BGH MDR/H **89,** 1053, zu Ausnahme vgl. o. 16d); auch im Fordern eines unstatthaften Erfolgshonorars eines Anwalts ist keine Täuschung über dessen Zulässigkeit zu sehen (KG JR **84,** 292). Angesichts der Vertragsfreiheit liegt etwa im Fordern eines überhöhten Preises keine Täuschung (BGH LM **Nr. 5,** MDR/H **89,** 1053, Jecht GA 63, 42f., Kühne aaO 66, Lackner LK 46, Maaß aaO 128ff.); das gilt trotz § 632 II BGB auch für Werklohnforderungen (Lackner LK 46; and. 21. A. RN 16; vgl. auch Celle OLGSt. § 263 S. 22). Gleiches gilt für den Tausch ungleichwertiger Sachen (Stuttgart NJW **66,** 990 [Pferdetausch]). Prinzipiell darf jeder Teilnehmer am Geschäftsverkehr seine bessere Information oder überlegene Sachkenntnis zu seinem Vorteil ausnutzen (vgl. Bockelmann Eb. Schmidt-FS 445, ZStW 79, 33, Lackner LK 29, Kühne aaO 8ff.); daher bringt etwa auch ein Verkäufer von Aktien nicht schlüssig zum Ausdruck, daß diese nach seiner Überzeugung im Wert steigen würden, dies selbst dann nicht, wenn er vom Gegenteil überzeugt ist. Zum Options- und Warenterminhandel vgl. u. 31b. Wer eine Entschädigung nach dem StrEG beantragt, behauptet nicht konkludent, er sei unschuldig (AG Springe MDR **80,** 79).

4. Ein Betrug kann schließlich durch **Unterlassen** begangen werden, sei es, daß die Entste- **18** hung oder Verfestigung eines Irrtums nicht verhindert wird, sei es, daß ein bereits bestehender Irrtum nicht aufgeklärt wird; so die st. Rspr. und die h. M. im Schrifttum (vgl. etwa Blei II 224f., D-Tröndle 12ff., M-Maiwald II/1 417ff., Wessels II/2 122ff.). Nach Bockelmann (Eb. Schmidt-FS 441ff.; II/1 67f.) kommt Betrug durch Unterlassen nur bei Nichthinderung einer Irrtumsentstehung und -verfestigung, nicht aber bei Nichtbeseitigung eines bereits bestehenden Irrtums in Betracht; Herzberg (Die Unterlassung im Strafrecht und das Garantenprinzip [1972] 82) fordert zur Strafbarkeit des Unterlassens einen Erklärungswert, womit der Betrug praktisch auf Begehen beschränkt wird (o. 12); gänzlich wird Betrug durch Unterlassen abgelehnt von H. Mayer AT 152, Naucke, Strafbarer Betrug 106ff., 214; i. E. ebenso Grünewald (H. Mayer-FS 291), da Vorteilsabsicht beim Unterlassungsdelikt unmöglich sei (vgl. § 15 RN 98). Zum Ganzen vgl. ausführlich Maaß aaO 6ff. Zur abweichenden Auffassung Lackners (LK 28ff.), wonach das Nichthindern der Entstehung eines Irrtums trotz Vorliegen einer Aufklärungspflicht bereits konkludentes Täuschen sei, vgl. o. 15. Vielfach wird die Grenze zwischen Tun und Unterlassen nicht hinreichend präzise gezogen (o. 7), weshalb zu beachten ist, daß in vielen Fällen einer angeblichen Unterlassenskonstellation in Wahrheit eine Täuschung durch konkludentes Tun vorliegt und sich die Feststellung einer Rechtspflicht zum Tätigwerden damit erübrigt (Schröder JR 61, 434; vgl. auch Bockelmann NJW 61, 1934). Insb. ist das Verschweigen einzelner Tatsachen im Rahmen einer mit dem Anspruch auf Vollständigkeit auftretenden Erklärung Täuschung durch positives, konkludentes Verhalten (Bockelmann Eb. Schmidt-FS 437). Im Einzelfall kann freilich die Grenze zwischen Täuschung durch Unterlassen und konkludentem Tun fließend sein (vgl. RG **65,** 106, Baumann JZ 57, 368, Lackner LK 54). Soweit für den Täter zugleich eine Rechtspflicht besteht, ist eine Alternativfeststellung zulässig.

Ein Betrug durch Unterlassen setzt nach § 13 eine Rechtspflicht zum Tätigwerden voraus **19** und zugleich, daß das Unterlassen dem Tun wertmäßig entspricht (zur **Entsprechungsklausel** vgl. auch § 13 RN 4). Da der Betrug nicht die Irrtumsherbeiführung oder -unterhaltung, sondern die hierdurch bewirkte Vermögensschädigung sanktioniert (o. 1f.), setzt auch die Unterlassensstrafbarkeit nicht die Verletzung einer bloßen Aufklärungspflicht oder der Wahrheit willen sondern zugleich voraus, daß der Täter dafür einzustehen hat, daß das Opfer sich nicht selbst schädigt (Maaß aaO 23ff.). Dabei lassen sich deren Anforderungen allerdings nicht anhand des § 266 oder der dort zum Erfordernis einer besonderen Treuepflicht entwickelten Grundsätze näher bestimmen (so aber Samson/Horn NJW 70, 596, Samson SK 43, Seelmann NJW 81, 2132), da sich Betrug und Untreue von Schutzbereich und Typik her wesentlich unterscheiden und unabhängig nebeneinander ihre Aufgabe im fragmentarisch konzipierten Vermögensstrafrecht zu erfüllen haben (Maaß aaO 29f., Worms wistra 84, 127). Eine andere Frage im Zusammenhang mit § 266 ist es freilich, ob und inwieweit überhaupt ein Betrug durch Unterlassen innerhalb eines (untreuetypischen) Vermögensbetreuungsverhältnisses möglich ist (vgl. Kühne aaO 86 ff., Samson SK 43, JA 78, 473, Samson/Horn NJW 70, 596, Seelmann NJW 80, 2547; 81, 2132; dazu Maaß aaO 26 ff.). Eine betrugsspezifische Garantenstellung setzt demnach eine besondere Pflichtenstellung des Täters zum Schutz des Opfers vor vermögensschädigenden Fehlvorstellungen voraus. Dabei ist wegen des Entsprechenserfordernisses dem verhaltensgebundenen Merkmal der Täuschung für den Unterlassensfall dadurch Rechnung zu tragen, daß an das pflichtbegründende Vertrauensverhältnis erhöhte Anforderungen gestellt werden (Maaß aaO 32 ff.). Ohne daß damit auf den Entstehungsgrund der Rechtspflicht maßgeblich abgehoben wird (vgl. § 13 RN 8), lassen sich im wesentlichen folgende Fallgruppen bilden:

20 a) Eine Rechtspflicht kann zunächst aus **Ingerenz** begründet sein (vgl. § 13 RN 32 ff.). Wer unvorsätzlich in einem anderen einen Irrtum erregt und ihn dann zu seinem Vorteil ausnutzt, betrügt durch Unterlassen (BGH GA **77**, 18, Stuttgart NJW **69**, 1975, D-Tröndle 18 a, Lackner LK 67); gleiches gilt, wenn der Täter zwar vorsätzlich täuscht, aber zunächst keinen Schädigungsvorsatz hat, auch hier ist er aufklärungspflichtig (and. RG **31** 110; dazu Lackner LK 67, Maaß aaO 51). Dabei ist in allen Fällen als pflichtwidriges Vorverhalten eine Täuschungshandlung erforderlich, womit zugleich der Entsprechensklausel genügt wird (Maaß aaO 38 ff.; and. Lackner LK 70). Wird eine ursprünglich wahre Tatsachenbehauptung infolge einer Veränderung der tatsächlichen Verhältnisse nachträglich falsch, so kann dieser Umstand allein eine Offenbarungspflicht nicht begründen (and. Hillenkamp JR 88, 303, Rengier JuS 89, 807, Seier aaO 414 für den Wegfall des Eigenbedarfs beim Räumungsverlangen des Vermieters). Dies ergibt sich daraus, daß die ursprünglich wahre Behauptung keine typische Gefahr für das Vermögen des Vertragspartners darstellt und folglich auch kein Grund für eine spätere Offenbarungspflicht abgeben kann; zu den Fällen der Eigenbedarfsklage vgl. u. 22.

21 b) Inwieweit sich eine Garantenpflicht unmittelbar aus einem außerstrafrechtlichen **Gesetz,** welches eine Anzeige-, Mitteilungs- oder Offenbarungspflicht zum Inhalt hat, ergeben kann, ist im Einzelfall festzustellen. Dabei kommt es maßgeblich darauf an, ob ein besonderes Vertrauensverhältnis vorliegt (o. 19). Aus diesem Grunde kommen die prozessualen Wahrheitspflichten von Partei (§ 138 I ZPO) und Zeuge (§§ 392 ZPO, 57, 66c StPO) als Betrugsgarantenstellung nicht in Betracht, da diese allein eine prozessuale Verpflichtung gegenüber dem Rechtspflegeorgan begründen (Maaß aaO 81 ff.; and. Bay NJW **87**, 1654 m. krit. Anm. Otto JZ 87, 628, Zweibrücken NJW **83**, 694, dazu auch Werle NJW 85, 2913, D-Tröndle 22, Lackner III 2b bb, LK 60, M-Maiwald II/1 418 f., Wessels II/2 123 f.). Anders hingegen verhält es sich mit der Anzeigeverpflichtung des Leistungsempfängers hinsichtlich der Änderung leistungsbeeinflussender Umstände nach § 60 I SGB I (Köln NJW **84**, 1979, Maaß aaO 61 ff.; ebenso zum früheren Recht RG **53** 272, **64** 209, **73** 394 ff., Braunschweig NJW **62**, 314; vgl. auch RG **46** 416, **65** 213, KG JW **29**, 1497). Zur Frage der Garantenstellung bei Entgegennahme von Sozialleistungen, die für einen Dritten bestimmt sind, nach dessen Tod, vgl. Hamm NJW **87**, 2245. Auch im Unterlassen des Arbeitgebers, einen versicherungspflichtigen Arbeitnehmer bei einer Kasse anzumelden und die fälligen Arbeitgeberanteile abzuführen (§§ 317, 317a RVO, 122 I AVG, 178 I AFG, 61 KVLG), liegt ein Betrug (BGH **32** 236, wistra **87**, 290, D-Tröndle 13a, Lackner LK 60, Maaß aaO 70 ff.), wobei ein vollendeter Betrug auch dann vorliegt, wenn die nicht zuständige Einzugsstelle getäuscht wird (BGH wistra **87**, 291). Gleiches gilt beim Leiharbeitsverhältnis auch hinsichtlich der Arbeitnehmeranteile (BGH **32** 236 m. Anm. Martens NStZ 84, 317); vgl. auch BGH NStZ **87**, 223 m. Anm. Weidemann, BGH NStZ **87**, 224 m. Anm. Franzheim wistra 87, 105. Im übrigen ist hier § 266a einschlägig (vgl. die dort. Erl.). Zur illegalen Arbeitnehmerüberlassung vgl. BGH NStZ **87**, 223 m. Anm. Weidemann, NStZ **87**, 224 m. Anm. Franzheim wistra 87, 105; BGH NStZ **88**, 30 m. Anm. Seibert; NStZ **87**, 454 m. Anm. Franzheim wistra 87, 313 unter Aufgabe des früher eingenommenen Standpunkts, wonach ein vollendeter Betrug durch den Verleiher nur dann in Betracht kommt, wenn er die Einzugsstelle täuscht, die für den Entleiher der Arbeitskräfte zuständig ist; vgl. hierzu Stahlschmidt wistra 84, 209; Weidemann NStZ 85, 208. Zur Erschleichung von Sozialhilfe bei Bestehen einer eheähnlichen Gemeinschaft vgl. BGH MDR/H **86**, 443, Koln StV **85**, 17, von Mutterschaftsgeld vgl. Karlsruhe NJW **86**, 2519. Auch die Geltendmachung einer Versicherungsleistung unter Verschweigen einer leistungsbeeinflussenden Risikoerhöhung entgegen §§ 16 I, 23 II, 27 II VVG stellt eine Täuschung dar (Lackner LK 60, Maaß aaO 74 ff.). Nach h. M. (BGH v. 4. 4. 51 b. Pfeiffer-Maul-Schulte 10, D-Tröndle 14, Lackner LK 60, M-Maiwald II/1 419, Wessels II/2 123 f.; a. A. RG **37** 62 f., Maaß aaO 54 ff.) sollen auch die zivilrechtlichen Auskunfts- und Rechenschaftspflichten, wie § 666 BGB (auch i. V. m. §§ 675, 713, 2218 BGB), § 384 II HGB eine Garantenpflicht begründen.

22 c) Auch aus **Vertrag** kann sich eine Garantenpflicht ergeben, wenn ein besonderes Vertrauensverhältnis (o. 19) vorliegt. Dieses hängt nicht von der Wirksamkeit des Vertrages ab (vgl.

auch § 13 RN 28) und kann auch vorvertraglich bereits begründet sein. Der Umstand, daß eine Aufklärungspflicht vertraglich festgelegt wurde, reicht für sich gesehen noch nicht aus, selbst wenn die Vereinbarung den Zweck hat, den Partner vor Schaden zu bewahren (so aber Eser IV 116, Lackner LK 62), da es ansonsten zu einer Kriminalisierung bloßer Vertragsverstöße käme und auch der wirtschaftlich Mächtigere (etwa durch AGB) seine typischen Vertragsrisiken auf die Gegenseite verlagern könnte (Maaß aaO 94). Ein besonderes Vertrauensverhältnis besteht etwa, wenn von vornherein ein gemeinsames Zusammenwirken zur Erreichung eines gemeinsamen Zweckes vorliegt, z. B. bei einem Gesellschaftsverhältnis oder einer stillen Beteiligung (RG **65** 106f., Lackner LK 63f.). Auch Geschäfte, bei deren Abschluß sich der eine Vertragsteil besonders von dem anderen beraten läßt, sich gewissermaßen dessen Sachverstand anvertraut, begründen Aufklärungspflichten (Maaß aaO 107, 131ff.); zum Verhältnis der Bank zum Kunden bei Wertpapiergeschäften vgl. RG **70** 46; zur Aufklärungspflicht des Pflichtverteidigers gegenüber seinem Mandanten über den Empfang einer Pflichtverteidigergebühr aus der Staatskasse vgl. BGH LM **Nr. 40**. Demgegenüber bestehen bei gewöhnlichen **Kreditgeschäften** regelmäßig keine Aufklärungspflichten (u. 26); bei einem Gefälligkeitsdarlehen soll dies anders sein (Lackner LK 64; krit. Maaß aaO 117ff.), ebenso bei enger (verwandtschaftlicher oder freundschaftlicher) Verbundenheit zwischen den Vertragspartnern (krit. Lackner LK 65) oder langjähriger Geschäftsbeziehung (BGH MDR/H **80**, 107, Stuttgart JR **78**, 389 m. Anm. Beulke, Lackner LK 64; krit. Baumann JZ 57, 369, Maaß aaO 122ff.). Wie bei Kreditgeschäften wird auch durch die bloße Leistungsentgegennahme regelmäßig keine Aufklärungspflicht begründet, weder hinsichtlich des Bestehens oder der Höhe eines Anspruchs (RG **25** 96, Düsseldorf NJW **69**, 624 m. Anm. Deubner, Hamm MDR **79**, 692, Köln NJW **61**, 1735 m. Anm. Schröder JR 61, 434f., **79**, 278 m. Anm. Kühl JA 79, 683, **80**, 2367 m. Bespr. Volk JuS 81, 880, Stuttgart NJW **79**, 2322 m. Anm. B. Müller JR 79, 472 u. Joecks JA 79, 390, LG Bremen JZ **67**, 371 m. Anm. Naucke; vgl. auch o. 16c, 17a) noch hinsichtlich der eigenen Leistungsfähigkeit gegenüber dem Vorleistenden. So ist ein Hotelgast nicht verpflichtet, seine während der Beherbergung eingetretene Vermögenslosigkeit zu offenbaren (Hamburg NJW **69**, 335 m. zust. Anm. Schröder JR 69, 110, Trifftérer JuS 71, 181 u. abl. Anm. G. E. Hirsch NJW 69, 853, BGH GA **74**, 284, wistra **87**, 213, Bay OLGSt. § 263 S. 59); zu weitgehend BGH **6** 198 (m. Anm. Jagusch LM Nr. 33a); zum Ganzen vgl. Maaß aaO 119ff. Andererseits ist ein Vermieter von Wohnraum gehalten, den Wegfall des ursprünglich gegebenen **Eigenbedarfs** zu offenbaren (vgl. Bay JZ **87**, 626 m. Anm. Otto, Seier NJW **88**, 1617, Hillenkamp JR 88, 301, Rengier JuS **89**, 802); vgl. Seier aaO, u. 31c. Dies beruht auf der besonderen Bindung der Mietvertragsparteien durch die engen gesetzlichen Regelungen über Wohnraumkündigungen, die den Mieter in seinem existentiellen Lebensbedürfnis auf Wohnraum schützen wollen. Dagegen lassen sich beim **Kauf** und ähnlichen Vertragsgestaltungen nur in sehr engen Grenzen Aufklärungspflichten ableiten, etwa wenn der Verkäufer sich auf ein deutliches Informationsbedürfnis des Kaufinteressenten hin zu einer Beratung über Eigenschaften oder auch Bewertungsgesichtspunkte (nicht aber zur Angemessenheit des Preises, vgl. auch o. 17c) bereit zeigt (Maaß aaO **87**, 128, ähnlich Kühne aaO **67**; vgl. auch Jecht GA 63, 48, Lackner LK 46); die Tatsache der Unerfahrenheit des Käufers begründet für sich aber noch keine Aufklärungspflicht des Verkäufers (Maaß aaO 129, 149f.; and. Eser IV 117), erst recht nicht, wenn dem Unerfahrenen eine Überlegungsfrist eingeräumt wird, die er zur Beiziehung eines Sachverständigen nutzen könnte (Stuttgart NJW **66**, 990 [Pferdetausch]). Zur Offenbarungspflicht beim Kauf gebrauchter Sachen vgl. RG DR **43**, 900; zur Aufklärungspflicht bei bevorstehendem Erscheinen eines verbesserten Modells vgl. München NJW **67**, 158; über Betrug durch Unterlassen im Kunsthandel vgl. Würtenberger NJW 51, 176; zum Options- und Warenterminhandel vgl. u. 31b. Auch aus öffentlich-rechtlichen Dienstverhältnissen können für den Beamten Aufklärungspflichten entstehen; so muß der Beihilfeberechtigte der Behörde Umstände mitteilen, die nachträglich zur Verkürzung seines Anspruchs führen (Düsseldorf JMBlNRW **78**, 241); vgl. auch RG **67** 292; andererseits müssen Zusatzleistungen eines Spediteurs beim Antrag auf Umzugskostenbeihilfe nicht offenbart werden, sofern sie in keinem unmittelbaren Zusammenhang mit dem Umzug stehen (Köln JMBlNRW **79**, 224).

Über die hier genannten Grundsätze hinaus will die Rspr. **Treu und Glauben** nicht bloß im Rahmen bestehender Vertragsverhältnisse, sondern gelegentlich als ausschließliche Grundlage für die Anerkennung einer Aufklärungspflicht akzeptieren (RG **70** 156, BGH **6** 199, Nürnberg MDR **64**, 693f.); ebenso D-Tröndle 13, Lackner III 2b bb, LK 65, M-Maiwald II/1 418f.; krit. Baumann JZ 57, 369, Maaß aaO 145ff., Trifftérer JuS 71, 183, Welzel 369. Neuerdings werden aber auch besondere Umstände, nämlich ein besonderes Vertrauensverhältnis oder eine auf gegenseitigem Vertrauen beruhende Verbindung gefordert, um aus Treu und Glauben eine Offenbarungspflicht abzuleiten (BGH wistra **88**, 262); die bloße Anstößigkeit eines Schweigens genüge nicht (BGH aaO). Nach der Rspr. hat ein Gebrauchtwagenhändler auch ungefragt zu offenbaren, wenn Kaufobjekt ein Unfallwagen sei (Nürnberg MDR **64**, 693f.); ebenso betrüge, wer bei der Entgegennahme von Mietvorauszahlungen verschweige, daß zwischenzeitlich die Baugenehmigung versagt wurde (Schleswig SchlHA **70,** 195; vgl. auch BGH GA **67,** 94); ein Versicherungsnehmer haben gegenüber dem Versicherer aufzuklären, wenn er Gegenstände, für deren Verlust er entschädigt wurde, später wiedererlangt (RG **70,** 225), ein Absender von Frachtgut gegenüber der Bahn, wenn er nachträglich die Unrichtigkeit seiner Angaben im Frachtbrief entdecke (RG HRR **39** Nr. 473); vgl. auch Bay JR **69,** 308 m. Anm. Schröder, Düsseldorf OLGSt. § 263 S. 43 (dazu o. 16b). Häufig wurde jedoch trotz grundsätzlicher Anerkennung einer Garantenpflicht aus Treu und Glauben eine Aufklärungspflicht im konkreten Fall abgelehnt (vgl. nur Düsseldorf NJW **69,** 624, Frankfurt NJW **71,** 527, Hamburg NJW **69,** 336, Köln NJW **61,** 1736, **79,** 278, **80,** 2367, Stuttgart NJW **66,** 990, LG Bremen JZ **67,** 371); so soll auch nicht allein deshalb eine Aufklärungspflicht bestehen, weil der Vertragspartner der deutschen Sprache nicht mächtig ist (BGH wistra **83,** 190).

24   5. Auf der Grundlage der oben 8ff. genannten Grundsätze ist die Täuschungshandlung bei den nachfolgenden **Fallgruppen,** welche die Rspr. besonders häufig beschäftigt haben oder besondere Aktualität besitzen, wie folgt zu beurteilen:

25   a) Handelt es sich um das Versprechen einer künftigen Leistung, insb. um **Kreditgeschäfte** (Darlehnsaufnahme, Warenankauf auf Kredit), so wird die Täuschungshandlung vielfach mit der Formulierung „Vorspiegelung von Zahlungsfähigkeit und Zahlungswilligkeit" gekennzeichnet (so z.B. RG DStR **39,** 170). Dies ist jedoch insofern mißverständlich, als die Zahlungsfähigkeit bei Kreditgeschäften kein geeigneter Gegenstand der Täuschung ist: Auf die gegenwärtige kommt es nicht an – Kreditgeschäfte beruhen häufig auf einer augenblicklichen Illiquidität (vgl. Schleswig SchlHA **59,** 155, Stuttgart NJW **58,** 1833, Köln NJW **67,** 741) –, während die zukünftige keine Tatsache i.S. des § 263 ist (Braunschweig NJW **59,** 2176, NdsRpfl. **62,** 24). Vielmehr gilt folgendes:

26   Gegenstand der Täuschung können zunächst äußere Tatsachen (vgl. o. 8) sein, welche die **Kreditwürdigkeit** des Täters und damit die Sicherheit der Forderung betreffen, so z.B. wenn der Täter über sein Einkommen, sonst bestehende Schulden oder angeblich bestehende Sicherheiten täuscht. Auch Angaben, die nur mittelbar die Vermögensverhältnisse betreffen, indem sie über eine bereits vorhandene Anwartschaft auf eine günstige Vermögensentwicklung täuschen, gehören hierher, so z.B. wenn der Täter vorspiegelt, ihm falle aufgrund eines Erbvertrags eine größere Erbschaft zu; dagegen reicht die Behauptung, vor einer reichen Heirat zu stehen, als bloße zukünftige Erwartung nicht aus. Eine Täuschung (konkludentes Tun) liegt ferner vor, wenn der zur Schilderung seiner Vermögenslage geforderte Vertragsgegner nur die günstigen Umstände anführt, die ungünstigen aber verschweigt (RG **70** 152). Wer den Kreditgeber zwecks Krediterlangung durch seine Fabrikräume führt und ihm Warenvorräte zeigt, dabei aber eventuelle Belastungen oder Sicherungsübereignungen nicht erwähnt, spiegelt vor, daß die Gegenstände unbelastet seien (RG Recht **29** Nr. 652). Eine Verpflichtung zur Offenbarung aller für die Kreditwürdigkeit maßgeblichen Umstände besteht regelmäßig nicht (RG **70** 151, BGH GA **65,** 208, MDR/D **68,** 202, MDR/H **80,** 106, wistra **84,** 223). Bei langjährigen Geschäftsbeziehungen, die Kreditgeschäfte zum Inhalt haben (z.B. Sukzessivlieferungsvertrag), soll es nach BGH MDR/H **80,** 106 und Stuttgart JR **78,** 389 m. Anm. Beulke eine Verpflichtung zur Offenbarung von Vermögensverschlechterungen geben, es sei denn, es handele sich um nur vorübergehende Krisensituationen. Eine Offenbarungspflicht für Tatsachen, die Zweifel an der künftigen Zahlungsfähigkeit des Schuldners begründen, solle allerdings bestehen bei der Anbahnung besonderer Verbindungen, die auf einem gegenseitigen Vertrauensverhältnis beruhen (BGH wistra **84,** 223). Eine Aufklärungspflicht hinsichtlich einer nach der Darlehnsaufnahme eingetretenen Vermögensverschlechterung besteht nicht (o. 22).

27   Gegenstand der Täuschung kann ferner eine innere Tatsache sein (vgl. o. 10). Als solche kommt der **Zahlungswille** in Betracht (vgl. BGH **15** 26, Celle GA **57,** 220, Schleswig SchlHA **59,** 155), wobei zu beachten ist, daß mangelnder Zahlungswille auch vorliegt, wenn dem Täter die spätere Leistung unmöglich erscheint, da man Unmögliches nicht wollen kann (BGH GA **65,** 208, Köln NJW **67,** 741, JZ **68,** 340 m. Anm. Schweichel, Stuttgart NJW **58,** 1833). Der Verkehr darf das Zahlungsversprechen eines Darlehnsnehmers oder Kreditkäufers so verstehen, daß der Täter versichert, aufgrund der Beurteilung seiner gegenwärtigen Vermögenslage zu dem Schluß gekommen zu sein, die versprochene Leistung erbringen zu können (vgl. BGH NJW **54,** 1415, GA **65,** 208, StV **85,** 188, Braunschweig NJW **59,** 2176, NdsRpfl. **62,** 24, Köln **67,** 741, M-Maiwald II/1 415 f.). Betrug kommt daher in Betracht, wenn der Täter trotz begründeter Zweifel an seiner künftigen Leistungsfähigkeit ohne Einschränkung die spätere Leistung verspricht (vgl. auch Bockelmann NJW 61, 146, ZStW 79, 28, Stuttgart NJW **58,** 1833 m. Anm. Kohlhaas NJW 59, 397; and. Schleswig SchlHA **53,** 156, **59,** 155); dabei ist jedoch zu beachten, daß nicht schon jede Unsicherheit in der Beurteilung der künftigen Entwicklung einen solchen Zweifel begründet, z.B. nicht der Umstand, daß der Kreditnehmer könne erwerbslos werden (vgl. Hamm BB **58,** 934). Die bloße Hoffnung, leisten zu können, reicht hingegen nicht aus (BGH JZ **52,** 282, GA **65,** 208). Eine Täuschungshandlung kann auch vorliegen, wenn der Täter damit rechnet, er werde ein Darlehen nicht gerade am Fälligkeitstag zurückbezahlen können (and. BGH MDR/H **55,** 528); jedoch kann es hier am Schädigungsvorsatz fehlen, wenn der Darlehnsnehmer davon ausgeht, daß in seiner Zinszahlung ein Äquivalent für die Weitergewährung des Darlehens liegt.

Anderes gilt bei sog. **Bargeschäften,** bei denen nach dem ausdrücklichen oder aus den Umständen 28
zu entnehmenden Willen der Beteiligten sofortige Erfüllung zugesagt wird. Hier kann die Täuschung
außer in der Vorspiegelung der Zahlungswilligkeit auch im Vortäuschen der Zahlungsfähigkeit
liegen. Dies ist regelmäßig bei der sog. Zechprellerei der Fall, bei der der Gast als zahlungsfähig und
zahlungswillig auftritt (Bay **57** 147 m. Anm. Mittelbach JR 58, 67, o. 16a). Wer an einer Tankstelle
mit oder ohne Bedienung Benzin tankt, erklärt schlüssig Zahlungswillen und Zahlungsfähigkeit
(BGH NJW **83,** 2827 m. Anm. Gauf NStZ 83, 505, Deutscher NStZ 83, 507, Schroeder JuS 84, 846;
Düsseldorf JR **83,** 343 m. Anm. Herzberg); wird der Kunde vom Tankwart nicht bemerkt, kommt
Versuch in Betracht (BGH aaO); zur Verfügung vgl. u. 63 f. Zur Frage der Strafbarkeit, wenn die
Absicht, nicht zu zahlen, erst nach dem Tankvorgang gefaßt wird, vgl. Hamm NStZ **83,** 266,
Düsseldorf NStZ **82,** 249, **85,** 270 m. Anm. Herzberg JR 85, 209, Gauf NStZ 83, 505 sowie § 242
RN 36, § 246 RN 7; zum ganzen Borchert/Hellmann NJW 83, 2799, Charalambakis MDR 85, 975.

b) In der Hingabe eines **Schecks** liegt seitens des Scheckgebers die konkludente Erklärung 29
der Überzeugung, daß bei Einlösung eine entsprechende Deckung vorhanden sein wird (M-
Maiwald II/1 415, Welzel 369, BGH NJW **69,** 1260, Karlsruhe NStE **Nr. 9**); ob auch die
gegenwärtige Deckung zugesichert wird, ist umstritten (vgl. BGH **3** 70 m. Anm. Rieß u. Niese
NJW 52, 1186, Oldenburg JZ **51,** 339 m. Anm. Mezger, A. Mayer JZ 53, 25 u. Niese NJW 52,
691 f.). Richtigerweise wird man in der Scheckhingabe die stillschweigende Zusicherung sehen
müssen, daß der Scheck entweder gedeckt ist und diese Deckung auch fortbestehen bleibt, oder
daß er durch sicher zu erwartende Eingänge spätestens im Zeitpunkt der Einlösung gedeckt sein
wird (so Lackner LK 44, Bockelmann ZStW 79, 49, zweifelnd Köln NJW **91,** 1122 [Postbar-
scheck]). Keinesfalls reicht ein bloßes Hoffen auf Deckung aus (BGH JZ **52,** 282; vgl. auch
BGH MDR/D **55,** 528). In der Einreichung eines von einem anderen ausgestellten Schecks
liegt die konkludente Erklärung, es handele sich um einen Scheck im bargeldlosen Zahlungsverkehr
(Köln NJW **81,** 1851). In der Hingabe eines **Wechsels** zur Diskontierung bei einer Bank liegt
angesichts der fehlenden Rediskontierfähigkeit eines Finanzwechsels in aller Regel die schlüssige Erklärung des Täters, es handele sich dabei um einen Handelswechsel und nicht um einen
Finanzwechsel (BGH NJW **76,** 2028, Lackner LK 45, Lampe, Kreditbetrug 57 ff., Obermüller
NJW 58, 655).

Wird ein durch **Scheckkarte** garantierter Scheck angeboten, so gelten wegen der Einlösungs- 29a
garantie des bezogenen Kreditinstituts die obigen Grundsätze nicht (vgl. u. 50, Lackner LK 44,
320, Lenckner/Winkelbauer wistra 84, 83, Schroth NJW 83, 716, Vormbaum JuS 81, 22 f.,
Zahrnt NJW 72, 277; a. M. BGH **24** 386, Köln NJW **78,** 714, Hamburg NJW **83,** 768, Gössel
MDR 73, 177, Gross NJW 73, 600, Sennekamp BB 73, 1007), weil der Schecknehmer sich
keine Vorstellung über die Deckung macht (u. 50) und mangels einer dahingehenden Erwartung der Begebung des Schecks auch nicht konkludent die Zusicherung zukommt, dieser sei
gedeckt. Bei der parallelen Problematik des **Kreditkartenmißbrauchs** lehnt die Rspr. mit den
hier zum garantierten Scheck genannten Gründen Betrug ab (BGH **33** 244; vgl. auch LG Bielefeld NJW
83, 1336, aufgehoben durch Hamm NJW **84,** 1633 m. Anm. Schlüchter JuS 84, 675 u. Bringewat wistra 84, 194, NStZ 85, 535, Knauth NJW 83, 1287, Lackner LK 301; differenzierend
Bringewat JA 84, 347). Die mißbräuchliche Verpflichtung des Scheck- oder Kreditkartenausstellers (Bank, Dinersclub usw.) wird jetzt durch die lex specialis des § 266b erfaßt (BGH
wistra **87,** 64, 136, Hamm MDR **87,** 514, KG JR **87,** 257; vgl. die Erl. zu § 266b). Etwas anderes
kann sich bei den sog. Goldenen Kundenkarten ergeben. Hierbei handelt es sich um eine
Kreditkarte im sog. Zwei-Partner-System, namentlich bei Kaufhäusern und Autovermietern
ausgegeben (vgl. § 266b RN 5). Verschweigt der Berechtigte bei Vorlage der Karte, daß er
nicht zahlungswillig ist, so kann darin ein Betrug gesehen werden. Hat er bereits die Ausstellung der Kundenkarte erschlichen, so liegt darin noch kein Betrug, jedoch kann dieses Verhalten schon ein Indiz für betrügerisches Verhalten beim Gebrauchmachen sein (BGH MDR/H **89,**
112). Werden Scheck- oder Kreditkarten durch einen **Nichtberechtigten** mißbraucht, liegt eine
Täuschung vor, weil bei Vorlage der Karte und Unterzeichnung der Belastungsbelege mit
falschem Namen die Berechtigung zur Vorlage der Scheck- oder Kreditkarte vorgespiegelt
wird (LG Berlin wistra **85,** 241, LG Hamburg wistra **86,** 227); vgl. dazu o. 13. Zum **Codekartenmißbrauch** vgl. § 263a. Zum Ganzen eingehend Otto, Zahlungsverkehr 9 ff. (Mißbrauch
von Wechseln), 41 ff. (Mißbrauch von Schecks).

In der Erteilung eines **Lastschrift-Einziehungsauftrages** ist – soweit nicht der Lastschriftvordruck 30
bereits den (ausdrücklichen) Aufdruck „Einzugsermächtigung des Zahlungspflichtigen liegt dem
Zahlungsempfänger vor" (was nur für „sofort fällige Geldforderungen" gilt) trägt – die konkludente
Erklärung des Zahlungsempfängers gegenüber der Inkassobank enthalten, daß er Inhaber einer sofort
fälligen Geldforderung gegenüber dem Zahlungspflichtigen in der eingetragenen Höhe sei (vgl.
Hamm NJW **77,** 1836, LG Oldenburg NJW **80,** 1177, Lackner LK 44 a. E.; vgl. auch E. Putzo NJW
78, 689, Müller/Wabnitz aaO 20 ff.).

c) Bei einer Täuschung über den **Verwendungszweck** eines Darlehns kommt Betrug in Betracht, 31 wenn durch den angeblichen Verwendungszweck die Qualität der Forderung berührt wird, z. B. ein zur Warenbeschaffung gegebener Wechsel zur Bezahlung von Schulden (RG **66** 58) oder ein Betriebsmittelkredit zur Bestreitung des Lebensunterhalts verwendet wird (RG JW **26**, 2934); vgl. näher Goldschmidt aaO 156. Vgl. auch BGH JZ **79**, 75 zur zweckwidrigen Verwendung eines Investitions- oder Starthilfedarlehens. Betrug kann aber auch vorliegen, wenn durch die Täuschung über den Verwendungszweck die Sicherheit des Gläubigers nicht beeinträchtigt wird, der Vertrag jedoch zugleich die Elemente einer Schenkung enthält (z. B. zinsloses Darlehn). Wollte der Kreditgeber mit dieser Schenkung bestimmte Zwecke fördern, so gelten die Regeln über den Schenkungsbetrug; vgl. u. 101.

31a d) Streitig ist die Frage, worin eine Täuschungshandlung beim Erschleichen von **Subventionen** oder Steuererleichterungen liegen kann, die nur für einen bestimmten Zeitraum oder von einem bestimmten Zeitpunkt ab bzw. bis zu einem solchen gewährt werden. Erörtert wird diese Frage in Rspr. und Schrifttum am Bsp. des § 4b InvestitionszulagenG 75, das nur für Inlandsinvestitionen einen Zuschuß vorsah, wenn die begünstigten Wirtschaftsgüter innerhalb eines gesetzlich bestimmten Zeitraums bestellt wurden bzw. mit deren Herstellung begonnen worden war. Dabei kommt § 263 vornehmlich für die Fälle in Betracht, in denen der Antrag auf die Investitionszulage vor dem 1. 9. 1976 gestellt wurde, da vor diesem Zeitpunkt das 1. WiKG und damit insbes. § 264 (Subventionsbetrug) noch nicht in Kraft getreten waren (zum Konkurrenzverhältnis von § 263 zu § 264 vgl. § 264 RN 87 ff.). Hatte jemand vor oder nach dem maßgeblichen Stichtag ein begünstigtes Rechtsgeschäft abgeschlossen, das dann aber rück- bzw. vordatiert wurde, so stellt sich die Frage, ob in der Behauptung, das Geschäft sei in dem maßgeblichen Zeitraum abgeschlossen worden, eine Täuschungshandlung liegt. In den Fällen einer Rückdatierung, in denen die Bestellung tatsächlich erst nach dem maßgeblichen Zeitpunkt aufgegeben wurde, ist eine Täuschungshandlung zu sehen, da hier über den Zeitpunkt der Bestellung unwahre Angaben gemacht werden (BGH **31** 93 m. Anm. Tiedemann JR 83, 212, Baumann/Boorberg BB 80, 569 f.); ist das Geschäft während dieses Zeitraumes z. B. nur mündlich getätigt worden oder ist ein Beleg verlorengegangen, so dient eine spätere schriftliche Fixierung der Bestellung nur dem Nachweis einer wahren Behauptung, weshalb es an einer Täuschungshandlung fehlt (Findeisen JZ 80, 713 = JR 81, 229; vgl. auch Celle NJW **82**, 1407). Im letztgenannten Fall könnte eine Täuschung nur darin gesehen werden, die Urkunde über die Bestellung sei im Zeitpunkt des Geschäftsabschlusses ausgestellt worden. Eine Täuschung über diese Tatsache ist jedoch unerheblich, da durch sie nicht über die Anspruchsvoraussetzungen für den Investitionszuschuß getäuscht wird. Schwieriger ist die Frage zu beantworten, wenn ein Geschäftsabschluß vordatiert wird, um in den begünstigten Zeitraum zu fallen. Erfolgt der vordatierte Geschäftsabschluß nur zum Schein, soll also das vorher abgeschlossene Geschäft unberührt bleiben, so liegt eine Täuschungshandlung vor, weil das Scheingeschäft nichtig und die Behörde daher über das tatsächliche Bestelldatum getäuscht wurde (Koblenz JZ **80**, 737). Ist dagegen der ursprüngliche Vertrag aufgehoben und im Begünstigungszeitraum ein neuer Vertrag abgeschlossen worden, so fehlt es an einer Täuschungshandlung, auch wenn es sich um das gleiche Wirtschaftsgut handelt (vgl. Hamm NJW **82**, 1405, AG Alsfeld NJW **81**, 2588, Baumann/Boorberg BB 80, 569, Kohlmann/Brauns FR 79, 281 f., Tiedemann NJW 80, 1558 f., Strobl-Albeg DSteuerR 80, 374 f.; a. A. BGH **32** 256, Koblenz JZ **80**, 737, Frankfurt JZ **82**, 477, Schmidt-Hieber/Küster FR 79, 426 f.). Da das angegebene 2. Bestelldatum den Tatsachen entspricht, könnte die Behauptung nur unwahr sein, wenn mit dem Subventionsantrag zugleich schlüssig dargetan würde, daß die Subvention für eine Erstbestellung in Anspruch genommen wird, d. h. für eine Ware, die nicht zu einem früheren Zeitpunkt schon einmal bestellt war. Dies ist jedoch nicht der Fall, da der Antragsteller nur – wie es § 4b II InvestitionszulagenG und das auszufüllende Formular verlangen – eine wirksame Bestellung behauptet. Auch der Auffassung von Findeisen (JZ 80, 711), wonach die Zweitbestellung nicht auf einer Investitionsentscheidung beruhe und damit nicht eine zulagebegünstigte Bestellung vorliege, kann nicht gefolgt werden, da auch für die Zweitbestellung die Investitionsentscheidung ursächlich ist, weil diese ansonsten nicht vorgenommen worden und es bei der Stornierung der Erstbestellung geblieben wäre (ebenso Baumann/Boorberg BB 80, 567). Ebenso kann § 6 StAnpG a. F. (vgl. heute § 42 AO 77) nicht weiterhelfen. Diese Vorschrift ermöglicht zwar den Finanzbehörden, bei einem Mißbrauch von bürgerlich-rechtlichen Gestaltungsmöglichkeiten von einer Rechtsgestaltung auszugehen, die den wirtschaftlichen Vorgängen angemessen ist. Daraus läßt sich aber nicht herleiten, daß derartige (zivilrechtlich wirksame) Umgehungsgeschäfte mit den (zivilrechtlich unwirksamen) Scheingeschäften gleichzubehandeln sind (so aber Koblenz JZ **80**, 736, Findeisen JZ 80, 712; dagegen Strobl-Albeg DSteuerR 80, 374 f.). Schließlich obliegt dem Steuerpflichtigen auch keine Offenbarungspflicht (zu § 264 vgl. jedoch dort RN 46), schon gar nicht hinsichtlich der Motive, die ihn zu einer bestimmten Rechtsgestaltung veranlaßt haben. Im übrigen ist es Sache des Gesetzgebers, die Vorschriften so auszugestalten, daß Umgehungen, die die zivilrechtliche Vertragsfreiheit eröffnet, unterbunden werden (ebenso Kohlmann/Brauns FR 79, 480).

31b e) Umstritten ist die Beurteilung des Handels mit **Rohstoffoptionen,** der auf dem Warentermingeschäft basiert und bei dem der Käufer gegen Bezahlung einer „Prämie" ein Anrecht auf den Abschluß eines Warentermingeschäfts erwirbt (vgl. dazu Koch JZ 80, 704). Eine Täuschungshandlung liegt dabei unzweifelhaft vor, wenn der Verkäufer die Verschaffung einer an den einschlägigen Börsen gehandelten Option verspricht, dann aber selbst die Option ausgibt, ohne für Deckung an einem geeigneten Börsenplatz zu sorgen (Koch JZ 80, 709, vgl. auch BGH wistra **86**, 108); als Schaden kommt dabei eine Vermögensgefährdung in Betracht (vgl. u. 114a, 143 ff.). Streitig hingegen sind die Fälle, in denen eine Option verschafft, die am Börsenplatz gebildete Prämie jedoch durch den Optionsvermittler verdoppelt oder verdreifacht wird, ohne diesen Zuschlag dem Kunden zu deklarieren; wird die Kalkulation der Prämie offengelegt, so liegt keine Täuschungshandlung vor (BGH wistra **91**, 25). Streitig ist ferner, welche Bedeutung es hat, daß sich in den AGB der Optionshändler ein Hinweis darauf findet, daß Kosten und Provision in der zu zahlenden Prämie enthalten seien. Eine Täuschungshandlung liegt in Fällen dieser Art vor, wenn dem Käufer ausdrücklich vorgespiegelt wird, die von ihm zu zahlende Prämie entspreche der Höhe nach der am Börsenplatz für die Warenoption zu zahlenden Prämie. Erfolgt dieser Hinweis nicht, so fragt es sich, ob über die Prämienhöhe am Börsenplatz oder die Differenz zu der dem Kunden in Rechnung gestellten Prämie schlüssig getäuscht wird. Dies ist jedoch zu verneinen, wenn sich – wie bei den Optionsgeschäften üblich – aus den AGB ergibt, daß die vom Optionsvermittler in Anspruch genommene Provision und seine Kosten in der vom Käufer zu zahlenden Prämie enthalten sind. Daraus folgt für jedermann, daß notwendigerweise eine Differenz zwischen der Prämie am Börsenplatz und dem Kaufpreis der Option bestehen muß. Gegenstand einer konkludenten Täuschung könnte also höchstens die Höhe des Unterschiedsbetrages oder die Angemessenheit der beanspruchten Provision sein. Aber auch darüber wird schlüssig nichts erklärt, weil dies voraussetzen würde, daß die Kalkulationsgrundlage des Vermittlers in irgendeiner Form in seine Erklärung eingeflossen ist (vgl. auch o. 17c; and. BGH NJW **81**, 2131, wonach über die Gewinnerwartung getäuscht wird, and. wohl auch München NJW **80**, 795 m. abl. Anm. Hohenlohe-Oehringen BB 80, 231). Da eine Täuschung durch schlüssiges Verhalten nicht vorliegt, bleibt zu fragen, ob der Vermittler verpflichtet ist, dem Kunden seine Kalkulation zu offenbaren. Eine Rechtspflicht hierzu kann bei Spekulationsgeschäften dieser Art grundsätzlich weder aus vorvertraglichen Pflichten noch aus dem Grundsatz von Treu und Glauben abgeleitet werden (KG NJW **80**, 1472, Seelmann NJW 80, 2548f., Sonnen NStZ 81, 24, Worms wistra 84, 127f.). Die entgegengesetzte Auffassung (BGH NJW **81**, 1266, München NJW **80**, 786, 795 m. abl. Anm. Hohenlohe-Oehringen BB 80, 231), wonach bei einem 100%igen Preisaufschlag auf die Prämie für Kosten und Provisionen wegen der dadurch erheblich verringerten Gewinnchance eine Aufklärungspflicht bestehe, kann nicht überzeugen (insoweit zutreffend Hamburg NJW **80**, 2593 m. Anm. Sonnen NStZ 81, 24 u. Scheu MDR 81, 467), da – wie bei Spekulationsgeschäften anerkannt – jeder Vertragspartner sein Risiko und damit auch sein Aufklärungsrisiko über die Höhe der Chance selbst zu tragen hat. Dies gilt erst recht in Fällen der hier genannten Art, in denen jeder Vertragsteil sich über die Optionspreise bei den Vermittlern – eine dann unrichtige Auskunft wäre Täuschen durch Begehen (vgl. o. 14) –, in den Börseblättern, bei Banken usw. orientieren kann, zumal eine unzureichende Information des Vermittlers beim Käufer die notwendige Skepsis hervorrufen muß. Eine Täuschung käme allenfalls dann in Betracht, wenn mit der verkauften Option überhaupt keine Gewinnchance verbunden wäre, weil dann möglicherweise schlüssig über diese Eigenschaft des Kaufgegenstandes getäuscht wäre (and. BGH **16** 120 für den Fall der sog. Spätwette; vgl. 16, 114). Zum Vermögensschaden vgl. u. 114a.

f) In jüngster Zeit spielen die Fälle eine größere Rolle, in denen über nicht vorliegenden **Eigenbedarf** ein Mietverhältnis unberechtigterweise gekündigt wird (Bay NJW **87**, 1654 m. Anm. Hillenkamp JR 88, 301, Zweibrücken NJW **83**, 694, Seier aaO, ders. JA 83, 337, AG Hamburg WuM **85**, 117, AG Kaiserslautern ZMR **83**, 96f. Vgl. ferner Werle NJW 85, 2913ff., der sich ausführlich mit der betrugsspezifischen Schadensproblematik auseinandersetzt; dazu neuerdings auch Hellmann JA 88, 73ff., Rengier JuS 89, 802ff.). Hier ist wie folgt zu differenzieren: Werden Umstände vorgespiegelt aus denen sich der Eigenbedarf ergibt, so liegt ein Betrug durch positives Tun vor (zu den einzelnen Fallgestaltungen eingehend Seier aaO 242ff.). Ist hingegen der nicht bestehende Eigenbedarf gutgläubig vorgebracht worden, weil z. B. die Tochter des Vermieters in Wahrheit nicht bestehende Heiratsabsichten äußert, so folgt eine Aufklärungspflicht aus Ingerenz sobald der die Kündigung verlangende Vermieter die Wahrheit erfährt (vgl. o. 20). Kommt ein ursprünglich vorliegender Eigenbedarf später in Wegfall, z. B. weil das Verlöbnis der Tochter gelöst wird, so kommt zunächst ein konkludentes Verhalten in Betracht, wenn der Vermieter sein Räumungsbegehren aufrechthält (Seier aaO 404f.). Fehlt es an einem schlüssigen Verhalten, so kann zweifelhaft sein, ob Betrug durch Unterlassen begangen wird, wenn der Vermieter dem Mieter gegenüber den Wegfall der Kündigungsberechtigung verschweigt (i. E. ebenso Seier aaO 404ff.). Hier ist eine Offenbarungspflicht nach den o. RN 22 genannten Grundsätzen anzunehmen. Allerdings besteht diese nur, wenn das Vertragsverhältnis noch nicht einverständlich gelöst oder keine rechtskräftige Entscheidung vorliegt, weil in diesen Fällen der Schaden in Gestalt der Aufhebung des Vertragsverhältnisses schon eingetreten ist. Abzulehnen ist daher Bay NJW **87**, 1654, wonach auch nach Abschluß eines unwiderruflichen Vergleichs eine Offenbarungspflicht besteht.

IV. Durch die Täuschungshandlung muß im Getäuschten ein **Irrtum erregt oder unterhalten** werden. Zur Frage der Berücksichtigung eines Opfermitverschuldens vgl. Ellmer aaO 144ff.

33 **1. Irrtum** ist jeder Widerspruch zwischen Vorstellung und Wirklichkeit (Lackner LK 73, Blei II 229, D-Tröndle 18, Samson SK 49).

34 a) Dabei ist unstreitig, daß der **Irrtum** sich **auf eine Tatsache beziehen** muß, weil sich sonst eine Beziehung zwischen Täuschungshandlung und Irrtumserregung nicht herstellen ließe (vgl. u. 77); zum Tatsachenbegriff vgl. o. 8 ff. Dies ist der Fall, wenn der Getäuschte bestimmte Vorgänge als geschehen annimmt, die in Wahrheit nicht geschehen sind (z. B. zwischen A und B sei ein Vertrag mit bestimmtem Inhalt abgeschlossen worden), aber auch, wenn er sich nur Einzelheiten innerhalb eines Gesamtgeschehens unrichtig vorstellt (z. B. der Vertrag zwischen A und B sei zwar abgeschlossen, jedoch zu einem anderen Preis) oder wenn in seinem Vorstellungsbild Einzelheiten fehlen, er jedoch seine Kenntnis als vollständig annimmt (z. B. an dem Vertrag sind nicht nur A und B, sondern auch C beteiligt). Dies schließt allerdings nicht aus, daß die Fehlvorstellung beim Getäuschten z. B. zu einer unzutreffenden Prognose führt, die dann ihrerseits erst für die Verfügung motivierend wirkt; wird z. B. über die Finanzkraft eines Unternehmens getäuscht (vgl. o. 8 f.) und schließt der Getäuschte von hier aus auf eine günstige Entwicklung dieses Unternehmens, die ihn zu der schädigenden Verfügung veranlaßt, so reicht dies für § 263 aus, da die unzutreffende Prognose in einer Fehlvorstellung über tatsächliche Verhältnisse fußt, diese also ihrerseits in das Vorstellungsbild des Getäuschten gerückt sind.

35 b) Streitig ist, ob der Irrtum sich gerade auf die **Tatsachen** beziehen muß, die dem Getäuschten (ausdrücklich oder schlüssig) **vorgespiegelt wurden** oder über die er bei entsprechender Rechtspflicht nicht aufgeklärt wurde. Dies ist zu bejahen, da es sonst an der nach h. L. erforderlichen Kausalität (vgl. u. 77) zwischen den einzelnen Tatbestandsmerkmalen fehlen würde. Wird z. B. vorgespiegelt, bei einem Kaufgegenstand handle es sich um eine antike Statue, so liegt nur ein versuchter Betrug vor, wenn der Erwerber dies nicht glaubt, sich aber dennoch zum Kauf entschließt, weil aufgrund ihres Gewichts irrig annimmt, es handle sich um einen Gegenstand aus Edelmetall. Nicht erforderlich ist, daß der Getäuschte insgesamt von falschen Voraussetzungen ausgehen muß, es genügt, daß er sich über einen Teilaspekt irrt, wie ja auch die „Entstellung wahrer Tatsachen", d. h. das Behaupten einer Teilwahrheit als Täuschungshandlung ausreicht (ebenso Lackner LK 78; and. nur Naucke, Strafbarer Betrug 113). Aber dieser Irrtum muß der Täuschungshandlung entsprechen, weil er sich sonst nicht auf sie zurückführen läßt, und er muß für die Verfügung motivierend sein, da es sonst insoweit an der Kausalität fehlt; vgl. u. 77.

36 c) Streitig ist weiter, wie sich der **Irrtum als psychologischer Sachverhalt** definitorisch erfassen läßt. Teilweise wird eine positive Vorstellung einer der Wirklichkeit widersprechenden Tatsache vorausgesetzt, während das bloße Fehlen der Vorstellung einer wahren Tatsache nicht ausreichen soll (so mit Abweichungen im einzelnen RG **42** 40, BGH **2** 325, Bockelmann Eb. Schmidt-FS 438, Gössel MDR 73, 177, Lackner LK 75, M-Maiwald II/1 420); zur Funktion des Irrtums im Betrugstatbestand vgl. Frisch Bockelmann-FS 647 ff., Sieber aaO 2/3. Diese Definition, die in ihrem zweiten Teil das Problem der ignorantia facti (dazu u. 37, 44) mitzulösen versucht, kann nicht überzeugen. Irrtum ist vielmehr jede Fehlvorstellung, die positive ebenso wie das Nichtkennen der Wahrheit. In beiden Fällen besteht ein Widerspruch zwischen Vorstellungsbild und Wirklichkeit (ebenso Kühne aaO 50; vgl. auch Celle MDR **57**, 436, Frisch Bockelmann-FS 666). Beim Betrug durch Unterlassen kann auf die Beschreibung des Irrtums als „Nichtkennen der Wahrheit" auch nicht verzichtet werden, wenn es um jene Fälle geht, in denen ein Irrtum nicht beseitigt, dem Partner also die Wahrheit nicht zur Kenntnis gebracht wird (vgl. o. 18). Im übrigen sind „positive Fehlvorstellung" und „Unkenntnis" weitgehend austauschbare Begriffe; wer die Wahrheit nicht kennt, hat eine positive Fehlvorstellung über die Wirklichkeit, wie umgekehrt diese zur Unkenntnis der Wahrheit führt. Denkbar ist weiterhin, daß der Getäuschte Wahrheit oder Unwahrheit in gleicher Weise für möglich hält, z. B. bei einem non liquet im Prozeß (vgl. Lackner LK 75). In diesen Fällen kann ein Irrtum in der Fehlvorstellung liegen, ein bestimmter Sachverhalt sei nicht weiter aufklärbar; wird diese Vorstellung durch eine Täuschung erreicht, kommt ebenfalls ein Betrug in Betracht (vgl. u. 51).

37 Da die einzelnen Arten eines Widerspruchs zwischen Vorstellungsbild und Wirklichkeit (positive Fehlvorstellung, bloße Unkenntnis der Wahrheit) nicht klar gegeneinander abgegrenzt werden können, kommt es entscheidend darauf an, welcher Irrtum für § 263 relevant ist. Dies ergibt sich aus dem Wesen des Betrugs als „Ablisten eines Vorteils" (Maaß aaO 34). Daraus folgt, daß nicht jede Fehlvorstellung ausreicht, sondern nur eine solche, die – beim positiven Tun (vgl. o. 13) – durch eine **intellektuelle Einwirkung auf das Vorstellungsbild** des Getäuschten entstanden ist oder – beim Unterlassen (vgl. o. 18) – entgegen einer bestehenden Rechtspflicht nicht beseitigt wurde. Dies zeigen gerade die Fälle der sog. ignorantia facti, bei denen ohne das Element der intellektuellen Beeinflussung nur der Bezugsgegenstand der Vorstellung eine Änderung erfährt (vgl. Ellmer aaO 118 ff.). Der Dieb, der 10 Sack Mehl aus dem Lager stiehlt, verursacht zwar bei dem Kaufmann den Irrtum, das Lager sei vollständig, jedoch nicht mittels einer Täuschungshandlung; ein derartiger Irrtum ist daher für § 263 irrelevant. Im Fall des blinden Passagiers gilt folgendes: Betrug kommt nur in Betracht, wenn durch eine Täuschungshandlung (z. B. Vorzeigen eines gefälschten Fahrausweises) in der Kontrollperson die Vorstellung erweckt wird, der Täter sei zur Mitfahrt berechtigt; über die Vollendung vgl. RG 77 33. Dagegen entfällt Betrug, wenn sich der Täter heimlich in das Verkehrsmittel geschlichen hat. Hier fehlt es an einem Irrtum, wenn sich der Schaffner überhaupt keine Vorstellungen macht; nimmt er dagegen an, „alles sei in Ordnung", so befindet er sich insoweit in einem Irrtum, jedoch ist dieser nicht durch eine Täuschung verursacht. In diesen Fällen kommt nur § 265a in Betracht. Entsprechendes gilt, wenn der Zutritt zu einer Veranstaltung erschlichen wird (bei anderem Ausgangspunkt i. E. ebenso Lackner LK 76). Zur Nichtanmeldung eines Gewerbebetriebes nach der RVO vgl. KG JR **86**, 469 m. Anm. Martens JR 87, 211, o. 21. Zur Frage der Irrtumserregung vgl. u. 42ff.

d) Streitig ist ferner, welchen **Intensitätsgrad** die **Fehlvorstellung** erreicht haben muß und **38** welche Bewußtseinsformen für den Irrtum nach § 263 ausreichend sind, ob sich also die Fehlvorstellung z. B. zu einer subjektiven Gewißheit verdichtet haben muß oder ob auch ein „Fürwahrscheinlich-Halten", ein „Für-möglich-Halten" oder die ganz allgemeine Vorstellung, alles habe seine Richtigkeit, sei „in Ordnung" usw. ausreicht; vgl. hierzu M. K. Meyer, Ausschluß 195 ff. Hier gelten, da es sich beim Irrtum um ein psychologisches Phänomen handelt, die zu Arten und Bewußtseinsformen des Vorsatzes entwickelten Grundsätze (vgl. § 15 RN 48 f., 69 ff.) entsprechend.

α) Ausreichend ist nicht bloß das **aktuelle Bewußtsein** des Vorstellungsinhalts, bei dem der **39** Getäuschte in jedem Augenblick der Verfügung über alle Tatsachen, die ihn motivieren, nachdenkt, ihnen also die volle Aufmerksamkeit seines Bewußtseins schenkt; zum Vorstellungsinhalt gehört auch das **„sachgedankliche Mitbewußtsein"** und das **„ständige Begleitwissen"** (vgl. Lackner LK 77, Sieber aaO 2/7), das dem Getäuschten ein Vorstellungsbild vermittelt, welches nach seiner Auffassung eine Verfügung rechtfertigt. So geht bei der Zechprellerei der Kellner davon aus, daß der Gast zahlungsfähig und zahlungswillig ist, ohne daß er diesen Umständen die Aufmerksamkeit seines Bewußtseins zuwendet (Bockelmann NJW 61, 1934), wie umgekehrt der Gast davon ausgeht, daß das bestellte Steak vom Rind und nicht vom Pferd stammt; im Falle der Spätwette (vgl. o. 16e) geht der Buchmacher davon aus, daß sein Partner das Wettrisiko eingeht (Lackner LK 77); wer Bargeld annimmt, geht davon aus, daß ihm kein Falschgeld angeboten wird. Ein Irrtum liegt daher auch vor, wenn der Getäuschte, ohne bewußt zu reflektieren, als selbstverständlich davon ausgeht, daß der Empfänger einer Leistung zu deren Bezug berechtigt sei, so wenn sich der Täter bei einer Verteilung von Spenden in die Reihe der Wartenden stellt; einschränkend BGH **2** 326 (Empfang von Deputatkohle). Zu Einzelfällen des Betruges (Scheckbetrug, Prozeßbetrug usw.) vgl. o. 29 und u. 48ff.

β) Bei der Frage, welchen **Intensitätsgrad** die Fehlvorstellung erreicht haben muß, ist zu- **40** nächst festzustellen, daß das Problem der Bewußtseinsform des Vorstellungsinhalts in den Hintergrund rückt, wenn der Getäuschte bewußt über den Wahrheitsgehalt der vorgespiegelten Tatsache reflektiert; er sagt sich: sicher, wahrscheinlich, möglich, zweifelhaft usw., wobei die Skala des Intensitätsgrades auf der einen Seite an Sicherheit grenzen, auf der anderen bis „nahezu unmöglich" absinken kann (Lackner LK 79 f., Giehring GA 73, 10, R. Hassemer 131 ff.; krit. Tiedemann Klug-FS 411). Entscheidend ist hier, daß der Getäuschte sich trotz eines bestehenden Zweifels, auf dessen Intensitätsgrad es wie beim bedingten Vorsatz (vgl. § 15 RN 69 ff.) nicht entscheidend ankommt, zu der Verfügung motivieren läßt. Ein Irrtum i. S. des § 263 liegt nicht nur dann vor, wenn der Getäuschte von der Gewißheit der behaupteten Tatsache ausgeht, sondern auch dann, wenn er daran zweifelt, trotz seines Zweifels aber die Vermögensverfügung vornimmt (BGH wistra **90**, 305; vgl. auch Amelung GA 77, 1 ff.). Der Verfügende handelt hier, weil er die Möglichkeit der Unwahrheit für geringer hält und nach Abwägung des Risikos auf die Wahrheit der behaupteten Tatsache vertraut; so z. B., wenn der Käufer eines Bildes durch die Vorspiegelung, es handele sich möglicherweise um einen Rembrandt, zum Kauf veranlaßt wird, auch wenn er Zweifel hat, ob das Bild echt ist. Eine Einschränkung des Tatbestandes unter viktimodogmatischen Gesichtspunkten (vgl. Amelung GA 77, 6 ff., Schünemann Faller-FS 363, zum Ganzen R. Hassemer 134 ff.) kommt nicht in Betracht, weil das Opfer nicht weniger schutzwürdig ist, wenn es sich mit den Angaben des Täters kritisch auseinandersetzt (vgl. 70b vor § 13). Ein Irrtum i. S. einer Fehlvorstellung liegt erst dann nicht mehr vor, wenn es dem Verfügenden gleichgültig ist, ob die behauptete Tatsache wahr ist oder nicht (AG Tiergarten NJW **89**, 846: Täter veranlaßt eine unerlaubte Überziehung eines Postgirokontos, wobei sich der Schalterbeamte keinerlei Gedanken über die Deckung des Schecks macht). Erst wenn der Verfügende die Verfügung ohne Erwartung der Wahrheit der behaupteten Tatsache trifft, handelt er nicht mehr im Irrtum, denn in diesem Falle bezieht er innerlich überhaupt nicht Stellung (vgl. Lackner LK 80 f.). So etwa, wenn der

Verkäufer einer Sache bei Ungewißheit über die Solvenz des Käufers jedes Risiko durch Vereinbarung der Vorleistung des Käufers ausschließt und deshalb dessen Angaben für ihn uninteressant sind (vgl. Schröder JZ 67, 576). Zur Frage des Irrtums des Rechtspflegeorgans beim Prozeßbetrug in den Fällen, in denen die Entscheidung aufgrund von Beweislastregeln getroffen wird, vgl. u. 51. Kein Irrtum liegt selbstverständlich auch vor, wenn der Verfügende sich überhaupt keine Vorstellung macht.

41 e) Da Betrug seinem Wesen nach nur bei einer **unbewußten Selbstschädigung** des Opfers in Frage kommt (Lackner LK 98, Schröder NJW 62, 722, Cramer, Vermögensbegriff 202, 209 ff., Ellmer aaO 133; dagegen Herzberg MDR 72, 93), muß der Irrtum dem Getäuschten entweder verbergen, daß er überhaupt eine Vermögensverfügung trifft (z. B. ein angebliches Autogramm ist in Wirklichkeit die Unterzeichnung eines Wechsels), oder daß die Verfügung zu einem Vermögensschaden führt; es muß also der Opfer daher der vermögensschädigende Charakter seines Verhaltens verborgen bleiben (M-Maiwald II/1 410, 438, Samson SK 51, Eb. Schmidt JZ 52, 572, Jecht GA 63, 44, Eser IV 124 f.; and. RG **70** 256, BGH **19** 45, Bay NJW **52**, 798, Wessels II/2 127 f., Schmoller JZ 91, 117 ff.). Dies ist einmal der Fall, wenn der Getäuschte nicht weiß, daß seine eigene Leistung zu hoch bzw. die Gegenleistung zu gering ist, aber auch dann, wenn bei einseitiger Weggabe von Vermögenswerten der Schaden darin liegt, daß die Leistung des Betrogenen den von ihm verfolgten sozialen Zweck nicht erreicht. Letzteres ist insb. von Bedeutung beim Spenden- und Bettelbetrug und ähnlichen Fällen, wo der Getäuschte zwar die rein rechnerische Verminderung seines Vermögens, nicht aber den in der Zweckverfehlung seiner Leistung liegenden Schaden kennt (vgl. dazu u. 101 ff.; Gallas Eb. Schmidt-FS 435, Ellscheid aaO 161; and. jedoch insoweit Gutmann MDR 63, 3).

42 2. Der Täter muß den **Irrtum erregt oder unterhalten** haben. Wie bei der Täuschungshandlung (vgl. o. 7) ist die sprachliche Umschreibung dieses Tatbestandsmerkmals verunglückt, weil das „Unterhalten" des Irrtums auch die Fälle erfassen muß, in denen der Täter nicht durch positive Maßnahmen verhindert, daß eine bestehende Fehlvorstellung beseitigt wird, sondern dies dadurch geschieht, daß trotz dahingehender Rechtspflicht keine Aufklärung erfolgt.

43 a) Der Täter **erregt** einen Irrtum, wenn die falsche Vorstellung durch ausdrückliches oder konkludentes Verhalten durch ihn selbst oder – im Fall der mittelbaren Täterschaft (vgl. u. 180) – durch einen anderen hervorgerufen wird; dies kann auch dadurch geschehen, daß er einen bereits vorhandenen Zweifel zu einer positiven Fehlvorstellung verdichtet (so wenn dem Gläubiger, der Zweifel hat, ob der Schuldner schon gezahlt hat, gefälschte Quittungen vorgelegt werden). Die Täuschungshandlung muß nicht alleinige Ursache des Irrtums sein. Auch wenn der Getäuschte bei Anwendung der üblichen Sorgfalt die Täuschung hätte erkennen können, ist der Irrtum durch diese erregt worden (BGH MDR/D **72**, 387; Hamburg NJW **56**, 392, Lackner LK 91; zu eng Köln JZ **68**, 340 m. Anm. Schröder). Da jedoch der Irrtum gerade durch die unrichtigen Angaben des Täters verursacht sein muß, liegt § 263 nicht vor, wenn beim Opfer Zweifel bleiben und diese erst durch dessen eigene Information bei einem Dritten beseitigt werden (RG **3** 395). Dagegen handelt es sich um eine auf Täuschung beruhende Irrtumserregung durch den Täter, wenn dieser selbst auf unrichtige Beweismittel Bezug nimmt, so z. B. auf eine unrichtige Grundbucheintragung oder auf ein unrichtig geführtes Kontoblatt (vgl. Schröder JR 61, 434).

44 Entscheidend ist, daß der Irrtum durch eine Einflußnahme auf das Vorstellungsbild des Getäuschten hervorgegangen sein muß, da es sonst an einem für § 263 relevanten Irrtum fehlt (vgl. o. 37). Bloße „Kausalität" i. d. Sinne, daß lediglich der Gegenstand verändert wird, auf den sich die Vorstellung bezieht, ist keine intellektuelle Beeinflussung in der hier vertretenen Bedeutung, weshalb Betrug in den Fällen der sog. ignorantia facti in dem o. 36 f. genannten Umfang ausscheidet.

45 b) Ein Irrtum wird **unterhalten,** wenn der Täter verhindert, daß eine bereits vorhandene Fehlvorstellung, die von ihm selbst nicht verursacht zu sein braucht, beseitigt wird. Dies kann durch positive Maßnahmen erfolgen, ohne die das Opfer seine Fehlvorstellung erkannt hätte, z. B. durch Beseitigung eines den Irrtum aufklärenden Briefs. Auf diese Fälle darf das Unterhalten eines Irrtums trotz des irreführenden Wortlauts nicht beschränkt werden (vgl. o. 18). Es genügt nämlich auch ein Unterlassen, wenn ein bereits vorhandener Irrtum pflichtwidrig nicht aufgeklärt wird (Lackner LK 92 a. E.). Demgegenüber will Bockelmann (Eb. Schmidt-FS 441 ff.) einen Betrug durch Unterlassen nur anerkennen, wenn der Aufklärungspflichtige der Bildung eines Irrtums nicht entgegentritt. Damit wird jedoch der Bereich des Unterlassens auf das Erregen eines Irrtums beschränkt, während das Gesetz auch das Unterhalten eines solchen genügen läßt, was begrifflich eine schon bestehende Fehlvorstellung voraussetzt. Die hier vertretene Meinung führt auch nicht dazu, daß der Täter in diesen Fällen, anders als sonst bei den unechten Unterlassungsdelikten, nicht nur zur Erfolgsabwendung, sondern zur Erfolgsbeseitigung verpflichtet wäre, denn nicht der Irrtum ist der den Unrechtsgehalt des § 263 bestim-

mende Erfolg, sondern die auf dem Irrtum beruhende schädigende Vermögensverfügung. Erfolgsabwendung i. S. des unechten Unterlassungsdelikts ist bei § 263 daher nicht das Verhindern des Irrtums, sondern der auf einem Irrtum beruhenden, schädigenden Verfügung (Maaß aaO 10ff.).

Kein Unterhalten eines Irrtums ist dagegen das bloße **Ausnützen** einer bereits vorhandenen Fehlvorstellung. Dies ist etwa bei der Annahme einer Leistung, von der der Leistende irrtümlich glaubt, sie sei geschuldet (BGH MDR/H **53**, 683: Inempfangnehmen von Wechselgeld, das einem anderen zusteht; bedenklich BGH MDR **53**, 21). Hier kommt ein Betrug nur in Betracht, wenn eine Aufklärung des Irrtums pflichtwidrig unterlassen wird (vgl. RG **46** 414, Köln JR **61**, 433 m. Anm. Schröder, Lackner LK 93, M-Maiwald II/1 423). Ungenau ist es ferner, wenn das „Verstärken" eines Irrtums als Unterhalten eines solchen bezeichnet wird (so jedoch Lackner LK 92, M-Maiwald II/1 423, Blei II 226, D-Tröndle 18b). Hier ist vielmehr zu unterscheiden (ebenso Samson SK 39): Werden in dem Opfer noch (letzte) Zweifel beseitigt oder seinem bereits falschen Vorstellungsbild noch weitere unrichtige Einzelheiten hinzugefügt, so handelt es sich um die Erregung eines neuen Irrtums; dies gilt für alle Fälle, in denen der Intensitätsgrad der Fehlvorstellung (vgl. o. 40) gesteigert wird. Hingegen kann ein endgültig vorhandener Irrtum nicht mehr gesteigert werden. Wird dieser lediglich noch einmal bestätigt, so scheidet § 263 aus, wenn nicht zugleich ein pflichtwidriges Unterlassen in Betracht kommt. **46**

3. Aus den genannten Grundsätzen stellt sich die Irrtumsproblematik in den besonders **strei- 47 tigen Einzelfällen** wie folgt dar:

a) Streitig ist, ob die Benützung eines **Legitimationspapieres** durch einen Nichtberechtigten (z. B. **48** Barabhebung von einem fremden Sparbuch) Betrug darstellt. Unzweifelhaft ist dies zunächst, wenn sich der Schuldner über die Berechtigung des Inhabers durch Befragen usw. vergewissert und nun aufgrund einer positiv falschen Vorstellung die Leistung bewirkt. Dagegen wird Betrug von der h. M. verneint, wenn der Schuldner auf die bloße Vorlage der Legitimation hin leistet, da er sich hier über die Empfangsberechtigung keinerlei Vorstellungen mache (RG **26** 154, **39** 242, Düsseldorf NJW **89**, 2003 [Postsparbuch], Lackner LK 88; and. Blei II 226). Dies kann jedoch nur unterstellt werden, wenn der Schuldner durch eine Leistung an den Inhaber in jedem Fall befreit wird und dessen Legitimation deshalb nicht zu prüfen braucht. Während die zivilistische Lehre ursprünglich ganz überwiegend auf diesem Standpunkt stand, wird neuerdings teilweise angenommen, daß der Schuldner auch bei grobfahrlässiger Unkenntnis der fehlenden Empfangsberechtigung von seiner Verbindlichkeit nicht befreit wird (Erman-Hense BGB[8] § 808 RN 2, Palandt-Thomas BGB[50] § 808 RN 7; Soergel-Siebert, BGB[12] § 808 RN 9 mwN; vgl. BGHZ **28** 368). Dies würde bedeuten, daß sich der Schuldner regelmäßig Gedanken über die Berechtigung des Inhabers machen wird, ein Irrtum also durchaus möglich ist. Auch an der Kausalität zwischen Irrtum und Verfügung wäre dann nicht mehr zu zweifeln (M-Maiwald II/1 422, and. Samson SK 65); i. E. wie hier Maiwald, Der Zueignungsbegriff (1970) 169.

b) Beim **Scheckbetrug** sind verschiedene Fallgestaltungen zu unterscheiden. Wird ein nicht garan- **49** tierter Scheck begeben, so geht der Schecknehmer regelmäßig von dessen Deckung aus (Lackner LK 321). Bei Postbarschecks besteht für Postbeamte eine Prüfungspflicht, weshalb ein Irrtum vorliegen kann (BGH NJW **69**, 1260). Dies gilt allerdings nicht für garantierte Schecks (Scheck mit Scheckkarte), wie sie auch bei der Post eingeführt sind; hier gilt im Verhältnis zwischen Schecknehmer und Scheckgeber das u. 50 Gesagte entsprechend.

Dagegen scheitert ein Betrug beim **garantierten Scheck** (mit Scheckkarte) regelmäßig am Nicht- **50** vorliegen eines Irrtums (zur Täuschung vgl. o. 29). Da die Garantieerklärung von den Banken im Interesse eines reibungslosen, von Mißtrauen ungetrübten bargeldlosen Verkehrs abgegeben wird, macht der Schecknehmer sich regelmäßig keine Vorstellung über die Deckung des Schecks; dahingehende Überlegungen will ihm die Garantieerklärung gerade ersparen (and. BGH **24** 386 m. Anm. Schröder JZ 72, 707, Zahrnt NJW 73, 63, Seebode JR 73, 117 und Meyer JuS 73, 214; wie hier Gössel MDR 73, 177, Sennekamp BB 73, 1005, Groß NJW 73, 600). Diese Grundsätze gelten ebenso bei der Verwendung von **Kreditkarten.** Auch der BGH (**33** 244 m. Anm. Otto JZ 85, 1008, BGH wistra **86**, 171) geht in diesen Fällen – im Gegensatz zur Scheckkarte, vgl. BGH **24** 386 – wegen der unterschiedlich ausgestalteten Vertragsbeziehungen zwischen Kreditkartenausgeber, Vertragsunternehmer und Kreditkarteninhaber davon aus, daß der Vertragsunternehmer keinen Anlaß habe, sich Vorstellungen über die Bonität des Kreditkarteninhabers zu machen und es deshalb idR an dem erforderlichen Irrtum fehle (vgl. zu den strafrechtlichen Problemen des Scheck- und Kreditkartenmißbrauchs auch Labsch NJW 86, 104, Offermann wistra 86, 41). Zur Strafbarkeit dieser Fälle nach § 266 b vgl. dort. Zur Strafbarkeit des **Codekartenmißbrauchs** siehe § 263 a.

c) Beim **Prozeßbetrug,** dessen Problematik u. 69 ff. zusammengefaßt ist, sind hinsichtlich des **51** Irrtums folgende Situationen zu unterscheiden. Wird beim Richter durch die Täuschungshandlung (unwahre Parteibehauptung, falsche Beweismittel usw.) eine Fehlvorstellung über dem Klageanspruch, Einreden usw. zugrundeliegenden Tatsachen (vgl. u. 71) erregt, so kommt ein Betrug in Betracht, wenn er eine Entscheidung zum Nachteil des Betroffenen erläßt; so ist § 263 z. B. gegeben, wenn der Kläger mittels eines gefälschten Schuldscheins, den der Richter für echt hält, einen nicht existierenden Anspruch durchsetzt. Führt die Täuschung nicht zur irrigen Vorstellung über das Bestehen eines entscheidungserheblichen Sachverhalts, entscheidet der Richter vielmehr aufgrund von Beweisregeln, so kommt ebenfalls ein Betrug in Betracht (Lackner LK 314, Keunecke aaO 133, Koffka ZStW 54, 49). Zwar hat sich der Richter bei einem non liquet nicht zu einer endgültigen Überzeugung durchringen können; da jedoch das Gesetz für diesen Fall die Interessen der beweisbelasteten Partei hinter die des Gegners zurückstellt, die richterliche Entscheidung also in eine bestimmte Richtung festgelegt wird, reicht es für die täuschende Partei aus, ein Vorstellungsbild zu erzeugen, bei dem der Richter davon ausgeht, eine weitere Aufklärung sei nicht mehr möglich. Sofern dieses irrige Vorstellungsbild durch die Täuschungshandlung veranlaßt ist, kommt ein Betrug in Betracht. Denn wie beim Irrtum über entscheidungserhebliche Tatsachen läßt der Richter sich hier durch die vom Täter veranlaßte irrige Vorstellung zu seiner Entscheidung motivieren, daß eine weitere Aufklärung des Sachverhalts nicht möglich ist. Daß die Entscheidung aufgrund einer Beweisregel erfolgt, ist unerheblich, da Beweisregeln ebenso Normen des Rechts sind wie Rechtsfolgeregeln, die auf einen (wahren oder irrig angenommenen) Sachverhalt zur Anwendung kommen.

52 Dagegen fehlt es an einem Irrtum oder an dessen Kausalität bei einer Entscheidung im **Versäumnis-** oder **Mahnverfahren,** weil die Entscheidung hier nicht auf einem irgendwie gearteten Vorstellungsbild über Wahrheit oder Unwahrheit der entscheidungserheblichen Tatsachen beruht, sondern durch das Verhalten des Prozeßbeteiligten motiviert wird (i. E. ebenso Koffka ZStW 54, 46, Lackner LK 314, Blei II 230, Giehring GA 73, 7). Demgegenüber will BGH **24** 260 einen Betrug in diesen Fällen mit der Erwägung begründen, daß der Erlaß eines Mahnbescheides unzulässig sei, wenn der Rechtspfleger das Nichtbestehen des Anspruchs gekannt hätte. Daraus kann jedoch entgegen BGH aaO nicht der Schluß gezogen werden, daß der Rechtspfleger sich über das Bestehen des Anspruchs irgendwelche Vorstellungen gemacht hätte. Selbst ein positiv bestehender Irrtum über das Bestehen des Anspruchs z. B. bei einem Gläubiger, der bisher stets obsiegt hat, wäre irrelevant, weil er nicht kausal für den Erlaß des Mahnbescheides würde (vgl. auch Stuttgart NJW **79**, 2573 m. Anm. U. Frank NJW 80, 848).

53 d) Zur Bekämpfung der Computerkriminalität sind durch das 2. WiKG die §§ 202a, 263a, 269, 270, 303a, 303b, 303c, eingeführt worden (vgl. die dortigen Erläuterungen). Ein Betrug scheitert bei einer Computermanipulation regelmäßig daran, daß allein auf die automatische Operation des Computers und nicht auf die Willensbildung einer Person Einfluß genommen wird; das gilt auch, wenn Unberechtigte den Rechen- und Datenablauf in der vorgesehenen Weise in Gang setzen (Wiechers JuS 79, 847) sowie für „Fälschungen" in der Fertigungs- oder Outputphase. Daran scheitert auch ein Betrug bei der mißbräuchlichen Benutzung von ec-Geldautomaten (Lenckner/Winkelbauer wistra 84, 84). Ein Betrug kommt nur in Betracht, wenn zwischen Endprodukt des Computers und Verfügung (z. B. Barauszahlung, Überweisung) noch eine Kontrollperson eingeschaltet ist, in der ein Irrtum erregt wird (vgl. Lenckner aaO 26f.), z. B. darüber, daß die Eingabedaten richtig sind (München JZ **77**, 409 m. Anm. Sieber). Zu Strafbarkeitslücken im bargeldlosen Zahlungsverkehr beim Bildschirmverfahren vgl. Lenckner/Winkelbauer wistra 84, 87. Zur Frage, inwieweit eine Vermögensbeschädigung i. S. v. § 266 in Betracht kommt, vgl. die dortigen Erl.

54 V. Durch den Irrtum muß der Getäuschte zu einer **Vermögensverfügung** veranlaßt werden. Es handelt sich hierbei um ein ungeschriebenes Tatbestandsmerkmal, das den ursächlichen Zusammenhang zwischen Irrtum und Vermögensschaden herstellt (RG **47** 152, **64** 228); krit. zum Merkmal der Verfügung Schmidhäuser Tröndle-FS 309f., der nur 3 Stationen des Betruges anerkennt, nämlich neben Täuschung und Irrtumserregung das „als Vermögensminderung zu bewertende Verhalten des Irrenden" (aaO 311). Zum Meinungsstreit vgl. Joecks aaO 6ff.

55 1. Vermögensverfügung ist jedes **Handeln, Dulden** oder **Unterlassen,** das eine Vermögensminderung (Schaden) unmittelbar (vgl. jedoch u. 62) herbeiführt. Es reicht daher jede tatsächliche Einwirkung auf das Vermögen aus, eine Verfügung i. S. des bürgerlichen Rechts oder auch nur eine Willenserklärung ist nicht erforderlich (vgl. BGH **14** 171, Bay GA **64**, 82, Schleswig SchlHA **71**, 214, Celle NJW **74**, 2327, Bruns, Die Befreiung des Strafrechts vom zivilistischen Denken [1938] 233, Lackner LK 95). Auch ein Geschäftsunfähiger kann eine solche Vermögensverfügung vornehmen (RG ZAkDR **39**, 132 m. Anm. Henkel).

56 a) Als Vermögensverfügung durch **positives Tun** kommen z. B. in Betracht Buchungen in Handelsbüchern (RG JW **26**, 586 m. Anm. Grünhut JW 26, 1197; vgl. aber u. 144f.), die Räumung einer Wohnung (Hamburg JR **50**, 630), die Herausgabe einer Fundsache an den angeblichen Eigentümer (Bay GA **64**, 82). Auch wer durch Täuschung veranlaßt wird, einen anfechtbaren und damit im Falle der Anfechtung nichtigen Vertrag abzuschließen, trifft eine Vermögensverfügung, weil der Schein einer vertraglichen Bindung geschaffen wird (BGH **22** 88). Entsprechendes gilt für den Abschluß eines schwebend unwirksamen Vertrages (Bay NJW **73**, 633 m. Anm. Berz NJW 73, 1337) sowie dann, wenn der Vertrag bereits wegen Fehlens einer im Rechtsverkehr beachtlichen Willenserklärung von vornherein nicht zustande kommt, z. B. weil der Getäuschte sich nicht bewußt war, überhaupt eine Erklärung rechtsgeschäftlichen Inhalts abzugeben, so wenn der Getäuschte einen Bestellschein in dem Glauben unterschreibt, er bestätige nur, daß der Täuschende bei ihm vorgesprochen habe (vgl. Köln MDR **74**, 157).

Betrug   57–61 § 263

Auf die rechtliche Zulässigkeit der Verfügung kommt es nicht an (RG **44** 249, Düsseldorf MDR **47**, 267, Bay GA **64**, 82, Lackner LK 96, M-Maiwald II/1 425). Auch hoheitliche Akte können eine Vermögensverfügung darstellen, z. B. Urteile (s. u. 68ff.); nach BGH **14** 170 m. abl. Anm. Mittelbach JR 60, 384 auch die Anordnung der Untersuchungshaft aufgrund einer vorgetäuschten Straftat im Hinblick auf die damit verbundene Gewährung von Unterkunft und Verpflegung.

b) Ein **Dulden** kommt als Vermögensverfügung dann in Betracht, wenn das Opfer aufgrund 57 des vom Täuschenden erregten Irrtums damit einverstanden ist, daß der Täter die Sache selbst an sich nimmt, wenn der Getäuschte der Vermögensverschiebung also aus zwar durch den Irrtum beeinflußten, im übrigen aber freiem Willen zustimmt. Dies ist etwa der Fall, wenn der Wärter einer Sammelgarage durch Täuschung über die Berechtigung des Täters veranlaßt wird, diesen mit einem eingestellten Fahrzeug wegfahren zu lassen (vgl. BGH **18** 221). Über die Abgrenzung zur Wegnahme i. S. v. § 242 vgl. u. 63 f. An der freiwilligen Zustimmung fehlt es dagegen, wenn ein Kind zur „Duldung" der Wegnahme von Sachen seiner Eltern veranlaßt wird (vgl. BGH MDR/D **74**, 15).

c) Da auch ein **Unterlassen** eine Vermögensverfügung sein kann, nimmt z. B. derjenige, der 58 über einen ihm zustehenden Anspruch in Unkenntnis gelassen wird, eine Vermögensverfügung vor, wenn er es unterläßt, die Forderung geltend zu machen (RG **76** 173, BGH BB **64**, 1456, Stuttgart MDR **69**, 949; and. Naucke, Strafbarer Betrug 215) oder prozessuale Befriedigungsmöglichkeiten nicht ausnützt (Stuttgart NJW **63**, 825 [Unterlassung, Offenbarungseid zu verlangen]). Ein Schaden liegt jedoch nur dann vor, wenn nachzuweisen ist, daß die rechtzeitige Geltendmachung zu einem besseren Erfolg geführt hätte (vgl. Hamm GA **58**, 250, Köln NJW **67**, 836). Der Tatbestand des Betruges liegt daher auch vor, wenn der Kunde in einem Selbstbedienungsladen nach Begehung eines vollendeten (oder versuchten) Diebstahls (Düsseldorf NJW **88**, 923, vgl. § 242 RN 74a) den Angestellten an der Kasse darüber täuscht (auch durch konkludentes Tun, vgl. o. 16f), daß er andere Waren als die zur Abrechnung vorgezeigten nicht entnommen habe (and. BGH **17** 206, Bay NStE Nr. **23** zu § 242, KG JR **61**, 271, Welzel GA 60, 258 FN 1, GA 61, 350, Cordier NJW 61, 1340, Lackner LK 106, Miehe 87), die schädigende Verfügung liegt hier in der unterlassenen Geltendmachung der dem Verkäufer zustehenden Rechte. Ist der Diebstahl von einem Angestellten beobachtet worden und kommt daher nur versuchte Wegnahme in Betracht, so ist auch der Betrug nur versucht. In allen diesen Fällen ist der vollendete oder versuchte Betrug jedoch nur mitbestrafte Sicherungstat gegenüber dem Diebstahl, und zwar auch da, wo der letztere nur versucht ist (insoweit zust. Lackner LK 106; and. Düsseldorf NJW **61**, 1368 [Tateinheit], Hruschka NJW 60, 1189); vgl. dazu u. 184.

d) Da § 263 ein Vermögensverschiebungsdelikt darstellt (vgl. u. 168f.), bei dem **Vermö-** 59 **gensnachteil** und **Vermögensvorteil korrespondieren** müssen, reicht jedoch nicht jedes vermögensbeeinträchtigende Verhalten, sondern nur ein solches, das geeignet ist, den erstrebten Vorteil herbeizuführen. Daher ist Betrug zwar gegeben, wenn die abgeschwindelte Sache auf dem Transport zum Täter verlorengeht (vgl. BGH **19** 343), nicht dagegen, wenn die Täuschung zur Vernichtung der Sache führt.

2. Gleichgültig ist, ob der Getäuschte weiß, daß er eine Vermögensverschiebung veranlaßt, 60 die **Verfügung** also **bewußt** oder **unbewußt** erfolgt (RG **70** 227, BGH **14** 172, **19** 45, Köln JMBlNRW **66**, 210; and. Hansen MDR 75, 533, Otto ZStW 79, 66ff., in dessen Beispielsfällen es jedoch regelmäßig schon an einer Irrtumserregung fehlt [ignorantia facti] vgl. o. 36f., 44; krit. Joecks aaO 136ff.). Unbewußte Verfügungen sind vor allem in Fällen des Unterlassens denkbar (z. B. Nichtgeltendmachen einer Forderung), jedoch auch bei positivem Tun, so wenn dem anderen ein Bestellschein mit dem Bemerken zur Unterschrift vorgelegt wird, es handele sich um die Anforderung von Prospekten oder die Bescheinigung eines Vertreterbesuchs (BGH **22** 88, vgl. Hamm NJW **65**, 702 m. abl. Anm. Knappmann, Lackner LK 98, M-Maiwald II/1 424ff.; z. T. and. Hardwig GA 56, 6, Miehe 95; vgl. im übrigen o. 13). Im Falle des Duldens ist dagegen in den Fällen, in denen sich die Verfügung auf den Gewahrsam bezieht, nur eine bewußte Verfügung denkbar, weil mit der Duldung die Erklärung des Einverständnisses mit der Vermögensverschiebung notwendigerweise verbunden ist. Anderenfalls würde das „Dulden" des Getäuschten nicht als Geheakt, sondern auf seiten des Täters als Wegnahme i. S. des § 242 erscheinen (Düsseldorf NJW **88**, 923 m. Anm. Hassemer JuS 88, 575; vgl. auch u. 63; weiter Schröder ZStW 60, 45f.). Zur Frage der bewußten Selbstschädigung und ihrem Verhältnis zum Bettelbetrug vgl. u. 100ff. sowie Ellscheid GA 71, 167.

3. Erforderlich ist nach ganz überwiegender Auffassung weiter, daß die Verfügung den 61 Vermögensschaden **unmittelbar** herbeiführt (BGH **14** 171, GA **66**, 212, Lackner LK 99, Blei II 229, D-Tröndle 26; krit. dazu Backmann 68f.). Es genügt daher nicht, wenn der Getäuschte dem Täter lediglich die tatsächliche Möglichkeit gibt, den Schaden durch eine weitere, insb.

Cramer 1877

deliktische eigene, gegen das Vermögen gerichtete Handlung herbeizuführen (Saarbrücken NJW 68, 262, Hamm JMBlNRW 69, 100, M-Maiwald II/1 425, 311 ff.). Dagegen liegt eine Verfügung z. B. vor beim Ablisten einer Blankounterschrift (and. Düsseldorf NJW 74, 1833 m. abl. Anm. Oexmann NJW 74, 2296; vgl. auch Lampe NJW 78, 679, Miehe 91) oder wenn der Täter den Getäuschten zur Abgabe einer schriftlichen Erklärung veranlaßt, um diese dann zu seinem Nachteil zu verfälschen (Celle NJW 59, 399; and. 18. A. RN 44, Eser IV 126, Celle NJW 75, 2218; vgl. auch Saarbrücken aaO), da in diesen Fällen bereits eine konkrete Vermögensgefährdung (vgl. u. 146) durch die Unterschriftsleistung unmittelbar herbeigeführt wird.

62 Die Verfügung wird in der Regel aus nur einer Handlung bestehen, die unmittelbar zum Schaden führt (z. B. Zahlung des Kaufpreises). Denkbar sind jedoch auch **mehraktige Verfügungen,** an denen verschiedene Personen beteiligt sind und wobei erst der letzte Akt zum effektiven Verlust des fraglichen Vermögenswertes führt. Dies ist z. B. der Fall, wenn der getäuschte Geschäftsinhaber seinen Angestellten anweist, dem Täter eine Ware zu übergeben (vgl. Köln JMBlNRW 62, 176), oder wenn das Opfer dem Täter eine Anweisung an seine Bank aushändigt, diesem eine bestimmte Summe auszuzahlen. Ob die Verfügung hier aus der Gesamtheit von Anweisung und deren Ausführung durch den Dritten besteht oder ob sie schon mit der bloßen Anweisung vorliegt, ist für die Frage der Vollendung von Bedeutung und hängt davon ab, ob die Anweisung bereits zu einer dem Schaden gleichkommenden Vermögensgefährdung führt. Hierfür ist entscheidend, ob die Ausführung der Anweisung in der eigenen Einfluß- und Herrschaftssphäre des Getäuschten erfolgt, dieser also die Weggabe des fraglichen Vermögenswertes ohne weiteres verhindern kann. Danach stellt eine den Schaden herbeiführende Vermögensverfügung zwar die Aushändigung einer Bankanweisung dar, noch nicht dagegen die Anweisung an den Angestellten, dem Täter eine Ware zu übergeben. Vielmehr muß hier, damit eine zum Schaden führende Verfügung vorliegt, die Ausführung der Anweisung hinzukommen.

63 4. Im Rahmen der Vermögensverfügung ist die **Abgrenzung** zwischen **Betrug** und **Diebstahl** problematisch. Entscheidend kann dabei einmal sein, ob der Täter eine Verfügung in Form der Duldung (o. 55) vornimmt, oder ob er infolge der Täuschung die Wegnahme der Sache geschehen läßt. Für die Grenzziehung ist rein subjektiv auf die innere Willensrichtung des Verfügenden abzustellen (BGH 7 255, 18 221, NJW 52, 796, 53, 73, MDR/D 74, 15, MDR/H 87, 446, Bay GA 64, 82, Hamm NJW 69, 620 m. Anm. Wedekind NJW 69, 1128 u. Bittner MDR 70, 291, NJW 74, 1957, 78, 2209, Geppert JuS 77, 69, Lackner LK 101, vgl. Backmann aaO). Daher kann auch bei Unterlassen des Widerstandes eine Wegnahme nach § 242 vorliegen, wenn das Opfer sich unter dem Eindruck einer Zwangslage mit der Handlung des Täters abfindet. Deshalb liegt Diebstahl vor, wenn der Täter unter dem Schein einer Amtsausübung eine Beschlagnahme vortäuscht (BGH 18 223, NJW 52, 796, Braunschweig NdsRpfl. 48, 183, 49, 147, Hamburg HESt. 2 20, Köln MDR 66, 254; vgl. aber auch BGH GA 60, 278, 65, 107; and. Nürnberg NJW 49, 877). Näher zu diesen Fällen Herzberg ZStW 89, 367 ff., Schröder ZStW 60, 43, SJZ 50 Sp. 95, Otto ZStW 79, 85 ff., Wimmer NJW 48, 242, Backmann aaO 81, Rengier JuS 81, 654; auch Meister MDR 47, 251. Miehe 77 läßt ausreichen, daß der Getäuschte den äußeren Vorgang der Sachbewegung erkennt, daß er das seine oder das seiner Verfügung unterliegende fremde Vermögen betroffen weiß und daß er für diese Sachbewegung gewonnen wird, sei es auch nur in dem Sinne, daß er sich aus der „Zuständigkeit" für die Sache zugunsten des Täters zurückzieht. Nach ihm kommt daher Idealkonkurrenz zwischen §§ 242, 263 in Betracht.

63a Besondere Probleme werfen die Tankstellenfälle auf. I. d. R. ist hier das Tanken durch das Einverständnis gedeckt, weshalb ein Diebstahl mangels Wegnahme ausscheidet (vgl. § 242 RN 36). Zur Strafbarkeit wegen Unterschlagung vgl. § 246 RN 7. Betrug setzt voraus, daß das Tankstellenpersonal (konkludent) getäuscht wird. Dies ist regelmäßig der Fall, wenn der Täter vor der Entnahme von Benzin aus der Zapfsäule durch sein Verhalten zum Ausdruck bringt, er werde später die Rechnung begleichen (vgl. BGH NJW 83, 2827 m. krit. Anm. Gauf NStZ 85, 505 u. m. Anm. Deutscher NStZ 83, 507, BGH NJW 84, 501, Düsseldorf JR 82, 343 m. Anm. Herzberg, Düsseldorf JR 85, 207 m. Anm. Herzberg).

64 Andere Fälle der Abgrenzung des Betruges vom Diebstahl vollziehen sich auf der Ebene der Unmittelbarkeit, durch die die Verfügung und der Vermögensschaden miteinander verknüpft sind (o. 61). Hierher zählen insb. die Fälle, in denen die Täuschung lediglich zu einer **Gewahrsamslockerung** durch das Opfer führt, da hierin noch **kein Vermögensschaden** gesehen werden kann, der durch die Verfügung unmittelbar herbeigeführt worden ist. Danach liegt Diebstahl vor, wenn ein angeblicher Gasmann in die Wohnung eingelassen und ihm dadurch die Gelegenheit zum Stehlen gegeben wird (Frank IV); weitere Beispiele bei Schröder ZStW 60, 38. Das gleiche gilt, wenn der Täter den Gewahrsamsinhaber durch falsche Angaben von der Sache weglockt und sie dann an sich nimmt (RG LZ 20 Sp. 614, 24 Sp. 299), oder wenn er eine Gewahrsamslockerung durch Aushändigung der Sache bewirkt (BGH MDR 68, 272, Köln MDR 73, 866; dagegen zu Unrecht Bittner JuS 74, 156). Auch wer einen Kaufmann durch die

Vorspiegelung, eine Sache kaufen zu wollen, veranlaßt, diese auf den Ladentisch zu legen, sie dann an sich nimmt und sich ohne Bezahlung entfernt, begeht regelmäßig nur einen Diebstahl (vgl. § 242 RN 30ff., BGH LM Nr. **11** zu § 242). Zwar führt die Handlung des Getäuschten bereits zu einer Vermögensgefährdung (KG DStR **37**, 57; and. Hamm JMBlNRW **50**, 49), jedoch ist die Gefahr der Vergrößerung der Diebstahlschancen für § 263 nicht ausreichend (Lackner LK 102, vgl. BGH GA **66**, 212 und u. 66 a. E.). Näher zu diesem Fragenkreis Schröder ZStW **60**, 40. Anders ist es regelmäßig beim sog. Wechselgeldbetrug. Entfernt sich der Kunde nach Aushändigung von Ware und Wechselgeld mit dem von ihm zuvor auf den Ladentisch gelegten großen Geldschein, so liegt in der Regel Betrug vor, nicht Diebstahl am Geldschein (kein Gewahrsamsübergang) oder am Wechselgeld (kein Gewahrsamsbruch); ebenso Lackner LK 102, vgl. Celle NJW **59**, 1981, vgl. aber auch Roxin-Schünemann JuS 69, 376 und weiter § 242 RN 29.

5. Getäuschter und **Verfügender** müssen **identisch** sein, nicht dagegen Getäuschter und **65** Geschädigter (RG **73** 384, BGH **18** 223, Hamburg HESt. **2** 317), was die Möglichkeit des sog. Dreiecksbetruges eröffnet (vgl. dazu auch Backmann 125 ff.). Betrug ist daher auch möglich, wenn der Getäuschte über fremdes Vermögen verfügt. Dabei ist nicht erforderlich, daß der Verfügende rechtlich wirksam disponieren kann, es genügt vielmehr, daß er tatsächlich imstande ist, über fremdes Vermögen zu verfügen (BGH **18** 221, Bay GA **64**, 82, Lackner LK 110, M-Maiwald II/1 426f., Blei II 229ff., Schmidhäuser II 118f., Schröder ZStW **60**, 49, 62, Geppert JuS 77, 72, Rengier JZ 85, 565; and. Binding Lehrb. I 345 aufgrund des juristischen Vermögensbegriffs).

Dabei ist unbestritten, daß die rein **tatsächliche Einwirkungsmöglichkeit** nicht ausreichen **66** kann, um diesem Erfordernis zu genügen, da anderenfalls eine Abgrenzung zu den Fällen, in denen lediglich Diebstahl in mittelbarer Täterschaft vorliegt, nicht möglich wäre. Dies zeigt sich z. B. an dem Fall, daß jemand einen anderen dazu auffordert, ihm aus angeblich seinem, in Wirklichkeit aber einem Dritten gehörenden Haus einen Gegenstand herauszuholen. Hier kann nur Diebstahl durch ein undoloses Werkzeug in Betracht kommen. Deshalb ist zur Abgrenzung erforderlich, daß der Verfügende in einer (rechtlichen oder wenigstens) tatsächlichen Beziehung zu dem fremden Vermögen gestanden hat, wobei freilich Umfang und Grenzen dieser Beziehung im einzelnen problematisch sind. Die Rspr. geht davon aus, daß ein gewisses Näheverhältnis zwischen dem Verfügenden und dem Gewahrsamsinhaber bestehen muß (BGH **18** 221), das eine unmittelbare räumliche Einwirkungsmöglichkeit unabhängig von dem Willen des Gewahrsamsinhabers gewährt (vgl. Bay GA **64**, 82, Stuttgart NJW **65**, 1930). Die Rspr. muß allerdings bei diesem Ausgangspunkt auf Einzelfallentscheidungen ausweichen. Daher ist mit Lenckner (JZ 66, 320f.) davon auszugehen, daß die faktische Einwirkungsmöglichkeit auf das fremde Vermögen für sich allein nicht ausreicht, sondern daß der Verfügende schon vor der Täuschung in einer besonderen Beziehung zu der Sache gestanden haben muß (krit. dazu Lackner LK 110ff., der diese Beschränkung für zu eng hält). Diese Beziehung ist dann anzunehmen, wenn der getäuschte Dritte, der dem Täter die Sache verschafft, bildlich gesprochen „im Lager" des Geschädigten steht, d. h. demselben Machtkreis angehört, dem die weggenommene Sache entstammt (vgl. auch schon Schröder ZStW **60**, 33ff., 67ff.). Das ist nicht nur immer dann der Fall, wenn der Verfügende an dem Gegenstand der Verfügung bereits Gewahrsam oder Mitgewahrsam hatte, sondern jedenfalls auch wenn er nur Besitz- oder Gewahrsamsdiener war. Dagegen will D-Tröndle (24, vgl. auch Blei II 231) hauptsächlich darauf abstellen, ob der Dritte Werkzeug für den Täter ist (dann Diebstahl), oder ob er anstelle des Eigentümers die Sache herausgibt (dann Betrug); allerdings kommt auch diese Auffassung bei der Frage, ob der Dritte als Werkzeug oder anstelle des Eigentümers handelt, nicht daran vorbei zu entscheiden, auf wessen Seite der Verfügende steht. Noch anders will Otto (ZStW **79**, 76ff., 84) für den Betrug entscheidend sein lassen, daß der Verfügende sich subjektiv innerhalb des ihm vom Berechtigten objektiv eingeräumten Rahmens bewegt haben muß (vgl. auch Lackner LK 113). Zur Entwicklung des Streitstandes vgl. Schröder ZStW **60**, 33, Gribbohm JuS 64, 233, NJW 67, 1897, Dreher GA 69, 56, Schünemann GA 69, 46, Otto ZStW **79**, 76ff., Geppert JuS 77, 69.

Nach dem hier vertretenen Standpunkt ist daher BGH **18** 221 darin zuzustimmen, daß – jedenfalls **67** auch – Betrug begeht, wer den Wächter einer Sammelgarage durch Vortäuschung einer Berechtigung dazu veranlaßt, ihm ein fremdes Fahrzeug herauszugeben. Daneben kommt aber auch ein Diebstahl in Betracht, da der Täter durch den Wärter als Werkzeug den Gewahrsam des Fahrzeugeigentümers bricht (Gribbohm JuS 64, 237; a. A. BGH **18** 221, Rengier JZ 85, 565). Dies ergibt sich daraus, daß der Wächter über den Gewahrsam des Eigentümers nicht verfügen kann. Diebstahl scheidet hier daher nur bei Annahme des Alleingewahrsams des Wächters aus. Ebenfalls eine Verfügung nimmt der Schuldner vor, der mit befreiender Wirkung gegenüber dem Gläubiger an einen Dritten leistet; and. wenn der Schuldner nicht befreit wird (abw. BGH NJW **68**, 1147). Muß dagegen der Getäuschte die tatsächliche Beziehung zu dem Verfügungsgegenstand erst durch Wegnahme schaffen, so kann Betrug nicht angenommen werden, so z. B. wenn der Vermieter durch Täuschung veranlaßt wird, Sachen, die im ausschließlichen Gewahrsam des Mieters stehen, für den Täter aus dessen Wohnung herauszuholen (Stuttgart NJW **65**, 1930 m. Anm. Dreher JR 66, 29 und Lenckner JZ 66, 320, BGH GA **66**, 212; vgl. auch Gribbohm NJW 67, 1897, Schünemann GA 69, 46 [vgl. hierzu Dreher GA 69, 56]). Eine tatsächliche Möglichkeit, über fremdes Vermögen zu verfügen, fehlt auch, wenn eine Behörde bei einer Ausschreibung dem Täter zum Nachteil anderer Bewerber den Zuschlag erteilt (and. RG **73** 384, BGH **17** 147, Hamm JMBlNRW **54**, 132, Oldenburg NdsRpfl. **48**, 95). Ebensowenig verfügt der Käufer zum Nachteil des Eigentümers einer unterschlagenen Sache, wenn er diese gutgläubig erwirbt (RG **49** 19; and. RG **64** 228 [gutgläubiger Erwerb eines abredewidrig ausgefüllten Blankowechsels als Verfügung über das Vermögen des Akzeptanten], Weimar MDR 61, 24), oder der Stammkunde zum Nachteil seines alten Lieferanten, wenn er die Ware infolge einer Täuschung bei einem anderen Kaufmann bezieht (and. RG **26** 227). Auch der Schecknehmer, der gutgläubig einen nicht gedeckten Scheck gegen Vorlage seiner Scheckkarte annimmt, verfügt damit nicht über das Vermögen der bezogenen Bank (vgl. Schröder JZ 72, 707, Zahrnt NJW 72, 279, 73, 63; a. A. BGH **24** 386 m. Anm. Seebode JR 73, 117, Gössel MDR 73, 177). Zum Problem des Scheckkartenmißbrauchs vgl. eingehend o. 50 u. § 266 RN 12.

68 Die für eine Verfügung erforderliche Beziehung zu dem geschädigten Vermögen kann auch darin bestehen, daß der Getäuschte **kraft** seiner **hoheitlichen Stellung** unmittelbar zum Nachteil des fremden Vermögens Anordnungen treffen kann. Dies gilt z. B. für den Prozeßrichter (hierzu u. 69 ff.), Grundbuchrichter (RG **66** 373), Vormundschaftsrichter (RG Recht **13**, 62), Nachlaßrichter (RG GA Bd. **63**, 429), Versteigerungsrichter (RG **69** 103), Konkursverwalter (RG **26** 28, **36** 86), Gerichtsvollzieher (RG **39** 143) und nach BGH **14** 170 auch für den Haftrichter.

69 6. Daraus, daß Getäuschter und Geschädigter nicht identisch zu sein brauchen, ergibt sich bei vermögensrechtlichen Streitigkeiten die Möglichkeit eines **Prozeßbetrugs.** Dieser wird dadurch begangen, daß ein Richter oder ein anderes Rechtspflegeorgan durch falsche Behauptungen zu einer das Vermögen des Prozeßgegners schädigenden Entscheidung veranlaßt wird (vgl. Seier ZStW 102, 563). Zwar liegt der Unrechtsgehalt derartigen Verhaltens auch in dem vom geltenden Recht pönalisierten Mißbrauch der Rechtspflege; daneben handelt es sich aber auch um einen Angriff auf fremdes Vermögen, und es ist daher zutreffend, diese Fälle unter § 263 einzuordnen (Lackner LK 98, 300 ff.). Grundsätzliche Bedenken gegen die Möglichkeit eines Prozeßbetrugs ergeben sich auch nicht daraus, daß hier ein hoheitlich handelnder Richter als Werkzeug mißbraucht wird; eine analoge Situation ist bei der mittelbaren Täterschaft allgemein anerkannt.

70 a) Ein Prozeßbetrug kann einmal dadurch begangen werden, daß eine Partei **falsche Beweismittel** benennt oder vorführt und der Richter auf diese Beweise seine Entscheidung stützt (BGH MDR/D **56**, 10). So z. B. wenn eine Partei einen Zeugen benennt, der falsch aussagt (RG **40** 9) oder sein Zeugnis in einer Weise verweigert, daß das Gericht zu falschen Schlüssen veranlaßt wird (RG **36** 115), oder wenn sie falsche Urkunden vorlegt (RG **58** 88). Außerdem gehören hierher falsche Aussagen der Partei im Rahmen ihrer Vernehmung nach §§ 445 ff. ZPO (RG **69** 192, Schleswig SchlHA **52**, 67). Auch der Zeuge selbst kann Prozeßbetrug begehen, indem er den Vermögensvorteil einem Dritten zuwenden will, so z. B. die Kindesmutter im Unterhaltsprozeß (vgl. RG **58** 295). Neben dem Prozeßbetrug im engeren Sinne, der Betrugshandlungen im Prozeßverkehr durch Täuschung des Gerichts betrifft, kann ein Betrug auch durch unmittelbare Täuschung des Prozeßgegners oder der für ihn handelnden Personen begangen werden, etwa indem der Gegner infolge der Täuschung zu einer Klagerücknahme, einem Anerkenntnis (§ 307 ZPO) oder zum Abschluß eines für ihn nachteiligen Prozeßvergleichs (Bay JR **69**, 307 m. Anm. Schröder) veranlaßt wird. In diesen Fällen liegt allerdings nicht die für den eigentlichen Prozeßbetrug typische Situation vor, daß Getäuschter und Geschädigter personenverschieden sind und die Verfügungsbefugnis des Getäuschten sich aus dessen hoheitlicher Stellung ergibt.

71 b) Im kontradiktorischen Verfahren kann Prozeßbetrug aber auch durch unwahre **Parteibehauptungen** begangen werden, die nicht auf falsche Beweismittel gestützt werden (vgl. zu diesem Problemkreis Seier ZStW 102, 563 ff.). Dabei kann die Täuschung auch durch Unterlassen erfolgen (z. B. eine zunächst gutgläubig aufgestellte unwahre Behauptung wird nach erlangter Kenntnis nicht richtiggestellt), die Aufklärungspflicht allerdings nicht aus § 138 ZPO entnommen werden (and. Zweibrücken NJW **83**, 694; o. 21); jedoch ist ein Anwalt nicht verpflichtet, frühere Behauptungen seines Mandanten zu berichtigen und diesen dadurch eines versuchten Prozeßbetruges zu bezichtigen (BGH NJW **52**, 1148). Voraussetzung ist aber stets, daß die Vorstellung des Richters durch das unwahre Vorbringen beeinflußt worden ist und seine Entscheidung darauf beruht; vgl. dazu o. 51. Ist dies der Fall, so ist es unerheblich, ob das Gericht dem Parteivorbringen unter Verletzung von Verfahrensvorschriften geglaubt hat (RG **72** 115 m. Anm. Boldt ZAkDR 38, 441 u. Schaffstein JW 38, 1386, **72** 150, JW **37**, 2391).

72 Entsprechendes gilt für die **Prozeßkostenhilfe** (§§ 114 ff. ZPO) (vgl. für das frühere Armenrechtsverfahren RG DR **39**, 921), das Kostenfestsetzungsverfahren (and. noch RG **1** 227), das Zwangsvollstreckungsverfahren (z. B. Erwirken einer Einstellung nach § 719 ZPO; and. noch RG **15** 132) und das Konkursverfahren (z. B. Anmeldung fingierter Forderungen; RG **36** 86).

c) Bestritten ist dagegen die Möglichkeit eines Prozeßbetrugs im **Versäumnis-** und **Mahnverfahren**. **73** Während sie von älteren Entscheidungen, abgesehen von den Fällen einer Täuschung über Prozeßvoraussetzungen (vgl. RG **2** 436, **59** 104), mit dem Hinweis auf die richterliche Gebundenheit an das Parteivorbringen verneint wurde (RG **20** 391, **42** 410), hat sich die Rspr. unter der Geltung des in § 138 ZPO statuierten Wahrheitsgebots teilweise auf den gegenteiligen Standpunkt gestellt (RG **72** 115 m. Anm. Boldt ZAkDR 34, 442 u. Schaffstein JW **38**, 1386; BGH **24** 257). Es ist jedoch nicht anzunehmen, daß die mit dem System der ZPO (vgl. z. B. § 290 ZPO) ohnehin nicht ohne weiteres zu vereinbarende Wahrheitspflicht zu so weitreichenden Konsequenzen führen sollte. Vielmehr beruhen Versäumnisurteil und Vollstreckungsbescheid nach wie vor auf einem bestimmten Parteiverhalten (Säumnis, §§ 330, 331 ZPO; Nichterheben eines Widerspruchs, § 699 ZPO) und nicht auf der richterlichen Überzeugung von der Wahrheit des vorgetragenen Sachverhalts. Daher wird es in diesen Fällen häufig schon an einem Irrtum fehlen (vgl. o. 52); jedenfalls aber wäre dieser nicht ursächlich für die den Schaden auslösende Entscheidung (wie hier Lackner LK 314, Giehring GA 73, 3).

Hinsichtlich des Schadens unterscheidet BGH **24** 261 zwischen Mahn- und Vollstreckungsbe- **74** scheid; da nur der Vollstreckungsbescheid einem vorläufig vollstreckbaren Endurteil gleichgestellt werden könne (vgl. § 700 I ZPO), führe der auf unwahren Angaben des Gläubigers beruhende Mahnbescheid noch nicht zu einer Vermögensgefährdung, hier komme nur Versuch in Betracht.

d) Die Partei, die einen unwahren Sachverhalt vorträgt oder ein falsches Beweismittel vorlegt, um **75** einen nach ihrer Überzeugung **begründeten Anspruch** durchzusetzen, der aber durch Beweisschwierigkeiten gefährdet ist, begeht mangels Vorsatzes keinen Prozeßbetrug (vgl. u. 165 f.; BGH **3** 160 m. Anm. Hartung NJW 53, 552 [mangelnde Bereicherungsabsicht]; and. RG **72** 137, HRR **40** Nr. 473, wo im Widerspruch zur sonstigen Rspr. Betrug angenommen wird).

e) **Vollendet** ist der Prozeßbetrug durch jede Entscheidung des Richters, durch die eine Prozeßpar- **76** tei geschädigt wird. Eine solche Schädigung liegt mangels Stoffgleichheit (u. 168 f.) nicht vor bei Erlaß eines Beweisbeschlusses, aufgrund dessen der Gegner des Täters einen Vorschuß für Zeugengebühren zahlt (and. RG JW **38**, 1316). Rechtskräftig braucht die Entscheidung nicht zu sein (RG **75** 399); es genügt auch ein vorläufig vollstreckbares Urteil (vgl. u. 144). Zur Unterscheidung zwischen Mahn- und Vollstreckungsbescheid im Mahnverfahren vgl. o. 74.

7. Der **Kausalzusammenhang** zwischen Irrtum und Verfügung liegt dann nicht vor, wenn **77** der Getäuschte dieselbe Verfügung auch ohne den Irrtum vorgenommen hätte, dieser also für die Verfügung überhaupt nicht mitbestimmend war. Dies ist z. B. beim Gebrauch eines falschen Namens durch den Darlehnsschuldner, dessen Identität feststeht (RG **48** 238) der Fall, oder dann, wenn ein Lieferant Verträge in Kenntnis der schlechten Vermögenslage des Täters abgeschlossen hätte (BGH wistra **89**, 25) oder bei der Täuschung über das Bestehen einer Krankenversicherung, wenn der Täter in jedem Fall ins Krankenhaus aufgenommen worden wäre (Düsseldorf NJW **87**, 3145). Ebenso unproblematisch sind die Fälle, in denen alleiniges Motiv der Verfügung die Täuschung war, jedoch hypothetisch denkbar wäre, daß der Verfügende auch bei Kenntnis der wahren Sachlage, aber dann aus anderen Motiven die gleiche Verfügung getroffen hätte, z. B. der Schuldner, der über seine Kreditwürdigkeit getäuscht hat, das Darlehen bei Offenbarung seiner Verhältnisse aus Mitleid erhalten hätte. Daß hier Kausalität vorliegt, ist unbestreitbar (BGH MDR/D **58**, 139, Heinitz JR **59**, 387). Schwieriger liegen die Dinge bei einer Mehrzahl von Motiven, von denen nur eines durch Täuschung geschaffen worden ist, die übrigen aber für die Verfügung ausgereicht hätten. Da nicht gefordert wird, daß der Getäuschte zu der Verfügung allein durch die Erregung des Irrtums veranlaßt wurde (RG **76** 86, Hamburg HESt. **2** 317), ist entscheidend, ob das durch Täuschung geschaffene Motiv für den Verfügenden mitbestimmend gewesen ist (KG JR **64**, 350). Ist dies der Fall, so liegt Betrug vor (BGH **13** 13, wo zu Unrecht im Gegensatz zu RG **76** 86 angenommen wird, m. zust. Anm. Heinitz JR **59**, 386; gegen diese Urteile Klauser NJW **59**, 2245). Eingehende Analyse des Problems bei Engisch v. Weber-FS 274 ff. Da es sich insoweit um die Feststellung persönlicher Motive handelt, kann hier in der Tat mit naturwissenschaftlichen Kausalvorstellungen nicht operiert werden (BGH **13** 13). Ähnlich liegen die Dinge, wenn jemand, durch Vorspiegelungen eines Bettlers getäuscht, ihm ein Almosen gibt. Geschieht dies z. B. nur, um ihn loszuwerden, dann fehlt es am Kausalzusammenhang zwischen Täuschung und Geschenk. Näher über den Bettelbetrug RG **53** 225, Lackner LK 117, 164, Blei II 228, Cramer, Vermögensbegriff 202 ff.; verneint wird die Möglichkeit eines Betruges in diesen Fällen überhaupt von Frank VI 1 a; vgl. auch u. 102.

VI. Die Verfügung muß zu einem **Vermögensschaden** geführt haben. Was darunter zu **78** verstehen ist, kann nur gesagt werden, wenn zuvor der **Begriff des Vermögens** geklärt ist, da der Vermögensschaden sich als „Vermögensumkehrung" darstellt. Vgl. hierzu die Übersicht von Samson JA **89**, 510.

1. Der Vermögensbegriff ist bis heute umstritten; vgl. hierzu Cramer, Vermögensbegriff **78a** 33 ff., Lackner LK 120. Einigkeit besteht jedoch darin, daß unter Vermögen i. S. d. §§ 253, 263,

266 begrifflich das Gleiche zu verstehen ist (Cramer, Vermögensbegriff 22, 115 ff., Kühl JuS 89, 505, Otto, Vermögensschutz 306; and. nur Naucke aaO 116). Zum Vermögensbegriff werden – bei Abweichungen im einzelnen – folgende Vermögenslehren vertreten:

79 a) Die älteste Vermögenslehre ist der insb. von Merkel (KrimAbh II 101), Binding (Lehrb. II 1, 238, 341) und Gerland (560, 637) vertretene sog. juristische Vermögensbegriff; im einzelnen vgl. 19. A. RN 79. Gegen den juristischen Vermögensbegriff eingehend Cramer, Vermögensbegriff 71 ff.

80 b) Den Gegensatz hierzu bildet der **extrem wirtschaftliche Vermögensbegriff,** nach dem ohne Rücksicht auf ihre Rechtsnatur alle Positionen dem Vermögen zuzurechnen sind, denen ein wirtschaftlicher Wert beigemessen werden kann. Über die Zugehörigkeit zum Vermögen und über den effektiven Wert der einzelnen Vermögensstücke entscheiden damit objektive wirtschaftliche Maßstäbe. Dieser Vermögensbegriff wird mit kleineren Einschränkungen seit RG 44 230 in ständiger Rspr. (vgl. RG 66 285, BGH 1 264, 3 99, 16 220, 325, 26 347) sowie von einem Teil des Schrifttums vertreten, wobei die Definitionen des Vermögens in Nuancen voneinander abweichen. Während der Rspr. das Vermögen als die „Summe der geldwerten Güter einer Person nach Abzug der Verbindlichkeiten" (vgl. etwa BGH 3 102) bezeichnet, spricht M-Schroeder I 416 von der „Gesamtheit der Güter, die der Verfügungsgewalt einer Person unterliegen" und Blei II 231 von der „Gesamtheit der einer Person zustehenden wirtschaftlichen Werte" (ähnlich Bruns, Die Befreiung des Strafrechts vom zivilistischen Denken [1938] 227 und Mezger-FS 355, D-Tröndle 27, Jagusch LK[8] II 1 b vor § 249, Wimmer DRZ 48, 116, hier die 18. A., die insoweit noch auf Schröder zurückgeht). Dieser Vermögensbegriff entstand aus der – nachträglich so bezeichneten – juristisch-ökonomischen Vermittlungslehre (vgl. u. 82). Er übernahm von dieser die Abkehr von der zivilrechtstechnischen Form in Gestalt des subjektiven (öffentlichen oder privaten) Vermögensrechts und die Hinwendung zum materiellen Kern der Beziehungen des Vermögenssubjekts zu den Wirtschaftsgütern, d. h. die Loslösung von der außerstrafrechtlichen Begriffsapparatur insb. des Zivilrechts (Cramer, Vermögensbegriff 90), die heute allgemein akzeptiert ist (and. nur noch Naucke, Strafbarer Betrug 215; gegen ihn Cramer, Vermögensbegriff 28 ff.). Dagegen verfällt der extrem wirtschaftliche Vermögensbegriff, da er die Berücksichtigung jeglicher rechtlicher Zuordnungskriterien ablehnt, in einem Tatsachenpositivismus, der nur die faktischen Verhältnisse berücksichtigt und so in Widersprüche gerät, die um der Einheit der Rechtsordnung willen nicht hingenommen werden können. So erkennt BGH 2 364 die nichtige Forderung als Vermögensbestandteil an (and. noch RG 66 285) und in BGH 2 365, 8 256, OGH 2 201 wird der Grundsatz aufgestellt, daß es „kein rechtlich ungeschütztes Vermögen" gebe. In neueren Entscheidungen ist ein gelegentliches Abrücken von diesem extremen Standpunkt erkennbar, so – wenn auch mit abweichender Begründung – beim Dirnenbetrug (BGH 4 373, vgl. u. 97) und in der Anerkennung des wirtschaftlicher Betrachtung widersprechenden Ergebnisses, daß keinen Schaden erleide, wer eine schwer beweisbare, aber existente Forderung erfülle (BGH 20 136); Entsprechendes gilt für seine Argumentation zur Frage, wann ein Makler einen strafrechtlich geschützten Anspruch auf Maklerlohn erlangt (BGH 31 178 m. krit. Anm. Lenckner NStZ 83, 409, Maaß JuS 84, 27 u. Bloy JR 84, 123; krit. zur Rspr. Hirsch Tröndle-FS 32 f.).

81 c) Im Vordringen begriffen sind seit einiger Zeit die sog. **personalen Vermögenslehren,** die versuchen, zwischen der formalen Schadensberechnung der juristischen Vermögenslehre und der abstrakten Schadensberechnung nach objektiven Wertmaßstäben einen Ausgleich zu schaffen. Trotz unterschiedlicher Ansätze sehen diese Lehren den Vermögensschaden weniger im Wertverlust als in der durch die Vermögensverschiebung bewirkten Beeinträchtigung der wirtschaftlichen Potenz des Vermögensträgers (vgl. Bockelmann Kohlrausch-FS 247, Mezger-FS 378, JZ 52, 461, Hardwig GA 56, 17, Heinitz JR 68, 387, Otto, Vermögensschutz 34, Schmidhäuser II 112 f.). Der Versuch einer stärkeren Individualisierung des Wertmaßstabes ist sicherlich anzuerkennen. Anliegen dieser Lehren ist es, der individuellen Dispositionsfreiheit des Menschen im Bereiche wirtschaftlicher Betätigung stärkeren Schutz zu verleihen. Da jedoch jeder Vermögensbegriff, dessen Ausgangspunkt wirtschaftliche Überlegungen bilden, gerade dieses Umstandes wegen anerkennen muß, daß ein Vermögensgegenstand nicht überall und immer den gleichen Wert hat, bedarf es keiner Umstrukturierung des Vermögensbegriffs, um zu brauchbaren Ergebnissen zu kommen (vgl. auch die Kritik bei Weidemann MDR 73, 992). Wirtschaftliche Betrachtungsweise mißt nämlich nicht nur in den verschiedenen Wirtschaftszweigen und Wirtschaftsstufen einer Sache einen verschiedenen Wert bei (z. B. Großhandels- und Kleinhandelspreise, Erzeuger- und Verbraucherpreise), sondern vermag auch anzuerkennen, daß im einzelwirtschaftlichen Mikrokosmos eine Rangordnung der wirtschaftlichen Güter und Bedürfnisse besteht, die eine Benachteiligung auch dann eintreten läßt, wenn Güter höherer Rangordnung gegen solche geringerer Rangordnung ausgetauscht werden. So kann z. B. ein Nachteil darin liegen, daß an die Stelle überall einsetzbarer Barmittel ein Gegenstand tritt, der zwar in seinem Gebrauchswert durchaus nützlich, jedoch in der Rangordnung der Einzelwirtschaft erst an späterer Stelle zu berücksichtigen ist. Diese Betrachtungsweise dürfte nicht nur dem auf einen stärkeren Schutz der wirtschaftlichen Bewegungsfreiheit hinauslaufenden dynamischen Vermögensbegriff von Eser (GA 62, 289), der als Spielart der wirtschaftlichen Vermögenslehre anzusehen ist, sondern auch den „personalen" oder „individualisierenden" Vermögensbegriffen von Bockelmann, Hardwig und Otto jedenfalls i. E. weitgehend angenähert sein. Weiter geht jedoch der funktionale Vermögensbegriff von Weidemann (MDR 73, 992), der über den Rahmen einer objektiv-individuellen Schadensberechnung auf die konkrete Zwecksetzung des Vermögensträgers abstellt, damit aber die Dispositionsfreiheit als Schutzobjekt anerkennt (krit. Blei JA 74, 101, Lackner LK 124). Selbst wenn man davon ausgeht, daß wirtschaftliche Bedürfnisse und Zwecke des einzelnen grundsätzlich nur von ihm selbst gesetzt werden können, so muß sich doch jeder gefallen lassen, daß seine Zwecke nach den Maßstäben wirtschaftlicher Vernunft beurteilt werden. Andernfalls würde die Grenze, die der strafrechtlichen Schutzwürdigkeit der wirtschaftlichen Autonomie im Bereich des § 263 gesetzt ist, überschritten und der Betrug in ein bloßes Delikt gegen die personale Dispositionsfreiheit verflüchtigt. Zu deren Abgrenzung von der wirtschaftlichen Bewegungsfreiheit vgl. Eser GA 62, 294 ff.

d) Zwischen den juristischen und den extrem wirtschaftlichen Vermögenslehren stehen die von Nagler (ZAkDR 41, 294) sogenannten **„juristisch-ökonomischen" Vermittlungslehren**, zu denen der Standpunkt eines Teils der Rspr. des preußischen Obertribunals und des RG (vgl. RG 16 1; verkannt von Naucke, Strafbarer Betrug 119, krit. hierzu Cramer, Vermögensbegriff 41, insb. FN 102) bis zur Plenarentscheidung RG 44 230 gehörte und die im heutigen Schrifttum wohl als h. M. aufzufassen sind. Bei grundsätzlicher Anerkennung einer den materialen Kern des Rechtsguts berücksichtigenden wirtschaftlichen Betrachtungsweise richtet sie sich vor allem dagegen, daß ein Wirtschaftsgut auch dem zusteht, dem es – ohne Rücksicht auf rechtliche Zuordnungskriterien – nur rein faktisch unterworfen ist. Die Abweichungen von der heute in der Rspr. herrschenden Auffassung (vgl. o. 80) betreffen vor allem in erster Linie die Anerkennung der „Ansprüche" aus verbotenen oder unsittlichen Rechtsgeschäften als Vermögensbestandteile sowie den unrechtmäßigen Besitz. Im einzelnen weichen die Definitionen der Vermittlungslehren geringfügig voneinander ab. So sollen wirtschaftlich wertvolle, aber noch nicht als subjektive Rechte ausgestattete Positionen dann zum Vermögen gehören, wenn sie „unter dem Schutz der Rechtsordnung" (Franzheim GA 60, 277, Gutmann MDR 63, 5, Foth GA 66, 42, Sauer BT 85) stehen oder mit deren Billigung bzw. ohne deren Mißbilligung realisiert werden können (Lange ZStW 65, 78 u. 68, 645, Lenckner JZ 67, 107, Cramer JuS 66, 475, Vermögensbegriff 100, Samson SK 112 ff., M-Maiwald II/1 432, Wessels II/2 129). Zu den Vermittlungslehren gehört auch der von Cramer (Vermögensbegriff 100 ff.) entwickelte **materiale** Vermögensbegriff. Zum Vermögen gehören danach „alle wirtschaftlich wertvollen Güter, die eine Person unter Billigung der rechtlichen Güterzuordnung innehat". Cramer (Vermögensbegriff 91 f., 106 ff.) begründet diese Einschränkung des extrem wirtschaftlichen Vermögensbegriffs insb. mit dem Prinzip der Einheit der Rechtsordnung (ebenso auch Lenckner JZ 67, 107).

Den für die Vermittlungslehren ausschlaggebenden Gesichtspunkt bildet das Argument, daß es unter dem Gesichtspunkt der **Einheit der Rechtsordnung** zu unauflösbaren Wertungswidersprüchen im System der Gesamtrechtsordnung kommen muß, wenn das Strafrecht eine wirtschaftlich nutzbare Position als Vermögensbestandteil anerkennt, während andere Teile der Rechtsordnung deren Realisisierung in jeglicher Beziehung verbieten und mißbilligen (insoweit zustimmend Hirsch ZStW 81, 945, Tiedemann JurA 70, 263). Wenn die Rechtsordnung die Verfügung über ein Gut untersagt oder dem Inhaber dieses Guts keinen Schutz gewährt, kann es auch vom Strafrecht nicht als schützenswerter Vermögensbestandteil anerkannt werden. Auf der gemeinsamen Basis aller Vermittlungslehren sind weitere rechtliche Zuordnungskriterien aus Gründen der Einheit der Rechtsordnung zu berücksichtigen (einschränkend Lackner LK 123). Diesen Erwägungen hat auch schon Schröder in diesem Kommentar (vgl. 17. A. RN 63b) bei grundsätzlicher Anerkennung der extrem wirtschaftlichen Position Rechnung getragen, wobei er allerdings konstruktiv die Lösung über das Merkmal der „Rechtswidrigkeit der Vermögensverschiebung" herbeiführen wollte; sein Lösungsvorschlag verbietet sich allerdings im Hinblick auf das Parallelproblem bei § 266, da diese Vorschrift nicht als Vermögensverschiebungsdelikt konstruiert ist.

2. Die nachfolgenden Ausführungen gehen von der „juristisch-ökonomischen" Vermittlungslehre aus, die bei grundsätzlicher Anerkennung wirtschaftlicher Bewertungsmaßstäbe rechtliche Zuordnungskriterien einbezieht. Danach sind **Bestandteile des Vermögens**:

a) Alle **subjektiven Vermögensrechte** von wirtschaftlichem Wert. Hierher gehören z. B. das Eigentum, dingliche oder obligatorische Ansprüche oder Immaterialgüterrechte. Auch aus Nichtvermögensrechten (z. B. Familienrechten) können Vermögensrechte resultieren, wie z. B. Unterhaltsansprüche oder die durch Ehe begründeten sonstigen vermögensrechtlichen Beziehungen (vgl. RG 33 258) oder das Nutzungsrecht am Kindesvermögen. Auch Gestaltungsrechte (Anfechtung, Kündigung, Wandlung, Minderung) gehören zum Vermögen, soweit ihre Ausübung wirtschaftliche Konsequenzen hat.

b) Ein wirtschaftlich erst zu erwartender Vermögenszuwachs, auf den ein Rechtsanspruch besteht (RG 64 182), oder dessen Erwartung sich zu einem **Anwartschaftsrecht** i. S. des bürgerlichen oder öffentlichen Rechts konkretisiert hat. In Betracht kommen z. B. die Anwartschaft aus Eigentumsvorbehalt oder Sicherungsübereignung (RGZ 140 225), ferner die aufgrund eines

Vorkaufsrechts (BGH NJW **77,** 155 m. Anm. Schudt und Lackner/Werle JR 78, 299), einer bindenden Offerte (RGZ **132** 7) oder der Einigung gem. §§ 933, 956 BGB. Auch die mit dem Besitz von Bezugsscheinen usw. verbundene Anwartschaft auf Erwerb einer Sache (RG **75** 62) zählt hierzu. Zum Anwartschaftsrecht des Maklers vgl. BGH **31** 178 m. Anm. Lenckner NStZ 83, 409, Maaß JuS 84, 25 u. Bloy JR 84, 123. Zu dem Begriff der Anwartschaften im Strafrecht vgl. Mohrbotter GA 71, 321; vgl. auch Lackner LK 129.

87   c) **Tatsächliche Anwartschaften (Exspektanzen),** sofern es sich nicht nur um allgemeine und unbestimmte Aussichten und Hoffnungen handelt, sondern eine Sachlage vorliegt, die mit Wahrscheinlichkeit einen Vermögenszuwachs erwarten läßt (RG **75** 92, BGH **2** 367, **17** 147, Hamburg NJW **62,** 1408, Lackner LK 129, 134, M-Maiwald II/1 433f.; and. z. B. Frank V 3b, krit. auch Gutmann MDR 63, 5; zust. Mohrbotter GA 71, 321). Für die Anerkennung der berechtigten tatsächlichen Erwartungen bei Anstellung, Vergabe von Aufträgen usw. als Vermögensbestandteil kommt es daher darauf an, ob die Erwerbsaussicht so weit konkretisiert ist, daß ihr der Geschäftsverkehr schon für die Gegenwart wirtschaftlichen Wert beimißt, d. h. ob der Vermögenszuwachs bei normalem Verlauf der Dinge mit Wahrscheinlichkeit eintritt (eingehend Lackner LK 134 ff.; ferner Gutmann MDR 63, 5, Mohrbotter GA 71, 321).

87a Soweit die Gewinnmöglichkeit sich noch nicht so verdichtet hat, daß nach dem gewöhnlichen Lauf der Dinge eine Erwerbschance besteht, kommt noch kein Vermögenswert in Betracht. Deswegen sind unlautere Verhaltensweisen im Wettbewerb, die mit einer Täuschungshandlung verbunden sind (§ 1 UWG) noch kein Betrug, sondern Verhaltensweisen, die nach § 6c UWG strafbar sein können. Wird beispielsweise der Wahrheit zuwider behauptet, eine chemische Substanz sei lebensgefährlich, so liegt § 263 auch dann nicht vor, wenn dadurch beabsichtigt und erreicht wird, daß der Umsatz des einen Pharmaherstellers gesteigert, der eines anderen vermindert wird. Auch die Beziehungen zur Laufkundschaft eines Geschäfts gehören noch nicht zum Vermögen des Geschäftsinhabers. Folglich kann auch kein Betrug gegeben sein, wenn über diesen falsche Gerüchte in Umlauf gebracht und damit Umsatzrückgänge zugunsten anderer erreicht werden. Erst recht scheidet eine wirtschaftlich nicht faßbare Hoffnung auf Vermögensmehrung als Vermögensbestandteil aus (BGH GA 78, 332). Dies gilt beispielsweise bei der progressiven Kundenwerbung (Schneeballsystem, vgl. dazu § 286 RN 13), bei der nur die unrealistische Hoffnung erweckt wird, der „Mitspieler" könne durch eigene Anstrengung hohe Gewinne erzielen. Dies übersieht Frankfurt in wistra **86,** 31, wenn es trotz Chancenlosigkeit bei der Kundenwerbung einen Betrug damit begründet, daß wegen der Konkurrenzlosigkeit des zu vertreibenden Produkts Aussicht auf eine Existenzgründung besteht (wie hier LG Fulda wistra **84,** 188 m. Anm. Möhrenschlager).

88   **Einzelfälle:** In diesem Sinne als Vermögensbestandteil angesehen wird z. B. die auf einem unechten Vertrag zugunsten Dritter beruhende tatsächliche Anwartschaft (Stuttgart NJW **62,** 502; krit. Gutmann MDR 63, 6), ferner der feste Kunden- oder Lieferantenkreis eines Gewerbetreibenden (RG **74** 316, M-Maiwald II/1 433; vgl. auch LG Mannheim NJW **77,** 160 m. abl. Anm. Beulke NJW **77,** 1073: Vermietbarkeit eines Hauses). Ebenso stellt sich bei öffentlichen Ausschreibungen die Aussicht, aufgrund eines günstigeren Angebots den Zuschlag zu erhalten, als vermögenswerte Exspektanz dar (RG **73** 384, BGH **17** 147, **19** 37, **34** 379); dasselbe kann u. U. bei Bewerbungen um eine Stelle gelten (Hamm JMBlNRW **54,** 132, Oldenburg NdsRpfl. **48,** 95); jedoch kommt hier Betrug nur in Betracht, wenn der Bewerber durch Täuschung veranlaßt wird, sein Angebot zurückzuziehen, mangels einer Verfügung dagegen nicht, wenn der Täter durch Täuschung gegenüber der ausschreibenden Stelle die Nichtberücksichtigung eines Konkurrenten erreicht (vgl. o. 67; and RG **73** 384, BGH **17** 147, Hamm JMBlNRW **54,** 132, M-Maiwald II/1 433f.). Auch die Aussicht, durch Verkauf einer Sache Gewinn zu erzielen, kann eine Anwartschaft sein; jedoch kann hier die Verkäuflichkeit zu einem bestimmten Preis (z. B. zu einem höheren Auslandspreis, vgl. RG **64** 181) auch schon als eine den gegenwärtigen Wert der Sache erhöhende Eigenschaft angesehen werden. Ebenso kann für den Eigentümer einer Sache die Möglichkeit, ihrem Verkauf entgegenzutreten oder sich den Kaufpreis zu sichern, einen wirtschaftlichen Wert darstellen (RG HRR **39** Nr. 1318). Der Möglichkeit, bei der Zuteilung von VW-Aktien aufgrund einer Auslosung eine weitere Aktie zu bekommen, ist ebenfalls Vermögenswert beigemessen worden (Schröder JR 62, 431 u. 63, 348; and. Hamburg NJW **62,** 1407, Celle NJW **63,** 263). Zur Frage, ob Betrug daran der Eigentümer in diesen Fällen nicht geschädigt, der Inhaber der Anwartschaft zwar geschädigt ist, dem aber kein stoffgleicher Vorteil gegenübersteht, vgl. Mohrbotter GA 71, 321.

89   Noch **keine** vermögenswerte **Anwartschaft** ist dagegen die Aussicht, aufgrund öffentlich-rechtlicher Vorschriften eine freie Wohnung zugeteilt zu erhalten (RG **58** 289), die Möglichkeit, bei einem numerus clausus als Student zugelassen zu werden (BGH NJW **55,** 1526), oder die einer der wahren Rechtslage nicht entsprechende Beweissituation, z. B. der Besitz einer Schuldurkunde über eine schon getilgte Forderung.

90   Zwar ebenfalls keine Anwartschaft i. S. des BGB, jedoch einen Vermögenswert stellt auch die mit einem Lotterielos o. ä. verbundene Aussicht – **Gewinnchance** – dar, an dem Gewinn teilzuhaben (vgl. BGH **8** 289, Schröder JR 62, 431). Hierbei kann die Vermögensbeeinträchtigung nicht nur durch

Abschwindeln des Loses, sondern auch dadurch erfolgen, daß z. B. das Hauptgewinnlos vertragswidrig für den Verkauf zurückgehalten wird (BGH **8** 289, Hamm NJW **57**, 1162).

d) **Rechtspositionen,** die **nicht durchgesetzt** werden können (insb. Naturalobligationen) **91** oder die, z. B. nach § 812 BGB, wieder preisgegeben werden müssen, sofern sie dennoch einen wirtschaftlichen Wert haben. Dies ist etwa der Fall bei unklagbaren (etwa verjährten oder auf den §§ 762–764 BGB beruhenden) Forderungen (RG **68** 380; vgl. aber auch RG **65** 106, Bockelmann Mezger-FS 363) oder bei der Möglichkeit, aus einem vorläufig vollstreckbaren Urteil zu vollstrecken, auch wenn die Klage später abgewiesen wird. Geschädigt ist daher z. B. auch, wer gepfändete Sachen freigibt, obwohl der Pfändung nach § 771 ZPO erfolgreich widersprochen werden kann (and. Hamm NJW **56**, 194). Klaglose Forderungen sind allerdings dann wirtschaftlich wertlos, wenn die mangelnde Erfüllungsbereitschaft des Schuldners feststeht (RG **36** 208, **40** 29). Die Belastung mit einer solchen Forderung ist dann ein Vermögensschaden, wenn sich der Schuldner mit Rücksicht z. B. auf seine gesellschaftliche Stellung oder seine Geschäftsverbindungen der Leistung nicht entziehen kann (RG **65** 109, Lackner LK 131).

e) **Unwirksame Ansprüche,** sofern ihnen wegen der Erfüllungsbereitschaft des Schuldners **92** ein wirtschaftlicher Wert beigemessen werden kann und die Herbeiführung des mit dem unwirksamen Anspruch erstrebten Zustandes vom Recht an sich nicht mißbilligt wird (vgl. Cramer, Vermögensbegriff 108, Lackner LK 132, Lenckner JZ 67, 108). Die Nichtigkeit oder Unwirksamkeit kann sich z. B. aus der Nichtbeachtung zwingender Formvorschriften oder der beschränkten Geschäftsfähigkeit eines Beteiligten ergeben. Hierher gehören auch Ansprüche aus einer faktischen Gesellschaft, die z. B. wegen Formnichtigkeit oder Geschäftsunfähigkeit nicht wirksam entstanden sind; das gleiche gilt für Ansprüche aus einem faktischen Arbeitsverhältnis. Demgegenüber verneinen RG **65** 100 (m. abl. Anm. Grünhut JW 32, 2434), Welzel 373 vom rechtlich-wirtschaftlichen Vermögensbegriff aus in diesen Fällen generell die Möglichkeit eines Betruges. Dies befriedigt jedoch nicht: Ist z. B. bei einem Grundstückskauf aus Kostengründen ein geringerer Kaufpreis als vereinbart beurkundet worden, der Käufer aber ohne weiteres bereit, den höheren Preis zu zahlen, so muß § 263 anwendbar sein, wenn der Verkäufer durch Täuschung veranlaßt wird, die an sich nichtige Forderung gegen Bezahlung von Falschgeld „abzutreten".

Resultieren die nichtigen Ansprüche allerdings aus einem **sittenwidrigen** oder **verbotenen** **93** Rechtsgeschäft (§§ 134, 138 BGB), so können sie nach der juristisch-ökonomischen Vermittlungslehre wegen ihres Widerspruchs zu außerstrafrechtlichen Vorschriften auch im Rahmen des § 263 keinen Schutz genießen (wie hier z. B. RG **65** 99, Lackner LK 132; a. M. 17. A.). Entsprechendes gilt für beiderseits unsittliche Rechtsgeschäfte, so daß die Dirne nicht betrogen ist, wenn ihr „Anspruch" auf Bezahlung beeinträchtigt wird, und daß sie selbst sich nicht eines Betruges schuldig macht, wenn sie den gegen sie gerichteten „Anspruch" auf Rückforderung durch Täuschung vereitelt (BGH NStZ **87**, 407, Cramer JuS 66, 472; a. A. z. B. Hamburg NJW **66**, 1525, D-Tröndle 29 mwN; eingehend zu diesem Problemkreis Kühl JuS 89, 505). Das gilt auch für die sog. telefonischen Sexgespräche gegen Entgelt Hamm NStZ **90**, 342 m. Anm. Wöhrmann; anderes gilt für Inserate zur Vermittlung von Telefonsex (Stuttgart NJW **89**, 2899, AG Offenbach NJW **88**, 1097; a. A. LG Bonn NJW **89**, 2544). Demgegenüber soll es nach der wirtschaftlichen Vermögenslehre nur darauf ankommen, ob dem Anspruch nach den konkreten Umständen ein wirtschaftlicher Wert zukommt (vgl. BGH **2** 364, OGH **2** 200, Hamburg NJW **66**, 1525 m. Anm. Schröder JR 66, 471).

f) Der **unmittelbare** oder **mittelbare Besitz,** sofern der Besitzer **redlich** ist (Cramer, Vermö- **94** gensbegriff 225 f.). Nach anderer Auffassung auf der Grundlage der juristisch-ökonomischen Vermittlungslehre soll nur der rechtmäßige Besitz geschützt sein (Frank V 3c, Gutmann MDR 63, 6, Hirschberg aaO 327, Lenckner JZ 67, 105; Welzel 373); dies ist deshalb abzulehnen, weil der redliche, dem Berechtigten gegenüber aber dennoch unrechtmäßige Besitz, z. B. beim gutgläubigen Erwerb einer gestohlenen Sache, dem Schutz des § 823 I BGB unterfällt und daher auch von § 263 erfaßt werden muß (Cramer, Vermögensbegriff 225 f.). Demgegenüber soll nach der wirtschaftlichen Vermögenslehre schon dem Besitz als solchem Vermögenswert zukommen, weil die tatsächliche Sachherrschaft das entscheidende Moment bei der Bewertung des Besitzes sei (RG **41** 268, ZAkDR **38**, 279 m. Anm. Schaffstein, BGH **14** 388, Hamm HESt. **1** 114, Düsseldorf NJW **88**, 923 m. Anm. Hassemer JuS 88, 575, Wessels II/2 130, Welzel 372; ebenso vom Standpunkt der Vermittlungslehre aus Lackner LK 133). Nach allen Auffassungen ist erforderlich, daß dem Besitz wirtschaftlicher Wert zukommt. Dem Besitz des Finders kommt ein solcher Wert z. B. deshalb zu, weil der Besitzverlust bei ihm dazu führt, daß er seinen Anspruch auf Finderlohn nicht realisieren kann (vgl. Bay GA **64**, 82, Cramer, Vermögensbegriff 225 FN 12, a. A. die 17. A. RN 67). Vgl. zum Ganzen Kühl JuS 89, 505 ff.

Nach der hier vertretenen Auffassung wird daher **nur** der **deliktisch erlangte Besitz** durch **95** § 263 **nicht geschützt.** Betrug zum Nachteil des Diebes, Hehlers usw. ist daher nicht möglich

(a. A. RG 44 258, BGH 2 365, OGH 2 201, Bruns Mezger-FS 356, Grünhut aaO 119, M-Maiwald II/1 432, Lackner LK 133). Auch kann das Abschwindeln einer Sache gegenüber dem Dieb kein Betrug zum Nachteil des Bestohlenen sein, da der Besitzerwechsel zu keiner wirtschaftlich meßbaren Schädigung des Berechtigten führt (Cramer, Vermögensbegriff 226 f.; and. Gallas Eb. Schmidt-FS 427 FN 73, Welzel 373, hier 17. A. RN 70).

96   g) Zweifelhaft ist, ob auch die **Arbeitskraft** als Vermögensbestandteil und damit als Schutzobjekt des § 263 anzuerkennen ist (bejahend Cramer, Vermögensbegriff 237 ff., Schmidhäuser II 122; vgl. auch Lackner LK 140, M-Maiwald II/1 434, sowie zum Schutz der Arbeitskraft überhaupt Lampe Maurach-FS 375). Die Problematik reicht jedoch weniger weit, als gemeinhin angenommen wird. Kommt es zum Abschluß eines Arbeitsvertrages mit den Wirkungen des § 611 BGB, so gelten, da sich nunmehr zwei Ansprüche gegenüberstehen, die allgemeinen Grundsätze über Eingehungs- und Erfüllungsbetrug. Durch den Arbeitsvertrag wird die persönliche Arbeitsleistung Gegenstand einer vermögensrechtlichen Beziehung, so daß dann an der Anwendbarkeit des § 263 nicht gezweifelt werden kann. Problematisch sind jedoch die Fälle, in denen durch Täuschung eine Arbeitsleistung veranlaßt wird, der eine vertragliche Verpflichtung nicht zugrunde liegt. So z. B., wenn der X sich für den Vertragspartner des Arbeiters A ausgibt und die von diesem geschuldete Arbeitsleistung für sich in Empfang nimmt. Auch hier ist entscheidend, daß die Arbeitskraft u. U. zur Verfügung gestellt wird, die im Geschäftsleben üblicherweise eine Gegenleistung bedingen. Daß damit die wirtschaftliche Position des Arbeiters berührt wird, zeigt die Tatsache, daß er zivilrechtlich nach § 812 BGB ein Entgelt verlangen könnte. Dabei ist unerheblich, ob das Opfer die Möglichkeit gehabt hätte, seine Arbeitskraft anderweitig gewinnbringend zu verwerten (RG **68** 380 m. Anm. Mezger JW 35, 288, Cramer, Vermögensbegriff 246; and. Kohlrausch-Lange V 2 d).

97   Keine vermögenswerte Ausnützung der Arbeitskraft liegt vor, wenn diese zu **verbotenen** oder **unsittlichen Zwecken** eingesetzt wird (vgl. Lackner LK 140, Schmidhäuser II 122). Aus diesem Grund fehlt es schon an einer Vermögensverfügung und einem auf eine solche zurückzuführenden Schaden, wenn durch Vorspiegelung der Zahlungsabsicht oder Entlohnung mit Falschgeld die Dirne zum Geschlechtsverkehr (BGH **4** 373, NStZ **87**, 407 m. Bespr. Kühl JuS 89, 505, wistra **89**, 142, Gutmann MDR 63, 7, M-Maiwald II/1 433, Cramer, Vermögensbegriff 241), eine Person zu sexuellen Gesprächen (Hamm NStZ **90**, 342) oder der gedungene Attentäter zur Begehung eines Mordes veranlaßt wird. Vgl. auch Hamburg NJW **66**, 1525 m. Anm. Schröder JR 66, 471 u. Cramer JuS 66, 472.

98   h) Nicht zum Vermögen gehören dagegen **immaterielle Werte**, so daß kein Betrug vorliegt, wenn jemand durch Täuschung zur Aufgabe eines unbezahlten Ehrenamts veranlaßt wird. Ebensowenig erfaßt werden Gegenstände ohne faßbaren wirtschaftlichen Wert wie z. B. Reisepässe (BGH MDR/D **72**, 17 m. abl. Anm. Bittner MDR 72, 1000, Blei JA 73, 174), Personalausweise oder Kfz-Scheine (BGH VRS **42** 110); daß dem Inhaber bei der Wiederbeschaffung ein finanzieller Nachteil entsteht, ändert nichts an der Nichtanwendbarkeit des § 263, da der Vorteil dann nicht aus diesem Nachteil erstrebt wird (zur Stoffgleichheit vgl. u. 168 f.). Kein Vermögensbestandteil ist auch die wirtschaftliche Bewegungsfreiheit als solche (BGH **16** 321, Hamm NJW **61**, 704, Schröder NJW 62, 721; einschränkend Eser GA 62, 295, Mohrbotter GA 69, 233); vgl. o. 79, 81.

99   VII. Der Begriff der **Vermögensbeschädigung** wird überwiegend so definiert, daß der „Gesamtgeldwert" verringert sein müsse, Vermögensschaden also der Unterschied zwischen dem Wert des Gesamtvermögens vor und nach der Verfügung sei (vgl. z. B. RG **16** 3, **74** 129, BGH **3** 102, **16** 321, M-Maiwald II/1 435, Samson SK 133, Welzel 374; vgl. aber auch Lackner LK 143 f.). Diese Formulierung ist jedoch insofern zu weit, als nach ihr auch solche nachteiligen Vermögenswirkungen als Betrugsschaden ausreichen würden, die nur mittelbar aus der Leistung des Getäuschten und einer eventuellen Gegenleistung des Täters resultieren (vgl. näher Schröder NJW 62, 721 und u. 121 ff.). Zu eng ist diese Definition insoweit, als sie nicht berücksichtigt, daß der Vermögensinhaber nicht als ein nur von materiellen Erwägungen bestimmter „homo oeconomicus", sondern zugleich im Gesamtzusammenhang seiner sozialen Funktion zu sehen (Gallas Eb. Schmidt-FS 434 f.) und der Schaden daher nicht nur rein rechnerisch zu bestimmen ist, sondern darüber hinaus eine soziale Komponente besitzt. Geschädigt ist deshalb auch der, dessen Leistung ihren sozialen Zweck verfehlt und damit zu einer sinnlosen Ausgabe wird. Im einzelnen gilt folgendes:

100 1. Handelt es sich um die **einseitige, unentgeltliche Hingabe von Vermögenswerten**, so kann der Schaden zunächst in dem Verlust des fraglichen Vermögenswertes als solchem liegen. Da Betrug jedoch eine unbewußte Selbstschädigung voraussetzt (vgl. o. 41), spielen solche Fälle nur eine geringe Rolle (z. B. ein angebliches Autogramm bedeutet in Wahrheit eine Verzichtserklärung); auch die Fälle, in denen der Getäuschte einseitig eine Verbindlichkeit eingeht und die Fälle des Beweismittelbetruges (vgl. u. 146 f.), bei denen der Gesichtspunkt der Vermögensgefährdung allerdings die entscheidende Problematik darstellt, gehören in diesen Zusammenhang.

a) Problematisch ist insb. der **Spenden-** und **Bettelbetrug;** eingehend hierzu Cramer, Ver- 101 mögensbegriff 202 ff., Gerhold 36 ff., Hartmann 105 ff. Bei ihm kann die Strafbarkeit nicht schon mit der Hingabe des Vermögenswertes als solchem begründet werden (so jedoch RG **53** 225, Bay NJW **52**, 798, LG Aachen NJW **50**, 759, Schmoller JZ 91, 117 ff.), da das Opfer insoweit bewußt, wenn auch aufgrund eines irrigen Motivs ein Vermögensopfer bringt, die bewußte Selbstschädigung aber für § 263 nicht ausreicht (vgl. o. 41). Für die Begründung des Schadens stehen zwei Wege offen:

α) Einmal ist eine die Strafbarkeit begründende unbewußte Selbstschädigung darin zu finden, daß 102 die Vermögensverschiebung mit der Verfehlung ihres Zwecks in ihrem **sozialen Sinn entwertet** wird (Hamburg LZ **33**, 798, Gallas Eb. Schmidt-FS 435, Schröder NJW 62, 722, JR 62, 432, Cramer, Vermögensbegriff 202 ff., 210 ff.; vgl. auch Tiedemann ZStW 86, 910 ff., Subventionskriminalität [1974] 312 ff. zur Frage der Zweckgebundenheit des Vermögens der öffentlichen Hand; and. Frank VI 1 a, Gutmann MDR 63, 3, die Betrug hier überhaupt ablehnen). Dies trifft z. B. zu, wenn der Täter für angeblich wohltätige Zwecke Spenden sammelt, die er in Wirklichkeit für sich behalten will, dagegen, wenn der Geber durch die Vorspiegelung, andere hätten bereits namhafte Beträge gestiftet, zu der Spende veranlaßt wird, die ihre bestimmungsgemäße Verwendung findet (vgl. Gallas aaO 436, Cramer, Vermögensbegriff 206 f.). Fraglich kann allerdings sein, was unter „sozialer Zweckverfehlung" zu verstehen ist. Hier kommt nicht bloß die Wohltätigkeit als ein Aspekt der sich aus der menschlichen Solidarität ergebenden sittlichen Pflichterfüllung, sondern jede Art von Anstandspflicht (vgl. etwa §§ 534, 814 BGB) sowie sonstige Pflichten in Betracht, die einer Leistung einen sozialen Sinn geben (vgl. Cramer, Vermögensbegriff 213). Betrug liegt daher z. B. vor, wenn sich der Täter als angeblicher Lebensretter eines Kindes vorstellt, um eine Belohnung zu kassieren.

β) Betrug kann auch dann vorliegen, wenn jemand durch Täuschung zu einer Spende veranlaßt 103 wird, die bei individueller Betrachtung (vgl. u. 121 ff.) eine für ihn **untragbare Belastung** darstellt; freilich muß der Irrtum sich gerade darauf beziehen, daß die Spende zu wirtschaftlicher Bedrängnis führt; so z. B. wenn jemandem, um an seine Freigiebigkeit zu appellieren, vorgespiegelt wird, er habe im Lotto gewonnen. Mohrbotter (GA 69, 225) behandelt diese Fälle als Delikte gegen die „wirtschaftliche Verfügungsmacht", gerät damit jedoch in die Nähe eines Deliktes gegen die Dispositionsfreiheit (vgl. o. 79, 81).

b) Die o. 101 f. genannten Grundsätze sind auch bei der Vergabe von öffentlichen **Subventio-** 104 **nen** von Bedeutung, soweit solche Fälle nicht durch § 264 erfaßt werden, der § 263 vorgeht (vgl. § 264 RN 87 f.). Die Zweckverfehlung ergibt sich hier aus der jeweiligen Zweckgebundenheit des Vermögens der öffentlichen Hand; maßgeblich ist dabei der Anwendungsbereich der Subventionsnorm (BGH **31** 95 m. Anm. Tiedemann JR 83, 212). Zur Täuschungshandlung bei zeitlich befristeten Subventionen vgl. o. 31 a.

c) Die zum Spendenbetrug entwickelten Grundsätze sind auch bei den sog. **gemischten** 105 **Verträgen** von Bedeutung, bei denen mit einem wirtschaftlichen Austauschgeschäft die Erreichung eines sozialen, insb. wohltätigen Zwecks gekoppelt ist (z. B. Kauf angeblicher Blindenware oder Zeitschriftenbestellung bei angeblichen Studenten). Voraussetzung für einen Schaden ist hier zunächst, daß die Leistung, die der Getäuschte erhält, kein volles Äquivalent für die von dem anderen empfangene Gegenleistung darstellt (Köln NJW **79**, 1419 m. Bespr. Sonnen JA 82, 593; vgl. dazu u. 106 ff.), weil er als Käufer eine Sache zu teuer kauft oder keine Verwendung für sie hat oder weil er als Verkäufer eine Sache unter ihrem Preis abgibt. Da es sich bei Geschäften dieser Art insoweit jedoch immer um eine bewußte Selbstschädigung handeln wird, ist weiter erforderlich, daß der Abschluß des Geschäfts entscheidend durch den sozialen Zweck bestimmt war, dieser soziale Sinn jedoch verfehlt wird (vgl. RG **73** 384 [Kauf von Ware aus angeblichem Notstandsgebiet], Düsseldorf JMBlNRW **58**, 249 [Kauf von Eintrittskarten zu einer angeblichen Veranstaltung der Verkehrswacht], Hamm GA **62**, 219 [Erschleichen von Mitteln des sozialen Wohnungsbaus], RG JW **36**, 262, KG JR **62**, 26 [Erschleichen eines zinsverbilligten Kredits], AG Mannheim MDR **60**, 945, Just-Dahlmann MDR 60, 270; zu weitgehend jedoch RG **70** 33; Bedenken gegen diese Rspr. bei Maurach NJW 61, 629, Gutmann MDR 63, 3). Zum Betrug bei der Zuteilung von VW-Aktien vgl. BGH (GrS) **19** 206 m. Anm. Schröder JZ 64, 467, BGH **19** 37, Hamburg NJW **62**, 1407 m. Anm. Schröder JR 62, 432, Celle NJW **63**, 263; ferner Gutmann MDR 63, 5, Bode NJW 63, 238, Maurach NJW 61, 625, Müller DRiZ 63, 55, Schäfer-Seyler GA 63, 338, Cramer, Vermögensbegriff 217 ff., Lackner LK 164 ff.

2. Stehen sich **Leistung** und **Gegenleistung** gegenüber, so ist nicht ausschließlich danach zu 106 fragen, was der Verfügende weggeben hat (vgl. o. 79), sondern festzustellen, ob eine Wertdifferenz zwischen den Leistungen vorliegt. Gibt der Getäuschte Bestandteile seines Vermögens weg und erhält er dafür vom Täter einen Gegenwert (Waren, Ansprüche usw.), so liegt nur dann kein Schaden vor, wenn Leistung und Gegenleistung sich entsprechen **(Kompensation)**, d. h. wenn die in der eigenen Leistung liegende Vermögensminderung durch den erlangten Gegenwert ausgeglichen wird.

107 a) Für die Frage, ob eine Vermögensminderung durch einen gleichzeitigen **Vermögenszuwachs ausgeglichen** wird, kommen u. a. folgende Situationen in Betracht: Entweder stehen sich Ware und Ware oder Ware und Geld gegenüber, so daß z. B. geschädigt ist, wer eine minderwertige Ware zu teuer bezahlt oder wer für eine Ware Falschgeld erhält (vgl. u. 136). Hierher gehört ferner, daß der Getäuschte für seine Leistung einen Anspruch erhält, so bei Darlehen und Leihe; in diesem Fall ist daher der Wert des Anspruchs mit dem der eigenen Leistung zu vergleichen. Entsprechendes gilt für die umgekehrte Situation, in der der Getäuschte eine Leistung des Täters als Erfüllung annimmt und dafür seinen Anspruch aufgibt (z. B. der Täter liefert eine schlechtere Ware als geschuldet); vgl. u. 136f. Von Bedeutung ist endlich der Fall, daß der Getäuschte eine Leistung erbringt und dafür von einer Verbindlichkeit frei wird. Ein Schaden liegt hier z. B. vor, wenn der Getäuschte zur Bezahlung einer Nichtschuld veranlaßt wird (RG **60** 294; vgl. auch Bremen NJW **62**, 2315), oder wenn der Wert des Geleisteten die Höhe der Verbindlichkeit übersteigt oder bei Erfüllung vor Fälligkeit; vgl. u. 162. Zu den Schadenssituationen in den verschiedenen Wirtschafts- und Geschäftsbereichen vgl. u. 152ff.

108 b) Maßgeblich ist der **objektiv-individuelle Schadensbegriff**. Er beruht auf dem hier vertretenen Vermögensbegriff (vgl. o. 82), der von einer wirtschaftlichen Betrachtungsweise ausgeht, die aber nicht am reinen Geldwert einer Leistung orientiert ist, sondern auch die wirtschaftlichen Bedürfnisse des einzelnen berücksichtigt und damit der Rangordnung der Güter im einzelwirtschaftlichen Mikrokosmos Rechnung trägt. Leistung und Gegenleistung sind also zunächst am objektiven Verkehrswert zu messen. Erst wenn sich hier keine Wertdifferenz zum Nachteil des durch die irrtumsbedingte Verfügung Betroffenen ergibt, ist zu fragen, ob trotz der Gleichwertigkeit unter individuellen Gesichtspunkten sich eine Benachteiligung feststellen läßt; der umgekehrte Fall, daß eine objektiv feststellbare Wertdifferenz durch die besonderen Bedürfnisse ausgeglichen wird (Verkauf einer Maschine veralteten Typs, die aber allein in den Maschinenpark des Betroffenen paßt, zum Preis des neuen Typs) ist zwar theoretisch denkbar, wird aber kaum praktisch werden.

109 α) Demnach sind Leistung und Gegenleistung zunächst nach ihrem **Verkehrswert** zu vergleichen. Ergibt sich hierbei ein Wertgefälle zum Nachteil des durch die Täuschung Betroffenen, so ist ein Schaden zu bejahen.

110 αα) Ein Schaden liegt daher z. B. vor, wenn gegen Bezahlung des vollen Kaufpreises eine **minderwertige Ware** geliefert wird. Die Minderwertigkeit kann sich auch aus der mangelnden rechtlichen Qualität der erlangten Position ergeben, so wenn der Käufer eine abhanden gekommene Sache zum Besitz erhält; vgl. jedoch für einen Sonderfall Bay MDR **64**, 776. Da entscheidend jedoch die Maßstäbe des Verkehrs sind (krit. hierzu Jecht GA 63, 45), kann in Fällen, in denen der Geschäftsverkehr einer Ware bestimmter Herkunft oder aus bestimmten Rohstoffen einen höheren Wert zuerkennt, ein Schaden bei Lieferung anderer Ware selbst dann vorliegen, wenn diese qualitätsgleich ist (BGH **8** 49, NJW **80**, 1760, Köln NJW **59**, 1980, Gutmann MDR 63, 92; zu weitgehend jedoch BGH **12** 347, wo ein Schaden auch dann angenommen wird, wenn die gelieferte Auslandsbutter besser und an sich teurer ist als die verkaufte Inlandsbutter; vgl. auch BGH MDR **69**, 497). Verkaufte Raubkopien (Cassetten, Tonbänder, Schallplatten) sind in der Qualität regelmäßig schlechter als die Originale (vgl. Sternberg-Lieben NJW 85, 2121, Wulff NJW 86, 1236). Kann eine Wertdifferenz zwischen Leistung und Gegenleistung nicht festgestellt werden, so liegt ein Betrug nicht deshalb vor, weil der Täter z. B. einen Mitbewerber veranlaßt hat, ein nicht ernst gemeintes höheres Angebot abzugeben und der Getäuschte dadurch in den Irrtum versetzt wurde, das Angebot des Täters sei das günstigste (BGH **16** 367; vgl. aber auch RG **63** 189; and. Hamm NJW **58**, 1151; zum Ganzen Bruns NStZ 83, 385). Die Darlehnsaufnahme zu normalen Bedingungen ist kein Schaden (BGH GA **66**, 51). Täuscht der Täter über den Verwendungszweck eines Darlehens, so ist zu fragen, ob bei Verwendung für den angeblichen Zweck der Schaden auch eingetreten wäre oder nicht; nur im letzten Falle liegt Betrug vor (and. Stuttgart NJW **71**, 632 m. Anm. Lenckner NJW 71, 599, Cramer JZ 71, 415, Blei JA 71, 509). Zur Frage des Vermögensschadens mittels Bestellungserschleichung bei gleichwertiger Gegenleistung vgl. auch Bay NJW **73**, 633 m. Anm. Berz NJW 73, 1337 u. Blei JA 73, 398; Köln NJW **76**, 1222 m. Anm. Jakob JuS 77, 228. Bei einem Verlagsvertrag über ein Werk, das in Wahrheit ein Plagiat ist, kommt Betrug zum Nachteil des Verlegers in Betracht (weitergehend Deumeland AfP 73, 491: Betrug auch gegenüber Käufern).

111 ββ) Beim **gutgläubigen Erwerb** von Sachen soll nach der Rspr. von Bedeutung sein, wie der „redliche Verkehr" eine Leistung bewerte. Beim Erwerb unterschlagener Sachen ergebe sich dabei, daß das Eigentum mit einem Makel belastet sei, und die Gefahr, dieses gegen den ursprünglich Berechtigten verteidigen zu müssen, sowie die Beeinträchtigung der freien Dispositionsmöglichkeit sich als merkantiler Minderwert der Sache selbst niederschlage, weshalb ein Schaden auch dann gegeben sei, wenn der Käufer Eigentum erwirbt (vgl. RG **73** 63 m. Anm. Mezger ZAkDR 39, 202, BGH **15** 83, Hamburg NJW **56**, 392 unter Aufgabe von JZ **52**, 494, Köln MDR **66**, 253; ebenso BGH **1**

93 für den Erwerb einer durch Betrug erlangten Sache, BGH **3** 372 m. abl. Anm. Maurer NJW 53, 1480, BGH GA **56**, 181 für den Erwerb eines Pfandrechts; vgl. zu diesem Fragenkreis ferner Lackner LK 201, Weigelin ZStW **61**, 291, Bockelmann JZ 52, 461, Traub NJW 56, 450). Hat in solchen Fällen der Käufer bereits vorgeleistet, so soll ein Vermögensnachteil auch schon darin liegen, daß er als Gegenwert einen Übereignungsanspruch erhält, der in seiner Realisierbarkeit gefährdet ist und daher keinen vollen Ausgleich darstellt (vgl. RG HRR **38** Nr. 997, Traub NJW 56, 451). Diese sog. **„Makeltheorie"** der Rspr. ist jedoch in der Lit. weitgehend auf Kritik gestoßen (Cramer, Vermögensbegriff 127 ff., Oehler GA 56, 161, Gutmann MDR 63, 94, Naucke, Strafbarer Betrug 179 ff.); sie ist abzulehnen, weil der „sittliche Makel", der einer so erworbenen Sache anhaften soll, bei wirtschaftlicher Betrachtung keinen Nachteil darstellt und das zur Begründung ebenfalls herangezogene Prozeßrisiko für den gutgläubigen Erwerber nicht größer ist als das eines jeden anderen Eigentümers, dessen Eigentum unberechtigterweise bestritten wird (vgl. näher Cramer aaO).

β) Nach objektiven Wertmaßstäben ist auch zu beurteilen, ob das für die Hingabe einer 112 Sache usw. empfangene Entgelt ein **ausreichendes Äquivalent** darstellt. So liegt ein Schaden z. B. vor, wenn der Lieferung einer Ware eine in ihrer Einbringlichkeit gefährdete Kaufpreisforderung gegenübersteht, da diese vom Verkehr nicht voll bewertet wird (vgl. RG **9** 170), oder wenn ein Vertreter Provisionen für das Beschaffen von Aufträgen erschwindelt, deren Realisierbarkeit wegen der finanziellen Notlage des Bestellers von Anfang an aussichtslos erscheint (BGH GA **61**, 114). Dies kann auch der Fall sein, wenn der Schuldner bei vorhandener Zahlungsfähigkeit zur freiwilligen Leistung nicht bereit ist (BGH MDR **60**, 941; enger jedoch Bay **57**, 146), sofern der Getäuschte nicht das Recht hat, auf einer Leistung Zug um Zug zu bestehen (Cramer, Vermögensbegriff 178). Ob die zahlungshalber erfolgte Hingabe eines z. Z. ungedeckten Schecks eine vollwertige Gegenleistung ist, hängt davon ab, ob mit hinreichender Sicherheit zu erwarten ist, daß im Zeitpunkt der Vorlage Deckung vorhanden ist (vgl. BGH **3** 69, Niese NJW 52, 691, Gutmann MDR 63, 8; and. Oldenburg JZ **51**, 339 m. Anm. Mezger), regelmäßig also z. B. nicht, wenn der Täter lediglich hofft, durch Vorlage des Schecks einen Bankangestellten zur pflichtwidrigen Gewährung eines Kredits veranlassen zu können (BGH MDR/He **55**, 528); vgl. dazu auch Goldschmidt aaO 160. Über Bestellung von Waren gegen Nachnahme vgl. RG **53** 162, JW 27, 2429 m. Anm. Grünhut. Wird eine Ware unter Vorbehalt der Qualitätsprüfung gekauft, so liegt noch kein Vermögensschaden vor (BGH StV **85**, 186 m. Anm. Naucke: Münzverkauf mit Vorbehalt der Echtheitsprüfung).

Auch was die **Höhe des Entgelts** betrifft, ist nach objektiv-wirtschaftlichen Gesichtspunk- 113 ten zu prüfen, ob dieses einen vollwertigen Ausgleich darstellt. So deckt z. B. bei der Autovermietung an Selbstfahrer der übliche Mietzins nur das normale Risiko des Vermieters bei Überlassung an den Inhaber einer Fahrerlaubnis, nicht dagegen das zusätzliche Risiko bei Benutzung durch einen Fahrunkundigen oder Nichtinhaber eines Führerscheins (vgl. BGH **21** 112, Hamm JMBlNRW **59**, 158). Zu berücksichtigen ist, daß der zugrunde zu legende objektive Maßstab je nach Handelsstufe sowie Art, Inhalt und Gegenstand des fraglichen Geschäfts verschieden sein kann, so daß sich objektive Wertunterschiede hinsichtlich desselben Gegenstandes ergeben können, so z. B. im Groß- und Einzelhandel bei Waren aufgrund verschiedener Kalkulationsfaktoren. In der Abgabe einzelner Waren zu Großhandelspreisen an einen Endverbraucher kann daher, da dem Geschäft die Chance weiterer, umfangreicherer Lieferungen fehlt, ein Schaden liegen, auch wenn der Getäuschte nach Art seines Geschäfts den Kleinhandelspreis nie erzielt hätte (RG **66** 337); dies gilt jedoch nicht, wenn nicht Kalkulationsfaktoren, sondern Kartellabreden der Abgabe an den Endverbraucher entgegenstehen. Entsprechendes gilt für die Gewährung eines Preisnachlasses, wenn der Täter vorspiegelt, bestimmte Mengen abzunehmen (vgl. RG HRR **41** Nr. 99). Hierher gehört ferner der Fall, daß Waren zu Vorzugspreisen, die die Gestehungskosten jedoch decken, nur für bestimmte Verwendungszwecke geliefert werden (Eigenverbrauch der Angestellten eines Warenhauses, Deputatkohle des Bergmanns; vgl. BGH **2** 325, Celle GA **55**, 155, Hamm JMBlNRW **57**, 82; dagegen Bockelmann NJW 52, 896) und der Empfänger einen anderen Zweck verfolgt. Der Schaden besteht bei anderer Verwendung in der Differenz des Vorzugspreises zum handelsüblichen Preis, der als der wirtschaftliche Wert der Ware zu gelten hat; unerheblich ist dabei, ob der Lieferant an sich zur Lieferung verpflichtet wäre. Vgl. auch RG **58** 171.

αα) Übernimmt der Getäuschte bei einem **Spekulationsgeschäft** ein Risiko, so ist er nur 114 geschädigt, wenn die von ihm gegebenen Vermögenswerte höher waren als die ihm dafür gewährte Gegenleistung bei Berücksichtigung aller mit ihr etwa verbundenen, z. Z. der Vermögensverfügung gegebenen Gewinnmöglichkeiten (RG HRR **40** Nr. 579). Beim Kauf eines Loses ist der Erwerber wegen der geringeren Gewinnchance geschädigt, wenn der Täter das Gewinnlos für den Hauptgewinn vorerst noch zurückhält (BGH **8** 289; vgl. auch Schröder

JR 62, 431 u. 63, 349 [Schädigung der Mitbewerber um VW-Aktien]). Ebenso ist geschädigt, wer z. B. einen Wettvertrag eingeht, ohne jedoch eine Gewinnchance zu erhalten, weil das Ergebnis des Rennens bereits feststeht (sog. Spätwette; vgl. jedoch BGH **16** 120, wo Betrug mangels einer Täuschung verneint wird; vgl. dazu o. 16e).

114a Zur Frage, ob durch den Verkauf überteuerter **Optionen** ein Schaden herbeigeführt wird, hat sich eine unklare Rspr. herausgebildet, die von verschiedenen Ansätzen ausgeht (krit. hierzu Lackner/Imo MDR 83, 969 ff., Worms wistra 84, 130; vgl. auch Sonnen StV 84, 175). Einmal wird darauf abgestellt, daß der Wert einer Option durch die Erhöhung des Optionspreises gegenüber dem der ausländischen Börse sich u. U. bis auf Null reduziere, wobei allerdings keine Angaben dazu erfolgen, von welcher Aufschlagshöhe an ein Vermögensschaden vorliegt; Hinweise finden sich allenfalls dazu, daß im jeweils entschiedenen Fall am Verlust der Werthaltigkeit kein Zweifel bestehe (BGH **30** 177 m. Anm. Scheu JR 82, 121; **31** 115 m. Anm. Rochus JR 83, 338; krit. hierzu Hamburg NJW **80**, 2593 m. zust. Anm. Sonnen NStZ 81, 24 u. Scheu MDR 81, 467). Bei dieser Schadensberechnung kommt es auf einen Vergleich des objektiven Wertes von Leistung und Gegenleistung im Zeitpunkt des Vertragsschlusses an (BGH **30** 388 m. Anm. Sonnen NStZ 83, 73, München NStZ **86**, 168: Beteiligung am amerikanischen OTC-Handel), wobei die spätere Entwicklung unerheblich ist (Worms wistra 84, 130). Zum anderen wird gesagt, daß ein Schaden dann vorliege, wenn der Aufschlag höher sei als die Provision eines seriösen inländischen Maklers (BGH **32** 25; NJW **83**, 292; vgl. auch Worms wistra 84, 130), wobei allerdings die Unbilligkeit des Aufschlags schwer festzustellen ist, da seriöse inländische Makler mit Optionen dieser Art nicht zu handeln pflegen. Ferner wird der Schaden nicht im Optionspreis als solchem, sondern im überhöhten Aufschlag gesehen; so wohl BGH MDR **83**, 145, 591, 946, wistra **91**, 25, Lackner/Imo MDR 83, 976 ff., Worms wistra 84, 130. Schließlich wird der Schaden nach dem Prinzip des persönlichen Schadenseinschlages (vgl. u. 121 ff.) begründet, wenn das Optionsgeschäft als „wertbeständiges Anlagegeschäft" angepriesen worden sei und der Kunde deshalb eine zum vertraglich vorausgesetzten Zweck unbrauchbare Gegenleistung erhalten habe (BGH NJW **83**, 1917; krit. Worms wistra 84, 130). Damit werden durch die Rspr. verschiedene, miteinander nicht vereinbare Berechnungsmethoden zur Anwendung gebracht, ohne daß sich bisher ein Senat zu einer Vorlegung nach § 121 GVG entschlossen hätte. Gegen diese Rspr. bestehen Bedenken. Eine Berücksichtigung des subjektiven Schadenseinschlages ist in Fällen dieser Art realitätsfremd, weil es einem Käufer regelmäßig auf schnellen Gewinn und nicht auf eine wertbeständige Anlage ankommt (so wohl auch BGH **32** 23, wistra **89**, 22, 224). Folglich kann davon ausgegangen werden, daß der Optionskäufer den spekulativen Einschlag des Geschäftes kennt (vgl. o. 105, vgl. auch BGH wistra **89**, 224, hier konnte nicht ausgeschlossen werden, daß einzelne Käufer trotz vorangegangener Verluste weitere Optionen erwarben). Unter diesem Gesichtspunkt kommt ein Schaden in Betracht, wenn die erworbene Option infolge des Prämienaufschlages zur Spekulation völlig untauglich geworden ist. Bei einem noch bestehenden Restwert kommt es darauf an, ob unter Berücksichtigung der bisherigen Höchst- bzw. Tiefstwerte eine Gewinnchance gegeben war. Dies kann nur konkret in bezug auf das jeweilige Spekulationsobjekt (Kaffee, Blei, Kupfer) beurteilt werden. Auf die Realisierung der Chance oder den (endgültigen) Verlust kommt es nicht an. Im übrigen liegt die Problematik der Optionsgeschäfte bei der Frage der Täuschung; vgl. dazu o. 31 b. Für die Beteiligung am amerikanischen OTC-Handel lehnt München (NStZ **86**, 168) auf der Grundlage der hier referierten Grundsätze eine Vermögensschädigung ab.

115 ββ) Nach objektiv-wirtschaftlichen Gesichtspunkten wird regelmäßig auch der **Besitz einer Sache** wertvoller sein als nur ein Anspruch auf diese Sache (ebenso Lackner LK 202), es sei denn, daß der Anspruch mit einem zusätzlichen Äquivalent (z. B. Darlehns- oder Mietzins) verbunden ist (vgl. Hamm GA **62**, 220 und ausführlich Lackner LK 202). Wer daher ein unverzinsliches Darlehen stundet, ist an sich geschädigt; da insoweit jedoch eine bewußte Selbstschädigung vorliegt (vgl. o. 101), kommt § 263 hier praktisch nur in Betracht, wenn die Voraussetzungen eines Schenkungsbetrugs erfüllt sind (vgl. o. 102) oder die Aussichten auf die Realisierbarkeit der Forderung, wie sie sich im Zeitpunkt der Stundung darstellen (vgl. u. 144), infolge der Stundung verschlechtert werden (zum letzteren Fall vgl. BGH **1** 264); nimmt der Getäuschte eine Gefährdung seiner Forderung bewußt in Kauf, so kann ein Betrugsschaden aber darin liegen, daß eine ihm als Ausgleich dafür gebotene Sicherheit wertlos ist. Entsprechendes gilt, wenn der Getäuschte es unterläßt, die Zwangsvollstreckung weiter zu betreiben (vgl. Stuttgart NJW **63**, 825).

116 γγ) Ebenso soll nach dem extrem wirtschaftlichen Vermögensbegriff (vgl. o. 80) der Besitz einer Sache regelmäßig auch gegenüber der **Befreiung von einer Verbindlichkeit** als höherwertig anzusehen sein, so daß eine Vermögensminderung durch Weggabe einer Sache nicht deshalb ausgeschlossen sei, weil der Getäuschte dadurch von einer Herausgabepflicht befreit wird (vgl. Schröder DRiZ 56, 71, JZ 65, 513; vgl. auch RG **75** 227 zu § 266, BGH NJW **53**, 1479); wer seine Schulden begleicht, soll also in der Befreiung von der entsprechenden Verbindlichkeit kein ausreichendes Äquivalent erhalten (and. jedoch BGH **20** 136). Entsprechendes soll gelten beim Erschleichen einer Aufrechnungsmöglichkeit durch Begründung einer neuen Verbindlichkeit; z. B. der Täter läßt sich ein Darlehen geben, um dann mit einer eigenen Kaufpreisforderung aufzurechnen (RG **77** 185; and. BGH LM **Nr. 26**). Jedoch soll ein Betrug in diesen Fällen an der fehlenden Absicht rechtwidriger Bereicherung (vgl. dazu u. 170ff.) scheitern. Die Lösung über das Merkmal der Bereicherungsabsicht versagt jedoch in vielen Beziehungen. Einerseits taucht dieser Begriff in § 266 nicht auf, weshalb z. B. ein Prokurist strafbar wäre, wenn er eine schwer beweisbare, aber existierende Forderung des Unternehmens erfüllen würde; nach extrem wirtschaftlicher Betrachtung wäre nämlich die Erwartung, eine nicht oder auch nur schwer beweisbare Schuld nicht begleichen zu müssen, als „Vermögenswert" zu betrachten. Aber auch bei § 263 versagt diese Lösung; ein Anwalt, der zur Abwendung eines nach seiner irrigen Vorstellung nicht mehr existierenden Anspruchs eine gefälschte Quittung im Prozeß vorlegen würde, wäre wegen vollendeten Betruges strafbar, auch wenn der Anspruch noch besteht, weil er in der Absicht handelt, seinen Mandanten rechtswidrig zu bereichern; zur Bedeutung der Bereicherungsabsicht vgl. u. 166ff.

Auf der Grundlage des hier vertretenen Vermögensbegriffs (vgl. o. 82ff.) kann in diesen **117** Fällen bereits **kein Schaden** angenommen werden, da jemand, der zur Erbringung einer Leistung verpflichtet ist, durch die Erfüllung der ihm obliegenden Verbindlichkeit im Rechtssinne nicht geschädigt werden kann (Cramer, Vermögensbegriff 160, Lackner LK 155, Bockelmann, Mezger-FS 368f., Welzel 375 u. NJW 53, 652, ebenso BGH **20** 136, NJW **83**, 2648). Eine Schädigung liegt auch dann nicht vor, wenn der Täter einen Scheck oder Wechsel zwecks Erfüllung seines Anspruchs erschwindelt, da er hier nicht anders handelt, als wenn er den Schuldner durch Täuschung zur Zahlung veranlaßt (vgl. Bay **55**, 3); ebensowenig dann, wenn jemand eine Leistung unter Begründung einer neuen Verbindlichkeit in der Absicht zu erlangen sucht, gegen diese Verbindlichkeit mit einer alten Forderung aufzurechnen (vgl. BGH NJW **53**, 1479, Noll SchwZStr 56, 150; and. RG **77** 184). Ein Betrug liegt hier nur vor, wenn, wie im Falle RG **57** 370, die Aufrechnung ausgeschlossen wird, z. B. bei vereinbarter Barzahlung, der Täter aber dennoch nur durch Aufrechnung erfüllen will, oder wenn eine Leistung für einen bestimmten, jedoch nicht erreichbaren Zweck erschwindelt wird, um gegen den Rückzahlungsanspruch aufrechnen zu können (RG HRR **42**, Nr. 246). Einen Schaden erleidet auch, wer eine ihm gestohlene Sache, sei es auch unter dem Verkehrswert vom Dieb zurückkauft (Lackner LK 155, BGH **26** 346 m. i. E. zust. Anm. Gössel JR 77, 32; a. A. Hamburg JR **74**, 473 m. abl. Anm. Jakobs u. abl. Anm. Mohrbotter JZ 75, 102). Veranlaßt der Täter einen anderen zur Zahlung einer Nichtschuld, so schädigt er ihn auch dann, wenn ihm aus anderen Rechtsgründen Ansprüche gegen den Leistenden zustehen, da dieser durch die erschwindelte Leistung von seiner Verbindlichkeit nicht frei wird (vgl. RG **60** 294, Celle NdsRpfl. **63**, 339).

Zweifelhaft ist, ob einem **Ladendieb** ein Schaden entsteht, wenn er zur Zahlung einer **Fang- 118 prämie** oder eines pauschalierten Schadensersatzes veranlaßt wird. Entscheidend ist hier allein, ob und in welcher Höhe Ansprüche des Ladeninhabers gegen den Dieb bestehen. BGH NJW **80**, 119 (m. zust. Anm. Deutsch JZ 80, 102) hat dem Bestohlenen den Ersatz von (anteiligen) Bearbeitungskosten versagt, selbst wenn dieser eine gesonderte Abteilung zur Wahrnehmung dieser Aufgabe unterhält, da dieser Aufwand in den Zuständigkeitsbereich des Geschädigten falle. Hingegen sei eine vor dem Diebstahl ausgesetzte Fangprämie in angemessenem Umfang zu zahlen, da insoweit ein konkreter Bezug zur Einzeltat gegeben sei. Als angemessen wurde für den Lebensmittelbereich eine pauschalierte Prämie von bis zu 50,- DM angesehen, wobei diese allerdings in Bagatellfällen entfallen könne; andererseits sei nach Art des Warenangebots (Uhren, Schmuck) ausnahmsweise auch eine höhere Pauschalprämie möglich. Die Entscheidung hat hinsichtlich der Versagung von Bearbeitungskosten nahezu ungeteilte Zustimmung gefunden (vgl. Staudinger-Medicus BGB[12] § 249 RN 123, Palandt-Heinrichs BGB[50] § 249 RN 29, Mertins JR 80, 358), während bezüglich der Erstattung der Fangprämie – wie schon vorher – Streit besteht (wie BGH aaO bejahen einen Anspruch: Hamburg NJW **77**, 1347, Staudinger-Medicus aaO § 249 RN 124 mwN; dagegen ablehnend: Braunschweig NJW **76**, 61f., Koblenz NJW **76**, 63f. m. abl. Anm. Meier NJW **76**, 584 u. Meurer JuS 76, 300, Wollschläger NJW 76, 15; grundsätzlich auch Palandt-Heinrichs aaO vor § 249 RN 44, der allenfalls eine auf den Wert der gestohlenen Sache begrenzte Fangprämie für erwägenswert hält).

δδ) Bei **nicht durchsetzbaren Rechtspositionen** ist ein Schaden nur anzunehmen, wenn der **119** Täter die Erfüllung des nicht einklagbaren Anspruchs erstrebt, obwohl sein Schuldner nicht erfüllungsbereit ist (vgl. o. 91; vgl. auch RG **44** 203 und weiter Bockelmann Mezger-FS 377ff., Welzel 375). Da es sich bei solchen Ansprüchen um unvollkommene handelt, deren Erfüllung nach bürgerlichem Recht im Belieben des Schuldners stehen soll, verstößt der Täter gegen die Rechtsordnung, wenn er die Erfüllung durch Täuschung zu erreichen sucht und damit dem Schuldner die Möglichkeit freier Entscheidung nimmt.

120 εε) **Nicht** als **Ausgleich** zu berücksichtigen sind dagegen **gesetzliche Ansprüche,** die dem Betroffenen gegenüber dem Täter gerade aufgrund der Täuschung erwachsen (BGH MDR/D **70**, 13). Außer Betracht bleiben daher Schadensersatz- und Bereicherungsansprüche, die dem Geschädigten gegen den Täter wegen des Betrugs zustehen (RG **41** 29, Bay JR **73**, 338 m. Anm. Schröder), Gewährleistungsansprüche, das bürgerlich-rechtliche Anfechtungsrecht oder der Anfechtungsanspruch nach dem AnfechtungsG (vgl. Lackner LK 187 f.). Auch die spätere Wiedergutmachung des Schadens muß außer Betracht bleiben; ein Schaden besteht auch dann, wenn Haushaltsmittel entgegen einer Zweckbindung verwendet werden, selbst wenn der Titel durch freiwillige Leistungen des Schädigers wertmäßig wieder ausgeglichen wird (BGH MDR/H **81**, 267). In Ansatz zu bringen ist dagegen der Wert einer Kaution, die als Sicherheit gegen einen Schaden zur Verfügung gestellt wird (vgl. BGH GA **72**, 209, Bay JR **73**, 338 m. Anm. Schröder); ist sie der Höhe nach ausreichend, so kommt Betrug nur in Betracht, wenn durch die Täuschung auch der Zugriff auf die Kaution vereitelt werden soll (i. E. daher richtig RG HRR **39** Nr. 1383); für das Unternehmerpfandrecht (§ 647 BGB) vgl. Hamm JMBlNRW **69**, 100 und Bay JR **74**, 336 f. m. Anm. Lenckner; vgl. auch Amelung NJW 75, 624 ff. Dasselbe gilt, wenn von Anfang an vereinbart ist, daß der Getäuschte, falls er von einem Dritten in Anspruch genommen wird, von dem Täter schadlos gehalten werden soll; ist dieser zahlungsfähig und zahlungswillig, so fehlt es an einem Schaden (RG HRR **39** Nr. 396). Kontrahiert der Getäuschte mit einem Vertreter ohne Vertretungsmacht, so kommt ein Schaden nur in Betracht, wenn der Anspruch aus § 179 BGB gegenüber dem erstrebten Vertragsanspruch minderwertig ist (vgl. Hamm JMBlNRW **65**, 142). In der rechtsgrundlosen Leistung an einen Vermittlungsvertreter kann ein Schaden liegen, wenn der Empfänger weder anrechnungs- noch rückerstattungsfähig und -bereit ist (Hamm GA **74**, 26).

121 γ) Der objektiv-wirtschaftliche Maßstab bei der Schadensberechnung schließt nicht aus, auch die **individuellen Verhältnisse** des Betroffenen zu berücksichtigen. Dies folgt daraus, daß derselbe Gegenstand nicht für jedermann denselben Wert zu haben braucht (vgl. o. 108). Zu fragen ist daher, ob die Leistung, die der Getäuschte als Gegenwert erhält, gerade im Hinblick auf seine speziellen Bedürfnisse und Zwecke ein ausreichendes Äquivalent darstellt („persönlicher Schadenseinschlag"). Freilich darf trotz der Respektierung des autonomen Willens des Betroffenen, durch den seine Ziele und Bedürfnisse mitbestimmt werden, die wirtschaftliche Vernunft nicht außer acht gelassen werden, da sonst § 263 zu einem Delikt gegen die Dispositionsfreiheit (vgl. o. 79, 81) umgestaltet würde (vgl. Cramer, Vermögensbegriff 103). Dagegen will Schmoller (ZStW 103, 92 ff.) einen Betrug nur unter der Voraussetzung annehmen, daß der Täter erkannt hat, daß es dem Erwerber auf den vorgetäuschten Umstand subjektiver Nützlichkeit entscheidend angekommen ist und der Erwerber beim Wiederverkauf dieses Gegenstandes im Vergleich zu dem Preis, den er dafür bezahlt hat, eine Vermögenseinbuße erleidet.

122 αα) Dieser Standpunkt wird von der **Rspr.** und der h. M. im **Schrifttum** vertreten (vgl. z. B. RG **16** 7, BGH **16** 222, 325 f., **22** 88 m. Anm. Heinitz JR 68, 386, BGH NJW **53**, 836, GA **63**, 208, **66**, 52, MDR/D **52**, 409, Bay MDR **52**, 70, NJW **73**, 633 m. i. E. zust. Anm. Berz NJW 73, 1337, Weidemann MDR 73, 992 u. Blei JA 73, 398, Düsseldorf JMBlNRW **64**, 283, **67**, 247, KG JR **66**, 391 m. Anm. Schröder, Köln NJW **76**, 1222, dazu Jakobs JuS 77, 228, Stuttgart NJW **71**, 633, **80**, 1177, Hamm NJW **80**, 1778, Karlsruhe NJW **80**, 1762, Gutmann MDR 63, 92, Lackner LK 156 ff., M-Maiwald II/1 436 f., Blei II 233 f., Welzel 353, Grünhut aaO 121). Jedoch ist zu beachten, daß bei einer bewußten Selbstschädigung § 263 ausscheidet; wer durch die Täuschung, sein Nachbar fahre einen Wagen eines bestimmten Typs, zum Kauf eines seine wirtschaftlichen Verhältnisse übersteigenden Fahrzeugs veranlaßt wird, schädigt sich bewußt selbst (vgl. o. 44, 101).

123 ββ) **Einzelfälle:** Nach BGH **16** 325 (Verkauf einer Melkmaschine) liegt ein Schaden bei unerwünschten Verträgen dann vor, wenn die angebotene Leistung nicht oder nicht in vollem Umfange zu dem vertraglichen Zweck oder in anderer zumutbarer Weise verwendet werden kann, ferner, wenn der Erwerber durch die eingegangene Verpflichtung zu Maßnahmen genötigt wird, die sein Vermögen beeinträchtigen, und endlich, wenn er infolge der Verpflichtung die Mittel nicht mehr zur Verfügung hat, derer er nach seinen wirtschaftlichen und persönlichen Verhältnissen bedarf (Bay NJW **73**, 633 m. Anm. Berz NJW 73, 1337 u. Weidemann MDR 73, 992, KG JR **72**, 28, Köln MDR **74**, 157, Heinitz JR 68, 387). Der Käufer eines objektiv preiswerten Buches ist geschädigt, wenn er dieses nur deshalb erwirbt, weil es angeblich in seiner Schule benutzt wird (Köln JR **57**, 351; vgl. auch Stuttgart NJW **80**, 1177). Gleiches gilt für den Fall der Bestellung von Zeitschriften, für die der Besteller keine Verwendung hat (BGH **23** 300 m. Anm. Schröder JR 71, 74 u. Graba NJW 70, 2221; vgl. auch Köln MDR **74**, 157, GA **77**, 188, KG JR **72**, 28 zur Unterschriftserschleichung für Buchclubs. Bei gänzlich Ungebildeten soll auch die aufgeschwindelte Bezugsverpflichtung für eine an sich bildungsfördernde Lexikonbibliothek einen Vermögensschaden bedeuten (Köln NJW **76**, 1222 m. Anm. Jakobs JuS 77, 228). Eine Schädigung ist auch zu bejahen, wenn ein Unfallwagen als unfallfrei, jedoch zu einem angemessenen Preis verkauft wird (Düsseldorf VRS **39** 269, Stuttgart

Justiz **67**, 56, Karlsruhe NJW **80**, 1762), dasselbe gilt, wenn über den Kilometerstand getäuscht wird (BGH MDR/D **72**, 571, Bay MDR **62**, 70, Hamm NJW **68**, 903, Düsseldorf NJW **71**, 158; vgl. auch KG JR **64**, 350). Geschädigt ist auch, wer ein unverbaubares Grundstück erwerben will, in Wahrheit aber ein solches erhält, in dessen Nachbarschaft Hochhäuser gebaut werden sollen (München NJW **78**, 436). Ein Schaden liegt auch vor, wenn der Getäuschte einen angeblichen Sparvertrag abschließt, der in Wahrheit eine ungewollte Lebensversicherung ist (RG **76** 52 m. Anm. Bockelmann DR **42**, 1113). In solchen Fällen kann dem Getäuschten nicht entgegengehalten werden, er brauche nur andere wirtschaftliche Zwecke zu verfolgen, damit die Sache für ihn brauchbar werde (RG **23** 435, **49** 23). Jedoch kann ein Schaden entfallen, wenn die gelieferte Sache ohne besonderen Aufwand sofort wieder in Geld umzuwandeln und dies zumutbar ist (vgl. RG **16** 9). Kein Schaden liegt ferner beim Erwerb gesetzlich vorgeschriebener Sachen (z. B. Feuerlöscher) vor, mögen sie auch dem Getäuschten selbst überflüssig erscheinen (Bay **55**, 8; vgl. jedoch Düsseldorf JMBlNRW **70**, 145 [zusätzliche Unfallversicherung]). Umgekehrt kann ein Schaden nicht allein damit begründet werden, daß dem Empfänger einer gleichwertigen und für ihn sinnvollen Leistung vorgespiegelt wird, sie sei gesetzlich vorgeschrieben (Stuttgart NJW **71**, 633).

δ) Dagegen ist die rein **subjektive Wertschätzung** des Getäuschten **ohne Bedeutung.** Was er als **124** Schaden ansieht und ob er sich geschädigt fühlt, kann keine Rolle spielen (RG **16** 10, BGH **16** 325, wistra **86**, 169, Hamm JMBlNRW **64**, 32, Koblenz VRS **46** 286; näher Grünhut aaO 120, Mezger JW 37, 1292).

3. Im Rahmen von Vertragsverhältnissen, bei denen sich Leistung und Gegenleistung gegen- **125** überstehen, ist zwischen **Eingehungsbetrug** und **Erfüllungsbetrug** zu unterscheiden. Diese beiden Begriffe resultieren aus dem Umstand, daß die Fluktuation des Vermögens, soweit sie sich auf der rechtsgeschäftlichen Ebene vollzieht, auf rechtlich verschiedenen und oft auch zeitlich getrennten Ereignissen beruht, nämlich der Verpflichtung zur Leistung und dem Vollzug der Leistungen (ebenso Tenckhoff Lackner-FS 678). So folgt dem Arbeitsvertrag der Arbeitsleistung und die Bezahlung des Lohnes, dem Kaufvertrag der Austausch von Ware und Geld, dem Mietvertrag die Überlassung der Mietsache und die Bezahlung des Zinses. Aus der Tatsache, daß die Abwicklung eines Schuldverhältnisses sich in mehreren Stufen vollzieht, resultiert in strafrechtlicher Beziehung die Frage, auf welchen Zeitpunkt die Schadensberechnung zu fixieren ist, ob auf die Begründung der gegenseitigen Vertragspflichten oder auf den Austausch der Leistungen. In dieser Frage verbergen sich zwei verschiedene Aspekte:

Der eine betrifft die **Berechnungsgrundlagen** und damit das Problem, welche Vermögens- **126** posten in die Schadensberechnung einzubeziehen sind. Hierfür bieten sich zwei grundsätzlich verschiedene Möglichkeiten an. Es kann einmal danach gefragt werden, in welcher Weise die Vermögensverhältnisse der Vertragspartner durch den Abschluß des Vertrages beeinflußt werden (Eingehungsbetrug). Hier gilt es, den Wert der durch ihn begründeten gegenseitigen Leistungspflichten zu vergleichen. Danach würde z. B. einen Vermögensverlust erleiden, wer minderwertige Ware zu teuer einkauft oder hochwertige Ware zu billig verkauft. Möglich ist aber auch eine Schadensberechnung auf der Grundlage des schon abgeschlossenen Vertrages (Erfüllungsbetrug). Bei dieser Berechnungsgrundlage kommt es nicht darauf an, ob und in welche Weise die Vermögensverhältnisse sich durch den Vertrag verändert haben. Hier muß auf den Vertragswert für den einzelnen Vertragspartner abgestellt und ein etwaiger Schaden aus dem Vergleich des wirtschaftlichen Wertes des Leistungsanspruchs und dem zum Zwecke der Erfüllung Geleisteten berechnet werden. Hiernach liegt ein Schaden vor, wenn der Käufer Waren einer minderen Güteklasse als Erfüllung erhält, obwohl ihm ein Anspruch auf Lieferung einer besseren Qualität zusteht; dies ohne Rücksicht darauf, ob der Wert des Geleisteten hinter dem Wert der Gegenleistung zurückbleibt oder nicht.

Der zweite Aspekt betrifft die **Stufen der Schadensverwirklichung** und damit die Frage, in **127** welchem Stadium der Abwicklung eines Vertragsverhältnisses im strafrechtlichen Sinn von einem vollendeten Vermögensdelikt gesprochen werden kann. Dieses Problem ist insb. beim Eingehungsbetrug von Bedeutung, weil der bloße Abschluß des Vertrages ohne gleichzeitigen Leistungsaustausch noch nicht zur endgültigen Vermögensminderung, sondern höchstens zu einer Vermögensgefährdung führen kann.

a) Beim **Eingehungsbetrug** ist der Berechnungsmodus für den Schaden weitgehend unpro- **128** blematisch. Zu vergleichen sind die durch den, wenn auch anfechtbaren, Vertragsabschluß begründeten gegenseitigen Verpflichtungen. Nach der Rspr. führt der Abschluß eines Vertrages dann zu einem Vermögensschaden, wenn ein Vergleich der Vermögenslage vor und nach dem Eingehen der schuldrechtlichen Verbindlichkeit ergibt, daß der Betroffene durch den Vertrag wirtschaftlich schlechter gestellt ist, sei es, weil das Versprochene gegenüber der Leistung des Getäuschten minderwertig, sei es, weil der Versprechende leistungsunfähig oder leistungsunwillig ist (vgl. RG **16** 10, 95 ff., **48** 188 f., **74** 130, BGH **1** 13, **16** 221, NJW **53**, 836, wistra 89, 347) oder dem Täter die Ausnutzung eines späteren Irrtums ermöglicht (BGH JR **86**, 345 m. Anm. Seelmann). Dabei ist auch zu berücksichtigen, ob sich nach den Grundsätzen der individuellen Schadensberechnung für den Getäuschten ein Vermögensnachteil ergibt; vgl. o. 121 ff. Dies spielt vor allem bei der durch Täuschung herbeigeführten Unterzeichnung von Vertragsformularen eine entscheidende Rolle, die zum Abschluß eines nach dem objektiven Verkehrswert an sich ausgewogenen Vertrages führt (vgl. dazu BGH 22 88, 23 300 m. Anm. Schröder JR 71, 74, Graba NJW 70, 2221 u. Lenckner JZ 71, 320, Hamm NJW 69, 624, 1778; vgl. auch Celle MDR 69, 158, Köln NJW 68, 1893). Zur Frage des Vermögensschadens bei der Ausübung des „Bezugsrechts" bei der Erhöhung des Gesellschaftsvermögens vgl. BGH wistra 87, 24.

129 Bei der Frage, ob schon der Abschluß des Vertrages zu einem vollendeten Betrug führt, ist zwischen Verträgen zu unterscheiden, die – unter Berücksichtigung individueller Faktoren – wirtschaftlich nicht ausgewogen sind und solchen, bei denen der Gegenanspruch des Täters in seiner Realisierbarkeit beeinträchtigt ist; vgl. hierzu Ellmer aaO 130ff., Tenckhoff Lackner-FS 183f., Bohnenberger 35ff.

130 Da der Vertragsabschluß die Vorstufe der späteren Erfüllung und damit der erste Akt eines kontinuierlichen Vorgangs ist, kann hier zweifelhaft sein, wann der Schaden endgültig eingetreten und der **Betrug vollendet** ist. Rspr. und h. M. neigen dazu, die schädigende Verfügung schon in dem Vertragsabschluß als solchem zu sehen, wobei der Schaden darin bestehen soll, daß der schuldrechtlichen Verpflichtung des Getäuschten ein wirtschaftlich nicht gleichwertiger Anspruch gegenübertritt, sei es daß der Vertragspartner zur Leistung nicht imstande oder nicht willens ist, sei es daß die vom Täter versprochene Leistung nicht gleichwertig ist (vgl. z. B. RG **16** 10, BGH **16** 221, **21** 384, **22** 88, **23** 300, NJW **53**, 836, Hamm GA **57**, 121, JMBlNRW **59**, 158, NJW **65**, 702 m. abl. Anm. Knappmann NJW 65, 1931, KG JR **66**, 391 m. Anm. Schröder; krit. hierzu Hirsch Tröndle-FS 32f.). Dem kann nur mit Einschränkungen zugestimmt werden.

131 α) Bei **wirtschaftlich unausgewogenen Verträgen,** bei denen sich Leistung und Gegenleistung unter Berücksichtigung individueller Faktoren nicht entsprechen, liegt ein endgültiger Schaden vor, wenn der Vertrag nicht anfechtbar ist, z. B. im Falle des § 123 II BGB. Dies ergibt sich daraus, daß der Betroffene mit einer Schuld belastet wird, zu deren Erfüllung er gezwungen werden kann, ohne daß seinem Vermögen eine seine Leistung ausgleichender Gegenwert zufließen würde. Ist der Vertrag hingegen anfechtbar, so kommt nur eine Vermögensgefährdung in Betracht, sofern das Anfechtungsrecht nicht ohne Schwierigkeiten realisiert werden kann (Cramer, Vermögensbegriff 175 ff.; and. BGH JR **86**, 345 m. Anm. Seelmann, Lackner LK 223); entsprechendes gilt bei einem vertraglich vereinbarten oder gesetzlichen Rücktrittsrecht (Bay **86** 62, Köln MDR **75**, 244). Ein Vermögensschaden kann aber darin liegen, daß der Getäuschte seine Leistung erbringt (insoweit aber Erfüllungsbetrug; u. 135f.) und die Ausübung des Rücktrittsrechts in ihrer Realisierung gefährdet ist (BGH **34** 199 m. Anm. Bottke JR 87, 428). Eine Vermögensgefährdung kann sich aber auch aus dem Umstand ergeben, daß der Getäuschte den rechtlichen Mangel des Vertrages zu spät entdeckt, daß ihm nicht zumutbar ist, das Prozeßrisiko auf sich zu nehmen, oder daß er aufgrund mangelnder geschäftlicher Gewandtheit seine Rechte nicht hinreichend ausüben kann (vgl. BGH GA **62**, 213, BGH **23** 300 m. Anm. Graba NJW 70, 2221, Lenckner JZ 71, 320, Schröder JR 71, 74). Das gleiche gilt beim Abschluß von schwebend unwirksamen Verträgen (Bay NJW **73**, 633 m. Anm. Berz NJW 73, 1337). Daher schließt das Widerrufsrecht nach § 1b AbzG die Vollendung des Betruges ebensowenig aus wie das entsprechende Recht bei Haustürgeschäften. Zu beachten ist allerdings, daß die Vermögensgefährdung nur dann einen Schaden darstellt, wenn für den Zeitpunkt des Vertragsabschlusses die konkrete Prognose möglich ist, der Getäuschte werde nicht imstande sein, seine Rechte wahrzunehmen. Bei einem anfechtbaren oder schwebend unwirksamen Rechtsgeschäft ist eine einem Vermögensschaden entsprechende Gefährdung im Regelfall deswegen anzunehmen, weil der Getäuschte die Voraussetzungen der für ihn günstigen Rechtslage beweisen muß (Cramer, Vermögensbegriff 176); etwas anderes kann bei eindeutiger Beweissituation gelten. Auf keinen Fall kann beim Eingehungsbetrug die nachträgliche Entwicklung entscheidend sein, da ja die Feststellung des vollendeten Betruges auf den Zeitpunkt des Vertragsabschlusses fixiert wird (and. 17. A. RN 90f.: versuchter Betrug). Auch wenn die Geltendmachung der Ansprüche dem Getäuschten unzumutbar wäre (Bezug unmoralischer Schriften durch Geistlichen), kann in dem Vertragsabschluß ein Vermögensschaden i. S. v. § 263 gesehen werden.

132 β) Bei **wirtschaftlich** an sich **ausgeglichenen Verträgen** bei denen ein Minderwert der Gegenleistung nur mit der mangelnden Erfüllungsbereitschaft oder Leistungsfähigkeit des Täters begründet werden kann, liegt keine Vermögensgefährdung vor, die einem Schaden gleichgestellt werden könnte, wenn der Betroffene den Vertrag ohne Beweisschwierigkeiten anfechten kann, der Täter vorleistungspflichtig ist (vgl. BGH MDR/D **75**, 196, MDR/H **83**, 90, Köln JZ **67**, 576 m. Anm. Schröder) oder wenn der Getäuschte auf einer Leistung Zug um Zug (§§ 320ff. BGB) bestehen kann (BGH MDR/D **73**, 370, StV **83**, 330; and. BGH NJW **53**, 836),

weil insoweit sein Leistungsverweigerungsrecht den in seiner Bonität beeinträchtigten Gegenanspruch wirtschaftlich sichert (Cramer, Vermögensbegriff 178 f., Tenckhoff aaO 684). In diesen Fällen liegt ein vollendetes Vermögensdelikt erst vor, wenn der Betroffene unter Verzicht auf sein Leistungsverweigerungsrecht vorleistet und damit die Sicherung für seinen eigenen wirtschaftlich gefährdeten Anspruch aufgibt (vgl. BGH **34** 199 m. Anm. Bottke JR 87, 428). Eine dem Schaden gleichzuachtende Vermögensgefährdung liegt aber z. B. dann vor, wenn eine Vorleistungspflicht des durch die Verfügung Betroffenen besteht (and. wohl BGH NJW **85**, 2428).

Diese Grundsätze sind auch dann von Bedeutung, wenn der Täter preiswerte oder mit 133 bestimmten Eigenschaften versehene Ware zu leisten verspricht, aber mangels Kompensationsbereitschaft von vornherein vorhat, Ramsch zu liefern; denn in diesen Fällen hat der Käufer die Einrede des nicht oder nicht gehörig erfüllten Vertrages und kann, sofern sein Anspruch sich auf eine der Gattung nach bestimmte Sache richtet, Nachlieferung einer mangelfreien Sache verlangen (§ 480 BGB), beim Kauf einer Speziessache wandeln oder mindern, ohne vorher den vereinbarten Kaufpreis voll bezahlen zu müssen.

γ) Hat der Getäuschte schon vor der Leistung vermögensmindernde Maßnahmen zur **Durch-** 134 **führung des Vertrages** getroffen, z. B. ein Kaufangebot eines Dritten abgelehnt oder Material zur Herstellung des bestellten Werkes angeschafft, so kann er zwar geschädigt sein, jedoch fehlt es in diesen Fällen regelmäßig an der Stoffgleichheit; vgl. u. 168 f.

b) Ein Schaden ergibt sich beim **Erfüllungsbetrug** daraus, daß der Getäuschte weniger 135 erhält, als sein Anspruch wert ist (s. u. 137) oder daß er umgekehrt mehr leistet, als er letztlich zu leisten verpflichtet wäre (s. u. 138).

Durch den Vertragsabschluß erhalten die Beteiligten zunächst Ansprüche, die Bestandteile 136 ihres Vermögens werden und deren Wert sich nach dem bestimmt, was sie als Erfüllung verlangen können. Ausgehend von dieser durch den Vertragsabschluß erworbenen Vermögensposition ergibt sich ein Schaden daher auch dann, wenn der eine Teil zur Annahme einer Leistung als Erfüllung veranlaßt wird, die wegen geringerer Quantität oder Qualität hinter der ihm vertraglich geschuldeten Leistung zurückbleibt und damit im Vergleich zu dem erworbenen Vertragsrecht minderwertig ist (sog. Erfüllungsbetrug, vgl. z. B. RG **16** 10, GA Bd. **47**, 283, **50**, 393, Stuttgart MDR **82**, 71, Lackner LK 227, D-Tröndle 33, Tenckhoff aaO 684 f.). Dies ist bei Speziesschulden der Fall, wenn eine andere als die geschuldete Leistung erbracht wird und diese minderwertig ist (z. B. statt des verkauften Rennpferds wird ein Ackerpferd geliefert), bei Gattungsschulden, auch dann, wenn die tatsächlich erbrachte von der vertraglich vereinbarten Leistung in sonstiger Weise zum Nachteil des Getäuschten abweicht (z. B. Sachmängel oder Fehlen der zugesicherten Eigenschaften); vgl. näher dazu Lenckner MDR 61, 653, Cramer, Vermögensbegriff 181 ff., 190 ff. Zu vergleichen sind hier demnach nicht Leistung und Gegenleistung, sondern der Wert des Erfüllungsanspruchs und der Wert der tatsächlichen Erfüllung, so daß bei einer Differenz der Käufer z. B. auch dann geschädigt ist, wenn die gelieferte Ware den Preis immer noch wert ist: hier bekommt der Getäuschte zwar für sein Geld einen Gegenwert, nicht aber für seinen Anspruch. Unter diesem Gesichtspunkt ist der Getäuschte daher auch davor geschützt, daß ihm die Vorteile, die er durch einen günstigen Vertrag erlangt hat, durch eine mangelhafte Erfüllungshandlung wieder entzogen werden. Dabei ist freilich zu beachten, daß nicht jede vertragswidrige Lieferung einen Erfüllungsschaden bedeutet, sondern nur, wenn die tatsächlich erbrachte gegenüber der geschuldeten Leistung minderwertig ist. An einem Erfüllungsschaden fehlt es daher z. B., wenn Erzeugnisse der Firma A statt solcher der Firma B geliefert werden, diese jedoch gleichwertig und für den Getäuschten gleich brauchbar sind (vgl. RG **73** 383 m. Anm. Mezger DR 40, 287) oder wenn die erbrachte Leistung zwar Mängel enthält, die tatsächlich geschuldete Leistung jedoch genauso mangelhaft gewesen wäre. Dabei sind folgende Situationen zu unterscheiden:

α) Nach obigen Grundsätzen kann ein Erfüllungsbetrug einmal dann vorliegen, wenn sich 137 der Täter **nach Vertragsabschluß** entschließt, dem Käufer statt Waren der Güteklasse A solche der Klasse B zu liefern und ihn durch Täuschung veranlaßt, die schlechtere Ware als Erfüllung anzunehmen. Dabei ist eine Täuschung durch konkludentes Tun schon in der Lieferung der vertragswidrigen Ware zu sehen, da hierin zugleich die stillschweigende Erklärung liegt, es handele sich um die vertraglich geschuldete Leistung (vgl. Stuttgart MDR **82**, 71; auch RG GA Bd. **47**, 283; vgl. auch die Bedenken bei Lackner LK 230). Für den Eintritt des Schadens und damit für die Frage der Vollendung ist allein entscheidend der mangelhafte Erfüllungsakt des Täters; gleichgültig ist hier deshalb, ob der Käufer seinerseits schon geleistet hat. Ein Erfüllungsbetrug liegt aber auch vor, wenn der Täter den Käufer durch das unwahre Versprechen, Waren der Güteklasse A zu liefern, schon zum **Abschluß** des Kaufvertrags **veranlaßt** hat und nun seiner ursprünglichen Absicht entsprechend und unter planmäßiger Ausnützung des bereits früher erzeugten Irrtums den Käufer zur Annahme von Waren der Güteklasse B veranlaßt (vgl.

RG GA Bd. **50**, 393). Auch in diesem Fall ist der Betrug zwar erst vollendet mit der Annahme als Erfüllung, versucht jedoch schon mit dem zum Vertragabschluß führenden Angebot, da bereits in diesem Augenblick mit der bis zur Erfüllung fortwirkenden Täuschung begonnen wird. Dies übersieht BGH **16** 220 m. abl. Anm. Lenckner NJW 62, 59, wo eine entsprechende Situation ausschließlich unter dem Gesichtspunkt des Eingehungsbetrugs gewürdigt und ein Schaden daher verneint wird, wenn die ohne die zugesicherte Eigenschaft gelieferte Ware ihren Preis noch wert ist (ebenso Gutmann MDR 63, 93, Schönfeld JZ 64, 206; and. jedoch BGH **32** 211 m. Anm. Puppe JZ 84, 531). Da hier jedoch unbestreitbar ein Erfüllungsbetrug vorgelegen hätte, wenn der Täter sich erst nach Vertragsabschluß entschlossen hätte, an Stelle der geschuldeten eine andere Sache ohne die zugesicherten Eigenschaften zu liefern, um so den Käufer um die Vorteile des Vertrags zu bringen, kann § 263 nicht deshalb wieder entfallen, weil der Täter den Käufer in derselben Absicht zuvor auch schon zum Abschluß des Vertrags veranlaßt hat. Demgegenüber kommt nach Lackner (LK 232f.), Samson (SK 175) und Tenckhoff (aaO 689) ein Betrug nur in Betracht, wenn Abschluß und Abwicklung des Vertrages zeitlich auseinanderfallen und eine neue, selbständige Täuschung mitursächlich die korrekte Erfüllung vereitelt; mit der zivilrechtlichen Rechtslage ist diese Auffassung nicht in Einklang zu bringen. Zum Ganzen Cramer, Vermögensbegriff 181 ff., Puppe JZ 84, 531.

138 β) Trotz Gleichwertigkeit von Leistung und Gegenleistung kann ein Schaden auch darin liegen, daß der Getäuschte seinerseits **mehr leistet, als** er zu leisten letztlich **verpflichtet** wäre. Um einen Schaden handelt es sich daher, wenn der Täter unter der Vorspiegelung, es handele sich dabei um die vertraglich vereinbarte tax- bzw. tarifmäßige Vergütung, einen höheren Preis berechnet und dieser von dem Getäuschten bezahlt wird, selbst wenn der höhere Preis dem wahren Wert der Gegenleistung noch durchaus entsprechen sollte (z. B. in Zeiten der Warenverknappung; vgl. BGH LM **Nr. 5**). Dasselbe gilt, wenn der Getäuschte den vertraglich vereinbarten Preis entrichtet, obwohl er dessen Bezahlung teilweise verweigern könnte (Cramer, Vermögensbegriff 189f.). Dies ist z. B. der Fall, wenn der Käufer wegen Mängel der gekauften Sache oder wegen Fehlens einer zugesicherten, werterhöhenden Eigenschaft nach §§ 459ff. BGB hätte mindern können, mag auch die Sache ihren Preis noch wert sein (Lenckner MDR 61, 654; and. jedoch BGH **16** 220 m. Anm. Lenckner NJW 62, 59, wo die Möglichkeit eines Schadens unter diesem Gesichtspunkt übersehen wird, Kreft DRiZ 70, 58, Schönfeld JZ 64, 206; and. wohl auch Gutmann MDR 63, 93). Dies gilt sowohl bei Gattungs- wie bei Spezieskäufen und ist bei letzteren vor allem dann von Bedeutung, wenn ein Erfüllungsschaden i. S. v. o. 137 ausscheidet, weil der Käufer beim Kauf einer individuell bestimmten Sache einen Erfüllungsanspruch nur auf die Sache hat, wie sie tatsächlich ist und insoweit daher auch nicht geschädigt sein kann, wenn er diese als Erfüllung erhält. Geschädigt ist er in diesem Fall bei Bezahlung des vollen Kaufpreises jedoch um den Betrag, um den sich der Preis bei Ausübung des Minderungsrechts entsprechend dem Verhältnis von Ist- und Sollwert der Sache verringern würde. Soweit es sich dabei um das betrügerische Zusichern werterhöhender Eigenschaften handelt, ist es wegen § 463 BGB gleichgültig, ob die Zusicherung selbst Vertragsbestandteil geworden ist (Lenckner MDR 61, 65; vgl. aber auch Hamm NJW **60**, 642 m. abl. Anm. Parsch NJW 60, 977). Auch hier liegt Versuch schon mit der zum Abschluß des Vertrags führenden Täuschung vor (vgl. Puppe JZ 84, 531). Über Betrug durch Zusicherung werterhöhender Eigenschaften bei Gleichwertigkeit von Ware und Preis vgl. noch Köln NJW **59**, 1980, Hamm BB **60**, 503, Koblenz VRS **46** 281, Lackner LK 230, Eser GA 62, 293, 297, M-Maiwald II/1 437 f.; über Betrug bei Kauf auf Probe vgl. RG GA Bd. **50**, 392, Bay JW **26**, 2925 m. Anm. Traeger.

139 c) Ein Vermögensschaden kann auch in der Gewährung von **Leistungen** liegen, die üblicherweise **nur** gegen **Entgelt** erfolgen, auch wenn für den Einzelfall eine effektive Vermögensminderung deswegen nicht eintritt, weil die Aufwendungen der Getäuschten gleich bleiben. Dies gilt z. B. bei der Beförderung durch Verkehrsunternehmen oder bei dem Besuch von Theatern oder Konzerten (vgl. auch Lackner LK 181). Erschleicht sich der Täter freien Zutritt, so kann zwar das Merkmal der Irrtumserregung fehlen (vgl. o. 43ff.), nicht dagegen der Vermögensschaden. Erschleicht der Mieter die Verlängerung eines schon abgeschlossenen Mietwagenvertrages, so liegt in der weiteren Überlassung des Fahrzeugs ein Vermögensschaden (and. BGH NJW **85**, 2428).

140 4. Als Vermögensschaden kommen nur die **unmittelbar** durch die Verfügung **verursachten Nachteile** in Betracht. Hierin liegen eine zeitliche und eine gegenständliche Beschränkung:

141 a) Betrugsschaden ist nur, was schon bei **Abschluß der Verfügung** als Vermögensnachteil erscheint. Dies bedeutet, daß spätere Werterhöhungen (RG **22** 22, Bockelmann, ZStW 79, 40), nachträgliche Wertminderungen (BGH MDR/D **73**, 370, Bay **55** 10, Hamm GA **57**, 122, Celle MDR **58**, 361) sowie eine nachfolgende Schadensbeseitigung (RG **39** 83, vgl. auch Schleswig SchlHA **71**, 214) außer Betracht zu bleiben haben (vgl. RG **74** 120, BGH GA **61**, 114 , Celle NJW **75**, 2218). So ist z. B. beim Darlehnsbetrug zu fragen, ob im Zeitpunkt der Darlehnshingabe der Rückzahlungsanspruch unter Berücksichtigung aller Umstände gesichert erscheint. Ist dies der Fall, so fehlt es an einem Vermögensschaden auch dann, wenn der Schuldner vor Fälligkeit unerwartet zahlungsunfähig wird, ebenso wie im umgekehrten Fall Betrug nicht deshalb entfällt, weil der Täter nur infolge eines besonderen Zufalls (z. B. Lottogewinn) doch zur Rückzahlung in der Lage ist (Bockelmann ZStW 79, 35, 40, Lackner LK 144 ff.). Ein nur mittelbarer Schaden ist an sich auch der entgangene Gewinn für den Käufer einer Ware, wenn er diese entgegen seiner Absicht nicht gewinnbringend weiterveräußern kann; doch kann hier auch u. U. von einem gegenwärtigen, unmittelbaren Schaden gesprochen werden, wenn die Sache ohne die entsprechende Wiederverkaufsmöglichkeit für den Getäuschten unbrauchbar und daher minderwertig ist. Entsprechendes gilt, wenn der Getäuschte veranlaßt wird, eine Sache, für die ein teurer Auslandspreis besteht, an einen Ausländer zum Inlandspreis zu verkaufen (RG **64** 182).

b) Zum Schaden i. S. des § 263 gehören ferner nur solche Nachteile, die sich aus dem betrügerischen **Geschäft als solchem** ergeben, die also bei gegenseitigen Geschäften ihre Grundlage im Austausch der beiden Leistungen haben (Schröder NJW 62, 721). Dies ist z. B. der Fall, wenn der Getäuschte Barmittel investiert, die er an anderer Stelle dringender brauchen würde, so daß eine Gefahr für seine wirtschaftliche Gesamtposition eintritt, z. B. dadurch, daß andere Verbindlichkeiten voraussichtlich nicht erfüllt werden können (BGH **16** 231 m. Anm. Lang-Hinrichsen LM Nr. 56, **21** 384, Köln JMBlNRW **66**, 210, Schröder aaO; vgl. auch RG **76** 51 m. Anm. Bockelmann DR 42, 1113, RG HRR **35** Nr. 1351, **38** Nr. 352, **41** Nr. 1691, DR **39**, 1509, BGH MDR/D **52**, 409, KG JR **66**, 391 m. Anm. Schröder, Bay NJW **73**, 633 m. Anm. Berz NJW 73, 1337, Lackner LK 154, Weidemann GA 67, 238). Eine Beeinträchtigung der wirtschaftlichen Bewegungsfreiheit als solcher genügt freilich nicht (BGH **3** 103; zu eng KG JR **66**, 391 m. Anm. Schröder). Schließlich ist zu beachten, daß bei bewußter Selbstschädigung § 263 überhaupt ausscheidet, so wenn der Getäuschte für den Kauf einer Sache zu einem angeblichen Vorzugspreis, der in Wahrheit der Listenpreis ist, seine letzten liquiden Mittel ausgibt und dadurch in Zahlungsschwierigkeiten gerät (Schröder NJW 62, 722; and. BGH **16** 321 m. Anm. Lang-Hinrichsen LM Nr. 56; vgl. auch KG JR **66**, 391, Gutmann MDR 63, 95). Bei der Schädigung durch Liquiditätsverlust kann es jedenfalls entgegen Köln JMBlNRW **66**, 210 nicht darauf ankommen, ob das Opfer über den Vertrag als solchen getäuscht worden ist.

5. Ein Vermögensschaden ist nicht nur die effektive, rechnerisch nachweisbare Vermögensminderung, sondern u. U. auch schon die bloße **konkrete Gefährdung** (BGH **21** 112, **23** 300 m. Anm. Lenckner JZ 71, 320, BGH GA **62**, 214, MDR/H **79**, 636, Bay NJW **88**, 2550, Schröder JR 71, 74, Graba NJW 70, 2221) von Vermögenswerten, wenn sie nach wirtschaftlicher Betrachtungsweise bereits eine Verschlechterung der gegenwärtigen Vermögenslage bedeutet (h. M., vgl. z. B. RG **16** 11, **59** 104, BGH **6** 117, M-Maiwald II/1 439 f.; and. Binding Lehrb. 1, 306); eingehend hierzu Riemann 75 ff. Dies gilt im Grundsatz sowohl für den wirtschaftlichen als auch für den juristisch-ökonomischen Vermögensbegriff, da zweifelhafte Vermögenspositionen in ihrem Wert geringer veranschlagt werden. Freilich hat die rein wirtschaftliche Betrachtungsweise die Rspr. verleitet, den Versuch der Vollendung gleichzustellen. Es ist daher eine Grenze zu ziehen zwischen der Gefährdung, die noch die typische Situation des Versuchs darstellt, und der Gefährdung, die einer Vermögensbeschädigung gleichkommt. Dabei ist auf der Grundlage der Vermittlungslehre von dem Grundsatz auszugehen, daß als Schaden i. S. v. § 263 nur solche Gefährdungen in Betracht kommen, für die auch nach dem Zivilrecht ein Ausgleich, und zwar nicht unbedingt in Form des Schadensersatzes, sondern auch als Beseitigungsanspruch, gewährt wird (Cramer, Vermögensbegriff 131 f.). Werden z. B. Münzen unter Vorbehalt der Echtheitsprüfung an eine Bank verkauft und der Kaufpreis bezahlt, so liegt keine Vermögensgefährdung vor, sofern die Bank im Falle der Unechtheit durch Rückbuchung den Kaufpreis jederzeit wieder glattstellen kann (BGH StV **85**, 186 m. Anm. Naucke). Demgegenüber hatte Schröder (hier 17. A. RN 100) einen Schaden nur dann bejaht, wenn der Getäuschte durch die Verfügung eine Situation geschaffen hatte, in der endgültige Verlust des fraglichen Vermögenswerts nicht mehr wesentlich von seinem Zutun abhing; dagegen sollte ein Schaden nicht vorliegen, wenn es hierzu noch einer weiteren Handlung im Herrschaftsbereich des Getäuschten bedurfte, dieser also das Geschehen noch nicht endgültig aus der Hand gegeben hatte (dagegen Cramer, Vermögensbegriff 148 FN 168, vgl. auch Lackner LK 153).

a) Eine dem **Vermögensschaden gleichstehende Gefährdung** ist z. B. anzunehmen beim Erlaß eines (auch vorläufig) vollstreckbaren Urteils (RG DR **39**, 921; vgl. o. 76) oder eines Vollstreckungsbescheides (RG **59** 106); zur Unterscheidung zwischen Mahn- und Vollstreckungsbescheid vgl. BGH **24** 261, o. 74. Auch bei unrichtigen Buchungen in Geschäftsbüchern (vgl. RG JW **26**, 586 m. Anm. Grünhut JW 26, 1197), so z. B. bei einer ungerechtfertigten Gutschrift, wenn der dadurch Begünstigte jederzeit zum Nachteil des Geschäftsherrn über den Betrag verfügen kann (RG GA Bd. **54**, 414,

BGH **6** 117), kommt eine Vermögensgefährdung in Betracht; nicht aber, wenn der schädigenden Verfügung Hindernisse entgegenstehen (vgl. RG LZ **14**, 1051). Eine Vermögensgefährdung kommt weiterhin bei der Eröffnung eines unwiderruflichen Akkreditivs in Betracht (BGH StV **85**, 189). Eine Vermögensgefährdung kann wegen des Verlusts aller Einreden aus dem Grundverhältnis im Falle der Weiterbegebung eines Wechsels auch das Eingehen einer Wechselverbindlichkeit sein (RG **66** 411; vgl. auch RG JW **36**, 3002: auch bei Hingabe eines Blankoakzepts). Dies ist jedoch nicht der Fall, wenn der Wechsel für eine fällige Verbindlichkeit erschlichen wird (vgl. auch Bay **55**, 3). Eine Vermögensgefährdung kommt ferner in Betracht, wenn der Gläubiger eine Forderung nicht geltend macht, weil er infolge Täuschung nichts von ihr weiß (vgl. RG **65** 100, **70** 227, HRR **39** Nr. 1281, Stuttgart NJW **69**, 1975); dabei ist jedoch erforderlich, daß bei sofortiger Geltendmachung die Forderung realisierbar gewesen wäre (Hamm GA **58**, 250, Köln NJW **67**, 836, Celle NJW **74**, 615). Zur Schädigung durch Prozeßrisiko vgl. BGH **21** 112.

145   b) **Keine** dem Schaden gleichstehende **Gefährdung** liegt grundsätzlich dagegen in dem **bloßen Abschluß eines Vertrags,** der die Möglichkeit schafft, daß der Getäuschte demnächst in Erfüllung der übernommenen Verbindlichkeit eine ihn schädigende Leistung erbringen wird (vgl. o. 131). Dasselbe gilt beim Eingehen einseitiger Verbindlichkeiten. Anders ist es, wenn die Gefährdung nicht nur darin besteht, daß der Getäuschte aufgrund des fortwirkenden Irrtums leistet, der Betroffene vielmehr, auch wenn er den Irrtum nachträglich erkennt, zu der Leistung gezwungen werden könnte, etwa weil ihm kein Anfechtungsrecht zusteht (so z. B. bei Übernahme einer Bürgschaft gegenüber dem Gläubiger aufgrund einer arglistigen Täuschung des Schuldners; vgl. hierzu Cramer, Vermögensbegriff 144f., Puppe MDR **73**, 12, JZ **84**, 531). Keine Gefährdung ist ferner die bloße Aushändigung eines Scheckbuchs durch eine Bank an den zum Mißbrauch entschlossenen Täter (and. BGH MDR/D **53**, 21), die Übergabe einer Anweisung, die den Täter zum Empfang einer Leistung des Getäuschten berechtigt (vgl. auch o. 50) oder der Vertragsabschluß durch einen Vertreter ohne Vertretungsmacht (and. BGH GA **62**, 213).

146   c) In den Fällen des sog. **Beweismittelbetrugs** hingegen ist keine einheitliche Antwort möglich. Soweit sich der Täter eine **Beweisurkunde** erschleicht, die mit der **materiellen** Rechtslage **nicht** übereinstimmt, ist eine dem Vermögensschaden gleichstehende Vermögensgefährdung nur dann anzunehmen, wenn der Täter durch die Urkunde in die Lage versetzt wird, unmittelbar auf das betroffene Vermögen zuzugreifen. Dies ist z. B. beim Erschleichen eines Erbscheins (RG **53** 261) oder einer unrichtigen Grundbucheintragung (RG **66** 371, Stuttgart NStZ **85**, 365) der Fall, nicht ohne weiteres dagegen bei der durch Täuschung erwirkten Ausstellung eines Warenbestellscheins (Hamm NJW **58**, 513; and. BGH GA **62**, 213, Celle NJW **59**, 399, M-Maiwald II/1 439) oder eines Schuldscheins über eine nicht bestehende Forderung (and. RG JW **27**, 2139, **28**, 411, BGH wistra **87**, 21, NJW **87**, 3144 m. Bespr. Hassemer JuS **88**, 161); denn mit derartigen Beweismitteln hat der Täter noch keine unmittelbare Zugriffsmöglichkeit auf das fremde Vermögen erlangt und dem getäuschten Aussteller bleiben noch sämtliche Einredemöglichkeiten offen; hier kommt versuchter Betrug in Betracht; vollendet ist § 263, wenn der Getäuschte in Beweisnot gerät, ihm also letztlich nichts anderes übrig bleibt, als die Leistung zu erbringen, selbst wenn er den Irrtum nachträglich erkennt (Cramer, Vermögensbegriff 161; ebenso. 17. A. RN 102a; vgl. Schröder JZ **65**, 515). Bei Eingehung einer (abstrakten) Wechselverbindlichkeit kann vollender Betrug in Frage kommen, wenn das Grundgeschäft mit Mängeln behaftet war (Cramer, Vermögensbegriff 154). Nach and. Meinung (vgl. RG **66** 411, M-Maiwald II/1 439) soll dies schon bei intaktem Grundgeschäft gelten, weil bei Weitergabe des Wechsels Einreden des getäuschten Schuldners weitgehend ausgeschlossen sind.

147   Andere Grundsätze greifen demgegenüber in jenen Fällen Platz, in denen der Täter **Beweismittel** zu erlangen sucht, die der **wahren Rechtslage entsprechen,** jedoch die schlechte prozessuale Position des Täters verbessern sollen, sei es, um dadurch eine tatsächlich begründete, aber nur schwer beweisbare Forderung durchzusetzen, oder sei es, um einen unbegründeten Anspruch besser abwehren zu können. In beiden Fällen liegt eine Vermögensgefährdung nicht vor, da die der wahren Rechtslage nicht entsprechende Beweisposition kein Vermögensrecht i. S. der hier vertretenen Ansicht darstellt (vgl. o. 88, Cramer, Vermögensbegriff 155ff., BGH **20** 136, Bay **55** 7, vgl. auch BGH **3** 160, MDR/D **56**, 10, GA **66**, 52, Bay JR **69**, 307 m. Anm. Schröder; so auch schon R **7** 378, RG **20** 56; and. R **2** 599, RG **4** 167). Demgegenüber hat Schröder nach rein wirtschaftlichen Kriterien einen Schaden in diesen Fällen bejaht, sie dann aber über die mangelnde Rechtswidrigkeit der Vermögensverfügung gelöst (17. A. RN 102b, JZ **65**, 513ff.). Zum Selbsthilfebetrug vgl. ferner Hegler JW **25**, 1499.

148   6. Im Rahmen **unsittlicher Rechtsgeschäfte** gilt folgendes. Nach dem hier vertretenen Vermögensbegriff gehören zum Vermögen alle wirtschaftlichen Werte, die einer Person unter Billigung der rechtlichen Güterzuordnung zustehen (vgl. o. 82ff.). Nach wirtschaftlicher Auffassung hingegen soll ein Schaden auch dann vorliegen können, wenn der Getäuschte außerstrafrechtlich hinsichtlich der wegegebenen Vermögenswerte keinen Rechtsschutz genießt; es soll also kein gegen Betrug ungeschütztes Vermögen geben (krit. bes. Cramer, Vermögensbegriff 89ff., 106ff.).

a) **Keinen Schaden** erleidet daher, wer wirtschaftliche Werte, die er **widerrechtlich innehat**, ohne 149
entsprechendes Äquivalent weggibt, so bei der Preisgabe des unredlich erlangten Besitzes (vgl. o. 94,
Cramer, Vermögensbegriff 90 ff.; a. M. Lackner LK 133, 240, hier 17. A. RN 104). Bei nichtigen und
sonst unwirksamen Ansprüchen setzt die Annahme eines Vermögensschadens voraus, daß sie wegen
der Erfüllungsbereitschaft des anderen Teils Vermögenswert haben und die Herbeiführung des mit
dem unwirksamen Anspruchs erstrebten Zustandes vom Recht nicht mißbilligt wird (vgl. o. 93 ff.).

b) Ein Schaden ist ferner ausgeschlossen, wenn der Getäuschte Vermögenswerte zur Erfüllung 150
eines **verbotenen** oder **sittenwidrigen Geschäfts** einsetzt, weil der Getäuschte sich wegen seiner
Kenntnis von der rechtlichen Unwirksamkeit des Geschäfts bewußt selbst schädigt, wegen der Nichtigkeit des Vertrages also „auf eigene Gefahr" leistet (Cramer, Vermögensbegriff 97). Dagegen soll
nach wirtschaftlicher Vermögenslehre eine Vermögensminderung vorliegen, wenn das Opfer eigene
Vermögensbestandteile hingibt, ohne ein entsprechendes Äquivalent zu erhalten. Eine Vermögensschädigung sei daher auch die Entrichtung des Bestecherlohns für eine angeblich begangene oder
bevorstehende Amtshandlung (Lackner LK 242) oder die Bezahlung des Kaufpreises für angeblich
taugliche, in Wirklichkeit unbrauchbare Abtreibungsmittel (RG **44** 230, Blei II 235 f., Bockelmann JZ
52, 464, Bruns Mezger-FS 351; and. Binding StrAbh. Bd. I (1915) 455, Kohlrausch Schlegelberger-
FS 222, Foth GA 66, 33). Dasselbe soll für das sog. „Spritzen" auf dem Schwarzen Markt gelten, bei
dem der Täter dem Verkäufer unter der Vorspiegelung, den Schwarzmarktpreis zu bezahlen, eine
Mangelware abliestet, ihn dann aber auf den behördlich zugelassenen Preis verweist (OGH **2** 261,
Celle NdsRpfl. **47**, 26, Oldenburg NdsRpfl. **47**, 42, Düsseldorf MDR **47**, 267, KG JR **49**, 511,
Lackner LK 242, Bruns Mezger-FS 353 ff.; and. Bockelmann JZ 52, 464, Fischer, Der Betrug auf dem
schwarzen Markt (1948); vgl. näher dazu Wimmer DRZ 48, 116), sowie für die Entrichtung von
Entgelt an den Zuhälter zwecks Zuführung einer Dirne (BGH MDR/D **75**, 23, Köln NJW **72**, 1823).
Zum Schaden bei der Eingehung unwirksamer Verträge vgl. Puppe MDR 73, 12.

7. Schäden i. S. des § 263 sind nur **Nachteile im Bereich des wirtschaftlichen Verkehrs**. Deshalb 151
kommt z. B. die Unterlassung, eine Geldstrafe, Einziehung, Geldbuße oder ein Verwarnungsgeld
nach dem OWiG zu verhängen oder durchzusetzen, als Schädigung nicht in Betracht (RG **71** 281, **76**
279, Stuttgart MDR **81**, 422, Schröder JR 64, 230, Lackner LK 252). Bei staatlichen Gebühren kann
dagegen eine Schädigung vorliegen, da diese Gegenleistung für ein staatliches Handeln darstellen
(vgl. Bay NJW **55**, 1567 [unrichtiger Kaufpreis zwecks Kostenersparnis], Gutmann MDR 63, 6);
Entsprechendes gilt für das Erschleichen von Unterkunft und Beköstigung im Rahmen einer behördlichen Freiheitsentziehung (BGH **14** 170). Mangels Schadens entfällt Betrug auch bei der Erschleichung der behördlichen Zulassung zu bestimmten Berufen, z. B. als Arzt, Rechtsanwalt (vgl. aber
Celle NdsRpfl. **47**, 65) oder der Zulassung zum Studium bei Schulgeldfreiheit, sofern nicht gerade für
diesen Täter besondere Kosten entstehen (BGH NJW **55**, 1526).

8. **Sonderfragen zum Vermögensschaden** ergeben sich in folgenden Fällen: 152

a) Beim **Anstellungsbetrug** ist zu unterscheiden zwischen der auf Täuschung beruhenden Begründung eines privatrechtlichen Arbeitsverhältnisses und der Erschleichung einer Beamtenstellung. 153

α) Im Rahmen eines **privatrechtlichen Arbeitsverhältnisses** entsteht dem Arbeitgeber ein Schaden, wenn die Leistungen, die der Täter tatsächlich erbringt, den bezahlten Lohn nicht wert sind (RG 154
73 269, 440, BGH **1** 14, **17** 254, NJW **61**, 2028, **78**, 2042, Celle MDR **60**, 697, Gutmann MDR 63, 96;
vgl. Celle NdsRpfl. **72**, 28 [Angabe eines älteren Geburtsdatums]). Bei fachlich einwandfreien Leistungen kommt ein Schaden dagegen nur ausnahmsweise in Betracht. Dies einmal dann, wenn es sich
um eine besondere Vertrauensstellung handelt und die Bezahlung gerade mit Rücksicht darauf besonders hoch festgesetzt ist, der Täter jedoch die für diese Stellung erforderlichen Eigenschaften nicht
besitzt, so wenn er aus seiner früheren Stellung wegen Unzuverlässigkeit entlassen worden ist und
nun eine Anstellung als Prokurist erschleicht (vgl. RG **73** 269 m. Anm. Mezger ZAkDR 39, 649, Celle
MDR **60**, 697, Bockelmann JZ 52, 465, M-Maiwald II/1 440). Dasselbe gilt, wenn der Verkehr den
Wert einer Arbeitsleistung nicht nur nach ihrem sachlichen Effekt, sondern auch im Hinblick auf eine
bestimmte Ausbildung besonders bemißt; nach § 263 strafbar ist daher, wer eine Stellung erschleicht,
die ihm ohne die fälschlich vorgespiegelte Ausbildung üblicherweise überhaupt nicht oder nur gegen
eine geringere Bezahlung übertragen worden wäre (vgl. RG **64** 33, **65** 275, BGH **17** 254, NJW **61**,
2027; **78**, 2042 m. Anm. Miehe JuS 80, 261; enger Gutmann MDR 63, 96). Für eine Anstellung im
öffentlichen Dienst nach dem BAT ist eine bestimmte Ausbildung jedoch regelmäßig nicht entscheidend (BGH aaO). Von diesen Fällen abgesehen liegt ein Anstellungsbetrug dagegen nicht schon
deshalb vor, weil der Getäuschte den Täter ohne die Täuschung nicht eingestellt hätte, z. B. weil
dieser vorbestraft oder sonst charakterlich unzuverlässig ist. Vom einfachen Arbeiter oder Angestellten kann nach der Verkehrsanschauung nicht mehr erwartet werden, als daß er leistet, was er verspricht (Bockelmann aaO). Ebensowenig liegt Betrug schon deshalb
vor, weil der wegen Vermögensdelikten vorbestrafte Täter in seiner Stellung eine Gefahr für das
seinem Zugriff unterliegende Vermögen des Arbeitgebers darstellt, da die bloße Eröffnung der
Möglichkeit, den Schaden durch ein weiteres deliktisches Handeln herbeizuführen, noch keine Verfügung i. S. des § 263 ist (and. BGH **17** 259; vgl. o. 61 f.). Vgl. zu diesem Fragenkreis auch Haupt NJW
58, 938, Oppe NJW 58, 1909, Dickhoff DB 61, 1487; über Täuschung durch falsche Angaben im
Einstellungsfragebogen vgl. BAG NJW **58**, 516, Maaß aaO 109 ff.

155   Umgekehrt ist, da auch die Arbeitskraft ein Vermögenswert ist (vgl. o. 96 f.), der **Arbeitnehmer geschädigt,** wenn er die versprochene Arbeitsleistung erbringt, ohne das versprochene Entgelt zu erhalten (RG **68** 379, M-Maiwald II/1 434). Bei Erschleichung von Dienstleistungen, die üblicherweise nur gegen Entgelt erbracht werden, kommt § 263 nach den Grundsätzen über den Spendenbetrug (vgl. o. 101 f.) auch bei unentgeltlicher Leistung in Betracht, wenn der Getäuschte damit einen besonderen sozialen Zweck verfolgte (Bsp.: ein Bauarbeiter wird veranlaßt, seine Arbeitskraft für den Bau eines angeblichen Altersheims ohne Bezahlung zur Verfügung zu stellen).

156   β) Handelt es sich um die Erschleichung einer **Beamtenstellung,** so nimmt die Rspr. – freilich mit z. T. wechselnder Begründung – Betrug trotz sachlich ausreichender Leistungen auch dann an, wenn der Täter persönlich einer derartigen Stellung unwürdig erscheint oder die erforderliche Vorbildung nicht besitzt (vgl. RG **65** 281, OGH **2** 85, BGH **5** 358, GA **56,** 122, KG JR **48,** 141, Freiburg DRZ **48,** 66, Oldenburg NdsRpfl. **48,** 95, Köln JMBlNRW **63,** 206; vgl. auch Sarstedt JR **52,** 308, Gutmann MDR **63,** 96); krit. dazu Lackner LK 239, M-Maiwald II/1 440. Diese Rspr. ist zu billigen, soweit dem Täter solche Eigenschaften fehlen, die nach Beamtenrecht Voraussetzung für seine Anstellung sind, wozu z. B. bei sog. Laufbahnbewerbern auch die Absolvierung der für die fragliche Laufbahn vorgeschriebenen oder – mangels solcher Vorschriften – üblichen Vorbildung gehört (vgl. § 4 I Nr. 3 BRRG, § 7 I Nr. 3 BBG). Die Annahme eines Vermögensschadens rechtfertigt sich hier aus der Erwägung, daß der Staat hinsichtlich der Anstellungsbedingungen eine Monopolstellung hat und insoweit den „Preis" für die Dienstleistungen des Beamten einseitig festsetzt, und zwar nicht nur im Hinblick auf deren sachlichen Effekt, sondern auch unter Berücksichtigung der für die Anstellung erforderlichen persönlichen und sonstigen Voraussetzungen (Lackner LK 239, Sarstedt aaO). Entsprechendes gilt, wenn der Täter nach §§ 31, 32, 35 ff. BBG amtsunfähig ist oder wenn ein Umstand in seiner Person vorliegt, der – nach Begründung des Beamtenverhältnisses eingetreten – seine Entfernung aus dem Amt notwendig gemacht hätte. Dagegen fehlt es an einem Schaden, wenn der Täter über Umstände täuscht, die nach Beamtenrecht für seine Einstellung ohne Bedeutung sind. Betrug liegt daher z. B. nicht vor, wenn der Bewerber solche politischen Daten seiner Vergangenheit verschweigt, die unter dem Gesichtspunkt von § 4 I Nr. 2 BRRG gleichgültig sind. Dagegen ist § 263 gegeben, wenn der Beamte über seine persönlichen Verhältnisse täuscht, z. B. ein älteres Geburtsdatum angibt und deswegen höhere Dienstbezüge erhält (Celle NdsRpfl. **72,** 281).

157   b) Da auch der **Besitz** als solcher ein Vermögenswert sein kann (vgl. o. 94), ergibt sich daraus die Möglichkeit eines Besitzbetrugs. Ein solcher kommt zunächst bei einem **endgültigen Besitzverlust** für den Getäuschten in Betracht. Hier entfällt ein Schaden jedenfalls, wenn der Besitz für den Getäuschten keinen wirtschaftlichen Wert darstellt (vgl. o. 98), so wenn dem Finder die gefundene Sache abgeschwindelt wird, die er ohnedies wieder wegwerfen wollte. Dasselbe gilt, wenn ein Handwerker durch Täuschung zur Herausgabe der ihm zur Reparatur übergebenen Sache veranlaßt wird, es sei denn, daß ihm an dieser ein Unternehmerpfandrecht zustand; gehörte die Sache allerdings einem Dritten, so kommt ein Betrug zu dessen Nachteil in Betracht (vgl. o. 94 f.); vgl. näher zu diesen Fällen Gallas Eb. Schmidt-FS 423 ff.

158   Ein Schaden kann aber auch in dem bloß **vorübergehenden Besitzverlust** liegen. Dies ist zunächst immer der Fall, wenn der Gebrauch zu einem teilweisen Verbrauch und damit zu einer Wertminderung führt (vgl. dazu § 242 RN 53, Cramer, Vermögensbegriff 233). Im übrigen ist zu unterscheiden: Würde die Überlassung nur gegen Entgelt erfolgen, so ist dies eine Art der wirtschaftlichen Nutzung eines Gegenstandes, die Vermögenswert hat; wird der Besitzer daher um diesen Wert gebracht, so ist er geschädigt, wenn er kein entsprechendes Äquivalent erhält (z. B. der Täter mietet eine Wohnung in der Absicht, den Mietzins nicht zu bezahlen; vgl. auch BGH **16** 281: Verkauf unter Eigentumsvorbehalt und Besitzübertragung an kreditunwürdigen Käufer). Dabei ist ohne Bedeutung, ob der Getäuschte eine andere Nutzungsmöglichkeit gehabt und wegen der Täuschung versäumt hat (Cramer, Vermögensbegriff 234). Handelt es sich dagegen um eine unentgeltliche Überlassung (so z. B. Stuttgart NJW **65,** 1930), so gelten die Grundsätze des Spendenbetrugs (vgl. o. 101 ff.): Hier liegt ein Schaden vor, wenn der mit der Überlassung verfolgte soziale Zweck nicht erreicht wird, und wenn außerdem der Verlust der eigenen Gebrauchs- oder Nutzungsmöglichkeit für den Getäuschten einen wirtschaftlichen Nachteil bedeutet. Dies ist z. B. der Fall, wenn ein Fuhrunternehmer veranlaßt wird, seinen LKW unentgeltlich für einen angeblichen Katastropheneinsatz zur Verfügung zu stellen, nicht dagegen, wenn der Neffe von seinem Onkel die leihweise Überlassung eines Buches erschwindelt. Vgl. dazu auch Gallas Eb. Schmidt-FS 425, 428, Cramer, Vermögensbegriff 235 und Lackner LK 182 ff. Möglich ist Betrug auch dann, wenn der Getäuschte nur über seinen Mitgewahrsam verfügt (BGH **18** 221, Bay GA **64,** 82).

159   c) Beim sog. **Heiratsschwindel** spiegelt der Täter die Absicht einer Eheschließung vor, um von dem anderen Teil Geschenke, Darlehen oder sonstige vermögenswerte Leistungen zu erhalten, die mit Rücksicht auf die bevorstehende Eheschließung gegeben werden. Die Regeln, nach denen diese Fälle zu beurteilen sind, sind die des Spenden- und Bettelbetrugs (vgl. o. 101 f.). Dies gilt auch dann, wenn der Täter zwar die Absicht der Eheschließung hat, die Ehe aber nach den Bestimmungen des EheG anfechtbar sein würde. Auch hier verfehlt die Zuwendung ihren sozialen Sinn, da der Getäuschte mit der Eheschließung nur eine anfechtbare Rechtsposition erlangen würde.

160   Das **Verleiten zur Eheschließung** selbst wurde von der Rspr. bei entsprechender Absicht als Betrug nur angesehen, wenn die Ehe eingegangen wird, um das Vermögen des anderen Teils entge-

gen Gesetz oder Vertrag für eigennützige Zwecke zu verwenden oder wenn er (ehemännliche Nutznießung) auf diese Weise das Frauengut in die Hand bekommen wollte (vgl. RG **8** 12, **14** 137, **34** 86). Angesichts der veränderten güterrechtlichen Lage ist diese Rspr. weitgehend gegenstandslos geworden. Ein Betrug ist hier nur in der Weise denkbar, daß der andere Teil zum Abschluß eines Ehevertrages bestimmt wird, der dem Täter unberechtigte Vorteile gewährt. Dagegen kann allein in der Begründung von Unterhaltspflichten ein Schaden i. S. des § 263 nicht gesehen werden, da diese die gesetzliche Folge der Eheschließung ist.

d) Über Schäden zum Nachteil einer **Kaskoversicherung,** wenn der Schädiger den Schaden beglichen hat, vgl. Stuttgart MDR **67**, 23. Über Betrug bei **Versteigerung im Kunsthandel** vgl. Baumann NJW **71**, 23. **161**

e) Beim **Kreditbetrug** (vgl. dazu auch § 265b) im Rahmen eines Darlehensgeschäfts, Kreditkaufs usw. stellt regelmäßig die Kredit**gewährung,** nicht schon die Kreditzusage (vgl. Cramer, Vermögensbegriff 134ff., o. 25ff., aber auch BGH **15** 26, Lackner LK 224) eine Vermögensbeschädigung dar, wenn die dafür erlangte Gegenforderung kein gleichwertiges Äquivalent darstellt, so vor allem, wenn sie in ihrer Realisierbarkeit wegen Vermögenslosigkeit oder Zahlungsunwilligkeit des Schuldners unsicher ist (RG **43** 171, BGH **15** 27; krit. Samson SK 181). Sicherheiten bieten einen vollständigen Ausgleich für den Minderwert des Rückzahlungsanspruchs freilich nur dann, wenn sie – gemessen an ihrem Wert zur Zeit des Geschäftsabschlusses – nach dem Urteil eines unbeteiligten, sachkundigen und unterrichteten Beobachters im Hinblick auf die Gesamtumstände zur Deckung des vollen Kreditrisikos ausreichen und ohne nennenswerte Schwierigkeiten verwertbar sind (BGH NStZ **81**, 351). **162**

Trotz Wertlosigkeit der Gegenforderung kann aber ein Schaden entfallen, wenn wertmäßig ausreichende, dem Gläubiger unmittelbar zugängliche, **vollwertige Sicherungen** bestellt werden, z. B. ein Faustpfand (vgl. Hamm JMBlNRW **69**, 100), eine Sicherungshypothek, eine Sicherungsübereignung (vgl. RG **74** 129) ein saldierungsfähiger Aufrechnungsanspruch (vgl. BGH wistra **85**, 186) oder eine Bürgschaft (BGH GA **66**, 51), vorausgesetzt, daß die Verwertung nicht von der Mitwirkung des zahlungsunwilligen Schuldners abhängt (BGH **15** 24; vgl. näher dazu Bockelmann NJW **61**, 145, Gutmann MDR **63**, 8). Bei nur persönlicher Sicherheit (Bürgschaft) ist dagegen zu berücksichtigen, daß ein langfristiger Kredit durch die Entwicklung der Vermögensverhältnisse des Bürgen gefährdet werden kann. Daher kommt eine Vermögensgefährdung in Betracht, bei einer Täuschung über die ausbedungene dingliche Sicherheit (vgl. hierzu BGH wistra **88**, 188), auch wenn ein Dritter die Mithaftung für das Darlehen übernimmt (BGH NJW **86**, 1183). Aus dem gleichen Grunde wird bei Wertlosigkeit der Sicherheit ein Schaden i. d. R. auch dann anzunehmen sein, wenn die gesicherte Forderung selbst wegen der sonstigen Vermögenslage des Schuldners wirtschaftlich sicher erscheint, da im Kreditverkehr eine gesicherte Forderung im allgemeinen höher bewertet wird als eine ungesicherte, was regelmäßig schon in den unterschiedlichen Kreditbedingungen, insb. was die Höhe der Zinsen betrifft, seinen Niederschlag findet (vgl. hierzu Stuttgart Justiz **64**, 269). Bei einer Sicherung durch Grundpfandrechte ist für den Wert § 74a ZVG (⁷⁄₁₀-Grenze) nicht maßgebend (BGH MDR/D **69**, 533). Entscheidend sind freilich auch hier die Maßstäbe des Verkehrs, nicht die subjektive Willkür des Getäuschten: Ein Schaden fehlt, wo der Verkehr das Vorhandensein bzw. Nichtvorhandensein einer (weiteren) Sicherheit in keiner Weise bewertet (BGH NJW **64**, 874, Cramer, Vermögensbegriff 138, Lackner LK 217; and. RG **74** 130, JW **34**, 40 m. Anm. Mezger). Schließlich kann eine Kreditschleichung trotz Sicherheit der Forderung auch nach den Grundsätzen des Schenkungsbetrugs (vgl. o. 101f.) strafbar sein, wenn die wirtschaftlichen Bedingungen des Darlehnsvertrages kein volles Äquivalent für die Hingabe des Geldes darstellen (z. B. zinsloses Darlehen) und der Getäuschte damit bestimmte Zwecke verfolgt, aber nicht erreicht (z. B. Wiederaufbaudarlehen an angebliche Flüchtling; vgl. auch Hamm GA **62**, 219, KG JR **62**, 26); ferner, wenn durch die zweckwidrige Verwendung der Anspruch des Darlehensgebers wesentlich beeinträchtigt wird (BGH JZ **79**, 75). Entsprechende Grundsätze gelten bei der Stundung als einer Form der Kreditverlängerung oder dem Unterlassen, eine Zwangsvollstreckung (weiter) zu betreiben (vgl. o. 105). **162a**

Handelt es sich um **Wechselgeschäfte,** so kommt ein Schaden auch in Betracht, wenn sich der Täter durch Hingabe eines angeblichen Warenwechsels, der in Wirklichkeit ein Finanz- oder Austauschwechsel ist, Kredit beschafft, den letzteren im Diskontverkehr regelmäßig ein geringerer Wert beigemessen wird (vgl. RG **25** 14, **27** 77, **36** 367, BGH NJW **76**, 2028, Maaß GA **84**, 279 mwN). Das gleiche gilt für gefälschte Wechsel, auch wenn der Bezogene als zahlungsfähig gilt (BGH GA **65**, 149). Über Betrug durch Wechselreiterei vgl. auch Müller NJW **57**, 1266 u. 59, 2192, Obermüller NJW **58**, 655; über Diskontierung eines Gefälligkeitswechsels vgl. Winter NJW 60, 1848. **163**

VIII. Der **subjektive Tatbestand** erfordert Vorsatz und die Absicht, sich oder einem anderen einen rechtswidrigen Vermögensvorteil zu verschaffen. **164**

1. Für den **Vorsatz** ist einmal das Bewußtsein des Täters notwendig, durch Täuschung einen Irrtum zu erregen. Sind die vorgespiegelten Tatsachen objektiv wahr, während der Täter sie für unwahr hält, so liegt strafbarer untauglicher Versuch vor (RG **50** 35). Weiter muß der Täter das Bewußtsein haben, durch die Irrtumserregung eine Vermögensverfügung des Getäuschten herbeizuführen und dadurch jemanden unmittelbar in seinem Vermögen zu schädigen. Im Rahmen der Vermittlungslehre muß sich der Vorsatz auch auf die rechtliche Zuordnung der **165**

Vermögenswerte erstrecken (vgl. o. 82). Ein Schädigungswille setzt voraus, daß die Handlungsweise des Angeklagten im Tatzeitpunkt von der Vorstellung getragen war, den Wert des Vermögens der Interessenten zu vermindern. Wollte er ihnen hingegen verschaffen, was ihnen nach den getroffenen Vereinbarungen als vollwertiger Ausgleich für die hingegebenen Summen zustand, fehlt es an einem derartigen Vorsatz (BGH wistra **87**, 84). Zu den Voraussetzungen des Schädigungsvorsatzes bei der Hingabe eines nicht gedeckten Schecks vgl. BGH wistra **89**, 62. Der Schädigungsvorsatz bedarf im Einzelfall sorgfältiger Untersuchung (Seibert NJW 56, 1466; vgl. auch Stuttgart JR **78**, 388 m. Anm. Beulke). Es ist unerheblich, wenn sich der Täter unter dem Geschädigten eine andere Person als die tatsächlich geschädigte vorstellt (RG GA Bd. **67**, 437; BGH MDR/D **72**, 571). Nach allen Richtungen genügt bedingter Vorsatz (RG **49** 29, BGH MDR/D **75**, 22), sofern es sich nicht um die Vorspiegelung einer gegenwärtigen inneren Tatsache handelt (RG **30** 336, Hamm GA **57**, 220).

166 2. Daneben muß der Täter die **Absicht** haben, sich oder einem anderen einen **rechtswidrigen Vermögensvorteil** zu verschaffen.

167 a) Der **Vermögensvorteil** ist das Gegenstück zum Vermögensschaden des Geschädigten. Daher stellt jede günstigere Gestaltung der Vermögenslage, jede Erhöhung des Vermögenswertes einen Vermögensvorteil dar (vgl. RG **50** 279, BGH VRS **42** 110, Blei II 238). Als Vermögensvorteil ist z. B. angesehen worden die Abwendung von Nachteilen (RG **73** 296), die Unterlassung oder Verzögerung der Erhebung begründeter Ansprüche, insb. die Nichterhebung einer unstreitig begründeten Zivilklage (vgl. RG GA Bd. **57**, 403, Stuttgart NJW **62**, 503) oder die Erlangung eines Vollstreckungstitels (vgl. RG **52** 92). Ein Vermögensvorteil kann auch darin gesehen werden, daß der drohende Verlust einer bereits erworbenen, aber durch die Gefahr des Verlustes im Wert geminderten Sache abgewendet wird (RG **10** 76, **59** 41, **73** 286). Auch das Behalten einer Leistung, zu der man verpflichtet ist, ist ein rechtswidriger Vorteil, und zwar selbst dann, wenn die Verpflichtung gegenüber einem Dritten besteht (Vertrag zugunsten Dritter; Stuttgart NJW **62**, 502). Durch die Möglichkeit, daß der Täter vielleicht später Ersatz leistet, wird die Erlangung eines Vermögensvorteils nicht ausgeschlossen (RG **12** 396). Kein Vermögensvorteil ist die Abwehr einer Strafe (RG **71** 281, **76** 279 m. Anm. Mittelbach DR 43, 398; zum Parallelproblem beim Schaden vgl. o. 151). Ebenfalls kein Vermögensvorteil liegt in der Verbesserung der Durchsetzbarkeit eines vermögensrechtlichen Anspruchs (and. R **2** 599, hier 17. A. RN 122) sowie in der Inanspruchnahme bloßer Annehmlichkeiten und nichtwirtschaftlicher Vorteile, selbst wenn diese mit wirtschaftlichen Reflexwirkungen einhergehen, wie z. B. bei Erlangung des Geschlechtsverkehrs (BGH **4** 373). Veranlaßt der Partner eines gegenseitigen Vertrages den anderen Teil zur Leistung, indem er die eigene Vorleistung vorspiegelt, so kann es an der erforderlichen Absicht fehlen, wenn er die Absicht hat, seine eigene Leistung später zu erbringen (Stuttgart NJW **69**, 1975).

168 b) Zwischen Vermögensschaden und -vorteil muß **Stoffgleichheit** (gegen diesen Begriff Bay MDR **64**, 777, Eser GA **62**, 299 f.) bestehen; vgl. näher Pröll GA **67**, 107. Der Täter muß den Vorteil unmittelbar aus dem Vermögen des Geschädigten in der Weise anstreben, daß der Vorteil die Kehrseite des Schadens ist (RG **67** 201, BGH **6** 115, NJW **61**, 685, Hamm JMBlNRW **64**, 32, Lackner LK 265 ff., Welzel 355; vgl. auch Eser GA **62**, 299). Mit der Rspr. (BGH **34** 391) ist davon auszugehen, daß es für die Stoffgleichheit ausreicht, wenn Vorteil und Schaden auf derselben Verfügung beruhen und daß der Vorteil zu Lasten des geschädigten Vermögens geht. Deshalb besteht auch Stoffgleichheit im Falle der Verdrängung des sonst aussichtsreichsten Mitbewerbers; vgl. o. 88. Daran fehlt es z. B., wenn der Täter in der Absicht handelt, von einem Dritten für die Täuschung belohnt zu werden (Frank VII 3, M-Maiwald II/1 444, Blei II 238) oder wenn jemand durch die Vorspiegelung der Güte einer zum Kauf angebotenen Hypothek veranlaßt wird, kostspielige Reisen zu unternehmen; vgl. auch Bay **55** 10 (Aufwendung von Prozeßkosten, um von unerwünschtem Vertrag loszukommen), **86** 62 (Kosten für Ausübung eines Rücktrittsrechts). Keine Stoffgleichheit liegt ferner vor, wenn der Schaden des Käufers allein darin liegt, daß er Barmittel investiert, die er an anderer Stelle dringender benötigen würde, während sich der vom Täter erstrebte Vorteil (Kaufpreis) aus dem Kaufvertrag als solchem ergibt (Schröder NJW **62**, 722; and. Samson SK 190). Es genügt auch nicht, wenn Schaden und Vorteil zwar auf demselben Entstehungstatbestand beruhen, der Vorteil dem Täter jedoch aus dem Vermögen eines Dritten zufließt (vgl. Celle NJW **59**, 400, Hamm NJW **58**, 513, GA **59**, 352; and. Karlsruhe NJW **59**, 398, Köln NJW **60**, 209; vgl. auch BGH MDR/D **73**, 370). Aus den gleichen Gründen liegt § 263 nicht vor, wenn der Täter Waren zur Lieferung an Dritte bestellte, um diese zu ärgern (and. Bay JZ **72**, 25 m. Anm. Schröder, Herzberg, JuS 72, 87, Maurach JR **72**, 345, Puppe MDR 73, 12, Blei JA **72**, 173, 435).

169 Die Stoffgleichheit ist insb. von Bedeutung, wenn ein **Provisionsvertreter** Aufträge erschwindelt, um von einem Unternehmer Provision zu erhalten. Hier können der Schaden des Bestellers (Bezahlung des Kaufpreises, Annahme der Ware als Erfüllung; vgl. o. 136 ff.) und der Vorteil des Vertreters

(Provisionsanspruch gegen den Auftraggeber) denselben Entstehungsgrund haben (vgl. § 87 HGB). Gleichwohl kommt ein eigennütziger Betrug insoweit nicht in Betracht, da der Vorteil, Provision zu erhalten, nicht unmittelbar aus dem Schaden des Kunden rührt, sondern aus dem Vermögen des Geschäftsherrn erlangt wird (BGH NJW 61, 684, Braunschweig NdsRpfl. 60, 280, Celle NJW 59, 399, Hamm NJW 58, 513, GA 59, 352, Oldenburg NJW 60, 2205, KG JR 66, 391 m. Anm. Schröder, Köln JMBlNRW 66, 210; and. Karlsruhe NJW 59, 398, Köln NJW 60, 209). Jedoch liegt in diesen Fällen ein **Betrug zugunsten** des **Unternehmers** vor, da der Täter die erstrebte Provision endgültig nur dadurch erlangt, daß gleichzeitig seinem Auftraggeber ein stoffgleicher, aus dem Vermögen des Kunden stammender Vorteil zufließt. Eine Betrugsabsicht i. S. zielgerichteten Handelns ist im Hinblick auf diesen Vorteil auch dann gegeben, wenn dieser nur notwendiges Mittel zur Erlangung der vom Täter erstrebten Provision ist (BGH 21 384, NJW 61, 684, Bay NJW 73, 633 m. Anm. Berz NJW 73, 1337, Hamm JMBlNRW 64, 32, Braunschweig NJW 61, 1272, Düsseldorf JMBlNRW 64, 284, NJW 74, 1833; vgl. u. 176 f.). Nimmt der Täter freilich an, der Besteller werde den Vertrag vor der Erfüllung anfechten, so scheidet ein Betrug zu dessen Nachteil aus, weil es insoweit sowohl am Schädigungsvorsatz als auch an der Bereicherungsabsicht fehlt (vgl. auch Karlsruhe NJW 59, 398, Köln NJW 60, 209; and. Braunschweig NdsRpfl. 60, 280). In all diesen Fällen kommt jedoch außerdem ein **Betrug** zum **Nachteil** des **Unternehmers** in Betracht, wenn der Täter unter Verschweigen des wahren Sachverhalts die Auszahlung der Provision erwirkt (vgl. Celle, NJW 59, 399; vgl. auch BGH GA 61, 114, Bay NJW 73, 634 m. Anm. Berz NJW 73, 1337). Voraussetzung hierfür ist allerdings, daß das Geschäft vom Kunden in diesem Zeitpunkt noch nicht angefochten werden konnte, da sonst der Unternehmer nicht berechtigt ist, die Zahlung der Provision zurückzuhalten. Zwischen beiden Fällen des Betrugs besteht Fortsetzungszusammenhang; die Gleichartigkeit der Einzelakte ist durch den unterschiedlichen Inhalt der Betrugsabsicht nicht ausgeschlossen. Ähnliche Probleme können sich im Rahmen eines Erfüllungsbetruges ergeben, wenn ein Zustellungsbote den Abnehmer veranlaßt, eine höhere Menge zu quittieren, als er tatsächlich erhalten hat. So liegt ein fremdnütziger Betrug zugunsten des Heizöllieferanten vor, wenn der Fahrer den Abnehmer über die tatsächlich abgelieferte Heizölmenge täuscht (Düsseldorf wistra 85, 110).

c) Der erstrebte **Vorteil** muß **rechtswidrig** sein. Dieses Merkmal hat je nach dem Standpunkt zum Vermögens- und Schadensbegriff unterschiedlich weitreichende Bedeutung. **170**

α) Nach der hier vertretenen Auffassung zum Vermögensbegriff (o. 82 f.) ist damit lediglich gemeint, daß eine auf der Irrtumserregung beruhende Vermögensverschiebung der **materiellen Rechtslage widersprechen** und der Täter eine solche Vermögensverschiebung erstreben muß. Darüber hinaus kommt dem Merkmal auf der Grundlage der juristisch-ökonomischen Vermittlungslehre keine selbständige Bedeutung zu. **171**

β) Nach dem extrem wirtschaftlichen Vermögensbegriff (vgl. o. 80) ist dagegen mit dem Merkmal des rechtswidrigen Vermögensvorteils die **Rechtswidrigkeit der Vermögensverschiebung** gemeint, so daß der Tatbestand des § 263 nur dann erfüllt ist, wenn dem Getäuschten ein Nachteil im Widerspruch zur Privatrechtsordnung zugefügt werden soll. Danach muß also das Opfer den Nachteil zu Unrecht erleiden sollen und der Täter den Vorteil erlangen wollen, ohne darauf einen Anspruch zu haben (vgl. RG 26 354, 44 203, BGH [GrS] 19 206, ferner v. Hippel Lehrb. 260, Blei II 239, D-Tröndle 43, Otto aaO 218, eingehend Mohrbotter GA 67, 199 ff., 213 f.). Weitergehend wollte Schröder (JZ 65, 513 ff., JR 66, 471, hier die 17. A. RN 118 d) das Merkmal der Rechtswidrigkeit der Vermögensverschiebung aus dem subjektiven in den objektiven Tatbestand verlagern mit dem Ergebnis, daß nicht jeder Schaden im wirtschaftlichen Sinne für § 263 ausreiche. **172**

Daraus folgt, daß auch nach dem wirtschaftlichen Vermögensbegriff Betrug stets ausscheidet, wenn der Täter lediglich die Erfüllung eines fälligen Anspruchs erstrebt, wobei freilich der aus dem betrügerischen Geschäft selbst erwachsene Anspruch außer Betracht zu bleiben hat (hier 17. A. RN 125 a). Unerheblich ist, ob die Erfüllung mit Mitteln erreicht werden soll, die als solche nicht zu billigen sind (BGH wistra 82, 68). Daher entfällt § 263 z. B. bei falschen Angaben in einem Zivilprozeß (RG 64 344, BGH 3 162, MDR/D 56, 10, GA 66, 52; vgl. aber auch RG 72 136, 77 185, DR 42, 1786), sofern jedenfalls der Anspruch zu Recht besteht; näher zum Beweismittel- und Selbsthilfebetrug o. 146 f. Durch dieses Abstellen auf die rechtliche Mißbilligung der Vermögensverfügung erfahren die Auswirkungen des rein wirtschaftlichen Vermögensbegriffs eine Korrektur und damit der Betrugstatbestand eine Begrenzung (vgl. im einzelnen dazu Schröder JZ 65, 513 ff., ferner JR 66, 471), die allerdings nicht ausreicht, um in allen Fällen zu brauchbaren Ergebnissen zu kommen. Will der Täter z. B. einen Dritten bereichern und geht er dabei irrig davon aus, daß diesem ein Anspruch nicht zustehe (Anwalt legt gefälschtes Beweismittel vor, um in Wahrheit bestehenden Anspruch durchzusetzen), so müßte nach h. M. wegen vollendeten Betruges bestraft werden. **173**

Folgt man dieser Auffassung, so ist die Rechtswidrigkeit der Vermögensverschiebung zu bejahen, wenn die vom Täter erstrebte Verschiebung des fremden Vermögenswertes in sein eigenes Vermögen oder in das eines Dritten durch die Rechtsordnung nicht gebilligt wird (vgl. Schröder JZ 65, 515 f., JR 66, 471). Dafür sind i. d. R. die Bestimmungen der Privatrechtsordnung entscheidend. In Betracht kommen aber auch andere Teile der Gesamtrechtsordnung wie z. B. das Verwaltungs- oder Steuerrecht, soweit sie die Übertragung von Vermögenswerten auf andere Rechtsträger betreffen und damit der Legalisierung von Vermögensverschiebungen dienen (vgl. etwa BGH 19 206 zur **174**

§ 263 175–179 Bes. Teil. Betrug und Untreue

bevorzugten Zuteilung von VW-Aktien). Bei der Leistung zur Erfüllung nichtiger Verträge ergibt sich aus der Rechtswidrigkeit aus der fehlenden Anerkennung durch das Privatrecht. Daß die Leistung nach § 817 BGB nicht zurückgefordert werden kann, soll dagegen unerheblich sein, da diese Vorschrift nur privatrechtliche Funktion habe (vgl. BGH NJW **53**, 744, hier 17. A. RN 118f.). Über die Rechtswidrigkeit des Vermögensvorteils bei Zahlung eines niedrigeren als des unzulässigerweise vereinbarten Preises vgl. BGH **8** 221, Gutmann MDR 63, 7, Schröder DRiZ 56, 70f. Zur Rechtswidrigkeit des Vorteils bei Vergleichsverhandlungen vgl. Bay JR **69**, 308 m. Anm. Schröder.

175   d) Für den Irrtum über die Rechtswidrigkeit des Vermögensvorteils gilt nach der wirtschaftlichen Vermögenslehre Entsprechendes wie beim Irrtum über die Rechtswidrigkeit der Zueignung beim Diebstahl (Bamberg NJW **82**, 778; vgl. § 242 RN 61, ferner Schröder DRiZ 56, 72, Noll SchwZStr. 56, 150). Dabei spielt es keine Rolle, ob dieser Irrtum verschuldet ist (widersprüchlich insoweit Müller/Wabnitz NJW **84**, 1788, die eine fehlerhafte Aufklärung offenbar für unerheblich halten). Nach der hier vertretenen Ansicht fehlt es allerdings bereits am Schädigungsvorsatz.

176   e) **Absicht** bedeutet den auf Erlangung des Vorteils zielgerichteten Willen (vgl. § 15 RN 66). Nicht erforderlich ist also, daß der Vorteil Triebfeder (Motiv) des Täters ist (BGH **16** 1, Welzel NJW 62, 21; and. RG **55** 260, KG NJW **57**, 882, Braunschweig NJW **57**, 601). Die Vorteilserlangung braucht weder der einzige (RG **27** 220, BGH **16** 1) noch der in erster Linie verfolgte Zweck gewesen zu sein (RG **27** 220; and. KG NJW **57**, 882); es reicht vielmehr aus, wenn der Vorteil vom Täter als notwendiges Mittel für einen dahinter liegenden weiteren Zweck erstrebt wird (BGH **16** 1, Welzel NJW 62, 21). So handelt z. B. der Provisionsvertreter, der einen Kunden zum Abschluß eines nachteiligen Vertrages veranlaßt, auch dann in der Absicht, seinem Unternehmer einen rechtswidrigen Vermögensvorteil zu verschaffen, wenn dieser nur notwendiges Mittel zur Erlangung der vom Täter letztlich erstrebten Provision ist (BGH **21** 384, NJW **61**, 684, Braunschweig NdsRpfl. **60**, 279, Celle NJW **59**, 400, Hamm GA **59**, 352, Oldenburg NJW **60**, 2205, Saarbrücken NJW **68**, 262, Düsseldorf NJW **74**, 1833; and. Karlsruhe NJW **59**, 398; vgl. auch o. 169). Dagegen liegt eine Absicht nicht vor, wenn die Vorteilserlangung nur eine notwendige, dem Täter vielleicht höchst unerwünschte Nebenfolge eines von ihm erstrebten anderen Erfolgs ist (BGH **16** 6, Köln JR **70**, 468 m. Anm. Schröder, Welzel NJW 62, 21). Kein Betrug liegt daher vor, wenn der Täter nicht um des Gewinns willen, sondern lediglich aus Sportleidenschaft seine Zulassung zu einem Pferderennen erschleicht (and. RG **44** 9) oder wenn er zwecks Werkspionage eine Stellung als bezahlter Arbeiter annimmt. Erstrebt der Täter andererseits den Vorteil, so liegt eine Absicht auch vor, wenn er die tatsächliche Erlangung des Vorteils nur für möglich hält (Welzel NJW 62, 21; mindestens mißverständlich hier jedoch BGH **16** 5). Die Absicht, die Dispositionsmöglichkeit über die geschuldete Leistung zu erhalten, ist nur dann auf Erlangung eines Vermögensvorteils gerichtet, wenn der Täter auch die Leistung selbst für sich oder einen Dritten erstrebt. Die Absicht braucht sich nur auf den Vermögensvorteil zu beziehen; hinsichtlich dessen Rechtswidrigkeit genügt auch bedingter Vorsatz (RG **55** 259, HRR **40** Nr. 1270, BGH MDR/D **75**, 22).

177   f) Der Vermögensvorteil kann auch zugunsten eines **Dritten** erstrebt werden. Betrug liegt daher auch vor, wenn der Täter den Vorteil zunächst einem Dritten verschaffen will, um ihn dann von diesem durch ein weiteres deliktisches Handeln zu erlangen (z. B. ein Bahnbeamter verkauft Fahrkarten zu einem höheren Preis – Betrug zugunsten der Bahn –, um sich den Mehrerlös später durch Unterschlagung zuzueignen); vgl. RG **75** 379. Eine analoge Situation ergibt sich, wenn A durch Täuschung den B dazu veranlaßt, des A Schulden in der Meinung, es seien die seinigen, zu begleichen. Auch der Betrug durch Provisionsvertreter gehört hierher; vgl. o. 169. Die Möglichkeit des Betruges zugunsten Dritter schließt nicht aus, daß bei altruistischem Handeln auch Beihilfe zu § 263 begangen werden kann, wenn der Teilnehmer nur unterstützend tätig wird (vgl. BGH MDR/D **73**, 17).

178   IX. Der Betrug ist **vollendet,** wenn der Vermögensschaden eingetreten ist; nicht erforderlich ist, daß auch der angestrebte Vermögensvorteil eingetreten ist (BGH MDR **84**, 509). Notwendig ist daher, daß eine auf Verfügung gerichtete Handlung die Vermögensschädigung herbeigeführt hat, nicht dagegen, daß diese ihr Ziel tatsächlich erreicht (vgl. BGH **19** 343, § 253 RN 23). Geht z. B. die abgeschwindelte Sendung auf der Post verloren, so ist der Betrug vollendet, nicht nur versucht. Vollendet ist der Betrug auch, wenn der Getäuschte den Irrtum vor Auszahlung des erschwindelten Geldes an den Täter entdeckt, diese jedoch in der irrtümlichen Annahme nicht hindert, sie sei bereits erfolgt (Köln JMBlNRW **62**, 176). **Beendet** ist das Delikt jedoch erst mit der Erlangung des Vorteils (vgl. Stuttgart NJW **74**, 914, Lackner LK 291).

179   Ein strafbarer **Versuch** (Abs. 2) liegt vor, sobald mit einer auf Täuschung abzielenden Handlung begonnen worden ist (RG **70** 157, **72** 66). Hierfür kommen freilich nur solche in Betracht, die auf eine irrtumsbedingte Vermögensverfügung gerichtet sind; soll durch unwahre Angaben nur das allgemeine Vertrauen des Opfers erworben werden, liegt keine Täuschungshandlung

Betrug 180–184 § 263

i. S. v. § 263 vor (Karlsruhe NJW **82**, 59, Vogler LK § 22 RN 35a; verkannt von Burkhardt JuS **83**, 426). Gleiches gilt für die Beurteilung des Versuchsbeginns beim Maklergeschäft; vgl. BGH **31** 181 m. Bespr. Maaß JuS **84**, 28, Vogler aaO). Bloße Vorbereitungshandlung ist gegeben, wenn der Täter einen Brief an einen Dritten schreibt, um ihn als Werkzeug für die beabsichtigte Täuschung zu gewinnen (and. RG **77** 173), eine Urkunde fälscht, um sie später einem anderen gegenüber zu gebrauchen (RG **70** 157), versicherte Sachen beiseiteschafft, um demnächst bei der Versicherungsgesellschaft einen Schaden anzumelden (BGH NJW **52**, 430) oder ein Postsparbuch eröffnet, um später die Eintragungen zu fälschen (BGH wistra **84**, 142). Vgl. weiter BGH BB **57**, 689 (Anmeldung zum Handelsregister), Köln NJW **52**, 1066 m. Anm. Mezger (Verladung von mindergewichtigen Säcken) und Koblenz VRS **53** 27 (Beschädigung eines kaskoversicherten Kfz).

X. Mittelbare Täterschaft ist nach allgemeinen Regeln möglich (RG **64** 425, **72** 116; einschränkend Gundlach MDR **81**, 194); vgl. § 25 RN 6ff. Ein Fall der mittelbaren Täterschaft ist auch darin zu sehen, daß der Täter die falschen Tatsachen einem unbeteiligten Dritten vorspiegelt, jedoch weiß, daß sich der letztlich zu Täuschende bei dem Dritten Kenntnis von jenen Tatsachen durch Einholung einer Information verschafft. Dies ist z. B. der Fall, wenn der Täter, um der Inanspruchnahme durch den Geschädigten zu entgehen, gegenüber einer amtlichen Stelle falsche Angaben macht und diese, wie der Täter weiß, von dem Geschädigten um Auskunft angegangen wird (Stuttgart NJW **62**, 502 m. abl. Anm. Merkert NJW **62**, 1023; zust. M-Maiwald II/1 413). Strafbare **Teilnahme** ist bis zur tatsächlichen Beendigung, nicht nur bis zur rechtlichen Vollendung möglich. Obwohl § 263 die Absicht ausreichen läßt, einem anderen einen Vermögensvorteil zu verschaffen, ist **Beihilfe nicht ausgeschlossen,** so z. B. wenn dem Täter zum Zwecke der Täuschung eine falsche Urkunde geliefert wird; wer in seiner Person alle Merkmale des § 263 verwirklicht, ist allerdings stets Täter, auch wenn' er aus altruistischen Motiven handelt (vgl. 79 vor § 25). 180

XI. Verhältnis zu anderen strafbaren Handlungen.

1. Idealkonkurrenz ist möglich mit § 145d (BGH wistra **85**, 19), § 146 (dort RN 29), § 147 (dort RN 14) und mit § 148 (dort RN 26). Bei den Eidesdelikten kommt Idealkonkurrenz mit §§ 153ff. in Betracht; über die Strafzumessung in diesem Fall vgl. RG **75** 15, 21 mit Anm. Mezger DR **41**, 922 sowie § 52 RN 36ff. Weiterhin ist Idealkonkurrenz z. B. möglich mit § 164 (RG **53** 208), § 266 (dort RN 54), § 332 (BGH MDR/H **85**, 627), mit § 353 (dort RN 14) jedoch nur dann, wenn zu der Täuschung, die notwendig zur Abgabenüberhebung gehört, eine zusätzliche Täuschung hinzukommt (vgl. auch § 352 RN 14). Idealkonkurrenz ist auch möglich mit § 4 UWG (vgl. BGH **27** 295), § 24 WZG (RG **43** 87), §§ 399, 400, 403 AktG, § 88 BörsenG, Verstößen gegen das WiStG (BGH LM **Nr. 5**), §§ 52, 53 Lebensmittel- und BedarfsgegenständeG (RG **73** 86, BGH **12** 347, LM **Nr. 2** zu § 11 LebensmittelG a. F.), ferner mit § 98 BundesvertriebenenG (BGH **9** 30, Bay GA **62**, 283), § 22 BundesevakuiertenG und §§ 1, 5 HeilpraktikerG (BGH **8** 237). Über das Verhältnis zu § 242 vgl. o. 63f., zu § 264 dort RN 87, zu § 267 dort RN 100, zu § 253 dort RN 37, zu § 283 dort RN 67. Über das Verhältnis zum Wucher vgl. Schauer 227ff. 181

2. Gesetzeskonkurrenz besteht regelmäßig mit §§ 352, 353 (vgl. § 352 RN 14). Dasselbe Konkurrenzverhältnis kommt ferner mit Steuerbetrug gemäß §§ 370, 373 AO (RG **60** 98, JW **34**, 367, **35**, 3389, BGH GA/He **58**, 49 vgl. auch BGH MDR **75**, 947, **36** 100) und mit Monopolhinterziehung gemäß §§ 119ff. BranntweinmonopolG (RG **63** 144) in Betracht; diese Bestimmungen gehen vor. Will der Täter aber nicht nur einen Steuervorteil, sondern noch einen sonstigen Vorteil, z. B. eine Lohnzulage, erschleichen, dann kommt Idealkonkurrenz in Betracht (RG **60** 163). Bei der Erschleichung von Steuervorteilen kommt § 263 nur in Betracht, wenn der gesamte Steuervorgang zum Zwecke der Täuschung erfunden worden ist (BGH wistra **87**, 177). Über Schwarzhören vgl. § 265a RN 5, 11. Gesetzeskonkurrenz besteht ferner mit § 67 I Nr. 3 WeinG anzunehmen; § 263 geht vor (RG **70** 104); entsprechend für das Verhältnis zu § 21 HopfenherkunftsG (BGH **8** 46). Auch gegenüber § 35 DepotG geht § 263 vor. Sind in Landesgesetzen Tatbestände betrugsähnlichen Charakters enthalten, so gehen diese gemäß Art. 4 III EGStGB vor, soweit sie Steuern oder Abgaben betreffen. § 265a ist subsidiär gegenüber § 263 (vgl. dort RN 1). 182

3. Das Konkurrenzverhältnis zu den **Vorfeldtatbeständen** des § 263 ist uneinheitlich. Der Subventionsbetrug nach § 264 geht § 263 vor (vgl. dort RN 4, 87f.), dagegen kommt Idealkonkurrenz mit Versicherungsbetrug (vgl. § 265 RN 16) und Kreditbetrug (vgl. § 265b RN 51; and. BGH NJW **89**, 1868) in Betracht. 183

4. Eine **straflose Nachtat** und kein strafbarer Betrug (**Sicherungsbetrug;** dazu Schröder SJZ **50** Sp. 99, MDR **50**, 398) liegt vor, wenn Vorspiegelungen zur Verdeckung einer Vortat (z. B. eines Diebstahls, einer Unterschlagung oder einer Untreue) gemacht werden und die Nachtat nicht zu einer neuen selbständigen Vermögensschädigung führt (RG **24** 410, **59** 130, **63** 192, BGH GA **57**, 410, Hamm JMBlNRW **57**, 177, M-Maiwald II/1 426, D-Tröndle, 50; and. BGH **17** 205). Dies gilt auch bei Diebstahl im Selbstbedienungsladen und Betrug an der Kasse (vgl. o. 16f., 58); wird der Täter 184 gestellt, ist der versuchte Betrug subsidiär zum Diebstahlsversuch (vgl. § 242 RN 35). Holt der Dieb eines Sparkassenbuches später das Geld ab, so liegt, soweit man darin die Merkmale des Betruges als gegeben ansieht, nur eine straflose Nachtat vor (BGH MDR/D **57**, 652). Auch Untreue kann eine straflose Nachtat gegenüber § 263 sein (BGH **6** 67, Hamm MDR **68**, 779). Keine straflose Nachtat ist es, wenn die später vorgenommene Handlung nicht lediglich den Sachwert des gestohlenen Gegenstandes betrifft (RG **43** 65, **59** 65). Nimmt jemand einem Schalterbeamten eine quittierte Postanweisung weg und täuscht er dann einen anderen Beamten durch Vorweisung der Postanweisung, dann kommt Realkonkurrenz zwischen Diebstahl und Betrug in Betracht (RG **49** 407; weiteres Beispiel in RG HRR **38** Nr. 351). Vgl. im übrigen noch 114 vor § 52.

185 Hat sich der Täter dagegen eine Sache durch Betrug beschafft, so ist hinsichtlich der Nachtat zu unterscheiden: Hatte der Täter durch den Betrug Eigentum erlangt, so ist die Zueignung nicht mehr tatbestandsmäßig i. S. des § 246; vgl. auch Otto aaO 118. Auch ein erneuter Betrug gegenüber dem eventuellen Käufer der Sache entfällt. War jedoch nur Besitz an der Sache übertragen, so ist die Zueignung straflose Nachtat (RG **62**, 62, BGH **3** 372; vgl. 114f. vor § 52). And. BGH **14** 38 m. Anm. Baumann NJW 61, 1141, Bockelmann JZ 60, 422, Schröder JR 60, 308, wo bereits die Tatbestandsmäßigkeit verneint wird, da der Täter durch den Betrug bereits die Zueignung vollzogen habe und eine erneute „Zueignung" nicht erfolgen könne (and. wohl Bay GA **64**, 83: Eigentumsdelikte werden „konsumiert"). Es handelt sich jedoch hier um kein Tatbestands-, sondern um ein Konkurrenzproblem, da das fortbestehende fremde Eigentum weiterhin zu respektieren ist. Hat der Betrüger allerdings beim Besitzbetrug nur den Besitz ausüben wollen, so verletzt eine spätere Unterschlagung ein weiteres Rechtsgut; Betrug und Unterschlagung stehen dann in Realkonkurrenz (BGH **16** 280, GA **57**, 147, Braunschweig GA **54**, 315). Wer sich einen durch Betrug erlangten Vorteil dadurch sichert, daß er aufgrund eines neu gefaßten Entschlusses den Geschädigten mit Gewalt an der Durchsetzung seiner Forderung hindert, macht sich der Nötigung schuldig (BGH JR **84**, 397).

186 5. Eine **fortgesetzte Handlung** (vgl. 31 ff. vor § 52) kann auch dann angenommen werden, wenn die Einzelhandlungen Antragsdelikte sind; bei fehlendem Antrag können jedoch nur die Offizialdelikte verfolgt werden (and. RG **71** 287). Über den Gesamtvorsatz vgl. 49 vor § 52.

6. Zur **Wahlfeststellung** zwischen Diebstahl und Betrug vgl. BGH NStZ **85**, 123; zwischen Hehlerei und Betrug ist Wahlfeststellung regelmäßig ausgeschlossen BGH NStZ **85**, 123; hingegen kommt hier eine eindeutige Verurteilung wegen Hehlerei in Betracht BGH NJW **89**, 1867 u. § 242 RN 79.

187 XII. Als **Regelstrafe** ist Freiheitsstrafe bis zu fünf Jahren oder Geldstrafe angedroht. Unter den Voraussetzungen des § 41 (vgl. dort RN 1 ff.) kommt neben Freiheitsstrafe auch Geldstrafe in Betracht.

188 1. In **besonders schweren Fällen** (vgl. 47 vor §§ 38 ff.) ist Freiheitsstrafe von einem bis zehn Jahren verwirkt (Abs. 3). Regelbeispiele für besonders schwere Fälle nennt das Gesetz nicht. In Betracht kommen insb. ein besonders hoher Schaden (BGH MDR/D **75**, 368), eine auch die Interessen der Allgemeinheit oder eines größeren Personenkreises beeinträchtigende Tat oder eine besonders niederträchtige Handlung (vgl. BGH NStZ **84**, 413). Die Tat muß so schwer sein, daß unter Berücksichtigung aller Umstände der allgemeine Strafrahmen keine ausreichende Reaktionsmöglichkeit mehr bietet (BGH MDR/D **76**, 16), was auch bei großem Schadensumfang eine Gesamtwürdigung der Täterpersönlichkeit fordert (BGH wistra **89**, 306). Bei großem Schaden ist ein besonders schwerer Fall jedoch selbst dann ausgeschlossen, wenn im übrigen die Umstände auf einen solchen hinweisen (Abs. 4 i. V. m. § 243 II); vgl. § 243 RN 48 ff., Naucke Lackner-FS 700.

189 2. Die Anordnung von **Führungsaufsicht** ist möglich neben einer Freiheitsstrafe von mindestens sechs Monaten nach Abs. 5 i. V. m. § 68 I.

190 XIII. Besonderheiten gelten für den **Haus-** und **Familienbetrug** und die betrügerische **Erlangung geringwertiger Sachen** (Abs. 4). Entscheidend ist dabei die Person des Geschädigten, nicht die des Getäuschten (RG **74** 168 m. Anm. Gallas ZAkDR 40, 246 u. Mezger DR 40, 1098).

191 1. **Antragsdelikt** ist eine Tat, die sich gegen **Angehörige, Vormünder** oder gegen Personen richtet, mit denen der Täter in häuslicher Gemeinschaft lebt (Abs. 4 i. V. m. § 247). Über Angehörige vgl. § 11 RN 5 f. Über Vormünder und in häuslicher Gemeinschaft lebende Personen vgl. § 247 RN 3 ff. Ein Strafantrag ist nicht erforderlich, wenn der Täter eine „Verlobte" betrogen hat, das Verlöbnis aber nichtig ist, z. B. weil er verheiratet ist (RG JW **37**, 3302); vgl. weiter RG HRR **39** Nr. 1070 („Heiratsschwindler"), RG **75** 291. Ein Strafantrag ist auch dann erforderlich, wenn die Vermögensbeschädigung gerade dadurch herbeigeführt wird, daß der Täter seine verwandtschaftliche Eigenschaft (uneheliche Vaterschaft) bestreitet (BGH **7** 245, NStZ **85**, 407). Beim Betrug des Vaters gegenüber dem nichtehelichen Kind kommt es strafrechtlich allein auf die blutsmäßige Abstammung an (RG **72** 325). Der Betrug gegen einen Angehörigen ist auch dann nur auf Antrag verfolgbar, wenn ein besonders schwerer Fall (Abs. 3) vorliegt.

192 2. **Relatives Antragsdelikt** ist die Tat, deren Gegenstand **geringwertige Sachen** sind (Abs. 4 i. V. m. § 248 a); Einzelheiten hierzu bei § 77 RN 2 und § 248 a, Naucke Lackner-FS 702 ff. Da § 248 a auf § 263 entsprechend anzuwenden ist, kommen als „Sachen" nicht nur körperliche Gegenstände, sondern alle Vermögensbestandteile in Betracht (vgl. BGH **5** 263, Bay NJW **53**, 837, KG JW **30**, 137, D-Tröndle 55; and. zu § 264 a a. F. RG **63** 153, DR **41**, 709). Über Geringwertigkeit vgl. § 248 a

RN 5 ff., BGH **6** 41. Ein **Handeln aus Not** ist entgegen § 264 a a. F. nicht erforderlich. Zum Irrtum über die Geringwertigkeit vgl. § 248 a RN 16.

XIV. Die **Verjährung** beginnt erst mit Eintritt des Vermögensschadens, nicht bereits mit der 193 Täuschungshandlung (RG **42** 173, Blei II 240; vgl. zum Ganzen Otto Lackner-FS 723 ff.); über den Beginn der Verjährung bei Vollendung und Versuch vgl. Stuttgart MDR **70**, 64, NJW **69**, 1975 (näher hierzu § 78 a RN 7). Verwirklicht sich der schädigende Erfolg erst nach und nach (z. B. Rentenbetrug, Anstellungsbetrug), dann hat der Betrug erst mit dem letzten Teilerfolg sein Ende erreicht (RG **62** 419, BGH **27** 342 m. zust. Anm. Brause NJW 78, 2104, Köln MDR **57**, 371, Stuttgart MDR **70**, 64, § 78 a RN 4; and. [für Anstellungsbetrug] RG **64** 37, BGH **22** 38 m. Anm. Schröder JR 68, 346, Oppe NJW 58, 1909).

§ 263a Computerbetrug

(1) **Wer in der Absicht, sich oder einem Dritten einen rechtswidrigen Vermögensvorteil zu verschaffen, das Vermögen eines anderen dadurch beschädigt, daß er das Ergebnis eines Datenverarbeitungsvorgangs durch unrichtige Gestaltung des Programms, durch Verwendung unrichtiger oder unvollständiger Daten, durch unbefugte Verwendung von Daten oder sonst durch unbefugte Einwirkung auf den Ablauf beeinflußt, wird mit Freiheitsstrafe bis zu fünf Jahren oder mit Geldstrafe bestraft.**

(2) **§ 263 Abs. 2 bis 5 gilt entsprechend.**

Schrifttum: Achenbach, Das Zweite Gesetz zur Bekämpfung der Wirtschaftskriminalität, NJW 86, 1835. – *ders.,* Die „kleine Münze" des sog. Computer-Strafrechts, Jura 91, 225. – *Baumann,* Strafrecht und Wirtschaftskriminalität, JZ 83, 935. – *Bühler,* Ein Versuch, Computerkriminellen das Handwerk zu legen; Das Zweite Gesetz zur Bekämpfung der Wirtschaftskriminalität, MDR 87, 448. – *ders.,* Geldspielautomatenmißbrauch und Computerstrafrecht, MDR 91, 14. – *Egli,* Grundformen der Wirtschaftskriminalität, 1985. – *Ehrlicher,* Der Bankomatenmißbrauch – seine Erscheinungsformen und seine Bekämpfung, 1988. – *Engelhard,* Computerkriminalität und deren Bekämpfung durch strafrechtliche Reformen, DVR 85, 165. – *Etter,* Noch einmal: Systematisches Leerspielen von Glückspielautomaten, CR 88, 1021. – *Granderath,* Das Zweite Gesetz zur Bekämpfung der Wirtschaftskriminalität, DB 86 Beil. 18, 1. – *Haft,* Das Zweite Gesetz zur Bekämpfung der Wirtschaftskriminalität (2. WiKG), NStZ 87, 6. – *Hass,* Rechtsschutz und Verwertung von Computerprogrammen, 299. – *Heinz,* Konzeption und Grundsätze des Wirtschaftsstrafrechts (einschließlich Verbraucherschutz), ZStW 96, 417. – *Huff,* Die Strafbarkeit im Zusammenhang mit Geldautomaten, NStZ 85, 438. – *ders.,* Strafbarkeit der mißbräuchlichen Geldautomatenbenutzung durch Kontoinhaber, NJW 86, 902. – *ders.,* Die mißbräuchliche Benutzung von Geldautomaten, NJW 87, 815. – *Kleb-Braun,* Codekartenmißbrauch und Sparbuchfälle aus „Volljuristischer" Sicht, JA 86, 249. – *Kolz,* Zur Aktualität der Bekämpfung der Wirtschaftskriminalität für die Wirtschaft, wistra 82, 167. – *Lackner,* Zum Stellenwert der Gesetzestechnik, Tröndle-FS 41. – *Lampe,* Die strafrechtliche Behandlung der sog. Computer-Kriminalität, GA 75, 1. – *Lenckner,* Computerkriminalität und Vermögensdelikte, 1981. – *Lenckner/Winkelbauer,* Strafrechtliche Probleme im modernen Zahlungsverkehr, wistra 84, 83. – *dies.,* Computerkriminalität – Möglichkeiten und Grenzen des 2. WiKG, CR 86, 483, 654, 824. – *Martens,* Zur Reform des Beitragsstrafrechts in der Sozialversicherung, wistra 85, 51. – *ders.,* Das neue Beitragsstrafrecht in der Sozialversicherung, wistra 86, 154. – *Möhrenschlager,* Der Regierungsentwurf eines Zweiten Gesetzes zur Bekämpfung der Wirtschaftskriminalität, wistra 82, 201; 83, 17, 49. – *ders.,* Neue gesetzliche Regelungen zur Computerkriminalität in den USA, wistra 85, 63. – *ders.,* Neue bundesstrafrechtliche Regelungen gegen die Fälschung und den Mißbrauch von Kreditkarten u. ä. in den USA, wistra 85, 216. – *ders.,* Das Zweite Gesetz zur Bekämpfung der Wirtschaftskriminalität (2. WiKG), wistra 86, 123. – *ders.,* Das neue Computerstrafrecht, wistra 86, 128. – *v. zur Mühlen,* Computerkriminalität, 1973. – *Müller/Wabnitz,* Wirtschaftskriminalität, 2. A. 1986. – *Neumann,* Leerspielen von Geldspielautomaten, CR 89, 717. – *Otto,* Mißbrauch von Scheck- und Kreditkarten sowie Fälschung von Vordrucken für Euroschecks und Euroscheckkarten, wistra 86, 150. – *ders.,* Konzeption und Grundsätze des Wirtschaftsstrafrechts (einschließlich Verbraucherschutz), ZStW 96, 339. – *ders.,* Zum Bankautomatenmißbrauch nach Inkrafttreten des 2. WiKG, JR 87, 221. – *Poerting/Pott,* Computerkriminalität, Berichte des kriminalistischen Instituts, 1986. – *Ranft,* Der Bankautomatenmißbrauch, wistra 87, 79. – *Rohner,* Computerkriminalität, 1976. – *Schäfer,* Die Strafbarkeit des Arbeitgebers bei Nichtzahlung von Sozialversicherungsbeiträgen für versicherungspflichtige Arbeitnehmer, wistra 82, 96. – *Schlüchter,* Zweites Gesetz zur Bekämpfung der Wirtschaftskriminalität, 1987. – *dies.,* Zweckentfremdung von Geldspielgeräten durch Computermanipulation, NStZ 88, 53. – *Schmölzer,* Computer-Kriminalität – kriminologische und kriminalpolitische Überlegungen, FestG-Göppinger, 2. Aufl. 1990, 237. – *Schroth,* Der Regelungsgehalt des 2. Gesetzes zur Bekämpfung der Wirtschaftskriminalität im Bereich des Ordnungswidrigkeitenrechts, wistra 86, 158. – *Sieber,* Computerkriminalität und Strafrecht, 2. A. 1980. – *ders.,* Informationstechnologie und Strafrechtsreform, 1985. – *Sieg,* Strafrechtlicher Schutz gegen Computerkriminalität, Jura 86, 352. – *Stahlschmidt,* Steuerhinterziehung, Beitragsvorenthaltung und Betrug im Zusammenhang mit illegaler Beschäftigung, wistra 84, 209. – *Spahn,* Wegnahme und Mißbrauch codierter Scheckkarten, Jura

89, 513. – *Steinhilper,* Ist die Bedienung von Bargeldautomaten unter mißbräuchlicher Verwendung fremder Codekarten strafbar?, GA 85, 114. – *Steinke,* Kriminalität durch Beeinflussung von Rechnerabläufen, NStZ 84, 295. – *Stratenwerth,* Computerbetrug, SchwZStr. 81, 229. – *Thaeter,* Zur Struktur des Codekartenmißbrauchs, wistra 88, 339. – *Tiedemann,* Handhabung und Kritik des neuen Wirtschaftsstrafrechts – Versuch einer Zwischenbilanz, Dünnebier-FS 519. – *ders.,* Computerkriminalität und Mißbrauch von Bankomaten, WM 83, 1326. – *ders.,* Die Bekämpfung der Wirtschaftskriminalität durch den Gesetzgeber, JZ 86, 865. – *ders.,* Die strafrechtliche Vertreter- und Unternehmenshaftung, NJW 86, 1842. – *Volk,* Strafrecht und Wirtschaftskriminalität, JZ 82, 85. – *Weber, U.,* Konzeption und Grundsätze des Wirtschaftsstrafrechts (einschließlich Verbraucherschutz), ZStW 96, 376. – *ders.,* Wirtschaftsrecht – Einführung und Übersicht, JuS 89, 689. – *ders.,* Probleme der strafrechtlichen Erfassung des Euroscheck- und Euroscheckkartenmißbrauchs nach Inkrafttreten des 2. WiKG, JZ 87, 215. – *ders.,* Konkurrenzprobleme bei der strafrechtlichen Erfassung der Euroscheck- und Euroscheckkartenkriminalität durch das 2. WiKG, GedS-Küchenhoff 485. – *Westphal,* Strafbarkeit des systematischen Entleerens von Glücksspielautomaten, CR 87, 515. – *Winkelbauer,* Computerkriminalität und Strafrecht, CR 85, 40. – *Zimmerli/Liebl,* Computermißbrauch, Computersicherheit, 1984.

1 I. Die Vorschrift ist durch Art. 1 Nr. 9 des 2. WiKG v. 15. 5. 1986 (BGBl. I 722) eingefügt worden. Bei der **Bekämpfung der Computerkriminalität** (vgl. §§ 152a III, 202a, 269, 270, 303a, 303b, 348) kommt ihr neben § 269 die **zentrale Bedeutung** zu. Während § 269 systematisch den Fälschungsdelikten zugeordnet ist, sollen durch § 263a die Fälle erfaßt werden, in denen der Täter das Ergebnis eines vermögenserheblichen Datenverarbeitungsvorganges durch unlautere Mittel beeinflußt, um dadurch für sich oder einen anderen einen rechtswidrigen Vermögensvorteil zu erlangen (Lenckner/Winkelbauer CR 86, 654, Samson SK 1ff.). Für die Einführung einer Parallelvorschrift zum Betrugstatbestand bestand ein unabweisbares kriminalpolitisches Bedürfnis, weil der steigende Einsatz von Datenverarbeitungsanlagen, die in Zukunft noch größere Bedeutung erlangen werden, die Gefahren ihrer mißbräuchlichen Verwendung vermehrt hat und die bisherigen Straftatbestände Verhaltensweisen nicht zu erfassen vermochten, in denen eine Vermögensschädigung, die in Bereicherungsabsicht herbeigeführt wurde, nicht durch die irrtumsbedingte Verfügung einer (natürlichen) Person vermittelt wird, es also nicht zur Täuschung einer Kontrollperson kommt, der Vermögensschaden vielmehr durch einen Eingriff in das System der Datenverarbeitungsanlage erfolgt. § 263a soll also Strafbarkeitslücken ausfüllen, die dadurch aufgetreten sind, daß vermögensschädigende Computermanipulationen vom Betrugstatbestand regelmäßig nicht erfaßt werden können (Tiedemann WM 83, 1329, Lenckner/Winkelbauer CR 86, 654, Möhrenschlager wistra 82, 202). Daneben will § 263a aber auch die Unklarheiten beseitigen, die durch den mißbräuchlichen Gebrauch von ec-Karten entstanden waren (vgl. u. 10ff.); ob dies in brauchbarer Weise gelungen ist, ist allerdings höchst problematisch. Zur Gesetzgebungsgeschichte vgl. Lenckner/Winkelbauer CR 86, 654f., Tiedemann JuS 89, 689f. u. insb. Lackner Tröndle-FS 43ff. Zu den kriminologischen Grundlagen der Vorschrift vgl. Sieber, Computerkriminalität 126ff., Sieg Jura 86, 352.

2 Die ursprünglich vom RegE vorgeschlagene Fassung (BT-Drs. 10/318 S. 4) lehnte sich eng an § 263 an. Mit ihr sollten nur die Unzulänglichkeiten des geltenden Rechts beseitigt werden, die sich daraus ergaben, daß der Tatbestand des Betruges menschliche Entscheidungsprozesse voraussetzt, die bei dem Einsatz eines Computers fehlen (BT-Drs. aaO S. 19). Die von der Regierung vorgesehene Fassung ist jedoch durch den Rechtsausschuß auf Anraten von Sachverständigen auch auf die Fälle der unbefugten Verwendung von Daten ausgedehnt worden, was die Vorschrift über die Strukturelemente des Betrugs hinausführt und auch solche der Eigentumsdelikte i. S. des Trickdiebstahls, der Unterschlagung sowie des Untreuetatbestandes einbezieht (Tiedemann WM 83, 1331, Otto, Bankentätigkeit 127, Sieber, Informationstechnologie 38f., Lenckner/Winkelbauer wistra 84, 88, Möhrenschlager wistra 86, 129). Hier wird, wie häufig in der heutigen Gesetzgebung, spürbar, daß die Tatbestandsfassung einer Norm vorwiegend, gelegentlich sogar ausschließlich, an einer einzigen Fallkonstellation orientiert und dabei übersehen wird, daß die auf den Fall konzipierte, aber abstrakt formulierte Regelung auch eindeutig nicht strafwürdige Fälle erfaßt (vgl. Lackner Tröndle-FS 51ff.). Durch die Erweiterung auf die unbefugte Verwendung von Daten hat die Vorschrift ihre **Symmetrie zu § 263 verloren** (D-Tröndle 1; vgl. jedoch Lenckner/Winkelbauer CR 86, 655). Der „unbefugte Gebrauch" erfaßt bei weiter Auslegung nämlich nicht bloß die wegen ihrer Parallelität zu § 263 strafwürdigen Fälle einer Computermanipulation, sondern auch etwa den Gebrauch der eigenen Codenummer, soweit hier im Verhältnis zur Bank – etwa beim Überziehen des Kreditrahmens, d.h. vertragswidrig von der Karte „unbefugt" (vgl. die Erl. zu § 266b) – Gebrauch gemacht wird. Außerdem werden Fälle erfaßt, in denen Codekarten einem Dritten überlassen und dieser abspracheverwidrig höhere Beträge vom Konto des Codekarteninhabers abhebt als vorgesehen. Dies aber sind Verhaltensweisen, die nicht im entferntesten dem Bild des Betruges entsprechen (krit. auch Samson SK 7). Ebenso verhält es sich mit falschen Angaben in Anträgen auf Erlaß von Mahnbescheiden, die im automatisierten Mahnverfahren ergehen (Hass 303). Teilweise wird hier die Anwendbarkeit von § 263a bejaht (Möhrenschlager wistra 86, 132). Obwohl hier falsche Angaben gemacht werden, wenn der Anspruch nicht besteht (and. Lenckner/Winkelbauer CR 86, 656), weil die prozessuale Wahrheitspflicht auch im Mahnverfahren gilt, wird die Anwendbarkeit von § 263a gleichwohl abzulehnen sein, weil bei einer herkömmlichen Bearbeitung des Antrages der Rechtspfleger sich keine Vorstellungen über das Bestehen des geltend gemachten Anspruchs machen würde (ebenso Lenckner/Winkelbauer CR 86, 656). Um Unzulänglichkeiten und eine uferlose Ausdehnung der Vorschrift zu vermeiden, hat daher als Auslegungsregel zu gelten, daß § 263a ausscheidet, wenn ein entsprechendes Täuschungsverhalten gegenüber Personen nicht zum Betrug führen würde (vgl. hierzu Lackner Tröndle-FS 54ff.). Dies ergibt sich daraus, daß § 263a nur die Fälle erfassen will, die mangels einer intellektuellen Beeinflussung einer Person und deren irrtumsbedingten Reaktion nicht durch § 263 erfaßt werden können (Lackner aaO 54ff.). Hier ergibt sich also ein ähnliches hypothetisches Subsumtionserfordernis, wie es in § 269 ausdrücklich vorgeschrieben ist (vgl. § 269 RN 18).

II. Der **objektive Tatbestand** setzt voraus, daß der Täter durch unrichtige Gestaltung des Programms, durch Verwendung unrichtiger oder unvollständiger Daten, durch unbefugte Verwendung von Daten oder sonst durch unbefugte Einwirkung auf den Ablauf des Datenverarbeitungsvorgangs dessen Ergebnis beeinflußt und dadurch das Vermögen eines anderen beschädigt. Zwischen der Tathandlung, der durch die Computermanipulation erzielten Ergebnisverfälschung und der Vermögensbeschädigung muß Kausalität bestehen.

1. Die **Tathandlungen**, die in ihrer Beschreibung teilweise denen des § 263 nachempfunden sind (z. B. Verwendung unrichtiger Daten = Behaupten falscher Tatsachen) sollen alle Arten einer Manipulation erfassen, durch die auf das Ergebnis des Datenverarbeitungsvorgangs eingewirkt werden kann. Dieser läßt sich (vereinfacht) wie folgt beschreiben: Die in den Computer eingegebenen Eingangsdaten (Input) werden auf der Grundlage des im Computer gespeicherten Programms, d. h. einer Folge von dort festgelegten Arbeitsbefehlen an die Datenverarbeitungsanlage, und zusätzlichen Kontrollbefehlen über die Konsole auf die vorgegebene Weise verarbeitet. Das Ergebnis dieses Datenverarbeitungsprogramms besteht dann in den Ausgangsdaten (Output). Aus dieser Arbeitsweise einer EDV-Anlage ergibt sich auf verschiedenen Ebenen die Möglichkeit, das Ergebnis der Datenverarbeitung zu beeinflussen: Auf der Ebene der Dateneingabe durch **Inputmanipulation,** auf der Ebene der Datenverarbeitung durch eine **Programm-** oder **Konsolmanipulation,** auf der Ebene der Datenausgabe durch eine Outputmanipulation. Daneben besteht noch die Möglichkeit, auf die maschinentechnische Ausstattung des Computers, d. h. die Hardware einzuwirken. Zu dieser gehören die Zentraleinheit mit Rechenwerk, Steuerwerk und Hauptspeicher sowie Eingabe-, Ausgabe-, Speicher- und Dialoggeräte. Einwirkungen auf die Ausstattung der EDV-Anlage werden **Hardwaremanipulation** genannt. Mit Ausnahme der Outputmanipulation werden durch § 263a alle Manipulationsmöglichkeiten erfaßt, wobei die Tathandlungen sich teilweise überschneiden können (D-Tröndle 5).

Die Vorschrift zählt die Tatformen, die „sich an empirische Erscheinungsformen und an der Eigenart vermögensschädigender Computermanipulationen orientieren" (so BT-Drs. 10/5058 S. 30), beispielhaft auf. Zu den verschiedenen Möglichkeiten einer Computermanipulation vgl. Sieber, Computerkriminalität 40ff., Tiedemann JZ 86, 869, Bühler MDR 87, 449.

a) **Unrichtige Gestaltung des Programms.** Unter Programm ist die Arbeitsanweisung an einen Computer zu verstehen, die aus einer Folge von Einzelbefehlen (sog. Programmablaufschritten) besteht. „Unrichtig" ist ein Programm dann, wenn es dem Willen und den Gestaltungsvorstellungen des hierüber Verfügungsberechtigten nicht entspricht (BT-Drs. 10/318 S. 20); krit. zu dieser Alt. Haft NStZ 87, 7. Die Programmanipulation kann entweder systemkonform oder systemkonträr sein. Im ersten Fall wird der vom Verfügungsberechtigten erstellte Programmablauf z. B. dadurch beeinflußt, daß einzelne Programmablaufschritte verändert, zusätzliche Programmablaufschritte eingebaut, gelöscht oder durch elektronische Verzweigungen umgangen werden; dadurch kann beispielsweise erreicht werden, daß eingegebene Daten nicht oder in anderer Weise verarbeitet werden als vom Verfügungsberechtigten vorgesehen. Bei der systemkonträren Programmanipulation werden nicht die dem Programm immanenten Programmablaufschritte geändert, sondern die vorhandenen durch nicht vorgesehene überlagert; so können z. B. die zur Verhinderung von Computermanipulationen eingebauten Kontrollen umgangen werden. Im übrigen schließt die „unrichtige Programmgestaltung" auch Fälle der Ablauf-Manipulation i. S. der „Einwirkung auf den Ablauf" (vgl. auch Möhrenschlager wistra 82, 202) ein, ebenso die Inputmanipulationen, die sich auch als Beeinflussung durch Verwendung unrichtiger und unvollständiger Daten erfassen lassen. Zu den Daten i. S. dieser Umschreibung können nämlich auch Programme gezählt werden, die eine besondere Art von Daten sind (BT-Drs. 10/5058 S. 30, Möhrenschlager wistra 86, 132; vgl. § 202a RN 3).

§ 263 a 7–10

7   b) **Verwendung unrichtiger oder unvollständiger Daten.** Zum Begriff der Daten vgl. § 202a RN 3. **Unrichtig** sind Daten, wenn sie den darzustellenden Lebenssachverhalt unzutreffend wiedergeben; **unvollständig** sind sie, wenn sie ihn nicht ausreichend erkennen lassen (D-Tröndle 7). Unter dieser Tatmodalität, die am ehesten mit § 263 zu vergleichen ist, fallen die wichtigsten Fälle der Inputmanipulation. Nicht erfaßt wird allerdings die bloße Herstellung der sog. Urbelege in nicht maschinenlesbarer Form (z. B. Rechnungen); erforderlich ist vielmehr, daß die Daten in die EDV-Anlage eingegeben oder in maschinenlesbare Form, z. B. durch einen Kartenlocher oder elektronisch, gebracht werden (Sekundärdaten). Verwendet sind die Daten, wenn sie in den Computer eingebracht werden. Wer Urbelege herstellt in Kenntnis, daß sie durch einen Gutgläubigen verwendet werden, begeht die Tat in mittelbarer Täterschaft. Ferner gehören Fälle unter diese Tatmodalität, in denen eingegebene Daten in einen anderen Zusammenhang gebracht oder unterdrückt werden (BT-Drs. 10/318 S. 20). Anders als § 202a (dort RN 4) ist der Anwendungsbereich dieses Merkmals nicht auf „nicht unmittelbar wahrnehmbare Daten" begrenzt, um vor allem auch die Eingabe noch nicht gespeicherter Daten erfassen zu können (D-Tröndle 7).

8   c) **Unbefugte Verwendung von Daten.** Bei dieser Tatmodalität geht es nicht um eine programmwidrige oder sachlich unrichtige Beeinflussung eines Datenverarbeitungsvorgangs, sondern um die unerlaubte Einflußnahme auf einen autorisierten Computerablauf durch Personen, die hierzu nicht berechtigt sind oder ihre Zugangsmöglichkeit zum Computer zu unerlaubten Zwecken nutzen. Diese Alternative wurde vom Rechtsausschuß des Bundestags mit der Begründung vorgeschlagen, daß ansonsten die mißbräuchliche Verwendung von Codekarten an Bankomaten strafrechtlich nicht zu erfassen sei (BT-Drs. 10/5058 S. 29 f.). Die Ahndung dieser Tatform wurde im Schrifttum mehrfach und in der öffentlichen Anhörung von Sachverständigen (Haft, Möhrenschlager) gefordert (vgl. auch Tiedemann WM 83, 1331, Otto, Bankentätigkeit 127; Sieber, Informationstechnologie 38, Lenckner/Winkelbauer wistra 84, 88 und CR 85, 43, Möhrenschlager wistra 86, 129). Diese Vorschläge zielten darauf ab, zwei Fallgruppen strafrechtlich zu erfassen. Einmal sollte die Beschaffung von Bargeld durch einen Nichtberechtigten mit Hilfe mißbräuchlicher Verwendung einer fremden Codekarte und der dazugehörigen Geheimnummer in den Tatbestand des § 263a aufgenommen werden. Insoweit ist die Strafwürdigkeit zweifelsfrei zu bejahen. Daneben sollten aber – unabhängig von der tatbestandlichen Einordnung – auch die Fälle erfaßt werden, in denen der Berechtigte am Bankomat unter Überziehung seines Kreditrahmens Bargeld abhebt. Die Strafwürdigkeit dieses Falles ist aber höchst zweifelhaft. Unabhängig von der Strafwürdigkeit beider Fallgruppen steht aber schon heute fest, daß durch technische Änderungen des Bankomatsystems ein Mißbrauch verhindert werden kann. Eine technische Lösung des Problems ist jeder Strafnorm vorzuziehen. Um die Gefahr des Codekartenmißbrauchs auszuschließen, soll das System künftig technisch dadurch gesichert werden, daß der heute übliche Magnetstreifen auf der ec-Karte durch einen integrierten Chip ersetzt wird, dessen Daten nicht mehr geknackt werden können und der überdies eine erheblich höhere Datenkapazität und damit weitere Sicherungsmöglichkeiten enthält. Sollte technisch erreicht werden, was heute geplant ist, so würde das Merkmal „unbefugte Datenverwendung" überflüssig oder durch ein betrugsnäheres Merkmal ersetzt werden können. Im übrigen sollte der Gesetzgeber darauf achten, daß den Banken das Risiko technisch nicht ausgereifter Anlagen nicht durch das Strafrecht abgenommen werden darf. Entsprechende technische Verbesserungen sind auch für das Telebanking im Rahmen des Btx-Systems vorgesehen. Der Btx-Teilnehmer kann dabei derzeit über sein Telefon und ein kompatibles Fernsehgerät ein Girokonto führen und Überweisungen tätigen sowie Daueraufträge einrichten, ändern oder löschen. Alle Formen des Telebanking werden dabei zusätzlich zu Hardware-Kennung und persönlichem Kennwort, geschützt durch eine persönliche Identifikationsnummer (PIN), die der Teilnehmer ebenso wie das persönliche Kennwort jederzeit selbst ändern kann, sowie durch nur einmal verwendbare Transaktionsnummern (TAN), die dem Kontoinhaber von dem kontoführenden Institut mitgeteilt werden und eine Art „elektronische Unterschrift" darstellen. Aber auch hier sind weitere Sicherungsmöglichkeiten in der Planung.

9   Aus den genannten Gründen ist die Formulierung in § 263a höchst problematisch, weil eine „unbefugte Verwendung" von Daten bei weiter Auslegung dieses Merkmals, auch den **vertragswidrigen Gebrauch** durch den Karteninhaber erfassen könnte, woran im Gesetzgebungsverfahren nicht gedacht war. Die einzige Vertragswidrigkeit, die als strafwürdig angesehen wurde, ist die Überziehung des Kreditrahmens; für sie kommt § 266b in Betracht (vgl. dort RN 8). Im übrigen könnte sich schon in absehbarer Zukunft die gleiche Sachfrage wegen der technischen Entwicklung in einem ganz anderen Licht stellen.

10 Ob die für § 263a gewählte Konstruktion den **ec-Karten-Mißbrauch,** so wie er sich heute technisch darstellt, erfaßt und überdies auf die Fälle strafwürdigen Verhaltens beschränkt bleibt, ist umstritten. Einerseits wird behauptet, daß die Vorschrift ungenügend sei, um die Fälle des

Codekartenmißbrauchs zu erfassen, weil die nach § 263a erforderliche „Beeinflussung des Ergebnisses eines Datenverarbeitungsvorgangs" (vgl. u. 21 ff.) voraussetze, daß der Täter auf einen bereits im Gang befindlichen oder von anderer Seite initiierten Datenverarbeitungsvorgang hineinwirkt, während der Tatbestand nicht erfüllt sei, wenn der Täter den Datenverarbeitungsvorgang erst selbst in Gang setzt (Kleb-Braun JA 86, 259, Ranft wistra 87, 79); diese Auffassung ist abzulehnen (Möhrenschlager wistra 86, 113, D-Tröndle 8a), weil der betriebsbereite Bankomat durch die Bank schon in Gang gesetzt ist, bevor er durch das Einführen der ec-Karte zu einem einzelnen Datenverarbeitungsvorgang veranlaßt wird. Andererseits ist die Fassung viel zu weit, weil der „unbefugte" Gebrauch richtiger Daten nach dem Wortlaut auch solche Fälle erfassen könnte, in denen der Gebrauch nur deshalb unbefugt ist, weil er im Widerspruch zu vertraglichen Abmachungen, insbesondere Allgemeinen Geschäftsbedingungen (AGB) steht. So handelt z. B. der Inhaber einer Codekarte zivilrechtlich „unbefugt", wenn er entgegen den AGB seines Kreditinstituts am Bankomat Geld abhebt, ohne ein Guthaben oder einen ausreichenden Kreditrahmen zu besitzen. Würden diese Fälle durch § 263a erfaßt (vgl. hierzu Möhrenschlager wistra 86, 133, Otto wistra 86, 153, Granderath DB 86 Beil. 18, 4, Hass 306 f.), so hieße dies im Ergebnis, daß die Banken durch eine willkürliche Ausgestaltung der AGB das Risiko einer mangelhaften Technik ihrer Bankomaten mit strafrechtlichen Konsequenzen auf ihre Kunden abwälzen könnten. Dann müßte nicht durch technische Vorkehrungen sichergestellt sein, daß täglich erlaubte Geldmengen eingehalten oder das Konto nicht unzulässigerweise überzogen wird; es würde ausreichen, die Pflichten des Kunden vertraglich so auszugestalten, daß jede der Bank nicht genehme Auszahlung als Vertragsbruch und damit als „unbefugter Gebrauch" der Codekarte erscheint, z. B. auch das Verbot, Codekarte und Geheimnummer einem Dritten zum Zwecke der Geldauszahlung zu überlassen (vgl. u. 19). In so weitgehendem Umfang können aber der Privatautonomie die Grenzen der Strafbarkeit nicht überlassen bleiben.

Aus den genannten Gründen ist eine **einschränkende Interpretation** dieser Tatmodalität **11** dahin geboten, daß eine unbefugte Verwendung nur dann tatbestandsmäßig ist, soweit dabei nicht lediglich eine das Innenverhältnis zwischen Bank und Codekarteninhaber betreffende Befugnis überschritten wird (vgl. Lenckner/Winkelbauer wistra 84, 88, CR 87, 657); der Nichtberechtigte muß also durch verbotene Eigenmacht in den Besitz der Daten gelangt sein, die er gebraucht, ähnlich der Situation bei der Vorlage eines Sparbuchs, das der Täter zuvor in seinen Besitz gebracht hat. Dies ergibt sich daraus, daß die für § 263a gebotene Symmetrie zu § 263 eine Auslegung nahelegt, die jeweils einen Vergleich mit der entsprechenden Täuschungssituation beim Betrug erfordert (vgl. hierzu Lackner Tröndle-FS 53). Daher ist § 263a gegeben, wenn der Nichtberechtigte ohne Einwilligung des Inhabers eine fremde Codekarte gebraucht, nicht dagegen, wenn der Berechtigte den Bankomat zu einer Auszahlung veranlaßt, die sich im Verhältnis zur Bank als Vertragswidrigkeit darstellt (and. D-Tröndle 8a). Für die hier vertretene Lösung spricht vor allem auch die Existenz des § 266b. Die Vorschrift enthält ein auf den Inhaber der Scheck- oder Kreditkarte beschränktes Sonderdelikt (Weber NStZ 86, 484, JZ 87, 217, D-Tröndle § 266b RN 3; vgl. auch BGH wistra 87, 64, 136). Man muß iS der h. M. davon ausgehen, daß der Gesetzgeber aus der Vielzahl möglicher interner Vertragsverletzungen ausschließlich die Überziehung des Kreditrahmens strafrechtlich erfassen und dessen Ahndung allein durch § 266b ermöglichen wollte, weil er offenbar davon ausging, daß die Karte ihre Eigenschaft als Scheckkarte nicht deshalb verliert, weil sie gleichzeitig Codekarte ist (so auch Weber JZ 87, 217, Huff NJW 87, 817; and. D-Tröndle § 266b RN 1, Lackner § 266b Anm. 3). Ob die gesetzgeberische Intention in § 266b ihren Niederschlag gefunden hat, ist allerdings zweifelhaft (vgl. § 266b RN 8). Jedenfalls aber steht fest, daß andere Vertragswidrigkeiten, die nicht zur Kreditrahmenüberziehung führen, durch § 263a nicht erfaßt werden. Wird eine fremde Codekarte im Einverständnis mit deren Inhaber gebraucht, so liegt jedenfalls § 263a nicht vor (vgl. u. 19); und zwar auch dann nicht, wenn absprachewidrig ein höherer Betrag am Bankomaten abgehoben wird, denn auch hier ergibt sich die mangelnde Befugnis zusätzlich zum Verstoß gegen die AGB der Bank aus einer Vertragswidrigkeit zwischen Karteninhaber und Beauftragtem. Erlangt allerdings der Täter die Karte durch Täuschung, so kommt Betrug gegenüber dem Inhaber in Betracht. Entgegen Kleb-Braun (aaO) wird, der sog. „**Zeitdiebstahl**" (Lenckner, Computerkriminalität, 20; Tiedemann WM 83, 1329; Sieber, Informationstechnologie, 59; Jaburek/Schmölzer 35; vgl. § 242 RN 2) nicht durch § 263a erfaßt (D-Tröndle 8c). Zeitdiebstahl ist nämlich kein Fall des Manipulierens von Datenverarbeitungsergebnissen, sondern stellt – vergleichbar mit der Tathandlung des § 248b – nur den unberechtigten Gebrauch des Computers (Hard- und/oder Software) dar (Möhrenschlager wistra 86, 133). Sollte gleichwohl ein Schaden entstehen, so ist dieser nicht auf eine Computer-Manipulation zurückzuführen (vgl. o. 5; ebenso D-Tröndle 8c).

d) **Unbefugte Einwirkung auf den Ablauf.** Schließlich kann die Computermanipulation **12** „sonst durch unbefugte Einwirkung auf den Ablauf" geschehen. Dieser Tatmodaltät kommt

Auffangcharakter zu, wie sich aus der Verwendung des Wortes „sonst" ergibt (ebenso Lenckner/Winkelbauer CR 86, 658, D-Tröndle 9). Nach der Begründung (BT-Drs. 10/318 S. 20) sollten die Worte „Einwirkung auf den Ablauf" sicherstellen, daß z. B. die besonders gefährlichen Konsolmanipulationen (vgl. o. 4), die nicht stets unrichtige Daten voraussetzen, bei denen vielmehr sonstwie auf die Anweisung für den Verarbeitungsvorgang eingewirkt oder der maschinelle Ablauf des Programms verändert wird, erfaßt werden. Von den „störenden Einwirkungen auf den Aufzeichnungsvorgang" i. S. v. § 268 III unterscheidet sich die hier in Betracht kommende Tathandlung des § 263a dadurch, daß es sich nicht um „gerätefremde" Eingriffe handeln muß; dies folgt daraus, daß es bei § 268 um die Authentizität des automatisierten, gerätetypischen Aufzeichnungsvorgangs geht, bei § 263a hingegen um Eingriffe, die zu einem beeinflußten Datenverarbeitungsvorgang führen (Lenckner/Winkelbauer CR 86, 658), der eine Vermögensschädigung zur Konsequenz hat. Zu den faktischen Möglichkeiten einer Computer-Manipulation Müller/Wabnitz 209ff., Sieber, Computerkriminalität 39ff. Das später eingefügte Merkmal „unbefugt" soll außerdem gewährleisten, daß auch neue Manipulationstechniken (z. B. bestimmte Hardware-Manipulationen) erfaßt werden (Möhrenschlager wistra 82, 202). Zu Recht weist jedoch D-Tröndle 9 darauf hin, daß durch diese Tatbestandsalternative der Bestimmtheitsgrundsatz (Art. 103 GG) tangiert wird; s. dazu auch Ranft wistra 87, 83.

13 e) **Besondere Probleme** werfen folgende Fälle der unbefugten Verwendung von Daten auf:

14 α) **Unbefugte Benutzung der ec-Codekarte mit persönlicher Geheimnummer.** Der praktisch häufigste Anwendungsfall ist gegenwärtig die Beurteilung des Mißbrauchs einer ec-Codekarte am Bankomat (zur technischen Abwicklung Müller/Wabnitz 161). Diese Fälle haben schon vor Inkrafttreten des § 263a eine Rolle gespielt und in der Rspr. zu einer heillosen Verwirrung geführt (vgl. Huff NStZ 85, 438, NJW 86, 902, 87, 815, Steinhilper GA 85, 114, Müller/Wabnitz 17ff., Ranft wistra 87, 79). Zusammenfassend läßt sich diese **Rspr.** wie folgt darstellen:

15 αα) **Vor Inkrafttreten** des § 263a wurde danach unterschieden, ob die Codekarte (Geheimnummer) in der Absicht weggenommen wurde, sie nach Gebrauch wieder zurückzubringen. Teilweise wurde hier ein Diebstahl zum Nachteil des Codekarteninhabers in Parallele zur Wegnahme eines Sparbuchs (vgl. § 242 RN 50) angenommen (vgl. die Hinweise bei LG Köln NJW **87**, 667), teilweise wurde hierin ein strafloses furtum usus gesehen mit der Begründung, daß die Codekarte im Gegensatz zum Sparbuch die Forderung gegenüber der Bank nicht verkörpere (BGH **35** 152 m. Anm. Huff NJW 88, 981, Bay NJW **87**, 663, Hamburg NJW **87**, 336; AG Stuttgart NJW **86**, 2653; vgl. auch AG Berlin-Tiergarten NStZ **87**, 122 m. Anm. Schneider); Einzelheiten hierzu bei Otto JR 87, 221. Teilweise wird die Wegnahme der Karte nach § 248a beurteilt (AG Kulmbach NJW **85**, 2282 m. Anm. Mitsch JuS 86, 767, LG Köln NJW **87**, 667), was selbstverständlich impliziert, daß die Voraussetzungen eines Zueignungsdelikts gegeben sind. Überwiegend wird ein Eigentumsdelikt an der Karte aber dann angenommen, wenn der Täter sie wegnimmt, ohne sie nach Gebrauch zurückbringen zu wollen (AG Kulmbach aaO, LG Köln aaO); problematisch könnte auch bei dieser Fallgestaltung sein, ob § 242 oder § 248a (vgl. § 248a RN 7) zur Anwendung kommt.

16 Ebenso uneinheitlich wird die Frage beantwortet, welcher Straftatbestand im **unbefugten Abheben** des Geldes am Bankomat zu sehen ist. Hier ist zu unterscheiden, ob der Karteninhaber selbst Bargeld abhebt, obwohl sein Konto nicht gedeckt ist, oder ob Geld von einem nichtberechtigten Dritten abgehoben wird, wobei gleichgültig ist, ob das Konto Deckung aufweist oder nicht. Das vertragswidrige Abheben von Bargeld (Konto ist nicht gedeckt) durch den Karteninhaber wird teilweise als Diebstahl am Geld (LG Karlsruhe NJW **86**, 948), teilweise als Unterschlagung (AG Hamburg NJW **86**, 945) bewertet. Erfolgt die Bargeldabhebung durch einen Nichtberechtigten, so ist auch hier umstritten, ob der durch die mißbräuchliche Verwendung der Karte ausgelöste Zahlungsvorgang als einfacher Diebstahl nach § 242 (so AG Gießen NJW **85**, 2283 m. Anm. Kramer CR 86, 340, Bay NJW **87**, 663; vgl. auch Koblenz wistra **87**, 261), als Diebstahl in einem schweren Fall nach § 243 (AG Kulmbach NJW **85**, 2282 m. Anm. Mitsch JuS 86, 767, LG Köln NJW **87**, 667), als Unterschlagung (BGH **35** 152 m. Anm. Huff NJW 88, 981, Stuttgart NJW **87**, 666, LG Oldenburg NJW **87**, 667, Thaeter wistra 88, 339, Spahn Jura 89, 513) anzusehen oder überhaupt straflos ist (AG München wistra **86**, 268). Treffen die Wegnahme der Karte und deren späterer Mißbrauch zusammen, so werden Diebstahl und Unterschlagung der Karte als straflose Vortat behandelt (vgl. LG Köln NJW **87**, 667; teilweise wird Realkonkurrenz angenommen, AG Kulmbach NJW **85**, 2282 m. Anm. Mitsch JuS 86, 767). Weitgehende Einigkeit besteht allerdings darin, daß hier weder § 263 noch §§ 266, 265a oder 281 in Betracht kommt (vgl. etwa Bay NJW **87**, 663).

17 Entsprechend kontrovers waren die in der **Lit.** vertretenen Auffassungen. So wurde etwa Diebstahl (vgl. Gropp JZ 83, 487, Herzberg Jura 85, 50, Lenckner/Winkelbauer wistra 84, 83,

Seelmann JuS 85, 289; and. Schroth NJW 81, 729, der im Ansichbringen und Benutzen der Codekarte unselbständige Teilakte einer einheitlichen Tathandlung sieht – alle mwN) oder Unterschlagung (vgl. Kleb-Braun JA 86, 260, Ranft JA 84, 1 ff.; siehe auch Ranft wistra 87, 79 mwN) des Geldes, aber auch Straflosigkeit (vgl. Dencker NStZ 82, 155, Huff NStZ 85, 438, NJW 86, 902, Steinhilper Jura 83, 408, GA 85, 114, Wiechers JuS 79, 847 – jeweils mwN) angenommen (siehe auch § 242 RN 36).

ββ) **Nach Inkrafttreten** des 2. WiKG ist von folgenden Grundsätzen auszugehen: Da § 263a, **18** zu dem in der Rspr. bisher nur obiter dicens Stellung genommen wurde (Bay NJW 87, 663, 665, LG Köln aaO), die Strafbarkeitslücken ausfüllen will, die mangels Täuschung, Irrtum oder Verfügung dem klassischen Betrugstatbestand nicht unterfallen und der Bundestag auf Vorschlag des Rechtsausschusses die ursprünglich vorgesehenen Alternativen des § 263a in der erklärten Absicht auf das „unbefugte Benutzen" von Daten erweitert hat, die Bankomat-Problematik zu klären, kann das Abheben von Bargeld durch den Nichtberechtigten über technische Einrichtungen dieser Art nur durch § 263a als lex specialis (Bay NJW 87, 663, 665 m. krit. Anm. Otto JR 87, 221, 225) erfaßt werden (ebenso Huff NJW 87, 817, Weber JZ 87, 216); §§ 242, 246 gegenüber dem Eigentümer des Geldes sind subsidiär (i. E. auch Lackner 10b). Demgegenüber vertreten Ranft wistra 87, 83 u. Kleb-Braun JA 86, 258 (so auch LG Wiesbaden NJW 89, 2551), wenn auch mit teilweise abweichenden Gründen, die Auffassung, § 263a sei auf diese Fälle nicht anwendbar, der Gesetzgeber habe sein Ziel also verfehlt; nach Ranft aaO wird doch § 263a nur der Gebrauch einer manipulierten, d. h. hinsichtlich ihres Datengehalts veränderten Code-Karte erfaßt (so auch LG Wiesbaden NJW 89, 2551, AG Böblingen CR **89**, 308 m. Anm. Richter CR 89, 303). Geht man von dem hier vertretenen Standpunkt aus, so ist die Wegnahme oder Unterschlagung der Code-Karte straflose Vor- oder Begleittat (vgl. RN 119 ff. vor § 52); dies ergibt sich daraus, daß der durch den Bankomatenmißbrauch entstehende Schaden den ec-Karteninhaber trifft, dessen Konto belastet wird, um über den Bankomat an Bargeld zu gelangen (a. A. Weber JZ 87, 217).

Strafbar ist aber **nur** der Mißbrauch der Codekarte durch einen **Nichtberechtigten**. Eine **19** vertragswidrige Überziehung des Kontos durch den Karteninhaber, bei der nach h. M. § 266b in Betracht kommt (vgl. jedoch RN 8), wird nach § 263a ebensowenig erfaßt wie Verstöße gegen die AGB der Banken (vgl. o. 10, Stuttgart NJW **88**, 981, Huff NJW 87, 817, Achenbach NJW 86, 1838, Weber JZ 87, 216, NStZ 86, 484). Danach ist z. B. die Überlassung der Karte und die Mitteilung der persönlichen Geheimzahl an Dritte vertraglich verboten (Nr. 2 der Sonderbedingungen für die Benutzung von ec-Geldautomaten, Stand April 1987); ein Verstoß hiergegen macht die Benutzung aber ebensowenig zu einer strafrechtlich „unbefugten" wie andere Vertragswidrigkeiten, die das Innenverhältnis zwischen der Bank und ihrem Kunden betreffen (vgl. o. 11). Daher macht sich auch nicht strafbar, wer im Auftrag des Karteninhabers Geld am Bankomaten abhebt; die in der Beauftragung liegende Vertragswidrigkeit stellt keinen Sachverhalt dar, der beim Dritten, der nicht einmal in diesen Vertragsbeziehungen steht, den Vorgang im strafrechtlichen Sinne zu einem „unbefugten Datengebrauch" machen würde. Wird mit dem Willen des Inhabers eine Codekarte benutzt, aber absprachewidrig ein höherer Betrag abgehoben als vereinbart, so liegt § 263a ebenfalls nicht vor, weil der Betriebsvorgang am Bankomat als solcher vom Willen des Inhabers der Codekarte getragen ist. Hier kommt allerdings § 266 in der Form des Treubruchtatbestandes (vgl. dort RN 23 ff.) in Betracht, sofern den Bankomatenbenutzer eine Vermögensfürsorgepflicht gegenüber dem Codekarteninhaber trifft; der Mißbrauchstatbestand scheitert an der mangelnden rechtsgeschäftlichen Verfügungsmacht, weil Auszahlung und Buchungsvorgänge, die der Bankomat bewirkt, ihre Vertragsgrundlage in den Benutzungsbedingungen für Geldautomaten haben und der Betriebsvorgang nur der Auslöser für die in der Anerkennung der AGB getroffenen Verfügungen darstellt. Wird die Übergabe der ec-Karte durch Täuschung erreicht, z. B. durch die wahrheitswidrige Zusicherung, sie nur einmal oder nur für einen bestimmten Betrag zu benutzen, so kommt Betrug zum Nachteil des Karteninhabers in Betracht, der aber ebenso erst in dem Augenblick vollendet ist, in dem von der Codekarte absprachewidrig Gebrauch gemacht wird, weil erst in diesem Augenblick die im Abschluß der AGB angelegte Verfügung zu einem Schaden führt; der bloße Besitzbetrug an der Karte selbst ist subsidiär.

β) **Telebanking im Btx-System.** Ähnliche Probleme wie beim Codekartenmißbrauch erge- **20** ben sich, wenn der Täter im Btx-System unter Verwendung der persönlichen Identifikations- und Transaktionsnummern „unbefugt" Überweisungen tätigt. Auch hier wird entsprechend zwischen Mißbrauch im Innen- und Außenverhältnis zu differenzieren sein (vgl. auch Lenckner/Winkelbauer CR 86, 657). § 263a kommt demnach in Betracht, wenn eine Überweisung ohne Einwilligung des Btx-Teilnehmers erfolgt, nicht dagegen bei bloß absprachewidriger Benutzung. Entscheidend ist auch hier, daß sich der Täter durch eine Art „verbotene Eigenmacht" – entsprechend der Aneignung der Codekarte (vgl. dazu o. 11) – die PIN und TAN verschafft haben muß. Werden die Nummern dagegen mit Willen des Berechtigten benutzt, aber etwa absprachewidrige Überweisungen auf das eigene Konto ausgeführt, so greift § 263a nicht. Andernfalls würde der Strafrechtsschutz auf den „Besitz" der Identifikations- und Transaktionsnummern ausgedehnt.

20a γ) Das gezielte **Leerspielen** von Glücksspielautomaten wirft vergleichbare Probleme auf. Es geht hierbei um Täter, die mittels Computerunterstützung Kenntnis der Programmabläufe in Geldspielautomaten erlangen und insbesondere wissen, wann die sog. „Risiko"-Taste, mit welcher das Spiel von außen beeinflußt werden kann, zu drücken ist, um einen Gewinn zu erzielen. Dadurch, daß die Täter aufgrund der Kenntnis der Programmabläufe das Drücken der Risikotaste bewußt einsetzen können, läßt sich innerhalb kurzer Zeit das im Gerät enthaltene Geld vollständig erlangen. Die zu diesem Problemkreis bislang ergangenen Entscheidungen sind kontrovers: Bejaht wurde die Strafbarkeit nach § 263a vom AG Ansbach CR **89**, 415, AG Augsburg CR **89**, 1004 m. abl. Anm. Etter (vgl. dazu Bay CR **90**, 725, NJW **91**, 438). Verneint wurde hingegen eine Strafbarkeit nach § 263a vom LG Aachen JR **88**, 436 m. Anm. Lampe, LG Duisburg wistra **88**, 278, LG Stuttgart NJW **91**, 441, Celle NStZ **89**, 367. Ausgangspunkt der Diskussion ist dabei die Auslegung des Tatbestandsmerkmals unbefugt. Die Betätigung der Risikotaste selbst wird übereinstimmend nicht als unbefugt angesehen. Die mangelnde Befugnis soll vielmehr daraus folgen, daß auf das Programm entgegen dem Willen des Verfügungsberechtigten eingewirkt wird. Diese Auffassung ist jedoch abzulehnen, weil eine bloße Vertragswidrigkeit die Strafbarkeit des § 263a nicht zu begründen vermag (vgl. o. 11ff.). Vgl. zu dieser Problematik auch Westphal CR **87**, 515, Schlüchter NStZ **88**, 53, Etter CR **88**, 1021, Neumann CR **89**, 717, Granderath DB **86**, Beil. 18, 4, Achenbach Jura **91**, 225, Bühler MDR **91**, 14.

21 **2. Beeinflussung des Datenverarbeitungsvorgangs.** Durch die Tathandlung muß der Datenverarbeitungsvorgang (vgl. Lenckner/Winkelbauer CR **86**, 568) des Computers beeinflußt werden. Dies bedeutet, daß der Täter in einer Weise auf den Computer Einfluß nimmt, daß das Resultat der dort gespeicherten und im Arbeitsprogramm verwerteten Daten geändert wird; in welcher Weise dies geschehen kann ist o. 4 beschrieben. Zu diesem Merkmal ist in der Begründung ausgeführt (BT-Drs. 10/318 S. 19): „Die dabei vorgesehene Umschreibung ‚Ergebnis eines Datenverarbeitungsvorgangs' würde, übertragen auf die Fälle, in denen der Täter sich nicht eines Computers bedient, sondern auf einen Menschen einwirkt, etwa lauten: ‚Ergebnis eines Denk- und Entscheidungsvorganges', und diese Umschreibung würde, bezogen auf den Betrug, sowohl das Tatbestandsmerkmal des Irrtums als auch das – wenn auch ungeschriebene – Tatbestandsmerkmal der Vermögensverfügung abdecken. Dem irrigen Denk- und Entscheidungsvorgang entspricht der determinierte Datenverarbeitungsvorgang, der beim Einsatz der im Tatbestand genannten Mittel technisch zwangsläufig zu einem ‚falschen' Ergebnis führt, das der beim Betrugstatbestand allerdings nicht besonders genannten ‚Vermögensverfügung' entspricht". In diesem Merkmal kommt daher in Verbindung mit der im subjektiven Tatbestand geforderten Bereicherungsabsicht zum Ausdruck, daß es sich bei § 263a um ein Vermögensverschiebungsdelikt handelt. An die Stelle der für § 263 geforderten irrtumsbedingten Vermögensverfügung (vgl. § 263 RN 54ff.) tritt die vom Täter verfälschte Computerleistung, die beim Betroffenen zu einem Nachteil führt. Zur Frage, ob ein pflichtwidriges Nichtingangsetzen eines Datenverarbeitungsvorganges ausreicht (vgl. Lenckner/Winkelbauer CR **86**, 656). Aus dieser Symmetrie zum Betrugstatbestand ergeben sich folgende Konsequenzen:

22 a) Das **Ergebnis** eines **Datenverarbeitungsvorganges** ist dann durch die Tathandlung **beeinflußt,** wenn es von dem Ergebnis abweicht, das bei einem programmgemäßen Ablauf des Computers erzielt worden wäre (Lenckner/Winkelbauer CR **86**, 659). Daran fehlt es, wenn über ein Btx-kompatibles Fernsehgerät zu Lasten eines fremden Anschlusses unberechtigt Informationen abgerufen werden, die die Post nur für eine zusätzliche Gebühr zur Verfügung stellt, die zu Lasten des Btx-Teilnehmers für den Anbieter eingezogen wird. Diese Gebühren sind ebenso programmgemäß wie die postalische Grundgebühr oder die bei der Benutzung des Systems anfallenden Telefoneinheiten. Hier gilt nichts anderes als bei der (rechtswidrigen) Benutzung eines fremden Anschlusses für Telefongespäche (vgl. § 265a RN 10).

23 b) Es kommen nur solche Datenverarbeitungsvorgänge in Betracht, die **vermögensrelevant** sind. Daher reicht die Manipulation personenbezogener Daten nur dann, wenn die EDV-Anlage auf vermögensrelevante Ergebnisse programmiert ist. Wer z. B. in den Computer zur Berechnung der Dienstbezüge ein falsches Geburtsdatum eingibt, kann nach § 263a strafbar sein; dient die EDV-Anlage nur der Berechnung des Dienstalters oder werden in ihr nur Prüfungsergebnisse festgehalten, so scheidet § 263a aus. Allerdings kann auch der Output einer nicht vermögensrelevanten EDV-Anlage als unrichtiges Datum i. S. von § 263a oder als Mittel zur Täuschung i. S. v. § 263 in Betracht kommen.

c) Das durch den Täter beeinflußte Datenverarbeitungsergebnis muß den Vermögensscha- 24
den **unmittelbar** durch eine Vermögensdisposition herbeiführen (vgl. § 263 RN 140ff.). Wie
bei § 263 reicht es aber aus, daß der Datenverarbeitungsvorgang nur ein Teilstück einer mehraktigen Verfügung (§ 263 RN 42) darstellt, z. B. durch eine Person ohne Inhaltskontrolle
umgesetzt oder in eine weitere EDV-Anlage eingespeichert wird, die ihrerseits die Vermögensverfügung abschließt; vollendet ist der Betrug mit der unmittelbar zum Schaden führenden Verfügung (Lenckner/Winkelbauer CR 86, 659). Wird eine Kontrollperson eingeschaltet,
so liegt § 263 vor. Dagegen reicht es nicht, daß der Täter durch die Manipulation einen Schaden am Computer herbeiführt (Lenckner/Winkelbauer CR 86, 659); hier können §§ 303a f. in
Betracht kommen (vgl. § 303a RN 2ff., § 303b RN 2ff.). Auch Folgeschäden, wie der Sach-
und Arbeitsaufwand, der erforderlich wird, um Schäden zu beheben, die durch die Manipulation am Computer, an der Hardware oder Software entstanden sind, sowie sonstige Kosten
zur Wiederherstellung der Anlage gehören nicht hierher, weil der vom Täter erstrebte Vorteil
nicht unmittelbar aus ihnen resultiert (so auch D-Tröndle 11). Daher kann nicht aus § 263a
bestraft werden, wer durch Eingabe falscher Programme die Software des Computers durch-
einanderbringt und sich dann dem Eigentümer gegenüber hilfreich erbietet, gegen Entgelt das
Programm wieder herzustellen; zur Stoffgleichheit vgl. u. 36.

d) Nicht erforderlich ist, daß Systembetreiber und Geschädigter identisch sind. Dem **Drei-** 25
ecksbetrug (§ 263 RN 65ff.) entspricht der Dreieckscomputerbetrug (Lenckner/Winkelbauer
CR 86, 659). Nach Haft NStZ 87, 8 ist § 263a strukturell ein Dreiecksbetrug, weil Geschädigter und EDV-Betreiber nur ausnahmsweise identisch sind.

e) Für die **Abgrenzung zum Diebstahl** gelten grundsätzlich die zu § 263 entwickelten 26
Grundsätze entsprechend (vgl. § 263 RN 63f.), d. h. es besteht auch hier ein Exklusivitätsver-
hältnis zwischen der computerspezifischen Vermögensdisposition und der Wegnahme einer
Sache (Lenckner/Winkelbauer CR 86, 660), was insbesondere dann praktisch werden könnte,
wenn der Computer die Möglichkeit einer Wegnahme eröffnet. Allerdings kann dieser
Grundsatz nicht ohne Ausnahme bleiben, weil § 263a – anders als § 263 – beim unbefugten
Datengebrauch Elemente des (Trick-)Diebstahls enthält (vgl. o. 2). Aus der insoweit eindeutigen Intention des Gesetzgebers ist daher zu schließen, daß jedenfalls der Mißbrauch der ec-
Karte, sonstiger Code-Karten und vergleichbarer technischer Zahlungsvorgängen nunmehr
ausschließlich nach § 263a zu beurteilen sind (vgl. o. 2). Dies ergibt sich daraus, daß die
Verwässerung des Betrugsbegriffs bei § 263a (vgl. o. 2) gerade im Hinblick auf diese Fallkonstellationen erfolgt und der Wille des Gesetzgebers insoweit eindeutig ist.

3. Vermögensschaden. Durch die Beeinflussung des Ergebnisses eines Datenverarbeitungs- 27
vorgangs muß das Vermögen eines anderen geschädigt werden. Zum Begriff des Vermögens
vgl. § 263 RN 78ff.; zum Vermögensschaden vgl. § 263 RN 99ff. Anders als beim Betrug,
bei dem typischerweise eine Situation vorherrscht, in der Leistung und Gegenleistung miteinander verglichen werden (Cramer, Vermögensbegriff 169ff.), führt der Computerbetrug regelmäßig zu einer einseitigen Vermögensverminderung auf seiten des Opfers. Wie bei § 263
reicht auch für § 263a eine konkrete Vermögensgefährdung (vgl. § 263 RN 143ff.) aus. Eine
solche Vermögensgefährdung kann insbesondere bei Falschbuchungen vorliegen, wenn der
durch sie Betroffene Gefahr läuft, bei einer Realisierung der Buchung effektiv geschädigt zu
werden (vgl. § 263 RN 144, 146).

a) Unerheblich ist, ob der Betreiber des Computers oder ein **Dritter geschädigt** wird. 28
Führt die Manipulation einer Banken-EDV-Anlage dazu, daß dem Täter oder Dritten Buch-
geld gutgebracht wird, so tritt der Schaden regelmäßig beim Kreditinstitut ein. Beim Mißbrauch einer ec-Karte ist hingegen der Kunde geschädigt, zu dessen Lasten die Abbuchung
erfolgt.

b) **Schäden am Computer,** die nicht unmittelbar im Rahmen der beabsichtigten Vermö- 29
gensverschiebung auftreten (vgl. o. 24) sind keine Schäden i. S. v. § 263a.

4. Zwischen der Tathandlung (vgl. o. 4ff.), der Beeinflussung des Datenverarbeitungsvor- 30
gangs (vgl. o. 23) und dem Vermögensschaden (vgl. o. 27ff.) muß **Kausalität** bestehen. Aus
diesem Kausalitätserfordernis folgt, daß nur die Manipulation vermögensrelevanter Datenverarbeitungsvorgänge (vgl. o. 21ff.) erfaßt wird.

III. Subjektiver Tatbestand. Die Konstruktion des Computerbetruges stimmt hinsichtlich 31
des subjektiven Tatbestandes mit § 263 überein (vgl. § 263 RN 164ff.). Danach ist Vorsatz
und die Absicht erforderlich, sich oder einem anderen einen rechtswidrigen Vermögensvorteil
zu verschaffen.

1. Für den Vorsatz ist das Bewußtsein erforderlich, daß durch die unrichtige Programmge- 32
staltung, die Verwendung unrichtiger Daten usw. der Datenverarbeitungsvorgang in einer

Weise beeinflußt wird, daß er bei einem anderen zu einem Schaden führt. Nach allen Richtungen genügt, ebenso wie bei § 263, bedingter Vorsatz (§ 263 RN 165).

33 Zweifelhaft kann sein, ob das Merkmal **„unbefugt"** hier bei der Verwendung von Daten oder der sonstigen Einwirkung auf den Computerablauf als Tatbestandsmerkmal fungiert (so D-Tröndle 12) oder wie ein allgemeines Verbrechensmerkmal zu behandeln ist (vgl. hierzu § 15 RN 21). Die bisherigen Deutungsversuche des Merkmals „unbefugt" (vgl. RN 65 vor § 13) versagen bei der neuen Vorschrift des § 263 a. Während dieses Merkmal, wenn es nicht als allgemeines Verbrechenselement auftritt, ansonsten dazu dient, den Anwendungsbereich eines Tatbestandes insgesamt auf ein vernünftiges Maß zu reduzieren (so z. B. bei § 132 a), betrifft es bei § 263 a nur einzelne Tatmodalitäten, die ohne die Qualifizierung als „unbefugt" nicht unrechtspezifisch wären. So kann etwa das typische Unrecht einer Computermanipulation nicht durch die „Verwendung von Daten" beschrieben werden. Das Merkmal „unbefugt" ist hier in einer dreifachen Funktion zu sehen. Es beschreibt zunächst den Sachverhalt, aus dem sich die mangelnde Befugnis zur Computerbeeinflussung ergibt. Nimmt der Täter irrig einen Sachverhalt an, der ihm die Befugnis geben würde, so befindet er sich in einem vorsatzausschließenden Tatbestandsirrtum (§ 16). Glaubt er, in Kenntnis der tatsächlichen Umstände zur Verwendung von Daten rechtlich befugt zu sein, so liegt ein Verbotsirrtum (§ 17) vor. Dies ist etwa der Fall, wenn ein Vater glaubt, über das Konto seines nicht voll geschäftsfähigen Kindes (vgl. §§ 112, 113 BGB) verfügen zu dürfen. Eine dritte Funktion kommt dem Merkmal „unbefugt" im Rahmen der Einwilligung zu. Gestattet der ec-Codekarteninhaber einem Dritten die Geldabhebung am Bankomat, so liegt eine rechtfertigende Einwilligung vor. Geht der Dritte irrtümlich von den Voraussetzungen einer solchen Einwilligung aus, so liegt ein nach § 16 zu behandelnder Irrtum über einen rechtfertigenden Sachverhalt vor (vgl. § 16 RN 13 ff.).

34 Bei diesen **Irrtumsfragen** ist weiterhin zu beachten, daß bloße Vertragswidrigkeiten den Gebrauch von Daten noch nicht im strafrechtlichen Sinne zu einem „unbefugten" machen. Wer daher aus einer Vertragsverletzung, etwa bei der Übergabe einer ec-Karte an einen Dritten, auf die strafrechtliche Unzulässigkeit schließt, begeht ein Wahndelikt (vgl. § 22 RN 77).

35 Handelt der Täter mit Betrugsvorsatz, d. h. will er einen Menschen täuschen und zur Verfügung veranlassen, veranlaßt er tatsächlich jedoch einen Datenverarbeitungsvorgang, so ist diese Abweichung unerheblich, weil beide Arten der Vermögensdisposition gleichwertig sind. Dies ergibt sich daraus, daß die computerspezifische Disposition letztlich auch auf den Willen des EDV-Betreibers zurückgeht, der sich der Anlage bedient, um in einer Vielzahl von Fällen der Notwendigkeit einer (menschlichen) Verfügung enthoben zu sein. Bei einem **dolus alternativus** vgl. § 15 RN 80, Lenckner/Winkelbauer CR 86, 660: Idealkonkurrenz.

36 2. Ferner muß der Täter in der **Absicht** handeln, sich oder einem anderen einen rechtswidrigen Vermögensvorteil zu verschaffen (vgl. hierzu § 263 RN 166 ff.). Der Wille des Täters muß also dahin gehen, durch das Ergebnis des manipulierten Datenverarbeitungsvorgangs sich oder einem Dritten einen Vermögensvorteil zu verschaffen. Wie beim Betrug ist erforderlich, daß zwischen Vermögensschaden und erstrebtem Vorteil **Stoffgleichheit** besteht (vgl. o. 24 u. § 263 RN 168 f.).

37 IV. Die **Rechtswidrigkeit** kann durch Einwilligung ausgeschlossen sein. Anders als beim Betrug, der dadurch gekennzeichnet ist, daß dem Opfer der vermögensschädigende Charakter der Verfügung verborgen bleibt (vgl. § 263 RN 41, 100, Cramer, Vermögensbegriff 202, 209 ff.), kann bei technischen Manipulationen, die nicht auf täuschungsbedingten Denk- und Entscheidungsvorgängen beruhen, der Geschädigte in die Beeinflussung des Datenverarbeitungsvorgangs einwilligen. Ob man dann noch von einem „Schaden" sprechen kann, steht auf einem anderen Blatt. Die Einwilligung muß jedenfalls beim Schadensbegriff oder auf der Ebene der Rechtswidrigkeit Berücksichtigung finden. Maßgeblich ist die Einwilligung des Vermögensinhabers, nicht des Betreibers der EDV-Anlage. Auch eine mutmaßliche Einwilligung kommt in Betracht, z. B. für den Gebrauch der ec-Karte durch eine Person, die in einer nahen persönlichen Beziehung zum Karteninhaber steht.

38 V. **Vollendet** ist die Tat mit Eintritt des Schadens oder der ihr gleichzustellenden Vermögensgefährdung; zu den Fällen einer mehraktigen Verfügung vgl. o. 21 ff. **Beendet** ist das Delikt erst mit der Erlangung des Vorteils (vgl. § 263 RN 178). Der **Versuch** ist strafbar, wie sich aus der Verweisung auf § 263 II ergibt.

39 VI. **Täter** kann jeder sein, nicht bloß der Betriebsangehörige, sondern auch Außenstehende. Für die **Teilnahme** gelten die allgemeinen Regeln.

40 VII. **Konkurrenzen**. Für das Verhältnis zu anderen Tatbeständen gilt folgendes:

41 1. **Gesetzeskonkurrenz** besteht zu § 370 AO, der dem § 263 a (ebenso wie dem § 263, vgl. dort RN 128) als lex specialis dann vorgeht (D-Tröndle 15 b), wenn der erstrebte Vermögensvorteil sich in der

Verkürzung von Steuereinnahmen erschöpft; dagegen ist Tateinheit mit § 370 AO gegeben, wenn neben der Steuerverkürzung auch Vermögensvorteile zu Lasten anderer erstrebt werden (D-Tröndle 16). Gesetzeskonkurrenz mit Vorrang von § 263 besteht, wenn durch den Beeinflussungsakt auch kontrollierende Personen getäuscht werden (so jetzt auch D-Tröndle 15; vgl. Winkelbauer CR 85, 42). Kann nicht festgestellt werden, ob der Vermögensschaden schon durch eine Kontrollperson erfolgte (zur mehraktigen Verfügung vgl. o. 21 ff.), so bleibt es bei der Anwendung von § 263a; Wahlfeststellung kommt hier nicht in Betracht (and. Lenckner/Winkelbauer CR 86, 660).

Gesetzeskonkurrenz mit Vorrang des § 263a besteht in den Fällen der unbefugten Bargeldbeschaffung durch **Bankomaten** auch mit den Eigentumsdelikten (§§ 242, 246, 248a) und zwar sowohl hinsichtlich der Codekarte wie des abgehobenen Bargeldes (vgl. o. 16; ebenso Winkelbauer CR 85, 42, Granderath DB 86, Beil. 18, 4; ähnlich D-Tröndle 18; and. Weber JZ 87, 217).

2. **Tateinheit** kommt in Betracht mit §§ 267, 269, 274 I Nr. 1, 2, sowie mit §§ 303, 303a und u. U. **42** mit § 303b, ist schließlich gegeben mit § 268, insbesondere im Hinblick auf § 268 III, weil der gesamte Bereich der Datenverarbeitung unter das „ganz oder zum Teil selbsttätig Bewirken" i. S. des § 268 II (Sieber, Computerkriminalität 313) fällt, soweit solche Anlagen nicht für schlichte Programme eingesetzt sind (D-Tröndle 17). Dabei ist allerdings zu beachten, daß Inputmanipulationen von vornherein nicht von § 268 erfaßt sind (§ 268 RN 39), während Ablauf- und Outputmanipulationen nicht nur „Einwirkungen auf den Ablauf" eines Datenverarbeitungsvorgangs (§ 263a), sondern auch „störende Einwirkungen auf den Aufzeichnungsvorgang" (§ 268 III) sein können (Tröndle LK § 268 RN 50, D-Tröndle 17), so daß der Praxis die mühsame Überprüfung des tateinheitlichen Zusammentreffens dieser Tatbestände nicht erspart bleibt, obwohl beide Vorschriften unbeschadet ihrer sachlich abweichenden Umschreibung und der Unterschiede im Schutzgut – jedenfalls soweit Computermißbrauch in Frage steht – im wesentlichen übereinstimmen, dieselbe Strafdrohung aufweisen und mit einem etwaigen tateinheitlichen Zusammentreffen irgendein zusätzliches Unwerturteil nicht korrespondiert; zu Recht rügt D-Tröndle RN 17, daß die gesetzliche Ausgestaltung des § 263a auch im Hinblick auf die auftretenden Konkurrenzen wenig durchdacht ist. Der Praxis kann nur empfohlen werden, falls neben § 263a auch § 268 in Betracht kommt, nach § 154f. StPO zu verfahren.

3. **Fortgesetzte Tat** ist auch möglich, wenn sie an verschiedenen Datenverarbeitungsanlagen be- **43** gangen wird oder verschiedene Betreiber geschädigt werden. Die Benutzung von ec-Karten unterschiedlicher Inhaber an verschiedenen Bankomaten kann eine Fortsetzungstat sein.

VIII. Die **Strafe** entspricht der des § 263. Ein besonders schwerer Fall (vgl. 47 vor 38 ff.) kommt **44** bei hohem Schaden oder außergewöhnlichem Tatumfang in Betracht.

IX. **Antragsdelikt** ist die Tat, sofern sie gegenüber einem Angehörigen (§ 11 I Nr. 1), dem Vor- **45** mund oder einem Hausgenossen begangen wird, auch im Falle des „Bagatell-Computerbetrugs" hängt die Strafverfolgung von einem Antrag ab, es sei denn, daß die StA die Strafverfolgung für geboten erachtet.

X. **Führungsaufsicht** ist nach Abs. 2 möglich i. V. mit §§ 263 V, 68 I. **46**

§ 264 Subventionsbetrug

(1) **Mit Freiheitsstrafe bis zu fünf Jahren oder mit Geldstrafe wird bestraft, wer**
1. einer für die Bewilligung einer Subvention zuständigen Behörde oder einer anderen in das Subventionsverfahren eingeschalteten Stelle oder Person (Subventionsgeber) über subventionserhebliche Tatsachen für sich oder einen anderen unrichtige oder unvollständige Angaben macht, die für ihn oder den anderen vorteilhaft sind,
2. den Subventionsgeber entgegen den Rechtsvorschriften über die Subventionsvergabe über subventionserhebliche Tatsachen in Unkenntnis läßt oder
3. in einem Subventionsverfahren eine durch unrichtige oder unvollständige Angaben erlangte Bescheinigung über eine Subventionsberechtigung oder über subventionserhebliche Tatsachen gebraucht.

(2) **In besonders schweren Fällen ist die Strafe Freiheitsstrafe von sechs Monaten bis zu zehn Jahren. Ein besonders schwerer Fall liegt in der Regel vor, wenn der Täter**
1. aus grobem Eigennutz oder unter Verwendung nachgemachter oder verfälschter Belege für sich oder einen anderen eine nicht gerechtfertigte Subvention großen Ausmaßes erlangt,
2. seine Befugnisse oder seine Stellung als Amtsträger mißbraucht oder
3. die Mithilfe eines Amtsträgers ausnutzt, der seine Befugnisse oder seine Stellung mißbraucht.

(3) **Wer in den Fällen des Absatzes 1 Nr. 1 oder 2 leichtfertig handelt, wird mit Freiheitsstrafe bis zu drei Jahren oder mit Geldstrafe bestraft.**

(4) **Nach den Absätzen 1 und 3 wird nicht bestraft, wer freiwillig verhindert, daß auf**

Grund der Tat die Subvention gewährt wird. Wird die Subvention ohne Zutun des Täters nicht gewährt, so wird er straflos, wenn er sich freiwillig und ernsthaft bemüht, das Gewähren der Subvention zu verhindern.

(5) Neben einer Freiheitsstrafe von mindestens einem Jahr wegen einer Straftat nach den Absätzen 1 und 2 kann das Gericht die Fähigkeit, öffentliche Ämter zu bekleiden, und die Fähigkeit, Rechte aus öffentlichen Wahlen zu erlangen, aberkennen (§ 45 Abs. 2). Gegenstände, auf die sich die Tat bezieht, können eingezogen werden; § 74a ist anzuwenden.

(6) Subvention im Sinne dieser Vorschrift ist eine Leistung aus öffentlichen Mitteln nach Bundes- oder Landesrecht oder nach dem Recht der Europäischen Gemeinschaften an Betriebe oder Unternehmen, die wenigstens zum Teil
1. ohne marktmäßige Gegenleistung gewährt wird und
2. der Förderung der Wirtschaft dienen soll.

Betrieb oder Unternehmen im Sinne des Satzes 1 ist auch das öffentliche Unternehmen.

(7) Subventionserheblich im Sinne des Absatzes 1 sind Tatsachen,
1. die durch Gesetz oder auf Grund eines Gesetzes von dem Subventionsgeber als subventionserheblich bezeichnet sind oder
2. von denen die Bewilligung, Gewährung, Rückforderung, Weitergewährung oder das Belassen einer Subvention oder eines Subventionsvorteils gesetzlich abhängig ist.

Vorbem. Eingefügt durch das 1. WiKG v. 29. 7. 1976, BGBl. I 2034. Ergänzend vgl. das Subventionsgesetz (SubvG) in Art. 2 1. WiKG.

Übersicht

I. Allgemeines 1	VII. Vollendung u. tätige Reue 66
II. Rechtsgut 4	VIII. Täterschaft und Teilnahme 70
III. Subventionsbegriff i. S. des § 264 6	IX. Strafbemessung u. besonders schwere Fälle 71
IV. Subventionserhebliche Tatsachen 27	
V. Tathandlung nach Abs. 1 38	X. Verlust der Amtsfähigkeit, Einziehung 79
VI. Subjektiver Tatbestand, Leichtfertigkeit 62	XI. Konkurrenzen 86
	XII. Auslandstaten, Anzeigepflichten u. a. . 88

Stichwortverzeichnis
Die Zahlen bedeuten die Randnoten

Amtsfähigkeit, Verlust der – 79 f.
Amtsträger
 Ausnutzen der Mithilfe eines – 78
 Mißbrauch der Befugnisse als – 76 f.
Angaben 43
 Machen von – für sich oder einen anderen 48 f.
 unrichtige oder unvollständige – 44 ff., 60
 vorteilhafte – 47

Belege, Verwendung nachgemachter oder verfälschter 75
Betrieb 22
 öffentlicher – 23 f.

Eigennutz, grober 75
Einziehung 81 ff.

Gefährdungsdelikt, abstraktes 5
Gegenleistung, marktmäßige 11

Irrtum 62

Konkurrenzverhältnisse 86 f.
 – mit Betrug 87
 – mit Steuerhinterziehung 10, 86

Leichtfertigkeit 63 ff.

Mittel, öffentliche 8
Mißbrauch von Gestaltungsmöglichkeiten 45 f.

Rechtsgut 4
Rechtsvorschriften über die Subventionsvergabe 52 ff.
Reue, tätige 66 ff.

Schein- und Umgehungshandlungen 45 f.
Strafzumessung 71 ff.
Subvention
 Begriff der – 6 ff.
 Bürgschaften als – 12
 Darlehen als – 12
 Garantieerklärungen als – 12
 indirekte – 10
 Realförderungen als – 12
 Steuervorteil und – 10
 – großen Ausmaßes 74
 verlorene Zuschüsse als – 12
 wirtschaftsfördernde – 6, 13 ff.
 Zinszuschüsse als – 12
Subventionsberechtigung, Bescheinigung über 49
Subventionserhebliche Tatsache, s. Tatsache
Subventionsgeber 40 f.

Subventionsbetrug **1 § 264**

Subventionsnehmer 56
Subventionsvorteil 36 f.

Täterschaft und Teilnahme 70
Tatsache
  Angaben über – 43
  Bescheinigung über – 59
  Bezeichnen von – 29 ff.
  In-Unkenntnis-Lassen über – 51
  subventionserhebliche – 27 ff., 55

Unternehmen 22
  öffentliches – 23 f.

Verfassungsmäßigkeit der Vorschrift 3
Verhinderung der Subventionsgewährung 67
Vollendung 66
Vorsatz 62

Wählbarkeit, Verlust der – 79 f.
Wirtschaft, Förderung der – 13 ff.

Schrifttum: Alewell, Subventionen als betriebswirtschaftliche Frage, 1965. – *Baumann,* Die Subventionskriminalität, NJW 74, 1364. – *Berz,* Das 1. Gesetz zur Bekämpfung der Wirtschaftskriminalität, BB 76, 1435. – *Bleckmann,* Subventionsrecht, 1978. – *Bruns,* Zur strafrechtlichen Relevanz des gesetzesumgehenden Täterverhaltens, GA 86, 1. – *Carlsen,* Subventionsbetrug und Subventionsgesetze, Agrarrecht 78, 267, 297. – *Diemer-Nicolaus,* Der Subventionsbetrug, Schmidt-Leichner-FS 31. – *Eberle,* Der Subventionsbetrug nach § 264 StGB, 1983. – Ausgewählte Probleme einer verfehlten Reform, 1983. – *Findeisen,* Betrug u. Subventionsbetrug durch unberechtigte Inanspruchnahme von Investitionszulagen nach § 4b InvzulG 1975, JZ 80, 710 u. JR 81, 225. – *Fuhr,* Subventionsbetrug und Subventionsgesetz, in: Wirtschaftskriminalität, BKA-Schriftenreihe Bd. 52, 1983. – *Fuhrhop,* Die Abgrenzung der Steuervorteilserschleichung von Betrug und Subventionsbetrug, NJW 80, 1261. – *Garz-Holzmann,* Die strafrechtliche Erfassung des Mißbrauchs der Berlinförderung durch Abschreibungsgesellschaften, 1984. – *Göhler/Wilts,* Das 1. Gesetz zur Bekämpfung der Wirtschaftskriminalität, DB 76, 1609. – *Götz,* Recht der Wirtschaftssubventionen, 1966. – *ders.,* Bekämpfung der Subventionserschleichung, 1974. – *Gurski,* Außenhandelskriminalität, insbesondere Subventionserschleichung, in: Tiedemann, Die Verbrechen in der Wirtschaft, (1970), 41. – *Hack,* Probleme des Tatbestands Subventionsbetrug, § 264 StGB, 1982. – *Heinz,* Die Bekämpfung der Wirtschaftskriminalität mit strafrechtlichen Mitteln – unter bes. Berücksichtigung des 1. WiKG, GA 77, 193, 225. – *Hillenkamp,* Beweisprobleme im Wirtschaftsstrafrecht, Osnabrücker Rechtswiss. Abh. Bd. 1 (1985), 221. – *Ipsen,* Öffentliche Subventionierung Privater, 1956. – *ders.,* Verwaltung durch Subventionen, VVDStRL, Heft 25 (1967), 257. – *Jarass,* Das Recht der Wirtschaftssubventionen, JuS 80, 115. – *Jung,* Die Bekämpfung der Wirtschaftskriminalität als Prüfstein des Strafrechtssystems, 1979. – *Kohlmann/Brauns,* Investitionszulage 1982 – wiederum kriminogen?, wistra 82, 61. – *Löwer,* Rechtspolitische und verfassungsrechtliche Bedenken gegenüber dem Ersten Wirtschaftskriminalitätsgesetz, JZ 79, 621. – *Lüderssen,* Das Merkmal „vorteilhaft" in § 264 Abs. 1 S. 1 StGB, wistra 88, 43. – *Meine,* Der Vorteilsausgleich beim Subventionsbetrug, wistra 88, 13. – *Meinhold,* Subventionen, in: Handwörterbuch der Sozialwissenschaften, Bd. 10 (1959), 236. – *Müller-Emmert* u. *B. Maier,* Das 1. Gesetz zur Bekämpfung der Wirtschaftskriminalität, NJW 76, 1657. – *Nippoldt,* Die Strafbarkeit von Umgehungshandlungen, dargestellt am Beispiel der Erschleichung von Agrarsubventionen, Diss. Gießen, 1974. – *Ranft,* Täterschaft beim Subventionsbetrug i. S. des § 264 I Nr. 1 StGB, JuS 86, 445. – *ders.,* Die Rechtsprechung zum sog. Subventionsbetrug, NJW 86, 3163. – *Sannwald,* Rechtsgut und Subventionsbegriff, § 264 StGB, 1983. – *Schetting,* Rechtspraxis der Subventionierung, 1973. – *G. Schmidt,* Zum neuen Subventionsvergabegesetz, DVBl. 78, 200. – *ders.,* Zum neuen strafrechtlichen Begriff der „Subvention" in § 264 StGB, GA 79, 121. – *W. Schmidt-Hieber,* Verfolgung von Subventionserschleichung nach Einführung des § 264 StGB, NJW 80, 322. – *ders.,* Subventionen, in: Müller-Gugenberger, Wirtschaftsstrafrecht (1987), 752 (zit.: aaO). – *Schmitz,* Rechtsprobleme bei Subventionen, BB 84, 1586. – *Schubarth,* Das Verhältnis von Strafrechtswissenschaft und Gesetzgebung im Wirtschaftsstrafrecht, ZStW 92, 80. – *Stöckel,* Bekämpfung der Gesetzesumgehung mit Mitteln des Strafrechts, ZRP 77, 134. – *Tiedemann,* Subventionskriminalität in der Bundesrepublik, 1974. – *ders.,* Der Subventionsbetrug, ZStW 86, 897. – *ders.,* Der Entwurf eines 1. Gesetzes zur Bekämpfung der Wirtschaftskriminalität, ZStW 87, 253. – *ders.,* Wirtschaftskriminalität und ihre strafrechtliche Bekämpfung, ZStW 88, 231. – *ders.,* Kriminologische und kriminalistische Aspekte der Subventionserschleichung, in: H. Schäfer, Wirtschaftskriminalität/Weiße-Kragen-Kriminalität (1974), 19. – *ders.,* Strafbare Erschleichung von Investitionszulagen durch Aufhebung und Neuabschluß von Lieferverträgen?, NJW 80, 1557. – *ders.,* Handhabung und Kritik des neuen Wirtschaftsstrafrechts, Dünnebier-FS 519. – *ders.,* in: HWiStR, Art. Subventionsbetrug u. Art. Umgehung. – *Volk,* Der Subventionsbetrug, in: Belke-Oehmichen, Wirtschaftskriminalität (1983) 76. – *Zacher,* Verwaltung durch Subvention, VVDStRL, Heft 25 (1967), 308. – *Zuleeg,* Die Rechtsformen der Subventionierung, 1965.

Materialien: Tagungsberichte der Sachverständigenkommission zur Bekämpfung der Wirtschaftskriminalität – Reform des Wirtschaftsstrafrechts, Bd. 4. – Entwurf eines 1. Gesetzes zur Bekämpfung der Wirtschaftskriminalität (RegE), BR-Drs. 5/75. – Bericht und Antrag des Sonderausschusses für die Strafrechtsreform, BT-Drs. 7/5291. – Prot. 7 S. 2467 ff.

I. In Anlehnung an den auf „indirekte" Subventionen sich beziehenden Tatbestand der Steuerhinterziehung (§ 370 AO) wurde durch das **1. WiKG** der Tatbestand des **Subventionsbetrugs** geschaffen, der die Erschleichung bestimmter „direkter" Subventionen erfassen soll (zur Entstehungsgeschichte **1**

vgl. D-Tröndle 1, Hack aaO 32 ff., Tiedemann LK 1 ff.). Soweit das Bedürfnis nach einer Sondervorschrift mit dem *theoretischen Ungenügen des § 263* begründet wurde (vgl. BT-Drs. 7/5291 S. 3 u. hierzu Eberle aaO 3 ff.), trifft dies freilich nur mit Einschränkungen zu. Auch die Subventionserschleichung ist zunächst ein Vermögensdelikt, wobei das hier betroffene Vermögen des Staates in gleicher Weise durch § 263 geschützt wird wie das Vermögen des einzelnen (unrichtig daher z. B. BT-Drs. 7/5291 S. 3: § 263 schütze primär das individuelle Vermögen). Ebenso ist es schon nach allgemeinen Grundsätzen möglich, das mit den Mitteln des § 263 bewirkte Erlangen einer Subvention als Vermögensschaden anzusehen, da ein solcher nach h. M. auch in der Verfehlung des sozialen Zwecks einer Leistung liegen kann (vgl. § 263 RN 101 ff.), ein Gesichtspunkt, der gerade bei dem durch die öffentliche Haushaltswirtschaft zweckgebundenen Vermögen des Staates von besonderer Bedeutung ist (vgl. BGH **31** 93, Tiedemann LK 9, ZStW 86, 910 ff., Subventionskriminalität 312 ff.). Die Einwände, die in BT-Drs. 7/5291 S. 3 gegen die zum Begriff des Schadens in § 263 entwickelte sog. Zweckverfehlungstheorie erhoben werden, sind unbegründet und i. E. schon deshalb nicht haltbar, weil die Erschleichung anderer als der in § 264 genannten Subventionen ohne Zuhilfenahme dieser Theorie straflos bleiben müßte (vgl. auch Lackner 1, Ranft JuS 86, 448, NJW 86, 3164 f., Volk aaO 84 ff.). Richtig ist nur, daß § 263 den Unrechtsgehalt der Subventionserschleichung nicht voll erfaßt (vgl. u. 4).

2 Von größerem Gewicht sind deshalb die **kriminalpolitischen Gründe**, die dafür sprachen, unter Verzicht auf die häufig schwer feststellbaren objektiven und subjektiven Merkmale des § 263 einen Sondertatbestand zu schaffen, der den Besonderheiten bei der Vergabe von Subventionen ausreichend Rechnung trägt (vgl. dazu die 20. A. RN 2, ferner Hillenkamp aaO 237 ff., Ranft JuS 86, 449). Dazu gehört auch die dem klassischen Vermögensstrafrecht bisher fremde Pönalisierung der Leichtfertigkeit in Abs. 3, die ein „entscheidendes Kernstück" (Tiedemann LK 101) des § 264 darstellt und die entgegen vielfach geübter Kritik (vgl. z. B. D-Tröndle 24, Diemer-Nicolaus aaO 52 ff., Eberle aaO 164 ff., Hack aaO 125 ff., 143 ff., Hillenkamp aaO 247, Wassermann-FS 873, Maiwald ZStW 96, 84, Samson SK 16 ff., Schubarth ZStW 92, 100, Volk aaO 81 ff.) mit der erhöhten Verantwortung dessen zu rechtfertigen ist, der öffentliche Mittel (zumindest teilweise) unentgeltlich in Anspruch nimmt, wobei noch hinzukommt, daß als Subventionsempfänger durch Abs. 6 nur Betriebe und Unternehmen erfaßt sind, bei denen in aller Regel ein Mindestmaß an Sorgfalt verlangt werden kann (vgl. BR-Drs. 5/75 S. 27, BT-Drs. 7/5291 S. 8, Ranft JuS 86, 449, Tiedemann I 81 ff.). Zwar können Täter des § 264 auch dritte Auskunftspersonen sein, auf die dieser Gesichtspunkt nicht zutrifft; den insoweit berechtigten Bedenken gegen Abs. 3 kann aber dadurch Rechnung getragen werden, daß an die Leichtfertigkeit hier besonders strenge Anforderungen zu stellen sind (vgl. auch u. 65). Eingehend zur Notwendigkeit einer Sonderregelung für die Subventionserschleichung insbes. Tiedemann, Subventionskriminalität 299 ff., ferner z. B. Diemer-Nicolaus aaO 31 ff., Arzt/Weber IV 15 ff.

3 Gelegentlich erhobene Bedenken gegen die **Verfassungsmäßigkeit** des § 264 (vgl. Heinz GA 77, 210 f., Löwer JZ 79, 621) sind nicht begründet. Dies gilt zunächst im Hinblick auf *Abs. 6*, da die Unbestimmtheit des materiellen Subventionsbegriffs (vgl. u. 7) sowohl durch die Beschränkung auf Leistungen an Betriebe usw. als auch dadurch wesentlich abgemildert ist, daß es ausreicht, wenn die Leistung nur „zum Teil" unentgeltlich ist und nur „zum Teil" der Wirtschaftsförderung dient. Soweit hier Abgrenzungsschwierigkeiten bleiben, ist diesen in anderer Weise Rechnung zu tragen (vgl. u. 19); insgesamt aber dürfte die Unschärfe des in Abs. 6 umschriebenen Subventionsbegriffs nicht wesentlich größer sein als bei zahlreichen anderen Tatbestandsmerkmalen und deshalb auch noch in dem Toleranzbereich liegen, der dem Gesetzgeber vernünftigerweise zugestanden werden muß (für Verfassungsmäßigkeit daher z. B. Hack aaO 152, Sannwald aaO 81, 144, Tiedemann LK 20 und i. E. auch Schmidt GA 79, 121). Ebenso ist es verfassungsrechtlich unbedenklich, daß die Subventionserheblichkeit von Tatsachen nach *Abs. 7 Nr. 1 2. Alt.* i. V. mit § 2 SubvG bei gesetzesfreien Subventionen durch den Subventionsgeber bestimmt werden kann (and. Löwer JZ 79, 630 f.; wie hier Hack aaO 152 ff.). Bedenken könnten sich hier nur ergeben, wenn durch den Subventionsgeber die Grenzen eines strafrechtlichen Verbots aus verwaltungsfremden Gründen mit konstitutiver Wirkung bestimmt werden könnten (vgl. Löwer aaO). Dies ist jedoch nicht der Fall: Die Kennzeichnung gem. § 2 SubvG dient allein dazu, die gesetzlich subventionserheblichen Tatsachen besser erkennbar zu machen und dadurch vor allem im Interesse des Subventionsnehmers (daneben auch in dem des Subventionsgebers, der auf diese Weise eine eindeutige Entscheidungsgrundlage erhalten soll) klare Verhältnisse zu schaffen (vgl. Hack aaO 152 ff., Samson SK 44). Da es hier nur um die Bezeichnung, nicht aber um die Konstituierung der Vergabevoraussetzungen geht (Tiedemann LK 47) – materiell nicht subventionserhebliche Tatsachen werden dies nicht dadurch, daß sie vom Subventionsgeber zu Unrecht als solche benannt werden (vgl. u. 34) –, ist § 264 auch nicht mit den verwaltungsakzessorischen Tatbeständen vergleichbar, bei denen erst der Verstoß gegen einen Verwaltungsakt die Strafbarkeit begründet. Die Frage der Vereinbarkeit mit Art. 103 II GG stellt sich hier deshalb nicht. Schließlich verstößt die Regelung des § 264 auch nicht gegen das Schuldprinzip (vgl. Hack aaO 87 ff., Hillenkamp aaO 247); der Einwand, Abs. 3 ermögliche eine Verdachtsstrafe bei Nichtbeweisbarkeit des Vorsatzes, wäre nur dann berechtigt, wenn die Leichtfertigkeit nicht schon per se strafwürdig wäre (vgl. o. 2).

4 **II. Rechtsgut** des § 264 ist zunächst das öffentliche *Vermögen,* das hier schon im Vorfeld der in der zweckwidrigen Subventionsgewährung liegenden Schädigung (vgl. § 263 RN 101 ff.) geschützt wird. Insofern deckt sich die Angriffsrichtung des § 264 mit der des § 263 (vgl. dazu schon o. 1; ebenso BGH[Z] NJW **89,** 974 m. Anm. Peters JR 89, 241 [§ 264 als Schutzgesetz i. S. des § 823 II BGB], ferner z. B. Hack aaO 19 ff., 62, Maiwald ZStW 96, 78, Ranft JuS 86, 447 ff., NJW 86, 3166, Sannwald aaO 59; and. wohl BT-Drs. 7/5291 S. 3, ferner Hamburg NStZ **84,** 218, Karlsruhe NJW **81,** 1383, Schmidt-Hieber NJW 80, 323 f., Tiedemann LK 9 f. [vgl. aber auch Dünnebier-FS 534]). Dafür spricht schon, daß sonstige, nicht unter § 264 fallende Subventionsbetrügereien nach wie vor von § 263 erfaßt sind, die Tat nach § 264 diesen gegenüber aber kein völliges aliud sein kann (vgl. auch BGH aaO, Lackner 1, Volk aaO 78); auch müßte andernfalls – entgegen der h. M. (vgl. u. 87) – zwischen § 263 und § 264 Idealkonkurrenz bestehen (insoweit folgerichtig daher Schmidt-Hieber aaO). Geschützt werden durch § 264 darüber hinaus aber auch die *Institution* der Subvention als wichtiges *Instrument staatlicher Wirtschaftslenkung* und die mit ihr verfolgten *wirtschaftspolitischen Zielsetzungen als solche,* wobei erst dieses weitere Rechtsgut die Tat zum eigentlichen Wirtschaftsdelikt macht (ebenso Lüttger, Jescheck-FS 176, Sannwald aaO 65, i. E. auch Lackner 1; and. Hack aaO 73 f., M-Maiwald I 452: nur das Vermögen); soweit es sich um Subventionen nach EG-Recht handelt, schützt § 264 damit auch ein nichtdeutsches öffentliches Rechtsgut (Lüttger aaO). Wenig gewonnen ist, wenn demgegenüber vielfach auch die staatliche Planungs- u. Dispositionsfreiheit als Rechtsgut des § 264 bezeichnet wird (z. B. BT-Drs. 7/5291 S. 3, Hamburg NStZ **84,** 218, Karlsruhe MDR **81,** 159, D-Tröndle 3, Schmidt-Hieber NJW 80, 323 f. u. näher dazu Tiedemann II 106, ZStW 86, 908 ff., ZRP 76, 49 [weitgehend wie hier jedoch LK 8]), denn diese ist kein Selbstzweck und als solche strafrechtlich ebensowenig schutzwürdig wie in § 263 die private Dispositionsfreiheit (vgl. dagegen auch Meine wistra 88, 14, Ranft JuS 86, 448, NJW 86, 3166). Ebensowenig schützt § 264 das Subventionsverfahren als solches, während es auf den o. genannten zusätzlichen Rechtsgutsaspekt hinausläuft, wenn dabei noch das Verfahrensziel – Erreichen bestimmter wirtschaftspolitischer Zwecke – mit einbezogen wird (vgl. Achenbach JR 88, 253).

Da § 264 lediglich die Voraussetzungen einer generellen Gefährlichkeit für die geschützten Rechts- **5** güter umschreibt und weder einen Erfolg noch auch nur eine konkrete Gefährdung im Einzelfall verlangt – der Tatbestand ist vielmehr auch erfüllt, wenn der Subventionsgeber den wahren Sachverhalt bereits kennt oder die Täuschung sofort als solche durchschaubar ist –, stellt der Subventionsbetrug ein **abstraktes Gefährdungsdelikt** dar (vgl. z. B. Berz BB 76, 1436, D-Tröndle 4, Eberle aaO 164, Hack aaO 82 ff., Heinz GA 77, 210, Lackner 1 b, M-Maiwald I 450, aber auch Tiedemann I 81 ff., LK 13 f., ZStW 87, 269 ff.; and. BT-Drs. 7/5291 S. 5 [konkretes Gefährdungsdelikt], Göhler/Wilts DB 76, 1613 [abstrakt-konkretes Gefährdungsdelikt], Ranft JuS 86, 449 f. [Abs. 1 Nr. 2 als konkretes Gefährdungsdelikt]). Freilich sind damit nur die strafbegründenden Mindestvoraussetzungen gekennzeichnet, da das Gesetz zu erkennen gibt, daß mit der Bestrafung nach § 264 auch eine im Einzelfall bewirkte Vermögensschädigung mitabgegolten sein soll: So in Abs. 1 Nr. 2, wo mit der Tatbestandserfüllung in der Regel auch ein Vermögensschaden gegeben ist, ferner in Abs. 2 Nr. 1, denn wenn dort das Vorliegen eines Regelbeispiels u. a. vom Erlangen einer nichtgerechtfertigten Subvention großen Ausmaßes abhängig gemacht wird, so kann davon ausgegangen werden, daß geringere Schäden schon von der Regelstrafdrohung des Abs. 1 miterfaßt sind; in dieselbe Richtung weisen schließlich Abs. 4 und 5 (vgl. BT-Drs. 7/5291 S. 6, D-Tröndle 4 f., Göhler/Wilts DB 76, 1615, Lackner 1, 10, Müller-Emmert u. Maier NJW 76, 1661; krit. jedoch Hack aaO 112 ff., Lampe Prot. 7 S. 2511, Gössel ebd. S. 2616 ff.). Insgesamt ist § 264 daher eine dem § 263 vorgehende Spezialvorschrift (vgl. auch u. 87).

III. Der **sachliche Anwendungsbereich** des § 264 ist beschränkt auf **wirtschaftsfördernde** **6** **Subventionen** i. S. des **Abs. 6** (vgl. u. 8 ff.; über Einzelfälle vgl. die Zusammenstellung von Lackner 2 e, Sannwald aaO 21 f., 31 ff., Tiedemann LK 42). Außerhalb des Tatbestands bleiben damit *sonstige Subventionen,* insbesondere Sozialsubventionen (z. B. Sozialhilfe, Wohnungs- und Kindergeld, Ausbildungsbeihilfen) und Subventionen, die der Forschung, Technologie, kulturellen Zwecken usw. dienen, für deren Einbeziehung ein praktisches Bedürfnis verneint wurde (BT-Drs. 7/5291 S. 11, Prot. 7 S. 2653 ff.; vgl. aber auch Art. 2 § 2 II RegE, § 201 AE, BT, Wirtschaftsdelikte). Für die Erschleichung solcher Subventionen gilt daher nach wie vor § 263 (vgl. § 263 RN 104, o. 1 und u. 87, ferner Tiedemann LK 9 mwN).

Der Subventionsbegriff des § 264 ist u. a. schon wegen der Beschränkung auf Wirtschaftssubven- **7** tionen wesentlich enger als der – freilich noch weitgehend umstrittene – allgemeine Subventionsbegriff, wie er im öffentlichen Recht gebraucht wird. Nach der VerwRspr. sind Subventionen „öffentlich-rechtliche Leistungen des Staates, die zur Erreichung eines bestimmten, im öffentlichen Interesse liegenden Zwecks gewährt werden" (BVerwG NJW **59,** 1098; vgl. auch BVerwGE **17** 216, OVG des Saarlandes DÖV **59,** 708, ferner BVerfGE **17** 210). Dagegen sind nach BGH NJW **59,** 1429 Subventionen nur die „staatlichen Stützungs- und Hilfsmaßnahmen für die Wirtschaft". Auch im Schrifttum ist der Subventionsbegriff umstritten; zu den zahlreichen Definitionsversuchen vgl. z. B. Alewell aaO 92 ff., Friauf DVBl. 66, 731, Götz, Wirtschaftssubventionen 13 ff., Jarass JuS 80, 116, Meinhold, Handwörterbuch der Sozialwissenschaften Bd. 10, 238, Rüfner, Formen öffentlicher Verwaltung im Bereich der Wirtschaft (1967) 194 ff., Stern JZ 60, 521, Tiedemann, Subventionskriminalität 21 ff., Zacher aaO 317, Zuleeg aaO 14 ff. u. zusammenfass. Eberle aaO 22 ff. Zum Teil wird die Möglichkeit eines allgemeingültigen Subventionsbegriffs überhaupt in Abrede gestellt (vgl. z. B. Ipsen, Öffentliche Subventionierung Privater 6 ff., Götz, Wirtschaftssubventionen 3). Der RegE hatte wegen dieser Schwierigkeiten dem Tatbestand des § 264 einen **formellen Subventionsbegriff** zugrundegelegt, nach dem nur solche aus öffentlichen Mitteln erbrachte Leistungen als Subvention i. S. des § 264 gelten sollten, die durch Gesetz bzw. Verordnung als solche bezeichnet sind. Die dagegen erhobenen Bedenken, die vor allem mit der Gefahr einer ungleichen Handhabung durch Gesetz- und Verordnungsgeber und dem blankettähnlichen Charakter der Vorschrift begründet wurden (BT-Drs. 7/5291 S. 9 f., Prot. 7 S. 2657, 2663 ff.; vgl. auch Diemer-Nicolaus aaO 42 ff., Eberle aaO 42 ff., Göhler/Wilts DB 76, 1610, Tiedemann ZStW 87, 294), führten dann jedoch zur Übernahme des in Abs. 6 definierten **materiellen Subventionsbegriffs,** der trotz der zweifellos vorhandenen Abgrenzungsschwierigkeiten insgesamt noch dem Bestimmtheitsgebot des Art. 103 II GG entsprechen dürfte (vgl. o. 3).

8   1. Voraussetzung ist zunächst, daß die Leistung **nach Bundes-, Landes- oder EG-Recht aus öffentlichen Mitteln** erbracht wird. Dabei sind *öffentliche Mittel* alle aus einem öffentlichen Haushalt (Bund, Länder, Gemeinden usw. einschließlich deren Sondervermögen, z. B. ERP-Sondervermögen) gedeckten Mittel. Zweifelhaft ist dagegen, ob vom Wortlaut der Vorschrift auch die Sonderfonds der zum Zweck staatlicher Wirtschaftslenkung gebildeten Ausgleichseinrichtungen erfaßt sind, deren Mittel aus besonderen, den Unternehmen eines bestimmten Wirtschaftszweiges nach Bundes- oder Landesrecht in Form einer besonderen öffentlich-rechtlichen Geldzahlungspflicht auferlegten Ausgleichsabgaben stammen (vgl. einerseits Prot. 7 S. 2917, Göhler/Wilts DB 76, 1612, D-Tröndle 7, Lackner 2a, Tiedemann LK 23, andererseits BGH MDR/H **81,** 268 [betr. Wintergeldumlage gem. § 80 ArbeitsförderungsG], Eberle aaO 51 ff., Heinz GA 77, 211, differenzierend Sannwald aaO 89 f.; näher zu diesen Ausgleichseinrichtungen vgl. Götz, Wirtschaftssubventionen 63 ff.). Die Rechtsgrundlage für die Vergabe öffentlicher Mittel als Subvention, die sich aus dem *Bundes-, Landes- oder EG-Recht* ergeben muß, kann ein Spezialgesetz sein, doch genügt auch ein entsprechender Ansatz in den durch Haushaltsgesetz festgesetzten Haushaltsplänen. Dies gilt auch für die durch Haushaltsansatz der Gemeinden und Gemeindeverbände ausgewiesenen Subventionen, da Grundlage hierfür die Gemeindeordnungen usw. sind, die zum Landesrecht gehören (vgl. BT-Drs. 7/5291 S. 10, i. E. auch Sannwald aaO 106 f.; zu den Subventionen der Gemeinden vgl. näher Götz aaO 315 ff.). Gleichgültig ist, ob die Subvention unmittelbar durch die staatliche oder kommunale Stelle gewährt wird oder ob die fraglichen Mittel über eine – die Subvention u. U. auch bewilligende – private Stelle (z. B. Kreditinstitut) verteilt werden (Tiedemann LK 24; diff. Sannwald aaO 102 ff.; zu den verschiedenen Formen der vermittelten Subvention vgl. Zacher aaO 370 ff., Schetting aaO 366 ff.). Ebenso spielt es für EG-Subventionen keine Rolle, ob sie unmittelbar von Stellen der EG oder nach deren Vorschriften von deutschen Stellen vergeben werden (BT-Drs. 7/5291 aaO).

9   2. Erforderlich ist weiter eine **Leistung, die wenigstens zum Teil ohne marktmäßige Gegenleistung gewährt wird** (Abs. 6 Nr. 1).

10   a) Obwohl in Abs. 6 nicht ausdrücklich genannt, muß die **Leistung** den Charakter einer Sonderunterstützung haben (vgl. auch Carlsen AgrarR 78, 268, Sannwald aaO 91 f., Stern JZ 69, 519 ff.), da sonst z. B. auch die normalen Haushaltszuweisungen an ein öffentliches Wirtschaftsunternehmen eine Subvention sein könnten. Dagegen sind die Finanzzuweisungen an Länder und Kommunen schon ex definitione keine Subventionen (keine öffentlichen Unternehmen). Im übrigen sind Leistungen i. S. des § 264 nur die *direkt* gewährten vermögenswerten Leistungen. Nicht hierher gehören die indirekten Subventionen, die in Form einer Verrechnung mit der Steuer im Besteuerungsverfahren gewährt werden. Ausgenommen sind aber auch solche nach *steuerrechtlichen Vorschriften* gewährten Leistungen, die der Empfänger ausnahmsweise als echte Geldzahlungen erhält und die deshalb an sich die Voraussetzungen des Abs. 6 erfüllen (von erheblicher praktischer Bedeutung wegen der Möglichkeit einer strafbefreienden Selbstanzeige gem. § 371 AO und der von Abs. 2 abweichenden Behandlung der Leichtfertigkeit als bloße Ordnungswidrigkeit in § 378 AO). Auch ohne ausdrückliche gesetzliche Klarstellung ergibt sich dies daraus, daß hier schon immer der besondere Tatbestand der Steuerhinterziehung zur Verfügung stand, für eine Einbeziehung dieser Fälle in § 264 also kein Bedürfnis gegeben war (vgl. BT-Drs. 7/5291 S. 11, Prot. 7 S. 2718, 2845). Zwischen § 264 und § 370 AO besteht deshalb das Verhältnis tatbestandlicher Exklusivität, jedenfalls aber ist § 370 AO das speziellere Gesetz (vgl. D-Tröndle 10, Fuhrhop NJW 80, 1261, Lackner 2b, Samson SK 30, Tiedemann LK 22). Die Abgrenzung von Steuervorteilen und Subventionen und damit die Zuordnung zu § 370 AO bzw. § 264 kann, soweit das Gesetz nicht selbst eine ausdrückliche Regelung getroffen hat (vgl. die Nachw. b. Kohlmann, Steuerstrafrecht, 5. A., § 370 AO RN 179), mitunter außerordentlich schwierig sein (vgl. näher dazu z. B. Franzen/Gast/Samson, Steuerstrafrecht, 3. A., § 370 AO RN 58 ff., Fuhrhop aaO, Sannwald aaO 93 ff., Volk aaO 83 f.). Eine steuerrechtliche Leistung ist z. B. der Aufwertungsausgleich und die erhöhte Abschreibungsmöglichkeit nach § 14 BerlinförderungsG i. d. F. v. 2. 2. 1990 (BGBl. I 174), wäh-

rend die Investitionszulagen nach § 19 BerlinförderungsG, § 1 InvZulG 1986 (BGBl. I 231 u. ÄndG v. 25. 7. 1988, BGBl. I 1093) eine Subvention darstellen, auch wenn sie vom Finanzamt aus den Einnahmen der Körperschafts- und Einkommensteuer gewährt werden und für die Strafverfolgung die Vorschriften der AO entsprechend gelten (§ 20 bzw. § 5a ebd.; vgl. D-Tröndle 10, Eberle aaO 59ff., Garz-Holzmann aaO 130ff., Lackner 2b, Samson SK 30, Tiedemann LK 22).

b) Die Leistung wird **wenigstens zum Teil ohne marktmäßige Gegenleistung** gewährt, 11 wenn für sie kein wirtschaftlich gleichwertiges Entgelt – gleichgültig in welcher Form – zu entrichten ist. Den im Bereich öffentlicher Finanzhilfe häufig auftretenden „Gemengelagen" zwischen Subvention und entgeltlicher Leistung bzw. öffentlich-rechtlicher Entschädigung (vgl. dazu Götz, Subventionserschleichung 53ff.) versucht Abs. 6 Nr. 1 dadurch Rechnung zu tragen, daß er die *teilweise* Unentgeltlichkeit genügen läßt. Dabei entscheiden die Maßstäbe des Marktes sowohl darüber, ob eine Leistung des Empfängers als „Gegenleistung" anzusehen ist – was nur bei echten Austauschverhältnissen anzunehmen ist (vgl. Schmidt GA 79, 129f.; zu den sog. Schadenssubventionen vgl. auch Sannwald aaO 114ff., Tiedemann LK 30), – als auch darüber, ob diese wirtschaftlich gleichwertig ist. Außer Betracht zu bleiben hat daher, weil keine marktmäßige Gegenleistung in diesem Sinn, die „Gegenleistung", die nach öffentlichem Recht in der Erfüllung des im öffentlichen Interesse liegenden Subventionszwecks durch den Empfänger zu sehen ist (vgl. BGH NStZ **90**, 35, Sannwald aaO 113f., Wolff/Bachof, Verwaltungsrecht III, 4. A., 303f.), woraus z. B. folgt, daß die finanzielle Entlastung des EG-Haushalts durch den subventionierten Export landwirtschaftlicher Produkte (vgl. BGH aaO) oder das Überlassen des Forschungsergebnisses bei Subventionierung eines Forschungsprojekts das Vorliegen einer Subvention i. S. des Abs. 6 nicht ausschließt. Die Annahme einer teilweisen Unentgeltlichkeit setzt unter Berücksichtigung der noch marktüblichen Schwankungsbreite eine eindeutige Differenz von Leistung und Gegenleistung voraus (noch enger Schmidt GA 79, 140: auffälliges Mißverhältnis). Sofern es für bestimmte staatliche Leistungen keinen realen Markt gibt, soll auf die Kosten oder einen „hypothetischen Markt" abzustellen sein (vgl. BT-Drs. 7/5291 S. 10, D-Tröndle 9, Eberle aaO 83ff., Göhler/Wilts DB 76, 1612 u. näher Tiedemann LK 28; krit. Sannwald aaO 117f.; and. Schmidt GA 79, 139, ferner Samson SK 31f., nach dem § 264 hier überhaupt ausscheidet).

Je nach Art des gewährten Vorteils kommen daher unabhängig von der Bezeichnung (Beihilfe, 12 Zuschuß usw., vgl. Tiedemann LK 21) als Subvention i. S. des Abs. 6 insbesondere in Betracht: *verlorene Zuschüsse*, die der Empfänger nicht zurückzuzahlen braucht (z. B. Ausfuhrerstattungen für Drittlandexporte nach der EG-Marktordnung; vgl. BGH NStZ **90**, 35), *Zinszuschüsse*, bei denen die Zinsen für das von einem Dritten gewährte Darlehen ganz oder zum Teil aus öffentlichen Mitteln bezahlt werden; *Darlehen*, die aus öffentlichen Mitteln zu günstigeren Bedingungen als auf dem freien Geldmarkt vergeben werden; *Bürgschaften* und *Garantieerklärungen*, sofern der Empfänger nicht eine Gegenleistung zu erbringen hat, welche die Verwaltungskosten und das mit der Bürgschaft usw. eingegangene Risiko abdeckt (vgl. BT-Drs. 7/5291 S. 10; zu den sog. Hermes-Garantien vgl. Eberle aaO 83, Sannwald aaO 121ff., Tiedemann LK 27); sog. *Realförderungen* durch verbilligte Veräußerung, Vermietung usw. von Gegenständen oder durch Bezahlung eines Überpreises für Güter oder Leistungen (vgl. näher Eberle aaO 29ff., Schetting aaO 109ff.; zur Kriminologie vgl. Tiedemann II 78ff.).

3. Subventionen i. S. des § 264 sind nur solche Leistungen, die **wenigstens zum Teil der** 13 **Förderung der Wirtschaft dienen sollen** (Abs. 6 Nr. 2). Außerhalb des Tatbestandes bleiben damit sonstigen Zwecken dienende Subventionen (vgl. dazu o. 6); über die zusätzliche Einschränkung, die sich bei Mehrzwecksubventionen daraus ergibt, daß die Leistung Betrieben oder Unternehmen gewährt werden muß, vgl. u. 21.

a) Nach der Delinquenzphänomenologie, für die der Gesetzgeber das Bedürfnis nach einem 14 Sondertatbestand bejaht hat (vgl. BT-Drs. 7/5291 S. 10f., Prot. 7 S. 2653ff. und das umfangreiche Fallmaterial von Tiedemann, Subventionskriminalität 47–284), ist der Terminus „**Wirtschaft**" hier nicht nur i. S. der in Art. 74 Nr. 11 GG genannten Wirtschaftszweige und auch nicht i. S. einer wirtschafts- oder sozialwissenschaftlichen Begriffsbestimmung, sondern als eine vorwiegend durch die Verkehrsanschauung geprägte Bezeichnung zu verstehen (ebenso Tiedemann LK 37). Danach dürfte als „Wirtschaft" die Gesamtheit der in unternehmerischer Form betriebenen Einrichtungen und Maßnahmen anzusehen sein, die auf die Erzeugung, Herstellung oder Verteilung von Gütern oder auf das Erbringen sonstiger der Erfüllung menschlicher Bedürfnisse dienenden Leistungen gerichtet sind, soweit es sich dabei wegen ihrer besonderen Individualität nicht um Leistungen höherer Art handelt (vgl. auch Sannwald aaO 135, Tiedemann LK 37; z.T. and. Eberle aaO 90; krit. zur Möglichkeit einer dem Bestimmtheitsgrundsatz genügenden Umschreibung des Begriffs Wirtschaft jedoch z. B. Hamann, Deutsches Wirtschaftsverfassungsrecht [1958] 11f.).

15 Zur Wirtschaft gehören daher insbesondere: Land- und Forstwirtschaft, Fischerei, Bergbau, Industrie, Handwerk, Gewerbe, Handel, Verlagswesen, Energiewirtschaft, Verkehrswirtschaft, Bank- und Versicherungswesen, Filmwirtschaft (Produktion, Verleih, Filmtheater; vgl. dazu BT-Drs. 7/5291 S. 11, BGH **34** 111 [Filmförderung nach dem FilmförderungsG i. d. F. v. 18. 11. 1986, BGBl. I 2047] u. näher zur Filmförderung Keßler, Die Filmwirtschaft im gemeinsamen Markt [1976] 164 ff., 198 ff.). Nicht Teil der Wirtschaft sind dagegen Wissenschaft und Forschung einschließlich Technologie, Kunst, Literatur, auch soweit diese innerhalb der technisch-organisatorischen Einheit eines „Betriebs" (vgl. dazu § 14 RN 29) „produziert" werden. Nicht unter § 264 fällt daher z. B. die Subventionierung von Theatern oder Forschungsinstituten (and. wenn das Forschungsvorhaben dem Endzweck der Wirtschaftsförderung dient, vgl. u. 18). Außerhalb des Tatbestandes bleiben ferner, weil nicht zur Wirtschaft gehörend, das gesamte Bildungswesen (von Bedeutung z. B. bei Subventionen an Privatschulen, vgl. dazu Tiedemann, Subventionskriminalität 286 f.) und sonstige kulturelle oder der Volksgesundheit dienende Einrichtungen (z. B. Jugendwerke, Einrichtungen zur internationalen Verständigung [vgl. Tiedemann aaO 285 ff.], Krankenhäuser [vgl. BGH NJW **83**, 2649]) einschließlich des Sports, auch wenn dieser heute z. T. in Organisationen betrieben wird, die wie Wirtschaftsunternehmen geführt werden (krit. hierzu Eberle aaO 90, 106 f.). Zu den Sozialsubventionen vgl. auch u. 21.

16 b) **Förderung** der Wirtschaft ist jede Stärkung der Leistungsfähigkeit von Wirtschaftsbetrieben oder Wirtschaftszweigen. Der Begriff „Förderung" ist hier nicht in dem engeren subventionsrechtlichen Sinn der „Förderungssubvention" (i. U. zu den „Erhaltungssubventionen", vgl. Götz, Recht der Wirtschaftssubventionen 46) zu verstehen, sondern umfaßt den gesamten Bereich der Erhaltungs-, Anpassungs- und Produktivitäts-(Wachstums-)hilfen (so die Unterteilung der Finanzhilfen in § 12 II StabilitätsG v. 8. 6. 1967, BGBl. I 582). Auch die sog. Schadenssubventionen (Carlsen AgrarR 78, 268, Friauf DVBl. 66, 732), die als Hilfe bei Naturkatastrophen u. ä. Notfällen gewährt werden (z. B. Dürreschäden der Landwirtschaft), gehören hierher (i. U. zu den öffentlich-rechtlichen Entschädigungen nach Art. 14 GG usw., die keine Subventionen sind). Über Forschungssubventionen, die zugleich der Förderung der Wirtschaft dienen, vgl. u. 18.

17 c) Die Leistung **soll wenigstens zum Teil** der Wirtschaftsförderung **dienen,** was der Fall ist, wenn diese jedenfalls ein mit der Subvention verfolgter Zweck ist. Nicht erforderlich ist, daß bei mehreren Subventionszwecken die Wirtschaftsförderung der Hauptzweck ist, vielmehr genügt es, wenn es dem Subventionsgeber auch – gegenüber anderen Subventionszwecken vielleicht nur sekundär – auf die Wirtschaftsförderung ankommt (BT-Drs. 7/5291 S. 11, Lackner 2 c bb, Tiedemann LK 36). Nicht ausreichend ist es dagegen, wenn diese, was auch bei Kultur- und Sozialsubventionen der Fall sein kann, lediglich eine (unbeabsichtigte) Nebenfolge der auf einen anderen Zweck gerichteten Subvention ist (vgl. auch Tiedemann LK 41).

18 Dabei ist „*Zweck*" hier nicht der in der Erreichung eines bestimmten Verhaltens des Subventionsempfängers liegende „Primärzweck" i. S. des Subventionsrechts (z. B. Produktion bestimmter Güter, Übernahme eines Exportauftrages), sondern der aus der Summe aller (realisierten) Primärzweckelemente sich ergebende „Endzweck", der z. B. in der Förderung eines bestimmten Industriezweiges oder des Außenhandels bestehen kann (ebenso Eberle aaO 96, Sannwald aaO 136, Tiedemann LK 39; vgl. aber auch Hack aaO 55, 108; Welke zu den Subventionszwecken Schetting aaO 8 ff.). Subventionen i. S. des § 264 sind daher z. B. auch Stillegungsprämien im Bergbau, Abwrackhilfen für die Schiffahrt, Abschlachtungsprämien in der Landwirtschaft und Ausfuhrerstattungen für Rindfleischexporte aus dem EG-Gebiet (vgl. BGH NStZ **90**, 35), deren Endzweck die Förderung des betreffenden Wirtschaftszweiges ist. Dagegen ist z. B. eine nach den Richtlinien des Deutsch-Französischen Jugendwerks gewährte Förderung auch deshalb eine Subvention i. S. des § 264, weil der Primärzweck hier in der einen wirtschaftlichen Vorgang darstellenden Beschaffung von Zelten und Ausrüstungsgegenständen besteht, denn der maßgebliche Endzweck ist allein die außerhalb des Bereichs der Wirtschaft liegende „Förderung der Beziehungen und das gegenseitige Verständnis der Jugend beider Länder" (vgl. Schetting aaO 18). Da es nicht auf den Primärzweck ankommt, kann eine Subvention i. S. des § 264 auch dann vorliegen, wenn dieser von einem selbst nicht zur Wirtschaft gehörenden Betrieb erfüllt wird, sofern nur dessen Leistung dem Endzweck der Wirtschaftsförderung dient. Unter Abs. 5 kann daher nicht nur die Förderung eines von der Wirtschaft selbst durchgeführten Forschungsvorhabens fallen, sondern auch die Subventionierung eines selbständigen, jedoch für die Wirtschaft arbeitenden Forschungsinstituts. Voraussetzung ist in beiden Fällen allerdings, daß es sich dabei um unmittelbar verwertbare, „marktnahe" Forschung handelt; die Förderung von Grundlagenforschung, für welche der Wirtschaftsbezug allenfalls ein Fernziel ist, genügt nicht (BT-Drs. 7/5291 S. 11, Prot. 7 S. 2664, D-Tröndle 10, Diemer-Nicolaus aaO 46, Lackner 2 c bb, Tiedemann LK 36; krit. Samson SK 36 f.), da die Subvention nur dann der Förderung der Wirtschaft dient, wenn die Erreichung des Primärzwecks unmittelbar für den erstrebten Endzweck nutzbar gemacht werden kann.

19 Den häufig auftretenden „**Gemengelagen**" zwischen verschiedenen Subventionszwecken (vgl. Götz, Bekämpfung der Subventionserschleichung 55 f.) versucht das Gesetz auch hier dadurch Rechnung zu tragen, daß die Leistung wenigstens *zum Teil* der Wirtschaftsförderung dienen muß. Ausreichend ist es deshalb z. B., wenn eine Subvention neben der sozialen Zielsetzung, der Arbeitslosigkeit in einem bestimmten Bereich entgegenzuwirken, auch die Stützung des fraglichen Wirtschaftszweiges bezweckt (BT-Drs. 7/5291 S. 11; vgl. aber auch u. 21) oder wenn mit der Förderung der Herstellung eines Kulturfilmes zugleich die Filmwirtschaft unterstützt werden soll (Müller-Emmert u. Maier NJW 76, 1659). Dennoch bleibt das Problem, daß die Subventionszwecke i. S. des Endzwecks, soweit sie nicht ausdrücklich benannt sind, vielfach nur mit Schwierigkeiten ermittelt werden können (vgl. dazu Eberle aaO 97ff., Schetting aaO 19ff., Tiedemann LK 40), obwohl für § 264 feststehen muß, daß jedenfalls *ein* Zweck in der Wirtschaftsförderung besteht. Nur soweit der Empfänger kein Betrieb oder Unternehmen ist, kann diese Frage dahinstehen, weil sich dann aus der in Abs. 6 erfolgten Beschränkung auf der Empfängerseite ergibt, daß keine Subvention i. S. des § 264 vorliegt (vgl. u. 20). Dagegen hängt z. B. bei den der Wirtschaft gewährten Umweltschutzsubventionen (z. B. nach dem Ges. zur Sicherung der Altölbeseitigung v. 23. 12. 1968, BGBl. I 1419) die Anwendbarkeit des § 264 davon ab, ob man den Endzweck nur in der Reinhaltung der Umwelt oder auch – wenn auch nur sekundär – in der Wirtschaftsförderung sieht (Förderung der Altölverbrennungsfirmen; vgl. Carlsen AgrarR 78, 268, Götz Prot. 7 S. 2500). Soweit hier eindeutige Aussagen nicht möglich sind, ist die Vorschrift mit Rücksicht auf Art. 103 II GG nicht anwendbar (ebenso Eberle aaO 99; vgl. auch Samson SK 36f.) bzw. bei gesetzesfreien Subventionen nach dem Grundsatz „in dubio pro reo" zu verfahren.

4. Subventionen i. S. des § 264 sind nur Leistungen **an Betriebe oder Unternehmen,** zu 20 denen nach Abs. 6 S. 2 auch die **öffentlichen Unternehmen** gehören.

a) Gemeint ist damit, daß die Subvention **ihrer Art nach** dazu **bestimmt** sein muß, aus- 21 schließlich und unmittelbar an Betriebe und Unternehmen vergeben zu werden (vgl. auch BT-Drs. 7/5291 S. 12, Samson SK 39, Tiedemann LK 32). Daher bleiben die unterstützungsbedürftigen Einzelpersonen (z. B. Arbeitnehmer, Sparer usw.) gewährten Sozialsubventionen auch dann außerhalb des Tatbestandes, wenn sie im Einzelfall zugleich der Wirtschaftsförderung dienen sollen (z. B. Kurzarbeiter- und Schlechtwettergeld nach §§ 63ff., 74ff. ArbeitsförderungsG, die über die Unterstützung der Arbeitnehmer hinaus zugleich Stützungsmaßnahmen zugunsten der Wirtschaft sind [vgl. Siegers NJW 72, 845 und zum Wintergeld BGH MDR/H **81,** 268]; weit. Beisp. bei Götz, Bekämpfung der Subventionserschleichung 55). Ausgenommen sind damit ferner Subventionen, deren Empfänger nicht nur Betriebe, sondern auch Private sein können (and. Eberle aaO 69). Andererseits ist § 264 auch dann anwendbar, wenn eine an sich nur für Betriebe und Unternehmen bestimmte Subvention im Einzelfall für ein fingiertes Unternehmen erschlichen wird (vgl. BT-Drs. 7/5291 S. 12, BGH **32** 203, Sannwald aaO 125, Tiedemann LK 35; and. Eberle aaO 71); Voraussetzung dafür ist allerdings, daß das wirkliche Bestehen des Unternehmens eine subventionserhebliche Tatsache i. S. des Abs. 7 ist (was entgegen D-Tröndle 19 nicht schon aus Abs. 6 folgt).

b) Über **Betriebe** und **Unternehmen** vgl. § 14 RN 28f. Danach ist jedenfalls der Begriff 22 „Betrieb" nicht auf den Bereich der Wirtschaft beschränkt, vielmehr sind Betriebe z. B. auch Arzt- und Anwaltspraxen, Krankenhäuser usw. (vgl. § 14 RN 28; ebenso Sannwald aaO 125ff., Tiedemann LK 32; einschränkend Samson SK 38). Daß die Subvention auch für außerhalb der Wirtschaft stehende Betriebe bestimmt sein kann (so z. B. bei den Investitionszulagen nach § 4b InvestitionszulagenG), schließt daher die Anwendbarkeit des § 264 nicht aus.

c) Betriebe und Unternehmen sind nach Abs. 6 S. 2 auch die **öffentlichen Unternehmen.** 23 Obwohl nicht ausdrücklich genannt, müssen diesen die *öffentlichen Betriebe* gleichgestellt werden, da es auf die begrifflich umstrittene Unterscheidung von Betrieb und Unternehmen (vgl. § 14 RN 28f.) hier so wenig ankommen kann wie bei den privaten Betrieben und Unternehmen (ebenso Eberle aaO 67f., Sannwald aaO 129, Tiedemann LK 33). Zu den öffentlichen Unternehmen (bzw. Betrieben) gehören alle von der öffentlichen Verwaltung getragenen Einrichtungen, durch die diese am Wirtschaftsleben als Erzeuger oder Verteiler von Gütern oder sonstigen Leistungen des menschlichen Bedarfs teilnimmt (z. B. kommunale Gas- und Elektrizitätswerke, Verkehrsbetriebe, Wohnungsbaugesellschaften usw.). Ohne Bedeutung ist, in welcher Rechtsform das öffentliche Unternehmen geführt wird (Eigenbetrieb, Anstalt des öffentlichen Rechts, rechtsfähige Gesellschaft des Privatrechts, hinter der ein Verwaltungsträger steht), und gleichgültig ist auch, ob es sich dabei um ein erwerbswirtschaftliches oder lediglich „gewinnmitnehmendes" Unternehmen (Wolff/Bachof, Verwaltungsrecht III, 4. A., 302f.) oder gar um einen Zuschußbetrieb handelt. Zur Frage, ob auch Gemeinden, Gemeindeverbände usw. als Unternehmen begriffen werden können, vgl. Sannwald aaO 129, Tiedemann LK 33.

Abs. 6 S. 2 hat nur klarstellende Bedeutung, da auch öffentliche Unternehmen und Betriebe „Unternehmen" usw. sind (vgl. auch § 265b RN 8). Zu der im Gesetzgebungsverfahren zunächst umstrittenen Einbeziehung öffentlicher Unternehmen vgl. BT-Drs. 7/5291 S. 12, Prot. 7 S. 2665ff., 2718f., Müller-Emmert u. Maier NJW 76, 1659, Sannwald aaO 127f. Zwingend war diese aus einem vom Sonderausschuß freilich nicht gesehenen Grund: Erfaßt Abs. 6 nur solche Subventionen, die *ausschließlich* für Betriebe und Unternehmen bestimmt sind (so auch BT-Drs. 7/5291 S. 12; vgl. o. 21), und würden dazu nicht auch die öffentlichen Unternehmen gehören, so blieben damit – entgegen den gesetzgeberischen Absichten – zugleich alle privaten Betrieben gewährte Subventionen außerhalb des Tatbestandes, wenn Empfänger dieser Subventionen auch ein öffentliches Unternehmen sein kann.

25, 26 d) Leistungen „an" Betriebe und Unternehmen sind nur solche, die dem **Betrieb** usw. **zum Zweck eigener Verwendung** zugute kommen sollen. Subventionen, die teils der Wirtschaftsförderung, teils sozialen Zwecken dienen, fallen daher auch dann nicht unter § 264, wenn sie zwar an Betriebe ausbezahlt werden, dies aber, wie z. B. beim Kurzarbeits- und Schlechtwettergeld nach §§ 72 III, 79 V AFG, nur zum Zweck der Weiterleitung an die eigentlichen Empfänger (z. B. Arbeitnehmer) geschieht (ebenso Sannwald aaO 130; and. Eberle aaO 70). Dagegen ist bei Preissubventionen eine Leistung „an" einen Betrieb usw. nicht deshalb zu verneinen, weil sie diesem in der Erwartung gewährt wird, daß er die sich aus der Einkommensmehrung ergebenden Vorteile an andere (z. B. Erzeuger, Konsumenten) weitergibt (vgl. näher Tiedemann LK 34).

27 IV. Den Begehungsmodalitäten des § 264 gemeinsam ist, daß sie sich auf **subventionserhebliche Tatsachen** beziehen. Über Tatsachen vgl. § 263 RN 8ff., wobei auch hier innere Tatsachen von Bedeutung sein können (vgl. BGH **34** 111: Absicht des Verantwortlichen als Voraussetzung der sog. Referenzfilmförderung, den neuen Film so herzustellen, daß ein Negativurteil der zuständigen Stelle i. S. des § 19 FilmförderungsG i. d. F. v. 18. 11. 1986 [BGBl. I 2047] vermieden werden kann). Subventionserheblich sind diese nur, wenn sie in der in **Abs. 7** umschriebenen Form besonders ausgewiesen sind. Ist dies nicht der Fall, so kommt § 264 auch dann nicht in Betracht, wenn die fragliche Tatsache materiell für die Bewilligung, Gewährung usw. der Subvention erheblich war (vgl. Bay NJW **82**, 2203; zur Anwendbarkeit des § 263 in diesen Fällen vgl. u. 87).

28 Mit der in Abs. 7 erfolgten Formalisierung der Subventionserheblichkeit versucht das Gesetz i. V. mit § 2 SubvG den Mängeln der früheren Vergabepraxis Rechnung zu tragen, bei der die unklare Formulierung der Vergabevoraussetzungen vielfach zu Subventionsfehlleitungen und Beweisschwierigkeiten im Strafverfahren führte (vgl. BR-Drs. 5/75 S. 28). Verzichtet wurde auf die in § 264 VII Nr. 3 RegE vorgesehene Einbeziehung auch solcher Tatsachen, die „nach dem Subventionszweck sonst für die Entscheidung" über die Bewilligung, Gewährung usw. einer Subvention „erheblich sind", weil damit die bisherige Unsicherheit und die daraus folgenden Beweisschwierigkeiten für die Zukunft festgeschrieben worden wären und eine solche Erweiterung auch im Hinblick auf den Leichtfertigkeitstatbestand des Abs. 3 nicht angemessen erschien (vgl. BT-Drs. 7/5291 S. 13). Krit. zur Regelung des Abs. 7 die Begr. zu § 201 AE (BT, Wirtschaftsdelikte), Eberle aaO 126ff., Tiedemann Prot. 7 S. 2471.

29 1. Subventionserheblich sind nach Abs. 7 **Nr. 1** zunächst die Tatsachen, die **durch Gesetz** oder **auf Grund eines Gesetzes von dem Subventionsgeber** als subventionserheblich **bezeichnet** worden sind. Die Bezeichnung muß vor der Tat erfolgt sein (Samson SK 45); wird sie erst nach der Gewährung der Subvention vorgenommen (vgl. § 2 II SubvG), so kommt eine Strafbarkeit – insbesondere auch nach Abs. 1 Nr. 2 – erst von diesem Zeitpunkt an in Betracht, sofern nicht schon vorher die Voraussetzungen des Abs. 7 Nr. 2 gegeben waren.

30 a) Erforderlich ist eine **ausdrückliche** Bezeichnung; daß sich die Subventionserheblichkeit aus dem Zusammenhang ergibt, mag dieser auch noch so deutlich sein, genügt ebensowenig wie eine ganz pauschale oder formelhafte Bezeichnung (vgl. LG Düsseldorf NStZ **81**, 223 m. Anm. Ranft NJW 86, 3164, Carlsen AgrarR 78, 271, Samson SK 44a, Tiedemann LK 45; dazu, daß hier dann aber § 263 anwendbar bleibt, vgl. Ranft aaO sowie u. 87). Nicht erforderlich ist dagegen die Verwendung gerade des Ausdrucks „subventionserheblich" (ebenso Bay NJW **82**, 2203, München NJW **82**, 457, Carlsen aaO, Schmidt-Hieber aaO 756, Tiedemann aaO); da die Regelung lediglich klare Verhältnisse schaffen und angebliche oder wirkliche Mißverständnisse ausschließen will, muß es vielmehr auch genügen, wenn dieser Zweck durch eine andere, in der Sache übereinstimmende und sprachlich nicht minder eindeutige Bezeichnung erreicht wird (z. B. „für die Bewilligung der Subvention ist von Bedeutung").

31 Der Gesetzeswortlaut – auch der des § 2 SubvG – schließt dies nicht aus, zumal der Terminus „subventionserheblich" nicht in Anführungszeichen gesetzt ist (unklar BR-Drs. 5/75 S. 28). Soweit sich die Subventionserheblichkeit unmittelbar aus dem Gesetz ergibt, ist die praktische Bedeutung der Frage wegen Nr. 2 gering. Anders ist dies jedoch, wenn die Bezeichnung der Subventionserheblichkeit erst durch den Subventionsgeber erfolgt. Hier wäre es unsinnig, würde man die Anwendbarkeit des § 264 daran scheitern lassen, daß die Verwaltungsbehörde statt des Ausdrucks „subventionserheblich" eine andere, sprachlich u. U. nur geringfügig abweichende Wendung gebraucht, die dem

Empfänger in gleicher Weise deutlich macht, daß es sich bei den fraglichen Tatsachen um solche handelt, die für die Bewilligung, Gewährung usw. der Subvention von Bedeutung sind. Unschädlich ist es auch, wenn entgegen § 2 SubvG der in Abs. 7 Nr. 1 nicht vorgesehene Zusatz fehlt, daß die fragliche Tatsache subventionserheblich „i. S. des § 264 des Strafgesetzbuches" sei.

b) Die Bezeichnung muß **durch Gesetz** oder **auf Grund eines Gesetzes durch den Subven-** 32 **tionsgeber** erfolgen. Nicht ausreichend ist damit die Bezeichnung in Verwaltungsvorschriften, Richtlinien usw.

α) Das die Subventionserheblichkeit bezeichnende *Gesetz* kann ein Gesetz sowohl im formel- 33 len als auch im materiellen Sinn sein (Tiedemann LK 46; zu eng BT-Drs. 7/5291 S. 13: formelles Gesetz oder Verordnung; doch müssen bei kommunalen Subventionen die subventionserheblichen Tatsachen auch durch Satzung festgelegt werden können).

β) Eine Bezeichnung durch den *Subventionsgeber* liegt vor, wenn sie durch die für die Bewilli- 34 gung der Subvention zuständige Behörde oder eine andere in das Subventionsverfahren eingeschaltete Stelle oder Person (Abs. 1 Nr. 1; vgl. u. 40 f.) vorgenommen wird. Nach dem Zweck der Vorschrift muß dies aus Anlaß des fraglichen Subventionsverfahrens durch eine zugangsbedürftige Erklärung gegenüber dem Subventionsnehmer – bei mehreren Subventionsnehmern im selben Verfahren wenigstens gegenüber einem (Carlsen AgrarR 78, 270, Samson SK 42, Tiedemann LK 45) – geschehen (vgl. auch § 2 SubvG), wobei dieser freilich nicht der Täter zu sein braucht (vgl. u. 48 f.); eine allgemeine Bekanntmachung (z. B. durch Aushang) genügt daher nicht, ebensowenig, daß dem Antragsteller die subventionserheblichen Tatsachen in einem früheren Verfahren bezeichnet worden sind. Daß die Bezeichnung *auf Grund eines Gesetzes* erfolgen muß, ist nicht als Problem des Gesetzesvorbehalts i. S. einer Eingriffsermächtigung anzusehen (vgl. aber Löwer JZ 79, 630 f. u. dazu o. 3). „Auf Grund eines Gesetzes" kann auch heißen „in den Grenzen des gesetzlich Zulässigen" (vgl. auch LG Hamburg wistra **88**, 362) oder „auf Grund einer gesetzlichen Verpflichtung". Darum geht es hier: Gemeint ist damit, daß sich der Subventionsgeber – was an sich selbstverständlich ist – bei der Bezeichnung im Rahmen dessen hält, was nach dem Gesetz als (materiell) subventionserheblich benannt werden kann, wobei sich der gesetzliche Bezeichnungsrahmen für den Anwendungsbereich des SubvG (vgl. u. 35) aus dessen § 2 ergibt, indem dort der Subventionszweck, die einschlägigen Rechts- und Verwaltungsvorschriften usw. für maßgebend erklärt werden. Bei einer Überschreitung dieser Grenzen wird deshalb der fragliche Umstand trotz der entsprechenden Bezeichnung nicht zu einer subventionserheblichen Tatsache i. S. des Abs. 7 (ebenso D-Tröndle 18, Eberle aaO 125 f., M-Maiwald I 453, Schmidt-Hieber aaO 756, Tiedemann LK 48; vgl. auch Sannwald aaO 73), so daß eine Täuschung darüber nicht nach § 264 strafbar ist. Schöpft umgekehrt der Subventionsgeber diesen Rahmen nicht aus, indem er es unterläßt, eine für die Bewilligung usw. relevante Tatsache als subventionserheblich zu bezeichnen, so liegt der objektive Tatbestand des § 264 gleichfalls nicht vor (ebenso Eberle aaO 123 f.), es sei denn, daß zugleich die Voraussetzungen der 1. Alt. (Bezeichnung durch ein Gesetz) oder der Nr. 2 (vgl. u. 36) erfüllt sind. Zum Irrtum vgl. u. 62, zur Strafbarkeit nach § 263 in diesen Fällen vgl. u. 87.

Eine umfassende **Bezeichnungspflicht** enthält § 2 SubvG bezüglich der subventionserheblichen 35 Tatsachen. Zwar gilt die Vorschrift unmittelbar nur für Subventionen nach Bundesrecht und für die von Stellen der Bundesrepublik vergebenen Subventionen nach EG-Recht, nicht dagegen für solche Subventionen der EG, die von deren Stellen unmittelbar verwaltet werden, weil das SubvG für diese keine Verfahrensregelung treffen konnte (vgl. BT-Drs. 7/5291 S. 13, 21). Aus den gleichen Gründen gilt § 2 SubvG nicht unmittelbar für Subventionen nach Landesrecht. Weil in den alten Bundesländern inzwischen aber die Landessubventionsgesetze global die Anwendbarkeit der §§ 2–6 SubvG global bestimmt haben (vgl. z. B. für Bad.-Württ. Ges. v. 1. 3. 1977, GBl. S. 42, Bayern Ges. v. 23. 12. 1976, GVBl. 77, 568, Hessen Ges. v. 18. 5. 1977, GVBl. S. 199, Niedersachsen Ges. v. 22. 6. 1977, GVBl. S. 189, Nordrhein-Westf. Ges. v. 24. 3. 1977, GVBl. S. 136), hat § 2 SubvG hier praktisch weitgehend – von den genannten EG-Subventionen abgesehen – die Bedeutung einer allgemeinen „gesetzlichen Grundlage" (BGH wistra **86**, 68) in dem o. 34 genannten Sinn erlangt. Er verpflichtet den Subventionsgeber (vgl. u. 34 und u. 40 f.), dem Subventionsnehmer (§ 2 I SubvG) vor Bewilligung oder Gewährung einer Subvention die Tatsachen als subventionserheblich i. S. des § 264 StGB zu bezeichnen, die 1. nach dem Subventionszweck, 2. nach den Rechtsvorschriften, Verwaltungsvorschriften und Richtlinien über die Subventionsvergabe, 3. den sonstigen Vergabevoraussetzungen für die Bewilligung, Gewährung, Rückforderung, Weitergewährung oder das Belassen einer Subvention oder eines Subventionsvorteils erheblich sind. Abs. 2 erweitert diese Pflicht auf die nachträgliche Bezeichnung, wenn sich aus den im Subventionsverfahren gemachten Angaben oder aus sonstigen Umständen Zweifel ergeben, ob bestimmte Vergabevoraussetzungen erfüllt sind. Die Bezeichnungspflicht nach § 2 SubvG besteht auch dann, wenn sich die Subventionserheblichkeit nach § 264 VII Nr. 1 1. Alt., Nr. 2 bereits unmittelbar aus dem Gesetz ergibt. Die Bezeichnung ist hier zwar nicht für den objektiven Tatbestand des § 264 von Bedeutung, wohl aber für die subjektive Tatseite, weil sich der Täter dann kaum noch darauf berufen kann, er habe nicht gewußt, daß die fragliche Tatsache nach dem Gesetz subventionserheblich sei. Ergibt sich dagegen die Subventionserheblichkeit einer Tatsache nicht aus dem Gesetz selbst – so bei lediglich im Haushaltsansatz für bestimmte Zwecke ausgewiesenen Subventionen oder bei Lückenhaftigkeit des Gesetzes –, so hängt schon die Erfüllung des objektiven Tatbestandes des § 264 davon ab, daß der Subventionsgeber die ihm durch § 2 SubvG auferlegte Pflicht erfüllt.

36   2. **Subventionserheblich** i. S. des § 264 sind nach **Nr. 2** ferner Tatsachen, von denen die **Bewilligung, Gewährung, Rückforderung usw.** einer **Subvention** oder eines **Subventionsvorteils gesetzlich abhängig** ist, wobei es ohne Bedeutung ist, ob die behauptete Tatsache für sich allein oder erst zusammen mit anderen – im Antrag nicht oder noch nicht vorgetragenen – Umständen eine Subventionsbewilligung zur Folge haben kann (vgl. Bay **89**, 29). Gemeint sind damit die Fälle, in denen – gleichgültig aus welchen Gründen (vgl. München NJW **82**, 457 [zu § 4b InvZulG 1975], Berz BB 76, 1437, Ranft NJW 86, 3165, Tiedemann LK 53; and. M-Maiwald I 453, Samson SK 47: nur soweit § 2 SubvG nicht gilt) – eine ausdrückliche Bezeichnung i. S. von Nr. 1 1. Alt. fehlt oder unwirksam ist (and. insoweit Ranft aaO), dem Gesetz aber sonst – wenn auch erst mit Hilfe der üblichen Interpretationsmethoden (vgl. BGH **34** 111 [zu § 19 FilmförderungsG; vgl. o. 27], NStZ **90**, 35, Bay **89**, 29, Tiedemann LK 52, aber auch Samson SK 49) – entnommen werden kann, unter welchen Voraussetzungen die Subvention gewährt wird usw. (wegen § 2 SubvG praktisch bedeutsam vor allem bei unmittelbaren Subventionsvergaben durch die EG-Behörden). Daß die Abhängigkeit lediglich dem Zweck einer Subvention, für die nur ein Haushaltsansatz besteht, entnommen werden kann, genügt nicht. Auch hier kann das *Gesetz* ein solches im formellen oder im materiellen Sinn sein (vgl. o. 33), wobei auch Rechtsvorschriften der EG in Betracht kommen (zur Maßgeblichkeit des deutschen Textes, wenn die Festsetzungsverordnungen der EG-Kommission für die einzelnen Mitgliedstaaten unterschiedliche Regelungen enthalten, vgl. BGH NStZ **90**, 35). Mit den Begriffen *„Bewilligung", „Gewährung", „Rückforderung"* usw. (vgl. auch § 2 I SubvG) sollen alle im Lauf eines Subventionsverfahrens möglichen Entscheidungen und Vorgänge erfaßt werden, die dazu führen, daß der Subventionsnehmer eine Subvention erhält, behält oder wieder zurückgeben muß. Im Unterschied zu der zunächst lediglich eine verbindliche Zusage enthaltenden Bewilligung bedeutet die Gewährung das tatsächliche Zurverfügungstellen der Subvention auf Grund der Bewilligung, während sich das Belassen und die Rückforderung auf eine bereits gewährte Subvention beziehen; daß sich die genannten Merkmale z. T. überschneiden oder sogar deckungsgleich sind (z. B. Erfüllung bzw. Nichterfüllung einer Verwendungsbeschränkung als Voraussetzung für das „Belassen" bzw. die „Rückforderung"), hat der Gesetzgeber als unschädlich hingenommen (vgl. BR-Drs. 5/75 S. 29). Mit den neben der Subvention besonders aufgeführten *Subventionsvorteilen* sind die Fälle miteinbezogen, in denen über die unmittelbare Subventionsgewährung an den Erstempfänger die Vorteile aus der Subvention mittelbar auch Dritten zugute kommen, die dann, ohne selbst in einer Beziehung zum Subventionsgeber zu stehen, gleichfalls Subventionsnehmer i. S. des SubvG (§ 2 I) sind (so beim Erwerb einer durch eine Subvention verbilligten Ware, vgl. BR-Drs. 5/75 S. 29). Von Bedeutung ist dies, wenn nach dem Gesetz auf diese Weise nur ein bestimmter Personenkreis begünstigt wird oder hinsichtlich des subventionierten Gegenstandes eine Verwendungsbeschränkung besteht, bei deren Nichtbeachtung der in Anspruch genommene Vorteil zurückzugewähren ist, weil es sich dann insoweit um subventionserhebliche Tatsachen i. S. der Nr. 2 handelt.

37   Der Begriff des „**Subventionsvorteils**" ist schon als solcher wenig klar (vgl. auch die Kritik in BR-Drs. 5/75 S. 5), wobei seine richtige Interpretation noch zusätzlich dadurch erschwert wird, daß er vom SubvG in unterschiedlicher Weise gebraucht wird. Nach Göhler Prot. 7 S. 2792 soll sich seine Bedeutung aus § 5 SubvG ergeben, wo in der Überschrift zwar der Ausdruck „Subventionsvorteil" erscheint, im Text jedoch nur von solchen „Vorteilen" die Rede ist, die jemand durch (!) den Verstoß gegen eine im Hinblick auf eine Subvention bestehende Verwendungsbeschränkung erlangt. Offensichtlich eine andere Bedeutung hat der Begriff „Subventionsvorteil" dagegen in § 2 SubvG, wo der Subventionsgeber verpflichtet wird, vor Bewilligung oder Gewährung einer Subvention u. a. demjenigen die subventionserheblichen Tatsachen zu bezeichnen, der „einen Subventionsvorteil in Anspruch nimmt". Hier kann „Subventionsvorteil" nicht erst der später durch eine bestimmungswidrige Verwendung erlangte weitere „Vorteil" i. S. des § 5 SubvG sein, gemeint ist damit vielmehr der Subventionsvorteil i. S. des o. 36 Gesagten, den der Subventionsnehmer z. B. durch den Erwerb der verbilligten Ware in Anspruch nimmt (vgl. auch Tiedemann LK 55). Dasselbe muß auch für den Begriff des Subventionsvorteils in § 264 VII Nr. 2 gelten, da der Kreis der subventionserheblichen Tatsachen hier nicht anders bestimmt werden kann, als er nach § 2 SubvG vom Subventionsgeber zu bezeichnen ist. Die Vorteile des § 5 SubvG gehören ohnehin nicht in den Zusammenhang des § 264, da dieser den Staat lediglich vor der Fehlleitung öffentlicher Mittel bewahren soll, § 5 SubvG aber nicht die Rückgewähr fehlgeleiteter Mittel, sondern die Herausgabe der durch eine bestimmungswidrige Verwendung erlangten Vorteile betrifft.

V. **Als Tathandlung** erfaßt **Abs. 1** die Abgabe unrichtiger oder unvollständiger Erklärungen 38
gegenüber dem Subventionsgeber (Nr. 1), das Unterlassen von Mitteilungen (Nr. 2) und den
Gebrauch bestimmter Bescheinigungen (Nr. 3). Nicht erforderlich ist der Eintritt eines Erfolgs
(Hervorrufen eines Irrtums, Gewährung der nicht gerechtfertigten Subvention).

1. Die Tathandlung nach **Nr. 1** besteht darin, daß der Täter gegenüber dem Subventionsge- 39
ber über subventionserhebliche Tatsachen für sich oder einen anderen **unrichtige oder unvollständige Angaben macht,** die für ihn oder den anderen vorteilhaft sind.

a) Mit der in Nr. 1 enthaltenen Definition des Begriffes „**Subventionsgeber**" als „einer für 40
die Bewilligung einer Subvention zuständigen Behörde oder einer anderen in das Subventionsverfahren eingeschalteten Stelle oder Person" werden alle Einrichtungen und Personen zusammengefaßt, die im Lauf eines Subventionsverfahrens mit der verwaltungsmäßigen Vergabe von
Subventionen i. S. des Abs. 6 einschließlich der die Vergabe vorbereitenden Maßnahmen, der
ordnungsgemäßen Verwendung der Subvention und notfalls ihrer Rückforderung befaßt sind
(also z. B. nicht der vom Subventionsnehmer eingeschaltete Anwalt). Dabei ist *Subventionsverfahren* das gesamte, die verwaltungsmäßige Erledigung einer Subventionsangelegenheit betreffende Verfahren, das mit dem Bewilligungsantrag beginnt und grundsätzlich mit der Gewährung (bei einem Weitergewähren: Erbringen der letzten Leistung) oder der endgültigen Ablehnung der Subvention endet; finden auf Grund einer Verwendungsbeschränkung Kontrollen
statt, so sind auch diese ebenso wie eine dadurch ausgelöste Rückforderung noch Teil des
Subventionsverfahrens, während das Rückforderungsverfahren im übrigen ein eigenes Subventionsverfahren darstellt (vgl. näher Tiedemann LK 60 ff.). Nicht hierher gehört dagegen ein
gerichtliches Verfahren, in dem z. B. die Rechtmäßigkeit der Entscheidung einer Subventionsbehörde überprüft wird. Nicht erforderlich ist, daß die Stelle selbst zur Entscheidung befugt ist,
vielmehr genügt es, wenn sie z. B. lediglich eine Vorprüfung vorzunehmen hat (so bei über
deutsche Stellen beantragten EG-Subventionen, über deren Gewährung von EG-Stellen entschieden wird; vgl. Prot. 7 S. 2678, Tiedemann LK 57); zu falschen Angaben gegenüber einer
lediglich im Vorstadium der Entscheidung eingeschalteten Stelle vgl. aber auch u. 48.

Soweit es sich um *Behörden* (vgl. § 11 RN 57 ff.) handelt, kommen nicht nur die vom Gesetz 41
besonders genannten Bewilligungsbehörden, sondern als „andere in das Subventionsverfahren eingeschaltete Stellen" auch sonstige Behörden in Betracht. *Stellen* sind darüber hinaus auch sonstige
öffentliche Einrichtungen und Funktionsträger, denen mangels des für eine Behörde erforderlichen
Organisationsgrades die Behördeneigenschaft fehlt (z. B. ein bei einer Behörde unter Zuziehung von
Vertretern der Wirtschaft gebildeter Ausschuß oder Beirat, nach Prot. 7 S. 2674 auch der an der
Grenze eingeschaltete Zollbeamte, der die Einhaltung einer Verwendungsbeschränkung überwacht;
vgl. auch § 11 RN 25). Die anderen in Abs. 1 genannten *Personen* können natürliche oder juristische
Personen des öffentlichen oder privaten Rechts sein; Subventionsgeber sind daher insbesondere auch
die auf der Geberseite in das Verfahren eingeschalteten privaten Banken. Gleichgültig ist, ob die
Einschaltung dieser Stellen oder Personen in das Subventionsverfahren auf Gesetz, einer behördlichen
Anordnung oder auf einem zivilrechtlichen Vertrag beruht (vgl. BT-Drs. 7/5291 S. 6). Die Zuständigkeit, die Tatbestandsmerkmal ist, muß auch bei den anderen Stellen oder Personen gegeben sein;
zu falschen Angaben gegenüber der unzuständigen Stelle in einem mehrstufigen Vergabeverfahren
vgl. u. 48.

b) Nr. 1 setzt **unrichtige** oder **unvollständige Angaben über subventionserhebliche Tatsa-** 42
chen voraus, die für den Erklärenden oder den, für den die Angaben gemacht werden, **vorteilhaft** sind.

α) **Angaben** sind alle – schriftlichen oder mündlichen – Erklärungen über das Vorliegen oder 43
Nichtvorliegen eines bestimmten Sachverhalts, wobei dieser **in subventionserheblichen Tatsachen** (vgl. dazu o. 27 ff.) bestehen muß. Nr. 1 enthält – and. als § 263 (vgl. dort RN 11) – nach
dem eindeutigen Gesetzeswortlaut ein Äußerungsdelikt. Erforderlich ist deshalb zumindest
eine konkludente Gedankenerklärung, die z. B. auch in der Vorlage verfälschter Augenscheinsobjekte gesehen werden kann (Tiedemann LK 69), nicht dagegen in dem bloßen Dulden einer
Probeentnahme bezüglich der Qualität der fraglichen Ware (BGH NJW **81**, 1744 m. Anm. Tiedemann JR 81, 470). Nicht unter Nr. 1 fallen ferner Veränderungen der äußeren Wirklichkeit
als solche, auch wenn dadurch auf die Vorstellung des Subventionsgebers eingewirkt wird
(ebenso Carlsen AgrarR 78, 297, Eberle aaO 130 f., Samson SK 54, Tiedemann LK 69). In
Betracht kommt hier jedoch u. U. Nr. 2; zu § 263 vgl. u. 87.

β) **Unrichtig** sind die Angaben, wenn in ihnen objektiv nicht gegebene subventionserhebli- 44
che Tatsachen als gegeben bzw. objektiv gegebene Tatsachen als nicht gegeben bezeichnet
werden. **Unvollständig** sind sie, wenn die im Rahmen einer den Anschein der Vollständigkeit
erweckenden Erklärung enthaltenen Angaben als solche zwar richtig sind, durch Weglassung
wesentlicher Tatsachen aber ein falsches Gesamtbild vermittelt wird (vgl. auch Lackner 5 a,
Tiedemann LK 65). Dies ist z. B. der Fall, wenn der Kaufpreis für den zu subventionierenden

Gegenstand als solcher zwar richtig angegeben, dabei aber die Gewährung einer „Provision" bzw. eines Preisnachlasses verschwiegen wird (vgl. BGH wistra **86**, 67) oder wenn zum Nachweis einer tatsächlich erfolgten Zahlung die Hingabe eines Schecks unter Verschweigen einer Stundungsabrede aufgeführt wird (vgl. LG Hamburg wistra **88**, 326). Da es sich hier um eine durch konkludentes Tun begangene Täuschungshandlung handelt, bedarf es der Nr. 2 in diesen Fällen nicht. Ob mit dem Verschweigen subventionserheblicher Tatsachen (z. B. einer Umgehungshandlung, vgl. u. 46) zugleich ihr Nichtvorhandensein konkludent i. S. einer „unvollständigen" Angabe vorgespiegelt wird, ist Frage des Einzelfalls. Nicht unter den Tatbestand fallen dagegen Angaben, die erkennbar unvollständig sind oder die vorbehaltlich der Überprüfung der Richtigkeit erfolgen.

45   Bei der Frage der Unrichtigkeit bzw. Unvollständigkeit ist ergänzend die Regelung des § 4 **SubvG** über **Schein- und Umgehungshandlungen** zu beachten, die bis zum Erlaß entsprechender Vorschriften freilich nicht für Subventionen nach EG-Recht gilt (für solche nach Landesrecht vgl. o. 35; krit. zur Regelung dieser Materie im SubvG Tiedemann Prot. 7 S. 2471, für eine solche „verwaltungsrechtliche Lösung" dagegen Stöckel ZRP 77, 135; zum Ganzen vgl. ferner Bruns GA 86, 1). Danach sind für die Subventionsbewilligung usw. *Scheingeschäfte* und *Scheinhandlungen* tatsächlicher Art unerheblich und der durch sie verdeckte Sachverhalt maßgebend (Abs. 1). Ebenso ist nach Abs. 2 S. 1 – wobei die Grenzen zu Abs. 1 freilich fließend sind – die Bewilligung einer Subvention usw. ausgeschlossen, wenn im Zusammenhang mit einer beantragten Subvention ein Rechtsgeschäft oder eine Handlung unter *Mißbrauch von Gestaltungsmöglichkeiten* vorgenommen wird. Ein solcher liegt nach Abs. 2 S. 2 in der Benützung einer nach den gegebenen Verhältnissen unangemessenen Gestaltungsmöglichkeit mit dem Ziel der dem Subventionszweck (i. S. des Endzwecks, vgl. o. 18, Tiedemann LK 93) widersprechenden Inanspruchnahme oder Nutzung einer Subvention, was nach Abs. 2 S. 3 namentlich dann anzunehmen ist, wenn die förmlichen Voraussetzungen für die Subvention in einer dem Subventionszweck widersprechenden Weise künstlich geschaffen werden. Einschlägig sind hier vor allem Fälle, in denen die Durchführung des subventionierten Geschäfts oder der subventionierten Handlung wirtschaftlich völlig unvernünftig ist und allein zum Zweck der Subventionserlangung erfolgt (vgl. § 201 III 2 AE, [BT, Wirtschaftsdelikte], Tiedemann LK 95), z. B. Beantragung der Ausfuhrerstattung für Exporte in ein sog. Drittland, wohin die Ware jedoch nur zum Zweck des sofortigen Weitertransports in ein anderes Land gebracht wird, ferner die Fälle des „Kreisverkehrs", in denen eine Ware nur dazu verwendet wird, nach Zufügung und Wiederausscheidung von Substanzen und dadurch bewirkter Veränderung ihrer Beschaffenheit unter Inanspruchnahme von Exportsubventionen exportiert, zurückimportiert und wieder exportiert zu werden (vgl. näher Tiedemann, Subventionskriminalität 105 ff., 151 ff.). In subjektiver Hinsicht setzt der Mißbrauch sicheres Wissen darüber voraus, daß die Subventionierung dem Subventionszweck widerspricht; auch für den subjektiven Tatbestand des § 264 ist insoweit daher dolus directus erforderlich (Tiedemann LK 97). Wegen der Einzelheiten vgl. Rspr. und Schrifttum zu § 6 SteueranpassungsG (bis 31. 12. 1976) bzw. §§ 41 II, 42 AO, denen § 4 SubvG im wesentlichen nachgebildet ist, ferner Tiedemann LK 84 ff. u. in HWiStR, Art. Umgehung.

46   Bei der Regelung des § 4 I SubvG über *Scheingeschäfte* und *Scheinhandlungen* handelt es sich lediglich um die Klarstellung eines allgemeinen Rechtsgrundsatzes (Schmidt-Hieber NJW 80, 326, Tiedemann LK 85). Für § 264 ist sie ohne zusätzliche Bedeutung, denn daß Angaben, in denen ein nur scheinbar gegebener subventionserheblicher Sachverhalt als tatsächlich vorhanden dargestellt wird, unrichtig sind, versteht sich von selbst. So bedarf es z. B. nicht des Rückgriffs auf § 4 I SubvG, wenn der Täter zur Erlangung einer Investitionszulage nach § 1 InvZulG 1986 (BGBl. I 231 u. ÄndG v. 25. 7. 1988, BGBl. I 1093) behauptet, er habe im Zonenrandgebiet oder in einem anderen förderungsbedürftigen Gebiet einen Gewerbebetrieb „errichtet" – was eindeutig nur die tatsächliche Einrichtung eines solchen bedeuten kann –, während er dort in Wahrheit nur zum Schein eine „Briefkastenfirma" unterhält (vgl. auch Koblenz OLGSt. **Nr. 1** [Investitionszulage nach dem BerlinförderungsG für Scheinbetriebsstätte], Schmidt-Hieber NJW 80, 326, aaO 755). Auch bei *Umgehungshandlungen* durch den Mißbrauch von Gestaltungsmöglichkeiten hat § 4 II SubvG erst Bedeutung, wenn sich nicht schon durch Auslegung ergibt, daß die Subventionsvoraussetzungen nicht gegeben und die gemachten Angaben deshalb unrichtig bzw. unvollständig i. S. der Nr. 1 sind (vgl. auch Schmidt-Hieber aaO). Dies ist z. B. der Fall, wenn die Subventionierung an reine Realakte, etwa das tatsächliche Verbringen von Waren über die Grenze geknüpft ist, da der Täter hier nach allgemeinen Regeln an sich nichts Unrichtiges erklärt, wenn er behauptet, eine solche Handlung vorgenommen zu haben, selbst wenn dies nur zum Zweck der Subventionserlangung geschieht, weil die Ware in dem fraglichen Land überhaupt keine Verwendung finden soll (vgl. die Beisp. o. 45, ferner Tiedemann LK 95). Hier würde § 4 II SubvG, der nicht nur klarstellende Funktion hat, sondern die Unbeachtlichkeit von Umgehungshandlungen begründet (vgl. Schmidt-Hieber NJW 80, 326), i. V. mit § 3 SubvG zu einer entsprechenden Offenbarungspflicht und damit zur Anwendbarkeit des § 264 I Nr. 2 führen, wenn der die Umgehung begründende Sachverhalt verschwiegen wird (zust. Bruns GA 86, 23 f.; vgl. auch D-Tröndle 20, Lackner 5b, Stöckel ZRP 77, 136 sowie u. 53). Jedenfalls nach diesen Regeln wäre auch die mißbräuchliche Inanspruchnahme von Investitionszulagen nach dem InvZulG 1975 (BGBl. 1974 I 3676) durch „Stornierung" vor dem gesetzlichen Begünstigungszeitraum abgeschlossener Verträge und deren Ersetzung durch einen inhaltsgleichen Neuabschluß nach Abs. 1 Nr. 2 i. V. mit §§ 3, 4 II SubvG strafbar gewesen (vgl. dazu die 23. A. mwN). Kein Fall des § 264 liegt jedoch vor, wenn zwar Umgehungshandlungen vorgenommen werden, jedoch der gesamte Sachverhalt und damit der Mißbrauch von Gestaltungsmöglichkeiten mitgeteilt wird (vgl. BFH NJW **84**, 1255).

γ) Mit dem zusätzlichen Erfordernis, daß die unrichtigen usw. Angaben für den Erklärenden oder, wenn Subventionsempfänger ein anderer ist, für diesen **vorteilhaft** sein müssen, wird – obwohl sich dies schon bei sinngemäßer Auslegung der Vorschrift ergeben würde (vgl. Tiedemann Prot. 7 S. 2471) – klargestellt, daß nur solche Angaben unter Nr. 1 fallen, die gegenüber der Rechtslage nach dem tatsächlichen Sachverhalt eine nicht nur ganz unwesentliche Verbesserung der Chancen auf Erlangung der beantragten Subvention ergeben (vgl. BGH wistra **85**, 150 m. Anm. Ranft NJW 86, 3167: nicht ausreichend auch, wenn nach der tatsächlichen Verwaltungspraxis die falschen Angaben letztlich zu keiner Besserstellung des Subventionsnehmers führen). Nicht tatbestandsmäßig sind deshalb falsche Angaben, die für den Subventionsnehmer ungünstig oder indifferent sind oder durch die lediglich die Anspruchsvoraussetzungen bei einem Mitbewerber in Abrede gestellt werden (vgl. Prot. 7 S. 2678, Müller-Emmert u. Maier NJW 76, 1660, Volk aaO 80, aber auch D-Tröndle 20, Eberle aaO 133 f., Sannwald aaO 69, Tiedemann LK 66). Auszuscheiden haben nach dem Sinn der Vorschrift aber auch solche falschen Angaben, die im Ergebnis die Lage des Subventionsempfängers nicht verbessern, weil die Voraussetzungen für eine Subventionsgewährung aus einem anderen Grund gegeben sind (vgl. Karlsruhe MDR **81**, 159 u. die h. M. im Schrifttum, z. B. Bockelmann II/1 S. 108, Eberle aaO 144 f., Hack aaO 106 f., Lackner 5 a, Lüderssen wistra 88, 43, M-Maiwald I 455, Ranft JuS 86, 449, NJW 86, 3166, Samson SK 57 f., Sannwald aaO 68, Schmidt-Hieber NJW 80, 325, Volk aaO 80, Tiedemann LK 67; and. Achenbach JR 88, 251, Meine wistra 88, 13). Demgegenüber ist nach BGH **36** 373 die Strafbarkeit nach Abs. 1 Nr. 1 nicht deshalb zu verneinen, weil ein anderer als der im Subventionsantrag wahrheitswidrig behauptete Sachverhalt einen Anspruch auf die Subvention begründet (vgl. auch schon BGH **34** 265 m. Anm. bzw. Bespr. Achenbach, Lüderssen u. Meine aaO). Doch ergibt sich dies weder aus der insoweit nicht eindeutigen Entstehungsgeschichte noch aus dem Gesetzeszweck: Zwar sollte mit § 264 wegen des oft schwierigen Nachweises der Betrugsmerkmale bereits die folgenlose Täuschungshandlung unter Strafe gestellt werden; damit aber auch Handlungen zu erfassen, die, wie hier, aus Rechtsgründen kein Betrug sein können – Fehlen eines Schadens oder jedenfalls der Rechtswidrigkeit des erstrebten Vorteils (vgl. § 263 RN 117, 172) –, bestand kein Anlaß. Eine völlige „Abkoppelung" von § 263 ist schon deshalb nicht möglich, weil Rechtsgut des § 264 auch das (öffentliche) Vermögen ist (vgl. o. 4), dieses aber nicht geschützt zu werden braucht, wenn die Subventionsvoraussetzungen unabhängig von den falschen Angaben tatsächlich gegeben sind (vgl. auch Ranft NJW 86, 3166 f., JuS 86, 449). Auch die Gefahr einer Fehlleitung von Subventionen, der mit § 264 bereits im Vorfeld entgegengewirkt werden soll (vgl. BGH **36** 375), ist hier von Anfang an nicht gegeben. Hinzu kommt, daß auch Abs. 2 Nr. 1 von einer „nicht gerechtfertigten Subvention" spricht, was systemwidrig wäre, wenn nach Abs. 1 Nr. 1 die auf eine i. E. gerechtfertigte Subvention bezogene, aber folgenlose Täuschungshandlung strafbar wäre (vgl. aber auch BGH **34** 270), ferner daß für Nr. 1 nichts anderes gelten kann als für Nr. 2 i. V. mit § 3 SubvG, weil dort eine Mitteilungspflicht nur bezüglich solcher Tatsachen besteht, die für die Bewilligung usw. der Subvention entgegenstehen oder für deren Rückforderung erheblich sind (vgl. näher dazu Samson SK 58, 71). Voraussetzung ist allerdings, daß es sich um ein und denselben Subventionsfall handelt, was zu verneinen ist, wenn die Subvention für ein anderes Förderungsobjekt, auf anderer rechtlicher Grundlage, durch einen anderen Subventionsgeber, an einen anderen Subventionsnehmer oder für einen anderen Subventionszeitraum zu leisten wäre (vgl. Meine wistra 88, 16). Daß der Subventionsnehmer hier die Möglichkeit gehabt hätte, durch einen anderen Antrag im Ergebnis die gleiche oder eine noch höhere Leistung zu erlangen, schließt mithin den Tatbestand nicht aus (vgl. insoweit auch BGH **34** 270 f., ferner wistra **86**, 68).

c) **Gemacht** sind die Angaben, wenn sie im Rahmen eines Subventionsverfahrens – also nicht anläßlich nur vorbereitender Erkundigungen – der zuständigen Behörde usw. zugegangen sind (Müller-Emmert u. Maier NJW 76, 1660, Tiedemann LK 68); das bloße Absenden kann lediglich ein Versuch nach § 263 sein (vgl. u. 87). Sind bei einem mehrstufigen Verfahren die Angaben gegenüber einer Stelle gemacht, die nach ihrer Funktion mit dem unrichtigen Teil nicht befaßt ist, so ist die Tat erst mit der Weiterleitung an die zuständige Stelle vollendet (ebenso Tiedemann LK 58; vgl. auch Samson SK 50). Bei unrichtigen Angaben gegenüber einer lediglich im Vorstadium der Entscheidung eingeschalteten Stelle ist als ungeschriebenes Tatbestandsmerkmal zu verlangen, daß der Täter damit das Geschehen aus der Hand gegeben hat; soll ihm die Stelle z. B. nur eine Bescheinigung ausstellen, deren Vorlage bei der Bewilligungsbehörde jedoch von ihm abhängt, so ist dies in der Sache noch eine bloße Vorbereitungshandlung, die nicht nach § 264 strafbar sein kann. Nicht erforderlich ist bei schriftlichen Angaben die Kenntnisnahme durch den Subventionsgeber, erst recht nicht die Erregung eines Irrtums. Durch Unterlassen können falsche Angaben in der Weise gemacht werden, daß z. B. der Betriebsinhaber die unrichtigen Erklärungen seines Angestellten geschehen läßt (vgl. § 13 RN 31, ferner Tiedemann LK 63); sind die Angaben dem Subventionsgeber bereits zugegangen, so kommt ein Unterlassen nur noch unter dem Gesichtspunkt der Nr. 2 in Betracht.

49 „Für sich" macht der Täter die Angaben, wenn er selbst Empfänger der Subvention ist, „für einen anderen", wenn dieser Subventionsempfänger ist und der Erklärende als dessen Vertreter oder jedenfalls zu dessen Gunsten handelt. Dies ist unzweifelhaft für das Handeln *im Namen und im Auftrag* des Subventionsempfängers. Unter Nr. 1 fallen daher auch Angestellte des Empfängers, wobei eine täterschaftliche Begehung jedoch eine gewisse Selbständigkeit voraussetzt (ebenso Eberle aaO 136; und. Tiedemann LK 16); fertigt die Angestellte die falschen Angaben nach detaillierten Weisungen des Empfängers oder gar nach Diktat (Sekretärin) an, so kommt nur Beihilfe in Betracht. Fraglich könnte dagegen sein, ob darüber hinaus auch solche *Dritte*, die nicht an Stelle des Subventionsempfängers tätig werden, „für" diesen handeln (so z. B. der Geschäftspartner des Empfängers, der auf Befragen der Behörde falsche Auskünfte erteilt). Dagegen könnte immerhin sprechen, daß dann auch Abs. 3 auf den Dritten anwendbar ist, obwohl sich die Bestrafung der Leichtfertigkeit nur mit der erhöhten Verantwortung gerade des Subventionsnehmers (bzw. desjenigen, der Aufgaben für ihn wahrnimmt) rechtfertigen läßt (vgl. auch o. 1), ferner daß der Subventionsgeber nach Abs. 7 Nr. 1 2. Alt. i. V. mit § 2 SubvG nur gegenüber dem Subventionsnehmer bestimmte Tatsachen als subventionserheblich bezeichnen kann, der mit dieser Regelung verfolgte Zweck – Schaffung klarer Verhältnisse – gegenüber Dritten also ohnehin nicht erreichbar ist. Da aber das Gesetz mit dem Regelbeispiel in Abs. 2 Nr. 2 offensichtlich nicht nur den für ein öffentliches Unternehmen als Subventionsnehmer tätigen Amtsträger erfassen will, sondern z. B. auch den einen falschen Prüfungsvermerk erteilenden Sachbearbeiter der Bewilligungsbehörde (vgl. BGH **32** 205, u. 77), muß schon in Abs. 1 Nr. 1 das Handeln „für" einen anderen in dem o. genannten weiteren Sinn verstanden werden, wonach es genügt, daß die Angaben zugunsten des Subventionsempfängers gemacht werden (ebenso Hamburg NStZ **84**, 218; vgl. auch Ranft NJW 86, 3172, Tiedemann LK 70). Strafbar nach Nr. 1 können daher nicht nur am Subventionsverfahren mitwirkende Amtsträger sein (vgl. BGH **32** 205 m. Anm. Otto JR 84, 475 u. Schünemann NStZ 85, 73), sondern auch sonstige Dritte, die von sich aus oder auf Befragen des Subventionsgebers diesem gegenüber falsche Erklärungen abgeben (vgl. auch Carlsen AgrarR 78, 297, D-Tröndle 20, Müller-Emmert u. Maier NJW 76, 1660). Ergibt sich die Subventionserheblichkeit der fraglichen Tatsache nicht schon aus dem Gesetz (vgl. Abs. 7 Nr. 1 1. Alt., Nr. 2), so ist Voraussetzung für eine Strafbarkeit nach Abs. 1 freilich, daß der Erklärende weiß, daß gegenüber dem Subventionsnehmer eine Bezeichnung nach Abs. 7 Nr. 1 2. Alt. erfolgt ist (ebenso Eberle aaO 136); ist eine solche unterblieben, so kann daher auch der Amtsträger nicht nach § 264 bestraft werden, der die materielle Subventionserheblichkeit genau kennt.

50 **2.** Nach **Nr. 2** ist strafbar, wer den Subventionsgeber entgegen den Rechtsvorschriften über die Subventionsvergabe **über subventionserhebliche Tatsachen in Unkenntnis läßt**. Entgegen der insoweit mißverständlichen Legaldefinition des Begriffs des Subventionsgebers in Nr. 1 ist hier nicht erforderlich, daß dies während eines Subventionsverfahrens (vgl. o. 40) geschieht (vgl. D-Tröndle 13, Tiedemann LK 75).

51 a) Das **In-Unkenntnis-Lassen des Subventionsgebers** (vgl. o. 40) ist das pflichtwidrige Unterlassen (echtes Unterlassungsdelikt) einer entsprechenden Mitteilung an den Subventionsgeber, wobei dieser z. Z. der Verletzung der Mitteilungspflicht von der fraglichen Tatsache noch keine Kenntnis gehabt haben darf (Lackner 5b, Samson SK 65, Tiedemann LK 72 f.). Hatte er diese bereits auf andere Weise erlangt, so kommt § 264 nicht mehr in Betracht; zur Frage des Versuchs nach § 263, wenn der Mitteilungspflichtige dies nicht weiß, vgl. u. 87. Sind mehrere Stellen in das Subventionsverfahren eingeschaltet, so entfällt der Tatbestand schon bei Mitteilung an eine von ihnen (and. offenbar Prot. 7 S. 2725), wobei es genügen muß, daß sie überhaupt zur Entgegennahme solcher Erklärungen befugt ist (ebenso Carlsen AgrarR 78, 297, Tiedemann LK 74).

52 b) Grundlage für eine Pflicht zum Handeln können hier nur besondere **Rechtsvorschriften** (Gesetz, Verordnung usw. einschließlich der Rechtsvorschriften der EG) sein; allgemeine Grundsätze (z. B. Treu und Glauben; zu § 263 vgl. dort RN 21) oder bloße Verwaltungsvorschriften genügen nicht.

53 α) Eine umfassende, allgemeine Rechtsvorschrift dieser Art enthält § **3 SubvG** (vgl. Bay NJW **82**, 2202, Tiedemann LK 75, aber auch Ranft NJW 86, 3170), der ebenso wie die anderen Bestimmungen dieses Gesetzes freilich nicht für Subventionen nach EG-Recht gilt (vgl. aber auch Sannwald aaO 48 f.; für solche nach Landesrecht vgl. o. 35). Sinngemäß hat danach der Subventionsnehmer i. S. des § 2 I SubvG dem Subventionsgeber unverzüglich alle Tatsachen mitzuteilen, die zu einer Versagung oder Rückgewährung der Subvention oder des Subventionsvorteils führen können (Abs. 1 S. 1; differenzierend und z. T. krit. Sannwald aaO 72 f., ähnl. Samson SK 68, 71), wozu z. B. auch der eine

Umgehung nach § 4 II SubvG begründende Sachverhalt gehört (vgl. dazu auch o. 46). Nach Abs. 2 hat außerdem derjenige, der einen Gegenstand usw. entgegen einer ihm im Hinblick auf eine Subvention auferlegten Verwendungsbeschränkung verwenden will, dies rechtzeitig vorher dem Subventionsgeber anzuzeigen (zur Problematik bei Geldleistungen vgl. Samson SK 74). Mitteilungspflichten können demnach in jedem Stadium des Verfahrens (vor Bewilligung, zwischen Bewilligung und Genehmigung, nach Genehmigung der Subvention), aber auch erst nach der Subventionsgewährung (von Bedeutung wegen des Widerrufs, vgl. Tiedemann LK 75) entstehen, und gleichgültig ist auch, ob der mitteilungspflichtige Sachverhalt von Anfang an bestanden hat (z. B. Vorliegen einer Umgehungshandlung nach § 4 II SubvG) oder erst nachträglich entstanden ist (z. B. späterer Wegfall der Subventionsvoraussetzungen). Mitteilungspflichten können sich deshalb z. B. auch daraus ergeben, daß der Subventionsnehmer nachträglich erkennt, daß die von ihm selbst oder einem anderen (z. B. Angestellten) gemachten Angaben falsch sind (Tiedemann LK 75); auf diesem Wege erfaßt Nr. 2 daher auch die Fälle der Ingerenz. Hängt die Bewilligung der Subvention noch von weiteren Handlungen des Subventionsnehmers ab (z. B. Beibringen weiterer Unterlagen), so muß es nach dem Zweck des § 3 SubvG jedoch genügen, wenn er, statt die früheren Angaben zu berichtigen, die Vornahme der noch erforderlichen Handlung unterläßt und dadurch die Bewilligung unmöglich macht (ebenso Carlsen AgrarR 78, 298). Hier ist das Unterlassen der Mitteilung daher auch nicht nach Nr. 2 strafbar. Entsprechendes muß gelten, wenn die Subvention zwar bereits bewilligt ist, ihre Gewährung aber noch von weiteren Handlungen des Subventionsnehmers abhängt (z. B. Vorlage des Bewilligungsbescheids).

β) Daneben kommen als Grundlage für eine Mitteilungspflicht auch **andere gesetzliche Regelungen** in Betracht, aus denen sich besondere und meist detailliertere Offenbarungspflichten ergeben (z. B. § 5 III Gasöl-VerwendungsG-Landwirtschaft v. 2. 12. 1967, BGBl. I 1339). Daß solche besonderen Offenbarungspflichten neben der allgemeinen Pflicht des § 3 I SubvG ihre Bedeutung behalten, wird durch dessen S. 2 ausdrücklich klargestellt. Ist die Offenbarungspflicht bezüglich näher bestimmter Tatsachen dagegen nur in vertraglichen Vereinbarungen, Richtlinien, Bedingungen oder Auflagen im Rahmen des Bewilligungsverfahrens festgelegt, so ist Nr. 2 nur insoweit anwendbar, als die fraglichen Umstände zugleich entscheidungserheblich i. S. des § 3 SubvG sind (vgl. BR-Drs. 5/75 S. 26, Bay NJW **82**, 2202). 54

c) Der Tatbestand ist nur erfüllt, wenn der Täter den Subventionsgeber über **subventionserhebliche Tatsachen** (vgl. o. 27 ff.) in Unkenntnis läßt. Sind die Tatsachen entscheidungserheblich i. S. des § 3 SubvG, jedoch nicht als subventionserheblich i. S. des Abs. 7 ausgewiesen, so ist das Unterlassen der Mitteilung zwar eine Verletzung der Offenbarungspflicht nach § 3 SubvG, aber nicht nach § 264 strafbar (insoweit daher unzutreffend BR-Drs. 5/75 S. 43: Nr. 2 als strafrechtliche Sanktion des § 3 SubvG); zu § 263 in diesen Fällen vgl. u. 87. Dies gilt z. B. auch für § 3 II SubvG, wo eine Anzeigepflicht schon daran geknüpft wird, daß der Subventionsnehmer einen Gegenstand entgegen einer Verwendungsbeschränkung verwenden „will": Hier kann der Täter schon in diesem Zeitpunkt nach Nr. 2 nur strafbar sein, wenn nicht erst die bestimmungswidrige Verwendung, sondern bereits die entsprechende Absicht eine subventionserhebliche Tatsache i. S. des Abs. 7 ist. 55

d) Nach § 3 SubvG hat eine Mitteilungspflicht nur der **Subventionsnehmer** i. S. des § 2 I SubvG, d. h. derjenige, der für sich oder – auch ohne Vertretungsmacht (Tiedemann LK 59) – einen anderen eine Subvention beantragt oder eine Subvention oder einen Subventionsvorteil in Anspruch nimmt. Soweit nicht in anderen Gesetzen besondere Offenbarungspflichten auch für Dritte bestehen, kann daher **Täter** i. S. der Nr. 2 nur der Subventionsnehmer bzw. nach § 14 dessen Vertreter sein (Bay NJW **82**, 2202, Tiedemann LK 17; vgl. auch BGH NJW **81**, 1744), i. U. zu Nr. 1 (vgl. o. 49) aber z. B. nicht der Amtsträger, der zunächst gutgläubig einen falschen Bestätigungsvermerk erteilt, dessen Unrichtigkeit er später erkennt; zu § 263 in diesen Fällen vgl. u. 87. Bei Personen, die nur deshalb Subventionsnehmer sind, weil sie für einen anderen den Antrag gestellt haben (z. B. Anwalt), endet mit dem entsprechenden Mandat auch die Eigenschaft als Subventionsnehmer und damit die Offenbarungspflicht (ebenso Samson SK 72, Tiedemann LK 76). 56

3. Nr. 3 betrifft das **Gebrauchen einer durch unrichtige oder unvollständige Angaben erlangten Bescheinigung** über eine Subventionsberechtigung oder über subventionserhebliche Tatsachen in einem Subventionsverfahren. Die Vorschrift erfüllt jedoch nur beschränkt einen vernünftigen Sinn, da die Fälle, für die sie gedacht ist, z. T. bereits nach Nr. 1 strafbar sind (wichtig wegen Abs. 3); andererseits ist der Tatbestand so gefaßt, daß er seinem Wortlaut nach auch auf Fälle zutrifft, die richtigerweise überhaupt nicht nach § 264 strafbar sind. 57

Nr. 3 soll zunächst die angebliche Lücke in den Fällen schließen, in denen neben der Bewilligungsstelle eine andere Stelle in das Subventionsverfahren eingeschaltet ist und diese infolge unrichtiger Angaben eine Bescheinigung über *subventionserhebliche Tatsachen* ausstellt, auf Grund derer dann nach Vorlage bei der Bewilligungsbehörde die Subvention gewährt wird (BR-Drs. 5/75 S. 26, Prot. 7 S. 2681). Doch sind hier in der Regel schon die Voraussetzungen der Nr. 1 erfüllt, dies zwar nicht 58 durch die falschen Angaben gegenüber der Stelle, welche die Bescheinigung zum Zweck der Vorlage bei der Bewilligungsstelle ausstellte (vgl. o. 48.; and. D-Tröndle 22, Lackner 5 c), wohl aber durch die in Kenntnis der Unrichtigkeit erfolgende spätere Vorlage selbst, weil sich der Täter hier das, was bescheinigt ist, zumindest konkludent zu eigen und damit zum Inhalt einer unrichtigen Angabe i. S. der Nr. 1 macht (so mit Recht auch von Schoeler Prot. 7 S. 2681; vgl. auch Carlsen AgrarR 78, 298, Tiedemann LK 79). Das gleiche gilt für das Gebrauchen einer von einem Dritten (z. B. Angestellten) erschlichenen Bescheinigung, da auch hier in deren Vorlage eine eigene konkludente Erklärung des Täters über die fragliche Tatsache zu sehen ist. Daß die Stelle, der die Bescheinigung vorgelegt wird, sich auf diese verläßt und nicht mehr nachprüft, wie sie zustandegekommen ist (so der Einwand Göhler Prot. 7 S. 2681), ändert daran nichts, weil die Frage, ob unrichtige Angaben i. S. der Nr. 1 vorliegen, völlig unabhängig davon ist, ob die Behörde die Erklärungen des Antragstellers erst nach eigener Nachprüfung zur Grundlage ihrer Entscheidung macht und machen darf. Selbständige Bedeutung hat Nr. 3 bei Bescheinigungen über subventionserhebliche Tatsachen deshalb nur in den Fällen, in denen der Täter eine bestimmte Bescheinigung nicht von sich aus, sondern auf Grund eines entsprechenden Verlangens der Behörde vorlegt, weil hier die Vorlage nicht notwendig als eine entsprechende eigene Erklärung zu deuten ist; nur für diesen Fall erscheint auch die Nichteinbeziehung der Nr. 3 in die Regelung des Abs. 3 sinnvoll. – Nr. 3 soll ferner die Fälle erfassen, in denen der Täter einen von einer anderen Person, z. B. einem Angestellten, mit falschen Angaben erschlichenen *Bewilligungsbescheid* erst nach Erhalt als ungerechtfertigt erkennt und sich dennoch die Subvention verschafft (BT-Drs. 7/5291 S. 6, Prot. 7 S. 2681 ff., 2691). Hier kommt zwar nicht Nr. 1 in Betracht, weil die Vorlage des Bewilligungsbescheids nicht zugleich die (konkludente) Behauptung der dem Bescheid zugrundeliegenden subventionserheblichen Tatsachen ist. Die Frage ist in diesem Fall aber, ob der Täter nicht nach Nr. 2 i. V. mit § 3 SubvG strafbar ist, weil er es nach erkannter Unrichtigkeit der von Angestellten gemachten Angaben unterlassen hat, dem Subventionsgeber eine Tatsache mitzuteilen, die der Gewährung der Subvention entgegensteht (vgl. Prot. 7 S. 2682, Lackner 5 c). Entgegen Prot. 7 S. 2691 kann dies, weil mit Wortlaut und Sinn des § 3 SubvG unvereinbar, nicht damit verneint werden, daß es der Stelle, der die Bewilligung vorgelegt wird, nur auf diese selbst, nicht aber auf die zugrundeliegenden Tatsachen ankomme, weshalb sie darüber auch keine Angaben erwarte. Einen vernünftigen Zweck erfüllt Nr. 3 in diesem Fall vielmehr nur, wenn man davon ausgeht, daß der Subventionsnehmer bis zur Vorlage des Bewilligungsbescheids als Voraussetzung der Subventionsgewährung zunächst noch keine Offenbarungspflicht nach § 3 SubvG hat (vgl. o. 53 a. E.), dann aber, wenn die Vorlage erfolgt, sinnvollerweise nicht auf das Unterlassen nach Nr. 2, sondern auf das Gebrauchen der Bewilligung nach Nr. 3 abzustellen ist. – Ungenau ist Nr. 3 schließlich insofern, als auch dem Gesetzeswortlaut nach solche Bescheinigungen über eine Subventionsberechtigung unter Nr. 3 fallen, bei denen die zugrundeliegenden unrichtigen Angaben Tatsachen betreffen, die zwar materiell subventionserheblich, aber nicht als solche i. S. des Abs. 7 ausgewiesen sind. Dies widerspricht jedoch Sinn und Zweck der mit Abs. 7 bewirkten Formalisierung subventionserheblicher Tatsachen, ganz abgesehen davon, daß es völlig ungereimt wäre, wäre das Gebrauchen eines Bewilligungsbescheides strafbar, der, weil die Voraussetzungen der Nr. 1 nicht gegeben sind, nach § 264 straflos erschlichen werden kann. Hier bedarf das Gesetz daher einer einschränkenden Interpretation (vgl. u. 60).

59   a) **Eine Bescheinigung** ist jede schriftliche, einen Aussteller erkennen lassende, amtliche oder private Bestätigung von Tatsachen, rechtlichen Eigenschaften oder eines Rechtsverhältnisses, die den Anspruch besonderer Glaubwürdigkeit erhebt. Sie muß sich entweder auf **subventionserhebliche Tatsachen** (vgl. o. 27 ff.) beziehen, und zwar nach dem Sinn der Vorschrift in einer für den Subventionsempfänger vorteilhaften Weise (Carlsen AgrarR 78, 298) – dazu, daß Nr. 3 insoweit wegen Nr. 1 weitgehend gegenstandslos ist, vgl. o. 58 – oder auf eine **Subventionsberechtigung,** wobei die Bescheinigung hier von einer Stelle stammen muß, die über die Berechtigung verbindlich entscheiden kann (Samson SK 63). Gemeint ist damit nach der Entstehungsgeschichte insbesondere der Bewilligungsbescheid (BT-Drs. 7/5291 S. 6, Prot. 7 S. 2681 ff., 2691). Nach dem üblichen Sprachgebrauch ist der einen Verwaltungsakt darstellende Bewilligungsbescheid jedoch keine „Bescheinigung" (vgl. auch die wiederholt geäußerten Zweifel in Prot. 7 S. 2681 ff.). Nur wenn man berücksichtigt, daß der Bescheid im Einzelfall auch als Nachweis für die erlangte Subventionsberechtigung benutzt werden kann (z. B. gegenüber der Auszahlungsstelle), ist es vertretbar, mit Rücksicht auf diese Nebenwirkung von einer „Bescheinigung" zu sprechen, wobei der mögliche Wortsinn allerdings bis zum Äußersten strapaziert werden muß (vgl. auch Tiedemann LK 81).

60   b) Die Bescheinigung muß **durch** – vorsätzlich oder unvorsätzlich gemachte – **unrichtige oder unvollständige Angaben** (vgl. o. 43 ff.) des Täters selbst oder eines Dritten (z. B. Angestellter) **erlangt** sein, was voraussetzt, daß der Aussteller tatsächlich getäuscht worden ist; hat er die Unrichtigkeit der Angaben erkannt und die Bescheinigung trotzdem erteilt, so genügt dies nicht, erst recht nicht ein kollusives Zusammenwirken (ebenso Tiedemann LK 79). Obwohl nach dem Gesetzeswortlaut nicht erforderlich, müssen sich auch die falschen Angaben, durch welche eine Bescheinigung über eine Subventionsberechtigung erlangt wird, auf subventions-

erhebliche Tatsachen i. S. des Abs. 7 beziehen (vgl. o. 58 a. E.; and. D-Tröndle 22, Tiedemann LK 82). Bei den Bescheinigungen über subventionserhebliche Tatsachen kann Aussteller sowohl eine in das Subventionsverfahren eingeschaltete als auch eine andere (amtliche oder private) Stelle usw. sein (and. Lackner 5c). Dazu, daß auch im ersten Fall das Erschleichen der Bescheinigung noch nicht unter Nr. 1 fällt, vgl. o. 48.

c) **Gebraucht** ist die Bescheinigung **in einem Subventionsverfahren,** wenn sie einer innerhalb des Subventionsverfahrens (vgl. dazu o. 40) als Subventionsgeber tätig werdenden Stelle (vgl. Berz BB 76, 1437, Tiedemann LK 83) derart zugänglich gemacht wird, daß sie in dem Verfahren berücksichtigt werden kann (vgl. D-Tröndle 22); nicht erforderlich ist die tatsächliche Kenntnisnahme; vgl. im übrigen § 267 RN 76. Dazu, daß hier vielfach schon Nr. 1 erfüllt ist, vgl. o. 58. **61**

VI. 1. Für den **subjektiven Tatbestand** ist nach **Abs. 1 Vorsatz** erforderlich; bedingter Vorsatz genügt. Ein *Tatbestandsirrtum* (§ 16) kommt insbesondere in Betracht, wenn der Täter seine Angaben für wahr hält (Abs. 1 Nr. 1) oder wenn er die Umstände nicht kennt, die zu einer Mitteilungspflicht nach Abs. 1 Nr. 2 führen (wozu auch, soweit es sich nicht um einen bloßen Subsumtionsirrtum handelt, die Kenntnis und richtige Bewertung nach § 4 II SubvG [vgl. o. 45f.] gehören kann; vgl. dazu auch Schmidt-Hieber NJW 80, 326, Tiedemann LK 99), während die Unkenntnis der Pflicht selbst ein Verbots-(Gebots-)Irrtum nach § 17 ist (Samson SK 99; and. D-Tröndle 23; vgl. auch Tiedemann aaO). Ein Tatbestandsirrtum liegt ferner vor, wenn der Täter infolge Unkenntnis der tatsächlichen Umstände oder auf Grund mangelnder Bedeutungskenntnis (vgl. § 15 RN 40ff.) nicht weiß, daß es sich um eine Subvention i. S. des Abs. 6 (zu § 263 vgl. u. 87.) oder um eine subventionserhebliche Tatsache i. S. des Abs. 7 handelt (vgl. aber auch die – nicht unbegründeten – Bedenken von Schmidt GA 79, 125 [dagegen Eberle aaO 120]). Letzteres ist z. B. der Fall, wenn er infolge Gesetzesunkenntnis oder auf Grund unrichtiger Gesetzesinterpretation das Vorliegen einer subventionserheblichen Tatsache i. S. des Abs. 7 Nr. 2 verkennt (and. Schmidt-Hieber aaO 758f.: Verbotsirrtum), aber auch dann, wenn er eine Bezeichnung durch den Subventionsgeber nach Abs. 7 Nr. 1 2. Alt. falsch versteht oder annimmt, daß dieser die fragliche Tatsache zu Unrecht als subventionserheblich bezeichnet hat (vgl. auch n. 34, ferner Tiedemann LK 49); insoweit kann daher auch Abs. 7 Nr. 1 2. Alt. i. V. mit § 2 SubvG die Berufung auf einen Tatbestandsirrtum nicht verhindern, während ein solcher hier im übrigen nur dann möglich ist, wenn der Täter die ihm zugegangene Bezeichnung nicht zur Kenntnis genommen hat. Lediglich ein Subsumtionsirrtum (vgl. § 15 RN 44) ist dagegen z. B. anzunehmen, wenn der Täter meint, eine Bürgschaft sei keine Subvention i. S. des Abs. 7 (ebenso Tiedemann LK 100) oder es fehle an einer subventionserheblichen Tatsache i. S. des Abs. 7 Nr. 1 2. Alt., weil in der Bezeichnung durch den Subventionsgeber nicht gerade das Wort „subventionserheblich" verwendet wird (vgl. o. 30f.). **62**

2. Nach **Abs. 3** ist auch die **Leichtfertigkeit** strafbar (über die Gründe vgl. BT-Drs. 7/5291 S. 8, Göhler/Wilts DB 76, 1615, Müller-Emmert u. Maier NJW 76, 1661; vgl. auch o. 2), dies freilich nur in den Fällen des Abs. 1 Nr. 1 und 2. Dagegen ist von der Einbeziehung des Abs. 1 Nr. 3 mit der Begründung abgesehen worden, daß andernfalls aus Abs. 3 eine Prüfungspflicht bezüglich der inhaltlichen Richtigkeit der von einer anderen – u. U. amtlichen – Stelle erteilten Bescheinigung herausgelesen werden könnte (vgl. Prot. 7 S. 2702, Müller-Emmert u. Maier NJW 76, 1661). **63**

Dabei ist jedoch zu beachten, daß die Vorlage einer Bescheinigung über *subventionserhebliche Tatsachen*, durch die der Täter zumindest stillschweigend auf den Inhalt der Bescheinigung Bezug nimmt, zugleich eine wenigstens konkludente eigene Erklärung über diese Tatsachen enthält, so daß bei Unrichtigkeit der Bescheinigung deren Vorlage immer auch den objektiven Tatbestand des Abs. 1 Nr. 1 erfüllt (vgl. o. 58). Damit gilt aber auch Abs. 3 für diese Fälle (ebenso Tiedemann LK 105), nicht etwa wird umgekehrt die Anwendbarkeit des Abs. 3 in bezug auf Abs. 1 Nr. 1 dadurch beschränkt, daß in Abs. 3 die Fälle des Abs. 1 Nr. 3 nicht aufgenommen worden sind. Dabei folgt freilich schon aus allgemeinen Grundsätzen, daß hier eine Bestrafung nach Abs. 3 nur beschränkt möglich ist. Jedenfalls beim Gebrauch amtlicher Bescheinigungen über subventionserhebliche Tatsachen hat der Täter im allgemeinen ohnehin keine Prüfungspflicht; Leichtfertigkeit (vgl. dazu auch Hamburg NStZ **84**, 219 sowie § 15 RN 205) kommt hier vielmehr nur in Betracht, wenn sich ihm Zweifel bezüglich der Richtigkeit auch ohne besondere Nachprüfung aufdrängen mußten, so z. B. wenn er auf Anhieb hätte erkennen müssen, daß die Bescheinigung auf Grund falscher Angaben eines Angestellten erteilt worden ist. In diesem Fall ist aber auch nicht ersichtlich, was gegen eine Strafbarkeit nach Abs. 3 i. V. mit Abs. 1 Nr. 1 sprechen könnte, wenn er die Bescheinigung trotzdem gebraucht. Nicht einsichtig ist daher auch, weshalb beim Gebrauch einer Bescheinigung über eine *Subventionsberechtigung* (Bewilligungsbescheid) der entsprechende Fall vom Gesetz straflos gelassen wird. **64**

Im übrigen gelten für die Leichtfertigkeit die **allgemeinen Grundsätze** (vgl. § 15 RN 106, 205). Nach BT-Drs. 7/5291 S. 8 soll mit Abs. 3 insbesondere auch der Fall erfaßt werden, daß **65** sich der Antragsteller die von einem Angestellten vorbereiteten unrichtigen Angaben zu eigen macht, wobei ihm nicht nachgewiesen werden kann, daß er deren Unrichtigkeit gekannt hat. Doch setzt Leichtfertigkeit hier voraus, daß der Antragsteller eine ihm obliegende Prüfungspflicht gröblich vernachlässigt hat. Beim Unterlassen eigener Nachprüfung ist dies in aller Regel zwar anzunehmen, wenn die Unrichtigkeit auf den ersten Blick zu erkennen war oder wenn dem Angestellten, mag er sonst auch sorgfältig sein, wegen der für ihn neuen Materie die erforderlichen Kenntnisse und Erfahrungen fehlen (vgl. BGH[Z] NJW **89**, 975), nicht aber, wenn es sich um einen einschlägig qualifizierten Mitarbeiter handelt, der auf Grund langjähriger einwandfreier Tätigkeit als besonders zuverlässig gelten konnte. Hat der Täter die Subventionserheblichkeit einer bestimmten Tatsache nicht gekannt (bzw. kann ihm dies nicht widerlegt werden), so ist Leichtfertigkeit jedenfalls dann ausgeschlossen, wenn er sich dabei auf eine unvollständige Bezeichnung durch den Subventionsgeber nach Abs. 7 Nr. 1 2. Alt. i. V. mit § 2 SubvG verlassen hat, bei der die fragliche Tatsache vergessen worden ist; dies gilt auch dann, wenn er aus dem Gesetz ohne weiteres die Subventionserheblichkeit i. S. des Abs. 7 Nr. 1 1. Alt., Nr. 2 hätte entnehmen können. Nur wenn eine Bezeichnung durch den Subventionsgeber nach Abs. 7 Nr. 1 2. Alt. überhaupt unterblieben ist, der Täter sich darüber aber im Klaren war, daß es sich um eine Subvention i. S. des Abs. 6 handelt, kann das Unterlassen jeglicher eigenen Prüfung und Nachforschung auch den Vorwurf der Leichtfertigkeit begründen (Tiedemann LK 103). Hat er dagegen das Gesetz mißverstanden – denkbar im Fall des Abs. 7 Nr. 2 –, so hängt es von den Umständen des Einzelfalls ab, ob Leichtfertigkeit vorliegt; dasselbe gilt bei der irrtümlichen Annahme, daß der Subventionsgeber eine Tatsache zu Unrecht als subventionserheblich bezeichnet habe. Da die Pönalisierung der Leichtfertigkeit nur mit der erhöhten Verantwortung des Subventionsnehmers zu rechtfertigen ist (vgl. o. 2), können dritte Auskunftspersonen (vgl. o. 48f.) nach Abs. 3 i. V. mit Abs. 1 Nr. 1 allenfalls dann bestraft werden, wenn sich ihnen die Unrichtigkeit ihrer Angaben auch ohne besondere Nachprüfung ohne weiteres aufdrängen mußte (ebenso Tiedemann LK 102).

66   **VII. Vollendet** ist die Tat nach Abs. 1 Nr. 1, 3 mit dem Zugang der unrichtigen Angaben beim Subventionsgeber (vgl. o. 48) bzw. mit dem Zugänglichmachen der Bescheinigung (vgl. o. 61). Das Unterlassungsdelikt nach Abs. 1 Nr. 2 ist vollendet mit dem Untätigbleiben nach Entstehen der Mitteilungspflicht, wobei zu beachten ist, daß § 3 I SubvG nicht die sofortige, sondern nur die „unverzügliche" – d. h. ohne schuldhaftes Zögern erfolgende – Offenbarung verlangt, womit dem Täter nach Eintritt der Veränderung eine angemessene Zeit verbleibt, innerhalb der er den Tatbestand noch nicht erfüllt (vgl. BT-Drs. 7/5291 S. 9; zur Vollendung, wenn der Zweck der Offenbarung auf andere Weise erreicht wird, vgl. o. 53, u. 67); ebenso besteht nach § 3 II SubvG lediglich eine Pflicht zur „rechtzeitigen" Anzeige. *Beendet* ist die Tat mit dem Gewähren bzw. Belassen der Subvention (D-Tröndle 4, 26, Heinz GA 77, 213). Der *Versuch* ist nach § 264 nicht strafbar (zu § 263 vgl. u. 87). Da § 264 im wesentlichen als Gefährdungsdelikt ausgestaltet ist und damit auch den Bereich erfaßt, der bei einem Verletzungsdelikt noch Versuch wäre (Ausnahmen in Abs. 1 Nr. 2; vgl. o. 5), enthält **Abs. 4** eine im wesentlichen § 24 nachgebildete Regelung der **tätigen Reue** bei vollendeter Tat, die sowohl für die Vorsatztat nach Abs. 1 (auch bei Vorliegen eines besonders schweren Falles nach Abs. 2, vgl. Tiedemann LK 108) als auch für die leichtfertige Begehung nach Abs. 3 gilt.

67   1. Straflos ist nach **S. 1** zunächst, wer **freiwillig verhindert,** daß auf Grund der Tat i. S. des Abs. 1 Nr. 1–3, Abs. 3 die **Subvention gewährt** wird. Die Vorschrift entspricht § 24 I 1 2. Alt. (vgl. daher im einzelnen dort RN 58 ff.), wobei an die Stelle der Verhinderung der Vollendung hier die der Subventionsgewährung tritt. Die *Gewährung* ist das tatsächliche Zurverfügungstellen der Subvention, bei Darlehen z. B. deren Auszahlung (nicht schon der Abschluß des Darlehensvertrages), bei der Übernahme einer Bürgschaft dagegen bereits der Abschluß eines entsprechenden Vertrags. Erst recht genügt es, wenn der Täter bereits die der Gewährung vorausgehende Bewilligung verhindert. Hat er dagegen die Subvention bereits erlangt, so kommt Abs. 4 nicht mehr in Betracht (z. B. durch freiwillige Rückgabe der Subvention), auch nicht bei einem Weitergewähren nach Abschluß des ersten Gewährungsakts (D-Tröndle 26). Versteht man die *Verhinderung* i. S. von § 24, so fällt darunter nur eine auf die Erfolgsabwendung gerichtete Tätigkeit (vgl. dort RN 59); gleichzustellen ist dem jedoch, soweit man hier nicht schon die Vollendung verneint (vgl. o. 48, 53), entsprechend dem Rücktritt gem. § 24 I 1 1. Alt. die „Verhinderung" der Subventionsgewährung dadurch, daß der Täter freiwillig und endgültig von der Vornahme der dafür noch erforderlichen eigenen Handlungen Abstand nimmt (z. B. dadurch, daß er die für die Bewilligung oder Gewährung der Subvention noch notwendigen weiteren Angaben nicht macht; ebenso Tiedemann LK 110).

68   2. Der erfolgreichen Verhinderung steht nach **S. 2** auch hier – entsprechend § 24 I 2 – das **freiwillige und ernsthafte Bemühen** um die Verhinderung der Subventionsgewährung gleich, wenn die Subvention ohne Zutun des Täters nicht gewährt wird; vgl. dazu § 24 RN 68 ff. Dasselbe muß gelten, wenn der Täter von weiteren für die Subventionsgewährung an sich erforderlichen Handlungen freiwillig und endgültig in einem Zeitpunkt Abstand nimmt, in dem er noch nicht weiß, daß die

Subvention ohnehin nicht gewährt werden wird (z. B. weil der Subventionsgeber die Unrichtigkeit seiner Angaben bereits erkannt hat).

3. Bei **Beteiligung mehrerer** gelten für den Rücktritt auch ohne ausdrückliche Regelung in Abs. 4 **69** die Grundsätze des § 24 II entsprechend (BT-Drs. 7/5291 S. 7, D-Tröndle 28, Tiedemann LK 107); vgl. daher dort RN 74ff.

VIII. Täter kann nach *Abs. 1 Nr. 1, 3* jeder sein (zu Nr. 1 vgl. o. 48f.). Dies gilt auch für **70** Amtsträger, und zwar nicht nur, wenn sie für ein als Subventionsnehmer auftretendes öffentliches Unternehmen handeln oder bei einer anderen als der für die Bewilligung zuständigen Behörde tätig sind. Täter kann vielmehr nach h. M. auch der selbst in das Subventionsverfahren bei der fraglichen Behörde eingeschaltete Amtsträger sein, der z. B. durch Erteilung eines falschen Prüfungsvermerks, durch Fälschung und Vorlage von Rechnungsbelegen usw. gegenüber dem Entscheidungsbefugten Handlungen i. S. der Nr. 1, 3 begeht. Neben der Entstehungsgeschichte (vgl. Prot. 7 S. 2700f., BT-Drs. 7/5291 S. 7) spricht dafür insbes. die insoweit mit § 263 übereinstimmende Struktur des § 264 und der Vergleich mit § 370 AO, nicht zuletzt aber die Regelung des Abs. 2, die nicht auf die externen Amtsträger beschränkt sein kann (vgl. BGH **32** 203 m. Anm. Otto JR 84, 475 u. Schünemann NStZ 85, 73, Hamburg NStZ **84**, 218, D-Tröndle 32, M-Maiwald I 454, Ranft JuS 86, 445, NJW 86, 1371, Tiedemann LK 70; zur Mitwirkung von Amtsträgern vgl. im übrigen u. 77). Mittelbare Täterschaft nach Abs. 1 Nr. 1 ist z. B. in der Weise möglich, daß der gutgläubige Subventionsnehmer von seinem Lieferanten durch Täuschung über den Zustand der gelieferten Ware zu falschen Angaben veranlaßt wird (vgl. BGH NJW **81**, 1744 m. Anm. Tiedemann JR 81, 470 u. Ranft NJW 86, 3173), ferner z. B. bei innerbetrieblichen Manipulationen mit den Angaben zugrundeliegenden Daten (vgl. auch Tiedemann LK 113). – Täter nach *Abs. 1 Nr. 2* i. V. mit § 3 SubvG kann nur der Subventionsnehmer bzw. dessen Vertreter nach § 14 sein (Sonderdelikt, vgl. o. 56). – Für die **Teilnahme** gelten die allgemeinen Regeln. Die Eigenschaft als Subventionsnehmer (Abs. 1 Nr. 2 i. V. mit § 3 SubvG) ist kein besonderes persönliches Merkmal i. S. des § 28 I (ebenso Tiedemann LK 114); zu Abs. 2 Nr. 2 vgl. u. 76.

IX. Bei der **Strafzumessung** ist z. B. zu berücksichtigen, ob es bei der bloßen Gefährdung geblie- **71** ben ist und welches Stadium die Tat hier erreicht hat (bloßer Täuschungsversuch, Bewilligung) oder ob darüber hinaus auch der schädigende Erfolg eingetreten ist. Von Bedeutung sind ferner z. B. Höhe und Bedeutung der beantragten Subvention, die Art des Vorgehens (vgl. dazu auch § 4 SubvG) und ob der Täter im eigenen Interesse oder in einer untergeordneten Funktion für einen Dritten gehandelt hat. Im Fall des Abs. 1 Nr. 2 kann nach dem Grundgedanken des § 13 II – freilich nur innerhalb des Regelstrafrahmens – eine mildere Beurteilung angemessen sein (ebenso Tiedemann LK 116).

Für **besonders schwere Fälle** (vgl. 47 vor §§ 38ff.) sieht **Abs. 2** entsprechend § 263 III, **72** § 370 II AO Freiheitsstrafen von 6 Monaten bis zu 10 Jahren vor, wobei das Gesetz drei, mit dem Vorbild des § 370 II AO freilich nur z. T. übereinstimmende **Regelbeispiele** nennt (allgemein zu diesen vgl. 44f. vor § 38). Das Fehlen einer dem § 263 IV i. V. mit § 243 II entsprechenden Bestimmung – für das Regelbeispiel der Nr. 1 ohnehin bedeutungslos – ist damit zu rechtfertigen, daß Wirtschaftssubventionen von nur geringem Wert im allgemeinen nicht vorkommen. Über die in Abs. 2 genannten Regelbeispiele hinaus kommt ein besonders schwerer Fall z. B. in Betracht bei der Erschleichung extrem hoher Subventionen, ohne daß hier die zusätzlichen Voraussetzungen der Nr. 1 gegeben sein müßten, bei einer besonders raffinierten Begehungsweise (vgl. dazu auch § 4 SubvG), ferner wenn der Täter durch eine bestimmungswidrige Verwendung der Subvention den lebenswichtigen Bedarf in einem bestimmten örtlichen Bereich gefährdet oder wenn er sich durch eine solche Verwendung erhebliche Wettbewerbsvorteile verschafft und dadurch andere schwer schädigt (vgl. auch Tiedemann LK 118).

1. Nach **Nr. 1** liegt ein besonders schwerer Fall in der Regel vor, wenn der Täter für sich oder **73** einen anderen eine nicht gerechtfertigte **Subvention großen Ausmaßes erlangt,** und zwar entweder aus **grobem Eigennutz** oder **unter Verwendung nachgemachter oder verfälschter Belege.** Daß damit einem abstrakten Gefährdungsdelikt der erschwerte Fall einer Verletzung „aufgestockt" ist (vgl. die Kritik von Tiedemann, Lampe und Gössel, Prot. 7 S. 2476, 2512, 2615), ist zwar ein Novum, liegt aber noch im Rahmen gesetzgeberischer Gestaltungsmöglichkeiten.

a) Wann eine Subvention eine solche von **großem Ausmaß** ist, läßt sich mangels anderer Anhalts- **74** punkte (auch nicht aus der Entstehungsgeschichte, vgl. Prot. 7 S. 2691ff.) nur unter Zugrundelegung von Durchschnittswerten ermitteln, die erheblich überschritten sein müssen (Lackner 7a, nach D-Tröndle 31, Tiedemann LK 122 etwa ab 100000 DM). Bei Kreditsubventionen ist nur auf den Teil abzustellen, der die eigentliche Subvention darstellt (Tiedemann LK 122). Bei Fortsetzungszusammenhang findet, soweit dieser auf einem Gesamtvorsatz beruht, eine Zusammenrechnung statt; vgl. auch u. 75. *Nicht gerechtfertigt* ist die Subvention, wenn sie nach den Vergabevoraussetzungen nicht gewährt werden durfte. Das *Erlangen* für sich oder einen anderen setzt voraus, daß die tatsächliche Gewährung der Subvention (vgl. o. 67) gerade durch eine der in Abs. 1 genannten Handlungen bewirkt wird. Besteht die Tat in einem Unterlassen nach Abs. 1 Nr. 2, so kann trotz Vorliegens des Regelbeispiels ein besonders schwerer Fall nach dem Grundgedanken des § 13 II zu verneinen sein. Andererseits kann, obwohl von Nr. 1 nicht erfaßt, ein besonders schwerer Fall unter den weiteren Voraussetzungen der Nr. 1 auch anzunehmen sein, wenn der Täter durch eine Handlung nach Abs. 1 Nr. 1 erreicht, daß ihm eine bereits erlangte Subvention belassen wird.

75   b) Hinzukommen muß, daß der Täter die Subvention entweder aus **grobem Eigennutz** oder **unter Verwendung nachgemachter oder verfälschter Belege** erlangt. Aus *grobem Eigennutz* handelt, wer sich bei seinem Verhalten von dem Streben nach eigenem Vorteil in einem besonders anstößigen Maße leiten läßt (RG 75 240 zu § 170a a. F., BGH NStZ 85, 558 zu § 370 III AO, Tiedemann LK 119; vgl. aber auch D-Tröndle 31). Dies ist z. B. der Fall, wenn der Täter skrupellos nur auf seinen Gewinn bedacht ist, nicht dagegen, wenn er in einer finanziellen Notlage handelt, um seinen Betrieb und damit auch die dort vorhandenen Arbeitsplätze zu retten. Grob eigennützig kann auch handeln, wer die Subvention für einen anderen erlangt, z. B. bei Beteiligung an dessen Gewinn (ebenso Tiedemann LK 119; and. Samson SK 80, 82). – Ob der unbesehen dem § 370 II AO entnommene Begriff des *Belegs* eine engere Bedeutung hat als z. B. der Terminus „Bescheinigung" in Abs. 1 Nr. 3 oder ob damit jede Urkunde gemeint ist, durch die subventionserhebliche Tatsachen „belegt" werden können, kann letztlich dahingestellt bleiben. Denn die Verwendung einer nachgemachten oder verfälschten Urkunde zum Beweis subventionserheblicher Tatsachen stellt in der Regel auch dann einen besonders schweren Fall dar, wenn es sich dabei nicht um einen Beleg im technischen Sinn handelt; das gleiche gilt für Aufzeichnungen nach § 268. Um einen unbenannten besonders schweren Fall handelt es sich in der Regel auch, wenn der Täter sonstige körperliche Gegenstände, an denen er zu Täuschungszwecken Manipulationen vorgenommen hat, vorlegt (vgl. Lackner 7a, Tiedemann LK 120). Zum *Nachmachen* und *Verfälschen* vgl. § 267 RN 48 ff., 64 ff. (enger für das Nachmachen D-Tröndle 31), wobei sich aus Abs. 1 ergibt, daß der nachgemachte usw. Beleg zugleich ein unrichtiges oder unvollständiges Bild über subventionserhebliche Tatsachen ergeben muß (vgl. auch Samson SK 83, Tiedemann LK 121); nicht nur kein besonders schwerer Fall, sondern überhaupt nicht nach § 264 strafbar ist daher z. B. das Verwenden einer nachgemachten Ersatzunterlage, weil das – inhaltlich richtige – Original verloren gegangen ist (vgl. aber auch Prot. 7 S. 2696). Ebensowenig gehört hierher das Verwenden nachgemachter oder verfälschter Bewilligungsbescheids, da hier schon der Tatbestand des Abs. 1 Nr. 3 nicht gegeben ist. Nicht erforderlich ist, daß der Täter den Beleg, den er verwendet, selbst nachgemacht hat usw. Bei Fortsetzungszusammenhang muß bis zur Erreichung der in Nr. 1 vorausgesetzten Höhe der Subvention (vgl. o. 74) jeder Einzelakt entweder aus grobem Eigennutz oder unter Verwendung falscher Belege begangen sein, da nur dann die Tat insgesamt den erhöhten Unrechts- und Schuldgehalt der Nr. 1 aufweist.

76   2. Nach **Nr. 2** liegt ein besonders schwerer Fall in der Regel ferner vor, wenn der Täter **seine Befugnisse** oder **seine Stellung als Amtsträger** (vgl. § 11 I Nr. 2 und dort RN 14 ff.) **mißbraucht** (zur Täterschaft des Amtsträgers vgl. o. 70). Ein *Mißbrauch von Befugnissen* liegt vor, wenn der Amtsträger im Rahmen seiner an sich gegebenen Zuständigkeit Handlungen nach Abs. 1 vornimmt, so bei Erteilung eines falschen Prüfungsvermerkes durch den zuständigen Beamten der Bewilligungsbehörde oder wenn ein nicht in das Subventionsverfahren eingeschalteter Amtsträger in Kenntnis des Verwendungszwecks eine unrichtige Bescheinigung über subventionserhebliche Tatsachen ausstellt und diese sodann der Bewilligungsbehörde vorgelegt wird (vgl. BT-Drs. 7/5291 S. 7, Prot. 7 S. 2000, BGH 32 205 m. Anm. Otto JR 84, 475 u. Schünemann NStZ 85, 73). Ob ein Mißbrauch von Befugnissen auch vorliegt, wenn ein für ein öffentliches Unternehmen tätiger Amtsträger für dieses einen Subventionsbetrug begeht, ist zweifelhaft; jedenfalls liegt hier nicht ohne weiteres ein besonders schwerer Fall vor (vgl. D-Tröndle 32, Tiedemann LK 125). Um einen *Mißbrauch seiner Stellung* handelt es sich, wenn der Amtsträger außerhalb seines eigenen Zuständigkeitsbereichs, aber unter Ausnutzung der ihm durch sein Amt gegebenen Möglichkeiten eine Handlung i. S. des Abs. 1 begeht (vgl. auch § 253 E 62 Begr. 426, Tiedemann LK 125). Entsprechend § 28 II gilt Nr. 2 auch bei Beteiligung eines Amtsträgers an Handlungen nach Abs. 1 (Lackner 7b, Tiedemann LK 13), während umgekehrt mit dem Amtsträger zusammenwirkende Dritte nur das Regelbeispiel der Nr. 3 verwirklichen können (vgl. u. 78). Nicht erforderlich ist, daß der Amtsträger zu seinem Vorteil handelt (vgl. BT-Drs. 7/5291 S. 7, aber auch D-Tröndle 32, Tiedemann LK 124).

77   Nicht unter Abs. 2 Nr. 2 fällt der Amtsträger, der in Kenntnis der Unwahrheit der gemachten Angaben den Bewilligungsbescheid erläßt, da dies nicht den Tatbestand des Abs. 1 erfüllt; hier kommt deshalb nur § 266 in Betracht (vgl. BT-Drs. 7/5291 S. 7, BGH 32 203 m. Anm. Otto JR 84, 475 u. Schünemann NStZ 85, 73, Bockelmann II/1 S. 110 f., Tiedemann LK 18). Nach dem Grundgedanken der Vorschrift gilt dies auch, wenn er im Zusammenwirken mit dem Antragsteller zugleich an den Handlungen nach Abs. 1 beteiligt ist (Schünemann NStZ 85, 73, Tiedemann LK 19; offengelassen in BGH 32 209). Ebenso gilt Nr. 2 nicht für den Amtsträger, der die unrichtigen Angaben des Antragstellers lediglich auf dem Dienstweg weiterleitet, da hier weder eine Beihilfe durch aktives

Subventionsbetrug

Tun noch ein i. S. des Abs. 1 relevantes Unterlassen vorliegt (and. z. T. Prot. 7 S. 2700f.): Abs. 1 Nr. 1 scheidet schon deshalb aus, weil der Amtsträger keine Garantenpflicht dahingehend hat, den Antragsteller an falschen Angaben zu hindern (and. als etwa der Betriebsinhaber gegenüber seinem Angestellten, vgl. o. 48); aber auch Abs. 1 Nr. 2 kommt nicht in Betracht, solange als Rechtsvorschrift i. S. dieser Bestimmung nur § 3 SubvG zur Verfügung steht, wo lediglich dem Subventionsnehmer eine Offenbarungspflicht auferlegt wird.

3. Nach **Nr. 3** ist ein besonders schwerer Fall regelmäßig anzunehmen, wenn der Täter **die Mithilfe eines Amtsträgers ausnutzt,** der seine Befugnisse oder Stellung mißbraucht. Da dies im Zusammenhang mit einer täterschaftlichen Handlung nach Abs. 1 geschehen und der Amtsträger seine Befugnis usw. (vgl. o. 76) mißbrauchen muß, gehören hierher insbes. die Fälle des kollusiven Zusammenwirkens, so z. B. wenn sich der Antragsteller von dem Amtsträger beraten läßt, wie er seine Angaben möglichst glaubhaft formuliert. Gleichgültig ist, ob der Amtsträger Mittäter oder Gehilfe ist, doch muß er jedenfalls Beteiligter sein (widersprüchlich Tiedemann LK 126). Das Ausnutzen setzt keine besonders geartete Beeinflussung des anderen voraus (z. B. durch Bestechung, Zwang usw.). **78**

X. Neben der Strafe sieht **Abs. 5** entsprechend § 375 AO als zusätzliche, fakultative Deliktsfolgen bei vorsätzlicher Begehung den **Verlust der Amtsfähigkeit** und der **Wählbarkeit** und – insoweit auch im Fall des Abs. 3 – die **Einziehung** vor. **79**

1. Neben einer Freiheitsstrafe von mindestens einem Jahr kann als Nebenfolge nach **S. 1** für die Dauer von 2 bis zu 5 Jahren auf **Verlust der Amtsfähigkeit** und der **Wählbarkeit** erkannt werden; wegen der Einzelheiten vgl. § 45 und die Anm. dort. Die Vorschrift beruht auf der Erwägung, daß derjenige, der sich in hohem Maß staatliche Mittel zu Unrecht verschafft, für eine gewisse Zeit von der Ausübung öffentlicher Ämter und von Rechten aus öffentlichen Wahlen ausgeschlossen werden sollte (Prot. 7 S. 2709), ein Grundsatz, der vom Gesetz freilich nicht konsequent durchgehalten wird, da sich auch Taten nach §§ 263, 266 gegen den Staat richten können (z. B. keine Aberkennung der Amtsfähigkeit, wenn sich der Amtsträger lediglich nach § 266 strafbar macht, indem er zu Unrecht die Subvention bewilligt). **80**

2. In Erweiterung der in § 74 I genannten Einziehungsvoraussetzungen ermöglicht **S. 2** auch die **Einziehung** von sog. **Beziehungsgegenständen.** Im Unterschied zu S. 1 kommt eine Einziehung hier auch bei leichtfertiger Begehung in Betracht nicht dagegen bei der Einziehung von Tatwerkzeugen nach § 74 I, was zu einer wenig sinnvollen Differenzierung führt. **81**

a) Zu den **Gegenständen, auf die sich die Tat bezieht**, vgl. zunächst § 74 RN 12 a f. Der ohnehin schillernde Begriff des Beziehungsgegenstandes (vgl. Eser, Sanktionen gegen das Eigentum 329) führt bei § 264 zu zusätzlichen Abgrenzungsschwierigkeiten (vgl. auch die Kontroversen im Sonderausschuß, Prot. 7 S. 2710ff.). Offensichtlich sollten damit nicht nur die sonst hierher gerechneten Gegenstände erfaßt werden, deren Gebrauch als solcher schon den Tatbestand erfüllt, wofür in § 264 nur die in Abs. 1 Nr. 3 genannten Beziehungen in Betracht kommen. Vielmehr ist nach der Entstehungsgeschichte vor allem Gegenstände gemeint, die im Hinblick auf eine Verwendungsbeschränkung verbilligt abgegeben, anschließend jedoch bestimmungswidrig verwendet wurden, ferner aber auch diejenigen Gegenstände, die bereits durch die falschen Angaben erlangt sind (vgl. BT-Drs. 7/5291 S. 9, Prot. 7 S. 2710ff.). Obwohl der Begriff des Beziehungsgegenstandes es nicht ausschließen würde, ihn auch auf Objekte zu erstrecken, mit deren Erwerb oder Besitz willen die Tat begangen worden ist (vgl. Eser, Sanktionen gegen das Eigentum 329), ist hier jedoch eine Einschränkung oder zumindest eine Klarstellung geboten. Gegenstände, die aus der Tat selbst erlangt worden sind, unterliegen nach § 73 dem Verfall, soweit nicht dem Verletzten aus der Tat ein Anspruch erwachsen ist, dessen Erfüllung den aus der Tat erlangten Vermögensvorteil beseitigen oder mindern würde. Dies aber trifft für die durch unrichtige Angaben usw. nach Abs. 1 erlangte Subvention zu, die deshalb nicht – eine ohnehin absonderliche Vorstellung – als Einziehungsgegenstand i. S. des Abs. 5 S. 2 behandelt werden kann. Dabei ist zu beachten, daß eine strafprozessuale Sicherstellung nach § 111 b III StPO auch möglich ist, wenn der durch die Tat erlangte Vorteil aus dem genannten Grund nicht dem Verfall unterliegt, so daß für eine Anwendung der Einziehungsregeln auch unter diesem Gesichtspunkt kein Bedürfnis besteht. **82, 83**

Eine Einziehung nach Abs. 5 S. 2 kann daher – abgesehen von den Bescheinigungen nach Abs. 1 Nr. 3 – nur insoweit in Betracht kommen, als es sich um Gegenstände handelt, die zwar als Bezugsobjekt der Tat erscheinen, aber nicht schon aus dieser selbst erlangt sind. Dies ist z. B. der Fall, wenn sich der Täter nach Abs. 1 Nr. 1 die Abgabe einer im Hinblick auf eine Verwendungsbeschränkung verbilligten Ware erschleicht oder wenn er, ohne dies nach § 3 II SubvG anzuzeigen (Abs. 1 Nr. 2), die Ware später entgegen der Beschränkung verwendet (vgl. auch Lackner 9, Tiedemann LK 133). Da die erlangte Subvention hier nicht in der Ware selbst, sondern in dem Betrag besteht, um den der Preis verbilligt ist, ist der kriminalpolitisch u. U. sinnvolle Entzug der Ware insgesamt nur durch eine Einziehung nach Abs. 5 S. 2 möglich (vgl. auch die nach Prot. 7 S. 2710 ursprünglich vorgesehene Fassung). Nicht der Einziehung unterliegt dagegen das auf dem Konto des Täters liegende Geld, das er als Subvention empfangen hat (ebenso Tiedemann LK 132; and. offenbar Göhler Prot. 7 S. 2710, 2711). Wird eine Ware in den Fällen des sog. Kreisverkehrs nach Zufügung und Wiederausscheidung **84**

§ 264   85–88   Bes. Teil. Betrug und Untreue

von Substanzen als Täuschungsmittel zur Erschleichung einer Exportsubvention benutzt (vgl. o. 45), so sind bereits die Voraussetzungen des § 74 I erfüllt; des Abs. 5 S. 2 bedarf es hier mithin nicht.

85 b) Da S. 2 die Vorschrift des § 74a für anwendbar erklärt, kann sich die Einziehung auch auf **Dritteigentum** erstrecken, wenn gegen den Dritten ein Vorwurf i. S. des § 74a erhoben werden kann; vgl. näher dazu § 74a RN 4ff. Eine unterschiedslose Einziehung nach § 74 II Nr. 2 dürfte dagegen bei § 264 praktisch nicht in Betracht kommen, da nicht ersichtlich ist, wie Beziehungsgegenstände hier der Begehung rechtswidriger Taten dienen könnten (der Verstoß gegen eine Verwendungsbeschränkung ist als solcher nicht strafbar).

86 **XI. Konkurrenzen.** Idealkonkurrenz ist möglich z. B. mit §§ 267, 268, 273, ferner mit § 265b (unrichtige Angaben gegenüber einer Bank im Rahmen eines Kreditantrags, wobei die Bank im Hinblick auf einen staatlichen Zinszuschuß zugleich Subventionsgeber i. S. des § 264 ist). Für Subventionen, die über das Steuerrecht abgewickelt werden, gilt ausschließlich § 370 AO (D-Tröndle 39, Lackner 10, Samson SK 100, Sannwald aaO 98; vgl. auch o. 10); Tateinheit ist dagegen möglich, wenn sich dieselbe Tat sowohl auf Steuer- als auch auf Subventionsvorteile bezieht.

87 Für das **Verhältnis zu § 263** gilt folgendes: Soweit die Voraussetzungen des § 264 I erfüllt sind, stellt diese Bestimmung eine ausschließliche Sonderregelung dar, hinter die § 263 zurücktritt, und zwar auch dann, wenn es im Einzelfall zu einer Vermögensschädigung kommt (Erlangen der Subvention), da diese durch die Bestrafung nach § 264 mit abgegolten wird (h. M., vgl. BT-Drs. 7/5291 S. 6, BGH 32 206, 208, Bay NJW 82, 2202, Göhler/Wilts DB 76, 1609, 1615, D-Tröndle 5, Lackner 10, Ranft JuS 86, 450, Tiedemann LK 134; vgl. ferner o. 5; and. Berz BB 76, 1438, Diemer-Nicolaus aaO 65, Eberle aaO 185, M-Maiwald I 456: Idealkonkurrenz); Tateinheit ist hier nur möglich, wenn Gegenstand der Tat neben der Subvention auch andere Vermögensvorteile sind (Lackner 10). Ist § 264 I dagegen nicht anwendbar, liegen jedoch die Voraussetzungen eines versuchten oder vollendeten Betrugs vor, so ist der Täter nach § 263 zu bestrafen (BGH wistra 87, 23, Arzt/Weber IV 21, D-Tröndle 39, Heinz GA 77, 213, Lackner 10, Samson SK 103, Tiedemann LK 134). Davon, daß hier ein „straffreier Raum" entstehe (vgl. Göhler Prot. 7 S. 2671, Göhler/Wilts DB 76, 1614, vgl. aber auch S. 1615 FN 37), kann keine Rede sein. § 264 soll der wirksameren Bekämpfung der Subventionskriminalität dienen, nachdem sich § 263 dafür vielfach als nicht ausreichend erwiesen hat; nicht aber kann § 264 umgekehrt zu einer Privilegierung des Täters in solchen Fällen führen, in denen zwar die Voraussetzungen des § 263, nicht aber die des § 264 gegeben sind (vgl. auch BGH wistra 87, 23). Auch wäre es völlig ungereimt, würden in bezug auf die als besonders schutzwürdig angesehenen Wirtschaftssubventionen Handlungen straflos gelassen, die bei Sozial-, Kultursubventionen usw. nach § 263 strafbar sind. § 263 bleibt daher insbesondere in folgenden Fällen anwendbar, und zwar wegen vollendeter oder versuchter Tat, je nachdem, ob es zur Auszahlung der Subvention gekommen ist: Bei Erschleichung von Subventionen, die keine Subventionen i. S. des Abs. 6 sind (vgl. o. 1, 6; bei einem auf Leichtfertigkeit beruhenden Irrtum über das Vorliegen einer Subvention i. S. des Abs. 6 [vgl. o. 62] kommt wegen des zusätzlichen Rechtsguts in § 264 Idealkonkurrenz zwischen § 263 und § 264 III in Betracht); bei falschen Angaben über Tatsachen, die zwar materiell entscheidungserheblich, aber nicht formell subventionserheblich i. S. des Abs. 7 sind (so wenn die fragliche Tatsache vom Subventionsgeber nicht als subventionserheblich bezeichnet worden ist und die Subventionserheblichkeit auch nicht unmittelbar aus dem Gesetz folgt [Bay NJW 82, 2203; and. Eberle aaO 185]); bei Täuschungshandlungen, die nicht in unrichtigen bzw. unvollständigen Erklärungen bestehen (vgl. o. 43); bei Erschleichen der Subvention durch einen gefälschten und damit nicht unter Abs. 1 Nr. 3 fallenden Bewilligungsbescheid; bei Täuschungen durch Unterlassung, soweit eine Mitteilungspflicht nicht auf besonderen Rechtsvorschriften beruht (Abs. 1 Nr. 2), was wegen der Beschränkung der Offenbarungspflicht in § 3 SubvG auf Subventionsnehmer z. B. von Bedeutung ist, wenn ein Dritter nachträglich erkennt, daß die von ihm zunächst gutgläubig gemachten Angaben falsch sind. In den Bereich des strafbaren Betrugsversuchs fallen darüber hinaus alle Handlungen, die in der Sache einen – straflosen – Versuch nach § 264 darstellen. Auch hier kann die Tatsache, daß § 264 den Versuch nicht pönalisiert hat, nicht zu einer Besserstellung des Täters führen. In Betracht kommen z. B.: Absendung der falschen Angaben, die den Subventionsgeber infolge einer Fehlleitung jedoch nicht erreichen; objektiv zutreffende, nach der Vorstellung des Täters jedoch unrichtige Angaben über subventionserhebliche Tatsachen (vgl. BGH wistra 87, 23); falsche Angaben in der irrigen Meinung, die fraglichen Tatsachen seien subventionserheblich; vermeintliches In-Unkenntnis-Lassen des Subventionsgebers (Abs. 1 Nr. 2), der die Kenntnis bereits auf andere Weise erlangt hat.

88 **XII.** Für **Auslandstaten** vgl. § 6 Nr. 8, für **vor Inkrafttreten des 1. WiKG** (1. 9. 1976) begangene Taten vgl. die 23. A., RN 88; zur Anwendung des **Steuerstrafverfahrensrechts** bei bestimmten Subventionen vgl. Art. 6 Nr. 5, 6 des 1. WiKG; zur **Zuständigkeit** der Wirtschaftsstrafkammer vgl. § 74c I Nr. 5 GVG; zur **Anzeigepflicht** von Gerichten und Behörden beim Verdacht eines Subventionsbetrugs vgl. § 6 SubvG und dazu Tiedemann LK 137.

§ 264a Kapitalanlagebetrug

(1) Wer im Zusammenhang mit
1. dem Vertrieb von Wertpapieren, Bezugsrechten oder von Anteilen, die eine Beteiligung an dem Ergebnis eines Unternehmens gewähren sollen, oder
2. dem Angebot, die Einlage auf solche Anteile zu erhöhen,

in Prospekten oder in Darstellungen oder Übersichten über den Vermögensstand hinsichtlich der für die Entscheidung über den Erwerb oder die Erhöhung erheblichen Umstände gegenüber einem größeren Kreis von Personen unrichtige vorteilhafte Angaben macht oder nachteilige Tatsachen verschweigt, wird mit Freiheitsstrafe bis zu drei Jahren oder mit Geldstrafe bestraft.

(2) Absatz 1 gilt entsprechend, wenn sich die Tat auf Anteile an einem Vermögen bezieht, das ein Unternehmen im eigenen Namen, jedoch für fremde Rechnung verwaltet.

(3) Nach den Absätzen 1 und 2 wird nicht bestraft, wer freiwillig verhindert, daß auf Grund der Tat die durch den Erwerb oder die Erhöhung bedingte Leistung erbracht wird. Wird die Leistung ohne Zutun des Täters nicht erbracht, so wird er straflos, wenn er sich freiwillig und ernsthaft bemüht, das Erbringen der Leistung zu verhindern.

Vorbem. Eingefügt durch Art. 1 Nr. 10 des 2. WiKG v. 15. 5. 1986, BGBl. I 722.

Schrifttum: Achenbach, Das Zweite Gesetz zur Bekämpfung der Wirtschaftskriminalität, NJW 86, 1835. – *Assmann*, Prospekthaftung als Haftung für die Verletzung kapitalmarktbezogener Informationsverkehrspflichten nach deutschem und US-amerikanischem Recht, 1985. – *Cerny*, § 264a StGB – Kapitalanlagebetrug Gesetzlicher Anlegerschutz mit Lücken, MDR 87, 271. – *Gallandi*, § 264a StGB – Der Wirkung nach ein Mißgriff?, wistra 87, 316. – *Granderath*, Das Zweite Gesetz zur Bekämpfung der Wirtschaftskriminalität, DB 86, Beil. 18, 1. – *Grotherr*, Der neue Straftatbestand des Kapitalanlagebetrugs (§ 264a StGB) als Problem des Prospektinhalts und der Prospektgestaltung, DB 86, 2584. – *Hillenkamp*, Beweisprobleme im Wirtschaftsstrafrecht, in Recht und Wirtschaft, Osnabrücker rechtswissenschaftliche Abhandlungen, Bd. 1, 1985, 221. – *Jaath*, Zur Strafbarkeit der Verbreitung unvollständiger Prospekte über Vermögensanlagen, Dünnebier-FS 583. – *Joecks*, Anleger- u. Verbraucherschutz durch das 2. WiKG, wistra 86, 142. – *Kaligin*, Strafrechtliche Risiken bei der Konzipierung und beim Vertrieb von steuerbegünstigten Kapitalanlagen, WPg 85, 194. – *Knauth*, Kapitalanlagebetrug und Börsendelikte im zweiten Gesetz zur Bekämpfung der Wirtschaftskriminalität, NJW 87, 28. – *Möhrenschlager*, Der Regierungsentwurf eines Zweiten Gesetzes zur Bekämpfung der Wirtschaftskriminalität, wistra 82, 201, 83, 17, 49. – *Otto*, Bankentätigkeit und Strafrecht, 1983. – *ders.*, Neue und aktuelle Formen betrügerischer Anlageberatung und ihre strafrechtliche Ahndung, Pfeiffer-FS 69. – *Peltzer*, Anlegerschutz als Aufgabe des Gesetzgebers, NJW 76, 1615. – *Pleyer/ Hegel*, Die Bedeutung des neuen § 264a StGB für die zivilrechtliche Prospekthaftung bei der Publikums-KG, ZIP 87, 79. – *Richter*, Strafbare Werbung beim Vertrieb von Kapitalanlagen, wistra 87, 117. – *Schlüchter*, Zweites Gesetz zur Bekämpfung der Wirtschaftskriminalität, 1987. – *Schmidt-Lademann*, Zum neuen Straftatbestand „Kapitalanlagebetrug" (§ 264a StGB), WM 86, 1241. – *Tiedemann*, Wirtschaftsstrafrecht und Wirtschaftskriminalität, 1976. – *ders.*, Die Bekämpfung der Wirtschaftskriminalität durch den Gesetzgeber, JZ 86, 865. – *v. Ungern-Sternberg*, Wirtschaftskriminalität beim Handel mit ausländischen Aktien, ZStW 88, 653. – *Weber, U.*, Das Zweite Gesetz zur Bekämpfung der Wirtschaftskriminalität (2. WiKG), NStZ 86, 481. – *Worms*, Anlegerschutz durch Strafrecht, 1987. – *ders.*, § 264a StGB – ein wirksames Remedium gegen den Anlageschwindel, wistra 87, 242, 271.

I. Die Vorschrift geht zurück auf Empfehlungen der Sachverständigenkommission, des AE (§ 188) und des Sonderausschusses (BT-Drs. 7/5291 S. 16) und entspricht in unveränderter Fassung dem Regierungsentwurf (BT-Drs. 10/318 S. 4). Sie enthält ein **abstraktes Vermögensgefährdungsdelikt** im Vorfeld des Betruges (Achenbach NJW 86, 1839, Knauth NJW 87, 28, Cerny MDR 87, 272, Samson SK 5), das nicht mehr an die Verursachung eines Vermögensschadens anknüpft. Tatbestandstechnisch ist sie § 265b nachgebildet; im Gegensatz zu § 265b, der nur einen einzigen Geschäftstyp (Kreditierung) betrifft, wird bei § 264a rechtsformunabhängig eine Vielzahl von Anlageformen erfaßt (Grotherr DB 86, 2584), was die Auslegung der Vorschrift nicht erleichtert; krit. zu § 264a Worms wistra 87, 242. Geschützt ist aber nicht in erster Linie das Vermögen als Individualinteresse. Vielmehr geht es primär um das Funktionieren des Kapitalmarktes als überindividuelles Rechtsgut (BT-Drs. 10/318 S. 22, Lackner 1, D-Tröndle 4, Jaath Dünnebier-FS 606, Möhrenschlager wistra 82, 204f., Tiedemann JZ 86, 872, Cerny MDR 87, 272). Deshalb erfordert der Tatbestand einerseits, daß die Tathandlung gegenüber einem größeren Personenkreis vorgenommen wird, andererseits wird auf seiten des potentiellen Anlageopfers auch kein Irrtum verlangt (krit. hierzu Gallandi wistra 87, 316, der der

§ 264a 2–5

Vorschrift nahezu jede kriminalpolitische Bedeutung abspricht). Demgegenüber wird erwogen, das Rechtsgut in der Dispositionsfreiheit des potentiellen Anlegers (Lampe Lange-FS 466, vgl. auch Franzheim GA 72, 361 ff.) oder allein in dessen Vermögen zu sehen (Samson SK 7, Worms 314, Joecks wistra 86, 144; vgl. auch Maiwald ZStW 96, 86, Schubarth ZStW 92, 91 f. zur Parallelvorschrift des § 265 b). Ergänzend kommen die §§ 88, 89 BörsenG, §§ 399 I Nr. 3, 400 I Nr. 1 AktG sowie die Vorschriften des Ges. über Kapitalanlagegesellschaften (KAGG) vom 14. 1. 1970 (BGBl. I 127) und das Gesetz über den Vertrieb ausländischer Investitionsanteile (AuslInvestmG) vom 28. 7. 1969 (BGBl. I 986), daneben § 34c I Nr. 1b GewO und die hierzu ergangenen VOen in Betracht. Zur Verfassungsmäßigkeit der Vorschrift unter dem Gesichtspunkt des Bestimmtheitsgebots nach Art. 103 II GG vgl. Cerny MDR 87, 275.

2   Die Vorschrift beruht auf der Erfahrung, daß seit Mitte der sechziger Jahre in der Bundesrepublik in zunehmendem Maße privates Kapital in **neue Formen** der Geld- und **Vermögensanlage** investiert wird. Bei der Geldanlage stehen dem Anleger in weit größerem Umfang als früher ausländische Aktien und Obligationen, DM-Auslandsanleihen und Euro-Gelder zur Verfügung; auch die Vermögensanlage, die früher insbesondere Anlagen in Immobilien erfaßte, erstreckt sich heute auf Investitionen in Flugzeuge, Schiffe, Container, Kunstwerke usw. (vgl. hierzu Jaath aaO 585). Diese Umstrukturierung auf dem Kapitalmarkt erfordert nach Auffassung des Gesetzgebers einen besseren Schutz des meist unerfahrenen Anlegers (BT-Drs. 10/318 S. 21; vgl. auch Jaath aaO 587 f.). Nach seiner Auffassung reichen die spezialgesetzlichen Vorschriften dazu nicht aus (a. A. Weber NStZ 86, 486) und waren – entsprechend dem Geltungsbereich des jeweiligen Gesetzes – nur beschränkt wirksam (Möhrenschlager wistra 82, 205). Beim Kauf ausländischer Aktien bietet das AktG keinen Schutz; dies gilt insbesondere dann, wenn die hier gehandelten Papiere im Herkunftsland nicht zur Börse zugelassen sind, weil sie dann auch dort keiner Kontrolle unterliegen (z. B. nur für das Ausland emitierte US-penny-stocks). Der deutsche Anleger kann seine ihm nach fremdem Recht zustehenden Aufsichts- und Kontrollrechte meist nicht wahrnehmen. Die sondergesetzlichen Vorschriften des KAGG und des AuslInvestmG sowie des § 34c I Nr. 1b GewO decken nur Teilbereiche ab. Andererseits darf nicht übersehen werden, daß es höchst problematisch ist, im Bereich der Spekulationsgeschäfte den Anlegerschutz zu übertreiben (vgl. § 263 RN 16e, 114). Völlig zu Recht sind daher die Warenterminoptionsgeschäfte (vgl. § 263 RN 31b, 114a) ausgespart geblieben (vgl. u. 11); der Tatbestand, der den Begriff Kapitalanlage nicht nennt, ist jedoch – insbesondere bei ausländischen Werten – dazu geeignet, reine Spekulationsgeschäfte in den Schutzbereich einzubeziehen. Wenig einleuchtend ist weiter, daß die Vorschrift Bauherrenmodelle nicht erfaßt (vgl. u. 12), die an Risikoträchtigkeit den klassischen Abschreibungsgesellschaften nicht nachstehen (Cerny MDR 87, 273). Man wird im übrigen aber abwarten müssen, ob § 264a brauchbare Verfolgungsmöglichkeiten eröffnet, wenn die ausländischen Anbieter vom Ausland aus ihre Werbung betreiben, und wie häufig Strafanzeigen aus dem Kreis der Anleger kommen. Sollte sich zeigen, daß die Vorschrift vorwiegend dazu dient, den Konkurrenten auf der Anbieterseite in strafrechtliche Schwierigkeiten zu bringen, so hätte § 264a sein Ziel verfehlt.

3   II. Der objektive Tatbestand erfordert, daß in bezug auf bestimmte **Anlagewerte** (Wertpapiere, Bezugsrechte etc.) aus Anlaß von **Anlagegeschäften** (Vertrieb, Kapitalerhöhung) in **Werbeträgern** (Prospekte, Darstellungen usw.), die das Informationsinteresse des Anlegerkreises (größerer Personenkreis) betreffen, eine **Täuschungshandlung** (vorteilhafte Angaben, Verschweigen nachteiliger Tatsachen) begangen wird (Abs. 1). Die Vorschrift erfaßt auch Handlungen dieser Art, die sich auf Anteile in **Vermögenstreuhand** beziehen (Abs. 2).

4   1. Die Tathandlung muß sich beziehen auf **Anlagewerte** der genannten Art. Geschützt ist also nicht jede Form der Vermögensanlage (vgl. hierzu Peltzer NJW 76, 1619), sondern nur die ausdrücklich genannten Anlagewerte. Hierzu gehören Wertpapiere, Bezugsrechte sowie Anteile, die eine Beteiligung am Ergebnis eines Unternehmens gewähren sollen. Für die Anwendbarkeit des § 264a StGB ist es gleichgültig, ob es sich um den Vertrieb ausländischer oder inländischer Anlagewerte (Wertpapiere, Bezugsrechte oder Anteile) handelt, auch kommt es nicht darauf an, ob es Anlagewerte sind, die an einer deutschen Börse zugelassen sind oder nicht, bedeutungslos ist auch, ob eine ausländische Anlagefirma den Vertrieb der Anlagewerte vom Ausland aus betreibt oder dies durch eigene oder fremde Vertriebsagenturen in der Bundesrepublik betreiben läßt. Ferner ist gleichgültig, ob der Kapitalanteil in Treuhandvermögen gehalten wird (Abs. 2); vgl. u. 34.

5   a) Das Merkmal **Wertpapiere** ist i. S. der klassischen Definition dieses Begriffs zu verstehen (Möhrenschlager wistra 82, 206, Joecks wistra 86, 144, Worms 319). Gemeint sind also Urkunden, die ein Recht in der Weise verbriefen, daß es ohne sie nicht geltend gemacht werden kann (Zöllner, Wertpapierrecht, 13. A. 1982, 14ff., 18). Zu den Wertpapieren gehören insbesondere die mitgliedschaftlichen Papiere wie Aktien und Zwischenscheine, ferner die Nebenpapiere wie

Zins-, Gewinnanteil- und Erneuerungsscheine, weiterhin die Schuldverschreibungen (= bonds obligations), wozu auch öffentliche Anleihen, Pfandbriefe und Kommunalobligationen, Industrieobligationen, ferner die Geldmarktpapiere wie Kassenobligationen, sodann die Investmentzertifikate (face-amount certificates, securities, shares, actions). Es kann sich dabei um Inhaber- oder Orderpapiere handeln. Aber auch Rektapapiere, d. h. Papiere, die auf den Namen einer bestimmten Person lauten, deren Rechte jedoch nicht durch Übergabe des Papiers, sondern durch die Abtretung der Forderung bzw. des Rechts übertragen werden, wie z. B. Hypotheken-, Grundschuld-, und Rentenschuldbriefe deutschen Rechts, falls letztere nicht auf den Inhaber ausgestellt sind, gehören hierher (zw. Knauth NJW 87, 29). Ein Teil dieser Wertpapiere werden als **Effekten** bezeichnet. Effekten sind vertretbare Wertpapiere mit Ertrag. Der Wertpapierbegriff des § 264a StGB ist zwar nicht identisch mit der gesetzlichen Umschreibung des Begriffs Wertpapier in § 1 I 1 DepotG. Wohl aber sind die dort genannten Papiere die wichtigsten Wertpapiere; zu ihnen gehören: Aktien, Kuxe, Zwischenscheine, Reichsbankanteilscheine, Zins-, Gewinnanteil- und Erneuerungsscheine, auf den Inhaber lautende oder durch Indossament übertragbare Schuldverschreibungen, ferner andere Wertpapiere, wenn diese vertretbar sind, mit Ausnahme von Banknoten und Papiergeld.

Zu den Wertpapieren gehören auch die Anleihen **ausländischer Emittenten,** die Kapital am 6 deutschen Rentenmarkt aufnehmen. Als Emittenten kommen ausländische Staaten, Städte und vor allem ausländische Unternehmen in Betracht (Dexheimer-Lang-Ungnade, Leitfaden durch das Wertpapiergeschäft, 1985, S. 38). Auch internationale oder supranationale Emittenten können tätig sein, wie z. B. die europäische Investitionsbank oder die Weltbank. Der Wertpapierbegriff des § 264a ist weit auszulegen (Knauth NJW 87, 29), weil mit der Vorschrift erschöpfender strafrechtlicher Anlegerschutz erreicht werden soll. Er erfaßt daher auch jegliche Art von Schuldverschreibungen, gleichgültig, ob sie inländische oder ausländische Emittenten haben. Zu den ausländischen Schuldverschreibungen gehören etwa US-Regierungsobligationen wie z. B. Treasury Bills, Notes und Bonds mit jeweiligen Zinsgarantien; zu nennen sind u. a. die sog. Ginnie Mae certificates (= Government National Mortgage Association), Freddi Mac certificates (= Federal Home Loan Mortgage Corporation), Fannie Mae certificates (= Federal National Mortgage Association) und neuerdings auch die sog. Zero-Bonds und Junk-Bonds. Bei solchen Papieren, deren Bedingungen in den USA für den deutschen Anleger schwer überschaubar sind, werden nicht selten Fehlinformationen beobachtet (Knauth NJW 87, 30). Zum Handel mit sog. OTC-Aktien, die außerhalb der Börse vorwiegend von Mitgliedern der NASD (= National Association of Securities Dealers) gehandelt werden, vgl. Otto Pfeiffer-FS 70.

Nicht zu den Wertpapieren gehören die Beteiligungen an geschlossenen Immobilienfonds, 7 auch wenn sie verbrieft sind, weil die Beteiligung hier nicht an die Innehabung der Urkunde geknüpft ist (Worms 319 f.).

b) Zu den **Bezugsrechten** sagt die Begründung (BT-Drs. 10/318 S. 22) nur, daß sie weder 8 Anteile noch Wertpapiere darstellen, diesen aber gleichgestellt werden müssen. Unter diesen Bezugsrechten sind unter anderem die bei der Finanzierung durch Fremdkapital ausgegebenen Teilschuldverschreibungen gegen Gewährung von Darlehen durch Gläubiger der Aktiengesellschaft zu verstehen. Solche Obligationen können zur Börse zugelassen werden, wodurch es dem Kapitalanleger ermöglicht wird, seine Anlage auch vor Ende der Laufzeit der Anleihe durch Verkauf zu Geld zu machen. Hierzu gehören auch die Gewinnschuldverschreibungen und Wandelschuldverschreibungen i. S. des § 221 AktG. Die strafrechtlichen Anwendungsfälle bei Aktiengesellschaften deutschen Rechts sind sicher gering. Bei ausländischen Aktienunternehmen, die einem anderen Aktienrecht unterliegen, dürfte der strafrechtliche Anwendungsbereich größer werden, sofern diese Unternehmen auf den deutschen Anlegermarkt drängen (Knauth NJW 87, 29).

c) Unter **Anlagen** (BT-Drs. 10/318 S. 22) sind vor allem Kapitalanlageformen zu verstehen, 9 bei denen der Anleger entweder selber einen Geschäftsanteil an dem Unternehmen, insbesondere einen Kommanditanteil, erwirbt oder in eine sonstige – unmittelbare – Rechtsbeziehung zum Unternehmen tritt, die ihm eine Beteiligung am Ergebnis dieses Unternehmens verschafft, etwa aufgrund eines partiarischen Darlehens (vgl. Samson SK 13 f.). Hauptanwendungsfall sind Kommanditanteile an sog. Abschreibungsgesellschaften, weil Steuervergünstigungen in der Form von Sonderabschreibungen nur durch eine Beteiligung an einer Personalgesellschaft in Anspruch genommen werden können. Besonderer Beliebtheit erfreut sich die GmbH & Co KG als Publikums-KG; sie ist zur typischen Organisationsform der Abschreibungsgesellschaften geworden, wird neuerdings aber auch durch andere Gesellschaftsformen, insb. die Gesellschaft bürgerlichen Rechts (GbR), ersetzt (Joecks wistra 86, 142).

Zweifelhaft kann sein, ob Abs. 1 auch die Fälle erfaßt, in denen der Anleger sich auf Grund 10 eines **partiarischen Darlehens** als sog. „atypischer" stiller Gesellschafter beteiligen soll; dies ist zu bejahen, da ein Anteil am Gewinn oder Verlust des Unternehmens nicht zwingend eine Mitgliedschaftsstellung des Anlegers voraussetzt, wie sich aus §§ 335ff. HGB ergibt (and. Cerny MDR 87, 274). Ebenso geschützt ist der typische stille Gesellschafter, der am Unternehmensergebnis, nicht aber am Anlagevermögen der Gesellschaft partizipiert. Unter Abs. 1 fallen auch die Fälle der unechten Treuhandbeteiligung, bei denen der Anleger unmittelbar an der Gesellschaft beteiligt ist und nur die Verwaltung seines Anteils auf den Treuhänder übergeht (Worms 318); zur „mißglückten" Mitunternehmerschaft (vgl. Worms 73, 318). Nicht erforderlich ist, daß der Anleger selbst den Kapitalanteil hält. Nach Abs. 2 wird nur die echte Treuhandbeteiligung, d. h. der Fall erfaßt, daß die Tat sich auf „Anteile an einem Vermögen bezieht, das ein Unternehmen in eigenem Namen, jedoch für fremde Rechnung verwaltet"; im Falle der unechten Treuhandbeteiligung kommt Abs. 1 zur Anwendung. Zu Einzelheiten vgl. u. 34.

11   d) **Nicht anwendbar** ist die Vorschrift auf **Warenterminoptionen,** weil es sich bei Optionsgeschäften nicht um den Vertrieb von Wertpapieren oder Bezugsrechten oder Anteilen handelt, die eine Beteiligung an dem Ergebnis eines Unternehmens gewähren sollen (Knauth NJW 87, 30, Richter wistra 87, 117). Durch ein Optionsgeschäft erhält der Beteiligte lediglich das Recht, jederzeit während der Laufzeit der Option zum Basispreis entweder vom Kontrahenten (Stillhalter) zu kaufen oder an ihn zu verkaufen. Auch das börsenmäßige Wertpapier-Termingeschäft, das in der Bundesrepublik zugelassen ist, aber strengen Regeln und Kontrollen der Börsenverwaltung unterliegt, wird durch § 264a nicht erfaßt. Ebensowenig der Vertrieb von Vermögensanlagen in physischer Ware wie z. B. in Gold oder in unverzinslichen Goldkonten bzw. Zertifikaten, d. h. Goldanlagen im Ausland auf der Basis von Barren und/oder Münzen.

12   e) **Nicht erfaßt** wird ferner der Immobilienerwerb im Rahmen von Bauherren-, Bauträger- und Erwerbermodellen, da insoweit keine Beteiligung am Ergebnis eines Unternehmens vorliegt (and. Richter, wistra 87, 118, Schmidt-Lademann WM 86, 1241ff.); hier können die anderen Alt. in Betracht kommen.

13   2. Die Tathandlung muß im Zusammenhang mit dem **Vertrieb** von Anlagewerten oder dem **Angebot zu Kapitalerhöhungen** stehen.

14   a) Unter **Vertrieb** ist jede auf die Veräußerung von Anlagewerten (vgl. o. 3ff.) gerichtete Tätigkeit zu verstehen, gleichviel ob diese im eigenen oder fremden Namen geschieht. Auch die Werbung ist schon Vertrieb (Knauth NJW 87, 31). Der Vertrieb muß wie in §§ 1, 2, 7 AuslInvestmG (vgl. o. 1) den Absatz einer Vielzahl von Stücken betreffen, weshalb nur das einem größeren Personenkreis zugängliche Angebot, nicht aber ein individuelles Angebot einer der genannten Kapitalanlagen erfaßt wird (BT-Drs. 10/318 S. 24, D-Tröndle 6). Dies ergibt sich im übrigen auch daraus, daß die irreführenden Werbemaßnahmen im Rahmen des Vertriebs einem größeren Personenkreis gegenüber erfolgen müssen sowie aus dem in § 264a geschützten Rechtsgut. Vgl. u. 23.

15   b) Unter **Kapitalerhöhungsangeboten** (Abs. 1 Nr. 2) sind Fälle zu verstehen, in denen eine finanzielle Beteiligung an den in Abs. 1 Nr. 1 genannten Anteilen erhöht wird. Die Vorschrift beschränkt sich auf Kapitalanteile. Sie dient folglich dem Schutz von Personen, die bereits Anteile erworben haben (so BT-Drs. 10/318, S. 24). Nach den Vorstellungen des Gesetzgebers ist dieser Personenkreis in erhöhtem Maße schutzbedürftig, da er sich zumindest wirtschaftlich auf Grund der vorangegangenen Anlageentscheidung gezwungen sieht, seine Einlage zu erhöhen. Da § 264a die Belange des Kapitalmarkts wahrt, muß es sich um eine Kapitalsammelmaßnahme handeln. Darin liegt ein Schwachpunkt der Regelung, weil Schwindelunternehmen sich kaum jemals zu einer solchen Kapitalsammelmaßnahme entschließen. Regelmäßig wird hier als „Werbemittel" das Einzelangebot eingesetzt werden, weil der Einzelanleger nur auf diese Weise erfolgreich „bearbeitet" werden kann (krit. auch Knauth NJW 87, 30). Dagegen wird eine Kapitalsammelmaßnahme beim Vertrieb junger Wertpapiere (Aktien etc.) über Abs. 1 Nr. 1 erfaßt, auch wenn der Vertrieb auf den Kreis der bisherigen Anleger beschränkt ist.

16   c) Der erforderliche **Zusammenhang** mit dem **Vertrieb** oder einer **Kapitalsammelmaßnahme** bei der Anlagenerhöhung setzt voraus, daß die Tathandlung sich zeitlich und sachlich auf die genannten Investitionen bezieht. Dieser Zusammenhang ist aber auch dann gegeben, wenn die werbenden Personen mit den Emittenten der Anlagewerte nicht identisch sind (D-Tröndle 8, Möhrenschlager wistra 82, 206). Dies ist vor allem beim Vertrieb ausländischer Werte von Bedeutung, deren Konditionen im Inland wenig überschaubar sind (vgl. o. 6). Erfaßt werden daher auch irreführende Vertriebspraktiken unseriöser Vertriebsgesellschaften.

17   3. Die Tathandlung muß durch **Werbeträger** erfolgen. Hierher gehören Prospekte, Darstellungen oder Vermögensübersichten (Status, Bilanz), die für den Entscheidungsvorgang in bezug auf die Kapitalanlage von Bedeutung sind.

18   a) Der Begriff **Prospekt** ist weiter als der in § 38 II BörsG und erfaßt jedes Schriftstück, das die für die Beurteilung der Anlage erheblichen Angaben enthält oder den Eindruck eines

solchen Inhalts erweckt (BT-Drs. 10/318 S. 23). Diese erhebliche Erweiterung gegenüber dem gleichlautenden Begriff im Börsenrecht ist nicht unbedenklich. Börseneinführungs- und Börsenzulassungsprospekte bedürfen der Zulassung durch die Börse auf der Grundlage der Zulassungsbekanntmachung von 1910, die in ihrem Kern heute noch gilt. Die Zulassungsstelle hat dafür Sorge zu tragen, daß bei den Börsenprospekten eine gewisse Standardisierung erfolgt; der Börsenprospekt muß u. a. das Grundkapital, die Beteiligungsverhältnisse am Unternehmen, einen Status und eine Gewinn- und Verlustrechnung der letzten drei Jahre enthalten; für deren sachliche Richtigkeit trägt die Zulassungsstelle aber keine Verantwortung, sie liegt bei dem die Papiere emittierenden Unternehmen. Durch die Standardisierung werden aber für den Anleger Vergleichsmöglichkeiten geschaffen, die ihm bei der Anlageentscheidung eine wertvolle Hilfe sein können. Da § 264a auf jede Beschreibung des Prospektinhalts verzichtet, also weder in positiver noch negativer Weise die Prospektanforderungen beschreibt, wird der Anlegerschutz geschmälert. Dem Anleger fehlt die Vergleichbarkeit ähnlicher Anlagewerte. Außerdem besteht die Gefahr, daß Prospekte so mit Informationen überladen werden, daß das Wesentliche nicht mehr erkennbar wird. Da die Informationspflicht (zu deren Umfang vgl. u. 27 ff.) insgesamt auch in verschiedenen Werbeträgern erfüllt werden kann, wäre dem Interesse der Anleger mit einem „Standardprogramm", das dem jeweiligen Anlagetyp angepaßt ist, in den Prospekten eher gedient. Insbesondere könnte dadurch festgelegt werden, welche Umstände als „erheblich" anzusehen sind (vgl. u. 30), wobei dies allerdings bei den verschiedenen Anlagewerten unterschiedlich zu beurteilen ist.

Von einem Prospekt kann nur gesprochen werden, wenn der Werbeträger sich den Anstrich **19** einer gewissen Vollständigkeit gibt, sei es auch zusammen mit sonstigen Darstellungen. Ist dies nicht der Fall, liegt ein bloßes **Werbeschreiben** vor, das § 264a nicht unterfällt. Überdies müssen die Angaben sich auf bestimmte Anlagewerte beziehen; folglich fallen z. B. „Börseninformationsschreiben", in denen neben seriösen auch unseriöse Wertpapiere genannt werden, nicht unter den Prospektbegriff des § 264a (Otto Pfeiffer-FS 82 f.).

b) **Übersichten** über den **Vermögensstand** sind i. S. der Vermögensübersichten von § 265b I **20** Nr. 1a zu verstehen; vgl. dort RN 35. Eine Vermögensübersicht ist ein Status oder eine Bilanz, wobei sowohl eine Handels-, Steuer- oder Vermögensbilanz in Betracht kommen kann. Vgl. hierzu auch § 400 I Nr. 1 AktG.

c) Die **Darstellungen** ergänzen die (schriftlichen) Vermögensübersichten hinsichtlich der **21** Verbreitungsart. Der Begriff ist untechnisch zu verstehen und erfaßt – i. U. zu § 11 III, auf den nicht verwiesen wird – auch mündliche Darstellungen, erst recht solche auf Ton- und Bildträgern.

d) Der Tatbestand erfaßt auch Prospekte usw., die ein Vertriebsunternehmen ausgibt, es ist – **22** entgegen § 188 AE – nicht erforderlich, daß die Prospekte für Beteiligungen am eigenen Unternehmen werben (D-Tröndle 9).

4. Die Tathandlung besteht darin, daß in den genannten Werbeträgern gegenüber einem **23** größeren Personenkreis **unrichtige vorteilhafte Angaben** gemacht oder **nachteilige Angaben** verschwiegen werden, die für die Kapitalanlageentscheidung erheblich sind; zur unwahren Werbung vgl. Richter wistra 87, 118.

a) Die Vorschrift verwendet, wie § 265b, den Begriff **Angaben** (vgl. dort RN 38), der weiter **24** ist als der Tatsachenbegriff des § 263 (vgl. dort RN 8 ff.), diesen aber selbstverständlich mitumfaßt. Erfaßt werden damit auch Liquiditätsberechnungen, Prognosen usw. (D-Tröndle 10). Diese Ablösung des Merkmals vom Tatsachenbegriff ist unter dem Gesichtspunkt des Bestimmtheitsgebots (Art. 103 II GG) bedenklich. Man wird daher fordern müssen, daß die Angaben, soweit sie zukünftige Entwicklungen enthalten, so dargestellt werden, als seien sie auf der Grundlage der angeführten Fakten die schlüssige Prognose eines Fachmanns. Diese Einschränkung gegenüber Urteilen, Bewertungen, Meinungsäußerungen, Prognosen (vgl. hierzu § 263 RN 9), die nicht mit dem Anspruch besonderer Sachkunde vertreten werden oder auch für den Nichtfachmann durchschaubar sind, beruht auf der Erwägung, daß § 264a dem Anleger nicht schlechthin das Denken abnehmen und daher jede Art Schönfärberei oder unberechtigte Anpreisung zum Strafbarkeitsrisiko des Anbieters werden lassen kann. Sind z. B. bei einer Liquiditätsberechnung die Ausgangsdaten richtig, so wird die Angabe nicht i. S. von § 264a unrichtig, weil in dem Zahlenwerk falsch addiert oder multipliziert oder die Verzinsung falsch ausgerechnet wird. Zur **Unrichtigkeit** der Angaben vgl. weiter § 265b RN 38f. Zum Verschweigen von Tatsachen vgl. u. 27. Die Aufstellung unvollständiger Angaben unterfällt dem Verschweigen von Tatsachen und wird vom Tatbestand erfaßt, wenn der verschwiegene Umstand nachteilig ist.

Die Angaben müssen **vorteilhaft** sein. Ob sie so zu bewerten sind, muß aus der Sicht des **25** Anlegers beurteilt werden. Was ihn zu der Investition veranlassen könnte, ist vorteilhaft i. S.

der Vorschrift und wird vom Tatbestand erfaßt, wenn es unrichtig ist. Eine für die Beurteilung des Anlageangebotes wesentliche oder erhebliche Angabe ist auch eine solche, die sich abwertend zu der angebotenen Kapitalanlage äußert. Fälle dieser Art müssen aber um so mehr aus dem Anwendungsbereich des § 264a StGB herausgehalten werden, als dieser eine unmittelbare oder auch mittelbare Einschränkung des in Betracht kommenden Täterkreises nicht vorsieht. Anderenfalls würde unter Umständen ein Boykottaufruf mit nachteiligen Angaben vom Tatbestand erfaßt werden, der bei einer solchen Anwendungsbreite seine Konturen verlieren würde (BT-Drs. 10/318 S. 24).

26 Die vorteilhaften Angaben müssen **unrichtig** sein. Soweit die ihnen zugrundeliegenden Tatsachen unrichtig sind, tauchen keine Probleme auf. Bei Wertungen und zukunftsbezogenen Angaben ist von ihrer Unrichtigkeit unter den in § 265b RN 39 genannten Voraussetzungen auszugehen.

27 b) Das **Verschweigen nachteiliger Tatsachen** wird den unrichtigen Angaben gleichgestellt. Hier gilt der Tatsachenbegriff des § 263 (vgl. dort RN 8) uneingeschränkt; wie dort kann sich eine Rechtspflicht nur auf Tatsachen erstrecken (vgl. § 263 RN 18f.). Das Verschweigen allgemein ungünstiger Wirtschaftsfaktoren wird daher ebensowenig erfaßt wie der fehlende Hinweis auf negative Gutachten zur wirtschaftlichen Entwicklung des angepriesenen Anlagewerts. Wer etwa ausländische Wertpapiere verkauft, braucht nicht auf das Währungsrisiko hinzuweisen, wer Anteile an einem Baumaschinenkonzern vertreibt, braucht nicht auf einen derzeitigen Liquiditätsengpaß hinzuweisen, der in einer konjunkturellen Schwäche des Baumarktes begründet ist.

28 Zweifelhaft kann sein, ob eine Rechtspflicht zur Offenbarung bestimmter Tatsachen aus § 264a selbst folgt (so Jaath aaO 607, Worms 329, Samson SK 6) oder nur dann zu bejahen ist, wenn sie sich aus allgemeinen Grundsätzen ergeben würde (vgl. § 263 RN 18ff.). Da die Vorschrift sicherstellen will, daß dem Anleger ein **ausgewogenes Bild** über die Kapitalanlage vermittelt wird, ist zunächst zu folgern, daß zu allen vorteilhaften Angaben die korrespondierenden nachteiligen Tatsachen offenbart werden müssen. Wird z. B. in der Bilanz aus Anlaß einer Kapitalerhöhung ein unkündbares Darlehen ausgewiesen, so darf nicht verschwiegen werden, daß dieses Darlehen im Wege der Kapitalerhöhung in Gesellschaftsanteile umgewandelt wird, dem Unternehmen insoweit also kein neues Kapital zufließt. Werden Gewinne ausgewiesen, darf ein gleichzeitig bestehender Wertberichtigungsbedarf nicht unterdrückt werden. Soweit also über investitionserhebliche Umstände berichtet wird, müssen diese vollständig sein. Was in den Sachzusammenhang erheblicher Umstände fällt, darf also nicht einseitig vorteilhaft geschildert werden.

29 Dagegen kann § 264a **nicht sicherstellen,** daß **alle investitionserheblichen Tatsachen** mitgeteilt werden. Dies ergibt zunächst ein Vergleich mit entsprechenden Vorschriften. Nach § 12 II AuslInvestmG müssen neben dem Namen der Firma, ihrem Sitz und der Anschrift ihres Repräsentanten und der Zahlstelle auch Angaben darüber gemacht werden, welche Gegenstände für das Vermögen erworben werden dürfen, nach welchen Grundsätzen sie ausgewählt werden, ob nur zum Börsenhandel zugelassene Wertpapiere erworben werden, wie die Erträge des Vermögens verwendet werden und ob und gegebenenfalls innerhalb welcher Grenzen ein Teil des Vermögens in Bankguthaben gehalten wird. Daneben gibt es bei den durch diese Vorschrift betroffenen Anlagewerten mit Sicherheit noch eine Reihe weiterer tatsächlicher Umstände, die für die Entscheidung des Anlegers von ausschlaggebender Bedeutung sein können. Hierzu gehören etwa Angaben über Rentabilität, Auslandsrisiken, Berechnung der Verkaufs- und Rückkaufswerte, Absicherungen durch Garantien und der Zeitpunkt zu welchem man frühestens über die Anlagegelder verfügen kann. Eine vergleichbare Situation besteht bei § 264a. Würde über alle Faktoren dieser Art eine Offenbarungspflicht bestehen, so würde dies darauf hinauslaufen, den Anbieter in die Rolle des Anlageberaters zu drängen. Eine so weitgehende Vermögensfürsorgepflicht besteht aber nirgendwo und kann daher erst recht nicht bei Tatbeständen angenommen werden, die im Vorfeld des Betrugstatbestandes angesiedelt sind. Folglich ergibt sich auch für § 264a keine über den § 263 hinausgehende Verpflichtung, alle erheblichen nachteiligen Tatsachen einer Vermögensanlage zu offenbaren. Die Offenbarungspflicht ist also nur im Zusammenhang mit den erheblichen Umständen zu sehen, über die in dem Werbeträger berichtet wird (vgl. o. 17, u. 30ff.).

30 c) Die unrichtigen Angaben oder verschwiegenen Tatsachen müssen sich auf **Umstände** beziehen, die für die Entscheidung über die Kapitalinvestition **erheblich** sind. Daraus ergibt sich zunächst, daß Irreführungen hinsichtlich bangloser Umstände die Strafbarkeit nicht begründen können (Cerny MDR 87, 277). Unerheblich sind Umstände, die den Wert der Anlage nicht berühren. Dazu gehören z. B. die Namen von Persönlichkeiten des öffentlichen Lebens, die angeblich Werte der angepriesenen Art gezeichnet haben. Auch die angebliche gesamtwirtschaftliche Bedeutung des emittierenden Unternehmens oder des Industriezweiges, auf dem es

sich betätigt, ist für die Bewertung regelmäßig unmaßgeblich. Wer etwa auf die wirtschaftliche Bedeutung der Stahlindustrie hinweist, sagt noch nichts Erhebliches über die angebotenen Stahlwerte aus.

Da § 264a nicht die Pflicht begründet, über alle erheblichen Umstände zu informieren, **31** sondern sich darin erschöpft, ein **ausgewogenes Bild** über die Umstände zu bringen, über die tatsächlich berichtet wird (vgl. o. 29), stellt sich das Problem der Erheblichkeit nur im Hinblick auf die im Prospekt usw. erwähnten oder unter dem Gesichtspunkt der Ausgewogenheit zu berücksichtigenden Faktoren. Zu ihnen gehören regelmäßig die Eckdaten des Anlagegeschäfts, etwa die Zusammensetzung der Gesamtaufwendungen, der Finanzierungsplan, das steuerliche und rechtliche Konzept, die Angaben über Vertragspartner usw., ohne die der Werbeträger noch nicht als Prospekt usw. erkennbar ist. Die in der Praxis kursierenden Checklisten der Wirtschaftsprüfer sind allerdings keine ausreichende Beurteilungsgrundlage (Cerny MDR 87, 277, Samson SK 31, Gallandi wistra 87, 317). Das Merkmal der „Erheblichkeit" darf im übrigen schon deswegen nicht zu weit ausgelegt werden, weil sonst die Gefahr verstärkt wird, daß in einer Flut von Informationen, die auch rein akademische Gefahren abdecken (Grotherr DB 86, 2584), die spezifischen Risiken des konkreten Anlagegeschäfts untergehen.

Diese Angaben sollen nach der zu § 265b ergangenen Entscheidung, BGH 30 292, erheblich **32** sein, wenn sie nach dem Urteil des „verständigen, durchschnittlich vorsichtigen" Anlegers für die wertmäßige Einschätzung maßgeblich sind (vgl. § 265b RN 42). Mit Rücksicht auf die zum Kreditbetrug ergangene Entscheidung soll § 264a auch unter dem Gesichtspunkt des Art. 103 II GG hinreichend bestimmt sein (D-Tröndle 12, Jaath aaO 608, Joecks wistra 86, 145). Das Problem ist hier aber wesentlich differenzierter als bei § 265b. Dort geht es nämlich trotz aller Unbestimmtheit in der Begrifflichkeit der Tatbestandsmerkmale (vgl. dort RN 2) um die Beurteilung eines einzigen Geschäftstyps, nämlich dem Kreditgeschäft, bei dem die Erheblichkeit von Umständen nach Bonitätsgesichtspunkten zu beurteilen ist. Bei der Kapitalanlage hingegen können von der kurzfristigen Investition mit spekulativem Einschlag bis hin zur langfristigen Wertsicherungsanlage die verschiedensten Zwecke verfolgt werden. Welche Zwecke der Anleger verfolgt, braucht dem Anbieter überdies nicht bekannt zu sein. Geld kann kurzfristig in Obligationen mit einer langen Laufzeit investiert werden oder langfristig in eine bestimmte Aktie, wobei es dem Anleger, der z.B. eine Abrundung seines Aktienpaketes im Auge hat, völlig gleichgültig ist, wie deren Kurs derzeit steht; es kann also nicht davon gesprochen werden, daß wie beim Kreditgeschäft ein einheitlicher Zweck verfolgt wird, aus dem die Erheblichkeit der Angaben resultiert. Überdies erfaßt § 264a auch Anlagen mit spekulativem Einschlag, deren Risikoträchtigkeit selbst beim „überdurchschnittlich Risikofreudigen" eine Gänsehaut erzeugt (vgl. o. 2). Niemandem ist es verwehrt, sein Geld in riskanter Weise zu investieren. Dann kann es aber auch nicht verboten sein, riskante Anlagen anzubieten. Tatbestandsmäßig ist folglich nur ein Verhalten, durch das ein bestehendes Risiko verschleiert wird. Ob dies der Fall ist, hängt von der Art des Anlagewertes ab. Man wird also, um die Vorschrift mit dem Bestimmtheitsgebot in Einklang zu bringen, nicht auf den „durchschnittlich vorsichtigen" Anleger, sondern auf die Erwartungen des Kapitalmarkts im Hinblick auf den **jeweils angebotenen Anlagewert** abzustellen haben (Cerny MDR 87, 277). Dies können aber ganz unterschiedliche Faktoren sein (Joecks wistra 86, 142ff.). Maßgeblich sind also die objektiv anlagebezogenen, entscheidungsrelevanten Umstände (Worms 334). Bei Abschreibungsgesellschaften sind etwa die Umstände maßgeblich, die für die zu erwartende Steuerersparnis ausschlaggebend sind, bei Aktien die Umstände, die im Einführungs- oder Zulassungsprospekt publiziert zu werden pflegen. In diesem Zusammenhang kann auch die zivilrechtliche Rspr. zur Prospekthaftung in Betracht kommen (Lackner 4b, Joecks wistra 86, 146f.).

d) Die Fehlinformation muß **gegenüber** einem **größeren Kreis von Personen** erfolgen. **33** Dieses Merkmal ist § 4 I UWG entnommen, das es neben der „öffentlichen Bekanntmachung" gebraucht (vgl. Erbs-Kohlhaas § 4 UWG II 5b). Darunter ist „eine solch große Zahl potentieller Anleger zu verstehen, daß deren Individualität gegenüber dem sie zu einem Kreis verbindenden potentiell gleichen Interesse an der Kapitalanlage zurücktritt" (so BT-Drs. 10/ 318 S. 23; Joecks wistra 86, 144, D-Tröndle 13). Diesen Personenkreis können auch Gruppenmerkmale verbinden, vor allem ist gleichgültig, ob die Angesprochenen anlageinteressiert sind oder nicht. Erfaßt ist auch der „Tür-zu-Tür-Verkauf", das Auslegen von Werbematerial in öffentlich zugänglichen Räumen, die Tätigkeit von „Telefonverkäufern", die aus Adreß- und Fernsprechbüchern mutmaßliche Interessenten heraussuchen, um sie gezielt anzusprechen (BT-Drs. 10/318 S. 23f.). Bei der Kapitalsammelmaßnahme nach Abs 1 Nr. 2 (vgl. o. 15f.) führt diese Tatbestandseinschränkung dazu, daß der Tatbestand nur bei Publikumsgesellschaften praktisch wird, weil Ansprechpartner auf der Anlegerseite nur die bisherigen Anteilseigner sein können (Möhrenschlager wistra 82, 206, D-Tröndle 13); für Treuhandanteile nach Abs. 2 (vgl. u. 34) kommt es darauf an, daß der Anleger zu einer Erweiterung der Treuhandbeteiligung veranlaßt werden soll.

34   5. Nach Abs. 2 gilt Entsprechendes, wenn sich die Tat auf solche Anteile (vgl. o. 4) an einem Vermögen bezieht, das ein Unternehmen im eigenen Namen, jedoch für fremde Rechnung verwaltet. Gemeint sind mit dieser wenig verständlichen Formulierung die Fälle der **echten Treuhandbeteiligung,** die dadurch gekennzeichnet sind, daß nicht der Anleger, sondern an seiner Stelle der Treuhänder den Anteil erwirbt und damit in die Gesellschaft eintritt, dem Kapitalgeber also, für den er den Anteil treuhänderisch hält, gewissermaßen „vorgeschaltet" wird (Worms 320). Für diese Form der Kapitalanlage wird häufig geworben, weil unter steuerrechtlichen Aspekten der Anleger wie ein Gesellschafter behandelt wird, auch wenn ihm das Zivilrecht diese Stellung versagt (Cerny MDR 87, 274). Dagegen ist bei unechten Treuhandverhältnissen, der sog. Verwaltungstreuhand, Abs. 1 unmittelbar anwendbar, weil hier der Kapitalgeber Gesellschafter bleibt und nur seine Rechte durch den Treuhänder wahrnehmen läßt (vgl. o. 10). Abs. 2 stellt daher eine Ergänzung dar, die deshalb erforderlich ist, weil Abs. 1 nur die unmittelbare Beteiligung betrifft. Der Unternehmensbegriff in Abs. 2 stellt daher – anders als in Abs. 1 – auf das Unternehmen des Treuhänders ab, und zwar auch dann, wenn dieser seinerseits Vermögensanteile verwaltet, die aus Beteiligungen an anderen Unternehmen bestehen (BT-Drs. 10/318 S. 23, Möhrenschlager wistra 82, 205 f.).

35   Das vom **Unternehmen** gehaltene und verwaltete Treuhandgut kann entweder in Vermögenswerten bestehen, zu deren direktem Erwerb die Mittel der Anleger bestimmt sind, oder auch in einem Recht, kraft dessen sich das treuhänderisch tätige Unternehmen für die Anleger eine Beteiligung am Ergebnis eines anderen Vermögens (zB des Erwerbs von Geschäftsanteilen) verschafft (D-Tröndle 14). In Betracht kommen zB die sog. Treuhandkommanditisten bei geschlossenen Immobilienfonds; hierzu gehören auch die Bauträger von Wohnbesitzwohnungen (§ 12a II des II. WobauG), aber auch andere Gesellschaften (zB Reedereien, Fluggesellschaften), bei denen es darauf ankommt, daß die Anleger als Mitunternehmer steuerlich anerkannt werden (BT-Drs. 10/318 S. 22 f.).

36   III. Der **subjektive Tatbestand** erfordert Vorsatz. Dieser muß sich insbesondere darauf erstrecken, daß die Angaben in den Werbeträgern erheblich (zur Irrtumsproblematik vgl. § 265b RN 48) und unwahr oder die verschwiegenen Tatsachen nachteilig sind. Dolus eventualis genügt (D-Tröndle 15). Ferner muß der Täter wissen, daß die Werbemittel im Zusammenhang mit dem Vertrieb von Wertpapieren oder einer Kapitalsammelmaßnahme (Abs. 1 Nr. 2) einem größeren Personenkreis zugänglich gemacht werden. Ein Irrtum über die Existenz nachteiliger Tatsachen, über die im Zusammenhang mit dem Prospektinhalt hätte informiert werden müssen, ist Tatbestandsirrtum (§ 16); der Irrtum darüber, ob eine dem Täter bekannte Tatsache der Informationspflicht unterfällt, ist ein Gebotsirrtum i. S. von § 17 (D-Tröndle 15). Wegen der Häufung normativer Tatbestandsmerkmale dürften auch bei § 264a nicht selten Beweisschwierigkeiten auftauchen (vgl. hierzu § 265b RN 48).

37   IV. **Vollendet** ist die Tat, wenn die Prospekte einem größeren Personenkreis zugänglich gemacht sind. Dem Wortlaut kann dies nicht ohne weiteres entnommen werden. Die Vorschrift besagt, daß strafbar ist, wer „unrichtige Angaben" in Prospekten macht. Daraus könnte geschlossen werden, daß es ausreicht, die Fehlinformation in die Werbeträger aufzunehmen. Dagegen spricht allerdings, daß die falschen Angaben gegenüber einem größeren Personenkreis gemacht sein müssen. Daraus ist zwingend zu schließen, daß es nicht ausreicht, die Falschangaben in den Prospekt usw. aufzunehmen, um sie den Anlegern zuzuleiten. Erforderlich ist vielmehr, daß die Werbemittel einem größeren Personenkreis tatsächlich zugänglich gemacht wurden. Ob die so angesprochenen Personen die Angaben zur Kenntnis genommen oder gar geglaubt haben, ist dagegen unerheblich. Hinsichtlich des Vollendungszeitpunkts besteht daher eine Parallele zum Gebrauchmachen bei § 267 (vgl. dort RN 73 f.), allerdings mit dem Unterschied, daß der Kapitalanlagebetrug erst vollendet ist, wenn das Werbematerial einem größeren Personenkreis (vgl. o. 23) zugänglich gemacht ist; dafür reicht aus, wenn es in Geschäftsräumen, die dem Anlegerkreis zugänglich sind, ausgelegt oder durch die Post versandt wird. Der **Versuch** ist nicht strafbar.

38   V. **Täter** kann jeder sein, nicht nur Initiatoren, Anlageberater, Anlagevermittler, sondern auch Anwälte, Steuerberater, Wirtschaftsprüfer, Bankenmitarbeiter, wenn die von ihnen in Prospekten wiedergegebenen Angaben falsch oder unvollständig sind. Mittelbare Täterschaft kommt dann in Betracht, wenn im Zusammenhang mit dem Vertrieb usw. gutgläubige Werber eingesetzt werden. **Teilnahme** ist bis zur Erbringung der Leistung möglich (D-Tröndle 17). Beihilfe liegt etwa vor bei der Förderung des Vertriebs in Kenntnis der unrichtigen Prospektangaben, z. B. in der Zurverfügungstellung des Raumes, in dem das Werbematerial ausgelegt wird.

VI. Straflos wegen **tätiger Reue** ist, wer nach vollendeter Tat freiwillig verhindert, daß die **39** durch den Erwerb oder die Erhöhung bedingte Leistung erbracht wird. Diese Rücktrittsvorschrift ist an die Regelungen der §§ 264 IV, 265b II angelehnt. Ähnlich wie beim Kreditbetrug (vgl. § 265b RN 49) stellt sich auch hier die Frage, wann die Leistung i. S. dieser Vorschrift erbracht ist. Hier werden folgende Gesichtspunkte maßgeblich sein. Durch die unlautere Werbemaßnahme, d. h. die Tathandlung, wird es regelmäßig zunächst zur Zeichnung eines Anlagewertes kommen, der erst in Vollzug dieses obligatorischen Geschäfts durch den Anleger bezahlt wird. Diese beiden Situationen entsprechen dem Eingehungs- und Erfüllungsbetrug i. S. v. § 263 (vgl. dort RN 125 f.). Da die Vorschrift davon spricht, daß nur die „durch den Erwerb bedingte Leistung" verhindert werden muß, ist davon auszugehen, daß eine strafbefreiende tätige Reue auch nach dem (obligatorischen) Zeichnungsakt noch möglich ist. Da der Tatbestand nur eine täuschende Werbemaßnahme im Zusammenhang mit dem „Vertrieb" oder dem „Erhöhungsangebot" voraussetzt, also noch nicht einmal eine Zeichnung des Anlagewertes verlangt, kommt es zu Friktionen mit § 263. Aus der Terminologie des Abs. 3 ist nämlich zu schließen, daß ein Rücktritt auch dann noch möglich ist, wenn i. S. des § 263 nach der Rspr. ein Eingehungsbetrug schon vorläge (vgl. § 263 RN 128 ff.), weil der Anleger infolge der Täuschung sich vertraglich gebunden hat; Straffreiheit würde eintreten, wenn der Täter ihn daran hindert, auf die eingegangene Verbindlichkeit hin seine Leistung zu erbringen (and. Richter wistra 87, 120, der Strafbarkeit nach § 263 bejaht). Dies führt nun allerdings auf dem Boden der von der Rspr. vertretenen Auffassung, wonach der Eingehungsbetrug mit Abschluß des Vertrages schon vollendet ist (krit. hierzu § 263 RN 128 ff.), zu schwer erträglichen Normwidersprüchen, weil dies bedeuten würde, daß ein Täter, der nach Zeichnung des Anlagewertes dafür sorgt, daß der Getäuschte vom Vertrag zurücktritt und nicht erfüllt, sich nach § 264a Straffreiheit verschaffen würde, nach § 263 gleichwohl aber strafbar bliebe.

Der erfolgreichen Verhinderung der Leistung wird – entsprechend § 24 I 2 – das **freiwillige 40 und ernsthafte Bemühen** um die **Leistungsverhinderung** gleichgestellt; vgl. hierzu § 24 RN 68 ff. Entsprechendes muß gelten, wenn der Täter dafür sorgt, daß der Anleger daran gehindert wird, die Anlagewerte zu zeichnen, d. h. einen obligatorischen Vertrag zu deren Erwerb einzugehen. Werden falsche Angaben nach der Zeichnung richtig gestellt oder nachteilige Angaben offenbart, so liegt auch dann ein strafbefreiender Rücktritt vor, wenn ein Anleger in Kenntnis des berichtigten Prospekts etc. seine Leistung erbringt (Joecks wistra 86, 148). Ein vollendeter Betrug scheidet hier aus, weil es an der Kausalität zwischen der (ursprünglichen) Täuschung und der Verfügung fehlt; ein versuchter Betrug deshalb, weil hier § 24 anwendbar ist.

VII. Konkurrenzen. Gegenüber § 263 ist das abstrakte Vermögensgefährdungsdelikt des § 264a **41** wegen seiner weitergehenden Schutzrichtung einerseits nicht subsidiär (and. D-Tröndle 3, Samson SK 57, Richter wistra 87, 120), stellt andererseits aber auch keine lex specialis dar, so daß mit § 263 Idealkonkurrenz möglich ist (vgl. auch § 265b RN 51). § 4 UWG tritt insoweit zurück, als § 264a die dort geregelten Tatformen miterfaßt, er behält aber seine Bedeutung – dann ist auch Tateinheit mit § 264a möglich – soweit z. B. unwahre Mitteilungen in der Form eines Prospekts, einer Darstellung oder einer Übersicht über den Vermögensstand gemacht werden (D-Tröndle 18). § 88 BörsG (Kursbetrug) tritt gegenüber § 264a zurück, hingegen ist mit § 89 BörsG (Verleiten zur Börsenspekulation) Tateinheit möglich (D-Tröndle 18).

§ 265 Versicherungsbetrug

(1) **Wer in betrügerischer Absicht eine gegen Feuergefahr versicherte Sache in Brand setzt oder ein Schiff, welches als solches oder in seiner Ladung oder in seinem Frachtlohn versichert ist, sinken oder stranden macht, wird mit Freiheitsstrafe von einem Jahr bis zu zehn Jahren bestraft.**

(2) **In minder schweren Fällen ist die Strafe Freiheitsstrafe von sechs Monaten bis zu fünf Jahren.**

Schrifttum: Farny, Das Versicherungsverbrechen, 1959. – *Geerds,* Versicherungsmißbrauch (§ 265 StGB), Welzel-FS 841. – *ders.,* Zur sozialen Problematik des Versicherungsmißbrauchs, Versicherungsrundschau 84, 94. – *ders.,* Betrügerische Absicht im Sinne des § 265, Jura 89, 294. – *Kohlhaas,* Versicherungsbetrug des § 265 StGB, VersR 55, 465. – *ders.,* Der Betrug in der Versicherung, VersR 1965, 1. – *Kreuzhage,* Der Versicherungsbetrug, Versicherungswirtschaft 1947, 189. – *Meurer,* Betrügerische Absicht und Versicherungsbetrug (§ 265 StGB), JuS 85, 443. – *Ranft,* Grundprobleme beim sog. Versicherungsbetrug (§ 265 StGB), Jura 85, 393. – *Suchan,* Versicherungsmißbrauch – Erscheinungsformen und Strafrechtsreform, in: Tiedemann, Das Verbrechen in der Wirtschaft (1970) 67. – *Wagner,* Subjektiver Tatbestand des Versicherungsbetrugs (§ 265 StGB) Repräsentantenhaftung, JuS 78, 161. – *Weck,* Brandstiftung und Brandversicherungsbetrug, in: Wirtschaft und Recht der Versicherung 1926 Nr. 3.

§ 265 1–7 Bes. Teil. Betrug und Untreue

1 I. Ebenso wie bei den §§ 264, 264a, 265b handelt es sich auch bei § 265 zunächst um einen Vorfeldtatbestand zum Betrug, wobei hier jedoch schon bloße Vorbereitungshandlungen erfaßt werden. **Rechtsgut** ist daher jedenfalls auch das Vermögen der Versicherungsgesellschaft (BGH **1** 209, Bockelmann I/1 S. 102, Lackner LK 1; and. BGH **25** 262 m. Anm. F. C. Schroeder JR 75, 71). Umstritten ist jedoch, ob darüber hinaus auch die soziale Leistungsfähigkeit des Interessen der Allgemeinheit dienenden Versicherungswesens mitgeschützt oder sogar in erster Linie geschützt ist (so die h. M., vgl. z. B. RG **67** 109, BGH **11** 398, **25** 262, NJW **51**, 204, Koblenz NJW **66**, 1669, Blei II 241, D-Tröndle 1, Keller JR 84, 435, Wessels II/2 S. 151; and. z. B. Bockelmann II/1 S. 102f., SJZ 50, 683, M-Maiwald I 460, Samson SK 1, Schmidhäuser II 127; näher dazu Geerds aaO 821, F. C. Schroeder JR 75, 71).

2 In der Tat muß angenommen werden, daß in § 265 zum Vermögen als weiteres Rechtsgut die volkswirtschaftlich besonders wichtige Funktionsfähigkeit der Versicherungswirtschaft hinzutritt. Dafür spricht sowohl die im Vergleich zu § 263 wesentlich höhere Strafdrohung, die sonst nicht erklärbar wäre, als auch die Parallele zu den §§ 264, 264a, 265b, wo gleichfalls über das Vermögen hinaus noch besonders wichtige Instrumente und Institutionen der Volkswirtschaft geschützt werden. Daß die Vernichtung von Sachen, an deren Erhaltung die Allgemeinheit besonders interessiert ist, in anderen Bestimmungen erfaßt ist (so noch hier 18. A.), steht dem nicht entgegen, da es hier nicht um die Vernichtung von Sachen als solchen geht, sondern um die Erreichung eines außerhalb der Sache liegenden weiteren rechtswidrigen Zwecks. Zuzugeben ist freilich, daß auch bei dieser Deutung des § 265 Widersprüche bleiben, die allein vom Gesetzgeber zu verantworten sind (vgl. auch Lackner LK 1): Die Funktionsfähigkeit des Versicherungswesens steht nicht erst auf dem Spiel, wenn der Täter in betrügerischer Absicht handelt (vgl. u. 11), sondern im Grunde mit jedem vorsätzlichen Herbeiführen des Versicherungsfalls, auch wenn die Versicherung dann berechtigterweise in Anspruch genommen wird. Ebensowenig zu erklären ist ferner die Beschränkung auf die Feuer- und Schiffsversicherung – das Versicherungswesen im übrigen genießt den Schutz des § 265 nicht – und die Nichteinbeziehung sonstiger Formen des Versicherungsmißbrauchs (betrügerische Vertragsgestaltung, betrügerisches Ausnützen eines Versicherungsfalls, betrügerisches Vortäuschen eines Versicherungsfalls, soweit dies nicht durch dessen Herbeiführung geschieht). Unerklärlich ist schließlich auch die im Vergleich zu §§ 264, 265b wesentlich höhere Strafdrohung für eine Vorbereitungshandlung, da nicht einsichtig ist, weshalb gerade der durch die genannten Versicherungszweige repräsentierte Teil der Wirtschaft im Vergleich zum Subventions- und Kreditwesen so ungleich schutzwürdiger ist und der Gedanke der Gemeingefahr hier keine Rolle spielen kann (BGH **11** 400; and. F. C. Schroeder JR 75, 74). Krit. zu der Vorschrift daher z. B. AE, BT, Wirtschaftsdelikte 125; vgl. ferner Bockelmann II/1 S. 103, Geerds Jura 89, 294, Keller JR 84, 435, Suchan aaO, Tiedemann II 167.

3 II. Die **Tathandlung** besteht im Inbrandsetzen einer gegen Feuersgefahr versicherten Sache *(Brandversicherungsbetrug)* bzw. im Sinken- oder Strandenmachen eines Schiffs, das als solches oder in seiner Ladung oder seinem Frachtlohn versichert ist *(Schiffsversicherungsbetrug)*.

4 1. **Gegenstand** der Tat kann entweder eine gegen Feuersgefahr versicherte Sache sein oder ein Schiff, das als solches oder in seiner Ladung oder in seinem Frachtlohn versichert ist.

5 a) Als **Sachen** kommen solche jeder Art, bewegliche wie unbewegliche, in Betracht. § 265 ist mithin nicht auf Objekte der §§ 306 ff. beschränkt (and. M-Maiwald I 460). Auch die Eigentumsverhältnisse sind ohne Bedeutung. **Schiff** bedeutet hier jedes Wasserfahrzeug, unabhängig von seiner Größe (Koblenz NJW **66**, 1669, Lackner LK 2).

6 b) Die Sache muß speziell gegen **Feuersgefahr** versichert sein; bei Versicherung lediglich gegen andere Risiken (z. B. Diebstahl) gilt § 265 nicht. Nur bei Schiffen genügt neben der Feuerversicherung auch die Versicherung gegen die **Gefahr des Sinkens oder Strandens** (Schiffsunfallversicherung).

7 c) **Versichert** ist die Sache (Schiff), wenn formell überhaupt ein Versicherungsvertrag abgeschlossen und rechtsgeschäftlich nicht wieder aufgehoben worden ist (BGH **8** 344, **35** 261, StV **85**, 59). Gleichgültig ist, ob dieser anfechtbar oder nichtig ist, da auch hier die Gefahr besteht, daß die Versicherung, für die die fraglichen Umstände vielfach nicht ohne weiteres überschaubar sind, zu Unrecht leistet (h. M., vgl. z. B. RG **59** 247, **67** 108, BGH **8** 343, Blei II 241f., D-Tröndle 4a, Lackner LK 2, Samson SK 3 u. näher Ranft Jura 85, 393f.). Von praktischer Bedeutung ist dies vor allem bei einer betrügerisch überversicherten Sache, die trotz der hier in § 51 III VVG angeordneten Nichtigkeit des Versicherungsvertrags ein taugliches Tatobjekt des § 265 ist (vgl. z. B. RG **59** 247, BGH **8** 343, Lackner LK 2, aber auch Ranft aaO 394). Darüber hinaus soll es nach h. M. aber auch unerheblich sein, daß der Versicherer nach § 39 II VVG wegen Verzugs des Versicherungsnehmers oder nach § 38 II VVG wegen Nichtzahlung der 1. Prämie von seiner Leistungspflicht freigeworden ist (zu § 39 II vgl. RG **67** 109, zu § 38 II BGH **35** 261 m. Anm. Ranft StV 89, 301 [offengelassen in BGH **8** 345], ferner z. B. D-Tröndle 4a, Lackner LK 2, M-Maiwald I 460; and. Ranft aaO u. Jura 85, 395). Nach der ratio legis ist dies jedoch zumindest zweifelhaft, da die Sache hier zwar formell noch versichert ist, für den Versicherer in diesem Fall aber in aller Regel von vornherein offensichtlich ist, daß er nicht zu leisten braucht (der Hinweis in BGH **35** 262, daß die Nichtzahlung der 1. Prämie vor Eintritt des Versicherungsfalls nicht ausnahmslos zur Befreiung des Versicherers von seiner Leistungspflicht führe, kann nur Fälle eines vertraglichen Ausschlusses der Leistungsfreiheit in allgemeinen Versicherungsbedingungen, einer Stundung, einer vorläufigen Deckungszusage usw. betreffen [vgl. Prölls/Martin VVG, 24. A. § 38 Anm. 5], in denen es aber ganz unwahrscheinlich ist, daß der Versicherungsgeber darüber getäuscht werden kann; vgl. Ranft StV 89, 301).

2. Zum **Inbrandsetzen** vgl. § 306 RN 9ff. Das Inbrandsetzen anderer Sachen zu dem Zweck, **8** das Feuer auf die versicherte Sache übergreifen zu lassen, genügt nur dann, wenn dies tatsächlich geschieht; andernfalls liegt lediglich Versuch vor (vgl. RG JW **27**, 2701, **33**, 779, DJ **36**, 824, BGH **32** 138, wistra **88**, 304). Nicht strafbar nach § 265 ist dagegen das Inbrandsetzen nicht versicherter Sachen, um den bei den Löscharbeiten an versicherten Sachen entstehenden Schaden ersetzt zu erhalten (vgl. BGH **6** 252; vgl. auch u. 13). Auch die Zerstörung durch Explosion wird in § 265 nicht erfaßt, wohl aber das Herbeiführen der Explosion zur Brandentfachung (Lackner LK 3). Durch Unterlassen kann der Tatbestand nur erfüllt werden, wenn eine Erfolgsabwendungspflicht i. S. des § 13 speziell gegenüber der Versicherung besteht, die von der h. M. aus den Besonderheiten des Versicherungsverhältnisses abgeleitet wird (vgl. z. B. BGH NJW **51**, 204, Lackner LK 2, Ranft Jura 85, 395f.; zw.); die Pflicht, nur den Versicherungsnehmer vor Schaden zu bewahren, genügt nicht (vgl. § 13 RN 14).

3. Für das **Sinken-Machen** reicht es aus, wenn wesentliche Teile des Schiffes unter die **9** Wasseroberfläche geraten; nicht erforderlich ist ein völliges Versinken (RG **35** 399). Das **Stranden-Machen** ist die Herbeiführung des Auf-Strand-Geratens unter Verlust der Bewegungsfähigkeit des Schiffes.

III. 1. Der **subjektive Tatbestand** verlangt zunächst **Vorsatz,** für den das Bewußtsein erfor- **10** derlich ist, daß die Sache oder das Schiff versichert ist, weiter, daß durch die Handlung eine Sache in Brand gesetzt bzw. das Sinken oder Stranden eines Schiffes bewirkt wird. Will der Täter das Schiff versenken, während es dann tatsächlich strandet, so liegt eine unwesentliche Abweichung vor, weshalb die Tat vollendet ist (D-Tröndle 6, Lackner LK 4; and. RG **61** 227: Versuch).

2. Erforderlich ist weiter, daß die Tat in **betrügerischer Absicht** begangen wird; nicht not- **11** wendig ist, daß diese Absicht schon bei Abschluß der Versicherung bestanden hat. *Absicht* bedeutet zielgerichtetes Handeln (vgl. § 15 RN 66ff.). Durch die Kennzeichnung der Absicht als „betrügerisch" nimmt das Gesetz Bezug auf § 263, was bedeutet, daß der Täter das Ziel verfolgen muß, durch eine – nicht notwendig von ihm selbst vorzunehmende (vgl. RG **23** 354) – Täuschung des Versicherers sich oder, wenn Versicherungsnehmer ein Dritter ist, diesem eine mit dem tatbestandlich geschützten Versicherungsrisiko deckungsgleiche Versicherungsleistung zu verschaffen, und zwar eine solche, auf die nach seiner Vorstellung – insoweit genügt auch bedingter Vorsatz – kein oder nur teilweise ein Anspruch besteht (vgl. z. B. RG **62** 298, **69** 2, BGH I 209, NJW **74**, 568, **76**, 2271 m. Anm. Gössel JR 77, 391 u. Wagner JuS 78, 161, NStZ **86**, 314, **87**, 505 m. Anm. Ranft StV 89, 301, Blei II 242, D-Tröndle 3, Krey II 210, Lackner LK 5, Samson SK 8ff., Ranft Jura 85, 398f., Wessels II/2 S. 152). Mit Recht aufgegeben ist heute die Auffassung, wonach es ausreichen soll, daß der Täter auf Grund seines tatsächlichen Verhältnisses zu der versicherten Sache oder seiner Stellung zu dem Versicherten an der Erlangung der Versicherungssumme ein eigenes wirtschaftliches Interesse hat (z. B. als Hoferbe; vgl. Celle SJZ **50**, 682 m. Anm. Bockelmann u. die Nachw. in der 22. A.): Diese auf eine Lösung von § 263 beruhende Erweiterung des Tatbestandes schließt zwar eine kriminalpolitisch unbefriedigende Lücke, stellt aber, weil mit dem Gesetzeswortlaut und der systematischen Stellung des § 265 nicht mehr vereinbar, eine unzulässige Analogie dar (vgl. näher Bockelmann SJZ 50, 683, Lackner LK 6, Ranft Jura 85, 398f.; vgl. auch RG **75** 60). Unerheblich für das Vorliegen einer betrügerischen Absicht ist, ob die erstrebte Versicherungsleistung den Wert der versicherten Sache bzw. den angerichteten Schaden übersteigt. Im einzelnen gilt folgendes:

a) **Mangels eines entsprechenden Anspruchs** auf die Versicherungssumme kommt eine be- **12** trügerische Absicht in Betracht, wenn der *Versicherungsnehmer* selbst Täter oder Teilnehmer ist (vgl. § 61 VVG). Dasselbe gilt beim Inbrandsetzen durch einen *Dritten,* wenn die Sache überversichert (vgl. § 51 VVG) und mit der Tat die Verschaffung einer den Wert übersteigenden Versicherungssumme beabsichtigt ist (vgl. RG **59** 220, **62** 297), ferner beim einverständlichen Zusammenwirken mit dem Versicherungsnehmer (vgl. BGH NStZ **86**, 314) oder wenn dieser zwar nicht an der Tat beteiligt ist, aber grob fahrlässig gehandelt hat (vgl. § 61 VVG), schließlich auch dann, wenn der Versicherungsnehmer seinen Anspruch nach Bürgerlichem Recht deshalb verliert, weil er sich das entsprechende Verhalten eines Dritten wie eigenes Verschulden zurechnen lassen muß. Dies ist inbes. der Fall, wenn dieser als „Repräsentant" des Versicherungsnehmers anzusehen ist, d. h. wenn er befugt ist, selbständig in einem gewissen, nicht ganz unbedeutenden Umfang für den Versicherten zu handeln und dabei auch dessen Rechte und Pflichten als Versicherungsnehmer wahrzunehmen hat (so z. B. BGH NJW **76**, 2271 m. Anm. Gössel JR 77, 391 u. Wagner JuS 78, 161, **89**, 1861, NStZ **87**, 505, NStE **Nr. 4** m. Anm. Ranft StV **89**, 302f.; näher dazu Prölss/Martin, VVG, 24. A., § 6 Anm. 8 B, Ranft Jura 85, 399f.). Die Stellung als Gebäudepächter oder -mieter genügt dafür nach BGH [Z] NJW **89**, 1861 im allgemeinen noch nicht (umstr., vgl. die Nachw. b. BGH aaO, ferner Zierke MDR 89, 872), ebensowenig die nur familienrechtliche Verbundenheit von Ehegatten (BGH NStZ **87**, 505). Wohl aber kann Täter des § 265 danach z. B. der Ehemann sein, der den seiner Frau gehörenden Betrieb anzündet, dessen Geschäfte er tatsächlich führt (vgl. BGH NJW **76**, 2271; vgl. auch BGH NStE **Nr. 4**). Über diesen Fall der „Repräsentantenhaftung" hinaus kann der Versicherungsnehmer seinen Versicherungsanspruch auch verlieren, wenn Täter der „wahre wirtschaftlich Versicherte" ist (vgl. Lackner LK 6 mwN), dies allerdings nur unter der Voraussetzung, daß sich seine materiellen Interessen in einer entsprechenden Rechtsposition verfestigt haben (z. B. an der Geschäftsführung unbeteiligter Alleingesellschafter der versicherten GmbH als Täter; vgl. näher dazu Ranft Jura 85, 401); nicht ausreichend sind dagegen wirtschaftliche Interessen, die sich mit bloßen Erwartungen usw. verbinden, z. B. als künftiger Erbe (vgl. BGH **1** 209, Ranft aaO sowie o. 11). Beim Inbrandsetzen durch Unterlassen (vgl. o. 8) verliert der Versicherungsnehmer seine Ansprüche nach § 62 VVG, so daß hier gleichfalls eine betrügerische Absicht möglich ist, wenn der Täter deshalb nicht löscht, weil es ihm auf die Versicherungssumme ankommt.

13 b) Erforderlich ist ferner die **„Deckungsgleichheit"** (Ranft Jura 85, 396f.) zwischen der erstrebten Versicherungsleistung und dem durch § 265 erfaßten Versicherungsrisiko, d. h. der durch das – auch mittelbare (vgl. o. 8) – Inbrandsetzen usw. ausgelöste Schadensfall muß nicht nur objektiv, sondern auch nach der gegenüber dem Versicherer geplanten Sachdarstellung im Bereich des durch die tatbestandlich geschützten Versicherungsarten abgedeckten Schadensrisikos liegen, so daß sich die erstrebte Versicherungsleistung als Ersatz für den Verlust oder die Beschädigung der gerade gegen dieses Risiko versicherten Sache darstellen soll (h. M., z. B. RG **69** 2, BGH **25** 261 m. Anm. F. C. Schroeder JR 75, 71, **32** 137 m. Anm. Keller JR 84, 433, **35** 326 m. Bespr. Geerds Jura 89, 294 u. Anm. Ranft StV 89, 303, StV **83**, 504, Düsseldorf wistra **82**, 116 u. näher Meurer JuS 85, 443, Ranft Jura 85, 396f.). Es genügt daher nicht, wenn der Täter eine außerhalb dieses Bezugsverhältnisses liegende betrügerische Absicht verfolgt, so wenn er die angezündete Sache oder das versenkte Schiff im Rahmen einer Diebstahlsversicherung als gestohlen melden (BGH **25** 261 m. Anm. Schroeder aaO, StV **83**, 504, Düsseldorf wistra **82**, 116, LG Braunschweig NJW **56**, 962) oder wegen der durch den Brandfall notwendigen Betriebsunterbrechung Entschädigungsleistungen aus einer Betriebsunterbrechungsversicherung erlangen will (BGH **32** 137 m. Anm. Keller aaO, Krey II 211; and. Meurer JuS 85, 446). Dasselbe gilt, wenn er zwar eine versicherte Sache anzündet, aber die Absicht hat, bezüglich einer anderen, gleichfalls versicherten Sache den Löschschaden geltend zu machen (and. BGH **6** 252, Lackner LK 7; doch kann es in dem dort behandelten Fall nicht darauf ankommen, ob die in Brand gesetzte Holzwollunterlage selbst versichert war oder nicht; vgl. auch Ranft Jura 85, 397). Handelt es sich um eine kombinierte Versicherung (z. B. gegen Feuer und Diebstahl), so wird die Absicht i. S. des § 265 dagegen nicht dadurch ausgeschlossen, daß der Täter die Versicherungssumme für die von ihm in Brand gesetzte Sache aus der einen oder anderen Versicherung erlangen will (BGH **35** 325 m. Bespr. Geerds Jura 89, 294 u. Anm. Ranft StV 89, 303).

14 c) Ob die Absicht eine „betrügerische" ist, richtet sich nach der **Vorstellung des Täters**. Die Tat ist daher auch dann vollendet, wenn der Täter eine versicherte Sache in Brand setzt und sich dabei irrig vorstellt, der Versicherte habe keinen Anspruch auf die Versicherungsleistung (vgl. RG **68** 435, BGH NStZ **86**, 314, **87**, 305 m. Anm. Ranft StV 89, 301, NStE **Nr. 4** m. Anm. Ranft aaO 302, Lackner LK 6, 9, Wagner JuS 78, 161). Allerdings gilt dies nur, wenn der Täter irrig Umstände annimmt, bei deren Vorliegen der Versicherungsanspruch entfallen würde, so z. B. bei unzutreffender Annahme des Einverständnisses des Versicherungsnehmers (vgl. BGH NStZ **86**, 314) oder wenn er den Anstifter fälschlich für den Versicherungsnehmer hält (BGH NStE **Nr. 4**); ein ausschließlich auf normativem Gebiet liegender Bewertungsirrtum genügt für die betrügerische Absicht dagegen nicht (Wahndelikt, vgl. Ranft Jura 85, 402; and. BGH NStZ **87**, 505 m. abl. Anm. Ranft aaO). Umgekehrt fehlt es an der Absicht, wenn der Täter irrig vom Bestehen eines Anspruchs ausging (vgl. Gössel JR 77, 391, Wagner JuS 78, 161 [krit. zu BGH NJW **76**, 2271]).

15 IV. **Vollendet** ist die Tat mit dem Inbrandsetzen usw. Nicht erforderlich ist, daß die betrügerische Absicht in einer weiteren Handlung zur Ausführung kommt, erst recht nicht eine Schädigung der Versicherung (vgl. RG **60** 129, **68** 435; zur Vollendung vgl. auch o. 10, 14). **Versuch** liegt z. B. vor, wenn der Täter mit der Brandstiftung begonnen, das Feuer jedoch nicht auf die

versicherte Sache übergegriffen hat, nach BGH wistra **87**, 26 aber auch schon mit dem Ausschütten des als Zündstoff dienenden Benzins. Um einen untauglichen Versuch handelt es sich z. B. bei der irrigen Annahme, die Sache sei versichert (zur Absicht vgl. jedoch o. 14). Während die modernen Regelungen der §§ 264 IV, 265b II die Möglichkeit tätiger Reue auch nach Tatvollendung eröffnen, sieht der ohnehin veraltete § 265 eine solche nicht vor, obwohl hier – noch weitergehend als bei den §§ 264, 265b – in der Sache bloße Vorbereitungshandlungen erfaßt sind. Trotz der ausdrücklichen Beschränkung seines Anwendungsbereichs auf die Brandstiftung muß hier deshalb § 310 jedenfalls analog anwendbar sein (vgl. dort RN 9, ferner Otto Jura 86, 52, Wersdörfer AnwBl. 87, 74; and. RG **56** 95, D-Tröndle 5, Horn SK § 310 RN 9, Lackner 5). Damit bleibt dann zwar unter dem Gesichtspunkt des § 265 straflos, wer einen Versicherungsbetrug in der Weise plant und durchführt, daß er die versicherte Sache in Brand setzt und diesen unter den Voraussetzungen des § 310 wieder löscht (so der Einwand von Horn aaO); da § 310 aber ohnehin nur gilt, wenn kein weiterer als der durch das bloße Inbrandsetzen bewirkte Schaden entstanden ist, kann dies hingenommen werden, zumal der Täter nach § 263 strafbar bleibt, wenn er den Brand als Versicherungsfall meldet.

V. Idealkonkurrenz ist möglich mit §§ 303ff., 306, 308, 315. Kommt es zum nachfolgenden (versuchten) Betrug, so liegt nach h. M. Realkonkurrenz vor (vgl. RG **48** 191, **66** 392, BGH **11** 398, NJW **51**, 204, Bockelmann II/1 S. 104, D-Tröndle 1, Lackner 6 [vgl. aber auch LK 11], M-Maiwald I 461, Ranft Jura 85, 402). Dafür spricht zwar, daß es sich dabei um zwei äußerlich getrennte Handlungen handelt, dagegen jedoch, daß diese durch das Merkmal der betrügerischen Absicht in § 265 zu einer Bewertungseinheit verbunden werden (vgl. 12ff. vor § 52). Die Situation ist insoweit keine andere als sonst bei unvollständig zweiaktigen Delikten (z. B. § 267). Das kann freilich nicht bedeuten, daß § 265 hinter § 263 oder umgekehrt § 263 hinter § 265 zurücktritt (so jedoch Blei II 244, Jescheck GA 59, 76, Samson SK 12). Ersteres ist schon wegen der wesentlich höheren Strafdrohung des § 265 und seines zusätzlichen Rechtsguts nicht möglich; aber auch eine Konsumtion des § 263 durch § 265 scheidet aus, weil sonst nicht zum Ausdruck käme, daß es über § 265 hinaus zu einer versuchten oder vollendeten Schädigung des Versicherers gekommen ist. Dies kann nur durch die Annahme von Idealkonkurrenz klargestellt werden.

VI. Strafe. Die in Abs. 1 angedrohte Regelstrafe entspricht der bei besonders schweren Fällen des Betrugs (§ 263 III), was mit Recht als unangemessen empfunden wird (Lackner LK 10). Zur Entscheidung über das Vorliegen eines minderschweren Falls (Abs. 2) vgl. 48 vor § 38. Ist ein minderschwerer Fall nach Abs. 2 auch ohne Berücksichtigung der bloßen Beihilfequalität eines Tatbeitrags anzunehmen, so ist eine weitere Strafmilderung geboten (BGH NStZ **88**, 128); zum Zusammentreffen mit besonderen gesetzlichen Milderungsgründen vgl. im übrigen § 50 u. die Erläuterungen dort.

§ 265a Erschleichen von Leistungen

(1) Wer die Leistung eines Automaten oder eines öffentlichen Zwecken dienenden Fernmeldenetzes, die Beförderung durch ein Verkehrsmittel oder den Zutritt zu einer Veranstaltung oder einer Einrichtung in der Absicht erschleicht, das Entgelt nicht zu entrichten, wird mit Freiheitsstrafe bis zu einem Jahr oder mit Geldstrafe bestraft, wenn die Tat nicht in anderen Vorschriften mit schwererer Strafe bedroht ist.

(2) Der Versuch ist strafbar.

(3) Die §§ 247 und 248a gelten entsprechend.

Vorbem. Fassung des 1. WiKG vom 20. 7. 1976, BGBl. I 2034.

Schrifttum: Ahrens, Automatenmißbrauch und Rechtsschutz moderner Automatensysteme, 1984 (Diss. Kiel). – *Albrecht,* Bedienungswidrig herbeigeführter Geldauswurf bei einem Glücksspielautomaten, JuS 83, 101. – *Alwart,* Über die Hypertrophie eines Unikums (§ 265a StGB), JZ 86, 563. – *Bilda,* Zur Strafbarkeit des „Schwarzfahrens", MDR 69, 434. – *Brauner-Göhner,* Die Strafbarkeit „kostenloser Störanrufe", NJW 78, 1598. – *Etter,* Noch einmal: Systematisches Entleeren von Glücksspielautomaten, CR 88, 1021. – *Falkenbach,* Die Leistungserschleichung (§ 265a), 1983. – *Fischer,* „Erschleichen" der Beförderung bei freiem Zugang?, NJW 88, 1828. – *Füllkrug/Schnell,* Die Strafbarkeit des Spielens an Geldspielautomaten bei Verwendung von Kenntnissen über den Programmablauf, wistra 88, 177. – *Gern/Schneider,* Die Bedienung von Parkuhren mit ausländischem Geld, NZV 88, 129. – *Herzberg/Seier,* Zueignungsdelikte, Jura 85, 49. – *Krause/Wuermeling,* Mißbrauch von Kabelfernsehanschlüssen, NStZ 90, 526. – *Lenckner/Winkelbauer,* Strafrechtliche Probleme im modernen Zahlungsverkehr, wistra 84, 83. – *Mahnkopf,* Probleme der unbefugten Telefonbenutzung, JuS 82, 885. – *Schienle,* Die Leistungserschleichung, 1938 (StrAbh. 384). – *Schlüchter,* Zweckentfremdung von Geldspielgeräten durch Computermanipulationen, NStZ 88, 53. – *Schroth,* Diebstahl mittels Codekarte, NJW 81, 729. – *Schulz,* „Leistungserschleichung" bei Spielautomaten, NJW 81, 1351. – *Wiechers,* Strafrecht und Technisierung im Zahlungsverkehr, JuS 79, 847.

§ 265 a 1–4

1 I. Die Vorschrift enthält einen **Auffangtatbestand** zum Betrug; geschütztes **Rechtsgut** ist daher gleichfalls das Vermögen (h. M., z. B. Bay 85, 94, Hamburg NJW 87, 2688, Stuttgart NJW 90, 924, AG Lübeck NJW 89, 467, Lackner 1). Sie wurde eingefügt, um Lücken bei § 263 zu schließen (z. B. Automatenmißbrauch: keine Täuschung); auch sollten damit Streitfragen erledigt werden, die sich bei der Anwendung des § 263 insbes. auf das Erschleichen von Massenleistungen ergeben hatten (vgl. näher Lackner LK vor 1). § 265 gilt daher auch nur subsidiär: Liegen die Voraussetzungen des § 263 im Einzelfall vor, so tritt § 265 a zurück. Der ursprünglich (Ges. v. 28. 6. 1935, RGBl. I 839; vgl. dazu Falkenbach aaO 74 ff.) auf das Erschleichen der Leistung eines Automaten (Automatenmißbrauch), der Beförderung durch ein Verkehrsmittel und des Zutritts zu einer Veranstaltung beschränkte Tatbestand wurde – bedingt durch die mit der fortschreitenden Automatisierung des Fernmeldewesens eröffneten Möglichkeiten, die Gebührenerfassungseinrichtung durch technische Manipulationen zu umgehen – durch das 1. WiKG auf die Erschleichung der Leistung eines öffentlichen Zwecken dienenden Fernmeldenetzes erweitert (vgl. BR-Drs. 5/75 S. 29, Prot. 7 S. 2735). Unbefriedigend ist die Regelung, soweit sie den Automatenmißbrauch betrifft, weil sie hier zu einer unterschiedlichen Behandlung von sog. Waren- und Leistungsautomaten, seit Einfügung des § 263 a aber auch zu zwei Klassen von Leistungsautomaten führt (vgl. u. 4). Nicht mehr gerecht wird § 265 a auch dem „Schwarzfahren" unter den Bedingungen des modernen Verkehrswesens (vgl. u. 11). Die im Vergleich zu § 263 wesentlich mildere Strafdrohung ist in den Fällen des § 265 a vor allem mit der i. d. R. nur geringen Schadenshöhe zu rechtfertigen; umso deutlicher werden damit allerdings auch die Diskrepanzen zur Behandlung des Bagatellbetrugs in § 263.

2 II. Der **objektive Tatbestand** setzt voraus, daß sich der Täter die Leistung eines Automaten oder eines öffentlichen Zwecken dienenden Fernmeldenetzes, die Beförderung durch ein Verkehrsmittel oder den Zutritt zu einer Veranstaltung oder Einrichtung erschleicht. Gemeinsames ungeschriebenes Merkmal des objektiven Tatbestands ist die *Entgeltlichkeit der erschlichenen Leistung* (vgl. Lackner LK 1). Nicht nach § 265 a strafbar ist daher z. B. das Einschleichen in eine unentgeltliche geschlossene Veranstaltung (zum Versuch bei irriger Annahme der Entgeltlichkeit des Zutritts, vgl. u. 13). Dasselbe gilt für die unberechtigte Betätigung von Bargeldauszahlungsautomaten, weil die Leistung nicht gegen Entgelt erfolgt (vgl. Arzt/Weber III 63, Lenckner/Winkelbauer wistra 84, 84, Sieber JZ 77, 412, Schroth NJW 81, 730, Wiechers JuS 79, 849; vgl. aber auch Herzberg/Seier Jura 85, 52). Entsprechend seiner Ergänzungsfunktion zu § 263 ist § 265 a ferner nicht anwendbar, wenn das „Entgelt" nicht unter (erwerbs-)wirtschaftlichen Gesichtspunkten, sondern deshalb verlangt wird, um auf diese Weise die Inanspruchnahme der Leistung, Einrichtung usw. zu begrenzen, so z. B. beim Zutritt zum Bahnsteig gegen Bahnsteigkarten (vgl. Hamburg JR 81, 390 m. Anm. Schmid) und früher auch bei öffentlichen Parkplätzen mit Parkuhren, wo seit der Neufassung des § 6a VI, VII StVG und der Umwandlung der Parkgebühr in eine bloßen Verwaltungs- in eine Benutzungsgebühr für die Inanspruchnahme des Parkraums inzwischen zwar etwas anderes gilt (vgl. Gern/Schneider NZV 88, 130 unter Hinweis auf die amtl. Begr.), § 265 a aber aus anderen Gründen ausscheidet (vgl. u. 4, 7). Daraus, daß § 265 a gleichfalls ein Vermögensdelikt ist (vgl. o. 1), folgt schließlich, daß es bereits am objektiven Tatbestand fehlt, wenn die fragliche Leistung tatsächlich bezahlt wurde (vgl. Bay 85, 95, AG Lübeck NJW 89, 467), und zwar auch dann, wenn der Täter sie sich, weil er z. B. seinen Berechtigungsnachweis verloren hat, unter Umgehung der gegen eine unbefugte Inanspruchnahme getroffenen Sicherungsvorkehrungen verschafft (vgl. auch Alwarth JZ 85, 568). Schon der objektive Tatbestand ist danach auch zu verneinen, wenn ein Fahrgast, der seinen Fahrschein ordnungsgemäß gelöst hat, diesen lediglich bei der Fahrt nicht bei sich führt und es vertragswidrig unterläßt, erneut eine Fahrkarte zu kaufen (Bay 85, 94, AG Lübeck NJW 89, 467).

3 1. **Gegenstand** des Erschleichens ist die Leistung eines Automaten oder eines öffentlichen Zwecken dienenden Fernmeldenetzes, die Beförderung durch ein Verkehrsmittel oder der Zutritt zu einer Veranstaltung oder Einrichtung.

4 a) Ein **Automat** ist an sich jedes technische Gerät, das dadurch, daß mit der Entrichtung des vorgesehenen Entgelts ein Mechanismus oder ein elektronisches Steuerungssystem in Funktion gesetzt wird, selbsttätig bestimmte Gegenstände abgibt (Waren, Berechtigungs- und Gutscheine aller Art; *Warenautomaten,* z. B. Zigaretten-, Fahrkartenautomaten) oder sonstige, nicht in der Hergabe von Sachen bestehende Leistungen erbringt *(Leistungsautomaten).* Trotz des weitergehenden Gesetzeswortlauts gilt § 265 a nach h. M. jedoch nur für **Leistungsautomaten**, nicht dagegen für Warenautomaten (vgl. z. B. RG **34** 45, BGH MDR **52**, 563 m. Anm. Dreher, Bay **55**, 121, NJW **87**, 664, Koblenz NJW **84**, 2425, Köln OLGSt. § 242 S. 51, Stuttgart JR **82**, 508, Zweibrücken OLGSt. § 265 a S. 1, Ahrens aaO 52 ff., Blei II 244 f., Lackner 2a [vgl. aber auch LK 2], M-Maiwald I 463, Otto JZ **85**, 23, Samson SK 3, Welzel 379; and. Bockelmann II/1 S. 117, Dreher MDR **52**, 563, D-Tröndle 1). Dies folgt nicht erst aus der Subsidiaritätsklausel des § 265 a (Vorrang des § 242; so aber z. B. Wessels II/1 S. 155), vielmehr sind Warenautomaten schon keine „Automaten" i. S. des § 265 a, weil Leistungsgegenstand, für den das Entgelt entrichtet wird, hier allein die Sache, nicht aber eine um ihrer selbst willen produzierte „Leistung" des Automaten ist (vgl. näher Ahrens aaO 53 ff. mwN). Hinzu kommt, daß die mißbräuchliche Benutzung von Warenautomaten nach h. M. schon immer als Diebstahl strafbar war (vgl. die Nachw. o., ferner § 242 RN 36), hier also eine Lücke, die durch § 265a zu schließen gewesen wäre, nie bestanden hat. Da die Vorschrift bei Einbeziehung der Warenautomaten gegenüber §§ 242 ff. ohnehin subsidiär wäre (vgl. BGH MDR **52,** 563), hat die Frage heute freilich nur noch Bedeutung, wenn man beim Mißbrauch von Warenautomaten § 242 überhaupt verneint (so Bockelmann II/1 S. 117, Dreher MDR 52, 563); dagegen sind die Friktionen, die sich früher wegen §§ 248a, 370 Nr. 5 a. F. ergeben hatten (vgl. Lackner LK 2), durch das EGStGB behoben worden (Streichung des § 370, Einfügung des Abs. 3 in § 265a). Um die Leistung von Automaten i. S. des § 265a handelt es sich daher z. B. bei Fernsehgeräten mit Münzzähler bei Abzahlungskauf (Stuttgart MDR **63,** 236), Stromanlagen mit Münzkassiergeräten (BGH MDR/H **85,** 795, Bay JR **61,** 270), Musik-, Wiege-, Film- und (Geld-)Spielautomaten, dies freilich nur hinsichtlich des eigentlichen – d. h. des nicht versachlichten – Leistungsbereichs (z. B. Ertönen von Musik, Spielvergnügen mit Gewinnchance), während der Geldrückgabe- bzw. Geldausgabeteil eines Automaten ebenso wie Warenautomaten nicht durch § 265a, sondern durch § 242 geschützt ist (zu Geldspielautomaten vgl. Bay **55** 120, Koblenz NJW **84,** 2425, Köln OLGSt. § 242 S. 51, Stuttgart NJW **82,** 1659 m. Bespr. Albrecht JuS 83, 101 u. Anm. Seier JR 82, 509, Zweibrücken OLGSt. § 265a S. 1, LG Freiburg NJW **90,** 2635; and. AG Lichtenfels NJW **80,** 2206; vgl. auch u. 9). Gleichfalls Leistungsautomaten sind solche, bei denen zwar auch Sachen abgegeben werden, diese aber nur dienende Funktion haben, indem sie lediglich das Mittel sind, mit deren Hilfe der Automat seine eigentliche Leistung in Gestalt eines unkörperlichen Erfolgs erbringt (z. B. Wasser und Waschmittel bei einem Waschautomaten, Fotopapier bei einem Fotoautomaten; and. Ahrens aaO 75 ff.: § 242 und § 265a in Tateinheit). Nicht hierher gehören dagegen Automaten, die nicht die Leistung selbst, sondern nur das *Recht* auf diese vermitteln. Keine Leistungs-, sondern Warenautomaten sind daher z. B. Fahrkartenautomaten (vgl. o.), während Parkuhren strafrechtlich nicht geschützt sind, weil deren „Leistung" – i. U. zur Schranke, die einen Parkraum öffnet und diesen damit für die Benutzung realiter zur Verfügung stellt – lediglich in der befristeten Aufhebung eines Parkverbots, nicht aber in der *tatsächlichen* Möglichkeit des Parkens besteht (vgl. Koblenz NStE **Nr. 4;** and. Gern/Schneider NZV 88, 130; auch ein Versuch nach § 263 wäre das Bedienen einer Parkuhr mit Falschgeld usw., obwohl auf eine Täuschung möglicher Kontrollen angelegt, nur, wenn es dem Täter darum ginge, die Nacherhebung der Benutzungsgebühr zu vereiteln). Die an sich bereits zu den (Leistungs-)Automaten i. S. der 1. Alt. gehörenden Telefonautomaten sind jetzt von dem spezielleren Tatbestand darstellenden 2. Alt. (vgl. u. 5) miterfaßt (vgl. BR-Drs. 5/75 S. 30). Gesetzgeberisch nicht gelöst ist das Problem, daß Automaten i. S. des § 265a zugleich mit einer Datenverarbeitung i. S. des § 263a verbunden sein können, so bei Automaten mit elektronisch arbeitenden Geldprüfgeräten (u. U. mit Geldrückgabe) oder wenn von dem Automaten eine Wertkarte abgelesen werden muß (so bei den modernen Telefonautomaten). Wegen der Subsidiaritätsklausel des § 265a hängt es hier deshalb von technischen Zufälligkeiten ab, ob der strengere § 263a Anwendung findet, wodurch die schon bisher vorhandenen Friktionen – unterschiedliche Behandlung des Mißbrauchs von Leistungs- und Warenautomaten – weiter verschärft werden, weil es nunmehr seit Einführung des § 263a auch zwei Klassen von Leistungsautomaten gibt: solche, bei denen eine Leistungserschleichung nach § 263a strafbar ist, und solche, für die, wie bisher, nur § 265a gilt (vgl. Lackner § 263a Anm. 3b, Lenckner/Winkelbauer CR 86, 658f.).

b) Die **Leistung eines öffentlichen Zwecken dienenden Fernmeldenetzes** besteht in der Eröffnung der Möglichkeit, durch Fernsprech-, Fernschreib- und telegraphische Anlagen Nachrichten zu übermitteln und zu empfangen. Der Begriff des öffentlichen Zwecken dienenden Fernmeldenetzes ist nicht gleichbedeutend mit dem der öffentlichen Zwecken dienenden Fernmeldeanlage in § 317 (mißverständlich daher BR-Drs. 5/75 S. 30), denn entscheidend ist hier nicht die Zweckbestimmung der konkreten Anlage (z. B. eines einzelnen Telefonanschlusses), sondern die des Fernmeldenetzes insgesamt. Dieses dient dem öffentlichen Interesse, wenn es zur Benutzung für die Allgemeinheit eingerichtet worden ist (vgl. auch RG **29** 244); ist es nur für den Fernmeldeverkehr zwischen öffentlichen Behörden bestimmt, so dient es zwar gleichfalls öffentlichen Interessen, wird aber von § 265a deshalb nicht erfaßt, weil keine entgeltlichen Leistungen erbracht werden (vgl. o. 2). Nicht zum „Fernmeldenetz" gehört die drahtlose Nachrichtenübermittlung durch Funk (Rundfunk, Fernsehen; zu Kabelfernsehanschlüssen vgl. jedoch Krause/Wuermeling NStZ 90, 527); das „Schwarzhören" bei Rundfunk und Fernsehen stellt jedenfalls kein „Erschleichen" i. S. des § 265a dar (vgl. u. 8, 10) und kann heute, da auch § 15 FAG nicht mehr anwendbar ist, nur noch als Ordnungswidrigkeit geahndet werden (Meyer, Erbs/Kohlhaas § 15 FAG Anm. 2e).

6 c) **Beförderung durch ein Verkehrsmittel** ist jeder Transport von Personen oder Sachen (and. Falkenbach aaO 88: nur Personen) durch ein öffentliches oder privates Verkehrsmittel, gleichgültig, ob es sich dabei um eine Massenleistung (z. B. Eisenbahn) oder um eine Einzelleistung (z. B. Taxi) handelt (vgl. Lackner LK 4; and. Falkenbach aaO 88).

7 d) Der **Zutritt zu Veranstaltungen** bzw. **Einrichtungen** erfordert die körperliche Anwesenheit in diesen. *Veranstaltungen* sind z. B. Theater, Konzerte, Vorträge, Sportveranstaltungen, *Einrichtungen* – d. h. Sacheinheiten oder -gesamtheiten – z. B. Badeanstalten, Bibliotheken, Museen, Kuranlagen, Parkhäuser, wobei entsprechend dem Schutzzweck der Vorschrift aber nur solche Veranstaltungen und Einrichtungen gemeint sind, für deren Besuch oder Inanspruchnahme als wirtschaftliche Gegenleistung ein Entgelt verlangt wird (vgl. o. 2). Nicht hierher gehören daher Bahnsteige, die nur mit einer Bahnsteigkarte betreten werden dürfen (vgl. o. 2), während öffentliche Parkflächen mit Parkuhren – insoweit ebenso wie gebührenpflichtige Parkhäuser oder nur gegen Bezahlung zugängliche Parkplätze – zwar „Einrichtungen" sein mögen, für deren Benutzung ein echtes Entgelt zu entrichten ist (vgl. o. 2), hier aber durch Einwerfen von Falschgeld usw. nicht der „Zutritt" erschlichen wird (dazu, daß Parkuhren auch keine Leistungsautomaten sind, vgl. o. 4).

8 2. **Erschleichen** der Leistung usw. ist nicht schon die unbefugte unentgeltliche Inanspruchnahme (vgl. Stuttgart NJW **90**, 924; and. noch MDR **63**, 236), da dies vor allem bei der 2. Alt. (vgl. o. 5), aber auch sonst zu Ergebnissen führen würde, die offensichtlich nicht gewollt sind: Nach § 265a strafbar wäre dann z. B. jede unbefugte Benutzung fremder Telefonapparate (vgl. Mahnkopf JuS 82, 887), die mißbräuchliche Benutzung eines Dienstapparates zu Privatgesprächen, das demonstrative Mitfahren in einer Straßenbahn zum „Nulltarif" (mit Recht verneinend Bay NJW **69**, 1042, Falkenbach aaO 88, Krey II 212), das gewaltsame Eindringen in eine Veranstaltung in der Absicht, das Entgelt nicht zu bezahlen. Damit von einem „Erschleichen" gesprochen werden kann, muß vielmehr hinzukommen, daß die unbefugte Inanspruchnahme ohne Wissen des Berechtigten und unter Umgehung der von diesem gegen eine unerlaubte Benutzung geschaffenen Sicherungsvorkehrungen erfolgt (ähnl. Bay NJW **69**, 1042, Bockelmann II/1 S. 118f., Lackner LK 8, Samson SK 9; vgl. auch D-Tröndle 3, M-Maiwald I 462). Im einzelnen bedeutet dies für die einzelnen Tatbestandsalternativen folgendes:

9 a) Beim *Automatenmißbrauch* (1. Alt., vgl. o. 4) setzt das Erschleichen der Leistung des Automaten voraus, daß dessen Mechanismus in ordnungswidriger Weise durch „täuschungsähnliche Manipulationen" (BGH MDR/H **85**, 795), d. h. durch ein „Überlisten" („Austricksen") der technischen Sicherungen gegen eine unentgeltliche Inanspruchnahme betätigt wird. Dies ist z. B. der Fall beim Einwerfen von Falschgeld oder Metallstücken (vgl. BGH aaO, Stuttgart MDR **63**, 236; dazu, daß hier nur § 265a, nicht dagegen § 248c in Betracht kommt, wenn auf diese Weise einem Münzzähler Strom entnommen wird, vgl. Bay JR **61**, 270). Kein Erschleichen ist es dagegen, wenn ein bereits vorhandener Gerätedefekt, der eine unentgeltliche Benutzung ermöglicht, lediglich ausgenutzt wird (vgl. auch Blei II 245, Falkenbach aaO 84, Samson SK 9, Schmidhäuser II 129, Schulz NJW 81, 1351; and. AG Lichtenfels NJW **80**, 2206, Lackner LK 7, Wessels II/2 S. 154). Dasselbe gilt z. B. für das Erbrechen des Geldbehälters eines Automaten und dessen Bedienen mit dem entnommenen Geld und für das Aufbrechen eines zur Stromentnahme angebrachten Münzzählers und damit im Zusammenhang stehende Manipulationen (BGH MDR/H **85**, 795). An einem Erschleichen fehlt es ferner, wenn die Benutzung des Automaten zwar gegen ein Verbot (z. B. § 8 JÖSchG) verstößt oder den Intentionen des Aufstellers zuwiderläuft, das Gerät selbst aber ordnungsgemäß bedient und die Leistung deshalb unter den vorgegebenen technischen Bedingungen erlangt wird. Nicht nach § 265a strafbar ist daher das Leerspielen eines Glücksspielautomaten in Kenntnis des Spielablaufprogramms (vgl. LG Freiburg NJW **90**, 2635, Etter CR 88, 1022, Füllhorn/Schnell wistra **88**, 180, Schlüchter NStZ 88, 58; and. Lampe JR 88, 438; zu § 202a vgl. dort RN 6, zu § 242 dort RN 36, zu § 263a dort RN 20a; zur Strafbarkeit nach § 17 II Nr. 2 UWG vgl. die Nachw. in § 202a RN 6). Kein Fall des § 265a ist es auch, wenn sich das „Erschleichen" nicht auf den eigentlichen Leistungsbereich des Automaten (vgl. o. 4), sondern auf dessen Geldrückgabe- bzw. Geldauslösungsmechanismus bezieht. Nicht nach § 265a, sondern nach § 242 strafbar ist es daher, wenn mittels eines Tricks oder sonstiger Manipulationen unabhängig vom Spielergebnis der Geldbehälter eines Spielautomaten geleert wird (vgl. die Nachw. in § 242 RN 36, ferner Köln OLGSt. § 242 S. 51). Abgesehen davon, daß es sich hier nicht um einen Automaten i. S. des § 265a handelt (vgl. o. 2), ist kein Erschleichen schließlich auch die Betätigung eines Barauszahlungsautomaten mittels der dafür vorgesehenen Codekarte durch einen Nichtberechtigten oder ihre vertragswidrige Benutzung durch den Berechtigten selbst (vgl. Hamburg NJW **87**, 336, Schleswig NJW **86**, 2652, AG München wistra **86**, 268, Lenckner/Winkelbauer wistra 84, 84, Schroth NJW 81, 730, Wiechers JuS 79, 849f., aber auch Herzberg/Seier Jura 85, 52; zu § 263a vgl. dort RN 18f., zu § 266b vgl. dort RN 8, zu §§ 242, 246 vgl. § 242 RN 36, § 263a RN 14ff.).

b) Das Erschleichen von *Leistungen des Fernmeldenetzes* (2. Alt., vgl. o. 5) setzt gleichfalls die **10** Umgehung einer gegen die unerlaubte Benutzung geschaffenen Sicherungseinrichtung voraus. Nach der Entstehungsgeschichte der Vorschrift (vgl. BR-Drs. 5/75 S. 29f., Prot. 7 S. 2735) sollten mit der 2. Alt. im wesentlichen *drei Fallgruppen* erfaßt werden: 1. der bereits früher durch die 1. Alt. pönalisierte Mißbrauch eines Telefonautomaten (vgl. o. 4, 9), wobei die Leistung hier jedoch erst mit dem Herstellen der Sprechverbindung und nicht schon mit dem Anruf durch Klingelzeichen erschlichen ist, da dieses zwar eine Voraussetzung für die von der Post angebotene Leistung (Herstellen einer Sprechverbindung), aber nicht selbst eine entgeltliche (Teil-)Leistung ist (Ahrens aaO 58, Bockelmann II/1 S. 118, Falkenbach aaO 86, Lackner LK 3, Wessels II/2 S. 154; and. LG Hamburg MDR **54**, 630, Brauner/Göhner NJW 78, 1470, D-Tröndle 1, Herzog GA 75, 261; das Problem sog. Störanrufe ist durch § 265a ohnehin nicht lösbar, da das Bewirken des Klingelzeichens durch eine an sich ordnungsgemäße Inbetriebnahme jedenfalls noch kein „Erschleichen" ist [vgl. o. 8]); – 2. Eingriffe in den Ablauf von Vermittlungs-, Steuerungs- und Übertragungsvorgängen unter Umgehung der Gebührenerfassungseinrichtungen durch bestimmte technische Manipulationen (vgl. dazu auch den Fall von AG Mannheim CR **86**, 341: Manipulationen am Arbeitsprogramm des Kennungsspeichers eines Autotelefons); – 3. der gebührenmäßig nicht erfaßte Anschluß eines Fernsprechapparates an Schaltpunkten des öffentlichen Fernmeldenetzes, um dann zu Lasten eines anderen Fernsprechteilnehmers unentgeltlich zu telefonieren. Daß im letzteren Fall die Leistung zum Nachteil eines Privaten erschlichen werden kann, während diese selbst von der Post erbracht wird, kann jedoch nicht bedeuten, daß auch beliebige andere Formen des „Erschleichens", durch die lediglich Private geschädigt werden, jetzt nach § 265a strafbar sind (z. B. Erschleichen des Zugangs zu einem Zimmer, um den dort stehenden Telefonapparat auf Kosten des Inhabers zu benutzen; Erbrechen des an einem Fernsprechapparat angebrachten Sicherheitsschlosses). Die Erweiterung des § 265a durch das 1. WiKG hatte vielmehr nur den Sinn, über den Telefonautomatenmißbrauch hinaus solche Fälle zu erfassen, in denen infolge der fortschreitenden Automatisierung Leistungen des Fernmeldenetzes durch technische Eingriffe in dieses selbst erschlichen werden können. Nur unter dieser Voraussetzung könnte daher auch der Mißbrauch von Kabelfernsehanschlüssen nach § 265a strafbar sein (vgl. näher Krause/Wuermeling NStZ 90, 527f.).

c) Ein Erschleichen einer *Beförderungsleistung* (3. Alt., o. 6) oder des *Zutritts* zu einer *Veranstaltung* oder *Einrichtung* (4. Alt., o. 7) ist nicht schon das unbefugte unentgeltliche Sichverschaffen der Leistung usw. (vgl. o. 8); andererseits ist bei individueller Täuschung einer Kontrollperson (z. B. Vorzeigen eines ungültigen Fahrausweises) regelmäßig bereits § 263 anwendbar. Vielmehr gilt § 265a im wesentlichen für Fälle, in denen der Täter durch Umgehen oder Ausschalten von Kontrollmaßnahmen in den Genuß des fraglichen Vorteils gelangt (z. B. Einschleichen, unbemerktes Betreten, Benutzung eines ungewöhnlichen Zugangs, Sichverbergen, Weglocken von Kontrollpersonen usw.). Unter dieser Voraussetzung kann auch ein Verhalten, durch das sich der Täter mit dem Anschein der Ordnungsmäßigkeit umgibt, ein Erschleichen sein (z. B. der Täter mischt sich unter eine größere Personengruppe, die unentgeltlich Zutritt hat und in der er nicht mehr auffällt). Umstritten ist dagegen, ob ein solches Verhalten, das schon in einem unauffälligen oder unbefangenen Auftreten liegen kann, unabhängig davon genügt, ob auf diese Weise Kontrollmaßnahmen tatsächlich umgangen werden (in diesem Sinn z. B. Bay NJW **69**, 1042, Hamburg NJW **87**, 2688 m. Anm. Albrecht NStZ 88, 222, Stuttgart NJW **90**, 924, D-Tröndle 3, Lackner LK 8, Samson SK 9, Wessels II/2 S. 154; zur Gegenmeinung vgl. u.). Von praktischer Bedeutung ist dies insbes. beim „Schwarzfahren" unter den Bedingungen des modernen Massenverkehrs, bei dem in weiten Bereichen der faktisch freiem Zugang nur noch gelegentliche Kontrollen möglich sind (für Strafbarkeit nach § 265a Hamburg aaO, Stuttgart aaO, D-Tröndle 3, M-Maiwald I 464; and. AG Hamburg NStZ **88**, 221, Albrecht ebd. S. 222, Alwart JZ 86, 567ff., Fischer NJW 88, 1828). Die Frage ist hier nicht, ob das „Schwarzfahren" sozialschädlich und strafwürdig ist (vgl. dazu mit Recht Stuttgart aaO), sondern ob es der Gesetzeswortlaut und die Nähe der Vorschrift zum Betrug zulassen, ein Verhalten als „Erschleichen" zu bezeichnen, das i. U. zum „blinden Passagier" im traditionellen Sinn darauf angelegt ist, die Beförderungsleistung *ohne* Kontrolle und nicht an einer solchen „*vorbei*" zu erlangen. Dagegen aber bestehen erhebliche Bedenken, weil das Umgehen einer tatsächlich vorhandenen Kontrolle durch Erwecken eines ordnungsgemäßen Anscheins und das Ausnützen des Fehlens einer Kontrolle – und nur darauf „spekuliert" der „Schwarzfahrer" – zweierlei sind, ebenso wie das Manipulieren eines Automaten und das bloße Ausnützen eines Gerätedefekts (vgl. o. 9; and. ist dies erst, wenn der Täter bei einer tatsächlich stattfindenden Kontrolle Maßnahmen trifft, um diese auszumanövrieren, was auch für eine Ausgangskontrolle gilt, wo man zwar nicht mehr die Leistung, wohl aber ihre Unentgeltlichkeit erschlichen werden kann). Es ist deshalb Aufgabe des Gesetzgebers, hier Abhilfe zu schaffen. Aus denselben Gründen (keine Umgehung von Kontrollmaßnahmen) nicht nach § 265a strafbar ist auch die nach außen hin offen gezeigte unentgeltliche Beanspruchung der Leistung (Bay NJW **69**, 1042) oder die Bestimmung einer Aufsichtsperson zur pflichtwidrigen Gestattung des Zutritts, selbst wenn dies durch eine Bestechung geschieht (ebenso Falkenbach aaO 88; and. Lackner LK 8, Wessels II/2 S. 155). Weil die Beförderungsleistung hier tatsächlich bezahlt wurde, fällt ferner nicht unter § 265a das Benutzen eines Verkehrsmittels ohne Beisichführen des ordnungsgemäß gelösten Dauerfahrscheins, und zwar selbst dann, wenn nach den Beförderungsbedingungen erneut ein Fahrschein hätte gekauft werden müssen (vgl. Bay **85**, 94, AG Lübeck NJW **89**, 467, o. 2). Strafbar ist dagegen das Erschleichen eines besseren anstatt des bezahlten billigeren Platzes, weil insoweit mehr in Anspruch genommen wird, als dem Täter zusteht (and. Falkenbach aaO 89, 91 u. hier die 23. A.).

12   III. Für den **subjektiven Tatbestand** ist zunächst **Vorsatz** erforderlich; bedingter Vorsatz genügt. Tatbestandsirrtum (§ 16) kommt insbesondere in Betracht, wenn der Täter die Veranstaltung usw. irrig für unentgeltlich hält. Notwendig ist weiter die **Absicht** i. S. des zielgerichteten Willens (Bay NJW **69**, 1042, Falkenbach aaO 94ff.; vgl. § 15 RN 66ff.), das Entgelt nicht zu entrichten. Auf diesen Erfolg muß es dem Täter mithin – wenn auch ausschließlich oder um seiner selbst willen – ankommen (vgl. Bay aaO).

13   IV. **Vollendet** ist die Tat mit dem Erschleichen der Leistung usw., d.h. bei der 1. Alt. mit dem Beginn der Leistung des Automaten (z. B. mit der aufklingenden Musik), bei der 2. Alt. mit dem Herstellen der Fernmeldeverbindung (vgl. auch o. 10), bei der 3. Alt. mit dem Beginn der Beförderungsleistung (nicht schon mit dem bloßen Einsteigen, das nur Versuch ist; vgl. auch Lackner LK 10), bei der 4. Alt. mit dem Betreten der Einrichtung bzw. der Veranstaltung, sofern diese schon begonnen hat, andernfalls mit ihrem Beginn (vgl. zum Ganzen Falkenbach aaO 100ff.). Beendet ist die Tat mit der Beendigung der Leistung (Dauerdelikt, vgl. Bilda MDR 69, 435). Der **Versuch** (z. B. Einwerfen von Metallstücken in den Automaten, Einschleichen in eine Veranstaltung in der irrigen Meinung, diese sei entgeltlich), ist nach Abs. 2 strafbar. Nur ein Wahndelikt liegt dagegen z. B. vor, wenn ein Fahrgast das Benutzen eines Verkehrsmittels nach ordnungsgemäßem Lösen eines Dauerfahrscheins fälschlich für strafbar hält, weil er diesen nicht bei sich führt und es vertragswidrig unterlassen hat, erneut eine Fahrkarte zu kaufen (Bay **85**, 96).

14   V. **Konkurrenzen.** Obwohl die **Subsidiaritätsklausel** des Abs. 1 keine ausdrückliche Einschränkung enthält, kann sie nach dem Sinn der Vorschrift (vgl. o. 1) nur gegenüber Delikten mit gleicher oder ähnlicher Angriffsrichtung von Bedeutung sein (vgl. z. B. D-Tröndle 4, Falkenbach aaO 106ff., Lackner LK 3, M-Maiwald I 464, Samson SK 11). Subsidiär ist § 265a daher insbes. gegenüber § 263 (Düsseldorf JZ **83**, 465: Benutzung präparierter Fahrausweise) und § 263a (vgl. o. 4), ferner, soweit Warenautomaten überhaupt als Automaten i. S. des § 265a angesehen werden (vgl. o. 4), gegenüber §§ 242ff. (Stuttgart NJW **82**, 1659 m. Anm. Seier JR 82, 509 u. Albrecht JuS 83, 101). Dagegen kommt wegen des völlig anderen Deliktscharakters Idealkonkurrenz in Betracht z. B. mit §§ 123, 146, 147, 267 (Fälschung der Eintrittskarte), 303 (Falkenbach aaO 108f.).

15   VI. In den Fällen des **Abs. 3** ist die Tat **Antragsdelikt**; die Regelung entspricht, was die entsprechende Anwendbarkeit der §§ 247, 248a betrifft, dem § 263 IV; vgl. daher die Anm. dort.

§ 265b Kreditbetrug

(1) Wer einem Betrieb oder Unternehmen im Zusammenhang mit einem Antrag auf Gewährung, Belassung oder Veränderung der Bedingungen eines Krediتes für einen Betrieb oder ein Unternehmen oder einen vorgetäuschten Betrieb oder ein vorgetäuschtes Unternehmen
1. über wirtschaftliche Verhältnisse
    a) unrichtige oder unvollständige Unterlagen, namentlich Bilanzen, Gewinn- und Verlustrechnungen, Vermögensübersichten oder Gutachten vorlegt oder,
    b) schriftlich unrichtige oder unvollständige Angaben macht,
    die für den Kreditnehmer vorteilhaft und für die Entscheidung über einen solchen Antrag erheblich sind, oder
2. solche Verschlechterungen der in den Unterlagen oder Angaben dargestellten wirtschaftlichen Verhältnisse bei der Vorlage nicht mitteilt, die für die Entscheidung über einen solchen Antrag erheblich sind,
wird mit Freiheitsstrafe bis zu drei Jahren oder mit Geldstrafe bestraft.

(2) Nach Absatz 1 wird nicht bestraft, wer freiwillig verhindert, daß der Kreditgeber auf Grund der Tat die beantragte Leistung erbringt. Wird die Leistung ohne Zutun des Täters nicht erbracht, so wird er straflos, wenn er sich freiwillig und ernsthaft bemüht, das Erbringen der Leistung zu verhindern.

Kreditbetrug 1, 2 **§ 265 b**

(3) Im Sinne des Absatzes 1 sind
1. **Betriebe und Unternehmen unabhängig von ihrem Gegenstand solche, die nach Art und Umfang einen in kaufmännischer Weise eingerichteten Geschäftsbetrieb erfordern;**
2. **Kredite Gelddarlehen aller Art, Akzeptkredite, der entgeltliche Erwerb und die Stundung von Geldforderungen, die Diskontierung von Wechseln und Schecks und die Übernahme von Bürgschaften, Garantien und sonstigen Gewährleistungen.**

Vorbem. Eingefügt durch das 1. WiKG v. 29. 7. 1976, BGBl. I 2034.

Schrifttum: Berz, Das 1. Gesetz zur Bekämpfung der Wirtschaftskriminalität, BB 76, 1435. – *Bockelmann*, Kriminelle Gefährdung und strafrechtlicher Schutz des Kreditgewerbes, ZStW 79, 28. – *Franzheim*, Gedanken zur Neugestaltung des Betrugstatbestandes einschließlich seines Vorfeldes unter besonderer Berücksichtigung der Wirtschaftskriminalität, GA 72, 353. – *Göhler/Wilts*, Das Erste Gesetz zur Bekämpfung der Wirtschaftskriminalität, DB 76, 1609, 1657. – *Heinz*, Die Bekämpfung der Wirtschaftskriminalität mit strafrechtlichen Mitteln – unter bes. Berücksichtigung des 1. WiKG, GA 77, 193, 225. – *Hillenkamp*, Beweisprobleme im Wirtschaftsstrafrecht, Osnabrücker Rechtswissenschaftl. Abhandlungen, Bd. 1 (1985), 221. – *Kießner*, Kreditbetrug – § 265 b (Kriminolog. Forschungsberichte aus dem Max-Planck-Institut f. ausländ. u. internat. Strafrecht, Freiburg, Bd. 22), 1985. – *Lampe*, Der Kreditbetrug (§§ 263, 265 b StGB), 1980. – *Müller-Emmert* u. *B. Maier*, Das 1. Gesetz zur Bekämpfung der Wirtschaftskriminalität, NJW 76, 1657. – *Otto*, Bankentätigkeit und Strafrecht, 1983. – *ders.*, Probleme des Kreditbetrugs, des Scheck- und Wechselmißbrauchs, Jura 83, 16. – *Prost*, „Krediterschleichung", ein Vorfeldtatbestand des Betrugs, sowie verstärkte Prophylaxe im Gesetz über das Kreditwesen als Mittel zur Bekämpfung der Wirtschaftskriminalität, JZ 75, 18. – *Schlüchter*, Zum „Minimum" bei der Auslegung normativer Merkmale im Strafrecht, NStZ 84, 300. – *Tiedemann*, Der Entwurf eines 1. Gesetzes zur Bekämpfung der Wirtschaftskriminalität, ZStW 87, 252. – *ders.*, Zur Reform der Vermögens- und Wirtschaftsstraftatbestände, ZRP 70, 256. – *ders.* u. *Cosson*, Straftaten und Strafrecht im deutschen und französischen Bank- und Kreditwesen, 1973.

Materialien: Tagungsberichte der Sachverständigenkommission zur Bekämpfung der Wirtschaftskriminalität – Reform des Wirtschaftsstrafrechts, Bd. V. – Entwurf eines 1. Gesetzes zur Bekämpfung der Wirtschaftskriminalität (RegE), BR-Drs. 5/75. – Bericht und Antrag des Sonderausschusses für die Strafrechtsreform, BT-Drs. 7/5291. – Prot. 7 S. 2567 ff., 2748 ff.

I. Mit der durch das **1. WiKG** eingefügten Vorschrift soll eine wirksamere Bekämpfung des für die 1 Allgemeinheit besonders gefährlichen **Kreditbetrugs** ermöglicht werden. Maßgebend für die Einführung der Vorschrift war einmal die besondere Schutzbedürftigkeit des Kreditwesens wegen der hier besonders gravierenden Breiten- und Fernwirkung von Kreditbetrügereien großen Ausmaßes, zum andern die aus Beweisschwierigkeiten sich ergebende praktische Unzulänglichkeit des § 263 bei der Ahndung von Kreditbetrügereien (vgl. näher die 20. A., ferner BR-Drs. 5/75 S. 17ff., BT-Drs. 7/5291 S. 14, Prot. 7 S. 2472ff., 2748ff., Berz BB 76, 1438, Göhler/Wilts DB 76, 1697, Lampe aaO 33 ff., Müller-Emmert u. Maier NJW 76, 1661, Tiedemann II 52, LK 3 ff. u. zur Entstehungsgeschichte eingehend Kießner aaO 25 ff.; vgl. auch § 187 AE, BT, Wirtschaftsdelikte). Gegenüber dem ähnlich konzipierten, 1961 aufgehobenen § 48 a. F. KreditwesenG (vgl. Lampe aaO 33 ff.) ist § 265 b insofern weiter, als auf der Kreditgeberseite nicht nur Kreditinstitute, sondern alle Betriebe und Unternehmen i. S. des Abs. 3 Nr. 1 in Betracht kommen (über die Gründe vgl. BR-Drs. 5/75 S. 30, BT-Drs. 7/5291 S. 15), enger dagegen insofern, als es sich auch auf der Kreditnehmerseite um solche Betriebe und Unternehmen handeln muß. Grund dieser Beschränkung auf der Kreditnehmerseite ist, daß nur bei Betrieben i. S. des Abs. 3 Nr. 1 die Vermögensverhältnisse nicht ohne weiteres überschaubar sind (vgl. auch u. 5, 9); mittelbar soll damit außerdem eine Begrenzung auf Kredite in einer bestimmten Größenordnung erreicht werden (vgl. BT-Drs. 7/5291 S. 15, Prot. 7 S. 2762, Göhler/Wilts DB 76, 1658; krit. dazu aber D-Tröndle 4, Lampe aaO 51 ff., M-Maiwald I 458, Tiedemann LK 7; vgl. auch u. 5, 9, 20). Außerhalb des Tatbestandes bleiben damit einerseits die Geldhingabe zu Anlagezwecken durch Private (keine Gefährdung der Kreditwirtschaft; vgl. BR-Drs. 5/75 S. 30), andererseits aber auch Kredite an Private bzw. an die Voraussetzungen des Abs. 3 Nr. 1 nicht erfüllende (Klein-)Betriebe, weil die Prüfung der Kreditwürdigkeit hier in aller Regel geringere Schwierigkeiten bereitet. Ebenso wie der frühere § 48 KreditwesenG hat jedoch auch § 265 b in der Gerichtspraxis bisher noch keine sonderliche Bedeutung erlangt (vgl. näher dazu u. zur Kriminologie des Kreditbetrugs Kießner aaO 83 ff.; krit. zu der Vorschrift, deren Effizienz schon während des Gesetzgebungsverfahrens bezweifelt wurde, z. B. Haft ZStW 88, 365 ff., Hillenkamp aaO 233 ff., Lampe aaO 37 ff.).

Der Tatbestand des § 265 b ist durch eine bedenkliche **Häufung** verhältnismäßig **unbestimmter** 2 **Begriffe** gekennzeichnet (krit. auch Haft ZStW 88, 869, Lampe aaO 55). Dies gilt z. B. schon für den Begriff des Betriebs usw., der nach Art und Umfang einen in kaufmännischer Weise eingerichteten Geschäftsbetrieb erfordert (Abs. 1, 3 Nr. 1), wobei es ein Unterschied ist, ob eine solche Wendung im Handelsrecht (§ 2 HGB) oder im Strafrecht gebraucht wird (vgl. auch die Bedenken in Prot. 7 S. 2529, 2624). Ebenso ist z. B. das Merkmal „für die Entscheidung erheblich", bei dem als Maßstab auf einen „verständigen, durchschnittlich vorsichtigen Dritten" abgestellt werden soll (BT-Drs. 7/5291 S. 16), ein in hohem Maß ausfüllungsbedürftiger Begriff. Darüber, wann eine Bilanz „unrichtig" ist (Abs. 1 Nr. 1a), wird bekanntlich auch unter Fachleuten gestritten (vgl. daher die Kritik in Prot. 7 S. 2528, 2624). Nicht anders ist es auch bei den in Abs. 1 Nr. 1a genannten Gutachten. Trotzdem dürfte die Vorschrift mit Art. 103 II GG noch zu vereinbaren sein (vgl. auch § 1 RN 26ff.). Doch ist dem Bestimmtheitsgebot hier in der Weise Rechnung zu tragen, daß eine Bejahung dieser Merkmale so lange ausgeschlossen ist, als auch Sachkundige über ihr Vorliegen unterschiedlicher Meinung sein können, die dem Täter günstige Auffassung m. a. W. also noch „vertretbar" erscheint (vgl. auch Schlüchter NStZ 84, 301, Tiedemann LK 27, Dünnebier-FS 536f. und zur ähnlichen Problematik bei § 400 Nr. 4 i. V. mit § 160 III Nr. 2 AktG a. F. Schaffstein-FS 206ff.; nicht zutr. erkannt in BGH **30** 288 m. Anm. Lampe JR 82, 430, wo in diesen Anforderungen lediglich ein allgemeines Problem der richterlichen Überzeugungsbildung gesehen wird [vgl. dazu auch Schlüchter aaO]).

3   II. **Rechtsgut** des § 265b ist zunächst das *Vermögen* des Kreditgebers, das hier schon im Vorfeld des Betrugs geschützt wird. Darüber hinaus soll § 265b aber auch das Funktionieren des für die Volkswirtschaft besonders wichtigen *Kreditwesens* insgesamt schützen (vgl. Arzt/Weber IV 12, 28, Kießner aaO 55f., Lackner 1, Tiedemann LK 9, Wessels II/2 S. 159 u. näher Lampe aaO 37ff.; and. D-Tröndle 6, Heinz GA 77, 226, M-Maiwald I 409f., 452, Samson SK 2, Schubarth ZStW 92, 91f.: nur das Vermögen, wozu auch BGH **36** 131 „neigt", dies dann aber offenläßt). Davon war eindeutig der Gesetzgeber ausgegangen (vgl. BT-Drs. 7/5291 S. 14 u. die Nachw. b. Tiedemann LK 9), und dafür spricht ferner, daß es auch hier erst das Hinzukommen eines weiteren überindividuellen Rechtsguts ist, das die Schaffung eines im Vorfeld individueller Vermögensschädigung liegenden abstrakten Gefährdungstatbestands rechtfertigt und die Tat überhaupt erst zur Wirtschaftsstraftat macht. Daß Schutzgut des § 265b nur das Vermögen des Kreditgebers sein könne, weil andernfalls auch der unverantwortlich handelnde Kreditgeber in die Strafvorschrift hätte einbezogen werden müssen (so BGH aaO, M-Maiwald I 410; vgl. auch Krey II 223), ist schon angesichts des „fragmentarischen Charakters des Strafrechts" nicht überzeugend, da es ja wohl immer noch der unredliche Kreditnehmer ist, von dem der Kreditwirtschaft die wesentlich größeren Gefahren drohen. Dabei ist die vielfache Abhängigkeit von Gläubigern und Gläubiger-Gläubigern sowohl des Kreditgebers als auch des Kreditnehmers allerdings nur ein Teilaspekt. Vielmehr wurde schon bei früheren Reformforderungen mit Recht darauf hingewiesen, daß es beim Kreditbetrug auch um andere Schuldner und potentielle Kreditnehmer geht, denen die Existenzmöglichkeit genommen wird, wenn zunehmendes Mißtrauen zu einer Lahmlegung des Kreditverkehrs führt (vgl. die Nachw. in BR-Drs. 5/75 S. 18). Insofern schützt § 265b daher den Kredit als besonders wichtiges *Instrument des Wirtschaftsverkehrs* (Tiedemann LK 10).

4   Ebenso wie die §§ 264, 264a enthält § 265b ein **abstraktes Gefährdungsdelikt** (vgl. Prot. 7 S. 2751, Bay NJW **90**, 1678, Arzt/Weber IV 13, Berz BB 76, 1438, D-Tröndle 6, Göhler/Wilts DB 76, 1657, Heinz GA 77, 214, Lackner 1, Otto aaO 110 u. näher Lampe aaO 41ff.; vgl. aber auch Tiedemann LK 12), was auch hier nur mit dem besonders qualifizierten Schutzgut zu rechtfertigen ist. Daß der einzelne Kreditbetrug, selbst wenn er zu einer Vermögensschädigung führt, für die Kreditwirtschaft insgesamt noch völlig ungefährlich ist (vgl. aber auch BGH **36** 131f.) – Entsprechendes gilt für § 264 –, ändert daran nichts, weil hier die massenhafte Begehung verhindert werden soll, durch welche die Funktionsfähigkeit des Kreditwesens als Institution tatsächlich in Mitleidenschaft gezogen würde (vgl. 3a vor § 306). Anders als § 264 ist § 265b jedoch keine dem § 263 vorgehende Sonderregelung, was sich schon aus der milderen Strafdrohung des § 265b ergibt (vgl. auch u. 51). Der auch im Vergleich zu § 264 geringere Unrechtsgehalt des § 265b ergibt sich daraus, daß hier – i. U. zu § 264 – auch Fälle erfaßt werden, in denen dem Täter das Bewußtsein der Schädigung fehlt (falsche Angaben, in der Hoffnung, durch den Kredit wirtschaftlich zu gesunden und ihn dann wieder zurückzahlen zu können; vgl. Prot. 7 S. 2772).

5   III. Der **sachliche Anwendungsbereich** der Vorschrift ist nach Abs. 1 beschränkt auf Kredite i. S. des Abs. 3 Nr. 2, bei denen sowohl Kreditgeber als auch Kreditnehmer Betriebe oder Unternehmen i. S. des Abs. 3 Nr. 1 sind (zur ratio legis insoweit vgl. o. 1, u. 9, 20). Dabei muß der Betrieb usw., für den der Kredit beantragt wird, mit den in Abs. 3 Nr. 1 genannten Eigenschaften trotz des insoweit nicht eindeutigen Wortlauts bereits im Zeitpunkt der Antragstellung bestehen; daß ein die Voraussetzungen des Abs. 3 Nr. 1 erfüllender Betrieb erst geschaffen werden soll und der Kredit für diesen gedacht ist, genügt mithin nicht, weil der Grund für die Beschränkung auf Betriebe i. S. des Abs. 3 Nr. 1 u. a. gerade darin liegt, daß bei diesen die Prüfung der Kreditwürdigkeit mit wesentlich größeren Schwierigkeiten verbunden ist als bei einem Privaten oder einem Kleinbetrieb (vgl. Bay NJW **90**, 1679, ferner o. 1). Erweitert ist der Anwendungsbereich des § 265b lediglich insofern, als auf der Kreditnehmerseite zur Erfassung von Schein- und Schwindelunternehmen auch ein nur vorgetäuschter Betrieb usw. genügt (vgl. dazu BR-Drs. 5/75 S. 32, BT-Drs. 7/2591 S. 15, Prot. 7 S. 2784f.); folgerichtig muß hier dann aber gleichfalls darüber getäuscht werden, daß der Betrieb usw. mit den besonderen Merkmalen des Abs. 3 Nr. 1 bereits im Zeitpunkt der Beantragung des Kredits besteht. Von dieser Erweiterung abgesehen bleiben damit außerhalb des Tatbestands: 1. Kredite, bei denen Kreditgeber oder Kreditnehmer ein Privater ist; 2. solche Betriebskredite, bei denen auf Kredit-

geber- oder Kreditnehmerseite ein Betrieb usw. beteiligt ist, der nicht die besonderen Voraussetzungen des Abs. 3 Nr. 1 erfüllt; 3. Kredite für einen Betrieb, der zwar den Anforderungen des Abs. 3 Nr. 1 entsprechen würde, der aber (tatsächlich oder angeblich) erst gegründet werden soll. Maßgebend dafür, ob es sich um einen Kredit „für" einen Betrieb usw. handelt, ist die wirtschaftliche Betrachtungsweise (vgl. auch Lackner 2a, Tiedemann LK 20ff.): Unanwendbar ist § 265b daher bei Krediten, die einem Unternehmer nicht zu betrieblichen, sondern zu privaten Zwecken gewährt werden (z. B. für den Bau eines Einfamilienhauses, vgl. Prot. 7 S. 2768, aber auch S. 2528, 2624); umgekehrt gilt § 265b auch für Kredite, die zwar von einem Privaten im eigenen Namen, aber für Rechnung eines Betriebs aufgenommen werden (vgl. das Beisp. in Prot. 7 S. 2768). Entsprechendes muß nach dem Sinn der Vorschrift auch für den Kreditgeber gelten, weshalb z. B. sog. durchlaufende Kredite aus öffentlichen Mitteln, bei denen ein Kreditinstitut lediglich für die treuhänderische Verwaltung haftet, nicht unter § 265b fallen (and. hier Tiedemann LK 23).

1. Betriebe und Unternehmen i. S. des § 265b sind nach **Abs. 3 Nr. 1** unabhängig von ihrem **6** Gegenstand solche, die einen in kaufmännischer Weise eingerichteten Geschäftsbetrieb erfordern.

a) Der Begriff des **Betriebs** bzw. **Unternehmens** ist, obwohl er dort eine andere Funktion **7** hat, in derselben umfassenden Weise zu verstehen wie in § 14 (vgl. dort RN 28 ff.; vgl. auch § 264 RN 23). Auch hier kommt es auf die Art der von dem Betrieb hervorgebrachten oder zur Verfügung gestellten Leistung nicht an, was Nr. 1 durch den zusätzlichen Hinweis, daß es auf den Gegenstand des Betriebs usw. nicht ankommt, noch einmal ausdrücklich klarstellt. Erfaßt sind damit nicht nur Kredite an Gewerbe-, Handels-, Landwirtschafts-, Verkehrsbetriebe usw., sondern auch an freiberuflich Tätige (Ärzte, Anwälte usw.; krit. Tiedemann ZStW 87, 263), Theater, Krankenhäuser usw., sofern sie nur die weiteren Voraussetzungen der Nr. 1 erfüllen (vgl. u. 9). Andererseits kommen als Kreditgeber nicht nur Kreditinstitute, sondern auch andere Betriebe usw. in Betracht (wichtig z. B. bei Warenkrediten).

Obwohl in Abs. 3 Nr. 1 eine dem § 264 VI 2 entsprechende Gleichstellung fehlt, kann nicht zwei- **8** felhaft sein, daß auch **öffentliche Betriebe und Unternehmen** (vgl. dazu § 264 RN 23) Betriebe i. S. des § 265b sein können (ebenso D-Tröndle 7, Lackner 2a, Tiedemann LK 24). Andernfalls wäre – ein völlig unsinniges Ergebnis – der Kreditbetrug z. B. gegenüber kommunalen Sparkassen nicht nach § 265b strafbar. Daß hier aus § 264 VI 2 kein Umkehrschluß gezogen werden kann, folgt schon daraus, daß auch bei § 264 dessen Abs. 6 S. 2 nur klarstellende, aber keine konstitutive Bedeutung hat. Im übrigen ist anerkannt, daß der Inhalt des Unternehmensbegriffs, der den Geltungsbereich spezifischer Vorschriften bestimmen soll, von Gesetz zu Gesetz verschieden sein kann (vgl. Gierke/Sandrock, Handels- und Wirtschaftsrecht I, 9. A., 176 f.); auch aus diesem Grund würde daher § 264 VI 2 der Einbeziehung von öffentlichen Unternehmen in § 265b, entsprechend dem Zweck dieser Bestimmung, nicht entgegenstehen.

b) Im Unterschied zu § 264 bezieht sich § 265b jedoch nur auf Betriebe, die, unabhängig von **9** ihrem Gegenstand, **nach Art und Umfang einen in kaufmännischer Weise eingerichteten Geschäftsbetrieb erfordern**. Damit soll der Tatbestand auf Kreditnehmer beschränkt werden, deren Vermögensverhältnisse nicht ohne weiteres überschaubar sind; mittelbar soll dadurch außerdem zugleich eine Begrenzung auf Kredite einer bestimmten Größenordnung erreicht werden (vgl. dazu die Nachw. o. 1). Die fragliche Wendung ist § 2 HGB entnommen, wenn auch mit dem Unterschied, daß § 265b nicht den Betrieb eines Gewerbes voraussetzt („Betriebe und Unternehmen unabhängig von ihrem Gegenstand"), weshalb z. B. auch landwirtschaftliche Betriebe, Anwaltskanzleien, Arztpraxen usw. hierher gehören (D-Tröndle 7, Tiedemann LK 24).

Für den „*in kaufmännischer Weise eingerichteten Geschäftsbetrieb*" sind Einrichtungen wesentlich, wie **10** sie ein Vollkaufmann zum Zweck ordentlicher und zuverlässiger Geschäftsführung schaffen muß. Hierher gehören vor allem die geordnete Kassen- und Buchführung (einschließlich Inventar- und Bilanzerrichtung (vgl. §§ 238 ff. HGB), das Aufbewahren der Korrespondenz usw. (vgl. § 257 HGB), die Verwendung kaufmännisch geschulter Hilfskräfte, das Bestehen einer Bankverbindung usw.; arbeitet das Unternehmen mit Kredit, so ist dem Vollkaufmannsgewerbe die Wechsel-, Scheck- und Kontokorrentverkehr eigentümlich. Entscheidend ist die *Erforderlichkeit* solcher Einrichtungen, nicht ihr tatsächliches Vorhandensein; jedoch kann vielfach aus dem Bestehen der kaufmännischen Einrichtung auf ihre Notwendigkeit geschlossen werden, nicht dagegen umgekehrt aus dem Fehlen auf ihre Entbehrlichkeit. Die Erforderlichkeit muß sich sowohl aus der *Art* als auch aus dem *Umfang* des Unternehmens ergeben. Mit ersterer ist die Beschaffenheit – nicht dagegen der Gegenstand (vgl. o. 9) – des Unternehmens gemeint, wobei es sowohl auf die Natur der in dem Betrieb vorgenommenen Geschäfte als auch auf die Art ihrer Abwicklung ankommt; von Bedeutung sind in diesem Zusammenhang z. B. das Geben und Nehmen von Kredit, die Vielfalt der in dem Betrieb erbrachten Leistungen und der Geschäftsbeziehungen einerseits, die Einfachheit und Gleichförmigkeit der getätigten Geschäfte andererseits. Der Umfang eines Unternehmens bestimmt sich vor allem nach der Höhe seines Umsatzes, ferner nach der Höhe des investierten Kapitals, seinem Ertrag, der Zahl der Arbeitnehmer, der Größe und Zahl der Betriebsstätten usw. Da Art und Umfang eines Betriebs nur durch eine offene Zahl jeweils typischer Merkmale beschrieben werden können, bedeutet die Aufzählung der genannten Kriterien jedoch nicht, daß im Einzelfall jedes von ihnen die Notwendigkeit einer kaufmännischen Einrichtung ergeben müßte; maßgebend ist vielmehr das Gesamtbild sowohl bezüglich der Art als auch des Umfangs (vgl. auch Tiedemann LK 26). Dabei kann die Kumulierung beider Erfordernisse dazu führen, daß ein in der Art einfacher Geschäftsbetrieb trotz hohen Umsatzes nicht unter § 265b fällt, ebenso wie umgekehrt ein niedriger Umsatz trotz komplizierter Geschäftsführung die Anwendung des § 265b ausschließen kann. Wegen der Einzelheiten vgl. Rspr. und Schrifttum zu § 2 HGB; zu den aus dem Bestimmtheitsgebot sich ergebenden Folgerungen vgl. o. 2.

11   2. Der Begriff des **Kredits** wird – teilweise in Anlehnung an § 19 KreditwesenG – abschließend in **Abs. 3 Nr. 2** definiert. Er umfaßt nicht nur Kredite im rechtlichen Sinn (Darlehen), sondern auch andere Rechtsgeschäfte, durch die dem Kreditnehmer Geld oder geldwerte Mittel i. w. S. zeitweise zur Verfügung gestellt werden.

12   a) Zu den **Gelddarlehen aller Art** gehören alle auf die Hingabe, zeitweise Belassung und Rückzahlung von Geld gerichteten Verträge, gleichgültig, ob es sich dabei um kurz-, mittel- oder langfristige, verzinsliche oder unverzinsliche Kredite handelt und ob der Kredit als Personal- oder Realkredit, als Kontokorrentkredit, mit vereinbarter Fälligkeit oder als Tilgungsdarlehen gewährt wird (näher Tiedemann LK 30). Maßgeblich ist, ob es sich rechtlich um ein Darlehen handelt; unter dieser Voraussetzung gehört auch die Geldhingabe zu Anlagezwecken hierher, nicht dagegen eine gesellschaftsrechtliche Beteiligung, da es sich dabei rechtlich nicht um ein Darlehen handelt (vgl. D-Tröndle 8, Tiedemann LK 8, 28, 30).

13   b) Ein **Akzeptkredit** liegt vor, wenn der Kreditgeber dem Kreditnehmer durch die Akzeptunterschrift auf einem Wechsel (Art. 25 WG) die Möglichkeit gibt, den Wechsel bei einer Bank diskontieren zu lassen und sich dadurch Geld zu beschaffen oder ihn seinem Lieferanten in Zahlung zu geben. Die besondere Nennung des Akzeptkredits ist notwendig, weil der Kreditgeber (Akzeptant) hier in der Regel kein Gelddarlehen gewährt, sondern einen Geschäftsbesorgungsvertrag abschließt (bestr., vgl. BGHZ **19** 288 mwN; anders, wenn die akzeptierende Bank selbst den Wechsel diskontiert, vgl. Beck, KreditwesenG § 1 RN 55). Über den Wortsinn hinaus wird es als Akzeptkredit i. S. der §§ 1 I Nr. 2, 19 I Nr. 1 KreditwesenG z. T. auch angesehen, wenn dem Kreditnehmer statt des Akzepts des Kreditgebers dessen Ausstellerunterschrift zur Verfügung gestellt wird (vgl. Bähre/Schneider, KWG-Kommentar, 3. A., § 1 Anm. 8, § 19 Anm. 3). In § 265b dagegen dürfte einer solchen Erweiterung, obwohl sie bei wirtschaftlicher Betrachtung zwingend erscheint, das Analogieverbot entgegenstehen (ebenso Tiedemann LK 32). Dies führt zwar zu keiner Lücke bei der Ausstellerunterschrift auf einer Tratte (Art. 1, 9 WG), weil hier zugleich von der Übernahme einer Gewährleistung gesprochen werden kann (vgl. u. 19), wohl aber beim eigenen Wechsel („Solawechsel", vgl. Art. 75, 78 WG), wo diese Möglichkeit nicht besteht.

14   c) Der **entgeltliche Erwerb von Geldforderungen** ist zwar rechtlich ein Forderungskauf nach § 437 BGB, wirtschaftlich aber ein Kredit, da der Zedent die Forderung dem Zessionar im eigenen Interesse anbietet, um Finanzierungsmittel zu erlangen (vgl. auch die Diskontierung von Wechseln und Schecks). Notwendig ist daher auch, daß der Zedent die Voraussetzungen des Abs. 3 Nr. 1 erfüllt, während es darauf beim Schuldner der Forderung nicht ankommt. In Betracht kommt jede auf Geld gerichtete – auch künftige – Forderung, unabhängig von der Art ihres Entstehungsgrundes. Erfaßt ist damit auch das sog. Factoringgeschäft, und zwar auch das sog. echte Factoring, bei dem der Erwerber das Risiko der Einbringlichkeit der Forderung übernimmt (D-Tröndle 11, Tiedemann LK 33). Der entgeltliche Erwerb setzt die rechtliche und wirtschaftliche Vollabtretung der Forderung voraus. Nicht hierher gehört daher die bloße Einziehungsermächtigung; doch kommt hier ein Gelddarlehen (vgl. o. 12) in Betracht, wenn der Forderungsbetrag schon vor Einzug der Forderung zur Verfügung gestellt wird. Kein entgeltlicher Erwerb ist auch die Sicherungsabtretung; ein Kredit i. S. der Nr. 2 kann hier jedoch im Hinblick auf ein Gelddarlehen (vgl. o. 12) oder die Stundung einer Geldforderung (vgl. u. 15), zu deren Sicherung die Forderung abgetreten ist, vorliegen (ebenso Tiedemann LK 34).

15   d) **Stundung einer Geldforderung** ist das auf einer entsprechenden Abrede beruhende Hinausschieben der Fälligkeit einer Forderung bei bestehenbleibender Erfüllbarkeit, gleichgültig, ob sie schon bei Vertragsabschluß oder später vereinbart worden ist und ob sie auf bestimmte oder unbestimmte Zeit lautet (vgl. Palandt-Heinrichs, BGB, 48. A., § 271 Anm. 4a). Abweichend von § 19 I Nr. 3 KreditwesenG ist es auch unerheblich, ob die Stundung über die handelsübliche Frist hinausgeht. Da die Stundung jeder beliebigen Geldforderung genügt, gilt § 265b z. B. auch für die Einräumung eines Warenkredits. Zweifelhaft ist, ob auch das pactum de non petendo (Versprechen des Gläubigers, die schon fällige Forderung zeitweise nicht geltend zu machen) als Stundung i. S. der Nr. 2 anzusehen ist (zur Bedeutung dieser Frage vgl. u. 25). Dafür könnte immerhin sprechen, daß pactum de non petendo und Stundung in der Rechtswirklichkeit vielfach kaum zu unterscheiden sind.

16   e) Die **Diskontierung von Wechseln und Schecks** ist der Ankauf von noch nicht fälligen Wechseln und Schecks, wobei der Verkäufer den aus dem Wechsel oder Scheck sich ergebenden Betrag abzüglich des Zwischenzinses (Diskont) für die Zeit bis zum Fälligkeitstag sowie der Unkosten und der Provision erhält (vgl. auch § 1 I Nr. 3 KreditwesenG, ferner Beck, KreditwesenG § 1 RN 72). Auch hier handelt es sich demnach um den entgeltlichen Erwerb einer Geldforderung, weshalb die besondere Nennung der Diskontgeschäfte in Nr. 2 letztlich überflüssig ist. Entsprechend dem o. 14 Gesagten muß es sich bei dem Verkäufer des Wechsels usw. um einen Betrieb i. S. des Abs. 3 Nr. 1 handeln; nicht erforderlich ist, daß diese Voraussetzungen auch beim Aussteller und Bezogenen vorliegen. Kein Diskontgeschäft ist der bloße Wechsel- bzw. Scheckinkasso (vgl. Beck, KreditwesenG § 1 RN 74); wird der Betrag dem Einreicher von der Bank schon vorher zu seiner Verfügung gutgeschrieben, so kommt insoweit jedoch ein Gelddarlehen in Betracht (Otto aaO 117, Tiedemann LK 39).

f) Mit der **Übernahme einer Bürgschaft** verpflichtet sich der Bürge gegenüber dem Gläubiger 17 eines Dritten, für die Erfüllung der Verbindlichkeit des Dritten einzustehen (§ 765 BGB). Zu den Bürgschaften i. S. der Nr. 2 gehören auch die zahlreichen Sonderformen der Bürgschaft (z. B. Nachbürgschaft, Rückbürgschaft, Ausfallbürgschaft, selbstschuldnerische Bürgschaft [§ 773 BGB], Mitbürgschaft [§ 769 BGB], Höchstbetragsbürgschaft, Zeitbürgschaft [§ 777 BGB]); zu den im Bankgeschäft häufigen Formen („Avalkredit") vgl. Beck, KreditwesenG § 1 RN 140.

g) Bei der **Übernahme einer Garantie** verpflichtet sich der Garant (Kreditgeber) im Auftrag eines 18 Dritten (Kreditnehmer) gegenüber dem Garantieempfänger, für das Eintreten eines bestimmten Erfolgs (z. B. fristgerechter Eingang einer Zahlung) oder die Fortdauer eines bestimmten Zustandes in der Weise einzustehen, daß er ihm für den entgegengesetzten Fall Ersatz zu leisten verspricht (vgl. Larenz, Schuldrecht II, 12. A., 434, Palandt-Thomas, BGB, 48. A., Einf. 3 c vor § 765 mwN). Im Unterschied zur Bürgschaft ist die Garantieverpflichtung vom Fortbestand, u. U. auch vom Entstehen der gesicherten Schuld unabhängig, wobei sich die im Einzelfall oft schwierige Abgrenzungsfrage für § 265 b jedoch nicht stellt. Über den Unterschied zwischen Garantie- und Versicherungsvertrag vgl. Soergel-Mühl, BGB, 11. A., 33, 43 vor § 765; zu den häufigsten Formen einer Bankgarantie vgl. Beck, KreditwesenG § 1 RN 142.

h) Die **sonstigen Gewährleistungen** dürften sich, was ihren Inhalt betrifft, von der Garantie nicht 19 wesentlich unterscheiden. In § 19 I Nr. 4 KreditwesenG sind sie offenbar nur zur Vermeidung von Abgrenzungsschwierigkeiten genannt, die sich hinsichtlich des Begriffs der Garantie ergeben können (vgl. Beck, KreditwesenG § 1 RN 143). Hierher werden z. B. die wechsel- und scheckmäßigen Indossamentsverpflichtungen gerechnet, ferner der Schuldbeitritt, die Akkreditiveröffnung und -bestätigung (and. wenn der Gegenwert dem Kreditinstitut bereits angeschafft worden ist, vgl. Bähre/Schneider, KWG-Komm., 2. A., § 19 RN 6), der Kreditauftrag i. S. des § 778 BGB, die Wechsel- und Scheckbürgschaften nach Art. 32 WG, 27 ScheckG (vgl. Beck, KreditwesenG § 1 RN 143), nicht dagegen die mit einer Scheckkartenhingabe verbundene Verpflichtung (Bähre/Schneider aaO, Tiedemann LK 40).

3. Nicht erforderlich ist für den Tatbestand des § 265 b eine **bestimmte Kredithöhe** (über die 20, 21 Gründe vgl. BT-Drs. 7/5291 S. 15, Prot. 7 S. 2762 ff.; and. § 187 AE [BT, Wirtschaftsdelikte]: Mindestkreditbetrag von 20000 DM). Zwar glaubte der Gesetzgeber, die Vorschrift praktisch dadurch von Kleinkrediten weitgehend freigehalten zu haben, daß sie den Tatbestand auf Betriebsmittelkredite (die i. d. R. erst ab einer bestimmten Größenordnung in Anspruch genommen werden) beschränkt ist und daß bei der Gewährung von Kleinkrediten regelmäßig auch keine schriftlichen Unterlagen (vgl. Abs. 1 Nr. 1) verlangt werden. Diese Überlegungen treffen zwar für Bankkredite zu, übersehen wurde dabei aber, daß mit der Einbeziehung von Stundungen (vgl. o. 15) z. B. auch der gesamte Warenkredit erfaßt ist und hier keineswegs davon ausgegangen werden kann, daß Kleinkredite praktisch nicht vorkommen (z. B. Stundung einer Restkaufpreisforderung; mit Recht krit. daher D-Tröndle 12, Lampe aaO 45). Obwohl bei der Erschleichung von Kleinkrediten das Bestehen eines Strafbedürfnisses über § 263 hinaus durchaus zweifelhaft ist, besteht nach Entstehungsgeschichte und Wortlaut der Vorschrift keine Möglichkeit, die Strafbarkeit entsprechend zu beschränken (vgl. näher hier die 20. A., RN 20 f.; zur Kritik eingehend Lampe aaO 44 ff.).

IV. Der objektive Tatbestand besteht nach **Abs. 1** in einer besonders qualifizierten Täu- 22 schungshandlung (Nr. 1, 2) gegenüber einem Betrieb oder Unternehmen (Abs. 3 Nr. 1) im Zusammenhang mit einem Antrag auf Gewährung, Belassung oder Veränderung der Bedingungen eines Kredits (Abs. 3 Nr. 2) für einen – auch nur vorgetäuschten – Betrieb usw. (Abs. 3 Nr. 1). Nicht erforderlich ist, daß dies tatsächlich zu einem entsprechenden Irrtum geführt hat; erst recht nicht braucht es zu der Kreditgewährung usw. gekommen zu sein.

1. Die in Nr. 1, 2 umschriebene Täuschungshandlung muß **gegenüber einem Betrieb oder** 23 **Unternehmen i. S. des Abs. 1 Nr. 3** (vgl. dazu o. 5 ff.) erfolgen, wobei dieser Betrieb usw. der Kreditgeber (vgl. o. 5) sein muß (ebenso D-Tröndle 18, Samson SK 10). Letzteres ergibt sich zwar nicht zwingend aus dem Gesetzeswortlaut, wohl aber daraus, daß es nicht Sinn des § 265 b sein kann, z. B. auch falsche Angaben gegenüber einem die Voraussetzungen des Abs. 3 Nr. 1 erfüllenden Auskunftsbüro zu erfassen, das für eine Bank „im Zusammenhang" mit einem Kreditantrag Ermittlungen über die Kreditwürdigkeit des Kreditnehmers anstellt (and. Tiedemann LK 49). Nicht ausgeschlossen ist damit eine mittelbare Täterschaft oder Teilnahme,

§ 265 b 24–27   Bes. Teil. Betrug und Untreue

wenn das Auskunftsbüro die falschen Angaben an den Kreditgeber weitergibt; zur Täterschaft anderer Personen als des Kreditnehmers vgl. u. 26, 28, 50.

24   2. Die Täuschungshandlung muß **im Zusammenhang mit** einem **Kreditantrag** (Antrag auf Gewährung, Belassung oder Veränderung der Bedingungen eines Kredits i. S. des Abs. 3 Nr. 2; zu diesem vgl. o. 11 ff.) **für einen** – auch nur vorgetäuschten – **Betrieb usw.** i. S. des Abs. 3 Nr. 1 stehen.

25   a) Ein **Kreditantrag** in dem o. 24 genannten Sinn ist nicht nur der Antrag i. S. des § 145 BGB, sondern nach der ratio legis jede auf die Erlangung usw. eines Kredits gerichtete Erklärung, durch die der Kreditgeber seinerseits zu einer für ihn bereits bindenden Erklärung veranlaßt werden soll. Hierher gehört daher z. B. auch die Aufforderung an den Kreditgeber, ein für ihn verbindliches Angebot zu machen, welches dann von dem Kreditnehmer lediglich noch angenommen zu werden braucht (vgl. auch Samson SK 13; and. Tiedemann LK 46). Nicht ausreichend sind dagegen bloße Erkundigungen oder noch unverbindliche Vorverhandlungen (Tiedemann LK 45 mwN). Im Unterschied zu den in Nr. 1, 2 umschriebenen Täuschungshandlungen ist für den Kreditantrag selbst keine Schriftform erforderlich. Seinem *Inhalt* nach muß dieser auf die Gewährung, Belassung oder Veränderung der Bedingungen eines Kredits i. S. des Abs. 3 Nr. 1 gerichtet sein. *Gewährung* eines Kredits ist der Abschluß eines unter Abs. 3 Nr. 2 fallenden Kreditgeschäfts, das *Belassen* eines Kredits die Weitergewährung eines solchen trotz der rechtlichen Möglichkeit der Rückforderung (vgl. Frankfurt StV **90**, 213, D-Tröndle 15, Tiedemann LK 47). Nicht gemeint ist damit jedoch die Stundung, da eine i. S. des Abs. 3 Nr. 2 selbst ein „Kredit" ist und damit bereits als das „Gewähren" eines solchen darstellt. Das „Belassen" kann sich daher nur auf sonstige rechtsgeschäftliche Vereinbarungen beziehen, durch die der Kredit faktisch weitergewährt wird (zum pactum de non petendo vgl. o. 15), wobei der Unterschied insofern von Bedeutung ist, als es sich zwar bei der Stundung, nicht aber beim Belassen eines Kredits um Geldforderungen beliebiger Art handeln kann. Kein Antrag auf Belassen eines Kredits ist es, wenn der Antragsteller nur das Einhalten der gültigen Vereinbarung erreichen will; die Vorlage unrichtiger Unterlagen usw. ist deshalb nicht tatbestandsmäßig i. S. des § 265b, wenn damit lediglich das Rückgängigmachen einer nicht berechtigten Kündigung oder Kürzung des Kredits bezweckt wird (Frankfurt aaO). Die *Veränderung der Bedingungen eines Kredits* – d. h. jede sonstige inhaltliche Änderung des ursprünglichen Kreditgeschäfts – kann sich z. B. auf den Zinssatz, Kündigungsfristen, Art und Weise der Tilgung, eine andere Verwendung des Kredits bei einer bestehenden Zweckbindung beziehen, aber auch auf Sicherheiten und Nebenabreden, die mit dem Kredit in unmittelbarem Zusammenhang stehen. Erfaßt werden sollte damit auch der Fall, daß mit einer Verbesserung (z. B. längere Laufzeit) eine gewisse Verschlechterung (z. B. höherer Zinssatz) verbunden ist (BT-Drs. 7/3441 S. 31, Müller-Emmert/Maier NJW 76, 1662).

26   b) Der Antrag muß auf die Gewährung usw. eines Kredits **für einen – auch nur vorgetäuschten – Betrieb usw.** i. S. des Abs. 3 Nr. 1 (vgl. o. 5 ff.) gerichtet sein, wobei dieser im Zeitpunkt der Antragstellung jedoch tatsächlich oder – beim vorgetäuschten Betrieb – angeblich bestehen muß (vgl. o. 5). Nicht erforderlich ist, daß der Antragsteller selbst der Kreditnehmer ist, so wenn ein Privater zwar im eigenen Namen, aber wirtschaftlich für ein Unternehmen ein Darlehen aufnehmen will (vgl. o. 5) oder wenn der Gläubiger eine Bank auffordert, für seinen Schuldner eine Bürgschaft zu übernehmen. Bei dem nur vorgetäuschten Betrieb usw. ist es ohne Bedeutung, ob er überhaupt nicht existiert oder ob er lediglich die zusätzlichen Voraussetzungen des Abs. 3 Nr. 1 (Notwendigkeit eines kaufmännisch eingerichteten Geschäftsbetriebs) nicht erfüllt. Im Unterschied zu den in Nr. 1, 2 umschriebenen Täuschungshandlungen kann das Vortäuschen eines Betriebs auch mündlich geschehen (vgl. Prot. 7 S. 2785); unerheblich ist aber auch hier, ob sich der Kreditgeber tatsächlich täuschen läßt.

27   c) Daraus, daß die Täuschungshandlung nach Nr. 1, 2 **im Zusammenhang mit** einem Kreditantrag erfolgen muß, ergibt sich zunächst, daß der Tatbestand des § 265 b überhaupt einen solchen Antrag voraussetzt, was schon deshalb zwingend ist, weil andernfalls die Gefahr einer Kreditgewährung nicht besteht. Nicht strafbar nach § 265 b ist daher z. B. das Vorlegen unrichtiger Unterlagen, wenn der Täter den zunächst beabsichtigten Kreditantrag später nicht stellt. Ein *Zusammenhang* mit dem Antrag setzt einen sachlichen Konnex in der Weise voraus, daß die falschen Unterlagen usw. erkennbar als Grundlage für die Entscheidung über den Kreditantrag dienen sollen (vgl. auch Lackner 2c, Tiedemann LK 48). Nicht erforderlich ist dafür, daß die unrichtigen Angaben in dem Antrag selbst enthalten oder mit diesem äußerlich verbunden sind oder auch nur gleichzeitig mit ihm eingereicht werden. Der erforderliche sachliche Zusammenhang besteht vielmehr auch dann, wenn die Handlung nach Nr. 1, 2 u. U. erst geraume Zeit nach dem Antrag, aber im Hinblick auf diesen begangen wird (nichtssagend daher das in BT-Drs. 7/5291 S. 15 und von D-Tröndle 16, Lackner 2c, Samson SK 13 genannte weitere Erfordernis eines zeitlichen Zusammenhangs). Ist die Täuschungshandlung nach Nr. 1, 2 dagegen dem Antrag vorausgegangen, so ist – entgegen Prot. 7 S. 2767f. – zu differenzieren: Hatte der Täter z. B. schon bei Vorlage der unrichtigen Unterlagen (Nr. 1b) die Absicht, später den Antrag zu stellen, so muß es genügen, wenn er die Unterlagen im Hinblick auf diesen Antrag vorgelegt hat (wobei für die Vollendung dann freilich der spätere Antrag hinzukommen muß, vgl. o.); Entsprechendes muß gelten, wenn er davon ausging, daß ein anderer den Antrag stellen wird. War dagegen seine Entscheidung über eine Beantragung des Kredits bei der Vorlage der Unterlagen noch völlig offen (z. B. weil er zunächst nur Erkundigungen einziehen wollte), so kann von einem Zusammenhang mit einem Kreditantrag in diesem Zeitpunkt noch nicht gesprochen werden. Hier dürfte es dann jedoch genügen, wenn er in dem späteren Antrag auf die bereits eingereichten Unterlagen Bezug nimmt, da es der „Vorlage" (Nr. 1a) gleichstehen muß, wenn der Täter auf eine bereits im Besitz des Kreditgebers befindliche Unterlage zu dem Zweck verweist, diese zur Grundlage für die Entscheidung des Kreditgebers zu machen (ebenso Tiedemann LK 48; vgl. auch u. 43). Fehlt dagegen eine solche – ausdrückliche oder stillschweigende – Bezugnahme, so könnte die Täuschungshandlung im Zusammenhang mit einem Kreditantrag nur noch in einem Unterlassen (Ingerenz) gesehen werden, was jedoch zumindest zweifelhaft ist.

Nicht erforderlich ist dagegen ein *persönlicher* Zusammenhang in der Weise, daß der Täuschende anstelle des Antragstellers handeln oder mit diesem sogar personengleich sein müßte. Dies wird schon daran deutlich, daß der Antragsteller seinerseits mit dem Kreditnehmer keineswegs identisch zu sein braucht (vgl. o. 26). Täter kann vielmehr ohne Rücksicht auf seine Beziehungen zum Antragsteller bzw. Kreditnehmer jeder sein, sofern sich nur seine Täuschungshandlung auf einen Kreditantrag für einen Betrieb i. S. des Abs. 3 Nr. 1 bezieht. Eine Täuschungshandlung „im Zusammenhang" mit einem Kreditantrag kann daher nicht nur von dem Kreditnehmer, einem dritten Antragsteller (z. B. Antrag auf Übernahme einer Bürgschaft für den Schuldner) und deren Angestellten begangen werden (vgl. Tiedemann ZStW 87, 263), sondern z. B. auch von dem Inhaber einer Auskunftei, der auf Anfrage einer Bank anläßlich eines Kreditantrags über den Kreditnehmer falsche Angaben macht (ebenso Tiedemann LK 18; vgl. auch u. 50). 28

3. Die **Täuschungshandlung** nach **Abs. 1 Nr. 1** besteht darin, daß der Täter über wirtschaftliche Verhältnisse unrichtige oder unvollständige Unterlagen vorlegt (Nr. 1a) oder schriftlich unrichtige oder unvollständige Angaben macht (Nr. 1b), wobei diese Unterlagen bzw. Angaben für den Kreditnehmer vorteilhaft und für die Entscheidung über den Kreditantrag erheblich sein müssen. 29

a) Gegenstand der Täuschungshandlung sind **„wirtschaftliche Verhältnisse"**. Dieser Begriff, der vom Gesetz keiner bestimmten Person zugeordnet wird (and. § 48 KreditwesenG a. F., § 187 AE, BT, Wirtschaftsdelikte: wirtschaftliche Verhältnisse des Kreditnehmers), ist für sich gesehen ebenso umfassend wie unbegrenzt (krit. Haft ZStW 88, 369). Infolge des Fehlens jeder Subjektbeziehung würde er nicht nur die Einbeziehung der Vermögensverhältnisse des Kreditnehmers und dessen Schuldner erlauben (vgl. Prot. 7 S. 2769f.), sondern z. B. auch der wirtschaftlichen Lage in einer bestimmten Branche oder in der Wirtschaft überhaupt. Eine gewisse Eingrenzung ergibt sich hier erst in Verbindung damit, daß die Angaben usw. über wirtschaftliche Verhältnisse für die Entscheidung über den Kreditantrag erheblich sein müssen, was zugleich besagt, daß auch die wirtschaftlichen Verhältnisse selbst nur solche sein können, die in diesem Sinne entscheidungsrelevant sind. Eine weitere Einschränkung folgt daraus, daß § 265b vernünftigerweise nur die Aufgabe haben kann, den Kreditgeber vor solchen Gefahren zu schützen, die für ihn daraus entstehen, daß er mangels hinreichender Überschaubarkeit der für die Kreditgewährung bedeutsamen individuellen Vermögensverhältnisse auf fremde Informationen angewiesen ist. Dagegen kann es nicht Sinn des § 265b sein, z. B. auch Täuschungen über die wirtschaftlichen Verhältnisse eines bestimmten Wirtschaftszweigs (etwa durch Vorlage eines entsprechenden Gutachtens) zu pönalisieren, obwohl diese für die Entscheidung über einen Kreditantrag im Einzelfall durchaus erheblich sein können (and. Tiedemann LK 65). Praktisch reduziert sich damit die Bedeutung des an sich zunächst unbegrenzten Begriffs der wirtschaftlichen Verhältnisse auf die Kennzeichnung der Umstände, die für die Kreditwürdigkeit des Kreditnehmers relevant sind. 30

α) Was die *persönliche Zuordnung* betrifft, so bedeutet dies, daß es nicht nur auf die wirtschaftlichen Verhältnisse des Kreditnehmers selbst ankommt, sondern auch auf diejenigen anderer Personen, sofern sie zu dem Kreditnehmer in Beziehungen stehen, die für dessen Kreditwürdigkeit mitbestimmend sind. Zu den wirtschaftlichen Verhältnissen gehören daher z. B. auch die Umstände, aus denen sich die Bonität der Schuldner des Kreditnehmers oder eines Bürgen ergibt (vgl. auch D-Tröndle 19, Lackner 3a, Tiedemann LK 64). 31

β) In *gegenständlicher* Hinsicht umfaßt der Begriff der wirtschaftlichen Verhältnisse alles, was die wirtschaftliche Leistungsfähigkeit eines Menschen ausmacht. Hierzu gehören zunächst die gesamten 32

Aktiva und Passiva, einschließlich der einzelnen Vermögenstücke (vgl. BT-Drs. 7/3441 S. 31), ferner z. B. Höhe und Entwicklung des bisherigen Umsatzes, Gängigkeit der hergestellten Produkte, Vor- und Nachteile aus der örtlichen Lage, Abhängigkeit von anderen Unternehmen usw. Darüber hinaus aber werden die für die Kreditwürdigkeit maßgeblichen wirtschaftlichen Verhältnisse in erheblichem Umfang auch durch die Möglichkeit künftiger (positiver oder negativer) Entwicklungen und die darauf gestützten Erwartungen bestimmt (ebenso Lackner 3a; zur Unrichtigkeit entsprechender Angaben vgl. u. 39). Teil der wirtschaftlichen Verhältnisse eines Betriebs ist daher z. B. auch seine Ausbaufähigkeit und die darauf beruhende Möglichkeit, den Absatz wesentlich zu steigern. Nicht zu den wirtschaftlichen Verhältnissen gehört der Verwendungszweck eines Darlehens als solcher (and. Tiedemann LK 66); doch kann er diese mittelbar beeinflussen, z. B. je nachdem, ob Investitions- oder Verbrauchsgüter angeschafft werden, so daß auch Täuschungen hierüber nach § 265b strafbar sein können (vgl. auch BGH NJW 57, 1288 zu § 48 KreditwesenG a. F.).

33   b) **Mittel der Täuschung** sind lediglich *Unterlagen,* namentlich Bilanzen, Gewinn- und Verlustrechnungen usw. (Nr. 1a) und *schriftliche Angaben* (Nr. 1b). Nur mündliche Falschangaben wurden wegen der hier befürchteten Beweisschwierigkeiten bewußt nicht in den Tatbestand einbezogen (vgl. BR-Drs. 5/75 S. 30, Göhler/Wilts DB 76, 1658), weshalb z. B. die Hingabe eines Finanzwechsels bzw. eines Schecks zur Diskontierung bei einer Bank (vgl. § 263 RN 29: konkludentes Vorspiegeln eines Handelswechsels bzw. seiner Deckung) nur bei Vorliegen einer entsprechenden schriftlichen Erklärung unter § 265b fällt (vgl. näher Lampe aaO 63f., Otto aaO 117, 121). Die Unterlagen usw. brauchen sich nicht auf die wirtschaftlichen Verhältnisse insgesamt zu beziehen, vielmehr genügen auch solche über einzelne Vermögensbestandteile (vgl. BT-Drs. 7/3441 S. 31).

34   α) Da auch die in Nr. 1b genannten schriftlichen Angaben streng genommen „Unterlagen" für die Entscheidung über den Kreditantrag sind, wird man den Begriff der **Unterlage** in Nr. 1a auf solche verkörperten Erklärungen, Darstellungen usw. einschließlich technischer oder im Wege der Datenverarbeitung erstellter Aufzeichnungen und sonstige Beweismittel (z. B. Modelle) zu beschränken haben, die gegenüber den – schriftlichen oder mündlichen – Angaben eine unterstützende Funktion erfüllen, indem sie diese belegen, verdeutlichen oder ergänzen sollen (vgl. auch D-Tröndle 21, Lackner 3a). Gleichgültig ist, ob die Unterlage vom Täter selbst oder von einem Dritten erstellt worden ist.

35   Lediglich als *Beispiele* werden in Nr. 1a die Bilanzen, Gewinn- und Verlustrechnungen, Vermögensübersichten und Gutachten besonders hervorgehoben. *Bilanzen* sind das Reinvermögen zeigende Abschlüsse in Gestalt einer die Werte in Gruppen zusammenfassenden, summarischen Gegenüberstellung von Aktiven und Passiven, die im einzelnen als Eröffnungs-, Zwischen-, Jahresabschluß-, Liquidations-, Abfindungsbilanzen usw. erstellt werden müssen bzw. können (vgl. §§ 242ff., 264ff., 297ff., 336ff. HGB). Bei der *Gewinn- und Verlustrechnung* handelt es sich um eine Ergänzung der Bilanz, die für einen gewissen Zeitraum über die Ertragslage Auskunft gibt (vgl. §§ 242 II, 275ff., 297ff., 336 HGB). Die *Vermögensübersicht* ist gegenüber der Bilanz der weitere Begriff, mit dem jede sonstige Aufzeichnung von Vermögenswerten erfaßt wird, soweit diese nicht in der besonderen Form einer Bilanz erfolgt (vgl. auch § 400 Nr. 1 AktG). Den *Gutachten* ist wesentlich, daß es Urteile (Wertungen, Schlußfolgerungen usw.) enthält (z. B. Bewertung von Vermögensbestandteilen, vgl. §§ 252ff., 279ff., 308f. HGB). *Sonstige Unterlagen* sind z. B. der Anhang zum Jahresabschluß und der Lagebericht gem. §§ 264, 284ff. usw. HGB, ferner Rentabilitätsberechnungen, Betriebsanalysen, eine Ertragsvorschau, Kontoauszüge, Quittungen, schriftliche Lieferverträge mit Kunden des Kreditnehmers, Versicherungsverträge.

36   β) **Schriftliche Angaben** sind alle sonstigen in einem Schriftstück enthaltenen Aussagen über die wirtschaftlichen Verhältnisse, soweit sie keine Unterlagen i. S. der Nr. 1a sind. Im Unterschied zu diesen, die auch von Dritten stammen können, kommen hier nur eigene Angaben des Täters in Betracht (ebenso Tiedemann LK 51); legt der Täter fremde Erklärungen vor, so handelt es sich dabei immer um Unterlagen. Im übrigen ist eine exakte Abgrenzung von Unterlagen und schriftlichen Angaben vielfach nicht möglich, wegen der Gleichwertigkeit beider Alternativen aber auch nicht erforderlich. Nicht notwendig für die Schriftlichkeit ist die Unterschrift, sofern nur erkennbar ist, wer hinter dem die Angaben enthaltenden Schriftstück steht. Andererseits genügt aber schon die bloße Unterschrift z. B. auf einem Antragsformular, in das der Kreditgeber die mündlich gemachten Angaben des Kreditnehmers aufgenommen hat (Tiedemann LK 51).

37   Die *Schriftlichkeit* ist *echtes Tatbestandsmerkmal* und muß deshalb vom Vorsatz umfaßt sein (ebenso D-Tröndle 21, Lackner 4, Tiedemann LK 52), was von Bedeutung ist, wenn z. B. der Betriebsinhaber einen Angestellten anweist, dem Kreditgeber lediglich telefonisch bestimmte Falschangaben durchzugeben, der Angestellte diese dann aber schriftlich macht. Demgegenüber wird in Prot. 7 S. 2769 das Schriftlichkeitserfordernis in die Nähe objektiver Bedingungen der Strafbarkeit gerückt, da es allein der besseren Beweisbarkeit diene (vgl. auch o. 1) und deshalb völlig unrechtsindifferent sei. Daß im

Gesetzgebungsverfahren nur dieser praktische Gesichtspunkt im Vordergrund stand, schließt jedoch nicht aus, das Merkmal der Schriftlichkeit auch unter dem materiellen Aspekt größerer Gefährlichkeit insofern zu sehen, als schriftlichen Angaben vielfach die größere Überzeugungskraft beigemessen wird (krit. Kießner aaO 63, Lampe aaO 48). Hier kann im allgemeinen eher als bei dem oft spontan gesprochenen Wort davon ausgegangen werden, daß der Betreffende sich wohl überlegt hat, was er sagt, dies zumal auch deshalb, weil er bei schriftlichen Angaben Gefahr läuft, daß ihm diese leichter vorgehalten werden können.

c) Zur **Unrichtigkeit** bzw. **Unvollständigkeit** von Unterlagen bzw. Angaben vgl. zunächst **38** § 264 RN 44. *Unrichtig* ist nur die inhaltlich unrichtige Unterlage usw., weshalb das Vorlegen einer für das verlorengegangene Original nachgemachten Ersatzunterlage nicht genügt. Dabei kann sich die Unrichtigkeit schon aus der Bezeichnung als „Status", „vorläufige Bilanz", „Bilanzstatus" ergeben, wenn nicht einmal ein vorläufiger Zusammenhang mit der Buchführung gegeben ist (LG Mannheim wistra **85**, 158). Obwohl das Gesetz bei der *Unvollständigkeit* allein auf die der Unterlage usw. abstellt, sind hier ergänzend auch mündliche Erklärungen zu berücksichtigen, die der Täter bzw. ein in seinem Auftrag handelnder Dritter vor oder bei Vorlage der Unterlage usw. abgegeben hat. Deshalb ist der Tatbestand nicht erfüllt, wenn der Täter bei Übergabe der Unterlage auf deren Unvollständigkeit hinweist oder ihren Inhalt mündlich ergänzt; dasselbe gilt, wenn eine – für sich gesehen – unvollständige Unterlage in Verbindung mit früheren mündlichen Angaben ein erschöpfendes Bild ergibt. Wird dagegen eine unvollständige Unterlage erst nach ihrer Vorlage ergänzt, so kommt nur ein Rücktritt nach Abs. 2 in Betracht.

Im Unterschied zu §§ 263, 264, wo nur über Tatsachen getäuscht werden kann, können die **39** unrichtigen usw. Unterlagen und Angaben über wirtschaftliche Verhältnisse auch in *unrichtigen usw. Urteilen* bestehen (D-Tröndle 21, Lackner 3a, Tiedemann LK 54, 66). Dies folgt schon daraus, daß in Nr. 1a ausdrücklich auch Gutachten (vgl. o. 35) genannt sind und daß z. B. die „Richtigkeit" einer Bilanz in erheblichem Maß von zutreffenden Bewertungen abhängt. Hinzu kommt, daß die wirtschaftlichen Verhältnisse vielfach auch durch die Möglichkeit künftiger Entwicklungen bestimmt werden (vgl. o. 32). Da eine Täuschung über künftige Ereignisse als solche nicht möglich ist – Aussagen darüber können weder „richtig" noch „unrichtig" sein –, kann die Unrichtigkeit einer Unterlage usw. hier nur darin gesehen werden, daß diese eine unrichtige Erwartung wiedergibt. Dies aber ist nicht nur der Fall, wenn die der Erwartung zugrundeliegenden tatsächlichen Umstände nicht gegeben sind, sondern auch dann, wenn diese nach objektivem Urteil die entsprechende Prognose nicht zulassen. In allen diesen Fällen, in denen es um die Richtigkeit von Urteilen geht, existiert ein verhältnismäßig breiter Grenzbereich, in welchem eine sichere Entscheidung im einen oder anderen Sinn nicht möglich ist. Hier ist daher Art. 103 II GG dadurch Rechnung zu tragen, daß doch der objektive Tatbestand nur dann bejaht werden darf, wenn die Unrichtigkeit nach fachmännischem Urteil eindeutig ist, eine gegenteilige Auffassung also schlechterdings nicht mehr vertretbar erscheint (ebenso Kießner aaO 64, Lackner 3a, Tiedemann LK 54; vgl. auch D-Tröndle 21, ferner o. 2).

Dies gilt auch für **Bilanzen.** Zwar wurden durch das BilanzrichtlinienG v. 19. 12. 85 (BGBl. I **40** 2355) für alle (Voll-)Kaufleute verbindliche Bilanzierungs- (§§ 242ff. HGB) und Bewertungsvorschriften (§§ 252ff. HGB) geschaffen (für das in Art. 3 EV genannte Gebiet vgl. ferner das D-MarkbilanzG EV II, Kap. III D). Aber auch diese können nur zu einer relativ, nicht aber zu einer absolut richtigen Bilanz führen, da vor allem bei Bilanzposten mit Bewertungsanteil eine Objektivierung immer nur beschränkt möglich sein wird. Anders als in §§ 283 I Nr. 7a, 283b I Nr. 3a sowie in § 331 HGB u. § 400 AktG, wo wegen der anderen Schutzrichtung auch Verstöße gegen den Grundsatz der Bilanzklarheit strafrechtlich sanktioniert sind, kommt es für § 265b nur auf die Bilanzrichtigkeit und -vollständigkeit an; nur soweit Unklarheiten auch zu Unrichtigkeiten führen, fallen sie unter Nr. 1a (vgl. auch Tiedemann LK 61). Dabei muß es sich immer um sachliche Unrichtigkeiten handeln; Unrichtigkeiten in der Form (vgl. § 265 HGB) genügen nicht, wenn sie den Sachstand nicht beeinflussen. Bei der Frage, ob eine Bilanz unrichtig bzw. unvollständig ist, ist darauf abzustellen, ob sich aus ihr für den bilanzkundigen Leser (vgl. jetzt auch § 238 I 2 HGB und RG **68** 349) ein von den tatsächlichen wirtschaftlichen Verhältnissen in wesentlichen Punkten eindeutig, d. h. nicht nur unerheblich abweichendes Bild ergibt (vgl. auch RG **49** 363, v. Godin/Wilhelmi, Komm. zum AktG, Bd. II 4. A., § 400 Anm. 3b, Geilen in: Kölner Kommentar zum AktG, Bd. III, 1985, § 400 RN 27ff.). Um solche Abweichungen handelt es sich bei den ergebnisverändernden Falschdarstellungen (vgl. dazu die Systematisierung von Marker, Bilanzfälschung und Bilanzverschleierung [1970] 129f.), zu denen gehören: 1. das Einstellen falscher Posten (z. B. Aufnahme überhöhter Forderungen [BGH **30** 285] oder eines nicht dem Unternehmen gehörenden Grundstücks in den Posten „Anlagegüter", [RG **43** 416;], Voraktivierung künftiger Kaufpreisforderungen vor Übereignung der ebenfalls aktivierten Waren; zur Voraktivierung vgl. auch RG **67** 349); 2. das Weglassen von Posten (z. B. Nichtaufführen von Verbindlichkeiten, vgl. RG JW **30**, 2709; zu den Eventualverbindlichkeiten vgl. Klug, in: Barz u. a., Großkomm. zum AktG, Bd. IV, 3. A., § 400 Anm. 11); 3. bewußt falsche

Wertansätze bei groben, in die Augen springenden Fehlbewertungen (vgl. RG **14** 80, **37** 435, BGH **30** 289; Geilen aaO RN 27); 4. Bilanzierung erfolgswirksamer Umgehungshandlungen. Dagegen führen ergebnisneutrale Falschdarstellungen (näher Marker aaO) nicht ohne weiteres zu einem von den wirtschaftlichen Verhältnissen wesentlich abweichenden Bild; sachliche Unrichtigkeiten dürften sich hier jedoch in der Regel ergeben z. B. beim Aufführen von Forderungen unter dem Posten „Kasse" (Marker aaO 37 f.) oder beim Saldieren von Forderungen und Verbindlichkeiten (vgl. auch RG **68** 346). Zum Ganzen vgl. näher Tiedemann LK 56 ff. mwN.

41 d) **Vorteilhaft** für den Kreditnehmer sind die unrichtigen usw. Unterlagen und Angaben, wenn sie geeignet sind (objektives ex-ante-Urteil, vgl. Samson SK 22, Tiedemann LK 68), den Kreditantrag zu unterstützen. Dies ist zunächst der Fall, wenn die maßgeblichen wirtschaftlichen Verhältnisse günstiger dargestellt werden als sie wirklich sind. Vorteilhaft kann für den Kreditnehmer aber auch eine ungünstigere Darstellung sein, wenn sie dazu dienen soll, günstigere Kreditbedingungen zu erzielen (z. B. Senkung des Zinssatzes oder der Tilgungsquoten; vgl. schon zu § 48 KreditwesenG a. F. Reichardt, Gesetz über das Kreditwesen [1942] § 48 Anm. 5, ferner Kießner aaO 65; and. wohl Tiedemann LK 68). Darauf, ob der Kredit wirtschaftlich vertretbar ist – wenn auch u. U. zu anderen Bedingungen –, kommt es nicht an (so jedoch Lampe aaO 49; vgl. dagegen Kießner aaO); ausreichend ist es daher auch, wenn der Kreditnehmer ein Warenlager mit dem mehrfachen Wert angibt, aber seinen wertvollen Grundbesitz verschweigt (vgl. Prot. 7 S. 2752, 2762).

42 e) Die unrichtigen usw. Unterlagen und Angaben sind **für die Entscheidung über den Kreditantrag erheblich**, wenn sie einen Punkt betreffen, der bei Berücksichtigung von Art und Inhalt des Geschäfts und der konkreten Verhältnisse nach objektivem ex-ante-Urteil für die Entscheidung über einen solchen Antrag von Bedeutung sein kann (vgl. auch BGH **30** 290 m. Anm. Lampe JR 82, 430 [„generelle Eignung", die Entscheidung zugunsten des Antragstellers zu beeinflussen], Kießner aaO 68). In der Sache handelt es sich dabei um Umstände, die sich auf die Kreditwürdigkeit des Kreditnehmers beziehen (vgl. auch o. 30). Gleichgültig ist, ob der unrichtig dargestellte Umstand die Entscheidung des Kreditgebers tatsächlich beeinflußt hat (vgl. BGH **30** 291 m. Anm. Lampe aaO, LG Mannheim wistra **85**, 158) oder – weil es zu einer solchen nicht gekommen zu sein braucht – jedenfalls voraussichtlich beeinflußt haben würde, ebenso wie es für die Frage, was entscheidungserheblich ist, nicht auf die Vorstellung des Täters ankommt. Maßgebend ist vielmehr, was von einem „verständigen, durchschnittlich vorsichtigen Dritten" für erheblich gehalten wird (vgl. BT-Drs. 7/5291 S. 16, BGH **30** 291 m. Anm. Lampe JR 82, 430, Lackner 3a, Müller-Emmert und Maier NJW 76, 1662; krit. D-Tröndle 23, Lampe aaO 49 f., JR 82, 431, Otto aaO 111 FN 45, Samson SK 20, Tiedemann LK 69); zu den aus der relativen Unsicherheit dieses Maßstabes zu ziehenden Folgerungen vgl. o. 2. Damit ist eine Berücksichtigung von Umständen, auf die es dem Kreditgeber erkennbar ankommt, nicht ausgeschlossen, sofern das Abstellen darauf nach den konkreten Verhältnissen von einem objektiven Standpunkt aus sinnvoll und vernünftig erscheint (vgl. die Parallele beim objektiv-individuellen Schadensbegriff des § 263 [dort RN 121 ff.]; i. E. daher weitgehend übereinstimmend auch D-Tröndle aaO, Tiedemann aaO). Nicht anwendbar ist § 265 b bei nur unwesentlichen Abweichungen (BGH **30** 292, Göhler/Wilts DB 76, 1658) oder wenn der Kredit durch eine Täuschung über Umstände erschlichen wird, denen der Kreditgeber zu Unrecht Bedeutung beigemessen hat. Andererseits ist der Tatbestand auch erfüllt, wenn der Kreditgeber die Täuschung über einen objektiv erheblichen Umstand durchschaut und den Kredit unter Inkaufnahme des damit verbundenen Risikos dennoch gewährt (vgl. auch D-Tröndle 25). Nicht strafbar, weil auch keine abstrakte Gefährdung mehr, ist es jedoch, wenn der Kreditnehmer falsche Unterlagen einreicht, nachdem ihm der Kreditgeber zu verstehen gegeben hat, daß es sich dabei lediglich um eine für die Entscheidung völlig unwesentliche Formsache handle (vgl. auch Prot. 7 S. 2754).

43 f) **Vorgelegt** ist die unrichtige usw. Unterlage (Nr. 1 a), wenn sie dem Kreditgeber zugänglich gemacht worden ist; nicht erforderlich ist die Kenntnisnahme von ihrem Inhalt (vgl. dazu Tiedemann LK 71). Befindet sie sich bereits im Besitz des Kreditgebers (z. B. von einem früheren Kreditantrag her oder weil sie bereits anläßlich noch völlig unverbindlicher Erkundigungen vorgelegt worden ist, vgl. o. 27) oder ist sie veröffentlicht, so muß es auch genügen, wenn der Täter auf die Unterlage lediglich verweist, weil für das „Vorlegen" nicht der körperliche Akt der Übergabe, sondern nur das Verwenden ihres geistigen Inhalts entscheidend sein kann. Die unrichtigen usw. schriftlichen Angaben sind **gemacht** (Nr. 1 b), wenn sie dem Kreditgeber mit Willen dessen, der hinter dem Schriftstück steht, zugegangen sind (vgl. auch § 264 RN 48). Durch Unterlassen können beide Begehungsmodalitäten erfüllt werden, wenn der Garant (z. B. Betriebsinhaber) es zuläßt, daß für ihn von einem Angestellten unrichtige Unterlagen vorgelegt werden usw. (Tiedemann LK 87); dagegen kommt, weil der objektive Tatbestand bereits erfüllt ist, ein Unterlassen nicht mehr in Betracht, wenn der Täter eine bereits vorgelegte Unterlage nachträglich als unrichtig usw. erkennt (Strafbarkeit nur nach § 263, vgl. dort RN 18 ff., 45). Zur Täterschaft und Teilnahme vgl. u. 50.

4. Die **Täuschungshandlung nach Abs. 1 Nr. 2** besteht darin, daß der Täter bei der Vorlage **44** von Unterlagen oder schriftlichen Angaben solche Verschlechterungen der in diesen dargestellten wirtschaftlichen Verhältnisse nicht mitteilt, die für die Entscheidung über den Kreditantrag erheblich sind (**echtes Unterlassungsdelikt;** D-Tröndle 26, Lackner 3b, Tiedemann LK 75; and. Samson SK 25). Das Gesetz will damit dem Umstand Rechnung tragen, daß im Zusammenhang mit einem Kreditantrag häufig Schriftstücke vorgelegt werden, die nicht erst aus Anlaß des Kreditantrags, sondern in einem früheren Zeitpunkt angefertigt worden sind und daß sich die wirtschaftlichen Verhältnisse seitdem verschlechtert haben können (vgl. BR-Drs. 5/75 S. 31, Prot. 7 S. 2771, Müller-Emmert u. Maier NJW 76, 1662). Doch liegt hier vielfach bereits eine konkludente Täuschungshandlung i. S. der Nr. 1 vor (ebenso Lampe aaO 50, Tiedemann LK 74). Fügt der Täter z. B. seinem Kreditantrag schriftliche Lieferaufträge eines Kunden bei, die inzwischen widerrufen worden sind, so legt er eine unrichtige Unterlage vor (Nr. 1a), weil dies als Nachweis seiner Kreditwürdigkeit nur so verstanden werden kann, daß die Aufträge auch jetzt noch bestehen; dasselbe gilt z. B. auch für die Vorlage einer zu einem früheren Zeitpunkt erstellten und entsprechend datierten Vermögensübersicht, da ihre Verwendung im Zusammenhang mit dem Kreditantrag die Kreditwürdigkeit des Kreditnehmers dartun soll und deshalb zugleich die konkludente Behauptung enthält, daß die dargestellten Vermögensverhältnisse im wesentlichen unverändert geblieben sind. Nr. 2 hat daher selbständige Bedeutung nur dort, wo das Vorlegen einer Unterlage nicht mit einer solchen konkludenten Erklärung verbunden ist. Dies dürfte im wesentlichen nur dann der Fall sein, wenn die Vorlage der bereits in der Vergangenheit angefertigten Unterlage (z. B. der letzten Jahresbilanz) lediglich auf Verlangen des Kreditgebers erfolgt. Hier wird dem Vorlegenden durch Nr. 2 die Pflicht auferlegt, bei der Vorlage auf die Unrichtigkeit oder Unvollständigkeit der Unterlage hinzuweisen, was auch mündlich geschehen kann. Im einzelnen ist diese Mitteilungspflicht in dreierlei Hinsicht begrenzt:

a) Sie gilt nur für eine **Verschlechterung** speziell der **in den Unterlagen usw.** (vgl. o. 33 ff.) **45** dargestellten wirtschaftlichen Verhältnisse (vgl. o. 30 ff.). Sind diese selbst unverändert geblieben, so besteht eine Mitteilungspflicht auch dann nicht, wenn sich die wirtschaftliche Lage insgesamt verschlechtert hat. Umgekehrt sind – vorbehaltlich der Entscheidungserheblichkeit – nachteilige Veränderungen der dargestellten Verhältnisse auch dann mitteilungspflichtig, wenn insgesamt eine Verschlechterung infolge eines entsprechenden Ausgleichs nicht eingetreten ist. Verschiebungen lediglich innerhalb der bereits dargestellten Verhältnisse brauchen nicht mitgeteilt zu werden, wenn sie zugleich zu einer Verschlechterung geführt haben. Während in Nr. 1 für den Kreditnehmer vorteilhafte unrichtige Angaben auch darin bestehen können, daß seine wirtschaftlichen Verhältnisse schlechter als in Wirklichkeit dargestellt werden (vgl. o. 41), gilt Nr. 2 nicht für den entsprechenden Fall einer nachträglichen Verbesserung.

b) Mitzuteilen sind nur solche Verschlechterungen, die **für die Entscheidung über den** **46** **Kreditantrag erheblich** sind (vgl. o. 42). Nur unwesentliche Verschlechterungen sind daher nicht mitteilungspflichtig, so z. B. die im Rahmen des Üblichen liegenden Schwankungen des Geschäftsstandes (Tiedemann LK 74). Dagegen dürfen z. B. auch Wertgutachten jüngeren Datums über einzelne Wirtschaftsgüter nicht mehr ohne Hinweis auf die seit der Anfertigung eingetretenen Wertminderungen vorgelegt werden, wenn diese infolge besonderer Ereignisse über den normalen Abnutzungsverlust hinausgehen (vgl. BR-Drs. 5/75 S. 32).

c) Verschlechterungen sind nur insoweit mitzuteilen, als sie **bis zur Vorlage der Unterlagen** **47** bzw. Angaben (vgl. o. 43) **eingetreten** sind. Nicht strafbar nach § 265b ist es daher, wenn eine erst nach der Vorlage eingetretene Verschlechterung der in der Unterlage usw. dargestellten wirtschaftlichen Verhältnisse nicht mitgeteilt wird, und zwar auch dann nicht, wenn dadurch die Kreditgewährung noch verhindert werden könnte (vgl. dazu BR-Drs. 5/75 S. 31, Prot. 7 S. 2771 f.); zur Frage der Strafbarkeit nach § 263 vgl. dort RN 18 ff. Das gleiche gilt, da die Tat nur bei der Vorlage begangen werden kann, wenn der Täter von der bereits vorher eingetretenen Verschlechterung erst nachträglich erfährt (vgl. auch Lackner 3b; and. Tiedemann LK 74). Eine Strafbarkeit kann sich hier nur aus § 263 ergeben.

V. Der **subjektive Tatbestand** verlangt Vorsatz; bedingter Vorsatz genügt. Angesichts der **48** zahlreichen normativen Tatbestandsmerkmale und der hier erforderlichen Bedeutungskenntnis (vgl. § 15 RN 40 ff.) dürften sich auch bei § 265b häufig Beweisschwierigkeiten ergeben (vgl. dazu Tiedemann LK 77). Tatbestandsirrtum (§ 16) kommt insbesondere bei unzutreffenden Vorstellungen über die Entscheidungserheblichkeit in Betracht (wobei der Vorsatz insoweit nicht schon aus der Kenntnis der Unrichtigkeit der Angaben gefolgert werden kann; vgl. Tiedemann aaO, aber auch D-Tröndle 27) oder wenn der Täter, was vor allem bei Wertanga-

49 **VI. Vollendet** ist die Tat mit dem Zugang der unrichtigen Unterlagen bzw. Angaben (vgl. o. 43); zu einer Irrtumserregung braucht es nicht gekommen zu sein, erst recht nicht zur Kreditgewährung. Der **Versuch** (z. B. Absenden der Unterlagen, vermeintliche Falschangaben) ist nach § 265b straflos, kann aber nach § 263 strafbar sein. Aus ähnlichen Gründen wie bei § 264 (vgl. dort RN 66, Prot. 7 S. 2785ff.) und bei § 264a (vgl. dort RN 39) eröffnet **Abs. 2** die Möglichkeit **tätiger Reue** bei (formell) vollendeter Tat. Die Vorschrift entspricht § 264 IV (wegen der Einzelheiten vgl. daher dort RN 67ff.), mit dem Unterschied, daß in § 265b an die Stelle der Verhinderung der Subventionsgewährung die Verhinderung des Erbringens der beantragten Leistung tritt. Wann im Fall des § 265b die Leistung als erbracht anzusehen ist, hängt von der Art des beantragten Kredits (vgl. Abs. 3 Nr. 2 und o. 11ff.) ab. So ist bei Gelddarlehen die Leistung nicht schon mit dem Vertragsabschluß, sondern erst mit der Auszahlung der Darlehenssumme (bzw. Gutschrift auf Konto) erbracht; dagegen genügt bei Akzeptkrediten bereits das Zurverfügungstellen des akzeptierten Wechsels (Tiedemann LK 82) und bei Bürgschaften, Garantien und sonstigen Gewährleistungen schon der Abschluß eines entsprechenden Vertrags. Auch hier gilt, daß die Verhinderung nicht notwendig ein aktives Tun voraussetzt, sondern auch durch ein Nichtweiterhandeln möglich ist, wenn das Erbringen der Leistung noch von weiteren Handlungen des Täters abhängt (vgl. § 264 RN 67f., Tiedemann LK 81). Bei Beteiligung mehrerer ist § 24 II entsprechend anzuwenden (vgl. BT-Drs. 7/5291 S. 16). Soweit zugleich ein Versuch nach § 263 vorliegt, ergibt sich die Straflosigkeit aus § 24 (Lackner 5a).

50 **VII. Täter** kann jeder sein, der dem Kreditgeber eine unrichtige usw. Unterlage vorlegt oder diesem unrichtige usw. schriftliche Angaben macht. Außer dem Kreditnehmer und Antragsteller kommen als Täter z. B. auch in Betracht die Inhaber von Auskunfteien, die dem Kreditgeber falsche Informationen geben, ferner z. B. der Wirtschaftsprüfer, der eine für den Kreditnehmer erstellte falsche Bilanz vorlegt. Für die Abgrenzung von Täterschaft und Teilnahme gelten die allgemeinen Regeln. Wird z. B. die Unterlage von dem Dritten, der sie erstellt hat, dem Kreditnehmer zu dessen Verfügung überlassen, so kommt nur Beihilfe in Betracht (vgl. BGH wistra **84**, 25; zur Beihilfe eines Steuerberaters vgl. auch LG Mannheim wistra **85**, 158). Auch die Angestellten des Kreditnehmers, die auf dessen Weisung für diesen unrichtige Unterlagen vorlegen oder unrichtige Angaben machen, sind lediglich Gehilfen (and. Tiedemann LK 86).

51 **VIII. Konkurrenzen.** Beim Zusammentreffen von Abs. 1 Nr. 1a und b oder von Nr. 1 und 2 liegt nur eine Tat nach § 265b vor (and. D-Tröndle 30). Für das Verhältnis zu § 263 gilt folgendes: Im Unterschied zu § 264 ist § 265b keine dem § 263 vorgehende Sonderregelung, was sich schon aus der geringeren Strafdrohung und daraus ergibt, daß § 265b weder einen Schädigungsvorsatz voraussetzt noch einen tatsächlich eingetretenen Schaden mitabgilt. Andererseits tritt § 265b aber auch nicht hinter den Betrug und Betrugsversuch zurück (so aber BGH **36** 130 m. Anm. Kindhäuser JR 90, 520, wistra **90**, 228, D-Tröndle 6, Heinz GA 77, 216, 226, Samson SK 28, Wessels II/2 S. 159 u. bei Vollendung des § 263 auch Lackner 6, LK § 263 RN 331, M-Maiwald I 459; offengelassen von BGH wistra **84**, 26). Dabei kann dahingestellt bleiben, ob bei einer Schädigung des Kreditgebers die Verwirklichung des Tatbestands des § 263 „denknotwendig eine Gefährdung der Kreditwirtschaft einschließt" (so BGH **36** 132; vgl. dazu o. 4), denn entscheidend ist im vorliegenden Zusammenhang allein, daß eine solche vom Unrechtsgehalt des ausschließlich dem Individualschutz des Vermögens dienenden § 263 nicht miterfaßt wird (weshalb die Rechtsgutsfrage bei § 265b in BGH aaO auch nicht offengelassen werden konnte). Wegen seines zusätzlichen Schutzzwecks steht § 265b zu § 263, wenn zugleich dessen Voraussetzungen erfüllt sind (Irrtum, Schaden, Schädigungsvorsatz), im Verhältnis der Tateinheit, und zwar auch im Fall eines Versuchs nach § 263 (ebenso Otto aaO 101, 112, Tiedemann LK 89; vgl. auch Prot. 7 S. 2772, Berz BB 76, 1439, Müller-Emmert u. Maier NJW 76, 1662; für Tateinheit bei einem Versuch nach § 263 auch Kindhäuser JR 90, 523, Lackner 6, M-Maiwald I 459). Tateinheit ist z. B. auch möglich mit §§ 264 (vgl. dort RN 86), 267, 268, 273, ferner mit §§ 331f. HGB, §§ 400, 403 AktG, § 147 GenG; vgl. im übrigen auch § 263 RN 181ff.

52 **IX. Vom Gesetz** bewußt nicht vorgesehen ist eine entsprechende Anwendbarkeit der §§ 247, 248a (vgl. BT-Drs. 7/5291 S. 16, Prot. 7 S. 2790).

§ 266 Untreue

(1) **Wer die ihm durch Gesetz, behördlichen Auftrag oder Rechtsgeschäft eingeräumte Befugnis, über fremdes Vermögen zu verfügen oder einen anderen zu verpflichten, mißbraucht oder die ihm kraft Gesetzes, behördlichen Auftrags, Rechtsgeschäfts oder eines Treueverhältnisses obliegende Pflicht, fremde Vermögensinteressen wahrzunehmen, verletzt und dadurch dem, dessen Vermögensinteressen er zu betreuen hat, Nachteil zufügt, wird mit Freiheitsstrafe bis zu fünf Jahren oder mit Geldstrafe bestraft.**

Untreue **§ 266**

(2) **In besonders schweren Fällen ist die Strafe Freiheitsstrafe von einem Jahr bis zu zehn Jahren.**

(3) **§ 243 Abs. 2 sowie die §§ 247 und 248a gelten entsprechend.**

Vorbem. In dem in Art. 3 EV genannten Gebiet ist der dem § 266 ähnelnde Tatbestand des **Vertrauensmißbrauchs (§ 165 StGB-DDR)** *zwar durch § 1 des 6. StÄG-DDR v. 29. 6. 1990 (GBl. I 526) aufgehoben worden, aber gem. § 10 S. 1 des 6. StÄG der Entscheidung über die strafrechtliche Verantwortlichkeit weiterhin zugrundezulegen, soweit die Tat vor Inkrafttreten des StÄG (1. 7. 1990) begangen und ein Strafverfahren eingeleitet wurde (vgl. auch RN 87 vor § 3; zu der bei einer Tat nach § 165 gem. § 10 S. 2 des 6. StÄG weiterhin zulässigen Strafdrohung der Vermögenseinziehung, § 57 StGB-DDR, vgl. RN 88 vor § 3). Von Bedeutung sind in diesem Zusammenhang ferner die gleichfalls auf den Schutz des einstigen DDR-Wirtschaftssystems gerichteten und mit der in § 10 S. 1 des 6. StÄG genannten Maßgabe anwendbaren §§ 169, 170, 171, 173 StGB-DDR. Die genannten Vorschriften sind im Anhang Nr. 2, 3 abgedruckt.*

Übersicht

I. Rechtsgut 1	VIII. Vollendung und Versuch 51
II. Verhältnis der beiden Tatbestandsalternativen 2	IX. Täterschaft, Teilnahme 52
	X. Strafe 53
III. Mißbrauchstatbestand 3	XI. Konkurrenzen 54
IV. Treubruchstatbestand 22	XII. Absatz 3 56
V. Zufügung eines Nachteils 39	XIII. Verjährung 57
VI. Rechtfertigungsgründe 48	XIV. Ergänzende Vorschriften 58
VII. Subjektiver Tatbestand 49	

Stichwortverzeichnis

Amtsuntreue 44

Besonders schwerer Fall 53
Betreuung fremder Vermögensinteressen 2, 11 f.

Einverständnis des Geschäftsherrn 21, 38

Innenverhältnis zum Geschäftsherrn 2, 4, 11
 Beendigung 4, 33
 Unwirksamkeit 11, 30 f.
 Sittenwidrigkeit 11, 31

Konkurrenzverhältnisse 54 f.
 – mit Zueignungsdelikten 55
Kreditkartenmißbrauch 12

Lastschrifteinzugsverfahren, Mißbrauch des – 12

Mißbrauchstatbestand 3 ff.
 bei Einverständnis des Geschäftsherrn 21
 Mißbrauch 18 ff.
 bei Risikogeschäft 20
 Verfügungs- bzw. Verpflichtungsbefugnis, s. dort
 wirksame Ausübung dieser Befugnis 17
 bei Unterbevollmächtigten 13
 Mißbrauch einer Verfügungs- oder Verpflichtungsbefugnis, s. Mißbrauchstatbestand

Nachteil, s. Vermögensschaden

Rechtfertigungsgründe 48
Rechtsgut 1
Risikogeschäft 20, 45

Scheckkartenmißbrauch 12
Strafbemessung 53

Täterschaft und Teilnahme 52
Tatsächliches Treueverhältnis 30 f.
Treubruchstatbestand 22 ff.
 Einverständnis des Geschäftsherrn 38

Treupflicht, s. dort
Treupflichtverletzung 35 ff.
Verhältnis zum Mißbrauchstatbestand 2
Treupflicht 23 ff.
 Anforderungen an 23 f.
 Anhaltspunkte nach der Rspr. 24
 bei atypischer Vertragsgestaltung 27
 Beendigung 34
 Beispiele 25 f.
 – zugunsten Dritter 33
 Grundlagen der – 29: behördlicher Auftrag, Gesetz oder Rechtsgeschäft 30, tatsächliches Treueverhältnis 30 f.
 – bei Strohmann 33
 Unwirksamkeit des Innenverhältnisses 30 f.

Verfügungs- bzw. Verpflichtungsbefugnis 4 ff.
 Botenstellung 5
 Fremdnützigkeit 11 f.
 Grundlagen der – 7: behördlicher Auftrag 9, Gesetz 8, Rechtsgeschäft 10
 Unwirksamkeit des Innenverhältnisses 11
 Verfügung 15 f.
 Verpflichtung 15 f.
Vermögensfürsorgepflicht, s. Treupflicht
Vermögensgefährdung, s. Vermögensschaden
Vermögensschaden 39 ff.
 Ausbleiben einer Vermögensvermehrung 46
 Ausgleich durch Vermögenszuwachs 41
 Ersatzansprüche 42
 individueller Schadenseinschlag 43 f.
 Vermögensgefährdung 45
 b. Zweckverfehlung 43 f.
Vorsatz 49 f.

Wahrnehmung fremder Vermögensinteressen, Pflicht zur –, s. Treupflicht

Zweckverfehlung, s. Vermögensschaden

§ 266

Schrifttum: Arloth, Zur Abgrenzung von Untreue und Bankrott, NStZ 90, 570. – *Arzt,* Zur Untreue durch befugtes Handeln, Bruns-FS 365. – *Baumann,* Der strafrechtliche Schutz bei den Sicherungsrechten des modernen Wirtschaftsverkehrs, 1956. – *ders.,* Pönalisierung von Kaufverträgen durch Eigentumsvorbehalt, ZStW 68, 522. – *ders.,* Zur strafrechtlichen Verantwortlichkeit der Wirtschaftsprüfer, BB 66, 1237. – *Brammsen,* Strafbare Untreue des Geschäftsführers bei einverständlicher Schmälerung des GmbH-Vermögens?, DB 89, 1609. – *Bringewat,* Scheckkartenmißbrauch und nullum crimen sine lege, GA 73, 353. – *ders.,* Finanzmanipulation im Ligafußball – ein Risikogeschäft, JZ 77, 667. – *Bruns,* Untreue im Rahmen rechts- oder sittenwidriger Geschäfte, NJW 54, 857. – *ders.,* Gilt die Strafrechtsordnung auch für und gegen Verbrecher untereinander?, Mezger-FS 335. – *ders.,* Die sog. „tatsächliche" Betrachtungsweise im Strafrecht, JR 84, 133. – *Dingeldey,* Insider-Handel und Strafrecht, 1983. – *Dunkel,* Erfordernis und Ausgestaltung des Merkmals „Vermögensbetreuungspflicht" im Rahmen des Mißbrauchstatbestandes der Untreue, Diss. Bielefeld 1976. – *ders.,* Nochmals: Der Scheckkartenmißbrauch in strafrechtlicher Sicht, GA 77, 329. – *Firgau,* in: HWiStR, Art. Untreue. – *Fleck,* Mißbrauch der Vertretungsmacht oder Treubruch des mit Einverständnis aller Gesellschafter handelnden GmbH-Geschäftsführers aus zivilrechtlicher Sicht, ZGR 90, 31. – *Franzheim,* Zur Untreue-Strafbarkeit von Rechtsanwälten wegen falscher Behandlung von fremden Geldern, StV 86, 409. – *ders.,* in: HWiStR, Art. Provisionsannahme durch Steuerberater. – *Frisch,* Vorsatz und Risiko, 1983. – *Gribbohm,* Untreue zum Nachteil der GmbH, ZGR 90, 1. – *Heimann-Trosien,* Zur strafrechtlichen Beurteilung des Scheckkartenmißbrauchs, JZ 76, 549. – *Heinitz,* Zur neueren Rechtsprechung über den Untreuetatbestand, H. Mayer-FS 433. – *Hellmann,* Verdeckte Gewinnausschüttungen und Untreue des GmbH-Geschäftsführers, wistra 89, 214. – *Hillenkamp,* Risikogeschäft und Untreue, NStZ 81, 161. – *Holzmann,* Bauträgeruntreue und Strafrecht, 1981. – *Hübner,* Scheckkartenmißbrauch und Untreue, JZ 73, 407. – *Knauth,* Die Verwendung einer nicht gedeckten Kreditkarte als Straftat, NJW 83, 1287. – *Kohlmann,* Wider die Furcht vor § 266 StGB, JA 80, 228. – *ders.,* Vorbemerkungen zu § 82, in: Hachenburg, GmbHG, 7. A., 1984. – *ders.,* Untreue zum Nachteil des Vermögens einer GmbH trotz Zustimmung sämtlicher Gesellschafter?, Werner-FS 387. – *Kohlmann/Brauns,* Zur strafrechtlichen Erfassung der Fehlleitung öffentlicher Mittel, 1979. – *Labsch,* Untreue (§ 266 StGB), Grenzen und Möglichkeiten einer neuen Deutung, 1983. – *ders.,* Die Strafbarkeit des GmbH-Geschäftsführers im Konkurs der GmbH, wistra 85, 1. – *ders.,* Einverständliche Schädigung des Gesellschaftsvermögens und die Strafbarkeit des GmbH-Geschäftsführers, JuS 85, 602. – *ders.,* Der Kreditkartenmißbrauch und das Untreuestrafrecht, NJW 86, 104. – *ders.,* Grundprobleme des Mißbrauchstatbestands der Untreue, Jura 87, 343, 411. – *Lampe,* Unternehmensaushöhlung als Straftat, GA 87, 241. – *Lenckner,* Computerkriminalität und Vermögensdelikte, 1981. – *Lenckner/Winkelbauer,* Strafrechtliche Probleme im modernen Zahlungsverkehr, wistra 84, 83. – *Lipps,* Nochmals – Verdeckte Gewinnausschüttung bei der GmbH als strafrechtliche Untreue?, NJW 89, 502. – *Luthmann,* Zur Frage der Untreue im Rahmen rechts- oder sittenwidriger Abmachungen, NJW 60, 419. – *H. Mayer,* Die Untreue im Zusammenhang der Vermögensverbrechen, 1926. – *ders.,* Die Untreue nach der Strafgesetznovelle vom 26. Mai 1933, Zentralbl. f. Handelsrecht 1933, 145. – *Meilicke,* Verdeckte Gewinnausschüttung: Strafrechtliche Untreue bei der GmbH?, BB 88, 1261. – *Meyer,* Nochmals zur Begehung von Untreue bei Begebung ungedeckter Scheckkartenschecks, MDR 72, 668. – *Mertens,* Die Nichtabführung vermögenswirksamer Leistungen durch den Arbeitgeber als Untreue, NJW 77, 562. – *Müller,* Die gemeinschädliche Aushöhlung der Konkursordnung durch Pseudo-Firmensanierer und die Organisation rechtswidriger Gläubigerpools, in: Belke/Oehmichen, Wirtschaftskriminalität (1983), 48. – *Nack,* Untreue im Bankbereich durch Vergabe von Großkrediten, NJW 80, 1599. – *Nettesheim,* Können sich Gemeinderäte der „Untreue" schuldig machen?, BayVBl. 89, 161. – *Neye,* Untreue im öffentlichen Dienst, 1981. – *ders.,* Die „Verschwendung" öffentlicher Mittel als strafbare Untreue, NStZ 81, 369. – *Otto,* Bargeldloser Zahlungsverkehr im Strafrecht, 1978. – *ders.,* Straftaten leitender Personen von Banken, in: Deutsche strafrechtliche Landesreferate zum XI. Int. Kongreß für Rechtsvergleichung, ZStW-Beiheft 82, 29. – *ders.,* Bankentätigkeit und Strafrecht, 1983. – *Reiß,* Verdeckte Gewinnausschüttungen und verdeckte Entnahmen als strafbare Untreue des Geschäftsführers?, wistra 89, 81. – *Richter,* Zur Strafbarkeit externer „Sanierer" konkursgefährdeter Unternehmen, wistra 84, 97. – *Rienhardt,* in: HWiStR, Art. Risikogeschäft. – *Sax,* Überlegungen zum Treubruchstatbestand des § 266 StGB, JZ 77, 663, 702, 742. – *Schäfer,* Die Strafbarkeit der Untreue zum Nachteil einer KG, NJW 83, 2850. – *Schlosky,* Die Untreue, DStR 38, 177, 228. – *Schlüchter,* Zur unvollkommenen Kongruenz zwischen Kredit- und Scheckkartenmißbrauch, JuS 84, 675. – *N. Schmid,* Banken zwischen Legalität und Kriminalität, 1980. – *ders.,* Mißbräuche im modernen Zahlungs- und Kreditverkehr, 1982. – *W. Schmid,* Treupflichtverletzungen, in: Müller/Gugenberger, Wirtschaftsstrafrecht, 1987. – *Schmidt-Hieber,* Strafbarkeit der Ämterpatronage, NJW 89, 558. – *Schreiber/Beulke,* Untreue durch Verwendung von Vereinsgeldern zu Bestechungszwecken, JuS 77, 656. – *Schröder,* Konkurrenzprobleme bei Untreue und Unterschlagung, NJW 63, 1958. – *Schulte,* Abgrenzung von Bankrott, Gläubigerbegünstigung und Untreue bei der KG, NJW 83, 1773. – *ders.,* Strafbarkeit der Untreue zum Nachteil einer KG, NJW 84, 1671. – *Schwinge/Siebert,* Das neue Untreuestrafrecht, 1933. – *Seelmann,* Grundfälle zu den Eigentums- und Vermögensdelikten, 1988. – *Sieber,* Computerkriminalität und Strafrecht, 2. A. m. Nachtrag, 1980. – *Steinhilper,* Mißbrauch von Euroscheckkarten in strafrechtlicher Sicht, Jura 83, 401. – *Tiedemann,* Kommentar zum GmbH-Strafrecht. Erläuterungen der §§ 82–85 GmbHG und ergänzender Vorschriften. Sonderausgabe aus Scholz, Kommentar zum GmbHG, 7. A., 1988. – *ders.*, Untreue bei Interessenkonflikten, Tröndle-FS, 319. – *Timmermann*, Weiterverkauf „zu getreuen Händen" angedienter Dokumente vor Kaufpreiszahlung – Untreue oder Unterschlagung?, MDR 77, 533. – *Ulmer*, Schutz der GmbH gegen Schädigung zugunsten ihrer Gesellschafter?, Pfeiffer-FS 853. – *S. u. T. Vogt*, „Adreßdatenspionage" in straf- u. zivilrechtlicher Sicht, JuS 80, 860. – *Volk*, Bewirtschaftung öffentlicher Mittel und Strafrecht, 1979. – *Vormbaum*, Die strafrechtliche Beurteilung des Scheckkartenmißbrauchs, JuS 81, 18. – *Weber*, Können sich Gemeinderatsmitglieder durch ihre Mitwirkung an Abstimmungen der Untreue schuldig machen?, BayVBl. 89, 166. – *Weise*, Finanzielle Beeinflussung von sportlichen Wettkämpfen durch Vereinsfunktionäre, Diss. Gießen 1982. – *Winkelbauer*, Strafrechtlicher Gläubigerschutz im Konkurs der KG und der GmbH & Co. KG, wistra 86, 17. – *Zoller*, Ausdehnung und Einschränkung des Untreuebegriffs in der Rechtsprechung des Reichsgerichts, 1940 (StrAbh. 407).

Zur Reform: *H. Mayer*, Die Untreue, Mat. I 333. – AE, BT, Straftaten gegen die Wirtschaft (1977) 127ff. – *Kohlmann/Brauns*, Zur strafrechtlichen Erfassung der Fehlleitung öffentlicher Mittel, 1979. – Tagungsberichte der Sachverständigenkommission zur Bekämpfung der Wirtschaftskriminalität – Reform des Wirtschaftsstrafrechts, Bd. XII, 23, Anl. 4ff. – *Tiedemann*, Handelsgesellschaften und Strafrecht: Eine vergleichende Bestandsaufnahme, Würtenberger-FS 241, 249. – *Weber*, Überlegungen zur Neugestaltung des Untreuestrafrechts, Dreher-FS 555.

I. Geschütztes **Rechtsgut** des § 266 ist wie beim Betrug allein das Vermögen. Die von beiden in § 266 enthaltenen Tatbeständen (vgl. u. 2) geforderte Treuwidrigkeit kennzeichnet die der Untreue eigenen Angriffsmodalitäten auf das Vermögen, nicht eine zusätzliche Rechtsgutsverletzung (h. M., vgl. *z. B. Arzt/Weber* IV 45, *Hübner* LK 19, *Labsch* aaO 156, *Lackner* 1, *M-Maiwald* I 495, *Samson* SK 1; and. z. B. *Eser* IV 183). Dies schließt nicht aus, daß erst sie die Vermögensschädigung zu strafwürdigem Unrecht macht, wobei sich die besondere Schutzwürdigkeit des fremden Vermögens hier daraus ergibt, daß sich Vermögensinhaber aus rechtlichen oder tatsächlichen Gründen vielfach gezwungen sehen, die Besorgung ihrer Angelegenheiten ganz oder teilweise Dritten zu überlassen. Daraus erklärt sich zugleich, daß § 266 aus der Sicht des Täters ein fremdnütziges („Betreuungs"-) Verhältnis zu dem geschädigten Vermögen voraussetzt.

II. Die Vorschrift enthält zwei Tatbestände: den **Mißbrauchstatbestand** (1. Alt.) und den **Treubruchstatbestand** (2. Alt.). Während die 1. Alt. das Vermögen vor den Gefahren schützt, die sich aus der Einräumung von Dispositionsbefugnissen im *Außenverhältnis* ergeben, betrifft die 2. Alt. die Risiken, die aus der Gewährung von Dispositionsbefugnissen im *Innenverhältnis* resultieren. Für die umstrittene, zugleich das **Verhältnis beider Tatbestände** betreffende Frage, wie die für beide Alternativen geltende Kennzeichnung des Geschädigten als desjenigen, „dessen Vermögensinteressen" der Täter „zu betreuen hat", zu verstehen ist, ergibt sich daraus folgendes: Schon nach dem Gesetzeswortlaut kann die fragliche Wendung für die 1. Alt. nicht völlig bedeutungslos sein und ihr Sinn kann sich auch nicht darin erschöpfen, daß damit lediglich die Person des Geschädigten bezeichnet werden sollte (so aber – jedenfalls i. E. – z. B. *Bockelmann* II/1 S. 138, 140f., *Heimann-Trosien* JZ 76, 550f., *Labsch* aaO 212, 305ff., NJW 86, 108, *Otto*, Zahlungsverkehr 101, JZ 85, 1009, *Samson* SK 13, *Sax* JZ 77, 702, *Schröder* JZ 72, 707). Andererseits aber ist, obwohl sprachlich kaum ein Unterschied besteht (vgl. aber auch *Hübner* LK 23, *Sax* JZ 77, 665), das hier für beide Tatbestände vorausgesetzte Betreuungsverhältnis auch nicht einfach identisch mit der von der 2. Alt. geforderten „Pflicht, fremde Vermögensinteressen wahrzunehmen", da bei einer solchen Gleichsetzung die spezifischen Anforderungen an die Treupflicht i. S. der 2. Alt. auch zum Merkmal des Mißbrauchstatbestands erhoben würden und dieser somit nur noch die Bedeutung eines – im Grunde überflüssigen – Spezialfalls des (umfassenderen) Treubruchstatbestands hätte (so jedoch seit BGH 24 387 die h. M., z. B. BGH aaO [vgl. aber auch NJW **84**, 2539 m. Anm. *Otto* JR 85, 29], Hamm NJW **68**, 1940, **77**, 1834, Karlsruhe NStE **Nr. 6**, Köln NJW **78**, 713 m. Anm. *Gössel* JR 78, 469, **88**, 3220, *Arzt/Weber* IV 66, *D-Tröndle* 1a, *Dunkel* aaO 236, GA 77, 339, *Hübner* LK 9, 17, 24, *Krey* II 228, *Lackner* 2c, *M-Maiwald* I 498, *Offermann* wistra 86, 56, *Schmidhäuser* II 133, *Vormbaum* JuS 81, 20, *Wessels* II/2 S. 167; zur Kritik vgl. insbes. *Labsch* aaO 83ff., 91ff., 170ff. u. pass., NJW 86, 104, Jura 87, 345f.). Daß die 1. Alt. nicht lediglich ein besonders hervorgehobener Anwendungsfall der 2. Alt. sein kann, sondern selbständige Bedeutung haben muß (vgl. auch BGH NStZ **89**, 72 m. Anm. *Otto* JR 89, 208, wo nach Verneinung der 2. Alt. wegen fehlender Treupflicht trotzdem noch die 1. Alt. geprüft wird), folgt im übrigen schon daraus, daß die Vorschrift dann anders formuliert sein müßte (z. B. „Wer ... oder *sonst* die ihm kraft Gesetzes ... obliegende Pflicht, fremde Vermögensinteressen wahrzunehmen, verletzt"). Gegen die h. M. spricht ferner, daß eine Übertragung der Vermögensfürsorgepflicht i. S. der 2. Alt. auf die 1. Alt. dort entweder zu Strafbarkeitslücken führt oder dazu zwingt, bei der Treupflicht der 2. Alt. auf wesentliche Merkmale zu verzichten und damit die Bemühungen um eine Einschränkung des viel zu weit geratenen Treubruchstatbestands hinfällig zu machen (so auch *Otto* JZ 85, 1009, JR 85, 30f., 89, 210, *Sam-*

son SK 13). Dies wird deutlich, wenn der Täter mit einer unbegrenzten Vollmacht ausgestattet ist, ihm aber für das vorzunehmende Geschäft detaillierte Anweisungen gegeben worden sind, so daß ihm keinerlei eigener Entscheidungsspielraum bleibt: In diesem Fall handelt es sich zwar nicht um eine Treupflichtverletzung i. S. der 2. Alt., weil der Täter keinerlei Dispositionsbefugnis im Innenverhältnis hatte (vgl. u. 23a), wohl aber muß hier die 1. Alt. anwendbar sein, wenn er die Vollmacht im Außenverhältnis mißbraucht. Das für beide Tatbestände erforderliche Betreuungsverhältnis kann deshalb nur darin gesehen werden, daß dem Täter *fremdnützige* Dispositionsbefugnisse eingeräumt sein müssen, was für die 1. Alt. bedeutet, daß ihm die Rechtsmacht, über fremdes Vermögen zu verfügen usw., im Interesse des Vermögensinhabers – also nicht im eigenen Interesse oder auf Grund von Gutglaubensvorschriften (vgl. u. 4, 12) – verliehen sein muß (ähnl. Bringewat GA 73, 362f., NStZ 83, 458, Holzmann aaO 126f., Seelmann aaO 101f., Sieber aaO 244 u. Nachtr. 18, Steinhilper Jura 83, 408; vgl. dazu auch u. 4, 11). Nur unter dieser Voraussetzung kann auch bei der 1. Alt. von einer Pflicht zur Vermögens*betreuung* gesprochen werden; die Pflicht, die eingeräumte Befugnis nicht zu mißbrauchen, genügt dafür als solche noch nicht (so aber Labsch NJW 86, 108, Jura 87, 346, Otto, Zahlungsverkehr 101, JZ 85, 1009). – Auf der Grundlage der hier vertretenen Auffassung stehen sich die Alternativen des § 266 als verschiedene Strafgesetze i. S. des § 265 StPO gegenüber (so i. E. auch BGH **26** 174, NJW **54**, 1616, Oldenburg HESt. **2** 45, während nach BGH NJW **84**, 2539 m. Anm. Otto JR 85, 29 ein Hinweis gem. § 265 StPO regelmäßig zwar erforderlich ist bei einer Verurteilung nach der 2. Alt. statt nach der 1. Alt., nicht dagegen im umgekehrten Fall, sofern die Vermögensbetreuungspflicht i. S. der 1. Alt. in vollem Umfang der Vermögensfürsorgepflicht i. S. der 2. Alt. entspricht; generell gegen eine Hinweispflicht z. B. Hübner LK 18).

3 **III. Der Mißbrauchstatbestand (1. Alt.).** Dieser setzt zunächst voraus, daß der Täter die ihm durch Gesetz, behördlichen Auftrag oder Rechtsgeschäft eingeräumte Befugnis, über fremdes Vermögen zu verfügen oder einen anderen zu verpflichten, mißbraucht; zu der weiter erforderlichen Nachteilszufügung vgl. u. 39ff.

4 **1.** Unter der **Befugnis, über fremdes Vermögen zu verfügen** oder einen anderen **zu verpflichten,** ist eine Rechtsstellung zu verstehen, die den Täter nach außen in den Stand setzt, Vermögensrechte eines anderen wirksam zu übertragen oder aufzuheben oder ihn mit Verbindlichkeiten zu belasten. Diese Fähigkeit muß dem Täter wirksam und gerade mit Rücksicht auf ein Verhältnis verliehen sein, das der Betreuung der Vermögensinteressen des Geschäftsherrn dient (vgl. o. 2, u. 11). Nicht ausreichend ist es also, wenn sich seine Rechtsmacht lediglich aus Vorschriften ergibt, die dem Schutz des Rechtsverkehrs dienen, wie z. B. §§ 932 BGB, 366 II HGB, aber auch § 56 HGB (RG JW **35**, 2637, BGH **5** 63f., Arzt/Weber IV 68, M-Maiwald I 499, Samson SK 6, Schwinge/Siebert aaO 23, Wessels II/2 S. 171; in Betracht kommt hier jedoch die 2. Alt.; vgl. auch Hamm JMBlNW **63,** 95). Ist dagegen eine Vollmacht im Zusammenhang mit einem Auftrag oder Geschäftsbesorgungsvertrag wirksam erteilt worden, so genügt auch ihr fingiertes Fortbestehen nach §§ 168, 674 BGB oder auch das Fortwirken der Vertretungsmacht gem. §§ 170ff. BGB (ebenso Stuttgart NStZ **85**, 366, Labsch aaO 101, 306f.; and. Arzt/Weber IV 69, Hübner LK 64, M-Maiwald I 499; vgl. zu diesen Fällen auch Sax JZ 77, 744ff., der hier ein Treueverhältnis i. S. der 2. Alt. annimmt [dagegen Stuttgart aaO sowie u. 30]).

5 *Keine Befugnis* i. S. des § 266 begründet die Stellung als *Bote,* da bei ihr ein dem Geschäftsherrn gegenüber rechtlich wirksamer vorsätzlicher Mißbrauch nicht möglich ist (i. E. ebenso Hamm NJW **72,** 299, Arzt/Weber IV 68, D-Tröndle 5, Labsch aaO 308, Jura 87, 350, Sennekamp MDR 71, 638, BB 73, 1005, Vonnahme NJW 71, 443, Zahrnt NJW 72, 278; and. Blei JA 71, 305 u. 72, 790, Meyer JuS 73, 216, Samson SK 8, Schröder JZ 72, 708). Dieser Frage wurde früher – allerdings zu Unrecht (vgl. dazu die 22. A.) – vor allem beim sog. Scheckkartenmißbrauch Bedeutung zugemessen; mit der Einfügung des § 266b durch das 2. WiKG hat sie sich dort praktisch jedoch erledigt (vgl. die Anm. zu § 266b sowie u. 12).

6 a) Ob die Befugnis sich auf **fremdes Vermögen** bezieht, ist nach materiellem Recht, nicht nach wirtschaftlichen Gesichtspunkten zu beurteilen (BGH **1** 187, Celle NJW **59,** 496, Labsch Jura 87, 347, Hübner LK 22; and. Blei II 258). Verwaltungsrechte wie z. B. das des Konkursverwalters lassen die Vermögenszugehörigkeit unberührt. Die Befugnis des Gemeinschuldners, der vom Konkursverwalter mit der Weiterführung des Geschäfte betraut ist, betrifft eigenes, die des Konkursverwalters fremdes Vermögen (and. RG **39** 416). Das Vermögen einer Einmann-GmbH ist für den geschäftsführenden Gesellschafter zwar fremdes Vermögen; die Möglichkeit einer Untreue durch diesen entfällt jedoch aus anderen Gründen (vgl. u. 21).

7 b) Die Verfügungs- bzw. Verpflichtungsbefugnis kann auf **Gesetz, behördlichem Auftrag oder Rechtsgeschäft** beruhen. Vielfach treffen zwei (vgl. u. 8), zuweilen auch alle drei Entste-

hungsgründe (z. B. bei freiwilliger Versteigerung durch einen Gerichtsvollzieher, § 383 III BGB) zusammen.

α) Als durch *Gesetz* eingeräumt sind solche Befugnisse anzusehen, die dem Täter nicht auf Grund **8** eines gerade auf ihre Begründung gerichteten Verleihungsakts, sondern auf Grund gesetzlicher Regelung als Inhaber einer bestimmten Stellung zukommen. Gleichgültig ist, ob es sich dabei um eine natürliche Position, wie z. B. die Elternschaft oder nichteheliche Mutterschaft, handelt und die Befugnis folglich unmittelbar auf Gesetz beruht (§§ 1626 I 2, 1705 BGB) oder ob diese Stellung, wie z. B. die als Vormund (§ 1793 BGB), Pfleger (§§ 1909ff., 1915 BGB; zum Gebrechlichkeitspfleger vgl. Bremen NStZ **89**, 228) bzw. Betreuer gem. §§ 1896ff. BGB n. F. (gültig ab 1. 1. 1992), Gerichtsvollzieher (§§ 753, 804f. ZPO [and. Heinitz aaO 435f., Labsch aaO 107f.]), Konkursverwalter (§ 6 II KO), Vorstand eines Vereins (§ 26 II BGB), Geschäftsführer einer GmbH (§ 35 I GmbHG), Prokurist (§ 49 HGB) usw., durch behördlichen Auftrag bzw. Rechtsgeschäft erlangt ist oder ob sie schließlich, wie z. B. die Stellung als Bürgermeister (vgl. z. B. § 42 I bad.-württ. GemeindeO) oder Prozeßbevollmächtigter (§ 81 ZPO), eine in § 266 nicht genannte Grundlage (Wahl, Prozeßhandlung) hat.

β) Durch *behördlichen Auftrag* eingeräumt sind nicht nur die für einen Einzelfall zur Erledigung **9** eines Sonderauftrags erteilten Befugnisse, sondern auch diejenigen, deren Ausübung die gewöhnlich dem Täter zugewiesenen Dienstgeschäfte mit sich bringen (RG **69** 336).

γ) *Rechtsgeschäftlich* begründete Befugnisse sind die Vollmacht und die Ermächtigung (vgl. RG **56** **10** 123).

2. Hinzu kommen muß, wie sich aus dem auch für den Mißbrauchstatbestand geltenden **11** Nachsatz ergibt, daß der Inhaber der Befugnis die **Vermögensinteressen** desjenigen, den er verpflichten bzw. über dessen Vermögen er verfügen kann (Geschäftsherr), **zu betreuen hat.** Eine Sonderbeziehung zu dem fremden Vermögen, die sich in der Befugnis erschöpft, über dieses zu verfügen usw., genügt mithin nicht (and. z. B. noch BGH **13** 276: ausreichend die Befugnis des Gerichtsvollziehers, durch Pfändung usw. über das Vermögen des Schuldners zu verfügen und Kosten zu berechnen; vgl. dazu jetzt Köln NJW **88**, 504 m. Anm. Keller JR **89**, 77). Andererseits kann entgegen der h. M. für den Mißbrauchstatbestand zwar keine Vermögensfürsorgepflicht i. S. der 2. Alt. verlangt werden (vgl. o. 2), weshalb bei „nicht eindeutig auszugrenzenden Mißbrauchsformen" auch nicht ohne weiteres auf den Treubruchstatbestand zurückgegriffen werden kann (so jedoch BGH NJW **83**, 461 m. Anm. Keller JR **83**, 516). Wohl aber muß dem Täter – was dann allerdings auch genügt – die im *Außenverhältnis wirksame Befugnis* zur Erfüllung einer *im Interesse des Geschäftsherrn* liegenden Aufgabe eingeräumt worden sein. Ist dies jedoch der Fall, so kann es darauf, ob der Täter den Interessen des Geschäftsherrn aufgrund einer *rechtlich* wirksamen Betreuungspflicht zu dienen hat, prinzipiell nicht mehr ankommen; insoweit muß vielmehr Entsprechendes gelten wie beim Treubruchstatbestand (vgl. u. 30f.). Gleichgültig ist hier daher, ob das entsprechende Innenverhältnis zum Geschäftsherrn (Auftrag, Geschäftsbesorgungsvertrag usw.) z. Z. der Tat noch besteht oder ob es überhaupt wirksam entstanden ist (i. E. auch Arzt aaO 379; and. D-Tröndle 5, Holzmann aaO 129, Hübner LK 63f., M-Maiwald I 498f.); nur wenn sich die Nichtigkeit des Innenverhältnisses aus §§ 134, 138 BGB ergibt, verdient der Vermögensinhaber auch hier – zum Treubruchstatbestand vgl. u. 31 – keinen strafrechtlichen Schutz. Ebensowenig kommt es – insoweit anders als beim Treubruchstatbestand – darauf an, ob dem Täter durch detaillierte Weisungen gebunden sein oder ihm ein eigener Entscheidungsspielraum verbleiben soll (vgl. RG JW **38**, 2337, BGH NJW **54**, 1616, Braunschweig NJW **47**, 71, Bringewat GA **73**, 363, NStZ **83**, 458, M-Maiwald I 499; and. D-Tröndle 5, Dunkel aaO 236, GA **77**, 338f., Hübner LK 5ff., 30ff., Lackner 2c, Schmidhäuser II 133, Seebode JR **73**, 119).

Daraus, daß die Verpflichtungs- bzw. Verfügungsbefugnis im Interesse des Geschäftsherrn beste- **12** hen muß, ergibt sich auch die Unanwendbarkeit der 1. Alt., wenn dem Täter diese Befugnis ausschließlich oder in erster Linie in seinem *eigenen Interesse* verliehen ist und er lediglich verpflichtet sein soll, den Geschäftsherrn nicht zu schädigen. Aus diesem Grund ist der seit dem 2. WiKG in § 266b (vgl. dort RN 1) eigens unter Strafe gestellte **Scheck-** bzw. **Kreditkartenmißbrauch**, bei dem der Täter den Kartenaussteller (Bank, Kreditkartenunternehmen) vertragswidrig zur Einlösung ungedeckter Schecks bzw. zur Bezahlung von Forderungen des Vertragsunternehmens gegen den Kreditkarteninhaber verpflichtet, nicht durch den Mißbrauchstatbestand des § 266 erfaßbar (so – jedenfalls i. E. – die h. M., z. B. BGH **24** 386, **33** 244 m. Anm. Otto JZ **85**, 1008, Hamburg NJW **83**, 768, Hamm NJW **84**, 1633 m. Anm. Schlüchter JuS **84**, 675 u. Bringewat wistra **84**, 194, Köln NJW **78**, 713 m. Anm. Gössel JR **78**, 469 u. Vormbaum JuS **81**, 18, LG Bielefeld NJW **83**, 1335 m. Anm. Bringewat NStZ **83**, 457, Dunkel aaO 244ff., GA **77**, 329, Hübner LK 29, 38, JZ **73**, 441, Knauth NJW **83**, 1288, Lenckner/Winkelbauer wistra **84**, 83, M-Maiwald I 499, Seebode JR **73**, 119f., Seelmann aaO 102, Sennekamp MDR **71**, 638, Vonnahme NJW **71**, 443, Zahrnt NJW **72**, 278, 1095; and. Hamm NJW **72**, 298, LG Dortmund NJW **71**, 65, Blei II 258, Heimann-Trosien JZ **76**, 551, Labsch aaO 108ff., NJW **86**, 104, Mayer JuS **73**, 216, Otto, Zahlungsverkehr 101, Bankentätigkeit 131f., Schröder JZ

72, 708). Entsprechendes gilt für den Mißbrauch des **Lastschrift-Einzugsverfahrens** (Hamm NJW **77**, 1834 m. Anm. Winterberg BB 77, 1627; and. Labsch Jura 87, 352, Otto, Zahlungsverkehr 101, 113, Bankentätigkeit 140).

13 Ein **Unterbevollmächtigter,** der zu dem Geschäftsherrn nicht selbst unmittelbar in einem Dienst- oder Auftragsverhältnis usw. steht, ist tauglicher Täter des Mißbrauchstatbestandes, wenn die ihm vom Hauptvertreter gestellte Aufgabe mit dem diesem erteilten Auftrag in Einklang steht. Ist dies jedoch nicht der Fall, so ist die Untervollmacht nicht zur Betreuung der Interessen des Geschäftsherrn erteilt. Da einer die Erteilung von Untervollmacht umfassenden Vollmacht in aller Regel eine Treupflicht zugrunde liegt, wird der Hauptbevollmächtigte hier jedoch meist einen Treubruch begehen, zu dem der Unterbevollmächtigte durch Vornahme des fraglichen Geschäfts Beihilfe leisten kann. Dasselbe muß gelten, wenn der Hauptbevollmächtigte den zunächst ordnungsgemäß beauftragten Untervertreter zu mißbräuchlichen Geschäften anweist. Auch hierdurch verliert der Unterbevollmächtigte seine Täterqualität. Denn es kann keinen Unterschied machen, ob ihm die Vollmacht zunächst entzogen und dann mit anderer Weisung oder anderem Inhalt neu erteilt oder ob diese lediglich geändert wird.

14 3. Die Tathandlung besteht im **Mißbrauch der Verfügungs- oder Verpflichtungsbefugnis**, d. h. darin, daß der Täter zwar wirksam, aber bestimmungswidrig über das fremde Vermögen verfügt bzw. dessen Inhaber verpflichtet.

15 a) **Verfügung** ist die Änderung, Übertragung oder Aufhebung eines Vermögensrechts wie z. B. die Belastung mit einem Pfandrecht, Übereignung, der Erlaß einer Forderung (and. noch RG **68** 373: vertragswidrige Benutzung fremder Sachen als Verfügung). **Verpflichtung** ist die Begründung einer Verbindlichkeit z. B. durch Anerkenntnis von Schulden oder Übernahme einer Bürgschaft (vgl. BGH LM Nr. **16**). In Betracht kommen nicht nur rechtsgeschäftliche Handlungen, sondern, da die Befugnis auch öffentlich-rechtlicher Natur sein kann, ebenso entsprechende hoheitliche Akte wie z. B. der Erlaß einer Steuerschuld (Hübner LK 65; vgl. auch Gössel wistra 85, 136).

16 Soweit Schweigen in seinen Wirkungen der positiven Erklärung gleichgestellt ist, sind Verfügungen und Verpflichtungen auch durch **Unterlassen** möglich (vgl. Arzt/Weber IV 55, Hübner LK 72, Seebode JR 89, 301, Wessels II/2 S. 171), so z. B. im Fall des § 362 HGB, wenn das Schweigen auf kaufmännische Bestätigungsschreiben oder wenn auf Grund allgemeiner Geschäftsbedingungen einer Bank Schweigen als Saldoanerkenntnis gilt. Nicht hierher gehört dagegen das Verjährenlassen einer Forderung (Labsch Jura 87, 348; and. Bockelmann II/1 S. 139, Lackner 3b; offengelassen von BGH NJW **83**, 461 m. Anm. Keller JR 83, 516; vgl. u. 35a), das Unterlassen des Gerichtsvollziehers, den Versteigerungserlös abzuführen (so jedoch BGH **13** 276, D-Tröndle 6; wie hier Heinitz aaO 435, Hübner LK 72, Labsch Jura 87, 343) oder das Nichtwahrnehmen eines für den Pflegling günstigen Geschäfts durch einen Gebrechlichkeitspfleger (so aber Bremen NStZ **89**, 228), wo jedoch die 2. Alt. in Betracht kommt (vgl. u. 35a).

17 b) Der Täter muß die **Befugnis wirksam ausgeübt** haben, was daraus folgt, daß der Mißbrauchstatbestand nur die Aufgabe haben kann, den Vermögensinhaber vor den spezifischen rechtlichen Gefahren eines das „rechtliche Dürfen" (Innenverhältnis) überschreitenden „rechtlichen Könnens" (Außenverhältnis) zu schützen (h. M., vgl. z. B. BGH NStE **Nr. 11**, MDR/H **83**, 92, Hübner LK 70 mwN). Hieran fehlt es z. B., wenn ein Konkursverwalter Fremdgelder als Sicherheit für persönliche Kredite auf ein Eigenkonto einzahlt (BGH NStE **Nr. 11**), wenn ein Schalterbeamter Fahrkarten ohne Bezahlung oder eine Verkäuferin Waren unter dem vom Ladeninhaber festgesetzten Preis abgibt (and. BGH **13** 316, LM **Nr. 4**; wie hier Heinitz aaO 434f., Hübner LK 70, Labsch aaO 103, Jura 87, 412), da hier mit den Grenzen des rechtlichen Dürfens auch die der Vertretungsmacht überschritten sind. Das gleiche gilt in den Fällen, in denen zivilrechtlich die Wirksamkeit der Vollmacht durch das Institut des Mißbrauchs der Vertretungsmacht eingeschränkt wird, insbes. bei Kollusion zwischen Vertreter und Vertragsgegner und Evidenz des Mißbrauchs (vgl. dazu z. B. Thiele, Münch. Kommentar zum BGB, Bd. 2, 2. A., § 164 RN 98ff., ebenso Arzt/Weber IV 53, Labsch aaO 307, Lampe GA 87, 247; vgl. auch Stuttgart NStZ **85**, 365 u. dazu Labsch Jura 87, 348, wo jedoch die Wirksamkeit der Verfügung in der Schaffung einer Grundbuchposition gesehen wurde, welche die fraglichen Vermögenswerte dem Zugriff gutgläubiger Dritter aussetzte). Demgegenüber soll nach Arzt aaO 371ff. der Mißbrauchstatbestand auch hier gegeben sein, weil dieser mit jeder vorsätzlichen Schädigung in Ausübung der dem Täter eingeräumten Befugnis erfüllt sei. Doch mißbraucht der Täter in diesen Fällen nicht, wie es das Gesetz verlangt, die ihm eingeräumte Verpflichtungs- oder Verfügungsbefugnis, sondern lediglich seine Stellung; auch werden mit einer solchen Erweiterung des § 266 1. Alt. z. T. wieder die Bemühungen um eine Einschränkung des Treubruchstatbestands hinfällig, der z. B. zwar in dem o. genannten Beispiel des Konkursverwalters (BGH NStE **Nr. 11**), richtigerweise aber nicht in dem der Verkäuferin zu bejahen ist (vgl. u. 23ff.).

18 c) **Mißbrauch** ist jede im Verhältnis zum Geschäftsherrn **bestimmungswidrige Ausübung**

der Befugnis. Das Merkmal ist nach dem o. 11 Gesagten nicht nur dann erfüllt, wenn der Täter durch die Vornahme eines Geschäfts gegen Pflichten aus einem rechtlich wirksamen Innenverhältnis (Dienstvertrag, Auftrag usw.) zum Geschäftsherrn verstößt, z. B. der Prokurist weisungswidrig Wechsel zeichnet, der Verkaufsbevollmächtigte unter Limit verkauft (Köln JMBlNW **59,** 138; and. Labsch aaO 103), der Verkaufsleiter das ihm gesetzte Kreditlimit überschreitet (BGH NStE **Nr.** 12) oder ein GmbH-Geschäftsführer sich überhöhte Provisionen bewilligt (BGH wistra **87,** 65, NStE **Nr.** 8). Mißbraucht werden kann vielmehr auch die isoliert bestehende Befugnis, und zwar sowohl dadurch, daß ihr Inhaber von ihr Gebrauch macht, obwohl er sie wegen der Nichtigkeit oder Beendigung des Innenverhältnisses nach dem Willen des Geschäftsherrn nicht (mehr) hätte ausüben dürfen, als auch z. B. dadurch, daß er, wenn etwa ein unwirksamer Auftrag trotz seiner Nichtigkeit durchgeführt werden soll, einen hiervon abweichenden Gebrauch macht.

α) Das Mißbräuchliche des Geschäfts muß sich aus dessen **Art** bzw. **Inhalt** ergeben. Kein 19 Mißbrauch liegt daher vor, wenn ein Vertreter oder Ermächtigter auftragsgemäß Forderungen einzieht, dabei jedoch in der Absicht handelt, das Geld für sich zu verwenden (vgl. BGH wistra **84,** 143, Firgau aaO 4, Heinitz aaO 436, Labsch aaO 107, Jura 87, 415, Samson SK 16, Schröder NJW 63, 1959, Wessels II/2 S. 171; and. RG DR **40,** 1419, Hübner LK 71; vgl. auch RG **38** 266, **42** 421, BGH **6** 316, Köln NJW **88,** 3220). Dies gilt auch dann, wenn er, indem er bei Erlangen des Geldes Eigenbesitz begründet bzw. das für den Erwerb durch den Geschäftsherrn erforderliche Insichgeschäft nicht vollzieht, diesem abredewidrig kein Eigentum verschafft. Pflichtwidrig sind in diesen Fällen nicht die rechtsgeschäftlichen Erklärungen, sondern das anschließende Verhalten bezüglich des erlangten Gelds. Dafür kommt nur die 2. Alt. in Betracht, falls ein entsprechendes Treueverhältnis besteht. Entsprechend wird auch der Verkauf von Kommissionsware nicht (schon) dadurch zu einem Mißbrauch der Ermächtigung, daß der Kommissionär den Erlös für sich behalten will (and. RG **63** 253, BGH LM **Nr.** 11).

β) Ein Problem des Tatbestandes ist auch das **Risikogeschäft,** für das wesentlich ist, daß die 20 Prognose, ob die fragliche Maßnahme zu einem Gewinn oder Verlust führt, mit einem erhöhten Maß an Ungewißheit belastet ist (z. B. Sanierungskredite [vgl. RG **61** 211, JW **30,** 1311], Spekulationsgeschäfte [vgl. RG **53** 194, BGH GA **77,** 342, Bay **65,** 88], Kaution für Abnahmegarantie [BGH wistra **82,** 148], u. U. auch Entscheidungen über Investitionen oder Lagerhaltung usw.; für Einordnung als Tatbestandsproblem z. B. auch Arzt/Weber IV 72f., Bringewat JZ 77, 669, Hillenkamp NStZ 81, 164ff., Holzmann aaO 140f., Hübner LK 86, M-Maiwald I 507, Rienhardt aaO 1, Schreiber/Beulke JuS 77, 658; and. z. B. Schwinge/Siebert aaO 46: erlaubtes Risiko als Rechtfertigungsgrund [vgl. dazu 107b vor § 32], differenzierend Blei II 261, Klug, Eb. Schmidt-FS 249ff.; näher zum Begriff des Risikogeschäfts Hillenkamp aaO 162ff. mwN, dessen Definition – „geschäftliche Disposition, die eine Fehlentscheidung sein kann" [aaO 165] – jedoch zu weitgehend ist, weil die Möglichkeit eines Fehlschlags geschäftlicher Dispositionen immer gegeben ist [vgl. auch BGH wistra **85,** 190]). Ob und bis zu welchem Grad der Inhaber der Befugnis ein Risiko eingehen darf, ergibt sich aus dem *Innenverhältnis,* d. h. aus Art und Inhalt seines Auftrags (vgl. RG JW **37,** 2698, DR **41,** 2179, BGH NJW **75,** 1234, **84,** 800 [Z], GA **77,** 342, NJW **84,** 2539 m. Anm. Otto JR 85, 29, wistra **85,** 190, Arzt/Weber IV 72, D-Tröndle 25, Hillenkamp NStZ 81, 165, Hübner LK 84, Labsch Jura 87, 414, M-Maiwald aaO, Rienhardt aaO 2, Samson SK 17; vgl. auch Arzt aaO 377, Bringewat JZ 77, 667, Schreiber/Beulke JuS 77, 658). Hält sich der Täter im Rahmen des vom Vermögensinhaber durch Anweisungen usw. näher abgesteckten Risikobereichs, so liegt mangels einer bestimmungswidrigen Ausübung der Befugnis der Tatbestand des § 266 nicht vor, und zwar unabhängig davon, ob die fragliche Handlung der geschäftsüblichen Sorgfalt entspricht, ob die Gewinnchancen größer waren als die Verlustgefahr und ob das Geschäft schließlich gut ausgeht (ebenso Frisch aaO 146, Wessels II/2 S. 169). Ist dagegen der Inhalt des Auftrags nicht hinreichend konkretisiert, sondern nur generell bestimmt, so kommt es auf den mutmaßlichen Willen des Geschäftsherrn an, der im Zweifel dahin geht, daß der Inhaber der Befugnis nur solche Dispositionen treffen darf, die dem Zweck des erteilten Auftrags und der für das fragliche Geschäft üblichen Sorgfalt entsprechen (ebenso Labsch aaO 310). Derselbe Maßstab gilt, vorbehaltlich näherer Vorschriften (z. B. §§ 1806ff. BGB), wenn das Innenverhältnis nicht durch den Willen des Vermögensinhabers bestimmt wird (z. B. Minderjährige), sondern nur allgemein durch das Gesetz (z. B. § 1642 BGB) umschrieben ist (ebenso Rienhardt aaO 2f.). Eine allgemeine, für jeden Einzelfall gültige Bewertungsregel läßt sich hier nicht aufstellen. Zwar ist eine Pflichtwidrigkeit hier immer dann anzunehmen, wenn der Abschluß des Risikogeschäfts zugleich einen Schaden bedeutet (vgl. u. 45), dessen Vorliegen im Einzelfall aber gleichfalls zweifelhaft sein kann. Nach BGH NJW **75,** 1234 ist maßgeblich, ob bei einer wirtschaftlich vernünftigen, alle bekannten äußeren Umstände berücksichtigenden Gesamtbetrachtung die Gefahr eines Verlusts wahrscheinlicher ist als die Aussicht auf Gewinnzuwachs (krit. dazu Arzt aaO 377 FN 33, ferner Beulke/Schreiber JuS 77, 660, Hübner LK 85 mwN [erforderlich eine „hohe Wahrscheinlichkeit der Gewinnaussicht"]), wobei jedoch zu beachten ist, daß dem Täter, dem nicht nur die Bestandserhaltung, sondern zugleich die Vermögensvermehrung geboten ist, ein hinreichender Entscheidungsspielraum bleiben muß, der – auch mit Rücksicht auf Art. 103 II GG – erst dann überschritten ist, wenn die fragliche Maßnahme wirtschaftlich eindeutig nicht mehr vertretbar ist. Zu berücksichtigen ist ferner, daß in gewissen Bereichen das Eingehen riskanter Geschäfte schlechthin untersagt ist, so dem Testamentsvollstrecker gegenüber dem Erben (BGH GA **77**, 342) oder dem Vormund gegenüber dem Mündel; gehört zu dem betreuten Vermögen allerdings ein Unternehmen, so müssen auch hier wirtschaftlich vertretbare und den Regeln kaufmännischer Sorgfalt entsprechende Risiken eingegangen werden dürfen (vgl. BGH NJW **90**, 3219). Selbstverständlich ist ferner z. B., daß ein Sparkassenleiter nicht mit den Mitteln seines Instituts spekulieren darf (Bay **65**, 88, Otto, Bankentätigkeit 63ff., 67f.), ebensowenig der Vermögensverwalter mit dem ihm anvertrauten Vermögen. Zur riskanten Kreditvergabe durch Banken und Sparkassen vgl. BGH NJW **79**, 1512, wistra **85**, 190, LG Bochum ZIP **81**, 1064, LG Münster ZIP **82**, 688, Otto ZStW-Beiheft **82**, 64ff., Bankentätigkeit 68ff. jeweils mwN zur Rspr. und speziell zu Großkrediten Müller/Wabnitz, Wirtschaftskriminalität, 2. A. (1986) 24ff., Nack NJW **80**, 1599, wobei teilweise verkannt wird, daß die Vorschriften des KreditwesenG zur Begründung einer Pflichtwidrigkeit gegenüber dem Bankvermögen nicht tauglich sind (vgl. auch BGH wistra **85**, 190), da sie nicht dem Vermögensschutz der Banken dienen – sonst dürfte ein Privatbankier ihnen nicht unterliegen –, sondern das Vertrauen der Öffentlichkeit in die Banken und als Reflex davon das – insoweit von § 266 nicht erfaßte (vgl. Otto ZStW-Beiheft **82**, 67f.) – Vermögen der Einleger schützen sollen (vgl. Begründung des Regierungsentwurfs zum KreditwesenG BT-Drs. III/1114 S. 20, BGH [Z] NJW **84**, 2691 sowie nunmehr § 6 III KreditwesenG). Von vornherein nicht um ein Risikogeschäft, sondern um eine tatbestandsmäßige Untreue handelt es sich, wenn der mögliche Gewinn nicht für den Geschäftsherrn, sondern für einen Dritten erzielt werden soll (vgl. BGH MDR/H **79**, 636), so z. B. wenn dem betreuten Unternehmen ein neuer Geschäftszweig in der Absicht angegliedert wird, diesen bei erfolgreicher Entwicklung auf ein anderes Unternehmen zu übertragen (vgl. aber auch BGH[Z] NJW-RR **86**, 372). Zum Ganzen vgl. näher Hillenkamp NStZ 81, 161, ferner Frisch aaO 146, Kohlmann JA 80, 231; vgl. auch u. 45.

21 γ) Kein Mißbrauch liegt vor, wenn der **Geschäftsherr** mit dem Abschluß eines dem ursprünglich erteilten Auftrag usw. widersprechenden Geschäfts **einverstanden** ist; eine nachträgliche Genehmigung genügt dagegen nicht (Hamm NStZ **86**, 119). Seine Einwilligung ist ein tatbestandsausschließendes Einverständnis (vgl. 30 ff. vor § 32) und nicht erst ein Rechtfertigungsgrund (vgl. BGH **3** 24, BGHZ **100** 197, NJW-RR **86**, 372, Hamm NStZ **86**, 119, Arzt/Weber IV 71f., D-Tröndle 14, Hübner LK 87, Lackner 7, Wessels II/2 S. 169; and. [Rechtfertigungsgrund] BGH **3** 39, **9** 216, Stuttgart MDR **78**, 593, Schwinge/Siebert aaO 38f.; vgl. auch Gribbohm ZGR **90**, 19ff.). Ist der Geschäftsherr eine *Personengesellschaft*, so entscheiden die daran Beteiligten (vgl. zur KG bzw. zur GmbH & Co. KG BGH wistra **89**, 266, NJW-RR **86**, 372, Garz-Holzmann [s. § 264 vor 1] 128, Lackner 7, Schulte NJW **83**, 1774 u. 84, 1671, Winkelbauer wistra **86**, 18; and. LG Bonn NJW **81**, 469, Schäfer NJW **83**, 2850; zur Gründungs-GmbH vgl. BGH **3** 25, Stuttgart MDR **78**, 593). Umstritten ist dagegen – von praktischer Bedeutung insbes. bei der GmbH –, ob Entsprechendes auch für *juristische Personen* gilt. Nach h. M. soll hier ein Einverständnis nur beschränkt möglich sein: Verfügungs- und Verpflichtungsgeschäfte z. B. eines GmbH-Geschäftsführers, die nach Gesellschaftsrecht unzulässig sind oder gegen die Grundsätze eines ordentlichen Kaufmanns verstoßen, bleiben danach auch dann ein Mißbrauch i. S. des § 266, wenn sie mit Zustimmung aller Gesellschafter erfolgen oder der Geschäftsführer zugleich Alleingesellschafter ist (z. B. BGH **9** 216, **34** 279, **35** 333, NJW **81** 1793, NStZ **84**, 118, JR **88**, 254 m. Anm. Gössel, GA **79**, 311, wistra **83**, 71, **86**, 262, **90**, 99, MDR/H **79**, 806, BGHR § 266 I, Nachteil 18, Hamm wistra **85**, 158, Stuttgart MDR **78**, 593, D-Tröndle 14, Hübner LK 87, W. Schmid aaO 375, Tiedemann aaO 15 vor § 282, Wessels II/2 S. 170; einschränkend jedoch z. B. Firgau aaO 5, Gribbohm ZGR **90**, 5ff. u. wesentlich enger auch die h. M. im Zivilrecht [vgl. dazu Fleck ZGR **90**, 31ff. mwN], differenzierend ferner Brammsen DB **89**, 1614f., Hellmann wistra **89**, 216f., Kohlmann, Werner-FS 397, 404: nur bei Verstoß gegen die Stammkapitalerhaltungsvorschrift des § 30 GmbHG [vgl. dazu auch Ulmer, Pfeiffer-FS 868ff. mit dem Vorschlag einer modifizierten Bilanzmethode bei der Ermittlung der für § 30 GmbHG erforderlichen Werte; krit. jedoch Fleck aaO 41, Gribbohm aaO 27]). Untreue soll es deshalb z. B. sein, wenn der Alleingesellschafter einer GmbH entgegen § 30 GmbHG das Stammkapital angreift (BGH **3** 40, **9** 216, wistra **90**, 99), wenn er die Existenz oder die Liquidität der Gesellschaft in Gefahr bringt (BGH **35** 339, GmbHRdsch. **54**, 75), eine Forderungspfändung mißachtet (Stuttgart OLGSt § 266 S 45), nach der – inzwischen durch BGH **35** 333 in der Sache allerdings wieder eingeschränkten – Entscheidung BGH **34** 373 i. d. R. sogar dann, wenn ein GmbH-Geschäftsführer, ohne dadurch gegen das Auszahlungsverbot des § 30 GmbHG zu verstoßen oder die Liquidität zu beeinträchtigen, eigennützig oder im Interesse Dritter mit Zustimmung der Gesellschafter „willkürlich" Vermögen der Gesellschaft verschiebt und diese Vermögensverschiebung unter Verletzung des § 81 GmbHG durch Falsch- oder Nichtbuchen verschleiert wird (zur Kritik vgl. z. B. Hellmann aaO, Meilicke BB **88**, 1261, Reiß wistra **89**, 81, Vonnemann GmbHRdsch. **88**, 329; vgl. demgegenüber aber auch BGH **35** 333, wo bei einverständlichen verdeckten Gewinnausschüttungen im wesentlichen wohl wieder auf die Stammkapital-, Existenz- bzw. Liquiditätsgefährdung abgestellt wird). Gegen die h. M.

spricht jedoch, daß sie § 266 für Aufgaben in Anspruch nimmt, für die dieser nach seinem Schutzzweck nicht bestimmt ist (ebenso Arloth NStZ 90, 570, Labsch JuS 85, 602, wistra 85, 7f., Reiß wistra 89, 81 [speziell zur verdeckten Gewinnausschüttung bei der GmbH], Samson SK 40f., Winkelbauer wistra 86, 17; krit. zur h. M. auch Meilicke BB 88, 1261). Der von der Rspr. in den Vordergrund gerückte Gesichtspunkt der „eigenen Rechtspersönlichkeit" der GmbH wird der für eine strafrechtliche Beurteilung nach § 266 maßgeblichen materiellen Interessenlage nicht gerecht: Soweit es bei der Erhaltung des Vermögensbestands der GmbH um die Interessen der Gesellschafter als den „wirtschaftlichen Eigentümern" geht, entscheidet über einen Mißbrauch bei vermögensmindernden Dispositionen allein ihr Wille; soweit dagegen Gläubiger- oder Allgemeininteressen auf dem Spiel stehen (dazu, daß es – wenn überhaupt – nur insoweit auch eigenständige Interessen der GmbH gibt, vgl. Reiß aaO 84 mwN), haben sie hier deshalb auszuscheiden, weil sie durch § 266 nicht geschützt sind (ob der frühere § 81a GmbHG zugleich solchen Zwecken diente, ist für § 266 ohne Bedeutung). Im Ergebnis ändert sich daran aber auch nichts bei einer strikten rechtlichen Trennung von Gesellschafts- und Gesellschaftervermögen: Wenn nach BGH 34 386 „auch die Gesamtheit der Gesellschafter nicht unter Mißbrauch ihrer Stellung als Organ der GmbH bestimmen darf, was dem Wesen der GmbH nach ihrer gesetzlichen Ausgestaltung zuwiderlaufen würde", dabei dann aber eingeräumt wird, daß „die das Gesellschaftsvermögen betreffenden gesetzlichen und kaufmännischen Grundsätze überwiegend auf Wahrung des Interesses der Gesellschaftsgläubiger gerichtet sind", so läuft dies auch hier wieder darauf hinaus, daß § 266 seinem Schutzzweck zuwider in den Dienst gesellschaftsfremder Interessen gestellt wird. Eine Untreue *gegenüber der Gesellschaft* ist ein solcher „Mißbrauch" gerade nicht, wenn diese „durch das oberste Willensorgan für die Regelung der inneren Gesellschaftsangelegenheiten" (RGZ 169 80f., BGH 9 216) einverständlich ihr eigenes Vermögen schmälern läßt; daß die fragliche Handlung unter dem Gesichtspunkt *rechtlich geschützter Gläubigerinteressen* rechtswidrig ist und dies auch bei einem Einverständnis aller Gesellschafter bleibt, steht dagegen auf einem anderen Blatt (vgl. näher Arloth aaO, Labsch aaO, Reiß aaO, aber auch Brammsen DB 89, 1609, Gribbohm ZGR 90, 25f.). Mit Ermächtigung der Gesellschafter (bzw. des Alleingesellschafters) erfolgende Eingriffe in das Stammkapital einschließlich der Rückzahlung kapitalersetzender Darlehen, „willkürliche Vermögensverschiebungen", verdeckte Gewinnausschüttungen, „Gesellschaftsplünderungen" auf Anweisung des beherrschenden Unternehmens (vgl. dazu aber auch Firgau aaO 6) usw. sind daher auch, selbst wenn sie liquiditäts- oder existenzgefährdend sind, nicht nach § 266 strafbar. Auch die Frage einer mittäterschaftlichen Begehung durch die Gesellschafter stellt sich hier deshalb nicht (and. Gribbohm aaO 21 ff.). Zwingenden Kapitalsicherungsvorschriften als Ausgleich für einen Ausschluß der persönlichen Gesellschafterhaftung und sonst berechtigten Gläubigerbedürfnissen kann hier daher nur durch besondere Gläubigerschutztatbestände Rechnung getragen werden, wobei sich die Rspr. den Zugang zu den §§ 283 ff. mit der zu § 14 vertretenen Interessenformel (vgl. dort RN 26) z. T. allerdings selbst verbaut hat (zur Kritik näher Arloth NStZ 90, 570). Zur Einwilligung des Studentenparlaments bei Geschäften des AStA vgl. Hamm NJW 82, 191f., zu der einer Vereinsmitgliederversammlung bei Geschäften des Vorstandes vgl. Weise aaO 187.

IV. Der Treubruchstatbestand (2. Alt.). Dieser setzt nach dem Gesetzeswortlaut zunächst voraus, daß der Täter eine ihm kraft Gesetzes, behördlichen Auftrags, Rechtsgeschäfts oder eines sonstigen Treueverhältnisses obliegende Pflicht, fremde Vermögensinteressen wahrzunehmen, verletzt; zu der weiter erforderlichen Nachteilszufügung vgl. u. 39ff. Darüber, daß diese Formulierung zu weit geraten und daher einschränkend zu interpretieren ist, besteht Einigkeit; umstritten sind allerdings die Kriterien, nach denen die Pflicht, „fremde Vermögensinteressen wahrzunehmen", einzugrenzen ist (vgl. u. 23ff., aber auch Labsch aaO 199ff., der eine Konkretisierung für unmöglich und den Treubruchstatbestand deshalb für verfassungswidrig hält). **22**

1. Mit der „Pflicht, fremde Vermögensinteressen wahrzunehmen" (sog. Treupflicht), sind nur **inhaltlich besonders qualifizierte** Pflichten gemeint. „Einfache schuldrechtliche Verpflichtungen" (BGH **28** 23) aus schlichten Austauschverhältnissen wie Kauf, Miete usw., die auf Leistung nicht „für", sondern lediglich „an" einen anderen gerichtet sind und die primär der Verwirklichung eigener Interessen jedes Vertragspartners dienen, scheiden hier von vornherein aus. Dies gilt auch, wenn sich aus ihnen spezielle oder allgemeine, aus § 242 BGB abgeleitete Nebenpflichten ergeben, welche Rücksichtnahme auf die Belange des anderen Vertragspartners verlangen und insoweit dessen Vermögensinteressen dienen. Die Pflicht des Mieters zur pfleglichen Behandlung der Mietsache ist deshalb noch keine Treupflicht i. S. des § 266 (Samson SK 18). Notwendig für den Treubruchstatbestand ist vielmehr das Bestehen eines Verhältnisses, das seinem Inhalt nach wesentlich durch die *Besorgung fremder Vermögensangelegenheiten* in dem u. 23a genannten Sinn bestimmt wird. Dabei genügt es dann allerdings nicht, daß das Verhält- **23**

nis zu dem Geschäftsherrn insgesamt diesen Charakter hat, weil sich auch aus solchen Beziehungen neben echten Treupflichten gewöhnliche Schuldnerpflichten ergeben können, deren Verletzung nicht unter § 266 fällt (vgl. z. B. BGH NJW **88**, 2483, JR **83**, 515, NStZ **86**, 361, wistra **86**, 256, BGHR § 266 I, Vermögensbetreuungspflicht 9, Karlsruhe NStZ **90**, 82, Franzheim StV **86**, 409). Vielmehr muß gerade die *konkret verletzte Pflicht* in einem funktionalen Zusammenhang mit dem Aufgabenkreis stehen, der sich als „Wahrnehmung fremder Vermögensinteressen" darstellt und von dieser deshalb wesentlich mitgeprägt sein. So erstreckt sich das zwischen einer AG und ihrem Vorstand bestehende Treueverhältnis z. B. zwar auch auf die Beachtung des Wettbewerbsverbots des § 88 I AktG, nicht aber auf Handlungen bzw. Unterlassungen bezüglich eines Gewinnabschöpfungsanspruchs gem. § 88 II AktG (BGH NJW **88**, 2483; zur entsprechenden Frage bei Aufsichtsratsmitgliedern vgl. Tiedemann, Tröndle-FS 327 ff.). Ebenso gehört zu den Treupflichten des mit der Geltendmachung eines Schadensersatzanspruchs beauftragten Anwalts sowohl die ordnungsgemäße Verfolgung dieses Anspruchs als auch die umgehende Weiterleitung der eingegangenen Gelder an den Mandanten (Karlsruhe NStZ **90**, 82), während es keine Treupflichtverletzung ist, wenn diesem z. B. nicht entstandene Auslagen berechnet werden (vgl. entsprechend zum Gerichtsvollzieher u. 25). Nur eine zivilrechtliche Schuldnerpflicht verletzt der Anwalt z. B., wenn er nach Kündigung seines Auftrags das ihm zum Zweck der Vermögensanlage überlassene Geld, ohne dieses anzutasten, lediglich nicht zurückzahlt (BGH NStZ **86**, 361; zu den Treupflichten nach Beendigung des zugrundeliegenden Rechtsverhältnisses vgl. u. 34), ebenso aber auch, wenn er einen Kostenvorschuß nicht zurückerstattet, den er mit der Maßgabe erhalten hat, daß er bei einer Gebührenerstattung durch die Versicherung an den Mandanten zurückzuzahlen sei (and. hier jedoch BGH wistra **87**, 65 u. krit. dazu Karlsruhe NStZ **90**, 83 f.; näher zu den Pflichten des Anwalts bei der Behandlung fremder Gelder vgl. Franzheim StV **86**, 409). Keine Untreue ist es aus den gleichen Gründen schließlich, wenn der seiner Partei gegenüber an sich treupflichtige Parteivorsitzende eine versehentliche Überzahlung seiner Aufwandsentschädigung annimmt (BGH wistra **86**, 256), wohl aber, weil hier zugleich Treupflichten verletzt werden, wenn ein Bürgermeister gegen einen Gemeinderatsbeschluß nichts unternimmt, durch den ihm eine – besoldungsrechtlich unzulässige – Urlaubsabgeltung gewährt wird (and. Bay JR **89**, 299 m. abl. Anm. Seebode; daß der Bürgermeister in eigenen Angelegenheiten keine Amtshandlungen vornehmen, den Gemeinderatsbeschluß z. B. nicht beanstanden darf, bedeutet jedoch keine Freistellung von seiner Treupflicht und auch kein Verbot, die Ausführung des Beschlusses auf andere Weise zu verhindern). Im einzelnen gelten für die *inhaltlichen Anforderungen* an das Bestehen einer Treupflicht folgende Grundsätze:

23 a a) In der Regel finden sich Treupflichten nur in – wenn auch zivilrechtlich nicht notwendigerweise wirksamen (vgl. u. 30) – **fremdnützig typisierten Schuldverhältnissen** (vgl. z. B. BGH MDR/H **90**, 888, Düsseldorf NJW **89**, 171, Karlsruhe NStE **Nr. 6**, Hübner LK 27, Lackner 4b, aber auch Labsch aaO 156, 175, 201, Sax JZ 77, 666 f., 702 ff.; über Ausnahmen vgl. u. 27). Noch keine Treupflichten i. S. des § 266 sind jedoch solche fremdnützigen Pflichten, die dem Verpflichteten zwar eine besondere Verantwortung für das fremde Vermögen auferlegen, dies aber nur in dem beschränkten Sinn, daß er drohende Gefahren abzuwehren hat. Nicht jede Garantenstellung i. S. des § 13 begründet daher ohne weiteres auch ein Treueverhältnis i. S. des § 266, so z. B. nicht die Stellung als Nachtwächter in einer Fabrik oder Schadensabwendungspflichten auf Grund von Ingerenz (vgl. RG **71** 272, Hamburg MDR **73**, 871, M-Maiwald I 501, aber auch Bay JR **89**, 299 m. abl. Anm. Seebode; zu § 13 vgl. auch u. 35). Erforderlich ist vielmehr eine darüber hinausgehende, besonders *qualifizierte Garantenbeziehung* zu dem fremden Vermögen, die auch die Verfolgung der wirtschaftlichen Ziele des Geschäftsherrn (z. B. durch entsprechende Verwaltung und Verwendung seines Vermögens) umfaßt und damit i. d. R. zugleich auf eine Vermögensvermehrung gerichtet ist (ebenso Samson SK 23). Hinzukommen muß ferner, daß dem Täter die ihm übertragene Tätigkeit nicht durch ins einzelne gehende Weisungen vorgezeichnet ist, sondern ihm, sei es auch im Rahmen vorgegebener Ziele und allgemeiner Richtlinien, Raum für eigenverantwortliche Entscheidungen läßt (so z. B. RG **69** 61 f, BGH **3** 293 f., **4** 172, **5** 187, **13** 317, NJW **83**, 1807, NStZ **82**, 201, **83**, 455, NStE **Nr. 4, 6**, StV **86**, 203, wistra **87**, 27, **89**, 225, Bay NJW **57**, 1683 f., JR **89**, 300, Celle MDR **58**, 706, Köln NJW **67**, 836, **88**, 3219, OLGSt § 266 S. 39; vgl. jedoch auch u. 24), also den *Charakter einer Geschäftsbesorgung* i. S. des § 675 BGB hat (vgl. BGH NJW **83**, 461 m. Anm. Keller JR **83**, 516, GA **77**, 18, NStZ **89**, 72 m. Anm. Otto JR **89**, 208, Hübner LK 32 ff., Lenckner aaO 31 f.; vgl. auch Arzt/Weber IV 61 f., Firgau aaO 2). Beim Umgang mit fremdem Bargeld, fremden Waren usw. bedeutet dies, daß dem Täter nicht nur Allein- oder (jedenfalls untergeordneter) Mitgewahrsam hieran, sondern zugleich auch ein gewisses Maß an Dispositionsbefugnis bei seiner Ausübung eingeräumt sein muß (vgl. auch BGH GA **79**, 143). Nur unter dieser Voraussetzung einer gewissen Entscheidungsfreiheit des Täters im Innenverhältnis ist es zu rechtfertigen, daß der Treubruch dem Mißbrauch, dessen spezifische Gefährlichkeit sich aus der Gestaltungsmöglichkeit des Täters im Außenverhältnis ergibt, als gleichwertige Angriffshandlung an die Seite gestellt ist (Lenckner aaO 31, Samson SK 23; vgl. auch Sax JZ 77, 703). Als Täter des Treubruchstatbestands scheiden daher alle diejenigen aus, die, wie z. B. Verkäufer in Ladengeschäften, Kassierer, Auslieferungsfahrer usw., ausschließlich nach festen und detaillierten Regeln Geschäfte abzuschließen bzw. abzuwickeln haben und denen, soweit sie nicht bloße Gewahrsamsdiener sind, der Gewahrsam an Waren, Geld usw. nur für diese eng begrenzten Zwecke und den dafür erforderlichen Zeitraum, zumeist mit täglicher Ablieferungspflicht, eingeräumt ist (zur Rspr. vgl. jedoch u. 24). Keine Kriterien für das Bestehen einer Treupflicht sind dagegen – nicht anders als beim Mißbrauchstatbestand – die Dauer der Tätigkeit (so auch RG HRR **41** Nr. 700, Hübner LK 33, Samson SK 27) und die Höhe der Vermögenswerte, auf die sie sich bezieht (Heinitz aaO 438; vgl. jedoch BGH MDR/H **78**, 625, Samson SK 26). Treubruch kann daher auch begehen, wer einmalig betraut wird, für einen anderen eine lediglich geringe Summe günstig anzulegen, während umgekehrt ein Kassierer nicht dadurch treupflichtig wird, daß er in einer Dauerstellung beschäftigt ist und täglich hohe Einnahmen durch seine Hände gehen (vgl. jedoch BGH **13** 318, Hamm NJW **73**, 1810 m. Anm. Burkhardt S. 2190; wie hier Arzt/Weber IV 64, Samson SK 25).

Daß die Treupflicht i. S. der 2. Alt. eine Geschäftsbesorgung zum Gegenstand haben muß, wird teilweise auch in der **Rechtsprechung** besonders herausgestellt (vgl. BGH NJW **83**, 461 m. Anm. Keller JR **83**, 516, GA **77**, 18, NStZ **89**, 72 m. Anm. Otto JR **89**, 208). Überwiegend wird das Merkmal der Wahrnehmung fremder Vermögensinteressen dort jedoch in einer Art Gesamtschau nach dem Gewicht und der Bedeutung des fraglichen Vorgangs bestimmt. Die dafür genannten Kriterien berühren sich z. T. zwar mit den Erfordernissen einer Geschäftsbesorgung, haben aber nur die Bedeutung von **Anhaltspunkten** für das Bestehen einer Treupflicht. Genannt werden als solche etwa der Grad der Selbständigkeit, der Bewegungsfreiheit und der Verantwortlichkeit des Verpflichteten, aber auch Dauer und Umfang oder die Art der fraglichen Tätigkeit. Rein mechanische Tätigkeiten sollen – freilich nur in der Regel – nicht ausreichen (vgl. RG **69** 61f., 148, 280f., **72** 194, **77** 393, DR **39**, 1982, HRR **41** Nr. 672, BGH **3** 293f., GA **79**, 143, NStZ **83**, 455; ebenso Bockelmann II/1 S. 142, D-Tröndle 8f., Lackner 4, M-Maiwald I 504, W. Schmid aaO 383, Seelmann aaO 106, Wessels II/2 S. 173). Damit aber diese Kriterien nur als bloße – letztlich also unverbindliche – „Anhaltspunkte" eingestuft werden, wird jedoch von vornherein eine nicht unerhebliche Unsicherheit in den Tatbestand hineingetragen. Auf die Dauer und den Umfang der Tätigkeit kann es zudem ohnehin nicht ankommen (vgl. o. 23a). Vor allem aber hat die Rspr. – und dies gilt nicht nur für ältere Entscheidungen – das Merkmal der Selbständigkeit des Handelns des Verpflichteten häufig bis zur Bedeutungslosigkeit abgewertet und damit den Täterkreis des Treubruchstatbestands bei weitem überdehnt (vgl. RG **69** 62, **70** 55, **71** 296, **73** 236f., **76** 27f., **77** 38, BGH **18** 312, BB **58**, 323, Celle NJW **59**, 496, Hamm JMBlNW **63**, 95, NJW **73**, 1809 m. Anm. Burkhardt S. 2190, Koblenz GA **75**, 122; vgl. auch die Kritik bei Heinitz aaO 438, 443, Hübner LK 32ff., Labsch aaO 163ff.). So soll es bei Personen, die Geld zu kassieren oder abzuliefern haben, ausreichen, daß sie zur Kontrolle der Einnahmen und der Ablieferungen Bücher zu führen, u. U. auch Quittungen zu erteilen oder auch Wechselgeld herauszugeben haben (BGH **13** 319, MDR/H **89**, 111, Köln NJW **63**, 1992; vgl. auch BGH NStZ **83**, 455, Koblenz GA **75**, 121). – Als Kriterium untauglich ist ferner auch das vielfach zusätzlich genannte Erfordernis, die Pflicht zur Wahrnehmung fremder Vermögensinteressen müsse der typische und hauptsächliche Inhalt des Täter mit dem Vermögensinhaber verbindenden Verhältnisses sein (so z. B. RG **69** 62, **71** 91, **73** 300, **77** 150, BGH **1** 188f., **5** 188, **6** 318, **22** 191, NStE **Nr. 4**, GA **79**, 144, Bay NJW **57**, 1683, Braunschweig NJW **76**, 1903, Celle MDR **58**, 706, Köln NJW **67**, 1923, JR **68**, 469; ebenso D-Tröndle 8, Lackner 4b, M-Maiwald I 502). Soweit damit Nebenpflichten zur Rücksichtnahme auf Interessen des Vertragspartners, wie sie sich z. B. aus § 242 BGB ergeben, ausgeschieden werden sollen, ist das fragliche Kriterium überflüssig, da sich dies bei sinnvoller Interpretation des Begriffs „Wahrnehmung fremder Interessen" von selbst versteht. Andererseits ist es mißverständlich, da Wahrnehmungspflichten i. S. des Treubruchstatbestands auch durch atypische Gestaltung von Austauschverhältnissen begründet werden können (vgl. u. 27).

Nach den o. 23f. genannten Grundsätzen ist tauglicher Täter des Treubruchstatbestands, wem die Führung eines Geschäftsbereichs oder auch nur die Besorgung eines einzelnen Geschäfts für einen anderen derart übertragen ist, daß ihm ein gewisser Spielraum für eigenverantwortliche Entscheidungen bleibt. **Treupflichtig** sind danach **beispielsweise:** *Anlageberater* (Hübner LK 54, Lampe GA **87**, 249, v. Ungern-Sternberg ZStW 88, 690); der *Aufsichtsrat* einer Gesellschaft dieser und ihren Mitgliedern gegenüber (Hamm NStZ **86**, 119; vgl. näher Tiedemann, Tröndle-FS 319ff.); der *Architekt,* der auch mit der Vergabe und Abrechnung der Arbeiten betraut ist, gegenüber dem Bauherrn (BGH MDR/D **69**, 534, **75**, 23; vgl. auch Holzmann aaO 29f.); der *AStA-Vorstand* gegenüber der Studen-

§ 266   26   Bes. Teil. Betrug und Untreue

tenschaft (BGH 30 247, Hamm NJW 82, 190); der *Baubetreuer* beim Bauherrenmodell gegenüber dem Bauherren (and. – trotz § 4 Makler- u. BauträgerVO – der Bauträger beim sog. Erwerbermodell; vgl. dazu Holzmann aaO 131 ff., Labsch aaO 284); der zur Unterstützung in Vermögensangelegenheiten bestellte *Beistand* (§§ 1685 ff. BGB) gegenüber dem Kind (Braunschweig NJW 61, 2030); der *Bürgermeister* gegenüber der Gemeinde (RG JW 34, 2773, DR 41, 429, BGH GA 56, 121, Bay JR 89, 300 m. Anm. Seebode); der entscheidungsbefugte *Finanzbeamte* gegenüber dem Fiskus (BGH GA 54, 313, Gössel wistra 85, 136, Hübner LK 53); *Gebrechlichkeitspfleger* bzw. Betreuer gem. § 1896 BGB n. F. (Bremen NStZ 89, 228); *Gemeinderatsmitglieder* gegenüber der Gemeinde (Weber BayVBl. 89, 168; and. Nettesheim ebd. 164); der *Gerichtsvollzieher* bezüglich des Vollstreckungsauftrags gegenüber dem Gläubiger (vgl. RG 61 228, 71 33, JW 36, 934, Celle MDR 90, 846, Köln NJW 88, 504 m. Anm. Keller JR 89, 77; and. Labsch aaO 237), nicht jedoch bezüglich der Berechnung seiner Gebühren (Köln aaO; vgl. jedoch BGH 13 276, wo bei überhöhtem Kostenansatz zu Unrecht der Mißbrauchstatbestand bejaht wurde; vgl. dazu auch Heinitz aaO 435 f., Labsch aaO 235, Jura 87, 349) und auch nicht gegenüber dem freiwillige Zahlungen leistenden Schuldner, weshalb hier auch dessen Schädigung nicht über § 266 erfaßbar ist (and. Celle aaO); der *Geschäftsführer* einer GmbH dieser gegenüber (vgl. z. B. BGH MDR/H 79, 456, Hamm NStZ 86, 119 m. Anm. Molketin NStZ 87, 369, Tiedemann aaO 20 vor § 82), auch der sog. *faktische Geschäftsführer* (BGH 3 37, 6 315, Kohlmann, GmbHG RN 47; vgl. dazu und zum Strohmann-Geschäftsführer auch u. 30); der *geschäftsführende Gesellschafter* einer Personengesellschaft gegenüber seinen Mitgesellschaftern (RG 73 300, RG HRR 39 Nr. 670; zur Tippgemeinschaft vgl. Bay NJW 71, 1664 [Innengesellschaft], BGH LM Nr. 19 [bloße Vereinbarung, evtl. Gewinn zu teilen]); der *Handelsvertreter* gem. § 84 HGB gegenüber dem Geschäftsherrn (RG 71 335, Hamm JMBlNW 56, 58, 64, 1399, Koblenz MDR 68, 779; vgl. auch BGH GA/H 71, 37, wistra 83, 71, Hamm NJW 57, 1041), und zwar nicht nur bei der Abwicklung bereits für diesen abgeschlossener Geschäfte (so jedoch Braunschweig NJW 65, 1193, Köln NJW 67, 1923, Gribbohm JuS 65, 393); der *Hausverwalter* gegenüber Wohnungseigentümern (Samson SK 28); der *Kommissionär* (§ 383 HGB) gegenüber dem Auftraggeber (BGH NStE **Nr. 4**, wistra 87, 60, Hamm NJW 57, 1041); der *Konkursverwalter* gegenüber Gemeinschuldner und Konkursgläubigern (BGH 15 342 m. Anm. Schröder JR 61, 268, NStE **Nr. 11**); der *Makler* im Fall des Alleinauftrags gegenüber dem Geschäftsherrn (BGH GA 71, 210, wistra 84, 109); der *Nachlaßrichter* gegenüber dem endgültigen Erben, weil § 1960 BGB diesem gegenüber zugleich eine echte Vermögensfürsorgepflicht begründet (BGH 35 224 m. abl. Anm. Otto JZ 88, 823, Koblenz MDR 85, 1048; and. für den Vormundschaftsrichter jedoch Düsseldorf JMBlNW 62, 35, M-Maiwald I 501 [bejahend dagegen Hübner LK 40]; and. hier noch die 23. A., RN 26); der *Notar* (BGH NJW 90, 2319 [Belehrungspflicht bei Beurkundung eines Rechtsgeschäfts, wenn anzunehmen ist, daß die Beteiligten dessen Bedeutung und Tragweite nicht erkennen], NStZ 82, 331, wistra 84, 71 [Nichtüberführen von Fremdgeldern auf ein Anderkonto]; der *Poststellenleiter* gegenüber der Post (RG 72 194, HRR 40 Nr. 711); der *Prüfer* einer Aktiengesellschaft dieser gegenüber (Geilen, Aktienstrafrecht [1984] 11 vor § 399, § 403 RN 48); der *Rechtsanwalt* im Zivilprozeß o. ä. gegenüber dem Mandanten (RG 73 284, JW 37, 3092, HRR 40 Nr. 257, 41 Nr. 948, BGH 15 376, NJW 57, 597, 60, 1629, 83, 461 m. Anm. Keller JR 83, 516; vgl. auch o. 23); der entscheidungsberechtigte *Sachbearbeiter* (vgl. BGH GA 79, 143: Lohnhauptsachbearbeiterin; vgl. auch München JZ 77, 408: Hilfssachbearbeiter); der *Schulleiter* gegenüber Schule und Schulträger (BGH NStZ 86, 455); der *Sparkassenleiter* seinem Institut gegenüber (RG 61 211, JW 36, 943, BGH NJW 55, 508, MDR/H 79, 636, Bay 65, 88); der *Steuerberater* gegenüber seinem Mandanten (BGH[Z] 78 263, MDR[Z] 85, 1005, Franzheim aaO [HWiStR]); der *Testamentsvollstrecker* gegenüber den Erben und Vermächtnisnehmern (RG 75 242, DR 41, 2179, BGH GA 77, 342); der *Unternehmenssanierer* gegenüber Unternehmen (Müller aaO 58) und Unternehmensgläubigern (Stuttgart wistra 84, 114 m. Anm. Richter S. 97); der *Treuhänder* gegenüber dem Treugeber (RG HRR 40 Nr. 1215, Stuttgart OLGSt § 266 S. 9; vgl. auch BGH NStE **Nr. 6**); der *Vermittler* mit Inkassovollmacht (BGH 28 21; zur Vermittlung in einem Beratungsverhältnis vgl. BGH StV 84, 513 m. Anm. Labsch); *Vermögensverwalter* jeder Art (Koblenz OLGSt § 266 S. 40; zum Zwangsverwalter vgl. RG 38 190); der (Landes-)*Vorsitzende* einer Partei (BGH wistra 86, 256) und das *Vorstandsmitglied* einer AG oder eines Vereins diesen gegenüber (RG 71 344, BGH NJW 75, 1234, 88, 2483, Lampe GA 87, 248). Zu weiteren Einzelfällen vgl. ferner RG 75 79f., 77 401, JW 36, 2963, DR 40, 792, 43, 1039, 44, 155, HRR 38 Nr. 864, BGH 12 212 m. Anm. Schröder JR 59, 270, 20 145, 28 21, GA 56, 154, 69, 308, Bay JZ 73, 325.

26   **Keine Treupflichten** begründet dagegen das *Arbeitsverhältnis* als solches und zwar weder für den Arbeitnehmer (BGH 3 293, 4 170, 5 188, GA 79, 143; vgl. aber auch Schleswig OLGSt § 266 S. 21 [Taxifahrer]) noch für den Arbeitgeber (BGH 6 318 [Pflicht des Arbeitgebers „Urlaubsmarken" zu kleben], Bay NJW 57, 1683, Celle MDR 58, 706 [Einbehalten gepfändeter Lohnanteile durch Arbeitgeber], NdsRpfl. 58, 162, Köln NJW 67, 836 [Verletzung der Abrede, Lohnanteile an Gläubiger des Arbeitnehmers abzuführen], Braunschweig NJW 76, 1903 [Unterlassen, vermögenswirksame Leistungen für den Arbeitnehmer zu entrichten]; vgl. für diese Fälle jedoch nunmehr § 266a). Nicht treupflichtig sind *Buchhalter* ohne inhaltliche Entscheidungskompetenz (BGH StV 86, 203 f., wistra 87, 27), das technische *Computerpersonal* (Locher, Operator, i. d. R. Programmierer [and. wenn dieser zugleich die Aufgaben eines Systemanalytikers erfüllt]; vgl. dazu Lampe GA 75, 5, 14 u. näher Lenckner aaO 31 ff., Sieber aaO 238 ff., Nachtr. 28 ff., ferner JZ 77, 412), der *Darlehensnehmer* – auch nicht i. V. mit einer Sicherungsabrede – gegenüber dem -geber (RG HRR 41 Nr. 984, BGH GA 77, 18, NStZ 84, 118, StV

84, 326, Köln NJW **88**, 3219; and. BGH MDR/D **69**, 354 bei zweckgebundenen Darlehen), die Beteiligten eines *Factoring-Vertrages,* der entweder einen Forderungskauf unter Übernahme des Delkredererisikos („echtes Factoring") oder eine den Kreditgeschäften zuzuordnende Forderungszession („unechtes Factoring"), bei der das Risiko der Anschlußkunde trägt, zum Gegenstand hat, und zwar auch dann nicht, wenn der ursprüngliche Gläubiger die Nebenpflicht hat, bei ihm eingehende Zahlungen an die Factoring-Bank weiterzuleiten (BGH NStZ **89**, 72 m. Anm. Otto JR 89, 208), der *auftragslose Geschäftsführer* gegenüber dem Geschäftsherrn (BGH LM Nr. **21;** and. Hübner LK 42; vgl. jedoch auch u. 30), der ohne eigenen Entscheidungsspielraum handelnde *(Sorten-)Kassierer* einer Bank (BGH NStZ **83**, 455, wo die 2. Alt. jedoch bei zusätzlicher buchhalterischer Tätigkeit für möglich gehalten wird; bejahend auch BGH MDR/H **89**, 111 bei der Pflicht, zur Kontrolle von Einnahmen und Ausgaben Bücher zu führen, Quittungen zu erteilen und Wechselgeld herauszugeben). *Kaufverträge* begründen, wenn sie nicht aufgrund besonderer Vertragsgestaltung zugleich Elemente der Geschäftsbesorgung enthalten (vgl. u. 27), weder für den Käufer (RG HRR **39** Nr. 1446; vgl. jedoch Hamm JMBlNW **53**, 260) noch für den Verkäufer (RG **69** 147, **71** 91) Treupflichten, auch nicht bei (verlängertem) Eigentumsvorbehalt (BGH **22** 191 m. Anm. Schröder JR 69, 191, NStE **Nr. 4**, MDR/D **67**, 174, Düsseldorf NJW **84**, 810; and. Hamm NJW **54**, 1091, Saarbrücken OLGSt § 266 S. 1, Baumann aaO 101, 112) oder beim Dokumentengeschäft mit „Andienung zu treuen Händen", bei dem der Verkäufer vorleistet (Timmermann MDR 77, 533). Ebensowenig genügt für eine Treupflicht gegenüber einer Bank schon das Bestehen eines *Kontokorrentverhältnisses,* auch nicht, wenn der Bank zugleich die Möglichkeit eingeräumt wird, die Geschäfte des Kontoinhabers intern vollständig zu überprüfen (BGH NStZ **84**, 118). Der *Kreditkartenverwender* ist dem ausgebenden Unternehmen gegenüber nicht treupflichtig (BGH **33** 244; vgl. jedoch nunmehr § 266b). Der Zahlungsempfänger im *Lastschrifteinzugsverfahren* hat nicht die Vermögensinteressen des Zahlungspflichtigen wahrzunehmen (Hamm NJW **77**, 1834 m. Anm. Winterberg BB 77, 1627). Aus *Mietverträgen* ist weder der Mieter gegenüber dem Vermieter (RG HRR **37** Nr. 64, Oldenburg NJW **52**, 1267; für ein mietähnliches Verhältnis vgl. Hamm OLGSt § 266 S. 35) noch dieser gegenüber dem Mieter treupflichtig (Köln JR **68**, 469 [Einziehung der Untermiete ohne Zahlung der Hauptmiete, so daß der Mietvertrag gekündigt wird]), auch nicht bezüglich einer vom Mieter geleisteten und nach § 550b II BGB getrennt vom übrigen Vermögen anzulegenden Mietkaution (Düsseldorf NJW **89**, 1171; and. LG Hamburg MDR **90**, 269, AG Frankfurt NJW **88**, 3029, wo jedoch nicht berücksichtigt ist, daß der Vermieter insoweit keinerlei Entscheidungsspielraum mehr hat; zu Baukostenzuschüssen des Mieters vgl. aber auch u. 27). Keine Treupflicht hat der *Reiseveranstalter* (and. u. U. der Vermittler [vgl. BGH **12** 207]) gegenüber dem Reisenden und den zur Erfüllung seiner Pflichten eingeschalteten Subunternehmern (BGH **28** 23). Der *Scheckkarteninhaber* hat gegenüber seiner Bank keine Vermögensbetreuungspflicht (BGH **24** 387; vgl. jedoch nunmehr § 266b). Durch eine *Sicherungsübereignung* bzw. *-zession* oder eine *Sicherungsgrundschuld* wird eine solche weder für den Sicherungsgeber gegenüber dem -nehmer begründet (RG HRR **41** Nr. 372, 984, BGH NStZ **84**, 118, wistra **84**, 143 m. Anm. Schomburg, MDR/H **90**, 888, Arzt/Weber IV 70, Hübner LK 50; and. RG **74** 3, HRR **42** Nr. 246, BGH **5** 63, Baumann aaO 150, Otto, Bankentätigkeit 122 f., N. Schmid, Mißbräuche 70 ff.) noch für diesen gegenüber dem Sicherungsgeber (Hübner aaO; and. RG **67** 273, **69** 223, Baumann aaO 152, z. T. auch BGH LM Nr. **20** [Barkaution], MDR/H **78**, 625 [hohe Sicherung]). Keine Treupflicht hat der *Spendenempfänger* gegenüber dem Spender bezüglich der Verwendung der Spende (BGH NStE **Nr. 3**). Aus einem *Werkvertrag* ergibt sich weder für den Werkunternehmer noch für den Besteller eine Pflicht i. S. des § 266 (RG **77** 150, BGH **28** 23, NStZ **82**, 201 [Transportauftrag], Hamm JMBlNW **63**, 183; vgl. aber auch u. 27).

b) Ausnahmsweise kann sich bei **atypischer Gestaltung** eine Treupflicht auch aus einem **an sich nicht fremdnützigen** Rechtsverhältnis ergeben. Jedoch ist dies nicht schon dann anzunehmen, wenn eine Partei vorleistet – auch nicht, wenn es sich dabei um erhebliche Werte und eine länger dauernde Geschäftsbeziehung handelt (vgl. BGH NStZ **89**, 72, NStE **Nr. 4**) – oder wenn sie ihrer Leistung, wie es bei der Sicherungsübereignung bzw. -zession ohnehin der Fall ist, eine besondere Zweckbestimmung gibt, so z. B. wenn der Käufer vorleistet, damit der Verkäufer die Ware bei seinem Lieferanten bar bezahlen kann (RG **69** 147, BGH **28** 24; vgl. auch Hamm MDR **68**, 779), oder ein Tabakhändler einem Gastwirt ein Darlehen zur Übernahme einer Gastwirtschaft gibt, die er sich als Absatzquelle erhalten will (vgl. BGH MDR/D **69**, 534). Erforderlich ist vielmehr, daß das Vertragsverhältnis wesentliche Elemente der Geschäftsbesorgung aufweist (ebenso BGH NStZ **89**, 72 m. Anm. Otto JR 89, 208, Holzmann aaO 136), so z. B. wenn die Stellung des Verkäufers oder Werkunternehmers der eines Einkaufskommissionärs (RG **77** 393 f., BGH **1** 188 ff., Bay NStE **Nr. 19**) oder die des Käufers der eines Verkaufskommissionärs (vgl. BGH MDR/D **67**, 174, ferner auch BGH NStE **Nr. 4**) angenähert ist oder der Wohnungsmieter einen Baukostenzuschuß oder eine Mietvorauszahlung leistet, um damit dem Vermieter die Errichtung des Miethauses zu ermöglichen, wodurch der Mietvertrag „auftragsähnlichen Inhalt" bekommt (BGH **8** 271, **13** 330, MDR **54**, 495, Braunschweig JZ **54**, 391 m. Anm. Erdsiek, Hamm BB **57**, 94).

c) Hat der Täter fremde Vermögensinteressen wahrzunehmen, so ist es **ohne Bedeutung,** wenn er mit der fraglichen Tätigkeit zugleich **auch seine eigenen Interessen** verfolgt, wie es etwa bei dem am Umsatz beteiligten Geschäftsführer eines Unternehmens oder dem geschäftsführenden Gesellschafter einer OHG der Fall ist. Nicht hierher gehört dagegen der Geschäftsführer, der zugleich der einzige Gesellschafter einer Ein-Mann-GmbH ist und dessen Tätigkeit daher allein seinen eigenen Interessen dient; denn die von einer rechtsfähigen Personenvereinigung zu verfolgenden Ziele werden nicht allein durch ihre Satzung und die in ihrem Rahmen getroffenen Entscheidungen der Geschäftsführungsorgane, sondern letztlich vom Gesamtwillen ihrer Mitglieder bestimmt (vgl. o. 21).

29   2. **Begründung und Erlöschen der Treupflicht.** Die Pflicht kann zunächst – insoweit in Übereinstimmung mit der 1. Alt. – auf Gesetz, behördlichem Auftrag oder Rechtsgeschäft beruhen, beim Treubruchstatbestand darüber hinaus aber auch auf einem sonstigen Treueverhältnis. Bestehen muß die Treupflicht gegenüber dem Inhaber des geschädigten Vermögens.

30   a) Zu den Treupflichten kraft *Gesetzes, behördlichen Auftrags* oder *Rechtsgeschäfts* vgl. entsprechend o. 8ff. Entstehungstatbestand kann hier ferner aber auch ein **tatsächliches Treueverhältnis** sein, sofern es geeignet ist, Rechtspflichten mit dem o. 23a genannten Inhalt zu begründen. Gemeint sind damit deshalb nicht Verwandtschaft, alte Freundschaft usw. (vgl. RG HRR **39** Nr. 1385, **42** Nr. 612; zu weitgehend daher BGH **12** 208 m. Anm. Schröder JR 59, 270, wo die Treupflicht aus dem Bestehen einer Geschäftsverbindung hergeleitet wird), auch nicht Schadensabwendungspflichten auf Grund von Ingerenz (vgl. o. 23a), sondern allein die Fälle, in denen ein Betreuungsverhältnis z. B. wegen Nichtigkeit des auf seine Begründung gerichteten Vertrages usw. zivilrechtlich nicht wirksam entstanden oder z. Z. der Tat bereits erloschen ist (ebenso Holzmann aaO 138f., Hübner LK 77, and. Labsch aaO 343f.). Da der Treubruchstatbestand sich nur gegen Angriffe „aus dem eigenen Lager" des Geschädigten richtet, ist hier jedoch ferner erforderlich, daß der Täter trotz des Fehlens eines rechtlich wirksamen Betreuungsverhältnisses seine Tätigkeit nach dem wirklichen oder mutmaßlichen Willen des Vermögensinhabers aufnehmen bzw. fortführen sollte und so eine entsprechende Einwirkungsmöglichkeit auf dessen Vermögen er- bzw. behalten hat (Hübner LK 77, Lenckner JZ 73, 794, i. E. auch Franzheim StV 86, 410). Im übrigen setzt sich das einer Treupflicht zugrunde liegende Rechtsverhältnis bei seinem Erlöschen nicht von selbst in einem tatsächlichen Treueverhältnis fort; auch unter diesem Gesichtspunkt ist daher die Verletzung bloßer Rückabwicklungspflichten – z. B. Nichterfüllung einer Herausgabepflicht nach § 667 BGB – oder der Verstoß gegen ein für die Zeit nach Vertragsbeendigung vereinbartes Wettbewerbsverbot nicht nach § 266 strafbar (Hübner aaO, Lenckner aaO; and. Stuttgart JZ 73, 740; vgl. dazu auch o. 23).

31   Umstritten ist, ob eine Betreuungspflicht auch dann entstehen kann, wenn das Innenverhältnis deshalb *nichtig* ist, weil es zu **gesetz- oder sittenwidrigen Zwecken** begründet wurde. Selbstverständlich ist, daß die Nichtausführung eines gesetzwidrigen usw. Auftrags (z. B. das übergebene Falschgeld abzusetzen) nicht nach § 266 strafbar sein kann (RG **70** 9, **73** 158, BGH **8** 258, **20** 145). Dasselbe muß aber auch gelten, wenn der Täter das für die Ausführung eines solchen Auftrags bestimmte Geld des Auftraggebers für sich verwendet oder wenn der Hehler die ihm zum Verkauf übergebene Beute bzw. den dafür erzielten Erlös unterschlägt (vgl. RG **70** 9f., HRR **42** Nr. 612, BGH NJW **54**, 889, Braunschweig NJW **50**, 656, AG Siegen wistra **85**, 196, Firgau aaO 3, Kühl JuS 89, 513, M-Maiwald I 501, Samson SK 32, Schmidhäuser II 134, Seelmann aaO 105; and. RG **73** 159f., BGH **8** 258f., NJW [Z] **84**, 800, Bockelmann II/1 S. 144, Bruns NJW 54, 858 u. 56, 151, JR 84, 139, Mezger-FS 344ff., D-Tröndle 9a, Hübner LK 79, Luthmann NJW 60, 419, Otto II 255, Welzel 388 [der jedoch in diesen Fällen den Schaden verneint], Wessels II/2 S. 173; differenzierend Arzt/Weber IV 59f.). Wenn auch die Treupflicht kein selbständiges Rechtsgut des § 266 darstellt, sondern lediglich die Sonderbeziehung bezeichnet, innerhalb welcher der Treubruchstatbestand das Vermögen schützt (vgl. o. 1), so würde es doch dem Prinzip der Einheit der Rechtsordnung widersprechen, eine solche das Vermögen schützende Sonderbeziehung auch dort anzunehmen, wo eine Abmachung rechtlich mißbilligt wird, weil sie auf rechts- oder sittenwidrige Ziele gerichtet ist bzw. dem Auftraggeber – was im übrigen auch die Annahme eines Schadens ausschließt (vgl. § 263 RN 84ff., 149) – kein rechtlich anzuerkennendes Interesse an den fraglichen Vermögenswerten zusteht. Der Beauftragte steht bei einer nichtigen Vereinbarung dieser Art (and. bei einer einzelnen sittenwidrigen Weisung im Rahmen eines wirksamen Treueverhältnisses) zu den ihm etwa ausgehändigten Vermögensgegenständen vielmehr in keiner anderen Beziehung als jeder Dritte, so daß in den genannten Beispielsfällen lediglich einfache Unterschlagung in Betracht kommt.

32   b) Die durch den Auftrag usw. begründete Treupflicht braucht nicht den **Vermögensinteressen des Auftraggebers** des Täters zu gelten, sondern kann sich auch auf die **eines Dritten** beziehen. Dies ist z. B. bei der Vormundschaft und Pflegschaft oder bei einem Vertrag zugunsten Dritter (§ 328 BGB) der Fall, ferner aber auch dann, wenn ein Treupflichtiger zur Ausführung seines Auftrags andere – eigenes Personal oder auch selbständig Handelnde – als Erfüllungsgehilfen heranzieht und mit einer für den Treubruchstatbestand ausreichenden Aufgabe betraut (vgl. BGH **2** 324, NJW **83**, 1807, **84**, 800, Hamburg JR **63**, 392 m. Anm. Schröder,

Hübner LK 80, 94, Richter wistra 84, 97, Schröder JR 60, 106; vgl. auch M-Maiwald I 502). Hier werden dann auch die **Vertreter** und **Beauftragten** des Treupflichtigen ihrerseits gegenüber dem Dritten unmittelbar treupflichtig und damit zu tauglichen Tätern, und zwar ohne daß sie den zu Betreuenden zu kennen oder auch nur zu wissen brauchen, daß dieser mit ihrem Auftraggeber nicht identisch ist (and. hier Schröder JR 63, 395). Des § 14 bedarf es in solchen Fällen daher nicht (vgl. BGH NJW **83**, 1807); er setzt voraus, daß der Handelnde nicht selbst treupflichtig ist, was z. B. bei den Organen einer mit der Verwaltung von Vermögen beauftragten Treuhand-GmbH der Fall ist (vgl. § 14 RN 5). Keine Treupflicht – und zwar weder gegenüber dem Vermögensinhaber (zum Mißbrauchstatbestand vgl. entsprechend o. 13) noch im Verhältnis zum Treupflichtigen, wenn der von ihm erteilte Auftrag dahin geht, das ihm anvertraute Vermögen nunmehr zu seinen Gunsten zu verwenden (vgl. u. 31) – begründet der von einem Treupflichtigen treuwidrig erteilte Unterauftrag; eine zuvor begründete Treupflicht wird hier durch eine treuwidrige Weisung beendet.

In Fällen, in denen nur ein **Strohmann** formeller Firmeninhaber ist, sollen nach BGH **13** 330 m. 33 Anm. Schröder JR 60, 105 Treupflichten gegenüber Dritten bei dem wahren Firmeninhaber entstehen (vgl. auch BGH NJW **59**, 491, BGHR § 266 I, Vermögensbetreuungspflicht 12). Dies ist jedoch nur möglich, wenn dieser nach den Grundsätzen des Handelns unter fremdem Namen selbst verpflichtet wird oder unter den Voraussetzungen des § 14 II (vgl. dort insbes. RN 30, 43 ff.). Steht eine juristische Person in einem Treueverhältnis, so kann, weil hier eine „Überwälzung" auf deren Organe nur nach § 14 möglich ist (vgl. dort RN 5), neben dem Strohmann-Organ das faktische Organ als solches Dritten gegenüber treupflichtig nur unter den Voraussetzungen des § 14 III sein (vgl. dort RN 43 ff.); möglich sind hier allerdings auch durch einen besonderen Auftrag des Strohmanns begründete Treupflichten (vgl. o. 29). Zu der juristischen Person selbst steht das faktische Organ jedenfalls in einem tatsächlichen Treueverhältnis (vgl. o. 30), während das Strohmann-Organ dieser gegenüber keine Treupflichten hat, solange es nicht doch aufgrund seiner formalen Rechtsposition für sie tätig wird.

c) Die Beendigung des zugrunde liegenden Rechtsverhältnisses führt grundsätzlich auch zum 34 **Erlöschen der Treupflicht** (Stuttgart NStZ **85**, 366, Hübner LK 77; dazu, daß sich dieses nicht von selbst in einem tatsächlichen Treueverhältnis fortsetzt, vgl. o. 30). Zwar können in Einzelfällen Treupflichten aus dem bisherigen Innenverhältnis fortwirken, doch genügt dafür nicht schon ein enger zeitlicher und sachlicher Zusammenhang (so aber BGH **8** 149: Entgegennahme und Verbrauch des Kaufpreises nach Erfüllung des Auftrags, an der Beurkundung einer Auflassung mitzuwirken). Vielmehr ist hier zwischen Handlungs- und Unterlassungspflichten zu unterscheiden: Für die früheren Handlungspflichten gilt uneingeschränkt, daß sie mit der Beendigung des Rechtsverhältnisses zu dem Geschäftsherrn erlöschen (Ausnahme: § 673 S. 2 BGB, wo jedoch das Fortbestehen des Auftrags fingiert wird); sie kann der früher Treupflichtige durch sein Untätigbleiben daher auch dann nicht verletzen, wenn ein Aufschub der erforderlichen Maßnahmen zu einer Schädigung des Geschäftsherrn führt und dieser selbst nicht rechtzeitig die entsprechende Vorsorge treffen kann. Dabei bleibt es auch, wenn das Innenverhältnis durch eine ohne wichtigen Grund und zur Unzeit erfolgte Kündigung des Treupflichtigen beendet wurde, wo dann allerdings diese selbst eine Treupflichtverletzung darstellen kann (vgl. § 671 II 2 BGB mit einer entsprechenden Schadensersatzpflicht des Beauftragten). Soweit durch die Beendigung des Innenverhältnisses Rückabwicklungspflichten entstehen (Herausgabe-, Rückerstattungs-, Rechenschaftspflichten usw.), ist deren Nichterfüllung gleichfalls nicht tatbestandsmäßig, da es sich insoweit nur um gewöhnliche Schuldner-, nicht aber um Treupflichten handelt (vgl. BGH NStZ **86**, 361, Hübner LK 77, Lenckner JZ 73, 795, aber auch BGH wistra **87**, 65, Stuttgart NJW **73**, 1386; vgl. dazu ferner o. 23). Demgegenüber können in begrenztem Umfang Treupflichten i. S. eines Schädigungsverbots (vgl. u. 36) nachwirken. Ebenso wie beim Mißbrauch einer im Außenverhältnis wirksam fortbestehenden Verfügungsbefugnis der Mißbrauchstatbestand erfüllt sein kann (vgl. o. 4, 18), muß auch die 2. Alt. anwendbar sein, wenn die faktisch zunächst noch fortbestehenden Dispositionsmöglichkeiten im Innenverhältnis mißbraucht werden. Dies ist z. B. der Fall, wenn der Prokurist, ehe seine Entlassung bekannt wird, seinen gutgläubigen Untergebenen eine für den Geschäftsherrn nachteilige Weisung erteilt oder wenn er mit dem noch in seinem Besitz befindlichen Tresorschlüssel die Firmenkasse ausplündert. Nicht hierher gehört dagegen der Verstoß gegen ein vertraglich auch für die Zeit nach dem Ausscheiden vereinbartes Wettbewerbsverbot (RG **75** 75, Hübner LK 77, Lenckner JZ 73, 795; vgl. aber auch Stuttgart NJW **73**, 1386).

3. Die **Verletzung** der **Treupflicht** (o. 23 ff.) kann sowohl durch *rechtsgeschäftliches Handeln* – 35 soweit dieses nicht schon ein wirksames Verfügungs- oder Verpflichtungsgeschäft i. S. der 1. Alt. ist – als auch durch ein *tatsächliches Verhalten* erfolgen, und sie kann sowohl in einem *positiven Tun* wie in einem *Unterlassen* bestehen. § 13 ist im letzteren Fall von vornherein unanwendbar, weil schon der Tatbestand der 2. Alt. („Verletzung der Pflicht, fremde Vermögensinteressen wahrzunehmen") Tun und Unterlassen gleichermaßen umfaßt (vgl. dazu § 13

§ 266 35a, 36 Bes. Teil. Betrug und Untreue

RN 1a mwN), ganz abgesehen davon, daß keineswegs jede Garantenstellung zugleich eine Treupflicht i. S. des § 266 begründet (vgl. o. 23a; and. Bay **89**, 299 m. abl. Anm. Seebode; offengelassen in BGH **36** 227; zu § 13 II vgl. u. 53).

35a a) Um eine Pflichtverletzung handelt es sich insbes., wenn der Täter die ihm übertragene Geschäftsbesorgung **nicht oder nicht ordnungsgemäß ausführt.** Dies ist z. B. der Fall, wenn er bei der Ausübung seiner Tätigkeit ihm gegebene Weisungen, gesetzliche Bestimmungen oder Richtlinien verletzt oder nicht befolgt (vgl. z. B. RG **71** 157, **75** 227, DR **43**, 1039, BGH GA **56**, 122, 154, NStZ **84**, 549 [Bildung sog. schwarzer Kassen], RG JW **37**, 2698, DR **44**, 155, HRR **40** Nr. 648, 711, BGH **20** 304 m. Anm. Schröder JR 66, 185, [unordentliche Buchführung], BGH **30** 247 [Verwendung von AStA-Mitteln für den Druck allgemeinpolitischer Flugschriften], NStZ **86**, 455 [Verwendung öffentlicher Gelder entgegen ihrer haushaltsrechtlichen Zweckbestimmung], Hamm NJW **82**, 190 [Verstoß gegen eine gerichtliche Anordnung durch AStA-Mitglieder, in denen diesen unter Androhung von Ordnungsgeld bestimmte Handlungen untersagt sind]); bei Risikogeschäften gilt das o. 20 Gesagte entsprechend. Eine Pflichtverletzung kann ferner vor allem darin liegen, daß der Täter die von ihm zu betreuenden Interessen nicht oder nicht hinreichend wahrnimmt, wozu z. B. das Verjährenlassen einer Forderung durch den mit ihrer Geltendmachung betrauten Anwalt (BGH NJW **83**, 461 m. Anm. Keller), die Vernachlässigung einer Aufsichtspflicht (vgl. RG **76** 115, JW **36**, 2101), das Nichtausnutzen der Möglichkeit, für den Geschäftsherrn günstigere Preise zu erzielen (BGH NJW **83**, 1920, wistra **86**, 67, **89**, 225) oder der Fall gehört, daß der (Steuer-, Vermögens-)Berater Anlagen deshalb empfiehlt, weil er hierfür Provisionen erhält (BGH[Z] **78** 268, BGH[Z] **85**, 1005, Franzheim aaO [HWiStR]). Dasselbe gilt, wenn der Täter sich die Erledigung seines Auftrags z. B. durch anderweitige Verwendung ihm dazu zur Verfügung gestellter Mittel unmöglich macht (vgl. RG **73** 284, **77** 392, BGH **1** 186, **12** 211, NJW **53**, 1601, **60**, 1629, MDR/D **75**, 23, Stuttgart NJW **68**, 1341, Bay NJW **71**, 1664). Ein pflichtwidriges Unterlassen kann, da die Treupflicht eine gesteigerte Garantenpflicht darstellt (vgl. o. 23a), sowohl darin bestehen, daß der Täter eine Gelegenheit zur Vermögensmehrung nicht ausnutzt (vgl. RG GA Bd. **36**, 400, Bremen NStZ **89**, 228, aber auch BGH **31** 234f.), als auch darin, daß er Vermögenswerte nicht vor Schäden schützt, und zwar gleichgültig, ob ein Schaden auf Grund natürlicher Ursachen oder durch das Handeln anderer droht (vgl. RG JW **37**, 3092, BGH **5** 190; and. Labsch aaO 249); handlungspflichtig ist er hier allerdings nur innerhalb der sachlichen und zeitlichen Grenzen seiner Aufgaben: daher kein Treubruch, wenn z. B. der Leiter einer Filiale eines Unternehmens nichts gegen Unterschlagungen von Angestellten des Hauptgeschäfts unternimmt oder bei einem außerhalb der Arbeitszeit entstandenen Brand in der Filiale untätig bleibt (Samson SK 38). Grundsätzlich keine Pflichtverletzung sind die Erfüllung von Verbindlichkeiten des Geschäftsherrn sowie solche Maßnahmen, die sich im Rahmen ordnungsgemäßer Wirtschaftsführung bewegen (BGH wistra **87**, 216), und kein pflichtwidriges Unterlassen ist es selbstverständlich auch, wenn z. B. der Abschluß eines wirtschaftlich günstigen Geschäfts rechtlich unzulässig ist (BGH **20** 146, NJW **88**, 2483, MDR/H **79**, 456; vgl. auch 72 vor § 32). Zur nachteiligen Ausübung von Insiderkenntnissen vgl. Dingeldey aaO 6, 23 f., Tiedemann, Tröndle-FS 330 ff.; zur Pflichtverletzung bei verdeckten Parteispenden zu Lasten des betreuten Vermögens vgl. Schünemann, Parteispendenproblematik (Strafrecht und Gesellschaft Bd. 11), hrsg. von de Boor u. a., 63 ff.

36 b) Aus dem Gebot, die Vermögensinteressen eines anderen wahrzunehmen, folgt zugleich das **Verbot, ihn zu schädigen** (vgl. auch Tiedemann, Tröndle-FS 322 f.). Unter dem Gesichtspunkt dieses Schädigungsverbots ist ein Treubruch zunächst darin zu sehen, daß der Täter die ihm übertragenen Aufgaben zum Nachteil des zu Betreuenden ausführt. Dies ist z. B. der Fall, wenn er für diesen mit einem Geschäftspartner einen Preis vereinbart, in dem als Aufschlag ein an ihn abzuführender Betrag enthalten ist (vgl. BGH MDR/D **69**, 534, GA **71**, 210), wenn er Waren statt mit Gewinn mit Verlust verkauft bzw. verkaufen läßt (vgl. BGH LM **Nr. 3**, wo allerdings die Treupflicht zu Unrecht bejaht ist), nicht dagegen, weil mit seiner Vermögensbetreuungspflicht in keinem inneren Zusammenhang stehend (vgl. auch o. 23), wenn ein Parteivorsitzender versehentliche Überzahlungen seiner Aufwandsentschädigung annimmt (BGH wistra **86**, 256; vgl. auch o. 23). Darüber hinaus ergibt sich aus dem Schädigungsverbot, daß eine Treupflichtverletzung auch das Zerstören, Beschädigen, Entwenden von Vermögensgegenständen des zu Betreuenden, der Verrat von Betriebsgeheimnissen usw. sowie die Beteiligung an solchen Handlungen sein kann (vgl. RG **71** 335, **72** 194, BGH **20** 144, Braunschweig NJW **61**, 2030, Hamm NJW **57**, 1041, Köln NJW **67**, 1923; speziell zum Verrat von Adreßdaten [„Adreßdatenspionage"] vgl. Vogt JuS 81, 861). Hier ist für eine Treupflichtverletzung zwar nicht erforderlich, daß gerade der betreffende Vermögenswert der Fürsorge des Täters anvertraut ist, wohl aber, daß die Tat unter Ausnutzung der die Tätereigenschaft des Treubruchstatbestands begründenden Sonderbeziehung zu dem fremden Vermögen begangen wird (vgl. dazu auch Burkhardt NJW 73, 2190, Labsch aaO 248, Samson SK 36, Tiedemann, Tröndle-FS

325 ff.). Eine Treupflichtverletzung liegt daher nicht nur vor, wenn der Treupflichtige Sachen unterschlägt oder stiehlt, die er zu verwalten hat – hier unabhängig davon, ob die Tat in gleicher Weise auch ein anderer hätte begehen können (vgl. RG **72** 194 f., BGH **17** 361, MDR/H **54**, 398, Celle MDR **90**, 846, Hamm NJW **73**, 1811, Stuttgart NJW **62**, 1272, Hübner LK 82; and. Köln JMBlNW **58**, 208) –, sondern auch dann, wenn es sich um außerhalb des Aufgabenbereichs des Täters liegende Vermögenswerte handelt, die von ihm eingenommene Position es ihm jedoch ermöglicht hat, darauf unter Umgehung der für andere bestehenden Hindernisse zuzugreifen (and. Hübner LK 82, Tiedemann aaO 325).

c) Eine Treupflichtverletzung kann ferner auch darin liegen, daß der Pflichtige bei der Wahrnehmung seiner besonderen, die Täterqualität begründenden Aufgaben **dem Schutz Dritter dienende Normen verletzt** und dadurch den zu Betreuenden Schadensersatzansprüchen (z. B. aus §§ 31, 278, 831 BGB) aussetzt (vgl. RG DR **40**, 792, Köln NJW **66**, 1374). Dies ist z. B. der Fall, wenn er als Geschäftsführer eines Unternehmens unlauteren Wettbewerb betreibt oder gewerbliche Schutzrechte anderer verletzt, nicht jedoch, wenn er mit dem Geschäftswagen einen Unfall provoziert, für den der Firmeninhaber gem. § 7 StVG einzustehen hat. **37**

d) **Nicht pflichtwidrig** sind Handlungen, in die der Inhaber des zu betreuenden Vermögens **eingewilligt** hat. Sein Einverständnis schließt wie beim Mißbrauch (vgl. o. 21) bereits den Tatbestand aus, wobei hier dieselben Grundsätze gelten wie dort, wenn Geschäftsherr eine Personengesellschaft oder eine juristische Person ist (vgl. näher o. 21). Unbeachtlich ist dagegen die Einwilligung eines Vertreters, die selbst eine Pflichtverletzung darstellt (Hamm NStZ **86**, 119 m. Anm. Molketin NStZ 87, 369 für den Aufsichtsrat einer Stadtwerke-GmbH). **38**

V. Durch den Mißbrauch bzw. den Treubruch muß demjenigen, dessen Vermögensinteressen der Täter zu betreuen hat, ein **Nachteil zugefügt** worden sein. Geschädigter kann nur eine mit dem Täter nicht identische natürliche oder juristische Person sein, weshalb die Schädigung des Gesamthandvermögens einer Personengesellschaft nur insoweit von Bedeutung ist, als sie zugleich das Vermögen der Gesellschafter betrifft (von Bedeutung z. B. bei regelwidrigen Vermögensverschiebungen innerhalb einer GmbH & Co. KG; vgl. BGH **34** 222 f. m. Anm. Weber StV 88, 16 u. Winkelbauer JR 88, 33, StV **84**, 119, NStZ **87**, 279 m. Anm. Gössel JR 88, 256, ferner BGHZ **100** 129 f.). Der Begriff des Nachteils ist gleichbedeutend mit dem des Vermögensschadens in § 263 (vgl. dort RN 78 ff.; h. M., z. B. RG **71** 333, **73** 285, BGH **15** 343, Bay JZ **73**, 325, Lackner 5 a, M-Maiwald I 505, Samson SK 37, Wessels II/2 S. 174; vgl. aber auch Hillenkamp NStZ 81, 166, Kohlmann, GmbHG RN 65 ff.). Dabei ist auch hier von einer rechtlich-wirtschaftlichen Vermögensauffassung auszugehen (vgl. § 263 RN 82 ff.; and. z. B. BGH NJW **75**, 1235, NStZ **86**, 455, MDR/H **80**, 986, Bremen NStZ **89**, 228, Düsseldorf NJW **87**, 854 sowie – i. E. zutreffend – Köln NJW **79**, 278 [rein wirtschaftlicher Vermögensbegriff; vgl. § 263 RN 80], Labsch aaO 324, Jura 87, 416 f. [personaler Vermögensbegriff]). Nach dieser fehlt es z. B. an einem Schaden, wenn an den Geschäftsherrn aus verbotenen Geschäften erlangte Gewinne nicht abgeführt werden, die auch diesem nicht zugestanden hätten, weil er sie gleichfalls nicht hätte erzielen dürfen (vgl. aber auch BGHR § 266 I, Nachteil 10, wo ein Schaden nach einer rein wirtschaftlichen Betrachtungsweise dann allerdings aus anderen Gründen verneint wird). **39**

1. Unter **Nachteil** ist daher jede durch die Tathandlung verursachte Vermögenseinbuße zu verstehen, wobei die Vermögensminderung auch hier nach dem Prinzip der Gesamtsaldierung – Vergleich des Vermögensstands vor und nach der treuwidrigen Handlung – festzustellen ist (vgl. Bremen NStZ **89**, 228 mwN). Einen Nachteil bedeutet es z. B., wenn Vermögensgegenstände verschenkt, unter Preis verkauft oder gar verschleudert werden (RG **26** 106, GA Bd. **55**, 322, BGH LM **Nr. 4**, Bremen NStZ **89**, 229; vgl. auch BGH MDR/H **79**, 636 [Ankauf von Finanzwechseln durch Sparkasse]), wenn in Zeiten der Warenverknappung Sachwerte gegen Geld abgegeben (BGH LM **Nr. 1** zu § 335) oder wenn für Sachen überhöhte Preise bezahlt bzw. Leistungen unangemessen hoch honoriert werden (BGH GA **71**, 210, MDR/D **69**, 534, wistra **86**, 218; vgl. auch RG **71** 344). Zur Berechnung der Schadenshöhe beim Nichtabführen von Nutzungsentgelt bei Nebentätigkeit von Beamten vgl. BGH NJW **82**, 2881; zur Schadensberechnung bei der Schädigung einer KG im Verhältnis von Kommanditist und Komplementär vgl. BGH NStZ **87**, 279 (betr. GmbH & Co KG). **40**

a) Kein Nachteil liegt vor, wenn die Tathandlung selbst zugleich einen den **Verlust aufwiegenden Vermögenszuwachs** begründet (z. B. BGH NJW **75**, 1235, NStZ **86**, 456, Bremen NStZ **89**, 229). Dies ist z. B. der Fall beim Freiwerden von einer Verbindlichkeit durch (weisungswidrige) Erfüllung einer Schuld (vgl. RG **75** 230, BGHR § 266 I, Nachteil 9, 14) oder wenn Leistung und Gegenleistung des mißbräuchlich abgeschlossenen Geschäfts sich entsprechen (RG **75** 230) oder mit der Weggabe eines Vermögenswerts eine äquivalente Erwerbsaussicht eröffnet wird (BGH NJW **75**, 1235 [dazu Bringewat JZ 77, 667, Schreiber-Beulke JuS 77, 656, Triffterer NJW 75, 613 f.]; vgl. auch RG **61** 212 f., BGH MDR/H **79**, 636, Bremen aaO, **41**

LG Bielefeld JZ **77**, 692, Weise aaO 230). Daß der Zuwachs bei einem mit dem geschädigten Vermögen wirtschaftlich verflochtenen Dritten eintritt, genügt nicht, und grundsätzlich nicht ausreichend ist es auch, wenn der Vermögensvorteil nicht durch die Untreuehandlung, sondern erst durch eine weitere, rechtlich selbständige Handlung hervorgebracht wird (BGH NStZ **86**, 455, Hübner LK 91 mwN). Eine Ausnahme gilt hier nur, wenn eine für sich allein betrachtet verlustbringende Handlung Teil eines einheitlichen wirtschaftlichen Vorhabens bildet, in dem Verluste Durchgangsstadium zu einem im Ergebnis erzielten Gewinn sind (RG **65** 430, **75** 230, HRR **29** Nr. 59, JW **34**, 2923, **35**, 2638, BGH[Z] NJW-RR **86**, 372, Hübner aaO), so z. B. bei der Umstellung von Produktionsmethoden eines Betriebes (RG JW **36**, 882).

42 b) Keinen die Annahme eines Vermögensnachteils ausschließenden Verlustausgleich stellen gegen den Täter wegen der pflichtwidrigen Handlung gerichtete **Ersatzansprüche** dar – diese setzen einen Schaden gerade voraus –, und zwar auch dann nicht, wenn der Täter zum Ersatz fähig und bereit ist (ebenso Labsch aaO 323, wistra 85, 8, Jura 87, 417f.; and. BGH **15** 342 m. Anm. Schröder JR 61, 268, MDR/H **83**, 281, NStZ **82**, 331, wistra **88**, 192, 225, Bay JZ **73**, 325 m. Anm. Schröder JR 73, 339, Celle MDR **90**, 846, KG NJW **72**, 218, D-Tröndle 24, Holzmann aaO 144f., Hübner LK 100, Lackner 5a, M-Maiwald I 506, Otto, Bankentätigkeit 97, Seelmann aaO 104, Wessels II/2 S. 174; vgl. auch Bremen OLGSt **Nr. 1**, KG NJW **65**, 703). Auch Verschleierungshandlungen zur Erschwerung der Geltendmachung der Ersatzansprüche sind in diesem Zusammenhang daher ohne Bedeutung (vgl. aber auch BGH wistra **90**, 352). Nicht in den vorliegenden Zusammenhang gehören jedoch die Fälle, in denen der Täter sich im Wege des Selbstkontrahierens den entnommenen Betrag kreditiert (vgl. Bay **65**, 88, Otto, Bankentätigkeit 52f.) oder in denen jemand Geld, das ihm zweckgebunden zur Durchführung eines Auftrags (z. B. einer Einkaufskommission) übereignet worden ist, für sich verwendet, dadurch dem Auftraggeber jedoch deshalb keinen Nachteil zufügt, weil er weiterhin willens und auf Grund eigener ausreichender Mittel imstande ist, den Auftrag durchzuführen (vgl. RG **73** 283, BGH MDR/D **75**, 23, Bay GA **69**, 308, Stuttgart NJW **68**, 1340). Zur Bedeutung der Ersatzfähigkeit und -bereitschaft des Täters für die mutmaßliche Einwilligung vgl. u. 48. Hat umgekehrt der Täter einen Geldanspruch gegen das von ihm verwaltete Vermögen, so fehlt es an einem Schaden, wenn er über dieses in entsprechender Höhe zu eigenen Gunsten verfügt (BGH wistra **87**, 65 [3 StR 422/86]; vgl. dazu auch Karlsruhe NStZ **90**, 84); dies gilt auch, wenn er über ein Sonderkonto mit zweckgebundenen Haushaltsmitteln (z. B. Sondermittelkonto an Universität für Forschungszwecke), auf das er zuvor entsprechende Zahlungen geleistet hat, in haushaltsrechtlich unzulässiger Weise eigene Geschäfte abwickelt (vgl. aber auch BGH MDR/H **81**, 267, wo ein Rückforderungsrecht des Täters zu Unrecht verneint wurde; dazu, daß in diesem Fall auch § 814 BGB einem Bereicherungsanspruch nicht entgegengestanden hätte, vgl. Palandt-Thomas, BGB, 49. A., § 814 Anm. 1).

43 2. Ebenso wie bei § 263 kommt es für die Frage, ob ein Vermögenszuwachs einen erlittenen Verlust ausgleicht, nicht allein auf seine objektive rechnerische Gleichwertigkeit, sondern auch auf die wirtschaftlichen Zielsetzungen und Bedürfnisse des Betroffenen an (**individueller Schadenseinschlag**; vgl. § 263 RN 108ff., 121ff., ferner Molketin NStZ 87, 370; i. E. weitgehend auch Otto, Die Struktur des strafrechtlichen Vermögensschutzes [1970] 307ff., M-Maiwald I 505). Ist das fragliche Geschäft, an diesen gemessen, eindeutig sachwidrig, so ist daher (auch) ein Vermögensnachteil i. S. des § 266 selbst dann zu bejahen, wenn der erzielte Vermögenszuwachs nach seinem objektiven Marktwert den dafür bezahlten Preis wert ist. Um solche Fälle handelt es sich insbes. bei Aufwendungen für Leistungen, die unter Berücksichtigung der Verhältnisse des Vermögensinhabers für diesen ganz oder teilweise wertlos sind (z. B. weit übertriebener und insoweit daher überflüssiger Repräsentationsaufwand durch einen GmbH-Geschäftsführer; vgl. dazu auch Hamm NStZ **86**, 119 m. Anm. Molketin NStZ 87, 369 [Stadtwerke-GmbH]), aber auch bei solchen Anschaffungen usw., die dies an sich zwar nicht sind (z. B. Kauf geeigneter Maschinen), mit denen aber eindeutig falsche Prioritäten gesetzt werden, weil die entstehenden Kosten die Erfüllung anderer, dringlicherer Aufgaben unmöglich machen oder zu einer bedrängten finanziellen Situation führen (vgl. auch BGH NStE **Nr. 3**). – Ebenfalls anwendbar ist bei § 266 die sog. **Zweckverfehlungslehre** (vgl. RG HRR **38** Nr. 864, 921, Gerhold, Zweckverfehlung und Vermögensschaden 75f., Kohlmann/Brauns aaO 93, W. Schmid aaO 394; and. Neye aaO 43ff.; zu § 263 vgl. dort RN 102, 104). Danach liegt ein Schaden auch vor, wenn eine ohne (vollwertige) Gegenleistung erbrachte Leistung durch Verfehlung ihres Zwecks in ihrem sozialen Sinn entwertet wird, so z. B. wenn das vom Firmeninhaber als Weihnachtsspende für karitative Einrichtungen vorgesehene Geld vom Geschäftsführer statt dessen für eine Silvesterparty des Betriebsmanagements ausgegeben wird (zu Fehlleitungen von Unterstützungsgeldern und Spenden vgl. auch RG HRR **37** Nr. 535, Celle HESt. **2** 163).

44 Eine weitergehende Bedeutung hat der Gesichtspunkt der Zweckverfehlung bei der **Verwaltung öffentlicher Gelder** durch staatliche, kommunale usw. Stellen (Problem der sog. Amtsuntreue). Weil öffentliche Mittel auf bestimmte, an den Bedürfnissen der Allgemeinheit orientierte Leistungszwecke normativ festgelegt sind und damit i. U. zu privaten Vermögen einer rechtlichen, auf das Allgemeininteresse bezogenen Zweckbindung unterliegen (vgl. Tiedemann ZStW 86, 910 ff., Volk aaO 27 ff., aber auch Neye aaO 43 ff.), gilt hier der Grundsatz, daß die öffentliche Hand geschädigt ist, wenn staatliche usw. Gelder fehlgeleitet und damit ihrem Zweck entfremdet werden (RG HRR 38 Nr. 864, 921). Ein Schaden ist es daher nicht nur, wenn z. B. Subventionen zu Unrecht ausbezahlt werden – daß dabei lediglich gegen Verfahrensvorschriften verstoßen wird, genügt allerdings nicht (and. Neye aaO 52) –, sondern regelmäßig auch dann, wenn ohne zwingende Gründe (z. B. dringende Reparatur) und ohne sichere Aussicht auf eine Nachbewilligung durch die zuständige Stelle aus einem dafür nicht vorgesehenen Haushaltstitel Ausgaben für Anschaffungen usw. getätigt oder entsprechende Verpflichtungen eingegangen werden (BGH NStZ **84**, 549; vgl. auch BGH NStZ **86**, 456 [Verwendung von den einer Schule als Portomittel zugewiesenen Geldern für andere schulische Zwecke]). Ausreichend für die Annahme eines Nachteils ist es aber auch, wenn gegen die allgemeine haushaltsrechtliche Zweckbindung öffentlicher Gelder, die sich aus dem Grundsatz der Wirtschaftlichkeit und Sparsamkeit (vgl. § 6 I HaushaltsgrundsätzeG u. dazu Fischer JZ 82, 6, Grupp JZ 82, 231) ergibt, verstoßen wird. Dies ist z. B. der Fall bei der Vergabe öffentlicher Ämter unter Mißachtung des Leistungsprinzips (Ämterpatronage, dazu näher Schmidt-Hieber NJW 89, 560 f.) oder wenn Mittel aus dem an sich einschlägigen Haushaltstitel ohne sachliches Bedürfnis nur deshalb in Anspruch genommen werden, weil sie nicht übertragbar sind und deshalb verfallen würden, wobei hier dann freilich ein Schaden auch schon mit den Grundsätzen über den subjektiven Schadenseinschlag zu begründen wäre (Geldausgabe für überflüssige und daher nutzlose Anschaffungen). Schon unter diesem Aspekt wäre ein Schaden z. B. auch zu bejahen, wenn sich eine Gemeinde durch ein teures Bauvorhaben die Erfüllung anderer, eindeutig wichtigerer Aufgaben unmöglich macht. Dasselbe gilt, wenn Behörden teurer ausgestattet werden, als dies nach den dafür geltenden Richtlinien zulässig ist oder wenn öffentliche Stellen einen völlig unangemessenen Repräsentationsaufwand betreiben (zu einer Stadtwerke-GmbH vgl. Hamm NStZ **86**, 119 m. Anm. Molketin NStZ 87, 369). Daß hier andere Maßstäbe gelten müssen, als in der Wirtschaft, liegt auf der Hand, weshalb je nach Unterschied ist, ob ein Großunternehmen einem Vorstandsmitglied oder ein Landkreis seinem Landrat anläßlich der Silberhochzeit wertvolles Tafelsilber zum Geschenk macht (vgl. RG JW **35**, 943). Näher zum Ganzen vgl. Kohlmann/Brauns aaO 74 ff., 81 f., 88, Labsch aaO 275 ff., Neye aaO 52 ff., NStZ 81, 370.

3. Einen Nachteil stellt auch die konkrete, wirtschaftlich schon zu einer Minderbewertung 45 führende **Vermögensgefährdung** dar (vgl. § 263 RN 143 ff.). Dies ist z. B. der Fall, wenn Kredite ohne ausreichende Sicherung vergeben werden (RG **61** 211 f., JW **36**, 934, BGH NJW **79**, 1512, wistra **85**, 190), wenn zur Verdeckung von Haushaltsmanipulationen fingierte Rechnungen bezahlt werden, die vereinbarte Rückzahlung aber nicht sicher ist (vgl. BGH NStZ **84**, 549) oder wenn Fremdgelder als Sicherheit für Kredite des Täters verwendet werden (BGH NStE **Nr. 11**). Dasselbe gilt, wenn unordentliche Buchführung bzw. Beiseiteschaffen von Belegen die Gefahr begründet, daß begründete und durchsetzbare Ansprüche nicht rechtzeitig geltend gemacht und realisiert werden (BGH **20** 304 m. Anm. Schröder JR 66, 185, wistra **86**, 24, 217, **88**, 353, **89**, 142; vgl. auch BGH GA **56**, 123, Tiedemann aaO 21 vor § 82 jeweils mwN; zu weitgehend RG **77** 228 [ausreichend unordentliche Buchführung als solche]), ferner wenn eine erfolgreiche Inanspruchnahme auf Schadensersatz zu befürchten ist (RG DR **40**, 492, HRR **40** Nr. 711; vgl. auch Köln NJW **66**, 1374) oder wenn durch die vorschriftswidrige Herstellung einer Ware die Gefahr geschaffen wird, daß diese bei einer behördlichen Kontrolle beanstandet wird und deshalb nicht oder schlechter verwertet werden kann (BGH MDR/H **79**, 988: Weinfälschung durch Kellermeister). Bei Risikogeschäften (vgl. o. 20, 35 a) liegt ein Nachteil zunächst vor, wenn der erhoffte Gewinn nicht erheblich höher ist als das aufgebrachte Vermögensopfer (vgl. Schreiber/Beulke JuS 77, 659), ferner bei einem unvertretbaren Verlustrisiko (vgl. Rienhardt aaO 3 f.). Nach der Rspr. ist dies anzunehmen, wenn der Täter „nach Art eines Spielers" entgegen den Regeln kaufmännischer Sorgfalt zur Erlangung höchst zweifelhafter Gewinnaussichten eine aufs äußerste gesteigerte Verlustgefahr auf sich nimmt (BGH NJW **75**, 1234, **90**, 3220, GA **77**, 342, wistra **82**, 148; vgl. auch LG Bielefeld JZ **77**, 692, Nack NJW 80, 1601 f.). Unter dem Gesichtspunkt des individuellen Schadenseinschlags (vgl. o. 43) kann ein Nachteil aber auch schon bei einem geringeren Verlustrisiko gegeben sein, so wenn der Vermögensverwalter entgegen der ihm erteilten Anweisung überhaupt riskante Geschäfte tätigt (zu weitgehend jedoch Hillenkamp NStZ 81, 166). Auf den schließlichen Ausgang des riskanten Geschäfts kommt es in allen diesen Fällen nicht an. Auch die Bildung sog. schwarzer Kassen kann eine ausreichende Vermögensgefährdung sein, wobei es jedoch auf den Verwendungszweck ankommt (vgl. RG **75** 227, Hübner LK 98, Neye aaO 73 ff., NStZ 81, 372; weitergehend RG **71** 157, BGH GA **56**, 154, NStZ **84**, 549: ausreichend schon, daß das Geld der jederzeitigen Verfügung des Fiskus entzogen ist). Dagegen bedeutet die Verwahrung von Fremdgeldern auf einem Geschäftskonto anstatt auf einem Anderkonto (z. B. § 47 II der Grundsätze des anwaltlichen Standesrechts) als solche noch keine Vermögensgefährdung (vgl. Karlsruhe NStZ **90**, 84),

ebensowenig die bloße Verzögerung der Abrechnung nach Ausführung eines Auftrags (Stuttgart NJW **71**, 64; and. bei Zahlungsunwilligkeit des Täters oder wenn dieser die erforderlichen flüssigen Mittel nicht hat, vgl. Celle MDR **90**, 846, Karlsruhe aaO; zur Vermögensgefährdung durch pflichtwidriges Unterlassen des Gerichtsvollziehers bzw. Anwalts bzw. Notars vgl. ferner z. B. RG **71** 36, JW **36**, 934, HRR **40** Nr. 711, BGH NJW **83**, 461 m. Anm. Keller JR **83**, 516, NStZ **82**, 331, **86**, 361, wistra **84**, 71, Franzheim StV **86**, 409). Nicht ausreichend ist ferner z. B. die Gefahr der Pfändung von Forderungen des Geschäftsherrn, wenn dieser, weil er dagegen ohne weiteres mit einer Drittwiderspruchsklage (§ 771 ZPO) vorgehen kann, nicht ernstlich mit wirtschaftlichen Nachteilen rechnen muß (BGH NStE **Nr. 7**). Auch mit der Gefahr einer Zersetzung der „Leistungsbürokratie" durch Ämterpatronage läßt sich eine schadensgleiche Vermögensgefährdung jedenfalls solange nicht begründen, als sie noch keine wirklich meßbare Größe darstellt (zu weitgehend daher wohl Schmidt-Hieber NJW **89**, 561; vgl. dazu aber auch o. 44). Entsprechendes gilt für bloße Beeinträchtigungen des guten Rufs und der Kreditwürdigkeit (vgl. W. Schmid aaO 394).

46 4. Ein Nachteil kann ferner auch bei § 266 **im Ausbleiben einer Vermögensvermehrung** liegen. Zu bejahen ist dies beim Nichtausnutzen oder Vereiteln einer Erwerbs- oder Gewinnchance, die sich zu einer vermögenswerten rechtlichen oder tatsächlichen Anwartschaft verfestigt hat und damit zugleich Bestandteil des zu betreuenden Vermögens ist (vgl. § 263 RN 86 ff.). Ein Schaden ist es danach z. B. auch, wenn ein Geschäftsreisender Geschäfte mit Stammkunden seines Geschäftsherrn für eigene statt für dessen Rechnung abschließt (RG **71** 333) oder wenn der geschäftsführende Gesellschafter einen gewinnträchtigen Produktionsteil aus dem Unternehmen ausgliedert (und zwar entgegen BGH[Z] NJW-RR **86**, 372 auch dann, wenn dies für den Fall einer günstigen Entwicklung von vornherein beabsichtigt war). Daß die Vermögensfürsorgepflicht i. S. des Treubruchstatbestands i. d. R. nicht nur auf die Bestandserhaltung, sondern zugleich auf eine (rechtlich zulässige, vgl. o. 35 a) Vermögensvermehrung gerichtet ist, zwingt zu keinem gegenüber § 263 erweiterten Schadensbegriff (so aber Samson SK 38 u. hier die 22. A.; dagegen Arzt/Weber IV 65, Labsch aaO 322), wenn an das Vorliegen einer vermögenswerten Exspektanz keine übertriebenen Anforderungen gestellt werden. Nach den bei § 263 geltenden Grundsätzen (vgl. dort RN 87) genügt dafür zwar nicht schon eine allgemeine unbestimmte Aussicht oder die bloße Hoffnung auf das Erlangen eines Vermögensvorteils (zu § 266 vgl. BGH NJW **83**, 1808, Bremen NStZ **89**, 229, Hamm NJW **68**, 1940), wohl aber, daß eine Sachlage vorliegt, die mit Wahrscheinlichkeit einen Vermögenszuwachs erwarten läßt (vgl. zu § 263 BGH **17** 148 mwN, zu § 266 RG **71** 334, Hamm aaO [„große Wahrscheinlichkeit"], Köln NJW **67**, 1923 [„begründete Aussicht"]). Zu eng ist es deshalb, wenn nach BGH **31** 234, MDR/H **79**, 456 der Verlust einer „nur mehr oder minder gesicherten Aussicht eines Geschäftsabschlusses" noch nicht genügen soll oder wenn nach BGH **20** 145 „allenfalls" die Vereitelung eines „sicher" bevorstehenden Abschlusses ein Schaden sein soll bzw. wenn nach BGH **31** 235, wistra **84**, 109, Bremen NStZ **89**, 229 ein solcher nur gegeben sei, wenn der Treugeber den Vorteil bei einem pflichtgemäßen Verhalten des Treupflichtigen „mit Sicherheit" erlangt hätte. Da Exspektanzen von wirtschaftlichem Wert nicht erst in der Beziehung zu anderen, sondern schon in einem Vermögensgut selbst angelegt sein können (vgl. § 263 RN 88), ist es ein Schaden z. B. auch, wenn der Vormund Mündelgelder entgegen § 1806 BGB nicht (best-)verzinslich anlegt (RG GA Bd. **36**, 400, Bremen NStZ **89**, 229) oder ein Anlageberater ihm übergebenenes Kapital ruhen läßt. Der für die Feststellung des Nachteils maßgebliche Zeitpunkt ist – wie im Fall der Vermögensgefährdung – derjenige der Tat, also z. B. der pflichtwidrigen Unterlassung. Ob das pflichtwidrig nicht vorgenommene Geschäft sich später tatsächlich als gewinnbringend erwiesen hätte, ist unerheblich (and. Samson SK 38).

47 5. Der Nachteil muß **demjenigen** zugefügt worden sein, **dessen Interessen der Täter zu betreuen** hat, beim Mißbrauch also dem Geschäftsherrn, beim Treubruch demjenigen, dem er treupflichtig ist (wobei dieser mit dem Treugeber nicht identisch zu sein braucht, vgl. o. 32, Hübner LK 94). Im Rahmen des Treubruchstatbestands können jedoch Ersatzansprüche dritter Geschädigter einen Schaden des zu Betreuenden begründen (vgl. o. 45).

48 VI. Als **Rechtfertigungsgründe** kommen insbes. der rechtfertigende Notstand (§ 34, vgl. RG JW **35**, 2637 m. Anm. Schwinge, BGH **12** 300 m. Anm. Bockelmann JZ 59, 495; vgl. auch BGH NJW **76**, 680 m. Anm. Küper JZ 76, 515) sowie die mutmaßliche Einwilligung in Betracht, auf die freilich nur dann zurückzugreifen ist, wenn der Bevollmächtigte usw. konkrete Weisungen oder Richtlinien verletzt hat (and. Herzberg JA 89, 245). Mutmaßliche Einwilligung kann daher z. B. anzunehmen sein, wenn ein Treupflichtiger Geld seines Auftraggebers für sich entnimmt, jedoch willens und fähig ist, das Entnommene alsbald zu ersetzen (vgl. RG JW **36**, 934 f., **37**, 168, HRR **38** Nr. 1323, **40** Nr. 257, **41** Nr. 948, M-Maiwald I 506; vgl. dazu auch o. 42). Handelt der Vertreter usw. nicht weisungswidrig und ist Beurteilungsmaßstab deshalb allein die ihm gestellte Aufgabe, die Vermögensinteressen seines Geschäftsherrn wahrzunehmen, so fehlt es bereits an den Merkmalen des Mißbrauchs bzw. der Treupflichtverletzung, wenn das vorgenommene Geschäft nach objektiv sorgfältigem Urteil diesen Interessen dient, mag es auch nach Auffassung des Täters mißbräuchlich oder treuwidrig sein und dem wahren, nicht erkennbaren Willen des Geschäftsherrn nicht entsprechen (vgl. Hübner LK 101). Ein Vergütungs- oder Erstattungsanspruch berechtigt nicht dazu, dem Treugeber eigenmächtig und ohne Vorlage überprüfbarer Nachweise einen Vermögensnachteil zuzufügen (BGH NJW **83**, 1808).

VII. Der **subjektive Tatbestand** verlangt Vorsatz; bedingter Vorsatz genügt (RG **75** 85, **76** 116). Bereicherungsabsicht ist nicht erforderlich. Der Vorsatz muß sich beim Mißbrauchstatbestand auf den bestimmungswidrigen Gebrauch der Befugnis, beim Treubruchstatbestand auf die Pflichtverletzung beziehen (RG **77** 229, BGH **9** 360, NJW **90**, 3220, NStE **Nr. 12**, wistra **86**, 25, **87**, 216 f.); er wird folglich durch die irrtümliche Annahme ausgeschlossen, im Rahmen der Zweckbestimmung des betreuten Vermögens (BGH wistra **86**, 25) bzw. eines Einverständnisses des Betroffenen zu handeln (BGH **3** 25, Hübner LK 103 mwN, M-Maiwald I 508). Dagegen beseitigt die Vorstellung, trotz des bekannten entgegenstehenden Willens des Geschäftsherrn letztlich in dessen wohlverstandenem Interesse tätig zu sein, den Vorsatz nicht (BGH NStZ **86**, 456). Bei beiden Tatbeständen muß dieser sich ferner auf die Zufügung eines Nachteils erstrecken. Bei Risikogeschäften schließt die unsichere Hoffnung auf den guten Ausgang des Geschäfts den bedingten Schädigungsvorsatz nicht aus, wenn der Täter die gegenwärtige Benachteiligung des Geschäftsherrn erkannt hat (vgl. BGH **31** 287, NJW **79**, 1512, **90**, 3220, NStE **Nr. 12**, wistra **85**, 190, Hübner LK 102, Rienhardt aaO 4; vgl. aber auch u. 50 und näher Frisch aaO 306 ff.).

Die Rspr. hat in Fällen des Treubruchs wiederholt ausgesprochen, der „außerordentlich weitgesteckte Rahmen" des äußeren Tatbestands mache eine besonders sorgfältige Feststellung des inneren Tatbestands erforderlich (RG **68** 374, **69** 17, **71** 92, **76** 116, BGH **3** 25, NJW **75**, 1236, **83**, 461 m. Anm. Keller JR 83, 516, **84**, 801 [Z], **90**, 3220, NStZ **86**, 456, NStE **Nr. 3**, **12**, GA **56**, 155, wistra **88**, 352; ebenso D-Tröndle 26, Eser IV 191, Lackner 6, M-Maiwald I 507 f.; vgl. auch RG **77** 229, JW **35**, 2963, **36**, 2101, HRR **40** Nr. 648). Die notwendige Korrektur des nach dem Wortlaut nach zu weitgefaßten objektiven Tatbestands kann jedoch nur durch seine sinnvolle restriktive Auslegung erfolgen (ebenso Blei II 261, Frisch aaO 325, Hübner LK 102, Samson SK 44). Erhöhte Anforderungen an die richterliche Überzeugungsbildung hinsichtlich des auf ihn bezogenen subjektiven Tatbestands sind hierzu kein taugliches Mittel. Das gleiche gilt für Risikogeschäfte, bei denen die Vorsatzfrage erst auftreten kann, wenn der Täter die Grenzen pflichtwidrigen Handelns eindeutig überschritten hat (vgl. o. 20, 45; vgl. dazu auch BGH NJW **90**, 3219, Hillenkamp NStZ 81, 163, Nack NJW 80, 1602 mwN).

VIII. Vollendet ist die Untreue mit dem Eintritt des Schadens, wofür eine Vermögensgefährdung genügen kann (vgl. o. 45); in diesem Fall ist die Tat mit dem effektiven Vermögensverlust *beendet* (Hübner LK 106). Der **Versuch** ist auch dann straflos, wenn ein besonders schwerer Fall vorliegt (vgl. § 12 RN 9).

IX. Täter der Untreue kann nur sein, wer in der für den Mißbrauchs- bzw. Treubruchstatbestand erforderlichen Sonderbeziehung zum Geschädigten steht; zur Anwendung des § 14 vgl. dort 5. Außenstehende kommen nur als **Teilnehmer** in Betracht (München JZ 77, 411). Auf sie ist § 28 I nicht anzuwenden (ebenso Grünwald, A. Kaufmann-GedS 563; and. BGH wistra **85**, 190, **88**, 303, 306, D-Tröndle 15, Hübner LK 105, Lackner 2a, M-Maiwald I 508, Otto II 251, Samson SK 45). Die Beschränkung des Täterkreises der beiden Untreuetatbestände auf Personen mit bestimmten Dispositionsmöglichkeiten erklärt sich nämlich allein aus der besonderen Anfälligkeit des Vermögens ihnen gegenüber und beruht nicht etwa auf dem Gedanken eines nur von ihnen zu verwirklichenden, von der Rechtsgutsverletzung unabhängigen personalen Unrechts.

X. Strafe. Für die Strafbemessung muß nicht nur die Tatschuld als solche, sondern auch ihr Umfang zur Überzeugung des Gerichts feststehen (BGH NStE **Nr. 8**). Ein Handeln aus Gewinnsucht oder aus Eigennutz rechtfertigt, wenn diese nicht ein besonders anstößiges Maß erreichen, noch keine Strafschärfung (Doppelverwertungsverbot; vgl. BGH NStZ **81**, 343, **83**, 455). Dagegen ist das Fehlen von Eigennutz usw. strafmildernd zu berücksichtigen (BGH NStZ **83**, 455, wistra **87**, 28), ebenso ein in Organisationsmängeln usw. liegendes Mitverschulden des Opfers (BGH wistra **88**, 253). Daß es sich bei der Treupflichtverletzung um ein Unterlassen handelt (vgl. n. 35), rechtfertigt nicht die Anwendung des § 13 II (vgl. näher § 13 RN 1a; and. BGH **36** 227 m. Anm. Timpe JR 90, 428). Zur Verhängung einer Geldstrafe *neben* einer Freiheitsstrafe vgl. § 41. – Die Bejahung eines **besonders schweren Falls** (Abs. 2) setzt die Berücksichtigung aller tat- und täterbezogenen Umstände voraus (BGH NStE **Nr. 17**, wistra **87**, 27, StV **88**, 253). Dabei sind die Höhe des Schadens und die Dauer der (fortgesetzten) Tat zwar besonders gewichtige Umstände, die – möglicherweise entscheidend – für einen besonders schweren Fall sprechen können; letztlich kommt es aber auch hier immer auf eine

Gesamtwürdigung an, dies auch dann, wenn sich wegen der Schadenshöhe und der Tatdauer die Annahme eines besonders schweren Falls aufdrängt (BGH StV **88**, 253; zu Abs. 2 bei außergewöhnlich hohem Schaden vgl. ferner BGH NJW **84**, 2539, NStZ **82**, 465, **83**, 455, wistra **84**, 231). In Betracht kommt die Anwendung des Abs. 2 ferner z. B. bei einem besonderen Maß an krimineller Hartnäckigkeit und Energie (vgl. RG JW **34**, 2920, BGH MDR/D **76**, 17); daß der Täter die Früchte seiner Tat bewußt und ohne Skrupel genießt, genügt jedoch nicht (BGH NStE **Nr. 17**). Ausgeschlossen ist die Anwendung des Abs. 2 bei geringfügigen Schäden, was sich aus der Verweisung auf § 243 II in Abs. 3 ergibt (vgl. § 243 RN 57). Bei mehreren Teilnehmern kann die Frage des Vorliegens eines besonders schweren Falles trotz sonst gleicher Beteiligung verschieden zu beurteilen sein (RG HRR **38** Nr. 497, BGH **2** 182). Zu den subjektiven Voraussetzungen vgl. § 15 RN 29; zu den Grenzen des richterlichen Ermessens bei Anwendung des Abs. 2 und den Anforderungen an das Urteil vgl. BGH NStZ **82**, 464, dazu wistra **83**, 71, **87**, 329, **88**, 65, StV **88**, 253; dazu, daß die Umstände, die für die Wahl des Strafrahmens des Abs. 2 bestimmend waren, bei der Findung der konkret verwirkten Strafe erneut berücksichtigt werden dürfen, vgl. BGH NJW **84**, 2539, wistra **87**, 65 f. mwN sowie § 46 RN 49.

54 **XI. Konkurrenzen.** Fortgesetzte Untreue ist auch möglich, wenn verschiedene Personen geschädigt werden, ebenso zwischen der 1. und 2. Alt. (BGH NJW **84**, 2539, NStE **Nr. 20**, wistra **85**, 190, D-Tröndle 30, Hübner LK 111 mwN), ferner wenn der zunächst auf eine Tat gerichtete Vorsatz noch vor deren Beendigung auf weitere Taten erstreckt wird (vgl. BGH wistra **87**, 60, **90**, 148 u. dazu auch 53 vor § 52; zu den Anforderungen an den nach der Rspr. notwendigen Gesamtvorsatz, der neben einem hinreichend genauen Bild von Ort, Zeit und Art der Begehung auch konkrete Vorstellungen über den Gesamtumfang der geplanten Tat umfassen muß, vgl. BGH NStE **Nr. 20**, wistra **90**, 189, 301, 351, ferner 48 ff. vor § 52 u. zu den dazu erforderlichen Feststellungen im Urteil BGH wistra **88**, 351, **90**, 21). Werden mehrere Personen durch ein und dieselbe Handlung geschädigt, so liegt nur eine Tat vor (vgl. § 52 RN 29; and. BGH wistra **86**, 67: gleichartige Idealkonkurrenz). Idealkonkurrenz ist möglich mit Betrug, so z. B. wenn die Untreue mit den Mitteln des § 263 begangen wird (RG **73** 8, LZ **28**, 1553, DR **40**, 792, BGH **8** 260, GA **71**, 84, MDR/H **85**, 627, StV **84**, 513 m. Anm. Labsch; and. Labsch aaO 155, Otto, Bankentätigkeit 53 FN 5 [besonders schwerer Fall des § 266]). Stellt dagegen die Untreue ohne Zufügung eines neuen Nachteils lediglich die Weiterführung eines zuvor begangenen Betrugs dar (z. B. betrügerisches Erlangen von Geld durch das falsche Versprechen, dieses für den Geschäftsherrn anzulegen), so tritt sie als mitbestrafte Nachtat hinter § 263 zurück (BGH **6** 67, GA **71**, 84, Hamm MDR **68**, 779, Hübner LK 107, M-Maiwald I 509; and. [Idealkonkurrenz] Braunschweig NJW **51**, 932). Umgekehrt ist der Betrug straflose Nachtat, wenn er lediglich zur Sicherung eines durch die Untreue erzielten Vorteils begangen wird (BGHR § 266 I, Treubruch 1), während Tatmehrheit vorliegt, wenn der Täter keinen Vorteil erstrebt und erlangt hat und der Betrug der Vereitelung des aus der Untreue folgenden Schadensersatzanspruchs dient (BGH NJW **55**, 508, Schröder MDR 50, 400; vgl. auch RG **63** 193). Idealkonkurrenz ist ferner z. B. möglich mit Urkundsdelikten (vgl. RG **72** 195, HRR **39** Nr. 654, BGH **18** 313, wistra **86**, 24), mit § 332, wenn Vorteilsannahme und Untreuehandlung ein einheitliches „Zug-um-Zug"-Geschäft sind (BGH MDR/H **85**, 627; and. nach BGH NJW **87**, 1341, wenn die Untreue lediglich Bestandteil der pflichtwidrigen Diensthandlung ist [Tatmehrheit]), mit § 352, wenn mit der Vereinnahmung von Gebühren nicht nur gegen das Gebührenrecht, sondern zugleich auch gegen die Vermögensfürsorgepflicht aus dem zugrundeliegenden Anwaltsvertrag usw. verstoßen wird (BGH NJW **57**, 596; für Vorrang des § 352 bei Gebührenüberhebung durch Gerichtsvollzieher dagegen Köln NJW **88**, 504 m. Anm. Keller JR 89, 77, wo primär allerdings – mit Recht [vgl. o. 25] – schon der Tatbestand des § 266 verneint wird), mit § 354 I Nr. 2 (vgl. RG **72** 193), § 356 (RG **69** 337) und § 370 AO (RG **74** 368, BGH **5** 61); über das Verhältnis zu § 283 vgl. dort RN 67. Zwischen § 266 und § 34 DepotG besteht Exklusivität, da dessen Tatbestand voraussetzt, daß kein Fall des § 266 vorliegt.

55 Für das Verhältnis zu den **Zueignungsdelikten** gilt folgendes: Beziehen sich Untreue und Zueignung i. S. des § 246 auf dieselbe Sache, so tritt § 246 (auch in der Form der Veruntreuung) hinter § 266 zurück, wenn der Täter den Zueignungswillen schon bei der Untreuehandlung hatte (RG JW **38**, 2337, BGH **6** 316, **8** 260, GA **55**, 272, Stuttgart NJW **73**, 1385 m. Anm. Kraemer u. Ringwald, Lenckner JZ 73, 796; i. E. auch RG **42** 420, BGH **14** 38, Köln NJW **63**, 1993, wo bereits die Tatbestandsmäßigkeit nach § 246 verneint wird [vgl. dazu auch § 246 RN 19]; and. RG **3** 283, **16** 344, **32** 30, 262: Idealkonkurrenz). Dabei ist es gleichgültig, ob die Betätigung des Zueignungswillens in der Untreuehandlung selbst liegt oder ob sie dieser zeitlich nachfolgt (Stuttgart aaO; and. Köln OLGSt § 266 S. 39). Wird dagegen der Zueignungsvorsatz erst nach Vollendung der Untreue gefaßt, so besteht Realkonkurrenz (Hübner LK 109, Lackner 10; and. RG **69** 64: Idealkonkurrenz). Vgl. zum Ganzen näher Lenckner JZ 73, 756, Schröder MDR 50, 400; krit. Labsch aaO 220 ff. Erfüllt die Untreue zugleich die Voraussetzungen des § 242, so besteht Idealkonkurrenz (vgl. RG DR **43**, 912, BGH **17** 362 [zw. dort jedoch das Vorliegen einer Untreue], MDR/D **54**, 399, LM Nr. **4**; and. Samson SK 49: Gesetzeskonkurrenz mit Vorrang des § 266).

56 **XII.** Nach **Abs. 3** sind §§ 247, 248a entsprechend anwendbar; es gilt das zu § 263 RN 191 ff. Gesagte. Ist die Tat gegen Angehörige usw. gerichtet, so wird sie nur auf **Antrag** verfolgt (vgl. hierzu auch BGH wistra **87**, 218, **89**, 266 [GmbH & Co KG], § 243 RN 48 ff. und § 247 RN 12 f.).

XIII. Die **Verjährung** beginnt – entsprechend bei § 263 (vgl. dort RN 193) – nach Abschluß der 57 den Nachteil begründenden oder ihn verstärkenden Handlung mit dem Eintritt des Schadens; entsteht dieser erst durch verschiedene Ereignisse oder vergrößert er sich durch sie nach und nach, so ist der Zeitpunkt des letzten Ereignisses maßgebend (BGH wistra 89, 97).

XIV. Ergänzend vgl. §§ 266a, 266b sowie § 34 DepotG (Depotunterschlagung u. hierzu Otto, 58 Bankentätigkeit 28ff.). Die weiteren, früher im Nebenstrafrecht enthaltenen Sondertatbestände sind inzwischen beseitigt worden (vgl. Art. 8 Nr. 7ff. des 2. WiKG sowie die Übersicht b. Hübner LK 116).

§ 266a Vorenthalten und Veruntreuen von Arbeitsentgelt

(1) **Wer als Arbeitgeber Beiträge des Arbeitnehmers zur Sozialversicherung oder zur Bundesanstalt für Arbeit der Einzugsstelle vorenthält, wird mit Freiheitsstrafe bis zu fünf Jahren oder mit Geldstrafe bestraft.**

(2) **Ebenso wird bestraft, wer als Arbeitgeber sonst Teile des Arbeitsentgelts, die er für den Arbeitnehmer an einen anderen zu zahlen hat, dem Arbeitnehmer einbehält, sie jedoch an den anderen nicht zahlt und es unterläßt, den Arbeitnehmer spätestens im Zeitpunkt der Fälligkeit oder unverzüglich danach über das Unterlassen der Zahlung an den anderen zu unterrichten. Satz 1 gilt nicht für die Teile des Arbeitsentgelts, die als Lohnsteuer einbehalten werden.**

(3) **Wer als Mitglied einer Ersatzkasse Beiträge zur Sozialversicherung oder zur Bundesanstalt für Arbeit, die er von seinem Arbeitgeber erhalten hat, der Einzugsstelle vorenthält, wird mit Freiheitsstrafe bis zu einem Jahr oder mit Geldstrafe bestraft.**

(4) **Dem Arbeitgeber stehen der Auftraggeber eines Heimarbeiters, Hausgewerbetreibenden oder einer Person, die im Sinne des Heimarbeitsgesetzes diesen gleichgestellt ist, sowie der Zwischenmeister gleich.**

(5) **In den Fällen des Absatzes 1 kann das Gericht von einer Bestrafung nach dieser Vorschrift absehen, wenn der Arbeitgeber spätestens im Zeitpunkt der Fälligkeit oder unverzüglich danach der Einzugsstelle schriftlich**
1. die Höhe der vorenthaltenen Beiträge mitteilt und
2. darlegt, warum die fristgemäße Zahlung nicht möglich ist, obwohl er sich darum ernsthaft bemüht hat.
Liegen die Voraussetzungen des Satzes 1 vor und werden die Beiträge dann nachträglich innerhalb der von der Einzugsstelle bestimmten angemessenen Frist entrichtet, wird der Täter insoweit nicht bestraft. In den Fällen des Absatzes 3 gelten die Sätze 1 und 2 entsprechend.

Vorbem. Eingefügt durch das 2. WiKG v. 15. 5. 1986, BGBl. I 721. Ergänzend vgl. die Änderung des Arbeitnehmerüberlassungsgesetzes (AÜG) in Art. 6 2. WiKG.

Schrifttum: Becker, Gesetzliche Neuregelung im Bereich der gewerbsmäßigen Arbeitnehmerüberlassung im Jahr 1986, ZIP 86, 409. – Fisseler, Die Strafbarkeit der Nichtzahlung von Beiträgen zur sozialen Sicherung (Diss. Würzburg 1985). – Grüner, Sozialgesetzbuch, Loseblattsammlung, Stand: Januar 1987. – Hoffmann, Haftung des GmbH-Geschäftsführers für einbehaltene Sozialversicherungsbeiträge und Lohnsteuer, DB 86, 467. – Kniffka, Die Strafbarkeit des illegalen Arbeitnehmerverleihers nach § 263 StGB, wistra 84, 46. – Martens, Einbehalten von Sozialversicherungsbeiträgen (§ 529 RVO), DB 84, 773. – ders., Zur Reform des Beitragsstrafrechts in der Sozialversicherung, wistra 85, 51. – ders., Das neue Beitragsstrafrecht der Sozialversicherung, wistra 86, 154. – Martens/Wilde, Straf- und Ordnungsrecht in der Sozialversicherung, 4. A., 1987. – Meine, Beitragsvorenthaltung und Lohnsteuerverkürzung bei nicht genehmigter Arbeitnehmerüberlassung, wistra 83, 134. – Möhrenschlager, in: HWiStR, Art. Arbeitsentgelt, Veruntreuen von. – Niemeyer, Soziale Sicherung der Arbeitnehmer, in: Müller/Gugenberger, Wirtschaftsstrafrecht (1987) 482ff. – Rienhardt, in: HWiStR, Art. Vermögenswirksame Leistung. – Schäfer, Die Strafbarkeit des Arbeitgebers bei Nichtzahlung von Sozialversicherungsbeiträgen für versicherungspflichtige Arbeitnehmer, wistra 82, 96. – ders., Die Strafbarkeit des unerlaubt handelnden Verleihers wegen Nichtzahlung von Sozialversicherungsbeiträgen, wistra 84, 6. – Schlüchter, Zweites Gesetz zur Bekämpfung der Wirtschaftskriminalität (1987), 162. – Schmidt, Die Schutzbehauptungen bei der Vorenthaltung von Arbeitnehmeranteilen nach § 533 RVO, JR 61, 370. – Stahlschmidt, Steuerhinterziehung, Beitragsvorenthaltung und Betrug im Zusammenhang mit illegaler Beschäftigung, wistra 84, 209. – Stypmann, Keine Bestrafung des unerlaubt handelnden Verleihers wegen Hinterziehung von Arbeitnehmer-Beitragsanteilen, NJW 83, 95. – Wank, Das Einbehalten von Sozialversicherungsbeiträgen, DB 82, 645. – Winkelbauer, Die strafbefreiende Selbstanzeige im Beitragsstrafrecht (§ 266a Abs. 5 StGB), wistra 88, 16.

Materialien: Entwurf eines 2. Gesetzes zur Bekämpfung der Wirtschaftskriminalität (2. WiKG): RegE, BT-Drs. 10/318, Beschlußempfehlung und Bericht des Rechtsausschusses, BT-Drs. 10/5058.

§ 266a 1, 2

– *Übersichtsbeiträge zum 2. WiKG: Achenbach,* Das zweite Gesetz zur Bekämpfung der Wirtschaftskriminalität, NJW 86, 1835. – *Granderath,* Das Zweite Gesetz zur Bekämpfung der Wirtschaftskriminalität, DB 86, Beilage 18. – *Möhrenschlager,* Der Regierungsentwurf eines 2. WiKG, wistra 82, 201. – *Tiedemann,* Die Bekämpfung der Wirtschaftskriminalität durch den Gesetzgeber, JZ 86, 865. – *Weber,* Das Zweite Gesetz zur Bekämpfung der Wirtschaftskriminalität (2. WiKG), NStZ 86, 481.

1 I. Die durch das 2. WiKG (vgl. Vorbem.) eingefügte Vorschrift enthält **zwei Tatbestände** bzw. **Tatbestandsgruppen:** 1. In *Abs. 1, 3 u. 4* sind die bisherigen Strafvorschriften der verschiedenen Sozialversicherungsgesetze über die Nichtabführung von Sozialversicherungsbeiträgen (§§ 529, 1428 RVO, § 225 AFG, 150 AVG, § 234 RKnappschG; vgl. Niemeyer aaO 483 f.) zusammengefaßt (zur Entstehungsgeschichte des Beitragsstrafrechts vgl. Fisseler aaO 4 ff.), wobei Abs. 1 das Vorenthalten von Arbeitnehmerbeiträgen durch den Arbeitgeber bzw. die ihm in Abs. 4 gleichgestellten Personen betrifft, während Abs. 3 – inzwischen weitgehend gegenstandslos (vgl. u. 16) – das Nichtabführen von ausbezahlten Arbeitgeberbeiträgen durch den Arbeitnehmer erfaßt. Damit ist hier die Rechtszersplitterung des früheren Rechts beseitigt; zugleich unterstreicht die Übernahme der fraglichen Tatbestände in das Kernstrafrecht ihren kriminellen Charakter in besonders nachdrücklicher Weise (vgl. BT-Drs. 10/318 S. 25; zur praktischen Bedeutung vgl. die Angaben b. Möhrenschlager, in: HWiStR aaO 1). Mit einer gleichzeitig erfolgten Ergänzung des AÜG (§ 10 III; vgl. jetzt § 28 e II S. 3, 4 SGB IV) wurden außerdem die Schwierigkeiten beseitigt, die sich im früheren Recht bei der mit dem illegalen Arbeitnehmerverleih typischerweise einhergehenden Hinterziehung von Sozialversicherungsbeiträgen ergeben hatten (vgl. dazu die 23. A., ferner die Anm. Seibert NStZ 88, 30 mwN). Neu ist ferner das in Abs. 5 vorgesehene fakultative (S. 1) bzw. zwingende (S. 2) Absehen von Strafe im Falle einer „Selbstanzeige". – 2. Ohne Vorbild im früheren Recht ist der Tatbestand des *Abs. 2,* der die Nichtabführung der Arbeitnehmer einbehaltenen Lohnteile durch den Arbeitgeber bzw. der ihm in Abs. 4 gleichgestellten Personen betrifft, soweit es sich nicht um die bereits in Abs. 1 erfaßten Sozialversicherungsbeiträge und um die in Abs. 2 ausgenommene Lohnsteuer (vgl. dazu § 370 AO) handelt. Geschlossen sind damit Strafbarkeitslücken, die sich früher daraus ergeben hatten, daß die Anwendbarkeit des § 263 hier von den zufälligen Umständen des Einzelfalles abhängt und ein Arbeitsverhältnis nicht die für § 266 erforderliche Vermögensfürsorgepflicht begründet (vgl. BT-Drs. 10/318 S. 27).

2 Entsprechend den unterschiedlichen Tatbeständen (vgl. o. 1) liegen der Vorschrift auch zwei **verschiedene Rechtsgüter** zugrunde: 1. *Abs. 1 u. 3* schützen, ebenso wie die früheren Strafvorschriften der Sozialversicherungsgesetze (vgl. o. 1), das Interesse der Solidargemeinschaft an der Sicherstellung des Sozialversicherungsaufkommens (BT-Drs. 10/5058 S. 31, D-Tröndle 2, Fisseler aaO 44 ff., Lackner 1, M-Maiwald I 510, Martens wistra 86, 155, Martens/Wilde aaO 75 f., Möhrenschlager aaO 2, Niemeyer aaO 490, Samson SK 4, Schlüchter aaO 164, Weber NStZ 86, 488). Obwohl von Abs. 1 nur die Arbeitnehmer- und nicht auch die Arbeitgeberanteile erfaßt sind, geht es hier dagegen – i. U. zu Abs. 2 – nicht um den Schutz des einzelnen Arbeitnehmers (vgl. jedoch Tiedemann JZ 86, 874, GmbH-Strafrecht [vgl. vor § 266] 58 vor § 82 sowie BGH **32** 236 zu § 529 RVO a. F.), weil dieser selbst durch die Nichtabführung „seiner" Beiträge durch den Arbeitgeber in seinem Versicherungsschutz keine Nachteile erleidet (vgl. Fisseler aaO 53 mwN); Entsprechendes gilt bei Abs. 3 für den Arbeitgeber, da ihn bei unberechtigtem Einbehalten durch den Arbeitnehmer gegenüber der Versicherung keine erneute Zahlungspflicht trifft. Auch gegenüber der gleichfalls in diesem Zusammenhang genannten Wettbewerbsordnung (vgl. BT-Drs. 10/318 S. 25, Weber NStZ 86, 487) hat die Vorschrift nur Schutzreflexcharakter. Auf der anderen Seite kann das tatbestandliche Unrecht i. S. des Abs. 1, 3 nicht allein mit der Beeinträchtigung des Beitragsaufkommens der Sozialversicherung erklärt werden, weil zu diesen bei Abs. 1 auch die Arbeitgeberbeiträge, bei Abs. 3 auch die Arbeitnehmeranteile gehören, deren Nichtabführung aber nicht unter § 266a fällt. Hinzu kommt vielmehr ein untreueähnliches Verhalten des Täters (vgl. BT-Drs. 10/318 S. 25), wobei sich dieses bei Abs. 1 freilich nicht aus seinem Verhältnis zum Arbeitnehmer ergibt (vgl. Fisseler aaO 76 ff.) – die mit dessen Zustimmung unterlassene Abführung der Beiträge müßte sonst straflos sein –, sondern aus seiner Beziehung zum Sozialversicherungsträger: Diese ist zwar kein die Anwendbarkeit des § 266 begründendes Treuhandverhältnis; andererseits aber hat der Arbeitgeber nicht nur die Stellung eines originären Schuldners gegenüber der Sozialversicherung auch hinsichtlich der Arbeitnehmeranteile (vgl. Fisseler aaO 70 ff., Martens wistra 86, 154), sondern zugleich das ihm jedenfalls auch im Interesse der Solidargemeinschaft der Versicherten verliehene Recht zum Lohnabzug, was die treueähnliche Pflicht begründet, die dem Abzugsrecht unterliegenden Beträge entsprechend ihrer Zweckbestimmung an den Sozialversicherungsträger abzuführen. Ähnlich verhält es sich bei Abs. 3, wo dem Arbeitnehmer Geld des Arbeitgebers im Interesse der Solidargemeinschaft der Versicherten anvertraut ist. – 2. Im Unterschied zu Abs. 1, 3 schützt *Abs. 2* ausschließlich das Vermögen des betroffenen Arbeitnehmers, was sowohl aus der Entstehungsgeschichte als auch daraus folgt, daß der Tatbestand bei einer rechtzeitigen Unterrichtung des Arbeitnehmers entfällt (vgl. BT-Drs. 10/5058 S. 31, Achenbach NJW 86, 1839, D-Tröndle 2, Lackner 1, Möhrenschlager aaO 6, Schlüchter aaO 165; vgl. auch BT-Drs. 10/318 S. 26 mit dem Hinweis auf eine zugleich mögliche Schädigung Dritter – z. B. durch Täuschung über Kreditwürdigkeit –, was jedoch ebenso wie bei Abs. 1 nur für eine insoweit bestehende Reflexwirkung der Vorschrift spricht). Die Regelung des Abs. 2 S. 2, die das ohnehin schon durch die §§ 370, 378, 380 AO erfaßte Nichtabführen der Lohnsteuer vom Tatbestand ausdrücklich ausnimmt, bedeutet in dieser Hinsicht daher nur eine Klarstellung (vgl. BT-Drs. 10/318 S. 29f., Schlüchter aaO 166). Seiner Unrechtsstruktur nach liegt der Tatbestand im Grenzbereich von Untreue und Betrug (vgl. BT-Drs. 10/318 S. 27): Er enthält Elemente des § 266, weil der Arbeitgeber über die zum Vermögen des Arbeitnehmers gehörenden und ihm zur zweckgebundenen Verwendung belassenen Lohnbestandteile zweckwidrig verfügt, Elemente des § 263 dagegen, weil der Tatbestand ein heimliches Vorgehen verlangt und entfällt, wenn der Täter sein weisungswidriges Verhalten offenlegt.

II. Der objektive Tatbestand des **Abs. 1** – bezüglich des Täterkreises erweitert durch **Abs. 4** – setzt das Vorenthalten von (Pflicht-)Beiträgen des Arbeitnehmers zur Sozialversicherung oder zur Bundesanstalt für Arbeit durch Arbeitgeber bzw. die ihm nach Abs. 4 gleichgestellten Personen voraus.

1. Abs. 1 erfaßt von dem vom Arbeitgeber und Arbeitnehmer gemeinsam (idR je zur Hälfte) aufzubringenden Gesamtsozialversicherungsbeitrag (Beiträge zur Krankenversicherung, Rentenversicherung und zur Bundesanstalt für Arbeit; vgl. § 28d SGB IV) lediglich die **Beiträge des Arbeitnehmers,** zu deren Einbehaltung vom Bruttolohn der Arbeitgeber als der gegenüber der Einzugsstelle verpflichtete Schuldner des Gesamtbeitrags berechtigt ist (vgl. §§ 28e I, 28g I SGB IV u. entsprechend für die ehem. DDR § 48 SozialversG-DDR v. 28. 6. 1990 [GBl. I 486], der gem. EV II Kap. VIII F III bis zur Übernahme der Beitragseinziehung durch die Krankenkassen in Kraft bleibt). Diese bleiben auch dann Beiträge des Arbeitnehmers, wenn der Arbeitgeber von dem genannten Recht keinen Gebrauch macht, weil er sich z. B. arbeitsvertraglich zur alleinigen Tragung der Beiträge verpflichtet hat oder wenn zwischen den Beteiligten Einvernehmen darüber besteht, daß keine Sozialversicherungsbeiträge abgeführt werden sollen (sog. *Nettolohnabrede*; vgl. BT-Drs. 10/318 S. 25, RG **40** 43, Martens wistra 86, 157). Etwas anderes gilt hier nur, wenn bei Geringverdienern oder bei Ableistung eines freiwilligen sozialen Jahres (vgl. § 249 SGB V) der Gesamtbeitrag auch sozialversicherungsrechtlich allein vom Arbeitgeber aufzubringen ist (vgl. Lackner 3a, Martens/Wilde aaO 83, Möhrenschlager aaO 4, Schlüchter aaO 168). Nicht unter Abs. 1 fallen auch freiwillige Beiträge zur Rentenversicherung und Beiträge für eine freiwillige Krankenversicherung (Martens/Wilde aaO 96, Möhrenschlager aaO, Niemeyer aaO 486); hier kommt jedoch Abs. 2 in Betracht. Die Höhe der geschuldeten bzw. vorenthaltenen Beiträge, die im Urteil genau zu beziffern sind (Schleswig SchlHA **81,** 99), bestimmt sich auf der Grundlage des nach § 14 SGB IV zu berechnenden Arbeitsentgelts nach den gesetzlich (vgl. §§ 29 bzw. 30 bzw. 26b Angestellten- bzw. Arbeiter- bzw. Knappschaftsrentenversicherungs-NeuregelungsG [Aichberger, Angestelltenversicherungsgesetz Nr. 700 bzw. 400], § 174 AFG) bzw. durch Satzung der jeweiligen Krankenkasse festgelegten Beitragssätzen (zu den bis zum 31. 12. 1991 maßgeblichen Beitragssätzen in den neuen Bundesländern, wo das Angestellten- bzw. Arbeiter- bzw. Knappschaftsrentenversicherungs-NeuregelungsG nicht gilt [EV I Kap. VIII A I], vgl. für die Krankenversicherung § 313 I SGB V [EV I Kap. VIII G II], für die Rentenversicherung § 40 I SozialversG-DDR [EV II Kap. VIII F III]). Bei einer Nettolohnzahlung ist nicht diese die maßgebliche Beitragsbemessungsgrundlage, sondern das aus dem ausgezahlten Nettobetrag hochgerechnete Bruttogehalt (vgl. § 14 II SGB IV, ferner BGH **30** 266 m. Anm. Martens NStZ 82, 471, D-Tröndle 9, Franzheim wistra 87, 105, Lackner 3b aa, Martens/Wilde aaO 81f., Martens wistra 86, 157, Schäfer wistra 82, 97).

2. Der Arbeitgeber muß die Arbeitnehmerbeiträge **der Einzugsstelle vorenthalten,** was der Fall ist, wenn er es ganz oder teilweise unterläßt, die geschuldeten Beiträge spätestens bis zum Ablauf des Fälligkeitstages an diese abzuführen (echtes Unterlassungsdelikt; vgl. BGH MDR **60,** 197, D-Tröndle 12, Lackner 3b, M-Maiwald 511, Samson SK 33).

a) Die Beitragsschuld setzt ein **materielles Sozialversicherungsverhältnis** voraus (vgl. Schmidt JR 61, 370, Wank DB 83, 650), das durch die Aufnahme einer sozialversicherungspflichtigen Beschäftigung begründet wird. Voraussetzung einer solchen ist bei allen drei Versicherungsarten u. a. die Arbeitnehmerstellung des Beschäftigten (vgl. § 7 I SGB IV), weshalb z. B. die Tätigkeit von Gesellschaftergeschäftsführern einer GmbH und von sog. Meistersöhnen hier ausscheidet (vgl. näher dazu Grüner aaO SGB IV § 7 Anm. II 2). Vorbehaltlich über- oder zwischenstaatlicher Regelungen (§ 6 SGB IV; vgl. dazu die Nachw. b. Grüner aaO zu § 6) gilt dies auch für Ausländer, die im Inland eine Beschäftigung aufnehmen (§ 3 SGB IV), ferner unter gewissen Voraussetzungen für Inländer, die im Rahmen eines inländischen Beschäftigungsverhältnisses in das Ausland entsandt werden (§ 4 SGB IV), nicht dagegen für die vorübergehende Beschäftigung im Inland aufgrund eines ausländischen Beschäftigungsverhältnisses (§ 5 SGB IV; zur Beschäftigung ausländischer Leiharbeitnehmer durch ausländische Verleihfirmen im Inland vgl. Sienknecht SozVers 81, 119, Kerger SozVers 82, 61); entsprechend anwendbar sind die §§ 4, 5 SGB IV im Verhältnis der neuen Bundesländer zu den übrigen Ländern, solange unterschiedliche Bezugsgrößen in der Sozialversicherung bestehen

(EV I Kap. VIII F III). Nicht erforderlich ist die Anmeldung des Versicherungspflichtigen zur Sozialversicherung (vgl. Schäfer wistra 82, 98), andererseits ist diese bei einer nichtversicherungspflichtigen Person aber auch nicht ausreichend, weil sich hieraus idR weder Rechte noch Pflichten ergeben (vgl. Bley, Sozialrecht, 6. A., 129). Unabhängig ist das Bestehen der Beitragsschuld auch von der Einbehaltung der Arbeitnehmerbeiträge durch den Arbeitgeber (vgl. dazu u. 9).

7 b) Die **Fälligkeit** der Beitragsschuld bestimmt sich, sofern sie nicht durch eine vorherige und wirksame Stundung der Einzugsstelle hinausgeschoben wird (vgl. z. B. Lackner 3b bb, Martens/Wilde aaO 61 f., Samson SK 34), nach § 23 SGB IV bzw. in den neuen Bundesländern bis zur Übernahme des Beitragseinzugs durch die Krankenkassen nach §§ 48 ff. SozialversG-DDR v. 28. 6. 1990 (GBl. I 486) i. V. mit EV II Kap. VIII F III 2e. Nach § 23 I 1 SGB IV werden laufende Beiträge, die geschuldet werden, entsprechend den Regelungen der Satzung der Krankenkasse fällig. Beiträge, die nach dem Arbeitsentgelt oder dem Arbeitseinkommen zu bemessen sind, werden nach § 23 I 2 SGB IV spätestens am 15. bzw. in den neuen Bundesländern (vgl. EV aaO) spätestens am 10. des der entgeltpflichtigen Beschäftigung folgenden Monats fällig; zu der Erleichterung für Fälle, in denen das Arbeitsentgelt betriebsüblich erst nach dem 10. des der entgeltpflichtigen Beschäftigung folgenden Monats abgerechnet wird, vgl. § 23 I 3 SGB IV. Entfallen ist die frühere Sonderregelung für sog. zahlungsunfähige Arbeitgeber i. S. des § 402 RVO, welche die einbehaltenen Lohnabzüge binnen 3 Tagen abzuführen hatten (aufgehoben durch Art. 5 Nr. 2 GesundheitsreformG v. 20. 12. 1988, BGBl. I 2477).

8 c) **Einzugsstellen** für den Gesamtsozialversicherungsbeitrag (einschließlich der Beiträge zur Bundesanstalt für Arbeit) sind die Krankenkassen, und zwar bezüglich der Beiträge zur Rentenversicherung und zur Bundesanstalt für Arbeit auch bei nicht bzw. nicht freiwillig krankenversicherten Arbeitnehmern (vgl. §§ 28h I, 28i I SGB IV). Weil seit Inkrafttreten der gemeinsamen Vorschriften für die Sozialversicherung (SGB IV) v. 20. 12. 1988 (BGBl. I 2330) zwischen Ersatzkassen (vgl. § 168 SGB IV) und anderen (gesetzlichen) Krankenkassen nicht mehr unterschieden wird, sind die Ersatzkassen damit im selben Umfang zu Einzugsstellen geworden wie diese (zum früheren Recht vgl. die 23. A.). In der ehem. DDR sind die Krankenkassen Einzugsstellen erst ab der Übernahme des Beitragseinzugs; bis dahin bleiben die Finanzämter weiterhin für den Beitragseinzug und die Weiterleitung zuständig (EV I Kap. VIII F III).

9 d) Das **Vorenthalten** besteht im (völligen oder teilweisen) Unterlassen der fälligen (vgl. o. 7) Zahlung, und zwar – anders als nach den nebenstrafrechtlichen Vorläuferbestimmungen (vgl. dazu zuletzt BGH NStZ **87**, 223 m. Anm. Weidemann, **87**, 224, KG JR **86**, 469 m. Anm. Martens JR 87, 211 sowie Schäfer wistra 82, 97, Wank DB 82, 647) – unabhängig davon, ob der Arbeitgeber die vorenthaltenen Beiträge einbehalten bzw. vom Arbeitnehmer erhalten hat oder nicht (vgl. BT-Drs. 10/5058 S. 31, D-Tröndle 11, Samson SK 18 ff., Möhrenschlager aaO 5 mwN). Damit sind nunmehr auch Fälle der *vereinbarten Schwarzarbeit* erfaßt, in denen der gesamte Bruttolohn ausbezahlt und der Arbeitnehmeranteil nicht einbehalten wird (vgl. BT-Drs. 10/5058 S. 31, Franzheim wistra 87, 315, Lackner 3b aa, Martens wistra 86, 157, Möhrenschlager aaO 5; and. zum Entwurf Fisseler aaO 108; zum Ganzen vgl. auch D-Tröndle 11). Dasselbe gilt, wenn – heute allerdings kaum noch von praktischer Bedeutung – der Arbeitnehmer ausschließlich Sachbezüge (ohne entsprechenden Abzug) erhält, seinen Beitragsteil dem Arbeitgeber aber nicht zum Zweck der Abführung bar erbringt (mißverständlich hier BT-Drs. 10/318 S. 28). Zweifelhaft ist dagegen, ob die vom früheren Recht abweichende Tatbestandsumschreibung dazu geführt hat, daß jetzt auch die mit einer *unterlassenen* oder *gekürzten Lohnzahlung* verbundene Nichtabführung bzw. unvollständige Abführung der Sozialversicherungsbeiträge strafbar ist (so AG Berlin-Tiergarten wistra **89**, 317, D-Tröndle 11, Granderath BB 86, Beil. 18, 10, Martens wistra 86, 156, Martens/Wilde aaO 83, Möhrenschlager aaO 5). Obwohl das Sozialversicherungsrecht die Pflicht zur Beitragsentrichtung nicht an die Lohnzahlung, sondern an die Fälligkeit des Lohns knüpft (§ 23 I 2 SGB IV), ist dies jedoch zu verneinen (ebenso Lackner 3b aa), weil für Abs. 1 nicht schon die Nichterfüllung der Zahlungspflicht genügen kann: Den hier vorausgesetzten untreueähnlichen Charakter hat das „Vorenthalten" vielmehr erst, wenn der Täter das ihm in fremdem Interesse verliehene Lohnabzugsrecht ausübt, ohne die einbehaltenen Beträge abzuführen, oder wenn er es nicht ausübt, obwohl er dies könnte, nicht aber dann, wenn mangels einer Lohnzahlung auch die Möglichkeit eines Lohnabzugs nicht besteht und die Verletzung der sozialversicherungsrechtlichen Zahlungspflicht deshalb nicht anders zu bewerten ist als bei der von vornherein nicht pönalisierten Nichtabführung der Arbeitgeberanteile. Kein „Vorenthalten" ist es mangels einer Lohnzahlung daher auch, wenn diese gestundet ist; davon, ob in einer Gutschrift des Lohns bzw. in dessen „Stehenlassen" eine Stundung oder eine mit einer Kreditierung verbundene Lohnauszahlung zu sehen ist, hängt in diesen Fällen mithin die Anwendbarkeit des Abs. 1 ab (verneinend BT-Drs. 10/318 S. 25, Dresden DRZ **31** Nr. 64; and. Martens wistra 86, 156). Entsprechendes gilt für Teilzahlungen, sofern der auf den Teillohn entfallende Sozialversicherungsanteil entrichtet wird (vgl. RG **40**

237, BGH 30 267, Wank DB 82, 647). Wird dagegen auch dieser nicht abgeführt, so ist dies ein Vorenthalten auch dann, wenn der Teillohn nur den notwendigen Lebensbedarf zu decken vermag (Lackner 3b aa; vgl. auch u. 10, 18); daß bei geringen Einkünften Sozialversicherungsfreiheit besteht bzw. allein Arbeitgeberanteile anfallen (vgl. o. 4), ändert daran nichts, da dies bei Teilzahlungen nicht gilt (vgl. Martens/Wilde aaO 83, Schlüchter aaO 169). Im übrigen ist auf folgendes besonders hinzuweisen:

α) Da Vorenthalten der Beiträge das Unterlassen ihrer Zahlung ist, setzt dies nach allgemei- 10 nen Grundsätzen (vgl. 141 ff., 155 f. vor § 13) voraus, daß dem Täter die Abführung der Beiträge **möglich** und **zumutbar** ist (vgl. Lackner 3d cc, M-Maiwald I 511, Samson SK 25 ff., aber auch Schlüchter aaO 169). *Unmöglichkeit* liegt vor, wenn der Täter aus tatsächlichen (z. B. Krankheit) oder rechtlichen Gründen (z. B. Konkurseröffnung, vgl. Oldenburg BB **86**, 1299) verhindert ist, die entsprechenden Dispositionen zu treffen. Ein Fall der Handlungsunfähigkeit ist an sich auch die Zahlungsunfähigkeit. Hier kann sich die Möglichkeit der Tatbestandsverwirklichung jedoch unter dem Gesichtspunkt der omissio libera in causa ergeben (vgl. 144 vor § 13), was unproblematisch ist, wenn der Täter, obwohl ihm dies durch Kreditaufnahme usw. möglich gewesen wäre, es unterlassen hat, rechtzeitig vor dem Fälligkeitstag die erforderlichen Mittel zu beschaffen (sog. omissio libera in omittendo; vgl. Samson SK 27, i. E. auch LG Fürth NJW **88**, 1856); eine Pflicht, eigene Mittel einzusetzen, trifft den Täter, der nicht selbst Beitragsschuldner ist (z. B. Vertreter nach § 14), jedoch nicht. Hat der Täter dagegen seine Zahlungsunfähigkeit durch aktives Tun herbeigeführt, so kann er dafür jedenfalls dann verantwortlich gemacht werden, wenn dies pflichtwidrig war (z. B. Beiseiteschaffen der Gelder, inkongruente Befriedigung der Gläubiger; and. Samson SK 31: abschließende Regelung durch §§ 283 ff.). Dasselbe muß aber auch für das Verursachen der Zahlungsunfähigkeit durch die kongruente Erfüllung anderer Verbindlichkeiten gelten, weil es bei Abs. 1 nicht um die bloße Nichtentrichtung geschuldeter Beiträge geht (so aber Samson SK 20), dies vielmehr im Zusammenhang mit dem dem Arbeitgeber eingeräumten Lohnabzugsrecht zu sehen ist (vgl. o. 2): Danach ist der Arbeitgeber zwar nicht verpflichtet, die in Abzug gebrachten Gelder als Treuhandgeld zu behandeln (vgl. RG **37** 257, Erbs-Kohlhaas/Meyer § 529 RVO a. F. Anm. 3d aa, Martens/Wilde aaO 87; vgl. aber auch BGH[Z] WM **80**, 744, VersR **60**, 749, **63**, 1035, Schmidt JR **61**, 369), doch hat er bei der Auszahlung des Lohns durch einen Liquiditätsplan und notfalls durch Lohnkürzung sicherzustellen, daß ihm die auf die gezahlten Löhne entfallenden Arbeitnehmerbeiträge bei Fälligkeit zur Abführung zur Verfügung stehen (Lackner 3b cc, Martens wistra 86, 157, Martens/Wilde aaO 85 f.; vgl. auch RG **40** 237, BGH **30** 267, LG Fürth NJW **88**, 1856). Zu verneinen ist die Tatbestandsmäßigkeit wegen fehlender Handlungsmöglichkeit daher nur, wenn zwischen Lohnzahlung und Fälligkeit der Beiträge gänzlich unerwartete Ereignisse zur Zahlungsunfähigkeit führen (vgl. Hoffmann DB 86, 467, Martens/Wilde aaO 86). – Für *Zumutbarkeitserwägungen* ist, wie auch Abs. 5 zeigt, bei der Handlungspflicht kein Raum, wenn lediglich wirtschaftliche Interessen in Frage stehen, da ihnen gegenüber der Schutz der Sozialversicherung generell vorgeht (zur Möglichkeit, sie nach Abs. 5 zu berücksichtigen, vgl. u. 21 ff.). Als Fälle der Unzumutbarkeit kommen hier daher im wesentlichen nur solche in Betracht, in denen die Bezahlung zu einer Gefahr für höchstpersönliche Rechtsgüter des Pflichtigen oder ihm nahestehender Personen führt, wozu auch die Gefährdung des notwendigen Lebensbedarfs gehört.

β) **Teilzahlungen** auf die Beitragsschuld sind i. S. einer möglichst „täterfreundlichen" Lö- 10a sung zu berücksichtigen. Im einzelnen ist hier zu unterscheiden: Zahlungen vor Fälligkeit, die unterhalb der insgesamt geschuldeten Beitragssumme bleiben, sind vorbehaltlich einer eindeutig anders lautenden Zweckbestimmung durch den Täter zunächst auf den Arbeitnehmeranteil zu verrechnen, weil damit bei einer insoweit vollständigen Erfüllung § 266a ganz entfällt und eine teilweise Erfüllung wenigstens bei der Strafbemessung zugunsten des Täters zu Buche schlägt (vgl. BGH NStZ **90**, 588, Bay JR **88**, 477 m. Anm. Stahlschmidt, Düsseldorf NJW **56**, 302, Hamm BB **65**, 86, Neustadt BB **60**, 410, D-Tröndle 11, Lackner 3a, Martens/Wilde aaO 84, Wochner DB **77**, 1092 mwN). Dies gilt ungeachtet des § 366 II BGB auch, wenn eine – auch nur stillschweigende – Erklärung des Schuldners in dem genannten Sinn nicht feststellbar ist, weil die in § 366 II BGB aufgeführte Tilgungsreihenfolge korrigiert werden darf, wenn sie dem zu vermutenden vernünftigen Schuldnerwillen offensichtlich widerspricht, der hier nur auf eine Verrechnung gerichtet sein kann, die eine Strafbarkeit ausschließt oder jedenfalls begrenzt bzw. mindert (vgl. Bay m. Anm. Stahlschmidt aaO mwN; zur entsprechenden Anwendbarkeit des § 366 II BGB im Sozialversicherungsrecht u. dazu, daß wegen der Strafdrohung des § 266a der Arbeitnehmeranteil im übrigen auch die lästigere Schuld wäre, vgl. MünchKomm-Heinrichs, 2. A., § 366 RN 6). Von einem solchen Willen zur strafrechtlichen „Schadensbegrenzung" ist auch in anderen Fällen auszugehen, so bei einer für einen früheren Fälligkeitszeitraum erfolgenden Teilleistung (Verrechnung auf den Arbeitnehmeranteil, weil hier, auch wenn die Voraussetzungen des Abs. 5 S. 2 nicht vorliegen, die Zahlung als Schadenswiedergutmachung strafmildernd zu berücksichtigen ist) oder bei einer den fällig werdenden Beitrag und die aufgelaufenen Rückstände nicht deckenden Zahlung (Verrechnung auf den fällig werdenden Arbeitnehmeranteil, wenn insoweit eine Tatbestandsverwirklichung vermieden wird, während bezüglich der Rückstände mangels der Voraussetzungen des Abs. 5 Straffreiheit nicht erlangt werden kann; vgl. näher zum Ganzen Bay aaO, Stahlschmidt aaO). Etwas anderes gilt dagegen für Leistungen im Beitreibungsverfahren, die jeweils auf die Rückstände anzurechnen sind, deretwegen die Zwangsbeitreibung aus dem Titel erfolgt (BGH NStZ **90**, 588 mwN).

11   3. Als Täter nennt Abs. 1 nur den **Arbeitgeber** (Sonderdelikt); gleichgestellt sind diesem die **in Abs. 4 genannten Personen.** Der Begriff des *Arbeitgebers* bestimmt sich, da das Strafrecht an dessen sozialversicherungsrechtliche Pflichten anknüpft, nach den im Sozialrecht geltenden Grundsätzen. Arbeitgeber ist danach zunächst – gewissermaßen spiegelbildlich zum Arbeitnehmerbegriff –, wer als Dienstberechtigter (§§ 611 ff. BGB) aufgrund eines privatrechtlichen Vertrags von einem anderen (Arbeitnehmer) die Erbringung von Arbeitsleistungen in persönlicher Abhängigkeit zu fordern berechtigt und ihm dafür zur Lohnzahlung verpflichtet ist. Darüber hinaus läßt das Sozialrecht aber eine an der tatsächlichen Gestaltung der Verhältnisse orientierte Beurteilung dann zu, wenn andernfalls sozialrechtliche Schutzzwecke – sozialrechtlicher Schutz des Arbeitnehmers, Sicherung der Finanzmittel der Sozialversicherungsträger – gefährdet wären (vgl. z. B. BSG wistra **85**, 33 m. Anm. Franzheim). Ungeachtet einer arbeitsvertraglichen Bindung kann daher Arbeitgeber i. S. des Sozialrechts und damit zugleich i. S. des Abs. 1 z. B. auch sein, wer sich bei der rechtlichen Gestaltung eines Strohmannes bedient (vgl. BGH GA **55**, 81 sowie die Nachw. b. Marburger BB 77, 450; dazu, daß jedoch das Betreiben des Unternehmens lediglich für Rechnung des Hintermannes nicht genügt, wenn dieser auf den Geschäftsbetrieb keinen Einfluß nimmt, vgl. BSGE **34** 111). Dasselbe gilt für den sog. mittelbaren Arbeitgeber (vgl. dazu BSGE **18** 198, Grüner aaO SGB IV § 7 Anm. II 5), u. U. sogar für einen Kreditgeber des arbeitsrechtlichen Arbeitgebers, wenn er die Geschäftstätigkeit in einer das Beschäftigungsverhältnis beeinflussenden Weise kontrolliert (vgl. BSG NJW **67**, 2031). Da sich der Arbeitgeberbegriff hier unmittelbar bereits aus dem Sozialrecht ergibt, kommt es auf die sog. „faktische Betrachtungsweise im Strafrecht" in allen diesen Fällen nicht an (vgl. Meine wistra 83, 135, aber auch BGH GA **55**, 81). In den Fällen der Arbeitnehmerüberlassung ist, soweit sie zulässig erfolgt, das Verleihunternehmen alleiniger Arbeitgeber sowohl im sozial- wie im arbeitsrechtlichen Sinn (der Entleiher haftet nur subsidiär als Bürge für die Beitragsschuld, vgl. jetzt § 28e II S. 1 SGB IV). Beim illegalen Verleih wird zwar grundsätzlich eine Arbeitgeberstellung des Entleihers fingiert (vgl. § 10 I AÜG); hinsichtlich der Pflichten des Abs. 1 gelten jedoch Entleiher und Verleiher als Arbeitgeber, die gesamtschuldnerisch für die Abführung der Beiträge haften (so zunächst § 10 III AÜG i. d. F. des 2. WiKG u. jetzt § 28e II S. 3, 4 SGB IV; vgl. dazu Becker ZIP 86, 416 u. zu den „Altfällen" zuletzt BGH NStZ **87**, 454, **88**, 33 m. Anm. Seibert), was zu einer strafrechtlichen Haftung wegen Vorenthaltens der Beiträge allerdings nur bei demjenigen führen kann, der tatsächlich den Lohn auszahlt (vgl. o. 9; and. z. B. Niemeyer aaO 490, Heitmann ebd. 524). – Zu den dem Arbeitgeber *nach Abs. 4 gleichgestellten Personen* i. S. des Sozialrechts und damit des Abs. 1 vgl. § 12 SGB IV und dazu z. B. Wannagat, Sozialgesetzbuch (1985) § 12 RN 9 ff. mwN.

12   III. Der **objektive Tatbestand** des **Abs. 2** erfaßt das Verheimlichen des Nichtabführens sonstiger Lohnteile, die der Arbeitgeber einbehalten und für den Arbeitnehmer einem anderen zu zahlen hat.

13   1. Tatbestandsvoraussetzung ist zunächst, daß der Arbeitgeber **Teile des Arbeitsentgelts,** die nicht unter Abs. 1 und die Ausnahme des S. 2 (Lohnsteuer, vgl. o. 2) fallen, **einbehält,** sie aber **nicht** ordnungsgemäß **an denjenigen abführt,** an den er sie **für den Arbeitnehmer zu zahlen** hat. *Einbehalten* sind Lohnteile, zu denen auch vermögenswirksame Leistungen gehören (§ 12 VIII 5. VermögensbildungsG i. d. F. vom 22. 2. 1990, BGBl. I 266, in den neuen Bundesländern in Kraft seit 1. 1. 1991 [EV I Kap. VIII L III 1]), wenn nur ein um die an Dritte zu leistenden Zahlungen (ohne die Beiträge nach Abs. 1 und die Lohnsteuer) gekürzter Lohn ausbezahlt wird. Meist wird der fragliche Betrag in der Lohnabrechnung ausdrücklich ausgewiesen, notwendig ist dies aber nicht; unerheblich ist auch, ob er eigens beiseite gelegt wird. Wird infolge Zahlungsunfähigkeit des Arbeitgebers keinerlei Lohn ausbezahlt – wobei für eine Lohnzahlung allerdings auch eine mit einer Kreditierung verbundene Gutschrift genügt –, so können auch keine Lohnteile einbehalten werden (vgl. Granderath DB 86, Beil. 18, 10). Da die einbehaltenen Lohnteile *an einen Dritten abzuführen* sein müssen, genügen Teillohnzahlungen im übrigen nicht, selbst wenn der Arbeitgeber verspricht, den einbehaltenen Lohn für den Arbeitnehmer anzulegen; hier kommen jedoch die §§ 263, 266 in Betracht. Gleichgültig ist, ob die Pflicht des Arbeitgebers zur Abführung der einbehaltenen Lohnteile privatrechtlich durch eine Abtretung oder eine Vereinbarung zwischen Arbeitgeber und Arbeitnehmer begründet ist oder ob sie auf einer öffentlich-rechtlichen Anordnung (Pfändung) beruht, wobei der andere, an den zu zahlen ist, idR ein Gläubiger des Arbeitnehmers ist (z. B. Versicherer einer freiwilligen Renten- oder Krankenversicherung, Ersatz-, Pensionskassen, Unterhalts-, Darlehnsgläubiger usw.), aber auch ein vom Arbeitnehmer freiwillig Bedachter sein kann (z. B. der Empfänger einer regelmäßigen Spende). *Nicht gezahlt* ist, wenn die Zahlung, vorbehaltlich der Vereinbarung eines anderen Zahlungstermins, nicht mit Fälligkeit des Lohns an den anderen erfolgt; ausreichend ist daher auch ein „Einbehalt auf Zeit". Dabei ist hier allein auf die Tatsache der Nichtzahlung abzustellen, während es auf die Handlungsfähigkeit insoweit nicht ankommt, weil bei Abs. 2 das strafrechtlich relevante Unterlassen erst in der Nichtunterrichtung des Arbeitnehmers liegt (vgl. u. 14). Bei vermögenswirksamen Leistungen, die nicht an den Arbeitnehmer selbst ausbezahlt werden dürfen (vgl. o.), können das Einbehalten und Nichtzahlen auch zeitlich zusammenfallen (BT-Drs. 10/318 S. 29).

2. Zum Nichtabführen des einbehaltenen Lohnteils muß hinzukommen, daß es der Arbeitgeber **unterläßt** (echtes Unterlassen), **den Arbeitnehmer** hierüber spätestens im Zeitpunkt der Fälligkeit oder unverzüglich danach **zu unterrichten.** In dieser Heimlichkeit des Vorgehens liegt der „Kern des strafbaren Unrechts", weil dem Arbeitnehmer dann die Möglichkeit genommen ist, sich ebenso wie in anderen Fällen der unterlassenen Lohnzahlung rechtzeitig und wirksam gegen (weitere) Schädigungen zu schützen (BT-Drs. 10/318, S. 29, Rienhardt aaO 3, Tiedemann JZ 86, 874). Die zum Tatbestandsausschluß führende Unterrichtung über das Unterlassen der Zahlung kann schriftlich oder mündlich, ausdrücklich oder konkludent geschehen – es genügt, wenn sie sich hinreichend deutlich aus der Lohnabrechnung ergibt –, muß aber spätestens mit der Fälligkeit der Zahlung an den Dritten oder unverzüglich (vgl. § 121 I BGB) danach erfolgen, wobei die nachträgliche Mitteilung aber nur dann ausreicht, wenn ihr Unterlassen bei Fälligkeit nicht vorwerfbar ist. Daraus, daß der Arbeitnehmer „spätestens" bei Fälligkeit usw. zu unterrichten ist, ergibt sich die Zulässigkeit einer Mitteilung vor Fälligkeit auch für kommende Lohnzeiträume; doch muß diese so eindeutig sein, daß ihr der Arbeitnehmer entnehmen kann, für welchen Zeitraum der Arbeitgeber seinen Pflichten nicht nachkommt. Im übrigen gelten auch hier die allgemeinen Grundsätze über Unterlassungsdelikte, wobei die Handlungsfähigkeit hier jedoch nur bezüglich der Mitteilung bestehen muß: Fehlt sie insoweit, so entfällt, vorbehaltlich einer späteren Nachholbarkeit der Unterrichtung, der Tatbestand auch dann, wenn der Täter bezüglich der Zahlung an den Dritten handlungsfähig war, während im umgekehrten Fall – Handlungsfähigkeit bezüglich der Mitteilung, nicht aber der Zahlung – die Voraussetzungen des Abs. 3 erfüllt sind (vgl. Samson SK 37).

3. Täter nach Abs. 2 können der **Arbeitgeber** und die ihm **nach Abs. 4 gleichgestellten Personen** sein. Zum Begriff des *Arbeitgebers* vgl. o. 11, wobei es bei Abs. 2 jedoch auf den arbeitsrechtlichen Arbeitgeberbegriff ankommt, was jedenfalls im Zusammenhang mit der hier interessierenden Lohnzahlungspflicht bedeutet, daß i. U. zu Abs. 1 allein die zivilrechtliche Gestaltung des Arbeitsvertrages maßgebend ist. Eine Korrektur mit Hilfe der sog. faktischen Betrachtungsweise des Strafrechts ist hier nicht möglich, weil dem nur tatsächlichen Arbeitgeber vom Strafrecht keine Lohnzahlungspflicht auferlegt werden kann, die er zivilrechtlich nicht hat. Bei der Arbeitnehmerüberlassung und dem illegalen Verleih gilt weitgehend Entsprechendes wie bei Abs. 1 (vgl. o. 11 u. zum illegalen Verleih § 10 III AÜG i. d. F. des Art. 11 Ges. v. 20. 12. 1988, BGBl. I 2330). – Zu den dem Arbeitgeber *nach Abs. 4 gleichgestellten Personen* i. S. des für Abs. 2 maßgeblichen Arbeitsrechts vgl. §§ 1, 2 HeimarbeitsG v. 14. 3. 1951 (BGBl. I 191; in der ehem. DDR ab 1. 7. 1991 anwendbar [EV I Kap. VIII A III]), wobei sich jedoch gegenüber Abs. 1 keine Unterschiede ergeben, weil § 12 V SGB IV in einem Auffangtatbestand auf das HeimarbeitsG verweist.

IV. Der objektive Tatbestand des **Abs. 3** betrifft das *Vorenthalten der vom Arbeitgeber* mit dem Lohn *ausbezahlten Arbeitgeberbeiträge* zur Sozialversicherung und Bundesanstalt für Arbeit *durch Ersatzkassenmitglieder*. Die Vorschrift, die schon bei ihrer Einfügung durch das 2. WiKG keine große praktische Bedeutung hatte (vgl. die 23. A.), ist mit dem Inkrafttreten der Gemeinsamen Vorschriften für die Sozialversicherung (SGB IV) v. 20. 12. 1988 (BGBl. I 2330) und des Gesundheits-ReformG (SGB V) v. 20. 12. 1988 (BGBl. I 2477) nahezu obsolet geworden. Sie war ursprünglich im Zusammenhang mit den früheren §§ 520 RVO, 179 Nr. 2 AFG zu sehen, wonach das krankenversicherungspflichtige Ersatzkassenmitglied den vollen Beitrag zur Krankenversicherung und zur Bundesanstalt für Arbeit schuldete und dafür gegen seinen Arbeitgeber einen Anspruch auf Auszahlung der entsprechenden Arbeitgeberanteile mit dem Lohn hatte (während hinsichtlich der Rentenversicherung der Arbeitgeber Beitragsschuldner war, weshalb es hier bei Abs. 1 blieb; vgl. Martens/Wilde aaO 54 mwN). Mit der Aufhebung dieser Bestimmungen durch Art. 5 Nr. 2, 34 Nr. 12 Gesundheits-ReformG und der Gleichstellung der Ersatzkassen mit den anderen Trägern der gesetzlichen Krankenversicherung ist jetzt der Gesamtsozialversicherungsbeitrag vom Arbeitgeber an die Krankenkassen (Einzugsstellen) zu entrichten (§§ 28 b, 28 e, 28 h SGB IV; für die neuen Bundesländer vgl. jedoch o. 8), bei den versicherungspflichtigen Ersatzkassenmitgliedern also auch die Beiträge zur Krankenversicherung und zur Bundesanstalt für Arbeit. Abs. 3 kommt hier deshalb nur noch in Betracht, wenn der Arbeitgeber Beiträge aus irgendwelchen Gründen nicht unmittelbar an die Einzugsstelle entrichtet (z. B. infolge eines Versehens oder weil er wegen seines besonderen völkerrechtlichen Status – von Bedeutung etwa für das Personal ausländischer Botschaften – dazu nicht verpflichtet ist), sondern an den Arbeitnehmer ausbezahlt und dieser die Arbeitgeberanteile nicht abführt (vgl. auch BSG SozR § 520 RVO **Nr. 4**). Keine Bedeutung hat Abs. 3 auch für freiwillig versicherte Mitglieder von Ersatzkassen, da der vom Arbeitgeber für eine freiwillige Krankenversicherung gezahlte Zuschuß kein Beitrag zur Sozialversicherung ist (BGH[Z] NJW **72**, 947), während die Beiträge zur Rentenversicherung und zur Bundesanstalt für Arbeit direkt vom Arbeitgeber an die Ersatzkasse als Einzugsstelle bezahlt werden.

17 V. Der **subjektive Tatbestand** verlangt in allen Fällen zumindest bedingten (vgl. D-Tröndle 20, Lackner 6) Vorsatz; eine weitergehende Bereicherungs- oder Schädigungsabsicht ist dagegen nicht erforderlich (vgl. BGH MDR **60**, 917, D-Tröndle 20, Lackner 6, Niemeyer aaO 488). Aus denselben Gründen wie bei § 170b (vgl. dort RN 34) muß sich der Vorsatz bezüglich der Zahlungspflicht und ihres Umfangs nicht nur auf die pflichtbegründenden Umstände (z. B. Bestehen eines Beschäftigungsverhältnisses i. S. des Abs. 1), sondern auch auf das Bestehen der Pflicht selbst beziehen, weil diese hier ein ausdrückliches (Abs. 2) oder ungeschriebenes (Abs. 1, 3) Tatbestandsmerkmal ist (Lackner 6; and. insoweit D-Tröndle 21 mwN: idR vorwerfbarer Verbotsirrtum); ebenso gehört zum Vorsatz die Kenntnis des Fälligkeitszeitpunkts. Dagegen braucht der Täter bei der Unterrichtungspflicht nach Abs. 2 nur die pflichtbegründenden Umstände zu kennen, während die Unkenntnis dieser selbst lediglich ein dem § 17 unterfallender Gebotsirrtum ist. Hinsichtlich des Merkmals „Arbeitgeber" ist Bedeutungskenntnis erforderlich, aber auch ausreichend (vgl. § 15 RN 42, 45); wird die Arbeitgebereigenschaft allerdings fingiert (vgl. o. 11, 15), so setzt der Vorsatz auch die Kenntnis der gesetzlichen Fiktion selbst voraus. Ergibt sich bei einer Leistungsunfähigkeit im Fälligkeitszeitpunkt das Vorenthalten aus einer omissio libera in causa (vgl. o. 10), so liegt (bedingter) Vorsatz nur vor, wenn der Täter seine spätere Zahlungsunfähigkeit schon bei der sie begründenden Vorhandlung (bzw. Unterlassung) zumindest in Kauf genommen hat; bloße Zweifel allein genügen dafür noch nicht (vgl. RG **28** 254, **40** 237, D-Tröndle 20, Lackner 6; vgl. auch BGH **30** 265). Gleichgültig ist, ob der Vorsatz schon beim Einbehalten (Abs. 1, 2) bzw. beim Erhalten der Beiträge (Abs. 3) oder erst später gefaßt wird (D-Tröndle 20).

18 VI. **Rechtswidrigkeit:** 1. Eine rechtfertigende *Einwilligung* des Arbeitnehmers bzw. Arbeitgebers ist bei Abs. 1 bzw. 3 nicht möglich, da geschütztes Rechtsgut das Beitragsaufkommen der Sozialversicherung ist (vgl. LG Fürth NJW **88**, 1857, Martens NStZ 84, 319, wistra 85, 52, Tiedemann JZ 86, 874). Dagegen schließt die (wirksame) Einwilligung der Einzugsstelle in eine spätere Zahlung bereits den Tatbestand aus, weil damit die Fälligkeit hinausgeschoben (Stundung) und deshalb nichts vorenthalten wird (vgl. o. 7). Eine Verwaltungspraxis, daß bei Fristüberschreitung zunächst nichts unternommen wird, genügt dafür aber noch nicht. Bei Abs. 2 sind Fälle einer – nach dem Sinn der Vorschrift dann bereits tatbestandsausschließenden – Einwilligung (Einverständnis) des Arbeitnehmers kaum denkbar. – 2. Ohne praktische Bedeutung als Rechtfertigungsgründe sind auch der *Notstand* (§ 34) und die *Pflichtenkollision* (vgl. 71ff. vor § 32). Die Erhaltung sonst gefährdeter Arbeitsplätze oder des Unternehmensbestands insgesamt wurde schon bisher nicht als ausreichend angesehen (z. B. Hamburg NJW **53**, 1807, KG JW **30**, 3108 m. Anm. Lewin, Schmidt JR 61, 370; vgl. auch LG Fürth NJW **88**, 1857), was jetzt erst recht gelten muß, da für solche Fälle die Regelung des Abs. 5 geschaffen wurde. Dasselbe gilt für die Fälle, in denen der Arbeitgeber entweder seinen Arbeitnehmern nur noch den gerade für den notdürftigen Unterhalt ausreichenden Lohn bezahlen oder seine sozialrechtlichen Pflichten erfüllen kann (vgl. BT-Drs. 10/318 S. 25 f., Lackner 3b aa, Winkelbauer wistra 88, 18). Soweit hier von der Rspr. früher i. E. eine Pflichtenkollision anerkannt wurde (vgl. z. B. RG HRR **32** Nr. 1016, KG JW **30**, 3108, BGH 1 StR 65/76 v. 13. 4. 1976; and. aber Darmstadt JW **34**, 624; offengelassen von BGH **30** 265), hatte sie ihre Grundlage in der sozialen Lage der Arbeitnehmer während der Weltwirtschaftskrise (vgl. Martens/Wilde aaO 58). Schon deshalb ist sie auf die Situation des Sozialstaates nicht übertragbar, wo eine existenzielle Gefährdung des Arbeitnehmers auf andere Weise abwendbar ist (so schon Darmstadt aaO, Schmidt JR 61, 370; vgl. ferner Winkelbauer aaO); jedenfalls ist ihr aber durch den jetzigen Abs. 5 die Basis entzogen. Bei Abs. 2 hingegen ist das Problem kollidierender Zahlungspflichten ohnehin bedeutungslos, da der Arbeitgeber hier mit der Unterrichtung des Arbeitnehmers über die Tatsache der Nichtzahlung die Möglichkeit eines tatbestandslosen Verhaltens hat.

19 VII. **Vollendet** ist die Tat, wenn die Beiträge im Zeitraum ihrer Fälligkeit nicht abgeführt sind (Abs. 1, 3; vgl. BGH NStZ **90**, 588) bzw. die Unterrichtung des Arbeitnehmers nach Abs. 2 nicht bis zu dem dort maßgeblichen Zeitpunkt erfolgt ist. Eine spätere Nachholung ändert daran nichts mehr, sondern kann lediglich bei der Strafzumessung berücksichtigt werden. Eine Ausnahme davon gilt unter den Voraussetzungen des Abs. 5 nur für die Fälle des Abs. 1, 3. Der **Versuch** (zur Möglichkeit eines solchen vgl. § 22 RN 53) ist straflos (§ 23 I).

VIII. Täter i. S. von Abs. 1, 2 können nur der Arbeitgeber und die ihm nach Abs. 4 gleichge- **20** stellten Personen (vgl. o. 11, 15), Täter des Abs. 3 nur Mitglieder einer Ersatzkasse (vgl. o. 16) sein (Sonderdelikt), ferner deren Vertreter i. S. des § 14 (vgl. zu diesen Möhrenschlager aaO 3). Für die **Teilnahme** gelten die allgemeinen Regeln. § 28 ist auf die nicht sonderpflichtigen Teilnehmer nicht anwendbar, weil die Beschränkung des Täterkreises nicht auf dem Gedanken eines von der Rechtsgutsverletzung unabhängigen personalen Unrechts beruht, sondern ebenso wie bei § 266 (vgl. dort RN 52) seinen Grund darin hat, daß das Rechtsgut nur gegen Inhaber bestimmter Dispositionsmöglichkeiten geschützt werden soll (Lackner 2, M-Maiwald I 511; and. Samson SK 57 u. zu § 529 RVO a. F. BGH wistra **84**, 67).

IX. Abs. 5 sieht für die Fälle der Abs. 1, 3 (vgl. S. 3) bei rechtzeitigem Offenbaren der **21** Zahlungsunfähigkeit die in den Vorgängervorschriften nicht enthaltene Möglichkeit des **Absehens von Strafe** (S. 1) und – gleichfalls neu – bei zusätzlichem Nachentrichten der Beiträge einen persönlichen **Strafaufhebungsgrund** vor (S. 2). Nach BT-Drs. 10/5058 S. 26 soll damit, ohne die strafrechtliche Sicherung des Beitragsaufkommens zu gefährden, Arbeitgebern – gedacht ist dabei insbes. an Klein- und Mittelbetriebe – eine „goldene Brücke" gebaut werden, wenn sie in einem voraussichtlich behebbaren wirtschaftlichen Engpaß ihrer Zahlungspflicht deshalb nicht nachkommen, weil sonst der Bestand des Unternehmens gefährdet wäre. Eine andere Frage ist es allerdings, ob die Regelung des Abs. 5 geglückt ist (vgl. u. 22, 24, 26, ferner die z. T. jedoch zu weitgehende Kritik von Samson SK 39ff.). Zu der strafbefreienden Selbstanzeige des § 371 AO bestehen trotz gewisser Ähnlichkeiten wesentliche Unterschiede: Während § 371 AO unter Vernachlässigung strafrechtlicher Gesichtspunkte ausschließlich fiskalischen Interessen dient, ist hier das Interesse an der Sicherung des Beitragsaufkommens nur einer der die Regelung tragenden Gründe, mag dieses dann auch in S. 2 den Ausschlag für die Schaffung eines Strafaufhebungsgrundes gegeben haben; daneben beruht Abs. 5 jedoch auch auf dem Gedanken einer Unrechts- und Schuldminderung (vgl. dazu auch Samson SK 41), die darin zu sehen ist, daß der Täter 1. sich in einer Situation befunden hat, in der normgemäßes Verhalten zwar nicht unzumutbar, mit Rücksicht auf kollidierende andere Interessen aber doch erheblich erschwert war, daß er 2. sich ernsthaft um eine fristgemäße Zahlung bemüht hat und daß er 3. durch eine grundsätzlich spätestens im Zeitpunkt der Vollendung zu machende Mitteilung der für die Beitragserhebung maßgeblichen Verhältnisse den Schaden in Grenzen zu halten versucht (vgl. Winkelbauer wistra **88**, 17).

1. Die Möglichkeit des **Absehens von Strafe** nach **S. 1** setzt voraus, daß der Arbeitgeber **22** (bzw. im Fall des Abs. 3 das Ersatzkassenmitglied) der Einzugsstelle spätestens im Zeitpunkt der Fälligkeit (vgl. o. 7) oder unverzüglich danach **schriftlich die Höhe** der **vorenthaltenen Beiträge mitteilt** und außerdem darlegt, **warum die fristgemäße Zahlung** nicht möglich ist, obwohl er sich darum ernsthaft bemüht hat. Trotz der mißverständlichen Gesetzesfassung kann damit jedoch nicht gemeint sein, daß schon das bloße, in sich schlüssige Vorbringen solcher Umstände genügt, vielmehr muß, weil das Absehen von Strafe nur dann „verdient" (BT-Drs. 10/318 S. 31) ist, diese Darstellung auch dem wahren Sachverhalt entsprechen (vgl. BT-Drs. aaO 26: „wahrheitsgemäßes" Offenbaren; dazu, daß dies auch mit dem Gesetzeswortlaut noch vereinbar ist, vgl. Samson SK 44). Erforderlich ist für S. 1 zweierlei:

a) dem Täter muß die **fristgemäße Zahlung** trotz ernsthaften Bemühens tatsächlich oder **23** – was nach dem Sinn der Vorschrift gleichfalls ausreichen muß (vgl. auch Samson SK 46, Winkelbauer wistra **88**, 17) – jedenfalls nach seiner Vorstellung **unmöglich gewesen** sein. Dabei bedeutet „Unmöglichkeit" hier nur die im Zeitpunkt der Fälligkeit bestehende Leistungsunfähigkeit, für die der Täter jedoch, weil er sie durch ein früheres Verhalten vorsätzlich herbeigeführt hat, nach den Grundsätzen der omissio libera in causa haftet (vgl. o. 10, 17); scheidet eine solche aus, so bedarf es auch des Abs. 5 nicht, weil es dann schon am Tatbestand des Unterlassens fehlt (vgl. Winkelbauer aaO, aber auch Samson SK 40). Anlaß zu einem Absehen von Strafe besteht nur, wenn die Unmöglichkeit fristgerechter Zahlung ihre Ursache in einer besonderen Bedrängnis des Täters hat, insbes. wenn dieser die noch vorhandenen liquiden Mittel, anstatt sie für die Beitragsentrichtung einzusetzen, zur Erfüllung anderweitiger Verbindlichkeiten verwandt hat, weil sonst z. B. Arbeitsplätze oder der Bestand des Unternehmens insgesamt gefährdet gewesen wären (vgl. Winkelbauer aaO 18). Daraus, daß S. 1 an die Möglichkeit einer „fristgerechten" Zahlung anknüpft, folgt andererseits, daß die Gründe der Zahlungsunfähigkeit nicht von der Art sein dürfen, daß eine begründete Aussicht, die Beiträge in angemessener Zeit nachentrichten zu können, nicht besteht (vgl. BT-Drs. 10/318 S. 31, D-Tröndle 26, Samson SK 45, Winkelbauer aaO 17). Hinzukommen muß schließlich, daß der Täter in diese Bedrängnissituation trotz seines ernsthaften Bemühens, sie abzuwenden, geraten ist, was voraussetzt, daß er alle aus seiner Sicht bestehenden und ihm zumutbaren Möglichkeiten zur Beschaffung der erforderlichen Mittel ausgenutzt hat. Sinnlose Aktivitäten können von ihm jedoch nicht verlangt werden, weshalb S. 1 nicht deshalb unanwendbar ist, weil er nichts unternommen hat, nachdem er erkannt hat, daß er seine Liquidität nicht verbessern kann (vgl. Samson SK 47).

24 b) Erforderlich ist nach S. 1 eine spätestens im Zeitpunkt der Fälligkeit oder unverzüglich danach (vgl. dazu entsprechend in Abs. 2 o. 14) erfolgende **schriftliche Mitteilung** an die Einzugsstelle, die zweierlei enthalten muß: 1. die vollständige Offenbarung der vorenthaltenen Beiträge, wozu jedoch nur die jetzt vorenthaltenen, nicht dagegen die bereits früher fällig gewordenen und nicht abgeführten Beiträge gehören können (vgl. Winkelbauer wistra 88, 17; and. D-Tröndle 26; unklar BT-Drs. 10/318 S. 31), weil insoweit ein Absehen von Strafe mangels Rechtzeitigkeit der Mitteilung nicht mehr möglich ist, ein „Angebot" an den Täter, sich durch Selbstbezichtigung einer früheren Tat Straffreiheit wegen der jetzt begangenen zu verdienen, aber keinen Sinn ergibt (abgesehen von den noch ungereimteren Konsequenzen, die sich sonst bei S. 2 ergeben würden, wenn nur ein Teil der vorenthaltenen Beiträge nachentrichtet, dieser jedoch mit den früher geschuldeten verrechnet wird); 2. die wahrheitsgemäße Darlegung der Gründe, warum fristgemäße Zahlung trotz ernsthaften Bemühens nicht möglich ist. Sinn dieser Mitteilung ist es, die Einzugsstelle in die Lage zu versetzen, „auf zutreffender Basis ihre weiteren Entscheidungen zu treffen" (BT-Drs. 10/5058 S. 30). Wenn dagegen das Erfordernis einer „ausreichenden Darstellung" auch mit der Gefahr einer „mißbräuchlichen Ausnutzung der Regelung" und die von S. 1 verlangte Schriftform mit dem Zweck der „Beweiserleichterung" begründet wird (aaO 31), so sind dies sachfremde Gesichtspunkte: Ob nach S. 1 von Strafe abgesehen werden soll, muß ausschließlich davon abhängen, ob Unrecht und Schuld gemindert sind, wofür aber allein maßgebend ist, ob der Täter durch eine Offenbarung des Sachverhalts zu einer Begrenzung des Schadens beiträgt, während das prozessuale Interesse, spätere Schutzbehauptungen unmöglich zu machen, nicht Grundlage einer materiell-strafrechtlichen Regelung sein kann (vgl. Winkelbauer wistra 88, 18). Ob es allerdings zulässig ist, über das Erfordernis der Schriftlichkeit, weil es zur Unrechts- und Schuldminderung nichts beiträgt, ohne weiteres hinwegzugehen (noch weitergehend Samson SK 45 zu S. 1 Nr. 2), erscheint wegen des insoweit eindeutigen Gesetzeswortlauts zumindest zweifelhaft (vgl. Winkelbauer aaO mit dem Vorschlag, dem Täter bei Fehlen der Schriftform im Rahmen der Strafzumessung oder durch eine prozessuale Lösung entgegenzukommen).

25 c) Ob das Gericht von Strafe absieht (vgl. 54 ff. vor § 38) unterliegt seinem **pflichtgemäßen Ermessen.** Von Bedeutung sind dabei insbes. die Schwere der Bedrängnis des Täters (Lackner 7a) – dies auch im Hinblick auf ihre Auswirkungen für Dritte (Gefährdung von Arbeitsplätzen) –, ferner die Intensität seiner Bemühungen um eine andere Lösung und seine dabei gezeigte Bereitschaft, auch persönliche Opfer auf sich zu nehmen.

26 2. Voraussetzung des **Strafaufhebungsgrundes** nach S. 2 ist zusätzlich zu den in S. 1 genannten Erfordernissen die **Nachentrichtung der Beiträge** innerhalb der von der Einzugsstelle bestimmten angemessenen Frist, was bedeutet, daß der staatliche Strafanspruch hier durch die fristgerechte Nachzahlung auflösend bedingt ist (vgl. D-Tröndle 26, Winkelbauer wistra 88, 18, ferner BGH 7 341 [zu § 410 RAO a. F.]). Es genügt, wenn der nachentrichtete Betrag zwar nicht den Gesamtbetrag deckt, wohl aber den Arbeitnehmeranteil, da er zunächst auf diesen zu verrechnen ist (vgl. o. 10a). Wurden die Beiträge innerhalb der Frist nur teilweise nachbezahlt, so tritt Straffreiheit nur insoweit ein (vgl. Samson SK 52, Winkelbauer aaO). Dagegen kommen dem Täter auch fristgerechte Zahlungen anderer (Mittäter, Dritter, auch soweit sie nicht beteiligt sind) zugute, weshalb z. B. bei der illegalen Arbeitnehmerüberlassung die Zahlung durch einen der beiden Gesamtschuldner (vgl. § 28e II S. 4 SGB IV) für den anderen, auch der Täter ist (vgl. o. 11), zur Straffreiheit führt (vgl. Winkelbauer aaO). Selbstverständlich ist ferner, daß S. 2, obwohl vom Wortlaut nicht erfaßt, auch gilt, wenn der Täter nach Erfüllung der Voraussetzung S. 1 die Beiträge entrichtet, ohne die Entscheidung der Einzugsstelle über eine Stundung abgewartet zu haben. Zweifelhaft ist dagegen, ob der Täter auch dann straffrei wird, wenn er sich zwar in der von S. 1 vorausgesetzten Zwangslage befunden und ernsthaft um eine Zahlung bemüht hat, die Beiträge aber ohne vorherige Mitteilung nach S. 1 nachentrichtet (so Samson SK 50). Obwohl dafür sprechen könnte, daß sich mit der Nachzahlung auch die Entscheidung der Einzugsstelle und damit die Informationspflicht erledigt hat, ist jedoch auch hier an den vollen Voraussetzungen des S. 1 festzuhalten, weil es wegen der ex ante immer ungewissen künftigen Entwicklung in allen Fällen seinen guten Sinn hat, wenn die Einzugsstelle möglichst frühzeitig, spätestens aber in dem in S. 1 genannten Zeitpunkt, in die Lage versetzt wird, ihre Dispositionen zu treffen; auch liefe der Verzicht auf die Mitteilung angesichts des eindeutigen Wortlauts auf eine Gesetzeskorrektur hinaus, die selbst im Wege einer teleologischen Reduktion nicht mehr möglich ist. Hinzukommen muß für die Straffreiheit schließlich, daß die Nachentrichtung innerhalb der von der Einzugsstelle bestimmten „angemessenen", d. h. unter Berücksichtigung der gesamten Einkommensverhältnisse und Zahlungsverpflichtungen bei grundsätzlichem Vorrang der Beitragszahlungen vor sonstigen zivilrechtlichen Verpflichtungen (BT-Drs. 10/318 S. 31) festgesetzten Frist erfolgt. An die Fristbestimmung durch die Einzugsstelle ist der Strafrichter insofern nicht gebunden, als auch hier die allgemeinen Grundsätze für Unterlassungsdelikte gelten müssen, wonach die Nachentrichtung in dem fraglichen Zeitraum möglich und zumutbar sein muß. Ist dies nicht der Fall, so verliert der Täter, ohne daß es einer gesonderten Anfechtung der Frist bedürfte, das Privileg des S. 2 nicht deshalb, weil er die von der Einzugsstelle bestimmte Frist überschreitet („strafrechtliche Natur der Frist", vgl. Samson SK 55, Winkelbauer aaO 19, jeweils unter Hinweis auf die parallele Problematik bei § 371 AO).

3. Abs. 5 gilt seinem Wortlaut nach im Fall des Abs. 1 nur für den *Arbeitgeber,* in dem des Abs. 3 nur für das *Ersatzkassenmitglied* selbst, wobei es, wenn der Arbeitgeber aus mehreren Personen besteht, jedoch genügen muß, wenn einer von ihnen für alle handelt (vgl. Winkelbauer wistra 88, 18). Bei **Tätern,** die **nicht selbst Arbeitgeber usw.** sind (Vertreter i. S. des § 14), und bei **sonst Beteiligten** (Anstifter, Gehilfen) kann Abs. 5 daher nur analog angewandt werden. Verhältnismäßig unproblematisch ist dies bei S. 1: Bei einem Täter nach § 14 genügt es hier, wenn er in einer Zwangslage des Vertretenen trotz ernsthaften Bemühens die Beiträge nicht fristgerecht abführen konnte und wenn er rechtzeitig der Einzugsstelle die nach S. 1 erforderlichen Mitteilungen macht; bei der Teilnahme hingegen wirkt sich die in der Bedrängnissituation des Haupttäters liegende Unrechtsminderung entsprechend auch auf den Beteiligten aus, weshalb er sich die Möglichkeit des Absehens von Strafe dadurch verdient, daß er entweder – wozu er allerdings rechtlich nicht in der Lage sein dürfte – selbst die verlangten Mitteilungen macht oder den Haupttäter dazu veranlaßt, dies zu tun (vgl. dazu Winkelbauer aaO). Auch bei S. 2 ergeben sich keine Schwierigkeiten, wenn der Vertreter (u. U. aus eigenen Mitteln) die Beiträge für den Vertretenen nachentrichtet bzw. wenn der Teilnehmer den Haupttäter zur Nachzahlung veranlaßt oder diese selbst innerhalb der dem Beitragsschuldner gesetzten Frist vornimmt. Unklar ist jedoch, ob der Vertreter bzw. Teilnehmer nur unter diesen Voraussetzungen Straffreiheit erlangen kann. Probleme ergeben sich hier deshalb, weil von der Einräumung einer Chance, von der S. 2 ausgeht, bei diesen Personen vielfach keine Rede sein kann. Sie verlieren einerseits z. B. jede Einwirkungsmöglichkeit auf den Beitragsschuldner, wenn dieser inzwischen in Konkurs gegangen ist; andererseits aber kann der Vertreter oder Teilnehmer, der, um Straffreiheit nach S. 2 zu erlangen, selbst die Beiträge nachentrichten möchte, dies nur in der dem Beitragsschuldner nach S. 2 gesetzten Frist tun, die für ihn jedoch, weil sie nach dessen und nicht nach seinen Verhältnissen bemessen ist – eine Fristsetzung ihm gegenüber ist nicht möglich, da er i. U. zum Steuerrecht (vgl. §§ 71, 371 III AO) selbst für die Beiträge nicht haftet, sondern allenfalls nach § 823 BGB schadensersatzpflichtig ist (vgl. BGH NJW 62, 201, Martens/Wilde aaO 97 ff.) –, vielfach nicht ausreichend sein dürfte. Weil S. 2 seine Funktion, dem Täter „goldene Brücken" zu bauen, hier von vornherein nicht erfüllen kann, bleibt es in solchen Fällen daher bei der Regelung des S. 1, wobei diese dann aber über eine „Ermessensreduzierung auf Null" zu einem obligatorischen Absehen von Strafe führen muß, weil es nicht zu Lasten der Vertreter oder sonst Beteiligten gehen kann, daß der Gesetzgeber die Besonderheit ihrer Situation völlig übersehen hat (vgl. zum Ganzen Winkelbauer aaO 19).

X. Konkurrenzen: Bei *Abs. 1* liegt Tat-(Unterlassungs-)einheit vor, wenn Beiträge für mehrere Arbeitnehmer nicht an die gemeinsame Einzugsstelle abgeführt werden; dagegen steht das Vorenthalten gegenüber mehreren Einzugsstellen (z. B. gesetzliche Krankenkasse und Ersatzkrankenkasse) untereinander im Verhältnis der Tatmehrheit, wobei allerdings Fortsetzungszusammenhang möglich ist (vgl. Erbs/Kohlhaas-Meyer § 529 RVO [a. F.] Anm. 8 b). Die Konkurrenzfragen des früheren Rechts beim Zusammentreffen der verschiedenen Vorgängerstrafvorschriften haben sich mit der einheitlichen Erfassung der verschiedenen Versicherungszweige in § 266 a I erledigt. Gegenüber dem Beitragsbetrug nach § 263 tritt Abs. 1 zurück, wenn der Täter entsprechend der falschen Anmeldung geringere Beiträge bezahlt, da damit auch die Vermögensschädigung des § 266 a I mit abgegolten ist und – anders als bei § 266 – der gegenüber der Täuschung zusätzliche Unwert eines eigennützlichen Verhaltens hier nicht mehr entscheidend ins Gewicht fallen kann (vgl. wie hier D-Tröndle 23, Franzheim wistra 87, 316, Lackner 8, Martens wistra 86, 158, Martens/Wilde aaO 94, Möhrenschlager aaO 7; and. M-Maiwald I 512, Schlüchter aaO 171 [Tateinheit] sowie zu § 529 RVO a. F. BGH **32** 237, wistra **84**, 67 [Tateinheit], Kniffka NStZ 84, 27 [vgl. aber auch wistra 84, 48], Fisseler aaO 117 [Vorrang des § 529 RVO als lex specialis]); Tatmehrheit zwischen §§ 263, 266 a besteht dagegen, wenn der Täter über die falsche Anmeldung hinaus zusätzlich Beiträge vorenthält. Tatmehrheit ist ferner mit § 370 AO (Nichtführen von Umsatz- und Lohnsteuer) gegeben, auch wenn Steuer- und Beitragsteile sich auf denselben Arbeitnehmer beziehen und deren Nichtabführen auf einem Gesamtplan beruht (vgl. BGH **35** 14, Bay **85**, 131 m. Anm. Brauns StV 86, 534, wistra **89**, 276, Düsseldorf wistra **87**, 192, Zweibrücken NJW **75**, 129, D-Tröndle 23, Lackner 8, Martens wistra 86, 158, Martens/Wilde aaO 23, Möhrenschlager aaO 7; zur Frage, ob es sich hier auch um mehrere Taten i. S.

des § 264 StPO handelt, vgl. BGH 35 14 mwN [Vorlagebeschl. zu Düsseldorf aaO]). Mit der Ordnungswidrigkeit nach § 229 I Nr. 2 AFG (unerlaubte Arbeitnehmerbeschäftigung) besteht Tatmehrheit (Stuttgart NStZ 82, 514). Mit §§ 283, 283c, 288 kann je nach den Umständen Tateinheit oder Tatmehrheit gegeben sein (Tateinheit z. B., wenn das Beiseiteschaffen zugleich die vorsätzliche omissio libera in causa i. S. des Abs. 1 darstellt, vgl. o. 10, 17). – Verwirklicht das Nichtabführen von Lohnteilen i. S. des *Abs. 2* zugleich die Voraussetzung des § 263, so geht letzterer vor, da auch hier das untreueähnliche Element gegenüber der Täuschung nicht mehr eigens ins Gewicht fällt und Abs. 2 nach seiner Entstehungsgeschichte ohnehin nur ein Auffangtatbestand für Fälle sein sollte, in denen einzelne Merkmale des Betrugs fehlen oder nicht nachgewiesen werden können (vgl. o. 1; and. Rienhardt aaO 4 [Vorrang des § 266a II als lex specialis], Schlüchter aaO 172 [Idealkonkurrenz]). Mit dem Vorenthalten von Beiträgen nach Abs. 1 besteht Tatmehrheit.

29 XI. Die **Strafe** in Abs. 1, 2 ist Freiheitsstrafe bis zu 5 Jahren, während Abs. 3 – abweichend von den Vorgängervorschriften, die hier ebenfalls Freiheitsstrafe bis zu 5 Jahren androhten –, lediglich eine Freiheitsstrafe bis zu 1 Jahr vorsieht. Damit soll der Tatsache Rechnung getragen werden, daß Fälle des Abs. 3 für das Sozialversicherungsaufkommen von weit geringerer Bedeutung sind als solche des Abs. 1 (BT-Drs. 10/318 S. 30). Bei der Strafzumessung fällt insbes. die Höhe der vorenthaltenen Beiträge bzw. sonstigen Lohnteile ins Gewicht (zur dabei relevanten Verrechnung von Teilzahlungen vgl. o. 10a). Nur geringfügige Fristüberschreitungen sind strafmildernd zu berücksichtigen; das gleiche gilt in den Fällen des Abs. 1, 3, wenn die Voraussetzungen des Abs. 5 zwar nicht vollständig, aber annähernd oder teilweise erfüllt sind.

30 XII. Die **Verjährung** beginnt mit der Beendigung der Tat (§ 78a), d. h. sobald die Pflicht zum Handeln entfällt (vgl. § 78a RN 6 sowie Düsseldorf MDR 85, 342). Der Fall ist dies bei Abs. 1, 3 z. B. mit der späteren Entrichtung der Beiträge, dem Wegfall des Beitragsschuldners (z. B. Auflösung einer GmbH), der Niederschlagung gem. § 76 II Nr. 2 SGB IV, dem Ausscheiden aus der Vertreterstellung gem. § 14, dem Eintritt der endgültigen Handlungsunmöglichkeit oder Unzumutbarkeit, spätestens jedoch mit der Verjährung der Beitragsschuld, die nach § 25 I 2 SGB IV bei vorsätzlich vorenthaltenen Beiträgen allerdings erst 30 Jahre nach Ablauf des Kalenderjahres eintritt, in dem sie fällig geworden sind. – Bei Abs. 2 beginnt die Verjährung mit dem Erlöschen der Mitteilungspflicht. Dies ist z. B. der Fall, wenn sie sinnlos geworden ist, weil der Anspruch gegen den Arbeitgeber nicht mehr durchsetzbar ist.

31 XIII. Für **vor Inkrafttreten** des 2. WiKG begangene Taten gelten die Strafvorschriften der §§ 529 I, 1428 I RVO, 150 I AVG, 234 I RKnappschG, 225 I AFG fort, weil sie wegen des dort erforderlichen Einbehaltens gegenüber § 266a I die milderen Gesetze sind (im Zusammenhang mit der illegalen Arbeitnehmerüberlassung, bei der die §§ 529, 1428 RVO, § 225 AFG nach der BGH-Rspr. auf den Verleiher als Täter nicht anwendbar waren, vgl. auch BGH wistra 88, 353); Abs. 5 ist jedoch auch auf früher begangene Taten anzuwenden (vgl. BGH wistra 87, 100). Dagegen stellt § 266a III aufgrund der geringeren Strafdrohung gegenüber den Vorgängervorschriften (§§ 529 II, 1428 II RVO, 150 II AVG, 234 II RKnappschG, 225 II AFG) das mildere Gesetz dar.

§ 266b Mißbrauch von Scheck- und Kreditkarten

(1) **Wer die ihm durch die Überlassung einer Scheckkarte oder einer Kreditkarte eingeräumte Möglichkeit, den Aussteller zu einer Zahlung zu veranlassen, mißbraucht und diesen dadurch schädigt, wird mit Freiheitsstrafe bis zu drei Jahren oder mit Geldstrafe bestraft.**

(2) **§ 248a gilt entsprechend.**

Vorbem. Eingefügt durch das 2. WiKG v. 15. 5. 1986, BGBl. I 721.

Schrifttum: *Bernsau,* Der Scheck- oder Kreditkartenmißbrauch durch den berechtigten Karteninhaber, 1990. – *Hadding,* Zahlung mittels Universalkreditkarte, Pleyer-FS (1986) 17. – *Küpper,* Die Kreditkartenentscheidung des BGH unter Geltung des § 266b StGB n. F., NStZ 88, 60. – *Labsch,* Der Kreditkartenmißbrauch und das Untreuestrafrecht, NJW 86, 104. – *Lieb,* Zum Mißbrauch der Scheckkarte, Pleyer-FS (1986) 77. – *Offermann,* Nachruf auf einen Meinungsstreit. – Zur strafrechtlichen Erfassung des Scheck- und Kreditkartenmißbrauchs, wistra 86, 50. – *Otto,* Mißbrauch von Scheck- und Kreditkarten usw., wistra 86, 150. – *ders.,* in HWiStR, Art. Kreditkartenbetrug u. Art. Scheckkartenbetrug. – *Ranft,* Der Kreditkartenmißbrauch, JuS 88, 673. – *Schlüchter,* Zweites Gesetz zur Bekämpfung der Wirtschaftskriminalität (1987) 106ff. – *Steinke,* Mit der kleinen Karte an das große Geld, Kriminalistik 87, 12. – *Weber,* Probleme der strafrechtlichen Erfassung des Euroscheck- und Euroscheckkartenmißbrauchs nach Inkrafttreten des 2. WiKG, JZ 87, 215. – Vgl. im übrigen die Angaben zum 2. WiKG vor § 266a.

1 I. **Rechtsgut.** Die erst in der Schlußphase des Gesetzgebungsverfahrens – offensichtlich veranlaßt durch BGH 33 244 (Straflosigkeit des Kreditkartenmißbrauchs) – durch das 2. WiKG (vgl. die Vorbem.) eingefügte Vorschrift schützt zunächst *das Vermögen* des Scheck- bzw. Kreditkartenausstellers. Sie schließt damit eine Strafbarkeitslücke zwischen § 263 und § 266, die hier nach früherem

Recht nicht nur im Fall des Kreditkartenmißbrauchs (so hier auch BGH 33 244 m. Anm. Labsch NJW 86, 104, Otto JZ 85, 1008), sondern entgegen der Betrugslösung von BGH 24 386, 33 244 nach h. M. auch beim Scheckkartenmißbrauch bestanden hatte: § 266 ist in diesen Fällen nicht einschlägig, weil dem Karteninhaber die Möglichkeit, den Kartenaussteller zu verpflichten, nicht in dessen, sondern im eigenen Interesse eingeräumt ist (vgl. § 266 RN 12), § 263 dagegen nicht, weil es hier richtigerweise schon an einer Täuschungshandlung und einem Irrtum des Schecknehmers usw. fehlt, darüber hinaus aber auch an dem für einen Dreiecksbetrug zu Lasten des Ausstellers erforderlichen Näheverhältnis zwischen Verfügendem (Schecknehmer) und Geschädigtem (vgl. zusfass. Granderath DB 86, Beil. 18, 9, Offermann wistra 86, 51 ff., Otto wistra 86, 150 f.). Hinsichtlich der Strafwürdigkeit des Scheck- und Kreditkartenmißbrauchs z. T. auch im Gesetzgebungsverfahren geäußerte Bedenken (vgl. BT-Drs. 10/5058 S. 32; vgl. ferner Achenbach NJW 86, 1835, Schubarth ZStW 92, 92, Vogler ZStW 90, 142, Vormbaum JuS 81, 24) sind nicht begründet, weil es sich bei diesem nicht nur um eine Vertragsverletzung handelt, sondern darüber hinaus um den Mißbrauch eines dem Täter entgegengebrachten Vertrauens, das ihm hier zwar – i. U. zu § 266 – nicht im Interesse des geschädigten Vermögensinhabers (Scheck- bzw. Kreditkartenaussteller), sondern im eigenen Interesse eingeräumt ist, das ihm aber ebenso wie bei § 266 den Zugriff auf fremdes Vermögen erlaubt (vgl. näher zur kriminalpolitischen Berechtigung der Vorschrift auch im Hinblick auf die Möglichkeit hoher Schäden Granderath aaO, Otto wistra 86, 152, Schlüchter aaO 107 f., Tiedemann JZ 86, 872). – Neben dem Vermögen als Individualrechtsgut schützt § 266b zugleich den mit der Scheck- und Kreditkarte ermöglichten Formen des *bargeldlosen Zahlungsverkehrs,* wobei allerdings zweifelhaft ist, ob dessen Funktionsfähigkeit damit zum Rang eines eigenen (überindividuellen) Rechtsguts erhoben werden sollte (was die Tat zugleich zu einem Wirtschaftsdelikt i. e. S. machen würde) oder ob es sich insoweit nur um einen mittelbaren Schutz bzw. Schutzreflex handelt (vgl. einerseits BT-Drs. 10/5058 S. 32, Bernsau aaO 63 ff., D-Tröndle 2, 6, Granderath aaO, andererseits Lackner 1, M-Maiwald I 512, Otto aaO, Ranft JuS 88, 675, Samson SK 1). Für letzteres könnte sprechen, daß mit der Schaffung des § 266 b lediglich die im Grenzbereich der §§ 266 und 263 aufgetretenen Strafbarkeitslücken geschlossen werden sollten und daß – i. U. zu den Vorfeldtatbeständen der §§ 264, 264 a, 265, 265 b – der individuelle Schaden ein zentrales Tatbestandserfordernis ist.

II. Der **objektive Tatbestand** setzt als Tathandlung den Mißbrauch der durch die Überlassung einer Scheck- oder Kreditkarte eingeräumten Möglichkeit voraus, den Aussteller zu einer Zahlung zu veranlassen; hinzu kommen muß als Erfolg eine dadurch herbeigeführte Schädigung des Ausstellers. 2

1. Scheck- und Kreditkarte gemeinsam ist die durch Überlassung der Karte ihrem Inhaber eingeräumte Befugnis, den Aussteller auf Grund einer von ihm abgegebenen Garantieerklärung (zur Kreditkarte vgl. aber auch Hadding aaO 31) zu einer Zahlung an den Scheck- bzw. Kreditkartennehmer zu verpflichten. Wenn § 266 b statt dessen lediglich von der durch Überlassung der Karte eingeräumten „Möglichkeit" spricht, den Aussteller „zu einer Zahlung zu veranlassen", so kann dies nur den Sinn haben, damit auch solche Fälle zu erfassen, in denen der Karteninhaber, ohne daß eine zivilrechtlich wirksame Befugnis entstanden ist, gleichwohl die Rechtsmacht hat, den Aussteller zu einer Zahlung zu verpflichten (vgl. u. 8). 3

a) Bei der *Scheckkarte* in ihrer herkömmlichen Verwendungsform garantiert das ausstellende Kreditinstitut dem Schecknehmer die Einlösung von Schecks auf speziellen zur Scheckkarte ausgegebenen Scheckformularen bis zu einem bestimmten Betrag (z. Z. DM 400.–) und nimmt damit dem Schecknehmer das Risiko eines ungedeckten Schecks, wobei zivilrechtlich die Entstehung des Einlösungsanspruchs von der h. M. mit Hilfe vertretungsrechtlicher Kategorien (Karteninhaber als Bevollmächtigter der Bank), z. T. aber auch mit der Annahme eines Vertrags zugunsten Dritter erklärt wird (vgl. dazu z. B. Bülow JA 84, 343 f., Lieb aaO 77 f. mwN). Bei der z. Z. wohl allein gebräuchlichen, auf Grund von Vereinbarungen der europäischen Kreditwirtschaft einheitlich gestalteten „eurocheque"-Karte wird die Garantiepflicht der Bank begründet, wenn Unterschrift und Kontonummer auf Scheck und Scheckkarte übereinstimmen, die Scheckkartennummer auf der Rückseite des Schecks vermerkt ist, der Scheck innerhalb der Gültigkeitsdauer der Scheckkarte ausgestellt und binnen 8 Tagen (bei Auslandsschecks: 20 Tagen) ab Ausstellungsdatum vorgelegt wird; keine Voraussetzung ist dagegen die Vorlage der Scheckkarte, die dann allein dem Interesse des Schecknehmers dient (vgl. z. B. BGHZ 83 31, Bülow JA 84, 344 f.). Der Scheckkartenbegriff des § 266 b ist daneben aber auch für andere Formen offen (vgl. Lackner 3, Otto wistra 86, 152, Schlüchter aaO 110). Ob hierher auch das Point-of-Sales-Verfahren (POS-Banking) gehört, bei dem die Euroscheckkarte ohne Scheck als Zahlungsmedium an automatisierten Kassen eingesetzt wird (vgl. dazu Bernsau aaO 15 ff.), ist allerdings zweifelhaft (vgl. einerseits Müller/Wabnitz, Wirtschaftskriminalität [2. A.] 18 f., andererseits Bernsau aaO 217 ff.); zur Chip- oder Hybridkarte vgl. Bernsau aaO 18, 222. 4

b) Bei der *Kreditkarte* im sog. *Drei-Parteien-System* („Universalkreditkarte", z. B. Eurocard, American Express-Karten, Diners-Club, VISA) verpflichtet sich der Aussteller („Kreditkartenherausgeber") gegenüber einem Vertragsunternehmen (z. B. Hotel, Einzelhandelsgeschäft, 5

KFZ-Vermieter), dessen aus der Lieferung von Waren, Erbringen von Dienstleistungen usw. entstandene Forderungen gegenüber dem Karteninhaber auszugleichen, wobei der Kartenherausgeber seinerseits wiederum periodisch mit dem Karteninhaber die angefallenen Beträge abrechnet (zur Bedeutung und zivilrechtlichen Konstruktion des Kreditkartengeschäfts vgl. näher Hadding aaO 17ff., Ranft JuS 88, 676). Zweifelhaft ist, ob auch Kreditkarten im sog. *Zwei-Parteien-System* („Spezialkreditkarten"), bei dem den Kunden des Ausstellers lediglich ein für alle seine Filialen gültiger Kundenkredit eingeräumt wird, von § 266b erfaßt sind (davon geht offenbar BT-Drs. 10/5058 S. 32 aus; bejahend ferner Granderath DB 86, Beil. 18, 9, Otto wistra 86, 152, Ranft JuS 88, 680, Schlüchter aaO 112, verneinend Bernsau aaO 210, Lackner 3, M-Maiwald I 514, i. E. ferner BGH StV **89**, 199 u. wohl auch Tiedemann JZ 86, 871). Zwar werden auch sie im Wirtschaftsleben als Kreditkarten bezeichnet, in der Sache sind sie aber nichts anderes als ein Ausweis über die Eröffnung eines Kredits auf einem Monats- oder Kundenkonto, der den Filialen des ausstellenden Unternehmens das Erbringen von Leistungen ermöglicht, ohne jeweils erneut die Kreditwürdigkeit prüfen zu müssen (vgl. BGH aaO, Bernsau aaO 202, Otto, Bargeldloser Zahlungsverkehr und Strafrecht [1978] 105). In ihrer rechtlichen Konstruktion stehen daher nur Kreditkarten im Drei-Partner-System den Scheckkarten gleich (so mit Recht M-Maiwald aaO). Davon abgesehen spricht gegen die Anwendbarkeit des § 266b auf die mißbräuchliche Verwendung von Karten im Zwei-Parteien-System auch der Gesetzeswortlaut, weil dem Aussteller hier nicht einmal in Verrechnungsweg eine „Zahlung" abverlangt wird (vgl. u. 8). In solchen Fällen bleibt es daher bei dem strengeren § 263 (BGH aaO; vgl. auch Lackner 3: „Konstruktionsfehler des Gesetzes"). *Mischformen* von Kreditkarten, die sowohl als Zwei- wie auch als Drei-Parteien-Karte benutzt werden können (z.B. United Air Travel Card, Airplus-Karte; vgl. hierzu Bernsau aaO 203, Ranft JuS 88, 680) schließt § 266b dagegen ein, soweit die Karte im Drei-Parteien-System verwendet wird. Letzteres ist der Fall, wenn der Karteninhaber nicht mit dem Kartenaussteller kontrahiert, sondern gegenüber dessen Vertragsunternehmen eine Verbindlichkeit eingeht und der Aussteller den Ausgleich dieser Forderung garantiert hat. Zwar mag es vom Zufall abhängen, ob der Vertragspartner des Karteninhabers (z.B. beim Lösen eines Flugtickets) ein Vertragsunternehmen des Ausstellers oder der Aussteller selbst (dann § 263) ist (Bernsau aaO 208, Ranft aaO); dies ändert aber nichts daran, daß nur bei der Verwendung der Karte im Drei-Parteien-System dem Inhaber die Möglichkeit eingeräumt wird, eine „Zahlung" im Verrechnungsweg zu veranlassen (krit. Ranft aaO).

6 2. Die **Tathandlung** besteht im Mißbrauch der dem Täter durch Überlassung der Scheck- oder Kreditkarte eingeräumten Möglichkeit, den Aussteller zu einer Zahlung zu veranlassen.

7 a) Voraussetzung ist zunächst, daß der Täter die *ihm* durch Überlassung der Scheck- oder Kreditkarte eingeräumte Möglichkeit usw. mißbraucht, m.a.W. daß er selbst der **berechtigte Karteninhaber** ist (BT-Drs. 10/5058 S. 32). Allerdings braucht dies nicht notwendig derjenige zu sein, zu dessen Gunsten der Kartenausgeber die Karte ausgestellt hat (z.B. der Scheckkarte der Kontoinhaber), vielmehr gehören dazu, soweit dies im Scheck- und Kreditkartengeschäft überhaupt möglich ist, auch zur Verwendung der Karte ermächtigte Dritte (and. Bernsau aaO 106f., D-Tröndle 3, Schlüchter aaO 109: nur Teilnahme bei mittelbarer Täterschaft des Karteninhabers). Denkbar ist dies z.B. bei der Aushändigung blanko unterschriebener Euroschecks und der dazu gehörigen Scheckkarte durch den Kontoinhaber an einen Dritten; hier kann dann auch dieser die ihm damit eingeräumte Möglichkeit, die Bank zu einer Zahlung zu veranlassen, mißbrauchen, was praktische Bedeutung hat, wenn bei dem Scheckaussteller selbst noch kein Mißbrauch vorliegt und der Dritte daher auch nicht Teilnehmer an dessen Tat sein kann (dazu, daß hier auch § 263 zu Lasten des Kartenausstellers ausscheidet, vgl. o. 1). Soweit es sich um – von § 266b nicht erfaßte – Mißbräuche durch nichtberechtigte Besitzer von Scheck- oder Kreditkarten handelt, ist idR bereits § 263, vielfach auch § 267 anwendbar (z.B. Begebung eines gefälschten Schecks unter Vorlage der dazu gehörigen Scheckkarte durch den Dieb).

8 b) Der Mißbrauch muß sich auf die dem Täter durch Überlassung einer Scheck- oder Kreditkarte **eingeräumte Möglichkeit** beziehen, den Aussteller **zu einer Zahlung zu veranlassen.** Dabei bedeutet *„Zahlung"* in diesem Zusammenhang nicht nur die Hingabe von Bargeld, sondern auch die Geldleistung im Verrechnungsweg (BT-Drs. 10/5058 S. 32). Abweichend vom Mißbrauchstatbestand des § 266 ist in § 266b nicht von einer rechtsgeschäftlich eingeräumten Befugnis zur Verpflichtung des Ausstellers, sondern nur von der durch die Überlassung der Karte *eingeräumten Möglichkeit* die Rede, diesen zu einer Zahlung zu veranlassen. Darin liegt insofern eine Erweiterung, als § 266b keine zivilrechtlich wirksam entstandene Verpflichtungsbefugnis voraussetzt, es hier vielmehr auch genügt, wenn der Karteninhaber die tatsächliche Rechtsmacht hat, die Haftung des Kartenausstellers auf Grund eines diesem wegen der Überlassung der Karte zuzurechnenden Rechtsscheins zu begründen (vgl. dazu auch Bernsau aaO 92ff., Schlüchter aaO 109, Weber NStZ 86, 484; zu § 266 vgl. dagegen dort RN 4). Dies ist z. B. der Fall, wenn eine Bank ihrem Kunden trotz dessen Geschäftsunfähigkeit eine Scheckkarte aushändigt, nicht aber, wenn dieser nur z. Z. der Scheckbegebung (z. B. Volltrunkenheit) geschäftsunfähig ist (vgl. Bülow JA 84, 344, Canaris, Bankvertragsrecht I, 3. A., RN 832, 839 mwN). Erforderlich ist schließlich, daß sich die Möglichkeit, den Aussteller zu einer Zahlung zu veranlassen, gerade aus der *spezifischen Funktion der Karte* ergibt. Dies führt zu Schwierigkeiten bei unbefugten Barabhebungen aus einem Bankomaten durch den Konto- und Karteninhaber selbst (für Anwendbarkeit des § 266 b auch hier Stuttgart NJW **88**, 982, LG Köln NJW **87**, 669, Bieber WM 87, Beil. 6, 28, Bühler MDR 89, 23, Huff NJW 87, 818, M-Maiwald I 514, Weber NStZ 86, 484, JZ 87, 217, dagegen Berghaus aaO, Bernsau aaO 154ff., D-Tröndle 1, Granderath DB 86, Beil. 18, 9, Lackner 3, Otto wistra 86, 143, Richter CR 89, 307, Schlüchter aaO 110; zum Geldautomatenmißbrauch durch nicht berechtigte Karteninhaber vgl. o. 7, § 263 a RN 18 f.). Hier ist § 266 b jedenfalls bei Barabhebungen aus einem Automaten des die Karte ausgebenden Instituts nicht anwendbar, weil die Karte in diesem Fall nicht als Scheckkarte mit der für sie wesentlichen Garantiefunktion, sondern ausschließlich in der mit ihr nur äußerlich verbundenen Eigenschaft eines „Schlüssels" (Codekarte) benutzt wird, der den Zugang zu dem fraglichen Konto öffnet. Da für solche Fälle – entgegen der h. M. – richtigerweise auch § 263 a nicht gilt (vgl. dort RN 19, ferner Berghaus aaO, Lenckner/Winkelbauer CR 86, 657 f.), stellt sich deshalb nach wie vor die Frage einer Strafbarkeit gem. § 242 oder § 246 (vgl. § 242 RN 36, 263 a RN 16 f. sowie Lenckner/Winkelbauer wistra 84, 85 ff.). Nicht in der für die Scheckkarte wesentlichen Garantiefunktion, sondern allenfalls als Ausweis wird diese auch gebraucht, wenn der Täter Schecks bei einer Einrichtung (Zweigstelle) desselben Instituts einlöst, das die Karte ausgegeben hat (so aber Hamm MDR **87**, 514); jedoch liegt hier idR Betrug vor (Bernsau aaO 193ff.).

c) Ebenso wie bei § 266 (vgl. dort RN 17) besteht auch hier der **Mißbrauch** in der Ausnutzung des rechtlichen Könnens nach außen unter Überschreitung des rechtlichen Dürfens im Innenverhältnis (vgl. BT-Drs. 10/5058 S. 32 f., Bernsau aaO 92 ff., D-Tröndle 6, Lackner 4, Otto wistra 86, 152, Ranft JuS 88, 677, Schlüchter aaO 112 f., Weber NStZ 86, 484, Tiedemann JZ 86, 872). Voraussetzung ist daher auch bei § 266 b, daß die dem Täter eingeräumte *Außenmacht wirksam ausgeübt,* für den Aussteller also – wenn auch nur nach Rechtsscheingrundsätzen (vgl. o. 8) – eine Zahlungspflicht begründet wird. Maßgebend dafür sind die Bedingungen, unter denen sich der Aussteller gegenüber dem Kartennehmer – bei der Kreditkarte in einem Rahmenvertrag – zur Einlösung von Schecks bzw. der von den Vertragsunternehmen vorgelegten Abrechnungsbelege verpflichtet hat (zur „eurocheque"-Karte vgl. o. 4). An einer wirksamen Ausübung der dem Karteninhaber verliehenen Rechtsmacht im Außenverhältnis fehlt es bei Schecks daher z. B. bezüglich der den garantierten Betrag (z. Z. DM 400,–) übersteigenden Summe oder wenn die Scheckkarte als Mittel der Kreditsicherung oder sonst rechtsmißbräuchlich verwendet und deshalb keine Einlösungsverpflichtung der Bank begründet wird (vgl. z. B. BGHZ **64** 79, **83** 28 u. näher Lieb aaO); hier kommt jedoch ein Betrug gegenüber dem Schecknehmer (so im ersten Fall) bzw. im Zusammenwirken mit diesem gegenüber der Bank in Betracht. Entsprechendes gilt beim Gebrauch einer Kreditkarte, soweit z. B. die in dem Rahmenvertrag mit den Vertragsunternehmen vereinbarte Obergrenze ohne vorherige Genehmigung des Ausstellers überschritten oder die Kreditkarte bestimmungswidrig dazu verwendet wird, sich von dem Kreditkartennehmer Bargeld auszahlen zu lassen; auch hier ist im ersten Fall jedoch Betrug gegenüber dem Kreditkartennehmer, im zweiten ein solcher gegenüber dem Kreditkartengeber möglich, wenn diesem durch falsche Belastungsbelege der Empfang von Waren oder Dienstleistungen vorgespiegelt wird (BGH **33** 247). – Maßgebend dafür, ob die Grenzen des *rechtlichen Dürfens im Innenverhältnis* überschritten sind, sind die Bedingungen des Scheck- bzw. Kreditkartenvertrags zwischen dem Aussteller und dem Karteninhaber. Ob das Innenverhältnis (i. S. des Zivilrechts das „Deckungsverhältnis") z. Z. der Tat rechtlich noch besteht bzw. ob es überhaupt wirksam entstanden ist, ist ohne Bedeutung, sofern der Täter nur die Rechtsmacht nach außen hat, den Aussteller zur Zahlung zu verpflichten (vgl. o. 8). Ein Verstoß gegen den Scheckkartenvertrag (vgl. die EC-Bedingungen Nr. 8.1, abgedr. in NJW 89, 2607) und damit idR auch ein Mißbrauch i. S. des § 266 b ist die Hingabe von Schecks, wenn das Guthaben bei der Bank dafür nicht ausreicht bzw. dem Kontoinhaber kein entsprechender Kredit eingeräumt ist. Was den maßgeblichen Zeitpunkt betrifft, so kann dabei nicht allein auf den der Scheckbegebung abgestellt werden, vielmehr liegt ein Mißbrauch auch vor, wenn bis zur Scheckvorlage mit dem Verlust der zunächst vorhandenen Deckung zu rechnen ist (vgl. auch Schlüchter aaO 113), während im umgekehrten Fall einer zunächst fehlenden, bis zur Vorlage aber zu erwartenden Deckung die Mißbrauchsfrage letztlich dahingestellt bleiben kann, weil hier jedenfalls ein Schaden zu verneinen ist. Bei Kreditkarten hängt es vom Inhalt des jeweiligen Kreditkartenvertrags ab, ab wann die Grenzen des rechtlichen Dürfens im Innenverhältnis überschritten sind. Typischerweise ist dies der Fall bei einer Verwendung der Karte, obwohl die Einkommens- und Vermögensverhältnisse des Inhabers einen Ausgleich im Zeitpunkt der Abrechnung nicht erwarten lassen (vgl. z. B. Lackner 4, Schlüchter aaO 114; vgl. auch Ranft JuS 88, 678).

10   3. Tatbestandsmäßig ist der Mißbrauch nur, wenn der Kartenaussteller dadurch **geschädigt** wird. Gemeint ist damit – ebenso wie in §§ 263, 266 – nur die Bewirkung eines Vermögensschadens (vgl. BT-Drs. 10/5058 S. 33; zum Vermögensschaden vgl. § 263 RN 78ff.). Jedenfalls beim Scheckkartenmißbrauch liegt darin eine zusätzliche Einschränkung, weil es hier trotz des Mißbrauchs (Begebung eines ungedeckten Schecks, vgl. o. 9) an einem Schaden fehlt, wenn der Karteninhaber anderweitig bereit und in der Lage ist, die Überziehung durch Erfüllung des der Bank gem. § 670 BGB zustehenden Anspruchs (einschließlich Zinsen) wieder auszugleichen (vgl. BT-Drs. 10/5058 S. 33, Granderath DB 86, Beil. Nr. 18, 10, Lackner 5, Otto wistra 86, 152; and. Bernsau aaO 113) oder – unabhängig davon – wenn die Bank vollwertige Sicherheiten (nach den Allgemeinen Geschäftsbedingungen auch in Form von sonstigen Guthaben usw.) in der Hand hat, auf die sie ohne weiteres zurückgreifen kann (vgl. entsprechend zum Schaden beim Kreditbetrug § 263 RN 162f.). Sind diese Voraussetzungen dagegen nicht erfüllt, so entfällt der Tatbestand ebensowenig wie sonst bei Bagatellschäden schon deshalb, weil es sich nur um eine geringfügige Grenzüberschreitung handelt (vgl. Abs. 2 entsprechend §§ 263 IV, 266 III, aber auch Lackner 5). Entsprechendes gilt beim Kreditkartenmißbrauch, wenn dem Täter ein bestimmtes Limit gesetzt ist, das er nicht überschreiten darf. Ist ihm dagegen nur ganz allgemein untersagt, keine Verpflichtungen einzugehen, wenn seine Einkommens- und Vermögensverhältnisse einen Kontoausgleich nicht gestatten, so sind die Mißbrauchs- und Schadensvoraussetzungen identisch (vgl. auch Otto wistra 86, 152f.). Dabei ist in allen diesen Fällen der Eintritt des Schadens nicht erst mit dem Ausbleiben der Ausgleichszahlung im Abrechnungszeitpunkt und auch nicht erst mit der Erfüllung des Garantieversprechens durch den Kartenaussteller (Bezahlung an den Kartennehmer) anzunehmen, sondern unter dem Gesichtspunkt der Vermögensgefährdung bereits mit dem Entstehen der konkreten Zahlungspflicht, weil der Aussteller hier, ohne Einreden aus dem Deckungsverhältnis zu haben, ohne weiteres zur Erfüllung gezwungen werden kann (vgl. auch § 263 RN 145; gegen eine Einbeziehung der Vermögensgefährdung in § 266b jedoch Bernsau aaO 115, D-Tröndle 7, Samson SK 6 u. i. E. Otto wistra 86, 152, Ranft JuS 88, 678, wobei aber nicht ersichtlich ist, weshalb sich eine solche Korrektur des allgemeinen Schadensbegriffs hier aus dem Sinn der Vorschrift ergeben soll). Geradezu zwingend ist dies auf der Grundlage von BGH 33 244: Wenn danach schon die durch Täuschung des Ausstellers bewirkte Aushändigung einer Kreditkarte eine Vermögensschädigung i. S. einer Vermögensgefährdung sein kann (S. 246; krit. dazu aber Labsch NJW 86, 105), so muß dies erst recht für die zur Entstehung der Zahlungspflicht führende Verwendung der Karte gelten.

11   **III. Der subjektive Tatbestand** verlangt wenigstens bedingten Vorsatz, der insbes. den Mißbrauch und den Vermögensschaden umfassen muß. Schon am Mißbrauchsvorsatz fehlt es, wenn der Täter fälschlich von einer vorhandenen Deckung ausgeht, während jedenfalls der Schädigungsvorsatz zu verneinen ist, wenn er irrig annimmt, aufgrund seiner Vermögens- und Einkommensverhältnisse zu einem Ausgleich der Kontoüberziehung ohne weiteres in der Lage zu sein (z. B. Erwartung einer demnächst eingehenden, tatsächlich aber ausbleibenden Zahlung; vgl. Bernsau aaO 117ff., D-Tröndle 8, Ranft JuS 88, 678). Nur vage Hoffnungen und Vermutungen, zu einer Deckung imstande zu sein, genügen für den Vorsatzausschluß dagegen noch nicht (Bernsau aaO; Otto wistra 86, 153, Schlüchter aaO 115, Wessels II/2 S. 176; zu § 266 vgl. auch BGH NJW 79, 1512 m. Anm. Otto S. 2414).

12   **IV. Vollendet** ist die Tat mit dem Eintritt des Schadens (vgl. o. 10). Nicht strafbar ist der **Versuch**. Soweit der Scheckkartenmißbrauch auch nach Einfügung des § 266b weiterhin zugleich als Betrug und § 266b lediglich als lex specialis angesehen wird (vgl. u. 14), kann der nach § 266b straflose Versuch auch nicht nach § 263 II bestraft werden (Lackner 8, M-Maiwald I 515).

13   **V. Täter** kann nur der berechtigte Karteninhaber sein (vgl. o. 7). Für die **Teilnahme** gelten die allgemeinen Grundsätze. § 28 I ist hier aus den gleichen Gründen wie bei § 266 (vgl. dort RN 52) nicht anwendbar (and. die h. M., z. B. Bernsau aaO 107, D-Tröndle 3, Lackner 2, M-Maiwald I 513, Schlüchter aaO 109, Weber NStZ 86, 484). Soweit bei kollusivem Zusammenwirken zwischen Karteninhaber und -nehmer eine Zahlungspflicht des Ausstellers nicht begründet wird (vgl. BGHZ **64** 79, **83** 28, NJW **82**, 1466, Bernsau aaO 224, Bülow JA 84, 345, Ranft JuS 88, 678), sind schon die Tatbestandsvoraussetzungen des § 266b nicht gegeben (vgl. o. 9), weshalb insoweit auch eine Teilnahme des Kartennehmers nicht möglich ist; in Betracht kommt hier jedoch ein gemeinschaftlich begangener Betrug gegenüber dem Aussteller durch eine (konkludente) Täuschung über das Vorliegen der Voraussetzungen, die eine Garantieverpflichtung begründen (BGH **33** 247, vgl. Bernsau aaO 229, Ranft aaO).

Urkundenfälschung **§ 267**

VI. Konkurrenzen. Da der Scheck- und Kreditkartenmißbrauch i. S. des § 266 b weder Betrug 14 noch Untreue ist (vgl. o. 1), können insoweit auch keine Konkurrenzfragen entstehen. Werden hier dagegen zugleich die Voraussetzungen der §§ 263 oder 266 bejaht – so die Rspr. für § 263 beim Scheckkartenmißbrauch (vgl. o. 1) –, so ist vom Vorrang (Spezialität) des § 266 b auszugehen (BGH NStZ 87, 120, wistra 87, 136, Hamm MDR 87, 514, KG JR 87, 257, Bernsau aaO 132, D-Tröndle 9, Küpper NStZ 88, 60, Lackner 8, Otto wistra 86, 153; ähnl. Weber NStZ 86, 484, JZ 87, 216 [Sperrwirkung des § 266 b gegenüber den §§ 263, 266]; and. Granderath DB 86, Beil. 18, 10 [Tateinheit]; zu den Konsequenzen beim Versuch vgl. u. 12). Tateinheit mit §§ 263, 266 ist dagegen möglich, wenn deren Voraussetzungen aus anderen Gründen vorliegen, so z. B. beim Begehen eines nicht gedeckten Euroschecks oberhalb der Garantiegrenze (Tateinheit mit Betrug gegenüber dem Schecknehmer bezüglich des nicht garantierten Betrags; vgl. auch Steinhilper NJW 85, 302) oder beim Kreditkartenmißbrauch, wenn dieser durch falsche Angaben auf dem Belastungsbeleg zugleich der Beschaffung von Bargeld dient (Tateinheit mit Betrug gegenüber dem Kartenaussteller bezüglich des Bargelds; and. Küpper NStZ 88, 61: § 266 b als mitbestrafte Vortat). Sofern bereits in der durch Täuschung über die Kreditwürdigkeit bewirkten Aushändigung einer Scheck- oder Kreditkarte ein vollendeter Betrug zu sehen ist (vgl. BGH 33 246, aber auch Labsch NJW 86, 105), stellt der spätere Scheck- bzw. Kreditkartenmißbrauch eine mitbestrafte Nachtat dar (Küpper aaO, Schlüchter aaO 117; and. D-Tröndle 9 [Tateinheit], Bernsau aaO 133 [Tatmehrheit]; vgl. auch den entsprechenden Fall des Abhebens der Einlage auf einem gestohlenen Sparbuch, wo die h. M. [vgl. Vogler LK 140 vor § 52 mwN] für den beim Abheben begangenen Betrug gleichfalls eine mitbestrafe Nachtat annimmt).

VII. Im Fall des **Abs.** 2 wird die Tat nur auf **Antrag** verfolgt, wobei es für die entsprechende 15 Anwendung des § 248 a hier auf die Geringwertigkeit des Vermögensschadens ankommt (vgl. dazu § 263 RN 192).

VIII. Vor dem Inkrafttreten des 2. WiKG (1. 8. 1986) begangene Taten sind nach der von der 16 Rspr. für den Scheckkartenmißbrauch bisher vertretenen Betrugslösung gem. § 2 III nunmehr nach § 266 b zu bestrafen (BGH NStZ 87, 120, wistra 87, 136, Hamm MDR 87, 514, KG JR 87, 257, Weber JZ 87, 216); nach der h. M. im Schrifttum (vgl. o. 1) bleiben sie dagegen wegen des Rückwirkungsverbots straflos.

Dreiundzwanzigster Abschnitt. Urkundenfälschung

§ 267 Urkundenfälschung

(1) Wer zur Täuschung im Rechtsverkehr eine unechte Urkunde herstellt, eine echte Urkunde verfälscht oder eine unechte oder verfälschte Urkunde gebraucht, wird mit Freiheitsstrafe bis zu fünf Jahren oder mit Geldstrafe bestraft.

(2) Der Versuch ist strafbar.

(3) **In besonders schweren Fällen ist die Strafe Freiheitsstrafe nicht unter einem Jahr.**

Übersicht

I. Rechtsgut	(1)	VIII. Gebrauchmachen von einer Urkunde	(73–78)
II. Urkundsbegriff	(2–19)	IX. Verhältnis von Verfälschen und Gebrauchmachen	(79–80)
III. Beweis- und Kennzeichen	(20–29)	X. Rechtswidrigkeit	(81)
IV. Besondere Formen der Urkunde	(30–44)	XI. Subjektiver Tatbestand	(82–93)
V. Verschiedene Handlungsmodalitäten	(45–47)	XII. Versuch und Vollendung	(94–96)
VI. Herstellen einer unechten Urkunde	(48–63)	XIII. Teilnahme	(97, 98)
VII. Verfälschen einer Urkunde	(64–72)	XIV. Einziehung	(99)
		XV. Konkurrenzen	(100)

Stichwortverzeichnis
Die Zahlen bedeuten die Randnoten

Abschrift, beglaubigte, einfache 39 f.
Absichtsurkunde 14 f.
Anonymität, offene, versteckte 18
Augenscheinsobjekt 4
Aussteller
– von Beweis- oder Kennzeichen 29
Identität des – 48 ff.

– von Urkunden 16 ff.
Vertretung des – 55 ff.
Beglaubigungsvermerk 40, 69
Beschädigen von Urkunden 70 ff.
Beweggrund des Täters 93
Beweisbestimmung 14

§ 267   Bes. Teil. Urkundenfälschung

Beweisbeziehung 36 a; 65 a
Beweiseignung 9 ff.
Beweiseinheit 36 a f., 65 a, 69
Beweisfunktion 2, 8 ff.
Beweiszeichen 20 ff.
Blankettfälschung 62

Deckname 50 f.
Deliktsurkunde 14
Dispositivurkunde 15
Durchschriften 39, 41

Entwurf als Urkunde 14, 37

Fälschen, s. Herstellen einer unechten Urkunde
Förmlichkeiten 53
Fotokopie 39, 42

Garantiefunktion 2, 16 ff.
Gebrauch fremden Namens, Erlaubnis zum – 60
Gebrauchmachen von Urkunden 73 ff.
   – durch Unterlassen 77
   Verhältnis des – zum Fälschen 79 ff.
Gedankenerklärung 25 f.
Geistigkeitstheorie 55
Genehmigung 60 a
Gesamturkunde 30 ff., 67, 71 a

Handzeichen 17
Herstellen einer unechten Urkunde 48 ff.
   Verhältnis des – zum Gebrauchmachen von Urkunden 79 ff.
Inhaltsveränderung von Urkunden s. Verfälschen
Irrtum 83

Kennzeichen 20 ff.
Konkurrenzen 100
Kontrollvermerk 69
Körperlichkeitstheorie 55

Meldezettel, polizeilicher 5
Mikrofilm 42

Namenstäuschung 51

Nichtige Urkunde 9

Öffentliche Urkunde 38, 47, 53

Perpetuierungsfunktion 2 ff.

Rechtsgut bei Urkundenfälschung 1
Rechtswidrigkeit 81

Schallplatte 6
Schreibhilfe 57
Schriftliche Lüge 54
Symbole, wortvertretende 7

Täterschaft 97 f.
Täuschung im Rechtsverkehr 84 ff.
Teilnahme 97 f.
Telegrammfälschung 61
Tonband 6

Übersetzung, beglaubigte 40
Urheber von Urkunden 16 ff.
Urkunde
   ausländische – 47
   inländische – 47
   nichtige – 9
   öffentliche – 38, 47, 53
   private – 47

Verfälschen 64 ff.
Versicherungskarten 94
Versuch 96
Vertretung bei Ausstellung einer Urkunde 55, 58 f.
Vollendung 95
Vorsatz 83

Wahlschein 17
Wahndelikt 83
Wahrheit der urkundlichen Erklärung 54
Warenzeichen 28

Zeichen mit fremdem Namen 56 ff.
Zeugnisurkunde 15
Zufallsurkunde 14 f.
Zusammengesetzte Urkunde 36 a, 65 a, 69

Schrifttum: *Brodmann,* Über den Begriff der Urkunde, GS 47, 401. – *Ebermayer,* Urkundenfälschung, Frank-FG II 418. – *Frank,* Zur Lehre vom Zeichnen in fremdem Namen, ZStW 32, 82. – *Geppert,* Zum Verhältnis der Urkundendelikte untereinander, insbesondere zur Abgrenzung von Urkundenfälschung und Urkundenunterdrückung (§§ 267 und 274 Nr. 1 StGB), Jura 88, 158. – *v. Gravenreuth,* Das Plagiat aus strafrechtlicher Sicht, 1986. – *Haefliger,* Der Begriff der Urkunde im schweizerischen Strafrecht, Schweizerische criminalistische Studien Heft 6. – *Jäger,* Die Gesamturkunde, 1929 (StrAbh. Heft 257). – *Kienapfel,* Urkunden im Strafrecht, 1967. – *ders.,* Urkunden und technische Aufzeichnungen, JZ 71, 163. – *ders.,* Absichtsurkunden und Zufallsurkunden, GA 70, 103. – *ders.,* Urkundenbegriff und Rechtserheblichkeit, ZStW 82, 311. – *ders.,* Neue Horizonte des Urkundenstrafrechts usw., Maurach-FS 431. – *ders.,* Urkunden und Beweiszeichen, Würtenberger-FS 187. – *ders.,* Urkunden und andere Gewährschaftsträger, 1979. – *ders.,* Das neue liechtensteinische Urkunden- und Beweiszeichenstrafrecht, Tröndle-FS 817. – *Kohlrausch,* Urkundenverbrechen, in: Handwörterbuch der Rechtswissenschaft Bd. VI (1929) 334. – *Lenckner,* Zum Begriff der Täuschungsabsicht in § 267 StGB, NJW 67, 1890. – *Lampe,* Die sog. Gesamturkunde und das Problem der Urkundenfälschung durch den Aussteller, GA 64, 321. – *P. Merkel,* Die Urkunden im deutschen Strafrecht, 1902. – *Miehe,* Zum Verhältnis des Fälschens zum Gebrauchmachen im Tatbestand der Urkundenfälschung, GA 67, 270. – *Oetker,* Zur Urkundenlehre im Strafrecht, 1911. – *Otto,* Die Probleme der Urkundenfälschung (§ 267 StGB) in der neueren Rechtsprechung und Lehre, JuS 87, 761. – *Puppe,* Urkundenfälschung, Jura 79, 630. – *dies.,* Erscheinungsformen der Urkunde, Jura 80, 18. – *dies.,*

Urkundenfälschung 1–4 § 267

Unzulässiges Handeln unter fremdem Namen als Urkundenfälschung, JR 81, 441. – *dies.*, Die neue Rechtsprechung zu den Fälschungsdelikten, JZ 86, 938. – *dies.*, Zur Abgrenzung von Urkunden- „Echtheit" und Urkundenwahrheit in Fällen von Namenstäuschung, Jura 86, 22. – *dies.*, Urkundenechtheit bei Handeln unter fremden Namen und Betrug in mittelbarer Täterschaft – BayObLG, NJW 88, 1401, JuS 89, 361. – *Rheineck*, Fälschungsbegriff und Geistigkeitstheorie, 1979. – *Samson*, Urkunde und Beweiszeichen, 1968. – *ders.*, Grundprobleme der Urkundenfälschung, JuS 70, 369. – *ders.*, Fälschung von Beweiszeichen, GA 69, 353. – *Sax*, Probleme des Urkundsstrafrechts, Peters-FS 137. – *Schilling*, Der strafrechtliche Schutz des Augenscheinsbeweises, 1965. – *Schönke*, Urkundenfälschung und Zeichnen in fremdem Namen, Kohlrausch-FS 253. – *ders.*, Die Umgestaltung der Urkundendelikte, DStR 43, 137. – *Schroeder*, Die Herbeiführung einer Unterschrift durch Täuschung oder Zwang, GA 74, 225. – *ders.*, Urkundenstraftaten an entwerteten Fahrkarten, JuS 91, 301. – *Schumann*, Die Fälschung nach dem neuen Wechsel- und Scheckrecht, 1935. – *Sieber*, Computerkriminalität und Strafrecht, 2. A., 1980. – *Wegscheider*, Strafrechtlicher Urkundenbegriff und Informationsverarbeitung (I, II), CR 89, 923, 996. – *Weismann*, Urkundenfälschung, VDB VII, 243. – *Zaczyk*, „Kopie" und „Original" bei der Urkunde, NJW 89, 2515. – *Zielinski*, Urkundenfälschung durch Computer, Kaufmann-GedS, 605.

I. Geschütztes Rechtsgut ist die **Sicherheit** und **Zuverlässigkeit des Rechtsverkehrs**, insb. des 1 Beweisverkehrs, der darauf angewiesen ist, stofflich verkörperte Erklärungen als Beweismittel zu benutzen, und sich dabei darauf verläßt, daß hinter ihnen ein bestimmter Aussteller als Garant steht und die Urkunde diesem gegenüber ein wirksames Beweismittel bildet (Arzt/Weber IV 129; enger Schilling aaO 141f.: Schutz der Institution der Urkunden; ähnl. Samson SK 5). Der Beweisverkehr ist nicht nur dann beeinträchtigt, wenn das unechte Beweismittel gegen einen anderen als den wahren Urheber Beweis zu erbringen scheint, sondern auch dann, wenn mit dem Falsifikat kein gültiger Beweis erbracht werden kann. Dies ist insb. von Bedeutung für Urkunden, in denen sich der Täter eines falschen Namens bedient; vgl. u. 49ff. Das Wesen der Urkundenfälschung besteht demnach im Mißbrauch der Form der Beurkundung im Rechtsverkehr (RG 23 250); dieser ist, weil das Vertrauen in die Institution der Urkunde als Beweismittel erschüttert wird, auch dann gefährdet, wenn feststeht, daß der Urkunde nur in einem beschränkten Personenkreis Beweiswert zukommt; so bei einer in Geheimschrift abgefaßten Urkunde oder bei gewissen Beweiszeichen. Im Gegensatz zur h. L. wird man aber davon ausgehen müssen, daß neben dem Rechtsverkehr auch der Einzelne geschützt ist, dessen Beweisposition durch die Urkundenfälschung beeinträchtigt wird, sei es, daß sein Name mißbraucht, sei es, daß ihm ein untaugliches Beweismittel in die Hand gegeben wird (and. Puppe Jura 79, 633). Dagegen wird das **Vermögen** § 267 **nicht geschützt** (BGH **2** 52, Welzel 402), ebensowenig das Vertrauen in die Wahrheit des urkundlichen Inhalts (vgl. Tröndle LK 4 vor § 267). Deshalb hängt die Echtheit oder Unechtheit einer Urkunde nicht vom Wahrheitsgehalt des Erklärten ab; vgl. u. 48, 54. De lege ferenda vgl. Schilling, Reform der Urkundenverbrechen (1971).

II. Urkunden i. S. des Strafrechts sind verkörperte Erklärungen, die ihrem gedanklichen 2 Inhalt nach geeignet und bestimmt sind, für ein Rechtsverhältnis Beweis zu erbringen und die ihren Aussteller erkennen lassen (so im wesentlichen die st. Rspr., vgl. BGH **3** 84, **4** 285, **13** 235, **16** 96; zur alten Rspr. Ebermayer aaO 421, Schilling aaO 82f.; weitgehend auch Kienapfel, Urkunden im Strafrecht 243). Danach muß eine Urkunde im wesentlichen drei Funktionen erfüllen: 1. sie muß eine Gedankenerklärung stofflich fixieren (**Perpetuierungsfunktion**; u. 3ff.), 2. sie muß zum Beweise bestimmt und geeignet sein (**Beweisfunktion**; u. 8ff.) und 3. den Aussteller als Garanten der Erklärung erkennen lassen (**Garantiefunktion**; u. 16ff.). Diese Aufgaben werden teilweise auch von den sog. Beweis- und Kennzeichen erfüllt; vgl. u. 20ff.

1. Vorausgesetzt wird zunächst eine mit einer **körperlichen Sache fest verbundene Gedan-** 3 **kenerklärung.**

a) Durch ihren gedanklichen Inhalt unterscheidet sich die Urkunde vom **Augenscheins-** 4 **objekt** (RG **17** 106, 283, **53** 141, **55** 98). Dieses dient durch seine Lage, Beschaffenheit oder Eigenschaft zum Beweis einer Tatsache: z. B. Fußspuren, Fingerabdrücke, Blutflecken. Die Urkunde wirkt dagegen dadurch, daß sich aus ihr menschliche Gedanken, mögen sie Willensäußerungen, Zeugnisse oder Gutachten sein, erkennen lassen. Erst unter dieser Voraussetzung wirkt ein Gegenstand nicht bloß als Augenscheinsobjekt auf die sinnliche Wahrnehmung, sondern vermöge seines geistigen Inhalts auf das Verständnis; vgl. dazu BGH **17** 297 (Rechtschreibübungen eines Schülers als gedankliche Erklärung), Schilling aaO 83ff. Fraglich ist, ob die durch **EDV** hergestellten Schriftstücke (z. B. Bankauszüge, Steuerbescheide) als menschliche Gedankenerklärung anzusehen sind. Dies ist dann anzunehmen, wenn die zu verarbeitenden Daten auf menschliches Handeln zurückgehen, weil auch die Datenverarbeitung von Menschen programmiert und daher das Ergebnis der EDV insgesamt einem Aussteller zuzurechnen ist (Sieber aaO 274ff., Zielinski aaO 605, 610). Nimmt dagegen die EDV in der Inputphase selbständig irgendwelche Daten (z. B. seismographische Fakten) auf, so haben die Ergebnisse nach der EDV-Verarbeitung auch keine Urkundenqualität. Deswegen sind mechanische Aufzeichnungen, sofern sie nicht menschliche Erklärungen zum Ausdruck bringen (wie z. B. gedruckte, maschinenschriftliche oder gestempelte Urkunden), sondern nur über äußere Vorgänge berichten, keine Urkunden wie eine Gasuhr (RG DR **42**, 1150). Vgl. dazu aber u. 26f. und die Erl. zu § 268. Auch bloße Wertzeichen (z. B. Rabattmarken) sind nach der Rspr. keine Urkunden (Bay JR **80**, 122 m. Anm. Kienapfel).

5   Die Erklärung muß einen Inhalt haben, der über die bloße Aufzählung der Identitätsmerkmale ihres Ausstellers hinausgeht (Visitenkarte), da es sonst an einem selbständigen Merkmal der aus „Brief und Siegel" zusammengesetzten Urkunde fehlt. Der polizeiliche Meldezettel ist daher keine Urkunde (and. RG **74** 292; vgl. auch Koppenhöfer NJW 56, 1345); falsche Angaben in Meldezetteln können nur nach den Meldeordnungen geahndet werden.

6   b) Die Erklärung muß mit einer **körperlichen Sache fest verbunden** sein; hierdurch unterscheidet sich die Urkunde von der mündlichen Gedankenäußerung. Erforderlich ist eine stoffliche Fixierung von gewisser Dauerhaftigkeit. Deshalb sind abgebrochene Zweige, aufeinandergelegte Bierdeckel, Schriftzeichen im Schnee, die lose Verbindung eines Oberhemdes mit der es umgebenden Klarsichthülle usw. keine Urkunden (Köln NJW **79**, 729 m. Anm. Kienapfel, **83**, 769, Samson SK 21, Blei II 310). Tonbändern, Schallplatten usw. fehlt die Urkundeneigenschaft; zwar können auch mit diesen technischen Hilfsmitteln Erklärungen fixiert werden, doch ist dem Begriff der Urkunde das optisch-visuelle Verständnis ihres Inhalts wesentlich (Gerstenberg NJW 59, 540, Eb. Schmidt JZ 56, 207, Jellinek-GedS 631; Wessels II/1 166; and. Kohlhaas DRiZ 55, 82, NJW 57, 83). Für den hier vertretenen Standpunkt spricht auch der praktische Gesichtspunkt, daß beim Tonband die Identitätsfeststellung nicht mit der gleichen Zuverlässigkeit möglich ist wie bei der schriftlichen Fixierung. Tonbänder etc. können aber technische Aufzeichnungen i. S. des § 268 sein, vgl. dort RN 17.

7   c) **Teilweise** wird verlangt, daß der gedankliche Inhalt einer Urkunde sich vollständig aus dieser selbst ergeben müsse, daß als Urkunden demnach grundsätzlich **nur Schriftstücke** in Betracht kommen könnten (so M-Maiwald II/2 137f., Welzel 403). An dieser Ansicht ist zunächst richtig, daß sich mittels der Urkunde selbst die Existenz einer Erklärung beweisen lassen muß. Aber ebenso wie der Urheber einer Erklärung sich Abkürzungen (z. B. stenographischer Kürzel und anderer aus sich selbst heraus nicht ohne weiteres verständlicher Erklärungsmittel, z. B. einer nur von wenigen Eingeweihten verständlichen Geheimschrift) bedienen kann (h. M., M-Maiwald II/2 139; and. Samson JuS 70, 372), können auch solche Zeichen Urkundeneigenschaft begründen, die „nicht selbst sprechen", aber mittels besonderer Auslegungsbehelfe eine Gedankenäußerung ihres Urhebers vermitteln. Ob eine Geheimschrift vereinbart oder durch Vereinbarung bestimmten Zeichen (z. B. Waldhammerschlag) ein bestimmter Erklärungswert (z. B. Eigentumsübertragung) beigemessen wird, kann keinen Unterschied machen. In beiden Fällen fehlt es zwar an der Gemeinverständlichkeit des Erklärten; dieses Merkmal ist aber für den Urkundsbegriff nicht wesentlich (vgl. u. 10). Entscheidend ist allein, daß den genannten Zeichen wortvertretende Eigenschaft zukommt. Daher ist nicht erforderlich, daß die Erklärung in Schriftzeichen verkörpert ist (D-Tröndle 3; Tröndle LK 1; Blei II 307f.; and. M-Maiwald II/2 137, Samson SK 23, Welzel 403); vgl. auch Schilling aaO 82f., Kienapfel ZStW 82, 361 ff.

8   2. Erforderlich ist weiter, daß die verkörperte Erklärung **geeignet** und **bestimmt** ist, für ein **Rechtsverhältnis Beweis** zu erbringen (vgl. BGH GA **70**, 193); krit. hierzu Kienapfel ZStW 82, 345, Samson SK 29ff.

9   a) Die **Beweiseignung** ist im Gegensatz zur Beweisbestimmung (u. 14) nach objektiven Kriterien zu beurteilen (M-Maiwald II/2 141; Wessels II/1 166); über sie entscheidet nicht einseitig der Wille des Urhebers der Urkunde oder desjenigen, der an ihr ein Beweisinteresse hat, sondern Gesetz, Herkommen oder Vereinbarung der Beteiligten. An der Beweiseignung (**nichtige Urkunden:** BGH GA **71**, 180) kann es z. B. fehlen, wenn infolge Verletzung wesentlicher Formvorschriften die Unwirksamkeit der Erklärung für den Rechtsverkehr auf der Hand liegt (BGH GA **71**, 180, Tröndle LK 1; vgl. auch u. 67, Kienapfel, Urkunden im Strafrecht 284, Maurach-FS 447). Bei Konversion einer fehlerhaften Erklärung bleibt die Beweiseignung aber bestehen; so kann ein ungültiger Wechsel als Schuldurkunde oder schriftliche Anweisung beweisfähig sein (weitergehend Tröndle LK 64). Dies gilt auch dann, wenn eine Erklärung wegen Formmangels nichtig, aber heilbar ist (z. B. nach § 313 BGB). Die Beweiseignung kann durch tatsächliche Übung (Herkommen) entstehen, so wenn es in einer Landgemeinde üblich geworden ist, daß der Bürgermeister Versteigerungen in seinem Schreibheft beurkundet (RG DR **44**, 284). Durch Vereinbarung der Beteiligten kann Beweis- und Kennzeichen Beweiseignung zuerkannt werden; vgl. u. 20ff. Im einzelnen gilt folgendes:

10   α) Zur Beweiseignung gehören zunächst gewisse tatsächliche Erfordernisse. Da eine Urkunde die Aufgabe hat, durch ihren gedanklichen Inhalt Beweis zu erbringen, muß sie allgemein oder doch für die Beteiligten verständlich sein. Als Auslegungsbehelfe können Rechtsvorschriften (z. B. über die Bedeutung der Unterschrift auf einem Wechsel), Verkehrssitte (vgl. RG **62** 262) oder eine Vereinbarung der Beteiligten (RG **64** 49, JW **39**, 624, Tröndle LK 61) herangezo-

β) Zum Beweis geeignet ist eine Urkunde bereits dann, wenn sie auf die Bildung der Über- 11
zeugung mitbestimmend einwirken kann; es ist nicht erforderlich, daß sie allein vollen Beweis
erbringt. Zum Beweis ist auch die Glaubhaftmachung zu rechnen (RG HRR 33 Nr. 82), ebenso
der Gegenbeweis, durch den die nicht beweispflichtige Partei den Hauptbeweis erschüttern
will. Beweiserheblich ist eine Urkunde auch dann, wen sie nur einzelne in Betracht kommende
Tatsachen eines Rechtsverhältnisses beweisen kann, z. B. den Rücktritt vom Vertrag, nicht aber
dessen Abschluß (RG 1 293), den Umfang der geleisteten Arbeit, nicht aber den vereinbarten
Lohn (RG 11 183). Schließlich ist die Beweiseignung unabhängig von der ursprünglichen
Beweisbestimmung; es ist also nicht erforderlich, daß die Urkunde zum Beweis desjenigen
Rechtsverhältnisses herangezogen wird, für das sie ursprünglich bestimmt war (RG **19** 113, **32**
56, **40** 78).

γ) Die Erklärung muß geeignet sein, für ein **Rechtsverhältnis** Beweis zu erbringen. Dies ist 12
nicht nur der Fall, wenn die Urkunde über rechtserhebliche Tatsachen berichtet; auch Gutachten,
Werturteile oder Prognosen (z. B. über den künftigen Verlauf einer Krankheit) können
beweiserheblich und damit Urkundsinhalt sein. Rechtserheblich ist die Erklärung, wenn sie
allein oder in Verbindung mit anderen Beweismitteln für die Entstehung, Erhaltung, Veränderung
oder das Erlöschen eines Rechts oder Rechtsverhältnisses öffentlicher oder privater Natur
von Bedeutung ist (RG **7** 47). Rechtserheblich ist z. B. eine Strafanzeige ohne Rücksicht auf die
Wahrheit oder Unwahrheit des Inhalts, da sie für die Strafverfolgungsbehörde die Pflicht zur
Untersuchung begründet und so „für die Begründung eines öffentlich-rechtlichen Verhältnisses
von Bedeutung ist" (RG **53** 268), ebenso eine Prüfungsarbeit. Die Urkunde muß für ein gegenwärtiges
Rechtsverhältnis beweisgeeignet sein; es genügt nicht, wenn sie in früheren Zeiten
(historische Dokumente) diese Eigenschaft einmal besaß (vgl. RG **76** 28, BGH **4** 285). Deswegen
ist eine vom Poststück losgelöste abgestempelte Briefmarke keine Urkunde (RG LZ **21** Sp.
659). Krit. zur Rechtserheblichkeit Kienapfel ZStW 82, 344. Zur Eintragung in das Fremdenbuch
eines Hotels vgl. BGH MDR/D **73**, 556.

Das Reichsgericht hat seit RG **17** 107 in st. Rspr. darauf abgestellt, daß eine Urkunde darauf 13
gerichtet sein müsse, eine außerhalb ihrer selbst liegende Tatsache zu beweisen, d. h. „durch die in ihr
liegende Gedankenäußerung das Vorhandensein oder Nichtvorhandensein einer Tatsache festzustellen,
die nicht lediglich in der Gedankenäußerung selbst besteht" (RG **17** 107); vgl. auch RG **17** 283, **19**
62, **30** 329, **36** 317, **40** 78. Dieses Kriterium war von der Rspr. zunächst zur Abgrenzung der Urkunde
vom Augenscheinsobjekt gedacht, es ist aber deswegen unbrauchbar, weil es zahlreiche (Dispositiv-)
Urkunden gibt, die außer der in ihnen verkörperten Gedankenäußerung nichts beweisen und weil
andererseits auch Augenscheinsobjekte für außerhalb ihrer selbst liegende Tatsachen Beweis erbringen
können (so der Seismograph für ein Erdbeben); wie hier Frank II; and. Ebermayer aaO 420,
Schilling aaO 83 ff.

b) Die Urkunde muß dazu **bestimmt** sein, für ein Rechtsverhältnis **Beweis zu erbringen** 14
(RG **64** 49, **67** 91, 233, 433, Samson SK 31, Tröndle LK 48, M-Maiwald II/2 141; and. z. T. die
ältere Rspr., vgl. die Übersicht bei Tröndle aaO, sowie Kienapfel GA 70, 206, Bockelmann II/3
94, die jeder verkörperten Äußerung Urkundsqualität beimessen). Die Beweisbestimmung
wird regelmäßig darin liegen, daß die Urkunde vom Aussteller zu dem Zweck hergestellt wird,
einem anderen den Beweis zu ermöglichen (sog. **Absichtsurkunde**); ein zweckgerichtetes Handeln
braucht jedoch nicht vorzuliegen, es genügt, daß der Aussteller weiß, ein anderer werde
mit der Urkunde Beweis erbringen. Deshalb ist ein beleidigender Brief eine Urkunde, auch
wenn es dem Schreiber weniger auf die Schaffung eines Beweismittels als auf die Mitteilung der
beleidigenden Äußerung ankommt; § 267 liegt daher vor, wenn unter falschem Namen ein
Schriftstück deliktischen Inhalts in dem Bewußtsein hergestellt wird, der Empfänger werde an
die Mitteilung eine rechtliche Reaktion knüpfen (zur sog. Deliktsurkunde vgl. Tröndle LK 52).
Die Beweisbestimmung kann aber auch durch einen anderen als den Aussteller getroffen werden;
dies ist regelmäßig bei den sog. **Zufallsurkunden** der Fall. Voraussetzung ist aber, daß der
Dritte die rechtliche Möglichkeit hat, mit der Urkunde Beweis zu erbringen; es gelten hier die
bei § 274 RN 5 aufgeführten Grundsätze. Eine private Notiz wird deshalb nicht schon dadurch
zur Urkunde, daß ein Dritter sich aus Beweis auf sie beruft (BGH **3** 85), wohl aber dadurch,
daß er sie bei Gericht einreicht. Die nur tatsächliche Möglichkeit, von dem Schriftstück Gebrauch
zu machen, genügt zur Beweisbestimmung noch nicht. Die Beweisbestimmung ist an
keine Form gebunden (vgl. Binding Lb. 2, 188 ff.). Keine Urkunde ist der Entwurf (RG **57** 311,
Bremen NJW **62**, 1455). Auch eine schon unterschriebene Erklärung kann ein Entwurf sein,
sofern sie noch zur ausschließlichen Verfügung des Ausstellers steht (vgl. RG **64** 137). Andererseits
kann eine noch nicht unterschriebene Erklärung bereits eine Urkunde darstellen (RG **61**
161), da die Unterschrift nicht notwendiger Bestandteil einer Urkunde ist; vgl. u. 16 ff.

15 Die traditionelle Einteilung der Urkunden in **Absichts-** und **Zufallsurkunden** hat im Rahmen des § 267 keinerlei Bedeutung (M-Maiwald II/2 142, Puppe Jura 79, 633, Samson SK 32, JuS 70, 373, Tröndle LK 50, Wessels II/1 166). Zu den Absichtsurkunden werden die **Dispositiv-** und **Zeugnisurkunden** gerechnet; zu jenen gehören rechtsgeschäftliche Erklärungen zur Begründung, Änderung oder Aufhebung von Rechtsverhältnissen, sei es mit konstitutiver oder deklaratorischer Wirkung (Annahme eines Vertragsangebots, Kündigung, Quittung, Testament), während die Zeugnisurkunden über rechtserhebliche Tatsachen berichten (Protokoll über eine Gesellschafterversammlung, Eintragung im Register usw.). Die Zufallsurkunden unterscheiden sich von den Absichtsurkunden dadurch, daß bei ihnen die Beweisbestimmung erst nachträglich erfolgt. Dies ist z. B. der Fall, wenn Briefe für Zwecke eines Strafverfahrens beschlagnahmt werden, bei deren Abfassung an einen Beweiszweck nicht gedacht war.

16 3. Die Erklärung muß den **Aussteller** als den **Urheber** der Erklärung bezeichnen oder erkennbar machen, weil die Urkunde ihren Beweiswert erst dadurch erhält, daß ihr Urheber hinter der beurkundeten Erklärung steht und für diese eintritt (RG **61** 161, Tröndle LK 26 ff., M-Maiwald II/2 142 f., Wessels II/1 167). Aussteller ist der, von dem eine Urkunde herrührt; dabei ist nicht entscheidend, wer die Urkunde körperlich hergestellt hat, sondern wer als geistiger Urheber für die Erklärung einsteht (vgl. u. 48 ff., 55 ff.). Nicht der Schreiber, sondern der „Erklärer" (so Kohlrausch-Lange III 3) muß aus der Urkunde erkennbar sein.

17 a) Die Urkunde muß nicht eigenhändig unterschrieben oder mit einem Handzeichen versehen sein, sofern nicht unter dem Gesichtspunkt der Beweiseignung (o. 9 ff.) zu deren Wirksamkeit eigenhändige Unterschrift gesetzlich vorgeschrieben ist (z. B. Testament). Es muß vielmehr genügen, daß die Individualisierung des Ausstellers nach Gesetz, Herkommen oder Parteivereinbarung, sei es zunächst auch nur für die unmittelbar Beteiligten (RG **40** 218), aus der Urkunde möglich ist (RG **61** 161; vgl. auch BGH GA **63**, 16, BGH **13** 385). Deshalb reicht ein Faksimile oder der Quittungsdruck einer Registrierkasse auf der Firmenrechnung (RG **55** 107) als Urhebervermerk aus; vgl. Tröndle LK 32 f. Keine Urkunde liegt dagegen vor, wenn nur unter Zuhilfenahme völlig außerhalb des Schriftstücks liegender Umstände die Person des Ausstellers ermittelt werden kann (RG **64** 98) oder wenn sich diese allein aus dem Charakter der Schriftzüge ergibt (Kienapfel, Urkunden im Strafrecht 268). Es genügt auch nicht, wenn der Aussteller nur der Gattung nach, nicht aber als bestimmte Persönlichkeit erkennbar ist (RG **76** 207); deshalb ist z. B. ein Wahlschein keine Urkunde, weil sich auch in Verbindung mit der Wählerliste kein bestimmter Aussteller erkennen läßt (vgl. BGH **12** 108 [wo aber fälschlich hinsichtlich aller Wahlscheine eine Gesamturkunde angenommen wird], Bruns NJW 54, 456, Tröndle LK 45; and. Stuttgart NJW **54**, 486). Dagegen kann eine Urkunde mehrere Aussteller haben, die eine inhaltlich übereinstimmende Erklärung abgeben; praktisch bedeutsam ist dies bei Verträgen. Auch wenn ein Schriftstück nur mit „i. A." und einem darunterstehenden falschen Namen unterzeichnet wird, liegt keine Urkunde vor (and. jedoch Hamm NJW **73**, 634 m. Anm. Puppe NJW 73, 1870 u. Blei JA 73, 399); enthält jedoch ein so unterzeichnetes Schriftstück einen Hinweis auf einen Aussteller, wird z. B. auf Firmen- oder Behördenpapier mit Briefkopf mit dem Zusatz i. A. unterzeichnet, so liegt eine Urkunde vor.

18 b) An einer Urheberangabe fehlt es in den Fällen **offener Anonymität**. Dies nicht nur dann, wenn jeder Hinweis auf den Aussteller fehlt, sondern auch dann, wenn Decknamen oder historische Namen, die als solche ohne weiteres erkennbar sind (ein Literaturkritiker unterzeichnet mit J. W. von Goethe), verwendet werden oder das Schriftstück mit einem unleserlichen Kritzel unterzeichnet wird, der jede Feststellung eines Urhebers vereiteln soll. Entscheidend ist aber, daß die Anonymität ohne weiteres erkennbar ist. Weist die Unterzeichnung ungeachtet ihrer Unleserlichkeit auf eine Person als Aussteller hin, so liegt eine (unechte) Urkunde vor (RG **41** 425, 1892, BGH NJW **53**, 1358). Von **versteckter Anonymität** spricht man, wenn der Aussteller durch die Verwendung eines Allerweltsnamens (Müller, Schulze) ersichtlich nicht erkennbar sein will, so z. B. bei einer mit Schulze unterzeichneten Strafanzeige, bei der jeder weitere Hinweis auf den Aussteller fehlt. Versteckte Anonymität liegt also vor, wenn die Urkunde ebenso gut gar nicht unterzeichnet sein könnte. Es ist also nicht so, daß der Gebrauch eines häufig vorkommenden Namens die Urkundeneigenschaft ausschließen würde (BGH **5** 151), da sonst die wirklichen Namensträger durch den bloßen Gebrauch ihrer Nachnamen keine wirksamen Urkunden herstellen könnten (RG **46** 300); vielmehr muß der Gebrauch des Allerweltsnamens erkennen lassen, daß in Wahrheit niemand dieses Namens sich an der Erklärung festhalten lassen will; vgl. Tröndle LK 42.

19 c) Beispielsweise sind Holzplättchen ohne jede Kennzeichnung, die als Spielmarken verwendet werden, auch deswegen keine Urkunden, weil sie auf keinen bestimmten Aussteller hinweisen (RG **55** 98); das gleiche gilt für die abgetrennten Abschnitte einer Lebensmittelkarte (Schleswig SchlHA **49**, 295) oder sonstigen Bezugskarte (BGH **13** 235). Urkundseigenschaft ist dagegen bejaht worden bei Preisauszeichnungen auf Waren (RG **53** 329; Köln NJW **73**, 1807), bei Paketanschriften (RG **55** 269) und Kontrollstreifen einer Registerkasse (RG 55 107), bei der nicht unterschriebenen Inventurliste einer AG (BGH 13 384).

III. Ob den **Beweis-** und weitergehend auch den **Kennzeichen** Urkundeneigenschaft zukommt, ist bestritten. Während im Schrifttum seit Binding Lb. 2, 175 ff. die Ansicht an Boden gewinnt, als Urkunde komme nur ein Schriftstück in Betracht (Kohlrausch-Lange III 4, M-Maiwald II/2 137 f., P. Merkel aaO 223 ff. mwN, Schilling aaO 85 ff., Welzel 403), hat die Rspr. seit jeher die sog. Beweiszeichen dem Schutz der §§ 267 ff. unterstellt, während sie die sog. Kennzeichen (oder Identitätszeichen) aus dem Bereich der Fälschungsdelikte ausschied (so das RG in st. Rspr. [vgl. Nachw. 19. A. RN 20], BGH 2 370, 5 151, 9 235, 16 94, 18 66, NJW 53, 1840). 20

1. Im **Schrifttum** wird teilweise auf die historische Entwicklung des Urkundsbegriffs abgehoben und darauf hingewiesen, daß vor Einführung des StGB unter Urkunden nur Schriftstücke verstanden wurden (so z. B. § 247 Pr. StGB von 1851) und daß § 267 an diese Entwicklung angeknüpft habe (vgl. Binding Lb. 2, 179 ff., P. Merkel aaO 106 ff.). Die darauf gestützten Meinungen übersehen jedoch, daß der Urkundsbegriff wie jeder historisch gewachsene Begriff einer die soziologischen Gegebenheiten berücksichtigenden Wandlung unterliegt und daß er durch eine jahrzehntelange Rspr. in seinem historischen Verständnis längst erschüttert ist. Im modernen Rechtsleben, das auf Schnelligkeit und Reibungslosigkeit angelegt ist, ist der Verkehr darauf angewiesen, nicht nur dem geschriebenen Wort, sondern auch dem wortvertretenden Symbol Glauben zu schenken; wo dieses durch Herkommen oder Vereinbarung zur Vertrauensgrundlage des Rechtsverkehrs gemacht wird, muß der Schutz der Fälschungsdelikte eingreifen (vgl. u. 25 ff.). Dieser Entwicklung hat z. B. die schweiz. Gesetzgebung Rechnung getragen, die in Art. 110 Schweiz. StGB die Beweiszeichen der Urkunden gleichstellt; in § 304 E 62 ist eine entsprechende Regelung vorgesehen. Dem kann auch nicht mit dem Hinweis begegnet werden, daß der strafrechtliche dem im Zivil- und Strafprozeß geltenden Urkundsbegriff entsprechen müsse (vgl. §§ 415 ff. ZPO), dessen entscheidendes Kriterium die Verlesbarkeit sei, die nur Schriftstücken zukomme (so Binding Lb. 2, 193 ff., M-Maiwald II/2 139). Auch Beweis- und Kennzeichen sind im Prozeß als Beweismittel anerkannt; es würde überdies eine empfindliche Lücke im Strafschutz darstellen, wenn einerseits die Falschaussage und Fälschung von schriftlichen Urkunden strafbar, andererseits die Fälschung gewisser Beweiszeichen straflos wäre. Daß die Fälschung von Augenscheinsobjekten als solche straflos ist, besagt nichts, da es gilt, den Schutzbereich der Urkundentatbestände den modernen Erfordernissen anzupassen. Dies muß um so mehr gelten, nachdem durch die Einfügung des § 268 mit den sog. technischen Aufzeichnungen sogar eine Gruppe qualifizierter Augenscheinsobjekte denselben strafrechtlichen Schutz wie Urkunden erlangt hat. 21

2. a) Der **Rspr.** ist zu Recht vorgeworfen worden, daß die **Abgrenzung** zwischen den sog. Beweis- und Kennzeichen praktisch **undurchführbar ist** (Jescheck GA 55, 105, M-Maiwald II/2 140). Unter Beweiszeichen versteht die Rspr. solche mit einem Gegenstand fest verbundenen Zeichen, die geeignet und bestimmt sind, wenn auch nur mit Hilfe anderer Beweismittel oder Auslegungsbehelfe, über ihr Dasein hinaus eine Gedankenäußerung ihres Urhebers zu vermitteln und für bestimmte rechtliche Beziehungen Beweis zu erbringen (RG 34 439, 76 206, BGH 2 370, 9 237); demgegenüber soll die in einem Kennzeichen liegende Gedankenäußerung sich nicht auf eine für einen Rechtsvorgang beweiserhebliche Tatsache beziehen, sondern lediglich dazu dienen, die bezeichnete Sache von anderen zu unterscheiden (RG 34 439, 36 15, 55 98, BGH 2 370). Darin ist aber kein echter Gegensatz zu sehen. Auch die Individualisierung eines bestimmten Gegenstandes kann Beweisfunktionen haben; so kann die Herkunft einer Sache (Künstlerzeichen auf einem Bild) die Eigentums- und Besitzverhältnisse an ihr dokumentieren und damit sogar geeignet sein, eine „außerhalb ihrer selbst liegende rechtserhebliche Tatsache" zu beweisen (zu diesem Merkmal vgl. o. 12 f.). Die Rspr. hat die Unterscheidung zwischen Beweis- und Kennzeichen auch keineswegs konsequent durchgeführt. So soll das Firmenzeichen „Faber Castell" auf Kopierstiften bloßes Kennzeichen sein (BGH 2 370), während dem Korkbrand in Verbindung mit der gefüllten Originalflasche (RG 76 186) oder dem Künstlerzeichen auf einem Bild (vgl. u. 23) Beweiszeicheneigenschaft zukommen soll, obwohl jeweils die Herkunft des betreffenden Gegenstandes bezeichnet wird, ein qualitativer Unterschied in der Kennzeichnung also nicht zu erblicken ist. Hinzu kommt, daß sich rein äußerlich Beweis- und Kennzeichen nicht unterscheiden. So soll dasselbe Zeichen je nach Eignung und Bestimmung bald Beweiszeichen (z. B. Waldhammerschlag als Zeichen der Eigentumsübertragung), bald Kennzeichen (Waldhammerschlag als Eigentumszeichen) sein (RG 25 244, 39 147, BGH MDR/D 58, 140). Nach alledem ist die Unterscheidung zwischen Beweis- und Kennzeichen schon im Ausgangspunkt verfehlt (vgl. auch Kienapfel Würtenberger-FS 187 ff., 215, der allerdings Beweiszeichen schlechthin keine Urkundeneigenschaft zuerkennt); nicht sie, die jedenfalls praktisch undurchführbar ist, sondern die **Funktion** der Zeichen im Beweisverkehr ist maßgeblich. (Die Kritik von Tröndle LK 70 a. E. geht in Anbetracht des u. 25 Gesagten fehl.) 22

b) Als **Beweiszeichen** werden von der Rspr. angesehen: Amtssiegel zum Verschluß einer Weinprobe (RG 41 315), Plombenverschlüsse (RG 50 191; and. RG 64 48, JW 34, 1053 m. Anm. Merkel; vgl. auch RG 75 306), Zifferblätter einer Kontrolluhr (RG 34 435), Typenschild, Motor- und Fahrgestellnummer eines Kfz (RG 58 17, BGH 9 235 [238], 16 94, LM **Nr. 5** Vorbem. zu § 73, VRS 5 135, 23

NJW **63**, 213, RKG **1** 212 [Rahmengestellnummer eines Fahrrads]), Kennzeichen eines Kfz (Bay DAR/R **81**, 246), Prüfplakette des TÜV (Bay MDR **66**, 168), Einwickelpapier einer holländischen Butterfirma (Düsseldorf JMBlNRW **51**, 208), Künstlerzeichen auf dem Bild (RG **34** 53, **56** 357, **76** 28 m. Anm. Bruns ZAkDR 42, 190, Frankfurt NJW **70**, 673; vgl. Würtenberger, Der Kampf gegen das Kunstfälschertum [1951] 109), Kontrollnummer auf einer Aspirinpackung (RG HRR **29**, 1973), Striche auf dem Bierfilz (RG DStZ **16**, 77), Ohrenmarken an einem Tier (RG HRR **35**, 1635), der Poststempel (RG **30** 381, **62** 12), Eichstempel (RG **23** 280, **56** 356), Abnahmestempel der Bahnverwaltung auf Schienen (RG **17** 352), Klebezettel auf Expreßgut (RG **76** 385), Gewichtsangabe auf Frachtbrief (BGH NJW **53**, 1840), Fleischbeschaustempel (RG **29** 68, **74** 30), Beitragsmarken einer Rentenkasse (RG **48** 279). Vgl. auch Kienapfel, Urkunden im Strafrecht 139.

24 Als **Kennzeichen** werden angesehen: Firmenname auf Heringstonne (RG **17** 282), Dienststempel auf Dienstgegenständen (RG GA Bd. **77**, 202), Namenszeichen auf Tieren (RG **36** 15), Spielmarken (RG **55** 98), Fabriknummer auf Erzeugnissen (RG GA Bd. **59**, 352).

25 3. Unter welchen Voraussetzungen wortvertretenden Symbolen (**Beweis- und Kennzeichen**) Urkundeneigenschaft zukommt, kann nur von der **Funktion** der Urkunde als Beweismittel her beurteilt werden (vgl. o. 2ff.). Demnach muß auch das Beweis- oder Kennzeichen, wenn auch in „abgekürzter Form" eine Gedankenäußerung enthalten, sie muß zum Beweis geeignet und bestimmt sein und den Aussteller erkennen lassen. Das Wesen solcher beweiserheblicher Zeichen liegt darin, daß der Inhalt der Erklärung oder die Angabe ihres Urhebers nicht vollständig, sondern nur mittels besonderer Auslegungsbehelfe, die auf Gesetz, Herkommen oder Vereinbarung beruhen können, aus der Urkunde zu entnehmen ist; vgl. o. 7.

26 a) Es muß in den Zeichen eine **menschliche Gedankenerklärung** verkörpert sein (vgl. o. 6). Die Urkunde zeichnet sich dadurch aus, daß ihre Gedankenerklärung vom Aussteller mit gleichem Beweiswert auch mündlich müßte abgegeben werden können; sie vertritt den Aussteller als eine Art „schriftlicher Bote". Darin liegt der Hauptunterschied zur technischen Aufzeichnung des § 268, die weder einen Aussteller besitzt noch eine Gedankenerklärung enthält (vgl. § 268 RN 4f.) und deshalb auch dann nicht zugleich Urkunde ist, wenn der maschinelle Aufzeichnungsvorgang von einem Menschen in Gang gesetzt oder gesteuert wurde (über Ausnahmen vgl. § 268 RN 16ff.).

26a **Keine Urkunden** (u. U. aber technische Aufzeichnungen i. S. des § 268) sind daher die Diagrammscheibe des Tachographen (Stuttgart NJW **59**, 1379, Hamm NJW **59**, 1380), Zeitstriche auf einer Kontrolluhr (and. RG **34** 439), Schußzähler am Webstuhl (RG **40** 261), der Geschoßeinschlag auf der Zielscheibe (RG **42** 97). Ebensowenig kann Verschlußplomben an Meßgeräten (so richtig RG **64** 48; and. für elektrische Zähler RG **50** 191) und sonstigen zur Sicherung von Behältnissen angebrachten Siegeln (and. RG **67** 233; zum Pfandsiegel vgl. jedoch u. 27) Urkundseigenschaft zuerkannt werden, da hier keine Gedankenerklärung abgegeben (vgl. aber die gekünstelte Begründung in RG **50** 192), sondern lediglich ein Augenscheinsobjekt geschaffen wird, das zeigen soll, ob das Behältnis, die Kontrolluhr usw. geöffnet wurde oder nicht.

27 b) Das Zeichen muß zum **Beweis geeignet** und **bestimmt** sein (RG **26** 303). Daran scheitert die Urkundseigenschaft einiger von der Rspr. als Urkunden angesehener Beweiszeichen. Die Beweiseignung fehlt z. B. den Merkstrichen auf dem Bierfilz, sofern sie nicht vom Gast, gegen den das „Beweisstück" wirken soll, selbst oder unter dessen Kontrolle angebracht sind; ebensowenig kann das von der Zechengemeinschaft auf dem Förderkorb angebrachte Zahlenzeichen als Urkunde angesehen werden (vgl. RG **54** 327). In diesen Fällen liegt nur eine Behauptung des Ausstellers vor, die nicht gegen ihn, sondern für ihn Beweis erbringen soll. Bei Kennzeichen, insbes. Herkunfts-, Waren- und Qualitätszeichen wird man zwischen solchen unterscheiden müssen, die im Rechtsverkehr zur Vertrauensgrundlage rechtserheblichen Verhaltens gemacht werden, und solchen, die zum Schutz der eigenen Interessensphäre bestimmt sind. Deswegen ist das Künstlerzeichen auf dem Bild, obwohl es seiner Natur nach ein Herkunftszeichen darstellt, als beweiserhebliche Urkunde anzuerkennen (i. E. ebenso RG **76** 28), während die Bezeichnung des Eigentümers in einem Buch, auf einem Tier (RG **36** 15) lediglich Abwehrfunktionen ausübt und damit nicht als Urkunde anzuerkennen ist. Dagegen ist das Pfandsiegel des Gerichtsvollziehers in Verbindung mit dem gepfändeten Gegenstand eine Urkunde (die Rspr. hat hier jedoch stets § 136 angewandt; vgl. Kienapfel, Urkunden im Strafrecht 137f.). Bei den Beweiszeichen ist die Beweisbestimmung meist von vornherein gegeben; sie werden regelmäßig gerade zu Beweiszwecken hergestellt.

28 Eine Sonderstellung nehmen die **Warenzeichen** ein. Soweit sie geschützt sind, wird ihr Mißbrauch durch §§ 24, 25 WZG bestraft. Da durch § 1 WZG zum Ausdruck gebracht ist, daß nur die in die Zeichenrolle (§§ 1ff. WZG) eingetragenen Warenzeichen rechtlichen Schutz genießen sollen, sind §§ 24, 25 WZG gegenüber § 267 als Sonderbestimmungen anzusehen mit der Maßgabe, daß die nicht nach §§ 24, 25 WZG geschützten Zeichen auch vom Strafschutz des § 267 ausgenommen sind. Dasselbe gilt auch für Verpackungen, Umhüllungen von Waren (vgl. § 25 WZG), die den Hersteller usw. kennzeichnen (and. Düsseldorf JMBlNRW **51**, 208).

c) Schließlich muß das Beweis- oder Kennzeichen den **Aussteller** kenntlich machen. Wie bei 29 den schriftlichen Urkunden genügt auch hier, daß die Individualisierung des Ausstellers nach Herkommen oder Parteivereinbarung möglich ist, und zwar aus der Urkunde selbst, nicht aus völlig außerhalb des Zeichens liegenden Umständen. Deshalb sind Chips ohne jeden Aufdruck, die in einem Spielklub Verwendung finden, auch deswegen keine Urkunden, weil aus ihnen der Aussteller nicht ersichtlich ist (vgl. RG **55** 98), ebensowenig Zahlzeichen und Einkerbungen als Verkaufszeichen (vgl. aber RG **39** 147) oder abgetrennte Abschnitte einer Bezugskarte (BGH **13** 235, Schleswig SchlHA **49**, 295). Dagegen sind Fahrkarten, Theaterkarten usw. als Urkunden anzusehen, weil sich bei ihnen der Aussteller, auch wenn er nicht ausdrücklich genannt ist, nach Herkommen ergibt, ebenso Inhaberzeichen nach § 807 BGB.

IV. Besondere Formen der Urkunde. 1. Eine **Gesamturkunde** liegt vor, wenn mehrere 30 Einzelurkunden so zu einem sinnvollen und geordneten Ganzen zusammengefaßt sind, daß gerade diese Zusammenfassung einen über den gedanklichen Inhalt der Einzelteile hinausgehenden eigenen Erklärungs- und Beweisinhalt hat. Die Bedeutung des Begriffes liegt darin, daß auch die Gesamtheit als solche Gegenstand eines Urkundendelikts sein kann: Die Entfernung oder Vernichtung von Einzelurkunden aus der Gesamtheit erfüllt deshalb nicht nur den § 274, sondern ist eine nach § 267 strafbare Verfälschung der Gesamturkunde; allerdings ist § 267 nicht erfüllt, wenn die Entnahme einer Einzelurkunde durch einen Vermerk aktenkundig gemacht wird (Düsseldorf NStZ **81**, 25). Der Begriff wurde vom RG entwickelt (RG **60** 16); gegen ihn Lampe GA 64, 323, Schilling aaO 116 ff., Samson JuS 70, 376, SK 69). Im einzelnen bestehen folgende Voraussetzungen:

a) Es muß sich um die Zusammenfassung von Einzelurkunden handeln (and. BGH **12** 112 [Wahl- 31 urne mit Stimmzetteln als Gesamturkunde, obwohl die einzelnen Stimmzettel mangels erkennbaren Ausstellers keine Urkunden sind], Greiser NJW 78, 927 [Briefwahlunterlagen]; wie hier Tröndle LK 85, Lackner 2 a bb).

b) Die Einrichtung, Herstellung und Führung der Gesamturkunde muß auf Gesetz, Geschäftsge- 32 brauch oder Vereinbarung der Beteiligten beruhen; die einseitige Anordnung eines der Beteiligten genügt nicht.

c) Die Schriftstücke müssen sich rein äußerlich nach ihrer Vereinigung als ein Ganzes darstellen. 33 Die Verbindung muß eine gewisse Festigkeit aufweisen, etwa nach Art eines Buches oder in ähnlicher Form. Das lose Hineinlegen mehrerer Schriftstücke in einen Umschlag schafft keine Gesamturkunde (RG **60** 19).

d) Die Beteiligten müssen durch Verbindung der Einzelurkunden zu einer Gesamtheit bezwecken, 34 in einer bestimmten Richtung Rechtsbeziehungen zusammenfassend anzugeben und eine einheitliche Gedankenäußerung zu schaffen. An der Einheitlichkeit fehlt es bei der Summe aller in einem Wahlbezirk abgegebenen Stimmzettel (and. BGH **12** 112, Greiser NJW 78, 927).

e) Jedem Beteiligten muß nach Gesetz oder Vereinbarung das Recht zustehen, die Gesamturkunde 35 zum Beweise zu benutzen.

f) Als Gesamturkunde sind **beispielsweise** angesehen worden die Handelsbücher eines Kaufmanns 36 (RG **50** 421), das Bierlieferungsbuch eines Bierkutschers (RG **51** 36), das Trödlerbuch (BGH MDR **54**, 309, Stuttgart JR **60**, 191 m. Anm. Mittelbach), Ursprungsbescheinigungen nach dem BerlinFG (vgl. KG wistra **84**, 233), Steuerkontokarten (RG HRR **35** Nr. 767), Sparkassenbücher (BGH JW **27**, 1376), das sog. Depotbuch einer öffentlichen Sparkasse (RG **63** 259), das Posteinlieferungsbuch (RG LZ **31** Sp. 259), u. U. auch eine Kartei (Hamburg NJW **51**, 813), Einwohnerverzeichnisse der Meldebehörden (BGH JR **54**, 308), Stimmzettel in der Wahlurne (BGH **12** 112), die Personalakte eines Richters (Düsseldorf NStZ **81**, 25); **nicht** dagegen Handakten eines Rechtsanwalts (RG **48** 408, BGH **3** 399), Lohnkarten (RG **52** 66), Postanweisungen (RG **67** 91, BGH **4** 60, Köln NJW **67**, 742), die Verbindung einer Blutprobe mit einem Befund (BGH **5** 79), der Reisepaß (Bay NJW **90**, 264).

2. Eine **zusammengesetzte Urkunde** liegt vor, wenn eine Urkunde mit dem Augenscheins- 36a objekt, auf das sich ihr Erklärungsinhalt bezieht („Bezugsobjekt"), **räumlich fest zu** einer **„Beweiseinheit" verbunden** ist. Dies gilt z. B. für den Personalausweis mit eingeklebtem Lichtbild (vgl. Kienapfel ZStW 82, 354 ff., Lampe NJW 65, 1746, Samson GA 69, 353, BGH **17** 98, LM **Nr. 22**, GA **56**, 182; unrichtig deshalb Hamm NJW **68**, 1894 m. abl. Anm. Peters [Auswechseln von Preisschildern an Waren]; vgl. aber Düsseldorf NJW **82**, 2268, Köln NJW **73**, 1807, **79**, 729 m. Anm. Kienapfel u. Lampe JR 79, 214. [feste Verbindung muß gerade zwischen Ware und Preisschild bestehen]) oder das mit Namen versehene Fahrtenschreiberschaublatt (KG VRS **57** 121, Stuttgart NJW **78**, 715, BayVRS **61** 32). Die durch die räumlich feste Verbindung verkörperte „Beweisbeziehung" zwischen Urkunde und deren Bezugsobjekt hat im Rechtsverkehr denselben Beweiswert wie der eigentliche Erklärungsinhalt der Urkunde.

Ihre Veränderung ist deshalb Urkundenfälschung, auch wenn dabei in den Erklärungsinhalt selbst nicht eingegriffen wird (z. B. das Auswechseln der Bilder beim Personalausweis); and. AG Augsburg NStZ **87,** 76 m. Anm. Kappes. Die Bedenken von Schilling (aaO 113ff., 116f.), Sax (Peters-FS 138) und Schmidhäuser (II 172) greifen nicht durch, weil der Unechtheitsbegriff bei § 267 nicht vorgegeben ist, sondern sich nach den Bedürfnissen des Rechtsverkehrs richtet. Ist jedoch das Bezugsobjekt der Urkunde nur lose und nicht durch räumlich feste Verbindung zugeordnet, so besteht kein schützenswertes Vertrauen des Rechtsverkehrs auf die Echtheit dieser Beweisbeziehung (vgl. BGH **5** 79: Blutprobe, die dem Blutentnahmeprotokoll nur lose beigefügt ist; BGH NJW **87,** 2384, Stuttgart VRS **47** 25: nach § 60 StVZO nur lose angebrachtes Überführungskennzeichen an einem Kfz); der Aufdruck „unverkäufliches Muster" auf Arzneimittelpackungen stellt auch i. V. m. deren Inhalt keine Urkunde dar (vgl. BGH NStZ **84,** 73). Vgl. auch Samson, Urkunde und Beweiszeichen 135ff., Tröndle LK 87ff. und die Rspr. zum Austausch von Rahmen oder Motor eines Kfz (u. 43, 65a).

36b Eine Beweiseinheit i. S. einer zusammengesetzten Urkunde liegt auch vor, wenn eine Urkunde auf den **Inhalt einer anderen Urkunde** Bezug nimmt, so etwa, wenn ein Bürge seine schriftliche Erklärung unter den zwischen Gläubiger und Schuldner geschlossenen Darlehnsvertrag setzt (weitere Beispiele RG **19** 403, **65** 316, Saarbrücken NJW **75,** 658). Wird hier die in Bezug genommene Urkunde (im Beispiel der Darlehnsvertrag) durch deren Aussteller (hier die Vertragspartner) geändert (was für sich nicht als Urkundenfälschung strafbar wäre; vgl. u. 68), so liegt darin zugleich eine Verfälschung der in Bezug nehmenden Urkunde (hier der Bürgschaftserklärung), also eine Verfälschung der Beweiseinheit beider Erklärungen. Voraussetzung ist jedoch auch hier die **räumlich feste Verbindung** beider Urkunden (unrichtig deshalb RG **60** 22). Diese Grundsätze gelten auch für beglaubigte Abschriften und sonstige Beglaubigungs- oder Kontrollvermerke; vgl. u. 40a, 69. I. E. wie hier Tröndle LK 89f., der aber insoweit im Anschluß an Lampe aaO von „abhängigen Urkunden" spricht.

37 3. **Keine Urkunde** ist der **Entwurf;** ihm fehlt die Beweisbestimmung (vgl. o. 14). Ebensowenig ist der Vordruck eine Urkunde; auch eine bereits kodierte oder noch nicht vollständig bedruckte Scheckkarte ist noch keine Urkunde (LG Berlin wistra **85,** 241). Erst mit dessen Ausfüllung und regelmäßig mit der Unterschrift (Aussteller) wird er zur Urkunde. Daher besitzen nicht ausgefüllte Bezugskarten keine Urkundsqualität (BGH **13** 235).

38 4. Zu öffentlichen Urkunden vgl. § 271 RN 4ff.

39 5. Bestritten ist, in welchem Umfang **Abschriften,** beglaubigte Abschriften, **Durchschriften** und **Fotokopien** als Urkunden anzuerkennen sind.

40 a) Die sog. **einfache Abschrift** ist keine Urkunde, weil sie nur über Inhalt und Fassung ihrer Vorlage berichten soll und ihr Urheber für die Richtigkeit der Wiedergabe keine unmittelbare Verantwortung übernimmt (BGH **1** 120, **2** 51, D-Tröndle 12, Samson SK 37, Lackner 2f. bb, Tröndle LK 92, Wessels II/1 169). Daher fallen die Herstellung einer unrichtigen Abschrift, sei es, daß die Vorlage falsch ist, sei es, daß eine gar nicht bestehende Urkunde „wiedergegeben" wird, und die Verfälschung einer ursprünglich richtigen Abschrift nicht unter § 267 (vgl. BGH **1** 120). Eine Abschrift braucht nicht ausdrücklich als solche bezeichnet zu sein; es genügt z. B., daß der Zusatz „gez." oder „p" das Schriftstück als Abschrift kenntlich macht (RG **49** 336).

40a Anderes gilt für die **beglaubigte Abschrift,** für deren originalgetreue Wiedergabe eine Amtsperson oder der Abschreibende privatschriftlich (f. d. R. Müller) die Garantie übernimmt. Hier stellt zwar nicht die Wiedergabe des Originals, wohl aber der Beglaubigungsvermerk eine Urkunde dar (RG **34** 361, M-Maiwald II/2 144, Wessels II/1 169, Samson SK 37, Tröndle LK 94). Ist daher die amtlich beglaubigte Abschrift inhaltlich falsch, so können §§ 348 I, 271 vorliegen; unerheblich ist dabei, ob das Original selbst Urkundenqualität besitzt (z. B. fehlende Beweisbestimmung). § 267 kommt in Betracht, wenn der amtliche oder privatschriftliche Beglaubigungsvermerk nicht vom angeblichen Aussteller herrührt. Eine Veränderung des Inhalts der beglaubigten Abschrift ist Verfälschung einer Urkunde, da dadurch der Beglaubigungsvermerk inhaltlich unrichtig wird, weil die Abschrift notwendiger Bestandteil der Beglaubigungserklärung ist („Beweiseinheit"). Ebenso wie eine beglaubigte Abschrift wird eine beglaubigte Übersetzung behandelt (RG **76** 333). Die Rspr. hat gewisse „Abschriften" der Urkunde gleichgestellt, wenn sie nach Gesetz oder Herkommen im Rechtsleben als Ersatz des Originals dienen sollen (RG **69** 229, BGH **1** 120, Oldenburg MDR **48,** 30, Hamburg JR **51,** 91), so die Kopie eines Handelsbriefes (RG **43** 52), die zu den Gerichtsakten gegebene Abschrift der Klagschrift (RG **59** 15). Es handelte sich in den genannten Entscheidungen jedoch um Durchschriften oder Zweitausfertigungen, die als solche schon Urkunden (vgl. u. 41) und nicht nur einfache Abschriften sind; vgl. Tröndle LK 93. Eine einfache Abschrift kann aber ausnahmsweise dann Urkundeneigenschaft besitzen, wenn der Wille des Ausstellers der Urkunde dahin geht, daß die Reproduktion seiner Erklärung im Rechtsverkehr als Original gelten soll, z. B. beim Verlust des Originals (Tröndle aaO mwN).

41 b) Die **Durchschrift** einer Urkunde ist dagegen selbst als Urkunde anerkannt, da sie eine eigene schriftliche Erklärung des Ausstellers verkörpert, der Durchschriften gerade zu dem Zwecke anfertigt, mehrere Stücke einer Urkunde als Beweismittel zur Verfügung zu haben (Hamm NJW 73, 1809, KG wistra 84, 233 m. Anm. Puppe JZ 86, 944). Entsprechendes gilt, wenn eine Mehrheit von Urkunden auf technischem Wege (Hektographie, Druck [RG 29, 359]) hergestellt wird. Auch bei einer Mehrheit von Ausfertigungen besitzt jede von ihnen Urkundenqualität (Tröndle LK 96).

c) Zweifelhaft ist die Qualität der **Fotokopie** als Urkunde. Sie vertritt im Rechtsverkehr das **42** Original und ist wie dieses schutzwürdig. Dennoch wird ihr Urkundenqualität überwiegend abgesprochen (BGH **24** 141 m. Anm. Schröder JR 71, 469, Bay NJW **90**, 3221, Zweibrücken NJW **82**, 2268, Stuttgart MDR **87**, 253, Kienapfel ZStW 82, 360, Lackner 2f. bb, Blei Henkel-FS 118f., M-Maiwald II/2 144). Auch die Rspr. (RG **69** 228, BGH **5** 293, NJW **65**, 642 m. Anm. Schröder JR 65, 232, BGH **24** 141, Stuttgart MDR **87**, 253) anerkennt nur, daß das Gebrauchmachen von der Fotokopie als Gebrauchmachen von der Urkunde selbst anzusehen ist und daher die Vorlage der Fotokopie einer unechten Urkunde Gebrauchmachen i. S. des § 267 ist (dagegen Meyer MDR 73, 9). Dabei ist gleichgültig, ob es sich ausschließlich um die Benutzung der Fotokopie oder ob es sich darum handelt, daß sowohl das unechte Original wie dessen Fotokopie verwendet werden sollen. Erkennt man die Fotokopie als technische Aufzeichnung an (vgl. § 268 RN 17), so ist dem Schutzbedürfnis des Rechtsverkehrs wenigstens teilweise, wenngleich nicht in ausreichendem Umfang Rechnung getragen. Eine Urkundenfälschung liegt hingegen vor, wenn die Fotokopie als technisches Hilfsmittel zur Herstellung einer unechten Urkunde verwendet wird. Voraussetzung ist, daß die Reproduktion als eine angeblich vom Aussteller herrührende Urschrift hergestellt wird, die den Anschein einer Originalurkunde bewirkt und erwecken soll. Ein solcher Anschein besteht, wenn die Reproduktion der Originalurkunde soweit ähnlich ist, daß die Möglichkeit einer Verwechslung nicht auszuschließen ist (Zweibrücken NJW **82**, 2268, Köln StV **87**, 297, Bay NJW **89**, 2553, vgl. dazu Zaczyk aaO, LG Paderborn, NJW **89**, 178).

6. Als Urkunden sind **von der Rspr. beispielsweise** angesehen worden Klassenarbeiten eines Schü- **43** lers (BGH **17** 297), Absendervermerke auf Briefen (RG GA Bd. **51** 185) oder Zahlkartenabschnitten (Köln NJW **67**, 742) oder Paketanschriften (RG **55** 269), Klebezettel auf Frachtgütern (RG **76** 386), Briefumschläge mit Aufschrift und Stempel (RG **50** 214), Kontoauszug des Postscheckamts (RG DJ **38**, 78), Absendervermerk auf einem Frachtbrief (Hamm JMBlNRW **50**, 222), ein Nachsendungsantrag bei der Post (RG LZ **20** Sp. 773), der polizeiliche Meldeschein (RG **74** 292), eine Strafanzeige (BGH **15** 18), Speisekarte (RG **52** 179), Fabrik- und Motornummer, Typenschild und gestempelte Kennzeichen an einem Kfz (BGH **16** 95, **18** 66, VRS **5** 135, **39** 96, NJW **63**, 213, MDR/D **70**, 732, Bay NStZ/J **88**, 544; vgl. zur Urkundenqualität ausländischer Autokennzeichen BGH NJW **89**, 3104), nicht jedoch das Überführungskennzeichen (Stuttgart VRS **47** 25), Versicherungskennzeichen am Kleinkraftrad (Bay JR **77**, 467 m. Anm. Kienapfel), Kraftfahrzeugpapiere (BGH **20** 188), der Führerschein (Hamm NJW **69**, 625), die unter dem Scheibenwischer angebrachte Unfallnachricht (Celle GA **66**, 247), Klebezettel mit polizeilicher Aufforderung an der Windschutzscheibe (Hamburg JR **64**, 228 m. Anm. Schröder), Lohntüte (BGH NJW **61**, 1124), Zeitkarten für Postbusse (BGH **5** 296), Straßenbahnfahrscheine (Bay JW **28**, 2328), Stempeluhrabdrücke auf Lohnkarten (RG **75** 316 m. Anm. Mezger DR 41, 2666), eine beglaubigte zu den Gerichtsakten gegebene Abschrift einer Klage (RG **59** 15), die einer Zeitung eingereichte Anzeige (RG LZ **20** Sp. 661), Wechselakzept (BGH JR **52**, 285), Personalausweis (BGH GA **56**, 182), Rechnungsbelege (BGH **12** 103), Fototüten, auf denen der Name des Bestellers sowie Art und Umfang des Auftrages etc. vermerkt ist (Düsseldorf NJW **88**, 115). Auch privatschriftliche Gutachten und Zeugnisse können beweiserhebliche Privaturkunden sein, sofern sie in irgendeinem Verfahren, sei es auch nur in Verbindung mit anderen Tatsachen, Beweis erbringen können (RG **67** 117). Zu Lebensmittelkarten (Beweisbestimmtheit) vgl. BGH **7** 57, **13** 235.

Nicht zu den **Urkunden** sind dagegen gerechnet worden eine gestempelte losgelöste Briefmarke **44** (KG JR **66**, 307), Vermerke des Ausstellers eines Postschecks auf dem Lastschriftzettel (RG **67** 433), Plakate (Bay **52** 114), in der Regel auch nicht sog. Autogramme (RG **76** 30 m. Anm. Bruns ZAkDR 42, 191). Zum Wahlzettel vgl. o. 17.

V. Die **Handlung** besteht darin, daß eine **unechte Urkunde hergestellt** (1. Alt.; vgl. u. 48ff.) **45** oder eine **echte Urkunde verfälscht** (2. Alt.; vgl. u. 64ff.) oder eine **unechte** oder **verfälschte Urkunde gebraucht** wird (3. Alt.; vgl. u. 73ff.). Entgegen der früheren Regelung ist die Urkundenfälschung in allen drei Alternativen jetzt ein einaktiges Delikt. Für die beiden ersten braucht es daher zum Gebrauchmachen nicht zu kommen; dieses Merkmal ist in den subjektiven Tatbestand verlagert. Gebraucht der Fälscher die Urkunde selbst, so stellen beide Handlungen nur eine Urkundenfälschung dar; vgl. u. 79ff.

Die praktisch wichtigsten Begehungsformen sind die beiden ersten Alternativen; die gefähr- **46** lichste ist das Gebrauchmachen, weil erst dadurch die Belange des Beweisverkehrs unmittelbar berührt werden. Fälschen und Verfälschen bilden keine scharfen Gegensätze. Vielmehr stellt auch der Verfälscher eine unechte Urkunde her, indem er den gedanklichen Inhalt der Erklärung verändert und dadurch den Schein erweckt, als stamme die Urkunde in der vorliegenden Form vom Aussteller. So verstanden stellt die zweite Alternative nur einen Spezialfall der ersten dar; dies ist von Bedeutung für die nochmalige Verfälschung einer Urkunde, da die zweite Alternative tatbestandsmäßig die Verfälschung einer echten Urkunde voraussetzt; vgl. u. 66. Das Ergebnis der beiden ersten Alternativen muß stets eine unechte Urkunde sein. Die Dreiteilung des Tatbestandes ist daher sachlich nur eine Zweiteilung; Wahlfeststellung ist bei allen Alternativen möglich (Tröndle LK 121).

47 Gegenstand der Urkundenfälschung kann jede Urkunde sein; es macht keinen Unterschied, ob es sich um private oder öffentliche, um inländische oder ausländische Urkunden handelt.

48 **VI. Das Herstellen einer unechten Urkunde. 1.** Eine Urkunde ist **unecht,** wenn sie nicht von dem stammt, der in ihr als Aussteller bezeichnet ist. Entscheidend ist also, daß die Urkunde über die **Identität** des Ausstellers **täuscht**: der rechtsgeschäftliche Verkehr wird auf einen Aussteller hingewiesen, der in Wahrheit nicht hinter der urkundlichen Erklärung steht. Dagegen kommt es auf die Richtigkeit des Erklärten nicht an (vgl. u. 54). Darüber besteht grundsätzliche Einigkeit (RG **68** 6, BGH **1** 121, **2** 52, **5** 150, **9** 44, **33** 159, Stuttgart NJW **81**, 1223, Tröndle LK 124 ff. mwN). Dagegen ist streitig, unter welchen Voraussetzungen eine Identitätstäuschung vorliegt. Teilweise wird angenommen, die Urkunde müsse auf eine konkretisierbare andere Person als Aussteller hinweisen, bloße Identitätsleugnung (Frank V 1 b, Tröndle LK 127) genüge nicht; indessen besteht kein echter Gegensatz zwischen Identitätstäuschung und Identitätsleugnung, weil in beiden Fällen die wahre und für den Beweis entscheidende Identität verborgen bleibt. Auch wenn nur über den Namen getäuscht werden soll, bleibt die Urkunde ein unzureichendes Beweismittel (vgl. o. 1), weil ihr Urheber sich möglicherweise darauf berufen wird, er habe einen anderen Namen, sei also nicht der Urheber der Erklärung (vgl. BGH NJW **53**, 1358). Deswegen wird z. T. darauf abgestellt, ob mit dem Gebrauch des falschen Namens eine Identitätstäuschung beabsichtigt ist (vgl. RG **48** 240); auf die Absicht des Täters kann es aber bei Feststellung der Unechtheit einer Urkunde nicht ankommen, da die Qualität eines Beweismittels nur nach objektiven Kriterien beurteilt werden kann. Die vom Täter verfolgten Ziele können nur im Rahmen des Merkmals „zur Täuschung im Rechtsverkehr" berücksichtigt werden; vgl. dazu u. 84 ff. Deshalb gilt folgendes:

49 a) **Entscheidendes Identitätsmerkmal** einer Person ist im Rechtsverkehr ihr **Name.** Deshalb ist eine Urkunde grundsätzlich unecht, wenn der Aussteller sie mit einem ihm nicht zustehenden Namen unterzeichnet (vgl. aber u. 50 f.), mag er nun ausschließlich über seinen Namen oder zugleich auch über seine Person täuschen oder auf eine bestimmte andere Person als Aussteller hinweisen. Eine Identitätstäuschung wird auch nicht dadurch ausgeschlossen, daß der Täter seinem Partner schon vorher unter falschem Namen bekannt war (vgl. RG **48** 240, BGH **1** 121, Schleswig SchlHA **49**, 88) oder die Urkunde in Gegenwart des anderen unterzeichnet (RG **13** 247). Unerheblich ist ferner, ob die als Aussteller genannte Person (Firma, Behörde) existiert oder nicht (BGH **1** 121, **2** 52, **5** 150); zur Fälschung öffentlicher Urkunden vgl. u. 53. Freilich muß die Urkunde überhaupt auf einen Aussteller hinweisen; daran fehlt es beim Gebrauch historischer Namen oder bei der Unterzeichnung eines Schriftstücks mit einem unleserlichen Kritzel (vgl. o. 18). Es handelt sich hier um Scheinurkunden, die nicht geeignet sind, Beweis zu erbringen. Zu den Fragen der Anonymität eines Schriftstücks vgl. o. 18.

50 b) Besteht beim Gebrauch eines dem Aussteller nicht zustehenden Namens völlige Klarheit über die Urheberschaft, so kann es an der Identitätstäuschung fehlen. Dies ist beispielsweise der Fall, wenn eine Frau im Rechtsverkehr ständig unter dem Namen ihres Lebensgefährten auftritt (Celle NJW **86**, 2772 m. Anm. Puppe JuS 87, 275), weil es nicht darauf ankommt, daß der im Rechtsverkehr gebrauchte Name dem Aussteller auch namensrechtlich zusteht. Eine derartige Ausnahme liegt weiterhin vor, wenn der vom Aussteller verwendete Name in den beteiligten Kreisen als **Deckname** bekannt (Spitzname, Übertragung des Stiefvaternamens auf den Stiefsohn im Volksmund) und geeignet ist, die Person des Ausstellers unzweideutig zu kennzeichnen (RG **48** 241). So stellt z. B. keine falsche Urkunde her, wer als Mitglied einer Loge ein Sitzungsprotokoll mit seinem Logennamen unterzeichnet. Dagegen wird beim Gebrauch eines falschen Namens auf Umlaufpapieren (Wechsel, Scheck) regelmäßig eine unechte Urkunde hergestellt, weil der nicht eingeweihte Inhaber des Papiers auch keine Vorstellung über den Aussteller der urkundlichen Erklärung haben kann. Zum anderen kann der **ständige Gebrauch** eines dem Aussteller nicht zustehenden Namens dazu führen, daß dieser durch tatsächliche Übung zum Identitätsmerkmal der Person wird. Wer z. B. ständig unter falschem Namen lebt oder eine Firma führt, stellt durch dessen Gebrauch keine unechten Urkunden her.

51 In weiterem als dem hier aufgezeigten Umfang kann eine Ausnahme nicht anerkannt werden. Insb. ist die Ansicht, daß die bloße Namenstäuschung die Echtheit der Urkunde nicht berühre, mit den angeführten Gründen abzulehnen (vgl. o. 49); and. BGH **1** 121, Tröndle LK 128 mwN, M-Maiwald II/2 148.

52 c) Auch in der **Unterzeichnung mit dem richtigen Namen** kann eine Identitätstäuschung liegen, z. B., wenn jemand ein Schriftstück mit seinem Familiennamen und seinem Rufnamen, ein anderes mit seinem Familien- und einem anderen seiner Vornamen unterzeichnet, weil dadurch der Eindruck erweckt wird, als seien die beiden Urkunden von verschiedenen Personen ausgestellt (RG **13** 171), oder wenn eine andere Person gleichen Namens für den Aussteller gehalten werden soll (RG **55** 173). Ob bei der Unterzeichnung einer Urkunde mit richtigem Namen, aber unter falscher Inanspruchnahme einer Vertretungsbefugnis eine Identitätstäuschung vorliegt, ist Tatfrage (Kiel SchlHA **47**, 256, Bremen NJW **50**, 880; vgl. auch BGH **17** 11). Soweit der Täter durch den Vertretungsvermerk auf die Firma als Ausstellerin hindeutet, liegt die Unechtheit darin, daß nicht die Firma durch ein vertretungsberechtigtes Organ die Urkunde ausgestellt hat; ihr gegenüber tritt der Name des Unterzeichneten zurück, es liegt daher nicht bloß eine schriftliche Lüge über das Vertretungsverhältnis vor (RG **55** 173, BGH **17** 11; and. noch RG JW **33** 436 m. Anm. Hachenburg); entscheidend ist allein, ob die Vertretungsbefugnis im Außenverhältnis wirksam ist (BGH **17** 11). Entsprechendes gilt, wenn ein nicht vertretungsberechtigter Gesellschafter einer OHG mit deren Firma zeichnet (BGH **17** 11) oder ein Behördenstempel unbefugt benutzt wird (BGH **7** 150, **9** 44 Köln VRS **57** 123).

d) Bei der Fälschung einer **öffentlichen Urkunde** muß das Falsifikat auch die vorgeschriebenen **53** **Förmlichkeiten** aufweisen, z. B. einen vorgeschriebenen Stempel (RG **57** 71, Bay DAR/R **81**, 246). Fehlt es daran, so kann u. U. jedoch eine unechte Privaturkunde vorliegen. Zu plumpen Fälschungen vgl. u. 67.

e) Auf die **Wahrheit** der urkundlichen Erklärung kommt es **nicht** an (BGH wistra **86**, 109). Auch **54** die Herstellung einer unechten Urkunde, die über Wahres berichtet, fällt unter § 267; vgl. o. 1. Falsche Angaben über Zeit und Ort der Errichtung einer (echten) Urkunde sind daher straflos (BGH **9** 44, Bay NJW **88**, 2190). Echt ist auch eine Urkunde, die ein Vertreter im Rahmen der Vertretungsmacht, aber unter Überschreitung der internen Befugnis ausstellt (Stuttgart NJW **81**, 1223). Die unrichtige Ausfüllung einer Diagrammscheibe durch den Kfz-Halter ist demnach keine Urkundenfälschung (Bay NStZ/J **86**, 104, Karlsruhe VRS **72** 78). Aussteller ist hier der Halter (Karlsruhe VRS **72** 78; and. Bay NJW **88**, 2190: bei im internationalen Straßenverkehr beschäftigtem Fahrpersonal ist der Fahrer der Aussteller); wird durch einen anderen der Name eingetragen, kommt § 267 in Betracht (Bay **80** 81). Inhaltlich unwahre Angaben in echten Urkunden, schriftliche Lügen, sind nur in öffentlichen Urkunden strafbar (§§ 271, 348).

2. Bei der Frage, **von wem** eine Urkunde „**herrührt**", ist in erster Linie maßgeblich, wer sie **55** zu seiner eigenen Erklärung gemacht hat. Es kommt nicht darauf an, wer sie eigenhändig vollzogen hat (sog. Körperlichkeitstheorie). Entscheidend ist vielmehr, von wem die Urkunde geistig herrührt (sog. **Geistigkeitstheorie**); vgl RG **75** 47, BGH **13** 385, Bay NJW **81**, 772 m. Anm. Schroeder JuS 81, 417 u. Sonnen JA 81, 367, Tröndle LK 15ff., Wessels II/1 173; krit. Schroeder GA 74, 225ff., der aber übersieht, daß sich nicht alle mittels der Geistigkeitstheorie erzielten Ergebnisse über die mittelbare Täterschaft [vgl. u. 98] lösen lassen). Aussteller einer Urkunde ist daher nicht notwendig der Schreiber, sondern der, der in der Urkunde seine Erklärung verwirklicht wissen und sich an diese gebunden fühlen will (zum Ganzen Puppe JR 81, 441, Rheineck aaO 16ff., 57). Nicht erforderlich ist, daß der Aussteller den Inhalt seiner Erklärung kennt; es genügt das Bewußtsein, eine beweiserhebliche Erklärung abzugeben. Wer einen Vertrag unterzeichnet, dessen Inhalt er nicht zur Kenntnis genommen hat, stellt eine echte Urkunde her. Das gleiche gilt bei einer Täuschung über den Inhalt der Erklärung; wird z. B. dem Unterzeichnenden ein Warenbestellschein vorgelegt mit der Bemerkung, er solle durch seine Unterschrift nur bestätigen, daß der Täuschende ihm als Vertreter einer bestimmten Firma einen Hausbesuch abgestattet habe, so führt die Unterschrift zu einer echten Urkunde. Es gibt also keine „antizipierte" Blankettfälschung. Nur wenn die Täuschung dazu führt, daß der Unterzeichnende sich nicht bewußt wird, eine Erklärung abzugeben (vgl. RG **50** 179), ist die Urkunde unecht; hier kommt mittelbare Täterschaft des Veranlassenden in Betracht (vgl. u. 98). Entsprechendes gilt für die Fälle der Nötigung; nur vis absoluta kann zur Täterschaft des Gewaltanwendenden führen, während vis compulsiva und der durch Drohung ausgeübte Zwang die Echtheit der Urkunde nicht berühren.

a) Beim **Zeichnen mit fremdem Namen** sind zwei Fälle zu unterscheiden. **56**

α) Einmal die bloße **Schreibhilfe** (A, der sich die Hand gebrochen hat, diktiert seiner Tochter eine **57** Erklärung und veranlaßt sie, mit seinem Namen zu unterschreiben; vgl. dazu RG **26** 271). Hier ist Voraussetzung, daß die Urkunde gegenüber dem Namensträger ein vollgültiges Beweismittel darstellt, ihre Beweiswirkungen also in vollem Umfange in dessen Person eintreten. Daran fehlt es, wenn die wirksame Erklärung eigenhändige Unterschrift voraussetzt, wie z. B. beim Testament, bei bestimmten prozessualen Erklärungen oder bei der Unterzeichnung eines Wahlvorschlags (vgl. Hamm NJW **57**, 638) oder Anwaltschriftsatzes (RG **44** 69), oder wenn es sich bei der Unterzeichnung um die Ausnützung öffentlicher Befugnisse handelt (vgl. RG **75** 214). In diesen Fällen wird durch die Unterschrift eines anderen eine unechte, d. h. gegenüber dem angeblichen Aussteller nicht verbindliche Urkunde hergestellt. Zum Ganzen Rheineck aaO 23ff., 29, 60.

β) Zum anderen gehören hierher die Fälle einer **rechtsgeschäftlichen Vertretung**. Hier ist die **58** Urkunde unter folgenden Voraussetzungen als echt anzusehen. Der Unterzeichner kann den Namensträger rechtlich vertreten; er will ihn vertreten und der Namensträger will sich in der Unterschrift vertreten lassen (RG **76** 126, BGH **33** 159 m. krit. Anm. Paeffgen JR 86, 114, Puppe JZ 86, 942,

Weidemann NJW 86, 1976, Stuttgart NJW 51, 206, Bay NJW 88, 1401 m. abl. Bespr. Puppe JuS 89, 361, Bay NJW 89, 2142; krit. Puppe JR 81, 441, Boldt DR 41, 993). Entsprechendes gilt, wenn der Täter die fälschlich angefertigte Urkunde erst nach Genehmigung durch den angeblichen Aussteller gebraucht.

59 αα) Wie bei der Schreibhilfe, bei der gewissermaßen nur eine „Vertretung in der Erklärung" vorliegt, ist Vertretung rechtlich unzulässig, wenn **eigenhändige Ausfertigung** oder Unterzeichnung der Urkunde gesetzlich vorgeschrieben ist. So z. B. beim eigenhändigen Testament (RG 57 235), bei einer Prüfungsarbeit (RG 68 241; zu einer anderen Fallgestaltung vgl. jedoch Bay NJW 81, 772 m. Anm. Schroeder JuS 81, 417), bei der eidesstattlichen Versicherung (RG 69 119), bei der schriftlichen Erstattung einer Zeugenaussage nach § 377 III, IV ZPO, bei der Einreichung von bestimmten Schriftsätzen im Zivilprozeß, wie z. B. der Klageschrift oder Rechtsmittelschriften (so die Rspr. des RG in Zivilsachen). Nach Oldenburg JR 52, 410 ist bei sog. eigenhändigen Lebensläufen eine Vertretung unzulässig. Nach Düsseldorf NJW 66, 749 (mit abl. Anm. Mohrbotter NJW 66, 1421) soll eine unechte Urkunde auch dann vorliegen, wenn der Text eines Testaments nicht vom Erblasser selbst geschrieben, wohl aber von ihm unterzeichnet worden ist; derjenige, der den Text geschrieben hat, soll wegen Urkundenfälschung strafbar sein. Dies überzeugt deswegen nicht, weil Echtheit oder Unechtheit allein nach der Unterschrift zu bestimmen sind. Daß ein derartiges Testament keine Beweiskraft besitzt, ändert nichts an der Tatsache, daß es der Erblasser eigenhändig unterzeichnet hat (ebenso Tröndle LK 24; and. Ohr JuS 67, 255). Vgl. auch u. 98.

60 ββ) Anders liegen die Fälle, in denen keine Vollmachtserteilung, sondern lediglich die **Erlaubnis, einen fremden Namen zu gebrauchen,** vorliegt. Gestattet z. B. A dem B, bei der Einziehung seiner Forderungen den Namen des A als des angeblichen Zessionars zu gebrauchen, so stellt B, wenn er mit dem Namen des A unterzeichnet, eine unechte Urkunde her (vgl. Bay NJW 88, 1401; NJW 89, 2142); es kann jedoch an der Absicht zur Täuschung im Rechtsverkehr fehlen.

60a γ) Die privatrechtlich anerkannte Möglichkeit, eine unechte **Urkunde** durch **Genehmigung** seitens des angeblich Unterzeichnenden wirksam werden zu lassen (BGH JZ 51, 783), hat für das Strafrecht keine Bedeutung. Wer daher eine unechte Urkunde in Gebrauchsabsicht hergestellt hat, wird nicht deswegen straflos, weil in der Zwischenzeit der angebliche Unterzeichner die Unterschrift genehmigt, es sei denn, er habe von vornherein die Absicht gehabt, die Urkunde nur für den Fall zu gebrauchen, daß die Einwilligung erteilt wird.

61 b) Die Körperlichkeitstheorie vermag auch die **Telegrammfälschung** und die Herstellung von Urkunden auf mechanischem Wege nicht befriedigend zu erklären. Für letztere ist anerkannt, daß sie als Urkunden anzusehen sind (vgl. o. 41). Bei der Telegrammfälschung ist zwischen dem Original und dem Ankunftstelegramm zu unterscheiden. Das vom Absender hergestellte Originaltelegramm kann ohne Rücksicht auf den urkundlichen Inhalt als Urkunde insoweit angesehen werden, als es zum Nachweis der rechtlichen Beziehungen zwischen dem Absender und der Post bestimmt ist (vgl. RG 8 92); dies gilt auch dann, wenn das Telegramm telefonisch aufgegeben wurde (RG 57 321), da der das Telegramm aufnehmende Beamte als Schreibhelfer des Absenders anzusehen ist. Das Ankunftstelegramm ist, da es mit Willen des Absenders als Reproduktion des Originals dem Adressaten zugeht, als selbständige Urkunde anzuerkennen, obwohl es sich als durch die Post hergestellte Abschrift des Originals darstellt (vgl. RG 46 287). Da dies jedoch im Einverständnis aller Beteiligten geschieht, bedient sich der Absender der Post als einer Art Schreibhilfe mit dem Ergebnis, daß das von der Postanstalt hergestellte Ankunftstelegramm einer Art Zweitschrift darstellt, die an die Stelle des Originals tritt (Tröndle LK 18). Schickt z. B. ein Postbeamter ein nicht aufgegebenes Telegramm unter falschem Namen ab, so stellt er eine unechte Urkunde her, schreibt er das Absendertelegramm falsch ab, so verfälscht er eine echte Urkunde (vgl. RG 31 42 zu § 348). Zum Verhältnis zu § 354 vgl. dort RN 1.

62 3. Herstellung einer unechten Urkunde ist auch die sog. **Blankettfälschung.** Sie liegt vor, wenn der Täter einem unvollständigen Schriftstück, aus dem zumindest der Aussteller erkennbar ist, ohne Willen oder entgegen den Anordnungen des Ausstellers einen urkundlichen Inhalt gibt. Früher war die Blankettfälschung in § 269 ausdrücklich geregelt; die VO vom 29. 5. 1943 hat diese Bestimmung gestrichen. Hierin liegt keine sachliche Änderung, weil ein Blankett erst dann zur Urkunde wird, wenn die Unterschrift, die es trägt, mit einem urkundlichen Inhalt versehen wird (vgl. Köln NJW 67, 742), so daß der Namensträger als Urheber der Erklärung erscheint. Geschieht dies im Widerspruch zum Willen des Ausstellers, so liegt die Herstellung einer unechten Urkunde vor (BGH 5 295, Bamberg HESt. 2 326, Saarbrücken NJW 75, 658: abredewidriges Ausfüllen eines Wechsels).

63 4. Das Unterlassen der Herstellung einer Urkunde genügt regelmäßig nicht. Ein Ladenangestellter, der es pflichtwidrig unterläßt, durch die Registerkasse jede Einnahme auf einem Kontrollstreifen zu buchen, ist nicht wegen Urkundenfälschung strafbar (RG 77 37).

64 VII. Als **Verfälschung** ist jede nachträgliche Veränderung des gedanklichen Inhalts einer echten Urkunde anzusehen, durch die der Anschein erweckt wird, als habe der Aussteller die Erklärung in der Form abgegeben, die sie durch die Verfälschung erlangt hat (RG 62 12, Hamm NJW 69, 625, Köln VRS 59 342). Das Verfälschen einer echten Urkunde ist, soweit es durch einen anderen als den Aussteller geschieht, unbestrittenermaßen ein Unterfall der 1. Alt., da durch die Verfälschung eine unechte Urkunde hergestellt wird (BGH MDR/D **75**, 23; vgl. o. 48 ff.). Dem Verfälschungstatbestand wird aber darüber hinaus von der h. L. die Funktion beigelegt, die nachträgliche Veränderung einer Urkunde durch den Aussteller selbst unter Strafe zu stellen. Diese Ansicht führt jedoch zu einer Ausdehnung des Echtheitsbegriffes von § 267 und ist mit den u. 68 genannten Gründen abzulehnen. Das Ergebnis einer Urkundenverfälschung muß stets eine wenigstens teilweise unechte Urkunde sein.

1. Die **Inhaltsveränderung** kann durch Ergänzung, durch Änderung, aber auch durch Beseitigung von Teilen der bisherigen Erklärung erfolgen, sofern der Rest dann einen anderen urkundlichen Inhalt ergibt. Die Beseitigung des gedanklichen Inhalts durch völlige Unkenntlichmachung stellt keine Inhaltsveränderung dar (vgl. Bay NJW **90**, 264: keine Urkundenfälschung durch Überkleben eines Vermerks im Paß). Dabei muß die Urkunde selbst, d. h. die Verkörperung ihres Gedankeninhalts beeinträchtigt sein (Köln NJW **83**, 769). Eine Veränderung des Bezugsobjekts reicht nicht aus, vgl. o. 6. Die Änderung kann dadurch erfolgen, daß die Erklärung mit Zusätzen versehen wird, die nicht vom Aussteller stammen (vgl. Koblenz VRS **47** 23), daß Teile der ursprünglichen Erklärung beseitigt werden usw. Wird eine Inhaltsänderung dadurch erreicht, daß zunächst Teile der bisherigen Erklärung beseitigt und dann durch Einfügung eines neuen Inhalts der Urkunde eine andere Beweisrichtung gegeben wird, so liegt eine Urkundenverfälschung vor; die möglicherweise darin liegende Urkundenvernichtung tritt hinter § 267 zurück (vgl. u. 70 ff.). Zum Ganzen vgl. Tröndle LK 142 ff. mit Bsp. Der Inhalt muß durch eine Einwirkung auf den Urkundskörper geändert werden; es reicht nicht aus, wenn nur der Sinn der Erklärung (nicht aber diese selbst) dadurch verfälscht wird, daß das außerhalb der Urkunde liegende Bezugsobjekt der Erklärung verändert wird (vgl. BGH **5** 80 und o. 36 a). 65

Anderes gilt jedoch, wenn die Urkunde mit ihrem Bezugsobjekt räumlich fest verbunden ist (**zusammengesetzte Urkunde**; vgl. o. 36a). Hier liegt eine Verfälschung i. S. des § 267 auch vor, wenn – ohne unmittelbare Beeinträchtigung des Urkundeninhalts – nur die durch die feste Verbindung verkörperte Beweisbeziehung verändert wird, etwa durch Austausch des Bezugsobjektes. Vgl. hierzu die o. 36 a genannten Beispiele. Nach BGH **9** 235 soll dies auch für den Austausch eines Kfz-Rahmens gelten, dessen Nummer selbst nicht geändert wird, nicht dagegen für den Austausch des Motors (BGH **16** 98). Vgl. weiter BGH **18** 66, Bay NStZ/J **88**, 544 für das Anbringen eines für ein anderes Kfz ausgegebenen Kennzeichens an einem Kfz und Verwendung des so gekennzeichneten Kfz im öffentlichen Verkehr. 65a

a) **Gegenstand einer Urkundenverfälschung** kann nach dem Wortlaut von § 267 nur eine **echte Urkunde** sein. Das schließt aber die Strafbarkeit einer wiederholten Verfälschung der gleichen Urkunde nicht aus. Hier ist zu unterscheiden, ob der Täter einen bisher unberührten, selbständigen Teil der Urkunde verfälscht, oder ob ein schon verfälschter Teil erneut verfälscht wird. Im ersten Fall liegt eine Urkundenverfälschung vor, weil die Urkunde nur insoweit unecht geworden ist, als ihr durch die erste Verfälschung ein anderer Inhalt gegeben wurde (vgl. BGH LM **Nr. 22**, Tröndle LK 144). Dagegen ist die wiederholte Verfälschung des gleichen Teils der Urkunde als Herstellung einer falschen Urkunde strafbar (vgl. auch RG **68** 96). Dies ergibt sich daraus, daß das Verfälschen nur ein unselbständiger Unterfall der Herstellung einer falschen Urkunde ist, weil das Produkt jeder Verfälschung eine unechte Urkunde darstellt; vgl. o. 46. Unter diesem Gesichtspunkt kann es keinen Unterschied machen, ob als Arbeitsgrundlage für die Fälschung eine echte oder unechte Urkunde gebraucht wird, da der Beweisverkehr in beiden Fällen gleichermaßen beeinträchtigt ist. Das gilt **auch** für die Verfälschung einer **ursprünglich unechten Urkunde**. Hier ist zunächst unbestreitbar, daß die Ersetzung der Unterschrift einer unechten Urkunde durch eine andere (unrichtige) Ausstellerangabe als Herstellen einer unechten Urkunde strafbar ist (vgl. u. 72). Aber auch die Änderung des Inhalts einer unechten Urkunde führt zu einem neuen Falsifikat und unterfällt damit der 1. Alt. (spätere Veränderung der Erbteile in einem gefälschten Testament, Änderung des Schuldgegenstandes in einer gefälschten Schenkungsurkunde). Die Wiederherstellung des ursprünglichen Beweisinhalts einer echten Urkunde ist nicht strafbar, da keine unechte Urkunde geschaffen wird (vgl. Kiel SchlHA **47**, 15; and. bei der Wiederherstellung einer unechten Urkunde). Täter kann außer dem Aussteller (vgl. u. 68 f.) jeder sein, auch der frühere Verfälscher einer Urkunde; verfälscht dieser eine Urkunde erneut, so wird freilich meist Fortsetzungszusammenhang bestehen (vgl. 33 ff. vor § 52). 66

b) Die Urkunde muß infolge des Eingriffs eine **andere Tatsache zu beweisen scheinen** als vorher (RG **62** 12, Köln JMBlNRW **58**, 114, VRS **59** 342, Braunschweig VRS **19** 118). Deshalb genügt es nicht, wenn der Eingriff ohne Sinnesänderung abläuft, so bei Änderungen in der Rechtschreibung, bei Einfügung zweier Nullen versehentlich in der Pfennig- statt in der Markspalte (RG LZ **22** Sp. 162); war eine Inhaltsänderung beabsichtigt, so kommt Versuch in Betracht (Tröndle LK 144 mit weiteren Bsp.). Ob die Fälschung gut oder schlecht gelungen ist, 67 ist nicht entscheidend; jedoch wird bei ohne weiteres erkennbaren plumpen Fälschungen nur Versuch vorliegen (vgl. BGH GA **63**, 17, der aber anscheinend den Vorsatz verneinen will; vgl. aber auch Schilling aaO 102ff.). Wird die Erklärung durch den Eingriff widersprüchlich, so ist die Verfälschung vollendet, wenn sie trotz des Widerspruchs ein taugliches Täuschungsmittel darstellt (vgl. RG GA Bd. **37** 435); dies gilt selbst dann, wenn die Änderung als solche gekennzeichnet, zugleich aber der Eindruck erweckt wird, sie stamme vom Aussteller (vgl. Saarbrücken NJW **75**, 658); ist dies nicht der Fall, so hat die Urkunde dadurch ihren Beweiswert verloren; deshalb liegt nur versuchte Urkundenfälschung vor, während § 274 am fehlenden Vorsatz scheitert. Etwas anderes gilt, wenn nach Gesetz, Herkommen oder Vereinbarung (z. B. Allg. Geschäftsbedingungen) bei widersprüchlichen Angaben die eine verbindlich sein soll, so etwa die Angabe des Zahlungsbetrages in Buchstaben bei Scheck und Wechsel (vgl. Art. 6 WG, Art. 9 ScheckG); hier liegt Vollendung nur vor, wenn die maßgebliche Angabe geändert wurde (vgl. Tröndle LK 144); wird allerdings der Urkundsinhalt mit Einverständnis des Ausstellers abgeändert, so liegt keine Verfälschung vor, da der geänderte Inhalt geistig vom Aussteller herrührt (vgl. u. 68); dies ergibt sich aus einer Umkehrung der Grundsätze über die Blankettfälschung (vgl. o. 62). Ebensowenig liegt Urkundenfälschung vor, wenn der Urkunde durch den Eingriff die Urkundeneigenschaft genommen wird; hier kommt nur § 274 in Betracht (vgl. u. 70ff.). Dagegen kann eine Gesamturkunde (vgl. o. 30ff.) durch Beseitigung einzelner Teilurkunden verfälscht werden, da sich dadurch der Gesamtinhalt verändert. Wird allerdings die Entnahme der Einzelurkunde in der Gesamturkunde vermerkt, so wird deren Inhalt nicht verfälscht, weil sich aus der Gesamturkunde die Existenz des entnommenen Teils ergibt (Düsseldorf NStZ **81**, 25). Straflos ist auch hier die spätere Verfälschung durch den Aussteller (u. 68f.; vgl. aber RG **31** 175, **50** 246, **51** 36, **60** 157, **63** 260, **69** 398).

68 c) Das **Ergebnis** einer Urkundenfälschung muß stets eine **unechte Urkunde** sein. Dies ergibt sich aus dem Fälschungsbegriff des § 267, der den Mißbrauch der Urkundsform nur im Hinblick auf die Identitätstäuschung und damit nur die Fälle umfaßt, in denen eine Urkunde nicht von der Person stammt, die in ihr als Aussteller bezeichnet ist. Daraus folgt, daß die **spätere Veränderung einer Urkunde durch deren Aussteller nicht nach § 267 strafbar ist** (ebenso Puppe Jura 79, 639, JZ 86, 944, Armin Kaufmann ZStW 71, 411, Lampe GA 64, 330, Schilling aaO 111f., Samson JuS 70, 375, SK 74, Kienapfel, Urkunden im Strafrecht 205 FN 217, JZ 75, 515, Jura 83, 185). Demgegenüber sieht die h. M. das Verfälschen nicht als einen Unterfall des Herstellens einer unechten Urkunde, sondern als selbständiges Verbrechensmerkmal an, das die Strafbarkeit auch auf die Verfälschung durch den Aussteller erstreckt, sofern dieser die Dispositionsmöglichkeit über die Urkunde verloren hat (RG in st. Rspr., vgl. Nachw. 19. A. RN 68; ebenso BGH **13** 383, GA **63**, 17, Stuttgart NJW **78**, 715, VRS **74**, 437, D-Tröndle 19a, Lackner 4b, Tröndle LK 153ff., Blei II 315f., M-Maiwald II/2 149, Welzel 410, Wessels II/1 177). Dies würde voraussetzen, daß § 267 den Rechtsverkehr nicht nur gegen die Schaffung falscher, sondern auch in seinem Interesse an der Integrität bestehender echter Beweismittel schützt; den letzteren Rechtsschutz hat aber § 274 übernommen. Im übrigen führt die h. M. zu einer Veränderung des Echtheitsbegriffes, da auch die inhaltlich veränderte Urkunde vom Aussteller herstammt und damit echt ist; die h. M. müßte daher einen abweichenden Falschheitsbegriff aufstellen, der in bestimmten Fällen auch die Herstellung einer echten Urkunde umfassen müßte (so ausdrücklich Tröndle LK 153). Dann müßte aber konsequenterweise nach § 267 strafbar sein, wer seine alte Urkunde durch eine neue, inhaltlich andere Urkunde ersetzt, um den Anschein zu erwecken, diese zweite Urkunde sei die von ihm ursprünglich in Verkehr gegebene: Der Schuldner (Aussteller) nimmt seinem Gläubiger den Schuldschein weg und ersetzt ihn durch einen im Betrag geänderten (vgl. BGH **2** 38). In Wahrheit liegt bei der nachträglichen Veränderung einer Urkunde durch den Aussteller das Schwergewicht nicht in der Schaffung eines „falschen Beweismittels" und der (durch § 267 nicht erfaßten) Lüge, daß der Aussteller von Anfang an die Erklärung in der veränderten Form abgegeben habe, sondern in der Zerstörung des bisherigen Beweisinhalts. Deswegen soll die nachträgliche Veränderung der Urkunde durch den Aussteller nach h. M. erst von dem Zeitpunkt an nach § 267 strafbar sein, in dem ein Dritter an der Urkunde ein Beweisinteresse erlangt hat (vgl. RG **52** 80, 90). Die Zerstörung usw. eines bestehenden Beweismittels ist aber ausschließlich nach § 274 zu beurteilen. Im übrigen ist noch niemand bestraft worden, der seine inhaltlich unrichtige Erklärung später richtig gestellt hat (die dem Aufsichtsrat übergebenen Inventurlisten werden dem tatsächlichen Stand entsprechend geändert); dies zeigt umgekehrt, daß durch die h. M. die (nach § 267 nicht strafbare) Lüge bestraft wird. Deshalb ist die nachträgliche Änderung von Handelsbüchern eines Vollkaufmanns (vgl. aber RG **69** 400 m. Anm. Merkel JW 36, 664), einer dem Aufsichtsrat mitgeteilten Bilanz (vgl. aber BGH **13** 382), eines von einem Beamten zu führenden Kontrollbuches (vgl. aber RG **64** 397) durch den jeweiligen Aussteller ebensowenig strafbar, wie wenn dieser von vornherein der Urkunde einen anderen Inhalt gegeben hätte (vgl. Lampe GA 64, 329f.).

Anderes gilt, wenn die Veränderung der Urkunde durch den Aussteller zugleich einen auf dieser **69** fest angebrachten Beglaubigungs- oder Kontrollvermerk, d. h. eine weitere Urkunde verfälscht. Es handelt sich hier um die Verfälschung einer sog. Beweiseinheit i. S. einer zusammengesetzten Urkunde (vgl. o. 36 a). Ändert z. B. der Aussteller die beglaubigte Abschrift seiner Urkunde, so ist er nach § 267 strafbar (vgl. o. 40); ebenso, wenn das mit Namen versehene Fahrtenschreiberschaublatt nachträglich verändert wird (Stuttgart NJW 78, 715, VRS 74, 437); eine Verfälschung liegt z. B. auch in der Abänderung von Eintragungen in einem Kassenbuch durch den Buchhalter, die vom Geschäftsherrn abgezeichnet sind (zu weit RG GA Bd. **53** 286), in der Abänderung des Verfalldatums auf einem bereits akzeptierten Wechsel durch den Aussteller (Saarbrücken JZ 75, 514 m. krit. Anm. Kienapfel), in der Änderung von Eintragungen im Trödlerbuch (§ 6 I UnedlMetG), nachdem die Behörde einen Kontrollvermerk angebracht hat (vgl. BGH MDR 54, 309, Stuttgart JR 60, 191 m. Anm. Mittelbach), oder in der Änderung der Warenbezeichnung auf einem Frachtbrief, der zoll- und bahnamtlich abgestempelt ist (RG LZ **17** Sp. 280). Ändert ein Beamter eine im Rahmen seiner Zuständigkeit hergestellte Urkunde (Grundbuchbeamter ändert eine abgeschlossene Eintragung; vgl. aber RG DR **44**, 155), so kann § 348 vorliegen; vgl. dort RN 8.

2. Schwierigkeiten bereitet die **Abgrenzung** zwischen der **Beschädigung** einer Urkunde und ihrer **70** **Verfälschung.** Man wird hier folgende Fälle zu unterscheiden haben (vgl. auch Geppert aaO):

a) Wird durch die Beseitigung von Teilen einer Erklärung der Urkunde ein **neuer Beweisinhalt** **71** gegeben (z. B. Ausradieren einer Null im Schuldbetrag), so ist § 274 zwar tatbestandsmäßig erfüllt, weil durch die Veränderung die ursprüngliche Beweisrichtung der Urkunde beseitigt wurde (vgl. dort RN 7 ff.); § 274 (ebenso § 303) tritt jedoch als subsidiär hinter § 267 zurück, weil hier die Beschädigung nur das Mittel zur Verfälschung ist (vgl. aber u. 71 b). Dies gilt ebenso, wenn der Urkunde nach dem Eingriff durch Einfügung ein neuer Inhalt gegeben wird.

Diese Grundsätze finden auch Anwendung, wenn durch die (für sich betrachtet nur nach § 274 **71 a** strafbare) Entfernung oder Vernichtung von Einzelurkunden aus einer **Gesamturkunde** deren Gesamtsinn verfälscht wird (vgl. o. 30 ff.).

Auch wenn die Urkunde durch den Eingriff einen neuen Beweisinhalt erhalten hat, also objektiv **71 b** verfälscht worden ist, kommt dennoch nur § 274 in Betracht, wenn der Täter den Berechtigten nur schädigen und auch nicht mittelbar im Rechtsverkehr täuschen wollte (vgl. u. 87 b).

b) **Verliert die Urkunde** infolge des Eingriffs **ihre Urkundenqualität** (vgl. Köln JMBlNRW **58**, **72** 114), so liegt nicht § 267, sondern nur § 274 vor. Dies gilt etwa, wenn die Unterschriften einer Urkunde beseitigt werden (vgl. BGH NJW 54, 1375). § 267 liegt auch nicht vor, wenn der Täter die Erklärung nunmehr mit seinem Namen unterzeichnet, denn dadurch stellt er keine unechte Urkunde her (BGH aaO; and. bei der Unterzeichnung mit einem fremden Namen: hier kommt die 1. Alt. von § 267 in Betracht, so daß je nach Sachlage zwischen § 267 und § 274 Ideal- oder Realkonkurrenz vorliegt). Nur § 274 ist auch anwendbar, wenn auf einem Schriftstück selbständige Teile entfernt werden, z. B. der Datumsstempel auf einem Brief (RG **62** 12, HRR **33** Nr. 1151, Braunschweig NJW **60**, 1120). Ebenso bleibt es bei § 274, wenn der Aussteller später seine eigene Urkunde ändert (vgl. o. 68 f.); u. U. gilt dies auch dann, wenn ein Dritter für den Aussteller die Veränderung vornimmt.

VIII. Eine unechte oder verfälschte Urkunde ist **gebraucht,** wenn sie dem zu Täuschenden **73** **zugänglich gemacht** und diesem damit die Möglichkeit der Kenntnisnahme gegeben ist (vgl. RG **60** 162, BGH **1** 120, **2** 52, **5** 151 f., Tröndle LK 171, M-Maiwald II/2 150).

1. Die Täuschung muß dadurch erfolgen, daß dem Opfer **die Urkunde als solche** zugänglich **74** gemacht wird (RG **46** 225, BGH GA **63**, 16). Daher genügt der Gebrauch einer einfachen Abschrift nicht (RG **70** 133). Dagegen ist der Gebrauch einer amtlich beglaubigten Abschrift als Gebrauch der Urkunde selbst anzusehen, da sie im Rechtsverkehr das Original vertritt (vgl. RG **76** 333, BGH **1** 120); vgl. im übrigen o. 40 a. Zur Verwendung einer Fotokopie vgl. o. 42.

Unerheblich ist, ob die Urkunde von einem anderen oder vom Täter selbst gefälscht wurde **75** und ob dies vorsätzlich geschah oder nicht. Die dritte Alternative wird jedoch vor allem dann in Betracht kommen, wenn derjenige, der von der Urkunde Gebrauch machte, nicht als Fälscher bestraft werden kann. Über das Verhältnis von Fälschen und Gebrauchmachen vgl. u. 79 ff.

2. **Gebrauchmachen** heißt **zugänglich machen** (RG **66** 298, BGH MDR/D **73**, 18). Es ist **76** nicht erforderlich, daß der zu Täuschende die Urkunde tatsächlich wahrgenommen oder eingesehen hat (RG **64** 398). Daher liegt im Fahren eines Kfz mit verfälschtem Kennzeichen, das von jedem gesehen werden kann, ebenso ein Gebrauchmachen wie im Bereitlegen der Urkunde zur Kenntnisnahme durch den Täuschenden, sofern diesem der Zugriff ohne weiteres offensteht (RG **72** 370). Ein Gebrauchmachen liegt auch dann vor, wenn die Vorlegung der Urkunde nicht freiwillig, sondern in Erfüllung einer Rechtspflicht erfolgt (RG **70** 16). Ausreichend ist auch, wenn die Kenntnisnahme durch Verlesen ermöglicht wird, sofern der Getäuschte die Möglichkeit hat, die Urkunde auch einzusehen (vgl. RG **69** 230). Im bloßen Beisichtragen eines gefälschten Führerscheins liegt noch kein Gebrauchmachen (BGH GA **73**, 179, StV **89**, 304). Zum Gebrauchmachen genügt nicht, daß sich jemand auf eine in seinem Besitz befindliche Urkunde beruft oder sich zu ihrer Vorlegung bereit erklärt (RG **16** 230, BGH NJW **89**, 1099). Beruft sich

der Täter auf eine **im Besitz des zu Täuschenden** befindliche Urkunde, so liegt ein Gebrauchmachen vor, wenn diesem die Kenntnisnahme dadurch erst ermöglicht wird; so wenn der angebliche Vermächtnisnehmer den Erben auf ein in dessen Besitz befindliches Testament aufmerksam macht, von dessen Existenz dieser noch nichts wußte, oder wenn, wie beim Urkundenbeweis im Zivilprozeß, die Verwertung des urkundlichen Inhalts von einem Antrag des Täters abhängt. Dagegen genügt z. B. nicht, daß der Täter sich auf eine bereits früher übergebene Urkunde bezieht (and. Hamm JMBlNRW 57, 68). Endlich kann ein Gebrauchmachen auch darin liegen, daß der Täter den zu Täuschenden auf die im Besitz eines Dritten, jenem jedoch ohne weiteres zugängliche Urkunde verweist; dies wird vor allem praktisch beim Hinweis auf unechte Eintragungen in öffentlichen Büchern, Registern usw. oder beim Antrag auf Beiziehung von Akten, Auskünften usw. im Prozeß (vgl. RG 19 217). Da jedoch die Möglichkeit der Kenntnisnahme für das Gebrauchmachen erforderlich ist, wird man in diesen Fällen Vollendung erst annehmen dürfen, wenn der zu Täuschende der Anregung Folge leistet.

77 Ein Gebrauchmachen kann auch durch **Unterlassen** erfolgen. Wer ohne Täuschungsabsicht eine unechte Urkunde herstellt, ist aus vorausgegangenem Tun verpflichtet, deren Gebrauch durch Dritte zu verhindern (vgl. RG HRR 25 Nr. 1591); unterläßt er dies in Täuschungsabsicht, so kommt Täterschaft, im übrigen Beihilfe in Betracht.

78 3. Von der unechten Urkunde muß **gegenüber demjenigen** Gebrauch gemacht werden, der durch die Täuschung zu einem rechtserheblichen Verhalten bestimmt werden soll (RG 59 395). Es braucht keine bestimmte Person zu sein; so genügt der Gebrauch eines gefälschten Kfz-Kennzeichens zur Irreführung von Polizei und Publikum (RG 72 370). Das Gebrauchmachen kann auch durch eine Mittelperson erfolgen. Hierbei gilt entsprechend den Grundsätzen der mittelbaren Täterschaft folgendes (vgl. § 25 RN 6ff.): Ist die Mittelperson bösgläubig, so beginnt der Versuch des Gebrauchmachens (§ 267 II) erst, wenn diese Handlungen vornimmt, durch die das Opfer der Täuschung zur Kenntnisnahme veranlaßt werden soll; die Tat ist vollendet, wenn diesem die Urkunde zugänglich gemacht ist (ebenso M-Maiwald II/2 150). Ist der Tatmittler gutgläubig, so beginnt das Gebrauchmachen schon mit der Einwirkung auf diesen; Vollendung liegt aber erst vor, wenn die Urkunde dem zu Täuschenden zugänglich wird (RG HRR 40 Nr. 1272; and. M-Maiwald II/2 150), es sei denn, daß die Mittelperson nicht nur als Bote tätig (vgl. hierzu Stuttgart NJW 89, 2552), sondern selbst getäuscht und zu einem rechtserheblichen Verhalten veranlaßt werden soll (Rechtsanwalt soll gefälschten Wechsel einklagen). Vgl. R 7 682 (Übersendung einer verfälschten Geburtsurkunde an den Verlobten, der sie dem Standesamt einreichen wird). Wer Dritten lediglich unechte Urkunden beschafft, ist nicht unbedingt mittelbarer Täter im Hinblick auf das Gebrauchmachen; es kommt aber Anstiftung oder Beihilfe in Betracht (BGH MDR/H 89, 306).

79 IX. Für das **Verhältnis von Fälschen und Gebrauchmachen** gilt folgendes: Seiner Struktur nach enthält § 267 ein zweiaktiges Delikt, dessen einer Akt (Gebrauchmachen) seit der VO vom 29. 5. 1943 in den subjektiven Tatbestand verlegt ist. Daraus ergibt sich, daß beide Akte eine deliktische Einheit bilden und daher nur ein einziges Delikt der Urkundenfälschung vorliegt, wenn der Täter eine Urkunde fälscht und gebraucht (BGH GA 55, 246, Bay NJW 65, 2166, Braunschweig NdsRpfl. 60, 90, D-Tröndle 35, Miehe GA 67, 275; vgl. auch Tröndle LK 118 f.).

79a Abweichend wird zum Teil angenommen, das Gebrauchmachen sei gegenüber den anderen Formen straflose Nachtat (Nürnberg MDR 51, 52 m. Anm. Meister, Düsseldorf JMBlNRW 51, 208, Sax MDR 51, 587); wieder and. OGH 1 161, Bamberg HESt. 2 325 (Fortsetzungszusammenhang) sowie Hartung, Steuerstrafrecht 164, Jagusch LK[8] 10, Niese DRZ 51, 177, Schneidewin Mat. I 225 (Subsidiarität der beiden ersten Formen). Der BGH (17 97 m. Anm. Häussling JZ 63, 69) ist ebenfalls der Ansicht, daß die beiden Akte nur über die Rechtsfigur der Fortsetzungstat zu einer Einheit zusammengefaßt werden können.

79b Problematisch ist einmal der Fall, daß eine gefälschte Urkunde mehrmals gebraucht wird. Hier kann der einheitliche Fälschungsakt als solcher keine einheitliche Tat bewirken (and. Miehe GA 67, 276); andernfalls würde derjenige, der eine nicht von ihm selbst gefälschte Urkunde mehrmals gebraucht, anders behandelt als der Fälscher selbst. Vielmehr liegt eine einzige Urkundenfälschung nur dann vor, wenn die mehreren Gebrauchsakte vom ursprünglichen Täterplan umfaßt waren (BGH 17 98 m. Anm. Häussling JZ 63, 69, GA 55, 246), also in Fortsetzungszusammenhang stehen. Beruht das Gebrauchmachen auf einem neuen Entschluß, so liegt Realkonkurrenz vor (BGH 5 291).

79c Werden mehrere Urkunden zum Zwecke desselben einmaligen Gebrauches gefälscht, so bewirkt die Tatsache, daß das Gebrauchmachen Bestandteil der Urkundenfälschung ist, eine Einheit der Tat. Trotz mehrfacher Fälschungsakte liegt daher nur eine Urkundenfälschung vor (zust. Tröndle LK 212; vgl. u. 100).

79d Folgt man der hier vertretenen Auffassung, so ergibt sich, daß die Verfolgungsverjährung wegen der Fälschung die Bestrafung wegen eines Gebrauchmachens nicht ausschließt, wenn dieses – sei es auch in Fortführung des ursprünglichen Entschlusses – nach Beendigung der Verjährung erfolgt (so i. E. auch Braunschweig NdsRpfl. 60, 90).

Anstiftung zur Verfälschung einer Urkunde wird durch das schon bei der Anstiftung geplante 80
spätere Gebrauchmachen von der Urkunde aufgezehrt (Bamberg HESt. **2** 235, Tröndle LK 208);
beide Akte bilden ein einziges Delikt (vgl. u. 97 f.), so daß die allgemeinen Regeln über das Verhältnis
der Täterschaft zur Teilnahme bei Beteiligung an der gleichen Tat Anwendung finden. Umgekehrt
kommt strafbare Teilnahme des Fälschers an dem von einem anderen vorgenommenen Gebrauchmachen nicht in Betracht; die Täterschaft der ersten Alternativen schließt die Beteiligung an der
dritten aus.

X. Die **Rechtswidrigkeit** wird durch Einwilligung des Namensträgers nicht ausgeschlossen, 81
da dieser über das geschützte Rechtsgut, nämlich die Sicherheit und Reinheit des Rechtsverkehrs (o. 1), nicht verfügen kann; vgl. jedoch o. 56 ff. (Zeichnen mit fremdem Namen) und o.
67 (Abänderung mit Einverständnis des Ausstellers). Vgl. zur mutmaßlichen Einwilligung als
Rechtfertigungsgrund Bay NStZ **88**, 313 m. Anm. Puppe. Die Tat ist auch dann rechtswidrig,
wenn dem Täter das Recht, das er durch den Gebrauch der Urkunde verfolgt, zusteht. Nach
AG Frankfurt/M.-Höchst StV **88**, 306, AG München StV **88**, 306 kann die Benutzung eines
gefälschten Passes nach Völkerrecht (Art. 31 Genfer Flüchtlingskonvention) gerechtfertigt sein.

XI. Für den **subjektiven Tatbestand** ist Vorsatz erforderlich; ferner muß die Handlung zur 82
Täuschung im Rechtsverkehr vorgenommen werden.

1. Für den **Vorsatz** ist erforderlich, daß der Täter weiß, daß das Objekt der Handlung eine 83
Urkunde ist; daher kann nicht aus § 267 bestraft werden, wer eine Inventurliste verfälscht, die
er irrtümlich für eine betriebsinterne „Schmierkladde" hält. Den Rechtsbegriff der Urkunde
braucht der Täter jedoch nicht zu kennen, es genügt, wie bei allen normativen Tatbestandsmerkmalen, eine Vorstellung nach Laienart. Zur Abgrenzung zum Subsumtionsirrtum vgl.
§ 15 RN 40 ff.; zur Abgrenzung von versuchter Urkundenfälschung und Wahndelikt vgl. BGH
13 235. Der Vorsatz muß ferner das Fälschen oder Verfälschen umfassen; besteht die Handlung
im Gebrauchmachen, so muß der Täter wissen, daß die Urkunde unecht oder verfälscht ist.
Hinsichtlich der Urkundseigenschaft genügt dolus eventualis (vgl. RG GA Bd. **62** 141). Eine
Annahme nachträglicher Genehmigung der Unterzeichnung mit fremden Namen schließt
regelmäßig den Vorsatz der Urkundenfälschung nicht aus (RG DJ **35**, 1193; es kann jedoch an
der Täuschungsabsicht fehlen).

2. Die Handlung muß ferner **zur Täuschung im Rechtsverkehr** erfolgen. 84

a) Dieses Merkmal liegt vor, wenn ein Irrtum über die Echtheit der Urkunde erregt und der 85
Getäuschte durch den gedanklichen Inhalt zu einem rechtlich erheblichen Verhalten bestimmt
werden soll (vgl. RG **64** 96, BGH **5** 149, Samson SK 89, Lackner 7, Blei II 316). Diese
Voraussetzungen liegen nicht vor, wenn die fälschlich angefertigte Urkunde erst nach Genehmigung durch den angeblichen Aussteller gebraucht werden soll. Im einzelnen gilt folgendes:

α) Durch die Täuschung muß der **Eindruck** erweckt werden sollen, das **Beweismittel sei** 86
echt (RG DR **41**, 262), sein Inhalt stamme also von dem in der Urkunde angegebenen Aussteller. Unter Täuschung ist hier das gleiche zu verstehen wie in § 263 (vgl. dort RN 6 ff.); der
Erregung eines Irrtums steht dessen Unterhaltung oder Intensivierung gleich (vgl. RG **13** 247).
Die Täuschung muß sich auch auf den aktuellen gedanklichen Inhalt der Urkunde beziehen;
es genügt nicht, daß über den Altertumswert des Gegenstandes getäuscht werden soll. Ob ein
Irrtum tatsächlich erregt wurde, ist unerheblich; § 267 ist daher auch dann vollendet, wenn die
Fälschung sofort erkannt wird.

β) Die Tat muß zur Täuschung **im Rechtsverkehr** erfolgen. Dies hat Bedeutung in zweierlei 87
Hinsicht:

αα) **Gegenstand der Täuschung** muß eine im Rechtsverkehr erhebliche Tatsache sein. Es 87a
reicht nicht aus, wenn der Getäuschte nur über interne Dinge seines eigenen Rechtskreises irren
soll, die für seine äußeren Rechtsbeziehungen (Rechts„verkehr") unmittelbar nicht maßgeblich
sind. Dies gilt etwa, wenn der Täter betriebsinterne Aufzeichnungen seines Konkurrenten
(etwa dessen Kundenkartei oder dgl.) nur zu dem Zwecke verfälscht, daß dieser im Irrtum über
die wahre Situation seines Geschäftes falsch disponiere. Hier kommt (falls das veränderte
Schriftstück überhaupt Urkundenqualität hatte) nur § 274 in Betracht.

ββ) Zum anderen ist erforderlich, daß der Getäuschte zu einem **rechtserheblichen Verhalten** 87b
veranlaßt werden soll. Insoweit genügt, da das Schutzobjekt von § 267 der Rechtsverkehr ist,
der auf die Echtheit urkundlicher Beweismittel vertraut, daß der Täter eine rechtserhebliche
Reaktion als sichere Folge der Täuschung voraussieht, ohne daß es ihm auf diese anzukommen
brauchte (vgl. § 15 RN 68). Wer unter falschem Namen bei der Polizei mündlich Anzeige
erstattet und nunmehr, um sich nicht bloßzustellen, das Protokoll mit fremdem Namen unterzeichnet, ist aus § 267 strafbar. Es genügt die Absicht, irgendwelchen Einfluß auf das Rechtsleben auszuüben (Tröndle LK 191); rechtswidrig braucht der Erfolg nicht zu sein (RG **60** 188).

Auch wer das Gericht mit einer falschen Quittung täuscht, um eine unberechtigte Klageforderung abzuwehren (RG **47** 199), oder wer eine unrichtige Beurkundung richtigstellt, z. B. den quittierten Betrag entsprechend der tatsächlichen Zahlung umändert (RG LZ **18** Sp. 779), handelt zur Täuschung im Rechtsverkehr; es kann aber das Unrechtsbewußtsein fehlen. Zur Täuschung im Rechtsverkehr handelt auch, wer durch gefälschte Kontoauszüge seine Kreditwürdigkeit nachweisen will oder sich den Zugang zu einer Spielbank mit einem gefälschten Ausweis verschafft (Bay MDR **80**, 951). Ebenso handelt eine Frau, die durch ein gefälschtes Schwangerschaftsattest einen Mann zur Ehe veranlassen will, mit der erforderlichen Absicht. Täuschungsabsicht kann auch vorliegen, wenn der Vorgesetzte veranlaßt werden soll, von der Herbeiführung strafgerichtlicher (RG JW **35**, 3389) oder disziplinärer Maßnahmen abzusehen; dasselbe gilt bei der Täuschung innerdienstlicher Kontrollorgane (mißverständlich RG JW **35**, 3389, mißverstanden von Celle NdsRpfl. **61**, 251). Dagegen fehlt es an dieser Absicht, wenn jemand nur seine Angehörigen beruhigen will (RG **47** 200), wenn ein Ehemann seiner Frau ein gefälschtes Sparbuch überreicht, um ihr den Abschied zu erleichtern (RG LZ **20** Sp. 803), wenn der Täter bezweckt, eine schlechte Meinung über einen Dritten hervorzurufen (RG JW **28**, 2984 m. Anm. Bohne) oder wenn jemand die Gunst eines Mädchens erringen will (RG **64** 96). Auch das Bestreben, nach außen mehr zu erscheinen, als man ist, genügt allein noch nicht (RG DJ **38**, 329). Wer einer Zeitung einen Beitrag unter falschem Namen schickt, braucht nicht notwendig zur Täuschung im Rechtsverkehr zu handeln (RG **68** 2).

88 γ) Zwischen der Täuschung und der erstrebten Reaktion des Getäuschten muß ein **Kausalzusammenhang** derart bestehen, daß gerade der unechte Teil der vorgelegten Urkunde den anderen zu einem Verhalten bestimmen soll. Daher fehlt es an der Täuschungsabsicht, wenn der Täter davon ausgeht, der andere werde nicht im Vertrauen auf den unechten Teil seine Entscheidungen treffen, sondern durch den echten Teil der Urkunde veranlaßt zu handeln (Hamm JMBlNRW **56**, 45, NJW **76**, 2222: Gebrauch eines für Kl. III ausgestellten und in Kl. II gefälschten Führerscheins zum Nachweis der Fahrerlaubnis für Kl. III; and. BGH **33** 105 m. krit. Anm. Kuhl JR **86**, 297 u. Puppe JZ **86**, 947, Düsseldorf VRS **66** 448, Meyer MDR **77**, 444); ähnlich Bay MDR **58**, 264, Köln NJW **81**, 64 m. Bespr. Weber Jura **82**, 66.

89 δ) Entsprechend dem Schutzgedanken des § 267 (vgl. o. 1) muß es ausreichen, daß es dem Täter darum geht, ein Beweismittel zu schaffen, das dem Empfänger **keine vollgültige Beweismöglichkeit** bietet. Zur Täuschung im Rechtsverkehr handelt daher auch derjenige, der mit dem Namen eines anderen deswegen unterzeichnet, um sich – mag auch seine Identität festgestellt werden können – später darauf berufen zu können, er sei, weil er einen anderen Namen trage, nicht der Aussteller der Urkunde (vgl. RG **3** 340). Entsprechendes gilt bei der Unterzeichnung mit einem fremden Namen unter Vorspiegelung einer Vertretungsberechtigung. Besteht eine solche Absicht nicht, will also z. B. die ledige Frau, die sich in einem Mietvertrag einen anderen Namen beilegt, um als Ehefrau des Mannes zu erscheinen, mit dem sie zusammenlebt, ihre Erklärung gegen sich gelten lassen und von der Namensverschiedenheit zum Nachteil des Vertragspartners keinen Gebrauch machen, so fehlt ihr die Absicht der Täuschung im Rechtsverkehr.

90 b) Bei den beiden ersten Alternativen (Herstellen und Verfälschen) muß in subjektiver Beziehung hinzukommen, daß die Urkunde bestimmt ist, zur Täuschung im Rechtsverkehr **gebraucht** zu werden. Der Täter muß also die Absicht haben, ein Falsifikat zu schaffen, das im Rechtsverkehr verwendet werden soll. Dies bedeutet im einzelnen:

91 α) Die **Absicht** des Täters braucht keine Absicht i. e. S. zu sein. Es genügt das sichere Wissen, daß die Urkunde im Rechtsverkehr gebraucht werden soll (Lenckner NJW **67**, 1890, Tröndle LK 198; and. Bay NJW **67**, 1476 m. abl. Anm. Cramer JZ **68**, 30; differenzierend Jakobs 229). Die Absicht kann auch nur bedingt vorhanden sein, z. B. von der Klageerhebung des Gegners abhängen (vgl. BGH **5** 152). Der Täter braucht sich auch keine bestimmte Person als Opfer der Täuschung vorzustellen (RG **75** 25, BGH **5** 152). Insoweit gelten die Grundsätze über den „bedingten" Versuch (vgl. § 22 RN 18ff.). Hierzu eingehend W. Schmid ZStW **74**, 68 mwN.

92 β) Der Täter braucht auch **nicht** die Absicht zu haben, die Urkunde **selbst** zur Täuschung im Rechtsverkehr **zu gebrauchen**. Dies kann nach seinem Willen auch ein anderer tun, und zwar nicht nur ein Mittäter oder Gehilfe, sondern auch ein Dritter, der die Urkunde vom Täter erwirbt. Nach § 267 ist daher auch strafbar, wer Fälschungen „auf Vorrat" anfertigt (gewerbsmäßiger Paßfälscher). Hier besteht die Gebrauchsabsicht, ist jedoch noch von der Bedingung abhängig, daß ein anderer bereit ist, das Falsifikat zu erwerben.

93 c) Der **Beweggrund** des Täters ist **unerheblich** (vgl. § 15 RN 66). Hat der Täter die Absicht, irgendeinen Einfluß auf das Rechtsleben auszuüben, so kommt es nicht darauf an, was dem Täter den Anreiz zur Urkundenfälschung gab. Eine Täuschungsabsicht kann deshalb z. B. vorliegen, wenn eine Urkunde mit gefälschtem Geburtsdatum dem Standesamt zwecks Bestellung des Aufgebots eingereicht wird (R **4** 466; vgl. auch R **7** 681), auch wenn es dem Täter nur darum geht, dem Ehepartner gegenüber jünger zu erscheinen, oder wenn der Täter ein Zeitungsinserat aufgibt, um sich einen Scherz zu erlauben.

XII. Die Urkundenfälschung ist **vollendet,** sobald der Täter die Urkunde zur Täuschung im 94 Rechtsverkehr hergestellt, verfälscht oder gebraucht hat; es ist für die Vollendung nicht erforderlich, daß die bezweckte Täuschung erreicht wird.

Über die Möglichkeiten **tätiger Reue,** wenn der Täter nach der Herstellung seine Gebrauchs- 95 absicht aufgibt (und etwa das Falsifikat vernichtet) vgl. § 24 RN 114.

Der **Versuch** ist strafbar (Abs. 2). Ein Versuch liegt z. B. vor, wenn der Täter eine zum 96 Beweis geeignete Urkunde herstellen will, diese aber aus irgendwelchen Gründen nicht zum Beweis geeignet ist (RG HRR **36** Nr. 774), oder wenn er irrig davon ausgeht, der Aussteller ergebe sich aus der Urkunde. Das Verschaffen einer Blanko-Unterschrift ist noch kein Versuch (BGH JZ **65,** 544 m. Anm. Schröder). Das Beisichführen eines gefälschten Führerscheins soll dagegen für einen Versuch ausreichen (so Meyer MDR **77,** 444). Zum Versuchsbeginn beim Gebrauchmachen durch einen Tatmittler vgl. o. 78.

XIII. **Täterschaft** und **Teilnahme** bestimmen sich nach den allgemeinen Regeln (BGH 97 MDR/D **67,** 548); Täterschaft liegt stets vor, wenn jemand in eigener Person alle objektiven und subjektiven Merkmale des Tatbestandes erfüllt (Stuttgart NJW **78,** 715). Die Täuschungsabsicht ist tatbezogen, weshalb für Teilnehmer § 28 I nicht in Betracht kommt. Fälscht der eine Beteiligte die Urkunde, während der andere sie gebraucht, so ist jeder als Täter des § 267 strafbar (vgl. RG **70** 16, BGH GA **65,** 149). Nicht notwendig ist, daß die Mittäter sich kennen, stellt jemand sein Lichtbild, seine Personalangaben usw. einem ihm nicht bekannten Täter zur Verfügung, so ist er gleichwohl Mittäter nach § 267 (BGH GA **73,** 184; vgl. auch RG **58** 279). Anstiftung zum Verfälschen ist gegenüber dem Gebrauchmachen ebenso subsidiär wie die Teilnahme des Fälschers an der Tat des Gebrauchmachenden gegenüber der Herstellung des Falsifikats (näher o. 80). Der bloße Erwerb der unechten Urkunde vom Fälscher ist weder als Versuch der 3. Alt. noch auch als Mittäterschaft bei der Herstellung strafbar.

Wer ein Schriftstück durch einen Bevollmächtigten mit seinem Namen unterzeichnen läßt, 98 begeht auch dann keine Urkundenfälschung in mittelbarer Täterschaft, wenn das Gesetz eigenhändige Unterschrift erfordert (RG **44** 70); es kann aber Anstiftung in Betracht kommen, sofern dieser vorsätzlich handelt. Täterschaft, bzw. mittelbare Täterschaft, kann bei einer Herbeiführung der Unterschrift durch Täuschung oder Zwang gegeben sein. Freilich führt nicht jede Willensbeeinflussung zur Täterschaft. Eine solche ist vielmehr nur gegeben, wenn unwiderstehlicher Zwang ausgeübt wird, z. B. die Hand bei der Unterzeichnung geführt wird (unmittelbare Täterschaft), oder wenn durch die Täuschung dem Unterzeichnenden verschleiert wird, daß er eine beweiserhebliche Erklärung abgibt (mittelbare Täterschaft); dies ist z. B. der Fall, wenn die Unterschrift durch ein Pausblatt ohne Kenntnis des Unterschreibenden auf ein weiteres Schriftstück übertragen wird (vgl. RG **50** 179, JW **31,** 2248, Schroeder GA **74,** 225). Zur Urkundenfälschung in mittelbarer Täterschaft vgl. auch RG HRR **40** Nr. 1364.

XIV. Zur **Einziehung** unechter Urkunden vgl. § 282. 99

XV. **Idealkonkurrenz** kommt in Betracht mit §§ 153, 154 (RG **60** 353), § 156 (RG **52** 74), § 164 100 (RG **7** 47), §§ 185 ff. (RG **50** 55), § 268 (vgl. dort RN 69), § 271 (RG **61** 412), § 242 KO (BGH GA **55,** 151), ebenso mit Steuerhinterziehung (Neustadt NJW **63,** 2180 m. Anm. Henke u. Anm. Kulla NJW **64,** 168, BGH wistra **88,** 345). Zum Verhältnis zu § 22 StVG vgl. BGH **18** 66. Für das Verhältnis zum **Betrug** gilt folgendes. Hat der Täter die falsche Urkunde hergestellt und nimmt er später mit dieser die Täuschungshandlung vor, so besteht zwischen § 267 und § 263 Idealkonkurrenz (vgl. BGH JZ **52,** 89, GA **55,** 246, Braunschweig GA **54,** 315; and. M-Maiwald II/2 153, der Realkonkurrenz annimmt). Fälschung und Gebrauchmachen sind nur eine Urkundenfälschung (o. 79). Hat der Täter einen neuen Entschluß gefaßt, so kann Realkonkurrenz vorliegen (BGH **5** 295, **17** 98 m. Anm. Häussling JZ **63,** 69). **Gesetzeskonkurrenz** besteht mit den Münzdelikten (§§ 146 ff.), §§ 275, 277 sowie § 24 III WZG (BGH **2** 370). Der Gebrauch eines verfälschten Passes ist nach § 267 strafbar; § 281 erfaßt demgegenüber den Gebrauch echter Ausweispapiere durch Unbefugte. Zum Verhältnis zu § 274 vgl. o. 70 ff., § 274 RN 22, zu § 133 II vgl. dort RN 23. Eine Urkundenfälschung ist **nicht straflose Nachtat** nach einem Diebstahl oder Betrug, einer Unterschlagung oder Untreue, da ein neues Rechtsgut verletzt wird (RG **60** 372). **Fortsetzungszusammenhang** ist möglich zwischen § 267 und § 268, wegen der verschiedenartigen Angriffsrichtung aber nicht zwischen Urkundenfälschung und Urkundenvernichtung (§ 274; and. RG DR **41,** 1883).

§ 268 Fälschung technischer Aufzeichnungen

(1) Wer zur Täuschung im Rechtsverkehr
1. eine unechte technische Aufzeichnung herstellt oder eine technische Aufzeichnung verfälscht oder
2. eine unechte oder verfälschte technische Aufzeichnung gebraucht,

wird mit Freiheitsstrafe bis zu fünf Jahren oder mit Geldstrafe bestraft.

(2) Technische Aufzeichnung ist eine Darstellung von Daten, Meß- oder Rechenwerten, Zuständen oder Geschehensabläufen, die durch ein technisches Gerät ganz oder zum Teil selbsttätig bewirkt wird, den Gegenstand der Aufzeichnung allgemein oder für Eingeweihte erkennen läßt und zum Beweis einer rechtlich erheblichen Tatsache bestimmt ist, gleichviel ob ihr die Bestimmung schon bei der Herstellung oder erst später gegeben wird.

(3) Der Herstellung einer unechten technischen Aufzeichnung steht es gleich, wenn der Täter durch störende Einwirkung auf den Aufzeichnungsvorgang das Ergebnis der Aufzeichnung beeinflußt.

(4) Der Versuch ist strafbar.

(5) § 267 Abs. 3 ist anzuwenden.

1 *Schrifttum: Armin Kaufmann*, Die Urkunden- und Beweismittelfälschung im E 1959, ZStW 71, 409. – *Kienapfel*, Urkunden und technische Aufzeichnungen, JZ 71, 163. – *ders.*, Neue Horizonte des Urkundenstrafrechts, Maurach-FS 431. – *Lampe*, Fälschung technischer Aufzeichnungen, NJW 70, 1079. – *ders.*, Die strafrechtliche Behandlung der sog. Computer-Kriminalität, GA 75, 1. – *Puppe*, Die Fälschung technischer Aufzeichnungen, 1972. – *dies.*, Vom Wesen der technischen Aufzeichnungen, MDR 73, 460. – *dies.*, Störende Einwirkung auf einen Aufzeichnungsvorgang, NJW 74, 1174. – *Richter*, Mißbräuchliche Benutzung von Geldautomaten – Verwendung duplizierter und manipulierter Euroscheckkarten –, CR 89, 303. – *Samson*, Urkunde und Beweiszeichen, 1968. – *Schilling*, Fälschung technischer Aufzeichnungen, 1970. – *Schneider*, Das Fälschen technischer Aufzeichnungen, JurA 70, 243. – *Steinke*, Die Kriminalität durch Beeinflussung von Rechnerabläufen, NJW 75, 1867. – *Wegscheider*, Strafrechtlicher Urkundenbegriff und Informationsverarbeitung (I, II), CR 89, 923, 996. – *Widmaier*, Unechte oder scheinbare technische Aufzeichnungen?, NJW 70, 1358.

2 I. Zum Verständnis und zur praktischen Bedeutung dieser Bestimmung vgl. 19.A. RN 1 ff.

3 II. Während bei § 267 der Rechtsverkehr darauf vertraut, daß hinter einer schriftlich fixierten Erklärung ein bestimmter Aussteller steht, den man beim Wort nehmen kann, kann sich das Vertrauen des Verkehrs bei technischen Aufzeichnungen nur darauf stützen, daß eine Maschine i. d. R. unbestechlich und ohne Irrtum arbeitet und daher ihr Aufzeichnungsergebnis den für den Rechtsverkehr entscheidenden Vorgang richtig wiedergibt, z. B. die Buchungsmaschine einer Bank den Saldo richtig berechnet. Diese Tatsache ist bei der Auslegung dessen, was § 268 schützen soll, zu berücksichtigen. Vor allem der Begriff unecht i. S. des Abs. 1 ist daran zu orientieren, wobei aber zu beachten ist, daß das **Schutzbedürfnis des § 268 nicht weiter** gehen kann als das sachlich gerechtfertigte **Vertrauen** des Verkehrs **in die Beweisqualität** der technischen Aufzeichnung.

4 Der Beweisverkehr kann sich nur darauf verlassen, daß die Aufzeichnung das **Ergebnis eines maschinellen Vorgangs** darstellt und deshalb – ungeachtet des Nachweises der Unrichtigkeit im konkreten Falle die Vermutung inhaltlicher Richtigkeit für sich hat, insofern als es hier auf menschliche Unzulänglichkeit bzw. Glaubwürdigkeit nicht ankommt. Jede Manipulierung mit der Folge des Anscheins selbsttätiger Herstellung führt objektiv zur Beseitigung dieses typischen Beweiswerts bzw. dazu, daß der Aufzeichnung im Rechtsverkehr ein Beweiswert beigemessen wird, der ihr tatsächlich nicht (mehr) zukommt. Der **Echtheitsbegriff** drückt somit einen **formalisierten Wahrheitsschutz** aus. Es kommt daher auch für § 268 (vgl. § 267 RN 1, 54) grundsätzlich nicht darauf an, ob der Inhalt einer unechten oder verfälschten technischen Aufzeichnung in concreto richtig oder falsch ist (vgl. Corves, Sonderausschuß V/120 S. 2398, u. 30, 44a; vgl. aber zu Abs. 3 u. 51).

5 III. Der **Tatbestandsaufbau** des § 268 entspricht äußerlich dem des § 267. **Abs. 1 Nr. 1** erfaßt das Herstellen unechter (u. 38 ff.) und das Verfälschen echter technischer Aufzeichnungen (u. 40 ff.). Nach **Abs. 1 Nr. 2** wird der Gebrauch unechter oder verfälschter Aufzeichnungen bestraft (u. 60 ff.). **Abs. 3** hat demgegenüber in § 267 keine Entsprechung. Er erfaßt die Herstellung unrichtiger Aufzeichnungen durch Störung des Aufzeichnungsvorgangs.

6 IV. Abs. 2 bestimmt den **Begriff der technischen Aufzeichnung**. Diese Definition lehnt sich äußerlich an die der Urkunde an (vgl. § 267 RN 2 ff.); inhaltlich weicht sie vor allem dadurch ab, daß die technische Aufzeichnung weder eine Gedankenerklärung verkörpern noch auf einen Aussteller hinweisen muß.

7 1. **Vorausgesetzt** wird zunächst eine durch ein technisches Gerät ganz oder zum Teil selbsttätig bewirkte Darstellung von Daten, Meß- oder Rechenwerten, Zuständen oder Geschehensabläufen.

a) **Darstellung** ist jegliche Fixierung von Daten usw., gleichviel, in welcher Art und Weise sie 8
erfolgt. Zwar werden auch hier sprachlich-schriftliche Darstellungen häufig sein (etwa automatisch
ausgedruckte Abrechnungen, Meßergebnisse usw.); im Gegensatz zur Urkunde (vgl. § 267 RN 4ff.)
braucht jedoch die technische Aufzeichnung auch im weitesten Sinne nicht sprachbezogen zu sein. So
können z. B. photographische Aufnahmen bestimmter Geschehensabläufe (etwa Überwachung des
Straßenverkehrs durch automatische Kameras) oder Filmstreifen zur Registrierung des Strahleinein-
falls ebenso dem § 268 unterfallen wie die in einer Datenverarbeitungsmaschine gespeicherten Rechenwerte. § 268 II geht auch insoweit über den Urkundenbegriff des § 267 (vgl. dort RN 6) hinaus,
als die Darstellung weder optisch-visuell noch überhaupt unmittelbar sinnlich wahrnehmbar zu sein
braucht; auch die akustische (z. B. Tonband), elektromagnetische oder elektronische Fixierung von
Daten usw. (z. B. bei Computern) kann eine technische Aufzeichnung sein.

Die Darstellung muß, um „Aufzeichnung" zu sein, eine gewisse **Dauerhaftigkeit** aufweisen, also 9
das Aufgezeichnete „perpetuieren" (vgl. § 267 RN 2, 6). Dies ist nicht nur dann der Fall, wenn das
Gerät eine selbständige stoffliche Aufzeichnung liefert (so aber D-Tröndle 3, Tröndle LK 11; wie hier
Blei JA 71, 725). Aufzeichnungen sind vielmehr auch die sich fortlaufend verändernden Zählerstände
von Meßwerken, sofern sie die Summe der bisher gemessenen Einheiten bewahren (z. B. Kilometer-
zähler, Gasuhr; vgl. Frankfurt NJW **79**, 118, Armin Kaufmann ZStW 71, 423; Schilling aaO 11, Blei
aaO; and. BGH **29** 205 m. Anm. Kienapfel JR 80, 427, Düsseldorf VM **75**, 54, Schneider JurA 70,
247), nicht dagegen solche, die jeweils wieder in die Nullstellung zurückkehren (Zeiger der Waage).

b) Der Bereich der **Darstellungsobjekte** ist durch § 268 II so umfassend gezogen, daß die Vor- 10
schrift allen denkbaren und zukünftig durch die Entwicklung der Technik sich noch ergebenden
Situationen gerecht wird.

α) **Daten** sind in erster Linie „speicherbare Informationen aller Art, die einer weiteren Verarbei- 11
tung in einer Datenverarbeitungsanlage unterliegen" (vgl. BT-Drs. V/4094 S. 37). Diese Definition
erfaßt allerdings nur den Bereich elektronischer Datenverarbeiter; darüber hinaus müssen, entsprechend dem allgemeinen Sprachgebrauch, auch solche Informationen als „Daten" angesehen werden,
die einer weiteren Verarbeitung nicht mehr bedürfen. Andernfalls wären Lücken unvermeidlich: so
wäre z. B. das aufgezeichnete Ergebnis einer Datenverarbeitung, sofern es nicht unter den Begriff der
Meß- und Rechenwerte fiele, nicht geschützt (etwa der von einer Übersetzungsmaschine gelieferte
Text). „Daten" umfaßt danach als Oberbegriff auch die anschließend genannten „Meß- und Rechenwerte" (vgl. Dreher, Sonderausschuß V/129 S. 2619, Tröndle LK 13).

β) **Meßwerte** sind Meßergebnisse (End- und Zwischenergebnisse) von Objekten jeglicher Art nach 12
Maßstäben jeglicher Art. Daß der Sprachgebrauch z. T. abweicht, ist unschädlich; erfaßt werden also
z. B. auch die Ergebnisse des Abwiegens oder Abzählens (zust. Tröndle LK 14).

γ) **Rechenwerte** sind sämtliche Positionen (nicht nur End- oder Zwischenergebnisse) von Berech- 12a
nungen aller Art, gleichviel, ob es sich um sachbezogene oder abstrakte Rechenoperationen handelt
(vgl. BT-Drs. V/4094 S. 37).

δ) **Zustände** i. S. des § 268 II sind reale Gegebenheiten jeglicher Art. Es kann sich dabei um Zustän- 12b
de materieller (z. B. die Positionen verschiedener Gegenstände) wie auch nichtmaterialer Objekte
handeln (z. B. die augenblickliche Beschaffenheit einer bestimmten Energieform). Weitere Beispiele
bei Tröndle LK 16.

ε) Der Begriff **„Geschehensabläufe"** bezeichnet die Entwicklung, die ein „Zustand" im Ablauf 12c
einer bestimmten Zeitspanne nimmt. Dem Darstellungsmittel der Fotografie beim Zustand entspricht also beim Geschehensablauf die Filmaufnahme. Weitere Beispiele sind Elektrokardiogramme,
Tachographenscheiben usw.

c) Die Darstellung muß durch ein **technisches Gerät ganz oder zum Teil selbsttätig bewirkt** 13
worden sein.

α) Die Vorschrift erfaßt Aufzeichnungen von **technischen Geräten** beliebiger Art; die Geräte 14
brauchen weder geeicht noch durch eine Behörde oder eine anerkannte Prüfstelle geprüft worden zu
sein. Damit ist der Kreis der Tatobjekte in bedenklicher Weise ausgedehnt, denn bei unzuverlässig
arbeitenden Geräten kann ein schützenswertes Vertrauen in „den unbestreitbaren Wahrheitsgehalt der
Aufzeichnung" (vgl. Corves, Sonderausschuß V/120 S. 2410) nicht bestehen (krit. auch Kaufmann
ZStW 71, 42, Tröndle LK 7f., 18; vgl. aber Schneider JurA 70, 246).

β) Die Aufzeichnung muß **ganz oder zum Teil selbsttätig** („voll- oder teilautomatisch") durch das 15
technische Gerät bewirkt worden sein.

Diese Feststellung kann im Einzelfall schwierig sein. **Teilweise Selbsttätigkeit** ist nur zu bejahen, 16
wenn die den konkreten Aufzeichnungsvorgang steuernden menschlichen Eingriffe von der Maschine in erheblicher Weise umgewandelt oder verarbeitet werden. Dies ist z. B. bei gewöhnlichen
Schreibmaschinentexten nicht gegeben, weil hier die menschliche Bedienung durch das Gerät keine
wesentliche Umwandlung erfährt. And. z. B. beim Beleg einer Registrierkasse: hier werden zwar
ebenfalls die einzelnen Rechnungsposten getippt; durch deren Addition erbringt das Gerät aber eine
wesentliche eigene Leistung (vgl. Tröndle LK 20). Teilweise Selbsttätigkeit liegt also auch dann vor,
wenn ein menschlicher Eingriff (und nicht der Impuls des „Automaten") den konkreten Aufzeichnungsvorgang ausgelöst hat, sofern dieser nur in seinem weiteren Verlauf selbsttätig vonstatten geht.

Dasselbe gilt für die Eingabe von Daten usw. und die Verwertung von Meßobjekten, wenn hierdurch nur die Voraussetzungen für die weitere automatische Tätigkeit des Gerätes geschaffen wird, wie z. B. bei Rechnungsautomaten. Wesentlich ist also, daß bestimmte Teile des Aufzeichnungsvorgangs unter Ausschluß menschlichen Zutuns „geräteautonom" entstehen.

17 Aus den dargelegten Gründen sind auch **Fotografien** und Filme sowie **Tonbandaufnahmen** technische Aufzeichnungen i. S. des § 268; and. Tröndle LK 23. Die menschliche Mitwirkung am Aufzeichnungsvorgang beschränkt sich hier bloß auf das Auslösen bzw. Einschalten des Gerätes, was letztlich immer der Fall ist; dieses erbringt dann durch optische oder akustische Fixierung eines äußeren Zustandes oder Geschehens eine selbständige Leistung. Dies gilt unabhängig vom Gegenstand der Aufzeichnung. So ist etwa auch die Tonbandaufnahme einer menschlichen Unterhaltung durch das Gerät „selbsttätig" bewirkt. Daß ein Mensch das Gerät eingeschaltet hat, ändert daran so wenig wie der Umstand, daß menschliche Gedankenerklärungen aufgezeichnet werden; denn auch sie sind „Geschehensablauf" i. S. des § 268 (vgl. jedoch Corves, Sonderausschuß V/120 S. 2412). Es wäre auch nicht sinnvoll, Fotografien oder Tonbandaufnahmen nur dann als technische Aufzeichnungen anzuerkennen, wenn sie statt durch die Hand eines Menschen durch einen Automaten ausgelöst werden (z. B. Verkehrsüberwachungskameras; insoweit zust. Tröndle LK 24 a). Entscheidend ist die Selbsttätigkeit des Aufzeichnungsvorganges. Das gleiche gilt auch für Fotokopien von Urkunden, die zwar nach der h. M. als Urkunden nicht anerkannt werden, als technische Aufzeichnungen aber den für den Rechtsverkehr erforderlichen Schutz genießen (Schröder JR 71, 470, Schneider JurA 70, 243, Schilling aaO 196, Samson SK 9; and. BGH 24 141, Tröndle LK 23 mwN, D-Tröndle 7, Puppe Jura 79, 640); krit. Blei Henkel-FS 118. Freilich ist das Fotokopieren einer unechten Urkunde das teilweise Abdecken des Schriftstücks beim Fotokopiervorgang (so der Fall in BGH 24 141) oder das Fotokopieren einer Montage mehrerer Schriftstücke nicht das Herstellen einer unechten technischen Aufzeichnung, weil das Fotokopiergerät die Vorlagen so aufzeichnet, wie sie dem Gerät eingegeben wurden. Wohl aber kann das Verfälschen der Fotokopie als technischer Aufzeichnung über § 268 erfaßt werden. Strafbarkeitslücken bleiben daher bestehen.

18 **2.** Die Darstellung muß den **Gegenstand der Aufzeichnung** allgemein oder für Eingeweihte **erkennen lassen.** Dabei genügt es nicht, daß die Darstellung irgendeinen Aussagewert hat, sondern sie muß auch aussagen, auf welchen Gegenstand unter vielen gleichartigen sie sich bezieht, z. B. bei einem EKG feststellbar sein, welche Person es betrifft.

19 a) Der **Gesetzgeber** scheint davon ausgegangen zu sein, daß die Aufzeichnung **zugleich** auch ihren **Bezug zu einem bestimmten Lebensvorgang** zum Ausdruck bringt. Dies ist zwar häufig, z. B. bei automatischer Buchführung durch Codebezeichnungen für Buchungsvorgänge oder dann der Fall, wenn die technische Aufzeichnung auf dem Bezugsobjekt fest angebracht wird, wie beim automatischen Aufdruck von Gewicht und Preis auf Waren. In der Mehrzahl wird es sich jedoch um Aufzeichnungen handeln (Röntgenaufnahmen, Tachogramme usw.), die zwar auch ohne ein Bezugsobjekt Schlüsse auf bestimmte Fakten zulassen, jedoch ohne Zusammenhang mit dem Gegenstand der aktuellen Aufzeichnung ohne Beweiswert sind. Für sie ist ein „**Beweisbezug**" nötig, um ihnen für den Rechtsverkehr Bedeutung zu verleihen. Solange ein solcher Beweisbezug nicht vorhanden ist, liegt überhaupt noch keine technische Aufzeichnung i. S. des § 268 vor. Von zusammengesetzten oder erläuterten technischen Aufzeichnungen zu sprechen, wo ein solcher Beweisbezug vorliegt, ist daher an sich nicht zutreffend, aber im Interesse des inzwischen eingebürgerten Sprachgebrauchs zweckmäßig (vgl. u. 27f.).

20 α) Fraglich ist jedoch, **auf welche Weise** dieser **Beweisbezug** herzustellen ist, damit die Aufzeichnung als für den Rechtsverkehr tauglich und damit schutzwürdig erscheint.

21 Diese Voraussetzungen liegen sicher vor, wenn der Beweisbezug durch die Maschine selbst hergestellt wird, sie z. B. eine Folge von Aufzeichnungen selbst numeriert und nach den Umständen klar ist, welche Phase eines bestimmten Vorgangs damit festgehalten ist. Ebenso dürfte sicher sein, daß es für die Herstellung des Beweisbezuges nicht genügt, wenn eine nur lose, jederzeit aufhebbare Verbindung zwischen Aufzeichnung und Beweisbezug besteht, z. B. eine Röntgenaufnahme lose in eine Krankenakte gelegt wird. Vgl. aber u. 26.

22 β) Zweifelhaft bleiben allein die Fälle, in denen der Beweisbezug zwar nicht durch die Maschine, sondern durch zusätzliche menschliche Tätigkeit geschaffen wird, dies aber in der Form einer festen Verbindung geschieht, wie z. B., wenn der Name des Patienten auf eine Röntgenaufnahme geschrieben oder geklebt wird. Man wird aus rechtspolitischen Gründen dies für die Annahme ausreichen lassen müssen, es liege eine technische Aufzeichnung i. S. des § 268 vor. Eine ganz andere Frage ist es, wann in solchen Fällen die Veränderung des Beweisbezuges sich als eine Verfälschung der Aufzeichnung darstellt (vgl. dazu u. 34ff.).

23 b) Der Begriff der technischen Aufzeichnung erfordert dagegen nicht, daß der Gegenstand der Aufzeichnung sich ausschließlich aus dieser selbst eindeutig bestimmen lasse. Es reicht aus, wenn er unter **Heranziehung sonstiger Anhaltspunkte** bestimmt werden kann, auch wenn dafür die Hilfe eines Sachverständigen vonnöten ist (vgl. § 267 RN 7; vgl. hierzu Puppe JR 78, 124, Tröndle LK 25 ff.).

23a c) Die Konkretisierbarkeit des Bezugsobjekts setzt grundsätzlich nicht voraus, daß auch das aufzeichnende Gerät nachträglich noch genau bestimmt werden kann; der spezifische Aussagewert einer

Aufzeichnung wird regelmäßig schon dann erkennbar sein, wenn das aufzeichnende Gerät nur seinem Typ nach feststeht (zust. Tröndle LK 25).

3. Schließlich erfordert § 268 II, daß die Aufzeichnung zum **Beweis einer rechtlich erheblichen Tatsache bestimmt** ist, gleichviel, ob ihr die Bestimmung schon bei der Herstellung oder erst später gegeben wird (krit. Kienapfel Maurach-FS 439). Im Gegensatz zum Urkundenbegriff (vgl. § 267 RN 8ff.) wird hier nur auf die Beweisbestimmung, nicht auf die Beweiseignung abgestellt; diese wird bei einer zum Beweis bestimmten technischen Aufzeichnung vielmehr vom Gesetz präsumiert (bedenklich; vgl. o. 14).

Zur Frage der **Beweisbestimmung** gelten die bei § 267 RN 14ff. entwickelten Grundsätze entsprechend. Wie dort ist es laut ausdrücklicher gesetzlicher Anordnung unwesentlich, ob die Aufzeichnung zu Beweiszwecken hergestellt oder erst später zum Beweis bestimmt wurde (entsprechend den „Absichts- und Zufallsurkunden" bei § 267).

Inhalt der Beweisbestimmung muß eine **rechtlich erhebliche** Tatsache sein; vgl. hierzu § 267 RN 12f. Es reicht also nicht aus, wenn die Aufzeichnung nur technisch-innerbetrieblichen Kontrollzwecken dient. Auch hier kann aber die Rechtserheblichkeit nachträglich hinzutreten, so etwa in einem Schadensersatzprozeß oder dgl. (vgl. Tröndle LK 26).

V. Mehrere technische Aufzeichnungen können in der Weise zu einer sinnvollen Gesamtheit verbunden sein, daß gerade die Zusammenordnung einen über den Inhalt der einzelnen Aufzeichnungen hinausgehenden eigenen Aussagewert besitzt (etwa die in einer Buchungsmaschine befindliche, räumlich geschlossene Gesamtheit der Lochkarten, in denen alle Buchungsvorgänge eines Unternehmens fixiert sind). Sofern gerade diese Gesamtheit das Ergebnis eines in sich geschlossenen selbsttätigen Herstellungsvorgangs ist, ist die Entfernung oder Vernichtung von Einzelaufzeichnungen aus der Gesamtheit (wodurch, für sich betrachtet, nur § 274 erfüllt wäre) deshalb nach § 268 als Verfälschung der **Aufzeichnungsgesamtheit** anzusehen. Insofern besteht eine Parallele zu dem bei § 267 RN 30ff. zu den Gesamturkunden Gesagten.

1. Eine **zusammengesetzte technische Aufzeichnung** liegt vor, wenn die Aufzeichnung **mit** ihrem **Bezugsobjekt** (vgl. o. 22ff.) **räumlich-stofflich zu einer Beweiseinheit verbunden** ist. Dies ist sowohl der Fall, wenn das Bezugsobjekt selbst der stoffliche Träger der Aufzeichnung ist (z. B. bei Einprägung oder Aufdruck), ebenso aber auch, wenn der stoffliche Träger der Aufzeichnung mit deren Bezugsobjekt räumlich fest verbunden ist (z. B. durch Aufkleben usw.). In derartigen Fällen gilt ähnliches wie bei zusammengesetzten Urkunden (vgl. § 267 RN 36a, 65).

2. Eine Beweiseinheit in diesem Sinne liegt auch dann vor, wenn nicht das Bezugsobjekt selbst mit der Aufzeichnung verbunden ist, sondern wenn auf dieser ein entsprechender **Beziehungsvermerk** fest angebracht ist (etwa wenn auf einem Elektrokardiogramm der Name des Patienten oder auf einer Tachographenscheibe der Einlegetag handschriftlich vermerkt ist; sog. „**erläuterte technische Aufzeichnung**" (vgl. Schilling aaO 26, 30). Eine Verfälschung nach Abs. 1 Nr. 1 liegt hier aber nicht schon in der Veränderung des Beziehungsvermerks, wenn in den eigentlichen Aufzeichnungsinhalt nicht eingegriffen wird. Vgl. dazu u. 35f.

VI. Im Rechtsverkehr werden auch gedankliche Erklärungen durch Zuhilfenahme technischer Geräte verarbeitet, wobei der Aussteller entweder ausdrücklich genannt ist oder aber durch die Umstände ermittelt werden kann. In solchen Fällen, wie z. B. beim Kontoauszug einer Bank oder einer durch Maschinenbuchung erteilten Quittung, stellt die **technische Aufzeichnung** eine **Urkunde** dar, und damit ist § 267 anwendbar (vgl. Schilling aaO 70; einschr. Samson aaO 38). Für diese Fälle ist § 268 aber nicht überflüssig. Wer z. B. durch Manipulation am Gerät den Herstellungsvorgang beeinflußt, stellt keine unechte Urkunde her, muß aber nach Abs. 3 strafbar sein, da nicht einzusehen ist, warum der Täter dann besser stehen sollte, wenn die technische Aufzeichnung zugleich als Urkunde anzusehen ist. Ein Konkurrenzproblem zwischen § 267 und § 268 stellt sich allerdings bei nachträglicher Verfälschung einer technischen Aufzeichnung, die gleichzeitig auch die Merkmale einer Urkunde erfüllt (vgl. § 8 II WägeVO vom 18. 6. 1970, BGBl. I 799, wonach das gedruckte Wägeergebnis vom Wägemeister mit Stempel, Unterschrift und Bezugsvermerk versehen werden muß).

VII. Über die Bedeutung der Begriffe **unechte** und **unrichtige** technische Aufzeichnung gehen die Auffassungen weit auseinander. Abgesehen davon, daß die Verwendung des Echtheitsbegriffes wegen seiner völligen Verschiedenheit von dem des § 267 mißglückt erscheint, sind diese Begriffe an dem zu orientieren, was § 268 dem Rechtsverkehr an Vertrauensschutz angedeihen lassen kann (vgl. o. 4ff.).

1. Daraus ergibt sich, daß unter § 268 zunächst die Fälle gehören, in denen etwas, was keine „technische" Aufzeichnung ist, sich als eine solche darstellt, also z. B. manuelle Nachahmung. Ferner kann der Verkehr auf Unbestechlichkeit des Aufnahmevorganges vertrauen, so daß unecht eine Aufzeichnung dann ist, wenn ihr vom Gerät fixierter Inhalt nachträglich verändert wird. Ähnlich geht das Vertrauen des Verkehrs dahin, daß die Aufzeichnung nicht manipuliert ist, und zwar in dem Sinn, daß der Täter in den Aufzeichnungsvorgang derart eingegriffen hat, daß dessen Ergebnis unrichtig wird (Abs. 3).

30 Dies könnte zu der Annahme führen, daß eine Unechtheit immer schon dann vorliegt, wenn der Inhalt der Aufzeichnung unrichtig ist. Diese Konsequenz will § 268 jedoch offensichtlich nicht ziehen, da sich aus Abs. 3 ergibt, daß inhaltliche Unrichtigkeit nur dort eine Rolle spielt, wo der Täter durch Einwirkung auf den Automaten dessen Ergebnis verfälscht, nicht aber schon dann, wenn die dem Automaten eingegebenen Daten zur Unrichtigkeit des Ergebnisses führen. Gleiches gilt auch für das bloße Ausnutzen eines Defekts am Gerät, sofern der Täter nicht als verpflichtet anzusehen ist, für dessen einwandfreie Funktion Sorge zu tragen (vgl. u. 53ff.). Daß dies nicht schlechthin zu einer unechten technischen Aufzeichnung führen kann, zeigt ebenfalls Abs. 3, wonach ein störender Eingriff erforderlich ist. Diese Vorschrift wäre unnötig, wenn schon jedes Ausnutzen eines defekten Gerätes unter Abs. 1 fallen würde, weil es dann nicht mehr darauf ankäme, ob der Defekt von selbst oder durch störende Einwirkung entstanden ist (vgl. auch Puppe aaO 261f.). Hinter der Pönalisierung der Herstellung unechter Aufzeichnungen steht zwar die Überlegung, der Rechtsverkehr könne auf die Zuverlässigkeit von Maschinen vertrauen. Jedoch ist diese Richtigkeit nur in Abs. 3 („störend") zur Tatbestandsvoraussetzung gemacht, während Abs. 1 die Echtheit eines formalisierten Wahrheitsschutzes ausdrückt (vgl. o. 4a).

31 2. Ähnlich wie bei § 267 ist die **Unechtheit** technischer Aufzeichnungen also als mangelnde Authentizität zu verstehen.

32 a) **Keine unechte** technische Aufzeichnung stellt her, wer einer technischen Aufzeichnung den **Anschein** gibt, sie stamme aus einem **anderen Gerät** als dem tatsächlich benutzten. So etwa, wenn falsche Aufzeichnungsunterlagen, Diagrammblätter usw. verwendet werden, auf die das Gerät selbständig korrekt einzeichnet (vgl. Bay VRS **46** 124), oder es wird ein Apparat zweckentfremdet verwendet, indem etwa Gehirnströme statt mit einem EEG mit einem EKG gemessen werden. In Wahrheit ähnelt dieser Fall der Beschickung des Geräts mit inhaltlich unrichtigen Daten, z. B. falsches Tippen bei einer Registrierkasse, wo nach überwiegender Ansicht weder Abs. 1 noch 3 gegeben ist. Im oft bemühten EKG-EEG-Beispiel (vgl. Puppe aaO 256, Schilling aaO 62) könnte man ebensogut darauf verweisen, der Täter habe das EKG fälschlich mit Gehirnströmen anstatt mit Herzströmen beschickt. In diesem Falle ist der Beweisverkehr in gleicher Weise auf die Glaubwürdigkeit des das Gerät Bedienenden angewiesen, wie wenn dieser hinterher auf Befragen angibt, die technische Aufzeichnung stamme aus einem bestimmten Gerät. Lediglich da, wo der Täter unter Verwendung eines Geräts, das nicht selbständig i. S. des Abs. 2 aufzeichnet (z. B. Schreibmaschine), eine technische Aufzeichnung nur nachahmt, ist von einer unechten technischen Aufzeichnung zu sprechen. Die **Echtheit** einer technischen Aufzeichnung bemißt sich sonach **nicht nach der Identität des Gerätetyps** (so auch Schilling aaO 56; and. Tröndle LK 29f. mit fehlgehendem Hinweis auf Schilling aaO 54 und widersprüchlich gegenüber 33, wonach die Verwendung falscher Diagrammscheiben nicht unter § 268 fallen soll). Zur Veränderung der auf einer ec-Scheckkarte gespeicherten Daten vgl. AG Böblingen CR **89**, 308 m. Anm. Richter, 303.

33 b) **Unecht** ist eine technische Aufzeichnung nach allem, wenn sie, wie sie vorliegt, überhaupt **nicht das Ergebnis eines selbsttätigen und unbeeinflußten Herstellungsvorgangs** ist. So verstanden ist auch Abs. 3 nur ein Unterfall des Abs. 1.

33a Daraus ergeben sich insb. für die Interpretation des Abs. 1 Nr. 2 bedeutsame Konsequenzen, weil nicht jeder Gebrauch einer inhaltlich unrichtigen Aufzeichnung von § 268 erfaßt wird, sondern nur derjenige, der entweder überhaupt keine technischen Aufzeichnungen zum Gegenstand hat, vielmehr nur den Anschein einer solchen erweckt, oder aber solche Aufzeichnungen betrifft, deren Inhalt nach Abs. 3 manipuliert oder später vom Täter verändert worden ist.

34 c) **Zusammengesetzte technische Aufzeichnungen** (o. 27) sind einmal dann unecht, wenn das Aufzeichnungsergebnis nicht authentisch ist, d. h. nicht oder nicht so aus einem selbsttätigen Herstellungsvorgang stammt. Dagegen führt eine Veränderung des durch stofflich feste Verbindung ausgedrückten **Beweisbezugs** nur dann zur Unechtheit der technischen Aufzeichnung, wenn diese Verbindung durch das Gerät selbsttätig hergestellt wurde, weil nur dann das von § 268 ausschließlich geschützte Vertrauen des Beweisverkehrs in die Korrektheit eines selbsttätigen Herstellungsvorgangs betroffen ist. Eine unechte technische Aufzeichnung wird daher nicht hergestellt, wenn eine durch Menschenhand zu bewerkstelligende Verbindung zwischen Aufzeichnung und Bezugsobjekt fälschlich hergestellt wird. Hier wird lediglich menschliche Glaubwürdigkeit in Anspruch genommen, die durch § 268 nicht geschützt ist.

35 Ist dagegen der Beweisbezug nicht durch eine stofflich feste Verbindung fixiert, so berührt seine Veränderung die Echtheit der Aufzeichnung überhaupt nicht. Sind also einer Warensendung die (automatisch hergestellten) Wiegeprotokolle nur lose, etwa in einem Briefumschlag, beigefügt, so werden diese durch Veränderung der Ware so wenig unecht wie ein Elektrokardiogramm ohne Namensvermerk, das aus der richtigen Krankenakte entnommen und in eine andere eingelegt wird.

36 d) Demgegenüber wird bei den sog. **erläuterten technischen Aufzeichnungen** (o. 27a) der **Beweisbezug,** weil er nicht vorgibt, aus einem selbsttätigen Herstellungsvorgang zu stammen, nicht

geschützt (Schilling aaO 70; vgl. auch Puppe aaO 244). Ob dieser mit der Aufzeichnung stofflich verbunden ist, weil er etwa auf ihr angebracht ist, ist ohne Bedeutung. Dies deswegen, weil § 268 nur das Vertrauen in die Zuverlässigkeit eines technisch selbsttätigen Herstellungsvorgangs schützt, hier jedoch menschliche Glaubwürdigkeit in Anspruch genommen wird. § 268 greift also weder ein, wenn der Täter z. B. einen falschen Bezugsvermerk auf der Aufzeichnung anbringt, noch wenn ein solcher Bezugsvermerk nachträglich verändert wird (KG VRS **57** 121, Lackner 4c, Blei JA 71, 729f., Schneider JurA 70, 253). Bei der Verfälschung eines solchen Bezugsvermerks kommt allenfalls § 267 in Betracht, wenn nämlich Aufzeichnung und Bezugsvermerk zusammen gleichzeitig eine zusammengesetzte Urkunde sind (vgl. o. 27f., § 267 RN 36a, Stuttgart NJW **78**, 715, D-Tröndle 18, Schilling aaO 76).

Anders ist es dagegen, wenn in die Aufzeichnung selbst eingegriffen wird. So z. B. wenn auf einem Röntgenbild mit Namensvermerk nachträglich Schatten eingezeichnet werden. Hier wird das Vertrauen in die Ordnungsmäßigkeit des selbsttätigen Herstellungsvorgangs enttäuscht, so daß ein Verfälschen i. S. des Abs. 1 vorliegt. Aufgrund des Abs. 2 ist aber die Einschränkung geboten, daß die Aufzeichnung vor dem Eingriff ihr Bezugsobjekt schon erkennen lassen muß, weil andernfalls im Zeitpunkt der Verfälschung eine technische Aufzeichnung i. S. des Abs. 2 noch gar nicht vorliegt. Da aber hier durch den späteren Bezugsvermerk die technische Aufzeichnung erst hergestellt wird und die Aufzeichnung als solche aus einem selbsttätigen Herstellungsvorgang stammt, muß hier das Herstellen einer unechten technischen Aufzeichnung angenommen werden (vgl. Schilling aaO 71). **37**

VIII. Das **Herstellen** einer **unechten** besteht in der Nachahmung einer echten technischen Aufzeichnung; vgl. o. 31ff. Dies kann von Hand (manuelle Nachahmung eines Diagramms; vgl. Schilling aaO 57, Tröndle LK 29b; and. Lampe NJW 70, 1101; gegen ihn Widmaier NJW 70, 1358) oder durch Verwendung technischer Hilfsmittel erfolgen (Herstellung eines scheinbar von einem Buchungsautomaten herrührenden Kontoauszugs mit der Schreibmaschine). Im letzteren Fall ist aber Voraussetzung, daß die „Nachahmung" nicht das Ergebnis eines technisch selbsttätigen Herstellungsvorganges i. S. des Abs. 2 ist (vgl. o. 32f.). Eine unechte Urkunde wird daher nicht durch Zweckentfremdung eines an sich einwandfrei arbeitenden Registriergerätes hergestellt, etwa wenn durch Verwendung falscher Schaublätter der Eindruck erweckt wird, es handle sich um Aufzeichnungen eines anderen Geräts (vgl. Bay VRS **46** 124 m. abl. Anm. Puppe NJW 74, 1174, Tröndle LK 33 und o. 30, 32). Hier handelt es sich lediglich um ein täuschendes Beschicken. Vgl. zur Herstellung und Verwendung gefälschter Bank-Codekarten CR **89**, 308, Richter aaO. **38**

Keine unechte, sondern **nur** eine **inhaltlich unrichtige** technische Aufzeichnung wird dagegen hergestellt, wenn dem an sich korrekt arbeitenden Gerät unrichtige Voraussetzungen für den Aufzeichnungsvorgang geliefert werden („täuschende Beschickung"; vgl. Schilling aaO 50, Lampe GA 75, 4, Steinke NJW 75, 1868, u. 48). Dies gilt etwa für die Eingabe falscher Daten, für die Benutzung durch einen Unbefugten (Köhler JuS 90, 57), für das Zugrundelegen falscher Meßobjekte (Daumen auf der Waage), für das Verwenden eines nicht für das betreffende Fahrtenschreibertyp vorgesehenen Diagrammscheibe (Bay VRS **46** 124 m. abl. Anm. Puppe NJW 74, 1174) oder für die fotografische oder Tonbandaufnahme eines simulierten Geschehens. Vgl. jedoch § 268 III (störende Einwirkungen auf den Aufzeichnungsvorgang) und hierzu u. 46ff. **39**

IX. Verfälschung einer technischen Aufzeichnung bedeutet deren Veränderung in solcher Weise, daß sie zur unechten technischen Aufzeichnung wird. Das Verfälschen ist also (wie bei § 267; vgl. dort RN 64) ein Unterfall des Herstellens einer unechten Aufzeichnung. Entsprechend dem o. 31ff. Ausgeführten kann sich die Verfälschung auf den Inhalt wie u. U. auch auf den Beweisbezug der Aufzeichnung beziehen. **40**

1. Für die Verfälschung durch **Inhaltsveränderung** gilt Entsprechendes wie bei § 267; vgl. dort RN 65, 67. **41**

2. Zusammengesetzte technische Aufzeichnungen und solche, die einen fest angebrachten Beziehungsvermerk tragen, werden auch durch **Veränderung selbsttätig hergestellten Beweisbezuges** verfälscht (vgl. o. 34f.), etwa durch Austauschen der durch einen Verpackungsautomaten hergestellten und aufgeklebten Gewichts- und Preiszettel auf verschiedenen Waren. Zu beachten ist, daß auch nach der Veränderung der Beweisbezug durch stofflich-feste Verbindung fixiert sein muß; wird die von ihrem Bezugsobjekt abgelöste Aufzeichnung dem neuen (falschen) Bezugsobjekt nur durch loses Beifügen oder auch nur durch eine mündliche Behauptung zugeordnet, so liegt allenfalls § 274 vor (vgl. dort RN 3). **42**

3. Die bei § 267 (vgl. dort RN 68) umstrittene Frage, ob auch der Aussteller einer Urkunde diese durch spätere Veränderung verfälschen kann, stellt sich bei § 268 nicht, weil technische Aufzeichnungen keinen Aussteller voraussetzen. Wegen Verfälschung nach § 268 kann sich deshalb ohne Einschränkung auch derjenige strafbar machen, der zuvor ihre Herstellung durch das technische Gerät veranlaßt oder durchgeführt hat (etwa Verfälschung der Tachographenscheibe durch den Eigentümer des Kfz, der sie selbst eingelegt hat). **43**

4. Nach dem Wortlaut des § 268 kann auch eine unechte technische Aufzeichnung Gegenstand einer Verfälschung sein; dies entspricht der Auslegung, die auch § 267 trotz anderen Wortlautes erfahren hat (vgl. dort RN 66). **44**

§ 268 44a–53   Bes. Teil. Urkundenfälschung

44a   5. Da Unechtheit nicht gleich Unrichtigkeit ist, kommt es **nicht** darauf an, ob das Ergebnis einer Nachahmung oder Verfälschung **inhaltlich richtig** ist. Das Vertrauen des Rechtsverkehrs in die Authentizität der technischen Aufzeichnung ist hier in gleicher Weise beeinträchtigt (vgl. o. 4a, Tröndle LK 31, D-Tröndle 12; a. A. Schneider JurA 70, 250), da bei Aufdeckung des wahren Sachverhalts der typische Beweiswert der technischen Aufzeichnung fehlt. Auch an dem Täuschungserfordernis des § 268 wird es hier nicht fehlen, da wie bei § 267 (vgl. dort RN 86) nicht die Täuschung über die inhaltliche Richtigkeit, sondern über die Authentizität maßgeblich ist. And. aber da, wo der Eindruck einer technischen Aufzeichnung gar nicht erweckt werden soll, so z. B., wenn der Täter ein maschinell aufgezeichnetes Rechenergebnis nach Prüfung als unrichtig erkennt, durchstreicht und das richtige Ergebnis darunterschreibt (vgl. Widmaier NJW 70, 1358, weitergehend Lampe NJW 70, 1101).

45   6. Zur Abgrenzung zwischen Verfälschung und Beschädigung einer technischen Aufzeichnung vgl. § 267 RN 70 ff.

46   X. § 268 III stellt unter bestimmten Voraussetzungen die **inhaltliche Unrichtigkeit** technischer Aufzeichnungen ihrer Unechtheit gleich. Dies führt zu einer eigenartigen, dem herkömmlichen Urkundenstrafrecht fremden Erweiterung des Unechtheitsbegriffes (and. wohl Tröndle LK 32).

47   1. Der Täter muß das Aufzeichnungsergebnis durch **störende Einwirkung auf den Aufzeichnungsvorgang** beeinflußt haben.

48   a) Auf den **Aufzeichnungsvorgang** wirkt ein, wer in den Funktionsablauf, also in den Mechanismus des aufzeichnenden Geräts eingreift (BGH **28** 300 m. Anm. Kienapfel JR 80, 347; vgl. Schilling aaO 67). Es reicht nicht, wenn dem Gerät nur unrichtige Arbeitsvoraussetzungen eingegeben werden (vgl. o. 39), denn der allgemeine Beweiswert technischer Aufzeichnungen kann nur auf der „Unbestechlichkeit" der automatisch arbeitenden Maschine, nicht aber darauf beruhen, daß das dem Gerät zugeleitete Arbeitsmaterial einwandfrei ist (vgl. Tröndle LK 33). Deshalb wirkt auch derjenige nicht störend auf den Aufzeichnungsvorgang ein, der das Gerät zeitweilig abschaltet, damit die Aufzeichnung zwischenzeitliche Vorgänge nicht enthalte, etwa Abhängen der Antriebswelle des Tachometers (and. LG Marburg MDR **73**, 66) oder das zeitweilige Abschalten eines Fahrtenschreibers (Bay NJW **74**, 325 m. krit. Anm. Puppe NJW 74, 1174). Zur zeitweiligen Abschaltung eines Computers vgl. Lampe GA 75, 17 f., Tröndle LK 33 d.

49   b) Die **Art und Weise des Eingriffs** in den Arbeitsablauf des Gerätes ist beliebig; insbes. kommt es nicht darauf an, ob in den Arbeitsvorgang (etwa das Rechnen, Messen, Wiegen usw.), der dem Registrieren vorausgeht, oder ob in den Registrierungsvorgang selbst eingegriffen wird. § 268 III kann also etwa bei einer automatisch registrierenden Waage sowohl durch Eingriff in den Wiegemechanismus wie durch eine Veränderung an der Schreibvorrichtung begangen werden. Zum Verstellen der Zeituhr eines EG-Kontrollgerätes für Lkw vgl. Bay JZ **86**, 604, Hamm NJW **84**, 2173.

50   c) Die störende Einwirkung kann dem konkreten Aufzeichnungsvorgang **vorausgehen;** der Täter kann also durch einen einmaligen Eingriff in den Mechanismus des Gerätes eine Vielzahl einzelner Aufzeichnungsvorgänge störend beeinflussen (vgl. Tröndle LK 34). Die Strafbarkeit des Eingriffs selbst erstreckt sich allerdings nur auf diejenigen Aufzeichnungsvorgänge, die vom Vorsatz des Täters umfaßt waren. Stellt der Täter später mit dem falsch eingestellten Gerät noch weitere Aufzeichnungen her, so läßt sich insoweit eine Strafbarkeit nur nach den u. 53 ff. genannten Grundsätzen begründen.

51   d) Der Täter muß **störend** auf den Aufzeichnungsvorgang eingewirkt haben. Reparatureingriffe u. dgl., auch wenn sie das Ergebnis der Aufzeichnung (korrigierend) beeinflußt haben, fallen nicht unter § 268 III; der Eingriff muß vielmehr die korrekte Funktion des Gerätes beeinträchtigen, d. h. zu inhaltlicher Unrichtigkeit der Aufzeichnung führen (vgl. o. 46, Schilling aaO 66, Tröndle LK 35).

52   2. Die Einwirkung muß das **Ergebnis der Aufzeichnung beeinflußt** haben; diese muß also inhaltlich unrichtig geworden sein. Nur Versuch liegt vor, wenn sich der Eingriff auf den Aufzeichnungsinhalt nicht oder entgegen der Absicht nicht störend, sondern korrigierend ausgewirkt hat.

53   3. Es fragt sich, ob nach § 268 III über dessen unmittelbaren Wortlaut hinaus auch derjenige strafbar ist, der **bewußt auf einem nicht ordnungsgemäß arbeitenden Gerät technische Aufzeichnungen herstellt.** Hier nützt der Täter, ohne aktiv das Gerät zu stören, nur dessen Störungszustand für sich aus (vgl. hierzu LG Stade NJW **74**, 2017 gegen Hamm VRS **52** 278: Benutzung eines mangelhaften Fahrtenschreibers). Je nach den Störungsursachen lassen sich folgende Fallgruppen bilden: Einmal kann der Täter selbst das Gerät zuvor vorsätzlich (jedoch nicht in bezug auf den jetzigen Herstellungsvorgang; vgl. o. 50) oder versehentlich gestört haben. Die Störung kann sodann auf vorsätzlichem oder versehentlichem Eingriff eines Dritten beruhen; schließlich kann ihre Ursache in natürlichem Verschleiß, mangelhafter Herstellung oder sonstigen Mängeln des Gerätes liegen.

a) Ähnlich wie bei § 263 (vgl. dort RN 18 ff., 45 f.) Täuschung durch Unterlassen angenommen **54** wird, wenn der Täter eine bereits vorhandene Fehlvorstellung für sich ausnützt, obwohl er zur Aufklärung des Irrtums verpflichtet wäre, so müssen auch die hier fraglichen Fälle nach den **Grundsätzen unechten Unterlassens** gelöst werden: Strafbar nach Abs. 3 ist also, wer den Störungszustand zur Herstellung inhaltlich unrichtiger Aufzeichnungen ausnützt, obwohl er rechtlich zur Beseitigung der Störung verpflichtet ist (ebenso Wessels II/1 184 f.; unzutr. Schneider JurA 70, 252, der die Benützung eines gestörten Gerätes stets als Herstellen einer unechten Aufzeichnung i. S. v. Abs. 1 Nr. 1 ansehen will; diff. Tröndle LK 36 a; vgl. hiergegen o. 30).

b) In der Mehrzahl der Fälle wird es sich bei der Benützung eines gestörten Gerätes zur Herstel- **55** lung von Aufzeichnungen allerdings um **positives Tun** handeln, diesen Gesichtspunkt übersieht BGH **28** 300 m. Anm. Kienapfel JR 80, 347. Reines Unterlassen kommt nur bei solchen Geräten in Betracht, die völlig selbsttätig ganze Aufzeichnungsreihen herstellen: läßt hier der für das Gerät Verantwortliche dieses weiterarbeiten, obwohl er die Störung bemerkt hat, so kann ihm nur zur Last gelegt werden, er habe pflichtwidrig unterlassen, die Störung für die weitere Aufzeichnungsvorgänge zu beseitigen oder wenigstens das Gerät abzuschalten (dies übersieht Tröndle aaO). Wenn aber bereits dieses bloße Unterlassen bei entsprechender Rechtspflicht nach § 268 III strafbar ist, so kann nichts anderes gelten, wenn der Täter darüber hinaus aktiv am Aufzeichnungsvorgang mitgewirkt hat. Hier überlagern sich positives Tun und unechtes Unterlassen in ähnlicher Weise wie bei der 2. Alternative des § 221 (Verlassen in hilfloser Lage; vgl. § 221 RN 11): Begehungsdelikt mit einem auf garantenpflichtige Personen beschränkten Täterkreis (krit. hierzu Schilling aaO 58). Strafbar ist also nicht jeder, der auf einem gestörten Gerät eine Aufzeichnung herstellt, sondern nur, wer zur „Entstörung" rechtlich verpflichtet ist (vgl. das Beispiel u. 58). Zur Benutzung eines defekten Fahrtenschreibers vgl. BGH **28** 300 m. Anm. Kienapfel JR 80, 347.

c) Ob eine **Rechtspflicht zur „Entstörung"** des Aufzeichnungsvorganges besteht, richtet sich **56** nach den allgemeinen Regeln der unechten Unterlassungsdelikte. Als Grundlagen einer Rechtspflicht kommen vor allem in Betracht:

α) **Pflichtwidriges Vorverhalten** des Täters (vgl. § 13 RN 32). Wer selbst den Störungszustand **57** des Gerätes pflichtwidrig verursacht hat (gleich ob schuldhaft oder schuldlos), hat diese Störung zu beseitigen oder jedenfalls dafür zu sorgen, daß mit dem gestörten Gerät keine Aufzeichnungen hergestellt werden.

β) Verantwortlichkeit für **Gefahrenquellen im eigenen Zuständigkeitsbereich** (§ 13 RN 43). **58** Wer ein technisches Aufzeichnungsgerät einsetzt, ist grundsätzlich dafür verantwortlich, daß der Rechtsverkehr nicht durch die Herstellung fehlerhafter Aufzeichnungen auf diesem Gerät gefährdet wird. Allein daraus, daß jemand eine Aufzeichnung auf dem Gerät herstellt, ergibt sich diese „Zustandshaftung" aber noch nicht; erforderlich ist vielmehr eine Verantwortlichkeit für das Gerät, eine Art Garantie gegenüber dem vertrauenden Rechtspartner. Ein Arbeiter, der bewußt eine Störung der Stechuhr ausnützt, ist deshalb nicht nach Abs. 3 strafbar. Liegen die Voraussetzungen dieser Rechtspflicht vor, so kommt es auf die Ursache der Störungen nicht an (z. B. Einwirkung Dritter, natürlicher Verschleiß, Herstellungsmängel usw.).

d) Von der Frage, ob und unter welchen Voraussetzungen § 268 III dadurch begangen werden **59** kann, daß der Täter bewußt ein gestörtes Gerät für sich arbeiten läßt, ist diejenige zu unterscheiden, ob der Gebrauch solcher Aufzeichnungen nach § 268 I Nr. 2 strafbar ist, die zwar von einem defekt arbeitenden Gerät stammen, deren Herstellung aber mangels Vorsatzes nicht nach § 268 III strafbar ist. Vgl. hierzu u. 63.

XI. § 268 I Nr. 2 erfaßt nicht nur den Gebrauch von Aufzeichnungen i. S. des Abs. 1 **60** Nr. 1, sondern auch solcher nach Abs. 3, in deren Herstellung störend eingegriffen wurde (Abs. 3 bezeichnet das Tatprodukt als „unechte technische Aufzeichnung"). Im einzelnen gilt das bei § 267 RN 73 ff. zum Gebrauch unechter oder verfälschter Urkunden Gesagte entsprechend.

Fraglich ist, ob Abs. 1 Nr. 2 auch das **Gebrauchen unvorsätzlich gefälschter** technischer **61** Aufzeichnungen erfaßt.

1. Für technische Aufzeichnungen nach **Abs. 1 Nr. 1** muß dasselbe gelten wie für Urkun- **62** den: Auch wenn die Herstellung nicht vorsätzlich erfolgte, ist das Gebrauchen nach § 268 I Nr. 2 strafbar (vgl. § 267 RN 75).

2. Anders ist dagegen das Verhältnis zu **Abs. 3:** Wurde der Aufzeichnungsvorgang nur **un-** **63** **vorsätzlich gestört,** so ist der Gebrauch dieser Aufzeichnung **nicht** nach Abs. 1 Nr. 2 strafbar (and. Bockelmann II/3 120). Denn sonst wäre die grundsätzliche Straffreiheit des Gebrauchs inhaltlich unrichtiger, aber nicht unechter Aufzeichnungen (vgl. o. 30) in der Mehrzahl aller Fälle aufgehoben: Wenn ein Gerät inhaltlich unrichtige Aufzeichnungen herstellt, wird dies meistens auf falscher Behandlung, also „störender Einwirkung" beruhen. Auch der Wortlaut des § 268 III legt diese Einschränkung nahe: Der Herstellung einer unechten technischen Aufzeichnung steht es nur gleich, wenn „der Täter", also ein vorsätzlich Han-

delnder, störend eingewirkt hat. Es reicht allerdings aus, wenn dies durch vorsätzliches pflichtwidriges Unterlassen geschehen ist (o. 53 ff.). Vgl. auch die Diskussion im Sonderausschuß V/120 S. 2412 ff.). Krit. zum ganzen Tröndle LK 38 f.

64 XII. Als subjektives Unrechtselement erfordert § 268, daß die Handlung **zur Täuschung im Rechtsverkehr** vorgenommen wurde. Dieses Erfordernis gilt, wie sich aus der Fassung des Gesetzes ergibt, auch für § 268 III. Wegen der Einzelheiten vgl. § 267 RN 84 ff.

65 **Ebenso** wie beim Gebrauch unechter technischer Aufzeichnungen i. S. des **Abs. 1** ist es **auch bei Abs. 3 irrelevant,** ob die **Absicht der Täuschung** im Rechtsverkehr schon **beim Herstellungsvorgang** gegeben war. Da sich die Täuschungsabsicht alternativ auf den Herstellungsvorgang oder auf das Gebrauchmachen bezieht, reicht es aus, wenn die Absicht der Täuschung im Rechtsverkehr in dem Zeitpunkt gegeben ist, wo der Täter von einer nach Abs. 1 oder 3 unechten technischen Aufzeichnung Gebrauch macht. Abs. 3 stellt die störende Einwirkung lediglich dem Herstellen einer unechten technischen Aufzeichnung gleich, so daß eine durch störende Einwirkung auf den Aufzeichnungsvorgang geschaffene Aufzeichnung als unecht i. S. des Abs. 1 anzusehen ist und es **ausreicht,** wenn die **Täuschungsabsicht z. Zt. des Gebrauchs** einer in diesem Sinne unechten technischen Aufzeichnung vorliegt (Abs. 1 Nr. 2). Ferner ist in allen Fällen des § 268 **Vorsatz** erforderlich; vgl. hierzu § 267 RN 83.

66 XIII. Für die **Vollendung** ist nicht erforderlich, daß die bezweckte Täuschung erreicht wird; es reicht aus, daß die Aufzeichnung zur Täuschung im Rechtsverkehr hergestellt, verfälscht oder gebraucht wird. Beim „Herstellen" ist zu beachten, daß Vollendung nicht stets schon mit dem Anfertigen, sondern erst dann vorliegt, wenn die Aufzeichnung mit einem Beweisbezug (o. 19 ff.) versehen ist (zust. Tröndle LK 40). Dies kann praktisch werden, wenn der Täter, etwa zum Zwecke späterer Betrügereien „auf Vorrat" Aufzeichnungen nachahmt, ohne daß diese jetzt schon bestimmten Bezugsgegenständen zugeordnet wären. Der Versuch ist strafbar (Abs. 4). Es gelten die allgemeinen Grundsätze. Wegen besonders gelagerter Versuchsfälle vgl. o. 52. Über die Möglichkeiten **tätiger Reue** dadurch, daß der Täter nach Herstellung einer unechten Aufzeichnung diese entgegen früherer Absicht nicht zur Täuschung gebraucht (sondern etwa vernichtet), vgl. § 24 RN 114; and. Tröndle LK 41.

67 XIV. Für **Täterschaft und Teilnahme** gelten die allgemeinen Regeln; vgl. § 267 RN 97 f. Bei der Herstellung und Verfälschung kann Täter auch sein, wer die unechte Aufzeichnung nicht selbst zur Täuschung im Rechtsverkehr gebrauchen will (vgl. hierzu § 267 RN 92) oder wer sie zwar gebraucht, aber nicht selbst hergestellt hat (Abs. 1 Nr. 2).

68 XV. Zur **Einziehung** unechter technischer Aufzeichnungen vgl. § 282.

69 XVI. Innerhalb des § 268 gelten für das **Verhältnis von Fälschen und Gebrauchmachen** die bei § 267 RN 79 ff. entwickelten Grundsätze entsprechend. Mit **§ 267** besteht **Idealkonkurrenz,** wenn die technische Aufzeichnung zugleich Urkunde ist, also eine auf einen Aussteller zurückgehende Gedankenerklärung verkörpert. Dies gilt z. B. bei maschinell erstellten Rechnungen, die durch Unterzeichnung oder auch bloßen Firmenaufdruck zu Urkunden gemacht werden, ebenso wenn der Beziehungsvermerk einer Aufzeichnung seinerseits Urkundencharakter hat. Verstünde man § 268 als bloße Ergänzung des § 267, so läge es nahe, Subsidiarität des § 268 anzunehmen. Die technische Aufzeichnung ist jedoch prinzipiell ein der Urkunde gleichrangiges Beweismittel (vgl. o. 3 f.); deshalb ist Idealkonkurrenz gegeben (vgl. Tröndle LK 45). Für das Verhältnis des § 268 zu anderen Tatbeständen gilt entsprechendes wie bei § 267; vgl. dort RN 100.

§ 269 Fälschung beweiserheblicher Daten

(1) Wer zur Täuschung im Rechtsverkehr beweiserhebliche Daten so speichert oder verändert, daß bei ihrer Wahrnehmung eine unechte oder verfälschte Urkunde vorliegen würde, oder derart gespeicherte oder veränderte Daten gebraucht, wird mit Freiheitsstrafe bis zu fünf Jahren oder mit Geldstrafe bestraft.

(2) Der Versuch ist strafbar.

(3) § 267 Abs. 3 ist anzuwenden.

Vorbem. Eingefügt durch Art. 1 Nr. 12 des 2. WiKG v. 15. 5. 1986, BGBl. I 723.

Schrifttum: Achenbach, Das Zweite Gesetz zur Bekämpfung der Wirtschaftskriminalität, NJW 86, 1835. – *Bühler*, Ein Versuch, Computerkriminellen das Handwerk zu legen: Das Zweite Gesetz zur Bekämpfung der Wirtschaftskriminalität, MDR 87, 448. – *Granderath*, Das Zweite Gesetz zur Bekämpfung der Wirtschaftskriminalität, DB 86, Beil. 18, 1. – *Haft*, Das Zweite Gesetz zur Bekämpfung der Wirtschaftskriminalität (2. WiKG), NStZ 87, 6. – *Lenckner/Winkelbauer*, Computerkriminalität – Möglichkeiten und Grenzen des 2. WiKG (III), CR 86, 824. – *Möhrenschlager*, Der Regierungsentwurf eines Zweiten Gesetzes zur Bekämpfung der Wirtschaftskriminalität, wistra 82, 201. – *ders.,*

Das neue Computerstrafrecht, wistra 86, 128. – *Müller/Wabnitz*, Wirtschaftskriminalität, 2. A. 1986. – *Richter*, Mißbräuchliche Benutzung von Geldautomaten – Verwendung duplizierter und manipulierter Euroschecks karten, CR 89, 303. – *Schlüchter*, Zweites Gesetz zur Bekämpfung der Wirtschaftskriminalität, 1987. – *Sieber*, Computerkriminalität und Strafrecht, 2. A., 1980. – *Tiedemann*, Computerkriminalität und Mißbrauch von Bankomaten, WM 83, 1326. – *ders.*, Die Bekämpfung der Wirtschaftskriminalität durch den Gesetzgeber, JZ 86, 865. – *Winkelbauer*, Computerkriminalität und Strafrecht, CR 85, 40. – *Zielinski*, Urkundenfälschung durch Computer, Kaufmann-GedS 605.

I. Zusammen mit § 263 a kommt der Vorschrift nach den Vorstellungen des Gesetzgebers bei 1 der **Bekämpfung der Computerkriminalität** zentrale Bedeutung zu (krit. Bühler MDR 87, 453, Haft NStZ 87, 8). Sie soll Strafbarkeitslücken im Bereich der Urkundendelikte schließen (Möhrenschlager wistra 82, 203, 86, 134, Tiedemann WM 83, 1330, JZ 86, 869), die dadurch entstehen, daß der auf visuelle Wahrnehmbarkeit zugeschnittene Urkundsbegriff des § 267 auf unsichtbar gespeicherte Daten nicht anwendbar ist. Bei der Frage, ob tatsächliche oder angebliche Strafbarkeitslücken durch § 269 in sinnvoller Weise geschlossen wurden, ist allerdings zweierlei zu berücksichtigen. Einerseits sind Computerausdrucke schon bisher als Urkunden anerkannt (vgl. § 267 RN 4) und daher insoweit gegen Fälschung strafrechtlich geschützt, als ihr Inhalt von Personen oder Behörden als eigene Erklärung autorisiert wird. Andererseits ist fraglich, ob der Datenbestand als solcher überhaupt Beweisfunktion erfüllen kann und sein Schutz unter dem Gesichtspunkt der Sicherung des Beweisverkehrs dogmatisch zutreffend eingeordnet ist; insoweit ist etwa zu vermerken, daß die Zivilgerichte es überwiegend ablehnen, Computerausdrucke als Beweismittel anzuerkennen (vgl. Bamberg 3 U 93/86 v. 14. 1. 87). Der Vorgang, bei dem diese Beweisschwierigkeiten auftauchen, läßt sich folgendermaßen beschreiben: Während bisher in Unternehmen (Versandhandel, Versicherungen usw.) die Originalunterlagen mit der Unterschrift des Kunden (Bestellungen, Anträge auf Abschluß einer Versicherung usw.) aufbewahrt werden, werden deren Erklärungen zunehmend im Computer gespeichert (= EDV-Eingangsdaten) und die Originale vernichtet oder abgelegt. Die Computerauszüge, die auf der Grundlage dieser Eingangsdaten (= Kundenerklärungen) hergestellt werden, können aber nach der Rspr. nicht als Beweismittel gegen den Vertragspartner anerkannt werden, sofern nicht zu irgendeinem Zeitpunkt eine Art „Anerkenntnis" gegeben ist, wie z. B. bei der Saldoabstimmung eines Kontokorrents. Ungeachtet dieser Schwierigkeiten bezieht § 269 gespeicherte Daten in den Schutzbereich der Vorschriften zum Schutze des Beweisverkehrs ein, sofern sie „beweiserheblich" sind und im Falle ihrer Wahrnehmung eine Urkunde darstellen würden (vgl. Möhrenschlager wistra 82, 203, 86, 134, Lenckner/Winkelbauer CR 86, 824). Dabei stellt sich aber stets das Problem, wer solche Computerausdrucke als Beweismittel gegen sich gelten lassen muß; in der Regel kann das nur der EDV-Betreiber sein. Solche Computerdaten werden nach der Vorstellung des Gesetzgebers, insbesondere wenn sie für eine Vielzahl von Arbeitsvorgängen in Datenverarbeitungsanlagen von Großrechenzentren gespeichert sind, im Rechtsverkehr als Beweisdaten für rechtlich erhebliche Tatsachen verwendet (BT-Drs. 10/318 S. 33), sie haben als Ausdrucke des Computers urkundengleiche Bedeutung, und ihre Verfälschung soll u. U. folgenschwerer sein können als die herkömmlicher Urkunden (D-Tröndle 1).

Die Ausgestaltung des Tatbestandes war lange umstritten (zur Entwicklung vgl. Lenckner/ 2 Winkelbauer CR 86, 824). Dabei ging es in erster Linie um die Frage, ob die Vorschrift eng an § 267 angelehnt und wie gegebenenfalls sichergestellt werden soll, aus dem Tatbestand Fälle auszuscheiden, die bei § 267 als bloße „schriftliche Lüge" (vgl. § 267 RN 54) straflos wären (BT-Drs. 10/5058 S. 34, Möhrenschlager wistra 86, 134, Lenckner/Winkelbauer CR 86, 824). Die jetzige Fassung sucht dieses Ziel dadurch zu erreichen, daß sie mit Hilfe einer problematischen **„urkundengerechten" Umsetzung** (krit. hierzu D-Tröndle 1) der Datenverarbeitungsvorgänge, die auf dem Wege einer hypothetischen Subsumtion zu erfolgen hat, den Tatbestand auf die Sachverhalte festschreibt, die ein Analogon zu § 267 darstellen. Von § 267 unterscheidet sich die Vorschrift folglich allein darin, daß auf die bei Urkunden notwendige visuelle Erkennbarkeit der Erklärung verzichtet wird. Ob damit die Datenfälschungen in ihrer computerspezifischen Eigenart sachgemäß getroffen und umgrenzt sind, wird im Schrifttum allerdings bezweifelt (krit. D-Tröndle 1). Ebenso problematisch wird das Verhältnis zu § 263 a gesehen (D-Tröndle 1).

Die Vorschrift des § 269 deckt damit einen anderen Bereich als der ebenfalls im Zusammen- 3 hang mit der Beeinträchtigung des Beweisverkehrs durch Maschinenmanipulation stehende § 268 ab: Dort geht es nämlich nur um das Vertrauen des Beweisverkehrs darauf, daß das – nicht urkundsähnliche – Arbeitsergebnis einer Datenverarbeitungsanlage durch eine von maschinenwidrigen Eingriffen unbeeinflußte Verarbeitung der (von wem auch immer) eingegebenen Daten zustande gekommen ist.

Geschütztes Rechtsgut ist die **Sicherheit und Zuverlässigkeit des Rechts- und Beweisver-** 4 **kehrs,** bezogen auf den Umgang mit beweiserheblichen Daten (Möhrenschlager wistra 86,

134). Die Vorschrift stimmt insoweit mit den §§ 267, 268 überein (vgl. § 267 RN 1, § 268 RN 3f.; Lackner 1).

5 II. Der **objektive Tatbestand** erfordert, daß beweiserhebliche Daten so gespeichert oder verändert werden, daß im Falle ihrer Wahrnehmung eine unechte oder verfälschte Urkunde vorläge, oder daß von solchen „unechten" Daten Gebrauch gemacht wird.

6 1. Was bei § 269 unter **Daten** zu verstehen ist, wird gesetzlich nicht festgelegt, insbesondere wird nicht auf § 202a II verwiesen.

7 a) Daher ist strittig, ob nach § 269 nur elektronisch, magnetisch oder sonst nicht wahrnehmbare Daten in Betracht kommen. Diese Begrenzung wird teilweise daraus abgeleitet, daß § 269 gegenüber § 267 nur eine Ergänzungsfunktion zu erfüllen habe (Möhrenschlager wistra 86, 134, Granderath DB 86, Beil. 18, 5; krit. D-Tröndle 3), bei einer Wahrnehmbarkeit des Datums jedoch § 267 vorliege (vgl. Lenckner/Winkelbauer CR 86, 825). Dabei wird allerdings übersehen, daß das einzelne Datum als solches noch nicht beweiserheblich zu sein, also nicht den Urkundsbegriff zu erfüllen braucht (vgl. u. 10). Aus dem Zweck der Vorschrift, wonach „**beweiserhebliche Daten**" gespeichert oder verändert werden müssen, die im Falle ihrer Wahrnehmbarkeit als tauglicher Urkundeninhalt in Betracht kommen, ist folglich zu schließen, daß der Datenbegriff des § 269 weiter ist als der des § 202a II. Erforderlich ist nämlich nur, daß die Kombination mehrerer Daten einen urkundsvergleichbaren Inhalt hat. Insbesondere ergibt sich daraus, daß die Manipulation auch an Daten erfolgen kann, die noch nicht gespeichert sind, sondern erst gespeichert werden sollen. Werden z. B. Namen oder Rechnungsbeträge in einer Liste geändert, die dann in die EDV-Anlage eingegeben werden, so liegt, falls die Veränderung als solche § 267 noch nicht erfüllt, § 269 vor (gegebenenfalls in mittelbarer Täterschaft), wenn erst durch die Speicherung ein beweiserhebliches Datenverarbeitungsergebnis erstellt wird. Das Ergebnis der Datenmanipulation muß allerdings gespeichert sein, da andernfalls eine Urkunde i. S. v. § 267 vorläge und für den ergänzenden Tatbestand des § 269 kein Raum bliebe (Lenckner/Winkelbauer CR 86, 825).

8 b) Andererseits ergibt sich aus dem Erfordernis der visuellen Darstellbarkeit, daß der **Datenbegriff** hier enger ist als in § 263a. Dort werden als Daten auch Programme erfaßt (vgl. § 263a RN 6); da die einzelnen Datenverarbeitungsschritte zwar (u. U. mathematisch) beschrieben, aber nicht visuell dargestellt werden können, scheiden Programme aus dem Datenbegriff des § 269 aus. Sie kommen aber als Tatmittel der Manipulation i. S. der „Fälschung" von § 269 insoweit in Betracht, als es mit ihrer Hilfe möglich ist, daß Daten anders als durch Eingabe gespeichert oder gespeicherte verändert werden können. Aus der hypothetischen Gleichsetzung mit dem Urkundsbegriff (vgl. o. 2) ergibt sich weiter, daß nur solche Daten in Betracht kommen, die **sichtbar** gemacht werden können (D-Tröndle 4). Unter Wahrnehmung i. S. v. § 269 ist daher nur die visuelle zu verstehen; Aufzeichnungen auf Tonträger scheiden daher aus dem Schutzbereich des § 269 aus (and. Möhrenschlager wistra 86, 134, Granderath aaO 5).

9 c) Die Daten müssen **beweiserheblich** sein. Dieses Merkmal, das in Rspr. und Lit. zum Urkundsbegriff des § 267 entwickelt wurde (vgl. dort RN 8ff.), bedeutet, daß die verkörperte Erklärung bestimmt und geeignet sein muß, für ein Rechtsverhältnis Beweis zu erbringen.

10 Ob dieser Begriff ohne weiteres auf Daten übertragbar ist, kann zweifelhaft sein. Bei § 267 charakterisiert er die beweisrechtliche Bedeutung der Erklärung insgesamt, nicht deren einzelner Bestandteile, d. h. den „Satz" nicht das „Wort". So ist z. B. der Name des Schuldners in einem Anerkenntnis als solcher noch nicht beweiskräftig, sondern erst in seiner Beziehung zum Schuldbetrag und der Erklärung, diesen schulden zu wollen. Dieser Gesichtspunkt ist bei § 269 zu berücksichtigen. Er bedeutet hier, daß **nicht das einzelne Datum,** das etwa bei der Konsolmanipulation gespeichert wird (vgl. § 263a RN 4), für sich allein beweiserheblich sein muß, sondern daß es ausreicht, in der Kombination mehrerer Daten, die gespeichert oder verarbeitet werden, ein Datenergebnis zu erreichen, das, würde es visuell dargestellt, die Beweiserheblichkeit des Urkundsbegriffs erfüllen würde. Das einzelne Datum braucht also noch nicht beweiserheblich zu sein, wohl aber muß es geeignet sein, im Zusammenhang mit anderen Daten einen beweiserheblichen Vorgang zu registrieren.

11 d) Aus der engen Anlehnung von § 269 an § 267 (vgl. o. 2) ergibt sich, daß die gespeicherten oder veränderten Daten die **Garantiefunktion** des Urkundsbegriffs erfüllen müssen. Es muß also im Falle der Wahrnehmung der Urkunde deren (scheinbarer) Aussteller erkennbar sein. Nach der Geistigkeitstheorie, die im Urkundenstrafrecht vorherrscht (vgl. § 267 RN 55) bedeutet dies, daß im Falle der visuellen Darstellung erkennbar sein müßte, wem die Daten ihrem geistigen Inhalt nach zugerechnet werden können. Es muß also erkennbar sein, wer hinter dem Datenbestand steht und auf wen er beweisrechtlich zurückgeführt werden kann.

12 **Aussteller** des beweiserheblichen Ergebnisses eines Datenverarbeitungs- oder Datenspeicherungsvorgangs ist der Betreiber der EDV-Anlage, regelmäßig also deren Inhaber, auch wenn er von der „Technik" der Anlage nichts versteht. „Echt" ist das Ergebnis der Datenverarbeitung oder -speicherung, wenn es seinem „Erklärungswillen" entspricht. Dies setzt voraus, daß der – möglicherweise technisch nicht versierte – Betreiber die Eckdaten des Programms und das hierbei zu erzielende Ergebnis festlegt. Die einzelnen Programmschritte braucht er weder festzulegen, noch intelektuell zu begreifen. Wird bei der Datenverarbeitung dieser „Erklärungswille" des Betreibers durchkreuzt, so ist das Ergebnis „unecht". Ob das Ergebnis des Datenverarbeitungsvorgangs der Wahrheit entspricht, ist dabei gleichgültig.

Nicht entscheidend ist dagegen der Wille des **Programmierers,** d. h. der Person, die die **13** Arbeitsgänge des Computers festlegt, oder sonstiger Personen, die den Computer bedienen, z. B. die Daten über Konsol eingeben. Sie sind nur der „verlängerte Arm" des Betreibers und haben das Programm und die Computerbedienung nach dessen Anweisungen auszuführen. Handeln sie weisungswidrig, so entsteht ein „unechtes" Datenergebnis, auch wenn es der Wirklichkeit entspricht. Wer weisungswidrig handelt, ist nach § 269 strafbar.

Am anschaulichsten läßt sich dieses Problem am Beispiel der **Schreibhilfe** im Rahmen des § 267 **14** (vgl. dort RN 57) erklären. Ausgehend von der herrschenden Geistigkeitstheorie (§ 267 RN 55) ist Aussteller der Urkunde, von wem die Erklärung ihrem geistigen Inhalt nach herrührt, nicht derjenige, der sie eigenhändig vollzogen hat. Folglich ist Aussteller, wer sich bei der Anfertigung des Schriftstücks eines anderen bedient, auch wenn er nicht lesen und schreiben kann. Der technisch nicht versierte („blinde") Betreiber bleibt also Garant des Datenverarbeitungsergebnisses, auch wenn er selbst den Computer weder zu programmieren oder bedienen („schreiben") versteht, noch das Ergebnis einzuschätzen („lesen") vermag. Es ist mit Recht bezweifelt worden, ob diese Konstruktion der Computerkriminalität und ihren Erscheinungsformen gerecht wird (D-Tröndle 5).

2. Die **Tathandlung** besteht darin, daß Daten (vgl. o. 7 ff.) gespeichert oder verändert wer- **15** den oder von solchen Daten Gebrauch gemacht wird. Diese Tatmodalitäten sind in Anlehnung an § 267 konzipiert und gewinnen erst durch die Vergleichbarkeit mit der Urkundenfälschung Kontur (D-Tröndle 4, Zielinski aaO 620ff.). Die hypothetische Subsumtion unter den Urkundsbegriff lautet dabei, ob der Täter durch die Computermanipulation (vgl. § 263a RN 4ff.) ein Datenprodukt hergestellt oder gebraucht hat, das im Falle seiner visuellen Darstellung als unechte Urkunde zu qualifizieren wäre.

a) **Daten** werden **gespeichert,** wenn sie über die Konsolmaschine oder in anderer Weise, z. B. **16** durch Übertragung von einem anderen Computer in eine EDV-Anlage eingegeben werden. Das Eingangsdatum (vgl. § 263a RN 4) braucht also nicht, kann aber schon gespeichert sein. Entscheidend ist nur, daß es in die EDV-Anlage verbracht wird, in der der „unechte" Datenbestand (vgl. u. 20) entstehen soll. Über Programme als Daten vgl. o. 8. Wird durch eine Programm-Manipulation erreicht, daß über Konsol eingegebene Daten anders gespeichert als eingegeben werden, so liegt eine Datenveränderung vor. Vgl. zur Herstellung und Verwendung gefälschter ec-Scheckkarten AG Böblingen CR **89**, 308, Richter aaO.

b) **Daten** werden **verändert,** wenn deren Bestand so geändert wird, daß bei ihrer visuellen **17** Darstellung ein anderes Ergebnis als das vom Betreiber der Anlage durch die Festlegung des Programms gewollte erreicht wird. Dies kann in verschiedener Weise geschehen. So kann das Datum schon in der Inputphase manipuliert, d. h. anders gespeichert werden als beabsichtigt (vgl. o. 12). Denkbar ist auch, daß schon gespeicherte Daten durch eine Änderung des Programms manipuliert werden. Eine solche Änderung liegt z. B. vor, wenn Buchungsvorgänge in einem Bankcomputer verändert werden. Da der Datenbestand insgesamt – etwa vergleichbar mit der Gesamturkunde (vgl. § 267 RN 30ff., 67, 71a) – entgegen dem Willen des Betreibers verändert ist, genügt das Löschen einzelner oder der Art nach bestimmter Daten ebenso wie das Hinzufügen neuer Daten. Das Ergebnis darf allerdings nicht bloß in einem Analogon zur Urkundenunterdrückung bestehen, da es sonst an den weiteren Voraussetzungen des § 269 fehlen würde.

c) Das **Ergebnis** der Manipulation muß ein Datenbestand sein, der – würde er sichtbar **18** gemacht – als unechte oder verfälschte Urkunde zu qualifizieren wäre. Diese Voraussetzung bildet das Kardinalproblem der neuen Vorschrift. Im Wege einer hypothetischen Subsumtion muß festgestellt werden, ob alle Voraussetzungen des Urkundsbegriffs (vgl. § 267 RN 2ff.) erfüllt und die gedachte Darstellung unecht wäre (vgl. § 267 RN 48ff.). Da § 269 nicht bloß die Fälle erfassen will, in denen vorhandene Urkunden gespeichert werden (so noch die Beispiele BT-Drs. 10/318 S. 32: Grundbücher, Bundeszentralregister, Gewerbezentralregister, Personenstandsregister, Kundenstammdaten, Kontenstandsdateien usw.), sondern auch solche, in denen mit Hilfe von gespeicherten Daten durch Programmbeeinflussung neue „hypothetische" Urkunden komponiert werden, tauchen erhebliche Probleme auf.

α) Die **hypothetische Datendarstellung** muß also so beschaffen sein, daß sie eine Erklärung **19** beinhaltet, die auch Inhalt einer Urkunde sein könnte. Dies ist etwa der Fall, wenn sie sich als

Verwaltungsakt (Bewilligung von Kindergeld, Steuerbescheid usw.), als Kontoauszug, Rechnung usw. darstellt, soweit es sich insoweit nicht bloß um den Entwurf einer Urkunde handeln würde (§ 267 RN 14). Bei innerbetrieblichen Aufzeichnungen (Kundenstammdaten, Buchungen, Inventurdaten) hängt die Urkundsqualität nach BGH 13 382 davon ab, ob an den innerbetrieblichen Daten schon ein urkundlicher Bestandsschutz besteht, etwa durch Mitteilung an den Aufsichtsrat als Kontrollorgan usw. An der mangelnden Beweisbestimmung dürfte der hypothetische Urkundscharakter des Datenbestandes häufig scheitern. Dies gilt etwa bei allen Formularschreiben (Rechnung, Mahnung, Klage), die noch nicht mit dem Adressaten ergänzt sind. Wird hier an den noch nicht ergänzten Daten manipuliert, so liegt § 269 (noch) nicht vor. Wird ein solcher hypothetischer Urkundsentwurf ergänzt, so kann darin § 269 liegen.

20   β) Der Datenbestand muß erkennen lassen, wer als Aussteller fungiert; unecht ist die Urkunde dann, wenn sie nicht von dem stammt, der in ihr als Aussteller bezeichnet wird (§ 267 RN 48ff.). Hierbei genügt es, wenn der (angebliche) Aussteller sich aus den Umständen ergibt; eine Unterschrift ist weder erforderlich, noch dürfte sie kaum jemals gegeben sein. Bei der nachträglichen Änderung des Datenbestandes durch den Betreiber der EDV-Anlage kann nach der in der Lit. vorwiegend vertretenen Meinung keine unechte Urkunde entstehen (vgl. § 267 RN 67). Nach der Rspr. wäre dies möglich (vgl. § 267 RN 68 mwN), sofern der Betreiber in seinem Verfügungsrecht über die Daten beschränkt wurde; bei einem Datenbestand, der noch nicht ausgedruckt und/oder (z. B. durch Überspielen in eine andere EDV-Anlage) einem anderen zugänglich gemacht wurde, dürften diese Voraussetzungen kaum jemals gegeben sein.

21   γ) Daten sind **gebraucht,** wenn sie einem anderen zugänglich gemacht werden (§ 267 RN 73ff.). Werden gespeicherte Daten einer EDV-Anlage im Computer eines anderen Betreibers (durch Fernleitung usw.) eingespeichert, so liegt darin zwar auch ein Gebrauchmachen, dieses ist jedoch subsidiär gegenüber dem gleichzeitig verwirklichten Einspeichern.

22   III. Der **subjektive Tatbestand** setzt Vorsatz (bedingter genügt) voraus. Erforderlich ist, daß der Täter alle tatsächlichen Umstände kennt, aus denen sich ergibt, daß bei Wahrnehmung der Daten eine unechte oder verfälschte Urkunde vorläge (vgl. § 267 RN 83). Ferner muß der Täter **zur Täuschung im Rechtsverkehr** (§ 267 RN 84ff.) handeln. Dies ist nach der Regelung des § 270 bereits dann der Fall, wenn der Täter lediglich die fälschliche Beeinflussung einer Datenverarbeitung im Rechtsverkehr bewirken will. Die Beeinflussung einer EDV-Anlage zum Zwecke der Zerstörung des Datenbestandes unterfällt § 274, wenn eine Beweismittelbeeinträchtigung vorliegt, im übrigen kommen §§ 303a f. in Betracht. Zur Eingabe eines Virus-Programms vgl. § 303b.

23   IV. Für die **Vollendung** der Tat gelten die Ausführungen bei § 267 (vgl. dort RN 94ff.) entsprechend.

24   V. Der **Versuch** ist strafbar (Abs. 2).

25   VI. **Konkurrenzen:** Das Verhältnis der verschiedenen Begehungsformen des § 269 untereinander bestimmt sich nach den zur Urkundenfälschung entwickelten Grundsätzen (vgl. § 267 RN 79ff.). Mit § 263a kommt Tateinheit in Betracht, ebenso mit §§ 263, 266, §§ 303, 303a und u. U. auch mit § 303b.

26   VII. Der Strafrahmen enspricht dem des § 267. Bei außergewöhnlichen Tatumständen (vgl. 47 vor §§ 38ff.) kann ein **besonders schwerer Fall** (Abs. 3 i. V. m. § 267 III) in Betracht kommen. Neben Freiheitsstrafe kann unter den Voraussetzungen des § 41 (vgl. dort auch) Geldstrafe verhängt werden.

§ 270 Täuschung im Rechtsverkehr bei Datenverarbeitung

Der Täuschung im Rechtsverkehr steht die fälschliche Beeinflussung einer Datenverarbeitung im Rechtsverkehr gleich.

Schrifttum: Vgl. die Angaben zu § 269.

Vorbem. Eingefügt durch Art. 1 Nr. 12 des 2. WiKG v. 15. 5. 1986, BGBl. I 723.

1   Die **Gleichstellungsklausel** des § 270 wertet die „fälschliche Beeinflussung einer Datenverarbeitung" wie die Täuschung im Rechtsverkehr, die in § 267 genannt ist. Nach der Intention des Gesetzgebers sollen damit Strafbarkeitslücken geschlossen werden, die sich dann ergeben könnten, wenn gefälschte Urkunden oder Daten unmittelbar in den Computer eingegeben werden und deshalb zweifelhaft ist, ob der Täter „zur Täuschung im Rechtsverkehr" gehandelt hat (BT-Drs. 10/318 S. 34). Im Schrifttum wurde allerdings schon bisher im Rahmen des § 267 für ausreichend gehalten, daß Daten aus einer unechten Urkunde nicht einer Person zugeleitet, sondern maschinell in einen Computer eingelesen werden (Tröndle LK § 267 RN 189, Lenck-

ner/Winkelbauer CR 86, 828), so daß § 270 insoweit nur Klarstellungsfunktion zukommt (Lenckner/Winkelbauer aaO, Lackner 1; siehe aber auch Schlüchter 103: Subsidiaritätsklausel). Die Regelung hat für alle Tatbestände, in denen es auf das Merkmal „zur Täuschung im Rechtsverkehr" ankommt (§§ 152a III, 267, 268, 269, 273, 281), Bedeutung (vgl. BT-Drs. 10/ 5058 S. 27, Möhrenschlager wistra 82, 204, 86, 135; Winkelbauer CR 85, 41).

Inwieweit die Datenverarbeitung **fälschlich beeinflußt** wird, richtet sich wegen der Gleich- 2
stellungsfunktion des § 270 nach der Bedeutung des Begriffs der „Täuschung im Rechtsverkehr" in den jeweiligen Vorschriften (Samson SK 4). Auf die Art und Weise der fälschlichen Beeinflussung kommt es hierbei nicht an (BT-Drs. 10/318 S. 34, D-Tröndle).

Die Datenverarbeitung muß sich im konkreten Fall auf den **Rechtsverkehr** beziehen. Es 3
genügt deshalb nicht, wenn die EDV-Anlage nur generell zur Verarbeitung von Daten im Rechtsverkehr verwendet wird (BT-Drs. aaO).

§ 271 Mittelbare Falschbeurkundung

(1) **Wer bewirkt, daß Erklärungen, Verhandlungen oder Tatsachen, welche für Rechte oder Rechtsverhältnisse von Erheblichkeit sind, in öffentlichen Urkunden, Büchern, Dateien oder Registern als abgegeben oder geschehen beurkundet oder gespeichert werden, während sie überhaupt nicht oder in anderer Weise oder von einer Person in einer ihr nicht zustehenden Eigenschaft oder von einer anderen Person abgegeben oder geschehen sind, wird mit Freiheitsstrafe bis zu einem Jahr oder mit Geldstrafe bestraft.**

(2) **Der Versuch ist strafbar.**

Vorbem. Abs. 1 geändert durch Art. 1 Nr. 13 des 2. WiKG v. 15. 5. 1986, BGBl. I 723.

I. Der Tatbestand der **mittelbaren Falschbeurkundung** (irreführend auch als intellektuelle Urkun- 1
denfälschung bezeichnet; vgl. RG 9 289) soll anders als § 267 den Rechtsverkehr nicht vor unechten, sondern vor **inhaltlich unwahren** öffentlichen Urkunden schützen (Hamm NJW 69, 625). Aus der Beschränkung auf öffentliche Urkunden ergibt sich, daß das besondere Vertrauen in deren Beweiskraft (RG 72 205, Köln HESt. 2 264), zugleich aber auch die Funktionsfähigkeit der Beurkundungsorgane geschützt ist (vgl. Wiedenbrüg NJW 73, 301). Daraus folgt, daß der Tatbestand **grundsätzlich nur inländische öffentliche Urkunden,** ausländische Urkunden dagegen nur unter der Voraussetzung erfaßt, daß eine Auslandsvertretung des Bundes sie legalisiert hat oder ein Staatsvertrag sie den inländischen Urkunden gleichstellt. Diese Beschränkung resultiert einmal daraus, daß nicht nostrifizierte ausländische und inländische öffentliche Urkunden im Beweisrecht unterschiedliche Wirkungen entfalten. Nach § 437 ZPO besteht für die Echtheit inländischer öffentlicher Urkunden eine Vermutung, die nach § 438 ZPO für ausländische Urkunden nicht gilt. Die erhöhte Beweiskraft inländischer öffentlicher Urkunden beruht darauf, daß inländische Behörden oder mit öffentlichem Glauben versehene Personen an strenge Richtlinien gebunden sind und staatlicher Kontrolle unterliegen. Dies mag zwar auch auf ausländische Behörden zutreffen. Da sich jedoch ausländisches Beurkundungsrecht nicht notwendigerweise auf dieselben Prinzipien stützt wie das inländische, ist eine Gleichwertigkeit ausländischer Urkunden mit inländischen hinsichtlich der Beweiskraft häufig kaum feststellbar, so daß sie grundsätzlich auch nicht denselben Rechtsschutz verdienen wie diese. Dies gilt auch für öffentliche Urkunden der DDR (Niewerth NJW 73, 1219). Zum anderen ergibt sich die Beschränkung auf inländische öffentliche Urkunden aus dem systematischen Zusammenhang der §§ 271, 348. § 271 ist geschaffen worden, um eine wegen der Sonderdeliktsnatur des § 348 bestehende Strafbarkeitslücke zu schließen, weil der den gutgläubigen Urkundsbeamten täuschende Hintermann als Extraneus nicht als mittelbarer Täter bestraft werden kann. Daß als Täter des § 348 nur ein deutscher Urkundenbeamter strafbar sein kann, versteht sich nach der Definition des § 11 I Nr. 2 von selbst. Folglich kann § 271, der eine sonst bestehende Strafbarkeitslücke schließen will, grundsätzlich nur die mittelbare Falschbeurkundung einer inländischen öffentlichen Urkunde erfassen; vgl. RG 68 302, KG JR 80, 516, die jedoch zu Recht den Gebrauch ausländischer Pässe nach § 276 erfassen; vgl. dort RN 1; weitergehend hins. § 271 Blei II 319, Wessels II/1 189; vermittelnd Oehler JR 80, 485, Tröndle LK 4a. Für die hier vertretene Auffassung sprechen auch praktische Gründe, weil dem deutschen Richter die ausländische Beurkundungspraxis und die dortigen Kontrollmöglichkeiten vielfach beweisrechtlich schwer zugänglich sind, er also nicht feststellen kann, ob die ausländische Urkunde „für und gegen jedermann" (vgl. dazu u. 8) Beweis zu erbringen vermag.

Die Beurkundung kann nur durch einen Amtsträger erfolgen. Handelt dieser vorsätzlich, so wird 2
er nach § 348 bestraft. Ein Dritter, der diese Tat veranlaßt oder fördert, ist wegen Anstiftung oder Beihilfe zu § 348 I strafbar, auch soweit er nicht Amtsträger ist; seine Strafe ist jedoch nach § 28 I zu mildern. Bedient sich aber der Dritte eines gutgläubigen Beamten zur Ausführung oder ist der Beamte zurechnungsunfähig, dann kann der Dritte – sofern er nicht Amtsträger i. S. v. § 348 ist – nicht als mittelbarer Täter bestraft werden, weil ein Nichtbeamter nicht mittelbarer Täter eines echten Amtsverbrechens sein kann. Für diese Fälle greift die vorliegende Bestimmung ein.

3　II. Die mittelbare Falschbeurkundung ist nur hinsichtlich **öffentlicher Urkunden, Bücher, Dateien** und **Register** strafbar.

4　**1. Öffentliche Urkunden** sind Urkunden, die von einer öffentlichen Behörde oder einer mit öffentlichem Glauben versehenen Person innerhalb ihrer Zuständigkeit in der vorgeschriebenen Form aufgenommen sind. Diese Begriffsbestimmung des § 415 I ZPO gilt auch für das Strafrecht (RG **71** 102, BGH **19** 21, Hamm JMBlNRW **89**, 248, Blei II 319). Eine Privaturkunde wird nicht dadurch zu einer öffentlichen, daß ein zuständiger Beamter sie mit einem Prüfungsvermerk versieht (RG **51** 119). Neben einer Einzelurkunde kann auch hier eine Gesamturkunde (§ 267 RN 30ff.; Tröndle LK 4a) Gegenstand der Tat sein; Beispiele bieten gewisse Sparkassenbücher (RG **71** 103).

5　a) **Öffentliche Behörden** i. S. des § 415 ZPO sind alle Bundes-, Landes- und Gemeindebehörden sowie die Dienststellen von Körperschaften des öffentlichen Rechts. Privatrechtlich organisierte Verwaltungskörper sind auch dann, wenn ihnen öffentliche Aufgaben übertragen sind, nur bei ausdrücklicher gesetzlicher Bestimmung den Behörden gleichzustellen (vgl. BGHZ **3** 121). Es ist nicht erforderlich, daß die Aufgabe der Behörde speziell die Vornahme von Beurkundungen ist; es genügt, daß sie befugt ist, hoheitliche Anordnungen, Verfügungen und Entscheidungen zu treffen (vgl. § 417 ZPO). Öffentliche Urkunden sind daher z. B. auch politische Zeugnisse des Säuberungsausschusses und Einstellungsbeschlüsse des öffentlichen Klägers im Säuberungsverfahren, Sparkassenbücher einer öffentlichen Sparkasse (RG **71** 102). **Mit öffentlichem Glauben versehene Personen** sind solche, denen für einen örtlich und sachlich begrenzten Kreis durch Gesetz oder durch Verwaltungsanordnung die Befugnis verliehen ist, Erklärungen oder Tatsachen mit voller Beweiskraft zu öffentlichem Glauben zu bezeugen; es kommen hier vor allem, aber nicht ausschließlich, die Organe der freiwilligen Gerichtsbarkeit in Betracht (RG **63** 150). Aufgrund einer ständig geübten Praxis kann die Befugnis zur Beurkundung mit öffentlichem Glauben (z. B. zur Unterschriftsbeglaubigung durch die Ordnungsbehörden) nicht erworben werden (Oldenburg MDR **48**, 30, Frankfurt NJW **49**, 315 m. Anm. Cüppers). Personen mit öffentlichem Glauben sind z. B. die Notare (§ 20 BNotO), die Urkundsbeamten der Geschäftsstelle, die Gerichtsvollzieher, die Standesbeamten.

6　b) Die Urkunde muß von der Behörde **innerhalb der Grenzen ihrer Amtsbefugnisse,** von der Urkundsperson **innerhalb des ihr zugewiesenen Geschäftskreises** aufgenommen worden sein. Ist die Urkunde von der Behörde innerhalb ihrer Zuständigkeit ausgestellt, dann ist es unerheblich, daß das beglaubigte Rechtsverhältnis an sich nach privatrechtlichen Normen zu beurteilen ist und daß es unter anderen Umständen den Gegenstand einer Privaturkunde hätte bilden können (Tröndle LK 12); öffentliche Urkunden sind daher z. B. auch die von der Eisenbahn ausgegebenen Fahrkarten (RG **59** 384) oder die von städtischen Sparkassen ausgegebenen Sparbücher (RG **71** 103, BGH **19** 20). Es kommt nur auf die sachliche, nicht auch auf die örtliche Zuständigkeit der Behörde an (vgl. RG **20** 121).

7　c) Die Urkunde muß in der **vorgeschriebenen Form** ausgestellt worden sein. Welche Form erforderlich ist, kann sich aus Gesetz, Verordnung, Anordnung der jeweils zuständigen Stelle (RG HRR **38** Nr. 1374) oder tatsächlicher Übung ergeben. Fehlt ein wesentliches Erfordernis, dann liegt keine öffentliche Urkunde vor (RG **24** 282). Bei Verletzung lediglich für den inneren Dienst bestimmter Vorschriften kann aber eine öffentliche Urkunde vorhanden sein (RG **58** 280). Stets ist notwendig, daß aus der Urkunde hervorgeht, welche Behörde sie ausgestellt und welche Stellung ihr Aussteller hat (RG **66** 125). Als wesentliches Formerfordernis hat die Rspr. z. B. angesehen die Unterschrift des Richters (jetzt Rechtspflegers) unter einen Zahlungsbefehl (RG **23** 205), die Unterschrift des Postbeamten bei Posteinlieferungsbüchern (RG **30** 369).

8　d) Aus den genannten Merkmalen und aus dem Zweck der Vorschrift (o. 1f.) ergibt sich, daß die Urkunde **für den Verkehr nach außen** bestimmt sein und dem Zweck dienen muß, **Beweis für und gegen jedermann zu erbringen** (RG **75** 287; ähnl. Tröndle LK 18). Wo das Gesetz die Beurkundung eines Rechtsgeschäfts zum Beweise für und gegen jedermann anordnet, wird in der Regel anzunehmen sein, daß die öffentliche Beweiskraft der Urkunde nicht nur den sachlichen Inhalt des Vorgangs, sondern auch die Angaben über die Person der Beteiligten erfaßt. Dies trifft insbes. für die im Rahmen der freiwilligen Gerichtsbarkeit, des Grundbuchwesens und des Notariats aufgenommenen Urkunden über rechtsgeschäftliche Vorgänge zu (RG **72** 227). Keine öffentlichen Urkunden sind dagegen dienstliche Bescheide einer Behörde an einen Beamten oder amtliche Auskünfte an eine andere Person oder Stelle. Solche Mitteilungen sind nicht geeignet, über die von ihnen bezeugten Tatsachen Beweis zum öffentlichen Glauben zu erbringen (RG **66** 125). Keine öffentliche Urkunde ist z. B. die Eingangsbescheinigung, die der Urkundsbeamte der Geschäftsstelle dem Überbringer einer Rechtsmittelschrift erteilt (RG **75** 404); ebensowenig eine Bescheinigung des Amtsgerichts über den Eingang einer Ehescheidungsklage (RG DR **43**, 75).

Zu den öffentlichen Urkunden gehören daher auch **nicht** die Urkunden, die nur dem **inneren** 9
Dienst der Behörde, insb. der Kontrolle, Ordnung und Übersicht der Geschäftsführung dienen (vgl. dazu u. 12), die nichtöffentlichen amtlichen Urkunden werden bisweilen als schlichte amtliche Urkunden bezeichnet (so z. B. RG **49** 33; vgl. dazu Tröndle LK 20).

Ob eine Urkunde nur für den inneren Dienst oder auch für den Verkehr nach außen be- 10
stimmt ist und Beweis für und gegen jedermann erbringt, ist nicht nur aus geschriebenen ausdrücklichen Rechtssätzen zu entnehmen; es kann sich dies auch aus Gewohnheitsrecht, aber auch aus der Natur der Sache ergeben (vgl. RG **71** 104).

2. Als öffentliche Urkunden sind **beispielsweise** angesehen worden Kostenfestsetzungsbeschlüsse 11
(Koblenz MDR **85,** 1048), die Steuerkarte (RG **60** 162, JW **38,** 275, Kiel SchlHA **47,** 15), der Steuerbescheid (RG **72** 378), Erbscheine und Hoffolgezeugnisse (BGH **19** 87), Zollbegleitscheine (RG HRR **34** Nr. 355), Kraftstoffausweise der Zollgrenzbeamten (Köln MDR **59,** 862 m. Anm. Schnitzler MDR **60,** 813, Düsseldorf JMBlNRW **60,** 231, MDR **66,** 945), Lebensmittelkarten, die mit dem Namen des Berechtigten ausgefüllt sind (RG DR **41,** 2660, HRR **41** Nr. 949) sowie Bezugsscheine (RG **52** 313, LZ **18** Sp. 448, DR **43,** 1041; vgl. noch § 348 RN 12), der Paß (RG **60** 153, BGH NJW **55,** 839) und als Paßersatz ausgestellte Personalausweise (RG **60** 105), auch behelfsmäßige (KG JR **55,** 393) und die einem Asylbewerber nach § 20 IV AsylVfG auszustellende Bescheinigung als Ersatz für den zu hinterlegenden nationalen Paß (Hamm JMBlNRW **89,** 248), die Kennkarte (Freiburg DRZ **48,** 66), Reiselegitimationskarten (RG **63** 363), polizeiliche Bescheinigungen über die Erfüllung fremdenpolizeilicher Vorschriften (RG HRR **26** Nr. 1577), die polizeiliche Beglaubigung einer Unterschrift (RG **61** 193; and. Oldenburg MDR **48,** 30), amtliche Kraftfahrzeugkennzeichen, soweit sie mit dem Kfz verbunden sind (RG **72** 369 m. Anm. Nagler ZAkDR 39, 385, Hamburg NJW **66,** 1827), Kraftwagenzulassungsbescheinigungen für Probefahrten (RG **65** 316), der Kraftfahrzeugschein (vgl. BGH **20** 186, MDR **66,** 249, Bay NJW **58,** 1983, Celle NdsRpfl. **62,** 211, Hamburg NJW **66,** 1828, Vogel NJW **62,** 998), die Fahrerlaubnis (BGH **25** 95, Hamm NStZ **88,** 26), die Musterrolle des Seemannsamtes (RG **61** 412), Fahrkarten der Eisenbahn (vgl. RG **59** 384, JW **36,** 662), Gepäckscheine (RG HRR **38** Nr. 1516), Gewichtsvermerke auf Frachtbriefen (BGH NJW **53,** 1840), der für den Postscheckkunden bestimmte Zahlkartenabschnitt (RG **67** 90, 247), eine ordnungsmäßig ausgefüllte und gestempelte Postanweisung, soweit ihr öffentlicher Glaube reicht (RG HRR **40** Nr. 711, Köln NJW **67,** 742), Posteinlieferungsscheine (RG HRR **40,** 334), das Reifezeugnis (RG **60** 375), Sparkassenbücher einer Kreissparkasse (RG **61** 129, **71** 103, BGH **19** 20), Ausweise von Fürsorgestellen zur Erlangung von Fahrpreisermäßigung (RG HRR **27** Nr. 2160), Tauf- und Trauscheine der Geistlichen (RG DR **39,** 162), Aufgebotsprotokolle der Standesbeamten (Celle HESt. **2** 328, Hamm HESt. **2** 329, BGH NJW **52,** 1424, **55,** 839), auf den Eiern angebrachte Stempelabdrücke der Eierkennzeichnungsstelle (RG ZAkDR **38,** 207 m. Anm. Klee), Tauglichkeitsstempel eines Fleischbeschauers (RG **74** 30), Begleiturkunden nach dem HopfenherkunftsG (BGH **8** 50), das Protokoll eines Gerichtsvollziehers gem. § 762 ZPO (RG JW **34,** 490 m. Anm. Oetker, Hamm NJW **59,** 1333; vgl. jedoch Frankfurt NJW **63,** 773), Berechnung und Feststellung von Zeugen- und Sachverständigengebühren (RG **71** 144), Aufenthaltsbescheinigungen der Meldebehörden (BGH LM **Nr. 8**), Zweitausfertigungen von Originalurkunden einer staatlichen Ingenieurschule (Hamm NJW **77,** 640). Die auf die Telegrammausfertigung gesetzten amtlichen Vermerke stellen öffentliche Urkunden dar, der vom Absender abgefaßte Text eine Privaturkunde; es liegt keine einheitliche öffentliche Urkunde vor (RG **46** 286). Eine öffentliche Urkunde stellt auch die Verhandlung über die Aufnahme zum Strafvollzug oder zur Untersuchungshaft dar (vgl. BGH LM **Nr. 7,** Hamm NJW **56,** 602).

Nicht dagegen sind zu den öffentlichen Urkunden gerechnet worden Zustellvermerke der Post- 12
beamten auf Paketkarten (RG **53** 224) oder auf Post- und Zahlungsanweisungen (RG **67** 256), Aufgabe- und Ankunftsstempel auf Postsendungen (RG **30** 381; vgl. auch RG JW **33,** 1594), Berichte eines Richters über eine Revision bei einem Notar (RG **26** 141), Richtigkeitsbescheinigungen eines städtischen Beamten auf den der Stadt eingereichten Rechnungen (RG HRR **41** Nr. 571; vgl. auch RG **75** 287), Expreßstammkarten der Bundesbahn (RG HRR **36** Nr. 311), Eintragungen in den Vollstreckungsakten eines Finanzamts (RG **71** 46) oder des Gerichtsvollziehers (RG DR **37,** 200), Gewichtsangaben in Schlachtsteuerbescheiden (RG **72** 378), polizeiliche Meßprotokolle (Köln VRS **50** 421) oder Vernehmungsprotokolle (Düsseldorf NJW **88,** 217), Niederschriften über die Entnahme von Blutproben durch einen Amtsarzt (Oldenburg NdsRpfl. **51,** 37), polizeiliche Beglaubigungen von Abschriften (Frankfurt NJW **49,** 315 m. Anm. Cüppers, vgl. auch RG DJ **38,** 2039), ferner etwa nicht die Monatsabrechnungen öffentlicher Kassen über die Gehaltsbezüge der Gehaltsempfänger (RG DJ **37,** 200), Bescheinigungen der Behörden nach § 7c EStG (BGH **17** 66), Kraftfahrzeugbriefe (BGH VRS **5** 135), die Zulassungskartei (§ 27 StVZO; BGH NJW **57,** 1889), Bestätigungen der Handelskammern (Hamburg JR **64,** 350 m. Anm. Schröder) oder eines städtischen Beamten (Celle NStZ **87,** 282) auf Zollpapieren, der Zollbefund (§ 83 ZollG; BGH **20** 309), sowie der vorläufige Fahrausweis für das Vorhandensein einer Fahrerlaubnis (Köln NJW **72,** 1335). Auch die Ermittlungsberichte der Polizei an die Staatsanwaltschaft sind keine öffentlichen Urkunden (Stuttgart NJW **56,** 1082).

Über gerichtliche Protokolle, Beschlüsse und Urteile vgl. u. 23. 13

3. Öffentlich sind die **Bücher** und die **Register,** die öffentlichen Glauben haben, die Beweis für und 14
gegen jedermann begründen; sie gehören in den weiteren Kreis der öffentlichen Urkunden (Nietham-

mer 315; and. RG **17** 63). Zugänglichkeit für jedermann ist nicht erforderlich, wohl aber, daß der Betroffene sich zum Beweis auf sie berufen kann. Zu den öffentlichen Büchern und Registern gehören z. B. das Familien-, Heirats-, Geburten- und Sterbebuch (§§ 1, 60 PStG; Bay **60** 190; zum PStG a. F. vgl. BGH NJW **52**, 1424), das Grundbuch (Stuttgart NStZ **85**, 365), das Gefangenenbuch (BGH LM **Nr. 7**), jedoch nicht bezüglich des Glaubensbekenntnisses (BGH GA **66**, 280), die Annahmebücher der Postanstalten über Wertsendungen (RG **67** 271), Quittungskarten der Invalidenversicherung (RG HRR **39** Nr. 536), das Tagebuch des amtlich bestellten Fleischbeschauers (RG **40** 341, DR **40**, 1419). Von Büchern und Registern kommen z. B., weil nur für den inneren Dienst bestimmt, **nicht in Betracht** das Melderegister der Polizei (RG **74** 292 m. Anm. Mittelbach DR 40, 2238, Hamburg JR **50**, 630, BGH JR **54**, 308), Eisenbahnversandbücher (RG **61** 36), Dienstregister des Gerichtsvollziehers (RG **68** 201), Eichbücher (RG **73** 328), Handwerksrolle (Bay NJW **71**, 634).

14a 4. Die durch das 2. WiKG (BGBl. 86 I 723) eingeführte Erweiterung erstreckt den Schutzbereich auch auf **"öffentliche Dateien"**. Der Gesetzgeber ging davon aus, daß auf Datenträgern gespeicherte öffentliche Urkunden (z. B. Grundbücher) nicht durch §§ 348, 271 erfaßt seien und glaubte, diese Lücke schließen zu müssen (BT-Drs. 10/318 S. 34; vgl. D-Tröndle 13, Lackner 3, Samson SK 17a). Die Aufnahme des Begriffs „öffentliche Datei" würde jedoch voraussetzen, daß entsprechend den Grundsätzen zur öffentlichen Urkunde (§ 415 I ZPO) Vorschriften über die beweisrechtliche Bedeutung „öffentlicher Dateien" bestehen. Die Vorschriften aus denen sich das entscheidende Merkmal einer öffentlichen Urkunde, d. h. die Beweiskraft für und gegen jedermann, ergibt, sind auf Dateien jedoch nicht anwendbar. Nach der Definition des § 415 I ZPO setzt eine öffentliche Urkunde zunächst die Aufnahme durch eine Urkundsperson voraus. Ein entsprechender Vorgang ist für Dateien ebenfalls nicht vorgesehen. Es existieren noch keine Vorschriften darüber, wie „öffentliche Dateien" aufgenommen und welche Urkundspersonen „zuständig" sein sollen. Auch würde einer Datei durch ein Gericht die Beweiskraft einer öffentlichen Urkunde nicht zugesprochen werden. Beweisrechtlich existiert also kein der „öffentlichen Urkunde" vergleichbarer Sachverhalt für Daten. Die Speicherung stellt sich als „verschlüsselter Kopiervorgang" dar, bei dem die Urkundsqualität verloren geht (zur Fotokopie als Urkunde vgl. § 267 RN 42). Man wird, damit die Vorschrift nicht ins Leere stößt, ähnlich wie in § 269 auf eine hypothetische Subsumtion abstellen müssen und die Speicherung von Daten in Computern, die der Verfügungsgewalt einer mit öffentlichem Glauben versehenen Urkundsperson unterliegen, der Aufnahme öffentlicher Urkunden gleich zu achten haben, wenn sie bei ihrer visuellen Wahrnehmung eine öffentliche Urkunde darstellen würden. Dies setzt voraus, daß die EDV-Anlage der Verfügungsberechtigung einer Urkundsperson i. S. v. § 415 I ZPO unterliegt; nicht erforderlich ist allerdings, daß die Urkundsperson die Anlage selbst bedient. Der Inhalt elektronisch gespeicherter Urkunden (wie Grundbuch, Handels- und Vereinsregister), die öffentliche Urkunden darstellen würden, sind jedoch im Rahmen des § 269 geschützt. Melderegister usw. fallen, da sie nur innerdienstlichen Zwecken dienen, nicht unter § 271.

15 III. Die **Handlung** besteht in dem Bewirken, daß in einer öffentlichen Urkunde usw. eine inhaltlich unrichtige Beurkundung bestimmter Art erfolgt oder entsprechende Daten in einer öffentlichen Datei unrichtig gespeichert werden.

16 1. Es müssen **Erklärungen, Verhandlungen** oder **Tatsachen beurkundet** werden, die **für Rechte oder Rechtsverhältnisse** von **Erheblichkeit** sind. Diese Formulierung ist unnötig kompliziert; gemeint ist, daß eine inhaltlich unrichtige Beurkundung bewirkt sein muß.

17 a) Unter Erklärungen sind hier Äußerungen zu verstehen, die von dem beurkundenden Beamten nicht abgegeben, sondern entgegengenommen werden; Äußerungen des Beamten selbst sind i. S. dieser Vorschrift Tatsachen (RG **74** 31).

18 b) Rechtserheblich ist die Erklärung usw. dann, wenn sie allein oder in Verbindung mit anderen Tatsachen für die Entstehung, Erhaltung, Veränderung eines öffentlichen oder privaten Rechts oder Rechtsverhältnisses von unmittelbarer oder mittelbarer Bedeutung ist.

19 c) Es muß sich stets um Erklärungen handeln, hinsichtlich derer die öffentliche Urkunde, das öffentliche Buch oder Register Beweis für und gegen jedermann zu erbringen bestimmt ist (RG **60** 231). Eine Erklärung usw. ist i. S. dieser Vorschrift **beurkundet,** wenn ihre inhaltliche Richtigkeit in der vorgeschriebenen Form in einer Weise festgestellt ist, die dazu bestimmt ist, Beweis für und gegen jedermann zu begründen (RG **72** 378). Vgl. auch BGH **17** 68, **20** 309.

20 α) Die öffentliche Urkunde usw. muß **bestimmt** sein, hinsichtlich der Erklärung, Verhandlung oder Tatsache Beweis für und gegen jedermann zu erbringen (so z. B. RG **66** 408, BGH **6** 380 [Familienbuch], Tröndle LK 29, M-Maiwald II/2 160 f., Wessels II/1 189). Diese Bestimmung fehlt z. B. der Angabe des Namens in einem Protokoll über die mündliche Verhandlung in einem Zivilprozeß oder in einem Strafverfahren (RG **59** 19), der Angabe eines akademischen Grades in einem Führerschein, Flüchtlingsausweis oder in Wehrmachtsentlassungspapieren

(BGH LM **Nr. 6**). Das bei der Leistung des früheren Offenbarungseides aufgenommene Protokoll sowie das Schuldnerverzeichnis nach § 915 ZPO soll nicht zu öffentlichem Glauben beurkunden, daß der Schuldner den von ihm angegebenen Namen trägt (RG HRR **36** Nr. 447). Das Aufgebotsprotokoll ist nicht dazu bestimmt, die Angaben der Erschienenen über den Familienstand zu öffentlichem Glauben zu beurkunden (BGH NJW **52**, 1425, Celle HESt. **2** 328, Hamm HESt. **2** 329). Beim Kraftfahrzeugschein hat der BGH sowohl die Angaben über das Fahrzeug wie auch diejenigen über die Person des Halters als nicht zu öffentlichem Glauben festgestellt bezeichnet (BGH **20** 188, 294, **22** 201), ebensowenig, daß der Ausländer, der eine Bescheinigung nach § 15 StVZO erhält, auch eine Fahrerlaubnis besitzt (BGH **25** 95 m. Anm. Tröndle JR **73**, 204); and. für die Angaben über das Fahrzeug (Hamburg NJW **66**, 1827), für die Angaben zur Person (BGH **34**, 299, Bay NJW **58**, 1983, Celle NdsRpfl. **62**, 211). Nachdem im Gegensatz zum früheren Muster der Führerscheinurkunde die Worte „... nach bestandener Prüfung ..." fortgefallen sind, kann am öffentlichen Glauben auch nicht teilhaben, ob und unter welchen Umständen der Inhaber des Führerscheins die gesetzlichen Voraussetzungen für die Erlangung der Fahrerlaubnis erfüllt hat (Hamm NStZ **88**, 26), insb. ob er eine praktische und theoretische Prüfung bestanden hat oder nicht.

β) Erforderlich ist weiterhin, daß die **Wahrheit** der Erklärung, Verhandlung oder Tatsache 21 beurkundet wird; wird nur bezeugt, daß jemand eine Erklärung abgegeben hat, so wird nur diese Tatsache, nicht aber die Wahrheit des Erklärten beurkundet (RG **61** 305, BGH **19** 19, NStZ **86**, 550); daher ist § 271 nicht gegeben, wenn ein „falscher" Kaufpreis beurkundet wird (BGH NStZ **86**, 550). Durch die Eintragungen im Handelsregister wird nur die Tatsache beurkundet, daß die betreffende Anmeldung erklärt worden ist, nicht dagegen die Richtigkeit dieser Erklärung (RG **18** 180, GA Bd. **51**, 187). Durch die Eintragung eines Vereins im Vereinsregister wird nicht die Tatsache der Vereinsgründung beweiskräftig festgestellt, sondern nur die Anmeldung entsprechenden Inhalts (RG **61** 305). Falsche Angaben über den Kaufpreis in notariellen Protokollen fallen nicht unter § 271 (Bay NJW **55**, 1567, Wessels II/1 191), wohl aber Angaben des Notars, der die Vermischung der Gewinnlose mit den Nieten überwacht (BGH **8** 289).

γ) **Beispielsweise** beweisen die Eintragungen im ersten Teil des Familienbuches, im Geburtenbuch 22 und im Sterbebuch, bei ordnungsmäßiger Führung der Bücher Heirat, Geburt und Tod und die darüber gemachten näheren Angaben; vgl. BGH **6** 380, **12** 88, Hamm HESt. **2** 330. Die Niederschrift des Standesbeamten über die Bestellung des Aufgebots beweist, daß gewisse Personen erschienen sind, gewisse Erklärungen abgegeben und gewisse Urkunden vorgelegt haben, nicht die Angaben über den Familienstand (Celle HESt. **2** 328, Hamm HESt. **2** 329). Bewiesen wird weiter etwa durch das Protokoll über eine notarielle Verhandlung der Tatsache, daß eine bestimmte Person erschienen ist (RG **66** 356), durch die Quittungskarten der Invalidenversicherung auch Ort und Zeit der Geburt und Name des Versicherten (RG **23** 178), durch die Reisegewerbekarte die Tatsache, daß der Inhaber der Karte auch der Inhaber des Gewerbebetriebes ist (RG **63** 364), durch Reisepaß, Eintragung im Familienbuch, Aufgebot der akademische Grad (BGH NJW **55**, 839). Ferner soll nach LG Frankfurt NJW **55**, 267 der Flüchtlingsausweis für alle Behörden bindend die Flüchtlingseigenschaft nachweisen. Der öffentliche Glaube erstreckt sich auf das Geburtsdatum im Führerschein (BGH **34** 299), nicht aber z. B. auf akad. Grade (s. u.). Die Verhandlung über die Aufnahme zur Untersuchungshaft und zum Strafvollzug dient dem urkundlichen Nachweis des Vollzugs und beweist somit die Angaben zur Person des Häftlings (RG **49** 62, BGH LM **Nr. 7**). Bei Kostenfestsetzungsbeschlüssen erstreckt sich der öffentliche Glaube nicht auf die Datumsangabe, soweit der Beschluß für den Anspruch konstitutiv ist (Koblenz MDR **85**, 1048). **Dagegen** sind die Angaben in einem Steuerbescheid, worauf sich die Veranlagung (z. B. ihrer Höhe nach) gründet, nicht bestimmt, für und gegen jedermann zu beweisen, daß die angenommenen Tatsachen richtig sind (RG **72** 378). Eine nach § 1600e I BGB aufgenommene öffentliche Urkunde beweist nur die Anerkennung der Vaterschaft, nicht die Vaterschaft selbst (vgl. § 1600m BGB), daher ist die unrichtige Vaterschaftsanerkennung nicht nach § 271 strafbar. Der Einstellungsbeschluß nach §§ 769, 771 ZPO beurkundet nicht zu öffentlichem Glauben, daß der Prozeßbevollmächtigte des Klägers für diesen befugt auftritt (RG **66** 408). Das Bundeszentralregister gibt nur die Mitteilungen anderer Behörden wieder; die Wahrheit der Angaben wird durch das Strafregister nicht beurkundet (zust. BGH GA **65**, 93). Der Führerschein und Flüchtlingsausweis bestätigen weder, daß der Inhaber zu Recht einen akademischen Grad führt (BGH NJW **55**, 839), noch beweisen sie die Richtigkeit des Namens des Inhabers (Hamm VRS **21** 363). Nach Bay VRS **15** 278 beweist der Führerschein auch nicht, daß der Inhaber die Fahrprüfung auch (bedenklich); nach BGH **25** 95, **33** 190 beweist der Hinweis im Führerschein auf § 15 StVZO nicht, daß der Inhaber eine ausländische Fahrerlaubnis hat. Eine Abmeldebescheinigung der Kfz-Stelle über die Stillegung eines Kfz beweist nicht den Zeitpunkt der nächsten Hauptuntersuchung (Bay VRS **57** 285). In einem Sparkassenbuch wird nicht mit öffentlichem Glauben beurkundet, wer der Verfügungsberechtigte ist (BGH **19** 20).

δ) Bestritten ist, inwieweit bei **gerichtlichen Protokollen, Beschlüssen und Urteilen** eine mittel- 23 bare Falschbeurkundung vorliegen kann. Die Rspr. ist sehr zurückhaltend. Zwar erkennt sie die

Protokolle usw. als öffentliche Urkunden an, beschränkt aber die unmittelbare äußere Beweiskraft dieser Urkunden. So soll eine zu Protokoll angebrachte Klage nur die Abgabe der Erklärungen beurkunden, nicht aber die Richtigkeit des Erklärten (RG **39** 346). Ein Verhandlungsprotokoll soll nur die Beobachtung der vorgeschriebenen Förmlichkeiten beweisen, nicht die Angaben zur Person (RG **72** 227, Freiburg DRZ **48**, 66). Ein Beschluß soll nicht das Vorliegen einer Prozeßvollmacht beweisen (RG **66** 408). Demgegenüber hat das Schrifttum z. T. einen extensiveren Standpunkt angenommen. Binding Lehrb. 2, 283 sieht ganz allgemein falsche Angaben zur Person in einem Prozeß als mittelbare Falschbeurkundung an. Sicher dürfte zunächst feststehen, daß § 271 sich nicht auf die Richtigkeit der Angaben zur Sache bezieht. Wer durch unwahre Angaben ein falsches Urteil erschleicht, kann sich eines Prozeßbetruges schuldig machen, nicht aber einer mittelbaren Falschbeurkundung. Anders dürfte es jedoch bei den Angaben zur Person sein, soweit es sich um vollstreckungsfähige Urteile oder gerichtliche Vergleiche (RG **72** 228) handelt, da diese z. B. gegenüber den Vollstreckungsorganen oder dem Grundbuchamt Beweis über die Parteien erbringen (zum Ganzen vgl. Tröndle LK 30ff.).

24   2. Die Beurkundung oder Speicherung muß materiell **unrichtig** sein. Das Gesetz bringt dies dadurch zum Ausdruck, daß Erklärungen, Verhandlungen oder Tatsachen als abgegeben oder geschehen beurkundet oder gespeichert sein müssen, während sie überhaupt nicht oder in anderer Weise oder von einer Person in einer ihr nicht zustehenden Eigenschaft oder von einer anderen Person abgegeben oder geschehen sind.

25   3. Unter **Bewirken** ist jede Verursachung der unwahren Beurkundung oder Speicherung zu verstehen. Es ist unerheblich, wodurch der Täter diesen Erfolg herbeiführt; das gewöhnliche Mittel wird die Täuschung des Beamten sein; es ist dies aber nicht das einzige Mittel (BGH **8** 294, Köln NJW **67**, 742, Tröndle LK 54). Es ist nicht erforderlich, daß der Täter in unmittelbare persönliche Beziehung zu dem Beamten tritt; es kann vielmehr auch schriftliche Mitteilung, Täuschung des Gehilfen, Benutzung eines unbewußt oder bewußt tätig werdenden Werkzeugs genügen (RG **55** 282). Das einfache Geschehenlassen der falschen Beurkundung ist kein Bewirken (RG GA Bd. **52** 93); bei einer entsprechenden Rechtspflicht (vgl. § 13 RN 7ff.) kann das Bewirken aber auch durch ein Unterlassen erfolgen. Grob fahrlässiges Handeln des Beamten schließt ein Bewirken nicht aus (Köln NJW **67**, 742).

26   Nimmt nicht der zuständige Beamte, sondern der Täter selbst die Eintragung vor, dann kommt nicht § 271, sondern § 267 in Betracht. Dementsprechend kann auch nicht nach § 271 bestraft werden, wer in öffentliche Dateien eindringt und durch entsprechende Input- oder Programmanipulationen falsche Dateien speichert oder Daten verändert. In diesem Fall kommt jedoch die Fälschung beweiserheblicher Daten nach § 269 in Betracht (vgl. Lenckner/Winkelbauer CR 86, 827; a. A. D-Tröndle 15, Möhrenschlager wistra 86, 136).

27   IV. Für den **subjektiven Tatbestand** ist Vorsatz erforderlich. Vorsätzlich handelt nicht schon, wer sich bewußt ist, daß seine Handlung eine falsche Beurkundung zur Folge haben könnte; er muß vielmehr auch das Bewußtsein haben, daß die Tatsache, deren unrichtige Beurkundung er bewirkt, für irgendwelche Rechte oder Rechtsverhältnisse erheblich ist (RG **66** 358). Bedingter Vorsatz genügt (RG **18** 314).

28   V. **Vollendet** ist die Tat, wenn die Beurkundung vollständig abgeschlossen ist (RG **40** 405). Ein Gebrauchmachen von der Urkunde ist hier zur Vollendung nicht erforderlich (RG **58** 34). Erfolgt es, so geht § 271 dem § 273 vor; vgl. § 273 RN 4f. Der **Versuch** ist seit dem 1. StrRG strafbar; er liegt z. B. vor, wenn der Täter damit beginnt, auf den Beamten einzuwirken, um eine Beurkundung zu erreichen. Zu einem Fall des Wahndelikts vgl. RG **60** 215.

29   VI. **Mittäterschaft** ist bei der Beurkundung einer Erklärung auch dadurch möglich, daß jemand die von einem anderen abgegebenen Erklärungen bestätigt (RG GA Bd. **49** 122). Mittäterschaft kommt weiter zwischen dem, der für einen anderen eine Gefängnisstrafe verbüßt, und diesem selbst in Betracht.

30   Nach der Neufassung der Teilnehmervorschriften, die jetzt eine vorsätzlich begangene Haupttat voraussetzen, sind die Fälle unproblematisch geworden, in denen sich der Täter über die Gut- bzw. Bösgläubigkeit des beurkundenden Beamten irrt. Es gelten hier die gleichen Grundsätze wie zur Teilnahme an § 160; vgl. dort RN 1f. Nicht nur Versuch, sondern Vollendung liegt vor, wenn der Täter irrtümlich davon ausgeht, die Urkundsperson handele gutgläubig, weil deren Vorsätzlichkeit als maius die vom Täter gewollte unvorsätzliche Tat einschließt (vgl. § 160 RN 9). Nimmt der Täter irrtümlich an, die Urkundsperson handele vorsätzlich (§ 348), so ist er straflos, weil es eine Anstiftung zur unvorsätzlichen Tat (vgl. 29ff. vor § 25) und einen Tatbestand der versuchten Anstiftung zur Falschbeurkundung im Amt nicht gibt (and. D-Tröndle 15, Lackner 5a, Tröndle LK 61, wonach § 271 als Ergänzungstatbestand zur Anwendung kommen soll); es fehlt eine Parallelvorschrift zu § 159 (vgl. dort RN 10).

VII. Idealkonkurrenz ist vor allem mit § 169 (RG **25** 188) und mit § 171 (Hamm HESt. **2** 328) 31 möglich. Das gleiche Verhältnis kommt mit § 267 in Betracht, wenn die Irreführung des Urkundsbeamten durch eine Betätigung verwirklicht wird, die die Merkmale des § 267 aufweist (RG **61** 412, **72** 228). Idealkonkurrenz ist ferner möglich mit Beihilfe zu § 263 (BGH **8** 293), mit Zoll- und Steuerdelikten sowie Bannbruch (RG **68** 94) und § 47 I Nr. 6 AuslG (BGH MDR/H **77**, 283). **Gesetzeskonkurrenz** besteht dagegen mit §§ 26, 348 I, die vorgehen (RG **27** 104, **63** 149).

§ 272 Schwere mittelbare Falschbeurkundung

(1) **Wer die vorbezeichnete Handlung in der Absicht begeht, sich oder einem anderen einen Vermögensvorteil zu verschaffen oder einem anderen Schaden zuzufügen, wird mit Freiheitsstrafe von drei Monaten bis zu fünf Jahren bestraft. Der Versuch ist strafbar.**

(2) **In minder schweren Fällen ist die Strafe Freiheitsstrafe bis zu zwei Jahren oder Geldstrafe.**

I. Die Vorschrift setzt voraus, daß der Täter in der **Absicht** gehandelt hat, sich oder einem anderen 1 einen **Vermögensvorteil** zu verschaffen oder einem anderen Schaden zuzufügen. Ein Vermögensvorteil ist auch die Abwendung eines drohenden Vermögensnachteils (vgl. RG **73** 296). Ebenfalls erstrebt einen Vermögensvorteil, wer eine Anstellung und das damit verbundene Einkommen zu erlangen (vgl. RG **62** 220) oder eine Kündigung zu vermeiden sucht. § 272 kommt aber nicht in Betracht, wenn durch die Falschbeurkundung lediglich die Voraussetzungen für einen evtl. späteren Vermögenserwerb geschaffen werden sollen, z. B. jemand vor einer Strafverbüßung bewahrt werden soll, damit er in seinem Geschäft weiterarbeiten und verdienen kann (Hamm NJW **56**, 602). Ebensowenig reicht aus, daß der Täter eine Bestrafung vermeiden will, auch wenn nur eine Geldstrafe zu erwarten wäre (Tröndle LK 5). Der erstrebte Vermögensvorteil muß rechtswidrig sein (and. RG **52** 93, Hamm NJW **56**, 602, Tröndle LK 9, M-Maiwald II/2 163, D-Tröndle 3; wie hier Frank I 1); dies ist, obwohl der Wortlaut des § 272 im Gegensatz zu § 263 nicht darauf abstellt, zu fordern, weil die – auch nach ihrer Reduzierung durch das 1. StrRG – gegenüber § 271 erheblich verschärfte Strafe nur bei im Widerspruch zur Rechtsordnung erstrebten Vorteilen gerechtfertigt ist. Mit dem Vermögensvorteil braucht eine Vermögensschädigung nicht verbunden zu sein.

Der Tatbestand ist auch bei bloßer **Schädigungsabsicht** erfüllt, für die wie bei § 274 dolus directus 2 ausreicht (and. Köln JR **70**, 468 m. Anm. Schröder, Tröndle LK 13; vgl. ferner § 274 RN 15). Als Schaden kommt jeder Nachteil, nicht nur ein Vermögensschaden in Betracht (vgl. RG **33** 137, **34** 243). Es muß sich aber um einen Nachteil handeln, den der andere zu Unrecht erleidet (and. Tröndle LK 15).

II. Der **Versuch** ist strafbar nach Abs. 1 S. 2. Zur Strafbarkeit des Versuchs für Taten vor dem 1. 1. 3 1975 vgl. 21. A.

III. Den **Teilnehmer** trifft die erhöhte Strafdrohung nur dann, wenn er die Vorteilsabsicht oder 4 den Schädigungswillen des Täters kannte oder auch nur damit rechnete; § 28 findet keine Anwendung (vgl. dort RN 20).

IV. **Idealkonkurrenz** kommt mit § 263 (BGH **8** 50), mit § 267, ferner etwa mit Zollhinterziehung 5 (Köln JMBlNRW **64**, 106), Bannbruch und Vergehen gegen das ViehseuchenG (RG **70** 231) in Betracht. Will der Täter nur die Entziehung eines deliktisch erworbenen Vorteils verhindern, so tritt die Sicherungsabsicht als solche strafrechtlich nicht mehr in Erscheinung (straflose Nachtat); der Täter ist dann nur nach § 271 in Realkonkurrenz mit dem Erwerbsdelikt zu bestrafen. Vgl. näher Schröder MDR **50**, 400.

§ 273 Gebrauch falscher Beurkundungen

Wer von einer falschen Beurkundung oder Datenspeicherung der in § 271 bezeichneten Art zum Zweck einer Täuschung Gebrauch macht, wird nach § 271 und, wenn die Absicht dahin gerichtet war, sich oder einem anderen einen Vermögensvorteil zu verschaffen oder einem anderen Schaden zuzufügen, nach § 272 bestraft.

Vorbem. geändert durch Art. 1 Nr. 14 des 2. WiKG v. 15. 5. 1986, BGBl. I 723.

I. Die Vorschrift behandelt das **Gebrauchmachen von unwahren öffentlichen Urkunden oder** 1 **Dateien.** Sie ergänzt den § 271, setzt jedoch nicht voraus, daß die Urkunde usw. durch ein Delikt nach § 271 zustande gekommen ist (RG **68** 302, Samson SK 3, Tröndle LK 2).

Über Gebrauchmachen vgl. § 267 RN 76 f., § 269 RN 21. Ein Gebrauchmachen kann hier auch 2 dadurch erfolgen, daß der Täter auf unrichtige Eintragungen in öffentlichen Büchern usw. Bezug nimmt. Jedoch liegt Vollendung erst vor, wenn der zu Täuschende in das Register tatsächlich Einsicht nimmt.

§ 274 1–5   Bes. Teil. Urkundenfälschung

3   II. Vorausgesetzt wird nur eine sachlich falsche Beurkundung oder Datei der in § 271 bezeichneten Art. § 273 ist daher z. B. anwendbar, wenn der Täter selbst, aber ohne den nach § 271 erforderlichen Vorsatz, die Beurkundung bewirkt hat (R **2** 300), weiter auch dann, wenn der Urkundsbeamte sich selbst getäuscht hat (RG **10** 70). Die Bestimmung kommt für einen Dritten aber auch dann in Betracht, wenn der Beamte die Falschbeurkundung vorsätzlich vorgenommen hat und der Tatbestand des § 348 erfüllt ist (RG GA Bd. **56**, 78). Vgl. weiter RG **68** 302, BGH **1** 119.

4   III. Das **Verhältnis** des § 273 zu §§ 271, 272 entspricht dem zwischen § 267 1. und 2. Alt. zur 3. Alt. (vgl. § 267 RN 79 ff.). Hat der Täter als Amtsträger die Beurkundung in strafbarer Weise (§ 348) vorgenommen, so tritt das Gebrauchmachen durch ihn (§§ 273, 271) gegenüber § 348 ebenfalls zurück. Dagegen muß in Fällen der §§ 273, 272 wegen der dort vorausgesetzten und durch § 348 nicht erfaßten Vorteils- bzw. Schädigungsabsicht Realkonkurrenz möglich sein.

5   Macht der Anstifter oder Gehilfe zu § 271 gemäß § 273 von der Urkunde Gebrauch, so ist er aus § 273 zu bestrafen, da beides Teile eines einheitlichen deliktischen Vorganges sind und daher die Täterschaft nach § 273 Anstiftung und Beihilfe zu § 271 ausschließt.

6   Faßt jedoch nach einem Delikt gemäß §§ 271, 348 der Täter einen neuen Vorsatz und gebraucht er die Urkunde zu einem anderen Zweck als ursprünglich vorgesehen war, so liegt Realkonkurrenz vor (RG **58** 34, Samson SK 5, Tröndle LK 9; vgl. auch § 267 RN 79 ff.).

7   IV. Für den **subjektiven Tatbestand** ist Vorsatz erforderlich. Hinsichtlich der Kenntnis von der Unrichtigkeit der Beurkundung genügt wie bei allen anderen Urkundsdelikten bedingter Vorsatz (Lackner 2, M-Maiwald II/2 164, Tröndle LK 5). Zur Täuschungsabsicht vgl. § 267 RN 84 ff.

8   V. Zur **Vorteils-** und **Schädigungsabsicht** vgl. § 272 RN 2, 4.

§ 274 Urkundenunterdrückung; Veränderung einer Grenzbezeichnung

(1) **Mit Freiheitsstrafe bis zu fünf Jahren oder mit Geldstrafe wird bestraft, wer**
1. **eine Urkunde oder eine technische Aufzeichnung, welche ihm entweder überhaupt nicht oder nicht ausschließlich gehört, in der Absicht, einem anderen Nachteil zuzufügen, vernichtet, beschädigt oder unterdrückt,**
2. **beweiserhebliche Daten (§ 202a Abs. 2), über die er nicht oder nicht ausschließlich verfügen darf, in der Absicht, einem anderen Nachteil zuzufügen, löscht, unterdrückt, unbrauchbar macht oder verändert oder**
3. **einen Grenzstein oder ein anderes zur Bezeichnung einer Grenze oder eines Wasserstandes bestimmtes Merkmal in der Absicht, einem anderen Nachteil zuzufügen, wegnimmt, vernichtet, unkenntlich macht, verrückt oder fälschlich setzt.**

(2) **Der Versuch ist strafbar.**

Schrifttum: Vgl. die Angaben zu § 267.

1   I. Die Bestimmung enthält nach der Änderung durch das 2. WiKG (BGBl. 86 I 723) drei Tatbestände: die **Unterdrückung von Urkunden und technischen Aufzeichnungen** (Nr. 1), die **Unterdrückung beweiserheblicher Daten** (Nr. 2) sowie die **Grenzverrückung** (Nr. 3).

2   II. Die **Unterdrückung von Urkunden oder technischen Aufzeichnungen (Nr. 1)** stellt einen Angriff auf die Beweisposition des an dem Beweismittel Berechtigten dar. Im Gegensatz zu §§ 267, 268 geht es dem Täter hier nicht um die Erlangung, sondern um die Beseitigung eines Beweismittels (RG **3** 372, **10** 16), so daß hier nicht wie in §§ 267, 268 der Rechtsverkehr als solcher, sondern der einzelne Berechtigte, der auch der Staat sein kann, geschützt wird (vgl. aber Schilling [Lit. zu § 267] 142).

3   1. **Gegenstand** der Tat sind Urkunden oder technische Aufzeichnungen, die dem Täter entweder überhaupt nicht oder nicht ausschließlich gehören.

4   a) **Urkunde** bedeutet hier wie in § 267 jeder Gegenstand, der einen gedanklichen Inhalt hat, zum Beweise bestimmt und geeignet ist und einen Aussteller erkennen läßt (Celle NJW **60**, 880, Köln VRS **50** 421, Tröndle LK 3, M-Maiwald II/2 157, Blei II 321, Welzel 418); vgl. im einzelnen § 267 RN 2–44. Abweichend verzichtet RG **55** 74 auf die Beweiserheblichkeit für Rechte oder Rechtsverhältnisse (dazu Kienapfel aaO 48). Nur echte Urkunden sind durch § 274 geschützt; wer z. B. ein bei der StA als Beweismittel liegendes Falsifikat vernichtet, kann nur aus § 133 bestraft werden (krit. hierzu Lampe JR 64, 14). Auch besondere Formen der Urkunde, z. B. eine Gesamturkunde (Düsseldorf NStZ **81**, 25), sind erfaßt; ebenso Urkunden, die dem Interesse eines ausländischen Staates dienen (Bay NJW **80**, 1057).

4a   b) Zum Begriff der **technischen Aufzeichnung** vgl. § 268 RN 3 ff.

5   c) Entsprechend der Zielrichtung des Delikts (vgl. o. 2) bezeichnet „**gehören**" hier nicht die dinglichen Eigentumsverhältnisse, sondern das **Recht**, mit der Urkunde oder der technischen Aufzeichnung im Rechtsverkehr **Beweis zu erbringen**. Dem Beweisführungsrecht unterliegen nicht bloß Urkunden, mit deren Hilfe voller Beweis zu erbringen ist, sondern auch solche, die nur für einen Teil des Rechtsverhältnisses beweiserheblich sind oder der Glaubhaftmachung bzw. dem Gegenbeweis dienen (vgl. § 267 RN 11). Da es auf das Beweisführungsrecht ankommt, kann Täter auch derjenige sein, der zwar Eigentümer des Beweismittels, aber herausgabe- oder vorlegungspflichtig (§§ 422ff. ZPO, § 810 BGB) ist (RG **38** 37, BGH **29** 192, Bay NJW **80**, 1057, Lackner 2a, Tröndle LK 5, M-Maiwald II/2 157f., Blei II 322), wobei allerdings eine öffentlich-rechtliche Vorlegungspflicht, die bloßen Überwachungsaufgaben dient, nicht notwendig das alleinige Verfügungsrecht des Urkundeninhabers ausschließt (vgl. Zweibrücken GA **78**, 316, Düsseldorf NJW **85**, 1231: EG-Diagrammscheibe im Hinblick auf die Lenk- und Ruhezeiten). Daß eine Urkunde zufällig in die Hand des Beweisinteressenten gelangt, begründet jedoch ein solches Recht nicht. Nicht nach § 274 strafbar ist also z. B., wer ein von ihm verlorenes Schriftstück, das beleidigende Äußerungen über einen anderen enthält und zufällig in dessen Besitz geraten ist, diesem entwendet und vernichtet. Dagegen wird ein Beweisrecht auch bei zufällig und u. U. auch rechtswidrig erlangten Urkunden begründet, wenn mit ihnen Beweis angetreten ist (§ 421 ZPO), da hier ein prozessuales Recht auf ihre Verwendung begründet wird. Personalausweise, Pässe usw. gehören, obwohl öffentliche Urkunden, ausschließlich dem Inhaber (Köln JMBlNRW **58**, 114, Bay NJW **90**, 264), desgleichen Führerscheine (Braunschweig NJW **60**, 1120). Über die Visitenkarte an der Windschutzscheibe des Unfallgeschädigten vgl. Celle NJW **66**, 557, Bay NJW **68**, 1896.

2. Die **Handlung** besteht darin, daß die Urkunde oder technische Aufzeichnung vernichtet, **6** beschädigt oder unterdrückt wird.

a) **Vernichtet** ist die Urkunde (Aufzeichnung), wenn ihr gedanklicher Inhalt (Darstellungs- **7** inhalt) überhaupt nicht mehr zu erkennen ist, wenn sie aufgehört hat, als Beweismittel zu bestehen. Dies ist stets der Fall, wenn die Urkunde oder Aufzeichnung als Sache zerstört, z. B. verbrannt ist. Vernichtung liegt aber auch dann vor, wenn zwar der Urkunds- oder Aufzeichnungskörper noch besteht, dessen Inhalt aber vollständig beseitigt ist (RG **3** 371). Auch eine beschädigte Urkunde oder Aufzeichnung kann vernichtet werden, wenn dadurch ein Rest an Beweisfunktion ausgeschaltet wird. Verkörpert die Urkunde oder Aufzeichnung die Berechtigung zum Empfang gewisser Leistungen, so liegt eine Vernichtung darin, daß ihr durch Entwertung die Legitimationsfunktion genommen wird (z. B. Lochen einer Fahrkarte). Auch das **Löschen von Tonbändern** fällt unter § 274, da diese technische Aufzeichnungen i. S. des § 268 sind (vgl. § 268 RN 17).

b) **Beschädigt** ist die Urkunde oder Aufzeichnung, wenn sie derart verändert wird, daß sie in **8** ihrem Wert als Beweismittel beeinträchtigt ist.

α) Dies kann einmal durch **Beseitigung wesentlicher Teile** des Inhalts wie auch (bei Urkunden) **8a** der Unterschrift (BGH NJW **54**, 1375) geschehen. Keine Beschädigung ist dagegen das bloße Ablösen von Kostenmarken (RG **59** 322). Auch die Verfälschung einer Urkunde oder Aufzeichnung ist, da dadurch der bisherige Beweisinhalt beeinträchtigt wird, tatbestandlich eine Beschädigung (vgl. § 267 RN 70ff.), jedoch tritt § 274 in diesen Fällen hinter §§ 267, 268 zurück, falls die Veränderung zur Täuschung im Rechtsverkehr erfolgt (vgl. RG **20** 9, **34** 118, HRR **27** Nr. 6 Tröndle LK 27, Peters NJW **68**, 1894; and. Samson SK 7); bei bloßer Schädigungsabsicht (ein Dritter entfernt aus dem Schuldschein des Gläubigers eine Null) ist dagegen § 274 anzuwenden. Vgl. näher § 267 RN 70ff.

β) Auch ein **Eingriff in den** durch räumliche Verbindung verfestigten **Beweisbezug** einer Urkun- **8b** de oder technischen Aufzeichnung ist als Beschädigen i. S. des § 274 anzusehen; denn damit wird die „Beweiseinheit" von Urkunde bzw. Aufzeichnung und Bezugsobjekt oder Beziehungsvermerk („zusammengesetzte" Urkunden bzw. Aufzeichnungen; vgl. § 267 RN 36a, § 268 RN 27f.) zerstört (beim Abreißen von Preisschildern, vgl. Köln NJW **73**, 1807). Ist der Beweisbezug nur durch lose Zuordnung ausgedrückt, so ist seine Aufhebung (ohne daß zugleich in den Urkunds- oder Aufzeichnungsinhalt selbst eingegriffen würde) nicht als Beschädigen, sondern allenfalls als Unterdrücken strafbar (etwa bei Austauschen und falschem Einordnen verschiedener Urkunden oder Aufzeichnungen), sofern der unterdrückte Teil selbst Merkmale einer Urkunde bzw. techn. Aufzeichnung erfüllt.

c) Als **Unterdrückung** ist jede Handlung anzusehen, durch die dem Berechtigten die Benut- **9** zung der Urkunde oder Aufzeichnung als Beweismittel (RG **39** 407) entzogen oder vorenthalten wird. Eine besondere Heimlichkeit wird nicht vorausgesetzt (RG JW **37**, 1336, Schultz ZBernJV **66**, 67). Es ist hier auch keine örtliche Entfernung wie beim Entziehen i. S. v. § 133 erforderlich. Eine Unterdrückung kann etwa in der Nichtherausgabe eines irrtümlich empfangenen Briefes oder einer irrtümlich erhaltenen Zustellung liegen (RG **10** 391, **49** 144), weiter z. B. in dem Herausreißen eines Blattes aus einem Protokollbuch (RG **57** 312). Die Entnahme einer Einzelurkunde aus einer Akte ist regelmäßig keine Unterdrückung, wenn ein Vermerk hierüber angelegt wird, aus dem hervorgeht, wo sie sich befindet (vgl. auch Düsseldorf NStZ **81**, 25).

10 Auch ein nur zeitweiliges Vorenthalten kann sich als Unterdrückung darstellen (RG JW **37**, 1336). Geschieht dies allerdings mit der Vorstellung, die Urkunde oder Aufzeichnung werde während dieser Zeit nicht benötigt, so fehlt es an der Nachteilsabsicht. **Keine** Unterdrückung ist die vorübergehende Rückgabe eines Schriftstückes an den Einsender zwecks Verbesserung, Ergänzung oder Berichtigung (RG DStR **37**, 52). Die Rücksendung einer für den ausgezogenen Untermieter bestimmten Postkarte an den Absender durch den bisherigen Vermieter, stellt keine Unterdrückung gegenüber dem Adressaten dar (Dresden JW **34**, 2640).

11 d) Die **Rechtswidrigkeit** kann durch Einwilligung des Berechtigten ausgeschlossen sein. Dies jedoch nicht, wenn der Vertreter einer juristischen Person in sittenwidrigem Mißbrauch seiner Vertretungsmacht handelt (BGH **6** 251; vgl. auch Tröndle LK 19).

12 3. Für den **subjektiven Tatbestand** ist Vorsatz und eine bestimmte Absicht erforderlich.

13 a) Für den Vorsatz ist das Wollen der Vernichtungs-, Beschädigungs- oder Unterdrückungshandlung notwendig.

14 b) Weiter muß der Täter in der **Absicht** handeln, **einem anderen Nachteil zuzufügen**; die Absicht ist tatbezogen, weshalb § 28 keine Anwendung findet (vgl. dort RN 20).

15 α) Unter **Absicht** verstand eine früher h. M. auch hier den Beweggrund, freilich mit der Einschränkung, daß die Schädigung nicht das einzige Motiv des Täters gewesen zu sein braucht (RG **59** 18, Frank I 3). Richtiger ist es, mit RG HRR **36** Nr. 1026, **42** Nr. 1420 die Absicht hier i. S. v. direktem Vorsatz zu verstehen (RG HRR **39** Nr. 536, Hamburg JR **64**, 228 m. Anm. Schröder, Köln VRS **50** 421, Baumann NJW 64, 708, Lackner 4), da die fremde Schädigung selbst selten echtes Motiv der Tat sein wird, sondern diese regelmäßig vom Täter als notwendige Konsequenz seines Handelns angesehen wird. I. S. des Textes (notwendige Folge unter Ausschluß von dolus eventualis) auch BGH NJW **53**, 1924, MDR/D **58**, 140, Celle NJW **66**, 557, Bay NJW **68**, 1896, Tröndle LK 21.

16 β) Unter **Nachteil** ist jede Beeinträchtigung fremder Rechte zu verstehen; es kommen nicht nur vermögensrechtliche Nachteile in Betracht (RG **22** 285, **55** 76). Als Nachteil ist z. B. auch die Beeinträchtigung des seelischen Empfindens durch das Vorenthalten von Briefen angesehen worden (RG **50** 215; hiergegen M-Maiwald II/2 158, Tröndle LK 24). Einen Nachteil kann weiter etwa die Verschlechterung der Beweislage darstellen (RG **22** 285, HRR **36** Nr. 1026). Zu beachten ist, daß der Täter beabsichtigen muß, die Benutzung gerade des gedanklichen Inhalts der Urkunde (bzw. Darstellungsinhalts der Aufzeichnung) in einer aktuellen Beweissituation zu vereiteln; der Nachteil kann nicht in der bloßen Einwirkung auf die Objekte des § 274 gefunden werden (vgl. RG **31** 149). Keinen Nachteil stellt ferner die Vereitelung des staatlichen Straf- und Bußgeldanspruchs dar (Zweibrücken GA **78**, 316, Bay NZV **89**, 81, Düsseldorf NZV **89**, 477 m. Anm. Puppe; and. AG Elmshorn NJW **89**, 3295).

17 Derjenige, dem gegenüber die Urkunde oder Aufzeichnung unterdrückt wird, braucht nicht mit dem identisch zu sein, dem Nachteil zugefügt wird (RG **39** 81).

18 γ) Es ist nicht erforderlich, daß ein Nachteil eingetreten ist oder auch nur eintreten konnte.

19 4. **Idealkonkurrenz** ist möglich mit §§ 133, 136, weiter wegen des verschiedenen Schutzobjekts auch mit § 133 III (BGH NJW **53**, 1924; and. Frank § 348 Anm. II, nach dem Gesetzeskonkurrenz besteht); desgleichen mit § 354 (vgl. dort RN 1).

20 Mit den Aneignungsdelikten (z. B. §§ 242, 246) besteht Gesetzeskonkurrenz. Hat der Täter die Absicht, sich die Urkunde oder Aufzeichnung zuzueignen, so liegt darin die Schädigung des Berechtigten notwendig eingeschlossen. § 274 ist auf die Fälle beschränkt, in denen der Täter nur schädigen will (einschr. Tröndle LK 29, RG **8** 79, **47** 215 [Möglichkeit der Idealkonkurrenz]; vgl. noch RG GA Bd. **59**, 122, Köln NJW **50**, 959). Bezieht sich die Zueignungsabsicht nur auf den Inhalt von Paketen und vernichtet der Täter zugleich die Umhüllung, die Urkundenqualität besitzt, so kommt Ideal- oder Realkonkurrenz in Betracht (BGH GA **56**, 319; vgl. auch Köln NJW **73**, 1807).

21 Vernichtet der Täter die Urkunde oder Aufzeichnung nach einem Diebstahl oder Betrug, so liegt nur straflose Nachtat vor (RG **35** 64, BGH NJW **55**, 876, Tröndle LK 30; and. M-Maiwald II/2 158 f.).

22 **Gesetzeskonkurrenz** besteht mit § 303 (Frank I a. E., Tröndle LK 26). Gegenüber §§ 267, 268 ist § 274 subsidiär, und zwar nicht nur dann, wenn die Verfälschung zugleich Beschädigung der Urkunde ist (vgl. § 267 RN 70 ff., § 268 RN 69), sondern auch dann, wenn der Täter die echte Urkunde beseitigt und durch eine Fälschung ersetzt (im letzteren Fall anders Tröndle LK 27).

22a III. Mit der durch das 2. WiKG vom 15. 5. 1986 (BGBl. I 723) eingefügten Nr. 2 wird die **Unterdrückung beweiserheblicher Daten** unter Strafe gestellt.

22b 1. **Gegenstand** der Tat sind beweiserhebliche Daten über die der Täter nicht oder nicht ausschließlich verfügen darf.

22c a) Dieser Begriff umfaßt entsprechend der Legaldefinition in § 202a II ausschließlich elektronisch, magnetisch oder sonst nicht unmittelbar wahrnehmbar gespeicherte oder übermittelte

Daten (zum Begriff der Daten vgl. § 202a RN 4). Der hier verwendete Datenbegriff ist gegenüber dem in § 269 modifiziert. Einerseits ist er weiter, da nicht nur Daten, die im Falle ihrer Wahrnehmung eine Urkunde darstellen würden, sondern alle beweiserheblichen Daten erfaßt werden, andererseits ist er aber auf die Daten i. S. d. § 202a II beschränkt (vgl. Lenckner/Winkelbauer CR 86, 827, D-Tröndle 5a; a. A. Lackner 2).

b) Da die Vorschrift Angriffe auf die Beweisposition des Berechtigten erfassen soll (vgl. o. 2) **22d** bezieht sich das Tatbestandsmerkmal „**verfügen darf**" nicht auf dingliche Rechtspositionen, sondern auf das Recht, mit den Daten im Rechtsverkehr Beweis zu erbringen. Nr. 2 entspricht insoweit dem Tatbestandsmerkmal „gehören" in Nr. 1 der Vorschrift (vgl. o. 5, Lenckner/Winkelbauer aaO, D-Tröndle 5b, Lackner 2). Als Täter kommt deshalb auch in Betracht, wer als „Berechtigter" die Daten manipuliert, dabei aber das Beweisführungsrecht verletzt.

2. Die **Tathandlung** besteht im Löschen, Unterdrücken, Unbrauchbarmachen oder Verän- **22e** dern der Daten. Vgl. zu diesen Begriffen § 303a RN 4. Obwohl die Änderungen in § 274 als bloße „Folgeänderungen" deklariert sind (BT-Drs. 10/5058 S. 34), gehen sie doch weit darüber hinaus (vgl. Lenckner/Winkelbauer aaO). Sofern durch ein teilweises Löschen oder Verändern Daten verfälscht werden, kommt eine Strafbarkeit nach § 274 in Betracht, obwohl der eigentliche „Fälschungstatbestand" des § 269, etwa wegen fehlender Urkundenqualität der Daten, ausscheidet. Auf diese Diskrepanz und die Verwischung der im Urkundenstrafrecht bisher klaren Grenzen zwischen Delikten gegen die Allgemeinheit und solchen gegen den einzelnen weisen auch Lenckner/Winkelbauer aaO hin. Im übrigen führt die Vorschrift letztlich auch zur Strafbarkeit von Sachverhalten, die schriftlicher Lüge entsprechen und die der Gesetzgeber bei § 269 bewußt straflos lassen wollte (BT-Drs. 10/5058 aaO). Der funktionell zuständige Angestellte, der seine Firma betreffende Daten verändert, ist mangels Verfügungsbefugnis nach § 274 strafbar (Beispiel bei Lenckner/Winkelbauer aaO).

3. Der **subjektive Tatbestand** erfordert Vorsatz und eine bestimmte Absicht. Die Vorschrift **22f** entspricht insoweit der Regelung in Nr. 3 (vgl. zum subjektiven Tatbestand u. 31).

4. Die Vorschrift ist gegenüber § 303a **lex specialis** (Möhrenschlager wistra 86, 136; D- **22g** Tröndle 8, Lackner 5). Mit § 269 ist **Tateinheit** möglich (D-Tröndle 8; and. Lackner 5).

IV. Durch den Tatbestand der **Veränderung einer Grenzbezeichnung** (Nr. 3) ist ausnahmsweise **23** ein Augenscheinsobjekt als Beweismittel geschützt (v. Hippel Lehrb. 350, Tröndle LK 32).

1. **Objekt** der Tat ist ein Grenzstein oder ein anderes zur Bezeichnung einer Grenze oder eines **24** Wasserstandes bestimmtes Merkmal. Auf die Eigentumsverhältnisse kommt es nicht an (Tröndle LK 34).

a) **Grenzsteine** sind nicht nur dann geschützt, wenn sie sich auf bürgerlich-rechtliche Verhältnisse **25** oder Berechtigungen beziehen, sondern auch dann, wenn sie öffentlich-rechtliche Gewaltverhältnisse am Grund und Boden kennzeichnen (RG **48** 252).

b) Ein **anderes zur Bezeichnung einer Grenze bestimmtes Merkmal** ist ein Gegenstand, der **26** geeignet und bestimmt ist, zur Beurkundung der Grenze zu dienen. Die Bestimmung als Grenzzeichen kann dem Gegenstand durch eine zuständige Behörde, durch Vereinbarung der Berechtigten, zwischen denen die Grenze gezogen ist, oder durch Herkommen gegeben sein. Das einseitige Setzen eines Grenzzeichens durch einen Berechtigten genügt grundsätzlich nicht. Eine Ausnahme gilt aber für den Fall der fälschlichen Setzung eines Grenzzeichens; in diesem Falle entscheidet die Absicht, die der Setzende bei der Handlung hat (RG **3** 410, **16** 280). Es macht keinen Unterschied, ob das Zeichen ein künstliches oder natürliches (z. B. ein Baum), ob es ein dauerndes oder vorübergehendes ist, ob es sich auf privatrechtliche oder öffentlich-rechtliche Verhältnisse bezieht, ob es zur Abgrenzung des Eigentums oder anderer Rechte dient (Binding Lehrb. 2, 348; and. R **6** 811 insofern, als es dingliche Natur der abgegrenzten Rechte verlangt; ebenso Tröndle LK 35, D-Tröndle 11).

Der Schutz der Grenzmerkmale ist unabhängig davon, ob sie die Grenze richtig bezeichnen oder **27** nicht (RG **48** 254).

c) **Wasserstandszeichen** sind Merkmale, die zur Regelung der Nutzungsrechte am Wasser be- **28** stimmt sind (Binding Lehrb. 2, 348, Tröndle LK 38).

2. Als in Betracht kommende **Handlungen** nennt das Gesetz das Wegnehmen, Vernichten, Un- **29** kenntlichmachen, Verrücken oder fälschliche Setzen (vgl. näher Tröndle LK 39 f.). Beim fälschlichen Setzen kommt es nicht darauf an, ob Gegenstände dazu verwendet werden, die schon zur Bezeichnung einer Grenze gedient hatten oder nicht (RG **16** 281).

3. **Täter** kann jeder sein, nicht nur der Eigentümer. **30**

4. Für den **subjektiven Tatbestand** ist Vorsatz und eine bestimmte Absicht erforderlich. Für den **31** **Vorsatz** ist Kenntnis der Tatsachen notwendig, die die Eigenschaft des Merkmals als einer Grenz- oder Wasserstandsbezeichnung begründen. Zur **Absicht**, einem anderen Nachteil zuzufügen, vgl. o. 14 ff.

5. **Gesetzeskonkurrenz** besteht mit §§ 303, 304. **32**

§ 275 Vorbereitung der Fälschung von amtlichen Ausweisen

(1) Wer eine Fälschung von amtlichen Ausweisen vorbereitet, indem er

1. **Platten, Formen, Drucksätze, Druckstöcke, Negative, Matrizen** oder ähnliche Vorrichtungen, die ihrer Art nach zur Begehung der Tat geeignet sind, oder
2. **Papier,** das einer solchen Papierart gleicht oder zum Verwechseln ähnlich ist, die zur Herstellung von amtlichen Ausweisen bestimmt und gegen Nachahmung besonders gesichert ist,

herstellt, sich oder einem anderen verschafft, feilhält, verwahrt, einem anderen überläßt oder in den räumlichen Geltungsbereich dieses Gesetzes einführt, wird mit Freiheitsstrafe bis zu zwei Jahren oder mit Geldstrafe bestraft.

(2) § 149 Abs. 2 und 3 gilt entsprechend.

1 I. Zur Entwicklung der Vorschrift vgl. 19. A. RN 1.

2 II. Der Tatbestand stellt die **Vorbereitung einer Fälschung** von amtlichen Ausweisen unter Strafe. Das Fälschen, auch dessen Versuch unterfällt § 267.

3 1. Die in Abs. 1 Nr. 1 genannten **Fälschungsmittel** (Platten, Formen, Drucksätze usw.) entsprechen denen des § 149; vgl. dort RN 3 ff. Entsprechendes gilt für die Fälschungsmittel der Nr. 2, jedoch müssen diese zur Herstellung von amtlichen Ausweisen (vgl. u. 5) bestimmt sein; im übrigen ist der Regelungsgehalt der gleiche wie bei § 149 (vgl. dort RN 6).

4 2. Die Tathandlungen entsprechen denen des § 149, sind jedoch insoweit erweitert, als § 275 auch den Fall erfaßt, daß der Täter die Fälschungsmittel in den räumlichen Geltungsbereich des StGB einführt (vgl. hierzu § 184 RN 25); diese Erweiterung ist notwendig, da für § 275 der Weltrechtsgrundsatz nach § 6 nicht gilt. Da auch § 149 I und II zur Anwendung kommen (vgl. § 275 II), kann wegen der Tathandlungen insgesamt auf die Erläuterungen zu § 149 verwiesen werden.

5 III. Der Täter muß die Fälschung von **amtlichen Ausweisen** vorbereiten. Zu den amtlichen Ausweisen vgl. § 281 RN 3. Auch hier geht es um Urkunden, die von öffentlichen Stellen ausgestellt sind, und die Identität einer Person oder ihrer sonstigen persönlichen Verhältnisse nachzuweisen (vgl. § 281 RN 4); insb. gehören hierher Pässe, Personalausweise, Geburtsurkunden (RG 12 385), Führerscheine, Studentenausweise usw. **Nicht** hierher gehören die von einer privaten Stelle ausgestellten Ausweise, z. B. Werksausweise, oder verwaltungsrechtliche Urkunden ohne öffentlichen Glauben (Koblenz VRS 55 428 [Kraftfahrzeugbrief]); ebensowenig die durch § 281 II (vgl. dort RN 4) erfaßten Urkunden, die einem Ausweispapier gleichgestellt werden.

6 IV. Tateinheit ist möglich mit §§ 83, 87, 149. Werden die Fälschungsmittel gebraucht, so kommt Idealkonkurrenz mit § 267 in Betracht; § 275 tritt nicht zurück (and. Tröndle LK 9).

§ 276 [Wiederverwenden von Wertzeichen] *vgl. jetzt § 148 III.*

§ 277 Fälschung von Gesundheitszeugnissen

Wer unter der ihm nicht zustehenden Bezeichnung als Arzt oder als eine andere approbierte Medizinalperson oder unberechtigt unter dem Namen solcher Personen ein Zeugnis über seinen oder eines anderen Gesundheitszustand ausstellt oder ein derartiges echtes Zeugnis verfälscht und davon zur Täuschung von Behörden oder Versicherungsgesellschaften Gebrauch macht, wird mit Freiheitsstrafe bis zu einem Jahr oder mit Geldstrafe bestraft.

1 I. Bei der **Fälschung von Gesundheitszeugnissen** handelt es sich um den **Mißbrauch** der urkundlichen **Beglaubigungsform** zur Täuschung von Behörden oder Versicherungsgesellschaften (vgl. RG 20 140). Der Tatbestand enthält z. T. Fälle der Fälschung oder Verfälschung einer Urkunde, z. T. aber nur Fälle schriftlicher Lüge, in denen der Täter sich ohne Identitätstäuschung als Arzt bezeichnet, ohne es zu sein. Auf die medizinische Unrichtigkeit der Bescheinigung kommt es wegen dieses formalen Charakters nicht an. Dem Gesetz erscheint die Gefährdung hinreichend, die davon ausgeht, daß nicht qualifizierte Personen Gesundheitszeugnisse anfertigen. Im ganzen handelt es sich bei § 277 um eine unverständliche Privilegierung von Fällen, die in ihrer Mehrzahl unter § 267 fallen würden (vgl. Tröndle LK 2).

2 II. **Gesundheitszeugnisse** sind nicht nur Zeugnisse über den gegenwärtigen Gesundheitszustand eines Menschen, wie etwa die von einem Arzt zum Gebrauch bei einer Ortskrankenkasse ausgestellten Krankenscheine (BGH 6 90), sondern auch solche über früher durchgemachte Krankheiten und die von ihnen zurückgelassenen Spuren, weiter auch Zeugnisse über die Aussichten, von gewissen Krankheiten befallen oder von ihnen verschont zu werden (Binding Lehrb. 2, 273). Blutalkoholberichte sind Gesundheitszeugnisse (BGH 5 78), nicht dagegen Zeugnisse über die Todesursache eines Menschen (RG 65 78).

Die Befugnis zur Bezeichnung als **Arzt** ist in §§ 2, 10, 13, 14 BÄO geregelt. Für Zahnärzte gilt das ZahnheilkundeG vom 29. 7. 1964 (BGBl. I 560). Zu den **anderen approbierten Medizinalpersonen** gehören z. B. Hebammen (§§ 4, 6, Ges. vom 21. 12. 1938, RGBl. I 1893, BGBl. III 2124–1), Heilpraktiker (§ 1 Ges. vom 17. 2. 1939, RGBl. I 251), Krankenpfleger und (Kinder-)Krankenschwestern (KrankenpflegeG vom 20. 9. 1965 BGBl. I 1443), medizinisch-technische Assistenten (Ges. über technische Assistenten in der Medizin vom 8. 9. 1971, BGBl. I 1515), Masseure, medizinische Bademeister und Krankengymnasten (Ges. vom 21. 12. 1958, BGBl. I 985).

III. Die **Handlung** besteht aus zwei Akten.

1. Für den **ersten Akt** sieht das Gesetz drei Möglichkeiten vor:

a) Es stellt jemand unter **seinem richtigen Namen** ein Gesundheitszeugnis aus und bezeichnet sich dabei als Arzt oder als andere approbierte Medizinalperson, ohne es zu sein. Dabei ist ohne Bedeutung, ob der Inhalt des Zeugnisses wahr oder falsch ist.

b) Es stellt jemand unter dem **Namen eines anderen,** der Arzt oder eine andere approbierte Medizinalperson ist, ein Gesundheitszeugnis aus. Auch ein Arzt kann diese Alt. verwirklichen. Auch hier ist die inhaltliche Richtigkeit des Zeugnisses unwesentlich. Unter dem Namen eines anderen handelt auch, wer vorgibt, von diesem beauftragt oder bevollmächtigt zu sein. Dies kann ausdrücklich oder stillschweigend, etwa durch Verwendung entsprechender Formulare, geschehen (vgl. auch Bremen GA **55,** 277). Es handelt sich um einen Spezialfall von § 267.

c) Es **verfälscht** jemand ein **von einem Arzt** oder einer anderen approbierten Medizinalperson **ausgestelltes Zeugnis.** Dies setzt voraus, daß der Inhalt der Bescheinigung verändert wird (vgl. § 267 RN 65 ff.). Nach Celle HRR **33** Nr. 786 kann jedoch der ausstellende Arzt das Zeugnis durch eine spätere Änderung nicht verfälschen, jedenfalls so lange nicht, als die Behörde aufgrund des Zeugnisses nichts veranlaßt hat (vgl. § 267 RN 66 ff.; einschr. Tröndle LK 11). Auch diese Alt. enthält einen Spezialfall von § 267.

2. Der **zweite Akt** besteht im **Gebrauchmachen zur Täuschung** von Behörden oder Versicherungsgesellschaften. Bei den Versicherungsgesellschaften muß es sich um eine Täuschung im Rahmen eines Versicherungsverhältnisses handeln; es genügt z. B. nicht, daß ein Angestellter der Gesellschaft sein Fernbleiben vom Dienst mit einem gefälschten Gesundheitszeugnis entschuldigt. Bei Behörden genügt eine Täuschung bei jeder Maßnahme, bei der der Gesundheitszustand zur Grundlage der Entscheidung gemacht wird (z. B. Einstellung als Beamter, Versorgungsleistungen, Beihilfe im Krankheitsfall). Behörden i. S. dieser Bestimmung sind auch Ortskrankenkassen und Unfallberufsgenossenschaften (vgl. RG **74** 270 m. Anm. Mezger DR 40, 2060, BGH **6** 90, wo die AOK als Versicherungsgesellschaft bezeichnet wird). Versicherungsgesellschaft ist jedes private Versicherungsunternehmen. Die Täuschung braucht sich nur auf die Person des Ausstellers und dessen Eigenschaft als Arzt usw. zu beziehen, nicht dagegen einen Irrtum über den Gesundheitszustand zu erwecken (RG **20** 140); sie braucht den Irrtum nicht tatsächlich verursacht zu haben. Über ausländische Konsulate im Inland vgl. BGH NJW **63,** 1318.

3. Entgegen dem Wortlaut ist **nicht** erforderlich, daß der Fälscher das Zeugnis **selbst gebraucht** oder für sich gebrauchen lassen will. Es genügt die Herstellung für einen andern, auch wenn dieser sich durch den Gebrauch nicht nach § 279 strafbar macht (zust. Tröndle LK 12).

IV. Für den **subjektiven Tatbestand** ist Vorsatz sowie Täuschungsabsicht erforderlich. Entsprechend dem o. 10 Ausgeführten braucht diese nicht auf eigenhändige Täuschung gerichtet zu sein. Eine Schädigungsabsicht wird nicht vorausgesetzt (RG **31** 298, Tröndle LK 13).

V. **Idealkonkurrenz** ist mit § 13 BÄO möglich, für Zahnärzte mit § 18 ZahnheilkundeG, weiter auch mit § 263. **Gesetzeskonkurrenz** besteht mit § 267; die vorliegende Bestimmung geht als Spezialgesetz vor (RG **6** 1, **31** 298; vgl. aber RG **67** 117).

§ 278 Ausstellen unrichtiger Gesundheitszeugnisse

Ärzte und andere approbierte Medizinalpersonen, welche ein unrichtiges Zeugnis über den Gesundheitszustand eines Menschen zum Gebrauch bei einer Behörde oder Versicherungsgesellschaft wider besseres Wissen ausstellen, werden mit Freiheitsstrafe bis zu zwei Jahren oder mit Geldstrafe bestraft.

I. Beim **Ausstellen unrichtiger Gesundheitszeugnisse** handelt es sich im Gegensatz zum § 277 darum, daß Zeugnisse mit falschem Inhalt von einer zur Ausstellung befugten Person hergestellt werden.

II. Über **Gesundheitszeugnisse** vgl. § 277 RN 2 f. Unrichtig ist auch ein Zeugnis, in dem ein Arzt einen Befund bescheinigt, ohne eine Untersuchung vorgenommen zu haben (RG **74** 231,

BGH 6 90, München NJW 50, 796, Zweibrücken JR 82, 294 m. Anm. Otto; vgl. auch Düsseldorf MDR 57, 372), da das Vertrauen in das ärztliche Zeugnis darauf beruht, daß eine ordnungsgemäße Untersuchung stattgefunden hat (vgl. Frankfurt NJW 77, 2128); ebenso das Vertauschen von Blutproben (Oldenburg NJW 55, 761). Auch ein Zeugnis, das zwar den Gesamtbefund richtig wiedergibt, jedoch erdichtete oder verfälschte Einzelheiten enthält, kann unrichtig sein (BGH 10 157). Andererseits wird ein im Ergebnis richtiges Zeugnis nicht deshalb falsch, weil der behandelnde Arzt nicht alle medizinisch indizierten Untersuchungsmethoden angewandt, z. B. aufgrund der Anamnese auf eine serologische Untersuchung verzichtet hat (Zweibrücken JR 82, 294 m. Anm. Otto). Geht die Medizinalperson offensichtlich über den Kreis ihrer Funktionen hinaus (technische Assistentin), so kommt ihrer Bescheinigung ein Beweiswert nicht zu; § 278 ist in diesem Fall nicht erfüllt (vgl. Bremen GA 55, 277, Tröndle LK 1).

3   Über **Ärzte** und **andere Medizinalpersonen** vgl. § 277 RN 3. Der Arzt kann auch zu der Behörde in einem festen Dienstverhältnis stehen (BGH 10 157).

4   Das Zeugnis muß **zum Gebrauch bei einer Behörde oder Versicherungsgesellschaft** (vgl. § 277 RN 9) ausgestellt sein.

5   **Vollendet** ist die Tat mit der Ausstellung des Zeugnisses zu dem genannten Zweck; Gebrauchmachen ist zur Vollendung nicht erforderlich, ebensowenig das Begeben (and. Samson SK 4).

6   III. Für den **subjektiven Tatbestand** verlangt das Gesetz Handeln wider besseres Wissen. Damit ist bedingter Vorsatz bezüglich der Unrichtigkeit des Inhalts ausgeschlossen; hinsichtlich der Bestimmung des Zeugnisses ist aber bedingter Vorsatz ausreichend. Zum Irrtum vgl. RG 74 231. Nicht erforderlich ist, daß der Täter ungerechtfertigte Maßnahmen der Behörde oder Versicherungsgesellschaft veranlassen will (BGH 10 157).

7   IV. **Gesetzeskonkurrenz** besteht mit § 348; liegen die Voraussetzungen des § 348 vor, so tritt § 278 zurück (Tröndle LK 5). Tateinheit kommt mit Begünstigung in Betracht (Oldenburg NJW 55, 761).

§ 279 Gebrauch unrichtiger Gesundheitszeugnisse

Wer, um eine Behörde oder eine Versicherungsgesellschaft über seinen oder eines anderen Gesundheitszustand zu täuschen, von einem Zeugnis der in den §§ 277 und 278 bezeichneten Art Gebrauch macht, wird mit Freiheitsstrafe bis zu einem Jahr oder mit Geldstrafe bestraft.

1   I. Die Bestimmung behandelt das **Gebrauchmachen** von gefälschten oder unrichtigen Gesundheitszeugnissen. Es genügt, daß es sich um ein objektiv fehlerhaftes Zeugnis i. S. der §§ 277, 278 handelt; es ist nicht erforderlich, daß der Aussteller das Zeugnis wider besseres Wissen ausgestellt hat (RG 32 296, BGH 5 84, Bremen GA 55, 278 und die h. M. im Schrifttum; and. v. Liszt-Schmidt 754). Es wird auch nicht vorauszusetzen sein, daß der Arzt usw. das Zeugnis zum Gebrauch bei einer Behörde oder Versicherungsgesellschaft ausgestellt hat (Tröndle LK 1 mwN), jedoch müssen im übrigen die Voraussetzungen der §§ 277, 278 vorliegen (Bremen GA 55, 278).

2   § 279 bezieht sich nicht auf alle Fälle des § 277, da dort ein unrichtiger Inhalt des Zeugnisses nicht stets vorausgesetzt wird, hier jedoch wohl; dies ergibt sich aus der hier geforderten Täuschungsabsicht. Die Behörden und Versicherungsgesellschaften können auch ausländische sein (vgl. BGH 18 333).

3   Für den **subjektiven Tatbestand** ist erforderlich, daß der Täter die Unrichtigkeit des Zeugnisses kennt; bedingter Vorsatz genügt. Weiter muß der Täter in der Absicht handeln, eine Behörde oder eine Versicherungsgesellschaft zu täuschen (Samson SK 3).

4   II. **Idealkonkurrenz** ist mit § 263 möglich.

§ 280 [Verlust der bürgerlichen Ehrenrechte] *aufgehoben durch 1. StrRG v. 25. 6. 69 (BGBl. I 645).*

§ 281 Mißbrauch von Ausweispapieren

(1) Wer ein Ausweispapier, das für einen anderen ausgestellt ist, zur Täuschung im Rechtsverkehr gebraucht, oder wer zur Täuschung im Rechtsverkehr einem anderen ein Ausweispapier überläßt, das nicht für diesen ausgestellt ist, wird mit Freiheitsstrafe bis zu einem Jahr oder mit Geldstrafe bestraft. Der Versuch ist strafbar.

(2) Einem Ausweispapier stehen Zeugnisse und andere Urkunden gleich, die im Verkehr als Ausweis verwendet werden.

Einziehung §282

I. Gegenstand der Tat sind Ausweispapiere sowie Zeugnisse und andere Urkunden, die im Verkehr als Ausweis verwendet werden. § 281 bezieht sich aber nur auf **echte Urkunden** der genannten Art; zu diesem Begriff vgl. § 267 RN 66.

Der Gebrauch eines unechten oder verfälschten Ausweispapiers ist nach § 267 strafbar (BGH NJW 57, 472, D-Tröndle 2; and. [Idealkonkurrenz] BGH GA **56**, 182). Hat sich jemand einen echten, aber inhaltlich falschen Ausweis durch falsche Angaben verschafft, so kommt § 271 in Betracht.

1. **Ausweispapiere** sind Papiere, die dem Nachweis der Identität oder der persönlichen Verhältnisse dienen sollen und von einer hoheitlichen Stelle ausgestellt sind, z. B. Pässe, Personalausweise, Führerscheine (Hamm VRS **5** 619), Behördenausweise mit Lichtbildern, Studentenausweise, jedoch nicht Kraftfahrzeugscheine (Koblenz VRS **55** 428). Codekarten etc. sind keine Ausweispapiere, da sie nicht von einer amtlichen Stelle ausgegeben werden (Steinhilper GA 85, 130, Bieber JuS 89, 478).

2. Einem Ausweispapier stehen **Zeugnisse** und **andere Urkunden** gleich, die im Verkehr als Ausweise verwendet werden. Da diese als Urkunden eine eigene spezifische Beweisfunktion haben, kann deren Mißbrauch nicht unter § 281 fallen; insoweit greift § 267 ein. Erforderlich ist vielmehr, daß diese Urkunden „als Ausweis" verwendet werden, d. h. zum Nachweis der Identität des Inhabers oder bestimmter persönlicher Umstände. In Betracht kommen z. B. Schulzeugnisse, Taufscheine, Geburtsurkunden usw. Zu den Fotokopien solcher Urkunden vgl. § 267 RN 42.

II. Als strafbare **Handlung** kommen zwei Formen in Betracht:

1. Das **Gebrauchen** von Ausweisen, die für einen anderen ausgestellt sind. Erforderlich ist, daß die Urkunde als Ausweispapier gebraucht wird; es wird nicht vorausgesetzt, daß sie gemäß ihrer Beweisbestimmung verwendet wird. Ein Studentenausweis kann z. B. auch gegenüber einer Theaterkasse gebraucht werden (zust. Tröndle LK 4). Vgl. zum Gebrauchen im übrigen § 267 RN 76ff. und Hamm HESt. **2** 331. Es handelt sich nicht um ein eigenhändiges Delikt; Mittäterschaft ist nach allgemeinen Regeln möglich (BGH MDR/He **55**, 18).

2. Das **Überlassen** von Ausweisen an andere, für die sie nicht ausgestellt sind. Erforderlich ist die Übertragung der Verfügungsgewalt derart, daß der Empfänger in die Lage versetzt wird, das Ausweispapier zu gebrauchen (KG NJW **53**, 1274), wobei nicht verlangt wird, daß es für den Überlassenden ausgestellt ist (Tröndle LK 5, Samson SK 6). Ohne Bedeutung ist, ob der andere den Ausweis tatsächlich gebraucht. Zur Frage des Überlassens als Teilnahme am Gebrauchen vgl. Schmitt NJW 77, 1811.

3. **Nicht** erfaßt wird, wer **sich** ein für ihn nicht ausgestelltes Ausweispapier zur Täuschung im Rechtsverkehr **verschafft**.

III. Für den **subjektiven Tatbestand** ist Vorsatz und eine bestimmte Absicht erforderlich. Für den **Vorsatz** genügt dolus eventualis. Der Täter muß ferner zur **Täuschung im Rechtsverkehr** handeln; vgl. hierzu § 267 RN 84ff. Zweifelhaft kann allerdings sein, ob über die Identitätstäuschung hinaus der Wille des Täters erforderlich ist, den Getäuschten zu einem rechtlich erheblichen Verhalten zu bestimmen. Da jedoch § 281 auf der Erwägung beruht, daß gewisse rechtliche Reaktionen (Erlaubnis zum Grenzübertritt, Einlaß in Universitätsbibliothek, Rüstungsbetrieb etc.) erst nach einer Feststellung der Person oder sonstiger persönlicher Verhältnisse (Beruf, Alter usw.) vorgenommen werden, ist auch im Rahmen von § 281 erforderlich, daß der Täter den Getäuschten zu einem rechtlich erheblichen Verhalten bestimmen will (Cramer GA 63, 367). Ein außerhalb des Rechtslebens verübter Ausweismißbrauch genügt hier ebensowenig, wie dies bei § 267 der Fall wäre (vgl. Tröndle LK 7).

IV. Der **Versuch** ist strafbar (Abs. 1 S. 2). Versuch der 2. Alt. liegt z. B. vor, wenn der Täter die Überlassung des Ausweises anbietet (KG NJW **53**, 1274). Über Versuchsfälle vgl. weiter Schlosky DR 42, 712.

V. Idealkonkurrenz ist möglich mit § 263; mit § 21 StVG besteht Idealkonkurrenz (vgl. 91 vor § 52; and. BGH VRS **30** 185, DAR/M **69**, 149, Lackner 6, Tröndle LK 10 [Realkonkurrenz]).

§ 282 Einziehung

Gegenstände, auf die sich eine Straftat nach den §§ 267, 268, 273 oder 279 bezieht, können eingezogen werden. In den Fällen des § 275 werden die dort bezeichneten Fälschungsmittel eingezogen.

I. Die Bestimmung will auch solche Gegenstände von Fälschungsdelikten der **Einziehung** unterwerfen, die, weil lediglich passives Objekt der Tat, nicht als instrumenta oder producta sceleris i. e. S. angesehen werden können und deshalb durch die allgemeine Vorschrift des § 74 nicht erfaßt werden (vgl. § 74 RN 5). Näher zu dieser Grenzziehung Eser, Die strafrechtlichen Sanktionen gegen das Eigentum (1969) 318 ff., 329 ff.

2 II. Grundsätzlich wird eine **volldeliktische Tat** nach den §§ 267, 268, 273, 275 oder 279 vorausgesetzt, es sei denn, es läßt sich ein Sicherungsbedürfnis nach § 74 II Nr. 2 nachweisen; vgl. dazu § 74 II. Soweit bei den Tatbeständen der Versuch strafbar ist (§ 267 II), reicht dieser aus (vgl. § 74 RN 3).

3 1. **Einziehbar** sind hier nur die in jenen Tatbeständen genannten Urkunden, technischen Aufzeichnungen, Wertzeichen oder Gesundheitszeugnisse sowie die Gegenstände, die nach § 275 der Fälschung amtlicher Ausweise dienen. Andere Gegenstände, die z. B. zur Herstellung einer Urkunde gedient haben, können daher allenfalls nach § 74 eingezogen werden.

4 2. Grundsätzlich bleibt die Einziehung auf **tätereigene Gegenstände** beschränkt, es sei denn, sie stellen eine Gefährdung der Allgemeinheit dar oder sollen bei weiteren Straftaten Verwendung finden. In diesem Falle kann sich die Einziehung nach § 74 II Nr. 2 auch auf Dritteigentum erstrecken.

5 III. Die Einziehung steht bei §§ 267, 268, 273, 279 im **Ermessen** des Gerichts; bei § 275 ist die Einziehung **zwingend** vorgeschrieben.

6 IV. Im übrigen finden die §§ 74 ff. ergänzende Anwendung; vgl. 12 vor § 73.

Vierundzwanzigster Abschnitt. Konkursstraftaten

Vorbemerkungen zu den §§ 283 ff.

Schrifttum: Böhle-Stamschräder, Komm. zur KO, 12. A. 1976. – *ders.,* Aus der Rspr. des BGH zu den Strafbestimmungen der KO, KuT 57, 17. – *Jaeger,* KO, 8. A. Bd. 1 1958, Bd. 2/1 u. 2/2 1973. – *Klug,* in: Hachenburg, Komm. zum GmbHG Bd. 2 (6. A. 1959) S. 659 ff. – *Kohlhaas,* in: Erbs-Kohlhaas, Strafrechtliche Nebengesetze, Bd. II, 2. A. – *Mathieu,* Die Rspr. des BGH zu den Strafbestimmungen der KO, GA 54, 225. – *Kuhn-Uhlenbruck,* Komm. zur KO, 10. A. 1986. – *Otto,* Der Zusammenhang zwischen Krise, Bankrotthandlung und Bankrott im Konkursstrafrecht, R. Bruns-GedS (1980) 265. – *Schlüchter,* Der Grenzbereich zwischen Bankrottdelikten und unternehmerischen Fehlentscheidungen, 1977. – *Tiedemann,* Grundfragen bei der Anwendung des neuen Konkursstrafrechts, NJW 77, 777.

Zur Reform: *Böhle-Stamschräder* KuT 50, 177. – *Däubler,* Sinn und Unsinn der Insolvenzdelikte, in: Baumann-Dähn, Studien zum Wirtschaftsstrafrecht, 1972, 1 ff. – *Jaeger-Klug,* 1 ff. vor § 239 KO. – *Tiedemann,* Welche strafrechtlichen Mittel empfehlen sich für eine wirksame Bekämpfung der Wirtschaftskriminalität?, Gutachten zum 49. DJT, 1972. – *ders.,* Objektive Strafbarkeitsbedingungen und die Reform des deutschen Konkursstrafrechts, ZRP 75, 129.

Vgl. auch §§ 192 ff. AE und dazu Begr. 81 ff. in AE BT/Straftaten gegen die Wirtschaft, 1977.

1 I. Die **Vorschriften über Konkursstraftaten** waren seit 1879 der KO zugewiesen. Unter wesentlicher Änderung sind sie durch das 1. WiKG vom 29. 7. 1976 wieder in das StGB eingefügt worden. Mit Ausnahme des § 283 b (Verletzung der Buchführungspflicht) erfassen sie bestimmte wirtschaftlich verantwortungslose und damit pflichtwidrige Verhaltensweisen in einer wirtschaftlichen Krisensituation, in die ein am Wirtschaftsverkehr Beteiligter geraten ist, sowie die Herbeiführung einer solchen Krisensituation durch pflichtwidriges Verhalten. Zusätzliches Erfordernis für die Strafbarkeit ist in allen Fällen die Zahlungseinstellung, die Eröffnung eines Konkursverfahrens oder die Abweisung des Eröffnungsantrags mangels Masse. Es handelt sich insoweit jedoch nicht um ein unrechtsrelevantes Tatbestandsmerkmal, sondern um eine objektive Bedingung der Strafbarkeit (vgl. § 283 RN 59).

2 II. Der **Zweck der Vorschriften** ist komplexer Art. Er zielt zum einen darauf ab, die Gläubiger vor einer Beeinträchtigung ihrer Interessen an einer Befriedigung ihrer Ansprüche zu schützen. Eine Mehrheit von Gläubigern wird allerdings nicht vorausgesetzt; es genügt das Vorhandensein eines Konkursgläubigers (vgl. RG 39 326, 41 314). Im Gläubigerschutz erschöpft sich indes nicht der Zweck der Strafbestimmungen (and. M-Maiwald I 522, Samson SK 3 vor § 283). Sie dienen zugleich dem Schutz allgemeiner Belange, nämlich dem Schutz der Gesamtwirtschaft, die idR durch Konkursstraftaten mitbetroffen ist (Lackner 1). Vgl. auch Tiedemann ZRP 75, 133, LK 52 f. vor § 283, der – jedoch zu eng – die Funktionsfähigkeit der Kreditwirtschaft neben den Gläubigerinteressen als geschütztes Rechtsgut ansieht.

3 III. Eine **Verurteilung** nach den §§ 283–283 d hat zur **Folge**, daß der Verurteilte auf Dauer von 5 Jahren seit der Rechtskraft des Urteils weder Geschäftsführer einer GmbH noch Mitglied des Vorstands einer AG sein kann (§ 6 II 2 GmbHG, § 76 III 2 AktG). In die Frist wird die Zeit einer behördlich angeordneten Verwahrung des Verurteilten in einer Anstalt nicht eingerechnet. Zu verfassungsrechtlichen Bedenken vgl. Stein, Voerste Die Aktiengesellschaft 87, 165, 376.

Bankrott

§ 283 Bankrott

(1) Mit Freiheitsstrafe bis zu fünf Jahren oder mit Geldstrafe wird bestraft, wer bei Überschuldung oder bei drohender oder eingetretener Zahlungsunfähigkeit

1. Bestandteile seines Vermögens, die im Falle der Konkurseröffnung zur Konkursmasse gehören, beiseite schafft oder verheimlicht oder in einer den Anforderungen einer ordnungsgemäßen Wirtschaft widersprechenden Weise zerstört, beschädigt oder unbrauchbar macht,
2. in einer den Anforderungen einer ordnungsgemäßen Wirtschaft widersprechenden Weise Verlust- oder Spekulationsgeschäfte oder Differenzgeschäfte mit Waren oder Wertpapieren eingeht oder durch unwirtschaftliche Ausgaben, Spiel oder Wette übermäßige Beträge verbraucht oder schuldig wird,
3. Waren oder Wertpapiere auf Kredit beschafft und sie oder die aus diesen Waren hergestellten Sachen erheblich unter ihrem Wert in einer den Anforderungen einer ordnungsgemäßen Wirtschaft widersprechenden Weise veräußert oder sonst abgibt,
4. Rechte anderer vortäuscht oder erdichtete Rechte anerkennt,
5. Handelsbücher, zu deren Führung er gesetzlich verpflichtet ist, zu führen unterläßt oder so führt oder verändert, daß die Übersicht über seinen Vermögensstand erschwert wird,
6. Handelsbücher oder sonstige Unterlagen, zu deren Aufbewahrung ein Kaufmann nach Handelsrecht verpflichtet ist, vor Ablauf der für Buchführungspflichtige bestehenden Aufbewahrungsfristen beiseite schafft, verheimlicht, zerstört oder beschädigt und dadurch die Übersicht über seinen Vermögensstand erschwert,
7. entgegen dem Handelsrecht
   a) Bilanzen so aufstellt, daß die Übersicht über seinen Vermögensstand erschwert wird, oder
   b) es unterläßt, die Bilanz seines Vermögens oder das Inventar in der vorgeschriebenen Zeit aufzustellen, oder
8. in einer anderen, den Anforderungen einer ordnungsgemäßen Wirtschaft grob widersprechenden Weise seinen Vermögensstand verringert oder seine wirklichen geschäftlichen Verhältnisse verheimlicht oder verschleiert.

(2) Ebenso wird bestraft, wer durch eine der in Absatz 1 bezeichneten Handlungen seine Überschuldung oder Zahlungsunfähigkeit herbeiführt.

(3) Der Versuch ist strafbar.

(4) Wer in den Fällen
1. des Absatzes 1 die Überschuldung oder die drohende oder eingetretene Zahlungsunfähigkeit fahrlässig nicht kennt oder
2. des Absatzes 2 die Überschuldung oder Zahlungsunfähigkeit leichtfertig verursacht,

wird mit Freiheitsstrafe bis zu zwei Jahren oder mit Geldstrafe bestraft.

(5) Wer in den Fällen
1. des Absatzes 1 Nr. 2, 5 oder 7 fahrlässig handelt und die Überschuldung oder die drohende oder eingetretene Zahlungsunfähigkeit wenigstens fahrlässig nicht kennt oder
2. des Absatzes 2 in Verbindung mit Absatz 1 Nr. 2, 5 oder 7 fahrlässig handelt und die Überschuldung oder Zahlungsunfähigkeit wenigstens leichtfertig verursacht,

wird mit Freiheitsstrafe bis zu zwei Jahren oder mit Geldstrafe bestraft.

(6) Die Tat ist nur dann strafbar, wenn der Täter seine Zahlungen eingestellt hat oder über sein Vermögen das Konkursverfahren eröffnet oder der Eröffnungsantrag mangels Masse abgewiesen worden ist.

I. Die Vorschrift erstreckt sich auf **Bankrotthandlungen**, die entweder in einer wirtschaftlichen Krisensituation des Täters (vgl. u. 50ff.) vorgenommen werden (Abs. 1) oder deren Vornahme eine solche Krise herbeiführt (Abs. 2). Mit ihr soll einem wirtschaftlich verantwortungslosen Verhalten entgegengetreten werden, das die Gläubigerinteressen und allgemeine Belange der Gesamtwirtschaft (vgl. 2 vor § 283) gefährdet (abstraktes Gefährdungsdelikt).

II. Als **Tathandlungen** kommen in Betracht:

1. Das **Beiseiteschaffen, Verheimlichen,** Zerstören, Beschädigen oder Unbrauchbarmachen von **Vermögensbestandteilen** des Täters, die im Falle der Konkurseröffnung zur Konkursmasse gehören (Abs. 1 Nr. 1). Erfaßt werden hier Handlungen, die zur Verminderung der Kon-

kursmasse führen oder jedenfalls führen können. Eine Verminderung der Konkursmasse zu Lasten der Gläubiger ist bei wertlosen Gegenständen nicht möglich, so daß deren Beiseiteschaffen nicht unter Nr. 1 fällt.

3 a) **Vermögensbestandteile** des Täters, die im Falle der Konkurseröffnung zur Konkursmasse gehören, sind vor allem dessen Vermögensgegenstände, die der Zwangsvollstreckung unterliegen (vgl. § 1 KO), auch unbewegliche (vgl. RG 62 152) und stark belastete (vgl. RG DRiZ 34 Nr. 315) sowie Forderungen, sofern sie nicht völlig wertlos sind. Ausgenommen sind Gegenstände, die nicht gepfändet werden sollen (§ 1 IV KO), z.B. bestimmte Gegenstände des Hausrats (§ 812 ZPO). Ferner gehören zur Konkursmasse die Geschäftsbücher (§ 1 III KO) einschließlich einer Kundenkartei (vgl. BT-Drs. 7/5291 S. 18). Sonstige unpfändbare Gegenstände mit Ausnahme der in § 811 Nr. 4, 9 ZPO genannten (vgl. § 1 II KO) und das nach der Konkurseröffnung Erworbene (vgl. RG 55 30) sind dagegen nicht betroffen. Wegen der unpfändbaren Gegenstände vgl. §§ 811, 850ff., 852, 859ff. ZPO. Unpfändbar ist auch der Anspruch auf Lieferung einer unpfändbaren Sache (RG 73 128). Außerdem ist eine Sache, die ein Dritter aussondern kann, z. B. der unter Eigentumsvorbehalt gekaufte Gegenstand, kein Vermögensbestandteil i. S. der Nr. 1, wohl aber die Anwartschaft, durch Zahlung des Kaufpreises Eigentum an einem solchen Gegenstand zu erlangen (BGH 3 36, BB 57, 274), sofern sie einen wirtschaftlichen Wert verkörpert (BGH GA 60, 376), desgleichen ein Anfechtungsanspruch (RG 66 153) sowie die einem Gläubiger verpfändete (BGH BB 55, 110) oder zur Sicherung übereignete Sache (BGH 3 34f.), selbst wenn die gesicherte Forderung ihrem Wert gleichkommt oder ihn übersteigt (BGH 5 119; and. BGH 3 36). Die Vermögensbestandteile brauchen nicht auf rechtmäßige Art und Weise erworben zu sein (BGH GA 55, 149). Auch durch Betrug erlangte Sachen sind trotz des Anfechtungsrechts des Betrogenen Bestandteile des Schuldnervermögens (Jaeger-Klug § 239 KO RN 3). Keine Vermögensbestandteile sind die Arbeitskraft des Schuldners und der dessen Namen enthaltende Firmenname (Düsseldorf NJW 82, 1712). Vgl. noch § 288 RN 14.

4 b) **Beiseiteschaffen** ist jede Handlung, die einen Vermögensbestandteil durch räumliches Verschieben oder Veränderung der rechtlichen Lage dem Zugriff der Gläubiger entzieht (RG 64 140) oder diesen Zugriff erheblich erschwert (RG 66 131). Es umfaßt rechtliche und tatsächliche Verfügungen (RG 62 278, BGH BB 57, 274), z. B. eine nicht gerechtfertigte Sicherungsübereignung (BGH MDR/H 79, 457) oder die Veräußerung ohne einen entsprechenden, alsbald greifbaren Gegenwert (RG 61 108; vgl. auch BGH NJW 53, 1152), auch die Scheinveräußerung (RG JW 36, 3006). Ein Vermögensbestandteil ist bei einer Veräußerung demnach u. a. beiseitegeschafft, wenn die hierfür erlangte, nominell seinem Wert entsprechende Forderung wegen Uneinbringlichkeit das Weggegebene nicht ausgleicht. Im Wege der Veräußerung sind Vermögensbestandteile noch nicht mit Vertragsabschluß, sondern erst mit ihrer dinglichen Veränderung beiseite geschafft. Bei Grundstücken muß daher Eintragung im Grundbuch erfolgt sein (RG 61 108); die Eintragung einer Auflassungsvormerkung genügt bereits, da hierdurch die Verwertung des Grundstücks zwecks Befriedigung der Gläubiger erschwert wird (RG DRiZ 34 Nr. 315). Voraussetzung ist, daß die Vermögensverschiebungen den Rahmen einer ordnungsgemäßen Wirtschaftsführung überschreiten (zum ordnungsgemäßen Wirtschaften vgl. Tiedemann LK 96ff. vor § 283). Das ist nicht der Fall beim einfachen Bewirken der geschuldeten Leistung (RG 71 231, Hendel NJW 77, 1946), bei Bezahlung von Prozeßkosten eines Gesellschafters, die in unmittelbarem Zusammenhang mit einer für die Geselllschaft ausgeübten Tätigkeit stehen (BGH wistra 87, 216), sowie beim Verbrauch von Geld oder anderen Gegenständen zum angemessenen Lebensunterhalt (RG 66 89, BGH MDR 81, 511, GA/H 59, 340). Die Angemessenheit des Lebensunterhalts bestimmt sich nicht allein nach dem bisherigen Lebenszuschnitt; der Schuldner hat sich auf die Krise einzustellen und sich ihr entsprechend einzuschränken (vgl. BGH MDR 81, 511 m. Anm. Schlüchter JR 82, 29). Die gebotene Einschränkung hängt von der Art der Krise ab. Bei einer Überschuldung, deren Überbrückung wahrscheinlicher ist als der wirtschaftliche Zusammenbruch, braucht sich der Schuldner weniger einzuschränken als bei bevorstehender Zahlungsunfähigkeit. Diese zwingt jedoch nicht dazu, sich mit dem Notdürftigen zu begnügen (Tiedemann LK 31; vgl. aber auch Schlüchter JR 82, 30). Unzulässig ist der Geldverbrauch für eine Auslandsreise mit dem Ziel, sich den Unannehmlichkeiten des bevorstehenden Konkursverfahrens zu entziehen, ebenso das Beiseitelegen von Geld zu dem Zweck, sich im voraus für längere Zeit mit Unterhaltsmitteln aus der Masse zu versorgen (BGH MDR 81, 511). Notverkäufe, die der Schuldner nach Zahlungseinstellung vornimmt, um dringendste Lebensbedürfnisse zu befriedigen, sind kein Beiseiteschaffen (BGH NJW 52, 898). Das gilt jedoch nicht für Verkäufe nach Konkurseröffnung. Die Übernahme vertraglicher Verpflichtungen ohne gleichzeitigen Erwerb vertraglicher Rechte fällt aus dem Rahmen eines ordnungsmäßigen Geschäftsgebarens (BGH GA/H 53, 74), ebenso die Belastung eines Grundstücks ohne entsprechenden Gegenwert (RG 66 131). Die Eintragung einer nicht

Bankrott   4a, 5 § 283

valutierten Hypothek ist jedoch kein vollendetes Beiseiteschaffen, da eine Eigentümerhypothek entsteht; deren Verschweigen ist aber ein Verheimlichen (RG 67 366). Ein Beiseiteschaffen kann auch darin liegen, daß der Schuldner ihm zufließende Gelder über ein auf einen fremden Namen lautendes Konto laufen läßt, sofern er nicht über das Guthaben ausschließlich zugunsten der Gläubiger verfügt (BGH 34 309, GA/H 59, 340), oder Forderungen einzieht und das Geld für sich verbraucht (BGH GA/H 61, 358). Zum Beiseiteschaffen vgl. noch Tiedemann LK 26 ff., der zusätzlich Finalität hinsichtlich der Beeinträchtigung des Zugriffs der Gläubiger fordert, ferner § 288 RN 16 sowie u. 7. Zur Tatbestandserfüllung durch Unterlassen vgl. § 13 RN 31.

Soweit ein **Vertretungsberechtigter** i. S. des § 14 **tätig wird,** ist nach der höchstrichterlichen Rspr.   4a
für ein Beiseiteschaffen erforderlich, daß er in seiner Eigenschaft als Vertreter handelt. Unter Nr. 1 fällt danach nicht die Unterschlagung von Vermögensstücken einer GmbH, etwa Gesellschaftsgeldern, durch den Geschäftsführer oder dessen sonstige eigennützige Tat, z. B. Untreue, da er nicht in der Eigenschaft als Geschäftsführer die Tat begangen hat (BGH 6 316, NJW 69, 1494, GA 79, 311, MDR/H 79, 457, 80, 107, wistra 86, 262, JR 88, 254 m. abl. Anm. Gössel; and. RG 73 68, Jaeger-Klug § 239 KO RN 3). Entsprechendes gilt bei einer KG für den Geschäftsführer der persönlich haftenden GmbH (BGH MDR/H 84, 278). Diese an den wahrgenommenen Interessen ausgerichtete Ansicht kann jedoch nicht für den Geschäftsführer gelten, der sämtliche Geschäftsanteile der GmbH besitzt; nimmt er unbefugt Geld aus der Kasse, so ist Nr. 1 anwendbar, so z. B., wenn er über sein Gehalt hinaus Geld für seinen Unterhalt der Kasse entnimmt (BGH GA/H 58, 47; and. BGH 30 127, GA 79, 311, MDR/H 79, 806, NStZ 87, 279, Hamm wistra 85, 158). Der Sache nach steht er einem Schuldner gleich, der seinem Geschäftsbetrieb sachwidrig zu viel Geld für rein private Zwecke entzieht (vgl. auch Arloth NStZ 90, 571). Ebenso greift Nr. 1 ein, wenn ein eigennützig handelnder Geschäftsführer einer KG im Einverständnis mit dem Komplementär Vermögensbestandteile der KG beiseite schafft (BGH 34 221 m. Anm. Weber StV 88, 16 u. Winkelbauer JR 88, 33, wistra 89, 267, BGHR Konkurrenzen 1) oder wenn der Geschäftsführer einer GmbH, der zugleich deren Gesellschafter ist, ein der GmbH gewährtes kapitalersetzendes Darlehen an sich zurückzahlt (Hendel NJW 77, 1947; vgl. auch BGH NJW 69, 1494). Ein Beiseiteschaffen kann auch bei einer nicht ausschließlich eigennützigen Untreue des Geschäftsführers einer GmbH zu deren Nachteil vorliegen (BGH 28 374: Zahlung von Schmiergeldern, da es nur darauf ankommt, ob die Handlung ihrer Art nach als Wahrnehmung der Angelegenheiten der GmbH anzusehen ist (vgl. § 14 RN 26). Verfolgt der Geschäftsführer dagegen mit der Untreue ausschließlich gesellschaftsfremde Zwecke, etwa nur eigennützige, so wird er auch dann nicht für die GmbH tätig, wenn sein Handeln rechtsgeschäftlicher Art ist und er dabei nach außen als Gesellschaftsorgan auftritt, z. B. Geld vom Konto der GmbH abhebt (BGH 30 129, wistra 82, 148). Ob er sich das Geld aus der Kasse oder von der Bank holt, kann keinen Unterschied begründen. Im Gegensatz zur Rspr. ist dagegen die Schrifttum z. T. von Kriterien der wahrgenommenen Interessen abgerückt und hat auf einen Bezug zum übertragenen Aufgabenkreis abgestellt. Zum Problem vgl. Lampe GA 87, 251 ff., der eigennütziges und die Gläubigerinteressen beeinträchtigendes Handeln eines Vertreters genügen läßt, wenn dieser Möglichkeiten ausnutzt, die kraft seiner Anstellung beim Schuldner (Eingliederung in dessen wirtschaftliche Organisation) eröffnet wurden. Ähnlich Labsch wistra 85, 59 ff. Vgl. ferner Weber StV 88, 17 (funktionale Tätigkeit maßgebend), Schäfer wistra 90, 84 (Pflichtverletzung im Verantwortungsbereich als Geschäftsführer maßgebend), Arloth NStZ 90, 574 (Ausnutzung organspezifischer Einwirkungsmöglichkeiten). Auf die herausgestellten Kriterien kann es jedoch ebensowenig wie bei der Interessenformel ankommen, wenn der tätig gewordene Geschäftsführer einer GmbH deren alleiniger Gesellschafter ist. Er hat nicht anders als etwa ein Einzelkaufmann für jedes Beiseiteschaffen in der Krisensituation einzustehen, also auch dann, wenn er (zum Schein) in Räume der GmbH einbricht und Sachen für sich beiseiteschafft.

c) **Verheimlichen** ist jedes Verhalten (Handeln oder pflichtwidriges Unterlassen), durch das   5
ein Vermögensbestandteil oder dessen Zugehörigkeit zur Konkursmasse der Kenntnis der Gläubiger oder des Konkursverwalters entzogen wird (RG 64 140, 67 365 f., Kohlhaas § 239 KO Anm. 5). Erst mit Kenntnisentziehung ist die Tat vollendet; es genügt noch nicht das auf Kenntnisentziehung gerichtete Verhalten (Tiedemann LK 38; and. D-Tröndle 5). Unerheblich für die Tatvollendung ist, ob der verheimlichte Vermögensbestandteil den Gläubigern endgültig entzogen worden ist, so daß die Strafbarkeit wegen Verheimlichens von erfolgreichen Nachforschungen unberührt bleibt. Hat der Schuldner selbst das Verheimlichte später den Gläubigern oder dem Konkursverwalter zur Kenntnis gebracht, so kann dies jedoch, sofern es für die Gläubigerinteressen rechtzeitig erfolgt ist, strafmildernd zu berücksichtigen sein. Ein Verheimlichen ist z. B. in unrichtigen Angaben, die einen geringeren Vermögensbestand als den wirklichen vortäuschen, oder im Ableugnen des Besitzes zu sehen, ferner darin, daß der Schuldner dem Konkursverwalter falsche Auskunft auf Fragen gibt, die ein Anfechtungsrecht klären sollen (RG 66 152), oder darin, daß er in einem Ehevertrag fälschlich Gegenstände als Eigentum seiner Ehefrau bezeichnet und diesen Vertrag mit einem Vermögensverzeichnis dem Registergericht einreicht (BGH GA/H 56, 347). Ein bloßes Verschweigen reicht aus, wenn eine Auskunftspflicht (vgl. §§ 100, 125 KO) verletzt wird (BGH 11 146, Tiedemann LK 39; and.

Frank § 239 KO Anm. III 1). Der Gemeinschuldner ist auch ohne besondere Aufforderung verpflichtet, einen in den Unterlagen des Antrags auf Konkurseröffnung nicht verzeichneten Vermögensgegenstand dem Konkursverwalter anzugeben (BGH GA **56**, 123). Daher kann auch in der Einziehung einer Forderung und der Einbehaltung einer nach Konkurseröffnung erfolgten Leistung ein Verheimlichen gesehen werden (BGH GA/H **54**, 310). Es genügt ferner das Vorspiegeln eines Rechtsverhältnisses, das den Zugriff der Gläubiger auf das Vermögensstück hindert (RG **64** 141, JW **36**, 3006), z. B. Verheimlichen eines unpfändbaren Gegenstands, um einen anderen (z. B. ein weiteres Bett) als unpfändbar erscheinen zu lassen. Zum Verheimlichen durch pflichtwidriges Unterlassen vgl. noch Tiedemann LK 43.

6   d) Zum **Zerstören** vgl. § 303 RN 11, zum **Beschädigen** vgl. § 303 RN 8 ff. **Unbrauchbar gemacht** ist ein Vermögensbestandteil, wenn seine Eignung für den bestimmungsgemäßen Zweck beseitigt wird. Die Handlungen müssen den Anforderungen einer ordnungsgemäßen Wirtschaft widersprechen. Wirtschaftlich sinnvolle Maßnahmen, wie u. U. die Zerstörung von Investitionsgütern, die durch neue Sachen ersetzt werden (vgl. BR-Drs. 5/75 S. 34), erfüllen nicht den Tatbestand. Die Einschränkung führt dazu, daß idR nur mutwilliges Handeln den Tatbestandsvoraussetzungen entspricht (vgl. D-Tröndle 6). Da jedoch irrtumsbedingt wirtschaftlich sinnlose Handlungen ohne Mutwillen vorkommen können, kommt diesem Merkmal nicht die Bedeutung als zusätzliches Tatbestandsmerkmal zu (Tiedemann LK 49).

7   e) Die Tatmodalitäten des Zerstörens usw. sind Unterfälle des Beiseiteschaffens. Bei diesem Merkmal kommt es nur darauf an, daß Vermögensbestandteile dem Zugriff der Gläubiger entzogen werden. Unerheblich ist, ob der Täter den Vermögensbestandteil sich oder einem anderen erhält (vgl. 18. A. § 239 KO RN 13 mwN). Zudem gilt auch für das Beiseiteschaffen die Einschränkung, daß der Rahmen einer ordnungsgemäßen Wirtschaftsführung überschritten sein muß (vgl. o. 4). Demgemäß ist das Wegwerfen einer Sache, das sie an sich in ihrer bestimmungsgemäßen Brauchbarkeit nicht beeinträchtigt, jedenfalls als Beiseiteschaffen anzusehen. Entsprechendes gilt für den bestimmungsgemäßen Verbrauch einer Sache im Widerspruch zur ordnungsgemäßen Wirtschaftsführung.

8   2. Das **Eingehen** eines **Verlust-** oder **Spekulationsgeschäfts** oder eines **Differenzgeschäfts** mit Waren oder Wertpapieren in einer den Anforderungen einer ordnungsgemäßen Wirtschaft widersprechenden Weise (Abs. 1 Nr. 2).

9   a) Ein **Verlustgeschäft** liegt nur vor, wenn es von vornherein auf eine Vermögensminderung angelegt ist und zu einer Vermögenseinbuße führt, das Geschäft also schon nach der Vorauskalkulation bei Gegenüberstellung der Einnahmen und Ausgaben einen Vermögensverlust bewirkt (vgl. BR-Drs. 5/75 S. 35). Geschäfte, die erst im nachhinein einen Verlust bringen, scheiden aus (vgl. BT-Drs. 7/5291 S. 18).

10   b) **Spekulationsgeschäfte** sind Geschäfte mit einem besonders großen Risiko, die in der Hoffnung, einen größeren Gewinn als den sonst üblichen zu erzielen, und um den Preis, möglicherweise einen größeren Verlust zu erleiden, eingegangen werden (vgl. BR-Drs. 5/75 S. 35). Hierunter kann auch die Beteiligung an einem unseriösen Unternehmen fallen. Vgl. näher Tiedemann LK 55 ff.

11   c) **Differenzgeschäfte** sind Geschäfte i. S. des § 764 BGB (weitergehend D-Tröndle 9, wonach auch Börsentermingeschäfte, auf die nach dem BörsenG § 764 BGB nicht anwendbar ist, erfaßt sein sollen; vgl. dagegen Tiedemann LK 59). Dem Täter muß es bei Vertragsschluß auf die Zahlung der Differenz zwischen An- und Verkaufspreis, nicht auf die Lieferung der Waren ankommen (RG GA Bd. **60** 442). Differenzgeschäft ist auch die Prolongation eines solchen (RG Recht **17** Nr. 323). Auch Devisengeschäfte können Differenzgeschäfte sein. Ausländische Geldsorten fallen insoweit unter den Begriff der Ware. Werden solche Geschäfte mit Wechseln oder Schecks abgewickelt, so handelt es sich um Geschäfte mit Wertpapieren (vgl. BT-Drs. 7/5291 S. 18).

12   d) Das Eingehen der genannten Geschäfte ist nur tatbestandsmäßig, wenn es im **Widerspruch zu** den Grundsätzen einer **ordnungsgemäßen Wirtschaft** steht. Ein solcher Verstoß ist nur anzunehmen, wenn das Eingehen des Geschäfts sich als zweifelsfrei unvertretbar erweist (vgl. Samson SK 11, Tiedemann ZIP 83, 521, aber auch LK 62), und zwar auf Grund einer Beurteilung ex ante. Maßgebend sind die konkreten Umstände des Einzelfalles. So kann ein Verlustgeschäft z. B. wirtschaftlich vertretbar sein, wenn es ein Konjunkturtief überbrücken soll und zur Erhaltung der Arbeitsplätze eingegangen wird (vgl. BR-Drs. 5/75 S. 35), namentlich, wenn sich die Verluste in engen Grenzen halten. Ebenso kann es sich verhalten, wenn das Verlustgeschäft erwarten läßt, daß sich auf Grund dieses Geschäfts ein gewinnbringendes Geschäft alsbald anschließt. Eine weitere Einschränkung ist zu machen, wenn ein Spekulations- oder ein Differenzgeschäft günstig ausgeht (D-Tröndle 11). Da hier die mögliche Gefährdung der geschützten Rechtsgüter in eine Besserstellung umgeschlagen ist, entfällt das Strafbedürfnis ebenso wie beim Ausschluß des Zusammenhangs zwischen Krisensituation und Zahlungseinstellung (vgl. u. 59). Auch ist es nicht sachgemäß, ein erfolgreiches Spekulationsgeschäft gegenüber einer erfolgreichen Beteiligung an einem Spiel (u. 18) unterschiedlich zu beurteilen; wer spekuliert, steht kaum anders da als ein Spieler.

3. Der **Verbrauch** oder das Schuldigwerden **übermäßiger Beträge** durch unwirtschaftliche 13
Ausgaben, Spiel oder Wette (Abs. 1 Nr. 2). Mit dieser Regelung wird wie im Fall von Nr. 1
eine wirtschaftlich unverantwortliche (mögliche) Verminderung der Konkursmasse erfaßt.

a) Die verbrauchten **Beträge** sind **übermäßig**, wenn sie die durch die wirtschaftliche Lage des 14
Täters gesteckten Grenzen übersteigen und zu dessen Vermögen in keinem angemessenen
Verhältnis stehen (vgl. RG **15** 312, **42** 280, **73** 230). Entscheidend ist allein dieses Verhältnis zum
Vermögensstand z. Z. der Ausgaben; auf den Umsatz des Geschäfts kommt es nicht an (RG **73**
229, BGH GA/H **53**, 74). Die gesamte Vermögenslage ist auch dann maßgebend, wenn der
Täter mehrere selbständige Geschäftsbetriebe hat (RG **70** 261). Hat sich also ein Betrieb günstig
entwickelt, während der andere ungünstig arbeitet, so ist der Täter nicht berechtigt, dem guten
Betrieb besonders hohe Beträge zu entnehmen und für private Zwecke zu verbrauchen.

b) Der Täter muß die übermäßigen Beträge verbraucht haben oder schuldig geworden sein. 15
Verbrauchen ist i. S. von Ausgeben zu verstehen (RG GA Bd. **64** 115). **Schuldigwerden** bedeutet die Belastung des Vermögens mit Verbindlichkeiten. Nach RG **22** 12 brauchen diese nicht
klagbar zu sein (ebenso D-Tröndle 14). Demgegenüber nimmt BGH **22** 360 m. Anm. Schröder
JR 70, 31 zu Recht an, daß der Grundgedanke der Vorschriften über Konkursdelikte die
Einbeziehung von Naturalobligationen ausschließe (vgl. auch Frank § 240 KO Anm. III 1,
Lackner 4b, Samson SK 12, Tiedemann LK 69). Bei Hingabe eines Schecks zur Erfüllung einer
Naturalobligation ist jedoch wegen der Möglichkeit gutgläubigen Erwerbs ein Schuldigwerden
zu bejahen (and. Tiedemann LK 69).

c) Der Verbrauch und das Schuldigwerden müssen durch unwirtschaftliche Ausgaben, Spiel 16
oder Wette erfolgt sein. Wahlfeststellung zwischen den einzelnen Begehungsformen ist zulässig
(BGH GA/H **59**, 341).

Ausgaben sind **unwirtschaftlich,** wenn sie das Maß des Notwendigen und Üblichen über- 17
schreiten und zum Gesamtvermögen und -einkommen des Täters in keinem angemessenen
Verhältnis stehen (vgl. RG **15** 313, **70** 260, **73** 229, BGH NJW **53**, 1481, GA **64**, 119). Der
erforderliche Vergleich ist für den Zeitpunkt der Ausgaben und aus dieser Schau für einen
Zeitraum zu ziehen, den der Täter bei vernünftigem Wirtschaften ins Auge gefaßt hätte (BGH
GA/H **56**, 348, **67**, 264). Bei einem Konzern dürfen die Ausgaben aller Mitglieder nicht zusammengerechnet werden (vgl. BGH GA/H **67**, 264). Unerheblich ist, ob die Ausgaben privaten
oder Geschäftszwecken gedient haben (RG **73** 230, BGH **3** 26, GA **64**, 120, **74**, 61). Unwirtschaftlich können daher z. B. ungewöhnlich hohe Kosten für Laden- oder Büromiete,
Geschäftsreisen, Gehälter oder geschäftliche Werbung sein (vgl. RG **16** 241, **42** 280, **73** 230), auch
Luxusanschaffungen (z. B. Flugzeug, Jacht; vgl. D-Tröndle 12) und unangemessene Ausgaben
für den Lebensunterhalt, z. B. für eine teure Urlaubsreise (vgl. BGH MDR **81**, 511). Soweit
Aufwendungen auf Vereinbarungen vor der Krise beruhen, etwa die Zahlung hoher Gehälter,
sind sie nach Eintritt der Krise im Rahmen des Möglichen auf ein wirtschaftlich vertretbares
Maß einzuschränken. Bei Geschäftsausgaben ist ein Vergleich mit den Roheinkünften des
Unternehmens und den sonstigen Geschäftsausgaben erforderlich (vgl. BGH NJW **53**, 1481).
Daß die Zahlungseinstellung bevorsteht, macht nicht alle Aufwendungen für den Betrieb sinnlos; soweit sie das Maß des Üblichen nicht überschreiten, ist Nr. 2 nicht anwendbar (vgl. BGH
GA/H **58**, 47). Ist ein entsprechender Gegenwert in das Vermögen des Täters gelangt, so stellt
er einen hinreichenden Ausgleich für die Ausgabe nur dar, wenn er in annähernd gleichem
Umfang der Befriedigung der Gläubiger dienen kann (vgl. Tiedemann LK 67, aber auch RG
GA Bd. **64** 115, BGH NJW **53**, 1481, GA/H **59**, 341). Die Ausstattung einer Wohnung mit
einem das übliche Maß weit übersteigenden Prunk ist daher als unwirtschaftliche Ausgabe zu
werten, ebenso eine hohe Wohnungsmiete, wenn der Täter ohne zwingenden Grund eine
teure Wohnung gemietet oder beibehalten hat (vgl. BGH GA/H **54**, 311). Auch für Ausgaben
der Familienangehörigen soll der Täter nach RG **31** 152 einzustehen haben, falls er sie nicht
genügend beaufsichtigt hat (vgl. aber Tiedemann LK 70). Entsprechendes soll für Ausgaben
von Angestellten gelten (D-Tröndle 12). Eine solche Ansicht ist entgegen MG-Bieneck § 73 FN
10 auch heute noch vertretbar, jedenfalls wenn es sich um Betriebsausgaben handelt. Insoweit
lassen sich die Grundsätze, die für eine Eingriffspflicht des Betriebsinhabers bei betriebsbezogenen Straftaten maßgebend sind (vgl. § 13 RN 52), entsprechend heranziehen, auch dann, wenn
der Angestellte oder der Angehörige selbst sich nicht strafbar gemacht hat. Wer anderen den
Zugriff auf sein Vermögen einräumt, hat in einer Krisensituation dafür zu sorgen, daß der
Zugriff nicht zum Verbrauch übermäßiger Beträge durch unwirtschaftliche Ausgaben führt.
Stets müssen die Ausgaben aber aus dem Vermögen des Täters, das im Falle des Konkurses in
die Konkursmasse fällt, erfolgt sein (BGH NJW **53**, 1480). Unwirtschaftlich sind nicht ohne
weiteres Ausgaben für eine Lebensversicherung (vgl. RG JW **34**, 2472). Mehrfache unwirtschaftliche Ausgaben stellen nur eine Straftat dar (vgl. BGH **3** 26, Jaeger-Klug § 240 KO RN 3).

18   **Spiel** und **Wette** sind i. S. des § 762 BGB zu verstehen. Vgl. dazu § 284 RN 4. Auch die Beteiligung an einer Lotterie (RG **27** 181), am Fußballtoto oder Zahlenlotto fällt hierunter, nicht dagegen das sog. Börsenspiel (RG **15** 279).

19   **4. Beschaffen von Waren** oder Wertpapieren **auf Kredit** und **Veräußerung unter Wert** (Abs. 1 Nr. 3). Ein solches Vorgehen beeinträchtigt nicht nur die Interessen des Lieferanten, sondern auch die Interessen sämtlicher Gläubiger, da sich die Vermögensbestandteile des Schuldners vermindern (vgl. BGH **9** 84). Es ist daher gegenüber den gesamten Gläubigern wirtschaftlich unverantwortlich. Anders als nach früherem Recht (§ 240 I Nr. 2 KO) ist nicht erforderlich, daß der Schuldner mit seinem Vorgehen die Eröffnung des Konkursverfahrens hinausschieben will (vgl. dazu E 62 Begr. 446). Die Absicht der Konkursverschleppung kann sich u. U. aber bei der Strafzumessung auswirken.

20   a) Der Täter muß sich zunächst Waren oder Wertpapiere **auf Kredit beschafft** haben. Beschaffen bedeutet rechtsgeschäftlichen Erwerb; er liegt erst bei Besitzübernahme vor, nicht schon beim Vertragsschluß (vgl. RG **62** 258, **72** 190). Das Eigentum an den Waren braucht nicht auf den Täter übergegangen zu sein; auch Waren, die unter Eigentumsvorbehalt gekauft und noch nicht voll bezahlt sind, fallen unter Nr. 3 (vgl. BGH **9** 84; and. RG **66** 176, **72** 188). Nach dem RG kommt es darauf an, ob die Waren bei Verbleiben im Schuldnervermögen zur Konkursmasse gehört hätten. Seine Ansicht, nur das dem Konkurs unterworfene Vermögen sei betroffen, weil der Zweck der Regelung auf den Schutz der Konkursgläubiger gerichtet sei, ist jedoch zu eng. Sie entspricht namentlich nicht der neuen Regelung, deren tragender Grund für die Strafdrohung die Gefahr ist, daß sich die wirtschaftliche Krise des Täters durch die Verschleuderung verschärft. Auch wer unter Eigentumsvorbehalt stehende Waren verschleudert, beeinträchtigt seine Vermögenslage, da er sich der nötigen Mittel erlangt, um die eingegangenen Verbindlichkeiten zu begleichen. Auf Kredit beschafft sind auch durch Kreditbetrug erlangte Waren (vgl. RG **66** 176). Der Kredit muß noch z. Z. der Veräußerung bestehen; Nr. 3 greift nicht ein, wenn die Waren vor ihrer Verschleuderung bezahlt worden sind (vgl. RG **72** 190), sei es auch mittels eines anderweitigen Kredits (dann aber u. U. Nr. 8 anwendbar, vgl. D-Tröndle 15). Andererseits ist nicht erforderlich, daß beim Erwerb der Ware auf Kredit schon ein Verschleuderungswille vorgelegen hat.

21   b) Die auf Kredit beschafften Waren bzw. Wertpapiere oder die aus diesen Waren hergestellten Sachen (z. B. verarbeitete Rohstoffe, auch bei Verarbeitung mit anderen Sachen) müssen **erheblich unter ihrem Wert** in einer den Anforderungen einer ordnungsgemäßen Wirtschaft widersprechenden Weise **veräußert** oder sonst abgegeben worden sein. Veräußern ist jede Handlung, durch die der Täter sein Recht an diesen Gegenständen aufgibt, gleichgültig, ob entgeltlich oder unentgeltlich (RG **48** 218; and. D-Tröndle 15: nur entgeltliche Übereignung). Sonstiges Abgeben ist die Besitzüberlassung ohne Eigentumsübertragung (Frank § 240 KO Anm. III 2, Tiedemann LK 77; and. Jaeger-Klug § 240 KO RN 4: auch bei Aufhebung des Eigentums), z. B. die Verpfändung (RG **48** 218). Ein dingliches Recht braucht nicht begründet zu werden; es genügt z. B. die Bestellung eines kaufmännischen Zurückbehaltungsrechts (Frank aaO).

22   Als Wert des Gegenstandes ist der Verkaufswert, und zwar der Marktwert z. Z. der Veräußerung, maßgebend (RG **72** 190). Ist ein solcher nicht feststellbar, so ist vom üblichen Preis auszugehen (RG **72** 190, BGH GA/H **55**, 365). Auf den Einkaufswert kommt es allein nicht an (RG **47** 61).

23   Eine Veräußerung unter Wert kann einer ordnungsgemäßen Wirtschaft ausnahmsweise entsprechen, wenn ein Preissturz nahe bevorsteht oder die Ware zu verderben droht, ferner u. U. bei sog. Lockvogelangeboten, bei wirtschaftlich gebotenem Räumungsverkauf sowie dann, wenn die Ware so günstig eingekauft war, daß trotz der Veräußerung unter Wert noch ein Gewinn erzielt wurde. Vgl. Klug JZ 57, 463.

24   **5. Vortäuschen von Rechten anderer** oder **Anerkennen erdichteter Rechte** (Abs. 1 Nr. 4). Erfaßt werden hier die künstliche Vergrößerung der Schuldenmasse und deren andere Gewichtung. Gläubigerinteressen werden durch eine solche Handlung beeinträchtigt, weil diese zu einer Verkürzung der Befriedigungsquote führen kann. Zu einer tatsächlichen Verkürzung muß es jedoch nicht gekommen sein; das vorgetäuschte (anerkannte) Recht braucht auch nicht später im Konkursverfahren geltend gemacht zu werden (RG **62** 288, Tiedemann LK 87, D-Tröndle 17). Die Handlung muß aber geeignet sein, sich nachteilig auf die Gläubigerinteressen auszuwirken; ungeeignete Handlungen erfüllen mangels jeglicher Gefährdungsmöglichkeiten nicht den Tatbestand (Tiedemann aaO). Die Tat dient vielfach dazu, ein Beiseiteschaffen von Vermögensbestandteilen vorzubereiten oder zu verdecken. In einem solchen Fall tritt sie als mitbestrafte Vortat (Nachtat) hinter die Tat nach Abs. 1 Nr. 1 zurück, wenn sich mit ihr keine umfangmäßig weitere Gefährdung der Gläubigerinteressen verknüpft.

a) Rechte anderer werden **vorgetäuscht,** wenn der Täter sich gegenüber einem Dritten auf ein 25 nicht bestehendes Recht eines anderen beruft (vgl. BGH GA/H **53**, 74), wobei ein konkludentes Vortäuschen genügt (Tiedemann LK 84). In Betracht kommen sowohl Verbindlichkeiten als auch dingliche Rechte (vgl. RG **64** 311, BR-Drs. 5/75 S. 35). Es genügt, daß das geltend gemachte Recht nur z. T. nicht besteht, z. B. unverzinsliche Forderungen als verzinslich hingestellt oder Arbeitsverträge zurückdatiert werden, oder unzutreffend durch die Merkmale eines in Wahrheit fehlenden Konkursvorrechts gekennzeichnet wird (vgl. BR-Drs. 5/75 S. 35, auch BGH LM **Nr. 14** zu § 239 KO), der Täter etwa ein Darlehen als Lohnforderung ausgibt. Das Vortäuschen eines anderen Schuldgrundes, dem kein Konkursvorrecht zukommt, reicht nicht aus (vgl. BGH LM **Nr. 14** zu § 239 KO). Das vorgetäuschte Recht muß als noch bestehend erscheinen. Diese Voraussetzung fehlt, wenn die Gewährung eines Darlehens und seine Rückzahlung buchmäßig vorgetäuscht werden (vgl. RG JR 28, 1528, BGH b. Böhle-Stamschräder KuT **57**, 20, aber auch Tiedemann LK 86); es kann jedoch ein Beiseiteschaffen von Vermögensbestandteilen vorliegen. Dagegen wird ein Recht vorgetäuscht, wenn der Täter sich hierauf beruft, obwohl es bereits rechtskräftig abgewiesen worden ist (Tiedemann LK 84). Soweit der Vortäuschende Organ einer juristischen Person ist, muß er in dieser Eigenschaft handeln. Das ist nicht der Fall, wenn der Geschäftsführer einer GmbH eine erdichtete Gehaltsforderung zur Konkurstabelle anmeldet (vgl. BGH LM **Nr. 8** zu § 239 KO, aber auch BGH b. Böhle-Stamschräder KuT **57**, 20).

b) **Erdichtete Rechte** werden **anerkannt,** wenn der Schuldner durch eine in irgendeiner Form 26 abgegebene Erklärung kundtut, daß sie ihm gegenüber bestehen. Weitere Voraussetzung ist, daß er mit dem angeblichen Gläubiger zusammenarbeitet (vgl. BGH GA/H **53**, 74). Auf einen förmlichen Vertrag i. S. des § 781 BGB kommt es nicht an. Eine falsche eidesstattliche Versicherung nach § 125 KO kann bereits genügen (vgl. RG **64** 43), ebenfalls ein Anerkenntnis im Prozeß oder wegen der Gleichartigkeit der Wirkungen das Zugeständnis sowie eine prozessuale Unterlassung wie die Nichterhebung eines Widerspruchs bzw. Einspruchs gegen Versäumnisurteile, Mahn- oder Vollstreckungsbescheide (and. Tiedemann LK 88). Die Anerkennung braucht nicht im Konkursverfahren zu erfolgen (BGH LM **Nr. 2** zu § 239 KO). Nicht erforderlich ist, daß das erdichtete Recht gegenüber einem Dritten geltend gemacht und dieser hierüber getäuscht wird (vgl. RG **62** 288, BGH LM **Nr. 14** zu § 239 KO).

Das Merkmal „erdichtet" ist nicht schlechthin gleichbedeutend mit „nicht bestehend". Nicht erdich- 27 tet ist z. B. ein Recht, das aus Kulanzgründen anerkannt wird (vgl. BR-Drs. 5/75 S. 35). Andererseits genügt es, daß das anerkannte Recht nur teilweise erdichtet ist oder ihm zu Unrecht das Merkmal eines Konkursvorrechts zugelegt worden ist (vgl. BGH LM **Nr. 14** zu § 239 KO).

6. Nichtführen oder mangelhafte Führung von Handelsbüchern (Abs. 1 Nr. 5). Eine ein- 28 wandfreie Buchführung ist Grundvoraussetzung einer ordnungsgemäßen Wirtschaftsführung. Unterbleibt sie gänzlich oder in einem Ausmaß, das die Übersicht über den Vermögensstand erschwert, so drohen wirtschaftliche Fehlentwicklungen zu Lasten der Gläubiger und der Gesamtwirtschaft. Das trifft insb. auf ein Fehlverhalten in einer wirtschaftlichen Krisensituation zu. Im übrigen können den Handelsbüchern bei der Konkursabwicklung erhebliche Bedeutung zukommen.

a) Tatbestandliche Voraussetzung ist eine **gesetzliche Pflicht** zum Führen von Handelsbü- 29 chern, und zwar die handelsrechtliche Pflicht, nicht die steuerrechtliche. Eine solche obliegt nach § 238 HGB allen Vollkaufleuten, nicht dem Minderkaufmann (§ 4 HGB); vgl. Celle NJW **68**, 2120. Sollkaufleute (§ 2 HGB) sind bereits von dem Zeitpunkt an buchführungspflichtig, in dem die Verpflichtung entsteht, die Eintragung ins Handelsregister herbeizuführen (§ 262 HGB). Andererseits begründet die bloße Eintragung als Kaufmann (§ 5 HGB) keine Buchführungspflicht. Auch Handelsgesellschaften müssen Handelsbücher führen (§ 6 HGB); buchführungspflichtig sind alle vertretungsberechtigten Gesellschafter (vgl. auch BGH GA/H **67**, 265 [zwei Geschäftsführer einer GmbH]). Eine als GmbH gegründete Gesellschaft ist schon vor ihrer Eintragung ins Handelsregister buchführungspflichtig, wenn sie (abgesehen von den Fällen des § 4 HGB) unter einer gemeinschaftlichen Firma ein Gewerbe betreibt, das Grundhandelsgeschäfte zum Gegenstand hat (BGH **3** 24). § 238 HGB gilt ferner für inländische Zweigniederlassungen ausländischer Kaufleute. Deutsche Kaufleute können sich nach Nr. 5 auch dann strafbar machen, wenn sie im Ausland Buchführungspflichten verletzen (Karlsruhe NStZ **85**, 317 m. Anm. Liebelt NStZ 89, 182). Die Kaufmannseigenschaft ist im Urteil festzustellen (vgl. BGH GA/H **64**, 136).

b) Zu den **Handelsbüchern** gehören auch das Verwahrungsbuch, das der Verwahrer (§ 1 II DepotG) 30 von Wertpapieren nach § 14 DepotG führen muß. Dagegen sind keine Handelsbücher das Tagebuch des Handelsmaklers (§ 100 HGB), das Aktienbuch (§ 67 AktG) und das Baubuch des Bauunternehmers (§ 2 BauforderungsG vom 1. 6. 1909, RGBl. 449; and. Frank § 239 KO Anm. III 3b).

Gesetzliche Vorschriften darüber, welche Handelsbücher zu führen sind, bestehen nicht. 31 Erforderlich ist jedoch eine ordnungsgemäße Buchführung (vgl. hierzu §§ 238 I, 239 IV HGB,

RG **25** 38), die an den handelsrechtlichen Vorschriften (§§ 238, 239 HGB) ausgerichtet sein muß (vgl. u. 34). Ein bestimmtes System ist nicht vorgeschrieben (RG **25** 37). Doppelte Buchführung ist z. B. nicht unbedingt erforderlich. Eine Loseblattbuchführung reicht aus, nicht jedoch Eintragungen auf losen Zetteln (RG **50** 132). Nach BGH LM **Nr. 10** zu § 239 KO ist unerheblich, ob die Aufzeichnungen eines Kaufmanns in Buch- oder Karteiform erfolgen (vgl. auch BGH **14** 264). Danach sind Lieferscheinblocks Handelsbücher, wenn nur in ihnen die Waren, die ein Kaufmann zur Ansicht und Auswahl abgegeben hat, verzeichnet werden und die Warenbewegungen nur auf diese Weise ersichtlich sind (BGH LM **Nr. 10** zu § 239 KO, Jaeger-Klug § 239 KO RN 5, Kohlhaas § 239 KO Anm. 15). Nach § 239 IV HGB können Handelsbücher auch in der geordneten Ablage von Belegen bestehen oder auf Datenträgern geführt werden. Dagegen gehören Aufzeichnungen, die nur die Grundlage für Eintragungen in den Handelsbüchern bilden, nicht zu den Handelsbüchern (BGH **4** 275).

32 c) Der Verpflichtete braucht die Handelsbücher nicht selbst zu führen. Betraut er einen anderen damit, so befreit ihn das aber nicht von der Haftung, soweit er die nötige Sorgfalt bei der Auswahl oder der Überwachung verabsäumt (RG **58** 305; vgl. auch BGH **15** 106). Ist einem von mehreren Gesellschaftern einer OHG die Buchführung übertragen worden, so haben die anderen einzugreifen und für eine ordnungsgemäße Buchführung zu sorgen, wenn er seine Pflicht vernachlässigt (RG **45** 387). Soweit die sorgfaltswidrige Auswahl oder Kontrolle auf Fahrlässigkeit beruht, greift Abs. 5 ein (vgl. u. 58).

33 d) Die Führung von Handelsbüchern wird **unterlassen** (echtes Unterlassungsdelikt; vgl. 134 vor § 13), wenn überhaupt keine Bücher geführt werden (vgl. dazu Schäfer wistra 86, 201 ff.: fehlende Buchführung für einen erheblichen Zeitraum nach vorheriger Buchführung genügt). Unterbleibt nur die Führung einzelner Handelsbücher, so liegt noch eine Buchführung vor, wenn auch eine unordentliche (RG **30** 170, **39** 218, **49** 277, BGH **4** 274, BB **57**, 274). Das gilt auch, wenn vorhandene Handelsbücher nur vorübergehend nicht geführt werden (RG GA Bd. **61** 115; vgl. auch BGH GA/H **61**, 359, MDR/H **80**, 455). Jedoch kann dann die Tatmodalität der mangelhaften Buchführung (vgl. u. 34) in Betracht kommen. Unterbleibt jegliche Buchführung dagegen für längere, deutlich unterscheidbare Zeiträume erheblicher Art, so liegt ein Unterlassen der Buchführung auch dann vor, wenn diese später nachgeholt wird (vgl. RG **39** 219, **49** 277).

34 e) Der Nichtführung von Handelsbüchern steht die **mangelhafte Buchführung** gleich, soweit dadurch die Übersicht über den Vermögensstand des Täters erschwert wird. Sie kann darin liegen, daß die Handelsbücher im Widerspruch zu den handelsrechtlichen Erfordernissen (vgl. § 239 HGB) geführt werden. Jeder Kaufmann muß in seinen Büchern seine Handelsgeschäfte und seine Vermögenslage nach den Grundsätzen ordnungsmäßiger Buchführung ersichtlich machen (§ 238 I HGB). Hiergegen verstößt, wer die Eintragungen in Büchern entgegen § 239 II HGB nicht vollständig, richtig, zeitgerecht oder geordnet vornimmt, etwa Handelsgeschäfte nicht fortlaufend und Geschäftsvorfälle nicht nach der Zeitfolge binnen kurzer Zeit nach den Vorgängen bucht, sondern erst am Ende längerer Zeiträume (RG **39** 219) oder Vermögensstücke willkürlich bewertet oder für sie Werte einsetzt, die falsch sind (RG **39** 223). Die Buchführung muß Aufschluß über Einnahmen und Ausgaben und über die Geschäfte geben, die diesen Vorgängen zugrunde liegen. Die Handelsgeschäfte sind einzeln zu buchen, und zwar die wirtschaftlichen Erfüllungsgeschäfte, nicht die Geschäftsabschlüsse. Den Buchungen sind Belege zugrunde zu legen; diese sind gesondert aufzubewahren (BGH NJW **54**, 1010; vgl. auch RG GA Bd. **59** 124). Die Anfertigung falscher Belege stellt eine unordentliche Buchführung dar (BGH GA/H **56**, 348; vgl. ferner BGH GA/H **61**, 359). Als Vermögen ist das gesamte Geschäfts- und Privatvermögen zu erfassen, bei Handelsgesellschaften jedoch nur das Gesellschaftsvermögen. Soweit die Handelsbücher auf Datenträgern geführt werden, setzt eine ordnungsmäßige Buchführung voraus, daß die Daten jederzeit innerhalb angemessener Frist lesbar gemacht werden können (vgl. § 239 IV 2 HGB).

35 Zum anderen kann eine mangelhafte Buchführung bei einer *nachträglichen Veränderung* der Handelsbücher vorliegen. Die Veränderung braucht keine Verfälschung i. S. des § 267 zu sein. Es genügt, wenn eine Eintragung beseitigt, hinzugefügt oder beides vorgenommen wird und der ursprüngliche Inhalt nicht mehr feststellbar ist oder die Veränderung ungewiß läßt, ob es sich um eine ursprüngliche oder um eine erst später gemachte Eintragung handelt (vgl. § 239 III HGB). Hat ein Vertretungsberechtigter i. S. des § 14 die Handelsbücher verändert, so ist für seine Strafbarkeit unerheblich, ob er hierbei Interessen des Vertretenen oder eigene Interessen (z. B. Verdeckung einer Unterschlagung) verfolgt hat (vgl. § 14 RN 26). Dagegen soll Nr. 5 nach BGH wistra **82**, 149 nicht anwendbar sein, wenn der Geschäftsführer einer GmbH mit dem Verstoß gegen die Buchführungspflichten ausschließlich gesellschaftsfremde Interessen verfolgt, weil er dann nicht in seiner Eigenschaft als Geschäftsführer tätig wird. Die Bedenken gegen diese Ansicht werden vor allem bei unterlassenen Buchungen sichtbar. Die Handlungspflicht des Geschäftsführers ist unabhängig davon, ob dessen Verhalten von Gesellschaftsbelangen oder gesellschaftsfremden Interessen bestimmt wird. Folglich muß Nr. 5 auch jegliche Veränderungen durch positives Tun erfassen, soweit der Geschäftsführer damit der ihm obliegenden Pflicht zur mangelfreien Buchführung nicht nachkommt.

Die mangelhafte Buchführung muß die **Übersicht über den Vermögensstand erschweren.** 36 Das ist der Fall, wenn ein Sachverständiger keinen Überblick oder diesen nur unter großen Schwierigkeiten und mit besonderer Mühe und erheblichem Zeitaufwand gewinnen kann (vgl. RG 47 312, DJ 39, 1779). Die Nichtverbuchung einzelner Geschäftsvorfälle erschwert im allgemeinen den Überblick über den Vermögensstand nicht, wenn die Belege vorhanden sind (BGH GA/H 59, 341) oder es sich um fortlaufende, in bestimmter Höhe regelmäßig anfallende Aufwendungen handelt, die nach Lage der Dinge von jedem erfahrenen Kaufmann auf Grund der früheren ordnungsmäßigen Verbuchung ohne weiteres angenommen und ergänzt werden können (vgl. RG 29 308). Eine geordnete Aufbewahrung sämtlicher Belege kann u. U. die Übersicht über den Vermögensstand auch dann noch ermöglichen, wenn die Bücher zeitweilig nicht geführt werden (BGH MDR/H 80, 455). Die erschwerte Übersicht über den Vermögensstand muß auf Grund des pflichtwidrigen Verhaltens lediglich entstanden sein; es ist nicht erforderlich, daß sie noch z. Z. der Zahlungseinstellung usw. vorhanden ist (Lackner 4e bb, Tiedemann LK 118; and. Böhle-Stamschräder 9d, Samson SK 18, D-Tröndle 24). Die gegenteilige Ansicht wird dem Umstand nicht gerecht, daß Bankrotthandlungen abstrakte Gefährdungsdelikte sind. Die mögliche Rechtsgutsgefährdung bei mangelhafter Buchführung setzt nicht erst bei Zahlungseinstellung usw. ein. So wird z. B. der Schuldner, der seine Bücher mangelhaft führt, es vielfach erheblich schwerer haben, die Krise zu meistern, als ein Schuldner mit ordentlicher Buchführung. Vor allem Abs. 2 zeigt, daß es auf den Zeitpunkt der Zahlungseinstellung usw. nicht ankommen kann. Hat die mangelhafte Buchführung die Krise bewirkt, so ist bereits hiermit eine rechtsgutsgefährdende Lage entstanden.

Mehrere Einzelverstöße gegen die Buchführungspflicht stellen nur eine einheitliche Straftat dar 37 (BGH 3 24, GA/H 56, 347, 71, 38). Liegen die Verstöße vor und nach Kriseneintritt, so kommt eine fortgesetzte Tat in Betracht; § 283b geht dann in § 283 auf (vgl. BGH NStZ 84, 455). Fortsetzungszusammenhang besteht mit einem Verstoß gegen die Bilanzierungspflicht nach Nr. 7, wenn der Täter bei der Vernachlässigung seiner Buchführungspflicht bereits weiß, daß er deswegen außerstande ist, der Bilanzierungspflicht rechtzeitig nachzukommen (BGH wistra 87, 61). Er kann aber auch unabhängig von einem solchen Zusammenhang gegeben sein (BGH NStZ 87, 506).

7. Entziehen von Handelsbüchern oder sonstigen Geschäftsunterlagen (Abs. 1 Nr. 6). Diese 38 Unterlagen sind, soweit sie die Übersicht über den Vermögensstand vermitteln, nicht nur für eine ordnungsgemäße Wirtschaftsführung, sondern auch für eine sachgemäße Konkursabwicklung von erheblicher Bedeutung. Beeinträchtigungen dieser Unterlagen können daher in hohem Maß sozialschädlich sein.

a) Abs. 1 Nr. 6 umfaßt als **Tatgegenstand** alle geführten Handelsbücher, nicht nur solche, zu 39 deren Führung der Täter gesetzlich verpflichtet war. Die Erweiterung gegenüber Nr. 5 ergibt sich daraus, daß ein Zusatz fehlt, der auf eine Pflicht zum Führen von Handelsbüchern abhebt, sowie aus der Formulierung „vor Ablauf der für Buchführungspflichtige bestehenden Aufbewahrungsfristen" (vgl. BR-Drs. 5/75 S. 36). Die Regelung ist daher auch auf Minderkaufleute und andere Personen, die freiwillig Handelsbücher führen, anwendbar (vgl. aber Tiedemann LK 121, der nur Minderkaufleute einbeziehen will). Neben den Handelsbüchern können Tatgegenstand sonstige Unterlagen sein, zu deren Aufbewahrung ein Kaufmann nach Handelsrecht verpflichtet ist, z. B. empfangene Handelsbriefe oder Buchungsbelege (vgl. dazu § 257 HGB). Auch insoweit kommt es nicht darauf an, ob dem Täter eine handelsrechtliche Aufbewahrungspflicht obliegt (einschränkend D-Tröndle 25). Der Hinweis auf die kaufmännische Pflicht dient nur zur Umschreibung der sonstigen Tatobjekte.

b) Die Handelsbücher oder sonstigen Unterlagen müssen **beiseite geschafft, verheimlicht,** 40 **zerstört** oder **beschädigt** worden sein. Zum Beiseiteschaffen vgl. o. 4. Unter Verheimlichen ist die Verhinderung der Einsichtnahme zu verstehen; vgl. näher o. 5. Bei Handelsbüchern oder sonstigen Unterlagen, die auf Datenträgern gespeichert sind, kann die Einsichtnahme auch dadurch verhindert werden, daß die Daten nicht mehr innerhalb angemessener Frist lesbar gemacht werden können. Zum Zerstören vgl. § 303 RN 11. Nicht erforderlich ist, daß die Handelsbücher in ihrer Substanz völlig vernichtet werden. Auch andere Sacheinwirkungen, die die Funktionsfähigkeit aufheben, reichen aus, etwa die völlige und irreparable Auflösung der Ordnung einer Loseblattsammlung (vgl. BR-Drs. 5/75 S. 36). Zum Beschädigen vgl. § 303 RN 8ff. Bei allen Tathandlungen genügt es, daß sie sich auf einen Teil der Handelsbücher erstrecken. Das ergibt sich bereits aus der Einbeziehung der sonstigen Unterlagen in den Tatbestand. Soweit ein Geschäftsführer einer GmbH Handelsbücher vernichtet, soll Nr. 6 nicht anwendbar sein, wenn er ausschließlich eigene Interessen verfolgt, etwa eine Untreue verdekken will (vgl. Schäfer wistra 90, 85). Gegen diese Ansicht sind ähnliche Bedenken anzuführen wie gegen die Ansicht, die Veränderung von Handelsbüchern im ausschließlich eigenen Interesse des Geschäftsführers falle nicht unter Nr. 5 (vgl. o. 35). Wer die Verantwortung für Handelsbücher trägt, wird von ihr nicht frei, wenn seine Handeln nur ihm selbst zugute kommen soll, und hat somit für sein verantwortungsloses Handeln nach Nr. 6 einzustehen.

41 Die Handlungen müssen vor *Ablauf der* für Buchführungspflichtige bestehenden *Aufbewahrungsfristen* hinsichtlich der betroffenen Tatgegenstände vorgenommen werden. Vgl. zu diesen Fristen § 257 IV, V HGB. Handlungen nach Einstellung des Konkursverfahrens sind nur strafbar, wenn ein berechtigtes Interesse der Gläubiger am Vorhandensein der Bücher und Unterlagen weiterbesteht (vgl. BGH GA/H **54**, 311).

42 c) Durch die Handlung muß die **Übersicht über den Vermögensstand** des Täters **erschwert** werden. Vgl. dazu o. 36. Handlungen ohne eine solche Wirkung, wie das Beschädigen eines Handelsbuchs ohne Beeinträchtigung des Inhalts, reichen nicht aus. Es liegt jedoch ein Versuch (Abs. 3) vor, wenn der Täter auch den Aussageinhalt des beschädigten Tatgegenstandes beeinträchtigen und damit die Übersicht über seinen Vermögensstand erschweren wollte.

43 **8. Mangelhafte oder nicht rechtzeitige Bilanzaufstellung** (Abs. 1 Nr. 7). Da die Bilanzierungspflichten, die an sich zu den allgemeinen Buchführungspflichten gehören, für das Wirtschaftsleben ganz besondere Bedeutung haben, sind Verstöße gegen sie speziell geregelt.

44 a) Strafbar ist hiernach die **mangelhafte Aufstellung einer Bilanz,** sofern sie entgegen dem Handelsrecht (vgl. §§ 242–256 HGB) erfolgt und die Übersicht über den Vermögensstand des Täters erschwert. Unter Aufstellen einer Bilanz ist die Anfertigung der Gegenüberstellung der Aktiva und Passiva zu verstehen (vgl. §§ 242, 247 HGB); auf die Feststellung der Bilanz (vgl. §§ 172, 173 AktG, § 46 Nr. 1 GmbHG) kommt es nicht an. Es muß eine gesetzliche Pflicht zur Bilanzaufstellung bestehen, da eine solche entgegen dem Handelsrecht vorausgesetzt wird. Täter können somit nur Vollkaufleute sein (vgl. dazu o. 29). Die aufgestellte Bilanz muß so mangelhaft sein, daß sie die Übersicht über den wahren Vermögensstand des Täters erschwert (vgl. dazu o. 36). In Betracht kommen sowohl unrichtige als auch verschleierte Bilanzen, etwa auf Grund von Falschbewertungen bei Vermögensstücken (vgl. BGH **30** 289), Einstellen nicht vorhandener Aktivposten oder Fortlassen von Passivposten. Nicht tatbestandsmäßig ist das zur Täuschung einzelner Geschäftspartner erfolgte Anfertigen mangelhafter Bilanzen neben den ordnungsgemäß aufgestellten Bilanzen (vgl. § 283b RN 4).

45 b) Ferner ist strafbar, wer entgegen dem Handelsrecht es **unterläßt,** die **Bilanz** seines Vermögens oder das **Inventar** in der vorgeschriebenen Zeit **aufzustellen.** Entgegen dem Handelsrecht kann nur der gesetzlich Verpflichtete untätig bleiben, d. h. der Vollkaufmann (vgl. o. 29). Die Pflicht zur Bilanz- und Inventaraufstellung muß sich aus den handelsrechtlichen Vorschriften ergeben. Bedeutsam kann vor allem die Pflicht werden, für den Schluß eines jeden Geschäftsjahres (nicht notwendig des Kalenderjahres) das Inventar und die Jahresbilanz aufzustellen, und zwar innerhalb der einem ordnungsgemäßen Geschäftsgang entsprechenden Zeit (vgl. §§ 240 II, 243 III HGB; zu den Fristen bei Kapitalgesellschaften vgl. § 264 HGB). Zur Vereinbarkeit dieses Erfordernisses mit Art. 103 II GG vgl. BVerfGE **48** 57. Zur Rechtzeitigkeit vgl. BGH GA/H **61**, 356. Übernimmt jemand in einer wirtschaftlichen Krisensituation (vgl. u. 50ff.) ein Handelsgewerbe, so erfüllt er den Tatbestand, wenn er kein sofortiges Inventar (vgl. § 240 I HGB) oder keine Eröffnungsbilanz (vgl. § 242 I HGB) aufstellt. Diese ist unverzüglich nach Beginn des Handelsgewerbes und für den Zeitpunkt des Beginns anzufertigen (vgl. RG **28** 430). Eine Eröffnungsbilanz ist auch bei Erwerb eines fremden Geschäfts aufzustellen (RG **28** 428), auch im Falle der Erbschaft, ferner bei Eintragung als Kaufmann nach den §§ 2, 3 HGB, bei Fortführung einer OHG, wenn der einzige Mitgesellschafter ausscheidet (RG **26** 222), bei Begründung einer OHG durch Eintritt eines Gesellschafters in ein Einzelunternehmen (RG LZ **14**, 689) oder bei Fortsetzung eines Geschäfts nach beendetem Konkurs (RG **25** 76). Geht der Betrieb eines Vollkaufmanns nicht nur vorübergehend derart zurück, daß er nur als Kleingewerbe fortlebt, so ist auf den Zeitpunkt des Überganges zum Kleingewerbe eine Abschlußbilanz zu errichten (BGH NJW **54**, 1854, Karlsruhe GA **75**, 315). Bei Liquidation einer GmbH ist bei Beginn eine Abschlußeröffnungsbilanz und danach am Ende des Abschlußjahres eine Jahresbilanz zu erstellen (§ 71 GmbHG, Frankfurt BB **77**, 312). Zum Fortbestehen einer bereits laufenden Frist für den Liquidator vgl. Bay wistra **90**, 201. Zur Bilanzierungspflicht, wenn GmbH Komplementärin einer GmbH & Co. KG ist, vgl. BGH MDR/H **81**, 454.

46 Ein Unterlassen liegt auch vor, wenn die Bilanz oder das Inventar derart mangelhaft aufgestellt wird, daß sie bzw. es als nicht vorhanden zu gelten hat (and. Lackner 4g). Es ist Tatfrage, wie die Mängel zu bewerten sind (vgl. RG JW **35**, 2061). Nach BGH GA/H **56**, 348 soll als Bilanz nur eine auf Grund ordnungsgemäßer Buchführung erstellte, vom Schuldner ge-

prüfte und anerkannte Gegenüberstellung der Aktiva und Passiva anzusehen sein. Die Aufstellung einer Scheinbilanz, die der Grundlage des Inventars entbehrt, ist als Unterlassung zu werten (RG **12** 82). Vgl. näher Tiedemann LK 150.

Die Bilanzierungspflicht muß spätestens bei Zahlungseinstellung (Konkurseröffnung) versäumt sein. Diese Pflicht kann der Täter auch dann verletzt haben, wenn der Endtermin für die rechtzeitige Bilanzaufstellung zwar nach Zahlungseinstellung liegt, der Täter aber vorher keinerlei Vorbereitungen getroffen hat. Strafbar ist daher, wer bis zur Konkurseröffnung nichts unternommen hat, die Bilanz für das der Konkurseröffnung vorhergehende Geschäftsjahr vorzubereiten, obwohl die Frist für die Bilanzaufstellung erst kurz nach Konkurseröffnung abläuft (vgl. BGH GA **56**, 356, GA/H **59**, 49, Lackner 4g; and. D-Tröndle 30; vgl. auch Tiedemann LK 149, der Versuch annimmt). Voraussetzung ist allerdings, daß der Täter wegen seines Untätigbleibens die Bilanz nicht rechtzeitig hätte anfertigen können. Eine Pflichtverletzung entfällt bei Unmöglichkeit, die Bilanzierungspflicht zu erfüllen, so z. B., wenn der Zahlungsunfähige die Kosten für die Bilanzaufstellung nicht aufbringen (BGH **28** 232f., Stuttgart NStZ **87**, 461; and. Schlüchter JR 79, 515, Schäfer wistra 86, 204) oder der Liquidator einer GmbH wegen des völligen Durcheinanders in der Buchhaltung die Bilanzierung nicht rechtzeitig vornehmen kann (vgl. Frankfurt BB **77**, 312). **47**

c) Zieht sich die Krisensituation über längere Zeit hin und werden mehrfach die erforderlichen Bilanzen mangelhaft oder nicht rechtzeitig aufgestellt, so liegen jeweils selbständige Verstöße gegen Nr. 7 vor (vgl. BGH GA/H **56**, 348); es kommt auch Fortsetzungszusammenhang in Betracht. Hat jemand für mehrere Gesellschaften, die sich in einer Krise befinden, Bilanzen aufzustellen, so liegt Tateinheit vor, wenn die Unterlassung einer Bilanzziehung dazu führt, daß die anderen Bilanzierungspflichten nicht erfüllt werden können (BGH GA **81**, 518). **48**

9. Eine Bankrotthandlung begeht schließlich noch, wer in **anderer**, den Anforderungen einer ordnungsgemäßen Wirtschaft grob widersprechender **Weise** seinen **Vermögensstand verringert** oder seine wirklichen **geschäftlichen Verhältnisse verheimlicht** oder **verschleiert** (Abs. 1 Nr. 8). Die Regelung trägt dem Umstand Rechnung, daß die kasuistische Aufzählung der Bankrotthandlungen in Nr. 1–7 die vielfältigen Erscheinungsformen sozialschädlicher Verhaltensweisen nur unvollkommen erfaßt und einer Ergänzung durch eine Art Generalklausel bedarf (vgl. BR-Drs. 5/75 S. 33, 36). Sie umfaßt zwei unterschiedliche Gruppen von Verhaltensweisen: die Vermögensverringerung (Verminderung der Aktiva oder Vergrößerung der Passiva; vgl. näher Tiedemann LK 156ff.) und Machenschaften, auf Grund derer die wirklichen geschäftlichen Verhältnisse verborgen bleiben (vgl. näher Tiedemann LK 166ff.). Besondere Bedeutung kann der Auffangtatbestand vor allem bei der zweiten Gruppe erlangen, da die kasuistische Regelung insoweit manche Lücken aufweist. Er kann etwa erfüllt sein, wenn jemand in geschäftlichen Mitteilungen die Verhältnisse seines Unternehmens unrichtig wiedergibt oder sonstwie verschleiert. Zu beachten ist, daß ein Verheimlichen oder Verschleiern ebenso wie die Vermögensverringerung in einer Weise erfolgen muß, die den Anforderungen einer ordnungsgemäßen Wirtschaft grob widerspricht (Lackner 4h, Tiedemann LK 172; and. M-Maiwald I 526 u. anscheinend BR-Drs. 5/75 S. 36). Eine andere Auslegung wird der Ergänzungsfunktion der Nr. 8 nicht gerecht. Da mit Teil der Fälle bereits unter die kasuistische Aufzählung fällt, kommt somit nur ein Verhalten in anderer Weise in Betracht; hierfür muß dann aber auch die hiermit verbundene Einschränkung des groben Widerspruchs zu den Anforderungen einer ordnungsgemäßen Wirtschaft gelten. Bagatellfälle, z. B. geringfügige Falschdarstellungen über die geschäftlichen Verhältnisse, scheiden somit aus. **49**

10. Bleibt offen, ob die eine oder die andere Bankrotthandlung vorgelegen hat, so erfolgt eine Verurteilung auf Grund einer **Wahlfeststellung** (vgl. § 1 RN 61). Dies kommt z. B. in Betracht, wenn sich nicht klären läßt, ob fehlende Handelsbücher überhaupt nicht geführt (Nr. 5) oder beiseite geschafft worden sind (Nr. 6). Ebenso steht der Verurteilung nach § 283 nichts entgegen, wenn der Täter ein Vermögensstück entweder beiseite geschafft oder es verheimlicht hat. Andererseits scheidet Wahlfeststellung zwischen einer Bankrotthandlung nach Nr. 1 und Gläubigerbegünstigung aus; der Täter ist bei Nichtaufklärbarkeit, welche der beiden Taten begangen worden ist, nach § 283c zu verurteilen (vgl. dort RN 22). **49a**

III. Die Handlung muß entweder während einer **wirtschaftlichen Krise** des Täters vorgenommen werden, nämlich bei Überschuldung oder bei drohender oder eingetretener Zahlungsfähigkeit (Abs. 1), oder seine Überschuldung bzw. seine Zahlungsunfähigkeit herbeiführen (Abs. 2), die Krise also auslösen. Es genügt auch eine Handlung nach dem wirtschaftlichen Zusammenbruch (vgl. u. 59 a. E.). **50**

1. **Überschuldung** liegt vor, wenn die Passiva die Aktiva übersteigen, das Vermögen mithin die Schulden nicht deckt (BGH wistra **87**, 28). Ihre Feststellung richtet sich nicht nach den Bilanzierungsvorschriften (für Heranziehung der Handelsbilanz aber Stypmann wistra 85, 89). **51**

Stree

§ 283   **Bes. Teil. Konkursstraftaten**

Um sie zu ermitteln, bedarf es eines sog. Überschuldungsstatus (BGH wistra 87, 28). Für die Passivseite sind allein die echten Verbindlichkeiten maßgebend (vgl. BGHZ 31 272). Die Vermögensaktiva sind nach dem wirklichen Gegenwartswert unter Berücksichtigung der Verwertungsmöglichkeit in Ansatz zu bringen (vgl. Franzheim NJW 80, 2501 gegen Samson SK 8 vor § 283; für grundsätzliche Heranziehung der Liquidationswerte auch MG-Bieneck § 63 RN 21). Soweit dagegen maßgeblich auf die Betriebsfortführungswerte abgestellt wird (vgl. Schlüchter wistra 84, 43), ist einzuwenden, daß die Überschuldung als Krisenmerkmal für den Überschuldeten die Bedeutung haben soll, sich nunmehr wirtschaftlich besonders verantwortungsbewußt zu verhalten. Das Erfordernis einer mit den Fortführungswerten verbundenen Einschränkung des Überschuldungsmerkmals drängt sich daher für § 283 keineswegs auf (vgl. auch Franzheim wistra 84, 212). Ebensowenig vermag zu überzeugen, daß bei sicher bevorstehender Auflösung eines Unternehmens die Liquidationswerte und bei möglichem Weiterbestehen die Fortbestehenswerte zugrunde zu legen sind (so aber Lackner 3a, Schlüchter wistra 84, 43, Tiedemann LK 144 vor § 283). Wirtschaftlich besonders verantwortungsbewußtes Verhalten ist im Interesse der Gläubiger bereits geboten, wenn die Aktiva im Falle einer Vermögensliquidation die Passiva nicht decken. Das gilt auch dann, wenn der Eintritt der Zahlungsunfähigkeit im Augenblick des Handelns weniger wahrscheinlich ist als ihr Ausbleiben (and. Harneit, Überschuldung und erlaubtes Risiko, 1984, 108 ff.). Zur Berechnung der Liquidations- und der Fortbestehenswerte vgl. Schlüchter wistra 84, 44 mwN. Da das Merkmal der Überschuldung mit erheblichen Bewertungsunsicherheiten behaftet ist, läßt sich, soll das Bestimmtheitsgebot des Art. 103 II GG gewahrt bleiben, von einer Überschuldung nur ausgehen, wenn alle anerkannten Beurteilungsmaßstäbe zum Ergebnis der Überschuldung führen (Lackner 3a, Tiedemann Schröder-GedS 299), abgesehen vom Ansatzpunkt „Liquidationswerte" oder „Fortführungswerte" (and. insoweit Stypmann wistra 85, 92). Zur Überschuldung einer AG oder einer sonstigen juristischen Person vgl. Jaeger-Weber §§ 207, 208 KO RN 19 ff., § 213 KO RN 6. Zum Problem, inwieweit Rückstellungen bei Prüfung der Überschuldung heranzuziehen sind, vgl. Hoffmann MDR 79, 93. Zur Berücksichtigung der Ertragsschätzung in der Überschuldungsbilanz bei unterschiedlichen Marktprognosen und zur Bewertung einer verlustreichen Unternehmensbeteiligung vgl. BGH JZ 79, 75 und dazu Tiedemann Schröder GedS 300 ff., NJW 79, 254.

Zum Merkmal der Überschuldung vgl. näher Bilo GmbH-Rundschau 81, 73, 104, Franzheim NJW 80, 2501, Haack, Der Konkursgrund der Überschuldung bei Kapital- und Personengesellschaften, 1980, 77 ff., Höfner, Die Überschuldung als Krisenmerkmal des Konkursstrafrechts, 1981, Schlüchter aaO 65 ff., MDR 78, 265 ff., Stypmann wistra 85, 89, Tiedemann Schröder-GedS 289 ff. Einschränkend Otto aaO 276, der als Krise nur die Überschuldung anerkennen will, die auch Konkursgrund ist.

52 2. **Zahlungsunfähig** ist, wer mangels der erforderlichen Mittel voraussichtlich andauernd außerstande ist, seine fälligen Geldschulden zu begleichen (vgl. RG JW **34**, 842, BGH MDR/H **90**, 1067, Stuttgart NStZ **87**, 460), zumindest einen wesentlichen Teil (vgl. dazu Düsseldorf NJW **88**, 3167, Otto aaO 278, Tiedemann LK 121 vor § 283). Zu berücksichtigen sind nur Verbindlichkeiten, die von Gläubigern ernsthaft eingefordert werden (BGH GA **81**, 473, wistra **87**, 217, Tiedemann LK 120 vor § 283). Bloße Zahlungsstockung auf Grund eines vorübergehenden Mangels an flüssigen Mitteln reicht noch nicht aus. Andererseits ist nicht erforderlich, daß der Schuldner keiner der fälligen Verbindlichkeiten nachzukommen vermag. Es genügt, wenn einzelne Gläubiger, deren Forderungen einen wesentlichen Teil der Geldschulden ausmachen, nicht mehr befriedigt werden können (vgl. RG aaO, BGH 2 StR 313/57 b. Böhle-Stamschräder § 283 c Anm. 4 a. E., Jaeger-Klug § 241 KO RN 2). Zweifelhaft und umstritten ist, wie groß der Anteil der nicht begleichbaren Schulden sein muß, damit Wesentlichkeit zu bejahen ist. Da die Zahlungsunfähigkeit eine Krisensituation kennzeichnet, in der vom Schuldner ein wirtschaftlich besonders verantwortungsbewußtes Verhalten gefordert wird, ist die Wesentlichkeit nicht zu eng zu sehen. Eine Unterdeckung von 25% ist bereits als wesentlich zu werten (Bay wistra **88**, 363, Otto aaO, Tiedemann LK 124 vor § 283; weitergehend MG-Bieneck § 63 RN 35: 15%; enger Schlüchter MDR 78, 268: 50%). Ebenso umstritten ist die Abgrenzung der Zahlungsunfähigkeit von der Zahlungsstockung. Auch insoweit ist das Merkmal der Zahlungsunfähigkeit nicht zu weit einzuschränken. Ist nicht zu erwarten, daß der Schuldner innerhalb von 3 Monaten zahlen kann, läßt sich eine bloße Zahlungsstockung nicht mehr annehmen (vgl. Bieneck aaO RN 36, Otto aaO 267, Schlüchter aaO 268, Tiedemann LK 125 vor § 283). Zur Feststellung der Zahlungsunfähigkeit vgl. BGH MDR/H **81**, 454, **87**, 624, **90**, 1067, NStE Nr. 7, NJW **90**, 1056, Düsseldorf NJW **88**, 3167 (idR stichtagsbezogene Gegenüberstellung der fälligen und eingeforderten Verbindlichkeiten und der zu ihrer Tilgung vorhandenen oder herbeizuschaffenden Mittel, aber auch Rückschluß aus wirtschaftskriminalistischen Beweisanzeichen wie Häufigkeit der Wechsel- oder Scheckproteste, fruchtlose Pfändungen, Ableistung der eidesstattlichen Versicherung möglich). Zahlungsunfähigkeit setzt nicht unbedingt Überschuldung voraus; sie kann trotz Überwiegens der Aktivposten vorliegen, wenn diese für unabsehbare Zeit zur Begleichung der Schulden nicht herangezogen werden können. Umgekehrt kann jemand überschuldet sein, ohne daß er zahlungsunfähig ist (Verbindlichkeiten sind noch nicht fällig). Vgl. näher Schlüchter MDR 78, 267 f., Hoffmann „Zahlungsunfähigkeit und Zahlungseinstellung" in Gnam, Handb. der Bilanzierung. Erg.lieferung 1979, und in MDR 79, 713, Reulecke Kriminalistik 84, 80. Zur Zahlungsunfähigkeit aus betriebswirtschaftlicher Sicht und zu ihrer Meßbarkeit vgl. Borup BB 86, 1883.

3. Zahlungsunfähigkeit droht, wenn die konkrete Gefahr ihres Eintritts besteht, ihr alsbaldiger Eintritt somit nach den Umständen des Einzelfalles wahrscheinlich ist. Eine bloße Befürchtung des Schuldners, alsbald zahlungsunfähig zu sein, genügt nicht; vielmehr muß ein unbefangener Beurteiler aus konkreten Umständen auf den nahe bevorstehenden Eintritt der Zahlungsunfähigkeit schließen können (BGH MDR/H **90**, 1067). Vgl. zu den hierbei zu berücksichtigenden Umständen Hoffmann DB 80, 1527, Schlüchter aaO 80 ff., Tiedemann NJW 77, 781, LK 131 f. vor § 283. Zu diesen Umständen gehören insb. die fälligen und eingeforderten Verbindlichkeiten sowie andererseits die vorhandenen flüssigen und die kurzfristig liquidierbaren Mittel, ferner die Auftragslage und die zur Verfügung stehenden Kreditmöglichkeiten. Das Erzielen von Gewinnen steht der drohenden Zahlungsunfähigkeit nicht entgegen, wenn die Passiven von vornherein die Aktiven einschließlich der Gewinne erheblich übersteigen (BGH MDR/H **81**, 454). Zur drohenden Zahlungsunfähigkeit aus betriebswirtschaftlicher Sicht und zu ihrer Meßbarkeit vgl. Borup wistra 88, 88.

4. Soweit die Handlungen nicht während der Krise begangen werden, sind sie nur tatbestandsmäßig, wenn sie **für** den Eintritt der **Überschuldung** oder der **Zahlungsunfähigkeit kausal** geworden sind, die Krise also Folge der Bankrotthandlung ist. Der Kausalzusammenhang muß bestehen; die Möglichkeit oder Wahrscheinlichkeit reicht nicht aus. Nicht erforderlich ist jedoch, daß die Bankrotthandlung ausschließliche Ursache für die Krise ist. Es genügt ihre Mitursächlichkeit. Abweichend von Abs. 1 zählt zur Krise i. S. des Abs. 2 nicht die drohende Zahlungsunfähigkeit.

IV. Der **subjektive Tatbestand** setzt nach Abs. 1 und 2 Vorsatz voraus. Daneben genügen nach Abs. 4 und 5 Leichtfertigkeit und Fahrlässigkeit hinsichtlich bestimmter Tatbestandsmerkmale.

1. Für eine Bestrafung nach Abs. 1 und 2 ist **Vorsatz** hinsichtlich sämtlicher Tatbestandsmerkmale erforderlich. Bedingter Vorsatz genügt. Der Vorsatz muß auch das Vorhandensein der Krise bzw. deren Verursachung durch die Bankrotthandlung umfassen. Die Nichtkenntnis vom Bestehen der Krise ist jedoch unbeachtlich, wenn der Täter bei seiner Handlung davon ausgeht, daß sie zur Überschuldung führt, und in Wirklichkeit die Überschuldung nur vergrößert wird. Ein Tatbestandsirrtum ist u. a. eine Fehlvorstellung über die tatbestandlichen Voraussetzungen einer Buchführungs- oder Bilanzierungspflicht. Dagegen stellt die bloße Fehlvorstellung, keine Handelsbücher führen oder keine Bilanz aufstellen zu müssen, einen „Gebotsirrtum" dar, der nach § 17 zu beurteilen ist (BGH NJW **81**, 355; and. Tiedemann LK 183). Gleiches gilt für die Verkennung der Pflichtenstellung als faktischer Geschäftsführer (BGH StV **84**, 461). Krankheit oder persönliche Unfähigkeit entschuldigt nicht ohne weiteres eine mangelhafte oder unterbliebene Buchführung; der Schuldner hat in diesen Fällen für eine Ersatzkraft zu sorgen. Soweit die Tatbestandserfüllung (beim Beiseiteschaffen oder bei den unwirtschaftlichen Ausgaben) die Unangemessenheit von Ausgaben voraussetzt (vgl. u. 4, 14, 17), genügt insoweit für den Vorsatz die Kenntnis der maßgeblichen Umstände (and. anscheinend BGH MDR **81**, 511 m. krit. Anm. Schlüchter JR 82, 29). Kennt der Täter diese Umstände und hält er nur auf Grund einer Fehlbewertung des Merkmals „unangemessen" die Ausgaben für angemessen, so liegt ein Subsumtionsirrtum vor, der mit einem Verbotsirrtum verbunden sein kann. Entsprechendes gilt für den Verstoß gegen die Anforderungen einer ordnungsgemäßen Wirtschaft (D-Tröndle 33; and. Tiedemann LK 184), jedenfalls für einen groben Verstoß (Abs. 1 Nr. 8). Auf die Zahlungseinstellung oder die Konkurseröffnung braucht sich der Vorsatz nicht zu erstrecken (vgl. u. 59).

2. Nach Abs. 4 ist strafbar, wer bei seiner Bankrotthandlung das Vorhandensein der **Krise fahrlässig nicht kennt** oder mit der Bankrotthandlung **leichtfertig die Krise verursacht.** Fahrlässigkeit (vgl. dazu § 15 RN 109 ff.) bzw. Leichtfertigkeit genügen nur hinsichtlich des Merkmals der Krise; die Bankrotthandlung selbst muß vorsätzlich begangen werden. Abs. 4 kann etwa anwendbar sein, wenn jemand, der überschuldet ist, vorsätzlich Vermögensbestandteile beiseite schafft oder Handelsbücher nicht führt, ohne sich Gedanken über seinen Vermögensstand zu machen. Soweit die Bankrotthandlung die Krise erst auslöst, reicht nur Leichtfertigkeit aus. Diese liegt vor, wenn der Täter in besonders schwerem Maße sorgfaltswidrig handelt, etwa grob wirtschaftswidrig seinen Vermögensbestand erheblich verringert, oder eine besonders gewichtige, krisenverhindernde Pflicht verletzt und dabei in grober Achtlosigkeit das Herbeiführen der Krise nicht erkennt. Sie kommt z. B. in Betracht, wenn der Täter sich bewußt an einem unseriösen Unternehmen beteiligt.

58 3. In Abs. 5 werden zudem bestimmte **fahrlässige Bankrotthandlungen** mit Strafe bedroht, sofern der Täter wenigstens fahrlässig seine wirtschaftliche Krise nicht kennt oder mit seiner Handlung wenigstens leichtfertig die Krise verursacht. Als Fahrlässigkeitstaten genügen das Eingehen von Verlust- oder Spekulationsgeschäften usw. i. S. des Abs. 1 Nr. 2, die unterlassene oder mangelhafte Buchführung i. S. des Abs. 1 Nr. 5 sowie Verstöße gegen die Bilanzierungspflicht i. S. des Abs. 1 Nr. 7. Gegen die Buchführungspflicht kann z. B. fahrlässig verstoßen, wer einen anderen mit der Führung der Handelsbücher beauftragt und bei der Auswahl oder Kontrolle die nötige Sorgfalt verabsäumt oder seinen Buchhalter mit anderen Aufgaben so beschäftigt, daß dieser zur ordnungsgemäßen Buchführung nicht in der Lage ist (vgl. BGH b. Böhle-Stamschräder KuT **57**, 24). Eine Fahrlässigkeitstat liegt auch vor, wenn die Fahrlässigkeit sich nur auf eines der Tatbestandsmerkmale erstreckt und im übrigen Vorsatz gegeben ist, so etwa, wenn der Täter bewußt seine Handelsbücher verändert und fahrlässig verkennt, daß hierdurch die Übersicht über seinen Vermögensstand erschwert wird. Wenigstens Fahrlässigkeit (bzw. Leichtfertigkeit) ist hinsichtlich der Krise erforderlich. Es kann insoweit auch Vorsatz vorliegen. Ein solcher Fall ist z. B. denkbar, wenn der Täter in Kenntnis seiner Überschuldung die Buchführung eines Angestellten oder dessen Ausgaben für den Betrieb nicht hinreichend überwacht.

59 V. Weitere Voraussetzung für die Strafbarkeit ist, daß der Täter seine **Zahlungen eingestellt** hat oder über sein Vermögen das **Konkursverfahren eröffnet** oder der Eröffnungsantrag mangels Masse abgewiesen worden ist (Abs. 6). Es handelt sich insoweit um eine **objektive Bedingung der Strafbarkeit,** so daß sich der Vorsatz oder die Fahrlässigkeit nicht auf die Zahlungseinstellung usw. zu erstrecken braucht (vgl. RG **45** 88, **66** 269, BGH **1** 191, LM **Nr. 2** zu § 239 KO, M-Maiwald I 524, Stree JuS 65, 470, Tiedemann ZRP 75, 132). Das mißbilligte Geschehen ist die Bankrotthandlung i. V. mit der wirtschaftlichen Krise des Täters; Zahlungseinstellung usw. lösen nur die Strafbarkeit aus. Zum früheren Recht vertretene abweichende Ansichten (vgl. dazu 18. A. § 239 KO RN 9) entsprechen nicht dem Willen des Gesetzgebers bei der Neuregelung. Dieser hat berücksichtigt, daß das Strafbedürfnis an Erheblichkeit verliert, wenn es dem Schuldner gelingt, die Krise, die mit der Zahlungseinstellung usw. offen zutage tritt, abzuwenden (vgl. BR-Drs. 5/75 S. 33, BGH JZ **79**, 77). Ursächlicher Zusammenhang zwischen Bankrotthandlung und Zahlungseinstellung usw. braucht nicht zu bestehen. Wohl aber ist eine tatsächliche Beziehung zwischen der Krisensituation des Täters und der Zahlungseinstellung usw. zu fordern (vgl. dazu Tiedemann NJW 77, 782 f. u. dagegen Schäfer wistra 90, 87). Ist ein solcher Zusammenhang ausgeschlossen, so verliert das Strafbedürfnis ebenso an Erheblichkeit wie bei Abwendung der Zahlungseinstellung usw. Zu denken ist an den Fall, in dem der Täter nach der Bankrotthandlung seine Zahlungsfähigkeit wieder hergestellt oder seine Überschuldung behoben hat und erst spätere Ereignisse die Zahlungseinstellung usw. auslösen. Der Ausschluß des erforderlichen Zusammenhangs muß feststehen; Zweifel gehen zu Lasten des Täters (Düsseldorf NJW **80**, 1292, Hamburg NJW **87**, 1342, Schlüchter JR 79, 515, Tiedemann NJW 77, 783, LK 88 vor § 283; Bedenken bei Lackner 8 b). Nicht erforderlich ist, daß dieselben Gläubiger von der Bankrotthandlung und der Zahlungseinstellung usw. betroffen sind, die z. Z. der Zahlungseinstellung usw. vorhandenen Forderungen eines oder mehrerer Gläubiger daher schon z. Z. der Bankrotthandlung bestanden haben (MG-Bieneck § 64 RN 11, Otto aaO 283). Denn § 283 schützt nicht allein die Interessen der Gläubiger, sondern auch allgemeine Belange (vgl. 2 vor § 283), und diese sind unabhängig von der Identität der Gläubiger. Der erforderliche Zusammenhang ist daher nicht ausgeschlossen, wenn die Forderungen z. Z. der Bankrotthandlung durch Eingehen neuer Verbindlichkeiten getilgt waren (vgl. BGH MDR/H **81**, 454). Die Bankrotthandlung braucht der Zahlungseinstellung usw. nicht voranzugehen; sie kann ihr auch nachfolgen (vgl. RG **65** 417, BGH **1** 191, GA/H **71**, 38, MG-Bieneck § 64 RN 12).

59a Abs. 6 stellt irreführend auf den **Täter** ab. Gemeint ist jedoch der **Schuldner,** der sich in der Krise befindet. Infolgedessen können die Organe einer in Konkurs geratenen juristischen Person wegen einer Tat nach § 283 strafrechtlich verantwortlich sein, obwohl sie selbst als Täter nicht die obj. Strafbarkeitsbedingung erfüllen (vgl. D-Tröndle 21 vor § 283, Tiedemann NJW 77, 780, LK 60 vor § 283). Demgegenüber hält Labsch wistra 85, 4 eine solche Auslegung nicht für zulässig, so daß nach ihm der Konkurs einer juristischen Person keine Strafbarkeit für deren Organe auslösen kann. Zur Vermeidung dieses kriminalpolitisch unsinnigen Ergebnisses fordert er eine sofortige Gesetzesbereinigung. Für die Eigenschaft als Organ kommt es auf den Zeitpunkt der Bankrotthandlung an; nicht erforderlich ist, daß der Täter sie noch z. Z. der Zahlungseinstellung oder der Konkurseröffnung besitzt, etwa noch Geschäftsführer der in Konkurs geratenen GmbH ist (vgl. RG **39** 218).

1. Zahlungseinstellung des Täters liegt vor, wenn er aufhört, seine fälligen Geldschulden   60
wegen des tatsächlichen oder angeblichen (RG **3** 294) dauernden Mangels an Mitteln zu begleichen (vgl. näher Kuhn-Uhlenbruck § 30 KO Anm. 2ff., Jaeger-Klug 9 vor § 239 KO). Eine
nur vorübergehende Zahlungsstockung genügt nicht. Andererseits ist Zahlungsunfähigkeit
nicht erforderlich (vgl. RG **14** 221, JW **34**, 842, D-Tröndle 13 vor § 283). Zahlungseinstellung
liegt auch vor, wenn der Täter nur zahlungsunwillig ist (BGH GA/H **53**, 73; vgl. aber Tiedemann LK 134 vor § 283) oder sich irrtümlich für zahlungsunfähig hält und deshalb nicht mehr
zahlt. Sie braucht nicht ausdrücklich erklärt zu sein; es genügt die tatsächliche Einstellung (RG
41 312). Nicht erforderlich ist die Einstellung aller Zahlungen, sondern nur Einstellung im
wesentlichen (vgl. dazu Tiedemann LK 135 vor § 283), etwa gegenüber einem Großgläubiger
(BGH NJW **85**, 1785). Die Nichtbezahlung einzelner Schulden reicht jedoch nicht aus (RG **41**
309), ebensowenig die Zahlungsverweigerung wegen angeblich unbegründeter Forderungen.
Ähnlich wie bei der Zahlungsunfähigkeit (o. 52) ist fraglich, wie groß der Anteil der nichtbezahlten Schulden sein muß, damit Zahlungseinstellung im wesentlichen anzunehmen ist. Die
gegenüber der Zahlungsunfähigkeit unterschiedliche Bedeutung der Zahlungseinstellung bedingt hier einen höheren Prozentsatz als bei der Zahlungsunfähigkeit (zutreffend Tiedemann
LK 135 vor § 283). Maßgeblicher Umstand für den Eintritt der strafrechtlichen Verantwortlichkeit kann die Einstellung von Zahlungen allenfalls erst sein, wenn mehr als die Hälfte der
Schulden nicht mehr beglichen wird (so Tiedemann aaO). Gut vertreten läßt sich aber auch ein
noch höherer Prozentsatz, etwa ein Anteil von ⅔. Ob der Täter *seine* Zahlungen einstellt,
richtet sich nach dem wirklichen Sachverhalt, nicht nach einem mit diesem im Widerspruch
stehenden Schein (vgl. RG **69** 72, BGH GA/H **53**, 73, **73**, 133). Der Täter stellt daher auch dann
seine Zahlungen ein, wenn er ein Geschäft tatsächlich als eigenes betreibt und dann mit den
Zahlungen aufhört, mag das Geschäft auch zum Schein auf den Namen eines anderen eingetragen (vgl. RG **26** 187) oder der Eingetragene bloß Mitinhaber sein (vgl. RG **65** 414). Vgl. noch
BGH JR **60**, 104 m. Anm. Schröder, aber auch die Bedenken bei Tiedemann NJW **77**, 779. Ob
Zahlungseinstellung des Täters vorliegt, hat der Strafrichter selbständig zu prüfen.

2. Für die **Konkurseröffnung** ist die Rechtskraft des Eröffnungsbeschlusses maßgebend;   61
wird er im Beschwerdegang aufgehoben, so liegt keine Konkurseröffnung i. S. des Abs. 6 vor.
Der Strafrichter ist an den Eröffnungsbeschluß gebunden, hat also dessen Berechtigung nicht
nachzuprüfen (RG **26** 37). Der Täter kann sich nicht darauf berufen, die Eröffnung sei irrtümlich erfolgt (BGH GA/H **55**, 364). Unerheblich ist, ob sie im Inland oder im Ausland geschieht
und ob eine Einstellung des Konkursverfahrens (§§ 202, 204 KO) in Betracht kommt (BGH
aaO). Die nachträgliche Einstellung beseitigt nicht die strafrechtliche Wirkung der Konkurseröffnung (Jaeger-Klug 10 vor § 239 KO). Ob über das *Vermögen des Täters* das Konkursverfahren
eröffnet worden ist, hängt davon ab, ob der Täter formal Inhaber des Geschäfts ist, auf das sich
die Konkurseröffnung erstreckt (vgl. RG **29** 105, **49** 321, BGH GA/H **73**, 133). Der Unterschied
zur Zahlungseinstellung (vgl. o. 60) wirkt sich jedoch selten aus, da bei der Konkurseröffnung
i. d. R. zugleich Zahlungseinstellung vorliegt (vgl. RG **65** 413). Beim Konkurs einer OHG ist
die Eigenschaft als Gesellschafter maßgebend (vgl. RG **46** 77), bei einer KG nur die eines
Komplementärs, nicht die eines Kommanditisten (vgl. RG **69** 69, Tiedemann LK 59 vor § 283,
D-Tröndle 19 vor § 283; and. Winkelbauer wistra 86, 20). Das Ausscheiden eines Gesellschafters vor Konkurseröffnung führt nicht zur Straflosigkeit (vgl. RG **35** 84), da es auf den ursächlichen Zusammenhang zwischen Bankrotthandlung und Konkurseröffnung nicht ankommt
(vgl. o. 59). Beim Konkurs einer GmbH ist § 283 auf die Geschäftsführer anwendbar, wenn sie
in dieser Eigenschaft die Bankrotthandlung begangen haben (vgl. § 14, o. 59a, BGH NJW **69**,
1494, Bay NJW **69**, 1496), nicht auf nichtvertretungsberechtigte Gesellschafter, auch nicht bei
einer Ein-Mann-GmbH (Binz NJW **78**, 802; and. Fleischer NJW **78**, 96). Gleiches gilt, wenn
eine KG in Konkurs fällt, deren einziger Komplementär eine GmbH ist, für deren Geschäftsführer (BGH **19** 174). Das gilt auch für die Zeit vor Eintragung der Gesellschaft in das Handelsregister (BGH **3** 25). Geschäftsführer ist nach der Rspr. auch, wer, ohne förmlich dazu bestellt
oder im Handelsregister eingetragen zu sein, im Einverständnis der Gesellschafter die Stellung
eines Geschäftsführers einnimmt (BGH **3** 33, MDR/H **80**, 453). Zum faktischen Geschäftsführer vgl. auch BGH **31** 118 m. abl. Anm. Kaligin BB 83, 790, StV **84**, 461 m. Anm. Otto,
Düsseldorf NJW **88**, 3167 m. Anm. Hoyer NStZ 88, 369, Löffeler wistra 89, 124, K. Schmidt
Rebmann-FS 139, Fuhrmann Tröndle-FS 139, Schäfer wistra 90, 82. Ebenso kann nach der
Rspr. Mitglied des Vorstandes einer AG und damit nach § 283 verantwortlich sein, wer ohne
förmliche Bestellung und Eintragung im Handelsregister die Stellung eines Vorstandsmitglieds im Einverständnis des Aufsichtsrats tatsächlich inne hat (BGH **21** 101). Vgl. dazu aber
§ 14 RN 43f.

3. Die **Abweisung des Eröffnungsantrags mangels Masse** (vgl. § 107 KO) betrifft den Täter, wenn   62
die Eröffnung des Konkursverfahrens über sein Vermögen beantragt war. Das o. 61 Ausgeführte gilt

demgemäß entsprechend. An den rechtskräftigen Abweisungsbeschluß ist der Strafrichter gebunden. Ermittlungen der Tatsachen, aus denen die Zahlungseinstellung zu folgern ist, erübrigen sich mithin. Anders ist es nur, wenn der Täter nicht formal Inhaber des Geschäfts ist, auf das sich die Konkurseröffnung erstrecken sollte. In diesem Fall hat eine Beurteilung nach den o. 60 angeführten Grundsätzen zu erfolgen.

63   VI. Für die **Vollendung der Tat** kommt es im Falle des Abs. 1 ausschließlich auf die Bankrotthandlung an, im Falle des Abs. 2 auf den Eintritt der Überschuldung oder der Zahlungsunfähigkeit. Zahlungseinstellung, Konkurseröffnung und Abweisung des Eröffnungsantrags sind für den Vollendungszeitpunkt ohne Bedeutung (vgl. 126 vor § 13, Lackner 8d, Tiedemann LK 213; and. Böhle-Stamschräder 14, Jaeger-Klug § 239 KO RN 10). Mit Tatvollendung kann der Täter seine Tat nicht mehr mit strafbefreiender Wirkung rückgängig machen. Straffreiheit kann er nur erlangen, wenn es ihm glückt, seine wirtschaftliche Krise zu beheben (vgl. o. 59). Handlungen, mit denen der Täter die Wirkungen der Tat vor Zahlungseinstellung usw. freiwillig wieder aufhebt oder abschwächt, sind jedoch strafmildernd zu berücksichtigen, so z. B. das Zurückbringen beiseitegeschaffter Vermögensstücke, die Berichtigung falscher Angaben über Vermögensbestandteile (Verheimlichen) oder das Wiederherbeischaffen versteckter Handelsbücher.

64   Der **Versuch** ist strafbar (Abs. 3; beachtliche Bedenken gegen Versuchsstrafbarkeit bei Tiedemann LK 192). Maßgebend sind insoweit die allgemeinen Grundsätze der §§ 22 ff., auch für den Versuch vor Zahlungseinstellung. So ist z. B. bei irrtümlicher Annahme drohender Zahlungsunfähigkeit Versuch möglich (BGH JZ **79**, 75; and. Tiedemann NJW 79, 254, LK 193). Zum Versuch des Beiseiteschaffens, wenn der Täter den veräußerten Vermögensbestandteil irrtümlich als nicht wertlos für die Konkursmasse angesehen hat, vgl. BGH MDR/H **88**, 453. Im Abschluß eines Vertrags über eine Eigentumsübertragung ist nicht stets ein Versuch des Beiseiteschaffens zu erblicken (Tiedemann LK 194; and. D-Tröndle 34). Hat der Schuldner noch entscheidende Handlungen zur Veräußerung beizutragen, so hat er, wenn diese Handlungen nicht unmittelbar nach Vertragsabschluß vorgenommen werden sollen, noch nicht unmittelbar zur Tatbestandsverwirklichung angesetzt, so daß nur eine Vorbereitungshandlung vorliegt. Versuch des Beiseiteschaffens kommt in Betracht, wenn eine Auflassung erfolgt und der Antrag auf Eintragung beim Grundbuchamt gestellt ist (vgl. RG **61** 109). Zum Versuch einer Tat nach Abs. 1 Nr. 6 vgl. o. 42. Ist ein Zusammenhang zwischen der Krisensituation, in der sich der Täter beim Tatversuch befunden hat, und der Zahlungseinstellung usw. ausgeschlossen, so entfällt die Strafbarkeit des Versuchs ebenso wie bei einer vollendeten Tat (vgl. o. 59).

65   VII. **Täter** kann nur sein, wer seine Zahlungen eingestellt hat oder gegen den sich die Konkurseröffnung bzw. der abgewiesene Eröffnungsantrag richtet, außerdem noch der Vertreter i. S. des § 14 (vgl. auch o. 61), z. B. bei Liquidation einer GmbH der Liquidator (Frankfurt BB **77**, 312). Für die täterschaftsbegründende Organ- bzw. Vertreterstellung nach § 14 ist die Tatzeit maßgebend; z. Z. der Zahlungseinstellung usw. braucht der Täter nicht mehr Inhaber dieser Stellung zu sein (vgl. o. 59a, § 14 RN 47). Mittäterschaft ist möglich; die Zusammenwirkenden müssen dann gem. § 14 als Organe oder Vertreter desselben Schuldners handeln oder Schuldner derselben Gläubiger oder zumindest eines Teils dieser Gläubiger sein (vgl. RG **31** 407). Für die **Teilnahme** gelten die allgemeinen Regeln (vgl. RG **21** 291, **44** 409). Da die Beschränkung des Täterkreises nicht auf unrechtsrelevanten personalen Elementen beruht, sondern sachbezogen ist, scheidet Strafmilderung nach § 28 I aus (Lackner 7, Arzt/Weber IV 123; and. D-Tröndle 38 für Abs. 1, ferner Samson SK 28, Tiedemann LK 221 für § 283 insgesamt). Der Annahme einer Beihilfe steht § 283d nicht entgegen (vgl. § 283d RN 15). Geschäftspartner bei Verlust-, Spekulations- oder Differenzgeschäften, Mitspieler, Wettgegner, Erwerber der auf Kredit beschafften und verschleuderten Waren machen sich nicht wegen Beihilfe strafbar (notwendige Teilnahme). Vgl. BGH GA/H **56**, 348. Der Erwerb verschleuderter Waren stellt auch keine Hehlerei dar (vgl. § 259 RN 16). Für die Abgrenzung zwischen Beihilfe und Begünstigung ist der Zeitpunkt der Tatbeendigung, nicht der der Zahlungseinstellung maßgeblich (vgl. Stree JuS 65, 474, Tiedemann LK 223). Entsprechendes gilt für die Strafvereitelung (vgl. § 258 RN 8) und für die Hehlerei. Wer bereits beiseite geschaffte Sachen ankauft oder für den Schuldner absetzt, begeht Hehlerei (vgl. BGH GA **77**, 145), wobei unerheblich ist, ob dies vor oder nach Zahlungseinstellung usw. geschieht. Eine Ahndung der Tat ist aber erst ab Zahlungseinstellung zulässig, da das Ausbleiben der objektiven Strafbarkeitsbedingung auch beim Abnehmer der beiseite geschafften Vermögensbestandteile das Strafbedürfnis entfallen läßt.

66   VIII. **Konkurrenzen:** Mehrere nacheinander begangene Bankrotthandlungen werden durch die Zahlungseinstellung usw. nicht zu einer Einheit verbunden (and. RG **64** 43, **66** 269, Stötter KuT 63, 12); sie sind vielmehr als selbständige Taten anzusehen (vgl. BGH **1** 191, **3** 26, GA/H **71**, 38, **73**, 133, D-Tröndle 40, Lackner 9). Einzelne Handlungen können aber in Fortsetzungszusammenhang stehen

(vgl. BGH GA/H 59, 49), z. B. mangelhafte Buchführung und unterlassene Bilanzaufstellung (vgl. BGH NJW 55, 394, MDR/H 79, 806, wistra 87, 61, NStZ 87, 506); zur Möglichkeit einer fahrlässigen Fortsetzungstat vgl. 55 vor § 52. Das Verheimlichen eines beiseite geschafften Vermögensbestandteils ist gegenüber dem Beiseiteschaffen straflose Nachtat (Tiedemann LK 227; and. BGH 11 146: einheitliches Delikt; ebenso BGH MDR/H 82, 970 beim wiederholten Verheimlichen desselben Vermögensgegenstandes).

Idealkonkurrenz ist möglich mit § 156 bei falscher eidesstattlicher Versicherung nach § 125 KO 67
(vgl. RG 64 43, BGH 11 145), mit §§ 263, 267, mit § 288 (vgl. RG 20 214), mit § 37 DepotG (vgl. RG 48 118, Tiedemann LK 231; and. D-Tröndle 42). Auch mit § 266 ist Tateinheit möglich, etwa bei einem Spekulationsgeschäft oder mangelhafter Buchführung eines Organs i. S. des § 14. Beim Beiseiteschaffen von Vermögensbestandteilen durch ein solches Organ (vgl. o. 4a) kommt Tateinheit mit § 266 in Betracht, wenn das Organ sowohl für den Vertretenen als auch zu dessen Nachteil tätig wird (vgl. BGH 28 371, 30 130).

Keine straflose Nachtat, sondern Realkonkurrenz ist anzunehmen, wenn die Tat der Sicherung der 68
durch Betrug erlangten Vermögenswerte gedient hat (vgl. BGH GA/H 55, 365). Ebensowenig ist die Bankrotthandlung gegenüber einer Steuerhinterziehung straflose Nachtat, auch dann nicht, wenn die Finanzbehörde alleiniger Konkursgläubiger ist (BGH NStZ 87, 23).

IX. Die **Verjährungsfrist** beginnt erst mit Zahlungseinstellung usw. zu laufen, wenn der Täter die 69
Tat vorher begangen hat (RG 7 391, Tiedemann LK 214; and. Frank § 239 KO Anm. VI). Denn vor diesem Zeitpunkt besteht noch keine Möglichkeit, die Tat strafrechtlich zu verfolgen. Wie sich aus § 78b ergibt, kam es dem Gesetzgeber aber für den Lauf der Verjährungsfrist auf die Verfolgungsmöglichkeit an. Vgl. auch § 78a RN 13.

X. Für die Anwendbarkeit eines StFG ist maßgebend, ob die Bankrotthandlung vor dem Stichtag 70
liegt; auf die Zahlungseinstellung usw. kommt es nicht an (Schwarz StFG 1954 § 1 Anm. 1 E; and. RG JW 36, 3007, BGH GA/H 55, 81 f., D-Tröndle 17 vor § 283). Vor dem Stichtag begangen ist nämlich die Tat, d. h. die tatbestandsmäßige Handlung, für die den Täter ein Schuldvorwurf trifft.

XI. Zur **Zuständigkeit** der Wirtschaftsstrafkammern für die Aburteilung vgl. § 74c I Nr. 5 GVG. 71

XII. Zur Aburteilung von **Konkursstraftaten**, die **vor der Neuregelung** begangen worden sind, 72
vgl. Tiedemann NJW 77, 777.

§ 283a Besonders schwerer Fall des Bankrotts

In besonders schweren Fällen des § 283 Abs. 1 bis 3 wird der Bankrott mit Freiheitsstrafe von sechs Monaten bis zu zehn Jahren bestraft. Ein besonders schwerer Fall liegt in der Regel vor, wenn der Täter
1. **aus Gewinnsucht handelt oder**
2. **wissentlich viele Personen in die Gefahr des Verlustes ihrer ihm anvertrauten Vermögenswerte oder in wirtschaftliche Not bringt.**

I. Die Vorschrift erhöht für **besonders schwere Fälle des vorsätzlichen Bankrotts** ein- 1
schließlich deren Versuchs (§ 283 I–III) das Mindest- und das Höchstmaß der Strafe. Der Gesetzgeber hat damit berücksichtigt, daß eine Bankrotthandlung in so schwerwiegender und verwerflicher Weise begangen werden kann, daß für sie der Regelstrafrahmen des § 283 nicht ausreicht. Angesichts der Mannigfaltigkeit der in Betracht kommenden Umstände und der Möglichkeit, daß sich die besondere Tatschwere erst aus einem Zusammentreffen verschiedener Umstände ergibt, hat er von einer abschließenden Umschreibung der strafschärfenden Merkmale abgesehen und nur Regelbeispiele als Anhaltspunkt dafür angeführt, welchen Unrechts- und Schuldgehalt eine Tat haben muß, um nach dem Wertmaßstab des Gesetzes als besonders schwer zu gelten (vgl. BR-Drs. 5/75 S. 37).

Die Regelbeispiele haben nur indizielle Bedeutung. Auch wenn ihre Voraussetzungen vorliegen, ist 2
für die Strafe nicht stets der modifizierte Strafrahmen maßgebend. Andere, tätergünstige Strafzumessungsfaktoren können das Gewicht der Beispielsfälle kompensieren, so daß dann auf den Regelstrafrahmen des § 283 zurückzugreifen ist. Diese Faktoren müssen indes so gewichtig sein, daß sie bei der Gesamtabwägung die Regelwirkung entkräften, d. h., der Unrechts- oder der Schuldgehalt (oder beides) muß im konkreten Einzelfall derart vom Normalfall des Regelbeispiels abweichen, daß die Anwendung des modifizierten Strafrahmens als unangemessen erscheint. Vgl. auch 44a vor § 38.

II. Als **Regelbeispiele** nennt das Gesetz das Handeln aus Gewinnsucht (Nr. 1) und das wis- 3
sentliche Verursachen der Gefahr für viele Personen, dem Täter anvertraute Vermögenswerte zu verlieren, sowie das wissentliche Herbeiführen der wirtschaftlichen Not für viele (Nr. 2).

1. Gewinnsucht ist nicht gleichbedeutend mit kaufmännischem Gewinnstreben. Sie liegt 4
vielmehr erst dann vor, wenn das Erwerbsstreben des Täters ein ungewöhnliches, ungesundes und sittlich anstößiges Maß aufweist (vgl. BGH 1 389, 3 32, 17 35 m. krit. Anm. W. Seibert

NJW 62, 1019, GA **53**, 154, **61**, 171). Nur bei einer derartigen Steigerung des Erwerbssinns kann ein erhöhtes Strafmaß berechtigt sein, da eine bloße Gewinnabsicht den Bankrotthandlungen häufig zugrunde liegt und sich somit von deren Normalfall nicht abhebt. Dementsprechend läßt sich das ungesunde und sittlich anstößige Maß nicht allein daraus herleiten, daß sich der Täter verbotswidrig und verwerflich verhält. Es müssen noch weitere Faktoren hinzukommen, die dann eine deutliche Abweichung vom Normalfall ergeben. Ein solcher Faktor ist etwa die besondere Rücksichtslosigkeit, mit der sich der Täter um seiner eigenen Vorteile willen über die Gläubigerinteressen und die Anforderungen an eine ordnungsgemäße Wirtschaftsführung hinwegsetzt. Sie kann u. a. darin zu erblicken sein, daß der Täter schon bei Geschäftsbeginn den wirtschaftlichen Zusammenbruch für seine unlauteren Gewinne einplant. Aus Gewinnsucht handelt, wer sie zum bestimmenden Beweggrund für seine Tat werden läßt. Nicht erforderlich ist eine Sucht i. S. eines Hanges; es genügt, daß der Täter einer Versuchung erliegt und eine einmalige Gelegenheit für sich aus dem gekennzeichneten Beweggrund ausnutzt.

5   2. Die **Gefahr für viele Personen,** dem Täter **anvertraute Vermögenswerte zu verlieren,** kommt vor allem beim Zusammenbruch solcher Unternehmen in Betracht, die in großem Umfang fremdes Geld verwalten und mit ihm arbeiten (z. B. Banken, Sparkassen, Genossenschaften, Bausparkassen). Auf Ersparnisse als Geldeinlagen ist anders als in § 272 Nr. 2 E 62 das Regelbeispiel nicht beschränkt. Auch Kapitalanlagen in gesellschaftsrechtlichen Formen fallen hierunter. Zu Beteiligungen an „Abschreibungsgesellschaften" und zu Lieferantenkrediten vgl. Tiedemann LK 7. Es braucht nur die Gefahr des Verlustes der anvertrauten Werte zu entstehen, der Verlust also nur nahe zu liegen; zu einem endgültigen Verlust braucht die Tat nicht geführt zu haben. Vgl. zum Ganzen BR-Drs. 5/75 S. 37f. Nicht erforderlich ist die Gefahr eines Gesamtverlustes. Es genügt, daß ein großer Teil der anvertrauten Werte betroffen ist; droht nur einem kleinen Teil der Verlust, so sind die Voraussetzungen der Nr. 2 nicht erfüllt. Der Täter muß die bezeichnete Gefahr wissentlich herbeiführen. Er muß mithin insoweit mit dolus directus handeln; bedingter Vorsatz genügt nicht. Zur Wissentlichkeit vgl. noch § 15 RN 68.

6   3. In **wirtschaftliche Not** bringt der Täter viele Personen, wenn diese infolge seiner Bankrotthandlung, namentlich einer zu seinem wirtschaftlichen Zusammenbruch führenden Tat, nicht nur ganz vorübergehend in eine schwere wirtschaftliche Bedrängnis geraten. Das ist noch nicht der Fall, wenn nur die gewohnte Lebensführung beeinträchtigt wird, auch dann noch nicht, wenn diese fühlbar eingeengt wird. Vielmehr müssen die Opfer einer wirtschaftlichen Mangellage ausgesetzt sein, auf Grund derer ihnen die eigenen Mittel für lebenswichtige Dinge fehlen (vgl. Schleswig SchlHA **53**, 64). Lebenswichtige Dinge sind allerdings nicht nur existenznotwendige Gegenstände, sondern auch solche, die nach dem heutigen Lebensstandard zur Befriedigung materieller und kultureller Bedürfnisse der Mehrzahl der Bevölkerung zur Verfügung stehen. Neben Personen, die von den Einkünften aus anvertrauten Vermögenswerten leben, und Gläubigern, die durch die Nichterfüllung ihrer Ansprüche in wirtschaftliche Not geraten, etwa selbst insolvent werden, können namentlich Arbeitnehmer durch den Verlust ihres Arbeitsplatzes betroffen sein. Auf der subjektiven Tatseite ist auch hier Wissentlichkeit (vgl. dazu o. 5) hinsichtlich der schwerwiegenden Folgen erforderlich. Wirtschaftliche Not, die Betroffene sich selbst zuzuschreiben haben, ist nicht zu berücksichtigen, so etwa, wenn entlassene Arbeitnehmer aus eigenem Verschulden arbeitslos bleiben. Gleiches gilt für die wirtschaftliche Not, die unabhängig von der Bankrotthandlung auf Grund des Konkurses eintritt (vgl. D-Tröndle 5).

7   III. Neben den Regelbeispielen können **sonstige Umstände** einen **besonders schweren Fall begründen.** Er ist dann anzunehmen, wenn die objektiven und subjektiven Umstände der Tat die erfahrungsgemäß vorkommenden und deshalb für den Regelstrafrahmen des § 283 bereits berücksichtigten Fälle an Strafwürdigkeit so übertreffen, daß dieser Strafrahmen zur angemessenen Ahndung der Tat nicht ausreicht (vgl. dazu 44c, 47 vor § 38). Unter diesem Gesichtspunkt sind insb. die Fälle zu würdigen, in denen eine besonders große Zahl von Gläubigern in Mitleidenschaft gezogen ist, ohne daß die Voraussetzungen der Nr. 2 vorliegen, oder in denen der den Betroffenen drohende oder zugefügte Schaden großes Ausmaß hat (vgl. BT-Drs. 7/550 S. 260). Bereits die Schädigung eines einzigen Gläubigers kann so schwerwiegend sein, daß die Annahme eines besonders schweren Falles berechtigt ist (vgl. BT-Drs. 7/5291 S. 19). Ferner kann sich die besondere Schwere des Falles aus den Auswirkungen des Zusammenbruchs auf die Volkswirtschaft oder andere Interessen der Allgemeinheit ergeben (vgl. BT-Drs. 7/550 S. 260), so etwa, wenn die Zahlungseinstellung eines Unternehmens den Zusammenbruch weiterer Unternehmen auslöst. Auch das skrupellose Hinarbeiten auf den wirtschaftlichen Zusammenbruch von Geschäftsbeginn an kann genügen; zumeist wird hier schon das Regelbeispiel in Nr. 1 gegeben sein (vgl. o. 4).

IV. Da § 283a an § 283 I–III anknüpft, ist eine Strafschärfung nur zulässig, wenn der Täter **vorsätzlich** die Bankrotthandlung begangen hat und auch die Krisensituation von seinem Vorsatz umfaßt ist. Des weiteren ist Vorsatz hinsichtlich der Unrechtsmerkmale zu fordern, die eine besondere Schwere der Tat ergeben. Nur dann läßt sich die Tat den Regelbeispielen gleichstellen und als besonders schwerer Fall werten. Wissentlichkeit, wie sie Nr. 2 voraussetzt, ist indes nicht unbedingt erforderlich.

V. Der Strafrahmen des § 283a ist auch für den **Versuch** einer Bankrotthandlung in einem besonders schweren Fall maßgebend. Eine Herabsetzung des Strafrahmens nach den §§ 23 II, 49 I, wie sie sonst beim Versuch einer Tat in einem besonders schweren Fall in Betracht kommt (vgl. § 50 RN 7), ist auf Grund der ausdrücklichen Einbeziehung des § 283 III in die Vorschrift ausgeschlossen (Tiedemann LK 15; and. Samson SK 2). Wohl aber läßt sich innerhalb des Sonderstrafrahmens strafmildernd berücksichtigen, daß die Tat nur bis zum Versuch gelangt ist.

VI. Für die **Teilnahme** gelten die allgemeinen Regeln mit einer Einschränkung. Die Akzessorietätsregeln sind hinsichtlich der Umstände, die den besonders schweren Fall ausmachen, nicht anwendbar, weil es sich insoweit nicht um Tatbestandsmerkmale handelt. Vielmehr ist bei der Teilnahme in eigener Gesamtbewertung unter Mitberücksichtigung der Haupttat zu beurteilen, ob der Tatbeitrag als besonders schwerer Fall anzusehen und dem erhöhten Strafrahmen zu unterwerfen ist (vgl. 44 d vor § 38). So kann z. B. bei einem Tatbeteiligten, der weiß, daß die Bankrotthandlung einen außergewöhnlich großen Schaden anrichtet, auf § 283a zurückgegriffen werden, auch wenn der Haupttäter mangels eines solchen Wissens nur nach § 283 zu bestrafen ist. Soweit die Anwendung des erhöhten Strafrahmens von besonderen persönlichen Merkmalen abhängt, sind die Grundsätze des § 28 entsprechend heranzuziehen (vgl. § 28 RN 9). Das Regelbeispiel der Nr. 1 trifft daher nur auf den Beteiligten zu, der selbst aus Gewinnsucht gehandelt hat. Ist die Tatbeteiligung eine Beihilfe, so ist der nach den §§ 27 II, 49 I herabgesetzte Strafrahmen des § 283a maßgebend (vgl. § 50 RN 7).

§ 283 b Verletzung der Buchführungspflicht

(1) Mit Freiheitsstrafe bis zu zwei Jahren oder mit Geldstrafe wird bestraft, wer
1. Handelsbücher, zu deren Führung er gesetzlich verpflichtet ist, zu führen unterläßt oder so führt oder verändert, daß die Übersicht über seinen Vermögensstand erschwert wird,
2. Handelsbücher oder sonstige Unterlagen, zu deren Aufbewahrung er nach Handelsrecht verpflichtet ist, vor Ablauf der gesetzlichen Aufbewahrungsfristen beiseite schafft, verheimlicht, zerstört oder beschädigt und dadurch die Übersicht über seinen Vermögensstand erschwert,
3. entgegen dem Handelsrecht
    a) Bilanzen so aufstellt, daß die Übersicht über seinen Vermögensstand erschwert wird, oder
    b) es unterläßt, die Bilanz seines Vermögens oder das Inventar in der vorgeschriebenen Zeit aufzustellen.

(2) Wer in den Fällen des Absatzes 1 Nr. 1 oder 3 fahrlässig handelt, wird mit Freiheitsstrafe bis zu einem Jahr oder mit Geldstrafe bestraft.

(3) § 283 Abs. 6 gilt entsprechend.

I. Die Vorschrift erfaßt als abstrakte Gefährdungsdelikte **Verstöße gegen Buchführungs- und Bilanzierungspflichten,** soweit kein (nachweisbarer) Zusammenhang mit einer wirtschaftlichen Krise besteht oder ein solcher Zusammenhang vom Täter schuldlos nicht erkannt worden ist (sonst Zurücktreten des § 283 b hinter § 283). Sie beruht auf der Erwägung, daß die Erfüllung solcher Pflichten die Grundvoraussetzung jeder ordnungsgemäßen Wirtschaftsführung sei und die Verletzung dieser Pflichten die Gefahr von Fehlentschließungen mit schweren wirtschaftlichen Auswirkungen in sich berge (vgl. BR-Drs. 5/75 S. 38, Wilts Prot. VII 2831). Objektive Strafbarkeitsbedingung ist auch hier, daß der Täter seine Zahlungen eingestellt hat oder über sein Vermögen das Konkursverfahren eröffnet oder der Eröffnungsantrag mangels Masse abgewiesen worden ist (Abs. 3). Entgegen abweichenden Vorschlägen hat der Gesetzgeber auf sie nicht verzichtet, weil ein strafrechtliches Einschreiten gegen Täter vor ihrem wirtschaftlichen Zusammenbruch nachteiligere Folgen haben kann als ein Zuwarten bis zu diesem Zeitpunkt (vgl. BR-Drs. 5/75 S. 38, Wilts aaO). Für sie spricht zudem wie bei § 283 der Umstand, daß das Strafbedürfnis entfällt, wenn es dem Täter trotz seines verantwortungslosen Verhaltens gelingt, dem wirtschaftlichen Ruin zu entgehen (vgl. Stree JuS 65, 472).

§ 283 b 2–10

II. Als **Tathandlungen** kommen in Betracht:

2 1. Das **Nichtführen** oder die **mangelhafte Führung von Handelsbüchern,** zu deren Führung der Täter gesetzlich verpflichtet ist (Abs. 1 Nr. 1). Die Handlungsmerkmale entsprechen denen des § 283 I Nr. 5. Vgl. näher § 283 RN 29 ff.

3 2. Das **Entziehen von Handelsbüchern** oder sonstiger Unterlagen (Abs. 1 Nr. 2). Die Tathandlung entspricht der des § 283 I Nr. 6. Vgl. näher § 283 RN 40 ff. Im Unterschied zu § 283 I Nr. 6 kann Täter aber nur sein, wer zur Aufbewahrung von Handelsbüchern oder der sonstigen Unterlagen nach Handelsrecht verpflichtet ist. Zu diesem Personenkreis gehört, wer handelsrechtlich eine Pflicht zum Führen von Handelsbüchern hat. Vgl. dazu § 283 RN 29.

4 3. Die **mangelhafte Bilanzaufstellung** sowie die **nicht rechtzeitige Bilanz- oder Inventaraufstellung** (Abs. 1 Nr. 3). Die Tathandlung entspricht der des § 283 I Nr. 7. Vgl. näher § 283 RN 44 ff. Wer neben den ordnungsgemäß aufgestellten Bilanzen davon abweichende Bilanzen zur Täuschung einzelner Geschäftspartner anfertigt, handelt jedoch nicht tatbestandsmäßig (BGH **30** 186, Samson SK 5; and. Schäfer wistra 86, 200).

5 III. Der **subjektive Tatbestand** setzt nach Abs. 1 Vorsatz voraus; bedingter Vorsatz genügt. Vgl. dazu § 283 RN 56. Nach Abs. 2 ist ferner ein fahrlässiges Verhalten strafbar, soweit eine der in Abs. 1 Nr. 1 und 3 genannten Handlungen vorliegt. Vgl. dazu § 283 RN 58. Die bloße Fahrlässigkeit soll nach Dreher MDR 78, 724 noch kein strafwürdiges Unrecht darstellen; er fordert daher im Wege verfassungskonformer Auslegung auch einen Fahrlässigkeitsbezug zu der Krise, die zum Zusammenbruch führt (nicht rechtzeitiges Erkennen der Krise).

6 IV. Zur **Zahlungseinstellung** usw. (Abs. 3) vgl. § 283 RN 59 ff. Zum Zusammenhang zwischen Tathandlung und Zahlungseinstellung usw. vgl. u. 7.

7 V. Zur **Vollendung der Tat** vgl. § 283 RN 63. Fraglich ist, ob für die Strafbarkeit ein Zusammenhang zwischen Tathandlung und Zahlungseinstellung usw. gegeben sein muß. Der Unrechtsgehalt der Tat ist an sich unabhängig vom wirtschaftlichen Zusammenbruch des Täters. Dennoch sind aus dem Strafbereich Tathandlungen auszuscheiden, bei denen ein tatsächlicher Zusammenhang mit der Zahlungseinstellung usw. ausgeschlossen ist (BGH **28** 233, Hamburg NJW **87**, 1343; and. Schäfer wistra 90, 87). Fehlt es nämlich an einem solchen Zusammenhang, hat etwa der Täter eine Bilanz viele Jahre vor Zahlungseinstellung nicht rechtzeitig aufgestellt und das Versäumte längst nachgeholt, ohne daß sich die Verfehlung bei Zahlungseinstellung irgendwie noch auswirkt, so ist das Strafbedürfnis ebenso entfallen wie beim Ausbleiben des wirtschaftlichen Zusammenbruchs. Zusammenhang mit der Zahlungseinstellung usw. bedeutet jedoch nicht Ursächlichkeit der Tathandlung für den Zusammenbruch (vgl. § 283 RN 59, Düsseldorf NJW **80**, 1292). Es genügt, daß bei Zahlungseinstellung usw. irgendwelche Auswirkungen der Tathandlung zu verzeichnen sind. Das ist z. B. der Fall, wenn die Bilanzierungspflicht bei Konkurseintritt noch nicht erfüllt ist und vom Konkursverwalter nachgeholt werden muß (BGH **28** 232 m. Anm. Schlüchter JR 79, 513). Nach BGH GA/H **53**, 75 liegt der erforderliche Zusammenhang vor, wenn das Unterlassen der Bilanzaufstellung nicht einmal 1½ Jahre vor Konkurseröffnung lag. Eine mangelhafte Buchführung kann sich auch noch auswirken, wenn der Mangel bei Zahlungseinstellung behoben und die Übersicht über die Handelsbücher nunmehr vorhanden ist, so etwa, wenn die Versäumnisse das rechtzeitige Erkennen der bedrohlichen Geschäftslage verhindert haben (vgl. Hamburg NJW **87**, 1343, Jaeger-Klug § 240 KO RN 10). Nicht ganz eindeutig ist die Rspr. zum früheren Recht. Nach BGH 5 StR 236/55 b. Böhle-Stamschräder, 11. A., § 240 KO Anm. 4c gehörte zum Tatbestand des § 240 I Nr. 3 KO a. F., daß die Bücher im Zeitpunkt der Zahlungseinstellung unübersichtlich sind. Dagegen hat BGH GA/H **54**, 311 den Geschäftsführer einer GmbH, dessen Buchführung bei Zahlungseinstellung ordentlich war, dennoch nach § 240 I Nr. 3 KO a. F. für strafbar gehalten, wenn dieser infolge vorheriger unordentlicher Buchführung nicht rechtzeitig erkennen konnte, daß die Eröffnung des Konkursverfahrens zu beantragen war. Am erforderlichen Zusammenhang fehlt es im übrigen nicht deswegen, weil die Buchführungspflicht z. Z. der Zahlungseinstellung nicht mehr bestand (vgl. RG JW **34**, 841).

8 Der **Versuch** einer Tat nach § 283 b ist **nicht strafbar**.

9 VI. Zur **Teilnahme** vgl. § 283 RN 65. Sie ist nur bei vorsätzlichen Verstößen des Täters strafbar. § 28 I ist ebenso unanwendbar wie bei der Teilnahme an einer Tat nach § 283 (and. Tiedemann LK 17).

10 VII. **Konkurrenzen:** Zu mehreren Verstößen gegen die Buchführungspflicht oder gegen die Bilanzierungspflicht vgl. § 283 RN 37, 48, 66. Vorsätzliche Taten nach Abs. 1 Nr. 1 und 3 können in Fortsetzungszusammenhang stehen (vgl. BGH LM **Nr. 5** zu § 240 KO, GA/H **71**, 38, MDR/H **80**, 455, **81**, 100). Dagegen ist Tateinheit zwischen beiden Vorschriften regelmäßig ausgeschlossen (vgl. BGH GA/H **54**, 312). Sie kann jedoch vorliegen, wenn jemand die Buchführung und die Bilanzauf-

stellung einem anderen übertragen hat und dann durch dasselbe schuldhafte Verhalten den strafbaren Erfolg nach beiden Richtungen verursacht (BGH GA **78**, 186). Fortsetzungszusammenhang ist auch zwischen Taten nach § 283b I Nr. 3 und § 283 I Nr. 5 (BGH NStZ **84**, 455) oder § 283 I Nr. 7 möglich; § 283b geht dann in § 283 auf (BGH NStZ **84**, 455). Zur Möglichkeit einer wahlweisen Feststellung verschiedener Tathandlungen vgl. § 283 RN 49a.

VIII. Zur **Verjährung** und zur Anwendbarkeit eines **StFG** vgl. § 283 RN 69, 70. 11

§ 283c Gläubigerbegünstigung

(1) **Wer in Kenntnis seiner Zahlungsunfähigkeit einem Gläubiger eine Sicherheit oder Befriedigung gewährt, die dieser nicht oder nicht in der Art oder nicht zu der Zeit zu beanspruchen hat, und ihn dadurch absichtlich oder wissentlich vor den übrigen Gläubigern begünstigt, wird mit Freiheitsstrafe bis zu zwei Jahren oder mit Geldstrafe bestraft.**

(2) **Der Versuch ist strafbar.**

(3) **§ 283 Abs. 6 gilt entsprechend.**

Schrifttum: *Vormbaum*, Probleme der Gläubigerbegünstigung, GA 81, 101.

I. Der Tatbestand der **Gläubigerbegünstigung** stellt einen privilegierten Fall des in § 283 1 geregelten Bankrotts dar (vgl. BR-Drs 5/75 S. 39 und zum früheren Recht RG **36** 349, **68** 369). Der Grund für den gegenüber § 283 geringeren Strafrahmen liegt darin, daß der Täter nicht die Verwertung der Konkursmasse zugunsten der Gläubigergesamtheit hintertreibt, sondern nur die nach den Konkursvorschriften vorgesehene Art der Verteilung der Konkursmasse. Vgl. auch BGH **8** 55, **35** 359.

II. Tathandlung ist das Gewähren einer Sicherheit oder Befriedigung an einen Gläubiger, der 2 z. Z. der Tat keinen fälligen Anspruch auf diese Vorteile hatte (inkongruente Deckung). Die Handlung muß zudem den bevorzugten Gläubiger vor den übrigen Gläubigern begünstigen (Handlungserfolg) und nach Zahlungsunfähigkeit des Täters vorgenommen worden sein.

1. Es muß einem Gläubiger eine **Sicherheit** oder **Befriedigung** gewährt werden. 3

a) Eine **Sicherheit** wird einem Gläubiger gewährt, wenn ihm eine bevorzugte Rechtsstellung 4 hinsichtlich seiner Befriedigung eingeräumt wird. Es genügt eine Rechtsstellung, die ihm ermöglicht, eher, leichter, besser und sicherer befriedigt zu werden, als er zu beanspruchen hat (RG **30** 262). Die Sicherheit muß aus dem zur Konkursmasse gehörenden Vermögen gewährt werden. Das ist noch nicht der Fall, wenn ein Vollstreckungstitel, z. B. eine vollstreckbare Urkunde, verschafft wird (RG **30** 48). Ebensowenig reicht aus, daß ein Dritter zur Übernahme einer Bürgschaft veranlaßt wird. Als Sicherheit kommen u. a. in Betracht: Verpfändung, Sicherungsübereignung (auch bei Nichtigkeit nach § 138 BGB, RG JW **34**, 1289, oder Fehlen der vormundschaftsgerichtlichen Genehmigung, BGH GA/H **59**, 341; nicht dagegen bei Unwirksamkeit mangels Bestimmtheit der übereigneten Sachen, BGH GA/H **58**, 48), Bestellung eines Grundpfandrechts, Einräumung eines Zurückbehaltungsrechts. Die Sicherheit braucht z. Z. des Gewährens einen wirtschaftlichen Wert nicht zu haben. Auch die Bestellung einer Hypothek an einem überbelasteten Grundstück stellt das Gewähren einer Sicherheit dar (RG **30** 262). Die Hypothek muß jedoch zur Entstehung gelangt sein; die bloße Eintragung einer Briefhypothek ohne Übergabe des Briefs ist noch keine Sicherheit (RG **34** 174). Eine Buchhypothek entsteht erst mit Eintragung (RG **65** 416).

b) **Befriedigung** ist die Erfüllung einer Verbindlichkeit. Dazu rechnet auch die Leistung, die 5 der Gläubiger als Erfüllung (§ 363 BGB) oder an Erfüllungs Statt (§ 364 BGB) annimmt. Es genügt die Hingabe eines Kundenschecks (BGH **16** 279) oder eines Kundenwechsels (RG JW **27**, 1106), dagegen nicht die Hingabe eines eigenen Schecks (RG LZ **18**, 770) oder eigenen Wechsels (RG GA Bd. **39** 230), da sie nur ein Mittel zur Befriedigung ist und weder eine Befriedigung noch eine Sicherheit darstellt (vgl. auch BGH **16** 279). Eine Befriedigung liegt ferner vor, wenn der Täter einem Gläubiger eine Sache zum Schein verkauft, um ihm die Aufrechnung zu ermöglichen (RG **6** 149, BGH GA/H **61**, 359). Bringt der Täter ein Pfandrecht, das ein Dritter bestellt hat, durch Erfüllung des Anspruchs zum Erlöschen, so gewährt er nicht auch dem Pfandschuldner eine Befriedigung (RG **62** 279).

c) Nach h. M. ist die Sicherheit oder Befriedigung nur **gewährt**, wenn der bevorzugte Gläu- 6 biger mitgewirkt, d. h. den Vorteil angenommen hat (vgl. RG **29** 413, **62** 280, D-Tröndle 6, Jaeger-Klug § 241 KO RN 3, 7, Lackner 3a, Tiedemann LK 14). Indes kann ein solches Erfordernis nicht schlechthin maßgebend sein, zumal der Grund für die Privilegierung nicht die Mitwirkung des Gläubigers ist, sondern dessen Bevorzugung vor den übrigen Gläubigern. So muß z. B. die Überweisung der geschuldeten Summe auf ein Bankkonto des Gläubigers genü-

§ 283 c 7–12   Bes. Teil. Konkursstraftaten

gen, auch ohne vorherige Kontoangabe durch den Gläubiger (M-Maiwald I 528, MG-Bieneck § 66 RN 5, Samson SK 4; and. Tiedemann LK 13, der auf Kontoangabe abstellt). Ob der Schuldner sich erst beim Gläubiger über dessen Konto erkundigen muß oder bereits hiervon Kenntnis hat, kann für die Strafbarkeit einer Überweisung keinen Unterschied begründen. Entscheidend ist, ob die Zuwendung in das Vermögen des Gläubigers übergegangen ist. Vgl. auch Böhle-Stamschräder 3.

7   Auch ein **Unterlassen** kann ein Gewähren sein, so z. B., wenn der Schuldner einen Konkursantrag nicht rechtzeitig stellt und dadurch einem Gläubiger die Möglichkeit gibt, eine Pfändung vorzunehmen (RG **48** 20), ferner, wenn der Schuldner ein Versäumnisurteil gegen sich ergehen läßt (D-Tröndle 6; and. Tiedemann LK 16). Widerspricht er jedoch einer eigenmächtigen Verrechnung des Gläubigers nicht, so liegt darin kein Gewähren (BGH GA/H **58**, 48).

8   2. Die gewährte Sicherheit oder Befriedigung darf der Gläubiger nicht oder nicht in der Art oder nicht zu der Zeit zu beanspruchen haben. Es kommt also nur die **inkongruente Deckung** in Betracht (vgl. dazu Jaeger-Lent § 30 KO RN 49ff., Kuhn-Uhlenbruck § 30 KO RN 45ff., Vormbaum GA 81, 111ff.). Ob der Gläubiger einen Anspruch hat, ist nach bürgerlichem Recht zu beurteilen (RG **66** 90). Ein Befriedigungsanspruch allein begründet jedoch noch keinen Anspruch auf Sicherheit (BGH MDR/H **79**, 457). Bei Befriedigung nach Konkurseröffnung sind die Änderungen des Anspruchs durch das Konkursrecht zu berücksichtigen, z. B. dadurch, daß der Konkursverwalter es gem. § 17 KO abgelehnt hat, einen zweiseitigen Vertrag zu erfüllen (RG **40** 109). Ein Anspruch auf Befriedigung entfällt nicht wegen der konkursrechtlichen Anfechtbarkeit (RG **66** 90, BGH **8** 56). Die Gewährung einer kongruenten Deckung ist straflos; sie läßt sich auch nicht über § 283 erfassen (vgl. BGH **8** 57).

9   a) **Nicht zu beanspruchen** hat der Gläubiger die Sicherheit oder Befriedigung, wenn der Schuldner die Leistung verweigern oder die Rechtsgrundlage des Anspruchs beseitigen kann und der Konkursverwalter demgemäß den Anspruch nicht ohne weiteres zu erfüllen braucht. Das ist der Fall, wenn ein Rechtsgeschäft nach §§ 119ff. BGB anfechtbar, der Anspruch nicht einklagbar ist oder ihm eine dauernde Einrede, z. B. Verjährung, entgegensteht. Es muß sich aber immerhin um einen Gläubiger handeln. § 283c betrifft daher nicht die Fälle, in denen ein Vertrag nicht zustande gekommen oder als Wucher- oder Scheingeschäft nichtig ist, wohl aber die Fälle, in denen Forderungen aus formnichtigen, durch Erfüllung zur Wirksamkeit erstarkenden Rechtsgeschäften getilgt werden. An der Gläubigereigenschaft fehlt es auch, soweit jemand mehr an Vermögenswerten erhält, als seiner Forderung entspricht.

10   b) **Nicht in der Art** besteht der Anspruch bei Leistung an Erfüllungs Statt oder erfüllungshalber, z. B. bei Hingabe von Waren für eine Geldschuld, bei Abtretung einer Forderung oder Hingabe eines Kundenschecks zwecks Leistung (BGH **16** 279), bei Hingabe von Sicherheiten anstelle der Befriedigung (BGH MDR/H **79**, 457). Ob die Lieferung eines noch nicht fertiggestellten Werkes hierzu rechnet, hängt davon ab, wie weit das Werk gediehen ist (RG **67** 1). Hingabe an Erfüllungs Statt liegt auch vor, wenn zum Schein ein Kaufvertrag geschlossen und dann aufgerechnet wird (RG **6** 149). Ist jedoch vorher vereinbart, daß der Schuldner berechtigt sei, Geld durch Ware zu ersetzen, so ist die Ersatzleistung als eine in dieser Art geschuldete anzusehen (vgl. BGH GA/H **56**, 348). Anders ist es, wenn diese Vereinbarung in Erwartung eines Konkurses getroffen worden ist (RG **63** 79). Der Gläubiger erhält auch dann eine Befriedigung, die er nicht in der Art zu beanspruchen hat, wenn der Schuldner seine Pflicht, Konkursantrag zu stellen (z. B. nach § 64 GmbHG), verletzt und dem Gläubiger dadurch zu einer Befriedigung durch Pfändung verhilft (RG **48** 20).

11   c) **Nicht zu der Zeit** besteht der Anspruch, wenn eine betagte Forderung vor Fälligkeit (RG **2** 439, **4** 62) oder eine aufschiebend bedingte Forderung vor Eintritt der Bedingung erfüllt wird.

12   3. Die Befriedigung oder Sicherheit muß einem **Gläubiger** gewährt werden. Zu ihnen zählen nicht nur die eigentlichen Konkursgläubiger, sondern auch absonderungsberechtigte Gläubiger (§ 4 KO) und Massegläubiger (§ 57 KO), sofern die Begünstigungshandlung zu dem durch die Zahlungsunfähigkeit herbeigeführten Zustand in Beziehung steht und in diesen Zustand störend eingreift (vgl. RG **16** 406, **40** 107, Tiedemann LK 6). Auch diese Gläubiger haben einen Anspruch auf einen Teil der Konkursmasse; der Grund für die mindere Strafbarkeit des Täters (vgl. o. 1) trifft daher ebenfalls auf ihre Begünstigung zu. Ferner ist der Bürge (bedingt berechtigter) Gläubiger (RG **15** 95, **30** 73). Unerheblich ist, ob dem Gläubiger nur eine Forderung zusteht, die nach § 63 KO im Konkursverfahren nicht geltend gemacht werden darf. Die Gläubigereigenschaft muß z. Z. der Begünstigungshandlung bereits vorhanden sein; sie darf nicht erst dadurch entstehen (RG **35** 127). Nicht erforderlich ist, daß sie schon bei Eintritt der Zahlungsunfähigkeit bestanden hat (BGH **35** 361, Tiedemann LK 8; and. Vormbaum GA 81, 107). Ist in einem solchen Fall das Gläubigerverhältnis jedoch entgegen einer ordnungsgemäßen Wirtschaftführung begründet und damit ein Beiseiteschaffen von Vermögensbestandteilen

Gläubigerbegünstigung 13–21 § 283 c

(vgl. § 283 RN 4) eingeleitet worden, so ist die Erfüllung des Vereinbarten nach § 283 zu ahnden. Zu den Gläubigern zählt nicht der Schuldner, selbst wenn er eine Forderung gegen die Konkursmasse hat (BGH **34** 226). Befriedigt sich der Erbe im Nachlaßkonkurs wegen einer eigenen Forderung gegen den Erblasser aus Nachlaßmitteln, so ist daher nicht § 283c, sondern § 283 anzuwenden (vgl. RG **68** 370). Vgl. auch BGH NJW **69**, 1494 (Befriedigung eigener Ansprüche durch Geschäftsführer einer GmbH) und dazu krit. Renkl JuS 73, 613, Hendel NJW 77, 1946, ferner BGH **34** 221 m. Anm. Weber StV 88, 16 u. Winkelbauer JR 88, 33 (Befriedigung eigener Ansprüche durch Geschäftsführer einer KG). Eine Gläubigerstellung des Gesellschafters einer GmbH entfällt jedenfalls bei kapitalersetzenden Darlehen an diese (Hendel NJW 77, 1947, Tiedemann LK 9). Vgl. ferner noch Schulte NJW 83, 1773, Schäfer wistra 90, 88.

4. Die Handlung muß den bevorzugten Gläubiger vor den übrigen Gläubigern **begünstigen** 13 (vgl. dazu Vormbaum GA 81, 119ff.). Er muß also auf Kosten der übrigen Gläubiger seinen Vorteil erlangt haben. Tritt der Erfolg nicht ein oder läßt er sich nicht feststellen, so kommt nur Bestrafung wegen Versuchs nach Abs. 2 in Betracht. Der Erfolgseintritt entfällt aber nicht deswegen, weil das begünstigende Rechtsgeschäft nachträglich von einem benachteiligten Gläubiger angefochten und die Benachteiligung dadurch wieder aufgehoben wird.

5. Der Täter muß z. Z. der Tat **zahlungsunfähig** gewesen sein. Zur Zahlungsunfähigkeit 14 vgl. § 283 RN 52. Die Begünstigung eines Gläubigers vor Zahlungsunfähigkeit wird nicht erfaßt. Sie kann auch nicht nach § 283 geahndet werden, weil der Täter, der etwa kurz vor Eintritt der Zahlungsunfähigkeit einem Gläubiger eine inkongruente Deckung gewährt, nicht schlechter gestellt sein darf als bei einem Handeln nach Zahlungsunfähigkeit; er ist vielmehr straflos (vgl. BR-Drs. 5/75 S. 39).

III. Der **subjektive Tatbestand** erfordert Vorsatz und hinsichtlich der Begünstigung Wis- 15 sentlichkeit oder Absicht.

1. Zum **Vorsatz** gehört das Wissen von der Zahlungsunfähigkeit und der Inkongruenz der 16 gewährten Deckung (RG **40** 171). Der Täter braucht nur die Umstände zu kennen, aus denen sich seine Zahlungsunfähigkeit ergibt; unbeachtlich ist die Nichtkenntnis des Begriffs „Zahlungsunfähigkeit" (vgl. BGH 4 StR 557/52 b. Jaeger-Klug § 241 KO Anm. 6). Da er in Kenntnis seiner Zahlungsunfähigkeit gehandelt haben muß, reicht bedingter Vorsatz insoweit nicht aus. Dieser genügt jedoch für die Inkongruenz der Deckung (Lackner 5, Samson SK 12, Tiedemann LK 27, Wessels II/2 115; and. BGH GA/H **59**, 341, Böhle-Stamschräder 5). Dem steht das Erfordernis der Wissentlichkeit (and. D-Tröndle 10, Vormbaum GA 81, 122) bzw. Absicht hinsichtlich der Begünstigung nicht entgegen, da die übrigen Gläubiger auch bei Gewährung einer kongruenten Deckung benachteiligt sein können. Die irrige Annahme der Zahlungsfähigkeit oder der Kongruenz der Deckung schließt als Tatbestandsirrtum den Vorsatz aus. Der Täter kann dann auch nicht über § 283 belangt werden (vgl. RG JW **34**, 843, BGH **8** 57). Im umgekehrten Fall – Täter geht irrtümlich von der Zahlungsunfähigkeit oder der Inkongruenz der Deckung aus – liegt ein nach Abs. 2 strafbarer Versuch vor. Ein Verbotsirrtum ist gegeben, wenn der Täter glaubt, er dürfe vorzeitig seine Schuld erfüllen oder dem Gläubiger trotz Fehlens einer vorher getroffenen Vereinbarung statt des geschuldeten Geldes andere Gegenstände überlassen.

2. Die Begünstigung eines Gläubigers muß **wissentlich** oder **absichtlich** erfolgen. Zur Wis- 17 sentlichkeit vgl. § 15 RN 68; zur Absicht vgl. § 15 RN 66. Die Bevorzugung auf Kosten der übrigen Gläubiger muß der Täter demnach erstreben (zielgerichtetes Handeln) oder sich als notwendigen Erfolg seines Handelns vorstellen. Hieran fehlt es, wenn er in der Überzeugung handelt, durch die Bestellung von Sicherheiten neue Mittel zu erhalten, mit denen er den Betrieb fortführen und alle Gläubiger befriedigen kann (vgl. BGH LM **Nr. 2** zu § 241 KO).

IV. Zur **Zahlungseinstellung** usw. (Abs. 3) vgl. § 283 RN 59ff. 18

V. **Vollendet** ist die Tat mit Eintritt des Handlungserfolgs, d. h. der Begünstigung. Zah- 19 lungseinstellung usw. sind für den Vollendungszeitpunkt ohne Bedeutung (vgl. § 283 RN 63).

Der **Versuch** ist strafbar (Abs. 2). Er liegt u. a. vor, wenn der Täter bei der Bevorzugung 20 eines Gläubigers irrtümlich annimmt, er sei zahlungsunfähig (D-Tröndle 11; and. Tiedemann LK 32: Wahndelikt) oder er gewähre eine inkongruente Deckung. Dagegen ist die bewußte inkongruente Bevorzugung eines vermeintlichen Gläubigers als vollendete Tat nach § 283c zu ahnden (Vormbaum GA 81, 127).

VI. Zur **Teilnahme** vgl. § 283 RN 65. Eine Teilnahme kommt auch in Betracht, wenn 21 jemand für den Schuldner im Einvernehmen mit ihm handelt (vgl. § 283d RN 2). Der begünstigte Gläubiger macht sich durch die bloße Annahme der Sicherheit oder Befriedigung nicht als Teilnehmer strafbar (notwendige Teilnahme; vgl. RG **2** 439, **61** 316, Lackner 6, Tiedemann LK 35; and. Herzberg JuS 75, 795). Entwickelt er eine weitergehende Tätigkeit, so ist er wie

Stree

sonstige Teilnehmer wegen Beihilfe (RG **61** 315) oder Anstiftung (RG **48** 21, **65** 417) zu bestrafen (BGH GA/H **67**, 265, D-Tröndle 12; and. Frank § 241 KO Anm. VII).

22 **VII. Konkurrenzen:** Im Verhältnis zu § 283 I Nr. 1 ist § 283c die speziellere Bestimmung (vgl. RG **68** 369, BGH **8** 56). Tateinheit ist jedoch möglich, wenn dem begünstigten Gläubiger höhere Werte zugewendet werden, als seiner Forderung entspricht (vgl. BGH NJW **69**, 1495, GA/H **53**, 76; and. Tiedemann LK 37: nur § 283 anwendbar). Läßt sich nicht feststellen, ob die Zuwendung die Forderung übersteigt, so ist nur § 283c anwendbar (in dubio pro reo). Ebenso verhält es sich, wenn die Gläubigereigenschaft des Begünstigten zweifelhaft ist, z. B. unaufklärbar bleibt, ob dieser eine Forderung gegen den Täter hatte oder ob es sich nur um einen Scheinvertrag handelte (and. [Wahlfeststellung] BGH 5 StR 27/55 v. 10. 5. 1955). Mehrere Begünstigungshandlungen stehen in Tatmehrheit, soweit keine fortgesetzte Tat vorliegt. Idealkonkurrenz kann mit § 288 (vgl. RG **20** 215) oder mit § 37 DepotG (vgl. RG **34** 240) bestehen. Verbucht der Schuldner die Gewährung der Sicherheit nicht ordnungsgemäß, so steht § 283c in Tatmehrheit zu § 283 I Nr. 5 (Tiedemann LK 40; and. Lackner 8 [Tateinheit] unter Berufung auf RG **40** 105).

23 **VIII.** Zur **Verjährung** und zur Anwendbarkeit eines **StFG** vgl. § 283 RN 69, 70.

24 **IX.** Zur **Zuständigkeit** der Wirtschaftsstrafkammern für die Aburteilung vgl. § 74c I Nr. 5 GVG.

§ 283d Schuldnerbegünstigung

(1) **Mit Freiheitsstrafe bis zu fünf Jahren oder mit Geldstrafe wird bestraft, wer**
1. **in Kenntnis der einem anderen drohenden Zahlungsunfähigkeit oder**
2. **nach Zahlungseinstellung, in einem Konkursverfahren, in einem gerichtlichen Vergleichsverfahren zur Abwendung des Konkurses oder in einem Verfahren zur Herbeiführung der Entscheidung über die Eröffnung des Konkurs- oder gerichtlichen Vergleichsverfahrens eines anderen**

Bestandteile des Vermögens eines anderen, die im Falle der Konkurseröffnung zur Konkursmasse gehören, mit dessen Einwilligung oder zu dessen Gunsten beiseite schafft oder verheimlicht oder in einer den Anforderungen einer ordnungsgemäßen Wirtschaft widersprechenden Weise zerstört, beschädigt oder unbrauchbar macht.

(2) **Der Versuch ist strafbar.**

(3) **In besonders schweren Fällen ist die Strafe Freiheitsstrafe von sechs Monaten bis zu zehn Jahren. Ein besonders schwerer Fall liegt in der Regel vor, wenn der Täter**
1. **aus Gewinnsucht handelt oder**
2. **wissentlich viele Personen in die Gefahr des Verlustes ihrer dem anderen anvertrauten Vermögenswerte oder in wirtschaftliche Not bringt.**

(4) **Die Tat ist nur dann strafbar, wenn der andere seine Zahlungen eingestellt hat oder über sein Vermögen das Konkursverfahren eröffnet oder der Eröffnungsantrag mangels Masse abgewiesen worden ist.**

1 **I.** Die Vorschrift erweitert hinsichtlich der Tathandlungen des § 283 I Nr. 1 den **Täterkreis** auf Außenstehende, die mit Einwilligung oder zugunsten eines in einer wirtschaftlichen Krise befindlichen Schuldners tätig werden. Da solche Personen für die geschützten Rechtsgüter (vgl. 2 vor § 283) nicht die gleiche Verantwortung wie den Schuldner trifft, enthält § 283d Einschränkungen gegenüber § 283. Diese beziehen sich auf die wirtschaftliche Krise (Überschuldung und Herbeiführen der Krise genügen nicht) sowie auf die subjektive Tatseite (nur Vorsatz ausreichend; z. T. sicheres Wissen erforderlich). Objektive Strafbarkeitsbedingung ist auch hier, daß der Schuldner seine Zahlungen eingestellt hat, über sein Vermögen das Konkursverfahren eröffnet oder der Eröffnungsantrag mangels Masse abgewiesen worden ist (Abs. 4). Unberührt bleibt die Möglichkeit einer Teilnahme an der Tat nach § 283 (vgl. u. 15).

2 **II.** Die **Tathandlungen** entsprechen denen des § 283 I Nr. 1; Gleiches gilt für das Tatobjekt. Vgl. näher dazu § 283 RN 2ff. Durch die Handlung muß wie im Falle des § 283 I Nr. 1 die Gesamtheit der Gläubiger betroffen sein. Es genügt nicht, daß Vermögensbestandteile einem Gläubiger als solchem zugeführt werden, mag es sich auch um eine inkongruente Deckung handeln (vgl. BGH **35** 357, GA/H **59**, 341, MG-Bieneck **§** 68 FN 1, Tiedemann LK 4, Vormbaum GA 81, 130). Die Gegenmeinung (D-Tröndle 1, Samson SK 5) führt zu einer sachlich unberechtigten Strafschärfung gegenüber dem Schuldner als Täter. Beim Zusammenwirken mit dem Schuldner kommt aber die Teilnahme an einer Tat nach § 283c in Betracht; sonstige Handlungen zugunsten eines Gläubigers sind nicht nach den Vorschriften über Konkursdelikte strafbar. Die Handlung, von der sämtliche Gläubiger betroffen sind, muß mit Einwilligung oder zugunsten eines Schuldners begangen werden, dem Zahlungsunfähigkeit droht oder der bereits seine Zahlungen eingestellt hat oder einem Insolvenzverfahren ausgesetzt ist. Wird

jemand ohne Einvernehmen mit dem Schuldner ausschließlich im eigenen Interesse oder für Dritte tätig, so sind die Voraussetzungen des § 283 d nicht erfüllt.

1. Mit **Einwilligung des Schuldners** handelt, wer mit dessen Einvernehmen die Tat begeht. Eine konkludent erklärte Einwilligung genügt (Tiedemann LK 15). Ein Einvernehmen entfällt noch nicht deswegen, weil der Wille des Schuldners deliktisch beeinflußt worden ist, z. B. durch Täuschung oder Nötigung (and. Tiedemann LK 14). Erforderlich ist nur, daß der Wille nicht völlig ausgeschaltet wird und sich auf die vom Täter vorgenommene Handlung erstreckt. Unerheblich ist, von wem die Initiative ausgeht, ob etwa der Schuldner den Täter zum Beiseiteschaffen des Vermögensbestandteils bestimmt oder der Täter nur die Erlaubnis des Schuldners einholt. Die Einwilligung muß z. Z. der Tathandlung vorliegen. Hat der Schuldner sie vorher wirksam widerrufen oder erteilt er erst nachträglich seine Zustimmung, so fehlt es am Erfordernis der Einwilligung. Handelt für den Schuldner ein vertretungsberechtigtes Organ oder ein gesetzlicher Vertreter, so ist dessen Einwilligung maßgebend. **3**

2. Zum Handeln **zugunsten des Schuldners** vgl. u. 9. Kenntnis des Schuldners von seiner Begünstigung ist nicht erforderlich. **4**

3. Z. Z. der Handlung muß dem Schuldner die **Zahlungsunfähigkeit drohen** oder dessen wirtschaftliche Krise durch **Zahlungseinstellung** oder durch ein **Insolvenzverfahren** offenbar geworden sein. Zur drohenden Zahlungsunfähigkeit vgl. § 283 RN 52 f. Auch wenn der Wortlaut des § 283 d im Gegensatz zu § 283 nur auf drohende Zahlungsunfähigkeit abhebt, wird ebenfalls ein Handeln nach Eintritt der Zahlungsunfähigkeit erfaßt. Zur Zahlungseinstellung vgl. § 283 RN 60. Als Insolvenzverfahren kommen in Betracht: das Konkursverfahren, das mit der rechtskräftigen Konkurseröffnung (vgl. § 283 RN 61) beginnt, das gerichtliche Vergleichsverfahren zur Abwendung des Konkurses gem. der VerglO, das Verfahren zur Herbeiführung der Entscheidung über die Konkurseröffnung oder über die Eröffnung des Vergleichsverfahrens, d. h. ab Stellung des Eröffnungsantrags (vgl. §§ 103 ff. KO, §§ 2 ff. VerglO). **5**

III. Der **subjektive Tatbestand** setzt Vorsatz voraus, z. T. sogar Wissentlichkeit; Fahrlässigkeit genügt nicht. **6**

1. Der **Vorsatz** muß sich darauf erstrecken, daß die Vermögensbestandteile, die beiseite geschafft usw. werden, im Falle der Konkurseröffnung zur Konkursmasse gehören und durch die Tat die Gesamtheit der Gläubiger betroffen ist. Nimmt der Täter irrtümlich an, ein Gläubiger erhalte als solcher den beiseite geschafften Vermögensbestandteil, so liegt ein Tatbestandsirrtum vor. Der Vorsatz muß ferner, soweit nicht der Täter zugunsten des Schuldners handelt, dessen Einwilligung umfassen. Bedingter Vorsatz genügt. **7**

2. Hinsichtlich der dem Schuldner drohenden Zahlungsunfähigkeit ist **Wissentlichkeit** erforderlich, da der Täter in Kenntnis dieser Krise gehandelt haben muß. Zur Wissentlichkeit vgl. § 15 RN 68. Lag z. Z. der Tat bereits Zahlungsunfähigkeit vor, so muß das Wissen sich hierauf erstrecken. Unerheblich ist jedoch, wenn der Täter bei Zahlungsunfähigkeit des Schuldners nur von ihrem drohenden Eintritt ausgegangen ist oder bei drohender Zahlungsunfähigkeit angenommen hat, der Schuldner sei bereits zahlungsunfähig. Wird die Tat nach Beginn eines Insolvenzverfahrens begangen, so genügt insoweit Vorsatz einschließlich des bedingten Vorsatzes. Die irrige Annahme eines Insolvenzverfahrens reicht bei drohender Zahlungsunfähigkeit nicht aus, wenn der Täter hiervon keine sichere Kenntnis gehabt hat; wohl aber ist ein Versuch nach Abs. 2 zu bejahen. Weiß der Täter vom Insolvenzverfahren nichts, so ist er gleichwohl strafbar, wenn ihm die Zahlungsunfähigkeit bekannt ist. **8**

3. Der Täter muß **zugunsten des Schuldners** handeln, wenn er ohne dessen Einwilligung tätig wird. Die Tat muß also dem Interesse des Schuldners dienen. Das ist der Fall, wenn der Täter dem Schuldner einen Vermögensvorteil auf Kosten der Gesamtheit der Gläubiger zukommen lassen oder erhalten will. Ein zusätzliches Eigeninteresse ist unerheblich (vgl. BGH GA/H 67, 265). Zugunsten des Schuldners wird der Täter nicht nur bei zielgerichtetem Handeln tätig, sondern ebenfalls, wenn er sicher weiß, daß die Tat dem Schuldner Vorteile einbringt (and. BGH aaO, Tiedemann LK 12). Zur Begründung vgl. die Bemerkungen in § 257 RN 22, die hier entsprechend gelten. Bedingter Vorsatz reicht nicht aus. **9**

IV. Zur **Zahlungseinstellung** usw. (Abs. 4) vgl. § 283 RN 59 ff. **10**

V. Zur **Vollendung** und zum **Versuch,** der nach Abs. 2 strafbar ist, vgl. § 283 RN 63 f. Versuch kommt u. a. in Betracht, wenn der Täter irrig drohende Zahlungsunfähigkeit des Schuldners als sicher annimmt oder irrtümlich von dessen Einwilligung ausgeht. **11**

VI. Täter kann mit Ausnahme des Schuldners jeder Dritte sein, auch ein Gläubiger (BGH 35 358). Für die **Teilnahme** gelten die allgemeinen Grundsätze. § 28 I ist nicht anwendbar, auch nicht beim Handeln zugunsten des Schuldners (and. Tiedemann LK 23). Fraglich ist, ob auch **12**

der Schuldner Teilnehmer sein kann (bejahend Lackner 5). Auf Grund seiner besonderen Pflichtenstellung gegenüber den Gläubigern wird er jedoch regelmäßig als Täter nach § 283 anzusehen sein, wenn er einem Dritten erlaubt, Vermögensbestandteile beiseite zu schaffen, oder ein Beiseiteschaffen zu seinen Gunsten duldet (vgl. § 13 RN 31, aber auch Tiedemann LK 5).

13 **VII. Zum besonders schweren Fall** (Abs. 3) vgl. Anm. zu § 283 a.

14 **VIII. Konkurrenzen:** Mehrere Begünstigungshandlungen derselben Person in Beziehung zu derselben Zahlungseinstellung oder Konkurseröffnung können in Realkonkurrenz oder Fortsetzungszusammenhang stehen (vgl. RG **66** 268). Eine Handlung, die sowohl zugunsten des Schuldners als auch mit dessen Einwilligung vorgenommen wird, stellt nur eine Tat dar (vgl. § 52 RN 28). Wahlfeststellung zwischen beiden Modalitäten ist zulässig (D-Tröndle 12, Tiedemann LK 27).

15 Handelt der Täter im Einvernehmen mit dem Schuldner, so tritt die Beteiligung an dessen Tat nach § 283 hinter die Täterschaft nach § 283 d zurück. Soweit die Voraussetzungen des § 283 d nicht erfüllt oder nicht nachweisbar sind, ist eine Bestrafung wegen Teilnahme am Bankrott jedoch möglich (vgl. BR-Drs. 5/75 S. 39). Das ist u. a. der Fall, wenn jemand dem Schuldner im Zeitpunkt der Überschuldung hilft oder einen Beitrag zur Herbeiführung der Krise leistet, ferner wenn der Außenstehende nur bedingten Vorsatz hinsichtlich der drohenden Zahlungsunfähigkeit hat. Des weiteren ist Teilnahme an allen Bankrotthandlungen möglich, die § 283 d nicht erfaßt.

16 Mit § 257 ist Idealkonkurrenz möglich (vgl. R **9** 684, D-Tröndle 12), ferner mit § 263. Auch mit §§ 288, 27 ist Tateinheit denkbar (Tiedemann LK 28).

17 **IX. Zur Verjährung** und zur Anwendbarkeit eines **StFG** vgl. § 283 RN 69, 70.

18 **X. Zur Zuständigkeit** der Wirtschaftsstrafkammern für die Aburteilung vgl. § 74 c I Nr. 5 GVG.

Fünfundzwanzigster Abschnitt. Strafbarer Eigennutz

Der Abschnitt, der bis zum EGStGB auch die Tatbestände des jetzigen 15. Abschnitts (Verletzung des persönlichen Lebens- und Geheimbereichs) enthielt, faßt auch weiterhin eine Reihe von Tatbeständen zusammen, die kein gemeinsames Schutzobjekt haben. Ihr einziges gemeinsames Merkmal besteht darin, „daß sie in andere Abschnitte des StGB nicht hineinpassen" (v. Bubnoff LK 1 vor § 284). Daraus folgt, daß aus dieser Überschrift keine Anhaltspunkte für die Auslegung der einzelnen Bestimmungen entnommen werden können.

§ 284 Unerlaubte Veranstaltung eines Glücksspiels

(1) **Wer ohne behördliche Erlaubnis öffentlich ein Glücksspiel veranstaltet oder hält oder die Einrichtungen hierzu bereitstellt, wird mit Freiheitsstrafe bis zu zwei Jahren oder mit Geldstrafe bestraft.**

(2) **Als öffentlich veranstaltet gelten auch Glücksspiele in Vereinen oder geschlossenen Gesellschaften, in denen Glücksspiele gewohnheitsmäßig veranstaltet werden.**

Schrifttum: Aubin/Kummer/Schroth/Wack, Die rechtliche Regelung der Glücksspiele u. Spielautomaten in europ. Ländern, 1980. – *Berg,* Zur Konkurrenz zwischen öffentlichen Spielbanken und privaten Glücksspielvereinen, MDR 77, 277. – *Eschenbach,* Glücksspiel, HwbKrim I^2 (1965) 350. – *Höpfel,* Probleme des Glücksspielstrafrechts, ÖJZ 78, 421, 458. – *Kriegsmann,* Das Glücksspiel, VDB VI, 375. – *Kummer,* Das Recht der Glücksspiele und der Unterhaltungsautomaten mit Gewinnmöglichkeit, 1977. – *Lange,* Das Glücksspielstrafrecht, Dreher-FS 573. – *Meurer/Bergmann,* Tatbestandsalternativen beim Glücksspiel, JuS 83, 668. – *Müller,* Das Glücksspiel in kriminalsoziologischer Betrachtung, 1938. – *Odenthal,* Die Strafbarkeit der regelwidrigen Veranstaltung gewerberechtlich erlaubter Spiele, GewA 89, 222. – *Seelig,* Das Glücksspielstrafrecht, 1923. – *Weiser,* Begriff, Wesen und Formen des strafbaren Glücksspiels, 1930. – *Wettling,* Spielclubs und Spielbanken, GewA 78, 361.

1 **I.** Die Vorschrift stellt das **Veranstalten von Glücksspielen** sowie bestimmte *Vorbereitungshandlungen* dazu unter Strafe, wobei dem *öffentlichen* Glücksspiel (Abs. 1) auch das *gewohnheitsmäßige* Glücksspiel *in Privatvereinen* gleichgestellt wird (Abs. 2). Das *Spielen selbst* wird in § 284 a erfaßt. Der ursprüngliche Schutzzweck, nämlich die Mitspieler vor Vermögensgefährdung durch Ausbeutung ihrer Spielleidenschaft zu bewahren (vgl. v. Liszt-Schmidt 687, ferner BVerfGE **28** 148, Meurer/Bergmann JuS 83, 671; ähnl. D-Tröndle 1: Kontrolle der Kommerzialisierung der natürl. Spielleidenschaft), kann heute nicht mehr voll überzeugen (vgl. Lange aaO 573 ff., v. Bubnoff LK 4 vor § 284, R. Schmitt Maurach-FS 113 ff.) und ist zudem vom Gesetzgeber selbst in Frage gestellt worden, indem er den § 285, der gerade gegen die eigentlich gefährliche gewerbsmäßige Veranstaltung von Glücksspielen gerichtet war, aufgehoben hat. Daher kann es in den §§ 284 f. allenfalls noch um die **Absicherung eines ordnungsgemäßen Spielbetriebs** gehen (vgl. M-Schroeder I 489 f, ferner Berg
2 MDR 77, 277 f., Göhler NJW 74, 833). Ergänzend vgl. § 8 JÖSchG v. 25. 2. 85 (BGBl. I 425), Nr. 240 RiStBV. Rechtsvergleichend Aubin u. a. aaO.

II. Das **Glücksspiel** ist eine Unterart des Spiels. Daher ist dieses zunächst von der mit ihm **3** verwandten (straffreien) Wette abzugrenzen. Innerhalb des Spiels ist sodann zwischen dem Glücksspiel und dem Geschicklichkeitsspiel zu unterscheiden.

1. Spiel und *Wette* haben gemeinsam, daß Gewinn und Verlust von streitigen oder ungewis- **4** sen Ereignissen abhängig gemacht werden. Das kennzeichnende *Unterscheidungsmerkmal* ist nach der heute durchaus h. M. der Vertragszweck: Zweck des Spieles ist Unterhaltung oder Gewinn; Zweck der Wette die Bekräftigung eines ernsthaften Meinungsstreites (RG **6** 425, Kummer in Aubin aaO 16); krit. dazu Weiser aaO 4. Beruht die Vereinbarung des Gewinns auf einem wirtschaftlich berechtigten Interesse, dann liegt auch in den Fällen kein Spiel vor, in denen der Geschäftserfolg von einer Ungewißheit abhängig gemacht wird; daher gehören Versicherungsgeschäfte nicht zu den Spielgeschäften (v. Bubnoff LK 4).

2. Als **Glücksspiel** ist ein Spiel anzusehen, bei dem die Entscheidung über Gewinn und **5** Verlust nicht wesentlich von den Fähigkeiten und Kenntnissen und vom Grade der Aufmerksamkeit der Spieler bestimmt wird, sondern allein oder hauptsächlich vom Zufall (vgl. Höpfel ÖJZ 78, 422ff.). Als Zufall ist dabei das Wirken einer unberechenbaren, der entscheidenden Mitwirkung der Beteiligten in ihrem Durchschnitt entzogenen Ursächlichkeit anzusehen (RG **62** 165); vgl. auch Celle NJW **69**, 2250. Kein Glücksspiel ist die Versendung von sog. Kettenbriefen (BGH **34** 171 m. Anm. Lampe JR 87, 383, Stuttgart NJW **64**, 365; zur umstritt. Strafbarkeit nach § 6c UWG vgl. § 286 RN 13).

Ein **Geschicklichkeitsspiel** liegt dagegen vor, wenn nicht der Zufall, sondern körperliche oder geistige Fähigkeit die Entscheidung über Gewinn und Verlust bestimmt. Danach kann genau das gleiche Spiel ein Glücksspiel sein, wenn es von Unkundigen gespielt wird, dagegen ein Geschicklichkeitsspiel, wenn die Spieler Übung und Erfahrung besitzen. Innerhalb der gleichen Veranstaltung kann dasselbe Spiel aber nicht bald Glücksspiel und bald Geschicklichkeitsspiel sein; bei der einzelnen Veranstaltung ist vielmehr über den Charakter des Spiels einheitlich zu entscheiden. Gehören zu den Spielern geübte und ungeübte, erfahrene und unerfahrene Personen, so kommt es darauf an, ob der *Durchschnitt* der Spieler die erforderlichen Fähigkeiten und Kenntnisse besitzt (RG **41** 333, BGH **2** 267, Hamm JMBlNW **57**, 251, Kummer aaO 12, M-Schroeder I 490; vgl. auch Weiser aaO 25). Ob das sog. „Hütchenspiel" ein Geschicklichkeits- oder Glücksspiel ist, hängt ebenfalls von den Verhältnissen ab, unter denen es gespielt wird (BGH **36** 74 gegen Frankfurt NStZ **88**, 459; ebenso schon Karlsruhe Justiz **71**, 61; and. AG Frankfurt NJW **87**, 854). Ist der Durchschnittsspieler aufgrund der Fingerfertigkeit des „Spielmachers" darauf angewiesen, das „Hütchen", unter dem die Spielkugel nach Ende des Spiels verborgen ist, zu erraten, so liegt ein Glücksspiel vor. Näherhin um ein **Glücksspiel i. S.** **6** **von §§ 284ff.** handelt es sich jedoch nur dort, wo es bei dem vereinbarten Gewinn um einen *nicht ganz unbedeutenden* **Vermögenswert** geht (RG **40** 33). Daran fehlt es bei Unterhaltungsspielen um geringwertige Gegenstände (RG **6** 74, Hamm JMBlNW **57**, 250). Ob der Gewinn bedeutend ist, will RG **18** 343, **19** 253 nach den allgemeinen gesellschaftlichen Anschauungen entscheiden (zust. M-Schroeder I 491; vgl. aber Kummer in Aubin aaO 17f.). Ein solcher *absoluter* Maßstab erscheint jedenfalls dann notwendig, wenn – wie bei Glücksspielautomaten – der Kreis der Spieler völlig ungewiß ist (Köln NJW **57**, 721, v. Bubnoff LK 6); dabei sollen nach Hamm JMBlNW **57**, 251 (zu weitgehend) bereits Einsätze von 1 DM über dem Satz reiner Unterhaltungsspiele liegen. Im übrigen hingegen werden jeweils auch die *konkreten Verhältnisse der Mitspielenden* mitzuberücksichtigen sein (vgl. Bay GA **56**, 385, Frank II, Lackner 2d cc; vgl. auch D-Tröndle 4). Wesentlich ist ferner, daß der Spieler um an der Gewinnchance teilzuhaben, durch seinen **Einsatz** ein Vermögensopfer erbringt (Samson SK 5); dies kann auch in versteckter Form, wie z. B. durch Eintritts- oder Verzehrkarten, geschehen (vgl. BGH **11** 210, v. Bubnoff LK 7, M-Schroeder I 490), vorausgesetzt jedoch, daß es sich bei diesem Vermögensopfer nicht lediglich um die – vom eigentlichen Spiel unabhängige – Ermöglichung der Teilnahme daran handelt (wie z. B. bei einer „Kettenbriefaktion": Bay NJW **90**, 1862), sondern über eine solche Art von „Eintrittsgeld" hinaus aus dem Einsatz aller Mitspieler die Gewinnchance des Einzelnen erwächst (BGH **34** 175f.). Vgl. auch § 286 RN 4. Ob dabei für die Leistung des Veranstalters ein normaler oder überhöhter Preis zu zahlen ist, ist unbeachtlich (vgl. RG **65** 196). Über die gegenüber § 286 wichtige **Abgrenzung von Lotterie und Ausspielung** vgl. dort RN 2ff.

Beispielsweise sind von der Rspr. zu den **Glücksspielen** gerechnet worden: Kümmelblättchen (RG **7** **28** 284, vgl. aber JW **27**, 2236, KG JW **28**, 275), Kartenlotterie (RG **12** 388), Lotto (RG **18** 343), Pokern (RG JW **06**, 789), „Meine Tante deine Tante" (R **9** 153), Rommé (KG HRR **29** Nr. 1803), Roulette (RG **14** 30), Spiralo-Roulette (BGH **2** 276), Sektorenspiel (BVerwG NJW **60**, 1684), Würfelspiele um Geld (RG **10** 252); zum „Hütchenspiel" vgl. o. 5, über Ecarté vgl. RG JW **28**, 2240, **30**, 2551 m. Anm. Kern, über Mauscheln RG **61** 356. Bei **Geldspielautomaten** kommt es auf die Beschaffenheit des einzelnen Apparates an; vgl. über Bajazzoautomaten RG **62** 163, Hansa-Automaten RG **64** 219 und sog. Mintautomaten RG **64** 355; vgl. ferner RG JW **33**, 2147 m. Anm. Klee. Auf Grund des feststehenden Gewinn- und Verlustverhältnisses will Köln NJW **57**, 721 bei Apparaten i. S. des § 33 c GewO die Glücksspieleigenschaft generell ausschließen; dagegen bei Gewinnchancen von 60% und einer Mindestlaufzeit von 15 Sek. Hamm JMBlNW **58**, 250.

8   Da es bei diesen Spielen jedoch entscheidend auf die jeweiligen Spielregeln ankommt, kann bei **Abwandlungen** der Charakter als Glücksspiel entfallen, ebenso wie umgekehrt Geschicklichkeitsspiele dadurch u. U. den Charakter von Glücksspielen annehmen können, wie z. B. Preisskat mit ungleichen Teilnehmern; vgl. v. Bubnoff LK 8 mwN.

9   III. Das Glücksspiel muß **öffentlich** sein. Das ist der Fall, wenn für einen größeren, nicht fest geschlossenen Personenkreis die Möglichkeit besteht, sich an ihm zu beteiligen (RG **57** 193) und bei den Spielern der Wille vorhanden und äußerlich erkennbar ist, auch andere am Spiel teilnehmen zu lassen (Bay GA **56**, 386). Entscheidend ist also nicht die Öffentlichkeit des Ortes, an dem das Spiel stattfindet, sondern die Tatsache, daß es dem Publikum freisteht, sich am Spiel zu beteiligen (vgl. VGH Mannheim GewA **78**, 388 f. m. krit. Anm. Wettling 361 ff., Samson SK 10). Nicht öffentlich ist z. B. das Spiel in geschlossenen Eisenbahnabteilen eines fahrenden Zuges (RG **63** 45; vgl. jedoch RG HRR **29** Nr. 1272), ebensowenig ein Spiel, das in einer geschlossenen Gesellschaft nach Eintritt der Polizeistunde unter bestimmten zurückgebliebenen Gästen stattfindet (vgl. Düsseldorf GA **68**, 88).

10 Als öffentlich veranstaltet gelten hingegen Glücksspiele in **Vereinen** oder **geschlossenen Gesellschaften,** sofern darin Glücksspiele **gewohnheitsmäßig** veranstaltet werden **(Abs. 2)**; krit. dazu Berg MDR 77, 277, Lange Dreher-FS 580 ff. Als geschlossene Gesellschaften können auch regelmäßige Zusammenkünfte eines bestimmten Verwandten- oder Freundeskreises anzusehen sein (Kummer aaO 15). Es ist nicht erforderlich, daß die einzelnen *Teilnehmer* einen Hang zum Spielen haben; vielmehr reicht aus, daß die Gesellschaft als Personenmehrheit auf Grund eines durch Übung ausgebildeten Hanges zum Glücksspiel zusammenkommt (RG **56** 246, Hamburg MDR **54**, 312, v. Bubnoff LK 10).

11 IV. Als **Tathandlung** kommt das Veranstalten oder Halten eines Glücksspiels sowie das Bereitstellen von Einrichtungen in Betracht.

12 1. Ein Glücksspiel **veranstaltet,** wer dem Publikum Gelegenheit zur Beteiligung daran gibt. Dafür kann bereits die Aufstellung und das Zugänglichmachen eines Spielplans genügen (RG **61** 15, v. Bubnoff LK 11, D-Tröndle 11, Lackner 4); daher ist nicht erforderlich, daß bereits eine Beteiligung am Spiel tatsächlich stattgefunden hat (and. Frank I 1, Samson SK 13). Ebensowenig braucht der Veranstalter selbst am Glücksspiel teilzunehmen (D-Tröndle 11). Ein Croupier ist zwar nicht per se Halter oder Veranstalter, kann aber letzteres sein, wenn das Geschäft (auch) auf seine Rechnung geht (Bay NJW **79**, 2257). Auch im Betrieb eines sog. Wettkonzerns kann eine Glücksspielveranstaltung liegen (RG **57** 190).

13 2. Ein Glücksspiel **hält,** wer als Unternehmer die Spieleinrichtungen zur Verfügung stellt (RG **29** 378, v. Bubnoff LK 12; and. Meurer/Bergmann JuS 83, 672: „Halten" als qualifizierte Form des Mitspielens); auch hier ist nicht der Beginn des Spiels erforderlich (vgl. o. 12). Ist der Unternehmer eine Gesellschaft oder juristische Person, so soll nach h. M. § 14 I anwendbar sein (Bay NJW **79**, 2259, Bruns GA 82, 4 f., 34, v. Bubnoff LK 12, D-Tröndle 12). Der Anwendung des § 14 I bedarf es hier jedoch nicht, da der Rechtsgutsbezug bei § 284 nicht erst über einen bestimmten Status des Täters hergestellt wird; vielmehr wird das Rechtsgut des § 284 bereits durch das „Halten" oder „Veranstalten" als solches, unabhängig vom Eigeninteresse oder Vertreterstatus des Täters, verletzt (vgl. § 14 RN 5, ferner Roxin LK § 14 RN 11, Meurer/Bergmann JuS 83, 673).

14 3. Ferner kommt das **Bereitstellen von Einrichtungen zum Glücksspiel** in Betracht.

15 a) **Spieleinrichtungen** sind alle Gegenstände, die ihrer Natur nach geeignet oder dazu bestimmt sind, zu Glücksspielen benutzt zu werden (v. Bubnoff LK 13). Dazu ist zwischen eigentlichen und uneigentlichen Spieleinrichtungen zu unterscheiden: Ein Roulette-Tisch z. B. kann anderen Zwecken nicht dienen und ist daher stets Spieleinrichtung. Bei Spielkarten, Würfeln o. ä. hingegen, die auch erlaubten Spielen dienen können, ist darüber hinaus erforderlich, daß sie zur Verwendung für Glücksspiele bestimmt sind. Unter dieser Voraussetzung können auch völlig neutrale Gegenstände, wie Stühle, normale Tische usw. zur Spieleinrichtung werden (vgl. RG **56** 117, 246, D-Tröndle 13, Stree, Deliktsfolgen und Grundgesetz [1960] 97 f.).

16 b) **Bereitgestellt** sind Spieleinrichtungen, wenn sie den Spielern zur Benutzung beim Spiel zur Verfügung stehen. Beginn des Spiels ist nicht erforderlich (vgl. Samson SK 14).

17 c) Der **Wirt,** der in seinen Räumen **Glücksspiele duldet,** hält dadurch allein noch keine Spieleinrichtungen bereit. Die Einrichtungsgegenstände der Galsträume können als solche nur insoweit gelten, als sie ausdrücklich zur Verwendung bei Glücksspielen bestimmt sind (vgl. o.

15). Der Wirt kann aber zu den Vergehen der §§ 284, 284a Beihilfe leisten (Lackner 4), und zwar auch durch Unterlassen (Frank I 3, Kummer aaO 16; and. RG **56** 117, D-Tröndle 13, v. Bubnoff LK 13, nach denen der Wirt stets Täter nach § 284 ist).

V. Die genannten Handlungen sind nur strafbar, wenn sie **ohne behördliche Erlaubnis** 18 vorgenommen werden (neg. Tatbestandsmerkmal: D-Tröndle 15, Lackner 5; and. für Erlaubnis als Rechtfertigungsgrund Celle NJW **69**, 2250, Ostendorf JZ 81, 168 mwN; näher zur Abgrenzung und zu den auftretenden Problemen 61–63 vor § 32). Wann und unter welchen Voraussetzungen eine Erlaubnis erteilt wird, ergibt sich vor allem aus folgenden Bestimmungen (vgl. Kummer aaO 17ff. m. Abdruck einschlägiger Vorschriften 42ff.):

1. Über die gewerbsmäßige Aufstellung *mechanisch betriebener Spielgeräte,* die Veranstaltung anderer 19 Spiele mit Gewinnmöglichkeit sowie das Betreiben von *Spielhallen* vgl. §§ 33c–33i GewO; dazu SpielVO idF der Bek. v. 11. 12. 85 (BGBl. I 2245; III 7103–1); dazu Karlsruhe NJW **53**, 1642, Köln NJW **57**, 721, Hamm NJW **57**, 250, Odenthal GewA 89, 222. Vgl. ferner § 8 JÖSchG.

2. Über die *Zulassung öffentlicher Spielbanken* vgl. das als Landesrecht fortgeltende SpielbankenG v. 20 14. 7. 33 (RGBl. I 480) i. V. m. der ebenfalls landesrechtlich fortgeltenden SpielbankenVO idF v. 31. 1. 44 (RGBl. I 60) sowie die Nachw. zu den zwischenzeitlich ergangenen landesrechtlichen Änderungsvorschriften bei D-Tröndle 10. Ist eine Spielbank zugelassen, so wird das dort betriebene Spiel auch bei Nichteinhaltung verwaltungsrechtlicher Auflagen noch nicht ohne weiteres zu einem unerlaubten nach § 284 (vgl. BGHZ **47** 393).

3. Über Glücksspiel *bei Pferderennen* vgl. RennwLottG v. 8. 4. 22 (RGBl. 393; BGBl. III 611–14) idF 21 v. 16. 12. 86 (BGBl. I 2441). Über die landesrechtlichen *Sportwettengesetze* vgl. Frankfurt NJW **51**, 44 und FN 1 dazu, ferner Henke NJW 53, 1251. Über das *Zahlenlotto* vgl. z. B. RW-Ges. über das Zahlenlotto u. Zusatzlotterien idF v. 25. 8. 77 (GBl. 385), ferner v. Bubnoff LK 3 vor § 284.

4. Über *erlaubnisfreie Spiele* vgl. § 5a SpielVO; dazu *Odenthal* GewA 89, 224. 22

VI. Für den **subjektiven Tatbestand** ist **Vorsatz** erforderlich (§ 15; vgl. RG **62** 172). Nimmt 23 jemand irrtümlich an, daß Spiele an einem bestimmten Automaten keine Glücksspiele seien, so kommt je nach den Umständen Tatbestands- oder Subsumtionsirrtum in Betracht; ersteres insbes. dann, wenn der Veranstalter glaubt, der Spieler könne durch seine Geschicklichkeit den Spielausgang beeinflussen, oder wenn er irrig annimmt, eine behördliche Erlaubnis zu haben (RG JW **30**, 3857 m. Anm. Kern). Dagegen wäre die irrige Auffassung, einer Erlaubnis nicht zu bedürfen, nur Verbotsirrtum (Samson SK 16; diff. Rengier ZStW 101, 884). Vgl. auch Schröder MDR 51, 388.

VII. Über **Einziehung** vgl. § 285b. 24

VIII. **Idealkonkurrenz** ist möglich mit § 263 (RG **61** 16), weiter mit § 284a (vgl. dort RN 7). 25

§ 284a Beteiligung am unerlaubten Glücksspiel

Wer sich an einem öffentlichen Glücksspiel (§ 284) beteiligt, wird mit Freiheitsstrafe bis zu sechs Monaten oder mit Geldstrafe bis zu einhundertachtzig Tagessätzen bestraft.

I. Die Vorschrift bedroht die **Beteiligung am öffentlichen Glücksspiel** mit Strafe. Der Tatbestand 1 bezieht sich nur auf Glücksspiele i. S. des § 284, nicht auf Ausspielungen und Lotterien (§ 286); das Spielen in einer ungenehmigten Ausspielung ist hier nicht mit Strafe bedroht.

II. Am Glücksspiel **beteiligt sich,** wer selbst spielt, d. h. sich den vom Zufall abhängenden 2 Gewinn- und Verlustaussichten unterwirft. Beteiligter ist auch, wer in Vertretung oder als Beauftragter eines anderen auf dessen Rechnung spielt (v. Bubnoff LK 2), ebenso der Veranstalter oder Halter, der selbst mitspielt (Samson SK 2). Eine Beteiligung liegt erst dann vor, wenn das Spiel begonnen hat, z. B. bei Geldspielautomaten mit dem Einwerfen einer Münze (v. Bubnoff LK 3). Spielen zum Schein, um Dritte anzulocken, genügt nicht (RG **63** 441).

III. Durch die **behördliche Erlaubnis** (dazu § 284 RN 18ff.) wird nicht erst die Rechtswidrig- 3 keit, sondern bereits die Tatbestandsmäßigkeit ausgeschlossen (vgl. v. Bubnoff LK 4, aber auch D-Tröndle 3).

IV. Für den **subjektiven Tatbestand** ist **Vorsatz** erforderlich. Zu Irrtümern vgl. § 284 RN 23. 4

V. Strafbare **Teilnahme** ist nach allg. Grundsätzen möglich, wobei jedoch die wichtigsten 5 Formen der Teilnahme bereits in § 284 zu besonderen Delikten ausgestaltet sind. Beihilfe kann vor allem der Wirt leisten, indem er in seinen Räumen die Glücksspiele duldet (vgl. § 284 RN 17). Wer einem anderen Geld zum Spielen für seine Rechnung gibt, kann je nach dem Vorsatz Mittäter oder Gehilfe sein (RG **57** 191).

6   VI. Die **Strafe** ist Freiheitsstrafe bis zu 6 Monaten oder Geldstrafe bis zu 180 Tagessätzen. Über *Einziehung* vgl. § 285 b. Während früher Polizeiaufsicht zulässig war (§ 285 a. F.), kommt heute *Führungsaufsicht* nach Aufhebung des § 48 durch das 23. StÄG (Einf. 10) *nicht* mehr in Betracht.

7   VII. **Idealkonkurrenz** ist möglich mit § 263 und § 284 (vgl. RG **62** 172, Samson SK 2).

§ 285, § 285 a *aufgehoben durch EGStGB.*

§ 285 b Einziehung

In den Fällen der §§ 284 und 284 a werden die Spieleinrichtungen und das auf dem Spieltisch oder in der Bank vorgefundene Geld eingezogen, wenn sie dem Täter oder Teilnehmer zur Zeit der Entscheidung gehören. Andernfalls können die Gegenstände eingezogen werden; § 74 a ist anzuwenden.

Schrifttum: Eser, Die strafrechtlichen Sanktionen gegen das Eigentum, 1969.

1   I. Als besondere Vorschrift i. S. v. § 74 IV (Lackner 1) schreibt sie – über den Anwendungsbereich des § 74 hinaus – auch die **Einziehung** von Spieleinrichtungen und Spielgeld vor. Außerdem läßt sie
2   die strafähnliche Dritteinziehung nach § 74 a zu. Zur **Rechtsnatur** vgl. 13 vor § 73 sowie RG **63** 380, Eser aaO 247.

3   II. **Voraussetzung** der Einziehung ist grds. eine **vollstrafbare Tat** nach §§ 284 oder 284 a. Liegt jedoch ein *Sicherungsbedürfnis* i. S. des § 74 II Nr. 2 vor, so reicht bereits eine *rechtswidrige* Tat aus (§ 74 III).
4   **Gegenstand** der Einziehung sind nur die Spieleinrichtungen (vgl. dazu § 284 RN 15) sowie das auf dem Spieltisch oder in der Bank befindliche Geld. Dazu gehört auch das Geld, das sich in einem verbotenen Spielautomaten befindet. Bank in diesem Sinne ist nur die Spielbank, nicht dagegen das Geldinstitut, in dem etwaige Gewinne deponiert werden (vgl. RG **57** 128).
5   Grundsätzlich bleibt die Einziehung auf das Eigentum von **Tatbeteiligten** beschränkt (S. 1). Soweit jedoch ein Sicherungsinteresse i. S. des § 74 II Nr. 2 vorliegt oder dem Dritten ein Vorwurf i. S. des § 74 a gemacht werden kann, erstreckt sich die Einziehung auch auf **Dritteigentum**.

6   III. Soweit die Einziehung *Tätereigentum* betrifft, ist sie **zwingend** anzuordnen; jedoch bleibt auch hier der Grundsatz der Verhältnismäßigkeit zu beachten (vgl. Eser aaO 358, 364 sowie § 74 b RN 2). In allen übrigen Fällen ist die Einziehung in das pflichtgemäße **Ermessen** des Gerichts gestellt; vgl. dazu § 74 RN 41 f., § 74 a RN 12.

7   IV. Im übrigen sind die **§§ 74 ff. ergänzend** heranzuziehen; vgl. 10 vor § 73.

§ 286 Unerlaubte Veranstaltung einer Lotterie und einer Ausspielung

(1) Wer ohne behördliche Erlaubnis öffentliche Lotterien veranstaltet, wird mit Freiheitsstrafe bis zu zwei Jahren oder mit Geldstrafe bestraft.

(2) Den Lotterien sind öffentlich veranstaltete Ausspielungen beweglicher oder unbeweglicher Sachen gleichzuachten.

Schrifttum: Vgl. die Angaben zu § 284, ferner: *Bruns,* Neue Gesichtspunkte in der strafrechtlichen Beurteilung der modernen progressiven Kundenwerbung, Schröder-GedS 273. – *Gerland,* Das Hydrasystem, GS 94, 177. – *Granderath,* Strafbarkeit von Kettenbriefaktionen!, wistra 88, 173. – *Kern,* Neue Formen erlaubter und unerlaubter Ausspielungen, 1925. – *Klenk,* Der Lotteriebegriff in straf- und steuerrechtlicher Sicht, GA 76, 361. – *Lampe,* Strafrechtliche Probleme der „progressiven Kundenwerbung", GA 77, 33. – *Müller,* Zulässigkeit von Preisausschreiben in der Werbung, NJW 72, 273. – *Schild,* Die Öffentlichkeit der Lotterie des § 286 StGB, NStZ 82, 446.

1   I. Die Vorschrift stellt das **unbefugte Veranstalten einer öffentlichen Lotterie oder Ausspielung** unter Strafe. Obgleich es sich bei der Lotterie lediglich um eine besondere Art des Glücksspiels handelt (BGH **34** 179), erklärt sich ihre getrennte tatbestandliche Erfassung aus der Geschichte des Lotterieverbots (vgl. Klenk GA 76, 363 f.). Strafbedroht ist jedoch nur das unbefugte *Veranstalten,* nicht dagegen das Spielen in einer derartigen Lotterie oder Ausspielung. Zwar besteht der **Schutzzweck** des Verbots primär darin, den spezifischen Gefahren einer unkontrollierten Gewinn*auslösung* zu begegnen; doch geht es darüber hinaus auch um die Verhinderung von Manipulationen bei der Gewinn*verteilung* (v. Bubnoff LK 1; demgegenüber stärker das fiskalische Interesse hervorhebend Schild NStZ 82, 447). Daher werden u. U. auch Wettgemeinschaften erfaßt, wenn der Einzahler keinen unmittelbaren Gewinnanspruch gegen die zugelassene Lotterie (z. B. staatliche Toto-GmbH), sondern lediglich gegen den Organisator der Wettgemeinschaft hat (BGH 1 StR 643/76 v. 18. 1. 77). Zudem ist **landesrechtlich** das Spielen in nicht genehmigten oder zugelassenen Lotterien und Aus-

spielungen vielfach eine Ordnungswidrigkeit, so z. B. nach § 7 BW LOWiG idF v. 16. 12. 85 (GBl. 533). Vgl. auch Nr. 241 RiStBV sowie die Nachw. bei D-Tröndle 1.

II. Lotterie ist ein Unternehmen, bei dem einer Mehrzahl von Personen die Möglichkeit 2 eröffnet wird, nach einem bestimmten Plan gegen einen vom Einritt eines zufälligen Ereignisses abhängiges Recht auf einen bestimmten Geldgewinn zu erwerben (R **5** 284, v. Bubnoff LK 2ff., Klenk GA 76, 364ff.). Die **Ausspielung** unterscheidet sich von der Lotterie dadurch, daß nicht Geld, sondern andere Sachen oder geldwerte Leistungen die Gewinne bilden (vgl. u. 9ff.). Zu beachten ist, daß Lotterie und Ausspielung nur Formen des Glücksspiels sind (vgl. § 284 RN 5f.); es muß sich also in beiden Fällen um ein *Spiel* handeln; die Entscheidung über Gewinn oder Verlust muß stets ganz oder hauptsächlich vom Zufall abhängen (RG **65** 195, **67** 398).

1. Bezüglich der **Lotterie** ist noch folgendes hervorzuheben:

a) Erforderlich ist hier im Unterschied zu anderen Glücksspielen ein vom Unternehmer 3 festgesetzter **Spielplan**. Dieser Plan muß den Spielbetrieb im allgemeinen regeln und die Bedingungen angeben, unter denen einer Mehrzahl von Personen die Möglichkeit der Beteiligung eröffnet wird. Die Ausführung des Planes kann von den Umständen, insbes. dem Maß der Beteiligung abhängig gemacht werden (vgl. RG JW **34**, 3204).

b) **Einsatz** ist der Vermögenswert, der bewußt für die Beteiligung an den Gewinnaussichten 4 geopfert wird (vgl. R **5** 284). Da die Tat nur das *Veranstalten* der Lotterie voraussetzt (u. 14f.), reicht es aber aus, daß der Täter davon ausgeht, der Einsatz werde von den Spielern bewußt als Spielbeitrag geopfert (vgl. Düsseldorf NJW **58**, 760). Daran fehlt es, wenn die Kosten der Lotterie ausschließlich von dem Veranstalter in der Hoffnung auf eine Umsatzsteigerung getragen werden (vgl. RG **65** 196, **67** 400 m. Anm. Kern JW **34**, 489, BGH **3** 104; abw. wohl Celle DStR **34**, 79). Der Einsatz kann auch in *versteckter* Form ausbedungen werden, so z. B. im Eintrittspreis für eine Veranstaltung oder im Kaufpreis für eine Ware enthalten sein (RG **60** 127, **65** 195, JW **34**, 3204, Düsseldorf NJW **58**, 760), oder es kann genügen, daß es dem Abnehmer einer Ware freisteht, diese mit oder ohne Gewinnchance zu erwerben (Düsseldorf aaO). Der Einsatz muß im Spielplan bestimmt sein. Ist seine Höhe dem Ermessen der einzelnen Spieler überlassen, liegt keine Lotterie oder Ausspielung, sondern ein Glücksspiel i. e. S. vor (R **5** 285). Die Einsätze der einzelnen Spieler brauchen nicht gleich zu sein, auch braucht nicht einmal jeder Spieler einen Einsatz zu machen; vielmehr kann der Unternehmer allgemein bestimmen, daß der Einsatz nur im Fall des Verlustes zu zahlen ist. Über andere Formen vgl. Kern JW **28**, 828, v. Bubnoff LK 4ff.

c) Der Gewinn muß bei der Lotterie in **Geld** bestehen. 5

d) Die Entscheidung über Gewinn oder Verlust hängt auch dann im wesentlichen vom 6 **Zufall** ab, wenn bestimmt ist, daß das Ergebnis einer anderen Lotterie oder Ausspielung über Gewinn oder Verlust entscheiden soll (RG JW **31**, 1926). Daher ist eine Lotterieveranstaltung auch in der Weise möglich, daß der Täter sich an eine bereits bestehende andere Lotterie, die ihrerseits behördlich erlaubt ist (z. B. Toto oder Lotto), in der Weise anschließt, daß er den Teilnehmern der von ihm organisierten Wettgemeinschaft die Zahlung der Gewinne verspricht, welche auf Lose jener Lotterie entfallen, vorausgesetzt freilich, daß er selbst als Veranstalter Eigentümer der Lose bleibt und seine Abnehmer eine Forderung auf Gewinnauszahlung allein gegen ihn haben sollen (BGH 1 StR 643/76 v. 18. 1. 77; vgl. o. 1). Hängt die Entscheidung vom Ermessen des Lotterieveranstalters ab, so ist sie vom Standpunkt der Spieler aus gleichfalls als Zufall anzusehen (RG **25** 257, **27** 94). Im übrigen ist die **Art der Gewinnermittlung** unerheblich (vgl. RG **36** 125). Insbes. braucht nicht unbedingt eine Losziehung zu erfolgen. 7

e) Als Lotterien sind **beispielsweise** angesehen worden Preisrätsel in einer Zeitung (RG **25** 256, **60** 8 386, Recht **19** Nr. 2047), das Prämienschießen um Geldgewinne in einer Schießbude (RG JW **11**, 508), das Gewinn-Sparen (OVG Münster MDR **56**, 701), das sog. amerikanische Roulette als Sonderform einer Kettenbriefaktion (Karlsruhe NJW **72**, 1963; and. jetzt BGH **34** 179; vgl. auch u. 13a).

2. Zur **Ausspielung** ist noch folgendes zu bemerken:

a) Auch bei der Ausspielung muß ein gewisser **Spielplan** bestehen (Samson SK 1; vgl. auch 9 RG **62** 394).

b) Der **Einsatz** kann auch hier ein versteckter sein (vgl. o. 4, ferner BGH GA **78**, 334). An 10 einem Einsatz kann es z. B. fehlen, wenn ein Automat neben dem Kaugummi, der die eingeworfene Münze wert ist, vereinzelt noch wertvollere Zugabeartikel abgibt (LG Tübingen NJW **60**, 1359 m. Anm. Ganske).

c) Im Unterschied zur Lotterie besteht hier der **Gewinn nicht in Geld,** sondern in bewegli- 11 chen oder unbeweglichen Sachen oder in geldwerten Leistungen (krit. dazu Bruns Schröder-

GedS 280), wie z. B. in einer Erholungsreise, in einem Kuraufenthalt (vgl. RG **64** 219) oder der Errichtung eines Gebäudes. Erforderlich ist aber stets, daß der Gewinn einen *Vermögenswert* hat (v. Bubnoff LK 7). Auch der Zeitpunkt eines Besitz- oder Eigentumserwerbs kann Gegenstand einer Ausspielung sein (RG **59** 350 betr. sog. Fahrradhilfe).

12 d) Die Entscheidung über den Gewinn muß auch hier wesentlich vom **Zufall** abhängen (o. 6, BGH GA **78**, 334, D-Tröndle 9, M-Schroeder I 492; and. Bruns Schröder-GedS 280, ohne jedoch seinerseits ein brauchbareres Abgrenzungskriterium zu nennen).

13 e) Zu den Ausspielungen hat die Rspr. **beispielsweise** gerechnet den Vertrieb von Waren durch Aussetzen von Preisen in Glücksbuden (RG **10** 249), den Absatz von Waren im Wege der Losziehung durch Ladeninhaber (RG **19** 257), das Aussetzen von Preisen für die Teilnahme an Geschicklichkeitsspielen (BGH **9** 39), das Zahlenlotto (Braunschweig NJW **54**, 1777). Zur Ausspielung durch Preisausschreiben Groebe NJW 51, 133; zur „Scheinausspielung" vgl. Bockelmann NJW 52, 855, Bußmann NJW 52, 684.

13a Die nach früherem Recht streitige Frage, inwieweit Formen der „**progressiven Kundenwerbung**" nach § 286 strafbar sein können (grds. bejah. die Rspr.: vgl. RG **60** 252, **61** 285, BGH **2** 79, 139; auf den Einzelfall abstellend BGH GA **78**, 333; krit. Bruns Schröder-GedS 279ff., v. Bubnoff LK 11 mwN), ist mit der durch das 2. WiKG erfolgten Einführung des § 6c UWG, der derartige Formen der Kundenwerbung generell unter Strafe stellt, gegenstandslos geworden. Eine etwaige Strafbarkeit nach § 286 tritt hinter die Sondernorm des § 6c UWG zurück (BGH **34** 178 m. Anm. Richter wistra 87, 276, D-Tröndle 9, Lackner 1 c). Noch nicht endgültig geklärt ist allerdings, inwieweit § 6c UWG auch die Veranstaltung von **Kettenbriefaktionen** erfaßt. Während BGH **34** 179 die Anwendbarkeit des § 6c UWG auf Kettenbriefaktionen, die nicht von einer Zentrale gesteuert werden (sog. Selbstläufer), zu Recht verneint, wird bei zentraler Steuerung des Systems zum Teil eine Erfassung durch § 6c UWG für möglich gehalten (AG Böblingen wistra **88**, 243 m. Anm. Richter, Richter wistra 87, 276; abl. Bay NJW **90**, 1862, Granderath wistra 88, 173; vgl. auch Achenbach NStZ 89, 504).

14 III. Die **Tathandlung** besteht im Veranstalten einer öffentlichen Lotterie oder Ausspielung ohne behördliche Genehmigung.

15 1. **Veranstaltet** ist die Lotterie oder Ausspielung bereits dann, wenn die Möglichkeit der Beteiligung gewährt ist (RG **35** 45, **59** 352); der tatsächliche Abschluß von Spielverträgen ist **16** nicht erforderlich (RG **8** 293, **19** 259). Eine *ausländische* Lotterie ist auch im Inland veranstaltet, wenn dem Publikum die Beteiligung innerhalb des Bundesgebietes ermöglicht wird (RG **42** 433). Vgl. weiter Braunschweig NJW **54**, 1777.

17 2. Die Veranstaltung ist **öffentlich,** sobald das Anbieten von Losen sich nicht auf einen bestimmten Kreis von Teilnehmern beschränkt, sondern an eine Mehrzahl unbestimmter Personen erfolgt, die weder als Mitglieder einer gleichgerichteten Interessengemeinschaft noch in persönlicher Hinsicht miteinander verbunden sind (vgl. Schild NStZ 82, 448f. mwN). Dagegen *fehlt* es für die Strafbarkeit von Veranstaltungen innerhalb *geschlossener Gesellschaften* oder *Vereine* an einer dem § 284 II entsprechenden Gleichstellungsklausel. Daher bedarf eine geschlossene Fest-Tombola regelmäßig keiner Erlaubnis (vgl. Samson SK 5). Doch können auch private Wettgemeinschaften, denen jedermann beitreten kann, u. U. öffentlichen Charakter haben (vgl. BGH 1 StR 643/76 v. 18. 1. 77 sowie o. 1, 4). Im übrigen ist die Art, in der die Aufforderung zur Beteiligung an der Lotterie erfolgt, wie etwa durch briefliche Benachrichtigung der Spiellustigen, durch Ankündigung in den Zeitungen (vgl. RG **14** 91) oder auch mündlich, unerheblich (Schild NStZ 82, 447).

18 3. Ferner muß die Veranstaltung **ohne behördliche Erlaubnis** erfolgen (vgl. § 284 RN 18). Die Zuständigkeit zur Erteilung der Erlaubnis ist in der LotterieVO v. 6. 3. 37 (RGBl. I 282; vgl. dazu OVG Münster MDR **56**, 701) sowie in Landesgesetzen (z. B. BW-Ges. über Lotterien u. Ausspielungen v. 4. 5. 82, GBl. 139) geregelt (vgl. v. Bubnoff LK 3 vor § 284). Ändert der Unternehmer nach erlangter Erlaubnis eigenmächtig den Spielplan oder die Spielbedingungen, so handelt er ohne Erlaubnis (BGH **8** 289). Das gleiche gilt bei Überschreitung der erteilten Erlaubnis (RG **3** 123, **28** 238).

19 4. Das Wetten am **Totalisator** ist Lotterievertrag. Vgl. dazu die Sondervorschriften des RennwLottG v. 8. 4. 22 (RGBl. I 393), insbes. § 7 mit Bußgeldtatbeständen für Totalisator-Unternehmer und Buchmacher. Nach Wegfall von § 8 RennwLottG a. F. durch Art. 164 EGStGB 1974 (BGBl. I 469, 584) bleibt der „Wetter" nunmehr straffrei (vgl. v. Bubnoff LK 19, Samson SK 7; and. D-Tröndle § 284a RN 1; vgl. aber BT-Drs. 7/550 S. 403).

20 IV. Für den **subjektiven Tatbestand** ist **Vorsatz** erforderlich (§ 15; vgl. RG **62** 172). Nicht erforderlich ist das Bewußtsein des Teilnehmers an der Ausspielung, daß er einen Vermögenswert für die Beteiligung an den Gewinnaussichten opfert (and. RG **65** 195); es genügt, daß der

Veranstalter davon ausgeht (v. Bubnoff LK 18). Ein *Irrtum* darüber, ob eine obrigkeitliche Erlaubnis erforderlich sei, ist Verbotsirrtum. Hat der Veranstalter eine Erlaubnis von einer nichtzuständigen Behörde erhalten, die er irrtümlich als zuständig ansah, dann ist dies ein Tatbestandsirrtum (D-Tröndle 14). Die fälschliche Verkennung des Lotteriecharakters ist bloßer Subsumtionsirrtum.

V. Täter ist einmal der *Veranstalter* der Lotterie, d. h. derjenige, auf dessen Rechnung das 21 Geschäft geht. Zur (fraglichen) Anwendbarkeit von § 14 I auf *Vertreter* gilt Entsprechendes wie zu § 284 RN 13 (vgl. Bruns GA 82, 4 f.). Dagegen bleibt der Spieler als solcher straflos (vgl. o. 1, v. Bubnoff LK 19).

VI. Die **Strafe** ist Freiheitsstrafe bis zu 2 Jahren oder Geldstrafe. Anders als bei §§ 284, 284a, 285b 22 kommt eine **Einziehung** hier lediglich nach den allg. Regeln der §§ 74 ff. in Betracht. Daher scheidet eine Einziehung des aus der Lotterie oder Ausspielung gewonnenen Geldes, weil dadurch lediglich erlangt und nicht hervorgebracht (dazu § 74 RN 8), grds. aus (BGH 1 StR 643/76 v. 18. 1. 77; v. Bubnoff LK 21). Einem **Verfall** nach § 73 dürften regelmäßig die zivilrechtlichen Ersatzansprüche der Geschädigten entgegenstehen (vgl. § 73 RN 25).

VII. Idealkonkurrenz ist möglich mit § 263 (näher v. Bubnoff LK 20, auch zur GewO), ferner mit 23 §§ 17, 23 RennwLottG (KG HRR 25 Nr. 1397). Gegenüber den Bußgeldtatbeständen der ZugabeVO geht § 286 vor (§ 21 OWiG). Gegenüber § 284 geht § 286 als spezieller vor (Braunschweig NJW 54, 1778). Für den zur Ordnungswidrigkeit herabgestuften § 7 AbzahlG sowie für § 144 I Nr. 1 d GewO gilt § 21 OWiG.

§ 287 *ist ersetzt durch die §§ 24–26 WZG.*

§ 288 Vereiteln der Zwangsvollstreckung

(1) **Wer bei einer ihm drohenden Zwangsvollstreckung in der Absicht, die Befriedigung des Gläubigers zu vereiteln, Bestandteile seines Vermögens veräußert oder beiseite schafft, wird mit Freiheitsstrafe bis zu zwei Jahren oder mit Geldstrafe bestraft.**

(2) **Die Tat wird nur auf Antrag verfolgt.**

Schrifttum: Berghaus, Der strafrechtliche Schutz der Zwangsvollstreckung, 1967. – *Bruns,* Gläubigerschutz gegen Vollstreckungsvereitelung, ZStW 53, 457. – *Eckels,* Tätige Reue bei Vollstreckungsvereitelung?, NJW 55, 1827. – *Gehrig,* Der Absichtsbegriff in den Straftatbeständen des Besonderen Teils des StGB, 1986. – *Geppert,* Vollstreckungsvereitelung u. Pfandkehr, Jura 87, 427. – *Haas,* Beisetzschaffen von Forderungen, wistra 89, 259. – *Laubenthal,* Einheitl. Wegnahmebegriff im StrafR?, JA 90, 38. – *Otto,* Die neue Rspr. zu den Vermögensdelikten, JZ 85, 21. – *Ottow,* Zur Frage des strafbefreienden Rücktritts vom beendeten Versuch bei Vollstreckungsvereitelung, NJW 55, 1546. – *Umhauer,* Das strafbare Vereiteln der Zwangsvollstreckung in Forderungen, ZStW 35, 208. – *Wach,* § 288 StGB, VDB VIII 55. – Zur Reform: *Schöne,* Das Vereiteln von Gläubigerrechten, JZ 73, 446.

I. Der Tatbestand der **Vollstreckungsvereitelung** dient dem Schutz des Einzelgläubigers in seinem 1 sachlich begründeten und vollstreckungsfähigen **Recht auf Befriedigung aus dem Schuldnervermögen** (RG 71 230, BGH 16 334, Wessels II/2 S. 105 f.). Der Vollstreckungsvereitelung ist der *Verstrickungsbruch* (§ 136) äußerlich ähnlich, jedoch schützen beide unterschiedliche Rechtsgüter: in § 136 ist 2 es das durch die Pfändung oder die Beschlagnahme entstandene *öffentlich-rechtliche Gewaltverhältnis* (§ 136 RN 3), bei § 288 geht es um die Befriedigungsinteressen des *Gläubigers* (vgl. Bruns aaO 468). Daher ist zwischen beiden Tatbeständen Idealkonkurrenz möglich. § 288 betrifft nur die *Einzelvoll-* 3 *streckung;* für die *Gesamtvollstreckung* (Konkurs) enthält § 283 eine entsprechende Vorschrift (vgl. dort RN 1). Dessen Grundsätze können auch für die Auslegung von § 288 entsprechend herangezogen werden (Braunschweig HESt. 2 333, Schäfer LK 3).

II. Für den **objektiven Tatbestand** ist erforderlich, daß der Täter bei einer ihm drohenden 4 Zwangsvollstreckung Bestandteile seines Vermögens veräußert oder beiseite schafft.

1. Unter **Zwangsvollstreckung** ist die durch staatliche (auch ausländische) Organe erfolgen- 5 de zwangsweise Verwirklichung eines Anspruchs zu verstehen. Es macht keinen Unterschied, ob der Gerichtsvollzieher, ein Gericht oder eine Verwaltungsbehörde die Vollstreckung durchzuführen hat. Es ist ferner unerheblich, ob der Anspruch privatrechtlicher oder öffentlich-rechtlicher Art ist, ob er auf Zahlung einer Geldsumme, auf Herausgabe von Sachen oder auf ein Dulden gerichtet ist (Schäfer LK 4; and. Berghaus aaO 102). Erforderlich ist aber, daß der Anspruch einen vermögensrechtlichen Gehalt hat. Dagegen kommt hier die Vereitelung der Vollstreckung einer Geldstrafe oder Einziehung nicht in Betracht (Samson SK 6), wohl aber hins. Verfahrenskosten (D-Tröndle 2). Zwangsvollstreckung ist auch die *Zwangsverwaltung.* 6 Die *Vollziehung eines Arrestes* mag zwar als solche keine Zwangsvollstreckung sein. Da sie

§ 288 7–14   Bes. Teil. Strafbarer Eigennutz

jedoch nach § 916 ZPO der Sicherung wegen eines Geldanspruchs dient, begründet der Arrest zumindest eine drohende Zwangsvollstreckung (vgl. RG **26** 10, D-Tröndle 3, Schäfer LK 5, Frank II 1).

7   2. Ferner muß der Zwangsvollstreckung ein effektiv bestehender **Anspruch** zugrundeliegen (RG **13** 292, JW **37**, 1336, Hamm NJW **56**, 194, Berghaus aaO 98, Bruns Lent-FS 148, Geppert Jura 87, 428, Wessels II/2 S. 106). Eine gegenteilige Auffassung entspräche nicht der Funktion des § 288, der den materiell begründeten Anspruch, nicht dagegen die Durchsetzung seiner autoritativen richterlichen Feststellung schützen soll (Krey II 123). Daher findet § 288 keine Anwendung, wenn die Zwangsvollstreckung aus einem vorläufig vollstreckbaren, jedoch in der Rechtsmittelinstanz aufgehobenen Urteil vereitelt worden ist (vgl. D-Tröndle 2). Entsprechend § 170b (vgl. dort RN 11 ff.) obliegt auch hier das Bestehen eines Anspruches ohne Rücksicht auf ein den Anspruch bejahendes Zivilurteil der **Prüfung des Strafrichters** (Bay **52** 224, Bruns Lent-FS 148); ist der Anspruch dagegen rechtskräftig abgewiesen, so scheidet § 288 aus.

8   Es muß der zu vollstreckende **Anspruch bereits entstanden** sein; es genügt nicht, daß er erst künftig entstehen wird. Anders ist dies jedoch, wenn der künftige Anspruch sicher entstehen wird und bereits so konkretisiert ist, daß er auch im Zivilrecht einem bestehenden Anspruch gleichgestellt werden kann; in diesen Fällen wird aber die Zwangsvollstreckung idR nicht unmittelbar bevorstehen. Hinsichtlich der Unterhaltsansprüche noch nicht geborener Kinder besteht bereits eine als Vermögensrecht anzusehende Anwartschaft, so daß auf die Vereitelung derartiger Ansprüche § 288 anwendbar ist (Kohlrausch-Lange III; and. RG **44** 252, Schäfer LK 6, D-Tröndle 2). Zu Ansprüchen nach §§ 3, 7, 9 AnfechtG vgl. RG **63** 341. Nicht notwendig ist die Fälligkeit des Anspruchs; ein aufschiebend bedingter Anspruch genügt (RG JW **34**, 369 m. Anm. H. Mayer). Der prozessuale Kostenerstattungsanspruch entsteht mit der Rechtshängigkeit, aufschiebend bedingt durch den Erlaß eines die Gegenpartei in die Kosten verurteilenden Erkenntnisses (vgl. Schellhammer, Zivilprozeß[4] 336, Schäfer LK 9).

9   Ferner muß der **Anspruch durchsetzbar** sein, so daß seine gerichtliche Geltendmachung zu einer Zwangsvollstreckung gegen den Schuldner führen könnte. Daher droht die Zwangsvollstreckung nicht, wenn es sich um anfechtbare oder verjährte oder sonst um Ansprüche handelt, denen der Schuldner eine Einrede entgegensetzen kann. Dabei kann nicht (entgegen RG **13** 293) eine Unterscheidung zwischen Nichtigkeits- und Anfechtungsgründen gemacht werden. Hat der Schuldner vor der Handlung des § 288 die Anfechtung erklärt, so würde diese, falls sie durchgreift, zur Nichtigkeit ex tunc führen und § 288 daher auch nach RG aaO keine Anwendung finden. Nichts anderes kann aber gelten, wenn der Täter vor der Anfechtungserklärung die Handlung des § 288 vornimmt. Ist zweifelhaft, ob dies vom Gericht anerkannt werden würde, so ist § 288 jedenfalls dann anwendbar, wenn der Schuldner „für alle Fälle" sein Vermögen beiseite schafft und die Anfechtung nicht durchgreift.

10   3. Die Zwangsvollstreckung ist **drohend,** sobald nach den Umständen des Falles anzunehmen ist, daß der Gläubiger den Willen hat, seinen Anspruch demnächst zwangsweise durchzusetzen (vgl. BGH MDR/H **77**, 638, Tiedemann NJW **77**, 781, aber auch Samson SK 10). Dazu ist nicht erforderlich, daß sein Wille bereits unbedingt auf Durchführung der Zwangsvollstreckung gerichtet ist; wohl aber kann nicht genügen, daß sich eine Maßnahme nur als „Schreckschuß" darstellt, z.B. der Gläubiger mit Klageerhebung droht, um den Schuldner zur freiwilligen Leistung zu veranlassen. Im übrigen ist für das Drohen der Zwangsvollstreckung weder

11 erforderlich, daß die Vollstreckungsvoraussetzungen bereits vorliegen, noch auch, daß der Gläubiger irgendwelche gerichtlichen Schritte unternommen hat (RG **23** 221, **24** 239, JW **31**, 2134). Auch ein Wechselprotest kann daher das Drohen der Zwangsvollstreckung anzeigen (vgl. RG LZ **32**, 1071). Zum Drohen der Zwangsvollstreckung bei Vorliegen eines Anfechtungsanspruchs vgl. RG **63** 342.

12   Auch eine **bereits begonnene Zwangsvollstreckung** droht so lange, als noch nicht alle Vollstreckungsmaßnahmen abgeschlossen sind (RG **17** 44, **35** 63), also auch dann noch, wenn Pfändung und Überweisung einer Hypothekenforderung bereits erfolgt sind und nur noch der Hypothekenbrief wegzunehmen ist (RG GA Bd. **55** 115), oder wenn eine Sache gepfändet, aber noch nicht versteigert ist (vgl. D-Tröndle 4). Entsprechendes gilt auch, wenn eine einzelne Vollstreckungsmaßnahme beendet ist, jedoch nicht zur vollen Befriedigung geführt hat (Schäfer LK 13).

13   4. Die **Tathandlung** besteht darin, daß der Täter Bestandteile seines Vermögens veräußert oder beiseite schafft.

14   a) **Bestandteil des Vermögens** sind alle pfändbaren Rechte und Sachen, u. U. auch der Besitz fremder Sachen (RG **61** 408, BGH GA **65**, 310), soweit die Vollstreckung zulässig ist, wie z. B. bei der Geldvollstreckung des Vorbehaltsverkäufers gegen den -käufer (BGH **16** 330). Auch unpfändbare Gegenstände kommen in Betracht, soweit die Vollstreckung nicht wegen

einer Geldforderung erfolgt. Bloß tatsächliche oder wirtschaftliche Positionen gehören nicht zum pfändbaren Vermögen. Nicht Vermögensbestandteil sind ferner die Persönlichkeitsrechte. Bedingte oder betagte Forderungen sind pfändbar und daher auch Vermögensbestandteile i. S. des § 288. Künftige Forderungen sind pfändbar, wenn zwischen Schuldner und Drittschuldner ein Rechtsverhältnis besteht, aus dem sich genügend bestimmt bezeichnete oder bestimmte künftige Ansprüche des Schuldners ergeben (RGZ 134 227, 135 141); näher Baur/Stürner, Zwangsvollstreckungs-, Konkurs- und Vergleichsrecht (1983) 207. Ein Grundstück scheidet als Gegenstand der Zwangsvollstreckung nicht schon deshalb aus, weil die Belastung den geschätzten Versteigerungswert erreicht (RG JW 32, 3625). Zum Vermögen des Schuldners gehören nicht die Gegenstände, die wirtschaftlich einem anderen zukommen, z. B. eine Forderung, die ihm nur zur Einziehung abgetreten ist (RG 72 254); vgl. über Treuhandverhältnisse weiter Braunschweig HE 2 333. Keine Bestandteile des Vermögens sind die Geschäftsbücher (RG HRR 36 Nr. 456).

b) **Veräußerung** bedeutet jede Verfügung, durch die ein den Gläubigern haftendes Vermögensstück durch Rechtsgeschäft aus dem Vermögen des Schuldners ausgeschieden wird. In Betracht kommen z. B. Übereignung oder Verpfändung von Sachen, Einziehung oder Abtretung von Forderungen, die Belastung von Grundstücken mit Rechten Dritter (RG 66 131; and. hins. Verpfändung, Einziehung u. Belastung, Haas aaO 260), die Bewilligung einer Vormerkung auf Übereignung eines Grundstücks (RG 59 315). Nur obligatorische Geschäfte (Abschluß eines Kaufvertrages, RG 32 21, 38 231) sind keine Veräußerung, ebensowenig das Vermieten oder Verpachten (vgl. jedoch RG 6 100). Auch in der Unterlassung eines die Pfändungsfreigrenze übersteigenden Arbeitserwerbs kann keine Veräußerung gesehen werden. Die Ausschlagung einer Erbschaft beseitigt zwar eine Rechtsposition, die pfändbar ist und deshalb den Gläubigern haften würde; sie kann dennoch keine Veräußerung i. S. des § 288 sein, da die Entscheidung über die Annahme der Erbschaft in das freie Belieben des Erben gestellt sein soll (Kohlrausch-Lange V, Schäfer LK 24; and. RG JW 02, 519; vgl. auch Soergel-Stein BGB[11] 4 vor u. 7 zu § 1942). Wird das veräußerte Vermögensstück durch einen gleichzeitig zufließenden Wert kompensiert, so fällt dies bei Geldforderungen nicht unter § 288 (RG 66 131, 71 230), und zwar selbst dann nicht, wenn er die Gegenleistung verschleudern will, dies aber noch nicht getan hat (Samson SK 18; weitergehend BGH NJW 53, 1152, Schäfer LK 20). War dagegen die veräußerte Sache bereits gepfändet, so liegt Vollstreckungsvereitelung vor, da dem Gläubiger eine sicherere (Pfandrechts-)Position genommen wird (Schäfer LK 22).

Beruhte die Verfügung auf einer fälligen Verbindlichkeit des Täters, so liegt keine „Veräußerung" i. S. des § 288 vor. Die Regeln des § 283c gelten hier entsprechend (vgl. dort RN 2ff.). Bei sog. **kongruenter Deckung** ist daher bereits die Tatbestandsmäßigkeit zu verneinen: § 288 ist nicht gegeben, wenn der Schuldner einen Gläubiger befriedigt, der die Befriedigung zu dieser Zeit und in dieser Art zu beanspruchen hat (RG 71 231, Bay 52, 225, Braunschweig HE 2 333, Bruns aaO 489/90, Schäfer LK 24).

c) **Beiseiteschaffen** bedeutet zunächst jede räumliche Entfernung der Sache, so daß sie der Zwangsvollstreckung tatsächlich entzogen wird. Dies kann z. B. durch Verstecken geschehen (RG 35 63, BGH GA 65, 310) oder durch Unterbringung an einer Stelle, an der sie der Gläubiger nicht vermutet (RG DJ 34, 450), nicht jedoch in der vorzeitigen Einziehung einer Forderung (vgl. Samson SK 19, Schäfer LK 25, Haas aaO 260; and. RG 9 232, 19 27, dem folgend noch die Voraufl.). Bei fehlendem Gegenwert liegt hierin aber eine Veräußerung der Forderung (o. 15). Darüberhinaus fordert der Grundgedanke der Bestimmung, der im Schutz des Gläubigers liegt, eine Erweiterung auf Handlungen, die den gleichen Erfolg haben, ohne daß die Sache selbst erhalten bleibt. Daher reicht auch das Zerstören einer Sache aus (RG 19 25, 27 123; vgl. auch § 283 RN 6), aber auch eine Beschädigung, soweit sie die Verwertbarkeit der Sache für die Zwangsvollstreckung beeinträchtigt (z. T. and. RG 27 123, 42 62; and. Samson SK 20, Schäfer LK 26, Wessels II/2 S. 107; vgl. auch Bruns aaO 485 f.), nicht aber der Gebrauch, auch wenn er zu einer Wertminderung führt. Auch das unentgeltliche Überlassen des Gebrauches von Sachen, die Nutzungen abwerfen, muß als Beiseiteschaffen angesehen werden (and. Schäfer LK 26).

III. 1. Für den **subjektiven Tatbestand** ist zunächst **Vorsatz** erforderlich: Der Täter muß wissen, daß ein bestimmter Gläubiger seine Befriedigung im Wege der Zwangsvollstreckung herbeiführen will. Wendet der Täter die Sache einem Gläubiger zu, so muß er wissen, daß er eine Sicherung oder Befriedigung gewährt, auf die in der Art und zu der Zeit kein Rechtsanspruch besteht (inkongruente Deckung; s. o. 16); insoweit genügt bedingter Vorsatz (Braunschweig HE 2 334). Am Vorsatz fehlt es daher, wenn der Täter sich zur Handlung zivilrechtlich für verpflichtet hielt (Tatbestandsirrtum; vgl. RG 56 171, JW 30, 2537, Schäfer LK 34; and. D-Tröndle 11: Verbotsirrtum).

19–22　2. Weiter erfordert das Gesetz die **Absicht, die Befriedigung des Gläubigers zu vereiteln.** Unter *Absicht* ist hier der direkte Vorsatz unter Ausschluß des bedingten zu verstehen (RG **27** 241, Gehrig aaO 105f., M-Schroeder I 519, Schäfer LK 36); es genügt also, daß der Täter die Benachteiligung des Gläubigers als sichere Nebenfolge voraussieht (Wessels II/2 S. 107). Die Absicht muß darauf gerichtet sein, die *Befriedigung* des Gläubigers – auch nur zeitweilig (Bay **52**, 224) – zu *vereiteln*. Nicht ausreichend ist daher bei der Zwangsvollstreckung wegen Geldforderungen die Absicht, eine bestimmte Vollstreckungsmaßregel zu hindern oder ein bestimmtes Vermögensstück dem Zugriff des Gläubigers zu entziehen, sofern noch andere Vermögensstücke vorhanden sind, die für die Befriedigung des Gläubigers ausreichen (RG **8** 52, RG JW **30**, 2536); vgl. jedoch o. 15. Dagegen macht sich der Schuldner bei drohender Zwangsvollstreckung wegen Herausgabe einer bestimmten Sache bereits nach § 288 strafbar, wenn er mit dem Beiseiteschaffen die Herausgabe dieser Sache vereiteln will. *Gläubiger* ist, wer z. Z. der Tat einen begründeten Anspruch gegen den Täter hat (RG JW **26**, 1198 m. Anm. Oetker); vgl. dazu o. 7 ff.

23　IV. Die Tat ist **vollendet** mit der Veräußerung oder dem Beiseiteschaffen; darauf, ob tatsächlich die Befriedigung des Gläubigers vereitelt wird, kommt es nicht an (RG JW **32**, 3625). Bis zur tatsächlichen Beendigung (z. B. Verbergen der Sache beim Verwahrer) ist Teilnahme möglich, es kann jedoch auch Begünstigung vorliegen; jedoch geht in diesem Falle die Teilnahme vor (vgl. § 257 RN 8).

24　V. **Täter** kann nach dem Wortlaut des Gesetzes nur der sein, dem die Zwangsvollstreckung droht, d. h. der **Vollstreckungsschuldner.** Das ist jeder, der aus einem rechtlichen Grunde verpflichtet ist, die Vollstreckung zu dulden, auch wenn er, wie z. B. der Hintermann eines Strohmannes, prozessual als Vollstreckungsschuldner nicht in Erscheinung tritt. Erfolgt die vollstreckungsvereitelnde Handlung (mit Einwilligung oder zugunsten des Schuldners) durch einen Dritten, so kommt Strafbarkeit nach § 288 nur in Betracht, wenn die Vereitelung auch dem Schuldner aufgrund mittelbarer Täterschaft zurechenbar ist (vgl. Geppert aaO 430f., Herzberg JuS 74, 377f., Krey II 124, Schäfer LK 29, aber auch Roxin, TuT 253ff., 623f. sowie § 25 RN 15f.). Nach § 14 kommen als Täter auch vertretungsberechtigte Organe einer Personenhandelsgesellschaft sowie Amtsverwalter (vgl. § 14 RN 42) und in gewissem Umfang auch gewillkürte Vertreter (vgl. § 14 RN 27 ff.) in Betracht.

25　**Teilnahme** ist nach gewöhnlichen Grundsätzen möglich; auch der Empfänger der Sache kann als Gehilfe strafbar sein (RG **20** 215); Vereitelungsabsicht braucht er nicht zu haben (RG JW **30**, 2537). Die Strafe des Teilnehmers ist aber nicht gem. § 28 I zu mildern (tatbezogenes Merkmal; vgl. § 28 RN 18; i. E. auch Herzberg ZStW 88, 111).

27　VI. **Idealkonkurrenz** ist mit § 136 möglich, wenn die Zwangsvollstreckung bereits begonnen hat (RG **17** 44; vgl. o. 3), ferner mit § 246 (RG **61** 410, BGH GA **65**, 309) oder mit § 283c (RG **20** 215). § 263 kann straflose Nachtat gegenüber § 288 sein (Schäfer LK 39).

28　VII. Die **Verfolgung** tritt nur **auf Antrag** des Gläubigers ein (Abs. 2 i. V. m. § 77 I). Antragsberechtigt ist der Gläubiger, von dem die Zwangsvollstreckung drohte, dessen Befriedigung also vereitelt werden sollte (RG **17** 45). Erforderlich ist, daß der Antragsteller z. Z. der Tat einen sachlich begründeten Anspruch gegen den Täter hat (vgl. RG JW **37**, 1336). Fällt der Gläubiger in Konkurs, dann besteht sein Antragsrecht neben dem des Konkursverwalters fort (RG **23** 222, **33** 435, **35** 149).

§ 289 Pfandkehr

(1) Wer seine eigene bewegliche Sache oder eine fremde bewegliche Sache zugunsten des Eigentümers derselben dem Nutznießer, Pfandgläubiger oder demjenigen, welchem an der Sache ein Gebrauchs- oder Zurückbehaltungsrecht zusteht, in rechtswidriger Absicht wegnimmt, wird mit Freiheitsstrafe bis zu drei Jahren oder mit Geldstrafe bestraft.

(2) Der Versuch ist strafbar.

(3) Die Tat wird nur auf Antrag verfolgt.

Schrifttum: Vgl. die Angaben zu § 288.

1　I. Die Vorschrift dient dem Schutz **privater Pfand- und Besitzrechte** oder ähnlicher Berechtigungen gegen eigenmächtige Wegnahme (vgl. RG **17** 358, M-Schroeder I 379).

2　II. **Tatobjekt** ist eine bewegliche Sache, an der ein Nutznießungs-, Pfand-, Gebrauchs- oder Zurückbehaltungsrecht besteht. Eigene und fremde Sachen sind gleichgestellt.

3　1. Zu den **Nutznießungsrechten** gehören z. B. das Nießbrauchsrecht nach §§ 1030ff. BGB, das Nutzungsrecht der Eltern am Kindesvermögen nach § 1649 II BGB. Unerheblich ist, ob das Recht durch Gesetz, Vertrag oder letztwillige Verfügung begründet worden ist.

2. An **Pfandrechten** kommen vertragsmäßige sowie gesetzliche Pfandrechte in Betracht, z. B. das Unternehmerpfandrecht nach § 647 BGB (Düsseldorf NJW **89**, 116), u. U. auch das gesetzliche Pfandrecht des Vermieters (§§ 559 ff. BGB, RG HRR **41** Nr. 739, Bay NJW **81**, 1745; vgl. jedoch u. 8) sowie des Verpächters (§§ 581 II, 585 BGB); auch Pfändungspfandrechte gehören hierher (Baumann NJW **56**, 1866, Krey II 121, Samson SK 4; and. Berghaus aaO 96, Lackner 1), soweit die Sachen nicht im Gewahrsam des Schuldners bleiben (vgl. auch Schäfer LK 4). Fehlt es an einer zu sichernden Forderung, so findet § 289 keine Anwendung. Gesetzliche Pfandrechte entstehen nicht an unpfändbaren Gegenständen. Dagegen können vertragliche Pfandrechte an solchen Gegenständen begründet und durch § 289 geschützt werden (M-Schroeder I 379). Zum Pfandrecht nach dem PachtkreditG v. 5. 8. 51 (geänd. durch Ges. v. 8. 11. 85, BGBl. I 2065) vgl. Sichtermann GA **59**, 238.

3. Bei den **Gebrauchsrechten** macht es keinen Unterschied, ob es sich um dingliche oder persönliche Rechte, um privatrechtliche oder öffentlich-rechtliche, um gesetzliche oder vertragsmäßige Rechte handelt; z. B. gehören auch die obligatorischen Gebrauchsrechte des Mieters oder Entleihers hierher (RG **17** 360, Samson SK 5).

4. Auch hinsichtlich der **Zurückbehaltungsrechte** macht es keinen Unterschied, ob sie auf Gesetz (§§ 273, 1000 BGB, §§ 369 ff. HGB) oder auf Vertrag beruhen, ob sie dinglicher oder obligatorischer Natur sind. Ein vertragsmäßiges Zurückbehaltungsrecht kann dem Vermieter auch hinsichtlich der Sachen eingeräumt werden, die unpfändbar sind; ein derartiges Zurückbehaltungsrecht genießt auch den Schutz des § 289 (RG **63** 209, M-Schroeder I 379; and. D-Tröndle 1, Schäfer LK 7). Über das Zurückbehaltungsrecht des Vorbehaltskäufers nach Rücktritt des -verkäufers vgl. Braunschweig NJW **61**, 1274.

5. Das **Anwartschaftsrecht beim Kauf unter Eigentumsvorbehalt** wird im Gesetz nicht ausdrücklich genannt; es wird jedoch zumindest als Gebrauchsrecht geschützt. Das gleiche gilt vom Gebrauchsrecht des Sicherungsgebers bei der Sicherungsübereignung (Schäfer LK 5).

III. Die **Tathandlung** besteht im **Wegnehmen**. Dies versteht die h. M. nicht i. S. des § 242, sondern nimmt eine Wegnahme schon dann an, wenn die Sache dem tatsächlichen Machtbereich eines anderen so entzogen wird, daß diesem die Ausübung der genannten Rechte unmöglich gemacht wird (Bay NJW **81**, 1746 m. Anm. Otto JR 82, 32, D-Tröndle 2, Geppert aaO 433 f., Schäfer LK 8 ff., Wessels II/2 S. 105). Dieser Auslegung kann nicht gefolgt werden; die gegenüber den §§ 288, 136 erhöhte Strafe ist nur damit zu erklären, daß der Täter fremden Gewahrsam verletzt. Wegnahme ist daher auch hier als *Gewahrsamsbruch* zu verstehen (Arzt/Weber III 106, Samson SK 10; i. E. wie hier auch Bohnert JuS 82, 256 ff., Laubenthal JA 90, 40 ff., M-Schroeder I 379). Der Inhaber besitzloser Pfandrechte (Vermieter-, Verpächterpfandrecht) genießt somit nur den allg. Schutz des § 288 (vgl. Otto JZ 85, 27); and. die Rspr., die beim sog. „Rücken" des Mieters Pfandkehr annimmt (RG **38** 174; vgl. auch Otto JZ 84, 145). Die Wegnahme kann, da ein Dritter „zugunsten" des Eigentümers handeln muß, auch nicht durch Zerstören oder Beschädigen begangen werden (RG **15** 434, Schäfer LK 15).

IV. Für den **subjektiven Tatbestand** verlangt das Gesetz **rechtswidrige Absicht**, nämlich den zielgerichteten Willen (vgl. § 15 RN 65) des Täters, unter Vereitelung des fremden Rechts die eigene uneingeschränkte Verfügungsmöglichkeit endgültig wieder herzustellen; bedingter Vorsatz genügt nicht (Gehrig aaO 109 f.; and. bezüglich des Merkmals rechtswidrig Braunschweig NJW **61**, 1274, Schäfer LK 23). Die richtige rechtliche Einordnung des fremden Rechts ist allerdings nicht erforderlich; ausreichend ist das Bewußtsein, daß überhaupt ein fremdes Sicherungsrecht besteht (Düsseldorf NJW **89**, 116). Ist der Täter nicht selbst der Eigentümer, dann muß er die Sache zugunsten des Eigentümers wegnehmen (vgl. RG JW **31**, 542). Das ist einmal dann der Fall, wenn er dem Eigentümer den unmittelbaren Besitz verschaffen will, aber auch dann, wenn er im Einverständnis mit dem Eigentümer die Sache zu eigenem Gebrauch wegnimmt (vgl. RG **7** 325, Schäfer LK 18).

V. Der **Versuch** ist strafbar (Abs. 2). Über Fälle versuchter Wegnahme vgl. § 242 RN 68.

VI. **Täter** kann der Eigentümer oder auch ein Dritter sein, sofern er nur die Sache zugunsten des Eigentümers wegnimmt (vgl. o. 10). § 28 findet keine Anwendung (Samson SK 13; and. Herzberg ZStW **88**, 88).

VII. **Idealkonkurrenz** ist möglich mit § 223 (RG **13** 403), § 240 und § 288 (Krey II 121), nach RG **25** 436 auch mit §§ 253, 255: Wenn jedoch § 253 eine Vermögensverfügung voraussetzt (vgl. § 253 RN 8), kommt regelmäßig eine Konkurrenz nicht in Betracht, da die Verfügung die Wegnahme ausschließt. Nimmt der Täter etwa mit Gewalt weg, so liegt dagegen Tateinheit mit § 240 vor. Entsprechendes gilt für den Betrug (and. RG HRR **41** Nr. 739).

§§ 290–292 1–4   Bes. Teil. Strafbarer Eigennutz

14   VIII. Die Verfolgung setzt einen **Strafantrag** voraus (Abs. 3). Antragsberechtigt ist derjenige, dessen Recht durch die Wegnahme vereitelt worden ist oder vereitelt werden sollte. Vgl. im einzelnen §§ 77 ff.

15   IX. Die in Abs. 4 a. F. vorgesehene **Straflosigkeit** des Ehegatten bzw. Verwandten absteigender Linie wurde ebenso wie bei § 247 durch Art. 19 Nr. 153 EGStGB ersatzlos **gestrichen**.

§ 290 Unbefugter Gebrauch von Pfandsachen

Öffentliche Pfandleiher, welche die von ihnen in Pfand genommenen Gegenstände unbefugt in Gebrauch nehmen, werden mit Freiheitsstrafe bis zu einem Jahr oder mit Geldstrafe bestraft.

1   I. Die Bestimmung bedroht einen Fall der **Gebrauchsanmaßung** mit Strafe.

2   II. **Öffentliche Pfandleiher** sind Personen, deren Geschäft allgemein zugänglich ist. Es kommt nicht darauf an, ob der Pfandleiher eine Konzession hat (RG **8** 253, 270). Vgl. PfandleiherVO idF v. 1. 6. 76 (BGBl. I 1334; III 7104–1), letzte ÄndVO v. 28. 11. 79 (BGBl. I 1986, 1989).

3   III. **Gebrauch** ist nicht nur eine körperliche Benutzung der Sache, sondern auch eine Weiterverpfändung in der Absicht, das Pfand wiedereinzulösen (RG **8** 271, D-Tröndle 2). Zur Sicherungsübereignung vgl. § 246 RN 17. Eignet sich der Täter die Gegenstände zu, so kommt nur § 246 in Betracht (RG **15** 147). **Unbefugt** ist jeder Gebrauch ohne Einwilligung des Verpfänders. Über die Ingebrauchnahme vgl. § 248b RN 4 a ff.

4   IV. Für den **subjektiven Tatbestand** ist **Vorsatz** erforderlich.

§ 291 [Munitionszueignung] *aufgehoben durch KRG Nr. 11 vom 30. 1. 1946.*

§ 292 Jagdwilderei

(1) **Wer unter Verletzung fremden Jagdrechts dem Wilde nachstellt, es fängt, erlegt oder sich zueignet oder eine Sache, die dem Jagdrecht unterliegt, sich zueignet, beschädigt oder zerstört, wird mit Freiheitsstrafe bis zu fünf Jahren oder mit Geldstrafe bestraft.**

(2) **In besonders schweren Fällen, insbesondere wenn die Tat zur Nachtzeit, in der Schonzeit, unter Anwendung von Schlingen oder in anderer nicht weidmännischer Weise oder von mehreren mit Schußwaffen ausgerüsteten Tätern gemeinsam begangen wird, ist auf Freiheitsstrafe von drei Monaten bis zu fünf Jahren zu erkennen.**

(3) **Wer die Tat gewerbs- oder gewohnheitsmäßig begeht, wird mit Freiheitsstrafe von drei Monaten bis zu fünf Jahren, in besonders schweren Fällen mit Freiheitsstrafe von einem Jahr bis zu fünf Jahren bestraft.**

Schrifttum: Furtner, Wie lange kann ein jagdbares Tier Gegenstand der Jagdwilderei sein?, JR 62, 414. – *ders.,* Kann sich der nicht jagdberechtigte Eigentümer in seinem befriedeten Besitztum der Jagdwilderei schuldig machen?, MDR 63, 98. – *Lorz,* BJagdG mit Landesrecht u. Fischereischeingesetz, 1980. – *Mitzschke/Schäfer,* Kommentar zum BJagdG, 1982. – *Nagler,* Die Jagdwilderei, VDB VIII 417. – *Stelling,* Das Jagdvergehen nach § 292, ZStW 54, 692. – *Waider,* Strafbare Versuchshandlungen der Jagdwilderei, GA 62, 176. – *Wessels,* Probleme der Jagdwilderei, JA 84, 221.

1   I. Das **Rechtsgut** der Jagdwilderei ist umstritten: Während eine verbreitete Meinung neben dem Aneignungsrecht des Jagdausübungsberechtigten auch das Volksgut des Wildbestandes mitgeschützt sehen will (D-Tröndle 1, Krey II 114, M-Schroeder I 381, Schäfer LK 2, Wessels JA 84, 221), ist in § 292 richtigerweise ausschließlich ein Delikt gegen das **Aneignungsrecht** des Jagdausübungsberechtigten zu sehen (Arzt/Weber III 101, Samson SK 1; i. gl. S. Frankfurt NJW **84**, 812). Damit wird eine

2   analoge Anwendung von § 248 a möglich (vgl. u. 19). Die Vorschrift enthält **zwei Tatbestände** (u. 3 ff. bzw. 6 ff.), wobei beide *unter Verletzung fremden Jagdrechts* zu verwirklichen sind (u. 9 ff.). **Ergänzend** vgl. §§ 38–42 BJagdG.

3   II. Der **eigentliche Wildereitatbestand** setzt voraus, daß der Täter dem Wilde nachstellt, es fängt, erlegt oder sich zueignet. Dieser Tatbestand knüpft an § 1 I, IV BJagdG an.

4   1. **Tatobjekt** ist hier das **Wild**, d. h. die in § 2 BJagdG aufgezählten jagdbaren Tiere (vgl. dazu Lorz aaO zu § 2 BJagdG). Teile eines Tieres, die vom Tierkörper abgetrennt sind, können nicht Gegenstand dieser Alternative sein (RG **63** 37), ebensowenig totes Wild, gleichgültig, wodurch der Tod herbeigeführt worden ist; statt dessen kommt die zweite Alternative (u. 6 ff.) in Betracht (Bay **54** 118). Voraussetzung ist die **Herrenlosigkeit** des Tieres. Befindet es sich in

Tiergärten usw., so ist es nicht wild i. S. des § 292 (Schäfer LK 35, Wessels JA 84, 222); allerdings kann ein entlaufenes Wildtier durch Dereliktion nach § 959 BGB oder bei nicht unverzüglicher Verfolgung nach § 960 II BGB herrenlos und somit auch für den (Ex-)-Eigentümer geeignetes Tatobjekt der Jagdwilderei werden (Bay JR **87**, 128 m. Anm. Keller).

2. Die **Tathandlung** besteht im Nachstellen, Fangen, Erlegen oder Sichzueignen. Dabei 5 bezeichnen **Erlegen** und **Sichzueignen** die beiden eigentlichen Formen der Beeinträchtigung des Aneignungsrechtes, denen beim Eigentum Sachbeschädigung und Diebstahl entsprechen. Für das *Erlegen* genügt jede Form der Einwirkung, durch die das Tier den Tod findet (Lackner 2a); bloße gesundheitsschädigende Vergiftungen des Wildes, um dadurch sein Fleisch ungenießbar zu machen, reichen dafür nicht. Eine Zueignungsabsicht ist für das Erlegen nicht erforderlich; daher ist auch das Erschießen eines angefahrenen Wildes, um ihm weitere Schmerzen zu ersparen, tatbestandsmäßig (AG Öhringen NJW **76**, 581). **Nachstellen** und **Fangen** bezeichnen danach *Vorstufen* (Versuchshandlungen) zu den beiden anderen Modalitäten. Deshalb müssen auch für den Beginn der Strafbarkeit die Grundsätze gelten, die für die Abgrenzung zwischen Vorbereitung und Versuch maßgeblich sind (Frankfurt NJW **84**, 812; vgl. § 22 RN 36ff.). Als *Nachstellen* sind alle Handlungen anzusehen, welche die Durchführung der anderen Handlungen (Fangen usw.) bezwecken. Ein Nachstellen liegt z. B. bereits im bloßen Durchstreifen des Forstes mit einsatzbereiter Jagdwaffe, im Stehen auf dem Anstand, auch dann, wenn das Gewehr noch nicht geladen war, im Auslegen eines vergifteten Köders, im Legen von Schlingen, ferner auch bereits im Aufsuchen von (aber nicht nur Suchen nach) geeigneten Orten, um dort Schlingen zu legen (heute wohl zu weitgehend RG **70** 221 m. Anm. Mitzschke JW 36, 2234: Frankfurt NJW **84**, 812). Auch das Treiben des Wildes aus dem fremden in das eigene Jagdrevier ist Nachstellen (Bay GA **55**, 247), jedoch nur, soweit es in das Erlegen unmittelbar übergehen soll. Dagegen fällt das bloße Hetzen von Wild, um es zu verletzen oder zum Abwerfen von Stangen zu veranlassen (sog. Hirschsprengen), nicht unter § 292 (Schäfer LK 42). Der Begriff Nachstellen kennzeichnet im übrigen ein Handeln von bestimmter Tätertendenz (**„unechtes"** Unternehmensdelikt, vgl. § 11 RN 52 sowie Frankfurt NJW **84**, 812, Arzt/Weber III 102, Wessels II/2 S. 98). Die objektiven Voraussetzungen des § 292 (z. B. Wild) müssen daher tatsächlich vorliegen (Samson SK 14). Eine nur irrtümliche Annahme begründet straflosen Versuch (Waider GA 62, 183f. nimmt Vollendung an; vgl. hiergegen § 11 RN 54, Schröder Kern-FS 465f.). Dagegen kommt es auf die objektive Eignung der Handlung (z. B. ungeladenes Gewehr) nicht an (vgl. auch M-Schroeder I 382). **Sich zueignen** bedeutet die Besitzergreifung mit Zueignungsabsicht. Fehlt letztere, so ist die bloße Inbesitznahme und Nichtablieferung nicht nach § 292 strafbar; vgl. jedoch die besondere Regelung durch die Länder (näher dazu die Erläuterungswerke zum BJagdG).

III. Der **Tatbestand der Verletzung des Jagdrechts an Sachen** erfordert, daß der Täter eine 6 dem Jagdrecht unterliegende Sache sich zueignet, beschädigt oder zerstört.

1. **Tatobjekt** ist hier eine **dem Jagdrecht unterliegende Sache.** Gemäß § 1 V BJagdG kommt 7 hier einmal sog. Fallwild in Betracht, d. h. Wild, dessen Tod auf natürliche Ursachen wie Krankheit, Alter, Hunger, Kälte zurückzuführen ist; ferner Wild, das durch äußere Einwirkungen verendet ist. Erfaßbar sind ferner Eier jagdbaren Federwildes, und zwar auch verdorbene (KG JW 36, 621), schließlich die Gelege geschützter Raubvögel. Zum Sammeln von Abwurfstangen vgl. §§ 19 I Nr. 17, 39 I Nr. 5 BJagdG.

2. Die **Tathandlung** besteht im **Sichzueignen** (dazu § 246 RN 8, 11ff.), **Beschädigen** oder 8 **Zerstören** (dazu § 303 RN 7ff.). Sichzueignen liegt nach Hamm NJW **56**, 881 auch vor, wenn der Täter die Sache einem Dritten zuwenden will. Vgl. auch RG **4** 262.

IV. In beiden Tatbeständen muß die Tat **unter Verletzung fremden Jagdrechts** begangen 9 sein. Dieses Merkmal ist Tatbestandsvoraussetzung; es hat die gleiche Funktion wie das der Fremdheit in den §§ 242ff.; ein Irrtum über das Jagdrecht ist daher idR Tatbestandsirrtum (vgl. u. 15). Der Begriff des Jagdrechts umfaßt sowohl das dingliche i. S. v. § 3 BJagdG als auch das Jagdausübungsrecht (vgl. Düsseldorf JMBlNW **62**, 179, Lorz § 3 BJagdG Anm. 3). Stehen beide verschiedenen Personen zu, so geht das Jagdausübungsrecht dem dinglichen Jagdrecht vor, so daß der Grundstückseigentümer, dem nach § 3 BJagdG das Jagdrecht zusteht, auf seinem eigenen Grundstück Wilderei begehen kann (Schäfer LK 7, M-Schroeder I 382). Wer Inhaber des Jagdausübungsrechts ist, ergibt sich vor allem aus §§ 3 III, 4-14 BJagdG. Zum mangelnden Jagdausübungsrecht wegen Nichtigkeit des Jagdpachtvertrags vgl. Bay NStZ **90**, 440, aber auch u. 20). Auf Bundeswasserstraßen steht er der Bundesrepublik zu (BGH NJW **83**, 994).

In befriedeten Bezirken sowie auf Grundflächen, die zu keinem Jagdbezirk gehören, **ruht die Jagd** 10 (§ 6 BJagdG). Dem Jagdausübungsberechtigten des umschließenden Jagdbezirks steht hier kein Jagdausübungsrecht zu (Mitzschke/Schäfer § 6 RN 21, vgl. auch Lorz aaO Anm. zu § 6). Er kann sich daher nach § 292 strafbar machen, weil mit der Anordnung des Ruhens der Jagd das Jagdausübungsrecht grds. beim Grundstückseigentümer liegt (§ 3 BJagdG), mag er es jagdrechtlich nutzen dürfen oder nicht (vgl. Lorz in Erbs/Kohlhaas § 6 BJagdG 4, Köln MDR **62**, 671; and. Furtner JR 62, 415, MDR 63, 98). Ebenso wird jeder Dritte wegen Wilderei bestraft, der hier die Jagd ausübt (vgl. Hamm GA **61**, 90; Hamburg JW **38**, 582; KG JW **37**, 764). Anderseits kann sich während des Ruhens der Jagd der Grundstückseigentümer bei Jagd auf seinem befriedeten Grundstück nicht nach § 292 strafbar machen (vgl. Bay NStZ **88**, 230, Düsseldorf JMBlNW **62**, 180; and. Furtner aaO), und zwar unabhängig davon, ob ihm jagdrechtlich die Ausübung der Jagd überhaupt untersagt ist oder durch Landesrecht ein beschränktes Jagdausübungsrecht auf seinem Grundstück zugestanden wird. Ist ersteres der Fall, oder überschreitet der Eigentümer das ihm gewährte beschränkte Jagdausübungsrecht, so begeht er lediglich eine Ordnungswidrigkeit nach § 39 I Nr. 1 BJagdG (D-Tröndle 14). Eine Jagdausübung iSv § 39 I Nr. 1 BJagdG liegt aber nicht vor, wenn der Eigentümer eines befriedeten Bezirks in diesen eingedrungenes, herrenloses Wild in Eigenbesitz nimmt (vgl. Bay NStZ **88**, 230 f). Auf Grundstücke, die zu keinem Jagdbezirk gehören, findet § 39 keine Anwendung (Mitzschke/Schäfer § 6 RN 32).

11 Ob eine Verletzung fremden Jagdrechts gegeben ist, ist nach dem **Standort des Wildes,** nicht des Jägers zu beurteilen (Wessels II/2 S. 99). Wer von fremdem Jagdgebiet aus auf Wild schießt, das in seinem eigenen Jagdgebiet steht, kann nicht nach § 292, sondern nur nach § 39 II Nr. 6 BJagdG (Ordnungswidrigkeit) geahndet werden (vgl. RG **25** 120, D-Tröndle 15). In der mangels Vereinbarung unzulässigen Wildfolge liegt auch eine Verletzung fremden Jagdrechts (RG **72** 389, KG JFG Erg. **17** 270); vgl. hierzu noch Hamburg JW **38**, 582, LG Lübeck DJ **38**, 1566, Rohling DStR 39, 154.

12 **V.** Als **Rechtfertigungsgrund** kommt z. B. § 228 BGB in Betracht: so wenn Raubwild Geflügel des Bauern überfällt (RG JW **02**, 306). Besonderer Prüfung bedarf hier jedoch das Merkmal der Erforderlichkeit; die Tötung von jagdbarem Wild ist unzulässig, sofern der Schaden durch Anbringung von zumutbaren Vorrichtungen zur Fernhaltung des Wildes oder durch Verscheuchen vermieden werden kann (vgl. § 26 BJagdG). Ferner ist eine Berufung auf § 228 BGB ausgeschlossen, wenn es lediglich um Verhütung von Wildschäden geht, die dem Geschädigten nach §§ 29 ff. BJagdG zu ersetzen sind; insoweit ist § 26 BJagdG eine Spezialregelung zu § 228 BGB (Mitzschke/Schäfer § 26 RN 4). Darüber hinaus schließt § 26 BJagdG jedoch die allg. Selbstschutzbestimmungen nicht aus (Bay GA **64**, 120). Ist die *Tötung* des Wildes gerechtfertigt, so kann dennoch durch dessen *Aneignung* Wilderei begangen werden (RG JW **02**, 307). Rechtfertigung durch *mutmaßliche Einwilligung* ist zwar nicht grundsätzlich ausgeschlossen (vgl. Lorz in Erbs/Kohlhaas § 3 BJagdG 4; and. AG Öhringen NJW **76**, 581), wird jedoch idR nur bei Tötung eines bereits verletzten Tieres (Hineinlaufen in PKW) anzunehmen sein (Samson SK 21 m. Hinw. auf § 34, Wessels JA 84, 222; and. Schäfer LK 51 ff.; vgl. auch Bay NStZ **90**, 440).

13 Der sog. **Jagdgast** gehört nicht zu den Jagdausübungsberechtigten; er ist aber kraft Erlaubnis des Jagdausübungsberechtigten zur Ausübung der Jagd befugt. Bei einer Mehrheit von Jagdpächtern ist zur Gültigkeit einer Jagderlaubnis die Zustimmung aller Pächter erforderlich (Hamm DJ **37**, 1160). Überschreitet der Jagdgast die ihm erteilte Erlaubnis, z. B. die ihm gestattete Stückzahl, so macht er sich der Wilderei schuldig (RG DR **41**, 2059).

14 *Mißachtet der Jagdberechtigte die Beschränkungen* der Jagdgesetze, schießt er z. B. Wild trotz Verbotes (§ 21 III BJagdG) oder über den Abschußplan hinaus (§ 21 I, II BJagdG) oder während der Schonzeit (§ 22 BJagdG), so ist das keine unberechtigte Jagdausübung i. S. des § 292; derartige Verstöße sind nur nach dem BJagdG (§§ 38, 39) zu ahnden.

15 **VI.** Für den **subjektiven Tatbestand** ist **Vorsatz** erforderlich. Dafür muß der Täter das Bewußtsein haben, in ein fremdes Jagdrecht einzugreifen. Handelt er in der irrtümlichen Annahme, ein Tier sei kein „Wild", so liegt vorsatzausschließender Tatbestandsirrtum vor. Gleiches gilt bei Irrtum über die Verletzung fremden Jagdrechts: so wenn der Täter glaubt, noch im jagdausübungsberechtigenden Revier zu befinden oder an einem bestimmten Grund-
16 stück ein Jagdrecht zu haben (vgl. Darmstadt HRR **33** Nr. 627). Dagegen ist es nur Verbotsirrtum, wenn der Täter fälschlich glaubt, das verwundete Wild aus dem Nachbarrevier abholen zu dürfen (M-Schroeder I 383), oder wenn er irrtümlich meint, die Erlaubnis zum Abschuß durch einen von zwei Jagdpächtern reiche aus (and. KG JW **35**, 2386, Hamm DJ **37**, 1160). Eingeh. zu Irrtumsfragen Wessels JA 84, 222 ff. Vgl. auch Arzt/Weber III 103, Krey II 114 ff., Samson SK 20.

17 **VII.** Wird **dem Wilderer Wild entwendet** (oder sonst einem Unberechtigten), so ist die Anwendbarkeit von § 292 zweifelhaft: Der erste Tatbestand (o. 3 ff.) greift nicht ein, da er sich nur auf lebendes Wild bezieht. In Betracht kommt aber wohl der zweite Tatbestand (o. 6 ff.), wenngleich fraglich ist, ob das von einem anderen erlegte Wild noch dem *Jagdrecht* unterliegt (bejahend Bay NJW **55**, 32, M-Schroeder I 382, Schäfer LK 36, Welzel 363, Wessels JA 84, 223;

Jagdwilderei 18–28 § 292

verneinend Kohlrausch-Lange IV; vgl. ferner Baur, Sachenrecht[15] 522f., Wolff/Raiser, Sachenrecht[10] 292). Erwirbt jemand vom Wilderer ein Stück Wild, so wird er nur wegen Hehlerei bestraft; die tatbestandlich an sich gegebene Wilderei tritt demgegenüber zurück (Krey II 118f., Samson SK 16, Schäfer LK 36; and. Furtner JR 62, 415). Nimmt man an, daß an gewilderten Sachen nach § 932 BGB gutgläubiger Erwerb möglich ist (Wolff/Raiser aaO), so scheiden sie von diesem Zeitpunkt ab als taugliche Objekte des § 292 aus.

VIII. Die **Strafe** ist Freiheitsstrafe bis zu 5 Jahren oder Geldstrafe; zu letzterer vgl. § 41. 18
Einziehung ist nach § 295 möglich; vgl. dazu auch § 40 BJagdG. Wegen Entziehung des Jagdscheins durch das wegen Wilderei verurteilende Gericht vgl. § 41 BJagdG, zum Verbot der Jagdausübung § 41a BJagdG. Sie ist danach nur zulässig, wenn beim Verurteilten die Gefahr weiterer Verstöße gegen Jagdvorschriften besteht (Köln MDR **58**, 789). Da eine dem § **248a** 19 entsprechende Regelung fehlt, wird man bei der Gleichartigkeit der Sachlage diese Bestimmung **analog** übertragen dürfen (vgl. o. 1, Arzt/Weber III 102; and. Wessels JA 84, 226). Liegt allerdings auch Hehlerei vor, so geht diese vor (vgl. § 259 RN 63). Über das Erfordernis eines **Strafantrages** in gewissen Fällen vgl. § 294.

IX. Mit unerlaubtem Schußwaffenbesitz besteht je nach den Umständen **Ideal-** oder **Realkonkur-** 20
renz (vgl. 91 vor § 52, aber auch RG **71** 41). Dagegen geht § 259 dem § 292 vor (vgl. o. 17). Für eine gleichzeitige Ordnungswidrigkeit nach § 39 BJagdG, wie insbes. die Jagdausübung ohne Jagdschein, gilt § 21 OWiG (D-Tröndle 22; vgl. auch Schäfer LK 100), wobei § 39 I Nr. 3 als milderer Spezialtatbestand dem § 292 insoweit vorgeht, als das Fehlen des Jagdausübungsrechts (lediglich) auf ordnungsrechtlichen Mängeln beruht (Bay NStZ **90**, 441). Wiederholte Verletzungen verschiedener 21
Jagdberechtigungen können eine **fortgesetzte Handlung** bilden (RG GA Bd. 59 142, D-Tröndle 22). Mehrere Modalitäten des § 292 stellen nur ein Delikt dar, so z. B. das Nachstellen und Erlegen des Tieres.

X. Für **besonders schwere Fälle** ist **Strafschärfung** (Abs. 2) angedroht. Ist eines der *benannten* 22
Beispiele gegeben, so soll nach h. M. zwingend ein besonders schwerer Fall anzunehmen sein (BGH **5** 211, Hamm NJW **62**, 601, D-Tröndle 25, Schäfer LK 86; mit Einschränkung auf „primäre" Wildereihandlungen ebenso Wessels JA 84, 226). Demgegenüber ist jedoch schon aus den Bedenken, die sich gegen jede Kasuistik ergeben, ähnlich wie bei der sonstigen Regelbeispieltechnik auch bei § 292 II die Möglichkeit einer richterlichen Korrektur zuzulassen (vgl. 44ff. vor § 38, § 243 RN 1) und demzufolge von Strafschärfung abzusehen, wenn wegen mildernder Umstände kein „besonders schwerer Fall" anzunehmen ist (i. E. ebenso Koblenz JZ **53**, 279 m. Anm. Maurach, M-Schroeder I 384, Samson SK 22). Anderseits kann aber danach ein „besonders schwerer Fall" auch dann angenommen werden, wenn keiner der Beispielsfälle vorliegt, wie z. B. bei Zusammenwirken einer größeren Zahl von Tätern (vgl. RG DJ **37**, 80; insoweit ebenso Schäfer LK 87, 95). Das Wildern von Kaninchen mit Frettchen und Fallnetzen bildet für sich allein noch keinen schweren Fall (KG DJ **27**, 980 m. Anm. Mitzschke). Im übrigen ist zu den **Beispielsfällen** noch folgendes hervorzuheben:

1. Für Strafschärfung bei **Nachtzeit** muß der Täter die Dunkelheit (KG JW **37**, 763) für die Tat 23
ausgenutzt haben. Daran fehlt es, wenn er zufällig ein auf der Straße verendetes Wild findet und sich zueignet (Bay **63** 86, Wessels JA 84, 226; and. KG aaO m. Anm. Mitzschke).

2. Die **Schonzeiten** sind in § 22 BJagdG nur im Grundsätzlichen festgelegt; zu Einzelheiten vgl. 24
VO über Jagdzeiten v. 2. 4. 77 (BGBl. I 531). Zueignung von Fallwild in der Schonzeit ist für sich allein kein besonders schwerer Fall (KG JW **37**, 763 m. Anm. Mitzschke).

3. In **nicht waidmännischer Weise** ist die Tat begangen, wenn sie gegen die auch für den Jagdaus- 25–26
übungsberechtigten verbindlichen gesetzlichen Vorschriften verstößt (vgl. § 19 BJagdG). Bei sonstigem nicht waidgerechten, aber nicht gesetzlich verbotenem Verhalten ist nicht allein deswegen ein besonders schwerer Fall gegeben: so z. B. nicht schon das Erlegen von Hasen oder Kaninchen durch einen Schlag mit einer Peitsche oder Heugabel (LG Torgau DJ **37**, 45 m. Anm. Mitzschke, LG Freiburg DJ **37**, 586, Krey II 113f.), ebensowenig das Erschlagen eines Wildschweins (Bay NJW **60**, 446), nach Koblenz JZ **53**, 279 m. Anm. Maurach auch nicht stets das Schlingenstellen (and. BGH **5** 211, Braunschweig NJW **53**, 1528); die Bedenken gegen jede Kasuistik sprechen – zumindest rechtspolitisch – für das OLG Koblenz. Zwischen Wilderei mittels Schlingen und Tierquälerei (§ 17 TierschG) besteht Gesetzeskonkurrenz mit Vorrang des § 292 (Bay NJW **57**, 720).

4. Von **mehreren mit Schußwaffen ausgerüsteten Tätern gemeinsam** ist die Tat begangen, wenn 27
mindestens 2 Teilnehmer sich der Wilderei durch gemeinsame Tatausführung schuldig machen und jeder von ihnen mit einer Schußwaffe (vgl. mutatis mutandis § 244 RN 4ff.) versehen ist (RG DJ **37**, 80). Nicht erforderlich ist Mittäterschaft i. S. des § 25 (so aber Schäfer LK 94), wohl aber Anwesenheit am Tatort (Samson SK 26).

5. Die Zurechenbarkeit dieser Erschwerungsgründe setzt voraus, daß sie vom **Vorsatz des Täters** 28
umfaßt sind. Er muß z. B. wissen, daß er die Tat während der Schonzeit begeht (Celle NJW **54**, 1618, Bay **56** 51). Bei einer unwaidmännischen Tat ist erforderlich, daß dem Täter das Unwaidmännische

seines Verhaltens klar geworden ist (Celle MDR **56**, 54). Entsprechendes gilt auch für andere Umstände, in denen ein besonders schwerer Fall gesehen wird (vgl. § 15 RN 29).

29 **XI. Strafschärfung** ist ferner für **gewerbs- oder gewohnheitsmäßige** Tatbegehung angedroht **(Abs. 3)**, wobei dies für **besonders schwere** Fälle zusätzlich verschärft ist. Über Gewerbsmäßigkeit vgl. 95ff. vor § 52, über Gewohnheitsmäßigkeit vgl. 98 vor § 52, zu beiden Begriffen ferner RG JW **35**, 1984, **36**, 3003, DR **40**, 27. Wer in der Absicht, ein einziges Mal ein Wild zu erlegen, mehrere Versuche unternimmt, um diese Absicht zu verwirklichen, handelt noch nicht gewohnheitsmäßig (Bay **56** 51). Als *besonders schwere Fälle* kommen auch hier insbes. die in Abs. 2 genannten in Betracht, z. B. gewerbsmäßiges Wildern zur Nachtzeit. Jedoch ist nicht jeder besonders schwere Fall i. S. des Abs. 2 stets auch ein solcher i. S. des Abs. 3 (RG **70** 44, Bay NJW **57**, 720).

30 Die *Einzeltaten* verlieren auch bei gewerbs- oder gewohnheitsmäßiger Begehung nicht ihre Selbständigkeit (vgl. RG **72** 401); jedoch kann Fortsetzungszusammenhang vorliegen (vgl. 100 vor § 52).

§ 293 Fischwilderei

(1) **Wer unter Verletzung fremden Fischereirechts fischt oder eine Sache, die dem Fischereirecht unterliegt, sich zueignet, beschädigt oder zerstört, wird mit Freiheitsstrafe bis zu zwei Jahren oder mit Geldstrafe bestraft.**

(2) **In besonders schweren Fällen ist auf Freiheitsstrafe bis zu fünf Jahren oder auf Geldstrafe zu erkennen. Ein besonders schwerer Fall liegt namentlich vor, wenn die Tat zur Nachtzeit, in der Schonzeit, durch Anwendung von Sprengstoffen oder schädlichen Stoffen begangen oder wenn der Fischbestand eines Gewässers durch den Fang von Fischen gefährdet wird, die das für die Ausübung des Fischfangs festgesetzte Mindestmaß noch nicht erreicht haben.**

(3) **Wer die Tat gewerbs- oder gewohnheitsmäßig begeht, wird mit Freiheitsstrafe von drei Monaten bis zu fünf Jahren bestraft.**

1
2 I. Der Tatbestand der **Fischwilderei** ist dem § 292 nachgebildet, wenngleich mit vergleichsweise milderen Strafdrohungen. Auch hier werden in Abs. 1 zwei Tatbestände unterschieden. Das frühere FischereischeinG v. 1939 wurde inzwischen aufgehoben durch Ges. v. 30. 7. 81 (BGBl. I 778; vgl. Lorz in Erbs/Kohlhaas F 83 Vorbem. 2 C). Vgl. im übrigen die Einzelnachw. zum nunmehr allein einschlägigen Landesrecht bei D-Tröndle 1.

3 II. Der **eigentliche Fischwildereitatbestand (Abs. 1 Alt. 1)** betrifft das Fischen fischbarer lebender Wassertiere.

4 1. Tatobjekt sind **herrenlose** fischbare lebende **Wassertiere,** insbes. Fische, Krebse, Schildkröten, Frösche, Austern. Fische in Teichen und anderen geschlossenen Privatgewässern können nicht Gegenstand der Fischwilderei sein; an ihnen ist vielmehr nur Diebstahl (u. U. nach § 248a) möglich (KG DJ **37**, 1363, Samson SK 3).

5 2. Unter der **Tathandlung** des **Fischens** ist jede auf Erlegung oder Fang eines Wassertieres gerichtete Tätigkeit zu verstehen. Dazu gehört aber noch nicht das bloße Montieren oder Beködern der Angel, sondern erst das unmittelbare Ansetzen zum Auswerfen (vgl. Frankfurt NJW **84**, 812); dagegen ist nicht erforderlich, daß der Täter etwas fängt („unechtes Unternehmensdelikt": vgl. § 292 RN 5 sowie RG GA Bd. **40** 210, **43** 152).

6 III. Der **Tatbestand der Fischereirechtsverletzung an Sachen (Abs. 1 Alt. 2)** setzt voraus, daß der Täter eine Sache, die dem Fischereirecht unterliegt, sich zueignet, beschädigt oder zerstört.

7 1. Tatobjekt sind **dem Fischereirecht unterliegende Sachen.** Dazu gehören neben toten Fischen vor allem Muscheln, Seemoos und sonstige Gegenstände nach den maßgebenden Landesgesetzen (Nachw. bei D-Tröndle 1). Fischereigeräte gehören nicht hierzu (RG DR **45**, 47).

8 2. Die **Tathandlung** besteht im **Sichzueignen** (dazu § 246 RN 8, 11ff.), **Beschädigen** oder **Zerstören** (dazu § 303 RN 7ff.).

9 IV. Bei beiden Tatbeständen muß der Täter **unter Verletzung fremden Fischereirechts** handeln. Der Umfang des Fischereirechts bestimmt sich nach Landesrecht; vgl. die Nachw. bei D-Tröndle 1. Unter Verletzung fremden Fischereirechts fischt auch, wer Umfang und Inhalt des ihm übertragenen Fischereirechts überschreitet (vgl. KG JW **32**, 1589, Königsberg HRR **39** Nr. 1072).

V. Für den **subjektiven Tatbestand** ist **Vorsatz** erforderlich. Über *Irrtum* vgl. § 292 RN 15.　10

VI. Auch hier ist für **besonders schwere Fälle (Abs. 2)** eine erhöhte Strafe angedroht (vgl. § 292　11
RN 22). Zu den ausdrücklich genannten **Regelbeispielen** (vgl. § 292 RN 22, Samson SK 5) sei folgendes bemerkt: **1.** Ein Fischen zur **Nachtzeit** liegt auch dann vor, wenn die Netze bei Tage eingelegt und dann zum Fischfang nachts im Wasser gelassen werden (RG 37 117). **2.** Zu den **Sprengstoffen** gehören z. B. Benzin, Schießbaumwolle, Dynamit, nicht dagegen Wasserdampf (RG 22 305). **Schädliche Stoffe** sind z. B. Chemikalien oder Gifte (wie etwa bei Abwasserverseuchung). Zu den Stoffen rechnen aber nicht nur Sachen, sondern z. B. auch der elektrische Strom. Die sog. Elektrofischerei fällt daher unter Abs. 2 (vgl. KG DJZ 28, 323). **3.** Eine **Gefährdung des Fischbestandes** kommt vor allem durch Unterschreiten der vorgeschriebenen Mindestgrößen beim Fang in Betracht (D-Tröndle 10), es sei denn, untermaßige Fische werden nach Aussondern wieder lebend ins Fischwasser zurückgegeben (Schäfer LK 11).

VII. Die Strafschärfung bei **gewerbs- oder gewohnheitsmäßiger** Tatbegehung **(Abs. 3)** entspricht　12
dem § 292 III (vgl. dort RN 29).

§ 294 Strafantrag

In den Fällen des § 292 Abs. 1 und des § 293 Abs. 1 wird die Tat nur auf Antrag des Verletzten verfolgt, wenn sie von einem Angehörigen oder an einem Ort begangen worden ist, wo der Täter die Jagd oder die Fischerei in beschränktem Umfang ausüben durfte.

I. Ein **Strafantrag** ist unter folgenden zwei Voraussetzungen erforderlich:　1

1. Es muß sich um eine **einfache** *Jagd-* oder *Fischwilderei* (§§ 292 I, 293 I) handeln. Bei schwerer oder gewerbs- oder gewohnheitsmäßiger Wilderei (§ 292 II, III, § 293 II, III) hingegen ist ein Strafantrag nicht erforderlich.

2. Dazu wird weiter vorausgesetzt, daß die Tat von einem **Angehörigen** (dazu § 11 RN 3ff.) oder　2
an einem **Ort** begangen worden ist, wo der Täter die Jagd oder Fischerei in **beschränktem Umfange** ausüben durfte. Ein beschränktes Jagdausübungsrecht kann insbes. auf den §§ 6, 21 BJagdG beruhen, so etwa für den Fall, daß der Jagdausübungsberechtigte einem Jagdgast nur die Erlegung bestimmter Wildarten oder einer bestimmten Stückzahl von Wild gestattet und dieser darüber hinausgeht (vgl. RG 43 440). Das Recht, in beschränktem Umfange zu fischen, wird z. B. überschritten, wenn der Inhaber eines Erlaubnisscheins mehr oder andere als die im Erlaubnisschein vermerkten Fanggeräte verwendet.

II. Über ein **analoges** Strafantragserfordernis nach § 248a vgl. § 292 RN 1, 19. Zur **Zurück-**　3
nahme des Strafantrags vgl. § 77d.

§ 295 Einziehung

Jagd- und Fischereigeräte, Hunde und andere Tiere, die der Täter oder Teilnehmer bei der Tat mit sich geführt oder verwendet hat, können eingezogen werden. § 74a ist anzuwenden.

Schrifttum: Eser, Die strafrechtlichen Sanktionen gegen das Eigentum, 1969.

I. Die Bestimmung regelt die **Einziehung** bestimmter typischer Wildereiwerkzeuge. Zur Entwick-　1
lung Eser aaO 25f., 28, Schäfer LK 1, 10ff. Daneben bleiben die §§ **74ff. ergänzend** anwendbar, so vor allem für Gegenstände, die nicht von § 295 erfaßt werden; vgl. 10 vor § 73. Zur **Rechtsnatur** vgl. 12ff. vor § 73 sowie Eser aaO 77ff.

II. Im einzelnen müssen folgende **Voraussetzungen** gegeben sein:　2

1. Einziehungsgrundlage kann nur eine Tat nach §§ 292 **oder** 293 sein. Es genügt, daß die　3
betroffenen Gegenstände bei einer dieser Taten mitgeführt wurden (vgl. u. 6); ob sie auch tatsächlich zum Einsatz kamen, ist unerheblich.

2. Einziehbar sind folgende Gegenstände:　4

a) **Jagd- und Fischereigeräte:** darunter sind leblose Gegenstände zu verstehen, die entweder　5
auf Grund ihrer Beschaffenheit zur Verwendung bei der Jagd oder Fischerei objektiv geeignet und bestimmt sind (*eigentliche* Fanggeräte: Gewehre, Jagdmunition, Schlingen, Jagdtaschen, Jagdferngläser, Angeln, Netze, Fischreusen, -körbe oder -kästen) oder die, obgleich sie ihrer Art nach generell anderen Zwecken dienen, bei Begehung von Wilderei dauernd (so RG 22 15, Celle GA **65,** 30, D-Tröndle 2) oder wenigstens für eine gewisse Zeit als Fanggeräte Verwendung finden sollen (*uneigentliche* Fanggeräte: z. B. Stöcke, Schaufeln oder ein Kraftwagen, der zum Blenden, Hetzen oder Überfahren des Wildes oder zum Nachstellen vom Fahrzeug aus benutzt werden soll; vgl. BGH **19** 123, Stuttgart NJW **53,** 354 m. Anm. Mitzschke, Samson SK 2). Vgl. zum Ganzen auch Schäfer LK 17ff.

§§ 296–297 1–3 Bes. Teil. Strafbarer Eigennutz

6   Eine nur *gelegentliche* oder *zufällige* Benützung zur Wilderei macht aber einen Gegenstand, der kein typisches Fangwerkzeug darstellt, noch *nicht* zum Jagd- oder Fischereigerät (RG 22 15; D-Tröndle 2; and. RG 12 306, Bay MDR 59, 58; bedenklich auch die Begr. von Stuttgart aaO); denn da bei § 295 der Sicherungszweck im Vordergrund steht (vgl. D-Tröndle 6), kann die Einziehung hier nur auf solche Gegenstände erstreckt werden, denen auf Grund ihrer objektiven Beschaffenheit oder subjektiven Zweckbestimmung eine gewisse Gefährlichkeit innewohnt. Für reine Zufallswerkzeuge kommt deshalb nur eine Einziehung nach § 74 in Betracht (RG 22 17, D-Tröndle 2). § 295 greift zudem nur dann Platz, wenn der Gegenstand bei Ausübung der Jagd oder Fischerei Verwendung fand oder zu diesem Zweck mitgeführt wurde; deshalb ist ein Kraftwagen, der lediglich zur Fahrt in das Jagdgebiet oder zur Wegschaffung der Beute benutzt wird, kein Jagdgerät (Celle NJW 60, 1873, D-Tröndle 2; and. Mitzschke NJW 53, 354). Vgl. aber auch § 74 RN 11 sowie Schäfer LK 19f.

7   b) **Hunde und andere Tiere:** Während bei Hunden die Gefährlichkeit als Fangtiere generell unterstellt wird, gleichgültig, ob es sich dabei um Jagd- oder sonstige Hunde handelt, ist bei anderen Tieren eine Beschränkung der Einziehung auf eigentliche und uneigentliche Fangtiere möglich und geboten. Demnach sind nach § 295 zwar Frettchen und Jagdfalken hierher zu rechnen, nicht aber ein Reittier, das nur bei einem Gelegenheitsritt durch den Wald zum Aufspüren oder Einfangen eines Tieres benutzt wurde. Auch hier kommt aber u. U. § 74 in Betracht (vgl. o. 6).

8   c) Dagegen können die **Jagdbeute,** ihre einzelnen Teile, die Eier oder Fische weder nach § 295 noch nach § 74 eingezogen werden (RG 70 94). Möglich ist aber eine Einziehung nach § 40 BJagdG (vgl. RG 72 390, aber auch Schäfer LK 26f.) oder den landesrechtlichen FischereiGes.

9   3. Grundsätzlich werden nur Gegenstände, die einem **Täter oder Teilnehmer gehören,** der Einziehung unterworfen (S. 1). Soweit jedoch ein Sicherungsbedürfnis i. S. des § 74II Nr. 2 vorliegt oder dem Dritteigentümer ein Vorwurf i. S. des § 74a gemacht werden kann, darf die Einziehung auch auf **täterfremde** Gegenstände erstreckt werden (vgl. S. 2).

10   III. Die Anordnung der Einziehung ist in das pflichtgemäße **Ermessen** des Gerichts gestellt. Dabei ist insbes. auch der Grundsatz der Verhältnismäßigkeit zu beachten (vgl. § 74b RN 3ff.).

§ 296 [Wildereiwerkzeug] *aufgehoben durch das 1. StrRG.*

§ 296a [Unbefugte Küstenfischerei durch Ausländer] *aufgehoben durch § 12 SeefischereiG v. 12. 7. 84 (BGBl. I 876) und ersetzt durch dessen Bußgeldtatbestand § 9 I Nr. 3 i.V.m. § 5 II S. 1 (vgl. BT-Drs. 10/1021 S. 11).*

§ 297 Schiffsgefährdung durch Bannware

Ein Reisender oder Schiffsmann, welcher ohne Vorwissen des Schiffers, desgleichen ein Schiffer, welcher ohne Vorwissen des Reeders Gegenstände an Bord nimmt, welche das Schiff oder die Ladung gefährden, indem sie die Beschlagnahme oder Einziehung des Schiffes oder der Ladung veranlassen können, wird mit Freiheitsstrafe bis zu zwei Jahren oder mit Geldstrafe bestraft.

1   I. Die Vorschrift bezweckt nicht den Schutz der allgemeinen Sicherheit des Schiffsverkehrs (vgl. aber Schäfer LK 1, 14), sondern will den **Schiffseigner vor Gefährdung seines Eigentums** durch die Schaffung von Beschlagnahme- bzw. Einziehungsvoraussetzungen schützen (vgl. Samson SK 1, Schroeder ZRP 78, 12f.). Diff. Roth (Eigentumsschutz nach Realisierung von Zueignungsunrecht, 1986, 34f.), der aus der Tatsache, daß das Eigentum an der Ladung meist nicht beim Schiffseigner liegt und sich je nach der Person, auf deren Vorwissen abgestellt wird, zwei Deliktstatbestände ausmachen lassen, einerseits einen untreueähnlichen Spezialtatbestand zum Schutz des Reedervermögens (2. Alt.), andererseits einen Schutztatbestand zugunsten des Schiffers vor Inanspruchnahme wegen Verletzung seiner Garantiepflicht für Schiff und Ladung (1. Alt.) ableitet.

2   II. **Täter** kann nach dem Wortlaut der Bestimmung nur ein **Schiffer,** ein **Reisender** oder ein **Schiffsmann** sein. Diese nicht dem Wesen der Sache entsprechende Beschränkung auf bestimmte Personen muß angesichts des Wortlauts der Vorschrift hingenommen werden (Frank II). Als Täter kommen insbes. nicht in Betracht der Befrachter, Ablader oder Lotse; auch der Alleineigentümer kann nach dem Zweck der Vorschrift (o. 1) nicht Täter sein (vgl. Schäfer LK 8ff.).

3   III. Die Tat muß sich auf ein **Schiff** oder die **Ladung** beziehen. In Betracht kommen Schiffe aller Art, also nicht nur Seeschiffe (Schäfer LK 2), sowie ausländische Schiffe, sobald die Tat bis ins Inland fortdauert (D-Tröndle 6). Dagegen bleiben Staatsschiffe außer Betracht, da sie auch

im Ausland keiner Beschlagnahme oder Einziehung unterliegen (vgl. auch 31 a vor § 3, § 4 RN 4).

IV. 1. Die **Tathandlung** erfordert das **Anbordnehmen** von Gegenständen, die das Schiff oder die Ladung dergestalt gefährden, daß sie Anlaß für die **Beschlagnahme** oder **Einziehung** des Schiffes oder der Ladung sein können. In Betracht kommen hier alle Gegenstände, deren Ausfuhr oder Einfuhr verboten oder einem Zoll unterworfen ist, also alle Zoll- und Kriegskonterbande; ferner alle Gegenstände, die nach dem Recht des Absendungs- oder Bestimmungsorts wegen Verletzung von Ausfuhr- oder Einfuhrverboten oder wegen Hinterziehung von Zollgebühren der Beschlagnahme und Einziehung unterliegen. Es genügt aber nicht, daß nur die Bannware darstellenden Gegenstände selbst eingezogen oder beschlagnahmt werden können; vielmehr muß diese Gefahr dem Schiff oder wenigstens noch einem anderen Teil der Ladung drohen (Schäfer LK 3). Ohne Bedeutung ist, ob diese Maßnahmen von deutschen oder ausländischen Behörden zu befürchten sind (Samson SK 3); jedoch sind bei deutschen Behörden der Grundsatz der Verhältnismäßigkeit und die sonstigen in den §§ 74ff. vorgesehenen Einschränkungen zu beachten. 4

2. Die Handlung muß **ohne Vorwissen des Schiffers** oder, wenn dieser selbst Täter ist, ohne Vorwissen des Reeders vorgenommen werden. Weiß eine der genannten Personen vom Anbordbringen der Bannware, dann ist § 297 nicht anwendbar (Schäfer LK 4). Es wird nicht vorausgesetzt, daß die Anbordnahme heimlich erfolgt. 5

V. Für den **subjektiven Tatbestand** ist **Vorsatz** erforderlich. Der Täter muß auch wissen, daß die Anbordnahme der Ware Schiff oder Ladung gefährdet (RG 43 384). 6

VI. Die Tat ist **vollendet**, sobald die Gegenstände an Bord gebracht sind (RG 42 294). **Beihilfe** ist auch dadurch möglich, daß Schmuggelware geliefert wird (RG 41 70). 7

VII. **Idealkonkurrenz** kommt u. U. mit § 263 in Betracht (Schäfer LK 13). 8

§§ 298–300 *ersetzt durch die §§ 201–203.*

§§ 301–302 *aufgehoben durch EGStGB.*

§ 302a Wucher

(1) **Wer die Zwangslage, die Unerfahrenheit, den Mangel an Urteilsvermögen oder die erhebliche Willensschwäche eines anderen dadurch ausbeutet, daß er sich oder einem Dritten**
1. **für die Vermietung von Räumen zum Wohnen oder damit verbundene Nebenleistungen,**
2. **für die Gewährung eines Kredits,**
3. **für eine sonstige Leistung oder**
4. **für die Vermittlung einer der vorbezeichneten Leistungen**

Vermögensvorteile versprechen oder gewähren läßt, die in einem auffälligen Mißverhältnis zu der Leistung oder deren Vermittlung stehen, wird mit Freiheitsstrafe bis zu drei Jahren oder mit Geldstrafe bestraft. Wirken mehrere Personen als Leistende, Vermittler oder in anderer Weise mit und ergibt sich dadurch ein auffälliges Mißverhältnis zwischen sämtlichen Vermögensvorteilen und sämtlichen Gegenleistungen, so gilt Satz 1 für jeden, der die Zwangslage oder sonstige Schwäche des anderen für sich oder einen Dritten zur Erzielung eines übermäßigen Vermögensvorteils ausnutzt.

(2) **In besonders schweren Fällen ist die Strafe Freiheitsstrafe von sechs Monaten bis zu zehn Jahren. Ein besonders schwerer Fall liegt in der Regel vor, wenn der Täter**
1. **durch die Tat den anderen in wirtschaftliche Not bringt,**
2. **die Tat gewerbsmäßig begeht,**
3. **sich durch Wechsel wucherische Vermögensvorteile versprechen läßt.**

Vorbem. Neugefaßt durch das 1. WiKG vom 29. 7. 1976, BGBl. I 2034.

Schrifttum: Hohendorf, Das Individualwucherstrafrecht nach dem 1. WiKG, 1982. – Isopescul-Grecul, Das Wucherstrafrecht, 1906. – Kohlmann, Wirksame strafrechtliche Bekämpfung des Kreditwuchers, 1974. – Rühle, Das Wucherverbot – effektiver Schutz des Verbrauchers vor überhöhten Preisen?, 1978. – Sasserath, Die überhöhte ortsübliche Miete als Vergleichsmaßstab, NJW 72, 711. – ders., Die neue Mietwuchervorschrift des § 302f StGB, WM 72, 3. – Schmidt-Futterer, Die neuen Vorschriften über den Mietwucher in straf- und zivilrechtlicher Sicht, JR 72, 133. – ders., Die Wuchermiete für

§ 302a 1–6 Bes. Teil. Strafbarer Eigennutz

Wohnraum nach neuem Recht, NJW 72, 135. – *Schmidt-Futterer/Blank,* Wohnraumschutzgesetze, 5. A. 1984. – *Sickenberger,* Wucher als Wirtschaftsstraftat, 1985. – *Sturm,* Die Neufassung des Wuchertatbestandes und die Grenzen des Strafrechts, JZ 77, 84. – Rechtsvergleichend: *Krässig* Mat. II BT 399.

1   I. Die Vorschrift faßt die früher in den §§ 302a–302f a. F. selbständig geregelten Formen des Kredit-, Sach- und Mietwuchers in einem Tatbestand als Leistungswucher zusammen. Ersatzlos gestrichen ist die frühere Vorschrift über Nachwucher (§ 302c a. F.) mangels eines praktischen Bedürfnisses (vgl. BR-Drs. 5/75 S. 42).

2   **Grundgedanke der Vorschrift** ist, Verhaltensweisen zu unterbinden, die darauf gerichtet sind, Schwächesituationen bei anderen Personen wirtschaftlich auszubeuten und für Leistungen unverhältnismäßig große Vermögensvorteile zu erreichen. Geschütztes Rechtsgut ist das Vermögen. Für die Tatvollendung ist jedoch eine Vermögenseinbuße beim Übervorteilten nicht erforderlich; der Wucher ist somit ein Vermögensgefährdungsdelikt (D-Tröndle 3; vgl. aber auch Samson SK 3 ff.). Da die in einer Schwächesituation befindliche Einzelperson vor wirtschaftlicher Ausbeutung geschützt werden soll, erstreckt sich § 302a auf den sog. **Individualwucher** (vgl. RG **60** 225, **76** 193, BGH **11** 183). Eine scharfe Grenze zum sog. Sozialwucher, bei dem eine allgemeine Mangellage zu übermäßigen Gewinnen ausgenutzt wird und der außerhalb des StGB (vgl. §§ 3 ff. WiStG) geregelt ist, läßt sich allerdings nicht ziehen. Das trifft namentlich auf den Mietwucher zu (vgl. LG Darmstadt NJW **75**, 550, wonach insoweit auch der Sozialwucher mit umfaßt sein soll). § 302a ist nicht deswegen unanwendbar, weil neben dem im Einzelfall Betroffenen zugleich ein größerer Personenkreis einer Wohnungsnot ausgesetzt ist (vgl. BGH **11** 183) und der Vermieter mithin auch von anderen Wohnungssuchenden die überhöhte Miete hätte bekommen können. Mit der Unterscheidung zwischen Individual- und Sozialwucher wird daher nur bedingt ein wirklicher Gegensatz gekennzeichnet (vgl. auch Bernsmann GA 81, 143).

3   II. Die wucherische Ausbeutung muß an eine – erbrachte oder in Aussicht gestellte – **Leistung** geknüpft sein. Von den in Betracht kommenden Leistungen sind die Wohnungsvermietung und die Kreditgewährung als bedeutsamste Fälle des Wuchers besonders herausgestellt worden. Außerdem ist zur Vermeidung von Mißverständnissen die Vermittlung von Leistungen besonders angeführt worden, obwohl auch sie eine Leistung darstellt (vgl. BR-Drs. 5/75 S. 40). Da es sich bei den herausgehobenen Arten einer Leistung nur um Beispielsfälle handelt, erübrigt sich indes eine genaue Abgrenzung von sonstigen Leistungen. Eine Abgrenzung kann dagegen zwischen einer in Aussicht gestellten Leistung und einem Übel als Kehrseite in Gestalt einer Nichtleistung erforderlich sein. Daß der Täter (u. U. konkludent) zum Ausdruck bringt, bei Nichterfüllen des Geforderten seinerseits nicht zu leisten, kann ihm nicht ohne weiteres als Androhen eines Übels zur Last gelegt werden, auch nicht bei einer Zwangslage des Opfers. Sonst würden Wucher und Erpressung (Nötigung) sich weitgehend überschneiden, ein Ergebnis, das schwerlich dem Gesetzessinn entspricht. Nur besondere Umstände können das zum Ausdruck gebrachte Nichtleistenwollen zu einem angedrohten Übel stempeln, wie etwa in dem Fall einer Pflicht zur Leistung. Grundsätzliches zur Abgrenzung zwischen Leistung und Übel bei Pelke, Die strafrechtliche Bedeutung der Merkmale „Übel" und „Vorteil", Diss. Münster, 1990, 167 ff.

4   1. Unter **Vermietung von Räumen zum Wohnen** (Abs. 1 Nr. 1) ist nicht nur die Begründung eines Hauptmietverhältnisses zu verstehen, sondern ebenso die Untervermietung. Auch Hotelzimmer und Urlaubsunterkünfte fallen unter Nr. 1. Unerheblich ist es, ob die Räume unbeweglich oder beweglich sind, so daß auch die Vermietung von Wohnwagen, Wohnzelten oder Wohnschiffen erfaßt wird. Ferner ist ohne Bedeutung, ob die Räume an sich zum Wohnen bestimmt, zugelassen oder hierzu geeignet sind. Es kommt allein darauf an, daß ein Raum zum Wohnen vermietet wird. „Bruchbuden", Badezimmer, Waschküchen, Garagen, Gartenlauben oder sonstige behelfsmäßige Unterkünfte (vgl. LG Köln WoM **87**, 202: Bunkerräume) können mithin Mietwucherobjekte sein. Nr. 1 erstreckt sich dagegen nicht auf die Vermietung von Geschäftsräumen; insoweit greift aber Nr. 3 ein. Zweifelhaft kann sein, wie bei gemischt genutzten Räumen oder bei Dirnenunterkünften (vgl. Hamm NJW **72**, 1874) zu entscheiden ist; zumindest kommt Nr. 3 zum Tragen.

5   Neben der Wohnungsvermietung sind die damit verbundenen **Nebenleistungen** in Nr. 1 besonders erwähnt. Hierzu gehören insb. Strom, Heizung, Wasser, Reinigung, Garage, Parkplatz, Tätigkeit eines Hauswarts. Eingeschlossen sind auch Nebenleistungen unüblicher Art.

6   2. Zur **Gewährung eines Kredits** (Abs. 1 Nr. 2) rechnen in erster Linie die Fälle des Gelddarlehens und der Stundung einer Geldforderung i. S. des § 302a a. F. Der Begriff des Kredits beschränkt sich indes nicht hierauf; er richtet sich vielmehr nach der in § 265b III Nr. 2 enthaltenen Definition (Schäfer LK 13, D-Tröndle 6) und umfaßt danach auch den Akzeptkredit, den

entgeltlichen Erwerb von Geldforderungen (vgl. RG 25 315), die Diskontierung von Wechseln und Schecks und die Übernahme von Gewährleistungen (Bürgschaft, Garantie usw.). Vgl. dazu § 265 b RN 11 ff.

3. Mit sonstiger Leistung (Abs. 1 Nr. 3) ist – mit Ausnahme der in Nr. 1, 2 und 4 genannten – jede Art von Leistung gemeint, nicht nur eine wirtschaftlicher Art (vgl. Göhler Prot. 7 S. 2793 gegen § 203 AE). Die Hauptfälle, mit denen die Praxis es zu tun haben wird, dürften allerdings wirtschaftliche Leistungen sein, zumal bei anderen (z. B. Lebensrettung, Fluchthilfe) mangels eines Marktwertes nur schwer feststellbar ist, ob ein auffälliges Mißverhältnis zwischen Leistung und Gegenleistung vorliegt (vgl. Göhler aaO, Tiedemann Prot. 7 S. 2473). In Betracht kommen etwa Vermietungen von Sachen, die nicht bereits unter Nr. 1 fallen, namentlich von Geschäftsräumen, Garagen oder Parkplätzen, die Veräußerung oder die Verpachtung von Grundstücken, die Sicherungsübereignung mit Rückvermietung (vgl. RG Recht 14 Nr. 1644), die Lieferung von Drogen, pornographischem Material, Antiquitäten, Kunstgegenständen oder Sammelobjekten, der Ausschank von Alkoholika in Nachtbars (vgl. Bay NJW 85, 873 m. Anm. Otto JR 85, 169), ferner Dienstleistungen jeglicher Art, z. B. Heilbehandlung durch Ärzte oder Kurpfuscher (vgl. RG Recht 16 Nr. 1419), illegaler Schwangerschaftsabbruch, Rechtsberatung (vgl. RG 45 197), Tätigkeit eines Privatdetektivs (vgl. RG DR 44, 903). Auch Geldleistungen, soweit sie keine Kreditgewährung sind, gehören hierher, wie etwa beim Viehkauf (Viehwucher), beim Ankauf einer Erbschaft (vgl. RG Recht 15 Nr. 737), von Schmuck usw. oder bei der Bezahlung von Arbeitsleistungen (Lohnwucher), etwa im Rahmen illegaler Arbeitsverhältnisse. 7

4. Leistung i. S. des § 302a ist zudem die **Vermittlung einer Leistung,** und zwar jeder Art von Leistung, die als solche einer wucherischen Handlung zugänglich ist (Abs. 1 Nr. 4). Die besondere Erwähnung dient der Klarstellung. Praktische Bedeutung für den Wucher kann vor allem der Kreditvermittlung, der Vermittlung von Wohnungen oder Geschäftsräumen und der Grundstücksvermittlung zukommen. Aber auch bei Vermittlung sonstiger Leistungen ist wucherische Ausbeutung denkbar, so etwa bei Vermittlung von Anstellungen. Zur wucherischen Vermittlung von Leistungen vgl. RG 29 79, Recht 13 Nr. 1682, LZ 14, 1567. 8

III. Für die Leistung (o. 3 ff.) muß der Täter sich oder einem Dritten einen in auffälligem Mißverhältnis zur Leistung stehenden **Vermögensvorteil als Gegenleistung** versprechen oder gewähren lassen. 9

1. Ein Vermögensvorteil ist jede günstigere Gestaltung der Vermögenslage (vgl. § 263 RN 167). In Geld braucht er nicht zu bestehen. Es genügen andere vermögenswerte Vorteile, z. B. Sach- oder Dienstleistungen. Voraussetzung ist jedoch, daß sie wertmäßig bestimmbar sind und somit ein Wertvergleich mit der Leistung möglich ist, da sich sonst nicht feststellen läßt, ob ein auffälliges Mißverhältnis zur Leistung vorliegt. Zu berücksichtigen sind auch bedingt zugesicherte Vermögensvorteile (vgl. RG 20 286, JW 1891, 114). Ferner kann die Vollmacht, über fremdes Vermögen zu verfügen, einen Vermögensvorteil darstellen (Schäfer LK 30). 10

2. Der Vermögensvorteil muß in einem **auffälligen Mißverhältnis zu der Leistung** oder deren Vermittlung stehen, für die er versprochen oder gewährt worden ist. Das auffällige Mißverhältnis ist von der Seite des Gläubigers her zu beurteilen, nicht von der des Opfers her. Zu vergleichen sind der Vermögensvorteil, der dem Täter oder dem Dritten zugeflossen ist oder zufließen soll, und die Leistung; unmaßgeblich sind die Vorteile, die das Opfer mit der Leistung erlangt oder sich verspricht (vgl. E 62 Begr. 438, RG 20 282, 39 129, 60 219, JW 35, 531, Stuttgart wistra 82, 37, Bay NJW 85, 873, D-Tröndle 22, Schäfer LK 31). Sind mehrere Leistungen miteinander verbunden, etwa eine Kreditgewährung mit dem Verkauf von Waren oder dem Abschluß eines Versicherungsvertrages (vgl. Karlsruhe JR 85, 168 m. Anm. Otto: Darlehensgewährung und Lebensversicherungsvermittlung), dann sind die Vermögensvorteile, die aus den jeweiligen Gegenleistungen hervorgehen, zusammenzurechnen und der Gesamtleistung gegenüberzustellen (vgl. RG 20 281). Bei mehreren selbständigen Geschäften zwischen denselben Personen ist dagegen jedes Geschäft für sich zu prüfen (vgl. RG 60 219, JW 35, 531). 11

Das Mißverhältnis ist **auffällig,** wenn einem Kundigen bei Kenntnis der maßgeblichen Faktoren ohne weiteres ersichtlich ist, also sozusagen in die Augen springt, daß der ausbedungene Vermögensvorteil den Wert der Leistung in einem völlig unangemessenen Umfang übertrifft (vgl. RG HRR 40 Nr. 835, Bay NJW 85, 873). Nicht erforderlich ist, daß das Mißverhältnis ohne nähere Prüfung der Sachgegebenheiten sofort erkennbar ist. Es reicht aus, wenn es, z. B. bei einem verschleierten Sachverhalt, erst nach einer genauen (u. U. mühseligen) Untersuchung offenbar wird (vgl. Stuttgart wistra 82, 37). Für die Beurteilung des auffälligen Mißverhältnisses können sich bei den verschiedenen Wuchergeschäften Besonderheiten ergeben. 12

a) Beim Mietwucher (Abs. 1 Nr. 1) ist in Anlehnung an § 5 I 2 WiStG als Vergleichsmaßstab für die Beurteilung eines auffälligen Mißverhältnisses grundsätzlich die ortsübliche oder in 13 vergleichbaren Orten übliche Miete für entsprechende Mietobjekte (Art, Größe, Ausstattung, Beschaffenheit, Lage, Nebenleistungen) heranzuziehen (BGH **30** 281, Düsseldorf GA **75**, 311, Köln NJW **76**, 120, LG Darmstadt NJW **72**, 1244, **75**, 549, D-Tröndle 23, Lackner 3 a; and. Sasserath NJW 72, 1870), vorausgesetzt freilich, daß die ortsüblichen Sätze selbst nicht übersteigert sind (vgl. RG **61** 141, BGH **11** 182, LG Köln ZMR **75**, 367, Schmidt-Futterer NJW 72, 87, 135, aber auch D-Tröndle 23, Sasserath NJW 72, 711). Als Vergleichsmaßstab kommt die ortsübliche Miete in Betracht, weil sich nach ihr der Marktwert einer Wohnung bestimmt (zum Marktwert möbliert vermieteter Wohnräume vgl. LG Köln ZMR **75**, 367). Zu berücksichtigen sind zudem die Art der Wohnungsnutzung, etwa eine das übliche Maß übersteigende Beanspruchung, und besondere Umstände in der Person des Mieters. Ist auf Grund dieser Umstände ein besonderes Vermieterrisiko gegeben, so ist ein Zuschlag zur ortsüblichen Miete in Ansatz zu bringen. Ein solches Vermieterrisiko kann u. a. bei starker Abnutzung von Räumen und Einrichtungsgegenständen (vgl. BGH NJW **82**, 896), bei häufigem Wechsel der Mieter (etwa bei Soldaten, Gastarbeitern oder Wohngemeinschaften) sowie bei Mißhelligkeiten bestehen, die bei Vermietung an bestimmte Personengruppen zu befürchten sind (vgl. Köln NJW **76**, 120, LG Darmstadt NJW **72**, 1245, Schmidt-Futterer NJW 72, 135). Bedenklich ist dagegen, generell bei Vermietung an Ausländer auf einen Zuschlag zurückzugreifen (vgl. Stuttgart NJW **82**, 1160) oder auf eine besondere finanzielle Leistungsfähigkeit des Mieters abzustellen (so aber BGH **11** 184, D-Tröndle 23). Fraglich ist, ob und inwieweit Gestehungskosten, Amortisation, Zinsbelastungen, Höhe der Hauptmiete und ähnliche Aufwendungen des Vermieters von Bedeutung sind. Für die Bewertung der Vermieterleistung kommt es auf sie nicht an (Köln NJW **76**, 120, LG Darmstadt NJW **75**, 550; and. noch BGH **11** 184). Auch für die Beurteilung des Mißverhältnisses zwischen Vermögensvorteil und Leistung können solche Kosten nicht maßgebend sein (BGH **30** 281, LG Köln WoM **87**, 202; and. Lackner 3 a), da sonst der Weg für Spekulationen frei wäre; hohe Kosten könnten in Hinsicht auf die Möglichkeit, durch Ausnutzen von Zwangslagen usw. noch einen Gewinn zu erzielen, ohne weiteres auf sich genommen werden (vgl. z. B. den von Köln NJW **76**, 120 entschiedenen Fall). Das bedeutet indes nicht, daß die genannten Kosten schlechthin unberücksichtigt zu bleiben haben. Ihnen ist vielmehr beim Merkmal der Ausbeutung Rechnung zu tragen (vgl. u. 29).

14 Zu den *Vermögensvorteilen,* die als Gegenleistung der Vermietung und etwaigen Nebenleistungen gegenüberzustellen sind, zählen vor allem die Mietzinsen, außerdem Baukostenzuschüsse, Ablösungsbeträge und ähnliche Geldzahlungen. Auch vom Mieter zu erbringende Sach- und Dienstleistungen sind den Vermögensvorteilen zuzurechnen, z. B. unentgeltliche oder unterbezahlte Reinigungsarbeit außerhalb des Mietbereichs, Gartenarbeit, Krankenpflege, Nachhilfeunterricht.

15 Ob ein *auffälliges Mißverhältnis* zwischen Vermögensvorteil und Leistung besteht, läßt sich nicht generell nach bestimmten Prozentsätzen bestimmen; es kommt auf die besonderen Umstände des Einzelfalles an. Im allgemeinen ist ein auffälliges Mißverhältnis indes bei Überschreitung der angemessenen Miete um 50% anzunehmen (Köln NJW **76**, 120, LG Darmstadt NJW **72**, 1244, LG Köln ZMR **75**, 367, D-Tröndle 23; and. Sasserath NJW 72, 712, der eine Überhöhung von 100% verlangt). Über niedrigere Sätze bei Wohnraum mit gesetzlicher Preisbindung vgl. Schmidt-Futterer JR 72, 134, Schmidt-Futterer/Blank aaO D 120.

16 b) Beim **Kreditwucher** (Abs. 1 Nr. 2) stellt das Gesetz im Unterschied zu § 302a a. F. nicht mehr auf eine Überschreitung des üblichen Zinsfußes ab. Eine Bezugnahme hierauf ist wegen der Zusammenfassung der Wuchertatbestände entfallen; zudem hat der Gesetzgeber sie für bedenklich gehalten, weil der übliche Zinsfuß nur eines der Merkmale ist, nach denen sich ein auffälliges Mißverhältnis bestimmt (vgl. BR-Drs. 5/75 S. 41). Dennoch behält der übliche Zinsfuß, unter dem derjenige zu verstehen ist, der nach den Orts- und Zeitverhältnissen und nach der objektiven Natur und dem Zweck des Geschäfts sich im redlichen Verkehr als der gewöhnliche darstellt (vgl. RG **60** 218), als Vergleichsmaßstab weiterhin seine Bedeutung (vgl. dazu auch BGH NJW **89**, 1595 m. Anm. Scholz BB 90, 1658). Er ist allerdings nicht allein zu beachten. Vielmehr hat eine Gesamtbewertung aller Umstände des Einzelfalles zu erfolgen (vgl. Karlsruhe NJW **88**, 1156). Zu berücksichtigen sind insb. Laufzeit und Höhe des Kredits, Art und Wert von Sicherheiten (Pfandbestellung, Sicherungsübereignung, Bürgschaft, Lohnabtretung usw.), Größe der Verlustgefahr für den Kreditgeber (vgl. RG JW **35**, 126, Köln JMBlNW **69**, 93, Karlsruhe NJW **88**, 1156), wirtschaftlich gerechtfertigte Aufwendungen des Kreditgebers (BGH NJW **83**, 2780 m. Anm. Otto JR 84, 252). Auf der anderen Seite sind als Vermögensvorteile sämtliche Gegenleistungen heranzuziehen, namentlich Zinsen, Kreditgebühren (LG Berlin BB **78**, 15), Bearbeitungs-, Auskunfts- und Inkassogebühren, Provisionen. Auch die Prämien für eine Restschuldversicherung sind einzubeziehen (Stuttgart wistra **82**, 37, LG Berlin BB **78**, 15, Freund NJW 77, 636, Reich NJW 77, 637 mwN; vgl. auch BGH NJW **79**, 808, **80**, 2074, 2077; einschränkend BGH NJW **81**, 1209 mit krit. Anm. Rittner DB 81, 1382, Stuttgart NJW **79**, 2412 [nur zur Hälfte]; and. BGH NJW **88**, 1661, München NJW 77, 152,

Frankfurt, Karlsruhe, Düsseldorf, Teilzahlungswirtschaft 78 H. 6 S. 26, Rittner DB 80 Beilage Nr. 16 S. 10). Die Restschuldversicherung kommt nämlich nicht nur dem Kreditnehmer zugute, sondern dient zugleich dem Kreditgeber als zusätzliche Sicherheit und stellt damit für ihn einen weiteren Vermögensvorteil dar (BGH NJW **80**, 2075, 2077, 2302, **82**, 2434, Lenckner JR 80, 164; vgl. auch Reifner NJW 88, 1949). Sie ist deshalb, zumindest soweit sie für den Kredit Voraussetzung ist oder als dessen Voraussetzung für den Kreditnehmer erscheint, ein mit der Kreditgewährung verbundener einheitlicher Geschäftsvorgang (vgl. KG WM **79**, 589, Lenckner JR 80, 163), wobei dann andererseits Versicherungsschutz und Kreditgewährung zu einer Gesamtleistung zusammenzufassen sind (vgl. Schulz BB 78, 16, auch o. 11). Für Selbständigkeit einer Restschuldversicherung auf Wunsch des Kreditnehmers Schulz BB 78, 16. Zur Berechnung der Effektivverzinsung sind die Einzelposten der Schuldnerleistung auf einen Jahreszins zu bringen (D-Tröndle 24). Zur Berechnung vgl. BGH NJW **82**, 2434, **87**, 2220, **88**, 818, Nack/Wiese wistra 82, 135. Ein Effektivzins von 30% und mehr ist im allgemeinen wucherisch (vgl. LG Berlin BB **78**, 15, Reich NJW 77, 637, auch LG Freiburg BB **79**, 1004). Besondere Umstände, etwa ein besonders großes Kreditrisiko, können jedoch die Wuchergrenze verschieben (vgl. Lenckner JR 80, 162). Gegen solche absoluten Grenzen bei Ratenkrediten und für eine Grenzfestlegung nach dem Verhältnis zum üblichen Marktzins Nack MDR 81, 624 (Effektivzins ab 100% über Marktzins i.d.R. wucherisch in Zeiten mit normalen Zinshöhen); für marktorientierten Vergleichsmaßstab bei Ratenkrediten unter Berücksichtigung des sog. Schwerpunktzinses auch BGH NJW **81**, 1208, **86**, 2568, Stuttgart wistra **82**, 36. Vgl. dazu Emmerich JuS 88, 928, auch BGH NJW **88**, 1659. Zum Ganzen vgl. noch Haberstroh NStZ 82, 265, Hohendorf BB 82, 1205, Lammel BB 80 Beilage 8 S. 8ff., Otto NJW 82, 2746. Zum Effektivzinsvergleich bei einem mit einer Kapitallebensversicherung verbundenen Festkredit vgl. BGH NJW **90**, 1844.

c) Beim **Vermittlungswucher** (Abs. 1 Nr. 4) kommt es darauf an, ob das auffällige Mißverhältnis zwischen dem ausbedungenen Vermögensvorteil für die Vermittlung und deren Wert besteht. Unerheblich ist, wie das vermittelte Geschäft zu beurteilen ist. Das Vermittelte kann allerdings für den Wert der Vermittlung bedeutsam sein. Es ist einer der Faktoren, die im Rahmen der auch hier erforderlichen Gesamtbewertung aller Umstände des Einzelfalles heranzuziehen sind. Ein weiterer Bewertungsfaktor ist das ortsübliche Entgelt, das für die Vermittlung entsprechender Leistungen im redlichen Geschäftsverkehr zu zahlen ist (vgl. für die Wohnungsvermittlung § 6 I 2 WiStG). Ferner können der Zeitaufwand für die Vermittlung, der Schwierigkeitsgrad und das Erfordernis besonderer Aufwendungen eine Rolle spielen. Bei einer Pauschalvergütung, die fünfmal so hoch ist wie das übliche Entgelt, ist aber i.d. R. unabhängig davon, wie umfangreich und aufwendig die Vermittlungstätigkeit ist, ein auffälliges Mißverhältnis anzunehmen (vgl. BGH DB **76**, 573 zur Kreditvermittlung). 17

d) Bei **sonstigen Leistungen** (Abs. 1 Nr. 3) ist grundsätzlich deren Marktwert bei der Beurteilung des auffälligen Mißverhältnisses zugrunde zu legen (Bay NJW **85**, 873), so z.B. bei Vermietung von Geschäftsräumen die ortsübliche Miete für entsprechende Objekte, bei Veräußerung von Sachen der normale Marktpreis am Leistungsort, bei Dienstleistungen das nach Gebührenordnungen, Tarifen usw. maßgebliche Entgelt. Dagegen ist ebensowenig wie beim Mietwucher (vgl. o. 13) von den Gestehungskosten auszugehen (D-Tröndle 25; and. noch RG **74** 345 m. Anm. Bockelmann DR 41, 325). Besondere Schwierigkeiten für die Beurteilung des auffälligen Mißverhältnisses können sich allerdings ergeben, wenn ein Marktwert nicht feststellbar ist, wie bei nichtwirtschaftlichen Leistungen sowie u.U. bei Liebhaberobjekten (Antiquitäten, Kunstgegenständen, Briefmarken, Münzen usw.). Mangels eines Vergleichsmaßstabs läßt sich hier nur nach den individuellen Gegebenheiten bestimmen, ob ein auffälliges Mißverhältnis zwischen Leistung und Gegenleistung vorliegt (vgl. Bay NJW **85**, 873). Mitzuberücksichtigen ist hierbei ein Affektionsinteresse (vgl. Göhler Prot. 7 S. 2792, Sturm JZ 77, 85). Bei Fluchthilfe sind die Unkosten und die Risiken des Fluchthelfers von wesentlicher Bedeutung (vgl. BGH NJW **80**, 1576). Zu den Kriterien bei Spekulationsgeschäften (Verkauf von Optionen für Warentermingeschäfte) vgl. Hamburg DB **80**, 2076. Bewertungsobjekt ist die Leistung, die vertragsgemäß zu erbringen ist, nicht das tatsächlich Erbrachte (vgl. RG **29** 84, BGH WM **77**, 399). Krit. zum Ganzen Bernsmann GA 81, 147ff. Zum auffälligen Mißverhältnis bei illegalen Geschäften vgl. Bernsmann aaO 160ff., dessen Lösung indes nicht völlig überzeugt. Vgl. dazu noch Samson SK 25 b. 18

3. Der Täter muß die Vermögensvorteile sich oder einem Dritten **versprechen** oder **gewähren lassen**. Sichversprechenlassen bedeutet die Annahme der Verpflichtung zur Gegenleistung mit dem Willen, sich das Versprochene tatsächlich gewähren zu lassen (vgl. RG **15** 333). Es kann sich auch auf eine bedingte Zusicherung von Vermögensvorteilen erstrecken (RG JW 1891, 114). Für die Annahme des Versprechens genügt ein schlüssiges Handeln. Gleiches gilt für das Sichgewährenlassen. Diese Tathandlung liegt vor, wenn der Vermögensvorteil entge- 19

gengenommen wird. Mit dem Versprechenlassen bildet sie eine einheitliche Tat (vgl. RG DStR **38**, 189), die mit Annahme des Versprechens vollendet und mit Entgegennahme der Vermögensvorteile beendet ist. Das Gewährenlassen erlangt demgemäß nur dann eine selbständige, tatbegründende Bedeutung, wenn ein Versprechenlassen des angenommenen Vermögensvorteils nicht vorausgegangen ist (vgl. RG **4** 111) oder wenn der Wuchervorsatz noch nicht beim Versprechenlassen vorgelegen hat oder insoweit nicht feststellbar ist. Dagegen reicht nicht aus, daß die Verhältnisse sich später geändert haben und erst bei Entgegennahme der Vermögensvorteile ein auffälliges Mißverhältnis zur Leistung besteht (and. RG JW **26**, 2187 m. abl. Anm. Alsberg, D-Tröndle 19). Denn der rechtmäßig erlangte Anspruch wird nicht ohne weiteres durch bloße Änderung der Verhältnisse unrechtmäßig (vgl. auch BGH WM **77**, 399: Mißverhältnis ist nach dem Zeitpunkt der Vereinbarung zu beurteilen, ferner noch RG JW **36**, 1281, BGH NJW **83**, 2692).

20   Unerheblich ist die Nichtigkeit der Vereinbarung (§ 138 II BGB), aber auch der Umstand, daß diese schon aus anderen Gründen rechtlich unwirksam ist, z. B. ein gesetzlicher Vertreter seine Genehmigung verweigert hat (vgl. RG **35** 113, Recht **15** Nr. 2413; and. Samson SK 18 hinsichtlich Versprechenlassen). Ferner spielt es keine Rolle, ob das Opfer sich der rechtlichen und wirtschaftlichen Tragweite seines Versprechens und dessen Erfüllung (Nichtigkeit, Ausbeutung) bewußt ist (vgl. RG LZ **18**, 1085). Es muß nur den Umfang der übernommenen Verpflichtungen erkennen (RG GA Bd. **60** 439). Geht allerdings der Leistungsempfänger in Kenntnis der Rechtslage das Geschäft mit der Absicht ein, unter Berufung auf Wucher keine Gegenleistung zu erbringen, so ist er nicht Opfer eines Wuchers (vgl. u. 24).

21   Es reicht aus, wenn der Täter den Vermögensvorteil einem Dritten (z. B. auch einer juristischen Person) versprechen oder gewähren läßt. Hat er sich selbst und zugleich einem Dritten Vermögensvorteile versprechen oder gewähren lassen, so sind diese zusammenzurechnen (vgl. RG ZAkDR **39**, 541). Andererseits braucht das Versprechen oder der Vermögensvorteil nicht vom Schuldner erteilt bzw. gewährt zu werden; Bewucherter kann auch ein Bürge oder ein Bevollmächtigter sein (vgl. RG Recht **15** Nr. 736).

22   **IV.** Die Handlung muß unter **Ausbeutung einer Schwächesituation** bei einem anderen erfolgen. Als Schwächesituation nennt § 302a abschließend die Zwangslage, die Unerfahrenheit, den Mangel an Urteilsvermögen und die erhebliche Willensschwäche eines anderen.

23   1. Eine **Zwangslage** besteht, wenn jemand sich in ernster Bedrängnis befindet und zu deren Beseitigung auf eine der o. 3ff. genannten Leistungen angewiesen ist. Die Bedrängnis kann wirtschaftlicher Art sein; sie kann aber auch auf sonstigen Umständen beruhen, die ein zwingendes Bedürfnis nach bestimmten Leistungen entstehen lassen (vgl. BR-Drs. 5/75 S. 40). Eine wirtschaftliche Bedrängnis ist nicht erst bei einer Existenzgefährdung anzunehmen. Sie liegt bereits vor, wenn mangels erforderlicher Mittel schwere wirtschaftliche Nachteile drohen (vgl. E **62** Begr. 439). Eine solche Lage kann auch dann vorhanden sein, wenn jemand Vermögen besitzt, es aber aus irgendwelchen Gründen nicht flüssig machen (vgl. RG **71** 325, BGH NJW **82**, 2768), etwa wertvolle Baugrundstücke nicht rechtzeitig verkaufen kann (vgl. RG JW **08**, 587). Bei fälligen Verbindlichkeiten, die der Schuldner ohne ein Darlehen nur mit für den Lebensunterhalt notwendigen Mitteln erfüllen kann, ist für eine Zwangslage nicht stets erforderlich, daß eine Zwangsvollstreckung droht; der Schuldner kann auch aus sonstigen Gründen genötigt sein, Mittel zur Bezahlung der Verbindlichkeiten in Anspruch zu nehmen (vgl. BGH **12** 390). Eine Zwangslage kann ferner gegeben sein, wenn jemand nach einem Brand Sachen unterstellen oder veräußern muß (vgl. E **62** Begr. 439: Großbauer muß nach Abbrennen seiner Stallungen erhebliche Viehbestände abstoßen), wenn jemand nicht die nötigen Mittel für die Sicherung und Auswertung eines Patents hat oder wenn jemand zur Beseitigung einer bedrängten Lage von der Dienstleistung einer bestimmten Person abhängig ist. Ein Wohnungssuchender befindet sich in einer Zwangslage, wenn er eine Wohnung an einem bestimmten Ort dringend benötigt (z. B. berufs- oder ausbildungsbedingt) und dort mangels weiterer Angebote auf ein bestimmtes Mietobjekt angewiesen ist. Bloße Unzufriedenheit mit den bisherigen Wohnverhältnissen begründet noch keine Zwangslage. Entsprechendes gilt für die Unzufriedenheit mit politischen Verhältnissen als Anlaß für die Inanspruchnahme einer Fluchthilfe (BGH NJW **80**, 1575f.) oder für die Unzufriedenheit mit der wirtschaftlichen Lage.

24   Die Zwangslage braucht nicht unverschuldet zu sein (vgl. RG JW **08**, 587, BGH **11** 186). Sie ist zudem nicht unbedingt von objektiv vorliegenden Umständen abhängig. Auch wer einen Ausweg aus der bedrängten Lage nicht kennt, z. B. eine vorhandene Möglichkeit, anderweitig Mittel zur Behebung der Bedrängnis ohne wucherische Gegenleistung zu erhalten, ist einer Zwangslage ausgesetzt (vgl. BGH NJW **58**, 2075). Entsprechendes muß dann gelten, wenn jemand sich irrtümlich in einer ernsten Bedrängnis sieht (Hohendorf aaO 94; and. Lackner 4). Er sieht sich nicht anders als in einer tatsächlichen Zwangslage dazu gedrängt, der vermeintlichen Bedrängnis durch Eingehen auf die wucherischen Bedingungen zu entgehen. Umgekehrt fehlt es an der Ausbeutung einer Schwächesituation, wenn das Opfer sich einer Zwangslage nicht bewußt ist, seine ernste Bedrängnis also noch gar nicht bemerkt hat. Ebensowenig reicht es aus, wenn allein der Täter von einer Zwangslage des Ausgebeuteten ausgeht (strafloser Versuch). Entsprechend beurteilt sich die Rechtslage, wenn sich der Leistungsempfänger von vornherein nicht ausbeuten läßt, indem er in Kenntnis der Rechtslage das Geschäft mit der Absicht eingeht, die übernommene Gegenleistung unter Berufung auf Wucher nicht zu erbringen (and. Schäfer LK 29).

2. Unerfahrenheit ist eine auf Mangel an Geschäftskenntnis und Lebenserfahrung beruhende 25 Eigenschaft eines Menschen, durch die er gegenüber Durchschnittsmenschen benachteiligt ist (BGH **13** 233, NJW **83**, 2781 m. Anm. Otto JR 84, 252, LG Frankfurt wistra **84**, 238). Dieser Mangel muß beim Betroffenen allgemein bestehen oder sich auf Teilbereiche menschlichen Wirkens erstrecken, namentlich auf finanzielle Dinge (vgl. Stuttgart wistra **82**, 37), und zudem die Fähigkeit einschränken, gewisse Lebensverhältnisse richtig zu beurteilen (vgl. RG **37** 206, **53** 50, BGH **11** 186, GA **71**, 209). Es genügt nicht die bloße Unkenntnis über die Bedeutung des abzuschließenden Geschäfts, ebensowenig das Fehlen von Spezialkenntnissen auf dem fraglichen Gebiet (BGH **13** 233). Auch ein Informationsmangel reicht noch nicht aus (vgl. Prot. 7 S. 2796 f.), etwa die bloße Unkenntnis der Verhältnisse auf dem Wohnungs- oder dem Kreditmarkt, wie das Nichtwissen, bei einer Sparkasse usw. den gleichen Kredit ohne wucherische Bedingungen erhalten zu können. Unerfahrenheit ist jedoch anzunehmen, wenn der Informationsmangel so weitreichend ist, daß der Betroffene sich abweichend von Durchschnittsmenschen auf einem besonderen Gebiet nicht auskennt, z. B. infolge mangelnder Geschäftskenntnisse und Lebenserfahrung gar nicht weiß, daß günstigere Möglichkeiten, sich Geld zu verschaffen, in Betracht kommen (vgl. RG **35** 207), oder bei der Unkenntnis, Behörden bei der Festsetzung einer Verbindlichkeit einschalten zu können (vgl. BGH **11** 187). Ferner läßt sich fehlenden Sprachkenntnissen nicht ohne weiteres eine Unerfahrenheit entnehmen (vgl. RG Recht **15** Nr. 735); anders verhält es sich, wenn die Verständigungsschwierigkeiten infolge der fehlenden Kenntnisse dazu führen, daß der erforderliche Überblick über einen Geschäftsbereich nicht vorhanden ist (vgl. LG Köln ZMR **75**, 367, D-Tröndle 11). Für weite Auslegung des Merkmals der Unerfahrenheit Otto NJW 82, 2750.

3. Ein **Mangel an Urteilsvermögen** liegt vor, wenn beim Betroffenen infolge einer geistigen, 26 nicht durch Erfahrung ausgleichbaren Schwäche in erheblichem Maße die Fähigkeit herabgesetzt ist, sich durch vernünftige Beweggründe leiten zu lassen oder die beiderseitigen Leistungen sowie die wirtschaftlichen Folgen des Geschäftsabschlusses richtig zu bewerten (vgl. BR-Drs. 5/75 S. 41, Göhler Prot. 7 S. 2799, Sturm JZ 77, 86). Ein geistiger Defekt i. S. des § 20 ist nicht erforderlich; er wird aber ebenfalls erfaßt.

4. Eine **erhebliche Willensschwäche** ist gegeben, wenn die Widerstandskraft, einem wuche- 27 rischen Angebot zu widerstehen, in so starkem Maße vermindert ist, daß der Schwächezustand gradmäßig den sonstigen in § 302a genannten Schwächesituationen gleichkommt (vgl. BT-Drs. 7/5291 S. 20). Es genügt noch nicht die bloße Anfälligkeit gegenüber Werbungen und ähnlichen Verlockungen. Vielmehr muß die Widerstandskraft wesentlich geringer sein als die eines unter vergleichbaren Umständen am Geschäftsverkehr teilnehmenden Durchschnittsmenschen (Lackner 4). Die Willensschwäche muß in der Persönlichkeit und dem Wesen des Betroffenen ihre Ursache haben (vgl. BR-Drs. 5/75 S. 41). Unerheblich ist jedoch, ob sie angeboren oder erworben ist. Ebensowenig kommt es darauf an, ob sie Krankheitswert hat (vgl. Prot. 7 S. 2801, BT-Drs. 7/5291 S. 20). Sie wird allerdings vielfach krankheitsbedingt sein. Eine erhebliche Willensschwäche kann sich z. B. aus einer Drogen- oder Alkoholsucht ergeben.

5. Es muß die Zwangslage usw. **eines anderen** ausgebeutet werden. Abgesehen vom Fall der 28 Zwangslage braucht der andere nicht der Schuldner zu sein. Es kann sich auch um eine die Interessen des Schuldners vertretende Person handeln. Wird z. B. das Wuchergeschäft mit einem Bevollmächtigten abgeschlossen, so kommt es darauf an, ob dessen Unerfahrenheit oder mangelndes Urteilsvermögen ausgebeutet wurde (vgl. RG Recht **15** Nr. 736). Nicht erforderlich ist, daß der Bevollmächtigte geschäftsfähig war (RG aaO). Das Vorliegen einer Zwangslage ist dagegen nach der Person des Vertretenen zu beurteilen (D-Tröndle 9). Der andere kann auch eine juristische Person sein (vgl. RG **38** 365).

6. Der Täter muß die Zwangslage usw. **ausbeuten.** Die Rspr. zu den §§ 302a ff. a. F. ver- 29 stand unter diesem Merkmal das bewußte Ausnutzen, den Mißbrauch der Schwächesituation zur Erlangung übermäßiger Vermögensvorteile (vgl. RG **53** 286, DStR **39**, 55, BGH **11** 187). Indes ist der Begriff des Ausbeutens enger auszulegen. Das ergibt sich schon daraus, daß in Abs. 1 S. 2 auf ein Ausnutzen statt auf ein Ausbeuten abgehoben wird (vgl. D-Tröndle 15; and. Schäfer LK 28). Ausbeuten muß demnach eine qualifizierte Art des Ausnutzens sein. Diese qualifizierte Form ist in der besonders anstößigen Weise zu erblicken, mit der ein Täter die

Schwächesituation bei einem anderen zu seinem Vorteil ausnutzt (vgl. Köln NJW **76**, 120, Lackner 4, D-Tröndle 15, Tröndle Prot. 7 S. 2563). Das besonders Anstößige kann etwa aus der Rücksichtslosigkeit hervorgehen, mit der sich der Täter die Zwangslage eines anderen zunutze macht. Es genügt aber auch, daß jemand spekulativ im Hinblick auf die Möglichkeit, durch Ausnutzen von Zwangslagen noch Gewinne erzielen zu können, übermäßig hohe Kosten auf sich genommen hat und diese Kosten später abwälzt (and. wohl Scheu JR 82, 475). Daß seine eigenen Gewinne nicht übermäßig hoch sind, spielt dann keine Rolle, sofern nur ein auffälliges Mißverhältnis zwischen Leistung und Gegenleistung besteht (vgl. Köln NJW **76**, 120). Anders ist das Abwälzen übermäßiger Gestehungskosten und ähnlicher Aufwendungen zu beurteilen, wenn sie nicht zu den genannten Zwecken eingegangen waren. Daß dadurch ein auffälliges Mißverhältnis zwischen Leistung und Gegenleistung entsteht, läßt das Ausnutzen einer Zwangslage noch nicht als besonders anstößig erscheinen. Das zeigt sich vor allem dann, wenn nur Verluste vermieden werden sollen. Aber auch ein normales Gewinnstreben führt noch nicht zu einer besonderen Anstößigkeit. Steht der Gewinn jedoch in einem auffälligen Mißverhältnis zur Leistung, so handelt der Täter besonders verwerflich.

30 V. Eine besondere Regelung ist mit der sog. **Additionsklausel** in **Abs. 1 S. 2** für den Fall getroffen worden, daß an einem aus wirtschaftlicher Sicht einheitlichen Geschäftsvorgang auf der Gläubigerseite mehrere Personen als Leistende, Vermittler oder in anderer Weise mitwirken und sich für ihre Tätigkeit selbständig Vermögensvorteile versprechen oder gewähren lassen. Solche Fälle kommen vor allem bei Kreditgeschäften vor. Der Kreditnehmer kann es z. B. mit einem Vermittler, einem Kreditgeber und einem Versicherer (Rückzahlungsversicherung) zu tun haben (vgl. BT-Drs. 7/5291 S. 20). Soweit die Beteiligten in bewußter und gewollter Zusammenarbeit die Zwangslage usw. eines anderen ausbeuten, sind sie nach allgemeinen Regeln wegen Wuchers in Mittäterschaft strafbar. Fehlt es jedoch an einem solchen Zusammenwirken oder ist es nicht feststellbar, so wären ohne eine Sonderregelung Beteiligte, deren Vermögensvorteile nicht wucherisch i. S. des Abs. 1 sind, allenfalls wegen Teilnahme am Wucher strafbar, u. U. sogar straflos. Der Gesetzgeber hat dies vom Schutz des Betroffenen her gesehen und aus kriminalpolitischer Sicht für unvertretbar gehalten (vgl. BT-Drs. 7/5291 S. 20) und diese Lücke mit Abs. 1 S. 2 geschlossen (Bedenken bei Lackner 5, Samson SK 26 ff., M-Schroeder I 486). Danach gilt, wenn mehrere Personen als Leistende, Vermittler oder in anderer Weise mitwirken und sich dadurch ein auffälliges Mißverhältnis zwischen sämtlichen Vermögensvorteilen und sämtlichen Leistungen ergibt, Abs. 1 S. 1 für jeden, der die Zwangslage usw. eines anderen für sich oder einen Dritten zur Erzielung eines übermäßigen Vermögensvorteils ausnutzt. Im einzelnen gilt folgendes:

31 1. Mehrere Personen müssen auf der Gläubigerseite an einem aus wirtschaftlicher Sicht **einheitlichen Geschäftsvorgang** mitwirken (vgl. BT-Drs. 7/5291 S. 20). Ein solcher Vorgang setzt voraus, daß die verschiedenen Leistungen in einem inneren Zusammenhang stehen, wie z. B. Kreditvermittlung und Kreditgewährung (vgl. LG Freiburg BB **79**, 1003). Es reicht nicht aus, daß der Betroffene mit der Inanspruchnahme verschiedener Leistungen nur dasselbe Ziel verfolgt, etwa mit mehreren Krediten seine Zwangslage beheben will (vgl. Lackner 5). Das Ziel allein begründet noch keinen inneren Zusammenhang und damit keinen einheitlichen Geschäftsvorgang. Im Einzelfall kann fraglich sein, welche Leistungen einem solchen Geschäftsvorgang zuzurechnen sind. Die von Sturm JZ 77, 87 FN 29 aufgeworfene Frage, ob dazu auch überhöhte Taxi- und Hotelkosten im Rahmen eines Schwangerschaftsabbruchs zählen, ist allerdings zu bejahen (and. Lenckner JR 80, 162, Schäfer LK 50). Zur Restschuldversicherung bei Kreditgewährung v. o. 16, Rühle aaO 82ff., aber auch Nürnberg MDR **79**, 755.

32 2. Zwischen sämtlichen Vermögensvorteilen und sämtlichen Leistungen muß ein **auffälliges Mißverhältnis** bestehen. Zu vergleichen ist hiernach die Summe der Vermögensvorteile, die aus den – dem einheitlichen Geschäftsvorgang zurechenbaren – Einzelgeschäften hervorgehen, mit der Summe der den Vermögensvorteilen gegenüberstehenden Leistungen. Sach- und Dienstleistungen sind hierbei entsprechend ihrem Geldwert einzubeziehen. Bei der Addition sind alle Einzelgeschäfte im Rahmen des einheitlichen Geschäftsvorgangs zu berücksichtigen. Von ihnen muß zumindest eines ein auffälliges Mißverhältnis zwischen Leistung und Gegenleistung aufweisen, da sonst die Addierung nicht zu einem auffälligen Mißverhältnis führen kann (vgl. Karlsruhe NJW **88**, 1158, Lenckner JR 80, 163 mwN).

33 3. Wegen Wuchers ist dann als **Täter** (vgl. D-Tröndle 27: eigentümliche Form der Nebentäterschaft) **jeder Mitwirkende** strafbar, der die Zwangslage usw. des Betroffenen für sich oder einen Dritten zur Erzielung eines übermäßigen Vermögensvorteils ausnutzt. Abweichend von Abs. 1 S. 1 braucht der von dem jeweiligen Mitwirkenden ausbedungene Vermögensvorteil nicht in einem auffälligen Mißverhältnis zu seiner Leistung zu stehen. Es reicht bereits ein **übermäßiger Vermögensvorteil** aus, d. h. ein Vorteil, der das angemessene Entgelt nicht unwesentlich übersteigt. Im übrigen muß der Mitwirkende die Zwangslage usw. des Opfers ausgenutzt haben; ein Ausbeuten ist nicht erforderlich. Zum Vorsatz vgl. u. 36.

Nicht anwendbar ist demnach Abs. 1 S. 2 auf Mitwirkende, die sich bei der ausbedungenen Gegenleistung auf einen angemessenen Vermögensvorteil beschränken, mögen sie auch Kenntnis vom auffälligen Mißverhältnis als Ergebnis des gesamten Geschäftsvorgangs haben. Die Einschränkung betrifft nur die Täterschaft nach Abs. 1 S. 2. Wer mit den anderen als Mittäter zusammenarbeitet, ist bereits nach Abs. 1 S. 1 strafbar (vgl. o. 30), auch wenn er selbst sich mit einem angemessenen Entgelt begnügt. Ferner kann die Mitwirkung u. U. als Teilnahme an der Tat eines anderen Mitwirkenden zu beurteilen sein (vgl. u. 40). **34**

VI. Der **subjektive Tatbestand** erfordert Vorsatz. Dieser muß die Schwächesituation beim Opfer umfassen; bedingter Vorsatz genügt (vgl. auch RG DStR **39**, 55). Es reicht aus, daß der Täter die maßgeblichen Umstände kennt und ihnen nach Laienart die Bedeutung zumißt, an die das Gesetz anknüpft. Er muß z. B. wissen, daß sein Opfer sich in Bedrängnis befindet (oder glaubt, in Bedrängnis zu sein; vgl. o. 24) und auf seine Leistung angewiesen ist (oder glaubt, darauf angewiesen zu sein) oder daß es nicht die notwendigen Geschäftskenntnisse besitzt. Nicht erforderlich ist, daß er die Schwächesituation als Zwangslage usw. i. S. des Gesetzes einstuft (vgl. RG **71** 326). Eine Fehlbewertung ist ein bloßer Subsumtionsirrtum, der u. U. mit einem Verbotsirrtum verbunden sein kann. Soweit eine Zwangslage nur deswegen besteht, weil das Opfer sich in einer ernsten Bedrängnis glaubt oder ihm ein Ausweg unbekannt ist (vgl. o. 24), muß der Täter hiervon Kenntnis haben. Ein Irrtum über die Schwächesituation ist unbeachtlich, wenn das Vorgestellte sich nur unwesentlich vom Tatsächlichen unterscheidet. Das ist etwa der Fall, wenn der Täter vom mangelnden Urteilsvermögen des in Wahrheit unerfahrenen Opfers ausgeht. Der Vorsatz – bedingter Vorsatz genügt auch hier – muß sich ferner auf die Umstände erstrecken, die für das auffällige Mißverhältnis zwischen Leistung und Gegenleistung maßgebend sind (vgl. RG **29** 82, **60** 222). Dem Täter muß also der Umfang bewußt sein, in dem der ausbedungene Vermögensvorteil den Wert der Leistung übersteigt, ebenso der Umstand, daß der Vermögensvorteil weit höher ist als der üblicherweise für die entsprechende Leistung maßgebliche i. S. des o. 13ff. Ausgeführten. Als auffälliges Mißverhältnis braucht der Täter die Übervorteilung jedoch nicht zu werten (LG Köln WoM **87**, 203; vgl. aber Samson SK 38). Eine Falschbeurteilung stellt einen Subsumtionsirrtum dar (D-Tröndle 32, Schäfer LK 60); aus ihr kann allerdings ein Verbotsirrtum hervorgehen. Hinsichtlich des Merkmals „ausbeuten" muß der Täter die Umstände kennen, aus denen sich die besondere Anstößigkeit des Verhaltens ergibt. Zudem muß er die Schwäche des Opfers bewußt als Faktor zur Erzielung des weit übersetzten Vermögensvorteils mißbraucht haben (vgl. RG **18** 421, JW **34**, 1124). **35**

Im Falle des Abs. 1 S. 2 muß der Täter eine hinreichende Vorstellung von seiner Mitwirkung am einheitlichen Geschäftsvorgang und vom Endergebnis haben. Er muß wissen oder in Kauf nehmen, daß seine Leistung mit anderen Leistungen eine wirtschaftliche Einheit bildet und die Summe der Vermögensvorteile gegenüber der Gesamtheit der Leistungen weit übersetzt ist. Außerdem muß er für die eigene Leistung durch bewußte Ausnutzung einer Schwächesituation beim Opfer einen übermäßigen Vermögensvorteil anstreben. Zum Vorsatz vgl. im übrigen o. 35. **36**

VII. **Vollendet** ist die Tat nach Abs. 1 S. 1 mit Annahme des Versprechens eines übersetzten Vermögensvorteils oder, soweit dem Sichgewährenlassen selbständiges Gewicht zukommt (vgl. o. 19), mit Annahme des Vermögensvorteils. Bildet das Sichgewährenlassen mit dem Sichversprechenlassen eine einheitliche Tat, so liegt seine Bedeutung darin, daß die Tat erst mit Annahme des letzten Vermögensvorteils beendet ist. Bis dahin ist noch Teilnahme möglich, und von diesem Zeitpunkt ab beginnt die Verjährungsfrist zu laufen (vgl. RG DStR **38**, 189). Im Falle des Abs. 1 S. 2 kommt als Vollendungszeitpunkt erst der Abschluß des letzten für den einheitlichen Geschäftsvorgang maßgeblichen Einzelgeschäfts in Betracht, da erst dann feststeht, ob die Summe der Vermögensvorteile ein auffälliges Mißverhältnis zur Gesamtheit der Leistungen aufweist. Ist dieser Zeitpunkt eingetreten, so beurteilt sich die Tatbeendigung nach dem jeweiligen Einzelgeschäft. Erfüllt innerhalb eines einheitlichen Geschäftsvorgangs ein Einzelgeschäft als solches bereits die Wuchervoraussetzungen, so richtet sich bei diesem Teil die Tatvollendung nach Abs. 1 S. 1; sie tritt also unabhängig von den weiteren Geschäftsteilen mit Annahme des Vorteilsversprechens ein. Beendet ist die Tat aber frühestens mit Vollendung des Gesamtgeschäfts, so daß erst mit diesem Zeitpunkt der Verjährungsbeginn einsetzen kann. **37**

Der **Versuch** einer wucherischen Tat ist **straflos**, so z. B. das Ausbeuten eines anderen in der irrigen Annahme, der andere befinde sich in einer Zwangslage (vgl. o. 24). **38**

VIII. **Täter** kann jeder sein, der sich oder einem Dritten die Vermögensvorteile versprechen oder gewähren läßt. Nicht erforderlich ist, daß es sich bei den Leistungen, die den Vermögens- **39**

Stree

vorteilen gegenüberstehen, oder bei den hierfür benötigten Mitteln um tätereigene handelt (vgl. RG JW **36**, 3003), ebensowenig, daß der Täter das wucherische Geschäft im eigenen Namen vereinbart. Auch wer als Organ für eine juristische Person oder als Vertreter für einen anderen tätig wird, ist Täter (vgl. RG **8** 20), so etwa der Verwalter, der selbständig Mietverträge abschließt. Der Vertretene oder ein Hintermann, der die Leistung ermöglicht, z. B. die wucherische Kreditgewährung finanziert, kann Mittäter sein (vgl. RG **36** 227). Soweit mehrere in bewußter und gewollter Zusammenarbeit das Wuchergeschäft betreiben, ist für die Mittäterschaft unerheblich, ob die Rollenverteilung bei Abschluß des Wuchergeschäfts hervortritt und dem Opfer bekannt ist (vgl. RG Recht **15** Nr. 734). Mittäter kann daher auch sein, wer nach außen hin nur als Vermittler auftritt. Die bloße Vermittlerrolle reicht jedoch für Mittäterschaft nicht aus. Der Vermittler kann vielmehr nur Teilnehmer sein, es sei denn, er erfüllt die Voraussetzungen der Täterschaft nach Abs. 1 S. 1 Nr. 4 oder nach Abs. 1 S. 2.

40 **Teilnahme** ist nach den allgemeinen Regeln möglich. Auch wer im Rahmen eines einheitlichen Geschäftsvorgangs i. S. des Abs. 1 S. 2 mitwirkt, kann Teilnehmer an der Tat eines anderen Mitwirkenden sein. Diese Möglichkeit kommt in Betracht, wenn ein Mitwirkender die Zwangslage usw. des Opfers nicht selbst zur Erzielung eines übermäßigen Vermögensvorteils ausnutzt, sondern nur bewußt dazu beiträgt, daß ein anderer Mitwirkender ein wucherisches Einzelgeschäft abschließen kann.

41 Das Opfer selbst kann nicht wegen Teilnahme strafbar sein; es handelt sich um einen Fall der notwendigen Teilnahme (vgl. 50 vor § 25). Als geschützte Person bleibt der Bewucherte auch dann straflos, wenn er zur Tat angestiftet hat (RG **18** 281, Jescheck 632). Straflos bleibt aber auch, wer im Lager des Opfers steht und ihm hilft, das wucherische Geschäft abzuschließen (Arzt/Weber IV 100).

42 IX. Bei der **Strafe** ist zu beachten, daß gegen Täter, die sich bereichern oder bereichern wollen, nach § 41 Freiheitsstrafe und Geldstrafe kumulativ verhängt werden können. Bei Drittbereicherung entfällt diese Möglichkeit (vgl. § 41 RN 2). Beim Mietwucher (o. 13) oder bei der wucherischen Wohnungsvermittlung (o. 17) kann auch eine Anordnung nach den §§ 8, 9 WiStG (Abführung oder Rückerstattung des Mehrerlöses) ergehen (§ 21 I 2 OWiG). Strafmildernd ist das freiwillige Abstandnehmen des Täters vom Wuchergeschäft zwischen Geschäftsabschluß (Versprechenlassen) und Geschäftsabwicklung (Gewährenlassen) zu berücksichtigen, da der Täter selbst eine tatsächliche Schädigung des Opfers verhindert.

Eine erhöhte Strafe droht Abs. 2 für besonders schwere Fälle an.

43 1. Zum **besonders schweren Fall** vgl. näher 47 vor § 38. Als Anhaltspunkt dafür, wann regelmäßig ein besonders schwerer Fall vorliegt, enthält **Abs. 2** einige Regelbeispiele. Zu ihrer Tragweite im allgemeinen einschließlich ihrer nur indiziellen Bedeutung vgl. 44f. vor § 38.

44 2. Ein besonders schwerer Fall ist i. d. R. anzunehmen, wenn der Täter durch die Tat das Opfer in **wirtschaftliche Not** bringt (Nr. 1). Erforderlich ist danach, daß dieser Zustand erst infolge der wucherischen Tat eintritt. War er bereits bei Abschluß des Wuchergeschäfts vorhanden, so sind die Voraussetzungen des Regelbeispiels in Nr. 1 auch dann nicht erfüllt, wenn er durch die Tat verschärft wird (vgl. E 62 Begr. 440, aber auch Schäfer LK 71). Die Einschränkung betrifft aber nur das Regelbeispiel; eine Strafschärfung nach Abs. 2 kann dennoch angezeigt sein (vgl. u. 48). In wirtschaftliche Not gerät das Opfer, wenn es einer solchen Mangellage ausgesetzt ist, daß ihm die eigenen Mittel für lebenswichtige Dinge fehlen (vgl. Schleswig SchlHA **53**, 64), etwa im geschäftlichen Bereich seine Daseinsgrundlage gefährdet oder im persönlichen Bereich der notwendige Lebensunterhalt ohne Hilfe Dritter nicht mehr gewährleistet ist (vgl. E. 62 Begr. 440). Lebenswichtig sind nicht nur existenznotwendige Gegenstände, sondern auch solche, die nach dem heutigen Lebensstandard zur Befriedigung materieller und kultureller Bedürfnisse der Mehrzahl der Bevölkerung zur Verfügung stehen. Eine bloße wirtschaftliche Bedrängnis reicht dagegen noch nicht aus, ebensowenig eine fühlbare Beeinträchtigung der gewohnten Lebensführung.

45 Zweifelhaft kann sein, welche Anforderungen an die *subjektive Tatseite* zu stellen sind. Da Nr. 1 anders als § 283 a S. 2 Nr. 2 keine Wissentlichkeit hinsichtlich der wirtschaftlichen Not als Folge der Tat verlangt, muß zumindest bedingter Vorsatz genügen. Fraglich ist, ob entsprechend § 18 Fahrlässigkeit ausreicht. Diese Frage ist aus den in RN 26 zu § 46 gebrachten Gründen zu verneinen. Für Vorsatzerfordernis auch D-Tröndle 36 (and. § 203 III Nr. 1 AE, wonach bereits Leichtfertigkeit zu einer Strafschärfung führen soll).

46 3. Ferner liegt ein besonders schwerer Fall idR vor, wenn der Täter die Tat **gewerbsmäßig** begeht (Nr. 2). Über Gewerbsmäßigkeit vgl. 95 f. vor § 52, LG Köln WoM **87**, 203. Daß der Täter im Rahmen seines Gewerbebetriebes gehandelt hat, besagt noch nicht, daß er das Wuchergeschäft gewerbsmäßig vorgenommen hat (vgl. RG HRR **33** Nr. 1806). Andererseits steht der Gewerbsmäßigkeit nicht entgegen, daß dem Täter die Ausübung des Gewerbes untersagt war.

4. Außerdem ist ein besonders schwerer Fall i. d. R. gegeben, wenn der Täter sich durch **47** **Wechsel** wucherische Vermögensvorteile versprechen läßt (Nr. 3). Der Grund hierfür ist darin zu sehen, daß diese Form des Wuchers für Betroffene besonders gefährlich ist, weil Wechsel verhältnismäßig leicht weitergegeben werden können und der Aussteller sich dann gegenüber dem gutgläubigen Dritten nicht darauf berufen kann, dem Wechsel habe ein nichtiges Geschäft zugrunde gelegen (BT-Drs. 5/75 S. 41). Wucherische Vermögensvorteile sind solche, die i. S. des Abs. 1 S. 1 in einem auffälligen Mißverhältnis zur Leistung stehen oder, sofern Abs. 1 S. 2 eingreift, übermäßig sind (Schäfer LK 74; auf auffälliges Mißverhältnis beschränkend D-Tröndle 38). Trotz des mißverständlichen Wortlauts genügt es, daß der Täter einem Dritten diese Vorteile wechselmäßig versprechen läßt (vgl. D-Tröndle 38, Schäfer LK 74; and. Samson SK 46, der in solchen Fällen einen sonstigen besonders schweren Fall annimmt). „Durch Wechsel" bedeutet, daß der Betroffene sein übersetztes Versprechen in der Form eines Wechsels abgegeben haben muß (vgl. RG JW **35**, 532). Die Wechselsumme muß also die wucherischen Vermögensvorteile einschließen. Es reicht nicht aus, daß sie nur die Kreditleistung abdeckt, nicht aber die wucherischen Zinsen, oder daß der Wechsel von den wucherischen Vermögensvorteilen nur eine angemessene Gegenleistung absichert. Andererseits sind die Voraussetzungen des Regelbeispiels bei einem Blankowechsel erfüllt (vgl. D-Tröndle 38). Unerheblich ist, ob der Täter sich den Wechsel bereits bei Abschluß des Wuchergeschäfts oder erst nachträglich geben läßt und ob alle Unterschriften auf dem Wechsel echt sind (Schäfer LK 74).

5. Neben den Regelbeispielen können **sonstige Umstände** einen besonders schweren Fall **48** begründen. Vgl. dazu grundsätzlich 44c, 47 vor § 38. Es muß sich um Umstände handeln, die das wucherische Geschehen derart von den gewöhnlichen Wucherfällen abheben, daß eine Ahndung nach dem Regelstrafrahmen unangemessen ist. Eine besondere Schwere der Tat kann u. a. aus außergewöhnlich großen Nachteilen für das Opfer hervorgehen, wie etwa bei extrem hohem Ausmaß der Übervorteilung (vgl. § 203 III Nr. 4 AE, wonach eine Strafschärfung vorgeschlagen wird, wenn die Vermögensvorteile den Wert der Leistung um mehr als 50% übersteigen) oder bei einer überaus langen Dauer der wucherischen Belastungen (D-Tröndle 39). Hierzu gehört auch der Nr. 1 nicht erfaßte Fall, daß sich eine bereits vorhandene Not auf Grund des Wuchergeschäfts erheblich vergrößert (vgl. Prot. 7 S. 2798, D-Tröndle 39; and. Arzt/Weber IV 98). Ferner kann ein äußerst niederträchtiges Verhalten des Täters, z. B. ein hoher Grad der Rücksichtslosigkeit, oder gewohnheitsmäßiges Handeln einen besonders schweren Fall ergeben. Außerdem kann eine besondere Intensität der ausgebeuteten Schwächesituation ins Gewicht fallen. Des weiteren kann die Absicherung der wucherischen Vermögensvorteile durch Schecks zur Strafschärfung nach Abs. 2 führen, da sie ebenso gefährlich sein kann wie die Absicherung durch Wechsel (vgl. Göhler Prot. 7 S. 2810). Voraussetzung für eine Strafschärfung ist im übrigen, daß die Unrechtsmerkmale, die eine besondere Tatschwere begründen, vom Tätervorsatz umfaßt sind.

6. Bei **Teilnehmern** ist selbständig zu beurteilen, ob die Tatbeteiligung als besonders schwe- **49** rer Fall anzusehen und für sie der erhöhte Strafrahmen heranzuziehen ist (vgl. 44d vor § 38). So kann z. B. bei einem Tatbeteiligten, der weiß, daß der Betroffene infolge des Wuchergeschäfts in wirtschaftliche Not gerät, auf den Strafrahmen des Abs. 2 zurückgegriffen werden, auch wenn der Haupttäter mangels eines solchen Wissens nur nach Abs. 1 zu bestrafen ist. Soweit der Rückgriff auf den erhöhten Strafrahmen von besonderen persönlichen Merkmalen abhängt, sind die Grundsätze des § 28 entsprechend anzuwenden (vgl. § 28 RN 9). Das Regelbeispiel der Nr. 2 trifft daher nur auf den Beteiligten zu, der selbst gewerbsmäßig handelt. Ist die als besonders schwerer Fall zu wertende Tatbeteiligung eine Beihilfe, so ist der nach den §§ 27 II, 49 I herabgesetzte Strafrahmen des Abs. 2 maßgebend (vgl. § 50 RN 7).

X. Konkurrenzen: Zum Verhältnis zwischen Versprechenlassen und Gewährenlassen vgl. o. 19, **50** 37. Mehrere Arten des Wuchers gegenüber demselben Opfer, z. B. Kredit- und Mietwucher, stellen bei gleichzeitiger Tatbegehung nur ein Delikt dar (Schäfer LK 77). Die abw. Ansicht, wonach Tateinheit möglich sein soll (so D-Tröndle 40), berücksichtigt nicht hinreichend, daß es sich bei den besonders herausgestellten Wucherfällen nur um Beispiele des Leistungswuchers handelt. Da sich im Rahmen des Abs. 1 Nr. 3 bei verschiedenen Leistungen schwerlich Idealkonkurrenz annehmen läßt, kann in den übrigen Fällen nichts anderes gelten. Bei nacheinander abgeschlossenen Wuchergeschäften kommt Fortsetzungszusammenhang, aber auch Realkonkurrenz in Betracht (etwa bei wucherischem Darlehen und späterer wucherischer Stundung). Eine fortgesetzte Tat kann auch vorliegen, wenn verschiedene Personen Opfer bei mehreren Wucherfällen sind (vgl. BGH **11** 187).

Idealkonkurrenz ist mit § 253 (vgl. RG GA Bd. **46** 318) und § 263 (vgl. RG LZ **17**, 1173, Lackner/ **51** Werle NStZ 85, 504) möglich. Trifft § 302a mit den §§ 3ff. WiStG zusammen, so greift § 21 OWiG ein.

XI. Zur **Zuständigkeit der Wirtschaftsstrafkammer** vgl. § 74c I Nr. 6 GVG. **52**

Sechsundzwanzigster Abschnitt. Sachbeschädigung

Vorbemerkungen zu den §§ 303 ff.

1 I. Das Gesetz faßt in diesem Abschnitt Delikte zusammen, die sich zwar in ihrer Art ähneln, aber hinsichtlich des Tatgegenstandes und des geschützten Rechtsguts keine einheitliche Gruppe bilden. Auf Eigentumsschutz sind die §§ 303, 305 und 305 a I Nr. 1 ausgerichtet. § 305a I Nr. 2 schützt dienstliche Interessen an der Unversehrtheit von Kraftfahrzeugen. Dem Interesse der Allgemeinheit am unversehrten Bestand bestimmter Sachen dient § 304. Eigentümerähnliche Interessen sind Schutzobjekt des § 303a und des § 303b. Zu Diskrepanzen bei der Strafdrohung vgl. Bohnert JR 88, 446.

2 II. Der Abschnitt erfaßt nur einen Teil der Sachbeschädigungsdelikte. Ein Spezialfall ist außerhalb des Abschnitts in § 308 1. Fall geregelt. Aber auch andere Vorschriften des StGB betreffen Fälle einer Sachbeschädigung, so z. B. die §§ 133, 274, 306, 309. Vgl. ferner § 39 III, VI, VII Ges. zur Regelung von Fragen der Gentechnik vom 20. 6. 1990, BGBl. I 1080.

§ 303 Sachbeschädigung

(1) Wer rechtswidrig eine fremde Sache beschädigt oder zerstört, wird mit Freiheitsstrafe bis zu zwei Jahren oder mit Geldstrafe bestraft.

(2) Der Versuch ist strafbar.

Vorbem. Abs. 3 gestrichen durch das 2. WiKG vom 15. 5. 1986, BGBl. I 721. Die Strafantragsregelung enthält jetzt § 303c.

Schrifttum: Behm, Sachbeschädigung und Verunstaltung, 1984. – Salewski, Zur Soziologie und Strafwürdigkeit der Sachbeschädigung, 1935 (StrAbh. Heft 360). – Schmoller, Sachbeschädigung, VDB, VI, 143. – Wolf, Der Sachbegriff im Strafrecht, RG-FG V, 44. – Kriminologisch: Geerds, Sachbeschädigungen, 1983.

1 I. Geschütztes **Rechtsgut** ist das Eigentum. Zweck dieses Schutzes ist, zu verhindern, daß der Wert einer Sache für den Eigentümer herabgesetzt oder vernichtet wird (vgl. Germann SchwZStr. 55, 163), und zwar nicht nur der Substanz-, sondern auch der Gebrauchswert. Unerheblich ist, ob ein Vermögensschaden eintritt; es genügt z. B. die Beeinträchtigung eines Affektionsinteresses (ebenso ÖstOGH JBl 90, 533) oder eines Funktionswertes (vgl. Celle NJW **88**, 1101 m. Anm. Geerds JR 88, 435, Köln NJW **88**, 1102, Düsseldorf NStE Nr. **11** zum Abschneiden der Kennummer eines Volkszählungsbogens).

2 II. **Gegenstand** der Tat ist eine fremde Sache. Herrenlose Sachen kommen ebensowenig wie eigene Sachen als Tatobjekt in Betracht, mag auch deren Beschädigung Interessen eines anderen, etwa eines Nutzungsberechtigten, beeinträchtigen.

3 1. Als **Sachen** i. S. dieser Vorschrift sind nur körperliche Gegenstände anzusehen; der Sachbegriff ist hier der gleiche wie beim Diebstahl (vgl. § 242 RN 3f.), schließt also u. a. flüssige oder gasförmige Körper sowie die ein Recht verkörpernden Urkunden ein. Auch Tiere sind nach § 303 geschützt; § 90a BGB steht dem nicht entgegen. Es kommt nicht darauf an, ob die Sache einen wirtschaftlichen Wert (insb. Geldwert) hat; jedoch müssen solche Gegenstände ausscheiden, an denen der Eigentümer weder ein vermögensrechtliches noch ein sonstiges Interesse irgendwelcher Art hat (RG **10** 122, Wolff LK 2; and. Frank I, Samson SK 2; vgl. auch § 242 RN 4ff.). Dies ergibt sich daraus, daß § 303 dem Eigentumsschutz dient und bei Sachen, an deren Erhaltung kein vernünftiges Interesse des Eigentümers besteht, das strafrechtliche Schutzbedürfnis entfällt. Näher zu dieser Frage Hirschberg, Der Vermögensbegriff im Strafrecht (1934) S. 278.

4 2. Die Sache muß **fremd** sein, d. h. im Eigentum (zumindest Miteigentum) einer anderen Person stehen; vgl. dazu näher § 242 RN 12ff. Zur menschlichen Leiche und zu Leichenteilen vgl. § 242 RN 21.

5 3. Anders als beim Diebstahl können auch *unbewegliche* Sachen Gegenstand der Tat sein, so z. B. ein Gebäude, auch der Rest eines zerstörten Hauses (vgl. RG **27** 421), ein Baum (vgl. ÖstOGH JBl 90, 533), ein zum Anbau von Getreide bestimmter Acker (KGJ **46** C 369), ein Garten, eine Grasnarbe (vgl. BGE 115 IV 28) oder ein Fischteich.

6 4. Eine *Sachgesamtheit* kann als solche nicht Gegenstand der Tat sein (Frank II 1, Wolff LK 2; and. Blei II 212), es sei denn, es handelt sich um eine funktionelle Einheit.

7 III. Die **Handlung** besteht im Beschädigen oder Zerstören der Sache. Der Eingriff braucht nicht zu einem wirtschaftlichen Schaden zu führen. Auch wenn die Vernichtung auf Grund von Umständen, die bereits vor der Zerstörung durch den Täter gegeben waren, ohnehin binnen

Sachbeschädigung 8–8b § 303

kurzem erfolgt wäre und daher ein Schadensersatzanspruch entfällt (überholende Kausalität; vgl. BGHZ 20 275 f.), ist die vorsätzliche Zerstörung nach § 303 strafbar. Ebensowenig schließt der bei der Tat vorliegende Wille, den Schaden unverzüglich zu ersetzen oder durch Dritte (Versicherung) ersetzen zu lassen, den Tatbestand aus (vgl. ÖstOGH 56, 116).

1. Der Täter **beschädigt** eine Sache, wenn er ihre Substanz nicht unerheblich verletzt (u. 8a) oder auf sie körperlich derart einwirkt, daß dadurch die bestimmungsgemäße Brauchbarkeit der Sache mehr als nur geringfügig beeinträchtigt (u. 8b) oder der Zustand der Sache mehr als nur belanglos verändert wird (u. 8c). 8

a) Sachbeschädigung ist danach zunächst eine **Substanzverletzung**, d.h. die Aufhebung der stofflichen Unversehrtheit einer Sache, deren stoffliche Verringerung (Substanzeinbuße) oder Verschlechterung. Auf diese Fälle hat anfangs z.T. das RG die Anwendbarkeit des § 303 beschränkt (vgl. etwa RG **13** 29, **33** 178, **39** 329). Geringfügige Substanzbeeinträchtigungen bleiben jedoch außer Betracht, ebenso solche, die sich ohne nennenswerten Aufwand an Mühe, Zeit und Kosten alsbald beheben lassen. Geringfügig ist die Substanzverletzung bereits dann nicht mehr, wenn sie den Funktionswert der Sache nicht unerheblich beeinträchtigt (vgl. zum Abschneiden der Kennummer eines Volkszählungsbogens Celle NJW **88**, 1101 m. Anm. Geerds JR **88**, 435, Köln NJW **88**, 1102, Karlsruhe NJW **89**, 1939, jeweils mit Hinweisen auf Gegenmeinung). 8a

b) Eine Substanzverletzung ist indes nicht unbedingt erforderlich (RG **74** 14, BGH **13** 208, Blei II 212, Lackner 3a aa). Sachbeschädigung liegt auch vor, wenn die Einwirkung auf eine Sache deren bestimmungsgemäße **Brauchbarkeit** nicht unwesentlich **mindert**, so daß sich die betroffene Sache nicht mehr funktionsentsprechend voll einsetzen läßt. Abgesehen von ganz kurzen Zeitspannen ist insoweit grundsätzlich unerheblich, ob die Sache infolge der Gebrauchsbeeinträchtigung für immer, für eine längere Zeit oder nur kurzfristig nicht voll einsetzbar ist (Stree JuS **88**, 188). Nicht tatbestandsmäßig sind jedoch solche Beeinträchtigungen, deren Beseitigung keinen größeren Aufwand an Mühe, Zeit und Kosten erfordert. Eine Gebrauchsbeeinträchtigung ohne Substanzeinbuße kommt insb. bei zusammengesetzten Sachen in Betracht (vgl. RG **20** 182, **353**, **31** 329, **55** 169, **64** 251, JW **22**, 712). Um eine Sachbeschädigung handelt es sich danach, wenn eine Maschine oder eine Uhr in ihre Teile zerlegt (Hamm VRS **28** 437, D-Tröndle 8) oder ein zum Gebrauch benötigtes Teil einer Maschine entfernt wird (vgl. RG JW **22**, 712: Wegnahme eines Handrades bei einer Turbine). Vgl. auch Hamm GA **66**, 187 (Abmontieren eines eingebauten Spülbeckens). Das bloße Entfernen einer Urkunde aus einem Aktenstück ist jedoch keine Beschädigung des Aktenstücks, es sei denn, es ist eine Gesamturkunde betroffen (dann aber § 274 oder § 267). Andererseits kann auch das Hinzufügen von Gegenständen die Brauchbarkeit einer Sache beeinträchtigen und diese somit beschädigen (Fremdkörper in Maschine [vgl. RG **20** 182], Metallbügel auf Oberleitung einer Eisenbahn [BGH NStZ **88**, 178], Öl auf Gemüsebeet, Wanzen in Hotelzimmer usw.). Zur bestimmungsgemäßen Brauchbarkeit einer Sache gehört auch die Verwendbarkeitsstufe in einem Produktionsvorgang. Eine solche Gebrauchsfähigkeit wird beeinträchtigt, wenn ein halbfertiges Fabrikat auf seinen Ausgangspunkt zurückgeführt wird, mag auch eine Substanzverletzung nicht eingetreten sein, z.B. eine halbfertige Maschine wieder auseinandergenommen wird (vgl. dazu Schmid NJW 79, 2276). Die Gebrauchsbeeinträchtigung als Kriterium für eine Sachbeschädigung beschränkt sich nicht auf zusammengesetzte Sachen. Sie ist bei allen Sachen als Sachbeschädigung zu beurteilen (vgl. z.B. RG **20** 183: Schmutzfleck auf Kupferstich, RG **43** 204: Übergießen einer Marmorbüste mit Farbe). Hierunter fällt u.a. auch das Einwirken auf Tiere mit der Folge einer verminderten Verwendungsmöglichkeit, etwa Betäubung eines Wachhundes oder schädliches Doping bei einem Rennpferd (vgl. RG **37** 412: Beeinträchtigung des Nervensystems bei einem Pferd; zum Doping vgl. Schneider-Grohe, Doping, 1979, 151. Dagegen genügt noch nicht die zweckvereitelnde Besitzentziehung, wie das Fliegenlassen eines Vogels (RG **20** 185, Wolff LK 9; and. Blei II 212) oder das Entlaufenlassen eines Haustieres, es sei denn, das Tier ist dem Aufenthalt in ungewohnter Umgebung nicht gewachsen und kommt um. Die bloße Besitzentziehung reicht bei Tieren ebensowenig aus wie eine sonstige Sachentziehung (vgl. u. 10) trotz der Folge des Gebrauchsverlustes. Entsprechendes gilt beim Einwirken auf Tiere gilt für Einwirkungen auf Kleidungsstücke. Eine Sachbeschädigung liegt insoweit schon dann vor, wenn die Kleidung in ihrer Funktion, nach außen zu wirken, nicht nur belanglos beeinträchtigt, z.B. Oberbekleidung in ekelerregender oder anwidernder Weise verschmutzt oder so verunreinigt wird, daß unangenehme oder unpassende Geruchswirkungen eintreten (RG HRR **36** Nr. 853, Frankfurt NJW **87**, 390 m. Anm. Stree JuS 88, 190). Wie auch sonst genügt die Herbeiführung der zeitweiligen Nichtbenutzbarkeit als solche, wenn der Betroffene auf den Gebrauch der Kleidung angewiesen ist oder jederzeit angewiesen sein kann. Unerheblich ist die genannte Gebrauchsbeeinträchtigung jedoch dann, wenn der Betroffene während deren Dauer die Sache nicht benötigt (Stree JuS 88, 190), ebenso eine Gebrauchsbeein- 8b

Stree 2115

trächtigung durch Verstecken oder Entfernen eines Kleidungsstücks. Ferner ist das Löschen eines Tonbands oder sonst gespeicherter Daten als Sachbeschädigung zu beurteilen (Merkel NJW 56, 778, Lackner 3a aa, D-Tröndle 5, Wolff LK 6; and. Gerstenberg NJW 56, 540, Lampe GA 75, 16).

8c c) Schließlich kann als Sachbeschädigung die dem Eigentümerinteresse zuwiderlaufende **Zustandsveränderung** zu werten sein (Düsseldorf MDR **79**, 74), z. B. die nicht mühelos behebbare Verunstaltung (vgl. dazu Schmid NJW 79, 1580, der auf eine Minderung des materiellen oder immateriellen Wertes der Sache für den Eigentümer abhebt), aber auch eine künstlerische Veränderung (vgl. BVerfG NJW **84**, 1294: Sprayer von Zürich; vgl. dazu Hoffmann NJW 85, 244). Die Gegenmeinung in BGH 29 129 schränkt den Eigentumsschutz ohne sachliche Notwendigkeit zu sehr ein und läßt zudem keine klare Grenze zu den Fällen erkennen, in denen wie bei Statuen, Gemälden und Baudenkmälern auch nach dem BGH eine Veränderung der äußeren Erscheinung als Sachbeschädigung zu beurteilen ist (gegen BGH vgl. auch Dölling NJW 81, 207, Gössel JR 80, 184, Maiwald JZ 80, 256, Otto Jura 89, 208, D-Tröndle 6a, Schroeder JR 87, 359, 88, 363; wie BGH Frankfurt NStZ **88**, 410, Behm aaO 179ff., StV 82, 596, JR 88, 360, Katzer NJW 81, 2036). Nach der Gegenmeinung liegt Sachbeschädigung allerdings vor, wenn das Beseitigen der Verunstaltung zwangsläufig zu einer Substanzverletzung führt (vgl. Celle NStZ **81**, 224, Düsseldorf NJW **82**, 1167 zum Besprühen einer Sache mit Öl- oder Lackfarbe); die Möglichkeit, durch Überstreichen die Verunstaltung zu beseitigen, bleibt insoweit als Wiederherstellung der beschädigten Sache außer Betracht (Düsseldorf NJW **82**, 1167). Unerheblich ist, ob die beeinträchtigte Sache zuvor ansehnlich war (Hamburg NJW **79**, 1614) oder die äußere Erscheinung unter wesentlicher Verletzung des Gestaltungswillens und der Zweckbestimmung seitens des Eigentümers belangreich verändert wird (vgl. Bremen MDR **76**, 774, Schmid NJW 79, 1581; and. Hamburg NJW **76**, 2174, Karlsruhe MDR **77**, 774, JZ **78**, 72). Voraussetzung ist nur, daß ein vernünftiges Interesse des Eigentümers an der Aufrechterhaltung des bisherigen Zustands besteht (vgl. Schroeder JR 76, 339) und dessen Wiederherstellung nicht ohne einige Mühe und Zeitaufwand möglich ist. Hierbei kommt es nicht darauf an, ob die Instandsetzung nur über eine Substanzverletzung (etwa Beschädigung des Lacks oder des Farbanstrichs) oder ohne eine solche Folge möglich ist (and. Wessels II/2 9). Zur Ungereimtheit einer Differenzierung vgl. Maiwald JZ 80, 259. Auch eine erneute Zustandsveränderung kann den Eigentümerinteressen zuwiderlaufen und somit Sachbeschädigung sein (vgl. LG Bochum MDR **79**, 74 [Überkleben von Plakaten mit anderen Plakaten], aber auch Schmid NJW 79, 1582 sowie Frankfurt MDR **79**, 693 [zusätzliches Bekritzeln einer Zellenwand]). Als Interesse an der Zustandserhaltung ist allein das Interesse an der Sache als solcher zu berücksichtigen. Sonstige Interessen an der Zustandserhaltung, wie reine Beweisinteressen, sind unbeachtlich. Daher liegt keine Sachbeschädigung vor, wenn Fingerabdrücke eines Einbrechers von einer Sache abgewischt werden. Vgl. auch u. 10 zur Reparatur einer Sache.

9 **Beispiele** für Beschädigung: Beschmutzen einer Sache, etwa Benässen eines Kleides mit Urin (RG HRR **36** Nr. 853) oder Blut (vgl. Hamburg NJW **83**, 2273), Besudeln von Briefen mit Urin (Bay HRR **30** Nr. 2121), Durchnässen des Diensthemdes eines Polizeibeamten mit Bier (Frankfurt NJW **87**, 389 m. Anm. Stree JuS 88, 190), Beschmieren einer Büste oder eines Denkmals mit Farbstoff (RG **43** 204, LG Bamberg NJW **53**, 998) oder Verschandeln einer Hauswand mit Parolen (Hamburg JZ **51**, 727) durch Besprühen mit Lackfarbe (Oldenburg NJW **83**, 57 m. Anm. Dölling JR 84, 37), Bekleben mit Plakaten (Hamburg NJW **75**, 1981, **79**, 1614, Karlsruhe JZ **75**, 642 m. Anm. Schroeder JR 76, 338, MDR **77**, 774, NJW **78**, 1636, Bremen MDR **76**, 773, Oldenburg JZ **78**, 70, 450, Celle MDR **78**, 507, Düsseldorf MDR **79**, 74; vgl. auch Haas JuS 78, 14), Besprühen eines Schaufensters mit Farbe, so daß Sicht durch die Scheibe erheblich beeinträchtigt wird (LG Bremen NJW **83**, 56), Anbringen eines Klebezettels auf Windschutzscheibe, der die normale Sicht nimmt und nur mit Hilfe Dritter entfernt werden kann (BGE 99 IV 145), Einritzen von Inschriften in Ruhebänke, Abreißen oder Unkenntlichmachen von Plakaten, deren Überkleben (BGH NStZ **82**, 508, Hamburg NJW **82**, 395 m. Anm. Maiwald JR 82, 298; and. Oldenburg NJW **82**, 1166 bei Wahlplakaten auf städtischer Plakattafel), Außerbetriebsetzen einer Maschine durch Zuführen von Gegenständen (z. B. Sand ins Getriebe), Einschütten von Kot oder Seife in einen Brunnen (R **9** 712, Dresden DRiZ **31** Nr. 208), Einführen von Wasser in einen Briefkasten (Oetker JW 22, 712 zu 3), Unbrauchbarmachen tiefgekühlter Waren durch Abschalten der Kühlanlage (ÖstOGH 56, 114), Ablassen der Luft aus Autoreifen, sofern ein Wiederaufpumpen nicht ohne weiteres möglich ist (BGH **13** 207 m. Anm. Klug JZ 60, 226; and. Düsseldorf NJW **57**, 1246; weitergehend Bay NJW **87**, 3271 m. abl. Anm. Geerds JR 88, 218 u. Behm NStZ 88, 275 bei Ablassen der Luft aus Fahrradreifen), Fällen eines Baumes (ÖstOGH JBl 90, 533), Abtragen einer Grasnarbe (vgl. BGE 115 IV 28), Belichten eines Films, zweckwidriges Auslösen einer Verkehrsüberwachungskamera (Schleswig SchlHA/E-L **86**, 102).

10 **Keine Beschädigung** ist der **bestimmungsgemäße Verbrauch**, z. B. bei Lebensmitteln. Auch die **Reparatur** einer Sache kann nicht als Beschädigung angesehen werden, selbst wenn dabei auf die Sachsubstanz eingewirkt wird (vgl. aber Blei II 212). Dies gilt auch dann, wenn,

etwa zu Beweiszwecken, der Eigentümer ein Interesse an der Erhaltung des augenblicklichen Zustandes der Sache hat (Wessels II/2 8; and. RG 33 180, Wolff LK 8, D-Tröndle 7, Schilling, Der strafrechtl. Schutz des Augenscheinsbeweises [1965] 187); die darin liegende „Beweisbeeinträchtigung" kann tatbestandsmäßig durch § 303 nicht erfaßt werden (vgl. o. 8c). Ferner stellt die bloße **Sachentziehung** kein Beschädigen dar; anders ist es jedoch, wenn sie zur Beeinträchtigung der Sache in ihrer bestimmungsgemäßen Brauchbarkeit führt, z. B. die entzogene Sache an ihrem neuen Aufenthaltsort verkommt oder sich in ihrer äußeren Erscheinung und Form wesentlich verändert (vgl. RG 64 251) oder die Entziehung von Sachteilen eine Sache unbrauchbar macht. Keine Sachbeschädigung ist auch das bloße Lösen eines Plakats von seiner Befestigung (Schleswig SchlHA/E-J 75, 188). Ebensowenig ist § 303 anwendbar, wenn die Funktionsfähigkeit einer Sache ohne Einwirkung auf die Sachsubstanz beeinträchtigt wird (Samson SK 5, Wessels II/2 9). Wer die Autoschlüssel dem Eigentümer wegnimmt, beschädigt nicht dessen Kfz. Maschinen, Fernsehapparate usw. sind nicht deswegen als beschädigt anzusehen, weil sie wegen Unterbindung der Stromzufuhr nicht benutzbar sind.

2. Zerstört ist eine Sache, wenn sie so wesentlich beschädigt wurde, daß sie für ihren Zweck völlig unbrauchbar wird (vgl. RG 8 33); eine teilweise Zerstörung, d. h. die funktionelle Ausschaltung eines wesentlichen Teiles, genügt (Olshausen 3c, vgl. auch OGH 2 97, Baumann GA 71, 308 gegen Maiwald; and. RG 39 224, Frank III 2). Eine bloße Beschädigung genügt nicht (RG 47 180, BGH MDR/D 69, 895). 11

IV. Die **Rechtswidrigkeit** kann vor allem durch ein Notstandsrecht (§§ 228, 904 BGB), durch Selbsthilfe (§ 229 BGB) oder durch Einwilligung des Berechtigten ausgeschlossen werden. Zur fehlenden Rechtswidrigkeit beim Überkleben von Wahlplakaten durch andere Wahlplakate auf städtischer Plakattafel vgl. Oldenburg NJW 82, 1166. Die Sittenwidrigkeit der Tat nimmt der Einwilligung nicht die rechtfertigende Wirkung, ebensowenig die Sittenwidrigkeit der Einwilligung (vgl. 37f. vor § 32). Soweit der Täter sittenwidrige Zwecke verfolgt, z. B. für den Eigentümer Ersatzleistungen durch einen Versicherungsträger erstrebt, kann er sich jedoch nicht auf eine mutmaßliche Einwilligung stützen. Kein Rechtfertigungsgrund ist das Recht auf freie Meinungsäußerung (Karlsruhe Justiz 78, 362), die Kunstfreiheit (BVerfG NJW 84, 1294) oder die Wahrnehmung berechtigter Interessen i. S. des § 193 (Stuttgart NStZ 87, 122 m. Anm. Lenckner JuS 88, 352; vgl. auch 80 vor § 32). 12

Das Recht, *wildernde Hunde und Katzen* zu töten, ist nach § 23 BJagdG einer landesrechtlichen Regelung vorbehalten; vgl. z. B. § 25 III Nr. 2 LJagdG v. NRW i. d. F. vom 11. 7. 1978, GVBl. 318. Vgl. hierzu Karlsruhe NStZ 88, 32. Ebenfalls ist grundsätzlich Landesrecht dafür maßgebend, ob gegen im Freien betroffene Tauben vorgegangen werden darf (vgl. z. B. § 30 II nds. Feld- und ForstordnungsG i. d. F. vom 30. 8. 1984, GVBl. 216). 13

V. Für den **subjektiven Tatbestand** ist Vorsatz erforderlich. Der Täter muß wissen, daß er eine fremde Sache beschädigt oder zerstört. Bedingter Vorsatz reicht aus. Für den Irrtum gelten die allgemeinen Grundsätze. Wer ein Tier in der irrigen Meinung verletzt, es sei herrenloses Wild, handelt in einem vorsatzausschließenden Tatbestandsirrtum (vgl. BGE 114 IV 143). Glaubt der Täter, das Zerlegen einer Sache in ihre Einzelteile sei mangels Substanzverletzung kein Beschädigen, so liegt ein Subsumtionsirrtum vor, der sich u. U. mit einem Verbotsirrtum verknüpfen kann. 14

VI. Die Verfolgung setzt nach § 303c grundsätzlich einen **Strafantrag** voraus; im Falle eines besonderen öffentlichen Interesses an der Strafverfolgung ist jedoch von Amts wegen einzuschreiten. Vgl. dazu die Anm. zu § 303c. Die Tat kann auch im Wege der Privatklage verfolgt werden (§ 374 StPO). 15

VII. Idealkonkurrenz kommt in Betracht mit § 133 (vgl. dort RN 23), mit § 185 (RG HRR 36 Nr. 853), auch mit § 223a und § 17 TierschutzG. **Gesetzeseinheit** besteht mit § 243 I Nr. 1, 2 und mit § 274 I Nr. 1, 3; § 303 tritt zurück (and. – Tateinheit –, wenn Diebstahl nur nach § 242 geahndet wird; vgl. § 243 RN 59). Beschädigt der Dieb die gestohlene Sache, sei es beim Diebstahl (Aufbrechen der Autotür) oder später, so ist die Sachbeschädigung straflose Begleit- bzw. Nachtat (vgl. 114 vor § 52). Gesetzeseinheit besteht ferner mit den landesrechtlichen Feld- und Forstpolizeigesetzen (RG 48 212); diese gehen vor (vgl. Art. 4 V EGStGB). Andererseits tritt § 145 II hinter § 303 zurück. Über das Verhältnis zu §§ 306ff. vgl. § 308 RN 18ff. 16

Stree

§ 303a Datenveränderung

(1) **Wer rechtswidrig Daten (§ 202a Abs. 2) löscht, unterdrückt, unbrauchbar macht oder verändert, wird mit Freiheitsstrafe bis zu zwei Jahren oder mit Geldstrafe bestraft.**

(2) **Der Versuch ist strafbar.**

Vorbem. Eingefügt durch das 2. WiKG vom 15. 5. 1986, BGBl. I 721.

Schrifttum: Haß, Der strafrechtliche Schutz von Computerprogrammen, in Lehmann, Rechtsschutz und Verwertung von Computerprogrammen, 1988. – Welp, Datenveränderung, IuR 88, 433.

1 I. Als Ergänzung zu § 303 erstreckt die Vorschrift den Strafschutz vor Beschädigung und Zerstörung auf nicht unmittelbar wahrnehmbar gespeicherte personen- wie vermögensbezogene Daten (and. Haft NStZ 87, 10, der nur das Vermögen in seiner spezialisierten Ausprägung in Daten als Rechtsgut ansieht; vgl. auch Welp IuR 88, 449). Das **Interesse** des Verfügungsberechtigten **an der unversehrten Verwendbarkeit** der in den gespeicherten Daten enthaltenen Informationen wird dabei durch einen über den Kreis der Sachbeschädigungshandlungen hinausgehenden Katalog von Angriffshandlungen umfassend geschützt (vgl. BT-Drs. 10/5058 S. 34).

2 II. 1. **Tatgegenstand** sind Daten i. S. des § 202a II, also Daten, die elektronisch, magnetisch oder sonst nicht unmittelbar wahrnehmbar gespeichert sind oder übermittelt werden (vgl. dazu § 202a RN 3f.). Nicht erforderlich ist, daß sie gemäß § 202a I gegen unberechtigten Zugang besonders gesichert oder gemäß § 274 I Nr. 2 beweiserheblich sind.

3 2. Die Daten brauchen mangels einer dem § 303 entsprechenden Eingrenzung nicht fremd zu sein. Dennoch ist eine tatbestandliche Einschränkung geboten, soll der zu weit geratene Tatbestand auf typisches Unrecht begrenzt bleiben. Typisches Unrecht liegt nur vor, wenn ein anderer als der Täter selbst von der Tat betroffen ist, mithin eine fremde Rechtsposition. Wer nur solche Daten beeinträchtigt, die ausschließlich für ihn erheblich sind und in seinen alleinigen Interessenbereich fallen, begibt sich noch nicht deswegen auf kriminelles Gebiet. Dementsprechend ist der Tatbestand auf **Daten** zu beschränken, an denen und an deren Unversehrtheit **ein anderer ein unmittelbares Interesse** besitzt (Lenckner/Winkelbauer CR 86, 829). Das insoweit maßgebliche Interesse ist gemäß der systematischen Zuordnung des § 303a zum Abschnitt „Sachbeschädigung" in einer eigentümerähnlichen Stellung und der damit verbundenen Verfügungsberechtigung zu erblicken. Wesentlich hierfür ist nicht unbedingt das Eigentum am Datenträger oder die Vornahme der Datenspeicherung. Eine eigentümerähnliche Interessenlage kann auch bestehen, wenn jemand für ihn wichtige Daten einem Dritten liefert und von diesem speichern und verarbeiten läßt, etwa ein Datenverarbeitungszentrum mit der Buchhaltung und der Erstellung von Bilanzen beauftragt hat (vgl. dazu Samson SK 17). Sie kann sich ferner aus Besitz- und Nutzungsrechten ergeben, z. B. bei gemietetem Computer und Softwareprogramm. Eine Rechtsposition, die allein aus dem Persönlichkeitsrecht hervorgeht, reicht jedoch nicht aus; sie wird von § 41 BDSG geschützt. Vgl. zum Ganzen Haß aaO 327, Lenckner/Winkelbauer aaO, Welp IuR 88, 447 f.

4 III. Als **Tathandlung** kommt das Löschen, das Unterdrücken, das Unbrauchbarmachen oder das Verändern von Daten der o. 2, 3 genannten Art in Betracht. Diese Tathandlungen, die auch durch Unterlassen begangen werden können (D-Tröndle 8), überschneiden sich zwar und lassen sich zudem nicht scharf voneinander abgrenzen. Mit ihrer perfektionistisch wirkenden Aufzählung soll aber jegliche Lücke vermieden und ein umfassender Schutz vor Beeinträchtigungen erreicht werden. **Gelöscht** werden Daten, wenn sie vollständig und unwiederbringlich unkenntlich gemacht werden (vgl. BT-Drs. 10/5058 S. 34), also sich nicht mehr rekonstruieren lassen (vgl. v. Gravenreuth NStZ 89, 206) und damit für immer gänzlich verloren sind. Hierbei kommt es allein auf die konkrete Speicherung an (Lenckner/Winkelbauer CR 86, 829); das Vorhandensein entsprechender Daten auf einem anderen Datenträger schließt die Tatbestandsmäßigkeit nicht aus. Unerheblich ist, auf welche Weise das Unkenntlichmachen vorgenommen wird (z. B. bloßes Löschen, Überschreiben mit neuen Daten, Zerstören des Datenträgers). **Unterdrückt** werden Daten, wenn sie dem Zugriff des Verfügungsberechtigten entzogen werden und deshalb von diesem nicht mehr verwendet werden können (BT-Drs. 10/5058 S. 35). Es genügt ein zeitweiliges Entziehen (Haß aaO 328; and. Samson SK 20, der ein auf Dauer gerichtetes Unterdrücken voraussetzt; dagegen spricht, daß bereits ein zeitweiliges Entziehen erheblichen Schaden verursachen kann). Ausgenommen sind solche Zeitspannen, die für den Verfügungsberechtigten keinerlei Beeinträchtigung bedeuten. Eine Beeinträchtigung entfällt jedoch nicht bereits beim Fehlen eines aktuellen Verwendungswillens in der Zeit des Entziehens; es genügt die Beeinträchtigung eines potentiellen Zugriffswillens. Das Unterdrücken der Daten kann durch Entziehen oder Vorenthalten des Datenträgers erfolgen, aber auch dadurch,

daß mittels einer Sperre (z. B. Eingabe eines Codewortes) der Verfügungsberechtigte vom Zugang zu den Daten ausgeschlossen wird. Ein **Unbrauchbarmachen** liegt vor, wenn Daten in ihrer Gebrauchsfähigkeit so beeinträchtigt werden, daß sie nicht mehr ordnungsgemäß verwendet werden können und damit ihren bestimmungsgemäßen Zweck nicht mehr zu erfüllen vermögen (BT-Drs. 10/5058 S. 35). Eine solche Wirkung kann durch Teillöschungen einschließlich Überschreiben einzelner Daten, durch inhaltliche Umgestaltungen oder durch Hinzufügen weiterer Daten erreicht werden. **Verändert** werden Daten, wenn sie einen anderen Informationsgehalt (Aussagewert) erhalten und dadurch der ursprüngliche Verwendungszweck beeinträchtigt wird (vgl. Möhrenschlager wistra 86, 141). Die Veränderung kann wie die Unbrauchbarmachung durch Teillöschungen, inhaltliches Umgestalten gespeicherter Daten (vgl. § 2 II Nr. 3 BDSG) oder Hinzufügen weiterer Daten geschehen. Wie beim Löschen ist auch bei allen anderen Tathandlungen für die Tatbestandsmäßigkeit nur die betroffene konkrete Datenspeicherung maßgebend.

IV. Für den subjektiven Tatbestand ist **Vorsatz** erforderlich. Bedingter Vorsatz genügt. Der 5 Vorsatz muß auch darauf gerichtet sein, daß ein anderer hinsichtlich der beeinträchtigten Daten Interessenträger im o. 3 genannten Sinn ist. Glaubt der Täter irrtümlich, es seien ausschließlich eigene Interessen betroffen, so liegt ein vorsatzausschließender Tatbestandsirrtum vor. Löscht er jedoch als Eigentümer des Datenträgers darauf gespeicherte Daten, an denen ein von § 303a geschütztes Fremdinteresse besteht, in der irrigen Meinung, nur Daten auf fremden Datenträgern seien vom Tatbestand des § 303a erfaßt, so handelt es sich um einen unbeachtlichen Subsumtionsirrtum, der mit einem Verbotsirrtum verbunden sein kann.

V. Die **Rechtswidrigkeit** ist wie bei § 303 allgemeines Verbrechensmerkmal (and. Grande- 6 rath DB 86 Beil. 18 S. 3, der zur Erzielung eines dem o. 3 vergleichbaren Ergebnisses dem Merkmal der Rechtswidrigkeit teilweise auch tatbestandseinschränkende Wirkung beimißt; ebenso Lackner 4, Schlüchter, Zweites Gesetz zur Bekämpfung der Wirtschaftskriminalität, 1987, 74). Sie wird insb. durch Einwilligung des Interessenträgers (o. 3) ausgeschlossen (vgl. auch § 303 RN 12). Seine Einwilligung bleibt auch dann allein maßgebend, wenn die Handlung zugleich personenbezogene Daten eines anderen betrifft und dessen Interessen gemäß § 41 BDSG verletzt (Lenckner/Winkelbauer CR 86, 829; and. BT-Drs. 10/5058 S. 34, D-Tröndle 9).

VI. Der **Versuch** ist strafbar (Abs. 2). In erster Linie wird er vorliegen, wenn der Tatvollen- 7 dung irgendwelche Hindernisse tatsächlicher Art entgegengestanden haben. Er kommt aber auch in Betracht, wenn der Täter bei Daten, die der Tatbestand nicht erfaßt (vgl. o. 3), irrig von Daten, an denen ein Fremdinteresse besteht, ausgegangen ist.

VII. Das **Löschen** usw. **mehrerer Daten** in einem Arbeitsgang stellt nur eine Tat dar. Bei mehrma- 8 ligem Löschen usw. kann Fortsetzungszusammenhang oder Realkonkurrenz vorliegen. Nur eine Tat, nicht Tateinheit liegt vor, wenn mehrere Tatmodalitäten zugleich verwirklicht werden (vgl. § 52 RN 28).

VIII. Die **Strafe** ist wie bei der Sachbeschädigung Freiheitsstrafe bis zu 2 Jahren oder Geldstrafe. 9 Für die Strafzumessung ist u. a. maßgebend, welches Ausmaß die Tat hat (alleiniges Löschen usw. von Daten, Bedeutung der Daten für den Betroffenen, Auswirkungen auf Produktionsprozeß eines fremden Betriebes; vgl. auch § 303b I Nr. 1).

IX. Die Strafverfolgung setzt grundsätzlich einen **Antrag** des Verletzten voraus; nur im Falle eines 10 besonderen öffentlichen Interesses an der Strafverfolgung ist von Amts wegen einzuschreiten. Vgl. hierzu § 303c und dort die Anm. Anders als die Sachbeschädigung ist die Datenveränderung kein Privatklagedelikt.

X. **Konkurrenzen:** Tateinheit ist möglich mit §§ 263a, 269, mit § 303 (Löschen fremder Magnet- 11 bänder; and. Arzt/Weber IV 41, Lackner 6, die § 303 zurücktreten lassen) und § 303b I Nr. 2. Dagegen geht § 303b I Nr. 1 als Qualifikationsregelung vor. Auch gegenüber § 274 I Nr. 2 tritt § 303a zurück.

§ 303b Computersabotage

(1) **Wer eine Datenverarbeitung, die für einen fremden Betrieb, ein fremdes Unternehmen oder eine Behörde von wesentlicher Bedeutung ist, dadurch stört, daß er**
1. **eine Tat nach § 303a Abs. 1 begeht oder**
2. **eine Datenverarbeitungsanlage oder einen Datenträger zerstört, beschädigt, unbrauchbar macht, beseitigt oder verändert,**
wird mit Freiheitsstrafe bis zu fünf Jahren oder mit Geldstrafe bestraft.

(2) **Der Versuch ist strafbar.**

Stree

§ 303b 1–8

Vorbem. Eingefügt durch das 2. WiKG vom 15. 5. 1986, BGBl. I 721.

Schrifttum: s. § 303a.

1   **I.** Die Vorschrift, die für einen Teilbereich die Forderung nach einem allgemeinen Tatbestand der Betriebssabotage erfüllt, schützt das **Interesse** von Wirtschaft und Verwaltung **am störungsfreien Ablauf ihrer Datenverarbeitung** (vgl. BT-Drs. 10/5058 S. 35). Hiermit sollen vor allem hohe wirtschaftliche Schäden als Folge einer Beeinträchtigung der Datenverarbeitung verhindert werden, daneben aber auch sonstige negative Auswirkungen.

2   **II. Angriffsobjekt** ist eine Datenverarbeitung, die für einen fremden Betrieb, ein fremdes Unternehmen oder eine Behörde von wesentlicher Bedeutung ist.

3   1. Der Begriff der **Datenverarbeitung** umfaßt nicht nur den einzelnen Datenverarbeitungsvorgang i. S. des § 263a (vgl. dort RN 21). Er erstreckt sich darüber hinaus auf den weiteren Umgang mit Daten einschließlich ihrer Verwertung (z. B. Speicherung, Dokumentierung, Aufbereitung). Vgl. BT-Drs. 10/5058 S. 35.

4   2. Die beeinträchtigte Datenverarbeitung muß für einen **fremden Betrieb,** ein fremdes **Unternehmen** oder eine **Behörde** von wesentlicher Bedeutung sein.

5   a) Zu den Begriffen des Betriebs und des Unternehmens vgl. § 14 RN 28; zum Begriff der Behörde vgl. § 11 RN 57ff. Bei den Betrieben und Unternehmen kann es sich um private oder öffentliche handeln. Ihre Rechtsform ist ebenso unerheblich wie die Art der Betriebstätigkeit und der von ihnen erbrachten Leistungen. Neben industriellen, gewerblichen und landwirtschaftlichen Betrieben können u. a. Forschungseinrichtungen, Krankenhäuser, Apotheken, Arzt- und Anwaltspraxen sowie Messebüros und Theater unter den Tatbestand des § 303b fallen. Vgl. dazu Granderath DB 86 Beil. 18 S. 3, Lenckner/Winkelbauer CR 86, 830.

6   b) Fremd ist ein Betrieb oder ein Unternehmen nicht nur für einen außenstehenden Täter, sondern auch für Betriebs- und Unternehmensangehörige, soweit der Betrieb usw. bei rechtlich-wirtschaftlicher Betrachtung nicht oder nicht ausschließlich dem Tätervermögen zugeordnet ist. Täter kann daher auch der angestellte Geschäftsführer einer GmbH sein, nicht dagegen deren Alleingesellschafter (vgl. Haß aaO 331, Lenckner/Winkelbauer CR 86, 830).

7   3. Unerheblich ist, welchen Zwecken im einzelnen die Datenverarbeitung dient. Sie muß jedoch für den Betrieb, das Unternehmen oder die Behörde **von wesentlicher Bedeutung** sein. Sabotagehandlungen von untergeordneter Bedeutung – z. B. an elektronischen Schreibmaschinen oder Taschenrechnern (vgl. dagegen aber v. Gravenreuth NStZ 89, 206) – sind mithin vom Tatbestand ausgenommen (vgl. BT-Drs. 10/5058 S. 35). Ob die Datenverarbeitung wesentliche Bedeutung für den Betrieb usw. hat, entscheidet sich nicht nach dem Umfang der Datenverarbeitung (Granderath DB 86 Beil. 18 S. 3). Maßgebend ist vielmehr, daß die Datenverarbeitung die für die Funktionsfähigkeit des betroffenen Betriebs usw. zentralen Informationen enthält (BT-Drs. 10/5058 S. 35), die Funktionsfähigkeit des Betriebs usw. also auf der Grundlage seiner konkreten Arbeitsweise, Ausstattung und Organisation ganz oder zu einem wesentlichen Teil von dem einwandfreien Funtionieren der Datenverarbeitung abhängt (Lenckner/Winkelbauer CR 86, 830). Eine solche Abhängigkeit entfällt nicht deswegen, weil der Betrieb usw. seine Tätigkeit auch bei Ausfall der Datenverarbeitung fortsetzen kann. Eine wesentliche Bedeutung hat die Datenverarbeitung für einen Betrieb usw. bereits dann, wenn ohne sie die betriebliche Tätigkeit sich nur mit nicht unerheblichem Mehraufwand (z. B. Überstunden, Zusatzkräften, Einsatz weiterer Mittel) oder beträchtlichen Zeitverzögerungen aufrechterhalten läßt (Lenckner/Winkelbauer CR 86, 830). Es genügt im übrigen, daß ein wesentlicher Funktionsbereich eines Betriebs usw. auf die intakte Datenverarbeitung angewiesen ist (vgl. Schlüchter, Zweites Gesetz zur Bekämpfung der Wirtschaftskriminalität, 1987, 78). Zu einem EDV-System in Arztpraxis vgl. LG Ulm CR **89**, 825.

8   4. Ob eine Datenverarbeitung wesentlich ist, bestimmt sich allein nach ihrer Bedeutung für den von der Sabotage **unmittelbar betroffenen Betrieb** usw. Nicht zu berücksichtigen sind die mittelbaren Auswirkungen auf einen anderen Betrieb usw., die dadurch entstehen, daß der unmittelbar betroffene Betrieb seine Datenverarbeitung nicht mehr zur Erfüllung von Aufträgen des anderen Betriebs einsetzen kann. Eine andere Auffassung würde die Erfüllung von schuldrechtlichen Verpflichtungen in den Schutzbereich des § 303b einbeziehen, was dessen Zuordnung zum Sachbeschädigungsabschnitt nicht entspricht. § 303b ist daher bei Zerstörung der eigenen Datenverarbeitungsanlage nicht deshalb anwendbar, weil für einen anderen Betrieb usw. eine für ihn wesentliche Datenverarbeitung nicht mehr auftragsgemäß vorgenommen werden kann (vgl. auch u. 14). Zum Ganzen vgl. Lenckner/Winkelbauer CR 86, 831.

III. Die **Datenverarbeitung** muß durch eine Tat nach § 303a I (Abs. 1 Nr. 1) oder durch Zerstörung usw. einer Datenverarbeitungsanlage oder eines Datenträgers (Abs. 1 Nr. 2) **gestört** werden. 9

1. Die Datenverarbeitung ist **gestört**, wenn ihr reibungsloser Ablauf nicht unerheblich beeinträchtigt ist (BT-Drs. 10/5058 S. 35; enger Samson SK 12, der eine Beeinträchtigung in beträchtlichem Umfang verlangt). Die Erheblichkeit der Beeinträchtigung ist an sich unabhängig von deren Dauer. Nur wenn die Beeinträchtigung sich ohne großen Aufwand an Zeit, Mühe und Kosten beheben läßt, ist sie als unerheblich anzusehen, so daß eine Störung nicht vorliegt. Es muß als Erfolg nur die Störung der Datenverarbeitung eingetreten sein; nicht erforderlich ist es, daß sie zu einer Störung des Betriebs usw., für den die Datenverarbeitung von wesentlicher Bedeutung ist, geführt hat (vgl. BT-Drs. 10/5058 S. 35; and. anscheinend Samson SK 12). Eine solche Störung kann aber bei der Strafzumessung berücksichtigt werden (vgl. u. 18). Andererseits reicht eine bloße Gefährdung der Datenverarbeitung nicht aus. 10

2. Als Sabotagehandlung, die eine Störung der Datenverarbeitung bewirkt, kommt nach Abs. 1 **Nr. 1** eine **Datenveränderung** gem. § 303a in Betracht. Die Tat nach Nr. 1 stellt hiernach einen qualifizierten Fall des § 303a dar. Das zu § 303a Ausgeführte ist somit auch für Nr. 1 maßgebend. Eingeschlossen ist die Tatbestandseinschränkung (vgl. § 303a RN 3), so daß unter Nr. 1 allein das Löschen usw. von Daten fällt, an denen ein Fremdinteresse besteht. 11

3. Sabotage kann aber auch durch Beeinträchtigungen der für die Datenverarbeitung benutzten technischen Mittel verübt werden. Diesen Fall erfaßt **Nr. 2**. Sabotagehandlungen sind danach das **Zerstören**, Beschädigen, Unbrauchbarmachen, Beseitigen und Verändern einer **Datenverarbeitungsanlage** oder eines **Datenträgers**. Da es bei den betroffenen technischen Mitteln nicht auf die Fremdheit der Sache ankommt, handelt es sich hier nicht um einen qualifizierten Fall der Sachbeschädigung, sondern ihr gegenüber um ein eigenständiges Delikt (vgl. BT-Drs. 10/5058 S. 36). 12

a) Eine **Datenverarbeitungsanlage** ist die Funktionseinheit technischer Geräte, die die Verarbeitung (o. 3) elektronisch, magnetisch oder sonst nicht unmittelbar wahrnehmbar gespeicherter Daten ermöglicht. Zu einer solchen Einrichtung gehört deren gesamte maschinentechnische Ausstattung (Hardware), z. B. das Steuer- und Rechenwerk, auch Speicher-, Ein- und Ausgabegeräte. Als **Datenträger** kommen insb. Magnetbänder, Festplatten und Disketten in Betracht. 13

b) Nicht erforderlich ist, daß die Datenverarbeitungsanlage usw. für den Täter fremd ist. Auch durch Zerstören usw. einer eigenen Anlage usw. kann er sich nach Nr. 2 strafbar machen. Aus den o. 8 genannten Gründen ergibt sich jedoch eine tatbestandliche Einschränkung. Soweit die eigenen Sachen allein einer Datenverarbeitung dienen, die unmittelbar nur für den tätereigenen Betrieb wesentliche Bedeutung hat, dagegen für einen fremden Betrieb lediglich auf Grund schuldrechtlicher Verpflichtungen des unmittelbar betroffenen Betriebs, reicht ihre Zerstörung usw. durch den Eigentümer nicht aus. Bei einer tätereigenen Datenverarbeitungsanlage oder einem tätereigenen Datenträger muß hinzukommen, daß ein anderer Betrieb die Sache auf Grund eines **Besitz-** oder **Nutzungsrechts** unmittelbar für seine Datenverarbeitung einsetzen kann. Leasinggeber, Sicherungsnehmer und Eigentumsvorbehaltsverkäufer werden also bei Einwirkungen auf ihr Eigentum in diesem Rahmen von Nr. 2 erfaßt. Vgl. dazu Lenckner/Winkelbauer CR 86, 831. 14

c) Die Sabotage muß dadurch erfolgen, daß der Täter die Datenverarbeitungsanlage oder den Datenträger **zerstört**, beschädigt, unbrauchbar macht, beseitigt oder verändert. Zum Zerstören vgl. § 303 RN 11; zum Beschädigen vgl. § 303 RN 8 ff.; zum Unbrauchbarmachen, Beseitigen und Verändern vgl. § 109e RN 10, § 316b RN 7. Das dort Gesagte gilt entsprechend. Die einzelnen Tathandlungen können auch durch Unterlassen begangen werden. 15

IV. Für den subjektiven Tatbestand ist **Vorsatz** erforderlich. Bedingter Vorsatz genügt bei allen Tatbestandsmerkmalen. Der Vorsatz muß auch die Kausalität zwischen der Handlung und der Störung der Datenverarbeitung umfassen. Deren wesentliche Bedeutung hat der Täter subjektiv bereits hinreichend erfaßt, wenn er die maßgeblichen Umstände kennt. Einer Einstufung der Datenverarbeitung als Betriebsmittel von wesentlicher Bedeutung bedarf es nicht; eine Fehlbewertung ist ein Subsumtionsisrrtum. 16

V. Der **Versuch** ist nach Abs. 2 strafbar. Insoweit ist zu beachten, daß das unmittelbare Ansetzen zur Verwirklichung der in Nr. 1 genannten Voraussetzungen noch nicht ohne weiteres den Versuch einer Tat nach § 303b darstellt (vgl. näher § 22 RN 58). 17

VI. Die **Strafe** ist Freiheitsstrafe bis zu 5 Jahren oder Geldstrafe. Der gegenüber § 303 und § 303a erhöhte Strafrahmen trägt den u. U. höchst schädlichen Auswirkungen einer Computersabotage Rechnung und soll eine gebührende Ahndung ermöglichen. Zu berücksichtigen sind neben dem 18

§ 303 c   1–6   Bes. Teil. Sachbeschädigung

Umfang der unmittelbaren Beeinträchtigungen einschließlich des Ausmaßes der Störung der Datenverarbeitung insb. die Größe des Schadens für den betroffenen Betrieb usw. infolge des Ausfalls der Datenverarbeitung sowie die eingetretenen Störungen des betroffenen Betriebs (vgl. o. 10), ferner die schädlichen Folgen für mittelbar Betroffene.

19 VII. Die Strafverfolgung setzt grundsätzlich einen **Antrag** des Verletzten voraus (§ 303 c). Vgl. dazu die Anm. zu § 303 c. Etwaigen Bedenken gegen das Antragserfordernis (vgl. Haft NStZ 87, 10) steht die Möglichkeit entgegen, bei Vorliegen eines besonderen öffentlichen Interesses an der Strafverfolgung von Amts wegen einzuschreiten.

20 VIII. **Konkurrenzen:** Abs. 1 Nr. 1 geht § 303 a vor. Tateinheit ist möglich mit § 303. Hiermit kann auch Abs. 1 Nr. 2 in Tateinheit stehen (and. Arzt/Weber IV 43, Lackner 5). Mit den Sabotagetatbeständen der §§ 88, 109 e, 316 b kommt ebenfalls Tateinheit in Betracht. Bei gleichzeitiger Erfüllung der Voraussetzungen der Nr. 1 und der Nr. 2 liegt nur eine Tat vor (nicht Tateinheit; vgl. § 52 RN 28). Tateinheit ist ferner mit § 240 möglich.

§ 303 c Strafantrag

In den Fällen der §§ 303 bis 303 b wird die Tat nur auf Antrag verfolgt, es sei denn, daß die Strafverfolgungsbehörde wegen des besonderen öffentlichen Interesses an der Strafverfolgung ein Einschreiten von Amts wegen für geboten hält.

Vorbem. Eingefügt durch das 2. WiKG vom 15. 5. 1986, BGBl. I 721.

1 I. Die Vorschrift übernimmt und erweitert die frühere Regelung in § 303 III. Nach ihr ist die Verfolgung der Taten nach den §§ 303, 303 a und 303 b grundsätzlich von einem **Strafantrag** abhängig. Antragsberechtigt ist gemäß § 77 I der Verletzte. Zum Strafantrag vgl. näher die §§ 77 ff. und die Anm. dort.

2 1. a) Im Fall des § 303 ist Verletzter nur der **Eigentümer,** nicht ein sonstiger Nutzungsberechtigter, dessen Interessen durch die Tat beeinträchtigt werden, also z. B. nicht der Mieter, Entleiher usw. (Olshausen § 303 Anm. 13 a, Otto Jura 89, 407, Rudolphi JR 82, 28, Samson SK 3, Stree JuS 88, 191; and. die Rspr., z. B. RG 63 77, 65 357, 71 137, Bay NJW 81, 1053, Karlsruhe NJW 79, 2056, Düsseldorf VRS 71 31, Frankfurt NJW 87, 389, ferner D-Tröndle 2, Lackner 2, M-Schroeder I 371, Wolff LK § 303 RN 14). Die Gegenmeinung zieht für die Verletzteneigenschaft ein Interesse heran, das in § 303 gar keinen strafrechtlichen Schutz erhalten hat, und damit etwas, das nach dieser Vorschrift überhaupt nicht als verletzt angesehen werden kann. Unbestritten ist jedoch, daß mittelbar Betroffene, z. B. die Versicherungsgesellschaft, bei der die beschädigte Sache versichert ist, kein Antragsrecht haben (vgl. RG GA Bd. 50 287). Nutzungsberechtigte können das Antragsrecht jedoch für den Eigentümer wahrnehmen, wenn dieser sie hierzu ermächtigt hat (vgl. Stree JuS 88, 192). Das entstandene Antragsrecht erlischt nicht, wenn der Antragsberechtigte die beschädigte Sache einem Dritten übereignet (vgl. RG 71 137).

3 b) Im Fall des § 303 a ist Verletzter der z. Z. der Tat hinsichtlich der Daten **Verfügungsberechtigte,** d. h. derjenige, der in bezug auf sie eine eigentümerähnliche Stellung hat. Das ist nicht unbedingt der Eigentümer des Datenträgers. Die Verfügungsberechtigung kann sich auch aus Besitz- oder Nutzungsrechten ergeben. Es genügt jedoch nicht allein, daß jemand bei personenbezogenen Daten betroffen ist (and. D-Tröndle 2). Vgl. näher § 303 a RN 3.

4 c) Im Fall des § 303 b sind Verletzte der **Inhaber des Betriebs** oder Unternehmens sowie die Behörde, deren Datenverarbeitung gestört worden ist, sofern sie über die Daten, die Datenverarbeitungsanlage und die Datenträger verfügungsberechtigt sind (vgl. o. 3 sowie § 303 b RN 8, 11, 14).

5 2. Bei fiskalischem Eigentum sind zur Antragstellung alle Stellen befugt, die zur Verwaltung der beschädigten Sache berufen sind (vgl. RG 65 357, auch § 77 RN 14). Entsprechendes gilt im Fall der Verfügungsberechtigung staatlicher Stellen über Daten, Datenverarbeitungsanlagen und Datenträger. Zur Ausübung des Antragsrechts juristischer Personen vgl. § 77 RN 14.

6 II. Eine **Verfolgung von Amts wegen,** also ohne Strafantrag des Verletzten, ist zulässig, wenn die Strafverfolgungsbehörde wegen des besonderen öffentlichen Interesses an der Strafverfolgung ein Einschreiten von Amts wegen für geboten hält. Wie im Falle des § 232 (vgl. dort RN 6) soll nach dem Gesetzeswortlaut die Strafverfolgung ohne Strafantrag die Ausnahme sein, so daß Zurückhaltung in der Bejahung eines besonderen öffentlichen Interesses am Einschreiten von Amts wegen geboten ist. Eine solche Zurückhaltung dürfte jedoch bei der Computersabotage wegen des zumeist schwerwiegenden Eingriffs unangebracht sein (ähnlich D-Tröndle 3). Vgl. im übrigen zu den Problemen, die mit der Bejahung eines besonderen öffentlichen Interesses an der Strafverfolgung verbunden sind, die Erläuterungen zu § 232. Das dort Gesagte gilt hier entsprechend.

Gemeinschädliche Sachbeschädigung 1–3 **§ 304**

1. Die Möglichkeit einer Verfolgung von Amts wegen hat der Gesetzgeber bei der **Sachbeschädigung** auf Grund der Erwägung geschaffen, daß Antragsberechtigte sich in manchen Fällen aus Furcht vor Vergeltungsmaßnahmen oder massiven Einschüchterungsversuchen scheuen, Strafantrag zu stellen, oder ihren Antrag aus entsprechenden Gründen zurücknehmen, andererseits aber Sachbeschädigungen nicht nur die Eigentümerinteressen, sondern auch Interessen der Allgemeinheit in erheblichem Maße berühren können (vgl. BT-Drs. 10/308 S. 4, 6, BT-Drs. 10/3538 S. 3). Die Beeinträchtigung allgemeiner Interessen soll namentlich in der Störung des Rechtsfriedens und des Sicherheitsgefühls der Bevölkerung zu erblicken sein. Solche Störungen sind in der Tat bei Sachbeschädigungen größeren Ausmaßes zu befürchten, so z. B., wenn Krawallmacher Schaufensterscheiben zertrümmern oder abgestellte Fahrzeuge demolieren. Dementsprechend läßt sich ein besonderes öffentliches Interesse an der Strafverfolgung etwa annehmen, wenn Ausschreitungen im Gefolge von unfriedlich verlaufenden Demonstrationen zu einer Reihe von Sachbeschädigungen führen, bei sonstigen Massenansammlungen wie bei Fußballspielen oder Rockkonzerten mutwillig Sachen zerstört werden oder ähnliche Akte von Vandalismus vorliegen. Weitere Fälle eines besonderen öffentlichen Interesses an der Strafverfolgung sind serienmäßige Sachbeschädigungen, etwa Zerstechen von Reifen geparkter Kraftfahrzeuge oder Abbrechen von Autoantennen und Außenspiegeln. Ein besonderes öffentliches Interesse an der Strafverfolgung kann zudem vorliegen, wenn der Verletzte bei Unterlassen eines Strafantrags (vermutlich) keine Entscheidungsfreiheit gehabt hat. 7

2. Zur Möglichkeit einer Verfolgung von Amts wegen bei der **Datenveränderung** und der **Computersabotage** enthalten die Gesetzesmaterialien keine weiteren Ausführungen. Hier wird insb. das Ausmaß der Schädigungen für die Annahme eines öffentlichen Interesses an der Strafverfolgung von entscheidender Bedeutung sein. In Betracht kommen namentlich wirtschaftliche Verluste, die vor allem bei der Computersabotage sehr hoch sein können. Aber auch andere schädliche Auswirkungen sind zu berücksichtigen, etwa die Ausfälle bei Forschungen infolge der Löschung wichtiger Daten. Ferner können wie bei der Sachbeschädigung Störungen des allgemeinen Rechtsfriedens, etwa bei Akten von Vandalismus, ein besonderes öffentliches Interesse an einer Verfolgung von Amts wegen begründen, sowie (vermutlich) Beeinträchtigungen der Entscheidungsfreiheit des Verletzten hinsichtlich eines Strafantrags. 8

3. Ausgeschlossen bleibt die Strafverfolgung von Sachbeschädigungen, bei denen das Strafantragsrecht z. Z. des Inkrafttretens des 22. StÄG am 26. 7. 1985 bereits erloschen war (Art. 2 des 22. StÄG, BGBl. I 1510). Unerheblich ist, ob der Antragsberechtigte die Antragsfrist hat verstreichen lassen oder ob er den Antrag zurückgenommen hat. 9

§ 304 Gemeinschädliche Sachbeschädigung

(1) Wer rechtswidrig Gegenstände der Verehrung einer im Staat bestehenden Religionsgesellschaft oder Sachen, die dem Gottesdienst gewidmet sind, oder Grabmäler, öffentliche Denkmäler, Naturdenkmäler, Gegenstände der Kunst, der Wissenschaft oder des Gewerbes, welche in öffentlichen Sammlungen aufbewahrt werden oder öffentlich aufgestellt sind, oder Gegenstände, welche zum öffentlichen Nutzen oder zur Verschönerung öffentlicher Wege, Plätze oder Anlagen dienen, beschädigt oder zerstört, wird mit Freiheitsstrafe bis zu drei Jahren oder mit Geldstrafe bestraft.

(2) Der Versuch ist strafbar.

Vorbem. Naturdenkmäler eingefügt durch 18. StÄG vom 28. 3. 1980, BGBl. I 373.

I. Grundgedanke der Vorschrift ist, Kulturgüter (vgl. E. Wolf ZAkDR 38, 100) oder sonstige Güter, die für die Allgemeinheit ähnlich bedeutsam sind, vor der Vernichtung oder der Brauchbarkeitsminderung zu bewahren. § 304 schützt demgemäß nicht das Eigentum und betrifft somit keinen qualifizierten Fall des § 303, sondern erfaßt ein selbständiges Delikt, das sich gegen die **Interessen der Allgemeinheit** richtet (Blei II 213, Wolff LK 1). Unter den Schutz des § 304 fallen Sachen mit einer bestimmten Zweckbestimmung unabhängig vom Eigentum, also auch tätereigene oder herrenlose Sachen. 1

II. Gegenstand der Tat können nur Sachen sein, deren Zweckbestimmung im öffentlichen Interesse liegt. Dabei entscheidet allein der Zweck z. Z. der Tat (RG **34** 2, **43** 244). 2

1. Als Gegenstand der Tat werden zunächst **Gegenstände der Verehrung einer** im Staate bestehenden **Religionsgesellschaft** genannt; vgl. hierzu § 166 RN 15. In Betracht kommen weiter **Sachen,** die dem **Gottesdienst gewidmet** sind (vgl. hierzu § 243 RN 34), auch unbewegliche Gegenstände, z. B. Kirchen und Kapellen (RG GA Bd. **57** 226; vgl. auch ÖstOGH **54,** 22). **Grabmäler** sind die Zeichen, die als Bestandteil eines Grabes zur Erinnerung an den Verstorbenen dienen und damit im Interesse der Pietät der Angehörigen geschützt werden sollen (RG GA Bd. **53** 441, vgl. auch BGH **20** 286: Kreuzigungsgruppe). Ihr Schutz nach § 304 dauert auch nach Wegfall des Anspruchs auf Benutzung der Grabstätte fort, solange ein Pietätsinteresse erkennbar ist, etwa auf Grund der Grabpflege (RG **42** 116). 3

4 2. Gegenstand der Tat können ferner **öffentliche Denkmäler** sein. Denkmäler sind Erinnerungszeichen, die dem Andenken an Personen, Ereignisse oder Zustände zu dienen bestimmt sind. Diese Eigenschaft braucht einer Sache nicht von vornherein zuzukommen; sie kann ihr auch nachträglich zugelegt worden sein. Daher gehören zu den Denkmälern auch Bauwerke, die aus einem der genannten Gründe erhalten werden (vgl. RG **43** 241, LG Bamberg NJW **53**, 998), sowie ein Hünengrab (RG GA Bd. **51** 49, Celle NJW **74**, 1291). Öffentlich sind alle Denkmäler, die der Öffentlichkeit gewidmet sind (RG **43** 244, Celle aaO); sie brauchen sich nicht an öffentlichen Wegen, Straßen oder Plätzen zu befinden (and. Frank II 4). Soweit ein landesrechtliches DenkmalschutzG die Denkmaleigenschaft von einer Eintragung in ein Denkmalbuch abhängig macht, ist dies bei § 304 zu berücksichtigen (Weber Tröndle-FS 341). Zu den Schutzobjekten gehören zudem **Naturdenkmäler.** Hierbei handelt es sich um Einzelschöpfungen der Natur, die aus wissenschaftlichen, naturgeschichtlichen oder landeskundlichen Gründen oder wegen ihrer Seltenheit, Eigenart oder Schönheit rechtsverbindlich auf Grund gesetzlicher Vorschriften als Naturdenkmäler ausgewiesen sind (vgl. § 17 BNatSchG). Geschützt ist auch die Umgebung, soweit die rechtsverbindliche Festsetzung sie als für den Schutz des Naturdenkmals notwendig einbezieht (vgl. § 17 I 2 BNatSchG). Zum Naturdenkmal werden Sachen jedoch noch nicht deswegen, weil sie in einem landschaftspflegerischen Begleitplan aufgeführt werden (Oldenburg NJW **88**, 924). Geschützt werden weiter **Gegenstände der Kunst,** der **Wissenschaft** oder des **Gewerbes,** die in allgemein zugänglichen Sammlungen (z. B. Staats- und Universitätsbibliotheken; BGH **10** 285) aufbewahrt werden oder an einem öffentlichen Ort aufgestellt sind.

5 3. Vor allem kommen als Tatobjekte in Betracht **Gegenstände, die dem öffentlichen Nutzen dienen.** Ein Gegenstand dient dem öffentlichen Nutzen, wenn er nach seiner gegenwärtigen Zweckbestimmung der Allgemeinheit zugute kommt, ihm also eine Gemeinwohlfunktion beigelegt worden ist (vgl. Stree JuS 83, 838). Vorübergehende Schließung oder Außerbetriebsetzung ist bedeutungslos (Hamm JMBlNW **58**, 8). Gebrauch zum öffentlichen Nutzen ist stets dann anzunehmen, wenn für die Allgemeinheit die Möglichkeit besteht, unmittelbar aus dem Vorhandensein oder dem Gebrauch jener Gegenstände Nutzen zu ziehen (vgl. BGH **10** 286). Fraglich ist, ob darüber hinaus auch Gegenstände, die mittelbar der Allgemeinheit zugute kommen, unter § 304 fallen können. Es wurde die Ansicht vertreten, daß *mittelbarer Nutzen* dann ausreicht, wenn die Gegenstände in einer nicht zu entfernten Beziehung zum Nutzen des Publikums oder zum allgemeinen Gebrauch stehen (so z. B. RG **5** 319, **31** 146). Diese Ansicht läßt sich nicht halten, da sie den Tatbestand zu sehr ausweitet. Denn letzten Endes dienen fast alle Gegenstände mittelbar auch dem Gemeinnutzen. Eine genaue Abgrenzung, wann eine nicht zu entfernte Beziehung zum Gemeinnutzen besteht, ist nicht möglich. Mit der h. M. (z. B. RG **58** 347, **66** 204, BGH **31** 185 m. Anm. Stree JuS 83, 836, Loos JR 84, 169, NJW **90**, 3029, Wolff LK 9, D-Tröndle 11) ist daher der Tatbestand auf Gegenstände, die der Allgemeinheit unmittelbaren Nutzen bringen, zu beschränken. Unmittelbarkeit liegt vor, „wenn jemand aus dem Publikum, sei es auch nach Erfüllung bestimmter allgemeingültiger Bedingungen, ohne Vermittlung dritter, zu beliebiger Auswahl der Teilnehmer befugter Personen, aus dem Gegenstand selbst oder aus dessen Erzeugnissen oder Wirkungen Nutzen ziehen kann" (RG **58** 348, **66** 204). Unter den Wirkungen eines Gegenstandes sind insoweit nur solche zu verstehen, die bestimmungsgemäß vom Gegenstand selbst unmittelbar ausgehen und der Allgemeinheit zugute kommen (Stree JuS 83, 838). An einer solchen Wirkung fehlt es bei Sachen, die lediglich einer Person ermöglichen, unmittelbar zum Nutzen der Allgemeinheit tätig zu werden (BGH **31** 185). Ebensowenig reichen allein ökologische Funktionen und landschaftsprägender Charakter einer Sache aus (Oldenburg NJW **88**, 924). Die Unmittelbarkeit des Nutzens einer Sache für die Allgemeinheit entfällt andererseits nicht deswegen, weil die Wirkungen der Sache zugunsten der Allgemeinheit noch von einem menschlichen Handeln abhängen. Liegt das Schwergewicht bei diesen Wirkungen, wie bei der Straßen- oder Eisenbahn oder bei einem Krankenwagen (Düsseldorf NJW **86**, 2122, Stree JuS 83, 839), so fällt die Sache unter den Schutz des § 304. Unerheblich ist, ob der Gegenstand der Allgemeinheit unmittelbar zugänglich ist; es genügt, daß ihr dessen Erzeugnisse oder Wirkungen unmittelbar zukommen. Eine Mineralquelle fällt daher unter § 304, wenn sie so benutzbar ist, daß jedermann – wenn auch gegen Entgelt oder aus einem von der Quelle entfernt liegenden Behältnis – ohne weiteres Wasser schöpfen kann, dagegen nicht, wenn sie wirtschaftlich in der Weise verwertet wird, daß das Wasser in Flaschen gefüllt zum Verkauf gelangt (vgl. RG **58** 346). Am unmittelbaren Nutzen fehlt es bei Einrichtungs- oder Gebrauchsgegenständen bei Behörden, etwa bei Schreibtischen, Aktenschränken, Schreibmaschinen, einem Polizeifunkgerät oder Radargerät. Bei Einrichtungen, an Hand derer bestimmte Feststellungen getroffen werden können, ist entscheidend, ob sie der unmittelbaren Verwertung durch die Allgemeinheit dienen oder nur den Behörden zur Durchführung ihrer Aufgaben. Nur im ersten Fall liegen die Voraussetzungen des § 304 vor. Daher fallen trigono-

Gemeinschädliche Sachbeschädigung 6–10 **§ 304**

metrische Marksteine nicht unter § 304 (and. Wolff LK 9, RG **39** 208), ebensowenig Steine, mittels derer eine Behörde den Wasserstand eines Flusses feststellen will (and. RG **31** 146). Dagegen sind Zeichen, die den Flußbenutzern die Wasserhöhe angeben sollen, zum unmittelbaren Nutzen der Allgemeinheit bestimmt. Bei den Gegenständen, die dem öffentlichen Nutzen dienen, kommt es nicht darauf an, ob sie außerdem noch anderen bestimmten – auch privaten – Zwecken dienen (RG **66** 204). Vorausgesetzt wird aber, daß der Gegenstand durch menschlichen Willen die entsprechende Bestimmung erlangt hat. Nicht unter den Schutz des § 304 fallen Gegenstände, die dem öffentlichen Nutzen außerhalb der BRep. Deutschland dienen (Samson SK 7), da es nicht Aufgabe des deutschen Strafrechts ist, fremden Allgemeininteressen besonderen Schutz zu gewähren, und zudem die Auffassungen über den Nutzwert unterschiedlich sein können (and. LG Berlin und KG JZ **76**, 98f. m. abl. Anm. Schroeder; and. auch BGH NJW **75**, 1610).

Beispiele: Teile einer Maschine eines öffentlichen Versorgungsunternehmens (RG JW **22**, 712), **6** Wasserleitungen, öffentliche Straßen (Hamm JMBlNW **58**, 8), gemeindliche Skilanglaufloipen (LG Kempten NJW **79**, 558, D-Tröndle 11; and. Bay JR **80**, 429 m. abl. Anm. Schmid, Lackner 2), Brücken (RG **20** 353), Fußgängerunterführungen (Karlsruhe Justiz **78**, 323), die Wagen einer Straßen- oder Eisenbahn (RG **34** 1), auch deren Fensterscheiben (BGH MDR/D **52**, 532), Anschlagsäulen (RG **66** 204), Feuermelder (RG **65** 134, Dresden LZ **15**, 1546), Ausstattungen eines öffentl. Kinderspielplatzes, Parkuhren (AG Nienburg NdsRpfl. **61**, 232), Ruhebänke in öffentl. Anlagen (vgl. GA Bd. **43** 135), Postbriefkästen (Bay JW **31**, 1620), Wahlurnen (RG **55** 61), Verkehrszeichen (BGH VRS **19** 130), Straßenleitpfosten (Bay DAR **85**, 326), Fernsprechzellen, Straßenlampen, Wegweiser (vgl. GA Bd. **43** 135), Feuerlöscher in allgemein zugänglichen Räumen (Bay NJW **88**, 337), Fenstergitter, vergittertes Glasdach und Außenwand einer Vollzugsanstalt (Koblenz NStZ **83**, 29, LG Koblenz MDR **81**, 956). **Nicht** gehören dagegen zu den geschützten Gegenständen z. B. die Betten in einer Vollzugsanstalt (RG HRR **26** Nr. 2309) oder der Tisch eines Gemeindebeamten (RG GA Bd. **60** 443); auch Bienen kann man nicht hierher rechnen (and. E. Wolf ZAkDR **38**, 100), ebensowenig Wahlplakate (LG Wiesbaden NJW **83**, 2107 m. Anm. Loos JuS 79, 699, D-Tröndle 11), Einrichtungsgegenstände einer Bahnhofsgaststätte (AG Euskirchen MDR **77**, 335) oder einer an private Veranstalter vermieteten Stadthalle (BGH NJW **83**, 1437), Polizeistreifenwagen (BGH **31** 185 m. Anm. Stree JuS 83, 836, Loos JR 84, 169; and. Hamm NStZ **82**, 31), Wegmacherhütten, in denen Geräte zur Straßenpflege, Verkehrsschilder und Schneefangzäune aufbewahrt werden (BGH NJW **90**, 3029).

4. Gegenstände der Tat können schließlich Sachen sein, die zur **Verschönerung öffentlicher** **7** **Wege, Plätze** oder **Anlagen** dienen. Voraussetzung hierfür ist eine entsprechende Zweckbestimmung, so daß ein zufälliger Verschönerungseffekt nicht ausreicht (Oldenburg NdsRpfl **87**, 16). Der Bestimmungszweck kann auch durch konkludentes Handeln getroffen werden (Schleswig SchlHA/E-L **86**, 103). In Betracht kommen hier z. B. Bäume, Sträucher und Blumen, u. U. aber auch Fahnen (RG **65** 356). Die Öffentlichkeit einer Parkanlage entfällt nicht deswegen, weil für deren Betreten eine Gebühr verlangt wird (BGH **22** 212). Öffentliche Anlage kann auch ein Friedhof sein (vgl. RG **9** 219).

5. Ergänzend vgl. Ges. zum Schutze deutschen Kulturgutes gegen Abwanderung vom 9. 8. 1955 **8** (BGBl. I 501), die Denkmalschutzgesetze der Länder, z. B. § 34 nds. Ges. vom 30. 5. 1978, GVBl. 517, § 30a BNatSchG sowie § 39 PflanzenschutzG vom 15. 9. 1986, BGBl. I 1505. Zum Verhältnis zwischen § 304 und landesrechtlichem Denkmalschutzgesetzen sowie zur Nichtigkeit des § 34 nds. DenkmalschutzG vgl. Weber Tröndle-FS 344 ff.

III. Die **Handlung** besteht im Beschädigen oder Zerstören. Eine Sache ist hier nur dann als **9** beschädigt anzusehen, wenn der besondere Zweck, dem die Sache dient, durch die Handlung beeinträchtigt wird (RG **66** 205, Schleswig SchlHA/E-L **86**, 103). Keine Beschädigung i. S. dieser Vorschrift stellt es z. B. dar, wenn in eine Ruhebank eine Inschrift eingeritzt (vgl. GA Bd. **43** 135) oder die Wand einer Eisenbahnüberführung bemalt wird (RG HRR **33** Nr. 350). In einem solchen Fall ist nur § 303 anwendbar. Gleiches gilt bei Sachen zur Verschönerung einer Anlage; das Abpflücken einiger Zierpflanzen beeinträchtigt noch nicht die Anlage, es sei denn, es handelt sich um eine Pflanze, die für sich allein zur Verschönerung der Anlage erheblich beiträgt (RG **9** 221). Eine Beeinträchtigung des besonderen Zwecks ist nach Karlsruhe Justiz **78**, 323 bei Beschmierungen des Bodens einer Fußgängerunterführung gegeben, wenn zu befürchten ist, daß Fußgänger wegen zu erwartender Abwehrreaktionen von der Benutzung der Unterführung abgehalten werden. Bei Anlagen betrifft das Bestreichen zahlreicher Bäume mit verunstaltenden Kreuzen aus (LG München II NStE Nr. 1).

IV. **Rechtswidrig** ist auch die Beschädigung der eigenen Sache, über die der Täter nicht die **10** freie Verfügung besitzt (RG **43** 242). Im selben Umfang ist hier auch die Einwilligung des Eigentümers ohne rechtfertigende Wirkung.

11   **V.** Für den **subjektiven Tatbestand** ist Vorsatz erforderlich. Der Täter muß auch die besondere Zweckbestimmung der Sache kennen. Bedingter Vorsatz genügt. Die irrige Annahme des Täters, als Eigentümer über die Sache verfügen zu können, stellt einen Verbotsirrtum dar (Celle NJW 74, 1293).

12   **VI. Strafzumessung.** Unrichtig ist die Erwägung, daß der Angekl. deswegen mit einer empfindlichen Strafe belegt werden müsse, „weil die Beschädigung von Gegenständen, die der Allgemeinheit zu dienen bestimmt sind, eine besonders verwerfliche Tat ist". Damit wird unzulässigerweise (vgl. § 46 III) ein Tatbestandsmerkmal als Strafzumessungsgrund verwertet. Wohl aber läßt sich das große Ausmaß des Schadens oder die Unersetzlichkeit einer Sache strafschärfend berücksichtigen.

13   **VII. Idealkonkurrenz** kommt in Betracht mit § 136 (RG **65** 135), mit § 242 (vgl. BGH **20** 286, Wolff LK 14; and. Hamm MDR **53**, 568) sowie mit § 303 (Frank VI, Blei II 213, Samson SK 10, Wolff LK 14; and. Schleswig SchlHA/E-L **86**, 103, D-Tröndle 15) und § 308. Gegenüber § 168 ist § 304 speziell, soweit sich der Angriff auf die Beisetzungsstätte im Rahmen der in § 304 genannten Tätigkeiten hält (Celle NdsRpfl. **66**, 225). Idealkonkurrenz ist dann möglich, wenn z. B. durch das Umstürzen eines Grabmals andere Teile der Stätte beschädigt werden (RG GA Bd. **53** 441, **56** 76, Celle NdsRpfl. **66**, 225) oder der Täter zugleich beschimpfenden Unfug verübt (RG **39** 155). Gesetzeskonkurrenz besteht mit § 274 I Nr. 3 (and. D-Tröndle 15, Wolff LK 14). § 145 II ist gegenüber § 304 subsidiär.

14   **VIII.** Die Verfolgung setzt **keinen Strafantrag** voraus.

§ 305 Zerstörung von Bauwerken

(1) **Wer rechtswidrig ein Gebäude, ein Schiff, eine Brücke, einen Damm, eine gebaute Straße, eine Eisenbahn oder ein anderes Bauwerk, welche fremdes Eigentum sind, ganz oder teilweise zerstört, wird mit Freiheitsstrafe bis zu fünf Jahren oder mit Geldstrafe bestraft.**

(2) **Der Versuch ist strafbar.**

1   **I.** Die **Zerstörung von Bauwerken** stellt einen qualifizierten Fall der Sachbeschädigung des § 303 dar (D-Tröndle 1, Lackner 1). Es handelt sich also um ein echtes Eigentumsdelikt, das als Objekt eine fremde Sache voraussetzt.

2   **II. Gegenstand** der Tat können nur bestimmte Sachen sein, die abschließend aufgezählt sind. Zudem sind sie mit der höheren Strafe nur gegen zerstörerische Eingriffe geschützt; die bloße Beschädigung genügt nicht (vgl. u. 5).

3   **1.** Über **Gebäude** vgl. § 243 RN 7. Da jedoch anders als in § 243 hier das Gebäude als solches und nicht nur die in seinem Innern befindlichen Sachen geschützt werden sollen, ist nicht erforderlich, daß das Bauwerk den Zutritt Unbefugter hindern kann. Objekt i. S. des § 305 können daher auch Rohbauten und teilweise zerstörte Gebäude sein (OGH **2** 210, BGH **6** 107). Zu den **Schiffen** sind, wie sich aus der Parallele zu den anderen Schutzobjekten ergibt, nur größere Fahrzeuge zu rechnen (Frank II 2, Wolff LK 5). **Brücke** bedeutet hier nach RG **24** 27 ein „Bauwerk von einiger Erheblichkeit, d. h. von einer gewissen Größe, inneren Festigkeit und nicht ganz unbedeutender Tragfähigkeit"; Fußgängerstege kommen daher nicht in Betracht. Genannt werden weiter **Dämme** (Staudämme, Deiche und sonstige Schutzdämme) und **gebaute Straßen**; zu den letzteren gehören auch Kanäle (D-Tröndle 5, Wolff LK 8). Als **Eisenbahn** ist hier nur der Bahnkörper mit den Schienen anzusehen; nicht gehören hierher die Wagen und Lokomotiven (vgl. RG **55** 169).

4   **2.** Gegenstand der Tat kann weiter ein **anderes Bauwerk** sein. Als Bauwerk sind alle baulichen Anlagen von einiger Bedeutung anzusehen. Regelmäßig werden sie mit dem Boden fest verbunden sein; erforderlich ist dies jedoch nicht. Ein Bauwerk ist z. B. eine Hütte, eine Mühle; zu den Bauwerken können u. U. auch bewegliche Sachen zu rechnen sein (Wolff LK 3); demgegenüber fordert die h. M. unbewegliche Sachen bzw. Herrichtungen (z. B. RG **15** 264, **33** 391, HRR **30** Nr. 462, D-Tröndle 7). Beispielsweise sind zu den anderen Bauwerken gerechnet worden ein künstlicher Fischteich (RG **15** 265), eine Hüterhütte (RG HRR **30** Nr. 462), eine Stauanlage (RG Recht **14** Nr. 716), eine Baugrube für eine Brunnenanlage (Naumburg HRR **39** Nr. 1073), eine Grenzmauer aus Steinen (R **6** 477), ein fest mit dem Boden verbundenes Hoftor (R **2** 140).

5   **III.** Die **Handlung** besteht im gänzlichen oder teilweisen **Zerstören** der Sache; Beschädigung genügt nicht. Während ein Gegenstand durch bloße Beschädigung für seine Zwecke, wenn auch in geringerem Maße, noch tauglich bleibt, wird bei der Zerstörung seine Eignung zur bestimmungsgemäßen Verwendung für eine nicht unbeträchtliche Zeit überhaupt beseitigt (vgl. OGH **3** 38, Wolff LK § 303 RN 10). Teilweise Zerstörung liegt daher vor, wenn einzelne

Teile der Sache, die der Erfüllung ihrer Zweckbestimmung dienen, mittels Substanzeinwirkung unbrauchbar gemacht werden oder wenn infolge des Eingriffs eine von mehreren Zweckbestimmungen der Sache aufgehoben wird (D-Tröndle 2). Dies ist regelmäßig der Fall, wenn ein funktionell selbständiger Teil der Sache, z. B. eine Treppe oder ein Brückengeländer, unbrauchbar gemacht wird (R 7 274, RG 55 170, GA Bd. 41 137, OGH 1 53, 2 210, Wolff LK 2). Das gewaltsame Aufbrechen eines Türschlosses ist keine teilweise Zerstörung des Bauwerks (RG 54 206), ebensowenig die bloße Zerstörung des Gebäudeinventars (OGH 1 199, 201). Ein Zerstören scheidet dagegen nicht deswegen aus, weil das Gebäude usw. bereits teilweise zerstört war. Im übrigen ist wie beim Beschädigen von Sachen (vgl. § 303 RN 8b) eine Substanzeinbuße nicht erforderlich; es genügt, daß die Brauchbarkeit für den bestimmungsgemäßen Zweck durch Substanzeinwirkungen aufgehoben worden ist (vgl. RG 55 169: Beiseitedrücken gelockerter Eisenbahnschienen).

IV. Für den **subjektiven Tatbestand** ist Vorsatz erforderlich. Der Täter muß die besonderen 6
Eigenschaften der Sache kennen, die ihr den erhöhten Schutz geben. Er muß zudem wissen, daß sein Handeln über ein bloßes Beschädigen hinausgeht und zur Funktionsuntauglichkeit der angegriffenen Sache führt, sei es auch nur hinsichtlich eines funktionell selbständigen Teiles. Bedingter Vorsatz genügt.

V. Die Verfolgung setzt hier – anders als die Sachbeschädigung nach § 303 – **keinen Strafan-** 7
trag voraus.

VI. **Konkurrenzen.** Über das Verhältnis zu §§ 306 ff. vgl. § 308 RN 18 ff. Idealkonkurrenz ist mit 8
§ 304 und § 305 a möglich. § 303 tritt hinter § 305 zurück. Ist jedoch die Tat nach § 305 nur versucht, eine Sachbeschädigung nach § 303 aber vollendet, so liegt Idealkonkurrenz vor (vgl. 126 vor § 52). Bei Rücktritt vom Versuch nach § 305 bleibt die vollendete Tat nach § 303 strafbar (qualifizierter Versuch).

§ 305a Zerstörung wichtiger Arbeitsmittel

(1) **Wer rechtswidrig**
1. ein fremdes technisches Arbeitsmittel von bedeutendem Wert, das für die Errichtung einer Anlage oder eines Unternehmens im Sinne des § 316b Abs. 1 Nr. 1 oder 2 oder einer Anlage, die dem Betrieb oder der Entsorgung einer solchen Anlage oder eines solchen Unternehmens dient, von wesentlicher Bedeutung ist, oder
2. ein Kraftfahrzeug der Polizei oder der Bundeswehr
ganz oder teilweise zerstört, wird mit Freiheitsstrafe bis zu fünf Jahren oder mit Geldstrafe bestraft.
(2) **Der Versuch ist strafbar.**

Vorbem. Eingefügt durch das Ges. zur Bekämpfung des Terrorismus vom 19. 12. 1986, BGBl. I 2566.

I. **Zweck** der Vorschrift ist, neueren Formen gewalttätiger Sabotageakte dadurch entgegenzu- 1
wirken, daß die Zerstörung bestimmter für die Erfüllung gemeinschaftswichtiger Aufgaben erforderlicher Arbeitsmittel unter eine gegenüber § 303 verschärfte Strafdrohung gestellt wird. § 305a soll damit im Vorfeld des § 316b einen qualifizierten Fall der Sachbeschädigung regeln (vgl. BT-Drs. 10/6635 S. 13); bei Abs. 1 Nr. 2 fehlt jedoch die Beschränkung auf fremde Sachen.

II. **Gegenstand der Tat** sind bestimmte technische Arbeitsmittel, eingeschlossen Kraftfahrzeu- 2
ge der Polizei und der Bundeswehr, sowie nach Art. 7 II Nr. 9a des 4. StÄG Kraftfahrzeuge der in der BRep. Deutschland stationierten NATO-Truppen.

1. Nach **Abs. 1 Nr. 1** ist Tatobjekt ein fremdes technisches Arbeitsmittel von bedeutendem 3
Wert, das für die Errichtung einer Anlage oder eines Unternehmens im Sinne des § 316b Abs. 1 Nr. 1 oder 2 oder einer Anlage, die dem Betrieb oder der Entsorgung einer solchen Anlage oder eines solchen Unternehmens dient, von wesentlicher Bedeutung ist.

a) Der Begriff des **technischen Arbeitsmittels** ist in Anlehnung an § 2 I GerätesicherheitsG in 4
das StGB übernommen worden (vgl. BT-Drs. 10/6635 S. 14). Er umfaßt verwendungsfertige Arbeitseinrichtungen, d. h. gebrauchsfähige technische Einrichtungen, die dazu bestimmt sind, Arbeit im weitesten Sinne zu verrichten (vgl. dazu Erbs-Kohlhaas-Ambs § 2 GerätesicherheitsG Anm. 1). Hierzu zählen insb. Arbeits- und Kraftmaschinen, Hebe- und Fördereinrichtungen sowie Beförderungsmittel. Unter die Beförderungsmittel fallen wie bei § 315 alle beweglichen Einrichtungen, die der Beförderung von Menschen oder Sachen dienen, namentlich Fahrzeuge jeglicher Art, etwa Baufahrzeuge, einschließlich der Zugmaschinen (vgl. BT-Drs. 10/6635 S. 14, D-Tröndle § 315 RN 8), auch solche, die an Bahngleise gebunden sind.

b) Das technische Arbeitsmittel muß **fremd** sein, mithin im Eigentum (zumindest Miteigen- 5
tum) eines anderen stehen. Vgl. hierzu § 242 RN 12ff.

Stree

6 c) Es muß sich zudem um ein technisches Arbeitsmittel **von bedeutendem Wert** handeln. Maßgeblich ist hierfür der wirtschaftliche Wert des Arbeitsmittels, nicht dessen funktionelle Bedeutung für die Allgemeinheit oder das betroffene Unternehmen usw. Dabei kommt es auch bei teilweiser Zerstörung des Arbeitsmittels auf seinen Verkehrswert an, nicht auf die Kosten einer Instandsetzung. Die bei den §§ 315, 315a, 315b, 315c vorgenommene Einschränkung auf den Umfang des (drohenden) Schadens ist hier nicht maßgebend, da die wertvolle Sache bereits bei teilweiser Zerstörung nicht mehr funktionsentsprechend einsetzbar ist. Der bedeutende Sachwert bemißt sich jedoch nach den Werten, die in den genannten Vorschriften als bedeutender Sachschaden zugrunde gelegt werden (vgl. zu diesen Werten 15 vor § 306, D-Tröndle § 315 RN 16); für höhere Wertgrenze von wenigstens 10000 DM im Rahmen des § 305a jedoch Samson SK 2.

7 d) Ferner ist erforderlich, daß das zerstörte Arbeitsmittel **für die Errichtung bestimmter, besonders schützenswerter Objekte** von wesentlicher Bedeutung ist. Zu diesen Objekten gehören die in § 316b I Nr. 1 und 2 genannten Anlagen und Unternehmen, also Eisenbahn, Post, dem öffentlichen Verkehr dienende Unternehmen oder Anlagen, der öffentlichen Versorgung mit Wasser, Licht, Wärme oder Kraft dienende Anlagen sowie für die Versorgung der Bevölkerung lebenswichtige Unternehmen. Vgl. dazu § 316b RN 2 ff. Außerdem fallen hierunter Anlagen, die dem Betrieb oder der Entsorgung eines der genannten Unternehmen usw. dienen, auch wenn sie damit nur mittelbar öffentliche Zwecke i. S. des § 316b erfüllen (vgl. BT-Drs. 10/6635 S. 14). Anlagen solcher Art sind z. B. Entsorgungseinrichtungen für gemeinschaftswichtige Betriebe oder Anlagen zur Sicherstellung des Energiebedarfs von Versorgungseinrichtungen (vgl. BT-Drs. aaO). Die Arbeitsmittel müssen der Errichtung der genannten Objekte dienen; sind sie für deren Betrieb bestimmt, so ist § 316b maßgebend.

8 e) Für die Errichtung dieser Anlagen oder Unternehmen muß das Arbeitsmittel **von wesentlicher Bedeutung** sein. Sabotagehandlungen untergeordneter Bedeutung sind damit vom Tatbestand ausgenommen (vgl. BT-Drs. 10/6635 S. 14). Wesentliche Bedeutung hat das Arbeitsmittel, wenn die Erstellung der Anlage oder des Unternehmens ganz oder zu einem wesentlichen Teil vom einwandfreien Funktionieren des Arbeitsmittels abhängt. Eine derartige Abhängigkeit entfällt nicht bereits deswegen, weil die Anlage usw. auch ohne das Arbeitsmittel errichtet werden könnte. Sie liegt in solchen Fällen dann vor, wenn bei der Errichtung der Anlage usw. mit anderen Hilfsmitteln ein nicht unerheblicher Mehraufwand anfällt oder beträchtliche Zeitverzögerungen auftreten (vgl. dazu auch § 303b RN 7). Im übrigen reicht es aus, wenn das Arbeitsmittel für die Herstellung eines gewichtigen Teilbereichs, etwa für die Erweiterung eines bestehenden Unternehmens um einen solchen Bereich, von wesentlicher Bedeutung ist.

9 2. Außer den genannten technischen Arbeitsmitteln werden als weitere Arbeitsmittel nach **Abs. 1 Nr. 2** Kraftfahrzeuge der Polizei und der Bundeswehr besonders geschützt. Bei ihnen handelt es sich um Fahrzeuge, die durch Maschinenkraft bewegt werden (vgl. § 248b IV). Sie sind wie im Fall des § 248b nicht auf Landkraftfahrzeuge beschränkt (a. M. Dencker StV 87, 122, Lackner 2b, die sachwidrig § 1 II StVG heranziehen). Nr. 2 umfaßt auch Luft- und Wasserfahrzeuge (D-Tröndle 6, Wessels II/2 11). In seinen Schutzbereich fallen daher neben Streifen- und Mannschaftswagen, Transportfahrzeugen, Motorrädern, Wasserwerfern usw. ebenso Hubschrauber, Kampf- oder Transportflugzeuge, Wasserschutzboote, Motorboote usw. Unerheblich ist hier im Gegensatz zu den Arbeitsmitteln nach Nr. 1, ob das Fahrzeug von wesentlicher Bedeutung für die Polizei oder die Bundeswehr ist. Wird deren Betrieb durch die Zerstörung des Kraftfahrzeugs in seinem reibungslosen Funktionsablauf beeinträchtigt, so tritt Nr. 2 hinter § 316b I Nr. 3 zurück. Ferner ist unerheblich, ob das Fahrzeug als Dienstfahrzeug äußerlich ausgewiesen ist und in wessen Eigentum es steht. Mit „Polizei" und „Bundeswehr" wird nicht der Eigentümer gekennzeichnet, sondern der Funktionsträger. Maßgebend ist daher allein, daß das Fahrzeug dienstlichen Zwecken der Polizei oder der Bundeswehr dient (Lackner 2b). Die Tat muß von einem Nichtverfügungsberechtigten begangen werden, ein Verfügungsberechtigter erfüllt ebensowenig wie der Eigentümer im Fall der Nr. 1 den Tatbestand.

10 III. Als **Tathandlung** setzt § 305a ein gänzliches oder ein teilweises Zerstören des Arbeitsmittels voraus. Ebensowenig wie bei § 305 genügt ein bloßes Beschädigen. Vgl. zur Tathandlung im einzelnen § 305 RN 5; das dort Ausgeführte gilt entsprechend.

11 IV. Für den **subjektiven Tatbestand** ist Vorsatz erforderlich. Er muß sich insb. auch auf die besonderen Eigenschaften der zerstörten Sache erstrecken, etwa auf die Umstände, aus denen sich die wesentliche Bedeutung für die Errichtung einer der in § 316b I Nr. 1 oder 2 genannten Anlagen ergibt. Bedingter Vorsatz genügt bei allen Tatbestandsmerkmalen.

V. Der **Versuch** ist strafbar (Abs. 2). Er kommt namentlich in Betracht, wenn das angegriffe- 12
ne Arbeitsmittel seine Zwecke, wenn auch in verringertem Umfang, noch erfüllen kann. Hat
der Täter entgegen seinem Plan nur eine Beschädigung erreicht, so steht der Versuch der Tat
nach § 305a in Tateinheit mit einer vollendeten Sachbeschädigung nach § 303.

VI. Die **Strafe** ist Freiheitsstrafe bis zu 5 Jahren oder Geldstrafe. Der gegenüber § 303 verschärfte 13
Strafrahmen ermöglicht, bei der Strafzumessung die (unmittelbaren oder mittelbaren) Auswirkungen
einer Zerstörung von Arbeitsmitteln gebührend zu berücksichtigen. Neben dem Umfang der Zerstörung und dem Wert des Zerstörten sind namentlich die Schäden zu berücksichtigen, die sich aus
Verzögerungen bei der Errichtung einer Anlage ergeben.

VII. Wegen des erhöhten Unrechtsgehalts der Tat hängt deren Verfolgung wie bei § 305 und 14
anders als bei § 303 (vgl. § 303c) **nicht** von einem **Strafantrag** ab.

VIII. Konkurrenzen: Werden durch eine Handlung mehrere Arbeitsmittel nach Abs. 1 Nr. 1 und/ 15
oder nach Abs. 1 Nr. 2 zerstört, so liegt nur eine Tat vor, nicht Tateinheit (vgl. § 52 RN 29).
Tateinheit kommt in Betracht mit §§ 88, 305, 311. Hinter § 316b tritt § 305a zurück (and. Lackner 5:
Tateinheit möglich). Vgl. im übrigen § 305 RN 8. Das dort Ausgeführte gilt entsprechend.

Siebenundzwanzigster Abschnitt. Gemeingefährliche Straftaten

Vorbemerkungen zu den §§ 306 ff.

Schrifttum: Bohnert, Die Abstraktheit der abstrakten Gefährdungsdelikte, JuS 84, 182. – *Boldt,*
Pflichtwidrige Gefährdung im Strafrecht, ZStW 55, 44. – *Brehm,* Zur Dogmatik des abstrakten
Gefährdungsdelikts, 1973. – *Cramer,* Der Vollrauschtatbestand als abstraktes Gefährdungsdelikt,
1962. – *Dedes,* Gemeingefahr und gemeingefährliche Straftaten, MDR 84, 100. – *Demuth,* Zur Bedeu-
tung der „konkreten Gefahr" im Rahmen der Straßenverkehrsdelikte, VOR 73, 436. – *Finger,* Begriff
der Gefahr und Gemeingefahr im Strafrecht, Frank-FG I 230. – *Gallas,* Abstrakte und konkrete
Gefährdung, Heinitz-FS 171. – *Geerds,* Die Brandstiftungsdelikte im Wandel der Zeiten und ihre
Regelung im ausländischen Strafrecht, Sammelwerk des Bundeskriminalamts Wiesbaden (1962) 15. –
Graul, Abstrakte Gefährdungsdelikte und Präsumptionen im Strafrecht, 1989. – *Hartung,* Gemeingefahr, NJW 60, 1417. – *Henckel,* Der Gefahrbegriff im Strafrecht, 1930 (StrAbh Heft 270). – *Reinh.
v. Hippel,* Gefahrenurteil und Prognoseentscheidungen, 1972. – *Horn,* Konkrete Gefährdungsdelikte,
1973. – *ders./Hoyer,* Rechtsprechungsübersicht zum 27. Abschnitt des StGB, JZ 87, 965. – *Jähnke,*
Fließende Grenzen zwischen abstrakter und konkreter Gefahr im Verkehrsstrafrecht, DRiZ 90, 425. –
Kindhäuser, Gefährdung als Straftat, 1989. – *Kitzinger-Ullmann,* Gemeingefährliche Verbrechen, VDB
IX, 1. – *Lackner,* Das konkrete Gefährdungsdelikt im Verkehrsstrafrecht, Vortrag, Berlin 1967. –
Martin, Strafbarkeit grenzüberschreitender Umweltbeeinträchtigungen. Zugleich ein Beitrag zur Ge-
fährdungsproblematik, 1989. – *Rabl,* Der Gefährdungsvorsatz, 1933 (StrAbh Heft 312). – *Rotering,*
Gefahr und Gemeingefahr im Strafrecht, GA Bd. 31, 266. – *Schröder,* Abstrakt-konkrete Gefährdungs-
delikte?, JZ 67, 522. – *ders.,* Die Gefährdungsdelikte im Strafrecht, ZStW 81, 7. – *Schroeder,* Die
Gefährdungsdelikte, ZStW Beiheft 82, 1. – *Schünemann,* Moderne Tendenzen in der Dogmatik der
... Gefährdungsdelikte, JA 75, 435, 792. – *Schwander,* Die Gefährdung als Tatbestandsmerkmal im
schweiz. StGB, SchwZStr 66, 440. – *Weber,* Die Vorverlegung des Strafrechtsschutzes durch Gefähr-
dungs- und Unternehmensdelikte, hrsg. v. Jescheck, 1987, 1.

I. Entgegen dem durch die Überschrift hervorgerufenen Eindruck enthalten nur die wenigsten 1
Tatbestände des 27. Abschnitts die Gemeingefahr als Tatbestandsmerkmal (so z. B. §§ 312–314); auch
dort, wo ein gemeingefährliches Verhalten als gesetzgeberisches Motiv wirkt (z. B. §§ 315, 315b:
Beeinträchtigung der Sicherheit der verschiedenen Verkehrsarten), begnügt sich das Gesetz mit der
Herbeiführung einer konkreten (Individual-)Gefahr (vgl. u. 5) oder mit dem Verbot bestimmter
gefährlicher Handlungen oder Unterlassungen (vgl. u. 3), mit denen typischerweise eine Erschütterung des Bestandes oder der Sicherheit wichtiger Rechtsgüter verbunden ist; vgl. hierzu den Überblick über die verschiedenen Arten der Gefährdungsdelikte bei Schroeder aaO. Neben den gemeingefährlichen Straftaten i. e. S. (vgl. u. 19) sind daher **zwei Gruppen von Tatbeständen** zu unterscheiden:

1. In verschiedenen Tatbeständen hat das Gericht im Einzelfall festzustellen, ob eine Gefähr- 2
dung eingetreten ist (sog. **konkrete Gefährdungsdelikte**). So werden z. B. die Herbeiführung
einer Explosion (§ 311) oder die Verkehrsdelikte der §§ 315ff. nur dann bestraft, wenn durch
sie eine Gefahr für Leib oder Leben eines anderen oder fremde Sachen von bedeutendem Wert
herbeigeführt worden ist. Kritisch hierzu Kindhäuser aaO 189 ff.

In anderen Tatbeständen geht dagegen der Gesetzgeber davon aus, daß bestimmte Handlun- 3
gen typischerweise gefährlich sind und daher als solche schon verboten werden müssen (sog.
abstrakte Gefährdungsdelikte); der Unterschied zu den konkreten Gefährdungsdelikten liegt

also darin, daß kein konkretes Angriffsobjekt in seiner Existenz oder Sicherheit effektiv betroffen zu sein braucht (h. M.; statt aller Gallas Heinitz-FS 180); ein Erfolg in Gestalt einer konkreten Rechtsgütergefährdung (vgl. u. 5) ist also nicht erforderlich. Die hierzu zählenden Vorschriften umschreiben daher nur die wegen ihrer generellen Gefährlichkeit vom Gesetz mißbilligten Handlungen oder Zustände, ohne in ihrem Tatbestand das Merkmal der Gefahr als Erfolg zu enthalten (z. B. §§ 153 ff., 186 f., 264, 265 b, 306, 316, außerdem zahlreiche Tatbestände des Ordnungswidrigkeitenrechts, vgl. Cramer OWiG 47). Überwiegend sind die Merkmale, aus denen sich die typische Gefährlichkeit der Handlung ergibt, im Tatbestand abschließend genannt. Daneben gibt es jedoch auch Vorschriften (z. B. §§ 186, 308, 319), bei denen der Richter nach den im Gesetz genannten, auf bestimmte Gefährdungsmerkmale bezogenen Faktoren (z. B. Lage und Beschaffenheit in § 308) entscheiden muß, ob die Handlung unter den gegebenen Umständen typischerweise geeignet ist, ein Rechtsgut zu schädigen (Gallas aaO 181, § 308 RN 13a); ob dies der Fall ist, kann allerdings nie von den effektiven Auswirkungen des Verhaltens, sondern muß stets nach einem generalisierenden Maßstab beurteilt werden (Gallas aaO). Man wird also zwei Typen abstrakter Gefährdungsdelikte zu unterscheiden haben: Tatbestände, bei denen der Gesetzgeber davon ausging, alle gefährlichkeitsrelevanten Umstände abschließend im Gesetz aufgeführt zu haben (z. B. § 306), und solche, in denen dem Richter auf der Grundlage bestimmter ausfüllungsbedürftiger Tatbestandsmerkmale (z. B. Geeignetheit [§ 186], Lage und Beschaffenheit [§ 308]) ein Beurteilungsspielraum belassen wird, die Gefahrengeeignetheit nach generellen Grundsätzen zu beurteilen (vgl. Horn SK 16 ff.; gegen die Unterscheidung Bohnert JuS 84, 182); zum Ganzen Gallas aaO. Damit sind die in diesem Kommentar ursprünglich als „abstrakt-konkrete Gefährdungsdelikte" bezeichneten Tatbestände (vgl. 18. A. RN 3c, ebenso Schröder JZ 67, 524 f.; dagegen Gallas aaO 171) i. E. auch als abstrakte Gefährdungsdelikte anzusehen (ebenso Cramer aaO 68 f., Jescheck 237 f.). Kritisch zur Dogmatik der abstrakten Gefährdungsdelikte Kindhäuser aaO 277 ff., der glaubt, die Probleme verschwänden, „wenn man die abstrakte Gefährdung als spezifischen Schaden interpretiert, dessen Vermeidung das Aufstellen eines Verbots hinreichend rechtfertigt"; ein solcher Schaden sui generis liege dann vor, „wenn die abstrakte Gefährdung als Beeinträchtigung der zur sorglosen Verfügung über Güter notwendigen (heteronomen) Sicherheitsbedingungen begriffen wird" (aaO 354).

3a Die zuletzt genannte Tatbestandsgruppe ist hinsichtlich ihrer Daseinsberechtigung im wesentlichen unbestritten. Bei dem ersten Tatbestandstypus besteht – wegen der abschließenden Gefährlichkeitsbeschreibung im Tatbestand – allerdings die Möglichkeit, daß trotz formeller Tatbestandserfüllung Verhaltensweisen strafbar sein könnten, „die ihrer objektiven Bedeutung nach unter keinen Umständen zu einer Beeinträchtigung rechtlich geschützter Interessen führen können" (Cramer aaO 65 f.). So ist z. B. § 184 I erfüllt, wenn jemand einem noch nicht 18jährigen Mädchen, das bereits über so umfangreiche Erfahrungen verfügt, daß die sexuelle Entwicklung nicht mehr beeinflußt werden kann, pornographische Schriften zu lesen gibt (vgl. § 184 RN 6), ebenso der Tatbestand des § 306 durch Inbrandsetzen einer Hütte, welche zwar einer Person als Wohnung dient, die zur Tatzeit aber abwesend ist. Hat der Täter sich vor der Tat versichert, daß niemand in der Hütte ist und überdies auch dafür Sorge getragen, daß während des Brandes niemand das Brandobjekt betritt, etwa um seine Habseligkeiten zu bergen, so ist § 306 Nr. 2 formell erfüllt, ohne daß es zu einer Gefahr für Menschenleben kommen konnte (vgl. dazu BGH **26** 121, BGH NStZ **85**, 408; enger BGH NJW **82**, 2329 m. Anm. Bohnert JuS 84, 182 u. Hilger NStZ 82, 420, wonach bei einräumigen, überschaubaren Hütten eine Ausnahme in Betracht kommen könne). Im Hinblick auf solche Konstellationen, in denen die vom Gesetz angenommene typische Gefährlichkeit einer Handlung wegen der Besonderheiten des Einzelfalls nicht zu einer Gefahr für das geschützte Rechtsgut führen kann, sind gegen die abstrakten Gefährdungsdelikte der ersten Spielart, insb. unter dem Gesichtspunkt des Schuldprinzips, Bedenken vorgebracht worden (vgl. Binding, Normen IV 387, Cramer aaO 50 ff., Arthur Kaufmann JZ 63, 432, Rudolphi Maurach-FS 59, Brehm aaO 38 ff., Schünemann JA 75, 797 f., Schmidhäuser I 105). Um sie auszuräumen, wird man davon ausgehen müssen, daß formell tatbestandsmäßige Handlungen aus dem Bereich der Strafbarkeit auszuscheiden haben, die wegen der Besonderheit des Einzelfalls nach menschlichem Erfahrungswissen mit Sicherheit nicht zu dem schädlichen Erfolg führen können, dessen Vermeidung dem Gesetzgeber als ratio legis bei der Schaffung des Tatbestandes vorschwebte (vgl. Cramer aaO 62, ferner 130a vor § 32). Wann eine derartige Ausnahmesituation vorliegt, ist eine Frage der Auslegung des einzelnen Tatbestandes. Schützt er individuelle Rechtsgüter (Leben, Gesundheit, ungestörte sexuelle Entwicklung), so ist eine Einschränkung dahin geboten, daß Handlungen, die völlig ungeeignet sind, das konkrete Angriffsobjekt in Gefahr zu bringen, nicht strafbar sind. Bei überindividuellen Rechtsgütern (Rechtspflege [§§ 153 ff.], Funktionieren der Kreditwirtschaft [§ 265 b] oder des Subventionswesens [§ 264], Straßenverkehr, Umweltschutz usw.), namentlich aber bei den Ordnungswerten des Nebenstrafrechts, will der Gesetzgeber jedoch verhin-

Gemeingefährliche Straftaten 4–6 **Vorbem. §§ 306 ff.**

dern, daß durch massenhafte Verstöße die betreffenden Rechtsgüter in Mitleidenschaft gezogen werden. Der Umstand, daß die einzelne Handlung (Meineid, Kreditbetrug) für das betreffende Rechtsgut (Rechtspflege, Kreditwesen) noch völlig ungefährlich ist, läßt daher die Strafbarkeit des Verhaltens unberührt. Eine Ausnahme davon enthält die sog. Minima-Klausel in § 326 V (vgl. dort RN 17f.), deren Bedeutung allerdings umstritten ist (vgl. 10 vor § 324); aus ihr läßt sich aber jedenfalls entnehmen, daß der Gesetzgeber die Frage, ob ein non liquet hinsichtlich der absoluten Ungefährlichkeit zu Lasten des Täters geht, bejaht und überdies entschieden hat, daß ein Irrtum hierüber den Vorsatz unberührt läßt (and. 20. A.), weil auch dann, wenn mögliche Auswirkungen auf das Rechtsgut „offensichtlich ausgeschlossen" sind, das Unrecht der abstrakt gefährlichen Handlung nicht völlig beseitigt, sondern nur auf dessen Bestrafung verzichtet wird (so schon Schröder ZStW 81, 16f.; vgl. zum Meinungsstreit u. 4).

Den gegen die abstrakten Gefährdungsdelikte vorgebrachten Bedenken, wonach im konkreten Fall **4** eine Strafe selbst bei absoluter Ungefährlichkeit der im Tatbestand umschriebenen Handlung verwirkt sein soll, ist im Schrifttum auf verschiedene Weise begegnet worden (zusammenfassend Martin aaO 48ff.). Schröder (ZStW 81, 16f., vgl. auch Henkel Eb. Schmidt-FS 594) hat sie dadurch ausräumen wollen, daß er bei den abstrakten Gefährdungsdelikten den „Gegenbeweis der Ungefährlichkeit" zulassen wollte. Dagegen ist freilich eingewendet worden, daß diese Konstruktion dann, wenn der Angekl. mit dem Nachweis der Ungefährlichkeit seines Verhaltens belastet ist, gegen den Grundsatz „in dubio pro reo" verstößt (Schünemann JA 75, 797, vgl. Cramer aaO 56f.), während dann, wenn der Gefährlichkeitsnachweis im Einzelfall durch das Gericht geführt werden muß, die abstrakten im praktischen Ergebnis zu konkreten Gefährdungsdelikten umgewandelt würden (Schünemann aaO, Horn aaO 25f.). Eine derartige Beweislastumkehr ist im Bereich der das Unrecht begründenden Faktoren in der Tat bedenklich; sie ist nur dort angebracht, wo – wie z. B. bei §§ 186, 283 (vgl. dort RN 59) – eine außerhalb des Unrechtstatbestandes liegende objektive Strafbarkeitsbedingung in Frage steht. Teilweise wird versucht, eine Einschränkung der Strafbarkeit aus abstrakten Gefährdungstatbeständen dadurch zu erreichen, daß für deren Rechtswidrigkeit die Vornahme einer objektiv sorgfaltswidrigen Handlung verlangt wird (vgl. Brehm aaO 132, Horn aaO 28, 95f.; dagegen zutreffend Schünemann JA 75, 798). Schünemann dagegen unterteilt die abstrakten Gefährdungsdelikte in drei Kategorien mit jeweils unterschiedlichen Lösungen (JA 75, 798): Bei Delikten mit einem „vergeistigten Zwischenrechtsgut" (z. B. §§ 153ff., 331) soll eine Strafbarkeitseinschränkung in der Weise in Betracht kommen, daß Minimalverstöße ausgeschieden werden, während er – i. E. ähnlich wie Brehm aaO 139f. – bei „Massenhandlungen (vor allem im Straßenverkehr)" aus „lerntheoretischen Gründen" an der strikten Befolgung der betreffenden Vorschrift festhält. Im übrigen soll es für die Bestrafung aus einem abstrakten Gefährdungstatbestand auf die Vornahme einer subjektiv sorgfaltswidrigen Handlung ankommen. Nach Martin aaO 79ff. sind abstrakte Gefährdungsdelikte insoweit Erfolgsdelikte, als sie die Schaffung eines (ex ante zu beurteilenden) rechtlich mißbilligten Risikos für die durch die Vorschrift geschützten Rechtsgüter pönalisieren. Bei Ungefährlichkeit der Tat sei dieses (ungeschriebene) Tatbestandsmerkmal nicht erfüllt und daher die Tat nicht strafbar. Vgl. auch Rudolphi Maurach-FS 60. Zur Dogmatik der abstrakten Gefährdungsdelikte bei Unterlassungstaten vgl. Vermander, Unfallsituation und Hilfspflicht im Rahmen des § 330c StGB (1969) 41ff., Frankfurt NJW **72**, 1524.

II. Die **konkrete Gefahr** bedeutet einen Zustand, bei dem die nicht fernliegende Möglichkeit **5** der Verletzung eines konkreten Objekts besteht (vgl. RG **30** 179); ein effektiver Schaden ist nicht erforderlich (BGH VRS **45** 38, KG VRS **25** 120). Maßstab dafür, ob eine Gefahr vorliegt, ist das allgemeine Erfahrungswissen, das unter Berücksichtigung aller individuellen Umstände des Einzelfalles eine Prognose darüber ermöglicht, ob der Eintritt schädlicher Erfolge naheliegt oder nicht (vgl. BGH VRS **45**, 38, Gallas Heinitz-FS 177, Demuth VOR 73, 447ff., Horn aaO 107ff., SK 4ff., Cramer § 315c RN 52, Schünemann JA 75, 793f.). Dies ist dann der Fall, wenn der Täter die Auswirkungen der Lage nicht beherrscht, in die er das in seiner Sicherheit konkret beeinträchtigte Objekt durch sein Verhalten gebracht hat (BGH VRS **44** 422, **45** 38, NJW **85**, 1036 m. Anm. Geppert NStZ 85, 264, Cramer § 315c RN 52, Mayr BGH-FG 275; and. Kindhäuser aaO 214), d. h. das Ausbleiben oder der Eintritt eines Schadens nur von Zufall abhing. Unzulässig ist es, wie in manchen Urteilen geschieht, bei konkreten Gefährdungstatbeständen generelle Erfahrungsmaßstäbe anzulegen und damit etwas, was – wenn auch nur aufgrund ungewöhnlicher Umstände – eine Gefahr herbeigeführt hat, als ungefährlich zu bezeichnen und umgekehrt als gefährlich eine Handlung zu bestrafen, die in concreto keinerlei Gefahr verursacht hat (vgl. Schröder JZ 67, 522). Demgegenüber will Kindhäuser (aaO 210, 277) die konkrete Gefährdung als „Unfähigkeit, die Schadensrelevanz einer bestimmten Bedingung gezielt abzuschirmen" definieren; ein Gut sei dann konkret gefährdet, „wenn mit den Mitteln seines Organisationsbereiches keine zur Verhinderung einer wahrscheinlichen Beeinträchtigung geeignete Maßnahme ergriffen werden kann".

Wenn demgegenüber ein Teil der Rspr. (vgl. BGH **8** 31, **13** 70, **18** 271, VRS **11** 63, **13** 205, **16** 131, **6** 452, Frankfurt NJW **75**, 840) den Begriff der Gefahr dahin kennzeichnet, daß „der Eintritt eines

Schadens wahrscheinlicher sein müsse als dessen Ausbleiben", so sollte damit zum Ausdruck gebracht werden, daß im strafrechtlichen Bereich, in dem regelmäßig eine konkrete Gefahr gefordert wird, mit dem Merkmal konkret nicht nur die Berücksichtigung aller individuellen Umstände des Falles gemeint ist, sondern daß – entsprechend dem Sprachgebrauch – minimale Erfolgsaussichten nicht als gefährlich zu bezeichnen sind. Jedenfalls wäre es weder gerecht noch praktikabel, zur Abgrenzung des strafbaren Bereichs das Verhältnis von 51% zu 49% Erfolgschancen zu wählen.

7   III. Nachdem das Merkmal der Gemeingefahr aus den §§ 315 ff. weitgehend gestrichen und die gesetzliche Definition des § 315 III a. F. beseitigt wurde, wird in den §§ 306 ff. eine Gemeingefahr nur noch in den §§ 312–314 vorausgesetzt. Im übrigen genügt eine **Individualgefahr**.

8   1. Die Vorschriften der §§ 310 b f., 315 ff. setzen danach eine **Gefahr** für **Leib** oder **Leben** eines anderen oder für **fremde Sachen** von bedeutendem Wert voraus, begnügen sich also mit einer konkreten Individualgefahr. Dies hat folgende Konsequenzen:

9   a) Die Bestimmungen sind auch anwendbar, wenn das Verhalten dem Täter zur Gefährdung **bestimmter Personen** dient. Fällt z. B. ein Betrunkener aus Ärger über das Verhalten eines Fußgängers mit Gefährdungsabsicht auf diesen zu oder gefährdet ein Verkehrssünder einen Polizisten, der ihn zum Halten auffordert, so liegt eine für §§ 315 ff. ausreichende Gefährdung vor (vgl. § 315 b RN 10, Lackner JZ 65, 124, Nüse JR 65, 41; krit. v. Hippel ZStW 80, 378).

10 b) Bei der Gefährdung der **Insassen eines Fahrzeugs** oder dessen Ladung kommt es nicht darauf an, ob persönliche Gesichtspunkte für die Auswahl maßgeblich gewesen sind (KG VRS **36** 107, Düsseldorf VRS **36** 109, Lackner JZ 65, 124, Warda MDR 65, 5). Anders als nach früherem Recht genügt daher auch die Gefährdung von Verwandten oder Freunden (nicht aber der Leibesfrucht, Hillenkamp JuS 77, 167). Es bleibt jedoch die Möglichkeit, durch Einwilligung die Beachtlichkeit der Gefahr auszuschließen. Vgl. dazu § 315 c RN 33.

11 c) Dagegen genügt nach wie vor **nicht die Gefährdung** des **benutzten Fahrzeugs,** mag dieses Eigentum des Täters sein oder nicht (BGH **11** 148, **27** 40, VRS **42** 97, DAR/S **76**, 90, Bay JZ **83**, 560, Schleswig NJW **65**, 1727, Stuttgart NJW **66**, 2280 m. Anm. Möhl JR 67, 107, Braunschweig VRS **32** 443, Celle NJW **67**, 1767, **70**, 1091, Hamm NJW **67**, 943, NJW **73**, 104, Cramer § 315 c RN 58, NJW 64, 1836, Lackner JZ 65, 124; zweifelnd Nüse JR 65, 41, Warda MDR 65, 5, Mayr BGH-FG 275; and. Hartung NJW 66, 15 u. 67, 909, D-Tröndle § 315 c RN 17, Horn SK 10). Die §§ 311 ff., 315 ff. gehen offensichtlich von einer Unterscheidung zwischen dem Mittel und dem Objekt der Gefährdung aus. Dies ist z. B. augenfällig in § 315 b Nr. 1. Die Zerstörung von Fahrzeugen, mögen sie auch im fremden Eigentum stehen und einen bedeutenden Sachwert verkörpern, realisiert nicht den Tatbestand. Erforderlich ist vielmehr, daß dadurch die Sicherheit des Straßenverkehrs beeinträchtigt wird. Entsprechendes gilt für § 315 Nr. 1. Dieser Gedanke ist auf die übrigen Fälle zu übertragen. Nach § 315 c I Nr. 1 kann daher nur bestraft werden, wer andere Sachen als das von ihm geführte Fahrzeug gefährdet. Für § 315 c I Nr. 2 wird dies vor allem für Buchst. g) augenfällig. Die Gefährdung des liegengebliebenen Fahrzeugs reicht als solche für § 315 c nicht aus. Auch rechtspolitisch würde ein anderes Ergebnis nicht befriedigen. Die Strafbarkeit würde von dem Zufall abhängen, ob der Täter ein Fahrzeug unter Eigentumsvorbehalt gekauft hat oder nicht. Die §§ 315 ff. würden letztlich nur dem Eigentumsschutz dienen, wenn die Gefährdung des Fahrzeugs auf der Straße, aber ohne – konkrete – Gefährdung des Straßenverkehrs erfolgt.

12 d) Ebensowenig reicht eine **Gefährdung** des **Täters** selbst oder eines Teilnehmers aus (vgl. BGH **6** 100, 232, D-Tröndle § 315 c RN 17, Cramer § 315 c RN 57; and. Stuttgart NJW **76**, 1904 m. Bespr. Hillenkamp JuS 77, 166, Horn SK 9, M-Schroeder II 9 [für Teilnehmer], Nüse JR 65, 41). Daher liegt z. B. bei einem absichtlich herbeigeführten Zusammenstoß keine ausreichende Gefährdung i. S. d. § 315 b vor, wenn lediglich die Tatteilnehmer gefährdet worden sind (BGH NJW **91**, 1120).

13 2. Bei der **Lebens-** oder **Leibesgefahr** genügt die Gefährdung **eines Menschen,** jedoch ist die Gefahr unerheblicher Körperschäden (Prellungen) auszuschließen.

14 3. Bei der **Sachgefahr** muß fremdes Eigentum von bedeutendem Wert gefährdet sein.

15 a) Maßgeblich ist der **wirtschaftliche** (finanzielle) **Wert,** nicht die funktionale Bedeutung der Sache für den einzelnen oder die Allgemeinheit (vgl. KG VRS **13** 43, **14** 123, Bremen DAR **59**, 191, NJW **62**, 1408, Celle VRS **17** 350, Hamm VRS **18** 438, **27** 26, Saarbrücken VRS **24** 282, Bay DAR **69**, 216). Die bisherige Rspr. hat sich nur dazu geäußert, welche Sachwerte noch als unbedeutend anzusehen sind. Als unbedeutender Sachwert ist z. B. eine Straßenlaterne angesehen worden (KG JR **56**, 73, Celle JR **58**, 228) oder eine Sache mit einem Wert von 450 DM (vgl. Hamm DAR **64**, 25, VRS **32** 451, NJW **67**, 1332, Bay DAR/R **68**, 226), von knapp 600 DM (Hamm VRS **27** 26, **36** 421, **43** 179) oder auch von 1000 DM (Celle StVE **Nr. 1** zu § 315 c StGB). Nach Schleswig VRS **54** 35 und Köln NStZ/J **85**, 257 (vgl. auch Bay NStZ/J **88**, 264, NStZ/J **90**, 582) ist die Grenze bei 1200 DM anzusiedeln; zutreffend dürfte heute von einem Wert i. H. v. 1500 DM ausgegangen werden (ähnlich Horn SK Vor § 306 RN 11), wobei es sich aber um keine feststehende Grenze handelt. Auch einen fahrbereiten Pkw kann man nicht stets als bedeutenden Sachwert anerkennen; z. B. nicht, wenn es sich um ein uraltes Fahrzeug handelt

(Hamm NJW **60**, 880 gegen KG VRS **12** 359). Für die Wertbestimmung sind nicht die Reparaturkosten, sondern der Verkehrswert der Sache maßgebend (KG VRS **14** 123). Ein Leichnam ist kein Sachwert (Celle NJW **60**, 2017).

b) Erforderlich ist die **Gefahr eines bedeutenden Sachschadens.** Dagegen reicht es nicht aus, wenn objektiv bedeutenden Sachwerten nur eine geringe Gefahr droht (Celle DAR **59**, 191, **55**, 94, Zweibrücken DB **66**, 1728, Köln VRS **13** 288, KG VRS **13** 44, Schleswig DAR **61**, 311, Hamm VRS **40** 191, Koblenz DAR **73**, 48, Horn SK 11). Werden mehrere Sachen gefährdet, so ist deren Wert bei der Feststellung der bedeutenden Sachgefahr zusammenzurechnen (vgl. Schroeder GA 64, 230). **16**

c) Ist durch die Tat ein Schaden eingetreten, so ist dieser nicht alleiniger **Maßstab für den Umfang der Gefahr**; diese kann also durchaus größer gewesen sein (BGH VRS **45** 38, Saarbrücken DAR **60**, 53, Bay DAR/R **68**, 226, Hamm VRS **39** 201, Koblenz StVE Nr. **5** zu § 315c StGB; bedenklich Bremen DAR **59**, 192). Steht dagegen fest, daß im konkreten Fall jeder denkbare Schaden eingetreten ist, so ist dieser für die Bemessung des Umfangs der Gefahr maßgeblich. Umgekehrt kann die Gefahr nicht kleiner gewesen sein als der eingetretene Schaden (Karlsruhe DAR **62**, 301, Hamm VRS **34** 445). **17**

d) Die gefährdeten Sachen müssen in **fremdem Eigentum** stehen. Maßgeblich sind die zivilrechtlichen Eigentumsverhältnisse (so auch Rüth LK § 315b RN 8). Die Gefährdung im Miteigentum des Täters oder Teilnehmers stehender Sachen genügt, sofern der Miteigentumsanteil des anderen einen bedeutenden Sachwert darstellt. Die Gefährdung eigener Sachen, deren Vernichtung gegen das Gemeinwohl verstößt, reicht nicht mehr aus. **18**

IV. Soweit das Gesetz in den §§ 312–314 weiterhin den Begriff der **Gemeingefahr** verwendet, kann zweifelhaft sein, was es darunter verstanden wissen will. Nach Aufhebung des § 315 III a. F. wird man auf die dort gegebene Definition nicht zurückgreifen können, sondern die Auslegung an dem Zweck der §§ 312 ff. orientieren. Entsprechend dem natürlichen Wortsinn des Begriffes und der besonderen durch Überschwemmungen verursachten Situation bedeutet Gemeingefahr hier die Gefährdung einer größeren Anzahl (and. Horn SK 8) von Menschenleben oder erheblicher Sachwerte (vgl. § 312 RN 4). Dieser Begriff der Gemeingefahr gilt auch für die §§ 211, 243 I Nr. 6, 323c. **19**

§ 306 Schwere Brandstiftung

Mit Freiheitsstrafe nicht unter einem Jahr wird bestraft, wer in Brand setzt
1. ein zu gottesdienstlichen Versammlungen bestimmtes Gebäude,
2. ein Gebäude, ein Schiff oder eine Hütte, welche zur Wohnung von Menschen dienen, oder
3. eine Räumlichkeit, welche zeitweise zum Aufenthalt von Menschen dient, und zwar zu einer Zeit, während welcher Menschen in derselben sich aufzuhalten pflegen.

Schrifttum: Brehm, Die ungefährliche Brandstiftung, JuS 76, 22. – *Geppert*, Die schwere Brandstiftung, Jura 89, 417. – *ders.*, Die restlichen Brandstiftungsdelikte, Jura 89, 473. – *Graßberger*, Die Brandlegungskriminalität, 1928. – *Klussmann*, Über das Verhältnis von fahrlässiger Brandstiftung und nachfolgender vorsätzlicher Brandstiftung durch Unterlassen, MDR 74, 187. – *Kratzsch*, Zum Erfolgsunrecht der schweren Brandstiftung, JR 87, 360. – *Meinert*, Die Brandstiftung und ihre kriminalistische Erforschung, 1950. – *Schäfer*, Brandstiftung als Wirtschaftsdelikt, 1990. – *Schneider*, Das Inbrandsetzen gemischt genutzter Gebäude, Jura 88, 460. – *Spöhr*, Zum Begriff der Räumlichkeit in § 306 Ziff. 3 StGB, MDR 75, 193.

I. Bei der **Brandstiftung** ist zwischen der vorsätzlichen (§§ 306 bis 308) und der fahrlässigen (§ 309), innerhalb der vorsätzlichen Brandstiftung wiederum zwischen der einfachen (§ 308), der schweren (§ 306) und der besonders schweren (§ 307) zu unterscheiden. Daneben kommt § 310a als Gefährdungstatbestand in Betracht. **1**

II. **Gegenstand** der **schweren** Brandstiftung können nur bestimmte Räumlichkeiten sein, die ihrer Bestimmung oder ihrem Gebrauche nach Menschen zum Aufenthaltsort dienen, so daß diese durch den Brand gefährdet werden können; die Eigentumsverhältnisse sind daher belanglos, auch der Eigentümer kann Täter sein (RG **60** 137). § 306 ist abstraktes Gefährdungsdelikt (BGH **26** 123). Es ist daher nicht erforderlich, daß sich z. Z. der Tat tatsächlich Menschen in den Räumen befinden; jedoch muß eine abstrakte Gefahr (vgl. 3 vor § 306) für Menschenleben bestanden haben. Daran würde es fehlen, wenn bei einer Betrachtung ex ante – z. B. bei einem ohne Schwierigkeit überschaubaren Gebäude – mit Sicherheit auszuschließen gewesen wäre, daß sich jemand in den Räumlichkeiten aufgehalten hatte (vgl. BGH **26** 124f. m. krit. Bespr. Brehm JuS 76, 22, Horn SK 14, Rudolphi Maurach-FS 59f., Schmidhäuser II 187, Wessels II/1 202f.). **2**

§ 306 3–8 Bes. Teil. Gemeingefährliche Straftaten

3   1. Objekt der schweren Brandstiftung kann ein **Gebäude** sein, das zu **gottesdienstlichen Versammlungen bestimmt ist** (Nr. 1). Vgl. hierzu § 243 RN 33.

4   2. Objekt der Tat können weiter sein ein **Gebäude**, ein Schiff oder eine Hütte, **welche zur Wohnung von Menschen dienen** (Nr. 2). Das Gesetz will hier menschliche Wohnstätten als solche schützen (OGH **1** 245).

5   a) Über **Gebäude** vgl. § 243 RN 7. Mit BGH **6** 107 ist jedoch zu berücksichtigen, daß § 306 nicht dem Schutz der Sache, sondern dem menschlicher Wohnungen dient. Daher kann auch ein teilweise durch Brand zerstörtes Gebäude noch ein Gebäude sein (OGH JR **50**, 404, Blei II 338; vgl. § 305 RN 3). Bei den **Schiffen** kommt es auf die Größe nicht an; entscheidend ist nur, daß sie zur Wohnung von Menschen dienen. Unter **Hütten** sind Bauwerke zu verstehen, die eine gewisse Bedeutung erreichen, bei denen aber die Größe, Festigkeit und Dauerhaftigkeit geringer ist als bei den Gebäuden. Ein Wochenendhäuschen ist in der Regel als Hütte anzusehen (vgl. RG **73** 105). Wohnwagen und Bauwagen (Karlsruhe NStZ **81**, 482), die nicht fest mit dem Boden verbunden sind, sind keine Gebäude, sie können aber zu den Räumlichkeiten der Nr. 3 gehören; vgl. u. 8.

6   b) Die genannten Räume müssen **zur Wohnung von Menschen dienen**. Dies ist dann der Fall, wenn sie tatsächlich als Wohnung benutzt werden, was u. U. auch ohne Willen des Berechtigten geschehen kann. Es ist weder erforderlich noch ausreichend, daß sie für diesen Zweck bestimmt sind (RG **60** 137). Deshalb scheiden noch nicht bezogene Neubauten und leerstehende Wohnhäuser aus; auch ein Hotel indem keine Zimmer vermietet sind und das auch sonst unbewohnt ist, kann nicht Objekt der Nr. 2 sein (BGH NStZ **84**, 455). Mit dem Tod des einzigen Bewohners (BGH **23** 114) oder dem Ausziehen aller Bewohner hört ein Gebäude auf, zur Wohnung zu dienen; dies u. U., aber regelmäßig nicht bereits bei einem Krankenhausaufenthalt, auch dann, wenn eine Rückkehr vorgesehen ist, die Einrichtungsgegenstände in den Räumen bleiben und der Eigentümer in regelmäßigen Abständen zurückgekehrt, um nach dem Rechten zu sehen (vgl. RG DRiZ **33** Nr. 767). Den Willen, das Gebäude als Wohnung aufzugeben, kann der Alleinbewohner auch durch Inbrandsetzen kundtun (vgl. BGH **10** 215, **16** 394, **26** 122, MDR/H **81**, 981, LG Düsseldorf NStZ **81**, 224; and. RG **60** 137: der Wille müsse vor der Brandlegung äußerlich erkennbar geworden sein); unerheblich ist, ob dies der Eigentümer oder ein Mieter war (LG Düsseldorf NStZ **81**, 224, Horn/Hoyer JZ **87**, 976). Der Eigentümer kann jedoch den Wohnzweck eines bewohnten Gebäudes nicht auch für seinen ebenfalls im Gebäude wohnenden Ehegatten aufgeben; dies kann nur der Ehegatte selbst (BGH NJW **88**, 1276).

7   Die Gebäude usw. können auch nur **zeitweise** zur Wohnung dienen, so etwa Ferien- oder Wochenendhäuser. Hier greift Nr. 2 nur ein, wenn die Brandstiftung zu einer Zeit erfolgt, während der jemand in den Häusern wohnt (Cramer, Der Vollrauschtatbestand als abstraktes Gefährdungsdelikt [1962] 70f.; and. OGH **1** 244, Horn SK 7). Wann dies der Fall ist, kann schwierig zu bestimmen sein. Der Begriff des Wohnens setzt mehr voraus als bloßen Aufenthalt. Andererseits macht eine vorübergehende Abwesenheit der Bewohner ein Gebäude nicht ohne weiteres zu einem unbewohnten (BGH **26** 122, NJW **82**, 2329 m. Anm. Hilger NStZ 82, 420 u. Bohnert JuS 84, 182). Entscheidend ist, ob jemand die Räume, wenn auch nur für einige Zeit, zum Mittelpunkt seines Lebens macht, wofür ein Indiz sein kann, daß er in ihnen schläft (M-Schroeder II 15). Wohnung in diesem Sinne können gleichzeitig mehrere Gebäude sein. Wenn jemand z. B. für einige Wochen in ein Sommerhaus zieht, verliert die Heimatwohnung nicht die Eigenschaft der Nr. 2, während das Sommerhaus außerhalb der Urlaubszeit kein Wohngebäude darstellt. Es genügt, daß nur ein Teil der Räume eines (einheitlichen; vgl. dazu BGH GA **69**, 118) Gebäudes zum Wohnen dient (RG JW **38**, 505), z. B. ein Wohn- und Stallgebäude; vgl. jedoch u. 11. Liegen diese Voraussetzungen vor, dann ist ohne Bedeutung, daß sich zur Tatzeit niemand im Gebäude aufgehalten hat (BGH **26** 121).

8   3. Objekt der Tat können schließlich **Räumlichkeiten** sein, welche **zeitweise zum Aufenthalt von Menschen dienen** (Nr. 3). Unter Räumlichkeiten sind irgendwie abgeschlossene bewegliche oder unbewegliche Räume zu verstehen. Es ist hier weiter erforderlich, daß die Tat zu einer Zeit verübt wurde, während der sich Menschen in der Räumlichkeit aufzuhalten pflegen; auch hier wird aber nicht vorausgesetzt, daß sich z. Z. der Tat wirklich Menschen in den Räumlichkeiten befunden haben (RG **23** 102; vgl. o. 2). Es kommen z. B. in Betracht Hüterhütten (RG JW **30**, 835), Telefonzellen innerhalb eines Gebäudes (Düsseldorf MDR **79**, 1042), Theater, Künstlerwagen, Wohnwagen (OGH **1** 245), eine PKW-Karosserie, die Wohnzwecken dient (Stuttgart Justiz **76**, 519, Spöhr MDR 75, 193f.; and. für PKW BGH **10** 213), Verkehrsmittel wie Autobusse, Eisenbahnwagen, Schiffe, Büroräume (RG **69** 150) und dementsprechend auch andere Räume, die nur zur Verrichtung von Arbeiten betreten werden (Werkhalle, Werkstatt usw.). Inkonsequent will RG **69** 150 Scheunen und Ställe, in denen Menschen arbeiten, ausschließen (ebenso Wolff LK 11 bei kürzer dauernden Verrichtungen). Es kann jedoch nichts ausmachen, welcher Art die Arbeit ist, die in den Räumen verrichtet wird. Aus dem

Schwere Brandstiftung   9–14 § 306

Wort „dienen" ist entgegen RG **69** 150 nicht zu schließen, daß die Räume zum Aufenthalt von Menschen bestimmt sein müssen (zust. Bay NJW **67**, 2417, Blei II 339); es gilt hier Entsprechendes wie bei Nr. 2 (vgl. o. 6f., Frank I 3). Auch eine Scheune, in der regelmäßig Landstreicher übernachten, genügt nach BGH NJW **69**, 1862. Über die „Entwidmung" durch Inbrandsetzen vgl. BGH **10** 215 und o. 6.

III. Die **Handlung** besteht darin, daß eine der genannten Räumlichkeiten **in Brand gesetzt** 9 wird. Das ist dann der Fall, wenn die Sache derart vom Feuer ergriffen ist, daß sie auch nach Entfernung oder Erlöschen des Zündstoffs **selbständig weiterbrennen kann** (RG **71** 194, BGH **7** 37, **18** 363 m. Anm. Schmidt JZ 64, 189, BGH StV **88**, 66, NStE **Nr. 3**, NJW **89**, 2900). Es müssen Gebäudeteile erfaßt sein, die für den bestimmungsgemäßen Gebrauch von wesentlicher Bedeutung sind (BGH **18** 365, NStZ **81**, 220, **82**, 201, **84**, 74; StV **88**, 66). Das Anzünden des Zündstoffs allein genügt nicht, weiter auch nicht das Ankohlen einzelner Türpfosten oder Dielen (RG **64** 273), das Brennen von Tapete (BGH NStZ **81**, 220) oder das Brennen einer Deckenverkleidung, soweit sie nicht als Bestandteil der Decke angesehen werden kann und daher nicht entfernt werden kann, ohne daß hierdurch das Bauwerk selbst beeinträchtigt wird (BGH StV **90**, 548). Dies gilt ebenso für Einrichtungsgegenstände, auch wenn sie durch Nägel mit der Wand verbunden sind (BGH **16** 109, Braunschweig NdsRpfl. **63**, 138). Dies gilt auch für eine eingebaute, nicht aber in den Boden vermauerte Theke (BGH NStE **Nr. 3**; and. für einen fest eingemauerten Beichtstuhl in einer Kirche BGH NStE § 310 **Nr. 1**). Es genügt aber das selbständige Brennen des Fußbodens in einem Zimmer (Hamburg NJW **53**, 117; auch der mit dem Fußboden festverbundene Teppich vgl. BGH StV **88**, 530) oder das Brennen der Wohnungstür (BGHZ **7** 37). Ein Brennen in heller Flamme ist nicht erforderlich; es genügt eine ohne Flammenbildung durch Glimmen entstandene Fortpflanzung des Feuers (RG **25** 329). Notwendig ist aber, daß das Gebäude tatsächlich gebrannt hat. Wird es durch die Explosion der Zündmittel zerstört, so liegt nach der Rspr. nur versuchte Brandstiftung und daneben u. U. § 311 vor (BGH **20** 230).

Zweifelhaft kann sein, ob das Feuer von dem in Brand gesetzten Gebäudeteil aus das ganze 10 Gebäude niederbrennen können muß oder ob ausreicht, daß nach Lage der Dinge nur ein **Teil des Gebäudes** durch Feuer zerstört werden kann. Mit BGH **18** 363 ist davon auszugehen, daß die mögliche Zerstörung wesentlicher Teile des Gebäudes ausreicht, vorausgesetzt, daß es sich um solche Räume handelt, die den in § 306 genannten Zwecken dienen.

Ähnliche Probleme bestehen bei **gemischt genutzten Gebäuden,** so z. B., wenn in ein Fa- 11 brikgebäude eine Wohnung eingebaut ist. § 306 Nr. 2 ist hier nur dann gegeben, wenn auch der Wohnteil vom Feuer ergriffen wird (Horn SK 11; and. BGH **34** 115 m. Anm. Kratzch JR 87, 360, **35** 283 m. Anm. Schneider Jura 88, 467ff., GA **69**, 118, NStZ **85**, 455, NJW **87**, 141); solange dies nicht der Fall ist, kommt Versuch in Betracht. Steht umgekehrt fest, daß diese Möglichkeit nicht besteht, ist § 306 nicht erfüllt.

Eine Brandstiftung kann auch durch **Unterlassen** begangen werden, sofern eine Rechtspflicht 12 zur Verhütung des Brandes besteht; vgl. § 13. Aus der Rspr. vgl. bzgl. der Pflichten eines Versicherungsnehmers RG **64** 277 (dagegen § 13 RN 43, Geppert Jura 89, 423); bzgl. Pflichten, die sich aus vorausgegangenem Tun ergeben, RG **60** 77.

In beiden Fällen ist Brandstiftung nicht ausgeschlossen, wenn das **Gebäude bereits brennt** 13 (OGH JR **50**, 404, Hamm NJW **60**, 1874 m. Anm. Stratenwerth JZ 61, 95, D-Tröndle 6, M-Schroeder II 14). Ein bereits in Brand gesetztes Objekt kann daher nochmals in Brand gesteckt werden, solange es noch als Gebäude i. S. des § 306 gelten kann (vgl. auch Klussmann aaO). Aber auch jede Erweiterung der Intensivierung des Brandes genügt (ebenso Wolff LK 2; and. Bay NJW **59**, 1885), so z. B., wenn der Täter Öl in das Feuer gießt (OGH JR **50**, 404; and. [Beihilfe] Hamm NJW **60**, 1874). Zwar kann hier von einem „In-Brandsetzen" nicht gesprochen werden. Jedoch bezeichnet dieser Begriff nur die Anfangsstufe einer Zerstörung des Gebäudes durch Brand, so daß das Delikt noch nicht beendet ist (vgl. auch Bruns DR 43, 903). Ohne Bedeutung ist auch, ob ein brennendes Haus an einer anderen Stelle nochmals in Brand gesetzt oder ein vorhandenes Feuer lediglich verstärkt wird. Entsprechendes gilt für Unterlassungen. Strafbar ist, wer eine Pflicht zum Löschen hat, sofern sein Eingreifen den Umfang oder die Geschwindigkeit des Brandes hätte beeinflussen können (Bruns DR 43, 903).

IV. Für den **subjektiven Tatbestand** ist Vorsatz erforderlich; zur fahrlässigen Brandstiftung 14 vgl. § 309. Der Täter muß wissen, daß er in Brand setzt und daß der Gegenstand der Brandstiftung die erforderlichen Eigenschaften hat. Auf die Verbrennung des geschützten Objekts braucht der Vorsatz nicht gerichtet zu sein (RG JW **30**, 835 m. Anm. Graf zu Dohna). Das Bewußtsein der Gefährdung von Menschenleben ist für den Vorsatz nicht erforderlich; er wird auch nicht dadurch ausgeschlossen, daß der Täter sich vergewissert, daß keine Menschen im Gebäude sind (vgl. RG **23** 102; vgl. jedoch o. 2). Für den Vorsatz der Verwirklichung der Nr. 3 ist aber Voraussetzung, daß der Täter es wenigstens für möglich hält und billigt, die Räumlich-

Cramer

keit werde gerade in der von der Vorschrift angesprochenen Zeit brennen. Es genügt nicht, daß der Täter den zum Brandausbruch führenden Ursachenverlauf während dieser Zeit in Gang setzt (BGH NJW 89, 2900). Ein Irrtum über den Begriff des Gebäudes ist Subsumtionsirrtum und als solcher regelmäßig unbeachtlich (vgl. § 15 RN 44).

15 V. Ein **Versuch** liegt vor, wenn eine Handlung vorgenommen wird, die nach dem Plan des Täters unmittelbar auf das Inbrandsetzen gerichtet ist (OGH 2 348; Ausgießen von Benzin). Über tätige Reue vgl. § 310.

16 VI. **Mittäterschaft** ist nach der Rspr. schon dadurch möglich, daß der Eigentümer dem Brandstifter gegenüber sein Einverständnis mit der Brandstiftung stillschweigend durchblicken läßt (vgl. RG JW 35, 945). Mittelbare Täterschaft liegt bei Selbstzündungsanlagen vor, die durch Berührung Dritter ausgelöst werden (RG 66 141).

17 Da das Delikt erst mit der vollständigen Zerstörung des Gebäudes oder dem Erlöschen des Feuers beendet ist, ist Beteiligung in allen Formen bis zu diesem Zeitpunkt möglich (vgl. Hamm NJW 60, 1874 und o. 13).

18 VII. Für die **Strafzumessung** ist zunächst die Beschaffenheit der Angriffsart und des Angriffsobjekts wichtig. Je feuergefährdeter das Brandobjekt ist, desto wirksamer kann sich die Tat gestalten. Zu berücksichtigen sind weiter die Folgen der Tat. Hierbei ist nicht nur der Schaden in Betracht zu ziehen, sondern auch die häufig eintretende konkrete Gefährdung anderer Gegenstände oder von Menschen. Zur **Führungsaufsicht** vgl. § 321; zur **tätigen Reue** § 310.

19 VIII. **Idealkonkurrenz** kommt in Betracht mit §§ 211, 212 (RG GA Bd. 59 338), auch mit § 222, jedoch wird in diesen Fällen meistens § 307 gegeben sein; ferner mit §§ 223 ff., 230, mit § 265 (RG 60 129, 62 299), mit §§ 303, 305 (RG 57 296), da § 306 als Objekt keine fremde Sache voraussetzt. Zum Verhältnis der §§ 303 ff. zu §§ 306 ff. vgl. weiter § 308 RN 18 ff. Zum **Fortsetzungszusammenhang** bei der Inbrandsetzung mehrerer Gebäude vgl. RG DJ 38, 1190.

§ 307 Besonders schwere Brandstiftung

Die schwere Brandstiftung (§ 306) wird mit lebenslanger Freiheitsstrafe oder mit Freiheitsstrafe nicht unter zehn Jahren bestraft, wenn
1. der Brand den Tod eines Menschen dadurch verursacht hat, daß dieser zur Zeit der Tat in einer der in Brand gesetzten Räumlichkeiten sich befand,
2. der Täter in der Absicht handelt, die Tat zur Begehung eines Mordes (§ 211), eines Raubes (§§ 249 oder 250), eines räuberischen Diebstahls (§ 252) oder einer räuberischen Erpressung (§ 255) auszunutzen, oder
3. der Täter, um das Löschen des Feuers zu verhindern oder zu erschweren, Löschgerätschaften entfernt oder unbrauchbar gemacht hat.

1 I. Die **besonders schwere Brandstiftung** enthält Qualifikationen der schweren Brandstiftung des § 306 und nur des § 306; die Anwendung des § 307 setzt also voraus, daß alle Tatbestandsmerkmale des § 306 vorliegen.

II. Die einzelnen straferhöhenden Umstände.

2 1. Erhöhte Strafe tritt dann ein, wenn der Brand den **Tod eines Menschen** dadurch verursacht hat, daß dieser sich z. Z. der Tat in einer der in Brand gesetzten Räumlichkeiten befand (Nr. 1).

3 a) Der Getötete muß sich **in** den in Brand gesetzten **Räumlichkeiten befunden** haben, jedoch nicht notwendig in dem Teil des Gebäudes usw., in dem der Brand angelegt wird. Ohne Bedeutung ist, ob der Getötete sich rechtmäßig oder widerrechtlich (Dieb) dort aufhält.

4 b) **Zeit der Tat** i. S. der Nr. 1 ist die Zeit der Inbrandsetzung, d. h. von deren Versuch bis zur Vollendung. Personen, die erst später das Gebäude betreten, fallen nicht unter Nr. 1, ohne Rücksicht darauf, ob sie in Kenntnis oder Unkenntnis des Brandes hineingehen. Daher findet Nr. 1 keine Anwendung, wenn Feuerwehrleute oder Nachbarn bei Löscharbeiten ums Leben kommen. Zur Frage, unter welchen Voraussetzungen für deren Tod unter dem Gesichtspunkt der fahrlässigen Tötung (§ 222) gehaftet wird, vgl. § 15 RN 155 f.

5 c) Endlich ist **Kausalität** zwischen Brand und Tod erforderlich, die dadurch hergestellt wird, daß sich der Getötete in den Räumlichkeiten befand. Gemeint ist jedoch nicht, daß unmittelbare Brandfolgen ursächlich für den Tod gewesen sein müssen. Es genügt, wenn ein Mensch durch herabfallende Balken erschlagen wird, wenn er beim Herausspringen aus dem Fenster getötet wird oder wenn er zwar nicht durch den für die Vollendung erforderlichen Brand (vgl. o. 1), wohl aber durch den brennenden Zündstoff (Benzin) ums Leben kommt (BGH 7 39, D-Tröndle 2, Horn SK 3, Geppert Jura 89, 475). Das gleiche muß gelten, wenn es zwar zum

Brand kommt, die versuchte Brandstiftung aber bereits eine Explosion und diese den Einsturz des Gebäudes bewirkt hat, durch den der Tod eines Menschen eintritt (insoweit zutreffend BGH **20** 230, M-Schroeder II 17, Lackner 2a, Horn SK 3). Ausreichend ist daher Kausalität zwischen Brandstiftung und Tod. Ebenso reicht aus, daß etwa ein Hausbewohner durch unvorsichtige Maßnahmen der Feuerwehr getötet wird, nicht dagegen, wenn er zu Rettungsarbeiten in das brennende Gebäude zurückkehrt. § 307 ist auch anwendbar, wenn der Tod infolge des Schrecks über den Brand eintritt (Wolff LK 3, D-Tröndle 2; and. M-Schroeder II 17).

d) Keinen Schutz i. S. der Nr. 1 genießen die **Tatbeteiligten**. Kommt z. B. ein Mittäter beim Brand ums Leben, so ist Nr. 1 nicht anwendbar, obwohl sich dieser zur Zeit der Tat im Gebäude befunden hat (and. Horn SK 4, Geppert Jura 89, 475). **6**

e) Erforderlich ist weiter, daß der Täter den Tod mindestens fahrlässig verursacht hat (§ 18). Ein bestimmtes Wissen des Täters, daß sich z. Z. der Tat ein Mensch in der Räumlichkeit befand, ist nicht notwendig (BGH **7** 37, Wolff LK 4). Nr. 1 ist aber auch dann anwendbar, wenn vorsätzliche Tötung (Totschlag) vorliegt. Da Nr. 2 nur den Mord i. e. S. erfaßt und Brandstiftung nicht stets ein gemeingefährliches Mittel i. S. des § 211 ist, liegt bei vorsätzlicher Tötung nicht notwendig Nr. 2 vor. Hat der Täter die Absicht der Tötung, dann kommt auch Nr. 2 in Betracht (u. 9). **7**

f) Die Tat nach **Nr. 1** ist auch in der Form des **Versuchs** strafbar, wenn der Branderfolg nicht eingetreten ist, aber bereits die versuchte Brandstiftung den Tod verursacht hat (BGH **7** 39, Wolff LK 3; and. RG **40** 321, M-Schroeder II 17; offengelassen von BGH **20** 231). Dies gilt auch für den Fall, daß der Tod durch explodierenden Zündstoff herbeigeführt wird, wobei es nicht einmal zum Inbrandsetzen des Zündstoffs gekommen sein muß (Horn SK 6; a. A. BGH **20** 231, Lackner 2a, Vogler LK 81 vor § 22, die hier nur §§ 306 Nr. 2, 22 [evtl. i. V. m. § 311] annehmen). Es handelt sich um Fälle des Versuchs eines erfolgsqualifizierten Deliktes (vgl. § 18 RN 8 ff.). Zwischen Nr. 1 und §§ 211 ff., 222 kann Idealkonkurrenz vorliegen (vgl. § 18 RN 6). **8**

2. Erschwert ist die Brandstiftung ferner, wenn sie in der **Absicht** (zielgerichtetes Handeln; vgl. § 15 RN 65 ff.) erfolgt ist, sie **zur Begehung von Mord, Raub, räuberischem Diebstahl oder räuberischer Erpressung auszunutzen** (Nr. 2). Der Tatbestand ist nicht nur dann gegeben, wenn die Brandstiftung Vorbereitungshandlung zu einem der genannten Verbrechen ist, sondern auch dann, wenn sie bereits dessen Versuch oder Vollendung ist, z. B. also dann, wenn der Täter durch die Brandstiftung einen Mord verüben will (BGH **20** 246, D-Tröndle 4, M-Schroeder II 17, Wolff LK 5, Geppert Jura 89, 477). Dann liegt Idealkonkurrenz zwischen § 307 und versuchter oder vollendeter Tötung nach § 211 vor. Daran hat auch die Neufassung nichts geändert (and. Lackner 2b, nach dem das „Ausnutzen" voraussetzt, daß die durch den Brand geschaffene Situation „zur Begehung der Anschlußtat wahrgenommen wird", ebenso Horn SK 10). Es kann keinen Unterschied machen, ob das Opfer durch den Brand selbst getötet oder ob es durch ihn etwa abgelenkt werden soll, damit dem Täter so die Ausführung eines mit anderen Mitteln zu begehenden Mordes erleichtert wird. Die abw. Meinung kann in diesem Fall allenfalls Nr. 1 anwenden, wenn der Erfolg tatsächlich eingetreten ist. Vollendet ist die Tat mit der Brandstiftung; Mord, Raub usw. brauchen ihrerseits nicht einmal versucht zu sein. **9**

3. Erschwert ist die Brandstiftung schließlich, wenn der Brandstifter, **um das Löschen des Feuers zu verhindern oder zu erschweren, Löschgerätschaften entfernt oder unbrauchbar macht** (Nr. 3); insoweit genügt absichtliches Handeln des Täters, hingegen ist nicht erforderlich, daß die Gerätschaften tatsächlich bei den Löscharbeiten verwendet worden wären (Horn SK 16). Es ist unerheblich, ob der Täter diese Handlung vor oder nach der Brandstiftung vornimmt. Die Löschgeräte werden auch durch das Abstellen der Wasserleitung unbrauchbar gemacht (M-Schroeder II 17, Lackner 2c, Wolff LK 6; a. A. Horn SK 15). Sonstige Behinderung der Löscharbeiten fällt nicht unter Nr. 3. Verhindert ein Dritter die Löscharbeiten anderer, indem er Löschgeräte unbrauchbar macht, so ist er nach den in § 25 RN 56 dargelegten Grundsätzen Brandstifter und fällt deswegen auch unter § 307 Nr. 3 (and. Horn SK 15). **10**

4. Da es sich um unselbständige straferschwerende Umstände handelt, liegt beim Zusammentreffen mehrerer Tatbestände des § 307 nur ein Verbrechen vor. **11**

III. Die **Strafe** ist lebenslange Freiheitsstrafe oder Freiheitsstrafe nicht unter 10 Jahren. Dies steht im Widerspruch zu der Parallelbestimmung des § 311, die in besonders schweren Fällen, insb. wenn der Täter durch die Tat leichtfertig den Tod eines Menschen verursacht hat, nur Freiheitsstrafe nicht unter 5 Jahren vorsieht. Eine Analogie erscheint insoweit naheliegend (vgl. Cramer NJW 64, 1837). Über Zulässigkeit von **Führungsaufsicht** vgl. § 321, über **Rücktritt** vgl. § 310. **12**

§ 308 Brandstiftung

(1) **Mit Freiheitsstrafe von einem Jahr bis zu zehn Jahren wird bestraft, wer Gebäude, Schiffe, Hütten, Bergwerke, Magazine, Warenvorräte, welche auf dazu bestimmten öffentlichen Plätzen lagern, Vorräte von landwirtschaftlichen Erzeugnissen oder von Bau- oder Brennmaterialien, Früchte auf dem Feld, Waldungen oder Torfmoore in Brand setzt, wenn diese Gegenstände entweder fremdes Eigentum sind oder zwar Eigentum des Täters sind, jedoch ihrer Beschaffenheit und Lage nach geeignet sind, das Feuer einer der in § 306 Nr. 1 bis 3 bezeichneten Räumlichkeiten oder einem der vorstehend bezeichneten fremden Gegenstände mitzuteilen.**

(2) **In minder schweren Fällen ist die Strafe Freiheitsstrafe von sechs Monaten bis zu fünf Jahren.**

1 I. Die Vorschrift der **einfachen Brandstiftung** enthält **zwei Tatbestände**.

2 Der erste stellt das Inbrandsetzen bestimmter im Eigentum dritter Personen stehender Sachen ohne Rücksicht auf eine etwaige Gefahr für Menschen oder weitere Objekte unter Strafe; insoweit liegt ein **Spezialfall der Sachbeschädigung** vor (M-Schroeder II 14, Wessels II/1 202). Die kasuistische Aufzählung der in Frage kommenden Objekte ist jedoch unbefriedigend; es ist beispielsweise nicht einzusehen, weshalb die hohe Strafe des § 308 bei Anzünden von landwirtschaftlichen Vorräten oder Bau- und Brennmaterialien eingreifen soll, nicht dagegen bei Inbrandsetzen wertvollster Industrieprodukte (vgl. Karlsruhe NStZ **81**, 482). Der zweite Tatbestand, der die Inbrandsetzung eigener Sachen erfaßt, enthält sehr unterschiedliche Fälle. Soweit durch die Brandstiftung die Gefahr geschaffen wird, daß fremde Sachen i. S. des § 308 vom Feuer ergriffen werden, handelt es sich um ein Delikt der **Eigentumsgefährdung** (also eine Vorstufe zu § 308 1. Alt.). Soweit dagegen das Feuer auf Objekte des § 306 übergreifen kann, enthält diese Alt. ein **gemeingefährliches Delikt**. Da ratio legis der 2. Alt. ausschließlich die Gefährdung anderer Objekte ist, ist die Begrenzung der „Gefährdungsmittel" auf die Sachen des § 308 unsinnig.

3 II. Die **Gegenstände** der einfachen Brandstiftung.

4 1. Tatobjekte können zunächst **Gebäude, Schiffe, Hütten** und **Bergwerke** sein. Über Gebäude vgl. § 243 RN 7, § 305 RN 3, RG **73** 205, BGH **6** 107, MDR/H **77**, 810. Als Schiffe kommen hier wie in § 305 nur größere Fahrzeuge in Betracht (D-Tröndle 4, Wolff LK 5). Über Hütten vgl. § 306 RN 5 und RG **73** 205.

5 2. **Magazine**, die weiter genannt sind, sind Räumlichkeiten, die dazu bestimmt sind, Vorräte von Gebrauchs- oder Verbrauchsgegenständen für längere Zeit aufzubewahren; nach RG **13** 407, Braunschweig NdsRpfl. **63**, 138 umfaßt der Begriff des Magazins auch die in ihm befindlichen Vorräte.

6 3. Gegenstand der Tat können ferner sein **Warenvorräte**, die auf dazu bestimmten öffentlichen Plätzen lagern, **Vorräte von landwirtschaftlichen Erzeugnissen** oder von **Bau- oder Brennmaterialien**. Zum Begriff des **Vorrats** gehören größere Mengen von Gegenständen, die zum Zwecke künftiger Verwendung vereinigt sind (RG **62** 28). Gedacht ist hier auch nur an Vorräte von einem gewissen Wert (Wolff LK 8: gewisse Erheblichkeit), nicht z. B. an Brennmaterial im Werte von 5 bis 10 DM (RG **73** 206, JW **37**, 997). Warenvorräte müssen sich auf dazu bestimmten öffentlichen, d. h. allgemein zugänglichen Plätzen befinden, Vorräte von landwirtschaftlichen Erzeugnissen, Bau- und Brennmaterialien werden dagegen überall geschützt, z. B. auch auf dem Transport. Landwirtschaftliche Erzeugnisse sind alle Rohprodukte der Ausnutzung des Bodens, bei deren Gewinnung letzterer seiner Substanz nach unverändert bleibt, also nicht z. B. Torf, Steine, Sand (RG **39** 23). Unerheblich ist, ob bei Hervorbringung dieser Produkte eine menschliche Tätigkeit mitgewirkt hat (RG **27** 15). Zu den Brennmaterialien gehören z. B. Kohlen, Holz, Heizöl, aber auch Kohlenmeiler (RG **62** 28). Über Baumaterialien vgl. RG **73** 206.

7 4. Zu den **Früchten des Feldes** gehören alle landwirtschaftlichen Produkte, die noch nicht geerntet sind. Erforderlich ist, daß sie angebaut sind oder wenigstens planmäßig genutzt werden. Das Vorhandensein eines wirtschaftlichen Wertes kann nur im Rahmen des zu § 303 RN 3 Gesagten bedeutsam sein. Die Rspr. hat hierzu Gras (Celle NdsRpfl. **52**, 58) und Heide (RG HRR **39** Nr. 474) gerechnet, mangels jeglicher Tauglichkeit jedoch nicht verfaultes Gras (RG JW **29**, 780; vgl. jedoch RG JW **28**, 2464). Ein Vorrat wird vom Gesetz nicht gefordert; es wird sich hier aber wohl um eine größere Menge von Früchten handeln müssen (and. Wolff LK 13; offengelassen in RG GA Bd. **49** 140).

8 5. Eine **Waldung** besteht aus dem auf einer Bodenfläche von Natur wachsenden oder durch menschliche Tätigkeit angelegten Holzbestand und dem Waldboden mit den diesen bedeckenden sonstigen Walderzeugnissen. Es muß sich aber stets um eine umfangreiche, in sich zusammenhängende Grundfläche handeln. Eine Mehrzahl einzeln stehender Waldbäume ist keine Waldung (BGH **31** 83). Die Waldung als solche ist in Brand gesetzt, wenn ein Stück der Hochstämme oder des Unterholzes vom Feuer derart ergriffen ist, daß das Feuer sich ohne weiteren Zündstoff fortzuentwickeln vermag (RG JW **35**, 532; and. D-Tröndle 9, der bereits das Brennen des Laubes ausreichen läßt).

6. Gegenstand der Tat können ferner **Torfmoore** sein. Es genügt hierfür z. B. auch die Inbrandsetzung eines teilweise mit Heide bestandenen Stückes Moorland (RG HRR 39 Nr. 474). 9

III. Die **Handlung** besteht im Inbrandsetzen, vgl. § 306 RN 9 ff. 10

IV. Das Gesetz **unterscheidet** zwischen **unmittelbare** und **mittelbare Brandstiftung**. 11

1. Nach der 1. Alt. des § 308 ist das Inbrandsetzen der genannten Gegenstände stets strafbar, wenn sie im **fremden Eigentum** stehen (unmittelbare [aber uneigentliche] Brandstiftung). Fremd sind für den Täter auch die Gegenstände, an denen ihm Miteigentum zusteht. 12

2. Die **2. Alt.** des § 308 (mittelbare Brandstiftung) enthält **echte Gefährdungsdelikte**, da hier die in Brand gesetzten Objekte nach Beschaffenheit und Lage geeignet sein müssen, das Feuer auf die anderen in § 308 genannten Gegenstände oder auf die Räume des § 306 zu übertragen. Entgegen dem Wortlaut setzt diese Alt. **nicht** voraus, daß die Sachen im **Eigentum des Täters** stehen, da andernfalls nicht unter § 308 fiele, wer herrenlose Sachen in Brand setzt und dadurch eine Gefahr für andere Objekte herbeiführt. Man muß daher das Gesetz so verstehen, daß die 2. Alt. „selbst dann" Anwendung findet, wenn das Objekt der Brandstiftung dem Täter gehört (Schmidhäuser II 186, Wolff LK 18). Demgegenüber schränkt Horn SK 6 die Vorschrift auf die Fälle ein, in denen der Täter Alleineigentum hat, während RG JW **30**, 924, D-Tröndle 3, Welzel 455, Geppert Jura 89, 478 nur eine Ausdehnung des Tatbestandes auf herrenlose Sachen bejahen. Steht die Sache in fremdem Eigentum, liegt daher Idealkonkurrenz der beiden Alternativen vor (and. Wessels II/1 205). 13

Das Brandobjekt muß nach **Beschaffenheit und Lage** geeignet sein, das Feuer auf die in der Vorschrift genannten Objekte zu übertragen (BGH NJW **51**, 726, Wolff LK 19; and. 19. A.). Beschaffenheit und Lage müssen zusammentreffen; eines allein genügt nicht. Dabei kommt es auf die abstrakte, d. h. typische Eignung zur Übertragung des Feuers an (BGH NJW **51**, 726, Celle NdsRpfl. **52**, 58, ebenso D-Tröndle 3, Lackner 3b, Gallas Heinitz-FS 171; and. Schröder JZ 67, 525, hier 19. A.). Andere Umstände als Beschaffenheit und Lage darf dagegen der Richter nicht berücksichtigen, z. B. nicht die Windrichtung (Schröder JZ 67, 524f., Lackner 3b, D-Tröndle 3, Horn SK 7). 13a

Entsprechendes wie für die Inbrandsetzung eigener Sachen wird für **herrenlose Sachen** angenommen (RG JW **34**, 171, Wolff LK 18, Blei II 340, M-Schroeder II 18; and. Binding Lehrb. 2, 16, Horn SK 6) sowie auch dann, wenn der Täter fremde Sachen mit Einwilligung des Eigentümers in Brand setzt (Celle NdsRpfl. **52**, 57). Erkennt man jedoch an, daß es bei der 2. Alt. des § 308 auf die Eigentumsverhältnisse nicht ankommt (o. 13), ist diese Frage unproblematisch. 14

Willigt der Eigentümer der in Brand gesetzten Sache (1. Alt.) oder der gefährdeten Sache (2. Alt.) **ein**, so ist die Tat rechtmäßig, es sei denn, es würden Objekte des § 306 gefährdet sein; vgl. BGH MDR/H **89**, 493, Celle NdsRpfl. **52**, 57. 14a

V. Für den **subjektiven Tatbestand** ist Vorsatz erforderlich. Der Täter muß wissen, daß er einen der genannten Gegenstände in Brand setzt. Bei der unmittelbaren Brandstiftung muß er auch wissen, daß der Gegenstand fremdes Eigentum ist; bei der mittelbaren Brandstiftung muß er wissen, daß die in Brand gesetzte Sache nach Lage und Beschaffenheit geeignet ist, das Feuer den im Gesetz genannten Gegenständen mitzuteilen. Im letzteren Falle kommt es auf die Vorstellung des Täters darüber, in wessen Eigentum die in Brand gesetzte Sache steht, nicht an (RG DJ **40**, 549). Bei Fahrlässigkeit bzgl. der Gefährdung ist § 309 anwendbar. 15

VI. Über Zulässigkeit von **Führungsaufsicht** vgl. § 321. Über **tätige Reue** vgl. § 310. Zur **Strafzumessung** vgl. § 306 RN 18. Zum minder schweren Fall (Abs. 2) vgl. BGH GA **84**, 374, StV **88**, 472; 48 vor § 38. 16

VII. Idealkonkurrenz ist möglich mit § 265. Für das Verhältnis zu §§ 303, 305, 306, 307 gilt: 18

1. Zwischen der ersten Alt. und den §§ 306, 307 ist Idealkonkurrenz möglich, da sich beide gegen verschiedene Rechtsgüter richten (RG **64** 279, M-Schroeder II 18, Wolff LK 25; and. Welzel 456). Im Verhältnis zu §§ 303, 305 ist § 308 die speziellere Bestimmung. Idealkonkurrenz zu § 303 ist jedoch dann möglich, wenn Sachen im Innern der Gebäude usw. vernichtet werden (RG JW **35**, 2372). Zu § 304 ist Idealkonkurrenz möglich. 19

2. Für das Verhältnis der 2. Alt. zu §§ 306, 307 gilt der Satz, daß das Verletzungsdelikt das Gefährdungsdelikt ausschließt. Daher findet § 306 und nicht § 308 2. Alt. Anwendung, wenn der Täter eigene Sachen zu dem Zweck in Brand setzt, das Feuer an eines der Objekte des § 306 zu legen; dies auch dann, wenn es nur zum Versuch des § 306 kommt (Horn SK 13; vgl. auch BGH MDR/H **84**, 443). Dagegen besteht mit § 309 Idealkonkurrenz, da das fahrlässige Verletzungsdelikt das vorsätzliche Gefährdungsdelikt nicht ausschließen kann (vgl. 129 vor § 52). Zum Verhältnis zwischen § 309 und § 308 durch Unterlassen vgl. Klussmann MDR 74, 187 und § 306 RN 12. Idealkonkurrenz kann mit § 303 vorliegen, wenn sich die Sachbeschädigung auf den Inhalt der Gebäude usw. bezieht. Zu § 304 ist ebenfalls Idealkonkurrenz denkbar (Wolff LK 26). 20

21 3. Zwischen der 1. und 2. Alt. kann Idealkonkurrenz vorliegen; vgl. o. 13. Über das Verhältnis zu § 310a vgl. dort RN 4.

§ 309 Fahrlässige Brandstiftung

Wer einen Brand der in den §§ 306 und 308 bezeichneten Art fahrlässig verursacht, wird mit Freiheitsstrafe bis zu drei Jahren oder mit Geldstrafe und, wenn durch den Brand der Tod eines Menschen verursacht wird, mit Freiheitsstrafe bis zu fünf Jahren oder mit Geldstrafe bestraft.

Schrifttum: Geerds, Fahrlässigkeitsbrände, in: Grundlage der Kriminalistik, Bd. 8, 1. – *Jäger,* Fahrlässigkeitsbrände, 1990. – *Küpper,* Fahrlässige Brandstifung mit tödlichem Ausgang – BGH, NJW 1989, 2479, JuS 90, 184. – Vgl. auch die Angaben zu § 306.

1 I. Der **objektive Tatbestand** erfordert einen Brand der in den §§ 306 und (gemeint ist: oder; vgl. Braunschweig NdsRpfl. **63**, 138) 308 bezeichneten Art (§ 306 RN 2 ff., 9 ff., § 308 RN 3 ff.). Auch die bloße Vergrößerung eines Brandes kann für die Tatbestandserfüllung ausreichen (and. D-Tröndle 2; vgl. auch Bay NJW **59**, 1885).

2 Eine fahrlässige Brandstiftung kann auch durch **Unterlassen** begangen werden (RG **75** 50, Wolff LK 3, Bruns DR 43, 903), so z. B. durch einen Schornsteinfeger, der den ordnungswidrigen Zustand eines Baues nicht beanstandet (vgl. Oldenburg BB **56**, 870). Dagegen begründet ein gemeinsamer Diebstahlsplan nicht die Verpflichtung des einen Mittäters, unvorsichtiges Hantieren des anderen mit offenem Feuer zu verhindern (Schleswig NStZ **82**, 116).

3 II. **Fahrlässigkeit** kann in dem unvorsichtigen Aufstellen oder Anbringen von Kerzen (Bay NJW **90**, 3032) oder Umgehen mit Licht liegen (RG **4** 429). Der Verkauf von Streichhölzern an Kinder enthält nicht stets eine Fahrlässigkeit (RG **76** 2 m. Anm. v. Weber ZAkDR 42, 263). § 309 ist auch anwendbar, wenn bei der 2. Alt. des § 308 hinsichtlich der Brandstiftung Vorsatz, jedoch hinsichtlich der Gefährdung fremden Eigentums Fahrlässigkeit vorliegt.

4 III. Ein **erschwerter Fall** liegt dann vor, wenn durch den Brand der **Tod eines Menschen** verursacht worden ist. Es ist auch hier erforderlich, daß der Tod dem Täter zur Fahrlässigkeit zuzurechnen ist (§ 18). Anders als in § 307 Nr. 1 wird aber nicht vorausgesetzt, daß sich der Getötete z. Z. der Tat in den in Brand gesetzten Räumlichkeiten aufgehalten hat (RG **5** 202). Zur Frage der Anwendbarkeit von § 309, wenn der Getötete das Risiko selbst auf sich genommen hat, vgl. § 15 RN 155 f. Im Verhältnis zu § 222 besteht in solchen Fällen Gesetzeskonkurrenz; § 309 geht vor (BGH MDR/H **89**, 1003, D-Tröndle 5, Horn SK 9, Wolff LK 6). Liegen die Voraussetzungen des erschwerten Falles nicht vor, schließt das die Anwendung des § 222 nicht ohne weiteres aus (RG **40**, 325). Denn § 222 setzt im Gegensatz zu § 309 nicht voraus, daß der Tod eines Menschen die spezifische Folge des Brandes ist; es genügt die kausale Verknüpfung zwischen der Brandlegung und dem Eintritt des Todes (BGH NJW **89**, 2479).

5 IV. **Idealkonkurrenz** ist bei Verschiedenheit der Objekte möglich mit vorsätzlicher Brandstiftung (Horn SK 6, Wessels II/1 206, vgl. auch Klussmann MDR 74, 187), weiter mit Sachbeschädigung (Wolff LK 6, vgl. RG **54** 1).

§ 310 Tätige Reue

Hat der Täter den Brand, bevor derselbe entdeckt und ein weiterer als der durch die bloße Inbrandsetzung bewirkte Schaden entstanden war, wieder gelöscht, so wird er nicht wegen Brandstiftung bestraft.

Schrifttum: Römer, Fragen des „ernsthaften Bemühens" bei Rücktritt und tätiger Reue, 1987.

1 I. Während i. a. **tätige Reue** nur beim Versuch zur Straflosigkeit führen kann (vgl. § 24 I S. 1), stattet § 310 sie auch gegenüber vollendeten Delikten mit dieser Wirkung aus, und zwar sowohl bei vorsätzlicher wie fahrlässiger Brandstiftung (Hamburg NJW **53**, 117, Hamm NJW **63**, 1561).

2 II. Die Vorschrift enthält drei **Voraussetzungen:** der Brand darf noch nicht entdeckt sein, es darf noch kein weiterer Schaden entstanden sein, und der Täter muß den Brand gelöscht haben; das Problem der Freiwilligkeit ist hier noch nach dem Muster des § 46 Nr. 2 a. F. gelöst (vgl. § 24 RN 117).

3 1. Der Brand ist **entdeckt,** wenn ein Unbeteiligter ihn ohne Mitwirkung des Täters wahrgenommen hat (RG **19** 395). Entdeckt muß nur der **Brand** sein, nicht auch die Brandstiftung, da schon die Kenntnis vom Brand Gegenmaßnahmen auslösen wird. Das Merkmal der Freiwilligkeit wird hier dem Vorbild des § 46 a. F. entspr. allein an der Entdeckung des Brandes durch andere orientiert. Unter Einbeziehung neuerer Rücktrittsregelungen ist dies dahin zu verstehen, daß es alleine darauf ankommt, ob der Täter den Brand entdeckt glaubt; auf die objektiven Umstände kommt es nicht an (vgl. § 24 RN 50 ff., ebenso Wolff LK 3; and. AW-Weber II 57 f.,

Geppert Jura 89, 481, D-Tröndle 3). Zum alten Streit hinsichtlich des Entdecktseins bei § 46 a. F. vgl. § 24 RN 34 ff. 17. Aufl. Es reicht aus, daß der Täter vor der Entdeckung mit dem Löschen begonnen hatte; nicht erforderlich ist, daß der Brand bereits gelöscht war (and. wohl M-Schroeder II 20).

2. Es darf **kein weiterer** als der durch die Inbrandsetzung bewirkte **Schaden** eingetreten sein. Dabei ist unerheblich, ob der Brand weiter um sich gegriffen oder nur am Brandherd erheblicheren Schaden angerichtet hat (vgl. Hamburg NJW **53**, 117; and. RG **57** 295). Maßgeblich ist hierfür nicht die finanzielle Erheblichkeit des Schadens, sondern dessen Bedeutung für die Brandgefahr. Im einzelnen gilt folgendes:

a) Im Gegensatz zum Entdecktsein fällt dem Täter hier auch der durch den Brand verursachte Schaden zur Last, der nach Beginn seiner Löscharbeiten entsteht, weil der Täter auch insoweit das Risiko erfolgreicher Löschung zu tragen hat.

b) Der weitergehende Schaden muß **an den durch die §§ 306–308 geschützten Objekten** eingetreten sein. Daher schadet z. B. die Tatsache, daß beim Wohnhaus Einrichtungsgegenstände von größerem Wert vernichtet worden sind, dem Täter nicht (Horn SK 6). Wohl aber muß der Tod eines Hausbewohners (vgl. § 307 Nr. 1) als Schaden i. S. des § 310 angesehen werden, da im Rahmen der §§ 306, 307 zu den geschützten Objekten auch die Bewohner des Hauses zählen.

c) Auf den Gefährdungstatbestand des § 308 2. Alt. können diese Grundsätze nicht unmittelbar angewandt werden. § 310 stellt auf den an den Schutzobjekten der Brandstiftungsdelikte eingetretenen Schaden ab; die unmittelbaren Tatobjekte des § 308 2. Alt. sind aber nicht dessen Schutzgüter, sondern lediglich Gefährdungsmittel (vgl. § 308 RN 1). Entsprechend dem Grundgedanken des § 310, dem Täter die Rücktrittsmöglichkeit so lange offenzuhalten, als das Delikt nicht materiell vollendet ist, muß bei der Anwendung dieser Vorschrift auf § 308 2. Alt. deshalb gefragt werden, ob es infolge der Ausdehnung des Feuers an den in Brand gesetzten Gegenständen zu einer konkreten Gefahr für die Schutzobjekte dieser Vorschrift gekommen ist. Ist das der Fall, so war das Löschen verspätet; § 310 kann keine Anwendung finden (ebenso Horn SK 7; and. Oldenburg NJW **69**, 1778 [Schaden an eigenen Sachen genügt], D-Tröndle 2).

d) Nicht zu berücksichtigen ist der Schaden, der durch die Löscharbeiten angerichtet wird. Dies ergibt sich aus der Aufgabe des § 310, den Rücktritt in Fällen auszuschließen, in denen der Brand als solcher einen erheblicheren Umfang angenommen hat und es damit zu einer größeren Gefährdung gekommen ist.

e) In allen Fällen ist unerheblich, ob dem Täter bei Beginn der Löscharbeiten der Umfang des Schadens bekannt gewesen ist. Der Irrtum darüber, daß noch kein größerer Schaden verursacht ist, ist im Rahmen des § 310 unbeachtlich.

3. Endlich muß der **Täter** den **Brand gelöscht** haben. Erforderlich ist also, daß die Löscharbeit erfolgreich war. Mißlingt das Löschen, so ist § 310 nicht anwendbar; das bloße Bemühen genügt nicht. Ist jedoch der Brand erloschen, wenn auch nicht durch die Handlungen des Täters, so ist § 24 I S. 2 analog anzuwenden. Der Täter ist straffrei, wenn er sich freiwillig und ernstlich bemüht hat, das Feuer zu löschen (vgl. § 24 RN 68 ff., Blei II 341, Horn SK 3, M-Schroeder II 20, D-Tröndle 4, Lackner 2, Wolff LK 5), hierzu gehört jedoch, daß er alles aus seiner Sicht Notwendige zur Erreichung dieses Zieles unternimmt (vgl. BGH NStZ **86**, 27).

Der Täter braucht die Löscharbeiten nicht persönlich ausgeführt zu haben; er kann sich der Hilfe dritter Personen bedienen (RG **19** 395, LZ **31**, 1334, Hamm NJW **63**, 1561).

4. Für **Teilnehmer** gilt § 310 trotz seines abweichenden Wortlauts entsprechend. Vgl. § 24 II und dort RN 73 ff.

III. Die **Wirkung** des § 310 besteht darin, daß der Täter nicht wegen Brandstiftung bestraft wird. Unberührt bleibt dagegen eine nach anderen Vorschriften verwirkte und durch § 24 nicht mehr zu beseitigende Strafe, z. B. wegen Sachbeschädigung (a. A. RG **57** 296 f.). Da § 310 zu seiner Anwendung den Eintritt einer Sachbeschädigung regelmäßig voraussetzt, liegt seine Wirkung meist nur in einer Reduzierung der Strafe. Dagegen lebt die Bestrafung nach § 310 a als einem bloßen Gefährdungsdelikt nicht wieder auf (vgl. dort RN 4). Da dem § 310 entsprechende Regelung beim Versicherungsbetrug fehlt, die Sachlage dort aber, was den Zeitpunkt der Vollendung und damit den Ausschluß des § 24 angeht, genau die gleiche ist, die Gefährdung des geschützten Rechtsguts dort sogar in wesentlich größerer Ferne liegt, erscheint es gerechtfertigt, § 310 auf § 265 analog anzuwenden (and. RG **56** 95, D-Tröndle 5, Horn SK 9, M-Schroeder II 20).

Der Strafaufhebungsgrund wirkt rein persönlich. Teilnehmer, die beim Löschen des Feuers nicht mitgewirkt haben, bleiben strafbar.

§ 310a Herbeiführen einer Brandgefahr

(1) Wer

1. feuergefährdete Betriebe und Anlagen, insbesondere solche, in denen explosive Stoffe, brennbare Flüssigkeiten oder brennbare Gase hergestellt oder gewonnen werden oder sich befinden, sowie Anlagen oder Betriebe der Land- oder Ernährungswirtschaft, in denen sich Getreide, Futter- oder Streumittel, Heu, Stroh, Hanf, Flachs oder andere land- oder ernährungswirtschaftliche Erzeugnisse befinden,
2. Wald-, Heide- oder Moorflächen, bestellte Felder oder Felder, auf denen Getreide, Heu oder Stroh lagert, durch Rauchen, durch Verwenden von offenem Feuer oder Licht oder deren ungenügende Beaufsichtigung, durch Wegwerfen brennender oder glimmender Gegenstände oder in sonstiger Weise

in Brandgefahr bringt, wird mit Freiheitsstrafe bis zu drei Jahren oder mit Geldstrafe bestraft.

(2) Verursacht der Täter die Brandgefahr fahrlässig, so ist die Strafe Freiheitsstrafe bis zu einem Jahr oder Geldstrafe.

1 I. Die Vorschrift über die **Herbeiführung einer Brandgefahr** für feuergefährdete Betriebe, Waldflächen und gewisse andere Objekte ergänzt die Brandstiftungsdelikte der §§ 306 ff. durch ein allgemeines Delikt der Brandgefährdung. Geschütztes **Rechtsgut** ist nicht die Volkswirtschaft oder die allgemeine Ernährungsbasis, sondern wie in den §§ 306 ff. die Sicherheit der Allgemeinheit gegenüber Gemeingefahr (and. wohl BGH LM Nr. 1). Bei den **Schutzobjekten** ist es unerheblich, ob die Gegenstände Eigentum des Täters oder fremdes Eigentum sind; strafbar ist auch, wer den eigenen Betrieb oder die eigene Waldfläche in der bezeichneten Weise gefährdet. Entsprechend § 308 ist die Gefährdung einer eigenen Sache aber nur strafbar, wenn ein Brand dieser Sache sich den in § 308 genannten Objekten oder in fremdem Eigentum stehenden Objekten des § 310a mitteilen könnte oder das gefährdete Objekt zu den in § 306 genannten zählt (vgl. Welzel 456, Horn SK 3). Nach BGH LM Nr. 1 m. Anm. Krumme, Schleswig SchlHA 55, 100 soll dagegen § 310a ohne diese Einschränkung anwendbar sein. Entscheidend für § 310a ist aber nicht, wie der BGH meint, die Gefährdung volkswirtschaftlich wichtiger Güter, sondern die Gefahr einer Inbrandsetzung und damit eine Gemeingefahr. Wenn dem Täter das Inbrandsetzen eigener Sachen nach § 308 nur bei Gefahr eines Übergreifens verboten ist, kann für die Gefährdung eigener Sachen nichts anderes gelten. Feuergefährdete Betriebe und Anlagen sind vor allem Werke, die mit und an Treibstoffen oder Gasen arbeiten; es genügt, daß ein Teil des Betriebes feuergefährdet ist (BGH 5 191). In Betracht kommen weiter z. B. Lichtspielhäuser und Theater.

2 II. Die **Handlung** besteht darin, daß jemand eines der Schutzobjekte durch Rauchen, durch Verwendung von offenem Feuer oder Licht oder deren ungenügende Beaufsichtigung, durch Wegwerfen brennender oder glimmender Gegenstände oder in sonstiger Weise in Brandgefahr bringt. Erforderlich ist, daß eine konkrete Gefährdung eintritt und im Einzelfall festgestellt wird (Blei II 341, Horn SK 4, Wolff LK 1 f.). Es wird nicht vorausgesetzt, daß das Rauchen durch eine andere Vorschrift verboten ist.

3 III. Für den **subjektiven Tatbestand** genügt Vorsatz (Abs. 1) oder Fahrlässigkeit (Abs. 2). Für Fahrlässigkeit ist notwendig, daß der Täter die konkrete Brandgefahr voraussehen konnte und mußte.

4 IV. **Idealkonkurrenz** kommt mit den Vorschriften in Betracht, die bereits die abstrakte Herbeiführung einer Brandgefahr mit Strafe bedrohen (vgl. o. 1 f.). Ist ein Brand entstanden, das geschützte Rechtsgut also verletzt, dann greifen die §§ 306 ff. ein, denen gegenüber § 310a als Gefährdungsdelikt zurücktritt (BGH LM **Nr. 1**); und zwar auch dann, wenn es sich um das Gefährdungsdelikt des § 308 2. Alt. handelt. Entsprechendes gilt beim **Versuch** der §§ 306 ff. Kann eine Bestrafung wegen Brandstiftung aufgrund des § 310 nicht erfolgen, dann soll eine Bestrafung aus § 310a möglich sein (BGH LM **Nr. 1** m. Anm. Krumme, Schleswig SchlHA 55, 100, Celle NdsRpfl. **52**, 58, Lackner § 310 Anm. 1, D-Tröndle 3). Dagegen spricht jedoch, daß § 310a nur die Gefährdung der gleichen Rechtsgüter erfaßt, die durch die Brandstiftungsdelikte angegriffen werden. Ihre Gefährdung soll aber (§ 310) wegen der tätigen Reue nicht mehr zum Ansatz kommen (so auch Rudolphi SK § 24 RN 44, Horn SK 9, 13, Vogler Bockelmann-FS 728). Ebenso liegt es beim **Rücktritt vom Versuch** gem. § 24 (vgl. dort RN 110).

§ 310b Herbeiführen einer Explosion durch Kernenergie

(1) Wer es unternimmt, durch Freisetzen von Kernenergie eine Explosion herbeizuführen und dadurch Leib oder Leben eines anderen oder fremde Sachen von bedeutendem Wert zu gefährden, wird mit Freiheitsstrafe nicht unter fünf Jahren bestraft.

(2) **Wer durch Freisetzen von Kernenergie eine Explosion herbeiführt und dadurch fahrlässig eine Gefahr für Leib oder Leben eines anderen oder für fremde Sachen von bedeutendem Wert verursacht, wird mit Freiheitsstrafe von einem Jahr bis zu zehn Jahren bestraft.**

(3) **In besonders schweren Fällen ist die Strafe bei Taten nach Absatz 1 lebenslange Freiheitsstrafe oder Freiheitsstrafe nicht unter zehn Jahren, bei Taten nach Absatz 2 Freiheitsstrafe nicht unter fünf Jahren. Ein besonders schwerer Fall liegt in der Regel vor, wenn der Täter durch die Tat leichtfertig den Tod eines Menschen verursacht.**

(4) **Wer in den Fällen des Absatzes 2 fahrlässig handelt und die Gefahr fahrlässig verursacht, wird mit Freiheitsstrafe bis zu drei Jahren oder mit Geldstrafe bestraft.**

Schrifttum: Reinhardt, Der strafrechtliche Schutz vor den Gefahren der Kernenergie und der schädlichen Wirkungen ionisierender Strahlen, 1989.

I. Die Vorschrift über das Herbeiführen einer **Explosion durch Kernenergie** bezweckt den Schutz von Leben, Gesundheit und Sachgütern vor den Gefahren der Kernenergie (vgl. § 1 Nr. 2 AtomG). Es handelt sich um ein **konkretes Gefährdungsdelikt**. Vgl. ergänzend §§ 311 d, 311 e, 327, 328 und die Bußgeldvorschriften des AtomG. 1

II. Die durch **Abs. 1** unter Strafe gestellte **Handlung** besteht in dem Unternehmen, durch Freisetzung von Kernenergie eine Explosion herbeizuführen und dadurch Leib oder Leben eines anderen oder fremde Sachen von bedeutendem Wert zu gefährden. 2

1. Durch **Freisetzen von Kernenergie** muß die Explosion herbeigeführt werden. Dabei ist unter Kernenergie die in den Atomkernen gebundene Energie zu verstehen, die durch Kernspaltungs- oder -vereinigungsvorgänge freigesetzt wird (vgl. E 62 Begr. zu § 322, 501, Fischerhof 2, Wolff LK 3, D-Tröndle 2). Durch sie wird eine **Explosion** verursacht, wenn die Freisetzung der Kernenergie in Gestalt einer Druckwelle sowie Wärme und ionisierender Strahlung unter Umständen erfolgt, die geeignet sind, einen Schaden zu verursachen; es handelt sich insoweit also um eine abstrakte Gefährdung (ebenso Fischerhof 2, 4, vgl. auch 3a vor § 306). Daran fehlt es bei Kernvorgängen in einem Reaktor, sofern dieser nicht „durchgeht". 3

2. Durch die Explosion muß eine **konkrete Gefahr** für **Leib** oder **Leben** eines anderen (vgl. 5 ff. vor § 306) oder für **fremde Sachen** von bedeutendem Wert (vgl. 14 ff. vor § 306) entstehen. 4

3. Das Delikt nach Abs. 1 ist **vollendet** mit dem **Unternehmen** der Handlung, also bereits mit dem Versuch (vgl. § 11 RN 47 ff. und u. 13); auch der untaugliche Versuch wird erfaßt (vgl. § 11 RN 49). Zur tätigen Reue vgl. § 311 c. 5

4. Abs. 1 erfordert **Vorsatz** bezüglich aller Tatbestandsmerkmale, bedingter Vorsatz genügt. 6

III. Die Vorschrift des **Abs. 2** unterscheidet sich von Abs. 1 in folgendem: 7

1. Die **Handlung** setzt hier die tatsächliche Herbeiführung der Explosion voraus, das Unternehmen, eine Explosion herbeizuführen, reicht also für das vollendete Delikt nicht aus (zur Strafbarkeit wegen Versuchs vgl. u. 13). Im übrigen stimmt der objektive Tatbestand mit dem des Abs. 1 überein (vgl. o. 3 f.). 8

2. Im **subjektiven Tatbestand** ist vorsätzliches Herbeiführen der Explosion (dolus eventualis genügt) erforderlich, während Fahrlässigkeit bezüglich der Gefährdung von Leib oder Leben usw. ausreicht. Die Vorschrift entspricht insoweit § 311 IV (zur Kritik an dieser Vorsatz-Fahrlässigkeitskombination vgl. dort RN 12). 9

IV. **Abs. 4** stellt die rein fahrlässige Begehung des Delikts nach Abs. 2 unter Strafe. Insoweit ist die Bestimmung dem § 311 V nachgebildet. 10

V. Die **Rechtswidrigkeit** (and. Horn SK 4: der objektive Tatbestand) ist ausgeschlossen, soweit mit Kernenergie unter Einhaltung aller Sicherheitsvorschriften gearbeitet wird, und zwar auch dann, wenn es zu einer Gefahr gekommen ist (erlaubtes Risiko, vgl. 100 ff. vor § 32; bei dem fahrlässigen Delikt nach Abs. 4 kann es hier jedoch bereits an der Pflichtwidrigkeit fehlen). Sind die Sicherheitsvorschriften eingehalten, so kommt es für die Rechtswidrigkeit im Rahmen des § 310 b nicht auf die Einholung einer etwa erforderlichen behördlichen Genehmigung an, da das Erfordernis der Genehmigung (z. B. nach §§ 7, 9 AtomG) lediglich Kontrollfunktionen hat. Fehlt bei Einhaltung der Sicherheitsvorschriften die Genehmigung, so kommt § 327 in Betracht. Dagegen vermag allein das Vorliegen einer solchen Genehmigung die Tat nicht zu rechtfertigen (Horn SK 4; vgl. aber D-Tröndle 8, Fischerhof 16), jedoch wird der Täter sich dann regelmäßig in einem Irrtum über die tatsächlichen Grundlagen eines Rechtfertigungsgrundes (erlaubtes Risiko) befinden, da er nach Genehmigung etwa einer Anlage nach § 7 AtomG davon ausgehen kann, die erforderlichen Sicherheitsvorkehrungen seien eingehalten; vgl. § 16 RN 20. 11

§ 311 1 Bes. Teil. Gemeingefährliche Straftaten

12   Rechtfertigende Wirkung kommt auch der **Einwilligung** (vgl. 29 ff. vor § 32) zu, sofern durch die Explosion lediglich eine Gefahr für einen beschränkten Personenkreis, etwa im Rahmen eines Experiments, oder bestimmter Sachen entsteht und alle betroffenen Personen in die Gefährdung eingewilligt haben (vgl. § 315 c RN 33, ebenso Fischerhof 17, Horn SK 4; and. Mattern-Raisch § 40 AtomG RN 8, D-Tröndle 8). Daß die „abstrakte Gefährlichkeit" (D-Tröndle 8) einer solchen Explosion der Einwilligung nicht ihre Relevanz nehmen kann, zeigt sich auch daran, daß die Gefährdung eigener oder herrenloser Sachen durch die Kernexplosion bereits vom Tatbestand der Vorschrift nicht erfaßt wird, obwohl hier die „abstrakte Gefahr" nicht geringer ist als im Falle der Einwilligung des Eigentümers. Auch **völkerrechtliche Normen** können rechtfertigend wirken (Fischerhof 13).

13   VI. Zum **Versuch** des Delikts nach Abs. 1 (Unternehmenstatbestand) vgl. o. 5. Nach allgemeinen Grundsätzen strafbar ist der Versuch des Verbrechens nach Abs. 2. Ein Versuch liegt etwa vor, wenn es dem Täter nicht gelingt, die Kernexplosion auszulösen, gleichwohl aber durch das Freisetzen der Kernenergie eine Gefahr herbeigeführt wird (and. Horn SK 8). Für den **Rücktritt** vom Versuch im Falle des Abs. 2 gilt § 24. Zur **tätigen Reue** vgl. § 311 c.

14   VII. Die **Teilnahme** ist nach den allgemeinen Grundsätzen möglich nicht nur an dem Delikt des Abs. 1, sondern auch an der Tat nach Abs. 2, da es sich hier gemäß § 11 II um eine Vorsatztat handelt. Der Teilnehmer muß sich vorsätzlich an der Herbeiführung der Explosion beteiligen, während ihm hinsichtlich der Gefährdung für Leib oder Leben usw. nur Fahrlässigkeit zur Last zu fallen braucht (vgl. auch § 311 RN 15).

15   VIII. Die **Strafe** ist nach der Schuldform abgestuft. Das Vorsatzdelikt des **Abs. 1** ist mit Freiheitsstrafe nicht unter fünf Jahren bedroht. In besonders schweren Fällen (vgl. auch 44 f. vor § 38) ist die Strafe lebenslange Freiheitsstrafe oder Freiheitsstrafe nicht unter zehn Jahren (Abs. 3 S. 1). Ein besonders schwerer Fall liegt nach Abs. 3 S. 2 i. d. R. vor, wenn leichtfertig (vgl. § 15 RN 106) der Tod eines Menschen verursacht wird. Hier ist, ähnlich § 311 III, ein Regelbeispiel in die Form einer Erfolgsqualifizierung gefaßt. Anders als beim Versuch erfolgsqualifizierter Delikte (vgl. § 18 RN 8 ff.) wird jedoch hier um Versuch regelmäßig nicht ausreichen, die Erhöhung des Strafrahmens herbeizuführen, da Regelbeispiele keinen eigenen Tatbestandscharakter besitzen. Hat der Täter den Tod eines Menschen beabsichtigt oder in Kauf genommen, so liegt allerdings die Annahme eines sonstigen besonders schweren Falles nahe, auch wenn dieser Erfolg nicht eingetreten ist. Zum Mißverhältnis zu § 307 Nr. 1 wegen des Erfordernisses der Leichtfertigkeit hinsichtlich des Todes vgl. die Ausführungen zur parallelen Problematik bei § 311 (dort RN 16). Die Strafe für das Delikt mit der Vorsatz-Fahrlässigkeitskombination nach **Abs. 2** ist Freiheitsstrafe von einem Jahr bis zu zehn Jahren, in besonders schweren Fällen (Abs. 3) Freiheitsstrafe nicht unter fünf Jahren. Das Fahrlässigkeitsdelikt nach **Abs. 4** ist mit Freiheitsstrafe bis zu drei Jahren oder mit Geldstrafe bedroht. Bei tätiger Reue nach § 311 c III tritt hier obligatorisch Straffreiheit ein. Zur **Einziehung** vgl. § 322; zur **Führungsaufsicht** vgl. § 321; letztere kommt beim fahrlässigen Delikt nach Abs. 4 nicht in Betracht.

16   IX. **Idealkonkurrenz** ist möglich mit den Brandstiftungsdelikten (§§ 306–309), wenn durch die Kernexplosion ein Brand entsteht, sowie mit §§ 312–314, 315, 315 b, 317, 321, 303 ff., 211 f., 222, 223 ff., 230, jedoch geht Abs. 3 S. 2 wegen **Gesetzeskonkurrenz** dem § 222 vor, nicht jedoch den §§ 211 f. Ebenfalls Gesetzeskonkurrenz mit Vorrang des § 310 b besteht mit § 311 (vgl. dort RN 6).

§ 311 Herbeiführen einer Sprengstoffexplosion

(1) **Wer anders als durch Freisetzen von Kernenergie, namentlich durch Sprengstoff, eine Explosion herbeiführt und dadurch Leib oder Leben eines anderen oder fremde Sachen von bedeutendem Wert gefährdet, wird mit Freiheitsstrafe nicht unter einem Jahr bestraft.**

(2) **In besonders schweren Fällen ist die Strafe Freiheitsstrafe nicht unter fünf Jahren, in minder schweren Fällen Freiheitsstrafe von sechs Monaten bis zu fünf Jahren.**

(3) **Ein besonders schwerer Fall liegt in der Regel vor, wenn der Täter durch die Tat leichtfertig den Tod eines Menschen verursacht.**

(4) **Wer in den Fällen des Absatzes 1 die Gefahr fahrlässig verursacht, wird mit Freiheitsstrafe bis zu fünf Jahren oder mit Geldstrafe bestraft.**

(5) **Wer in den Fällen des Absatzes 1 fahrlässig handelt und die Gefahr fahrlässig verursacht, wird mit Freiheitsstrafe bis zu zwei Jahren oder mit Geldstrafe bestraft.**

Schrifttum: Cramer, Die Neuregelung der Sprengstoffdelikte durch das 7. Strafrechtsänderungsgesetz, NJW 64, 1835. – *Lackner,* Das Siebente Strafrechtsänderungsgesetz, JZ 64, 674.

1   I. Die Vorschrift stellt die **Herbeiführung einer Explosion** unter Strafe, sofern durch sie **Leben** oder **Gesundheit** eines anderen oder fremdes **Eigentum** von bedeutendem Wert **gefährdet** wird. § 311 stellt ein konkretes Gefährdungsdelikt dar (vgl. hierzu 2 vor § 306); die Herbei

führung einer Gemeingefahr ist nicht erforderlich. Als konkretes Gefährdungsdelikt umfaßt die Vorschrift nicht alle Fälle des § 311 a. F., der sich auf die abstrakten Gefährdungsdelikte der §§ 306 ff. bezog; deshalb ist u. U. strafbar, wer sein eigenes Wohnhaus in Brand setzt (vgl. § 306 RN 2), dagegen straflos, wer es ohne konkrete Gefahr für andere in die Luft sprengt (vgl. hierzu Cramer NJW 64, 1835 f.).

II. Der **objektive Tatbestand** setzt die Herbeiführung einer Explosion voraus, durch die Leib oder Leben anderer oder fremdes Eigentum gefährdet wird. **2**

1. Unter **Explosion** ist ein chemischer oder physikalischer Vorgang zu verstehen, bei dem durch eine plötzliche Volumenvergrößerung Kräfte frei werden, die eine zerstörende Wirkung ausüben können (vgl. hierzu E 62 Begr. 502, ferner § 2 SprengstoffG). Es kommen dabei alle Mittel in Betracht, die eine Explosion herbeizuführen geeignet sind (LG Braunschweig NStZ **87**, 231, KG NStZ **89**, 369). Eine Gefährdung durch Implosionen (Luftunterdruck) oder Schallwellen fällt nicht unter den Begriff der Explosion (Horn SK 4; a. A. Wolff LK 4, D-Tröndle 3, Lackner 2). **3**

a) Als Mittel der Explosion nennt das Gesetz namentlich **Sprengstoff**; zur Definition der Sprengstoffe vgl. § 2 SprengstoffG, das in der Neufassung von explosionsgefährlichen Stoffen spricht. Hierzu gehören z. B. Dynamit, Nitroglyzerin, Schießbaumwolle usw. Auch Schießmittel (z. B. Schwarzpulver) gehören hierher, sofern sie als Sprengmittel verwendet werden (RG **58** 276). Unerheblich ist, ob der vom Täter verwendete Sprengstoff üblicherweise zu Sprengungen verwendet wird (RG **48** 72, **67** 38). **4**

b) § 311 ist aber nicht auf die Anwendung von Sprengstoff beschränkt. Es kommen alle Mittel in Betracht, die eine Explosion herbeizuführen geeignet sind (LG Braunschweig NStZ **87**, 231, KG NStZ **89**, 369), wie Wasserdampf, ein Gemisch aus Calciumcarbid und Wasser (vgl. RG **67** 35), Natrium und Chloroform, Knallgase (Gemisch aus Sauerstoff und Leuchtgas, Methan oder Wasserstoff usw.). Durch diese Ausweitung des Tatbestandes, die die zahlreichen Möglichkeiten einer Explosion in Labor, Industrie, selbst in der Küche des Haushalts (Überdruckkessel, Gasherd) einschließt und überdies Fahrlässigkeit und jede Individualgefahr (vgl. 8 ff. vor § 306) ausreichen läßt, wird § 311 zu einem allgemeinen Gefährdungstatbestand, der die Strafbarkeit über Gebühr ausdehnt (krit. hierzu Cramer NJW 64, 1836, Blei II 342). Deshalb will Lackner 2 (ähnlich Wolff LK 4) Kleinexplosionen, die ihrer Art nach ungeeignet sind, Zerstörungen nennenswerten Ausmaßes herbeizuführen, als sozialadäquat aus dem Tatbestand ausschließen (a. A. Horn SK 5). **5**

c) Die Explosion darf jedoch nicht durch Freisetzen von Kernenergie verursacht sein; hier greift § 310b ein. **6**

2. Durch die Explosion muß Leben oder Gesundheit oder fremdes Eigentum von bedeutendem Wert (vgl. hierzu 8 ff. vor § 306) gefährdet werden; die Gefährdung von Sachen, deren Vernichtung allein gegen das Gemeinwohl verstößt, reicht nicht aus. Zum Gefahrbegriff vgl. 5 vor § 306. Da es sich bei § 311 um ein konkretes Gefährdungsdelikt handelt, ist die Beurteilung, ob eine Gefahr vorgelegen hat, an allen Umständen des Einzelfalles zu orientieren. Eine Gemeingefahr ist nicht erforderlich; es genügt jede Individualgefahr; vgl. hierzu 7 ff. vor § 306. Ebensowenig wie bei §§ 315 ff. die Gefährdung des vom Täter gefahrenen fremden Kfz reicht hier die Gefährdung des fremden Sprengstoffes aus. Wer ein fremdes Feuerwerk zur Explosion bringt, kann wegen eines Eigentumsdeliktes, nicht aber aus § 311 bestraft werden. Die Gefahr muß auf die typische Gefährlichkeit einer Explosion zurückzuführen sein; deswegen reichen Gesundheitsschäden, die vom bloßen Abbrennen eines Zündstoffes (Schwarzpulver etc.) ausgehen, nicht aus (vgl. jedoch LG Braunschweig NStZ **87**, 231). **7**

III. Hinsichtlich des **subjektiven Tatbestandes** wird in § 311 zwischen Vorsatz und Fahrlässigkeit in folgender Weise differenziert: **8**

1. Nach **Abs. 1** ist **Vorsatz** hinsichtlich aller Merkmale des objektiven Tatbestandes erforderlich; dolus eventualis genügt. Der Täter muß nicht nur die Explosion vorsätzlich herbeiführen, sondern auch wissen, daß durch die Explosion andere an Leib oder Leben oder fremdes Eigentum gefährdet werden. Zur Feststellung dieser Voraussetzungen vgl. BGH MDR/H **84**, 982. **9**

Will der Täter durch die Explosion fremde Rechtsgüter verletzen, also z. B. einen Mord begehen, so erhebt sich die Frage, ob neben dem Verletzungsvorsatz ein **Gefährdungsvorsatz** in Betracht kommt. Mit den zum Verhältnis von Tötungs- und Körperverletzungsvorsatz genannten Argumenten (vgl. § 212 RN 18) wird man auch hier davon auszugehen haben, daß die Gefährdung eine Vorstufe der Verletzung und damit der Gefährdungsvorsatz notwendiger Bestandteil des Verletzungsvorsatzes ist (Cramer NJW 64, 1837). Tritt der Täter daher von einem mittels Explosion begangenen Tötungsverbrechen zurück, so bleibt er nach § 311 strafbar, sofern nicht zugleich ein Rücktritt nach § 311 c vorliegt. **10**

11 2. **Abs. 4** bringt eine **Kombination zwischen vorsätzlich herbeigeführter Explosion** und fahrlässig verursachter Gefährdung. Im Bereich der Gefährdungsdelikte hat das 7. StÄG insoweit eine Neuerung gebracht. Diese Differenzierung ist aber nur da berechtigt, wo die gefährliche Handlung als solche bereits zu mißbilligen ist. Unter dieser Voraussetzung ist es sinnvoll, in der Strafhöhe danach zu unterscheiden, ob der Täter die gefährliche Handlung (z. B. Hindernisbereiten auf der Fahrbahn) vorsätzlich, die Gefahr selbst jedoch nur fahrlässig herbeiführt, oder ob ihm in beiden Richtungen nur Fahrlässigkeit zur Last fällt. Bei § 311 ist diese Differenzierung aber deswegen unangebracht, weil die Herbeiführung einer Explosion unrechtsneutral sein kann. Es wäre nicht einzusehen, warum ein Sprengmeister, der durch eine im übrigen ordnungsgemäß durchgeführte Sprengung einen anderen fahrlässig gefährdet, strenger bestraft werden soll als ein Täter, der fahrlässig eine Sprengstoffkiste fallen läßt. Was dem Täter in beiden Fällen allein zum Vorwurf gemacht wird, ist seine Unvorsichtigkeit (vgl. Cramer NJW 64, 1836 f.). Man kann diesen Schwierigkeiten nur dadurch entgehen, daß man für Abs. 4 eine Explosion voraussetzt, die als solche schon (z. B. wegen Verletzung der Regeln über das erlaubte Risiko) zu mißbilligen ist. Danach wäre mangels Vorsatzes der Sprengmeister nur nach Abs. 5 zu bestrafen, der sich bei der Bemessung der Sprengladung in der erforderlichen Menge irrt. Zur Fahrlässigkeit (Vorhersehbarkeit) vgl. BGH GA **55**, 374.

12 3. Nach **Abs. 5** ist zu bestrafen, wer alle Tatbestandsvoraussetzungen fahrlässig verwirklicht.

13 **IV.** Die **Rechtswidrigkeit** ist ausgeschlossen, soweit Sprengstoffe oder andere Sprengmittel in Industrie, Gewerbe oder Forschungsunternehmen in den Grenzen der polizeilichen Vorschriften Verwendung finden; und zwar auch dann, wenn es zu einer Gefahr gekommen ist (erlaubtes Risiko); vgl. 100 ff. vor § 32. Eine Erlaubnis nach § 7 SprengstoffG als solche rechtfertigt die Tat noch nicht (D-Tröndle 5, Horn SK 7). Zur Einwilligung vgl. § 310b RN 12. Zum erlaubten Risiko bei den Fahrlässigkeitstatbeständen vgl. § 15 RN 144 ff.

14 **V.** Der **Versuch** ist nur nach Abs. 1 (Verbrechen) strafbar. Ein Versuch liegt vor, wenn es dem Täter nicht gelingt, die Explosion in Gang zu setzen oder wenn er zwar die Explosion herbeiführt, die von ihm beabsichtigte Gefährdung aber nicht eintritt. Zum **Rücktritt** vgl. § 311c.

15 **VI.** Für die **Teilnahme** gelten die allgemeinen Grundsätze. Teilnahme ist nicht nur möglich am Delikt des Abs. 1, sondern auch an dem Delikt des Abs. 4 (vgl. § 11 II und dort RN 73 ff.), nämlich insoweit, als der Teilnehmer sich an der vorsätzlichen Herbeiführung der Explosion beteiligt und dabei nicht bedenkt, daß sein Beitrag zu einer Gefahr für andere werden kann.

16 **VII.** Die **Strafe** ist in folgender Weise abgestuft: Das Vorsatzdelikt des **Abs. 1** ist mit Freiheitsstrafe nicht unter einem Jahr bedroht. In besonders schweren Fällen (vgl. 44 f. vor § 38) ist die Strafe Freiheitsstrafe nicht unter 5 Jahren (Abs. 2); nach Abs. 3 liegt ein besonders schwerer Fall i. d. R. vor, wenn der Tod eines Menschen leichtfertig verursacht wird; zur Leichtfertigkeit vgl. § 15 RN 205. Durch das Erfordernis grober Fahrlässigkeit hinsichtlich der schweren Folge ist die durch § 311 a. F. gewährleistete Relation zu § 307 aufgehoben worden (krit. hierzu Cramer NJW 64, 1837). Der Brandstifter ist bei geringerem Verschulden (§ 18: auch leichte Fahrlässigkeit) mit Freiheitsstrafe nicht unter 10 Jahren zu bestrafen; er kann darüber hinaus mit lebenslanger Freiheitsstrafe bestraft werden. In minder schweren Fällen beträgt die Freiheitsstrafe 6 Monate bis zu 5 Jahren. Die Strafe für das Delikt mit der Vorsatz-Fahrlässigkeits-Kombination des **Abs. 4** ist Freiheitsstrafe bis zu 5 Jahren oder Geldstrafe. Die Strafe für die reine Fahrlässigkeit des **Abs. 5** ist Freiheitsstrafe bis zu 2 Jahren oder Geldstrafe. Bei einem Rücktritt nach § 311c tritt im letzteren Fall obligatorisch Straffreiheit ein, während in den übrigen die Strafmilderung oder das Absehen von Strafe im Ermessen des Gerichts steht. Zur **Einziehung** vgl. § 322; zur **Führungsaufsicht** vgl. § 321. Führungsaufsicht kommt beim Fahrlässigkeitsdelikt des Abs. 5 nicht in Betracht (Cramer NJW 64, 1837).

17 **VIII. Idealkonkurrenz** ist möglich mit den Brandstiftungsdelikten (§§ 306 ff.), wenn durch die Explosion ein Brand entsteht; ebenso mit §§ 312 ff., 315, 315b, 316b, 317, 318. Ferner kommt Idealkonkurrenz mit §§ 211 f., 222, 223 ff., 230 in Betracht, jedoch geht bei leichtfertiger Herbeiführung des Todes § 311 III dem § 222 vor (Wolff LK 11).

§ 311a Mißbrauch ionisierender Strahlen

(1) **Wer in der Absicht, die Gesundheit eines anderen zu schädigen, es unternimmt, ihn einer ionisierenden Strahlung auszusetzen, die dessen Gesundheit zu schädigen geeignet ist, wird mit Freiheitsstrafe von einem Jahr bis zu zehn Jahren bestraft. In minder schweren Fällen ist die Strafe Freiheitsstrafe von sechs Monaten bis zu fünf Jahren.**

(2) **Unternimmt es der Täter, eine unübersehbare Zahl von Menschen einer solchen Strahlung auszusetzen, so ist die Strafe Freiheitsstrafe nicht unter fünf Jahren.**

(3) **In besonders schweren Fällen ist die Strafe bei Taten nach Absatz 1 Freiheitsstrafe nicht unter fünf Jahren, bei Taten nach Absatz 2 lebenslange Freiheitsstrafe oder Frei-**

heitsstrafe nicht unter zehn Jahren. Ein besonders schwerer Fall liegt in der Regel vor, wenn der Täter durch die Tat leichtfertig den Tod eines Menschen verursacht.

(4) Wer in der Absicht, die Brauchbarkeit einer fremden Sache von bedeutendem Wert zu beeinträchtigen, sie einer ionisierenden Strahlung aussetzt, welche die Brauchbarkeit der Sache zu beeinträchtigen geeignet ist, wird mit Freiheitsstrafe bis zu fünf Jahren oder mit Geldstrafe bestraft. Der Versuch ist strafbar.

Schrifttum: Vgl. die Hinweise bei § 310 b.

I. Die Vorschrift über den **Mißbrauch ionisierender Strahlen** geht zurück auf § 41 AtomG. Ergänzend kommt § 311 d in Betracht. Eine **Abs. 1** ähnliche Vorschrift findet sich in § 229, dessen Voraussetzungen jedoch insoweit enger sind, als dort einerseits nicht bereits das Unternehmen der schädigenden Handlung, sondern nur deren vollendete Vornahme zur Tatbestandserfüllung ausreicht und andererseits die Eignung des Mittels zur Gesundheitszerstörung verlangt wird. Wie § 229 enthält § 311a daher nicht ein Delikt der Lebensgefährdung, vielmehr handelt es sich um den Fall eines **Unternehmens** der **gefährlichen Körperverletzung,** bei dem entsprechend § 11 I Nr. 6 der Versuch einer auf die Schädigung gerichteten Handlung der Vollendung gleichgestellt wird (Wolff LK 2 f., vgl. auch Fischerhof 1, D-Tröndle 1, Horn SK 2; and. Lackner 1, Mattern-Raisch 41 AtomG RN 7). **Abs. 4** ist ein entsprechender Fall der **Sachgefährdung,** jedoch kein Unternehmensdelikt. 1

II. Die **Handlung** des **Abs. 1** besteht in dem Unternehmen, einen anderen einer ionisierenden Strahlung auszusetzen, die geeignet ist, dessen Gesundheit zu schädigen. 2

1. **Ionisierend** ist die **Strahlung,** die von natürlichen oder künstlichen radioaktiven Stoffen ausgeht; dazu gehören auch die bei der Spaltung von Kernbrennstoffen (vgl. § 2 Nr. 1 AtomG) entstehende Neutronenstrahlung und etwa die Röntgenstrahlen. 3

2. Ob die Strahlung **geeignet** ist, die Gesundheit zu schädigen, ist nicht nach der abstrakten Möglichkeit, sondern nach den besonderen Umständen des Einzelfalls im Hinblick auf Art und Intensität der Strahlung sowie der körperlichen Konstitution des Opfers zu beurteilen (Lackner 3, Horn SK 2, vgl. auch Schröder JZ 67, 522). Dabei ist auch zu beachten, daß der Grad der Empfindlichkeit von Zellen und Geweben unterschiedlich ist (vgl. Mattern-Raisch § 41 AtomG RN 7) und daß sich die schädlichen Wirkungen bei mehrfacher Bestrahlung addieren. 4

3. Zur **Gesundheitsschädigung** vgl. § 223 RN 5 f. Die Beschädigung der Gesundheit muß gerade auf der Wirkung der ionisierenden Strahlen beruhen. Als solche kommen etwa die Verursachung von körperlichen Mißbildungen, von Strahlenverbrennungen oder die Beeinträchtigung der Zeugungsfähigkeit in Betracht. Auch genetische Schädigungen gehören hierher (D-Tröndle 4, Wolff LK 6; and. Mattern-Raisch § 41 AtomG RN 8), da die Beeinträchtigung des Erbgutes bereits vorliegt, wenn diese auch erst in der nächsten Generation nach außen erkennbar wird. 5

4. Das Delikt nach Abs. 1 ist **vollendet** mit dem **Unternehmen** der zur Schädigung geeigneten Handlung, also bereits mit dem Versuch (vgl. § 11 RN 47 ff.), das Opfer der entsprechenden Strahlung auszusetzen. § 24 findet also keine Anwendung. Zur **tätigen Reue** vgl. § 311 c. 6

5. Abs. 1 erfordert **Vorsatz** unter Einschluß des dolus eventualis für alle Tatbestandsmerkmale und zusätzlich als überschießende Innentendenz die **Absicht,** die Gesundheit eines anderen zu schädigen. Zum Vorsatz vgl. auch § 229 RN 8, zur Absicht § 229 RN 9. 7

III. Einen **qualifizierten Tatbestand** enthält **Abs. 2.** Die **Qualifikation** besteht darin, daß die Handlung des Täters nach Abs. 1 sich auf eine unübersehbare Zahl von Menschen bezieht. Die Zahl der von der Strahlung Betroffenen muß so groß sein, daß für einen objektiven Beobachter die Anzahl nicht ohne weiteres bestimmbar ist (E 62, Begr. 503, Lackner 5). Da sich Abs. 2 im übrigen auf Abs. 1 bezieht, sind die sonstigen Voraussetzungen dieser Vorschrift zu entnehmen. Insb. braucht also der Täter nicht die Absicht zu haben, die Gesundheit aller der Strahlung ausgesetzten Menschen zu schädigen; die Schädigungsabsicht bezüglich eines anderen genügt (ebenso D-Tröndle 5, Horn SK 7, Wolff LK 10). 8

IV. **Abs. 4** enthält ein lediglich als Vergehen ausgestaltetes Delikt der Sachgefährdung. 9

1. Der **objektive Tatbestand** erfordert, daß der Täter eine fremde Sache von bedeutendem Wert einer ionisierenden Strahlung aussetzt, welche die Brauchbarkeit der Sache zu beeinträchtigen geeignet ist. Über **ionisierende Strahlung** vgl. o. 3. Zur **fremden Sache** von bedeutendem Wert vgl. 14 ff. vor § 306, über die Eignung der Strahlung vgl. o. 4; die **Beeinträchtigung der Brauchbarkeit** einer Sache entspricht dem Beschädigen in § 303 (vgl. dort RN 8 ff.). Die Sache ist insb. dann nicht brauchbar, wenn sie durch die Strahlung ionisiert wird, ohne Gefahr für die Gesundheit also nicht mehr gebraucht werden kann. 10

2. Der **subjektive Tatbestand** erfordert **Vorsatz** und die **Absicht,** die Brauchbarkeit einer fremden Sache von bedeutendem Wert zu beeinträchtigen. 11

12 V. Hinsichtlich der **Rechtswidrigkeit** gilt das zu § 310b Gesagte entsprechend (vgl. dort RN 11 f.).

13 VI. Zum **Versuch** der Delikte nach Abs. 1 und Abs. 2 (Unternehmenstatbestände) vgl. o. 6. Anders als diese Verbrechen ist das Vergehen nach Abs. 4 erst vollendet, wenn die betreffende Sache der Strahlung tatsächlich ausgesetzt wird. Das Unternehmen reicht zur Vollendung hier also nicht aus. Vielmehr liegt dann ein Versuch nach §§ 22, 23 vor, der gemäß Abs. 4 S. 2 strafbar ist. Von diesem Versuch ist Rücktritt gemäß § 24 möglich. Zur tätigen Reue vgl. § 311c.

14 VII. Für die **Teilnahme** gelten die allgemeinen Grundsätze. Die Teilnehmer müssen also auch die Absicht des Täters kennen, einen anderen gesundheitlich zu schädigen (Abs. 1, 2) oder die Brauchbarkeit einer fremden Sache von bedeutendem Wert zu beeinträchtigen.

15 VIII. Bei der **Strafe** ist wie folgt zu unterscheiden: Das Verbrechen nach **Abs. 1** wird mit Freiheitsstrafe von einem Jahr bis zu zehn Jahren bestraft. In minder schweren Fällen (vgl. dazu auch 44 f. vor § 38) beträgt die Freiheitsstrafe sechs Monate bis zu fünf Jahren (Abs. 1 S. 2). Für besonders schwere Fälle (vgl. auch 46 f. vor § 38) droht Abs. 3 Freiheitsstrafe nicht unter fünf Jahren an. Ein besonders schwerer Fall liegt nach Abs. 3 S. 2 in der Regel vor, wenn durch leichtfertig der Tod eines Menschen verursacht worden ist (vgl. dazu näher § 310b RN 15). Für das Verbrechen der Massengefährdung nach **Abs. 2** beträgt der Regelstrafrahmen Freiheitsstrafe nicht unter fünf Jahren, während für besonders schwere Fälle nach Abs. 3 lebenslange Freiheitsstrafe oder Freiheitsstrafe nicht unter zehn Jahren angedroht ist. Bei der Beeinträchtigung fremder Sachen von bedeutendem Wert nach **Abs. 4** ist die Strafdrohung Freiheitsstrafe von 6 Monaten bis zu fünf Jahren oder Geldstrafe. Zur **Einziehung** vgl. § 322; zur **Führungsaufsicht** vgl. § 321.

16 IX. **Idealkonkurrenz** kommt zwischen **Abs. 1, 2** und §§ 211, 212, 223 ff. in Betracht, da § 311a tatbestandlich den Eintritt des schädigenden Erfolges nicht voraussetzt. Jedoch geht Abs. 3 S. 2 dem § 222 aus Gründen der Gesetzeskonkurrenz vor (Wolff LK 13), nicht jedoch den §§ 211 f. Für **Abs. 4** ist Idealkonkurrenz möglich mit §§ 316b, 317; ebenso mit 303 f. (Horn SK 12; and. D-Tröndle 7, Wolff LK 13), da auch Abs. 4 eine Beschädigung oder Zerstörung der Sache nicht verlangt.

§ 311b Vorbereitung eines Explosions- oder Strahlungsverbrechens

(1) Wer zur Vorbereitung

1. eines bestimmten Unternehmens im Sinne des § 310b Abs. 1 oder des § 311a Abs. 2 oder
2. einer Straftat nach § 311 Abs. 1, die durch Sprengstoff begangen werden soll,

Kernbrennstoffe, sonstige radioaktive Stoffe, Sprengstoffe oder die zur Ausführung der Tat erforderlichen besonderen Vorrichtungen herstellt, sich oder einem anderen verschafft, verwahrt oder einem anderen überläßt, wird in den Fällen der Nummer 1 mit Freiheitsstrafe von einem Jahr bis zu zehn Jahren, in den Fällen der Nummer 2 mit Freiheitsstrafe von sechs Monaten bis zu fünf Jahren bestraft.

(2) In minder schweren Fällen des Absatzes 1 Nr. 1 ist die Strafe Freiheitsstrafe von sechs Monaten bis zu fünf Jahren, in minder schweren Fällen des Absatzes 1 Nr. 2 Freiheitsstrafe von drei Monaten bis zu drei Jahren.

1 I. Die Vorschrift stellt **gewisse Vorbereitungshandlungen** zu den Verbrechen der §§ 310b I, 311 I und 311a II unter Strafe. Dabei wird nicht nur die täterschaftliche Vorbereitung erfaßt, sondern auch ein Verhalten, das sich bei Durchführung der Tat als bloße Beihilfe darstellen würde (Cramer NJW 64, 1838), wie z. B. das Überlassen von Sprengstoff oder das Verwahren für einen anderen. Voraussetzung dafür ist aber, daß das Verbrechen bereits nach Tatziel, Tatzeit und Tatmodalitäten in den Grundzügen festliegt (KG NStZ 89, 369, Wolff LK 15).

2 II. Der objektive Tatbestand.

3 1. **Gegenstand der Tat** sind Kernbrennstoffe, sonstige radioaktive Stoffe, Sprengstoffe oder die zur Ausführung der Tat erforderlichen besonderen Vorrichtungen.

4 a) Zu den **Kernbrennstoffen** vgl. § 328 RN 2. **Sonstige radioaktive Stoffe** sind Stoffe, die bei ihrem Zerfall ionisierende Strahlen aussenden (vgl. § 311a RN 3). Sie können natürlicher Herkunft (wie z. B. die Ausgangsstoffe nach § 2 I Nr. 2 AtomG) oder künstlichen Ursprungs (wie Atommüll) sein. Zu den **Sprengstoffen** vgl. § 311 RN 4. Wie bei § 311 sind hierzu auch Schießmittel zu rechnen, sofern sie als Sprengmittel Verwendung finden sollen. Nicht dagegen gehören hierher alle anderen zu Explosionen geeigneten Mittel (vgl. § 311 RN 5).

5 b) Weiterhin sind die „**zur Ausführung der Tat erforderlichen besonderen Vorrichtungen**" Gegenstand der Vorbereitungshandlungen des § 311b. Mit dieser wenig glücklichen Formulierung sollen technische Apparaturen und Instrumente, Zünder und sonstiges technisches Zubehör für die Durchführung eines Explosions- oder Strahlungsverbrechens erfaßt werden (vgl. Begr. zu § 311a a. F. BT-Drs. IV/2186 S. 3, Horn SK 3, Wolff LK 7). Gegenüber dem ur-

Tätige Reue § 311c

sprünglichen Gesetzesentwurf ist das Merkmal „besondere" Vorrichtungen eingefügt worden, um untergeordnetes Zubehör auszuscheiden; dies soll z. B. für eine Batterie, Zündschnur oder einen Wecker gelten, der erst zu einem Zeitzünder umgebaut werden soll (Begr. aaO). Hierbei wird man zwischen „eigentlichem" und „uneigentlichem" Zubehör zu unterscheiden haben, wobei § 311 b nur das eigentliche erfaßt (Cramer NJW 64, 1837 f., zust. Wolff LK 7; a. A. Horn SK 3), dessen Beschaffenheit ergibt, daß es zur Begehung eines Explosions- oder Strahlungsverbrechens bestimmt ist, während das uneigentliche Zubehör auch zu legalen Zwecken gebraucht werden kann.

2. Die Handlung besteht im **Herstellen, sich oder einem anderen Verschaffen, Verwahren** 6 **oder Überlassen.** Diese Modalitäten können entweder der Vorbereitung eines eigenen Explosions- oder Strahlungsdelikts oder auch der Unterstützung einer fremden Tat dienen (Cramer NJW 64, 1838). Herstellen bedeutet das tatsächliche Fertigstellen, wofür nach OGH NJW **50**, 879 beim Sprengstoff nach Nr. 2 bereits das Schärfen von Sprengpatronen ausreicht. Auch wer Sprengstoff usw. herstellt, um lediglich das Verbrechen eines anderen zu unterstützen, fällt unter § 311 b (Wolff LK 8). Sichverschaffen ist die Herstellung der tatsächlichen Verfügungsgewalt, wobei es gleichgültig ist, in welcher Weise der Täter sich den Sprengstoff verschafft (Kauf, Diebstahl usw.). Einem anderen ist Sprengstoff verschafft oder überlassen, wenn dieser die tatsächliche Verfügungsgewalt erlangt hat. Das Verwahren bedeutet die Ausübung der tatsächlichen Sachherrschaft i. S. des Gewahrsams (vgl. § 242 RN 14 ff.).

III. Der **subjektive Tatbestand** setzt **Vorsatz** voraus. Dieser muß sich auch darauf erstrek- 7 ken, daß die Handlung der Vorbereitung einer nach §§ 310 b I, 311 I oder 311 a II strafbaren Handlung dient, die in ihren wesentlichen Umrissen schon geplant ist (BGH JR **77**, 468 m. Anm. Herzberg, Wolff LK 14; and. Bay NJW **73**, 2038 m. zust. Anm. Fuhrmann JR 74, 475); vgl. hierzu die Parallele in § 83: Vorbereitung eines bestimmten hochverräterischen Unternehmens (§ 83 RN 2 ff.). Es ist jedoch nicht erforderlich, daß der Täter selbst die Absicht hat, das Delikt zu begehen; es genügt, daß er weiß oder damit rechnet, daß seine Handlung einen derartigen Plan fördert (vgl. Cramer NJW 64, 1838, Bay NJW **73**, 2038 m. Anm. Fuhrmann JR 74, 475; and. D-Tröndle 8, Lackner 3, Horn SK 6, Wolff LK 14). Der Vorsatz muß alle Tatbestandsmerkmale der zugrunde liegenden Vorschrift und somit auch die dort charakterisierte besondere Gefahr umfassen, da sonst nicht von einer „Vorbereitung" eines Deliktes nach §§ 310 b I, 311 I oder 311 a II gesprochen werden kann.

IV. An den in § 311 b selbständig unter Strafe gestellten Vorbereitungshandlungen ist **Teilnahme** 8 möglich; ebenso **mittelbare Täterschaft.** Dies gilt auch insoweit, als durch § 311 b Unterstützungshandlungen erfaßt sind (vgl. o. 1).

V. Der **Versuch** zur Vorbereitung des Unternehmens nach Nr. 1 ist strafbar (Horn SK 8, Lackner 9 4; and. D-Tröndle 9), da die Tat, anders als die nach Nr. 2, Verbrechen ist. Ein Versuch liegt etwa vor, wenn der Täter zum Herstellen einer technischen Apparatur zur Tatausführung unmittelbar ansetzt. In diesem Fall ist Rücktritt nach § 24 möglich. Zur tätigen Reue im übrigen vgl. § 311 c III Nr. 2.

VI. Die **Strafe** für die Vorbereitung eines Unternehmens nach **Nr. 1** ist Freiheitsstrafe von einem 10 Jahr bis zu zehn Jahren, in minder schweren Fällen (vgl. auch 44 f. vor § 38) gemäß **Abs. 2** von sechs Monaten bis zu fünf Jahren. Die Vorbereitung eines Sprengstoffdelikts nach **Nr. 2** ist mit Freiheitsstrafe von sechs Monaten bis zu fünf Jahren, in minder schweren Fällen (Abs. 2) von drei Monaten bis zu drei Jahren bedroht. Bei tätiger Reue tritt Straflosigkeit nach § 311 c III Nr. 2 ein. Zur **Einziehung** vgl. § 322; zur **Führungsaufsicht** vgl. § 321.

VII. **Gesetzeskonkurrenz** mit Vorrang des § 311 b besteht mit § 40 I, II SprengstoffG (vgl. Bay 11 NJW **73**, 2038 m. Anm. Fuhrmann JR 74, 475). Kommt es zur Ausführung des Explosions- oder Strahlungsverbrechens oder mindestens zum Versuch, so tritt § 311 b als subsidiär zurück, auch wenn es sich nur um versuchte Teilnahme an jenen Delikten handelt (Lackner 5, Blei II 342, D-Tröndle 11).

§ 311c Tätige Reue

(1) **Das Gericht kann die in § 310b Abs. 1 und § 311a Abs. 2 angedrohte Strafe nach seinem Ermessen mildern (§ 49 Abs. 2), wenn der Täter freiwillig die weitere Ausführung der Tat aufgibt oder sonst die Gefahr abwendet.**

(2) **Das Gericht kann die in den folgenden Vorschriften angedrohte Strafe nach seinem Ermessen mildern (§ 49 Abs. 2) oder von Strafe nach diesen Vorschriften absehen, wenn der Täter**

1. **in den Fällen des § 311a Abs. 1 freiwillig die weitere Ausführung der Tat aufgibt oder sonst die Gefahr abwendet oder**

§ 311c 1–9   Bes. Teil. Gemeingefährliche Straftaten

2. in den Fällen des § 310b Abs. 2, des § 311 Abs. 1 bis 4 und des § 311a Abs. 4 freiwillig die Gefahr abwendet, bevor ein erheblicher Schaden entsteht.

(3) Nach den folgenden Vorschriften wird nicht bestraft, wer

1. in den Fällen des § 310b Abs. 4 und des § 311 Abs. 5 freiwillig die Gefahr abwendet, bevor ein erheblicher Schaden entsteht, oder
2. in den Fällen des § 311b freiwillig die weitere Ausführung der Tat aufgibt oder sonst die Gefahr abwendet.

(4) Wird ohne Zutun des Täters die Gefahr abgewendet, so genügt sein freiwilliges und ernsthaftes Bemühen, dieses Ziel zu erreichen.

1   I. § 311c bringt in Abs. 1 eine in das richterliche Ermessen gestellte Strafmilderung (§ 49 II) für die Fälle der §§ 310b I und 311a II. Abs. 2 enthält analog § 316a II eine Rücktrittsregelung für die Delikte nach § 311a I und IV, 310b II und 311 I–IV; sie ermöglicht strafbefreiende oder strafmildernde tätige Reue auch beim vollendeten Delikt. Entsprechend § 310 ist in Abs. 3 obligatorisch strafbefreiende tätige Reue bei den reinen Fahrlässigkeitstaten nach §§ 310b IV und 311 V sowie bei der vollendeten Vorbereitungshandlung nach § 311a vorgesehen. Für den Rücktritt vom Versuch gilt § 24.

2   II. Bei den **Voraussetzungen** der tätigen Reue wird zwischen den **Gefährdungstatbeständen** der §§ 310b II, IV, 311 und 311a IV einerseits und den **Unternehmensdelikten** nach §§ 310b I, 311a I, II sowie den **Vorbereitungshandlungen** nach § 311b andererseits unterschieden.

3   1. Beim Rücktritt von den **Unternehmensdelikten** und den **Vorbereitungshandlungen** wird verlangt, daß der Täter freiwillig die weitere Ausführung der Tat aufgibt oder sonst die Gefahr abwendet (Abs. 1, Abs. 2 Nr. 1, Abs. 3 Nr. 2).

4   a) Die „**weitere Ausführung der Tat**" gibt der Täter auf, wenn er von seinem Entschluß Abstand nimmt, eines der vorbezeichneten Delikte zu begehen, bevor es – ungeachtet der formalen Tatbestandserfüllung (Unternehmens- bzw. Vorbereitungstat) – auch materiell vollendet ist, bevor also die nach §§ 310b I und 311a I, II herbeizuführende Gefährdung tatsächlich eingetreten ist oder die in § 311b angesprochenen Delikte über das Stadium der Vorbereitung hinaus gediehen sind. Dieser Fall entspricht daher dem des Rücktritts vom unbeendigten Versuch nach § 24 (vgl. dort RN 36 ff.). Über die Aufgabe des Tatentschlusses hinaus werden Handlungen des Täters nicht gefordert, er braucht also z. B. im Falle des § 311b nicht etwa den für das geplante Sprengstoffdelikt hergestellten Sprengstoff zu vernichten oder abzuliefern.

5   b) Zur **Abwendung der Gefahr** ist erforderlich, daß der Täter entweder schon den Eintritt der Gefahr selbst verhindert oder aber die bereits eingetretene tatbestandsmäßige Gefahr beseitigt, bevor sie einen Schaden verursacht hat. Bei **mehreren Tatbeteiligten** ist entsprechend § 24 II tätige Reue eines der Beteiligten nur durch die Abwendung der Gefahr, nicht aber durch die Aufgabe der weiteren Tatausführung durch ihn allein möglich.

6   c) Der Rücktritt muß **freiwillig** erfolgt sein. Im Gegensatz zu dem moderner Auffassung nicht mehr entsprechenden § 310 wird die Freiwilligkeit des Rücktritts nicht danach beurteilt, ob die Tat entdeckt war oder nicht; bei der Freiwilligkeit sind demnach wie bei § 24 alle Umstände zu berücksichtigen, die den Täter zu seinem Rücktritt veranlaßt haben. Näher hierzu § 24 RN 44 ff.

7   2. Der Rücktritt von den **Gefährdungsdelikten** der §§ 310b II, IV, 311, 311a IV setzt voraus, daß der Täter freiwillig die Gefahr abwendet, bevor ein erheblicher Schaden entsteht (Abs. 2 Nr. 2, Abs. 3 Nr. 1).

8   a) Der Täter muß die **Gefahr abgewendet** haben, bevor ein erheblicher Schaden entsteht. Da §§ 310b II, IV, 311 den Eintritt einer konkreten Gefahr für Leben und Gesundheit anderer oder fremdes Eigentum von erheblichem Wert für die Vollendung voraussetzen, kann insoweit in § 311b nicht die „Abwendung der Gefahr", sondern nur das Verhindern des aus der Gefahr drohenden Schadens gemeint sein (Cramer NJW 64, 1838, Wolff LK 5). Es muß also ausreichen, daß der Täter durch sein Eingreifen dafür sorgt, daß die Gefahr sich nicht in einem Schaden realisiert, z. B. den vom Entgleisen bedrohten Zug zum Halten bringt, nachdem er eine Eisenbahnschiene gesprengt hat. Im Rahmen des § 311a IV muß dagegen die aus der Schädigungseignung der Strahlung resultierende Gefahr so rechtzeitig abgewendet werden, daß die Brauchbarkeit der Sache noch nicht beeinträchtigt ist. Das wird regelmäßig dadurch geschehen, daß die Sache aus dem Strahlungsbereich entfernt oder die Bestrahlung abgebrochen wird, bevor die Brauchbarkeit der Sache gemindert ist. Wird ohne Zutun des Täters die Gefahr abgewendet, so genügt sein freiwilliges und ernsthaftes Bemühen, dieses Ziel zu erreichen (Abs. 4).

9   b) Die Gefahr muß abgewendet werden, **bevor ein erheblicher Schaden entsteht**. Da durch die Explosion i. S. v. §§ 310, 311 selbst in aller Regel wenigstens fremdes Eigentum in erheblichem Maße zerstört wird, ist § 311c in seiner praktischen Anwendbarkeit stark reduziert. Der

"erhebliche Schaden" entspricht dem "bedeutenden Wert" i. S. dieser Vorschriften (vgl. 14 ff. vor § 306; and. D-Tröndle 3). Das ergibt sich daraus, daß nur die beabsichtigte (bei den Unternehmensdelikten) oder die tatsächliche (bei den Gefährdungstatbeständen) Gefährdung einer Sache von bedeutendem Wert überhaupt zur Tatbestandserfüllung ausreicht. Bei der Verletzung von Personen wird ein erheblicher Schaden immer anzunehmen sein, sofern die Verletzung nicht ganz geringfügig ist. Zweifelhaft erscheint, ob bei einem Strahlungsverbrechen ein erheblicher Schaden schon vorliegt, wenn zwar aktuell noch keine Gesundheitsbeeinträchtigung eingetreten ist, jedoch wegen der additiven Wirkung bei mehrfacher Bestrahlung (vgl. § 311a RN 4) eine solche bereits bei einer möglicherweise jederzeit notwendig werdenden Röntgenuntersuchung mit Sicherheit eintreten wird. Das dürfte zu verneinen sein, da die Vorschrift einen "Schaden" voraussetzt, dieser aber in der Gefahr zukünftiger Schädigungen nicht gesehen werden kann.

III. Die **Wirkungen der tätigen Reue** sind verschieden, je nachdem, welches Delikt geplant war. **10**

1. In den Fällen der §§ 310b I und 311a II wird der Täter aus diesen Vorschriften bestraft, jedoch kann das Gericht die Strafe nach seinem Ermessen gemäß § 49 II mildern. **11**

2. In den Fällen der §§ 310b II, 311 I–IV und 311a I, IV kann das Gericht die Strafe nach seinem Ermessen mildern (§ 49 II) oder von Strafe absehen. Diese Regelung entspricht im wesentlichen § 83a und stößt wie dieser insoweit auf Bedenken, als durch die nur fakultative Strafmilderung dem Richter ein Strafrahmen an die Hand gegeben wird, der vom Absehen von Strafe bis zu 15 Jahren Freiheitsstrafe (§ 311 I) reicht. Sieht das Gericht von Strafe ab, so hat es den Angeklagten schuldig zu sprechen mit der Kostenfolge des § 465 StPO (vgl. 54 ff. vor § 38). Die Vorschrift steht im Widerspruch zu § 310, der schlechthin Straflosigkeit eintreten läßt; vgl. hierzu § 24 RN 117. **12**

3. In den Fällen der §§ 310b IV, 311 V und 311b hat die tätige Reue strafbefreiende Wirkung. Der Täter ist hier freizusprechen (vgl. § 24 RN 114). **13**

4. In jedem Fall **beschränkt** sich die Wirkung der tätigen Reue auf die in § 311c angesprochenen Tatbestände; für andere, mit diesen ideell konkurrierende Delikte ist die Vorschrift nicht anwendbar. Bei Idealkonkurrenz mit den Brandstiftungsdelikten kommt für diese jedoch § 310 in Betracht. Wurde nach den in § 311c II genannten Vorschriften von Strafe abgesehen oder der Täter von den in Abs. 3 genannten Delikten freigesprochen, so lebt die Bestrafung aufgrund der wegen Gesetzeskonkurrenz zurücktretenden Tatbestände, z. B. §§ 40 SprengstoffG, 326 II, wieder auf. **14**

5. Die **Einziehung** in Form der Sicherungseinziehung (§ 74 II Nr. 2) ist in allen Fällen möglich, bei einem Freispruch wegen tätiger Reue nach Abs. 3 gemäß § 76a durch selbständige Anordnung. **15**

§ 311d Freisetzen ionisierender Strahlen

**(1) Wer unter Verletzung verwaltungsrechtlicher Pflichten
1. ionisierende Strahlen freisetzt oder
2. Kernspaltungsvorgänge bewirkt,
die geeignet sind, Leib oder Leben eines anderen oder fremde Sachen von bedeutendem Wert zu schädigen, wird mit Freiheitsstrafe bis zu fünf Jahren oder mit Geldstrafe bestraft.**

(2) Der Versuch ist strafbar.

(3) Handelt der Täter fahrlässig, so ist die Strafe Freiheitsstrafe bis zu zwei Jahren oder Geldstrafe.

(4) Verwaltungsrechtliche Pflichten im Sinne des Absatzes 1 verletzt, wer grob pflichtwidrig gegen eine Rechtsvorschrift, vollziehbare Untersagung, Anordnung oder Auflage verstößt, die dem Schutz vor den von ionisierenden Strahlen oder von einem Kernspaltungsvorgang ausgehenden Gefahren dient.

Schrifttum: Vgl. die Hinweise bei § 310b und vor § 324.

I. Die Vorschrift geht zurück auf den (aufgehobenen) § 47 AtomG, enthält jedoch anders als diese Vorschrift kein konkretes, sondern ein **abstraktes Gefährdungsdelikt** (Horn SK 2, Triffterer, Umweltstrafrecht 254; and. D-Tröndle 1 [potentielles Gefährdungsdelikt], Rogall JZ–GD 80, 107, Sack 1, 5 [abstrakt-konkretes Gefährdungsdelikt; vgl. dazu 3 vor § 306]). Zudem stellt sie den Versuch unter Strafe (Abs. 2), erfaßt fahrlässiges Verhalten (Abs. 3) und erstreckt sich auch auf Pflichtverletzungen bei Kernspaltungsvorgängen (Abs. 1 Nr. 2); die Strafbarkeit ist jedoch auf grob pflichtwidrige Verhaltensweisen beschränkt. Geschützt werden Leib und Leben sowie fremde Sachen von bedeutendem Wert. **1**

2 II. Der **objektive Tatbestand** setzt zunächst voraus, daß der Täter eine der in Abs. 1 genannten **Tathandlungen** begeht.

3 1. **Nr. 1** verlangt das Freisetzen ionisierender Strahlen (vgl. Sack 8 und § 311a RN 3). **Freisetzen** bedeutet, daß der Täter eine Lage schafft, in der sich die Strahlen unkontrollierbar im Raum ausdehnen können (Lackner 3a, Sack 9; vgl. den SV LG München NStZ **82**, 470). Dazu gehört etwa die Erzeugung solcher Strahlen ohne die erforderlichen Sicherheitsmaßnahmen oder die Beseitigung vorhandener Schutzvorrichtungen gegenüber einer bereits existierenden Strahlenquelle, wie z. B. einem in Verwahrung befindlichen radioaktiven Stoff (BT-Drs. 8/3633 S. 24).

4 2. **Nr. 2** erfordert das **Bewirken von Kernspaltungsvorgängen**. Darunter ist die Verursachung der physikalischen Prozesse zu verstehen, die bei der Spaltung von Kernbrennstoffen (vgl. § 328 RN 2) ablaufen (Lackner 3b, Sack 21f.).

5 III. Der Täter muß **unter Verletzung verwaltungsrechtlicher Pflichten** i. S. v. Abs. 4 gehandelt haben (vgl. dazu § 325 RN 7ff.). Diese Pflichten können nur aus Rechtsvorschriften bzw. auf ihnen beruhenden vollziehbaren Untersagungen, Anordnungen oder Auflagen hergeleitet werden, die speziell dem Schutz vor ionisierenden Strahlen oder Kernspaltungsvorgängen dienen. Damit sind vor allem die in § 46 I AtomG genannten Vorschriften, aber auch die auf dem AtomG beruhenden Rechtsverordnungen, wie die StrlSchVO und die RöntgVO, erfaßt. Zur groben Pflichtwidrigkeit vgl. § 325 RN 8. Nach Art. 2 des Gesetzes zum Übereinkommen vom 26. 10. 1979 über den physischen Schutz von Kernmaterial vom 24. 4. 1990 (BGBl. II 326) steht eine außerhalb des räumlichen Geltungsbereichs dieses Gesetzes erlassene RechtsVO oder ergangene Untersagung, Anordnung, Auflage oder Genehmigung einem entsprechenden innerstaatlichem Akt gleich.

6 IV. Die Tathandlung muß **geeignet** sein, **Leib** oder **Leben** (vgl. § 35 RN 8f., § 325 RN 14) eines anderen oder **bedeutende fremde Sachwerte** (vgl. 14ff. vor § 306) zu schädigen. Dabei ist weder ein Schadenseintritt noch eine konkrete Gefährdung erforderlich, vielmehr genügt die nach generellen Maßstäben zu beurteilende Eignung zur Schädigung (Lackner 4, Sack 10). Zu beachten ist, daß die Vorschrift eine Schädigungseignung verlangt, womit graduell eine höhere Wahrscheinlichkeit für einen Schadenseintritt als bei einer Gefährdungseignung gegeben sein muß (D-Tröndle 5, Rogall JZ-GD 80, 107).

7 V. Der **subjektive Tatbestand** setzt Vorsatz (Abs. 1) oder Fahrlässigkeit (Abs. 3) voraus. Der Vorsatz muß auch die Schädigungseignung und den Pflichtenverstoß umfassen; bedingter Vorsatz genügt. Zu Einzelheiten vgl. § 325 RN 25. Zur **Fahrlässigkeit** vgl. § 325 RN 26 sinngemäß.

8 VI. Die **Rechtswidrigkeit** kann ausnahmsweise durch Einwilligung ausgeschlossen sein (and. Sack 38). Dies setzt aber voraus, daß jeder in das Verhalten eingewilligt hat, welches zur Schädigung seiner dispositiven Rechtsgüter (vgl. 35f., 103ff. vor § 32) geeignet ist. So ließe sich etwa der Fall bilden, daß eine Forschergruppe innerhalb eines nach außen völlig abgesicherten Raumes einen gesundheitsgefährdenden Kernspaltungsvorgang bewirkt, dem jeder Anwesende in Kenntnis der Gefahr zugestimmt hat. Vgl. auch § 315c RN 33. Handelt der Täter in Übereinstimmung mit den verwaltungsrechtlichen Pflichten, so entfällt nicht erst die Rechtswidrigkeit, sondern bereits der Tatbestand (Sack 37), da der Pflichtverstoß zum Tatbestand gehört (vgl. o. 5).

9 VII. **Vollendet** ist die Tat mit der Freisetzung der ionisierenden Strahlen bzw. dem Bewirken der Kernspaltungsvorgänge. Versuch ist nach Abs. 2 strafbar.

10 VIII. Zur **Einziehung** vgl. § 322.

11 IX. **Idealkonkurrenz** ist möglich mit §§ 311, 327 I, 328, 330 I S. 1 Nr. 4; ebenso mit §§ 211, 212, 223ff. Mord unter Verwendung gemeingefährlicher Mittel will Horn SK 7 vorgehen lassen. Mit §§ 222, 230 ist ebenfalls Tateinheit anzunehmen (and. Fischerhof § 47 AtomG RN 3), da die abstrakte Gefährdung in den genannten Tatbeständen nicht zum Ausdruck kommt. Gegenüber §§ 310h, 311a ist § 311d subsidiär (Lackner 6, Sack 62; and. Horn SK 7, der Idealkonkurrenz annimmt).

§ 311e Fehlerhafte Herstellung einer kerntechnischen Anlage

(1) **Wer wissentlich eine kerntechnische Anlage (§ 330d Nr. 2) oder Gegenstände, die zur Errichtung oder zum Betrieb einer solchen Anlage bestimmt sind, fehlerhaft herstellt oder liefert und dadurch wissentlich eine Gefahr für Leib oder Leben eines anderen oder für fremde Sachen von bedeutendem Wert herbeiführt, die mit der Wirkung eines Kernspaltungsvorgangs oder der Strahlung eines radioaktiven Stoffes zusammenhängt, wird mit Freiheitsstrafe von sechs Monaten bis zu fünf Jahren bestraft.**

(2) Der Versuch ist strafbar.

(3) In besonders schweren Fällen ist die Strafe Freiheitsstrafe von einem Jahr bis zu zehn Jahren. Ein besonders schwerer Fall liegt in der Regel vor, wenn der Täter durch die Tat leichtfertig den Tod eines Menschen verursacht.

(4) Wer die Gefahr in den Fällen des Absatzes 1 nicht wissentlich, aber vorsätzlich oder fahrlässig herbeiführt, wird mit Freiheitsstrafe bis zu fünf Jahren oder mit Geldstrafe bestraft.

Schrifttum: Vgl. die Hinweise bei § 310b und vor § 324.

I. Die Vorschrift geht zurück auf den (aufgehobenen) § 48 AtomG und stellt die fehlerhafte Herstellung oder Lieferung von kerntechnischen Anlagen unter Strafe. Sie beschreibt ein **konkretes Gefährdungsdelikt** gegen Leib oder Leben oder bedeutende fremde Sachwerte. 1

II. Der **objektive Tatbestand** setzt zunächst als **Tathandlung** voraus, daß eine kerntechnische Anlage oder ein Gegenstand, der zur Errichtung oder zum Betrieb einer solchen Anlage bestimmt ist, fehlerhaft hergestellt oder geliefert wird. 2

1. Kerntechnische Anlagen sind solche i. S. des § 330d Nr. 2 (vgl. § 327 RN 3). Zur **Errichtung** einer solchen Anlage ist ein Gegenstand bestimmt, wenn er als Arbeitsmittel (z. B. Isoliermaterial) oder Einrichtungsgegenstand (z. B. Maschinen, Kontrollgeräte) zur erstmaligen Bereitstellung der Anlage dient. Zum **Betrieb** einer solchen Anlage ist ein Gegenstand bestimmt, wenn er zwischen Ingangsetzen und endgültiger Stillegung in ihr benutzt wird (vgl. auch Sack 10, § 45 AtomG RN 26f.). Die **Bestimmung** eines Gegenstandes für eine solche Anlage wird von dem für die Errichtung oder den Betrieb Verantwortlichen getroffen (Horn SK 3). 3

2. Die Anlage oder die Gegenstände müssen fehlerhaft **hergestellt** oder **geliefert** werden. Zu Herstellen und Liefern vgl. § 109e RN 14f., D-Tröndle 3, Schroeder LK § 109e RN 7. Andere Handlungen, wie etwa ein Eingriff in den Herstellungsprozeß durch einen Saboteur (Horn SK 4), oder andere Vertragsbrüche (Nichterfüllung, verspätete Lieferung, vgl. § 109e RN 15, Schroeder LK § 109e RN 7) werden von der Vorschrift nicht erfaßt. 4

3. Fehlerhaft sind die genannten Gegenstände, wenn ihre Qualität Rechtsvorschriften und – falls vorhanden – vertraglichen Vereinbarungen widerspricht und daher die Tauglichkeit zu dem bestimmungsmäßigen Gebrauch fehlt (vgl. § 109e RN 15). Dies bedeutet, daß weder die vertragswidrige, aber den Vorschriften entsprechende, noch die vertragsmäßige, aber den Rechtsvorschriften widersprechende Lieferung oder Herstellung solcher Gegenstände tatbestandsmäßig ist. Soweit Horn SK 4 den letztgenannten Fall als strafbar ansieht, verkennt er, daß der Hersteller und der Lieferant bei vertragsgemäßem Verhalten von der Art der Bestellung abweichen, für deren Verwendbarkeit der Besteller das Risiko trägt. Ist die Anlage unter Mißachtung oder Unkenntnis von Rechtsvorschriften bestellt worden, ist der Besteller (vgl. etwa §§ 327, 330 I S. 1 Nr. 1, 2), nicht der vertragsgemäß handelnde Hersteller oder Lieferant mit Strafe zu belegen. Freilich ist die Beurteilung der Fehlerhaftigkeit nicht auf die Fälle des zivilrechtlichen Fehlers i. S. der §§ 459ff. BGB beschränkt, so daß auch eine aliud-Lieferung den Tatbestand erfüllt (D-Tröndle 4). Im übrigen kommt es weder auf die Rechtswirksamkeit des Vertrages (Horn SK 4) noch auf die zivilrechtliche Haftung an (Schroeder LK § 109e RN 7). 5

III. Über die Tathandlung hinaus setzt die Vorschrift einen kausal auf ihr beruhenden Erfolg voraus. Der Täter muß eine **konkrete Gefahr** (vgl. 5f. vor § 306) für Leib oder Leben eines anderen (vgl. 7ff. vor § 306) oder für fremde Sachen von bedeutendem Wert (vgl. 14ff. vor § 306) herbeiführen. Nach der Tatbestandsformulierung reicht jedoch nicht jede Gefahr aus, vielmehr muß diese mit der Wirkung eines Kernspaltungsvorgangs oder der Strahlung eines radioaktiven Stoffes zusammenhängen (krit. dazu Triffterer, Umweltstrafrecht 255), so daß sonstige aus dem Gegenstand resultierende Gefahren (etwa Heißluft leitende Röhren; vgl. Horn SK 5) für § 311e ausscheiden. 6

IV. Der **subjektive Tatbestand** setzt nach allen Alt. der Vorschrift (Abs. 1, 3, 4) **Wissentlichkeit** im Hinblick auf die fehlerhafte Herstellung oder Lieferung des Gegenstandes voraus. Demnach muß der Täter davon überzeugt sein, d. h. als sicher annehmen (vgl. § 15 RN 68), daß der hergestellte oder gelieferte Gegenstand fehlerhaft ist. Daher scheidet insoweit ein Fürmöglichhalten, welches für dolus eventualis konstitutiv ist (vgl. § 15 RN 73f.) und auch als intellektuelles Element der Absicht ausreichen kann (vgl. § 15 RN 67), als subjektives Element aus (vgl. Horn SK 7, D-Tröndle 6). Ebenso wird eine fahrlässige Tatbegehung nicht von dem Tatbestand erfaßt (krit. Triffterer, Umweltstrafrecht 255). Hinsichtlich der Gefährdung differenziert die Vorschrift wie folgt: 7

1. Nach **Abs. 1** ist erforderlich, daß der Täter auch die Gefahr für Leib oder Leben oder bedeutende Sachwerte wissentlich herbeiführt. 8

9 2. Nach **Abs. 4** ist neben der wissentlichen Herstellung oder Lieferung Voraussetzung, daß der Täter hinsichtlich der Gefahr vorsätzlich oder fahrlässig gehandelt hat. Damit werden alle übrigen Typen des subjektiven Tatbestandes erfaßt, wie Absicht – wenn der Täter die Gefährdung nur für möglich hält –, bedingter Vorsatz sowie Fahrlässigkeit (vgl. Horn SK 14, Lackner 5).

10 V. Die **Rechtswidrigkeit** kann durch Einwilligung des Alleingefährdeten ausgeschlossen sein. Es gelten die zu § 315c entwickelten Grundsätze (vgl. dort RN 36); ebenso Horn SK 8; and. Sack 22.

11 VI. **Vollendet** ist die Tat, wenn die konkrete Gefährdung eingetreten ist (Horn SK 5, Sack 31; and. D-Tröndle 7, wonach schon der Abschluß des Herstellungsvorgangs, die Abnahme oder die Ablieferung ausreicht). Der Versuch ist nach Abs. 2 strafbar. Ein Ansetzen zur Tat kann bereits im Beginn der Herstellung liegen, selbst wenn diese zunächst nicht fehlerhaft ist (Horn SK 10, Sack 31). Die Erstellung von Plänen für eine (fehlerhafte) Anlage ist jedoch noch Vorbereitungshandlung. Zum Rücktritt von Versuch vgl. § 24 und die dortigen Erl.

12 VII. **Täterschaft** und **Teilnahme** bestimmen sich nach den allgemeinen Regeln (vgl. 34, 51 ff. vor § 25). Dabei ist Wissentlichkeit ein tatbezogenes Merkmal (and. Horn SK 9), weshalb insoweit für den Teilnehmer die Kenntnis, daß der Haupttäter wissentlich handelt, ausreicht; § 28 II scheidet somit aus. Soweit nach Abs. 4 auch eine Bestrafung des Haupttäters bei vorsätzlicher (außer „wissentlich"; vgl. o. 10) oder fahrlässiger Verursachung der Gefahr vorgesehen ist, ist für den Teilnehmer zu differenzieren. Während bei Vorsatz des Haupttäters Kenntnis des Teilnehmers davon ausreicht (vgl. § 28 RN 20), muß dem Teilnehmer bei Vorliegen einer Vorsatz-Fahrlässigkeitskombination (vgl. § 11 RN 73 ff.) selbst Fahrlässigkeit hinsichtlich der konkreten Gefährdung zum Vorwurf gereichen (vgl. § 11 RN 75, § 18 RN 7).

13 VIII. Die **Strafe** ist im Regelfall Freiheitsstrafe von sechs Monaten bis zu fünf Jahren (Abs. 1). **In besonders schweren Fällen** (vgl. 44f. vor § 38) der Abs. 1 oder 2 (nicht Abs. 4; vgl. Horn SK 12) kann Freiheitsstrafe von einem bis zu zehn Jahren verhängt werden (Abs. 3). Zum Regelbeispiel der leichtfertigen Verursachung des Todes eines Menschen (Abs. 3 S. 2) vgl. § 310b RN 18. Die nicht wissentliche, aber vorsätzliche oder fahrlässige Herbeiführung der Gefahr ist nach Abs. 4 mit Freiheitsstrafe bis zu fünf Jahren oder mit Geldstrafe bedroht. Bei **tätiger Reue** nach Eintritt der konkreten Gefahr (davor findet § 24 Anwendung; vgl. o. 11) ist § 311c II Nr. 2 (widersprüchlich Horn SK 6, 14 a. E.) analog anzuwenden, wenn der Täter diese abwendet, bevor ein erheblicher Schaden entsteht (vgl. dazu § 311c RN 7 ff.). Zur **Einziehung** vgl. § 322.

14 IX. **Idealkonkurrenz** ist insb. mit den Verletzungsdelikten der §§ 211 ff., 223 ff., 303 ff. möglich; ebenso etwa mit §§ 109e, 263 (D-Tröndle 9, Lackner 7), 326 ff. (Sack 41). Gegenüber § 310b ist § 311e subsidiär (Horn SK 13, 17, Sack 41).

§ 312 Herbeiführen einer lebensgefährdenden Überschwemmung

Wer mit gemeiner Gefahr für Menschenleben eine Überschwemmung herbeiführt, wird mit Freiheitsstrafe nicht unter drei Jahren und, wenn durch die Überschwemmung der Tod eines Menschen verursacht worden ist, mit lebenslanger Freiheitsstrafe oder mit Freiheitsstrafe nicht unter zehn Jahren bestraft.

1 I. Die Vorschrift betrifft die **vorsätzliche menschengefährdende Überschwemmung**. Es handelt sich um ein konkretes Gefährdungsdelikt. Zum fahrlässigen Herbeiführen vgl. § 314.

3 II. Eine **Überschwemmung** liegt vor, wenn das Wasser in solcher Menge und Stärke über seine natürlichen oder künstlichen Grenzen hinaustritt, daß es zu einer Gefahr für die im überfluteten Gebiet befindlichen Personen oder Sachen wird (RG **7** 577). **Herbeiführen** hat hier die gleiche Bedeutung wie Verursachen. Auch die Vergrößerung einer schon vorhandenen Überschwemmung kann genügen (RG **5** 310, JW **33**, 700).

4 Die Überschwemmung muß zu einer **gemeinen Gefahr für Menschenleben** geführt haben. Darunter ist eine Gefahr für eine größere Anzahl von Menschen zu verstehen (19 vor § 306, Wolff LK 3, Lackner 2, D-Tröndle 2; and. Horn SK 4, der die Individualgefahr für eine konkrete Person ausreichen läßt).

5 III. Für den **subjektiven Tatbestand** ist Vorsatz erforderlich. Der Vorsatz muß sich auf die Gemeingefahr beziehen; bedingter Vorsatz genügt (RG JW **28**, 409). Bei Fahrlässigkeit vgl. § 314.

6 IV. Ein **erschwerter Fall** liegt vor, wenn durch die Überschwemmung der **Tod eines Menschen** verursacht worden ist; bezüglich der schweren Folge ist Fahrlässigkeit erforderlich (§ 18). Über das Eingreifen dieses erschwerten Falles bei **versuchter** Tat vgl. RG **69** 332 und § 18 RN 8 ff.

V. **Idealkonkurrenz** kommt in Betracht zwischen §§ 211, 212 und dem schweren Fall des 8 § 312, dagegen geht § 312, § 222 wegen **Gesetzeskonkurrenz** vor (Wolff LK 7, D-Tröndle 5). Dies gilt auch gegenüber dem abstrakten Gefährdungsdelikt des § 145 (vgl. § 145 RN 22).

§ 313 Herbeiführen einer sachengefährdenden Überschwemmung

(1) **Wer mit gemeiner Gefahr für das Eigentum eine Überschwemmung herbeiführt, wird mit Freiheitsstrafe nicht unter einem Jahr bestraft.**

(2) **Ist jedoch die Absicht des Täters nur auf Schutz seines Eigentums gerichtet gewesen, so ist auf Freiheitsstrafe von sechs Monaten bis zu fünf Jahren zu erkennen.**

I. Der Tatbestand der **sachengefährdenden Überschwemmung** entspricht in seinem Aufbau 1 dem § 312; die Strafdrohung ist aber milder.

II. Über **gemeine Gefahr** vgl. § 312 RN 4 sowie 19 vor § 306. Nicht erforderlich ist, daß die 2 gefährdeten Sachen verschiedenen Eigentümern gehören (Horn SK 3, Lackner 1; and. D-Tröndle 1, Wolff LK 2); sie müssen jedoch im fremden Eigentum stehen und, da es sich um eine Gemeingefahr handeln muß, einen größeren Umfang haben.

III. Zum **subjektiven Tatbestand** vgl. § 312 RN 5. 3

IV. Abs. 2 berücksichtigt die **notstandsähnliche Situation,** in der sich der Täter befindet, wenn 4 er zum Schutze seines Eigentums handelt. Die Tat ist dann nur Vergehen, der Versuch daher nicht strafbar. Der Sache nach stellt diese Bestimmung eine Erweiterung von § 35 (Schutz des Eigentums) dar; die Rechtsfolge besteht freilich nur in einer Strafmilderung. Wie bei § 35 muß es ausreichen, daß der Täter Eigentum eines Angehörigen schützen will.

V. **Idealkonkurrenz** ist möglich mit Sachbeschädigung, weiter auch mit § 312 (D-Tröndle 3, 5 Wolff LK 4, Horn SK 3). Im Verhältnis zu § 145 geht § 313 vor (vgl. § 145 RN 22).

§ 314 Fahrlässiges Herbeiführen einer Überschwemmung

Wer eine Überschwemmung mit gemeiner Gefahr für Leben oder Eigentum durch Fahrlässigkeit herbeiführt, wird mit Freiheitsstrafe bis zu einem Jahr oder mit Geldstrafe und, wenn durch die Überschwemmung der Tod eines Menschen verursacht worden ist, mit Freiheitsstrafe bis zu fünf Jahren oder mit Geldstrafe bestraft.

I. Die **fahrlässige** Herbeiführung einer gemeingefährlichen Überschwemmung ist in gleicher 1 Weise strafbar, wenn die Gemeingefahr für das Leben oder für das Eigentum herbeigeführt wird; zu den entsprechenden vorsätzlichen Delikten vgl. §§ 312, 313. Über Gemeingefahr vgl. 19 vor § 306, § 312 RN 4; zum Begriff der Überschwemmung vgl. § 312 RN 3.

II. Handelt der Täter, der eine Überschwemmung vorsätzlich bewirkt, nicht mit dem Willen, 2 eine Gemeingefahr für Leben oder Eigentum herbeizuführen, ist ihm aber insoweit Fahrlässigkeit vorzuwerfen, dann ist § 314 ebenfalls anzuwenden (vgl. RG JW 28, 409). Als Beispiel für fahrlässige Überschwemmung vgl. RG JW 27, 2517.

III. Die erhöhte Strafe bei Verursachung des **Todes eines Menschen** setzt voraus, daß dem Tä- 3 ter auch insoweit der Vorwurf der Fahrlässigkeit zu machen ist (§ 18).

IV. Mit § 222 besteht daher **Gesetzeskonkurrenz,** § 314 geht vor. 4

§ 315 Gefährliche Eingriffe in den Bahn-, Schiffs- und Luftverkehr

(1) **Wer die Sicherheit des Schienenbahn-, Schwebebahn-, Schiffs- oder Luftverkehrs dadurch beeinträchtigt, daß er**
1. **Anlagen oder Beförderungsmittel zerstört, beschädigt oder beseitigt,**
2. **Hindernisse bereitet,**
3. **falsche Zeichen oder Signale gibt oder**
4. **einen ähnlichen, ebenso gefährlichen Eingriff vornimmt,**
und dadurch Leib oder Leben eines anderen oder fremde Sachen von bedeutendem Wert gefährdet, wird mit Freiheitsstrafe von drei Monaten bis zu fünf Jahren bestraft.

(2) **Der Versuch ist strafbar.**

(3) **Handelt der Täter in der Absicht,**
1. **einen Unglücksfall herbeizuführen oder**

§ 315 1–7   Bes. Teil. Gemeingefährliche Straftaten

2. eine andere Straftat zu ermöglichen oder zu verdecken,
so ist die Strafe Freiheitsstrafe nicht unter einem Jahr, in minder schweren Fällen Freiheitsstrafe von sechs Monaten bis zu fünf Jahren.

(4) **Wer in den Fällen des Absatzes 1 die Gefahr fahrlässig verursacht, wird mit Freiheitsstrafe bis zu fünf Jahren oder mit Geldstrafe bestraft.**

(5) **Wer in den Fällen des Absatzes 1 fahrlässig handelt und die Gefahr fahrlässig verursacht, wird mit Freiheitsstrafe bis zu zwei Jahren oder mit Geldstrafe bestraft.**

(6) **Das Gericht kann in den Fällen der Absätze 1 bis 4 die Strafe nach seinem Ermessen mildern (§ 49 Abs. 2) oder von einer Bestrafung nach diesen Vorschriften absehen, wenn der Täter freiwillig die Gefahr abwendet, bevor ein erheblicher Schaden entsteht. Unter derselben Voraussetzung wird der Täter nicht nach Absatz 5 bestraft. Wird ohne Zutun des Täters die Gefahr abgewendet, so genügt sein freiwilliges und ernsthaftes Bemühen, dieses Ziel zu erreichen.**

Schrifttum: Schmid, Die Verkehrsbeeinträchtigung der §§ 315, 315a StGB aus der Sicht des Luftverkehrs, NZV 88, 125; vgl. auch die Nachweise bei § 315b.

1   I. Die Vorschrift dient letztlich dem Schutz von Individualrechtsgütern wie Leben, Gesundheit und bedeutenden Sachwerten (vgl. § 315c RN 2). Angriffsobjekt sind jedoch die hier genannten Verkehrsarten. Folglich sind die Rechtsgüter über die Aufrechterhaltung der allgemeinen Verkehrssicherheit (vgl. u. 9f.) geschützt, aus deren Verletzung unübersehbare Gefahren resultieren können. Deshalb kann man sagen, daß der Tatbestand über den Individualschutz hinaus zugleich auch dem Interesse der Allgemeinheit dient (Eser III 133; ähnlich Horn SK 2, stärker den Allgemeinschutz betonend D-Tröndle 2).

2   1. Unter **Schienenbahn** ist ein zur Beförderung von Menschen oder Sachgütern dienendes Transportmittel zu verstehen, dessen Fortbewegung auf einem festen Schienenstrang erfolgt (vgl. Köln VRS **15** 50). Die Antriebsart ist ohne Bedeutung; deshalb zählen hierher z. B. auch schienengebundene Drahtseilbahnen (Rüth LK 5). Der Grund für die gegenüber §§ 315b f. höhere Strafe liegt in der größeren Gefährlichkeit, weil eine Schienenbahn im Vertrauen darauf, daß der Gleisbereich ausschließlich ihr zur Verfügung steht, meist schneller fährt, als dies bei einer Teilnahme am allgemeinen Verkehr möglich wäre (Köln VRS **13** 289, Bay VRS **17** 127), und Kontrollvorkehrungen i. d. R. nur zur Vermeidung innerbetrieblicher Gefahren getroffen sind. Es macht keinen Unterschied, ob die Bahn in öffentlichem oder privatem Eigentum steht. Für eine Bahn, die nur z. T. auf eigenem Bahnkörper verkehrt, gilt § 315d (vgl. dort RN 2ff.).

3   Geschützt wird der Betrieb der Bahn in allen seinen Teilen, also das einzelne Fahrzeug, die Beförderungsmittel, die Beförderungsgegenstände, die Fahrgäste sowie die im Zug- oder Verschiebedienst eingesetzten Betriebsangehörigen (RG **74** 274). Die Gefährdung von Streckenarbeitern, die am Bahnkörper beschäftigt sind, reicht aus, wenn sie mit einem Betriebsvorgang in Zusammenhang steht (vgl. u. 14; vgl. weiter RG **42** 301, Braunschweig NdsRpfl. **52**, 157).

4   2. **Schwebebahnen** sind Bahnen, die sich an Drahtseilen oder in ähnlicher Weise bewegen und die Erde nicht berühren, z. B. ein Sessellift, nicht dagegen ein Schlepplift.

5   3. Zum **Schiffsverkehr** gehört die Seeschiffahrt ebenso wie die Binnen- und Flußschiffahrt. Wie der Schienenbahnverkehr wird auch der Schiffsverkehr in allen seinen Teilen geschützt, also auch das einzelne Fahrzeug (RG **74** 273, Oldenburg MDR **51**, 630, Schleswig SchlHA **59**, 23, **62**, 275, H. W. Schmidt NJW 63, 1861). Der Begriff „Schiffsverkehr" könnte darauf hindeuten, daß nicht jeder Verkehr auf dem Wasser unter § 315 fällt, sondern nur solche Schiffe gemeint sind, deren Gefährdung eine quantitativ größere Gefahr bedeuten würde. Da jedoch in § 315b der gesamte Straßenverkehr geschützt wird, muß Entsprechendes auch für § 315 gelten, so daß auch die Gefährdung von Booten und Kähnen erfaßt wird (Schleswig SchlHA **62**, 275, Jaekel NJW 64, 285, Rüth LK 9, Horn SK 4; z. T. abw. H. W. Schmidt NJW 63, 1861).

6   4. Zum **Luftverkehr** gehört jede Benutzung des Luftraumes durch Luftfahrzeuge, also insb. durch Flugzeuge, Luftschiffe, Ballone und ähnliche für eine Bewegung im Luftraum bestimmte Geräte (vgl. § 1 II LuftVG). Wegen der umfassenden Aufzählung der möglichen Verkehrsarten werden hierher auch Raketen und Satelliten zu zählen sein, so daß auch deren Basen geschützt sind (vgl. Rüth LK 11). Aus der Bezeichnung Luft-„Verkehr" folgt weiter, daß die Flugkörper der Beförderung von Personen oder Gütern dienen müssen.

7   II. Gemeinsamer **Erfolg** aller Handlungsmodalitäten ist die **Beeinträchtigung der Sicherheit** des Bahn-, Schiffs- oder Luftverkehrs. Diese Gefährdung muß durch die in Abs. 1 Nr. 1 bis 4 genannten Handlungsweisen herbeigeführt sein. Insoweit genügt die Herbeiführung einer abstrakten Gefahr, so daß es ausreicht, wenn die konkrete, dem Tatbestand des § 315 unterfallende Handlung **generell geeignet** ist, eine Beeinträchtigung der Betriebssicherheit zu bewirken (vgl. dazu 3 vor § 306). Damit fällt z. B. die Beschädigung von Sitzpolstern eines Eisenbahnwa-

gens, die sicherlich eine Beschädigung eines Beförderungsmittels darstellt, nicht unter § 315 (wie hier Rüth LK 13, M-Schroeder II 26).

Die **Verkehrssicherheit ist beeinträchtigt,** wenn der Eingriff zu einer Steigerung der normalen „Betriebsgefahr" geführt hat (vgl. BGH **13** 69, VRS **8** 274). Es reicht daher nicht aus, daß nur Schäden an den genannten Betriebseinrichtungen verursacht, z. B. Wagen zerstört werden, sofern dies nicht zugleich Ursache für weitere Gefährdungen ist (vgl. Schmid NZV 88, 126). Daß § 315 „hauptsächlich die Erhaltung der Beförderungsmittel zur Benutzung für jedermann, also zum Dienst der Allgemeinheit sichern soll" (BGH **11** 141), trifft daher nicht zu. Dieser Aufgabe dient § 316 b. **8**

III. Die **Verkehrsbeeinträchtigung muß dadurch geschehen,** daß **9**

1. **Anlagen** oder **Beförderungsmittel zerstört, beschädigt** oder **beseitigt** werden. **Anlagen** sind alle festen, unbeweglichen Bestandteile des Schienenbahn-, Schiffahrt- oder Luftfahrtbetriebes, z. B. Schienen und Schwellen, Signale, Stationsuhren, Leuchttürme, Bojen, Start- und Landebahnen. Auch das den Zwecken des Betriebes dienende Zubehör wird hierher zu rechnen sein, soweit es von der Verkehrsanschauung als Teil der Betriebsanlagen betrachtet wird (D-Tröndle 8). Zu den **Beförderungsmitteln** gehören vor allem die Lokomotiven, Personen- und Güterwagen sowie Luftfahrzeuge. Ohne Bedeutung ist es, ob die Beförderungsmittel den Zwecken des allgemeinen Verkehrs oder besonderen staatlichen, insb. militärischen Aufgaben dienen. Über **Beschädigen** und **Zerstören** vgl. § 303 RN 7 ff. Unter **Beseitigen** ist eine Einwirkung zu verstehen, durch die die Anlage räumlich entfernt wird (Rüth LK 22); liegt eine sonstige Funktionsbeeinträchtigung vor, so kommt ein „ähnlicher Eingriff" in Betracht (vgl. u. 13). **10**

2. **Hindernisse bereitet** werden. Ein Hindernis wird durch jeden Vorgang bereitet, der geeignet ist, den ordnungsmäßigen Betrieb zu hemmen oder zu verzögern (vgl. BGH NStZ 88, 178). Die Besonderheiten der in § 315 genannten Verkehrsbetriebe bedingen, daß an das Hindernisbereiten andere Anforderungen zu stellen sind als in § 315 b (ebenso Stuttgart VRS **44** 34, vgl. § 315 b RN 6 ff.), so daß hier auch Verkehrsvorgänge (z. B. regelwidriges Navigieren; Oldenburg MDR **51**, 630, Schleswig SchlHA **59**, 23, VRS **27** 199; a. A. AG Hamburg VersR **81**, 195 m. zust. Anm. Passehl) einzubeziehen sind (BGH **11** 152, **21** 173, Bay MDR **61**, 1034, Rüth LK 23, Schmid NZV 88, 126). Ein Hindernis wird z. B. bereitet durch Auflegen von Steinen auf Bahngleise, das Fahren über Geleise zu verbotener Zeit (BGH VRS **8** 272; vgl. Stuttgart VRS **44** 34), durch einen über die Bahnoberleitung geworfenen Metallbügel (BGH NStZ 88, 178), durch das Einknicken einer Schranke (RG DRiZ **28** Nr. 167), nach Hamm VRS **15** 357 auch dadurch, daß ein LKW mit unverminderter Geschwindigkeit an einen unbeschrankten Bahnübergang heranfährt und nur durch Notbremsung einen Zusammenstoß vermeidet (Rüth LK 23; a. A. D-Tröndle 9, Horn SK 6); nach BGH **13** 69 liegt hier mindestens ein „ähnlicher Eingriff" vor. Das gleiche gilt entgegen Düsseldorf NJW **71**, 1850 auch für das vorzeitige Öffnen einer Bahnschranke (Meyer-Gerhards JuS 72, 507). Zum Hindernisbereiten im Schiffsverkehr vgl. Oldenburg VRS **30** 110. **11**

3. **falsche Zeichen** oder **Signale** gegeben werden. Die Ausdrücke Zeichen und Signale sind gleichbedeutend. Falsch ist jedes Zeichen, das der gegebenen Sachlage nicht entspricht, also z. B. zu früh oder zu spät gegeben wird (vgl. Rüth LK 25), nicht nur ein solches, das den Formen widerspricht, in denen üblicherweise Signale gegeben werden. Auch die Unterlassung, ein gebotenes Zeichen zu geben, kann durch Nr. 3 erfaßt werden (BGH **11** 165). Vgl. auch Schleswig VRS **27** 199. **12**

4. **ähnliche, ebenso gefährliche Eingriffe** vorgenommen werden. Damit sind Eingriffe gemeint, die den ausdrücklich genannten an Bedeutung gleichkommen, sich also unmittelbar auf die Sicherheit des Bahnbetriebs auswirken (vgl. BGH **10** 405). Entsprechend dem o. 7 Gesagten reichen nur solche Eingriffe aus, die nach ihrer konkreten Beschaffenheit geeignet sind, eine Gefahr für die Verkehrssicherheit zu bilden. Das Merkmal „Eingriff" könnte darauf hinweisen, daß es sich um von außen vorgenommene, verkehrsfremde Maßnahmen handeln muß. Da jedoch auch innerbetriebliche Verhaltensweisen (z. B. Überfahren eines Haltesignals; vgl. BGH **8** 12) zu großen Gefahren führen können, müssen sie bei § 315 ausreichen (BGH DAR/M **59**, 65). Auch das Lösen der Bremsen an abgestellten Wagen, die Unterbrechung der Bremsleitung eines fahrenden Zuges (OGH **1** 391), die vorschriftswidrige Ausführung von Gleisarbeiten (BGH **24** 231) oder das Anlassen des Motors eines in der Halle stehenden Flugzeugs (RKG **1** 7) wird als ausreichend anzusehen sein. Zum vorzeitigen Öffnen von Bahnschranken vgl. o. 11. Bei Geschwindigkeitsüberschreitungen auf Langsamfahrstrecken (vgl. BGH **8** 9, GA **58**, 240) sind die konkreten Umstände zu berücksichtigen. Eine generelle Entscheidung dahin, daß jede Überschreitung der zulässigen Geschwindigkeit eine Beeinträchtigung der Verkehrssicherheit bilde, ist nicht möglich. Entsprechendes gilt für Steinwürfe gegen einen fahrenden Zug (vgl. **13**

RG **61** 363). Nach den Grundsätzen der unechten Unterlassungsdelikte kann der Eingriff auch in einem pflichtwidrigen Unterlassen bestehen, sofern die Voraussetzungen des § 13 erfüllt sind, daß der Täter verpflichtet war, eine bestimmte Handlung vorzunehmen und seine Unterlassung dem durch positives Tun vorgenommenen Eingriff an Gefährlichkeit gleichsteht (BGH **8** 11, Nüse JR 65, 42), wie z. B. das pflichtwidrig unterlassene Schließen einer Bahnschranke (Frankfurt NJW **75**, 840 m. Anm. Wolter JuS 78, 748).

14 IV. Durch den Eingriff muß eine **konkrete Gefahr** für **Leben** oder **Gesundheit** eines anderen oder für **fremde Sachen** von bedeutendem Wert entstehen; vgl. 5 ff. vor § 306. Der Eintritt der Gefahr muß im konkreten Fall nachgewiesen werden (Celle VRS **40** 28). Die gefährdeten Personen oder Güter brauchen zum Bahnbetrieb oder Transportvorgang nicht in Beziehung zu stehen (BGH **6** 1, VRS **8** 274, **38** 344). § 315 ist z. B. auch dann anwendbar, wenn durch den Eingriff eine Lokomotive entgleist und dadurch Streckenarbeiter oder Personen auf der parallel zur Schiene verlaufenden Straße gefährdet werden. Hingegen genügt auch hier nicht die alleinige Gefährdung des dem Täter nicht gehörenden Pkw, mit dem er in den Gleisbereich geraten ist (Bay JZ **83**, 560; vgl. auch 11 vor § 306). Zur Gefährdung durch Schnellbremsung vgl. Celle DAR **61**, 313.

15 V. Hinsichtlich des **subjektiven Tatbestandes** wird in § 315 in folgender Weise zwischen Vorsatz und Fahrlässigkeit differenziert:

16 1. Nach **Abs. 1** ist **Vorsatz** hinsichtlich aller Merkmale des objektiven Tatbestandes erforderlich. Der Täter muß also nicht nur den gefährlichen Eingriff vorsätzlich vornehmen, sondern auch wissen, daß dadurch die Sicherheit des Bahnbetriebes usw. beeinträchtigt (vgl. OGH **1** 396) und Personen an Leib oder Leben oder fremde Sachen von bedeutendem Wert gefährdet werden. Dolus eventualis genügt hinsichtlich aller Voraussetzungen (RG **71** 43). Zum Verhältnis von Verletzungs- und Gefährdungsvorsatz vgl. § 311 RN 11, Cramer NJW 64, 1837.

17 2. **Abs. 4** bringt eine **Kombination** zwischen einem vorsätzlich herbeigeführten Eingriff in die Sicherheit des Bahnbetriebs durch Bereiten von Hindernissen usw. und einer fahrlässigen Gefährdung von Personen oder bedeutenden Sachgütern. Im Bereich der Gefährdungsdelikte entspringt dieser Schuldsachverhalt einer neueren Entwicklung; er entspricht der Regelung des § 311, ist aber im Gegensatz zu dort als sachgerecht zu bezeichnen, weil die in § 315 umschriebenen Handlungen als solche schon strafwürdig sind. Vgl. Cramer NJW 64, 1836 f., § 311 RN 12. Wird nur die Tathandlung vorsätzlich begangen und erfolgen die Beeinträchtigung der Verkehrssicherheit sowie die Gefährdung fahrlässig, so findet ebenfalls Abs. 4 Anwendung.

18 3. Nach **Abs. 5** ist zu bestrafen, wer alle Voraussetzungen des objektiven Tatbestandes **fahrlässig** verwirklicht. Fahrlässigkeit zu Abs. 1 Nr. 2 liegt aber z. B. nicht vor, wenn ein Kraftfahrer mit zulässiger Annäherungsgeschwindigkeit an einen durch Schranken oder Lichtzeichenanlage gesicherten, aber nicht gesperrten Bahnübergang heranfährt und die Schienen kreuzt, obwohl sich ein Schienenfahrzeug nähert (BGH VRS **4** 135, VM **55**, 53, Bay VRS **48** 270, Cramer § 19 StVO RN 19). Zu den Sorgfaltsanforderungen beim Betrieb von Bergbahnen vgl. Kürschner NJW 82, 1966.

19 VI. **Täter** kann jeder sein, nicht nur ein Bediensteter des Bahnbetriebes oder ein Teilnehmer des Bahnverkehrs. Für die **Teilnahme** gelten die allgemeinen Grundsätze. Teilnahme ist nicht nur möglich am Delikt des Abs. 1, sondern auch an dem des Abs. 4 (vgl. § 11 II u. dort RN 73 ff.), nämlich insoweit, als der Teilnehmer sich vorsätzlich z. B. am Hindernisbereiten des Abs. 1 beteiligt und dabei fahrlässig nicht bedenkt, daß sein Tatbeitrag zu einer Gefahr für andere werden kann.

20 VII. Der **Versuch** ist beim Vergehen des Abs. 1 (Abs. 2) und beim Verbrechen des Abs. 3 strafbar. Ein Versuch liegt dann vor, wenn es dem Täter nicht gelingt, den die Sicherheit beeinträchtigenden Eingriff vorzunehmen, z. B. ein Bahnsignal außer Funktion zu setzen. Versuch ist aber auch in der Form möglich, daß es dem Täter nicht gelingt, die beabsichtigte Gefährdung herbeizuführen, z. B. weil ein Dritter vor Beginn des Bahnbetriebs das Hindernis entfernt (and. [Vollendung] RG HRR **39** Nr. 270; wie hier Celle VRS **40** 28).

21 VIII. Die Vorschrift des Abs. 6 ermöglicht über § 24 hinaus einen **Rücktritt** vom vollendeten Delikt. Voraussetzung ist, daß der Täter **freiwillig** die **Gefahr abwendet**, bevor ein erheblicher Schaden entsteht. Vgl. hierzu § 311 c RN 8 f. Wird ohne Zutun des Täters die Gefahr abgewendet, so genügt sein freiwilliges und ernsthaftes Bemühen, dieses Ziel zu erreichen. Bei einem Rücktritt kann bei den Taten nach Abs. 1–4 die Strafe gemildert (§ 49 II) oder **von Strafe abgesehen** werden. Im letzteren Fall wird, anders als in den §§ 24, 31, 310, der Täter nicht freigesprochen, sondern der ihm zur Last gelegten Tat schuldig gesprochen und lediglich von Strafe abgesehen. Er hat nach § 465 I S. 2 StPO die Kosten des Verfahrens zu tragen (vgl. 54 f. vor § 38). Beim Fahrlässigkeitsdelikt des Abs. 5 dagegen führt der Rücktritt ebenso wie in den §§ 24 usw. zur **Straflosigkeit** (Düsseldorf NJW **71**, 1850 m. Anm. Meyer-Gerhards JuS 72, 506), so daß der Täter freizusprechen ist (vgl. § 24 RN 114).

Gefährdung des Bahn-, Schiffs- und Luftverkehrs 1–3 § 315a

IX. Die **Strafe** ist in folgender Weise abgestuft: Die Regelstrafe des **Abs. 1** ist Freiheitsstrafe von 22 drei Monaten bis zu fünf Jahren. Handelt der Täter in der Absicht, einen Unglücksfall herbeizuführen oder eine andere Straftat (eine Ordnungswidrigkeit genügt nicht: BGH 28 93 m. Anm. Rüth JR 79, 516, BGH VRS 47 268) zu ermöglichen oder zu verdecken (**Abs.** 3), so ist die Strafe Freiheitsstrafe nicht unter einem Jahr, in minder schweren Fällen Freiheitsstrafe von sechs Monaten bis zu fünf Jahren. Über Unglücksfälle vgl. § 323c RN 5ff. Unglücksfall ist auch der deliktische Angriff des Täters, z. B. wenn er einen Fußgänger anfährt und verletzt (vgl. Bay NStZ/J 88, 544). Über Ermöglichen oder Verdecken einer Straftat vgl. § 211 RN 30ff. Unter Absicht ist hier zielgerichtetes Handeln zu verstehen (vgl. § 15 RN 85). Die Strafe des **Abs.** 4 ist Freiheitsstrafe bis zu fünf Jahren oder Geldstrafe, die für die reine Fahrlässigkeitstat des **Abs.** 5 Freiheitsstrafe bis zu zwei Jahren oder Geldstrafe.

X. Mit § 59 LuftVG besteht **Gesetzeskonkurrenz**; § 315 geht vor. Zum Verhältnis zu § 315a vgl. 23 dort RN 14, zu § 145 vgl. dort RN 11, 22. Da § 315 auch Allgemeininteressen dient, kommt Idealkonkurrenz in Betracht mit den Tötungs-, Körperverletzungs- und Sachbeschädigungsdelikten, ebenso mit §§ 306, 311. Mit § 316c besteht Idealkonkurrenz (vgl. § 316c RN 33).

§ 315a Gefährdung des Bahn-, Schiffs- und Luftverkehrs

(1) **Mit Freiheitsstrafe bis zu fünf Jahren oder mit Geldstrafe wird bestraft, wer**
1. **ein Schienenbahn- oder Schwebebahnfahrzeug, ein Schiff oder ein Luftfahrzeug führt, obwohl er infolge des Genusses alkoholischer Getränke oder anderer berauschender Mittel oder infolge geistiger oder körperlicher Mängel nicht in der Lage ist, das Fahrzeug sicher zu führen, oder**
2. **als Führer eines solchen Fahrzeuges oder als sonst für die Sicherheit Verantwortlicher durch grob pflichtwidriges Verhalten gegen Rechtsvorschriften zur Sicherung des Schienenbahn-, Schwebebahn-, Schiffs- oder Luftverkehrs verstößt**

und dadurch Leib oder Leben eines anderen oder fremde Sachen von bedeutendem Wert gefährdet.

(2) **In den Fällen des Absatzes 1 Nr. 1 ist der Versuch strafbar.**

(3) **Wer in den Fällen des Absatzes 1**
1. **die Gefahr fahrlässig verursacht oder**
2. **fahrlässig handelt und die Gefahr fahrlässig verursacht,**

wird mit Freiheitsstrafe bis zu zwei Jahren oder mit Geldstrafe bestraft.

Schrifttum: Helmer/Peters, Zum Begriff der „sicheren Führung" von Wasserfahrzeugen und ihre „Behinderung" durch Alkoholeinfluß, BA 76, 39. – *Janssen/Naeve,* Zur Einführung eines Promille-Grenzwertes in der See- und Binnenschiffahrt, BA 75, 354; vgl. auch die Nachweise bei § 315, § 315b und § 315c.

I. In § 315a sind zwei sehr unterschiedliche Delikte zusammengefaßt, denen nur die Gefährdung 1 des Bahn-, Schiffs- und Luftverkehrs gemeinsam ist. Abs. 1 Nr. 1 erweitert den in § 315c I Nr. 1 enthaltenen Tatbestand der Trunkenheit am Steuer auf den Bahn-, Schiffs- und Luftverkehr, während Nr. 2 eine Blankettvorschrift enthält, die von § 315 nicht erfaßte Beeinträchtigungen der Sicherheit dieses Verkehrs regelt. In beiden Fällen muß es zu einer **konkreten Gefahr** für Leib oder Leben eines anderen oder fremde Sachen von bedeutendem Wert gekommen sein. Das Verhältnis der §§ 315, 315a zueinander läßt sich befriedigend nicht erklären. Zwar will § 315 offenbar Eingriffe von gefährlicherer Bedeutung erfassen als die in § 315a genannten (BGH 21 173). Jedoch läßt sich kaum begründen, warum die in § 315a I Nr. 2 aufgeführten Verstöße beim Führen eines der genannten Fahrzeuge nicht unter § 315 I Nr. 4 fallen sollen (ebenso Rüth LK 2), da die dadurch herbeigeführte Gefahr in beiden Bestimmungen die gleiche sein muß.

II. Der **objektive Tatbestand** der **Nr. 1** erfordert, daß der Täter ein Schienen- oder Schwebe- 2 bahnfahrzeug, ein Schiff oder ein Luftfahrzeug führt, obwohl er nicht in der Lage ist, das Fahrzeug sicher zu führen, und zwar entweder aufgrund des Genusses berauschender Mittel oder infolge geistiger oder körperlicher Mängel.

Zu den Begriffen **Schienenbahn,** Schwebebahn, Schiff und Luftfahrzeug vgl. § 315 RN 2ff. Zur 3 **Unfähigkeit,** das Fahrzeug **sicher zu führen,** vgl. § 315c RN 9. Über **alkoholische Getränke** und andere berauschende Mittel und ihre Wirkungen vgl. § 64 RN 3f., § 323a RN 7; über körperliche und geistige Mängel vgl. § 315c RN 11. Die von der Rspr. entwickelten Grenzwerte zur Fahrunsicherheit (vgl. § 316 RN 4ff.) sind jedoch für § 315a nicht verwertbar (ähnlich Rüth LK 8, Schmid NZV 88, 128), da der von § 315a erfaßte Verkehr sich unter anderen Regeln vollzieht. Ein Schiffsführer ist von BGH VersR 67, 449 bei einer BAK von 1,35–1,7‰ nur deswegen als fahruntüchtig bezeichnet worden, weil er im Schlingerkurs gefahren war und mehrere Kollisionen verursacht hatte. Aufgrund der erheblichen Unterschiede zum Kraftfahrzeugverkehr hat Köln (NJW 90, 847) den Grenzwert der absoluten Fahrunsicherheit für einen Schiffsführer eines Binnenschiffes auf 1,7‰ BAK bestimmt (and. Janssen/Naeve BA 75, 354). Da der von Köln veranschlagte Sicherheitszuschlag von 0,2‰ durch die neue Rspr. des BGH (vgl. § 316 RN 4a) als überholt anzusehen ist, dürfte künftig von einem Grenzwert von 1,6‰ auszugehen sein. Die Grenze der Flugunsicherheit ist bei Luftfahrzeugen dagegen erheblich niedriger anzusetzen. Nach Erkenntnissen der internationalen Flugmedizin sind bereits bei einer BAK von 0,2‰ meßbare und bei 0,35‰ deutliche Leistungsbeeinträchtigungen des Flugzeugführers festzustellen (vgl. Schmid NZV 88, 128). Da das Führen eines Luftfahrzeuges sowohl bei Start und Landung als auch während des Fluges besonders hohe Anforderungen an die Aufmerksamkeit erfordert und jeder „kleine" Fehler in der Bedienung des Flugzeuges zu unabsehbaren Folgen führen kann, kann – anders als im Straßenverkehr – im Flugbetrieb nicht sinnvoll zwischen relativer und absoluter Fahrunsicherheit unterschieden werden. Da eine BAK von 0,2‰ schon bei sehr geringen Alkoholmengen erreicht werden kann, muß für den Flugbetrieb praktisch ein Alkoholverbot gelten (and. Schmid NZV 88, 128, der ab 0,5‰ absolute Fahrunsicherheit für den Führer eines Flugzeuges annimmt).

4   III. Nach § 315a I Nr. 2 ist ferner strafbar, wer als **Führer** eines derartigen Fahrzeugs oder als der für die Sicherheit des Verkehrs Verantwortliche durch grob **pflichtwidriges Verhalten gegen Rechtsvorschriften** verstößt, die der Sicherung des Bahnverkehrs usw. dienen. Diese Blankettvorschrift soll nach der E 62 Begr. 525 dazu dienen, weniger schwerwiegende Gefährdungen, als sie in § 315 enthalten sind, unter eine geringere Strafdrohung zu stellen.

5   Durch die Begrenzung des Täterkreises und das Erfordernis eines Verstoßes gegen Rechtsvorschriften vermag die Bestimmung ihre Aufgaben aber kaum zu erfüllen. Gefährdungen durch Außenstehende, die den Intensitätsgrad des § 315 I Nr. 4 nicht erreichen, können danach durch das StGB nicht erfaßt werden, ebensowenig aber Verstöße gegen Sicherheitsmaßnahmen, die nicht auf Rechtsvorschriften, sondern auf Einzelanweisungen im inneren Betrieb der Verkehrsunternehmungen beruhen; and. z. B. § 59 LuftVG.

6   **1. Täter** kann nur der Führer eines Fahrzeugs der in § 315a genannten Verkehrseinrichtungen oder aber eine Person sein, die für die Sicherheit des Verkehrs verantwortlich ist. Eingriffe dritter Personen werden also durch § 315a I Nr. 2 nicht erfaßt und können somit nur nach § 315 strafbar sein.

7   **2.** Der Täter muß durch **grob pflichtwidriges Verhalten gegen Rechtsvorschriften** verstoßen haben, die der Sicherung des Verkehrs dienen.

8   a) Der Begriff **Rechtsvorschriften** stellt klar, daß es sich um Anordnungen handeln muß, die den Charakter einer Rechtsnorm tragen, so daß innerbetriebliche Anweisungen der Verkehrsunternehmungen ausscheiden, soweit sie sich nicht als Konkretisierungen von Pflichten darstellen, die durch Rechtsverordnungen begründet sind (LG Mainz MDR **82**, 597).

9   Als derartige Rechtsvorschriften kommen insb. in Betracht die Eisenbahn-Bau- und BetriebsO vom 8. 5. 1967 (BGBl. II 1565), geändert am 10. 6. 1969 (BGBl. II 1141), die Eisenbahn-SignalO vom 7. 10. 1959 (BGBl. III 933–6), die Eisenbahn-Bau- und BetriebsO für Schmalspurbahnen vom 25. 2. 1972 (BGBl. I 269), die Straßenbahn-Bau- und BetriebsO vom 31. 8. 1965 (BGBl. I 1513), geändert am 25. 5. 1968 (BGBl. I 503, 543), die SeeschiffahrtsstraßenO vom 3. 5. 1971 (BGBl. II 641), geändert am 26. 5. 1976 (BGBl. I 1302), die BinnenschiffahrtsstraßenO vom 3. 3. 1971 (BGBl. I 178), geändert am 26. 11. 1975 (BGBl. I 2921), die Freibord-Verordnung (Hamburg VRS **53** 113), die LuftverkehrsO vom 14. 11. 1969 (BGBl. I 2118), geändert am 9. 1. 1976 (BGBl. I 53, 1097), und die Luftverkehrs-ZulassungsO vom 13. 3. 1979 (BGBl. I 308).

10   b) Nur ein **grob pflichtwidriges** Verhalten wird durch § 315a erfaßt, so daß Verstöße von geringerem Gewicht strafrechtlich nicht geahndet werden können.

11   c) Es braucht sich bei den Verhaltensweisen der Nr. 2 **nicht** um Verstöße zu handeln, die den **Verkehr unmittelbar** betreffen. Strafbar wäre z. B. auch, wer es unterläßt, die regelmäßig notwendige Überprüfung der Verkehrssicherheit vorzunehmen.

12   IV. In beiden Fällen ist erforderlich, daß das Verhalten des Täters zu einer **Gefährdung** von Leib oder Leben eines anderen oder fremden Sachen von bedeutendem Wert geführt hat. Vgl. dazu 8ff. vor § 306. Ebensowenig wie bei §§ 315b, c ist erforderlich, daß der Gefährdete in irgendeiner Weise am Verkehrsvorgang teilgenommen hat (BGH VRS **38** 344).

13   V. Der **subjektive Tatbestand** ist ähnlich wie in § 315 **gestaffelt**. Während aber in § 315 eine doppelte Abstufung vorgesehen ist (vgl. § 315 RN 15ff.), enthält § 315a nur eine einmalige Abstufung, und zwar in folgender Weise. Eine Bestrafung aus Abs. 1 erfordert, daß sowohl die Handlung des Täters vorsätzlich vorgenommen worden ist wie auch sein Vorsatz die Herbeiführung der Gefahr umfaßt, während der Täter nach Abs. 3 bestraft wird, wenn bezüglich auch nur eines der beiden Elemente lediglich Fahrlässigkeit gegeben ist. Daß hier, anders als in § 315, die Fahrlässigkeit in bezug auf die Handlung und die Fahrlässigkeit bezüglich der Gefahr gleich behandelt werden, überzeugt nicht. Derjenige, der etwa vorsätzlich in betrunkenem Zustand das Fahrzeug führt und ledig-

lich in bezug auf die Gefahr fahrlässig handelt, verdient generell eine höhere Strafe als derjenige, der seinen fahruntüchtigen Zustand fahrlässig nicht erkennt (zust. Rüth LK 21). Zur Teilnahme bei Abs. 3 Nr. 1 vgl. § 11 II u. dort RN 73 ff.

VI. Das **Verhältnis zu** § 315 ist teils Exklusivität (Nr. 1), teils Subsidiarität (Nr. 2, BGH 21 173, 24 234, VRS 38 344); vgl. E 62 Begr. 525. Sind die Voraussetzungen des § 315 gegeben, so kommt eine Verurteilung aus § 315a nicht mehr in Betracht; umgekehrt schließt § 315a den § 315 nicht aus (BGH 21 173). Im Verhältnis zu § 59 LuftVG geht § 315a vor. **14**

VII. Die Strafe ist in Fällen des Abs. 1 Freiheitsstrafe bis zu fünf Jahren oder Geldstrafe, in den Fällen des Abs. 1 Nr. 1 ist auch der Versuch strafbar (Abs. 2). Bei fahrlässiger Begehung tritt Freiheitsstrafe bis zu 2 Jahren oder Geldstrafe ein. **15**

Im Gegensatz zu § 315 ist für § 315a eine **Rücktrittsregelung** nicht getroffen, und zwar wie E 62 Begr. 526 meint, aus Gründen der „Natur der Sache". Dies mag für Abs. 1 Nr. 1 zutreffen, dagegen ist nicht einzusehen, warum die Fälle des Abs. 1 Nr. 2 nicht denen des § 315 gleichgestellt werden sollten. Jedenfalls insoweit muß daher **§ 315 VI analog** angewendet werden (ebenso D-Tröndle 11, Horn SK 14, Rüth LK 22). **16**

§ 315b Gefährliche Eingriffe in den Straßenverkehr

(1) Wer die Sicherheit des Straßenverkehrs dadurch beeinträchtigt, daß er
1. Anlagen oder Fahrzeuge zerstört, beschädigt oder beseitigt,
2. Hindernisse bereitet oder
3. einen ähnlichen, ebenso gefährlichen Eingriff vornimmt,
und dadurch Leib oder Leben eines anderen oder fremde Sachen von bedeutendem Wert gefährdet, wird mit Freiheitsstrafe bis zu fünf Jahren oder mit Geldstrafe bestraft.

(2) Der Versuch ist strafbar.

(3) Handelt der Täter unter den Voraussetzungen des § 315 Abs. 3, so ist die Strafe Freiheitsstrafe von einem Jahr bis zu zehn Jahren, in minder schweren Fällen Freiheitsstrafe von sechs Monaten bis zu fünf Jahren.

(4) Wer in den Fällen des Absatzes 1 die Gefahr fahrlässig verursacht, wird mit Freiheitsstrafe bis zu drei Jahren oder mit Geldstrafe bestraft.

(5) Wer in den Fällen des Absatzes 1 fahrlässig handelt und die Gefahr fahrlässig verursacht, wird mit Freiheitsstrafe bis zu zwei Jahren oder mit Geldstrafe bestraft.

(6) § 315 Abs. 6 gilt entsprechend.

Schrifttum: Isenbeck, Der ähnliche Eingriff nach § 315b Abs. 1 Nr. 3 StGB, NJW 69, 174. – *Meyer-Gerhards,* Verkehrsgefährdung und tätige Reue, JuS 72, 506. – *ders.,* Subjektive Gefahrmomente, „Schuldform" der Regelbeispiele und Begriff der „besonderen Folge" (§ 18 StGB), JuS 76, 228. – *Rieger,* Der sog. „ähnliche ebenso gefährliche Eingriff" im Sinne des § 315b I Nr. 3 StGB als Beispiel analoger Tatbestandsanwendung im Strafrecht, 1989. – *Solbach/Kugler,* Fehlverhalten als Hindernisbereiten, JR 70, 121. – Vgl. ferner die Nachw. bei § 315c.

I. Angriffsobjekt ist die **Sicherheit des Straßenverkehrs;** Rechtsgut sind Leben, Gesundheit und bedeutende Sachwerte. Die Vorschrift entspricht im Tatbestandsaufbau § 315 (zur Konstruktion vgl. § 315 RN 1) und geht auf § 344 E 62 zurück. Zur Entwicklung vgl. Mayr BGH-FG 273. **1**

1. Straßenverkehr ist der Verkehr auf allen öffentlichen Verkehrswegen (BGH VRS **43** 34, StVE **Nr. 14**); näher hierzu § 142 RN 5. Verkehrsteilnehmer i. S. des § 315b ist auch der Polizeibeamte, der sich auf der Fahrbahn aufgestellt hat, um ein Kfz anzuhalten (BGH VRS **46** 106). **2**

2. Die Verkehrssicherheit ist beeinträchtigt, wenn infolge der Einwirkung andere Verkehrsteilnehmer nicht ohne Gefahr für Leib, Leben oder Eigentum am Verkehr teilnehmen können. Entsprechend dem zu § 315 RN 7 Gesagten kommt es auch hier nicht darauf an, daß im Einzelfall nachgewiesen wird, daß der Verkehr durch das Verhalten des Täters effektiv beeinträchtigt worden ist (vgl. KG DAR **59**, 269, Koblenz NJW **57**, 232, Mayer NJW **55**, 1749, Straube NJW **55**, 407; vgl. jedoch Schleswig SchlHA **55**, 204, Lackner 2, Blei NJW **57**, 620, Schmidt-Leichner NJW **55**, 1298). Es genügt eine Einwirkung, die generell geeignet ist, den etwa stattfindenden Verkehr zu gefährden (vgl. Cramer 7f.). **3**

II. Die Beeinträchtigung des Straßenverkehrs muß **dadurch erfolgen,** daß der Täter **4**

1. Anlagen oder Fahrzeuge zerstört, beschädigt oder beseitigt. Diese Voraussetzungen entsprechen im wesentlichen denen des § 315; vgl. dort RN 10. **Anlagen** sind alle dem Verkehr dienenden Einrichtungen wie Verkehrszeichen, Ampeln, Absperrungen, aber auch die Straße selbst. Zu den **5**

Fahrzeugen rechnen alle Beförderungsmittel, z. B. Straßenbahnen (Neustadt NJW 53, 394), Omnibusse, Kfz usw. Auf die Art des Antriebs kommt es nicht an. Die Tathandlung kann z. B. darin bestehen, daß die Bremsleitung beschädigt wird (BGH NJW 85, 1036). Über **Beschädigen, Zerstören** vgl. § 303 RN 7ff., über **Beseitigen** vgl. § 315 RN 10. Zu beachten ist, daß die Zerstörung usw. zu einer Beeinträchtigung der Sicherheit des Straßenverkehrs geführt haben muß; § 315b enthält nicht den Fall einer bloß gemeinschädlichen Sachbeschädigung. Die Beschädigung eines Fahrzeugs als solche fällt daher nicht unter Nr. 1 (vgl. Bay NStZ/J 88, 544, Horn SK 7).

6 2. **Hindernisse bereitet.** Hierunter ist jede Einwirkung auf den Straßenkörper zu verstehen, die geeignet ist, den reibungslosen Verkehrsablauf zu hemmen oder zu gefährden (Hamm VRS 30 356). Dies kann zunächst durch **verkehrsfremde Eingriffe**, d. h. durch Einwirkungen geschehen, die von außen her kommen und zu Verkehrsvorgängen nicht in Beziehung stehen, wie z. B. Spannen von Drähten, Werfen von Holzscheiten auf die Autobahn (BGH VRS 45 38), Legen einer Telegrafenstange über die Fahrbahn (BGH VRS 13 125), das Treiben von Tieren auf die Autobahn (LG Lübeck SchlHA 62, 202) oder das Schieben eines fremden Kfz auf die Fahrbahn (Bay 79, 40). Vgl. auch BGH NJW 60, 2013, KG VRS 12 372, Hamm VkBl. 66, 68 (andere gefährdendes Schließen einer Bahnschranke). Dem steht das Herbeiführen eines Hindernisses durch Unterlassen gleich, sofern eine Pflicht zur Erfolgsabwendung besteht, z. B. bei der unterlassenen Sicherung einer Baustelle (BGH VRS 16 29, KG VRS 12 372).

7 Auf Verkehrsvorgänge des **fließenden** oder **ruhenden** Verkehrs (z. B. Mißachten der Vorfahrt, Wenden auf der Autobahn, verbotswidriges Halten) ist § 315b grundsätzlich nicht anwendbar, da alle Verkehrsvorgänge, die wegen ihrer Gefährlichkeit als Vergehen geahndet werden sollen, durch den Katalog des § 315c I Nr. 2 abschließend erfaßt sind (vgl. BGH 22 7, 23 4, Stuttgart DAR 65, 276, Frankfurt DAR 67, 223, D-Tröndle 5, Cramer 4, vgl. auch § 315c RN 23). Auch andere als die dort genannten Verhaltensweisen können deshalb nicht unter § 315b I Nr. 2 oder 3 fallen (Hamm NJW 65, 2167, Rüth LK 12). Dabei ist unerheblich, ob der Verkehr durch das falsche Verkehrsverhalten als solches (z. B. Vorfahrtsverletzung, falsches Parken) oder erst durch dessen Folgeerscheinung (z. B. Loslösen von Rädern: Stuttgart DAR 65, 276; Herunterfallen der Ladung: Karlsruhe VRS 19 291; Abrollen eines unzureichend gesicherten Fahrzeugs: Bay VRS 47 27) behindert wird. Der Grund für diese Privilegierung gefährlicher oder fehlerhafter Verkehrsvorgänge gegenüber verkehrsfremden Eingriffen ist darin zu sehen, daß auch der verkehrswidrig Fahrende als ein am eigenen Fortkommen interessierter Verkehrsteilnehmer zu betrachten ist und daher nicht die gleiche Mißbilligung verdient wie derjenige, der durch Eingriffe von außen her den Straßenverkehr behindert (Cramer 3 f.). Soweit nach diesen Grundsätzen ein Hindernisbereiten entfällt, bleibt im Einzelfall zu prüfen, ob nicht aus pflichtwidrigem **Unterlassen** eine Verantwortlichkeit nach § 315b I Nr. 3 begründet sein kann (z. B. der Fahrer läßt die abgesprungenen Räder auf der Fahrbahn liegen); vgl. BGH 7 311. Vgl. u. 11.

8 Anwendung findet § 315b dagegen auf **Verkehrsvorgänge,** die der Sache nach **verkehrsfremde** Eingriffe darstellen. Das ist jedoch nicht schon bei jeder objektiv behindernden Verkehrsteilnahme der Fall, und zwar selbst dann nicht, wenn sie gänzlich aus dem Rahmen dessen fällt, was im Verkehr – wenn auch verbotenermaßen – vorzukommen pflegt (so aber früher ein Teil der Rspr.: vgl. BGH 15 34, NJW 60, 2011, Bay MDR 61, 1034, Hamm VRS 27 202); entscheidend ist vielmehr die **bewußte Zweckentfremdung** des Fahrzeugs (BGH NStE **Nr. 5,** Düsseldorf VRS 75 352), so wenn es absichtlich als Mittel der Verkehrsbehinderung benutzt wird (z. B. Querstellen eines Möbelwagens, um eine Barrikade zu errichten, vgl. Bay 79 40, oder absichtliches Versperren der Fahrbahn durch Schneiden, BGH 21 301, 22 71, 23 4, Oldenburg VRS 32 274, Hamm GA 74, 181, oder absichtliches Bremsen, um einen Auffahrunfall zu verursachen, BGH VRS 53 355, Fleischer NJW 76, 880; vgl. auch BGH 7 379, Koblenz StVE **Nr. 3**, Düsseldorf VRS 77 282, Stuttgart NJW 76, 2224f., Cramer 4, 15, Rüth LK 21). Hier kommt § 315b I Nr. 2 zum Zuge (and. Solbach/Kugler JR 70, 121).

9 3. Einen **ähnlichen, ebenso gefährlichen Eingriff** vornimmt. Die Nr. 3 enthält ebenso wie § 315 Nr. 4 eine Generalklausel, die sonstige verkehrsgefährliche Eingriffe unter der Voraussetzung erfaßt, daß sie an Bedeutung den in Nr. 1 und 2 genannten Handlungen gleichkommen (BGH VRS 40 105, 43 34, 45 185, Cramer 16). Die Bestimmung ist nicht verfassungswidrig (BGH 22 365). Sie gestattet nicht etwa eine Analogie, sondern gewährt durch die Merkmale der Gefährlichkeit und der Beeinträchtigung der Sicherheit des Straßenverkehrs eine hinreichende tatbestandliche Bestimmtheit (Rüth LK 23, Mayr BGH-FG 277; and. Isenbeck NJW 69, 174). Anerkennt man, daß die Behinderung des Verkehrs durch Verkehrsvorgänge nur über § 315c erfaßt werden kann, so scheiden auch hier alle Verhaltensweisen aus, die sich als Teilnahme am Straßenverkehr und daher nicht als eine bewußte Zweckentfremdung des Fahrzeugs zu verkehrsfeindlichen Zwecken darstellen (vgl. Bay VRS 77 284, Düsseldorf VRS 74 441). Im einzelnen ist allerdings vieles streitig; insb. stellt die Rspr. immer wieder auf den Einzelfall ab, wobei sie einerseits die besondere Gefährlichkeit des Verkehrsvorgangs, andererseits die innere Einstellung des Täters, insb. den von ihm verfolgten Zweck, als ausschlaggebend ansieht.

Ein **gefährlicher Eingriff** soll nach st. Rspr. (vgl. BGH 22 6, 75, 23 4, VRS 53 109, NStZ 85, 267, StVE **Nr. 24**, Bay DAR/R **71**, 205, **76**, 175, DAR **85**, 356, Köln VRS **69** 30) beispielsweise dann vorliegen, wenn der Fahrzeugführer **gezielt** auf einen **Menschen zufährt,** da hier ähnlich wie in Nr. 2 die bewußte Zweckentfremdung des Fahrzeugs die Sperre des § 315 c beseitige. Die Rspr. ist allerdings kaum auf eine einheitliche Linie zu bringen und dürfte wohl eher an Strafwürdigkeitsgesichtspunkten orientiert sein (Cramer JZ 83, 812, vgl. auch Ranft Jura 87, 611). So soll etwa bei langsamen Zufahren auf einen anderen (BGH **26** 51, VRS **40** 104, **44** 437, VM **81**, 41, NStZ **87**, 225) sowie dann, wenn der Fahrer auf einer hinreichend breiten Straße an dem anderen Verkehrsteilnehmer vorbeifahren will (BGH StVE **Nr. 11**, Bay DAR/R **76**, 175, **78**, 209, Düsseldorf StVE **Nr. 9**), kein entsprechend gefährlicher Eingriff vorliegen; etwas anderes soll jedoch gelten, wenn der Fahrer in Verletzungsabsicht auf einen Fußgänger mit 20 km/h (in diesem Fall soll es nach BGH NStE **Nr. 3** auf die gefahrene Geschwindigkeit überhaupt nicht ankommen; ähnl. Koblenz VRS **74** 198) zufährt (BGH JZ **83**, 811 m. Anm. Cramer, NStZ/J **85**, 541, NStZ **87**, 225) oder der Person erst im letzten Augenblick ausweichen will (BGH **26** 176 m. Anm. Meyer-Gerhards JuS 76, 228). Auch der Versuch, einen Polizisten oder eine andere Person, die sich am Fahrzeug festgeklammert hat, durch schnelles Beschleunigen oder Zickzack-Fahren abzuschütteln, soll als gefährlicher Eingriff in Betracht kommen (BGH VRS **56** 141, 189), sofern das Fahrzeug als Nötigungsmittel eingesetzt wurde (BGH **28** 91, Düsseldorf NJW **82**, 1111), z. B. so, daß der aussteigewillige Mitfahrer sich von dem Kfz nicht mehr lösen kann und mitgeschleppt wird (BGH StVE **Nr. 30**). Dagegen scheidet mangels Absicht § 315b aus, wenn der Beifahrer ins Steuer greift, um den Fahrer zum Anhalten zu veranlassen (BGH MDR/H **89**, 1053, Hamm NJW **69**, 1976, Ranft Jura 87, 609). Die Voraussetzung dieser Vorschrift wurde ferner bejaht, wenn ein Fahrzeugführer mit Vollgas auch den Bürgersteig fährt, um gegenüber einer Gruppe von Fußgängern einen Durchbruchsversuch zu unternehmen (BGH **22** 365), oder um die Fußgänger zu veranlassen, ihm sofort den Weg freizumachen (BGH StVE **Nr. 6**, DAR **86**, 325, VM **87**, 1). Nach BGH **34** 325 liegt auch ein ebenso gefährlicher Eingriff vor, wenn einem Radfahrer von hinten ein Tuch über den Kopf geworfen und er zu Boden gerissen wird. Auch das Mitnehmen eines anderen auf der Kühlerhaube eines Kfz bei hoher Geschwindigkeit und schlechten Festhaltemöglichkeiten des Opfers kommt nach der Rspr. einem gefährlichen Eingriff gleich (BGH **26** 5, vgl. auch VRS **71** 194); ebenso das bewußte Auffahren auf ein vorausfahrendes Kfz (Bay DAR/R **78**, 209) oder ein nicht verkehrsbedingtes plötzliches, **starkes Abbremsen** (Cellc DAR **85**, 125, Düsseldorf StVE **Nr. 23**, DAR **87**, 232, VRS **77** 280, Bay DAR/B **88**, 366). Wer die Vorfahrt durch **plötzliches Beschleunigen** in einem Zeitpunkt erzwingt, in dem der Wartepflichtige sich darauf nicht mehr einstellen kann, soll einen gefährlichen Eingriff vornehmen (BGH VRS **53** 355). Zur Frage, ob die Abgabe eines Schusses einen solchen Eingriff darstellt, vgl. BGH **25** 306, Mayr BGH-FG 277. Ebenso soll im **Abdrängen von der Fahrbahn** ein besonders gefährlicher Eingriff liegen (Koblenz BA **87**, 285). Nach Bay VRS **46** 287 m. Anm. Rüth JR **75**, 28 kommt auch die mangelhafte und unterlassene Reparatur des Kfz als gefährlicher Eingriff in Betracht (dagegen Solbach/Kugler JR 70, 121). Der Grundsatz, daß Vorgänge des fließenden und ruhenden Verkehrs nur dann durch § 315b erfaßt werden, wenn der Täter einen gefährlichen Eingriff in den Straßenverkehr bezweckt, gilt auch für **Mitfahrer,** die durch ihr Verhalten Einfluß auf den Verkehrsvorgang nehmen (Hamm NJW **69**, 1975). Als derartiger Eingriff ist daher das Abziehen des Zündschlüssels eines fahrenden Wagens durch einen Mitfahrer zu bewerten, wenn dadurch die Lenkradsperre einrastet (Karlsruhe NJW **78**, 1391). Zur Frage, inwieweit das Geben falscher Signale und Zeichen, sofern sie nicht durch Verkehrsteilnehmer vorgenommen werden, Nr. 3 unterfällt, vgl. Hartung NJW 53, 884. Besonders problematisch ist die Beurteilung von sog. **„Geisterfahrern",** d. h. Kraftfahrern, die den Fahrstreifen einer Autobahn oder Kraftfahrstraße in entgegengesetzter Richtung benutzen. Nach den hier genannten Grundsätzen liegt ein besonders gefährlicher Eingriff jedenfalls dann vor, wenn der Täter es von vornherein darauf angelegt hat, die Autobahn in entgegengesetzter Richtung zu befahren, um z. B. mutwillig Unfälle oder schwere Verkehrsgefährdungen zu verursachen (and. Solbach/Kugler JR 70, 121). Dieser Situation wird man gleichstellen müssen, wenn ein Verkehrsteilnehmer zunächst unvorsätzlich in die falsche Richtung einbog, dann aber in Erkenntnis der Situation kilometerweit weiterfährt, um nach einer Wendemöglichkeit zu suchen (Stuttgart NJW **76**, 2225, Rüth JR 77, 256, and. Stuttgart StVE **Nr. 13** m. Anm. Kürschner JR 80, 472; vgl. auch Henschel NJW 81, 1079, Dvorak DAR 79, 32). Diese Grundsätze gelten auch nach der inzwischen erfolgten Änderung des § 315c (vgl. dort RN 22a), weil ein derartiges Verkehrsverhalten seinen Charakter als gefährlichen Eingriff in den Straßenverkehr durch eine Erweiterung des Kataloges des § 315c I Nr. 2 nicht verliert. **Nicht** als „Eingriff" i. S. der Nr. 3 kommen dagegen das bloße Blenden eines entgegenkommenden Verkehrsteilnehmers (Frankfurt NJW **56**, 1210) oder das Fahren ohne Führerschein oder ohne hinreichende Übung (Hamm NJW **55**, 114, Rüth LK 25) in Betracht. Diese Fälle sind jetzt durch § 315c I Nr. 2f erfaßt (vgl. dort RN 22a).

11 Ein gefährlicher Eingriff kann auch durch **Unterlassen** vorgenommen werden (Cramer 18, D-Tröndle 4c), wenn eine Rechtspflicht besteht, die Gefahrenquelle zu beseitigen (vgl. § 13 RN 32). Ein solcher kann z. B. darin bestehen, daß der Täter es unterläßt, ein durch einen Unfall geschaffenes Hindernis (BGH **7** 311, Bay NJW **69**, 2026, VRS **77** 284 [Ölspur], Hamm StVE **Nr. 5**), die Leiche eines Unfalltoten (vgl. Oldenburg VRS **11** 53), von einem Fahrzeug herabgefallene Ladung (vgl. Karlsruhe NJW **60**, 2018) oder ein abgesprungenes Rad (vgl. Celle NdsRPfl. **70**, 46) alsbald zu beseitigen. Diese Fälle können nicht als Hindernisbereiten nach Nr. 2 angesehen werden, weil hier einerseits das Hindernis durch einen Verkehrsvorgang geschaffen wurde, der für die Anwendbarkeit des § 315b gerade nicht ausreicht (vgl. o. 10) und andererseits wegen der Äquivalenzklausel des § 13 das Nichtbeseitigen eines Hindernisses nicht einem Vorgang gleichgestellt werden kann, durch den ein solches bereitet wird. Ist das Hindernis aber durch einen Verkehrsvorgang kausal verursacht worden, so kann die Nichtbeseitigung von Nr. 3 erfaßt werden (Cramer 18; dagegen nehmen ein Hindernisbereiten [Nr. 2] durch Unterlassen an Bay NJW **69**, 2026, Oldenburg VRS **11** 51, Hamm StVE **Nr. 5**, Horn SK 14, Rüth LK 22).

12 **III.** Durch den Eingriff muß eine **konkrete Gefahr** für **Leib** oder **Leben** eines anderen oder für **fremde Sachen** von bedeutendem Wert entstehen. Eine Gemeingefahr ist nicht erforderlich, vgl. hierzu 8 ff. vor § 306. Zum **Begriff der Gefahr** vgl. 5 vor § 306; zum Merkmal bedeutender Sachwert vgl. 14 ff. vor § 306. Der Eintritt der Gefahr muß im **konkreten Fall nachgewiesen** werden (vgl. § 315c RN 29 f.). Es ist nicht erforderlich, daß die Gefahr einem Verkehrsteilnehmer zugefügt wird. Da jedoch Kausalzusammenhang zwischen der Beeinträchtigung der Verkehrssicherheit und der Gefahr für Leib, Leben oder Eigentum gegeben sein muß, ist zu verlangen, daß die Gefahr auf einen infolge der Einwirkung des Täters regelwidrig ablaufenden Verkehrsvorgang zurückzuführen ist. Verletzt z. B. ein LKW-Fahrer, der einem Hindernis ausweichen muß, einen auf dem Feld arbeitenden Bauern, so ist § 315b gegeben. An diesem Zusammenhang fehlt es dagegen, wenn beim Fällen eines Baumes, der als Hindernis dienen soll, Passanten gefährdet werden. Durchtrennt z. B. der Täter den Bremsschlauch eines Fahrzeugs, tritt für den Fahrer und sein Fahrzeug idR schon dann eine konkrete Gefährdung ein, wenn er das defekte Fahrzeug startet, um am Straßenverkehr teilzunehmen (BGH NJW **85**, 1036). Obwohl das Fahrzeug in Bewegung gesetzt wurde, hat der BGH (NZV **89**, 119 m. Anm. Berz) aber eine konkrete Gefahr für den Fall verneint, daß der Fahrer sein Kfz noch auf dem Parkplatz nach wenigen Metern anhält. Angesichts der dort gefahrenen Geschwindigkeiten sei bei einem Unfall regelmäßig Personen- oder erheblicher Sachschaden nicht zu befürchten, so daß nur eine Versuchsstrafbarkeit in Betracht komme.

13 **IV.** Hinsichtlich des **subjektiven Tatbestandes** differenziert § 315b ähnlich wie § 315 (vgl. auch dort RN 15 ff.). Bei **Abs. 1** muß sich der Vorsatz auf alle Merkmale des objektiven Tatbestandes, einschließlich der Gefahr erstrecken. Er setzt beim Täter das Bewußtsein voraus, daß die geschützten Rechtsgüter (Leib, Leben und Sachwert) durch sein Verhalten in konkrete Gefahr gebracht werden. Im Falle des Abs. 1 Nr. 3 fehlt es am Vorsatz, wenn der Täter das Fahrzeug lediglich als Fluchtmittel, nicht aber in bewußter Zweckentfremdung zu dem Eingriff benutzt (BGH VRS **53** 31, NStZ **85**, 267). **Abs. 4** setzt voraus, daß der Täter die in Abs. 1 beschriebene Handlung vorsätzlich verwirklicht und dadurch vorsätzlich die Sicherheit des Straßenverkehrs beeinträchtigt hat. Die Gefahr für Personen oder Sachgüter braucht er nur fahrlässig verursacht zu haben. Teilnahme ist wegen § 11 II nach den allgemeinen Regeln möglich (§ 11 RN 73 ff.). **Abs. 5** setzt Fahrlässigkeit hinsichtlich aller in Betracht kommenden Merkmale voraus. Bei denjenigen Begehungsmodalitäten, die ein bewußt verkehrsfeindliches Verhalten des Täters verlangen, ist eine fahrlässige Begehung begrifflich ausgeschlossen (BGH **23** 4, VM **79**, 9, Karlsruhe NJW **78**, 1391, VRS **68** 452).

14 **V.** Die **Versuchsstrafbarkeit** ist wie bei § 315 geregelt; vgl. dort RN 20. Zum **Rücktritt** nach Abs. 6 vgl. § 315 RN 21.

15 **VI.** Die **Strafdrohung** ist in ähnlicher Weise wie bei § 315 differenziert (vgl. dort RN 22). Qualifiziert ist die Tat, wenn der Täter in der Absicht handelt, einen Unglücksfall (vgl. § 315 RN 22, § 323c RN 5 ff.) herbeizuführen oder eine andere Straftat zu ermöglichen oder zu verdecken (vgl. hierzu § 211 RN 30 ff.).

16 **VII. Idealkonkurrenz** ist möglich mit §§ 211 ff., 223 ff., 303 ff. (zust. Cramer 28, Rüth LK 33, BGH VRS **56** 140, **63** 119; and. Braunschweig VRS **32** 371), weil eine Verurteilung aus § 315b weder aussagt, ob eine Verletzung oder nur eine Gefährdung vorliegt, noch ob Leib und Leben oder nur Eigentum verletzt wurden. Werden mehrere Personen gefährdet, dann kommt gleichartige Tateinheit in Betracht (and. BGH NJW **89**, 2550); vgl. § 315c RN 44, während bei Gefährdung verschiedener Sachen nur eine Tat nach § 315b anzunehmen ist (vgl. hierzu § 52 RN 23 ff.). Mit § 323c ist Idealkonkurrenz möglich, wenn § 315b durch Unterlassen begangen wird und Hilfeleistung nötig ist, um andere als die durch § 315b erfaßten Gefahren zu beseitigen, so z. B., wenn der Täter den bei einer Schlägerei Verletzten auf der Fahrbahn liegen läßt (vgl. jedoch Oldenburg VRS **11** 54). Auch mit § 113 kommt Idealkonkurrenz in Betracht (BGH VRS **49** 177); gleiches gilt für § 22 StG (BGH **22** 76). Mit § 315c kommt dagegen nur Gesetzeskonkurrenz mit Vorrang des § 315b in Betracht, soweit dieser überhaupt durch Vorgänge des fließenden oder ruhenden Verkehrs verwirklicht werden kann, so etwa, wenn ein Betrunkener absichtlich auf einen Polizisten losfährt (vgl. o. 9f., Cramer 29, Horn SK 27; and. Rüth LK 33, BGH 22 75 f., VRS 49 177, BGH NStE § 315 c Nr. 1, § 315 c Nr. 3); denn beide Vorschriften bestrafen gleichermaßen sowohl die Beeinträchtigung der Sicherheit des Straßenverkehrs wie die Herbeiführung einer konkreten (und hier derselben) Gefahr.

§ 315 c Gefährdung des Straßenverkehrs

(1) Wer im Straßenverkehr
1. ein Fahrzeug führt, obwohl er
   a) infolge des Genusses alkoholischer Getränke oder anderer berauschender Mittel oder
   b) infolge geistiger oder körperlicher Mängel
   nicht in der Lage ist, das Fahrzeug sicher zu führen, oder
2. grob verkehrswidrig und rücksichtslos
   a) die Vorfahrt nicht beachtet,
   b) falsch überholt oder sonst bei Überholvorgängen falsch fährt,
   c) an Fußgängerüberwegen falsch fährt,
   d) an unübersichtlichen Stellen, an Straßenkreuzungen, Straßeneinmündungen oder Bahnübergängen zu schnell fährt,
   e) an unübersichtlichen Stellen nicht die rechte Seite der Fahrbahn einhält,
   f) auf Autobahnen oder Kraftfahrstraßen wendet, rückwärts oder entgegen der Fahrtrichtung fährt oder dies versucht oder
   g) haltende oder liegengebliebene Fahrzeuge nicht auf ausreichende Entfernung kenntlich macht, obwohl das zur Sicherung des Verkehrs erforderlich ist,

und dadurch Leib oder Leben eines anderen oder fremde Sachen von bedeutendem Wert gefährdet, wird mit Freiheitsstrafe bis zu fünf Jahren oder mit Geldstrafe bestraft.

(2) In den Fällen des Absatzes 1 Nr. 1 ist der Versuch strafbar.

(3) Wer in den Fällen des Absatzes 1
1. die Gefahr fahrlässig verursacht oder
2. fahrlässig handelt und die Gefahr fahrlässig verursacht,

wird mit Freiheitsstrafe bis zu zwei Jahren oder mit Geldstrafe bestraft.

Schrifttum: Cramer, Unfallprophylaxe durch Strafen und Geldbußen?, 1975. – *ders.*, Überlegungen zu einem Dritten Straßenverkehrssicherungsgesetz, VOR 74, 21. – *Demuth*, Der Einfluß der neuen StVO auf § 315c StGB, JurA 71, 383. – *Dvorak*, Geisterfahrer, DAR 79, 32. – *Geppert*, Rechtfertigende Einwilligung ... bei Fahrlässigkeitstaten im Straßenverkehr, ZStW 83, 947. – *Grohmann*, Zur Rücksichtslosigkeit i. S. v. § 315c Abs. 1 Nr. 2 StGB, DAR 75, 260. – *Händel*, Beeinträchtigung der Verkehrstauglichkeit durch Arzneimittel und Verantwortlichkeit des Arztes, NJW 65, 1999. – *Hartung*, Das zweite Gesetz zur Sicherung des Straßenverkehrs, NJW 65, 86. – *ders.*, Nochmals: Fremde Sachen von bedeutendem Wert in den §§ 315a, 315c und 315d StGB, NJW 67, 909. – *Haubrich*, Verkehrsrowdytum auf Bundesautobahnen und seine strafrechtliche Würdigung, NJW 89, 1197. – *Hillenkamp*, Verkehrsgefährdung durch Gefährdung des Tatbeteiligten, JuS 77, 166. – *Kempgens*, Hilft die Rspr. den Ermittlungsbehörden?, DAR 72, 13. – *Koch*, Das Tatbestandsmerkmal „rücksichtslos" des § 315c Abs. 1 Nr. 2 StGB in der Praxis, DAR 70, 322. – *Lackner*, Das Zweite Gesetz zur Sicherung des Straßenverkehrs, JZ 65, 92, 120. – *Langrock*, Zur Einwilligung in die Verkehrsgefährdung, MDR 70, 982. – *Lienen*, Das Zusammentreffen von Vorsatz und Fahrlässigkeit bei Verkehrsdelikten, DAR 60, 223. – *Mayr*, Die Tatbestände der Straßenverkehrsgefährdung in der Rechtsentwicklung, BGH-FG 273. – *Mollenkott*, Fahrlässige Rücksichtslosigkeit bei § 315c StGB und Entziehung der Fahrerlaubnis, BA 85, 298. – *Nüse*, Die neuen Vorschriften zur Sicherung des Straßenverkehrs, JR 65, 41. – *R. Peters*, Zum Merkmal „rücksichtslos" im Tatbestand der Straßenverkehrsgefährdung, DAR 80, 45. – *Ranft*, Delikte im Straßenverkehr, Jura 87, 608. – *H. W. Schmidt*, Öffentlicher Straßenverkehr, DAR 63, 345. – *Schweling*, Der Begriff „rücksichtslos" im Verkehrsrecht, ZStW 72, 464. – *Warda*, Das Zweite Gesetz zur Sicherung des Straßenverkehrs, MDR 65, 1. – *Zimmermann*, Straßenverkehrsgefährdung durch Rücksichtslosigkeit, MDR 87, 364. – Vgl. die Nachweise bei § 316.

I. Die Vorschrift setzt nicht ausdrücklich voraus, daß die **Sicherheit** des **Straßenverkehrs** 1 beeinträchtigt wird, geht jedoch davon aus, daß dies der Fall ist, wenn jemand im Straßenverkehr eine der in § 315c bezeichneten Handlungen vornimmt (vgl. Lackner JZ 65, 92ff., 103, Mayr BGH-FS 273). Über den Begriff des Straßenverkehrs vgl. § 142 RN 5, Cramer 4.

Die Herbeiführung einer **Gemeingefahr** ist **nicht** erforderlich. Es genügt eine konkrete 2 Individualgefahr. Daraus ist zu schließen, daß das Delikt in erster Linie Individualrechtsgüter schützt (zur Konstruktion vgl. § 315 RN 1). Über die Konsequenzen für die Einwilligung des Gefährdeten vgl. u. 33 und für die Konkurrenzen vgl. u. 40ff.

3   II. Die Bestimmung greift die **gefährlichsten Verhaltensweisen** im Straßenverkehr heraus und gestaltet sie zu Vergehen aus, wenn durch sie eine Gefahr für Leib oder Leben eines anderen oder fremde Sachen von bedeutendem Wert herbeigeführt wurde.

4   1. Abs. 1 **Nr. 1** regelt die Fälle des Führens eines Fahrzeuges im Zustand der Fahrunsicherheit.

5   a) **Fahrzeuge** i. S. der Nr. 1 sind nicht nur Kfz (auch Mopeds, Frankfurt NJW **55**, 1330, und Bagger, Düsseldorf VM **78**, 34), sondern Fahrzeuge jeder Art, die zur Beförderung von Personen oder Sachen dienen und am Verkehr auf der Straße teilnehmen. Nicht hierher gehören die besonderen Fortbewegungsmittel nach § 24 StVO, also etwa Rodelschlitten, Kinderwagen und Roller. Krankenfahrstühle, die nicht von Fußgängern geschoben, also von dem Kranken entweder mit Muskelkraft oder bei maschinellem Antrieb gelenkt werden, sind dagegen Fahrzeuge i. S. des § 315c (Cramer § 24 StVO RN 34, vgl. auch Rüth LK 3, J-Hentschel § 316 RN 2).

6   b) Zum **Führen** eines **Fahrzeugs** vgl. § 316 RN 7ff. Die Tat muß im Verkehr begangen worden sein. Es genügt auch ein Verkehr auf Schienenbahnen usw. (vgl. § 315).

9   c) Der Täter muß infolge seines Zustandes **unfähig** gewesen sein, das **Fahrzeug sicher zu führen**. Die Maßstäbe für die Fahrunsicherheit sind nicht bei allen Verkehrsarten die gleichen (Hamm VRS **37** 26); vgl. zur Fahrunsicherheit § 316 RN 3ff.

10 α) Die Eigenschaft der Fahruntüchtigkeit des Täters muß nach Nr. 1 a durch den **Genuß alkoholischer Getränke** oder **anderer berauschender Mittel** (vgl. § 316 RN 3ff.) herbeigeführt worden sein. Der Täter muß jedoch noch zurechnungsfähig sein, da sonst – abgesehen von den Fällen der sog. actio libera in causa – nur § 323 a anwendbar ist. Über den Genuß geistiger Getränke usw. vgl. § 323 a RN 7, § 64 RN 3. Über die Medikamente, die zu einer Beeinträchtigung der Fahrtüchtigkeit führen können, vgl. die Übersicht bei Händel NJW 65, 2000. Zur Frage des Zusammenwirkens von Alkohol und Medikamenten vgl. u. 12.

11 β) Auch beim Führen eines Kraftfahrzeuges trotz **geistiger oder körperlicher Mängel** ist Voraussetzung, daß der Täter sich infolge der Mängel nicht sicher im Verkehr bewegen kann. Die Bestimmung findet daher keine Anwendung, wenn Vorkehrungen getroffen sind, die eine Gefährdung des Verkehrs verhindern (Hörgeräte bei Schwerhörigen, Prothesen usw.). Worauf der Mangel beruht und ob er chronischer oder vorübergehender Natur ist, ist bedeutungslos. In Betracht kommen geistige Erkrankungen, Epilepsie, hohes Alter, Kurzsichtigkeit, ferner die Beeinträchtigung durch einen gerade überstandenen Herzinfarkt (LG Heilbronn VRS **52** 188). Aber auch eine extreme Übermüdung gehört hierher (vgl. BGH VRS **14** 284, Jagusch 14). Nicht jedoch die bloße Ermüdung nach langem Tagewerk (Köln NZV **89**, 358). Dagegen zählt nicht zu diesen Mängeln die Unkenntnis in der Bedienung des Fahrzeugs (Hamm JMBlNRW **65**, 81). Im Verhältnis zur Trunkenheit ist der 2. Fall von § 315c Abs. 1 Nr. 1 das allgemeine Delikt gegenüber dem speziellen (BGH VRS **41** 95, Düsseldorf NJW **57**, 1567).

12 γ) Unerheblich ist, ob die Fahruntauglichkeit allein auf dem Genuß geistiger Getränke oder allein auf körperlichen und geistigen Mängeln beruht oder ob sie sich aus dem **Zusammenwirken mehrerer Ursachen** ergibt, also z. B. Alkohol und Medikamente (Düsseldorf VRS **23** 443, Celle NJW **63**, 2385, Oldenburg DAR **63**, 304, Hamburg DAR **65**, 27, Frankfurt VRS **29** 476, Bay NJW **69**, 1583, BA **80**, 220 m. Anm. Hentschel, Hamm BA **78**, 454, Krumme 32f., Osterhaus BA 64, 395, Schneider BA 64, 415, zu einem Fall einer besonders geringen BAK und der Einnahme von Medikamenten vgl. Köln BA **77**, 124) oder Alkohol und Ermüdung (vgl. Köln StVE **Nr. 14** zu § 316 StGB). Anders als bei § 323 a (vgl. dort RN 9) kommt es demnach hier auch nicht darauf an, daß die Fahrtüchtigkeit etwa in entscheidendem Maße auf Alkoholgenuß zurückzuführen ist. Dies ergibt die Gleichwertigkeit beider Ursachen nach Nr. 1 a und b (mißverständlich Bay VRS **59** 338).

13 d) Der Feststellung einer grob **verkehrswidrigen** oder **rücksichtslosen** Fahrweise bedarf es zur Anwendung der Nr. 1 **nicht** (BGH VRS **16** 132).

14 2. Abs. 1 **Nr. 2** regelt die Fälle des grob verkehrswidrigen und rücksichtslosen Verstoßes gegen elementare Verkehrspflichten. Obwohl die Vorschrift Regelwidrigkeiten im Verkehr gegenüber verkehrsfremden Eingriffen nach § 315b privilegiert, kann im Einzelfall bei der Pervertierung eines Verkehrsvorganges (§ 315b RN 10) die Anwendung dieser Vorschrift in Betracht kommen; vgl. u. 22a, 40.

15 a) Zunächst ist die Feststellung der Verletzung einer der in Nr. 2 a–g genannten Verkehrsregeln („7 Todsünden im Straßenverkehr"), die erfahrungsgemäß besonders häufig zu Unfällen führen, erforderlich. Zur Reformbedürftigkeit dieses Katalogs vgl. Cramer VOR 74, 35ff.

16 α) **Mißachtung des Vorfahrtsrechts.** Zu den Vorfahrtfällen zählt jede Verkehrssituation, in der sich die Fahrlinien zweier Fahrzeuge kreuzen oder so stark annähern, daß ein reibungsloser Verkehrsablauf nicht gewährleistet ist (Cramer 18). Hierher gehören also auch das Kreuzen des Gegenverkehrs (BGH **11** 220, Hamm NJW **57**, 1528), die Begegnung in einer Engstelle (Olden-

burg VRS **42** 35, KG VRS **46** 192) sowie das Einfahren in eine Autobahn (BGH **13** 129, Frankfurt VRS **46** 191). Die Vorfahrt i. S. v. § 315c verletzt nicht, wer aus der linken über die rechte Fahrspur abbiegt und einen hier fahrenden Kraftfahrer behindert (Stuttgart VRS **43** 274). Es muß sich immer um die Verletzung einer Vorfahrtsregelung im gesetzestechnischen Sinn sein (§§ 6, 8, 9 III u. IV, 10, 18 III StVO) handeln (Horn SK 10, Lackner 4c aa, Rüth LK 37), ein Verstoß gegen § 1 (Bay DAR/R **74**, 178) oder § 11 StVO (Cramer 18) genügt nicht; der Vorrang des Fußgängers gegenüber dem abbiegenden Fahrzeug (§ 9 II 3 StVO) fällt – ebenso wie der in Nr. 2c besonders geregelte Vorrang an Fußgängerüberwegen – nicht unter 2a (Düsseldorf VRS **66** 354, Cramer 24, Rüth LK 38, Horn SK 10, Lackner 4c aa; and. D-Tröndle 5). Für eine Beschränkung der Nr. 2a auf die Vorfahrt im engeren Sinne der §§ 8, 18 III StVO Demuth JurA **71**, 385f., J-Hentschel 29, vgl. Krumme 100. Zur Nichtbeachtung von Verkehrsampeln vgl. Bay VRS **16** 44. Im einzelnen vgl. Jagusch § 8 StVO m. Anm., Cramer 18f. und § 8 StVO m. Anm.

β) **Falsches Überholen und falsches Verhalten beim Überholvorgang.** Diese Vorschrift **17** erfaßt ein Fehlverhalten sowohl des Überholenden wie auch des überholten Fahrzeugs (vgl. Lackner JZ 65, 124, Nüse JR 65, 42). Das Überholen ist ein zielgerichteter Vorgang, bei dem ein Fahrzeug sich vor ein anderes, das in gleicher Richtung fährt, zu setzen beabsichtigt (BGH VRS **11** 171, Köln MDR **56**, 353). Dies gilt auch, wenn eines der beiden Fahrzeuge aus verkehrsbedingten Gründen kurzfristig anhält (z. B. vor einer Straßenkreuzung [vgl. KG VRS **11** 70] oder vor einer Verkehrsampel [BGH **26** 73]), sofern es sich nur noch im gleichgerichteten Verkehrsfluß befindet, nicht dagegen, wenn es sich an der Fahrbahnseite aufhält, um zu parken oder aus anderen Gründen anzuhalten; dann liegt nur ein Vorbeifahren vor (vgl. BGH VRS **4** 543, **6** 155, **11** 171, Cramer § 5 StVO RN 6ff., vgl. auch Düsseldorf NZV **89**, 317). Auch das Nebeneinanderfahren nach § 7 StVO ist kein Überholen i. S. v. § 315c (Cramer § 7 StVO RN 55, Demuth JurA **71**, 389f.). Es genügt nicht, daß ein Verkehrsteilnehmer unabsichtlich neben ein anderes Fahrzeug gerät (Celle NdsRpfl. **59**, 91, Hamm VRS **27** 69), ebensowenig, daß er nur links fährt (BGH VRS **38** 100).

Ein Fehlverhalten zu **Beginn des Überholens** wird auch dann erfaßt, wenn das Überholen **17a** abgebrochen wurde (Köln VRS **44** 16); es liegt nicht etwa nur Versuch vor (RG HRR **34** Nr. 692, Düsseldorf VM **61**, 30, Frankfurt VM **66**, 68, Hamburg VM **66**, 123, Bremen VRS **32** 473, Bay DAR **68**, 22). Regelmäßig beginnt das Überholen damit, daß der Fahrer mit Überholabsicht auf die andere Fahrbahn ausschert (vgl. Hamburg VM **66**, 68, Bay DAR **68**, 22), und zwar auch dann, wenn er sich noch vorbehalten hat, bei ungünstiger Verkehrssituation sofort wieder zurückzubiegen, selbst wenn das Ausscheren ausschließlich der Orientierung über den Verkehr dienen sollte (Cramer 21; vgl. Düsseldorf VM **66**, 4, Bay DAR **68**, 22; and. Bay DAR/B **88**, 366). In diesem Fall kann auch ein falsches Verhalten beim Überholvorgang vorliegen, wenn der Ausscherende seinerseits gerade überholt wird. Auch ein dichtes Heranfahren an den Vordermann in erkennbarer Überholabsicht kann die Voraussetzungen der Nr. 2b erfüllen (Frankfurt VRS **56** 286, Düsseldorf VRS **77** 281), und zwar auch dann, wenn der Überholende nicht, wie ursprünglich beabsichtigt, links, sondern rechts vorbeifährt (Düsseldorf VRS **66** 355; vgl. auch Haubrich NJW **89**, 1198f.).

Pflichtwidrigkeiten **nach Abschluß** des Überholens reichen dagegen nicht aus (Hamm DAR **17b** **55**, 307, Stuttgart DAR **65**, 103). Abgeschlossen ist der Überholvorgang nicht schon, wenn der Überholende überhaupt einen räumlichen Vorsprung gegenüber dem Überholten erreicht hat (so aber Karlsruhe GA **58**, 156 unter fälschlicher Berufung auf Stuttgart VRS **4** 617), sondern erst, wenn der Überholende den Überholten so hinter sich gelassen hat, daß dieser seine Fahrt unbehindert fortsetzen kann, „wie wenn der Überholungsvorgang nicht stattgefunden hätte" (Braunschweig VRS **32** 375, Stuttgart VM **58**, 23). Das wird häufig erst beim Zurückwechseln auf die ursprüngliche Fahrspur der Fall sein (vgl. Bay VRS **35** 280, Stuttgart VRS **4** 617, VM **58**, 23, DAR **65** 103, Düsseldorf VM **57**, 72, Braunschweig VRS **32** 375). Daher fällt auch ein falsches Verhalten beim Einordnen noch unter Nr. 2b (Düsseldorf VM **78**, 61). Zur Beendigung des Überholens bei mehreren Fahrstreifen für eine Richtung vgl. BGH **25** 293.

Falsches Überholen liegt nicht nur vor, wenn der Täter den Regeln des § 5 StVO zuwider- **18** handelt, also etwa bei mangelnder Sicht (Oldenburg DAR **58**, 222, Bay VRS **35** 280, DAR/R **76**, 175), unter Behinderung des Gegenverkehrs oder des Überholten (Koblenz VRS **47** 416f., NZV **89**, 241) oder regelwidrig rechts überholt (Braunschweig NdsRpfl. **64**, 184, VRS **32** 375), sondern ebenso, wenn beim Überholen andere Verkehrsregeln verletzt werden, die der Sicherheit des Überholvorgangs dienen (Neustadt VRS **9** 363, Köln DAR **58** 21, Hamm VRS **21** 280, **32** 449, Braunschweig VRS **32** 375, Zweibrücken VRS **33** 201, Bay DAR/R **70**, 262, Düsseldorf VM **77**, 88, VRS **62** 44). Auch dichtes bedrängendes Auffahren zum Zwecke des Erzwingens des Sichüberholenlassens ([versuchte] Nötigung) reicht aus (Köln VRS **44** 16, vgl. auch BGH NStE **Nr. 2**, Karlsruhe NJW **72**, 962). Verkehrsverstöße nur gelegentlich des Überholens genügen aber nicht (etwa wenn der Fahrer während des Überholens Gas- und Bremspedal verwechselt, es sei denn, dies beruhe auf Schrecken über plötzlichen Gegenverkehr). Beispiele für **Fehlverhalten des Überholten** sind etwa plötzliches Beschleunigen (Demuth JurA 71, 387f., Cramer 23), Ausscheren nach links (vgl. Nüse JR 65, 42, Stuttgart VRS **43** 275, Koblenz VRS **55** 355) oder Hindern des Überholenden, sich nach rechts einordnen, durch jeweiliges Beschleunigen bzw. Herabsetzen der Geschwindigkeit (Düsseldorf VRS **58** 28).

19 γ) **Falsches Fahren an Fußgängerüberwegen.** Die Regelung dieses Tatbestandes entspringt dem Bedürfnis, grob verkehrswidriges und rücksichtsloses Verhalten gegenüber Fußgängern als Vergehen zu erfassen. Da diese an Fußgängerüberwegen (sog. Zebrastreifen) Vorrecht haben, stellt die Bestimmung eine Ergänzung zu Nr. 2a dar; zu den Verhaltenspflichten an Fußgängerüberwegen vgl. § 26 StVO, Mächtel NJW 66, 641. Vom Schutzbereich der Nr. 2c wird aber auch erfaßt, wer an einem Fußgängerüberweg mit einem Fahrrad wartet und ihn dann radfahrend überquert (Stuttgart VRS **74** 186). Fußgängerüberwege sind nur solche, die durch sog. Zebrastreifen gekennzeichnet sind. Das Vorrecht besteht auch, wenn der Verkehr durch Ampeln geregelt wird (Cramer 24, vgl. Koblenz VRS **49** 314, Cramer, Unfallprophylaxe 151; and. Hamm NJW **69**, 440, Stuttgart NJW **69**, 889). Eine der Regelung für Fußgängerüberwege entsprechende Bestimmung für den ähnlichen Fall des Fußgängervorrangs gegenüber abbiegenden Fahrzeugen nach § 9 III S. 3 StVO fehlt (vgl. dazu Demuth JurA 71, 391, Cramer, Unfallprophylaxe 150).

20 δ) **Zu schnelles Fahren an unübersichtlichen Stellen, Straßenkreuzungen usw.** Vgl. auch § 3 StVO. Wann eine Geschwindigkeit zu hoch ist, läßt sich nur aufgrund der konkreten Verhältnisse des Einzelfalles entscheiden. Wer auf einer bevorrechtigten Straße fährt, muß bei seiner Geschwindigkeit die Anforderungen der Verkehrslage und das Gebot der Rücksicht im Verkehr beachten, kann jedoch darauf vertrauen, daß nicht sichtbare, wartepflichtige Verkehrsteilnehmer sein Vorfahrtsrecht beachten (BGH [VGS] **7** 118). Dementsprechend ist die Vorschrift, soweit sie Fahrzeuge an Kreuzungen und Einmündungen auf bevorrechtigten Straßen erfaßt, zu weit; de lege ferenda wäre hier eine Beschränkung auf Kreuzungen und Einmündungen gleichgeordneter Straßen sinnvoll (Cramer, Unfallprophylaxe 152). Der erforderliche Eintritt einer konkreten Gefahr muß in einem inneren Zusammenhang mit der sich aus dem Vorhandensein einer Straßeneinmündung usw. typischerweise ergebenden besonderen Gefahrenlage stehen; ein bloßes örtliches Zusammentreffen reicht nicht aus (Bay JZ **76**, 291, VRS **64** 371; vgl. u. 30f.). Eine zu große Geschwindigkeit kann nicht nur dann vorliegen, wenn der Täter mit überhöhter Fahrt die Straßenkreuzung usw. überquert, sondern auch, wenn er vor dem Abbremsen vor der Kreuzung eine zu hohe Geschwindigkeit gehabt hat (Bay VRS **61** 212, Hamm VRS **11** 57). Zum Begriff der unübersichtlichen Stelle vgl. BGH **13** 171, VRS **27** 124, **31** 33, Bay VRS **10** 369, **35** 280, Stuttgart DAR **65**, 103, Celle VRS **31** 33, Cramer 28f. **Unübersichtlich** (vgl. Hamm DAR **69**, 275) ist eine Stelle nicht nur dann, wenn die Straßenverhältnisse keinen hinreichenden Überblick über den Straßenverlauf gewähren, sondern auch dann, wenn vorübergehende Umstände wie Nebel, Dunkelheit usw. ein Überblicken der Strecke erschweren (Cramer 29, vgl. Bay VRS **35** 284, NZV **88**, 110, J/Hentschel 37, D-Tröndle 8). Eine unklare Verkehrslage begründet dagegen keine Unübersichtlichkeit i. S. der Ges. (Hamm VM **71**, 8). Neben den unübersichtlichen Stellen, Straßenkreuzungen und -einmündungen nennt das Gesetz Bahnübergänge; darunter sind alle Kreuzungen zwischen Schiene und Straße zu verstehen, unabhängig davon, ob sie beschrankt sind oder nicht (vgl. E 62 Begr. 528, Cramer § 19 StVO RN 4).

21 ε) **Nichteinhalten der rechten Fahrbahnseite an unübersichtlichen Stellen.** Durch die Erfassung dieses Verkehrsvorgangs soll insb. das Kurvenschneiden pönalisiert werden, durch das der Gegenverkehr auf das schwerste gefährdet werden kann (E 62 Begr. 528). Erforderlich ist, daß die rechte Fahrbahnseite wenigstens teilweise nach links überschritten wird (BGH VRS **44** 422). Vgl. § 2 II StVO.

22 ζ) **Wenden und Rückwärtsfahren auf Autobahnen oder Kraftfahrstraßen.** Da der Versuch des Wendens und Rückwärtsfahrens der Vollendung gleichgestellt ist, besteht das Fahrverhalten in dem Unternehmen (§ 11 I Nr. 6) des Wendens oder Rückwärtsfahrens auf Autobahnen oder Kraftfahrstraßen. Es genügt zur Tatbestandserfüllung also jedenfalls der Beginn der Richtungsänderung zum Zwecke des Wendens oder das Anhalten zum Zwecke des Rückwärtsfahrens. Näher zu den Begriffen „Wenden" und „Rückwärtsfahren" Cramer § 18 StVO RN 89 mwN. Ist ein Fahrzeug in die der Fahrtrichtung entgegengesetzten Richtung gebracht, so liegt darin ein Wenden auch dann, wenn eine Weiterfahrt nicht beabsichtigt ist (BGH VRS **53** 307).

22a Durch die OWiGÄndG v. 7. 7. 1986 (BGBl. I 977) sind nunmehr auch die Fälle der sog. „Geisterfahrer" durch § 315c erfaßt. Damit ist klargestellt, daß jedes gefährdende Benutzen der Autobahnen oder Kraftfahrstraßen entgegen der vorgeschriebenen Fahrtrichtung als Straftat erfaßt werden kann. Da die Vorschrift in Abs. 3 auch ein fahrlässiges Handeln und die fahrlässi-

Gefährdung des Straßenverkehrs 23–27 § 315 c

ge Verursachung einer Gefahr erfaßt, ergeben sich keine Strafbarkeitslücken mehr. Bei einer Pervertierung eines derartigen Verkehrsverstoßes (§ 315 b RN 10) bleibt es bei der Anwendbarkeit von § 315 b.

η) **Nichtkenntlichmachen liegengebliebener Fahrzeuge.** In welcher Weise das liegengeblie- 23 bene Fahrzeug kenntlich zu machen ist, beurteilt sich nach § 15 StVO (vgl. Cramer 38, Unfallprophylaxe 153), der jedoch für haltende Fahrzeuge keine Regelung enthält (zu dieser Diskrepanz vgl. auch Demuth Jura 71, 397 f.), so daß für diese auf § 17 IV StVO zurückgegriffen werden muß; reicht die Beleuchtung des haltenden Fahrzeugs zur Sicherung nicht aus, so sind nach § 1 II StVO weitere Maßnahmen erforderlich, bei denen der für die Kenntlichmachung Verantwortliche sich an § 15 StVO zu orientieren hat (vgl. Cramer § 15 StVO RN 9). Unerheblich ist, ob an der betreffenden Stelle ein Halten oder Parken grundsätzlich erlaubt ist.

Wer zur Kenntlichmachung liegengebliebener Fahrzeuge verpflichtet ist, ergibt sich nicht aus 24 dem Tatbestand; dieser stellt nur das Gebot auf, ohne den Kreis der Normadressaten zu nennen. Daher sind die Grundsätze der unechten Unterlassungsdelikte heranzuziehen (vgl. § 13); eine Verpflichtung ergibt sich insb. aus vorausgegangenem Tun (vgl. § 13 RN 32 ff.) und der Verpflichtung als Halter des Fahrzeugs (vgl. § 13 RN 43).

b) Die aufgeführten Verstöße müssen ein **grob verkehrswidriges und rücksichtsloses** Ver- 25 halten darstellen. Dadurch wird erreicht, daß nur solche Verkehrsverstöße Vergehen sind, die sowohl im objektiven wie im subjektiven Bereich aus der Menge der Verkehrszuwiderhandlungen herausragen. Die grobe Verkehrswidrigkeit bezeichnet die objektiv besonders verkehrsgefährdende Bedeutung des Verhaltens, die Rücksichtslosigkeit einen besonderen Grad subjektiver Pflichtwidrigkeit (vgl. Stuttgart NJW **67**, 1766). Grobe Verkehrswidrigkeit und Rücksichtslosigkeit müssen nebeneinander vorliegen (Karlsruhe NJW **57**, 1567, Hamm DAR **69**, 275); sie können nicht mit der gleichzeitigen Erfüllung anderer Modalitäten des § 315 c (z. B. Trunkenheit) begründet werden (BGH VRS **16** 132). Ebensowenig genügt es, daß bei mehreren Verstößen der eine nur grob verkehrswidrig, der andere nur rücksichtslos war (BGH aaO).

α) Objektiv muß danach ein **besonders schwerer Verstoß** gegen die Verkehrsvorschriften 26 vorliegen (Schleswig SchlHA **54**, 257, Braunschweig NdsRpfl. **65**, 278, Stuttgart NJW **67**, 1766, VRS **74**, 187). Ob dies der Fall ist, ist aufgrund einer auf die konkrete Situation bezogenen (Braunschweig VRS **32** 373), jedoch generalisierenden Betrachtungsweise festzustellen. Dabei darf allein aus dem Eintritt einer konkreten Gefahr für andere (vgl. u. 28 ff.) nicht auf einen besonders gefährlichen und damit besonders schwerwiegenden Verkehrsverstoß geschlossen werden (ebenso Ranft Jura 87, 612). Es ist also darauf abzustellen, ob in der konkreten Verkehrssituation der Verkehrsverstoß die Sicherheit des Straßenverkehrs beeinträchtigt hat (Cramer 43, vgl. Rüth LK 31). So kann es bei Verletzung des Vorfahrtsrechts darauf ankommen, ob es sich um übersichtliche Straßenverhältnisse gehandelt hat, ob ein Vorfahrtsschild angebracht ist (Hamm VRS **6** 152, Schleswig VRS **8** 216) oder ob es sich bei der bevorrechtigten Straße um einen Schnellverkehrsweg handelt (vgl. Düsseldorf VM **66**, 3 [Autobahn]). Zur groben Verkehrswidrigkeit bei Nichteinhaltung des Rechtsfahrgebotes vgl. Koblenz VRS **46** 344, Köln VRS **48** 206, Düsseldorf VM **79**, 13. Die doppelte Überschreitung der zulässigen Höchstgeschwindigkeit muß nicht immer grob verkehrswidrig sein (Cramer 43, Jagusch 25; and. Karlsruhe NJW **60**, 546, D-Tröndle 13). Beim Nichtkenntlichmachen liegengebliebener Fahrzeuge wird es entscheidend auf die Verkehrsdichte ankommen. Vgl. auch Braunschweig VRS **32** 273 (Rechtsüberholen), Zweibrücken VRS **33** 201, Koblenz VRS **47** 31 (Schneiden des überholten Fahrzeugs), Düsseldorf VM **74**, 38 (überhöhte Geschwindigkeit an Fußgängerüberweg), Koblenz StVE **Nr. 6** (Überholen durch LKW), Bay DAR/R **78**, 209 (Überholen einer Kolonne auf breiter Straße), **77**, 204 (Überholen mit Einscheren in eine dicht aufgeschlossen fahrende Kolonne).

β) Das Merkmal der **Rücksichtslosigkeit** bezeichnet die **gesteigerte subjektive Vorwerfbar-** 27 **keit**; im wesentlichen durch diese Einstellung wird das Verhalten zu einem mit Strafe zu ahndendem Kriminaldelikt (vgl. Cramer, Unfallprophylaxe 149 f.; für ersatzlose Streichung dieses Merkmals plädiert R. Peters DAR 80, 47 f.; dagegen mit Recht D-Tröndle 14). Daher ist zu fordern, daß dieses Merkmal hinreichend festgestellt wird. Rücksichtslos handelt, wer sich im Straßenverkehr aus eigensüchtigen Gründen über seine Pflichten hinwegsetzt oder aus Gleichgültigkeit von vornherein Bedenken gegen sein Verhalten nicht aufkommen läßt (so die Rspr. im Anschluß an BGH **5** 392; vgl. BGH VRS **23** 289, **30** 286, **50** 343, Köln NJW **54**, 732, VRS **59** 122, Schleswig SchlHA **55**, 338, Celle NJW **57**, 1568, Düsseldorf VM **74**, 37, VRS **75** 353, NJW **89**, 2764, Karlsruhe NJW **60**, 546, Braunschweig GA **66**, 54, VRS **30** 287, **32** 374, Zweibrücken VRS **33** 201, Hamm DAR **69**, 275, Stuttgart DAR **70**, 133, VRS **41** 274, Bay DAR/R **67**, 291, Oldenburg VRS **42** 35, Frankfurt VRS **46** 191 f., Koblenz NZV **89**, 241; vgl auch Haubrich NJW **89**, 1199 f.). Diese Formulierung soll klarstellen, daß rücksichtslos nicht nur ein vorsätzliches (so Lackner MDR 53, 75), sondern auch ein fahrlässiges Verhalten sein kann, wobei für Vorsatzdelikte der erste, für Fahrlässigkeitstaten der zweite Teil der Definition gilt (krit. dazu Cramer, Unfallprophylaxe 149 f.: de lege ferenda sollten die Worte „grob verkehrswidrig und rücksichtslos" durch den Begriff „grobe Nichtbeachtung der Belange der Verkehrssicherheit" ersetzt werden; gegen diese Definition der fahrlässigen Rücksichtslosigkeit Zimmermann MDR 87, 366). Für die Beurteilung der Rücksichtslosigkeit kommt es – ebenso wie bei der groben Verkehrswidrigkeit (o. 26) – auf die konkreten Umstände des Einzelfalls an (BGH VRS 50 342). Auch in Fällen nur unbewußter Fahrlässigkeit soll der Täter rücksichtslos gehandelt haben können (BGH VRS 16 356, 17 46, 23 291, Stuttgart NJW 67, 1766), denn das Urteil, das Täterverhalten lasse die Berücksichtigung fremder Verkehrsinteressen in besonders schwerwiegender Weise vermissen, soll auch getroffen werden können, wenn der Täter nur unbewußt seine Verkehrspflichten vernachlässigt hat. Vgl. auch Schweling ZStW 72, 464 ff., 527 („rücksichtslos handelt, wer vorsätzlich oder fahrlässig sittlich anerkannt und erheblich vorrangige Interessen anderer Verkehrsteilnehmer ... mißachtet") und hierzu BGH VRS 23 292; ferner Koch DAR 70, 322, Grohmann DAR 75, 260; zur Rücksichtslosigkeit am Fußgängerüberweg vgl. Köln VRS 59 123. Grundsätzlich zur Frage der ‚fahrlässigen' Rücksichtslosigkeit Mollenkott BA 85, 298.

27a **Im einzelnen** gilt danach folgendes: Hat der Täter vorsätzlich andere Verkehrsteilnehmer gefährdet, so wird regelmäßig Rücksichtslosigkeit vorliegen (Köln VRS 35 436, vgl. Düsseldorf VM 74, 38), so daß mit der Feststellung des Vorsatzes auch dieses Merkmal hinreichend belegt ist. Beschränkt sich der Vorsatz auf den Verkehrsverstoß, so kommt der Motivation des Täters Bedeutung zu; insb. bei eigensüchtigem Handeln wird Rücksichtslosigkeit zu bejahen sein. Eigensüchtig handelt, wer die Interessen seiner Mitmenschen gröblich mißachtet und ohne das Gefühl einer Verantwortung für andere seine eigenen Ziele durchzusetzen trachtet (vgl. BGH DAR/M 60, 68 [Rennfahrten auf belebter Straße], LG Bochum DAR 57, 302 [springendes Überholen], Köln VRS 35 436, 45 437 [Schneiden nach Überholen], ähnlich Bay DAR/R 77, 204, 78, 209), grobe Nachlässigkeit allein genügt jedoch nicht (Stuttgart VRS 41 274, vgl. auch Stuttgart DAR 76, 23, Düsseldorf VM 77, 88). Auch „Freude an zügigem Fahren" rechtfertigt für sich allein die Annahme der Rücksichtslosigkeit nicht (Düsseldorf VM 79, 13). Bei fahrlässigen Verstößen kann Rücksichtslosigkeit vor allem in Fällen menschlichen Versagens entfallen (BGH 5 301, VRS 30 286) oder bei irriger Beurteilung der Verkehrssituation (BGH VRS 13 28), ebenso bei Fehlverhalten aus Schrecken und Bestürzung (BGH VRS 23 291, 61 434) oder hochgradiger Erregung (BGH NJW 62, 2165). Auch anerkennenswerte oder verständliche Motive (vgl. Köln VM 72, 35) können die Rücksichtslosigkeit entfallen lassen, z. B. wenn der Täter zu schnell gefahren ist, um einen Gerichtstermin nicht zu versäumen; ebenso D-Tröndle 14, Horn SK 17; and. Bay JR 60, 70, Stuttgart Justiz 63, 38, Karlsruhe VM 65, 18, KG VRS 40 269 (Fahrt zur Entbindung!), wonach die Motive des Täters überhaupt unberücksichtigt bleiben sollen (Rüth LK 33, Lackner 4c bb, Bockelmann II/3 185); das Merkmal „rücksichtslos" wäre aber als Begrenzung sinnlos, wenn es nur bedeuten würde, daß der Täter auf die übrigen Verkehrsteilnehmer nicht die „mögliche Rücksicht" genommen hat. Die Hoffnung, trotz des verkehrswidrigen Verhaltens werde nichts passieren, schließt die Rücksichtslosigkeit jedoch nicht aus (Köln VRS 48 206).

27b γ) Der Vorsatz setzt nicht voraus, daß der Täter sein Verhalten selbst als grob verkehrswidrig und rücksichtslos wertet (Bay NJW 69, 565). Er muß nur die Tatsachen kennen, aus denen diese Wertung abzuleiten ist.

28 **III.** Durch die genannten Verhaltensweisen muß eine **konkrete Gefahr** für **Leib** oder **Leben** eines anderen (vgl. dazu auch Hillenkamp JuS 77, 166) oder für **fremde Sachen** von bedeutendem Wert (vgl. dazu 14 ff. vor § 306) bestehen, eine Gemeingefahr ist nicht erforderlich, jedoch reicht die Gefährdung des vom Täter benutzten Fahrzeugs auch dann nicht aus, wenn es in fremdem Eigentum steht (BGH 27 40 m. zust. Anm. Rüth JR 77, 432, BGH VRS 42 97, StVE **Nr. 18**, Hamm DAR 73, 104); vgl. hierzu im einzelnen 8 ff. vor § 306.

29 1. Der **Eintritt der Gefahr** muß im konkreten Falle nachgewiesen werden (Bay NJW **54**, 1090, 1258, Stuttgart NJW **55**, 114, Düsseldorf NJW **56**, 1044, Zweibrücken VRS **32** 376, Karlsruhe GA **71**, 214, Koblenz StVE **Nr. 5**, wonach allerdings auch die Fahrweise von Bedeutung sein soll).

29a Sie kann mit der Übertretung einer der Vorschriften des § 315 c (z. B. Trunkenheit am Steuer oder zu schnellem Fahren) allein nicht begründet werden (vgl. Bay DAR **74**, 275, VRS **75** 205). An einer Gefahr fehlt es z. B., wenn der Täter nachts auf menschenleerer Straße fährt (Bay NJW **54**, 1090); sie bedarf aber auch dann des Nachweises, wenn sich andere Verkehrsteilnehmer auf der Straße befanden (Bay NJW **54**, 1090, Hamm NJW **54**, 1171, **58**, 1359). Daher kann die Gefahr nicht damit begründet werden, daß ein betrunkener Fahrer die Herrschaft über den Wagen verloren hat, nachdem er 150 m vorher einen Fußgänger passiert hatte (Bay **57**, 14; and. dagegen, wenn ihm ein Fahrzeug nachfolgt: Koblenz VRS **47** 349). Auch aus dem Umstand, daß ein betrunkener Fahrer einen anderen mitgenommen hat, kann noch nicht auf eine konkrete Gefahr geschlossen werden (Bay VRS **75** 205, NJW **90**, 133 m. zust. Anm. Berz NStZ **90**, 237). Die gegenteilige Auffassung (BGH NJW **85**, 1036, NJW **89**, 1227 m.

Anm. Hentschel NJW 89, 1845 u. Anm. Stöber DAR 89, 414) verkennt den Unterschied zu § 316: Während dort die absolute Fahrunsicherheit damit begründet wird, daß ein angetrunkener Fahrer nicht mehr in der Lage ist, allen gefährlichen Verkehrssituationen, die überhaupt auftreten können, gerecht zu werden, setzt § 315c voraus, daß es gerade zu einer solchen gefährlichen Verkehrssituation gekommen ist (vgl. BGH VRS **11** 62, VRS **44** 423, Cramer 62). Es muß daher stets zu einer konkreten Verkehrssituation gekommen sein, in der es mangels Beherrschung des Fahrzeugs zu einer Gefahr für die Insassen gekommen ist. Der Nachweis einer konkreten Gefahr kann also nicht dadurch geführt werden, daß Menschen oder Sachen sich in „der Gefahrenzone" befunden haben, die der fahruntüchtige oder sonst unvorschriftsmäßig fahrende Täter bildet (BGH VRS **26** 347; vgl. ferner Bay NJW **57**, 882, Schmidt-Leichner NJW **55**, 1298, Mayer NJW **55**, 1749; vgl. auch Düsseldorf NZV **90**, 80; and. Oldenburg NJW **54**, 1945, zust. Straube NJW **55**, 407). Wenn der Gesetzgeber der Meinung gewesen wäre, daß schon das Führen eines Fahrzeugs durch einen Betrunkenen eine Gefahr begründe, so würde er außer der Gefährdung der Sicherheit des Straßenverkehrs das zusätzliche Tatbestandsmerkmal der Verursachung einer konkreten Gefahr nicht in § 315c aufgenommen haben. Eine Gefahr wird nicht stets dadurch ausgeschlossen, daß der Gefährdete die Gefahr erkennt und sich in Sicherheit bringt (Celle VRS **7** 459). Vgl. auch Karlsruhe NJW **71**, 1818, **72**, 962, Stuttgart VRS **46** 36, Koblenz VRS **51** 105. Für den Eintritt einer konkreten Gefahr reicht es aber auch nicht immer aus, daß es ohne eine Reaktion des Gefährdeten zu einem Schaden gekommen wäre, da mit verkehrsüblichen Reaktionen (Brems- oder Ausweichmanövern) des Betroffenen gerechnet werden kann (Hamm NZV **91**, 158). Der Begriff der konkreten Gefahr i. S. d. § 315c setzt daher die Verwertung aller bekannten Umstände des konkreten Falles voraus. Ist der Grund dafür, daß eine Verletzung in concreto ausbleiben mußte, bekannt, so fehlt es an einer konkreten Gefahr (Schleswig JZ **89**, 1019).

2. Zwischen dem Verkehrsverstoß und der Gefahr muß **Rechtswidrigkeitszusammenhang** 30 bestehen (BGH **8** 32, VRS **13** 204, **16** 448, Bay DAR **74**, 275, Karlsruhe GA **71**, 217, Hamm VRS **41** 40, BA **78**, 294; vgl. auch Hamm DAR **67**, 215, Neustadt VRS **16** 41, KG DAR **59**, 269, Hamm JMBlNRW **66**, 259; and. wohl Oldenburg NJW **54**, 1945). Kann also nicht (mit an Sicherheit grenzender Wahrscheinlichkeit) ausgeschlossen werden, daß ein Unfall – infolge anderer Umstände – auch ohne die Fahruntüchtigkeit und den Verkehrsverstoß eingetreten wäre, so fehlt es an der „Kausalität"; vgl. § 15 RN 160 ff.; vgl. weiter BGH VRS **16** 448, **19** 29, **33** 431, Neustadt NJW **61**, 2224, Köln DAR **78**, 331, Karlsruhe Justiz **79**, 445, Koblenz StVE **Nr. 19**. Z. B. braucht der Alkohol für die Verkehrsuntauglichkeit dann nicht ursächlich zu sein, wenn der Täter auch in nüchternem Zustand keinerlei Fahrfähigkeit besitzt (Hamm JMBlNRW **65**, 81) oder bei einem Fehlverhalten, das häufig auch nüchterne Kraftfahrer an den Tag legen (BGH **34** 360, Bay NStZ/J **88**, 120 [Geschwindigkeitsüberschreitung], BGH VRS **31** 36 [zu nahes Überholen]); zum Hinzutreten einer Blendwirkung vgl. Karlsruhe Justiz **79**, 445. Über den Nachweis des Kausalzusammenhangs vgl. 73 ff. vor § 13 sowie Saarbrücken DAR **63**, 22 (bedenklich). Die Verursachung einer Gefahr wird durch das Mitverschulden des Opfers nicht ausgeschlossen (BGH VRS **17** 24).

Wie allgemein bei den fahrlässigen Erfolgsdelikten (vgl. § 15 RN 174ff.) reicht aber bloße 31 Kausalität zwischen Fahruntüchtigkeit oder Verkehrsverstoß und der eingetretenen Gefährdung nicht aus, vielmehr muß sich in der (konkreten) Gefährdung gerade die **typische** (abstrakte) **Gefährlichkeit** des in den einzelnen Nrn. des § 315c genannten Verhaltens **realisiert** haben („Schutzbereich der verletzten Pflicht"). Eine nur gelegentlich der Trunkenheitsfahrt entstehende, mit ihr aber innerlich nicht zusammenhängende Gefahr genügt daher nicht (Bay VRS **64** 372, NZV **89**, 359 m. Anm. Deutscher). So reicht z. B. zu schnelles Fahren an einer Kreuzung nicht, wenn die Gefahrenursache nicht in der besonderen Verkehrssituation der Kreuzung, sondern in anderen Umständen (z. B. Glatteis, Nässe) begründet ist (vgl. Hamm NJW **55**, 723, Bay JZ **76**, 291, Cramer 69).

Zweifelhaft sind die Fälle, in denen die Gefahr nicht während des Fahrens eines Fahrzeugs 31a verursacht wird, sondern das Fehlverhalten zu einer **Gefährdung** führt, die **erst nach Beendigung der Fahrt** eintritt. So hat Stuttgart NJW **60**, 1484 für nicht ausreichend erklärt, daß ein gestürzter betrunkener Motorradfahrer auf der Fahrbahn liegen bleibt und dadurch eine Gefahr (Hindernis) herbeiführt (vgl. auch Celle NJW **69**, 1184, Hamm DAR **73**, 247, Stuttgart DAR **74**, 106). Ebensowenig reicht nach KG DAR **61**, 145 aus, daß die Allgemeinheit durch das aus einer umgefahrenen Laterne ausströmende Gas gefährdet wird. In dieser Allgemeinheit kann aber dieser Rspr. nicht gefolgt werden. Handelt es sich um Gefahren, die unmittelbar aus einem Fehlverhalten im Verkehr resultieren, so kann es nichts ausmachen, ob das Fahrzeug noch bewegt oder bereits zum Stillstand gekommen ist (Cramer 70, 71). Daß ein schleudernder PKW eine Gefahr i. S. des § 315c darstellen kann, ist außer Zweifel. Hat dieses Schleudern dazu geführt, daß das Fahrzeug an einer Leitplanke der Autobahn oder einer Verkehrsinsel liegen bleibt, so kann auch von ihm noch eine Gefahr i. S. des § 315 c ausgehen (Celle NJW **70**, 1091; and. Bay NJW **69**, 2026, Hamm DAR **73**, 247; vgl. auch KG DAR **61**, 145, Celle NJW **69**, 1184). Ein Hindernisbereiten nach § 315 b I Nr. 2 kommt daneben nicht in Betracht, da das Hindernis auf einem Vorgang des fließenden Verkehrs beruht (vgl. § 315 b RN 7), in Frage käme also nur ein gefährlicher Eingriff nach § 315 b I Nr. 3 im Falle der unterlassenen Beseitigung des Hindernisses (vgl. § 315 b RN 10).

32   Die Gefahr muß durch das verkehrswidrige Verhalten entstanden sein (BGH VRS **15** 438); nicht erforderlich ist jedoch, daß sie einen Verkehrsteilnehmer getroffen hat (BGH VRS **11** 61, Düsseldorf JMBlNRW **59**, 195, Schneble DAR **56**, 6, Horn SK 20; and. Celle NJW **55**, 1161, DAR **56**, 163, MDR **56**, 311). Es genügt z. B. die Gefährdung von Personen, die vor einem Gasthaus sitzen oder auf einem Feld pflügen (Nüse JR **65**, 42). Auch die Gefährdung von Häusern reicht aus (Karlsruhe NJW **60**, 546).

33   IV. Bezüglich des **subjektiven Tatbestandes** wird nach § 315 c folgendermaßen differenziert:

34   1. Nach Abs. 1 ist bezüglich aller Merkmale des objektiven Tatbestandes einschließlich der Gefahr **Vorsatz** notwendig; bedingter Vorsatz genügt. Zum Vorsatz hinsichtlich der Fahrunsicherheit infolge Trunkenheit vgl. § 316 RN 10; zur Übermüdung vgl. Bay NStZ/J **90**, 582. Erforderlich ist daher die Feststellung, daß sich der Täter einer von ihm ausgehenden naheliegenden Gefahr für andere Personen oder fremde Sachgüter von bedeutendem Wert bewußt gewesen ist (Bay **82** 137, Oldenburg DAR **55**, 165). Da eine konkrete Gefahr vorausgesetzt ist, genügt nicht, daß der Täter das Bewußtsein irgendeiner möglichen Gefahr gehabt hat; er muß vielmehr die Umstände gekannt haben, aus denen sich die konkrete Gefahr ergibt. Darüber hinaus ist nicht erforderlich, daß der Täter die Gefahr billigt; es reicht aus, daß er sich mit der Gefährlichkeit seines Verhaltens abfindet (Cramer 76 ff., Bay NJW **55**, 1448, Celle NJW **54**, 612, Straube NJW **55**, 408; and. Hamm NJW **54**, 1418, DAR **72**, 334, Celle NJW **55**, 1331, Düsseldorf NJW **56**, 1043, Köln NJW **60**, 1213, VRS **45** 436, Rüth LK 63).

35   2. Abs. 3 regelt die Fälle einer **fahrlässigen** Straßenverkehrsgefährdung (vgl. BGH VRS **31** 264) und umfaßt wie § 316 a. F. alle Situationen, in denen der Täter auch nur eines der Tatbestandsmerkmale nicht vorsätzlich verwirklicht hat (BGH VRS **30** 340, **50** 342). Im Gegensatz zu §§ 315, 315 b wird hier nicht zwischen der vorsätzlichen Begehung des verkehrsgefährdenden Eingriffs und der fahrlässigen Herbeiführung der Gefahr einerseits und zwischen einem reinen Fahrlässigkeitsdelikt andererseits unterschieden (vgl. auch BGH VRS **31** 264). Die Gründe, die E 62 (Begr. 528) hierfür angibt, sind nicht überzeugend (Cramer JurA **70**, 196 ff.). Wer in Kenntnis seiner Fahrunsicherheit ein Fahrzeug führt und dabei andere Rechtsgüter fahrlässig gefährdet, begeht größeres Unrecht, als wer sich in fahrlässiger Unkenntnis seiner Fahruntüchtigkeit ans Steuer setzt. Ist die Tathandlung vorsätzlich, die Gefahr jedoch lediglich fahrlässig herbeigeführt, so handelt es sich insgesamt um ein Vorsatzdelikt i. S. d. § 11 II (BGH VRS **57** 251, Koblenz StVE Nr. 20). Zur Fahrlässigkeit bezügl. der Fahruntüchtigkeit vgl. Stuttgart DAR **65**, 135, Hamm VRS **34** 128, **40** 447, Köln JZ **67**, 183, BGH **23** 156 (Übermüdung), LG Heilbronn VRS **52** 188 (Voraussehbarkeit einer Herzattacke).

36   V. Bestritten ist, ob die **Einwilligung** des Gefährdeten bei der Verkehrsgefährdung erheblich ist. Da § 315 c eine Individualgefahr voraussetzt, ist unbestreitbar, daß sein Schutz jedenfalls auch individuellen Rechtsgütern gilt (vgl. Geppert ZStW **83**, 985). Die Möglichkeit einer **Rechtfertigung** durch Einwilligung kann daher entgegen BGH **23** 261 m. abl. Anm. Oellers NJW **70**, 2121 nicht ausgeschlossen werden. Die Grundsätze über ein durch Einwilligung geschaffenes erlaubtes Risiko müssen auch hier gelten (vgl. 102 ff. vor § 32; zust. Hamburg NJW **69**, 336, Cramer 86, D-Tröndle 17, J-Hentschel 43, Horn SK 22, Hillenkamp JuS 77, 170 f., eingehend Langrock MDR **70**, 982, Brehm, Zur Dogmatik des abstrakten Gefährdungsdelikts [1973] 34 ff.; and. Karlsruhe NJW **67**, 2321, KG VRS **36** 107, Hamm VRS **36** 279, **40** 26, Düsseldorf VRS **36** 109, Stuttgart NJW **76**, 1904, Wessels II/1 210 f., Rüth LK 61, Lackner 7, Schaffstein Welzel-FS 574; differenzierend zwischen der Einwilligung bezüglich einer Leibes- und bezüglich einer Lebensgefahr Bickelhaupt NJW **67**, 713, Welzel 432; krit. hierzu Berz GA **69**, 148; ebenfalls differenzierend Geppert ZStW **83**, 984, Roxin Gallas-FS 253). So kann z. B. derjenige, der im Taxi in Kenntnis der Trunkenheit des Fahrers besteigt, § 315 c ausschließen. Entsprechendes gilt bei der Einwilligung der Eigentümer gefährdeter Sachen. Verfehlt Karlsruhe NJW **67**, 2321, das verkennt, daß der Unterschied zwischen § 316 und § 315 c eben gerade in der zusätzlichen Individualgefahr besteht. Eine Bestrafung aus § 316 bleibt möglich (Geppert ZStW **83**, 986).

36a Da die Gefährdung von Insassen des Fahrzeugs ausreicht, soweit sie nicht Teilnehmer sind (vgl. 12 vor § 306), hat die Einwilligung erhebliche Bedeutung erlangt. Bei Personen, zu denen der Täter

Gefährdung des Straßenverkehrs 36b–43 § 315c

in persönlicher Beziehung steht, ist stets die Frage der Einwilligung zu prüfen; vgl. auch Köln NJW 66, 895. Zur Einwilligung bei der Körperverletzung vgl. noch § 226a. Zur Rechtfertigung durch Notstand vgl. § 316 RN 12.

VI. Für **Täterschaft** und **Teilnahme** gelten die allgemeinen Regeln. Nach §§ 26, 27 sind 36b
Anstiftung und Beihilfe unmöglich, wenn der Ausführende nicht vorsätzlich gehandelt hat (vgl. 29ff. vor § 25). Mangels einer vorsätzlichen Haupttat bleibt also straflos, wer den Trunkenen, dem sein Zustand verborgen geblieben ist, dazu überredet, sich ans Steuer zu setzen; auch mittelbare Täterschaft kommt wegen des Charakters der Tat als eigenhändiges Delikt nicht in Betracht (vgl. Engisch Eb. Schmidt-FS 109; ferner o. 7f.). Fahrlässige Begehung durch einen Täter, der selbst nicht fährt, ist ebenfalls nicht möglich (vgl. BGH **18** 6); führt das Verhalten jedoch zu einem Unfall, so kann sich dann eine Strafbarkeit aus einem entsprechenden Fahrlässigkeitstatbestand (z. B. §§ 230, 222) ergeben. In den Fällen einer Vorsatz-Fahrlässigkeits-Kombination, in denen die Gefährdungshandlung vorsätzlich vorgenommen, die Gefahr jedoch fahrlässig herbeigeführt wurde, sind dagegen gemäß der Bestimmung des § 11 II die allgemeinen Teilnahmeregeln (vgl. § 11 RN 73ff.) anwendbar (vgl. BGH VRS **57** 271, Stuttgart NJW **76**, 1904), da § 315c hier ein gefährdungsqualifiziertes Delikt darstellt (Cramer 93). Die Gefährdung fällt dann nur dem Teilnehmer zur Last, der im Hinblick auf sie wenigstens fahrlässig gehandelt hat.

VII. Der **Versuch** ist nur in den Fällen des Abs. 1 Nr. 1 strafbar (Abs. 2). Ein Versuch ist 37
z. B. darin zu sehen, daß sich der betrunkene Täter ans Steuer setzt und den Motor anläßt. Auch hier ist der Nachweis erforderlich, daß der Täter hinsichtlich der Gefahr vorsätzlich handeln wollte (Düsseldorf VRS **35** 29, Lackner 8).

VIII. Die **Strafe** ist in folgender Weise differenziert: Die vorsätzliche Begehung ist mit Freiheits- 38
strafe bis zu 5 Jahren oder mit Geldstrafe bedroht. Für Fahrlässigkeitstaten ist die Strafe Freiheitsstrafe bis zu 2 Jahren oder Geldstrafe. Für letztere müssen die gleichen Strafzumessungsgründe gelten wie für § 316 (vgl. Hamburg MDR **66**, 776; i. S. der früheren Rspr. jedoch Hamm VRS **36** 259, 346). Insb. sind also auch hier die Grundsätze des § 47 anzuwenden (Hamm VRS **39** 330); vgl. § 316 RN 15.

Zur **Strafzumessung** vgl. im übrigen BGH VRS **21** 45, DAR/M **62**, 70, Celle NJW **56**, 1249, 39
MDR **58**, 364, Braunschweig VRS **19** 299, NdsRpfl. **60**, 112, **68**, 165 [Nachtrunk], Frankfurt NJW **72**, 1524 m. Anm. Hanack NJW **72**, 2228, Bay DAR/R **76**, 175, Martin NJW **57**, 1708. Bei der fahrlässigen Straßenverkehrsgefährdung ist zu berücksichtigen, ob der Täter das durch § 315c erfaßte Verhalten vorsätzlich oder fahrlässig verwirklicht hat (vgl. o. 36). Weiter ist das Ausmaß der verursachten Gefahr für die Strafzumessung von Bedeutung (Koblenz VRS **55** 278). Nicht strafschärfend darf dagegen berücksichtigt werden, daß die Trunkenheitsfahrt in keiner Weise notwendig war (BGH VM **79**, 17).

Bei Verstößen gegen § 315c ist in der Regel auf **Entziehung der Fahrerlaubnis** zu erkennen, 39a
§ 69. Unterbleibt in dem Fall einer Verurteilung aus § 315c I Nr. 1 ausnahmsweise die Anordnung nach § 69, so ist nach § 44 I S. 2 (regelmäßig) ein Fahrverbot auszusprechen.

IX. Konkurrenzen:

1. Wenn **mehrere Begehungsformen** des § 315c in einer Handlung zusammentreffen, aber nur zu 40
einer konkreten Gefahrensituation führen, so liegt nur ein Delikt nach § 315c, nicht Idealkonkurrenz vor (Bay JZ **87**, 788, Hamm VRS **41** 40, Cramer 101, Geerds BA 65, 128; and. D-Tröndle 22, Rüth LK 73); dies deswegen, weil die einheitliche Gefahr die einzelnen Modalitäten des § 315c zur Einheit verbindet. Wird von den mehreren Verhaltensweisen ein Teil vorsätzlich, ein Teil fahrlässig begangen, so ist nur wegen vorsätzlicher Tat zu verurteilen (Bay JZ **87**, 788). Allerdings ist § 315c I Nr. 1a gegenüber Nr. 1b das spezielle Delikt (o. 11). Mit § 315b besteht Gesetzeskonkurrenz mit Vorrang von § 315b (vgl. dort RN 16; and. [Idealkonkurrenz] BGH **22** 75, VRS **53** 356).

Werden die Voraussetzungen des § 315c im Verlauf **einer Fahrt mehrmals** verwirklicht, so ist zu 41
unterscheiden:

In den Fällen des § 315c I **Nr. 2** wird regelmäßig Realkonkurrenz vorliegen, sowohl wenn der 42
Täter nacheinander verschiedene Begehungsweisen nach Nr. 2 verwirklicht, als auch nach dem 43f. vor § 52 eingenommenen Standpunkt dann, wenn die verschiedenen Gefährdungen auf demselben Handlungsentschluß beruhen (vgl. 47ff. vor § 52) und annähernde Gleichartigkeit der Tathergänge gegeben ist (vgl. 41 vor § 52); der Annahme einer Fortsetzungstat steht hier entgegen, daß es sich bei Leib und Leben um höchstpersönliche Rechtsgüter handelt (vgl. 42f. vor § 52; and. Cramer 102). Fortsetzungszusammenhang läßt sich dann auch nicht mit Rüth LK 76 dadurch halten, daß auf die Verletzung des einheitlichen Rechtsgutes Verkehrssicherheit abgestellt wird, da daneben auch Individualrechtsgüter geschützt (vgl. o. 2) und diese durch das fragliche Verhalten gefährdet sind.

In den Fällen des § 315c I **Nr. 1** liegt, wenn auf einer einheitlichen Fahrt mehrere Gefahrensitua- 43
tionen herbeigeführt werden, stets Handlungseinheit vor (vgl. BGH VRS **47** 178, **48** 191, NJW **89**, 2550). Fahren in verkehrsuntüchtigem Zustand ist ein **Dauerdelikt** (BGH **22** 71, Horn SK 31, Rüth LK 74; and. jedoch BGH **23** 147f., J-Hentschel 60, Lackner 10, Mayr BGH-FG 278, Wessels II/1

Cramer 2173

208), das nicht allein dadurch endet, daß der Täter seinen Beweggrund für das Fahren teilweise ändert (BGH VRS **48** 354, StV **83**, 279, vgl. auch § 316 RN 15). Die Herbeiführung von zeitlich hintereinanderliegenden Gefahrensituationen entspricht zwar nicht dem gewohnten Bild des Dauerdelikts (kontinuierliche Begehungsweise; vgl. 81 vor § 52); diese werden aber durch die Kontinuität des zugrunde liegenden Trunkenheitsdelikts zu einer Tat i. S. des Dauerdelikts verbunden (vgl. BGH VRS **9** 353, Bay DAR/R **81**, 246, Koblenz VRS **37** 191, Cramer 102, Geerds BA **65**, 134, Rüth LK 74; vgl. auch Karlsruhe VRS **35** 267). Zu der Streitfrage, ob und wann Fahrtunterbrechungen die Einheit des Dauerdelikts zu zerstören vermögen, vgl. u. 47.

44 Gleichartige Tateinheit ist schließlich anzunehmen, wenn in einer einheitlichen Gefahrensituation **mehrere** Personen gefährdet werden (and. BGH NJW **89**, 1227, 2550 [für § 315b unter Aufgabe seiner gegenteiligen Ansicht in VRS **55** 185] m. Anm. Hassemer JuS **90**, 66, Bay NJW **84**, 68, VRS **63** 275, **65** 366, Engelhardt DRiZ **82**, 106), wohingegen bei Gefährdung mehrerer Sachen nur ein Delikt nach § 315c vorliegt (vgl. § 52 RN 23 ff.).

45 2. Kommt es nicht nur zu einer Gefährdung, sondern zu einer **Verletzung** der in § 315c genannten Individualinteressen, so kann zweifelhaft sein, ob § 315c hinter die §§ 222, 230 mit der Folge zurücktritt, daß die Beeinträchtigung der Sicherheit des Straßenverkehrs nur gegebenenfalls über § 316 erfaßt werden könnte; hinsichtlich der Verstöße gegen die StVO vgl. u. 46. Tatsächlich kommt jedoch dem Merkmal der konkreten Individualgefahr in § 315c eine doppelte Bedeutung zu. Es bestimmt nicht nur Leib, Leben und Eigentum anderer als zusätzliche Schutzobjekte, sondern kennzeichnet auch die Beeinträchtigung der Sicherheit des Straßenverkehrs selbst als gefährlich, wobei der Herbeiführung der Gefahr indizielle Bedeutung zukommt. Aus diesem Grunde ist Idealkonkurrenz zwischen § 315c und §§ 222, 230 möglich (BGH VRS **9** 353, Cramer 103, Rüth LK 78, Horn SK 26, 31). Idealkonkurrenz besteht ferner mit § 248b und § 21 StVG (KG VRS **11** 203, J-Hentschel 61) oder mit § 315, wenn durch die Tat sowohl die Sicherheit des Bahn- wie die des Straßenverkehrs gefährdet wurde, sowie zwischen § 315c I Nr. 2 und § 240 (Köln VRS **44** 16).

46 Auch mit § 316 kann § 315c ausnahmsweise in Tateinheit stehen, wenn auf einer einheitlichen Trunkenheitsfahrt (Dauerstraftat; vgl. 81 ff. vor § 52) der Täter (bezüglich der Trunkenheit) teils vorsätzlich, teils fahrlässig handelt, z. B. wenn er erst während der Fahrt seine Fahruntauglichkeit bemerkt. In der Regel besteht mit § 316 jedoch Gesetzeskonkurrenz. § 24a und § 24 StVG i. V. m. den Vorschriften der StVO und StVZO treten gemäß § 21 OWiG hinter § 315c zurück, soweit es sich um Verkehrsverstöße handelt, die dieser Vorschrift zugrunde liegen; das gleiche gilt für andere Verkehrsordnungswidrigkeiten, die mit § 315c eine Handlungseinheit bilden.

47 Mit **Unfallflucht** (§ 142) besteht zunächst dann **Tateinheit**, wenn erst beim Sichentfernen vom Unfallort ein Delikt nach § 315c begangen wird (BGH NJW **89**, 2550). Tateinheit zwischen Fahren in fahruntüchtigem Zustand (§ 315c Nr. 1) und Unfallflucht mit dem weiterhin in fahruntüchtigem Zustand geführten Kfz besteht aber auch dann, wenn auf der Flucht eine neue Gefahr nicht mehr herbeigeführt wird, da die Tat zwar mit Herbeiführung der Gefahr vollendet, aber erst mit Abschluß der Fahrt beendet ist (BGH VRS **9** 353, Braunschweig NJW **54**, 933, KG DAR **61**, 145, Bay NJW **63**, 168, Köln DAR **67**, 139). Abweichend nehmen BGH **21** 203, **23** 144, VRS **13** 121, **26** 246 (vgl. dazu Oldenburg NJW **65**, 118), Bay NJW **60**, 879, DAR/R **68**, 226, VRS **59** 338, Frankfurt NJW **62**, 456, Stuttgart NJW **64**, 1913, Celle VRS **33** 113 (vgl. auch Köln DAR **67**, 139, Koblenz VRS **37** 191) an, die **Fahrtunterbrechung durch einen Verkehrsunfall** beende die Dauerstraftat des Fahrens in fahruntüchtigem Zustand, § 315c stehe also in Tatmehrheit zu § 142, der seinerseits wieder tateinheitlich mit § 316 zusammentreffen könne. Dies soll nach BGH **21** 203 (vgl. auch Bay JR **82**, 249) selbst dann gelten, wenn der Täter nach dem Unfall ohne Halt weiterfährt (and. noch Bay DAR/R **66**, 260), da er sowohl im äußeren Geschehen wie auch in seiner geistig-seelischen Verfassung vor eine neue Lage gestellt ist, so daß die Fortsetzung der Fahrt eines neuen selbständigen Willensentschlusses bedarf. Die Weiterfahrt nach einem Unfall ist nach Bay JR **82**, 249 (m. Anm. Hentschel) auch dann gegenüber der vorausgegangenen Trunkenheitsfahrt eine selbständige Tat, wenn der Beteiligte erst nachher, aber in engem örtlichen und zeitlichen Zusammenhang mit dem Unfallgeschehen von diesem und seiner Beteiligung erfährt. Dem entspricht Bay DAR/R **68**, 227 (keine Unterbrechung, wenn der Täter den Unfall nicht bemerkt), ähnlich BGH **25** 76, Hamm VRS **48** 266, wo allerdings mißverständlich auf die Straflosigkeit nach § 142 abgestellt wird, während es nur darauf ankommen kann, daß der Täter keinen neuen Willensschluß faßt (vgl. auch BGH VRS **48** 191). Dagegen vgl. näher 85 vor § 52. Keine Aufspaltung der einheitlichen Trunkenheitsfahrt wird jedoch (auch nach der Rspr.; vgl. die Nachweise bei 84 vor § 52) bewirkt, wenn der Täter nur aus Verkehrsgründen anhält, bei einer Verkehrskontrolle die Fahrt kurz unterbricht (Bay DAR/R **81**, 246) oder kurz eine Gaststätte besucht (vgl. § 316 RN 15).

48 Treffen § 222 oder § 230 und § 142 je tateinheitlich mit demselben Delikt nach § 315c I zusammen, so besteht zwischen sämtlichen Delikten Tateinheit. Dagegen vermag fahrlässige Begehung nach § 315c III als minderschwere Tat gegenüber §§ 222, 230 keine Idealkonkurrenz dieser Delikte mit § 142 zu begründen (vgl. näher § 142 RN 84 mwN.).

49 Idealkonkurrenz mit § 142 scheidet aber infolge der Verschiedenheit der Verhaltensweisen aus, wenn eine durch Unterlassen begangene Zuwiderhandlung gegen § 315c Nr. 2g (z. B. Nichtkenntlichmachung des verunglückten Fahrzeugs) mit Unfallflucht zusammentrifft (Cramer 106; and. Oldenburg VRS **11** 54, Bay VRS **11** 202, DAR **61**, 145, Hamm VRS **25** 193); vgl. § 52 RN 19.

§ 315d Schienenbahnen im Straßenverkehr

Soweit Schienenbahnen am Straßenverkehr teilnehmen, sind nur die Vorschriften zum Schutz des Straßenverkehrs (§§ 315b und 315c) anzuwenden.

Schrifttum: Cramer, Zur Abgrenzung der Transport- und Straßenverkehrsgefährdung nach § 315d, JZ 69, 412.

I. Diese Vorschrift soll klarstellen, daß **Schienenbahnen**, soweit sie am Straßenverkehr teilnehmen, **nicht** den besonderen Schutz der **§§ 315, 315a** genießen, sondern den allgemeinen Straßenverkehrsmitteln gleichgestellt sind (§§ 315b, 315c), vgl. E 62 Begr. 528. Da die Strafsätze der Transport- und der Straßenverkehrsgefährdung weitgehend angeglichen sind, spielt dieses rechtspolitische Anliegen jedoch keine große Rolle mehr. Welche Strafvorschriften Anwendung finden, hängt davon ab, ob die Schienenbahn am Straßenverkehr teilnimmt oder nicht, so daß die Bahn im Verlauf ihres Kurses verschiedenen rechtlichen Regeln unterliegen kann (vgl. Nüse JR 65, 41f., ebenso Rüth LK 3). 1

II. Im einzelnen gilt folgendes:

1. Soweit eine Schienenbahn **ausschließlich auf eigenem Bahnkörper** verkehrt, kommen schon tatbestandlich nur die §§ 315, 315a in Betracht, da eine Teilnahme am Straßenverkehr gemäß §§ 315b, 315c nicht vorliegt. 2

2. Bei **gleisgleichen Übergängen** ist maßgeblich, ob der Schienenbahn gemäß § 19 StVO der Vorrang eingeräumt ist (Cramer 10, JZ 69, 415, BGH 15 9, VRS 19 442, Hamm VRS 12 137, Köln VRS 15 49, Stuttgart VRS 44 33). Ist dies der Fall, so kommen auch hier die Tatbestände der §§ 315, 315a zur Anwendung. Anderenfalls sind im Kreuzungsbereich die Tatbestände der Straßenverkehrsgefährdung anwendbar; dies gilt auch dann, wenn die Bahn beiderseits der gekreuzten Straße auf eigenem Bahnkörper verkehrt, ohne daß ihr ein Vorrang eingeräumt ist (and. für den früheren Rechtszustand wohl Frankfurt DAR 56, 18). 3

3. Verkehrt die Bahn ausschließlich oder teilweise im **allgemeinen Verkehrsraum**, so kommt es darauf an, ob die Gefahr auf die Teilnahme am Straßenverkehr zurückzuführen ist. Dabei ist zunächst die **Art des Eingriffs** entscheidend. 4

a) § 315 StGB ist anwendbar, wenn **Anlagen oder Beförderungsmittel** zerstört (Abs. 1 Nr. 1), Hindernisse bereitet (Nr. 2), falsche Zeichen oder Signale gegeben (Nr. 3) oder ähnliche ebenso gefährliche Eingriffe vorgenommen werden (Nr. 4), sofern es sich dabei nicht um einen Verkehrsvorgang handelt. Führt jedoch der Eingriff auch zu einer Gefährdung des Straßenverkehrs, so besteht Idealkonkurrenz zwischen §§ 315, 315b (Cramer 12, JZ 69, 415; and. Rüth LK 7). 5

Stellt sich dagegen der Eingriff als **Vorgang des fließenden oder ruhenden Verkehrs** dar, so kommt nur § 315c in Betracht (Cramer 13, JZ 69, 415f.), da für diese Vorgänge §§ 315, 315b unanwendbar sind (vgl. § 315b RN 7f.). Für die Abgrenzung allein entscheidend ist, ob die Gefahrenursache im Verkehrsraum einer öffentlichen Straße oder auf dem eigenen Bahnkörper der Schienenbahn gesetzt wurde (Cramer 13, JZ 69, 415f., vgl. BGH 15 15f.). Die Abgrenzung ist also **funktionell** danach vorzunehmen, ob der Grund für die eingetretene Gefahr in den typischen Gefahren des Straßenverkehrs oder in denen des Bahnverkehrs liegt. Die Gegenansicht (Rüth LK 7, Lackner 2, J-Hentschel 4, Horn SK 1), die allein auf den Ort abstellt, an dem die Gefahr eingetreten ist, macht das Ergebnis vom Zufall abhängig. 6

b) Der **Führer einer Schienenbahn**, die am **Straßenverkehr** teilnimmt, ist nach § 315c und nicht nach § 315a strafbar, wenn er durch die in § 315c I Nr. 2 genannten Verstöße eine Gefahr für andere verursacht (Cramer 13, Nüse JR 65, 41, Rüth LK 10). Für § 315a I Nr. 2 (Verstoß gegen Sicherheitsvorschriften) ist hier kein Raum, da der Fahrer die Vorschriften des Straßenverkehrs zu beachten hat, von denen nur die als besonders gefährlich angesehenen zu Vergehen aufgewertet wurden (Hamm NJW 65, 2167). 7

Bei **Fahruntüchtigkeit** des Führers der Schienenbahn infolge Alkoholgenusses, anderer berauschender Mittel oder geistiger oder körperlicher Mängel besteht **Alternativität** zwischen § 315a I Nr. 1 und § 315c I Nr. 1, wenn durch sie eine konkrete Gefahr verursacht wird. Entscheidend ist dann, in welchem Bereich das die Gefahr begründende Fehlverhalten liegt. Verhält sich jedoch der Fahrer sowohl im öffentlichen Verkehrsraum als auch auf dem besonderen Bahnkörper falsch, so besteht Idealkonkurrenz zwischen § 315a und § 315c (Cramer 14, JZ 69, 416). 8

§ 316 Trunkenheit im Verkehr

(1) Wer im Verkehr (§§ 315 bis 315d) ein Fahrzeug führt, obwohl er infolge des Genusses alkoholischer Getränke oder anderer berauschender Mittel nicht in der Lage ist, das Fahrzeug sicher zu führen, wird mit Freiheitsstrafe bis zu einem Jahr oder mit Geldstrafe bestraft, wenn die Tat nicht in § 315a oder § 315c mit Strafe bedroht ist.

(2) Nach Absatz 1 wird auch bestraft, wer die Tat fahrlässig begeht.

Schrifttum: *Arbab-Zadeh,* Zur neuen Blutalkoholgrenze, NJW 67, 273. – *Below,* Die drei Teilgutachten des Bundesgesundheitsamtes als Grundlage für Rechtsprechung und Gesetzgebung, BA 65/66, 558. – *Berlit,* Das Trunkenheitsdelikt im Straßenverkehr, DRiZ 66, 413. – *Bödecker,* Strafrechtliche Verantwortlichkeit Dritter bei Verkehrsdelikten trunkener Kraftfahrer, DAR 69, 281. – *Bonte u.a.,* Die Begleitstoffanalyse, NJW 82, 2109. – *Bouska,* Die Straßenverkehrs-Ordnung und der Einigungsvertrag, DAR 91, 161. – *Brettel,* Ein Sonderfall der Alkoholbegutachtung: der Sturztrunk auf vollen Magen, NJW 76, 353. – *Ehret,* Ein verhaltenswissenschaftliches Modell der Trunkenheitsfahrer, BA 89, 381. – *Gaisbauer,* Zur phasenverschiebenden Wirkung des Alkohols, NJW 63, 1663. – *ders.,* Die Rspr. zu verkehrsmedizinischen und angrenzenden Fragen bei alkoholbedingten Verkehrsdelikten, Zeitschr. f. Verkehrsrecht 65, 88. – *Geppert,* Materiell-rechtliche und strafprozessuale Grundfragen zum Thema „Alkohol und Verkehrsstrafrecht", Jura 86, 532. – *ders.,* Trunkenheit im Schiffsverkehr (§ 316 StGB), BA 87, 262. – *Gerchow u.a.,* Die Berechnung der maximalen Blutalkoholkonzentration und ihr Beweiswert für die Beurteilung der Schuldfähigkeit, BA 85, 77. – *ders.,* „Andere berauschende Mittel" im Verkehrsstrafrecht, BA 87, 233. – *v. Gerlach,* Blutalkoholwert und Schuldfähigkeit in der Rechtsprechung des Bundesgerichtshofs, BA 90, 305. – *Grohmann,* Zum Grenzwert der absoluten Fahruntüchtigkeit von Mofa-Fahrern, BA 81, 39. – *Haffke,* Mittelwert der Blutalkoholkonzentration usw., NJW 71, 1874. – *ders.,* Zur Problematik der 1,3 Promille-Grenze, JuS 72, 448. – *ders.,* Überlegungen zum „Sturztrunk-Beschluß" des BGH, BA 72, 1. – *Haubrich,* Zum Nachweis der vorsätzlichen Trunkenheitsfahrt, DAR 82, 285. – *Hebenstreit,* Neurologisch-psychiatrische Erkrankungen und Fahrtauglichkeit unter besonderer Berücksichtigung der Anfallsleiden und des Alkoholismus, BA 86, 179. – *Heifer,* Atemalkoholkonzentration/Blutalkoholkonzentration: Utopie eines forensisch brauchbaren Beweismittels, BA 86, 229. – *ders.,* Kann die Atemalkoholkonzentration nach dem derzeitigen Stand der medizinischen Wissenschaft als ein ausreichend gesicherter forensisches Beweismittel gelten?, NZV 89, 13. – *Hentschel,* Aktuelle Fragen zum Alkohol im Straßenverkehr, DAR 81, 79. – *ders.,* Die Vorwerfbarkeit „absoluter" Fahrunsicherheit bei Mofafahrern, NJW 84, 350. – *ders./Born,* Trunkenheit im Straßenverkehr, 5. A., 1990. – *Iffland/Staak,* Weitere Erfahrungen mit dem Atemalkoholgerät „Alcotest 7310" im polizeilichen Einsatz, BA 86, 77. – *Janiszewski,* Andere berauschende Mittel, BA 87, 243. – *ders.,* Verkehrsstrafrecht, 3. A., 1989. – *Jörg,* Probleme der Alkoholverkehrsstraftat, 1965. – *Krahl,* Fahruntüchtigkeit – Rückwirkende Änderung der Rechtsprechung und Art. 103 II GG, NJW 91, 808. – *V. Kaufmann,* Die alkoholbedingte Fahruntüchtigkeit – ist sie „absolut" oder „relativ"?, BA 75, 301. – *Krüger,* Zur Frage des Vorsatzes bei Trunkenheitsdelikten, DAR 84, 47. – *Maiwald,* Zum Maßstab der Fahrlässigkeit bei trunkenheitsbedingter Fahruntüchtigkeit, Dreher-FS 437. – *Mayr,* Die „Rückrechnung" in der Rspr. des BGH, DAR 74, 64. – *Mitch,* Trunkenheitsfahrt und Notstand – OLG Koblenz NJW 1988, 2316, JuS 89, 964. – *Möhl,* Beweise der „relativen" Fahruntüchtigkeit, DAR 71, 4. – *Molketin,* Blutentnahmeprotokoll, ärztlicher Befundbericht und Blutalkoholgutachten im Strafverfahren, BA 89, 124. – *Mollenkott,* Absolute Fahruntüchtigkeit von Mofafahrern bei einer Blutalkoholkonzentration von 1,3‰?, NJW 81, 1307. – *Mühlhaus,* Das Blutalkoholgutachten des Bundesgesundheitsamtes in juristischer Sicht, JZ 66, 417. – *Osterhaus,* Die heutige Situation der Blutalkoholbewertung usw., NJW 72, 2206. – *ders.,* Gerechte und gleichmäßige Beurteilung von Trunkenheitsdelikten aus medizinischer Sicht, NJW 73, 550. – *R. Peters,* Der Nachweis der „relativen" Fahruntüchtigkeit durch regelwidriges Fahrverhalten, MDR 91, 487. – *Ponsold,* Blutalkohol, in: Ponsold Lb., 206 ff. – *ders.,* Alkohol im Straßenverkehr, 3. A. 1967. – *Ranft,* Die rauschmittelbedingte Verkehrsdelinquenz, Jura 88, 133. – *Reinhardt/Zink,* Die forensische Beurteilung von Nachtrunkbehauptungen, NJW 82, 2108. – *dies.,* Der Verlauf der Blutalkoholkurve bei großen Trinkmengen, BA 84, 422. – *Rudolphi,* Strafbarkeit der Beteiligung an den Trunkenheitsdelikten im Straßenverkehr, GA 70, 353. – *Sachs,* Die Beweiskraft von Blutalkoholergebnissen bei Abweichungen von den Richtlinien zur Blutentnahme und zur Bestimmung des Alkohols, NJW 87, 2915. – *Salger,* Strafrechtliche Aspekte der Einnahme von Psychopharmaka – ihr Einfluß auf die Fahrtüchtigkeit und Schuldfähigkeit, DAR 86, 383. – *Schewe u.a.,* Untersuchungen über alkoholbedingte Leistungseinbußen bei Fahrrad- und Mofa-Fahrern, Beiträge zur gerichtlichen Medizin Bd. 36 (1978), 239. – *Schewe u.a.,* Experimentelle Untersuchungen zur Frage der alkoholbedingten Fahruntüchtigkeit von Fahrrad- und Mofafahrern, BA 80, 298. – *Schewe u.a.,* Experimentelle Untersuchungen zur Frage des Grenzwertes der alkoholbedingten absoluten Fahruntüchtigkeit bei Radfahrern, BA 84, 97. – *Schewe u.a.,* Über den Verlauf der Blutalkoholkurve nach dem Genuß von Bier und Weinbrand zusammen mit „alkoholfreiem" Bier, BA 85, 304. – *Schneble,* Konkrete Gefahr oder abstrakte Gefährlichkeit als Indiz für die Sanktionierung von Alkohol am Steuer?, BA 81, 197. – *ders.,* Nachweis der Fahrunsicherheit infolge Alkohols, BA 83, 177. – *ders.,* Zur Verwertbarkeit der Ergebnisse einer Atemalkoholbestimmung in der forensischen Praxis, BA 86, 315. – *Schmid,* Zum Nachweis der Fahrunsicherheit infolge Alkohols, BA 83, 422. – *Schröder,* Zur Auslegung des § 316 StGB, NJW 66, 488. – *Strate,* Nachweis der Fahrunsicherheit infolge Alkohols, BA 83, 188. – *Sunder,* Zum Begriff „Führen eines Kraftfahrzeuges", BA 89, 297. – *Ulbricht,* Rauschmittel im Straßenverkehr: eine Untersuchung über Medikamente als Rauschmittel im Sinne § 315c, § 316 StGB, 1989. – *Zabel/Noss,* Langjährige unbeanstandete Fahrpraxis – ein Bonus für Alkoholtäter und Unfallflüchtige und seine Begrenzung, BA 89, 258. – *Zink u.a.,* Zur Genauigkeit der forensischen Blutalkoholbestimmung, BA 85, 21. – Vgl. die Nachweise bei § 315c.

§ 316   1–4

I. Die **Trunkenheit im Verkehr** ist abstraktes Gefährdungsdelikt (Bay NJW **68**, 1733, D-Tröndle 2, Lackner 1). Fälle geringerer Alkoholeinwirkung werden von § 24a StVG (dazu näher Cramer 51 ff.) erfaßt. Aus der verschiedenartigen tatbestandlichen Ausgestaltung von § 316 und § 24a StVG ergeben sich jedoch Abgrenzungsschwierigkeiten im Bereich der relativen Fahrunsicherheit, die nach der Rspr. sogar schon unter 0,8‰ einsetzen kann und dann zur Strafbarkeit nach § 315c oder § 316 führt (vgl. u. 5). Das hat in dem Bereich einer BAK von 0,8–1,1‰ zur Folge, daß eine Bestrafung aus § 24a StVG die Fahrsicherheit des Täters voraussetzt oder die Fahrunsicherheit nicht nachgewiesen werden kann (vgl. Cramer VOR 74, 23). Zur Vermeidung solcher Ungereimtheiten sollte § 316 an die Fassung des § 24a StVG angepaßt werden (vgl. dazu Cramer, Unfallprophylaxe 139). Die übrigen Fälle der Fahrunsicherheit (z. B. Übermüdung; vgl. § 315c RN 11) beurteilen sich weiterhin nach § 2 StVZO. **1**

In den neuen Bundesländern gilt § 316. § 24a StVG, der die Grenze für Ordnungswidrigkeiten bei 0,8‰ vorsieht, findet jedoch bis zum 31. 12. 92 keine Anwendung (vgl. Anlage 1 zum Einigungsvertrag Kapitel XI Sachgebiet B Abschnitt III Nr. 1a; vgl. Bouska aaO 165). Statt dessen gilt die bisherige DDR-Regelung, die in § 7 II StVO-DDR i. V. m. § 47 I–III StVO-DDR der Sache nach ein absolutes Trinkverbot aufstellt, d. h. Fahrten mit mehr als 0,0‰ tatbestandsmäßig als Ordnungswidrigkeit erfaßt. Die polizeiliche Verfolgungspraxis sieht allerdings eine Toleranzgrenze bis 0,3‰ vor. Zu den Tathandlungen nach altem DDR-Recht vgl. Bouska 165. **1a**

II. Der **objektive Tatbestand** verlangt, daß der Täter im Verkehr ein Fahrzeug führt, obwohl er infolge Alkoholgenusses usw. nicht in der Lage ist, das Fahrzeug sicher zu führen. **2**

1. Fahrunsicherheit liegt vor, wenn „die Gesamtleistungsfähigkeit (sc. des Fahrers) namentlich infolge Enthemmung sowie geistig-seelischer und körperlicher Leistungsausfälle so weit herabgesetzt ist, daß er nicht mehr fähig ist, sein Fahrzeug im Straßenverkehr eine längere Strecke, und zwar auch bei plötzlichem Auftreten schwieriger Verkehrslagen, sicher zu steuern" (BGH **13** 83). Die psychophysische Leistungsfähigkeit des Fahrers ist dann so vermindert und seine Gesamtpersönlichkeit so verändert, daß er den Anforderungen des Verkehrs nicht mehr durch rasches, angemessenes und zielbewußtes Handeln zu genügen vermag (BGH **21** 160). Der Grad der Leistungsminderung ist dabei von verschiedenen Faktoren, wie der Trinkmenge, -zeit und -geschwindigkeit abhängig. Ebenso wird er von der körperlichen Konstitution (Alter, Gesundheit, aufgenommene Nahrungsmenge) beeinflußt. **3**

Die Fahrunsicherheit muß durch den Genuß alkoholischer Getränke oder anderer Rauschmittel herbeigeführt worden sein; eine Beeinträchtigung der Fahrsicherheit durch sonstige Medikamente fällt nicht unter § 316 (Ruth LK 47). Unter „berauschenden Mitteln" sind dabei alle Stoffe zu verstehen, die das Hemmungsvermögen sowie die intellektuellen und motorischen Fähigkeiten beeinträchtigen (BGH VRS **53** 356) und die damit in ihren Auswirkungen denen des Alkohols vergleichbar sind (Köln NZV **91**, 158). Nicht erforderlich ist die alleinige Verursachung der Fahrunsicherheit durch die genannten Mittel. Vielmehr kann diese erst im Zusammenwirken mit anderen Faktoren, z. B. mit der Einnahme von Medikamenten (Hamm NJW **67**, 1522), mit Übermüdung (BGH VRS **16** 128, Köln NZV **89**, 358) oder körperlichen Mängeln (Bay DAR **70**, 20 – niedrigem Blutdruck) herbeigeführt werden. Auch in einem solchen Fall handelt es sich um eine alkoholbedingte Fahrunsicherheit. Diese setzt aber jedenfalls die Feststellung voraus, daß die BAK zur Tatzeit mindestens den Bereich der relativen Fahrunsicherheit erreicht; denn Konzentrationen unter dem entspr. Wert rechtfertigen niemals die Annahme alkoholbedingter Fahrunsicherheit (Köln NZV **89**, 358). Nach Hamm DAR **60**, 235 liegt Fahrunsicherheit auch dann vor, wenn durch Alkohol- oder Nikotingenuß die Bereitschaft für eine während der Fahrt auftretende Ohnmacht geschaffen wird. Erforderlich ist aber immer zumindest eine Mitverursachung dieses Zustandes durch den Alkohol- oder Rauschmittelgenuß. Eine dem absoluten Grenzwert der Fahruntüchtigkeit nach Alkoholgenuß vergleichbare Grenze nach Haschischkonsum ist bisher wissenschaftlich nicht begründbar, so daß der Nachweis der Fahrunsicherheit im konkreten Einzelfall aufgrund der rauschgiftbedingten Ausfallerscheinungen erbracht werden muß (Köln NJW **90**, 2945). **3a**

Für den **Nachweis** der alkoholbedingten Fahrunsicherheit wird von der Rspr. zwischen „absoluter" und „relativer" Fahrunsicherheit unterschieden, wobei nicht der Grad der Trunkenheit oder die Qualität der alkoholbedingten Leistungsminderung, sondern allein die Art und Weise, wie der Nachweis der Fahrunsicherheit als psychophysischer Zustand herabgesetzter Gesamtleistung zu führen ist, diese Unterscheidung ausmacht (BGH **31** 44). Dabei stellt die Blutalkoholkonzentration das wichtigste Beweisanzeichen dar. **3b**

a) **Absolute Fahrunsicherheit** hängt nach der Rspr. nicht von der Wirkung des Alkohols im Einzelfall ab, sondern wird beim Erreichen generell gezogener Grenzen unwiderleglich vermutet. Gegenbeweise – etwa durch Trink- oder Fahrprobe – für eine gleichwohl behauptete Fahrsicherheit sind daher ausgeschlossen (Janiszewski aaO 110). Die Grenzen zur absoluten Fahrunsicherheit sind von der Rspr. immer wieder anders bestimmt worden. So wurden ursprünglich 1,5‰ **4**

BAK (zuletzt BGH **19** 243), später 1,3‰ BAK für Autofahrer angenommen (vgl. BGH **21** 157 m. Anm. Haffke JuS 72, 448, **22** 352 m. Anm. Händel NJW 69, 1578, **25** 246), während zunächst für Krad- und Radfahrer andere Maßstäbe gelten sollten (vgl. einerseits BGH **22** 352 m. Anm. Händel NJW 69, 1578, **30** 251, andererseits BGH **25** 360 m. Anm. Händel NJW **74**, 2292, Celle NJW **67**, 2323, Düsseldorf VRS **35** 126, Hamm VRS **36** 110); vgl. hierzu 23. A. RN 4. Im übrigen war zweifelhaft, ob die absolute Grenze der Fahrunsicherheit auch für den Fahrer eines abgeschleppten Fahrzeuges Geltung beanspruchen sollte.

4a Die **neue BGH-Rspr.** nimmt für **alle Fahrer von Kraftfahrzeugen** absolute Fahrunsicherheit bei einem Grenzwert von mindestens **1,1‰** an (NJW **37**, 89 m. zust. Anm. Berz NZV 90, 359, m. krit. Anm. Janiszewski NStZ 90, 493, Heifer BA 90, 373 u. Schneble BA 90, 374; zur verfassungsrechtlichen Unbedenklichkeit vgl. Mutius BA 90, 377 f.). Dabei spielt es keine Rolle, ob es sich um eine Blut- oder Körperalkoholkonzentration handelt (BGH **25** 246 m. Anm. Händel NJW 74, 246, D. Meyer BJW 74, 613, dazu auch Mayr DAR 74, 64). Entgegen dem ursprünglichen Grenzwert von 1,3‰, der sich aus einem Grundwert von 1,1‰ und einem Sicherheitszuschlag von 0,2‰ zusammensetzte (vgl. BGH **21** 157 m. Anm. Haffke JuS 72, 448), hat der BGH nunmehr angenommen, bereits eine BAK von 1,0‰ stelle nach medizinischen Erkenntnissen den Wert dar, bei dem mit an Sicherheit grenzender Wahrscheinlichkeit bei jedem Kraftfahrer Fahrsicherheit i. S. einer Beherrschung des die Lenkung eines Fahrzeugs im Verkehr bildenden Gesamtvorgangs nicht mehr festgestellt werden könne. Zusätzlich weist der BGH auch auf die stark angestiegenden Leistungsanforderungen im Straßenverkehr hin. Überdies sei der Sicherheitszuschlag aufgrund der größeren Genauigkeiten der Messungen bei der BA-Analyse nur noch mit 0,1‰ anzusetzen (vgl. dazu das Gutachten des Bundesgesundheitsamtes zum Sicherheitszuschlag auf die Blutalkoholbestimmung NZV 90, 104 m. Erläuterung Schoknecht). Allerdings muß für diesen Sicherheitszuschlag gewährleistet sein, daß das jeweilige mit BAK-Analysen befaßte Institut die eingeräumten Meßtoleranzen nicht überschreitet. Dies wird durch die Versicherung des untersuchenden Instituts, an sog. Ringversuchen erfolgreich teilgenommen zu haben, gewährleistet. Für Analysen, die diese Voraussetzung noch nicht erfüllen, ist für die Übergangszeit bis zur Teilnahme an derartigen Versuchen, von einem Grenzwert von 1,15‰ (1,0‰ Grundwert, 0,15‰ Sicherheitszuschlag) auszugehen. Im Strafprozeß gilt der neu festgelegte Grenzwert der absoluten Fahrsicherheit auch für Verfahren, bei denen die Straftat noch vor der Änderung der Rspr. begangen wurde, die aber im Zeitpunkt der Änderung noch anhängig sind, da sich das aus Art. 103 II GG, §§ 1, 2 StGB ergebende Rückwirkungsverbot nur auf Gesetzesänderungen, nicht aber auf richterliche Gesetzesauslegung bezieht (BVerfG NJW **90**, 3140, Bay NJW **90**, 2833 mwN, Düsseldorf MDR **91**, 171, abl. Krahl NJW 91, 808). Daher gilt der Grenzwert von 1,1‰ nunmehr auch für Fahrer von motorgetriebenen Zweiradfahrzeugen, wie Motorrädern, Mopeds und Mofas (Mofas 25 und sog. Leicht-Mofas, sofern diese mit Motorkraft gefahren werden oder durch Treten der Pedale in Gang gesetzt werden sollen [vgl. Hentschel/Born aaO RN 149, 154; and. LG Oldenburg StVE **Nr. 88**]). Für den Soziusfahrer wurde – allerdings noch unter Zugrundelegung des alten Sicherheitszuschlags – der Grenzwert verschieden bestimmt (Stuttgart VM **60**, 64: 1,66‰, dagegen Karlsruhe VRS **18** 471). Diese Grundsätze bzgl. der Fahrunsicherheit gelten allerdings nur, wenn mit dem Fahrzeug am Verkehr teilgenommen wird. Voraussetzung dieser Beurteilungsgrundlage ist die Möglichkeit, daß nach den Umständen die genannten plötzlichen Gefahrensituationen (vgl. o. 3) überhaupt auftreten können. Dies fehlt z. B., wenn jemand einen unbeladenen Motorroller über die Straße schiebt oder auf einem Parkplatz einen Meter zurückstößt. Für den Führer eines mittels Abschleppseils **abgeschleppten Pkws** gilt nach BGH **36** 341 (vgl. auch Bay NJW **84**, 878, Celle NZV **89**, 318, LG Hannover NStE **Nr. 8**; and. noch Bremen VRS **33** 205, Frankfurt NJW **85**, 2962) der gleiche Beweisgrenzwert zur absoluten Fahruntüchtigkeit wie für einen Kraftfahrzeugführer, da das Lenken und Bremsen an den Fahrer des abgeschleppten Pkws die gleichen Anforderungen an seine Aufmerksamkeit und Reaktionsfähigkeit stellt. Der Grenzwert von 1,1‰ hat auch Geltung für alle Verkehrssituationen (BGH VRS **33** 118; vgl. auch Hamm DAR **56**, 251, Hentschel 13, Schneble SchlHA 60, 75). An diesem Wert ist auch bei gaschromatischer Blutalkoholbestimmung festzuhalten (Düsseldorf NJW **73**, 572, LG Krefeld NJW **72**, 2230, vgl. weiter Köln BA **77**, 267 m. Anm. Gerchow); auch Krankheit oder Übermüdung allein rechtfertigen nicht, von einem geringeren Wert auszugehen (Düsseldorf VM **76**, 13), allerdings können diese Umstände im Rahmen der relativen Fahrunsicherheit eine Rolle spielen (vgl. u. 5).

4b Für **Radfahrer** hat BGH **34** 133 den Grenzwert zur absoluten Fahrunsicherheit unter Berücksichtigung eines Sicherheitszuschlags von 0,2‰ auf 1,7‰ festgelegt (vgl. auch BGH NStE **Nr. 4**). Die Ermittlung des Wertes der absoluten Fahrunsicherheit beruht bereits auf neuen Untersuchungsergebnissen von Schewe (u. a. BA 84, 97), die mit zusätzlichen Fahrversuchen abgesichert wurden. Daher ist nur der vom BGH in dieser Entscheidung noch angenommene Sicherheitszuschlag von 0,2‰ im Hinblick auf die o. g. (vgl. RN 4a) neue Rspr. des BGH zu

Kraftfahrzeugführern als überholt anzusehen, so daß zukünftig von einem Grenzwert für Radfahrer von **1,6‰** ausgegangen werden muß (a. A. D-Tröndle: 1,5‰). Auch dieser Grenzwert gilt für alle Verkehrssituationen (vgl. o. 4a). Ob der Grenzwert für Kraftfahrzeugführer auch für einen Baggerführer gelte, hat Düsseldorf VM **78**, 34 offengelassen. Zum Grenzwert der absoluten Fahrunsicherheit des Lenkens eines Pferdegespanns vgl. AG Köln NJW **89**, 921; zur Fahrunsicherheit eines Schiffs- oder Flugzeugführers vgl. § 1315a RN 3.

Der BGH hat mit dem o. g. Urteil (vgl. RN 4a) die Unsicherheit der Rspr. um die Herabsetzung der 1,3‰ Grenze (vgl. Bay VRS **79**, 114, LG Aachen NZV **90**, 242, AG Höchster StV **90**, 47, MDR **90**, 846: 1,3‰; LG Landau NZV **90**, 243, LG Bielefeld StV **90**, 268: 1,2‰; LG Münster BA **90**, 303, LG Lübeck BA **90**, 232, AG Jülich NZV **90**, 204: 1,1‰) für alle Fahrer von Kfz beendet. **4c**

b) Bei einem Blutalkohol unter den genannten absoluten Werten nimmt die Rspr. **relative** **5 Fahrunsicherheit** an (gegen diese Unterscheidung V. Kaufmann BA 75, 306, Strate BA 83, 194; gegen ihn K.-H. Schmidt BA 83, 422), verlangt also im Gegensatz zur absoluten Fahrunsicherheit im Einzelfall den Nachweis, daß der Fahrer nicht mehr imstande war, sich im Verkehr sicher zu bewegen (vgl. BGH **31** 42, MDR **82**, 683, VRS **19** 296, DAR/M **60**, 66, KG DAR **59**, 269, Köln VRS **34** 46, **37** 35; zum Ganzen Möhl DAR **71**, 4); eine solche soll nach BGH (VRS **21** 54, **22** 121, **47** 179) bereits bei 0,3‰ einsetzen können, ebenso Hamm BA **78**, 377; vgl. noch BGH VRS **16** 128, KG VRS **26** 117, Hamm NJW **67**, 1332, Hamburg VRS **47** 318, Koblenz VRS **48** 31. Nach Bay (NStZ/J 91, 269) und Köln (NStZ/J 91, 269) sollen auch Werte unter 0,3‰ BAK ausreichen können, sofern besonders grobe Ausfallerscheinungen vorliegen. Maßgebend zur Beurteilung der relativen Fahrunsicherheit sind die Umstände in der Person des Fahrers und (oder) seiner Fahrweise (BGH VRS **33** 119). Allerdings rechtfertigt nicht jeder Fahrfehler die Annahme relativer Fahrunsicherheit (Düsseldorf DAR **80**, 190). Andererseits können gehäufte Fahrfehler zu dieser Annahme führen, selbst wenn jeder für sich keine solche Indizwirkung hätte (Düsseldorf VM **77**, 29). Dabei ist auf die Art des Fahrzeugs (Motorrad) Rücksicht zu nehmen (BGH **22** 352 m. Anm. Händel NJW 69, 1578). Ausnahmsweise kann relative Fahrunsicherheit auch ohne Nachweis der BAK angenommen werden, sofern feststeht, daß der Fahrer überhaupt getrunken hat (Düsseldorf StVE **Nr. 35, 43a**, Köln VRS **61** 366, NZV **89**, 358). Die setzt aber voraus, daß den festgestellten Beweisanzeichen eine außergewöhnliche, überdurchschnittliche Überzeugungskraft zukommt (Düsseldorf StVE **Nr. 43a**, Köln NZV **89**, 357). Grobe und für den langjährigen Fahrer ungewöhnliche Fahrfehler sollen nach BGH VRS **19** 29 für den Nachweis relativer Fahrunsicherheit geeignet sein, wie etwa das Abkommen von der rechten Fahrbahnhälfte (BGH VRS **47** 20, vgl. Karlsruhe VRS **47** 90, Koblenz StVE **Nr. 8**), Überfahren einer Fußgängergruppe auf ebener, gerader Straße bei trockener Witterung (BGH VRS **49** 429), ebenso besonders törichtes Verhalten (Köln BA **74**, 131), weit überhöhte Geschwindigkeit (Saarbrücken VRS **72** 377; vgl. aber Bay VRS **75** 210, Koblenz VRS **78** 450) oder leichtsinnige Fahrweise (BGH VRS **33** 118, Hamm VRS **35** 360, **39** 37, DAR **69**, 188, Köln VRS **37** 200, vgl. Koblenz VRS **48** 31). Auch ein bewußt verkehrswidriges Verhalten kann als Beweisanzeichen der relativen Fahrunsicherheit gewertet werden (Düsseldorf VM **77**, 28); vgl. hierzu Groth NJW 86, 759. Irrelevant sind hingegen Fahrfehler, die auch nüchternen Fahrern unterlaufen (BGH DAR/M **68**, 123, VRS **36** 174, Zweibrücken VRS **48** 104 [Fehlverhalten bei Straßenglätte; vgl. aber auch KG VRS **48** 204], Koblenz BA **77**, 63 [leichte Beschädigung eines PKW beim Ausfahren aus einer Parklücke], Bay DAR/R **76**, 175 [Abkommen von der Fahrbahn durch Aquaplaning]; bedenklich deshalb Koblenz VRS **44** 200 [Bremsen in einer Kurve], vgl. auch Bay DAR/R **73**, 206); weitergehend Saarbrücken VRS **24** 31. Deshalb kann die Beschädigung des nebenstehenden Kfz beim Verlassen einer Parklücke nicht allein wegen der für einen geübten Fahrer äußerst leichten Lage relative Fahrunsicherheit bei einer BAK von 0,8‰ begründen (Koblenz VRS **52** 350; vgl. aber auch Koblenz VRS **54** 124). Auch kann nicht ohne weiteres auf relative Fahrunsicherheit eines 74-jährigen Radfahrers geschlossen werden, der mit einer BAK von 1,07‰ eine ansteigende Straße in Schlangenlinien befährt (Bay NStZ/J **88**, 544). Daß ein Fahrfehler häufiger von angetrunkenen als von nüchternen Fahrern begangen wird, nötigt nicht zu dem Schluß auf alkoholbedingte Fahrunsicherheit (BGH VRS **36** 174); allerdings haben rein theoretische Zweifel außer Betracht zu bleiben (BGH VRS **49** 429). Die Feststellung von Müdigkeit neben 1,1‰ genügte nach der bisherigen Rspr. nicht (BGH VRS **31** 107; vgl. auch Bay NJW **68**, 1200, Hamm NJW **73**, 569), ebensowenig genügt die Verletzung des Vorfahrtsrechts (BGH VRS **34** 211), die Einhaltung eines zu geringen Seitenabstandes beim Überholen (Bay DAR/R **73**, 206 [0,89‰]), 30 Sekunden langes reaktionsloses Verhalten vor einer Ampelanlage nach Aufleuchten von grünem Licht (Bay DAR/R **74**, 179), die Flucht nach positivem Alcotest (Hamm StVE **Nr. 33**, Düsseldorf StVE **Nr. 35**), die Übernahme einer Fahrt zur Nachtzeit nach einem arbeitsreichen Tag (Düsseldorf VM **77**, 28 [LS]); krit. Schütt DRiZ 65, 292 oder die Weiterfahrt trotz widriger Straßenverhältnisse, es sei denn, jeder nüchterne

Fahrer würde angesichts der Straßenverhältnisse von einer Weiterfahrt Abstand genommen haben (Bay NStZ/J 89, 567). Bedenklich ist jedoch die Tendenz der Rspr., eine relative Fahruntüchtigkeit schon allein deswegen anzunehmen, weil der Täter sich dem Grenzwert der absoluten Fahrunsicherheit genähert und die Fahrt in der sog. Resorptionphase unternommen hat (vgl. Hamm GA **68,** 221, Oldenburg VRS **28** 466, Koblenz VRS **46** 444; vgl. dagegen Hamburg NJW **70** 1982); allerdings wird in diesen Fällen nach den von BGH **25** 246 entwickelten Grundsätzen (vgl. o. 4) häufig bereits eine absolute Fahrunsicherheit bejaht werden können. Richtig dagegen ist, daß bei einer Annäherung an den Grenzwert für absolute Fahrunsicherheit die Beweisanzeichen geringer sein dürfen (vgl. Hamm VRS **40** 362, NJW **75,** 2225, Köln VRS **44** 105, Koblenz VRS **46** 349, VRS **75** 210, Bay DAR/R **74,** 179, VRS **75** 39, VRS **78** 450, Köln VRS **51** 34). Konnte für den Täter einer Trunkenheitsfahrt eine BAK nicht festgestellt werden, so kann dennoch ausnahmweise bei besonderer Auffälligkeit relative Fahrunsicherheit bejaht werden (Koblenz VRS **50** 288, **54** 282, BA **84,** 540, Düsseldorf StVE **Nr. 35,** Hamm VRS **59** 41). Ausfallserscheinungen, die bei einer Blutprobe festgestellt werden, die eine höhere BAK aufweist, als sie zur Zeit der Tat bestand, sind für die relative Fahrunsicherheit nicht zu berücksichtigen (Hamm VRS **36** 49, Köln JMBlNRW **72,** 143). Über die Kriterien der Fahrunsicherheit ferner Hamm VRS **33** 340, **37** 48, NJW **73,** 569 m. Anm. Mayer NJW **73,** 1468, DAR **73,** 106, VRS **46** 137 [Trinkverhalten], KG VRS **34** 284, Köln VRS **37** 35, Bay DAR/R **73,** 206, Frankfurt DAR **73,** 273. Zur Indizwirkung eines Drehnachnystagmus vgl. Köln VRS **31** 443, **48** 103, Zweibrücken StVE **Nr. 60**; vgl. weiter Hamm StVE **Nr. 21.** Auch das Zusammenwirken von Blutalkohol und sonstigen leistungsmindernden Umständen (Krankheit, Ermüdung), insb. neurologisch-psychatrischen Erkrankungen (Hebenstreit, BA **86,** 179), macht nicht sonstige Beweisanzeichen für die (relative) Fahrunsicherheit entbehrlich (Bay MDR **68,** 342); vgl. auch Bay DAR/R **81,** 246, Hamm GA **69,** 186, Köln StVE **Nr. 12,** Koblenz StVE **Nr. 14.** Der Genuß „alkoholfreien" Bieres beeinflußt den BAK-Wert nicht (Schewe u. a. BA **85,** 304).

5a c) Die **Ermittlung der BAK** richtet sich nach den bundeseinheitlichen Richtlinien (abgedr. bei Mühlhaus Janiszewski, Anhang D zu §§ 316, 323a StGB). Nach Nr. 15 dieses Erlasses sind jeder BAK-Bestimmung grundsätzlich drei Untersuchungen nach dem Widmark-Verfahren und zwei nach dem ADH-Verfahren zugrundezulegen. Dabei dürfen anstelle der drei Untersuchungen nach dem Widmark-Verfahren auch drei gaschromatographische Bestimmungen durchgeführt werden. Bei Verwendung automatisierter Geräte genügen sogar nur zwei Bestimmungen nach dieser Methode (BGH **28** 2, NZV **88,** 221, Bay NJW **76,** 1803, Köln NJW **76,** 2308, Hamburg StVE **Nr. 15**). Da aber bei Messungen im Bereich der Naturwissenschaft absolute Genauigkeit, d. h. völlige Übereinstimmung des Meßergebnisses mit der wirklich gegebenen Größe, nicht erreichbar ist, kann – jedenfalls bei dem jetzigen Erkenntnisstand – bei Blutalkoholuntersuchungen für gerichtliche Zwecke grundsätzlich auf zwei voneinander verschiedene Untersuchungsverfahren nicht verzichtet werden, um Fehlermöglichkeiten in ihren Auswirkungen auszugleichen (BGH NZV **88,** 221, Bay VRS **62** 462, NJW **82,** 2131, Stuttgart VRS **66** 450, a. A. LG Mönchengladbach MDR **85,** 428, AG Langen NZV **88,** 233 m. Anm. Hentschel). Daher reicht eine einzige Untersuchung nicht aus (LG Hanau VRS **76** 25). Dies gilt jedoch nur für die Feststellung der absoluten Fahrunsicherheit; bei der relativen kann auch eine einzige Blutuntersuchung als Indiz herangezogen werden (Stuttgart VRS **66** 450). Neben diesen verschiedenen Bestimmungsmethoden ist noch das photometrische (Frankfurt VRS **36** 284) und das Verfahren nach Kingsley-Current (LG Bamberg NJW **66,** 1176) zugelassen worden. Zu den Fehlermöglichkeiten bei der Ermittlung der BAK und der Frage der Verwertbarkeit einer fehlerhaft gewonnenen Blutprobe vgl. Sachs NJW 87, 2915f. Das Atemalkoholgerät „Alcotest 7310" (Draeger-Testgerät) wird von der Rspr. hingegen als ungeeignet zur quantitativen Bestimmung der BAK angesehen (Köln StVE **Nr. 66**; vgl. auch Bay VRS 75, 211, Zweibrücken NJW 89, 2765, Heifer NZV 89, 13f. zeigt ein solches den Grenzwert der absoluten Fahrunsicherheit an, kann die alkoholbedingte Fahrunsicherheit nur dann festgestellt werden, wenn weitere Beweisanzeichen hinzutreten); Vgl. zu den Erfahrungen mit „Alcotest 7310" Huckenbeck/Schweitzer BA 85, 417, Heifer BA 86, 229, Iffland/Staak BA 86, 77, Schneble BA 86, 315.

5b Die Rspr. bemüht sich zwar durch ihre Forderung nach einer Mehrzahl von Tests bei der Bestimmung der BAK um eine exakte Beurteilung der Fahrunsicherheit (vgl. BGH **21** 157, Hamm VRS **41,** 41; zu den Bestimmungsmethoden vgl. näher Cramer 17ff. sowie – ergänzend zur gaschromatographischen Untersuchung – Bay NJW **76,** 1802, Köln NJW **76,** 2308, Hamburg MDR **76,** 515). Jedoch muß in der Praxis beachtet werden, daß bei abweichenden Ergebnissen innerhalb einer Versuchsreihe zur Bestimmung der BAK nach dem Grundsatz in dubio pro reo von dem geringsten Wert auszugehen ist; die Errechnung eines Mittelwertes ist auch im Hinblick auf neuere Untersuchungen (Zink u. a. BA 85, 21) unzulässig (zust. Cramer 21; and. Hamburg VRS **28** 306, **36** 282, MDR **76,** 515, Hamm NJW **69,** 566, BA **77,** 188 m. Anm. Grüner, KG VRS **30** 279, Düsseldorf BA **79,** 405, **80,** 174, Bay NJW **76,** 1802, Haffke NJW 71, 1874, Horn SK 23, Rüth LK 63). Daß ein Mittelwert einen höheren Grad von Wahrscheinlichkeit für sich hat, reicht eben entgegen Ponsold Lb. 299 zu einer Verurteilung nicht aus. Dies zeigt mit Deutlichkeit die Entscheidung Düsseldorf BA **80,** 174, bei der in rabulistischer Weise darüber gehandelt wird, welche Rechenmethode zur Berechnung des Mittelwertes zugrunde zu legen sei; so soll bei verschiedenen Untersuchungsmethoden nicht ein Mittelwert aus dem Mittelwert der einzelnen Methoden, sondern ein solcher aus allen Einzeluntersuchungen zugrundezulegen sein (Düsseldorf VRS **67** 35, BA **84,** 375 Molketin BA **89,** 127; a. A. LG Kiel SchlHA **83,** 196). Bei der Berechnung des Mittelwertes sollen jedoch solche Einzelergebnisse ausgeschaltet werden, bei denen die Differenz zwischen dem höchsten und dem niedrigsten Einzelwert mehr als 10% des Mittelwertes beträgt (BGH NZV **88,** 221 Bay VRS **62** 464, Düsseldorf VRS **73,** 218 [Unverwertbarkeit des aus einer nur geringen, mit destilliertem Wasser verdünnten Blutprobe gewonnenen BAK-Ergebnisses] Hamm StVE **Nr. 69** m. Anm. Zink BA **86,** 144); aber auch diese Verfeinerung der Methode trägt dem Grundsatz in dubio pro reo nicht hinreichend Rechnung. Allerdings läßt BGH (StVE **Nr. 31**) die bloße Angabe des Mittelwertes ohne Zahl, Art und Ergebnis der Einzelanalysen in der Entscheidung genügen, selbst wenn der Mittelwert nur geringfügig über dem Grenzwert liegt (ebenso Köln VRS **57** 23). Daß der Mittelwert erst nach Aufrundung den Grenzwert erreicht, kann die Annahme der absoluten Fahrunsicherheit allerdings auch nach der Rspr. nicht tragen (vgl. Hamm StVE **Nr. 28**).

d) Entscheidend ist die Alkoholkonzentration **zur Zeit der Tat** (BGH 21 163, Bay VRS **27** 220, Hamm VRS **36** 49, Cramer 23). Da zwischen dem Tatzeitpunkt und dem Zeitpunkt der Blutentnahme regelmäßig einige Zeit verstreicht, während der Alkohol durch Stoffwechselvorgänge abgebaut oder aber, bei Alkoholaufnahme kurz vor der Blutentnahme – insb. beim Nachtrunk –, erst noch resorbiert wird, ist im ersten Fall durch Rückrechnung, im anderen durch Aufrechnung der Alkoholgehalt zur Tatzeit zu berechnen. Im letzterem Fall ist daher nicht entscheidend, ob der Grenzwert zur Tatzeit erreicht ist, sondern darauf, ob er später nach Abschluß der Resorption erreicht wird. Nach der Rspr. (BGH **25** 251, o. 4) bedarf es einer Rückrechnung jedoch nicht, wenn bei der Entnahme wenigstens der Grenzwert der absoluten Fahrunsicherheit erreicht ist, da dann feststeht, daß eine entsprechende Körperalkoholmenge zur Tatzeit vorgelegen haben muß (vgl. Hamm VRS **47** 270, vgl. Mayr DAR 74, 65, ferner auch Koblenz VRS **47** 272; and. aber für den Fall, daß Schuldfähigkeit in Betracht kommt Düsseldorf NJW **89,** 1557, Koblenz VRS **75** 47). Im übrigen ist eine Rückrechnung erst vom Zeitpunkt des Endes der Resorptionsphase exakt möglich, so daß im Regelfall eine Rückrechnung zur Feststellung der BAK im Tatzeitpunkt bei der Bestimmung der absoluten Fahruntüchtigkeit in den ersten beiden Stunden nach Trinkende unzulässig ist (BGH **25** 250, vgl. Hamm NJW **74,** 1433, Bay NJW **74,** 1432, DAR/R **74,** 179, Düsseldorf VRS **73** 471 f.). Für die Folgezeit legt die Rspr. bei der Rückrechnung einen Abbauwert von 0,1‰ je Stunde zugrunde (BGH **25** 246 m. Anm. Händel NJW **74,** 246 u. D. Meyer NJW **74,** 613, Bremen VRS **48** 273, Düsseldorf VRS **73** 471, vgl. Mayr DAR 74, 64, Nachw. zur älteren Rspr. s. 18. A. § 315c RN 8b, Cramer 24). Allerdings ist in den schwierigen Fällen der Nach- oder Sturztrunkbehauptung immer ein Sachverständiger zur verläßlichen BAK-Wertermittlung zu hören (vgl. Reinhardt/Zink NJW 82, 2108, Bonte u. a. NJW 82, 2109). Geht es dagegen um die Frage der strafrechtlichen Verantwortlichkeit, so muß bei der Rückrechnung der höchstmögliche Abbauwert zugrunde gelegt werden (vgl. Cramer 29), es sei denn, daß bei einer Rückrechnung über viele Stunden der BAK-Wert zur Tatzeit unrealistisch würde (BGH StVE **Nr. 72**). Je länger die Rückrechnungszeit, desto größer wird der Abstand von der wahrscheinlichen BAK zur Zeit der Tat. Ist daher zwischen der Tat und der Blutentnahme ein längerer Zeitraum verstrichen (bei 9 Std. vgl. BGH **35** 308, bei 13 und 18 Std. vgl. BGH DAR/S **89,** 246), hat die BAK nur eine beschränkte Aussagekraft und kann nur eine grobe Orientierungshilfe darstellen. Der Blutalkoholwert verliert an indizieller Bedeutung und es kommt zunehmend auf andere Beweisanzeichen an (BGH **35** 312 ff.). Bei der Frage, welche Rückrechnungswerte hierbei zugrunde zu legen sind, hat die Rspr. verschiedene Standpunkte eingenommen. Während sie bislang von einem maximalen Wert von 0,29A pro Stunde ausging (BGH DAR/S **81,** 189, BA **85,** 484, ZfS **86,** 28, Hamm VRS **36** 281, **41** 102 f., 410 f., BA **76,** 295, Stuttgart BA **76,** 288 m. krit. Anm. Schwerd, Bay NJW **74,** 1432, Koblenz VRS **54** 120), ist sie jetzt der Auffassung, daß eine gestaffelte Rückrechnung erforderlich sei, bei der 0,2A pro Stunde und zusätzlich ein Sicherheitszuschlag von 0,2A zugrunde zu legen sind (vgl. BGH 4 StR 529/85 v. 15. 10. 85, BGH VRS **69** 431, BGH StVE **Nr. 72, 73b,** Köln StVE **Nr. 74a**); zur Rückrechnung aus medizinischer Sicht vgl. Gerchow u. a. BA 85, 77. Die Rückrechnung nach generellen Rückrechnungswerten ist jedoch problematisch (näher Cramer 25, Wagner NJW 59, 1758) und bedarf regelmäßig wenigstens der Zuziehung eines Sachverständigen (BGH VRS **29** 185, Koblenz StVE **Nr. 24,** vgl. Hamm NJW **73,** 1433, Koblenz VRS **51** 38, Mayr DAR 74, 64, Spann DAR 80, 309, Geppert DAR 80, 315). Diese ist bei Aufrechnung, also in dem Fall, daß der Täter sich zum Zeitpunkt der Blutentnahme noch in der Resorptionsphase befand, immer geboten (Hamm VRS **43** 110, Hamburg VRS **45** 43), da sich hierfür noch keine festen Richtwerte gebildet haben (vgl. noch Hamm NJW **73**, 1423 und speziell zur Behandlung des Nachtrunks Celle NdsRpfl. **72**, 284, Köln BA **84**, 368, StVE **Nr. 65**). Der Tatrichter hat die Anknüpfungstatsachen, die er seiner Rück- oder Aufrechnung zugrundelegt, im Urteil in einer für das RevG nachprüfbaren Weise darzulegen (Köln VRS **66** 352, Bay DAR/R **84**, 241). Auch wenn eine Blutprobe fehlt, ist die Feststellung der durch Alkohol verursachten relativen Fahrunsicherheit durch den Tatrichter möglich, sofern sich eine dahingehende Überzeugung aus den festgestellten Beweisanzeichen ergibt. Dies ist aber nur in Ausnahmefällen möglich, wenn den zugrundeliegenden Indizien und ihrer Gesamtwürdigung eine außergewöhnliche, überdurchschnittliche Überzeugungskraft zukommt (Düsseldorf NZV **90** 199).

7 2. Der Täter muß ein Fahrzeug **geführt** haben. Dieser Begriff ist enger als der der Teilnahme am Verkehr, der jede unmittelbare körperliche Einwirkung auf den Verkehr umfaßt (Hamm NJW **84**, 137). Das Führen eines Fahrzeugs erfaßt nur Bewegungsvorgänge im Verkehr (so nun auch BGH NJW **89**, 723, Bay NZV **89**, 242 [unter Aufgabe seiner bisherigen Rspr.], Hamm NJW **84**, 137, Düsseldorf JMBlNW **89**, 107, Cramer § 316 RN 32, Rüth LK 3, § 315c RN 5, Horn SK § 315c RN 5, Janiszewski aaO 104; vgl. aber D-Tröndle § 315a RN 6), da von einem stehenden Fahrzeug keine unter § 316 fallende abstrakte Gefährdung des Straßenverkehrs ausgeht. Um Führer eines Fahrzeugs sein zu können, muß daher jemand das Fahrzeug unter bestimmungsgemäßer Anwendung seiner Antriebskräfte unter eigener Allein- oder Mitverantwortung in Bewegung setzen oder das Fahrzeug unter Handhabung seiner technischen Vorrichtung während der Fahrtbewegung durch den öffentlichen Verkehrsraum ganz oder wenigstens zum Teil lenken (BGH NJW **89**, 723 mit näheren Auslegungskriterien; krit. dazu Sunder BA **89**, 298ff). Dabei spielt es allerdings keine Rolle, ob das Fahrzeug sich mit Motorkraft oder auf einer Gefällstrecke infolge seiner Schwerkraft bewegt (BGH **14** 185). Erforderlich ist allein ein Bewegungsvorgang des Abfahrens, der durch das Anrollen der Räder nach außen in Erscheinung tritt (BGH NJW **89**, 724, Düsseldorf NZV **89**, 202). Nicht ausreichend ist daher das Setzen auf den Steuersitz des fahrbereiten Fahrzeugs (BGH NJW **89**, 724, Köln NJW **64**, 2026, AG Homburg VRS **77** 66, and. noch Bay VRS **48** 207), das Schlafen im abgestellten Wagen bei laufendem Motor, das Inbetriebsetzen des Schwenkwerks eines Baggers (Bay DAR **67**, 142), das Einschalten der Zündung (AG Homburg VRS **74** 28), das Anlassen des Motors (BGH NJW **89**, 723, Celle NdsRpfl. **73**, 27, NStZ **88**, 411, LG Hamburg VRS **74** 273, LG Braunschweig NStZ/J **87**, 271, AG Freiburg VRS **71** 283, M-Maiwald II 31; and. Köln JMBlNRW **64**, 188, Koblenz DAR **72**, 50, VRS **46** 352, Braunschweig NStZ/J **87**, 546), das Lösen der Handbremse oder das Schieben zu einer Gefällstrecke, wo das Kfz dann in Gang gesetzt werden soll (Karlsruhe DAR **83**, 365). In diesen Fällen kann jedoch Versuch vorliegen (vgl. § 315c RN 37), z.B. dann, wenn eine Fortbewegung des Kfz objektiv unmöglich ist (Bay **86** 13), der allerdings in den Fällen des § 316 nicht strafbar ist. Wohl aber reichen Handlungen aus, die nach Beendigung der Fahrt vorgenommen werden; wer die Handbremse nicht anzieht oder den Wagen sonst nicht absichert, begeht einen Fahrfehler beim Führen des Fahrzeugs (BGH **19** 371, Cramer 14; and. Rüth LK 4, § 315c RN 5, Horn SK § 315c RN 5). Ein Kfz führt auch, wer es anschieben läßt, um den Motor in Gang zu setzen (Celle NJW **65**, 63, Düsseldorf DAR **83**, 301, vgl. Oldenburg VRS **48** 356) oder wer ein Mofa mit laufendem Motor schiebt (Düsseldorf VRS **50** 426, Bay BA **84**, 367; and. wer sich auf ein Kraftrad mit laufendem Motor setzt und es mit den Füßen bis zu einer Stelle vorwärts bewegt, von der ab ein anderer das Kraftrad mit Motorkraft weiterfahren soll, wenn er dem Kraftrad nicht einen Schwung verleiht, aufgrund dessen es einige Meter selbständig weiterrollt vgl. Bay NZV **88**, 74); auf diese Art des Führens sollen jedoch die Grundsätze der absoluten Fahrunsicherheit (vgl. o. 4) keine Anwendung finden (Bay VRS **66** 202, BA **84**, 367). Kein Führen liegt vor, wenn das Fahrzeug ohne Zutun des darin Sitzenden (Bay VRS **39** 206) oder ohne dessen Willen (Frankfurt DAR **90**, 271) ins Rollen gerät. Wer daher nach willentlichem Anlassen des Motors sein Fahrzeug ohne seinen Willen in Bewegung setzt, weil ein Gang eingelegt war, führt kein Kfz (Frankfurt DAR **90**, 271).

7a Anders als in §§ 69 StGB, 21 StVG genügt hier das Abrollenlassen von Kfz ohne Benutzung des Motors, da sie auch dann noch als „**Fahrzeuge**" benutzt werden (vgl. BGH **14** 185, Celle NZV **89**, 318, Düsseldorf DAR **83**, 301, Koblenz VRS **49** 366; vgl. auch Hamburg VRS **32** 452, ebenso Rüth LK § 315c RN 6), auch das Steuern eines geschobenen Fahrzeugs reicht aus (Köln VRS **27** 233, Rüth LK § 315c RN 6, Cramer § 316 RN 33; and. BGH DAR/M **70**, 113, Celle NJW **65**, 63, Oldenburg MDR **75**, 421, D-Tröndle § 315a RN 6), ebenso das eines abgeschleppten (Bay JZ **84**, 43, Celle NZV **89**, 318, Frankfurt NJW **85**, 2961). Über das Führen eines Fahrzeugs durch mehrere Personen vgl. BGH **13** 226 (zu § 24 a. F. StVG), DAR/M **61**, 65, KG VRS **12** 110, Schleswig DAR **56**, 132; über das Führen eines Pferdefuhrwerks vgl. Hamm VRS **19** 367, AG Köln NJW **86**, 1466.

Trunkenheit im Verkehr 7b–10 **§ 316**

Nr. 1a enthält ein **eigenhändiges** Delikt. Dies schließt die Täterschaft eines Halters aus, der 7b einem anderen das Steuer überläßt (BGH **18** 6, Celle NJW **65**, 1773, vgl. § 25 RN 45ff.); hier kann allenfalls Anstiftung oder Beihilfe in Betracht kommen. Gleiches gilt für Personen, denen aufgrund ihrer tatsächlichen Verfügungsbefugnis eine Verantwortlichkeit für das Fahrzeug zukommt (z. B. der Werksfahrer für den ihm überlassenen LKW; vgl. Koblenz NJW **65**, 1926 m. Anm. Möhl, Bödecker DAR **70**, 309).

Beteiligen sich **mehrere Personen** am Führen des Kfz, bedient z. B. eine die Steuerung, die 7c andere das Gaspedal, so führt jede das Kfz, die auf dessen Fortbewegung einen wesentlichen Einfluß ausübt. Daß der Beifahrer dem Fahrer kurz ins Steuer greift, begründet keine eigene Führung des Fahrzeugs (Hamm NJW **69**, 1975, VRS **37** 281, Köln NJW **71**, 670, BGH **13** 226, Hentschel/Born aaO 111 f.). Über einen Fall mittelbaren Führens durch Geben von Instruktionen vgl. Hamm VRS **37** 281.

3. Eine konkrete, aus dem Verhalten des Täters resultierende Verkehrsgefahr setzt der Tat- 8 bestand nicht voraus. Es genügt die **abstrakte Gefährdung**, die durch die Teilnahme eines Fahrunsicheren am Verkehr eintritt. Unbefriedigend an dieser Regelung ist, daß mehr oder weniger der Zufall darüber entscheidet, ob § 315c oder § 316 Anwendung findet. Eine folgenlose Trunkenheitsfahrt liegt auch vor, wenn es nur zu einer Eigenverletzung des Täters (Hamm VRS **36** 262) oder zu einer Beschädigung des von ihm benutzten Fahrzeugs gekommen ist, selbst wenn dies in fremdem Eigentum steht (BGH **27** 44, VRS **42** 97, Hamm DAR **73**, 104), wenn nur eine Sache von unbedeutendem Wert (vgl. dazu 14 f. vor § 306) oder eine wertvolle Sache in unbedeutendem Umfang (vgl. 16 vor § 306) gefährdet worden ist.

III. Der **subj. Tatbestand** setzt nach Abs. 1 Vorsatz voraus; nach Abs. 2 reicht jedoch auch 9 Fahrlässigkeit aus. Auch die Fahrlässigkeitstat enthält als finalen Kern das Führen des Fahrzeugs, das ohne entsprechenden Willensakt nicht denkbar ist. Wer unvorsichtigerweise beim Einsteigen die Bremsen löst und infolgedessen das Fahrzeug auf einer Gefällstrecke ohne seinen Willen in Bewegung setzt, „führt" es nicht und kann daher trotz Trunkenheit auch nicht nach Abs. 2 bestraft werden (vgl. auch Frankfurt NZV **90**, 277). Deshalb ist Abs. 2 auf die Fälle beschränkt, in denen der Täter infolge Fahrlässigkeit seine Fahrunsicherheit verkennt. Trotz gleicher Strafdrohung kommt der Frage der Begehensform nicht zu unterschätzende Bedeutung in versicherungsrechtlicher Hinsicht (Obliegenheitsverletzung) und im Hinblick auf die Gnadenrechtspraxis (Abkürzung der Sperrfrist) zu. Dort kann es einen Unterschied machen, ob das Strafurteil von vorsätzlicher oder nur von fahrlässiger Trunkenheit ausgeht.

1. **Vorsatz** liegt vor, wenn der Täter weiß oder mit der Möglichkeit rechnet und sich damit 10 abfindet, daß er fahrunsicher ist. Die Annahme, nicht mehr fahren zu dürfen (z. B. § 24a StVG), vermittelt nicht notwendig die Kenntnis der Fahrunsicherheit (Bay DAR/R **84**, 242). Die Berufung darauf, daß er infolge des genossenen Alkohols nicht mehr imstande gewesen sei, die Grenze zur Fahruntüchtigkeit zu erkennen, wird dann, wenn er später noch ein Fahrzeug führen wollte, doch Hinweis auf die Grundsätze der actio libera in causa (u. 11a) zurückzuweisen sein (vgl. Oldenburg DAR **63**, 304, Bay NJW **69**, 1584, Karlsruhe VRS **53** 461); and. bei heimlicher Verstärkung des Alkohols durch Dritte (Hamm VRS **34** 128). Im übrigen gibt es keinen Erfahrungssatz, daß man ab einer bestimmten BAK seine Fahrunsicherheit erkennt (Bay VRS **59** 338 [1,56‰], DAR/R **81**, 246, Hamm NJW **69**, 1587, VRS **37** 367, **40** 360, **48** 275, **54**, 44 [1,9‰], BA **76**, 295, **79**, 230, Celle VRS **61** 35 [2,32‰], Düsseldorf BA **79**, 69, Saarbrücken NJW **71**, 1904, Koblenz StVE Nr. **71** [2,3‰], Köln DAR **87**, 126 [2,35‰], DAR **87**, 157); dies gilt selbst dann, wenn der Täter besonders langsam fährt (Köln VRS **72** 367) oder der Fahrer sich einer Polizeikontrolle zu entziehen sucht (Bay DAR/R **84**, 242, Hamm BA **77**, 122, **78**, 376). Deshalb verbietet sich die namentlich in der Lit. vertretene These, alleine aus der Feststellung eines hohen BAK-Wertes, der die absolute Fahrunsicherheitsgrenze weit übersteigt, sei regelmäßig vom Vorsatz auszugehen (Zweibrücken ZfS **84**, 61; Haubrich DAR **82**, 287, der diesen Wert bei 2‰ ansetzt; Krüger DAR **84**, 47, der Vorsatz nicht an der subj. Vorstellung über die Fahruntüchtigkeit, sondern an der eingenommenen Alkoholmenge festzumachen sucht). Zwar liegt bei einer die Grenzen absoluter Fahruntauglichkeit weit übersteigenden Alkoholisierung die Annahme nahe, daß der Täter die Auswirkungen seines Trinkens billigend in Kauf genommen hat; jedoch kann nicht außer acht gelassen werden, daß bei fortschreitender Trunkenheit die Kritik- und Erkenntnisfähigkeit abnimmt (KG BA **91**, 186). Daher kann die tatrichterliche Überzeugung einer vorsätzlichen Trunkenheitsfahrt nur auf alle Umstände des Einzelfalles gestützt werden (Hamm DAR **69**, 302, **70**, 329, VRS **39** 345, Karlsruhe NZV **91**, 239). Der Nachweis des Vorsatzes ist besonders sorgfältig zu führen (BGH VRS **37** 365, Bay DAR/R **81**, 246; vgl. auch Hamm JMBlNRW **70**, 11, VRS **37** 367, **40** 361, 447, Köln VRS **67** 226, Saarbrücken VRS **40** 448) und hängt insbesondere vom Grad der Intelligenz und der Selbstkritik des Fahrers ab (Düsseldorf VM **79**, 69); anderseits ist der Instanzrichter nicht gehalten, sich mit diesen Faktoren in jedem Einzelfall auseinanderzusetzen (Celle NdsRpfl. **81**, 150).

Cramer

§ 316 11–14 Bes. Teil. Gemeingefährliche Straftaten

11 2. **Fahrlässigkeit** liegt vor, wenn der Täter zwar nicht mehr weiß, welche Menge Alkohol er zu sich genommen hat, aber es unterläßt, sich im Hinblick auf seine Fahrsicherheit gewissenhaft selbst zu überprüfen (vgl. Krumme 51 ff.), weil er jedenfalls bei einer BAK deutlich über den Beweisgrenzwert der absoluten Fahrunsicherheit die Wirkung des Alkohols hätte erkennen können (vgl. Hamm NJW **74**, 2058 [1,42‰], **75**, 660 [1,7‰], StVE **Nr. 68** [2,5‰], Koblenz DAR **73**, 106 [1,66‰], Köln BA **78**, 302 [1,59‰ m. Anm. Schneble). Über die Maßstäbe des Erkennenkönnens vgl. Hamm VRS **37** 198, **39** 345, DAR **70**, 329, Koblenz VRS **44** 201, andererseits soll auch bei einer BAK von nur 0,69‰ die Unkenntnis alkoholbedingter Fahrunsicherheit vorwerfbar sein (Bay BA **84**, 374). Zur Frage der Erkennbarkeit der Fahrunsicherheit bei heimlicher Verstärkung des Alkohols (vgl. hierzu Düsseldorf VRS **64** 436 m. abl. Anm. Hentschel DAR 83, 261) muß ein Sachverständiger angehört werden, wenn die BAK im engeren Bereich des absoluten Grenzwertes liegt (Hamburg VM **78**, 63); weiterhin kommt es darauf an, daß der Täter die Wirkung des heimlich beigemengten Alkohols vor Fahrantritt schon verspüren konnte (Düsseldorf aaO). Der Einwand, die BAK müsse entscheidend auf dem Einatmen von Alkoholdämpfen beruhen, wird Fahrlässigkeit kaum ausschließen können, da mit der Atemluft aufgenommener Alkohol den BAK-Wert i.d.R. nur in der zweiten Dezimale beeinflussen kann (Hamm NJW **78**, 1210). Auch sind bislang keine Medikamente bekannt, die bei normalem Gebrauch im Organismus Aethanol erzeugen, vortäuschen oder maskieren bzw. die BAK Bestimmung beeinträchtigen (LG Flensburg BA **84**, 454). Über das Zusammenwirken von Alkohol und Medikamenten vgl. Frankfurt VRS **29** 478, DAR **70**, 162, Oldenburg DAR **63**, 304, Stuttgart NJW **66**, 410, Händel NJW 65, 1999, Hamm VRS **42** 281, NJW **72**, 2332, **74**, 614, Düsseldorf VM **78**, 84, Hamm BA **79**, 501, Celle BA **81**, 176 m. abl. Anm. Recktenwald, LG Köln BA **85**, 473. Zum Fahrlässigkeitsmaßstab vgl. Maiwald Dreher-FS 437, der bei der Frage der Erfolgszurechnung auf die Sorgfalt eines nüchternen Kraftfahrers abstellt; vgl. weiter § 15 RN 158 ff., Cramer 39.

11a Vorsätzliche und fahrlässige Begehung nach den Grundsätzen der **actio libera in causa** (vgl. § 20 RN 33 ff.) unterscheiden sich wie folgt: Für beide Formen ist notwendig, daß der Täter im Trunkenheitszustand ein Fahrzeug vorsätzlich führt (o. 10). Bei der vorsätzlichen a l i c muß der Täter darüber hinaus schon vor Eintritt der Schuldunfähigkeit mindestens mit dolus eventualis im Hinblick auf seine spätere Trunkenheitsfahrt gehandelt, d. h. gewußt und sich damit abgefunden haben, daß er im schuldunfähigem Zustand ein Fahrzeug führen werde. Der in der Praxis häufigere Fall ist jedoch eine fahrlässige a l i c, bei der der Täter zwar weiß, daß er eine größere Menge Alkohol oder andere Rauschmittel zu sich nimmt, das spätere Führen eines Fahrzeuges oder den Zustand exzessiver Trunkenheit aber zu vermeiden sucht, möglicherweise sogar Vorkehrungen gegen die spätere Benutzung des Fahrzeugs trifft, die allerdings unzureichend sind. Zu den verschiedenen Begehungsformen vgl. Bay DAR/R **76**, 175, **84**, 241, VRS **60**, 369, NStZ/J **88**, 264, NZV **89**, 318, Celle VRS **40**, 16, Hamm BA **78**, 59 m. Anm. Seib, Koblenz VRS **54** 118 (Trinken in Fahrbereitschaft).

12 IV. Als **Rechtfertigungsgrund** kann Notstand (§ 34) in Betracht kommen. Dann muß allerdings die Gefahr für das bedrohte Rechtsgut die Gefährdung des Straßenverkehrs durch einen fahrunsicheren Fahrer deutlich überwiegen (Hamm VRS **36** 27, Koblenz NJW **88**, 2317 m. Anm. Mitsch JuS 89, 964). Die nach § 34 erforderliche Interessenabwägung wird die Fahrt i. d. R. nur dann gerechtfertigt erscheinen lassen, wenn sie sich als einziges (Hamm NJW **58**, 271) oder wenigstens sicherstes (Hamm VRS **20** 232) Mittel zur Rettung eines Verletzten darstellt (vgl. Koblenz MDR **72**, 885). Daran wird es regelmäßig bei einer Fahrt zur Erfüllung der ärztlichen Hilfspflicht fehlen (Koblenz MDR **72**, 885, vgl. auch Stuttgart Justiz **63**, 37 sowie Köln BA **78**, 219). Vgl. im übrigen § 34 RN 18 ff.

13 V. Ist die **Schuld** ausgeschlossen (§ 20) oder ist die Schuldunfähigkeit nicht auszuschließen, kommt § 323a in Betracht; bei einem BAK-Wert von 2,7‰ ist i.d.R. hierzu ein med. Sachverständiger zu hören (Düsseldorf JMBl NRW **82**, 250). In den Fällen der actio libera in causa (§ 20 RN 33 ff., Cramer 40 ff.), bleibt die Strafbarkeit nach § 316 jedoch bestehen; zur Unterscheidung zwischen vorsätzlicher und fahrlässiger Begehung vgl. o. 11a. Nach Bay StVE **Nr. 29** zu § 316 m. Anm. Horn, JR 79, 291 soll ein Unterlassungsdelikt in Betracht kommen, wenn ein wegen Trunksucht schuldunfähiger Halter in lichten Augenblicken nicht dafür Sorge trägt, daß er das Fahrzeug in schuldunfähigem Zustand nicht benutzt; dieser Ansicht, die sich auf § 31 II StVZO stützt, kann nicht zugestimmt werden, da die Verantwortlichkeit des Halters sich hiernach nur auf die Benutzung des Fahrzeugs durch andere Personen bezieht.

14 VI. Für **Täterschaft** und **Teilnahme** gelten die bei § 315c RN 36a dargelegten Grundsätze. Nicht möglich sind danach Anstiftung und Beihilfe, wenn der Täter nicht vorsätzlich gehandelt hat, wie auch eine fahrlässige Begehung durch den, der nicht selbst am Steuer gesessen hat.

VII. Die **Strafe** ist bei Vorsatz wie bei Fahrlässigkeit Freiheitsstrafe bis zu einem Jahr oder Geldstrafe. Es wäre fehlerhaft, die gleichwertig neben der Freiheitsstrafe stehende Geldstrafe nur besonders leichten Fällen vorzubehalten. Dies gilt vor allem angesichts der Tatsache, daß diese Strafen sowohl für vorsätzliche wie für fahrlässige Taten vorgesehen sind. Schon das 1. StrRG hat mit seiner Entscheidung gegen die kurzzeitige Freiheitsstrafe (§ 14 a. F.) der gesamten bisherigen Rspr. insoweit den Boden entzogen, als danach auch bei Tatbeständen, die dem Richter die Wahl zwischen Freiheits- und Geldstrafe ließen, grundsätzlich der Geldstrafe der Vorzug vor einer kurzfristigen Freiheitsstrafe gebührte. Da diese Regelung in § 47 übernommen wurde, kann auch im Rahmen des § 316 eine Freiheitsstrafe unter 6 Monaten nur dann verhängt werden, wenn dies aufgrund besonderer Umstände zur Einwirkung auf den Täter oder zur Verteidigung der Rechtsordnung unerläßlich ist (vgl. hierzu § 47 RN 10ff.), was insb. bei Wiederholungstätern in Betracht kommt (vgl. Karlsruhe VRS **55** 341; zur Sozialprognose nach § 56 vgl. Koblenz VRS **53** 338f., **73** 275f.), aber auch hier nicht zwingend ist (Hamm VRS **54** 28, AG Landstuhl BA **76**, 60 m. Anm. Härtel); dies gilt sowohl für fahrlässige wie für vorsätzliche Taten (vgl. auch Hamm VRS **39** 330, **40** 11, Koblenz MDR **70**, 693, VRS **40** 96). Die Zurückdrängung der Freiheitsstrafe scheint hier um so mehr vertretbar, als mit dem Fahrverbot nach § 44 eine wirksame Nebenstrafe verhängt und ungeeigneten Fahrern gem. § 69 die Fahrerlaubnis entzogen werden kann. Zum Widerruf der Strafaussetzung vgl. Koblenz VRS **52** 24. Strafmildernd kann etwa das Befahren wenig benutzter Straßen (Cramer 49; and. LG Verden DAR **76**, 137), strafschwerend die berufliche Stellung des Täters (Hamburg BA **77**, 428 [Angehöriger der Wasserschutzpolizei]) berücksichtigt werden. Zu weiteren strafmildernden oder -erschwerenden Umständen vgl. Zabel/Noss BA **89**, 258ff. Zum Fall, daß der Täter sein Fahrzeug nur ein kurzes Stück bewegt, um einen verkehrsstörenden Zustand zu beseitigen vgl. Düsseldorf NZV **88**, 29.

VIII. Konkurrenzen. § 316 ist – unabhängig von der Entscheidung bei § 315c I Nr. 1 (vgl. dort RN 43) – Dauerstraftat, die mit dem Fahrtantritt beginnt und erst endet, wenn der Täter mit dem Weiterfahren endgültig aufhört oder der Täter infolge Alkoholabbaus während der Fahrt wieder fahrsicher wird (BGH VRS **49** 177 u. 185, Bay **80** 13, Lackner 2b, Hentschel/Born aaO 105). Wer z. B. eine Gastwirtschaft (oder mehrere nacheinander) mit seinem Kfz in alkoholbedingt fahrunsicherem Zustand ansteuert, in der Absicht, zu Fuß nach Hause zu gehen, beendet endgültig seine Weiterfahrt auch dann, wenn er entgegen seiner Absicht später wiederum sein Fahrzeug zur Heimfahrt benutzt (and. Bay NStZ/J **87**, 114). Dagegen unterbricht der bloße Entschluß, eine pol. Anweisung zum Halten zu mißachten, die Dauerstraftat nicht (BGH StV **83**, 279). Die Vorschrift ist gegenüber den §§ 315a, 315c subsidiär (vgl. BGH VRS **49** 185), den §§ 24a StVG, 2 StVZO geht sie gemäß § 21 OWiG vor (Cramer 62). Mit §§ 113, 315b besteht Tateinheit (BGH VRS **49** 177), dagegen liegt im Verhältnis zu § 53 III Nr. 1a, b WaffG Realkonkurrenz vor, da es an einer einheitlichen Ausführungshandlung fehlt (BGH VRS **49** 178). Zwischen der vorsätzlichen Begehungsweise nach § 316 I und Anstiftung hält Düsseldorf StVE **Nr. 7** Wahlfeststellung für möglich (vgl. aber § 1 RN 94).

§ 316a Räuberischer Angriff auf Kraftfahrer

(1) Wer zur Begehung eines Raubes (§§ 249 oder 250), eines räuberischen Diebstahls (§ 252) oder einer räuberischen Erpressung (§ 255) einen Angriff auf Leib, Leben oder Entschlußfreiheit des Führers eines Kraftfahrzeugs oder eines Mitfahrers unter Ausnutzung der besonderen Verhältnisse des Straßenverkehrs unternimmt, wird mit Freiheitsstrafe nicht unter fünf Jahren bestraft. In besonders schweren Fällen ist die Strafe lebenslange Freiheitsstrafe, in minder schweren Fällen Freiheitsstrafe nicht unter einem Jahr.

(2) Das Gericht kann die Strafe nach seinem Ermessen mildern (§ 49 Abs. 2) oder von einer Bestrafung nach dieser Vorschrift absehen, wenn der Täter freiwillig seine Tätigkeit aufgibt und den Erfolg abwendet. Unterbleibt der Erfolg ohne Zutun des Täters, so genügt sein ernsthaftes Bemühen, den Erfolg abzuwenden.

Schrifttum: Beyer, Zur Auslegung des § 316a, NJW 71, 872. – *Günther,* Der „Versuch" des räuberischen Angriffs auf Kraftfahrer, JZ 87, 16. – *ders.,* Der räuberische Angriff auf „Fußgänger" – ein Fall des § 316a StGB?, JZ 87, 369. – *Roth-Stielow,* Die gesetzwidrige Ausweitung des § 316a StGB, NJW 69, 303.

I. Die Vorschrift stellt sich als tatbestandlich vorgezogener Fall des Raubes, des räuberischen Diebstahls und der räuberischen Erpressung dar. Eine Gemeingefahr wird nicht vorausgesetzt (M-Schroeder I 363). Sie ist auch für den Regelfall nicht gegeben und kann die erhöhte Strafe des § 316a nicht rechtfertigen (krit. auch Meurer-Meichsner, Untersuchungen zum Gelegenheitsgesetz im Strafrecht [1974]). Trotz der hohen Strafdrohung verstößt die Vorschrift jedoch nicht gegen das GG oder die MRK (BGH **24** 173 m. krit. Anm. Beyer NJW 71, 2034).

§ 316a 2–6 Bes. Teil. Gemeingefährliche Straftaten

2 II. Die **Handlung** besteht im Unternehmen eines Angriffs auf Leib, Leben oder Entschlußfreiheit des Führers eines Kfz oder eines Mitfahrers.

3 1. **Angriff** ist jede feindselige Handlung, die sich gegen eines der genannten Rechtsgüter richtet. Eine Verletzung wird nicht vorausgesetzt; es genügt der Versuch (Unternehmen). Ein solcher liegt bereits darin, daß der Täter ein Mietauto in der Absicht besteigt, den Fahrer an irgendeiner Stelle zu überfallen (BGH **6** 82, J-Hentschel **7**; krit. Blei II 357). Vgl. im übrigen § 22 RN 23 ff. und wegen des Begriffes des Unternehmens § 11 I Nr. 6. Es braucht kein Fahrzeug in die Falle zu gehen. Unerheblich ist, wo der Angriff begangen wird, wenn nur seine Wirkungen im Straßenverkehr auftreten; daher liegt § 316a auch dann vor, wenn das Opfer vor Antritt der Fahrt durch Betäubungsmittel fahruntüchtig gemacht und bei dem darauf zurückzuführenden Unfall ausgeraubt wird (ebenso Schäfer LK 23).

4 2. **Gegenstand des Angriffs** sind **Leib oder Leben** sowie die **Entschlußfreiheit**. Der Angriff auf **Leib oder Leben** setzt eine unmittelbar auf den Körper zielende Einwirkung voraus, bei der die Gefahr einer nicht ganz unerheblichen Verletzung besteht (BGH NStE **Nr. 2**). Einen Angriff auf Leib oder Leben begeht daher, wer eine Tötung oder Körperverletzung (auch eine leichte) unternimmt. Bloße Drohungen reichen nicht aus. Der Angriff auf die **Entschlußfreiheit** umfaßt sämtliche Formen der Nötigung, soweit diese nicht mittels Gewalt gegen Leib oder Leben begangen wird (vgl. auch BGH NStE **Nr. 2**). In Betracht kommen also als Nötigungsmittel hier insb. auch Drohung und Gewalt gegen Sachen (z. B. Errichten einer Straßensperre). Die Drohung kann auch durch schlüssige Handlungen erfolgen. Erforderlich ist dafür aber, daß der Täter die Gefahr für Leib oder Leben deutlich in Aussicht stellt, sie also genügend erkennbar gemacht hat; es genügt nicht, daß der andere nur erwartet, der Täter werde ihn an Leib oder Leben gefährden (BGH NStE **Nr. 2**). Jedoch ist der Angriff auf die Entschlußfreiheit nicht nur durch Nötigung möglich; es kommt vielmehr auch Täuschung (Aufstellen falscher Halt-Schilder, Vortäuschen eines Unfalls oder einer polizeilichen Kontrolle) in Betracht (J-Hentschel 6), ebenso das Versperren der Fahrbahn durch einen Fußgänger (BGH GA **65**, 150). Da jedoch dieser Angriff dem Täter zur Begehung von Raub, räuberischem Diebstahl oder räuberischer Erpressung dienen muß, muß seine Absicht dahingehen, später auch noch die Nötigungsmittel des Raubes anzuwenden, es sei denn, daß der Angriff selbst bereits mit den Mitteln des Raubes erfolgt (vgl. u. 7).

5 3. Der **Angriff muß gegen den Führer eines Kraftfahrzeugs oder gegen einen Mitfahrer gerichtet** sein. Diese brauchen sich jedoch z. Z. der Tat nicht im Fahrzeug befunden zu haben, ebensowenig der Täter außerhalb desselben (BGH VRS **7** 125). Täter kann auch der Führer eines Fahrzeugs gegenüber dem Mitfahrer sein (BGH **13** 27, **15** 322, NJW **71**, 765, VRS **55** 262, Schäfer LK 9; a. A. Beyer NJW 71, 872) oder ein Mitfahrer gegenüber einem anderen. Ohne Bedeutung ist, ob der Entschluß erst während der Fahrt gefaßt wird (BGH **15** 322, NJW **64**, 1630, VRS **29** 198). Folgt der Täter dem Entschluß zum Angriff auf einen Kraftfahrer erst, nachdem das Fahrzeug zum Halten gekommen ist, so ist § 316a jedenfalls dann anwendbar, wenn es sich nur um einen fahrtechnisch bedingten Halt im Verlauf einer noch andauernden Fahrt handelt (BGH NStE **Nr. 3**).

6 4. Die Tat muß in allen Fällen **unter Ausnutzung der besonderen Verhältnisse des Straßenverkehrs** begangen sein, d. h. sie muß in naher Beziehung zur Benutzung des Fahrzeugs als Verkehrsmittel stehen und die typischen Situationen und Gefahren des Verkehrs mit Kfz in den Dienst des Täterplans stellen (BGH **5** 290, **6** 82, **13** 27, **18** 170, **19** 191, **25** 315, VRS **7** 125, **29** 198, NJW **72**, 913, MDR/H **76**, 988, **80**, 629). Dies deswegen, weil das Merkmal der Ausnutzung die Aufgabe hat, Situationen zu bezeichnen, in denen die Gefahren derartiger Angriffe vergrößert (zusätzliche Beanspruchung des Fahrers durch die Lenkung des Kfz) oder die Möglichkeiten ihrer Abwehr verringert sind (Erschwerung der Flucht oder Gegenwehr sowie Isolierung und die damit verbundene Nichterreichbarkeit fremder Hilfe). Daher greift § 316a z. B. nicht ein, wenn das Opfer in einer Garage oder in einer Gaststätte überfallen wird, in der die Fahrt unterbrochen wurde (vgl. BGH DAR/M **70**, 114, VRS **37** 203). Aber auch der Überfall auf Parkplätzen usw. reicht regelmäßig nicht aus. So würde z. B. nicht zu rechtfertigen sein, daß auf einem Zeltplatz der mit einem Kfz ankommende Gast anders geschützt sein sollte als der Radfahrer. Bei einem Überfall auf haltende oder parkende Fahrzeuge ist daher ebenfalls zu fragen, ob die Verteidigungsmöglichkeiten reduziert waren (BGH NJW **68**, 1679, vgl. BGH **25** 317; and. Horn SK 5). Nur wenn dies der Fall ist, hat der Täter die Verhältnisse des Verkehrs „ausgenutzt", so z. B. wenn er sich von einem Taxi an einen entlegenen Ort fahren läßt; in diesem Fall ist ohne Bedeutung, ob der Wagen noch fährt oder schon hält (BGH **6** 83; vgl. auch BGH NJW **71**, 765) und ob die Tat inner- oder außerhalb des Autos erfolgt (BGH **5** 280). Nach BGH MDR/D **75**, 725 werden die besonderen Verhältnisse des Straßenverkehrs auch ausgenutzt, wenn der Mitfahrer den Fahrer sofort nach dem Anhalten und noch im Fahrzeug zur Herausgabe des Wagens zwingt. Nach dem Aussteigen des Opfers liegt der hier geforderte unmittelbare räumliche und zeitliche Zusammenhang zwischen dem geplanten Überfall und dem Anhalten und Aussteigen (vgl. BGH 33 381) nicht vor, wenn das Fahrzeug nur als Beförderungsmittel zum Tatort benutzt wird und dieser selbst zu dem Verkehr keine ihm wesensgleiche Beziehung hat (BGH VRS 77 225). § 316a liegt regelmäßig auch dann nicht vor, wenn der Täter erst nach beendeter Fahrt im haltenden Wagen den Entschluß faßt, einen Raub zu begehen (BGH 19 192, NJW 72, 913 m. Anm. Blei JA 72, 437, DAR/S 76, 86), auch wenn der Täter schon während der Fahrt beabsichtigte, gegen den Kraftfahrer unmittelbar nach dem Anhalten des Kfz eine andere Straftat (z. B. eine Körperverletzung) zu begehen (BGH NJW 91, 578). Dasselbe gilt, wenn er an ein unabhängig von seinem Willen haltendes Kfz in Raubabsicht herantritt (BGH VRS 57 197). Eine Ausnutzung zur Begehung von Raub usw. liegt ferner dann nicht vor, wenn die Tat weitab vom allgemeinen Straßenverkehr ausgeführt wird, und zwar selbst dann nicht, wenn das Kfz nach Vollendung des Raubes, etwa zur Flucht, benutzt werden soll (BGH 22 114, NJW 69, 1679, 72, 913; Cramer 9; and. BGH 18 173, 19 192, Schäfer LK 21); vgl. auch Seibert NJW 69, 781, Roth-Stielow NJW 69, 303.

Zwischen der Schaffung der Gefahr und ihrer Ausnutzung bestehen jedoch wechselseitige 6a Beziehungen. Je mehr der Täter zur Schaffung der Gefahr beigetragen hat, umso geringere Anforderungen sind an eine Ausnutzung zu stellen. Der Raubüberfall aus Anlaß einer Autopanne kann nicht unter § 316a fallen, wohl dagegen ist die Bestimmung abwendbar, wenn der Täter den Autodefekt selbst verursacht hat, um den Raubüberfall begehen zu können (vgl. jedoch BGH VRS 29 198) oder sein Opfer zu einer einsamen Stelle gefahren hat, auch wenn der Überfall nicht dort, sondern in der Nähe des Fahrzeugs stattfinden soll (BGH 33 378 m. Anm. Hentschel JR 86, 428, Günter JZ 87, 16). Darauf, ob der Täter sein Opfer unter irgendwelchen Vorwänden in das Fahrzeug gelockt hat, kann es nicht ankommen (BGH NJW 71, 765; dagegen Beyer NJW 71, 872).

III. Der Täter muß zur Begehung von Raub, räuberischem Diebstahl oder räuberischer 7 **Erpressung handeln.** Dazu ist nicht erforderlich, daß zwischen der geplanten räuberischen Handlung und dem Angriff Tatmehrheit besteht. § 316a findet also auch dann Anwendung, wenn der Angriff gegen den Kraftfahrer bereits Ausführungshandlung des Raubes ist, der Fahrgast den Taxifahrer tötet oder betäubt, um ihm die Brieftasche abzunehmen (vgl. D-Tröndle 4, Blei II 357). Angriff und Raub können aber auch einander nachfolgen, so wenn der Fahrer durch Hindernisse zum Aussteigen genötigt und dann mit Raubmitteln bedroht wird. Dabei braucht der Angriff zunächst nicht mit räuberischer Absicht begonnen worden zu sein (BGH 25 315 m. zust. Anm. Hübner JR 75, 201). Die Absicht, andere Delikte zu begehen, genügt nicht (BGH NJW 70, 1083); wohl aber reicht aus, daß auch ein Raub beabsichtigt ist (BGH aaO, Cramer 12).

IV. Für den **subjektiven Tatbestand** ist Vorsatz und die Absicht (zielgerichtetes Handeln; vgl. 8 § 15 RN 65) erforderlich, Raub, räuberischen Diebstahl oder räuberische Erpressung zu begehen, so daß der Täter auch die Merkmale der §§ 249f., 252, 255 in seinen Vorsatz aufgenommen haben muß (vgl. hierzu BGH DAR/S 81, 186). Die Absicht braucht bei Beginn der Fahrt noch nicht vorhanden gewesen zu sein (BGH 15 324f., VRS 35 442). Es reicht auch aus, wenn der Raubentschluß erst nach dem Beginn, aber noch während deren Fortdauer gefaßt wird (BGH 25 315 m. zust. Anm. Hübner JR 75, 201, BGH VRS 55 262). Soll die Raubtat nach dem Plan des Täters erst an einem Ort begangen werden, der keine zum Straßenverkehr wesenseigene Beziehung aufweist, liegt der erforderliche subjektive Tatbestand aber nicht vor (BGH NStZ 89, 119).

V. Das Delikt ist **vollendet** mit dem Unternehmen des Angriffs, d. h. mit dem Versuch jeder 9 Handlung, die sich als unmittelbare Feindseligkeit gegen die geschützten Rechtsgüter darstellt (BGH 6 84, NJW 71, 766; vgl. § 11 I Nr. 6 und dort RN 46ff.). Dafür reicht bereits das Besteigen des Kraftwagens des ausersehenen Opfers aus (vgl. BGH VRS 77 225). Ebenso genügt die Betätigung der Lichthupe, wenn dies das vereinbarte Angriffszeichen unter den Mittätern war (BGH MDR/H 77, 807; vgl. auch Küper JZ 79, 776f.). Der Versuch umfaßt auch den untauglichen Versuch; vgl. § 11 RN 49.

VI. Tätige Reue kann nach Abs. 2 zu einer Milderung der Strafe (§ 49 II) oder zum Absehen 10 von Strafe führen. Da das Delikt schon mit dem Unternehmen des Angriffs vollendet ist, kommen die allgemeinen Rücktrittsvorschriften nicht mehr zur Anwendung. Gibt jedoch der Täter aus freien Stücken seine Tätigkeit auf und wendet er den Erfolg ab, so kann das zu einer Milderung der Strafe, evtl. auch zur Straflosigkeit führen. Sieht das Gericht von Strafe ab, so ist der Angeklagte schuldig zu sprechen mit der Kostenfolge des § 465 StPO (vgl. 54ff. vor § 38). Obwohl das Delikt bereits vollendet ist, kann der Täter seine Tätigkeit noch aufgeben, da regelmäßig weitere Handlungen erforderlich sind, um die verfolgte Absicht (Raub usw.) zu verwirklichen. Durch die bloße Aufgabe kann in diesem Falle auch, was Abs. 2 weiter voraussetzt, der Erfolg abgewendet werden.

Cramer

§ 316 b

11 Hat der Täter dagegen den Fahrer etwa durch Ausstreuen von Nägeln zum Anhalten gezwungen, so übt er tätige Reue schon dadurch, daß er den geplanten Raub nicht ausführt. **Erfolg** i. S. des § 316a ist also die Durchführung des geplanten Raubes bzw. der Erpressung (Blei II 357f., Horn SK 12, Cramer 15; and. BGH **10** 320 [Angriff auf Leib, Leben oder Entschlußfreiheit als Erfolg], VRS **21** 206, Schäfer LK 31). Das ergibt die kriminalpolitische Funktion des Abs. 2, der wegen der frühen tatbestandsmäßigen Vollendung (Unternehmen) dem Täter die Möglichkeit geben will, in einem Stadium relativer Ungefährlichkeit noch zurückzutreten. Die gegenteilige Auffassung, die als Erfolg den abgeschlossenen Angriff ansieht, würde den Anwendungsbereich des Abs. 2 unangemessen beschränken; jede Beeinträchtigung der Entschlußfreiheit (der Fahrer bremst aufgrund falscher Haltsignale) würde danach den Rücktritt ausschließen. Tätige Reue wird daher nicht dadurch ausgeschlossen, daß bereits der Angriff zu einem schädigenden Erfolg oder zu vollendeter Nötigung geführt hat, wenn dieser nicht bereits Tatbestandsmerkmal des Raubes, räuberischen Diebstahls oder der räuberischen Erpressung ist.

12 Der Täter muß **freiwillig** die Tat aufgegeben und den Erfolg abgewendet haben. Dieses Merkmal entspricht der Freiwilligkeit beim Rücktritt vom Versuch; vgl. § 24 RN 44ff.

13 Die Entscheidung über Anwendung des Abs. 2 ist Teil der Straffrage; bei Beschränkung des Rechtsmittels auf den Strafausspruch ist daher die Anwendbarkeit des Abs. 2 nachzuprüfen. Die Revision kann auf die Nichtanwendung des Abs. 2 beschränkt werden (BGH VRS **13** 263).

14 Die Wirkungen des Abs. 2 erstrecken sich nur auf die Strafe aus § 316a, so daß andere durch die Tat verwirklichte Delikte (z. B. Nötigung, Sachbeschädigung) strafbar bleiben. Auch dies spricht für die hier vertretene Auslegung des Begriffes „Erfolg".

14a VII. Die Frage der **Täterschaft und Teilnahme** bei § 316a ist bisher kaum beachtet worden. Die Probleme ergeben sich daraus, daß diese Bestimmung eine vorgezogene Stufe von Raub, räuberischem Diebstahl oder räuberischer Erpressung ist und daher zu entscheiden ist, ob die Beteiligung an der Ausführungshandlung Mittäterschaft auch dann sein kann, wenn der Beteiligte die subjektiven Voraussetzungen, nämlich die Absicht, einen Raub, räuberischen Diebstahl oder eine räuberische Erpressung täterschaftlich zu begehen, nicht besitzt. Nur derjenige kann Täter von § 316a sein, der selbst die Absicht hat, im Falle des Raubes, sich Sachen zuzueignen (BGH **24** 284), im Falle des räuberischen Diebstahls, sich im Besitz der Sache zu halten (D-Tröndle 4), während bei der räuberischen Erpressung jedenfalls vorauszusetzen ist, daß die geplante Erpressung dem Täter des Unternehmenstatbestandes ebenfalls als täterschaftlich begangen zur Last gelegt werden muß. Zur Beihilfe vgl. BGH VRS **61** 213.

14b VIII. Die **Strafe** ist Freiheitsstrafe nicht unter fünf Jahren (zu diesem Strafmaß auch o. 1). In besonders schweren Fällen beträgt sie lebenslängliche Freiheitsstrafe, in minder schweren Fällen Freiheitsstrafe nicht unter einem Jahr (vgl. auch 46ff. vor § 38). Ein minder schwerer Fall liegt jedoch nicht allein deshalb vor, weil der Angriff nicht Leib oder Leben, sondern nur der Entschlußfreiheit des Opfers gilt (BGH VRS **45** 363). Da § 316a die Herbeiführung einer Gemeingefahr nicht voraussetzt (o. 1), kann diese bei der Strafzumessung strafschärfend berücksichtigt werden; zur Berücksichtigung von Vorstrafen vgl. BGH **24** 200.

15 IX. Zwischen § 316a und den §§ 249ff. besteht **Idealkonkurrenz** (BGH **14** 391, **25** 229, NJW **63**, 1413, **64**, 1630, **69**, 1679, D-Tröndle 7, Schäfer LK 40; vgl. auch Blei II 358). Gesetzeskonkurrenz kommt nicht in Betracht, denn sonst käme im Urteilsspruch nicht zum Ausdruck, ob die Tat im Vorbereitungsstadium des § 316a steckengeblieben oder ob es zur Ausführung des Raubes gekommen ist (vgl. auch § 265 RN 16). Versuchter Raub tritt dagegen hinter § 316a zurück (BGH **25** 373, Cramer 21, Schäfer LK 40), da die Handlung des § 316a regelmäßig schon den Beginn der Ausführung des Raubes darstellt. Der Versuch des schweren Raubes tritt jedoch nicht hinter § 316a zurück, weil der im Qualifikationsmerkmal liegende spezifische Unrechtsgehalt durch § 316a nicht entsprechend erfaßt wird (BGH MDR/H **77**, 808). Dient der Angriff der Beraubung mehrerer Personen (bei einer Straßensperre sollen nacheinander mehrere Autos ausgeraubt werden), so liegt gleichartige Idealkonkurrenz vor.

16 Das Verhältnis zu den §§ 211ff., 223ff. ist das gleiche wie zwischen §§ 249ff. und den genannten Bestimmungen. Vgl. § 249 RN 15f. Idealkonkurrenz kommt ferner in Betracht mit § 315b.

§ 316b Störung öffentlicher Betriebe

(1) **Wer den Betrieb**

1. **einer Eisenbahn, der Post oder dem öffentlichen Verkehr dienender Unternehmen oder Anlagen,**
2. **einer der öffentlichen Versorgung mit Wasser, Licht, Wärme oder Kraft dienenden Anlage oder eines für die Versorgung der Bevölkerung lebenswichtigen Unternehmens oder**

3. einer der öffentlichen Ordnung oder Sicherheit dienenden Einrichtung oder Anlage dadurch verhindert oder stört, daß er eine dem Betrieb dienende Sache zerstört, beschädigt, beseitigt, verändert oder unbrauchbar macht oder die für den Betrieb bestimmte elektrische Kraft entzieht, wird mit Freiheitsstrafe bis zu fünf Jahren oder mit Geldstrafe bestraft.

(2) **Der Versuch ist strafbar.**

(3) **In besonders schweren Fällen ist die Strafe Freiheitsstrafe von sechs Monaten bis zu zehn Jahren.** Ein besonders schwerer Fall liegt in der Regel vor, wenn der Täter durch die Tat die Versorgung der Bevölkerung mit lebenswichtigen Gütern, insbesondere mit Wasser, Licht, Wärme oder Kraft, beeinträchtigt.

Vorbem.: Abs. 3 neu eingefügt durch das Gesetz zur Änderung des StGB, der StPO und des VersammlG und zur Einführung einer Kronzeugenregelung bei terroristischen Straftaten vom 9. 6. 1989, BGBl I, 1059.

Schrifttum: Achenbach, Die Startbahn-West-Novelle, Kriminalistik 89, 633. – *Bernstein,* § 316b StGB – Störung öffentlicher Betriebe, 1989. – *Kunert/Bernsmann,* Neue Sicherheitsgesetze – mehr Rechtssicherheit?, NStZ 89, 449.

I. Die Vorschrift über die **Störung der öffentlichen Dienste** schützt lebenswichtige Betriebe 1
gegen **gewalttätige** Eingriffe (vgl. Bernstein aaO). Andere als gewalttätige Eingriffe werden durch § 88 als staatsgefährdende Sabotage erfaßt; die Wehrmittelsabotage regelt § 109e. Die Vorschrift setzt voraus, daß eine dem jeweils genannten Betrieb dienende Sache zerstört wird usw.

1. Angriffsobjekt kann sein:

a) eine **Eisenbahn,** die **Post** oder **dem öffentlichen Verkehr dienende Unternehmen** oder 2
Anlagen. Daß Unternehmen oder Anlagen dem öffentlichen Verkehr dienen, ist gemeinsames Merkmal der genannten Objekte. Daher kann unter Eisenbahn i. S. des § 316b auch nur eine solche verstanden werden, die dem öffentlichen Verkehr, d. h. der Benutzung durch jedermann dient (ebenso jetzt Rüth LK 2, vgl. Horn SK 1 f., Bernstein aaO 28; and. Celle VRS **28** 129, D-Tröndle 2, Lackner 2); bei der Post gehören hierher nur eine Postverkehrs-, nicht aber eine Postgiro- oder Postfernmeldeanlage (Horn SK 4; and. Bernstein aaO 36). Unternehmen ist ein Betrieb größeren Umfangs (ebenso Rüth LK 4), Anlage eine Einrichtung, die auf Dauer berechnet ist. Zu den Objekten gehören z. B. Straßenbahn-, Autobuslinien, Schleusen (Schafheutle JZ 51, 618) sowie Schiffahrt- und Luftfahrtunternehmen.

Ob ein Unternehmen oder eine Anlage **dem öffentlichen Verkehr dient,** hängt davon ab, ob 3
es von einer größeren, nicht durch persönliche Beziehungen zusammenhängenden Zahl von Personen oder nur von einem bestimmten Kreis von Personen benutzt werden kann; nicht dient dem öffentlichen Verkehr z. B. ein Hotelautobus, der nur Gäste des betreffenden Hauses als Fahrgäste aufnimmt. Auch der Fahrstuhl in einem öffentlichen oder privaten Gebäude dürfte nicht dem öffentlichen Verkehr dienen (a. A. zumindest hinsichtlich öffentlicher Gebäude Rüth LK 5, wohl auch Horn SK 5 f.).

b) Gegenstand der Tat kann weiter sein eine der öffentlichen Versorgung mit **Wasser, Licht,** 4
Wärme oder **Kraft** dienende Anlage oder ein für die Versorgung der Bevölkerung lebenswichtiges Unternehmen. Es genießen hier nicht nur öffentliche, sondern auch private Anlagen den Schutz, wenn sie der **öffentlichen Versorgung** dienen, d. h. ein bestimmtes Gebiet regelmäßig beliefern, ohne Rücksicht auf dessen Größe. Für die **Versorgung der Bevölkerung lebenswichtig** ist ein Unternehmen dann, wenn seine Stillegung die Lebensinteressen der Allgemeinheit in Gefahr bringt. Hierher können z. B. Milchhofzentralen oder Schlachthofbetriebe einer größeren Stadt gehören.

c) Schließlich werden als Angriffsobjekte genannt alle der **öffentlichen Ordnung oder Si-** 5
cherheit dienenden Einrichtungen oder Anlagen (BGH **31** 1, Stree JuS 83, 840); hierher zählen z. B. solche von Grenzschutz- oder Polizeieinheiten (BGH **31** 1), etwa ein Feuerlöschfahrzeug (Koblenz VRS **46** 33), ein Einsatzfahrzeug (BGH **31** 185 m. Anm. Stree JuS 83, 840), eine Notruf- oder Feuermeldeanlage. Dabei muß der einzelne Gegenstand als dienende Sache einer Einrichtung zugeordnet sein und kann nicht selbst bereits die Einrichtung darstellen (Stree aaO). Die Einrichtung kann auf längere oder kürzere Zeit bestimmt sein. Unter Anlagen sind Einrichtungen zu verstehen, die auf längere Zeit berechnet sind und eine gewisse Festigkeit haben.

2. Die **Handlung** besteht darin, daß der Betrieb der Anlage usw. verhindert oder gestört 6
wird. Eine Verhinderung des Betriebes liegt vor, wenn ein Zustand geschaffen ist, in dem der Betrieb der ihm gegebenen Zweckbestimmung nicht mehr dienen kann. Gestört ist der Betrieb

§ 316c

dann, wenn sein ordnungsmäßiges Funktionieren beeinträchtigt ist. Wird eine der Einrichtung dienende Sache zerstört, so ist erforderlich, daß dadurch das Funktionieren der Einrichtung (Polizei usw.) beeinträchtigt wird (Stree JuS 83, 840).

7 Die Verhinderung oder Störung des Betriebes muß dadurch erfolgen, daß eine dem Betrieb dienende Sache zerstört, beschädigt, beseitigt, verändert oder unbrauchbar gemacht oder die für den Betrieb bestimmte elektrische Kraft entzogen wird. Über **Zerstören und Beschädigen** vgl. § 303 RN 7 ff. Eine technisch ordnungsmäßige, jedoch unbefugte Benutzung der Anlage (Inbetriebsetzung eines Feuermelders durch Zerschlagen der Scheibe) ist keine Beschädigung der Anlage (RG 65 134 m. Anm. Drost JW 32, 506). **Beseitigen** bedeutet jede Tätigkeit, durch die die genannten Gegenstände der Verfügung oder Gebrauchsmöglichkeit des Berechtigten entzogen werden (ebenso Koblenz VRS 46 35). Eine **Veränderung** liegt vor, wenn bewirkt wird, daß der bisherige Zustand beseitigt und durch einen davon abweichenden Zustand ersetzt wird (RG JW 20, 1036), z. B. durch Herunterdrücken eines Kabels durch einen darauf gefallenen Baum (vgl. RG 37 54). **Unbrauchbarmachen** bedeutet jede wesentliche Herabminderung der Funktionsfähigkeit. Weder das Beseitigen, Verändern noch das Unbrauchbarmachen setzen eine Beschädigung der Anlage voraus (vgl. Celle VRS 28 129, Rüth LK 12).

8 Das **Entziehen der elektrischen Kraft** kann in jeder Handlung bestehen, die einen Verlust an elektrischer Kraft in der Einrichtung oder Anlage zur Folge hat (Kohlrausch ZStW 20, 497). Entziehen bedeutet soviel wie Ableiten. Nicht erforderlich ist eine Zueignung oder anderweitige Nutzung durch den Täter. Das Entziehen anderer Kraft (Gas, Dampf) reicht nicht aus.

9 II. Für den **subjektiven Tatbestand** ist Vorsatz erforderlich. Der Vorsatz muß sich nicht nur auf die Beschädigung oder Veränderung beziehen, sondern auch auf die Verhinderung oder Störung des Betriebes. Bedingter Vorsatz genügt (vgl. RG 22 393, Koblenz VRS 46 35). Eine politische Zielsetzung des Täters ist für den subjektiven Tatbestand nicht erforderlich (ebenso Rüth LK 14).

10 III. In dem zum 16. 6. 89 neu eingefügten **Abs. 3** ist nunmehr für besonders schwere Fälle eine Strafdrohung von 6 Monaten bis zu 10 Jahren vorgesehen, obwohl die vorausgesetzte Beeinträchtigung dem Wortlaut nach keinen besonders schweren Grad zu erreichen braucht. Durch diese Einfügung nimmt § 316b unter den Gefährdungsdelikten eine Sonderstellung insofern ein, als das Regelbeispiel wörtlich die Tatbestandsmerkmale des Abs. 1 Nr. 2 wiederholt und lediglich um das Merkmal „beeinträchtigt" erweitert. Dadurch erhält das abstrakte Gefährdungsdelikt des Abs. 1 auf der Strafzumessungsebene Elemente eines konkreten Gefährdungsdelikts (vgl. Kunert/Bernsmann NStZ 89, 452).

11 IV. **Idealkonkurrenz** ist möglich mit §§ 315 (obwohl in der Mehrzahl der Fälle des § 315 auch § 316b gegeben sein wird) und 315b, ferner mit § 109e (Rüth LK 15; a. A. D-Tröndle 10, Lackner 6). **Gesetzeskonkurrenz** besteht mit § 304; § 316b geht vor (ebenso Rüth LK 15). Zum Verhältnis zu § 88 vgl. dort RN 25.

§ 316c Angriffe auf den Luft- und Seeverkehr

(1) Mit Freiheitsstrafe nicht unter fünf Jahren, in minder schweren Fällen mit Freiheitsstrafe nicht unter einem Jahr wird bestraft, wer
1. Gewalt anwendet oder die Entschlußfreiheit einer Person angreift oder sonstige Machenschaften vornimmt, um dadurch die Herrschaft über
   a) ein im zivilen Luftverkehr eingesetztes und im Flug befindliches Luftfahrzeug oder
   b) ein im zivilen Seeverkehr eingesetztes Schiff
   zu erlangen oder auf dessen Führung einzuwirken, oder
2. um ein solches Luftfahrzeug oder Schiff oder dessen an Bord befindliche Ladung zu zerstören oder zu beschädigen, Schußwaffen gebraucht oder es unternimmt, eine Explosion oder einen Brand herbeizuführen.

Einem im Flug befindlichen Luftfahrzeug steht ein Luftfahrzeug gleich, das von Mitgliedern der Besatzung oder von Fluggästen bereits betreten ist oder dessen Beladung bereits begonnen hat oder das von Mitgliedern der Besatzung oder von Fluggästen noch nicht planmäßig verlassen ist oder dessen planmäßige Entladung noch nicht abgeschlossen ist.

(2) Ist durch die Tat leichtfertig der Tod eines Menschen verursacht worden, so ist auf lebenslange Freiheitsstrafe oder auf Freiheitsstrafe nicht unter zehn Jahren zu erkennen.

(3) Wer zur Vorbereitung einer Straftat nach Absatz 1 Schußwaffen, Sprengstoffe oder sonst zur Herbeiführung einer Explosion oder eines Brandes bestimmte Stoffe

oder Vorrichtungen herstellt, sich oder einem anderen verschafft, verwahrt oder einem anderen überläßt, wird mit Freiheitsstrafe von sechs Monaten bis zu fünf Jahren bestraft.

(4) **Das Gericht kann in den Fällen der Absätze 1 und 3 die Strafe nach seinem Ermessen mildern (§ 49 Abs. 2), wenn der Täter freiwillig sein Vorhaben aufgibt und den Erfolg abwendet, bevor ein erheblicher Schaden entsteht. Unterbleibt der Erfolg ohne Zutun des Täters, so genügt sein freiwilliges und ernsthaftes Bemühen, den Erfolg abzuwenden.**

Schrifttum: Hailbronner, Aktuelle Rechtsfragen der Luftpiraterie, NJW 73, 1636. – *Kunath,* Zur Einführung eines einheitlichen Straftatbestandes gegen „Luftpiraterie", JZ 72, 199. – *Mannheimer,* Luftpiraterie, JR 71, 227. – *Maurach,* Probleme des erfolgsqualifizierten Delikts bei ... Luftpiraterie, Heinitz-FS 403. – *Meyer,* Luftpiraterie, 1972. – *Pötz,* Die strafrechtliche Ahndung von Flugzeugentführungen, ZStW 86, 489. – *Schmidt-Räntsch,* Zur Luftpiraterie, JR 72, 146.

Vorbem.: Abs. 1 S. 1 Nr. 1, 2 geändert durch Gesetz zu dem Übereinkommen vom 10. 3. 88 zur Bekämpfung widerrechtlicher Handlungen gegen die Sicherheit der Seeschiffahrt und zum Protokoll vom 10. 3. 88 zur Bekämpfung widerrechtlicher Handlungen gegen die Sicherheit fester Plattformen, die sich auf dem Festlandsockel befinden, vom 13. 6. 90, BGBl. II 494.

I. Die Vorschrift geht zurück auf das Haager Abkommen vom 16. 12. 1970 (vgl. dazu BT-Drs. VI/ 2721 S. 1, Jescheck GA 81, 66). Dies hat dazu geführt, daß faktische Zufälligkeiten das Gesicht des § 316c weitgehend bestimmen und eine präzise Definition des geschützten Rechtsgutes kaum möglich ist. Es handelt sich um ein **abstraktes Gefährdungsdelikt,** da bei der Entführung jede zusätzliche Gefahr ausgeschlossen sein kann. Der Tatbestand dient auch nicht dem Schutz konkreter Einzelpersonen, findet also dann keine Anwendung, wenn sich eine feindselige Aktion nur gegen einen Passagier oder ein Mitglied der Besatzung richtet. Insoweit sind die §§ 211ff., 223ff. usw. ausreichend. Ob diese kriminalpolitischen Erwägungen freilich den Aufwand einer so komplizierten Bestimmung wie der des § 316c lohnen, erscheint zweifelhaft. 1

Geschützt werden sollen durch die Vorschrift über die Sicherheit des Luft- und Seeverkehrs (D-Tröndle 2; and. M-Maiwald II 38) Leib oder Leben der Passagiere und des Personals sowie das im zivilen Luft- und Seeverkehr beförderte, in fremdem Eigentum stehende Frachtgut. Geschützt werden also wie in §§ 315ff. Leib und Leben anderer Personen und fremdes Eigentum; anders als in diesen Bestimmungen braucht aber die durch die Tat gefährdete Fracht keinen bedeutenden Sachwert darzustellen. 2

II. Abs. 1 enthält **zwei Tatbestände,** den der eigentlichen Flugzeug- oder Schiffsentführung (Nr. 1) und den des Attentats auf Luftfahrzeuge oder Schiffe (Nr. 2). 3

III. Die **Flugzeug- oder Schiffsentführung** (Nr. 1) verlangt ein Handeln, durch das der Täter das Luftfahrzeug oder Schiff in seine Gewalt bringen oder auf seine Führung einwirken will. Es erfolgt daher eine Differenzierung nach Angriffsobjekten. 4

1. Zum Begriff des **Luftfahrzeugs** vgl. § 1 II LuftVG. Größe und Antriebsart sind gleichgültig, es werden neben Flugzeugen auch Luftschiffe, Segelflugzeuge, Motorsegler und Ballone erfaßt; aus dem Sinn der Vorschrift ergibt sich jedoch, daß es sich um „bemannte" Fahrzeuge handeln muß (ebenso Rüth LK 3). 5

a) Das Luftfahrzeug muß (im Gegensatz zu § 315) **im zivilen Luftverkehr eingesetzt** sein (vgl. dazu auch Art. 3 II des Haager Abkommens; o. 1). Fraglich erscheint hier, ob dabei der Schwerpunkt auf „zivil" und damit auf die Abgrenzung vom hoheitlichen Flugverkehr oder auf das Vorhandenseins eines „Verkehrs" im Sinne einer sich im wesentlichen nach Fahrplänen usw. abwickelnden Personen- oder Güterbeförderung zu legen ist. Da es sich bei § 316c um Gefahren handelt, die unmittelbar mit der Benutzung von Flugzeugen zusammenhängen, dürfte das erste richtig sein. Damit sind sämtliche im zivilen Bereich durchgeführten Flüge (also auch Schau-, Übungs- oder Werksflüge; vgl. dazu auch BT-Drs. VI/2721 S. 2) erfaßt, während der nur militärische und sonstige hoheitliche (z. B. Beförderung von Ministern) Flugbetrieb ausscheidet (so auch Rüth LK 3, Blei II 358). Maßgeblich ist damit allein der Verwendungszweck (D-Tröndle 3). 6

b) § 316c greift nur ein, wenn das Luftfahrzeug sich im Flug befindet **(Satz 1 Nr. 1a),** unter bestimmten Voraussetzungen aber auch, wenn es noch am Boden steht **(Satz 2).** 7

α) **Im Flug** befindet sich das Luftfahrzeug mindestens vom Abheben bis zum Aufsetzen auf die Landebahn. Einer Entscheidung darüber, ob etwa das Anrollen zum Start oder das Ausrollen nach der Landung noch zum Flug gehört, bedarf es nicht, da vor dem Start und nach der Landung immer für einige Zeit die Voraussetzungen von S. 2 gegeben sind. 8

β) Nach S. 2 ist einem im Flug befindlichen Luftfahrzeug ein solches **gleichgestellt,** das von Mitgliedern der Besatzung oder von Fluggästen bereits betreten ist oder dessen Beladung bereits 9

§ 316c 10–17 Bes. Teil. Gemeingefährliche Straftaten

begonnen hat oder das von Mitgliedern der Besatzung oder Fluggästen noch nicht planmäßig verlassen ist oder dessen planmäßige Entladung noch nicht abgeschlossen ist.

10 Das **Betreten** setzt voraus, daß wenigstens eine Person sich bereits im Innenraum des Flugzeuges befindet. Das „Betreten" einer Tragfläche durch den Piloten zur technischen Kontrolle (Außencheck) usw. ist nicht gemeint. Die **Beladung** hat begonnen, wenn sich das erste Stück im Frachtraum befindet. Zur Fracht gehören auch Gepäckstücke der Passagiere, nicht jedoch persönliche Gegenstände der Besatzung oder Ausrüstungsgegenstände, wie z. B. die Bordverpflegung (catering) oder der Treibstoff. Für das **Verlassen** und **Entladen** gilt Entsprechendes; zu beachten ist jedoch, daß der Schutz des § 316c über einen erheblichen Zeitraum hinaus bestehen kann, so wenn z. B. das Entladen der Fracht am Abend abgebrochen und erst am nächsten Tag wieder aufgenommen wird.

11 **Planmäßig** erfolgen die Handlungen, wenn sie dem normalen Betriebsvorgang entsprechen. Unplanmäßig ist z. B. das Verbleiben eines Fluggastes, der sich versteckt, um stehlen zu können, oder einer Stewardess, die den Rückflug statt im Flughafengebäude im Flugzeug abwartet. Planmäßig ist aber auch das Verbleiben eines Passagieres, der aus irgendwelchen Gründen den Flughafen nicht betreten darf. Sind alle Personen und alle Fracht von Bord, so kommt es nicht darauf an, ob dies planmäßig geschehen ist oder z. B. aufgrund einer Nötigung durch den Täter. Die abweichende Ansicht, nach der das Erfordernis der Planmäßigkeit bei Notlandungen oder erzwungenen Zwischenlandungen nicht erfüllt sei, so daß hier in jedem Fall der Strafschutz des § 316c fortbestehe (D-Tröndle 3, Kunath JZ 72, 200, vgl. BT-Drs. VI/2721 S. 3), übersieht, daß nicht die Landung planmäßig (fahrplanmäßig?) sein muß, sondern das Verlassen und Entladen (wie hier Rüth LK 11, Horn SK 5).

12 Der bloße **Diebstahl** eines Luftfahrzeuges, in dem sich weder Fracht noch Personen befinden, wird von § 316c nicht erfaßt, ebensowenig der Fall, daß die Täter eine Fluggesellschaft zwingen, ein abgestelltes Flugzeug mit einer Mannschaft zu versehen, herauszugeben und starten zu lassen; ein solches Flugzeug ist nicht im zivilen Luftverkehr „eingesetzt" (Horn SK 13).

12a 2. **Schiffe** sind nicht dauerhaft am Meeresboden befestigte Wasserfahrzeuge jeder Art und Größe (BT-Drs. 11/4946, 6, Rüth LK § 315 RN 3). Damit sind die fest verankerten Meeresplattformen nicht vom Schutz des § 316c umfaßt, da sie nicht zu einem bestimmten Beförderungsvorgang in Beziehung stehen.

12b a) Das Schiff muß im **zivilen Seeverkehr** eingesetzt sein. Auch hierfür kommt es auf den konkreten Verwendungszweck und nicht auf die Eigentumsverhältnisse an (vgl. o. 6). Daher kann auch ein dem Staat gehörendes Schiff zivilen Zwecken dienen, z. B. ein Fischereiforschungsschiff. Dem zivilen Seeverkehr unterfällt neben der Beförderung von Menschen und Gütern auch der Verkehr von Sport- und Vergnügungsfahrzeugen (BT-Drs. 11/4946, 6). Nicht dazu gehört der hoheitliche Verkehr von Kriegsschiffen, Flottenhilfsschiffen, Zoll- und Polizeifahrzeugen (BT-Drs. 11/4946, 6).

12c b) Maßgeblich dafür, daß ein Schiff im Seeverkehr **eingesetzt** ist, ist der konkrete Einsatzzweck. Daher fallen auch Fahrten auf Binnenschiffahrtsstraßen unter die Vorschrift, wenn sie von Schiffen im Zusammenhang mit ihrem Einsatz im Seeverkehr (Laden, Löschen) durchgeführt werden (BT-Drs. 11/4946, 6).

13 3. Der Täter muß **bestimmte Mittel** einsetzen, um die Herrschaft über das Flugzeug bzw. Schiff oder die Möglichkeit der Einwirkung auf dessen Führung zu erlangen, und zwar Gewalt, Angriff auf die Entschlußfreiheit einer Person oder Vornahme sonstiger Machenschaften.

14 a) Unter **Gewalt** ist hier vis absoluta zu verstehen, die gegen Personen wie gegen Sachen (z. B. Zerstörung von Navigationsgeräten) gerichtet sein kann (vgl. 6ff. vor § 234). Vis compulsiva ist zwar auch Gewalt, da sie aber einen Angriff auf die Entschlußfreiheit darstellt, ist sie der zweiten Alternative zuzuordnen (ebenso Rüth LK 13, 15, Blei II 359). Gegen welche Personen oder Sachen Gewalt geübt wird, ist gleichgültig.

15 b) Als **Angriff auf die Entschlußfreiheit** genügen alle Mittel der Willensbeeinflussung, z. B. vis compulsiva, Drohung oder List. Diese können sich gegen die Besatzung, aber auch gegen die Passagiere richten (Geiselnahme, vgl. § 239b), ebenso gegen Dritte, z. B. die Frau des Piloten oder das für die Flugsicherung usw. verantwortliche Personal. Der Angriff braucht keinen Erfolg gehabt zu haben, fraglich ist aber, ob eine gewisse objektive Erheblichkeit („ empfindliches " Übel) zu verlangen ist. Dies dürfte zu bejahen sein (vgl. Kunath JZ 72, 201, Rüth LK 16; vgl. auch § 240 RN 9).

16 c) **Sonstige Machenschaften** (vgl. dazu auch § 109a RN 7ff.) sind alle sonstigen Handlungen, die zur Einwirkung auf die maßgebenden Personen bestimmt sind, wie z. B. Täuschung, falsche Funksignale, sonstige Störung des Funkbetriebes, der Flugplatzeinrichtungen usw. Mit Rücksicht auf die hohe Strafdrohung sind jedoch unlautere Maßnahmen zu verlangen, obwohl hier im Gegensatz zu § 109a die Machenschaften nicht „arglistig, auf Täuschung berechnet" sein müssen. Beruht eine Kursänderung auf einer „freiwilligen" Entscheidung des Verantwortlichen, der vom Täter überredet oder bestochen worden ist, so kann § 316c nicht eingreifen (zust. Lackner 4, D-Tröndle 6, Horn SK 9, Wille, Die Verfolgung strafbarer Handlungen an Bord von Schiffen und Luftfahrzeugen [1974] 226, a. A. für die Bestechung Kunath JZ 72, 201, Maurach Heinitz-FS 411).

17 d) Die angewandten Mittel brauchen nicht erfolgreich zu sein **(Unternehmenstatbestand)**; ein untauglicher oder fehlgeschlagener Versuch genügt zur Tatbestandserfüllung (anders [schlichte Tätigkeitsdelikte] Maurach Heinitz-FS 409).

4. Der Täter muß mit der **Absicht** (zielgerichteter Wille) handeln, entweder die Herrschaft 18 über das Luftfahrzeug bzw. Schiff zu erlangen oder auf dessen Führung einzuwirken. Diesen Erfolg braucht er nicht tatsächlich zu erreichen. Für die Bestrafung des Teilnehmers genügt es, wenn er die Absicht des Täters kennt.

a) Die **Herrschaft über das Luftfahrzeug oder Schiff** erlangt der Täter z. B., wenn er den Verant- 19 wortlichen derart ausschaltet, daß dieser keine selbständigen Entscheidungen mehr fällen kann und der Täter damit die Führung des Luftfahrzeugs oder Schiffs selbst innehat oder aber die Befehlsgewalt über Besatzung und Passagiere. Eine Herrschaft über das Flugzeug besteht aber auch dann, wenn es noch auf dem Flugplatz „besetzt" wird, um selbst damit zu starten oder den Besitz zur Erpressung zu benutzen.

b) Bei der **Einwirkung auf die Führung** genügt es, daß der Täter die maßgebliche Entscheidung 20 über die Bewegungen des Flugzeugs bzw. Schiffs oder die Handlungen an ihm trifft (z. B. örtliche Ziele, Höhe, Kurs oder Zeitpunkt). Die Grenze zwischen beiden Modalitäten ist fließend; es bestehen nur Unterschiede in der Intensität der Einflußnahme (ebenso Rüth LK 18). Eine reine „Einwirkung auf die Führung" liegt da vor, wo das Flugzeug vom Boden aus falsch gesteuert wird. Die Einwirkung kann durch Zwang zum Handeln (Kursänderung) wie auch zum Unterlassen (Verbot, bestimmte Flughäfen anzufliegen) geschehen.

c) § 316c ist ein **abstraktes Gefährdungsdelikt** (vgl. 3 vor § 306); eine konkrete Gefahr für die 21 Passagiere oder die Fracht braucht daher nicht einzutreten. Deshalb genügt es auch, wenn der Pilot gezwungen wird, statt im A im gleich gut anzufliegenden Ort B zu landen.

d) An einer Einwirkung auf die Führung des Flugzeuges fehlt es bei dem **Piloten,** der selbst das 22 Flugzeug an einen anderen als den Bestimmungsort fliegt. Der Pilot kann also nicht Täter des § 316c sein. Entsprechendes gilt für einen Schiffsführer.

IV. Das **Flugzeug- oder Schiffsattentat** (Nr. 2) richtet sich gegen dasselbe Schutzobjekt wie 23 die Flugzeug- oder Schiffsentführung, der Täter muß jedoch mit der Absicht (zielgerichteter Wille) handeln, das Luftfahrzeug bzw. das Schiff als solches oder seine an Bord befindliche Ladung zu zerstören oder zu beschädigen. Es handelt sich also um einen Sonderfall der **Sachbeschädigung,** da nicht erforderlich ist, daß sich Menschen an Bord befinden. Dafür genügen jedoch nicht alle denkbaren Mittel, sondern nur der Gebrauch von Schußwaffen oder die Herbeiführung einer Explosion oder eines Brandes.

1. Schutzgut ist auch hier nicht das Fahrzeug selbst, sondern wie in Nr. 1 die Personen und das 24 beförderte fremde Eigentum, die bei dem Attentat wenigstens abstrakt gefährdet werden.

2. Tathandlung ist die Zerstörung oder Beschädigung (vgl. dazu § 303 RN 8ff., § 305 RN 5) des 25 Luftfahrzeuges oder Schiffes oder der in fremdem Eigentum stehenden Ladung. Die Beschädigung unwesentlicher Bestandteile wie der Ausrüstungsgegenstände (Küchengeräte usw.) reicht nicht aus. Es genügt auch nicht, daß die Beschädigung lediglich die Folge von sonstigem vorschriftswidrigem Verhalten, z. B. Angriffen auf Passagiere oder Besatzung, ist, da hinsichtlich der Beschädigung Absicht vorausgesetzt wird (vgl. § 15 RN 65). Einzelangriffe auf Personen fallen überhaupt nicht unter § 316c, während Einzelangriffe auf Frachtgegenstände nach Nr. 2 strafbar sind.

3. Schußwaffen (vgl. dazu § 244 RN 3f.) gebraucht der Täter, wenn er eine taugliche Waffe 26 betätigt. Ein Erfolg braucht nicht eingetreten zu sein. Es genügt z. B., wenn die Waffe falsch bedient wird und nur deshalb versagt. Eine untaugliche Waffe genügt nicht (vgl. § 244 RN 4), da durch sie die Gefährdung des § 316c nicht eintreten kann.

4. Zur Herbeiführung eines **Brandes** vgl. § 306 RN 9ff. Zur Herbeiführung einer **Explosion** vgl. 27 § 311 RN 2ff. Es genügt hier auch die Beschädigung der Außenwand des Luftfahrzeuges, sofern das Fahrzeug in großen Höhen fliegt und deshalb durch den Überdruck im Flugzeug eine Explosion eintritt (vgl. dagegen § 311 RN 3: „Implosion"). Bei der Herbeiführung eines Brandes oder einer Explosion handelt es sich um ein **Unternehmensdelikt;** vgl. dazu § 11 I Nr. 6 und dort RN 58ff.

5. Nr. 2 schützt das Flugzeug nur vor den genannten Methoden der Beschädigung. **Nicht strafbar** 28 ist z. B., wer die Steuerseile ansägt, Wasser in die Tanks gießt usw. Es ist gleichgültig, wann der Täter die Handlung vornimmt, sofern sich das Flugzeug im **Zeitpunkt der** Handlungs**wirkung** im Flug bzw. unter den Voraussetzungen des Abs. 1 S. 2 am Boden oder das Schiff auf Fahrt befindet.

V. Der **Versuch** ist strafbar (Verbrechen), denn die **Strafe** ist Freiheitsstrafe nicht unter fünf Jahren, 29 in minder schweren Fällen nicht unter einem Jahr. Minder schwere Fälle liegen etwa vor, wenn der Täter Vorkehrungen zur Verhinderung einer Gefährdung von Passagieren und Fracht trifft, er aus einer notstandsähnlichen Situation heraus handelt (Flucht aus politischen Motiven usw.; zur Frage der Rechtfertigung vgl. D-Tröndle 16, Rüth LK 37). Im Fall des Abs. 1 Nr. 2 kann auf Führungsaufsicht erkannt werden (§ 321). Über Einziehung (auch der Bezugsgegenstände) vgl. § 322.

VI. Nach **Abs. 2** ist die Strafe lebenslange Freiheitsstrafe oder Freiheitsstrafe nicht unter zehn 30 Jahren, wenn der Täter mindestens leichtfertig den **Tod eines Menschen verursacht;** vgl. § 18 RN 3. Der Tod eines Tatbeteiligten genügt nicht (vgl. auch 12 vor § 306, § 307 RN 6; a. A. Horn SK 26); andererseits ist es aber nicht erforderlich, daß ein Mitglied der Besatzung oder ein Passagier getötet

§ 317 1-4   Bes. Teil. Gemeingefährliche Straftaten

wird; es genügt z. B., wenn bei einer Notlandung ein Außenstehender getötet wird. Zu beachten ist aber, daß in den Fällen, in denen § 316c als Unternehmenstatbestand ausgebildet ist, wegen § 11 I Nr. 6 auch die durch den Versuch ausgelöste Erfolgsqualifikation zu einer vollen Haftung nach Abs. 2 führt (vgl. Maurach Heinitz-FS 414).

31 **VII. Abs. 3** stellt bestimmte **Vorbereitungshandlungen** unter Strafe. Dabei handelt es sich (ähnlich wie bei § 311b; vgl. dort RN 5 f.) um das Beschaffen usw. von Schußwaffen, Gegenständen oder Vorrichtungen zur Herbeiführung einer Explosion oder eines Brandes. Obwohl diese Gegenstände in der Regel zur Begehung von Abs. 1 Nr. 2 dienen, genügt es auch, wenn eine Tat nach Abs. 1 Nr. 1 beabsichtigt ist, so wenn etwa der Flugzeug- oder Schiffsführer mit der Schußwaffe oder mit Handgranaten zur Kursänderung gezwungen werden soll. Zum Vorsatz vgl. § 311b RN 7.

32 **VIII. Abs. 4** bietet dem Täter Straferleichterungen bei **tätiger Reue,** bei der das Gericht die Strafe nach seinem Ermessen mildern kann (§ 49 II). Die früher bestehende Möglichkeit, in den Fällen des Abs. 1 Nr. 2 und des Abs. 3 außerdem ganz von einer Bestrafung abzusehen, ist mit der Neufassung des Abs. 4 durch Art. 17 Nr. 179 EGStGB beseitigt worden. Voraussetzung ist jeweils, daß der Täter freiwillig (vgl. dazu § 24 RN 44 ff.) sein Vorhaben aufgibt und den Erfolg abwendet, bevor ein erheblicher Schaden eingetreten ist. Als Erfolg ist hier ebenso wie in § 316a II die beabsichtigte Tat, also die Erlangung der Herrschaft über ein Luftfahrzeug bzw. Schiff usw., zu verstehen (vgl. § 316a RN 11, Blei II 360, Horn SK 18; and. D-Tröndle 19; zum Fall des Abs. 1 Nr. 2 vgl. aber auch Horn SK 24). Unterbleibt der Erfolg ohne Zutun des Täters, so genügt sein freiwilliges und ernsthaftes Bemühen zur Erfolgsabwendung (vgl. § 24 RN 68 ff.). Tritt der Erfolg gleichwohl ein, ist Abs. 4 nicht anwendbar. Der Fall des Abs. 2 wird in Abs. 4 nicht erwähnt, da hier (erfolgsqualifiziertes Delikt) der Erfolg nicht abgewendet werden kann.

33 **IX. Konkurrenzen.** Mit § 315 besteht **Idealkonkurrenz,** da dort eine konkrete Gefahr bestimmter Personen oder Sachen vorausgesetzt wird. Das gleiche gilt im Verhältnis zu § 311 und für § 311a neben § 316c III. Mit den Delikten gegen die persönliche Freiheit besteht Idealkonkurrenz, wenn in bezug auf sie einzelne Personen angegriffen werden; so kann § 316c z. B. mit §§ 239a, 239b ideell konkurrieren. Soweit jedoch die Freiheitsbeeinträchtigung nur eine Nebenwirkung der Entfernung ist, sind die §§ 239, 240 subsidiär. Zum Verhältnis zu §§ 211 ff. vgl. § 18 RN 6.

§ 317 Störung von Fernmeldeanlagen

(1) **Wer den Betrieb einer öffentlichen Zwecken dienenden Fernmeldeanlage dadurch verhindert oder gefährdet, daß er eine dem Betrieb dienende Sache zerstört, beschädigt, beseitigt, verändert oder unbrauchbar macht oder die für den Betrieb bestimmte elektrische Kraft entzieht, wird mit Freiheitsstrafe bis zu fünf Jahren oder mit Geldstrafe bestraft.**

(2) **Der Versuch ist strafbar.**

(3) **Wer die Tat fahrlässig begeht, wird mit Freiheitsstrafe bis zu einem Jahr oder mit Geldstrafe bestraft.**

1 I. Die **Gefährdung des Fernmeldebetriebes** kann vorsätzlich (Abs. 1) oder fahrlässig (Abs. 3) geschehen. Andere als gewalttätige Eingriffe können nach § 88 als verfassungsfeindliche Sabotage strafbar sein.

2 II. **Schutzobjekte** sind die öffentlichen Zwecken dienenden Fernmeldeanlagen.

3 1. **Fernmeldeanlage** ist eine mechanische Vorrichtung zur Übermittlung von Nachrichten (Zeichen, Bildern, Tönen), ohne daß die Nachricht selbst von Ort zu Ort befördert wird; kennzeichnend ist weiter, daß das Übermittelte am Empfangsort nicht kraft unmittelbarer sinnlicher Wahrnehmung, sondern in nachgebildeter Gestalt aufgenommen wird. Es macht keinen Unterschied, ob die Übermittlung elektrisch oder optisch, ob sie durch Draht oder drahtlos erfolgt. Zu unterscheiden sind drei Unterarten von Fernmeldeanlagen: **Telegraphenanlagen** (insb. auch Fernschreiber, vgl. VO vom 24. 6. 1974, BGBl. I 1325), **Fernsprechanlagen** (Düsseldorf MDR **84,** 1040: Münzfernsprecher) und **Funkanlagen** (Sendeeinrichtungen und Empfangseinrichtungen), § 1 FAG.

4 2. Zweifelhaft ist, wann eine Fernmeldeanlage **öffentlichen Zwecken** dient. Dieses Merkmal könnte entweder dazu dienen, lediglich Anlagen im rein privaten Bereich (Hausanschlüsse) auszuschließen. Dann würde auch jedes an das öffentliche Fernsprechnetz angeschlossene Privattelefon unter § 317 fallen (so die h. M., RG **29** 244, BGH **25** 370 m. zust. Anm. Krause JR 75, 380, Martin LM Nr. 1, Hamm JMBlNRW **66,** 94, D-Tröndle 2, Lackner 2, Wolff LK 3, Mahnkopf JuS 82, 886; and. Bay NJW **71,** 528). Die offensichtliche Parallele zwischen den §§ 316b, 317 legt jedoch eine andere Interpretation nahe. Danach dient eine Fernmeldeanlage öffentlichen Zwecken nur dann, wenn ihre Benutzung ausschließlich oder überwiegend im

Interesse der Allgemeinheit liegt. Danach würde z. B. eine öffentliche Fernsprechzelle, ein Behörden- oder Krankenhausanschluß unter § 317 fallen (vgl. auch RG **34** 250), nicht dagegen ein Privatanschluß (ebenso Horn SK 5, vgl. auch § 304 RN 5). Folgt man dem, so steht nichts im Wege, auch die Rufanlage innerhalb eines Krankenhauses unter § 317 zu subsumieren. Private Rundfunk- und Fernsehempfangsanlagen dienen dagegen nicht öffentlichen Zwecken (D-Tröndle 2), wohl aber Sendeanlagen oder Lautsprecher, die im öffentlichen Interesse (z. B. zur Verkehrsregelung) eingesetzt werden. Unerheblich ist dagegen, ob eine den Allgemeininteressen dienende Anlage auch jedermann zugänglich ist, so z. B. die Fernsprechanlage einer StraßenbahnAG (vgl. RG GA Bd. **51** 50).

III. Die **Handlung** besteht in der Verhinderung oder Gefährdung des Betriebes der Anlage. **Eine Verhinderung des Betriebes** liegt vor, wenn ein Zustand geschaffen ist, in dem die Anlage für die ihr gegebene Zweckbestimmung nicht benutzt werden kann. Eine **Gefährdung** des Betriebes ist bereits dann gegeben, wenn das genaue Funktionieren des Betriebes beeinträchtigt ist (Horn SK 6). In beiden Fällen ist vorauszusetzen, daß der Betrieb oder die Anlage an sich funktionsfähig ist (vgl. jedoch Hamm JMBlNRW **67**, 68, Wolff LK 4, D-Tröndle 3). Die Verhinderung oder Gefährdung des Betriebes muß dadurch erfolgen, daß der Täter eine dem Betrieb dienende Sache zerstört, beschädigt, beseitigt, verändert oder unbrauchbar macht oder die diesem bestimmte elektrische Kraft entzieht; dies entspricht dem § 316b (vgl. dort RN 6ff.). Keine der abschließend genannten Tathandlungen ist beim sog. Telefonterror gegeben (Herzog GA 75, 259f.). 5

IV. Der **Vorsatz** muß sich nicht nur auf Beschädigung oder Veränderung der konkreten Sache, sondern auch auf die Verhinderung oder Gefährdung des Betriebes beziehen. Bedingter Vorsatz genügt (RG **22** 393); vgl. auch Bay DAR/R **65**, 283f. Die **Fahrlässigkeit** (Abs. 3) muß sich stets auf die Verhinderung oder Gefährdung des Betriebs beziehen (vgl. Schleswig SchlHA **56**, 272). Die Beschädigung oder Veränderung kann dagegen in den Fällen des Abs. 3 auch vorsätzlich erfolgen. Aus der Verletzung von Verkehrsvorschriften kann die Fahrlässigkeit i. S. des § 317 nicht ohne weiteres hergeleitet werden (Stuttgart DAR **57**, 243: Anfahren eines Telegrafenmastes; and. BGH **15** 110, Bay **72** 7, VRS **19** 49). 6

V. Der **Versuch** nach Abs. 1 ist strafbar (Abs. 2). Versuch liegt z. B. vor, wenn der Täter mit Steinen nach Isolatoren einer Telegrafenleitung wirft, auch wenn er sie nicht trifft (vgl. R **15** Nr. 2777). 7

VI. Bei der vorsätzlichen Begehung besteht mit § 304 **Gesetzeskonkurrenz**; § 317 geht vor (RG **34** 251). Bei der fahrlässigen Tat ist mit § 303 und mit § 304 **Idealkonkurrenz** möglich, da die Zerstörung usw. vorsätzlich erfolgen kann (Wolff LK 8 und bezüglich § 304 Frank § 318 Anm. III). 8

§ 318 Beschädigung wichtiger Anlagen

(1) **Wer Wasserleitungen, Schleusen, Wehre, Deiche, Dämme oder andere Wasserbauten oder Brücken, Fähren, Wege oder Schutzwehre oder dem Bergwerksbetrieb dienende Vorrichtungen zur Wasserhaltung, zur Wetterführung oder zum Ein- und Ausfahren der Arbeiter zerstört oder beschädigt und durch eine dieser Handlungen Gefahr für das Leben oder die Gesundheit anderer herbeiführt, wird mit Freiheitsstrafe von drei Monaten bis zu fünf Jahren bestraft.**

(2) **Ist durch eine dieser Handlungen eine schwere Körperverletzung (§ 224) verursacht worden, so tritt Freiheitsstrafe von einem Jahr bis zu fünf Jahren und, wenn der Tod eines Menschen verursacht worden ist, Freiheitsstrafe nicht unter fünf Jahren ein.**

I. Bei den **geschützten Gegenständen** ist es unerheblich, ob sie dem Täter gehören oder nicht. 1

1. Genannt werden einmal als Schutzobjekte **Wasserbauten**. Es macht keinen Unterschied, ob diese Bauten an Flüssen, Kanälen, Seen oder am Meer errichtet sind. Besonders hervorgehoben werden Wasserleitungen, Schleusen, Wehre, Deiche und Dämme. Zu den Wasserleitungen gehören auch die Rohrleitungen, die den Häusern Nutzwasser zuführen (ebenso Lackner 1); es kommen nicht nur solche Wasserleitungen in Betracht, die offene oder geschlossene Kanäle sind (D-Tröndle 3, Wolff LK § 321 RN 2; and. Frank § 321 Anm. I 1). 2

2. Geschützt sind weiter **Brücken, Fähren, Wege** und **Schutzwehre**. Es kommen hier nicht nur öffentliche Brücken, Wege usw. in Betracht, sondern auch Privatwege (RG **20** 395), einschließlich zeitweilig als solche benutzter und erkennbarer Notwege (RG **27** 363). Täter kann auch der Eigentümer des Grundstücks sein, über das ein Weg führt (RG **27** 365). 3

3. Als Schutzobjekte sind schließlich **Bergwerksbetriebsvorrichtungen** zur Wasserhaltung, Wetterführung oder zum Ein- oder Ausfahren der Arbeiter genannt. 4

Cramer

5   II. Die **Handlung** besteht im Beschädigen oder Zerstören; vgl. dazu § 303 RN 7 ff. Eine Beschädigung setzt keine Verletzung der Substanz voraus; es genügt vielmehr, daß das Schutzobjekt in seiner Tauglichkeit nicht unerheblich beeinträchtigt wird. Ob das bloße **Hindernisbereiten** genügt, ist umstritten, aber zu verneinen (ebenso Horn SK 5; and. RG 74 15, D-Tröndle 1, Welzel 468, Wolff LK § 321 RN 5), da § 315 b eine insoweit abschließende Sonderregelung trifft.

6   Durch die Handlung muß eine konkrete **Gefahr für das Leben oder die Gesundheit** anderer herbeigeführt werden; es genügt die Individualgefahr (vgl. RG 74 15). Nicht ausreichend ist Gefahr für das Eigentum anderer.

7   III. Für den **Vorsatz** ist auch das Bewußtsein des Täters erforderlich, daß durch seine Handlung eine Gefahr für Leben oder Gesundheit anderer herbeigeführt werden kann (RG 35 53, HRR **40** Nr. 1216).

8   IV. Eine **erhöhte Strafe** ist für den Fall angedroht, daß durch eine der Handlungen eine schwere Körperverletzung oder der Tod eines Menschen verursacht worden ist; bezüglich dieser Folge ist mindestens Fahrlässigkeit erforderlich (§ 18). Zur **Führungsaufsicht** vgl. § 321.

9   V. **Idealkonkurrenz** ist möglich mit §§ 304, 305, 312. Angesichts der unterschiedlichen Voraussetzungen (da § 318 auch Privatwege erfaßt) wird Idealkonkurrenz zu § 315b nicht auszuschließen sein.

§ 319 Gemeingefährliche Vergiftung

Wer Brunnen- oder Wasserbehälter, welche zum Gebrauch anderer dienen, oder Gegenstände, welche zum öffentlichen Verkauf oder Verbrauch bestimmt sind, vergiftet oder denselben Stoffe beimischt, von denen ihm bekannt ist, daß sie die menschliche Gesundheit zu zerstören geeignet sind, desgleichen wer solche vergifteten oder mit gefährlichen Stoffen vermischten Sachen mit Verschweigung dieser Eigenschaft verkauft, feilhält oder sonst in Verkehr bringt, wird mit Freiheitsstrafe von einem Jahr bis zu zehn Jahren und, wenn durch die Handlung der Tod eines Menschen verursacht worden ist, mit lebenslanger Freiheitsstrafe oder mit Freiheitsstrafe nicht unter zehn Jahren bestraft.

1   I. Die Bestimmung faßt zwei Tatbestände zusammen: Die **Vergiftung** bestimmter Gegenstände und das **Inverkehrbringen** solcher Gegenstände. Bei beiden Tatbeständen handelt es sich um abstrakte Gefährdungsdelikte; vgl. dazu 3 vor § 306; über die Fahrlässigkeitstat vgl. § 320. An ergänzenden Bestimmungen vgl. §§ 51–54 LebensmG, § 26 FleischbeschauG. Zum Ganzen vgl. Horn NJW 86, 153; Vorschläge zur Neufassung bei Geerds Tröndle-FS 259 ff.

2   II. Durch die **gemeingefährliche Vergiftung** sind geschützt:

3   1. **Brunnen** und **Wasserbehälter,** die zum Gebrauch anderer dienen. Es kommen nur Behälter in Betracht, deren Inhalt zum menschlichen Gebrauch bestimmt ist, dagegen z. B. nicht Viehtränken, Wasserbehälter für gewerbliche oder feuerpolizeiliche Zwecke (D-Tröndle 2, Lackner 2a, Wolff LK § 324 RN 2, vgl. auch Horn SK 5). Es ist nicht erforderlich, daß die Brunnen oder Wasserbehälter zum öffentlichen Gebrauch bestimmt sind; es genügt, daß sie zum Privatgebrauch bestimmt sind.

4   2. **Gegenstände, die zum öffentlichen Verkauf oder Verbrauch bestimmt sind.** Zum öffentlichen Verkauf sind Gegenstände bestimmt, wenn sie dem Erwerb einer nicht bestimmten Käuferzahl zugänglich gemacht werden. Es kommen hier nicht nur verzehrbare Gegenstände in Betracht, sondern z. B. auch Kleidungsstücke oder Seife (Wolff LK § 324 RN 3, D-Tröndle 3, Geerds Tröndle-FS 243).

5   3. Die **Handlung** besteht im Vergiften der Gegenstände oder in der Beimischung von Stoffen, von denen dem Täter bekannt ist, daß sie die menschliche Gesundheit zu zerstören geeignet sind (Geerds Tröndle-FS 244). **Vergiftet** ist ein Gegenstand dann, wenn er geeignet ist, die Gesundheit zu zerstören (RG **67** 362; vgl. § 229 RN 3 ff.); durch eine bloße Verunreinigung wird ein Gegenstand noch nicht vergiftet. Bei der zweiten Alternative ist es unerheblich, ob der vergiftete oder der ungefährliche Stoff der Grundstoff ist; unerheblich ist auch das Mischungsverhältnis (RG **67** 263). Zur Frage, ob der Tatbestand durch Unterlassen begehbar ist vgl. Geerds Tröndle-FS 246. Vgl. im übrigen über Gift und über Stoffe, welche die Gesundheit zu zerstören geeignet sind, § 229 RN 3 ff. und RG JW **30**, 3403.

6   4. Für den **subjektiven Tatbestand** ist Vorsatz erforderlich. Es gehört hierzu außer der Kenntnis von der Bestimmung der Gegenstände auch die Kenntnis von der Bedeutung der zugeführten Stoffe.

7   III. Das **Inverkehrbringen** bezieht sich auf Objekte der 1. Alt. Die **Handlung** besteht darin, daß vergiftete oder mit gefährlichen Stoffen vermischte Sachen (o. 5) verkauft, feilgehalten oder sonst in Verkehr gebracht werden. Der Täter bringt die Sache in Verkehr, wenn er sie an andere überläßt (vgl. Bay **61**, 194, Horn NJW 77, 2329); es macht keinen Unterschied, ob die Überlassung gegen Entgelt oder unentgeltlich erfolgt (vgl. RG **3** 120). Strafbarkeit tritt nur ein, wenn die gefährliche Eigenschaft der in den Verkehr gebrachten Sache verschwiegen wird.

Einziehung **§§ 320–322**

3. Für den **subjektiven Tatbestand** ist Vorsatz erforderlich. Bedingter Vorsatz genügt. 8

IV. Eine **erhöhte Strafe** ist für den Fall angedroht, daß durch die Handlung der Tod eines Menschen verursacht worden ist; insoweit ist Fahrlässigkeit erforderlich (§ 18). Über die Zulässigkeit von **Führungsaufsicht** vgl. § 321; zur **Einziehung** vgl. § 322. 9

V. **Idealkonkurrenz** ist möglich mit §§ 51, 52 LebensmG. Mit §§ 211 ff., 223 ff., 229 kann Idealkonkurrenz bestehen. 10

§ 320 Fahrlässige Gemeingefährdung

Ist eine der in den §§ 318 und 319 bezeichneten Handlungen aus Fahrlässigkeit begangen worden, so ist, wenn durch die Handlung ein Schaden verursacht worden ist, auf Freiheitsstrafe bis zu einem Jahr oder auf Geldstrafe und, wenn der Tod eines Menschen verursacht worden ist, auf Freiheitsstrafe bis zu fünf Jahren oder auf Geldstrafe zu erkennen.

I. Die Bestimmung spricht aus, daß bei der Beschädigung von wichtigen Bauten (§ 318) sowie bei der Vergiftung und dem Inverkehrbringen bestimmter Gegenstände (§ 319) für den subjektiven Tatbestand auch **Fahrlässigkeit** ausreichend ist. Vorschläge zur Neufassung bei Geerds Tröndle-FS 259 ff. 1

II. Die fahrlässige Begehung ist allerdings nur dann strafbar, wenn durch die Handlung ein **Schaden** entstanden ist. Als der hier erforderte Schaden kann nicht der durch die fahrlässige Handlung verursachte rechtswidrige Erfolg, wie z. B. die Beschädigung der Wasserleitung (§ 318), angesehen werden; es muß sich vielmehr um einen weiteren Schaden handeln. Dieser weitere Schaden muß der nach § 318 erforderlichen oder der in § 319 vorausgesetzten Gefährdung entsprechen. Es kann daher für den § 318 unter Schaden nur eine Verletzung an Leben oder Gesundheit anderer, nicht aber ein Vermögensschaden verstanden werden; für § 319 muß der Schaden in der Gesundheitsbeschädigung eines Menschen bestehen (Horn SK 5, Welzel 468, Geerds Tröndle-FS 248; and. Wolff LK § 326 RN 5, Lackner 1, D-Tröndle 2, RG 8 221, 35 400, nach denen der Schaden irgendwelcher Art, insb. auch ein Sachschaden genügt). 2

Nach h. M. braucht der über die Zerstörung der Anlage usw. hinausgehende Schaden nicht durch Fahrlässigkeit verursacht zu sein, weil es sich nicht um einen qualifizierenden Erfolg i. S. v. § 18, sondern um eine objektive Strafbarkeitsbedingung handele (so Wolff LK § 326 RN 6, D-Tröndle 2, Horn SK 6, Schmidhäuser II 204); hingegen soll Fahrlässigkeit erforderlich sein, wenn der Tod eines Menschen verursacht worden ist (Wolff LK § 326 RN 6, D-Tröndle 2, M-Schroeder II 61, Schmidhäuser II 204; and., insoweit aber konsequent, Horn SK 10). Dem kann schon wegen der Geltung des Schuldprinzips (vgl. 103 ff. vor § 13) nicht gefolgt werden. Daß Fahrlässigkeit nicht erforderlich sei, weil der Erfolg die Strafe nicht schärfe, ist eine petitio principii. Man wird vielmehr davon ausgehen müssen, daß der „Schaden" wie auch der Tod eines Menschen, trotz der mißverständlichen Formulierung des Gesetzes als Tatbestandsmerkmale einzuordnen sind, auf die sich die Fahrlässigkeit des Täters erstrecken muß (so auch Geerds Tröndle-FS 248). Freilich läßt sich das Fahrlässigkeitserfordernis nicht aus § 18 begründen, weil das Gesetz keinen Fahrlässigkeitsgrundtatbestand enthält. Dieser kann auch nicht im Verhältnis des 1. zur 2. Tatbestandsalternative des § 320 gesehen werden. Deshalb ist es jedenfalls inkonsequent, zwischen dem Schaden als unrechtsneutralem Strafbarkeitsmerkmal und dem besonders schweren Schaden in Gestalt des Todes eines Menschen als straferhöhenden Unrechtsmerkmal zu differenzieren (so aber D-Tröndle 2, Wolff LK § 326 RN 6, Schmidhäuser II 204). 3

§ 321 Führungsaufsicht

In den Fällen der §§ 306 bis 308, des § 310b Abs. 1 bis 3, des § 311 Abs. 1 bis 4, der §§ 311a, 311b und 316c Abs. 1 Nr. 2 kann das Gericht Führungsaufsicht anordnen (§ 68 Abs. 1).

Bei den genannten gemeingefährlichen Straftaten ist **Führungsaufsicht** (§§ 68 ff.) zulässig. Dies gilt auch bei Versuch (§ 22), Teilnahme (§§ 26, 27) und versuchter Teilnahme (§ 30); vgl. Lackner 2.

§ 322 Einziehung

Ist eine Straftat nach den §§ 310b bis 311b, 311d, 311e, 316c oder 319 begangen worden, so können

1. **Gegenstände, die durch die Tat hervorgebracht oder zu ihrer Begehung oder Vorbereitung gebraucht worden oder bestimmt gewesen sind, und**

2. Gegenstände, auf die sich eine Straftat nach den §§ 311b, 311d, 311e, 316c oder 319 bezieht,

eingezogen werden.

Schrifttum: Eser, Die strafrechtlichen Sanktionen gegen das Eigentum, 1969.

1   I. Die Vorschrift bringt eine **Sonderregelung** für die **Einziehung** von Sprengstoffen, Kernbrennstoffen, spaltbarem Material, Vergiftungsmitteln usw. Soweit sie keine abweichenden Regelungen enthält, finden die allgemeinen Grundsätze der §§ 74ff. ergänzende Anwendung; vgl. 10 vor § 73. Daneben kommen u. U. auch noch nebenstrafrechtliche Einziehungsvorschriften (z. B. § 34 SprengstoffG, § 50 ArzneimittelG) in Betracht.

2   1. **Einziehungsvoraussetzung** ist grundsätzlich nur das Vorliegen einer volldeliktischen Straftat i. S. der §§ 310b bis 311b, 311d, 311e, 316c oder 319; gegebenenfalls reicht auch eine Fahrlässigkeitstat (§§ 310b IV, 311 V, 311d III, 311e IV) aus. Sofern jedoch ein Sicherungsbedürfnis i. S. des § 74 II Nr. 2 vorliegt, kann auch bereits eine nur rechtswidrige Tat die Einziehung begründen (§ 74 III). Auch ein strafbarer Versuch reicht aus.

3   2. Der Einziehung unterliegen die **Gegenstände,** die durch eine der vorgenannten Taten hervorgebracht oder zu ihrer Begehung oder Vorbereitung gebraucht worden oder bestimmt gewesen sind (Nr. 1). Insoweit deckt sich die Bestimmung völlig mit § 74 I und erfaßt insb. die zur Explosion usw. benutzten Vorrichtungen oder Transportmittel sowie die durch eine Vorbereitungshandlung hergestellten Sprengstoffe; näher zum Begriff der instrumenta und producta sceleris § 74 RN 8ff.

4   Darüber hinaus sind alle Gegenstände einziehbar, auf die sich eine Straftat nach §§ 311b, 311d, 311e, 316c oder § 319 bezieht (Nr. 2). Damit werden insbes. die bloßen Objekte der Tat erfaßt (dazu Eser aaO 318ff., 329ff., sowie § 74 RN 12af.): so die nach § 311b verwahrten oder eingeführten Sprengstoffe oder die nach § 319 vergifteten Wasserbehälter oder die mit gefährlichen Stoffen vermischten und feilgehaltenen Sachen.

5   3. Grundsätzlich bleibt die Einziehung auf das **Eigentum** der **Tatbeteiligten** beschränkt. Besteht jedoch ein Sicherungsbedürfnis i. S. des § 74 II Nr. 2, kann sie sich auch auf Dritteigentum erstrecken.

6   II. Die Einziehung steht im **pflichtgemäßen Ermessen** des Gerichts. Dabei wird angesichts der Gefährlichkeit der betroffenen Gegenstände das Sicherungsbedürfnis regelmäßig eine Einziehung nahelegen (vgl. § 74 RN 31, ferner Eser aaO 358ff.).

§ 323 Baugefährdung

(1) **Wer bei der Planung, Leitung oder Ausführung eines Baues oder des Abbruchs eines Bauwerkes gegen die allgemein anerkannten Regeln der Technik verstößt und dadurch Leib oder Leben eines anderen gefährdet, wird mit Freiheitsstrafe bis zu fünf Jahren oder mit Geldstrafe bestraft.**

(2) **Ebenso wird bestraft, wer in Ausübung eines Berufs oder Gewerbes bei der Planung, Leitung oder Ausführung eines Vorhabens, technische Einrichtungen in ein Bauwerk einzubauen oder eingebaute Einrichtungen dieser Art zu ändern, gegen die allgemein anerkannten Regeln der Technik verstößt und dadurch Leib oder Leben eines anderen gefährdet.**

(3) **Wer die Gefahr fahrlässig verursacht, wird mit Freiheitsstrafe bis zu drei Jahren oder mit Geldstrafe bestraft.**

(4) **Wer in den Fällen der Absätze 1 und 2 fahrlässig handelt und die Gefahr fahrlässig verursacht, wird mit Freiheitsstrafe bis zu zwei Jahren oder mit Geldstrafe bestraft.**

(5) **Das Gericht kann von Strafe nach den Absätzen 1 bis 3 absehen, wenn der Täter freiwillig die Gefahr abwendet, bevor ein erheblicher Schaden entsteht. Unter denselben Voraussetzungen wird der Täter nicht nach Absatz 4 bestraft.**

Schrifttum: Gallas, Die strafrechtliche Verantwortlichkeit der am Bau Beteiligten, 1963. – *Hammer,* Technische „Normen" in der Rechtsordnung, MDR 66, 977. – *Nickusch,* § 330 als Beispiel für eine unzulässige Verweisung auf die Regeln der Technik, NJW 67, 811. – *Scherer,* Strafrecht in der Baupraxis, 1965. – *Schünemann,* Grundfragen der strafrechtlichen Zurechnung im Tatbestand der Baugefährdung, ZfBauR 80, 4, 113, 159. – *ders.,* Die Regeln der Technik im Strafrecht, Lackner-FS 367. – *Veit,* Zur Rezeption technischer Regeln im Strafrecht und Ordnungswidrigkeitenrecht unter besonderer Berücksichtigung der verfassungsrechtlichen Problematik, 1989.

1   I. Für den **objektiven Tatbestand des Abs. 1** ist erforderlich, daß bei der Errichtung eines Baues oder beim Abbruch eines Bauwerkes die allgemein anerkannten Regeln der Technik verletzt und hierdurch andere gefährdet werden.

2   1. Das Merkmal **Ausführung** usw. eines **Baues** ist weit auszulegen. Darunter ist jede in den Bereich des Baugewerbes fallende Tätigkeit zu verstehen, ausgenommen solche Arbeiten, für

Baugefährdung 3–10 § 323

die ihrer Einfachheit wegen besondere Regeln der Technik nicht bestehen (RG 47 427). Unter den Begriff des Baues fällt daher neben der Errichtung von Gebäuden auch die Ausbesserung sowie die Veränderung (RG 38 320). Auch Hilfsarbeiten, die mit der Errichtung des Baues unmittelbar zusammenhängen, wie das Ausheben der Baugrube, die Errichtung eines Baugerüsts (R 10 242) gehören hierzu, u. U. kann auch die Anlage von Sand- und Kiesgruben zur Gewinnung von Baumaterialien als Bau anzusehen sein (RG 47 426). Der Bau kann Hochbau, Tiefbau, Wasserbau, Bergbau sein (vgl. BT-Drs. 7/550 S. 267), z. B. einen Bahndamm betreffen (RG 23 277), nicht dagegen Schiffsbau oder der Bau von Land- und Luftfahrzeugen sowie Maschinenbau.

2. Auch das Merkmal „**Abbruch eines Bauwerks**" ist weit zu fassen. Daher fällt darunter 3 nicht bloß der Abbruch des gesamten Gebäudes, sondern auch der Abbruch von Teilen solcher Bauwerke. Seine Einschränkung findet diese Alt. von Abs. 1 darin, daß solche Abrißarbeiten nicht erfaßt werden, für die ihrer Einfachheit halber besondere Regeln der Technik nicht bestehen.

3. Der Täter muß gegen die allgemein anerkannten **Regeln der Technik** handeln (eingehend 4 hierzu Schünemann ZfBauR 80, 159, Lackner-FS 380 ff.). Damit sind nicht nur Regeln für die **Bauausführung** gemeint, sondern auch solche, die bei der **Planung** und **Berechnung** zu beachten sind. Außer Regeln über die technische Konstruktion des Baues kommen auch Unfallverhütungs- und baurechtliche Sicherungsvorschriften, ferner auch solche über die gesundheitsmäßige Beschaffenheit (RG 27 389) oder über die Feuersicherheit in Betracht. **Allgemein anerkannt** sind Regeln, die von der Praxis in der Überzeugung tatsächlich angewendet werden, daß sie für die Sicherheit des Baues notwendig sind (vgl. RG 44 79, Koblenz GA 74, 87). Diese Praxis wird sich häufig in Normen niederschlagen, die von den einzelnen Zweigen des Bauhandwerks festgelegt sind (z. B. DIN, VDE, VOB); vgl. kritisch dazu Nickusch NJW 67, 811. Das gleiche gilt für Unfallverhütungsvorschriften der Berufsgenossenschaften (vgl. Hamm JMBlNRW 62, 246). Die Aufnahme einer Regel in Polizeivorschriften braucht nicht zu bedeuten, daß sie allgemein anerkannt sei (RG 56 346).

Die Zuwiderhandlung kann in einem **Tun** oder **Unterlassen** bestehen. Beispiele bieten etwa 5 die Lieferung schlechten Materials (vgl. RG 5 254), die Verwendung mangelhafter Geräte (RG 39 417), die Nichtanbringung von Schutzdächern oder von Absperrvorrichtungen (RG 56 347).

4. Durch die Handlung muß eine **konkrete Gefahr** für Leib oder Leben anderer Personen 6 entstehen, eine Gefahr für Sachen von bedeutendem Wert reicht bei § 323 nicht aus; vgl. hierzu 5 ff vor § 306. Die Gefahr muß für andere bestehen, dazu zählen nicht Mittäter oder sonst an der Tat Beteiligte. In diesem Sinne kommen in Betracht z. B. die an der Tat unbeteiligten Bauarbeiter (RG JW 26, 589 m. Anm. Hegler), Passanten oder die Bewohner eines Hauses (RG 27 390).

5. **Täter** des Abs. 1 kann sein, wer den Bau oder den Abbruch eines Bauwerks leitet, ausführt 7 oder plant; näher zum Täterkreis Schünemann ZfBauR 80, 5.

a) **Bauleiter** ist, wer technisch die Errichtung des Baues als eines Ganzen nach seinen Weisun- 8 gen und Anordnungen bestimmt (BGH b. Gallas aaO 23). Entscheidend ist die tatsächliche Leitung der Bauarbeiten, nicht deren Rechtsgrundlage (RG DJ 40, 707). Ohne Bedeutung ist, ob sich der Bauherr die „örtliche Bauleitung" vorbehalten hat (Hamm NJW 69, 2211, Bay 58, 220). Bauleiter kann daher auch der Bauherr sein, der den Bau in Eigenregie errichtet (Hamm GA 66, 220), nicht dagegen ein Beamter, der für eine Behörde die Ausführung von Arbeiten überwacht, die an einen Privatunternehmer vergeben sind (Hamm NJW 69, 2211). Wer lediglich den Bauplan anzufertigen hat, ist nicht Bauleiter (vgl. RG GA Bd. 50 390); dies gilt regelmäßig für den Architekten (vgl. Gallas aaO 19 ff., Hamm NJW 71, 442), und zwar auch dann, wenn er die Bauüberwachung übernommen hat «BGH NJW 65, 1340) vgl. aber u. 10. Bauleiter ist ferner nicht, wer nur Baumaterialien abzunehmen hat (RG Recht 14 Nr. 150). Zur Verantwortlichkeit des „Oberbauleiters" vgl. BGH 19 286.

b) **Bauausführender** ist jeder, der irgendwie bei der Herstellung des Baues mitwirkt (RG DJ 9 40, 707; vgl. auch Gallas aaO 23 ff.). Hierher gehören z. B. der Polier (Koblenz GA 74, 87), Bauhandwerker oder Aufseher, weiterhin auch wer nur Hilfstätigkeiten zur Herstellung des Baues ausübt, z. B. das Baugerüst herstellt (vgl. R 10 242) oder wer Leitern zum Besteigen des Baues aufstellt (RG 39 417). Jeder Ausführende ist nur im Kreis der ihm zugewiesenen Tätigkeit und im Rahmen der ihm eingeräumten Bewegungsfreiheit für die Beobachtung der anerkannten Regeln der Baukunst verantwortlich (RG DJ 40, 707).

c) **Bauplaner** ist derjenige, der die konkreten Planungsarbeiten durchführt. Hierher gehört in 10 erster Linie der die Bauzeichnungen anfertigende Architekt sowie auch der Statiker (vgl. Bay MDR 54, 312, JR 58, 468, Köln MDR 63, 156).

Cramer 2199

11   II. Der **Tatbestand des Abs. 2** setzt voraus, daß der Täter beim Einbau technischer Einrichtungen in ein Bauwerk, bei dessen Umbau oder bei der Planung oder Leitung (vgl. o. 4f.) eines solchen Vorhabens den allgemein anerkannten Regeln der Technik (vgl. o. 4) zuwiderhandelt und dadurch andere gefährdet (vgl. o. 6).

12   1. **Täter** der Baugefährdung nach Abs. 2 kann nur sein, wer in Ausübung seines Berufes oder Gewerbes handelt, sei es, daß er als Planer, Leiter oder Ausführender an den genannten Vorhaben beteiligt ist. Eigentümer oder Mieter, die die in der Vorschrift genannten Anlagen selbst einbauen, scheiden daher als Täter aus. Bei den genannten Vorhaben handelt es sich entweder um den Einbau einer technischen Einrichtung in ein Bauwerk oder um die Änderung einer solchen bereits eingebauten Einrichtung.

13   2. Als **technische Einrichtungen** kommen z. B. Aufzüge, Heizungs- und Klimaanlagen, aber auch Kühlanlagen oder Warmwasserbereiter in Betracht. Diese Einrichtungen müssen entweder eingebaut, d. h. auf Dauer fest mit dem Bauwerk verbunden, oder geändert werden. Ob hierzu auch das Reparieren der Einrichtung gehört, ist zweifelhaft (so aber D-Tröndle 9), da darunter nur die Wiederherstellung des ursprünglichen Zustandes, nicht aber eine Änderung der Anlage zu verstehen ist.

14   III. Die Tatbestände der Abs. 1 und 2 sind wegen der darin geforderten besonderen persönlichen Eigenschaften **Sonderdelikte.** Über § 14 ist aber eine Ausdehnung des Täterkreises auf die in der Vorschrift genannten Vertreter möglich. Kommt § 14 nicht zur Anwendung, kann jedoch u. U. eine Bestrafung nach allgemeinen Vorschriften (vgl. § 222, 230) zum Zuge kommen. Teilnahme ist auch in den Fällen fahrlässiger Herbeiführung der Gefahr möglich (§ 11 II); vgl. im übrigen dort RN 75.

15   IV. Für den **subjektiven Tatbestand** des **Abs. 1 und 2** ist zumindest **bedingter Vorsatz** sowohl in bezug auf die Tathandlung als auch auf die Herbeiführung der Gefährdung erforderlich. In den Fällen des Abs. 1 und 2 in Verbindung mit Abs. 3 muß die Zuwiderhandlung gegen die Regeln der Technik vorsätzlich begangen sein, die Gefahr braucht dagegen nur fahrlässig verursacht zu sein. In den Fällen der Abs. 1 und 2 in Verbindung mit Abs. 4 genügt sowohl fahrlässige Zuwiderhandlung als auch fahrlässige Verursachung der Gefahr. Zur Fahrlässigkeit des Architekten vgl. Köln MDR **63**, 156.

16   V. **Idealkonkurrenz** ist insb. möglich mit §§ 222, 230 (RG DJ **40**, 707).

§ 323a Vollrausch

(1) **Wer sich vorsätzlich oder fahrlässig durch alkoholische Getränke oder andere berauschende Mittel in einen Rausch versetzt, wird mit Freiheitsstrafe bis zu fünf Jahren oder mit Geldstrafe bestraft, wenn er in diesem Zustand eine rechtswidrige Tat begeht und ihretwegen nicht bestraft werden kann, weil er infolge des Rausches schuldunfähig war oder weil dies nicht auszuschließen ist.**

(2) **Die Strafe darf nicht schwerer sein als die Strafe, die für die im Rausch begangene Tat angedroht ist.**

(3) **Die Tat wird nur auf Antrag, mit Ermächtigung oder auf Strafverlangen verfolgt, wenn die Rauschtat nur auf Antrag, mit Ermächtigung oder auf Strafverlangen verfolgt werden könnte.**

Schrifttum: Arndt, Verkehrsverstöße im Rauschzustand, DAR 54, 148. – *Backmann*, Anwendbarkeit des § 330a bei unterlassener Hilfeleistung im Zustand des Vollrausches, JuS 75, 698. – *Bemmann*, Welche Bedeutung hat das Erfordernis der Rauschtat in § 330a StGB, GA 61, 65. – *Bertram*, Zur Bestrafung der im Vollrausch begangenen Straftaten im Entwurf 1960 des StGB (§ 351), MschKrim. 61, 101. – *Bruns*, Die Bedeutung des krankhaft oder rauschbedingten Irrtums für die Feststellung „einer mit Strafe bedrohten Handlung" im Sinne des §§ 42b, 330a StGB, DStR 39, 225. – *ders.*, Zur neuesten Rechtsprechung über die Strafbarkeit der Volltrunkenheit, JZ 58, 105. – *ders.*, Zur Problematik rausch-, krankheits- oder jugendbedingter Willensmangel des schuldunfähigen Täters im Straf-, Sicherungs- und Schadensrecht, JZ 62, 473. – *ders.*, Die Strafzumessung bei Vollrauschdelikten (§ 323a StGB), Lackner-FS 439. – *Burmann*, Andere berauschende Mittel im Verkehrsstrafrecht, DAR 87, 134. – *Cramer*, Der Vollrauschtatbestand als abstraktes Gefährdungsdelikt, 1962. – *ders.*, Teilnahmeprobleme im Rahmen des § 330a StGB, GA 61, 97. – *ders.*, Verschuldete Zurechnungsunfähigkeit – actio libera in causa – § 330a StGB, JZ 71, 766. – *Dahm*, Zur Bestrafung der Rauschtat, ZAkDR 39, 207. – *Dencker*, Vollrausch und der „sichere Bereich des § 21 StGB", NJW 80, 2159. – *ders.*, § 323a StGB – Tatbestand oder Schuldform?, JZ 84, 453. – *Dreher*, Verbotsirrtum und § 51 StGB, GA 57, 97. – *Ehrhardt*, Rauschgiftsucht, in: Ponsold Lb. 116. – *Forster/Rengier*, Alkoholbedingte Schuldunfähigkeit und Rauschbegriff des § 323a StGB aus medizinischer und juristischer Sicht, NJW 86, 2869. – *Foth*, Zur Strafzumessung bei Taten unter Alkoholeinfluß, DRiZ 90, 417. – *Gerland*,

Vollrausch **1 § 323 a**

Der Rauschmittelmißbrauch nach § 330a StGB, ZStW 55, 784. – *Gerchow*, Sogenannte berauschende Mittel und ihre medizinisch-rechtliche Problematik, Sarstedt-FS 1. – *Gollner*, „Zurüstungen" bei § 330a StGB, MDR 76, 182. – *Graf*, Aus der Praxis der Rauschtat, DRiZ 34, 325. – *Gramsch*, Der Tatbestand des Rauschmittelmißbrauchs nach § 330a, StrAbh. 395, Berlin 1938. – *Hardwig*, Studien zum Vollrauschtatbestand, Eb. Schmidt-FS 459. – *ders.*, Der Vollrauschtatbestand, GA 64, 140. – *Hartl*, Der strafrechtliche Vollrausch (§ 323a StGB), speziell im Straßenverkehrsrecht, 1988. – *Heinitz*, Die rechtlichen Schwierigkeiten bei der Auslegung des § 330a StGB, Dt. Ztschr. f. ger. Medizin 55, 509. – *Hirsch*, Alkoholdelinquenz in der Bundesrepublik Deutschland, ZStW Beiheft 1980, 1. – *Heiß*, Verurteilung nach § 323a StGB trotz Zweifel über das Vorliegen eines Vollrausches, NStZ 83, 67. – *Horn*, Kann die „mindestens erheblich verminderte Schuldunfähigkeit" den „Rausch"-Begriff i. S. des § 330a StGB definieren?, JR 80, 1. – *Hwang*, Die Rechtsnatur des Vollrauschtatbestandes (§ 323a StGB) – Ein abstraktes oder ein konkretes Gefährdungsdelikt –?, 1987. – *Armin Kaufmann*, Die Schuldfähigkeit und Verbotsirrtum, Eb. Schmidt-FS 319. – *Arthur Kaufmann*, Unrecht und Schuld beim Delikt der Volltrunkenheit: Schuld und Strafe, Köln 1966, 264 = JZ 63, 425. – *Küper*, Unfallflucht und Rauschdelikt, NJW 90, 209. – *Kusch*, Der Vollrausch, 1984. – *Lackner*, Vollrausch und Schuldprinzip, JuS 68, 215. – *Lange*, Der gemeingefährliche Rausch, ZStW 59, 574. – *ders.*, Die Behandlung der Volltrunkenheit in der Strafrechtsreform, JR 57, 242. – *Luthe/Rösler*, Die Beurteilung der Schuldfähigkeit bei akuter alkoholtoxischer Bewußtseinsstörung, ZStW 98, 314. – *Maurach*, Schuld und Verantwortung im Strafrecht (1948) 94 ff. – *ders.*, Fragen der actio libera in causa, JuS 61, 373. – *H. Mayer*, Die folgenschwere Unmäßigkeit (§ 330a), ZStW 59, 283. – *Mezger-Mikorey*, Volltrunkenheit und Rauschtat gemäß § 330a StGB, MonKrimPsych. 36, 410. – *Miseré*, Unfallflucht (§ 142 StGB) und Rauschdelikt (§ 323a StGB), Jura 91, 298. – *Montenbruck*, Zum Tatbestand des Vollrausches, GA 78, 225. – *Niederreuther*, Zur Anwendung des § 330a StGB, GS 114, 322. – *Otto*, Der Vollrauschtatbestand (§ 323a StGB), Jura 86, 478. – *Paeffgen*, Actio libera in causa und § 323a StGB, ZStW 97, 513. – *ders.*, § 142 StGB – eine lernäische Hydra?, NStZ 90, 365. – *Pickenpack*, Vollrausch und „der sichere Bereich des § 21", 1988. – *Ponsold*, Blutalkohol und Zurechnungsfähigkeit, in: Ponsold Lb. 252. – *Puppe*, Die Norm des Vollrauschtatbestandes, GA 74, 98. – *dies.*, Neue Entwicklungen in der Dogmatik des Vollrauschtatbestandes, Jura 82, 281. – *Ranft*, Strafgrund der Berauschung und Rücktritt von der Rauschtat, MDR 72, 737. – *ders.*, Die rauschmittelbedingte Verkehrsdelinquenz, Jura 88, 133. – *Redelberger*, Strafrechtliche Verantwortlichkeit der Wirte bei Rauschtaten, NJW 52, 921. – *Roeder*, Das Schuld- und Irrtumsproblem beim Vollrausch, Rittler-FS 211. – *Schäfer-Wagner-Schafeutle*, Gesetz gegen gefährliche Gewohnheitsverbrecher und über Maßregeln der Sicherung und Besserung, 1934. – *L. Schäfer*, Gesetz gegen gefährliche Gewohnheitsverbrecher und über Maßregeln der Sicherung und Besserung, 2. A., in: Pfundtner-Neubert, Das neue deutsche Reichsrecht, II c 10. – *Schewe*, Juristische Probleme des § 330a StGB aus der Sicht des Sachverständigen, BA 76, 87. – *ders.*, § 323a – Definitions- und Beweisprobleme an der „unteren Rauschgrenze", BA 83, 369. – *ders.*, Die „mögliche" Blutalkoholkonzentration von 2,0‰ als „Grenzwert der absoluten verminderten Schuldfähigkeit"?, JR 87, 179. – *Schliwienski*, Die schuldhafte Herbeiführung des Rausches und die Schuldunfähigkeit bei der Rauschtat nach § 323a StGB, 1987. – *Fritz W. Schmidt*, Nochmals: Strafrechtliche Verantwortlichkeit der Wirte bei Rauschdelikten, NJW 52, 1120. – *Schmidt-Leichner*, Zur Problematik des Rauschmittelmißbrauchs nach § 330a, DStR 40, 109. – *Schneidewin*, Vollrausch und Wahlfeststellung, JZ 57, 324. – *Schröder*, Der subjektive Tatbestand des § 330a, DRiZ 58, 219. – *ders.*, Verbotsirrtum, Zurechnungsfähigkeit, actio libera in causa, GA 57, 297. – *Schultz*, Behandlung der Trunkenheit im Strafrecht, Arbeiten zur Rechtsvergleichung, Heft 8 (1960) 17. – *Schuppner/Sippel*, Nochmals: Verurteilung nach § 323a StGB trotz Zweifels über das Vorliegen eines Vollrausches, NStZ 84, 67. – *Schweikert*, Strafrechtliche Haftung für riskantes Verhalten?, ZStW 70, 394. – *Streng*, Unterlassene Hilfeleistung als Rauschtat?, JZ 84, 114. – *Traub*, § 330a und die Rechtsprechung des Bundesgerichtshofs zum Verbotsirrtum, JZ 59, 9. – *v. Weber*, Die Bestrafung der Rauschtat, GS 106, 329. – *ders.*, Die Bestrafung von Taten Volltrunkener, MDR 52, 641. – *ders.*, Die Bestrafung der Volltrunkenheit, GA 58, 257. – *ders.*, Die strafrechtliche Verantwortlichkeit für die Rauschtat, Stock-FS 59. – *Werner*, Rauschbedingte Schuldunfähigkeit und Unfallflucht, NZV 88, 88. – *Wolter*, Vollrausch mit Januskopf, NStZ 82, 54. – *Zabel*, Schuldunfähigkeit bzw. verminderte Schuldfähigkeit und Promillegrenze, BA 86, 262.

I. Unter dem Gesichtspunkt der Rechtsgütergefährdung bedroht § 323a den schuldhaft her- **1** beigeführten Rausch als **abstraktes Gefährdungsdelikt** mit Strafe (RG **70** 159, **73** 181, BGH **1** 125, VRS **7** 310, Lange JR 57, 244, Schröder DRiZ 58, 221); vgl. auch die Parallelvorschrift in § 122 OWiG. Grund der Strafbarkeit ist die Gefährlichkeit des Rausches, die sich aus der Enthemmung des Berauschten und der Verminderung seines Einsichts- und Unterscheidungsvermögens ergibt; daneben ist aber auch die Gefährlichkeit mangelnder Reaktionsfähigkeit und Körperbeherrschung zu berücksichtigen (Cramer, Vollrauschtatbestand 4f., Schröder DRiZ 58, 221, v. Weber GA 58, 260; and. wohl Kohlrausch-Lange § 330a Anm. VI 3). Der Rauschzustand stellt eine Gefahr für die Allgemeinheit dar, die sich in schädlichen Handlungen des Trunkenen aktualisieren kann. § 323a enthält danach ein abstraktes Gefährdungsdelikt, zu dem als Bedingung der Strafbarkeit eine rechtswidrige Tat (vgl. § 11 RN 40 ff.; abl. Spendel LK 57, 67) treten muß; freilich gelten auch hier die für abstrakte Gefährdungsdelikte allgemein maßgeblichen Einschränkungen (vgl. 3a vor § 306). Die Herbeiführung des Rauschzustandes muß daher nach den obwaltenden Umständen geeignet sein, zu einer Gefährdung von Rechtsgütern irgendwelcher Art zu führen (Cramer, Vollrauschtatbestand 93 ff.; ähnlich BGH **10** 247, **17** 335, VRS **7** 309, **17** 340, Bay NJW **68**, 1987, Köln NJW **66**, 412, Celle NJW **69**, 1916, MDR **70**, 162, Pickenpack 9 ff.; einschränkend Gollner MDR 76, 182, Ranft MDR 72, 738); die übrige Rspr. und ein Teil des Schrifttums lehnen jede Einschränkung des Tatbestandes ab (vgl. BGH **1** 125, 277, **2** 19, **16** 124, VRS **6** 431, JR **58**, 28, Lackner JuS 68, 216 f., Blei II 361 f., Lay LK[9] § 330a RN 19, Rittler I 180, Schmidhäuser II 189 f., Bruns Lackner-FS 439). Als abstraktes Gefährdungsdelikt in dem hier verstandenen Sinne verstößt § 323a nicht gegen den Schuldgrundsatz (vgl. Schröder DRiZ 58, 222; and. Arthur Kaufmann JZ 63, 425; vgl. auch v. Weber Stock-FS 70 Hwang 104). Die Schaffung eines derartigen Gefährdungsdelikts entspringt dem kriminalpolitischen Bedürfnis, die Fälle zu erfassen, in denen der Täter für eine Straftat nicht zur Verantwortung gezogen werden kann, weil er im Zustand der Schuldunfähigkeit (§ 20) gehandelt hat oder dies nicht auszuschließen ist. Mit der Einbeziehung der Fälle eines non liquet hinsichtlich der Schuldunfähigkeit durch die Neufassung (so früher schon die Rspr.; vgl. BGH **9** 390 und 17. A. § 330a RN 28) soll sich nach der Vorstellung des Gesetzgebers am Rechtscharakter der Vorschrift nichts ändern, weil auch im Vorfeld der Schuldunfähigkeit der Rausch persönlichkeitsbeeinträchtigende und gefährliche Wirkungen haben kann; vgl. BT-Drs. 7/550 S. 268 (vgl. BGH VRS **50** 359, Karlsruhe NJW **79**, 611, Dencker NJW 80, 2163, u. 8). Ziel des Gesetzgebers war es, die bisherige Rspr. (vgl. u. 8) sprachlich zu präzisieren. Ob durch die Neufassung die alte Konzeption des Vollrauschtatbestandes unberührt blieb, kann allerdings zweifelhaft sein (vgl. Puppe GA 74, 111, Horn JR 80, 2). Nach Wolter (NStZ 82, 54) gibt es überhaupt keine einheitliche befriedigende Auslegung des Tatbestandes, weshalb er schon de lege lata in die Vorschrift zwei verschiedene Tatbestände hinein interpretiert, wobei der weite keine Schuldbeziehung zur Rauschtat aufweist und nur in einer Reduzierung der Tatfolgen besteht, während der engere eine echte Schuldbeziehung voraussetzt, die allerdings von der actio libera in causa noch abgrenzbar sein soll. Mit dem Gesetz ist dies alles aber nicht vereinbar (ebenso Bruns Lackner-FS 443).

2 Demgegenüber wird verschiedentlich die Auffassung vertreten, § 323a stelle ein **konkretes Gefährdungsdelikt** dar. So meinen Lange (ZStW 59, 547, JZ 51, 460, JR 57, 242) im Anschluß an Kohlrausch (ZStW 32, 661) u. Hirsch aaO 16 ungeschriebenes Tatbestandsmerkmal sei die Gemeingefährlichkeit des Rauschtäters (ebenso Celle NdsRpfl. **50**, 128, Oldenburg JZ **51**, 460, Heinitz JR 57, 126, 347, Jagusch Anm. zu BGH LM **Nr. 2**, Welzel 474). Vgl. auch Schliwienski 49 ff.

3 Für H. Mayer ZStW 59, 283 handelt es sich um einen Fall der **Erfolgshaftung** „folgenschwerer Unmäßigkeit"; i. E. ebenso Baumann ZStW 70, 227, Hardwig Eb. Schmidt-FS 459 ff., GA 64, 140, Schweikert ZStW 71, 394 (krit. Cramer, Vollrauschtatbestand 197 ff., vgl. auch § 15 RN 5). Nach Maurach (aaO 109, BT 513) mißbraucht seine Zurechnungsfähigkeit, wer schuldhaft seinen Vollrausch herbeiführt (abstraktes Gefährdungsdelikt gegen den Rechtsfrieden); hierzu Cramer, Vollrauschtatbestand 28 ff. Montenbruck aaO sieht in § 323a eine Art Erfolgsdelikt, dessen „Erfolg" in einer „Gefährdung der Rechtsgüterordnung" bestehen soll, die sich in einer rechtswidrigen Tat realisiert haben muß; nach Kindhäuser, Gefährdung als Straftat 326 ff., soll § 323a die Sicherheit vermitteln, daß „Strafe als Mittel zur Durchsetzung der Normgeltung nicht dadurch außer Kraft gesetzt werden kann, daß die Schuldfähigkeit als Voraussetzung der Strafbarkeit für normwidriges Verhalten durch den Genuß von Rauschmitteln aufgehoben wird" (334). De lege ferenda schlug Welzel (5. A. 372) vor, den Vollrausch als „Übertretung" zu ahnden, während v. Weber GA 58, 264, Stock-FS 74 für die Fälle verschuldeter Alkoholenthemmung eine Haftung aus der Rauschtat, für die restlichen Fälle ein dem § 323a entsprechendes, aber konkretes Gefährdungsdelikt fordert, das eine leichte Bestrafung der schuldhaften Berauschung, im wesentlichen aber Maßregeln der Sicherung und Besserung vorsehen soll. Auch Ranft aaO will nur diejenige Berauschung als strafbar ansehen, die unter Umständen geschieht, die eine Rauschtat nahelegen, wenn der Täter dies wußte oder wissen mußte. Einen beachtenswerten, auf der Grundlage der Neufassung des § 330a basierenden Versuch einer Deutung der Vorschrift bringt Puppe (GA 74, 98 ff.), die als Erfolg des Tatbestandes den Rausch in Gestalt einer „**Verkehrsuntüchtigkeit**" des Täters, d. h. einer über das der Allgemeinheit zumutbare Maß einer Beeinträchtigung seiner persönlichen Fähigkeiten, sieht, worauf sich Vorsatz oder Fahrlässigkeit beziehen müssen. Nach ihrer Auffassung ist der Vollrauschtatbestand ein abstraktes Gefährdungsdelikt, dessen Unrecht im Mißbrauch von Rauschmitteln, d. h. dem Konsum absolut unerlaubter oder dem abusus an sich erlaubter berauschender Substanzen besteht. Die Rauschtat ist auch in dieser Konzeption objektive Bedingung der Strafbarkeit. Trotz krit. Bemerkungen ist diese Auffassung i. E. nicht weit von der Konzeption Cramers aaO entfernt.

4 II. Die Fälle des § 323a sind von denen der sog. **actio libera in causa** zu unterscheiden. Begeht jemand im Zustand der Schuldunfähigkeit eine mit Strafe bedrohte Handlung, so kann er trotz § 20 wegen dieser Tat bestraft werden, wenn sein Verschulden sich auf sie erstreckt (vgl. § 20 RN 33 ff.); zum Verhältnis zwischen § 323a und actio libera in causa vgl. u. 31 ff.

III. Der **objektive Tatbestand** erfordert, daß sich der Täter durch den Genuß alkoholischer 5
Getränke oder durch andere berauschende Mittel in einen Rausch versetzt hat.

1. Über **alkoholische Getränke** und andere berauschende Mittel vgl. § 64 RN 3; auch Heil- 6
mittel (KG VRS **19** 111: Schlafmittel) können Rauschmittel sein (bedenklich Bay VRS **15** 202).
Zum Drogenmißbrauch vgl. Hamm NJW **73**, 1424. Es ist nicht erforderlich, daß der Täter das
Rauschgift sich selbst einflößt oder beibringt. Es genügt, daß er es sich von einem anderen
eingeben, einspritzen oder sonstwie einführen läßt (Blei II 362). Geschieht dies zu Heilzwecken
oder zur Durchführung wissenschaftlicher Versuche, so ist die Tat gerechtfertigt (a. A. Lay LK^9
§ 330a RN 21: nicht tatbestandsmäßig). Zur Frage, inwieweit Pharmaka als Rauschmittel in
Betracht kommen können, vgl. BGH GA **84**, 124, Köln BA **77**, 124, Karlsruhe NJW **79**, 611,
Celle NJW **86**, 2385: Lexotanil, Schewe BA **76**, 88 ff. Krit. zum Begriff des berauschenden
Mittels Gerchow, Sarstedt-FS 1. Zur Kombination von Alkohol und Medikamenten vgl. Hamburg JR **82**, 345 m. Anm. Horn u. § 315 c RN 12.

Der Täter muß sich in einen **Rausch** versetzt haben. Obwohl der Gesetzgeber durch die 7
Neufassung der Vorschrift nur die bisherige Rspr. zu § 330 a. F., wonach es sich um einen
Auffangtatbestand auch für die Fälle einer möglicherweise nur verminderten Schuldfähigkeit
handelt, im Gesetzeswortlaut zum Ausdruck bringen wollte (vgl. o. 1), führt das in den
Tatbestand aufgenommene Merkmal ‚Rausch' zunehmend zu Auslegungsschwierigkeiten.
Teilweise wird seine Existenz praktisch ignoriert und im Ergebnis der alten Rspr. gefolgt,
während andererseits gesagt wird, daß ein ‚Rausch' weder qualitativ noch quantitativ definiert
werden könne (Schewe BA **76**, 87 ff., 83, 369 ff.); schließlich wird der Rausch als abnormer
psychischer Intoxikationszustand erklärt, wobei wiederum unklar bleibt, ob die Berauschung
als Tathandlung eine euphorische Komponente voraussetzt oder nicht. Soweit der Rausch
definiert wird besteht Übereinstimmung, daß das äußere Erscheinungsbild eines Rausches nicht
einheitlich, sondern je nach der Art des genossenen Rauschmittels (Alkohol, Heroin, LSD,
Kokain) anders zu bestimmen, aber auch unter Berücksichtigung individueller Faktoren (Alkoholgewöhnung, -intoleranz) zu beurteilen ist. Nach Forster/Rengier aaO ist ein Rausch ein
durch Alkohol oder (und) andere berauschende Mittel verursachter erheblicher akuter Intoxikationszustand, der für sich allein (oder durch zusätzliche Faktoren) die Einsichts- oder Steuerungsfähigkeit (bezüglich der in diesem Zustand begangenen Tat) zumindest erheblich vermindert. Zu den verschiedenen Literaturmeinungen vgl. Paeffgen ZStW 97, 513 ff., Pickenpack
64 ff. Der BGH beschreibt ihn als einen Zustand, der nach seinem ganzen Erscheinungsbild als
durch den ‚Genuß' von Rauschmitteln hervorgerufen anzusehen ist (BGH **26** 363 m. Anm.
Horn JR 77, 210, Puppe Jura 82, 287). Weiterhin ist nach der Neufassung zweifelhaft, ob und
inwieweit eine durch Medikamenteneinnahme bewirkte Schuldunfähigkeit noch als ‚Rausch'
i. S. der Vorschrift zu qualifizieren ist, ob also allgemein gebräuchliche Mittel wie Schmerz-,
Schlafmittel oder Psychopharmaka „berauschende Mittel" i. S. v. § 323a darstellen können
(bejahend Bay NZV **90**, 317). Von einem völlig anderen Ausgangspunkt ausgehend will Puppe
(GA 74, 115) den Rausch als Zustand völliger Verkehrsunfähigkeit definieren, in dem der Täter
außerstande ist, den Anforderungen der Rechtsordnung zu genügen, während Horn (JR 80, 1,
7, SK 4) einen Zustand verlangt, in dem der Täter auch beim „plötzlichen Auftreten" schwieriger Entscheidungssituationen sich nicht mehr normgerecht verhalten kann; Montenbruck (GA
78, 225, JR 78, 209) schließlich will den Rauschbegriff mit dem der absoluten Fahrunsicherheit
gleichsetzen. Die zuletzt genannten Auffassungen sind entweder zu unbestimmt oder widersprechen dem Gesetz; die ‚vollständige Verkehrsunfähigkeit' berücksichtigt nicht, daß die
Schuldfähigkeit im Hinblick auf die jeweils begangene Rauschtat zu beziehen ist, da von einer
allgemeinen Schuldunfähigkeit nicht in allen Fällen gesprochen werden kann (BGH **14** 114, vgl.
§ 20 RN 31); der Erheblichkeitsgrad des Rausches als objektive Strafbarkeitsbedingung widerspricht dem Gesetz ebenso wie die absurde Gleichstellung von Fahrunsicherheit und Rausch
(vgl. die zutr. Kritik von Dencker NJW 80, 2161).

Nach dem Zweck der Vorschrift, einen Auffangtatbestand für die Fälle zu schaffen, in denen 8
der Täter selbstverschuldet in einen Zustand geraten ist, in dem er wegen seiner zumindest
nicht auszuschließenden Schuldunfähigkeit für seine rechtswidrigen Taten nicht einzustehen hat,
ist das Merkmal ‚Rausch' dahin zu bestimmen, daß darunter exogene psychische Ausnahmesituationen, d. h. alle Intoxikationszustände zu verstehen sind, in denen die Schuldfähigkeit
ausgeschlossen oder so beeinträchtigt ist, daß eine Verurteilung wegen der Rauschtat nicht in
Betracht kommt. Unter dem Gesichtspunkt der Funktion des § 323a als Auffangtatbestand ist
weder eine qualitative Unterscheidung der verschiedenen Intoxikationszustände (Alkoholrausch, Horrortrip) noch eine quantitative Differenzierung möglich (i. E. ebenso Schewe BA
76, 87 ff., 83, 369 ff.). Bei der heute weit verbreiteten Anwendung und dem Mißbrauch von
Medikamenten kann allein diese Auffassung zu befriedigenden Ergebnissen führen. Ein
‚Rauschzustand' kann also auch dann herbeigeführt sein, wenn der Zustand der Schuldunfähig-

keit (§ 20) noch nicht erreicht ist (Dencker NJW 80, 2160f. mwN). Kennzeichnend für den wichtigsten Fall des Alkoholrausches (vgl. hierzu § 20 RN 16f.) ist eine starke Verminderung aller geistigen und körperlichen Fähigkeiten, insb. des Wahrnehmungs- und Reaktionsvermögens, der Fähigkeit zur Konzentration sowie zur Koordination und Assoziation zusammengehörender Sachzusammenhänge, eine euphorische Überschätzung der eigenen Leistungsfähigkeit oder eine dysphorische Gereiztheit, Aggressivität oder Gleichgültigkeit und Abgestumpftheit gegenüber den Vorgängen der Umwelt (vgl. Bay NJW **74**, 1521, Cramer, Vollrauschtatbestand 4); diese Faktoren müssen nicht alle zusammentreffen, sondern können auch als Einzelerscheinungen den Zustand als Rausch i. S. v. § 323a kennzeichnen, z. B. beim sog. pathologischen Rausch (vgl. § 20 RN 17), bei dem schon geringe Alkoholmengen ohne notwendige Veränderung des physischen Erscheinungsbildes (z. B. Torkeln) zu abnormen (Primitiv-)Reaktionen führen können.

8a Ein ‚Rausch' soll nach der Rspr. des BGH allerdings nur dann vorliegen, wenn der sichere Bereich des § 21 überschritten ist, d. h. nicht auszuschließen ist, daß der Täter schuldunfähig ist (vgl. BGH VRS **50** 358, NStZ **89**, 365, Dencker NJW 80, 2159ff. mwN, JZ 84, 457ff., Hirsch, aaO 19). Schon hier zeigt sich, daß die Bedeutung dieser Grenzziehung nicht einheitlich gesehen wird. Teilweise wird der Nachweis verlangt, daß bei jeder Fallgestaltung der sichere Bereich des § 21 zum Bereich des § 20 hin überschritten ist (Karlsruhe NJW **79**, 1945). Nach Bay JR **80**, 27 reicht dagegen für die Annahme der „Rausch"-Intoxikation aus, daß die untere Grenze zwischen voller und verminderter Schuldfähigkeit überschritten ist, daß also zumindest erheblich verminderte Schuldfähigkeit sicher nachgewiesen ist (vgl. auch BGH **32** 48 m. Anm. Schewe BA 83, 526, Bay DAR/B **88**, 366, Dencker JZ 84, 453 und Paeffgen NStZ 85, 8, Köln VRS **68** 38). Eine Verurteilung muß aber auch dann erfolgen können, wenn sich nicht feststellen läßt, ob der sichere Bereich des § 21 überschritten ist, also auch die Möglichkeit besteht, daß der Täter zur Tatzeit schuldfähig war (Horn JR **80**, 1, SK **16**, Heiß NStZ 83, 69, Schewe BA 83, 388). Nicht gefolgt werden kann daher der Meinung, die Anwendung des Grundsatzes „in dubio pro reo" führe dazu, daß ein Täter freizusprechen sei (Bay JR **78**, 209 m. Anm. Montenbruck, VRS **56** 449, JR **80**, 27, Schleswig VRS **53** 37, Hamm NJW **77**, 344, Ranft Jura 88, 138; vgl. auch BGH VRS **56** 447, Schuppner/Sippel JZ 84, 67).

9 3. Der Alkoholabusus oder Rauschmittelmißbrauch muß **Ursache** des Rausches gewesen sein. Dazu ist nicht erforderlich, daß der Alkoholmißbrauch die einzige Ursache des Rausches war (BGH **26** 363 m. Anm. Horn JR 77, 210, BGH MDR/H **86**, 624, Bay DAR/R **81**, 247, Oldenburg BA **85**, 254; Spendel LK 133f.; and. RG **70** 87, v. Winterfeld NJW 51, 782). Auch ist nicht erforderlich, daß der Täter in erster Linie durch die Rauschmittel in seiner Leistungsfähigkeit beeinträchtigt worden ist (so Bay VRS **15** 204, Celle JZ **71**, 789 m. Anm. Blei JA 72, 96; KG NJW **72**, 1529, D-Tröndle 6). Die Ursächlichkeit wird nicht dadurch ausgeschlossen, daß auch andere Umstände dabei im Spiel gewesen sein können (Cramer JZ 71, 766, Spendel LK 145). Dies gilt zunächst für eine persönliche Überempfindlichkeit (Intoleranz), mag sie chronischer (etwa bei Hirnverletzung) oder nur vorübergehender Natur (Zweibrücken VRS **54** 113: Schlaftrunkenheit) sein; sie verstärkt lediglich die Wirkung des Alkohols, schließt aber dessen Verantwortlichkeit für den Rausch nicht aus (vgl. RG **73** 12, 134 m. Anm. v. Weber DR 39, 993, RG HRR **38** Nr. 190, **40** Nr. 587, BGH **1** 198, **4** 75, **22** 8, NJW **67**, 298, Oldenburg NdsRpfl. **51**, 107, Bay VRS **15** 204, MDR **68**, 602, Köln JMBlNRW **59**, 48, Hamburg BA **66**, 388, Blei II 362, Welzel 474). Das gilt ferner für das Zusammenwirken von Alkohol und Medikamenten. Zwar kann nicht jedes Medikament als „berauschendes Mittel" angesehen werden (vgl. Köln BA **77**, 124, Karlsruhe NJW **79**, 611); soweit es aber die Alkoholwirkung steigert, ist es als berauschendes Mittel i. S. des § 323a anzuerkennen (vgl. Bay VRS **15** 204, Düsseldorf VRS **23** 444, Hamburg NJW **67**, 1522, Hamm VRS **52** 194; and. RG **70** 87, **73** 133, HRR **39** Nr. 1561), weil es nicht darauf ankommen kann, ob die Alkoholintoleranz auf persönlicher Überempfindlichkeit oder sonstigen Umständen beruht oder auf die physiologische Wirkung von Medikamenten zurückzuführen ist. In Fällen dieser Art ist jedoch der subjektive Tatbestand besonders sorgfältig zu prüfen (BGH **26** 363). Es scheiden jedoch die Fälle aus, in denen der Alkohol nur eine untergeordnete Rolle bei der Herbeiführung der Schuldunfähigkeit gespielt hat, diese z. B. überwiegend auf mechanische Einwirkungen (Schläge auf den Kopf) zurückgeht (vgl. dazu Cramer JZ 71, 766 gegen Celle JZ **71**, 789, BGH NJW **75**, 2250); zu diesen Fragen aus der Sicht des Sachverständigen vgl. Schewe aaO.

10 IV. Für den **subjektiven Tatbestand** ist Vorsatz oder Fahrlässigkeit erforderlich (vgl. RG **69** 188, **70** 42, **73** 180, BGH **1** 125, **2** 18, **6** 89, **16** 124, VRS **6** 431, **38** 333, Hamm VRS **13** 116, Braunschweig NJW **66**, 680, Zweibrücken VRS **32** 455, Lackner JuS 68, 216, Blei II 364, Niederreuther GS 114, 324); auf die im Rausch begangene bestimmte Tat brauchen sich Vorsatz oder Fahrlässigkeit nicht zu beziehen (dann actio libera in causa; vgl. o. 4ff.), wohl aber auf die Möglichkeit, es könne zu rechtswidrigen Taten irgendwelcher Art kommen (vgl. o. 1). Da nach dem Wortlaut der Vorschrift, der auf BGH [GrS] **9** 390 zurückgeht, § 323a auch anwendbar ist, wenn die Schuldunfähigkeit nicht sicher feststeht, fordert BGH **16** 187, daß das Verschulden des Täters sich auf einen so schweren Rausch bezieht, in dem der sichere Bereich des § 21 überschritten ist (vgl. auch Celle NJW **69**, 1916). Der Täter handelt daher vorsätzlich, wenn er weiß oder in Kauf nimmt, daß er durch die Rauschmittel in einen Zustand gerät, der sein Unterscheidungs- oder Hemmungsvermögen oder seine Körperbeherrschung erheblich beeinträchtigt (BGH NJW **67**, 579). Dabei ist wesentlich, daß der Vorsatz die genannten persönlichkeitsbeeinträchtigenden Wirkungen umfaßt (BGH GA **66**, 376). Der Täter handelt fahrlässig, wenn er die Folge des Rauschmittels hätte erkennen müssen und können (BGH NJW **75**, 2252); bei gleichzeitiger Einnahme von Medikamenten und Alkohol muß er mit einer erheblichen Steigerung der alkoholischen Intoxikationswirkung rechnen (BGH MDR/H **86**, 624, Hamburg JR **82**, 345 m. Anm. Horn). Demgemäß entscheidet sich die Frage, ob der Täter wegen vorsätzlicher oder fahrlässiger Begehung des § 323a zu bestrafen ist, nach seinem Verschulden am Rausch, nicht danach, ob die Rauschtat vorsätzlich oder fahrlässig begangen worden ist (M-Schroeder II 378; and. Maurach BT 513). Beruht die Schuldunfähigkeit nicht bloß auf der Alkohol- oder sonstigen Rauschmittelwirkung, sondern auch noch auf anderen Ursachen (Schläge auf den Kopf usw.; vgl. o. 9), so kommt eine Verurteilung wegen vorsätzlicher Tat nur in Betracht, wenn der Täter mit diesen Ursachen gerechnet und sie gebilligt hat (BGH NStE **Nr. 2**); regelmäßig kommt in solchen Fällen jedoch nur Fahrlässigkeit in Betracht, sofern der Täter mit den sonstigen Ursachen rechnen mußte (BGH aaO); dagegen kann ein Rausch nicht zugerechnet werden, wenn der Täter das Wirksamwerden der Mitursachen vor Eintritt der Schuldunfähigkeit weder kennt noch mit ihrem Hinzutreten rechnet oder rechnen muß (BGH **26** 363, NJW **79**, 1370, **80**, 1806); zur Frage, wann ein rauschbedingter Erregungszustand, der zur Schuldunfähigkeit führt, als unbeachtliche Abweichung vom vorgestellten Geschehensablauf beim vorsätzlichen Berauschen anzusehen ist, vgl. BGH NJW **79**, 1370. Beim pathologischen Rausch bedarf der subjektive Tatbestand besonders sorgfältiger Prüfung (RG **73** 134, BGH **1** 199), ebenso, wenn für die Schuldunfähigkeit noch andere Faktoren maßgeblich waren (BGH NJW **67**, 298, GA **67**, 281 VRS **50** 358). Dasselbe gilt bei einem durch Medikamente verursachten Rausch (Bay NZV **90**, 317).

Demgegenüber wird z. T. verlangt, daß der Täter seine Neigung, im Rauschzustand Ausschreitungen zu begehen, kannte oder mit ihr rechnen mußte (Celle NdsRpfl. **50**, 128, NJW **69**, 1916, Oldenburg JZ **51**, 460, Heinitz aaO 512, Jagusch Anm. zu BGH LM **Nr. 2**). Mit dieser Ansicht soll eine innere Beziehung zwischen der Berauschung und der Rauschtat hergestellt werden (Lange JR 57, 243). Sie widerspricht jedoch der gesetzlichen Regelung des § 323a, da sich bei einem abstrakten Gefährdungsdelikt (vgl. o. 1) das Verschulden nur auf die Tatsachen zu erstrecken braucht, aus denen das Gesetz den Schluß auf die Gefährlichkeit eines Verhaltens zieht. Sie ist ferner unpraktikabel. Von einer inneren Beziehung i. S. Langes kann nämlich nur dort gesprochen werden, wo der Täter mit Ausschreitungen gerechnet hat, die mit der begangenen Rauschtat zum mindesten vergleichbar sind (sie fehlt z. B., wenn der Täter mit ruhestörendem Lärm rechnet und einen Totschlag begeht; vgl. Heinitz JR 57, 349); damit würde aber die Grenze zur actio libera in causa verwischt. Zum anderen deutet das Merkmal „Ausschreitungen" nur auf gewalttätige Akte hin und ist damit für viele Rauschtaten (z. B. Fahrlässigkeits- oder Unterlassungsdelikte) zu eng. **11**

V. Voraussetzung für die Bejahung der **Schuld** ist auch hier (vgl. 118 f. vor § 13), daß der Täter in dem Zeitpunkt, in dem er sich in den Rauschzustand versetzt, **schuldfähig** ist (Horn SK 8). Ist er in diesem Zeitpunkt, z. B. infolge Geisteskrankheit oder einer durch Alkohol- bzw. Drogenabhängigkeit bedingten Änderung seiner Persönlichkeitsstruktur (Hamm NJW **73**, 1424), schuldunfähig (vgl. auch Frankfurt DAR **70**, 162, zur Frage verminderter Schuldfähigkeit bei Alkoholabhängigkeit vgl. BGH NStE **Nr. 3**), kommt eine Bestrafung nach § 323a nicht in Betracht; möglich ist aber auch hier eine Unterbringung nach § 64 (RG HRR **38** Nr. 190). **12**

VI. Zur Strafbarkeit ist erforderlich, daß der Täter **im Rausch eine rechtswidrige Tat begeht.** Es handelt sich hierbei um eine **objektive Bedingung der Strafbarkeit,** die nicht die Widerrechtlichkeit der Tat begründet – diese liegt im Sichberauschen –, sondern die lediglich den Rausch als gefährlich indiziert. Daher brauchen sich Vorsatz oder Fahrlässigkeit auf die Rauschtat nicht zu erstrecken; folglich findet auch § 18 keine Anwendung (BGH **6** 89, Schleswig SchlHA **69**, 165; vgl. BGH **1** 275, Blei II 363ff., Lay LK[9] § 330a RN 12, Schröder DRiZ 58, 222); and. Spendel LK 158: Beweistatsache; H. Mayer ZStW 59, 327, der § 323a als erfolgsqualifiziertes Delikt bezeichnet; dann müßte aber (§ 18) die Rauschtat fahrlässig begangen sein; gegen diese Auffassung vor allem Maurach aaO 96 ff. Ein ursächlicher Zusammenhang zwischen dem Vollrausch und der Rauschtat braucht nicht in dem Sinne zu bestehen, daß die Rauschtat im nüchternen Zustand nicht begangen worden wäre (vgl RG **73** 182); es genügt, wenn der Rausch eine der Ursachen (conditio sine qua non) für die Rauschtat war. Vgl. hierzu Cramer, Vollrauschtatbestand 116 ff. **13**

1. Erforderlich ist zunächst, daß der Täter den **objektiven Tatbestand** eines Delikts (Verbrechen, Vergehen) verwirklicht hat; bei Ordnungswidrigkeiten kommt § 122 OWiG in Betracht. **14**

Unter rechtswidriger Tat versteht die h. M. hier wie auch sonst ein Verhalten, das im natürlichen Sinne gewollt ist (vgl. 40 ff. vor § 13); sog. Zwangshandlungen wie Krampfanfälle, Torkeln oder Erbrechen fallen nicht darunter (RG **69** 191, BGH DAR/M **68**, 117, Hamburg VRS **15** 206, Bay VRS **25** 346, Hamm JMBlNRW **64**, 117, Bruns JZ 64, 473 ff., Maurach JuS 61, 374; einschr. Spendel LK 169 ff.; and. H. Mayer ZStW 59, 313 f.). Entgegen der h. M. wird man Nichthandlungen jedenfalls insofern einzubeziehen haben, als ein „fahrlässiges" Verhalten schon darin zu sehen ist, daß sich der Täter im Zustand mangelnder Körperbeherrschung in eine Situation begeben hat, in der er wegen dieses Mangels gefährlich werden konnte (Schröder DRiZ 58, 221). Weitergehend Cramer, Vollrauschtatbestand 122, der Nichthandlungen dann ausreichen läßt, wenn die Handlungsunfähigkeit auf dem Rausch beruht. Die Rauschtat kann auch in einem Unterlassungsdelikt bestehen (Bay NJW **74**, 1520, Streng JZ 84, 114; and. Kurbjuhn NJW 74, 2059 u. Lenckner JR 75, 31: § 323 c scheidet als Rauschtat aus, da niemand sich für die Erfüllung völlig unvorhersehbarer Hilfspflichten bereit halten muß; vgl. Cramer, Vollrauschtatbestand 122, JuS 64, 362; and. Hardwig GA 64, 150, H. Mayer ZStW 59, 332); auch der Versuch eines Delikts genügt, sofern er strafbar ist. Als Rauschtat kann auch ein Vergehen nach § 142 I in Betracht kommen. Zwar ist ein entschuldigtes Entfernen i. S. v. § 142 II Nr. 2 grundsätzlich auch bei nur vorübergehender Schuldunfähigkeit anzunehmen, nicht aber bei einer rauschbedingten, da sich sonst gerade bei Alkoholtätern vom Gesetzgeber nicht gewollte Strafbarkeitslücken ergäben (vgl. § 412 RN 47, i. E. zust. Bay NJW **89**, 1685 m. abl. Anm. Keller JR 89, 343, vgl. dazu auch Paeffgen NStZ 90, 365 ff.; Werner NZV 88, 88; a. A. D-Tröndle 142 RN 40); zu den einzelnen Lösungsmöglichkeiten vgl. Küper NJW 90, 209 ff., Miseré Jura 91, 298 ff. Setzt der betreffende Tatbestand **subjektive Unrechtselemente** voraus (z. B. die Zueignungsabsicht in § 242), so müssen auch sie beim Täter festgestellt werden (RG **73** 16, Hamburg JR **51**, 211; vgl. auch BGH **18** 235).

15 2. Die Tat muß **rechtswidrig** sein. Die Rechtswidrigkeit kann durch Rechtfertigungsgründe ausgeschlossen werden. Es müssen jedoch auch beim Volltrunkenen die subjektiven Rechtfertigungselemente (13 ff. vor § 32) gegeben sein (BGH NJW **80**, 1806, Horn SK 15).

16 3. Außerordentlich bestritten war die Frage, ob auch ein **subjektiver Tatbestand** beim Volltrunkenen festgestellt werden muß (vgl. 17. A. § 330 a RN 16 ff.). Da jedoch das Gesetz selbst die Berücksichtigung des Deliktscharakters der im Rausch begangenen Tat i. S. einer Straflimitierung (vgl. Abs. 2) vorschreibt und dieser Charakter nur bestimmt werden kann, wenn man weiß, was der Täter wollte, ist nach der Neufassung die Feststellung der subjektiven Tatseite unverzichtbar. Auch schon bisher standen Rspr. und überwiegend auch das Schrifttum auf dem Standpunkt, daß Vorsatz und Fahrlässigkeit auch bei der Rauschtat festgestellt werden müssen, soweit das für die rechtliche Qualifikation der im Rausch begangenen Tat erforderlich ist und soweit die Tatsache, daß der Täter im Zustand der Schuldunfähigkeit gehandelt hat, die Möglichkeit dazu läßt (eingehend dazu Traub aaO).

17 a) Wo das Gesetz für die Begehung der im Rausch begangenen Tat **Vorsatz** verlangt oder wo vorsätzliche Begehung zu einer anderen rechtlichen Beurteilung führen würde, muß bei der Rauschtat ein Vorsatz festgestellt werden. Erforderlich ist daher, daß die Vorstellungen des Täters und sein Wille geprüft und mitberücksichtigt werden (RG **73** 180, BGH **1** 126, NJW **67**, 579, Bay VRS **25** 346, NStZ/J **86**, 541, Hamburg JR **51**, 210, Köln NJW **60**, 1264). Erschießt z. B. ein Volltrunkener einen Menschen, dann muß festgestellt werden, ob er auf den Getöteten gezielt oder nur um sich geschossen hat oder ob ihm die Waffe aus Versehen losgegangen ist; je nachdem kommt als Rauschtat eine vorsätzliche oder fahrlässige Tötung in Betracht (RG JW **36**, 1911); vgl. auch Bay VRS **25** 346. Für die Berücksichtigung der Vorstellungen und des Willens des Volltrunkenen in diesem Rahmen z. B. Gerland aaO 802, Graf aaO 235, Lay LK[9] § 330 a RN 44, D-Tröndle 13, Cramer, Vollrauschtatbestand 122 ff., Engisch Kohlrausch-FS 172; eine Berücksichtigung der subjektiven Tatseite werden dagegen z. B. ab Mayer ZStW 59, 316, 329, Schlosky JW 36, 3427, Schmidt-Leichner DStR 40, 114, Spendel LK 201. Verleumdung als Rauschtat setzt vom hier vertretenen Standpunkt aus demnach voraus, daß der Trunkene wider besseres Wissen handelt, was auch im Vollrausch möglich ist (RG **69** 191). Bei einem unerlaubten Entfernen vom Unfallort als Rauschtat muß ebenfalls Vorsatz vorgelegen haben (Bay VRS **12** 117).

18 b) Schwierigkeiten bereitet die Frage, wann ein **Tatbestandsirrtum** des Berauschten seinen Vorsatz ausschließt. Grundsätzlich schließt auch beim Schuldunfähigen der Irrtum über ein Merkmal i. S. des § 15 den Vorsatz aus, so daß dann eine Bestrafung nach § 323 a nur in Betracht kommt, wenn Fahrlässigkeit für die Rauschtat ausreicht (vgl. u. 19 f.). Beschädigt der Rauschtäter z. B. eine fremde Sache im Glauben, es sei seine eigene, so ist er nach § 323 a nicht strafbar, weil es einen Tatbestand der fahrlässigen Sachbeschädigung nicht gibt. Nach früherem Recht konnte, da die Strafe nach Abs. 2 a. F. durch die Strafdrohung der Vorsatztat (vgl. 17. A.

§ 330a RN 29) limitiert war, eine Ausnahme gemacht werden, wenn der Irrtum durch den Rausch bedingt ist; denn die typische Gefährlichkeit des Berauschten beruht gerade darauf, daß er infolge seines mangelnden Einsichts- und Unterscheidungsvermögens nicht in der Lage ist, Situationen richtig zu erkennen (RG **73** 17 m. krit. Anm. Dahm ZAkDR 39, 267 u. Klee JW 39, 547, BGH NJW **53**, 1442, BGH **18** 235 [einschränkend]); Übersicht über Rspr. und Lit. bei Bruns JZ **58**, 105 u. 64, 473). Nach heutigem Recht ist eine von den allgemeinen Regeln abweichende Behandlung des rauschbedingten Irrtums nicht mehr möglich, weil die Straflimitierung des Abs. 2 sich an der konkreten Rauschtat (z. B. vorsätzlicher oder fahrlässiger Körperverletzung) orientiert. Bei vorsätzlichen Rauschtaten muß daher ein Vorstellungsbild des Rauschtäters festgestellt werden, das dem Tatvorsatz entspricht (Dencker NJW 80, 2164), da sonst von vorsätzlich begangenem Unrecht nicht gesprochen werden kann (vgl. 120ff. vor § 13; ebenso Hirsch aaO 17). Ist ein solches nicht nachweisbar, so kann gegebenfalls auf die Fahrlässigkeit ausgewichen werden (vgl. § 15 RN 5). Für den Irrtum über die Voraussetzungen eines Rechtfertigungsgrundes (vgl. § 16 RN 14ff.) gelten die gleichen Regeln.

c) Die Rauschtat kann auch **fahrlässig** begangen werden, sofern ein entsprechender Fahrlässigkeitstatbestand besteht (Hamburg MDR **67**, 854). Es handelt sich hier aber nicht um ein echtes Fahrlässigkeitsurteil (a. A. Horn SK 13), da diese die bei einem Schuldunfähigen in der Regel unmögliche Feststellung voraussetzen würde, daß der Rauschtäter bei Anwendung der ihm möglichen Sorgfalt den Erfolg hätte vermeiden können. Vielmehr handelt es sich um ein Gefährlichkeitsurteil, das auf der Feststellung beruht, daß der Täter infolge des Rausches die erfolgsabwendende Sorgfalt nicht eingehalten hat, die ihm im nüchternen Zustand möglich gewesen wäre (Schröder DRiZ 58, 221, zust. Hamburg aaO, Stratenwerth 297). Ist dies zu bejahen, dann liegt ein für diese Vorschrift ausreichendes, der Fahrlässigkeit ähnliches Verhalten vor (RG DStR **36**, 181); gegen diese Auffassung Maurach aaO 123f. 19

Ist nur die vorsätzlich begangene Tat strafbar, liegt aber nur Fahrlässigkeit vor, dann genügt dies nicht für die Rauschtat. Wer im Vollrausch aus Unachtsamkeit ausgleitet und dadurch versehentlich eine Schaufensterscheibe beschädigt, kann nicht aus § 323a bestraft werden, da nur die vorsätzliche Sachbeschädigung mit Strafe bedroht ist (Lackner 3 b aa, Lay LK⁹ § 330a RN 46, D-Tröndle 13; and. Graf DRiZ **34**, 235, Schlosky JW **36**, 3427). 20

d) Auch ein **Verbotsirrtum** ist bei § 323a zu berücksichtigen und dann erheblich, wenn der Täter auch im nüchternen Zustand dem gleichen Irrtum erlegen wäre (Stuttgart NJW **64**, 413). Zust. Bruns JZ 64, 473f., Cramer JuS 64, 363, Lenckner JR 75, 31, Dencker NJW 80, 2165. 20a

e) **Tritt der Täter** vom Versuch der Rauschtat **zurück**, so entfällt in analoger Anwendung des § 24 die Rauschtat und damit § 323a (BGH MDR/D **71**, 362, Cramer JuS 64, 367, Horn SK 19; i. E. ebenso Dencker NJW 80, 2165, Spendel LK 220). Dabei ist gleichgültig, ob der Rücktritt im Zustand der Volltrunkenheit oder nach Wiedererlangung der Nüchternheit erfolgt; and. Ranft MDR 72, 743, Blei II 366. 21

f) Hat der Täter mehrere Rauschtaten oder mehrere mit Strafe bedrohte Handlungen im gleichen Rauschzustand verwirklicht, so liegt nur ein Vergehen i. S. d. § 323a vor (BGHStV **90**, 404). Kommen mehrere Rauschtaten in Betracht, so ist eine „Wahlfeststellung" auch dann zulässig, wenn eine wahlweise Verurteilung bei den im Rausch begangenen Delikten nicht zulässig wäre (vgl. Braunschweig NdsRpfl. **62**, 71; and. Oldenburg NJW **59**, 832), denn der Täter muß wegen des Rausches bestraft werden können, wenn feststeht, daß er im Rausch irgendeine – gleich welche – Straftat begangen hat. Für die Strafhöhe (Abs. 2) ist dann der Grundsatz in dubio pro reo maßgebend. 22

VII. Täterschaft und Teilnahme. Zu unterscheiden ist zwischen der Beteiligung am Delikt des § 323a und der Beteiligung an der im Rausch begangenen Tat. 23

1. Eine Begehung der Tat des § 323a in der Form mittelbarer Täterschaft ist ausgeschlossen (Cramer GA 61, 102, M-Schroeder II 378; a. A. Spendel LK 265). Es handelt sich um ein eigenhändiges Delikt dessen, der sich selbst in den Rauschzustand versetzt. Das Gesetz legt nur dem einzelnen selbst die Pflicht zur Kontrolle über sich auf. 24

Bestritten ist, ob Anstiftung und Beihilfe zu § 323a möglich sind, wenn der Vorsatz des Teilnehmers zwar die Herbeiführung der Trunkenheit, nicht aber die Möglichkeit der Begehung bestimmter Straftaten (dann u. 26f.) umfaßte. Man wird hier Anstiftung und Beihilfe aus den gleichen Gründen ausschließen müssen wie die mittelbare Täterschaft. Sinn des § 323a ist es, nur dem Täter selbst die Pflicht der Selbstkontrolle aufzuerlegen. Es würde sonst eine vom Gesetzgeber nicht gewollte Ausdehnung des Bereiches des strafbaren Tuns eintreten, insb. für Wirte und Zechgenossen eine unübersehbare Haftung begründet werden (Lackner 6, H. Mayer ZStW 59, 334, Welzel 476, Lay LK⁹ § 330a RN 73; and. BGH **10** 248, Cramer, Vollrauschtatbestand 103ff., Horn SK 9, Jakobs 502, Lange ZStW 59, 589, JZ 53, 409, Maurach aaO 138, M-Schroeder II 378, Roxin, TuT 3. A. [1975] 431f.). Bei nur fahrlässiger Begehung des § 323a 25

§ 323a 26–30   Bes. Teil. Gemeingefährliche Straftaten

würde im übrigen straflose Teilnahme an unvorsätzlicher Haupttat vorliegen (vgl. 29 ff. vor § 25).

26   2. Dagegen richtet sich die Möglichkeit der Beteiligung an der **Rauschtat** als solcher nach allgemeinen Regeln (eingehend hierzu Cramer GA 61, 97 ff.). Möglich ist zunächst **mittelbare Täterschaft** durch Benutzung des Trunkenen als Werkzeug; das nicht nur in der Weise, daß der Täter den schon Schuldunfähigen zu einer strafbaren Handlung veranlaßt, sondern auch dadurch, daß er ihn zwecks Begehung einer strafbaren Handlung in diesen Zustand versetzt (A gibt dem B ein Rauschgift, das diesen zu Gewalttätigkeiten anreizen soll). Möglich ist aber auch eine fahrlässige Mitwirkung an der Rauschtat, und zwar sowohl durch eine fahrlässige Veranlassung oder Unterstützung des Trunkenen (A gibt B eine Waffe, mit der dieser einen anderen verletzt) als auch durch fahrlässige oder vorsätzliche Herbeiführung der Trunkenheit, wenn der Täter damit hätte rechnen müssen, daß der Trunkene im Rausch diese Tat begehen werde; beide Formen setzen aber voraus, daß die Mitwirkung an der fremden Tatbestandsverwirklichung als Fahrlässigkeitstat erfaßbar ist (vgl. hierzu § 15 RN 109 f., 15 vor § 25), daran fehlt es, wenn A dem Trunkenen sein Fahrzeug zur Verfügung stellt: keine fahrlässige Verwirklichung des § 315c durch A (vgl. KG JR **56**, 151, § 315c RN 36a; and. 17. A. § 330a RN 26). In diesen Fällen hat allerdings die Rspr. meist nicht auf die vorsätzliche oder fahrlässige Herbeiführung des Rauschzustandes, sondern darauf abgestellt, daß der Täter es unterlassen habe, den unter seiner Mitwirkung trunken Gewordenen an der Begehung eines Delikts zu hindern. Das ist besonders für Gastwirte von Bedeutung, die Kraftfahrern Alkohol verabreichen (BGH **4** 20, **19** 152, KG VRS **11** 359; vgl. Redelberger NJW 52, 922, Lange JZ 53, 408, einschränkend Geilen JZ 65, 469). Vgl. weiter § 13 RN 40.

27   Außer einer täterschaftlichen Verantwortung kommt in Ausnahmefällen auch **Anstiftung** oder **Beihilfe** zur Rauschtat in Frage, sofern dem Teilnehmer die mangelnde Verantwortlichkeit des Trunkenen unbekannt gewesen ist (vgl. 36 vor § 25) und der Rauschtäter vorsätzlich handelt.

28   **VIII.** Kann die Volltrunkenheit nicht sicher festgestellt werden, so ist eine Verurteilung aufgrund einer **Wahlfeststellung** zwischen einem Vergehen nach § 323a und der im Rausch begangenen Tat weder zulässig, weil es an der rechtsethischen und psychologischen Vergleichbarkeit der verschiedenen Verhaltensweisen fehlt (BGH **1** 277, 327, **9** 394; dagegen v. Weber MDR 52, 641, Welzel 476, Spendel LK 328) noch notwendig, weil die Neufassung eine Verurteilung nach § 323a auch bei einem non liquet hinsichtlich der Schuldfähigkeit ermöglicht (vgl. o. 8). Dies gilt auch für die Fälle, in denen zwar die Schuldunfähigkeit des Täters nicht ausgeschlossen werden kann, andererseits aber auch die Möglichkeit besteht, daß er schuldfähig war (vgl. o. 8b).

29   **IX.** Die Vorschrift will die schuldhafte Herbeiführung des Rauschzustandes bestrafen, nicht die im Rausch begangene Tat. Das Gesetz stellt jedoch eine Beziehung her zwischen der Art und Schwere der durch die Berauschung geschaffenen Gefahr und dem Strafrahmen der im Rausch begangenen Tat. Diese ist also nicht nur Indiz für das Bestehen, sondern auch für den Umfang der Rauschgefährlichkeit. Dies wirkt sich dahin aus, daß die **Strafe** nach Art und Maß **nicht schwerer** (wohl aber leichter; vgl. v. Weber Stock-FS 61) sein darf als die für die im Rausch begangene angedrohte Strafe (Abs. 2). Diese Begrenzung stellt also nicht auf den Strafrahmen bei vorsätzlicher Tatbegehung, sondern auf den Unrechtstypus der konkret begangenen Rauschtat ab; so gilt z. B. der Strafrahmen des § 230, wenn der Rauschtäter eine gefährliche Körperverletzung (§ 223a) fahrlässig begeht. Das setzt die Feststellung der subjektiven Tatseite voraus, da sonst der verwirklichte Unrechtstypus nicht beurteilt werden kann (vgl. o. 16 ff.); dies hat insb. auch Konsequenzen hinsichtlich des sog. rauschbedingten Irrtums (vgl. o. 18). Kann beim Rauschdelikt von Strafe abgesehen werden (z. B. §§ 157, 175), so ist dies auch im Rahmen von § 323a möglich (Stuttgart NJW **64**, 413: § 173 Abs. 5 a. F.); entsprechendes gilt für die Kompensation (§§ 199, 233). Ferner nimmt das Gesetz auf die Art der Rauschtat dadurch Rücksicht, daß die Verfolgung nur auf **Antrag**, mit **Ermächtigung** oder auf **Strafverlangen** eintritt, wenn die begangene Handlung nur auf Antrag verfolgt wird (Abs. 3). Damit sind zugleich Vorschriften in Bezug genommen, die, wie § 232, im Einzelfall die Möglichkeit geben, bei Antragsdelikten ein Offizialverfahren durchzuführen. Für die Privatklage gilt nichts Entsprechendes; Abs. 3 kann auch nicht analog übertragen werden.

30   Begeht der Täter in demselben Rausch mehrere Rauschtaten, so ist grundsätzlich nur auf **eine Strafe** im Rahmen des Abs. 1 zu erkennen (RG **73** 12, Bay DAR/R **65**, 281 [mehrere Rauschtaten begründen nur ein Vergehen nach § 323a]). Bleibt jedoch das Höchstmaß der Strafe für die einzelne Rauschtat (z. B. bei Beleidigungen) hinter der des Abs. 1 zurück, so kann bis zum Höchstmaß des Abs. 1 auf eine Strafe in Höhe der gegen einen zurechnungsfähigen Täter zulässigen Gesamtstrafe (§§ 53 f.) erkannt werden (Spendel LK 327; and. Niederreuther GS 114, 343). Fällt im Revisionsverfahren eine von mehreren Rauschtaten weg, so erfolgt eine Aufhebung des Urteils nur im Strafausspruch (Oldenburg VRS **40** 29).

Bei der **Strafzumessung** sollen nach h. L. Umfang und Auswirkungen der Rauschtat berücksich- 30a
tigt werden können (BGH VRS **34** 349, **36** 176, Braunschweig NJW **54**, 1052, Stuttgart NJW **55**,
1042, Hamm JMBlNRW **58**, 165, BGH NStE **Nr. 5**; krit. hierzu Bruns Lackner-FS 442ff., 452);
dagegen kann berücksichtigt werden, daß der Täter mit der Möglichkeit hätte rechnen können, es
werde im Rausch zu irgendeiner Ausschreitung kommen (Bruns JZ 58, 110; vgl. jedoch Stuttgart
NJW **71**, 1814) bzw. (strafmildernd) wenn er Vorkehrungen gegen die Rauschtat getroffen hatte
(Braunschweig NJW **66**, 679, Celle NJW **68**, 759). Ist die Rauschtat eine Verkehrsstraftat, so können
die zur Strafaussetzung zur Bewährung hierzu aufgestellten Grundsätze auch bei § 323a angewendet
werden (Oldenburg NJW **62**, 693). Auch die Grundsätze, die für § 316 gelten (vgl. dort RN 15),
können hier berücksichtigt werden (Hamm VRS **36** 264). Motive oder Verhaltensweisen, die zu den
Folgen der Rauschtat geführt haben, dürfen keine Berücksichtigung finden, soweit sie von der
Schuldunfähigkeit beeinflußt sind (BGH **23** 375) oder nur in der Rauschtat zum Ausdruck kommen
(BGH DAR/S **82**, 200, NStE **Nr. 4**). Zur Strafzumessung allgemein vgl. Bruns Lackner-FS 439, Foth
DRiZ 90, 417.

X. 1. Umstritten ist das **Verhältnis** zwischen **actio libera in causa** und § 323a. Hier ist zu unter- 31
scheiden, ob der spätere Erfolg vorsätzlich oder fahrlässig verschuldet wurde:
Gegenüber der **vorsätzlichen** actio libera in causa tritt § 323a regelmäßig als **subsidiär** zurück, weil 31a
der Herbeiführung des Rausches neben dessen planmäßiger Einbeziehung in eine Rauschtat kein
selbständiger Unrechtsgehalt mehr zukommt (Cramer, Vollrauschtatbestand 137). Dies kann jedoch
nur dann gelten, wenn die Rauschtat und diejenige Tat, die der Täter bei der actio libera in causa
wenigstens in Kauf genommen hat, identisch sind. Ist die Rauschtat ein anderes (auch geringeres)
Delikt, so können versuchte actio libera in causa und § 323a in Idealkonkurrenz stehen. Ferner liegt
Idealkonkurrenz vor, wenn der Täter neben der beabsichtigten oder in Kauf genommenen eine
weitere mit Strafe bedrohte Handlung begeht (BGH **2** 17, **17** 333, VRS **23** 347, MDR/D **69**, 903,
Hamm VRS **40** 191 gegen RG **70** 87, Hamm DAR **74**, 23; ebenso M-Schroeder II 379, Lay LK⁹ § 330a
RN 109, i. E. wohl auch Kohlrausch-Lange § 330a Anm. VIII 4); Köln JMBlNRW **60**, 140 will hier
Realkonkurrenz annehmen.
Ferner liegt **Idealkonkurrenz** vor, wenn § 323a mit einer **fahrlässigen** actio libera in causa zusam- 31b
mentrifft (BGH **2** 18, Bay DAR/R **81**, 247, [einschränkend] LG Lübeck SchlHA **62**, 106 m. Anm. H.
Mayer, Cramer, Vollrauschtatbestand 138ff., M-Zipf I 525; and. RG **70** 87, Hamburg VRS **21** 40,
Braunschweig NdsRpfl. **54**, 229, **62**, 71, wohl auch Köln NJW **60**, 1264, Göhler § 122 RN 14), und
zwar ohne Rücksicht darauf, ob die Rauschtat selbst „fahrlässig" oder mit Vorsatz begangen worden
ist (and. wohl BGH **2** 18). Dies ergibt sich einmal daraus, daß bei Begehung einer vorsätzlichen
Rauschtat (Täter mißhandelt im Rausch sein Kind [§ 223], er hätte dies bei seiner Veranlagung
voraussehen können [§ 230]) nach § 323a II die Strafe durch die Strafdrohung der im Rausch begangenen Tat, u. U. also einer Vorsatztat, limitiert ist und der Täter des § 323a, den zusätzlich eine
Fahrlässigkeit hinsichtlich der späteren Rauschtat trifft, nicht günstiger gestellt sein darf als der Täter,
der sich nur schuldhaft berauscht hat; zum anderen haftet der Täter des § 323a aber auch nicht für die
Rauschtat selbst, sondern für die Herbeiführung des Rausches, dessen Gefährlichkeit durch die Bege-
hung der Rauschtat erwiesen ist.
Zum Vollrausch und zur actio libera in causa bei **Verkehrsverstößen** vgl. noch KG VRS **19** 111, 31c
Braunschweig NdsRpfl. **54**, 229, Hamm VRS **15** 362, 363, Bay NStZ/J **87**, 546, NZV **89**, 318,
Koblenz VRS **74** 30, 75, 34f., Schleswig MDR **89**, 761.

2. Begeht der Täter **im Rausch** ein **Eigentumsdelikt** und eignet er sich das Erlangte nüchtern 32
nochmals zu, so ist er nur aus § 246 zu bestrafen. § 323a, der eine Strafbarkeitslücke schließen soll,
tritt als subsidiär zurück (vgl. Hardwig Eb. Schmidt-FS 481, BGH MDR/D **71**, 546). Celle (NJW **62**,
1833) erklärt § 246 für straflose Nachtat. Die einmal erfolgte Zueignung schließt nach BGH **14** 38
nur dann weitere (tatbestandsmäßige) Betätigungen des Zueignungswillens aus, wenn sie in schuldhafter und strafbarer Weise begangen worden ist. Vgl. auch § 246 RN 10.

3. Nach BGH **16** 124 soll zwischen mehreren Berauschungen i. S. d. § 323a **Fortsetzungszusam-** 33
menhang bestehen können. Sind hinsichtlich der Rauschtaten die Voraussetzungen des Fortsetzungszusammenhangs gegeben, so kommt ein solcher nur in Betracht, wenn bezüglich einzelner Teilakte
eine vorsätzliche actio libera in causa vorliegt; im übrigen ist Realkonkurrenz anzunehmen (vgl. Hein
NStZ 82, 235).

XI. Bei jeder Verurteilung aus § 323a hat das Gericht zu prüfen, ob eine **Unterbringung** des Täters 34
nach § 64 erforderlich ist.

XII. Im **Urteilstenor** ist nur die Zuwiderhandlung gegen § 323a zu nennen, nicht auch die im 35
Rausch begangene mit Strafe bedrohte Handlung (RG **69** 188, HRR **38** Nr. 190). Dabei ist klarzustel-
len, ob es sich um eine vorsätzliche oder fahrlässige Berauschung handelt (BGH NJW **69**, 1581).
Prozessual werden Berauschung und Rauschtat weitgehend als eine **Einheit** behandelt. So nimmt 36
RG JW **36**, 519 an, daß beides eine Tat i. S. des § 264 StPO sei und deshalb die Rechtskraft der
Verurteilung wegen eines der beiden Delikte eine erneute Verfolgung wegen des anderen ausschließe,
so auch D-Tröndle 19. Über die Frage der Wahlfeststellung vgl. o. 28.

§ 323b Gefährdung einer Entziehungskur

Wer wissentlich einem anderen, der auf Grund behördlicher Anordnung oder ohne seine Einwilligung zu einer Entziehungskur in einer Anstalt untergebracht ist, ohne Erlaubnis des Anstaltsleiters oder seines Beauftragten alkoholische Getränke oder andere berauschende Mittel verschafft oder überläßt oder ihn zum Genuß solcher Mittel verleitet, wird mit Freiheitsstrafe bis zu einem Jahr oder mit Geldstrafe bestraft.

1 I. Die Vorschrift verbietet die **Störung einer** behördlich angeordneten oder sonst ohne Einwilligung des Betroffenen veranlaßten **Entziehungskur**. Die Tat ist abstraktes Gefährdungsdelikt (vgl. dazu 3 vor § 306), weshalb es nicht darauf ankommt, daß die Entziehungskur tatsächlich beeinträchtigt wird (D-Tröndle 1, Horn SK 2).

2 II. Der **objektive Tatbestand** erfordert, daß einem Anstaltsinsassen alkoholische Getränke oder andere berauschende Mittel ohne Erlaubnis des Anstaltsleiters oder seines Beauftragten verschafft werden usw.

3 1. Die Tat muß zugunsten einer Person erfolgen, die aufgrund behördlicher Anordnung oder ohne ihre Einwilligung zu einer Entziehungskur in einer **Anstalt untergebracht** ist.

4 a) Als **Anstalt** kommt insb. eine Entziehungsanstalt (§ 64 RN 1), eine Trinkerheilanstalt oder auch eine besondere Abteilung einer psychiatrischen oder sonstigen Krankenanstalt in Betracht. Notwendig ist, daß der Betreffende dort untergebracht ist, d.h. die Anstalt nicht ohne besondere Erlaubnis verlassen darf. Die Gefährdung einer ambulanten oder einer Entziehungskur, die von dem Betroffenen jederzeit abgebrochen werden kann, fällt nicht unter § 323b.

5 b) Als **behördliche Anordnung** der Unterbringung kommen insb. eine strafrichterliche nach §§ 63, 64 oder § 126a StPO sowie die gerichtlich für zulässig erklärten Anordnungen der Verwaltungsbehörden nach Maßgabe der Landesunterbringungsgesetze (vgl. § 64 RN 1) in Betracht. Weiterhin erfaßt die Vorschrift die **Unterbringung ohne Einwilligung** des Betroffenen. Diese Alt. hat praktische Bedeutung nur bei der Unterbringung eines Minderjährigen durch die Eltern oder den Vormund (vgl. D-Tröndle 2), weil die Unterbringung eines volljährigen Entmündigten nach BVerfGE 10 302 außer der Zustimmung des Vormundes einer richterlichen Bestätigung bedarf (vgl. Art. 104 II GG; vgl. hierzu Franke NJW 62, 1775). Wer sich auf freiwilliger Basis einer Kur unterzieht oder sich nach Aussetzung der Unterbringung (§ 67d II) noch in der Anstalt aufhält, fällt nicht unter den durch die Vorschrift betroffenen Personenkreis.

6 c) **Ziel der Unterbringung** muß die Therapierung einer Alkohol- oder Rauschmittelsucht sein. Nicht notwendig ist, daß die Unterbringung ausschließlich zur Suchtentziehung angeordnet ist (vgl. D-Tröndle 2).

7 2. Die **Handlung** besteht darin, daß dem Anstaltsinsassen ohne Erlaubnis des Anstaltsleiters oder seines Beauftragten alkoholische Getränke oder andere berauschende Mittel verschafft oder überlassen werden oder daß er zum Genuß solcher Mittel verleitet wird.

8 a) Über **alkoholische Getränke** und andere **berauschende Mittel** vgl. § 64 RN 3.

9 b) **Verschaffen** bedeutet das Zugänglichmachen des Mittels in der Art, daß die untergebrachte Person die unmittelbare Verfügungsgewalt darüber erlangt (vgl. RG **69** 86). Überlassen ist das Verschaffen berauschender Mittel aus dem Besitz oder Gewahrsam des Täters zur Verfügung oder zum Gebrauch des Untergebrachten. Beide Tatmodalitäten setzen voraus, daß der Untergebrachte die Verfügungsgewalt über das Mittel erhalten soll. Soll dieser nur als Bote für die Übergabe des Mittels an einen nicht unter § 323b fallenden Dritten fungieren, so sind die Voraussetzungen dieser Vorschrift nicht erfüllt. Unerheblich ist es, ob der Täter ein Entgelt erhält; ferner ist unerheblich ob der Untergebrachte das Mittel genießt. Das Merkmal Verleiten ist hier auch i. S. v. Verführen (vgl. dazu § 182 RN 3) zu verstehen; daneben erfaßt dieses Merkmal auch den Begriff des Verleitens i. S. v. § 160 (vgl. dort RN 7). Daher ist unerheblich, ob der Untergebrachte das Mittel als Rauschmittel erkennt oder nicht.

10 Unerheblich ist, ob der Alkohol einem Rauschgiftsüchtigen oder Rauschgift einem Alkoholsüchtigen verschafft wird. Dies ergibt sich daraus, daß der Behandlungserfolg bei einem Süchtigen auch dadurch beeinträchtigt werden kann, daß dieser von dem einen auf ein anderes berauschendes Mittel umsteigt.

11 3. Erfaßt werden nur Handlungen, die **ohne Erlaubnis** des **Anstaltsleiters** oder seines Beauftragten erfolgen.

12 a) Als **Anstaltsleiter** ist nur der ärztliche Leiter der Entziehungsanstalt usw. zu verstehen; seine Beauftragten sind sonstige Ärzte oder medizinisches Betreuungspersonal. Eine Erlaubnis des Verwaltungsdirektors einer Anstalt ist unerheblich, selbst wenn dieser Vorgesetzter des leitenden Arztes sein sollte.

b) Hinsichtlich der **Wirkung einer Erlaubnis** ist zu unterscheiden. Liegt diese innerhalb des **13** Behandlungsplanes des Süchtigen, so wirkt sie tatbestandsausschließend. Dies ist z. B. der Fall, wenn einem Heroinsüchtigen zur Therapierung der Entzugserscheinungen Polamidon (Methadon) oder ein anderes berauschendes Mittel verabreicht wird. Dagegen ist die Erlaubnis Rechtfertigungsgrund, wenn die Verabreichung des Mittels nicht therapeutischen Zwecken dient, wohl aber nach der Vorstellung des Arztes unbedenklich ist, wie z. B. die Verabreichung von kleineren Mengen Alkohol an einen Rauschgiftsüchtigen. Eine Erlaubnis, die weder medizinisch indiziert noch medizinisch unbedenklich ist, kann nur als Strafausschließungsgrund in Betracht kommen, ist andererseits aber nicht unbeachtlich. Wirksam ist nur eine Erlaubnis, die vor der Tathandlung erteilt wird.

III. Für den **subjektiven Tatbestand** ist Vorsatz erforderlich; hierzu gehört die Kenntnis der **14** behördlich angeordneten oder sonst ohne Einwilligung des Betroffenen erfolgten Unterbringung; der Täter muß außerdem wissen, daß das dem Untergebrachten verschaffte Mittel Alkohol ist oder berauschende Wirkung hat. Auch die Kenntnis der fehlenden Erlaubnis gehört zum Vorsatz. Bedingter Vorsatz genügt nicht; dies ergibt sich aus der Formulierung des Gesetzes, das wissentliches Handeln erfordert (vgl. D-Tröndle 4).

IV. Tateinheit ist möglich mit §§ 258 II (D-Tröndle 5; a. A. Horn SK 13), 223. Für das Verhältnis **15** zu § 115 OWiG gilt § 21 OWiG.

§ 323 c Unterlassene Hilfeleistung

Wer bei Unglücksfällen oder gemeiner Gefahr oder Not nicht Hilfe leistet, obwohl dies erforderlich und ihm den Umständen nach zuzumuten, insbesondere ohne erhebliche eigene Gefahr und ohne Verletzung anderer wichtiger Pflichten möglich ist, wird mit Freiheitsstrafe bis zu einem Jahr oder mit Geldstrafe bestraft.

Schrifttum: Bockelmann-Furtner, Hilfeleistung nach § 330c StGB trotz Gefahr eigener strafgerichtlicher Verfolgung?, NJW 61, 1196. – *Dölling,* Suizid und unterlassene Hilfeleistung, NJW 86, 1011. – *Fischer,* Unterlassene Hilfeleistung und Polizeipflichtigkeit, 1989. – *Gallas,* Zur Revision des § 330c, JZ 52, 396. – *ders.,* Unterlassene Hilfeleistung nach deutschem Strafrecht, Dt. Landesreferate zum IV. Int. Kongreß f. Rechtsvergleichung (1954) 344. – *ders.,* Strafbares Unterlassen im Fall einer Selbsttötung, JZ 60, 649, 686. – *Geilen,* Probleme des § 323 c StGB, Jura 83, 78, 138. – *Georgakis,* Hilfspflicht und Erfolgsabwendungspflicht im Strafrecht, 1938. – *Armin Kaufmann,* Die Dogmatik der Unterlassungsdelikte, 1959. – *Kauczir,* Ist das Unterlassen der Hilfe bei fremdem Selbstmord gemäß § 330c StGB strafbar?, NJW 62, 479. – *Kreuzer,* Ärztliche Hilfeleistungspflicht bei Unglücksfällen im Rahmen des § 330c StGB, 1965. – *ders.,* Die unterlassene ärztliche Hilfeleistung in der Rechtsprechung, NJW 67, 278. – *Lesting,* Die Abgabe von Einwegspritzen im Strafvollzug zur Aids-Prävention – strafbar oder notwendig?, StV 90, 225. – *Naucke,* Der Aufbau des § 330c StGB, Welzel-FS 761. – *Neumann,* Die Strafbarkeit der Suizidbeteiligung – Eigenverantwortlichkeit des „Opfers" JA 87, 244. – *Pfannmüller,* Die vorsätzliche Begehungstat und der § 330c StGB, MDR 83, 725. – *Ranft,* Hilfspflicht und Glaubensfreiheit in strafrechtlicher Sicht, Schwinge-FS 111. – *Röwer,* Der Irrtum über die Grenzen der Hilfspflicht nach § 330c StGB, NJW 59, 1263. – *Spann, Liebhardt, Braun,* Ärztliche Hilfeleistungspflicht und Willensfreiheit des Patienten, Bockelmann-FS 487. – *Spengler,* Aids und unterlassene Hilfeleistung, DRiZ 90, 259. – *Vermander,* Unfallsituation und Hilfspflicht im Rahmen des § 330c StGB, 1969. – *Wagner,* Die Neuregelung der Zwangsernährung, ZRP 76, 1. – *Weber,* Die Grenzen der Anwendbarkeit des § 330c auf die Beihilfe zum Selbstmord, NJW 59, 134. – *Weigelt,* Verkehrsunfallflucht und unterlassene Hilfeleistung, 1960. – *Welzel,* Zur Dogmatik der echten Unterlassungsdelikte, insb. des § 330c, NJW 53, 327. – *ders.,* Zur Problematik der Unterlassungsdelikte, JZ 58, 494.

I. Die unterlassene Hilfeleistung ist ein **echtes Unterlassungsdelikt** (vgl. 134 vor § 13). Bei **1** schweren Unglücksfällen der in § 323c bezeichneten Art ist jedermann verpflichtet, im Rahmen des Erforderlichen und Zumutbaren Hilfe zu leisten. Die Verletzung dieser Pflicht begründet seine Strafe, ohne daß es darauf ankäme, ob die Unterlassung einen schädlichen Erfolg hat oder nicht. Grund der Bestrafung solcher Unterlassungen ist der Gedanke der Schadensabwehr (vgl. BGH **14** 215, Schröder JR 58, 186, Rudolphi SK 1). Ebenso wie bei den unechten Unterlassungsdelikten soll hier gehandelt werden, um drohende Schäden abzuwenden, nur daß die strafrechtliche Reaktion hinter der des unechten Unterlassungsdelikts zurückbleibt, dafür aber die Handlungspflicht jedem auferlegt wird. Die Pflicht des § 323c ist daher gegenüber der der entsprechenden unechten Unterlassungsdelikte kein aliud, sondern ein minus.

Daraus folgt, daß auch für die Beurteilung der Tatbestandsmerkmale des § 323c, insb. was **2** die Erforderlichkeit der Hilfe und die Beurteilung einer Situation als Unglücksfall angeht, die für **unechte Unterlassungsdelikte maßgeblichen Grundsätze** gelten müssen. Alle Voraussetzungen des § 323c sind objektiv zu bestimmen, und zwar ex post, so daß zu einer Verurteilung wegen vollendeter unterlassener Hilfeleistung die Feststellung erforderlich ist, die Handlung des Täters habe effektiv Einfluß auf den Geschehensablauf nehmen können. Dies bedeutet jedoch nicht, daß mangels Anordnung einer Versuchsstrafe nach § 323c straflos wäre, in einer Situation nicht eingreift, die sich bei nachträglicher Beurteilung als gefahrlos herausstellt, oder etwas zu tun unterläßt, das zwar im Augenblick der Unterlassung die Möglichkeit einer Beeinflussung des Geschehens ergibt, sich jedoch nachträglich als überflüssig herausstellt.

2a Da § 323c eine „Hilfeleistung" verlangt, Hilfe aber die auf Herbeiführung bestimmter Erfolge finale Tätigkeit bezeichnet, ist § 323c als **„unechtes" Unternehmensdelikt** (hiergegen Kreuzer NJW 67, 202, Schmidhäuser II 207) aufzufassen (vgl. § 11 RN 52ff. und näher Schröder Kern-FS 465f.), indem der Hilfeleistung, die Erfolg gehabt hätte, diejenige gleichgestellt wird, die sich nachträglich als überflüssig herausstellt (ähnlich [„Versuchstatbestand"] Armin Kaufmann aaO 230f.; dagegen Vermander aaO 31ff., Rudolphi SK 3). Mit der These, die Beurteilung der Erforderlichkeit und des Unglücksfalls habe durch nachträgliche Prognose (ex ante) zu erfolgen (vgl. z. B. Welzel NJW 53, 329), lassen sich die hier auftauchenden Probleme nicht gerecht lösen, weil Zweifel an der Entwicklung der Dinge bald zu Gunsten, bald zu Lasten des Unterlassenden gehen würden. Die Schwierigkeiten, zu denen die h. M. führt, zeigen deutlich BGH **17** 166, **21** 50. Angesichts der engen Verzahnung des Unglücksfalls und der Erforderlichkeit der Hilfeleistung (nur bei einem wirklichen Unglücksfall ist Hilfe tatsächlich erforderlich) erscheint es willkürlich, etwa für die Beurteilung der Unglückssituation eine Betrachtung ex post anzustellen, dagegen die möglichen Wirkungen der Hilfeleistung ex ante zu betrachten, und zwar aufgrund von Maßstäben, die dem zur Hilfeleistung Aufgerufenen unzugänglich sind. Stellt sich z. B. ein krampfartiger Anfall dem Begleiter als möglicherweise gefährlich dar, so muß er verpflichtet sein, ärztliche Hilfe in Anspruch zu nehmen, und zwar auch dann, wenn ein Arzt in der gleichen Situation hätte erkennen können, daß es sich um eine harmlose Kolik gehandelt hat. Das Ergebnis wäre sonst, daß dem Täter geboten werden würde, was sich jetzt als sinnlos erwiesen hat. Daß § 323c keine Bestrafung für die betätigte rücksichtslose Gesinnung statuiert, wie RG **74** 200 m. Anm. Dahm DR 40, 1420 angenommen hatte, ist heute allgemein anerkannt (BGH **1** 269, JZ **52**, 116, VRS **13** 125, Gallas JZ 52, 396). Zur Deliktsnatur des § 323c vgl. auch Vermander aaO 28ff., der versucht, die Problematik mit der Figur des abstrakten Gefährdungsdelikts zu lösen (ähnlich M-Schroeder II 43).

3 Aus dem Maius-minus-Verhältnis ergibt sich weiter, daß die strafrechtliche Verantwortlichkeit aus § 323c die des unechten Unterlassungsdelikts nicht übersteigen darf. Das bedeutet einmal, daß die **Strafe nicht höher** sein darf **als die des unechten Unterlassungsdelikts**, ein Problem, das z. B. gegenüber § 303 auftauchen könnte, jedoch durch die hier vorgenommene Interpretation des Begriffs „Unglücksfall" ausgeschaltet wird. Praktisch bedeutsam ist jedoch, daß bei der einfachen Körperverletzung der Versuch straflos ist und deshalb § 323c bei drohenden Körperschäden dann unanwendbar ist, wenn die Unterlassung nach allgemeinen Regeln nur ein Versuch wäre. In diesem Umfange entfällt daher die Bedeutung des § 323c als Unternehmenstatbestand. Entsprechende Konsequenzen müssen auch für sonstige gegenüber § 323c günstigere Regelungen des unechten Unterlassungsdelikts gezogen werden, so z. B. beim **Antragserfordernis** (Analogie zu § 323a III).

4 **II. Die Notsituation.** Erforderlich ist zunächst das Vorliegen von Unglücksfällen, gemeiner Gefahr oder Not. Es wird nicht vorausgesetzt, daß sich eine Person in hilfloser Lage befindet (RG **75** 359).

5 1. **Unglücksfälle** sind nach der Definition des RG (DR **42**, 1223), die vom BGH übernommen wurde (BGH **6** 147, NStE **Nr. 1**), plötzlich eintretende Ereignisse, die erhebliche Gefahren für Menschen oder Sachen hervorrufen oder hervorzurufen drohen, z. B. ein Verkehrsunfall (BGH **11** 136, GA **56**, 121) oder das Liegen eines Betrunkenen auf der Fahrbahn (Bay NJW **53**, 556, **63**, 62, Köln VRS **24** 54). Dieser Definition kann insoweit gefolgt werden, als es sich um Gefahren für Menschen handelt. Es ist nicht erforderlich, daß bereits irgendein Schaden eingetreten ist. Auch ein bevorstehendes Unglück ist ein Unglücksfall. In diesen Fällen kann es nicht darauf ankommen, ob Leib oder Leben oder andere persönliche Rechtsgüter, wie z. B. die Freiheit oder die sittliche Integrität, in Gefahr sind, wobei geringfügige Gefährdungen auszuscheiden haben (BGH NStE **Nr. 1**). Dagegen kann eine Sachgefahr nur ausnahmsweise für § 323c in Betracht kommen. Zusammen mit dem Satz, daß auch deliktische Angriffe Unglücksfälle sein können (vgl. u. 7), würde sich sonst die Konsequenz ergeben, daß jedermann gegen Sachbeschädigungen, Diebstähle usw. einzuschreiten hätte. Es besteht aber auch kriminalpolitisch kein Bedürfnis, von jedem Menschen zu verlangen, daß er die Ladung eines verunglückten Lkw oder die Ernte, die vom Gewitterregen bedroht ist, in Sicherheit zu bringen hilft. Man wird daher eine Sachgefahr nur dann als ausreichend ansehen können, wenn die Voraussetzungen einer gemeinen Gefahr (vgl. darüber u. 8) vorliegen (weitergehend Mösl LK[9] § 330c RN 10: auch Sachen von bedeutendem Wert, Rudolphi SK 5). Die Richtigkeit dieses Stand-

punkts ergibt sich auch daraus, daß in § 138 keine Anzeigepflicht bei geplanten Vermögens- und Eigentumsdelikten besteht; wie hier Spendel, Dt. Landesreferate zum VI. Intern. Kongreß f. Rechtsvergl. (1962) 366, Kreuzer, Ärztliche Hilfeleistungspflicht 375 f.; enger (kein Sachgüterschutz) Vermander aaO 24 ff., 50. Ob ein Unglücksfall vorliegt, ist unabhängig davon zu bestimmen, ob eine Hilfsmöglichkeit besteht (Stuttgart MDR **64**, 1024).

a) Nicht jede **Erkrankung** ist als Unglücksfall anzusehen (Bay NJW **53**, 556; Bockelmann in 6 Ponsold Lb. 3); im Rahmen einer Erkrankung kann aber eine Lage eintreten, die ein Unglücksfall ist (RG **75** 71 m. Anm. Kallfelz DR 41, 927, BGH **6** 152, NStZ **85**, 122, **85**, 409 m. Anm. Frellesen StV 87, 22, Rudolphi SK 6), z. B. bei sich steigernden und unerträglich werdenden Schmerzen in der Bauchhöhle (Hamm NJW **75**, 604). Dieselben Grundsätze müssen gelten, wenn die „Fortentwicklung einer Schwangerschaft zu einem plötzlichen Ereignis mit Schadensdrohung führt" (RG **75** 162, BGH JZ **83**, 151). Es wird also nicht vorausgesetzt, daß das Ereignis von außen her auf das verletzte Gut einwirkt. Gegen diese Rspr. und gegen die Auffassung, daß sich aus § 323 c etwas Maßgebendes über die ärztliche Pflicht zum Helfen entnehmen lasse, Eb. Schmidt, Die Besuchspflicht des Arztes unter strafrechtlichen Gesichtspunkten (1949). Vgl. dazu auch BGH **2** 298, Kreuzer, Ärztliche Hilfeleistungspflicht 41 ff., 73 ff.

b) Ein Unglücksfall kann auch dann vorliegen, wenn das Unglück **in verbrecherischer** 7 **Absicht verursacht** worden ist (z. B. versuchter Mord [RG **71** 189], versuchte Notzucht [BGH **3** 66, GA **71**, 336, Düsseldorf NJW **83**, 767]; vgl. noch Schmid DStR 36, 427). Sind in einem solchen Falle zugleich die Voraussetzungen des § 138 gegeben, so geht diese Bestimmung, wie sich aus § 139 IV ergibt, vor. [Idealkonkurrenz] Vermander aaO 64). Dagegen fehlt es grundsätzlich an einem Unglücksfall, wenn der Betroffene absichtlich das Unglück herbeigeführt hat. So ist z. B. der **Selbstmordversuch** nicht als Unglücksfall anzusehen, wenn er aufgrund freier, unbeeinflußter Entscheidung erfolgt; diese ist in der Weise zu respektieren, daß eine unterlassene Verhinderung der Selbsttötung straflos bleibt (BGH **2** 150, Friebe GA 59, 165 f. Heinitz JR 54, 405, Rudolphi SK 8, Schweiger NJW 55, 816, Welzel 471, Wagner ZRP 76, 4; and. BGH [GrS] **6** 147, **13** 162 m. Anm. Maurach JR 56, 347, Kauczor NJW 62, 479, Mösl LK[9] § 330 c RN 5, Dölling NJW 86, 1012); aus ärztlicher Sicht hierzu Spann, Liebhardt, Braun Bockelmann-FS 488 ff. Dies gilt auch dann, wenn der Lebensmüde die Herrschaft über den von ihm veranlaßten Geschehensablauf verloren hat (and. Gallas JZ 54, 642 u. 60, 691). In den Fällen des Selbstmordversuchs wird von der Gegenmeinung trotz Bejahung eines Unglücksfall die Straflosigkeit mangelnder Hilfeleistung teilweise mit der Unzumutbarkeit begründet (BGH **32** 367 m. Anm. Schultz JuS 84, 270 und Schmitt JZ 84, 867; vgl. auch 39 ff. vor § 211); teilweise aber auch derart, daß die Verhinderung des Suizids nicht als erforderliche „Hilfe" i. S. d. § 323 c gewertet werden könne, sofern der Suizident bis zuletzt frei verantwortlich gehandelt hat (vgl. hierzu München NJW **87**, 2945 m. zust. Anm. Herzberg JZ 88, 187; differenzierend zwischen Bilanz- und Apellsuizid Neumann JA 87, 254 f.). In diesen Fällen liegt jedoch ein Unglücksfall vor, wenn Dritte durch den Selbstmordversuch gefährdet werden (z. B. bei Aufdrehen des Gashahnes) oder der Selbstmörder seinen Entschluß ändert (z. B. Hilferuf eines Ertrinkenden). Dasselbe kann gelten bei einem mißglückten Selbstmordversuch, wenn der eingetretene Erfolg von dem Geschehensablauf, den sich der Täter vorgestellt hat, erheblich abweicht. Nach den gleichen Grundsätzen ist ohne Rücksicht auf § 101 I S. 2 StVollzG ein Hungerstreik zu beurteilen (Rudolphi SK 9); zu dieser Problematik vgl. Böhm NStZ **75**, 287, Link NJW **75**, 18, MDR **75**, 714, Wagner ZRP **76**, 1, Weis ZRP **75**, 83, Arndt-v. Olshausen JuS **75**, 143, Geppert Jura 82, 177, Nöldeke/Weichbrodt NStZ 81, 281. Auch eine bewußte Selbstgefährdung (Rauschgiftmißbrauch) löst keine Hilfspflicht aus (and. wohl Stuttgart GA **81**, 273).

2. Über **gemeine Gefahr** vgl. 19 vor § 306 sowie Gallas, Die strafrechtliche Verantwortlich- 8 keit der am Bau Beteiligten (1953) 48 ff. Läßt jemand einen Toten und dessen Fahrrad auf der Fahrbahn einer Straße liegen, so begründet dies eine gemeine Gefahr (BGH **1** 269). Hat jedoch der Täter den Tod selbst herbeigeführt, so tritt § 323 c gegenüber § 315 b Nr. 3 (begangen durch Unterlassen) zurück (wohl übersehen von BGH DAR/M **60**, 67). **Gemeine Not** ist eine die Allgemeinheit betreffende Notlage; vgl. noch RG ZAkDR **41**, 382 m. Anm. Bewer. Die Pflicht zur Hilfeleistung ist nicht auf die Fälle der Gefahr für Leib oder Leben beschränkt; sie besteht auch bei allgemeiner Gefahr für Sachgüter, z. B. bei Feuersbrünsten, auch wenn keine Menschenleben in Gefahr sind, insb. auch bei Waldbränden.

3. In allen Fällen ist erforderlich, daß die **Gefahr weiterer Schäden** besteht, deren Verhinde- 9 rung oder Verminderung durch Einsatz des Hilfspflichtigen jedenfalls generell möglich erscheint. Daher besteht keine Hilfeleistungspflicht, wenn das Schadensereignis abgeschlossen ist und weitere Schäden nicht eintreten können; so z. B., wenn der Verletzte bereits tot ist (vgl. RG **71** 203, BGH **1** 269, VRS **13** 125) oder ein Unfall bloßen Sachschaden zur Folge gehabt hat, der keine weitere Gefahr für Personen oder Sachen in sich trägt (BGH NJW **54**, 728). Das gleiche

soll nach BGH DAR/M **61**, 76 auch dann gelten, wenn der Verunglückte so schwer verletzt ist, daß der Tod auch für einen Laien unabwendbar erscheint. Besteht die Möglichkeit, daß bei Einsetzen der Hilfspflicht der endgültige Schaden bereits eingetreten war, oder ist nicht feststellbar, ob ein Eingreifen des Täters die mögliche Schadensentwicklung beeinflußt hätte, so ist nach dem o. 1 Dargelegten eine Bestrafung aus § 323 c möglich; vgl. jedoch BGH VRS **13** 125. Zwar sind auch hier Schadensereignis und Schadensentwicklung ex post zu bestimmen und insoweit an sich der Grundsatz in dubio pro reo anwendbar, jedoch ist der Täter aufgrund des Unternehmenstatbestands auch in diesen Fällen zu bestrafen (and. AG Tiergarten NStZ **91**, 236 mit zust. Anm. Rudolphi SK 3, Wessels BT 1, 217).

10   **III. Die Hilfeleistungspflicht.** Bestraft wird, wer bei einer der genannten Lagen **nicht Hilfe leistet, obwohl dies erforderlich und zumutbar ist.** Wann dies der Fall ist, ist nach objektiven Gesichtspunkten ohne Rücksicht auf die subjektive Meinung des Täters zu entscheiden. Dies hat auch der BGH dadurch anerkannt, daß er als Voraussetzung der Hilfspflicht die Möglichkeit genügen läßt, rascher und wirksamer Hilfe zu leisten (BGH **2** 298). Eine vorausgegangene Aufforderung zur Hilfeleistung, z. B. durch die Polizei, ist – anders als in der früheren Fassung – nicht mehr erforderlich.

11   1. Der Begriff des **Hilfeleistens** bezeichnet eine Tätigkeit, die der Intention nach auf Abwehr weiterer Schäden gerichtet ist. Ob die Tätigkeit ausreicht, um wirkliche Hilfe zu sein, ob sie unzweckmäßig ist und damit trotz einer Handlung des Täters evtl. doch keine „Hilfeleistung" vorliegt, ist nach objektiven Maßstäben zu beurteilen (vgl. u. 13 ff.). Vgl. noch Georgakis aaO 9, Eb. Schmidt, Der Arzt im Strafrecht (1939) 82 f., Bockelmann in Ponsold Lb. 4.

12   2. Den **Umfang der Hilfspflicht** bestimmt das Gesetz durch zwei Begriffe: Die Hilfe muß erforderlich und sie muß zumutbar sein.

13   a) **Erforderlich** ist die Hilfeleistung dann, wenn ohne sie die Gefahr besteht, daß die durch § 323c charakterisierte Unglückssituation sich zu einer nicht ganz unerheblichen Schädigung von Personen oder Sachen auswirkt (vgl. BGH NJW **54**, 728; z. T. and. Maurach JR 56, 349, der das Gebot humanitärer Solidarität maßgebend sein läßt).

14   α) Voraussetzung ist also zunächst, daß eine Situation vorhanden ist, in der die **Gefahr weiterer Schäden** besteht. Vgl. dazu o. 9. Als weitere Schäden sind auch Schmerzen des Verunglückten zu werten (vgl. BGH **14** 216, Hamm NJW **75**, 604). Daher schließt die Tatsache, daß der Tod des Verletzten nicht abgewendet werden kann, die Erforderlichkeit einer (ärztlichen) Hilfeleistung nicht unbedingt aus (BGH JR **56**, 347 m. Anm. Maurach, Schröder JR 58, 186; vgl. weiter BGH **14** 216, VRS **14** 196; and. Kreuzer, Ärztliche Hilfeleistungspflicht 121 ff., NJW 67, 279).

15   β) Erforderlich ist eine Hilfe, wenn der Täter die **objektive Möglichkeit** hatte, durch seinen Einsatz den **Geschehensablauf** zu **beeinflussen**. Steht fest, daß objektiv eine Einflußnahme dem Täter unmöglich gewesen wäre, dann ist seine Hilfeleistung nicht erforderlich. Jedoch kann wegen der Eigenschaft als „unechter" Unternehmenstatbestand § 323c auch dann angewendet werden, wenn der Täter irrtümlich davon ausgeht, seine Hilfe sei erforderlich (vgl. näher Schröder Kern-FS 467). Die Frage, in welchem Umfange der Grundsatz in dubio pro reo für die Feststellung der Erforderlichkeit gilt, spielt dann keine Rolle mehr.

16   **Nicht erforderlich** ist die Hilfe, wenn das Opfer sich ohne weiteres selbst helfen kann (vgl. Vermander aaO 73) oder von **anderer Seite** bereits ausreichend **Hilfe** geleistet wird (BGH JZ **52**, 116, DAR/M **60**, 67, VRS **22** 271, **24** 191, Hamm NJW **68**, 212), wobei ohne Bedeutung ist, ob der Täter dies weiß (Bay NJW **73**, 770). Das gilt nicht, wenn der Täter „wirksamer und rascher" helfen könnte (BGH **2** 298, DAR/M **60**, 67). Durch nachträgliche Hilfsmaßnahmen Dritter wird die Pflichtverletzung des Täters nicht berührt (BGH **2** 300, GA **56**, 121, VRS **14** 193, Hamm VRS **20** 233; and. Meister MDR 54, 598, der darauf abstellt, ob infolge der verzögerten Hilfe eine schädliche Wirkung für den Verunglückten eingetreten ist). Entscheidend ist, ob in dem Augenblick, in dem die Hilfspflicht an sich entstehen würde, Hilfe von dritter Seite in ausreichendem Maße zu erwarten ist (Schröder JR 58, 186 f.; unrichtig Bay MDR **73**, 68 m. abl. Anm. Blei JA 73, 177), dabei können zeitliche Differenzen nur insoweit eine Rolle spielen, als sie die Wirksamkeit der Hilfe beeinflussen. Über die Hilfspflicht bei Hilfeleistungsmöglichkeiten durch Dritte vgl. BGH VRS **14** 193. Kommen viele Hilfsmöglichkeiten in Betracht (Unfall auf belebter Straße), so bedarf die Hilfspflicht einer konkreten Begründung (Hamm JMBlNRW **54**, 59). Jedoch kann sich bei mehreren gleichermaßen zur Hilfe tauglichen Personen die eine nicht auf die Hilfeleistung der anderen verlassen (Bay NJW **57**, 354). Zu Leistungen, die mit der Hilfe nur in losem Zusammenhang stehen, besteht regelmäßig keine Verpflichtung, und zwar auch dann nicht, wenn sie vom Hilfsbedürftigen oder für ihn beansprucht werden (vgl. auch BGH VRS **4** 119). Insb. besteht keine Pflicht zu einem Verhalten, das nur eine Annehmlichkeit bedeutet (RG DR **44**, 727).

γ) Die **Erforderlichkeit** der Hilfe bezieht sich nicht nur auf deren Ob, sondern auch auf deren **Ausmaß**. Es muß also nicht nur Hilfe notwendig sein, sondern es muß auch das zur zweckmäßigen Hilfe Erforderliche getan werden. Der Täter genügt daher seiner Pflicht zur Hilfeleistung nicht damit, daß er zum Zwecke der Rettung irgend etwas unternimmt. Vielmehr ist nach objektiven Maßstäben festzustellen, ob das als erforderlich Anzusehende im Rahmen des ihm Möglichen getan worden ist (BGH **21** 54; and. RG DR **43**, 1103, Mösl LK^9 § 330c RN 12, wonach es auf die Zweckmäßigkeit der Hilfeleistung nur bedingt ankommt). Zur Hilfspflicht gehört u. U. auch die Prüfung der Frage, was zur Hilfe getan werden kann (BGH **21** 53, Köln NJW **57**, 1610, Bockelmann in Ponsold Lb. 4; and. Armin Kaufmann aaO 112). Die erforderliche Hilfe kann auch in der Bereitstellung von Hilfsmitteln bestehen (Bay NJW **74**, 1520: Telefon zur Benachrichtigung des Arztes).

δ) Als Hilfe genügt u. U. die **Benachrichtigung** einer zur Hilfe geeigneteren Person (**Arzt, Feuerwehr**). Wann das zulässig ist, bestimmt sich nach den Maßstäben der Erforderlichkeit. Der Hilfspflichtige muß sich vergewissern, daß die andere Person gewillt ist, Hilfe zu leisten. Seine Hilfspflicht lebt wieder auf, wenn er erfährt, daß Hilfe nicht erbracht wird.

b) Der Täter ist zwar an sich verpflichtet, das zur Hilfeleistung Erforderliche zu tun, jedoch wird seine Pflicht durch die ihm zur Verfügung stehenden Möglichkeiten begrenzt. Das objektiv Erforderliche muß also dem Täter **möglich** sein; dies ist ungeschriebenes Tatbestandsmerkmal des § 323c als Unterlassungsdelikt. Wäre die erforderliche Maßnahme die Anwendung eines bestimmten Medikaments oder eine ärztliche Maßnahme (z. B. Blutübertragung), so hat der Täter seine Hilfspflicht nicht verletzt, wenn ihm die Ausführung dieser Maßnahmen unmöglich gewesen ist. Entsprechendes gilt, wenn physische Gründe der Leistung des Erforderlichen entgegenstehen. „Von einem Schwerkranken oder einem Blinden erfordert das Gesetz keine Hilfe" (RG **74** 200). Ein Betrunkener kann aber u. U. noch imstande sein, Hilfe zu leisten (vgl. Bay NJW **74**, 1520: Unterlassene Hilfeleistung als Rauschtat [vgl. § 323a RN 14]).

c) In Ausnahmefällen kann die Hilfeleistung auch in einer **seelischen Unterstützung** durch Zuspruch usw. bestehen, wo sie geeignet erscheint, den Selbsterhaltungswillen des in Not Befindlichen zu stärken und ihm die Überwindung der Gefahr durch eigenen Einsatz zu ermöglichen (vgl. Stuttgart MDR **64**, 1024).

d) Die Hilfe muß **zumutbar** sein. Maßgebend dafür ist das allgemeine Sittlichkeitsempfinden (BGH **11** 136, 354, Hamm NJW **68**, 212). Das Gesetz hat also den Umfang der Hilfspflicht nicht selbst genau bestimmt und konnte es auch nicht, sondern verweist den Richter zur Begrenzung der Pflicht, das Erforderliche zu tun, an außerrechtliche ethische Grundnormen. Dabei sind die Gefahren der Unglückssituation und die eigenen Interessen des Täters in Beziehung zu setzen und nach ethischen Maßstäben gegeneinander abzuwägen. Das allgemeine Sittlichkeitsempfinden gibt einen ausreichenden Maßstab; „es wird keine übertriebenen Anforderungen stellen und keinen bis zur Selbstaufopferung gehenden Heroismus verlangen, wohl aber je nach der Lage das Inkaufnehmen eines etwa durch Zeitverlust entstehenden geschäftlichen Nachteils, u. U. auch einer im Verhältnis zum drohenden Schaden unbeachtlichen Körpergefahr" (amtl. Begründung). Dabei können die persönlichen Grenzen der Zumutbarkeit je nach der Stellung zum Gefährdeten verschieden sein, so ist z. B. Angehörigen, Polizeibeamten usw. ein größeres Maß an Einsatz zuzumuten als anderen Personen. Auch die Besonderheiten, die sich aus der Zugehörigkeit zu einem anderen Kulturkreis, insbesondere zu einer anderen Religion oder Weltanschauung ergeben, können berücksichtigt werden (vgl. LG Mannheim NJW **90**, 2212 m. Anm. Sonnen JA 90, 358ff.). Nach allgemeinem Sittlichkeitsempfinden ist es z. B. Pflicht, bei einem schweren Unglücksfall auch in der Nacht seinen Fernsprecher zum Herbeirufen von Hilfe zur Verfügung zu stellen (Bay NJW **74**, 1520, LG Bielefeld DStR **39**, 217). Vgl. ferner RG **74** 71, **75** 73. Zu weitgehend Stuttgart MDR **64**, 1024, wo der Gesichtspunkt der Zumutbarkeit nicht hinreichend berücksichtigt ist. Der Maßstab der Zumutbarkeit gilt auch bei der Verpflichtung, das elterliche Sorgerecht bei den Unglücksfällen des Kindes auszuüben (Hamm NJW **68**, 212 m. abl. Anm. Kreuzer NJW 68, 1201). Auch dem in Notwehr Verletzten muß grundsätzlich Hilfe geleistet werden, da auch einem Rechtsbrecher der Anspruch auf Hilfeleistung verbleibt (BGH **23** 328, NStZ **85**, 501 m. Anm. Ulsenheimer StV 86, 201; and. wohl Spendel LK § 32 RN 333); dies gilt allerdings nicht, wenn und so lange die, sei es auch entfernte Möglichkeit weiterer Angriffe besteht. Zur systematischen Stellung der Zumutbarkeit vgl. Rudolphi SK 24; vgl. auch Naucke Welzel-FS 761ff.

α) **Nicht zumutbar** ist die Hilfeleistung, wenn sich der Täter dadurch einer erheblichen eigenen Gefahr aussetzten (vgl. Köln VRS **24** 58) oder wenn er andere wichtige Pflichten verletzen würde. Unter **eigener Gefahr** ist die Bedrohung eines Rechtsgutes des Täters oder naher Angehöriger zu verstehen, z. B. eine Gefahr für Gesundheit, Leben, Freiheit oder Vermögen. Eigene Gefahr kann z. B. auch darin bestehen, daß der Täter sich oder einen Angehörigen (vgl. BGH **11** 138 m. Anm. Schröder JR 58, 186) durch die Hilfe einer Strafverfolgung (vgl. u. 23) oder der Gefahr der Ansteckung mit einer schweren Krankheit (RG DR **44**, 726), z. B. mit Aids (vgl. dazu Spengler DRiZ 90, 259) aussetzen würde. Auch eine **Verletzung anderer wichtiger Pflichten** kann vom Täter nicht verlangt werden. So ist z. B. dem Ehemann, dessen Ehefrau eine Heilbehandlung aus religiöser Überzeugung ablehnt, nicht zuzumuten, daß er sie von ihrem Verzicht abzubringen sucht; vgl. BVerfGE **32** 98; a. M. Stuttgart MDR **64**, 1025; vgl. auch Ranft aaO, 120 vor § 32. Die Rspr. verneint die Zumutbarkeit der Hilfspflicht in den Fällen eines Abwägungssuizids (BGH **32** 367); vgl. Gropp NStZ 85, 100, Dölling NJW 86, 1015. Besondere Probleme ergeben sich, wenn eine Garantenpflicht mit einer Hilfspflicht kollidiert; vgl. hierzu 75 vor § 32. Ist der Täter an sich zur Erfolgsabwendung verpflichtet (unechtes Unterlassungsdelikt), entfällt aber eine strafrechtliche Ahndung dafür, so ist die Berufung auf mangelnde Zumutbarkeit dem Täter versagt, wenn sie ihm gegenüber der Erfolgsabwendungspflicht nicht zuzubilligen wäre (BGH **11** 357; dagegen Welzel JZ 58, 496). Für den Umfang des Einsatzes von Vermögenswerten kann die Regelung des § 904 BGB herangezogen werden (and. Vermander aaO 91).

22 β) Zwischen der eigenen Gefährdung und der zu behebenden Gefahr muß ein **angemessenes Verhältnis** bestehen; dies nicht i. S. einer Güterabwägung, sondern lediglich als Forderung angemessener Proportion. Was daher im Einzelfall an Opfern vom Täter verlangt werden kann, richtet sich danach, in welchem Verhältnis die drohende Gefahr zum voraussichtlichen Opfer steht. Je größer die Gefahr ist, um so mehr kann dem Täter an Einsatz und Opfer zugemutet werden (BGH **11** 137, 354). Das gilt auch für das Verhältnis zwischen drohender Strafverfolgung und abzuwendender Gefahr (vgl. Welzel JZ 58, 496). Probleme werfen vor allem die Fälle auf, in denen der Hilfspflicht des § 323 c religiöse oder Gewissensbedenken entgegenstehen. Vgl. dazu 155 f. vor § 13, 118 ff. vor §§ 32 ff.

23 γ) Bestritten sind die Fälle, in denen sich der Täter durch die Hilfeleistung einer **Strafverfolgung** aussetzen könnte. Hier kann sich der Täter auf seine Gefährdung nur dann berufen, wenn die Straftat in keinem Zusammenhang mit dem Unglücksfall steht (BGH MDR/H **82**, 448; and. Rudolphi SK 27). Andernfalls, d. h., wenn die Gefahrenlage von ihm selbst schuldhaft herbeigeführt worden ist, erscheint es zumutbar, die Gefahr der Strafverfolgung zu tragen (BGH GA **56**, 120); jedoch wird in diesen Fällen häufig ein unechtes Unterlassungsdelikt (Rechtspflicht aus vorangegangenem Tun) vorliegen, so daß dann § 323 c als subsidiär zurücktritt (vgl. u. 34 f.). Auch bei schuldloser Verursachung der Gefahr kann die Inkaufnahme eines Ermittlungsverfahrens wegen dieser Handlung zumutbar sein (BGH **11** 353, DAR/M **60**, 67; and. Welzel JZ 58, 496).

24 e) Ungeschriebenes, aber aus der Forderung nach wirksamer Hilfeleistung sich notwendig ergebendes Tatbestandsmerkmal ist ferner die **Rechtzeitigkeit** der Hilfe. Grundsätzlich hat der Hilfspflichtige sofort zu helfen (BGH **14** 213), u. U. aber hat er einen zeitlichen Spielraum, innerhalb dessen er helfen kann (and. wohl Schaffstein Dreher-FS 153). Dessen Ausmaß richtet sich nach der Wirksamkeit der Hilfe; nicht rechtzeitig ist die Hilfeleistung, die zu einer weniger wirksamen Gefahrenabwehr führen würde (ebenso Rudolphi SK 17). Diese Feststellung ist von besonderer Bedeutung für die Vollendung (vgl. u. 30) und den Vorsatz. Hat z. B. der Täter die Vorstellung, zu einem späteren Zeitpunkt gleich wirksam helfen zu können, so entfällt sein Vorsatz.

25 f) **Nicht** erforderlich ist, daß der Unterlassende in einer **räumlich-nachbarlichen Beziehung** zum Unglück oder zum Betroffenen steht (so aber Eb. Schmidt, Die Besuchspflicht des Arztes usw. [1949] 14; ähnlich Köln NJW **57**, 1610, Bockelmann in Ponsold Lb. 3, M-Schroeder II 46, Welzel 472). Diese Auffassung engt den Täterkreis in einer mit dem Gesetz nicht zu vereinbarenden Weise ein; so muß z. B. von einer entfernter wohnenden Person, die zur Hilfeleistung erforderliche Hilfsmittel oder Kenntnisse besitzt, Hilfe verlangt werden können. Der Umfang der Hilfspflicht kann nur durch die Begriffe „erforderlich" und „zumutbar" begrenzt sein. Wie hier i. E. RG **75** 73, DR **44**, 726, BGH **2** 298, **21** 52, Kreuzer, Ärztliche Hilfeleistungspflicht 76 ff., NJW 67, 279, Vermander aaO 73 ff.

25 a g) Für **Ärzte** ergibt sich aus § 323 c keine erweiterte Berufspflicht (BGH **2** 296, **21** 52, RG **75** 72, 160, Koblenz NJW **48**, 489). Sie haben die allgemeine Beistandspflicht, wenn die konkreten Umstände ein Handeln gerade für sie als notwendig und zumutbar erscheinen lassen (vgl. auch BGH **2** 298, **21** 52, Bockelmann in Ponsold Lb. 2 ff., Gallas JZ 52, 396; and. Lenckner, Medizinische Klinik [1966] 315). Insb. besteht keine Verpflichtung des Arztes, einen Patienten gegen seinen Willen zu behandeln oder unter Bruch der ihm obliegenden Verschwiegenheitspflicht eine Behandlung herbeizuführen (vgl. dazu u. 26). Über die Pflichten des Krankenhausarztes bei Einlieferung eines Schwerverletzten vgl. Köln NJW **57**, 1609; vgl. ferner Kreuzer, Ärztliche Hilfeleistungspflicht 73 ff.; zur Pflicht des Hausarztes vgl. Karlsruhe NJW **79**, 2360 m. Anm. Bruns JR 80, 297.

h) **Weigert** sich der Gefährdete, die Hilfe anzunehmen, so entfällt die Hilfspflicht, soweit er 26 über das bedrohte Rechtsgut verfügen kann (vgl. Köln VRS **24** 58, M-Schroeder II 46). So kann z. B. der Unfallverletzte Hilfe zurückweisen, nicht dagegen der Eigentümer beim Brand seines Wohnhauses. I. E. ebenso Maurach JR 56, 349. Besteht für den Verletzten Lebensgefahr, so entfällt bei seiner Weigerung, Hilfe anzunehmen, die Hilfspflicht nach den gleichen Grundsätzen, die für die unterlassene Hilfeleistung beim Selbstmord gelten (vgl. o. 7). Demgegenüber soll nach BGH (JZ **83**, 151 m. Anm. Geiger, Kreuzer JR 84, 294 u. Ulrich MedR 83, 137) ein Arzt, für den erkennbar ist, daß ein lebensgefährlich Erkrankter sich entgegen seinem Rat nicht sofort in eine Klinik begeben wird, zu weiteren Maßnahmen verpflichtet sein, die eine Krankenhausbehandlung sicherstellen. Wird die angebotene Hilfe aus Gründen, die in der Person des Anbietenden liegen (deutlich erkennbare Alkoholisierung) abgelehnt, so ist nach öst. OGH ÖJZ 63, 273 u. U. eine andere Art der Hilfe zumutbar. Vgl. auch 154 vor § 13.

i) Aus der Pflicht zur Hilfeleistung kann die Haftung wegen eines **unechten Unterlassungsdelikts** 27 nicht begründet werden (vgl. § 13 RN 57; unrichtig daher RG **71** 189, **75** 160; gegen diese Entscheidungen mit Recht BGH **3** 66, JR **56**, 347).

IV. Für den **subjektiven Tatbestand** ist Vorsatz erforderlich (D-Tröndle 10, Rudolphi SK 28 23, Mösl LK[9] § 330c RN 21, RG **71** 204, **74** 71, **75** 163, BGH VRS **24** 191). Zum Vorsatz gehört die Kenntnis des Unglücksfalls sowie der tatsächlichen Voraussetzungen der Hilfeleistungspflicht (vgl. RG **75** 163, **77** 305, auch noch RG DR **40**, 154, ZAkDR **41**, 382 m. Anm. Bewer), insbes., daß die unterlassene Maßnahme zur Hilfeleistung erforderlich ist (Hamm JMBlNRW **56**, 189). **Bedingter Vorsatz** genügt (RG DR **42**, 1787), so z. B., wenn der Täter nur mit der Möglichkeit rechnet, daß der Verunglückte noch am Leben ist und daher der Hilfe bedarf (vgl. BGH VRS **14** 194). Die irrige Annahme von Umständen, die das Handeln als unzumutbar erscheinen lassen, schließt den Vorsatz aus (155 vor § 13). (Vgl. jedoch NJW Hamm **68**, 212 [Verbotsirrtum] m. krit. Anm. Kreuzer NJW 68, 1201). Zum Bewußtsein der Verpflichtung als solcher vgl. § 15 RN 93ff. Irrt der Täter über die Erforderlichkeit seiner Hilfeleistung, so entfällt der Vorsatz. Zur Erkennbarkeit der Nothilfevoraussetzungen vgl. Vermander aaO 75 ff.

Der Täter muß sich im Widerstreit der Interessen zur Unterlassung entschlossen haben, also 29 von der eigenen Gefahr oder der drohenden Verletzung anderer Pflichten gewußt haben. Nahm er irrtümlich an, sich durch sein Eingreifen zu gefährden, so entfällt der Vorsatz. Dieser Irrtum ist Tatbestandsirrtum, da die Zumutbarkeit ein Tatumstand ist; ebenso Mösl LK[9] § 330c RN 22.

V. Vollendet ist die Tat, wenn der Unterlassende innerhalb des maßgeblichen Zeitraums (vgl. 30 o. 24) die Hilfeleistung nicht erbracht hat (enger BGH **14** 213, **21** 55, VRS **25** 42, Schaffstein Dreher-FS 153; vgl. auch Maihofer GA 58, 296). Auf dem Boden der hier vertretenen Auffassung spielt die Feststellung des Vollendungszeitpunkts jedoch, da § 323c als unechtes Unternehmensdelikt aufzufassen ist (vgl. o. 2a), keine Rolle. Entschließt sich etwa der Täter nach seiner Weigerung, Hilfe zu leisten, doch noch zur Hilfe, so kann, da die Tat formell vollendet ist (vgl. § 11 RN 55), § 24 keine Anwendung mehr finden, wohl aber müssen die Grundsätze der tätigen Reue analog auf diesen Fall übertragen werden (vgl. § 24 RN 114; and. BGH **14** 217, Mösl LK[9] § 330c RN 24, Schaffstein Dreher-FS 154, Rudolphi SK 29). Wer also an einem Verunglückten vorbeifährt in der Absicht, nicht Hilfe zu leisten, und dann nach 500 m umkehrt, bleibt straflos, wenn sein Zögern unschädlich gewesen ist. Das gilt auch dann, wenn ein anderer ihm zuvor gekommen ist und die erforderliche Hilfe erbracht hat.

VI. Täter kann jedermann sein, also z. B. nicht nur der Kraftwagenlenker, der als Unfallverur- 31 sacher in Betracht kommt, sondern auch sein Mitfahrer (RG **74** 200, DR **42**, 1223, BGH **11** 137 m. Anm. Schröder JR 58, 186, VRS **32** 437, Hamburg MDR **52**, 629, Hamm NJW **53**, 234). Wer als Verursacher der Gefahr Garant für die Abwendung des Erfolges ist (vgl. § 13 RN 43), macht sich u. U. wegen eines unechten Unterlassungsdelikts strafbar; vgl. u. 34.

Eine **Teilnahme** wird hier zwar **selten** in Frage kommen, da jeder, der zur Hilfe imstande ist, 31a seinerseits als Täter des § 323c angesehen werden muß. Denkbar ist aber z. B. eine Anstiftung durch den, der selbst zur Hilfe nicht imstande und deshalb auch nicht verpflichtet ist.

Bestritten ist, ob Täter auch sein kann, wer die **Gefahr vorsätzlich herbeigeführt** hat, z. B. 32 nach einem Tötungsversuch oder einer vorsätzlichen Körperverletzung das Opfer hilflos liegen läßt (vgl. BGH GA **56**, 121). Soweit die aus der Tat entspringende Gefahr im Rahmen des vom Vorsatz erfaßten Erfolges bleibt, ist § 323c nicht anwendbar (Subsidiarität; vgl. BGH **14** 285 und u. 34), so z. B. nicht, wenn jemand einen anderen besinnungslos schlägt und ihn dann ohne Hilfe läßt (Frankfurt NJW 57, 1847; and. [Realkonkurrenz] wohl RG 75 359). Besteht die Gefahr, daß der Erfolg eines anderen Tatbestands eintritt, also ein Erfolg, der vom ursprünglichen Vorsatz nicht umfaßt wird, z. B. der Tod nach einer Körperverletzung, so ist § 323 c an sich anwendbar (BGH 14 282). Zumeist wird in diesen Fällen allerdings ein unechtes Unterlassungsdelikt (Rechtspflicht aus vorangegangenem Tun) vorliegen, so daß § 323 c als subsidiäres Delikt zurücktritt (vgl. u. 34 f.).

33 **VII. Idealkonkurrenz** soll mit § 142 möglich sein; vgl. dagegen § 142 RN 81. Beim Zusammentreffen mit § 138 geht dieser als lex specialis vor (o. 7; and. [Idealkonkurrenz] Vermander aaO 64).

34 Zu einer **Begehungstat**, die auf den **gleichen Erfolg gerichtet** ist, steht § 323 c regelmäßig im Verhältnis der Subsidiarität (BGH 3 68, 14 285); dies gilt auch gegenüber dem Versuch. Wer bei einer Notzucht dem Täter zur Hilfe eilt, anstatt dem Opfer beizustehen, ist wegen Beihilfe zur Notzucht, nicht nach § 323 c zu bestrafen. Subsidiarität liegt auch im Verhältnis zu einem unechten Unterlassungsdelikt vor (BGH 14 284, M-Schroeder II 44, Mösl LK⁹ § 330 c RN 25; and. Maurach BT 44 [Idealkonkurrenz], Oehler JuS 61, 156; wieder and. Lackner 5, Pfannmüller MDR 73, 727: fehlende Tatbestandsmäßigkeit); dies gilt auch gegenüber dem Versuch. Die weitergehende Pflicht, den Erfolg zu verhindern, schließt die auf bloße Hilfeleistung gerichtete notwendig in sich. Wer z. B. seinen Ehegatten nach einem Unglücksfall verbluten läßt, ist nur aus § 211 ff. zu verurteilen. Tritt der Täter vom Versuch des unechten Unterlassungsdelikts zurück so gilt für § 323 c das o. 30 Gesagte. Idealkonkurrenz mit § 323 c liegt dagegen vor, wenn das unechte Unterlassungsdelikt nur fahrlässig begangen ist (vgl. § 13 RN 60).

35 § 323 c ist gegenüber dem unechten Unterlassungsdelikt nicht in dem Sinne speziell, daß der Täter, der durch Verursachung eines Unfalls eine weitere Gefahr geschaffen hat, für ihre Nichtbeseitigung nur wegen unterlassener Hilfeleistung zu bestrafen wäre (and. Welzel JZ 58, 494). Anderenfalls würde aus § 212 zu bestrafen sein, wer eine bloße Gefahr geschaffen hat und nach Erkennen dieser Tatsache den dadurch drohenden tödlichen Unfall nicht verhindert, während nur § 323 c eingreifen würde, wenn der Täter bereits einen Unfall herbeigeführt hat und dann nichts unternimmt, um den dadurch drohenden Tod abzuwenden.

36 Treten bei **einem Unglücksfall mehrere Gefahren** auf, die ein Eingreifen des Täters erforderlich machen, so bestimmt sich die Reihenfolge seines Handelns nach der Größe der Gefahren und dem Wert der gefährdeten Rechtsgüter. Bei Gleichwertigkeit (z. B. mehrere Verletzte) liegt **Idealkonkurrenz** vor, wenn der Täter keinem hilft.

Achtundzwanzigster Abschnitt. Straftaten gegen die Umwelt

Vorbemerkungen zu den §§ 324 ff.

Schrifttum: Albrecht/Heine/Meinberg, Umweltschutz durch Strafrecht, ZStW 96, 943. – *Backes*, Umweltstrafrecht, JZ 73, 337. – *ders.*, Fehlstart im Umweltstrafrecht, ZRP 75, 229. – *Baumann*, Ein Nachtrag zu den Personengefährdungsdelikten des AE, ZRP 72, 51. – *ders.*, Der strafrechtliche Schutz der menschlichen Lebensgrundlagen, ZfW 73, 63. – *Bloy*, Die Straftaten gegen die Umwelt im System des Rechtsgüterschutzes, ZStW 100, 485. – *Bottke*, Das zukünftige Umweltschutzstrafrecht, JuS 80, 539. – *Brauer*, Die strafrechtliche Behandlung genehmigungsfähiger, aber nicht genehmigter Verhaltens, 1988. – *Breuer*, Die Entwicklung des Umweltschutzrechts seit 1977, NJW 79, 1862. – *ders.*, Empfehlen sich Änderungen des strafrechtlichen Umweltschutzes insbesondere in Verbindung mit dem Verwaltungsrecht?, NJW 88, 2072. – *Brodersen*, Der 57. Deutsche Juristentag in Mainz 1988 – Strafrechtliche Abteilung, JZ 89, 33. – *Buckenberger*, Strafrecht und Umweltschutz, 1975. – *Cramer*, Schutz gegen Verkehrslärm, Arbeiten zur Rechtsvergleichung Bd. 89, 1978. – *Dahs/Pape*, Die behördliche Duldung als Rechtfertigungsgrund im Gewässerstrafrecht (§ 324 StGB), NStZ 88, 393. – *Dahs/Redeker*, Empfehlen sich Änderungen im strafrechtlichen Umweltschutz, insbesondere in Verbindung mit dem Verwaltungsrecht, DVBl 88, 804. – *Dölling*, Umweltstrafrecht und Umweltverwaltung, JZ 85, 461. – *ders.*, Empfehlen sich Änderungen des Umweltstrafrechts?, ZRP 88, 334. – *Ensenbach*, Probleme der Verwaltungsakzessorietät im Umweltstrafrecht, 1989. – *Fluck*, Die Duldung des unerlaubten Betreibens genehmigungsbedürftiger Anlagen, NuR 90, 197. – *Forkel*, Grenzüberschreitende Umweltbelastungen und deutsches Strafrecht, 1987. – *Franzheim*, Die Bewältigung der Verwaltungsrechtsakzessorietät in der Praxis, JR 88, 319. – *Galonska*, Amtsdelikte im Umweltrecht, 1986. – *Gentzcke*, Informales Verwaltungshandeln und Umweltstrafrecht, 1990. – *Geulen*, Grundlegende Neuregelung des Umweltstrafrechts, ZRP 88, 323. – *Hallwaß*, Die behördliche Duldung als Unrechtsausschließungsgrund im Umweltstrafrecht, 1987. – *Hamm*, Stellungnahme zum Referentenentwurf eines ... Strafrechtsänderungsgesetzes – 2. Gesetz zur Bekämpfung der Umweltkriminalität – des Bundesministers der Justiz, StV 90, 223. – *Heine*, Zur Rolle des strafrechtlichen Umweltschutzes, ZStW 101, 722. – *ders.*, Verwaltungsakzessorität des Umweltstrafrechts, NJW 90, 2425. – *Heine/Meinberg*, Das Umweltschutzstrafrecht – Grundlagen und Perspektiven einer erneuten Reform, GA 90, 1. – *Hermes/Wieland*, Die staatliche Duldung rechtswidrigen Verhaltens, 1988. – *Herrmann*, Die Rolle des Strafrechts beim Umweltschutz in der Bundesrepublik Deutschland, ZStW 91, 281. – *Hoppe/*

Beckmann, Umweltrecht, 1989. – *Horn*, Strafbares Fehlverhalten von Genehmigungs- und Aufsichtsbehörden?, NJW 81, 1. – *ders.*, Umweltschutz-Strafrecht: eine After-Disziplin?, UPR 83, 362. – *Hümbs-Krusche/Krusche*, Die strafrechtliche Erfassung von Umweltbelastungen, 1982. – *dies.*, Die Effektivität gesetzgeberischer Initiative im Umweltstrafrecht, ZRP 84, 61. – *Iburg*, Zur strafrechtlichen Verantwortlichkeit von Amtsträgern der Gewerbeaufsicht, UPR 89, 128. – *Immel*, Strafrechtliche Verantwortlichkeit von Amtsträgern im Umweltstrafrecht: Umweltuntreue, 1987. – *ders.*, Die Notwendigkeit eines Sondertatbestandes im Umweltstrafrecht – Umweltuntreue, ZRP 89, 105. – *Just/ Dahlmann*, Stiefkind des Strafrechts: Umweltschutz, Sarstedt-FS, 81. – *Kareklas*, Die Lehre vom Rechtsgut und das Umweltstrafrecht, 1990. – *Kegler*, Umweltschutz durch Strafrecht, 1989. – *Keller*, Umweltschutz und Strafrecht unter besonderer Berücksichtigung des Verwaltungsrechts, 1987. – *ders.*, Zur strafrechtlichen Verantwortlichkeit des Amtsträgers für fehlerhafte Genehmigungen im Umweltrecht, Rebmann-FS 241. – *Klages*, Meeresumweltschutz und Strafrecht, 1989. – *Kleine-Cosack*, Kausalitätsprobleme im Umweltstrafrecht, 1988. – *Kloepfer*, Umweltrecht unter Berücksichtigung des Umweltstrafrechts, 1989. – *Krusche*, Verschärfung des Umweltrechts – Konsequenzen für die Unternehmen, JR 89, 489. – *Kube/Seitz*, Zur „Rentabilität" von Umweltdelikten oder: Viel passiert, wenig geschieht, DRiZ 87, 41. – *Kühl*, Probleme der Verwaltungsakzessorietät des Strafrechts, insbesondere des Umweltstrafrechts, Lackner-FS 815. – *Laufhütte*, Frühstart von „Backes", ZRP 76, 24. – *ders.*, Überlegungen zur Änderung des Umweltstrafrechts, DRiZ 89, 337. – *Laufhütte/Möhrenschlager*, Umweltstrafrecht in neuer Gestalt, ZStW 92, 912. – *Leibinger*, Der strafrechtliche Schutz der Umwelt, ZStW Beiheft 1978, 69. – *Lenckner*, Behördliche Genehmigungen und der Gedanke des Rechtsmißbrauchs im Strafrecht, Pfeiffer-FS 27. – *Martin*, Strafbarkeit grenzüberschreitender Umweltbeeinträchtigungen, 1989. – *Meinberg*, Amtsträgerstrafbarkeit bei Umweltbehörden, NJW 86, 2220. – *ders.*, Empirische Erkenntnisse zum Vollzug des Umweltstrafrechts, ZStW 100, 112. – *Meinberg/Link*, Umweltstrafrecht in der Praxis: Falldokumentation zur Erledigung von Umweltstrafsachen, 1988. – *Meinberg/Möhrenschlager/Link (Hrsg.)*, Umweltstrafrecht, 1989. – *Meurer*, Umweltschutz durch Umweltstrafrecht?, NJW 88, 2065. – *Möhrenschlager*, Konzentration des Umweltstrafrechts, ZRP 79, 97. – *ders.*, Die Verankerung von Umweltstraftaten im Strafgesetzbuch, Umwelt 79, 476. – *ders.*, Neuere Entwicklungen im Umweltstrafrecht des Strafgesetzbuches, NuR 83, 209. – *ders.*, Kausalitätsprobleme im Umweltstrafrecht des Strafgesetzbuches, WuV 84, 47. – *Mumberg*, Der Gedanke des Rechtsmißbrauchs im Umweltstrafrecht, 1989. – *Odersky*, Zur strafrechtlichen Verantwortlichkeit für Gewässerverunreinigungen, Tröndle-FS, 291. – *Odersky/Brodersen*, Empfehlen sich Änderungen des strafrechtlichen Umweltschutzes insbesondere in Verbindung mit dem Verwaltungsrecht?, ZRP 88, 475. – *Oehler*, Die internationalstrafrechtlichen Bestimmungen des künftigen Umweltstrafrechts, GA 80, 241. – *Otto*, Grundsätzliche Problemstellungen des Umweltrechts, Jura 91, 308. – *Papier*, Strafbarkeit von Amtsträgern im Umweltrecht, NJW 88, 1113. – *Papier/Kessal*, Umweltschutz durch Strafrecht, 1987. – *Rademacher*, Die Strafbarkeit wegen Verunreinigung eines Gewässers (§ 324 StGB), 1989. – *Reinhardt*, Der strafrechtliche Schutz vor den Gefahren der Kernenergie und den schädlichen Wirkungen ionisierender Strahlen, 1989. – *Rengier*, Die öffentlich-rechtliche Genehmigung im Strafrecht, ZStW 101, 874. – *ders.*, Zur Bestimmung und Bedeutung der Rechtsgüter im Umweltstrafrecht, NJW 90, 2506. – *Rogall*, Das Gesetz zur Bekämpfung der Umweltkriminalität (18. StRÄG), JZ-GD 80, 101. – *ders.*, Gegenwartsprobleme des Umweltstrafrechts, Uni Köln-FS 505. – *Rudolphi*, Probleme der strafrechtlichen Verantwortlichkeit von Amtsträgern für Gewässerverunreinigungen, Dünnebier-FS, 561. – *ders.*, Primat des Strafrechts im Umweltschutz, NStZ 84, 193, 248. – *Sack*, Das Gesetz zur Bekämpfung der Umweltkriminalität, NJW 80, 1424. – *ders.*, Novellierung des Umweltstrafrechts (Zweites Gesetz zur Bekämpfung der Umweltkriminalität), MDR 90, 286. – *Samson*, Kausalitäts- und Zuordnungsprobleme im Umweltstrafrecht, ZStW 99, 617. – *ders.*, Konflikte zwischen öffentlichem und strafrechtlichem Umweltschutz, JZ 88, 800. – *Sander*, Gesetz zur Bekämpfung der Umweltkriminalität, DB 80, 1249. – *ders.*, Umweltstraf- und Ordnungswidrigkeitenrecht, 1981. – *Sangenstedt*, Garantenstellung und Garantenpflicht von Amtsträgern, 1989. – *Schall*, Umweltschutz durch Strafrecht: Anspruch und Wirklichkeit, NJW 90, 1263. – *Scheller*, Bericht über das Kolloquium „Zur Rolle des strafrechtlichen Umweltschutzes. Rechtsvergleichende Beobachtungen zu Hintergründen, Gestaltungsmöglichkeiten und Trends", ZStW 101, 788. – *Schild*, Probleme des Umweltstrafrechts, Jura 79, 421. – *ders.*, Umweltschutz durch Kriminalstrafrecht?, JurBl 79, 12. – *Schink*, Vollzug des Umweltstrafrechts durch die Umweltbehörden, DVBl. 86, 1073. – *Schmidt-Salzer*, Umwelthaftpflicht und Umwelthaftpflichtversicherung (II/2), VersR 90, 124. – *Schwind/Steinhilper (Hrsg.)*, Umweltschutz und Umweltkriminalität, 1986. – *Seelmann*, Atypische Zurechnungsstrukturen im Umweltstrafrecht, NJW 90, 1257. – *Tiedemann*, Die Neuordnung des Umweltstrafrechts, 1980. – *Tiedemann/Kindhäuser*, Umweltstrafrecht – Bewährung oder Reform?, NStZ 88, 337. – *Tiessen*, Die „genehmigungsfähige" Gewässerverunreinigung, 1987. – *Triffterer*, Die Rolle des Strafrechts beim Umweltschutz in der Bundesrepublik Deutschland, ZStW 91, 309. – *ders.*, Umweltstrafrecht, 1980. – *Tröndle*, Verwaltungshandeln und Strafverfolgung – konkurrierende Instrumente des Umweltrechts?, Meyer-GS 607. – *Vogel*, Zum Umweltrecht in der Bundesrepublik Deutschland, ZRP 80, 178. – *Wasmuth/Koch*, Rechtfertigende Wirkung der behördlichen Duldung im Umweltstrafrecht, NJW 90, 2434. – *Weber*, Strafrechtliche Verantwortlichkeit von Bürgermeistern und leitenden Verwaltungsbeamten im Umweltrecht, 1988. – *Wernicke*, Zur Strafbarkeit der Amtsträger von Wasseraufsichtsbehörden bei Unterlassungen, ZfW 80, 261. – *Winkelbauer*, Zur Verwaltungsakzessorietät im Umweltstrafrecht, 1985. – *ders.*, Die strafrechtliche Verantwortung von Amtsträgern im Umweltstrafrecht, NStZ 86, 149. – *ders.*,

Die Verwaltungsabhängigkeit des Umweltstrafrechts, DÖV 88, 723. – *ders.*, Die behördliche Genehmigung im Strafrecht, NStZ 88, 201. – *Wittkämper/Wulff-Nienhuser,* Umweltkriminalität – heute und morgen, 1987.

1   I. Das Umweltschutzstrafrecht enthält in dem neuen 28. Abschnitt die wichtigsten Tatbestände zum **Schutz der Umwelt** (zur Entstehungsgeschichte vgl. D-Tröndle 1, Triffterer, Umweltstrafrecht 16ff.); vgl. auch die Literaturübersicht bei Heinz NStZ 81, 253. Es faßt im wesentlichen Vorschriften zusammen, die bisher im Nebenstrafrecht, z. B. im WHG, BImSchG, AbfG oder AtomG geregelt waren; diese Vorschriften sind z. T. erheblich verändert und erweitert worden. Neben den Vorschriften dieses Abschnitts und den ebenfalls durch das 18. StÄG geschaffenen §§ 311 d, 311e bleiben weitere Umweltschutzbestimmungen in den verwaltungsrechtlichen Spezialgesetzen bestehen, z. B. in § 148 GewO (vgl. § 15 GewG-DDR), §§ 63 ff. BSeuchG (vgl. Art. 3 §§ 1, 2; Art. 8 § 4 UmWRG-DDR), § 74 TierSG, § 17 TierSchutzG, §§ 51 f. LMBG, § 24 PflanzenSchG (vgl. Art. 6 § 5 u. Art. 7 § 1 UmWRG-DDR), § 7 DDT-G.

2   **1. Ziel der Reform** war – neben der Erweiterung der Verfolgungsmöglichkeiten – eine Vereinheitlichung der Materie und eine Präzisierung der Tatbestände, sowie die Schärfung des Bewußtseins der Öffentlichkeit für die Sozialschädlichkeit von Umweltbelastungen (vgl. BT-Drs. 8/2382 S. 9 ff., 8/3633 S. 19). Dieses Reformziel ist überwiegend auf Zustimmung gestoßen (vgl. Lackner 1 b, Möhrenschlager ZStW 92, 912, Tiedemann aaO 13, Triffterer, Umweltstrafrecht 30, Kühl Lackner-FS 824); dessen praktische Verwirklichung durch Exekutive und Judikative lassen jedoch zu wünschen übrig (Hümbs-Krusche, Krusche aaO 284 ff., ZRP 84, 61, Albrecht/Heine/Meinberg ZStW 96, 943, 996, Kube/Seitz DRiZ 87, 41, Meinberg ZStW 100, 112 ff., Laufhütte DRiZ 89, 337 ff.), daher ist die Reformbedürftigkeit der neuen Vorschriften unbestreitbar (Tiedemann/Kindhäuser NStZ 88, 337 ff., Meinberg ZStW 100, 112 ff.). Im Ergebnis werden heute immer noch verhältnismäßig viele Bagatellverstöße verfolgt, während erhebliche Industrieverschmutzungen von Wasser, Luft usw. aus mannigfachen Gründen auf Schwierigkeiten bei der Aufklärung und Ahndung stoßen (vgl. dazu Schmidt-Salzer VersR 90, 124 ff.).

3   **2.** Gleichwohl sind gegen das Gesetz als ganzes, wie gegen einzelne Vorschriften zahlreiche, teilweise allerdings unbegründete **Einwände** erhoben worden:

4   a) So im Hinblick auf die **Gesetzestechnik.** Diese ist durch eine enge Verzahnung der sanktions- und verwaltungsrechtlichen Vorschriften gekennzeichnet (Lackner 1, D-Tröndle 4; rechtsvergleichend hierzu Heine NJW 90, 2425 ff.), welche die rechtsstaatlich gebotene Rücksichtnahme auf den Sachzusammenhang vermissen lasse (Dreher NJW 52, 1282, Lenzen JR 80, 137) und wegen der zahlreichen Verweisungen zu Vorschriften führe, die in ihrer Diktion schwerfällig und für den Laien unverständlich seien (Sack NJW 80, 1427, Sander DB 80, 1249). Bedenklich sei diese Art der Gesetzgebung, die weitgehend in Blankettvorschriften münde, weil der Strafgesetzgeber einen Blankoscheck ausstelle, den auszufüllen der verwaltungsrechtlichen Fachkompetenz zustehe, und er sich dadurch selbst entmachte (D-Tröndle 4, vgl. auch Horn UPR 83, 363). Richtig an dieser Kritik ist, daß die Umweltschutzbestimmungen wegen des unvermeidlichen Maßes an strafrechtlicher Abhängigkeit von verwaltungsrechtlichen Normen und behördlichen Entscheidungen sehr kompliziert und teilweise undurchsichtig geworden sind (Kühl Lackner-FS 817); aus verfassungsrechtlicher Sicht ist damit die Grenze des Zulässigen zwar erreicht, aber noch nicht überschritten (Kühl aaO). Eine Verletzung des verfassungsrechtlichen Bestimmtheitsgebots (Art. 103 II, 104 GG) sowie des Gewaltenteilungsgrundsatzes (Art. 20 II GG) stellen die Umweltstrafbestimmungen nicht dar. Dies hat das BVerfG (NJW **87**, 3175) für § 327 II Nr. 1 mit auch auf die übrigen Umweltnormen übertragbaren Erwägungen bestätigt. Von einer Selbstentmachtung des Strafgesetzgebers, dem es im Rahmen seiner Kompetenz jederzeit freisteht, die Materie erneut an sich zu ziehen, kann aber keine Rede sein (so auch Meurer NJW 88, 2067, Tiedemann/Kindhäuser NStZ 88, 344). Bedenklich ist allenfalls, daß durch die Anhäufung von Blankettgesetzen (dazu 3 vor § 1), die für diesen Abschnitt signifikant ist, der Anwendungsbereich der Vorschriften nicht nur in die Kompetenz verschiedener, namentlich auch landesrechtlicher Verordnungsgeber gelegt, sondern auch von Verwaltungsakten (Anordnungen, Auflagen usw.) abhängig gemacht wird. Mit Recht weist Lackner (1 b bb) hin auf die damit verbundene, verfassungsrechtlich bedenkliche Abhängigkeit des Umweltstrafrechts von der Umweltpolitik der verschiedenen bundes- oder landesrechtlichen Gesetz- und Verordnungsgeber sowie einer mehr oder minder strengen Verwaltungspraxis der Umweltbehörden (allerdings liegt darin nach BVerfG NJW **87**, 3176, grundsätzlich noch keine Verletzung des Grundrechts der Gleichheit vor dem Gesetz), die auch durch sachfremde Einfluß- oder Rücksichtnahmen bestimmt sein kann, z. B. bei einer Verfilzung von Aufsichtsbehörden und Privatindustrie (vgl. auch D-Tröndle 4). Indessen läßt sich diese Abhängigkeit der Verbotsmaterie von außerstrafrechtlichen Normsetzungs- und Verwaltungsakten im jetzigen System wegen des Prinzips der Einheit der Rechtsordnung kaum vermeiden (krit. Samson JZ 88, 801 ff., der meint, daß die derzeitige Ausgestaltung des Umweltstrafrechts wesentliche Prinzipien des Verwaltungsrechts und des Verfahrensrechts verletze und die Einheit der Rechtsordnung daher nicht verwirklicht sei). Zur Auswirkung fehlerhafter Verwaltungsakte für die Strafbarkeit vgl. u. 16.

b) Bedenken werden weiterhin gegen die Verselbständigung zahlreicher **unbestimmter** **Rechtsbegriffe** vorgebracht, deren Übereinstimmung mit den entsprechenden verwaltungsrechtlichen Begriffen nicht gewährleistet, z. T. nicht einmal beabsichtigt ist (Lackner). So wird z. B. in § 325 I S. 1 Nr. 1 von der „Veränderung der natürlichen Zusammensetzung der Luft" gesprochen, ohne daß an die verwaltungsrechtlichen Richt- und Grenzwerte angeknüpft wird (vgl. § 325 RN 2), gleiches gilt für das Merkmal „Bestandteile des Naturhaushalts von erheblicher ökologischer Bedeutung" in § 330 (vgl. dort RN 30). Obwohl diese Bedenken unter dem verfassungsrechtlichen Gesichtspunkt des Bestimmtheitsgebots des Art. 103 II GG (vgl. dazu § 1 RN 17 ff.) nicht von der Hand zu weisen sind, weil unbestimmte Begriffe die praktische Handhabung der genannten Vorschriften in beträchtlichem Maße erschweren, hat das BVerfG (NJW 87, 3175 f.) sie für verfassungsgemäß erachtet. Abhilfe könnte hier freilich nur eine stärkere Akzessorietät zu den verwaltungsrechtlichen Vorschriften bringen, die aber ihrerseits wiederum den o. 4 genannten Bedenken ausgesetzt ist.

c) Dem Gesetzgeber ist weiterhin vorgeworfen worden, er habe die **schwierigsten Fragen** des Umweltschutzes **ungelöst** gelassen. So sei etwa eine Bestrafung solcher Umweltbelastungen kaum möglich, die auf Summations- oder Kumulationseffekten beruhen, wobei die einzelnen Handlungen im Rahmen der erteilten Genehmigungen oder Auflagen erfolgen (Lackner 2 a). Indessen sind Umweltbelastungen dieser Art nur durch die gebotene Zurückhaltung der Behörden bei der Erteilung von Genehmigungen, durch völkerrechtliche Verträge mit den Nachbarstaaten bei grenzüberschreitenden Emissionen (vgl. dazu Forkel aaO, Martin aaO) oder durch staatliche Aufsichtsmaßnahmen zu verhindern. Abhilfe könnte hier – abgesehen von den verwaltungsrechtlichen Möglichkeiten einer Dienstaufsicht oder disziplinarischer Maßnahmen – nur ein Straftatbestand schaffen, der de lege ferenda ein Fehlverhalten solcher Amtsträger erfaßt, die durch eine unangemessen großzügige Genehmigungspraxis zu einer nicht mehr tragbaren Umweltbelastung beitragen (Immel Umweltuntreue 37 ff., ZRP 89, 107; a. A. Schünemann wistra 86, 236). Dieser Komplex ist aber aus dem Regelungsbereich des 18. StÄG bewußt ausgeklammert worden; vgl. dazu u. 29 ff. Die jetzt bestehenden Möglichkeiten einer strafrechtlichen Erfassung der Amtsträger nach allgemeinen Grundsätzen (vgl. u. 29 ff.) ist äußerst lückenhaft und führt auch nicht zu angemessenen Ergebnissen.

d) Weiterhin wird kritisiert, daß der Gesetzgeber bei §§ 325 (Abs. 1 S. 2), 329 (Abs. 1 S. 3) und 330 (Abs. 1 S. 2) pauschal die Immisionen von **Verkehrsfahrzeugen** aus dem Umweltstrafrecht ausgenommen hat (D-Tröndle 7, Triffterer, Umweltstrafrecht 199 f., 222; vgl. auch Rogall JZ-GD 80, 109), ohne daß insoweit im Hinblick auf einen effizienten Umweltschutz ausreichende Verkehrsvorschriften geschaffen wurden; vgl. hierzu Cramer aaO 9.

3. Aufgrund dieser Einwände sind zur Zeit **Reformbestrebungen** im Gange, die bereits zu Entwürfen zu einem 2. Gesetz zur Bekämpfung der Umweltkriminalität geführt haben (siehe den Gesetzentwurf der CDU/CSU und FDP, BT-Drs. 11/6453, den gleichlautenden Entwurf der Bundesregierung, BT-Drs. 12/192 sowie den SPD-Entwurf, BT-Drs. 12/376). Während der Regierungsentwurf sich im wesentlichen auf überwiegend anerkannte und weniger umstrittene Änderungen und Ergänzungen beschränkt, so z. B. die Schaffung eines Tatbestandes gegen Bodenverunreinigung (§ 324 a; vgl. dazu auch den auf dem Gebiet der früheren DDR fortgeltenden § 191 a StGB-DDR), unter Beibehaltung der Verwaltungsakzessorietät des Umweltstrafrechts, sieht der SPD-Entwurf eine Neufassung des gesamten 28. Abschnitts vor. Danach soll, neben einem Bodenschutztatbestand (§ 325 a), auch die enge Anbindung des Strafrechts an das Verwaltungsrecht aufgelockert sowie ein Sondertatbestand (§ 329 a) für Amtsträger im Umweltschutzbereich geschaffen werden. Vgl. zu diesen Entwürfen Möhrenschlager wistra 90, V ff., der die wesentlichsten vorgesehenen Änderungen kommentierend gegenüberstellt (vgl. ferner de lege ferenda Sack MDR 90, 286, Hamm StV 90, 223, Dahs/Redeker DVBl 88, 804, Breuer NJW 88, 2082, Dölling ZRP 88, 336, Heine/Meinberg GA 90, 1, Seelmann NJW 90, 1257, Schall NJW 90, 1263, Tröndle Meyer-FS 607, 625).

II. Als geschützte **Rechtsgüter** dieses Abschnitts sind die in den Vorschriften genannten Medien der Umwelt (Wasser, Luft, Boden) und ihre sonstigen Erscheinungsformen (Pflanzen- und Tierwelt) zu verstehen (vgl. BT-Drs. 8/2362 S. 10, D-Tröndle 3, Lackner 4, Möhrenschlager ZRP 79, 98, Rudolphi ZfW 82, 197, NStZ 84, 194). Allerdings wird die Umwelt nicht um ihrer selbst willen, sondern zur Erhaltung humaner Lebensbedingungen der gegenwärtigen und künftigen Generationen geschützt; denn hinter der Umwelt als Lebensbedingung des Menschen steht der Mensch (vgl. Rogall JZ-GD 80, 104, Uni Köln-FS 509, Tiedemann aaO 18, Triffterer,

Umweltstrafrecht 33 ff., 70 f., Cramer aaO 9, Schittenhelm GA 83, 311, Bloy ZStW 100, 496 ff.); umfassend zu den unterschiedlichen Sichtweisen bei der Bestimmung der umweltstrafrechtlichen Rechtsgüter (Rengier NJW 90, 2506 ff., Kareklas aaO). Doch diese Letztbezüglichkeit auf den Menschen gilt im Grunde für alle Rechtsgüter, selbst für solche, die heute als verselbständigt erscheinen, wie etwa der Schutz von Eigentum oder Vermögen bzw. der Schutz von Allgemeininteressen bei § 304. Dies hindert jedoch nicht, den (Lebens- bzw. Gesundheits-) Schutz des Menschen zu mediatisieren durch mittelbare Schutzgüter, wie dies etwa auch bei der Verkehrssicherheit (vgl. § 315 RN 1) heute als selbstverständlich geschieht. Trotz Letztbezüglichkeit des Schutzzwecks der §§ 324 ff. auf den Menschen steht deshalb nichts im Wege, daneben auch die Umwelt (zu der neben Tieren und Pflanzen auch Wasser, Boden und Luft und nicht zuletzt auch die ungestörte Ruhe gehören können) als verselbständigte Schutzgüter zu begreifen. Dies nicht zuletzt deshalb, weil es beim Schutz des Menschen nicht nur darum geht, daß man lebt, sondern auch wie man lebt (vgl. Horn SK 2). Daher kommt bei den §§ 324 ff. ein doppelter Rechtsgutsbezug in Betracht: einerseits der Mensch selbst, andererseits die Ökologie in ihrer Funktion für die Allgemeinheit und den Menschen (ebenso Steindorf LK 12 ff.). Im übrigen ist davon auszugehen, daß der Schutz der ökologischen Rechtsgüter je nach dem Tatbestand der §§ 324 ff. unterschiedlich in der Hinsicht ausgestaltet sein kann, daß bald der Individualschutz, bald der der Allgemeinheit stärker betont ist; vgl. hierzu Martin aaO 191 ff. und die Erl. zu den einzelnen Vorschriften.

9 **III.** Das Umweltstrafrecht enthält vorwiegend **Gefährdungsdelikte.** Ein Erfolg in Gestalt einer feststellbaren Beeinträchtigung des Umweltgutes wird u. a. in §§ 324 (Wasserverunreinigung), 329 III (Beeinträchtigung wesentlicher Bestandteile eines schutzbedürftigen Gebiets), 330 II (Beeinträchtigung von Gewässer- oder Bodeneigenschaften bzw. Bestandteilen des Naturhaushalts) sowie bei der Erfolgsqualifikation des § 330 IV S. 2 Nr. 2 (Tod, schwere Körperverletzung) vorausgesetzt; zur Kausalität zwischen den Tathandlungen und den Gefährdungserfolgen vgl. Möhrenschlager WuV 84, 55. Neben konkreten Gefährdungsdelikten (vgl. 2, 5 ff. vor § 306), wie §§ 330 I, 330a, gibt es Tatbestände, die zu ihrer Vollendung die Herbeiführung eines Zustandes oder Handlungen voraussetzen, die geeignet sind, das jeweils geschützte Rechtsgut zu schädigen, wobei zweifelhaft sein kann, ob der Zustand als solcher schon die Beeinträchtigung eines Umweltgutes (§ 325: Reinheit der Luft, Ruhe) und damit einen Erfolg darstellt (vgl. § 325 RN 1). So setzt § 325 z. B. eine Veränderung der natürlichen Luftzusammensetzung oder eine Lärmverursachung voraus, die geeignet ist, die Gesundheit anderer zu schädigen. Diese Delikte werden überwiegend als potientielle (so etwa D-Tröndle § 325 RN 1, Lackner § 325 Anm. 1) oder abstrakt – konkrete Gefährdungsdelikte bezeichnet (so BT-Drs. 8/3633 S. 27, Rogall JZ-GD 80, 104, Tiedemann aaO 31); in Wahrheit handelt es sich jedoch nur um eine Spielart der abstrakten Gefährdungsdelikte (vgl. 3 vor § 306), bei denen der Richter auf der Grundlage eines naturgesetzlich abgesicherten Erfahrungswissens beurteilen muß, ob das Verhalten oder der Zustand die Schädigung des jeweils geschützten Rechtsguts befürchten läßt. Es ist nicht erforderlich, daß die konkreten Faktoren, aus denen sich die Schädigungseignung ergibt, schon einmal zu einem Schaden geführt haben. Ein Erfahrungssatz, der eine Gefährlichkeitsprognose zuläßt, kann gebildet werden, ohne daß die Gefahr in der Vergangenheit schon einmal zu einem Schaden geführt hat; so war die Gefährlichkeit einer Reaktorüberhitzung evident, auch bevor es zu einer Katastrophe gekommen war (Tschernobyl). Schwieriger ist die Frage zu beantworten, auf welche Einzelfaktoren das Eignungsurteil zu stützen ist. So stellt sich etwa bei der Luftverunreinigung nach § 325 die Frage, ob neben der Schädlichkeit der emittierten Stoffe auch die Besiedlungsdichte, die Höhe des Schornsteins oder gar die Wetterverhältnisse zur Tatzeit bei der Beurteilung zu berücksichtigen sind (vgl. hierzu Tiedemann aaO 31 f.); diese Frage kann verbindlich nur für den jeweiligen Tatbestand geklärt werden (vgl. etwa § 325 RN 18, § 326 RN 7 [zu Abs. 1 Nr. 3]), allgemeine Grundsätze lassen sich nicht aufstellen.

10 Bei den Umweltdelikten, die neben Individualrechtsgütern eben auch die ökologischen Güter in ihrer Funktion für die Allgemeinheit und damit überindividuelle Rechtsgüter schützen, gilt der in 3 a vor § 306 genannte Grundsatz, wonach eine im Einzelfall festgestellte absolute Ungefährlichkeit nicht zur Straflosigkeit führt. So bleiben das unerlaubte Betreiben einer Anlage (§ 327) und der unerlaubte Umgang mit Kernbrennstoffen (§ 328) auch dann strafbar, wenn das Verhalten unter Sicherungsvorkehrungen geschieht, die jede Gefahr ausschließen und die Erteilung einer behördlichen Genehmigung rechtfertigen würden (vgl. § 327 RN 11, § 328 RN 12). Eine Ausnahme hiervon stellt allerdings die Minimaklausel des § 326 V dar, die einen **objektiven Strafausschließungsgrund** für jene Fälle bringt, in denen schädliche Umwelteinwirkungen wegen der „geringen Menge" der abgelagerten Abfälle „offensichtlich ausgeschlossen sind"; zu Einzelheiten vgl. § 326 RN 17 ff. Die Bedeutung dieser Klausel ist umstritten; weitgehend Einheit besteht nur darin, daß die Vorschrift verunglückt ist (vgl. § 326 RN 17). Teilweise wird der Standpunkt vertreten, die Vorschrift sei überflüssig, weil sich ihr Regelungsgehalt aus allgemeinen Grundsätzen ergäbe (Trifftterer, Umweltstrafrecht 215); dem kann schon deswegen nicht gefolgt werden, weil es bei abstrakten Gefährdungsdelikten gegen Güter der Allgemeinheit wegen der zu befürchtenden Summations- und Kumulationseffekte eine derartige Strafbarkeitseinschränkung nicht gibt; deswegen ist § 326 V auch nicht erweiterungs- oder verallgemeinerungsfähig. Andererseits wird behauptet, aus der Existenz der Vorschrift und deren Ausnahmecharakter sei zu schließen, daß allen Bemühungen um eine Korrektur der abstrakten Gefährdungsdelikte insgesamt, also auch jenen, die Individualrechtsgüter schützen, der Boden entzogen würde (so wohl Lackner § 326 Anm. 7; vgl. auch Sack NJW 80, 1427); dem ist entgegenzuhalten, daß die Vorschrift, man mag sie als sacrificium intellectus bezeichnen oder nicht, im Zusammenhang der Umweltschutzvorschriften steht und gerade wegen dieser Sonderstellung für die allgemeine Problematik der abstrakten Gefährdungsdelikte nichts auszusagen vermag. Sie stellt daher weder eine Bestätigung noch die Durchbrechung eines allgemeinen Prinzips dar, sondern kann nur im Zusammenhang der Abfallvorschriften des § 326 eine Funktion erfüllen.

IV. Aus der bereits o. 4 beschriebenen **Verknüpfung des Verwaltungsrechts mit den Umweltstrafbestimmungen** erwächst eine Vielzahl von Problemen. Dabei stellt sich zunächst die Frage nach dem systematischen Standort der verwaltungsrechtlichen Merkmale (Tatbestand, Rechtswidrigkeit), was insb. für Vorsatz- und Irrtumsfragen (vgl. dazu u. 23) von Bedeutung ist. Weiterhin ist zu klären, an welchem verwaltungsrechtlichen Bezugspunkt (materielle Rechtmäßigkeit, Bestandskraft) die strafrechtliche Akzessorietät zu orientieren ist. Schließlich ist zu erörtern, welche Auswirkungen die Beseitigung rechtswidriger Verwaltungsakte auf die Strafbarkeit hat; zu den sich aus der Akzessorietät ergebenden Problemen vgl. Samson JZ 88, 800 ff., Heine NJW 90, 2425 ff., Otto NJW 91, 308 ff. 11

1. Der Gesetzgeber hat die Bestimmungen des Umweltstrafrechts im Hinblick auf die Verknüpfung mit dem Verwaltungsrecht ganz unterschiedlich formuliert. In einigen Tatbeständen muß das Verhalten „unter Verletzung verwaltungsrechtlicher Pflichten" (§§ 311 d, 325) oder „ohne die erforderliche Genehmigung oder entgegen einer vollziehbaren Untersagung" (§§ 327, 328) erfolgen, andere setzen einen Verstoß „gegen eine Rechtsvorschrift, vollziehbare Untersagung, Anordnung oder Auflage" (§ 330 I S. 1 Nr. 2) voraus, während bei weiteren Straftatbeständen das Verhalten „unbefugt" (§§ 324, 326) sein muß. Diese im Einzelfall unterschiedlichen Verbindungen des Umweltverwaltungsrechts mit den Strafvorschriften stellen sicher, daß sich jedenfalls derjenige grundsätzlich (zu Ausnahmen vgl. u. 17) nicht strafbar macht, der sein Verhalten nach den einschlägigen Rechtsvorschriften und Verwaltungsentscheidungen ausrichtet (vgl. Rogall JZ-GD 80, 104, Triffterer, Umweltstrafrecht 83 f.). Damit ist jedoch nicht gesagt, ob bereits die Tatbestandsmäßigkeit fehlt oder erst die Rechtswidrigkeit des Verhaltens ausgeschlossen wird. Diese Frage des **systematischen Standorts** ist für jeden Straftatbestand gesondert zu beantworten (so auch Bloy ZStW 100, 501). Dabei dürften folgende Gesichtspunkte leitend sein: 12

a) Soweit der Gesetzgeber – wie bei den meisten Umwelttatbeständen – ein Handeln gegen bestimmte Rechtsvorschriften oder Verwaltungsakte oder ohne Genehmigung in der Strafnorm selbst ausdrücklich voraussetzt, soll insoweit bereits die **Tatbestandsmäßigkeit** eingegrenzt werden (vgl. Horn SK 6, Steindorf LK § 325 RN 26, Tiedemann aaO 25, Triffterer, Umweltstrafrecht 94 ff., Ensenbach aaO 31 ff., diff. Martin aaO 184 ff.). Für diese Auffassung sprechen vor allem die Gesetzesformulierungen und Materialien (vgl. etwa zu § 325 BT-Drs. 8/2362 S. 15). Für den Fall, daß zwar die erforderliche Genehmigung – z. B. nach § 7 AtomG i. R. d. § 327 – nicht vorliegt, wohl aber ein das Verhalten gestattender rechtswidriger Verwaltungsakt – z. B. ein Vorab-Bescheid – will das LG Hanau (NStE **Nr. 7, 8** zu § 327 m. krit. Bspr. Dolde NJW 88, 2329, Horn NJW 88, 2335 u. Winkelbauer JuS 88, 691) eine Rechtfertigung annehmen. 13

b) Hingegen erweist sich die Einordnung bei den Straftatbeständen als schwieriger, die ein „**unbefugtes**" Verhalten voraussetzen (§§ 324, 326). Die wohl h. M. sieht hierin durchweg ein allgemeines Deliktsmerkmal der Rechtswidrigkeit (so etwa D-Tröndle § 324 RN 7, § 326 RN 10, Lackner § 324 Anm. 5, Horn SK § 324 RN 6, Sack § 324 RN 59 ff., Tiedemann aaO 15, 25, Tiedemann/Kindhäuser NStZ 88, 343, Ensenbach aaO 20, 135, Steindorf LK § 324 RN 74 ff., Schünemann wistra 86, 238; krit. Triffterer, Umweltstrafrecht 84 ff.). Hiergegen könnte eingewandt werden, daß diesem Merkmal dort, wo etwa im Wasserhaushaltsrecht hinsichtlich Sondernutzungen (Einleitung wasserbelastender Stoffe) – verwaltungsrechtlich ein Verbot mit Genehmigungsvorbehalt existiert, die gleiche Funktion zukommt, wie dem Merkmal „ohne Genehmigung". Sieht man das tatbestandsmäßige Verhalten in einem nachteiligen Verändern der Wassereigenschaften entgegen verwaltungsrechtlichen Vorschriften, so wäre das Genehmigungserfordernis Tatbestandsmerkmal. Schließlich könnte dem Merkmal eine Doppelfunktion zukommen (vgl. 65 vor § 13, § 326 RN 16). Schon nicht tatbestandsmäßig wäre dann die Einleitung wasserbelastender Stoffe, wenn sie mit Genehmigung der das Wasser als Umweltgut verwaltenden Behörde erfolgt; im übrigen würde das Merkmal auf mögliche Rechtfertigungs- 14

§§ 324 ff. Vorbem 15–16 c Bes. Teil. Straftaten gegen die Umwelt

gründe, etwa § 34, hinweisen. Bei § 326 (vgl. dort RN 16) besitzt das Merkmal eine Doppelfunktion; soweit nämlich bestimmte Abfälle außerhalb einer Anlage beseitigt werden dürfen, begrenzt diese „Befugnis" den Tatbestand. Im Falle des § 324 dürfte folgende Überlegung maßgeblich sein: Da § 324 von einer Verunreinigung oder nachteiligen Eigenschaftsänderung spricht, also als tatbestandsmäßiges Verhalten und als Erfolg eine objektiv feststellbare Umweltveränderung beschreibt, ist der Tatbestand gegeben, wenn der Täter den genannten Erfolg herbeiführt. Von hier aus betrachtet kann dem Merkmal „unbefugt" die Funktion eines allgemeinen Verbrechensmerkmals der Rechtswidrigkeit zuerkannt werden.

15 2. Für alle Fallgestaltungen stellt sich die Frage, ob es auf die Rechtmäßigkeit oder aber die Wirksamkeit der Verwaltungsentscheidung ankommt, bzw. inwieweit die verwaltungsrechtlichen Regelungen in das Strafrecht hineinwirken (**„Verwaltungsrechts-Akzessorietät"**, vgl. Horn SK 7).

16 a) Im Vordergrund steht hier die Frage, wie sich die **Fehlerhaftigkeit** einer Verwaltungsentscheidung auf die Strafbarkeit des im Einklang mit dieser Entscheidung handelnden Täters auswirkt, d. h. welchen Einfluß sie auf Tatbestandsmäßigkeit oder Widerrechtlichkeit hat. Im Schrifttum werden hier höchst kontroverse Standpunkte vertreten.

16a α) Nach h. M. ist im **Einklang** mit **verwaltungsrechtlichen Grundsätzen** zwischen Wirksamkeit und Nichtigkeit eines Verwaltungsaktes zu unterscheiden: Bei belastenden Verwaltungsakten, wie Untersagungen, Anordnungen oder Auflagen, kann es nur auf die Wirksamkeit der Entscheidung ankommen, da auch rechtswidrige Verwaltungsakte, sofern sie nicht nichtig sind, mit Erlangung der Bestandskraft oder wegen sofortiger Vollziehbarkeit von den Betroffenen zu beachten sind (vgl. BGH **23** 91, D-Tröndle § 325 RN 3, Horn SK 7, NJW 81, 2, Tiedemann aaO 39, Lackner § 325 Anm. 3 c, Rudolphi ZfW 82, 202, NStZ 84, 197, Ensenbach aaO 141 ff., Keller Rebmann FS 246 ff.). Auch bei begünstigenden Verwaltungsakten wie Genehmigungen (allgemein dazu vgl. 61 ff. vor § 32) kommt es grundsätzlich auf die Bestandskraft und nicht auf die materielle Richtigkeit der Entscheidung an (Horn SK 7, NJW 81, 2; Immel Umweltuntreue 130 ff., vgl. auch LG Hanau NStE **Nr. 7, 8** zu § 327 m. Bspr. Dolde NJW 88, 2329, Horn NJW 88, 2335 u. Winkelbauer JuS 88, 691, StA Stuttgart **Nr. 9** zu § 327; and. wohl Frankfurt NJW **87**, 2756, Rademacher aaO 165 ff., nunmehr auch Schall NJW 90, 1267).

16b β) Hiervon abweichend will eine Mindermeinung die Frage der Beachtlichkeit der Verwaltungsentscheidung nach genuin **strafrechtlichen Gesichtspunkten** entscheiden, wobei die Lösungswege verschieden sind. So wird für eine eigenständige, vom Verwaltungsrecht losgelöste „Nichtigkeitsprüfung" plädiert (Lorenz DVBl. 71, 170, Schünemann wistra 86, 239) mit dem Ergebnis, daß nicht bloß die nach § 44 VwVfG als nichtig zu beurteilenden Verwaltungsakte unbeachtlich sind, sondern auch solche, die strafrechtlichen Grundsätzen widersprechen (Schünemann aaO). Dies kann aber nicht bedeuten, daß jede sachwidrige Ermessensentscheidung schon zur strafrechtlichen Nichtigkeit führt. Im Ergebnis würde diese Auffassung dazu führen, daß ein Teil der wirksamen Verwaltungsakte im Strafrecht unbeachtlich bliebe, weil sie spezifisch strafrechtlichen Grundsätzen (welchen?) zuwiderliefen. Außerdem könnte dies dazu führen, daß der gleiche Verwaltungsakt durch verschiedene Strafgerichte in seiner Beachtlichkeit unterschiedlich beurteilt würde. Damit ist der Rechtsunsicherheit aber Tür und Tor geöffnet.

16c Eine andere Lösung geht dahin, die Strafbarkeit auf Verstöße gegen **rechtmäßige Verwaltungsakte** zu beschränken (Arnhold JZ 77, 789, Gerhards NJW 78, 86, Janicki JZ 68, 94, Ostendorf JZ 81, 167, Wüterich NStZ 87, 107). Dem liegt der Gedanke zugrunde, daß auch die Verwaltungsbehörde an das Gesetz gebunden ist, der Täter also nur einen Gesetzesverstoß (Art. 103 GG) begeht, wenn der verletzte Tatbestand durch eine gesetzeskonforme Entscheidung der Verwaltungsbehörde ergänzt ist (Kühl Lackner-FS 583). Trotz dieser bemerkenswerten Argumente kann dem aber nicht gefolgt werden, weil die etwaige Rechtswidrigkeit eines existent gewordenen Verwaltungsaktes erst festgestellt werden muß. Ob die Behörde gesetzeskonform oder gesetzwidrig entschieden hat, muß dabei der Beurteilungskompetenz der Verwaltungsgerichte überlassen bleiben (and. Kühl Lackner-FS 855). Bei Ermessensentscheidungen kann der Beurteilungsrahmen nicht durch die Strafgerichte ausgefüllt werden. Auf der Grundlage dieser Auffassung bleibt überdies die Möglichkeit divergierender Strafentscheidungen. Der Täter müßte einen wirksamen, aus seiner Sicht aber rechtswidrigen Verwaltungsakt nicht einmal anfechten; er könnte sich auf § 16 berufen, wenn er glaubt, die Untersagung usw. sei rechtsfehlerhaft. Mit dem Prinzip der Einheit der Rechtsordnung, zu deren Bestandteil auch die Beurteilungskompetenz von Verwaltungsakten gehört, ist diese Auffassung nicht in Einklang zu bringen. Bei begünstigenden Verwaltungsakten (Genehmigungen), deren Rechtmäßigkeit nach dieser Auffassung ebenfalls nach strafrechtsspezifischen Gesichtspunkten zu beurteilen ist, wird dem Täter als Erlaubnisadressaten überdies das Prüfungs- und Beurteilungsrisiko aufgebürdet, was zu unerträglichen Konsequenzen führt (vgl. Immel Umweltuntreue 131, 136). Etwas anderes gilt u. U. dann, wenn der Bürger die Unrichtigkeit der Entscheidung kennt oder sie sich ihm aufdrängt. Vgl. auch § 331 RN 53. Aus den gleichen Gründen kann auch der Ansicht von Winkelbauer (aaO) nicht gefolgt werden, der mit vielen Differenzierungen zwischen zutreffenden und unzutreffenden Verwaltungsakten sowie danach unterscheidet, ob durch eine Genehmigung der Tatbestand oder die Widerrechtlichkeit ausgeschlossen ist (gegen ihn Schünemann wistra 86, 240). Einen vermittelnden Lösungsweg will Geulen (ZRP 88, 325) beschreiten. Soweit eine Genehmigung nach verwaltungsrechtlichen Maßstäben rechtmäßig sei, könne eine Strafbarkeit nicht in Betracht kommen, da jedenfalls ein Rechtfertigungsgrund vorliege. Dagegen könne – entgegen der h. M. – eine rechtswidrige Genehmigung die Erfüllung eines objektiven Straftatbestandes nicht rechtfertigen. Korrekturen seien hier lediglich über die Anwendung der Grundsätze des Verbotsirrtums möglich (ähnlich Weber aaO., der dem Genehmigungsempfänger im Interesse der Rechtssicherheit und des Vertrauensschutzes einen persönlichen Strafausschließungsgrund i. S. d. § 28 zuerkennt). Die Argumente der h. M., daß der einzelne Bürger die rechtlichen Probleme nicht besser durchschauen müsse als die ihm überlegene Behörde, träfen, jedenfalls soweit es sich um die Genehmigung von Großanlagen handele, nicht zu, da deren Betreiber in der Regel nach Rechtskenntnis, überlegenem Sachwissen und Erfahrung den Sachbearbeitern der Genehmigungsbehörden überlegen seien. Folglich sei das Strafrecht nicht an die Tatbestandswirkung eines VA gebunden, sondern lediglich an einen rechtmäßigen VA.

Auf eine fehlerhafte, aber bestandskräftige Genehmigung soll sich jedoch nach h. M. nicht **17** berufen dürfen, wer dadurch **rechtsmißbräuchlich** handelt (Horn SK 7, NJW 81, 3, Hill GewA 81, 188, Rudolphi ZfW 82, 202, Ostendorf JZ 81, 175; krit. hierzu Rogall Uni Köln-FS 526). Hier ist jedoch zu differenzieren. Beim Handeln ohne behördliche Erlaubnis kann, soweit hier der Tatbestand betroffen ist, der Mißbrauchsgedanke wegen Art. 103 II GG keine Rolle spielen (Lenckner Pfeiffer-FS 32 f., Rengier ZStW 101, 885). Dagegen ist er zu berücksichtigen, sofern die behördliche Erlaubnis als Rechtfertigungsgrund in Betracht kommt (Lenckner Pfeiffer-FS 37 ff.; and. Rengier ZStW 101, 888). Eindeutig zu bejahen ist das Vorliegen eines Rechtsmißbrauchs demnach, wenn sich der Täter die Erlaubnis durch Täuschung über entscheidungsrelevante Tatsachen erschlichen hat. Jeweils ist aber erforderlich, daß sich etwa bei der erschlichenen Genehmigung die Täuschung auf eine umweltrelevante Tatsache bezogen hat und der Amtsträger insoweit (kausal) einem für seine Entscheidung erheblichen Irrtum erlegen ist. Dagegen handelt nicht rechtsmißbräuchlich, wer nur einen bei dem Amtsträger vorhandenen Irrtum ausnutzt, zu dessen Aufklärung er nicht verpflichtet ist. Eine solche Aufklärungspflicht kann aber nur in sehr engen Grenzen angenommen werden, z. B. dann, wenn der Antragsteller gutgläubig umweltrelevante Behauptungen aufgestellt hat, deren Unrichtigkeit er später erkennt; ist dagegen die Behörde aufgrund eigener Ermittlungen zu einer falschen Einschätzung der tatsächlichen Umstände gelangt, so besteht keine Aufklärungspflicht (zust. Dölling JZ 85, 469). Die Täuschung eines Dritten ist dem durch die fehlerhafte Erlaubnis Begünstigten nur zuzurechnen, wenn er sie veranlaßt hatte. Nicht rechtsmißbräuchlich handelt etwa der Erwerber eines Unternehmens, der von einer Genehmigung Gebrauch macht, von der er weiß, daß sie durch den früheren Inhaber erschlichen wurde. Gleiche Grundsätze gelten für eine durch Gewalt oder Drohung erzwungene Erlaubnis. Bei einer durch Bestechung erlangten Genehmigung kommt der Rechtsmißbrauchsgedanke jedoch nicht in Betracht, ebensowenig bei „kollusivem" Zusammenwirken (Lenckner Pfeiffer-FS 37 f.; and. 23. Aufl. 17 vor § 324, Winkelbauer NStZ 86, 151, Dölling JZ 85, 469, wohl auch Bloy ZStW 100, 504; vgl. auch LG Hanau **Nr. 8** zu § 327). Als objektive Strafbarkeitsbedingung ist jedoch in den Fällen des Rechtsmißbrauchs erforderlich, daß die Verwaltungsbehörde die Erlaubnis nach § 48 VwVfG ex tunc zurückgenommen hat (Lenckner Pfeiffer-FS 39 ff.).

b) Ist eine Genehmigung **befristet** und setzt der Täter die ursprünglich erlaubte Handlung nach **18** Ablauf der Befristung fort, so ist dieses Verhalten tatbestandsmäßig bzw. rechtswidrig (vgl. auch Stuttgart NJW **77**, 1408 m. Anm. Sack JR 78, 295), weil die erforderliche Genehmigung zum Tatzeitpunkt nicht mehr vorliegt.

c) Auf die **Genehmigungsfähigkeit,** d. h. auf Umstände, welche die Erteilung einer Genehmi- **19** gung rechtfertigen würden, kann es ebenfalls nicht ankommen, so daß Handlungen, die vor Erteilung der Genehmigung vorgenommen werden, grundsätzlich tatbestandsmäßig bzw. rechtswidrig sind (vgl. Horn SK 7, Rogall Uni Köln-FS 525, Rengier ZStW 101, 902 ff.; vgl. auch § 331 RN 51 ff.). Abweichend hiervon nimmt Brauer aaO 123 ff. bei Genehmigungsfähigkeit bloßen Versuch an. Wird nachträglich durch eine Gerichtsentscheidung festgestellt, daß die Behörde zur Erteilung der Genehmigung verpflichtet war, kommt ein Strafaufhebungsgrund in Betracht (and. Rengier ZStW 101, 904); vgl. u. 21.

d) Auch eine **behördliche Duldung** vermag nicht den Tatbestand bzw. die Rechtswidrigkeit **20** auszuschließen (vgl. Lackner § 324 Anm. 5 a cc, Sack § 324 RN 112, Laufhütte/Möhrenschlager ZStW 92, 931 f., Möhrenschlager NuR 83, 215, Hallwaß aaO, Rengier ZStW 101, 906, Winkelbauer NStZ 88, 203 u. hier 63 a vor § 32; a. A. Wernicke NJW 77, 1664; diff. zwischen rechtmäßiger und rechtswidriger informaler Duldung Gentzcke 210 ff.); demgegenüber differenziert Rudolphi danach, ob die Duldung die Bedeutung einer konkludenten Erlaubnis hat (ZfW 82, 197, NStZ 84, 198), übersieht jedoch, daß in Fällen, in denen der Behörde das Verhalten bekannt ist und sie es in objektiv erkennbarer Weise bewußt hinnimmt (vgl. dazu Dahs/Pape NStZ 88, 393, 395, Odersky Tröndle-FS 301, Wasmuth/Koch NJW 90, 2438 f.), der „Duldung" schon der Aussagegehalt einer entspr. Erlaubnis zukommt (ähnl. Heine NJW 90, 2433 ff.). Eine konkludente Erlaubnis kann jedoch nur in den Fällen in Betracht kommen, in denen die Behörde zu dieser Form informellen Verwaltungshandelns ermächtigt ist. Andernfalls wäre der Behörde im Ergebnis eine Disposition über die Strafbarkeit eingeräumt, die sich nicht auf das Gesetz stützen läßt (Rogall Uni Köln-FS 525, Breuer DÖV 87, 181, vgl. auch LG Bonn NStZ **88**, 225 m. Bspr. Dahs/Pape NStZ 88, 393 ff., die – bezogen auf das Gewässerstrafrecht – vorschlagen, die zeitweilige behördliche Duldung dann als Rechtfertigungsgrund zu behandeln, wenn das Regelungsverhalten der Behörde der Erteilung einer vorläufigen Erlaubnis gleichwertig ist, ähnlich Odersky Tröndle-FS 300 f.). Die Ablehnung einer tatbestands- bzw. rechtswidrigkeitsausschließenden Wirkung der behördlichen Duldung wird vor allem damit begründet, daß die Genehmigungstatbestände in den jeweiligen Gesetzen abschließende Regelungen seien (vgl. Sack § 324 RN 112, JR 78, 295). Ebenso ist zu entscheiden, wenn sich die Behörde widersprüchlich oder mit dem Grundsatz von Treu und Glauben unvereinbar verhält (vgl. Sack § 324 RN 112, JR 78, 295, Rogall Uni Köln-FS 524, aber auch Stuttgart NJW **77**, 1408). Eine behördliche Duldung kann jedoch unter Umständen, z. B. bei Erhebung einer Abwasserabgabe in Kenntnis der Tatsache, daß eine wasserrechtliche Genehmigung zur Einleitung von Abwässern fehlt, zu einem unvermeidbaren Verbotsirrtum auf Seiten des Betroffenen führen (AG Lübeck StV **89**, 348 f.). Vgl. auch Gentzcke aaO, der umfassend auf das Problem der behördlichen Duldung im Umweltstrafrecht eingeht.

21 **3. Verstößt** der Täter **gegen eine vollziehbare Anordnung** oder **Untersagung** oder handelt er, obwohl die beantragte Genehmigung abgelehnt wurde, so stellt sich die Frage, welche Auswirkungen es auf dieses tatbestandsmäßige bzw. rechtswidrige Verhalten (vgl. o. 11 ff.) hat, wenn der vollziehbare **Verwaltungsakt wegen Rechtswidrigkeit aufgehoben** bzw. festgestellt wird, daß die Genehmigung zu erteilen gewesen wäre. Nach h. M. ist die spätere Aufhebung eines fehlerhaften Verwaltungsaktes für die Strafbarkeit bedeutungslos (vgl. D-Tröndle § 325 RN 3 a, Horn SK 7, Laufhütte/Möhrenschlager ZStW 92, 921, Dölling JZ 85, 466). Diese Auffassung stützt sich auf BGH **23** 86, wonach die Beseitigung einer durch Verkehrszeichen getroffenen Anordnung der Ahndung eines Verstoßes gegen das fehlerhaft aufgestellte Verkehrszeichen nicht im Wege steht (ebenso Bay VRS **35** 195; and. Frankfurt NJW **67**, 262); vgl. auch Hamburg JZ **80**, 110, Karlsruhe NJW **78**, 116 (Hausverbotsfälle). Indessen ist zweifelhaft, ob die vom BGH für den Verkehrsbereich aufgestellten Grundsätze sich ohne weiteres auf die §§ 324 ff. übertragen lassen. Ein Verkehrszeichen erfüllt Ordnungsfunktionen ohne Rücksicht darauf, ob es rechtsfehlerhaft aufgestellt wurde oder nicht; es richtet sich gleichermaßen an alle Verkehrsteilnehmer, seine Mißachtung würde folglich den Verkehrsablauf empfindlich stören. Daher gibt es gute Gründe, auch denjenigen zu belangen, der von der Rechtswidrigkeit der getroffenen Anordnung ausgeht und im Verwaltungsrechtsweg schließlich Recht bekommt. Die auch von der fehlerhaften Allgemeinverfügung ausgehende faktische Ordnungsfunktion darf von einzelnen Verkehrsteilnehmern im Interesse aller anderen nicht unterlaufen werden; diese Funktion könnte über § 1 StVO selbst nichtigen Anordnungen zugebilligt werden. Schon dies zeigt, daß eine differenzierende Betrachtung erforderlich ist (vgl. Gerhards NJW 78, 86, Schenke JR 70, 449; zu § 123 vgl. dort RN 20). Im Umweltschutzbereich stellt sich das Problem wie folgt: Die rechtswidrige Versagung einer Erlaubnis hat unmittelbare Auswirkung nur für den Betroffenen, kann nur ihn aber auch zur Existenzfrage werden, was im Verkehrsbereich mit dem Gebot zur Beachtung fehlerhafter Anordnungen gewiß nicht der Fall ist. Ein Unternehmer etwa, dem eine befristete Genehmigung zur Ableitung der Abwässer entgegen der materiellen Rechtslage nicht verlängert wird, würde u. U. gezwungen sein, seinen Betrieb zu schließen. Daher dürfte aus den hier genannten Gründen (130 a vor § 32) ein objektiver **Strafaufhebungsgrund** anzunehmen sein, wenn ein belastender Verwaltungsakt nachträglich als rechtswidrig aufgehoben oder festgestellt wird, daß die Genehmigung zu erteilen war (Winkelbauer aaO 65, NStZ 88, 203, DÖV 88, 726, Wüterich NStZ 86, 108, krit. Rogall Uni Köln-FS 528); vgl. zum ganzen Tiessen aaO 118 ff. Daraus ergibt sich, daß das Risiko einer Bestrafung zu tragen hat, wer entgegen einer vollziehbaren Anordnung oder Untersagung handelt, daß jedoch ohne Strafe bleibt, wenn es gelingt, die Rechtswidrigkeit des ihn belastenden Verwaltungshandelns feststellen zu lassen (zur Behandlung des Irrtums vgl. u. 23). Im einzelnen dürfte wie folgt zu differenzieren sein:

22 Soweit der Täter einem belastenden Verwaltungsakt zuwiderhandelt, der später wegen Rechtswidrigkeit aufgehoben wird, ist jedenfalls dann ein Strafaufhebungsgrund anzunehmen, wenn die **Anfechtung aus materiellen Gründen** erfolgreich ist. Bei gebundenem Verwaltungs-

handeln, bei dem die Behörde nur zu einer begünstigenden Entscheidung kommen kann, ist nach dem hier vertretenen Standpunkt (130a vor § 32) ein Strafaufhebungsgrund gegeben; gleiches gilt, wenn das Ermessen zugunsten des Täters auf Null zusammengeschrumpft ist (Bloy ZStW 100, 506 f. plädiert in diesen Fällen für eine restriktive Interpretation des Genehmigungserfordernisses, d. h. für die Ersetzung des Merkmals „Genehmigung" durch „Genehmigungsfähigkeit", vgl. aber o. 19). Zweifelhaft sind hingegen die Fälle, in denen ein belastender Verwaltungsakt mit der von der Behörde gegebenen Begründung nicht haltbar, mit einer anderen jedoch im Rahmen des Ermessensspielraums liegen würde. Hier dürfte dem Täter ein Strafaufhebungsgrund versagt bleiben. Zu den prozessualen Möglichkeiten einer Fortsetzungsfeststellungsklage nach § 113 I 4 VwGO vgl. Eyermann-Fröhler, VwGO[8] § 113 RN 50 ff. Bei einer Aufhebung des belastenden Verwaltungsaktes aus formellen Gründen ist die Annahme eines Strafaufhebungsgrundes zweifelhaft.

V. Da zahlreiche Vorschriften dieses Abschnitts verwaltungsrechtliche Normen oder die **23** Existenz eines Verwaltungsaktes voraussetzen, stellt sich die Frage, auf welche Umstände sich die Vorstellung des Täters erstrecken muß, um ihm die Tat als **vorsätzlich** begangenes Unrecht zurechnen zu können. So ist u. a. umstritten, ob bei §§ 311d, 325 das Genehmigungserfordernis vom Vorsatz umfaßt sein muß oder ob es ausreicht, daß der Täter die in der Vorschrift beschriebene Handlung mit Wissen und Wollen verwirklicht, also z. B. eine Schadstoffe emittierende Anlage betreibt. Nach den zum Vorsatz bei Blankettgesetzen aufgestellten Grundsätzen (vgl. § 15 RN 100 ff.), wonach der Vorsatz die pflichtbegründenden Merkmale der verwaltungsrechtlichen Vorschriften oder den Inhalt eines Verwaltungsaktes (vollziehbare Anordnung, Auflage, Untersagung) umfassen muß, befindet sich in einem vorsatzausschließenden Irrtum, wer z. B. nicht weiß, daß eine vollziehbare Untersagung erlassen wurde, oder wer den Inhalt einer Auflage nicht kennt (vgl. § 325 RN 26, § 329 RN 48). Dagegen kann die Duldung der zuständigen Behörde zu einem Verbotsirrtum auf Seiten des Täters führen (so auch StA Mannheim NJW **76**, 586, Laufhütte/Möhrenschlager ZStW 92, 932). Wer auf die Wirksamkeit einer nichtigen Erlaubnis vertraut, befindet sich im Tatbestandsirrtum (Winkelbauer aaO 68). Zu den Irrtumsfragen eingehend Schünemann (wistra 86, 245).

VI. Für **Täterschaft** und **Teilnahme** gelten die allgemeinen Regeln, von denen für die Tatbe- **24** stände dieses Abschnitts die nachfolgenden besondere Beachtung verdienen:

1. Zahlreiche Vorschriften enthalten **Sonderdelikte** (vgl. 71 vor § 25). Dies gilt z. B. für jene **25** Tatbestände, die die „Verletzung verwaltungsrechtlicher Pflichten" voraussetzen (§ 325; vgl. auch § 311d); freilich enthalten die meisten Tatbestände dieser Konstruktion auch Allgemeindelikte, sofern die beschriebene Tätigkeit ohne besondere Genehmigung als solche inkriminiert ist. Den Sonderdeliktscharakter erhält ein derartiger Tatbestand also erst, wenn die strafrechtlich sanktionierte Pflicht durch Auflagen, Untersagungen usw. konkretisiert ist. Im übrigen gelten für diese Tatbestände die für Herrschaftsdelikte geltenden Grundsätze, weshalb z. B. Täter nach § 326 ist, wer – ohne in der Verantwortung für die ordnungsgemäße Abfallbeseitigung zu stehen – die entsprechende Beseitigungshandlung vornimmt (vgl. dort RN 21). Welche weiteren Tatbestände eine Sonderpflicht enthalten, ist eine Frage der Auslegung. Zu bejahen ist dies z. B. für § 326 II, weil Täter hier nur sein kann, wem eine Ablieferungspflicht bezüglich radioaktiver Abfälle obliegt.

a) **Täter** eines Sonderdelikts kann nur sein, wer durch die Verwaltungsvorschrift oder einen **26** Verwaltungsakt (vollziehbare Anordnung, Auflage, Untersagung) in Pflicht genommen ist. Der Sonderpflichtige ist aber stets Täter, gleichgültig wie sein Tatbeitrag sich nach den allgemeinen Beteiligungsregeln darstellen würde (vgl. 71 vor § 25).

b) Da die dem Täter obliegenden verwaltungsrechtlichen Pflichten keine unrechtsrelevanten **27** personalen, sondern sachbezogene Merkmale sind, ist § 28 I nicht anwendbar (Lackner § 325 Anm. 3 f; and. D-Tröndle § 325 RN 3, Horn SK § 325 RN 17).

2. Trifft die Pflicht eine **juristische Person,** eine Personenhandelsgesellschaft usw., so kommt **28** nach § 14 eine Haftung der Vertreter, Organe, Geschäftsführer oder besonders Beauftragten in Betracht (vgl. Frankfurt NJW **87**, 2754 zu § 324, der allerdings als Allgemeindelikt konzipiert ist); vgl. die Erl. zu § 14. Soweit der in § 14 genannte Personenkreis Pflichten des Unternehmens oder Betriebes zu erfüllen hat, geht die Sonderpflicht in vollem Umfang auf den Vertreter über, so daß auch dieser bei einem Pflichtverstoß ohne Rücksicht darauf, ob sein Beitrag sich phänotypisch als Anstiftung oder Beihilfe darstellen würde, stets als Täter anzusehen ist.

VII. Nicht ausdrücklich geregelt durch das 18. StÄG ist die strafrechtliche **Haftung von** **29** **Amtsträgern** für Umweltschädigungen Dritter und für behördliche Planungsfehler oder fehlerhafte Genehmigungen (BT-Drs. 8/3633 S. 20; krit. Tiedemann aaO 43, Triffterer, Umweltstrafrecht 133). Gegen derartige Sondervorschriften spricht nach Auffassung des Gesetzgebers, daß es auch in anderen Bereichen eine strafrechtliche Verantwortlichkeit für fehlerhaftes Verwaltungshandeln nicht gibt (so auch D-Tröndle 6, Salzwedel ZfW 80, 212). Auch wurde der Vorschlag Tiedemanns (aaO 43), ähnlich wie in § 6 SubvG eine Anzeigepflicht für Amtsträger bei Umweltdelikten zu normieren (zust. Geulen ZRP 88, 325, m. Einschränkungen auch Schall NJW 90, 1272; krit. dazu Wernicke ZfW 80, 261), nicht befolgt. Die Einführung einer Strafanzeigepflicht der zuständigen Behörden, jedenfalls für Fälle einer schweren Umweltgefährdung, wird heute zunehmend gefordert (Maihofer, Dokumentation 3. Fachtagung der GfU, 133, Hümbs-Krusche/Krusche, aaO 288, ZRP 84, 61); dem wurde vom Land Nordrhein-Westfalen Rechnung getragen (MBl. NRW 85, 1232; krit. aus Gründen fehlender Gesetzgebungskompetenz der Länder Schink DVBl. 86, 1073). Beachtung verdient ein weiterer Vorschlag, de lege ferenda einen Tatbestand der Umweltuntreue einzuführen (Immel Umweltuntreue 215, ZRP 89, 110; krit. dazu Keller Rebmann-FS 257); er beruht auf der Erwägung, daß den mit der Verwaltung der Umweltgüter beauftragten Beamten gegenüber der Allgemeinheit die Pflicht obliegt, unumgängliche Beeinträchtigungen der Umwelt auf das Notwendigste zu minimieren mit der Konsequenz, daß eine grobe Verletzung der „pflichtgemäßen Verwaltung" – losgelöst von konstruktiven Abhängigkeiten von den jetzt bestehenden Umwelttatbeständen – selbständig unter Strafe gestellt wird. Für die Schaffung eines Sondertatbestandes für Amtsträger haben sich auch Ossenbühl und Papier auf dem 57. Deutschen Juristentag 1988 ausgesprochen (vgl. auch Papier NJW 88, 1116, Tiedemann/Kindhäuser NStZ 88, 345, zust. auch Sack MDR 90, 289f.); bei der Beschlußfassung wurde jedoch die Ansicht, daß die Strafbarkeit der Amtsträger nach den für jedermann geltenden Regeln zu beurteilen sei, mehrheitlich gebilligt (siehe dazu Brodersen JZ 89, 33f., zust. Dölling ZRP 88, 338; zu den Verhandlungen der strafrechtlichen Abteilung des 57. Deutschen Juristentages insgesamt siehe Odersky/Brodersen ZRP 88, 475ff.). Allerdings wurde auf dem Juristentag für eine Umgestaltung der Sonderdelikte in Allgemeindelikte plädiert, damit die allgemeinen Regeln über die strafrechtliche Verantwortung auch Amtsträger erfassen, die durch rechtswidriges Tun oder Unterlassen Umweltdelikte mitverursachen (zust. Keller Rebmann-FS 257).

29a Wegen fehlender spezialgesetzlicher Regelung können Amtsträger sich nur nach den allgemeinen Grundsätzen im Rahmen von Täterschaft und Teilnahme strafbar machen (Lackner 4, D-Tröndle 6; zur Anwendbarkeit des § 258 vgl. Scheu NJW 83, 1707). Im einzelnen sind diese Fragen, insb. im Hinblick auf das Bestehen einer Garantenpflicht und deren rechtliche Qualität als Beschützer- oder Überwachungspflicht, noch weitgehend ungeklärt, vgl. Tröndle Meyer-FS 607. Im Vordergrund der Diskussion stehen folgende Fallgruppen.

30 1. Streitig ist, ob ein Amtsträger sich durch die **Erteilung einer materiell fehlerhaften,** aber verwaltungsrechtlich wirksamen **Erlaubnis** wegen eines Umweltdelikts strafbar machen kann (vgl. hierzu Frankfurt NJW 87, 2757). Hier ist zunächst festzustellen, daß der Gesetzgeber durch die Notwendigkeit und die Einzelausgestaltung des Verfahrens bei der Planfeststellung, Genehmigung, vorübergehenden Gestattung usw. sicherstellen wollte, daß die Umweltgüter, deren Schutz im Interesse der Allgemeinheit dem Staat anvertraut ist, in möglichst weitgehendem Umfang geschützt werden. Diese Verpflichtung des Staates wird von den von ihm beauftragten Amtsträgern wahrgenommen, die ihrerseits dann aber auch verpflichtet sind, im Rahmen ihres Verwaltungshandelns den Belangen des Umweltschutzes einen hohen Rang einzuräumen. Daraus folgt aber nicht, daß jeder Fehler, der einem Amtsträger im Genehmigungsverfahren unterläuft, schon zu strafrechtlichen Konsequenzen führen müßte. Denn überspannte Anforderungen an die Sorgfaltspflicht der Amtsträger würde eine Verwaltungsbehörde in ihrer Funktion lahmlegen (so auch StA Landau NStZ 84, 554; krit. Tiedemann/Kindhäuser NStZ 88, 345). Soweit eine Entscheidung, sei sie auch mit fehlerhafter Begründung ergangen, innerhalb des verwaltungsrechtlichen Beurteilungs- oder Ermessensspielraums liegt, möglicherweise also „gerade noch" vertretbar ist, scheidet eine Strafbarkeit von vornherein aus (vgl. GenStA Hamm NStZ 84, 219 m. Anm. Zeitler, Horn NJW 81, 3, Geisler NJW 82, 12). Aber auch bei eindeutigen Fehlentscheidungen, sei es aufgrund der fehlerhaften Einschätzung der tatsächlichen Umstände oder einer falschen Interpretation bestehender Vorschriften, begründet die (subjektiv) lautere Entscheidung eines Beamten grundsätzlich nicht dessen Strafbarkeit (vgl. Geisler NJW 82, 13). Dies ergibt sich aus der Erwägung, daß die Entscheidungsfähigkeit eines Amtsträgers ebenso beeinträchtigt würde wie etwa auch seine Initiativen, Neuland zu betreten, wenn er sich durch eine sanktionsrechtliche Fesselung bei allen nicht eindeutigen Entscheidungen mit einem Fuß in der Haftanstalt wähnte. Die Grenze zur Strafbarkeit kann allerdings dann überschritten sein, wenn ein (bewußt) umwelt-treuewidriges Verhalten vorliegt (krit. Schünemann wistra 86, 239); ob eine Strafbarkeit dann allerdings in Betracht kommt, hängt von den nach allgemeinen Beteiligungsgrundsätzen zu beurteilenden konstruktiven Fragen ab.

31 a) Soweit im Tatbestand ein Handeln gegen eine vollziehbare Anordnung, Auflage oder Untersagung vorausgesetzt wird, d. h. bei **Sonderdelikten** (vgl. o. 25), kommt eine Haftung des

Amtsträgers grundsätzlich nicht in Betracht, sofern der unmittelbar Handelnde sich im Rahmen der zwar fehlerhaften, aber wirksamen Genehmigung usw. bewegt. Diesen Gedanken greift Immel (Umweltuntreue) auf, der de lege ferenda einen Sondertatbestand der Umweltuntreue fordert, dag. Keller Rebmann-FS 257).

α) Eine **Teilnahme** scheidet mangels rechtswidriger Haupttat aus (Lackner 5a, Geisler NJW 82, 12). Ist z. B. eine Genehmigung ohne eine an sich erforderliche Auflage erteilt worden, so handelt nicht tatbestandsmäßig, wer von der Genehmigung Gebrauch macht, auch wenn er weiß, daß die Genehmigung ohne Auflage nicht hätte erteilt werden dürfen. Das gleiche gilt, wenn ein Betrieb im Rahmen einer erteilten Genehmigung fortgeführt wird, obwohl inzwischen die Voraussetzungen für eine Untersagung eingetreten sind, die von der Behörde aber nicht ausgesprochen wird. 32

Auch bei der **erschlichenen Erlaubnis**, auf die der Täter sich nicht berufen kann (vgl. o. 17), scheidet Teilnahme aus, da die §§ 26, 27 Teilnehmervorsatz voraussetzen, der wegen der Täuschung nicht gegeben ist. Durchschaut der Amtsträger nach der Erteilung der Genehmigung die Täuschung, so kommt Teilnahme durch Unterlassen in Betracht, wenn er die Genehmigung nicht widerruft. Bei der materiell rechtswidrigen, aber bestandskräftigen Erlaubnis eines bestechlichen Beamten liegt hingegen ein Rechtsmißbrauch und damit eine rechtswidrige Haupttat vor, so daß Teilnahme des bestechlichen Amtsträgers möglich ist (vgl. o. 17). 33

β) Auch eine **Täterschaft** kommt in diesem Bereich nicht in Betracht, weil dem Amtsträger der Genehmigungsbehörde die zur Erfüllung des Tatbestandes erforderliche Tätereigenschaft fehlt; die auf den Bürger im konkreten Fall zugeschnittenen sanktionierten Pflichten können nicht durch den verletzt werden, der eine solche – inhaltlich fehlerhafte – „Pflicht" aufgestellt hat. Damit scheiden die meisten Umweltschutztatbestände wegen ihres Sonderdeliktscharakters für den Amtsträger von vornherein aus. 34

b) Bei **Allgemeindelikten** (§§ 324, 326, 330a) wird die Frage erörtert, ob ein Amtsträger, der eine materiell rechtswidrige Erlaubnis erteilt, als mittelbarer Täter bestraft werden kann. Dies wird teilweise bejaht (Horn NJW 81, 4f., Lackner 5a, Rudolphi NStZ 84, 198, Möhrenschlager NuR 83, 212, Meinberg NJW 86, 2222, Steindorf LK § 324 RN 59, Winkelbauer NStZ 86, 150, Rademacher aaO 186ff.; a. A. Tröndle Meyer-FS 609, Immel Umweltuntreue 144ff., ZRP 89, 107, Weber aaO 42f., krit. auch Papier NJW 88, 1144), sofern der fehlerhafte Genehmigungsakt ein „tatbestandsmäßiges Verhalten des Bürgers bewirkt", wobei es nicht darauf ankommen soll, ob dieser selbst vorsätzlich, fahrlässig, befugt oder rechtswidrig, schuldhaft oder im unverschuldeten Verbotsirrtum handelt. Begründet wird diese Ansicht damit, daß die Genehmigungsbehörden mit ihren Gestaltungs- und Zwangsrechten eine so beträchtliche Macht besäßen, daß ihre Amtsträger als Beherrscher des Tatgeschehens und damit als Täter anzusehen seien. Nach anderer Auffassung wird hier danach differenziert, ob den Beamten nach verwaltungsrechtlichen Grundsätzen die unbedingte Pflicht trifft die Erlaubnis zu versagen, oder ob ihm insoweit noch ein Ermessensspielraum eingeräumt ist. Nur bei einer Einschränkung des Ermessens auf „Null" soll insoweit eine Täterschaft in Betracht kommen (GenStA Zweibrücken MDR **84**, 1042, Rudolphi NStZ 84, 193). Eine mittelbare Täterschaft des materiell unrichtig entscheidenden Beamten dürfte jedoch daran scheitern, daß der Vordermann, wenn er selbst vorsätzlich und voll verantwortlich handelt, den Amtsträger von der Tatherrschaft ausschließt (and. Rudolphi, Dünnebier-FS 566). Alleine die „rechtliche Freigabe" des Umweltverstoßes begründet keine Tatherrschaft des Amtsträgers über den Genehmigungsempfänger (Immel Umweltuntreue 165, ZRP 89, 107). 35

2. Streitig ist weiterhin, ob der Amtsträger strafrechtlich zur Verantwortung gezogen werden kann, wenn er eine von seiner Behörde erteilte **Erlaubnis,** die von Anfang an oder in einem späteren Zeitpunkt der materiellen Rechtslage widerspricht, **nicht widerruft.** 36

a) Bei **Sonderdelikten** kommt eine Täterschaft des Amtsträgers aus den schon genannten Gründen (vgl. o. 34) auch hier nicht in Betracht. Solange eine fehlerhaft gewordene, aber noch bestandskräftige Erlaubnis vorliegt, bewegt sich ein entsprechendes Verhalten des Bürgers im Rahmen des Zulässigen, weshalb eine Teilnahme des Amtsträgers ebenfalls ausscheidet (vgl. o. 32). 37

b) Bei **Allgemeindelikten** kann hingegen ein Unterlassen des Widerrufs einer fehlerhaften Erlaubnis zur Täterschaft führen, weil die speziell für den Umweltschutz zuständigen Beamten in Bezug auf die ihnen anvertrauten Umweltgüter geradezu auf „Posten gestellt" sind und daher eine Garantenstellung haben (Horn NJW 81, 5, Schultz, Amtsverwalterunterlassen 1984, 166; vgl. StA Mannheim NJW **76**, 585, AG Hechingen NJW **76**, 1222, AG Hanau wistra **88**, 199f., Rudolphi NStZ 84, 199, Meinberg NJW 86, 2223, Steindorf LK § 324 RN 64, Winkelbauer NStZ 86, 151, Lackner 5a bb; and. Tiedemann aaO 43, Immel Umweltuntreue 169ff., ZRP 89, 108f.), wobei durch diese Formulierung noch offen bleibt, ob dem Amtsträger eine Beschützer- 38 oder Überwachungsfunktion (vgl. dazu 101 ff. vor § 25) zukommt (vgl. hierzu Rudolphi Dünnebier-FS 571 ff., Möhrenschlager NuR 83, 212, Dahs NStZ 86, 100). Eine Verpflichtung zur Rücknahme ist nur in dem Fall gegeben, daß verwaltungsrechtlich die Rücknahme die einzig mögliche Entscheidung ist (Frankfurt NJW **87**, 2756), d. h. also bei einer Ermessensreduzierung auf Null (GemStA Celle NJW **88**, 2394 f., Papier NJW 88, 1114). Eine strafrechtliche Haftung scheidet folglich aus, wenn die Behörde verwaltungsrechtlich, z. B. aus Gründen des Vertrauensschutzes, nicht imstande ist, den begünstigenden Verwaltungsakt in Gestalt der Erlaubnis zurückzunehmen. Entsprechendes gilt, wenn nur die Gründe für die frühere Genehmigung weggefallen sind, die Erlaubnis aber aus anderen Erwägungen aufrecht erhalten werden könnte. Im übrigen sind auch hier die Sorgfaltspflichten bei den auch fahrlässig begehbaren Umweltdelikten unter Zumutbarkeitsgesichtspunkten einzuschränken. Eine Verwaltungsbehörde würde in ihrer Funktion lahmgelegt, wenn sie tagtäglich überprüfen müßte, ob eine erteilte Genehmigung noch aufrechterhalten werden kann oder widerrufen werden muß. Das Unterlassen eines Widerrufs kann dem zuständigen Beamten folglich nur zur Last gelegt werden, wenn sich ihm begründete Zweifel an der Rechtmäßigkeit einer Erlaubnis aufdrängen. Dies setzt in aller Regel voraus, daß ihm Mißstände bekannt geworden sind, deren Beseitigung nur durch den Genehmigungswiderruf oder durch Auflagenerteilung sichergestellt werden können. Hier gelten also die zur fehlerhaften Erteilung (o. 30 ff.) aufgestellten Grundsätze entsprechend. Sind danach die Voraussetzungen einer Haftung zu bejahen, so kommt es allerdings nicht darauf an, ob der (jetzt) zuständige Beamte die fehlerhafte Erlaubnis schon erteilt hat oder ob sie von einem anderen Amtsträger erteilt wurde (vgl. auch Immel Umweltuntreue 207, Schünemann wistra 86, 243). Dies ergibt sich daraus, daß die Widerrufspflicht nicht aus vorangegangenem Tun, sondern aus der vom Staat der Behörde auferlegten Schutzpflicht resultiert, zu deren Erfüllung der Beamte aufgerufen ist.

39   3. Problematisch ist schließlich das **Nichteinschreiten gegen rechtswidrige Umweltdelikte** durch Dritte. Geht man – wie hier (vgl. o. 30) – von einer Beschützergarantenstellung der Behörde und ihrer Amtsträger aus, so kommt bei Allgemeindelikten Täterschaft, bei Sonderdelikten Teilnahme in Betracht, da eine Beschützerpflicht eine entsprechende Überwachungspflicht mitumfaßt.

40   Jedoch ist eine **Rechtspflicht** auch hier durch den verwaltungsrechtlichen Pflichtenkreis **begrenzt** (Düsseldorf MDR **89**, 932, Frankfurt NJW **87**, 756, Meurer NJW 88, 2070, Lackner 5 b, o. 30; vgl. auch Geisler NJW 82, 13 f., Möhrenschlager NuR 83, 212, Schall NJW 90, 1270). Daraus folgt, daß die Sorgfaltsanforderungen sich auch nach dem Aufgabenbereich der einzelnen Amtsträger richten. Wer z. B. beauftragt ist, in einem Waldstück nach wild abgelagerten Abfällen zu suchen oder einem Gewässer Proben zu entnehmen, hat weitergehende Pflichten als ein Behördenleiter, dem es obliegt, solche Spüraktionen anzuordnen und gegebenenfalls zu überwachen. Folglich kann der Wasserschutzbeamte vor Ort u. U. nach § 324 III strafbar sein, wenn er fahrlässig eine Wasserverschmutzung nicht erkennt und den Verursacher an weiteren Verunreinigungen nicht hindert (vgl. AG Hanau wistra **88**, 199 f.). Den vorgesetzten Beamten trifft eine Haftung u. U. erst dann, wenn ihm ein Umweltverstoß gemeldet wird und er daraufhin nicht reagiert. Einzelheiten sind hier noch nicht abschließend geklärt (vgl. GenStA Hamm NStZ 84, 219 m. Anm. Zeitler, LG Bremen NStZ **82**, 164 m. Anm. Möhrenschlager, AG Hechingen NJW **76**, 1223, Bickel ZfW 79, 148, Rogall JZ-GD 80, 101 ff., Wernicke ZfW 80, 261, Laufhütte/Möhrenschlager ZStW 92, 921, Dölling ZRP 88, 338, Weber aaO 55 ff., Papier NJW 88, 115). Dies gilt vor allem für die Aufteilung der Verantwortungsbereiche innerhalb der Behörden und die Geschäftsverteilung innerhalb der gleichen Behörde (dazu Triffterer, Umweltstrafrecht 136).

41   4. Betreibt eine **Körperschaft** oder Anstalt des öffentlichen Rechts eine Schadstoffe emittierende Einrichtung, so sind die für die Anlage verantwortlichen Amtsträger unmittelbare Normadressaten der §§ 324 ff.; gegebenenfalls ergibt sich ihre Haftung aus § 14 (Lackner 5, Steindorf LK § 324 RN 55). So kann sich etwa der Leiter eines städtischen Schlachthofes nach § 324 strafbar machen, wenn er die Anweisung gibt, entgegen einer Auflage nicht vorgeklärte Abwässer in das Kanalnetz zu leiten. Ferner macht sich der für die Verwaltung eines Schwimmbades zuständige Amtsträger nach § 324 strafbar, wenn er es unterläßt, für den gebotenen Anschluß dieses Schwimmbades an die Kanalisation Sorge zu tragen (Köln NJW **88**, 2119). Auch der Leiter eines Klärwerks, der bei Überschreitung des höchstzulässigen pH-Wertes der einlaufenden Abwässer entgegen den ihm erteilten Dienstanweisungen weder sofort die fachlich zuständige Behörde verständigt noch sonst etwas unternimmt, kann sich der fahrlässigen Verunreinigung eines Gewässers schuldig machen (Stuttgart NStZ **89**, 122).

42   VIII. Eine **Geldbuße** gegen **juristische Personen** und Personenvereinigungen nach § 30 OWiG ist dann in Betracht zu ziehen, wenn ein vertretungsberechtigtes Organ der juristischen Person, ein Mitglied eines solchen Organs oder ein vertretungsberechtigter Gesellschafter eine Umweltstraftat begangen hat, durch die Pflichten der juristischen Person oder Personenvereini-

gung verletzt wurden oder eine solche bereichert worden ist oder bereichert werden sollte. Ist das Organ usw. selbst nicht strafbar, so kommt § 30 OWiG in Betracht, wenn ihm nach § 130 OWiG eine Aufsichtspflichtverletzung zur Last gelegt werden kann (vgl. dazu auch Triffterer, Umweltstrafrecht 103f.). Eine Geldbuße gegen die juristische Person oder Personenvereinigung ist vor allem dann in Betracht zu ziehen, wenn ein Umweltverstoß bei einem Unternehmen zu einer Kostenersparnis geführt hat, die ihrerseits zu einer Wettbewerbsverzerrung im Verhältnis zu umwelttreuen Unternehmen führt. Eine Bestrafung des Täters reicht in solchen Fällen vielfach nicht aus, um einen wirksamen Umweltschutz zu erreichen; einem an den wirtschaftlichen Verhältnissen des Unternehmens oder an dessen Gewinnen aus dem Verstoß (§§ 30 III, 17 II OWiG) orientiertes Bußgeld kommt eine erheblich höhere abschreckende Wirkung zu. Ein Umweltverstoß darf sich wirtschaftlich nicht auszahlen (Kube/Seitz DRiZ 87, 44).

IX. Für Straftaten gegen die Umwelt in den Fällen der §§ 324, 326, 333 und 330a gilt das deutsche Strafrecht, wenn die Tat im Bereich des deutschen Festlandsockels begangen wird (vgl. § 5 RN 18a, Klages aaO 143ff.). **43**

X. Nach Art. 9 des Einigungsvertrages bleibt § 191a des Strafgesetzbuches der Deutschen Demokratischen Republik in Kraft, der folgenden Wortlaut erhält: **44**
Verursachung einer Umweltgefahr
(1) Wer unter Verletzung verwaltungsrechtlicher Pflichten eine Verunreinigung des Bodens mit schädlichen Stoffen oder Krankheitserregern in bedeutendem Umfang verursacht, wird mit Freiheitsstrafe bis zu fünf Jahren oder mit Geldstrafe bestraft.
(2) Der Versuch ist strafbar.
(3) Handelt der Täter fahrlässig, so ist die Strafe Freiheitsstrafe bis zu zwei Jahren oder Geldstrafe.
(4) Verwaltungsrechtliche Pflichten im Sinne des Absatzes 1 verletzt, wer gegen eine Rechtsvorschrift, eine vollziehbare Untersagung, Anordnung oder Auflage verstößt, die dem Schutz des Bodens vor Verunreinigungen dient.
Näher zu § 191a StGB-DDR vgl. § 326 RN 23.

§ 324 Verunreinigung eines Gewässers

(1) Wer unbefugt ein Gewässer verunreinigt oder sonst dessen Eigenschaften nachteilig verändert, wird mit Freiheitsstrafe bis zu fünf Jahren oder mit Geldstrafe bestraft.

(2) Der Versuch ist strafbar.

(3) Handelt der Täter fahrlässig, so ist die Strafe Freiheitsstrafe bis zu zwei Jahren oder Geldstrafe.

Schrifttum: Bickel, Die Strafbarkeit der unbefugten Gewässerverunreinigung nach § 38 WHG, ZfW 79, 139. – *Braun*, Die kriminelle Gewässerverunreinigung (§ 324 StGB). – *Breuer*, Öffentliches und privates Wasserrecht, 2. A., 1987. – *Czychowski*, Problematik und Auswirkungen der §§ 19g bis l WHG (4. Novelle) über Anlagen zum Lagern, Abfüllen und Umschlagen wassergefährdender Stoffe, ZfW 77, 84. – *ders. u. a.*, Das neue Wasserstrafrecht im Gesetz zur Bekämpfung der Umweltkriminalität, ZfW 80, 205. – *Dahs*, Zur strafrechtlichen Haftung des Gewässerschutzbeauftragten nach § 324 StGB, NStZ 86, 97. – *ders.*, Der Überwachungswert im Strafrecht – ein untauglicher Versuch, NStZ 87, 440. – *Franzheim*, Die Umgrenzung der wasserrechtlichen Einleitungserlaubnis als Rechtfertigungsgrund des Straftatbestandes der Gewässerverunreinigung, NStZ 87, 437. – *ders.*, Der Überwachungswert im Strafrecht – ein brauchbares Instrument, NStZ 88, 208. – *Gieseke/Czychowski*, WHG, 5. A., 1990. – *Hill*, Die befugte Gewässerbenutzung nach dem WHG, GewerbeA 81, 155, 183. – *Kuhlen*, Der Handlungserfolg der strafbaren Gewässerverunreinigung, GA 86, 389. – *ders.*, Zur Rechtfertigung von Gewässerverschmutzungen, StV 86, 544. – *Meinberg/Möhrenschlager/Link (Hrsg.)*, Umweltstrafrecht, 1989. – *Nisipeanu*, Nach § 324 StGB strafbare Gewässerverunreinigungen bei Überschreitung der wasserrechtlichen (sonderordnungsrechtlichen) Überwachungswerte oder/und der abwasserabgabenrechtlichen Höchstwerte?, NuR 88, 225. – *Odersky*, Zur strafrechtlichen Verantwortlichkeit für Gewässerverunreinigungen, Tröndle-FS 291. – *Papier*, Gewässerverunreinigung, Grenzwertfestsetzung, Strafrecht, 1984. – *Peters*, Meßungenauigkeiten – ein nicht zu lösendes Problem im Rahmen des § 324 StGB?, NuR 89, 167. – *Rademacher*, Die Strafbarkeit wegen Verunreinigung eines Gewässers (§ 324 StGB), 1989. – *Riegel*, Die neuen Vorschriften des WHG, NJW 76, 783. – *Rogall*, Gegenwartsprobleme des Umweltstrafrechts, Uni Köln-FS 505. – *Rudolphi*, Schutzgut und Rechtfertigungsprobleme der Gewässerverunreinigung i. S. des § 324 StGB, ZfW 82, 197. – *ders.*, Probleme der strafrechtlichen Verantwortlichkeit von Amtsträgern für Gewässerverunreinigungen, Dünnebier-FS 561. – *ders.*, Primat des Strafrechts im Umweltschutz?, NStZ 84, 193. – *ders.*, Strafrechtliche Verantwortlichkeit von Bediensteten von Betrieben für Gewässerverunreinigungen und ihre Begrenzung durch den Einleitungsbescheid, Lackner-FS 863. – *Sangenstedt*, Garantenstellung und Garantenpflicht von Amtsträgern, 1989. – *Schuck*, Zur Auslegung des Rechtswidrigkeitsmerkmals „unbefugt" in § 324

StGB, MDR 86, 811. – *Schünemann,* Die Strafbarkeit von Amtsträgern im Gewässerstrafrecht, wistra 86, 235. – *Sieder/Zeitler,* WHG, 2. A., 1988. – *Truxa,* Rechtsstellung und Funktion von Betriebsbeauftragten für Gewässerschutz nach §§ 21a ff. WHG, ZfW 80, 220. – *Wernicke,* Das neue Wasserstrafrecht, NJW 77, 1662. – *ders.,* Zur Strafbarkeit der Amtsträger von Wasseraufsichtsbehörden bei Unterlassungen, ZfW 80, 261.

1   I. Die Vorschrift beinhaltet einen umfassenden **Gewässerschutz,** der bislang in einer Vielzahl von verstreuten Einzelvorschriften geregelt war, wie § 38 WHG, § 7 II FestlandsockelG v. 24. 7. 64 (BGBl. I 497), Art. 8 des Ges. zu den Übereink. von 1972 zur Verhütung der Meeresverschmutzung v. 11. 2. 77 (BGBl. II 165), Art. 3 des Ges. zum Genfer Übereink. über die Hohe See v. 21. 9. 72 (BGBl. II 1089), Art. 6 des Ges. über das Intern. Übereink. zur Verhütung der Verschmutzung der See durch Öl i. d. F. v. 19. 1. 79 (BGBl. II 62). Schutzgut ist nach h. L. das Gewässer in seiner „Funktion für Mensch und Umwelt" (Karlsruhe JR 83, 339 ff. m. Anm. Trifferer/Schmoller, Hamburg ZfW 83, 112, Celle NJW 86, 2326 ff., BGH NStZ 87, 323 f. m. Anm. Rudolphi; s. neuerdings auch Frankfurt NJW 87, 2753 ff., Steindorf LK 3 ff.; Horn SK 2; D-Tröndle 2; Sack, Umweltschutz – Strafrecht, § 324 RN 6. Aus dem wasserrechtlichen Schrifttum vgl. Gieseke/Wiedemann/Czychowski, WHG § 324 RN 5; Siedler/Zeitler, WHG, Anh. III 4, § 324 RN 4, 9; Breuer aaO RN 833 m krit. Bem. zur h. L. in RN 834, 835). Dies bedeutet, daß das Gewässer nicht um seiner selbst Willen geschützt ist (vgl. 8 vor § 324). Angriffsobjekt ist das konkrete Gewässer in seiner konkreten Beschaffenheit. Dies ergibt sich daraus, daß das Strafrecht nur eine Verschlechterung des jeweiligen status quo verhindern will. Nach anderer Auffassung soll das „klare Schutzgut des § 324" die „Funktion der zuständigen Behörden, den Wasserhaushalt zum Wohl der Allgemeinheit ... zu bewirtschaften" sein (Rudolphi ZfW 82, 200, Papier aaO 28).

2   § 324 enthält **zwei Tatbestände.** Der erste stellt die vorsätzliche Gewässerverunreinigung unter Strafe (Abs. 1, 2), der zweite pönalisiert das entsprechende Fahrlässigkeitsdelikt (Abs. 3) (zur Deliktstruktur vgl. Rogall Uni Köln-FS 517 ff.). Nach der h. M., der i. E. zuzustimmen ist, genügt die Tatbestandsformulierung „verunreinigen" bzw. „nachteilig verändern" dem **verfassungsrechtlichen Bestimmtheitsgebot** nach Art. 103 II GG (vgl. Tiedemann aaO 15, Möhrenschlager ZRP 79, 99). Gegen diese Auffassung ist das Bedenken vorgebracht worden, daß der weitgefaßte Tatbestand (vgl. Sturm MDR 77, 618) Bagatellfälle nicht auszuschließen vermöge (vgl. Lackner 3c; and. Möhrenschlager ZRP 79, 99; vgl. auch BT-Drs. 8/3633 S. 26); außerdem bleibe eine Konkretisierung der entscheidenden Tatbestandsmerkmale den Gerichten überlassen, so daß die Gefahr bestehe, daß die Rechtsprechung, die wegen mangelnder Sachkunde oftmals auf subjektive Einschätzungen von Sachverständigen angewiesen sei, die Erheblichkeitsschwelle vermutlich unterschiedlich ansetzen werde. Indessen dürfte das Merkmal „Verunreinigen" hinreichend bestimmt und bei seiner Interpretation auch durch das Merkmal der „nachteiligen Veränderung der Gewässereigenschaften" einzugrenzen sein mit dem Ergebnis, den Tatbestand insoweit restriktiv auszulegen (Rogall JZ-GD 80, 108).

3   II. **Schutzobjekte** des § 324 sind Gewässer. Nach der Definition des § 330d Nr. 1 sind hierunter oberirdische Gewässer und das Grundwasser im räumlichen Geltungsbereich des StGB sowie das Meer zu verstehen. Die Legaldefinition entstammt § 1 WHG, ist jedoch dieser Vorschrift gegenüber insoweit erweitert worden, als auch die Hohe See erfaßt wird und die Befugnis der Länder, Ausnahmeregelungen zu schaffen (§ 1 II WHG), entfallen ist (zu den Motiven hierfür vgl. BT-Drs. 8/2382 S. 26). Als Gewässer kommen demnach in Betracht:

4   1. **oberirdische Gewässer.** Darunter sind die ständig oder zeitweilig in Betten fließenden oder stehenden oder aus Quellen wild abfließenden Wasser zu verstehen (§ 1 I Nr. 1 WHG). Demzufolge wird Wasser, das sich in festen Behältnissen (wie z. B. Schwimmbecken), Feuerlöschteichen, Kläranlagen (vgl. dazu Bay JR 88, 344 m. Anm. Sack) oder in Leitungssystemen (z. B. Wasserversorgungs- oder Abwasserleitungen) befindet, durch § 324 nicht geschützt. Fraglich kann sein, ob die Gewässereigenschaft durch Verrohrung verlorengeht. Hier wird zu differenzieren sein: Wird das Wasser nur zeitweilig durch Rohre geführt, verliert es seine Gewässereigenschaft nicht (vgl. Sack JR 88, 344 f. für den Fall, daß verunreinigtes Wasser aus einem Klärbecken in den Wasserkreislauf gelangt), anders aber, wenn es z. B. einer Kläranlage zugeführt wird und somit völlig aus dem natürlichen Wasserkreislauf ausscheidet (vgl. Gieseke/Wiedemann/Czychowski § 1 WHG RN 2b, Sack 12). Ebenfalls aus dem Gewässerbegriff scheidet Wasser aus, das sich nur gelegentlich ansammelt, wie Regenpfützen, sich ansammelnde Feuchtigkeit in Baggerlöchern, Baugruben oder Fahrspuren, sofern keine Verbindung mit dem Grundwasser besteht (Wernicke NJW 77, 1664). Auch das Gewässerbett wird (mittelbar) durch § 324 geschützt, nämlich insoweit, als dessen Verunreinigung auch das enthaltene Wasser nachteilig beeinflußt (D-Tröndle 2, Lackner 2a, Wernicke NJW 77, 1664, Steindorf LK 3). Die oberirdischen Gewässer müssen – ebenso wie das Grundwasser (vgl. u. 5) – im räumlichen Geltungsbereich des StGB liegen (§ 330d Nr. 1), so daß bei Grenzgewässern nur die auf dem Boden der Bundesrepublik Deutschland und West-Berlins befindlichen Teile dem strafrechtlichen Schutz des § 324 unterfallen (BT-Drs. 8/2382 S. 13); für eine Erweiterung des Strafrechtsschutzes de lege ferenda Möhrenschlager NuR 83, 211).

Verunreinigung eines Gewässers 5–9 § 324

2. Grundwasser. Hierunter ist das gesamte unterirdische Wasser zu verstehen (BT-Drs. 8/ **5** 2382 S. 26). Ohne Belang ist, ob ein stehendes oder fließendes Wasser vorliegt oder dieses sich in Erdhöhlen befindet (vgl. D-Tröndle 3). Um Grundwasser i. S. v. § 324 handelt es sich auch, wenn Wasser in Niederungen aus dem Boden tritt (so auch Sack 13; a. A. Gieseke/Wiedemann/Czychowski § 1 WHG RN 9a [oberirdisches Gewässer]). Zum räumlichen Geltungsbereich vgl. o. 4.

3. das Meer. Hierzu gehören alle Küstengewässer und die Hohe See ohne räumliche Begren- **6** zung (§ 330d Nr. 1). Es wird jedoch nicht das Weltrechtsprinzip (vgl. 8 vor §§ 3–7) für diesen Tatbestand eingeführt; vielmehr sind die §§ 3 ff. als Einschränkung des weiten Tatbestandes zu verstehen, so daß nur Deutsche gem. § 7 II Nr. 1 bestraft werden können sowie Ausländer, die die Tat auf einem die deutsche Bundesflagge führenden Schiff oder im Bereich des Festlandsokkels der Bundesrepublik Deutschland begangen haben (vgl. § 5 Nr. 11), oder im Inland betroffene Ausländer, die nicht ausgeliefert werden (§ 7 II Nr. 2); vgl. Sack 22, Möhrenschlager Umwelt 79, 477 sowie § 5 RN 18a.

III. Der **objektive Tatbestand** setzt voraus, daß ein Gewässer verunreinigt oder sonst dessen **7** Eigenschaften nachteilig verändert werden.

1. Verunreinigt ist ein Gewässer, wenn es sich in seinem äußeren Erscheinungsbild nach dem **8** Eingriff des Täters als weniger „rein" darstellt als zuvor (Karlsruhe JR **83**, 339 m. Anm. Triffterer/Schmoller, Horn SK 3, Sack 26, NJW 77, 1407; enger Wernicke NJW 77, 1663), also insb. bei Trübung, Schaumbildung und Ölspuren (Gieseke/Wiedemann/Czychowski § 38 WHG RN 6). Im Gegensatz zu § 38 I WHG a. F. spricht die Vorschrift nicht mehr von einer „schädlichen" Verunreinigung, um zu verhindern, daß an den Begriff der Verunreinigung zu hohe Anforderungen gestellt werden (BT-Drs. 8/2382 S. 14). Demzufolge ist es nicht notwendig, daß der eingeleitete Stoff einen Schaden oder eine Gefahr begründet hat. Vielmehr reicht die schlichte Unsauberkeit des Wassers aus (Stuttgart NJW **77**, 1406 m. Anm. Sack, Karlsruhe Justiz **82**, 164, JR **83**, 339 m. Anm. Triffterer/Schmoller). Trotzdem wird nicht jede geringfügige Verunreinigung § 324 unterfallen, da das „Verunreinigen" dem „nachteiligen Verändern" der Gewässereigenschaften gleichzuachten ist (Frankfurt NJW **87**, 2754, ebenso Kuhlen GA 86, 391). Deshalb scheidet z. B. eine geringfügige Trübung des Wassers durch Sand oder Lehm aus (Horn SK 3; vgl. auch Laufhütte/Möhrenschlager ZStW 92, 931, Möhrenschlager Umwelt 79, 477, BT-Drs. 8/2382 S. 14). Ebenso scheitert die starke Verschmutzung eines nur geringfügigen Teils des Gewässers an der Erheblichkeitsschwelle (Horn SK 3), während im übrigen auch eine teilweise Verunreinigung ausreichend ist (BGH NStZ **91**, 282). Für die Frage der Verunreinigung des Gewässers ist somit entscheidend, welche Auswirkungen die Tathandlung auf die Qualität des Wassers hat. Ob dies der Fall ist, läßt sich nur nach den konkreten Umständen des Einzelfalls, wie Größe und Tiefe des Gewässers, Wasserführung, Geschwindigkeit des fließenden Gewässers und Menge und Gefährlichkeit des eingebrachten Stoffes, entscheiden (Karlsruhe JR **83**, 339 m. Anm. Triffterer/Schmoller, BT-Drs. 8/2382 S. 14; vgl. auch BayVGH BayVBl **74**, 590, D-Tröndle 5, Steindorf LK 37); ähnlich stellt Kuhlen (GA 86, 407) darauf ab, ob die Verunreinigung, würde sie in großer Zahl vorgenommen, das Gewässer ökologisch nachteilig beeinträchtigen würde. Begrifflich nicht notwendig ist es aber, daß das Wasser vor dem Einbringen des Stoffes sauber war (BT-Drs. aaO, Stuttgart DVBl **76**, 799, AG Frankfurt MDR **88**, 338, Möhrenschlager ZRP 79, 99, M-Schroeder II 73), so daß auch schon verschmutztes Wasser weiter verunreinigt werden kann. Entscheidend ist die Veränderung des „status quo" (GenStA Celle NJW **88**, 2394). Zu weitgehend dürfte aber sein, scharfkantige Gegenstände, die im Flußbett versenkt werden und Schiffahrt oder Badende gefährden, jedoch die Wasserqualität nicht beeinflussen, unter den Begriff „Verunreinigung" zu fassen (so aber Sack 35). Zur Frage der Kumulation mehrerer Ableitungen von Stoffen in Gewässer vgl. Samson ZStW 99, 617 ff., der mit Recht darauf hinweist, daß jedem einzelnen Täter nur das zugerechnet werden kann, was er selbst eingeleitet hat (vgl. 101 f. vor § 13; and. Wegscheider ÖJZ 83, 95).

2. Der Verunreinigung gleichzuachten ist die **„sonst nachteilige Veränderung der Gewässer- 9 eigenschaften"** (krit. zur Formulierung der Tatbestandsalternativen Triffterer, Umweltstrafrecht 180). Man wird diese Alternative als Oberbegriff ansehen können, so daß unter die nachteilige Veränderung diejenigen Beeinträchtigungen fallen, die vom „Verunreinigen" nicht erfaßt werden können (Karlsruhe JR **83**, 339 m. Anm. Triffterer/Schmoller, Celle NJW **86**, 2327, Lackner 3b, Gieseke/Wiedemann/Czychowski § 38 WHG RN 7, Rudolphi NStZ 84, 194, Wernicke NJW 77, 1665, Steindorf LK 27). Gemeint sind also die nicht sichtbaren Veränderungen der Wassereigenschaften, also insb. eine Verschlechterung der physikalischen, chemischen oder biologischen Beschaffenheit des Wassers (BGH StV **87**, 153, LG Kleve NStZ **81**, 266). Hierunter fallen nachteilige Erwärmung oder Abkühlung, Beschleunigung oder Hemmung des Wasserabflusses usw. (weitere Bsp. bei Sack 27 ff., Wernicke NJW 77, 1665). Erforderlich ist auch hier nicht, daß konkrete Nachteile, wie z. B. ein Fischsterben, eintreten (BT-Drs. 8/2382 S. 14, Stuttgart MDR **76**, 690, Celle NJW **86**, 2327 m. Anm. Lamberg NJW 87, 421, Horn SK 4). Eine nachteilige Veränderung liegt vielmehr bereits dann vor, wenn sich die Eigenschaften durch das Einbringen des Stoffes verschlechtert haben, sei es auch nur graduell oder in geringem Ausmaß. Dabei genügt als Verschlechterung die Beeinträchtigung der objektiven Nutzungsmöglichkeiten des Gewässers, durch die – wie auch immer geartete – Nachteile zu befürchten oder möglich sind (BT-Drs. aaO, Stuttgart MDR **76**, 690, NJW **77**, 1407, D-Tröndle 6, Sack 28, Steindorf LK 33 ff.). Der weitergehenden Auffassung (Horn SK 4), die darüber hinaus die abstrakte Möglichkeit einer Schadensverursachung für Mensch, Tier oder Pflanzen verlangt, kann nicht gefolgt werden, da nach der Tatbestandsformulierung die erforderliche Nachteilsmöglichkeit nicht auf Lebewesen und Pflanzen beschränkt ist. So genügt auch die Gefahr der Entstehung erheblicher Kosten bei der Wasseraufbereitung, also die eines bloßen Vermögensschadens. Eine nachteilige Veränderung liegt beispielsweise auch vor, wenn die natürliche Regenerationsfähigkeit des Gewässers herabgesetzt wird (Frankfurt NJW **87**, 2755, Horn SK 4). Dabei kann auch ein verunreinigtes oder sonst in seinen Eigenschaften nachteilig beeinflußtes Gewässer Gegenstand der Tat sein (Stuttgart DVBl **76**, 799, Sack 45, BT-Drs. 8/2382 S. 14). Nach Oldenburg Nds. Rpfl. **90**, 156 kann auch das Absenken des Wasserspiegels, durch die die natürliche Lebensgemeinschaft von Pflanzen und Tieren beeinträchtigt wird, eine sonst nachteilige Veränderung der Gewässereigenschaften darstellen.

10   3. Als **Tathandlung** kommt jedes Verhalten in Betracht, das für eine Gewässerverunreinigung oder für die nachteilige Veränderung seiner Eigenschaften ursächlich geworden ist (vgl. D-Tröndle 5, Lackner 3a, Horn SK 5, Steindorf LK 32, Kahl, in Meinberg/Möhrenschlager/Link Umweltstrafrecht 88; and. Wernicke NJW 77, 1663, der eine final auf die Gewässerverunreinigung gerichtete Handlung verlangt; vgl. dazu auch Sack 55). Darunter fallen alle Handlungen, durch die die verunreinigenden Stoffe dem Gewässer unmittelbar zugeführt werden. Tatbestandsmäßig handelt aber auch, wer die Schadstoffe dem Gewässer mittelbar, also z. B. über eine Gemeindekanalisation (Hamm NJW **75**, 747), zuführt, wer Altöl in einen Sickerschacht abläßt (Düsseldorf VRS **44** 236), Benzin aus einem Fahrzeug auslaufen läßt (D-Tröndle 5) oder Silagesaft im Erdreich versickern läßt (Celle NJW **86**, 2326). Zur Frage inwieweit die Einleitung flüssiger Abfälle erfaßt wird vgl. Salzwedel ZfW 83, 84. Ein tatbestandliches Verunreinigen bzw. Herbeiführen nachteiliger Veränderungen ist auch dann verursacht, wenn sich die genannten Folgen erst aus dem Zusammenwirken von an sich unbedenklichen Einleitungen mit bereits in dem Gewässer befindlichen Stoffen ergeben (Stuttgart MDR **76**, 690, NJW **77**, 1406 m. zust. Anm. Sack). Der Tatbestand kann auch durch Unterlassen (§ 13) verwirklicht werden (D-Tröndle 5, Lackner 3a, Sack 197 ff., Horn SK 10 f.), z. B. dadurch, daß es der Täter unterläßt, Sicherheitsvorkehrungen gegen das Überlaufen seines Öltanks vorzusehen. § 324 beinhaltet bei bereits laufenden Gewässerverunreinigungen jedoch nur eine Erfolgsabwendungspflicht hinsichtlich der Verhinderung weiterer drohender Verschmutzungen; der Unterlassende kann nicht verpflichtet sein, den bereits eingetretenen Erfolg wieder zu beseitigen, z. B. das Gewässer zu reinigen oder die nachteiligen Veränderungen der Wasserbeschaffenheit rückgängig zu machen (Horn SK 10). Hinsichtlich der Garantenstellung gelten die allgemeinen Grundsätze (vgl. § 13 RN 17 ff.). Zur Kausalität der Tathandlung für die Verunreinigung usw. vgl. Möhrenschlager WuV 84, 57 f.

11   IV. Die **Rechtswidrigkeit** kann ausgeschlossen sein durch eine besondere Befugnis oder durch allgemeine Rechtfertigungsgründe; das Merkmal „unbefugt" ist allgemeines Verbrechensmerkmal (vgl. 14 vor § 324).

12   1. Die Rechtswidrigkeit der Gewässerverunreinigung entfällt, wenn sie durch eine behördlich erteilte **Erlaubnis,** Bewilligung, Zulassung oder Genehmigung nach dem WHG (vgl. §§ 7, 8, 9a WHG) gedeckt ist (grds. hierzu Rudolphi ZfW 82, 207, NStZ 84, 196). Zur Frage der verwaltungsrechtlichen Bestandskraft der Erlaubnis und zur bloßen Erlaubnisfähigkeit vgl. 15, 19 vor § 324. Daneben kommen auch alte Rechte i. S. v. §§ 15 ff. WHG als Rechtfertigungsgründe in Betracht (vgl. dazu im einzelnen Sack 68 ff.). Sofern durch den Gemeingebrauch (vgl. § 23 WHG) minimale Verschmutzungen gedeckt sind (in der Regel wird in diesen Fällen aber bereits der Tatbestand entfallen; vgl. o. 8), können diese ebenfalls nicht rechtswidrig sein (vgl. Laufhütte/Möhrenschlager ZStW 92, 931, Sack 62, 83 f.; a. A. Horn SK 8), denn wer sich innerhalb des Rahmens einer jedermann gestatteten Benutzung des Gewässers hält, kann nicht unbefugt handeln (i. E. ähnlich [Sozialadäquanz] BT-Drs. 8/2382 S. 14, D-Tröndle 7, Lackner 5b; vgl. Steindorf LK 76, 102). Die von einer behördlichen Erlaubnis usw. gedeckte Gewässerverunreinigung wird nicht schon dadurch zu einer unbefugten, daß irgendwelche Auflagen, die mit der Erlaubnis usw. verbunden waren, verletzt werden (Stuttgart NJW **77**, 1407, Rudolphi ZfW 82, 204; and. unter Berufung auf BT-Drs. aaO, D-Tröndle 7, Sack NJW 77, 1407), sondern allenfalls insoweit, als die verletzte Auflage die Gewässerverschmutzung minimieren oder sonst dem

Schutz des Wasserhaushalts dienen sollte. Eine Überschreitung der in der Einleitungsbefugnis (§§ 2, 3, 7 WHG) genannten Höchstwerte ist unbefugt (Frankfurt NJW **87**, 2255, AG Frankfurt MDR **88**, 338f., D-Tröndle 7; diff. Rudolphi Lackner-FS 886). Hingegen ist nach LG Bonn (NStZ **87**, 461) eine Überschreitung des – sich aus dem aritmethischen Mittel aus fünf Untersuchungen sich ergebenden sog. „Überwachungswertes" nicht maßgeblich zur Feststellung des Merkmals unbefugt (zust. Dahs NStZ **87**, 440, Schünemann wistra 86, 241, Rudolphi aaO 887; and. Franzheim NStZ **87**, 437); vgl. zur Grenzwertproblematik Möhrenschlager in Meinberg/ Möhrenschlager/Link Umweltstrafrecht 41 sowie zum Problem von Meßungenauigkeiten Peters NuR 89, 167ff. Nach Bay JR **83**, 120 m. abl. Anm. Sack kann die Rechtswidrigkeit auch durch Gewohnheitsrecht ausgeschlossen sein; zweifelhaft ist allerdings, ob ein solches auf bayrische Wasserstraßen beschränkte Recht zur Ableitung von Schiffsabwässern nach Einführung des WHG noch besteht (vgl. auch Möhrenschlager NuR 83, 218); nach BGH NStZ **91**, 282 stehen der Abschaffung dieses Privilegs nach Gewohnheitsrecht, zwischenstaatliche Verträge und technische Probleme entgegen. Dies soll allerdings nicht für festliegende Restaurations- oder Hotelschiffe gelten (Köln NStZ **86**, 225 m. Anm. Kuhlen StV 86, 554). Zum behördlichen Dulden vgl. 19 vor § 324, Möhrenschlager in Meinburg/Möhrenschlager/Link Umweltstrafrecht 43.

2. Von den **allgemeinen Rechtfertigungsgründen** (vgl. 4ff. vor § 32) kommt insb. rechtfertigender Notstand (§ 34) in Betracht, wobei allerdings zu berücksichtigen ist, daß die Notstandshandlung nur als ultima ratio gerechtfertigt ist (vgl. GenStA Celle NJW **88**, 2394, Möhrenschlager NuR 83, 215; verkannt von LG Bremen NStZ **82**, 164 m. krit. Anm. Möhrenschlager, Rudolphi ZfW 82, 209). Denkbar ist eine gerechtfertigte Gewässerverunreinigung etwa bei Katastropheneinsätzen oder bei Verwendung von chemischen Mitteln zur Bindung ausgelaufenen Öls. In der Regel nicht gerechtfertigt nach § 34 ist eine Gewässerverschmutzung aber, wenn sie zum Zwecke der Arbeitsplatzsicherung vorgenommen wurde (so auch die h. M.; vgl. D-Tröndle 7, Sack 130, StA Mannheim NJW **76**, 586, Laufhütte/Möhrenschlager ZStW 92, 932, M-Schroeder II 73; vgl. auch BGH MDR/D **75**, 723 [gesundheitsschädliche Emissionen]; Stuttgart DVBl **76**, 800; vgl. auch § 34 RN 35). 13

V. Der **subjektive Tatbestand** des Abs. 1 setzt Vorsatz voraus; bedingter Vorsatz genügt. Hierzu gehört die Vorstellung des Täters, daß sein Verhalten ursächlich wird für den Erfolg in Gestalt der Verunreinigung oder nachteiligen Veränderung eines Gewässers. Ein Irrtum über die Befugnis zur Einleitung von Schadstoffen in Gewässer ist ein nach § 17 zu behandelnder Verbotsirrtum und berührt den Vorsatz nicht. Dagegen ist der Irrtum über die tatsächlichen Voraussetzungen einer Befugnis analog § 16 zu behandeln (vgl. § 16 RN 16ff.); ein solcher Irrtum liegt z. B. vor, wenn eine zeitlich begrenzte behördliche Erlaubnis inzwischen abgelaufen ist, der Täter aber weiterhin von deren Wirksamkeit ausgeht. 14

VI. Die **fahrlässige Gewässerverunreinigung** stellt Abs. 3 unter Strafe. Hierzu ist zunächst der Eintritt eines der in Abs. 1 genannten Erfolge notwendig. Dieser muß kausal auf einer Sorgfaltspflichtverletzung beruhen, wobei z. B. Betriebs- oder Verkehrsunfälle in Betracht kommen, bei denen Öl, Benzin oder Chemikalien in ein Gewässer gelangen (Hamburg NStZ **83**, 170, Horn SK 17, Gieseke/Wiedemann/Czychowski **38** WHG RN 23, Sack 155ff., Steindorf LK 122ff., Riegel NJW 76, 785); zum Umfang der Sorgfaltspflicht beim Einsatz von Großgeräten im Bereich heizölführender Rohrleitungen vgl. Düsseldorf NJW **91**, 1124f. Im Gegensatz zu § 38 WHG a. F., der von Einbringen und Einleiten sprach, ist durch die n. F. nun klargestellt, daß für § 324 keine final auf das Gewässer gerichtete Handlung nötig ist (Horn SK 17, Riegel aaO, Gieseke/Wiedemann/Czychowski aaO; and. aber Wernicke NJW 77, 1666), so daß dem Fahrlässigkeitstatbestand nun eine erhöhte Bedeutung zukommen kann (zum alten Rechtszustand vgl. auch Baumann ZfW 73, 70f.). 15

VII. Vollendet ist die Tat, wenn der Erfolg der Verunreinigung oder der sonstigen nachteiligen Veränderung der Eigenschaften zumindest in einem nicht unerheblichen Teil des Gewässers eingetreten ist (vgl. o. 8f.). Der Versuch ist entgegen dem bisherigen Recht nicht nur beim Handeln gegen Entgelt und in Bereicherungs- bzw. Schädigungsabsicht (vgl. § 38 III WHG a. F.), sondern in allen Fällen strafbar (Abs. 2). 16

VIII. Für **Täterschaft** und **Teilnahme** gelten die allgemeinen Regeln. Zur Strafbarkeit der Organe eines Unternehmens vgl. 28 vor § 324. Der Gewässerschutzbeauftragte i. S. v. §§ 21a ff. WHG ist in dieser Funktion bei dem Regelfall des unechten Unterlassungsdelikts nur Teilnehmer, da er lediglich eine Kontroll- und Überwachungsfunktion, aber keine Schutzpflichten besitzt (§ 21b WHG; vgl. auch Truxa ZfW 80, 224, Dahs NStZ **86**, 97, Steindorf LK 49 und § 14 RN 35). Diese hat vielmehr die „entscheidende Stelle" i. S. v. § 21e WHG. Der Gewässerschutzbeauftragte ist also als „Überwachungsgarant" (vgl. Frankfurt NJW **87**, 2756, 92 vor § 25, § 25 RN 4) anzusehen; für ihn kommt nur eine Bestrafung als Teilnehmer in Betracht (so auch D-Tröndle 9, Wernicke NJW 77, 1663; a. A. [Täterschaft] Horn SK 11, Sack 196, 17

§ 325 1

Rudolphi Lackner-FS 880; vgl. auch Bickel ZfW 79, 148, Czychowski ZfW 80, 205, Leibinger ZStW 90 (Beiheft), 84, Salzwedel ZfW 80, 213). Eine andere Beurteilung ergibt sich aber, wenn dem Gewässerschutzbeauftragten neben seinen Überwachungsaufgaben nach § 21 b WHG im Rahmen der Betriebsorganisation auch Entscheidungs- oder Anordnungsbefugnisse übertragen sind. Aus diesen Befugnissen, die aber nicht auf seiner Stellung als Gewässerschutzbeauftragter beruhen, kann sich eine Beschützergarantenstellung ergeben, die zu einer Bestrafung als Täter führt (vgl. AG Frankfurt NStZ 86, 74 m. krit. Anm. Wernicke NStZ 86, 222 u. Meinberg NStZ 86, 224). Mittelbare Täterschaft durch positives Tun kann hingegen gegeben sein, wenn der Gewässerschutzbeauftragte bewußt der „entscheidenden Stelle" i. S. v. § 21 e WHG falsche Daten liefert und so erreicht, daß der Entscheidungsbefugte Anordnungen trifft, die zu einer unbefugten Gewässerverunreinigung führen (AG Frankfurt aaO; vgl. Dahs NStZ 86, 98). Zur Strafbarkeit eines Amtsträgers vgl. 29 ff. vor § 324, Möhrenschlager in Meinburg/Möhrenschlager/Link Umweltstrafrecht 39.

18 IX. **Idealkonkurrenz** kommt u. a. in Betracht mit §§ 326 I, 328 I, 329 II, III, sowie mit §§ 303 ff., 313, 314, 316 b I Nr. 2, 318, 319. Auch mit § 330 a ist Idealkonkurrenz möglich, da diese Vorschrift als konkretes Gefährdungsdelikt primär Leben und Gesundheit von Menschen schützt und das Gewässer nur das Umweltmedium darstellt, in dem das Gift freigesetzt wird, nicht jedoch selbständigen Schutz genießt (vgl. Rogall JZ-GD 80, 113f., Horn SK § 330 a RN 1, 15). § 330 I Nr. 1, II, V, VI verdrängt als Erfolgsqualifizierung § 324; § 330 IV enthält einen besonders schweren Fall der Gewässerverunreinigung.

§ 325 Luftverunreinigung und Lärm

(1) **Wer beim Betrieb einer Anlage, insbesondere einer Betriebsstätte oder einer Maschine, unter Verletzung verwaltungsrechtlicher Pflichten**

1. **Veränderungen der natürlichen Zusammensetzung der Luft, insbesondere durch Freisetzen von Staub, Gasen, Dämpfen oder Geruchsstoffen, verursacht, die geeignet sind, außerhalb des zur Anlage gehörenden Bereichs die Gesundheit eines anderen, Tiere, Pflanzen oder andere Sachen von bedeutendem Wert zu schädigen, oder**
2. **Lärm verursacht, der geeignet ist, außerhalb des zur Anlage gehörenden Bereichs die Gesundheit eines anderen zu schädigen,**

wird mit Freiheitsstrafe bis zu fünf Jahren oder mit Geldstrafe bestraft. Satz 1 gilt nicht für Kraftfahrzeuge, Schienen-, Luft- oder Wasserfahrzeuge.

(2) **Der Versuch ist strafbar.**

(3) **Handelt der Täter fahrlässig, so ist die Strafe Freiheitsstrafe bis zu zwei Jahren oder Geldstrafe.**

(4) **Verwaltungsrechtliche Pflichten im Sinne des Absatzes 1 verletzt, wer grob pflichtwidrig gegen eine vollziehbare Anordnung oder Auflage verstößt, die dem Schutz vor schädlichen Umwelteinwirkungen dient, oder wer eine Anlage ohne die zum Schutz vor schädlichen Umwelteinwirkungen erforderliche Genehmigung oder entgegen einer zu diesem Zweck erlassenen vollziehbaren Untersagung betreibt.**

Schrifttum: Engelhardt, Bundesimmissionsschutzgesetz, 2. A. 1980. – *Feldhaus*, Bundesimmissionsschutzrecht, 1977. – *Landmann-Rohmer*, Gewerbeordnung und ergänzende Vorschriften, Bd. III Umweltrecht, Loseblattausgabe. – *Moench*, Lärm als kriminelle Umweltgefährdung, 1980. – *Sack*, Umweltschutz-Strafrecht, 3. A., 1988. – *Ule*, Bundesimmissionsschutzgesetz, Loseblattsammlung ab 1974. – Vgl. ferner die Angaben vor § 324.

1 I. Die Vorschrift ist an die Stelle des § 64 BImSchG getreten. Ihr **Zweck** ist, Beeinträchtigungen der menschlichen Gesundheit und der menschlichen Umwelt (Tiere, Pflanzen und andere Sachen) durch Luftverunreinigung sowie Beeinträchtigungen der menschlichen Gesundheit durch Lärm entgegenzuwirken. Um einen möglichst umfassenden Schutz der genannten Güter zu erreichen, ist deren Schutz ins Vorfeld potentieller Schädigungen vorverlegt worden. Bereits die Schädigungseignung der verursachten Luftverunreinigung oder des hervorgerufenen Lärms genügt zur Tatbestandserfüllung (**abstraktes Gefährdungsdelikt;** vgl. 3 a. E. vor § 306). Neben der menschlichen Gesundheit und der menschlichen Umwelt sind die (Reinheit der) Luft und die (rekreative) Ruhe als geschützte Rechtsgüter anzusehen (vgl. dazu 8 vor § 324, Dölling JZ 85, 466, Rengier NJW 90, 2511, Steindorf LK 2; and. Breuer NJW 88, 2075, D-Tröndle 1, Horn SK 2). Insoweit stellt die Tat nach § 325, da es zu einer Beeinträchtigung der Luft oder der Ruhe gekommen sein muß, ein Erfolgsdelikt dar.

II. Luftverunreinigung (Abs. 1 S. 1 Nr. 1).

1. Unter Luftverunreinigung ist eine **Veränderung der natürlichen Zusammensetzung** der Luft, insb. durch Freisetzen von Staub, Gasen, Dämpfen oder Geruchsstoffen, zu verstehen. Weitere Beispiele für verändernde Einwirkungsmittel sind Rauch, Ruß und Aerosole (vgl. § 3 IV BImSchG und näher zu den gesamten Beispielen Feldhaus aaO § 3 Anm. II 3). Zur natürlichen Zusammensetzung der Luft vgl. die VDI-Richtlinie 2104 vom Sept. 1966 (abgedruckt b. Engelhardt aaO § 3 RN 3). Das Merkmal der natürlichen Zusammensetzung bedeutet indes nicht, daß die Luft sich vor der Einwirkung in einem der Richtlinie entsprechenden Zustand befunden haben muß. Auch eine bereits verunreinigte Luft kann (noch weiter) nachteilig verändert werden. Es kommt somit auf die konkrete Zustandsveränderung an, wobei jedoch die Veränderungswerte unter Berücksichtigung der natürlichen Zusammensetzung der Luft zu beurteilen sind. Die Veränderung kann durch Hinzufügen gasförmiger, flüssiger oder fester Stoffe erfolgen. Fraglich ist, ob auch das Entziehen von Luftbestandteilen ausreicht, etwa eine Verminderung des **Sauerstoffgehalts**. Nach dem Wortlaut und dem Zweck des Gesetzes bestehen gegen eine Einbeziehung keine Bedenken. Entgegenstehen soll aber der für die Verunreinigung maßgebliche Sprachgebrauch (so Engelhardt aaO § 3 RN 3). Ihm kann indes keine einschränkende Bedeutung zukommen, da der Begriff der Verunreinigung im Tatbestand des § 325 nicht enthalten ist, sondern nur in dessen Überschrift. Temperaturänderungen werden dagegen nicht erfaßt (vgl. § 3 II, III BImSchG, wo Wärme ausdrücklich neben Luftverunreinigungen als Immission bzw. Emission genannt wird).

2. Die Luftverunreinigung muß beim **Betrieb einer Anlage** verursacht worden sein.

a) Der weit auszulegende Begriff der **Anlage** erstreckt sich auf sachliche Funktionseinheiten, deren Betrieb sich auf die Umgebung auswirken kann. Er ist zwar bewußt von § 3 V BImSchG gelöst worden (vgl. BT-Drs. 8/2382 S. 34); in erster Linie umfaßt er aber die dort genannten Anlagen. Hierzu gehören die als Beispiel erwähnten Betriebsstätten, d. h. die Einrichtungen, die als räumliche Zusammenfassung der Ausübung eines stehenden Betriebes dienen (Kutscheidt in Landmann-Rohmer aaO § 3 BImSchG RN 25), sowie sonstige **ortsfeste Einrichtungen** einschließlich der fest eingebauten Maschinen. Neben Fabriken, ähnlichen industriellen Werken und handwerklichen Betriebsstätten fallen hierunter etwa Feuerungsanlagen, Müllverbrennungsanlagen, Abfallaufbereitungsanlagen, Klärwerke, Motorsportanlagen, Kompostwerke, Schweinemästereien. Anlagen sind ferner **ortsveränderliche technische Einrichtungen,** insb. Maschinen und Geräte, wie Bagger, Planierraupen, Betonmischer, sonstige Baumaschinen, mobile Pumpen. Ausgenommen sind Verkehrsfahrzeuge (vgl. u. 20), auch bei Ladung gefährlicher Güter (z. B. Giftfässer), von denen bei einem sachgemäßen Transport keine Immissionen ausgehen (Koblenz MDR **86,** 162). Außerdem gehören **Grundstücke** unabhängig von baulichen und technischen Einrichtungen (vgl. Bay **84,** 49) zu den Anlagen, soweit auf ihnen Stoffe gelagert oder abgelagert oder emissionsträchtige Arbeiten durchgeführt werden. Nicht erforderlich ist, daß das Grundstück insgesamt oder überwiegend solchen Zwecken dient (vgl. Bay **84,** 49). **Lagern** bedeutet ein für eine gewisse Dauer, d. h. für einen nicht unerheblichen Zeitraum (vgl. Bay **84,** 49), vorgesehene Aufbewahrung von Stoffen zwecks späterer anderweitiger Verwendung oder Beseitigung, insb. die Zwischenlagerung (vgl. BGH NJW **91,** 1622 zu § 326). Abgelagert werden Stoffe, wenn sie an einem Ort niedergelegt werden, um sich ihrer für immer zu entledigen (vgl. BGHZ **46** 17). Ein nur kurzfristiges Abstellen von Sachen ist noch kein Lagern. Das Merkmal einer gewissen Stetigkeit ist auch für die emissionsträchtigen Arbeiten maßgebend. Nur gelegentlich vorgenommene Tätigkeiten auf einem Grundstück (Verbrennen von Gartenabfällen oder Stroh, Düngen eines Ackers usw.) machen dieses daher noch nicht zu einer Anlage (Bay **78,** 53), auch dann nicht, wenn sie sich in größeren zeitlichen Abständen wiederholen (vgl. Bay **84,** 49). Beispiele für Grundstücke als Anlagen: Kohlenhalden, Mülldeponien, Schrottplätze, Autofriedhöfe, Lagerplätze, Baustellen, Flächen mit Dunglagerung (Misthaufen).

Das Merkmal der Anlage setzt nicht voraus, daß ihr Betrieb gewerblichen Zwecken dient oder nach dem BImSchG genehmigungsbedürftig ist. Unmaßgeblich sind zudem die Anwendungsbeschränkungen für das BImSchG. Als Anlagen sind daher auch Einrichtungen, die der Luft radioaktive Stoffe zuführen, sowie öffentliche Verkehrswege und Flugplätze anzusehen (Laufhütte/Möhrenschlager ZStW 92, 941).

b) Die Luftverunreinigung muß beim **Betrieb** einer Anlage erfolgen. Diese wird betrieben, wenn und solange sie für ihre Zwecke in Gebrauch ist, also vom Ingangsetzen bis zur vollständigen Stillegung. Der zweckdienliche Gebrauch beschränkt sich nicht auf die Verwendung einer Anlage in ihrer bestimmungsgemäßen Funktion. Er umfaßt auch den mittelbar hierfür wesentlichen Gebrauch, wie die Erprobung einer Anlage (z. B. Belastungsprüfung), deren Wartung oder Reparaturen. Unerheblich ist, wer die Anlage in Betrieb gesetzt hat. Ein Grundstück wird z. B. auch dann zu einer Anlage in Betrieb, wenn Dritte dort ohne Einvernehmen mit dem Grundstücksbesitzer emissionsträchtige Stoffe abgelagert haben. Zur Stillegung einer Anlage kann u. U. eine völlige Beseitigung der emissionsträchtigen Faktoren notwendig sein, etwa bei Mülldeponien.

7 3. Das die Luftverunreinigung bewirkende Verhalten (Tun oder Unterlassen) muß **verwaltungsrechtliche Pflichten verletzen.** Zum Sinn dieses den Strafbereich einschränkenden Tatbestandsmerkmals vgl. BT-Drs. 8/3633 S. 27, Dölling JZ 85, 467, Steindorf LK 26 sowie 11 ff. vor § 324. Was unter Verletzung verwaltungsrechtlicher Vorschriften zu verstehen ist, umschreibt Abs. 4. Danach sind 3 Fallgruppen zu unterscheiden:

8 a) Erfaßt ist zunächst der grob pflichtwidrige **Verstoß gegen** eine vollziehbare **Anordnung** oder **Auflage,** die dem Schutz vor schädlichen Umwelteinwirkungen dient. Es genügt insoweit, daß die mißachtete Anordnung (Auflage) auch, also nicht ausschließlich, vor schädlichen Umwelteinwirkungen schützen soll (Laufhütte/Möhrenschlager ZStW 92, 941 FN 119), und zwar vor solchen Einwirkungen durch Luftverunreinigung. Der Begriff der schädlichen Umwelteinwirkungen (vgl. § 3 I BImSchG) bezieht sich auf Immissionen, die für die Allgemeinheit oder die Nachbarschaft gefahrenträchtig sind (vgl. dazu Kutscheidt in Landmann-Rohmer aaO § 3 BImSchG RN 3 ff.). Regelungen, die nur einen innerbetrieblichen Schutz (etwa Arbeitsschutz) bezwecken, reichen nicht aus. Unerheblich ist, ob die Anordnung (Auflage) auf dem BImSchG und den hierzu erlassenen Rechtsverordnungen beruht, z. B. VO über Großfeuerungsanlagen vom 22. 6. 1983, BGBl I 719, SmogVO (vgl. § 12 SmogVO NRW i. d. F. vom 18. 10. 1978, GVBl. 540), 17. BImSchVO über Verbrennungsanlagen für Abfälle vom 23. 11. 1990, BGBl I 2545, oder auf einer anderen Rechtsgrundlage, z. B. § 6 LuftVG. Wesentlich ist jedoch, daß ihre Beachtung zum Ausbleiben oder jedenfalls zur Verminderung der Luftverunreinigung geführt hätte (vgl. u. 12). Die Anordnung (Auflage) muß vollziehbar sein. Das ist der Fall, wenn sie nicht mehr anfechtbar oder gem. § 80 II VwGO sofort vollziehbar ist. Gegen eine Anordnung (Auflage) verstößt, wer ihr überhaupt nicht, fehlerhaft, unvollständig oder nicht fristgemäß nachkommt. Der Verstoß muß **grob pflichtwidrig** sein. Eine grobe Pflichtwidrigkeit kann sich aus dem Grad der Pflichtwidrigkeit oder aus der Bedeutung der verletzten Pflicht ergeben. Sie liegt danach vor, wenn die jeweilige Pflicht in besonders schwerem Maß verletzt wird (vgl. BGH GA **71,** 246) oder der Verstoß sich gegen eine besonders gewichtige Pflicht richtet (vgl. BT-Drs. 8/2382 S. 16, Steindorf LK 39). Hieran fehlt es u. a., wenn Unzumutbares nicht erfüllt wird (z. B. gesetzte Frist für Schutzmaßnahmen ist zu kurz bemessen). Die Zumutbarkeit, einer Anordnung nachzukommen, entfällt aber nicht schon deswegen, weil die potentiell schädlichen Umwelteinwirkungen auf Dritte zurückgehen, diese etwa auf einem Grundstück des von der Anordnung Betroffenen schädliche Stoffe abgelagert haben.

9 b) Verwaltungsrechtliche Pflichten verletzt ferner, wer eine **Anlage ohne** die zum Schutz vor schädlichen Umwelteinwirkungen erforderliche **Genehmigung** betreibt (vgl. zur Genehmigungsbedürftigkeit allgemein 61 ff. vor § 32). Das Genehmigungsmerkmal erfüllt nur die ausdrücklich erteilte Erlaubnis zum Betrieb einer Anlage; das bloße Dulden durch die zuständige Behörde ist noch keine Genehmigung. Zu den nach dem BImSchG genehmigungsbedürftigen Anlagen vgl. 4. BImSchvO vom 24. 7. 1985, BGBl I 1586 mit den Änderungen durch VO vom 19. 5. 1988, BGBl I 608, u. vom 15. 7. 1988, BGBl I 1059. Die Genehmigungsbedürftigkeit hat das Gericht selbständig zu beurteilen; es ist nicht an die Auffassung der Verwaltungsbehörde gebunden (Steindorf LK § 327 RN 14, Meinberg NStZ 86, 318). Umstritten ist, ob die Genehmigungsbedürftigkeit sich auf eine Gesamtanlage auf alle Teile erstreckt, etwa auch auf Nebeneinrichtungen (vgl. dazu Ule aaO § 3 RN 9, § 4 RN 6 a mwN). Bei einer genehmigungsbedürftigen Anlage bedarf auch die wesentliche Änderung ihrer Lage, ihrer Beschaffenheit oder ihres Betriebs der Genehmigung (§ 15 I BImSchG). Genehmigungserfordernisse können sich zudem aus anderen Gesetzen ergeben, z. B. § 6 LuftVG. Eine Anlage wird nicht nur dann ohne Genehmigung betrieben, wenn diese nicht erteilt oder wirksam zurückgenommen worden ist oder im Falle einer befristeten Genehmigung der Betrieb nach Fristablauf fortgesetzt wird, sondern auch, wenn eine mit der Genehmigung verbundene Bedingung (vgl. § 12 I BImSchG) nicht erfüllt oder eine auflösende Bedingung eingetreten ist. Gleiches gilt für ein Zuwiderhandeln gegen wesentliche Genehmigungsvoraussetzungen, ohne die der Genehmigungsbescheid im Kernbereich qualitativ verändert würde (sog. modifizierende Auflagen; vgl. Laufhütte/Möhrenschlager ZStW 92, 939, aber auch die Einschränkung bei Bay **87,** 79). Eine grobe Pflichtwidrigkeit ist hier nicht erforderlich; es genügt bereits jedes umweltgefährdende Hinwegsetzen über das Genehmigungserfordernis.

10 c) Pflichtwidrig handelt schließlich noch, wer eine **Anlage entgegen** einer zum Schutz vor schädlichen Umwelteinwirkungen erlassenen vollziehbaren **Untersagung** betreibt. Eine Untersagung dieser Art ist insb. nach den §§ 20 I, III, 25 I BImSchG möglich. Zur Vollziehbarkeit vgl. o. 8. Die Pflichtwidrigkeit braucht nicht groben Ausmaßes zu sein.

d) Fraglich ist, wie sich eine **fehlerhafte Anordnung,** Auflage, Untersagung oder Nichterteilung 11 einer Genehmigung auf die Strafbarkeit der o. 8ff. genannten Verstöße auswirkt. Vgl. dazu 16, 19, 21 f. vor § 324, Steindorf LK 37. Andererseits fragt sich, ob dem Genehmigungserfordernis (o. 9) auch eine fehlerhafte Genehmigung entspricht. Vgl. dazu 16ff. vor § 324.

4. Das Betreiben einer Anlage unter Verletzung verwaltungsrechtlicher Pflichten muß die 12 Luftverunreinigung **verursacht** haben. Das pflichtwidrige Verhalten (Tun oder Unterlassen) muß mithin kausal für eine Veränderung der natürlichen Zusammensetzung der Luft gewesen sein. Zu möglichen Schwierigkeiten beim Kausalitätsnachweis, etwa bei kumulierenden Umweltbelastungen, vgl. BT-Drs. 8/3633 S. 28. Im Falle eines Verstoßes gegen eine vollziehbare Anordnung (Auflage) ist das die Luftverunreinigung bewirkende Verhalten dem Täter im Rahmen des § 325 nur zurechenbar, wenn die Beachtung der Anordnung (Auflage) zum Ausbleiben oder jedenfalls zur Verminderung der Luftverunreinigung geführt hätte. War eine vollziehbare Anordnung (Auflage) ungeeignet, gefährliche Emissionen zu verhindern, und hätte sich daher bei Beachtung der verwaltungsrechtlichen Pflicht an der Luftverunreinigung nichts geändert, so ist die Pflichtwidrigkeit kein entscheidender Faktor für das gefährliche Geschehen und kann demgemäß keine Strafbarkeit nach § 325 begründen. Die maßgebliche Eignung der mißachteten Anordnung (Auflage) muß feststehen; Zweifel gehen zugunsten des Täters (in dubio pro reo).

5. Die verursachte Luftverunreinigung muß **geeignet** sein, außerhalb des zur Anlage gehö- 13 renden Bereichs die Gesundheit eines anderen, Tiere, Pflanzen oder andere Sachen von bedeutendem Wert **zu schädigen.**

a) Als **Gesundheitsschädigung** ist jede Beeinträchtigung der Gesundheit i. S. des § 223 anzu- 14 sehen. Unmaßgeblich ist der von der Weltgesundheitsorganisation verwendete Begriff, der auch Beeinträchtigungen des sozialen Wohlbefindens einbezieht (vgl. BT-Drs. 8/3633 S. 28). In Betracht kommt somit nur das Hervorrufen oder Steigern eines (auch vorübergehenden) pathologischen Zustandes. Hustenreiz, Atembeschwerden, Kopfschmerzen, Übelkeit, Benommenheit, Nies- und Tränenreiz reichen aus, soweit sie nicht unerheblich sind, ebenfalls psychische Beeinträchtigungen, die sich in nicht unerheblicher Weise nachteilig auf den Körper auswirken.

b) Schäden bei **Tieren** oder **Pflanzen** liegen vor, wenn diese eingehen oder verkümmern. 15 Die betroffenen Tiere und Pflanzen müssen (einzeln oder zusammen) von bedeutendem Wert sein (vgl. BT-Drs. 8/2382 S. 16). Bei der Wertbeurteilung sind nicht nur wirtschaftliche, sondern auch ökologische Faktoren (einschließlich Artenerhaltung) zu berücksichtigen. Von wesentlicher Bedeutung ist daher u. a., ob die Schäden zu nachteiligen Änderungen im Tier- oder Pflanzenhaushalt eines bestimmten Gebietes führen. Da der ökologische Zustand als solcher nicht geschützt ist, reicht das Abwandern von Tieren allein nicht aus (Steindorf LK 11; and. D-Tröndle 7); es kann aber mittelbar im Rahmen des Merkmals der Eignung zur Schadensverursachung Bedeutung erlangen (vgl. u. 18). Ebensowenig genügen bloße ästhetische Auswirkungen (z. B. durch Staub) ohne nachweisbare potentielle Folgen für den Naturhaushalt. Unwesentlich ist, ob fremde, tätereigene oder herrenlose Sachen betroffen sind.

c) **Andere Sachen von bedeutendem Wert,** die betroffen sein können, sind vor allem Gebäu- 16 de, sonstige Bauwerke und Kunstwerke. Sie brauchen nicht notwendig in fremdem Eigentum zu stehen (D-Tröndle 8). Neben dem wirtschaftlichen Wert (vgl. 15 vor § 306) kann auch ein kultureller Wert bedeutsam sein. Schäden können insb. infolge einer durch die Luftverunreinigung verursachten Korrosion eintreten.

d) Erheblich sind nur die schädlichen Wirkungen der genannten Art, die **außerhalb des zur** 17 **Anlage gehörenden Bereichs** eintreten können. Andererseits bleibt sich gleich, ob die Allgemeinheit als unbestimmte Mehrheit von Betroffenen oder die Nachbarschaft als ein bestimmter Kreis Betroffener den schädlichen Immissionen ausgesetzt ist. Die Nachbarschaft beschränkt sich nicht auf den unmittelbar an die Anlage angrenzenden Bereich. Zu ihr zählt vielmehr der gesamte Bereich in der Nähe der Anlage, der unter gewöhnlichen Umständen von den Immissionen unmittelbar erfaßt wird (vgl. Ule aaO § 3 RN 5). Unmaßgeblich sind dagegen schädliche Auswirkungen innerhalb des Anlagenbereichs. Hierbei ist von der Anlage auszugehen, auf die sich die verletzten verwaltungsrechtlichen Pflichten beziehen. Das kann auch die Betriebsstätte insgesamt sein (BT-Drs. 8/2382 S. 16).

e) Für die Tatbestandserfüllung ist weder der Eintritt eines Schadens (o. 14ff.) noch eine 18 konkrete Gefährdung der menschlichen Gesundheit usw. (dann § 330 I S. 1 Nr. 2) erforderlich. Es genügt die (nach gesicherten naturwissenschaftlichen Erkenntnissen bestehende) **Eignung** der Luftverunreinigung **zur Schadensverursachung.** Die Luftverunreinigung muß also für die menschliche Gesundheit oder für Tiere usw. nur generell gefährlich sein, wofür es genügt, daß

Stree

die möglichen gesundheitsschädlichen Auswirkungen sich auf besonders anfällige Personengruppen wie Alte, Kranke, Gebrechliche, Säuglinge beschränken (vgl. Schroll JBl 90, 690). Hierbei können besondere Tatumstände konstanter Art (generalisierend) berücksichtigt werden (BT-Drs. 8/2382 S. 16), etwa die Beschaffenheit und die Lage einer Anlage (zweifelnd Laufhütte/Möhrenschlager ZStW 92, 942 FN 120), wie die Höhe eines Schornsteins und die Entfernung zu Ansiedlungen oder korrosionsanfälligen Bauwerken, auch die Geländesituation (Beckenlage usw.; vgl. Schroll JBl 90, 688), zur Entlastung jedoch nicht variable Faktoren, etwa die Wetterverhältnisse (Tiedemann aaO 32) oder der Umstand, daß sich zur Tatzeit keine Risikopersonen im Immissionsbereich aufgehalten haben (vgl. OLG Linz JBl 90, 463 m. Anm. Kienapfel), da solche Faktoren sich jederzeit ändern können. Unerheblich ist, ob die luftverunreinigende Emission für sich allein generell gefährlich ist oder ob die vorausgesetzte Eignung sich erst aus dem Zusammenwirken mit anderen Luftverunreinigungen ergibt (Kumulations- oder Summationseffekt; zur Problematik vgl. Möhrenschlager WuV 84, 62ff.). Minimale Steigerungen der Umweltbelastung sind jedoch vom Tatbestand auszunehmen (Möhrenschlager aaO 64, Rudolphi NStZ 84, 250 FN 39). Für die Eignung zur Schadensverursachung reicht aus, wenn die Luftverunreinigung sich erst mittelbar schädlich auswirken kann, z. B. Schadstoffbelastung des Bodens mit möglichen Folgewirkungen für Pflanzen und die sie verzehrenden Tiere (Laufhütte/Möhrenschlager ZStW 92, 943) oder für Menschen durch Genuß solcher Pflanzen und Tiere. Gleiches gilt für das mögliche Abwandern von Tieren, sofern hierdurch der Naturhaushalt sich nachteilig ändert und infolgedessen Tiere oder Pflanzen Schaden erleiden. Die generelle Eignung muß feststehen (vgl. Möhrenschlager aaO 65: naturwissenschaftlich gesicherter Erfahrungssatz); eine bloße Vermutung oder Wahrscheinlichkeit genügt nicht (Rudolphi NStZ 84, 250). Zum Eignungsmoment vgl. noch Hoyer, Die Eignungsdelikte, 1987, 163ff.

19 Die Eignung zur Schadensverursachung ist – i. d. R. mit Hilfe eines Sachverständigen – an Hand der Umstände des Einzelfalles unter Einschluß der Emissionen benachbarter Anlagen zu beurteilen. Anhaltspunkte hierfür liefern die Immissionsgrenzwerte in der – von der BReg. als Verwaltungsvorschrift erlassenen – technischen Anleitung zur Reinhaltung der Luft (TA Luft v. 27. 2. 1986, GMBl 95). Die Anleitung bindet als allgemeine Verwaltungsvorschrift zwar nicht die Gerichte, bietet aber wegen ihres naturwissenschaftlich fundierten fachlichen Aussagegehalts (vgl. BVerwG NJW **78**, 1451: antizipiertes Sachverständigengutachten) eine wertvolle Erkenntnisquelle. Sie ergibt allerdings nicht, daß mit dem Überschreiten der Grenzwerte stets die in § 325 vorausgesetzte Eignung vorliegt. Es bedarf daher noch der Herausarbeitung eigenständiger strafrechtlicher Grenzwerte (Lackner 5, Rudolphi NStZ 84, 251). Zur TA Luft vgl. auch OVG Münster NJW **76**, 2363, BGH NJW **85**, 49, Hansmann/Schmitt, TA Luft, 1983, Hansmann, TA Luft, 1987.

20 **5. Ausgenommen** sind Luftverunreinigungen durch den Betrieb von **Kraftfahrzeugen** sowie von Schienen-, Luft- und Wasserfahrzeugen (Abs. 1 S. 2). Für diese Fahrzeuge sind die besonderen Regeln des Verkehrsrechts maßgebend. Dementsprechend können von der Ausnahmeregelung auch nur solche Fahrzeuge betroffen sein, die den besonderen Regelungen des Verkehrsrechts unterliegen (vgl. z. B. zu den Kraftfahrzeugen § 1 StVG). Andere Fahrzeuge sind mithin dem § 325 zuzuordnen. Das gilt insb. für Fahrzeuge, die ausschließlich außerhalb des öffentlichen Verkehrs betriebsgebunden eingesetzt werden, etwa in einer Betriebsstätte als Arbeitsgerät.

III. Lärmverursachung (Abs. 1 S. 1 Nr. 2).

21 **1. Lärm** ist ein beträchtliches Geräusch, das vom menschlichen Ohr wahrgenommen werden kann und dessen Wahrnehmung normal empfindende Menschen stört (vgl. dazu Rogall KK OWiG § 117 RN 13ff.). Vgl. auch die technische Anleitung zum Schutz gegen Lärm (TA Lärm v. 16. 7. 1968, Beil. zum BAnz. Nr. 137). Die Überempfindlichkeit einzelner Personen bleibt unberücksichtigt (BT-Drs. 8/2382 S. 16; and. Steindorf LK 52), ebenso die Geräuschunempfindlichkeit.

22 **2.** Der Lärm muß beim **Betrieb einer Anlage** (o. 4ff.) unter Verletzung verwaltungsrechtlicher Pflichten (o. 7ff.) **verursacht** (o. 12) worden sein. Das aaO Ausgeführte ist hier entsprechend auf Lärmemissionen zu beziehen. Als Anlagen kommen demgemäß u. a. in Betracht: Betriebsstätten mit lärmverursachenden Maschinen, motorbetriebene Geräte wie Planierraupen und Rasenmäher, Preßlufthämmer und -bohrer, Motorsportanlagen, Schießstände, auch Gegenstände, die in den Landesimmissionsschutzgesetzen einer Regelung unterworfen sind, z. B. Tonübertragungsgeräte und Musikinstrumente (Laufhütte/Möhrenschlager ZStW 92, 941 FN 118). Ausgenommen sind auch hier Verkehrsfahrzeuge (Abs. 1 S. 2; vgl. o. 20). Soweit der Lärm auf das Verhalten einzelner Personen zurückgeht, ist er nur dann dem Betrieb einer Anlage zuzurechnen, wenn das Verhalten wesensgemäß mit einer örtlichen oder sachlichen Gegebenheit verbunden ist (vgl. Engelhardt DÖV 75, 609). Zum Hundelärm bei einer Hun-

dehaltung in Hundehütten auf einer Wiese vgl. VGH Baden-Württemberg DÖV **75**, 608 m. abl. Anm. Engelhardt (vgl. auch Steindorf LK 57). Zum übermäßigen Bellen eines Wachhundes vgl. Düsseldorf JZ **90**, 768. Zum Glockengeläute einer Kirche vgl. BVerwG JZ **84**, 228 (im herkömmlichen Rahmen zumutbare sozialadäquate Einwirkung).

3. Der verursachte Lärm muß **geeignet** sein, außerhalb des zur Anlage gehörenden Bereichs die **Gesundheit** eines anderen **zu schädigen.** Zu diesen Tatbestandsmerkmalen vgl. o. 14, 17 ff. Eine Eignung zur Gesundheitsschädigung ist bei möglichen Hörschäden zu bejahen. Inwieweit sonstige Gesundheitsschäden auf Lärm beruhen können, z. B. auf lärmbedingten (wiederholten) intensiven Schlafstörungen, ist noch weitgehend ungeklärt (vgl. BT-Drs. 8/1938 S. 235 f.). In Betracht kommen etwa nervlich krankhafte Zustände (Göhler § 117 OWiG RN 15 mwN; vgl. auch Moench aaO 39 f. mwN), aber auch andere Erkrankungen (vgl. Moench aaO 97 f. mwN, auch BT-Drs. 8/2382 S. 16 mwN). Bloße Beeinträchtigungen des seelischen Wohlbefindens genügen nicht (Göhler aaO; vgl. auch StA Hannover NStZ **87**, 176).

Ergänzend zum Lärmschutz vgl. § 117 OWiG (unzulässiger Lärm), RasenmäherlärmVO v. 23. 7. 1987, BGBl. I 1687, BaumaschinenlärmVO v. 10. 11. 1986, BGBl I 1729, geändert durch VO v. 23. 2. 1988, BGBl I 166, SportanlagenlärmschutzVO v. 18. 7. 1991, BGBl I 1588, die bei Göhler, § 117 OWiG RN 17, angeführten speziellen Vorschriften zur Lärmbekämpfung sowie die Lärmverordnungen der Länder, z. B. Hamburg LärmVO v. 6. 1. 1981, GVBl 4, Berlin LärmVO v. 14. 6. 1984, GVBl 862.

IV. Die **Rechtswidrigkeit** wird nur ausnahmsweise auf Grund allgemeiner Rechtfertigungsgründe entfallen. So greift z. B. § 34 nicht schon dann ein, wenn das Betreiben einer gesundheitsgefährdenden Anlage entgegen verwaltungsrechtlichen Pflichten erfolgt, um die Produktion fortsetzen und die Arbeitsplätze erhalten zu können (vgl. BGH MDR/D **75**, 723, auch Stuttgart DVBl **76**, 800). Vgl. § 34 RN 35, 41 ff., Rudolphi NStZ 84, 253. Rechtfertigend wirkt ebensowenig das Nichteinschreiten der Behörden bei einem Verstoß gegen verwaltungsrechtliche Pflichten trotz Kenntnis von der Sachlage (vgl. dazu 20 vor § 324). Keine Rechtfertigung ergibt sich ferner aus einer Einwilligung, etwa aller in der Nachbarschaft wohnenden Personen, die den schädlichen Immissionen ausgesetzt sind. Sie können über das geschützte Rechtsgut (vgl. o. 1) nicht frei verfügen (vgl. Rengier NJW **90**, 2512); zudem steht nicht fest, daß die Gefährdung sich auf die Einwilligenden beschränkt.

V. Der **subjektive Tatbestand** erfordert Vorsatz (Abs. 1) oder Fahrlässigkeit (Abs. 3). Für das Vorsatzerfordernis genügt bedingter **Vorsatz** hinsichtlich aller Tatbestandsmerkmale. Der Vorsatz muß auch die Verletzung verwaltungsrechtlicher Pflichten und die Schädigungseignung umfassen. Vorsätzliche Mißachtung einer verwaltungsrechtlichen Pflicht setzt Kenntnis davon voraus, daß eine vollziehbare Anordnung, Auflage oder Untersagung vorliegt. Außerdem muß der Täter den Inhalt der Anordnung usw. kennen. Legt er deren Inhalt in wesentlichen Punkten irrig zu eng aus und erfüllt er demgemäß nur das von ihm Erkannte, so schließt die Fehlvorstellung als Tatbestandsirrtum den Vorsatz aus. Beim Fehlen der erforderlichen Genehmigung handelt der Täter nicht vorsätzlich, wenn er hiervon keine Kenntnis hat. Das ist zumindest der Fall, wenn der Täter irrtümlich von einer vorhandenen Genehmigung ausgeht. Einem vorsatzausschließenden Irrtum unterliegt daher z. B., wer bei einer Anlageveränderung i. S. des § 15 BImSchG meint, die für die bisherige Anlage erteilte Genehmigung gelte auch für die veränderte Anlage (and. Steindorf LK 64: Verbotsirrtum). Fraglich ist, ob ein Vorsatzausschluß ebenfalls bei völliger Unkenntnis von einem Genehmigungserfordernis anzunehmen ist (bejahend Lackner 6, Rengier ZStW 101, 884; verneinend Horn SK 14, Sack 143: Verbotsirrtum). Die Frage ist zu bejahen, da das Gesetz das Genehmigungsmoment als Merkmal der verwaltungsrechtlichen Pflicht der vollziehbaren Anordnung, Auflage und Untersagung gleichstellt und eine Ausnahme für die subjektive Tatseite nicht erkennen läßt. Der Täter, dem das Genehmigungserfordernis unbekannt ist und der somit gar nicht weiß, daß er eine genehmigungsbedürftige Anlage betreibt, setzt sich ebensowenig bewußt über eine verwaltungsrechtliche Pflicht hinweg wie der Täter, der einer ihm nicht bekannten Anordnung oder Untersagung zuwiderhandelt. Er irrt nicht nur über das Verbotensein seines Handelns, sondern über einen für das Verbot maßgeblichen Tatumstand, nämlich die Genehmigungsbedürftigkeit der von ihm betriebenen Anlage. Dagegen handelt es sich um einen Verbotsirrtum, wenn der Täter glaubt, mangels Abmahnung durch die zuständige Behörde einer Anordnung (Auflage) zuwiderhandeln zu dürfen. Beim Erfordernis der groben Pflichtwidrigkeit brauchen nur die hierfür maßgeblichen Umstände vom Vorsatz umfaßt zu sein. Die Fehlbeurteilung, das Verhalten sei nicht grob pflichtwidrig, läßt als Irrtum über ein gesamttatbewertendes Merkmal (vgl. § 15 RN 22) den Vorsatz unberührt (Lackner 6; vgl. auch Bay NJW **69**, 565, Steindorf LK 65).

Zur **Fahrlässigkeit** vgl. allgemein § 15 RN 111 ff. Fahrlässiges Verhalten liegt etwa vor, wenn verwaltungsrechtliche Pflichten aus Unachtsamkeit verletzt und dadurch Umweltbelastungen verursacht werden oder ein vorsatzausschließender Irrtum bei gehöriger Sorgfalt vermeidbar gewesen wäre. Wer eine genehmigungsbedürftige Anlage gutgläubig ohne Genehmigung betreibt, handelt fahrlässig, wenn vorherige Erkundigungen nach einem Genehmigungserfordernis von ihm erwartet werden konnten. Eine Fahrlässigkeitstat liegt auch vor, wenn die Fahrlässigkeit sich nur auf eines der Tatbestandsmerkmale erstreckt und im übrigen Vorsatz gegeben ist, so z. B., wenn der Täter sich bewußt über eine verwaltungsrechtliche Pflicht hinwegsetzt und voreilig glaubt, auf andere, für ihn günstigere Weise die Umweltbelastung vermeiden zu können.

28   VI. **Vollendet** ist die Tat mit Eintritt der umweltbelastenden Luftverunreinigung oder des gefährlichen Lärms. Beendet ist sie, wenn die umweltbelastenden Emissionen gestoppt werden, u. U. also erst bei vollständiger Stillegung der Anlage. Strafbar ist auch der **Versuch** (Abs. 2). Zur Tatbestandsverwirklichung setzt z. B. unmittelbar an, wer eine ungenehmigte Anlage in Betrieb setzt oder einer sonstigen verwaltungsrechtlichen Pflicht zuwiderhandelt, etwa die Frist zum Einbau eines Schmutzfilters verstreichen läßt, eine umweltbelastende Luftverunreinigung aber noch nicht bewirkt hat. Ferner kann die irrige Annahme eines Tatbestandsmerkmals einen Versuch begründen.

29   VII. **Täter** ist, wer die umweltbelastende Anlage unter Verletzung verwaltungsrechtlicher Pflichten in Betrieb setzt oder sie in Gang hält. Unterlassungstäterschaft kommt bei Garanten in Betracht, so z. B. bei einem Grundstücksbesitzer, der entgegen einer Anordnung auf seinem Grundstück (auch von Dritten) abgelagerte Stoffe nicht unschädlich macht. Außer dem unmittelbar Handelnden kann Täter auch sein, wer für die Anlage verantwortlich ist und auf dessen Weisung oder mit dessen Kenntnis sie betrieben wird. Zu beachten ist insoweit § 14. Immissionsschutzbeauftragte (vgl. §§ 53ff. BImSchG) werden hiervon nicht erfaßt. Soweit sie ihren Überwachungsaufgaben nicht nachkommen und gegenüber umweltbelastenden Emissionen untätig bleiben, können sie aber Teilnehmer sein (and. [Täterschaft] Sack 160). Beamte der für den Immissionsschutz zuständigen Behörde scheiden als Täter aus, da sie keine verwaltungsrechtliche Pflicht i. S. des Abs. 4 trifft. Zum Problem der Teilnahme durch sie vgl. 32f., 39f. vor § 324.

30   Für die **Teilnahme** gelten die allgemeinen Regeln. Da die dem Täter obliegenden verwaltungsrechtlichen Pflichten keine unrechtsrelevanten personalen, sondern sachbezogene Merkmale sind, ist § 28 I nicht anwendbar (Lackner 3f, Steindorf LK 40; and. D-Tröndle 3, Horn SK 17).

31   VIII. **Konkurrenzen:** Idealkonkurrenz ist u. a. möglich mit §§ 222, 230, 303, 304, 324, 326, 329, 330a. Sind zugleich die §§ 211ff., 223ff. verletzt, so greift § 330 I Nr. 2 ein, hinter den § 325 zurücktritt (Lackner 8; and. Steindorf LK 71). Der Umstand, daß § 330 beim Verstoß gegen vollziehbare Anordnungen oder Auflagen keine grobe Pflichtwidrigkeit voraussetzt, fällt insoweit nicht ins Gewicht. § 325 III wird von § 330 V, VI verdrängt; § 325 I kann dagegen mit diesen Vorschriften in Idealkonkurrenz stehen. § 327 II Nr. 1 tritt hinter § 325 I zurück; mit § 325 III ist Tateinheit möglich. § 325 III geht § 327 III Nr. 2 vor, soweit eine Anlage i. S. des § 327 II Nr. 1 betrieben wird. Im übrigen kann § 325 mit § 327 in Tateinheit stehen.

§ 326 Umweltgefährdende Abfallbeseitigung

(1) **Wer unbefugt Abfälle, die**

1. **Gifte oder Erreger gemeingefährlicher und übertragbarer Krankheiten bei Menschen oder Tieren enthalten oder hervorbringen können,**
2. **explosionsgefährlich, selbstentzündlich oder nicht nur geringfügig radioaktiv sind oder**
3. **nach Art, Beschaffenheit oder Menge geeignet sind, nachhaltig ein Gewässer, die Luft oder den Boden zu verunreinigen oder sonst nachteilig zu verändern,**

außerhalb einer dafür zugelassenen Anlage oder unter wesentlicher Abweichung von einem vorgeschriebenen oder zugelassenen Verfahren behandelt, lagert, ablagert, abläßt oder sonst beseitigt, wird mit Freiheitsstrafe bis zu drei Jahren oder mit Geldstrafe bestraft.

(2) Ebenso wird bestraft, wer radioaktive Abfälle, zu deren Ablieferung er nach dem Atomgesetz oder einer auf Grund des Atomgesetzes erlassenen Rechtsverordnung verpflichtet ist, nicht abliefert.

(3) **In den Fällen des Absatzes 1 ist der Versuch strafbar.**

(4) Handelt der Täter fahrlässig, so ist die Strafe Freiheitsstrafe bis zu einem Jahr oder Geldstrafe.

(5) Die Tat ist dann nicht strafbar, wenn schädliche Einwirkungen auf die Umwelt, insbesondere auf Menschen, Gewässer, die Luft, den Boden, Nutztiere oder Nutzpflanzen, wegen der geringen Menge der Abfälle offensichtlich ausgeschlossen sind.

Vorbem. In dem in Art. 3 EV genannten Gebiet gilt neben § 326 die Vorschrift des § 191a StGB-DDR weiter; vgl. dazu 44 vor § 324 sowie u. 23.

Schrifttum: Franzheim, Strafrechtliche Probleme der Altlasten, ZfW 87, 9. – *ders.,* Die Bewältigung der Verwaltungsakzessorietät in der Praxis, JR 88, 319. – *Hallwaß,* Das Merkmal „nachhaltig" i. S. von § 326 Abs. 1 Nr. 3 StGB, NJW 88, 880. – *Hecker,* Die Verunreinigung öffentlicher Anlagen durch Hunde aus abfallstraf- und ordnungswidrigkeitsrechtlicher Sicht, NStZ 90, 326. – *Heine/Martin,* Die Beseitigung radioaktiv kontaminierten Klärschlamms als strafrechtliches Problem, NuR 88, 325. – *Hösel/v. Lersner,* Recht der Abfallbeseitigung des Bundes und der Länder, Loseblattsammlung. – *Hohmann,* Nochmals: Zur Unterlassungstäterschaft im Abfallstrafrecht bei „wilden" Müllablagerungen, NJW 89, 1254. – *Iburg,* Zur Anwendbarkeit des § 326 Abs. 1 Nr. 3 StGB auf grundwassergefährdende Gülleaufbringung und Silosickersaftbeseitigung, ZfW 89, 347. – *ders.,* Zur Unterlassungstäterschaft im Abfallstrafrecht bei „wilder" Müllablagerung, NJW 88, 2318. – *Kunig/Schwermer/Versteyl,* Abfallgesetz, 1988. – *Lamberg,* Umweltgefährdende Beseitigung von Gärfuttersickersäften, NJW 87, 421. – *Ohm,* Der Giftbegriff im Umweltstrafrecht, 1985. – *Sack,* Die Problematik des Begriffs „Abfall" im Abfallbeseitigungsgesetz, insbes. aus strafrechtlicher Sicht, JZ 78, 17. – *ders.,* Strafbarkeit umweltgefährdender Beseitigung von Hausmüll?, NJW 87, 1248. – *Schittenhelm,* Probleme der umweltgefährdenden Abfallbeseitigung nach § 326 StGB, GA 83, 310. – *Triffterer,* Umweltstrafrecht, 1980. – *Winkelbauer,* in: Meinberg/Möhrenschlager/Link, Umweltstrafrecht, 1989. – Vgl. im übrigen die Schrifttumsangaben vor § 324.

I. Die Vorschrift, durch welche die früheren §§ 16 AbfG, 45 AtomG ersetzt und erweitert wurden – u. a. Einbeziehung weiterer Abfälle und Beseitigungshandlungen –, enthält einen **abstrakten Gefährdungstatbestand** (BGH 36 257, Steindorf LK 1 u. näher dazu Schittenhelm GA 83, 317 f.), mit dem, soweit möglich, alle wirklich gefährlichen Fälle einer unzulässigen Abfallbeseitigung erfaßt werden sollen (vgl. BT-Drs. 8/2382 S. 16 f.; vgl. dort auch zur Unzulänglichkeit eines konkreten Gefährdungstatbestands, wie ihn § 16 AbfG bis zur Neufassung durch das Ges. v. 21. 6. 1976 [BGBl. I 1601] enthalten hatte). Das geschützte **Rechtsgut** ist kein einheitliches (vgl. näher Schittenhelm GA 83, 311 ff.; and. Steindorf LK 1). Während einzelne Begehungsmodalitäten des § 326 eher den Charakter gemeingefährlicher Delikte haben – so braucht z. B. die unzulässige Ablagerung von Krankenhaus- oder explosionsgefährlichen Abfällen nicht notwendig für die ökologische Umwelt gefährlich zu sein –, ist unmittelbares Schutzobjekt bei anderen die Umwelt in ihren verschiedenen Medien (Wasser, Luft, Boden) und ökologisch besonders bedeutsamen Erscheinungsformen (Tier- und Pflanzenwelt; vgl. auch Abs. 5 u. näher 7 vor § 324). – Zur **Reform**: Vorgesehen ist eine Ergänzung des § 326 um Abfälle, die für den Menschen krebserzeugend, fruchtschädigend oder erbgutverändernd sind oder die nach Art, Beschaffenheit oder Menge geeignet sind, einen Bestand von Tieren oder Pflanzen (d. h. eine Tier- oder Pflanzenpopulation in einem bestimmten Gebiet) zu gefährden. Unter Strafe gestellt werden soll ferner auch das ungenehmigte Verbringen von Abfällen in die oder aus der Bundesrepublik; außerdem sollen die Ablieferungspflichten für radioaktive Abfälle erweitert werden (vgl. den RegE eines Zweiten Gesetzes zur Bekämpfung der Umweltkriminalität, BT-Drs. 12/192; zum Schrifttum zur Reform vgl. die Angaben vor §§ 324 ff.).

II. Der Begriff des **Abfalls** ist im StGB nicht eigens definiert (krit. dazu Sack NJW 80, 1426). Bei der Bestimmung seines Inhalts ist zwischen Abs. 1 und 2 zu unterscheiden:

1. Dem Tatbestand des **Abs. 1** liegt insofern ein eigener strafrechtlicher **Abfallbegriff** zugrunde, als für ihn nicht uneingeschränkt die abfallrechtlichen Vorschriften maßgebend sind. Seine Grundlage bildet zwar die Legaldefinition des § 1 I AbfG (vgl. BT-Drs. 8/2382 S. 17, Köln NJW 86, 1118 mwN) mit dem dort umschriebenen objektiven und subjektiven Abfallbegriff (vgl. u. 2b), dies jedoch ohne die Beschränkungen des § 1 III AbfG und die Abfallfiktionen der §§ 5 II, 5a, 15 AbfG (vgl. u. 2c). Im einzelnen gilt folgendes:

a) Nach der **abfallrechtlichen Begriffsbestimmung** des § 1 I AbfG sind Abfälle *alle* beweglichen Sachen – d. h. feste, flüssige oder gasförmige Stoffe, die letzteren freilich nur, wenn sie in Behältern, Röhren usw. gefaßt sind (vgl. z. B. Horn SK 4, Lackner 2a, Sack 136, Steindorf LK 3; and. Triffterer aaO 212; vgl. auch Tiedemann aaO [vgl. vor § 324] 37 f.) –, deren sich der Besitzer entledigen will (§ 1 I 1. Alt.; sog. *gewillkürter Abfall* bzw. *subjektiver Abfallbegriff*) oder deren geordnete Entsorgung zur Wahrung des Wohls der Allgemeinheit geboten ist (§ 1 I 2. Alt.; sog. *Zwangsabfall* bzw. *objektiver Abfallbegriff*). Liegen diese Voraussetzungen vor, so bleibt der Abfall auch dann ein solcher, wenn er sich in einer dafür vorgesehenen Abfallbeseitigungsanlage befindet (and. Karlsruhe NStZ 90, 128, womit die Tatbestandsalternative des Beseitigens unter wesentlicher Abweichung von einem vorgeschriebenen usw. Verfahren für diese Fälle jedoch weitgehend obsolet wird). Die Einzelheiten beider Abfallbegriffe sind noch vielfach umstritten (vgl. näher Hösel/von Lersner § 1 AbfG RN 6 ff., Schwermer in: Kunig u. a. aaO § 1 AbfG RN 3 ff., Steindorf

§ 326 2b

LK 6ff. mwN). Eindeutig ist jedoch, daß der **subjektive Abfallbegriff** der 1. Alt. – bis zum AbfG 1986 galt dies auch für die 2. Alt. (vgl. u.) – zu weit gefaßt ist und in mehrfacher Hinsicht der Einschränkung bedarf. Hier genügt nach dem Gesetzestext der Entledigungswille des jeweiligen (Düsseldorf MDR **89**, 931) – auch unrechtmäßigen – Besitzers, wobei aber schon der Begriff des „Sichentledigens" unscharf ist, weil dafür nicht jede Entäußerung ausreichend sein kann, diese vielmehr den speziellen Zweck verfolgen muß, die Sache als Abfall „loszuwerden", um sie der endgültigen Beseitigung bzw. Entsorgung anheimzugeben (so jedenfalls i. E. z. B. BGH [Z] NJW **90**, 2472, Bay **83**, 45, **84**, 50, NJW **75**, 396, Düsseldorf MDR **89**, 931, Karlsruhe Justiz **77**, 25, Koblenz GA **76**, 83, MDR **83**, 601, Köln NJW **86**, 1117, NStZ **81**, 150, OLGSt. § 4 AbfG **Nr. 1**, Oldenburg NdsRpfl. **84**, 243, Zweibrücken OLGSt. § 1 AbfG S. 3, Lackner 2a, Sack 26, Steindorf LK 8). Dabei muß der entsprechende Wille schon im Hinblick auf den Grundsatz „in dubio pro reo" eindeutig sein (vgl. v. Lersner NuR 81, 3, Möhrenschlager NuR 83, 218, Sack 24b). Solange – wenn auch zunächst noch ganz vage (vgl. aber auch Düsseldorf MDR **84**, 250) – eine Weiterverwendung oder -verarbeitung als Wirtschaftsgut in Aussicht genommen ist, fehlt es an den Voraussetzungen des subjektiven Abfallbegriffs, und zwar auch dann, wenn dabei unwesentliche Bestandteile beseitigt werden oder später beseitigt werden sollen (Bay **78**, 53 [Abbrennen ummantelter Kupferkabel], MDR **86**, 341, Düsseldorf MDR **89**, 931). Entgegen dem Wortlaut der 1. Alt kann ferner nicht schon der bloße (innere) Wille genügen, sich der Sache zu entledigen. Zwar kann nicht verlangt werden, daß zu dem Entledigungswillen der Entledigungsvorgang hinzukommt (zumindest mißverständlich daher Laufhütte/Möhrenschlager ZStW 92, 955, Steindorf LK 8 [3. Abs.]), wohl aber muß der Besitzer die Sache entsprechend seinem Beseitigungswillen tatsächlich auch behandeln, was spätestens mit der Vornahme einer der in Abs. 1 genannten Handlungen der Fall ist (vgl. auch Horn SK 4 a, M-Schroeder II 52), während bloße Absichtserklärungen dafür nicht ausreichen (vgl. aber auch Steindorf LK 9). Ohne Bedeutung ist dagegen, ob die Sache „objektiv" noch etwas wert bzw. wiederverwendbar ist. Auch daß für sie ein Entgelt bezahlt wird, schließt nicht aus, daß sie für den Veräußerer Abfall darstellt, wenn nur die Befreiung von der Sache das entscheidende Motiv bleibt (z. B. Verkauf von Schrott oder Altpapier; vgl. Bay NJW **75**, 367, Köln NJW **86**, 1118, Horn SK 4a, Sack 23). Ebenso ist ein sonst mit der Entledigung verbundener Nutzen unschädlich, wenn dieser lediglich Nebenzweck war (vgl. Bay aaO, Horn aaO, Sack aaO; zur Rspr. im übrigen vgl. die Nachw. b. Sack 20ff.). Daraus, daß man sich einer Sache nur „entledigen" kann, wenn man sie „hat", folgt schließlich, daß der Betreffende die tatsächliche Sachherrschaft mit einem zumindest generellen Herrschaftswillen haben muß. „Besitzer" i. S. der 1. Alt. ist daher nur der Besitzer im privatrechtlichen Sinn (vgl. näher Steindorf LK 7; and. z. B. BVerwGE **67** 12, NJW **89**, 1295, Hecker NStZ **90**, 327), weshalb z. B. Hundekot in freier Natur, auf Straßen usw. schon mangels eines Besitzwillens des Hundebesitzers i. d. R. nicht unter den subjektiven Abfallbegriff fällt, auch wenn das „Abkoten" in Gegenwart des Hundebesitzers erfolgt (vgl. Celle NdsRpfl. **90**, 231 [offengelassen in NJW **79**, 227], Sack NJW 79, 938; and. AG Düsseldorf NStZ **89**, 532, Hecker aaO; zur objektiven Abfallkomponente vgl. u.). Mit der Neufassung des **objektiven Abfallbegriffs** der 2. Alt. durch das AbfG 1986 ist nunmehr klargestellt, daß eine Sache nicht schon deshalb zum Zwangsabfall wird, weil ihre „geordnete Beseitigung" zur Wahrung des Wohls der Allgemeinheit geboten ist (was z. B. auch für Verkehrshindernisse zuträfe), sondern erst dann, wenn das Allgemeinwohl ihre „Entsorgung" gebietet. Da von einer solchen üblicherweise nur in Verbindung mit Abfällen gesprochen wird (vgl. auch § 1 II AbfG: „Abfallentsorgung"), eine entsprechende „Widmung" durch den Besitzer hier aber gerade fehlt (andernfalls gilt bereits die 1. Alt.), umfaßt der objektive Abfallbegriff demnach solche Sachen, die auch gegen den Willen ihres Besitzers auf die Schutthalde „gehören" (vgl. auch Steindorf LK 13 mwN: die dafür „reif" sind). Alles, was noch als Wirtschaftsgut verwertbar ist, ist daher auch kein Abfall i. S. der 2. Alt., und zwar selbst dann nicht, wenn davon Gefahren für die Umwelt ausgehen (vgl. BGH **37** 27 [Abfall nur, wenn „objektiv ohne Gebrauchswert"], Bay NJW **74**, 157, MDR **91**, 78, Düsseldorf MDR **89**, 931, Steindorf LK 13f. mwN, aber z. B. auch VGH Kassel NJW **87**, 393, Schwermer in: Kunig u. a. aaO § 1 AbfG RN 25 mwN). Ob eine Sache noch ein Wirtschaftsgut darstellt, ist durch eine Gesamtabwägung festzustellen (vgl. Steindorf LK 14). Anzunehmen ist dies nicht schon deshalb, weil ihr Besitzer sie noch als solches verwenden will (BGH aaO 26 f., Bay aaO) oder weil sie durch die – heute bei fast allen Produkten denkbare – Verarbeitung ihrer Substanz wieder dem Wirtschaftskreislauf zugeführt werden kann, da sich die Nutzbarkeit hier nicht auf die Sache selbst, sondern auf ihre Verwertungsmöglichkeit als Abfall bezieht (vgl. z. B. auch Stuttgart OLGSt § 4 AbfG S. 1, Schleswig SchlHA **89**, 99, Horn SK 4b, Sack aaO). Auch Autowracks, die in einer dafür vorgesehenen Anlage der Schrottpresse zugeführt werden sollen, sind daher kein Wirtschaftsgut, sondern Abfall (vgl. aber auch Karlsruhe NStZ **90**, 128 u. dazu o.; zu weitgehend auch Koblenz GA **76**, 83 [Schrott]). Ebensowenig macht die Absicht, ein Wrack „auszuschlachten", dieses als ganzes zum Wirtschaftsgut (vgl. Bay NJW **74**, 157, Steindorf LK 15). Andererseits kann es aber auch nicht darauf ankommen, ob die Sache noch für ihren ursprünglichen Verwendungszweck gebraucht oder kurzfristig wieder brauchbar gemacht werden kann (so aber Horn SK 4b, Lackner 2a, Sack 39). Darüber hinaus ist sie vielmehr auch noch dann ein Wirtschaftsgut, wenn ihr Besitzer sie durch „Umwidmung" einer anderen (noch) sinnvollen Benutzungsart zugeführt hat oder zuführen will und er dies technisch und wirtschaftlich in angemessener Zeit tatsächlich auch kann (vgl. jedenfalls i. E. weitgehend ebenso oder ähnl. z. B. Bay NuR 81, 181, 82,114, 84, 246, Düsseldorf MDR 89, 931, Hamm NuR 79, 41, 80,134, Koblenz VRS 59 239, 60 239, OLGSt § 4 AbfG S. 13 u. näher dazu Steindorf LK 15 mwN). Handelt es sich nicht mehr um ein Wirtschaftsgut, sondern um Abfall, so ist die weitere Frage, ob eine Entsorgung aus Gründen des Allgemeinwohls geboten ist, durch eine die Umstände des Einzelfalls berücksichtigende Interessenabwägung zu beantworten, wobei die Gefährdung der in § 2 I 2 AbfG genannten Rechtsgüter ein wichtiges Kriterium ist (vgl. näher Hösel/von Lersner § 1 AbfG RN 10, Sack 27f., Steindorf LK 17ff. mwN). Auch bei Hundekot auf Kinderspielplätzen, Liegewiesen, Bürgersteigen, in Badeanstalten, öffentlichen Parkanlagen und dergl. – nicht dagegen in der freien Natur – können deshalb die Voraussetzungen der objektiven Abfallkomponente erfüllt sein, da das Wohl der Allgemeinheit hier sowohl unter dem Gesichtspunkt des § 2 I Nr. 1 AbfG (Gefährdung von Gesundheit und Wohlbefinden) als auch im Hinblick auf § 2 I Nr. 6 AbfG (Gefährdung der öffentlichen Sicherheit und Ordnung) betroffen sein kann (vgl. Celle NdsRpfl. 90, 231 [unter der zusätzlichen Voraussetzung einer gewissen Häufung], AG Düsseldorf NStZ 89, 532, Hecker NStZ 90, 326, Hösel/v. Lersner § 1 AbfG RN 12, Sack 80, NJW 79, 937, Schwermer in: Kunig u. a. § 1 AbfG RN 35; and. Celle NJW 79, 227). Allgemein gilt, daß die Notwendigkeit einer Entsorgung aus Gründen des Allgemeinwohls in aller Regel zu bejahen ist, wenn die zusätzlichen Merkmale des § 326 I Nr. 1–3 vorliegen. Wegen der Einzelheiten vgl. die Rspr. (Übersicht b. Sack 72ff., Steindorf LK 22, ferner Eckert NVwZ 85, 388) und das Schrifttum zu § 1 I AbfG.

b) Während der **strafrechtliche Abfallbegriff** des Abs. 1 dem abfallrechtlichen insoweit **2c** folgt, ist er im übrigen teils weiter, teils enger als dieser. Weiter ist er insofern, als die Anwendungsbeschränkungen des § 1 III AbfG hier nicht gelten (h. M., z. B. BGH 37 24, Celle NJW 86, 2386, ZfW 89, 303, Karlsruhe NStZ 90, 129, Oldenburg wistra 88, 200, D-Tröndle 2, Steindorf LK 2). Abfall i. S. des § 326 können daher z. B. trotz § 1 III Nr. 5 AbfG auch (feste oder flüssige) Stoffe einschließlich Abwässer sein, die in Gewässer oder Abwasseranlagen eingeleitet oder eingebracht werden (zu dem in § 1 III Nr. 5 AbfG a. F. ausgenommenen Abwasser vgl. Celle NJW 86, 2326, LG Frankfurt NStZ 83, 171, StA Frankfurt NuR 82, 114 m. Anm. Bickel, Franzheim ZfW 85, 150; zu § 1 III Nr. 5 n. F. vgl. BGH 37 24, Celle ZfW 89, 303, Koblenz OLGSt § 324 **Nr. 2** m. Anm. Möhrenschlager, Franzheim JR 88, 320, Sack 58a, 71c). Da sich die Zulässigkeit des Einleitens usw. solcher Substanzen nunmehr allein nach Wasserrecht richtet, ist eine wasserrechtliche Genehmigung (vgl. § 324 RN 12) zugleich auch als Befugnis (u. RN 16) i. S. des § 326 anzusehen (and. noch aufgrund des früheren Rechts StA Frankfurt aaO gegen VG Köln DÖV 83, 254, OVG Münster ZfW 85, 195), wobei diese allerdings nicht auch auf die Behandlung und Lagerung von Abfällen auf dem Betriebsgrundstück erstreckt (Bay 87, 66). – Enger ist der strafrechtliche Abfallbegriff dagegen insofern, als die abfallrechtliche Erweiterung durch die Abfallfiktionen der §§ 5 II, 5a, 15 AbfG für ihn ohne Bedeutung ist (Winkelbauer aaO 71). Die dort genannten Stoffe werden von § 326 daher nur dann erfaßt, wenn sie die Voraussetzungen des allgemeinen Abfallbegriffs erfüllen. Klärschlamm, Jauche usw. auf einem landwirtschaftlich genutzten Grundstück sind daher auch in dem Falle einer Entdüngung nur dann Abfall i. S. des § 326, wenn ihr Aufbringen entweder mit ausschließlichem Entledigungswillen geschieht (subjektiver Abfallbegriff; vgl. Bay NJW 89, 1290, Iburg ZfW 86, 349, Winkelbauer aaO 72, Versteyl in: Kunig u. a. § 15 AbfG RN 5) oder die Überdüngung, da § 15 AbfG keine Privilegierung für landwirtschaftlich genutzte Rückstände enthält, ein solches Ausmaß erreicht, daß die Grenzen des wirtschaftlich vielleicht noch Sinnvollen eindeutig überschritten sind (objektiver Abfallbegriff; vgl. Versteyl aaO, Salzwedel NuR 83, 42; enger Iburg aaO 350, Winkelbauer aaO, die hier lediglich den subjektiven Abfallbegriff als maßgeblich ansehen).

2. Im Unterschied zu Abs. 1 bestimmt sich der **Abfallbegriff** des **Abs. 2,** der an eine Ablieferungspflicht nach dem AtomG bzw. einer auf Grund des AtomG erlassenen Rechtsverordnung anknüpft, ausschließlich nach Atomrecht (vgl. Celle NStE **Nr. 5**). Maßgebend dafür sind § 9a AtomG (anfallende radioaktive Reststoffe sowie aus- oder abgebaute radioaktive Anlageteile, die sich nach atomrechtlichen Gesichtspunkten als unverwertbar erwiesen haben) und die Begriffsbestimmung in Anl. I zur StrlSchVO (radioaktive Stoffe, die beseitigt werden sollen oder aus Strahlenschutzgründen geordnet beseitigt werden müssen), wobei deren 1. Alt. auch für § 326 II die Einbeziehung gewillkürter Abfälle erlaubt (vgl. Steindorf LK 56; Wagner DVBl. 1983, 575, Winters, Atom- und Strahlenschutzrecht [1978] Einf. S. 39; offengelassen von Celle aaO). Kein Abfall i. S. des Atomrechts und damit auch des Abs. 2 ist z. B. ein radioaktives

Material enthaltendes meßtechnisches Gerät, wenn es voll funktionstüchtig und betriebssicher ist und nach dem Willen des Besitzers nicht der Beseitigung zugeführt werden soll, und zwar auch dann nicht, wenn die Gefahr besteht, daß es in falsche Hände gerät (Celle aaO). Da radioaktiv kontaminierte Sachen nicht zu den Kernbrennstoffen und sonstigen radioaktiven Stoffen i. S. des § 2 I AtomG gehören (Czaja NVwZ 87, 559, Schwermer in: Kunig u. a. § 1 AbfG RN 61; vgl. auch BT-Drs. 10/6639 S. 17; and. Heine/Martin NuR 88, 326, Sack 142), gilt Abs. 2 auch nicht für Abfälle, die nicht beim Umgang mit Kernbrennstoffen und sonstigen radioaktiven Stoffen anfallen, sondern erst anderweit radioaktiv verseucht werden (z. B. durch Austritt von Radioaktivität bei einem Atomkraftwerksunfall verseuchter Klärschlamm oder kontaminierte Lebensmittel [Molkepulver]); in Betracht kommt hier jedoch Abs. 1 Nr. 2 (vgl. u. 5). Andererseits ist der (atomrechtliche) Abfallbegriff des Abs. 2 insofern weiter als der des Abs. 1, als er auch gasförmige (radioaktive) Abfälle umfaßt, die bei einem Produktionsprozeß anfallen und entgegen § 46 StrlSchVO abgeleitet werden (vgl. BT-Drs. 8/2382 S. 19, Steindorf LK 56).

3   III. **Der objektive Tatbestand** des **Abs. 1** erfaßt die ungeordnete Beseitigung bestimmter besonders gefährlicher Abfälle.

4   1. Nach **Nr. 1** gehören zu den gefährlichen Abfällen (zum Abfallbegriff vgl. o. 2a ff.) zunächst solche, die **Gifte** oder **Erreger gemeingefährlicher und übertragbarer Krankheiten** bei **Menschen oder Tieren** enthalten oder hervorbringen können. Als *Gifte* sind nach BT-Drs. 8/2382 S. 17 ebenso wie in § 229 (vgl. dort RN 3) und in § 16 I Nr. 1 AbfG 1972 nur solche Stoffe anzusehen, die unter bestimmten Bedingungen durch chemische oder chemisch-physikalische Einwirkung nach ihrer Beschaffenheit und Menge geeignet sind, die Gesundheit von Menschen zu zerstören (ebenso z. B. D-Tröndle 3, Horn SK 5, Laufhütte/Möhrenschlager ZStW 92, 9; vgl. aber auch Triffterer aaO 208 sowie Ohm aaO 30, 63 ff.; zu cyanidhaltigem Abwasser vgl. LG Frankfurt NStZ **83**, 171). Der fragliche Stoff muß hierzu nach Art und Menge generell geeignet sein (Ohm aaO 55); daß er erst infolge der besonderen körperlichen Beschaffenheit einzelner diese Eignung hat, genügt – insoweit abweichend von § 229 (vgl. dort RN 4) – nicht (ebenso Sack 85, Steindorf LK 26). Obwohl nach dem Wortlaut nicht zwingend, ist die Nichteinbeziehung von Giften, die nur für Tiere oder Pflanzen schädlich sind, damit zu rechtfertigen, daß sie, soweit nicht zugleich die Voraussetzungen der Nr. 3 erfüllt sind, i. d. R. nur eine Gefahr für einzelne Tiere oder Pflanzen bedeuten, dies aber für § 326 noch nicht genügen kann (ebenso Ohm aaO 34 ff., Steindorf LK 26). Mit der Art. 74 Nr. 19 GG entnommenen Umschreibung von *Krankheitserregern* sind nach h. M. nur die Erreger von Krankheiten i. S. des BSeuchG und des TierseuchenG i. d. F. v. 28. 3. 1980 (BGBl. I 386) gemeint (vgl. BT-Drs. 8/2382 S. 17, 8/3633 S. 29, D-Tröndle 3, Horn SK 5, Sack 87; krit. dazu Triffterer aaO 205 ff.). Bezüglich der Tierseuchen ist dies jedoch zu eng. Weder nach dem Wortlaut noch nach dem Zweck der Vorschrift besteht Anlaß, den Tatbestand der Nr. 1 auf Seuchen unter den in § 1 TierseuchenG genannten Tieren zu beschränken. Vielmehr spricht Abs. 5 dafür, daß auch in Nr. 1 als „Tiere" alle Nutztiere (vgl. dazu u. 19) anzusehen und damit auch solche Seuchen erfaßt sind, die auf andere als die unter § 1 TierseuchenG fallenden Tiergattungen beschränkt sind. Nach dem Gesetzeswortlaut eindeutig, wenn auch in der Sache nicht einleuchtend ist dagegen, daß Nr. 1 nur für die Erreger von unter Menschen und Tieren übertragbaren Krankheiten gilt („bei" Menschen usw.), nicht aber für die Erreger solcher Krankheiten, die in anderer Weise, z. B. über Pflanzen, auf Menschen oder Tiere übertragen, unter diesen durch Ansteckung jedoch nicht mehr weiterverbreitet werden können (vgl. Lackner 2b cc; and. Steindorf LK 27). Nicht erfaßt sind auch die Erreger ausschließlich unter Pflanzen übertragbarer Krankheiten (krit. Triffterer aaO 208). Die Gifte bzw. Seuchenerreger müssen in den Abfällen entweder schon *enthalten* sein – daß sie dort lediglich enthalten sein können, genügt nicht (vgl. Hecker NStZ 90, 327 gegen AG Düsseldorf NStZ **89**, 532 [Hundekot]) – oder von diesen *hervorgebracht,* d. h. durch chemische, physikalische oder biologische Eigenreaktionen oder auf Grund natürlicher Umwelteinflüsse erzeugt werden können (ebenso Ohm aaO 78 f.). Auch diese Eignung muß schon zur Tatzeit vorhanden sein; die Möglichkeit, daß sie erst später auf Grund weiterer Handlungen (Zufügen neuer Stoffe als „Auslöser") entstehen kann, genügt mithin nicht (vgl. Horn SK 6, Steindorf LK 26). Unerheblich ist andererseits, wann die Gifte oder Krankheitserreger tatsächlich entstanden wären.

5   2. **Nr. 2** betrifft Abfälle (vgl. o. 2a ff.), die **explosionsgefährlich, selbstentzündlich** oder **nicht nur geringfügig radioaktiv** sind. Für den Begriff der *Explosionsgefährlichkeit* sind die §§ 1 ff. SprengstoffG maßgebend (BT-Drs. 8/2382 S. 18; krit. dazu Sack NJW 80, 1426); hierher gehören deshalb die in den Anlagen zum SprengstoffG (VO v. 10. 4. 81, BGBl I 388) genannten und die durch § 3 SprengstoffG gleichgestellten Stoffe. *Selbstentzündlich* ist ein Stoff, der deshalb besonders brennbar und daher (feuer-)gefährlich ist, weil er unter den von der Natur gegebenen Bedingungen ohne besondere Zündung sich erhitzen und schließlich entzünden kann (vgl. § 1 Nr. 4j ArbeitsstoffVO i. d. F. v. 11. 2. 82, BGBl. I 144, BT-Drs. 8/2382 S. 18). *Radioaktive*

Abfälle sind solche Abfallstoffe, die kernbrennstoffhaltig sind oder sonst spontan ionisierende Strahlen aussenden (vgl. § 2 I AtomG), wobei nur geringfügig radioaktive Stoffe mangels hinreichender Gefährlichkeit vom Tatbestand jedoch ausgenommen sind (vgl. zur Abgrenzung etwa §§ 45, 46 StrlSchVO). Maßgebend ist hier – i. U. zu Abs. 2 (vgl. o. 2d) – der Abfallbegriff des § 1 I AbfG. Damit ergänzt Nr. 2 den Tatbestand des Abs. 2 in mehrfacher Hinsicht: Erfaßt ist hier zunächst die Beseitigung solcher (nicht nur geringfügig) radioaktiver Abfälle, die an sich zwar zugleich Abfälle i. S. des Abs. 2 sind (z. B. radioaktive Reststoffe, aus- oder abgebaute Anlageteile), die aber nach § 83 StrlSchVO i. V. mit §§ 6, 7, 9 AtomG, § 3 I StrlSchVO nicht der in Abs. 2 vorausgesetzten Ablieferungspflicht unterliegen oder die bei den dafür vorgesehenen Sammelstellen bereits abgeliefert sind und von diesen bzw. beauftragten Dritten entsorgt werden sollen; sodann gilt Nr. 2 aber auch für die Beseitigung solcher Abfälle, die schon dem atomrechtlichen Abfallbegriff des Abs. 2 nicht unterfallen, weil sie keine radioaktiven Stoffe i. S. des § 2 I AtomG sind (vgl. o. 2d).

3. Nr. 3 erfaßt mit den „**Sonderabfällen**" in Anlehnung an § 2 II AbfG, § 19g V WHG durch **6** eine Generalklausel eine weitere Gruppe besonders gefährlicher Abfälle. Mit den abfallrechtlichen „Sonderabfällen" des § 2 II AbfG ist dieser strafrechtliche „Sondermüll" nur teilweise identisch, da der Anwendungsbereich der Nr. 3 teils enger, teils weiter ist als der des § 2 II AbfG (dieser bezieht sich nur auf Abfälle aus gewerblichen Unternehmen usw. und umfaßt z. B. auch Abfälle, die nach Art, Beschaffenheit oder Menge in besonderem Maß gesundheitsgefährdend, explosibel, brennbar usw. sind, während umgekehrt die den Boden gefährdenden Abfälle dort fehlen). Aus diesem Grund ist auch die in der Anlage zur VO zur Bestimmung von Abfällen nach § 2 II AbfG v. 3. 4. 1990 (BGBl. I 614; früher VO zu § 2 II AbfG v. 24. 5. 1977, BGBl. I 773) enthaltene Liste von Abfallarten für Nr. 3 nur von begrenztem Wert (vgl. auch Laufhütte/ Möhrenschlager ZStW 92, 958f., Steindorf LK 37). Die dort genannten Abfälle sind nicht automatisch solche i. S. der Nr. 3 (and. D-Tröndle 5). Andererseits ist die Liste der Anlage in dem hier interessierenden Zusammenhang nicht als abschließend zu verstehen, vielmehr sind strafrechtliche „Sonderabfälle" i. S. der Nr. 3 alle Abfälle, welche nach Wortlaut und Gesetzeszweck die hier genannten Voraussetzungen erfüllen (vgl. BGH **34** 211 m. Anm. Rudolphi NStZ **87**, 324, Schmoller JR **87**, 473 u. Bespr. Hallwaß NJW **88**, 880, Sack NJW **87**, 1248, Bay **87**, 64, Zweibrücken NJW **88**, 3029, D-Tröndle 5, Horn SK 8, Lackner 2b bb, Steindorf LK 37, Sack 99; offengelassen von Celle NJW **86**, 2326 [Silagesaft]). Obwohl die Entstehungsgeschichte auf das Gegenteil hindeutet (vgl. BT-Drs. 8/3633 S. 29), können daher z. B. auch Hausmüll und hausmüllähnliche Abfälle unter Nr. 3 fallen (BGH aaO, Zweibrücken aaO; vgl. u. 8), ebenso z. B. Fäkalschlamm (Bay aaO) oder eine große Menge von Rindergülle (Bay NJW **89**, 1290 [über 10000 l an einem Tag und an derselben Stelle]). Im einzelnen setzen die strafrechtlichen „Sonderabfälle" i. S. der Nr. 3 folgendes voraus:

a) Die fraglichen Abfälle müssen nach Art usw. geeignet sein, ein **Gewässer**, die **Luft** oder den **7 Boden nachhaltig** zu **verunreinigen** oder sonst **nachteilig zu verändern**. Zum Begriff der *nachteiligen Veränderung* usw. von Gewässern, wozu auch das Ufer und das Gewässerbett gehören (vgl. BT-Drs. 8/2382 S. 18, Steindorf LK 38), vgl. § 324 RN 3ff. Entsprechendes gilt für den Boden (einschließlich des Pflanzenwachstums; vgl. Horn SK 8, Steindorf LK 33) und die Luft, bei dieser ohne die zusätzlichen Voraussetzungen des § 325 I (Eignung zur Gesundheitsschädigung usw.), an deren Stelle hier das einschränkende Erfordernis der Eignung zu einer „nachhaltigen" Verunreinigung tritt. Auch in Nr. 3 sind deshalb nur solche Veränderungen der biologischen, chemischen oder physikalischen Beschaffenheit gemeint, durch welche die Eigenschaften des betroffenen Mediums gegenüber dem natürlichen oder vorherigen Zustand nachteilig beeinflußt werden. Nicht ausreichend ist damit die bloße Beeinträchtigung des Orts- und Landschaftsbilds (z. B. Unrat im Wald, vgl. Horn SK 8, Sack 108); hier gilt § 18 I Nr. 1 AbfG. – Nicht erforderlich ist – insoweit anders als in § 324 –, daß der Erfolg einer Verunreinigung usw. tatsächlich eintritt. Weil hier schon die bloße Eignung dafür ausreicht (vgl. u. 8), verlangt Nr. 3 als Ausgleich jedoch, daß die Verunreinigung usw. *nachhaltig* ist, wodurch eine Beschränkung auf die wirklich gefährlichen Abfälle erreicht wird (Laufhütte/Möhrenschlager ZStW 92, 958). „Nachhaltig" ist die Verunreinigung usw. nur, wenn es bei den genannten Umweltgütern nach Intensität und Dauer der Verunreinigung usw. zu größeren Schäden kommen kann (vgl. dazu mit z. T. graduellen Unterschieden BGH **34** 212, Schleswig SchlHA **89**, 100, Zweibrücken NStZ **86**, 411 m. Anm. Sack [„beträchtlicher Schaden"], NJW **88**, 3029, AG Hamburg NStZ **88**, 365 m. Anm. Meinberg, Czychowski ZfW 77, 84, Lackner 2b cc, Steindorf LK 34; krit. Triffterer aaO 210). Auszuscheiden haben demnach Fälle, in denen eine nur vorübergehende oder eine zwar länger dauernde, in ihrer Intensität aber nur unerhebliche Schadenswirkung eintreten kann (vgl. Steindorf aaO). Dafür, ob die genannten Voraussetzungen vorliegen, ist die Aufnahme in die Liste der o. 6 genannten Anl. zur VO zu § 2 II AbfG ein „wichtiges Indiz" (Steindorf LK 37; weitergehend z. B. D-Tröndle 5; vgl. auch Celle NJW **86**, 2326, Köln NJW **86**, 118), wobei die

Aufzählung dort jedoch nicht abschließend ist (vgl. o. 6). Bei wassergefährdenden Stoffen kann im übrigen auf die in § 19g V WHG genannten Beispiele und, soweit das Meer betroffen ist, auf die in Anl. I u. II zu den Übereinkommen von 1972 (BGBl. 1977 II 165, 180) zurückgegriffen werden, wobei hier dann auch für Menschen nicht gefährliche und deshalb nicht unter Nr. 1 fallende Gifte genügen können (vgl. BT-Drs. 8/2382 S. 18, Bay **86** 4, Iburg ZfW 86, 353, Lackner 2b cc, Steindorf aaO). Eine Beschränkung auf Verunreinigungen, die für die menschliche Gesundheit oder für Sachen von bedeutendem Wert gefährlich sein können (vgl. § 325 I bei der Luftverunreinigung), ist der Nr. 3 nicht zu entnehmen (vgl. jedoch D-Tröndle 5, Steindorf LK 35); wohl aber wird man wegen des einschränkenden Merkmals einer „nachhaltigen" Verunreinigung usw. verlangen müssen, daß diese zu einer zumindest ganz erheblichen Belästigung führt oder führen kann (vgl. Zweibrücken NStZ **86**, 411 m. Anm. Sack [Beeinträchtigung der Atmungsorgane durch Hustenreiz], Lackner aaO, Möhrenschlager NuR 83, 218, Sack 108; vgl. aber auch Zweibrücken NJW **88**, 3029 [die Nachbarschaft belästigende Rauchentwicklung durch Verbrennen von Holzkisten und Papiertüten]).

8 b) Die Abfälle müssen lediglich i. S. einer generellen Möglichkeit **geeignet** sein, die genannten Umweltschäden herbeizuführen (vgl. AG Hamburg NStZ **88**, 365 m. Anm. Meinberg, Steindorf LK 39, aber auch Hoyer, Die Eignungsdelikte [1987] 188 ff.; vgl. dazu auch 9 vor § 324, § 325 RN 18). Dies ist der Fall, wenn der Ist-Zustand des Abfalls so beschaffen ist, daß das in ihm enthaltene Schadstoffpotential selbsttätig, wenn auch erst unter bestimmten Umweltbedingungen, mit den genannten Folgen freigesetzt werden kann (vgl. aber auch AG Hamburg m. Anm. Meinberg aaO). Dabei genügt es, wenn sich die Eignung unter einem der drei in Nr. 3 genannten Aspekte ergibt, nämlich entweder aus der **Art** des Abfalls (d. h. aus dessen generellen Eigenschaften unabhängig von der Menge) oder aus seiner **Beschaffenheit** (d. h. der konkreten Zusammensetzung und Verfassung im Hinblick auf den Gehalt an Schadstoffen) oder aus seiner **Menge**, womit auch Abfälle erfaßt sind, die in kleineren Mengen unschädlich sind (vgl. Bay NStZ **89**, 270, Zweibrücken NJW **88**, 3029; dazu, daß hier dann auch die in einer städtischen Abwassersatzung festgesetzten Grenzwerte als Richtschnur herangezogen werden können, vgl. LG Frankfurt NStZ **83**, 171). Der normale(!), in einem Privathaushalt anfallende Hausmüll besitzt diese Eignung im allgemeinen noch nicht (vgl. BT-Drs. 8/3633 S. 29, Celle NJW **86**, 2326, Lackner 2b cc, Steindorf LK 32, aber auch Sack 110; offengelassen in BGH **34** 211 m. Anm. Rudolphi NStZ 87, 324, Schmoller JR 87, 473 u. Bespr. Hallwaß NJW 88, 880, Sack NJW 87, 1248), wohl aber dann, wenn er (verbotswidrig) in großen Mengen auf einer (Erd-)Deponie gelagert wird (BGH aaO [organische Abfälle]). Dasselbe kann für hausmüllähnliche Abfälle wie Holzkisten, Papier usw. gelten (Zweibrücken NJW **88**, 3029). Voraussetzung für die Bejahung des Geeignetseins ist im übrigen immer, daß es einen entsprechenden, naturwissenschaftlich hinreichend abgesicherten Erfahrungssatz gibt (was i. d. R. die Zuziehung eines Sachverständigen notwendig macht), nicht aber die Feststellung, daß es auf Grund der die Eignung begründenden Faktoren schon einmal zu einer Verunreinigung usw. gekommen ist (vgl. Steindorf LK 38). Erst recht ist die Eignung nicht deshalb zu verneinen, weil sich die Schädlichkeit des Abfalls erst nach langer Zeit auswirken kann (z. B. infolge eines nur langsam verlaufenden Zersetzungsprozesses). – Die Faktoren, auf die das Eignungsurteil zu stützen ist, sind nach dem Gesetzeswortlaut ausschließlich die Art bzw. die Beschaffenheit bzw. die Menge der Abfälle. Demgegenüber sollen nach BT-Drs. 8/2382 S. 18 solche Abfälle ausgeschlossen sein, die in dem Bereich, in den sie gelangen, nicht wenigstens für eines der in Nr. 3 genannten Schutzgüter generell gefährlich sind, so wenn Abfall, der nur im Wasser gefährlich ist, in der Landschaft gelagert wird und eine Berührung mit dem Grundwasser oder sonstigen Gewässern ausgeschlossen ist (ebenso D-Tröndle 5, Lackner 2b cc). Eine solche Einschränkung wäre, obwohl sie dem Wortlaut nicht ersichtlich, zwar sinnvoll und stünde i. E. im Einklang mit den sonst bei abstrakten Gefährdungsdelikten geltenden Grundsätzen (vgl. Schittenhelm GA 83, 319 f., Trifferer aaO 211). Sie widerspricht aber Abs. 5, aus dem folgt, daß die Ungefährlichkeit, die sich lediglich aus dem Ort und den sonstigen Umständen der Beseitigung (z. B. besondere Vorkehrungen) ergibt, die Strafbarkeit nicht ausschließt (vgl. u. 18; ebenso Bay NJW **89**, 1290, Ohm aaO 103 ff., enger Hoyer aaO 190 ff.). Da nach Abs. 5 strafbar bleibt, wer in einem Wasserschutzgebiet wassergefährliche Abfälle in einem absolut sicheren Behälter lagert, kann nichts anderes gelten, wenn solche Stoffe in einem Gebiet gelagert werden, in dem dank der Beschaffenheit des Bodens eine Gewässerverunreinigung ausgeschlossen ist (vgl. auch Horn SK 9). Erst recht haben bei der Eignungsprüfung sonstige konkrete Umstände des Einzelfalls außer Betracht zu bleiben (Schittenhelm GA 83, 118, Steindorf LK 39). Ohne Bedeutung sind daher z. B. auch Klima- und Wetterverhältnisse (Meinberg NStZ 88, 366), ebenso der Grad der Sauerstoffzufuhr, der beim Verbrennen von Polyurethanschaumstoffen und Autoreifen unterschiedliche chemische Verbindungen mit unterschiedlicher toxischer Wirksamkeit zur Folge haben kann (and. AG Hamburg NStZ **88**, 365 m. Anm. Meinberg). – Erfolgt das Beseitigen durch mehrere Einzelhandlungen, so kann die Gesamtmenge dem Eignungsurteil zwar zugrundegelegt werden, wenn es sich dabei um eine tatbestandliche Handlungseinheit handelt (vgl. 12 ff. vor § 52), nicht aber im Fall eines bloßen Fortsetzungszusammenhangs, da hier jeder Einzelakt die Voraussetzungen der Nr. 3 erfüllen muß (offengelassen von Zweibrücken NJW **88**, 3030).

c) Da sich die Tat nur auf gefährliche Abfälle in dem genannten Sinn bezieht, müssen diese **8a** die fragliche Eignung bereits **im Zeitpunkt der Tathandlung** (Beseitigung usw.) haben (vgl. Horn SK 9a). Werden sie gefährlich i. S. der Nr. 3 erst durch eine bestimmte Art und Weise der Beseitigung, so ist zu unterscheiden: Kein Fall der Nr. 3 liegt vor, wenn sich die Eignung zur nachhaltigen Verunreinigung nicht aus einem in dem Abfall selbst enthaltenen Stoff, sondern aus den bei seiner Beseitigung (sachwidrig) verwendeten Mitteln ergibt. Werden dagegen in dem Abfall selbst enthaltene schädliche Stoffe erst durch ein bestimmtes Beseitigungsverfahren freigesetzt (vgl. Zweibrücken NStZ **86**, 411 m. Anm. Sack: Verbrennen von Styropor; vgl. auch AG Hamburg NStZ **88**, 365 m. Anm. Meinberg: Abbrennen eines Autos), so ist dieser in seinem Ausgangszustand zwar gleichfalls kein gefährlicher Abfall i. S. der Nr. 3, weil eine nur potentielle Verunreinigungseignung dafür nicht genügt (andernfalls wäre z. B. auch das Ablagern von Styroporabfällen in einem Wald nach Nr. 3 strafbar; vgl. aber auch Sack 111a). Hier kann sich aber eine Strafbarkeit nach Nr. 3 daraus ergeben, daß der ursprünglich die Voraussetzungen der Nr. 3 nicht erfüllende Abfall diese Eigenschaft während des Beseitigungsvorgangs erlangt, was spätestens bis zu der im Abschluß der Beseitigung liegenden Tatbeendigung (vgl. u. 20) möglich ist (vgl. Zweibrücken NStZ **86**, 411 m. Anm. Sack, Horn SK 9a, Lackner 2 b cc).

4. Die **Tathandlung** besteht in dem auf bestimmte Weise erfolgenden Beseitigen der genannten Abfälle, wobei die in Abs. 1 weiter aufgezählten Handlungen des Behandelns, Lagerns, Ablagerns und Ablassens nur Unterfälle des Beseitigens („sonst") sind. **9**

a) Der Oberbegriff der **Beseitigung** in § 326 ist nicht identisch mit dem der Abfallentsorgung i. S. des § 1 II AbfG. Während diese neben dem Ablagern von Abfällen und den dazu erforderlichen Maßnahmen des Einsammelns, Beförderns, Behandelns und Lagerns auch die Abfallverwertung (*Gewinnen* von Stoffen oder Energie aus Abfällen) umfaßt, ist für § 326 die letztere ohne Bedeutung (Sack 113), und kein Beseitigen i. S. des § 326 ist auch – dies auch nach der ratio legis – das Einsammeln und Befördern von Abfällen (vgl. BT-Drs. 8/2382 S. 18, D-Tröndle 7, Horn SK 11, Winkelbauer aaO 74). Andererseits enthält § 326 zusätzlich noch das Ablassen und jedes sonstige Beseitigen, die in § 1 II AbfG nicht genannt sind (krit. zur Einbeziehung des Lagerns und des Behandelns M-Schroeder II 53). Nach der Gesetzesbegründung bedeutet „*Beseitigen*" eine Handlung, die unmittelbar zur endgültigen Beseitigung führt (BT-Drs. aaO; ebenso D-Tröndle 7), was jedoch zu eng ist, weil damit das als Unterfall aufgeführte „Lagern" i. S. einer Zwischenlagerung (u. 10a) gerade nicht erfaßt ist (dazu, daß diese Umschreibung wegen des in ihr enthaltenen Pleonasmus außerdem nichtssagend ist, vgl. mit Recht M-Schroeder aaO). Dasselbe gilt, wenn für das Beseitigen der Verlust der Sachherrschaft als wesentlich angesehen wird (vgl. Köln NJW **86**, 1119 mwN). Zu weit ist es andererseits, wenn für das Beseitigen jede Handlung genügen soll, „die mit der Tendenz vorgenommen wird, eine Sache – sei es auch erst nach Vornahme weiterer Handlungen – auf Dauer loszuwerden" (Lackner 3 a), da dann z. B. auch das Einsammeln und Befördern (vgl. o) hierunter fielen. Anknüpfend an die Ablieferungspflicht des § 3 I AbfG und den Kontext des „Beseitigens" in Abs. 1 („außerhalb einer dafür zugelassenen Anlage" usw.) ist vielmehr davon auszugehen, daß dieses objektiv das Schaffen eines Zustands voraussetzt, in dem Abfälle der gesetzlich vorgesehenen Abfallentsorgung entzogen sind oder diese jedenfalls erheblich gefährdet ist und deshalb die Gefahr eines unkontrollierten Freisetzens der enthaltenen Schadstoffe erhöht wird (vgl. auch Steindorf LK 40, 48: Nichterfüllung der Überlassungspflicht an den gesetzlich zur Entsorgung Verpflichteten; ähnl. Horn SK 10). Nicht erforderlich ist dafür eine Substanzvernichtung oder -veränderung (Köln NJW **86**, 1119) oder daß die Abfälle der Natur überlassen werden (Köln aaO), und auch auf eine Ortsveränderung kommt es hier – i. U. etwa zu den §§ 134, 315 – nicht an (vgl. BT-Drs. 8/2382 S. 18, D-Tröndle 7, Lackner 3 a). Immer aber muß der genannte „Beseitigungserfolg" (Horn SK 10) ähnlich gravierend sein wie bei den vom Gesetz ausdrücklich genannten Beseitigungsarten des Behandelns, Lagerns usw. (vgl. BT-Drs. aaO, Köln aaO, Sack 120). **10**

Als vom Gesetz ausdrücklich genannte Beseitigungsart umfaßt das **Behandeln** das Aufbereiten, Zerkleinern, Kompostieren, Verbrennen, Entgiften und sonstige qualitative oder quantitative Veränderungen von Abfällen (zum Vermischen mit nicht verunreinigtem Material vgl. BGH **37** 28), wenn dabei die o. 10 genannten Voraussetzungen erfüllt sind. Daß damit der Zweck wirtschaftlicher Verwertung verfolgt wird, schließt ein Behandeln i. S. des Beseitigens nicht aus (so jedoch BT-Drs. 8/2382 S. 18, Lackner 3 a u. hier die 23. A., RN 11), wenn dies außerhalb einer dafür zugelassenen Anlage oder unter wesentlicher Abweichung von einem vorgeschriebenen usw. Verfahren geschieht **10a** (vgl. Horn SK 11). – **Lagern** ist das Zwischenlagern zum Zweck einer anderweitigen, endgültigen Beseitigung (vgl. BT-Drs. aaO, D-Tröndle 7, Lackner 3a, Steindorf LK 44). Daß das Lagern späterer wirtschaftlicher Verwertung oder Wiederverwendung dient, ist auch hier ohne Bedeutung, wenn schon jetzt eine ordnungsgemäße Entsorgung geboten ist (vgl. auch Sack 115 u. zum Lagern i. S. des AbfG Köln NStZ **87**, 462 mwN, aber auch Steindorf LK 43f.). Nicht erforderlich ist, daß die Abfälle auf dem Erdboden liegen (Köln aaO), wohl aber muß das Zwischenlagern in seiner Gefährlichkeit (z. B. Möglichkeit des Verbreitens von Krankheitserregern durch Ungeziefer, Eindringen von Schadstoffen in das Erdreich) den anderen Beseitigungsarten in etwa entsprechen, wobei eine Dauer und die Art der Abfälle und der Lagerung eine wesentliche Rolle spielen. Ein nur ganz vorübergehendes Lagern genügt deshalb im allgemeinen nicht (z. B. Ansammeln von verschrottungsreifem Abfall für die Zeit von wenigen Tagen, vgl. Steindorf LK 44 mwN). Kein Lagern ist auch das Zusammentragen und Bereitstellen zur Erfüllung der gesetzlichen Überlassungspflicht gem. § 3 AbfG (vgl. Bay **81**, 39, **83**, 124, Stuttgart Justiz **74**, 591, Möhrenschlager NuR **83**, 217, Sack 115, Steindorf aaO mwN; zur Abgrenzung zum Lagern vgl. Düsseldorf MDR **82**, 868, Steindorf aaO mwN). Zum Lagern von zunächst zu Demonstrationszwecken verwendetem Abfall vgl. Celle NVwZ **88**, 190. – Um ein **Ablagern** handelt es sich, wenn die Abfälle mit dem Ziel gelagert werden, sich ihrer auf diese Weise endgültig zu entledigen (vgl. BT-Drs. 8/2382 S. 18, ferner z. B. Köln OLGSt. § 1 AbfG S. 2, Sack 116, Steindorf LK 46). – Der dem Internat. Abkommen zur Verhütung der Verschmutzung der See durch Öl (BGBl. 1954 II 381) entnommene Begriff des **Ablassens** bezieht sich auf Flüssigkeiten (nach Steindorf LK 47 auch rieselfähige Stoffe) und erfaßt deren Ausfließen ohne Rücksicht auf die Ursache (BT-Drs. aaO). – Zum Merkmal des („sonst") **Beseitigens**, das Auffangcharakter hat, vgl. o. 10. Hierher gehört etwa das Einbringen von Abfällen in ein Gewässer oder in die Luft (vgl. Sack 120). Ein Beseitigen kann es auch schon sein, wenn der Abfall einem gutgläubigen Dritten zur endgültigen Wegschaffung übergeben wird, sofern der Täter auf diesen keinerlei Einwirkungsmöglichkeiten mehr hat (Köln NJW **86**, 1117).

11 Unter den Voraussetzungen des § 13 kann der Tatbestand auch durch **Unterlassen** (pflichtwidriges Nichtbeseitigen von Abfällen) verwirklicht werden, wobei sich eine Garantenstellung insbesondere aus dem Grundsatz der Verantwortung für Gefahrenquellen ergeben kann (vgl. Bay **83**, 125, § 13 RN 43ff.; speziell zu Altlasten vgl. Franzheim ZfW **87**, 91). Eine Garantenstellung kann danach z. B. der Eigentümer oder Nutzungsberechtigte eines Grundstücks auch bezüglich des auf diesem von einem anderen abgeladenen Abfalls haben (vgl. BGH[Z] JZ **85**, 689, BVerwGE **67** 8, Bay **73**, 168, **81**, 178, Frankfurt NJW **74**, 1666 sowie § 13 RN 44; and. OVG Münster NuR **81**, 33, zweifelnd Steindorf LK 46). Allerdings gilt dies nicht bei Grundstücken in der freien Landschaft, die von jedermann betreten werden dürfen (BVerwGE aaO), und zwar auch dann nicht, wenn ihr Besitzer das Ablagern von „wildem Müll" ohne weiteres verhindern könnte (and. insoweit Hohmann NJW **89**, 1254, Iburg NJW **88**, 2338). Eine Garantenstellung hat auch der Hundebesitzer bezüglich des Abfall i. S. des § 326 darstellenden Hundekots (vgl. o. 2b, 4; dazu, daß hier nur ein Unterlassen und – entgegen AG Düsseldorf NStZ **89**, 532 – nicht positives Tun in Betracht kommt, vgl. Hecker NStZ **90**, 238). Zur Garantenstellung des Bürgermeisters für eine von der Gemeinde betriebene Müllkippe vgl. Stuttgart OLGSt. § 327 **Nr. 1**, LG Koblenz NStZ **87**, 282, AG Cochem NStZ **85**, 506, Weber, Strafrechtliche Verantwortlichkeit von Bürgermeistern usw. [1988] 24ff., Winkelbauer NStZ **86**, 151; zur Frage der Unterlassungstäterschaft von Amtsträgern vgl. im übrigen 36ff. vor § 324, Weber aaO 49ff.

12 b) Tatbestandsmäßig ist das Beseitigen nur, wenn es **außerhalb einer dafür zugelassenen Anlage** (1. Alt.) oder unter **wesentlicher Abweichung von einem vorgeschriebenen oder zugelassenen Verfahren** (2. Alt.) erfolgt. Als *Anlagen* (vgl. § 325 RN 4) i. S. der *1. Alt.* kommen nicht nur Abfallentsorgungsanlagen nach § 4 I AbfG oder Autoverwertungsanlagen nach § 5 I AbfG (vgl. dazu Bay **81**, 198, **84**, 48, **86**, 3, MDR **84**, 251, Stuttgart wistra **87**, 306), sondern auch andere Einrichtungen in Betracht, z. B. die Tierkörperbeseitigungsanstalten nach § 1 I Nr. 4 TierkörperbeseitigungsG v. 2. 9. 1975 (BGBl. I 2313) und die Anlagen nach § 9a III AtomG. *Zugelassen* ist die Anlage, wenn für sie eine bestandskräftige Planfeststellung oder eine wirksame Genehmigung (vgl. § 7 AbfG, §§ 9b, 9c AtomG) vorliegt, wenn sie als Altanlage von der zuständigen Behörde nicht untersagt wurde und nicht gegen Auflagen usw. verstößt (§ 9 AbfG) oder wenn sie nach sonstigen Rechtsvorschriften zulässig ist (vgl. z. B. § 38 BBahnG v. 13. 12. 1951, BGBl. I 955) oder nicht ausdrücklich verboten ist (vgl. für bewegliche Abfallbeseitigungsanlagen nach dem AbfG Hösel/v. Lersner § 4 AbfG RN 12). Da die Anlage „dafür" zugelassen sein muß, ist der Tatbestand jedoch nur ausgeschlossen, wenn sich die Zulassung gerade auf die Art und Menge des zu beseitigenden Abfalls bezieht (vgl. StA Landau NStZ **84**, 553, Horn SK 13, Sack 132). – Demgegenüber ist es bei der *2. Alt.* gleichgültig, wo die Abfälle beseitigt werden. Tatbestandsmäßig ist danach jede Beseitigung von Abfällen i. S. der Nr. 1–3, wenn sie unter *wesentlicher Abweichung von einem* – durch Rechtsvorschriften oder Verwaltungsakt (Celle NJW **86**, 2327, Karlsruhe NStZ **90**, 128) – *vorgeschriebenen oder zugelassenen Verfahren* erfolgt. Zwar könnte die Gesetzesbegründung (vgl. BT-Drs. 8/2328 S. 19) darauf hindeuten, daß damit nur solche Fälle erfaßt werden sollten, in denen die Beseitigung schädlicher Abfälle außerhalb einer Anlage zugelassen (z. B. § 5 II TierkörperbeseitigungsG, § 3 I StrlSchVO i. V. mit § 9 III AtomG) und damit i. S. der 1. Alt. nicht mehr „unbefugt" ist (so z. B. Steindorf LK 52 mwN). Aus dem Wortlaut ergibt sich eine solche Einschränkung, gegen die auch die ratio legis spricht, aber nicht. Anzuwenden ist die 2. Alt. daher auch, wenn bei der Beseitigung innerhalb einer dafür vorgesehenen Anlage wesentlich von dem vorgeschriebenen usw. Verfahren abgewichen wird (so z. B. auch Karlsruhe NStZ 90, 128, Horn SK 14, Lackner 3 b, Möhrenschlager NuR 83, 217 u. jetzt wohl auch Sack 135). Immerhin setzt die 2. Alt. voraus, daß es ein vorgeschriebenes oder zugelassenes Beseitigungsverfahren überhaupt gibt (nur dann kann von einem solchen „abgewichen" werden). Ist dies nicht der Fall und gibt es für die fragliche Abfallart auch keine dafür zugelassene Anlage, so ist jedoch immer die 1. Alt. erfüllt (vgl. Bay NJW **89**, 1290, Celle MDR **89**, 842 [unter Aufgabe von NJW **86**, 2327], Oldenburg NJW **88**, 2391, wistra **88**, 200 [vgl. dazu BGH wistra **88**, 354], Breuer NJW **88**, 2083, Horn SK 12, Lackner 3 b, Lamberg NJW 87, 422 f.; and. noch Celle NJW **86**, 2327 [Ablassen von Silagesaft; vgl. dazu jetzt § 19g II WHG]); hier kann aber § 34 in Betracht kommen (vgl. u. 16), auch kann es im Fall des Beseitigens durch Unterlassen schon an der Handlungsmöglichkeit, jedenfalls an der Zumutbarkeit fehlen. „Wesentlich" ist die Abweichung nicht schon, wenn zwingende Vorschriften verletzt sind (so jedoch Rogall JZ-GD 80, 110); auch bei diesen begründen geringfügige Verstöße noch keine wesentliche Abweichung, sondern nur dann, wenn die Gefährlichkeit des Abfalls wegen der Reststoffe nicht im wesentlichen ausgeschaltet wird oder wenn mit der Art und Weise der Behandlung eine Umweltgefährdung verbunden ist, die durch das vorgeschriebene usw. Verfahren vermieden worden wäre (vgl. auch BT-Drs. 8/2382 S. 19, StA Landau NStZ **84**, 553, GenStA Zweibrücken NStZ **84**, 554, Horn SK 14, Lackner 3 b, Möhrenschlager NuR 83, 217, Steindorf LK 52; krit. Sack NJW 80, 1427).

IV. Der **objektive Tatbestand** des Abs. 2 setzt das pflichtwidrige Nichtabliefern radioaktiver **13** Abfälle voraus (echtes Unterlassungsdelikt), wobei die Vorverlagerung der Strafbarkeit durch die Anknüpfung an die bloße Verletzung der Ablieferungspflicht mit der besonderen Gefährlichkcit solcher Abfälle zu erklären ist (BT-Drs. 8/2382 S. 19). Eine grundsätzliche Ablieferungspflicht bezüglich radioaktiver Abfälle (zu diesen vgl. o. 2 d, 5) ergibt sich für den Besitzer solcher Abfälle – gemeint ist damit nur der unmittelbare Besitzer i. S. des BGB (Celle NStE **Nr. 5**, Steindorf LK 57) – aus § 9a II AtomG, wobei jedoch nur geringfügig radioaktive Abfälle ausgenommen sind (§ 83 i. V. mit § 4 IV Nr. 2e, §§ 45, 46 StrlSchVO). Soweit darüber hinaus im Rahmen bestimmter Genehmigungen weitere Ausnahmen bestehen (§ 83 StrlSchVO i. V. mit §§ 6, 7, 9 AtomG, § 3 I StrlSchVO), kommt bei einem Verstoß gegen die in der Genehmigung enthaltenen Auflagen und Bedingungen nur eine Strafbarkeit nach Abs. 1 Nr. 2 in Betracht (BT-Drs. aaO). Im Unterschied zu § 5 III AtomG verlangt § 9a II keine „unverzügliche" Ablieferung. Der Hinweis in BT-Drs. aaO, die Ablieferung habe „so rechtzeitig zu erfolgen, daß der Eintritt von Gefahren vermieden wird", ist nichtssagend und unvereinbar damit, daß es sich bei § 326 um ein abstraktes Gefährdungsdelikt handelt. Angesichts der besonderen Gefährlichkeit radioaktiver Abfälle, die den Gesetzgeber auch zu einer Vorverlagerung der Strafbarkeit veranlaßt hat, ist vielmehr anzunehmen, daß die Ablieferungspflicht zu erfüllen ist, sobald der Täter Besitz an dem Abfall erlangt hat (§ 9a II S. 1 AtomG) und ihm die Ablieferung möglich und zumutbar ist (ebenso Lackner 4, vgl. auch Heine/Martin NuR 88, 332; krit. Steindorf LK 58, der jedoch übersieht, daß Handlungsmöglichkeit und Zumutbarkeit allgemeine Voraussetzungen jeder Unterlassungsstrafbarkeit sind [vgl. 141 ff., 155 f. vor § 13]), was in der Sache auf eine unverzügliche Ablieferung hinausläuft (Horn SK 19, Lackner 4, Triffterer aaO 214).

V. Für den **subjektiven Tatbestand** des Abs. 1 und 2 ist **Vorsatz** erforderlich; bedingter **14** Vorsatz genügt (D-Tröndle 13, Horn SK 15, Lackner 5). Im Fall des **Abs. 1** muß der Täter daher wissen, daß es sich um gefährliche Abfälle i. S. der Nr. 1–3 handelt. Nicht notwendig ist eine zutreffende Vorstellung über deren konkrete Zusammensetzung und Wirkungsweise, wohl aber sind hier die Regeln über den Irrtum über Tatbestands-Alternativen (vgl. § 16 RN 11) zu beachten. Unbeachtlich sind danach Fehlvorstellungen, wenn die vom Täter fälschlich angenommene und die von ihm tatsächlich verwirklichte Tatbestandsalternative qualitativ vergleichbar sind (ebenso Sack 173), was z. B. für die verschiedenen, ausschließlich umweltbezogenen Varianten der Nr. 3 oder bezüglich der nur für Menschen gefährlichen Abfälle nach Nr. 1 gilt (vgl. o. 1): Daher kein Vorsatzausschluß, wenn der Täter einen für den Boden gefährlichen Abfall für wassergefährdend oder einen Krankheitserreger i. S. des BSeuchenG enthaltenden Abfall für giftig hält (vgl. näher Schittenhelm GA 83, 313 f., ferner Sack 173 a). Dagegen liegt ein Tatbestandsirrtum vor, wenn er von einem für Menschen gefährlichen Abfall i. S. der Nr. 1 fälschlich glaubt, dieser sei lediglich umweltgefährdend i. S. der Nr. 3 (weitergehend für Berücksichtigung auch der generell potentiell gefährdenden Wirkungsweise hier aber Schittenhelm aaO 314ff.); in Betracht kommt hier jedoch Abs. 4 in Tateinheit mit einem Versuch. Um einen Tatbestandsirrtum handelt es sich auch, wenn der Täter fälschlich von einer für die fragliche Abfallbeseitigung „zugelassenen" Anlage (vgl. o. 12) ausgeht, während Verbotsirrtum vorliegt, wenn er glaubt, Abfälle dürften beliebig – also auch außerhalb der dafür eingerichteten Anlagen – beseitigt werden (z. B. Ablagern von Müll im Wald; ebenso Steindorf LK 64; vgl. auch BGH **37** 29). Das gleiche gilt, wenn der Täter die das Verfahren der Abfallbeseitigung regelnden Vorschriften (z. B. § 5 II TierkörperbeseitigungsG) nicht kennt, während es wieder ein Tatbestandsirrtum ist, wenn er infolge einer Verkennung des Sachverhalts nicht weiß, daß er wesentlich von diesen Vorschriften abweicht (ebenso Sack 172, Steindorf LK 64; vgl. auch § 15 RN 100f.). – Im Fall des **Abs. 2** muß der Täter nicht nur die Umstände kennen, aus denen sich seine Ablieferungspflicht ergibt (vgl. o. 13), sondern aus den gleichen Gründen wie z. B. bei § 170b (vgl. dort RN 34) auch die Pflicht selbst (ebenso Lackner 5; and. Horn SK 20, Sack 172, 175, Steindorf LK 64 u. hier die 22. A.).

15 Nach **Abs. 4** ist auch die **fahrlässige Begehung** nach Abs. 1 bzw. Abs. 2 strafbar. Abs. 4 kommt z. B. in Betracht, wenn der Täter aus Fahrlässigkeit die Gefährlichkeit des Abfalls i. S. des Abs. 1 Nr. 1–3 nicht kennt, ferner wenn er den Beseitigungserfolg fahrlässig verursacht.

16 VI. Das Merkmal „**unbefugt**" in Abs. 1 hat eine Doppelfunktion (vgl. auch 65 vor § 13, 14 vor § 324): Soweit die Beseitigung bestimmter Abfälle außerhalb einer Anlage generell zulässig ist, weil dies vom Gesetz als unbedenklich angesehen wird (so z. B. § 5 II TierkörperbeseitigungsG, vgl. o. 12), begrenzt die „Befugnis" hierzu schon den Tatbestand dieser Alt. des § 326 (Winkelbauer, Zur Verwaltungsakzessorietät des Umweltstrafrechts [1985] 25f.; vgl. auch Sack 146; and. Horn SK 17, Steindorf LK 60). Im übrigen bezeichnet „unbefugt" das allgemeine Deliktsmerkmal der Rechtswidrigkeit. Diese ist z. B. ausgeschlossen durch eine Ausnahmegenehmigung nach § 4 II AbfG; dazu, daß eine bloße Duldung durch die Behörde dafür nicht genügt, vgl. 63a vor § 32, 20 vor § 324. Ohne Bedeutung ist dagegen die Einwilligung des jeweils betroffenen Grundstückseigentümers (vgl. Hamm NJW **75**, 1042, Köln OLGSt § 4 AbfG **Nr. 1**). Von den allgemeinen Rechtfertigungsgründen kommt im wesentlichen nur § 34 (u. U. auch Pflichtenkollision, vgl. 71ff. vor § 32) in Betracht. Bei der hier erforderlichen Abwägung (vgl. § 34 RN 22ff.) ist insbesondere auch Art und Ausmaß der vom Gesetz nur generell umschriebenen Gefährdung zu berücksichtigen (z. B. Ablagerung eines explosionsgefährlichen Abfalls an einer einsamen oder an einer von Menschen häufig begangenen Stelle; Umfang der möglichen schädlichen Auswirkungen auf die Umwelt). Trotz des gegenüber §§ 324, 325 geringeren Unrechts gilt aber auch bei § 326, daß die Sicherung der Produktion und Arbeitsplätze eines Betriebs die Tat im allgemeinen nicht rechtfertigt; vielmehr sind es auch hier im wesentlichen nur besondere Not- und Katastrophenfälle, in denen § 34 in Betracht kommt (vgl. dazu § 34 RN 23, 35, 41, § 324 RN 13, § 325 RN 25, Rudolphi ZfW **82**, 210f., NStZ **84**, 196, 253, Schall, Osnabrücker Rechtswissenschaftl. Abh., Bd. 1 [1985] 1ff., Steindorf LK 62).

17 VII. Einen sachlichen **Strafausschließungsgrund** („Die Tat ist nicht strafbar ..."; vgl. 131 vor § 32) enthält die sog. Minimaklausel des **Abs. 5** (BT-Drs. 8/3633 S. 29, D-Tröndle 14, Horn SK 28 [objektive Straflosigkeitsbedingung], Lackner 7, Steindorf LK 67 [Straffreierklärung sui generis]). Unabhängig davon, ob es sich dabei um die Bestätigung oder Durchbrechung eines allgemeinen Prinzips bei abstrakten Gefährdungsdelikten handelt (vgl. 3a vor § 306, 10 vor § 324), gibt die Vorschrift jedoch wenig Sinn (vgl. z. B. Lackner 7, Rogall JZ-GD 80, 110, Tiedemann aaO [vgl. vor § 324] 37, Triffterer aaO 214ff.; krit. auch Sack 197, NJW **80**, 1427, Schittenhelm GA **83**, 318f., Winkelbauer aaO 77). Wenig einleuchtend ist schon die Beschränkung auf das Kriterium der Abfallmenge, obwohl sich die offensichtliche Ungefährlichkeit auch aus anderen Umständen ergeben kann (vgl. z. B. o. 8). Davon abgesehen wird das, was in der Sache gemeint ist, mit dem Abstellen auf die Abfallmenge ohnehin nur unzulänglich zum Ausdruck gebracht (vgl. u. 18). Vor allem aber macht die Beschränkung auf die Abfallmenge Abs. 5 praktisch weitgehend bedeutungslos. Jedenfalls in den Fällen des Abs. 1 Nr. 1, 3 ist unter den Bedingungen des Abs. 5 schon der Tatbestand nicht verwirklicht, während umgekehrt bei Vorliegen der in Abs. 1 Nr. 1, 3 genannten Tatbestandsalternativen die Voraussetzungen des Abs. 5 nicht mehr erfüllt sein können (enthält der Abfall z. B. Gift i. S. des Abs. 1 Nr. 1, d. h. einen nach Beschaffenheit und Menge zur Zerstörung der menschlichen Gesundheit geeigneten Stoff [vgl. o. 4], so kann er nicht mehr wegen der geringen Menge offensichtlich ungefährlich i. S. des Abs. 5 sein, und dasselbe gilt, wenn der konkrete Abfall nach Art, Menge oder Beschaffenheit i. S. des Abs. 1 Nr. 3 zu Umweltschäden führen kann). Kaum anders verhält es sich auch in den Fällen des Abs. 1 Nr. 2 3. Alt. und des Abs. 2. Im übrigen – es bleibt im wesentlichen Abs. 1 Nr. 2 1. und 2. Alt. (ebenso Steindorf LK 69) – gilt folgendes:

18 1. Straflosigkeit tritt nur ein, wenn schädliche Einwirkungen auf die Umwelt **wegen der geringen Menge der Abfälle** ausgeschlossen sind. Daß sich die Ungefährlichkeit aus anderen Gründen ergibt – z. B. Ort oder Art der Beseitigung –, genügt mithin nicht (vgl. Bay NJW **89**, 1290; vgl. auch o. 8); angesichts der vom Gesetz offensichtlich gewollten Beschränkung ist hier auch eine Analogie nicht möglich (vgl. z. B. Horn SK 29, Lackner 7, aber auch Ohm aaO 91). Obwohl Abs. 5 nach seinem Wortlaut auf die geringe Menge der Abfälle abstellt, kann damit nur die Menge der in diesen enthaltenen Schadstoffe gemeint sein: Enthält z. B. ein Kanister einen geringen Rest eines explosionsgefährlichen Stoffs, so kann es keinen Unterschied begründen, ob dieser als Teil eines größeren, im übrigen jedoch – auch in Verbindung mit diesem – ungefährlichen Haufens Abfall (keine „geringe Menge der Abfälle") oder als einzelner Abfall (geringe Abfallmenge) abgelagert wird (ebenso Schittenhelm GA 83, 319, Steindorf LK 70; and. wohl Sack 199). Andererseits gilt Abs. 5 nicht, wenn der Abfall trotz der geringen Menge an Schadstoffen wegen sonstiger schadensrelevanter Umstände gefährlich bleibt (z. B. Ablagerung einer geringen Menge eines selbstentzündlichen Stoffs im dürren Laub eines Walds; vgl. auch Horn SK 29, Sack 199, Steindorf LK 70).

2. Notwendig ist, daß **schädliche Einwirkungen auf die Umwelt** aus den genannten Gründen **19 offensichtlich** – d. h. ex ante ohne weiteres erkennbar – **ausgeschlossen** sind. Zweifel gehen hier deshalb zu Lasten des Täters (vgl. BT-Drs. 8/2382 S. 19, Sack 200), allerdings nicht, soweit es sich um die der Beurteilung zugrundeliegenden Tatsachen handelt (Lackner 7, Steindorf LK 68). Auch kommt es hier allein auf die objektive Sachlage an; die irrige Annahme der Voraussetzungen des Abs. 5 schließt daher den Vorsatz nicht aus, ebenso wie umgekehrt ihre Unkenntnis keinen strafbaren Versuch begründet (vgl. Horn SK 30, Steindorf LK 67 f.; vgl. auch 132 vor § 32, 3a vor § 306). Die gesetzliche Aufzählung schädlicher Einwirkungen „auf die Umwelt, insbesondere auf Menschen, Gewässer, die Luft, den Boden, Nutztiere oder Nutzpflanzen" verdeutlicht zwar die geschützten Rechtsgüter, ist aber insofern mißverständlich, als der Mensch nicht lediglich Teil der Umwelt ist (vgl. Schittenhelm GA 83, 311); irreführend ist auch das Wort „insbesondere", da die Umweltgüter in Abs. 5 erschöpfend aufgeführt sind (ebenso Horn SK 28, Steindorf LK 71). Die Begriffe „Nutztiere" und „Nutzpflanzen" sind hier im ökologischen Sinn zu verstehen (Schittenhelm aaO). „Nutztiere" i. S. des Abs. 5 sind daher nicht nur solche Tiere, die von Menschen unmittelbar „genutzt" werden können (z. B. als Arbeitstiere oder als Nahrungsmittel), sondern alle, die im Gesamthaushalt der Natur irgendwie „nützlich" sind. Entsprechendes gilt für die „Nutzpflanzen". Da damit nur noch die reinen Schädlinge ausgenommen sind, ist die Beschränkung auf Nutztiere oder Nutzpflanzen ohne nennenswerte Bedeutung, da Fälle einer Abfallbeseitigung, in denen nur Schädlinge betroffen sein könnten, kaum vorkommen dürften.

VIII. Vollendet ist die Tat nach **Abs. 1**, sobald der Abfall wenigstens teilweise beseitigt ist **20** (D-Tröndle 12, Lackner 8, Steindorf LK 53). Entsprechend sonstigen Rücktrittsregelungen beim vollendeten Delikt (vgl. § 24 RN 116) muß jedoch auch hier – zumal im Hinblick auf Abs. 4 – eine tätige Reue dadurch möglich sein, daß der Täter den mit der Tat nach Abs. 1 geschaffenen Zustand so rechtzeitig wieder beseitigt, daß schädliche Einwirkungen auf die durch § 326 geschützten Güter (z. B. eine Bodenverunreinigung) ausgeschlossen werden können. **Beendet** ist die Tat nach Abs. 1 mit dem Abschluß der Beseitigungshandlung (vgl. z. B. BGH **36** 255 m. Anm. Laubenthal JR 90, 513, Düsseldorf NJW **89**, 537 [zu § 330], Horn SK 16, Lackner 8, Schittenhelm GA 83, 322; and. für das Lagern jedoch Iburg NJW 88, 2340, Sack 212, Steindorf LK 53 [vom BGH aaO offengelassen; vgl. dazu u.]). Die Tat ist kein Dauerdelikt, das erst mit dem Aufhören des durch die Tat geschaffenen gefährlichen Zustands beendet ist (auch das Problem der sog. Altlasten – vgl. dazu z. B. Franzheim ZfW 87, 9, Kloepfer NuR 87, 7 mwN – dürfte sich bei § 326 deshalb kaum stellen). Abgesehen von den weitreichenden Konsequenzen bei der Verjährung (§ 78a; z. B. der im Wald abgelagerte Giftmüll wird erst nach Jahrzehnten gefunden), spricht dagegen vor allem, daß der Täter hier mit der unerlaubten Abfallbeseitigung zwar einen rechtswidrigen Zustand schafft, diesen aber nicht willentlich in dem für Dauerdelikte maßgeblichen Sinn aufrechterhält (vgl. auch 81 f. vor § 52), zumal dies zu kaum einleuchtenden Differenzierungen führen müßte, je nachdem, ob der durch die Tat geschaffene Zustand vom Täter wieder beseitigt werden könnte oder nicht (z. B. Ablagern fester Stoffe einerseits, Verbrennen oder Ablassen einer sofort im Boden versickernden Flüssigkeit andererseits; vgl. BGH **36** 257 f. u. näher Schittenhelm GA 83, 323 ff.). Etwas anderes gilt auch nicht für die Begehungsmodalität des Lagerns (o. 10a; vgl. näher Horn SK 16; and. das o. genannte Schrifttum, wogegen aber auch in BGH aaO 258 Zweifel geäußert werden). Auch bei diesem besteht die (äußere) Sachverhaltsunwert (57 vor § 13) ausschließlich im Schaffen eines Zustands, bei dem der Abfall einer ordnungsgemäßen Entsorgung entzogen oder diese jedenfalls gefährdet ist (o. 10), und nicht zusätzlich im Aufrechterhalten dieses Zustands; daß der Täter hier subjektiv in der Absicht handelt, den Abfall durch eine weitere Handlung endgültig loszuwerden, ändert daran nichts. – Zur Vollendung der Tat nach **Abs. 2** vgl. o. 13. – Nach **Abs. 3** ist der **Versuch** nur in den Fällen des Abs. 1 strafbar, womit z. B. der Täter erfaßt ist, der im Begriff ist, die Abfälle aus einem Transportmittel zu entladen (vgl. BT-Drs. 8/2382 S. 19; krit. zur Strafbarkeit des Versuchs Sack 193).

IX. Täterschaft und Teilnahme. Während Abs. 2 ein Sonderdelikt enthält, kann die Tat **21** nach Abs. 1 – ebenso wie z. B. bei § 324 – sowohl Pflicht- als auch Herrschaftsdelikt sein (vgl. näher Schittenhelm GA 83, 320 ff., i. E. auch Sack 187, Steindorf LK 59). Täter ist daher, unabhängig von der Art seines Tatbeitrags, z. B. der Besitzer oder Gewahrsamsinhaber von Abfällen, da er für deren ordnungsgemäße Beseitigung verantwortlich und insofern Sonderpflichtiger ist (vgl. 71 vor § 25; ebenso Horn SK 22). Daraus ergibt sich z. B. die Täterschaft eines Betriebsinhabers, der einen Angestellten mit einer unzulässigen Abfallbeseitigung beauftragt (vgl. Schittenhelm aaO 322, Sack 187), oder die eines Betreibers einer Deponie, auf dessen Veranlassung verbotswidrig gefährliche Abfälle in seiner Anlage abgelagert werden (vgl. auch StA Landau NStZ **84**, 554). Diese Pflichtenstellung entfällt, wenn er – z. B. durch Konkurseröffnung – die Herrschaft über den Betrieb verliert (vgl. Celle NStE **Nr. 5**). Täterschaft nach allgemeinen Regeln liegt aber auch bei demjenigen vor, ohne für die ordnungsgemäße Abfallbeseitigung verantwortlich zu sein, die Beseitigungshandlung mit Tatherrschaft vornimmt (z. B. ein Dritter läßt aus dem ordnungsgemäß zur Abholung bereitgestellten Tank das dort gesammelte Altöl ab). Für die Verantwortlichkeit des „Betriebsbeauftragten für Abfall" (§§ 11a ff. AbfG) gilt Entsprechendes wie beim Gewässerschutzbeauftragten im Rahmen des § 324 (vgl. dort 17). Zur Beteiligung von Amtsträgern vgl. 29 ff. vor § 324.

22   **X. Konkurrenzen.** Tateinheit ist z. B. möglich mit §§ 324, 325 I Nr. 1, 327–329, 330a, ferner mit § 319 (Werfen von giftigem Abfall in einen Brunnen), sofern zugleich die Voraussetzungen von Abs. 1 Nr. 3 erfüllt sind. Idealkonkurrenz ist wegen der anderen Schutzrichtung auch mit § 310a möglich (vgl. auch Horn SK 24). Hinter § 330 I Nr. 1, II, V tritt § 326 zurück (Steindorf LK 76).

23   **XI.** In der **ehemaligen DDR** gilt neben § 326 der durch den Einigungsvertrag (EV II Kap. III C II) auf eine Vorschrift über den Bodenschutz reduzierte **§ 191a StGB-DDR**. Teils an § 191a StGB-DDR i. d. F. des 6. StÄG v. 29. 6. 1990 (GBl. I S. 526), teils an § 324a des RegE eines Zweiten Gesetzes zur Bekämpfung der Umweltkriminalität (BT-Drs. 12/192) orientiert, enthält er im Vorgriff auf die geplante Reform des Umweltstrafrechts einen eigenständigen Bodenschutztatbestand. Von § 326 unterscheidet sich § 191a StGB-DDR deshalb zunächst dadurch, daß unmittelbar geschütztes Medium nur der *Boden* ist. Enger ist er auch insofern, als er – i. U. zu § 326 – mit dem Erfordernis einer Verunreinigung des Bodens in bedeutendem Umfang ein Verletzungs- und Erfolgsdelikt enthält. Nach dem Gesetzeszweck ist der Begriff der *Verunreinigung* hier nicht auf eine solche i. S. des § 324 (nur Veränderung des äußeren Erscheinungsbilds, vgl. § 324 RN 8) beschränkt, sondern umfaßt auch die dort als Oberbegriff verwandte nachteilige Veränderung. Dementsprechend ist in Anlehnung an die zu § 324 entwickelten Grundsätze (vgl. § 324 RN 7 ff.) unter Verunreinigung jede sich ökologisch nachteilig auswirkende Verschlechterung der vor dem Eingriff vorhandenen Bodenbeschaffenheit zu verstehen, die durch das Einbringen und die Einwirkung schädlicher Substanzen – sonstige unerlaubte Bodenbeeinträchtigungen, wie z. B. möglicherweise zu einer Bodenerosion führendes Abgraben, Aufschütten, Entwässern oder Roden, werden nach dem Wortlaut nicht mehr erfaßt – verursacht wird (vgl. zu § 324a des RegE BT-Drs. 12/192 S. 16). – Mit der weiteren Voraussetzung einer Verunreinigung in *bedeutendem Umfang* wird gegenüber der einer nachhaltigen Veränderung in § 326 I Nr. 3 lediglich das quantitative Moment angesprochen. Von § 191a StGB-DDR erfaßt werden daher auch die Fälle, in denen die Beeinträchtigung des Bodens allein unter dem Gesichtspunkt ihres Ausmaßes erheblich ist, jedoch nur kurzfristig andauert oder ohne großen Aufwand beseitigt werden kann. – Über § 326 geht § 191a StGB-DDR dagegen insofern hinaus, als Mittel einer Bodenbeeinträchtigung nicht nur bestimmte Abfälle, sondern *gefährliche Stoffe* generell sind und der Tatbestand auch nicht auf die in § 326 I Nr. 1 genannten Krankheitserreger beschränkt ist. Zu den gefährlichen Stoffen gehören alle festen, flüssigen oder gasförmigen Substanzen, die zu einer nachteiligen, insbes. Menschen, Tiere oder Pflanzen, Sachen von bedeutendem Wert oder Gewässer gefährdenden Veränderung des Bodens führen, sei es, daß es sich bei ihnen schon als solche um toxische oder andere Schadstoffe handelt oder sei es, daß sie erst durch den Eintrag auf den Boden schädliche Folgen hervorrufen können. Außer den in § 326 I Nr. 1 genannten Krankheitserregern werden durch § 191a StGB-DDR – ebenso wie durch § 326 I Nr. 1 des RegE – außerdem auch die Erreger sonstiger Krankheiten erfaßt, die über Pflanzen oder ein unbelebtes Agens auf Menschen oder Tiere übertragen, dann jedoch nicht mehr weiterverbreitet werden. Ebenso wie gefährliche Stoffe, die zur Schädigung von Pflanzen führen können, sind hier auch die Erreger ausschließlicher Pflanzenkrankheiten erfaßt. – Wie § 325 knüpft zwar auch § 191a StGB-DDR tatbestandseinschränkend an die Verletzung verwaltungsrechtlicher Pflichten an. Im Unterschied zu dort muß diese jedoch nicht grob pflichtwidrig sein und kann sich auch aus Verstößen gegen Rechtsvorschriften ergeben. Bei letzteren darf es sich allerdings nicht nur um allgemein gehaltene Normen und Programmsätze (wie z. B. § 6 I S. 1 und 2 des PflanzenschutzG und § 1a I, II des DüngemittelG) handeln, vielmehr werden nur Verstöße gegen solche Rechtsvorschriften unter Strafe gestellt, die so bestimmt gefaßt sind, daß der Normadressat mit hinreichender Sicherheit erkennen kann, wie er sich in der konkreten Situation verhalten muß. In Betracht kommen insofern z. B. §§ 7, 23 BImSchG i. V. mit den jeweils auf ihnen beruhenden Verordnungen nach Maßgabe des EV I Kap. XII A III, § 17 ChemikalienG i. V. mit der Gefahrstoff-VO i. d. F. v. 12. 12. 89 (BGBl. I 2235) nach Maßgabe des EV I Kap. VIII B III, § 7 PflanzenschutzG i. V. mit der PflanzenschutzanwendungsVO i. d. F. v. 27. 7. 1988 (BGBl. I 1196) nach Maßgabe des EV I Kap. VI A III, § 2 DüngemittelG i. d. F. v. 12. 7. 1989 (BGBl. I 1435) i. V.

Unerlaubtes Betreiben von Anlagen   1–6 § 327

mit der DüngemittelVO i. d. F. v. 15. 11. 1989 (BGBl. I 2020) nach Maßgabe des EV I Kap. VI A III, § 1 DTT-Gesetz, ferner Normen des WHG und die Ländervorschriften über das Lagern wassergefährdender Flüssigkeiten (vgl. zu § 324a des RegE BT-Drs. 12/192 S. 17). Hinzukommen muß außerdem, daß gegen eine Rechtsvorschrift verstoßen wird, die zumindest mittelbar den Boden schützt. – Liegen sowohl die Voraussetzungen des § 326 I Nr. 1 oder Nr. 3 als auch die des § 191a I StGB-DDR vor, so tritt § 326 als Gefährdungsdelikt gegenüber dem Verletzungsdelikt des § 191a StGB-DDR zurück. Dasselbe gilt für § 326 III und § 191a II StGB-DDR (Versuch) und für § 326 IV und § 191a III StGB-DDR (Fahrlässigkeit). Hinter § 330 II und § 330a tritt § 191a StGB-DDR zurück.

§ 327 Unerlaubtes Betreiben von Anlagen

(1) **Wer ohne die erforderliche Genehmigung oder entgegen einer vollziehbaren Untersagung eine kerntechnische Anlage betreibt, eine betriebsbereite oder stillgelegte kerntechnische Anlage innehat oder ganz oder teilweise abbaut oder eine solche Anlage oder ihren Betrieb wesentlich ändert, wird mit Freiheitsstrafe bis zu fünf Jahren oder mit Geldstrafe bestraft.**

(2) **Mit Freiheitsstrafe bis zu zwei Jahren oder mit Geldstrafe wird bestraft, wer**
1. **eine genehmigungsbedürftige Anlage im Sinne des Bundes-Immissionsschutzgesetzes oder**
2. **eine Abfallentsorgungsanlage im Sinne des Abfallgesetzes**

ohne die nach dem jeweiligen Gesetz erforderliche Genehmigung oder Planfeststellung oder entgegen einer auf dem jeweiligen Gesetz beruhenden vollziehbaren Untersagung betreibt.

(3) **Handelt der Täter fahrlässig, so ist die Strafe**
1. **in den Fällen des Absatzes 1 Freiheitsstrafe bis zu zwei Jahren oder Geldstrafe,**
2. **in den Fällen des Absatzes 2 Freiheitsstrafe bis zu einem Jahr oder Geldstrafe.**

I. Die Vorschrift enthält Tatbestände, die vorher im wesentlichen in § 45 I Nr. 4 AtomG, § 63 I **1** Nr. 1 u. 2 BImSchG, § 16 I Nr. 2 AbfG und damit im jeweiligen verwaltungsrechtlichen Kontext geregelt waren. Unter Strafe gestellt ist der unerlaubte Betrieb von Anlagen, von denen unmittelbar oder mittelbar, etwa durch Beeinträchtigung von Gewässern, Luft oder Boden, Gefahren für Leib oder Leben von Menschen eintreten können (zum Rechtsgut vgl. 8 vor § 324). Die Vorschrift beschreibt **abstrakte Gefährdungsdelikte,** da es nicht darauf ankommt, daß die Tathandlung zu einer konkreten Gefahr oder gar zu einer Verletzung geführt hat (vgl. BT-Drs. 8/2382 S. 19). Die Verfassungsmäßigkeit der Vorschrift ist zu Unrecht bezweifelt worden (AG Nördlingen, Vorlagebeschluß, NJW **86**, 315).

II. Der **objektive Tatbestand** des **Abs. 1** setzt das unerlaubte Betreiben einer kerntechnischen **2** Anlage bzw. die Vornahme einer diesem Verhalten tatbestandlich gleichgestellten Handlung voraus.

1. Als Tatobjekt kommt für Abs. 1 nur eine **kerntechnische Anlage** in Betracht. Darunter ist **3** nach der Legaldefinition des § 330d Nr. 2 „eine Anlage zur Erzeugung oder zur Bearbeitung oder Verarbeitung oder zur Spaltung von Kernbrennstoffen oder zur Aufarbeitung bestrahlter Kernbrennstoffe" zu verstehen. Diese geht zurück auf § 7 I, V AtomG (vgl. dazu auch Art. 1 § 5 UmWRG-DDR). Zu den Kernbrennstoffen vgl. § 328 RN 2. Ob die Anlage ortsfest oder -veränderlich ist, ist unerheblich (vgl. § 7 V AtomG, Horn SK § 330d RN 3).

2. Als **Tathandlungen** nennt Abs. 1: **4**

a) das **Betreiben** einer kerntechnischen Anlage. Zum Betreiben vgl. § 325 RN 6. Da dieses erst **5** mit dem Ingangsetzen der Anlage beginnt (Sack 27), wird das Errichten einer kerntechnischen Anlage – im Gegensatz zu § 45 I Nr. 4 a. F. AtomG – durch den Tatbestand nicht erfaßt (BT-Drs. 8/2382 S. 20; krit. Triffterer, Umweltstrafrecht 217f.). Anders will Horn SK 3 bereits solche Handlungen als Betreiben ansehen, durch die eine Anlage unmittelbar in Gang gesetzt werden soll; hierfür kommt jedoch nur die 2. Alt. in Betracht (vgl. u. 6, zust. Steindorf LK 6).

b) das **Innehaben** einer betriebsbereiten oder stillgelegten Anlage. Dieser Begriff soll nach **6** h. M. alle weiteren Möglichkeiten des Besitzes abdecken (Fischerhof § 7 AtomG RN 9, Mattern-Raisch § 7 AtomG RN 4, Sack 28, Steindorf LK 7ff.). Demgegenüber deutet Horn SK 3 das Verbot des Innehabens nicht als Handlung, sondern als Gebot an den Inhaber, sich der Anlage vorschriftsgemäß zu entledigen (echtes Unterlassungsdelikt) und damit den rechtswidrigen Zustand zu beseitigen. Für die h. M. spricht der Gesetzeswortlaut; dabei sollte maßgeblich auf die tatsächlichen Herrschaftsverhältnisse, wie etwa für Besitz und Gewahrsam bei § 242 (vgl. dort RN 16ff.) und § 246 (vgl. dort RN 8), abgestellt werden.

7 Die kerntechnische Anlage muß **betriebsbereit** oder **stillgelegt** sein. Damit kommt eine noch nicht betriebsbereite oder eine nie betriebene Anlage als Tatobjekt nicht in Betracht, selbst wenn sie sehr rasch betriebsbereit gemacht werden kann. Als Begründung dafür wird angeführt, daß von einer solchen Anlage noch keine Gefahren ausgehen könnten (BT-Drs. 8/2382 S. 20; krit. Triffterer, Umweltstrafrecht 217). Dann wird man aber auch wohl bei stillgelegten Anlagen die Einschränkung machen müssen, daß von der Anlage als typische Gefahr noch ein gewisses Strahlungsrisiko ausgehen muß (vgl. auch Rogall JZ-GD 80, 110, der unter stillgelegten sofort aktivierbare Anlagen versteht).

8 c) der **gänzliche** oder **teilweise Abbau** einer kerntechnischen Anlage. Diese gegenüber § 45 I Nr. 4 a. F. AtomG zusätzlich aufgenommene Tatmodalität betrifft Eingriffe in die Sachsubstanz; das bloße Abschalten eines Reaktors etwa reicht nicht aus.

9 d) eine wesentliche **Änderung** einer solchen Anlage (vgl. dazu o. 7) oder ihres Betriebes. Eine Anlage wird geändert, wenn etwa deren technische oder bauliche Einrichtungen beseitigt oder durch konstruktiv andere Elemente ersetzt werden (Sack 31, Steindorf LK 10); freilich liegt hier häufig auch ein Abbau vor (vgl. dazu o. 8). Als Betriebsänderungen kommen etwa in Betracht Leistungserhöhung des Reaktors, Verwendung anderer Brennelemente oder auch Verzicht auf betriebsbezogene Sicherheitsvorkehrungen (Fischerhof § 7 AtomG RN 10, Sack 32).

10 Die Änderung muß **wesentlich** sein (Heine in Meinberg/Möhrenschlager/Link Umweltstrafrecht 116). Dies setzt voraus, da § 327 die von einer kerntechnischen Anlage eventuell ausgehenden Gefahren verhindern will, daß durch die Änderung die abstrakte Gefahr erhöht wird. So kommen etwa selbst erhebliche bauliche Veränderungen nicht in Betracht, wenn sich diese als Verstärkung der bisher schon vorhandenen Sicherheitseinrichtungen darstellen.

11 3. Die genannten Tathandlungen müssen **ohne die erforderliche Genehmigung** (vgl. § 7 AtomG sowie Art. 1 § 5 UmwRG-DDR) oder **entgegen einer vollziehbaren Untersagung** (vgl. § 19 III AtomG) erfolgt sein (vgl. auch § 325 RN 7 ff.). Dabei ist nicht entscheidend, ob die Anlage genehmigungsfähig, sondern nur ob sie tatsächlich genehmigt ist (Rogall JZ-GD 80, 110, Heine in Meinberg/Möhrenschlager/Link Umweltstrafrecht 116). Unter einer Genehmigung i. S. d. § 327 I sind dabei nicht jegliche Gestattungsakte zu verstehen (hier: sog. Vorab-Zustimmungen), sondern nur solche, die zumindest dem Typus nach eine Genehmigung i. S. d. § 7 AtomG darstellen (LG Hanau NStE **Nr. 7, 8** m. Bspr. Dolde NJW 88, 2329, Horn NJW 88, 2335 u. Winkelbauer JuS 88, 691). Zur Auswirkung fehlerhaften Verwaltungshandelns auf die Tat vgl. 16 ff. vor § 324.

12 III. Der objektive Tatbestand des **Abs. 2** betrifft das Betreiben anderer Anlagen; vgl. hierzu § 325 RN 4.

13 1. Abs. 2 stellt **nur** das **Betreiben** (vgl. Bay **84** 48 u. o. 5) einer der genannten Anlagen unter Strafe. Innehaben, Abbauen usw. sind hier im Gegensatz zu Abs. 1 nicht erfaßt (Heine in Meinberg/Möhrenschlager/Link Umweltstrafrecht 116). Auch das wesentliche Ändern von Lage, Beschaffenheit oder Betrieb ist nicht tatbestandsmäßig, wohl aber das (deshalb unerlaubte) Betreiben einer insoweit wesentlich geänderten Anlage (Sack 48); ebenso verhält es sich mit dem Betreiben einer Anlage, für welche die zur Errichtung oder zum Betrieb erforderliche Genehmigung nicht vorliegt (vgl. BT-Drs. 8/3633 S. 30 f., D-Tröndle 5, Rogall JZ-GD 80, 110 f.). Wer als Inhaber wildes Müllablagern auf einer stillgelegten Abfallbeseitigungsanlage nicht verhindert, soll nach Stuttgart NJW **87**, 1282 den Tatbestand durch Unterlassen verwirklichen.

14 2. Tatgegenstand nach Abs. 2 **Nr. 1** sind **genehmigungsbedürftige Anlagen i. S. des BImSchG**. Nach § 4 I BImSchG fallen hierunter die in der 4. BImSchV v. 14. 2. 1975 (BGBl. I 499) genannten Anlagen; diese Aufzählung ist abschließend (Steindorf LK 12). Darin sind praktisch alle Einrichtungen erfaßt, von denen schädliche Immissionen ausgehen können.

15 3. Abs. 2 S. 2 nennt als Tatobjekte **Abfallentsorgungsanlagen i. S. des AbfG**. Nach § 4 I AbfG sind darunter die für die Behandlung, Lagerung und Ablagerung von Abfällen zugelassenen Anlagen (vgl. dazu Bay **84**, 48) und Einrichtungen zu verstehen, wie etwa Müllverbrennungs-, Kompostier- oder Tierkörperbeseitigungsanlagen (Sack 85 ff.; vgl. hierzu Bay ZfW **82**, 382); hierzu zählen auch Anlagen zur Lagerung oder Behandlung von Autowracks, unabhängig davon, ob sich auf dem Grundstück bauliche bzw. technische Einrichtungen der Betriebsstätten zur Behandlung von Autowracks befinden (Bay **86**, 3, Stuttgart wistra **87**, 306). Grundstücke werden nämlich bereits dann zur Anlage i. S. des AbfG, wenn der Nutzungsberechtigte sie zur Lagerung oder Behandlung von Abfällen bestimmt hat und die Abfalagerungen typisches Merkmal des Grundstücks sind (Bay **84**, 48, MDR **91**, 78). Erforderlich ist darüber hinaus, daß das Grundstück mit einer gewissen Stetigkeit für einen nicht unerheblichen Zeitraum zur Lagerung oder Behandlung von Abfällen genutzt wird (Bay aaO). Dies ist allerdings dann nicht der

Fall, wenn der Eigentümer lediglich aufgrund eines besonderen Ausnahmezustandes nur für die Dauer eines Monats eine Ladung Schrott auf seinem Grundstück deponiert (Bay MDR **91**, 78).

4. Die in Abs. 2 genannten Anlagen müssen **ohne die erforderliche Genehmigung** (vgl. 16 § 4 I BImSchG, Art. 1 § 5 UmwRG-DDR, § 7 II AbfG) **oder Planfeststellung** (vgl. § 7 I AbfG) **oder entgegen einer vollziehbaren Untersagung** (§ 20 BImSchG, § 9 II AbfG) betrieben werden (vgl. auch o. 11 und § 325 RN 9 ff.).

IV. Die **Rechtswidrigkeit** wird nur ganz selten entfallen. Bei verwaltungsrechtlich zulässi- 17 gem Handeln entfällt bereits der Tatbestand; auf die Genehmigungsfähigkeit kommt es auch hier nicht an (vgl. o. 11; so bej. LG Bremen NStZ **82**, 163 den TB selbst bei Verbesserung der Umweltsituation; dagegen Martin aaO 204). Als Rechtfertigungsgrund ist allenfalls an § 34 zu denken.

V. Der **subjektive Tatbestand** setzt Vorsatz (Abs. 1 und 2) oder Fahrlässigkeit (Abs. 3) vor- 18 aus.

1. Der **Vorsatz** muß sich nicht nur auf Tatobjekt und -handlung, sondern auch auf die 19 Verbotswidrigkeit beziehen (vgl. § 325 RN 26); bedingter Vorsatz genügt. Zur Behandlung möglicher Irrtumsfragen vgl. 23 vor § 324.

2. **Fahrlässigkeit** wird, da allen Tathandlungen ein finales Element innewohnt, praktisch 20 nicht häufig vorkommen. Zur Fahrlässigkeit bei Irrtümern bezüglich der Verbotswidrigkeit vgl. § 325 RN 27.

VI. **Täter** ist zunächst der Betreiber der Anlage, gleiches gilt nach Abs. 1 auch für den 21 Besitzer oder den sonst für die Anlage oder deren Betrieb Verantwortlichen (Sack 137 f.). Auf Organe und Vertreter findet § 14 Anwendung (AG Cochem NStZ **85**, 505: Ortsbürgermeister). Das Fehlen der Genehmigung ist tatbezogen, weshalb § 28 I nicht anwendbar ist (and. Horn SK 8); vgl. 27 vor § 324.

VII. Zur **Einziehung** vgl. § 330 c. 22

VIII. **Idealkonkurrenz** ist etwa möglich mit §§ 324–326, 328 f. sowie mit den Verletzungsdelik- 23 ten. §§ 310 b, 311 a gehen vor (Sack 158).

§ 328 Unerlaubter Umgang mit Kernbrennstoffen

(1) **Wer ohne die erforderliche Genehmigung oder entgegen einer vollziehbaren Untersagung**
1. **Kernbrennstoffe außerhalb einer kerntechnischen Anlage bearbeitet, verarbeitet oder sonst verwendet oder von dem in einer Genehmigung festgelegten Verfahren für die Bearbeitung, Verarbeitung oder sonstige Verwendung wesentlich abweicht oder die in der Genehmigung bezeichnete Betriebsstätte oder deren Lage wesentlich ändert,**
2. **Kernbrennstoffe**
   a) **außerhalb der staatlichen Verwahrung aufbewahrt,**
   b) **befördert oder**
   c) **einführt, ausführt oder sonst in den Geltungsbereich oder aus dem Geltungsbereich dieses Gesetzes verbringt,**
wird mit Freiheitsstrafe bis zu fünf Jahren oder mit Geldstrafe bestraft.

(2) **Ebenso wird bestraft, wer**
1. **Kernbrennstoffe, zu deren Ablieferung er auf Grund des Atomgesetzes verpflichtet ist, nicht unverzüglich abliefert,**
2. **Kernbrennstoffe an Unberechtigte herausgibt.**

(3) **Handelt der Täter fahrlässig, so ist die Strafe Freiheitsstrafe bis zu zwei Jahren oder Geldstrafe.**

I. Die Vorschrift übernimmt im wesentlichen die Regelung des (inzwischen aufgehobenen) § 45 I 1 Nr. 1–3, 5, II Nr. 1, 2 AtomG. Sie bestraft den unerlaubten Umgang mit Kernbrennstoffen. Dabei ist eine konkrete Umweltgefährdung oder gar -schädigung nicht zur Tatbestandserfüllung erforderlich; es handelt sich daher um ein **abstraktes Gefährdungsdelikt** (Horn SK 2; D-Tröndle 1, Heine in Meinberg/Möhrenschlager/Link Umweltstrafrecht 119). Zum Rechtsgut vgl. 8 vor § 324.

II. **Tatobjekt** aller Tatbestandsalternativen sind **Kernbrennstoffe**. Dies sind die in der Le- 2 galdefinition des § 2 I Nr. 1 AtomG genannten Substanzen, wie Plutonium 239 und 241, Uran 233 oder bestimmte Isotopenanreicherungen und -mischungen. Unerheblich ist, ob das spalt-

§ 328 3–19   Bes. Teil. Straftaten gegen die Umwelt

bare Material als Metall, Legierung oder chemische Verbindung (vgl. Anlage 1 zum AtomG) vorliegt (vgl. auch Sack 12ff.).

3   III. Als **Tathandlungen** nennt die Vorschrift in **Abs. 1**

4   1. unter **Nr. 1** folgende Verhaltensweisen:

5   a) die **Bearbeitung, Verarbeitung** oder **sonstige Verwendung** von Kernbrennstoffen außerhalb einer kerntechnischen Anlage (vgl. dazu § 327 RN 3). Ein bestimmtes Ziel der Behandlung, etwa für die Verwendung des Kernbrennstoffes in einem Reaktor, wird dabei nicht vorausgesetzt (so aber Sack 19).

6   b) die **wesentliche Abweichung** vom genehmigten **Verfahren** (vgl. § 327 RN 9). Die Abweichung von dem in der Genehmigung festgelegten Verfahren für die Bearbeitung, Verarbeitung oder sonstige Verwendung ist dann wesentlich, wenn durch sie die abstrakte Gefahr vergrößert wird (vgl. zur parallelen Problematik bei § 327 dort RN 10).

7   c) die **wesentliche Änderung** der in der Genehmigung bezeichneten **Betriebsstätte** oder deren **Lage.** Zur Änderung der Betriebsstätte vgl. § 327 RN 9. Die Lage wird geändert, wenn eine Anlage auf ein anderes Grundstück verlegt wird; nicht ausreichend ist aber, wenn das Grundstück, auf dem eine genehmigte Anlage betrieben wird, um ein anderes Grundstück erweitert wird (insoweit and. Sack 23).

8   2. Nach Abs. 1 Nr. 2 werden folgende Verhaltensweisen erfaßt:

9   a) das **Aufbewahren** von Kernbrennstoffen (vgl. o. 2) außerhalb der staatlichen Verwahrung. Diese Tatmodalität ist im Zusammenhang mit § 5 I AtomG zu sehen, wonach Kernbrennstoffe grundsätzlich staatlich verwahrt werden. Unter Verwahrung ist die Innehabung unmittelbaren Besitzes zu verstehen (vgl. Sack 32).

10 b) das **Befördern** von Kernbrennstoffen. Darunter ist jede Herbeiführung einer Ortsveränderung zu verstehen (Sack 35) einschließlich des Be- und Entladens (Steindorf LK 11; vgl. auch § 330 RN 13). Eine Abweichung von der nach § 4 AtomG genehmigten Art und Weise der Beförderung wird tatbestandlich nicht erfaßt (vgl. Trifftterer, Umweltstrafrecht 219f.; and. Steindorf LK 12).

11 c) das **Einführen, Ausführen** oder sonst in oder aus dem Geltungsbereich des Gesetzes **Verbringen.** Dabei ist Geltungsbereich des Gesetzes die Bundesrepublik Deutschland einschließlich West-Berlin (Art. 16 des 18. StÄG).

12 3. Die Tathandlungen des Abs. 1 müssen **ohne die erforderliche Genehmigung** oder **entgegen einer vollziehbaren Untersagung** begangen werden (vgl. auch § 327 RN 11). Die Genehmigungserfordernisse richten sich nach den Vorschriften des AtomG (vgl. Laufhütte/Möhrenschlager ZStW 92, 967), wie §§ 3ff., 9 AtomG. Nach Art. 2 des Gesetzes zum Übereinkommen vom 26. 10. 1979 über den physischen Schutz von Kernmaterial v. 24. 4. 1990 (BGBl. II 326) steht eine außerhalb des räumlichen Geltungsbereichs dieses Gesetzes erlassene RechtsVO oder ergangene Untersagung, Anordnung, Auflage oder Genehmigung einem entsprechenden innerstaatlichen Akt gleich.

13 IV. In **Abs. 2** werden als weitere Verhaltensweisen genannt:

14 1. das **nicht unverzügliche Abliefern** von Kernbrennstoffen trotz gesetzlicher Verpflichtung. Die Ablieferungspflicht ergibt sich aus § 5 III, IV AtomG. Unverzüglich bedeutet ohne schuldhaftes Zögern. Der Unterlassenstatbestand (vgl. die Parallele bei § 326 RN 13) wird dabei nicht nur durch Nichtablieferung, sondern auch durch verspätete Ablieferung verwirklicht (Sack 42a). Zur Nichtablieferung radioaktiver Abfälle vgl. § 326 II und dort RN 13.

15 2. die **Herausgabe** von Kernbrennstoffen **an Unberechtigte.** Unter Herausgabe ist die bewußte Gewahrsamsübertragung auf einen anderen zu verstehen (Horn SK 9). Ob der Empfänger Unberechtigter ist, beurteilt sich nach § 5 V AtomG.

16 V. Zur **Rechtswidrigkeit** vgl. § 327 RN 17.

17 VI. Für Abs. 1 und 2 ist **Vorsatz** erforderlich; bedingter Vorsatz genügt. In Abs. 3 ist auch **fahrlässiges Handeln** mit Strafe bedroht (vgl. im übrigen § 327 RN 19f. sinngemäß).

18 VII. Die **Strafe** ist für vorsätzliche und fahrlässige Begehung unterschiedlich angedroht. Eine Qualifizierung enthält § 330 I S. 1 Nr. 1. Zur **Einziehung** vgl. § 330c.

19 VIII. **Idealkonkurrenz** ist etwa möglich mit §§ 311d, 311e, 324–327, 329 sowie mit den Verletzungsdelikten. §§ 310b, 311a gehen vor (Sack 82; a. A. D-Tröndle 9, Lackner 7, die auch hier Idealkonkurrenz annehmen).

§ 329 Gefährdung schutzbedürftiger Gebiete

(1) Wer entgegen einer auf Grund des Bundes-Immissionsschutzgesetzes erlassenen Rechtsverordnung über ein Gebiet, das eines besonderen Schutzes vor schädlichen Umwelteinwirkungen durch Luftverunreinigungen oder Geräusche bedarf oder in dem während austauscharmer Wetterlagen ein starkes Anwachsen schädlicher Umwelteinwirkungen durch Luftverunreinigungen zu befürchten ist, Anlagen innerhalb des Gebietes betreibt, wird mit Freiheitsstrafe bis zu zwei Jahren oder mit Geldstrafe bestraft. Ebenso wird bestraft, wer innerhalb eines solchen Gebietes Anlagen entgegen einer vollziehbaren Anordnung betreibt, die auf Grund einer in Satz 1 bezeichneten Rechtsverordnung ergangen ist. Die Sätze 1 und 2 gelten nicht für Kraftfahrzeuge, Schienen-, Luft- oder Wasserfahrzeuge.

(2) Wer innerhalb eines Wasser- oder Heilquellenschutzgebietes entgegen einer zu deren Schutz erlassenen Rechtsvorschrift
1. betriebliche Anlagen zum Lagern, Abfüllen oder Umschlagen wassergefährdender Stoffe betreibt,
2. Rohrleitungsanlagen zum Befördern wassergefährdender Stoffe betreibt oder
3. im Rahmen eines Gewerbebetriebes Kies, Sand, Ton oder andere feste Stoffe abbaut,

wird mit Freiheitsstrafe bis zu zwei Jahren oder mit Geldstrafe bestraft.

(3) Ebenso wird bestraft, wer innerhalb eines Naturschutzgebietes oder eines Nationalparks oder innerhalb einer als Naturschutzgebiet einstweilig sichergestellten Fläche entgegen einer zu deren Schutz erlassenen Rechtsvorschrift oder vollziehbaren Untersagung
1. Bodenschätze oder andere Bodenbestandteile abbaut oder gewinnt,
2. Abgrabungen oder Aufschüttungen vornimmt,
3. Gewässer schafft, verändert oder beseitigt,
4. Moore, Sümpfe, Brüche oder sonstige Feuchtgebiete entwässert oder
5. Wald rodet

und dadurch wesentliche Bestandteile eines solchen Gebietes beeinträchtigt.

(4) Handelt der Täter fahrlässig, so ist die Strafe Freiheitsstrafe bis zu einem Jahr oder Geldstrafe.

Schrifttum: Bernatzky/Böhm, BNatSchG, Stand April 1987. – *Burghartz*, WHG, 2. Aufl. 1974. – *Dipper/Ott/Schlessmann/Schröder/Schumacher*, WaldG-BW, Stand Juni 1990. – *Erbs/Kohlhaas*, Strafrechtliche Nebengesetze, Bd. II, III, Stand Mai 1990. – *Feldhaus*, BImSchG, Bd. 1, Stand Febr. 1987. – *Göhler/Buddendiek/Lenzen*, Lexikon des Nebenstrafrechts, Stand Febr. 1986. – *Gossrau*, Das neue Pipelinegesetz, BB 64, 947. – *Kohlhaas*, Die Straf- und Bußbestimmungen des 2. ÄndG z. WHG, ZfW 64, 152. – *Kolodziejcok/Recken*, Naturschutz, Landschaftspflege, Stand Juni 1986. – *Landmann/Rohmer*, GewO, Bd. III, Stand Juli 1983. – *Sauter/Holch/Krohn/Kiess*, LandBauO für BW, Stand Sept. 1986. – *Sieder/Zeitler/Dahme*, WHG, Bd. I 1. Hbbd., 2. Hbbd., Stand Jan. 1988. – *Wernicke*, Das Einbringen und Einleiten sowie das Lagern und Ablagern von Stoffen im WHG, ZfW 63, 270. – *Wüsthoff/Kumpf*, Hdb. d. dt. Wasserrechts Bd. I, Stand Mai 1988. – Vgl. im übrigen die Schrifttumsangaben vor und zu § 324.

I. Die Vorschrift bezweckt den **Schutz ökologisch besonders empfindlicher Gebiete gegenüber** 1 **schädlichen Umwelteinwirkungen** (vgl. BT-Drs. 8/2382 S. 20). Daß dies jeweils nur insoweit geschieht, als das zu schützende Gebiet durch Rechtsverordnung oder verwaltungsrechtliche Einzelanordnung formell ausgewiesen ist (vgl. u. 10, 13, 36), bedeutet nicht, daß es damit lediglich um den Schutz überindividueller Verwaltungsinteressen ginge; vielmehr handelt es sich auch hier um einen *durch verselbständigte ökologische Rechtsgüter vermittelten Individualschutz* (vgl. Rogall JZ-GD 80, 104 sowie 0 vor § 324). Dieser ist in § 329 je nach Art und Bedrohung der betroffenen Gebiete durch **drei selbständige Tatbestände** erfaßt, die ihrerseits im wesentlichen schon bisher vorhandenen Spezialvorschriften nachgebildet sind: So in Abs. 1 der aus § 63 I Nr. 3 a. F. BImSchG übernommene und den § 325 ergänzende Schutz *besonders luftverschmutzungs- und lärmanfälliger Gebiete*, in Abs. 2 der den § 19 WHG konkretisierende, das Landesrecht verstärkende und den § 324 ergänzende Schutz von *Wasser- und Heilquellenschutzgebieten* sowie in Abs. 3 der das einschlägige Bundes- und Landesrecht zusammenfassende Schutz von *Naturschutzgebieten* (vgl. Rogall aaO 111, Rengier NJW 90, 2514).

II. **Verbotswidriges Betreiben von Anlagen in besonders luftverschmutzungs- und lärm-** 2 **anfälligen Gebieten (Abs. 1).**

Der Tatbestand steht zwischen der Ordnungswidrigkeit des § 62 I Nr. 8 BImSchG einerseits, indem nicht schon das bloße Errichten, sondern erst das **Betreiben** einer Anlage sanktioniert wird, und dem abstrakten Gefährdungstatbestand des § 325 andererseits, indem es hier nicht auf den Nach-

§ 329 3–12 Bes. Teil. Straftaten gegen die Umwelt

weis einer umweltgefährdenden Veränderung oder Lärmverursachung (vgl. dort RN 12 ff.) ankommt, sondern bereits das verbotswidrige Anlagebetreiben als solches genügt. Insofern handelt es sich hier um einen den Umweltschutz noch weiter ins Vorfeld verlagernden **abstrakten Gefährdungstatbestand,** der die Unversehrtheit von Menschen, Tieren, Pflanzen und anderen Sachen vor schädlichen Umwelteinwirkungen schützen und dementsprechend dem Entstehen solcher Gefahren vorbeugen will (vgl. § 1 BImSchG, D-Tröndle 1).

3   **1. Schutzgegenstand** sind zwei Arten von Gebieten:

4   a) Zum einen **luftreinhaltungs- und geräuschfreihaltungsbedürftige Gebiete i. S. v. § 49 I BImSchG:** Ihr Schutz setzt **formell** voraus, daß sie durch (bislang noch nicht vorhandene) Länder-RVO als Gebiete ausgewiesen sind, in denen bestimmte Anlagen nicht betrieben werden dürfen, soweit sie zur Hervorrufung umweltschädlicher Luftverunreinigungen oder Geräusche geeignet sind, die mit dem besonderen Schutzbedürfnis dieser Gebiete (z. B. wegen nutzungsbedingter Schutzbedürftigkeit oder bereits hoher Umweltbelastung) nicht vereinbar sind und auch durch entsprechende Auflagen nicht verhindert werden können. Dafür kommen insbes. Kurorte, Erholungs- und Klinikbereiche (vgl. Hansmann in Landmann/Rohmer GewO III § 49 BImSchG 11) sowie Landschaftsschutzgebiete (wie etwa Naturparks) in Betracht (vgl. Feldhaus § 49 BImSchG 4).

5   b) Zum anderen sog. **Smog-Gebiete i. S. von § 49 II BImSchG:** Das sind Gebiete, in denen während austauscharmer Wetterlagen ein starkes Anwachsen schädlicher Umwelteinwirkungen durch Luftverunreinigung zu befürchten ist, weil sie bereits derart stark umweltbelastet sind, daß schon bei einer geringfügigen Erhöhung der Immissionen – wie etwa bei Inversionswetterlagen – erhebliche nachteilige Umweltbeeinträchtigungen eintreten (vgl. BT-Drs. 8/2382 S. 21). Auch hier setzt die Tatbestandsmäßigkeit **formell** voraus, daß die zu schützenden Gebiete durch landesrechtliche RVO festgelegt sind und (zusätzlich) im Einzelfall die austauscharme Wetterlage von der zuständigen Behörde bekannt gemacht wurde (eing. Steindorf LK 7).

6   Einzelnachw. zu den landesrechtlichen SmogVOen bei Göhler/Buddendiek/Lenzen RN 154 G. Eine austauscharme, d. h. eine luftaustauschverhindernde Wetterlage liegt vor, wenn in einer Luftschicht, deren Untergrenze weniger als 700 m über dem Erdboden liegt, die Temperatur der Luft mit der Höhe zunimmt (Temperaturumkehr) und die Windgeschwindigkeit in Bodennähe während der Dauer von 12 Stunden im Mittel kleiner als 1,5 m/sec. ist (z. B. RhP-SmogVO § 2). Der Beginn und das Ende einer solchen Wetterlage werden durch Rundfunk, Fernsehen und/oder Presse bekanntgegeben (vgl. BW-SmogVO § 5).

7   **2. Als Tathandlung** ist das **verbotswidrige Betreiben einer Anlage** innerhalb der vorgenannten Schutzgebiete erforderlich.

8   a) Unter **Anlagen** sind solche i. S. von § 3 V BImSchG zu verstehen (vgl. BT-Drs. 8/3633 S. 31). Dazu zählen neben Betriebsstätten und sonstigen ortsfesten Einrichtungen auch Maschinen, Geräte und u. U. auch Grundstücke, sofern die Lagerung von Stoffen bzw. die Durchführung von potentiell emitierenden Arbeiten typisches Merkmal der Nutzung der betreffenden Grundstücksfläche ist (vgl. Bay VRS **67** 228). Zu Ausnahmen bei Fahrzeugen vgl. u. 11.

9   b) Die Anlage wird **betrieben,** wenn und solange sie zweckentsprechend in Gebrauch ist (vgl. § 325 RN 6). Da jedoch hier eine Schädigungswirkung nicht einzutreten braucht (vgl. o. 2), genügt bereits der Probebetrieb, wie etwa zur Belastungsprüfung (Gieseke/Wiedemann/Czychowski § 19a WHG 4, ausführl. Sieder/Zeitler/Dahme § 19a WHG 37); denn für das Betreiben ist lediglich wesentlich, daß nach der Verkehrsauffassung die jeweilige Anlage als technisches Hilfsmittel benutzt wird, die Handlung also mit technischen Prozessen unmittelbar zusammenhängt (vgl. Kutscheidt in Landmann/Rohmer § 3 BImSchG 24, zust. Steindorf LK 9).

10   c) **Verbotswidrig** ist der Betrieb der Anlage, wenn sie **entgegen** einer einschlägigen **RVO** (Abs. 1 S. 1) oder einer darauf gestützten **vollziehbaren Einzelanordnung** (Abs. 1 S. 2) betrieben wird. Das ist der Fall, wenn der Täter dem Verbot entweder überhaupt nicht oder nicht richtig, nicht vollständig oder nicht rechtzeitig nachkommt (ebenso Steindorf LK 10; vgl. auch Sack § 325 RN 63 mit Beschränkung auf eine zumutbare Frist). Zu Betriebsbeschränkungen im Wege vollziehbarer Anordnungen vgl. z. B. BW-SmogVO § 9, NW-SmogVO § 12. Weitere Einzelheiten zur Wirksamkeit bzw. Vollziehbarkeit von Anordnungen vgl. 11 ff. vor § 324.

11   **3.** Bereits **tatbestandlich ausgenommen** ist der Betrieb von **Kraftfahrzeugen, Schienen-, Luft- oder Wasserfahrzeugen** (Abs. 1 S. 3), und zwar aus gleichen Gründen wie bei § 325 I 2 (vgl. dort RN 20).

12   **III. Verbotswidriger Betrieb von Anlagen bzw. Abbau fester Stoffe in Wasser- und Heilquellenschutzgebieten (Abs. 2).**

Da sich die in diesem Tatbestand erfaßten Handlungen nicht nur auf die Güte, sondern auch auf die Menge und Abflußverhältnisse des Wassers auswirken können (vgl. BT-Drs. 2/2072 S. 29, Sieder/Zeitler/Dahme § 19 WHG 3), ist Schutzgut hier nicht nur die Reinheit des Wassers (so aber Rogall JZ-GD 80, 111), sondern das **Gesamtgewässer in seiner Funktion für Mensch und Umwelt** (Steindorf LK 15; vgl. auch LG Kleve ZfW-Sonderheft **71** II Nr. 72). Wegen der Gefährlichkeit der erfaßten Handlungen für die besondere Immissionsempfindlichkeit der betroffenen Gebiete ist auch dieser Tatbestand als **abstraktes Gefährdungsdelikt** ausgestaltet.

1. Schutzgegenstand sind als **Wasserschutzgebiete** Zonen, in denen zur Wahrung der Menge und Güte des Wassers und seiner Abflußverhältnisse bestimmte Handlungen zu dulden und zu unterlassen sind (vgl. § 19 WHG), sowie als **Heilquellenschutzgebiete** Zonen, in denen natürlich zutage tretende oder künstlich erschlossene Wasser- oder Gasvorkommen ihrer Heilwirkung wegen schutzbedürftig sind (vgl. Gieseke/Wiedemann/Czychowski § 19 WHG 112 zu den im wesentlichen gleichlautenden Bestimmungen der Landes-WasserGe). **Formell** ist für die Festlegung solcher Gebiete eine räumliche Abgrenzung (vgl. OVG Koblenz NuR **84**, 313) sowie die Festsetzung bestimmter Schutzanordnungen erforderlich (vgl. Gieseke/Wiedemann/Czychowski § 19 WHG 15). Diese Schutzanordnungen können bereits in den Landeswasser-Gen selbst enthalten sein oder sich aus speziellen Wasser- und HeilquellenschutzgebietsVOen, aus allgemeinen LagerVOen der Länder zur Ausführung der §§ 26 II, 34 II WHG oder künftige VOen über Anlagen zum Lagern, Abfüllen und Umschlagen wassergefährdender Stoffe zur Ausführung der §§ 19g ff. WHG ergeben (ebenso Steindorf LK 16).

2. a) Als **Tathandlung** ist in Nr. 1 das verbotswidrige **Betreiben einer betrieblichen Anlage zum Lagern, Abfüllen oder Umschlagen wassergefährdender Stoffe** unter Strafe gestellt.

aa) Der Begriff der **Anlage**, der dem des § 19g WHG entspricht (BT-Drs. 8/2382 S. 21, Rogall JZ-GD 80, 111, Sack NJW 80, 1428; and. offenbar D-Tröndle 7 mit Verweis auf § 3 V BImSchG), ist grds. umfassend zu verstehen (Sieder/Zeitler/Dahme § 19g WHG 65, Steindorf LK 23) und erfaßt sowohl ortsfeste als auch ortsbewegliche, aber ortsfest benutzte Einrichtungen (VGH-BW ZfW **88**, 278, Gieseke/Wiedemann/Czychowski § 19g WHG 2, Roth in Wüsthoff/Kumpf § 19g WHG 7). Darüber hinaus werden aber auch Grundstücke einbezogen, sofern die jeweilige Anlagefunktion nicht nur vorübergehend ausgeübt wird (Gieseke/Wiedemann/Czychowski aaO, Sack 52, einschr. Sieder/Zeitler/Dahme § 19g WHG 68 auf Anlagen mit einem gewissen technischen Aufwand und Konzeption). Daher kann auch z. B. die Lagerung von Streusalz auf einer unbefestigten Bodenfläche ohne zusätzliche technische Vorkehrungen tatbestandsmäßig sein; denn daß zwar ein Grundstück mit einem gewissen technischen Aufwand und damit möglicherweise auch mit gewissen Absicherungen gegen Emissionen eine Anlage sein soll, nicht dagegen die weitaus gefährlichere Lagerung wassergefährdender Stoffe auf einer unbefestigten und ungesicherten Bodenfläche, ist weder vom Schutzzweck her einzusehen noch vom Wortlaut geboten (ähnl. Steindorf LK 23). Im übrigen ergibt sich eine im Einzelfall notwendige Korrektur daraus, daß der auf dem Grundstück gelagerte Stoff bei nur geringer Menge möglicherweise nicht nachhaltig wassergefährdend ist (vgl. § 324 RN 9) oder es am betrieblichen Charakter der Anlage fehlt. Als **betrieblich** ist sie zu betrachten, wenn sie in einer nicht nur vorübergehenden organisatorischen, meist auch räumlich zusammengefaßten Einheit von Personen und Sachmitteln unter einheitlicher Leitung zu dem arbeitstechnischen Zweck verwendet wird, bestimmte Leistungen hervorzubringen oder zur Verfügung zu stellen (vgl. § 14 RN 28). Betrieblich ist daher umfassender als gewerblich (Czychowski ZfW 80, 209, D-Tröndle 7; and. Rogall JZ-GD 80, 109). Nicht notwendig ist die Absicht der Gewinnerzielung; doch gehören demnach ausschließlich dem Privatgebrauch dienende Anlagen nicht hierher (vgl. BT-Drs. 8/2382 S. 21, Steindorf LK 24). Dagegen sind Anlagen in einem **öffentlichen Unternehmen** (dazu § 264 RN 23f.) ausdrücklich den betrieblichen Anlagen gleichgestellt (§ 330d Nr. 3).

Zum **Betreiben** der Anlage vgl. o. 9. Das bloße **Errichten** verbotswidriger Anlagen (vgl. z. B. § 99 NRW-WasserG) ist auch hier nur als Ordnungswidrigkeit sanktioniert (vgl. § 41 I Nr. 2 i. V. m. § 19 II Nr. 1 WHG). Soweit in Länderbestimmungen neben dem Errichten nicht zugleich auch das Betreiben der genannten Anlagen (Nr. 1) bzw. das Befördern wassergefährdender Stoffe in Rohrleitungsanlagen (Nr. 2) verboten ist, steht dies einer Anwendung von Abs. 2 nicht entgegen, da das Errichtungsverbot zugleich auch auf das Verbot des Betreibens oder Beförderns bei verbotswidrig errichteten Anlagen enthält (BT-Drs. 8/2382 S. 21, D-Tröndle 6).

bb) Als **Betriebszweck** der Anlage ist in erster Linie das **Lagern** wassergefährdender Stoffe genannt. Dazu gehört insbes. das Aufbewahren zu späterer Verwendung oder Wiederverwendung (vgl. BT-Drs. 8/2382 S. 21, Gieseke/Wiedemann/Czychowski § 26 WHG 18, Sieder/Zeitler/Dahme § 19g WHG 53ff., ferner BGHZ **46** 17, Hamm BB **62**, 1106). Ausreichend dafür ist der spätere Ge- und Verbrauch ebenso wie eine spätere Aufbereitung oder Bearbeitung eines Stoffes zu seiner schadlosen Beseitigung oder ein Verbringen an einen anderen Ort, um sich seiner zu entledigen. Entscheidend ist dabei allein, daß eine nochmalige gezielte menschliche Einwirkung auf den Stoff beabsichtigt ist (vgl. Sieder/Zeitler/Dahme § 19g WHG 53).

19 Bei **Transportvorgängen** ist ein Lagern allerdings nicht schon dann gegeben, wenn der wassergefährdende Stoff sich nicht mehr in Bewegung befindet (z. B. bei kurzen Transportpausen), sondern erst, wenn nach der Verkehrsanschauung der Transport tatsächlich unterbrochen ist, d. h. der Schwerpunkt auf dem „Aufbewahren" liegt. Mangels dieses Elements fehlt es auch bei Isolier-, Kühl- oder Schmiermitteln und sonstigen Stoffen, die dem Betrieb von Maschinen und Geräten dienen, am Merkmal des Lagerns (Czychowski ZfW 77, 87, Sieder/Zeitler/Dahme § 19g WHG 57). Dementsprechend sind betriebliche Anlagen zum Lagern **beispielsweise** Lagerhallen, ortsbewegliche und ortsfeste Lagerbehälter (wie Tanks, Fässer, Container, Kanister oder andere Gefäße), aber auch für eine gewisse Dauer abgestellte Tankfahrzeuge, Eisenbahnkesselwagen und Aufsetztanks (vgl. Anh. II zur VO über brennbare Flüssigkeiten v. 27. 2. 1980, BGBl I 229, 244).

20 Als Betriebszweck kommt ferner das **Abfüllen** in Betracht, so insbes. das Überleiten eines Stoffes aus seinem bisherigen Behältnis in ein anderes. Im Unterschied zum Umschlagen (u. 21) setzt das Abfüllen jedoch einen Vorgang voraus, der nicht mit einem Transport in Verbindung steht (Gieseke/Wiedemann/Czychowski § 19g WHG 4, D-Tröndle 7; and. wohl BT-Drs. 8/2382 S. 21, Steindorf LK 21). Die Gefährlichkeit dieser Tätigkeit liegt darin, daß es dabei Übergangsstadien gibt, in denen die Kontrolle über den Überleitungsstoff entgleiten kann. Demnach handelt es sich um eine betriebliche Anlage zum Abfüllen dann, wenn der Stoff z. B. zu Lagerungszwecken ein- oder umgefüllt, ausgeschüttet oder ausgegossen wird, zudem aber auch, wenn der Stoff in eine Anlage verbracht wird, um ihn dort als Betriebsmittel zu verwenden (z. B. in Fahrzeugtank, als Kühlungsflüssigkeit in einem Kühlsystem, in Kühlschrank oder Produktionskühlanlage, Transformatoren oder als Hydraulikflüssigkeit in einer Hebevorrichtung; ebenso Steindorf LK 21).

21 Schließlich werden als **Umschlagen** Vorgänge erfaßt, bei denen Stoffe in Transportanlagen (wie Fahrzeuge), Beförderungsanlagen (wie etwa Pipelines) sowie in festen Anlagen, die dem Bereitstellen oder Aufbewahren zum Transport oder Befördern dienen, überführt werden (BT-Drs. 8/2382 S. 21, Czychowski ZfW 77, 87). Entscheidend ist demnach der Zusammenhang mit Transportvorgängen, so daß ein Umschlagen zu verneinen ist, wenn der Stoff (wie vor allem Benzin im Fahrzeugtank) zum Betreiben des aufnehmenden Fahrzeugs benötigt wird (BT-Drs. aaO, Gieseke/Wiedemann/Czychowski § 19g WHG 7; vgl. aber auch o. 20 und Steindorf LK 22). Demnach sind betriebliche Umschlaganlagen insbes. Befüllungsvorrichtungen von Tankfahrzeugen sowie Beladungseinrichtungen von Transportmitteln.

22 cc) **Betriebsgegenstand** der Anlage müssen **wassergefährdende Stoffe** sein, d. h. solche, die geeignet sind, nachhaltig die physikalische, chemische oder biologische Beschaffenheit des Wassers nachteilig zu verändern (vgl. BT-Drs. 8/2382 S. 21, D-Tröndle 7, Gieseke/Wiedemann/Czychowski § 19g WHG 17). Zum **Veränderungs**effekt des Stoffes und seiner **Nachteiligkeit** vgl. § 324 RN 9). Der **Aggregatzustand** des Stoffes (fest, flüssig, gasförmig) ist gleichgültig (vgl. Sieder/Zeitler/Dahme § 19g WHG 38). Doch dürfte es bei gasförmigen Stoffen im Hinblick darauf, daß sie in die Luft entweichen, regelmäßig an der Nachhaltigkeit der Wassergefährdung fehlen, es sei denn, daß sie ins Gewicht fallende Mengen von schädlichen Begleitstoffen enthalten, mit Wasser chemische Verbindungen eingehen (z. B. Cyan) oder wasserlöslich sind (wie z. B. Äthylen, Ammoniak, Chlor, Giftgas, Merkaptane oder Schwefeldioxyd).

23 Dieser Begriff der wassergefährdenden Stoffe entspricht dem § 19g WHG, dessen Katalog nicht als abschließend („insbes.") zu verstehen ist und daher durch Länder „LagerVOen" ergänzt werden kann (Einzelnachw. auch zu weiteren einschlägigen Vorschriften und Richtlinien bei Sieder/Zeitler/Dahme § 19g WHG 34). Ausdrücklich **ausgenommen** sind durch § 19g VI WHG **Abwasser, Jauche** und **Gülle** (vgl. auch u. 29) sowie Stoffe, die hinsichtlich der Radioaktivität die Freigrenzen der Strahlenschutzrechts überschreiten (vgl. BT-Drs. 8/2382 S. 21, zust. Sack 56; and. Sieder/Zeitler/Dahme 2. Hbbd. Anh. III 4 § 329 StGB 7). Doch können letztere u. U. durch § 327 erfaßbar sein.

24 b) **Nr. 2** erfaßt das verbotswidrige **Betreiben von Rohrleitungsanlagen zum Befördern wassergefährdender Stoffe.**

25 aa) Zu den **Rohrleitungsanlagen** gehören zunächst die Rohrleitungen als solche, d. h. jeder umschlossene Hohlraum, durch den ein Stoff fließen kann, ohne Rücksicht auf das Material der umschließenden Hülle (vgl. Frankfurt ZfW **76**, 305), darüber hinaus aber auch alle Einrichtungen, die zu jedem Betreiben gehören, wie z. B. die Pump-, Molch-, Übergabe-, Verteiler- und Sicherheitsstationen, ferner die Sicherheits- und Entleerungstanks sowie die technischen Einrichtungen der Kopf- und Endstation, soweit diese im Hinblick auf den Schutzzweck – nämlich die Verhinderung des Auslaufens wassergefährdender Stoffe in den genannten Schutzgebieten – im weitesten Sinne von Bedeutung sein können (vgl. Gieseke/Wiedemann/Czychowski § 19a

WHG 1, Sieder/Zeitler/Dahme § 19a WHG 21, aber auch Gossrau BB 64, 948, wonach die Rohrleitungsanlage mit der Rohrleitung gleichbedeutend sei). Mit der Kennzeichnung als „Anlage" ist das Moment einer gewissen Dauer verbunden (vgl. Frankfurt aaO, Steindorf LK 27). Soweit Anlagenteile Zubehör einer Anlage zum Lagern wassergefährdender Stoffe sind (vgl. o. 18), fallen sie allein unter Abs. 2 Nr. 1 (vgl. § 19a I S. 2 WHG, Sieder/Zeitler/Dahme § 19a WHG 25).

Zum **Betreiben** der Anlage vgl. zunächst o. 17. Dazu rechnet im Hinblick auf die abstrakte 26 Gefahr des möglichen Auslaufens bereits das erstmalige Füllen des Rohres mit dem wassergefährdenden Stoff; dies gilt erst recht für den sog. Probebetrieb zur Belastungsprüfung (vgl. Kohlhaas ZfW 64, 155, Gieseke/Wiedemann/Czychowski § 19a WHG 4), es sei denn, daß es sich lediglich um eine Druckprobe mit anderen nicht wassergefährdenden Stoffen handelt (vgl. Sieder/Zeitler/Dahme § 19a WHG 37, Steindorf LK 27).

Unter dem Betriebszweck des **Beförderns** ist das Verbringen der Stoffe von einem Ort zu 27 einem anderen mittels Durchsetzens durch die Rohrleitung zu verstehen (vgl. Sieder/Zeitler/Dahme § 19a WHG 26, zust. Sack 66, Steindorf LK 27).

bb) Beförderungsgegenstand müssen **wassergefährdende Stoffe** i. S. von § 19a II WHG sein 28 (vgl. BT-Drs. 8/2382 S. 21, D-Tröndle 8, Rogall JZ-GD 80, 111; and. Sieder/Zeitler/Dahme 2. Hbbd. Anh. III 4 § 329 Anm. 10). Dazu gilt im wesentlichen dasselbe wie zu Nr. 1 i. V. m. § 19g V WHG (o. 22), mit dem Unterschied jedoch, daß hier keine nachhaltige Änderung der Beschaffenheit des Wassers erforderlich ist, also insbes. eine gewisse zeitliche Wirkung nicht vorausgesetzt wird (vgl. D-Tröndle 8, Steindorf LK 28). Auch sind die wassergefährdenden Stoffe – dem Anlagencharakter von Nr. 2 entsprechend – auf solche in flüssigem oder gasförmigem Aggregatzustand beschränkt, wobei es auf den Zeitpunkt des Beförderns ankommt. Daher kommt auch ein normalerweise fester Stoff in Betracht, sofern er (gerade) zum Zweck des Beförderns durch Erhitzen, Zugabe von Flüssigkeit u. dgl. in einen flüssigen oder gasförmigen Zustand versetzt wird (vgl. Sieder/Zeitler/Dahme § 19a WHG 27; Steindorf aaO).

Nach dem **Enumerationskatalog** des § 19a II WHG zählen dazu Rohöle, Benzine, Dieselkraftstoffe 29 und Heizöle sowie die in einschlägigen RVOen genannten Stoffe (vgl. insbes. VO über wassergefährdende Stoffe bei der Beförderung in Rohrleitungsanlagen idF v. 5. 4. 76, BGBl. I 915). Da darin bislang weder **Abwasser** noch Jauche oder Gülle aufgeführt sind, ist ihre Beförderung durch Nr. 2 nicht erfaßt, und zwar ohne daß es dafür eine dem § 19g VI WHG entsprechenden Ausnahmeregelung bedürfte (vgl. o. 23). Entsprechendes gilt – trotz ihrer möglichen wassergefährdenden Eigenschaft – auch für **Getränke** wie Bier, Wein oder Milch (zust. Sack 65a, Steindorf LK 28).

c) Nr. 3 erfaßt den **gewerblichen Abbau fester Stoffe**. 30

aa) Als **Tatobjekt** kommen neben dem beispielhaft aufgezählten **Kies, Sand** oder **Ton** jegli- 31 che Arten von abbaufähigen **festen Stoffen** in Frage, nämlich solche, die in ihrem Aggregatzustand weder flüssig noch gasförmig sind (vgl. Burghartz § 3 WHG 4). Dazu zählen neben Erde, Torf und Humus auch Schlamm, der (wie z. B. Heilschlamm) aus unverfestigten, feinkörnigen, tonreichen, viel Wasser enthaltenden Gesteinsstoffen besteht; denn im Unterschied zu § 26 I WHG, wo im Hinblick auf die Gewässerreinhaltung schlammige Stoffe von den festen Stoffen ausgenommen sind, ist eine solche Einschränkung hinsichtlich des hier wesentlichen Gebietsschutzes nicht veranlaßt (vgl. Gieseke/Wiedemann/Czychowski § 3 WHG 23, § 329 Anm. 17, Sieder/Zeitler/Dahme § 3 WHG 15, zust. Sack 69; and. Wernicke ZfW 63, 271).

bb) Unter **Abbauen** ist hier jede Tätigkeit zu verstehen, die durch Abgrabung, Aushebung 32 oder ähnliche Maßnahmen auf die Förderung oder Gewinnung fester Stoffe gerichtet ist. Im Unterschied zum bloßen Entfernen ist dafür eine gewisse zeitliche Konstanz erforderlich. Aber auch in qualitativer Hinsicht wird eine nur geringfügige Bestandsverminderung noch nicht als Abbau zu betrachten sein (ebenso Gieseke/Wiedemann/Czychowski § 329 Anm. 16; and. Steindorf LK 30).

cc) Erforderlich ist jedoch ferner, daß der Abbau **im Rahmen eines Gewerbebetriebs** er- 33 folgt. Dies deshalb, weil der private Abbau regelmäßig unerheblichen Umfangs ist, eine abstrakte Gefährdung für das Grundwasser oder geschützte Quellen aber erst bei erheblichen Eingriffen droht (vgl. BT-Drs. 8/2382 S. 21 f., Czychowski ZfW 80, 210). Gewerblich ist jede auf Gewinnerzielung gerichtete, auf gewisse Dauer fortgesetzte, selbständige und erkennbar am Wirtschaftsleben teilhabende Tätigkeit (vgl. BGH 1 383, Sack 70; and. Steindorf LK 31), ohne daß es dabei – im Unterschied zum Zulässigkeitserfordernis des § 1 GewO – auf die generelle rechtliche Erlaubtheit dieser Tätigkeit ankommen kann (zust. Gieseke/Wiedemann/Czychowski § 329 Anm 18, vgl. jedoch Czychowski aaO, Ambs in Erbs/Kohlhaas § 1 GewO 2b). Ebensowenig ist erforderlich, daß der Abbau unmittelbar mit dem Zweck des Gewerbebetriebs zusammenhängt; vielmehr genügt, daß die Stoffe gewerblich tatsächlich genutzt werden. Dagegen sind Maßnahmen der **öffentlichen** Verwaltung bei Erfüllung von Hoheitsaufgaben (wie

§ 329 34–39 Bes. Teil. Straftaten gegen die Umwelt

z. B. der Wasser- und Schiffahrtsverwaltung) *nicht* als gewerblich zu betrachten (ebenso Steindorf aaO). Zur (berechtigten) Kritik an der Beschränkung auf Gewerbebetriebe vgl. Triffterer aaO 223.

34 3. Auch in Abs. 2 muß die jeweilige Tathandlung **verbotswidrig** sein, nämlich durch eine Schutzanordnung in dem o. 13 genannten Sinne ausdrücklich untersagt sein. Zur Wirksamkeit solcher Schutzvorschriften und Einzelanordnungen vgl. 15 ff. vor § 324.

35 **IV. Verbotswidrige Landschaftseingriffe innerhalb von Naturschutzgebieten und gleichgestellten Flächen (Abs. 3).**

Im Hinblick auf die ökologische Bedeutung des Naturhaushalts für die gegenwärtigen und künftigen Lebensbedingungen des Menschen sind hier mittelbares Schutzgut die Natur und Landschaft in dem sich aus dem BNatSchG ergebenden Umfang (vgl. 8 vor § 324; enger Horn SK 17). Der Tatbestand bringt eine (teils verschärfende) Vereinheitlichung des bisherigen Naturschutzrechts: Während § 21 RNatSchG jede unbefugte Veränderung in einem Naturschutzgebiet als Straftat behandelte, hatten die das RNatSchG ersetzenden Landesvorschriften selbst bei schwerwiegenderen Eingriffen zum Teil nur Bußgelddrohungen vorgesehen (Nachw. bei Göhler/Buddendiek/Lenzen RN 552). Soweit es im Einzelfall an einer Beeinträchtigung wesentlicher Bestandteile eines Schutzgebietes fehlt (vgl. u. 46), bleiben landesrechtliche Schutztatbestände anwendbar (D-Tröndle 11). Durch Abs. 3 werden zwar nur noch ausdrücklich verbotene Landschaftseingriffe, diese aber als Straftat erfaßt (vgl. Rogall JZ-GD 80, 111). Abs. 3 ist in Form eines potentieller Umweltgefährdung vorbeugenden **Verletzungstatbestandes** ausgestaltet (vgl. Albrecht/Heine/Meinberg ZStW 96, 950, Steindorf LK 33).

36 1. **Schutzgegenstand** sind in erster Linie die **Naturschutzgebiete,** d. h. rechtsverbindlich festgesetzte Gebiete, in denen ein besonderer Schutz von Natur und Landschaft in ihrer Ganzheit oder in einzelnen Teilen zur Erhaltung von Lebensgemeinschaften oder Lebensstätten bestimmter wildwachsender Pflanzen oder wildlebender Tierarten aus wissenschaftlichen, naturgeschichtlichen oder landeskundlichen Gründen oder wegen ihrer Seltenheit, besonderen Eigenart oder hervorragenden Schönheit erforderlich ist (vgl. § 14 BNatSchG). Die Schutzerklärungen sind entweder als förmliches Gesetz, aufgrund einer entsprechenden Ermächtigung als RVO (§ 12 BNatSchG) oder durch Satzung (Erbs/Kohlhaas/Lorz § 12 BNatSchG 3a) zu erlassen. Vergleichbares gilt für **Nationalparks** als rechtsverbindlich festgesetzte, einheitlich zu schützende Gebiete, die großräumig und von besonderer Eigenart sind, im überwiegendem Teil ihrer Fläche die Voraussetzungen eines Naturschutzgebietes erfüllen, sich in einem für Menschen nicht oder wenig beeinflußten Zustand befinden und vornehmlich der Erhaltung eines möglichst artenreichen heimischen Pflanzen- oder Tierbestandes dienen (§ 14 BNatSchG): so die Nationalparks „Bayerischer Wald" (seit 1973) und „Berchtesgaden" (seit 1978). Gleichgestellt sind die **als Naturschutzgebiet einstweilig sichergestellten Flächen** (§ 12 III Nr. 2 BNatSchG), und zwar deshalb, weil ein Gebiet gerade in der Zeit zwischen dem Bekanntwerden einer beabsichtigten Unterschutzstellung und der Verwirklichung dieses Vorhabens irreversiblen Schäden ausgesetzt sein kann, mit der Folge, daß u. U. sogar auf die endgültige Erklärung zum Naturschutzgebiet zu verzichten wäre. Zum Sicherstellungsverfahren vgl. z. B. § 60 BW-NatSchG.

37 Diese Ausdehnung des Abs. 3 auf einstweilig sichergestellte Flächen ist auf Anregung des Bundesrats erfolgt (vgl. BT-Drs. 8/3633 S. 32), nachdem der RegE in Verkennung von § 2 IV geglaubt hatte, daß die einstweilige Sicherstellung als befristete Maßnahme allein kraft Zeitablaufs ihre Wirkung verlieren könne (vgl. BT-Drs. 8/2382 S. 32, 35). Die Veränderungsverbote sind in den Ländern unterschiedlich befristet (1 Jahr z. B. § 23 II Berlin-NatSchG; 2 Jahre z. B. Art. 48 II Bay-NatSchG; 3 Jahre z. B. § 18 Hess-NatSchG), jedoch jeweils mit Verlängerungsmöglichkeit. **Nicht geschützt** durch Abs. 3 sind sonstige Landschaftsschutzgebiete, Naturparks und Landschaftsbestandteile i. S. der §§ 15, 16, 18 BNatSchG; doch sind insoweit bestimmte Landschaftseingriffe durch die Landes-NatSchGe bußgeldbewehrt (Nachw. b. Göhler/Buddendiek/Lenzen RN 552).

38 2. Als **Tathandlungen** kommen fünf Arten von Landschaftseingriffen in Betracht:

39 a) **Nr. 1** stellt den **Abbau oder die Gewinnung von Bodenschätzen oder anderen Bodenbestandteilen** unter Strafe. Mit den **Bodenschätzen** werden die Lagerstätten abbauwürdiger, natürlicher Anhäufungen von Mineralien, Gasen (and. Steindorf LK 39) oder Gesteinen erfaßt, so insbes. Brennstoffe wie Steinkohle, Braunkohle, Torf und Erdöl, aber auch Kies, Sand und Erze (vgl. Kolodziejcok-Recken § 2 BNatSchG 19). Durch die Schutzausweitung auf **andere Bodenbestandteile** wird klargestellt, daß sämtliche Eingriffe in die Pflanzendecke, den Mutterboden sowie die Oberflächengestaltung erfaßt werden. Dabei ist Boden die oberste von Tieren und Pflanzen belebte Schicht der Erdoberfläche, und zwar sowohl auf festem Land als auch unter der Wasserfläche in Bächen, Flüssen und Seen. Da eine Beeinträchtigung dieser Grundlage allen pflanzlichen und tierischen Lebens sich besonders negativ auf ein Naturschutzgebiet

auswirken kann, ist der Begriff des Bodens im weitesten Sinne zu verstehen (zust. Sack 77a). Zum **Abbauen** vgl. o. 32. Anders als in Abs. 2 Nr. 3 kommt es hier auf die Gewerblichkeit nicht an. Insbes. soll auch der sog. Kleintagebau (vgl. § 13 I Nr. 1 BW-NatSchG, § 13 I Nr. 1 SchlH-LandschPflegeG) erfaßt werden. Ob der Abbau oberirdisch oder unterirdisch geschieht, ist gleichgültig. Unter **Gewinnung** sind alle Arbeitsgänge zu verstehen, die mit der unmittelbaren Loslösung der Bodenschätze oder Bodenbestandteile aus dem natürlichen Verbund zusammenhängen und auf Förderung ausgerichtet sind (zust. Sack 77a, Steindorf LK 38). Anders als zum bloßen Entfernen wird man für Abbau und Gewinnung eine gewisse zeitliche Konstanz sowie einen technischen Mindeststandard verlangen müssen.

b) Unter der durch **Nr. 2** erfaßten **Vornahme von Abgrabungen oder Aufschüttungen** sind einerseits Vertiefungen des Bodenniveaus (wie z. B. Sand- oder Kiesgruben: vgl. BW-VGH ESVGH **16** 123), andererseits Erhöhungen der Bodengestalt (wie insbes. durch Auffüllungen) zu verstehen; auch Auf- oder Abspülungen gehören dazu (vgl. BT-Drs. 8/3633 S. 32). Wesentlich ist dabei, daß die Veränderungen tendenziell längerfristig vorgenommen sein müssen, so daß nur kurzfristige Lagerungen, wie etwa von Erde, Stein oder Kies, noch keine Aufschüttung darstellen (vgl. Sauter/Holch/Krohn/Kiess § 2 BW-LBauO 19; zust. Sack 79; and. Steindorf LK 40). Ebensowenig ist das mit einer Veränderung der Bodengestalt verbundene Bewässern von Trockengebieten tatbestandsrelevant, da der Endzustand der Eingriffe i. S. von Nr. 2 eine gewisse Festigkeit verlangt (vgl. BT-Drs. 8/3633 S. 32, ferner § 13 I Nr. 2 BW-NatSchG, § 5 I Nr. 1 Hess-NatSchG). 40

c) Durch **Nr. 3** werden mit dem **Schaffen, Verändern oder Beseitigen von Gewässern** erfahrungsgemäß besonders gefährliche Landschaftseingriffe erfaßt. Zum Begriff des **Gewässers** vgl. § 330d Nr. 1 sowie § 324 RN 3ff.). Doch abweichend von dem auch das Meer umfassenden Gewässerbegriff des § 330d Nr. 1 werden hier nur solche Gewässer erfaßt, die im Geltungsbereich der naturschutzrechtlichen Vorschriften liegen. Das ist hinsichtlich der hohen See sowie fremder Küstengewässer zu verneinen (vgl. BT-Drs. 8/2382 S. 22, D-Tröndle 14, Horn SK 18). Den Tathandlungen ist gemeinsam, daß durch Eingriffe in den Gewässerbestand der natürliche Wasserhaushalt nicht bloß minimal verändert wird. Dies geschieht beim **Schaffen** eines Gewässers dadurch, daß die entstehende Wasseransammlung die Merkmale eines Gewässers erfüllt und für eine gewisse Zeit bestehen bleibt (ebenso Sack 80a). Dies ist auch dann der Fall, wenn das zunächst geschaffene Gewässer später wieder zugeschüttet werden soll (vgl. Gieseke/Wiedemann/Czychowski § 31 WHG 4). Die **Veränderung** setzt eine Umgestaltung des Gewässers im weitesten Sinne voraus, ohne daß durch diese Maßnahme das gesamte Gewässer betroffen sein muß; ausreichend ist daher bereits die Veränderung eines Teils des Gewässers (wie z. B. des Gewässerbettes), sofern dadurch wesentliche Bestandteile der Schutzgebiete beeinträchtigt werden (vgl. Wernicke NJW 77, 1664 sowie u. 46). **Beseitigen** bedeutet die Aufhebung des äußeren Zustandes des Gewässers, wie etwa durch Abdämmung oder Verfüllung einer Flußschleife, aber auch durch Einbeziehen in ein Kanalisationssystem, weil dadurch das Gewässer aus dem natürlichen Wasserkreislauf abgesondert wird (vgl. Gieseke/Wiedemann/Czychowski § 31 WHG 5, Sack 80a). 41

Tatbestandsmäßig ist somit **beispielsweise** als **Schaffen** eines Gewässers das Anlegen von künstlichen Teichen und Seen, Kanälen oder Durchstichen, aber auch durch das Freilegen von Grundwasser, wie etwa bei Kiesgewinnung, weil dadurch ein oberirdisches Gewässer hergestellt wird (vgl. Gieseke/Wiedemann/Czychowski § 31 WHG 4). Eine **Gewässerveränderung** kann entstehen durch Ableiten von natürlichen Wasserläufen, unzulässige Eindeichungen in Küstengewässern, Beseitigung von Inseln, Einbau von Buhlen, Erweiterung eines vorhandenen Teichs durch Kiesabbau (vgl. BVerwG ZfW **78**, 364), Bau von Talsperren oder Hochwasserrückhaltebecken, aber auch durch Maßnahmen, die zu einer Hebung oder Senkung des Wasserspiegels führen, weil gerade dadurch die Schutzgebiete besonders beeinträchtigt werden können (vgl. aber zu § 31 WHG Gieseke/Wiedemann/Czychowski RN 6). Ein **Beseitigen** liegt insbes. im Zuschütten stehender Gewässer. 42

d) **Nr. 4** erfaßt die **Entwässerung von Mooren, Sümpfen, Brüchen oder sonstigen Feuchtgebieten,** zu denen neben Tümpeln, Streuwiesen (BVerwG DVBl. **83**, 897), Rieden oder Auwäldern insbes. auch die Verlandungsbereiche stehender Gewässer gehören (zust. Sack 82a). Ein **Entwässern** liegt vor, wenn der in diesen Biotopen vorhandene Überschuß an Wasser abgeführt wird (vgl. Burghartz § 34 WHG 4, aber auch Steindorf LK 42), wie insbes. infolge von großflächigen Auffüllungen, Abtorfungen oder Trockenlegungen (vgl. BT-Drs. 8/2382 S. 22). Das Mittel und die Art der Entwässerung sind unerheblich (ähnl. Steindorf aaO). 43

e) **Nr. 5** erfaßt das **Roden von Wald.** Unter **Wald** ist jede mit Forstpflanzen (Waldbäume und Waldsträucher) bestockte Grundfläche zu verstehen (vgl. § 2 BWaldG, Sack 85). Diese Ansammlung von wild oder aufgrund forstwirtschaftlichen Anbaus wachsenden Laub- und Nadelbaumarten muß einen flächenartigen Eindruck vermitteln (vgl. BT-Drs. 7/889 S. 25). Die 44

Mindestgröße einer Waldfläche läßt sich zahlenmäßig nicht festlegen; doch dürften einen Anhalt die in der Begr. zum BWaldG genannten 0,2 ha sein (vgl. BT-Drs. aaO). Daher sind schützenswerte Einzelbäume lediglich über die Landeswald- bzw. LandesforstGe geschützt (Steindorf LK 43). Ein **Roden** liegt vor, wenn mit der Räumung der Bestockung eine Entfernung des Knollen- und Wurzelwerkes der Forstpflanzen verbunden ist (vgl. Dipper/Ott/ Schlessman/Schröder/Schumacher § 9 BW-WaldG 18, ebenso Sack 85a). Doch dürfte es bei Eingriffen von unerheblichem Umfang idR am Beeinträchtigungserfordernis (u. 46) fehlen (vgl. BT-Drs. 8/2382 S. 22, D-Tröndle 16).

45 3. **Gemeinsame Voraussetzung** aller vorgenannten Tathandlungen ist, daß sie **verbotswidrig** sind, d. h. entgegen einer zum Schutz dieses Gebietes erlassenen Rechtsvorschrift oder vollziehbaren Untersagung erfolgen, und **innerhalb eines der Schutzgebiete** (o. 36) vorgenommen werden. Landschaftseingriffe, die sich zwar innerhalb des Schutzgebiets auswirken, jedoch **außerhalb** vorgenommen werden (wie z. B. bei externer Abdämmung eines Gewässers), sind lediglich landesrechtlich erfaßbar (vgl. z. B. §§ 21 IV, 64 I Nr. 5 BW-NatSchG, aber auch § 19 II S. 2 Berlin-NatSchG; zust. Steindorf LK 44).

46 4. Ferner ist für die Tatbestandsmäßigkeit von Abs. 3 erforderlich, daß durch die Tathandlung **wesentliche Bestandteile des Schutzgebietes beeinträchtigt** werden. Dieses Verletzungselement verdeutlicht, daß nicht jeder unbefugte Eingriff, sondern nur schwerwiegende Fälle mit kriminellem Unrechtsgehalt erfaßt werden sollen (vgl. BT-Drs. 8/2382 S. 22). **Wesentliche Gebietsbestandteile** sind solche, die den überwiegenden Grund für die Erklärung zum Naturschutzgebiet, Nationalpark oder die einstweilige Sicherstellung bilden (vgl. BT-Drs. 8/2382 S. 22, D-Tröndle 11, Rogall JZ-GD 80, 111f.). Da in der Erklärung zum Schutzgebiet der jeweilige Schutzzweck anzuführen ist (vgl. § 12 II BNatSchG), ist im Einzelfall jeweils diese Schutzzweckbestimmung zur Auslegung des Begriffs heranzuziehen (ebenso Steindorf LK 45). **Beeinträchtigt** werden diese Gebietsbestandteile, wenn ihre ökologische Funktionsfähigkeit mit einiger Intensität und nicht nur vorübergehend gestört und damit der Eintritt konkreter schutzrelevanter Gefahren für diese Teile wahrscheinlich ist (vgl. BT-Drs. aaO, D-Tröndle 11, Laufhütte/Möhrenschlager ZStW 92, 950, aber auch Rogall aaO 112, krit. M-Schroeder II 55: „effektive Schädigung"). Dies setzt nicht eine völlige Zerstörung wesentlicher Gebietsbestandteile voraus; doch müssen die betroffenen Gebietsteile hinsichtlich ihrer physikalischen, chemischen oder biologischen Beschaffenheit jedenfalls so verändert werden, daß sie gegenüber dem vorangegangenen Zustand eine, wenn auch nur graduelle, so doch erhebliche Verschlechterung erfahren haben (vgl. zu § 38 a. F. WHG Stuttgart ZfW **76**, 378; krit. Steindorf LK 47). Dabei spielt keine Rolle, ob der Gebietsbestandteil, in dem die ökologisch schädliche Handlung vorgenommen wurde, bereits beeinträchtigt war oder nicht, da anderenfalls besonders ökologieschädliche Kumulationseffekte nicht erfaßt würden (zust. Sack 88, vgl. auch § 324 RN 8f.). Im übrigen kann sich die Erheblichkeit der Störung sowohl aus der quantitativen Intensität eines Eingriffs wie auch daraus ergeben, daß durch einen umfangmäßig kleineren Eingriff Ökologiearten betroffen sind, deren Vorkommen Rückschlüsse auf den ökologischen Gesamtzustand des Biotopensystems ermöglichen und die daher als Bioindikatoren von erheblicher Bedeutung sind (vgl. Engelhardt Prot. 8 Nr. 73 Teil II S. 51 ff.) oder die gerade wegen ihrer singulären Einzigartigkeit Grund und Anlaß für die Erklärung zum Schutzgebiet waren (ähnl. Steindorf aaO). Andererseits wird nach diesen Grundsätzen eine Beeinträchtigung etwa dann zu verneinen sein, wenn zwar eine kleine Baumgruppe gerodet wurde, dies jedoch in einem Gebiet geschah, das zur Erhaltung typischer Taltypen oder Gesteinsformationen und somit aus geographisch-geologischen Gründen zum Schutzgebiet erklärt worden war (vgl. Bernatzky/ Böhm § 13 BNatSchG 4 mwN).

47 V. Der **subjektive Tatbestand** setzt Vorsatz (Abs. 1 bis 3) oder Fahrlässigkeit (Abs. 4) voraus.

48 1. Der **Vorsatz,** wofür bedingter genügt, muß sich nicht nur auf das Vorliegen der technischen Tatbestandsmerkmale erstrecken, sondern auch auf die Tatsachen, aus denen sich die Verbotswidrigkeit der Tathandlung ergibt (zust. Steindorf LK 50, vgl. auch Lackner 4, aber auch D-Tröndle 17). Dazu gehört neben der Kenntnis, daß das betroffene Gebiet zum Schutzgebiet erklärt ist, auch das Wissen um etwaige Schutzanordnungen oder Untersagungen, wobei wie auch sonst eine Parallelwertung in der Laiensphäre genügt (vgl. § 15 RN 45 mwN). Dementsprechend handelt z. B. vorsätzlich i. S. von Abs. 1 S. 1 Alt. 2, wer in Kauf nimmt, daß der ausgerufene Smogalarm auch die von ihm weiter betriebene Anlage betreffen könnte. Zu **Irrtümern** hinsichtlich der Wirksamkeit oder Vollziehbarkeit von Anordnungen vgl. 23 vor § 324. Für den bei Abs. 3 erforderlichen **Beeinträchtigungsvorsatz** (vgl. o. 43) ist erforderlich, aber auch ausreichend, daß der Täter das Vorliegen einer schutzrelevanten Funktionsstörung und die damit verbundene Wahrscheinlichkeit der konkreten Gefahr für die betroffe-

Schwere Umweltgefährdung **§ 330**

nen Gebietsteile in Kauf nimmt (vgl. § 315c RN 35 mwN). Das ist idR schon dann anzunehmen, wenn sich der Täter bewußt geworden ist, daß er es nicht mehr in der Hand hat, eine Integritätsschädigung der Gebietsbestandteile mit hoher Wahrscheinlichkeit abzuwenden, daß also Eintritt oder Ausbleiben von konkreten Gefahren nur noch vom Zufall abhängt (zust. Sack 94).

2. Zur **Fahrlässigkeit** (Abs. 4) vgl. allg. § 15 RN 111ff. Danach kommt Strafbarkeit insbes. 49 dann in Betracht, wenn der Täter aus vermeidbarer Unkenntnis des Umfangs eines Schutzgebietes oder einer Schutzanordnung eine verbotene Anlage betreibt oder sich im Falle von Abs. 3 sorgloserweise der beeinträchtigenden Wirkung seines Landschaftseingriffs nicht bewußt wird (ähnl. Steindorf LK 51). Vgl. auch § 325 RN 26f.

VI. Die **Rechtswidrigkeit** kann ausgeschlossen sein, wenn z.B. bei Abs. 3 der Landschafts- 50 eingriff in ein Schutzgebiet durch behördliche Bewilligung oder im Rahmen einer Planfeststellung (z.B. nach dem BFernStrG oder WasserStrG) erlaubt war. Zu Wirksamkeitsproblemen solcher Erlaubnisse wie auch sonstigen Rechtfertigungsgründen vgl. 12ff. vor § 324.

VII. Die Tat ist **vollendet**, sobald ein **Betreiben** i.S. der Abs. 1 oder 2 vorliegt (vgl. o. 17, 51 26) bzw. aufgrund eines Landschaftseingriffs i.S. von Abs. 3 eine wesentliche Gebietsbeeinträchtigung eingetreten ist (zust. Sack 113, vgl. o. 46). Der **Versuch** ist **nicht** strafbar.

VIII. Für **Täterschaft** und **Teilnahme** gilt das zu § 325 RN 29f. Ausgeführte entsprechend. 52 Zur Verantwortlichkeit von Amtsträgern sowie von Immissions-, Gewässer- oder Naturschutzbeauftragten vgl. 29ff. vor § 324.

IX. Zu einer **Strafausschließung** analog § 326 V (verneinend D-Tröndle 18, Horn SK 4, Rogall JZ- 53 GD 80, 110) vgl. 10 vor § 324. Zu **Strafschärfung** nach § 330 I Nr. 1 bei **konkreter Gefährdung** eines der dort genannten Güter vgl. § 330 RN 17ff.

X. **Idealkonkurrenz** ist möglich zwischen **Abs. 1** und §§ 325, 327 II Nr. 1, zwischen **Abs. 2** und 54 §§ 304, 324, 326 I, 327 II sowie zwischen **Abs. 3** und §§ 304, 324, 327 II (ebenso Horn SK 22, Sack 122, Steindorf LK 53).

§ 330 Schwere Umweltgefährdung

(1) Mit Freiheitstrafe von drei Monaten bis zu fünf Jahren wird bestraft, wer
1. eine Tat nach § 324 Abs. 1, § 326 Abs. 1 oder 2, § 327 Abs. 1 oder 2, § 328 Abs. 1 oder 2 oder nach § 329 Abs. 1 bis 3 begeht,
2. beim Betrieb einer Anlage, insbesondere einer Betriebsstätte oder Maschine, gegen eine Rechtsvorschrift, vollziehbare Untersagung, Anordnung oder Auflage verstößt, die dem Schutz vor Luftverunreinigungen, Lärm, Erschütterungen, Strahlen oder sonstigen schädlichen Umwelteinwirkungen oder anderen Gefahren für die Allgemeinheit oder die Nachbarschaft dient,
3. eine Rohrleitungsanlage zum Befördern wassergefährdender Stoffe oder eine betriebliche Anlage zum Lagern, Abfüllen oder Umschlagen wassergefährdender Stoffe ohne die erforderliche Genehmigung, Eignungsfeststellung oder Bauartzulassung oder entgegen einer vollziehbaren Untersagung, Anordnung oder Auflage, die dem Schutz vor schädlichen Einwirkungen auf die Umwelt dient, oder unter grob pflichtwidrigem Verstoß gegen die allgemein anerkannten Regeln der Technik betreibt oder
4. Kernbrennstoffe, sonstige radioaktive Stoffe, explosionsgefährliche Stoffe oder sonstige gefährliche Güter als Führer eines Fahrzeuges oder als sonst für die Sicherheit der Beförderung Verantwortlicher ohne die erforderliche Genehmigung oder Erlaubnis oder entgegen einer vollziehbaren Untersagung, Anordnung oder Auflage, die dem Schutz vor schädlichen Einwirkungen auf die Umwelt dient, oder unter grob pflichtwidrigem Verstoß gegen Rechtsvorschriften zur Sicherung vor den von diesen Gütern ausgehenden Gefahren befördert, versendet, verpackt oder auspackt, verlädt oder entlädt, entgegennimmt oder anderen überläßt oder Kennzeichnungen unterläßt

und dadurch Leib oder Leben eines anderen, fremde Sachen von bedeutendem Wert, die öffentliche Wasserversorgung oder eine staatlich anerkannte Heilquelle gefährdet. Satz 1 Nr. 2 gilt nicht für Kraftfahrzeuge, Schienen-, Luft- oder Wasserfahrzeuge.

(2) Ebenso wird bestraft, wer durch eine der in Absatz 1 Satz 1 Nr. 1 bis 4 bezeichneten Handlungen
1. die Eigenschaften eines Gewässers oder eines landwirtschaftlich, forstwirtschaftlich

§ 330 1–6   Bes. Teil. Straftaten gegen die Umwelt

oder gärtnerisch genutzten Bodens derart beeinträchtigt, daß das Gewässer oder der Boden auf längere Zeit nicht mehr wie bisher genutzt werden kann oder
2. Bestandteile des Naturhaushalts von erheblicher ökologischer Bedeutung derart beeinträchtigt, daß die Beeinträchtigung nicht, nur mit unverhältnismäßigen Schwierigkeiten oder erst nach längerer Zeit wieder beseitigt werden kann.

Absatz 1 Satz 2 gilt entsprechend.

(3) **Der Versuch ist strafbar.**

(4) **In besonders schweren Fällen ist die Strafe Freiheitsstrafe von sechs Monaten bis zu zehn Jahren. Ein besonders schwerer Fall liegt in der Regel vor, wenn der Täter durch die Tat**
1. Leib oder Leben einer großen Zahl von Menschen gefährdet oder
2. den Tod oder eine schwere Körperverletzung (§ 224) eines Menschen leichtfertig verursacht.

(5) Wer in den Fällen des Absatzes 1 oder 2 die Gefahr oder die Beeinträchtigung fahrlässig verursacht, wird mit Freiheitsstrafe bis zu fünf Jahren oder mit Geldstrafe bestraft.

(6) Wer in den Fällen des Absatzes 1 oder 2 fahrlässig handelt und die Gefahr oder die Beeinträchtigung fahrlässig verursacht, wird mit Freiheitsstrafe bis zu drei Jahren oder mit Geldstrafe bestraft.

1   I. Die Vorschrift betrifft **schwere Fälle** von **Umweltgefährdungen,** die weitgehend bereits früher etwa in § 39 WHG, § 16 III AbfG, § 64 BImSchG oder § 45 III AtomG unter Strafe gestellt waren. Dabei enthält § 330 teils Qualifizierungen oder Regelbeispiele, teils aber auch über die §§ 324–329 hinausgehende Grundtatbestände und Ergänzungen, wie etwa die Beförderungstatbestände nach Abs. 1 S. 1 Nr. 4 oder die Umweltbeeinträchtigung durch Erschütterungen nach Abs. 1 S. 1 Nr. 2. Die Abs. 1 und 2 setzen jeweils eine der in Abs. 1 S. 1 Nr. 1–4 genannten Tathandlungen voraus, wobei diese zu einer in Abs. 1 genannten konkreten Gefährdung oder zu einem Verletzungserfolg nach Abs. 2 geführt haben muß. Abs. 4 erweitert den Strafrahmen für besonders schwere Fälle (zur Regelbeispielstechnik vgl. 44 vor § 38, § 243 RN 1 ff.). Die übrigen Abs. der wegen ihrer Unübersichtlichkeit und schweren Handhabbarkeit besonders umstrittenen Vorschrift (vgl. Sack NJW 80, 1428, Triffterer, Umweltstrafrecht 226) beinhalten Regelungen über die Versuchsstrafbarkeit und Strafabstufungen für unterschiedliche Unrechts- und Schuldformen nach den Vorbildern der §§ 315 ff. Zu verfassungsrechtlichen Bedenken wegen fehlender Bestimmtheit vgl. u. 28 f.

2   II. Der **objektive Tatbestand** der Abs. 1 und 2 setzt zunächst voraus, daß der Täter eine der in Abs. 1 S. 1 Nr. 1–4 genannten **Tathandlungen** begeht.

3   1. **Nr. 1** verlangt als Tathandlung ein Verhalten nach §§ 324 I, 326 I, II, 327 I, II, 328 I, II, 329 I, II oder III. Zu Einzelheiten vgl. die dortigen Erl.

4   2. **Nr. 2** geht zwar von der Regelung des § 325 aus, ihr Anwendungsbereich ist aber durch den Fortfall einschränkender und durch das Vorhandensein zusätzlicher Merkmale gegenüber § 325 modifiziert und in wesentlichen Punkten auch erweitert (Sack 34).

5   a) Das Merkmal **beim Betrieb einer Anlage** ist wie in § 325 (vgl. dort RN 3 ff.) auszulegen (BT-Drs. 8/3633 S. 34). Soweit die Gegenauffassung (Horn SK 4) anders als in § 325 auch die Nichterfüllung von Auflagen als Tatbestandsvollendung ansieht, wenn diese nicht unmittelbar den Betrieb der Anlage nicht unmittelbar betreffen, sondern erst für die Zukunft eine Einschränkung gefährlicher Emissionen erwarten lassen (Betriebserlaubnis mit der Auflage, bestimmte Schutzbauten zu errichten), ist diese abzulehnen. Ein solcher zukünftiger Immissionsschutz wird von dem konkreten Gefährdungstatbestand des § 330 I S. 1 Nr. 2 nicht erfaßt, zumal die Vorschrift dadurch völlig ihre Konturen verlieren würde. In Betracht kommt allerdings Versuch, § 330 III (vgl. dazu u. 40).

6   b) Hinsichtlich der **Verletzung verwaltungsrechtlicher Vorschriften** gilt folgendes: Der Verstoß gegen die vollziehbare Anordnung oder Auflage braucht anders als bei § 325 IV nicht grob pflichtwidrig zu sein. Neben der Nichtbeachtung vollziehbarer Untersagungen, Anordnungen oder Auflagen ist hier auch der **Verstoß gegen Rechtsvorschriften** tatbestandsmäßig, wenn diese dem Schutz vor schädlichen Umwelteinwirkungen usw. dienen. Diese Rechtsvorschriften müssen freilich konkret genug gefaßt sein, weshalb etwa die §§ 5 Nr. 1, 2 und 22 I Nr. 1, 2 BImSchG nicht in Betracht kommen dürften (vgl. Laufhütte/Möhrenschlager ZStW 92, 946 FN 138, Steindorf LK 9). Die Rechtsnormen müssen vielmehr so genau formulierte Ge- oder Verbote enthalten, daß sie ohne eine vorherige Konkretisierung durch einen Verwaltungsakt unmittelbar Geltung beanspruchen können. Dabei kommen als verwaltungsrechtliche Bezugsnormen neben Regelungen des BImSchG auch solche aus anderen Gesetzen in Betracht, wenn diese nur objektiv die Eignung haben (nach Horn SK 5 ist der vom Normgeber subjektiv

verfolgte Zweck unerheblich), den u. 7 genannten Gefahren für die Allgemeinheit oder die Nachbarschaft vorzubeugen oder diese zu bekämpfen (krit. Lackner 2b), so etwa Regelungen der GewO oder des am 1. 1. 1982 in Kraft getretenen Chemikaliengesetzes (vgl. Lackner 2b, Laufhütte/Möhrenschlager ZStW 92, 946 FN 138).

c) Wie § 325 dient § 330 I S. 1 Nr. 2 dem Schutz vor **Luftverunreinigungen** und **Lärm**. 7 Hinzu kommen als eigenständige Regelungsmaterien der Schutz vor **Erschütterungen, Strahlen oder sonstigen schädlichen Umwelteinwirkungen oder anderen Gefahren für die Allgemeinheit oder die Nachbarschaft**. Der strafrechtliche Schutz vor Erschütterungen wird ausschließlich durch § 330 geleistet. Bei Strahlen sind neben ionisierenden Strahlen solche elektromagnetischer Art bedeutsam, wie etwa Radar- oder Laserstrahlen; vgl. BT-Drs. 8/3633 S. 34, D-Tröndle 3, Sack 34; and. Steindorf LK 12. Beim Begriff der sonstigen schädlichen Umwelteinwirkungen handelt es sich nicht um eine Tautologie (so aber Horn SK 5), sondern um einen Auffangtatbestand für Immissionen, die den ansonsten ausdrücklich genannten ähnlich sind (vgl. Ule [Lit. zu § 325] 3 BImSchG RN 3). Hierunter sollen etwa die praktisch weniger bedeutsamen (vgl. BT-Drs. 8/2382 S. 23) Umwelteinwirkungen durch Wärme fallen (vgl. auch § 3 II BImSchG sowie Art. 1 UmwRG-DDR). Die Vorschrift erfaßt darüber hinaus in Anlehnung an immissionsschutzrechtliche Regelungen (vgl. §§ 4, 5 Nr. 1 BImSchG) sonstige Gefahren für die Allgemeinheit oder die Nachbarschaft (vgl. auch BT-Drs. 8/3633 S. 34). Sonstige Gefahren sind auch solche, die nicht von der Anlage selbst ausgehen (Feuer- oder Explosionsgefahr für benachbarte Anlage oder Gefahr für eine Atomanlage); auszuscheiden haben dabei aber unwahrscheinliche äußere Störfälle, wie Flugzeugabstürze oder ähnliche Einwirkungen, wie etwa durch Krieg (vgl. Ule aaO § 5 BImSchG RN 3 mwN).

d) Nicht in den Anwendungsbereich der Nr. 2 fallen – wie bei § 325 I S. 2 – Kfz, Schienen-, 8 Luft- und Wasserfahrzeuge (§ 330 I S. 2).

3. Nr. 3 setzt zunächst voraus, daß eine Rohrleitungsanlage (vgl. § 329 RN 25) zum Befördern wassergefährdender Stoffe (vgl. § 329 RN 28 f.) oder eine betriebliche Anlage zum Lagern, Abfüllen oder Umschlagen (vgl. § 329 RN 14 ff.) wassergefährdender Stoffe (vgl. § 329 RN 22) betrieben wird (vgl. § 329 RN 9). Weniger gefährliche Anlagen, die etwa nur dem Privatgebrauch dienen, fallen nicht unter diese Vorschrift (vgl. BT-Drs. 8/2382 S. 24, Sieder/Zeitler 10, Steindorf LK 16).

Gemeinsame Voraussetzung der o. 9 genannten Tathandlungen ist, daß sie vorschrifts- oder 10 **verbotswidrig** vorgenommen werden. Dies ist der Fall, wenn der Täter entweder ohne die erforderliche Genehmigung (vgl. § 19a WHG) oder Eignungsfeststellung oder Bauartzulassung (vgl. § 19h WHG) oder entgegen einer vollziehbaren Untersagung, Anordnung oder Auflage, die dem Schutz vor schädlichen Umwelteinwirkungen dient (vgl. o. 7), handelt oder grob pflichtwidrig (vgl. § 325 RN 8) gegen die allgemein anerkannten Regeln der Technik (vgl. § 323 RN 4) verstößt. Dabei wird für letztgenannte Verstöße im Gegensatz zur Regelung des § 323 grobe Pflichtwidrigkeit verlangt; dies wird damit begründet, daß im Wasserrecht – anders als im Baurecht – erst in Teilbereichen allgemein anerkannte Regeln vorhanden seien (BT-Drs. 8/2382 S. 24); einleuchtend ist diese Beschränkung nicht (krit. auch Rogall JZ-GD 80, 112, Triffterer, Umweltstrafrecht 233 FN 520).

4. Nr. 4 entspricht weitgehend der Regelung des früheren § 11 GBG. Tathandlung ist dabei 11 das verbotswidrige Befördern von gefährlichen Gütern durch Kfzführer oder sonstige Verantwortliche (vgl. LG München NStZ **82**, 470).

a) Der Begriff des **gefährlichen Gutes** ist in § 330d Nr. 4 definiert. Gefährliche Güter i. S. des 12 § 2 I GBG sind „Stoffe und Gegenstände, von denen aufgrund ihrer Natur, ihrer Eigenschaften oder ihres Zustands im Zusammenhang mit der Beförderung Gefahren für die öffentliche Sicherheit oder Ordnung, insb. für die Allgemeinheit, für wichtige Gemeingüter, für Leben und Gesundheit von Menschen sowie für Tiere und Sachen ausgehen können". Dieser Begriff wird in Einzelbereichen durch ergänzende Vorschriften zum GBG präzisiert; insb. durch die GefahrgutVO – Straße v. 23. 8. 1979 (BGBl. I 1509), die GefahrgutVO – Eisenbahn v. 23. 8. 1979 (BGBl. I 1502) und die GefahrgutVO – See v. 5. 7. 1978 (BGBl. I 1017), die Verordnung über die Beförderung gefährlicher Güter auf dem Rhein v. 30. 6. 1977 (BGBl. I 1119, 1129) sowie die Anlagen A und B zum Europäischen Übereinkommen v. 30. 9. 1957 über die internationale Beförderung gefährlicher Güter auf der Straße i. d. F. v. 4. 11. 1977 (BGBl. II 1190). Hierin werden vor allem bestimmte explosive Stoffe, Zündwaren, Feuerwerkskörper und Stoffe, die in Berührung mit Wasser entzündliche Gase entwickeln, selbstentzündliche, entzündbare, entzündend wirkende, giftige, radioaktive, ätzende sowie ansteckungsgefährliche und ekelerregende Stoffe genannt. In § 330 I S. 1 Nr. 4 selbst werden als Beispiele für gefährliche Güter angeführt Kernbrennstoffe (vgl. § 328 RN 2), sonstige radioaktive (vgl. § 326 RN 5) und explosionsgefährliche Stoffe (vgl. § 326 RN 5).

13 b) Wie bei § 2 II GBG unter **Beförderung** nicht nur eine Ortsveränderung verstanden wurde, so nennt auch § 330 I S. 1 Nr. 4 eine Reihe von Handlungsformen als Anknüpfungspunkt einer Strafbarkeit (vgl. BT-Drs. 8/2382 S. 24). Neben Befördern sind aufgeführt **Versenden, Verpacken oder Auspacken, Verladen oder Entladen, Entgegennehmen oder anderen Überlassen oder das Unterlassen der Kennzeichnung.**

14 c) Zudem wird das Merkmal der Beförderung durch die gesetzliche Eingrenzung des Täterkreises präzisiert (vgl. BT-Drs. 8/2382 S. 24; krit. Triffterer, Umweltstrafrecht 234). Als Täter kommen nur **Führer eines Fahrzeuges** (vgl. § 315c RN 5ff.) oder **sonst für die Sicherheit oder die Beförderung Verantwortliche** (vgl. § 9 V GBG, Sack 78) in Betracht. Es handelt sich insoweit um ein echtes Sonderdelikt (vgl. 132 vor § 13), für die Strafbarkeit des Beteiligten ohne diese Eigenschaft gelten die allgemeinen Regeln.

15 d) Die jeweilige Handlung muß vorschrifts- oder **verbotswidrig** begangen werden. Dies ist der Fall, wenn der Täter entweder ohne die erforderliche Genehmigung oder Erlaubnis (etwa nach § 4 AtomG; vgl. im einzelnen Sack 80) oder entgegen einer vollziehbaren Untersagung, Anordnung oder Auflage, die dem Schutz vor schädlichen Umwelteinwirkungen dient (vgl. o. 10), handelt oder grob pflichtwidrig (vgl. § 325 RN 8) gegen Rechtsvorschriften zur Sicherung vor den von diesen Gütern ausgehenden Gefahren verstößt. Die Beschränkung für letztgenannte Verstöße auf grobe Pflichtwidrigkeit wird damit begründet, daß es in diesem Bereich eine Vielzahl von Regelungen gebe, die nicht alle gleich wichtig für den Umweltschutz seien (BT-Drs. 8/2382 S. 24).

16 III. Über die Tathandlung hinaus setzt der objektive Tatbestand der Abs. 1 und 2 einen **Erfolg** voraus. Dabei muß der jeweilige Erfolg kausal auf einer der in § 330 I S. 1 Nr. 1–4 genannten Tathandlungen beruhen (vgl. dazu Möhrenschlager WuV 84, 55).

17 1. Folge der Tathandlung muß für **Abs. 1** die **konkrete Gefährdung** (vgl. dazu 5f. vor § 306) eines der dort genannten Rechtsgüter sein (BGH **36**, 255), wobei sich in dieser Gefährdung die typische Gefährlichkeit des Umweltverstoßes realisiert haben muß (vgl. dazu Wernicke NJW 77, 1667f., Steindorf LK 7 und § 315c RN 31; zum überdies erforderlichen Rechtswidrigkeitszusammenhang vgl. § 315 c RN 30).

18 a) Geschützt sind zunächst **Leib** oder **Leben** eines anderen (vgl. dazu 7ff. vor § 306). Dabei genügt die konkrete Gefährdung einer einzigen Person, wobei jedoch drohende einfache Körperverletzungen, wie etwa eine vorübergehende leichte Allergie gegen Luftverschmutzung, außer Betracht zu bleiben haben (vgl. Wernicke NJW 77, 1667 und 13 vor § 306).

19 b) Der Begriff der **fremden Sachen von bedeutendem Wert** ist wie auch in anderen Vorschriften des StGB (vgl. dazu 7ff., 14ff. vor § 306) zu verstehen (vgl. BT-Drs. 8/2382 S. 23). Wegen des Erfordernisses der Fremdheit vermag daher § 330 I – anders als § 325 (vgl. dazu dort RN 15) – ökologisch bedeutsame Schutzgüter wie wild lebende Tiere, z. B. Fische in Gewässern, nicht zu schützen (AG Öhringen NJW **90**, 2481, BT-Drs. 8/3633 S. 32, Czychowski ZfW 80, 210, Steindorf LK 4; and. wohl LG Ellwangen NStZ **82**, 468 m. Anm. Möhrenschlager).

20 c) Durch den Schutz der **öffentlichen Wasserversorgung** soll die ständige Versorgung anderer mit Trink- und Brauchwasser in einem bestimmten Gebiet (vgl. die Legaldefinition in § 14 der 10. DVO zum Lastenausgleichsgesetz v. 29. 6. 1954 [BGBl. I 161]) sichergestellt (vgl. BT-Drs. 8/2382 S. 23) und Gefahren wie etwa der Verseuchung von Trinkwasserspeichern mit anschließender Wasserrationierung entgegengetreten werden (vgl. D-Tröndle 6). Die Wasserversorgung muß der Allgemeinheit dienen, d. h. jedermann in einem Versorgungsgebiet (Wernicke NJW 77, 1667, Gieseke-Wiedemann-Czychowski [Lit. zu § 324] § 6 WHG RN 38). Ebenso ist wohl für die Eigenversorgung von Krankenhäusern, Kasernen usw. im Gegensatz zur industriellen Eigenversorgung (etwa für Fertigung oder Beregnung) zu entscheiden (vgl. Gieseke-Wiedemann-Czychowski aaO). Nicht erfaßt wird aber die – praktisch unerhebliche – private Trinkwasserversorgung, etwa durch einen Brunnen (vgl. BT-Drs. 8/2382 S. 23); hierfür gewährleisten die §§ 319f. einen hinreichenden Schutz (vgl. D-Tröndle 6).

21 d) Schließlich nennt Abs. 1 als Gefährdungsobjekte **staatlich anerkannte Heilquellen**. Zum Begriff der Heilquelle vgl. § 329 RN 13 und Wernicke NJW 77, 1667. Die Heilquellen müssen vom Staat anerkannt sein, was sich nach den jeweiligen Wassergesetzen der Länder regelt (vgl. BT-Drs. 8/2382 S. 23; zu Einzelheiten vgl. Gieseke-Wiedemann-Czychowski aaO § 19 WHG RN 8).

22 e) Fraglich ist, ob das gefährdete Rechtsgut sich – etwa bei § 330 I S. 1 Nr. 2 in Übereinstimmung mit der Regelung des § 325 I S. 1, 2 (vgl. § 325 RN 17) – **außerhalb** des zur **Anlage** gehörenden Bereichs befinden muß. Dies wird z. T. verneint (etwa bei Horn SK 14), womit etwa auch Belange des Arbeitsschutzes, wie Leib oder Leben eines Arbeitnehmers, in den Bereich des § 330 I mit einbezogen werden. Eine solche Auslegung kann jedoch nicht überzeu-

Schwere Umweltgefährdung 23–30 § 330

gen. § 330 I S. 1 Nr. 2 spricht gerade auch von Gefahren für die Allgemeinheit oder die Nachbarschaft. Daraus ist zu schließen, daß Gefahren innerhalb des Anlagenbereichs aus dem Schutzbereich der Vorschrift ausgeklammert werden sollten (zust. Steindorf LK 15; and. Horn SK 14).

2. Abs. 2 enthält – im Gegensatz zu Abs. 1 – **Verletzungsdelikte**, d. h. die in Abs. 1 S. 1 23 Nr. 1–4 beschriebenen Tathandlungen müssen zu einer der in Abs. 2 genannten Umweltbeeinträchtigungen geführt haben (Steindorf LK 34). Dabei gilt auch für Abs. 2 – wie für Abs. 1 S. 1 Nr. 2 (vgl. o. 8) – die Ausschlußregelung für Kfz, Schienen-, Luft- und Wasserfahrzeuge (Abs. 2 S. 2).

a) **Nr. 1** bezweckt den Schutz der Eigenschaften von Gewässern sowie von landwirtschaft- 24 lich, forstwirtschaftlich oder gärtnerisch genutzten Böden.

α) Der Begriff des Gewässers ist in § 330d Nr. 1 definiert (zu Einzelheiten vgl. § 324 25 RN 3ff.); zu Gewässereigenschaften vgl. § 324 RN 9. Geschützt sind die Eigenschaften aber nur insoweit, als sie eine tatsächlich ausgeübte – nicht nur eine potentielle oder zukünftige – Nutzung des Gewässers betreffen, da das Gesetz ausdrücklich von bisheriger Nutzung spricht. Dabei sind unter Nutzungen die Vorteile zu verstehen, die durch die Inanspruchnahme des Gewässers gezogen werden (Wernicke NJW 77, 1667). Beispiele sind ein Großteil der in § 3 WHG genannten Benutzungen, aber auch etwa Schiffahrt, Wassersport, Fischerei (vgl. Czychowski ZfW 80, 210f., Wernicke aaO, Steindorf LK 35, Sieder/Zeitler 22). Freilich muß die Gewässernutzung rechtlich erlaubt sein (Lackner 3b aa).

β) **Böden** werden nur dann durch § 330 geschützt, wenn sie wirtschaftlich in bestimmter 26 Weise tatsächlich genutzt werden (gegen die gesetzliche Beschränkung der Nutzungsarten Trifferer, Umweltstrafrecht 235). Zur landwirtschaftlichen Nutzung zählen dabei z. B. der Obst-, Gemüse-, Tabak-, Hopfen- und Weinbau oder der Futtermittelanbau. Zur forstwirtschaftlichen Nutzung rechnet vor allem die Holzgewinnung, aber auch Baumschulen. Gärtnerische Nutzung ist gegeben, wenn Garten- oder Parkanlagen durch Pflanzen, Wege, Wasser, Baulichkeiten u. ä. gestaltet werden.

γ) Die Eigenschaften der Gewässer bzw. Böden müssen durch den Umweltverstoß **beein-** 27 **trächtigt** werden. Dies erfordert eine nachteilige Beeinflussung des jeweiligen Schutzobjekts im Vergleich zu dem Zustand vor dem Eingriff; vgl. § 324 RN 9f., § 329 RN 46.

δ) Die Beeinträchtigung muß derart sein, daß die bisherige Gewässer- bzw. Bodennutzung 28 **auf längere Zeit** nicht möglich ist. Dieses Tatbestandsmerkmal ist unter dem Gesichtspunkt des Art. 103 II GG bedenklich unbestimmt. Zwar läßt sich ein genereller Maßstab nicht aufstellen, da Art und Intensität der Nutzung sehr unterschiedlich sein können (vgl. Sack NJW 80, 1429). Der Zeitraum muß aber unangemessen lang sein, was etwa bei einer nur mehrstündigen oder auch -tägigen Unterbrechung der Gewässernutzung wegen eines Ölunfalls regelmäßig noch nicht der Fall ist (vgl. Sieder/Zeitler 23, Sack NJW 80, 1429; krit. Steindorf LK 36). Ebenso dürfte häufig für Einleitungen in fließende Gewässer zu entscheiden sein, daß hier die Minderung der Wasserqualität durch den Zufluß neuen Wassers regelmäßig in kurzer Zeit behoben sein wird. Hingegen wird man beim „Umkippenlassen" eines stehenden Gewässers keinen Zweifel an der Tatbestandsmäßigkeit hegen (vgl. Wernicke NJW 77, 1667).

b) **Nr. 2** schützt Bestandteile des Naturhaushalts von erheblicher ökologischer Bedeutung. 29 Bereits dieses einer Konkretisierung kaum zugängliche Schutzgut macht deutlich, daß gegen die Regelung des § 330 II S. 1 Nr. 2 wegen fehlender Bestimmtheit (Art. 103 II GG) erhebliche verfassungsrechtliche Bedenken bestehen (D-Tröndle 9, Rogall JZ-GD 80, 113, Tiedemann aaO 39f., Steindorf LK 40ff.). Dies zeigt u. a. BT-Drs. 8/3633 S. 33 (vgl. dazu eingehend u. 31), in der aus dem verschwommenen Begriff Einzelfälle abgeleitet werden, die in dem genannten Merkmal keinen hinreichenden Ausdruck finden.

α) Der Gesetzgeber hat den Begriff **Bestandteile des Naturhaushalts von erheblicher öko-** 30 **logischer Bedeutung** gewählt, um damit alle Handlungen zu erfassen, die das bestehende oder noch herzustellende biologische Gleichgewicht des Naturhaushalts und die Artenvielfalt in einem bestimmten Gebiet beeinträchtigen können (BT-Drs. 8/2382 S. 25, 8/3633 S. 33, Rogall JZ-GD 80, 113). Zur Auslegung des Merkmals Naturhaushalt ist in den Gesetzesberatungen (BT-Drs. 8/2382 S. 25) nur auf eine Entscheidung des BayVGH (BayVBl. **77**, 603) verwiesen worden. Nach dieser Entscheidung ist unter Haushalt der Natur (oder „Ökosystem") das funktionelle Zusammenspiel von Biotop (d. h. die Ganzheit der Umweltbedingungen einer auf einem überschaubaren Raum angesiedelten Lebensgemeinschaft) und Biozönose (d. h. die Lebensgemeinschaft verschiedenartiger Organismen innerhalb des betreffenden Biotops) zu verstehen. Der Begriff Naturhaushalt ist im übrigen häufig im BundesnaturschutzG v. 20. 12. 1976 (BGBl. I 3573) genannt (vgl. dort etwa §§ 1 I Nr. 1, 8 I, 20 I); vgl. auch Erbs-Kohlhaas-Lorz § 1 BNatSchG Anm. 2a.

31 β) Eine **Beeinträchtigung** (vgl. dazu auch o. 27) von Bestandteilen des Naturhaushalts von erheblicher ökologischer Bedeutung liegt vor, wenn solche Naturgüter nicht nur geringfügig gestört oder geschädigt werden, deren Vorhandensein für ein funktionsfähiges Wirkungsgefüge im Ökosystem notwendig ist (vgl. BT-Drs. 8/2382 S. 25). Danach sind alle Handlungen zu unterlassen, die für den Fortbestand oder die Fortentwicklung eines bestimmten Naturbereiches – etwa eines Binnengewässers oder eines Waldgebietes – in erheblicher Weise nachteilig werden können (vgl. BT-Drs. 8/2382 S. 25). Als Beispiele werden in BT-Drs. 8/3633 S. 33 genannt: Vergiftungen mit persistenten, ökosystemfremden Stoffen (etwa übermäßige Verwendung von Pestiziden, Laufhütte/Möhrenschlager ZStW 92, 947) oder unnatürlich hoher Anreicherung von Naturstoffen (z. B. Blei, Cadmium, Quecksilber); Biotopzerstörung als Vernichtung ganzer Ökosysteme oder wesentlicher Bestandteile davon (der Eingriff läßt keine selbständige Wiedererholung und Reorganisation innerhalb vertretbarer Zeiträume – bis zu drei Jahren – mehr zu und hat auch keine Erhaltung der Integrität des Ökosystems zum Ziel, z. B. Entwässerung eines Moores, massive Düngung eines Magerrasens, Waldrodung, Vernichtung von Biotopen mit erheblicher Ausgleichsfunktion in intensiv genutzten Kulturlandschaften); übermäßige Zufuhr von Fremdenergie (Eutrophierung); Übernutzung (z. B. führt Überweidung zu Erosion, übermäßige Bejagung zu starkem Bestandsrückgang); übermäßiger Abbau von Bodenbestandteilen (die geförderte Art beeinflußt nicht nur vorübergehend, sondern nachhaltig das übrige Artengefüge negativ – lokales Aussterben anderer Arten –) und andere schwere Störungen, die z. B. die Populationsgröße empfindlicher Arten vermindern. Freilich vermag auch diese Auflistung nicht für Klarheit hinsichtlich des unbestimmten Gesetzestextes (vgl. o. 29) zu sorgen und das Unbehagen zu beseitigen (so auch D-Tröndle 9).

32 γ) Die Beeinträchtigung muß derart sein, daß sie **nicht, nur mit unverhältnismäßigen Schwierigkeiten oder erst nach längerer Zeit** wieder beseitigt werden kann. Hiermit wird im wesentlichen nochmals (vgl. o. 31) klargestellt, daß der dem Naturhaushalt zugefügte Nachteil von besonderem Gewicht, d. h. irreversibel oder nur schwer reversibel sein muß (vgl. Rogall JZ-GD 80, 113, Sack 114). Unverhältnismäßige Schwierigkeiten können auch in dem zur Wiederherstellung des früheren Zustandes erforderlichen Kostenaufwand bestehen (vgl. Horn SK 19). Zum Begriff der längeren Zeit vgl. o. 28.

33 IV. Die **Rechtswidrigkeit** kann nach den allgemeinen Regeln entfallen. Dabei sind besonders das verwaltungsrechtlich befugte Handeln und die Einwilligung zu beachten.

34 1. Soweit das Verhalten des Täters nicht **gesetzlichen oder verwaltungsrechtlichen Verboten oder Geboten** zuwiderläuft, stellt sich die Frage, ob damit die Rechtswidrigkeit oder nicht bereits der Tatbestand ausgeschlossen ist. Dies ist nach der jeweiligen Ausgestaltung des Straftatbestandes zu entscheiden (vgl. 65 f. vor § 13, 12 ff. vor § 324). Soweit eine Tat nach § 330 I S. 1 Nr. 1 (bzw. § 330 II i. V. m. dieser Vorschrift) vorliegt, ist für die Entscheidung das jeweilige Grunddelikt heranzuziehen. Daher entfällt bei verwaltungsrechtlich befugtem Handeln für einen nach § 330 qualifizierten Fall der §§ 327 I, II (vgl. dort RN 11, 16), 328 I, II (vgl. dort RN 12, 14) oder 329 I–III (vgl. dort RN 10, 34, 45) bereits der Tatbestand, während bei §§ 324 I (vgl. dort RN 11 f.) oder 326 I, II (vgl. dort RN 16) das Vorhandensein einer Befugnis zur Rechtfertigung führt. Bei den Taten nach Nr. 2–4 wiederum ist die Verbotswidrigkeit Tatbestandsmerkmal (vgl. o. 6, 10, 15), so daß eine öffentlich-rechtliche Befugnis zum Tatbestandsausschluß führt (vgl. auch Horn SK 16, Sack 120 f., Steindorf LK 46).

35 2. Die Möglichkeit einer Rechtfertigung durch **Einwilligung** ist wie folgt zu beurteilen: Soweit § 330 I auch Individualrechtsgüter, wie Leib oder Leben eines anderen bzw. fremde Sachen von bedeutendem Wert, vor Gefährdungen schützt, kommt einer Einwilligung des alleingefährdeten Rechtsgutsträgers rechtfertigende Kraft zu (vgl. Horn SK 16); vgl. auch § 315 c RN 33. In den übrigen Fällen (öffentliche Wasserversorgung, staatlich anerkannte Heilquelle und die Fälle des Abs. 2) hingegen ist eine Einwilligung stets bedeutungslos, da diese den Schutz von Rechtsgütern der Allgemeinheit betreffen (vgl. 35 a vor § 32); teilweise and. Horn SK 18.

36 V. Hinsichtlich des **subjektiven Tatbestandes** wird nach § 330 folgendermaßen differenziert:

37 1. Für **Abs. 1 und 2** ist bezüglich aller Merkmale des objektiven Tatbestandes, einschließlich des Gefährdungs- bzw. Verletzungserfolges **Vorsatz** notwendig; bedingter Vorsatz genügt. Dabei hängt die Entscheidung, ob der Vorsatz auch die Verletzung verwaltungsrechtlicher Pflichten umfassen muß, von der Ausgestaltung des Tatbestandes ab (vgl. dazu o. 34). Zur Behandlung von Irrtümern insoweit vgl. 23 vor § 324. Zum Vorsatz bezüglich grober Pflichtwidrigkeit (o. 10, 15) vgl. § 325 RN 26.

38 2. **Abs. 5** bringt eine **Kombination** von vorsätzlicher Tathandlung und fahrlässiger Herbeiführung der Gefährdung bzw. Beeinträchtigung (zur Konstruktion der Vorsatz-Fahrlässig-

keitskombinationen vgl. § 11 RN 73 ff., § 315 RN 21). Zu den allgemeinen Fahrlässigkeitsvoraussetzungen vgl. § 15 RN 120 ff. Ein derartiger Fall liegt etwa vor, wenn der Täter beim Betrieb einer Maschine bewußt gegen eine umweltschutzbezogene Auflage verstößt, durch die es zur Gefährdung von Menschenleben kommt, auf deren Ausbleiben der Täter pflichtwidrig vertraut hatte.

3. **Abs. 6** schließlich stellt **Fahrlässigkeit** unter Strafe. Danach muß der Täter fahrlässig handeln und fahrlässig den Erfolg herbeiführen. Zu den allgemeinen Voraussetzungen der Fahrlässigkeit vgl. § 15 RN 120 ff. **39**

VI. Vollendet ist die Tat mit Eintritt der Gefährdung nach Abs. 1 bzw. der Beeinträchtigung nach Abs. 2, wobei freilich die jeweilige, in Abs. 1 S. 1 Nr. 1–4 genannte Tathandlung – soweit erforderlich auch der Erfolg des Grundtatbestandes (Möhrenschlager NStZ 82, 469; insoweit and. Horn SK 21) – verwirklicht sein muß. Der Versuch der in Abs. 1 und 2 genannten Tatbestände ist strafbar (Abs. 3). Ein Versuch liegt unbestritten vor, wenn der Täter eine der in Abs. 1 S. 1 Nr. 1–4 genannten Alternativen erfüllt, der gewollte Gefährdungs- (Abs. 1) oder Verletzungserfolg (Abs. 2) aber ausbleibt (vgl. Horn SK 21). Ebenso ist ein Versuch gegeben, wenn es bereits aufgrund der Handlung des Grundtatbestandes zu einem der in Abs. 1 und 2 genannten Erfolge kommt, der Erfolg des Grundtatbestandes aber ausbleibt (vgl. § 18 RN 9; a. A. Horn SK 21 [Vollendung]). Schließlich kommt als Versuch auch der Fall in Betracht, daß der Täter erst zur Tathandlung angesetzt, d. h. weder diese verwirklicht, noch gar den vom Vorsatz umfaßten Gefährdungs- oder Verletzungserfolg herbeigeführt hat. Die Annahme eines Versuchs in den letztgenannten Fällen ist allerdings nicht unproblematisch, da ein Teil der in Abs. 1 S. 1 Nr. 1 aufgeführten Grundtatbestände selbst keine Versuchsstrafbarkeit (vgl. §§ 326 II, 327 I, II, 328 I, II, 329 I–III) kennt. Indessen ist, da § 330 III keine Einschränkung enthält, eine einheitliche Behandlung der Tatalternativen geboten, so daß auch in diesen – wegen des nachzuweisenden Gefährdungs- und Verletzungsvorsatzes äußerst seltenen (vgl. D-Tröndle 10) – Fällen Versuch möglich ist (vgl. Lackner 5, D-Tröndle 10, Sack 136). **40**

VII. Täterschaft und **Teilnahme** bestimmen sich nach den allgemeinen Regeln (vgl. 51 ff., vor § 25). Zur Teilnahme im Falle des § 330 V vgl. § 11 RN 73 ff. **41**

VIII. Die **Strafe** ist wie folgt abgestuft: Für Vorsatztaten nach Abs. 1 und 2 ist Freiheitsstrafe von drei Monaten bis zu fünf Jahren angedroht. Für **besonders schwere Fälle** der Abs. 1–3 (zur Anwendung auf Versuch vgl. § 243 RN 44 f.) ist der Strafrahmen auf sechs Monate bis zu zehn Jahren Freiheitsstrafe angehoben. Dabei nennt Abs. 4 S. 2 als Regelbeispiel (vgl. dazu 44 vor § 38), die Gefährdung von Leib oder Leben einer großen (also weniger als eine unübersehbare i. S. des § 311a [vgl. dort RN 8]) Zahl von Menschen (Nr. 1) und die leichtfertige (vgl. § 15 RN 205) Verursachung des Todes oder einer schweren Körperverletzung eines Menschen (Nr. 2). Hinsichtlich der Merkmale der Nr. 1 ist Vorsatz erforderlich (and. wohl Trifftterer, Umweltstrafrecht 240, der § 18 anwenden will), während Nr. 2 Leichtfertigkeit voraussetzt (bei Vorsatz dürfte regelmäßig ein unbenannter besonders schwerer Fall vorliegen; vgl. Lackner 6). Die Strafe bei Vorsatz-Fahrlässigkeits-Kombination (Abs. 5) ist Freiheitsstrafe bis zu fünf Jahren oder Geldstrafe, die des reinen Fahrlässigkeitsdelikts (Abs. 6) Freiheitsstrafe bis zu drei Jahren oder Geldstrafe. Zur **tätigen Reue** in den Fällen der Abs. 1 und 5 i. V. m. Abs. 1 vgl. § 330 b. **42**

IX. Gesetzeskonkurrenz mit Vorrang des § 330 besteht hinsichtlich der in Abs. 1 S. 1 Nr. 1 genannten Grundtatbestände (Steindorf LK 54). Zum Verhältnis zu § 325 vgl. dort RN 31; zu § 330 a vgl. dort RN 11. Idealkonkurrenz kommt etwa in Betracht mit §§ 329 (mit § 330 I S. 1 Nr. 3), 311d (mit § 330 I S. 1 Nr. 4; vgl. Horn SK 22), 319, sowie mit den Verletzungsdelikten. Für die Konkurrenzen bei Verwirklichung mehrerer Tatalternativen des § 330 wird wie folgt zu entscheiden sein; werden durch eine Handlung mehrere Erfolge i. S. der Abs. 1 und 2 verursacht, liegt Tateinheit vor (Steindorf LK 54; and. Horn SK 22 [Tatmehrheit]); hingegen ist nur eine Tat anzunehmen, wenn ein Erfolg gleichzeitig durch mehrere der in Abs. 1 S. 1 Nr. 1–4 genannten Handlungsmodalitäten herbeigeführt wird. **43**

§ 330a Schwere Gefährdung durch Freisetzen von Giften

(1) Wer Gifte in der Luft, in einem Gewässer, im Boden oder sonst verbreitet oder freisetzt und dadurch einen anderen in die Gefahr des Todes oder einer schweren Körperverletzung (§ 224) bringt, wird mit Freiheitsstrafe von sechs Monaten bis zu zehn Jahren bestraft.

(2) Wer die Gefahr fahrlässig verursacht, wird mit Freiheitsstrafe bis zu fünf Jahren oder mit Geldstrafe bestraft.

§ 330a 1–8

1 I. Die Vorschrift enthält einen allgemeinen Tatbestand der Herbeiführung einer **konkreten Lebens-** oder schweren **Gesundheitsgefahr** durch Freisetzen von Gift. Sie ergänzt § 326 I Nr. 1 und § 330 I S. 1 Nr. 1, 2, ist jedoch im Gegensatz zu diesen Vorschriften nicht „verwaltungsakzessorisch" (Horn SK 1, D-Tröndle 1, Rogall JZ-GD 80, 114), d. h. die Tatbestandserfüllung hängt nicht vom Verstoß gegen verwaltungsrechtliche Genehmigungen oder Versagungen ab. Dies wird damit begründet, daß eine behördliche Genehmigung wohl die Verursachung von Immissionen, nicht aber die Herbeiführung schwerster Gefahren für Leben oder Gesundheit anderer Menschen rechtfertigen könne (BT-Drs. 8/2382 S. 25).

2 II. Der **objektive Tatbestand** setzt voraus, daß der Täter Gifte verbreitet oder freisetzt und dadurch eine Lebens- oder schwere Gesundheitsgefahr herbeiführt.

3 1. Zu dem Begriff des „**Gifts**" vgl. § 229 RN 3. Ionisierende Strahlen werden vom Tatbestand nicht umfaßt (BT-Drs. 8/2382 S. 26, D-Tröndle 2), da der strafrechtliche Schutz bei einer Gefährdung durch ionisierende Strahlen durch § 330 I S. 1 Nr. 2 und bei einer Schädigung durch sie von § 311a wahrgenommen wird. Aber auch andere als ionisierende Strahlen unterfallen dem Tatbestand des § 330a nicht. Tatbestandsmäßig ist – entgegen dem insoweit mißverständlichen Wortlaut – bereits die Verbreitung eines einzigen Giftstoffes. Auch daß es sich um eine größere Menge, wie man aus dem Begriff „Gifte" schließen könnte, handeln muß, verlangt die Vorschrift nicht (Horn SK 3).

4 2. Ein Gift ist **verbreitet** oder **freigesetzt**, wenn es in der Luft, in einem Gewässer, im Boden oder auch anders („sonst") unkontrollierbar geworden ist, sich also nicht mehr im Gewahrsam oder Einwirkungsbereich des Täters befindet (BT-Drs. 8/2382 S. 26, Horn SK 3, D-Tröndle 3). Verbreiten und freisetzen lassen sich nicht voneinander abgrenzen (D-Tröndle 3; a. A. Sack 8f., Steindorf LK 5). Neben den in § 330a genannten Medien für die Verbreitung kommen auch andere in Betracht; z. B. nicht unter den Begriff des Gewässers fallendes, in Leitungen oder Behältern gefaßtes Wasser (Laufhütte/Möhrenschlager ZStW 92, 935), der Körper von Schlachtvieh oder Obst und Gemüse. Als von § 330a mit Strafe bedrohtes Verhalten kommt insb. in Betracht: das Ablassen giftiger Gase oder Dämpfe in die Atmosphäre, das Einbringen giftiger Stoffe in ein Gewässer, in die Kanalisation (D-Tröndle 3) oder in den Erdboden. Da die „Zwischenvergiftung" eines Umweltmediums nicht notwendig ist, unterfällt die unsachgemäße Anwendung von Insektiziden und Herbiziden dem Tatbestand (vgl. D-Tröndle 3, Steindorf LK 7), selbst wenn Boden oder Luft nicht mitvergiftet werden. Auch das Vergraben von Gift in Behältnissen („Giftfässer") reicht aus, wenn die Örtlichkeit nicht bewacht wird und Nichtsahnende das Gift freisetzen können (Horn SK 3; and. Steindorf LK 7) oder die Verbreitungsmöglichkeit durch Korrosion an den Behältern besteht. Entscheidend ist aber, daß eine unkontrollierte oder unkontrollierbare Verbreitungsmöglichkeit besteht, so daß z. B. Rattengift, das mit einer kontrollierbaren Wirkung auf oder in den Boden gebracht wird, den Tatbestand des § 330a nicht erfüllt (BT-Drs. 8/2382 S. 26).

5 3. Zweifelhaft kann sein, ob es ausreicht, wenn ein Stoff freigesetzt wird, der als solcher oder in bestimmten Medien ungefährlich ist und erst durch eine chemische Reaktion, z. B. mit Wasser oder dem Sauerstoff der Luft, zu einem Gift wird. Dies ist zu bejahen, sofern er in einem Medium freigesetzt wird, in dem er sich zu einem Gift entwickeln kann (and. Horn SK 4).

6 4. Der Tatbestand kann auch durch **Unterlassen** erfüllt werden. Dies ist einmal dann möglich, wenn der Täter entgegen einer Garantenpflicht das Freiwerden des Giftes nicht verhindert, aber auch, wenn er bei bereits freigesetztem Giftstoff nichts unternimmt, um den Eintritt der Gefahrenlage zu verhindern (vgl. Horn SK 8). Dies ist der Fall, wenn giftige chemische Abfallstoffe nicht beseitigt werden oder die Reparatur schadhaft gewordener Sicherheitsvorkehrungen nicht vorgenommen wird. Notwendig ist nach § 13 aber stets, daß den Unterlassenden eine Rechtspflicht zum Handeln trifft. Das ist bei demjenigen der Fall, der dafür einzustehen hat, daß aus einer Gefahrenquelle für andere keine Gefahr oder kein Schaden entsteht, z. B. demjenigen, dem die tatsächliche Verfügungsmacht über das Gift zusteht oder dem in Unternehmen oder Betrieben Überwachungspflichten über gefährliche Substanzen obliegen.

7 5. Durch das Freisetzen des Giftes muß die Gefahr des Todes oder einer schweren Körperverletzung (§ 224) für einen anderen herbeigeführt werden (zum Gefahrbegriff vgl. 7ff. vor § 306). Bei der Vergrabung von Giftfässern genügt also nicht, daß die Fässer im Boden versenkt wurden und dort eine Gefahrenquelle für die Zukunft bilden; vielmehr muß das Gift entwichen sein und eine konkrete Gefahr für Leib und Leben von Menschen verursachen. Zur Kausalität vgl. Möhrenschlager WuV 84, 55.

8 III. Die **Rechtswidrigkeit** kann durch die Einwilligung des Alleingefährdeten ausgeschlossen sein (Horn SK 1). Eine Rechtfertigung nach § 34 kommt zumindest dann, wenn durch die Tat Leben aufs Spiel gesetzt wird, kaum jemals in Betracht, ist aber bei zu besorgenden schweren Gesundheitsgefährdungen nicht gänzlich ausgeschlossen, z. B. beim Ablassen giftiger Gase mit

Leibesgefahr für andere, wenn nur dadurch die Explosion einer Industrieeinrichtung verhindert werden kann, die den sicheren Tod der dort arbeitenden Menschen verursacht hätte. Ebenso scheidet behördliche Erlaubnis als Rechtfertigungsgrund aus, da die vorausgesetzte schwere Gefährdung nicht erlaubnisfähig ist und somit auch nicht durch eine Genehmigung zur Verursachung von Emissionen gedeckt werden kann (Lackner 6, Steindorf LK 15, D-Tröndle 1, Dölling JZ 85, 469, Bloy ZStW 100, 501; vgl. auch BGH MDR/D **75,** 723; enger Horn SK 9, Tiedemann aaO 26f., Rogall JZ-GD 80, 114, Sack 25, die die rechtfertigende Wirkung einer behördlichen Genehmigung grundsätzlich bejahen, bei vorsätzlicher Herbeiführung der Gefahr [Abs. 1] oder bei bewußter Ausnutzung eines fehlerhaften Verwaltungsaktes die Rechtfertigungswirkung aber wegen Rechtsmißbrauch entfallen lassen).

IV. Der **subjektive Tatbestand** erfordert Vorsatz sowohl hinsichtlich der Eigenschaften des freigesetzten Stoffes wie auch der Herbeiführung der Gefahr; bedingter Vorsatz genügt, so daß z. B. der Selbstmörder, der durch Gas einen Selbstmord versucht und hinsichtlich der Vergiftungsgefahr für andere mit dolus eventualis handelt, nach § 330a zu bestrafen ist (BT-Drs. 8/2382 S. 26, Horn SK 7). Setzt der Täter vorsätzlich das Gift frei, handelt er hinsichtlich der Herbeiführung der Gefahr jedoch fahrlässig, so kommt Abs. 2 in Betracht. Ein fahrlässiges Freisetzen des Giftes wird durch die Vorschrift nicht erfaßt. 9

V. **Täter** kann jeder sein, nicht nur derjenige, der das Gift befugtermaßen in Gewahrsam hat, also z. B. auch der Dieb des Giftstoffes. Teilnahme ist nach den allgemeinen Regeln, also auch am Delikt nach Abs. 2 (vgl. § 315 c RN 36b) möglich, da die Tat im Rechtssinne (§ 11 II) Vorsatztat ist. Zur Strafbarkeit von Amtsträgern vgl. 29 ff. vor § 324. 10

VI. **Idealkonkurrenz** ist möglich mit §§ 211 ff., 223 ff., 229, 324 ff., 330 I S. 1 Nr. 1, 2, V, VI, hinsichtlich Abs. 2 auch mit den Fahrlässigkeitstatbeständen der §§ 222, 230 (D-Tröndle 6). § 319 geht vor (Horn SK 15, Lackner 7; zweifelnd Laufhütte/Möhrenschlager ZStW 92, 935). 11

VII. Zur **tätigen Reue** vgl. § 330 b. 12

§ 330b Tätige Reue

(1) **Das Gericht kann in den Fällen des § 330 Abs. 1 und 5 in Verbindung mit Absatz 1 und des § 330a die Strafe nach seinem Ermessen mildern (§ 49 Abs. 2) oder von einer Bestrafung nach diesen Vorschriften absehen, wenn der Täter freiwillig die Gefahr abwendet, bevor ein erheblicher Schaden entsteht. Unter denselben Voraussetzungen wird der Täter nicht nach § 330 Abs. 6 in Verbindung mit Absatz 1 bestraft.**

(2) **Wird ohne Zutun des Täters die Gefahr abgewendet, so genügt sein freiwilliges und ernsthaftes Bemühen, dieses Ziel zu erreichen.**

I. Die Vorschrift beruht auf den Beratungen des Rechtsausschusses (vgl. Rogall JZ-GD 80, 114, Kleinert ZRP 80, 129 ff.) und bringt für die **konkreten Gefährdungstatbestände der §§ 330 I, V, VI, 330a** (krit. zu dieser Einschränkung Rogall JZ-GD 80, 114, Triffterer, Umweltstrafrecht 162) die Möglichkeit einer Strafreduzierung oder des Absehens von Strafe bei tätiger Reue (vgl. auch § 310 und die dortigen Erl.). Bei den übrigen Tatbeständen kann tätige Reue nur bei der Strafzumessung berücksichtigt werden (D-Tröndle 1). 1

II. Die **Voraussetzungen** der tätigen Reue bestehen darin, daß der Täter **freiwillig** (vgl. hierzu § 24 RN 44 ff.) die **Gefahr abwendet,** bevor ein erheblicher Schaden entsteht (vgl. § 311 c RN 9). Dies ist z. B. dann der Fall, wenn der Täter das durch Freisetzen von Gift gefährdete Opfer so rechtzeitig ins Krankenhaus bringt, daß kein ernsthafter Gesundheitsschaden eintritt. Ein **erheblicher Schaden,** der die Anwendung des § 330b ausschließt, ist bei Personenschäden von einigem Gewicht auch dann anzunehmen, wenn sie unterhalb der Schwelle des § 224 liegen (Horn SK 4); bei Sachwerten muß ein erheblicher Schaden dann anzunehmen sein, wenn ein bedeutender Wertverlust (vgl. 14 ff. vor § 306) eingetreten ist. Der Eintritt eines mittelbaren Vermögensnachteils, z. B. die Folgekosten für Reinigung oder Wiederinstandsetzung schließt die Anwendbarkeit des § 330b nicht aus (Steindorf LK 6; and. Horn SK 4). Die Abwendung der Gefahr durch den Täter muß für das Ausbleiben des erheblichen Schadens **ursächlich** gewesen sein. Wird ohne Zutun des Täters die Gefahr abgewendet, so genügt nach Abs. 2 sein freiwilliges und ernsthaftes Bemühen, dieses Ziel zu erreichen (D-Tröndle 2). Wird schon der Gefahreintritt verhütet, so kommt Versuch mit Rücktritt nach § 24 in Betracht (Lackner 2). 2

III. **Folge** der tätigen Reue ist, daß das Gericht in den Fällen der §§ 330 I, V i. V. m. I die Möglichkeit hat, entweder die Vergünstigung nicht zu gewähren oder die Strafe nach seinem Ermessen zu mildern (§ 49 II) bzw. von einer Bestrafung abzusehen. In den Fällen des § 330 VI i. V. m. I bleibt der Täter straflos (persönlicher Strafaufhebungsgrund). Die tätige Reue schließt eine Bestrafung nach anderen Vorschriften, insbes. nach den Grundtatbeständen der §§ 324, 3

326–329 nicht aus (vgl. Lackner 3). Eine **Einziehung** (§ 330c) bleibt auch bei Anwendung dieser Vorschrift möglich (vgl. § 311c RN 15).

§ 330c Einziehung

Ist eine Straftat nach § 326 Abs. 1 oder 2, § 327 Abs. 1 oder § 328 Abs. 1 oder 2 begangen worden, so können

1. Gegenstände, die durch die Tat hervorgebracht oder zu ihrer Begehung oder Vorbereitung gebraucht worden oder bestimmt gewesen sind, und
2. Gegenstände, auf die sich die Tat bezieht,

eingezogen werden.

1 I. Die Vorschrift ersetzt § 18a AbfG und § 48 AtomG, soweit die dort genannten Tatbestände ins StGB übernommen wurden. Die erweiterte Einziehungsmöglichkeit (Anwendbarkeit des § 74a) des § 18a II a. F. AbfG ist leider nicht übernommen worden (vgl. BT-Drs. 8/2382 S. 26). Die Vorschrift ist eine „besondere" i. S. v. § 74 IV; vgl. auch § 322.

2 II. Für die §§ 326 I, II, 327 I, 328 I, II wiederholt die Vorschrift der **Nr. 1** nur, was sich ohnehin schon aus § 74 I ergibt (D-Tröndle 1). Dagegen werden die Einziehungsmöglichkeiten nach **Nr. 2** auf Beziehungsgegenstände (vgl. § 74 RN 12a) erweitert, z. B. auf Kernbrennstoffe (§ 328) oder Abfälle (§ 326).

§ 330d Begriffsbestimmungen

Im Sinne dieses Abschnittes ist

1. ein Gewässer:
ein oberirdisches Gewässer und das Grundwasser im räumlichen Geltungsbereich dieses Gesetzes und das Meer;
2. eine kerntechnische Anlage:
eine Anlage zur Erzeugung oder zur Bearbeitung oder Verarbeitung oder zur Spaltung von Kernbrennstoffen oder zur Aufarbeitung bestrahlter Kernbrennstoffe;
3. eine betriebliche Anlage zum Lagern, Abfüllen oder Umschlagen wassergefährdender Stoffe:
auch eine Anlage in einem öffentlichen Unternehmen;
4. ein gefährliches Gut:
ein Gut im Sinne des Gesetzes über die Beförderung gefährlicher Güter und einer darauf beruhenden Rechtsverordnung und im Sinne der Rechtsvorschriften über die internationale Beförderung gefährlicher Güter im jeweiligen Anwendungsbereich.

§ 330d enthält Begriffsbestimmungen zum 28. Abschnitt. Zum **Gewässer** nach Nr. 1 vgl. § 324 RN 3ff., zur **kerntechnischen Anlage** nach Nr. 2 vgl. § 327 RN 3, zur **betrieblichen Anlage** nach Nr. 3 vgl. § 329 RN 16 und zum **gefährlichen Gut** nach Nr. 4 vgl. § 330 RN 12.

Neunundzwanzigster Abschnitt. Straftaten im Amte

Vorbemerkungen zu den §§ 331 ff.

Schrifttum: Bohne, Amtsdelikte, in: Handwörterbuch der Rechtswissenschaft Bd. I (1926) 126. – *Cortes-Rosa,* Teilnahme am unechten Sonderverbrechen, ZStW 90, 413. – *Geppert,* Amtsdelikte, Jura 81, 42, 78. – *Langer,* Das Sonderverbrechen, 1972. – *Maiwald,* Die Amtsdelikte, JuS 77, 353. – *Stock,* Entwicklung und Wesen der Amtsverbrechen, 1932. – *Wachinger, Birkmeyer* u. a., Die Verbrechen im Amt, VDB IX, 193. – *Wagner,* Amtsverbrechen, 1975. – *ders.,* Die Rechtsprechung zu den Straftaten im Amt seit 1975, JZ 87, 594, 658. – *Welzel,* Der Irrtum über die Amtspflicht, JZ 52, 208. Vgl. auch die Angaben bei den einzelnen Vorschriften.

1 I. Der 29. Abschnitt, der die Überschrift „Straftaten im Amte" erhalten hat, enthält die wichtigsten (echten und unechten) Sonderdelikte für Amtsträger usw., die durch eine Verletzung des Treueverhältnisses zum Staat oder des Vertrauens der Öffentlichkeit in die Integrität des Beamtenapparates gekennzeichnet sind, ist aber insofern nicht vollständig, als es auch außerhalb dieses Abschnitts Amtsdelikte gibt (z. B. §§ 120 II, 133 III, 258a). Der Unrechtsgehalt der Amtsdelikte besteht damit in dem Verstoß gegen die **Ordnungsgemäßheit** der **Amtsführung** und in der Beeinträchtigung des Staatsinteresses an dem Erscheinungsbild eines rechtsstaatlichen Verwaltungsapparates. Darüber hinaus läßt sich ein **einheitliches Rechtsgut** der Amtsdelikte **nicht bestimmen** und in den einzelnen Tatbeständen tritt wechselnd einmal der eine, ein anderes Mal der andere Gesichtspunkt stärker in den Vordergrund (vgl. Jescheck LK 8;

Blei II 455 f., Rudolphi SK 7, Stock aaO 342, M-Maiwald II 264). Neben den Amtsdelikten sind wegen des Sachzusammenhangs in diesem Abschnitt Tatbestände geregelt, deren Verwirklichung nicht die Eigenschaft als Amtsträger usw. voraussetzt, wie z. B. die Vorteilsgewährung und Bestechung (§§ 333, 334), die Gebührenüberhebung (§ 352), soweit sie durch Anwälte oder Rechtsbeistände begangen wird, der Parteiverrat (§ 356), die unbefugte Weitergabe geheimer Gegenstände oder Nachrichten (§ 353 b II) oder die verbotene Mitteilung über Gerichtsverhandlungen (§ 353 d).

1. Erforderlich und genügend ist es, daß der Täter die Eigenschaft als **Amtsträger** usw. zur **2 Zeit der Tat** innehat. Scheidet der Täter nach der Tat aus, so ist er trotzdem zu bestrafen (RG 41 6). Eine Handlung, die ein Amtsträger usw. erst nach seinem Ausscheiden aus dem Amt begeht, ist auch dann kein Amtsdelikt, wenn sie in Beziehung zu dem früheren Amte steht (RG 35 75; vgl. auch BGH 11 345); dies gilt allerdings nicht, wenn sich aus dem Tatbestand unmittelbar ergibt, daß auch Handlungen nach einem Ausscheiden aus dem Amt bestraft werden sollen (vgl. § 353 b RN 10).

2. Eine Straftat im Amt setzt voraus, daß sie von dem **Inhaber** eines **inländischen Amtes** **3** begangen wird. Unerheblich ist dabei, ob der Täter selbst Inländer oder Ausländer ist. Der Verwalter eines ausländischen Amtes kann sich nicht wegen einer Straftat im Amt schuldig machen; für ihn kommt ggf. nur der dem Amtsdelikt zugrunde liegende Grundtatbestand in Betracht. Der Inhaber eines Amtes der DDR ist dem Verwalter eines ausländischen Amtes gleichzustellen.

3. Der Täter muß von einer **nach öffentlichem Recht zuständigen Stelle** zu seiner Tätigkeit **4 bestellt** worden sein (OGH 2 370, Schleswig SchlHA 49, 297). Auf die Aushändigung einer Ernennungs- oder Anstellungsurkunde kommt es nicht an (BGH NJW 52, 191). Es genügt nicht, daß der Täter rein tatsächlich Funktionen ausübt, die staatliche Hoheitstätigkeit sein würden, sich also diese Aufgabe lediglich anmaßt. Das Urteil muß erkennen lassen, welche zuständige Behörde den Täter angestellt hat (BGH LM **Nr. 1**).

4. Bestritten ist, ob jemand ein Amtsdelikt begehen kann, wenn seine **Anstellung** als Amts- **5** träger **nichtig** oder vernichtbar ist, z. B. weil sie aufgrund einer Täuschung erfolgte (vgl. §§ 11 ff. BBG, 8 BRRG). Verneint hat dies das RG 22 39 (Nichtigkeit der Anstellung eines Kommunalbeamten bei Fehlen der staatlichen Bestätigung), dagegen bejahen mit Recht die Amtsträgerschaft i. S. des Strafrechts auch bei nichtiger oder fehlerhafter Anstellung RG 50 19, Braunschweig NdsRpfl. 50, 127, Jescheck LK 6, M-Schroeder II 182, W. Jellinek, Der fehlerhafte Staatsakt (1908) 85. Das Fehlen der Amtsträgereigenschaft wurde daraus hergeleitet, daß die Nichtigkeit im Innenverhältnis zwischen dem Amtsträger und dem Staat ex tunc wirkt. Diese Begründung beachtet nicht genügend die Möglichkeit strafrechtlicher Eigenbegriffsbildung. Für die Amtsträgerschaft i. S. des Strafrechts kommt es in erster Linie nicht auf das Innenverhältnis an; entscheidend ist vielmehr das Außenverhältnis, da die erhöhte Strafwürdigkeit des Amtsträgers im Mißbrauch der ihm übertragenen Amtsgewalt nach außen liegt. Solange bei Nichtigkeit der Anstellung die weitere Führung der Dienstgeschäfte nicht verboten worden ist, sind die Amtshandlungen gültig (vgl. § 14 BBG) und müssen somit gegen Mißbrauch dem erhöhten strafrechtlichen Schutz unterliegen. Es muß daher jede tatsächliche Ausübung eines übertragenen Amtes, das noch nicht wieder entzogen worden ist, als Voraussetzung für die Amtsträgereigenschaft genügen. Infolgedessen kommt hier auch eine Bestrafung wegen Amtsanmaßung nicht in Betracht. Die gleichen Grundsätze müssen dann gelten, wenn es sich um Straftaten gegen Amtsträger handelt, da auch insoweit die Staatsautorität Respekt erheischt.

II. Bei den Straftaten dieses Abschnitts ist zwischen den **echten** und den **unechten Amtsde- 6 likten** zu unterscheiden, die sich als besondere Fälle der echten oder unechten Sonderdelikte darstellen.

1. Echte Amtsdelikte sind solche, bei denen nur ein Amtsträger usw. Täter sein kann (z. B. **7** §§ 331, 332, 344, 345, 348). Dabei spielt es keine Rolle, ob dieser die Tat selbst oder in mittelbarer Täterschaft durch einen anderen ausführen läßt. Die Eigenschaft als Amtsträger usw. ist hier strafbegründendes besonderes persönliches Merkmal i. S. des § 28 I; beteiligt sich ein Extraneus (Anstiftung oder Beihilfe) an der Tat eines Amtsträgers usw., so ist er nach dieser Vorschrift milder zu bestrafen. Vgl. § 28 RN 28.

2. Unechte Straftaten im Amt sind solche, die auch von anderen Tätern begangen werden **8** können, die jedoch für den Amtsträger usw. eine Qualifizierung darstellen. Maßgebend für die Strafschärfung bei den unechten Amtsdelikten ist einmal die Verletzung der erhöhten Verpflichtung des Täters aus dem öffentlich-rechtlichen Dienst- und Treueverhältnis, zum anderen der Mißbrauch des Amtes als Mittel der Verbrechensbegehung, der darin liegt, daß die Staatsgewalt zum Mittel des Verbrechens entwürdigt wird. Die früheren Fälle, in denen es zweifelhaft war, ob ein echtes oder unechtes Amtsdelikt vorliegt, sind durch die Neufassung der Vorschriften der §§ 331 ff. weitgehend geklärt worden.

9 3. Weiterhin ist zu unterscheiden zwischen **allgemeinen** und **besonderen Amtsdelikten** (D-Tröndle 6, Jescheck LK 13), wobei jene durch jeden Amtsträger, diese aber nur durch einen solchen in der vom Gesetz genannten Stellung (z. B. §§ 336, 343) begangen werden können. Die spezielle Amtsstellung bei den besonderen Amtsdelikten ist ein besonderes persönliches Merkmal i. S. v. § 28 I, weshalb sich die Teilnahme auch für einen sonstigen Amtsträger usw., der nicht die besondere Amtsstellung innehat, nach dieser Vorschrift regelt.

10 4. Die Einteilung Wagners (vgl. die Übersicht aaO 236) in „Staatszurechnungsdelikte" (z. B. §§ 336 [zum Nachteil einer Partei], 340, 343, 344f., 353, 354f.), „individualrechtsgutsverletzende Nichtstaatszurechnungsdelikte" (z. B. §§ 331 [Fordern], 336 [begangen durch Schiedsrichter], 352) und reine „Nichtstaatszurechnungsdelikte" (§§ 331 [Sichversprechenlassen, Annehmen], 336 [zum Vorteil einer Partei], 258a, 347, 348, 353af.) bringt für die Auslegung der einzelnen Vorschriften nichts entscheidend Neues (Jescheck LK 9). Auch die aus dieser Unterscheidung gezogenen Konsequenzen für Tatbestandsmäßigkeit, Rechtswidrigkeit und Teilnahme an Amtsdelikten können nicht immer überzeugen. So kann nicht einleuchten, daß die irrtümliche Annahme einer Befugnis zum hoheitlichen Zwangseingriff stets einen vorsatzausschließenden Irrtum (§ 16) beim Amtsdelikt darstelle, im Rahmen der von ihm sog. „Gemeindeliktstatbestände" aber u. U. als Verbotsirrtum anzusehen sei (aaO 321). Nicht überzeugen kann auch, daß hoheitliche Maßnahmen, soweit sie objektiv berechtigt sind, stets schon den Tatbestand eines Amtsdelikts ausschließen (aaO 323), so etwa im Bereich des § 340 (vgl. aaO 354ff.); das gleiche gilt für die Teilnahme von Nichtbeamten am Amtsdelikt (aaO 386ff.), weil Wagner den Extraneus wegen Teilnahme am unechten Amtsdelikt bestrafen will (aaO 398), wobei die Strafe allerdings (wegen der nach seiner Auffassung verfehlten Vorschrift des § 28 II; vgl. aaO 401f.) dem Grundtatbestand entnommen werden soll.

§ 331 Vorteilsannahme

(1) **Ein Amtsträger oder ein für den öffentlichen Dienst besonders Verpflichteter, der einen Vorteil als Gegenleistung dafür fordert, sich versprechen läßt oder annimmt, daß er eine Diensthandlung vorgenommen hat oder künftig vornehme, wird mit Freiheitsstrafe bis zu zwei Jahren oder mit Geldstrafe bestraft.**

(2) **Ein Richter oder Schiedsrichter, der einen Vorteil als Gegenleistung dafür fordert, sich versprechen läßt oder annimmt, daß er eine richterliche Handlung vorgenommen hat oder künftig vornehme, wird mit Freiheitsstrafe bis zu drei Jahren oder mit Geldstrafe bestraft. Der Versuch ist strafbar.**

(3) **Die Tat ist nicht nach Absatz 1 strafbar, wenn der Täter einen nicht von ihm geforderten Vorteil sich versprechen läßt oder annimmt und die zuständige Behörde im Rahmen ihrer Befugnisse entweder die Annahme vorher genehmigt hat oder der Täter unverzüglich bei ihr Anzeige erstattet und sie die Annahme genehmigt.**

Schrifttum: Banchrowitz, Der immaterielle Vorteilsbegriff der Bestechungsdelikte des StGB, 1988. – *Baumann*, Zur Problematik der Bestechungstatbestände, BB 61, 1057. – *Bell*, Die Teilnahme Außenstehender an Bestechungsdelikten, MDR 79, 719. – *Creifelds*, Beamte und Werbegeschenke, GA 62, 33. – *Dahs*, Differenzierungen im subjektiven Tatbestand der aktiven Bestechung, NJW 62, 177. – *Dornseifer*, Die Vorteilsgewährung (einfache aktive Bestechung) nach dem EGStGB, JZ 73, 267. – *Ebert*, Verletzung der amtlichen Schweigepflicht als Bezugshandlung der Bestechungstatbestände? GA 79, 361. – *H. Fuhrmann*, Die Annahme von sog. Aufmerksamkeiten durch Beamte, GA 59, 97. – *ders.*, Einzelfragen zu der Rechtsprechung über den „Ermessensbeamten", GA 60, 105. – *ders.*, Berechtigung der Rechtsprechung des Reichsgerichts und des Bundesgerichtshofs zu § 332 StGB über den Ermessensbeamten, ZStW 72, 534. – *E. Fuhrmann*, Die Bestechungstatbestände, JR 60, 454. – *Geerds*, Über den Unrechtsgehalt der Bestechungsdelikte und seine Konsequenzen für Rechtsprechung und Gesetzgebung, 1961. – *Goldmann*, Die behördliche Genehmigung als Rechtfertigungsgrund, 1967. – *Graupe*, Die Systematik und das Rechtsgut der Bestechungsdelikte, 1988. – *Henkel*, Die Bestechlichkeit von Ermessensbeamten, JZ 60, 507. – *Jutzi*, Genehmigung der Vorteilsannahme bei nicht in einem öffentlich-rechtlichen Amtsverhältnis stehenden Amtsträgern, NStZ 91, 105. – *Kaiser*, Spenden an politische Parteien und strafbare Vorteilsannahme, NJW 81, 321. – *Kirschbaum/Schmitz*, Grenzen der Bestechungstatbestände, GA 60, 321. – *Klug*, Psychologische Vereinfachung u. strafrechtliche Folgerungen bei der Auslegung der Bestechungstatbestände, JZ 60, 724. – *Loos*, Zum Rechtsgut der Bestechungsdelikte, Welzel-FS 879. – *Maiwald*, Belohnung für eine vorgetäuschte pflichtwidrige Diensthandlung, NJW 81, 2777. – *Niedereuther*, Der strafrechtliche Schutz gegen Bestechung, DJ 40, 352. – *Pelke*, Die strafrechtliche Bestimmung der Merkmale „Übel" und „Vorteil": Zur Abgrenzung der Nötigungsdelikte von den Bestechungsdelikten und dem Wucher, 1989. – *Roxin-Stree-Zipf-Jung*, Einführung in das neue Strafrecht, 1974. – *Rudolphi*, Spenden an politische Parteien als Bestechungsstraftaten, NJW 82, 1417. – *Scheu*, Parteispenden und Vorteilsannahme,

Vorteilsannahme 1–7 **§ 331**

NJW 81, 1195. – *Eberhard Schmidt*, Die Bestechungstatbestände in der höchstrichterlichen Rechtsprechung von 1879 bis 1959, 1960. – *Schmidt-Leichner*, Die Bestechungstatbestände in der höchstrichterlichen Rechtsprechung von 1879–1959, NJW 60, 846. – *Rudolf Schmitt*, Die Bestechungstatbestände im Entwurf 1960, ZStW 73, 414. – *Schröder*, Das Rechtsgut der Bestechungsdelikte und die Bestechlichkeit eines Ermessenbeamten, GA 61, 289. – *Stein*, Der Streit um die Grenzen der Bestechungsdelikte und die Bestechlichkeit eines Ermessensbeamten, NJW 61, 433. – *Wagner*, Amtsverbrechen, 1975. – *ders.*, Die Rechtsprechung zu den Straftaten im Amt seit 1975, JZ 87, 594, 658.

I. Auch nach der Neufassung durch das EGStGB 74 streitig, weil durch den Wortlaut der 1 Neufassung nicht hinreichend klargestellt, ist die Frage, welches **Rechtsgut** durch § 331 geschützt ist (zum Stand der Meinungen vgl. Geerds aaO 43, Loos Welzel-FS 879ff., Rudolphi SK 2ff., Ebert GA 79, 370, Graupe aaO 76ff.), von deren Beantwortung jedoch die Auslegung dieser und der folgenden Vorschriften entscheidend abhängt.

1. Geschützt wird nicht die „Unentgeltlichkeit der Amtsführung", da ein erheblicher Teil von 3 Dienst- oder richterlichen Handlungen nur gegen Gebühr vorgenommen wird (Schröder GA 61, 289; and. Birkmeyer VDB IX, 311, Bohne SJZ 48, 697, ferner für § 331 Henkel JZ 60, 508, Baumann BB 61, 1058); dies zeigt vor allem der Fall des Schiedsrichters, der von den Parteien einen persönlichen Vorteil erlangt (vgl. auch § 335a RN 2). Ebensowenig ist das Rechtsgut mit dem Begriff der „Reinhaltung der Amtsausübung" (vgl. z. B. RG **72** 176, BGH **10** 241) hinreichend gekennzeichnet, da dies den spezifischen Unrechtsgehalt der Tatbestände der §§ 331 ff. gegenüber den sonstigen Amtsdelikten nicht erfaßt (Henkel JZ 60, 508, Schröder GA 61, 290). Die §§ 331 ff. richten sich aber auch nicht gegen die „Verfälschung des Staatswillens", die in der unlauteren Beeinflussung des Amtsträgers liegen müßte; mit dieser Auffassung wäre die Existenz der §§ 331, 333 ebenso unvereinbar wie die Tatsache, daß auch die nachträgliche Annahme von Vorteilen, die auf die Dienstandlung des Amtsträgers usw., der eine solche Entlohnung nicht von vornherein ins Auge gefaßt hat, keinen Einfluß mehr haben kann, nach §§ 331 ff. strafbar ist (Schröder GA 61, 290, vgl. auch BGH **15** 97). Nach Wagner aaO 233 ff. soll das Rechtsgut je nach der Handlungsmodalität bestimmt werden; beim Fordern liege ein Angriff auf das „Grundrecht der persönlichen Handlungsfreiheit (Art. 2 I GG vor", während beim Sichversprechenlassen und Annehmen zwar keine Individualrechtsgutsverletzung vorliege (aaO 324), wohl aber ein „Verstoß gegen den Grundsatz, daß Amtshandlungen nur mit gesetzlich vorgesehenen Leistungen des Bürgers entgolten werden dürfen" (aaO 334; and. jedoch 271, wo gesagt wird, das Rechtsgut des § 331 sei mit dem des § 352 identisch). Dies alles ist widersprüchlich. Einerseits ließe sich die gleiche Rechtsfolge des § 331 für die nach Wagner aaO 271 ff. ungleichwertigen Handlungen nicht erklären; andererseits schützt § 331 nicht das Vermögen wie § 352 (vgl. u. 21).

2. Gemeinsamer **Unrechtskern** aller Bestechungstatbestände ist vielmehr die aus der verbote- 5 nen Beziehung zwischen Bestecher und Bestochenem sich ergebende **generelle Gefährdung des Staatsapparates,** dessen Ansehen durch die Annahme von Geschenken für amtliche Tätigkeit beeinträchtigt ist, da dadurch das Vertrauen der Allgemeinheit in die Sachlichkeit staatlicher Entscheidungen leidet (BGH **15** 96f., 354, Jescheck LK 17 vor § 331, M-Maiwald II 263 f., H. Fuhrmann ZStW 72, 534, Schröder GA 61, 291; vgl. auch RG **39** 201, DStR **34**, 346; krit. Loos aaO, Rudolphi SK 2ff.). Dieses Vertrauen ist ein Wert, der jede Staatstätigkeit trägt und garantiert. Dies ist der gemeinsame Grundgedanke der §§ 331, 332, so daß § 332 lediglich als erschwerter Fall anzusehen ist (insoweit ebenso Geerds aaO 54, Rudolphi SK 5, Jescheck LK 16 vor § 331; and. Baldus LK[9] 21 ff. vor § 331); erschwert deswegen, weil hier in der Beziehung zwischen (pflichtwidriger) Amtshandlung und Geschenkannahme eine verstärkte Erschütterung des Vertrauens der Öffentlichkeit in die staatliche Tätigkeit begründet liegt (Rudolphi SK § 332 RN 1, Schröder GA 61, 291, Stein NJW 61, 436; and. RG DR **43**, 757, BGH **12** 147, Baumann BB 61, 1057, Eb. Schmidt aaO 114, 147, Henkel JZ 60, 509, Bockelmann ZStW 72, 257: Selbständigkeit von § 331 und § 332). Mit Recht hat BGH **15** 97, 242, 355, NStZ **84**, 24 in den Mittelpunkt der Bestechungstatbestände die „**Unrechtsvereinbarung**" gestellt (vgl. schon Binding Lehrb. II 2, 715, ebenso Jescheck LK 17 vor § 331), durch die Bestochener und Bestecher erklären, für amtliche Tätigkeit Vorteile zu geben und zu nehmen (Frankfurt NJW **89**, 847).

Dabei ist freilich hervorzuheben, daß eine „Vereinbarung" i. e. S. nicht verlangt werden 6 kann, da entscheidend nicht die beiden korrespondierenden Erklärungen, sondern die Tatsache ist, daß der Beamte seine Bestechlichkeit erklärt oder der Bestecher ihn dazu auffordert; entscheidend ist daher der Inhalt der einseitigen Erklärung. Das ist für das Fordern in §§ 331, 332 und das Anbieten in §§ 333, 334 unbestreitbar und unbestritten. Es muß aber auch für die übrigen Formen der Bestechung gelten, also z. B. beim Annehmen von Vorteilen ausreichen, daß der Beamte seine eigene Bestechlichkeit in der Annahme erklärt, der aktive Bestecher sei von dem Zusammenhang unterrichtet. Ein „Dissens" kann daher die Tatbestände der §§ 331 ff. nicht ausschließen (and. die h. M. vgl. u. 28 ff.).

3. Aus dieser Entscheidung ergeben sich verschiedene Konsequenzen. Einmal ist wegen der 7 grundsätzlichen **Gleichartigkeit der Tatbestände** Fortsetzungszusammenhang zwischen den

§§ 331, 332 einerseits (BGH NStZ **84**, 24, wistra **83**, 258, NJW **87**, 509; and. BGH **12** 146, Baumann BB 61, 1058, Arthur Kaufmann JZ 59, 375, Eb. Schmidt aaO 147 ff.), andererseits aber auch zwischen den §§ 333, 334 möglich (ebenso Rudolphi SK 5). Daraus ergibt sich ferner, daß ein Amtsträger, der sich durch denselben Vorteil für eine pflichtwidrige und pflichtgemäße Handlung bezahlen läßt, nur nach § 332 zu bestrafen ist (D-Tröndle 26, Rudolphi SK 5), während bei der von der Rspr. angenommenen Verschiedenheit der beiden Tatbestände Idealkonkurrenz anzunehmen wäre. Weiterhin ist es nur bei dieser Auffassung denkbar, den bestechlichen Amtsträger nach § 331 zu bestrafen, wenn ihm das Bewußtsein der Pflichtwidrigkeit der Amtshandlung gefehlt hat oder nicht nachgewiesen werden kann (Blei II 459, Jescheck LK § 332 RN 10, Rudolphi SK 5; nicht folgerichtig, aber i. E. zutreffend daher RG **56** 401; and. Eb. Schmidt aaO 114, nach dem hier nur eine dienststrafrechtliche Ahndung möglich sein soll). Schließlich ist der innere Vorbehalt des Amtsträgers, die angesonnene oder angebotene Pflichtwidrigkeit nicht zu begehen, unerheblich (vgl. BGH **15** 88, Jescheck LK 17 vor § 331).

8   II. Der **objektive Tatbestand** erfordert nach Abs. 1, daß ein Amtsträger oder für den öffentlichen Dienst besonders Verpflichteter für eine vorgenommene oder künftige Diensthandlung einen Vorteil fordert, sich versprechen läßt oder annimmt (Abs. 1). In Abs. 2 wird die Vorteilsannahme usw. für eine richterliche Handlung durch einen Richter oder Schiedsrichter erfaßt.

9   1. Die Tat muß sich auf eine **Diensthandlung** oder **richterliche Handlung** beziehen. Anders als in § 331 a. F. wird diese nicht mehr als eine in das „Amt einschlagende, an sich nicht pflichtwidrige Handlung" bezeichnet, jedoch kann aus dem Verhältnis der §§ 331, 332 entnommen werden, daß auch die Neufassung der Vorschrift an die nicht pflichtwidrige Diensthandlung oder richterliche Handlung anknüpft und diese in einer in das Amt einschlagenden Handlung bestehen muß, da sonst von einer Diensthandlung des käuflichen Amtsträgers nicht gesprochen werden kann (krit. hierzu Ebert GA 79, 361). Hinsichtlich der Bezugshandlung hat die Neufassung also nur insoweit eine Änderung gebracht, als die Vorschrift nunmehr auch die richterlichen Handlungen erfaßt, die bisher nach § 334 a. F. zu beurteilen waren.

10   a) **Diensthandlung** i. S. v. § 331 ist jede nicht pflichtwidrige Tätigkeit, die ein Amtsträger oder besonders Verpflichteter im öffentlichen Dienst zur Wahrnehmung der ihm übertragenen Aufgaben entfaltet (RG **68** 70). Eine Diensthandlung liegt also vor, wenn die Tätigkeit des Amtsträgers usw. in den Bereich seiner amtlichen Funktionen fällt und von ihm nur vermöge seines Amtes vorgenommen werden kann (vgl. BGH NJW **83**, 462 m. krit. Anm. Amelung/Weidemann JuS **84**, 595); vgl. auch Wagner JZ 87, 598. Ohne Bedeutung ist dabei, ob die amtliche Tätigkeit nur eine vorbereitende oder unterstützende gegenüber der ausschlaggebenden Tätigkeit eines anderen Beamten ist (RG **68** 255, BGH NJW **57**, 1079; vgl. aber auch Dahs NJW 62, 180) oder ob sie hoheitlichen oder fiskalischen Charakter hat. Zu Diensthandlungen, die in einem Unterlassen bestehen, vgl. u. 15.

11   α) **Nicht** erforderlich ist, daß der Amtsträger usw. für die Bezugshandlung **sachlich** und **örtlich zuständig** ist (Blei II 459, D-Tröndle 5, Jescheck LK 11, Welzel 539). Während die Rspr. ursprünglich das Vorliegen einer Diensthandlung nach den konkreten, dem Beamten durch Gesetz und Dienstvorschriften übertragenen dienstlichen Aufgaben bestimmte (RG **39** 197, **56** 402), lassen es spätere Entscheidungen genügen, daß die Handlung ihrer Natur nach mit dem Aufgabenbereich in einer nicht nur äußerlich losen Beziehung steht (RG **68** 255, BGH **14** 125, **16** 38; vgl. auch BGH **3** 134), daß die Vornahme der Handlung dem Amtsträger durch seine Amtsstellung erleichtert wird (RG GA Bd. **69**, 401) oder daß sie zum Geschäftsbereich seiner Behörde gehört und die Bearbeitung solcher Angelegenheiten ihrer Art nach in seinen amtlichen Tätigkeitsbereich fällt, auch wenn durch die Geschäftsverteilung gerade die fragliche Amtshandlung einem anderen Amtsträger zugewiesen ist (vgl. RG **77** 75, eingehend Eb. Schmidt aaO 23 ff.). Dieser Rspr. kann jedoch nur insoweit gefolgt werden, als noch eine funktionelle Verbindung mit den dem Amtsträger unmittelbar obliegenden amtlichen Aufgaben besteht (vgl. BGH b. Eb. Schmidt aaO 39, Hamm NJW **73**, 716); liegt sie vor, so kommt es auf die Zuständigkeit im übrigen oder die interne Geschäftsverteilung (BGH **16** 38) nicht an, ebensowenig darauf, ob der Amtsträger die Diensthandlung außerhalb der Dienststunden und der Diensträume vornimmt (BGH **15** 352).

12   β) **Nicht** unter §§ 331 ff. fallen **Privathandlungen,** die völlig außerhalb des Aufgabenbereiches des Amtsträgers liegen. Ebensowenig genügen Handlungen, die der Amtsträger als Privatperson vornimmt, selbst wenn das Amt Gelegenheit dazu bietet oder ihre Vornahme unter Ausnutzung im Amt erworbener Fachkenntnisse oder unter Einsatz des amtlichen Einflusses oder Ansehens erfolgt. Täuscht der Amtsträger nur eine Diensthandlung vor, so soll nach BGH **29** 300 (m. Anm. Geerds JR 81, 301 u. Dölling JuS 81, 570, Maiwald NJW 81, 2777, BGH NStZ **84**, 24) § 331 nicht vorliegen; vgl. u. 30 und § 332 RN 4. **Keine Diensthandlung** ist daher das Besorgen von Getränken für Reisende durch einen Eisenbahnschaffner (Blei II 459), die

Anfertigung einer Berufungsschrift durch den Amtsträger eines Versorgungsamts (Karlsruhe HRR **28** Nr. 1953), das Entwerfen von Bauzeichnungen für Bauanträge durch den Amtsträger einer Baubehörde, sofern er selbst nur mit der Prüfung von Bauanträgen – jedoch nicht in dem betreffenden Fall – befaßt ist (BGH **11** 125; vgl. auch BGH **18** 59, 267), nicht zu dem Aufgabenbereich des Amtsträgers gehörende Hilfeleistungen beim Ausfüllen von Formularen (BGH GA **62**, 214) oder die Erteilung von Privatunterricht durch einen Lehrer (RG **28** 427). Auch die Vereinbarung eines Notars über eine Gebührenteilung mit einem Mandanten ist keine Amtshandlung (Stuttgart NJW **69**, 170). Solche Privathandlungen werden auch dann nicht zu Amtshandlungen, wenn sie unter Verletzung einer Amts- oder Dienstpflicht, z. B. ohne die erforderliche Genehmigung oder gegen ein ausdrückliches Verbot vorgenommen werden (RG **16** 42, **50** 257, BGH **18** 267, GA **62**, 214).

b) **Richterliche Handlungen** sind solche, die nach den jeweils geltenden Rechtsvorschriften dem Richter zur Entscheidung zugewiesen sind, d. h. in seinen Zuständigkeitsbereich fallen. Eine weitere qualitative Differenzierung richterlicher Handlungen, etwa danach, ob es sich der Sache nach um Verwaltungshandlungen, z. B. die Befreiung von einem Eheverbot oder die Zulassung als Prozeßagent, oder um eine Wahrnehmung spezifisch der Dritten Gewalt obliegender Aufgaben handelt, ob nach Ermessensgrundsätzen oder nach Rechtsgrundsätzen zu entscheiden ist oder die Vornahme der Handlung in den Bereich derjenigen Pflichten fällt, die durch die richterliche Unabhängigkeit geschützt sind (so D-Tröndle 6, Lackner 4, Rudolphi SK 13f. unter Berufung auf BT-Drs. 7/550 S. 271), ist nicht mehr möglich. Dies ergibt sich aus der gegenüber § 334 a. F. veränderten Konzeption des Abs. 2. Während das alte Recht als Bezugshandlung die Entscheidung in einer „Rechtssache" dem Tatbestand zugrunde legte, spricht Abs. 2 nur noch von einer „richterlichen Handlung", einem Begriff also, dem alles unterfällt, was ein Richter in dieser Eigenschaft tut. Dies ergibt sich u. a. daraus, daß etwa die im Laufe der Prozeßgeschichte wechselnde Zuständigkeitsverteilung zwischen Richter und Rechtspfleger nach ZPO oder FGG, zwischen Richter und Staatsanwalt im Vorverfahren oder Vollstreckungsverfahren der StPO nach Zweckmäßigkeitsgesichtspunkten erfolgt und keineswegs nur am Bild des durch seine Unabhängigkeit geprägten Richters orientiert ist. Folglich kommt es zu richterlichen Handlungen in allen Angelegenheiten, die von einem Gericht oder Schiedsgericht nach Rechtsgrundsätzen zu entscheiden sind. Dazu gehören auch die richterlichen Ermessensentscheidungen (z. B. Strafzumessung, Zubilligung von Schmerzensgeld, Hausratsverteilung nach Ehescheidung); ebenso Entscheidungen des Richters über die Aussetzung der Strafvollstreckung, selbst wenn er dabei lediglich als Organ der Justizverwaltung tätig wird (and. Schleswig HESt. **2** 349 zu § 334 a. F., vgl. auch RG **71** 315). Zu den Rechtssachen gehören z. B. Zivil- und Strafsachen, Angelegenheiten der freiwilligen Gerichtsbarkeit, der Verwaltungs-, Arbeits-, Sozial- oder Finanzgerichtsbarkeit oder der Verfassungsgerichtsbarkeit. Es kommen nicht nur Urteile, sondern auch Beschlüsse und Verfügungen, z. B. Haftbefehle, in Betracht. Auch die Erteilung sicheren Geleits im Rahmen eines Strafverfahrens ist daher eine richterliche Handlung (BGH **12** 191). Ferner gehören hierher rein prozessuale Maßregeln wie Terminsverlegungen und Vertagungen.

Neben der Tätigkeit der staatlichen Rechtsprechungsorgane kommen auch Akte der **privatrechtlichen Schiedsgerichtsbarkeit**, z. B. nach §§ 1025 ff. ZPO, nach §§ 101–110 ArbGG, die Schlichtungstätigkeit nach §§ 368 ff. RVO zwischen kassenärztlichen Vereinigungen und Krankenkassen oder die Tätigkeit der Sportgerichte, als Bezugshandlungen in Betracht. Da diese Arten der privaten Gerichtsbarkeit sich am Bilde des Schiedsrichters der ZPO orientieren, ist es notwendig, daß dem Schiedsrichter eine Entscheidungsbefugnis eingeräumt wird, wobei gleichgültig ist, ob diese Entscheidung endgültig oder anfechtbar ist; es genügt insoweit also eine vorläufige Bestandskraft. Folglich fällt die Tätigkeit aufgrund einer tarifvertraglich geregelten Schlichtungsvereinbarung nicht unter § 331, weil der Schlichter nur einen unverbindlichen Schlichtungsvorschlag unterbreiten kann; aus denselben Gründen gehören nicht hierher die Schiedsmänner nach den Schiedsordnungen des Landesrechts. Schwierigkeiten bereitet die Unterscheidung zwischen privaten und richterlichen Handlungen eines Schiedsrichters, da dieser nicht Amtsträger ist, dem kraft Gesetz bestimmte Zuständigkeiten zugewiesen sind. Man wird hier auf den Schiedsvertrag oder die sonstige Beauftragung oder Rechtsgrundlage abstellen müssen, wobei entscheidend ist, welche Handlungen danach sachgerecht nur auf der Grundlage der Unparteilichkeit des Schiedsrichters vorgenommen werden können. Darunter fallen nicht nur die Entscheidung selbst, sondern auch die diese vorbereitenden Handlungen, wie die Terminsbestimmung, Führung der Beweisaufnahme usw. Strafbar ist die Annahme eines Vorteils usw. durch einen Schiedsrichter allerdings nach § 335a (vgl. dort RN 3) nur, wenn sie „hinter dem Rücken" einer Partei geschieht.

c) Nach § 335 steht die **Unterlassung** der Vornahme **einer Diensthandlung** oder richterlichen Handlung gleich (vgl. dort RN 1). Unerheblich ist daher, ob die Bezugshandlung in einem Tun oder Unterlassen besteht. Da der Anwendbarkeit der §§ 331, 332 die Unterscheidung zwischen pflichtgemäßen und pflichtwidrigen Handlungen zugrunde liegt, kommt für § 331 nicht jedes Untätigbleiben, sondern nur ein solches in Betracht, dessen Auswirkungen nicht rechtswidrig sind; dies ist vor allem dann der Fall, wenn sich durch die Vornahme der gebotenen Diensthandlung die Rechtslage nicht ändern würde. Wird z. B. ein Antrag auf Erteilung einer Baugenehmigung nicht beschieden, so ist dieses Unterlassen nur dann nicht pflichtwidrig i. S. v. § 331, wenn die Voraussetzungen für die Erteilung der Baugenehmigung nicht gegeben waren, bei einer Bescheidung der Antrag also hätte abgelehnt werden müssen; waren die Genehmigungsvoraussetzungen hingegen gegeben, so ist das Unterlassen einer Diensthandlung ebenso pflichtwidrig wie die Versagung der Genehmigung. Bei der Frage der Pflichtwidrigkeit eines Unterlassens i. S. der §§ 331, 332 kommt es also in Fällen dieser Art nicht darauf an, ob der Amtsträger überhaupt hätte tätig werden müssen – das ist grundsätzlich zu bejahen –, sondern darauf, ob das Ergebnis der an sich gebotenen Diensthandlung zu einer Änderung der Rechtslage geführt hätte (mißverständlich insoweit 17. A. RN 13); vgl. § 335 RN 8. Stets ist jedoch notwendig, daß eine Diensthandlung der unterlassenen Art überhaupt vorgenommen werden kann (RG DR 39, 994); wer z. B. Vorteile dafür annimmt, daß er während der Dienstzeit nicht raucht, kann nicht strafrechtlich belangt werden. Läßt sich ein Amtsträger dafür bezahlen, daß er eine pflichtwidrige Diensthandlung unterläßt, so ist § 331 anwendbar (Welzel, 539; and. 17. A. RN 13), weil das Unterlassen des pflichtwidrigen Handelns als solches pflichtgemäß ist.

16 d) Die **Diensthandlung** (Abs. 1) oder richterliche Handlung (Abs. 2) kann schon **vorgenommen sein** (RG 63 369 m. Anm. Bohne JW 31, 1703, RG 77 76, Celle SJZ 48 Sp. 685 m. Anm. Bohne Sp. 697), mit der **Vorteilsannahme zusammenfallen** oder noch **bevorstehen** (R 4 555), wie sich aus dem Gesetzeswortlaut ergibt. Nimmt ein Amtsträger einen Vorteil für eine künftige Diensthandlung an, so kommt es nicht darauf an, ob er sie später vornimmt (D-Tröndle 9, Jescheck LK 14, Rudolphi SK 17).

17 e) In Betracht kommen bei § 331 nur **Diensthandlungen, die nicht pflichtwidrig** sind; bei Pflichtwidrigkeit findet § 332 Anwendung. Zum Problem der Ermessenshandlungen vgl. § 332 RN 18.

18 2. Die Tathandlung besteht darin, daß der Täter einen Vorteil als Gegenleistung für die dienstliche oder richterliche Handlung fordert, sich versprechen läßt oder annimmt.

19 a) **Vorteil** ist jede unentgeltliche Leistung materieller oder immaterieller Art, die den Täter besser stellt und auf die er keinen rechtlich begründeten Anspruch hat (Zweibrücken JR 82, 381 m. Anm. Geerds, D-Tröndle 11, Jescheck LK 7, Rudolphi SK 19; Wagner JZ 87, 602). Die Neufassung stellt nicht mehr, wie § 331 a. F., in erster Linie auf „Geschenke", sondern auf den weiteren Begriff (Baldus LK^9 10) des „Vorteils" ab. Damit ist der Streit zwischen der materiell-objektiven Theorie, die eine meßbare Verbesserung der rechtlichen oder wirtschaftlichen Lage des Täters verlangt, und der immateriellen-subjektiven Theorie (vgl. Geerds aaO 65, Baldus LK^9 11) grundsätzlich zugunsten der letzteren entschieden, weil nicht anzunehmen ist, daß der Gesetzgeber in Kenntnis der Rspr. bei der Neufassung der Bestechungstatbestände am Begriff des Vorteils festgehalten hat, obwohl er die Zuwendung an Amtsträger usw. auf wirtschaftliche Leistungen hätte beschränken wollen.

20 α) Wie bisher spielt allerdings der **wirtschaftliche Vorteil** die praktisch bedeutsamste Rolle. Die Höhe des Vermögenswertes ist nicht entscheidend (Hamburg HESt. 2 340, Baumann BB 61, 1059; and. Kaiser NJW 81, 321, der Geschenke bis 50,– DM nicht als Vorteil ansieht); auch kleinere Aufmerksamkeiten wie Notizbücher, Bleistifte und andere geringwertige sog. Werbeartikel gehören hierher (H. Fuhrmann GA 59, 98, Creifelds GA 62, 34, 37), jedoch kann deren Annahme im Rahmen der Sozialadäquanz liegen (vgl. u. 55). Nicht entscheidend ist, daß die Zuwendung rechtlich wirksam ist (z. B. Überlassung gestohlener Sachen). Auch genügen Zuwendungen im Rahmen eines Freundschaftsvertrages. Nicht erforderlich ist, daß Art und Maß derselben bereits fest bestimmt sind (RG LZ 19 Sp. 269) oder daß der Zuwendende eine sein Vermögen mindernde Verfügung vornimmt (BGH LM **Nr. 1** zu § 332). Auch sog. Gefälligkeiten sind dann Geschenke oder andere Vorteile, wenn die Zuwendung als Gegenleistung oder Entgelt für die amtliche Tätigkeit anzusehen ist. Ob dies zutrifft, ist nach dem Umfang der Zuwendung, nach ihrem Wert im Zusammenhang mit der Verkehrssitte und der allgemeinen Lebenserfahrung zu entscheiden (Celle SJZ 48 Sp. 685; and. Hamburg SJZ 48 Sp. 689 m. abl. Anm. Bohne SJZ 48 Sp. 694). Zu den Vorteilen gehören auch die Stundung des Kaufpreises auf unbestimmte Zeit (vgl. BGH 16 40), der Mitgenuß von Speisen und Getränken, es sei denn, der Beamte zahle seinen Anteil (BGH GA 67, 154), die unentgeltliche Überlassung des Gebrauchs einer Sache (z. B. Leihwagen), das Zuwenden einer auch nur angemessen bezahlten Nebenbeschäftigung (RG 77 78), regelmäßig auch die Gewährung eines Darlehens, gleichgültig, wie die

Rückzahlungsbedingungen beschaffen sind (BGH GA **59**, 176). Hat der Täter einen Anspruch auf die Leistung, so kommt § 331 nicht in Betracht (RG **51** 87). Folglich ist die Bezahlung einer Schuld durch einen zahlungsunwilligen Schuldner kein Vorteil i. S. von § 331 (and. RG DR **43**, 77); macht der Täter die Vornahme der Diensthandlung von der vorherigen Begleichung der Schuld abhängig, so kommt Nötigung in Betracht. Nötigt der Täter den anderen zu einer Zuwendung, auf die er keinen Anspruch hat, so verliert diese nicht die Eigenschaft eines Vorteils (Jescheck LK 10, Lackner 3a, Rudolphi SK 19; and. Bohne SJZ 48 Sp. 697); es liegt dann Idealkonkurrenz mit § 253 vor (vgl. u. 56).

β) Darüber hinaus kommen auch **Vorteile immaterieller Art** in Betracht (RG **77** 77, BGH NJW **59**, 346, Krönig MDR 49, 658, Kirschbaum/Schmitz GA 60, 324 ff., Bauchrowitz aaO 145; and. Binding Lehrb. 2, 720, Klug JZ 60, 724, Eb. Schmidt aaO 20, Geerds aaO 67), wie z. B. eine Einladung zur Jagd. Diese müssen allerdings noch einen objektiv meßbaren Inhalt aufweisen und den Täter in irgendeiner Weise besserstellen (vgl. auch Baumann BB 61, 1059). Dies soll z. B. der Fall sein, wenn der Täter sich Karrierechancen erhalten (BGH NJW **85**, 2656 m. Anm. Marcelli NStZ 85, 500), oder die Gunst seines Vorgesetzten erringen will (RG DR **43**, 76); auch bloße Befriedigung des Ehrgeizes und der Eitelkeit soll unter diesen Voraussetzungen genügen (vgl. Hamburg HESt. **2** 344; weitergehend RG **77** 78, BGH **14** 128; dagegen Rudolphi SK 21, Kaiser NJW **81**, 322); mit Recht weist jedoch Jescheck (LK 9) darauf hin, daß diese sehr weitgehende Rspr. praktisch nur in der Form von obiter dicta besteht, die hier aufgezeigten Grundsätze also nicht entscheidungserheblich waren. Nur die Duldung unzüchtiger Handlungen oder die Gewährung des Geschlechtsverkehrs waren bisher Anlaß zu einer Bestrafung nach § 331 (RG **9** 166, **64** 291, **71** 396, BGH NJW **89**, 915, Hamm DRZ **48**, 449), eine einmalige flüchtige Zärtlichkeit (Umarmung oder Kuß) wurde dagegen ebensowenig als ausreichend angesehen (BGH NJW **59**, 1834) wie die bloße Gelegenheit zu unentgeltlichem sexuellen Kontakt mit Prostituierten (BGH NJW **89**, 915); vgl. auch Eb. Schmidt aaO 5 ff. Die bloße Vermeidung eines Übels, das angedroht worden ist, ist regelmäßig kein Vorteil i. S. des § 331 (RG **64** 375), wohl aber die Abwendung sonstiger Nachteile.

γ) Da die Bestechung auf der Aktivseite den Appell an den Eigennutz des Amtsträgers, auf dessen Seite die Ausnutzung seiner Stellung zu seinem persönlichen Vorteil bedeutet, ist grundsätzlich zu fordern, daß die Vorteile dem Amtsträger selbst zufließen, bzw. daß er sie für sich fordert usw., and. Rudolphi NJW 82, 1417, der eine Drittbereicherung ausreichen läßt. Diese Grundsätze gelten auch für den Fall, daß der Amtsträger die Vorteile nur entgegennimmt, um den aktiven Bestecher zu überführen. Ihm fehlt dann die eigennützige Absicht (vgl. RG **58** 266, BGH **15** 97; vgl. jedoch auch Baumann BB 61, 1061). Es genügt jedoch, daß dem Amtsträger durch das Geschenk ein mittelbarer Nutzen zufließt (sog. **mittelbare Bestechung**). So kommen z. B. Geschenke an einen Angehörigen des Beamten aus (BGH NJW **59**, 346, Jescheck LK 6, Rudolphi SK 22) oder ein Vorteil, der unmittelbar nur die Dienstbelange fördert, mittelbar aber auch dem Amtsträger zugute kommt (vgl. Oldenburg NdsRpfl. **50**, 179). Allerdings muß der dem Dritten zufließende Vorteil wirtschaftlich auch beim Amtsträger in irgendeiner Form zu Buche schlagen, z. B. darin, daß dieser sich irgendwelche Aufwendungen erspart, mögen diese notwendig sein oder nicht (Pelzmantel an Ehefrau). Bei Vereinigungen setzt dies voraus, daß die durch den Vorteil bedachte Organisation so klein ist, daß der gewährte Vorteil sich auch auf den Amtsträger als ihr Mitglied auswirkt; nach BGH ist dies eine Frage des Einzelfalles, zu dessen Beurteilung insb. das persönliche Interesse an dem der Vereinigung gewährten Vorteil von Bedeutung sein kann (BGH **33** 340, **35** 135 m. krit. Anm. Tenckhoff JR 89, 33, Sonnen JA 88, 232, Kuhten NStZ 88, 433). Bei Parteispenden dürfte dies in aller Regel nicht der Fall sein (Kaiser NJW **81**, 322; a. A. Scheu NJW 81, 1195, Vorauft.) In den Fällen eines mittelbaren Vorteils ist erforderlich, daß die Zuwendungen mit Einverständnis des Amtsträgers erfolgen. Das ist der Fall, wenn dieser es geschehen läßt, daß ein Angehöriger ein Geschenk annimmt (RG **13** 398). Erfährt der Beamte nachträglich von der Annahme eines Geschenks durch einen Angehörigen, so hat er es selbst erst angenommen, wenn er dessen Verwendung billigt und somit den mittelbaren Nutzen in Anspruch nimmt. Vorteile, die Dritten zufließen, ohne daß der Amtsträger selbst irgendeinen Anteil hieran hat, genügen unter keinen Umständen. Allein die Freude des Beamten an der Erfüllung eines besonderen Zwecks (dienstliche Belange, Linderung der Not eines Hilfsbedürftigen) reicht zur Annahme eines Vorteils i. S. der §§ 331 ff. nicht aus (vgl. Hamburg HESt. **2** 343).

b) Die **einzelnen Handlungsmodalitäten** bestehen darin, daß der Täter den Vorteil fordert, sich versprechen läßt oder annimmt.

α) **Fordern** ist das einseitige Verlangen einer Leistung. Das Verlangen kann – und wird häufig – in versteckter Form erfolgen (R **7** 287). Notwendig ist, daß der Täter erkennen läßt, daß er den Vorteil für seine Handlung begehrt (RG **77** 76); erforderlich ist daher, daß dieses Begehren dem potentiellen Geber oder seinem Mittelsmann zur Kenntnis gebracht wird (RG **39**

198). Ob diesem der Zusammenhang mit der Diensthandlung bewußt wird oder bewußt werden kann, ist unerheblich (RG **70** 172, BGH **10** 241, **15** 88). Ebenso bedeutungslos ist eine positive Reaktion des anderen Teils. Entscheidend ist nur, daß der Fordernde, wenn auch nur mit dolus eventualis, will, daß sein Partner sich des Zusammenhangs zwischen Vorteil und Diensthandlung bewußt werde (BGH **10** 242). Über den Zusammenhang zwischen Fordern und Diensthandlung vgl. u. 28 ff.

25 β) **Sichversprechenlassen** bedeutet die Annahme des Angebots von noch zu erbringenden Vorteilen, mag auch die spätere Hingabe von Bedingungen abhängig gemacht sein (RG **57** 28); macht allerdings der Täter die spätere Annahme von der Genehmigung abhängig, so kommt Abs. 3 in Betracht. Beim Amtsträger muß der Wille zur Entgegennahme vorhanden sein (Hamm MDR 73, 68, Jescheck LK 5, Rudolphi SK 25). Zum Zusammenhang zwischen Sichversprechenlassen und Diensthandlung vgl. u. 28 ff.

26 γ) **Annehmen** bedeutet die tatsächliche Entgegennahme des Vorteils mit dem zumindest nach außen erklärten Ziel, eigene Verfügungsgewalt darüber zu erlangen; vgl. RG **58** 266. Entsprechend den o. 6 genannten Grundsätzen kommt es allein darauf an, welchen Inhalt die Erklärung des Amtsträgers gegenüber dem Geber hat. Ihr muß zu entnehmen sein, daß der Amtsträger den Vorteil zu eigener Verfügung will. Daher reicht es nicht aus, daß er erklärt, den Vorteil für einen anderen Beamten einziehen zu wollen (BGH **14** 127), daß er angibt, er brauche den Vorteil, um andere Amtsträger zu bestechen (RG HRR **40** Nr. 195), oder vorspiegelt, der Vorteil solle dritten Personen zufließen (RG **65** 53, BGH **8** 214, **10** 241); vgl. aber auch Baumann BB 61, 1060. Im letzteren Fall kommen die §§ 352 f., 263, nicht aber §§ 331 f. in Betracht. Nimmt der Amtsträger einen nicht geforderten Vorteil mit Gewalt oder eigenmächtig, so scheidet § 331 aus, in Betracht kommen dann §§ 242, 249.

27 Ein Annehmen ist auch dann möglich, wenn sich der **Amtsträger vorbehält,** den Vorteil **nicht endgültig zu behalten,** sondern ihn gegebenenfalls zurückzugeben; denn auch hier nimmt er den Vorteil mit dem Ziel entgegen, nach eigenem Ermessen über sein späteres Schicksal zu entscheiden (BGH GA **63,** 147). Macht er allerdings die endgültige Annahme von der Genehmigung der zuständigen Behörde abhängig (Abs. 3), so kann zweifelhaft sein, ob schon ein Annehmen vorliegt, weil hier die Disposition darüber, ob der Vorteil dem Amtsträger zufließen soll, der Behörde überlassen bleibt; vgl. hierzu u. 51. Über den Fall, daß der Amtsträger den Vorteil annimmt, um den Geber zu überführen, vgl. o. 22. Gelangt ein Geschenk ohne Wissen des Amtsträgers in seine Hände (Zusendung durch die Post) oder erkennt er die Bestechungsabsicht zunächst nicht, so liegt eine Annahme vor, wenn er später zu erkennen gibt, daß er das Geschenk als Bestecherlohn behalten will (vgl. BGH **15** 103, Köln MDR **60**, 156). Ist der Gegenstand inzwischen guten Glaubens verbraucht, der Amtsträger also nicht mehr bereichert, so wird er durch die nachfolgende Kenntnis nicht strafbar (vgl. Köln MDR **60**, 156), und zwar selbst dann nicht, wenn sich beide Teile nachträglich darüber einigen, daß die frühere Zuwendung Einfluß auf die Amtstätigkeit haben solle (and. RG **47** 68); dies gilt allerdings nicht, wenn der Vorteil in anderer Form noch vorhanden ist. Nicht erforderlich ist, daß der Beamte den Vorteilsgeber schon im Augenblick der Geschenkannahme kennt, sofern feststeht, daß das Geschenk für eine Amtshandlung gewährt wird (vgl. BGH **15** 185).

28 c) Den Vorteil muß der Täter als **Gegenleistung** für eine **dienstliche** oder **richterliche Handlung** fordern usw. Daraus ergibt sich, daß ein Zusammenhang zwischen Diensthandlung und Vorteil bestehen muß. Streitig in diesem Zusammenhang sind mehrere Fragen. Dabei geht es zunächst um das Problem, ob dieser Zusammenhang ein „do ut des" (D-Tröndle 17), ein „Äquivalenzverhältnis" zwischen Diensthandlung und Vorteil erfordert (Jescheck LK 13) oder worin sonst die (angestrebte) Unrechtsvereinbarung zum Ausdruck kommen muß (vgl. o. 5). Weiterhin geht es darum, in welchem Umfang die Diensthandlung, für die der Vorteil erstrebt oder angenommen wird, konkretisiert sein muß (vgl. u. 31).

29 α) Inwieweit die für die **Bestechungsvereinbarung** erforderlichen Erklärungen beider Teile korrespondieren müssen, kann zweifelhaft sein. Für das Fordern, das eine positive Reaktion des anderen Teils nicht voraussetzt, ist unbestreitbar, daß die einseitige Kundgabe seitens des Beamten genügt. In ihr muß allerdings der Wille enthalten sein, eine korrespondierende Erklärung des anderen Teils herbeizuführen (BGH **15** 97). Beim Annehmen und Sichversprechenlassen fordert die h. M. eine „vertragsmäßige" Willensübereinstimmung beider Teile (RG **16** 45, **65** 278, BGH **4** 297, **10** 241, D-Tröndle 15, 17, Baldus LK[9] 34); genügen soll stillschweigendes Einverständnis (RG **39** 199, Celle SJZ **48** Sp. 686). Dies überzeugt schon deswegen nicht, weil damit die Fälle, in denen die Initiative vom Amtsträger ausgeht (Fordern), anders zu behandeln wären als diejenigen, bei denen der Vorteilsgeber Leistungen anbietet (and. BGH **10** 242).

30 Entsprechend der Zielsetzung der Bestechungstatbestände (o. 5) muß es ausreichen, daß der Amtsträger usw. seinen **Willen** zu erkennen gibt, **für** seine dienstliche oder richterliche **Tätig-**

keit **Vorteile entgegenzunehmen** und dies in der Erwartung tut, eine Willensübereinstimmung über diesen Sachverhalt bestehe bzw. werde herbeigeführt werden (vgl. RG **72** 72). Sein Wille muß objektiv erkennbar sein. Dagegen kommt es weder darauf an, ob der andere Teil die Erklärung richtig versteht, noch ob er sie verstehen kann (BGH **10** 241). Die praktische Bedeutung dieser Unterscheidung ist freilich auf die Fälle beschränkt, in denen die Initiative nicht vom Amtsträger ausgeht (dann läge Fordern vor), sondern vom Vorteilsgeber. Nach der hier vertretenen Auffassung kommt es in solchen Fällen nicht darauf an, daß die Erklärung des Gebers objektiv ein Bestechungsangebot darstellt, sofern nur der Amtsträger es so versteht und eine entsprechende Erklärung abgibt (and. RG **72** 72, wo in einem solchen Fall nur Versuch angenommen wird). § 331 liegt auch vor, wenn der Amtsträger lediglich **vorspiegelt**, eine Diensthandlung vornehmen zu wollen (BGH **15** 88, M-Maiwald II 265, D-Tröndle 17; a. A. Maiwald JuS 77, 355; vgl. auch § 332 RN 26). Gleiches muß für den Fall gelten, daß der Amtsträger vortäuscht, eine Diensthandlung bereits erbracht zu haben (D-Tröndle 17, Jescheck LK 14, Rudolphi SK 17, Lackner 3e, Geppert Jura 81, 48; a. A. BGH **29** 302 m. Anm. Geerds JR 81, 301 u. Dölling JuS 81, 570, Maiwald NJW **81**, 2777, Gülzow MDR 82, 802), denn eine Unrechtsvereinbarung als entscheidendes tatbestandliches Unrecht (vgl. o. 5) ist auch in diesem Fall gegeben. Zudem wird entgegen der Auffassung des BGH der Unrechtsgehalt dieses Tuns nicht erschöpfend durch § 263 erfaßt, weil das Vertrauen in die Reinheit der Amtsführung durch den Eindruck der Käuflichkeit des Amtsträgers erschüttert wird und damit zusätzlich das Rechtsgut des § 331 tangiert wird (wie hier BGH/H MDR **90**, 888).

β) Zweifelhaft kann sein, in welchem Umfang die **dienstliche** oder richterliche **Handlung** **31** **konkretisiert** sein muß. Unproblematisch ist zunächst, daß sie nach Anlaß, Zeit oder Ausführungsweise nicht in allen Einzelheiten genau bestimmt zu sein braucht (Hamburg HESt. **2** 338). Im übrigen verlangt die Rspr. jedoch, daß es sich um eine „bestimmte Amtshandlung oder eine Mehrheit bestimmter Amtshandlungen" handeln müsse (BGH **15** 223; vgl. auch BGH **15** 250: „bestimmt oder bestimmbar"), was freilich auch dann der Fall sein soll, wenn ein „bestimmter Kreis von Lebensbeziehungen" feststehe, „in dem sich der Beamte in gewisser Richtung durch einzelne Handlungen betätigen solle" (RG **64** 335 f., BGH NJW **60**, 831, OGH **2** 110) oder die „ins Auge gefaßte Diensthandlung ihrem sachlichen Gehalt nach nur in groben Umrissen erkennbar und festgelegt" sei (BGH NStZ **89**, 74); enger Kohlrausch-Lange III: „konkrete" Amtshandlung. Dies dürfte jedoch zu eng, zumindest aber mißverständlich sein. Es muß vielmehr im Hinblick auf das geschützte Rechtsgut (vgl. o. 5) genügen, wenn zwischen den Beteiligten Übereinstimmung darüber besteht, daß der Vorteil als Gegenleistung für irgendeine, in den Zuständigkeitsbereich des Beamten fallende Tätigkeit gewährt wird, sofern erkennbar ist, in welcher Richtung der Beamte tätig werden soll (BGH **32** 290; enger D-Tröndle 17, Rudolphi SK 29). Ist z. B. der Amtsträger Leiter einer Behörde, so genügt es, wenn er den Vorteil in dem Bewußtsein annimmt, daß ihm dieser im Hinblick auf eine amtliche Tätigkeit gewährt wird, die er irgendwann einmal im Rahmen des Aufgabenbereiches seiner Behörde für den Vorteilsgeber vorgenommen hat oder in Zukunft möglicherweise einmal für ihn vornehmen soll (Blei II 460). Unter § 331 fällt also auch ein sog. „Betreuungs-" oder „Beratervertrag", aufgrund dessen laufende Zahlungen an den Amtsträger erfolgen, auch wenn bei Abschluß der Vereinbarung noch nicht erkennbar ist, welche Handlungen aus dem amtlichen Tätigkeitsbereich entgolten werden sollen. In seiner Allgemeinheit nicht richtig ist daher der häufig anzutreffende Satz, daß es nicht ausreiche, wenn sich der Vorteilsgeber lediglich das allgemeine Wohlwollen des Beamten erwerben wolle (vgl. z. B. BGH **15** 218, wistra **83**, 258, MDR **84**, 597). Ebensowenig ist für § 331 erforderlich, daß zu ersehen ist, ob die Handlung pflichtwidrig oder an sich pflichtgemäß ist (wie hier Rudolphi SK 29; and. RG **64** 336, BGH **15** 217, 250, D-Tröndle 17). Dies ist lediglich für die Frage von Bedeutung, ob nach § 331 oder § 332 zu bestrafen ist; steht nicht fest, ob es sich um eine pflichtwidrige Amtshandlung handelte, so schließt dies, da § 332 nur ein qualifizierter Fall von § 331 ist (vgl. o. 1), eine Bestrafung nach § 331 nicht aus. Bei sog. **Werbegeschenken** ist allerdings besonders zu prüfen, ob ein Zusammenhang mit der Amtstätigkeit besteht (Creifelds GA 62, 38). Über die Frage, in welchem Umfang solche Zuwendungen im Rahmen der Sozialadäquanz liegen, vgl. u. 55. Eine Zuwendung nur bei Gelegenheit einer Amtshandlung genügt niemals (RG **63** 368, BGH **15** 251, Hamburg HESt. **2** 340; vgl. näher Baumann BB 61, 1061).

III. Für den **subjektiven Tatbestand** ist Vorsatz erforderlich. Der Täter muß das Bewußtsein **32** haben, daß die Handlung in sein Amt einschlägt und daß der Vorteil von ihm gefordert wird. Darauf, ob der Amtsträger die Handlung wirklich vornehmen will, kommt es nicht an (vgl. auch § 332 RN 26). Der Vorsatz muß sich auf die Umstände erstrecken, die den Täter zum Amtsträger oder für den öffentlichen Dienst besonders Verpflichteten machen. Der Täter muß ferner wissen, daß es sich um einen rechtlich nicht begründeten Vorteil als Gegenleistung für eine Diensthandlung usw. handelt. Zu den im Zusammenhang mit dem Genehmigungserfordernis (Abs. 3) oder der Sozialadäquanz entstehenden Irrtumsfragen vgl. u. 53.

Cramer

33 **IV. Vollendet** ist die Tat, sofern es sich um die Annahme eines Vorteils handelt, mit der Entgegennahme (RG **39** 199). Beim Sichversprechenlassen genügt es zur Vollendung, wenn der Amtsträger durch sein Verhalten gegenüber dem Versprechenden seine Bestechlichkeit nach außen zu erkennen gibt (Niederreuther aaO 354 mN). Beim Fordern ist die Tat vollendet, sobald das Verlangen des Täters zur Kenntnis des anderen Teiles gelangt (BGH **10** 243, Baumann BB 61, 1060).

34 **Beendet** ist die Tat erst mit der Annahme des letzten Vorteils (vgl. BGH **10** 243, **11** 346, **16** 209). Hat der Amtsträger ein unbefristetes Darlehen erhalten, so ist die Tat damit auch beendet; das Belassen des Darlehens ist demgegenüber kein weiterer Vorteil, wenn es nicht nach einer Rückforderung erneut gestundet wird (BGH **16** 207). Dies ist von Bedeutung für die Verjährung und Teilnahme. Ist jedoch der Amtsträger vor Annahme des letzten Vorteils aus dem Amt ausgeschieden, so ist seine Tat mit dem Zeitpunkt seines Ausscheidens endgültig beendet (BGH **11** 347).

35 Der **Versuch** ist strafbar im Falle der Vorteilsannahme durch einen Richter oder Schiedsrichter (Abs. 2 S. 2). Beim Fordern eines Vorteils beginnt er, wenn der Täter damit beginnt, sein Ansinnen zu erklären; die Erklärung muß dem anderen Teil nicht zugegangen sein. Im übrigen gelten die zur versuchten Anstiftung (vgl. § 30 RN 17 ff.) entwickelten Grundsätze entsprechend.

36 **V. Täter** nach Abs. 1 kann nur ein Amtsträger (vgl. BGH **31** 264, § 11 RN 16 ff.) oder für den öffentlichen Dienst besonders Verpflichteter (vgl. § 11 RN 34 ff.), nach Abs. 2 nur ein Richter (vgl. § 11 RN 32) oder Schiedsrichter (vgl. o. 14) sein; die Tat nach Abs. 2 ist besonderes Amtsdelikt (vgl. hierzu 9 vor § 331), für die Teilnahme eines sonstigen Amtsträgers an der Tat eines Richters gilt daher § 28 I. Der Tatbestand kann aber auch dann erfüllt sein, wenn das Annehmen usw. von einer Person erfolgte, die noch nicht Amtsträger usw. ist, aber demnächst ernannt werden soll. Es genügt jedoch hier nicht, daß nachträglich eine entsprechende Vereinbarung getroffen wird; vielmehr muß der Bestochene nach seiner Ernennung eine Diensthandlung mit Rücksicht auf die ihm früher zu diesem Zweck zugesagten Vorteile vornehmen. Ist umgekehrt ein Beamter aus dem Amte ausgeschieden und läßt er sich nunmehr mit Rücksicht auf seine frühere Amtstätigkeit Vorteile versprechen oder gewähren, so ist § 331 nicht mehr gegeben, da das Rechtsgut der Bestechungsdelikte durch einen Nichtbeamten nicht gefährdet werden kann (BGH **11** 347). Zur Straflosigkeit des Soldaten vgl. § 333 RN 17.

37 **Mittäter** kann nur sein, wer selbst Vorteile annimmt usw. (BGH **14** 123). Es genügt jedoch, daß die Diensthandlung bei jedem Mittäter mindestens teilweise in sein Amt einschlägt (BGH aaO). Mittäterschaft liegt aber auch vor, wenn eine einheitliche Vorteilsannahme (z. B. ein Scheck) durch zwei Beamte für zwei selbständige Amtshandlungen erfolgt.

38 Zur Frage der **Teilnahme** durch den Vorteilsgeber oder Dritten vgl. § 332 RN 28.

39 **VI. Keine strafbare Vorteilsannahme** durch einen Amtsträger liegt vor, wenn der Täter einen nicht von ihm geforderten Vorteil sich versprechen läßt oder annimmt und die **zuständige Behörde** im Rahmen ihrer Befugnisse entweder die Annahme vorher genehmigt hat oder der Täter unverzüglich bei ihrer Anzeige erstattet und sie die **Annahme** nachträglich **genehmigt (Abs. 3)**. Zur Frage der Genehmigung der Vorteilsannahme bei einem nicht in einem öffentlich rechtlichen Amtsverhältnis stehenden Amtsträger vgl. Jutzi NStZ 91, 105 ff.

40 **1. Nicht anwendbar** ist Abs. 3 (Zustimmung, nachträgliche Genehmigung) auf

41 a) **richterliche Handlungen** nach Abs. 2, auch wenn diese unter keinem rechtlichen Gesichtspunkt zu Beanstandungen Anlaß geben; vgl. jedoch u. 45 a. E. Ein Schiedsrichter, der regelmäßig nicht Amtsträger ist, darf sich z. B. nach seiner Entscheidung von keiner Partei oder deren Anwalt zum Essen einladen oder in dessen Wagen nach Hause fahren lassen, wenn er sich dadurch Transportkosten erspart. Ein Haftrichter, der einen Unschuldigen aus der U-Haft entlassen hat, muß ein ihm aus Dankbarkeit übersandtes Blumenarrangement zurückschicken usw. Diese Konsequenzen ergeben sich jedenfalls dann, wenn man nicht neben Abs. 3 einen Bereich anerkennt, in dem die Annahme von geringfügigen Vorteilen als sozialadäquat bezeichnet wird (vgl. u. 55).

42 b) **Vorteile**, die ein Amtsträger **fordert**. Folglich sind durch Abs. 3 die Fälle nicht gedeckt, in denen Postboten, Müllmänner (sofern sie für den öffentlichen Dienst besonders Verpflichtete sind) usw. mit den üblichen Weihnachts- oder Neujahrswünschen eine Gabe schlüssig fordern. Auch in diesen Fällen kann die Annahme eines Vorteils nur über die Sozialadäquanz aus dem Strafbarkeitsbereich ausgeschieden werden (vgl. D-Tröndle 22).

43 c) **Pflichtwidrige Handlungen** nach § 332; dies ist selbstverständlich. Nicht genehmigungsfähig ist insb. auch die Annahme eines Vorteils für eine Ermessenshandlung nach § 332 III Nr. 2; vgl. dort RN 25.

44 **2.** Höchst problematisch ist hingegen der **positive Anwendungsbereich** des Abs. 3. Hier ist einerseits das Verhältnis zu den beamtenrechtlichen Bestimmungen zu klären, andererseits

zwischen der vorherigen und nachträglichen Genehmigung zu unterscheiden usw; (grds. hierzu 61 vor 32). Im einzelnen gilt das Folgende:

a) Zunächst ist festzustellen, daß Abs. 3 mit den **beamtenrechtlichen Vorschriften** über die Verpflichtung zur Einholung einer Genehmigung für die Annahme eines Geschenks nicht in Einklang zu bringen ist. Die entscheidende Vorschrift, der die bundesrechtlichen (vgl. § 70 BBG) und landesrechtlichen Bestimmungen nachgebildet sind, findet sich in § 43 BRRG. Danach darf ein Beamter, auch nach Beendigung des Beamtenverhältnisses, Belohnungen oder Geschenke in bezug auf sein Amt nur mit Zustimmung seines gegenwärtigen oder letzten Dienstherrn annehmen. Nach einhelliger Auffassung ist unter „Zustimmung" nur die vorherige Genehmigung gemeint (vgl. Plog-Wiedow-Beck, § 70 BBG RN 6 f.); eine nachträgliche Genehmigung kann also nicht erteilt werden. Insofern ist nicht ersichtlich, wie sich die Genehmigungsbehörde „im Rahmen ihrer Befugnisse" halten soll, was Abs. 3 voraussetzt, wenn sie nachträglich die Annahme eines Vorteils genehmigen will. Hier klafft also der erste Widerspruch zwischen Abs. 3 und den beamtenrechtlichen Vorschriften. Diese schließen weiterhin, im Gegensatz zu Abs. 3, eine Genehmigung nicht aus, wenn der Beamte den Vorteil gefordert hat. Dazu folgendes Beispiel: Ein Feuerwehrmann im Einsatz rettet unter Lebensgefahr ein Kind vor dem Verbrennungstod. Als er dies den Eltern mitteilt, bieten ihm diese als Belohnung 50 DM. Der Beamte lehnt entrüstet ab, läßt aber deutlich durchblicken, daß ihm eine angemessene Belohnung durchaus gelegen käme; darauf bieten die beschämten Eltern 1000 DM. Auf seinen Antrag wird die Annahme dieser Belohnung genehmigt; strafrechtlich ist diese Genehmigung nach dem Wortlaut von Abs. 3 unbeachtlich, obwohl der Beamte nach dem BeamtenG den Vorteil annehmen darf. Ein Beamter kann also bei einer nachträglichen Genehmigung der Vorteilsannahme zwar disziplinarrechtlich, nicht aber strafrechtlich, bei der Genehmigung eines von ihm geforderten Vorteils zwar strafrechtlich, aber nicht disziplinarisch verfolgt werden, es sei denn, man wolle die entsprechenden Vorschriften der BeamtenG durch § 331 III eingeschränkt sehen. Die beamtenrechtlichen Vorschriften sind überdies unmittelbar nur auf Beamte im staatsrechtlichen Sinn, nicht aber auf Personen anwendbar, die für den öffentlichen Dienst besonders verpflichtet sind; sie regeln ferner nicht die Genehmigungsfähigkeit des Sichversprechenlassens. Endlich erklären die Richtergesetze (vgl. § 46 DRiG) die für Beamte geltenden Vorschriften für entsprechend anwendbar, sofern nicht abweichende Regelungen getroffen werden. Da dies hinsichtlich der Genehmigung einer Geschenkannahme nicht erfolgt ist, gelten die beamtenrechtlichen Vorschriften insoweit auch für Richter. Auch dies führt zu einem Widerspruch zu § 331 III, der die Vorteilsannahme durch einen Richter für schlechthin verboten und eine Genehmigung für unbeachtlich erklärt.

Aus alledem folgt, daß Abs. 3, dessen Anwendungsbereich nur partiell mit dem der BeamtenG übereinstimmt, nach eigenständig strafrechtlichen Gesichtspunkten zu interpretieren ist. Den Vorschriften über den Genehmigungsvorbehalt in den BeamtenG und in § 43 BRRG kommt nur die Funktion einer Auslegungsregel zu.

b) Umstritten ist die **Rechtsnatur** der Genehmigung nach Abs. 3. Die Frage ist in der Begründung zu § 331 offengelassen (vgl. BT-Drs. 7/550 S. 272), Jung (Roxin-Stree-Zipf-Jung aaO 126) nimmt einen Tatbestandsausschluß an, obwohl der Täter einen Vorteil annimmt, also tatbestandsmäßig handelt. Wagner (aaO 305) begründet die tatbestandsausschließende Wirkung der Genehmigung damit, daß die Genehmigungsvorschrift Bestandteil des Normenkomplexes selbst sei, der die Vorteilsannahme für pflichtgemäße Amtshandlungen regele. Beide Auffassungen übersehen, daß diese Konstruktion bei der nachträglichen Genehmigung völlig versagt. Lackner (6 a) nimmt „mindestens in der Regel" einen Rechtfertigungsgrund, teilweise auch einen Tatbestandsausschluß an, während D-Tröndle (20 f.) zwischen Fällen der Rechtfertigung, des Verbotsirrtums und Strafausschließungsgrundes differenziert. Bei der Frage der Rechtsnatur ist zunächst zwischen vorheriger und nachträglicher Genehmigung zu unterscheiden.

α) Die **vorherige Genehmigung** wirkt weder tatbestandsausschließend, da der Täter den Vorteil für die Diensthandlung annimmt, noch ist sie bloßer Entschuldigungs- oder Strafausschließungsgrund, was auch hinsichtlich der Teilnahme zu unmöglichen Konsequenzen führen würde; vielmehr ist die Zustimmung ein Rechtfertigungsgrund (ebenso Blei II 462, Jescheck LK 16), weil der Amtsträger den Vorteil annehmen darf (D-Tröndle 20, so grundsätzlich auch Maiwald JuS 77, 356, Rudolphi SK 40). Der Grund für die Rechtfertigung liegt darin, daß in bestimmten Fällen das staatliche Interesse an der Belassung des Vorteils gegenüber dem Interesse an der Verhinderung an sich unerwünschter Vorteilsannahme überwiegen kann, z. B. bei einem achtenswerten Motiv für eine Zuwendung, z. B. Dankbarkeit für die Lebensrettung durch einen Polizeibeamten (Lackner 6a) oder die Löschung des Hauses durch die Feuerwehr, aber auch wegen einer im staatlichen Interesse liegenden Respektierung andersartiger Gebräuche im Ausland bei internationalen Verhandlungen oder im diplomatischen Dienst. Als Rechtfertigungsprinzip kommt aber auch ein mangelndes Interesse am Verbot unverfänglicher, weil das Rechtsgut der Bestechungsdelikte (vgl. o. 5) nicht beeinträchtigender Vorteilsannahmen, in Betracht. Dieser Gesichtspunkt spielt insbes. eine Rolle bei Weihnachts- oder Neujahrsgeschenken an Verkehrspolizisten auf der Straßenkreuzung, Postboten, Müllwerker usw. (Lackner 6a). Teilweise wird dagegen in diesen Fällen der „üblichen" oder „sozialadäquaten" Vorteile die Tatbestandsmäßigkeit mit der Begründung verneint, daß die für das geschützte Rechtsgut ungefährlichen Handlungen materiell nicht dem vom Tatbestand beschriebenen Unrechtstyp entsprechen (Maiwald JuS 77, 356, Rudolphi SK 40, vgl. auch u. 55).

49 Trotz dieser Gesichtspunkte läßt sich Abs. 3, soweit er die vorherige Zustimmung betrifft, nicht nahtlos ins System der Rechtfertigungsgründe einordnen, weil auch bei überwiegenden staatlichen Interessen für eine Tolerierung der Vorteilsannahme diese von der in Abs. 3 geforderten Genehmigung der Behörde abhängig ist. Die Behörde kann ihrerseits aber nicht frei über das durch § 331 geschützte Rechtsgut disponieren, sondern muß nach ihrem pflichtgemäßen Ermessen prüfen, ob nach Lage des Falles zu besorgen ist, daß „die Annahme der Zuwendung die objektive Amtsführung des Beamten beeinträchtigt oder bei Dritten, die von der Zuwendung Kenntnis erlangen, den Eindruck seiner Befangenheit entstehen lassen könnte" (Runderlaß des Bundesministers des Innern vom 20. 3. 1962, zit. nach Plog-Wiedow-Beck aaO 6), was letztlich bedeutet, daß für die Entscheidung der Behörde die oben genannten Gründe für die Genehmigungsfähigkeit maßgeblich sein müssen. Dies bedeutet, daß die genannten Rechtfertigungsprinzipien zwar die Genehmigungsfähigkeit der Vorteilsannahme betreffen, nicht aber die Dispositionsbefugnis der Behörde berühren, die ihrerseits nach pflichtgemäßem Ermessen entscheiden muß, ob sie die Genehmigung erteilen will oder nicht.

50 Aus den Gesichtspunkten der Genehmigungsfähigkeit einerseits und des Vorrangs der Dispositionsbefugnis der Behörden andererseits ergeben sich für die vorherige Genehmigung folgende Grundsätze. Ein Amtsträger darf nur dann ohne weitere Voraussetzungen sich einen Vorteil versprechen lassen oder ihn annehmen, wenn eine generelle Genehmigung (vgl. u. 54) für die Annahme der in Frage stehenden Geschenke vorliegt. Mangels einer generellen Genehmigung kann er sich einen Vorteil versprechen lassen, sofern dieser nach den oben genannten Grundsätzen genehmigungsfähig ist und dies unter dem Vorbehalt der behördlichen Genehmigung geschieht; annehmen darf er den Vorteil allerdings erst, wenn die Genehmigung erteilt ist. Besteht die Initiative des Gebers darin, daß er dem Amtsträger nicht bloß etwas anbietet, sondern ihm den Vorteil gleich zuwendet, so liegt auf seiten des Amtsträgers noch kein Annehmen vor, wenn er den Vorbehalt erklärt, und den Vorteil wieder zurückzugeben, wenn dessen Entgegennahme nicht genehmigt wird (vgl. o. 27). Ist die Erklärung dieses Vorbehaltes nicht zumutbar, wie z. B. bei Zuwendungen im diplomatischen Verkehr, so darf ein Amtsträger den Vorteil nur annehmen, wenn er genehmigungsfähig ist und er nach der bisherigen Praxis der Genehmigungsbehörde von einer Genehmigung ausgehen durfte. Das gleiche gilt für Vorteile, die nicht zurückgegeben oder zur Verfügung der Behörde gehalten werden können, wie z. B. eine Einladung zum Essen oder Theaterbesuch; vgl. u. 51.

51 β) Eine nachträgliche Genehmigung kann als solche eine vorausgegangene Vorteilsannahme nicht rechtfertigen, da die Rechtswidrigkeit oder Rechtmäßigkeit im Zeitpunkt der Handlung feststehen muß. Dies bedeutet jedoch nicht, daß jede **Vorteilsannahme ohne Genehmigung** stets rechtswidrig wäre. Praktisch bedeutsam wird die Frage einer Rechtfertigung ohne vorherige Genehmigung vor allem in den zuletzt genannten Konfliktsfällen (keine Erklärung des Genehmigungsvorbehaltes, nur sofort verbrauchbare Vorteile); vgl. o. 50. Hier sind aus dem Abs. 3 zugrundeliegenden Grundgedanken (vgl. o. 48) Rechtfertigungsprinzipien zu entwickeln. Kann nämlich eine vorherige Genehmigung nicht in zumutbarer Weise eingeholt werden, so muß der Amtsträger selbst entscheiden, ob überwiegende staatliche Interessen für die Annahme des Vorteils bestehen (vgl. o. 48). Dies ist dann der Fall, wenn es sich nach den gesetzlichen Vorschriften und der bestehenden Verwaltungspraxis um einen genehmigungsfähigen Vorteil handelt. Nimmt er einen solchen Vorteil an, so ist er gerechtfertigt, sofern er in der Absicht handelt, die Genehmigung nachträglich einzuholen (krit. zu dieser Absicht Maiwald JuS 77, 357). Diese Absicht ist als subjektives Rechtfertigungsmerkmal deswegen erforderlich, weil die Dispositionsbefugnis der Behörde auch in diesen Fällen nicht völlig aufgehoben, sondern in einer Art Kontrollbefugnis weiterbesteht. Unerheblich für die Rechtfertigung ist bei genehmigungsfähigen Vorteilen jedoch, ob die Genehmigung später tatsächlich erfolgt (zust. Lackner 6c, Rudolphi SK 49, Maiwald JuS 77, 356f.; and. D-Tröndle 21: Verbotsirrtum), weil sonst in Konfliktsfällen, in denen der Täter selbst entscheiden muß – und nur darum geht es hier –, seine Strafbarkeit in unangemessener Weise vom Willen einer Behörde abhängen würde. Dies gilt um so mehr, als § 333 III eine der Sache nach gleichlautende Vorschrift für den Vorteilsgeber bringt und es in höchstem Maße unerträglich wäre, wenn trotz Genehmigungsfähigkeit des Geschenks die Strafbarkeit des Nichtamtsträgers von einer Ermessensentscheidung der Behörde abhinge.

γ) Sind die genannten Voraussetzungen (vgl. o. 48 ff.) nicht erfüllt, so bleibt die Tat rechtswidrig. Eine dennoch **nachträglich erteilte Genehmigung** nach Abs. 3 ist aber nicht unbeachtlich, sondern wirkt als **Strafaufhebungsgrund** (ebenso D-Tröndle 21, Lackner 6c, Rudolphi SK 50). Zur Frage der Rechtswidrigkeit der Genehmigung vgl. u. 53. 52

c) Nach dem Wortlaut von Abs. 3 ist eine Genehmigung nur wirksam, wenn die Genehmigungsbehörde sich „**im Rahmen ihrer Befugnisse**" hält. Wann dies der Fall ist, entscheidet sich nach öffentlichem, insb. nach Beamtenrecht. In diesem Zusammenhang stellt sich die Frage, wie sich eine fehlerhafte Genehmigung auf die Strafbarkeit des Amtsträgers auswirkt. Zunächst ist festzustellen, daß dieser sich grundsätzlich nicht auf die Genehmigung berufen kann, die er erschlichen hat, z. B. durch eine Täuschung über den Wert des Vorteils oder des Anlasses, aus dem er gewährt werden soll (D-Tröndle 18); zur Problematik vgl. RN 61 vor § 32. Sonstige fehlerhafte Genehmigungen können im Dienstwege zwar aufgehoben werden, hinsichtlich ihrer Wirkung ist jedoch zu unterscheiden. Eine nichtige Genehmigung (vgl. Wolff-Bachof, Verwaltungsrecht, § 51 III d, Eyermann-Fröhler, VwGO, § 42 Anh. RN 1) ist unbeachtlich; hat der Amtsträger die Nichtigkeit nicht erkannt, handelt er im Verbotsirrtum, der vorwerfbar ist, wenn er die Nichtigkeit hätte erkennen können. Sonst fehlerhafte Genehmigungen können zwar aufgehoben werden, haben aber bis zu ihrer Aufhebung Bestandskraft (vgl. Wolff-Bachof aaO § 50 Ib 2, Eyermann-Fröhler aaO § 42 RN 21), so daß ihre spätere Aufhebung, wenn sie nicht vor der Vorteilsannahme erfolgt, die Rechtmäßigkeit der Tat oder ihre strafausschließende Wirkung unberührt läßt (vgl. RN 61 vor § 32). Demgegenüber steht die h. M. auf dem Standpunkt, daß die zu Unrecht erteilte Genehmigung keine Wirkung entfalte, da die Behörde damit den „Rahmen ihrer Befugnis" überschritten habe (D-Tröndle 19, Lackner 6d, Maiwald JuS 77, 356, Rudolphi SK 46). 53

d) Die **Genehmigung** kann **generell** für bestimmte Arten von Vorteilen oder für den **Einzelfall** erteilt werden. Weiß der Amtsträger von einer generellen Genehmigung nichts und nimmt er dennoch einen Vorteil an, so ist er straflos, weil der Versuch bei Abs. 1 nicht unter Strafe gestellt ist (vgl. 15 vor § 32). Auch eine schlüssige oder stillschweigende Genehmigung kommt in Betracht (vgl. RG JW **34**, 2469 m. Anm. Wagner, Jescheck LK 15, speziell für Werbegeschenke H. Fuhrmann GA 59, 101; Creifelds GA 62, 41); nicht jedes Dulden durch die oberste Dienstbehörde ist aber schon eine stillschweigende Erlaubnis (BGH JR **61**, 507, Creifelds GA 62, 41). 54

3. Zweifelhaft ist, ob neben einer **Rechtfertigung** nach Abs. 3 ein Strafbarkeitsausschluß **kraft Gewohnheitsrechts** (Baumann BB 61, 1067 zu § 331 a. F.) oder aufgrund einer Verkehrssitte (vgl. Eb. Schmidt aaO 144 ff., Schmidt-Leichner NJW 60, 850; vgl. auch Creifelds GA 62, 36 f., ferner Geerds aaO 73 ff., der schon im Tatbestandsbereich weitergehend den Gedanken der sozialen Adäquanz berücksichtigt wissen will, ebenso Rudolphi SK 23) oder nach den Grundsätzen der Sozialadäquanz (vgl. 107 a vor § 32) in Betracht kommt. Grundsätzlich kann, nachdem die Problematik durch Abs. 3 geregelt ist, nur davon ausgegangen werden, daß ein Strafbarkeitsausschluß aus übergesetzlichen Gründen nur in dem schmalen Bereich in Betracht kommt, der sich einer exakten gesetzlichen Regelung entzieht. Dies sind grundsätzlich nur die Fälle, in denen die Annahme eines geringfügigen Vorteils, sofern er überhaupt als Gegenleistung für eine Dienstleistung in Betracht zu ziehen ist (vgl. o. 48), Regeln der Höflichkeit oder Erkenntlichkeit folgt, wie z. B. in dem o. 50 genannten Fall einer Einladung zum Essen. Auch ohne Genehmigung nicht strafbar ist z. B. die Annahme der üblichen Neujahrsgeschenke durch Briefträger (vgl. Hirsch ZStW 74, 126); weitergehend will Kaiser NJW 81, 321 bei Geschenken bis 50,– DM den Vorteilcharakter verneinen. Die Gepflogenheiten innerhalb der Wirtschaft dürfen jedoch nicht auf die Beziehungen zur öffentlichen Verwaltung übertragen werden (H. Fuhrmann GA 59, 101). Im Interesse einer sauberen Amtsführung kann es sich immer nur um Sonderfälle handeln, die strenge Maßstäbe fordern (vgl. BGH LM **Nr. 1**). Über sog. Gefälligkeiten vgl. o. 31. 55

VII. Idealkonkurrenz ist möglich mit Betrug (vgl. BGH **15** 99). Bei gleichzeitiger Drohung liegt Idealkonkurrenz zwischen Vorteilsannahme und Erpressung vor (vgl. o. 20, BGH **9** 245). Läßt sich der Beamte durch ein Geschenk für eine pflichtwidrige und eine pflichtgemäße Handlung bestechen, so erfolgt Bestrafung nur aus § 332. Vgl. o. 7. Idealkonkurrenz ist ferner möglich mit § 12 UWG. 56

§ 332 Bestechlichkeit

(1) **Ein Amtsträger oder ein für den öffentlichen Dienst besonders Verpflichteter, der einen Vorteil als Gegenleistung dafür fordert, sich versprechen läßt oder annimmt, daß er eine Diensthandlung vorgenommen hat oder künftig vornehme und dadurch seine Dienstpflichten verletzt hat oder verletzen würde, wird mit Freiheitsstrafe von sechs Monaten bis zu fünf Jahren, in minder schweren Fällen mit Freiheitsstrafe bis zu drei Jahren oder mit Geldstrafe bestraft. Der Versuch ist strafbar.**

(2) **Ein Richter oder Schiedsrichter,** der einen Vorteil als Gegenleistung dafür fordert, sich versprechen läßt oder annimmt, daß er eine richterliche Handlung vorgenommen hat oder künftig vornehme und dadurch seine richterlichen Pflichten verletzt hat oder verletzen würde, wird mit Freiheitsstrafe von einem Jahr bis zu zehn Jahren, in minder schweren Fällen mit Freiheitsstrafe von sechs Monaten bis zu fünf Jahren bestraft.

(3) Falls der Täter den Vorteil als Gegenleistung für eine künftige Handlung fordert, sich versprechen läßt oder annimmt, so sind die Absätze 1 und 2 schon dann anzuwenden, wenn er sich dem anderen gegenüber bereit gezeigt hat,
1. bei der Handlung seine Pflichten zu verletzen oder,
2. soweit die Handlung in seinem Ermessen steht, sich bei Ausübung des Ermessens durch den Vorteil beeinflussen zu lassen.

Schrifttum: Vgl. die Angaben zu § 331.

1   I. Die Vorschrift regelt die **erschwerte Form** der **passiven Bestechung,** d. h. die Vorteilsannahme usw. für eine pflichtwidrige Handlung; zum Verhältnis zu § 331 vgl. dort RN 7. Gesetzgeberisches Motiv dieser Vorschrift ist es, die bisher in Rspr. (grundlegend BGH **15** 239) und Schrifttum (grundlegend Schröder GA 61, 289) vorherrschende Auffassung legislatorisch festzuschreiben. Zu ihrer Funktion innerhalb der neuen Vorschrift vgl. u. 15. Zum Rechtsgut der Bestechungsdelikte vgl. § 331 RN 5. Nach Wagner (aaO 277) ist die Vorschrift ein „Sammeltatbestand", der kein bestimmtes Rechtsgut sondern „alle staatlichen Güter" schützt; dem kann nicht zugestimmt werden.

2   II. Der **objektive Tatbestand** erfordert, daß ein Amtsträger oder für den öffentlichen Dienst besonders Verpflichteter für eine zurückliegende, gleichzeitig vorgenomene (vgl. u. 6, 15) oder künftige Diensthandlung, die pflichtwidrig ist, einen Vorteil fordert, sich versprechen läßt oder annimmt (Abs. 1). In Abs. 2 wird die Vorteilsannahme usw. für eine pflichtwidrige richterliche Handlung durch einen Richter oder Schiedsrichter erfaßt.

3   1. Die Tat muß sich auf eine **Diensthandlung** oder **richterliche Handlung** beziehen.

4   a) Durch den Wortlaut wird verdeutlicht, daß die Bezugshandlung eine Diensthandlung (Abs. 1) sein muß (so schon zu § 332 a. F. RG **68** 71, **69** 394). **Privathandlungen** des Beamten scheiden selbst dann aus, wenn sie unter Verletzung einer Amts- oder Dienstpflicht vorgenommen werden (RG **70** 182, BGH **18** 267). Nicht unter die Vorschrift fällt z. B. ein Lehrer, der gegen ein ausdrückliches Verbot seines Vorgesetzten Privatunterricht erteilt (RG **16** 47, BGH GA **66**, 377) oder ein Kriminalbeamter, der entgegen einer Weisung im privaten Auftrag Ermittlungen führt (vgl. jedoch RG **16** 42). Die Erstattung von Gutachten kann eine reine Privathandlung (RG **70** 172), aber auch eine Diensthandlung darstellen (RG HRR **40** Nr. 872; vgl. auch BGH **3** 147). Vgl. im einzelnen § 331 RN 10 ff. Täuscht der Täter die Diensthandlung vor, so soll nach BGH **29** 300 § 332 ausscheiden; vgl. dazu § 331 RN 30.

5   2. Die **Bezugshandlung** muß die **dienstlichen** (Abs. 1) oder **richterlichen** (Abs. 2) **Pflichten** des Täters **verletzen.** Bei zurückliegenden oder mit der Unrechtsvereinbarung zeitlich zusammenfallenden (vgl. u. 6, 15) Handlungen muß festgestellt werden, worin die Pflichtwidrigkeit liegt; läßt sich diese Feststellung nicht treffen, so kommt nur § 331 in Betracht. Für künftige Handlungen genügt nach Abs. 3 die Feststellung, daß der Täter sich dem anderen gegenüber bereit gezeigt hat, bei der in Aussicht genommenen Handlung seine Pflichten zu verletzen oder, soweit die Handlung in seinem Ermessen steht, sich bei Ausübung des Ermessens durch den Vorteil beeinflussen zu lassen. Zur Bedeutung des Abs. 3 vgl. u. 15. Bei der Tathandlung ist daher zwischen schon vorgenommenen und künftigen Bezugshandlungen zu unterscheiden.

6   Der frühere Streit, ob die Vorteilsannahme usw. der pflichtwidrigen Handlung nachfolgen kann (vgl. dazu Schröder GA 61, 298), der insb. bei Ermessenshandlungen eine Rolle spielte, hat sich durch die Neufassung erledigt. § 332 liegt deshalb auch dann vor, wenn der Täter einen bestimmten Bewerber aus sachfremden Erwägungen bevorzugt und später unter Hinweis darauf einen Vorteil verlangt. Gleichgültig ist, ob er dies von vornherein vorhatte oder nicht. Dagegen reicht nicht aus, daß der Beamte für eine an sich korrekte Ermessensentscheidung sich nachträglich einen Vorteil gewähren läßt; hier kommt nur § 331 in Betracht, selbst wenn der Amtsträger die frühere Entscheidung als pflichtwidrig hinstellt.

7   a) Eine **Diensthandlung** ist **pflichtwidrig,** wenn sie gegen Gesetze, Verwaltungsvorschriften, Richtlinien, allgemeine Dienstanweisungen oder Anweisungen des Vorgesetzten (H. Fuhrmann GA 60, 108) verstößt. Im einzelnen ist zu unterscheiden:

8   α) Im Falle **gebundenen Handelns** ist die Dienstpflicht verletzt, wenn die Diensthandlung den dafür maßgebenden Rechts- oder Verwaltungsvorschriften usw. zuwiderläuft (BGH **15** 92). Dies gilt auch bei der Anwendung unbestimmter Rechtsbegriffe (z. B. Zuverlässigkeit des Bewerbers um eine Konzession), so daß eine Pflichtverletzung nur vorliegt, wenn das Ergebnis

sachlich unrichtig ist (vgl. auch H. Fuhrmann GA 60, 109). Notwendig ist, daß die Amtshandlung so, wie sie vorgenommen wurde oder vorgenommen werden soll, den maßgebenden Rechts- oder Dienstvorschriften widerspricht; es genügt nicht, daß der Amtsträger sie nur als pflichtwidrig hinstellt, da hier im Hinblick auf die objektive Meßbarkeit der Handlung an den einschlägigen Vorschriften das öffentliche Vertrauen in die Ordnungsmäßigkeit der Amtsführung nicht über den Rahmen des § 331 hinaus erschüttert werden kann.

Einzelfälle: Eine **Pflichtverletzung** liegt z. B. in der verbotswidrigen Beförderung eines Gefangenenbriefes durch einen Gefängnisbeamten (RG **36** 66), in der Belieferung eines nach § 63 Untergebrachten mit Alkohol (BGH MDR/H **81**, 631), in der Mitwirkung eines zur Bekämpfung von Steuerdelikten verpflichteten Finanzbeamten bei der Abgabe falscher Steuererklärungen (RG **72** 72, BGH **3** 147), in der Fälschung der Submissionsunterlagen bei einer öffentlichen Ausschreibung (BGH NJW **87**, 1340), in der pflichtwidrigen Mitteilung von Amtsgeheimnissen (BGH **4** 294, **14** 123, Hamm NJW **73**, 716; and. Ebert GA 79, 366) und zwar auch dann, wenn der Täter diese durch Geheimnisverrat eines anderen Amtsträgers erfahren hat (BGH **14** 124), in der zeitlich bevorzugten Erledigung eines Antrags vor früher eingegangenen Anträgen anderer, wenn diese dadurch benachteiligt werden (BGH **15** 371, **16** 37), sowie in der Weitergabe von Informationen an einen von mehreren Wettbewerbern (Hamm NJW **73**, 716). **Keine Pflichtwidrigkeit** liegt dagegen in der Erteilung harmloser Auskünfte durch einen Beamten des Einwohnermeldeamtes (RG **37** 355); dasselbe gilt für das Nichtstellen eines Strafantrags wegen Amtsbeleidigung (RG **20** 416 [Ermessensentscheidung]), für den Strafantrag nach § 194 oder für die falsche Zeugenaussage über dienstlich wahrgenommene Vorgänge, da es insoweit an einer Diensthandlung fehlt (Eb. Schmidt aaO 28; and. Celle NdsRpfl. **49**, 159). Auch die Erledigung eines Dienstgeschäfts, das nach der behördlichen Geschäftsverteilung zur Zuständigkeit eines anderen Amtsträgers gehört, ist nicht ohne weiteres deshalb eine Pflichtverletzung, weil es vom Täter vorgenommen wird (BGH **16** 37). Auch die nur in der Vorteilsannahme nach § 331 liegende Pflichtverletzung begründet für sich allein noch keine Pflichtwidrigkeit i. S. des § 332 (BGH **3** 146, **15** 91, 239, **16** 39, JR **61**, 508). Eine Verletzung der Dienstpflicht liegt ferner nicht vor, wenn der Beamte irrtümlich einen Sachverhalt annimmt, bei dem seine Diensthandlung pflichtwidrig wäre (Jescheck LK 6, Rudolphi SK 10, Eb. Schmidt aaO 114; and. BGH **2** 173). Hier kommt daher nur Versuch des § 332 in Tateinheit mit Vollendung von § 331 in Betracht (Creifelds GA 62, 36; and. [Wahndelikt] Welzel 542). Anders ist es nur dann, wenn die Dienstpflicht nicht an einen objektiven Sachverhalt anknüpft, sondern an bestimmte Vorstellungen des Beamten. So ist ein Polizeibeamter schon dann zur Anzeige verpflichtet, wenn er das Vorliegen einer strafbaren Handlung annimmt; unterläßt er die Anzeige, so ist diese Unterlassung pflichtwidrig, auch wenn eine strafbare Handlung in Wirklichkeit nicht begangen worden ist (RG **10** 67; vgl. auch RG JW **22**, 296 m. Anm. Kitzinger).

β) Bei **Ermessenshandlungen** kann eine Pflichtwidrigkeit zunächst in dem Akt als solchem liegen, so bei Ermessensmißbrauch und Ermessensüberschreitung. Darüber hinaus ist die Dienstpflicht auch dann verletzt, wenn zwar die Entscheidung nicht i. E., wohl aber in der Art ihres Zustandekommens zu beanstanden ist, weil der Beamte neben sachlichen auch sachfremden Erwägungen Einfluß auf seine Entscheidung eingeräumt hat (Blei II 463; z. T. and. Baumann BB 61, 1062). Dies ist z. B. der Fall, wenn der Täter einem an sich durchaus qualifizierten Bewerber vor anderen deshalb den Vorzug gibt, weil er derselben Partei angehört (Schröder GA 61, 298). Zur Definition des Ermessensbeamten vgl. Frankfurt NJW **90**, 2074.

γ) Das **Unterlassen** einer pflichtgemäß gebotenen Diensthandlung wird durch § 335 dem pflichtwidrigen Tun gleichgestellt; vgl. dort RN 1, § 331 RN 15.

δ) Ist die Vornahme einer Handlung in das **freie Belieben** gestellt, so liegt eine Dienstpflichtverletzung auch dann nicht vor, wenn sich der Amtsträger bei seiner Entscheidung auch von außerdienstlichen Beweggründen leiten läßt (BGH **3** 143, Lackner 3a). Insoweit kommt daher nur § 331 in Betracht.

b) Eine **richterliche Handlung** (vgl. dazu § 331 RN 13) ist pflichtwidrig, wenn durch sie das materielle oder formelle Recht dadurch verletzt wird, daß eine ungültige Norm zur Anwendung gebracht, eine gültige Norm nicht oder nicht richtig zur Anwendung gebracht wird oder eine Ermessensüberschreitung oder ein Ermessensmißbrauch vorliegt. Bei objektiv mehrdeutigen Rechtsnormen kann von einer Pflichtwidrigkeit nur gesprochen werden, wenn sich das Ergebnis nicht mehr im Rahmen der zulässigen Interpretation hält, d. h. nicht mehr vertretbar ist (BGH **3** 110).

Eine Rechtsbeugung (vgl. § 336 RN 4ff.), bei welcher der Täter in einer „Rechtssache" zugunsten oder zum Nachteil einer Partei das Recht beugt, ist nicht erforderlich, weil der Begriff der richterlichen Handlung (vgl. § 331 RN 13) weiter ist als der der „Leitung oder Entscheidung einer Rechtssache" (vgl. hierzu § 336 RN 3a).

15 c) Bezieht sich die Bestechlichkeit auf eine **künftige dienstliche** oder **richterliche Handlung**, so kommt es für die Strafbarkeit nicht auf die Feststellung an, daß der Täter später tatsächlich eine Pflichtwidrigkeit begangen hat, sondern darauf, daß er sich zu einer solchen bereit gezeigt hat. Dies ist der Fall, wenn die in Aussicht gestellte Diensthandlung bei zutreffender Würdigung des dabei dargestellten SV als pflichtwidrig zu beurteilen wäre; ergibt sich aus den mitgeteilten tatsächlichen Umständen die Pflichtmäßigkeit der Amtshandlung, so kommt § 332 auch dann nicht in Betracht, wenn der Amtsträger behauptet, sein in Aussicht gestelltes Verhalten sei pflichtwidrig (vgl. BGH NStZ **84**, 24). Dies ergibt sich aus Abs. 3, dessen Funktion verschieden gesehen wird. Nach D-Tröndle 7 ist Abs. 3 nur eine Bestätigung der Notwendigkeit einer sich aus Abs. 1, 2 ergebenden Unrechtsvereinbarung, nach Lackner 3b läßt die Neufassung „lediglich die praktisch bedeutungslose Frage offen, ob Gegenstand einer solchen Unrechtsvereinbarung wirklich eine pflichtwidrige Diensthandlung ist oder ob Fälle des Bereitzeigens durch Abs. 3 einer solchen nur gleichgestellt werden". Beide Auffassungen verkürzen das Problem. Nach Abs. 1 müßte ein Amtsträger den Vorteil dafür annehmen usw., daß er eine Diensthandlung in Zukunft vornehme, durch die er objektiv seine Dienstpflichten verletzen würde. Dies würde bedeuten, daß einerseits die künftige Handlung schon so weit konkretisiert sein müßte, daß deren Pflichtwidrigkeit festgestellt werden kann (vgl. hierzu u. 17f.) und der Täter andererseits nur wegen Versuchs nach § 332 (in Idealkonkurrenz mit § 331) bestraft werden könnte, wenn er die rvesprochene Handlung (bewußt oder irrtümlich) als pflichtwidrig darstellen würde, während sie dies in Wahrheit nicht ist. Dies würde den Kern der Unrechtsvereinbarung verfälschen. Bei ihr kommt es nur darauf an, was der Beamte erklärt; was später geschieht, was er später tun will, ob er überhaupt pflichtwidrig handeln will usw. ist uninteressant (vgl. u. 18). Dies bringt Abs. 3 dadurch zum Ausdruck, daß er hinsichtlich künftigen Handelns das Bereitzeigen zur Pflichtwidrigkeit ausreichen läßt. Abs. 3 ist also notwendige Ergänzung zu Abs. 1 und 2. Zweifelhaft kann allerdings sein, was bei gleichzeitig vorgenommenen Handlungen gelten soll. Fällt die Pflichtverletzung mit der Tathandlung zeitlich in der Weise zusammen, daß das Bereitzeigen zur Pflichtverletzung sich schlüssig nur aus der Vornahme zur Diensthandlung ergibt (Strafgefangener zeigt Geldschein, Wärter öffnet darauf die Gefängnistür), so ist deren Pflichtwidrigkeit wie bei zurückliegenden Handlungen festzustellen.

16 Diese Regelung entspricht der in diesem Kommentar schon zum früheren Recht vertretenen Auffassung (vgl. 17. A. RN 13) und ergibt sich aus der hier vertretenen Konzeption der Bestechungsdelikte, die maßgeblich auf die Unrechtsvereinbarung zwischen Bestecher und Bestochenen abstellt. Maßgeblich ist also nicht, was der Täter will, sondern was er erklärt; seine Mentalreservation, dem Vorteil keinen Einfluß einräumen zu wollen, ist deshalb unbeachtlich, was sich jetzt unmittelbar aus Abs. 3 ergibt, nach früherem Recht aber nicht aus § 116 BGB zu folgern war (so jedoch Krönig NJW 60, 2083, Stein NJW 61, 463), sondern daraus, daß das Vertrauen der Allgemeinheit in die Sachlichkeit der Staatstätigkeit in der für § 332 erforderlichen Weise schon dadurch gefährdet wird, daß das Verhalten des Amtsträgers so verstanden werden muß, als sei er bereit, pflichtwidrig zu handeln oder den Vorteil bei seiner Entscheidung zu berücksichtigen (Schröder GA 61, 297). Gibt er deshalb, wenn auch nur stillschweigend, durch die bloße Annahme des Vorteils usw. zu verstehen, er werde pflichtwidrig handeln oder bei seiner Entscheidung den Vorteil berücksichtigen, so ist damit der Tatbestand des § 332 erfüllt (BGH **15** 97, 239, 354, JR **61**, 508); kann dies nicht mit Sicherheit festgestellt werden, so ist § 331 anzuwenden (Schröder GA 61, 298; vgl. auch § 331 RN 7).

17 α) Bei **gebundenem Handeln** (vgl. o. 8) muß der Täter seine Bereitschaft zeigen, bei der in Aussicht genommenen Handlung pflichtwidrig zu handeln; nicht notwendig ist, daß er im einzelnen sagt, gegen welche Vorschriften usw., die für die betreffende Handlung maßgeblich sind, er verstoßen wird. Die Bereitschaft kann ausdrücklich erklärt, schlüssig zum Ausdruck gebracht werden oder sich aus den Umständen ergeben. Nicht notwendig ist, daß der Bestechende die Pflichtwidrigkeit erkennt (BGH **15** 355); dies spielt bloß für seine Strafbarkeit (§ 333 oder § 334) eine Rolle (vgl. jedoch RG **74** 255, DR **43**, 77, wo verlangt wird, der Bestecher müsse als Gegenleistung eine „pflichtwidrige Amtshandlung" erwartet haben). Dabei genügt es, daß der Täter vorspiegelt, Diensthandlungen der erwarteten Art vornehmen zu können (D-Tröndle 7).

18 β) Für den Fall der **Ermessensentscheidung** bestimmt Abs. 3, daß der Täter sich bereit zeigen muß, bei Ausübung des Ermessens sich durch den Vorteil beeinflussen zu lassen. Daraus ergibt sich zunächst, daß eine Pflichtwidrigkeit nicht schon damit begründet werden kann, daß der Amtsträger überhaupt einen Vorteil angenommen hat (z. B. BGH **15** 91, 239, Schröder GA 61, 295). Andererseits ist nicht erforderlich, daß der Amtsträger bei der späteren Ermessenshandlung durch die Vorteilsgewährung tatsächlich beeinflußt worden ist. Denn die Pflichtwidrigkeit der Amtshandlung muß schon in dem für die Vollendung maßgeblichen früheren Zeitpunkt des Annehmens, Forderns usw. ersichtlich sein, auch braucht es zu der Amtshandlung ebenso wie in § 331 überhaupt nicht zu kommen (o. 15). Da der Amtsträger schließlich die

Diensthandlung nicht einmal zu wollen braucht (o. 15), kann auch nicht entscheidend sein, ob er z. Zt. der Vorteilsannahme usw. die Absicht hatte, der Zuwendung Einfluß auf seine Ermessensausübung einzuräumen (and. zu § 332 a. F. Baumann BB 61, 1063 f., Henkel JZ 60, 509, Klug JZ 60, 726, Eb. Schmidt aaO 55). Anders als beim gebundenen Handeln (vgl. o. 8) kann die Pflichtwidrigkeit hier vielmehr allein aus dem gefolgert werden, was der Täter als Gegenleistung für den Vorteil verspricht; liegt diese in dem genannten Bereitzeigen, so ist § 332 erfüllt.

Als **Ermessenbeamte** sind von der Rspr. beispielsweise angesehen worden: Angestellte des Wohnungsamts (RG **56** 368), Prüfungsbeamte des Finanzamts (RG **72** 72), Preisprüfer (RG **77** 75), Angestellte der Devisenstelle (RG JW **37**, 883), Postbeamte bei gewissen Entscheidungen (RG JW **34**, 1499). Hierher gehört auch die Entscheidung über ein Gnadengesuch (RG **58** 263), ferner darüber, welches Angebot das günstigste sei (BGH NJW **60**, 831, H. Fuhrmann GA **60**, 107). Dagegen genügt es nicht, wenn ein Amtsträger ohne eigenen Ermessensspielraum nur die Grundlagen für die Ermessenentscheidung eines anderen zusammenstellt (BGH GA **59**, 374); vgl. dazu auch H. Fuhrmann GA **60**, 107. 19

γ) Für **richterliche Handlungen,** die auch in einer Ermessenshandlung liegen können, gilt Entsprechendes. 20

3. Die **Tathandlung** besteht darin, daß der Täter als Gegeleistung für die pflichtwidrige Handlung einen Vorteil fordert, sich versprechen läßt oder annimmt. Zum **Fordern, Sichversprechenlassen** und **Annehmen** vgl. § 331 RN 24 ff. Zum Begriff des **Vorteils** vgl. § 331 RN 19 ff. Erforderlich ist, daß der Vorteil die **Gegenleistung** für die **pflichtwidrige Handlung** ist; daran kann es fehlen, wenn der Amtsträger aus der pflichtwidrigen Handlung selbst den Vorteil ziehen soll (z. B. Mittäterschaft eines Polizisten am Bankeinbruch); vgl. hierzu BGH **1** 182, **16** 39, NStZ **87**, 326 m. Anm. Letzgus NStZ 87, 309: Vorteil aus Vermögensstraftat. Stellt die pflichtwidrige Handlung nur eine Unterstützung der strafbaren Handlung eines anderen dar, deckt z. B. der Finanzbeamte eine Steuerhinterziehung, so wird § 332 nicht deswegen ausgeschlossen, weil der Vorteil aus dem Gewinn der strafbaren Handlung stammen oder nach dem Umfang der Beute berechnet werden soll (vgl. BGH NJW **64**, 2260), da er dadurch nicht den Charakter einer Gegenleistung für die Pflichtwidrigkeit verliert. 21

III. Für den **subjektiven Tatbestand** ist Vorsatz erforderlich. Der Täter muß bei zurückliegenden oder gleichzeitig vorgenommenen Handlungen insb. das Bewußtsein haben, daß die Handlung eine dienstliche oder richterliche Pflicht verletzt. Irrt sich der Täter über die Pflichtwidrigkeit der Amtshandlung, so kommt § 331 zur Anwendung (vgl. § 331 RN 7). Bei künftigen Handlungen genügt es, daß er weiß, daß er sich für eine Pflichtwidrigkeit bereitzeigt. Der Ermessenbeamte handelt daher vorsätzlich, wenn er sich bewußt ist, er erwecke nach außen hin den Eindruck, sich bei seiner Entscheidung durch die Zuwendung mitbestimmen zu lassen (BGH **15** 356). Dies ist i. d. R. anzunehmen, wenn der Amtsträger usw. erkennt, daß der ihm zugewandte Vorteil seine Ermessensausübung beeinflussen soll, diesen aber gleichwohl annimmt (vgl. RG **74** 251, BGH **11** 130, **15** 353). Dagegen braucht sich der Beamte nicht einer tatsächlich vorhandenen, durch die Zuwendung bedingten inneren Unfreiheit bewußt zu sein, da die Vornahme der ihm angesonnenen Pflichtwidrigkeit nicht zum Tatbestand des § 332 gehört (vgl. BGH GA **59**, 177). Zum Verbotsirrtum vgl. BGH **15** 356. 22

IV. Für den vorliegenden Tatbestand kann – anders als für § 331 (vgl. dort RN 39) – eine etwaige **Genehmigung** der vorgesetzten Behörde die **Rechtswidrigkeit nicht ausschließen** (BGH NJW **60**, 831, Hamburg HESt. **2** 341). 23

V. Für die **Vollendung** ist nicht erforderlich, daß der Täter aufgrund der Bestechung eine Pflichtwidrigkeit begeht (RG **64** 292, Hamburg HESt. **2** 338, 340, H. Fuhrmann ZStW 72, 536 mwN) oder überhaupt begehen will (RG **77** 78; BGH **11** 130, **15** 88 [m. N. aus Entstehungsgeschichte u. Rspr.], 353, NJW **53**, 1401, **60**, 831, 2154, GA **59**, 177, Hamburg HESt. **2** 338, 339, D-Tröndle 8, H. Fuhrmann ZStW 72, 567, Kirschbaum/Schmitz GA **60**, 344; and. Klug JZ 60, 725, Eb. Schmidt aaO 79 ff., Bockelmann ZStW 72, 257) oder daß er bei einer nachträglichen Zuwendung die Amtspflichtverletzung tatsächlich begangen hat (vgl. auch § 331 RN 33). 24

VI. **Täter** kann auch hier nur sein, wer Amtsträger, für den öffentlichen Dienst besonders Verpflichteter, Richter, Schiedsrichter oder Soldat (§ 48 II WStG) ist; vgl. § 331 RN 36 und § 11 RN 14 ff. Mittäterschaft nach § 332 setzt voraus, daß die Diensthandlung (richterliche Handlung) für jeden der Täter pflichtwidrig ist (RG **69** 395); jedoch ist eine Mittäterschaft zwischen §§ 332, 331 nicht ausgeschlossen (D-Tröndle 11, Jescheck LK 15). 25

Anstiftung und **Beihilfe** sind im § 334 zu Sonderdelikten erhoben, soweit die Handlung im Anbieten, Versprechen oder Gewähren von Vorteilen besteht. Eine Teilnahme an der Tat des Beamten kommt daher in diesem Rahmen nicht in Betracht (Hamburg HESt. **2** 341, Jescheck LK 16). Über Teilnahme durch Handlungen, die nicht unter § 334 fallen, vgl. dort RN 13 ff. 26

Die Unterstützung des Täters bei der pflichtwidrigen Handlung ist nicht schon als solche Teilnahme an § 332 (BGH **18** 265).

27 **VII.** Für die **Strafzumessung** ist u. a. bedeutsam, ob der Täter die pflichtwidrige Handlung begangen hat (BGH GA **59**, 176, H. Fuhrmann ZStW 72, 536) oder ob er sie begehen wollte (BGH **15** 97). Mängel der Dienstaufsicht bilden bei der Strafzumessung in der Regel keinen Milderungsgrund (BGH NJW **89**, 1938). Über den **Verfall** des Empfangenen vgl. §§ 73–73 d, über den **Verlust** der **Amtsfähigkeit** vgl. § 358.

28 **VIII. Idealkonkurrenz** ist möglich mit Betrug (RG HRR **40** Nr. 195), Untreue (BGH MDR **87**, 156, MDR/H **85**, 627), ferner mit § 30 II, sofern sich der Beamte zu einer pflichtwidrigen Amtshandlung bereit erklärt, die ein Verbrechen darstellt. Realkonkurrenz besteht in der Regel zwischen der Bestechlichkeit und der pflichtwidrigen Handlung, falls diese zugleich die Merkmale einer Straftat erfüllt (RG GA Bd. **54**, 293, BGH **7** 150, GA **59**, 177). Zum Verhältnis von § 332 zur Strafvereitelung vgl. § 258a RN 23. Über das Verhältnis zu §§ 331, 12 II UWG und 253 vgl. § 331 RN 56.

§ 333 Vorteilsgewährung

(1) **Wer einem Amtsträger, einem für den öffentlichen Dienst besonders Verpflichteten oder einem Soldaten der Bundeswehr als Gegenleistung dafür, daß er eine in seinem Ermessen stehende Diensthandlung künftig vornehme, einen Vorteil anbietet, verspricht oder gewährt, wird mit Freiheitsstrafe bis zu zwei Jahren oder mit Geldstrafe bestraft.**

(2) **Wer einem Richter oder Schiedsrichter als Gegenleistung dafür, daß er eine richterliche Handlung künftig vornehme, einen Vorteil anbietet, verspricht oder gewährt, wird mit Freiheitsstrafe bis zu drei Jahren oder mit Geldstrafe bestraft.**

(3) **Die Tat ist nicht nach Absatz 1 strafbar, wenn die zuständige Behörde im Rahmen ihrer Befugnisse entweder die Annahme des Vorteils durch den Empfänger vorher genehmigt hat oder sie auf unverzügliche Anzeige des Empfängers genehmigt.**

Schrifttum: Vgl. die Angaben zu § 331.

1 **I.** Zum Rechtsgut der Bestechungsdelikte vgl. § 331 RN 5. Die Bestimmung wird ergänzt durch § 335, so daß auch die Vorteilsgewährung für die Unterlassung einer künftigen Ermessens- oder richterlichen Handlung in Betracht kommt; zur Vergütung von Schiedsrichtern vgl. § 335a, der freilich bei § 333 kaum eine Rolle spielt.

2 **II. Der objektive Tatbestand** setzt nach Abs. 1 voraus, daß der Täter einem Amtsträger, für den öffentlichen Dienst besonders Verpflichteten oder Soldaten der Bundeswehr für eine künftige Ermessenshandlung einen Vorteil anbietet, verspricht oder gewährt. Nach Abs. 2 wird die Vorteilsgewährung für künftige richterliche Handlungen erfaßt. Zum Kreis der Bestechungsadressaten vgl. § 331 RN 36 and § 11 RN 17 ff., 33, 35 ff.; krit. hierzu u. 17 f.

3 1. Die **Bezugshandlung** muß in einer **künftigen** Ermessens- oder richterlichen Handlung bestehen. Die Entlohnung schon vorgenommener dienstlicher oder richterlicher Handlungen ist damit auf Seiten des Nichtamtsträgers nicht strafbar; zu den für die Teilnahme an §§ 331, 332 sich daraus ergebenden Konsequenzen vgl. u. 18. Ist die entlohnte Handlung rechts- oder ermessenswidrig, so kommt § 334 in Betracht (vgl. dort RN 3).

4 a) Nach **Abs. 1** genügt nur eine **künftige Ermessenshandlung,** d. h. eine Diensthandlung, bei deren Vornahme oder Unterlassung dem Amtsträger usw. ein Entscheidungsspielraum verbleibt (vgl. § 332 RN 18). Falls der Täter durch die Vorteilsgewährung den Amtsträger usw. zu bestimmen versucht, „sich bei der Ausübung des Ermessens durch den Vorteil beeinflussen zu lassen" (§ 334 III Nr. 2), oder mit der Möglichkeit rechnet, daß der Ermessensbeamte sich durch den Vorteil beeinflussen lassen wird (§ 334 I), kommt nicht mehr Abs. 1, sondern der qualifizierte Fall des § 334 in Betracht. Da dies regelmäßig so sein wird (vgl. Dornseifer JZ 73, 269, Lackner 3b), bleibt für § 333 I kaum ein Anwendungsbereich. Die Vorschrift ist daher wohl nur deshalb geschaffen worden, um bei Beweisschwierigkeiten hinsichtlich § 334 auf § 333 ausweichen zu können (vgl. BT-Drs. 7/1261 S. 21, Rudolphi SK RN 4).

5 b) Nach **Abs. 2** genügt **jede künftige richterliche** (vgl. § 331 RN 13) oder **schiedsrichterliche** (vgl. § 331 RN 14) **Handlung;** sie darf nicht pflichtwidrig sein, da sonst § 334 zur Anwendung kommt.

6 2. Die **Tathandlung** besteht darin, daß der Täter **Vorteile anbietet, verspricht** oder **gewährt.**

7 a) Über **Vorteile** vgl. § 331 RN 19 ff. Ohne Bedeutung ist, aus wessen Vermögen die Vorteile usw. stammen; auch die Zuwendung von unterschlagenem Geld kann § 333 erfüllen, ebenso eine Zuwendung aus fremdem Vermögen, über das der Täter verfügen kann (vgl. RG

HRR **42** Nr. 251). Nicht ausreichend ist es allerdings, daß der Amtsträger usw. sich den Vorteil selbst verschaffen soll, sei es auch durch eine Gelegenheit, die ihm der Täter verschafft (RG **4** 421, BGH **12** 182).

b) Das **Anbieten** korrespondiert dem Fordern in § 331 (BGH **15** 88, 102, Lackner 3a), das **8** **Versprechen** dem Sichversprechenlassen in § 331. Beide Handlungen bedeuten das Inaussichtstellen eines Vorteils. Die Erklärungen können ausdrücklich oder schlüssig erfolgen (RG **26** 426, **47** 69, Widmaier JuS 70, 242), aber auch in vorsichtig formulierten Fragen und Sondierungen bestehen (Hamm JMBlNRW **70**, 190). **Gewähren** ist die tatsächliche Zuwendung an den Amtsträger usw.; es entspricht dem Annehmen.

α) Es ist nicht erforderlich, daß der Täter mit dem Amtsträger usw. in unmittelbare Ver- **9** bindung tritt. Das Anbieten, Versprechen oder Gewähren kann auch durch eine **Mittelsperson** erfolgen. Immer aber ist erforderlich, daß das Anbieten zur Kenntnis des anderen kommt (D-Tröndle 4, Lackner 3a). Solange das nicht der Fall ist (das Geschenk wird im Vorzimmer abgegeben, der Brief mit dem Angebot ist noch nicht gelesen), liegt ein strafloser Versuch vor (vgl. BGH **8** 261). Hat der Täter eine Forderung zunächst ohne Bestechungsabsicht gestundet und entschließt er sich später, die Forderung als Gegenleistung für eine Ermessenshandlung weiter zu stunden, so ist er nach § 333 erst strafbar, wenn er dieses Ansinnen an den Beamten heranträgt (BGH **16** 41). Will der Täter durch die Zuwendung nur eine Mittelsperson beeinflussen, so kommt § 333 nicht in Betracht (RG **13** 396). Wer nur als Bote auftritt, also eine fremde Erklärung überbringt, kommt zwar als Teilnehmer, nicht aber als Täter in Betracht; vgl. u. 18.

β) Nicht erforderlich ist, daß der Amtsträger usw. den Inhalt der Erklärung versteht (BGH **10** **15** 88, vgl. auch BGH **16** 40). Dies ergibt sich daraus, daß die **Unrechtsvereinbarung** (vgl. § 331 RN 6) nur einseitig bestehen, d. h. nur auf das korrespondierende Verhalten des anderen gerichtet sein muß. Die Tathandlung nach § 333 muß auf Herstellung der Übereinstimmung darüber gerichtet sein, daß zwischen Vorteil und Ermessens- bzw. richterlicher Handlung ein Zusammenhang besteht (BGH **15** 88, 184). Beim Versprechen und Gewähren ist ein tatsächlicher Konsens der beiden Beteiligten nicht erforderlich. Es reicht aus, daß die Erklärung des Gebers auf einen solchen gerichtet war bzw. einen solchen voraussetzte; and. auch hier die h. M.; vgl. § 331 RN 11. I. S. des Textes jedoch weitgehend BGH **15** 184.

γ) Einen „**Erfolg**" braucht die Vorteilsgewährung nicht gehabt zu haben. Die Vorschrift **11** setzt nicht voraus, daß der Täter den anderen zu der Ermessenshandlung usw. „bestimmt"; es genügt, daß er den Vorteil anbietet usw., damit der andere die Handlung vornehme. § 333 ist daher auch dann gegeben, wenn der andere Teil zu der Handlung bereits entschlossen war oder mit ihr schon begonnen hatte (BGH MDR **55**, 529, Jescheck LK 4, Rudolphi SK 8). § 333 wird auch nicht dadurch ausgeschlossen, daß der Amtsträger usw. zu einer bestimmten Handlung verpflichtet ist, was insbes. bei Abs. 2 von Bedeutung ist, weil beim Richter auch ein gebundenes Handeln in Betracht kommt. Die Vorschrift ist aber auch dann anwendbar, wenn der Täter für eine Ermessenshandlung Vorteile offeriert, um einem etwaigen Nachteil, der durch ein Unterlassen dieser Handlung entstehen könnte, von sich abzuwenden. Insoweit schießt § 333 über das Ziel hinaus, das in einer vernünftigen Begrenzung der Bestechungstatbestände liegen sollte (vgl. zu Fällen dieser Art RG LZ **26**, 1014 BGH **15** 350). Im übrigen ist es unerheblich, ob es zu der vom Täter angesonnenen Handlung kommt.

3. Der Vorteil muß als **Gegenleistung** für die Ermessenshandlung oder richterliche Hand- **12** lung gewährt werden usw. Zwischen dieser und dem Vorteil muß nach der Vorstellung des Täters ein Zusammenhang in der Weise bestehen, daß beide sich als Leistung und Gegenleistung gegenüberstehen (vgl. § 331 RN 28). Zur Frage, wieweit die gewünschte Handlung konkretisiert sein muß, kann hier nichts anderes gelten als bei § 331 (vgl. dort RN 31). Nicht erforderlich ist daher, daß die angesonnene Handlung in allen Einzelheiten bezeichnet wird (vgl. RG DR **42**, 1273, **43**, 77).

III. Für den **subjektiven Tatbestand** ist Vorsatz erforderlich; hinsichtlich der Eigenschaft **13** des Partners als Amtsträger usw. und der gewünschten Handlung als Ermessensentscheidung bzw. richterlichen Handlung genügt bedingter Vorsatz (RG **77** 78). Im Gegensatz zu § 333 a. F. soll nicht mehr erforderlich sein, daß der Täter den anderen zu der Handlung bestimmen will (D-Tröndle 10, Dornseifer JZ 73, 270); dies wird offenbar aus dem gegenüber § 333 veränderten Wortlaut (vgl. hierzu 17. A. RN 10) gefolgert. Da jedoch der Vorteil dafür gewährt werden muß, daß der andere die Diensthandlung usw. vornehme, ist erforderlich, daß der Täter den Vorteil als Gegenleistung für eine künftige Handlung verstanden wissen will; dem Täter muß es also darauf ankommen, daß der andere die Handlung vornimmt (Jescheck LK 10, Rudolphi SK 11). Welche Erfolgschancen er sich dabei ausrechnet, ist unerheblich (vgl. § 15 RN 65). Nimmt der Täter mindestens bedingt vorsätzlich einen Sachverhalt an, der die Handlung pflichtwidrig machen würde, so liegt § 334 vor (vgl. dort RN 10). Ist ihm dies nicht nachzuweisen, kann § 333 zur Anwendung kommen (vgl. o. 4: Auffangtatbestand).

14 Ferner muß nach dem Willen des Täters ein Zusammenhang zwischen der Zuwendung und der Amtshandlung in der Weise bestehen, daß beide sich als Leistung und Gegenleistung gegenüberstehen (Hamburg HESt. **2** 346); der Täter muß auch davon ausgehen, daß dies auch dem Amtsträger bewußt werden wird. Es genügt daher nicht, wenn für die Vorteilsgewährung lediglich Gründe des Takts, der Höflichkeit usw. maßgeblich sind (z. B. eine Firma legt den Betrag einer Hotelrechnung für den Beamten vor und unterläßt später die Rückforderung des Betrags, um nicht taktlos zu erscheinen); vgl. näher zu diesen und ähnlichen Fällen Dahs NJW 62, 177. Endlich muß, zumindest nach der Vorstellung des Täters, die Diensthandlung noch bevorstehen (RG **62** 98, Hamburg HESt. **2** 341); nimmt er – auch irrtümlich – an, die Handlung sei schon geschehen, so fehlt es am Vorsatz (vgl. BGH MDR **55**, 529). Bedeutungslos ist, ob die Beeinflussung Erfolg gehabt hat, ob z. B. der Amtsträger die Diensthandlung tatsächlich ausführt (RG **74** 255, Hamburg HESt. **2** 346) oder ob er den Zusammenhang zwischen Zuwendung und Amtshandlung erkennt (BGH **15** 184; and. Eb. Schmidt aaO 123).

15 Nicht erforderlich ist, daß der Täter die Absicht hat, einen angesonnenen oder versprochenen Vorteil tatsächlich zu gewähren, eine entsprechende Mentalreservation ist ebenso unbeachtlich wie umgekehrt die Absicht des Amtsträgers, die Handlung, zu der er sich bereit gezeigt hat, nicht vorzunehmen (vgl. § 331 RN 32).

16 **IV. Vollendet** ist die Tat mit dem Anbieten, Versprechen usw. Ob der andere bereit ist, sich den Vorteil gewähren zu lassen, die angesonnene Handlung auszuführen, ob er dies trotz ursprünglicher Bereitschaft tut oder nicht tut, ist belanglos (vgl. RG **74** 255). Gleichgültig ist folglich, ob der Amtsträger usw. nach §§ 331, 332 strafbar ist (BGH **15** 184). Der Versuch ist straflos. Im übrigen gilt Entsprechendes wie bei § 331; vgl. dort RN 33.

17 **V. Täter** kann jedermann sein, auch ein anderer Amtsträger. Die Tat kann nicht nur gegenüber dem in § 331 genannten Personenkreis (vgl. dort RN 36), sondern auch gegenüber Soldaten der Bundeswehr (§ 1 I SoldG) begangen werden. Da diese in § 331 nicht genannt sind und § 48 WStG hinsichtlich § 331 zwar Offiziere und Unteroffiziere, nicht aber Mannschaften dem Amtsträger gleichstellt, ergibt sich die eigenartige Konsequenz, daß bei einer Vorteilsgewährung an Soldaten zwar der aktive Teil der Unrechtsvereinbarung nach § 333 bestraft wird, der passive jedoch nur disziplinarisch verfolgt werden kann; diese Regelung und die hierfür ins Feld geführten Gründe (vgl. BT-Drs. 7/550 S. 275) überzeugen nicht.

17a **Soldat** ist, wer entweder aufgrund der Wehrpflicht oder aufgrund freiwilliger Verpflichtung in einem **Wehrdienstverhältnis** steht (vgl. § 1 I SoldG). Die Voraussetzungen für das Wehrdienstverhältnis, insb. sein Beginn und sein Ende, sind im SoldG und im WehrpflG geregelt. Das Wehrdienstverhältnis aufgrund der Wehrpflicht umfaßt neben dem Grundwehrdienst die Wehrübungen mit Einschluß des Wehrdienstes während der Verfügungsbereitschaft sowie den unbefristeten Wehrdienst im Verteidigungsfall (vgl. § 4 WehrpflG). Die Tatsache, daß ein Wehrpflichtiger der Wehrüberwachung unterliegt, begründet jedoch kein Wehrdienstverhältnis (§ 24 WehrpflG). Ein Wehrdienstverhältnis aufgrund freiwilliger Verpflichtung besteht bei Berufssoldaten, bei Soldaten auf Zeit (§ 1 III SoldG) sowie bei Soldaten und Beamten der früheren Wehrmacht und den sogenannten Außenseitern während einer Eignungsübung (§ 60 SoldG).

18 Eine **Teilnahme** des Vorteilsnehmers an § 333 ist ausgeschlossen; dies gilt auch für Soldaten, weil sonst deren Nichterwähnung in § 331 und das damit verfolgte (fragwürdige) Ziel des Gesetzgebers unterlaufen würde. Für Vorteilsnehmer gelten die §§ 331, 332 als Sondervorschriften. Eine Teilnahme eines außerhalb der Unrechtsvereinbarung stehenden Dritten, der z. B. als Bote auftritt (vgl. o. 9), an § 333 ist möglich (RG **42** 383). Zu weiteren Teilnahmefragen vgl. § 334 RN 13 ff.

19 **VI. Nicht strafbar** ist die Vorteilsgewährung nach Abs. 1, wenn die **zuständige Behörde** im Rahmen ihrer Befugnisse entweder die Annahme des Vorteils durch den Empfänger vorher genehmigt oder sie auf unverzügliche Anzeige des Empfängers **genehmigt (Abs. 3)**.

20 1. Die Vorschrift entspricht im wesentlichen § 331 III, weicht aber von diesem insofern im Wortlaut ab, als sie nicht erwähnt, daß eine Genehmigung nicht in Betracht kommt, wenn der Beamte den Vorteil fordert (vgl. § 331 RN 42). Neben den im Rahmen des § 331 anfallenden Streitfragen (vgl. dort RN 44 ff.), taucht hier also die zusätzliche Frage auf, ob Abs. 3 für den Vorteilsgeber auch dann von Bedeutung sein kann, wenn die Initiative vom Vorteilsnehmer ausgeht, der Täter also z. B. den von einem Amtsträger geforderten Vorteil verspricht oder gewährt. Im übrigen ist der praktische Anwendungsbereich der Vorschrift außerordentlich gering, weil die Genehmigung einer Vorteilsannahme für eine künftige Ermessenshandlung, die allein durch Abs. 1 betroffen ist, kaum jemals in Betracht kommt. Berücksichtigt man

weiterhin, daß Abs. 1 nur als Auffangtatbestand zu § 334, bei dem eine Genehmigung unbeachtlich ist, eine praktische Funktion zu erfüllen hat, so zeigt sich ebenfalls die Bedeutungslosigkeit des Abs. 3. Die Vorschrift wirft also weniger Fragen ihres praktischen Anwendungsbereichs als solche der Irrtumsproblematik auf; vgl. hierzu u. 23. Auf richterliche Handlungen (Abs. 2) ist sie nicht anwendbar. Wie bei § 331 ist zwischen der vorherigen und nachträglichen Genehmigung zu unterscheiden.

a) Wird die **Genehmigung** zur Annahme von Vorteilen dem Beamten erteilt, **bevor** der **Vorteilsgeber tätig** wird, was praktisch nur bei einer wohl nie zu erreichenden generellen Genehmigung in Betracht kommen könnte, so ist die Tat des Vorteilsgebers (Anbieten, Versprechen, Gewähren) gerechtfertigt. Dies ohne Rücksicht darauf, ob der Amtsträger den Vorteil gefordert hat, weil die Strafbarkeit des Vorteilsgebers nicht davon abhängen kann, von wem die Initiative ausgeht. Offeriert der Vorteilsgeber die Zuwendung, macht er also deren endgültige Gewährung von der Genehmigung abhängig, so ist die Tat gerechtfertigt, wenn die Vorteilsannahme genehmigt wird, bevor die Zuwendung endgültig dem Vermögen des Amtsträgers usw. zufließt; auch in diesem Fall ist es gleichgültig, ob der andere den Vorteil gefordert hat. Im übrigen gelten die zu § 331 II aufgestellten Grundsätze entsprechend. 21

b) Die **nachträgliche Genehmigung** hat bei § 333 ebenso wie bei § 331 nur subsidiäre Bedeutung. Danach ist der Vorteilsgeber gerechtfertigt, wenn er einen nur sofort zuwendbaren Vorteil (vgl. § 333 RN 51) gewährt, sofern die Zuwendung genehmigungsfähig ist und der Vorteilsgeber in der Erwartung handelt, daß die Genehmigung von Beamten beantragt und erteilt wird. Ob dies tatsächlich geschieht, ist für die Rechtfertigung belanglos (Rudolphi SK 14, and. D-Tröndle 9: Verbotsirrtum), weil nachträgliche Umstände das auf den Tatzeitpunkt zu fällende Rechtswidrigkeitsurteil nicht beeinflussen können; vgl. im übrigen § 331 RN 51. Hat der Täter mit einer späteren Genehmigung nicht gerechnet, z. B. weil er den Vorteil nicht für genehmigungsfähig hielt, kommt es dann aber doch zu einer Genehmigung, so liegt ein Strafaufhebungsgrund vor; Einzelheiten hierzu bei § 331 RN 52. 22

c) Geht der Täter **irrtümlich** von einer generellen Genehmigung oder davon aus, der unter Vorbehalt offerierte Vorteil sei vor seiner endgültigen Zuwendung genehmigt worden, so liegt ein Irrtum über die Voraussetzungen eines Rechtfertigungsgrundes (vgl. § 16 RN 19) vor. Dasselbe gilt bei einem Irrtum über die tatsächlichen Voraussetzungen der Genehmigungsfähigkeit eines Vorteils, z. B. einem Irrtum über den Wert der Zuwendung, was bei einem Vorteilsgeber allerdings kaum denkbar ist. Ansonsten ist der Irrtum über die Genehmigungsfähigkeit, die Genehmigungspraxis der Behörde usw. Verbotsirrtum. Die bloße Hoffnung, ein nicht genehmigungsfähiger Vorteil würde gleichwohl genehmigt, ist unbeachtlich. 23

2. Zur **fehlerhaften Genehmigung** usw. vgl. § 331 RN 53. 24

3. Für eine Rechtfertigung unter dem Gesichtspunkt der **sozialen Adäquanz** bleibt bei § 333 kaum ein Raum, weil der Vorteil für eine künftige dienstliche oder richterliche Handlung gewährt wird. Nur ausnahmsweise, wenn nämlich mit einer sozialadäquaten Entlohnung zurückliegender Handlungen die Erwartung eines künftigen pflichtgemäßen Handelns verbunden ist, was u. U. für § 333 ausreichen kann, gelten die zu § 331 RN 55 genannten Grundsätze. 25

§ 334 Bestechung

(1) Wer einem Amtsträger, einem für den öffentlichen Dienst besonders Verpflichteten oder einem Soldaten der Bundeswehr einen Vorteil als Gegenleistung dafür anbietet, verspricht oder gewährt, daß er eine Diensthandlung vorgenommen hat oder künftig vornehme und dadurch seine Dienstpflichten verletzt hat oder verletzen würde, wird mit Freiheitsstrafe von drei Monaten bis zu fünf Jahren, in minder schweren Fällen mit Freiheitsstrafe bis zu zwei Jahren oder mit Geldstrafe bestraft.

(2) Wer einem Richter oder Schiedsrichter einen Vorteil als Gegenleistung dafür anbietet, verspricht oder gewährt, daß er eine richterliche Handlung
1. vorgenommen und dadurch seine richterlichen Pflichten verletzt hat oder
2. künftig vornehme und dadurch seine richterlichen Pflichten verletzen würde,
wird in den Fällen der Nummer 1 mit Freiheitsstrafe von drei Monaten bis zu fünf Jahren, in den Fällen der Nummer 2 mit Freiheitsstrafe von sechs Monaten bis zu fünf Jahren bestraft. Der Versuch ist strafbar.

(3) Falls der Täter den Vorteil als Gegenleistung für eine künftige Handlung anbietet, verspricht oder gewährt, so sind die Absätze 1 und 2 schon dann anzuwenden, wenn er den anderen zu bestimmen versucht, daß dieser
1. bei der Handlung seine Pflichten verletzt oder,
2. soweit die Handlung in seinem Ermessen steht, sich bei der Ausübung des Ermessens durch den Vorteil beeinflussen läßt.

§ 334 1–10

Schrifttum: Vgl. die Angaben zu § 331.

1 I. Der **objektive Tatbestand** setzt nach Abs. 1 voraus, daß der Täter einem Amtsträger, einem für den öffentlichen Dienst besonders Verpflichteten oder Soldaten der Bundeswehr für eine pflichtwidrige Diensthandlung einen Vorteil anbietet, verspricht oder gewährt. Nach Abs. 2 wird ein entsprechendes Verhalten für pflichtwidrige richterliche Handlungen erfaßt. Zum Kreis der Bestechungsadressaten vgl. § 331 RN 36 und § 11 RN 16ff., 32, 34ff.

3 1. Die Bezugshandlung ist eine Handlung, durch welche die dienstlichen oder richterlichen Pflichten verletzt wurden oder verletzt werden sollen; vgl. hierzu § 332 RN 5 ff. Im Gegensatz zu § 333 kommen hier also nicht bloß künftige, sondern auch zurückliegende dienstliche oder richterliche Handlungen in Betracht; das Problem der gleichzeitig vorgenommenen Handlung existiert hier im Gegensatz zu § 332 (vgl. dort RN 15 a. E.) nicht, weil diese Fallkonstellation voraussetzt, daß in der Diensthandlung die Bestechlichkeit zum Ausdruck kommt, was beim Täter des § 334 nicht denkbar ist. Wie bei § 332 ist zwischen zurückliegenden und künftigen Diensthandlungen usw. zu unterscheiden (vgl. § 332 RN 5, 15).

4 a) Bei einer Vorteilsgewährung für **zurückliegende Handlungen** ist deren Pflichtwidrigkeit festzustellen; es gelten die zu § 332 RN 5 genannten Grundsätze. Bei Ermessenshandlungen ist ebensowenig wie bei § 332 zu fordern, daß sie i. E. unrichtig sind. Folglich ist § 334 auch dann anwendbar, wenn der Beamte z. B. – ohne vorheriges Einverständnis – einen Parteifreund berücksichtigt und dieser sich später durch die Gewährung eines Vorteils erkenntlich zeigt (vgl. § 332 RN 6).

5 b) Bei **künftigen Handlungen** muß das Ansinnen an den Amtsträger usw., eine Pflichtwidrigkeit zu begehen, erkennbar werden (Unrechtsvereinbarung). Abs. 3 drückt dies so aus, daß die Vorschrift „schon dann anwendbar" ist, wenn der Täter den anderen „zu bestimmen versucht", seine Pflichten zu verletzen (Nr. 1) oder bei der Ausübung des Ermessens sich durch den Vorteil beeinflussen zu lassen (Nr. 2). Der Vorteil muß also gerade dafür gewährt werden, daß der andere pflichtwidrig handeln soll. Hierbei ist unerheblich, welche Erfolgschance der Täter sich für seinen Bestimmungsversuch ausrechnet. Abs. 3 ist also auch dann gegeben, wenn der Täter auch mit der Möglichkeit rechnet, der Amtsträger werde die ihm angesonnene Handlung ablehnen (ebenso jetzt D-Tröndle 8).

6 Bei der Interpretation von Abs. 3 wird man von folgenden Grundsätzen ausgehen müssen:

7 α) Das Merkmal „**zu bestimmen versucht**" kann hier keine andere Bedeutung haben als in § 30 (vgl. dort RN 18); die Vorschrift ist also insofern weiter als § 333 a. F., der die Absicht verlangte, den anderen zu einer Pflichtwidrigkeit zu bestimmen (vgl. 17. A. § 333 RN 10). Folglich ist nur erforderlich, daß mit dem Anbieten, Versprechen oder Gewähren des Vorteils der Versuch verbunden ist, in dem anderen den Entschluß zu erwecken, bei einer gebundenen Diensthandlung (vgl. § 332 RN 5) seine Pflichten zu verletzen (Nr. 1) oder bei einer Ermessenshandlung (vgl. § 332 RN 10) dem Vorteil Einfluß auf die Ermessensausübung einzuräumen (Nr. 2); vgl. hierzu Lackner 2b, BT-Drs. 7/550 S. 276. Ob der Bestimmungsversuch in einer ausdrücklichen Erklärung besteht oder schlüssig erfolgt usw., ist gleichgültig. Unerheblich ist auch, ob der andere den Entschluß faßt, ihn schon gefaßt hat, zur Vornahme der Pflichtwidrigkeit überhaupt imstande ist usw. (Lackner 2b).

8 β) Die Vorschrift des Abs. 3 korrespondiert in seiner Funktion im wesentlichen mit § 332 III (Lackner 2b). Während dort das „Bereitzeigen zur käuflichen Pflichtwidrigkeit" den Kern der Unrechtsvereinbarung ausmacht, erfüllt hier der „**Bestimmungsversuch zur Pflichtwidrigkeit**" dieses Merkmal der Bestechungsdelikte. Daraus ergibt sich allerdings ein nicht unwesentlicher Unterschied. Während es bei § 332 nur auf die Erklärung des Amtsträgers, nicht aber darauf ankommt, was er später tun und ob er überhaupt eine Pflichtwidrigkeit begehen will (vgl. § 332 RN 15), ist auf seiten des aktiven Teils erforderlich, daß er die künftige Pflichtwidrigkeit des anderen will, da andernfalls von einem Anstiftungsversuch hierzu nicht gesprochen werden kann. Eine Mentalreservation im Hinblick auf die angesonnene Pflichtwidrigkeit, um z. B. den Amtsträger der Bestechlichkeit zu überführen, ist daher beachtlich. Zu weiteren Vorsatzfragen vgl. u. 10f.

9 2. Die **Tathandlung** besteht darin, daß der Täter **als Gegenleistung** für die pflichtwidrige Diensthandlung usw. **Vorteile anbietet, verspricht** oder **gewährt** (Düsseldorf NJW 87, 1213 m. Anm. Geerds JR 87, 169), vgl. hierzu § 331 RN 28ff.

10 II. Für den **subjektiven Tatbestand** ist Vorsatz erforderlich. Bei zurückliegenden Diensthandlungen oder richterlichen Handlungen muß der Täter mindestens bedingt vorsätzlich davon ausgehen, daß der andere seine Pflichten verletzt hat (vgl. RG 77 77, Hamburg HESt. 2 346). Fehlt es hieran, so ist der Betreffende straflos, da § 333 die Vorteilsgewährung für zurückliegende Handlungen nicht erfaßt; geht im umgekehrten Fall der Täter von einer pflichtwidrigen Handlung aus, obwohl sie pflichtgemäß war, so liegt Versuch vor, der nur in den Fällen des Abs. 2 strafbar ist (vgl. u. 18). Bedingter Vorsatz genügt auch im Hinblick auf die Eigenschaft des Bestechungsadressaten als Amtsträger, Richter usw.; geht der Täter irrtümlich davon aus, sein Partner sei tauglicher Bestechungsadressat, so liegt ein nach Abs. 1 strafloser, nach Abs. 2 strafbarer Versuch vor. Bedingter Vorsatz genügt auch für die Annahme des Täters, der Partner werde den Zusammenhang von Vorteil und dienstlicher oder richterlicher Handlung erkennen, mag diese schon vorgenommen sein oder noch bevorstehen.

Schwierigkeiten bereitet die Frage der **subjektiven Voraussetzungen** und der Versuchssituation bei **künftigen Handlungen.** Diese Fragen müssen unter Berücksichtigung des Abs. 3 geklärt werden. Bietet der Täter Vorteile für eine Handlung, welche die dienstlichen oder richterlichen Pflichten verletzen würde, so genügt schon nach Abs. 1 und 2, daß er im Hinblick auf die Pflichtwidrigkeit bedingt vorsätzlich handelt (RG **77** 77, Hamburg HESt. **2** 346); es genügt also, wenn er mit einer Pflichtwidrigkeit rechnet, diese in Kauf nimmt und dafür einen Vorteil anbietet usw. (vgl. § 15 RN 72). Würden die Pflichten tatsächlich nicht verletzt, so wäre dies nach Abs. 1 ein strafloser, nach Abs. 2 ein strafbarer Versuch. Für diese Fälle bestimmt jedoch Abs. 3, daß die genannten Vorschriften schon anwendbar sind, wenn der Täter seinen Partner zu einer Pflichtwidrigkeit usw. zu bestimmen versucht. Folglich ist hinsichtlich der rechtlichen Qualität des angesonnenen künftigen Verhaltens nicht die objektive Sachlage maßgebend (Hamburg HESt. **2** 346). Es genügt, daß sich der Täter das Verhalten seines Partners als eine Pflichtwidrigkeit vorstellt (vgl. BGH **15** 357, Dahs NJW 62, 178); deshalb ist § 334 auch dann gegeben, wenn der Täter nur irrtümlich annimmt, dies sei der Fall (vgl. Lackner 3, § 332 RN 5; and. Baumann BB 61, 1066, Jescheck LK 8, Rudolphi SK 8, Eb. Schmidt aaO 139, Welzel 542), während umgekehrt § 334 entfällt, wenn der Täter das dem anderen angesonnene Verhalten irrtümlich nicht für pflichtwidrig hält, insb. wenn er den Beamten zur Erfüllung seiner vermeintlichen Pflichten veranlassen (BGH **15** 350) oder ungerechtfertigte Nachteile von sich abwenden will. Bisher war unbestritten, daß dies selbst dann gilt, wenn der Täter dabei in Kauf nimmt, der Partner könne die Vorteilsgewährung möglicherweise auch pflichtwidrig zu seinen Gunsten berücksichtigen (vgl. auch BGH **16** 41); diese Auffassung kann nicht mehr vertreten werden, weil anders als nach § 333 a. F. im Hinblick auf die Pflichtwidrigkeit nicht Absicht verlangt wird, sondern wie bei der Anstiftung (vgl. § 26 RN 12) jede Art des Vorsatzes ausreicht (so jetzt auch D-Tröndle 10). Dies ergibt sich daraus, daß das Merkmal „Bestimmen" in § 334 nicht anders ausgelegt werden kann als in § 26.

III. Täter kann jeder, auch ein anderer Amtsträger sein. Der Bestochene ist niemals Teilnehmer an der Tat des § 334, und zwar auch dann nicht, wenn die Initiative von ihm ausgegangen ist und seine Beteiligung das unerläßliche Maß übersteigt. Dagegen ist von seiten dritter Personen Teilnahme an der Tat des § 334 nach allgemeinen Regeln möglich.

Auch nach neuem Recht stellt sich die Frage, ob der Bestecher oder dritte Personen sich an der Tat eines Amtsträgers usw. nach § 331 oder § 332 strafbar machen können. Hier ist zunächst davon auszugehen, daß die schwersten Formen einer möglichen Beteiligung, nämlich das Anbieten, Versprechen oder Gewähren von Vorteilen, in §§ 333, 334 verselbständigt sind, wobei die Strafdrohungen dieser Vorschriften regelmäßig milder sind, als diejenigen, die sich aus §§ 331, 332 i. V. m. §§ 26, 27 auch unter Berücksichtigung von § 28 ergeben würden. Außerdem ist zu berücksichtigen, daß der Vorteilsgewährung an einen Soldaten (§ 334 I) auf seiten der Vorteilsannahme (§ 331) kein Straftatbestand entspricht (vgl. § 333 RN 17). Daraus läßt sich als Grundposition gegenseitiger Teilnahmefragen ableiten, daß für Amtsträger, Richter usw. nur die §§ 331, 332 in Betracht kommen, für den Vorteilsgeber und Dritte nur die §§ 333, 334, bzw. die Strafrahmen dieser Vorschriften, und daß es zugleich auf seiten dieses Personenkreises – trotz §§ 26, 27 – einen Bereich der Straflosigkeit geben muß, soweit nämlich § 333 keine dem § 331 korrespondierenden Tatbestände enthält. Hier kann nichts anderes gelten als bei der Straflosigkeit des Soldaten auf der Nehmerseite trotz Strafbarkeit eines Nichtamtsträgers auf der Geberseite (§ 333 RN 17). Daraus ergibt sich im einzelnen:

1. Für den Bereich der **durch § 333 nicht erfaßten Bezugshandlungen** kommt eine strafbare Teilnahme an der Vorteilsannahme nach § 331 nicht in Betracht. Nicht strafbar ist, wer z. B. für eine zurückliegende dienstliche oder richterliche Handlung einen Vorteil gewährt, weil diese Handlungen durch § 333 nicht erfaßt werden (vgl. dort RN 3); folglich kann dann auch nicht strafbar sein, wer in anderer Weise auf den Amtsträger usw. einwirkt, um ihn zur Annahme eines Geschenks zu bewegen oder ihm bei der Annahme behilflich ist (ebenso Bell MDR 79, 719). Dies gilt auch für künftige gebundene Diensthandlungen, die nicht pflichtwidrig sind, da § 333 I nur Ermessenshandlungen betrifft, nicht aber für künftige richterliche Handlungen, die nach § 333 II erfaßt werden.

2. Für den Bereich der **durch § 333 erfaßten Bezugshandlungen** kommt auf seiten des Vorteilsgebers nur eine Strafbarkeit nach dieser Vorschrift, nicht aber zugleich eine Teilnahme an

§ 331 in Betracht. Für Dritte, die sich z. B. als Vermittler zwischen Vorteilsgeber und Bestechungsadressat betätigen, ist, sofern ihre Tätigkeit sowohl als Teilnahme zur Tat des Vorteilsgebers wie des Vorteilsnehmers zu bewerten ist, nur § 333 i. V. m. §§ 26, 27 zur Anwendung zu bringen, da ihre Einwirkung auf den Amtsträger usw. weniger schwer wiegt als die des Täters nach § 333. Schwierigkeiten bereitet die Frage, wie zu entscheiden ist, wenn der Dritte sich nur an der Tat des Bestechungsadressaten und nicht an der des Vorteilsgebers beteiligt, obwohl solche Fälle selten sein dürften (Baldus LK[9] § 333 RN 12f.); auch hier wird nach den genannten Grundsätzen die Strafe nur § 333 zu entnehmen sein, da die Beteiligung weniger schwer wiegt als eine Tat nach § 333 (vgl. BGH NJW **91**, 577). Demgegenüber will RG **42** 383 (zu §§ 332, 333 a. F.) danach unterscheiden, wen der Dritte unterstützen will. Demnach würde nach §§ 331, 27 strafbar, wer im Auftrag des Amtsträgers einen Brief, in dem ein Vorteil gefordert wird, dem potentiellen Vorteilsgeber überbringt, nach §§ 333, 27, wer in dessen Auftrag den Brief mit dem Vorteilsangebot dem Amtsträger überbringt. Diese Differenzierung ist mit dem Sinn der Privilegierung in § 333 nicht in Einklang zu bringen, weshalb im Ergebnis für alle Arten zur Teilnahme nur die Strafsätze des § 333 in Betracht kommen; bei der Beihilfe unter Berücksichtigung der obligatorischen Strafmilderung nach § 27 II.

16 3. Für den Bereich der **durch § 334 erfaßten Bezugstaten** ergeben sich folgende Konsequenzen: Der Vorteilsgeber ist nur aus dieser Vorschrift zu bestrafen, nicht gleichzeitig wegen Anstiftung oder Beihilfe zu § 332. Für den Dritten ergeben sich die gleichen Folgerungen wie bei den Bezugstaten des § 333, so daß auch er – gleichgültig in welcher Form er sich beteiligt und für welche Partei er sich engagiert – nur aus § 334 bestraft werden kann (and. Bell MDR **79**, 719). Das gilt auch für den, der für den Amtsträger gegenüber dem potentiellen Vorteilsgeber die Bereitschaft zur Pflichtwidrigkeit erklärt (§ 332 III), weil auch dieses Verhalten nicht schwerer zu beurteilen ist als der Bestimmungsversuch zur Pflichtwidrigkeit nach § 334 III. Für die Beihilfe ist § 27 II zu beachten.

17 4. Da die **Teilnahme** an Bestechung, Bestechlichkeit, Vorteilsgewährung und Vorteilsannahme in §§ 331–334 **besonders geregelt** bzw. dieser Regelungsmaterie anzupassen ist, bedarf es keiner Anwendung des § 28.

18 IV. **Vollendet** ist die Tat mit dem Anbieten usw.; vgl. hierzu § 333 RN 16. In den Fällen des Abs. 3 mit dem Bestimmungsversuch; vgl. hierzu § 30 RN 18f. Der Versuch ist strafbar nach Abs. 2. Zu weiteren Versuchsproblemen vgl. o. 10f.

19 V. Bei der **Strafe** ist zu beachten, daß nur Abs. 1 eine Strafreduzierung bei minder schweren Fällen kennt. Bei der Strafzumessung ist zu berücksichtigen, ob der Täter mit seiner Bestechung Erfolg hatte (vgl. BGH GA **59**, 176).

20 VI. **Idealkonkurrenz** ist möglich mit § 185. Erfüllt die Verletzung der dienstlichen oder richterlichen Pflicht einen Straftatbestand, so kann Anstiftung zu der Straftat mit der Bestechung in Idealkonkurrenz stehen (RG **13** 182, **55** 182; and. Binding Lehrb. 2, 724); wird die angesonnene Pflichtwidrigkeit nicht verwirklicht, so kommt Idealkonkurrenz mit § 30 in Betracht, sofern diese in einem Verbrechen bestehen sollte (BGH **6** 311); beachte jedoch § 30 RN 14. Realkonkurrenz liegt bei der Bestechung mehrerer Amtsträger des gleichen Amtes durch mehrere Handlungen vor; es kommt hier keine fortgesetzte Handlung in Betracht (vgl. 43f. vor § 52).

§ 335 Unterlassen der Diensthandlung

Der Vornahme einer Diensthandlung oder einer richterlichen Handlung im Sinne der §§ 331 bis 334 steht das Unterlassen der Handlung gleich.

1 I. Die Vorschrift bringt die Klarstellung, daß eine Diensthandlung oder richterliche Handlung auch in einem Unterlassen bestehen kann (so auch die h. M. zum alten Recht, vgl. BGH **9** 245).

2 II. Für die Anwendung von § 335 ist zunächst von Bedeutung, unter welchen Voraussetzungen ein Unterlassen Bezugstat der Bestechungsdelikte ist. Sodann ist für die Abgrenzung von §§ 331, 332 einerseits und §§ 333, 334 andererseits von Bedeutung, nach welchen Kriterien sich die Frage der Pflichtwidrigkeit bzw. Pflichtmäßigkeit des Unterlassens beurteilt. Die Antwort hierauf ergibt sich nicht aus § 335, sondern aus den Vorschriften des §§ 331ff., auf welche sie sich bezieht; vgl. § 331 RN 15.

3 1. Erforderlich ist zunächst, daß das Unterlassen in den **dienstlichen** oder **richterlichen Bereich** des Täters fällt; ein bloßes privates Untätigbleiben reicht also nicht aus (vgl. § 331 RN 15, 12). Daraus ergibt sich aber, daß von einem der Diensthandlung usw. gleichzustellenden Unterlassen nur gesprochen werden kann, wenn der Täter zu einer dienstlichen oder richterlichen Tätigkeit verpflichtet ist, z. B. eine Strafanzeige erstatten, einen Antrag bescheiden muß, und damit die Vornahme einer in sein Amt einschlagenden pflichtwidrigen oder pflichtgemäßen Handlung unterläßt (vgl. u. 6ff.). Läßt ein Amtsträger sich dafür bezahlen oder soll ihm ein Vorteil dafür gewährt werden, daß er ein bisheriges Unterlassen beendet, also z. B. einen U-Häftling die ihm zustehenden, aber bisher vorenthaltenen Rechte künftig gewährt, so ist Bezugstat der §§ 331 ff. nicht das Unterlassen, sondern die Diensthandlung usw., für deren Vornahme der Vorteil gewährt oder gefordert wird (vgl. Jescheck LK 3).

2. Da das Unterlassen in den Pflichtenkreis des Täters fallen muß, kann die Verletzung der 4 Pflicht, dienstlich oder richterlich tätig zu werden, als solche noch nicht dafür maßgebend sein, ob das Untätigbleiben als Pflichtwidrigkeit i. S. v. § 332 zu bewerten ist. Hier ist vielmehr zu unterscheiden:

a) Führt das Unterlassen einer an sich gebotenen Diensthandlung zu keiner Änderung der 5 materiell dem Recht entsprechenden Rechtslage, so ist das Unterlassen als solches nicht pflichtwidrig i. S. v. § 332. Läßt z. B. ein Beamter der Baubehörde sich von einem Nachbarn des Antragsstellers dafür bezahlen, daß er über den Bauantrag nicht entscheidet, so ist dieses Unterlassen nicht rechtswidrig i. S. v. § 332, wenn dem Antrag ohnehin nicht hätte stattgegeben werden dürfen. Dies gilt selbst dann, wenn der Antragsteller ein Interesse an einer baldigen Entscheidung hat, um beispielsweise zu wissen, woran er ist oder die Möglichkeit eines Widerspruchs wahrnehmen zu können. Der Grund hierfür liegt darin, daß in Fällen dieser Art die Unrechtsvereinbarung (vgl. § 331 RN 31) nicht den Eindruck erweckt, der Amtsträger werde für ein i. E. rechtswidriges Verhalten bezahlt.

Gleiches gilt, wenn der Täter dafür einen Vorteil fordert oder erhalten soll, daß er eine 6 Pflichtwidrigkeit unterläßt (and. 17. A. § 331 RN 13), weil das Unterlassen pflichtwidrigen Handelns pflichtgemäß ist (vgl. § 331 RN 15). Wer z. B. von einem Anzeigeerstatter einen Vorteil dafür annimmt, daß er es unterläßt, einen Haftbefehl aufzuheben, der deswegen nicht aufgehoben werden darf, weil die Voraussetzungen für die U-Haft fortbestehen, kann nur nach § 331 bestraft werden.

Stets ist jedoch bei der Beurteilung der Unrechtsvereinbarung zu beachten, daß es auf den 7 Inhalt der Erklärung ankommt (vgl. § 331 RN 6). Stellt der Täter die Sachlage so dar, daß er gegenteilig hätte entscheiden müssen, sagt der Beamte im Beispielsfall, er müsse die Genehmigung erteilen, so zeigt er sich zu einer Pflichtwidrigkeit bereit (§ 332 III; vgl. dort RN 8) und ist aus § 332 zu bestrafen.

b) Pflichtwidrig ist ein Unterlassen, wenn die gebotene Handlung in ihren Auswirkungen 8 materielle Konsequenzen in Gestalt einer Änderung der bisherigen Rechtslage hätte. Wird ein Vorteil z. B. dafür geboten, daß ein tatsächlich nicht eingetretener Betriebsverlust nicht zum Anlaß einer nachträglichen Änderung des Steuerbescheides genommen wird (§ 94 I Nr. 2 AO), so ist das Unterlassen pflichtwidrig; gleiches gilt, wenn ein Polizeibeamter veranlaßt wird, trotz hinreichender Anhaltspunkte (§ 163 StPO) nicht einzuschreiten (z. B. Festnahme, Anzeigeerstattung). Zum Problem der Ermessensentscheidung vgl. § 332 RN 10 ff.

§ 335 a Schiedsrichtervergütung

Die Vergütung eines Schiedsrichters ist nur dann ein Vorteil im Sinne der §§ 331 bis 334, wenn der Schiedsrichter sie von einer Partei hinter dem Rücken der anderen fordert, sich versprechen läßt oder annimmt oder wenn sie ihm eine Partei hinter dem Rücken der anderen anbietet, verspricht oder gewährt.

I. Die Vorschrift soll nach der Vorstellung des Gesetzgebers klarstellen, daß eine **Schiedsrichter-** 1 **„vergütung"** (vgl. u. 3) nur dann als Vorteil i. S. der Bestechungstatbestände anzusehen ist, wenn sie **„hinter dem Rücken"** einer Partei angenommen bzw. gewährt wird usw. Obwohl die Vorschrift sich auf §§ 331-334 bezieht, hat sie praktische Bedeutung nur bei der Entlohnung zurückliegender oder zukünftiger pflichtwidriger Handlungen eines Schiedsrichters, weil bei pflichtgemäßem Verhalten die Voraussetzungen des § 335 kaum jemals gegeben sein werden.

II. Selbstverständlich ist zunächst, daß der **Vergütungsanspruch des Schiedsrichters,** der auf 2 §§ 612, 614 BGB beruht und sich gegen die Parteien als Gesamtschuldner richtet (RGZ **94** 212), von vornherein **kein Vorteil** i. S. v. §§ 331 ff. ist. Dies ergibt sich nicht aus § 335 a (so aber D-Tröndle), sondern daraus, daß diese Leistungen ein rechtlich begründeter Anspruch besteht (vgl. § 331 RN 19). Daß die Vorschrift von „Vergütung" spricht, ist mindestens insoweit mißverständlich. Da es sich um eine Gesamtschuld handelt, kommen die §§ 331 ff. auch dann nicht in Betracht, wenn der Schiedsrichter diesen Anspruch bei einer Partei fordert, ohne die andere zu benachrichtigen, oder wenn ein Schuldner ohne Wissen des anderen den Anspruch befriedigt. Dies ist das gute Recht des Schiedsrichters als Gläubiger (vgl. § 421 BGB sowie § 434 ZGB-DDR), wie auch die rechtlich anerkannte Möglichkeit einer Befriedigung der Gesamtschuld durch einen Schuldner (§ 422 BGB, vgl. dazu auch § 428 ZGB-DDR). Entspre-

§ 336   1   Bes. Teil. Straftaten im Amte

chendes gilt – jeweils im Verhältnis zu der schuldenden Partei – für einen etwaigen Anspruch des Schiedsrichters auf Vergütungsvorschuß (vgl. RG JW 28, 737) oder Auslagenersatz nach §§ 669f. BGB. Zur Frage der zivilrechtlichen Gültigkeit des Schiedsvertrages vgl. BGH NJW 53, 303.

3   III. Die Vorschrift kann also, wie sich aus dem Vorteilsbegriff (vgl. § 331 RN 19) ergibt, nur Leistungen betreffen, auf die kein rechtlich begründeter Anspruch besteht. Dies bedeutet, daß nach § 335a nicht die einverständlich mit beiden Parteien vereinbarte Vergütung (§ 612 BGB) gemeint ist, auch wenn sie über den üblichen Sätzen liegt, sondern ein **einseitig gefordertes** oder **angebotenes „Schmiergeld"**, das von der einen Partei hinter dem Rücken der anderen kommt oder kommen soll.

4   1. **Praktische Bedeutung** hat die Vorschrift im wesentlichen also nur im **Bereich** der §§ 332, 334, weil das einseitige Fordern oder Anbieten des Vorteils usw., wenn es hinter dem Rücken der anderen Partei geschieht, in der Regel zum Ausdruck bringt, daß der Schiedsrichter sich zu einer Pflichtwidrigkeit bereit zeigt (§ 332 III) oder eine solche von ihm expressis verbis oder schlüssig erwartet wird. Der Fall, daß ein Schiedsrichter nach einer pflichtgemäßen richterlichen Handlung einen Vorteil fordert, sich versprechen läßt oder annimmt, wird – von den Fällen sozialadäquaten Verhaltens abgesehen (vgl. § 331 RN 55) – selten sein, weil er kaum damit rechnen kann, daß seiner Bitte entsprochen wird. Ebenso unwahrscheinlich ist, daß eine Partei hinter dem Rücken der anderen einen Vorteil anbietet, verspricht oder gewährt (§ 333 II), um den Schiedsrichter zu einem pflichtgetreuen Verhalten zu animieren; wozu sollte sie dies, da jener ohnehin zu einem unparteilichen Handeln verpflichtet ist.

5   2. **Hinter dem Rücken** der **anderen Partei** bedeutet ohne deren Wissen und mit dem Willen, sie zu hintergehen (BT-Drs. 7/550 S. 276, Rudolphi SK 4). Wer als Schiedsrichter also einer Partei mitteilt, die Sache sei grundsätzlich zu ihren Gunsten entschieden, sie solle ihm aber noch 10.000,– DM schicken, damit er sich zu einer endgültigen Entscheidung durchringen könne, ist nicht strafbar, wenn er einen Durchschlag dieses Schreibens der anderen Partei zuschickt.

§ 336 Rechtsbeugung

Ein Richter, ein anderer Amtsträger oder ein Schiedsrichter, welcher sich bei der Leitung oder Entscheidung einer Rechtssache zugunsten oder zum Nachteil einer Partei einer Beugung des Rechts schuldig macht, wird mit Freiheitsstrafe von einem Jahr bis zu fünf Jahren bestraft.

Schrifttum: Arndt, Strafrechtliche Verantwortlichkeit ehemaliger Richter an Sondergerichten, NJW 60, 1140. – *Begemann*, Das Haftungsprinzip des Richters im Strafrecht, NJW 68, 1361. – *Behrendt*, Die Rechtsbeugung, JuS 89, 945. – *Bemmann*, Zur Rechtsbeugung des Schiedsrichters, ZStW 74, 295. – *ders.*, Über die strafrechtliche Verantwortlichkeit des Richters, Radbruch-GedS 308. – *ders.*, Zum Wesen der Rechtsbeugung, GA 69, 65. – *ders.*, Wie muß der Rechtsbeugungsvorsatz beschaffen sein, JZ 73, 547. – *Dellian*, Haftungsprivileg des Richters im Strafrecht?, ZRP 69, 51. – *Evers*, Die Strafbarkeit des Richters wegen Anwendung unsittlicher Gesetze, DRiZ 55, 187. – *Hartung*, Rechtsbeugung im Besteuerungs- und im Steuerstrafverfahren, FR 56, 390. – *Haver*, Rechtsbeugung im Steuerverwaltungsverfahren, NJW 56, 1092. – *Heinitz*, Probleme der Rechtsbeugung, 1963. – *Kaiser*, Verantwortlichkeit von Richtern und Staatsanwälten wegen ihrer Mitwirkung an rechtswidrigen Urteilen, NJW 60, 1328. – *Krause*, Richterliche Unabhängigkeit und Rechtsbeugungsvorsatz, NJW 77, 285. – *Marx*, Zur strafrechtlichen Verantwortlichkeit des Spruchrichters, JZ 70, 248. – *Maurach*, Zur Problematik der Rechtsbeugung durch Anwendung sowjetzonalen Rechts, ROW 58, 177. – *Mohrbotter*, Zur strafrechtlichen Verantwortlichkeit des Spruchrichters und Staatsanwalts usw., JZ 69, 491. – *Müller*, Der Vorsatz der Rechtsbeugung, NJW 80, 2390. – *Rasehorn/Lehwald*, Das Verfahren gegen Rehse und die Problematik des § 336 StGB, NJW 69, 457. – *Rudolphi*, Zum Wesen der Rechtsbeugung, ZStW 82, 610. – *Sarstedt*, Fragen der Rechtsbeugung, Heinitz-FS 427. – *Schlösser*, Strafrechtliche Verantwortlichkeit ehemaliger Richter an Sondergerichten NJW 60, 943. – *Eb. Schmidt*, Politische Rechtsbeugung und Richteranklage, in: Justiz und Verfassung, Sonderveröffentlichungen des ZJBl. Nr. 4 (1948) 55. – *Schmidt-Speicher*, Hauptprobleme der Rechtsbeugung, 1982. – *Schreiber*, Probleme der Rechtsbeugung, GA 72, 193. – *Seebode*, Rechtsblindheit und bedingter Vorsatz bei der Rechtsbeugung, JuS 69, 204. – *ders.*, Das Verbrechen der Rechtsbeugung, 1969. – *Spendel*, Zur Problematik der Rechtsbeugung, Radbruch-GedS 312. – *ders.*, Justizmord durch Rechtsbeugung, NJW 71, 537. – *ders.*, Zur strafrechtlichen Verantwortlichkeit des Richters, Heinitz-FS 445. – *ders.*, Richter und Rechtsbeugung, Peters-FS 163. – *ders.*, Rechtsbeugung durch Rechtsprechung, 1984. – *ders.*, Rechtsbeugung im Jugendstrafverfahren, JR 85, 485. – *Wagner*, Amtsverbrechen, 1975. – *ders.*, Die Rechtsprechung zu den Straftaten im Amt seit 1975, JZ 87, 658.

1   I. Die Vorschrift der Rechtsbeugung bildet ein **echtes Amtsdelikt**. Über mehrere Sonderfälle vgl. §§ 343–345. Zur Frage einer fahrlässigen Rechtsbeugung vgl. v. Weber NJW 50, 272.

II. Die Handlung besteht in der Rechtsbeugung zugunsten oder zum Nachteile einer Partei 2
bei Leitung oder Entscheidung einer Rechtssache.

1. Unter **Rechtssachen** sind alle Rechtsangelegenheiten zu verstehen, die zwischen mehreren 3
Beteiligten mit – mindestens möglicherweise – entgegenstehenden rechtlichen Interessen in
einem rechtlich geordneten Verfahren nach Rechtsgrundsätzen verhandelt und entschieden
werden (BGH **5** 304, **12** 191, **14** 147, NJW **60**, 253). Hierzu rechnen nicht nur die von den
Gerichten zu entscheidenden Strafsachen und Rechtsstreitigkeiten, sondern auch Angelegenheiten
der freiwilligen Gerichtsbarkeit, die Verfahren in den anderen Gerichtsverfahren (Arbeits-,
Sozial-, Verwaltungs-, Finanzgerichtsbarkeit usw.), ferner Verfahren vor Verwaltungsbehörden,
sofern für ihre Erledigung Rechtsgrundsätze maßgebend sind, wobei gleichgültig ist, ob es
um gebundenes Handeln oder Ermessenshandeln (vgl. § 331 RN 13) geht. Zu den Rechtssachen
gehören also Entscheidungen nach dem OWiG, nicht jedoch das an die Zustimmung des
Betroffenen gebundene Verwarnungsverfahren nach § 56 OWiG (Hamm NJW **79**, 2114).
Nicht zu den Rechtssachen gehört ferner das Steuerveranlagungs- oder -festsetzungsverfahren
(BGH **24** 326 m. krit. Anm. Bemmann JZ 72, 599, Rudolphi SK 7, Celle NStZ **86**, 513; and. RG
71, 315, hier 22. Aufl.), Dienststrafverfahren, auch wenn nur eine Ordnungsstrafe zu erwarten
ist (RG **69** 213), Verfahren vor dem Ausgleichsausschuß wegen Hausratsentschädigung (BGH
NJW **60**, 253), sowie Verfahren vor der Zentralstelle für die Vergabe von Studienplätzen
(Deumeland, Hochschulrahmengesetz, Kommentar [1979] Erl. zu § 31 I). Es kommen nicht
nur Entscheidungen in Betracht, die ein Verfahren abschließen, sondern auch solche in vorbereitenden
Verfahren, in Zwischenverfahren, bei Erlaß einer auf die Untersuchungshaft bezüglichen
Entscheidungen (Halle NJW **49**, 96). Daher fällt auch ein Ermittlungsverfahren der StA
unter § 336 (RG **69** 214, BGH NJW **60**, 253, Spendel LK 30). Auch ein Schiedsverfahren (vgl.
§ 331 RN 14) gehört hierher.

2. Der Täter muß das **Recht beugen**. Dies kann sowohl durch **Sachverhaltsverfälschung** 4
(BGH NJW **60**, 253) wie auch durch **falsche Anwendung von Rechtsnormen** geschehen, und
zwar ebenso in bezug auf das materielle wie in bezug auf das Verfahrensrecht; vgl. hierzu
Wagner JZ 87, 658. Rechtsbeugung ist auch durch Ermessensmißbrauch bei allen Ermessensentscheidungen
möglich, so insb. bei der Strafzumessung (BGH NJW **71**, 571, vgl. dazu
Spendel NJW **71**, 537, OGH **2** 29; vgl. auch BGH **3** 110, **4** 66, **10** 300, LM **Nr. 5** zu **1** 359, GA
58, 241, M-Maiwald II 247, Maurach ROW 58, 181, Spendel LK 64). So stellt der Vollzug einer
„Prügelstrafe" durch einen Staatsanwalt eine Rechtsbeugung dar (BGH **32** 357 m. Anm. Fezer
NStZ 86, 29, Spendel JR 85, 485). Auch die **Unterlassung** rechtlich gebotener Handlungen
kann Rechtsbeugung sein, z. B. die Nichtstellung sachgemäßer Fragen (RG **57** 35, **69** 216), die
Vorenthaltung sachgemäßer Verteidigung (BGH **10** 298) oder die Nichtvorlegung eines für
verfassungswidrig gehaltenen Gesetzes gem. Art. 100 GG; besteht keine Rechtspflicht, in einem
Auslieferungsantrag mitzuteilen, daß auch wegen des Verdachts der Steuerhinterziehung
ermittelt werde, so liegt im Unterlassen der entsprechenden Mitteilung auch keine Rechtsbeugung
(Köln GA **75**, 341). Ein Kollegialrichter ist nur strafbar, wenn er der rechtsbeugenden
Entscheidung zugestimmt hat (BGH GA **58**, 241). Über die Rechtsbeugung durch Schiedsrichter
vgl. Schönke-Kuchinke, Zivilprozeßrecht⁹ 454. Zur Verantwortlichkeit der Richter an
ehemaligen Sondergerichten vgl. Schlösser NJW 60, 943, Arndt NJW 60, 1140, Kaiser NJW 60,
1328.

Außer dem positiven Recht kommen aber auch **überpositive ungeschriebene Rechtsnormen** in 5
Betracht, so daß Rechtsbeugung auch durch Anwendung offensichtlich ungültiger Normen begangen
werden kann (vgl. Heinitz aaO 9ff., 16, Rudolphi SK 5, Eb. Schmidt, StPO, Teil I, Nr. 506ff.,
Seebode aaO, Welzel 544f. mwN; and. Evers DRiZ 55, 189ff., Schlösser NJW 60, 945, wohl auch
Grünwald ZStW 76, 1ff.). Aus diesen Gründen sind die Entscheidungen des Volksgerichtshofs
während der NS-Zeit vom Bundestag für null und nichtig erklärt worden (BT-Drs. 10/2368; Plenarprot.
10/118). Näher zu diesen Fragen und der Bedeutung des KRG Nr. 10 Radbruch, Coing,
v. Hodenberg, Wimmer in SJZ 46 Sp. 105 u. 47 Sp. 61, 113ff., Kiesselbach MDR 57, 2, Eb. Schmidt
aaO 71, OGH **2** 271 m. Anm. v. Weber NJW 50, 272; vgl. auch Güde DRZ 47, 115, Begemann NJW
68, 1363. Zum Ganzen ausführlich Spendel LK 49ff.

3. Das Recht ist **gebeugt**, wenn eine Entscheidung ergeht, die **objektiv** im Widerspruch zu 5a
Recht und Gesetz steht. Eine fehlerhafte Rechtsanwendung ist objektiv nur dann Rechtsbeugung,
wenn die Auffassung des Richters nicht einmal vertretbar erscheint (KG NStZ **88**, 557).
Es genügt nicht, daß der Richter gegen seine rechtliche Überzeugung gehandelt hat, soweit es
sich nicht um Ermessensentscheidungen handelt (vgl. Bemmann GA 69, 65, Seebode JuS 69,
204, Spendel Radbruch-GedS 316, Hirsch ZStW 82, 428, Krause NJW 77, 286). And. die sog.
subjektive Rechtsbeugungstheorie (vgl. Rudolphi ZStW 82, 610, Sarstedt Heinitz-FS 427; gegen
ihn Spendel Peters-FS 167ff.); der Gegensatz entspricht in etwa dem zwischen objektiver
und subjektiver Eidestheorie im Rahmen der §§ 153ff. Vgl. auch Schreiber GA 72, 193, Beh-

rendt JuS 89, 949; Wagner aaO 195 ff. hält beide Theorien für falsch; krit. Rudolphi SK 13. Zum Ganzen eingehend Schmidt-Speicher aaO 60 ff.

6 4. Die Rechtsbeugung muß zugunsten oder zum Nachteile einer **Partei** erfolgen. Partei ist hier nicht im technischen Sinne zu verstehen; gemeint ist jeder am Verfahren Beteiligte (Kassel HESt. **2** 180). Zu den Parteien gehören daher z. B. auch der Nebenintervenient im Zivilprozeß, der Nebenkläger und der Einziehungsinteressent im Strafverfahren. Zeugen und Sachverständige sind nur für den Fall eines Zwischenstreits im Zivilprozeß (§§ 387, 402) als Beteiligte anzusehen (Rudolphi SK 18).

7 III. Für den **subjektiven Tatbestand** ist Vorsatz erforderlich. Der Vorsatz muß sich nicht nur auf die Verletzung einer Rechtsnorm beziehen, sondern auch auf die Begünstigung oder Benachteiligung einer Partei (vgl. BGH NStZ **88**, 218 m. Anm. Doller zu dem Fall, daß nach § 470 OWiG gegen Geldbuße eingestellt wird). Bedingter Vorsatz muß als ausreichend angesehen werden, nachdem in der Neufassung der Vorschrift die die Festschreibung der früher h. M., daß wenigstens dolus directus erforderlich sei (vgl. dazu 17. A. RN 7), bezweckenden Worte „absichtlich oder wissentlich" der Regierungsvorlage gestrichen worden sind (vgl. BT-Drs. 7/1261 S. 22); ebenso D-Tröndle 6, Lackner 6, Rudolphi SK 20, Spendel LK 77, Schmidt-Speicher aaO 82 ff., Maiwald JuS 77, 357, Behrendt JuS 89, 949, offengelassen von Düsseldorf NJW **90**, 1375 m. Anm. Hassemer JuS 90, 766. Für Einbeziehung des dolus eventualis bereits früher Eb. Schmidt aaO 76, Bemmann Radbruch-GedS 308, JZ 73, 547, Marx JZ 70, 248, Seebode aaO 107 ff. (dazu Hirsch ZStW 82, 432 ff.), JuS 69, 207, ZRP 73, 239, Spendel Heinitz-FS 455, NJW 71, 541, Dellian ZRP 69, 51, Rasehorn NJW 69, 457. Danach muß dann aber ausreichen, daß der Täter die Möglichkeit der Fehlerhaftigkeit seiner Entscheidung erkennt und sich mit ihr abfindet (vgl. § 15 RN 72 ff.). Dies führt allerdings zu einer unvertretbaren Ausweitung der Strafbarkeit, da bei Zweifeln an der Richtigkeit der Entscheidung in aller Regel dolus eventualis und damit wenigstens strafbarer Versuch der Rechtsbeugung vorliegt (and. Krause NJW 77, 285, der eine Beschränkung auf dolus directus im Wege verfassungskonformer Auslegung vorschlägt; Müller NJW 80, 2390). Dieses Ergebnis läßt sich nicht dadurch vermeiden, daß verlangt wird, der Täter müsse auch dann seinem Standpunkt entsprechend entschieden haben, wenn er von dieser Fehlerhaftigkeit überzeugt gewesen wäre (so Lackner 6, Rudolphi SK 20, vgl. auch D-Tröndle 6, Bockelmann II/3 82); damit würden Elemente des direkten Vorsatzes zur zusätzlichen Voraussetzung des dolus eventualis erhoben, der hier jedoch keine Sonderstellung gegenüber seiner allgemeinen Begriffsbestimmung einnehmen kann. Dementsprechend entfällt nunmehr auch die Begrenzungsfunktion, die § 336 a. F. für andere durch die Rechtsbeugung begangene Delikte zuerkannt wurde (vgl. 17. A. RN 9, BGH **10** 297, Bamberg SJZ **49** Sp. 491, Bemmann Radbruch-GedS 308; a. A. Düsseldorf NJW **90**, 1375 m. Anm. Hassemer JuS 90, 766).

8 Eine auf Begünstigung oder Benachteiligung gerichtete Absicht wird neben dem Vorsatz nicht verlangt (RG **25** 278, LG Düsseldorf NJW **59**, 1336). Die irrtümliche Annahme, eine Rechtsnorm sei verbindlich, ist Tatbestandsirrtum (vgl. Heinitz aaO 17 f., Lackner 6, Herdegen LK[9] 18, Seebode JuS 69, 205; and. Maurach ROW 58, 177, Spendel Radbruch-GedS 320; ebenso der Irrtum über das Tatbestandsmerkmal „Recht" (so Düsseldorf NJW **90**, 1375 m. Anm. Hassemer JuS 90, 766).

9 IV. **Täter** kann jeder Richter, sonstige Amtsträger, z. B. ein Staatsanwalt (vgl. BGH **32** 357 m. Anm. Fezer NStZ 86, 29, Bremen NStZ **86**, 120, Köln GA **75**, 341, § 11 RN 17 ff., 33, 35 ff.) oder Schiedsrichter sein, dem die Leitung oder Entscheidung einer Rechtssache obliegt. Umstritten ist hingegen, ob der Rechtspfleger hierzu gehört; bejaht wird dies von BGH NJW **88**, 2810 f., verneint hingegen von Koblenz MDR **87**, 605, Düsseldorf MDR **87**, 604. Auch bei einem städtischen Wasserrechtsdezernenten fehlt die Tätereigenschaft (and. AG Frankfurt NStZ **86**, 75 m. abl. Anm. Wernicke u. Meinberg NStZ **86**, 224), ebenso bei einem für die Vergabe von Sozialhilfe zuständigen Beamten der Stadtverwaltung (Koblenz GA **87**, 553). Grundsätzlich kann jedoch auch ein Verwaltungsbeamter Täter i. S. d. § 336 sein, so z. B. die Beamten einer atomrechtlichen Genehmigungsbehörde (vgl. LG Hamm NStE **Nr. 6**). Erforderlich ist nämlich, daß die Tätigkeit des Amtsträgers im Hinblick auf seinen Aufgabenbereich und seine Stellung mit der eines Richters vergleichbar ist (BGH **34** 146, Bremen NStZ **86**, 120). Zur Leitung einer Rechtssache ist berufen, wer das Verfahren in der Hand hält, z. B. der Vorsitzende eines Gerichts oder der Staatsanwalt im Ermittlungsverfahren; mit der Entscheidung ist betraut, wer an dem richterlichen Akt mitwirkt. Über diese Voraussetzungen im Besteuerungsverfahren vgl. Hartung FR 56, 390. Über die Verantwortlichkeit von Richtern, denen die verfassungsmäßige Unabhängigkeit wegen der politischen Verhältnisse fehlt, vgl. BGH **14** 147, GA **58**, 241, Heinitz aaO 6; über Richter an Sondergerichten vgl. Schlösser NJW 60, 943, Arndt NJW 60, 1140, Kaiser NJW 60, 1328; über Richter am ehemaligen Volksgerichtshof vgl. auch Gribbohm JuS 69, 55, 109. Weisungsfreiheit des Täters wird nicht vorausgesetzt (BGH **14** 148, Rudolphi SK 5, Spendel LK 15, Hirsch ZStW 82, 429f.; and. Seebode aaO 64ff., 71ff., JuS 69, 206).

Durch die Neufassung ist nun klargestellt, daß auch **Schöffen, Handelsrichter, Sozialrichter, Arbeitsrichter** oder **sonstige Beisitzer** eines Gerichts von der Vorschrift erfaßt werden (vgl. D-Tröndle 4, Lackner 2, so schon früher Heinitz aaO 6, Seebode aaO 49ff., Hirsch ZStW 82, 430, Spendel LK 14). Für **Teilnehmer** ohne die Sondereigenschaft des § 336 gilt § 28 I. 10

V. Realkonkurrenz ist mit § 332 möglich, wenn die Bestechlichkeit zur Rechtsbeugung führt (vgl. dort RN 30). Zum Verhältnis zu § 334 vgl. dort RN 20. Idealkonkurrenz kommt mit anderen Delikten in Betracht, sofern durch die Rechtsbeugung in speziell geschützte Interessen eingegriffen wird, z. B. § 239 oder 211 (BGH NJW **68**, 1339); auch zwischen § 336 und 258a besteht Idealkonkurrenz. Dagegen gehen wegen Gesetzeskonkurrenz §§ 343–345 vor (vgl. 1; and. [Idealkonkurrenz] D-Tröndle 7, Rudolphi SK 22; ausführlich dazu Spendel LK 122ff.). 11

§ 337 [Kirchliche Trauung vor standesamtlicher Eheschließung] *ist durch § 67 PStG vom 3. 11. 1937 (RGBl. I 1146) i. d. F. des Ges. vom 18. 5. 1957 (BGBl. I 518) ersetzt worden.*

§ 338 [Bigamische Trauung] *aufgehoben durch 3. StÄG vom 4. 8. 1953 (BGBl. I 735).*

§ 339 [Nötigung im Amt] *aufgehoben durch VO vom 29. 5. 1943.*

§ 340 Körperverletzung im Amt

(1) Ein Amtsträger, der während der Ausübung seines Dienstes oder in Beziehung auf seinen Dienst eine Körperverletzung begeht oder begehen läßt, wird mit Freiheitsstrafe von drei Monaten bis zu fünf Jahren bestraft. In minder schweren Fällen ist die Strafe Freiheitsstrafe bis zu drei Jahren oder Geldstrafe.

(2) Bei schwerer Körperverletzung (§ 224) ist die Strafe Freiheitsstrafe nicht unter zwei Jahren, in minder schweren Fällen Freiheitsstrafe von drei Monaten bis zu fünf Jahren.

I. Der Tatbestand der **Körperverletzung im Amt** ist ein erschwerter Fall der vorsätzlichen Körperverletzung **(unechtes Amtsdelikt).** Zu den Merkmalen des § 223 muß hinzukommen, daß der Täter Amtsträger ist und daß die Straftat in Ausübung seines Dienstes oder in Beziehung auf seinen Dienst begangen ist. Täter kann nur ein Amtsträger (vgl. § 11 RN 14ff.) oder ein Offizier oder Unteroffizier der Bundeswehr (vgl. § 48 I WStG) sein. 1

II. Die **Handlung** besteht darin, daß ein Amtsträger während der Ausübung seines Dienstes oder in Beziehung auf seinen Dienst eine Körperverletzung selbst begeht oder begehen läßt. 2

1. **Während der Dienstausübung** begeht ein Amtsträger denn eine Körperverletzung, wenn er diese in Ausübung seiner dienstlichen Tätigkeit verübt; es muß also ein sachlicher Zusammenhang zwischen der Körperverletzung und der Dienstausübung bestehen (and. Wagner ZRP 75, 274). Es ist hierfür nicht entscheidend, ob sich der Beamte im Dienstanzug oder in Zivil befindet (vgl. RG **60** 6). **In Beziehung auf den Dienst** ist die Körperverletzung begangen, wenn die Tat zwar nicht äußerlich einen Teil der Dienstausübung darstellt, aber doch durch diese in erkennbarer Weise veranlaßt ist; zwischen der Dienststellung und der Körperverletzung muß ein innerer Zusammenhang bestehen (RG **17** 166; vgl. BGH NJW **83**, 462). Demgegenüber will Wagner aaO einen zeitlichen Zusammenhang zwischen Dienstausübung und Körperverletzung ausreichen lassen, § 340 also anwenden, wenn ein Beamter während der Dienstzeit aus privaten Gründen einen Kollegen ohrfeigt; diese Auffassung ist unhaltbar. 3

2. Eine Körperverletzung **läßt** nicht nur **begehen,** wer die Vollziehung anordnet, sondern auch, wer sie geschehen läßt, sofern er zur Verhinderung als Amtsträger verpflichtet war (BGH NJW **83**, 462, Braunschweig NdsRpfl. **48**, 50, OGH NJW **50**, 196, 436, JR **50**, 565, Herzberg JuS 84, 937, Hirsch LK 10f.; krit. Amelung/Weidemann JuS 84, 595, and. noch RG **59** 86). Eine Beteiligung (Anstiftung, Beihilfe) wird wie Täterschaft bestraft (RG **66** 60); eine Strafmilderung (§ 27 II) kommt nicht in Betracht (vgl. Horn SK 3). Demgegenüber will Hirsch LK 9 alle Fälle grundsätzlich als mittelbare Täterschaft durch ein qualifikationsloses Werkzeug auffassen. 4

III. Über den Ausschluß der **Rechtswidrigkeit** vgl. § 223 RN 11ff. Eine Einwilligung schließt hier die Rechtswidrigkeit grundsätzlich nicht aus, da die Befugnisse des Amtsträgers durch das öffentliche Recht bestimmt werden und eine Körperverletzung unter Überschreitung dieser Grenzen rechtswidrig ist (BGH NJW **83**, 462, Hirsch LK 14; zum Ganzen Amelung, 5

§§ 341-343 1-4 Bes. Teil. Straftaten im Amte

Dünnebier-FS 487). Die Einwilligung ist daher nur erheblich, soweit das öffentliche Recht sie anerkennt. Vgl. auch BGH **12** 70, Hirsch LK 14. Demgegenüber geht Horn (SK 7) davon aus, daß die Vorschrift in erster Linie den einzelnen schütze und deshalb auch dessen Einwilligung grds. von Bedeutung sei. Zur Frage des Züchtigungsrechts des Lehrers an bayerischen Volksschulen vgl. Bay JR **79**, 475 m. Anm. Vormbaum; vgl. auch Wagner JZ **87**, 661. Die Anordnung einer Blutentnahme (§ 81a StPO) ist nicht deswegen rechtswidrig, weil der nach Verwaltungsanordnungen zuvor durchzuführende Alkoholtest unterlassen wurde (Köln NStZ **86**, 234).

6 IV. Für den **subjektiven Tatbestand** genügt bedingter Vorsatz (OGH NJW **50**, 196). Bei Fahrlässigkeit gilt § 230.

7 V. Da es sich hier um einen erschwerten Fall der Körperverletzung handelt, gilt weder die Vorschrift des § 232 über den **Strafantrag** noch die des § 233 über die Aufrechnung. Über den Verlust der **Amtsfähigkeit** vgl. § 358. Über **schwere Körperverletzung** (Abs. 2) vgl. § 224 m. Anm.

8 VI. Gesetzeskonkurrenz besteht mit § 223, ferner auch zwischen Abs. 2 und § 224; als das speziellere Gesetz geht § 340 vor. Im Falle des Begehenlassens wird § 357 verdrängt (Lackner 4). Idealkonkurrenz ist dagegen möglich mit §§ 223 II, 223a, 226, 343 (BGH **4** 117). Bei der beabsichtigten schweren Körperverletzung (§ 225) kommt Idealkonkurrenz mit Abs. 2 in Betracht (BGH **4** 113; and. Hirsch LK 21, Horn SK 12: Gesetzeskonkurrenz mit Vorrang von Abs. 2).

§ 341 [Freiheitsberaubung im Amt] *aufgeh. durch EGStGB vom 2. 3. 1974 (BGBl. I 469).*

§ 342 [Hausfriedensbruch im Amt] *aufgeh. durch EGStGB vom 2. 3. 1974 (BGBl. I 469).*

§ 343 Aussageerpressung

(1) **Wer als Amtsträger, der zur Mitwirkung an**
1. **einem Strafverfahren, einem Verfahren zur Anordnung einer behördlichen Verwahrung,**
2. **einem Bußgeldverfahren oder**
3. **einem Disziplinarverfahren oder einem ehrengerichtlichen oder berufsgerichtlichen Verfahren**

berufen ist, einen anderen körperlich mißhandelt, gegen ihn sonst Gewalt anwendet, ihm Gewalt androht oder ihn seelisch quält, um ihn zu nötigen, in dem Verfahren etwas auszusagen oder zu erklären oder dies zu unterlassen, wird mit Freiheitsstrafe von einem Jahr bis zu zehn Jahren bestraft.

(2) **In minder schweren Fällen ist die Strafe Freiheitsstrafe von sechs Monaten bis zu fünf Jahren.**

Schrifttum: Erbs, Unzulässige Vernehmungsmethoden, NJW 51, 386. – *Hoffmann,* Bemerkungen zur Aussageerpressung, NJW 53, 972. – *Siegert,* Zur Tragweite des § 136 StPO, DRiZ 53, 98.

1 I. Die Aussageerpressung, die nach dem Sprachgebrauch des StGB eigentlich Aussagenötigung heißen müßte, ist ein **unechtes Amtsdelikt** (Welzel 524; and. D-Tröndle 1, Lackner 1, Jescheck LK 1, Horn SK 2). Dies ergibt sich daraus, daß die Vorschrift sich hinsichtlich der Zwangsmittel weitgehend und zwar auch hinsichtlich des psychischen Terrors in Form des Quälens, mit der des § 240 deckt und das Ziel der Handlung in einer Nötigung zur Aussage bzw. dem Unterlassen einer Aussage besteht. Als **Rechtsgut** wird überwiegend oder in erster Linie die Rechtspflege angesehen (D-Tröndle 1, Jescheck LK 1, Lackner 1). Dies ist jedoch zu eng. Ähnlich wie bei § 164 (vgl. dort RN 1) schützt die Vorschrift alternativ sowohl die Rechtspflege wie den Tatbetroffenen. Der Tatbestand ist daher erfüllt, auch wenn der Tatbetroffene in die Zwangsmittel einwilligt, wofür auch die Regelung in § 136a StPO spricht; andererseits ist § 343 anwendbar, wenn ein deutscher Amtsträger im Rahmen eines ausländischen Auslieferungsverfahrens, z. B. bei der Vernehmung im Ausland festgenommener Straftäter, zu den Mitteln des § 343 greift. Wie bei § 164 reicht es daher aus, wenn jeweils eines der alternativ geschützten Rechtsgüter tangiert ist; vgl. § 164 RN 2.

2 II. Der **objektive Tatbestand** setzt voraus, daß ein Amtsträger in einer der § 343 aufgezählten Verfahrensarten zum Zwecke der Aussagenötigung Zwangsmittel anwendet.

3 1. Die Vorschrift erfaßt folgende **Verfahrensarten:**

4 a) **Strafverfahren** oder Verfahren zur Anordnung einer **behördlichen Verwahrung** (Abs. 1 Nr. 1). Zum **Strafverfahren** gehören alle Verfahrensarten der StPO einschließlich des Verfah-

Aussageerpressung **5–15 § 343**

rens zur Anordnung einer Maßnahme i. S. v. § 11 I Nr. 8 (vgl. §§ 413 ff., 430 ff. StPO), des Verfahrens über die Aussetzung eines Strafrestes oder einer Maßregel (§§ 449 ff. StPO), des Erlasses oder der Aussetzung des Vollzuges des Haftbefehls (§§ 116 ff. StPO) sowie die Haftprüfung und das Wiederaufnahmeverfahren. An sonstigen Strafverfahrensarten kommen u. a. in Betracht das Steuerstrafverfahren, das Verfahren nach dem Wehrstrafgesetz sowie das Jugendstrafverfahren. Nicht erforderlich ist die förmliche Einleitung eines solchen Verfahrens; es genügt jede Maßnahme, die auf eine solche gerichtet ist (BGH MDR/H **80**, 630).

Zum Verfahren zur Anordnung einer **behördlichen Verwahrung** außerhalb eines Strafverfahrens (Abs. 1 Nr. 1 2. Alt.) gehört vor allem die Unterbringung nach den landesrechtlichen Unterbringungsgesetzen, die Einweisung in ein Krankenhaus nach § 18 GeschlKG, das Verfahren nach §§ 64 ff. JWG, die Abschiebungshaft und Haft nach § 16 AuslG sowie die Verwahrung nach den landesrechtlichen Polizei- und Ordnungsgesetzen (vgl. im übrigen § 174b RN 8). 5

b) **Bußgeldverfahren** nach dem OWiG (vgl. §§ 35 ff., 46 ff. OWiG). 6

c) **Disziplinarverfahren** z. B. nach dem BundesdisziplinarO oder dem RichterG (§ 63 DRiG), ehrengerichtliche Verfahren wie z. B. §§ 116 ff. BRAO, §§ 95 ff. BNotO sowie berufsgerichtliche Verfahren etwa nach §§ 46 ff. Steuerberatungsgesetz. 7

2. Die **Handlung** besteht darin, daß der Täter einen anderen körperlich mißhandelt, gegen ihn sonst Gewalt anwendet, ihm Gewalt androht oder ihn seelisch quält. 8

a) Zur **körperlichen Mißhandlung** vgl. § 223 RN 3 f. Eine körperliche Berührung ist nicht erforderlich; hierzu rechnen auch die Verhinderung des Schlafes (das ist nicht ohne weiteres bei einer nächtlichen Vernehmung der Fall; vgl. BGH **1** 376), das Anstrahlen mit grellem Scheinwerferlicht sowie das Hungern- und Durstenlassen, das Unterbringen in einer Steh- oder Dunkelzelle; dagegen noch nicht eine ermüdende Vernehmung oder ein Rauchverbot (vgl. auch Horn SK 6). 9

b) Zur **Gewaltanwendung** vgl. § 240 RN 6 ff. Zur Gewalt rechnet hier nur die Gewalt gegen die Person des Tatbetroffenen; Gewalt gegen Sachen, z. B. die Zerstörung der Habseligkeiten des Betroffenen, kann aber ein seelisches Quälen sein (vgl. u. 12). Zur Gewalt gehört z. B. das Fesseln; Gewalt ist ferner ein sonstiger körperlicher Eingriff, etwa eine gegen den Willen (and. Horn SK 7: Das Einverständnis des Betroffenen nimmt dem Vorgehen nicht den Charakter der Gewalt) verabreichte sog. Wahrheitsspritze oder Narkoseanalyse, nicht aber die bloße Verwendung eines Lügendetektors (vgl. hierzu BGH **5** 332) sowie die Hypnose. 10

c) Zur **Gewaltandrohung** vgl. § 113 RN 45. Das angedrohte Übel muß in einer Gewaltanwendung bestehen; die Drohung mit einem sonstigen Übel reicht nicht mehr aus (and. die h. M. zu § 343 a. F.; vgl. 17. A. RN 6). Auch die Drohung mit einer an sich zulässigen Maßnahme, die sich als Übel darstellt, kann Zwangsmittel i. S. des § 343 sein (BGH LM **Nr. 1**). Das jedoch nur dann, wenn die Maßnahme im Ermessen des Täters steht und dieser zum Ausdruck bringt,␣er werde sein Ermessen von der Reaktion des Opfers und nicht allein von der sachlichen Notwendigkeit abhängig machen. Ergibt sich dagegen aus dem Verhalten des Opfers (z. B. Verweigern jeder Auskunft) eine sachliche Notwendigkeit zu einer bestimmten Maßnahme, so liegt darin, daß der Beamte hierauf aufmerksam macht, keine unzulässige Drohung i. S. des § 343, sondern eine berechtigte Warnung. Das kann etwa der Fall sein beim Hinweis auf eine wegen Fluchtgefahr oder eines zu erwartenden Angriffs notwendige Fesselung. Vgl. weiter BGH **1** 387, MDR/D **53**, 723. 11

d) Zum **seelischen Quälen** vgl. § 223b RN 12. Gemeint sind hier alle seelischen Peinigungen, die geeignet sind, die geistigen und seelischen Widerstandskräfte zu zermürben (vgl. BT-Drs. 7/550 S. 279). Dazu gehört z. B. die Drohung, daß Angehörige ungerechtfertigten Verfolgungen oder Mißhandlungen ausgesetzt werden (D-Tröndle 9), daß dem Beschuldigten die für seine Verteidigung notwendigen Sachen weggenommen werden, Schreckensnachrichten usw. Nach BGH **15** 187 (zu § 136a StPO) soll auch das Hinführen des Täters zur Leiche seines Opfers ein „Quälen" sein, wenn angesichts der Umstände der Anblick der Leiche für ihn besonders schmerzbereitend ist; dem kann allerdings nur zugestimmt werden, wenn der Täter sich in einer außergewöhnlichen psychischen Belastungssituation befindet und diese Maßnahme nicht aus prozessualen Gründen geboten ist. Denn die mit einem Verfahren notwendig verbundenen psychischen Belastungen sind durch § 343 nicht erfaßt. Dies gilt auch für die Belastung einer wegen der besonderen Umstände des Falles notwendigen Isolierhaft (vgl. jedoch D-Tröndle 9). 12

e) Die **weiteren** in § 136a StPO genannten **prozessual verbotenen Mittel** der Willensbeeinflussung, insb. das Versprechen gesetzlich nicht vorgesehener Vorteile und die Täuschung, **kommen** bei § 343 **nicht in Betracht** (D-Tröndle 9, Maiwald JuS 77, 358). 13

III. Für den **subjektiven Tatbestand** ist Vorsatz erforderlich; bedingter Vorsatz genügt. 14

1. Streitig ist die Behandlung des **Irrtums** über die Widerrechtlichkeit des Zwangsmittels. Da 15

Cramer 2307

§ 344

sich aus § 136a StPO ergibt, daß der Untersuchungszweck die Anwendung der dort genannten Beeinflussungmittel niemals rechtfertigt, kommt eine Anwendung der Maßstäbe des § 240 II (Korrektur des Tatbestandes, vgl. dort RN 28) hier nicht mehr in Betracht. Folglich ist der Irrtum über die Erlaubtheit des Mittels Verbotsirrtum (BGH **2** 194, Horn SK 10, M-Maiwald II 253); die Auffassung von RG **71** 374 m. Anm. Mezger JW 38, 33 ist überholt.

16   2. Weiterhin muß der Täter in der **Absicht** handeln, den Tatbetroffenen zu einer Aussage oder Erklärung oder zu einer Unterlassung derselben zu nötigen. Die Begriffe **Aussage** und **Erklärung** sind synonym, weil jede Erklärung zugleich eine Aussage ist. Die frühere Unterscheidung zwischen Geständnis und Aussage (vgl. 17. A. RN 10 f.) ist damit überholt. In Betracht kommt jede Bekundung eines Beschuldigten, Betroffenen, Zeugen, Sachverständigen usw., wobei gleichgültig ist, ob eine wahre oder unwahre Bekundung abgenötigt werden soll. Weiterhin wird die Nötigung zu einer **Unterlassung** einer **Bekundung** gleichgestellt (so schon die 17. A. RN 12 zu § 343 a. F.). Gleichgültig ist, ob der Tatbetroffene versteht, worauf es dem Täter ankommt (vgl. auch Horn SK 11). Nicht erforderlich ist, daß der Täter sein Ziel erreicht; vgl. u. 18.

17   IV. Die **Einwilligung** des Betroffenen ist **kein Rechtfertigungsgrund** und kann auch den Tatbestand nicht ausschließen, so z. B. bei der Anwendung der Narkoanalyse oder der Hypnose (and. 17. A. RN 13). Zwar betrifft § 136a III StPO nur das Verwertungsverbot und hat daher für § 343 keine unmittelbare Wirkung, wohl aber ergibt sich dies daraus, daß das Rechtsgut (vgl. o. 1) der Rechtspflege auch dann tangiert ist, wenn der Tatbetroffene einwilligt. Wird durch das Einverständnis des Tatbetroffenen allerdings der Maßnahme der Charakter der Gewalt genommen, so fehlt es am Tatbestand.

18   V. Zur **Vollendung** ist nicht erforderlich, daß die Nötigung Erfolg hat. Dies kann jedoch bei der Strafzumessung berücksichtigt werden. Anders als in § 240 ist das Delikt bereits mit Anwendung der Zwangsmittel vollendet. Der Teilnehmer ohne Täterqualität kann aber in diesen Fällen nur wegen Teilnahme am Versuch (§ 240 III) bestraft werden. Der **Versuch** ist strafbar, da die Tat Verbrechen ist.

19   VI. **Täter** können jeder **Amtsträger** (vgl. § 11 RN 14 ff.) oder die diesem gleichgestellten Offiziere und Unteroffiziere (§ 48 I WStG) sein, sofern sie zur Mitwirkung an einem der oben genannten Verfahren berufen sind (vgl. auch § 258a RN 4 f.). Als Täter kommen also nicht nur **Richter, Staatsanwälte**, sondern z. B. auch **Polizeibeamte**, Beamte der Bußgeldstellen usw. in Betracht (RG **25** 366, **71** 374). Erforderlich und ausreichend ist es, daß der Täter nach seinem dienstlichen Aufgabenbereich allgemein an Verfahren der betreffenden Art, und zwar auf der Seite der Verfahrensführung, mitzuwirken hat (vgl. D-Tröndle 2, Jescheck LK 3; enger Horn SK 14; vgl. auch OGH **3** 12, NJW **50**, 713 zu § 343 a. F.), so daß etwa Verteidiger und Zeugen als Täter ausscheiden; zum Sachverständigen vgl. § 344 RN 8. **Teilnehmer** werden (unechtes Amtsdelikt, vgl. o. 1) gem. § 28 II nur aus § 240 bestraft.

20   VII. **Gesetzeskonkurrenz** ist mit § 336 anzunehmen (and. D-Tröndle 12: Idealkonkurrenz). Zu den §§ 223 ff., 340 besteht **Idealkonkurrenz**. Fortsetzungszusammenhang bei Delikten gegen mehrere Personen ist nicht möglich (BGH NJW **53**, 1034; and. 17. A. RN 17). Gegenüber § 240 geht § 343 auch dann vor, wenn es zu einer vollendeten Nötigung gekommen ist (and. Horn SK 16). Erfüllt das abgenötigte Verhalten einen Deliktstatbestand (z. B. eine Begünstigung oder Falschaussage), so kommt Idealkonkurrenz mit Anstiftung zu diesem Delikt oder mit mittelbarer Täterschaft in Betracht.

21   VIII. Bei der Strafzumessung ist eine etwaige Einwilligung (vgl. o. 17) des Tatbetroffenen (minder schwerer Fall nach Abs. 2), aber auch dessen etwaige Provokation zu berücksichtigen. Ferner ist von Bedeutung, ob die Nötigung Erfolg hatte. Zum Verlust der Amtsfähigkeit vgl. § 358.

§ 344 Verfolgung Unschuldiger

(1) **Wer als Amtsträger, der zur Mitwirkung an einem Strafverfahren, abgesehen von dem Verfahren zur Anordnung einer nicht freiheitsentziehenden Maßnahme (§ 11 Abs. 1 Nr. 8), berufen ist, absichtlich oder wissentlich einen Unschuldigen oder jemanden, der sonst nach dem Gesetz nicht strafrechtlich verfolgt werden darf, strafrechtlich verfolgt oder auf eine solche Verfolgung hinwirkt, wird mit Freiheitsstrafe von einem Jahr bis zu zehn Jahren, in minder schweren Fällen mit Freiheitsstrafe von drei Monaten bis zu fünf Jahren bestraft. Satz 1 gilt sinngemäß für einen Amtsträger, der zur Mitwirkung an einem Verfahren zur Anordnung einer behördlichen Verwahrung berufen ist.**

(2) **Wer als Amtsträger, der zur Mitwirkung an einem Verfahren zur Anordnung**

einer nicht freiheitsentziehenden Maßnahme (§ 11 Abs. 1 Nr. 8) berufen ist, absichtlich oder wissentlich jemanden, der nach dem Gesetz nicht strafrechtlich verfolgt werden darf, strafrechtlich verfolgt oder auf eine solche Verfolgung hinwirkt, wird mit Freiheitsstrafe von drei Monaten bis zu fünf Jahren bestraft. Satz 1 gilt sinngemäß für einen Amtsträger, der zur Mitwirkung an
1. **einem Bußgeldverfahren oder**
2. **einem Disziplinarverfahren oder einem ehrengerichtlichen oder berufsgerichtlichen Verfahren**

berufen ist. Der Versuch ist strafbar.

Schrifttum: Krause, Die Verfolgung Unschuldiger, SchlHA 69, 77. – *Langer,* Zur Klageerzwingung wegen Verfolgung Unschuldiger, JR 89, 95.

I. § 344 schützt dieselben **Rechtsgüter** wie § 343; vgl. dort RN 1. Im Gegensatz zu § 343 handelt 1 es sich aber um ein **echtes Amtsdelikt**, da die Verfolgung Unschuldiger einen besonderen Fall der Rechtsbeugung (§ 336) darstellt (Kassel SJZ **47** Sp. 443 zu § 344 a. F.).

II. Der **objektive Tatbestand** setzt voraus, daß ein Amtsträger in einer der in § 344 genann- 3 ten Verfahrensarten jemanden verfolgt oder darauf abzielende Maßnahmen gegenüber jemandem ergreift, der nach den bestehenden Gesetzen nicht verfolgt werden darf. Unter dem Gesichtspunkt der Sozialadäquanz wird von München (NStZ **85**, 549) der Tatbestand auf ein pflichtwidriges Handeln eingeschränkt; daran soll es bei einer Verfolgungshandlung aufgrund einer irrtums- und mißverständnisbehafteten Wahrnehmung fehlen; vgl. Herzberg JR 86, 6.

1. Die Vorschrift erfaßt insgesamt dieselben Verfahrensarten, wie sie in § 343 genannt sind, 4 vgl. dort RN 3 ff. Die **Strafdrohung** ist allerdings **nach** den verschiedenen **Verfahrensarten abgestuft.**

Abs. 1 der Vorschrift gilt für **Strafverfahren** (vgl. hierzu Schroeder GA 85, 485) mit Aus- 5 nahme des Verfahrens nach § 11 I Nr. 8 (vgl. dort RN 64 ff.) sowie für Verfahren zur Anordnung einer behördlichen Verwahrung und bedroht die unberechtigte Verfolgung in diesen Verfahrensarten mit Freiheitsstrafe von einem bis zu zehn Jahren; Abs. 1 ist somit Verbrechen.

Abs. 2 der Vorschrift betrifft das Verfahren zur Anordnung einer nicht freiheitsentziehen- 6 den **Maßnahme** nach § 11 I Nr. 8 (vgl. dort RN 64 ff.) sowie das **Bußgeldverfahren** (LG Hechingen NJW **86**, 1823), ferner **Disziplinarverfahren** sowie ehren- und berufsgerichtliche Verfahren (vgl. zu den einzelnen Verfahrensarten § 343 RN 6 f.). Die Vorschrift ist im Gegensatz zu Abs. 1 Vergehen. Der Versuch ist jedoch durch Abs. 2 S. 3 unter Strafe gestellt.

2. Der **Täterkreis** entspricht dem des § 343. Täter kann hier wie dort jeder Amtsträger sein 7 (zum Begriff des Amtsträgers vgl. § 11 RN 14 ff.), der zur Mitwirkung an dem betreffenden Verfahren berufen ist. Neben Richtern oder Staatsanwälten kommen auch deren Hilfsorgane wie z. B. Polizeibeamte in Betracht (BGH **1** 255 zu § 344 a. F., Oldenburg MDR **90**, 1135). Über den Staatsanwalt als Täter vgl. Less JR 51, 193, Mohrbotter JZ 69, 491 zu § 344 a. F.

Zweifelhaft kann sein, ob ein **Sachverständiger,** soweit er z. B. als Amtsarzt Amtsträger 8 ist, zum Täterkreis des § 344 gehört; etwa wenn ein Amtsarzt als zugezogener Sachverständiger über eine gesunde Person wider besseres Wissen ein unwahres Zeugnis über ihren Geisteszustand ausstellt, damit sie in einer Heil- oder Pflegeanstalt untergebracht werde. Dies ist im allgemeinen zu verneinen, obwohl der Sachverständige als Gehilfe des Richters und damit auf der Seite der Verfahrensführung tätig wird und für ihn § 136a StPO gilt (zur Stellung des Sachverständigen vgl. im übrigen K-Meyer 23 ff. vor § 72). Der Grund hierfür liegt darin, daß der Sachverständige nicht in seiner Eigenschaft als Amtsträger, sondern als Sachkundiger in den Prozeß eingeführt wird (ebenso Horn SK 11). Etwas anderes gilt, wenn die **Mitwirkung** eines Amtsträgers als Sachverständiger **gesetzlich vorgeschrieben** ist, etwa nach §§ 83 III, 91, 92 I StPO (Horn SK 11). Das kann weiterhin möglich sein nach den Unterbringungsgesetzen der Länder (vgl. z. B. §§ 17, 19 PsychKrankenG NRW, § 6 I Nr. 2 hess. FreihEntzG). Demgegenüber lehnt D-Tröndle (2, § 343 RN 2) die Tätereigenschaft des Sachverständigen grundsätzlich ab, da er nicht auf der Seite der Verfahrensführung mitwirke (ebenso Jescheck LK 2), während nach der Begründung (BT-Drs. 7/550 S. 280) die Tatsache, daß der Sachverständige Amtsträger ist, ausreichen soll. Während D-Tröndle die besondere Stellung des Sachverständigen für das Gericht nicht genügend berücksichtigt, verkennt die Begründung, daß zwischen der Beauftragung als Sachverständiger und der Amtsträgereigenschaft nicht notwendig ein Zusammenhang bestehen muß.

Die Vorschrift gilt nicht für **Disziplinarvorgesetzte** der **Bundeswehr,** hier greift aus- 9 schließlich § 39 WStG ein.

10 3. Die **Tathandlung** besteht in strafrechtlicher Verfolgung oder im Hinwirken auf eine solche Verfolgung. Gleichgestellt ist die Verfolgung usw. in den sonstigen in der Vorschrift genannten Verfahrensarten (vgl. Abs. 1 S. 2 u. Abs. 2 S. 2).

11 a) **Verfolgung** in diesem Sinne ist jedes dienstliche Tätigwerden im Rahmen des Strafverfahrens bzw. der anderen Verfahrensarten, das eine Bestrafung oder Maßregelung bezweckt oder das Verfahren in bezug darauf fördert. Dabei richtet sich der Beginn des Verfahrens jeweils nach den Bestimmungen, die für die einzelnen Verfahrensarten in Frage kommen. Nach dem Zweck der Vorschrift, die neben dem Tatbetroffenen auch die Rechtspflege schützt, ist der Beginn jedoch früh anzusetzen, und zwar allgemein mit der Einleitung der ersten Ermittlungen. Eine Verfolgungshandlung soll auch in der Übersendung eines Anhörungsbogens liegen (LG Hechingen NJW **86**, 1823). Ferner verwirklicht den Tatbestand der Verfolgung eines Unschuldigen auch ein Polizeibeamter, der in einem dienstlichen Bericht wahrheitswidrig die Begehung einer Straftat durch einen anderen behauptet, und zwar auch dann, wenn er selbst der angeblich Geschädigte ist und danach zu erwarten steht, daß er im weiteren Verlauf des Verfahrens mit der Bearbeitung nicht mehr befaßt sein wird (Oldenburg MDR **90**, 1135). Eine Verfolgung ist nur bis zum rechtskräftigen Abschluß des Verfahrens möglich, bei später vorgenommenen Maßnahmen kommt der Tatbestand der Vollstreckung gegen Unschuldige (§ 345) in Betracht.

12 Die Tathandlungen müssen grundsätzlich gegen eine **bestimmte Person** gerichtet sein. Dies ergibt sich daraus, daß § 344 nicht etwa nur eine sachlich nicht gerechtfertigte Ermittlungs- bzw. Verfolgungstätigkeit der Behörden vermeiden, sondern neben der Rechtspflege in erster Linie den einzelnen Bürger schützen will. Im Falle der selbständigen Anordnung von Verfall, Einziehung oder Unbrauchbarmachung (§ 76a) genügt es, daß sich die Maßnahme gegen ein bestimmtes Objekt richtet (vgl. Lackner 4; a. A. D-Tröndle 3).

13 b) Mit dem Begriff des **Hinwirkens auf** die **Verfolgung** ist klargestellt, daß auch solche Amtsträger tatbestandsmäßig im Sinne der Vorschrift handeln können, die nicht Träger der Verfolgung oder im konkreten Fall mit der Wahrnehmung von Ermittlungstätigkeiten betraut sind, z. B. wenn ein nach dem Dienstverteilungsplan an sich nicht zuständiger Polizeibeamter den nach dem Dienstplan zuständigen Kollegen zur Einleitung oder Fortführung von Verfolgungsmaßnahmen veranlaßt. Krit. dazu Horn SK 12, der eine wenigstens rudimentäre Tatherrschaft verlangt.

14 4. Beide Alt. sind auch durch **Unterlassen** begehbar. Die Tathandlung besteht dann in der Nichtaufhebung einer gebotenen Maßnahme, z. B. der Freilassung des Betroffenen oder im Falle des Hinwirkens auf die Verfolgung im Unterlassen eines Hinweises an den Träger der Verfolgung. Hier wird allerdings der Schwerpunkt der Problematik in der Frage der Garantenstellung zu suchen sein (vgl. die Erl. zu § 13).

15 5. Die Tat muß sich entweder gegen einen **Unschuldigen oder** gegen jemanden richten, der aus anderen Gründen **nicht verfolgt werden darf.** Gemeinsam ist beiden, daß gegen den Betroffenen ein Verfahren mit dem Ergebnis seiner Verurteilung nicht durchgeführt werden darf.

16 a) **Unschuldig** ist, wer aus materiellrechtlichen Gründen nicht verfolgt werden darf, sei es, daß er die Straftat, die Ordnungswidrigkeit oder den Disziplinarverstoß nicht begangen hat, oder daß ihm ein Rechtfertigungs-, Entschuldigungs-, Strafausschließungs- oder Strafaufhebungsgrund zur Seite steht. Unschuldig ist auch, wer nur einer geringeren Straftat schuldig ist als die, um deretwillen er verfolgt wird, z. B. eines einfachen Diebstahls statt eines Raubes.

17 b) Andere **Gründe**, aus denen der Tatbetroffene **nicht verfolgt werden darf**, sind insb. das Vorliegen von Prozeßhindernissen, z. B. Fehlen des Strafantrages, fehlende Ermächtigung, Rechtskraft, Immunität, Exterritorialität (vgl. zum früheren Recht Krause SchlHA 69, 77). Zur Frage, ob darüberhinaus alle strafprozessual unzulässigen Strafverfolgungen umfaßt sind vgl. Langer JR 89, 98.

18 III. Für den **subjektiven Tatbestand** ist erforderlich, daß der Täter entweder absichtlich oder wissentlich handelt; bedingter Vorsatz scheidet aus.

19 1. **Absichtlich** handelt der Täter, wenn es ihm auf die Verfolgung des Unschuldigen ankommt. Absichtliches Verfolgen liegt auch dann vor, wenn die Verfolgung nur Zwischenziel zur Erreichung eines weiteren außertatbestandlichen Endzweckes ist (vgl. Mohrbotter JZ 69, 491 zu § 344 a. F.). Handelt der Täter in diesem Sinne absichtlich, so braucht er keine sichere Kenntnis von der Unschuld des Verfolgten zu haben, es genügt in diesem Fall die bloße Möglichkeitsvorstellung (vgl. dazu näher § 15 RN 67).

20 2. Im Gegensatz zur Absicht kann beim **wissentlichen Handeln** dem Täter der Erfolg auch unerwünscht sein. Hier reicht die Gewißheitsvorstellung, daß der Verfolgte unschuldig ist (Langer JR 89, 96, vgl. im übrigen dazu § 15 RN 68).

3. Nimmt der Täter irrig an, daß der Verfolgte unschuldig ist, so liegt untauglicher **Versuch** 21
vor, der sowohl nach Abs. 1 (Verbrechen) wie Abs. 2 strafbar ist (Abs. 2 S. 3).

IV. Mit § 336 besteht **Gesetzeskonkurrenz**, § 344 geht vor (Horn SK 15, Jescheck LK 13; and. D- 22
Tröndle 7). Ebenso geht § 344 dem § 164 vor (Oldenburg MDR **90**, 1135). Hinter § 39 WStG tritt
§ 344 zurück.

§ 345 Vollstreckung gegen Unschuldige

(1) Wer als Amtsträger, der zur Mitwirkung bei der Vollstreckung einer Freiheitsstrafe, einer freiheitsentziehenden Maßregel der Besserung und Sicherung oder einer behördlichen Verwahrung berufen ist, eine solche Strafe, Maßregel oder Verwahrung vollstreckt, obwohl sie nach dem Gesetz nicht vollstreckt werden darf, wird mit Freiheitsstrafe von einem Jahr bis zu zehn Jahren, in minder schweren Fällen mit Freiheitsstrafe von drei Monaten bis zu fünf Jahren bestraft.

(2) Handelt der Täter leichtfertig, so ist die Strafe Freiheitsstrafe bis zu einem Jahr oder Geldstrafe.

(3) Wer, abgesehen von den Fällen des Absatzes 1, als Amtsträger, der zur Mitwirkung bei der Vollstreckung einer Strafe oder einer Maßnahme (§ 11 Abs. 1 Nr. 8) berufen ist, eine Strafe oder Maßnahme vollstreckt, obwohl sie nach dem Gesetz nicht vollstreckt werden darf, wird mit Freiheitsstrafe von drei Monaten bis zu fünf Jahren bestraft. Ebenso wird bestraft, wer als Amtsträger, der zur Mitwirkung bei der Vollstreckung

1. eines Jugendarrestes,
2. einer Geldbuße oder Nebenfolge nach dem Ordnungswidrigkeitenrecht,
3. eines Ordnungsgeldes oder einer Ordnungshaft oder
4. einer Disziplinarmaßnahme oder einer ehrengerichtlichen oder berufsgerichtlichen Maßnahme

berufen ist, eine solche Rechtsfolge vollstreckt, obwohl sie nach dem Gesetz nicht vollstreckt werden darf. Der Versuch ist strafbar.

Schrifttum: Franzheim, Der rechtswidrige Vollzug von Untersuchungshaft erfüllt den Tatbestand der Vollstreckung gegen Unschuldige (§ 345 StGB), GA 77, 69. – *Hermes,* Strafrechtliche Folgen einer Verletzung der Spezialitätsbindung im Auslieferungsverkehr?, NStZ 88, 396. – *Krause,* Zur unzulässigen Strafvollstreckung, SchlHA 64, 271. – *Reiß,* Gedanken zur Neufassung des § 345 StGB, Rpfleger 76, 201. – *Seebode,* Zwischenhaft, ein vom Gesetz nicht vorgesehener Freiheitsentzug (§ 345 StGB), StV 88, 119.

I. Die Vorschrift stuft die Strafdrohung nach der Bedeutung der vollstreckten Maßnahme ab. Im 1
Aufbau des Tatbestandes sowie in der Abgrenzung des Täterkreises ist die Vorschrift dem § 344
nachgebildet. § 345 ist **echtes Amtsdelikt** und nicht (auch bei Abs. 1 nicht) ein bloß qualifizierter Fall
des § 239, weil die Tat sich nicht in der bloßen Freiheitsentziehung erschöpft, sondern in der rechtswidrigen Vollstreckung staatlicher Sanktionen und Maßnahmen besteht. Geschützt wird neben der
persönlichen Freiheit des Tatbetroffenen vor allem die Rechtspflege (ähnl. Horn SK 2; and. Franzheim GA 77, 69).

II. Der **objektive Tatbestand** setzt voraus, daß ein Amtsträger, der zur Mitwirkung bei der 2
Vollstreckung von Strafen usw. berufen ist, eine der in der Vorschrift genannten Sanktionen
vollstreckt, obwohl sie nach dem Gesetz nicht vollstreckt werden darf.

1. **Sanktionen** nach Abs. 1 der Vorschrift sind neben den **Freiheitsstrafen** die **freiheitsent-** 3
ziehenden Maßregeln der Besserung und Sicherung wie z. B. die Unterbringung in einem
psychiatrischen Krankenhaus, die Unterbringung in einer Entziehungsanstalt oder sozialtherapeutischen Anstalt sowie die Unterbringung in der Sicherungsverwahrung (vgl. § 61 ff.). Die
behördliche Verwahrung betrifft die freiheitsentziehenden Maßnahmen außerhalb des Strafverfahrens, hierzu zählt insb. die Unterbringung nach den landesrechtlichen Unterbringungsgesetzen z. B. nach §§ 1, 10 PsychKrankenG NRW, § 1 hess. FreihEntzG die Fürsorgeerziehung
(vgl. § 64 JWG) oder die Abschiebungshaft und Haft nach § 16 AuslG (vgl. weiter § 343 RN 5).
Hingegen ist die Untersuchungshaft keine Sanktion, die unter § 345 fällt (BGH **20** 64 m.
Anm. Stratenwerth JZ 65, 325 zu § 345 a. F., Jescheck LK 5, Horn SK 3; a. A. D-Tröndle 5). In
diesen Fällen kommt § 344 in Betracht.

2. **Sanktionen** nach Abs. 3 der Vorschrift sind neben den **nicht freiheitsentziehenden Stra-** 4
fen wie z. B. Geldstrafe oder Fahrverbot die Maßnahmen des § 11 Nr. 8. Zu den nicht freiheitsentziehenden Maßregeln der Besserung und Sicherung gehören hier insb. die Entziehung der
Fahrerlaubnis sowie das Berufsverbot (vgl. im übrigen § 11 RN 64 ff.). Außerdem enthält

§§ 346–348

Abs. 3 noch in drei Fällen die Vollstreckung freiheitsentziehender Maßnahmen, die jedoch weniger gravierend sind als die unter Abs. 1 genannten Maßnahmen. In der Regel sind es Maßnahmen von kurzer Dauer. Es handelt sich um den Jugendarrest, die Ordnungshaft und den Arrest nach der Wehrdisziplinarordnung (WDO). Zum Jugendarrest vgl. § 16 JGG, zu Ordnungsgeld und Ordnungshaft vgl. §§ 51, 70, 95 StPO sowie §§ 177, 178 GVG, zum Arrest nach der WDO vgl. § 22 WDO, zu den übrigen Disziplinarmaßnahmen sowie ehren- und berufsgerichtlichen Maßnahmen siehe § 5 BundesdisziplinarO sowie die Disziplargesetze der Länder, ferner z. B. § 204 BRAO, zu den Geldbußen und Nebenfolgen des Ordnungswidrigkeitenrechts vgl. Göhler § 66 RN 19 ff.

5 3. **Tathandlung** ist die Vollstreckung einer Strafe, Maßnahme usw., die nach dem Gesetz nicht vollstreckt werden darf. Zur Vollstreckung gehört die Gesamtheit der Maßnahmen, welche die Verbüßung durchführen; sie umfaßt also nicht nur die Anordnung der Verbüßung, sondern auch ihre Durchführung und Überwachung (Kassel HESt **2** 180). Der Täter vollstreckt eine Strafe oder Maßregel unberechtigt, wenn er bei der Vollstreckung von der maßgebenden Entscheidung abweicht, sei es auch nur nach Art und Maß der Strafe, z. B. Freiheitsstrafe statt Strafarrest. In Betracht kommt vor allem die Vollstreckung nicht rechtskräftiger (Ausnahme § 178 GVG) oder bereits vollstreckter Urteile oder die Vollstreckung trotz Strafaussetzung zur Bewährung, aber auch die **Verlängerung einer Strafvollstreckung** (vgl. jedoch zum Fall einer aus verwaltungstechnischen Gründen um einen Tag später erfolgten Überführung eines Zuchthausgefangenen in die Sicherungsverwahrung die zu Recht ablehnende Entscheidung Hamburg GA **64**, 247). Ferner ist auch an eine Vollstreckung unter Verletzung der Spezialitätsbindung im Auslieferungsverkehr zu denken (Hermes NStZ 88, 396). § 345 gilt nicht nur für quantitative oder qualitative Modifizierungen einer an sich verhängten Strafe, Maßnahme usw., sondern auch für die Fälle, in denen gegen den Betroffenen überhaupt keine Strafe usw. verhängt ist. In allen Fällen wird vorausgesetzt, daß die Vollstreckung zum Nachteil des Betroffenen erfolgt; § 345 ist daher nicht anwendbar, wenn z. B. statt Freiheitsstrafe Untersuchungshaft vollstreckt wird, die auf die Strafe anzurechnen ist (vgl. Düsseldorf StV 88, 110; and. Seebode StV 88, 119 ff.) Eine zu Unrecht festgesetzte Strafe, Maßnahme usw., deren Rechtmäßigkeit die vollstreckende Behörde nicht nachprüfen darf, gehört ebenfalls nicht hierher (RG **16** 221; **63** 168). Eine Begehung durch Unterlassen ist ebenfalls möglich, wenn der Täter eine Garantenstellung hat, z. B. der Leiter der Vollzugsanstalt, der nicht für die Entlassung des Inhaftierten nach Ablauf der Strafzeit sorgt.

6 III. **Täter** können nur der **Amtsträger** (vgl. § 11 RN 14 ff.) oder die diesem gleichgestellten Offiziere und Unteroffiziere (§ 48 I WStG) sein, die zur Mitwirkung bei der Vollstreckung einer der genannten Sanktionen berufen sind (vgl. § 343 RN 19). Darunter ist keine konkrete Zuständigkeit zu verstehen, sondern es reicht die allgemeine Zuständigkeit zur Vornahme der betreffenden Handlung aus (Jescheck LK 2). Jede Art der amtlichen Mitwirkung ist ausreichend, eine Mitwirkung an leitender Stelle ist nicht erforderlich (RG **63** 176; and. Krause SchlHA 64, 271 zu § 345 a. F.). Täter kann daher auch der Amtsträger sein, der im Strafvollzug etwa bloß mit der Führung des Vollstreckungskalenders betraut ist (RG **30** 135, Kassel HESt **2** 180).

7 IV. Für den **subjektiven Tatbestand** kommt Vorsatz (Abs. 1, 3) oder Leichtfertigkeit (Abs. 2) in Betracht. Der **Vorsatz** erfordert das Bewußtsein, daß es sich um die Vollstreckung einer Strafe usw. handelt und daß sie unzulässig ist. Bedingter Vorsatz genügt. Zur **Leichtfertigkeit**, die allerdings nur für den Tatbestand des Abs. 1 genügt, vgl. § 15 RN 205. Nicht jeder vermeidbare Irrtum über das Vorliegen der Vollstreckungsvoraussetzungen begründet bereits den Vorwurf der Leichtfertigkeit (Köln MDR **77**, 66, Reiß Rpfleger 76, 201, Jescheck LK 7).

8 V. Der **Versuch** ist für das Verbrechen des Abs. 1 wie auch für das Vergehen des Abs. 3 (S. 3) strafbar.

9 VI. Mit § 239 besteht in den Fällen der Freiheitsentziehung **Gesetzeskonkurrenz**, § 345 geht vor; zum Verhältnis zu § 336 vgl. dort RN 11.

§ 346 [Begünstigung im Amt] *vgl. jetzt § 258 a.*

§ 347 [Entweichenlassen von Gefangenen] *vgl. jetzt § 120 II.*

§ 348 Falschbeurkundung im Amt

(1) **Ein Amtsträger, der, zur Aufnahme öffentlicher Urkunden befugt, innerhalb seiner Zuständigkeit eine rechtlich erhebliche Tatsache falsch beurkundet oder in öf-**

fentliche Register, Bücher oder Dateien falsch einträgt oder eingibt, wird mit Freiheitsstrafe bis zu fünf Jahren oder mit Geldstrafe bestraft.

(2) **Der Versuch ist strafbar.**

Die **Falschbeurkundung im Amt** ist das Gegenstück zu § 271. Mit Strafe bedroht wird die Herstellung einer echten Urkunde, die einen unwahren Inhalt hat. Insoweit steht also die **schriftliche Lüge** unter Strafe; die Vorschrift ist daher **echtes Amtsdelikt**. 1

I. **Täter** kann nur ein Amtsträger (dazu § 11 RN 14ff.) sein, der zur Aufnahme öffentlicher Urkunden befugt ist. 2

1. Über **öffentliche Urkunden** vgl. § 271 RN 4ff., 11ff. und u. 8. **Öffentlich** i. S. dieser Vorschrift ist eine Urkunde nur dann, wenn sie den für öffentliche Urkunden dieser Art vorgeschriebenen Formvorschriften genügt (RG DJ **38**, 947, HRR **39** Nr. 62). 3

2. **Aufnehmen** einer Urkunde bedeutet an sich, daß der Beamte Erklärungen zu beurkunden hat, die ein anderer vor ihm abgibt, oder Wahrnehmungen, die er selbst gemacht hat (vgl. RG **1** 312). Daraus hat die Rspr. gefolgert, Beamte, die lediglich zur **Ausstellung** öffentlicher Urkunden befugt seien, fielen nicht unter § 348 (ebenso Tröndle LK 4, D-Tröndle 2, Lackner 2; offengelassen von RG **71** 226). Da jedoch eine solche Einschränkung bei der Charakterisierung der Tat nicht gemacht wird, erscheint es nicht sinnvoll, die **Zuständigkeit** des Amtsträgers zu beschränken, dagegen seine **Tätigkeit** uneingeschränkt unter § 348 fallen zu lassen, solange es sich um öffentliche Beurkundung handelt. Daher ist davon auszugehen, daß der Begriff Aufnahme auch das Ausstellen von Urkunden bezeichnet (Samson SK 4, ähnlich i. E. RG DR **43**, 1041). 4

3. **Befugt** zur Aufnahme öffentlicher Urkunden ist ein Amtsträger, wenn er sachlich und örtlich zuständig ist, Erklärungen oder Tatsachen mit voller Beweiskraft zu beurkunden (BGH **12** 85, M-Schroeder II 160, Tröndle LK 7). Es wird nicht vorausgesetzt, daß er zur Aufnahme gerade der betreffenden Urkunde befugt ist; es genügt vielmehr, daß er zur Aufnahme von öffentlichen Urkunden solcher Art berufen ist (RG **71** 227). Auch wenn die Tätigkeit des Täters verwaltungsrechtlich fehlerhaft ist, kann trotzdem eine Beurkundung innerhalb seiner Zuständigkeit vorliegen (RG **72** 179, Celle HannRPfl. **47**, 51 betr. Tätigkeit in eigener Sache). 5

4. Täter können nicht nur die eigentlichen Urkundsbeamten wie Standesbeamte, Notare usw., sondern auch andere Amtsträger sein, soweit sie befugt sind, öffentliche Urkunden aufzunehmen. Als solche kommen z. B. Vollstreckungsbeamte, Gerichtsvollzieher (Hamm NJW **59**, 1333), Vollziehungsbeamte eines Finanzamtes (RG **71** 46), Briefträger (Zustellungsurkunden) und Fleischbeschauer (BGH LM **Nr. 2**, Karlsruhe Justiz **67**, 152) in Betracht. **Andere Personen** als befugte Amtsträger können als Anstifter oder Gehilfen strafbar sein (§ 28 I), falls der Amtsträger vorsätzlich handelt. Ist dies nicht der Fall, dann kommt eine Bestrafung nach § 271 in Betracht. Ist der Amtsträger nicht schuldfähig, so kommt gleichfalls § 271 zur Anwendung, falls der Nicht-Beamte diesen Zustand kennt und ausnutzt (vgl. § 25 RN 30ff.). 6

II. Die **Handlung** besteht darin, daß der Amtsträger innerhalb seiner Zuständigkeit eine rechtlich erhebliche Tatsache falsch beurkundet oder in öffentliche Register, Bücher oder Dateien falsch einträgt oder eingibt. Ein Gebrauchmachen von der Urkunde durch den Amtsträger oder durch Dritte ist ebensowenig erforderlich wie eine dahingehende Absicht. 7

1. Der Amtsträger **beurkundet** eine Tatsache, wenn er sie in der vorgeschriebenen Form in einer Weise feststellt, die dazu bestimmt ist, Beweis für und gegen jedermann zu begründen (RG **72** 378); das ist etwa bei der Eintragung des nächsten Hauptprüfungstermins in einen Kraftfahrzeugschein der Fall (BGH **26** 11). Hieran fehlt es dagegen beim Prüfbericht des TÜV (Hamm VRS **47** 432). Die Beurkundung muß den Erfordernissen einer öffentlichen Urkunde entsprechen (RG HRR **39** Nr. 62). Eine Tatsache, die sich erst durch eine gedankliche Schlußfolgerung ergibt, ist nicht beurkundet (Hamm VRS **47** 430 [TÜV-Prüfplakette], Köln JR **79**, 255 m. Anm. Puppe [Paßstempelung zur Aufenthaltsverlängerung]). Feststellungen, die nur für den inneren Dienstverkehr bestimmt sind, kommen hier nicht in Betracht (RG **71** 46, BGH **33** 193, Bay **78** 137 [Fundanzeige]). Falschbeurkundung und nicht § 267 liegt auch dann vor, wenn ein Amtsträger eine öffentliche Urkunde, die er befugtermaßen ausgestellt und in den Verkehr gegeben hat, nachträglich dahin abändert, daß sie den Vorgang, den sie bezeugen soll, nunmehr anders als geschehen beurkundet (and. RG **69** 28 u. h. L.); es kann jedoch keinen Unterschied machen, ob der Amtsträger von vornherein oder erst nachträglich etwas Falsches beurkundet (vgl. im übrigen § 267 RN 54). 8

2. Eine Tatsache ist **falsch** beurkundet, wenn sie überhaupt nicht oder in anderer Weise geschehen ist. Dies ist z. B. der Fall, wenn der Urkundsbeamte eine gar nicht vorhandene Urkunde ausfertigt (RG **71** 226) oder wenn der Amtsträger der Durchschrift einen anderen Inhalt 9

gibt als der Urschrift und bescheinigt, daß beide Fertigungen übereinstimmen (RG **64** 249), wenn der Notar fälschlich beurkundet, daß die Parteien vor ihm erschienen und die Urkunden vor ihm verlesen seien (BGH **26** 47, DNotZ **69**, 178) oder eine Unterschrift von ihnen vor dem Notar vollzogen oder anerkannt worden sei (Frankfurt NStZ **86**, 121 m. Anm. Pickart). Bei der Neuausstellung eines Führerscheins ist ferner falsch die „Erweiterung" auf eine Klasse, für die eine Fahrerlaubnis nicht besteht (BGH NJW **91**, 576).

10   3. Auch bei öffentlichen Urkunden besitzt der bloße **Entwurf keine Urkundenqualität.** Dies gilt auch, wenn der bereits in der gehörigen Form hergestellt und unterzeichnet ist. Zur Urkunde wird er erst dann, wenn der Amtsträger ihm dadurch die Eigenschaft eines Beweismittels verleiht, daß er ihn aus seiner Verfügungsgewalt in den Rechtsverkehr gelangen läßt (vgl. RG **64** 136). Deshalb begeht der Amtsträger keine Falschbeurkundung, wenn er in dem Entwurf etwas noch nicht Geschehenes als bereits geschehen wiedergibt, sofern nur sichergestellt ist, daß der Entwurf erst nach Eintritt der noch fehlenden Voraussetzung in den Rechtsverkehr gelangt. Dies gilt z. B. für die vorbereitete und unterschriebene notarielle Beurkundung, für das vorbereitete Zustellungsprotokoll des Gerichtsvollziehers (RG **19** 243) oder für die Fälle, in denen der Fleischbeschauer das Fleisch abstempelt, seine Verwendung aber davon abhängig macht, daß die erst nachfolgende Untersuchung keine Beanstandung ergibt (RG **64** 136). In diesen Fällen kann es nicht darauf ankommen, daß der Amtsträger die Urkunde gerade in seinem eigenen Gewahrsam behalten hat; es genügt, daß er auf irgendeine Weise sicherstellt, daß der Entwurf nicht vor Eintritt der fehlenden Voraussetzungen in den Rechtsverkehr gelangt (vgl. RG **64** 136). Zu eng deshalb Karlsruhe Justiz **67**, 152. Kommt in derartigen Fällen der Entwurf ohne Willen des Amtsträgers noch vor Eintritt der fehlenden Voraussetzungen in den Rechtsverkehr, so soll nach RG **19** 243, HRR **34** Nr. 450 Falschbeurkundung durch Unterlassen vorliegen, wenn der Amtsträger die Urkunde nicht zurückzieht.

11   4. Die beurkundete Tatsache muß **rechtlich erheblich** sein. Dies ist vor allem bei den Tatsachen der Fall, zu deren Feststellung der Amtshelfer durch Gesetz oder Dienstanweisung verpflichtet ist (RG **17** 170, Hamm NJW **59**, 1334). Beispielsweise stellt bei Grundbuchanträgen die Zeit des Eingangs eine rechtlich erhebliche Tatsache dar (RG **48** 417); ebenso der in den Kraftfahrzeugschein eingetragene Termin der nächsten Hauptuntersuchung des Fahrzeugs (BGH **26** 11). Die Beglaubigung einer Unterschrift oder eines Handzeichens betrifft einen Vorgang, nämlich die Tatsache, daß die Unterschrift vor der Urkundsperson vollzogen oder anerkannt wurde (Jansen, Beurkundungsgesetz, 1971, § 40 RN 11), weshalb eine sog. Fernbeglaubigung durch § 348 erfaßt wird (BGH DNotZ **77**, 762, Köln DNotZ **77**, 763, Frankfurt NStZ **86**, 121 m. Anm. Pickart, Heinitz JR 68, 307, Tröndle GA 73, 338, Blei JA 75, 452; and. BGH **22** 32, überholt durch § 40 BeurkG, Röhmel JA 78, 200 f.). Bei der Beurkundung von Rechtsgeschäften bestätigt der Notar überdies, daß er bei der Verlesung der Niederschrift anwesend war (BGH **26** 47). Außerdem ist erforderlich, daß die Urkunde für die beurkundete Tatsache **beweiserheblich** ist (vgl. § 271 RN 19 ff., BGH **12** 88). Dies trifft z. B. nicht auf die von einem Notar beurkundete Geschäftsfähigkeit dessen zu, der vor ihm eine Erklärung abgibt (BGH GA **64**, 309).

12   5. Die **Eintragung oder Eingabe in öffentliche Bücher, Register oder Dateien** (§ 271 RN 14a) ist eine besondere Art der Beurkundung. **Öffentlich** sind die Bücher, Register und Dateien, die öffentlichen Glauben haben, die Beweis für und gegen jedermann begründen. Hierin gehören z. B. die Annahmebücher der Postanstalten über Wertsendungen (RG **21** 311, **67** 271), Quittungskarten der Invalidenversicherung (RG HRR **39** Nr. 536), das Tagebuch des amtlich bestellten Fleischbeschauers (RG DR **40**, 1419), amtliche Wiegebücher (BGH MDR/D **58**, 140). **Nicht** dagegen kommen z. B., weil nur für den inneren Dienst bestimmt, in Betracht Eisenbahnversandbücher (RG **61** 36), Dienstregister des Gerichtsvollziehers (RG **68** 201), Eichbücher (RG **73** 328), Zustellbücher der Bundespost (BGH **7** 94).

13   III. Für den **subjektiven Tatbestand** ist **Vorsatz** erforderlich, bedingter Vorsatz genügt. Der Täter muß das Bewußtsein haben, daß er innerhalb seiner Zuständigkeit eine rechtlich erhebliche Sache falsch beurkundet oder in öffentliche Bücher oder Register falsch einträgt. Eine weitergehende Absicht, insbes. eine Gebrauchsabsicht i. S. des § 267, verlangt das Gesetz nicht.

14   IV. Das Delikt ist **vollendet,** wenn der Amtsträger die Beurkundung oder Eintragung bewirkt hat. Demgegenüber soll nach BGH NJW **52**, 1064 für die Vollendung noch das Erfordernis hinzukommen, daß der Täter die Urkunde der Benutzung im Rechtsverkehr zugänglich macht oder dies gestattet (ebenso M-Schroeder II 161). Ebensowenig wie bei der Urkundenfälschung, bei der unbestritten die Tat bereits mit der Herstellung der unechten Urkunde vollendet ist (§ 267 RN 45, 94), kann es jedoch hier auf die Begebung der Urkunde ankommen; sie ist kein Tatbestandsmerkmal des § 348. Eine Ausnahme gilt nur für in voller Urkundenform hergestellte Entwürfe; vgl. dazu o. 10. Kein Entwurf ist jedoch die Beurkundung im Irrtum über die Richtigkeit der beurkundeten Tatsachen; mit der Unterschrift ist die Beurkundung als solche abgeschlossen. Daher erfüllt der Täter nicht mehr den Tatbestand des § 348, wenn er nachher

seinen Irrtum entdeckt und die Urkunde dennoch dem Rechtsverkehr zugänglich macht (and. BGH NJW **52**, 1064). In einem solche Falle kommt § 273 in Betracht.

V. Mit § 267 kommt normalerweise eine **Konkurrenz** wegen der unterschiedlichen Tatbestandsmerkmale nicht in Frage (Tröndle LK 25, D-Tröndle 10; and. Lackner 5). In dem von RG **30** 239 entschiedenen Fall, in dem Gesetzeskonkurrenz angenommen worden ist, lag Idealkonkurrenz vor, da nach RG **46** 287 Ankunftstelegramm und postalische Vermerke auf diesem sich als zwei verschiedene Urkunden darstellen. Zum Verhältnis zwischen § 271 und § 348 vgl. RG **60** 154, sowie zwischen § 348 und § 273 vgl. § 273 RN 4. Über das Verhältnis zu § 26 Nr. 3 FleischbeschauG vgl. BGH LM **Nr. 2**. 15

§ 349 [Schwere Falschbeurkundung und Urkundenfälschung] *aufgeh. durch VO vom 29. 5. 1943.*

§ 350 [Amtsunterschlagung] *aufgeh. durch EGStGB vom 2. 3. 1974 (BGBl. I 469).*

§ 351 [Schwere Amtsunterschlagung] *aufgeh. durch EGStGB vom 2. 3. 1974 (BGBl. I 469).*

§ 352 Gebührenüberhebung

(1) **Ein Amtsträger, Anwalt oder sonstiger Rechtsbeistand, welcher Gebühren oder andere Vergütungen für amtliche Verrichtungen zu seinem Vorteil zu erheben hat, wird, wenn er Gebühren oder Vergütungen erhebt, von denen er weiß, daß der Zahlende sie überhaupt nicht oder nur in geringerem Betrag schuldet, mit Freiheitsstrafe bis zu einem Jahr oder mit Geldstrafe bestraft.**

(2) **Der Versuch ist strafbar.**

I. Bei der **Gebührenüberhebung** (übermäßiges Sportulieren) handelt es sich um ein echtes Amtsdelikt. Im Vergleich zum Betrug, dessen Voraussetzungen hier an sich zumeist gegeben sind (vgl. u. 14), droht § 352 eine erheblich mildere Strafe an. Diese Privilegierung ist im wesentlichen historisch zu erklären (vgl. RG **18** 220). Sie beruht darauf, daß der Anreiz zur Tat für den im § 352 genannten Personenkreis infolge der günstigen äußeren Umstände besonders groß sein mag, der Zahlende anderseits aber sich jederzeit über den gesetzlichen Umfang seiner Zahlungspflicht informieren kann, ferner darauf, daß es sich bei den überhobenen Beträgen zumeist um verhältnismäßig geringfügige Summen handeln dürfte (vgl. RG **18** 223). Zwingend sind derartige Erwägungen indessen nicht, da der erstgenannte Umstand und die hervorgehobene Stellung des Täters die Tat ebensogut als besonders strafwürdig erscheinen lassen können. 1

II. **Täter** können Amtsträger (§ 11 RN 16 ff., 32, 34 ff.), Anwälte oder sonstige Rechtsbeistände sein, die Gebühren oder andere Vergütungen für amtliche Verrichtungen zu ihrem Vorteil zu erheben haben. 2

1. Als **Amtsträger** kommen hier z. B. in Betracht Notare, Gerichtsvollzieher, beamtete Tierärzte, als **Anwälte** auch die Patentanwälte. Bestritten ist, wer zu den **sonstigen Rechtsbeiständen** gehört. Teilweise (z. B. RG **73** 126, Frankfurt NJW **64**, 2318) werden hierzu nur solche Beistände gezählt, denen eine amtliche Eigenschaft zukommt. Prozeßagenten (§ 157 ZPO) und Rechtsbeistände, die aufgrund des Rechtsberatungsgesetzes vom 13. 12. 1935 (RGBl. I 1478) zugelassen sind, sollen danach ausscheiden. Ebensowenig wie in § 356 (vgl. dort RN 2) ist aber die Eigenschaft als Amtsträger für die Täterschaft entscheidend. Nachdem nunmehr den Rechtsbeiständen aufgrund des Art. IX des Ges. vom 26. 7. 1957, BGBl. I 861, (modifizierte) Gebühren und Auslagen nach der BRAGebO zustehen, besteht kein Anlaß mehr, sie von der Geltung des § 352 auszunehmen (ebenso Bay NJW **64**, 2433, D-Tröndle 1, Lackner 2, Samson SK 5, Träger LK 4, Welzel 556). 3

2. **Amtliche Verrichtungen** sind Handlungen, die der Amtsträger, Anwalt oder Rechtsbeistand kraft seiner Amts- oder Berufsstellung vornimmt. 4

3. Der Täter muß berechtigt sein, Gebühren oder andere Vergütungen **zu seinem Vorteil** zu erheben. Es genügt, wenn die erhobenen Leistungen dem Täter mittelbar zufließen (RG **40** 380). Hat er nur das Recht, Gebühren für eine öffentliche Kasse zu erheben, so kommt § 353 in Betracht (vgl. hierzu Köln NJW **88**, 503). 5

III. Die **Handlung** besteht in der Erhebung einer Gebühr oder Vergütung, von der der Annehmende weiß, daß sie der Zahlende überhaupt nicht oder nur in geringerem Betrage schuldet. 6

1. Unter **Vergütung** ist das Entgelt zu verstehen, das für die Vornahme amtlicher Verrichtungen zu entrichten und dem Grunde oder Betrage nach gesetzlich festgelegt ist. Dazu gehören nicht Vergütungen eines Vormunds nach § 1836 BGB (BGH **4** 235). Auf zulässige Honorarver- 7

§ **353** 1

einbarungen ist § 352 nicht anwendbar (Horn SK 8, Träger LK 12; vgl. auch u. 8), wohl aber auf unzulässige, wie z. B. die Vereinbarung eines Erfolgshonorars (Bay NJW **89**, 2902, Karlsruhe wistra **91**, 154). **Gebühren** sind Vergütungen, die ihrer Höhe nach durch Gesetz oder Verordnung festgelegt sind. **Auslagen,** deren Ersatz der Täter zu beanspruchen hat, sind nur dann Vergütungen, wenn sie ohne Rücksicht auf die Höhe des wirklich entstandenen Aufwandes tarifmäßig festgesetzt werden, z. B. die Tagegelder des Rechtsanwalts nach § 28 BRAGebO; andere Auslagen (z. B. Portoauslagen) rechnen nicht zu den Vergütungen (RG **17** 172, **19** 66, **40** 382; vgl. auch BGH MDR/He **55**, 650), ihretwegen kommt aber § 263 in Betracht.

8 2. **Erheben** von Gebühren bedeutet nichts anderes als Fordern und Empfangen; es ist unerheblich, ob die Forderung mit Klage und Zwangsvollstreckung beigetrieben wird oder nicht (RG **14** 372). Gebühren werden auch dadurch erhoben, daß ein Anwalt sie von einem an seinen Auftraggeber abzuliefernden Geldbetrag als von ihm beansprucht kürzt (RG HRR **27** Nr. 764) oder gegen Vorschüsse usw. verrechnet (RG JW **36**, 2143; vgl. wegen einer Aufrechnung auch BGH LM **Nr. 3**). Eine Gebühr erhebt auch der einer Partei im Wege der Prozeßkostenhilfe beigeordnete Rechtsanwalt, wenn er sich von ihr ein Honorar geben läßt, indem er sie in den Irrtum versetzt, daß er dies rechtmäßig verlangen könne (RG HRR **36** Nr. 372, **37** Nr. 1061, DR **43**, 758).

9 Erforderlich ist, daß der Täter gegen den angeblichen Schuldner ein **eigenes Recht** geltend macht. An dieser Voraussetzung fehlt es, wenn ein Rechtsanwalt vom **Gegner** zu hohe Gebühren einfordert (RG **19** 30, JW **33**, 1777, **36**, 660). In diesen Fällen liegt daher Betrug vor. Ferner ist erforderlich, daß der Zahlende die Vergütung leistet, um seine Schuld zu tilgen (RG **18** 221; vgl. auch BGH **2** 37).

10 IV. Für den **subjektiven Tatbestand** ist **Vorsatz** erforderlich. Bedingter Vorsatz genügt hier nicht (Samson SK 12; and. RG HRR **36** Nr. 372, Träger LK 21, D-Tröndle 8, Lackner 5). Der Täter muß das Bewußtsein haben, daß übermäßig, nicht geschuldete Gebühren erhoben werden (RG **16** 365, Bay **62**, 79). Die Absicht, sich einen Vermögensvorteil zu verschaffen, oder eine betrügerische Absicht braucht nicht gegeben zu sein (RG HRR **41** Nr. 951).

11 V. Ein strafbarer **Versuch** kann bereits in der erfolglosen Aufforderung zur Zahlung nicht geschuldeter Gebühren liegen (RG R **8** 776); über einen weiteren Fall vgl. BGH LM **Nr. 3**

12 VI. Über den **Verlust der Amtsfähigkeit** vgl. § 358.

13 VII. Für die **Teilnahme** gelten Akzessorietätsregeln; der teilnehmende Nichtbeamte wird daher ebenfalls aus § 352 bestraft (§ 28 I); jedoch ist die Strafe zu mildern (§ 49).

14 VIII. Da die Privilegierung des § 352 gegenüber § 263 u. a. gerade darauf beruht, daß sich der Zahlende jederzeit über den gesetzlichen Umfang seiner Zahlungspflicht unterrichten kann, geht § 352 immer dann vor (**Spezialität**), wenn sich die in der Gebührenüberhebung zugleich enthaltene Täuschung lediglich auf die rechtlichen Voraussetzungen für das Entstehen und die Höhe der Zahlungspflicht erstreckt, wie sie aus den maßgeblichen Gebühren-, Tarifordnungen usw. ohne weiteres ersichtlich sind (Bay NJW **89**, 1002, Düsseldorf NJW **89**, 2901). Deshalb kann etwa der Anwalt, der entgegen § 33 BRAGebO für eine unstreitige Verhandlung eine volle Gebühr berechnet, nur nach § 352 bestraft werden, nicht aber nach § 263, da sonst für den § 352 mit seiner milderen Strafdrohung praktisch kein Anwendungsbereich bliebe. Anders ist es jedoch dann, wenn der Täter über die genannte Weise hinaus zusätzlich tatsächliche Umstände vorspiegelt, die der Zahlende nicht ohne weiteres nachprüfen kann. Daher ist **Idealkonkurrenz** zwischen § 263 und § 352 anzunehmen, wenn der Anwalt gem. § 28 BRAGebO Tages- und Abwesenheitsgelder berechnet, obwohl er die Reise überhaupt nicht unternommen hat (vgl. RG **18** 223, **72** 123, BGH **2** 36, **4** 236, Träger LK 24, D-Tröndle 9, Lackner 6, M-Maiwald II 282; and. noch Maurach BT 770, nach dem immer Idealkonkurrenz vorliegen soll). Idealkonkurrenz ist ferner mit § 266 möglich (BGH NJW **57**, 596, and. Karlsruhe wistra **91**, 155).

§ 353 Abgabenüberhebung; Leistungskürzung

(1) **Ein Amtsträger, der Steuern, Gebühren oder andere Abgaben für eine öffentliche Kasse zu erheben hat, wird, wenn er Abgaben, von denen er weiß, daß der Zahlende sie überhaupt nicht oder nur in geringerem Betrag schuldet, erhebt und das rechtswidrig Erhobene ganz oder zum Teil nicht zur Kasse bringt, mit Freiheitsstrafe von drei Monaten bis zu fünf Jahren bestraft.**

(2) **Ebenso wird bestraft, wer als Amtsträger bei amtlichen Ausgaben an Geld oder Naturalien dem Empfänger rechtswidrig Abzüge macht und die Ausgaben als vollständig geleistet in Rechnung stellt.**

1 I. Die Vorschrift faßt zwei Tatbestände zusammen: Die **übermäßige Erhebung von Abgaben** (Abs. 1) und die **Verkürzung amtlicher Leistungen** (Abs. 2). Beide sind **echte Amtsdelikte**.

Abgabenüberhebung; Leistungskürzung 2–14 **§ 353**

II. Die **Abgabenüberhebung** (Abs. 1) unterscheidet sich von § 352 dadurch, daß hier die 2
Steuern usw. für eine öffentliche Kasse zu erheben sind, während es sich in § 352 um Gebühren
usw. handelt, die dem Erhebenden persönlich zufließen. Das Delikt hat eine doppelte Angriffsrichtung: Gegen den Staat, dessen Vermögen dadurch verletzt wird, daß die erhobenen Beträge
nicht in seine Kasse kommen (insoweit abl. Träger LK 1), und gegen das Publikum, das zahlen
muß, was es nicht schuldet.

1. Täter kann nur ein Amtsträger sein, der Abgaben für eine öffentliche Kasse zu erheben hat. 3
Es genügt, daß er diese Befugnis nach irgendeiner Richtung hat; es ist nicht notwendig, daß sich
seine Zuständigkeit gerade auf die Erhebung der geforderten Abgabe erstreckt (RG **41** 94).
Dagegen ist nicht ausreichend, daß bei einer Behörde eine „Übung" besteht, wonach der Beamte
Gelder entgegennimmt (BGH NJW **57**, 638). **Öffentliche Kassen** sind alle Kassen des Staates, der
Kommunalbehörden oder sonstiger öffentlicher Körperschaften und Anstalten.

2. Unter **Abgaben** sind alle vermögensrechtlichen Leistungen zu verstehen, die einen öffentlich- 4
rechtlichen Charakter haben. Steuern und Gebühren unterscheiden sich dadurch, daß die ersteren dem
Zahlungspflichtigen ohne Gegenleistung auferlegt werden, bei den letzteren dagegen eine Gegenleistung gewährt wird (vgl. auch § 1 I AO). Der öffentlich-rechtliche Charakter der Gebühren kann sich
auch daraus ergeben, daß für die Festsetzung ihrer Höhe nicht nur gewerbliche, sondern politische und
volkswirtschaftliche Grundsätze maßgebend sind (RG **22** 308, Träger LK 13). Zu den Gebühren
rechnen daher auch die Frachtsätze der Bundesbahn (vgl. RG **22** 308), die Preise der Eisenbahnfahrkarten (RG **52** 165), die Botengebühren im Eisenbahnfrachtverkehr (RG HRR **33** Nr. 972), die Postportobeträge (RG HRR **26**, Nr. 1209). Auch die Verwarnungsgelder des Straßenverkehrsrechts gehören
hierher (BVerfGE **22** 125).

3. Die strafbare Tätigkeit besteht aus **zwei Akten.** 5

a) Erforderlich ist einmal die **Erhebung von Abgaben,** von denen der Täter weiß, daß der 6
Zahlende sie überhaupt nicht oder in geringerem Betrage schuldet. Der Täter erhebt Abgaben
auch dann, wenn er Vorschüsse oder Abschlagszahlungen auf diese einfordert und erhält (RG **41**
92). Der Täter muß den Schuldner über dessen Gebührenpflicht getäuscht haben; weiß dieser,
daß er den geforderten Betrag nicht schuldet, leistet er aber aus anderen Gründen, so kann § 353
keine Anwendung finden (BGH **2** 37; and. RG **22** 308). Vgl. auch BGH LM **Nr. 3** zu § 352.

b) Erforderlich ist weiter, daß der erhobene Betrag **ganz oder teilweise nicht zur Kasse** 7
gebracht wird. Dies ist nicht nur dann der Fall, wenn der Täter das Geld unterschlägt, sondern
auch dann, wenn der Betrag zwar in die Kasse gelangt, seine Herkunft jedoch unterdrückt wird,
um einen Fehlbetrag teilweise zu verdecken (RG **26** 260), oder wenn der Betrag nur vorübergehend und ohne Buchung in die Kasse gelegt wird, um ihn später unterschlagen zu können (RG **75**
380, BGH NJW **61**, 1171). Voraussetzung ist aber stets, daß das Geld, das tatsächlich in die
Kasse gelangt, nicht oder nur teilweise verbucht wird. Verbucht der Täter überhöhte Beträge, die in die
Kasse gelegt werden, ordnungsgemäß, so kann § 353 keine Anwendung finden (dies verkennt
Köln NJW **66**, 1373). Vollendet ist die Tat, wenn das überhobene Geld ordnungswidrig nicht in
die Kasse gelangt.

III. Die **Leistungskürzung** (Abs. 2). **1. Täter** kann nur ein Amtsträger sein, der selbst die 8
Ausgabe oder Auszahlung bewirkt (RG **66** 247).

2. Die **Handlung** besteht aus zwei Teilen. 9

a) Der **erste Teil** besteht darin, daß der Amtsträger dem Empfänger von Geld oder Naturalien 10
rechtswidrig Abzüge macht. Gleichzustellen ist dieser Verkürzung der Leistung die völlige
Unterlassung der Leistung (D-Tröndle 5). Dieser erste Akt richtet sich gegen die Person des
Empfängers (RG **66** 247).

b) Der **zweite Teil** der Handlung besteht darin, daß der Amtsträger bei der Abrechnung 11
diejenige Behörde, für die er die Leistung bewirkt, mit der Volleistung belastet, obwohl nur eine
Teilleistung vorlag. Dieser zweite Akt richtet sich gegen den Staat oder die Behörde, für die der
Amtsträger bei der Auszahlung tätig geworden ist (RG **66** 248).

IV. Für den **subjektiven Tatbestand** ist in beiden Fällen **Vorsatz** erforderlich. Bedingter 12
Vorsatz genügt nicht (Samson SK 6; and. Träger LK 19, Lackner § 352 Anm. 5).

V. Über den **Verlust der Amtsfähigkeit** vgl. § 358. 13

VI. Idealkonkurrenz oder **Realkonkurrenz** kommt in Betracht mit § 246 (RG **61** 40, BGH **2** 37, 14
NJW **61**, 1171), da weder nach Abs. 1 noch nach Abs. 2 erforderlich ist, daß der Täter **sich** das Geld
zueignet, so daß § 353 kein Spezialtatbestand gegenüber § 246 ist (and. z. B. Frank I). Nach der
Entscheidung BGH (GrS) **14** 38 müßte der BGH zu einem Vorrang des § 353 kommen (Köln NJW **66**,
1374). Mit Betrug ist Idealkonkurrenz ausnahmsweise dann möglich, wenn zur Abgabenüberhebung
(Abs. 1) noch eine sonstige Täuschung hinzutritt; regelmäßig geht Abs. 1 als Sondervorschrift dem

Cramer

§ 263 vor (BGH 2 36, NJW 61, 1171, Köln NJW 66, 1374; and. RG 65 55, 75 380). Vgl. näher § 352 RN 14. Auch bei Abs. 2 ist Betrug gegenüber dem Empfänger regelmäßig ausgeschlossen.

§ 353a Vertrauensbruch im auswärtigen Dienst

(1) Wer bei der Vertretung der Bundesrepublik Deutschland gegenüber einer fremden Regierung, einer Staatengemeinschaft oder einer zwischenstaatlichen Einrichtung einer amtlichen Anweisung zuwiderhandelt oder in der Absicht, die Bundesregierung irrezuleiten, unwahre Berichte tatsächlicher Art erstattet, wird mit Freiheitsstrafe bis zu fünf Jahren oder mit Geldstrafe bestraft.

(2) Die Tat wird nur mit Ermächtigung der Bundesregierung verfolgt.

1   I. **Zweck** der 1876 anläßlich eines Strafverfahrens gegen den früheren deutschen Botschafter in Paris, Graf Arnim, in das StGB eingefügten Vorschrift („Arnimparagraph") ist der Schutz der Bundesrepublik vor Nachteilen infolge diplomatischen Ungehorsams oder diplomatischer Falschberichte.

2   II. Der **objektive Tatbestand** setzt ein *Zuwiderhandeln* gegen eine amtliche Anweisung, das auch in einem Unterlassen bestehen kann, oder die *Erstattung* eines *unwahren Berichts* voraus. Bei dem diplomatischen Falschbericht muß es sich stets um Tatsachen handeln; die wahrheitswidrige Äußerung eines Urteils, einer Ansicht oder einer Meinung genügt nicht.

3   III. Für den **subjektiven Tatbestand** ist beim *amtlichen Ungehorsam* Vorsatz erforderlich und ausreichend. Beim *diplomatischen Falschbericht* muß darüber hinaus die Absicht (zielgerichtetes Handeln; vgl. § 15 RN 66ff.) der Irreführung vorliegen.

4   IV. **Täter** können Beamte und Nichtbeamte sein, welche die Bundesrepublik gegenüber einer fremden Regierung, einer Staatengemeinschaft oder einer zwischenstaatlichen Einrichtung – wenn auch nicht notwendig als Bevollmächtigte (Träger LK 2) – vertreten.

5   V. Über **Nebenfolgen** vgl. § 358.

6   VI. Die Tat wird nur mit **Ermächtigung** (vgl. § 77e m. Anm.) der Bundesregierung verfolgt, die von dem zuständigen Fachminister (Bundesminister des Auswärtigen) zu erteilen ist (D-Tröndle 3).

§ 353b Verletzung des Dienstgeheimnisses und einer besonderen Geheimhaltungspflicht

(1) Wer ein Geheimnis, das ihm als
1. Amtsträger,
2. für den öffentlichen Dienst besonders Verpflichteten oder
3. Person, die Aufgaben oder Befugnisse nach dem Personalvertretungsrecht wahrnimmt,

anvertraut worden oder sonst bekanntgeworden ist, unbefugt offenbart und dadurch wichtige öffentliche Interessen gefährdet, wird mit Freiheitsstrafe bis zu fünf Jahren oder mit Geldstrafe bestraft. Hat der Täter durch die Tat fahrlässig wichtige öffentliche Interessen gefährdet, so wird er mit Freiheitsstrafe bis zu einem Jahr oder mit Geldstrafe bestraft.

(2) Wer, abgesehen von den Fällen des Absatzes 1, unbefugt einen Gegenstand oder eine Nachricht, zu deren Geheimhaltung er
1. auf Grund des Beschlusses eines Gesetzgebungsorgans des Bundes oder eines Landes oder eines seiner Ausschüsse verpflichtet ist oder
2. von einer anderen amtlichen Stelle unter Hinweis auf die Strafbarkeit der Verletzung der Geheimhaltungspflicht förmlich verpflichtet worden ist,

an einen anderen gelangen läßt oder öffentlich bekanntmacht und dadurch wichtige öffentliche Interessen gefährdet, wird mit Freiheitsstrafe bis zu drei Jahren oder mit Geldstrafe bestraft.

(3) Der Versuch ist strafbar.

(4) Die Tat wird nur mit Ermächtigung verfolgt. Die Ermächtigung wird erteilt
1. von dem Präsidenten des Gesetzgebungsorgans
   a) in den Fällen des Absatzes 1, wenn dem Täter das Geheimnis während seiner Tätigkeit bei einem oder für ein Gesetzgebungsorgan des Bundes oder eines Landes bekanntgeworden ist,
   b) in den Fällen des Absatzes 2 Nr. 1;
2. von der obersten Bundesbehörde

Verletzung des Dienstgeheimnisses und einer bes. Geheimhaltungspflicht 1–5 § 353 b

a) in den Fällen des Absatzes 1, wenn dem Täter das Geheimnis während seiner Tätigkeit sonst bei einer oder für eine Behörde oder bei einer anderen amtlichen Stelle des Bundes oder für eine solche Stelle bekanntgeworden ist,
b) in den Fällen des Absatzes 2 Nr. 2, wenn der Täter von einer amtlichen Stelle des Bundes verpflichtet worden ist;
3. von der obersten Landesbehörde in allen übrigen Fällen der Absätze 1 und 2 Nr. 2.

Vorbem. Fassung des 17. StÄG v. 21. 12. 1979, BGBl. I 2324

I. **Durch das 17. StÄG** (vgl. Vorbem.) wurden die Tatbestände des § 353b a. F. (jetzt: § 353b I) und 1 des § 353c II a. F. (jetzt: § 353b II) ohne wesentliche sachliche Änderungen in einer Vorschrift zusammengefaßt, nachdem sich der Gesetzgeber auf Grund der immer wieder erhobenen Kritik (vgl. die Nachw. in der 20. A. § 353c RN 1) zu einer Streichung des § 353c I a. F. – Gefährdung wichtiger öffentlicher Interessen durch unbefugte Weitergabe formell sekretierter Gegenstände – entschieden hatte (vgl. näher dazu D-Tröndle 1, Jung JuS 80, 308, Möhrenschlager JZ 80, 161, Rogall NJW 80, 751; aus dem Materialien vgl. insbes. BT-Drs. 8/3067, 8/3313). **Rechtsgut** der Vorschrift (zur Verfassungsmäßigkeit des Abs. 1 vgl. BVerfGE **28** 191 m. Anm. R. Schmid JZ 70, 686, Blei JA 70, 185) ist nicht schon das Dienstgeheimnis (Abs. 1; vgl. aber auch Maiwald JuS 77, 360) bzw. das nach Abs. 2 bestehende Geheimhaltungsinteresse als solches und auch nicht primär das Vertrauen der Allgemeinheit in die Verschwiegenheit staatlicher und anderer Stellen als Voraussetzung für das Funktionieren einer geordneten Verwaltung (so jedoch D-Tröndle 1, Laufhütte GA 74, 58; vgl. auch BVerfG aaO, Düsseldorf NStZ **81**, 25). § 353b ist mehr als nur eine Sanktionierung der Pflicht zur Wahrung des Amtsgeheimnisses usw. (vgl. §§ 61 BBG, 39 BRRG), da hier zusätzlich eine Gefährdung „wichtiger öffentlicher Interessen" verlangt wird, die mit dem allgemeinen Vertrauen in die Verschwiegenheit von Amtsträgern und amtsnahen Personen nicht identisch sind (vgl. u. 6). Geschützt sind letztlich vielmehr diese Interessen selbst, wenn auch nur – und insofern wird der Unrechtsgehalt zugleich durch eine besondere Vertrauensverletzung gekennzeichnet – vor Gefährdung durch Verletzung der Pflicht zur Amtsverschwiegenheit bzw. einer nach Abs. 2 auferlegten Geheimhaltungspflicht (ebenso Lackner 1, M-Schroeder II 211, Träger LK 2; vgl. auch Samson SK 2). Die Tat ist zwar ein echtes Sonderdelikt, wegen des in Abs. 1 Nr. 3 und Abs. 2 erfaßten Täterkreises aber kein eigentliches Amtsdelikt; zur Teilnahme Dritter vgl. u. 23.

II. **Der objektive Tatbestand** des **Abs. 1** besteht in der Gefährdung wichtiger öffentlicher 2 Interessen durch Offenbaren eines Geheimnisses, das dem Täter als Amtsträger usw. anvertraut worden oder sonst bekanntgeworden ist.

1. Zum Begriff des **Geheimnisses** vgl. zunächst § 203 RN 5 ff., wobei jedoch für § 353b nur 3 solche Angelegenheiten in Betracht kommen, welche mit Rücksicht auf wichtige öffentliche Interessen geheimhaltungsbedürftig sind (vgl. u. 6f.). Erforderlich ist demnach im einzelnen:

a) Die fragliche Angelegenheit darf nur einem **begrenzten Personenkreis** bekannt sein (vgl. § 203 4 RN 5, Köln NJW **88**, 2490). Um einen *geschlossenen* Personenkreis (z. B. Bereich einer Behörde) braucht es sich dabei nicht zu handeln, ein Geheimnis verliert diese Eigenschaft daher nicht, weil es z. B. außerhalb einer Behörde noch einzelnen Mitwissern bekannt ist (ebenso Träger LK 7). Auch allgemeine, aber noch unbestätigte Gerüchte beseitigen den Geheimnischarakter nicht (RG **62** 70, **74** 111). Andererseits endet dieser – anders als die Verschwiegenheitspflicht nach §§ 61 BBG, 39 BRRG usw. – nicht erst mit der „Offenkundigkeit" der fraglichen Tatsache (vgl. aber auch Köln aaO; zu weitgehend auch RG **74** 111, wonach es genügen soll, wenn die in einer Behörde bekannte Angelegenheit an anderen Stellen noch unbekannt ist).

b) Materielle Voraussetzung ist auch hier zunächst, daß die fragliche Angelegenheit nach ihrer 5 Bedeutung **geheimhaltungsbedürftig** ist. §§ 61 BBG, 39 BRRG, 10 BPersonalvertretungsG usw. formulieren dies lediglich negativ, indem dort Tatsachen von der Pflicht zur Verschwiegenheit ausgenommen werden, die ihrer Bedeutung nach keiner Geheimhaltung bedürfen (vgl. auch Köln GA **73**, 57 mwN: Fehlende Geheimhaltungsbedürftigkeit z. B. bei belanglosen Beschwerdebriefen). Demnach können förmliche Maßnahmen – wie gesonderte Anordnung oder kundgetaner Geheimhaltungswille des primären Geheimnisträgers – lediglich eine indizielle Bedeutung für die Geheimhaltungsbedürftigkeit haben (weiter dagegen Niemeyer, in: Müller-Gugenberger (Hrsg.), Wirtschaftsstrafrecht [1987] 410). Andererseits können auch Tatsachen, die im Widerspruch zur Rechtsordnung stehen, Gegenstand eines Geheimnisses sein („illegales Geheimnis"; vgl. auch BGH **20** 342, BVerfGE **28** 191 m. Anm. R. Schmid JZ 70, 686, Blei JA 70, 185), doch kann es hier beim Offenbaren an einer Gefährdung wichtiger öffentlicher Interessen oder jedenfalls am Merkmal „unbefugt" fehlen (vgl. u. 21). Dies gilt auch bei Tatsachen i. S. des § 93 II, da diese, wie § 97a zeigt, keineswegs schlechthin freigegeben sind (vgl. auch Träger LK 35; and. Samson SK 8). Gleichgültig ist die Art der geheimzuhaltenden Angelegenheit. Geheimnisse i. S. des § 353b sind daher nicht nur Staatsgeheimnisse (vgl. z. B. BGH **20** 342) und Amtsgeheimnisse (vgl. z. B. RG **74** 112, BGH **10** 108 [Leistungen und Fähigkeiten eines Beamten], **10** 276, Oldenburg NdsRpfl. **80**, 226 [Ermittlungsmaßnahmen in einem Strafverfahren],

BGH 11 401 [Prüfungsaufgaben], Zweibrücken NStZ 90, 495 [für Halterabfragen beim Kraftfahrzeugbundesamt erforderliches Codewort]), sondern auch Geheimnisse, die den privaten Bereich einer Person betreffen und damit zugleich Geheimnisse i. S. des § 203 II sind. Nicht hierher gehört aber das richterliche Beratungsgeheimnis (§ 43 DRiG) als solches, und zwar schon deshalb nicht, weil sich dieses nicht auf wichtige öffentliche Interessen i. S. des § 353b bezieht (vgl. u. 6; ebenso Niemeyer aaO, i. E. auch Düsseldorf NStZ 81, 25; and. Träger LK 11, Wagner JZ 87, 665).

6 c) Eine Einschränkung ergibt sich jedoch aus dem Erfordernis einer Gefährdung „**wichtiger öffentlicher Interessen**", durch das, obwohl als eigenständiges Tatbestandsmerkmal formuliert, zugleich der **Gegenstand des Geheimnisses** entsprechend gekennzeichnet wird: Geheimnisse i. S. des § 353b sind danach nur solche, bei denen der geheimzuhaltende Sachverhalt ein „wichtiges öffentliches Interesse" betrifft. Demgegenüber genügt nach wohl h. M. auch die Preisgabe von für solche Interessen inhaltlich belanglosen Daten und damit schon die bloße *Tatsache eines Geheimnisbruchs,* wenn durch diesen bei seinem Bekanntwerden *mittelbar* „wichtige öffentliche Interessen" in Gestalt des Ansehens der Behörde bzw. des öffentlichen Vertrauens in die Integrität, Verläßlichkeit und Verschwiegenheit der Verwaltung gefährdet werden (so mit Unterschieden im einzelnen RG DStR **38**, 321, BGH **11** 404, Düsseldorf NStZ **85**, 169 m. Anm. Schumann, NJW **89**, 1872 m. Anm. Krüger NStZ **90**, 283, Köln GA **73**, 57, NJW **88**, 2489, Zweibrücken NStZ **90**, 495 [Preisgabe des für Kfz-Halterabfragen erforderlichen Codeworts, wo es deshalb aber nicht um die genannte „mittelbare Folge" des Geheimnisbruchs ging], LG Kreuznach CR **91**, 37, D-Tröndle 13, Träger LK 26; gegen eine solche nur mittelbare Gefährdung wichtiger öffentlicher Interessen jedoch Düsseldorf NJW **82**, 2883, Blei II 467f., M-Schroeder II 212, Samson SK 12 u. näher Schumann aaO; vgl. krit. auch Wagner JZ 87, 666).

6a Dabei verfährt die h. M. dann allerdings keineswegs folgerichtig, wenn sie bei der Gefährdung eines so verstandenen „wichtigen öffentlichen Interesses" nicht nur das (tatsächliche) Bekanntwerden des Geheimnisbruchs in der Öffentlichkeit, sondern überwiegend auch eine (tatsächliche) Erschütterung des Vertrauens in die Integrität usw. der Behörde voraussetzt (z. B. Köln NJW **88**, 2489 u. wohl auch BGH **11** 404; bzgl. des Bekanntwerdens auch Düsseldorf NStZ **85**, 169), obwohl es für eine bloße Gefährdung genügen müßte, daß in concreto mit der entsprechenden Möglichkeit zu rechnen ist (zum Erfordernis einer konkreten Gefahr vgl. u. 9). Davon abgesehen ist der h. M. aber auch aus prinzipiellen Gründen zu widersprechen. Daß die Funktionsfähigkeit der Verwaltung das Vertrauen der Bevölkerung in die Verschwiegenheit der Behörden und damit „die strikte Beachtung des Verbots der unbefugten Offenbarung dienstlich bekannt gewordener Tatsachen" voraussetzt (Düsseldorf NStZ **85**, 170; ähnl. Köln NJW **88**, 2491, Zweibrücken NStZ **90**, 496), ist der Grundgedanke, auf dem bereits § 203 II beruht, wenn das fragliche Geheimnis zugleich das (Privat-)Geheimnis eines Dritten ist (vgl. § 203 RN 3 u. entsprechend zu §§ 354, 355 dort RN 1 bzw. 2). Die Erschütterung dieses Vertrauens (bzw. die konkrete Gefahr einer solchen, vgl. o.) kann dort deshalb zwar ein Strafzumessungsgesichtspunkt sein, ist im übrigen aber nichts, was dem bereits mit § 203 II erfaßten Unrecht der Geheimnisverletzung einen qualitativ oder quantitativ neuen Aspekt hinzufügen würde (weshalb es z. B. entgegen Köln NJW **88**, 2489 bei Auskünften eines Polizeibeamten an einen Privaten über polizeilich unter einer „KA-Nummer" erfaßte Personen nur um § 203 II gehen kann). Die gegenüber § 203 II wesentlich höhere Strafdrohung und die Pönalisierung der nur fahrlässigen Gefährdung wichtiger öffentlicher Interessen in § 353b sind damit jedenfalls nicht zu erklären, und sie sind dies deshalb auch dann nicht, wenn die Verletzung der Amtsverschwiegenheit, weil nicht zugleich das Geheimnis eines Dritten betreffend (vgl. § 203 RN 44a), nicht schon nach § 203 II strafbar ist. Ähnlich verhält es sich mit dem (tatsächlich bzw. konkret drohenden) Verlust an Ansehen der Behörde bzw. an allgemeinem „Systemvertrauen" (Schumann aaO 173) in die Integrität usw. der Verwaltung, weil Einbußen dieser Art die mittelbaren Folgen *aller* Amtsdelikte sein können und keine Besonderheit des § 353b sind: Haben sie dort, von der Strafzumessung abgesehen, keinen eigenen Stellenwert, so können daher auch entsprechend negative Reaktionen der Öffentlichkeit auf für sich straflose oder nur nach § 203 II strafbare Schweigepflichtverletzungen nicht den besonderen Tatbestand des § 353b konstituieren. Gegen die h. M. sprechen schließlich die Ergebnisse, zu denen sie folgerichtig führen muß, daß nämlich die Strafbarkeit gem. § 353b von dem sachfremden Gesichtspunkt abhängt, ob es dem Täter gelingt, seinen Geheimnisbruch zu verschleiern oder ob dieser aufgedeckt und bekannt wird. Die Korrektur, die BGH **11** 404 mit Hilfe des subjektiven Tatbestands vorzunehmen versucht, ist unbefriedigend: Für die Strafbarkeit kann es hier nicht darauf ankommen, ob der Täter damit gerechnet hat bzw. damit rechnen mußte, daß sein Verhalten aufgedeckt werde, da dies zu einer Privilegierung des besonders geschickt handelnden Täters führen würde, der mit seiner Entdeckung nicht zu rechnen braucht. Aus alledem folgt, daß die Wendung: „. . . ein Geheimnis . . . offenbart und dadurch wichtige öffentliche Interessen gefährdet" einer teleologischen Reduktion bedarf: Weil mit dem „dadurch" nicht schon die Ursächlichkeit zwischen der Tatsache einer beliebigen Geheimnisverletzung und dem Eintritt der Gefahr gemeint sein kann – eine solche besteht auch in den genannten Fällen einer lediglich mittelbaren Gefährdung (vgl. o. 2) –, kann das Gesetz nur so verstanden werden, daß es gerade der Inhalt des preisgegebenen Geheimnisses sein muß, der dazu führt, daß durch den Geheimnisbruch wichtige öffentliche Interessen gefährdet werden.

2. Das Geheimnis muß dem Täter **als Amtsträger usw. anvertraut** oder **sonst bekannt geworden** sein. *Anvertraut* ist das Geheimnis, wenn es dem Täter aus dienstlichem Anlaß auf Grund des ihm gerade in seiner Eigenschaft als Amtsperson usw. entgegengebrachten Vertrauens zur Kenntnis gebracht wird (vgl. auch Träger LK 13; zum Kenntnisstand von Ermittlungsbeamten vgl. Krüger NStZ 90, 283). Gleichgültig ist, ob dies durch einen Vorgesetzten, einen anderen Angehörigen der Behörde oder einen Privaten geschieht. *Sonst bekanntgeworden* ist das Geheimnis dem Täter als Amtsträger usw., wenn seine dienstliche Tätigkeit die Kenntnis der fraglichen Tatsache mit sich bringt oder wenn die Erlangung der Kenntnis in einem inneren Zusammenhang zu seinen Verrichtungen steht. Dies ist auch der Fall, wenn er auf Grund seiner dienstlichen Tätigkeit die Möglichkeit hat, an das Geheimnis heranzukommen, selbst wenn er diese dann unbefugt ausnutzt (z. B. durch Öffnen eines Briefes, Belauschen von Gefangenen in der Haftanstalt; vgl. RG **61** 334, **74** 112, Düsseldorf NJW **82**, 2883); nicht ausreichend ist es freilich, wenn er sich die Kenntnis erst durch Überwinden besonderer Verschluß- oder Sicherungsvorrichtungen (z. B. Aufbrechen eines Schreibtisches) verschafft; vgl. im übrigen auch § 203 RN 12 ff., § 354 RN 7.

3. Das Geheimnis ist **offenbart**, wenn es in irgendeiner Weise (Mitteilung usw.) an einen anderen gelangt ist (vgl. dazu § 203 RN 19). Kein Offenbaren liegt jedoch vor, wenn der Empfänger bereits sichere Kenntnis von der fraglichen Tatsache hat (vgl. auch § 203 RN 19), was bei § 353 b im übrigen schon daraus folgt, daß in diesem Fall auch keine wichtigen öffentlichen Interessen in dem o. 6f. genannten Sinn gefährdet werden können (and. Träger LK 21). Kein Offenbaren ist es nach der ratio legis auch, wenn die Angelegenheit im innerdienstlichen Bereich auf dem dafür vorgesehenen Wege weitergegeben wird (z. B. an Dienstvorgesetzte, Mitarbeiter oder andere Behörden im Weg zulässiger Amtshilfe; vgl. auch § 61 I 2 BBG usw., BGH[Z] NJW **81**, 675). Hier entfällt deshalb nicht erst das Merkmal „unbefugt", sondern schon der Tatbestand (ebenso D-Tröndle 9, Träger LK 22; and. wohl Köln GA **73**, 57; offengelassen in E **62**, Begr. 662; vgl. auch § 354 RN 8).

4. Durch das Offenbaren müssen **wichtige öffentliche Interessen gefährdet werden**, und zwar i. S. einer konkreten Gefahr (allg. M., z. B. BGH **20** 348, Düsseldorf NStZ **85**, 169 m. Anm. Schumann, NJW **89**, 1872 m. Anm. Krüger NStZ **90**, 283, Köln NJW **88**, 2489, D-Tröndle 13, Lackner 5, Träger LK 27). Dazu, daß damit bereits der Gegenstand des Geheimnisses bestimmt wird, vgl. o. 6f.: Nicht ausreichend ist danach, daß durch den Geheimnisbruch nur mittelbar bei dessen Bekanntwerden wichtige öffentliche Interessen in Gestalt des Ansehens der Behörde bzw. des öffentlichen Vertrauens in die Integrität, Zuverlässigkeit und Verschwiegenheit der Verwaltung gefährdet werden (so aber die h. M., vgl. o. 6f.). Von dieser Einschränkung abgesehen, kommen als *wichtige öffentliche Interessen* jedoch alle öffentlichen Belange von einigem Rang in Betracht. Hierher gehören z. B. der ordnungsgemäße Ablauf eines Ermittlungsverfahrens (BGH **10** 276), die Sicherstellung der Hauptverhandlung durch Erlaß und Vollstreckung des Haftbefehls (Oldenburg NdsRpfl. **80**, 226), die Zusammenarbeit zwischen einem inländischen und einem ausländischen Nachrichtendienst (BGH **20** 381), die Durchführung von Fahndungsmaßnahmen, Sicherheitsvorkehrungen, Planungsvorhaben u. ä. (Düsseldorf NStZ **85**, 170), der ungestörte Wettbewerb zwischen Anbietern gegenüber dem Fiskus (D-Tröndle 13 mwN), die Sicherstellung der Ermittlung von Fahrzeug- und Halterdaten nur an Berechtigte mit Hilfe eines Codeworts (i. E. zutr. daher Zweibrücken NStZ **90**, 495), die ordnungsgemäße Durchführung von Prüfungen für den öffentlichen Dienst (RG **74** 110) und anderen Prüfungen über die Qualifikation zur Ausübung bestimmter Berufe (vgl. auch Träger LK 28; zu Aufnahmeprüfungen für höhere Schulen vgl. dagegen BGH **11** 401, wo jedoch eine mittelbare Gefährdung wichtiger öffentlicher Interessen – vgl. dazu o. 6f. – angenommen wurde). Nicht um wichtige öffentliche Interessen i. S. des § 353 b handelt es sich dagegen, wenn die fragliche Tatsache ausschließlich im privaten Interesse eines Dritten geheimzuhalten ist (vgl. Düsseldorf NJW **82**, 2883 [Mitteilung von Vorstrafen an Private], Köln GA **73**, 57 [Paßangelegenheiten]; zur h. M. [Theorie der mittelbaren Gefährdung] vgl. aber o. 6f.); hier kommt jedoch § 203 II in Betracht (vgl. dort RN 43 ff.). – Muß sich das Geheimnis selbst auf ein wichtiges öffentliches Interesse beziehen, so wird dieses mit dem Offenbaren vielfach auch schon konkret *gefährdet* sein. Von Bedeutung ist hier insbesondere, wie zuverlässig der Empfänger ist, weshalb z. B. bei der Mitteilung an einen zur Verschwiegenheit verpflichteten Anwalt im Rahmen einer Konsultation, sofern nicht besondere Umstände hinzukommen, eine konkrete Gefährdung i. d. R. ausgeschlossen werden kann (vgl. auch Träger LK 28; offengelassen in BGH **20** 348). Das gleiche gilt, wenn der andere das erlangte Wissen nach den Umständen des Falles nicht verwerten kann oder wenn er damit nichts anzufangen weiß. Dagegen ist eine konkrete Gefährdung in aller Regel zu bejahen, wenn das Geheimnis der Presse zugespielt

§ 353b 10–15　　　　　　　　　　　　　　　　　　　Bes. Teil. Straftaten im Amte

und das Thema von einiger „Brisanz" ist. Noch kein Beweis für die Gefährdung wichtiger öffentlicher Interessen ist der Umstand, daß die Ermächtigung nach Abs. 3 erteilt wird (BGH 10 276, Düsseldorf NJW 82, 2883, Köln NJW 88, 2491, D-Tröndle 13; and. RG 74 111).

10　5. **Täter** nach Abs. 1 können nur Angehörige des in **Nr. 1–3 genannten Personenkreises** sein, nämlich nach Nr. 1 *Amtsträger* (vgl. § 11 I Nr. 2 und dort RN 16ff.), nach Nr. 2 *für den öffentlichen Dienst besonders Verpflichtete* (vgl. § 11 I Nr. 4 und dort RN 34ff.), wozu auch nur vorübergehend kraft eines Einzelauftrags (z. B. Gutachtertätigkeit) für eine Stelle i. S. des § 11 I Nr. 4 tätige Personen gehören (zum Bundesnachrichtendienst vgl. BGH MDR 64, 68), nach Nr. 3 *Personen mit Aufgaben im Personalvertretungsrecht* (vgl. § 203 RN 58), die selbst nicht bei einer Behörde beschäftigt zu sein brauchen (z. B. Gewerkschaftsvertreter nach § 36 BPersonalvertretungsG). Zur Erweiterung des Täterkreises auf Soldaten der Bundeswehr vgl. § 48 WStG. Unerheblich ist, ob z. Z. der Tat das Verhältnis i. S. der Nr. 1–3 noch bestand; maßgeblich ist allein, daß der Täter z. Z. der Kenntniserlangung zu dem dort genannten Personenkreis gehörte, was seit dem 17. StÄG (vgl. die Vorbem.) durch Einfügung des § 1 III WStG auch für Soldaten gilt. Eine Erweiterung des Anwendungsbereichs auf gewisse andere Personen ergibt sich z. B. aus Art. 194 Euratomvertrag v. 25. 3. 1957 (BGBl. II 753, 1014, 1114), Art. 9 lit. c des Übereinkommens zur Errichtung einer Sicherheitskontrolle auf dem Gebiet der Kernenergie v. 20. 12. 1957 (BGBl. 1959 II 585, 586, 594; vgl. dazu auch BT-Drs. 8/3067 S. 8, Träger LK 4 mwN).

11　III. Der **objektive Tatbestand** des Abs. 2 besteht in der Gefährdung wichtiger öffentlicher Interessen durch Weitergabe eines Gegenstands oder einer Nachricht, zu deren Geheimhaltung der Täter besonders verpflichtet worden ist. Dabei ist jedoch der Tatbestand auf solche Fälle beschränkt, die nicht schon unter Abs. 1 fallen.

12　1. Geschützt sind **Gegenstände**, d. h. körperliche Sachen (z. B. Schriften, Zeichnungen, Modelle; vgl. § 353c a. F.) und **Nachrichten,** d. h. mündliche Mitteilungen über irgendwelche Vorgänge, Zustände usw., zu deren **Geheimhaltung** der Täter durch bestimmte Stellen **besonders verpflichtet worden ist.**

13　a) Die Geheimhaltungspflicht muß entweder durch einen entsprechenden **Beschluß eines Gesetzgebungsorgans** des Bundes oder eines Landes oder eines seiner Ausschüsse (Nr. 1) oder durch die **förmliche Verpflichtung einer anderen amtlichen Stelle** (Nr. 2) begründet worden sein. Dabei ist Voraussetzung in beiden Fällen, daß sich die Verpflichtung auf bestimmte Gegenstände oder Nachrichten bezieht, die freilich, sofern sie hinreichend konkretisiert sind, auch unter einer Sammelbezeichnung zusammengefaßt sein können; auch für künftige Gegenstände kann, wenn sie bereits bestimmt sind, eine Geheimhaltungspflicht begründet werden (vgl. Lüttger JZ 69, 583). Entspricht die Verpflichtung diesen Anforderungen nicht, so entfällt der Tatbestand.

14　α) Für die Begründung einer Geheimhaltungspflicht durch ein *Gesetzgebungsorgan des Bundes oder eines Landes* (vgl. § 105 RN 4) oder eines seiner *Ausschüsse* (Nr. 1) bedarf es nicht eines Einzel-Verpflichtungsakts, vielmehr genügt hier schon ein auf einer entsprechenden Rechtsgrundlage (vgl. für den Bundestag § 73 GeschäftsO) beruhender *Beschluß,* der für einen Beratungsgegenstand oder einen Teil davon die Geheimhaltung oder Vertraulichkeit vorsieht (vgl. Lüttger JZ 69, 584). Welcher Personenkreis an einen solchen Beschluß gebunden ist, ergibt sich aus dem Parlamentsrecht; sieht man in der GeschäftsO der Parlamente mit der h. M. eine autonome Satzung, so kann ein darauf gestützter Geheimhaltungsbeschluß Außenstehende nicht verpflichten (vgl. näher Lüttger aaO).

15　β) Eine Geheimhaltungspflicht kann nach Nr. 2 ferner begründet werden durch die unter Hinweis auf die Strafbarkeit der Geheimnisverletzung erfolgende *förmliche Verpflichtung durch eine andere amtliche Stelle* (zu dieser vgl. § 95 RN 5; zur Verpflichtung durch militärische Vorgesetzte vgl. Weidinger NZWehrR 67, 151). Die von einem Privaten vorgenommene Verpflichtung genügt hier auch dann nicht, wenn sie von einer amtlichen Stelle veranlaßt ist. Da es sich bei der Verpflichtung um einen belastenden Hoheitsakt handelt, ist Voraussetzung entweder eine besondere gesetzliche Ermächtigung oder die Einwilligung des Betroffenen (D-Tröndle 6, Träger LK 48 und näher Lüttger JZ 69, 582). Die militärische Befehlsgewalt gegen Soldaten reicht daher als solche ebensowenig aus wie nur Vorschriften, die nur eine Vereidigung oder Verpflichtung zur gewissenhaften Erfüllung von Amtspflichten erlauben (Lüttger JZ 69, 583). Das Erfordernis einer „förmlichen" Verpflichtung bedeutet zunächst die Notwendigkeit einer inhaltlichen Formalisierung i. S. einer ausdrücklichen Erklärung, daß der Betreffende zur Geheimhaltung verpflichtet wird. Darüber hinaus liegt darin aber auch ein äußerliches Formgebot, weshalb die Verpflichtung schriftlich erfolgen oder jedenfalls beurkundet werden muß (vgl. D-Tröndle 6, Lackner 2b, bb und näher Lüttger JZ 69, 583; enger Samson SK 17, differenzierend Träger LK 49); im Fall des § 174 III GVG dürfte die Aufnahme des entsprechenden Beschlusses in die Sitzungsniederschrift genügen (vgl. Möhrenschlager JZ 80, 165 FN 36, Träger LK 50, aber auch D-Tröndle 6). Entspricht die Verpflichtung diesen Voraussetzungen nicht oder fehlt es am ausdrücklichen Hinweis auf die Strafbarkeit der Geheimnisverletzung, so ist der Tatbestand nicht gegeben.

b) Da Abs. 2 nur auf die Auferlegung einer Geheimhaltungspflicht abstellt, wäre es an sich **16** unerheblich, ob der fragliche Gegenstand usw. auch **materiell geheimhaltungsbedürftig** ist. Daß der Täter zu schweigen hat, weil ihm dies durch einen verpflichtenden Hoheitsakt aufgegeben ist (Träger LK 52), macht eine Verletzung dieser Verschwiegenheitspflicht auch i. V. mit dem weiteren Erfordernis einer Gefährdung wichtiger öffentlicher Interessen aber noch nicht strafwürdig, wenn dafür bereits eine mittelbare Gefährdung in Gestalt einer Erschütterung des allgemeinen „Systemvertrauens" genügen würde (so die h. M. zu Abs. 1, vgl. o. 6f.). Hier kann deshalb nichts anderes gelten als für Abs. 1, d. h. der geheimzuhaltende Gegenstand usw. muß sich selbst auf ein wichtiges öffentliches Interesse beziehen (vgl. o. 6f.), wobei dessen Gefährdung durch ein Gelangenlassen usw. dann aber nicht denkbar ist, wenn der Gegenstand usw. nicht auch materiell geheimhaltungsbedürftig ist (and. D-Tröndle 11, Träger aaO). Aus diesem Grund scheiden trotz formell fortbestehender Geheimhaltungspflicht auch Gegenstände usw. aus dem Anwendungsbereich des Abs. 2 aus, die nicht mehr geheimhaltungsbedürftig sind (vgl. auch Lackner 5, Lüttger GA 70, 139).

2. Die Tathandlung besteht im **Gelangenlassen** des Gegenstands bzw. der Nachricht an einen **17** anderen – worunter nur ein Unbefugter zu verstehen ist – oder im **öffentlichen Bekanntmachen**. Das *Gelangenlassen* bedeutet bei körperlichen Gegenständen Überführung in den Gewahrsam des Empfängers ohne Rücksicht auf Kenntnisnahme, im übrigen Kenntnisnahme durch den Empfänger; vgl. näher § 94 RN 9. Unter dem *öffentlichen Bekanntmachen* ist in erster Linie die inhaltliche Bekanntgabe zu verstehen, doch gehört z. B. auch das öffentliche Ausstellen des Gegenstands. Nicht erforderlich ist hier, daß ein anderer tatsächlich Kenntnis erlangt hat; zum Merkmal „öffentlich" vgl. im übrigen § 186 RN 19.

3. Zu der auch hier erforderlichen **Gefährdung wichtiger öffentlicher Interessen** vgl. o. 9. **18**

4. **Täter** kann nach Abs. 2 nur derjenige sein, dem in der dort bezeichneten Weise eine **19** Geheimhaltungspflicht auferlegt worden ist. Der Empfänger, an den der Täter den Gegenstand usw. hat gelangen lassen, macht sich, wenn er nicht selbst zur Geheimhaltung nach Abs. 2 verpflichtet ist, durch die Weitergabe an einen Dritten auch dann nicht strafbar, wenn ihm der Täter Schweigen geboten hatte (D-Tröndle 11, Träger LK 56); zur Teilnahme vgl. u. 23.

IV. Der **subjektive Tatbestand** verlangt bei **Abs. 1** zunächst Vorsatz hinsichtlich des Offen- **20** barens des Geheimnisses, wobei bedingter Vorsatz genügt (BGH **11** 404). Nach *Abs. 1 S. 1* muß sich der Vorsatz außerdem auf die Gefährdung wichtiger öffentlicher Interessen erstrecken, was nach dem o. 6f. Gesagten nicht denkbar ist, wenn der Täter nicht weiß bzw. nicht in Kauf nimmt, daß sich das Geheimnis selbst auf wichtige öffentliche Interessen bezieht (and. nach der von der h. M. vertretenen Theorie der mittelbaren Gefährdung [o. 6f.], nach der es genügt, wenn sich der – auch bedingte – Vorsatz auf diese bezieht [vgl. dazu BGH **11** 404]; zu den Anforderungen an das Urteil bei der Annahme eines bedingten Gefährdungsvorsatzes vgl. Düsseldorf NJW **89**, 1872). Dagegen genügt nach *Abs. 1 S. 2* hinsichtlich der konkreten Gefährdung des wichtigen öffentlichen Interesses auch Fahrlässigkeit, wobei der Strafrahmen entsprechend niedriger liegt. Kennzeichnet das Merkmal der Gefährdung wichtiger öffentlicher Interessen zugleich den Gegenstand des Geheimnisses, so gilt S. 2 zunächst, wenn der Täter in Kenntnis dieses besonderen Bezugs seines Geheimnisses handelt, dabei aber im Hinblick auf die Umstände der Geheimnisverletzung fahrlässig die Möglichkeit einer konkreten Gefährdung außer acht läßt (z. B. leichtfertig auf die Verschwiegenheit des Empfängers vertraut). Wegen der genannten „Ausstrahlungswirkung" der Gefährdung wichtiger öffentlicher Interessen auf das Geheimnis muß S. 2 aber auch anwendbar sein, wenn der Täter zwar weiß, daß er ein Geheimnis preisgibt, dabei aber infolge Fahrlässigkeit verkennt, daß sich dieses auf wichtige öffentliche Interessen bezieht, die durch das Offenbaren konkret gefährdet werden. Um einen Fall von Abs. 1 S. 2 handelt es sich schließlich, wenn der Täter in vermeidbarem Irrtum Umstände annimmt, die, wenn sie vorgelegen hätten, die Gefährdung wichtiger öffentlicher Interessen rechtfertigen würden (vgl. 21 vor § 32). – Der bei **Abs. 2** erforderliche (bedingte) Vorsatz muß sich insbes. auch darauf erstrecken, daß sich die Geheimhaltungspflicht gerade auf den fraglichen Gegenstand usw. bezieht und daß dieser wegen seines Bezugs zu wichtigen öffentlichen Interessen zugleich materiell geheimhaltungsbedürftig ist (vgl. o. 16); Fahrlässigkeit hinsichtlich der Gefährdung wichtiger öffentlicher Interessen genügt hier i. U. zu Abs. 1 nicht.

V. **Unbefugt** bedeutet hier das allgemeine Deliktsmerkmal der Rechtswidrigkeit (D-Tröndle **21** 12, Niemeyer aaO [o. 5] 411, Samson SK 21, Träger LK 29). Unbefugt ist daher die Offenbarung und die dadurch bewirkte Gefährdung wichtiger öffentlicher Interessen, wenn kein Rechtfertigungsgrund vorliegt. Die gesetzlichen Anzeigepflichten (z. B. § 138) dürften hier keine Rolle spielen, da durch die Mitteilung eines anzeigepflichtigen Sachverhalts kaum jemals wichtige öffentliche Interessen gefährdet werden können. In Betracht kommt als Rechtfertigungsgrund dagegen § 34, wenn andere, im Vergleich zu den gefährdeten Interessen noch wichtigere

Interessen nur durch eine Tat nach § 353b geschützt werden können. Von Bedeutung ist dies insbesondere auch für das Offenbaren illegaler Geheimnisse (vgl. o. 5); unter dem Gesichtspunkt der Erforderlichkeit kann die Tat hier allerdings nur gerechtfertigt sein, wenn schonendere Mittel keinen Erfolg versprechen, weshalb der Täter, der verfassungs- oder rechtswidrige Zustände rügen will, grundsätzlich verpflichtet ist, sich zunächst an seinen Vorgesetzten, erforderlichenfalls an den parlamentarisch verantwortlichen Minister oder mit einer Petition an das Parlament selbst zu wenden (BVerfGE **28** 199 m. Anm. R. Schmid JZ 70, 683; vgl. ferner BGH **20** 342, D-Tröndle 12, Träger LK 35; krit. Samson SK 22f.). Die Wahrnehmung berechtigter Interessen ist hier dagegen kein Rechtfertigungsgrund (vgl. 80 vor § 32, D-Tröndle 12, Träger LK 29, aber auch BGH[Z] NJW **81**, 675). Ebensowenig genügt schon die Erlaubnis des Vorgesetzten als solche (and. Lackner 7, Träger LK 30 und bei besonderer Anordnung der Schweigepflicht auch D-Tröndle 12, Niemeyer aaO [o. 5] 411), da eine nach allgemeinen Grundsätzen rechtswidrige Geheimnisoffenbarung auch von dem Vorgesetzten nach §§ 61 BBG, 39 BRRG nicht genehmigt werden kann (vgl. dazu auch Plog/Wiedow/Beck, Komm. zum BBG § 61 RN 11), dieser sich hier vielmehr wegen Beteiligung selbst nach § 353b strafbar machen würde. Etwas anderes gilt hier nur in den Fällen des Abs. 2 Nr. 2, wenn darin zugleich eine Aufhebung der förmlichen Verpflichtung liegt, ferner bei Zeugenaussagen vor Gericht (vgl. §§ 54 StPO, 376 ZPO), soweit hier der Aussagepflicht für den Untergebenen auch durch eine an sich unzulässige Aussagegenehmigung begründet wird (wobei es sich dann um eine dem rechtswidrigen, aber verbindlichen Befehl [vgl. 88a vor § 32] vergleichbare Situation handeln würde). Auch soweit Privatgeheimnisse unter § 353b fallen, weil sie zugleich wichtige öffentliche Interessen betreffen, genügt mit Rücksicht auf diese nicht schon die Einwilligung der fraglichen Privatperson (vgl. auch Lackner 7, Träger LK 34).

22 **VI.** Der **Versuch** ist nach Abs. 3 strafbar, und zwar, wie jetzt durch § 11 II klargestellt wird (vgl. dort RN 76), auch in den Fällen des Abs. 1 S. 2 (D-Tröndle 14, Träger LK 38; and. Samson SK 20 und auf der Grundlage des früheren Rechts Krey/Schneider NJW 70, 640). Versuch ist hier anzunehmen, wenn das Offenbaren des Geheimnisses, sofern es vollendet worden wäre, zu einer konkreten Gefährdung geführt hätte und gegen den Täter insoweit der Vorwurf der Fahrlässigkeit zu erheben gewesen wäre (ebenso Maiwald JuS 77, 360). **Vollendet** ist die Tat mit Eintritt der konkreten Gefahr für die öffentlichen Interessen (vgl. o. 9).

23 **VII. Teilnahme** Dritter ist bis zur Vollendung (vgl. o. 22) möglich (weitergehend D-Tröndle 14, Träger LK 40, wonach eine solche bis zu einer – hier nicht anzuerkennenden – Beendigung in Gestalt der Erhöhung der eingetretenen Gefahr möglich sein soll, womit z. B. Journalisten, die das fragliche Geheimnis veröffentlichen, entgegen den mit der Aufhebung des § 353c I a. F. verfolgten Absichten praktisch meist als Teilnehmer strafbar werden dürften; vgl. dazu auch Möhrenschlager JZ 80, 165, Rogall NJW 80, 752). Auf den Extraneus soll nach h. M. § 28 I anwendbar sein (z. B. D-Tröndle 1, Lackner 2b aa, M-Schroeder II 211, Samson SK 17, Träger LK 39). Dagegen spricht jedoch im Fall des Abs. 1, daß das sonst für Amtsdelikte charakteristische Element einer besonderen personalen Pflichtverletzung hier wegen der Einbeziehung der in Nr. 3 genannten Personen (z. B. Gewerkschaftsvertreter, vgl. o. 10) ersichtlich keine Rolle spielt und die Verschwiegenheitspflicht als solche noch kein persönliches Merkmal i. S. des § 28 ist. Zu einem solchen führt auch nicht die besondere Verpflichtung i. S. des Abs. 2, vielmehr ist auch diese insofern tatbezogen, als sie lediglich dazu dient, den Bereich abzustecken, in dem ein strafrechtlich schutzwürdiges Rechtsgut vorhanden ist.

24 **VIII. Konkurrenzen.** Idealkonkurrenz besteht wegen der Verschiedenheit der Rechtsgüter mit §§ 203, 354, 355 (h. M., z. B. Träger LK 58). Möglich ist eine solche ferner mit den §§ 94ff., 109f, 109g (vgl. z. B. Lackner 8, Träger aaO; für Vorrang der §§ 94–98 gegenüber Abs. 2 jedoch D-Tröndle 20 u. hier die 23. A.). Anderseits geht Abs. 2, der eine konkrete Gefährdung verlangt, dem abstrakten Gefährdungsdelikt des § 353d Nr. 2 – von Bedeutung im Fall des § 174 III i. V. mit § 172 Nr. 1 GVG – vor (and. D-Tröndle 20, Träger LK 50: Tateinheit). Zwischen Abs. 1 und 2 besteht das Verhältnis der Exklusivität, da bereits der Tatbestand des Abs. 2 auf solche Fälle beschränkt ist, die nicht unter Abs. 1 fallen.

25 **IX.** Zu den **Nebenfolgen** vgl. § 358.

26 **X.** Verfolgungsvoraussetzung ist gem. **Abs. 4** eine **Ermächtigung** (vgl. dazu § 77e und die Anm. dort), für welche die Zuständigkeit durch das 17. StÄG (vgl. Vorbem.) neu geregelt wurde. Dabei geht Abs. 4 n. F. von dem Grundsatz aus, daß für die Zuständigkeit abweichend von §§ 77a, 77e nicht die Dienstherrneigenschaft z. Z. des Verrats maßgebend sein soll, sondern bei welcher Stelle dem Täter das Geheimnis in Ausübung einer entsprechenden Tätigkeit bekanntgeworden ist bzw. welche Stelle ihn zur Geheimhaltung besonders verpflichtet hat und daß sich an der dadurch begründeten Entscheidungskompetenz auch durch ein Ausscheiden des Täters aus seiner Tätigkeit nichts ändert (vgl. Möhrenschlager JZ 80, 166, Rogall NJW 80, 752). Erteilt wird die Ermächtigung danach

je nachdem, ob es sich bei der fraglichen Stelle um ein Gesetzgebungsorgan, eine Bundes- oder Landesbehörde handelt, durch den Präsidenten des Gesetzgebungsorgans oder die oberste Bundes- oder oberste Landesbehörde. Zu diesen gehören vor allem die Bundes- oder Landesministerien, daneben aber auch andere Stellen, die nicht der Leitung und Beaufsichtigung eines Ministeriums unterliegen (z. B. Bundesbank, Bundesrechnungshof usw.; vgl. D-Tröndle 18f.).

§ 353c [Unbefugte Weitergabe geheimer Gegenstände oder Nachrichten]; *aufgehoben durch das 17. StÄG v. 21. 12. 1979, BGBl. I 2324; zu Abs. 2 vgl. jetzt § 353b II u. dort RN 1.*

§ 353d Verbotene Mitteilungen über Gerichtsverhandlungen

Mit Freiheitsstrafe bis zu einem Jahr oder mit Geldstrafe wird bestraft, wer
1. **entgegen einem gesetzlichen Verbot über eine Gerichtsverhandlung, bei der die Öffentlichkeit ausgeschlossen war, oder über den Inhalt eines die Sache betreffenden amtlichen Schriftstücks öffentlich eine Mitteilung macht,**
2. **entgegen einer vom Gericht auf Grund eines Gesetzes auferlegten Schweigepflicht Tatsachen unbefugt offenbart, die durch eine nichtöffentliche Gerichtsverhandlung oder durch ein die Sache betreffendes amtliches Schriftstück zu seiner Kenntnis gelangt sind, oder**
3. **die Anklageschrift oder andere amtliche Schriftstücke eines Strafverfahrens, eines Bußgeldverfahrens oder eines Disziplinarverfahrens, ganz oder in wesentlichen Teilen, im Wortlaut öffentlich mitteilt, bevor sie in öffentlicher Verhandlung erörtert worden sind oder das Verfahren abgeschlossen ist.**

Schrifttum: Bottke, Bemerkungen zum Beschluß des BVerfG zu § 353d Nr. 3 StGB, NStZ 87, 314. – *Conrad,* Reichsgesetz vom 2. Mai 1874 über die Presse, in: Stengleins Kommentar zu den strafrechtlichen Nebengesetzen des Deutschen Reiches, 5. A., 1928, Bd. I 359. – *Eser/Meyer,* Öffentliche Vorverurteilung und faires Verfahren. Eine rechtsvergl. Untersuchung im Auftrag des BJM, 1986. – *Feisenberger,* Gesetz über die unter Ausschluß der Öffentlichkeit stattfindenden Gerichtsverhandlungen vom 5. April 1888, in: Stengleins Kommentar usw., Bd. II 342. – *Häntzschel,* Reichspressegesetz, 1927. – *Hassemer,* Vorverurteilung durch Medien, NJW 85, 1921. – *Löffler,* Presserecht, 2. A., Bd. I 1969, Bd. II 1968. – *Mannheim,* Presserecht, 1927. – *Rebmann/Ott/Storz,* Das baden-württembergische Gesetz über die Presse, 1964. – *Rinsche,* Strafjustiz u. öffentlicher Pranger, ZRP 87, 348. – *Scheer,* Deutsches Presserecht, 1966. – *Schomburg,* Das strafrechtliche Verbot vorzeitiger Veröffentlichung von Anklageschriften und anderen amtlichen Schriftstücken, ZRP 82, 142. – *Schuppert,* Zur Frage der Verfassungsmäßigkeit und verfassungskonformen Auslegung und Anwendung von § 353d Nr. 3 StGB, AfP 84, 67. – *Többens,* Die Mitteilung und Veröffentlichung einer Anklageschrift (§ 353d Nr. 3 StGB) und der Schutz der Anonymität eines Beschuldigten im Strafverfahren, GA 83, 97.

I. Die weitgehend dem § 453 E 62 entsprechende Bestimmung enthält – in Nr. 1 und 2 ergänzt **1** durch §§ 171b, 172, 174 GVG – eine Zusammen- und Neufassung einer Anzahl früher an verschiedenen Stellen geregelter strafbewehrter **Mitteilungsverbote über Gerichtsverhandlungen** (zu Nr. 1 vgl. Art. III des Ges. über die unter Ausschluß der Öffentlichkeit stattfindenden Gerichtsverhandlungen v. 5. 4. 1888 und § 184b a. F.; zu Nr. 2 vgl. Art. II des inzwischen aufgehobenen, auf § 17 ReichspresseG v. 7. 5. 1874 [RGBl. 65] zurückgehenden Bestimmungen der meisten Landespressegesetze, z. B. § 5 i. V. mit § 21 Nr. 1 LPG Bad.-Württ. [vgl. dazu Löffler, Presserecht, Bd. I, 3. A., S. 300f.]). Die Nr. 1–3 stellen eigenständige Tatbestände mit **unterschiedlichen Schutzzwecken** dar (vgl. u. 3, 23, 40, D–Tröndle 1, Träger LK 1; and. EEGStGB 282, wonach alle drei Bestimmungen dem Schutz der Rechtspflege dienen; vgl. auch Lackner 1).

II. Nach **Nr. 1** macht sich strafbar, wer **entgegen einem gesetzlichen Verbot über eine** **2** **Gerichtsverhandlung,** bei der die Öffentlichkeit ausgeschlossen war, oder über den Inhalt eines die Sache betreffenden amtlichen Schriftstücks **öffentlich eine Mitteilung macht.** Ein derartiges gesetzliches Verbot ist z. Z. nur in § 174 II GVG enthalten, wo bestimmt ist: "Soweit die Öffentlichkeit wegen Gefährdung der Staatssicherheit ausgeschlossen wird, dürfen Presse, Rundfunk und Fernsehen keine Berichte über die Verhandlung und den Inhalt eines die Sache betreffenden amtlichen Schriftstücks veröffentlichen". Die Bestimmung gilt nicht nur für die Verfahren vor den ordentlichen Gerichten, sondern auch in Verfahren vor Gerichten anderer Rechtsprechungszweige (vgl. z. B. § 55 VwGO, § 52 II FGO).

1. Der Tatbestand enthält ein **abstraktes Gefährdungsdelikt gegen die Staatssicherheit.** Er **3** soll die Publikation solcher den Massenmedien durch ihre Erörterung in gerichtlichen Verfahren erleichtert zugänglichen Tatsachen verhindern, deren Bekanntwerden in der Öffentlichkeit typischerweise geeignet ist, die Staatssicherheit zu beeinträchtigen (weitergehend Träger LK 2: Einbeziehung auch der Funktionsfähigkeit der Rechtspflege, die jedoch allenfalls mittelbar geschützt ist). Der Begriff „Staatssicherheit" umfaßt alle wesentlichen Belange der inneren oder

äußeren Sicherheit. Eine Gefährdung der Staatssicherheit ist also nicht erst anzunehmen, wenn die Existenz des Staates auf dem Spiel steht, andererseits aber auch nicht schon dann, wenn die öffentliche Sicherheit und Ordnung i. S. des Polizeirechts bedroht sind. Ebensowenig genügt eine Gefährdung des Ansehens des Staates, staatlicher Organe oder politischer Parteien (vgl. dazu RG GA Bd. **47**, 383, Schäfer LR § 172 GVG RN 7). Der Gefährdung der Staatssicherheit steht gem. Art. 38 II Zusatzabkommen zum NATO-Truppenstatut v. 3. 8. 1959 (BGBl. 1961 II 1218), der die §§ 172–175 GVG für entsprechend anwendbar erklärt, die Gefährdung der Sicherheit nichtdeutscher NATO-Truppen oder eines zivilen Gefolges gleich.

4   Daß das Gesetz nicht auf die im Interesse der Staatssicherheit gegebene Geheimhaltungsbedürftigkeit der veröffentlichten Tatsachen, sondern auf das Vorliegen eines damit begründeten Ausschlusses der Öffentlichkeit abstellt, erklärt sich aus einer generellen Vermutung sachgerechter Handhabung dieser Ausschlußmöglichkeit durch die Gerichte. Deshalb ist auch *Straflosigkeit* anzunehmen, wenn diese Vermutung im Einzelfall widerlegt wird, weil das Gericht zu Unrecht eine Gefährdung der Staatssicherheit angenommen hat (vgl. 130a vor § 32 und u. 21; and. Träger LK 6, dessen Hinweis auf die Aushöhlung des Strafschutzes in den Fällen eines Irrtums bei Annahme eines bloßen Strafausschließungsgrunds jedoch nicht zutrifft).

5   2. Der Tatbestand setzt zunächst den **Ausschluß der Öffentlichkeit** aus einer Gerichtsverhandlung wegen Gefährdung der Staatssicherheit (vgl. dazu o. 3) voraus, wofür ein entsprechender, mit dieser Begründung versehener (§ 174 I 3 GVG) Gerichtsbeschluß erforderlich ist. Ist die Öffentlichkeit schon kraft Gesetzes ausgeschlossen (§§ 48 I JGG, 170, 171 II GVG), so gilt § 174 II GVG und damit auch § 353d Nr. 1 nicht; für einen zusätzlichen Ausschluß nach § 172 Nr. 1 GVG, um so auch die Tatbestandsvoraussetzungen des § 353d Nr. 1 zu schaffen, besteht hier schon im Hinblick auf das in § 174 I GVG vorgeschriebene Verfahren kein Raum mehr (vgl. auch K-Meyer § 174 RN 17; and. Träger LK 7).

6   Die gesetzwidrige Ausschließung der Öffentlichkeit durch den Vorsitzenden allein reicht nicht aus. Unerheblich ist dagegen, ob entgegen § 174 I 1 GVG über die Ausschließung in öffentlicher Sitzung verhandelt oder der Beschluß gem. S. 2 öffentlich verkündet wurde. Der Beschluß muß auch durchgeführt worden sein. Das Verbot des § 174 II GVG gilt nicht, wenn das Gericht entgegen § 175 II einer größeren Zahl von Personen den Zutritt zu der nichtöffentlichen Verhandlung gestattet oder die Anwesenheit beliebiger Personen duldet: Findet die Verhandlung tatsächlich öffentlich statt, so ist damit auch dem Berichterstattungsverbot der Presse die Grundlage entzogen (and. Träger LK 6).

7   3. Das Verbot des § 174 II GVG richtet sich nur an **Presse, Rundfunk und Fernsehen,** so daß Täter des Tatbestands der Nr. 1 nur sein kann, wer in den genannten Medien tätig ist (also z. B. nicht der Interview-Partner in Rundfunk oder Fernsehen, der Verfasser eines Leserbriefes). Es handelt sich um ein **Sonderdelikt,** auf dessen Teilnehmer § 28 I jedoch nicht anwendbar ist.

8   Der Begriff der Presse ist nicht auf die Zeitungs- oder Zeitschriftenpresse („periodische Presse") beschränkt (so aber D-Tröndle 2, Samson SK 3), sondern i. S. des weitgefaßten presserechtlichen Begriffs zu verstehen und umfaßt alle zur Verbreitung bestimmten Massenvervielfältigungen geistigen Sinngehalts („Druckwerke"), gleichgültig, ob sie durch die Buchdruckpresse oder sonstige Vervielfältigungsverfahren (wie z. B. Schallplatten) hergestellt werden (vgl. Löffler aaO I 103, 156, M-Schroeder II 213, Träger LK 10). Tauglicher Täter ist daher z. B. auch, wer durch Flugblatt über eine nichtöffentliche Verhandlung berichtet.

9   4. Die **Tathandlung** besteht in der gegen § 174 II GVG verstoßenden öffentlichen Mitteilung, d. h. in der Veröffentlichung eines Berichts über die Verhandlung oder den Inhalt eines die Sache betreffenden amtlichen Schriftstücks. Dabei muß der Bericht in beiden Fällen auf der eigenen oder durch Dritte vermittelten Kenntnis des Inhalts der Verhandlung oder des Schriftstücks selbst beruhen; auf andere Quellen (z. B. öffentliche Urteilsbegründung, verfahrensfremde Schriftstücke) zurückgehende Berichte sind nicht erfaßt.

10   a) Trotz des weitgefaßten Wortlauts des § 174 II GVG genügt als Mitteilung **über die Gerichtsverhandlung** nicht jeder Bericht über das, was in dem nichtöffentlichen Teil der Verhandlung („soweit die Öffentlichkeit ... ausgeschlossen wird") geschehen oder erörtert worden ist. Erforderlich ist vielmehr, daß gerade über die Tatsachen berichtet wird, um deren Bekanntwerden in der Verhandlung willen das Gericht die Öffentlichkeit ausgeschlossen hat (Samson SK 6; and. RG **38** 303, Träger LK 13). Sonstige Mitteilungen, insbes. über den Gang des Verfahrens erfüllen den Tatbestand nicht (Feisenberger aaO Art. III Anm. 2, Art. II Anm. 4c). Von der ratio legis her unnötige, vom Wortlaut jedoch geforderte Voraussetzung ist ferner, daß über die fragliche Tatsache als Gegenstand der jeweiligen Verhandlung berichtet wird (vgl. Träger LK 16, 33).

11   b) Gegenstand einer verbotenen Veröffentlichung kann ferner der **Inhalt eines die Sache betreffenden amtlichen Schriftstücks** des Verfahrens sein, in dem der Ausschließungsbeschluß ergangen ist. Im einzelnen gilt dafür folgendes:

α) **Schriftstücke** sind durch Schriftzeichen verkörperte Erklärungen. Die Veröffentlichung von **12** Bildern aus den Prozeßakten (z. B. Tatortphotographie, beschlagnahmte pornographische Darstellungen usw.) erfüllt den Tatbestand nicht, sofern sie nicht einen Bericht über die Verhandlung darstellt; das gleiche gilt für die Beschreibung oder bildliche Wiedergabe sonstiger nichtschriftlicher Beweisstücke (z. B. Tatwerkzeug) und – solange keine wortgetreue amtliche Niederschrift vorhanden ist – für die akustische oder schriftliche Wiedergabe von Tonaufnahmen (z. B. aus der Überwachung des Fernmeldeverkehrs des Beschuldigten, § 100a StPO).

β) Obwohl vom Wortsinn her mehrdeutig, ist – ebenso wie in Nr. 3 – für die „**Amtlichkeit**" **13** des Schriftstücks nach der ratio legis nicht dessen amtlicher Ursprung, sondern seine Zuordnung zu den Aufgaben und der Tätigkeit einer mit dem Verfahren befaßten amtlichen Stelle entscheidend, weshalb auch ein Schriftstück sein kann, das von einem Privaten herrührt (vgl. z. B. Hamburg NStZ **90**, 283, Träger LK 48 mwN; and. AG Hamburg NStZ **88**, 411 m. Anm. Strate, StV **88**, 495, Lackner 2c u. wohl auch D-Tröndle 4). Dabei ist im einzelnen zu unterscheiden: Soweit es sich um Schriftstücke handelt, die von einer an dem fraglichen Verfahren beteiligten Behörde (auch Gericht) selbst herrühren (im Strafprozeß z. B. polizeiliche, staatsanwaltliche oder richterliche Vernehmungsprotokolle, Anträge der Staatsanwaltschaft, Haftbefehle [RG **35** 275], gerichtliche Beschlüsse [RG **44** 279]), erhalten sie den amtlichen Charakter bereits mit ihrer Niederschrift. Das gleiche gilt für Schriftstücke, die im Auftrag einer solchen Stelle von einem anderen Behörde oder einem Privaten für die Zwecke des Verfahrens hergestellt werden (z. B. schriftliches Sachverständigengutachten; vgl. Träger LK 45 f. mwN). Andere Schriftstücke – seien sie amtlichen oder privaten Ursprungs – werden zu amtlichen Verfahrensunterlagen dagegen erst, wenn sie zu Zwecken des Verfahrens in den Gewahrsam einer daran mitwirkenden Behörde gelangen, und zwar gleichgültig, ob dies auf Veranlassung einer solchen Behörde oder auf Initiative privater oder sonstiger amtlicher Stellen geschieht (z. B. beschlagnahmte Papiere [zu Nr. 3 vgl. Hamburg NStZ **90**, 283: Aufzeichnungen eines Untersuchungshäftlings], beigezogene Akten anderer Verfahren, von Privaten oder Behörden schriftlich erstattete Strafanzeigen [RG **25** 330], Schriftsätze des Verteidigers [RG **35** 275]; vgl. auch Samson SK 7, Träger LK 48 mwN). Mitteilungen ihres Inhalts vor diesem Zeitpunkt werden vom Tatbestand nicht erfaßt, auch wenn sie, wie z. B. der Verteidigerschriftsatz, mit Sicherheit Bestandteil der amtlichen Verfahrensakten werden.

γ) Das amtliche Schriftstück muß **die Sache betreffen**. „Sache" bedeutet hier nicht den Gegenstand **14** des Verfahrens, sondern den Tatsachenkomplex, der für das Gericht den Grund zum Ausschluß der Öffentlichkeit gebildet hat (vgl. Schafheutle, Niederschr. Bd. 13, 305, Träger LK 15).

δ) **Gegen § 174 II GVG** verstößt ein Bericht, wenn er die in dem Schriftstück enthaltenen, die Sache **15, 16** betreffenden Informationen wiedergibt. Der Wortlaut der Bestimmung (Bericht „über" den Inhalt) bedarf einer Korrektur und ist i. S. v. Bericht des Inhalts zu verstehen. Denn einerseits können Mitteilungen allgemeiner Art über den Inhalt eines Schriftstücks (z. B. enthalte Staatsgeheimnisse o. ä.) nicht ausreichen, andererseits muß auch die wörtliche Wiedergabe des Originaltextes vom Tatbestand erfaßt sein. Daß das Schriftstück in dem Bericht als Informationsquelle erwähnt wird, ist nicht erforderlich.

c) Die **Veröffentlichung** des Berichts muß vom Täter (s. o. 7) in einer seinem jeweiligen **17** Medium entsprechenden Form vorgenommen werden, bei Rundfunk und Fernsehen also durch Sendung, bei der Presse durch Verbreiten eines Druckwerks (s. o. 7) i. S. des Presserechts, was voraussetzt, daß zumindest ein Vervielfältigungsstück einem größeren Personenkreis durch öffentliches Anschlagen, Ausstellen oder Auslegen oder durch Inumlaufsetzen körperlich zugänglich gemacht wird. Läßt er den Bericht in einem ihm fremden Medium (z. B. der Rundfunkjournalist durch einen Leserbrief an eine Zeitung, der Zeitungsjournalist als Interview-Partner im Fernsehen) oder auf sonstige Weise (z. B. durch Vortrag in einer öffentlichen Versammlung) an die Öffentlichkeit gelangen, so erfüllt er den Tatbestand nicht. Soweit eine Veröffentlichung gegen § 174 II GVG verstößt, ist sie zugleich als **öffentliche Mitteilung** i. S. d. Nr. 1 anzusehen. Entgegen dem hier sonst differenzierenden – vom Gesetzgeber bei der Formulierung des § 353d jedoch offenbar übersehenen – Sprachgebrauch des StGB (vgl. z. B. §§ 80a, 86a, 90, 90a, b, 111, 166, 184 I Nr. 5, 186) gilt dies auch für das Verbreiten von Schriften i. S. d. StGB (vgl. dazu § 184 RN 35, 57).

d) **Unerheblich** ist, ob die Veröffentlichung der fraglichen Tatsachen **tatsächlich geeignet** **18** ist, die **Staatssicherheit zu gefährden** (vgl. auch RG **38** 303). Dagegen ist der Tatbestand als ausgeschlossen anzusehen, wenn die Veröffentlichung illegale Staatsgeheimnisse i. S. des § 93 II betrifft. Da die Publikation derartiger Geheimnisse bereits von den konkreten Gefährdungstatbeständen des Landesverrats usw. (§§ 94 ff.) ausgenommen ist, muß dies um so mehr für das abstrakte Gefährdungsdelikt des § 353d Nr. 1 angenommen werden (and. Träger LK 18, dessen Hinweis auf die Funktionsfähigkeit der Rechtspflege als weiteres Rechtsgut der Nr. 1 jedoch kein anderes Ergebnis rechtfertigt, weil diese – wenn überhaupt – nicht alternativ neben

Lenckner

der Staatssicherheit, sondern nur kumulativ mit dieser geschützt wäre). Dasselbe gilt, wenn die öffentliche Mitteilung i. S. der Nr. 1 ein zum Bereich der inneren Sicherheit gehörendes Geheimnis beinhaltet, das entsprechend § 93 II als illegal anzusehen ist. Als nicht tatbestandsmäßig ist ferner die Veröffentlichung solcher Tatsachen anzusehen, die zu diesem Zeitpunkt in der Öffentlichkeit bereits bekannt oder zugänglich sind. Gleichgültig ist dabei, ob die fraglichen Tatsachen erst nach dem Publikationsverbot bekannt geworden sind (z. B. durch öffentliche Urteilsbegründung oder eine nach Nr. 1 strafbare Veröffentlichung) oder ob dies schon vorher der Fall war und das Gericht sie bei seinem Ausschließungsbeschluß irrtümlich noch für geheim gehalten hat.

19 5. Als **Rechtfertigungsgrund** kommt § 34 in Betracht. Dies gilt insbesondere, wenn zwar illegale, aber nicht die Voraussetzungen des § 93 II erfüllende Staatsgeheimnisse oder Geheimnisse aus dem Bereich der inneren Sicherheit veröffentlicht werden (vgl. dazu § 93 RN 27).

20 6. Der **Vorsatz** – wobei bedingter Vorsatz genügt – muß sich insbesondere darauf erstrecken, daß der Ausschluß der Öffentlichkeit wegen Gefährdung der Staatssicherheit erfolgt ist und gerade die Geheimhaltung derjenigen Tatsachen bezweckte, die den Gegenstand der Veröffentlichung bilden (krit. Träger LK 13). Die Vorstellung, ihr Bekanntwerden gefährde die Staatssicherheit, braucht der Täter nicht zu haben. Vorsatzausschließend wirkt dagegen die irrtümliche Annahme der Illegalität der veröffentlichten Tatsache i. S. des § 93 II (jedoch kann hier Strafbarkeit gem. § 97b i. V. mit § 94 in Betracht kommen); dasselbe gilt z. B., wenn der Täter irrig von der Vorveröffentlichung der fraglichen Tatsache ausgegangen ist (vgl. o. 18).

21 7. Nach allgemeinen Grundsätzen (vgl. 130a vor § 32 und o. 4) ist ein **Strafausschließungsgrund** anzunehmen, wenn das Gericht bei dem Ausschluß der Öffentlichkeit zu Unrecht eine Gefährdung der Staatssicherheit bejaht hat, z. B. eine Gefährdung des Ansehens der Regierungsparteien für ausreichend ansah, und infolgedessen die Tat auch die Staatssicherheit nicht gefährden kann.

22 III. Nach **Nr. 2** ist strafbar die **Verletzung** einer von einem Gericht auf Grund eines Gesetzes **auferlegten Schweigepflicht.** Als gesetzliche Grundlage für die Auferlegung einer derartigen Schweigepflicht kommt derzeit allein § 174 III GVG in Betracht, wonach das Gericht, wenn die Öffentlichkeit „wegen Gefährdung der Staatssicherheit oder aus den in §§ 171b, 172 Nr. 2 und 3 bezeichneten Gründen ausgeschlossen ist . . . den anwesenden Personen die Geheimhaltung von Tatsachen, die durch die Verhandlung oder durch ein die Sache betreffendes amtliches Schriftstück zu ihrer Kenntnis gelangen, zur Pflicht machen" kann.

23 Die **Rechtsgüter** der Vorschrift, die wie Nr. 1 auf der Vermutung sachlich begründeter Schweigebefehle beruhen, ergeben sich demnach aus den hier genannten Bestimmungen über den Ausschluß der Öffentlichkeit, zu deren Ergänzung der Schweigebefehl vorgesehen ist. Zur Staatssicherheit (§ 172 Nr. 1 GVG) vgl. o. 3. Die §§ 171b, 172 Nr. 2 GVG erlaubten den Ausschluß der Öffentlichkeit, wenn Umstände aus dem persönlichen Lebensbereich eines Prozeßbeteiligten, Zeugen oder Verletzten oder ein wichtiges Geschäfts-, Betriebs-, Erfindungs- oder Steuergeheimnis zur Sprache kommen, durch deren öffentliche Erörterung überwiegende schutzwürdige Interessen verletzt würden. Geht es hier also um den Schutz der mit den genannten Geheimnissen verknüpften ideellen oder wirtschaftlichen Belange des betroffenen Einzelnen, so tritt dieser Aspekt in § 172 Nr. 3 GVG in den Hintergrund. Nach dieser Bestimmung kann die Öffentlichkeit ausgeschlossen werden, wenn ein privates Geheimnis erörtert wird, dessen unbefugte Offenbarung durch den Zeugen oder Sachverständigen mit Strafe bedroht ist. Einschlägige Strafvorschriften sind hier die §§ 203, 354, 355. Indem § 172 Nr. 3 GVG die Möglichkeit eröffnet, daß die von § 203 usw. erfaßten Personen ein ihnen anvertrautes usw. Geheimnis – unabhängig davon, ob das Geheimhaltungsinteresse des Betroffenen das Interesse an der Öffentlichkeit der Verhandlung überwiegt – unter Ausschluß der Öffentlichkeit aufdecken, dient er demselben, primär auf die Wahrung bestimmter Vertrauensverhältnisse gerichteten Schutzzweck wie die genannten Tatbestände selbst (vgl. z. B. § 203 RN 3; and. M-Schroeder II 213). Die Funktionsfähigkeit der Rechtspflege wird durch Nr. 2 allenfalls mittelbar geschützt (and. Träger LK 21).

24 1. Die **Schweigepflicht** entsteht gem. § 174 III GVG durch **Verkündung eines entsprechenden Beschlusses,** der seinerseits den Ausschluß der Öffentlichkeit wegen Gefährdung der Staatssicherheit oder aus den in § 171b, 172 Nr. 2 oder 3 GVG genannten Gründen voraussetzt. Für Verhandlungen, die ohnedies nichtöffentlich sind (vgl. § 48 JGG, §§ 170, 171 II GVG), gilt § 174 III GVG und damit auch Nr. 2 nicht (mit Recht krit. D-Tröndle 5); für einen zusätzlichen Beschluß zum Ausschluß der Öffentlichkeit ist hier kein Raum mehr (vgl. o. 5; and. Träger LK 7, 23).

25 Ein unzulässigerweise in anderen Fällen, etwa bei Öffentlichkeitsausschluß wegen Gefährdung der Sittlichkeit ausgesprochener Schweigebefehl genügt für Nr. 2 nicht. Ebensowenig reicht es aus, wenn das Schweigegebot bereits vor oder erst nach der mündlichen Verhandlung beschlossen oder nur vom Vorsitzenden erlassen wird (z. B. bei Mitteilung der Anklageschrift gem. § 201 I 1 StPO; so jetzt auch G. Schäfer LR § 174 GVG RN 23, i. E. auch Loesdau MDR 62, 773, Träger LK 24). Ohne Bedeutung

für die Schweigepflicht ist dagegen die Protokollierung des Beschlusses (§ 174 III 2 GVG) oder seine Anfechtung mit der fristlosen Beschwerde (§ 174 III 3, 4 GVG; vgl. dazu jedoch auch § 304 IV StPO). Die Pflicht endet, wenn das jeweils mit der Sache befaßte Gericht selbst (nach Abschluß des Verfahrens das zuletzt mit ihr befaßte Gericht) oder das Beschwerdegericht ihn aufhebt, und zwar auch dann, wenn dies zu Unrecht geschieht. Der letztgenannte Fall begründet für bis dahin begangene Verletzungen der Schweigepflicht einen Strafaufhebungsgrund (vgl. Feisenberger aaO Art. II Anm. 5; and. Träger LK 26).

2. Taugliche Täter der Nr. 2 sind die **durch den Schweigebefehl Verpflichteten** (Sonderdelikt ohne Anwendung des § 28 I auf Teilnehmer; vgl. § 353 b RN 23). Gem. § 174 III 1 GVG können dies nur die in der nichtöffentlichen Verhandlung Anwesenden sein. Ein Schweigebefehl, der auch Abwesende miteinbezieht (z. B. den zweiten Verteidiger des Angeklagten), begründet für diese keine Schweigepflicht. Gleichgültig ist der Grund der Anwesenheit. 26

Der Beschluß bindet nicht nur Zuhörer (§ 175 II GVG), Zeugen usw., sondern auch die Richter, die ihn erlassen haben (Feisenberger aaO Art. II Anm. 46). Von der Verpflichtung von vornherein auszunehmen ist sinnvollerweise in den Fällen der §§ 171 b, 172 Nr. 2 und 3 GVG derjenige, dessen Geheimnis gerade den Gegenstand des Schweigebefehls bildet, was freilich von praktischer Bedeutung nur dann ist, wenn es sich dabei um eine ihm selbst bisher unbekannte Tatsache handelt (z. B. eine erst vom Sachverständigen festgestellte Erkrankung). Das Erfordernis der Anwesenheit bezieht sich nur auf die nichtöffentliche Verhandlung. Anwesenheit auch bei der Verkündung des Beschlusses wird dagegen von Sinn und Wortlaut des § 174 III 1 GVG nicht gefordert. Allerdings ist für den hierbei Abwesenden (z. B. einen zuvor entlassenen Zeugen) die Geheimhaltungspflicht erst dann als begründet anzusehen, wenn er durch Zustellung oder formlose Mitteilung (§ 35 II StPO) die Möglichkeit der Kenntnisnahme von dem Beschluß erhalten hat (vgl. jedoch Feisenberger aaO). 27

3. Gegenstand der **Schweigepflicht** sind die in dem **Schweigebefehl bezeichneten Tatsachen.** Da der Schweigebefehl der Ergänzung des Öffentlichkeitsausschlusses dient, kommen allerdings nur solche Tatsachen in Betracht, die in der nichtöffentlichen Verhandlung zur Sprache gekommen oder z. B. durch Augenscheinseinnahme erkennbar geworden sind. Ferner müssen sie mit dem Verfahrensgegenstand im Zusammenhang stehen; unzulässig und für Nr. 2 nicht genügend ist daher z. B. ein Schweigebefehl über Verfahrensvorgänge (vgl. Feisenberger aaO Art. II Anm. 4 c). 28

Unerheblich ist dagegen wie in Nr. 1, ob das Bekanntwerden der fraglichen Tatsache tatsächlich die Staatssicherheit usw. gefährden würde, während der Tatbestand ausgeschlossen ist, wenn sich der Schweigebefehl auf Tatsachen bezieht, die – sei es bereits bei dessen Verkündung, sei es erst im Zeitpunkt der Offenbarung durch den Schweigepflichtigen – einer unbestimmten Vielzahl von Personen bekannt oder jedenfalls zur Kenntnisnahme zugänglich sind. Ebenso wie bei Nr. 1 ist im Fall des Schweigebefehls aus Gründen der Staatssicherheit der Tatbestand ferner als ausgeschlossen anzusehen, wenn das fragliche Geheimnis die Voraussetzungen der qualifizierten Illegalität des § 93 II erfüllt (vgl. jedoch § 97 a). 29

4. Der Geheimhaltung unterworfen und Gegenstand der Tat der Nr. 2 sind ferner **nur solche Tatsachen,** die dem Adressaten des Schweigebefehls **durch die nichtöffentliche Verhandlung** oder ein **die Sache betreffendes amtliches Schriftstück zur Kenntnis gelangt** sind. Auf Tatsachen, von denen jemand bereits vorher wußte, also insbes. auf den Inhalt der eigenen Zeugenaussage, erstreckt sich die Schweigepflicht nicht (ebenso Samson SK 14, Träger LK 29). Entsprechendes gilt, wenn der Schweigepflichtige unabhängig von seiner Kenntnisnahme durch die nichtöffentliche Verhandlung usw. noch einmal von der vom Schweigebefehl erfaßten Tatsache erfährt; hier ist nach der ratio legis die Schweigepflicht insoweit beendet. 30

a) Durch die *nichtöffentliche Verhandlung erlangt* ist jede durch Verfahrensvorgänge (also nicht z. B. durch Privatgespräche von Zeugen) in der nichtöffentlichen Sitzung gewonnene Kenntnis, gleichgültig, ob die fragliche Tatsache durch Aussage eines Zeugen oder Sachverständigen, Erklärungen des Gerichts, Verlesen eines Schriftstücks usw. mitgeteilt oder durch Augenscheinseinnahme erkennbar wurde. Unerheblich ist auch, ob die Bekanntgabe prozessual und materiell-rechtlich zulässig war (z. B. Verlesung entgegen § 252 StPO, nach § 203 strafbare Aussage eines Arztes). 31

b) Mit der Alternative der *Kenntniserlangung durch ein die Sache betreffendes amtliches Schriftstück* soll der Fall erfaßt werden, daß dem in der nichtöffentlichen Verhandlung Anwesenden die der Geheimhaltungspflicht unterworfene Tatsache bereits zuvor aus den Verfahrensakten bekannt war. Das amtliche Schriftstück muß zu dem Verfahren gehören, in dem der Schweigebefehl erlassen wird (vgl. o. 13); Kenntniserlangen durch Akten anderer Verfahren reicht nicht aus. Daß es die Sache, d. h. die hier im Schweigebefehl bezeichneten Tatsachen betreffen muß, versteht sich von selbst. „Durch" das Schriftstück ist die durch Lesen gewonnene Kenntnis erlangt. Gleichgültig ist dabei, ob unmittelbar in die amtlichen Verfahrensakten oder in eine nichtamtliche Durchschrift usw. des amtlichen Schriftstücks Einsicht genommen wird (z. B. das dem Verteidiger gehörende Exemplar eines von ihm dem Gericht vorgelegten Sachverständigengutachtens). Jedoch muß die Einsichtnahme stets einen zum 32, 33

§ 353 d 34–40   Bes. Teil. Straftaten im Amte

Verfahren gehörenden Vorgang darstellen, auf dessen prozessuale Zulässigkeit es freilich nicht ankommt. Kenntnisnahme durch ein amtliches Schriftstück liegt daher nicht vor, wenn das Gericht Pressevertretern, die es gem. § 175 GVG zur nichtöffentlichen Verhandlung zulassen will, zuvor Einsicht in die Akten gewährt, wohl aber, wenn der Staatsanwalt den Schöffen unzulässigerweise Abschriften der Anklageschrift überreicht.

34, 35   5. Tathandlung ist das **Offenbaren**; vgl. dazu § 203 RN 19f. Kein Offenbaren liegt nach dem Sinn der Geheimhaltungspflicht des § 174 III GVG vor, wenn die Tatsache einem Prozeßsubjekt, etwa einem in dem nichtöffentlichen Teil der Verhandlung abwesenden zweiten Verteidiger oder Staatsanwalt oder dem Angeklagten (vgl. § 231 a II StPO) mitgeteilt wird. Hier fehlt es bereits am Tatbestand und nicht erst an dem Merkmal „unbefugt" (and. Träger LK 35).

36   6. **Unbefugt** ist die nicht gerechtfertigte Offenbarung. Als Rechtfertigungsgrund kommt z. B. die Aussagepflicht in einem anderen Prozeß in Betracht (M-Schroeder II 213), ferner § 34, so wenn bei Öffentlichkeitsausschluß wegen Gefährdung der Staatssicherheit eine illegale, jedoch nicht die Voraussetzungen des § 93 II erfüllende Tatsache der Geheimhaltung unterworfen wird (zu Nr. 1 vgl. o. 19). Im Fall der §§ 171b, 172 Nr. 2 GVG ist vor allem eine rechtfertigende Einwilligung des Betroffenen möglich. Willigt dieser dagegen im Fall des § 172 Nr. 3 GVG ein, so wirkt dies ebenso wie bei den Tatbeständen, deren Ergänzung dieser Ausschließungsgrund und der anschließende Schweigebefehl dienen, als tatbestandsausschließendes Einverständnis (vgl. z. B. § 203 RN 21f., § 354 RN 11, § 355 RN 22); ebenso wie dort begrenzt das Merkmal „unbefugt" daher auch hier schon den Tatbestand. In allen Fällen ist die Offenbarung gerechtfertigt, wenn die im Schweigebefehl genannte Tatsache in einer in der nichtöffentlichen Verhandlung gemachten Aussage enthalten ist, die zugleich einen Straftatbestand erfüllt (z. B. §§ 153, 154) und das Gericht gem. § 183 GVG verfährt (einschränkend Träger LK 36).

37   7. Der **subjektive Tatbestand** erfordert – zumindest bedingten – Vorsatz. Der Täter muß wissen, daß die offenbarte Tatsache dem Schweigegebot unterliegt. Auf die vom Gericht zu prüfenden Voraussetzungen des Schweigebefehls (Gefährdung der Staatssicherheit durch Bekanntwerden der Tatsache usw.) braucht sich der Vorsatz nicht zu beziehen. Eine Ausnahme gilt wie in Nr. 1 freilich insofern, als die irrtümliche Annahme des Täters, die Tatsache sei nicht mehr geheim, vorsatzausschließend wirkt (and. Träger LK 37: Verbotsirrtum). Das gleiche gilt im Fall des Schweigebefehls aus Gründen der Staatssicherheit für den Irrtum über die Illegalität des Geheimnisses i. S. des § 93 II.

38   8. Nach allgemeinen Grundsätzen (vgl. 130a vor § 32) und entsprechend dem o. 4, 21 Gesagten ist auch hier ein **Strafausschließungsgrund** anzunehmen, wenn das Gericht die sachlichen Voraussetzungen des Schweigebefehls zu Unrecht angenommen hat (zur fehlenden Geheimniseigenschaft und zur Illegalität des Geheimnisses vgl. jedoch schon o. 29, 37). Zur strafaufhebenden Wirkung der Aufhebung des Schweigebefehls durch das Beschwerdegericht vgl. o. 25.

39   **IV.** Nach **Nr. 3** ist strafbar die **öffentliche Mitteilung amtlicher Schriftstücke eines Strafverfahrens** oder ähnlicher Verfahren, bevor sie in öffentlicher Verhandlung erörtert worden sind oder das Verfahren abgeschlossen ist.

40   Die Bestimmung soll die **Unbefangenheit** der an den genannten Verfahren **Beteiligten,** namentlich der Laienrichter und Zeugen schützen (EEGStGB 283f., ebenso schon die Motive zu § 17 ReichspresseG, Stenogr. Berichte ü. d. Verhandlungen des Dt. Reichstags, 2. Legislaturperiode, I. Session 1874, Bd. 3, 141, ferner BVerfGE **71** 206 m. Anm. Bottke NStZ 87, 315, Hamburg NStZ **90**, 284, Hamm NJW **77**, 967, Köln JR **80**, 473 m. Anm. Bottke, AG Nürnberg MDR **83**, 424 m. Anm. Waldner, D-Tröndle 1, M-Schroeder II 214, Samson SK 16, Többens GA **83**, 103; vgl. aber auch LG Lüneburg NJW **78**, 117). Zwar kann diese auch schon durch das bloße Gewähren von Einblick in die in Nr. 3 genannten Schriftstücke beeinträchtigt werden (z. B. Überlassen des polizeilichen Schlußberichts an Zeugen). Weil strafbar aber nur deren öffentliche Mitteilung ist, beschränkt sich das Gesetz hier auf eine besonders gefährliche Form möglicher Beeinflussung: Verhindert werden soll, daß die Schriftstücke eines Strafverfahrens u. a. durch ihre öffentliche Bekanntgabe vorzeitig zum Gegenstand *öffentlicher Diskussion* oder gar zum *Anlaß gezielter Beeinflussungen* werden, welche die Unvoreingenommenheit der Verfahrensbeteiligten besonders nachhaltig in Frage stellen können (ebenso z. B. Träger LK 38; vgl. ferner BVerfGE **71** 206, RG **9** 193, **47** 243, DJZ **08**, 307, Schwarze, Stenogr. Berichte usw., Bd. 1, 456, Krille, Niederschr. Bd. 13, 301). Zweck der Bestimmung ist dagegen nicht auch der Schutz von dem jeweiligen Verfahren Betroffenen vor vorzeitiger öffentlicher Bloßstellung (so jedoch BT-Drs. 7/1261 S. 23, BVerfGE **71** 206 m. Anm. Bottke NStZ 87, 315, LG Lüneburg NJW **78**, 117, Bottke JR 80, 475, D-Tröndle 1, Többens GA 83, 103ff., Träger LK 39, Waldner MDR 83, 424; wie hier Samson SK 16 und i. E. Hamm NJW **77**, 967). Denn das Publikationsverbot gilt nicht nur für belastende oder sonst nachteilige Schriftstücke, sondern z. B. auch für das Vernehmungsprotokoll eines Entlastungszeugen. Auch nimmt der Tatbestand den Beschuldigten selbst als Täter nicht aus (insoweit folgerichtig daher LG Lüneburg NJW **78**, 117), weshalb auch dessen Einwilligung in die Veröffentlichung unbeachtlich ist (vgl. AG Nürnberg MDR

83, 424 m. Anm. Waldner), was nicht zu erklären wäre, wenn die Vorschrift i. S. eines kumulativen Rechtsgüterschutzes zugleich dem Schutz des Betroffenen dienen würde. Dagegen, daß nur die „justizförmige Rechtsfindung" (Többens GA 83, 108), nicht aber der Betroffene geschützt ist, spricht auch nicht die Beschränkung des Tatbestands auf die Schriftstücke von Straf- und verwandten Verfahren (so jedoch BVerfGE **71** 206 [222 f.], Träger LK 39), weil es erfahrungsgemäß gerade die an diesen Verfahren Beteiligten sind, deren Unvoreingenommenheit durch „Vorverurteilungen" in der Öffentlichkeit gefährdet wird.

Entsprechende – freilich auf Presseveröffentlichungen beschränkte – Bestimmungen enthielten **41** früher § 17 ReichspresseG vom 7. 5. 1874 (RGBl. 65) und die meisten Landespressegesetze (vgl. o. 1). Schon an diesen Vorschriften wurde jedoch mit Recht kritisiert, daß sie ihren Zweck nur unvollkommen erfüllen (Mannheim aaO 80, Häntzschel aaO § 17 Anm. 1, Löffler aaO). Dieselbe **Kritik** ist aber auch gegenüber der Neufassung in § 353d Nr. 3 angebracht. Zwar ist jetzt die von der Schutzfunktion her nicht berechtigte Beschränkung des Tatbestands auf Presseveröffentlichungen beseitigt und jede öffentliche Mitteilung einer Anklageschrift usw. verboten (vgl. dazu EEGStGB 283, Tröndle, Niederschr. Bd. 13, 300). Die Unzulänglichkeit der früheren Tatbestände wie des § 353d Nr. 3 liegt jedoch in der Bezeichnung der Tathandlung begründet. Schon die Pressegesetze, in denen das Veröffentlichen der Anklageschrift usw., nicht aber das des Prozeßstoffes selbst unter Strafe gestellt war, boten hinlänglich Möglichkeiten zu dem Schutzzweck des Publikationsverbots zuwiderlaufenden vorzeitigen Presseberichten (vgl. dazu Mannheim aaO 81). Indem der Gesetzgeber den Tatbestand der Nr. 3 nunmehr auf die öffentliche Mitteilung „im Wortlaut" beschränkt hat, hat er ihm zwar gegenüber dem früheren Recht klarere Konturen gegeben und die Rspr. der in Grenzbereichen nahezu unlösbaren Aufgabe enthoben, zwischen strafloser Berichterstattung auf der Grundlage eines amtlichen Schriftstücks und strafbaren Veröffentlichung zu unterscheiden (vgl. RG **22** 278, **26** 79, **28** 416, JW 22, 1030), zugleich aber seinen Anwendungsbereich derart reduziert, daß es fraglich erscheint, ob die Bestimmung noch eine sinnvolle Funktion erfüllt (vgl. D-Tröndle 6: „Schlag ins Wasser"). Ganz abgesehen davon, daß die Publikation amtlicher Schriftstücke ohnehin nicht die typische Methode darstellt, das Verhalten an einem Verfahren Beteiligter über die öffentliche Meinungsbildung zu beeinflussen, bringt die sinngemäße oder gar sinnentstellende Veröffentlichung solcher Unterlagen wohl kaum geringere Gefahren mit sich als gerade die wortgetreue (krit. auch Bottke JR 80, 474, Kübler JZ 84, 547, M-Schroeder II 214, Samson SK 21, Schomburg ZRP 82, 142, StV 84, 338, Waldner MDR 83, 424). Selbst wenn man dies aber wegen der „authentifizierenden Wirkung der Amtlichkeit" (Többens GA 83, 107; vgl. auch BVerfGE **71** 216), die einer textidentischen offiziellen Verlautbarung anhaftet, bejaht, bleibt Nr. 3 eine stumpfe Waffe, weil schon eine in unwesentlichen Einzelheiten abweichende, sonst aber wortgetreue Wiedergabe des Schriftstücks nicht mehr tatbestandsmäßig ist (vgl. u. 49), was zu mühelosen Umgehungen geradezu einlädt. Die u. a. deswegen unter dem Gesichtspunkt des Verhältnismäßigkeitsprinzips erhobenen verfassungsrechtlichen Bedenken gegen die Vorschrift (vgl. AG Hamburg NStZ **84**, 265 [Vorlagebeschluß] m. Anm. Rogall u. Schomburg StV 84, 338, M-Schroeder II 214, Schuppert AfP 84, 67, hier die 22. A.) hat BVerfGE **71** 206 m. Anm. Hoffmann-Riem JZ 86, 495 jedoch nicht anerkannt, sondern die **Verfassungsmäßigkeit** der Nr. 3 sowohl im Hinblick auf Art. 5 GG als auch bezügl. Art. 3 GG bejaht. Daran, daß die Vorschrift mißglückt ist, weil der mit ihr erreichbare Schutz „wenig wirksam" ist (so auch BVerfG aaO 221), ändert dies nichts (vgl. zusfass. Schomburg ZRP 82, 142; zum Problem „öffentlicher Vorverurteilungen" und zur Frage möglicher Abhilfen vgl. ferner Hassemer NJW 85, 1921 mwN, Rinsche ZRP 87, 384).

1. Das Publikationsverbot gilt nur für **Straf-, Bußgeld-** und **Disziplinarverfahren.** Schrift- **42** stücke anderer Verfahren (z. B. Zivil-, Verwaltungsprozesse usw., Ehrengerichtsverfahren der Rechtsanwälte und Ärzte usw.) sind nicht erfaßt. Strafverfahren sind alle wegen des Verdachts einer i. S. eines Strafgesetzes tatbestandsmäßigen Handlung nach der StPO – gleichgültig in welcher Verfahrensart (z. B. Privatklage-, Sicherungsverfahren) – betriebenen Verfahren sowie das Steuerstrafverfahren (§§ 385 ff. AO) und das Jugendstrafverfahren (§§ 43 ff. JGG). Zum Bußgeldverfahren vgl. §§ 35 ff. OWiG. Disziplinarverfahren sind die in den Disziplinarordnungen des Bundes und der Länder zur Verfolgung dienstlicher Verfehlungen von Beamten, Soldaten und Richtern vorgesehenen Verfahren.

2. Tatobjekt sind **amtliche Schriftstücke** (vgl. dazu o. 12 f.) der o. 42 genannten Verfahren, **43** zu denen auch die lediglich beispielhaft hervorgehobene Anklageschrift des Strafverfahrens zählt (§§ 170 I, 200 StPO). Soweit Schriftstücke erst mit Eingang bei Gericht, Staatsanwaltschaft usw. zu amtlichen werden, erfüllt ihre vorherige Veröffentlichung den Tatbestand nicht. Sind sie es aber geworden, so kommt es nicht darauf an, ob sich eine Veröffentlichung auf das bei dem Gericht, der Staatsanwaltschaft usw. befindliche amtliche Exemplar oder auf die in der Hand anderer verbliebenen Abschriften, Durchschriften o. ä. stützt (and. Träger LK 49 und die h. M. zu den Pressegesetzen: RG **25** 330, Löffler aaO II § 5 RN 32, Häntzschel aaO § 17 Anm. 4, Scheer aaO § 5 IV 3 c; krit. Mannheim aaO 81).

Dem Zweck des Tatbestands entsprechend können vom Publikationsverbot nur solche amtlichen **44** Schriftstücke betroffen sein, die – sei es auch nur mittelbar – *für* den *Gegenstand* oder die *Gestaltung des*

Verfahrens von *sachlicher Bedeutung* sein können, wie z. B. Glaubwürdigkeitsgutachten über einen Zeugen, Gutachten über die Verhandlungsfähigkeit des Angeklagten, Strafregisterauszüge (vgl. Düsseldorf JMBlNW **90**, 153), Befangenheitsanträge gegen einen Richter (weitergehend Träger LK 50, der nur offensichtlich Nebensächliches ausnimmt). Schriftstücke rein formalen Inhalts (Ladungen, Zustellungsurkunden usw.) scheiden als Tatobjekt aus (D-Tröndle 4, 6). Ohne Bedeutung ist dagegen, daß das Schriftstück *zuvor* bereits *an anderer Stelle* veröffentlicht wurde, weil dies eine (weitere) abstrakte Gefährdung des geschützten Rechtsguts (o. 40) nicht ausschließt (R **8** 570, RG **14** 342, Hamburg NStZ **90**, 283, Träger LK 56; and. hier die 23. A.). Dies gilt unabhängig davon, ob auch die Vorveröffentlichung schon gegen das Publikationsverbot verstieß oder ob das Schriftstück, weil zunächst noch kein „amtliches" (z. B. Verteidigerschriftsatz vor Absendung an das Gericht, vgl. o. 13), zu diesem Zeitpunkt straflos veröffentlicht werden konnte.

45 3. Die **Tathandlung** der Nr. 3 besteht darin, daß das amtliche Schriftstück ganz oder in wesentlichen Teilen im Wortlaut öffentlich mitgeteilt wird. Vom Tatbestand auszunehmen sind jedoch Prozeßhandlungen, durch die amtliche Schriftstücke öffentlich (z. B. Verlesen in öffentlicher Verhandlung) mitgeteilt werden, und zwar gleichgültig, ob dies prozeß- und materiell-rechtlich zulässig ist oder nicht.

46 a) Die Mitteilung ist **öffentlich,** wenn sie von einem größeren, individuell nicht feststehenden oder jedenfalls durch persönliche Beziehungen nicht verbundenen Personenkreis wahrgenommen werden kann, gleichgültig, ob sie tatsächlich wahrgenommen wird (vgl. § 186 RN 19). Vom Tatbestand nicht erfaßt sind daher z. B. Mitteilungen der Justizpressestelle in einer geschlossenen Pressekonferenz (D-Tröndle 6, Träger LK 56 mwN; and. Többens GA 83, 100, ferner Bottke NStZ 87, 316, der entgegen dem Wortlaut ausschließlich massenmediale Verbreitungsformen als „öffentlich" ansieht). Unerheblich ist, ob die öffentliche Mitteilung mündlich oder schriftlich (Plakat, Aushang), unmittelbar oder mittelbar (z. B. durch Hörfunk oder Fernsehen) gemacht wird. Als öffentlich i. S. der Nr. 3 ist – wie in Nr. 1 (vgl. o. 17) – auch das nicht eigens genannte Mitteilen durch Verbreiten von Schriften (vgl. dazu § 184 RN 57) anzusehen, wobei jedoch zu beachten ist, daß die Schrift hier ihrer Substanz nach und nicht nur bezüglich ihres Inhalts verbreitet werden muß; auch unter diesem Gesichtspunkt wäre daher der Aushändigung der Anklageschrift in einer geschlossenen Pressekonferenz nicht tatbestandsmäßig (and. Többens GA 83, 100).

47 b) Unerheblich ist, ob das Schriftstück „**ganz oder in wesentlichen Teilen**" öffentlich mitgeteilt wird (so schon die h. M. zu den Pressegesetzen; vgl. z. B. R **7** 214, RG **9** 193, **14** 342, **26** 79, Häntzschel aaO § 17 Anm. 5, Löffler aaO II § 5 RN 22, Scheer aaO § 5 Anm. V 3). *Wesentliche Teile* eines amtlichen Schriftstücks sind dann veröffentlicht, wenn gerade Partien, die – sei es auch nur mittelbar – für den Verfahrensgegenstand oder seine verfahrensmäßige Behandlung von Bedeutung sind oder sein können, insoweit wiedergegeben werden, daß sie Anlaß und Grundlage einer öffentlichen Diskussion über die sachliche Berechtigung getroffener Entscheidungen oder Maßnahmen, den möglichen Ausgang des Verfahrens, den Beweiswert von Zeugenaussagen usw. bilden können. Zu eng ist es daher, wenn nur belanglose Fragen und reine Formalien ausgeschieden werden, da dann die Verbindung mit dem Schutzgut aufgehoben wird und eine Bestrafung nur formaler Verstöße zu befürchten ist (so aber Träger LK 59).

48 Nicht ausreichend ist daher z. B. die Veröffentlichung lediglich des Resümees eines Verteidigerschriftsatzes, das Beweismaterial reiche nicht einmal für eine Anklageerhebung aus, ebensowenig die des bloßen Anklagesatzes (Hamm NJW **77**, 967, M-Schroeder II 214; and. Träger LK 59, Többens GA 83, 102ff.), eines Strafbefehls (Köln JR **80**, 473 m. Anm. Bottke) oder des Tenors eines Beschlusses, die ohnehin nur die Dokumentation von Verfahrensvorgängen darstellen, deren Geheimhaltung die Bestimmung nicht bezweckt (vgl. RG **22** 278, **76** 79, Häntzschel aaO § 17 Anm. 5, Löffler aaO II § 5 RN 20). Wesentliche Teile i. S. der Nr. 3 sind dagegen z. B. in einem Vernehmungsprotokoll enthaltene Angaben eines Zeugen über die äußeren Umstände, unter denen er seine Beobachtung gemacht hat, wenn sie für deren Verläßlichkeit bedeutsam sein können, die Darstellung der zugrundegelegten wissenschaftlichen Theorien und Untersuchungsmethoden in einem Sachverständigengutachten, ferner der Anklagesatz zusammen mit den wesentlichen Ermittlungsergebnissen (vgl. auch AG Nürnberg MDR **83**, 424 m. Anm. Waldner). Gleichgültig ist, ob die tatsächliche oder mögliche Bedeutung des veröffentlichten Teils auf dem Gebiet der Tatsachenfeststellung liegt oder ob es sich um Rechtsausführungen handelt, da auch deren öffentliche Erörterung namentlich bei Laienrichtern die innere Unabhängigkeit der Urteilsbildung gefährden kann.

49 c) Das Schriftstück oder ein wesentlicher Teil davon muß **im Wortlaut** mitgeteilt werden. Während als Veröffentlichung eines amtlichen Schriftstücks i. S. der presserechtlichen Tatbestände u. U. auch deren sinngemäße Wiedergabe angesehen wurde, ist Nr. 3 nur darauf gerichtet, authentische Texte aus der öffentlichen Diskussion herauszuhalten. Eine Veröffentlichung im Wortlaut setzt volle Übereinstimmung mit der Vorlage ohne Änderungen, Hinzufügungen oder Auslassungen voraus. Auch bei nur geringfügigen textlichen Veränderungen ist, so unbe-

friedigend dies i. E. ist (vgl. o. 41), das Merkmal nicht mehr gegeben (and. Hamburg NStZ **90**, 283, D-Tröndle 6, Träger LK 58). Davon Abstriche zu machen, verbietet schon der insoweit eindeutige Gesetzeswortlaut – daß Nr. 3 die öffentliche Mitteilung „in wesentlichen Teilen" genügen läßt, bezieht sich allein auf den Inhalt, wobei dieser dann aber „im Wortlaut", d. h. wortgetreu, wiedergegeben werden muß –, auch wird andernfalls eine Grenzziehung zur lediglich sinngemäßen Wiedergabe praktisch unmöglich. Erfüllt sind daher die Voraussetzungen der Nr. 3 nur, wenn der im Wortlaut mitgeteilte Text für sich bereits ein „wesentlicher Teil" des Inhalts des Schriftstücks ist (vgl. auch Träger aaO).

d) Eine öffentliche Diskussion auf der Grundlage gerade des Originaltextes eines amtlichen Schriftstücks, wie Nr. 3 sie verhindern will, setzt voraus, daß der im Wortlaut mitgeteilte Teil **eine aus sich selbst verständliche Erklärung** enthält. Zitate einzelner Wörter oder sonstiger aus sich selbst heraus nicht verständlicher Passagen im Rahmen einer im übrigen lediglich sinngemäßen Wiedergabe erfüllen daher, mag es in dem Verfahren auch gerade auf sie ankommen, den Tatbestand nicht. Unerheblich ist dagegen, ob die Bedeutung, die dem Schriftstück oder dem daraus zitierten wesentlichen Teil in dem Verfahren zukommt oder zukommen kann, aus dem Zitat selbst oder – wie etwa bei Auszügen aus einem Sachverständigengutachten möglich – erst auf Grund beigefügter Erläuterungen erkennbar wird und ob sie im letztgenannten Fall zutreffend dargestellt wird.

e) Der öffentlich mitgeteilte Text muß **als der eines amtlichen Schriftstücks eines bestimmten Strafverfahrens usw. erkennbar** sein (and. R **7** 214, **8** 570 zu § 17 ReichspresseG, der jedoch auch keine wörtliche Wiedergabe verlangte; vgl. auch RG **26** 79, **28** 416, DJZ **08**, 307, ferner Häntzschel aaO § 17 Anm. 5). Der genauen Bezeichnung des Schriftstücks bedarf es dazu nicht, ebensowenig der Namensnennung des Beschuldigten bzw. Betroffenen, wenn eine Identifikation des fraglichen Verfahrens möglich bleibt (vgl. RG **28** 416, aber auch Köln JR **80**, 473 m. Anm. Bottke). Nicht zu beanstanden ist dagegen z. B. eine wissenschaftliche Veröffentlichung eines Sachverständigen, die Zitate aus einem Gutachten enthält, sofern darin kein Hinweis auf das konkrete Verfahren enthalten ist; ebensowenig erfüllen auch Zitate aus Vernehmungsprotokollen den Tatbestand, wenn sie fälschlich als Äußerungen in einem Presseinterview ausgegeben werden.

f) Sind in einem amtlichen Schriftstück **Zitate** aus **nicht dem Publikationsverbot** der Nr. 3 **unterfallenden Schriften enthalten** (z. B. Zitate aus der höchstrichterlichen Rechtsprechung, Kommentaren oder Lehrbüchern in Verteidigerschriftsätzen, aus der psychiatrischen Fachliteratur in einem entsprechenden Gutachten, die Wiedergabe der als pornographisch angesehenen Passagen eines Buches in der Anklageschrift [vgl. o. 44], Zitate aus dem angefochtenen Urteil in einer Revisionsrechtfertigung [vgl. dazu u. 56 f.]), so dürfen sie allerdings auch dann publiziert werden, wenn dabei auf ihre Verwendung in den amtlichen Schriftstücken des Verfahrens hingewiesen wird. Der Tatbestand der Nr. 3 ist hier erst erfüllt, wenn darüber hinaus auch eigenständige Teile des amtlichen Schriftstücks wiedergegeben werden.

4. Das **Verbot** öffentlicher Mitteilung gilt mit dem **Beginn** des **Verfahrens**, d. h. mit der Einleitung von Ermittlungen durch eine dazu berufene Behörde (Polizei, Staatsanwaltschaft, Finanzamt [§§ 386 ff. AO]; vgl. Träger LK 51; überholt RG **22** 273, Häntzschel aaO § 17 Anm. 3 zu dem in § 17 ReichspresseG verwendeten Begriff „Strafprozeß") oder dem Eingang einer Anzeige oder eines Strafantrags. Anzeige und Strafantrag leiten ein vom Schutzzweck der Nr. 3 erfaßtes Verfahren freilich nur ein, wenn sie bei objektiver Beurteilung Anlaß geben, der Sache nachzugehen, nicht also z. B., wenn der geschilderte Sachverhalt offenkundig keinen Straf- bzw. Bußgeldtatbestand erfüllt.

5. Das **Publikationsverbot endet,** wenn das amtliche Schriftstück in **öffentlicher Verhandlung erörtert** worden ist oder das **Verfahren abgeschlossen** ist. Schriftstücke, deren Inhalt in nichtöffentlicher Verhandlung erörtert wird, werden daher erst mit dem Abschluß des Verfahrens frei (vgl. u. 57).

a) Der bereits in den Landespressegesetzen verwendete Begriff „**Erörtern**" ist mißverständlich und bringt das vom Gesetzgeber Gemeinte nicht zutreffend zum Ausdruck. Mit ihm sollten die Voraussetzungen für das Freiwerden amtlicher Schriftstücke gegenüber § 17 ReichspresseG, der „Kundgeben" des Schriftstücks verlangte, nicht vermehrt, sondern reduziert werden (E 62, Begr. 640 f.). Ausreichend ist daher, daß der Inhalt des Schriftstücks – sei es wörtlich, sei es auch nur sinngemäß – in öffentlicher Verhandlung mitgeteilt wird, und zwar auch ohne daß dabei auf das Schriftstück Bezug genommen wird (so jedoch für das frühere „Kundgeben" RG **28** 412, GA Bd. **55**, 110; zum „Erörtern" vgl. Löffler aaO II § 5 RN 8 f., Rebmann aaO § 5 RN 11). Ob sich daran eine Erörterung, d. h. eine Besprechung des Inhalts des Schriftstücks mit den Prozeßbeteiligten anschließt, ist entgegen dem Wortlaut der Bestimmung unerheblich. Werden nur Teile eines Schriftstücks mitgeteilt (z. B. Vorhalte aus der Anklageschrift), so werden diese frei. Gleichgültig ist, ob die Verlesung usw. in *verfahrensrechtlich ordnungsgemäßer*

Art und Weise erfolgt ist und ob sie überhaupt zulässig war (and. Träger LK 52). Nr. 3 dient nicht dazu, Außenstehende an von dem Gericht, dem Vorsitzenden oder sonstigen Verfahrensbeteiligten verletzte Verfahrensnormen zu binden. Es genügt, daß der Inhalt des Schriftstücks tatsächlich in der öffentlichen Verhandlung bekanntgeworden und damit öffentlicher Diskussion zugänglich gemacht ist. Auch wenn ein Vernehmungsprotokoll ohne den gem. § 251 IV StPO erforderlichen Beschluß verlesen oder trotz des Verwertungsverbots des § 252 StPO etwa durch Vorhalte – sei es des Vorsitzenden, sei es des Staatsanwalts oder Verteidigers – in die Verhandlung eingeführt wird, wird es in entsprechendem Umfang zur öffentlichen Mitteilung frei. Unerheblich ist auch, ob der Vorsitzende bzw. das Gericht die Bekanntgabe für zulässig erachtet. Das Publikationsverbot endet auch dann, wenn z. B. Staatsanwalt oder Verteidiger trotz Zurückweisung dieser Fragestellung durch den Vorsitzenden eine Frage mit einem unzulässigen Vorhalt aus einem gem. § 252 StPO nicht verwertbaren Protokoll verbinden.

56   Eine *mündliche Urteilsbegründung* stellt auch dann eine *Erörterung der schriftlichen Urteilsgründe* dar, wenn diese noch nicht vorliegen (wegen der Urteilsformel vgl. o. 48) und gibt daher – sofern in öffentlicher Verhandlung vorgenommen – das schriftliche Urteil zur Publikation frei (KG DJZ **13**, 170, Dresden GA Bd. **62**, 209, Träger LK 52; and. Häntzschel aaO § 17 Anm. 6, Rebmann aaO § 5 RN 11: publikationsfrei sei [als Verfahrensvorgang, vgl. o. 48] nur die mündliche Urteilsbegründung). Zu begründen ist dies damit, daß mündliche wie schriftliche Gründe das Beratungsergebnis wiedergeben und folglich sachlich übereinstimmen müssen. Auch wo dies tatsächlich nicht der Fall ist, kann der Verstoß gegen diese Forderung kein Publikationsverbot für das schriftliche Urteil begründen. Entsprechendes gilt für Protokolle öffentlicher Verhandlungen. Dazu, daß Urteile im übrigen auch wegen ihrer das Verfahren (d. h. die Instanz) abschließenden Funktion publikationsfrei werden, vgl. u. 57.

57   b) Sofern sie nicht in öffentlicher Verhandlung erörtert werden, ist die öffentliche Mitteilung amtlicher Schriftstücke erst zulässig, wenn das **Verfahren abgeschlossen** ist. Zweifelhaft ist hier jedoch, ob unter „Abschluß" des Verfahrens dessen rechtskräftige Beendigung zu verstehen ist (so RG **28** 411, GA Bd. **44**, 55, Köln JR **80**, 473, Conrad aaO § 17 Anm. 7, Häntzschel aaO § 17 Anm. 7, Rebmann aaO § 5 RN 12, D-Tröndle 6, Träger LK 53 u. näher Bottke JR 80, 476) oder ob der Abschluß in einer Instanz genügt (so Löffler aaO II § 5 RN 44 ff., Scheer aaO § 5 Anm. VII 3). Zwar mag die erstgenannte Auffassung, die auf die Möglichkeit nachteiliger Auswirkungen einer Veröffentlichung auf die an einer erneuten Verhandlung (z. B. Berufungsverhandlung, neue Hauptverhandlung nach aufhebender Revisionsentscheidung) Beteiligten hinweist, von der ratio legis her konsequent erscheinen. Jedoch würde sie dazu führen, daß vor rechtskräftigem Abschluß eines Verfahrens die schriftlichen Begründungen zuvor ergangener (z. B. zurückverweisender) Entscheidungen, wenn sie nicht in öffentlicher Verhandlung bekanntgegeben sind (so nach § 173 II GVG, § 349 IV StPO, § 48 JGG, § 79 V OWiG, ferner in Disziplinarsachen), auch in Fachzeitschriften oder Entscheidungssammlungen regelmäßig nicht veröffentlicht werden dürften (vgl. aber auch Bottke JR 80, 476, NStZ 87, 317, Träger LK 62, wobei die dort vorgetragenen Gründe dafür, daß hier nicht der Schutzzweck der Vorschrift berührt sei, aber auch zahlreiche andere, von Nr. 3 eindeutig erfaßte Fälle zutreffen würde). Da dem Informationsbedürfnis der Allgemeinheit wie der Fachkreise zumindest bis zur rechtskräftigen Erledigung eines Verfahrens zumeist durch eine sinngemäße Wiedergabe von Urteilen genügt werden dürfte, würde eine Rechtfertigung wortgetreuer Veröffentlichungen gem. § 34 schon aus diesem Grund kaum jemals in Betracht kommen. Auch die Möglichkeit einer rechtfertigenden behördlichen Erlaubnis, die in einigen Landespressegesetzen (z. B. § 5 bad.-württ. PresseG) und in § 453 Nr. 3 E 62 vorgesehen war, ist in Nr. 3 nicht übernommen worden. Da dieses Ergebnis jedoch vom Gesetzgeber weder gesehen noch gar beabsichtigt worden sein dürfte, wird als Abschluß des Verfahrens i. S. der Nr. 3 der Abschluß einer Verfahrensinstanz (also nicht schon die vorläufige Einstellung gem. § 205 StPO) angesehen werden müssen, mit der Folge, daß damit sowohl die abschließende Entscheidung (Einstellungsverfügung der Staatsanwaltschaft, Einstellungsbeschluß, Urteil usw.) enthaltenden Schriftstücke als auch alle anderen bis dahin entstandenen amtlichen Unterlagen zur Veröffentlichung frei werden. Bei Erlaß eines Strafbefehls ist, weil dessen instanzerledigende Wirkung zunächst noch in der Schwebe bleibt, das Verfahren erst mit der Rechtskraft des Strafbefehls abgeschlossen (Köln JR **80**, 473 m. Anm. Bottke), bei Einlegung eines Einspruchs mit dem Erlaß des Urteils usw.

58   6. Eine **Rechtfertigung** ist nach § 34 zwar nicht ausgeschlossen, setzt aber voraus, daß gerade die wörtliche Mitteilung das erforderliche Mittel ist. Dies dürfte nur ausnahmsweise anzunehmen sein, so z. B. wenn der Wortlaut eines Vernehmungsprotokolls die Anwendung verbotener Verhörmethoden beweist, während die Suche des Angeklagten nach Entlastungszeugen in der Regel wörtliche Zitate aus amtlichen Verfahrensschriftstücken nicht erfordern wird. Dies gilt auch für die Mitteilungen von Justizbehörden in den in der Begründung zu § 453 Nr. 3 E 62 genannten Fällen (S. 641), wo in aller Regel eine sinngemäße – und damit schon nicht tatbestandsmäßige – Wiedergabe denselben Zweck erfüllen dürfte (vgl. auch Bottke NStZ 87, 317). Kein Rechtfertigungsgrund ist die Genehmigung der zuständigen Behörde (Träger LK 61 mwN; and. § 453 Nr. 3 E 62, wobei jedoch zu beachten ist, daß dort jede – nicht nur die wörtliche – Mitteilung erfaßt war). Auch das Grundrecht der

Meinungs- und Pressefreiheit (Art. 5 GG) gibt als solches noch keine Mitteilungsbefugnis, und zwar auch dann nicht, wenn über Verfahren von hoher oder gar höchster Bedeutung berichtet wird (vgl. BVerfGE **71** 206 [221] m. Anm. Bottke aaO 315, ferner Träger LK 60, aber auch LG Lüneburg NJW **78**, 117, Schuppert AfP 84, 67). Ohne Bedeutung ist eine Einwilligung des von der Veröffentlichung Betroffenen (vgl. o. 40 sowie Bottke aaO 316).

7. Der **subjektive Tatbestand** erfordert Vorsatz; bedingter Vorsatz genügt. Tatbestandsirrtum **59** (§ 16) liegt z. B. vor, wenn der Täter fälschlich davon ausgeht, das Verfahren sei bereits abgeschlossen (vgl. Köln JR **80**, 473 m. Anm. Bottke).

V. Konkurrenzen: Nr. 1 ist subsidiär gegenüber §§ 94 ff., 353 b (and. Träger LK 66: Idealkonkur- **60** renz), während zu §§ 203, 355 Idealkonkurrenz möglich ist. Nr. 2 ist gegenüber den Tatbeständen, die den Verrat, die Offenbarung usw. der jeweiligen Tatsachen betreffen (z. B. §§ 203, 355) subsidiär (and. Träger aaO: Idealkonkurrenz). Dagegen kann Nr. 3 zu diesen in Idealkonkurrenz treten (Träger LK 66). Bei allen drei Tatbeständen ist Idealkonkurrenz zu §§ 185 ff. möglich. Für das Verhältnis der Tatbestände des § 353 d untereinander gilt folgendes: Idealkonkurrenz ist möglich zwischen Nr. 1 und 2 einerseits und Nr. 3 andererseits. Bei Zusammentreffen von Nr. 1 und 2 geht Nr. 1 als intensivere Form der Geheimnisverletzung vor (vgl. auch Träger LK 65).

VI. Soweit die Tatbestände des § 353 d durch die Presse verwirklicht werden, handelt es sich um **61** **Presseinhaltsdelikte** mit der Folge der strafrechtlichen Haftung des verantwortlichen Redakteurs, der besonderen presserechtlichen Verjährung usw. (vgl. §§ 20, 24 bad.-württ. PresseG; näher Löffler, Presserecht, Bd. I, 3. A., § 20 RN 15 ff., § 24 RN 12 ff.).

§ 354 Verletzung des Post- und Fernmeldegeheimnisses

(1) **Wer unbefugt einem anderen eine Mitteilung über Tatsachen macht, die dem Post- und Fernmeldegeheimnis unterliegen und die ihm als Bediensteten der Post bekanntgeworden sind, wird mit Freiheitsstrafe bis zu fünf Jahren oder mit Geldstrafe bestraft.**

(2) **Ebenso wird bestraft, wer als Bediensteter der Post unbefugt**
1. **eine Sendung, die der Post zur Übermittlung auf dem Post- oder Fernmeldeweg anvertraut worden und verschlossen ist, öffnet oder sich von ihrem Inhalt ohne Öffnung des Verschlusses unter Anwendung technischer Mittel Kenntnis verschafft,**
2. **eine der Post zur Übermittlung auf dem Post- oder Fernmeldeweg anvertraute Sendung unterdrückt oder**
3. **eine der in Absatz 1 oder in den Nummern 1 oder 2 bezeichneten Handlungen gestattet oder fördert.**

(3) **Die Absätze 1 und 2 gelten entsprechend für andere Personen, die**
1. **von der Post oder mit deren Ermächtigung mit postdienstlichen Verrichtungen betraut sind oder**
2. **eine für den öffentlichen Verkehr bestimmte Fernmeldeanlage betreiben, beaufsichtigen, bedienen oder sonst bei ihrem Betrieb tätig sind.**

Abs. 1 gilt entsprechend auch für Personen, die mit der Herstellung von Einrichtungen der Post oder einer nicht der Post gehörenden, dem öffentlichen Verkehr dienenden Fernmeldeanlage oder mit Arbeiten daran betraut sind.

(4) **Wer unbefugt einem anderen eine Mitteilung über Tatsachen macht, die ihm als außerhalb des Postbereichs tätigem Amtsträger auf Grund eines befugten Eingriffs in das Post- und Fernmeldegeheimnis bekanntgeworden sind, wird mit Freiheitsstrafe bis zu zwei Jahren oder mit Geldstrafe bestraft.**

(5) **Dem Post- und Fernmeldegeheimnis im Sinne der Abs. 1 und 4 unterliegen der Post- und Fernmeldeverkehr bestimmter Personen sowie der Inhalt von Postsendungen und Telegrammen und von solchen Gesprächen und Fernschreiben, die über dem öffentlichen Verkehr dienende Fernmeldeanlagen abgewickelt werden.**

Vorbem. Abs. 3 S. 1 geändert durch das PoststrukturGes. v. 8. 6. 1989, BGBl. I 1026

I. Rechtsgut. Die in Anlehnung an § 472 E 62 durch das EGStGB neugefaßte (zu den Änderungen **1** vgl. 20. A. RN 2) und in Abs. 3 S. 1 durch das PoststrukturG (vgl. die Vorbem.) erweiterte Vorschrift schützt in Abs. 1, 2 Nr. 1, 3, Abs. 4 das *Post- und Fernmeldegeheimnis*, in Abs. 2 Nr. 2 das öffentliche Interesse an der *Sicherheit und Zuverlässigkeit des Postverkehrs*. Während das Briefgeheimnis in § 202 lediglich als Individualrechtsgut geschützt wird, geht es bei dem Post- und Fernmeldegeheimnis des § 354 primär oder jedenfalls auch um dessen sozialrechtlichen Aspekt, weil Schutzobjekt hier nicht nur die Interessen der im Einzelfall am Post- und Fernmeldeverkehr Beteiligten sind, sondern darüber hinaus auch das Vertrauen der Allgemeinheit in die Integrität des Nachrichtenverkehrs (zu § 354 a. F. vgl. RG JW **28**, 662 u. näher Welp, Die strafprozessuale Überwachung des Post-

§ 354 2–6 Bes. Teil. Straftaten im Amte

und Fernmeldeverkehrs [1974] 38 f., 163). In diesem allgemeinen Vertrauen auf die Zuverlässigkeit des Post- und Fernmeldebetriebs haben deshalb die verschiedenen Tatbestände des § 354 ihr gemeinsames Rechtsgut.

2 Bei der Tat nach § 354 handelt es sich zwar um ein **Sonderdelikt,** abgesehen von Abs. 4 aber nicht um ein Amtsdelikt, da nach Abs. 3 auch postfremde Personen Täter sein können (vgl. auch D-Tröndle 1, Lackner 2). Dabei enthält Abs. 1 ein echtes Sonderdelikt, während es sich in Abs. 2 Nr. 1 und 2 wegen der §§ 133, 202 um unechte Sonderdelikte handeln soll, woraus dann für den Teilnehmer gefolgert wird, daß hier § 28 II, im Fall des Abs. 1 dagegen § 28 I anwendbar sei (D-Tröndle 1, 19, Lackner 2); vgl. dagegen jedoch u. 41.

3 **II. Abs. 1** erfaßt die in der **Mitteilung an Dritte** liegende **Verletzung des Post- und Fernmeldegeheimnisses durch Postbedienstete;** über die Erweiterung des Täterkreises durch Abs. 3 vgl. u. 30 ff.

4 **1.** Voraussetzung ist zunächst, daß es sich um **Tatsachen** handelt, die dem **Post- und Fernmeldegeheimnis unterliegen** und die dem **Täter als Postbedienstetem bekanntgeworden** sind.

5 a) Gegenstand der Mitteilung können nur **Tatsachen** sein, wobei sich eine Abgrenzung von bloßen Urteilen (vgl. § 186 RN 3 f., § 263 RN 8 f.) hier deshalb erübrigt, weil auch die Weitergabe eines Urteils in der Regel zugleich eine Aussage darüber enthält, daß zwischen bestimmten Personen ein Post- oder Fernmeldeverkehr stattgefunden hat, was als Tatsachenmitteilung ausreicht (vgl. u. 6).

6 b) Die Tatsache muß dem **Post- und Fernmeldegeheimnis** unterliegen. Welche Tatsachen dies sind, bestimmt **Abs. 5,** dessen beide Alternativen sich freilich weitgehend überschneiden. Nach Abs. 5 1. Alt. fällt unter das Post- und Fernmeldegeheimnis zunächst der **Post- und Fernmeldeverkehr bestimmter Personen,** d. h. jedes Teilnehmers am Post- und Fernmeldeverkehr, gleichgültig, ob es sich um eine natürliche oder juristische Person, um eine nicht rechtsfähige Personenvereinigung, eine Behörde oder sonstige Stelle handelt (EEGStGB 287). Was dem Postgeheimnis unterliegt, hängt demnach ausschließlich davon ab, was als Post- und Fernmeldeverkehr anzusehen ist. Dazu gehören alle eine spezifisch postalische oder Fernmeldetätigkeit auslösenden Vorgänge, ohne Rücksicht auf den Gegenstand der Versendung oder den Inhalt des Übermittelten; insbes. ist nicht erforderlich, daß es sich dabei um materielle Privatgeheimnisse oder um Dienstgeheimnisse handelt. Von den in § 1 PostG genannten Tätigkeiten sind *Postverkehr* in diesem Sinn der Brief-, Paket-, Postanweisungs-, Postauftrags- und Postzeitungsdienst, nicht dagegen der Postreisedienst. Auch der Postscheck- und Postsparkassendienst gehören nur insoweit hierher, als in dessen Rahmen Sendungen (Zahlkarten, Zahlungsanweisungen, sonstige Mitteilungen zwischen Absender, Empfänger und Postamt) befördert werden, nicht dagegen Auskünfte über den Stand eines Postscheck- oder Postsparguthabens, weil die Post insoweit keine spezifisch postalische Tätigkeit ausübt (vgl. näher Kurth NStZ 83, 542). Aufgrund neuer Informations- und Kommunikationstechniken gehören nunmehr zum *Fernmeldeverkehr* nach § 1 FAG die körperlose Fernübermittlung jeder Art von Informationen (Töne, Zeichen, Bilder, sonstige Daten oder Signale) mittels technischer Einrichtungen, wobei es weder auf die Art der Technik (z. B. analog oder digital; per Draht oder Funk, auch Satellit) noch auf die Nutzungsform (Individual- oder Massenkommunikation; letztere allerdings, weil kein Fernmeldeverkehr zwischen bestimmten Personen, für § 354 ohne Bedeutung) noch auf die sinnliche Wahrnehmbarkeit der Information ankommt. Neben dem klassischen Fernsprechen und Fernschreiben sind dies moderne Telekommunikationsdienstleistungen wie Telex, Teletex, Telefax, Bildschirmtext, Funkrufdienst, sonstige Bild- und Datenübermittlung, wobei der Begriff auch für neue Übertragungstechniken offen ist (zu § 1 FAG a. F. vgl. BVerfGE **46** 120). Dabei unterliegen dem Fernmeldegeheimnis auch die näheren Umstände des Fernmeldeverkehrs, insbesondere, ob und zwischen welchen Personen ein Fernmeldeverkehr stattgefunden hat (vgl. § 10 I 3 FAG, BGH **35** 33, Köln NJW **70**, 1856). Auch schützt das Fernmeldegeheimnis alle tatsächlichen Teilnehmer an Telefongesprächen, nicht nur diejenigen, die als berechtigte Inhaber von Fernsprechanschlüssen telefonieren (OVG Münster NJW **75**, 1335). Da es sich um einen Post- und Fernmeldeverkehr zwischen „bestimmten" Personen handeln muß, haben jedoch solche Tatsachen auszuscheiden, die sich nicht auf eine konkrete Benutzung der Posteinrichtungen beziehen, z. B. Art und Umfang des Fernmeldeverkehrs einer Stadt oder die Häufigkeit bestimmter Benutzungsarten, die lediglich zu statistischen Zwecken erfaßt werden (vgl. EEGStGB 287) oder bei deren Mitteilung Adressaten und Empfänger nicht genannt werden (z. B. wieviel Post sich in einem bestimmten Zug befindet; vgl. Arzt/Weber V 160). Da der **Inhalt von Postsendungen, Telegrammen, Ferngesprächen usw.** in der 2. Alt. des Abs. 5 besonders genannt ist, hat die 1. Alt. selbständige Bedeutung nur für Angaben in bezug auf das tatsächliche Vorliegen, das Ausmaß, die Art und Weise und sonstige äußerlich zutage tretenden Gegebenheiten des Post- und Fernmeldeverkehrs zwischen bestimmten Personen (vgl. D-Tröndle 7: „Wer mit wem, von wo und wohin"; vgl. auch Maiwald JuS 77, 360). Anderer-

seits werden mit der 2. Alt. meist auch die Voraussetzungen der 1. Alt. erfüllt sein. Selbständige Bedeutung hat die 2. Alt. nur, wenn ohne Hinweis auf bestimmte Teilnehmer des Post- und Fernmeldeverkehrs lediglich der Inhalt einer Postsendung usw. mitgeteilt wird, so z. B. wenn ein Täter aus nicht näher bezeichneten Ferngesprächen die Tatsache weitergibt, daß sich eine bestimmte Firma in Zahlungsschwierigkeiten befindet. Unter die 2. Alt. fallen jedoch nicht solche den Inhalt betreffende Tatsachen, die allgemeinkundig sind (z. B. Nachrichten aus einer verschickten Zeitung, Schilderung der Wetterverhältnisse auf einer Postkarte; vgl. auch Samson SK 13).

c) Die dem Post- und Fernmeldegeheimnis unterliegende Tatsache muß dem Täter **als einem** **Bediensteten der Post bekanntgeworden** sein (zum Begriff des Bediensteten vgl. u. 10). Dies ist der Fall, wenn seine Tätigkeit die Kenntnis der fraglichen Tatsache mit sich bringt oder wenn deren Bekanntwerden jedenfalls in einem funktionalen Zusammenhang zu seinen dienstlichen Verrichtungen steht (vgl. auch Samson SK 16). In solcher ist schon dann anzunehmen, wenn der Täter eine spezifisch postalische Tätigkeit ausübt und diese ihm die Möglichkeit der Kenntnisnahme gibt, ohne daß er dabei besondere Hindernisse überwinden muß. Entscheidend ist damit letztlich die besondere Sachnähe, die zugleich das besondere Vertrauen in die Diskretion des Bediensteten notwendig macht. An dieser fehlt es z. B. bei dem nur mit Reinigungsarbeiten beauftragten Postarbeiter, der zur Versendung bereitliegende Postkarten liest, aber auch bei dem mit spezifisch postdienstlichen Verrichtungen betrauten Beamten, wenn er die Kenntnis erst nach Überwindung besonderer Sicherungsvorrichtungen (z. B. Aufbrechen eines Schreibtisches) erlangt (ebenso Samson SK 16, Schäfer LK 6). Nicht erforderlich ist dagegen, daß der Täter selbst mit der Sache dienstlich befaßt ist; fällt sie in den Aufgabenbereich eines anderen, so genügt es, wenn sie ihm im Zusammenhang mit seinem Dienst bekannt wird (so z. B. bei einem aus dienstlichem Anlaß geführten Gespräch, gleichgültig, ob die Mitteilung der fraglichen Tatsache durch den anderen zulässig ist oder nicht; and. bei reinen Privatgesprächen). Auch ist der erforderliche innere Zusammenhang zwischen der Tätigkeit und dem Bekanntwerden nicht deshalb ausgeschlossen, weil der Bedienstete die Kenntnis unbefugt (vgl. D-Tröndle 8) oder durch Überschreitung seiner innerdienstlichen Kompetenzen erlangt hat. Auch technische Bedienstete der Post kommen als Täter nach Abs. 1 in Betracht, sofern sie mit Arbeiten an spezifisch postalischen Einrichtungen betraut sind und dabei von Tatsachen i. S. des Abs. 1 erfahren (z. B. Fernmeldetechniker bei der Reparatur einer Fernmeldeanlage). Hat der Bedienstete von der fraglichen Tatsache schon vorher außerdienstlich Kenntnis erlangt, so ist sie ihm nicht erst als Bedienstetem der Post bekanntgeworden, auch wenn er sie in dieser Eigenschaft noch einmal erfährt (ebenso Schäfer LK 8). Jedoch ist ihm auch hier jede zusätzliche Mitteilung, die sich nicht mehr als bloße Bekanntgabe seiner außerdienstlichen Information darstellt, untersagt.

2. Die Tathandlung besteht in der **Mitteilung** einer dem Postgeheimnis usw. unterliegenden Tatsache **an einen anderen.** Dafür genügt jede schriftliche, mündliche oder sonstige Bekanntgabe, wobei der Empfänger nicht notwendig außerhalb des Post- oder Fernmeldedienstes stehen muß. Auch Mitteilungen unter den Bediensteten selbst können den Tatbestand erfüllen; in der Regel werden sie jedoch entweder befugterweise erfolgen (vgl. u. 12 ff.) oder aber schon keine Verletzung des Post- und Fernmeldegeheimnisses enthalten. Letzteres ist der Fall, wenn im ordentlichen Geschäftsgang – insbes. auf Grund organisatorischer Arbeitsteilung oder technisch bedingt, z. B. bei der Telegrammübermittlung – verschiedene Personen nacheinander mit der Sache befaßt sind. Der Arbeitsverbund schafft hier nicht erst eine Befugnis zur Weitergabe, vielmehr nimmt die zur betriebsbedingten Abwicklung des Postdienstes erforderliche Weitergabe dieser schon den Charakter des Mitteilens i. S. des § 354 (vgl. auch § 5 II PostG; zu § 51 PostO [Zustellung an Ersatzempfänger] vgl. BVerwG NJW **84,** 2112). Nach dem Gesetzeswortlaut genügt nur das Mitteilen solcher Tatsachen, die *dem Täter selbst bekannt* sind. Geschieht die Mitteilung jedoch auf andere Weise als durch mündliche Weitergabe, so muß auch hier eine am Gesetzeszweck orientierte „berichtigende" Auslegung dahin möglich sein, daß es genügt, wenn der Täter im Bewußtsein, daß es sich um ein Postgeheimnis handelt, dem Dritten den Gegenstand zugänglich macht, der die fragliche Tatsache enthält, auch wenn er den Inhalt selbst nicht kennt (z. B. der Briefträger überläßt einem Dritten die Posttasche, damit dieser die darin liegenden Postkarten lesen kann; i. E. ebenso Schäfer LK 16; and. Samson SK 18). Abs. 2 Nr. 3 ist hier nicht anwendbar (vgl. u. 25).

Abs. 1 kann auch durch **Unterlassen** verwirklicht werden, wenn es der Postbedienstete pflichtwidrig geschehen läßt, daß sich andere Kenntnis von der dem Post- oder Fernmeldegeheimnis unterfallenden Tatsache verschaffen (ebenso Schäfer LK 17; krit. Samson SK 19). Voraussetzung für seine Garantenstellung (vgl. § 13) ist dabei, daß er selbst mit der fraglichen Angelegenheit befaßt ist oder daß sie sonst in seinen Verantwortungsbereich fällt. Strafbar ist danach z. B. der Briefträger, der es geschehen läßt, daß ein Dritter die in der Posttasche enthaltene Post durchsieht (dazu, daß der Briefträger selbst von dem Inhalt im einzelnen keine Kenntnis zu haben braucht, vgl. o. 8).

10 3. **Täter** nach Abs. 1 kann nur sein, wer als **Postbediensteter** die Kenntnis erlangt hat. Dabei ist es unerheblich, ob es sich im Einzelfall um einen Beamten, Postangestellten oder Postarbeiter handelt, da diese dienstrechtlichen Unterschiede im Hinblick auf den umfassenden Schutz, den § 354 dem Post-und Fernmeldegeheimnis gewähren will, keine Bedeutung haben können (vgl. EEGStGB 284, Samson SK 7, Schäfer LK 6). Auch stellt § 354 n. F. klar, daß es nicht darauf ankommt, ob der Täter den Geheimnisbruch als Postbediensteter oder als Privatmann begeht (vgl. EEGStGB 284). Nur für die Kenntniserlangung kommt es darauf an, daß der Täter zu dem fraglichen Zeitpunkt in dem genannten Verhältnis stand oder tätig war (vgl. o. 7). Scheidet der Täter dagegen nach Kenntniserlangung aus dem Postdienst aus oder verbreitet er die Tatsache sonst als Privatmann, steht dies seiner Täterschaft nicht entgegen. Über die Erweiterung des Täterkreises durch Abs. 3 vgl. u. 30 ff.

11 4. Der Täter muß **unbefugt** handeln, was der Fall ist, wenn er ohne die Einwilligung des Betroffenen handelt und kein Recht zur Mitteilung an den Dritten hat. Dabei hat das Merkmal „unbefugt" die gleiche Doppelfunktion wie in § 203 (vgl. dort RN 21) und § 355 (vgl. dort RN 19): Die Einwilligung schließt bereits die Tatbestandsmäßigkeit aus, da hier das Vertrauen der Allgemeinheit in die Wahrung des Post- und Fernmeldegeheimnisses nicht mehr berührt wird (vgl. entsprechend § 203 RN 22; and. Samson SK 30); im übrigen handelt es sich dagegen um das allgemeine Deliktsmerkmal der Rechtswidrigkeit, die nur bei Vorliegen eines besonderen Rechtfertigungsgrunds entfällt.

12 a) Eine **Einwilligung** ist nur dann von Bedeutung, wenn und soweit sie *von allen* an dem konkreten Post- und Fernmeldeverkehr Beteiligten erteilt wird (Samson SK 30, Amelung, Dünnebier-FS S. 494, StV 85, 260, näher Amelung/Pauli MDR 80, 801; and. die h. M., vgl. Hamm NStZ **88**, 515 m. Anm. Amelung u. Krehl StV 88, 376 [zu § 201; vgl. auch dort RN 34], ferner die Nachw. b. Amelung/Pauli aaO FN 2, Schäfer LK 57 ff.). Daß es im Verhältnis der Partner zueinander kein Post- und Fernmeldegeheimnis gibt (vgl. z. B. Bay **74** 30), ist zwar richtig, besagt aber nur, daß z. B. der Fernsprechteilnehmer über die von ihm geführten Gespräche ohne Einwilligung des anderen jederzeit Dritten berichten kann; daß der eine mit Wirkung für den anderen auch gegenüber Eingriffen der Post auf die Wahrung des Post- und Fernmeldegeheimnisses verzichten kann, folgt daraus jedoch nicht, da dem Recht eine Verfügungsbefugnis über Grundrechtspositionen Dritter fremd ist (so auch Amelung NStZ 88, 515, Krehl StV 88, 376). Auch die Einrichtung einer sog. Fangschaltung oder Zählvergleichseinrichtung zur Feststellung des Urhebers beleidigender usw. Anrufe und Auskünfte der Post hierüber sind deshalb nicht schon durch eine entsprechende Ermächtigung des beleidigten Anschlußinhabers gedeckt (and. Bay **74**, 30), sondern bedürfen einer gesetzlichen Grundlage (vgl. dazu jetzt u. 14; zur Schaltung einer Zählvergleichseinrichtung als Maßnahme gem. § 100 a StPO vgl. BGB **35** 32). Ebensowenig darf die Post dem Anschlußinhaber ohne weiteres Auskunft über den von seinem Apparat aus von einem Dritten geführten Fernsprechverkehr erteilen (vgl. OVG Münster NJW **75**, 1355 m. Anm. Meyn S. 2358).

13 b) Eine Befugnis zur Mitteilung i. S. eines Rechtfertigungsgrundes besteht zunächst, soweit die Post **auf Grund besonderer Gesetze** von sich aus oder auf Verlangen zu Anzeigen, Mitteilungen, zur Aushändigung von Sendungen usw. **verpflichtet** ist. Hierher gehören m. E. § 138, den auch für Postbedienstete gilt (vgl. näher Welp aaO [vgl. o. 1] 163 ff., Arch. f. Post- u. Fernmeldewesen 1976, 784 ff. mwN, ferner §§ 1 ff. Ges. zu Art. 10 GG v. 13. 8. 1968 (BGBl. I 949; letztes ÄndG v. 8. 6. 1989, BGBl I 1026; zu § 3 vgl. BVerfG **67** 157, Arndt NJW 85, 107), § 3 Ges. zur Überwachung strafrechtlicher und anderer Verbringungsverbote i. d. F. vom 27. 2. 1974 (BGBl. I 437, 444: Vorlage von Sendungen, deren Einfuhr oder Verbreitung aus Gründen des Staatsschutzes verboten ist, an zuständige Zolldienststelle), § 6 VII ZollG (Gestellung von eingeführtem Zollgut an die zuständige Zollstelle; vgl. dazu BGH **23** 329; zum grenzüberschreitenden Bargeldtransfer auf dem Postweg vgl. Hetzer wistra 87, 201), § 12 FAG (Auskunft über den vergangenen Fernmeldeverkehr eines Beschuldigten an Gericht und Staatsanwaltschaft), sowie §§ 99 ff. StPO. In dem Umfang, in dem das Postgeheimnis durch eine Beschlagnahme von Postsendungen nach § 99 StPO durchbrochen werden darf, ist die Post auch zu Auskünften verpflichtet (vgl. G. Schäfer LR § 99 RN 38 ff. mwN, § 84 RiStBV); nur insoweit besteht daher auch eine die Mitteilung rechtfertigende Zeugnispflicht bei Aussagen vor Gericht (vgl. Kurth NStZ 83, 541). Um einschlägige Pflichten, die der Wahrnehmung privater Interessen dienen, handelt es sich bei der Pflicht zur Aushändigung für den Gemeinschuldner bestimmter Sendungen an den Konkursverwalter (§ 121 KO) und der Mitteilungspflicht über die durch eine Zählvergleichseinrichtung oder Fangschaltung ermittelten Daten gem. § 453 Telekommunikations O v. 16. 6. 1987 (BGBl. I 1761; vgl. dazu auch u. 14).

14 c) Nicht unbefugt handelt der Täter ferner, soweit sich aus besonderen gesetzlichen Bestimmungen oder auf Grund allgemeiner Rechtfertigungsgründe ein **Recht zur Mitteilung** ergibt. Ein solches besteht z. B. nach **§ 5 III PostG**, wonach eine Mitteilung zulässig ist, wenn sie zur Verfolgung einer im Zusammenhang mit dem Postdienst begangenen Straftat oder zur Geltendmachung eines im Zusammenhang mit dem Postdienst entstandenen Anspruchs erforderlich ist. Die dafür erforderliche enge Verknüpfung zwischen Straftat und Postdienst besteht z. B. bei Straftaten gegen Einrichtungen der Post oder gegen ihr anvertraute Güter (vgl. Hetzer wistra 87, 202, Schäfer LK 50), aber auch bei

Betrügereien mittels Nachnahmesendungen, weil hier die Post als Zahlungsempfängerin mißbraucht wird (vgl. LG Stuttgart wistra **89**, 319 u. dazu Spannowsky wistra 89, 287); daß die Post nur zur Beförderung einer Sendung strafbaren Inhalts, z. B. eines beleidigenden Briefes, eingeschaltet wird, genügt dagegen nicht (ebenso Hetzer aaO, Spannowsky aaO). Entsprechendes gilt, obwohl eine solche Vorschrift im FernmeldeanlagenG fehlt, auch für den Fernmeldeverkehr (vgl. Maunz-Dürig-Herzog Art. 10 RN 68). Zweifelhaft ist dagegen, ob über die gesetzlich geregelten Fälle (vgl. o. 13) hinaus Mitteilungen zum Zweck der **Verhinderung einer Straftat** auf Grund der allgemeinen Rechtfertigungsgründe zulässig sind. § 32 scheidet hier jedenfalls dann aus, wenn die Mitteilung lediglich das Mittel zur Abwehr eines künftigen Angriffs ist; aber auch wenn der Post- und Fernmeldeverkehr Mittel des Angriffs, dieser selbst also gegenwärtig ist (beleidigender Brief), kommt § 32 nicht in Betracht, wenn mit der Mitteilung nicht nur in die Rechtssphäre des Angreifers eingegriffen wird, weil außerdem noch weitere Beteiligte am Post- und Fernmeldeverkehr vorhanden sind (vgl. auch RG JW **28**, 662, wo Notwehr bei Öffnen eines beleidigenden Briefes schon deshalb verneint wird, weil § 354 ein Rechtsgut der Allgemeinheit schütze). Im übrigen würde eine Mitteilung an die Polizei oder den Betroffenen als Verteidigungsmittel in der Regel ohnehin ungeeignet sein, da der bereits gegenwärtige Angriff dadurch nicht mehr verhindert werden kann und die Verhinderung künftiger Angriffe nicht Aufgabe der Notwehr ist (zum Ganzen vgl. Welp, aaO [vgl. o. 1] 161 ff., Arch. f. Post- u. Fernmeldewesen 1976, 783 f., aber auch Arzt, Der strafrechtliche Schutz der Intimsphäre 80, 82; zur fehlenden Berechtigung nach § 5 III PostG vgl. Spannowsky wistra 89, 287). Dagegen kann eine Rechtfertigung nach § 34 nicht schlechthin ausgeschlossen werden (ebenso Schäfer LK 55, i. E. auch Hetzer wistra 87, 204; and. Schatzschneider ZRP 81, 132, Welp aaO 168 ff. bzw. aaO 787; vgl. auch § 34 RN 7), so z. B. wenn ein Postbediensteter bei seiner Tätigkeit von dem – nicht in § 138 genannten – Vorhaben eines groß angelegten Rauschgifthandels erfährt. Zwar könnte aus § 7 III Ges. zu Art. 10 GG die grundsätzliche Wertentscheidung des Gesetzes entnommen werden, daß das Post- und Fernmeldegeheimnis im Rahmen der Verbrechensverhütung nur bei Taten nach § 138 zurücktritt. Doch ist diese Beschränkung des § 7 III Ges. zu Art. 10 GG auf die in § 138 genannten Taten als Ausgleich dafür anzusehen, daß die Kenntnis hier auf gezielten Eingriffen in das Post- und Fernmeldegeheimnis von außen beruht, ein Gesichtspunkt, der nicht zutrifft, wenn Post- und Fernmeldegeheimnisse den Postbediensteten im Rahmen des normalen Postverkehrs bekannt werden. Freilich kann eine Anzeige zur Verhinderung eines in § 138 nicht genannten Delikts nur in Ausnahmefällen, d. h. bei besonders gefährlichen Taten, zulässig sein, während im übrigen bei der Interessenabwägung nach § 34 das allgemeine Vertrauen in die Wahrung des Post- und Fernmeldegeheimnisses einer Rechtfertigung entgegensteht. Dieser Gesichtspunkt tritt nur dann in den Hintergrund, wenn die Tat selbst unter dem Schutz des Post- und Fernmeldegeheimnisses begangen wird und die Rechte anderer Beteiligter nicht verletzt werden. Hier kann deshalb eine Rechtfertigung nach § 34 auch bei weniger gravierenden Delikten in Betracht kommen. Für die Feststellung ankommender Wählverbindungen durch Fangschaltungen oder Zählvergleichseinrichtungen im Telefondienst und die Mitteilung der entsprechenden Daten an den Fernsprechteilnehmer bei bedrohenden oder belästigenden Anrufen enthalten jetzt die – in der ehem. DDR allerdings nicht geltenden (EV I Kap. XIII C III) – §§ 84 I, 453 TelekommunikationsO (o. 14) eine hinreichende Rechtsgrundlage (zum früheren Recht, wo die Zulässigkeit solcher Maßnahmen gleichfalls noch § 34 gestützt werden konnte, im übr. H. M. aber mit dem Mißbrauchsverbot des § 12 I FernmeldeO [vgl. jetzt § 382 II Nr. 2 TelekommunikationsO] und einer langjährigen Übung und Gewohnheit begründet wurde, vgl. die 23. A.). – Nur in ganz engen Grenzen besteht eine Mitteilungsbfugnis, wenn es sich nicht um die Verhinderung künftiger, sondern um die **Anzeige begangener Straftaten** handelt. Hier ist eine Rechtfertigung grundsätzlich auch dann zu nennen, wenn es sich um eine der in § 138 genannten Taten handelt (näher dazu Welp aaO 169 ff. bzw. aaO 787 f. mwN; vgl. aber auch Maunz-Dürig-Herzog Art. 10 RN 58 ff.). Daß nach § 30 IV Nr. 5a AO für § 355 etwas anderes gilt, ändert daran nichts, da das Steuergeheimnis, wie sich schon aus der milderen Strafdrohung ergibt, gegenüber dem Postgeheimnis einen geringeren Schutz genießt. Ausnahmen auf Grund des § 34 sind freilich auch hier denkbar, so wenn es sich um Kapitalverbrechen handelt und weitere Taten des gleichen Täters zu befürchten sind (z. B. Mitteilung von Tatsachen, die für die Ergreifung eines gefährlichen Terroristen von Bedeutung sind; ebenso Schäfer LK 56, G. Schäfer LR § 99 StPO RN 11).

III. **Abs. 2** schützt die der Post anvertrauten Sendungen vor **Ausforschung** (Nr. 1) und **Unterdrückung** (Nr. 2), wobei Nr. 1 sachlich in den Zusammenhang von Abs. 1 gehört, weil sich die Tat auch hier gegen das Postgeheimnis richtet. Nr. 3 erfaßt zusätzlich das **Gestatten** und **Fördern** der in Abs. 1 und Abs. 2 Nr. 1 und 2 genannten Handlungen. Auch Abs. 2 nennt als Täter lediglich Postbedienstete (vgl. o. 10); eine Erweiterung des Täterkreises erfolgt jedoch durch Abs. 3 S. 1 (vgl. u. 30 ff.).

1. Nach **Nr. 1** ist strafbar, wer **als Bediensteter** der Post **unbefugt** eine dieser zur Übermittlung anvertraute, **verschlossene Sendung öffnet** oder sich von **ihrem Inhalt** ohne Öffnung des Verschlusses **unter Anwendung technischer Mittel Kenntnis verschafft**.

a) Tatgegenstand ist eine der Post zur Übermittlung auf dem Post- und Fernmeldeweg **anvertraute, verschlossene Sendung**. *Sendung* ist jeder körperliche Gegenstand, der auf dem Post- oder Fernmeldeweg übermittelt wird, z. B. Pakete, Briefe, Telegramme, Paketkarten, bei

Nachnahmeüberweisungen der Empfängerabschnitt (nicht dagegen das Geld, vgl. Hamm NJW **80**, 2320). Zum Merkmal des *Verschlossenseins* vgl. § 202 RN 7; kein Verschluß ist z. B. die Warenbeutelklammer eines Musterbeutels (Stuttgart NStZ **84**, 25, BVerwG NJW **84**, 2111). Der Verschluß braucht nicht vom Absender zu stammen, sondern kann auch von Postbediensteten angebracht worden sein (z. B. bei Telegrammen, Wiederverschließen nach Beschädigung des ursprünglichen Verschlusses, vgl. D-Tröndle 13, Samson SK 20, Schäfer LK 22). *Anvertraut* ist die Sendung der Post, wenn sie auf vorschriftsmäßige Weise in den Postverkehr gelangt ist. Dazu ist nicht erforderlich, daß die Sendung von der Post angenommen oder sonst bearbeitet worden ist, vielmehr genügt bereits das Einwerfen in den Briefkasten (RG **22** 395, **28** 100). Das Anvertrautsein dauert bis zur Ablieferung an den Empfänger (RG **54** 228, Hamm NJW **80**, 2320). Anvertraut sind der Post auch die dem Briefträger wegen unrichtiger Zustellung zurückgegebenen Sendungen (RG **36** 267), ferner eigene Sendungen der Post (z. B. Gebührenanmahnungen, RG DR **39**, 924 m. Anm. Richter) einschließlich der zur Feststellung der Zuverlässigkeit bzw. zur Entlarvung von verdächtigen Postbediensteten in den Postverkehr gebrachten sog. Fangbriefe (RG **65** 146, **69** 271, Schäfer LK 23; and. Samson SK 20, doch ändert eine nur insgeheim erteilte Einwilligung des Absenders [Post] in die Öffnung nichts daran, daß hier nach wie vor das allgemeine Vertrauen in die Zuverlässigkeit des Postverkehrs verletzt wird). Wird dem Postboten eine Sendung zur Aufgabe bei der Post übergeben, so ist diese der Post nur anvertraut, wenn der Postbote zur Annahme dienstlich beauftragt und befugt ist (RG **51** 115); daß die Sendung lediglich dem Täter anvertraut ist, genügt nicht.

18 b) Die Tathandlung besteht im **Öffnen**, d. h. der Beseitigung des Verschlusses derart, daß der Zugang zum Inhalt ohne wesentliche Hindernisse möglich ist (vgl. RG **20** 376; vgl. im übrigen § 202 RN 9), oder im **Sichverschaffen der Kenntnis** ohne Öffnung des Verschlusses unter Anwendung technischer Mittel. Ein bloßes Abtasten genügt mithin nicht, ebensowenig ein Kenntnisverschaffen auf andere Weise, z. B. durch Aushorchen eines anderen Bediensteten (vgl. dagegen § 5 I Nr. 1 PostG). Da in Nr. 1 im Unterschied zu § 202 I Nr. 2 nicht nur der Inhalt von Schriftstücken, sondern von Postsendungen schlechthin gegen ein Ausspähen geschützt ist, muß hier auch das „Sich-Kenntnis-Verschaffen" durch Anwendung technischer Mittel gegenüber § 202 (vgl. dort RN 10f.) in dem weiteren Sinne verstanden werden, daß eine äußerliche Wahrnehmung des Inhalts im Rahmen der durch das technische Mittel gegebenen Möglichkeiten genügt (vgl. Schäfer LK 26, näher Maiwald JuS 77, 361).

19 c) Der Täter muß **als Bediensteter der Post** handeln, was der Fall ist, wenn das Öffnen usw. noch einen inneren Zusammenhang zu seiner dienstlichen Tätigkeit aufweist; vgl. auch o. 7.

20 2. Nach **Nr. 2** ist strafbar, wer als Postbediensteter eine **der Post** zur Übermittlung auf dem Post- oder Fernmeldeweg **anvertraute Sendung unterdrückt**.

21 a) Zum Begriff der **der Post anvertrauten Sendung** vgl. o. 17; verschlossen braucht sie nicht zu sein.

22 b) **Unterdrückt** ist eine Sendung, wenn sie dem ordnungsgemäßen Postverkehr entzogen wird (RG **1** 115, **52** 249, **72** 197, BGH **19** 32), und zwar dann, wenn der Gewahrsam der Post bestehen bleibt (z. B. Verstecken innerhalb des Sortierraums, vgl. RG DRZ **27** Nr. 961, Hamm NJW **80**, 2320). Heimliches Vorgehen ist nicht erforderlich, weshalb eine Sendung auch durch offenes Liegenlassen am Arbeitsplatz unterdrückt werden kann (Köln NJW **87**, 2596). Ein nur vorübergehendes Entziehen genügt, z. B. vorübergehendes Verstecken eines Briefes, um diesen nicht sofort, sondern erst am anderen Morgen zustellen zu müssen (vgl. RG **28** 100, **52** 249, **72** 194, Celle MDR **57**, 565, Hamm NJW **80**, 2320 [zeitweiliges Zurückhalten des Empfängerabschnitts bei einer Nachnahmeüberweisung], KG JR **77**, 426, Köln NJW **87**, 2596). Zu weitgehend ist es jedoch, wenn nach der h. M. nicht einmal eine Verzögerung der Zustellung erforderlich sein soll (RG **28** 100 [Überlassen eines Briefes an einen anderen für die Dauer einer Viertelstunde], RG JW **35**, 2970, D-Tröndle 15, Schäfer LK 30; vgl. auch Köln aaO, Samson SK 24). Auch untergeordnete Verstöße gegen Vorschriften rein innerdienstlichen Charakters sind kein Unterdrücken, selbst wenn sie Verzögerungen auf dem Postweg verursachen (z. B. unzulässiger Gaststättenbesuch während des Austragens; vgl. RG JW **36**, 513, Celle MDR **57**, 565, Köln NJW **87**, 2596, Arzt/Weber V 161, Lackner 4a, Schäfer LK 32); es genügt deshalb auch nicht, wenn ein Postbeamter Sendungen an sich nimmt und zustellt, ohne daß sie ihm zugeschrieben oder zugeteilt waren (RG **73** 236). Dagegen liegt ein Unterdrücken und nicht nur ein rein innerdienstlicher Verstoß vor, wenn der Bedienstete Nachnahmesendungen ohne Bezahlung des Nachnahmebetrags an den Empfänger aushändigt (RG **71** 330, D-Tröndle 15, Samson SK 24, Schäfer LK 32; and. Welzel 558). Da hier die Sendung gerade nicht an den richtigen Adressaten gelangt – die Post ist vielmehr bei Nichteinlösen zur Rücksendung an den Absender verpflichtet –, wird in diesen Fällen auch das Vertrauen sowohl des Absenders als auch der Allgemeinheit in die Zuverlässigkeit des Postverkehrs beeinträchtigt, wenn die Post

ihre über die reine Beförderung hinausgehende Pflicht verletzt, dem Absender das Versandgut solange zu erhalten, bis die Zahlung des Nachnahmebetrags gewährleistet ist. Nach dem Sinn der Vorschrift muß es entgegen der h. M. auch genügen, wenn nur ein Teil der Sendung dem Postverkehr entzogen wird (z. B. Wegnahme einzelner Gegenstände aus einem Paket; and. RG 57 8 [mit dem begriffsjuristischen Argument, ein Teil des Inhalts eines Pakets sei nicht das Paket selbst], D-Tröndle 15; wie hier weitgehend M-Schroeder II 215, Schäfer LK 33); auch mit dem Wortlaut der Vorschrift ist dies zu vereinbaren, wenn unter „Unterdrücken" auch das teilweise Unterdrücken einer Sendung verstanden wird.

c) Der Täter muß **als Postbediensteter** gehandelt haben, was einen inneren Zusammenhang 23 mit seiner dienstlichen Tätigkeit voraussetzt (vgl. o. 19, 7). Auch hier ist nicht erforderlich, daß er mit der fraglichen Sendung dienstlich befaßt ist (vgl. RG 37 40, 54 288 zu § 354 a. F.) oder daß er Gewahrsam oder Mitgewahrsam an ihr hat (vgl. OGH 1 255 zur a. F.). Wohl aber muß der Täter mit spezifisch postdienstlichen Verrichtungen betraut sein, die ihm ohne Überwindung zusätzlicher Hindernisse (z. B. Aufbrechen einer Tür) den Zugriff auf die Sendung ermöglichen (z. B. durch Zutritt zu bestimmten Räumen). Nicht hierher gehört deshalb der Postarbeiter, der nur mit Reinigungsarbeiten beschäftigt ist und bei dieser Gelegenheit Pakete stiehlt; wird er freilich gelegentlich oder aushilfsweise auch zu postdienstlichen Verrichtungen herangezogen, so kann er insoweit auch Täter sein (and. zu § 354 a. F. noch BGH NJW 53, 1153 wegen der in diesem Fall verneinten Beamteneigenschaft). Hat der Täter dagegen eine spezifisch postalische Tätigkeit auszuüben, so ist es gleichgültig, ob diese mehr oder weniger mechanischer Art ist; Täter kann daher auch der mit mechanischen Sortier- oder Beförderungsaufgaben betraute Postfacharbeiter sein, ferner der Kraftwagenfahrer, der Pakete von Postamt zu Postamt befördert (Schäfer LK 6; zu § 354 a. F. vgl. Bremen HESt. 2 66, KG HESt. 2 68).

3. Nach **Nr. 3** ist strafbar, wer als Postbediensteter **Handlungen nach Abs. 1 oder Abs. 2** 24 **Nr. 1, 2 gestattet oder fördert**. Zweck der Vorschrift ist, den Postbediensteten, der Verletzungen des Post- oder Fernmeldegeheimnisses oder das Unterdrücken von Postsendungen gestattet oder fördert, als Täter zu erfassen, so daß eine Strafmilderung nach § 27 ausscheidet. Soweit die Verhinderung der gestatteten oder geförderten Handlung in den Verantwortungs- und Pflichtenkreis des Täters fällt, würde sich dies freilich auch schon aus allgemeinen Grundsätzen ergeben, da Teilnahmehandlungen von Personen, die gegenüber dem Rechtsgut eine besondere Schutzpflicht haben, immer zur Täterschaft führen (vgl. 104 vor § 25); insofern hat Nr. 3 daher nur deklaratorische Bedeutung.

a) Ein Gestatten bzw. Fördern der **in Abs. 1 bezeichneten Handlung** bedeutet zunächst, daß 25 der andere alle Tatbestandsmerkmale des Abs. 1 erfüllen muß, also auch selbst die Kenntnis als Postbediensteter erlangt haben muß (vgl. o. 7). Nicht erfaßt sind durch Nr. 3 deshalb die Fälle, in denen der Täter die Mitteilung durch einen Außenstehenden geschehen läßt (ebenso Samson SK 26, Schäfer LK 34; and. M-Schroeder II 215), gleichgültig, wie dieser die Kenntnis erlangt hat (hat er sie mit Wissen des Täters erlangt, so kommt für diesen bereits Abs. 1 [Unterlassen, vgl. o. 9] in Betracht); diese Einschränkung ist auch vom Schutzzweck der Vorschrift her gerechtfertigt, da die Post nicht verpflichtet sein kann, das (weitere) Bekanntwerden von Tatsachen zu verhindern, die den Bereich, für den das Post- und Fernmeldegeheimnis gilt, bereits verlassen haben. Ist der Täter Vorgesetzter, so ist Nr. 3 gegenüber § 357 die speziellere Vorschrift (ebenso Schäfer LK 82; and. D-Tröndle 16, § 357 RN 7); § 357 hat hier selbständige Bedeutung nur, wenn es beim Versuch des Verleitens geblieben ist.

α) Als Täter der 1. Alt. kommt, wie schon der Begriff des *Gestattens* zeigt, nur ein Postbe- 26 diensteter in Betracht, der selbst mit der fraglichen Sache befaßt ist oder in dessen Verantwortungsbereich sie sonst fällt. Unter dieser Voraussetzung gehört auch die Anstiftung hierher. Ein pflichtwidriges Unterlassen ist dagegen nur dann ein über das bloße Zulassen hinausgehendes „Gestatten", wenn damit gegenüber dem anderen konkludent das Einverstandensein mit der Handlung zum Ausdruck gebracht wird (Samson SK 28; and. z. T. D-Tröndle 16, Lackner 4b, M-Schroeder II 215, Schäfer LK 36).

β) *Fördern* i. S. der Nr. 3 ist jede sonstige Veranlassung oder Unterstützung, soweit sie kein 27 Gestatten ist. Ein Fördern durch pflichtwidriges Unterlassen setzt voraus, daß die fragliche Angelegenheit in den Verantwortungsbereich des Täters fällt; beim positiven Tun genügt dagegen unter der Voraussetzung eines inneren Zusammenhangs mit spezifisch postdienstlichen Verrichtungen (Fördern „als Postbediensteter") jedes Handeln.

b) Ein Gestatten bzw. Fördern von **Handlungen nach Abs. 2 Nr. 1 und 2** ist im Unterschied 28 zu den Handlungen nach Abs. 1 (vgl. o. 25) auch möglich, wenn der andere nicht als Bediensteter der Post handelt (ebenso Samson SK 27). Dies ergibt sich nicht nur aus dem Gesetzeswortlaut – die Worte „als Bediensteter der Post" sind in Abs. 2 den Nummern 1 und 2 vorangestellt –, sondern folgt auch aus der ratio legis, da das Vertrauen der Allgemeinheit auch dahin geht, daß Sendungen, die sich noch bei der Post befinden, nicht Dritten zu Handlungen nach Nr. 1 und 2 zugänglich gemacht werden. Im übrigen gilt das o. 25 ff. Gesagte entsprechend; die o. 26 genannte Voraussetzung für das Gestatten ist hier mit der von D-Tröndle 16, Lackner 4b geforderten „gewissen tatsächlichen Herrschaft über die Sendung" identisch.

29 4. Zum Merkmal **unbefugt** vgl. zunächst o. 11 ff., ferner §§ 5 II, 10 PostG i. V. mit § 61 PostO v. 16. 5. 1963, BGBl. I 341 (Zulässigkeit der Öffnung einer verschlossenen Sendung, wenn sie zur betriebsbedingten Abwicklung des Postdienstes erforderlich ist; Verfügung über unzustellbare und solche Sendungen, deren Inhalt eine auf andere Weise nicht zu beseitigende drohende Gefahr für Leib und Leben bildet; für die ehem. DDR, wo anstelle der PostO [vgl. EV I Kap. XIII B I] die Post-Anordnung v. 28. 2. 1986 [GBl. I 69] m. Änd. v. 20. 6. 1990 [GBl. I 818] u. mit Maßgabe des EV II Kap. XIII B III weitergilt, vgl. z. B. die Befugnisse gem. §§ 6 III, 9 II, III, 51). Nach § 13 PostO sind zwar Sendungen mit strafbarem oder gefährlichem Inhalt von der Beförderung ausgeschlossen (vgl. auch §§ 8 f. DDR-Post-Anordnung), doch gibt diese Bestimmung keine Öffnungsbefugnis zum Zweck der Feststellung, ob es sich um eine solche Sendung handelt (vgl. Florian/Weigert, Komm. zur PostO, Bd. I [1969] 273; and. Schäfer LK 54); in besonderen Fällen kann hier aber § 34 in Betracht kommen (z. B. begründeter Verdacht auf explosiven Inhalt). Das Öffnen bzw. Unterdrücken eines Briefs, von dem der Täter begründeten Anlaß zu der Annahme hat, daß er Beleidigungen gegen ihn enthält, ist auch nicht nach § 32 gerechtfertigt, da sich die Tat nicht ausschließlich gegen Rechtsgüter des Angreifers richtet (vgl. RG JW 28, 662, ferner o. 14). Zur Gestattung des Zurückstellens von Postsendungen aufgrund von Dienstanweisungen vgl. Köln NJW 87, 2596.

30 IV. Abs. 3 erweitert – hier mit Unterschieden zwischen S. 1 u. 2 – den Täterkreis auf **bestimmte postfremde Personen,** die aufgrund ihrer besonderen Tätigkeit gleichfalls die Möglichkeit haben, die in Abs. 1, 2 bezeichneten Handlungen zu begehen. Zusätzlich einbezogen sind in diesen Personenkreis seit dem PoststrukturG v. 8. 6. 1989 (BGBl. I 1026) als Folge der teilweisen Aufhebung des Postmonopols – ein solches besteht im Fernmeldebereich nur noch für die Übertragungswege, den Telefondienst und Funkanlagen (§ 1 FAG) – die privaten Betreiber von Fernmeldeanlagen (S. 1 Nr. 2). Dabei ist in den Fällen des Abs. 3 S. 1 erforderlich, daß die fraglichen Personen die Kenntnis von der dem Post- und Fernmeldegeheimnis unterliegenden Tatsache in ihrer besonderen Eigenschaft erlangt haben, im Fall des S. 2, daß sie in dieser Eigenschaft gehandelt haben. Für die Verletzung der Geheimhaltungspflicht bei Kenntniserlangung durch eine private Funkanlage gelten die §§ 11, 18 FAG.

31 1. Durch **S. 1 Nr. 1** werden den Postbediensteten diejenigen Personen gleichgestellt, die, ohne in einem Dienst- oder Arbeitsverhältnis zur Post zu stehen, entweder von der Post selbst oder aber mit deren Ermächtigung von anderen mit **postdienstlichen Verrichtungen betraut** sind. Hierher gehören insbesondere Bundesbahnbedienstete sowie Bedienstete von Fluggesellschaften, denen neben ihrer originären Beförderungstätigkeit zugleich die Beförderung von verschlossenen Postsäcken obliegt, ferner die Angehörigen von Posthaltern, die zur gelegentlichen Vertretung oder Hilfeleistung im Postdienst herangezogen werden (EEGStGB 285). Dagegen werden Teilzeitbeschäftigte und Ferienarbeiter von Abs. 1, 2 schon unmittelbar erfaßt.

32 2. Im Anschluß an § 10 I FAG n. F. bezieht **S. 1 Nr. 2** solche Personen ein, die eine für den **öffentlichen Verkehr bestimmte Fernmeldeanlage betreiben usw.** Von den technischen Einrichtungen zur Durchführung des Fernmeldeverkehrs (vgl. o. 6) stellen alle Teileinheiten mit eigener Funktionswahrnehmung, wie Sende- und Empfangseinrichtungen, drahtlose oder leitungsgebundene Übertragungswege, Vermittlungs- und Verteilereinrichtungen, eine selbständige *Fernmeldeanlage* dar (Eidenmüller aaO [o. 6] § 1 FAG Anm. 4 f.). Deren *Bestimmung für den öffentlichen Verkehr* hängt, ungeachtet der Eigentumslage, davon ab, ob sie zur allgemeinen Benutzung bereitgehalten werden (vgl. Schleswig OLGSt. S. 4). Außer privaten Einrichtungen, mit deren Hilfe Telekommunikationsdienstleistungen angeboten werden, gehören dazu z. B. bundesbahneigene Telegraphenanlagen, über die auch Telegramme der Reisenden befördert werden, ferner die Seefunkstellen der auf hoher See befindlichen Schiffe (vgl. EEGStGB 285), nicht dagegen Fernmeldeanlagen, die lediglich den behörden- oder betriebsinternen Nachrichtenverkehr vermitteln (zu Nebenstellenanlagen vgl. Schleswig aaO mwN). Dies gilt z. B. auch für Fernschreibeinrichtungen der Polizei (ebenso Schäfer LK 14; and. Lackner 2c und zu § 355 a. F. Bay 53, 6, MDR 67, 689), da diese zwar „öffentlichen Zwecken" i. S. des § 317, nicht aber dem „öffentlichen Verkehr" i. S. des § 354 dienen. Ebenso sind private, ausschließlich für eigene Zwecke genutzte Sende- oder Endstelleneinrichtungen zwar Fernmeldeanlagen, aber keine solche, die – i. U. zu den Übertragungswegen, Vermittlungs- bzw. Verteilerstellen usw. – selbst dem öffentlichen Fernmeldeverkehr dienen. Abgesehen davon, daß es im Verhältnis der am Fernmeldeverkehr Beteiligten kein Fernmeldegeheimnis gibt, fallen die Inhaber solcher Anlagen und ihre Hilfspersonen daher schon aus diesem Grund nicht unter Nr. 2. *Betreiber* der dem öffentlichen Fernmeldeverkehr dienenden Anlage ist, unabhängig von den Eigentumsverhältnissen, ihr tatsächlicher Inhaber; mit den Personen, welche die

Anlage *beaufsichtigen, bedienen* oder *bei ihrem Betrieb tätig* sind, sind alle dem Betreiben nachgeordneten Funktionen beim Erbringen der Telekommunikationsleistung erfaßt.

3. Durch S. 2 werden – hier freilich unter Beschränkung auf den Geheimnisbruch nach Abs. 1 – endlich solche Personen erfaßt, die mit der **Herstellung** von **Einrichtungen der Post** oder postfremden **Fernmeldeanlagen i. S. von S. 1 Nr. 2** oder mit **Arbeiten** an solchen Einrichtungen oder Anlagen betraut sind. In Betracht kommen hier vor allem Inhaber, Angestellte und Arbeiter von Privatfirmen, die Post- und Fernmeldeanlagen herstellen oder instandsetzen (vgl. EEGStGB 286). Mit den „Einrichtungen der Post" können hier nur die spezifisch postalischen Einrichtungen gemeint sein; der mit der Ausbesserung eines Gebäudes oder einer Lichtleitung betraute Handwerker fällt daher nicht unter S. 2, ebensowenig wie der nur mit Reinigungsarbeiten betraute Postarbeiter von Abs. 1 erfaßt wird (ebenso Schäfer LK 42). Entsprechendes gilt für die dem öffentlichen Verkehr dienenden Fernmeldeanlagen (vgl. o. 32). Zum „Herstellen" gehören einerseits auch schon die Planungsarbeiten, andererseits die Probesendungen, was von praktischer Bedeutung allerdings nur ist, soweit dabei dem Post- und Fernmeldegeheimnis unterliegende Tatsachen in Erfahrung gebracht werden.

Abweichend von § 472 E 62 hat das EGStGB die genannten Personen nur für die Anwendung des Abs. 1 den Postbediensteten gleichgestellt, was damit begründet wird, daß Tathandlungen nach Abs. 2 bei diesem Personenkreis im Zusammenhang mit ihrer beruflichen Tätigkeit nicht möglich seien (EEGStGB 286). Dies ist jedoch unzutreffend und führt zu wenig einleuchtenden Ergebnissen: So ist zwar der Angestellte einer Privatfirma nach Abs. 1 strafbar, wenn er das, was er bei der Inspektion einer Sortiermaschine aus der vorbeilaufenden Post zur Kenntnis genommen hat, an Dritte weitergibt, nicht aber nach Abs. 2, wenn er bei dieser Tätigkeit Briefe unterdrückt oder öffnet (im letzteren Fall ist er nur nach der wesentlich milderen Bestimmung des § 202 strafbar).

V. Abs. 4, der einen Teil der früher von § 353 d a. F. erfaßten Fälle mit abdeckt, erweitert den Schutz des Post- und Fernmeldegeheimnisses auf solchen Tatsachen, die dem Täter als einem **außerhalb des Postbereichs tätigen Amtsträger** auf Grund eines **befugten Eingriffs** in das Post- und Fernmeldegeheimnis bekanntgeworden sind. Gleichgestellt sind den Amtsträgern nach § 48 I WStG die Offiziere und Unteroffiziere der Bundeswehr.

1. Während § 353 d a. F. nur das nichtöffentlich gesprochene Wort erfaßt hatte, bezieht sich Abs. 4 auf **alle z. Z. des Eingriffs dem Post- und Fernmeldegeheimnis unterliegenden Tatsachen** (vgl. o. 5 f.), also z. B. auch auf schriftliche Mitteilungen. Nicht unter Abs. 4 fallen Tatsachen, die z. Z. des Eingriffs noch nicht dem Post- und Fernmeldegeheimnis unterlagen, z. B. der Brief, der z. Z. der Beschlagnahme noch nicht in den Postverkehr gelangt war; hier kommt eine Strafbarkeit nur nach § 203 II, u. U. auch nach § 353b in Betracht.

2. Die Tatsache muß dem Täter **als Amtsträger** (bzw. Offizier, Unteroffizier, § 48 I WStG) auf **Grund eines befugten Eingriffs** in das Post- und Fernmeldegeheimnis **bekanntgeworden** sein. Gleichgültig ist, mit welchen Mitteln der *Eingriff* erfolgte (z. B. Abhören, Öffnen eines Briefes). Jedoch muß der Eingriff selbst *befugt*, d. h. durch einen Rechtfertigungsgrund gedeckt gewesen sein; in Betracht kommen hier vor allem § 1 des Ges. zu Art. 10 GG, § 2 ÜberwachungsG (vgl. o. 13) und §§ 99 ff. StPO. War der Eingriff nicht rechtmäßig, so ist Abs. 4 nicht anwendbar; ein ausreichender Schutz soll durch die §§ 201, 202 gewährleistet sein (EEGStGB 286), was jedoch nicht zutrifft, wenn der Täter nicht selbst die Handlungen nach §§ 201, 202 vorgenommen, sondern die Kenntnis mittelbar über Dritte erlangt hat (vgl. D-Tröndle 10, Schäfer LK 48; in Betracht kommt hier dann nur § 203 II). Wie das Merkmal „*auf Grund"* deutlich macht, muß zwischen dem Eingriff und der Kenntniserlangung ein Ursachenzusammenhang bestehen; dieser ist aber auch dann gegeben, wenn der Täter den Eingriff nicht selbst vorgenommen hat, ihm die fragliche Tatsache jedoch im dienstlichen Bereich als Folge des Eingriffs (z. B. durch Weitergabe) bekanntgeworden ist (vgl. EEGStGB 286, Samson SK 10). Für die Erlangung der Kenntnis *als* Amtsträger gilt das o. 7 Gesagte entsprechend.

3. Die Tathandlung besteht in der **Mitteilung** an einen anderen; vgl. dazu o. 8. **Täter** kann jeder sein, dem die fragliche Tatsache als einem außerhalb des Postbereichs tätigen Amtsträger (vgl. dazu § 11 I Nr. 2 und dort RN 16 ff.) bzw. als Offizier oder Unteroffizier der Bundeswehr (vgl. § 48 I WStG, § 1 Ges. zu Art. 10 GG) bekanntgeworden ist. Ebenso wie in Abs. 1 (vgl. o. 10) kommt es auch hier nicht darauf an, ob der Täter im Zeitpunkt der Mitteilung noch Amtsträger usw. gewesen ist bzw. ob er dabei in seiner Eigenschaft als Amtsträger usw. gehandelt hat; diese Voraussetzungen müssen vielmehr lediglich im Zeitpunkt der Kenntniserlangung vorgelegen haben.

4. Das Merkmal „**unbefugt**" hat auch hier die o. 11 genannte Bedeutung, wobei das Einverständnis des Betroffenen für Abs. 4 jedoch keine praktische Bedeutung hat. Soweit Eingriffe in das Post- und Fernmeldegeheimnis zulässig sind und die durch den Eingriff erlangte Kenntnis verwertet werden darf, ist auch die Mitteilung an andere Behörden zum Zweck dieser Verwertung zulässig (vgl. auch

Samson SK 33); zu § 7 III Ges. zu Art. 10 GG vgl. z. B. BGH **29** 244 einerseits, Köln NJW **79**, 1216 andererseits, zu § 100a StPO vgl. z. B. KMR-Müller § 100a RN 15, K-Meyer § 100a RN 14 ff., G. Schäfer LR § 100a RN 28 ff. mwN, zur Befugnis der Zollbehörden zur Weiterleitung an die Staatsanwaltschaft vgl. § 2 ÜberwachungsG (vgl. o. 13), aber auch BGH **23** 329, Karlsruhe NJW **73**, 208, wo eine solche Befugnis mangels ausdrücklicher gesetzlicher Vorschriften bei pornographischen Schriften verneint wird.

40 VI. Für den **subjektiven Tatbestand** ist in allen Fällen Vorsatz erforderlich (zu § 354 a. F. vgl. RG **71** 382); bedingter Vorsatz genügt, und zwar abweichend von der a. F., auch für Abs. 2 Nr. 3. Nimmt der Täter irrig Umstände an, die, wenn sie gegeben wären, die Mitteilung rechtfertigen würden, so gilt § 16 entsprechend (vgl. 21 vor § 32); dagegen ist der Irrtum über die Grenzen einer Befugnis Verbotsirrtum (§ 17).

41 VII. Zwar enthält § 354 ein Sonderdelikt, doch ist – jedenfalls bei Taten nach Abs. 1 und 2 – § 28 auf den **Teilnehmer** nicht anwendbar (and. D-Tröndle 19, Lackner 2, Maiwald JuS 77, 361, Samson SK 34, Schäfer LK 81). Die Sondereigenschaft des Täters kennzeichnet hier lediglich die besondere Beziehung, in der das geschützte Rechtsgut – Vertrauen der Allgemeinheit in die Integrität des Post- und Fernmeldeverkehrs – verletzt werden kann; sie ist somit ausschließlich rechtsguts- und tatbezogen. Daß hier personale Elemente auch nicht zusätzlich für die Charakterisierung des Unrechts von Bedeutung sind, folgt aus der Gleichstellung von Postbediensteten und postfremden Personen (Abs. 3), bei denen das Moment einer besonderen personalen Pflichtverletzung, wie es die klassischen Amtsdelikte charakterisiert, völlig fehlt (besonders deutlich bei den in Abs. 3 S. 2 erfaßten Angehörigen von Privatfirmen, bei denen auch das faktische Betrautsein mit entsprechenden Arbeiten zu keiner Pflichtenstellung führt, die mit der eines Amtsträgers vergleichbar ist; vgl. auch § 203 RN 73, § 353b RN 23, § 355 RN 35).

42 VIII. **Idealkonkurrenz** ist wegen der Verschiedenheit der Rechtsgüter möglich mit den §§ 202a, 242, 246, 274 I Nr. 1, 303, 303a, 353b, ferner mit § 133 III, weil dort – im Unterschied zu § 354 (vgl. o. 41) – das Unrecht zugleich durch die besondere Pflichtverletzung eines Amtsträgers gekennzeichnet ist (and. KG JR 77, 426, z. T. auch D-Tröndle 21, Schäfer LK 82; dagegen sind RG **54** 123, **58** 334, die das Verhältnis zu § 133 II a. F. [Handeln aus Gewinnsucht] betreffen, überholt). Tatmehrheit mit §§ 242, 246 besteht, wenn der Täter sich den Inhalt der geöffneten Sendung erst auf Grund eines später gefaßten Entschlusses aneignet (D-Tröndle 21). § 202 tritt, wie sich schon aus der dort aufgenommenen Subsidiaritätsklausel ergibt, hinter § 354 zurück. Da auch § 203 II primär das Vertrauen in die Verschwiegenheit von Amtspersonen schützt (vgl. dort RN 3), geht § 354 als die speziellere Vorschrift vor (Lackner 9, M-Schroeder II 216; and. [Idealkonkurrenz] D-Tröndle 21, Samson SK 35, Schäfer LK 82). Zum Verhältnis von Abs. 2 Nr. 3 zu § 357 vgl. o. 25.

43 IX. Die **Strafe** ist in den Fällen der Abs. 1–3 für alle Tätergruppen einheitlich Freiheitsstrafe bis zu fünf Jahren oder Geldstrafe; demgegenüber beträgt für die in Abs. 4 genannten Amtsträger die Höchststrafe zwei Jahre. Daß sachliche Gesichtspunkte eine solche Differenzierung nicht rechtfertigen, wird besonders bei dem Personenkreis des Abs. 3 S. 2 deutlich: Der Amtsträger nach Abs. 4 unterliegt danach einer wesentlich milderen Strafdrohung als der Angestellte der Privatfirma, der eine dem Postgeheimnis unterliegende Tatsache mitteilt, von der er bei der Reparatur einer Posteinrichtung Kenntnis erlangt hat (vgl. auch Schäfer LK 81).

§ 355 Verletzung des Steuergeheimnisses

(1) Wer unbefugt
1. Verhältnisse eines anderen, die ihm als Amtsträger
   a) in einem Verwaltungsverfahren oder einem gerichtlichen Verfahren in Steuersachen,
   b) in einem Strafverfahren wegen einer Steuerstraftat oder in einem Bußgeldverfahren wegen einer Steuerordnungswidrigkeit,
   c) aus anderem Anlaß durch Mitteilung einer Finanzbehörde oder durch die gesetzlich vorgeschriebene Vorlage eines Steuerbescheides oder einer Bescheinigung über die bei der Besteuerung getroffenen Feststellungen
   bekanntgeworden sind, oder
2. ein fremdes Betriebs- oder Geschäftsgeheimnis, das ihm als Amtsträger in einem der in Nr. 1 genannten Verfahren bekanntgeworden ist,
offenbart oder verwertet, wird mit Freiheitsstrafe bis zu zwei Jahren oder mit Geldstrafe bestraft.

(2) Den Amtsträgern im Sinne des Absatzes 1 stehen gleich
1. die für den öffentlichen Dienst besonders Verpflichteten,

2. amtlich zugezogene Sachverständige und
3. die Träger von Ämtern der Kirchen und anderen Religionsgesellschaften des öffentlichen Rechts.

(3) Die Tat wird nur auf Antrag des Dienstvorgesetzten oder des Verletzten verfolgt. Bei Taten amtlich zugezogener Sachverständiger ist der Leiter der Behörde, deren Verfahren betroffen ist, neben dem Verletzten antragsberechtigt.

Schrifttum: Arndt, Steuergeheimnis, steuerliche Unzuverlässigkeit und gewerberechtliches Untersagungsverfahren, GewArch 88, 281. – *Becker/Riewald/Koch*, Komm. zur Reichsabgabenordnung, 9. A., 1963. – *Eilers*, Das Steuergeheimnis als Grenze des internationalen Auskunftsverkehrs, 1987. – *Felix*, Kollision zwischen Presse-Informationsrecht und Steuergeheimnis, NJW 78, 2134. – *Goll*, Steuergeheimnis und abgabenrechtliche Offenbarungsbefugnis, NJW 79, 90. – *Hartung*, Komm. zum Steuerstrafrecht, 3. A., 1962. – *Hetzer*, Denunziantenschutz durch Steuergeheimnis? NJW 85, 2991. – *Hübschmann/Hepp/Spitaler*, Komm. zur AO, Bd. I, Loseblslg. Stand 1989. – *Kalmes*, Konkurs- bzw. Zwangslöschungsanträge der Finanzbehörden und Steuergeheimnis, BB 90, 113. – *Klein/Orlopp*, Abgabenordnung, 3. A., 1986. – *Koch/Wolter*, Das Steuergeheimnis, 1958. – *Mattern*, Das Steuergeheimnis, 1952. – *Niemeyer*, in: Müller/Gugenberger (Hrsg.), Wirtschaftsstrafrecht 1987, 412. – *Nieuwenhuis*, Strafanzeige und Steuergeheimnis, NJW 89, 280. – *Pfaff*, Komm. zum Steuergeheimnis, 1974. – *Reiß*, Zwang zur Selbstbelastung nach der neuen Abgabenordnung, NJW 77, 1436. – *ders.*, Besteuerungsverfahren und Strafverfahren, 1987. – *Schomberg*, Das Steuergeheimnis im Steuerstrafverfahren, NJW 79, 526. – *Strunk*, Konkursantrag und Steuergeheimis, BB 90, 1530. – *Tipke/Kruse*, Komm. zur AO, Bd. I, Loseblslg. Stand 1989. – *Weyand*, Steuergeheimnis und Offenbarungsbefugnis der Finanzbehörden im Steuerstraf- und Bußgeldverfahren, wistra 88, 9. – *ders.*, Arzt- und Steuergeheimnis als Hindernis für die Strafverfolgung?, wistra 90, 4. – Entwurf einer Abgabenordnung (AO 1974), BT-Drs. 6/1982 bzw. 7/79.

I. Die Vorschrift – ursprünglich in den §§ 400, 22 AO a. F. enthalten – wurde im Anschluß an § 473 E 62 durch das EGStGB in das StGB übernommen, wobei die Neufassung dem § 5 des Entwurfs einer AO (BT-Drs. 6/1982 bzw. 7/79) angepaßt wurde; vgl. jetzt auch § 30 AO n. F. **1**

Rechtsgut ist zunächst das Vertrauen der Allgemeinheit in die Verschwiegenheit bestimmter **2** Amtsträger als Voraussetzung für ein funktionstüchtiges und gesetzmäßiges Steuerwesen und damit letztlich das fiskalische Interesse an einem ungeschmälerten Steueraufkommen selbst, zum anderen auch das individuelle Geheimhaltungsinteresse des Steuerpflichtigen usw. (vgl. EEGStGB 287, BVerfGE **67** 100 [139f.], BVerwG BStBl. **69**, 299, BFH JZ **70**, 184, Hamm NJW **81**, 357, KG NJW **85**, 1971, ferner z. B. D-Tröndle 1, Goll NJW 79, 90, Hetzer NJW 85, 2994, Lackner 1, Schäfer LK 2 ff. u. näher Reiß aaO 85 ff.). Dabei ist der „hohe Rang" des Steuergeheimnisses (BVerfG aaO 140) und dessen im Vergleich zu § 203 II höherer Schutz nicht nur mit dem besonderen Gewicht des fiskalischen Besteuerungsinteresses, sondern auch damit zu erklären, daß das Steuergeheimnis „das Gegenstück" zu den weitgehenden Mitwirkungs- und Offenbarungspflichten des Steuerpflichtigen und auskunftspflichtiger Dritter darstellt (vgl. z.B. EEGStGB 476, BVerfG aaO 139, 142). Im übrigen entspricht die Unwertstruktur des Delikts jedoch der Verletzung von Privatgeheimnissen nach § 203 II, weshalb auch hier primärer Zweck der Schutz des genannten Allgemeininteresses ist (ebenso Goll NJW 79, 90; and. Schäfer LK 4 [Gleichrangigkeit], Reiß aaO 96, Samson SK 2, Tipke/Kruse AO RN 4 [Vorrang der Individualinteressen]). – Die Tat ist ein **echtes Sonderdelikt**, wegen der Erweiterung des Täterkreises auf die in Abs. 2 Nr. 2, 3 Genannten aber kein eigentliches Amtsdelikt (and. D-Tröndle 1, Lackner 2); zur Teilnahme Dritter vgl. u. 35.

II. Der **objektive Tatbestand** verlangt in **Abs. 1 Nr. 1a–c** das Offenbaren bzw. die Verwer- **3** tung von Verhältnissen eines anderen, die dem Täter als Amtsträger in einem Straf-, Bußgeld-, Verwaltungs- oder anderen gerichtlichen Verfahren in Steuersachen bzw. aus anderem Anlaß durch Mitteilung von Finanzbehörden oder durch Vorlage von Steuerbescheiden usw. bekanntgeworden sind; nach Nr. 2 gilt Entsprechendes für Betriebs- oder Geschäftsgeheimnisse.

1. Verhältnisse eines anderen (Nr. 1) sind alle Umstände, die in Beziehung zu einer be- **4** stimmten Person gesetzt werden können, unabhängig davon, ob es sich um eine natürliche oder juristische Person handelt und ob sie in dem konkreten Verfahren (z. B. im Hinblick auf Besteuerungsgrundlagen, Bestehen und Höhe der Steuerpflicht, Gegebensein der tatbestandlichen Voraussetzungen eines Steuervergehens usw.) von Bedeutung sind (vgl. auch RG **65** 46, Schäfer LK 6). Neben den Einkommens-, Vermögens- und Familienverhältnissen gehören hierher also z. B. auch alle sonstigen, steuerrechtlich nicht relevanten Verhältnisse wie Gesundheit, persönliche Zuverlässigkeit, Vorstrafen, Schweben eines Ermittlungsverfahrens wegen einer Steuerstraftat (Hamm NJW **81**, 358), Adressenangaben von konsultierten Ärzten usw. Der Inhalt von Verhandlungen in Steuersachen, der nach § 22 II Nr. 2 AO a. F. generell dem Steuergeheimnis unterlag, ist nur insoweit geschützt, als dabei Verhältnisse eines anderen (bzw. Betriebs- oder Geschäftsgeheimnisse) erörtert werden.

a) Dabei wird es sich vielfach um **Privatgeheimnisse** i. S. von § 203 handeln (vgl. dort RN **5** 5 ff.); notwendig ist dies jedoch nicht. Allerdings sind hier die gleichen Einschränkungen zu machen wie bei den Daten i. S. des § 203 II 2 (vgl. dort RN 49): Auszuscheiden haben solche Verhältnisse, die offenkundig sind (einschließlich der in einer öffentlichen Gerichtsverhandlung erörterten Angelegenheiten; vgl. auch Niemeyer aaO 414, Samson SK 10, Tipke/Kruse § 30 AO RN 31; and. Klein/Orlopp § 30 AO Anm. 3g, Felix NJW 78, 2136) oder an deren Geheimhaltung offensichtlich kein Beteiligter ein Interesse hat (vgl. auch D-Tröndle 7, Maiwald JuS 77, 362, Niemeyer aaO, Schäfer LK 7).

6 b) Verhältnisse „**eines anderen**" sind nicht nur diejenigen des Steuerpflichtigen (vgl. § 33 AO), sondern auch die Verhältnisse Dritter, wenn sie dem Täter in der in Abs. 1 genannten Weise bekanntgeworden sind (KG NJW **85**, 1971, D-Tröndle 7, Samson SK 10, Schäfer LK 8; enger noch § 22 II AO a. F.; vgl. auch EAO 74, Begr. 100). Selbst der Finanzbeamte kann Dritter sein, wenn er außerdienstlich und unbefugt Hilfe in Steuersachen leistet (vgl. Weyand wistra 88, 10). Soweit es sich um Dritte handelt, können sich Einschränkungen allerdings aus der ratio legis (vgl. o. 2) ergeben, denn Angaben nicht in Erfüllung einer Auskunftspflicht gemacht werden: Nur um ein Geheimnis i. S. des § 203 II handelt es sich daher, wenn der Anzeigeerstatter in einer Steuerstrafsache seine Person geheimzuhalten wünscht, da insoweit kein Unterschied zu sonstigen Strafanzeigen besteht (vgl. KG NJW **85**, 1971, Wagner JZ 87, 688; and. z. B. Hetzer NJW 85, 2993 f., für sog. V-Leute auch Schäfer LK 8 mwN).

7 α) Sind mehrere Personen in einer **Rechtsgemeinschaft gesamthänderisch miteinander verbunden** (z. B. Personengesellschaften), so ist jeder Beteiligte im Verhältnis zu den übrigen nicht „**ein anderer**", soweit die gemeinschaftliche Verbundenheit reicht. Insoweit werden daher durch Auskünfte des Finanzamts auf Verlangen des einen auch nicht Verhältnisse „eines anderen" offenbart. Dagegen unterliegen dem Steuergeheimnis auch hier alle Verhältnisse, die geeignet sind, über die gemeinschaftliche Verbundenheit hinaus etwas über den Persönlichkeitsbereich oder die Vermögensverhältnisse des anderen auszusagen. Von Bedeutung ist dies bei der einheitlichen und gesonderten Gewinnfeststellung einer OHG oder KG (BFH BStBl. **65** III, 677, Niemeyer aaO 413; and. Tipke/Kruse § 30 AO RN 10), bei Gesellschaften des bürgerlichen Rechts sowie bei Gesamtschuldverhältnissen (FG Rheinland-Pfalz EFG **73** 334: bei Zwangsvollstreckung über die Frage hinaus, ob und mit welchem Ergebnisses vollstreckt worden ist, keine Auskunft zulässig; vgl. aber auch BFH BStBl. **64** III, 647 [650]). Soweit in Fällen, in denen der Steuerfeststellungsbescheid jedem der Beteiligten oder einem von ihnen mit Wirkung gegenüber allen zugestellt werden kann (z. B. bei Feststellungsbescheiden gegenüber einer Gesellschaft [§ 183 AO] und bei Gesamtschuldnern [zu diesen vgl. auch § 155 II AO]), ein entgegengesetzter Standpunkt vertreten wird (vgl. dazu Schäfer LK 9, Tipke/Kruse § 30 AO RN 10), wird verkannt, daß es sich hierbei um Fragen einer – gesetzlichen – Mitteilungsbefugnis handelt, die erst im Bereich der Rechtfertigung von Bedeutung sind.

8 β) Dagegen sind bei **Kapitalgesellschaften** die Verhältnisse der Gesellschaft und der einzelnen Gesellschafter immer die „eines anderen" (z. B. Niemeyer aaO 412, Schäfer LK 9), weshalb Verhältnisse der Gesellschaft ohne besondere Befugnis den Gesellschaftern nicht offenbart werden dürfen. Ebenso werden im Rahmen einer (rechtsgeschäftlichen oder gesetzlichen) **Vertretung** die Verhältnisse des Vertretenen nicht zu eigenen des Vertreters (so jedoch Tipke/Kruse § 30 AO RN 14), sondern bleiben die „eines anderen". Doch kann der Vertreter hier in den Grenzen seiner Vertretungsmacht für den Vertretenen in Mitteilungen an Dritte einwilligen (vgl. u. 22), auch kann er als Vertreter den Auskunftsanspruch geltend machen, den der Vertretene gegenüber der Finanzbehörde hat (z. B. ist dem Jugendamt als Amtsvormund Auskunft über steuerliche Verhältnisse des Mündels zu erteilen; vgl. i. E. auch Tipke/Kruse aaO).

9 2. Über den Begriff des **Betriebs- oder Geschäftsgeheimnisses** vgl. § 203 RN 11. Da nach Abs. 1 die Tathandlungen für Nr. 1 und Nr. 2 die gleichen sind (ebenso jetzt § 30 II AO n. F.), die Nr. 1 auch juristische Personen erfaßt und umgekehrt Träger von Geschäftsgeheimnissen auch eine Einzelperson sein kann, wird es sich bei den Betriebs- und Geschäftsgeheimnissen immer zugleich um Verhältnisse eines anderen handeln, so daß der Nr. 2 praktisch nur noch deklaratorische Bedeutung zukommt (ebenso D-Tröndle 8; and. Schäfer LK 17).

10 3. Die Verhältnisse bzw. Betriebs- oder Geschäftsgeheimnisse müssen dem Täter **als Amtsträger in einem der in Abs. 1 Nr. 1 a–c genannten Verfahren bekanntgeworden** sein. Dies ist der Fall, wenn die dienstliche Mitwirkung an einem Verfahren, die auch in einer die Entscheidung lediglich vorbereitenden Tätigkeit bestehen kann, die Kenntnis des fraglichen Verhältnisses mit sich bringt oder wenn die Erlangung der Kenntnis in einem inneren Zusammenhang zu seiner dienstlichen Tätigkeit steht (vgl. Hamm NJW **81**, 358; vgl. auch § 353b RN 7, § 354 RN 7). Nicht erforderlich ist, daß sich das Verfahren gerade gegen denjenigen richtet, um dessen Verhältnisse es geht (vgl. auch o. 6); erfaßt sind vielmehr auch die Verhältnisse Dritter, von denen der Täter in einem solchen Verfahren erfährt, z. B. nach § 93 AO von dem Dritten selbst oder durch Beiziehung von Akten, ferner z. B. eine aus den Steuerakten sich ergebende unbefugte Hilfeleistung in Steuersachen (vgl. dazu Bilsdorfer wistra 84, 8, Weyand wistra 88, 10). Desgleichen muß das Verfahren nicht gerade zu dem Zweck geführt werden, diese Kennt-

Verletzung des Steuergeheimnisses 11–14 § 355

nis zu erlangen (Weyand aaO 11). Nicht ausreichend ist es dagegen, wenn der Täter ohne jeglichen dienstlichen Anlaß von einem Kollegen Verhältnisse eines Steuerpflichtigen mitgeteilt bekommt oder sich auf Grund seiner dienstlichen Stellung Kenntnis von ihm an sich nicht zugänglichen Akten verschafft (vgl. auch Niemeyer aaO 413). Handelt es sich um Schriftstücke, so setzt ein „Bekanntwerden" nicht voraus, daß der Täter diese gelesen hat; hier genügt es, daß sie sich in seinem Besitz befinden, so daß ein Offenbaren auch durch bloße Weitergabe begangen werden kann (vgl. § 354 RN 8). Im einzelnen muß die Kenntnis in einem der folgenden Verfahren erlangt sein:

a) Abs. 1 Nr. 1a nennt das **Verwaltungsverfahren und gerichtliche Verfahren in Steuersachen.** 11
Verwaltungsverfahren in Steuersachen sind zunächst die Steuern aller Art betreffenden Besteuerungsverfahren (§§ 155 ff. AO), Erhebungsverfahren (§§ 218 ff. AO) und Vollstreckungsverfahren (§§ 249 ff. AO), einschließlich des Verfahrens über außergerichtliche Rechtsbehelfe i. w. S. (Einspruch [§ 348 AO], Beschwerde [§ 349 AO], Antrag auf Nachsichtgewährung [§ 110 AO] oder auf Aussetzung der Vollziehung [§ 361 II AO], Gegenvorstellungen, Dienstaufsichtsbeschwerden); zu den Verfahren in der früheren DDR vgl. Art. 97a EinfGes. zur AO i. d. F. des EV I Kap. IV B II 7. Hierher gehören ferner Verwaltungsverfahren, die keinen bestimmten Steuerpflichtigen und keinen einzelnen Steuerfall betreffen, aber mit Steuersachen unmittelbar zusammenhängen (z. B. Ermittlungen zur Festsetzung von Durchschnittsätzen nach § 23 UStG, Innenrevisionsprüfungen [vgl. Weyand wistra 88, 10 f.]). Zu den *gerichtlichen Verfahren in Steuersachen* zählen alle Verfahren vor den Finanzgerichten (§§ 33 ff. FGO) unter Einschluß der ordentlichen wie auch der außerordentlichen Rechtsbehelfe (z. B. Wiedereinsetzung gem. § 56 FGO, Antrag auf Aussetzung der Vollziehung gem. § 69 II, III FGO oder Wiederherstellung der hemmenden Wirkung nach § 69 IV 3 FGO). Auch das Verfahren vor den Verwaltungsgerichten oder über eine Verfassungsbeschwerde in Steuersachen gehört hierher, weil der Sachbezug zum steuerrechtlich geschützten Geheimnisbereich unabhängig von funktionellen Zuständigkeitsregeln besteht.

b) Abs. 1 **Nr. 1b** nennt **Straf- und Bußgeldverfahren wegen** einer **Steuerstraftat** bzw. **Steuerord-** 12 **nungswidrigkeit,** wozu das gesamte Erkenntnis- und Vollstreckungsverfahren gehört (zur Einleitung des Ermittlungsverfahrens vgl. § 397 AO; vgl. aber auch Celle NJW 90, 1802, wonach der Finanzbehörde in ihrer Funktion als strafrechtliche Ermittlungsbehörde bekanntgewordene Tatsachen nicht dem Steuergeheimnis unterliegen sollen, was jedoch weder aus § 393 I AO folgt noch mit dem eindeutigen Wortlaut der Nr. 1b – entsprechend § 30 II Nr. 1b AO – vereinbar ist). Für den Begriff der *Steuerstraftat* ist jetzt (zum früheren Recht vgl. die 18. A.) die Legaldefinition des § 369 AO maßgebend. § 355 selbst gehört nicht hierher (Franzen/Gast/Samson, Steuerstrafrecht, 3. A., § 369 RN 5), ebensowenig z. B. § 353 oder § 264 (hier auch dann nicht, wenn – wie z. B. nach § 20 BerlinförderungsG i. d. F. v. 22. 2. 1990, BGBl. I 174 – für die Strafverfolgung die Vorschriften der AO entsprechend gelten). *Steuerordnungswidrigkeiten* sind gem. § 377 AO Zuwiderhandlungen, die nach den Steuergesetzen mit Geldbuße geahndet werden können. Dazu gehören nicht nur die §§ 378 ff. AO, sondern z. B. auch die unbefugte Hilfeleistung in Steuersachen gem. § 160 SteuerberatungsG i. d. F. des EV I Kap. IV B II (Klein/Orlopp § 377 AO Anm. 1; and. Bilsdorfer wistra 84, 9, Weyand wistra 88, 12).

c) Abs. 1 **Nr. 1c** bewirkt einen „**verlängerten Schutz des Steuergeheimnisses**" durch Einbezie- 13 hung von Amtsträgern, die aus anderem Anlaß durch Mitteilung einer Finanzbehörde (1. Alt.) oder durch die gesetzlich vorgeschriebene Vorlage eines Steuerbescheids oder einer Bescheinigung über die bei der Besteuerung getroffenen Feststellungen (2. Alt.) von dem Steuergeheimnis unterliegenden Tatsachen erfahren haben. Bei der 1. Alt. handelt es sich um Mitteilungen einer Finanzbehörde, die nicht anläßlich eines Verfahrens nach Nr. 1a, b an eine andere Behörde gemacht werden; hier ist dann auch diese (bzw. der Amtsträger) an das Steuergeheimnis gebunden. Ob die Finanzbehörde von sich aus, auf Ersuchen im Wege der Amtshilfe (z. B. nach § 126a II FGO) oder auf Grund einer gesetzlichen Mitteilungspflicht tätig wird, ist unerheblich. Die 2. Alt. beruht auf der Überlegung, daß es sachlich keinen Unterschied bedeutet, ob dem außerhalb der Steuerverwaltung stehenden Amtsträger die Verhältnisse des Steuerpflichtigen von einer Steuerbehörde mitgeteilt werden oder ob sie ihm durch einen anderen gesetzlich vorgeschriebenen Vorgang bekannt werden (vgl. EEGStGB 288).

4. a) Als **Offenbaren** der Verhältnisse des Steuerpflichtigen usw. ist jede Art von Mitteilung 14 anzusehen, die einem anderen erstmalig Verhältnisse eines anderen zur Kenntnis bringt (vgl. dazu § 203 RN 19 f.). Trotz unterlassener Namensangabe ist der Tatbestand erfüllt, wenn das Offenbarte eine Identifikation des Betroffenen ermöglicht. Bei Angaben über Verhältnisse einer Personenmehrheit kommt es deshalb darauf an, ob eine Zuordnung zu einer bestimmten Einzelperson noch möglich ist. Richtsätze und vergleichsweise herangezogene Betriebsergebnisse dürfen daher nur insoweit bekanntgegeben werden, als die Identität anderer Steuerpflichtiger dadurch nicht erkennbar wird (BFH BStBl. 58 III, 229). Kein Offenbaren sind nach dem Sinn der Vorschrift Mitteilungen innerhalb derselben Behörde, mit denen die Angelegenheit zwecks ordnungsgemäßer Erledigung des Verfahrens, in dem die fraglichen Tatsachen bekanntgeworden sind, auf dem dafür vorgesehenen Weg weiteren Personen zur Kenntnis gebracht wird (vgl. Goll NJW 79, 91, Niemeyer aaO 144 u. entsprechend § 203 RN 45; and. Tipke/Kruse § 30 AO

Lenckner 2347

RN 31, Weyand wistra 88, 11); einer besonderen Offenbarungsbefugnis bedarf es hier daher nur beim Übergang in ein anderes Verfahren (z. B. Abgaben an die Strafsachenstelle zur Einleitung eines Ermittlungsverfahrens; vgl. dazu auch Weyand aaO). Zur Mitteilung an andere Behörden in Steuersachen vgl. u. 20. Ein Offenbaren ist auch durch *Unterlassen* möglich, so wenn der Amtsträger in dem Bereich, für den er verantwortlich ist, die Einsichtnahme eines Dritten duldet (vgl. § 203 RN 20 und näher § 354 RN 9).

15 b) **Verwerten** ist jedes wirtschaftliche Ausnutzen der Betriebs- und Geschäftsgeheimnisse bzw. der sonstigen Verhältnisse eines anderen zum Zwecke der Gewinnerzielung, gleichgültig, ob dies zum eigenen oder fremden Vorteil geschieht (Bay NStZ **84**, 169 m. Anm. Maiwald; vgl. näher § 204 RN 5f.). Ebenso wie bei § 204 (vgl. dort RN 3) ergibt sich auch für § 355 aus dem Begriff des „Verwertens", daß hier nur solche dem Steuergeheimnis unterfallenden Verhältnisse in Betracht kommen, die ihrer Natur nach zur wirtschaftlichen Ausnutzung geeignet sind (vgl. dazu Maiwald JuS 77, 362, Niemeyer aaO 414, Schäfer LK 26; and. Tipke/Kruse § 30 AO RN 33). Kein Verwerten ist z. B. das Ausnützen der Kenntnis über Verhältnisse des Steuerpflichtigen, um diesen für eine gewinnbringende Tätigkeit zu gewinnen (and. Bay NStZ **84**, 169 m. abl. Anm. Maiwald). Erfolgt das Verwerten durch ein Offenbaren (z. B. Verkauf eines Geschäftsgeheimnisses), so ist der Tatbestand schon aus diesem Grunde erfüllt.

16 5. **Täter** ist nach Abs. 1, wer als **Amtsträger** in einem der in Nr. 1a–c genannten Verfahren (vgl. o. 8ff.) von den Verhältnissen des Steuerpflichtigen Kenntnis erlangt hat; zum Begriff des Amtsträgers vgl. § 11 I Nr. 2 (entspr. § 7 AO) und dort RN 16ff. Entscheidend ist, daß der Täter im Zeitpunkt der Kenntniserlangung in dem bezeichneten Verhältnis tätig war; unerheblich ist, ob er beim Offenbaren diese Stellung noch innehatte.

17 **III. Abs. 2** stellt den Amtsträgern die für den **öffentlichen Dienst besonders Verpflichteten, die amtlich zugezogenen Sachverständigen** und die **Träger von Ämtern der Kirchen und anderer Religionsgesellschaften des öffentlichen Rechts** gleich, soweit sie an einem Verfahren nach Abs. 1 Nr. 1 beteiligt sind. Zu den *für den öffentlichen Dienst besonders Verpflichteten* vgl. § 11 I Nr. 4 und dort RN 34ff. Bei den *Sachverständigen* genügt die amtliche Zuziehung; daß sie öffentlich bestellt (vgl. § 203 RN 60) oder förmlich verpflichtet sind, ist nicht erforderlich (vgl. auch Niemeyer aaO 412). Hierher gehören insbes. die nach § 96 AO von den Finanzbehörden, nach § 385 AO i. V. mit §§ 72ff. StPO von den Strafverfolgungsbehörden und nach § 81 FGO von den Finanzgerichten zugezogenen Sachverständigen. *Träger von kirchlichen Ämtern usw.* können Täter sein, soweit sie an einem Verfahren über die Erhebung von Abgaben durch die betreffende Kirche usw. mitwirken; zu den Kirchen und sonstigen Religionsgesellschaften des öffentlichen Rechts vgl. § 132a RN 15. Gleichgültig ist, ob die Kirche usw. die unter das Steuergeheimnis fallenden Verhältnisse nach § 31 AO durch Mitteilung der Finanzbehörde oder auf Grund von Angaben des Steuerpflichtigen bekannt werden.

18 Nicht nach § 355 geheimhaltungspflichtig sind dagegen die vom Steuerpflichtigen selbst zugezogenen Sachverständigen, ferner die sog. Abzugsverpflichteten (z. B. Arbeitgeber im Lohnsteuerabzugsverfahren), die Beteiligten i. S. des § 78 AO und ihre Bevollmächtigten sowie die für den Steuerpflichtigen tätigen Steuerberater bzw. -bevollmächtigten. Eine Schweigepflicht kann sich hier u. U. jedoch aus § 203 ergeben.

19 **IV.** Das Merkmal „**unbefugt**" hat dieselbe Doppelbedeutung wie in §§ 203 (vgl. dort RN 21) und 354 (vgl. dort RN 11). Bezüglich des Offenbarens (vgl. o. 14) ist die Befugnis dazu jetzt in § 30 IV, V AO n. F. ausdrücklich geregelt, wobei die dort genannten Voraussetzungen, unter denen eine Weitergabe „zulässig" ist, z. T. allerdings nur mit Hilfe eines Verweisungstatbestands (Abs. 4 Nr. 2) oder einer ausfüllungsbedürftigen Generalklausel (Abs. 4 Nr. 5) umschrieben sind (für eine restriktive Interpretation des Abs. 4 im Hinblick auf grundrechtliche Geheimhaltungsansprüche Eilers aaO 3ff. mwN). Umstritten ist, ob der Katalog des § 30 IV AO abschließend ist (bejahend z. B. Tipke/Kruse § 30 AO RN 35, Weyand wistra 89, 11; verneinend D-Tröndle 14, Maiwald JuS 77, 362, M-Schroeder II 216, Niemeyer aaO 414, Schäfer LK 30). Dagegen spricht schon, daß § 30 IV AO zwar die Zustimmung des Betroffenen, nicht aber dessen mutmaßliche Einwilligung nennt, obwohl diese hier als Rechtfertigungsgrund nicht ausgeschlossen werden kann. Zweifelhaft kann deshalb nur sein, ob § 30 AO bezüglich der auf einer Interessenkollision beruhenden Offenbarungsbefugnisse eine erschöpfende Regelung darstellt, wobei es konkret um die Frage geht, ob die in § 30 AO nicht genannte Offenbarung zum Schutz *privater* Interessen ausnahmsweise nach § 34 gerechtfertigt sein kann. Nach dem in § 34 RN 7 Gesagten wäre dies zu verneinen, wenn § 30 AO eine abschließende Interessenabwägung des Gesetzgebers dahingehend entnommen werden müßte, daß nur öffentliche (vgl. Abs. 4 Nr. 5), niemals aber private Interessen das Interesse an der Wahrung des Steuergeheimnisses überwiegen können. Eine solche Deutung liegt zwar deshalb nahe, weil auch nach der h. M. zum früheren Recht eine Durchbrechung des Steuergeheimnisses zur

Wahrung privater Interessen schlechterdings ausgeschlossen sein sollte (vgl. die Nachw. in RN 34 der 18. A.). Die Ergebnisse sind jedoch unbefriedigend, weil danach das Offenbaren z. B. auch dann rechtswidrig wäre, wenn nur auf diese Weise Machenschaften des Steuerpflichtigen vereitelt werden können, die auf den völligen wirtschaftlichen Ruin eines Dritten abzielen. Als ultima ratio muß deshalb auch ein Rückgriff auf § 34 zulässig sein (vgl. dazu auch Goll NJW 79, 93, Niemeyer aaO, Schäfer LK 30).

1. Nach § 30 IV Nr. 1 AO ist die Offenbarung zulässig, wenn sie der **Durchführung eines Verfahrens nach Abs. 1 Nr. 1a, b** (vgl. o. 11f.) **dient**. Da die dienstlichen Zwecken dienende behördeninterne Weitergabe von Geheimnissen usw. innerhalb desselben Verfahrens schon kein Offenbaren ist (vgl. o. 14), betrifft die Vorschrift Mitteilungen für andere Verfahren oder an Außenstehende. Von Bedeutung ist sie hier insbes. bei Mitteilungen an andere Finanzbehörden (z. B. sog. Kontrollmitteilungen), Rechnungshöfe, u. U. aber auch an sonstige Behörden oder dritte Personen (z. B. bei Zuziehung von Sachverständigen oder Auskunftspersonen), sofern dies in einem unmittelbaren funktionalen Zusammenhang mit einem der in Abs. 1 Nr. 1a, b genannten Verfahren geschieht (wozu ein gewerberechtliches Untersagungsverfahren nach § 35 GewO nicht gehört [vgl. BFH NVwZ **88**, 476, BVerwGE **65** 1, OVG Hamburg MDR **81**, 697, Meier GewArch 85, 321, aber auch u. 32], ebensowenig ein Konkursverfahren, selbst wenn dieses von der Finanzbehörde beantragt wird oder eine Befriedigung des Finanzamtes als Konkursgläubigerin zu erwarten ist [vgl. Kalmes BB 90, 114, aber auch App DStZ 83, 237 sowie u. 32]). Zulässig ist hier die Offenbarung von Verhältnissen usw. sowohl des Steuerpflichtigen als auch Dritter, soweit dies zur Erreichung des mit dem betreffenden Verfahren verfolgten Zwecks erforderlich ist (vgl. LG Bremen NJW **81**, 592) und die dem Betroffenen entstehenden Nachteile dazu nicht in einem groben Mißverhältnis stehen (vgl. Tipke/Kruse § 30 AO RN 40). Zu den Einzelheiten vgl. Klein/Orlopp § 30 AO Anm. 4a, Tipke/Kruse aaO RN 40 ff.

2. Nach § 30 IV Nr. 2 AO ist die Offenbarung befugt, wenn sie **durch Gesetz ausdrücklich zugelassen** ist. Daß die Offenbarungsbefugnis *ausdrücklich* im Gesetz enthalten sein muß, kann nicht bedeuten, daß sie expressis verbis ausgesprochen sein müßte; auch wenn sie sich nach allgemeinen Auslegungsgrundsätzen aus Sinn und Zweck eines Gesetzes ergibt, wird die Offenbarung von diesem „zugelassen" und ist damit nicht mehr unbefugt (zu den Anforderungen an die Normenklarheit vgl. aber Eilers aaO 37 f.). So gestattet § 138 nicht „ausdrücklich" die Offenbarung des Steuergeheimnisses, doch kann, wie sich auch aus § 139 ergibt, nicht zweifelhaft sein, daß diese hier zur Erfüllung der Anzeigepflicht zulässig ist. Das Erfordernis einer „ausdrücklichen" Regelung kann daher allenfalls den Sinn haben, daß die Offenbarungsbefugnis „eindeutig und unmißverständlich" aus dem Gesetz hervorgehen muß (vgl. Hamm NJW **81**, 358, Goll NJW 79, 91, Klein/Orlopp § 30 AO Anm. 4b, Schäfer LK 34), besagt dann aber letztlich etwas Selbstverständliches. Auch ohne diesen Zusatz würde sich ergeben, daß z. B. die allgemeine Verpflichtung zur Amtshilfe (Art. 35 GG) oder sonstige Vorschriften, die nicht erkennbar den Charakter einer dem Steuergeheimnis vorgehenden Sonderregelung haben (z. B. §§ 156 ff. GVG, § 161 StPO, § 273 II Nr. 2 ZPO), in diesem Zusammenhang ausscheiden. *Gesetz* i. S. der Vorschrift sind auch Rechtsverordnungen (vgl. auch § 4 AO), wobei bezüglich des Inhalts der Ermächtigung die allgemeinen Grundsätze gelten (vgl. Art. 80 GG; enger Tipke/Kruse § 30 AO RN 46). In Betracht kommen sowohl Steuergesetze (§ 3 AO) als auch außersteuerrechtliche Vorschriften (z. B. § 10 II AusländerG; vgl. im übrigen die Übersicht in EAO 74 S. 101 und bei Tipke/Kruse aaO RN 47 ff.); zur Zulässigkeit der Auskunftserteilung im Wege zwischenstaatlicher Rechts- und Amtshilfe in Steuersachen vgl. § 117 AO, Art. 2 EG-AmtshilfeG v. 19. 12. 1985, BGBl. I 2436 (näher dazu z. B. Tipke/Kruse § 30 AO RN 49 u. zu § 117 AO, ferner – z. T. krit. – Eilers aaO 53 ff. mwN; vgl. auch Eilers/Roeder wistra 87, 92). Nicht hierher gehören jedoch die presserechtlichen Bestimmungen über den Informationsanspruch der Presse; Auskünfte in einem Steuerstrafverfahren von erheblicher Bedeutung können jedoch nach § 30 IV Nr. 5 AO (vgl. u. 32) gerechtfertigt sein (Hamm NJW **81**, 356; vgl. auch Felix NJW 78, 2134, Schomberg NJW 79, 526).

3. Zulässig ist nach § 30 IV Nr. 3 AO die Offenbarung mit **Zustimmung des Betroffenen,** womit jedoch nur die vorher (ausdrücklich oder konkludent) erklärte Einwilligung, nicht dagegen die nachträgliche Genehmigung gemeint ist (vgl. Schäfer LK 40, Tipke/Kruse § 30 AO RN 52, Weyand wistra 88, 12; and. Koch/Wolter aaO 66). Ebenso wie in §§ 203 (vgl. dort RN 22), 354 (vgl. dort RN 11) ist die Einwilligung auch hier nicht erst ein Rechtfertigungsgrund, sondern schließt als Einverständnis schon die Tatbestandsmäßigkeit aus, da in diesen Fällen auch das Vertrauen der Allgemeinheit in die Wahrung des Steuergeheimnisses nicht mehr berührt wird (ebenso Goll NJW 79, 92; and. Weyand wistra 88, 12; vgl. auch Schäfer LK 39). Aus diesem Grund kommt es – unabhängig von der Frage der systematischen Einordnung – bei Vorliegen einer Einwilligung auch nicht mehr auf eine Abwägung der privaten gegen die öffentlichen Interessen an (Amelung, Dünnebier-FS 495, Goll aaO; and. Hübschmann/Hepp/Spitaler § 30 AO RN 66 ff.); andererseits wird das Erfordernis einer Einwilligung nicht durch das Bestehen einer Auskunftspflicht ersetzt (OVG Hamburg MDR **81**, 697). Das Einverständnis muß gegenüber der Stelle erklärt werden, die das Steuergeheimnis offenbart, was aber mittelbar auch über einen Dritten (z. B. bei Auskunftsersuchen an eine andere Behörde über diese) geschehen kann. Erstreckt sich das Steuergeheimnis auf die Verhältnisse mehrerer Personen (z. B. bei Gesamtschuldnerschaft), so muß jeder der Betroffenen zustimmen, soweit nicht einer der Beteiligten die anderen wirksam vertreten kann (so z. B. der vertretungsberechtigte Gesellschafter einer Personengesellschaft bezüglich solcher Verhältnisse, welche die gesamthänderische Verbundenheit betreffen).

23 Obwohl in § 30 AO nicht genannt, kommt als Rechtfertigungsgrund auch die **mutmaßliche Einwilligung** des Betroffenen (vgl. 54 ff. vor § 32, § 203 RN 27) in Betracht (näher Goll NJW 79, 92, i. E. auch Samson SK 20, Schäfer LK 41; and. Weyand wistra 88, 11). Daß die in § 4 II Nr. 7 EAO 74 vorgesehene Bestimmung, die in der Sache einen Fall der mutmaßlichen Einwilligung betraf, wegen des fehlenden Bedürfnisses für eine solche Regelung (vgl. BT-Drs. 7/4292 S. 18) nicht in § 30 AO übernommen worden ist, steht dem nicht entgegen.

24 4. Nach § 30 IV Nr. 4 AO ist die Offenbarung von Steuergeheimnissen zulässig, wenn sie der **Durchführung eines Strafverfahrens wegen einer nichtsteuerlichen Straftat dient,** hier i. U. zu der immer zulässigen Offenbarung für ein Steuerstrafverfahren (Abs. 4 Nr. 1 i. V. mit Abs. 2 Nr. 1 b; vgl. o. 20) allerdings nur unter der **einschränkenden Voraussetzung,** daß die Kenntnis der fraglichen Tatsache auf bestimmte Weise erlangt ist. Auf Art und Schwere der Straftat kommt es hier – anders als in den Fällen des Abs. 4 Nr. 5 a, b – nicht an. Grundgedanke der Vorschrift ist, daß der Schutz des Steuergeheimnisses gegenüber Strafverfolgungsinteressen dort zurücktritt, wo das Erlangen entsprechender Kenntnisse nicht die Folge von Mitwirkungs- und Offenbarungspflichten des Betroffenen ist (vgl. BT-Drs. 7/4292 S. 18).

25 a) Nach Nr. 4 a dürfen zum Zweck der Durchführung eines außersteuerlichen Strafverfahrens solche Kenntnisse grundsätzlich mitgeteilt werden, die **in einem Verfahren wegen einer Steuerstraftat oder Steuerordnungswidrigkeit** – und deshalb nicht als Folge einer Mitwirkungs- oder Offenbarungspflicht, weil es eine solche für den Beschuldigten dort nicht gibt – **erlangt** sind. Aus der ratio legis erklären sich auch die beiden Ausnahmen, die in Nr. 4 a vorgesehen sind: Danach gilt dies nicht für bereits vorher im Besteuerungsverfahren bekannt gewordene Tatsachen, ferner für solche Tatsachen, die der Steuerpflichtige in Unkenntnis der Einleitung des Verfahrens offenbart hat (vgl. dazu auch das prozessuale Verwertungsverbot in § 393 II AO), wobei dies nach dem Grundgedanken der Vorschrift auch für die nach §§ 93 ff. AO Auskunftspflichtigen gelten muß, die zwar nicht „Steuerpflichtige" i. S. des § 33 AO sind, die sich aber dennoch einer Steuerstraftat schuldig machen können (Schäfer LK 46, Tipke/Kruse § 30 AO RN 57; krit. Reiß aaO 118). Zur Behandlung von Kenntnissen, die trotz Einleitung des Steuerstrafverfahrens durch weitere Ermittlungen im Besteuerungsverfahren erlangt sind, vgl. Reiß aaO 118 ff.; zur Weitergabe der bei einer Durchsuchung im Rahmen eines Steuerstrafverfahrens gemachten sog. Zufallsfunde an die Staatsanwaltschaft vgl. Bilsdorfer wistra 84, 9 f, ferner Weyand wistra 90, 7 (Weiterleitung einer Patientenkartei mit Hinweisen auf Nichtsteuerdelikte [z. B. § 218] sowohl des Arztes wie auch Dritter).

26 b) Offenbart werden dürfen für Zwecke eines nichtsteuerlichen Strafverfahrens nach Nr. 4 b ferner in einem sonstigen Verfahren (Besteuerungs-, Steuerstraf-, Steuerbußgeldverfahren) **ohne Bestehen einer steuerlichen Verpflichtung** oder unter **Verzicht auf ein Auskunftsverweigerungsrecht** erlangte Kenntnisse. Ohne steuerliche Verpflichtung sind insbes. freiwillige Angaben Dritter ohne entsprechendes Auskunftsverlangen der Finanzbehörde gemacht (vgl. Schäfer LK 47), wobei es dem Bestehen einer steuerlichen Verpflichtung, welche die Offenbarung ausschließt, jedoch gleichstehen muß, wenn der Betroffene von der Finanzbehörde über das Fehlen einer Mitteilungspflicht im unklaren gelassen worden ist und er sich dieser deshalb gutgläubig offenbart hat (vgl. BT-Drs. 7/4292 S. 18, Goll NJW 79, 93, Hübschmann/Hepp/Spitaler § 30 AO RN 78). Dagegen sind Angaben des Steuerpflichtigen im Besteuerungsverfahren in aller Regel (zumindest subjektiv) in Erfüllung einer steuerlichen Verpflichtung gemacht – auch ein Auskunftsverweigerungsrecht nach § 103 AO steht ihm nicht zu –, weshalb sie unter dem Gesichtspunkt der Nr. 4 b auch nicht offenbarungsfähig sind. Entsprechendes gilt für Auskünfte Dritter, soweit ihnen kein Auskunftsverweigerungsrecht zustand. Dabei ist es nach dem Wortlaut der Nr. 4 b gleichgültig, ob der Steuerpflichtige bzw. die Auskunftsperson auch der Betroffene ist, weshalb sich hier die Frage einer teleologischen Reduktion stellt (vgl. dazu Reiß aaO 110 f.). Dagegen kann umgekehrt beim Verzicht auf ein Auskunftsverweigerungsrecht die Offenbarungsbefugnis nicht deshalb verneint werden, weil die verzichtende Auskunftsperson nicht selbst der Betroffene ist (Reiß aaO 115 f.; and. Schäfer LK 47, Tipke/Kruse § 30 AO RN 58 u. hier die 22. A.). Zu unterscheiden ist bei der Anzeige von Straftaten, die zur Verhinderung der ordnungsgemäßen Vollstreckung von Steuerschulden begangen werden und die, weil sie keine Steuerstraftaten sind (sonst Nr. 1) und auch nicht unter Nr. 5 a, b fallen (z. B. §§ 113, 136, 288), nur unter den Voraussetzungen der Nr. 4 b offenbart werden dürfen: Hier ist z. B. bei § 113 zwar die Tatsache, daß der Steuerpflichtige dem Vollstreckungsbeamten Widerstand geleistet hat, keine solche, deren Kenntnis als Folge der Erfüllung einer steuerlichen Mitwirkungspflicht erlangt ist, und dasselbe gilt auch für die Kenntnis vom Vorliegen eines vollziehbaren Steuerverwaltungsakts, wohl aber ist – ebenso unbefriedigend wie unpraktikabel – der steuerliche Hintergrund im übrigen von einer Offenbarung ausgeschlossen, soweit ihn die Steuerbehörde nur aufgrund von Mitwirkungs- und Offenbarungspflichten in Erfahrung gebracht hat (vgl. mit Recht krit. Nieuwenhuis NJW 89, 280, der hier deshalb ein unbenanntes „zwingendes öffentliches Interesse" i. S. der Nr. 5 annimmt [vgl. dazu aber u. 32] und de lege ferenda eine Ergänzung der Nr. 4 vorschlägt).

27 5. Nach § 30 IV Nr. 5 AO ist die Offenbarung befugt, wenn für sie ein **zwingendes öffentliches**

Interesse besteht (zur Verfassungsmäßigkeit der Vorschrift vgl. Eilers aaO 38 ff.). Nach allgemeinen Rechtfertigungsprinzipien ist dies der Fall, wenn die Offenbarung das relativ mildeste Mittel zur Wahrung eindeutig überwiegender öffentlicher Interessen ist. Nach h. M. sind solche nur dann gegeben, wenn es sich um die Gefahr schwerer Nachteile für das allgemeine Wohl handelt (vgl. z. B. BFH HFR **65**, 381, NVwZ **88**, 476, BVerwGE **65** 6, Schäfer LK 51, Tipke/Kruse § 30 AO RN 61 mwN), was jedoch dahin zu ergänzen ist, daß es der Begriff des zwingenden öffentlichen Interesses zuläßt, neben der Gefahrenabwehr i. S. der Erhaltung des Bestehenden auch den zum Wohl der Allgemeinheit unerläßlichen neuen Entwicklungen Rechnung zu tragen (vgl. auch § 203 RN 53 d). Einen – nicht abschließenden („namentlich"; vgl. aber auch u. 32) – Katalog von Fällen eines zwingenden öffentlichen Interesses enthalten die lit. a–c der Nr. 5, wobei die dort genannten Beispiele zugleich Anhaltspunkte dafür geben, wie schwer die Nachteile für das allgemeine Wohl sein müssen, wenn die Maßnahme, für welche die Auskunft erforderlich ist, unterbleibt. Zur Frage, ob auch der Schutz privater Interessen eine Offenbarung rechtfertigen kann, vgl. o. 19.

a) Nach Nr. 5 a besteht ein zwingendes öffentliches Interesse hinsichtlich der **Verfolgung** von **Verbrechen** oder **vorsätzlichen schweren Vergehen gegen Leib und Leben oder gegen den Staat und seine Einrichtungen.** Die Tragweite der Vorschrift wird durch die Gesetzesfassung eher verdunkelt. Obwohl es nach dem Wortlaut nicht darauf ankommt, *von wem* die Behörde die entsprechende Kenntnis erlangt hat, müssen solche Fälle ausscheiden, in denen der Steuerpflichtige im Besteuerungsverfahren in Erfüllung seiner ihm nach §§ 90, 200 AO obliegenden Mitwirkungspflicht eine für die Besteuerung erhebliche Straftat offenbart hat (wozu er nach §§ 328, 393 I sogar gezwungen werden kann, soweit es sich bei der Tat nicht um eine Steuerstraftat handelt); denn nach rechtsstaatlichen Grundsätzen ist es undenkbar, daß an die für steuerliche Zwecke bestehende Pflicht, u. U. auch Straftaten zu offenbaren (zur Verfassungsmäßigkeit vgl. BVerfG wistra **88**, 302), die Befugnis der Behörde geknüpft wird, die auf solche Weise erlangte Kenntnis gegenüber den Strafverfolgungsbehörden zu verwerten (vgl. auch Samson SK 25). Da ohne eine entsprechende Pflicht gemachte Angaben des Betroffenen bereits nach Nr. 4 b offenbart werden dürfen, wäre es deshalb an sich naheliegend, Nr. 5 a im Wege verfassungskonformer Auslegung auf solche Fälle zu beschränken, in denen die Finanzbehörde ihre Kenntnisse von einem Dritten (z. B. einem Angestellten des Steuerpflichtigen nach § 93 AO) erlangt hat (so hier die 22. A.). Wegen des klaren Wortlauts des den § 30 IV Nr. 5 ergänzenden § 393 II AO ist eine solche Möglichkeit jedoch zweifelhaft (zum Ganzen und zu den schwerwiegenden verfassungsrechtlichen Bedenken, die gegen die derzeitige Regelung bestehen und die entgegen Schäfer LK 53c auch durch das obiter dictum in BVerfGE **56** 47 nicht ausgeräumt sind, vgl. näher Reiß NJW 77, 1436 sowie aaO 128 f. u. pass.; vgl. auch BVerfG wistra **88**, 302). Unklar ist die Bestimmung auch, was den *Kreis der eine Offenbarung rechtfertigenden Straftaten* betrifft. Kein Anlaß besteht allerdings, diesen auf den Katalog der nach § 138 anzeigepflichtigen Verbrechen zu beschränken (so jedoch Tipke/Kruse § 30 AO RN 62, Weyand wistra **88**, 12), weil es dort um die ganz andere Frage einer für jedermann bestehenden Anzeigepflicht geht, die auch zur Verhütung bevorstehender Straftaten nur in engen Grenzen gerechtfertigt sein kann (vgl. Schäfer LK 57 f.) Zweifelhaft aber ist nach der Gesetzesfassung bereits, ob es sich auch bei den Verbrechen um solche gegen Leib, Leben, den Staat oder seine Einrichtungen handeln muß. Im Hinblick auf die Entstehungsgeschichte der Nr. 5 a (vgl. BT-Drs. 7/79 S. 198) wird man dies trotz der dadurch entstehenden Ungereimtheiten – keine Offenbarung z. B. bei Straftaten nach §§ 181, 265 – bejahen müssen (Goll NJW **79**, 94; and. Reiß aaO 124 f.). Trotz des insoweit ebenfalls nicht eindeutigen Gesetzeswortlauts ist ferner anzunehmen, daß Vergehen „gegen den Staat und seine Einrichtungen" nur solche sind, die sich speziell gegen staatliche Rechtsgüter richten, nicht aber Taten, von denen der Staat lediglich im Einzelfall betroffen ist, wie z. B. bei Eigentums- und Vermögensdelikten gegenüber dem Fiskus (ebenso Goll aaO, Reiß aaO 126 f., Samson SK 25; and. Klein/Orlopp § 30 AO Anm. 4 e bb; vgl. auch Schäfer LK 60 f.); dies ergibt sich aus der Gleichstellung mit den Delikten gegen Leib und Leben sowie daraus, daß etwa die Vermögensdelikte nur unter den besonderen Voraussetzungen der Nr. 5 b erfaßt sind und diese, wenn sie gegenüber dem Staat begangen werden, nicht prinzipiell schwerer wiegen als solche gegen den einzelnen, so daß hier auch das Strafverfolgungsinteresse nicht grundsätzlich anders bewertet werden kann. Unklar ist schließlich, ob es für die „Schwere" des Vergehens auf die konkrete Tat oder auf die abstrakte gesetzliche Bewertung (Höhe der Strafdrohung) ankommt. Hier spricht die Gleichsetzung mit den Verbrechen für letzteres, wobei jedoch wieder minder schwere Fälle – gleichgültig, ob das Gesetz solche ausdrücklich vorsieht – auszuscheiden haben (vgl. Goll NJW **79**, 94, Reiß aaO 126; and. Schäfer LK 56). Nicht offenbart werden darf daher z. B. eine Vorteilsannahme nach § 331, aber auch nicht die Bestechlichkeit in einem leichteren Fall nach § 332 I.

b) Ein zwingendes öffentliches Interesse besteht nach Nr. 5 b ferner hinsichtlich der **Verfolgung besonders qualifizierter Wirtschaftsstraftaten.** Auch hier gilt jedoch die gleiche Einschränkung wie bei Nr. 5 a: Ist die Kenntnis auf Grund einer entsprechenden Mitteilungspflicht des betroffenen Steuerpflichtigen erlangt, so besteht kein Offenbarungsrecht (vgl. o. 28, Goll NJW **79**, 95). Der schillernde Begriff der Wirtschaftsstraftat (vgl. Otto ZStW **96**, 350 ff., 374 u. näher Tiedemann I 48 ff. mwN; krit. auch Samson SK 26) kann im vorliegenden Zusammenhang nicht nach der an prozessualen und prozeßökonomischen Gesichtspunkten orientierten Regelung des § 74 c GVG (vgl. insbes. Abs. 1 Nr. 6) bestimmt werden (vgl. Hübschmann/Hepp/Spitaler § 30 AO RN 87, Weyand wistra **88**, 13, aber auch Schäfer LK 64: maßgeblicher Anhaltspunkt), auch nicht, wenn dabei zusätzlich noch an eine bestimmte, soziologisch fixierte Berufsrolle des Täters angeknüpft wird (so jedoch Tipke/Kruse § 30 AO RN 63). Geht es, wie hier, um die Frage, ob das Steuergeheimnis hinter den Strafverfolgungsinteressen zurücktreten soll, so kann es vielmehr nur darauf ankommen, ob das Strafbedürfnis wegen der besonderen Schutzwürdigkeit der durch die Tat betroffenen Güter und Interessen überwiegt. Unter diesem Gesichtspunkt aber sind als Wirtschaftsstraftaten nur solche Delikte anzusehen, bei denen schon das geschützte Rechtsgut begriffsnotwendig dem überindividuellen Wirtschaftsleben zuzurechnen ist oder die jedenfalls geeignet sind, über die Schädigung von Einzelinteressen hinaus das Wirtschaftsleben oder die Wirtschaftsordnung insgesamt zu stören oder zu gefährden (näher zu dieser „strafrechtsdogmatischen" Begriffsbestimmung Tiedemann I 50 ff. mwN). Auch die in § 74c GVG genannten Delikte müssen daher diese Voraussetzungen erfüllen; demnach stellen zwar z. B. der Subventions- und Kreditbetrug (§§ 264, 265b) immer eine Wirtschaftsstraftat dar, ein Betrug nach § 263 dagegen nur, wenn er wegen der über die individuelle Rechtsgutsverletzung hinausreichenden Fernwirkung zugleich soziale Belange des Wirtschaftsgeschehens berührt (vgl. auch Goll NJW 79, 94f., Weyand aaO).

30 Ein zwingendes öffentliches Interesse für die Offenbarung besteht nur bei einer *besonders schwerwiegenden* Wirtschaftsstraftat. Nach Nr. 5b muß diese nach ihrer Begehungsweise oder wegen des Umfangs der verursachten Schadens geeignet sein, die wirtschaftliche Ordnung erheblich zu stören oder das Vertrauen der Allgemeinheit auf die Redlichkeit des geschäftlichen Verkehrs oder auf die ordnungsgemäße Arbeit der Behörden und der öffentlichen Einrichtungen erheblich zu erschüttern. Die Eignung zu einer erheblichen (!) Störung der wirtschaftlichen Ordnung (d. h. des wirtschaftlichen Gesamtgefüges) kann z. B. wegen der davon ausgehenden Breitenwirkung bei Großkonkursen anzunehmen sein (vgl. Meier GewArch 85, 322; weitergehend Schäfer LK 66). Die 2. Alt. (erhebliche Erschütterung des Vertrauens der Allgemeinheit auf die Redlichkeit des geschäftlichen Verkehrs) kommt z. B. bei Serienbetrügereien durch Abschreibungs- und Anlagegesellschaften oder bei durch ihren besonderen Umfang gekennzeichneten Verstößen gegen das UWG in Betracht. Die 3. Alt. (erhebliche Erschütterung des Vertrauens auf die ordnungsgemäße Arbeit der Behörden) kann z. B. bei Subventionsbetrügereien unter Beteiligung von Amtsträgern (§ 264 II Nr. 2, 3) gegeben sein.

31 c) Nach Nr. 5c besteht ein zwingendes öffentliches Interesse, wenn die Offenbarung erforderlich ist **zur Richtigstellung in der Öffentlichkeit verbreiteter unwahrer Tatsachen,** die geeignet sind, das Vertrauen in die Verwaltung erheblich zu erschüttern. Dabei muß es sich hier – ebenso wie in Nr. 5b – um das Vertrauen der Allgemeinheit handeln; daß nur das Vertrauen einzelner gestört werden könnte, genügt nicht. Die „Eignung zu einer erheblichen (!) Störung" dieses Vertrauens „in die Verwaltung" – womit lediglich die Finanzverwaltung gemeint sein dürfte (vgl. Schäfer LK 70, Tipke/Kruse § 30 AO RN 67) – ist nur in Ausnahmefällen anzunehmen (vgl. auch Goll NJW 79, 97f.), wofür auch spricht, daß die Entscheidung über die Offenbarung der obersten Finanzbehörde im Einvernehmen mit dem Bundesminister der Finanzen vorbehalten ist. Dies gilt insbesondere dann, wenn die Verhältnisse eines an dem Verbreiten der unwahren Tatsachen unbeteiligten Dritten offenbart werden sollen. An der Erforderlichkeit kann es fehlen, wenn der Betroffene die unwahren Behauptungen gutgläubig aufgestellt hat, da hier die Möglichkeit einer (notfalls öffentlichen) Richtigstellung durch diesen besteht; das gleiche gilt, wenn schon das Verlangen nach einer Berichtigung Erfolg verspricht. Schon aus diesem Grund ist das Unterlassen einer vorherigen Anhörung des Betroffenen entgegen der Sollvorschrift der Nr. 5c (wo fälschlich nur von einer Anhörung des „Steuerpflichtigen" die Rede ist) i. d. R. ermessensfehlerhaft (vgl. auch Schäfer LK 71; auf eine solche kann vielmehr nur dann ohne weiteres verzichtet werden, wenn der Betroffene sich trotz Aufforderung nicht äußert (vgl. Tipke/Kruse § 30 AO RN 67) oder wenn offensichtlich ist, daß er selbst zu einer Richtigstellung nicht bereit sein wird. Zum Aktenvorlageverlangen eines Untersuchungsausschusses, mit der Bundestag in der Öffentlichkeit verbreiteten Zweifeln an der Vertrauenswürdigkeit der Exekutive nachgeht, vgl. BVerfGE **67** 100 m. Anm. Bogs JZ 85, 112, Köln NJW **85**, 336, Seibert NJW 84, 1001 („Flickspenden-Affäre").

32 d) **Sonstige Fälle eines zwingenden öffentlichen Interesses** liegen vor, wenn die für eine Offenbarung sprechenden Gründe dasselbe Gewicht haben wie die in Nr. 5a–c berücksichtigten öffentlichen Belange. Strafverfolgungsinteressen wegen anderer als der in Nr. 5a, b aufgeführten Taten kommen dafür nicht mehr in Betracht, da Nr. 5a, b insoweit als eine abschließende Exemplifizierung anzusehen ist (Schäfer LK 55; and. Nieuwenhuis NJW 89, 280 für Straftaten gegen die Ordnungsmäßigkeit der Steuerfestsetzung oder -vollstreckung [vgl. dazu o. 26]). Um einen Fall eines (unbenannten) wichtigen öffentlichen Interesses handelt es sich dagegen bei der Anzeige bevorstehender Straftaten i. S. der Nr. 5a, b: Ist dort eine Offenbarung zum Zweck der Strafverfolgung zulässig, so muß dies erst recht für die Verhinderung solcher Taten gelten (wobei hier, soweit die Taten nicht zugleich solche i. S. des § 138 sind, jedoch keine Anzeigepflicht besteht). Darüber hinaus kann aber auch bei der Verhütung von Taten, die nicht unter Nr. 5a, b fallen, ein zwingendes öffentliches Interesse zu bejahen sein (z. B. schwere Umweltstraftaten). Im übrigen kann ein solches z. B. zu bejahen sein bei Auskünften an die Presse über ein elementare Gemeinschaftsinteressen berührendes Strafverfahren (vgl. Hamm NJW 81, 356 [„Parteispenden"]) oder wenn öffentliche Mittel zu Unrecht verausgabt oder nicht vereinnahmt würden (vgl. Klein/Orlopp § 30 AO Anm. 4e; offengelassen von BVerwG DVBl. **68**, 796). Dasselbe gilt für die Anmeldung bzw. Mitteilung von Steuerrückständen im Konkurs- oder Zwangsversteigerungsverfahren (zum Konkursantrag der Finanzbehörde und der hier nach § 105 I KO erforderlichen Glaubhaftmachung vgl. einerseits Kalmes BB 90, 113, andererseits Strunk BB 90, 1530) oder an die Paßbehörde, wenn der Betroffene sich seinen steuerlichen Verpflichtungen entziehen will (vgl. § 7 I Nr. 4, § 8 PaßG). Ein zwingendes öffentliches Interesse wird von der h. M. ferner angenommen bei der Mitteilung steuerlicher Unzuverlässigkeit an Gewerbebehörden im gewerberechtlichen Untersagungsverfahren nach § 35 GewO, dies jedoch nur im Rahmen des Verhältnismäßigkeitsprinzips und unter Beschränkung auf solche Steuerrückstände, die mit der Ausübung des Gewerbes, das untersagt werden soll, im Zusammenhang stehen (vgl. BFH NVwZ **88**, 474, ferner BVerwGE **65** 6, NVwZ **88**, 432, FG Hamburg EFG **70** 292, OVG Hamburg MDR **81**, 697, OVG Münster BB **76**, 771, Erl. d. BFinMin v. 17. 12. 1987 zur Auskunftserteilung an Gewerbebehörden in gewerberechtlichen Verfahren BStBl. I 1988, 2 [auch NVwZ **88**, 417], Koch/Wolter aaO 111, Meier GewArch 85, 319, Schäfer LK 73; and. Arndt GewArch 88, 281, Goll NJW 79, 96, Tipke/Kruse § 30 AO RN 68). Noch kein zwingendes öffentliches Interesse kann eine Offenbarung gegenüber der zuständigen Behörde begründen dagegen andere gewerberechtliche Verstöße (z. B. Fehlen einer Erlaubnis), wenn damit nicht erhebliche Gefahren für einzelne oder die Allgemeinheit verbunden sind. Nicht ausreichend ist ferner z. B. das Interesse an der Verfolgung bloßer Ordnungswidrigkeiten (arg. lit. a, b; vgl. Schäfer LK 49; für Steuerordnungswidrigkeiten vgl. jedoch Abs. 4 Nr. 1), und auch bei Disziplinarverfahren dürfte ein zwingendes öffentliches Interesse allenfalls in besonders gravierenden Ausnahmefällen zu bejahen sein (vgl. auch Weyand wistra 88, 13).

6. Nach § 30 V AO dürfen ferner den Strafverfolgungsbehörden gegenüber **vorsätzlich falsche** **33** **Angaben des Betroffenen** offenbart werden. Grundgedanke der Vorschrift ist, daß zum Schutz des Steuergeheimnisses kein Anlaß besteht, wenn der damit verfolgte Zweck, von dem Steuerpflichtigen wahrheitsgemäße Angaben zu erlangen, nicht erreicht wird (vgl. Klein/Orlopp § 30 AO Anm. 5). Gemeint sind deshalb in Abs. 5 nur vorsätzliche Falschangaben gegenüber der Finanzbehörde (Tipke/ Kruse § 30 AO RN 59), und auch hier hat die Vorschrift wegen Abs. 4 Nr. 1 praktische Bedeutung nur, soweit die falschen Angaben nicht zugleich eine Steuerstraftat darstellen (z. B. falsche Anschuldigung). Wird durch die falschen Angaben lediglich ein früher begangenes Delikt verschleiert, ohne daß sie aber selbst einen Straftatbestand erfüllen (z. B. der Bestecherlohn wird als Honorar für eine erlaubte Nebentätigkeit deklariert), so gilt Abs. 5 gleichfalls nicht, da sonst die Beschränkung auf bestimmte Straftaten in Abs. 4 Nr. 5a, b gegenstandslos wäre (Goll NJW 79, 96).

V. Für den **subjektiven Tatbestand** ist Vorsatz erforderlich; bedingter Vorsatz genügt. Zum **34** Irrtum über die Offenbarungsbefugnis vgl. § 203 RN 71, § 354 RN 40.

VI. Obwohl § 355 ein Sonderdelikt darstellt, findet § 28 auf **Teilnehmer** keine Anwendung **35** (and. D-Tröndle 1, Maiwald JuS 77, 362, Samson SK 29, Schäfer LK 76). Daß dem Täter die fraglichen Tatsachen in einer bestimmten Eigenschaft bekannt geworden sind, begründet für sich allein noch kein besonderes persönliches Merkmal i. S. des § 28, weil damit lediglich die Beziehung gekennzeichnet ist, in der das Rechtsgut verletzt werden kann. Aber auch die spezielle Eigenschaft als Amtsträger im Fall des Abs. 1 muß hier außer Betracht bleiben, da diesem in Abs. 2 Personen gleichgestellt sind, bei denen das Element einer besonderen personalen Pflichtverletzung völlig fehlt (vgl. insbes. Abs. 2 Nr. 2). Vgl. auch § 203 RN 73, § 353b RN 23, § 354 RN 41.

VII. Idealkonkurrenz ist möglich mit den §§ 353b, 353d Nr. 1 und Nr. 3, während § 353d Nr. 2 **36** hinter § 355 zurücktritt (and. Schäfer LK 77: Idealkonkurrenz). Ferner kommt Idealkonkurrenz zwischen § 334 und Anstiftung zu § 355 in Betracht (vgl. zu § 333 a. F. RG **71** 74; ebenso D-Tröndle 17). Dagegen ist § 355 lex specialis gegenüber den §§ 203, 204.

VIII. Nach **Abs. 3** wird die Tat nur auf **Antrag** des Dienstvorgesetzten oder des Verletzten verfolgt, **37** bei amtlich zugezogenen Sachverständigen (Abs. 2 Nr. 2) mangels eines Dienstvorgesetzten auch auf Antrag des betreffenden Behördenleiters (vgl. auch Niemeyer aaO 415). Dies entspricht im Prinzip den §§ 205 (für § 203) und 353b IV, nicht dagegen § 354 (Offizialdelikt). Die Berechtigung für diese Abweichung bei § 354 wird darin gesehen, daß das Steuergeheimnis keinen Verfassungsrang besitze und dem Willen der Beteiligten hinsichtlich der Regelung der Rechtsbeziehungen und hinsichtlich der Lösung von Streitfragen im Verhandlungswege in Steuersachen eine weitaus größere Bedeutung zukomme als im Post- und Fernmeldeverkehr (vgl. EEGStGB 288). Zur Frage, wer als Verletzter antragsberechtigt ist, gilt Entsprechendes wie bei §§ 203, 205; vgl. § 205 RN 5. Die Antragsberechtigung des Dienstvorgesetzten ist unabhängig davon, ob das Dienstverhältnis noch besteht oder inzwischen erloschen ist; die Zuständigkeit bestimmt sich nach § 77a (Dienstvorgesetzter z. Z. der Tat).

§ 356 Parteiverrat

(1) Ein Anwalt oder ein anderer Rechtsbeistand, welcher bei den ihm in dieser Eigenschaft anvertrauten Angelegenheiten in derselben Rechtssache beiden Parteien durch Rat oder Beistand pflichtwidrig dient, wird mit Freiheitsstrafe von drei Monaten bis zu fünf Jahren bestraft.

(2) Handelt derselbe im Einverständnis mit der Gegenpartei zum Nachteil seiner Partei, so tritt Freiheitsstrafe von einem Jahr bis zu fünf Jahren ein.

Schrifttum: Bauer, Kollisionsgefahr in Kfz-Haftpflichtprozessen, NJW 70, 1030. – *Cüppers,* Parteiverrat, NJW 47, 4. – *Dingfelder/Friedrich,* Parteiverrat, 1987. – *O. Geppert,* Der strafrechtliche Parteiverrat bei der Vertretung gemeinsamer Interessen, MDR 59, 352. – *ders.,* Der Täterkreis beim strafrechtlichen Parteiverrat, NJW 60, 1043. – *ders.,* Vorsatz und Irrtum beim strafrechtlichen Parteiverrat, MDR 60, 623. – *ders.,* Der strafrechtliche Parteiverrat, 1961. – *Gerhardt,* Kollisionsgefahr in Kfz-Haftpflichtprozessen, NJW 70, 313. – *Haferland,* Die strafrechtliche Verantwortlichkeit des Verteidigers, 1929. – *Knebel,* Probleme bei der Zusammenarbeit eines RA mit Unfallhelfern, VersR 72, 409. – *Neumeyer,* Prävarikation, VDB IX, 503. – *Pfeiffer,* Parteiverrat als straf- und standesrechtliches Problem, Koch-FG 127. – *Roesen,* Der Parteiverrat in der Rechtsprechung des Reichsgerichts, JW 38, 649. – *Schmidt-Leichner,* Zur Problematik des Parteiverrats, NJW 53, 404. – *ders.,* Strafverteidigung und Parteiverrat, NJW 59, 133. – *Thomas,* Der Begriff der Identität bei der Prävarikation, 1963. – *Welzel,* Der Parteiverrat und die Irrtumsprobleme, JZ 54, 276. – *K. Wolff,* Der Parteiverrat des Sachwalters, 1930.

1   I. Dem Tatbestand des **Parteiverrats** liegt der Gedanke zugrunde, daß Anwälte und Rechtsbeistände, wenn sie sich ihren Mandanten gegenüber pflichtwidrig verhalten, das Vertrauen der Öffentlichkeit in das ordnungsgemäße Funktionieren ihres Berufsstandes erschüttern; geschütztes Rechtsgut ist daher das Vertrauen der Allgemeinheit in die Zuverlässigkeit und Integrität der Anwalt- und Rechtsbeistandsschaft (BGH **15** 336, Bay NJW **59**, 2224, **81**, 832, Hübner LK 6, Geppert, Parteiverrat 29 ff.). Die Schutzwürdigkeit dieses Rechtsguts folgt daraus, daß Anwälte und sonstige Rechtsbeistände unverzichtbare Aufgaben in unserem Rechtswesen zu erfüllen haben und die Rechtssuchenden zur Wahrung ihrer Interessen nicht nur weitgehend darauf angewiesen, sondern auch gesetzlich verpflichtet sind, sich bei der Durchsetzung ihrer Rechte eines Anwalts zu bedienen (Rudolphi SK 3). Freilich wird durch das Verbot, pflichtwidrig in derselben Rechtssache auch der Gegenpartei Beistand zu leisten, auch der Auftraggeber mittelbar geschützt. Dies findet insb. Berücksichtigung bei Abs. 2, der die Prävarikation durch einen Treubruch gegenüber der eigenen Partei hinsichtlich Abs. 1 qualifiziert (zum Verhältnis der beiden Tatbestände vgl. u. 3). Daraus kann jedoch nicht der Schluß gezogen werden, bei § 356 handele es sich um eine Art Untreuedelikt gegenüber der Partei; daraus folgt u. a., daß die Einwilligung der Partei unbeachtlich ist (vgl. BGH **15** 336, NStZ **85**, 74, Hübner LK 130, Rudolphi SK 6).

2   Die Einreihung des § 356 in die Amtsdelikte beruht darauf, daß die Anwälte in einem großen Teil Deutschlands staatliche Beamte waren, als das StGB geschaffen wurde (zur historischen Entwicklung der „Prävarikation" vgl. Hübner LK 2 ff.). Da diese Voraussetzungen fortgefallen sind, können aus der systematischen Stellung keine Folgerungen für die Auslegung des Tatbestands oder die Bestimmungen des Täterkreises gezogen werden. Beim Parteiverrat handelt es sich lediglich um ein Berufsvergehen für Anwälte und andere Rechtsbeistände (BGH **20** 42).

3   § 356 enthält **zwei Tatbestände.** In Abs. 1 ist der Fall geregelt, daß ein Anwalt in dieser Funktion für mehrere Parteien innerhalb der gleichen Rechtssache tätig wird. Insoweit liegt ein abstraktes Gefährdungsdelikt vor; es ist also unerheblich, ob durch seine Tätigkeit die Interessen der jeweils vertretenen Partei beeinträchtigt werden oder nicht; andererseits wird der Tatbestand nicht schon durch eine Standeswidrigkeit i. S. von §§ 45 Nr. 2, 177 II Nr. 2 BRAO erfüllt (Stuttgart NJW **86**, 348 m. Anm. Gatzweiler NStZ 86, 413 u. Dahs JR 86, 349). Abs. 2 enthält dagegen den Fall der „Untreue" des Sachwalters; es handelt sich insoweit um einen qualifizierten Fall des Parteiverrats, durch den Ansehen und Vertrauen in den Berufsstand in besonderem Maße in Mitleidenschaft gezogen werden (Hübner LK 148, Rudolphi SK 4, Geppert, Parteiverrat 151, Welzel JZ 55, 455; and. 20. A. RN 2). Hier ist nicht erforderlich, daß der Anwalt für beide Parteien tätig wird, sondern daß er im Einvernehmen mit einer anderen Partei die Interessen seiner Partei beeinträchtigt, z. B. durch absichtliches Verstreichenlassen einer Rechtsmittelfrist. Insoweit handelt es sich daher auch um ein Delikt gegen die vertretene Partei.

4   II. **Täter** kann nur sein, wer – erstens – Anwalt oder Rechtsbeistand ist und wem – zweitens – in dieser Eigenschaft Rechtsangelegenheiten anvertraut sind. Der Täterkreis wird also nicht bloß durch die Zugehörigkeit zu einem bestimmten Beruf, sondern auch durch die Begründung einer Treupflicht gekennzeichnet. Der Tatbestand enthält folglich ein echtes Sonderdelikt (D-Tröndle 1, Lackner 1, Hübner LK 5); auf Beteiligte, die nicht diese besonderen Eigenschaften aufweisen, also z. B. auch ein Anwalt, der einen Kollegen zu § 356 anstiftet, kommt § 28 I zur Anwendung (vgl. u. 25).

5   1. **Anwälte** sind zunächst alle im Inland zugelassenen Rechts- und Patentanwälte (§§ 4 ff. BRAO, §§ 5 ff. PatAnwO). Auch der Syndikatsanwalt (§ 46 BRAO) eines privaten oder öffentlichen Unternehmens, der als Rechtsanwalt zugelassen ist, kommt als Täter in Betracht,

sofern er als unabhängiges Organ der Rechtspflege tätig wird und nicht bloß weisungsgebundene Syndikusdienste leistet (Rudolphi SK 7, Hübner LK 15; vgl. auch Stuttgart NJW **68**, 1975). Gleiches gilt für den Justitiaranwalt (§ 46 BRAO, BGH **22** 334), den Patentanwaltssyndikus (§§ 14I Nr. 9, 42 PatAnwO, BGHZ **62** 154) und den im Inland zugelassenen ausländischen Anwalt oder Patentanwalt (Hübner LK 15), nicht jedoch für den nur im Ausland zugelassenen Anwalt. Erfaßt werden von § 356 auch der Anwaltsnotar und der Notaranwalt (§ 3 BNotO), der allgemein bestellte Anwaltsvertreter (§§ 53, 161 BRAO, Rudolphi SK 9; and. Hübner LK 15).

Notwendig ist, daß der Anwalt seinen Beruf als unabhängiger Sachwalter von Parteiinteressen ausübt, weshalb ein Anwalt bei seiner Tätigkeit als Konkursverwalter (BGH **13** 231), Testamentsvollstrecker (EGH **14** 93, Rudolphi SK 7) oder Vormund (BGH **24** 191), bei der er unter Kontrolle des Konkurs-, Nachlaß- oder Vormundschaftsrichters ein ihm übertragenes Amt ausübt, nicht als tauglicher Täter des § 356 in Betracht kommt; entsprechendes gilt, wenn er sich als Makler (EGH **14** 103) oder Generalbevollmächtigter (EGH **30** 181) betätigt. Auch eine Beratung in der privaten Sphäre begründet nicht die Pflichten des § 356; zum Parteiverrat gehört es, daß der Anwalt beiden Parteien beruflich in seiner Eigenschaft als Anwalt dient (BGH **20** 41; vgl. u. 8).

2. Rechtsbeistände sind Personen, die in einer vom Staat anerkannten Art beruflich Rechtsbeistand leisten oder die vor einer Rechtspflegebehörde kraft allgemeiner gesetzlicher Vorschrift oder kraft Zulassung im Einzelfall auftreten. Erforderlich ist nicht, daß der Rechtsbeistand zugleich eine amtsträgerähnliche Stellung innehat, sondern vielmehr, daß er unabhängiger Sachwalter von Parteiinteressen ist (Rudolphi SK 8, M-Maiwald II 257). Demzufolge gehören hierher der Rechtsbeistand nach dem Rechtsberatungsgesetz vom 13. 12. 1935, RGBl. I 1478 (M-Maiwald II 257, Lackner 1, Hübner LK 26, Rudolphi SK 9; a. A. Saarbrücken NJW **60**, 306, Bremen NJW **67**, 2418, D-Tröndle 2), der Abwickler einer Anwaltskanzlei (§ 55 BRAO, Hübner LK 24), der Prozeßvertreter vor dem Arbeits- oder Sozialgericht (§ 11 ArbGG, §§ 73, 166 SGG), der gem. §§ 141, 142 StPO zum Verteidiger bestellte Rechtskundige (Rudolphi SK 9, D- Tröndle 2; a. A. Hübner LK 29 mwN pro et contra), der Hochschullehrer als Verteidiger gem. § 138 StPO (M-Maiwald II 257, Lackner 1; a. A. Hübner LK 30) sowie der Prozeßagent gem. § 157 ZPO (Rudolphi SK 9, Hübner LK 26, M-Maiwald II 257). Auch die ständig angestellten Rechtsbeistände höherer Verwaltungsbehörden (Justitiare) und die Verteidiger nach § 392 AO sind hierher zu rechnen. Dem Rechtsbeistand i. S. v. § 356 unterfallen allerdings nicht diejenigen, die nicht zugelassen sind, also unerlaubt Rechtsrat erteilen (Hübner LK 32). Zu Testamentsvollstreckern, Konkursverwaltern usw. vgl. o. 6. Ebensowenig gehört der Rechtspfleger, der im Rahmen seiner Zuständigkeit Rechtsantragstellern Rat erteilt, zum Täterkreis (and. Lappe Rpfleger 85, 94).

Von der hier dargestellten Auffassung abweichend wird z. T. angenommen, daß nur solche Personen als Täter in Betracht kämen, die als Amtsträger den Beamten gleichgestellt seien (RG **51** 220, **73** 126). Danach fielen die Prozeßagenten und die Rechtsbeistände nach dem Rechtsberatungsgesetz nicht unter § 356 (Blei II 447, D-Tröndle 2; dagegen M-Maiwald II 257). Noch enger Geppert NJW 60, 1045, Parteiverrat 35ff., der nur Rechtsanwälte, Patentanwälte, Verwaltungsräte und deren amtlich bestellten Vertreter zum Täterkreis des § 356 rechnet. Hübner LK 29ff. will alle Gelegenheitsbeistände und -verteidiger aus § 356 ausscheiden, so daß der nach §§ 141, 142 StPO als Verteidiger bestellte Rechtskundige sowie der als Verteidiger gewählte Rechtslehrer nach § 138 StPO nicht zum tauglichen Täterkreis gehören würden.

3. Dem Anwalt usw. muß die Angelegenheit **anvertraut** sein, d. h. der Mandant muß ihm die Rechtssache (vgl. dazu Hübner LK 109) zwecks Wahrnehmung seiner Interessen mitgeteilt haben; kein Anvertrauen liegt allerdings vor, wenn der Anwalt das Mandat unverzüglich zurückweist (Rudolphi SK 11). Ein Anvertrauen umfaßt nicht bloß die Mitteilung von Geheimnissen, sondern alle das Auftragsverhältnis betreffenden Tatsachen, unabhängig davon, ob sie dem Anwalt durch seinen Auftraggeber oder aus anderen Quellen bekannt geworden sind (BGH **18** 193, Rudolphi SK 11). Schriftliche Bevollmächtigung oder Erteilung eines Klageauftrages (RG **62** 291) sind keine Begriffsmerkmale des Anvertrauens (Hübner LK 114), ausreichend ist vielmehr, daß dem Anwalt die Interessenwahrnehmung übertragen wurde. Auch die Übergabe zur Interessenwahrnehmung an einen Angestellten des Anwalts kann hierfür ausreichen (vgl. Rudolphi SK 11, Hübner LK 115). In seiner Eigenschaft als Anwalt bzw. Rechtsbeistand muß die Angelegenheit dem Täter anvertraut worden sein; das ist der Fall, wenn die Mitteilung im Hinblick auf seine Stellung als Anwalt oder Rechtsbeistand erfolgt ist (RG **62** 293).

Betraut der Mandant einen **Soziusanwalt** mit einer Rechtssache, so ist diese regelmäßig allen Sozien anvertraut (vgl. BGH **20** 41, Hamm NJW **55**, 803). Dies gilt aber nicht gegenüber später in die Sozietät eintretenden Anwälten, sofern diese sich nicht nach ihrem Eintritt mit der Sache befassen (vgl. Stuttgart NJW **86**, 948 m. Anm. Dahs JR 86, 349 u. Gatzweiler NStZ 86, 413); zu den verschiedenen Konstellationen im Sozietätsverhältnis vgl. Dahs JR 86, 349; vertritt der später eintretende Sozius die Gegenpartei, so kommt eine Standeswidrigkeit in Betracht. Für das **Straf-** und **Bußgeldverfahren** hat das BVerfG (BVerfGE **43** 79, **45** 354) entschieden, daß diese Verfahren idR streng personenbezogen sind und somit verschiedene Beschuldigte auch durch die verschiedenen Anwälte einer Sozietät vertreten werden können (Pfeiffer Koch-FG 135). Die Prozeßvollmacht an sich begründe noch keine Verteidigerstellung, sondern gebe nur Auskunft darüber, wem der Beschuldigte die Verteidigerstellung angetragen, nicht aber, welcher Anwalt die Wahl angenommen habe. Dies folge üblicherweise erst daraus, daß der Anwalt sich im Verfahren ausdrücklich oder konkludent zum Verteidiger bestelle. Für das Anvertrautsein komme es nicht darauf an, daß ein Anwalt einer Sozietät die bloße Möglichkeit der Einsichtnahme in „gegnerische" Akten hat und so Kenntnis von Tatsachen erlangen kann, die dem Interesse des Gegners zuwiderlaufen. Bisher nicht geklärt ist, ob aus dieser Rspr. des BVerfG auch Konsequenzen für Zivil- und Verwaltungssachen zu ziehen sind. Je nach Größe der Sozietät, Spezialisierung der Anwälte, Arbeitsverteilung nach Sozietätsvertrag sowie der konkret vorgenommenen und von der Sozietät konkretisierten Mandatsverteilung kann es auch hier angebracht sein, der Beauftragung eines Anwalts innerhalb der Sozietät auszugehen (vgl. zum Strukturwandel der Sozietäten Dahs JR 86, 349). Bei bloßer Bürogemeinschaft erstreckt sich die Mandatierung nicht auf die anderen Anwälte (Rudolphi SK 11, Pfeiffer Koch-FG 127, 134).

10   III. Die **Handlung** besteht darin, daß der Täter in derselben Rechtssache beiden Parteien durch Rat oder Beistand dient. Der Anwalt muß also für **beide** Parteien tätig geworden sein (Stuttgart NJW **86**, 948, Gatzweiler NStZ 86, 414). Dieses Dienen ist neben dem Anvertrautsein als selbständiges Tatbestandsmerkmal festzustellen. Für die Sozietät bedeutet dies, daß auch für den Fall, daß eine Rechtssache allen Sozien anvertraut ist, das Dienen eines Sozietätsanwalts den anderen Sozien nicht als eigenes Dienen zugerechnet werden kann (OLG Stuttgart NJW **86**, 949). Die bloße Mandatserteilung und Annahme, Ablehnung oder der Widerruf des Mandats sowie Handlungen, die in der Vorbereitung sachlicher Dienste steckenbleiben, stellen noch kein Beistandleisten i. S. v. § 356 dar. Da die Tatsache, daß ein Anwalt auf der Prozeßvollmacht genannt ist, schon keine Aussage über das Anvertrautsein zuläßt, sind Rückschlüsse auf ein Dienen erst recht nicht zulässig.

11   1. Es muß sich in beiden Fällen um **dieselbe Rechtssache** handeln. **Rechtssachen** sind alle Angelegenheiten, bei denen mehrere Beteiligte in entgegengesetztem Interesse einander gegenüberstehen können (BGH **18** 192, D-Tröndle 5). Auch Strafsachen gehören hierzu (BGH **5** 285, 304), weiter die Angelegenheiten der freiwilligen Gerichtsbarkeit und das Konkursverfahren (BGH **7** 19). Weder auf die Form noch auf die Einheitlichkeit des Verfahrens kommt es an, so daß ein Zivilprozeß und ein Strafverfahren dieselbe Rechtssache zum Gegenstand haben können (BGH **5** 304, GA **61**, 203), z. B. wenn ein Anwalt den Schädiger, sein Sozius den Unfallgeschädigten gegenüber der gegnerischen Versicherung vertritt.

12   Maßgebend dafür, ob **dieselbe** Rechtssache vorliegt, ist der sachlich-rechtliche Inhalt der **anvertrauten Interessen,** also das **materielle Rechtsverhältnis,** nicht nur der einzelne Anspruch daraus (RG **23** 65, **60** 299, **62** 156, 294). Es muß sich um denselben Streitstoff handeln, auch wenn er in verschiedenen Verfahren verhandelt wird (BGH NJW **53**, 431). Dieselbe Rechtssache liegt z. B. bei den Ansprüchen gegen Hauptschuldner und Ausfallbürgen vor (RG HRR **35** Nr. 633) oder bei der Durchsetzung einer gepfändeten Forderung gegen den Drittschuldner, den der Anwalt im Prozeß des Pfändungsschuldners vertreten hatte (Bay NJW **59**, 2224), oder beim Wiederaufnahmeverfahren eines zu Strafe Verurteilten und dem Strafverfahren gegen einen Zeugen der früheren Hauptverhandlung (BGH **5** 304); ferner dann, wenn ein Anwalt bei mehreren Unterhaltsprozessen vor einem Prozeßvergleich die eine, nach diesem die andere Partei vertritt (RG **60** 298) oder wenn aus demselben Kaufabschluß wegen falscher Zusicherung des Verkäufers Ansprüche des Käufers gegen den Verkäufer selbst und außerdem gegen den Vermittler verfolgt werden (RG JW **37**, 2964); weiter sind etwa die häuslichen und ehelichen Beziehungen zwischen Eheleuten, aus denen sich verschiedene Rechtsansprüche ergeben, dieselbe Rechtssache (RG JW **26**, 1570, HRR **40** Nr. 714). Vgl. ferner noch RG **58** 247, JW **29**, 1885, HRR **38** Nr. 1443, **39** Nr. 272, BGH NJW **53**, 430 m. zust. Anm. Schmidt-Leichner, Bay NJW **89**, 2903, München NJW **50**, 239 m. Anm. Cüppers, Koblenz NJW **85**, 1177, Geppert, Parteiverrat 59 ff.

13   2. In beiden Fällen müssen die **gleichen Parteien** beteiligt sein. Unter **Parteien** sind hier die an der Rechtssache als solcher beteiligten Personen zu verstehen, jedoch ist i. d. R. nicht eine Behörde, sondern das Gemeinwesen, das sie vertritt, Partei i. S. des § 356 (Bay GA **72**, 314). Die Parteien brauchen keine Prozeßparteien (RG **71** 115) oder sonst förmlich beteiligt zu sein; es genügt eine sachliche Identität der für die Parteien vertretenen Rechtsangelegenheiten in der

Weise, daß der zugrunde liegende Sachverhalt in beiden Fällen ganz oder z. T. sich deckt, wobei gleichgültig ist, ob er im ersten Falle nur für einen oder beide Beteiligte rechtliche Konsequenzen gehabt hat (vgl. BGH AnwBl. 62, 221, Hamm NJW 55, 803). Im Strafprozeß sind Angeklagter und der durch die Tat Verletzte Parteien (BGH 3 400, 5 285), auch wenn weder Privat- noch Nebenklage vorliegt. Im Konkursverfahren ist auch der Gemeinschuldner Partei (BGH 7 19). Dagegen sind im Strafverfahren nicht die anderen Angekl. Partei, gleichgültig, ob sie Mittäter oder Nebentäter waren (Frankfurt NJW 55, 880, Rudolphi SK 20, Schmidt-Leichner NJW 59, 133; and. Oldenburg NStZ 89, 533, Stuttgart NStZ 90, 542 m. Anm. Geppert, Geppert NJW 58, 1959, Parteiverrat 78 ff., M-Maiwald II 259, D-Tröndle 5); daß eine Person an einem bestimmten Prozeßverlauf ein tatsächliches Interesse hat, macht sie nicht zur Partei (RG 66 321). Zwischen den Parteien braucht noch kein Streitpunkt hervorgetreten zu sein; es ist nicht erforderlich, daß sie einander kennen und von dem Widerstreit ihrer Belange etwas wissen (RG 66 320, 71 115). Berufliche eigene Interessen kann der Anwalt seinem früheren Mandanten gegenüber geltend machen; er darf dabei jedoch nicht zugleich fremde Interessen wahrnehmen, mögen diese auch auf demselben rechtlichen Grunde wie seine eigenen Ansprüche beruhen (BGH 12 96).

3. Der Anwalt muß beiden Parteien **pflichtwidrig gedient** haben. **14**

a) Unter **Dienen** ist die gesamte berufliche Tätigkeit eines Rechtsanwalts usw. durch Rat und **15** Beistand zu verstehen (BGH 7 19, NStZ 85, 74). Das Dienen ist nicht auf die Prozeßvertretung beschränkt, sondern trifft auch die Erteilung eines Rates außerhalb des Prozesses (RG 45 306, 62 291, JW 37, 3304). Ist jedoch der Anwalt zunächst nur unparteiischer Mittler der Parteien bei der Formulierung eines Vertrages gewesen, so hat er damit nicht **einer** Partei gedient; § 356 ist daher nicht gegeben, wenn er später bei Streitigkeiten aus dem Vertrag die eine Partei gegen die andere vertritt (BGH AnwBl. 55, 69). Umstritten ist, ob als Dienen i. S. des § 356 auch eine Tätigkeit anzusehen ist, die außerhalb des eigentlichen Berufsbereiches liegt. Geht man davon aus, daß es sich bei § 356 um ein Berufsvergehen handelt (vgl. o. 2, Hübner LK 4f.), ist zu folgern, daß außerberufliches Dienen, etwa die private Erteilung eines Rechtsrates durch den Anwalt, keinen Parteiverrat begründet (BGH 20 41, 24 191, Hübner LK 43, M-Maiwald II 259, Rudolphi SK 24; and. Geppert, Parteiverrat 117, hier 20. A.).

Der Anwalt dient einer Partei **nicht** schon dadurch, daß er, ohne für sie tätig zu werden, **16** **objektiv in ihrem Interesse** handelt. Deshalb ist § 356 nicht erfüllt, wenn der Anwalt nur für eine Partei tätig wird, aber in einer Weise, die ihr zum Nachteil und der Gegenpartei zum Vorteil gereicht, z. B. einen Prozeß mangelhaft führt (Rudolphi SK 23; and. Geppert, Parteiverrat 115 ff.; vgl. auch RG HRR 37 Nr. 1281). In solchen Fällen kommt jedoch Abs. 2 in Betracht, vgl. o. 1 ff. und u. 26. Umgekehrt ist bei einem anwaltlichen Tätigwerden für die Gegenpartei Abs. 1 auch dann gegeben, wenn der Anwalt damit – wie z. B. bei einer unrichtigen Beratung – allein die Interessen seines ersten Auftraggebers fördert.

b) **Pflichtwidrig** ist das Dienen dann, wenn der Täter einer Partei Rat und Beistand leistet, **17** nachdem er einer anderen Partei in derselben Sache, aber im entgegengesetzten Sinne, bereits Rat und Beistand gewährt hat (RG 23 67, BGH 5 286, 306, 7 20); zur Beratung beider Parteien im Scheidungsverfahren vgl. BGH NStZ 82, 332, 85, 74. Dies gilt auch dann, wenn das alte Mandat erledigt ist (RG 66 104, Bay NJW 89, 2903). Ein Rechtsanwalt dient auch dann beiden Parteien pflichtwidrig, wenn er im Rahmen zweier Mandate denselben Rechtsstandpunkt zu dem ihm anvertrauten Sachverhalt vertritt, dies aber nunmehr den Interessen des ersten Mandanten zuwiderläuft (BGH 34 190). Entscheidend ist also der **Interessengegensatz** zwischen den Parteien, denen der Anwalt dient. Für Rechtsanwälte ist dieser Grundsatz ausdrücklich in § 45 Nr. 2 BRAO ausgesprochen; er gilt in gleicher Weise auch für andere Rechtsbeistände. Diese Bestimmung ist Bestandteil des Tatbestandes des § 356 (BGH 7 263; vgl. auch u. 23f.). Ob man dabei den Interessengegensatz der Parteien aus den Begriffen „dieselbe Rechtssache" und „beide Parteien" als dem Tatbestand immanent folgert (so Welzel JZ 54, 276, Geppert MDR 59, 161, Parteiverrat 87) oder § 356 als Blankettgesetz und durch § 45 BRAO ergänzt ansieht (so der BGH), macht i. E. nichts aus. Wann ein solcher Interessengegensatz vorliegt, kann zweifelhaft sein. Hierzu folgende Grundsätze:

α) Ob die **Interessen** der Parteien objektiv, d. h. vom Standpunkt der Parteien unabhängig **18** (M-Schroeder II 109, BGH 5 289, Welzel 524 f., Geppert, Parteiverrat 99), oder subjektiv, d. h. von der Zielsetzung der Parteien her (BGH 5 307), bestimmt werden müssen, ist umstritten. Zur Lösung wird zu differenzieren sein: Im Strafprozeß hat der Anwalt die Interessen des Angekl. auf Freispruch und auf eine milde Strafe zu verfolgen, er unterliegt aber nicht den Weisungen seines Mandanten, sondern dient auch den Interessen einer am Rechtsstaatsgedanken ausgerichteten Strafrechtspflege (BGH 29 106), so daß eine subjektive Disposition des Mandanten über diese Interessen nicht möglich ist und nur eine **objektive** Bestimmung des Interessengegensatzes in Frage kommt (Kohlrausch-Lange III, Rudolphi SK 27, Hübner

LK 83). Dies gilt nicht uneingeschränkt für Ehescheidungssachen, da das frühere Schuldprinzip durch das Zerrüttungsprinzip ersetzt wurde. Hiernach steht es den Ehegatten frei, einverständlich die Voraussetzungen einer Ehescheidung herbeizuführen, wenn sie neben dem Getrenntleben eine Übereinkunft über sämtliche Folgesachen, i. S. v. § 630 I Nrn. 2, 3 ZPO herbeiführen (vgl. Bay NJW **81**, 833). In diesem Fall besteht zwischen den Parteien kein Interessengegensatz (Bay aaO, Rudolphi SK 27; and. Hübner LK 83 f.; für das alte Scheidungsrecht auch BGH **4** 82, **17** 306), anders aber, wenn die Übereinkunft nicht sämtliche Folgesachen umfaßt (Bay aaO). **Subjektiv** sind die Interessen der Parteien überall dort zu bestimmen, wo der Streitstoff der Parteidisposition unterliegt, also insb. in bürgerlich-rechtlichen Vermögensangelegenheiten (Hübner LK 82, Rudolphi SK 28, vgl. auch BGH **7** 20). Es ist daher durchaus möglich, daß eine Beschränkung oder bestimmte Ausrichtung des Mandates den Interessengegensatz beseitigt (vgl. RG **71** 234, **72** 140), wobei ein unbeeinflußter und einsichtiger Wille vorausgesetzt wird. Unter diesem Gesichtspunkt sind Fälle denkbar, in denen mit der Erledigung des Auftrags auch sein Gegenstand zu bestehen aufhört (vgl. RG **66** 103). Ist z. B. ein Auftrag darauf beschränkt, einen bereits feststehenden Vertragsinhalt schriftlich niederzulegen, so betrifft ein späterer Rechtsstreit zwischen den Vertragsparteien nicht die Rechtssache i. S. des § 356, mit der der Anwalt früher befaßt gewesen war (BGH AnwBl. **55**, 69).

19 β) Die **Grenzen,** in denen der Anwalt das Interesse der Partei zu verfolgen hat, werden insb. in bürgerlich-rechtlichen Vermögensangelegenheiten durch diese selbst bestimmt. Der Anwalt ist regelmäßig nicht befugt, sie gegen den Willen der Partei auf das ihm gerecht erscheinende Maß zu reduzieren. Freilich sind hier die Grenzen fließend und im Einzelfalle schwierig zu bestimmen. Verhandelt der Anwalt mit beiden Parteien über den Abschluß eines Vergleichs, so muß er dabei über das einseitige Interesse seiner Partei hinaus ein höheres Interesse der Gerechtigkeit im Auge haben und sich um das bemühen, was er als einen gerechten Ausgleich ansieht. Bedenklich ist jedenfalls die allgemeine Formulierung in BGH **7** 21. Eine Pflichtwidrigkeit liegt sicher dann nicht vor, wenn die Partei sich mit Vergleichsbemühungen ihres Anwalts einverstanden erklärt hat (RG JW **29**, 3169); ebensowenig dann, wenn zwei Parteien gemeinsam einen Rat verlangen (RG **14** 379, JW **29**, 3169). Bei einem späteren Prozeß darf er jedoch nicht eine der Parteien vertreten, wenn er auch für die andere tätig war (Geppert, Parteiverrat 95 ff.). Vgl. noch RG **45** 309, **66** 105, **71** 234, JW **11**, 246, BGH **4** 82, Geppert aaO. Der Anwalt, der im Auftrag eines Straftäters die Verteidigung eines Beschuldigten übernimmt, der nach einem mit dem Täter gefaßten Plan die Straftat auf sich nimmt, und der diese Verteidigungsstrategie hinnimmt und aufrechterhält, begeht, da er damit gleichlaufende, nicht aber entgegengesetzte Interessen wahrnimmt, keinen Parteiverrat (BGH NStZ **82**, 465).

20 γ) Die Pflichtwidrigkeit des Dienens wird nicht dadurch ausgeschlossen, daß der erste **Mandant** sich mit der Vertretung des anderen **einverstanden** erklärt hat (RG **71** 254, **72** 139, BGH **4** 82, **5** 287, **17** 306, **18** 198), und zwar gleichgültig, ob das erste Mandat beendet war (RG **66** 104) oder noch bestand. Nur ausnahmsweise vermag das Einverständnis beider den entgegengesetzte Interesse und damit die Pflichtwidrigkeit zu beseitigen (BGH **15** 335), so insb. bei Vergleichsverhandlungen und subjektiver Begrenzung des Mandats (vgl. Rudolphi SK 29 und o. 18 f.).

21 δ) Ein Interessengegensatz besteht **nicht** bei der Erwirkung **rein formaler,** die Interessen des früheren Mandanten nicht unmittelbar berührender **Akte,** so z. B. wenn ein Anwalt einen Pfändungs- und Überweisungsbeschluß erwirkt, obwohl er den Drittschuldner im Prozeß des Pfändungsschuldners vertreten hat (Bay NJW **59**, 2224). Dagegen ist ihm die zwangsweise Durchsetzung der gepfändeten Forderung verwehrt. Zur Pflichtwidrigkeit von Anwälten als „Unfallhelfer" vgl. Knebel VersR **72**, 409.

22 IV. Für den **subjektiven Tatbestand** ist **Vorsatz** erforderlich. Eine bestimmte Absicht des Täters braucht nach Abs. 1 nicht vorzuliegen, insb. nicht die Absicht, zum Nachteil einer Partei zu handeln. Der Täter muß also zunächst wissen, daß es sich um **„dieselbe Rechtssache"** handelt. Der BGH unterscheidet bei der Kenntnis dieses normativen Tatumstandes (BGH **15** 338) zwischen solchen Fällen, bei denen der Täter infolge Irrtums über die Sachlage die alte Sache in der neuen nicht wiedererkennt („Tatsachen, die das Merkmal derselben Rechtssache erfüllen", BGH **7** 262, **18** 195) und solchen, bei denen er den Begriff derselben Rechtssache unrichtig interpretiert (BGH **7** 263). Im ersten Falle wird Tatbestandsirrtum (§ 16 I), im zweiten „Subsumtionsirrtum" angenommen, der jedoch nicht als unbeachtlich, sondern im Rahmen des Verbotsirrtums als beachtlich bezeichnet wird (BGH **7** 263).

23 Entsprechendes wird auch zum normativen Tatbestandsmerkmal der **„Pflichtwidrigkeit"** angenommen, die i. S. eines zwischen den Parteien bestehenden Interessengegensatzes verstanden wird. Tatbestandsirrtum liegt hier vor, falls der Täter den Interessengegensatz nicht erkannt hat (BGH **3** 400, **4** 80, **5** 288, **7** 22, 263, **15** 338, GA **61**, 203). Dagegen soll „Subsumtionsirrtum" (BGH **7** 23) i. S. von Verbotsirrtum (BGH **7** 23, 265, **9** 347, **17** 306) gegeben sein, falls der Täter seine Pflichten anders interpretiert, als es der Richter tut. Jedoch wird von BGH **7** 263 auch die Möglichkeit anerkannt, daß „infolge rechtsirriger Bewertung der Belange die Gegensätzlichkeit der Interessen nicht erfaßt wird" (Tatbestandsirrtum); ebenso BGH **15** 338.

Demgegenüber ist darauf hinzuweisen, daß bei normativen Tatumständen wie denen „derselben Rechtssache" und des „pflichtwidrigen Dienens" gerade wegen der normativen Natur dieser Merkmale ein Tatbestandsirrtum in Betracht kommt. Die irrtümliche Annahme, das Einverständnis beider Parteien gestatte dem Anwalt die Vertretung, hatten RG **60** 302, **62** 158, **71** 254 als außerstrafrechtlichen Irrtum mit vorsatzausschließender Wirkung angesehen. Dem kann nicht gefolgt werden; daher nehmen BGH **3** 400, **5** 311 folgerichtig Verbotsirrtum an. Über die Vermeidbarkeit des Irrtums durch Einholung des Rates erfahrener Kollegen vgl. BGH NJW **62**, 1832, AnwBl. **62**, 221. Kritik an der Irrtumsrspr. des BGH übt Gutmann AnwBl. **63**, 90; vgl. auch § 17. 24

V. Die Partei, die lediglich die strafbaren Dienste annimmt, ist als notwendige Teilnehmerin straflos. Geht sie aber darüber hinaus und fördert sie dadurch den Parteiverrat (etwa durch Zahlung übermäßigen Honorars), so ist sie wegen **Anstiftung** oder **Beihilfe** strafbar (vgl. RG **71** 116 m. Anm. Schwinge JW 37, 1810); die Strafe ist gemäß § 28 I zu mildern. 25

VI. Den eigentlichen **Verratstatbestand** enthält **Abs. 2**; vgl. o. 3. Er liegt vor, wenn der Täter im Einverständnis mit der Gegenpartei zum Nachteil seiner Partei handelt. Im Einverständnis mit der Gegenpartei handelt der Täter bei gemeinsamem Schädigungsbewußtsein und gegenseitigem Einverständnis; ein Konspirieren braucht nicht vorzuliegen. Das Handeln zum Nachteil erfordert nicht den objektiven Eintritt eines Nachteils; es genügt, daß der Täter den Willen hat, einer Partei Nachteil zuzufügen (Hübner LK 150, M-Maiwald II 261, Rudolphi SK 32; and. Frank IV). Als Nachteil ist jede Beeinträchtigung der Rechtsverfolgung anzusehen. In subjektiver Hinsicht genügt insoweit bedingter Vorsatz. Zur Strafzumessung vgl. Köln NStZ **82**, 382. 26

VII. Idealkonkurrenz ist möglich mit §§ 203, 263, 266, 352. Dient ein Anwalt in derselben Rechtssache der gleichen Partei mehrfach pflichtwidrig, so kommt Fortsetzungszusammenhang in Betracht (RG HRR **38** Nr. 1214). 27

§ 357 Verleitung eines Untergebenen zu einer Straftat

(1) **Ein Vorgesetzter, welcher seine Untergebenen zu einer rechtswidrigen Tat im Amte verleitet oder zu verleiten unternimmt oder eine solche rechtswidrige Tat seiner Untergebenen geschehen läßt, hat die für diese rechtswidrige Tat angedrohte Strafe verwirkt.**

(2) **Dieselbe Bestimmung findet auf einen Amtsträger Anwendung, welchem eine Aufsicht oder Kontrolle über die Dienstgeschäfte eines anderen Amtsträgers übertragen ist, sofern die von diesem letzteren Amtsträger begangene rechtswidrige Tat die zur Aufsicht oder Kontrolle gehörenden Geschäfte betrifft.**

I. Die Vorschrift bedroht Fälle der **Beteiligung im weitesten Sinne** an Amtsdelikten als selbständige Handlungen mit Strafe. Sie geht den allgemeinen Vorschriften über Anstiftung und Beihilfe vor und kommt auch dann allein zur Anwendung, wenn daneben die Voraussetzungen des § 26 oder § 27 (RG **68** 92 m. Anm. Klee JW 34, 1359) oder des § 30 (OGH **2** 30) gegeben sind. Die Bedeutung dieser Sondervorschrift liegt einerseits darin, daß die Strafmilderungen der §§ 27, 30 entfallen, die Beteiligung des Vorgesetzten (Aufsichtspflichtigen) aber immer als Täterschaft gewertet wird, und andererseits darin, daß eine Beteiligung selbst dann als Täterschaft gewertet wird, wenn der Untergebene unvorsätzlich handelt (vgl. u. 9) und dem Vorgesetzten die zur Täterschaft notwendigen besonderen Eigenschaften als Amtsträger (vgl. z. B. § 348) fehlen. In diesem Bereich gibt es also noch eine Urheberschaft (vgl. 30 f. vor § 25), was sich aus dem Begriff „Verleiten" ergibt; vgl. § 160 RN 1, 7. Ist der Vorgesetzte oder Aufsichtsbeamte selbst auch **Täter** (mittelbarer Täter, Mittäter) des vom Untergebenen begangenen Delikts, dann kommt § 357 nicht in Betracht (RG **67** 177, OGH NJW **50**, 436). Dies gilt auch bei Unterlassungsdelikten. 1

II. Täter kann in den Fällen des Abs. 1 nur der **Dienstvorgesetzte** des Amtsträgers sein. Er muß zwar selbst **Amtsträger** i. S. des § 11 I Nr. 4 sein (Lackner 1), braucht jedoch nicht die Sondereigenschaft des Untergebenen zu besitzen (z. B. bei §§ 343 ff., 348). Über LG-Präsidenten als Vorgesetzte vgl. OGH **2** 26. Nach Abs. 2 steht dem Vorgesetzten der **Aufsichts-** oder **Kontrollbeamte** gleich (vgl. RG **68** 290). Auch für Abs. 2 reicht der Versuch einer Verleitung des Untergebenen aus; dies ergibt die Verweisung auf Abs. 1. 2

Erforderlich ist weiter, daß die **Untergebenen,** die für die jeweilige Straftat im Amte notwendigen Eigenschaften aufweisen. Sie müssen also nicht unbedingt Amtsträger sein (so aber OGH NJW **50**, 436 zu § 357 a. F.). 3

§ 358 1–3   Bes. Teil. Straftaten im Amte

4   III. Das Gesetz regelt **drei verschiedene Fälle:**

5   1. Die **vorsätzliche Verleitung** zu einem Amtsdelikt, also eine erfolgreiche Einwirkung zur Begehung des Amtsdelikts. Zum Verleiten genügt jede Art der Einwirkung (OHG **2** 30); auch das Verleiten zur unvorsätzlichen Tat (vgl. o. 1). Es ist nicht erforderlich, daß der Verleitende selbst Täter sein könnte.

6   2. Das **Unternehmen der Verleitung** zu einem Amtsdelikt. Hier wird die erfolglose Einwirkung mit Strafe bedroht (vgl. OGH **2** 28), und zwar auch bei bloßen Vergehen. Für den subjektiven Tatbestand genügt es, daß der Täter sich die von seinem Untergebenen zu begehende Straftat im Amt in ihren Hauptmerkmalen vorgestellt hat (OGH **2** 32, 37). Vgl. weiter § 30 RN 8, § 11 Abs. 1 Nr. 6 u. dort RN 46ff.

7   3. Das **wissentliche Geschehenlassen** eines Amtsdelikts, also regelmäßig die Beihilfe durch Unterlassen dazu (vgl. 98ff., 106 vor § 25). Diese Beihilfe wird hier als Täterschaft bestraft; das gleiche muß aber auch für die positive Beihilfe (der Vorgesetzte stellt dem Täter Formulare für eine Falschbeurkundung zur Verfügung) gelten. Voraussetzung für die Bestrafung ist, daß der Vorgesetzte oder Aufsichtsbeamte rechtlich und tatsächlich in der Lage ist, die strafbare Handlung zu verhindern (Bay **51**, 199, Rudolphi SK 9).

8   Der Täter muß den Vorsatz eines Gehilfen haben, d. h. wissen, daß infolge seines Nichteingreifens die Tat so, wie sie erfolgt, begangen werden kann; bedingter Vorsatz ist ausreichend (RG **HRR 37** Nr. 773).

9   4. In allen Fällen muß sich die Tat des Vorgesetzten oder Aufsichtsbeamten auf eine Handlung beziehen, die der **Untergebene „im Amte"** begeht. Bestritten ist jedoch, ob es sich um Amtsdelikte i. S. der §§ 331ff. handeln muß. Eine derartige Beschränkung erscheint trotz des Wortlauts (rechtswidrige Tat im Amt) zweckwidrig, da entscheidend nicht die z. T. willkürliche Auswahl der Amtsdelikte, sondern nur die Tatsache sein kann, daß der Vorgesetzte seine amtliche Stellung dazu benutzt, um die amtliche Tätigkeit seines Untergebenen zu korrumpieren. Daher ist lediglich erforderlich, daß die strafbare Handlung in Ausübung des Amtes erfolgt. Andernfalls würde z. B. das Unbrauchbarmachen einer Urkunde (§ 133 III) unter § 357 fallen, nicht dagegen die unter den gleichen Voraussetzungen vorgenommene Fälschung, da sie nur nach § 267 erfaßt ist. Wie hier z. B. i. E. BGH **3** 351, M-Schroeder II 380, Busch LK[9] 5. Anders als in §§ 26, 27, 30 genügt es, daß der Untergebene eine rechtswidrige Tat begeht; sie braucht insb. nicht vorsätzlich zu sein (BGH **2** 169, Rudolphi SK 5). Allerdings kommt dann für den Vorgesetzten auch mittelbare Täterschaft in Betracht, sofern er selbst die für den jeweiligen Tatbestand erforderliche Täterqualität besitzt, so daß dann § 357 nicht zur Anwendung gelangt.

10   IV. An dem Delikt des § 357 ist **Teilnahme** nach allgemeinen Regeln möglich, also auch seitens eines Nichtbeamten (echtes Sonderdelikt); dessen Strafe ist jedoch gemäß § 28 I zu mildern (vgl. § 28 RN 21). Eine Beteiligung des Untergebenen, z. B. in der Form der Anstiftung, tritt hinter die Bestrafung wegen der eigenen Straftat zurück.

11   V. Die **Strafe** ist die für die Tat des Untergebenen angedrohte. Soweit bei der Tat des Untergebenen der **Versuch** strafbar ist, gilt dies auch für das Geschehenlassen. Über den **Verlust der Amtsfähigkeit** vgl. § 358.

§ 358 Nebenfolgen

Neben einer Freiheitsstrafe von mindestens sechs Monaten wegen einer Straftat nach den §§ 332, 336, 340, 343, 344, 345 Abs. 1 und 3, §§ 348, 352 bis 353b Abs. 1, §§ 354, 355 und 357 kann das Gericht die Fähigkeit, öffentliche Ämter zu bekleiden (§ 45 Abs. 2), aberkennen.

1   I. Neben einer Verurteilung wegen der in dieser Vorschrift genannten Delikte kann auf den Verlust der Fähigkeit, öffentliche Ämter zu bekleiden, erkannt werden. Im einzelnen gilt folgendes:

2   1. Notwendig ist die Verurteilung zu einer **Freiheitsstrafe** von **mindestens sechs Monaten.** Erfolgt eine Verurteilung wegen mehrerer Straftaten, die zu einer Gesamtstrafe führt, so kann auf die Nebenfolge nur erkannt werden, wenn für eine in der Vorschrift genannte Straftat die Einzelstrafe mindestens sechs Monate beträgt oder wenn für mehrere der genannten Straftaten eine Gesamtstrafe von mindestens sechs Monaten verhängt wird. Treffen mehrere der durch § 358 in Bezug genommenen Straftaten mit anderen Straftaten zusammen, so ist entscheidend, ob für die Taten nach § 358 eine Gesamtstrafe von mindestens sechs Monaten zu verhängen wäre.

3   2. Die Nebenfolge ist auch möglich bei einer **versuchten Straftat** oder einer Teilnahme an den hier genannten Straftaten; auch eine versuchte Teilnahme nach § 30 reicht aus.

4 **II.** Obwohl die Vorschrift auf § 45 II verweist, der sich auf § 45 I bezieht, betrifft § 358 **nur** die **Amtsfähigkeit,** nicht die Wählbarkeit und das Stimmrecht. Dies ergibt sich aus einem Vergleich zu § 92a, in dem ausdrücklich auch die anderen Nebenfolgen genannt sind.

5 **III.** Die Nebenfolge kann auch gegen einen **Nichtamtsträger** ausgesprochen werden (vgl. Schäfer LK^9 10, D-Tröndle).

6 **IV.** Die Verhängung der Nebenfolge steht im **Ermessen** des **Gerichts.**

§ 359 [Begriff des Beamten] *aufgehoben durch EGStGB; vgl. jetzt § 11 Nr. 2–4.*

§§ 360–370 [Übertretungen] *aufgehoben durch EGStGB; vgl. jetzt § 12 RN 15ff.*

Anhang
Strafrechtsrelevante Bestimmungen des Einigungsvertrags –
Fortgeltendes DDR-Strafrecht

Vorbemerkung: vgl. dazu auch Einf. 12 vor § 1 sowie 60ff., insbes. 69–89 vor § 3.

1. Einigungsvertrag (EV)

Vertrag zwischen der Bundesrepublik Deutschland und der Deutschen Demokratischen Republik über die Herstellung der Einheit Deutschlands vom 31. 8. 1990 (BGBl. II 889) unter Berücksichtigung der Zusatzvereinbarung vom 18. 9. 1990 (BGBl. II 1239) und des Einigungsvertragsgesetzes vom 23. 9. 1990 (BGBl. II 885).

Art. 3 Inkrafttreten des Grundgesetzes

Mit dem Wirksamwerden des Beitritts tritt das Grundgesetz für die Bundesrepublik Deutschland in der im Bundesgesetzblatt Teil III, Gliederungsnummer 100–1, veröffentlichten bereinigten Fassung, zuletzt geändert durch Gesetz vom 21. Dezember 1983 (BGBl. I S. 1481), in den Ländern Brandenburg, Mecklenburg-Vorpommern, Sachsen, Sachsen-Anhalt und Thüringen sowie in dem Teil des Landes Berlin, in dem es bisher nicht galt, mit den sich aus Artikel 4 ergebenden Änderungen in Kraft, soweit in diesem Vertrag nichts anderes bestimmt ist.

Art. 4 Beitrittsbedingte Änderungen des Grundgesetzes

Das Grundgesetz für die Bundesrepublik Deutschland wird wie folgt geändert:

5. In das Grundgesetz wird folgender neuer Artikel 143 eingefügt:
„Art. 143
(1) Recht in dem in Artikel 3 des Einigungsvertrags genannten Gebiet kann längstens bis zum 31. Dezember 1992 von Bestimmungen dieses Grundgesetzes abweichen, soweit und solange infolge der unterschiedlichen Verhältnisse die völlige Anpassung an die grundgesetzliche Ordnung noch nicht erreicht werden kann. Abweichungen dürfen nicht gegen Artikel 19 Abs. 2 verstoßen und müssen mit den in Artikel 79 Abs. 3 genannten Grundsätzen vereinbar sein."

Art. 8 Überleitung von Bundesrecht

Mit dem Wirksamwerden des Beitritts tritt in dem in Artikel 3 genannten Gebiet Bundesrecht in Kraft, soweit es nicht in seinem Geltungsbereich auf bestimmte Länder oder Landesteile der Bundesrepublik Deutschland beschränkt ist und soweit durch diesen Vertrag, insbesondere dessen Anlage I, nichts anderes bestimmt wird.

Art. 9 Fortgeltendes Recht der Deutschen Demokratischen Republik

(1) Das im Zeitpunkt der Unterzeichnung dieses Vertrags geltende Recht der Deutschen Demokratischen Republik, das nach der Kompetenzordnung des Grundgesetzes Landesrecht ist, bleibt in Kraft, soweit es mit dem Grundgesetz ohne Berücksichtigung des Artikels 143, mit in dem Artikel 3 genannten Gebiet in Kraft gesetztem Bundesrecht sowie mit dem unmittelbar geltenden Recht der Europäischen Gemeinschaften vereinbar ist und soweit in diesem Vertrag nichts anderes bestimmt wird. Recht der Deutschen Demokratischen Republik, das nach der Kompetenzordnung des Grundgesetzes Bundesrecht ist und das nicht bundeseinheitlich geregelte Gegenstände betrifft, gilt unter den Voraussetzungen des Satzes 1 bis zu einer Regelung durch den Bundesgesetzgeber als Landesrecht fort.

(2) Das in Anlage II aufgeführte Recht der Deutschen Demokratischen Republik bleibt mit den dort genannten Maßgaben in Kraft, soweit es mit dem Grundgesetz unter Berücksichtigung dieses Vertrags sowie mit dem unmittelbar geltenden Recht der Europäischen Gemeinschaften vereinbar ist.

(3) Nach Unterzeichnung dieses Vertrags erlassenes Recht der Deutschen Demokratischen Republik bleibt in Kraft, sofern es zwischen den Vertragsparteien vereinbart wird. Absatz 2 bleibt unberührt.

Anhang
1. Einigungsvertrag

(4) Soweit nach den Absätzen 2 und 3 fortgeltendes Recht Gegenstände der ausschließlichen Gesetzgebung des Bundes betrifft, gilt es als Bundesrecht fort. Soweit es Gegenstände der konkurrierenden Gesetzgebung oder der Rahmengesetzgebung betrifft, gilt es als Bundesrecht fort, wenn und soweit es sich auf Sachgebiete bezieht, die im übrigen Geltungsbereich des Grundgesetzes bundesrechtlich geregelt sind.

Art. 17 Rehabilitierung

Die Vertragsparteien bekräftigen ihre Absicht, daß unverzüglich eine gesetzliche Grundlage dafür geschaffen wird, daß alle Personen rehabilitiert werden können, die Opfer einer politisch motivierten Strafverfolgungsmaßnahme oder sonst einer rechtsstaats- und verfassungswidrigen gerichtlichen Entscheidung geworden sind. Die Rehabilitierung dieser Opfer des SED-Unrechts-Regimes ist mit einer angemessenen Entschädigungsregelung zu verbinden.

Art. 18 Fortgeltung gerichtlicher Entscheidungen

(1) Vor dem Wirksamwerden des Beitritts ergangene Entscheidungen der Gerichte der Deutschen Demokratischen Republik bleiben wirksam und können nach Maßgabe des gemäß Artikel 8 in Kraft gesetzten oder des gemäß Artikel 9 fortgeltenden Rechts vollstreckt werden. Nach diesem Recht richtet sich auch eine Überprüfung der Vereinbarkeit von Entscheidungen und ihrer Vollstreckung mit rechtsstaatlichen Grundsätzen. Artikel 17 bleibt unberührt.

(2) Den durch ein Strafgericht der Deutschen Demokratischen Republik Verurteilten wird durch diesen Vertrag nach Maßgabe der Anlage I ein eigenes Recht eingeräumt, eine gerichtliche Kassation rechtskräftiger Entscheidungen herbeizuführen.

Art. 31 Familie und Frauen

(4) Es ist Aufgabe des gesamtdeutschen Gesetzgebers, spätestens bis zum 31. Dezember 1992 eine Regelung zu treffen, die den Schutz vorgeburtlichen Lebens und die verfassungskonforme Bewältigung von Konfliktsituationen schwangerer Frauen vor allem durch rechtlich gesicherte Ansprüche für Frauen, insbesondere auf Beratung und soziale Hilfen besser gewährleistet, als dies in beiden Teilen Deutschlands derzeit der Fall ist. Zur Verwirklichung dieser Ziele wird in dem in Artikel 3 genannten Gebiet mit finanzieller Hilfe des Bundes unverzüglich ein flächendeckendes Netz von Beratungsstellen verschiedener Träger aufgebaut. Die Beratungsstellen sind personell und finanziell so auszustatten, daß sie ihrer Aufgabe gerecht werden können, schwangere Frauen zu beraten und ihnen notwendige Hilfen – auch über den Zeitpunkt der Geburt hinaus – zu leisten. Kommt eine Regelung in der in Satz 1 genannten Frist nicht zustande, gilt das materielle Recht in dem in Artikel 3 genannten Gebiet weiter.

EV Anlage I. Kapitel III. Sachgebiet C:

Abschnitt I

Von dem Inkrafttreten des Bundesrechts gemäß Artikel 8 des Vertrages sind ausgenommen:
1. Fünftes Gesetz zur Reform des Strafrechts vom 18. Juni 1974 (BGBl. I S. 1297), zuletzt geändert durch Artikel 3 und 4 des Gesetzes vom 18. Mai 1976 (BGBl. I S. 1213).
2. Verordnung zur Durchführung des Gesetzes über die innerdeutsche Rechts- und Amtshilfe in Strafsachen vom 23. Dezember 1953 in der im Bundesgesetzblatt III, Gliederungsnummer 312–3–1 veröffentlichten bereinigten Fassung.

Abschnitt II

Bundesrecht wird wie folgt aufgehoben, geändert oder ergänzt:
1. Das **Einführungsgesetz zum Strafgesetzbuch** vom 2. März 1974 (BGBl. I S. 469), zuletzt geändert durch Artikel 4 des Gesetzes vom 13. April 1986 (BGBl. I S. 393), wird wie folgt geändert:
    a) Nach Artikel 1 werden folgende Artikel 1a und 1b eingefügt:
    „**Art. 1a Anwendbarkeit der Vorschriften über die Sicherungsverwahrung.** Die Vorschriften des Strafgesetzbuches über die Sicherungsverwahrung finden Anwendung, wenn der Täter
    1. die die Verurteilung auslösende Tat an einem Ort begangen hat, an dem das Strafgesetzbuch bereits vor dem Wirksamwerden des Beitritts gegolten hat, oder
    2. seine Lebensgrundlage an dem in Nummer 1 bezeichneten Ort hat.

1. Einigungsvertrag **Anhang**

Art. 1b Anwendbarkeit der Vorschriften des internationalen Strafrechts. Soweit das deutsche Strafrecht auf im Ausland begangene Taten Anwendung findet und unterschiedliches Strafrecht im Geltungsbereich dieses Gesetzes gilt, finden diejenigen Vorschriften Anwendung, die an dem Ort gelten, an welchem der Täter seine Lebensgrundlage hat."

b) Artikel 315 EGStGB erhält folgende Fassung:

„**Art. 315 Geltung des Strafrechts für in der Deutschen Demokratischen Republik begangene Taten.** (1) Auf vor dem Wirksamwerden des Beitritts in der Deutschen Demokratischen Republik begangene Taten findet § 2 des Strafgesetzbuches mit der Maßgabe Anwendung, daß das Gericht von Strafe absieht, wenn nach dem zur Zeit der Tat geltenden Recht der Deutschen Demokratischen Republik weder eine Freiheitsstrafe noch eine Verurteilung auf Bewährung noch eine Geldstrafe verwirkt gewesen wäre. Neben der Freiheitsstrafe werden die Unterbringung in der Sicherungsverwahrung sowie die Führungsaufsicht nach § 68 Abs. 1 des Strafgesetzbuches nicht angeordnet. Wegen einer Tat, die vor dem Wirksamwerden des Beitritts begangen worden ist, tritt Führungsaufsicht nach § 68f des Strafgesetzbuches nicht ein.
(2) Die Vorschriften des Strafgesetzbuches über die Geldstrafe (§§ 40 bis 43) gelten auch für die vor dem Wirksamwerden des Beitritts in der Deutschen Demokratischen Republik begangenen Taten, soweit nachfolgend nichts anderes bestimmt ist. Die Geldstrafe darf nach Zahl und Höhe der Tagessätze insgesamt das Höchstmaß der bisher angedrohten Geldstrafe nicht übersteigen. Es dürfen höchstens dreihundertsechzig Tagessätze verhängt werden.
(3) Die Vorschriften des Strafgesetzbuches über die Aussetzung eines Strafrestes sowie den Widerruf ausgesetzter Strafen finden auf Verurteilungen auf Bewährung (§ 33 des Strafgesetzbuches der Deutschen Demokratischen Republik) sowie auf Freiheitsstrafen Anwendung, die wegen vor dem Wirksamwerden des Beitritts in der Deutschen Demokratischen Republik begangener Taten verhängt worden sind, soweit sich nicht aus den Grundsätzen des § 2 Abs. 3 des Strafgesetzbuches etwas anderes ergibt.
(4) Die Absätze 1 bis 3 finden keine Anwendung, soweit für die Tat das Strafrecht der Bundesrepublik Deutschland schon vor dem Wirksamwerden des Beitritts gegolten hat."

c) Nach Artikel 315 werden folgende Artikel 315a bis 315c eingefügt:

„**Art. 315a Verfolgungs- und Vollstreckungsverjährung für in der Deutschen Demokratischen Republik verfolgte und abgeurteilte Taten.** Soweit die Verjährung der Verfolgung oder der Vollstreckung nach dem Recht der Deutschen Demokratischen Republik bis zum Wirksamwerden des Beitritts nicht eingetreten war, bleibt es dabei. Die Verfolgungsverjährung gilt als am Tag des Wirksamwerdens des Beitritts unterbrochen; § 78c Abs. 3 des Strafgesetzbuches bleibt unberührt.

Art. 315b Strafantrag bei in der Deutschen Demokratischen Republik begangenen Taten. Die Vorschriften des Strafgesetzbuches über den Strafantrag gelten auch für die vor dem Wirksamwerden des Beitritts in der Deutschen Demokratischen Republik begangenen Taten. War nach dem Recht der Deutschen Demokratischen Republik zur Verfolgung ein Antrag erforderlich, so bleibt es dabei. Ein vor dem Wirksamwerden des Beitritts gestellter Antrag bleibt wirksam. War am Tag des Wirksamwerdens des Beitritts das Recht, einen Strafantrag zu stellen, nach dem bisherigen Recht der Deutschen Demokratischen Republik bereits erloschen, so bleibt es dabei. Ist die Tat nach den Vorschriften der Bundesrepublik Deutschland nur auf Antrag verfolgbar, so endet die Antragsfrist frühestens am 31. Dezember 1990.

Art. 315c Anpassung der Strafdrohungen. Soweit Straftatbestände der Deutschen Demokratischen Republik fortgelten, treten an die Stelle der bisherigen Strafdrohungen die im Strafgesetzbuch vorgesehenen Strafdrohungen der Freiheitsstrafe und der Geldstrafe. Die übrigen Strafdrohungen entfallen. § 10 Satz 2 des 6. Strafrechtsänderungsgesetzes der Deutschen Demokratischen Republik bleibt jedoch unberührt. Die Geldstrafe darf nach Art und Höhe der Tagessätze insgesamt das Höchstmaß der bisher angedrohten Geldstrafe nicht übersteigen. Es dürfen höchstens dreihundertsechzig Tagessätze verhängt werden."

5. Das **Gesetz über die innerdeutsche Rechts- und Amtshilfe in Strafsachen** vom 2. Mai 1953 in der im Bundesgesetzblatt III, Gliederungsnummer 312-3 veröffentlichten bereinigten Fassung, zuletzt geändert durch Artikel 1 des Gesetzes vom 18. August 1980 (BGBl. I S. 1503), wird mit folgenden Maßgaben aufgehoben:

a) § 10 Abs. 1 des Gesetzes bleibt für die vor dem Wirksamwerden des Beitritts begangenen Taten anwendbar.

b) Die am Tag des Wirksamwerdens des Beitritts nach § 15 des Gesetzes anhängigen Verfahren werden nach den Vorschriften dieses Gesetzes zu Ende geführt.

Anhang

Abschnitt III

Bundesrecht tritt in dem in Artikel 3 des Vertrages genannten Gebiet mit folgenden Maßgaben in Kraft:
1. **Strafgesetzbuch** in der Fassung der Bekanntmachung vom 10. März 1987 (BGBl. I S. 945, 1160), zuletzt geändert durch Artikel 1 des Gesetzes vom 26. 6. 1990 (BGBl. I S. 1163),
   mit folgender Maßgabe:
   § 5 Nr. 8, soweit dort § 175 genannt ist, § 5 Nr. 9, die Vorschriften über die Sicherungsverwahrung, §§ 144, 175, 182, 218 bis 219d und 236 sind nicht anzuwenden.
2. **Einführungsgesetz zum Strafgesetzbuch** vom 2. März 1974 (BGBl. I S. 469), zuletzt geändert durch Artikel 4 des Gesetzes vom 13. April 1986 (BGBl. I S. 393),
   mit folgender Maßgabe:
   Artikel 14 bis 292, 298 bis 306, 312 bis 314, 317 bis 319 und 322 bis 326 sind nicht anzuwenden.

EV Anlage II. Kapitel III. Sachgebiet C:

Abschnitt I

Folgendes Recht der Deutschen Demokratischen Republik bleibt in Kraft:
1. §§ 84, 149, 153 bis 155, 238 des Strafgesetzbuches der Deutschen Demokratischen Republik – StGB – vom 12. Januar 1968 in der Neufassung vom 14. Dezember 1988 (GBl. I 1989 Nr. 3 S. 33), geändert durch das 6. Strafrechtsänderungsgesetz vom 29. Juni 1990 (GBl. I Nr. 39 S. 526).
2. §§ 8 bis 10 des 6. Strafrechtsänderungsgesetzes der Deutschen Demokratischen Republik vom 29. Juni 1990 (GBl. I Nr. 39 S. 526).
4. § 1 Abs. 2 bis § 4 Abs. 1 sowie § 5 des Gesetzes über die Unterbrechung der Schwangerschaft vom 9. März 1972 (GBl. I Nr. 5 S. 89).
5. § 1 bis § 4 Abs. 2 Satz 1 sowie § 4 Abs. 3 bis § 9 der Durchführungsbestimmung zum Gesetz über die Unterbrechung der Schwangerschaft vom 9. März 1972 (GBl. II Nr. 12 S. 149).

Abschnitt II

Folgendes Recht der Deutschen Demokratischen Republik bleibt mit folgender Änderung in Kraft:
1. § 191a des Strafgesetzbuches der Deutschen Demokratischen Republik – StGB – vom 12. Januar 1968 in der Neufassung vom 14. Dezember 1988 (GBl. I 1989 Nr. 3 S. 33), geändert durch das 6. Strafrechtsänderungsgesetz vom 29. Juni 1990 (GBl. I Nr. 39 S. 526)
   § 191a wird wie folgt gefaßt:
   siehe den nachfolgend unter 2. abgedruckten Text

2. StGB der DDR

Strafgesetzbuch der Deutschen Demokratischen Republik
vom 12. 1. 1968 (GBl. I 1) in der Neufassung vom 14. 12. 1988 (GBl. I 1989, 33)

§ 57 Vermögenseinziehung

(1) Die Vermögenseinziehung kann wegen Verbrechens gegen die Souveränität der Deutschen Demokratischen Republik, den Frieden, die Menschlichkeit und die Menschenrechte oder schwerer Verbrechen gegen die Deutsche Demokratische Republik ausgesprochen werden. Sie ist auch zulässig wegen schwerer Verbrechen gegen die sozialistische Volkswirtschaft oder anderer schwerer Verbrechen, wenn diese unter Mißbrauch oder zur Erlangung persönlichen Vermögens begangen werden und den sozialistischen Gesellschaftsverhältnissen erheblichen Schaden zufügen. Die Vermögenseinziehung darf nur ausgesprochen werden, wenn wegen eines der genannten Verbrechen eine Freiheitsstrafe von mindestens drei Jahren ausgesprochen wird.

(2) Die Vermögenseinziehung soll dem Verurteilten die Möglichkeit nehmen, sein Vermögen zur Schädigung der sozialistischen Gesellschaftsverhältnisse zu mißbrauchen, ihm die Schwere seines Verbrechens bewußt machen sowie ihn und andere Personen von der Begehung weiterer Verbrechen zurückhalten.

(3) Die Vermögenseinziehung erstreckt sich auf das gesamte Vermögen des Täters mit Ausnahme der unpfändbaren Gegenstände. Sie kann auf einzelne, im Urteil genau zu bestimmende Vermögenswerte beschränkt werden. Das eingezogene Vermögen wird mit Rechtskraft des Urteils Volkseigentum.

(4) Die Vermögenseinziehung kann vom Gericht selbständig angeordnet werden, wenn gegen den Täter ein Verfahren zwar nicht durchführbar, vom Gesetz aber nicht ausgeschlossen ist.
Anmerkung: § 57 wurde durch § 1 i. V. m. Anlage 1 Nr. 27 des 6. StÄG (u. 3) aufgehoben, ist aber nach § 10 des 6. StÄG weiterhin zulässig bei einer Verurteilung wegen verbrecherischen Vertrauensmißbrauchs (§ 165 StGB-DDR), soweit die Tat vor dem Inkrafttreten des 6. StÄG (1. 7. 1990) begangen und ein Strafverfahren eingeleitet wurde.

§ 84 Ausschluß der Verjährung für Verbrechen gegen den Frieden, die Menschlichkeit und die Menschenrechte und Kriegsverbrechen

Verbrechen gegen den Frieden, die Menschlichkeit und die Menschenrechte und Kriegsverbrechen unterliegen nicht den Bestimmungen dieses Gesetzes über die Verjährung.

§ 142 Sexueller Mißbrauch von Jugendlichen

(1) Ein Erwachsener, der einen Jugendlichen zwischen vierzehn und sechzehn Jahren unter Ausnutzung der moralischen Unreife durch Geschenke, Versprechen von Vorteilen oder in ähnlicher Weise dazu mißbraucht, mit ihm Geschlechtsverkehr auszuüben oder geschlechtsverkehrsähnliche Handlungen vorzunehmen, wird mit Freiheitsstrafe bis zu zwei Jahren oder mit Verurteilung auf Bewährung bestraft.

(2) Die Strafverfolgung verjährt in zwei Jahren.
Anmerkung: Vgl. dazu § 175 RN 12, § 182 RN 10.

Unzulässige Schwangerschaftsunterbrechung

§ 153

(1) Wer entgegen den gesetzlichen Vorschriften die Schwangerschaft einer Frau unterbricht, wird mit Freiheitsstrafe bis zu drei Jahren oder mit Verurteilung auf Bewährung bestraft.

(2) Ebenso wird bestraft, wer eine Frau dazu veranlaßt oder sie dabei unterstützt, ihre Schwangerschaft selbst zu unterbrechen oder eine ungesetzliche Schwangerschaftsunterbrechung vornehmen zu lassen. Die Strafverfolgung verjährt in drei Jahren.

§ 154

(1) Wer die Tat ohne Einwilligung der Schwangeren vornimmt oder wer gewerbsmäßig oder sonst seines Vorteils wegen handelt, wird mit Freiheitsstrafe von einem Jahr bis zu fünf Jahren bestraft.

(2) Ebenso wird bestraft, wer durch Mißhandlung, Gewalt oder Drohung mit einem schweren Nachteil auf eine Schwangere einwirkt, um sie zur Schwangerschaftsunterbrechung zu veranlassen.

§ 155 Schwere Fälle

Wer durch eine Straftat nach den §§ 153 oder 154 eine schwere Gesundheitsschädigung oder den Tod der Schwangeren fahrlässig verursacht, wird mit Freiheitsstrafe von zwei bis zu zehn Jahren bestraft.
Anmerkung: Die in § 153 in Bezug genommenen „gesetzlichen Vorschriften" sind in RN 50 vor § 218 abgedruckt.

Straftaten gegen die Volkswirtschaft

§ 165 Vertrauensmißbrauch

(1) Wer eine ihm dauernd oder zeitweise übertragene Vertrauensstellung mißbraucht, indem er entgegen seinen Rechtspflichten Entscheidungen oder Maßnahmen trifft oder pflichtwidrig unterläßt oder durch Irreführung oder in anderer Weise Maßnahmen oder Entscheidungen

bewirkt und dadurch vorsätzlich einen bedeutenden wirtschaftlichen Schaden verursacht, wird mit Freiheitsstrafe bis zu fünf Jahren oder mit Verurteilung auf Bewährung oder mit Geldstrafe bestraft.

(2) Wer
1. durch die Tat einen besonders schweren wirtschaftlichen Schaden verursacht;
2. die Tat zusammen mit anderen ausführt, die sich unter Ausnutzung ihrer beruflichen Tätigkeit oder zur wiederholten Begehung zusammengeschlossen haben,

wird mit Freiheitsstrafe von einem Jahr bis zu zehn Jahren bestraft.

(3) Ist die Tatbeteiligung nach Absatz 2 Ziffer 2 von untergeordneter Bedeutung, kann die Bestrafung nach Absatz 1 erfolgen.

(4) Der Versuch ist strafbar.

Anmerkung: § 165 wurde durch § 1 i.V.m. Anlage 1 Nr. 46 des 6. StÄG (u. 3) aufgehoben, ist jedoch nach § 10 des 6. StÄG der Entscheidung über die strafrechtliche Verantwortlichkeit weiterhin zugrundezulegen, soweit die Tat vor Inkrafttreten des StÄG (1. 7. 1990) begangen und ein Strafverfahren eingeleitet wurde.

Wirtschaftsschädigung

§ 166

(1) Wer
1. Produktionsmittel oder andere Sachen, die wirtschaftlichen Zwecken dienen, zerstört, vernichtet, beschädigt, unbrauchbar macht oder in anderer Weise ihrem bestimmungsgemäßen Gebrauch entzieht,
2. *(entfallen)*

und dadurch vorsätzlich einen wirtschaftlichen Schaden verursacht, wird von einem gesellschaftlichen Organ der Rechtspflege zur Verantwortung gezogen oder mit öffentlichem Tadel, Geldstrafe, Verurteilung auf Bewährung oder mit Freiheitsstrafe bis zu zwei Jahren bestraft.

(2) Wer durch die Tat vorsätzlich erhebliche Produktionsstörungen oder eine schwere Schädigung der Volkswirtschaft verursacht, wird mit Freiheitsstrafe von einem Jahr bis zu acht Jahren bestraft.

(3) Der Versuch ist strafbar.

Anmerkung: § 166 wurde durch § 1 i.V.m. Anlage 1 Nr. 46 des 6. StÄG (u. 3) aufgehoben, ist jedoch nach § 10 des 6. StÄG der Entscheidung über die strafrechtliche Verantwortlichkeit weiterhin zugrundezulegen, soweit die Tat vor Inkrafttreten des StÄG (1. 7. 1990) begangen und ein Strafverfahren eingeleitet wurde.

§ 167

(1) Wer durch vorsätzliche oder fahrlässige Verletzung seiner beruflichen Pflichten oder durch unbefugten Umgang Produktionsmittel oder andere Sachen, die wirtschaftlichen Zwecken dienen, zerstört, vernichtet, beschädigt, außer Betrieb setzt, verderben oder unbrauchbar werden läßt und dadurch fahrlässig einen schweren wirtschaftlichen Schaden verursacht, wird von einem gesellschaftlichen Organ der Rechtspflege zur Verantwortung gezogen oder mit öffentlichem Tadel, Geldstrafe, Verurteilung auf Bewährung oder mit Freiheitsstrafe bis zu zwei Jahren bestraft.

(2) Ebenso wird zur Verantwortung gezogen, wer vorsätzlich oder fahrlässig Daten oder Programme vernichtet, verändert, unterdrückt oder unbrauchbar macht oder die Steuerung technologischer Prozesse oder die Funktionsfähigkeit technischer Anlagen oder Geräte beeinträchtigt und dadurch fahrlässig einen schweren wirtschaftlichen Schaden verursacht.

(3) Wer
1. durch die Tat einen besonders schweren wirtschaftlichen Schaden verursacht;
2. die Tat durch besonders verantwortungslose Verletzung seiner beruflichen Pflichten begeht,

wird mit Freiheitsstrafe von einem Jahr bis zu fünf Jahren oder mit Verurteilung auf Bewährung bestraft.

Anmerkung: § 167 wurde durch § 1 i.V.m. Anlage 1 Nr. 46 des 6. StÄG (u. 3) aufgehoben, ist jedoch nach § 10 des 6. StÄG der Entscheidung über die strafrechtliche Verantwortlichkeit weiterhin zugrundezulegen, soweit die Tat vor Inkrafttreten des StÄG (1. 7. 1990) begangen und ein Strafverfahren eingeleitet wurde.

2. StGB der DDR   **Anhang**

§ 168 Schädigung des Tierbestandes

(1) Wer durch vorsätzliche oder fahrlässige Verletzung seiner beruflichen Pflichten als Verantwortlicher für die Haltung, Fütterung und Pflege von Zucht- und Nutztieren oder für die Futtermittelherstellung Verluste oder Produktionsausfall herbeiführt und dadurch fahrlässig einen schweren wirtschaftlichen Schaden verursacht, wird von einem gesellschaftlichen Organ der Rechtspflege zur Verantwortung gezogen oder mit öffentlichem Tadel, Geldstrafe, Verurteilung auf Bewährung oder mit Freiheitsstrafe bis zu zwei Jahren bestraft.

(2) Wer
1. durch die Tat einen besonders schweren wirtschaftlichen Schaden verursacht;
2. die Tat durch besonders verantwortungslose Verletzung seiner beruflichen Pflichten begeht,
wird mit Freiheitsstrafe von einem Jahr bis zu fünf Jahren oder mit Verurteilung auf Bewährung bestraft.

Anmerkung: § 168 wurde durch § 1 i.V.m. Anlage 1 Nr. 46 des 6. StÄG (u. 3) aufgehoben, ist jedoch nach § 10 des 6. StÄG der Entscheidung über die strafrechtliche Verantwortlichkeit weiterhin zugrundezulegen, soweit die Tat vor Inkrafttreten des StÄG (1. 7. 1990) begangen und ein Strafverfahren eingeleitet wurde.

§ 169 Wirtschafts- und Entwicklungsrisiko

Eine Straftat liegt nicht vor, wenn
1. die Handlung begangen wird, um einen bedeutenden wirtschaftlichen Nutzen zu erzielen oder einen bedeutenden wirtschaftlichen Schaden abzuwenden, und der Handelnde nach verantwortungsbewußter Prüfung der konkreten Handlungserfordernisse und -bedingungen den eingetretenen wirtschaftlichen Schaden für wenig wahrscheinlich oder für wesentlich geringer als den vorgesehenen wirtschaftlichen Nutzen halten durfte (Wirtschaftsrisiko);
2. der Handelnde in seinem Verantwortungsbereich zur Erzielung neuer wissenschaftlich-technischer Leistungen und Ergebnisse Forschungs- oder Entwicklungsarbeiten oder technisch-ökonomische Experimente durchführte und trotz Beachtung des wissenschaftlich-technischen Entwicklungsstandes und verantwortungsbewußter Abwägung der Entscheidungserfordernisse und -bedingungen einen wirtschaftlichen Schaden verursachte (Forschungs- und Entwicklungsrisiko).

Anmerkung: § 169 wurde durch § 1 i.V.m. Anlage 1 Nr. 46 des 6. StÄG (u. 3) aufgehoben, ist jedoch nach § 10 des 6. StÄG der Entscheidung über die strafrechtliche Verantwortlichkeit weiterhin zugrundezulegen, soweit die Tat vor Inkrafttreten des StÄG (1. 7. 1990) begangen und ein Strafverfahren eingeleitet wurde.

§ 170 Verletzung der Preisbestimmungen

(1) Wer einen höheren als den gesetzlich zulässigen Preis fordert oder vereinnahmt und dadurch für sich oder andere einen erheblichen Mehrerlös beabsichtigt oder erlangt, wird mit öffentlichem Tadel, Geldstrafe, Verurteilung auf Bewährung oder mit Freiheitsstrafe bis zu zwei Jahren bestraft.

(2) Ebenso wird bestraft, wer fahrlässig einen höheren als den gesetzlich zulässigen Preis veranlaßt oder vereinnahmt und dadurch für sich oder andere einen erheblichen Mehrerlös herbeiführt oder erlangt.

(3) In schweren Fällen vorsätzlicher Verletzung der Preisbestimmungen wird der Täter mit Freiheitsstrafe von einem Jahr bis zu acht Jahren bestraft. Ein schwerer Fall liegt insbesondere vor, wenn der Täter für sich oder andere
1. einen besonders hohen Mehrerlös herbeigeführt oder erlangt hat;
2. unter wiederholter Verletzung der Preisbestimmungen einen erheblichen Mehrerlös herbeigeführt oder erlangt hat.

(4) Der Mehrerlös ist einzuziehen. Werden berechtigte Rückforderungsansprüche geltend gemacht, ist die Erstattung an den Geschädigten anzuordnen.

(5) Wer eine ihm obliegende Pflicht zur Führung des Nachweises über die Zulässigkeit und das Zustandekommen der von ihm berechneten Preise (Preisnachweispflicht) verletzt und dadurch vorsätzlich verursacht, daß die Einhaltung der gesetzlich zulässigen Preise nicht festgestellt werden kann, wird mit öffentlichem Tadel, Geldstrafe, mit Verurteilung auf Bewährung oder mit Freiheitsstrafe bis zu zwei Jahren bestraft.

Anmerkung: § 170 wurde durch § 1 i.V.m. Anlage 1 Nr. 46 des 6. StÄG (u. 3) aufgehoben, ist jedoch nach § 10 des 6. StÄG der Entscheidung über die strafrechtliche Verantwortlichkeit weiterhin zugrundezulegen, soweit die Tat vor Inkrafttreten des StÄG (1. 7. 1990) begangen und ein Strafverfahren eingeleitet wurde.

§ 171 Falschmeldung und Vorteilserschleichung

Wer als Staatsfunktionär, als Leiter oder leitender Mitarbeiter eines wirtschaftsleitenden Organs, eines Kombinates oder Betriebes im Rahmen seiner Verantwortung wider besseres Wissen in Berichten, Meldungen oder Anträgen an Staatsorgane oder wirtschaftsleitende Organe oder Kombinate unrichtige oder unvollständige Angaben macht oder wer dies veranlaßt oder wer als Mitarbeiter eines Staatsorgans oder wirtschaftsleitenden Organs, eines Kombinates oder eines Betriebes durch Täuschung der Verantwortlichen unrichtige oder unvollständige Angaben in Berichten, Meldungen oder Anträgen an die genannten Organe bewirkt, um
1. Straftaten oder erhebliche Mängel zu verdecken;
2. Genehmigungen oder Bestätigungen für wirtschaftlich bedeutende Vorhaben zu erlangen;
3. zum Nachteil der Volkswirtschaft erhebliche ungerechtfertigte wirtschaftliche Vorteile für Betriebe oder Dienstbereiche zu erwirken,

wird mit öffentlichem Tadel, Geldstrafe, Verurteilung auf Bewährung oder mit Freiheitsstrafe bis zu zwei Jahren bestraft.

Anmerkung: § 171 wurde durch § 1 i.V.m. Anlage 1 Nr. 46 des 6. StÄG (u. 3) aufgehoben, ist jedoch nach § 10 des 6. StÄG der Entscheidung über die strafrechtliche Verantwortlichkeit weiterhin zugrundezulegen, soweit die Tat vor Inkrafttreten des StÄG (1. 7. 1990) begangen und ein Strafverfahren eingeleitet wurde.

§ 173 Spekulation

(1) Wer
1. ohne Genehmigung oder unter Mißbrauch einer Genehmigung mit Waren, Erzeugnissen oder anderen Sachen, Berechtigungen oder Wertzeichen handelt;
2. *(entfallen)*
3. Rohstoffe oder Erzeugnisse in erheblichem Umfang über den persönlichen oder betrieblichen Bedarf hinaus aufkauft oder hortet,

um für sich oder andere unrechtmäßig einen erheblichen Gewinn oder sonstigen erheblichen Vorteil zu erlangen, wird mit Geldstrafe, Verurteilung auf Bewährung oder mit Freiheitsstrafe bis zu zwei Jahren bestraft.

(2) In schweren Fällen wird der Täter mit Freiheitsstrafe von einem Jahr bis zu acht Jahren bestraft. Ein schwerer Fall liegt insbesondere vor, wenn die Tat
1. in besonders großem Umfang oder wiederholt mit besonders großer Intensität durchgeführt wird;
2. die Volkswirtschaft oder die Versorgung der Bevölkerung erheblich beeinträchtigt;
3. zusammen mit anderen ausgeführt wird, die sich unter Ausnutzung ihrer beruflichen Tätigkeit oder zur wiederholten Begehung von Spekulationsstraftaten zusammengeschlossen haben.

(3) Ist die Tatbeteiligung nach Absatz 2 Ziffer 3 von untergeordneter Bedeutung, kann der Täter nach Absatz 1 bestraft werden.

Anmerkung: § 173 wurde durch § 1 i.V.m. Anlage 1 Nr. 46 des 6. StÄG (u. 3) aufgehoben, ist jedoch nach § 10 des 6. StÄG der Entscheidung über die strafrechtliche Verantwortlichkeit weiterhin zugrundezulegen, soweit die Tat vor Inkrafttreten des StÄG (1. 7. 1990) begangen und ein Strafverfahren eingeleitet wurde.

§ 191a Verursachung einer Umweltgefahr

(1) Wer unter Verletzung verwaltungsrechtlicher Pflichten eine Verunreinigung des Bodens mit schädlichen Stoffen oder Krankheitserregern in bedeutendem Umfang verursacht, wird mit Freiheitsstrafe bis zu fünf Jahren oder mit Geldstrafe bestraft.

(2) Der Versuch ist strafbar.

(3) Handelt der Täter fahrlässig, so ist die Strafe Freiheitsstrafe bis zu zwei Jahren oder Geldstrafe.

(4) Verwaltungsrechtliche Pflichten im Sinne des Absatzes 1 verletzt, wer gegen eine Rechtsvorschrift, eine vollziehbare Untersagung, Anordnung oder Auflage verstößt, die dem Schutz des Bodens vor Verunreinigungen dient.

Anmerkung: Vgl. dazu § 326 RN 23.

3. 6. Strafrechtsänderungsgesetz **Anhang**

§ 214 Beeinträchtigung staatlicher oder gesellschaftlicher Tätigkeit

(1) Wer die Tätigkeit staatlicher Organe durch Gewalt oder Drohungen beeinträchtigt oder in einer die öffentliche Ordnung gefährdenden Weise eine Mißachtung der Gesetze bekundet oder zur Mißachtung der Gesetze auffordert, wird mit Freiheitsstrafe bis zu drei Jahren oder mit Verurteilung auf Bewährung, Haftstrafe, Geldstrafe oder mit öffentlichem Tadel bestraft.

(2) Ebenso wird bestraft, wer gegen Bürger wegen ihrer staatlichen oder gesellschaftlichen Tätigkeit oder wegen ihres Eintretens für die öffentliche Ordnung und Sicherheit mit Tätlichkeiten vorgeht oder solche androht.

(3) Wer zusammen mit anderen eine Tat nach den Absätzen 1 oder 2 begeht, wird mit Freiheitsstrafe bis zu fünf Jahren bestraft.

(4) Ist die Tatbeteiligung von untergeordneter Bedeutung, kann der Täter mit Verurteilung auf Bewährung, Haftstrafe oder Geldstrafe bestraft werden.

(5) Der Versuch ist strafbar.

Anmerkung: § 214 wurde durch § 1 i. V. m. Anlage 1 Nr. 48 des 6. StÄG (u. 3) aufgehoben, ist jedoch nach § 10 des 6. StÄG der Entscheidung über die strafrechtliche Verantwortlichkeit weiterhin zugrundezulegen, soweit die Tat vor Inkrafttreten des StÄG (1. 7. 1990) begangen und ein Strafverfahren eingeleitet wurde.

§ 238 Beeinträchtigung richterlicher Unabhängigkeit

(1) Wer auf einen Richter, einen Schöffen oder ein Mitglied eines gesellschaftlichen Gerichtes Einfluß nimmt, um sie zu einer ihre Rechtspflichten verletzenden gerichtlichen Entscheidung zu veranlassen, wird mit Freiheitsstrafe bis zu zwei Jahren, Verurteilung auf Bewährung oder mit Geldstrafe bestraft.

(2) Ebenso wird bestraft, wer einen Richter, einen Schöffen oder ein Mitglied eines gesellschaftlichen Gerichtes wegen einer von ihm getroffenen gerichtlichen Entscheidung beleidigt, verleumdet oder bedroht.

(3) Wer die Tat nach Absatz 1 unter Mißbrauch seiner staatlichen Befugnisse, unter Anwendung von Gewalt oder Androhung von Gewalt oder eines anderen erheblichen Nachteils begeht, wird mit Freiheitsstrafe bis zu fünf Jahren bestraft.

(4) Der Versuch nach den Absätzen 1 und 3 ist strafbar.

Anmerkung: § 238 wurde durch § 1 i. V. m. Anlage 1 Nr. 50 des 6. StÄG (u. 3) eingefügt.

3. 6. Strafrechtsänderungsgesetz (6. StÄG)

Gesetz zur Änderung und Ergänzung des Strafgesetzbuches, der Strafprozeßordnung, des Einführungsgesetzes zum Strafgesetzbuch und zur Strafprozeßordnung des Gesetzes zur Bekämpfung von Ordnungswidrigkeiten, des Strafregistergesetzes des Strafvollzugsgesetzes und des Paßgesetzes vom 29. 6. 1990 (GBl. der DDR I 526)

§ 1

Das Strafgesetzbuch der Deutschen Demokratischen Republik – StGB – vom 12. Januar 1968 in der Neufassung vom 14. Dezember 1988 (GBl. I 1989 Nr. 3 S. 33) wird gemäß der Anlage I geändert.

§ 8 Verwirklichung früherer Strafentscheidungen und Beendigung von Strafverfahren bei Wegfall der strafrechtlichen Verantwortlichkeit

(1) Eine vor Inkrafttreten dieses Gesetzes rechtskräftig ausgesprochene Strafe wegen einer Handlung, für die nach Inkrafttreten dieses Gesetzes keine strafrechtliche Verantwortlichkeit mehr vorgesehen ist, wird nicht verwirklicht. Eine bereits begonnene Verwirklichung endet spätestens am Tage des Inkrafttretens dieses Gesetzes. Im Strafregister deswegen erfolgte Eintragungen sind zu tilgen.

(2) Anhängige noch nicht rechtskräftig abgeschlossene Verfahren wegen Handlungen, für die nach Maßgabe dieses Gesetzes keine strafrechtliche Verantwortlichkeit mehr vorgesehen ist, sind spätestens mit Inkrafttreten dieses Gesetzes einzustellen.

Anhang

§ 9

Eine vor Inkrafttreten dieses Gesetzes ausgesprochene Aufenthaltsbeschränkung, öffentliche Bekanntmachung der Verurteilung, Maßnahme zur Wiedereingliederung, Maßnahme der staatlichen Kontroll- und Erziehungsaufsicht und die Auferlegung von Pflichten zur Bewährung am Arbeitsplatz, zur Verwendung des Arbeitseinkommens oder anderer Einkünfte für Aufwendungen der Familie, für Unterhaltsverpflichtungen sowie für weitere materielle Verpflichtungen, zur Unterlassung des Umgangs mit bestimmten Personen oder Personengruppen, bestimmte Gegenstände nicht zu besitzen oder zu verwenden, bestimmte Orte oder Räumlichkeiten nicht zu besuchen oder in bestimmten Abständen dem Leiter, dem Kollektiv oder einem bestimmten staatlichen Organ über die Erfüllung der auferlegten Pflichten zu berichten sowie die gerichtlich bestätigte Bürgschaft eines Kollektivs enden mit Inkrafttreten dieses Gesetzes.

§ 10

Soweit vor Inkrafttreten dieses Gesetzes Straftaten nach den Vorschriften der §§ 165, 166 Absatz 1 Ziffer 1 und Absatz 2, 167 bis 171, 173 Absatz 1 Ziffern 1 und 3, Absätze 2 und 3, sowie 214 begangen und Strafverfahren eingeleitet wurden, sind in diesen Fällen die vorgenannten Bestimmungen der Entscheidung über die strafrechtliche Verantwortlichkeit weiterhin zugrunde zu legen. Zusätzlich zu einer Verurteilung wegen verbrecherischen Vertrauensmißbrauchs ist unter den im Gesetz genannten Voraussetzungen der Ausspruch und die Verwirklichung einer Vermögenseinziehung gemäß § 57 StGB weiterhin zulässig.

§ 11

Der Minister der Justiz wird beauftragt, den Text des Strafgesetzbuches der Deutschen Demokratischen Republik – StGB – in der nach dem Inkrafttreten dieses Gesetzes geltenden Fassung im Gesetzblatt bekanntzumachen.

4. 6. Überleitungsgesetz

Gesetz zur Überleitung von Bundesrecht nach Berlin (West) vom 25. 9. 1990 (BGBl. I 2106)

§ 1 Grundsatz

Bundesrecht, das in Berlin (West) auf Grund alliierter Vorbehaltsrechte bisher nicht oder nicht in vollem Umfang gilt, gilt vom Inkrafttreten dieses Gesetzes an uneingeschränkt in Berlin (West), soweit sich aus den §§ 2 und 3 nicht etwas anderes ergibt. Entsprechendes gilt auch für bereits verkündetes, jedoch noch nicht in Kraft getretenes Bundesrecht vom Zeitpunkt des jeweils bestimmten Inkrafttretens an.

Stichwortverzeichnis

Für die 20. Aufl. zusammengestellt von Assessor Michael Preißer, München; in den folgenden Aufl. fortgeführt von den Mitarbeitern der Autoren

Die fetten Zahlen verweisen auf die Paragraphen, die mageren bezeichnen die Randnoten

Abartigkeiten, seelische – und Schuldunfähigkeit **20** 19ff.
Abbildung – Begriff **202** 5, **11** 78 – Einziehung **74d** – sicherheitsgefährdende ~ **109g** 3
Abergläubischer Versuch 23 13f.
Aberkennen von Rechten u. Fähigkeiten **45** 4, 13
Aberratio ictus 15 57 – bei Teilnahme **47** vor **25** s. auch Abweichen des Kausalverlaufs
Abfallbeseitigung, umweltgefährdende **326**
Abgabenüberhebung 353 2ff.
Abgeordnete – Immunität der ~ **36** 2 – Indemnität der ~ **36** 1 – keine Amtsträger **11**, **20**, **23** s. auch Parlamentsmitglieder
Abgeschlossener Raum – Begriff **123** 8 – ~ zum öffentlichen Dienst, Verkehr bestimmt **123** 7ff.
Abhängige Unternehmen 5 13
Abhängigkeitsverhältnis – Mißbrauch eines ~ als Nötigungsmittel **108** 5 – Mißbrauch eines ~ als sexueller Mißbrauch **174** 10, 14 – persönliches u. wirtschaftliches ~ bei Prostituierten **180a** 8ff. – bei Zuhälterei **181a** 7
Abhören – des nichtöffentlichen Wortes **201** 24f. – durch Strafverfolgungsbehörden **201** 34
Abhörgerät 201 23
Ablationstheorie 242 37
Ablösen von amtlichen Siegeln **136** 24
Absatzhilfe 259 35ff., 40f. – Versuch der ~ **259** 52
Abschluß des Strafverfahrens **77d** I, **78b** 12f.
Abschrift – als Urkunde **267** 39ff. – beglaubigte ~ **267** 40a – einfache ~ **267** 40
Absehen von Strafe, allgemein **54** ff. vor **38** – als eigenes Rechtsinstitut **60** 1ff. – bei Aussagenotstand i. F. e. Falschaussage **157** 12 – bei Berichtigung einer Falschaussage **158** 11 – bei Homosexualität **175** 8ff. – bei Hochverrat **83a** 13 – bei landesverräterischer Agententätigkeit **98** 27 – bei kriminellen Vereinigungen **129** 20 – bei Schwangerschaftsabbruch **218** 56 – bei sexuellem Mißbrauch **174** 21 – bei Fortführen einer verfassungswidrigen Partei **84** 24 – bei Verstoß gegen Vereinigungsverbot **85** 13 – bei Verführung **182** 8 – bei Versuch **23** 18
Absetzen als Hehlereihandlung **259** 31ff.
Absicht 15 25, 66f. – verschiedener gesetzlicher Sprachgebrauch **15** 70f. – als straßbegründendes persönliches Merkmal **28** 20 – als subjektives Rechtfertigungselement **16**f. vor **32**
Absichtsloses doloses Werkzeug, s. Werkzeug
Absichtsprovokation und Notwehr 32 55ff.
Absichts- und Tendenzdelikte 22 vor **13**
Absolut – ~ Antragsdelikte **77** 2 – ~ Strafdrohung **39** vor **38**
Absorptionsprinzip – kein ~ bei ungleichartiger Idealkonkurrenz **52** 35
Abstimmungen, parlamentarische **36** 4
Abstrakte Betrachtungsweise – bei Deliktsunterscheidung **12** 6 – bei Verfolgungsverjährung **78** 10

Abtreibung – Fremd~ **218** 1ff., s. Fremdabbruch – Selbst~ **218** 1ff., s. Selbstabbruch, s. auch Schwangerschaftsabbruch
Abtrennen eines Bundeslandes – Tathandlung bei Hochverrat **82** 4
Abweichen des Kausalverlaufs 88, **96** vor **13**, **15** 55ff.
Actio illicita in causa 23 vor **32**, **32** 54, 56, 60f., **34** 42
Actio libera in causa, Arten der ~ **20** 33f., **21** 11 – Begriff der ~ **20** 33 – und Rauschtat **323a** 31ff. – fahrlässige ~ **20** 38 – und fahrlässiger Irrtum **16** 13 – Irrtumsprobleme bei ~ **20** 36 – Konstruktion der ~ **20** 35 – Prinzip der ~ beim Notstand **35** 19f. – Versuch einer ~ **22** 56 – vorsätzliche ~ **20** 36
Adäquanztheorie 87f. vor **13**
Additionsklausel 302a 30
Adoption – Angehörigeneigenschaft bei ~ **11** 12
Adoptivkinder – sexueller Mißbrauch von ~ **174** 11
Affekt – Grausamkeit bei Handeln im ~ **211** 28 – und Schuldfähigkeit **20** 15f., **21** 9, 20
Affekttaten – als Handlung **40** vor **13** – und Vorsatz **15** 61f. – und Schuldfähigkeit **20** 15, **21** 9, 20 – bei Tötung **211** 10, 25, 28, **213** 8, 13
Agent 87 4ff., **99** 1
Agent provocateur 26 16f., **34** 14
Agententätigkeit, geheimdienstliche **99** – Ausüben der ~ **99** 3ff. – Sich-Bereit-Erklären zu **99** 24 – Besonders schwerer Fall der ~ **99** 30ff. – „Probeaufträge" **99** 15 – tätige Reue bei ~ **99** 28f.
Agententätigkeit, landesverräterische **98** – Ausüben **98** 2ff. – Sich-Bereit-Erklären zu **98** 12ff. – tätige Reue bei ~ **98** 19ff.
Agententätigkeit für Sabotagezwecke 87 – Agent **87** 3ff. – vorbereitete Sabotagehandlungen **87** 12ff. – eingeschränkte Verfolgung der ~ **91**
AIDS Strafbarkeit wegen Infizierung **212** 3, **223** 6a, **223a** 12a – Aufklärungspflicht **223** 34, 41, 42 – Offenbarung einer ~-Infektion **203** 31 – Zurechenbarkeit der ~-Infizierung **101** vor **13**, 52a, **107** vor **32** Vorsatzprobleme **15** 87a
Akademische Grade – geschützte ~ **132a** 7
Aktien – geschützte Wertpapiere **151** 5
Akzeptkredit 265b 13
Akzessorietät, bei Teilnahme, allgemein **21** vor **25** – (echte) Durchbrechung der ~ **28** 8f. – limitierte ~ **23**ff. vor **25**, **29** 1, 6 – bei Mord **211** 44ff. – strenge ~ **22** vor **25**, – der §§ **324**ff. vom Verwaltungsrecht **324**, s. auch Haupttat
Alkohol, s. Trunkenheit, Rauschzustand – im Straßenverkehr **315c**, **316**
Alkoholkonzentration, s. Blutalkoholkonzentration
Alkoholiker Unterbringung von ~ in Entziehungsanstalt **64** 3
Alleingewahrsam 242 32f.

2373

Stichwortverzeichnis

fette Zahlen = Paragraphen

Allgemeine Strafgesetze – Begriff 7 vor **80**
Allgemeinheit – für ~ gefährlicher Täter **63** 13ff., **66** 19ff. – die ~ gefährdende Gegenstände **74** 29ff.
Alternativ-Entwurf eines Strafgesetzes, **Einf.** 3
Alternative Konkurrenz 82 vor **13**
Alternativität 133 vor **52**
Amnestie, Geltungsbereich der ~ **59** vor **3**
Amt, öffentliches 11 14ff., **132** 4 – unbefugtes Ausüben eines ~ **132** 5, 11 s. auch Amtstätigkeit
Amtliches Handeln, s. Hoheitliches Handeln
Amtliche Ausweise, Vorbereitung der Fälschung von ~ **275**
Amtlich geheimgehaltene Tatsachen **95** 4ff., **97** 10f., **99** 32ff.
Amtsabzeichen – geschützte ~ **132a** 12
Amtsanmaßung 132 – als eigenhändiges Delikt? **132** 12
Amtsbezeichnung – geschützte ~ **132a** 5f., 17
Amtsdelikte 331 ff. – allgemeine ~ **9** vor **331** – besondere ~ **9** vor **331** – echte ~ **7** vor **331** – unechte ~ **8** vor **331**
Amtsfähigkeit, Verlust der **45ff.**
Amtshandlung, s. Diensthandlung
Amtshilfe – und Verletzung von Privatgeheimnissen **203** 53
Amtskleidung – geschützte ~ **132a** 12
Amtstätigkeit – unbefugtes Vornehmen einer ~ **132** 6ff., 11
Amtsträger – Begriff **11** 16ff. – Abgabenüberhebung durch ~ **353** – Aussageerpressung durch ~ **343** – Beleidigung von ~ **194** 10ff. – berufliche Schweigepflicht **203** 55f. – Bestechlichkeit von ~ **332** – Bestechung von ~ **334** – Falschbeurkundung durch ~ **348** – Garantenstellung **13** 30a, 31 – Gebührenüberhebung durch ~ **352** – Haftung von ~ **29**f. vor **324** – Kenntnis eines ~ von Straftaten **258a** 9ff. – Körperverletzung durch ~ **340** – Leistungskürzung durch ~ **353** II – Rechtsbeugung durch **336** – Mitwirkung von ~ bei Strafverfahren **258a** 3ff. – Mitwirkung von ~ bei Strafvollstreckung **258a** 6 – Taten deutscher ~ im Ausland **5** 19 – Taten ausländischer ~ im Ausland **5** 20 – Taten gegen deutsche ~ im Ausland **5** 31 – Umweltstraftaten durch ~ **29**ff. vor **324** – Unterlassen einer Diensthandlung **335** – Verfolgung Unschuldiger durch ~ **344** – Verleitung von Untergebenen zu einer Straftat **357** – Verletzung von Dienstgeheimnissen **353b** – Verletzung von Privatgeheimnissen durch ~ **203** 43ff. – Verletzung des Steuergeheimnisses durch ~ **355** – Verstoß gegen Post- und Fernmeldegeheimnis durch ~ **354** – Vollstreckung gegen Unschuldige durch ~ **345** – Vorteilsannahme durch ~ **331** – Vorteilsgewährung an ~ **333** – Widerstand gegen „Vollstreckungs"-~ **113** 7, 10ff., s. auch Amtsdelikte
Amtsverhältnis, öffentlich-rechtliches, – ohne Beamteneigenschaft **11** 20
Amtsverlust – als Nebenfolge **45** 3ff., **45a** 1ff. – bei Beamten **45** 10 – Wiederverleihung der Amtsfähigkeit **45b** 1ff.
Analogie – allgemein **1** 6, 24ff. – Gesetzes~ **1** 24 – Grenzen zur Auslegung **1** 55f. – bei Nebenfolgen **1** 28 – Rechts~ **1** 24 – ~ bei Regelbeispielen **1** 29 – bei Strafbarkeitsvoraussetzungen **1** 26f. – bei Tatfolgen **1** 28 – des (Versuchs-)Rücktritts auf sonstige Rücktrittsregelungen **24** 117ff. – zugunsten des Täters **1** 24 – zu Lasten des Täters **1** 24, s. auch Auslegung – zulässige ~ **1** 31f.
Anbieten – öffentliches ~ pornographischer Erzeugnisse **184** 31 – pornographischer Erzeugnisse ggüber Jugendlichen **184** 7 – pornographischer Erzeugnisse im Einzelhandel, in Kiosken, im Versandhandel und im Wege gewerblicher Vermietung **184** 16ff. – harter Pornographie **184** 52ff. – von Abtreibungsmitteln und -diensten **219b** 5ff.
Änderung – des Gesetzes **2** II – der Rechtsprechung **2** 9f.
Androhen – Begriff **126** 5 – bestimmter Gewalttaten **126** 4f.
Anfechtung eines Rechtsgeschäfts, zivilrechtliche, Bedeutung für Strafrecht **246** 4
Anforderungen – keine unzumutbaren ~an den Verurteilten bei Auflagen und Weisungen **56b** 19, **56c** 5ff., **68b** 25
Angaben, vorteilhafte **264a** 25
Angehörige, Begriff **11** I 1, **11** 3ff. – als Antragsberechtigte **77** 12, **77b** 16, **194** 3 **205** 8 – Diebstahl gegen ~ **247** 3ff. – Hehlerei gegen ~ **259** 60 – bei Notstand **35** 18f. – Straffreiheit bei Nichtanzeige bestimmter Taten **139** 4 – Strafvereitelung zugunsten eines ~ **258** 39 – als Widerspruchsberechtigte bei Strafverfolgung von Amts wegen **194** 7
Angemessenheit – der Entschädigung **74f** 10f. – der erbotenen Leistung statt Bewährungsauflage **56b** III – bei Notstand **34** 46f. – des Preises **263** 16d, 17c
Angriff – auf Kraftfahrer **316a** 3ff. – auf den Luft- und Seeverkehr **316c** – ~ mehrerer **227** 4 – Abwendung eines ~ bei Notwehr **32** 3ff., s. auch Notwehrlage – tätlicher ~, s. dort
Angriffskrieg – Begriff **80** 4 – Aufstacheln zum ~ **80a** – Belohnung u. Billigung eines ~ **140** 2 – Nichtanzeige eines ~ **138** 7 – Vorbereitung eines ~ **80** 5ff.
Anhalten – zur Prostitution **180a** 20
Animus auctoris 56ff. vor **25**
Animus socii 56ff. vor **25**, s. auch subjektive Theorie
Ankaufen, als Tathandlung der Hehlerei **259** 30
Anklageschrift – öffentliche Mitteilung der ~ **353d** 39ff., s. auch öffentliche Klage
Ankündigen, – öffentliches ~ pornographischer Erzeugnisse **184** 30ff. – harter Pornographie **184** 52ff. – von Abtreibungsmitteln etc. **219b** 5ff.
Anlagen – der Landesverteidigung **109e** 5ff. – militärische **109g** 7 – zum Schutz der Zivilbevölkerung **109e** 6ff. – Beschädigung wichtiger ~ **321** 2ff. – Betreiben einer kerntechnischen ~ **327** 5 – Betrieb von ~ **325** 6, **329** 9, 17, 26, **330** 5 – betriebliche ~ **329** 16 – Errichten von ~ **329** 17 – Innehaben einer betriebsbereiten oder stillgelegten ~ **327** 6 – kerntechnische ~ **327** 3 – Rohrleitungs~ **329** 25 – in Schutzgebieten **329** 8, 15 – Umweltstrafrecht **325** 4f. – unerlaubtes Betreiben von ~ **327**, **329** 7ff. – Zerstörung von ~ des Straßenverkehrs **315b** 5ff. – Zerstörung von dem öffentlichen Verkehr dienenden ~ **316b** 2ff.
Anleitung zu Straftaten 130a – durch Anleitungsschriften **130a** 3ff., 7ff. – mündliche ~ **130a** 8 – Sozialadäquanz bei ~ **130a** 10

magere Zahlen = Randnummern **Stichwortverzeichnis**

Annahme des Erbietens, zu einem Verbrechen 30 24 – Rücktritt 31 9
Anpreisen – öffentliches ~ pornographischer Erzeugnisse 184 30ff. – harter Pornographie 184 52ff. – von Abtreibungsmitteln und -diensten 219b 5ff.
Anrechnung auf Strafe 51 – allgemein 51 1f. – ~ von Auslandsstrafen 51 III, 51 28ff. – automatische ~ (kraft Gesetzes) 51 16ff. – ~ auf die erkannte Strafe 51 11ff. – sonstiger Freiheitsentziehungen 51 5 – von vorl. Entziehung der Fahrerlaubnis auf Fahrverbot 51 36 – gerichtliche Versagung der ~ 51 18ff. – der Untersuchungshaft 51 4ff. – Grundsatz der Verfahrenseinheit 51 8ff. – ~ von Leistungen bei Widerruf der Strafaussetzung 56f 18, 58 13 – ~ von vollzogenen Maßregeln 67 3
Anschlagen – als Verbreiten von Schriften 74d IV, – pornographischer usw. Schriften 184 15, 131 6
Ansetzen, unmittelbares – als Element des Versuchs, allgemein 22 24ff. – Grundlage und Bezugspunkt des ~ 22 33ff. – bei Teilverwirklichung des Tatbestandes 22 37f. – Unmittelbarkeitskriterium 22 39ff. – bei Schwangerschaftsabbruch 218 33, s. auch Vorbereitungshandlung
Anstaltsunterbringung, allgemein, s. Unterbringung
Anstellungsbetrug 263 153ff.
Anstiftung 26 – allgemein 26 1f., s. auch Teilnahme und Urheberschaft – doppelter Vorsatz bei ~ 26 12ff. – und Haupttat 26 20ff. – mittelbare – (durch Werkzeug) 26 7 – bei Umstimmen des Täters 26 6 – Versuch der ~ 30 I, 26 24, 30 17ff. (Irrtumsfragen 30 8ff.), s. auch Akzessorietät und Teilnahme
Antikonzeptionelle Mittel – keine Abtreibungsmittel 219c 2, 219d 3
Anti-Terroristen-Gesetze 2 vor 123, 129a 1
Antrag, s. Strafantrag
Antragsdelikte, allgemein 77 2
Antragsmündigkeit 77 15ff.
Anvertrauen – ein Geheimnis ~ 203 12ff. – eine Sache ~ 246 24
Anwalt – Berufsverbot für ~ 70 3 – kein Amtsträger 11 20 – Garantenstellung des ~ 13 31, s. auch Rechtsanwalt
Anwaltschaft – als öffentliches Amt 132 4
Anwaltstand, Beleidigung des ~ (?) 3, 7 vor 185
Anwartschaft – als Gegenstand der Einziehung 74 24 – Schutz der ~ bei Pfandkehr 289 7 – als Vermögen 263 86ff.
Anwendungsbereich des Strafgesetzes, s. Geltungsbereich
Anwerben – gewerbsmäßiges ~ zur Prostitution 180a 22ff. – für ausländischen Wehrdienst 109h 4ff. – bei Menschenhandel 181 8
Anzeige – zur Entgegennahme von ~ zuständiger Amtsträger 164 27 – und Gefahr politischer Verfolgung 241a 2ff.
Apotheker – berufliche Schweigepflicht des ~ 203 35
Approbation – Bedeutung der ~ bei Schwangerschaftsabbruch 218 55, 218b 15, 21, 219 8
Apprehensionstheorie 242 37
Äquivalenztheorie 73ff. vor 13
Arbeit – Weisungen bzgl. ~ 56c 7f., 17, 68b 19
Arbeitgeberbeiträge – Vorenthalten von ~ durch Ersatzkassenmitglieder 266a 16

Arbeitnehmerbeiträge – Vorenthalten von ~ durch Arbeitgeber 266a 3ff.
Arbeitnehmerüberlassung 266a 11, 26
Arbeitsentgelt – Vorenthalten und Veruntreuen von ~ 266a
Arbeitsmittel – Zerstörung technischer ~ 305a
Arbeitsverhältnis – als Abhängigkeitsverhältnis 174 10 – als Fürsorgeverhältnis 223b 10
Arbeitskraft – als Vermögen 263 96f., 155
Ärgernis – Erregung (öffentlichen) ~ 183a
Arglosigkeit 211 24, 25b
Arzneimittelerprobung 223 50a
Arzt – (schwangerschafts-)abbrechender ~ 20 vor 218, 218a 54ff. – ~ als Berater 22 vor 218, 218b 12ff., 17ff., s. dort – als Amtsträger 11 17f. – geschützte Berufsbezeichnung 132a 10 – Garantenstellung des ~ 13 28a, 31 – Hilfspflicht eines ~ 323e 25a – Indikations-~ 21 vor 218, 219 7ff. – berufliche Schweigepflicht des ~ 203 35 – Straffreiheit bei Nichtanzeige bestimmter Taten 139 3 – Weigerungsrecht ~ gegen Schwangerschaftsabbruch 218a 68ff.
Ärztliche Aufklärung – therapeutische ~ 223 35 – Selbstbestimmungsaufklärung ~ 223 40ff.
Ärztliche Beratung bei Schwangerschaftsabbruch 218b 17ff.
Ärztliche Eingriffe – Fahrlässigkeit bei ~ 15 151ff., 219 – und Körperverletzung, im besonderen 223 27ff. (gelungene ~ 223 32; ~ mit Substanzveränderungen 223 33ff.; mißglückte ~ 223 33ff.) – ~ lege artis 223 35f. – Einwilligung des Patienten bei ~ 223 37ff. s. auch ärztliche Aufklärung
Ärztliche Erkenntnis – maßgeblich bei Schwangerschaftsabbruch 218a 16, 28, 37, 51
Ärztliche Kunstregeln – Befolgung der ~ bei Heilbehandlung 223 35f. – Schwangerschaftsabbruch nur bei Beachtung der ~ 218a 56f.
Asperationsprinzip 54 I – durch Bildung der Einsatzstrafe 54 3ff. – durch Erhöhung der Einsatzstrafe 54 6ff.
Asthenische Affekte 33 4f.
Attentat – auf Flugzeuge und Schiffe 316c 23ff.
Aufenthalt – Anordnungen bzgl. ~ 56c 17, 68b 5f. – dienstlicher 5 19 – gewöhnlicher 5 12
Auffangtatbestand – Lehre vom ~ 1, 92
Aufforderung – frühere Bezeichnung für Bestimmen 30 17ff. – zu Gewaltmaßnahmen gegen Bevölkerungsteile 130 5b – öffentliche ~ zu rechtswidrigen Taten 111 1ff.
Aufgabe der (weiteren) Tatausführung bei Rücktritt 24 37ff.
Aufklärung s. ärztliche ~
Auflagen – bei Bewährung, s. Bewährungsauflagen – bei Verwarnung mit Strafvorbehalt, s. dort
Auflauern – als Versuchshandlung 22 42
Aufnehmen auf Tonträger 201 11ff.
Aufrechterhaltung einer rechtswidrigen Vermögenslage – und Hehlerei 259 1
Aufschub der Vollstreckung 79a 4
Aufsicht des Bewährungshelfers 56d I, 56f I 2, 57 III, 67 g I 3, 70b I 3 – Inhalt der ~ 56d 2f.
Aufsichtsstelle – als Organ der Führungsaufsicht 68a 2ff. – Überwachungsaufgabe der ~ 68a 5f. – Vorrang der ~ bei gleichzeitiger Führungsaufsicht und Strafaussetzung 68g 3f.
Aufstacheln – Begriff 80a 3, 130 5a – zum An-

2375

Stichwortverzeichnis

fette Zahlen = Paragraphen

griffskrieg **80a** – zum Haß gegen Bevölkerungsteile **130** – zum Rassenhaß **131** 5
Aufzug – Teilnahme an ~ als Bannkreisverletzung **106a** 3
Augenscheinsobjekt **267** 4 – qualifiziertes ~ **267** 21
Ausbeuten – der Prostituierten **180a** 21 – und Zuhälterei **181a** 5 f.
Ausbeutung – Begriff **302a** 29 – des Mangels an Urteilsvermögen **302a** 26 – der Unerfahrenheit **302a** 25 – der erheblichen Willensschwäche **302a** 27 – einer Zwangslage **302a** 23
Ausbildung – Weisungen bzgl. ~ **56c** 7 f., 17, **68b** 7, 19
Ausbildungsverhältnis – als Abhängigkeitsverhältnis **174** 7, 10
Ausbruch, gewaltsamer – als Meuterei **121** 11 – Verhelfen zum ~ **121** 12 ff.
Ausführen – pornographischer Erzeugnisse **184** 49 – harter Pornographie **184** 59
Ausführung einer Tat – Strafbarkeit bei Nichtanzeige der ~ **138** 6 f.
Auskundschaften von Staatsgeheimnissen **96** 8 ff.
Ausland – Begriff 25 ff., 33 vor **3** – im ~ begangene Taten **5**, **6**, **7** – im ~ gegen Deutsche begangene Taten **7** 4 ff. – ~-taten von Deutschen **7 II**, **7** 16 ff. – teilweise im ~ begangene Taten, s. internationale Distanzdelikte
Ausländer – Begriff 37 vor **3** – Bestrafung von ~ 4 vor **3**, **3** 5 – Strafaussetzung bei ~ **56** 24 d – Strafzumessung bei ~ **46** 36
Ausländerverein – verbotener **85** 9
Ausländischer Führerschein 69b
Ausländische Rechtsgüter 16 ff. vor **3**
Ausländische Staaten – Begriff 3 vor **102** – DDR als ~ 3 vor **102** – Flagge von ~, Verletzung der **104** 2 – Hoheitszeichen von ~, Verletzung der **104** 3 – **Organe** (Angriff gegen **102** Beleidigung gegen **103**) Regierungsmitglieder ~ **102** 4 – Strafverfolgungsvoraussetzungen bei Delikten gegen ~ **104a**
Ausländisches Staatsoberhaupt – Angriff gegen ~ **102** 3 – Beleidigung eines ~ **103** 3
Ausländisches Tatortrecht 23 ff. vor **3**
Ausländische Truppen 39 f vor **3**, Sonderprobleme bei Verjährung **78b** 9, s. auch NATO – Angehörige
Auslandsstrafen – Anrechnung von ~ **51 III**, **51** 28 ff.
Auslegung, allgemein **1** 36 ff. – ausdehnende ~, **1** 51 f. – einschränkende ~ **1** 51 – objektiv-teleologische ~**1** 43 ff. – logisch-systematische ~ **1** 39 – ~ vom Sinnzusammenhang aus **1** 39 ff. – subjektiv-historische ~ **1** 41 – Unterschied zur Analogie **1** 55 f. – ~ vom Wortsinn aus **1** 37
Auslieferung 7 22 ff. – Auslieferungshaft **51** 35
Ausnützen – einer vom Täter geschaffenen Lage zur Erpressung **239a** 18 ff. – einer vom Täter geschaffenen Lage zur Geiselnahme **239b** 11 ff.
Aussage – ~-erpressung durch Amtsträgern **343** – falsche, uneidliche ~ **153** – Falschheit der ~ 3 ff., 7 f. vor **153**, **153** 3 – mehrdeutige ~ 18 vor **153** – ~notstand **157** s. dort – uneidliche ~ u. Verhältnis zum Meineid **153** 9, 15 ff. – Verleiten zu falscher uneidlicher ~ **160** 7 – unter Verletzung prozessualer Normen 19 ff. vor **153** – versuchte Anstiftung zu falscher uneidlicher ~ **159**, s. auch Aussagetheorien

Aussagedelikte – im Ausland **5** 18 – als eigenhändige Delikte 33 vor **153** – Teilnahme bei ~ 34 ff. vor **153** – Verleiten zu ~ **160**
Aussagenotstand 157 – zur Abwendung der Gefahr einer Verurteilung **157** 6 ff. – bei falscher uneidlicher Aussage **157** 5, 13 – bei Herbeiführung des ~ ? **157** 11 – bei Meineid **157** 5, 13
Aussagetheorien – modifizierte objektive ~ **4** ff. vor **153** – objektive ~ 4 ff. vor **153** – subjektive ~ 4 ff. vor **153**
Ausschuß, parlamentarischer **36** 4 – Berichte aus ~ **37** – Schweigepflicht **203** 59
Außereheliche sexuelle Handlungen – Absicht der ~ bei Entführung **236** 11, **237** 6 – Tatbestandshandlung bei Entführung **237** 13 f.
Äußerung, parlamentarische **36** 4
Außerrechtlich – außerrechtliche Normenkomplexe **1** 22 – außerrechtliche Wertungen bei Interessenabwägung beim Notstand **34** 44
Aussetzung 221 – durch Aussetzen Schutzbedürftiger **221** 6 f. – durch Verlassen **221** 7 f. – bei Lebens- und/oder Leibesgefährdung **221** 9 – qualifizierte ~ **221** 12 f. – Vorsatz zur ~ bei Menschenraub **234** 6
Aussetzung – der Strafe, s. Strafaussetzung – freiheitsentziehender Maßregeln, s. Unterbringung – des Berufsverbots, s. dort – und Ruhen der Verjährung **79a** 5
Aussetzung des Strafrestes, s. Strafrest
Ausspähung – von Daten **202a** – illegaler Geheimnisse **97a** 10 ff. – landesverräterische ~ **96** 2 ff.
Ausspielung 286
Aussteller – Begriff **267** 16 – Individualisierung des ~ **267** 29
Ausstellen – von Schriften **74d** 7, **131** 6, **184** 15
Auswanderungsbetrug 144
Ausweise – amtliche **275** 5
Ausweispapiere – Mißbrauch von ~ **281**
Autobahn – Wenden und Rückwärtsfahren auf ~ **315c** 22
Automatenmißbrauch 242 36, **243** 25, **265a** 4, 9, **266b** 8
Automatisierte Verhaltensweisen – als Handlungen 41 f. vor **13**
Autonome Motive – beim Rücktritt **24** 43 f.

Bagatellkriminalität – Absehen von Strafe bei ~ 54 vor **38** – keine Sicherungsverwahrung bei ~ **66** 40 – bei Diebstahl **248a** 1
Bahn – gefährliche Eingriffe in den ~-verkehr **315** – Gefährdung des ~-verkehrs **315d**
Bande 244 24
Bandendiebstahl 244 23 ff. – Teilnahme **244** 27 f., 32
Bandenraub 250 26
Bannkreis – Verletzung des ~ eines Verfassungsorgans **106a** 4
Bannware – Schiffsgefährdung durch ~ **297**
Bankrott 283 – besonders schwerer Fall des ~ **283a,** s. auch Gläubigerschädigung
Bargeldloser Zahlungsverkehr – Schutz des ~ **266b** 1
Baugefährdung 323
Bauleiter – bei Baugefährdung **323** 8
Bauwerke – Zerstörung von ~ **305**
Beabsichtigte schwere Körperverletzung 225 – Androhen der ~ **126** 4 f. – Belohnung u. Billigung einer ~ **140** 2 – Vortäuschen der ~ **126** 4 ff.

2376

magere Zahlen = Randnummern

Beamte, Begriff **11** 17 ff. – mit kirchlichen Aufgaben **11** 26, s. auch Amtsträger
Bedingter Vorsatz 15 72 ff., s. Eventualvorsatz
Bedingung – der Strafbarkeit, s. dort – Formel von der gesetzmäßigen ~ 75 vor **13**
Bedingungstheorie 73 ff. vor **13**
Bedrohung 241 – allgemein **241** 1 f. – Begriff, s. Drohung – von Menschen mit Gewalttätigkeiten **125** 17 f. – mit Verbrechen **241** 5 – durch Vortäuschen **241** 9 ff.
Beeinträchtigung richterlicher Unabhängigkeit – nach § 238 StGB-DDR durch Beleidigung von Richtern usw. 10 vor **185**
Beendeter Versuch 24 12 ff. – Rücktritt vom ~ **24** 58 ff. – bei Unterlassungsdelikten **24** 29
Beendigung der Tat – Begriff 4 ff. vor **22** – als Beginn der Verfolgungsverjährung **78a** 1 – bei Fortsetzungszusammenhang u. Dauerdelikt 9 vor **22** – und zeitliche Geltung des StGB **2 II**, **2 III** s. auch dort
Befehl, rechtmäßiger, s. hoheitliches rechtm. Handeln
Befehl, rechtswidriger – Handeln auf ~ als Rechtfertigungsgrund (?) 86a ff. vor **32** – kein Entschuldigungsgrund 121 f. vor **32**
Beförderung 330 13 – für die ~ Verantwortliche **330** 14
Beförderungsleistung – Erschleichen einer ~ **265a** 6, 11
Befreiung – durch Amtsträger oder durch Besonders Verpflichtete **120** 17 ff. – eines Gefangenen **120** 8 – Selbst~ **120** 9 ff., **121** 11 – Teilnahme an ~ **120** 9 ff.
Befriedetes Besitztum – Begriff **123** 6 f.
Befriedigung des Geschlechtstriebs 211 16
Befugnis zur Vermögensverfügung **266** 4 ff. – Mißbrauch der ~ **266** 14 ff.
Begehung der Tat – allgemein **1**, **2** 12 – maßgeblicher Ort **9** – maßgeblicher Zeitpunkt **8**
Begehungsdelikte 128 vor **13**
Begehungszeitraum 2 II, **2** 13 ff.
Beginn der Ausführungshandlung **22** 24 ff.
Begünstigung 257 – Begriff als sachliche ~ **257** 1 – Abgrenzung zur Beihilfe **257** 6 ff. – Antragserfordernis bei ~ **257** 37 f. – durch Beteiligten der Vortat **257** 31 f. – Gläubiger~ **283c** – bei geringfügigem Vermögensvorteil **257** 38 – Verhältnis zu Hehlerei 4 vor **257**, **259** 62 – durch Hilfeleisten **257** 15 ff. – durch mittelbare Förderungshandlungen? **257** 19 – Schuldner~ **283d** – rechtswidrige Vortat als Tatbestandsmerkmal der ~ **257** 3 ff. – Selbstbegünstigung, s. dort – durch Unterlassen **257** 17 f. – ~ zur Vorteilssicherung **257** 21 ff.
Behältnis – Diebstahl aus verschlossenem ~ **243** 21 ff. – Gewahrsam am verschlossenen ~ **242** 34 – ~ eines Schriftstücks **202** 18
Beharrlich – ~ Zuwiderhandeln gegen Verbotsanordnung der Prostitution **184a** 5
Behaupten – von Tatsachen **185** 6, **186** 3 f.
Behörde, Begriff **11** 25, 57 ff. – Beleidigung einer ~ und Antrag **194** 16 – öffentliche ~ bei mittelbarer Falschbeurkundung **271** 5 – Verdächtigung gegenüber ~ **164** 24 ff.
Behördliche Duldung, s. Duldung
Behördliche Erlaubnis – Erschleichen einer ~ 63 vor **32** – Genehmigungsfähigkeit 62 vor **32** – mißbräuchliches Ausnützen einer ~ 62 f. vor **32** –

als Rechtfertigungsgrund 61 ff. vor **32** – rechtswidrige Versagung einer ~ 130a vor **32** – strafrechtliche Bedeutung einer wirksamen, aber rechtswidrigen ~ 62 f. vor **32** – tatbestandsausschließende ~ 61 vor **32** – ~ und Verletzung von Individualrechtsgütern 62 vor **32**
Beibringen – von Gift etc. **229** 6
Beihilfe 27 I – Begriff **27** 1 ff. – ~ zur Beihilfe **27** 18 – Abgrenzung zur Begünstigung **257** 6 ff. – und doppelter Gehilfenvorsatz **27** 19 ff. – bei Exzeß des Haupttäters **27** 20 ff. – und Haupttat (Akzessorietät) **27** 26 ff. – Abgrenzung zur Hehlerei **258** 15 – Formen der Hilfeleistung **27** 11 ff. – mehrfache ~ **27** 35 ff. – psychische ~ **27** 12 – und Strafmilderung **27 II**, **27** 32 – Sukzessive ~ **27** 17 – durch Unterlassen **27** 15 f. – Ursächlichkeit der Hilfeleistung **27** 4 ff. – Abgrenzung zur Verfolgungsvereitelung **258** 5 f., s. auch Akzessorietät und Teilnahme
Beischlaf zwischen Verwandten 173 – Begriff **173** 3 – zwischen Blutsverwandten **173** 4 – mit Kindern **176** 12 – unter Minderjährigen **173** 9 – zwischen Geschwistern **173** 4 – bei Vergewaltigung **173** 7 – Täter des ~ **173** 8
Beiseiteschaffen – Begriff **283** – von Vermögensbestandteilen **283** 3 (bei Schuldnerbegünstigung **283d**) – von Vermögensbestandteilen in der Zwangsvollstreckung **288** 14 ff.
Beisetzungsstätten – Begriff **168** 10 – beschimpfender Unfug an ~ **168** 11 – Zerstörung einer ~ **168** 12
Bei-sich-Führen – Begriff **244** – einer Schußwaffe **125a** 3 ff., **244** 5 ff., **250** 3 ff. – einer Schutzwaffe **125** 27 ff. – einer Waffe **113** 62 ff. – einer Waffe in Verwendungsabsicht **125a** 7 ff., **244** 15 ff., **250** 14 ff. – Zeitpunkt des ~ **244** 6, **250** 6 ff.
Beitreibung der Geldstrafe **43** 3 ff.
Bekanntmachungen, öffentliche – Verletzung ~ **134** 1 ff. – bei Abtreibungsmittel **219b** 5 ff. – bei falscher Verdächtigung **165** 4 ff. – bei öffentlicher Beleidigung **200** 1 f.
Bekanntwerden – eines Geheimnisses **203** 15
Bekenntnis – Begriff **166** 4 – Beschimpfen eines ~ **166** 6 f. – religiöses ~ **166** 5 – weltanschauliches ~ **166** 6
Bekräftigung, eidesgleiche – der Wahrheit einer Aussage **155** 3
Belästigung – durch exhibitionistische Handlungen **183** 4
Beleidigung – allgemein **185** 1 ff. – Antragserfordernis bei ~ **194** 1 ff. – Antrag bei „Amtsbeleidigung" **194** 10 ff. – ausländischer Staatsorgane und Vertreter **103** – Bestreiten von Verfolgungsmaßnahmen durch eine Gewalt- oder Willkürherrschaft als ~ der Opfer **185** 3, **194** 1 – „Behördenbeleidigung" und Antrag **194** 16 – im engsten Familienkreis 9 vor **185** – der Familie 4 vor **185** – Formal~ **192** – von Gemeinschaften 3 ff. vor **185** – durch Karikatur **185** 8a – unter einer Kollektivbezeichnung 5 ff. vor **185**, **194** 1, 6 – durch Kundgabe der Mißachtung **185** 8 – öffentliche ~ **200** 1, s. auch Bekanntmachung – von Richtern usw. nach § 238 StGB-DDR 10 vor **185** – öffentliche ~ durch Satire **185** 8a – Sexual~ **185** 4 – durch Tatsachenbehauptung ggber Verletztem **185** 1, 6, s. dort – Verfolgung von Amts wegen **194** 4 ff. – durch Unterlassen **185** 12 – durch Werturteile **185**

2377

Stichwortverzeichnis

fette Zahlen = Paragraphen

1, s. dort – bei Wahrnehmung berechtigter Interessen? **185** 15, s. dort – wechselseitige ~ **199**, s. wechselseitige Beleidigungen
Beleidigung, schwere – und anschließende Tötung **213** 5ff.
Belohnung schwerer Straftaten **140** 4
Sich-Bemächtigen, eines anderen – Begriff **234** 4, **239a** 7, **239b** 2a
Bemühen ernsthaftes – bei Rücktritt **24** 68, 71, **31** 11, **83a** 12, **129** 21, **264** 68, **265b** II, **316a** II – zur Schadenswiedergutmachung **46** 40
„Berater"-Arzt bei Schwangerschaftsabbruch – bei ärztlicher Beratung **218b** 17ff. – bei Sozialberatung **218b** 12ff. – Identitätsprobleme wegen verschiedener Beratung **218b** 15, 21
Beratervertrag – mit Amtsträger **331** 31
Berauschende Mittel 64 3
Berechtigte Interessen 193 8ff. – Wahrnehmung ~ als allgemeiner Rechtfertigungsgrund? 79f. vor **32** – bei Ehrverletzungsdelikten: Wahrnehmung ~ der Allgemeinheit **193** 13 – Grundsatz des relativ mildesten Mittels **193** 10 – Informationspflicht bei ~ **193** 11, 18 – beim Mitteilen des aufgenommenen usw. Wortes **201** 27 – Wahrnehmung ~ durch Rechtsanwalt **193** 22 – Wahrnehmung durch Presse **193** 15ff.
Bereicherung – Begriff **253** 17 – Absicht der ~ **253** 16ff., 21, **259** 46ff. – kumulative Geldstrafe bei ~ **41** 3 – rechtswidrige ~ **253** 19 – Stoffgleichheit bei ~ **253** 20, s. dort
Sich-Bereiterklären – zu einem Verbrechen **30** 23 – Rücktritt **31** 8 – zu geheimdienstlicher Tätigkeit **99** 24 – zu landesverräterischer Tätigkeit **98** 12ff.
Berichte – parlamentarische ~ 1 vor **36**, **37** 1ff.
Berichterstatterprivileg – bei Gewaltverherrlichung **131** 17ff.
Berichtigende Auslegung bei Unterschlagung **246** 1
Berichtigung einer Falschaussage **158** – allgemein als erweiterter Rücktritt **158** 1 – Begriff **158** 5 – Rechtzeitigkeit der ~ **158** 7ff.
Berufsbezeichnungen – geschützte ~ **132a** 10, 2
Berufsrichter 11 32
Berufsverbot 61 Nr. 7, **70** – Aussetzung des ~ **70a** – für Beamte **70** 3 – Dauer des ~ **70** 18ff. – Erledigung des ~ **70b** 2 – Gefährlichkeitsprognose bei ~ **70** 9ff. – Gegenstand und Umfang des ~ **70** 15ff. – lebenslanges ~ **70** 19 – für Journalisten **70** 4 – für Rechtsanwälte **70** 3 – selbständige Anordnung des ~ **71** II – vorläufiges ~ **70** 21, 23, **70a** 6 – Widerruf der Aussetzung **70b** 1ff. – Verstoß gegen ~ **145c** 1ff.
Berufung – auf eidesstattliche Versicherung **156** 20ff. – auf früheren Eid **155** 4ff.
Besatzungsgerichtliche Urteile, 44ff. vor **3–7**
Beschädigung – amtlicher Bekanntmachungen **134** – von Beisetzungsstätten **168** 12 – von Landesverteidigungsanlagen **109e** 4ff. – von Wehrmitteln **109e** 3, 10ff., s. auch Sachbeschädigung
Beschimpfender Unfug – an Beisetzungsstätten **168** 10f. – an Leichen **168** 10f. – an Orten, die dem Gottesdienst gewidmet sind **167** 13
Beschimpfung – der BRep. usw., s. Verunglimpfung – eines Bekenntnisses **166** 8ff. – von Teilen der Bevölkerung **130** 5 – von Religionsgesellschaften **166** 13ff. – von Weltanschauungsvereinigungen **166** 13ff.

Beschlagnahme – dienstliche ~ **136** 7 – des Führerscheins, Anrechnung auf Fahrverbot **51** 36 – richterliche Anordnung der ~ als Verjährungsunterbrechung **78c** 12
Beschreibung – sicherheitsgefährdende ~ **109g** 4
Beschützergarant 13 9
Beseitigen – von Wehrmittel **109e** 10ff.
Besitz – als Vermögen **263** 94f., 157f.
Besitzkehr (und -wehr) als Rechtfertigungsgrund 64 vor **32**
Besonderes öffentliches Gewaltverhältnis – als geschütztes Rechtsgut **120** 1, **121** 1
Besondere persönliche Merkmale – Begriff **14** 9ff. – bei Teilnahme **28**, 1ff., 21 – bei „Vertreter"-Handeln **14** 1ff. s. auch strafbegründende pers. Merkmale sowie Strafschärfungsgründe
Besonders schwerer Diebstahl 243 – allgemein, Regelbeispiele **243** 1ff., 42 – Kein ~ bei geringwertiger Sache **243** 48ff. – Tenor bei ~ **243** 64 – Versuch eines ~ **243** 44ff. – Vorsatzwechsel bei ~ **243** 55 – Verhältnis zu Banden- und Waffendiebstahl **244** 35
Besonders schwerer Fall – bei Strafrahmen, allgemein 47 vor **38** – ~ des Bankrotts **283a**
Besondere Tatfolge 18, s. auch erfolgsqualifizierte Delikte
Besserung, Maßregeln der ~, s. dort
Bestattungsfeier 167 3 – Störung einer ~**167**, s. auch Pietätsempfinden
Bestechung – mittelbare ~ **331** 22 – ~svereinbarung **331** 29 – von Amtsträgern **334** I – von Richtern **334** II – von Schiedsrichtern **334** II
Bestrebungen, staatsfeindliche – Legaldefinition **92** 13ff.
Bestimmen – allgemein **26** 3ff., **30** 17 – von Kindern zu sexuellen Handlungen **176** 6ff. – von Minderjährigen zu entgeltlichen sexuellen Handlungen **180** 20ff. – bei Tötung auf Verlangen **216** 9 – (äußerer) Umstände der Prostitutionsausübung **181a** 9
Bestimmtheitsgebot, **1** 6, 17ff. – bei Deliktsfolgen, **1** 23 – bei Rechtfertigungsgründen 25 vor **32** – bei Tatbestandsvoraussetzungen, **1** 18ff.
Bestürzung – bei Notwehrexzeß **33** 2
Betäubungsmittel – Auslandstat **6** Nr. 5, **6** 6
Beteiligter, Begriff, **29** 3
Beteiligung, s. auch Teilnahme – als Mitglied einer kriminellen Vereinigung **129** 13 – als Mitglied einer terroristischen Vereinigung **129a** – als Mitglied einer verfassungswidrigen Partei **84** 15 – als Mitglied einer verfassungswidrigen Vereinigung **85** 10
Beteiligung an Schlägerei 227 – Begriff der Beteiligung **227** 6ff., 15 – Notwehr bei ~ **227** 8ff. – Teilnahme an ~ **227** 12
Betrieb – Handeln für ~ **14** 25ff. – Inhaber des ~ **14** 39ff. – Begriff des ~ bei Kreditbetrug **265b** 6ff. – als Adressat von Subventionen **264** 21f. – Störung öffentlicher ~ **316b** 2ff. – vorgetäuschter ~ **265b** 26 – von Anlagen **325** 6, **330** 5
Betriebsgeheimnis – Begriff **203** 10 – Unbefugte Offenbarung und Verwertung von ~ **203**, **204**, **355** – Verletzung des ~ im Ausland **5** 13 s. auch Schweigepflicht
Betriebsinhaber – Garantenstellung **13** 52
Betriebsstrafe (-justiz) 37 vor **38**
Betrug 263 – allgemein, als unbewußte Selbstschä-

2378

magere Zahlen = Randnummern

Stichwortverzeichnis

digung, **263** 2, 41 – Anstellungs~ **263** 153 ff. – Bettel~ **263** 101 ff. – Beweismittel~ **263** 146 f. – Abgrenzung zu Diebstahl **242** 40 f., 75, **263** 63 ff. – Dreiecks~ **263** 65 ff. – Eingehungs~ **263** 125 ff. – Erfüllungs~ **263** 135 ff. – Führungsaufsicht bei ~ **263** 189 – geringwertiger Sachen **263** 192 – Haus- und Familien~ **263** 190 f. – Kausalität bei ~ **263** 5, 35, 54, 61 f., 77 – Kredit~ **265 b**, s. dort – Prozeß~ **263** 69 ff., 51 f., s. dort – Scheck~ **263** 49 – Sicherungs~ als straflose Nachtat **263** 184 – Subventions~ **264** s. dort – durch Unterlassen **263** 18 ff., 45, 58 – Versicherungs~ **265** s. dort – Vollendung **263** 178, s. Täuschung, Irrtumserregung, Vermögensverfügung, Vermögensschaden, s. auch Stichwortverzeichnis vor **263**
Betrügerische Absicht – bei Versicherungsbetrug **265** 11 ff.
Bettelbetrug 263 101 ff.
Bevölkerung, Teile der – Begriff **130** 4, **194** 5 a
Bewährung, s. Strafaussetzung
Bewährungsauflagen 56 b – keine ~ bei Anerbieten des Verurteilten **56 b** 26 ff. – Genugtuungsfunktion der ~ **56** 3 ff. – (abschließender) Katalog der ~ **56 b** II, **56** 8 ff. – als repressives Instrument **56 b** 2, **56 c** 2 – Schranken für Anordnung von ~ **56 b** 18 ff. – spätere Anordnung von ~ **56 e** 3 ff.
Bewährungshelfer – Aufgaben **56 d** 2 f. – Bestellung **56 d** 5 f., nachträgliche Bestellung **56 e** – als Organ der Führungsaufsicht **68 a** 8 ff.
Bewährungshilfe 56 d
Bewährungsweisungen, s. Weisungen
Bewährungszeit 56 a, **59 a**, **70 a** – Verlängerung der ~ **56 a** 4, **56 f** 10 – Verkürzung der ~ **56 a** 4
Beweiseignung – der Urkunde **267** 8 ff.
Beweiserheblichkeit bei Eidesdelikten **15** ff. vor **153**
Beweisfunktion der Urkunde **267** 8 ff.
Beweismittelbetrug 263 51, 70, 75, **146** f.
Beweiszeichen – Urkundeneigenschaft von ~ **267** 20 f. – Einzelfälle **267** 23
Bewußte Fahrlässigkeit 15 203
Bewußtlosigkeit – bei ~ keine Handlung **39** vor **13**
Bewußtsein der Rechtswidrigkeit 15 104, **17** 4 ff.
Bewußtseinsstörungen – und Schuldunfähigkeit **20** 12 ff., s. auch dort
Beziehen – pornographischer Erzeugnisse **184** 44 – harter Pornographie **184** 52 ff.
Beziehungen – friedensgefährdende **100** 2 ff. – zwischen Zuhälter und Prostituierten **181 a** 12, 16 ff.
Beziehungsgegenstände – grundsätzlich keine Einziehung bei ~ **74** 12 a f.
Bezugsrecht – Begriff **264 a** 8
Bigamie 171, s. Doppelehe
Bilanzen – allgemein **265 b** 35 – „unrichtige" **265 b** 40 – mangelhaftes Aufstellen von ~ **283** 43, **283 b** 4
Bildträger, Begriff **11** III, **11** 78 – Einziehung **74 d** 3
Billigung schwerer Straftaten **140** 5 f.
Biologische Voraussetzungen der Schuldunfähigkeit 20 5 ff.
Blankettfälschung 267 62

Blankettstrafgesetz, allgemein **3** vor **1** – ~ und Änderung des Gesetzes **2** 10, 23, 26 f., 37 – Gesetzesvorbehalt bei ~ **1** 8 – Tatbestandsbestimmtheit **1** 8, 18 a – Vorsatz und Irrtum bei ~ **15** 99 ff.
Blutalkoholkonzentration – bei Trunkenheit im Verkehr **316** 4 ff. – und Schuldunfähigkeit **20** 16 ff.
Blutschande 173 1, s. Beischlaf zwischen Verwandten
Bordell, Betreiben eines ~ **180 a** 3 ff. – bei Abhängigkeit der Prostituierten **180 a** 8 – bei prostitutionsfördernden Maßnahmen **180 a** 9 ff.
Böswilligkeit 90 a 9, **223 b** 14
Brandgefahr – Herbeiführung einer ~ **310 a**
Brandstiftung 308 – schwere **306** – besonders schwere **307** – fahrlässige **309** – mittelbare **308** 13 ff. – unmittelbare **308** 12 – durch Unterlassen **306** 12 – tätige Reue bei ~ **310**
Brief – Begriff **202** 4 – verschlossener ~ **202** 7
Briefgeheimnis – als geschütztes Rechtsgut? **202** 2 – Verletzung des ~ **202**
Brunnen – Vergiftung von ~ **324**
Buchführungspflicht – Verletzung der ~ **283 b**
Buchprüfer – berufliche Schweigepflicht **203** 37
Bundesflagge 4 – Verunglimpfung ~ **90 a**
Bundespräsident – Nötigung des ~ **106** 1 f. – Verunglimpfen des ~ **90** 2 ff.
Bundesrepublik Deutschland – Beschimpfung der ~ **90 a** 4 ff. – Beeinträchtigung des Bestandes der ~ **92** 2 ff. – Bestrebungen gegen Bestand der ~, Legaldefinition **92** 14 – Bestrebungen gegen Sicherheit der ~, Legaldefinition **92** 15 – Sicherheit der ~ als Schutzobjekt **109 g** 10 – Schutzobjekt der Staatsschutzdelikte **4** vor **80** – schwerer Nachteil für Sicherheit der ~ und Landesverrat **93** 17 f., **94** 13 f. – gegen die ~ gerichtete Tätigkeit bei geheimdienstl. Agententätigkeit **99** 16 ff. – Territorium der ~ als Schutzobjekt des Hochverrats **81** 2
Bundestag – Indemnität der Äußerungen im ~ **36** 1, 3 ff. – Berichte über Sitzungen des ~ **37** 1 ff.
Bundesversammlung – Nötigung der ~ **105** 3
Bundeswehr – Funktionsfähigkeit der ~ als Schutzobjekt **109 d** 1 – Personalbestand der ~ als Schutzobjekt **109 a** 1 – Zersetzung der ~ **89** 4, 5 ff. – Störpropaganda gegen ~ **109 d**
Bundeswehrangehörige – Vorteilsgewährung an ~ **333** 17 f.
Bundeszentralregister für Strafen – und Führungszeugnis **40** 2 – Vorstrafeneintragung im ~ **61** vor **38**
Bürgschaftsübernahme 265 b 17
Charakterschuld 106 vor **13**
Codekartenmißbrauch 1 24, **242** 36, **243** 25, **246** 6, **248 a** 7, **263** 29 a, 50, 53, **263 a** 10, 14, **265 a** 9, **266 b** 8
Computerbetrug 263 a
Computerkriminalität 263 53, **269** 1
Computermanipulation – unbefugte Einwirkung auf den Ablauf **263 a** 12
Computersabotage 303 b – ~ Strafantrag **303 c**
Conditio-sine-qua-non – Formel **73** ff. vor **13**, s. auch Bedingungstheorie

Darlehen 265 b 12
Darstellungen, Begriff **11** III, **11** 78 f. – Einziehung von ~ **74 d** 3

2379

Stichwortverzeichnis

fette Zahlen = Paragraphen

Datei, öffentliche **271** 14a
Daten – Ausspähen von ~ **202a** – Begriff **202a** 3ff., **268** 11, **269** 6, 8 – gespeicherte ~ **202a** 4, 10 – Sicherung von ~ **202a** 7ff. – Verschaffen von ~ **202a** 10 – ~ im Übertragungsstadium **202a** 18
Datenbestand 269 18
Daten der öffentlichen Verwaltung – und Amtshilfe **203** 53 – geschützte ~ **203** 46ff. – unbefugtes Offenbaren der ~ **203** 52ff.
Datenspeicherung 269 16
Datenträger – Beschädigung eines ~ **303b** 12
Datenveränderung 269 17, **303a** – Strafantrag **303c**
Datenverarbeitungsanlage 303b 13
Datenverarbeitungsvorgang 263a 4
Dauerdelikte – allgemein 81 vor **52**, – Antragsfrist bei ~ **77b** 8 – Abgrenzung zu Zustandsdelikten 82 vor **52** – Beendigung der ~ 9 vor **22**, 84 vor **52** – Konkurrenzen zwischen ~ und anderen Straftaten 88ff. vor **52** – Unterbrechung (durch Verkehrsunfall) (?) 85 vor **52** – Verjährung **78a** 11
Dauerndes Begleitwissen – bei Vorsatz, allgemein **15** 50f. – bei Betrug (Irrtumserregung) **263** 39
DDR 28ff. vor **3–7**, 3 vor **102** (s. auch Interlokales Strafrecht)
DDR-Bürger 36 vor **3–7** – Rechtshilfeabkommen mit ~, 61 vor **3–7**
Défense sociale 9 vor **38**
Deliktsaufbau – dreistufiger 12ff. vor **13** – zweistufiger 15ff. vor **13**
Delikte – Dauer-~ s. dort – Durchgangs-~ 120ff. vor **52** – Kollektiv-~, s. Sammelstraftat – mehraktige ~ und Handlungseinheit 14 vor **52** – Zustands~ 82 vor **52**
Deliktserfolg – einheitlicher 17ff. vor **52**
Deliktstypus – Begriff 18, 45 vor **13**
Demonstrationen – Nötigung bei ~ **240** 26ff., s. auch Gewalt
Demonstrationsstrafrecht 125 1
Denkmäler, öffentliche – Beschädigung ~ **304** 4
Deskriptive Tatbestandsmerkmale 64 vor **13**, **15** 17ff., 39
Deutscher (Begriff), 34ff. vor **3–7** – Auslandstaten gegen ~, **7** 1, **7** 4ff.
Deutsche Straßenverkehrsvorschriften – Geltung der ~ (bei Verstößen) im Ausland, 19ff. vor **3–7**
Diagnoseaufklärung 223 41f. s. auch ärztliche Aufklärung
Dichotomie der Straftaten **12** 2
Diebstahl 242 – Antrag bei Haus- und Familien~ **247**, bei geringwertigen Sachen **248a** – Banden~ **244**, s. Bande – besonders schwerer ~ **243**, s. dort – und Betrug **242** 75, **263** 63ff. – Einbruchs-~ **243** 5ff. – Führungsaufsicht bei ~ **245** – gemeinschädlicher ~ **243** 35ff. – geringwertiger Sachen **248a** 5ff. s. auch dort – gewerbsmäßiger ~ **243** 31 – Wahlfeststellung zu Hehlerei **242** 78, **259** 65, **1** 94ff. – ~ gegenüber Hilflosen **243** 38ff. – Kirchen-~ **243** 32ff. – von und aus Kraftfahrzeugen **243** 27f. – strafbarer Gebrauchs-~ **248b** 11, – „Strom"-~ **248c** – Trick-~ **242** 29 – Vollendung des ~ **242** 67ff. – Waffen-~ **244**, s. Waffe und Schußwaffe, s. auch Stichwortverzeichnis vor **242**

Dienst – Beleidigung eines Amtsträgers in Bezug auf ~ **194** 14 – Beleidigung eines Amtsträgers während ~ **194** 13
Dienst, auswärtiger – Vertrauensbruch im ~ **353a**
Dienstbezeichnung – geschützte ~ **132a** 5f.
Dienstgeheimnis – Verletzung von ~ **353b**
Diensthandlung – Begriff **331** 9ff. – pflichtwidrige **332** 5ff. – Rechtmäßigkeit einer ~, s. dort – Unterlassen von ~ **331** 15, **335** s. auch Vollstreckungshandlung und Amtsdelikte
Dienstlich – anvertraut **133** 21 – ~-es Schriftstück **134** 3 – zugänglich **133** 22
Dienstliche Anordnung als Rechtfertigungsgrund 87ff. vor **32**
Dienstliche Beschlagnahme – Begriff **136** 7
Dienstliche Verfügung – Entziehung der ~ **133** 15
Dienstliche Verwahrung 133 5ff.
Dienstpflicht, s. hoheitlich rechtmäßiges Handeln bzw. Befehl, rechtswidriger
Dienstverhältnis, öffentliches – ohne Amtsträgereigenschaft **11** 34ff.
Dienstverhältnis, als Arbeitsverhältnis, s. dort
Dienstvorgesetzter – Antragsrecht des ~, allgemein **77a** 2ff., bei Beleidigung **194** 16ff.
Differenzgeschäft 283 11
Diplomatische Beziehungen – als Strafbarkeitsbedingung **104a** 2
Diplomatische Vertretung – Exterritorialität ~ 38ff. vor **3** – Leiter einer ~ als Angriffsobjekt **102** 5 – Leiter einer ~ als Beleidigungsobjekt **103** 5
Direkter Vorsatz 15 65ff.
Diskontierung 265b 16
Dispositionsbefugnis (über Rechtsgut) – und Einwilligung 36ff. vor **32**, **216** 13, **218** 20
Distanzdelikte 9 12ff.
dolus – alternativus **15** 90 – antecedens **15** 49 – cumulativus **15** 90 – directus **15** 65ff. – eventualis **15** 72ff., s. auch Eventualvorsatz – generalis **15** 58 – subsequens **15** 49
Doping 223 50, **226a** 18
Doppelagent – Bestrafung wegen geheimdienstlicher Tätigkeit? **99** 25
Doppelehe 171 – strafbar nur bei zwei formell gültigen Ehen **171** 3ff. – Täter einer ~ **171** 8
Doppelirrtum 17 11, **32** 65
Doppelselbstmord – Strafbarkeit des Überlebenden **216** 11
Doppelverwertung – ~ bei Strafmilderungsgründen **49** 6 – Verbot der ~bei Strafzumessung **46** 45ff. – Verbot der ~ bei Zusammentreffen eines minder schweren Falles und eines Strafmilderungsgrundes **50** 1ff.
Dritteigentum – als Gegenstand **der Einziehung** 5, 16 vor **73**, **74a** – Beihilfeklausel **74a** 5f., **74f** 6 – Erwerbsklausel **74a** 7ff., **74f** 7 – Entschädigung bei ~ **74f** 2ff. – als Gegenstand **des Verfalls 73** 39ff.
Dritteinziehung, s. Dritteigentum
Drogen – ~einnahme und Schuldunfähigkeit **20** 11, 13, 17 – ~einnahme und Selbstgefährdung **100ff.** vor **13**, **15** 155ff. – Verschreibung von ~ **223** 50
Drohung – allgemein 30ff. vor **234** – keine ~ bei Aberglauben 24 vor **234** – Hochverrat **81** 5 – bei objektiver Ernstlichkeit 33 vor **234** – mit empfindlichem Übel 24 vor **234** – durch/mit Unter-

magere Zahlen = Randnummern **Stichwortverzeichnis**

lassen 35 vor **234** – bei Widerstand gegen Vollsteckungsbeamte **113** 45
Drucksätze – Unbrauchbarmachung von **74d** 16ff. – als Gegenstand der Geldfälschung **149** 3f.
Druckstücke – Unbrauchbarmachung von ~ **74d** 16ff. – als Gegenstand der Geldfälschung **149** 3f.
Duchesneparagraph 30
Duldung – behördliche ~ **63a** vor **32**, 20 vor **324**
Duldungspflichten bei Rechtfertigungsgründen allg. 10ff., 86 vor **32**
Durchgangsdelikt 120ff. vor **52**
Durchschrift als Urkunde **267** 41
Durchsuchung, richterliche Anordnung der – Verjährungs-Unterbrechung bei ~ **78c** 12

Ehe – spätere ~ als Verfolgungshindernis **238** 6ff., **182** 7
Eheberater – berufliche Schweigepflicht **203** 38
Ehegatten – Angehörige **11** 9f. – Angehörige nach Auflösung der Ehe **11** 9 – Garantenstellung zueinander und deren Umfang **13** 17f., 53
Ehrbegriff – normativer, sozialer, faktischer, normativ-faktischer, personaler ~ 1 vor **185**, s. auch Einzelstichworte
Ehre – als geschütztes Rechtsgut 1 vor **185** – „äußere" ~ 1 vor **185** – „innere" ~1 vor **185**
Ehrenamtliche Richter **11** 32
Eid – den ~ ersetzende Bekräftigung **155** 3 – Erfordernisse eines ~ 21 vor **153** – Berufung auf früheren ~ **155** 4ff. – Mündigkeit 25 vor **153**, **157** 14 – an ~-es Statt, Versicherung an Eides Statt – unter Verletzung prozessualer Normen 19ff. vor **153** – zur Abnahme von ~ zuständige Stelle **153** 5, **154** 6ff., s. auch Aussagenotstand, Berichtigung
Eidesdelikte – im Ausland **5** 18 – als eigenhändige Delikte 33 vor **153** – Teilnahme bei ~ 34ff. vor **153** – Verleiten zu ~ **160**
Eidestheorien – modifizierte objektive ~4ff. vor **153** – objektive ~ 4ff. vor **153** – subjektive ~ 4ff. vor **153**
Eigenhändige Delikte – allgemein 133 vor **13** – Aussage- und Eidesdelikte als ~ 33 vor **153** – mittelbare Täterschaft bei ~ **25** 74 – Täter und Teilnehmer bei ~ 30f., 74 vor **25**
Eigenschaften, persönliche – bei Organ- und Vertreterhaftung **14** 8f. – bei Beteiligung **28** 12
Eigentum – als geschütztes Rechtsgut **242** 1, **246** 1, **249** 1 – Gesamthandseigentum und Unterschlagung **246** 5 – Mit~ und Unterschlagung **246** 5 – Sicherungs~, s. dort – ~vorbehalt, s. Vorbehaltseigentum
Eigentumssanktionen als Maßnahmen 1, 3ff. vor **73**
Eigentumsübertragung, gesetzliche – als Rechtsfolge der Einziehung **74e** 4ff. – als Rechtsfolge des Verfalls **73d** 2f.
Einbrechen 243 10f.
Eindringen – als Hausfriedensbruch **123** 11ff., s. auch Hausrecht u. Hausverbot – mit falschen Schlüsseln bei Diebstahl **243** 13ff. – kein ~ bei Erlaubnis zum Betreten **123** 22ff. – von Pressevertretern zur Berichterstattung **123** 33, **124** 22 – Widerrechtlichkeit des ~ **123** 31ff. – Zusammenrotten einer Menschenmenge und ~ **124** 4ff. (dabei erforderliche Absicht **124** 13ff.)
Eindruckstheorie 22 vor **22**, s. auch Versuchs-

theorien – und Täterplan **22** 34 – und Teilnehmerrücktritt **24** 102
Einführen – von Kennzeichen verfassungswidriger Organisationen **86a** 3 – pornographischer Erzeugnisse, allgemein **184** 47 – pornographischer Erzeugnisse im Versandhandel **184** 25ff. – harter Pornographie **184** 52ff.
Einführungsgesetz zum StGB – allgemein **Einf**. 5, 9 – Regelungen des ~ 17ff., 36ff., 58 vor **1**
Eingehungsbetrug 263 128ff.
Eingriffe, gefährliche – in den Bahnverkehr **315** 2ff. – in den Luftverkehr **315** 6 – in den Schiffsverkehr **315** 5 – in den Straßenverkehr **315b**
Einheit der Rechtsordnung – und Rechtfertigungsgründe 27 vor **32** – und juristisch-ökonomischer Vermögensbegriff **263** 82f.
Einheitliche Handlung, s. Idealkonkurrenz
Einheitsstrafe 26 vor **38**
Einheitstäterbegriff – grundsätzlich kein ~ im StGB 4 vor **25** – bei Landfriedensbruch? **125** 12, im OWiG 7, 11f. vor **25**
Einheitstheorie – zum Verhältnis Körperverletzung und Tötung **212** 17
Einnistung s. Nidation
Einrichtungen – der Landesverteidigung **109e** 4ff. – militärische ~ **109g** 7f. – ~ von Religionsgesellschaften **166** 17f. – ~ zum Schutz der Zivilbevölkerung **109e** 6ff.
Einsatzstrafe (bei Realkonkurrenz) **54** 3ff.
Einsichtsfähigkeit – bei Jugendlichen **20** 44 – keine ~ bei Kindern **19** 1 – keine ~ bei Erwachsenen **20** 25ff. – verminderte ~ **21** 4ff.
Einsperrung 239 5
Einsteigen 243 12
Einstellung des Verfahrens – Verjährungs-Unterbrechung bei ~ **78c** 18f.
Einverleiben eines Bundeslandes – Tathandlung bei Hochverrat **82** 4
Einverständnis 30ff. vor **32**
Einwilligung – allgemein 29f. vor **32** – bei ärztlichen Heilbehandlungen **223** 37ff. – in Aussetzung des Strafrestes **57** 18 – als Einverständnis 30ff. vor **32**, s. auch dort – Fähigkeit zur ~ 39ff. vor **32** – in Körperverletzung **226a** 1ff., 5ff. – bei Prügelei **226a** 19 – als Rechtfertigungsgrund 33ff. vor **32** – nur des Rechtsgutsinhabers 35a vor **32**, s. Dispositionsbefugnis – in riskante Handlungen 102ff. vor **32** – bei sportlichen Wettkämpfen **226a** 16ff. – Verstoß der ~ gegen gute Sitten 38 vor **32**, **226a** 5ff., s. auch Sittenwidrigkeit – Widerruf der ~44 vor **32**, **223** 46f. – und Willensmängel 45ff. vor **32**, s. auch mutmaßliche Einwilligung
Einwilligungstheorie bei Eventualvorsatz **15** 81, 86
Einwilligungssperre 216 13 s. auch Dispositionsbefugnis
Einwirken – agitatorisches ~ auf Menschenmenge **125** 19ff. – zur Aufnahme der Prostitution **180a** 29 – auf Kinder mit Pornographie **176** 20ff.
Einzelfallgerechtigkeit (und Rechtssicherheit) – bei Wahlfeststellung **1**, 65ff.
Einzelhandel – Verbreiten von Pornographie im ~ **184** 18ff.
Einzelstrafen – bei Realkonkurrenz **53** 9ff., **54** 2ff.
Einziehung (Maßnahme) – allgemein 5, 9ff. vor **73**, **74** 1 – von Anwartschaften **74** 24 – Dritt-~,

Stichwortverzeichnis
fette Zahlen = Paragraphen

allgemein, **74a** 1ff., von Schriften **74d** 8ff. – Eigentumsübergang als Folge der ~ **74e** 2ff. – Entschädigung Dritter bei ~ **74f** – fehlerhafte ~ **74e** 4, **74f** 3 – von Gesundheitszeugnis **282** – der instrumenta sceleris **74** 9ff. – (Sonderrecht der) bei Landesverrat **101a** – nachträgliche ~ **76** 4ff., **74** 45 – bei Organ- Handeln **75** 4 – der producta sceleris **74** 8 – Rechte Dritter bei ~ **74e** 6ff. – und Rückwirkungsverbot **2 V**, **2** 44 – von Schriften und entspr. Herstellungsmitteln **74d** 3ff. – bei Geld- und Wertzeichenfälschung **150**, **152a V** – bei Sprengstoffdelikten u. a. **322** – selbständige ~ **74** 43, **76a** 3ff., 8ff. – von Sicherungseigentum **74** 24 – Sonderrecht bei Staatsschutzdelikten **92b** – bei Subventionsbetrug **264** 81ff. – tätergerichtete ~ **74** 16ff. – Teil-~ **74b** 11f. – Tenor bei ~ **74** 44 – von technischen Aufzeichnungen **282** – unterschiedslose ~ (bei gefährlichen Gegenständen) **74** 29ff. – von Urkunden **282** – Veräußerungsverbot als Folge der ~ **74e** 5 – von Verbandseigentum **75** – Verhältnismäßigkeit, differenzierte bei ~ **74b** 3ff. – Vermögenseinziehung **8b** vor **3** – bei Vertreter-Handeln **75** 5 – von Vorbehaltseigentum **74** 24 – bei bestimmten „Wehrdelikten" **109 k** – des Wertersatzes bei Vereitelung der Original-~ **74c** 3ff., – nachträglich **76** 5ff.

Eisenbahnen – im Straßenverkehr **315d** – Störung des Betriebs der ~ **316b** 2

Elektrische Energie 248c 3ff. – Entziehung ~ mittels Leiter **248c** 9ff.

Elektronische Datenverarbeitung s. Daten

Elterliche Gewalt – als geschütztes Rechtsgut **235** 1

Eltern – Angehörige **11** 6

Embryo – Frühphase 6, 26f. vor **218**, **219d**

Embryonenschutzgesetz 5, 6, 6a, 26, 27 vor **218**, **218** 1, **4b**, **219d** 8

Empfängnisfähigkeit – Verlust der ~ **224** 3

Empfängnisverhütende Mittel – keine Abtreibungsmittel **219c** 2, **219d** 3

Empfängnisverhütungsmaßnahmen 223 50b, s. auch Sterilisation und Kastration

Empfindliches Übel, Drohung mit ~ 24 vor **234**, **240** 9

Entfernen vom Unfallort, s. Unfallflucht

Entführen – einer Frau, allgemein **237** 5ff. – einer Minderjährigen **236** 3ff. – bei Menschenhandel **181** 9 – bei erpresserischem Menschenraub **239a** 6 – bei Geiselnahme **239b** 2a

Entführung 236f – Absicht bei ~ **236** 11, **237** 6 – Antragserfordernis bei ~ **238** 1ff. – mit Willen der Entführten **236**, **236** 5 – gegen Willen der Entführten **237**, **237** 16 – spätere Eheschließung **238** 6ff. – Verhältnis zu Freiheitsberaubung und Nötigung **237** 23ff.

Entgelt – Begriff **11 I 9**, **11** 68ff. – sexuelle Handlungen gegen ~ **180** 22ff. – ~-Klausel bei pornographischer Filmvorführung **184** 41ff.

Entlassung, bedingte **57** 3ff.

Entmannung 223 56

Entschädigung – bei (Dritt-)Einziehung **74f**

Entscheidung des Gerichts, Gesetzesänderung vor ~ **2 III**, **2** 31

Entschluß – als subjektiver Versuchstatbestand **22** 12ff. – gemeinsamer Tat-~ bei Mittäterschaft **25** 70ff.

Entschuldigungsgründe – allgemein 108ff. vor **32** – Beispiele 112ff. vor **32** – Irrtum über ~ **16** 29ff.

Entsprechensklausel beim Unterlassungsdelikt **13** 4 – beim Betrug **263** 19

Entstellung – dauernde ~ des Verletzten **224** 4ff. – von Tatsachen **263** 6f.

Entziehung – eines Minderjährigen **235** 5ff. – elektrischer Energie **248c** 6ff.

Entziehung der Fahrerlaubnis 69 – und Fahrverbot **44** 2f., **69** 2 – trotz Nicht-Führen eines Kfz **69** 12, 15 – gesetzliches Indiz für ~ **69** 32ff. – Rechtsmittel allein gegen ~ **69** 68 – selbständige Anordnung der ~ **71 II** – und Sperrfrist für Neu-Erteilung **69a**, s. dort – als Maßstab der Ungeeignetheit **69** 28, 45f. – Umfang der ~ **69** 57ff. – bei Ungeeignetheit des Täters **69** 27ff. – Urteilsformel bei ~ **69** 66f. – keine Geltung des Verhältnismäßigkeitsgrundsatzes **69** 56 – vorläufige ~ **69** 62

Entziehungsanstalt – Aufenthalt in ~ als Weisung in der Bewährungszeit **56c** 29 – Unterbringung in ~ **64** – bei Alkoholikern und Rauschgiftsüchtigen **64** 3f. – keine ~ bei Aussichtslosigkeit **64** 11 – Höchstdauer der ~ **67d** 3 – selbständige Anordnung der ~ **71 I**

Entziehungskur – Aussichtslosigkeit einer ~ **64** 11 – nachträgliche Aussichtslosigkeit bei Unterbringung **67d** 15 – Gefährdung einer ~ **323b** – als Weisung während der Bewährung **56c** 27f.

Erben – als Antragsberechtigte **205** 9ff.

Erbieten zu einem Verbrechen **30** 24

Erfolg, tatbestandsmäßiger – ~ und Begehungsort der Tat **9** 6f. – objektive Zurechnung des ~ 71ff., 91 vor **13** – abzuwendender Erfolg ~ **13** 3

Erfolgsabwendung – bei Rücktritt **24** 58ff., 87ff.

Erfolgsdelikte – allgemein 130 vor **13** – kupierte ~ und deren Beendigung 6 vor **22**

erfolgsqualifizierte Delikte 18, Begriff **18** 2 – echte ~ **18** 2 – Beteiligung an ~ **18** 7 – Kausalität bei ~ **18** 4 – Konkurrenzfragen bei ~ **18** 6 – unechte ~ **18** 2 – Versuch der ~ **18** 8ff., 31 vor **22** – Vorsatz der ~ **15** 33

Erfolgsunwert – allgemein, 11, 30, 52, 57ff. vor **13** – ~ bei Fahrlässigkeitsdelikten **15** 128ff., 95ff. vor **32**

Erforderlichkeit – der Notstandshandlung **34** 18ff., **35** 13ff. – der Notwehr **32** 44ff.

Erfüllungsbetrug 263 135ff.

Erlaubnis, behördliche – allgemein s. behördliche Erlaubnis – beim Glücksspiel **284** 18ff., **284a** 3 – bei Lotterie und Ausspielung **286** 18 – im Umweltstrafrecht 15ff. vor **324**

Erlaubnissatz und Rechtfertigungsgründe 4f. vor **32**

Erlaubnistatbestandsirrtum 19, 60 vor **13**, **16** 14ff., 21 vor **32** – Bedeutung des ~ beim Täter für Teilnahme 32 vor **25**

Erlaubtes Risiko, s. Risiko

Erlaß der Strafe, s. Straferlaß

Ermächtigung (als Prozeßvoraussetzung) **77e** 2 – bei Beleidigung eines Gesetzgebungsorgans **194** 17ff. – sonstige Einzelfälle **90**, **90b**, **97**, **104a**, **353a**, **b**

Ermessenshandlungen – pflichtwidrige **332** 10

Ermittlungsverfahren, Bekanntgabe, Anordnung des ~ Verjährungs-Unterbrechung bei ~ **78c** 7f.

Ermöglichungsabsicht bzgl. einer Straftat – bei Mord **211** 31ff.

magere Zahlen = Randnummern **Stichwortverzeichnis**

Ernstlichkeit – des Erfolgsverhinderungsbemühens beim Rücktritt **24** 72, 101
Eröffnung des Hauptverfahrens – Verjährungs-Unterbrechung bei ~ **78 c** 15
Eröffnungswehen – mit ~ Abschluß der Schwangerschaft 33 f. vor **218** – maßgeblicher Zeitpunkt für Geburtsbeginn 13 vor **211**
Erpresserischer Menschenraub 239 a – allgemein **239 a** 1 f. – Absicht **239 a** 10 ff. – Führungsaufsicht bei ~ **239 c** – Nötigungsmittel bei ~ **239 a** 12 ff. – Rücktritt bei ~ **239 a** 33 ff. – mit Todesfolge **239 a** 28 ff.
Erpressung 253 – von Aussagen durch Amtsträger **343** – abgenötigtes Verhalten bei ~ als Vermögensverfügung? **253** 8 ff. – Bereicherungsabsicht **253** 16 ff. – Verhältnis zu Betrug **253** 37 – doppelte Rechtswidrigkeit bei ~ **253** 10 ff. – Führungsaufsicht **256** – Verhältnis zu Raub **253** 31 f.
Erregen – eines Irrtums **263** 43 f.
Error in persona (vel obiecto) 15 59 – provozierter ~ beim Tatmittler **25** 23 – beim Tatmittler **25** 51 ff. – Auswirkung beim Teilnehmer 45 vor **25**, **26** 19
Ersatzfreiheitsstrafe 43 – allgemein **43** 1 f. – Einbeziehung in Gesamtstrafenbildung (?) **53** 26 f. – Umrechnungsmaßstab **43** 3 – Vollstreckung der ~ **43** 7 ff.
Ersatzhehlerei 259 14
Ersatzkassenmitglied, Vorenthalten von Sozialversicherungsbeiträgen durch ~ **266 a** 16
Ersatzorganisationen verfassungswidriger Parteien – Aufrechterhaltung der ~**84** 6 f.
Erschleichen von Leistungen 265 a – Begriff des Erschleichen **265 a** 8 – eines Automaten **265 a** 4, 9 – eines öffentlichen Fernmeldenetzes **265 a** 5, 10 – von Veranstaltungen oder Einrichtungen **265 a** 7, 11 – eines Verkehrsunternehmens **265 a** 6, 11
Erstverbüßer – Aussetzung des Strafrestes **57** 23 a
Erwerb – in verwerflicher Weise **74 a** 7 ff.
Erzieherprivileg – bei Gewaltverherrlichung **131** 17 – bei Kuppelei **180** 12 ff. – beim Überlassen pornographischer Schriften **184** 60 ff.
Erziehungsberater – berufliche Schweigepflicht **203** 38
Erziehungspflicht – Begriff **170 d** 3 – gröbliche Verletzung der ~ **170 d** 4 – Gefahr der Entwicklungsstörungen etc. **170 d** 5 ff.
Erziehungsverhältnis – als Abhängigkeitsverhältnis **174** 6, 10
Ethnische Gruppen – Zerstören von ~ **220 a** 3 f.
Eugenische Indikation – allgemein 30 vor **218**, **218 a** 19 ff. – Befristung der ~ **218 a** 30 f. – bei Gefahr nicht behebbarer Gesundheitsschäden des Kindes **218 a** 21 ff. – bei Unzumutbarkeit der Fortsetzung der Schwangerschaft **218 a** 25 ff.
Europäische Menschenrechtskonvention – Bedeutung der ~ für Rechtfertigungsgründe 24 vor **32** – und Notwehr **32** 62
Euroscheck 266 b 4 – Fälschung von Vordrucken **152 a**
Eurocheckkarten – Fälschung **152 a** – Mißbrauch **263 a** 10, **266 b** 9
Euthanasie – aktive ~ 24 ff. vor **211** – passive ~ 27 ff. vor **211**
Eventualvorsatz – allgemein **15** 72 ff. – als Inkaufnehmen und Für-möglich-Halten **15** 82 – Theorien über ~ **15** 75 ff. – Voraussetzungen des ~ **15** 84

Exemption – bei Exterritorialen 42 vor **3–7**
Exhibitionistische Handlungen 183 – Begriff **183** 3 – Belästigung durch ~ **183** 5 – erleichterte Bewährung bei Strafe wegen ~ **183** 11 ff.
Experimenteller ärztlicher Eingriff 223 50 a
Explosion Vorbereitung eines ~-Verbrechens **311 b** – explosionsgefährliche Abfälle **326** 5
extensive Auslegung 1 51 f.
Exterritoriale 38 ff. vor **3–7**, s. auch Exemption und Immunität
Extrakorporale Befruchtung 6 vor § **218**
Exzeß des (Haupt-)Täters, Bedeutung für – Anstifter **26** 18 – Gehilfen **27** 20 ff. – mittelbaren Täter **25** 50 (Werkzeug!) – Mittäter **25** 90, 93, 95 – Notstands~ s. Notstand – Notwehr~ s. Notwehr

Fahrerlaubnis – ausländische ~ **69 b** 1 f. – Entziehung der ~, s. dort
Fahrlässiger Falscheid 163 2 ff.
Fahrlässige Körperverletzung 230 – Antragserfordernis **232** 1 ff. – im Straßenverkehr **15** 207 ff.,
Fahrlässige Tötung 222 – keine Einwilligung **222** 3
Fahrlässigkeit 15 105 ff. – und Vorsatz, allgemein **15** 1 ff. – und ärztliche Behandlung **15** 151 ff., 219 – bei Arbeitsteilung **15** 151 ff. – bewußte ~ **15** 203 – Elemente der ~ **15** 120 ff. – und erlaubtes Risiko, s. dort – im Handel und Gewerbe **15** 224 ff. – bei Produkthaftung **15** 223 – klassischer Begriff der ~ **15** 111 ff. – neuerer Begriff der ~ **15** 116 ff. – im Skisport **15** 221 f. – und Sozialadäquanz, s. dort – im Sport **15** 220 – im Straßenverkehr **15** 207 ff., 149 f. – Übernahmeverschulden und ~ **15** 198 – unbewußte ~ **15** 203, s. auch Stichwortverzeichnis vor **15**
Fahrlässigkeitsdelikt – Einwilligung bei ~ **15** 102 ff. vor **32** – Erfolgsunwert beim ~ **15** 128 ff., 95 ff. vor **32** – Handlungsunwert beim ~ 54 vor **13**, **15** 121 ff., 95 ff. vor **32** – Kausalität bei Erfolgs~ **15** 160 – Rechtswidrigkeit beim ~ **15** 188 f., 92 ff. vor **32** – Rechtswidrigkeitszusammenhang beim ~ **15** 161 ff. s. auch dort – Schuld beim ~ **15** 190 ff. – und Sorgfaltspflicht, Bestimmung bei ~ **15** 131 ff., s. dort – Unrechtsbewußtsein beim ~ **15** 193 – als Unterlassungsdelikt **15** 132, 143 – Vermeidbarkeit, s. Vermeidsehbarkeit s. dort – Zumutbarkeit beim ~ **15** 204, 126 vor **32**, s. auch Stichwortverzeichnis vor **15**
Fahrlässigkeitshaftung – Umfang der ~, Abgrenzung zu Eventualvorsatz **15** 109
Fahrlässigkeitsmaßstab – nach neuerem Verständnis **15** 117 ff. – doppelter Maßstab **15** 113, 118
Fahrunsicherheit – absolute ~ **316** 4 ff., s. auch Fahruntüchtigkeit – relative ~ **316** 5 – des Schiffs- und Flugzeugführers **315 a** 3 – durch Übermüdung **315 c** 11 – infolge geistiger oder körperlicher Mängel **315 c** 11, s. auch **316** 3
Fahruntüchtigkeit absolute ~ **316** 4 ff.
Fahrverbot 44 – allgemein, Verhältnis zur Entziehung der Fahrerlaubnis **44** 2 f. – ggüber Inhaber ausländischen Führerscheins **44** 28 f. – Beschränkung des ~ **44** 17 – gegenüber Jugendlichen **44** 9 – bei Trunkenheitsfahrt **44** 16 – Voraussetzungen des ~ **44** 4 ff. – vorläufige Entziehung der Fahrerlaubnis, Anrechnung auf ~ **51** 36 – weiteres ~ **44** 25 ff., s. auch Nebenstrafe

2383

Stichwortverzeichnis

fette Zahlen = Paragraphen

Fahrzeuge – Begriff **315c** 5 – Zerstörung von ~ **315b** 5ff. – bewußte Zweckentfremdung von ~ **315b** 8 – haltende ~ **315c** 23 – liegengebliebene ~ **315c** 23 – Führen von ~, s. dort
Faktischer Ehrbegriff 1 vor **185**
Faktischer Organ- u. Vertreterbegriff 14 43ff.
Falschaussage, uneidliche s. Aussage und Aussagedelikte
Falschbeurkundung, mittelbare **271** – Schutzobjekte **271** 1ff. – Bewirken der ~ **271** 15ff. – schwere ~ **272** – Gebrauchmachen von einer ~ **273** – ~ im Amt **348**
Falscher Schlüssel 243 14
Falsche Verdächtigung 164 – geschütztes Rechtsgut **164** 1f. – durch Aufstellen falscher Behauptungen **164** 5ff., 12ff. – durch Schaffen falscher Beweislage **164** 8 – Einverständnis des Betroffenen **164** 23, 1 – öffentliche ~ und öffentliche Bekanntmachung **165** 4ff – Selbstbegünstigung **164** 34 – nur bei unwahren Tatsachen **164** 15ff. – ~ durch Verbreiten von Schriften **165** 4ff. – durch Verdächtigen **164** 5ff., s. dort – wider besseres Wissen **164** 30
Falsche Versicherung an Eides Statt s. Versicherung an Eides Statt
Falschmünzerei 146 4ff.
Fälschung – beweiserheblicher Daten **269** – eines Gegenstandes u. ä. **100a** 11 – von Blanketten **267** 62 – von technischen Aufzeichnungen **268** (durch Unterlassen **268** 54) – von Urkunden **267** – von Telegrammen **267** 61 – Vorbereitung der ~ von amtlichen Ausweisen **275** – von Vordrucken für Euroschecks und Euroscheckkarten **152a** – (Nichtanzeige **138** 7) – von Gesundheitszeugnissen **277**
Fälschung, landesverrräterische – durch Herstellen ver(ge)fälschter Gegenstände **100a** 10ff. – durch Übermitteln ver(ge)fälschter Nachrichten u. ä. **100a** 2ff. – Versuch der ~ **100a** 15ff.
Familie – Beleidigung der ~ 4 vor **185**
Familienberater – berufliche Schweigepflicht **203** 38
Familiendiebstahl 247
Fehlgeschlagener Versuch 24 7ff.
Felddiebstahl 242 77
Feldschutzrecht, landesrechtliche Regelung, **47** vor **1**
Fernmeldeanlagen – als Sabotageobjekte **88** 5 – Störung von ~ **317**
Fernmeldegeheimnis – Verletzung des ~ **354**
Fernmeldenetz, öffentliches – Erschleichen der Leistung eines ~ **265a** 5, 10
Festlandsockel 31 vor **3–7** s. auch Inland
Festnahmerecht, strafprozessuales – als Rechtfertigungsgrund **81**f. vor **32**
Feststellungen nach Verkehrsunfall – durch Angabe der Beteiligung **142** 24 – durch Anwesenheit **142** 22f. – Umfang **142** 17 – unverzügliche, nachträgliche ~ **142** 48ff. – Verzicht auf ~ **142** 63ff. – zugunsten der Feststellungsberechtigten **142** 18ff., 50
Fetaltheorie 218a 22
Film 11 78 – Einziehung von ~ **74d** 3
Filmvorführung – öffentlich, entgeltliche, pornographische ~ **184** 37ff.
Finale Handlungslehre 28ff. vor **13** – Täterbegriff nach ~ 10 vor **25**

Fischwilderei 293 – Strafantrag **294** – Einziehung der Geräte **295**
Flagge – ausländische, Verletzung **104** 3 – Bundes~, 4 – Verunglimpfung der ~ **90a** 14
Flaggenprinzip 5 vor **3–7**, **4** 1f.
Flugzeug – ~entführung **316c** 4ff., s. auch Luftfahrzeug und Luftverkehr
Forderungen – Diebstahl von ~ **242** 3
Formalbeleidigung 192 – nur bei erbrachtem Wahrheitsbeweis **192** 3 – trotz Wahrnehmung berechtigter Interessen **193** 26ff.
Formal-objektive Theorie – zur Abgrenzung Täterschaft/Teilnahme 53ff. vor **25**
Formen – als Gegenstand der Geldfälschung **149** 3f.
Forstdiebstahl 242 78
Forstschutzrecht, landesrechtliche Regelung **47** vor **1**
Fortbewegungsfreiheit – als geschütztes Rechtsgut **239** 1
Fortführung einer verfassungswidrigen Partei **84** 4ff.
Fortgesetzte Handlung, s. Fortsetzungszusammenhang
Fortpflanzungsfähigkeit, Zerstörung der ~ **224** 3
Fortsetzungsvorsatz 52 vor **52**
Fortsetzungszusammenhang (Fortsetzungstat) – allgemein 30ff. vor **52** – bei Diebstahl **242** 74 – Qualität der Einzelakte 33 vor **52** – bei Fahrlässigkeitstaten 55f. vor **52** – Fortsetzungsvorsatz oder Gesamtvorsatz (?) 48ff., 52ff. vor **52** – bei Gefährdungsdelikten 45a vor **52** – bei Geringwertigkeit der Sache **248a** 13f. – Gleichartigkeit der Ausführungshandlungen 37ff. vor **52** – kein ~ bei (verschiedenen Trägern) höchstpersönlichen Rechtsgütern 43ff. vor **52** – Konkurrenzen der Einzelakte mit anderen Delikten 78 vor **52** – nach der objektiven Theorie 59ff. vor **52** – bei Verletzung des gleichen Rechtsguts 42ff. vor **52** – Rechtskraft bei ~ 68ff. vor **52** – bei Teilnehmer 79 vor **52** – Urteil als Zäsur des Strafklageverbrauchs 74f. vor **52** – Urteilsformel bei ~ 64 vor **52**, s. auch Stichwortverzeichnis vor **52**
Fotokopie als Urkunde **267** 42
Frank'sche Formel – zum unmittelbaren Ansetzen des Versuchs **22** 27 – beim Rücktritt **24** 44
Freier Himmel – Versammlung unter ~ **106a** 3
Freiheit – der Fortbewegung als geschütztes Rechtsgut **239** 1 – als notstandsfähiges Rechtsgut **35** 8f., s. auch persönliche Freiheit
Freiheitlich demokratische Grundordnung – Begriff **86** 5 – Verstoß gegen ~ als sog. illegales Staatsgeheimnis **93** 26
Freiheitsberaubung 239 – allgemein **239** 1f. – erfolgsqualifizierte Fälle der ~**239** 13ff. – Mittel der ~ **239** 4ff. – Selbstmord des Opfers **239** 15 – durch Unterlassen **239** 7 – Widerrechtlichkeit der ~ und Einwilligung **239** 8
Freiheitsentziehende Maßregeln, s. Unterbringung und Maßregeln
Freiheitsstrafe 38f – allgemein **38** 1 – Auswahl der ~ **46** 60ff., **47** 1ff. – Bemessung der ~ **39** 1ff. – Ersatz-~, s. dort – Geldstrafe neben ~ **41** 1ff. – bei Jugendlichen **38** 8 – kurzzeitige ~ **47**, **47** 1ff. – lebenslange ~ **38** 2f. – bei Strafarrest nach WStG **38** 7 – Unerläßlichkeit der kurzen ~ **47** 10ff. – zeitige ~ **38** 4f.

magere Zahlen = Randnummern **Stichwortverzeichnis**

Freiverantwortlichkeit des Opfers – und Suizid 36ff vor 211 – und Selbstverletzung 223 9f – und Tötung auf Verlangen 216 8
Freiwilligkeit – beim Rücktritt vom Versuch 24 42ff., 67, 72 – bei tätiger Reue bei landesverräterischer Tätigkeit 98 224ff.
Fremdabbruch der Schwangerschaft 218 14 – besonders schwerer Fall des ~ 218 41ff. – Teilnahme am ~ 218 37ff. – Zulassen eines ~ als Selbstabbruch 218 16
Fremde Macht – Begriff der ~ im Staatsschutzrecht 93 15f., 99 4 – Bedrängung durch ~ 98 29ff. – Mitteilung eines Staatsgeheimnisses an ~ 94 4ff. s. auch Landesverrat i. e. S.
Fremdgefährdung, einverständliche 52a, 107 vor 32
Fremdheit des Geheimnisses s. dort, des Gewahrsams s. dort, der Sache s. dort
Friedensgefährdende Beziehungen 100 – Art der ~ 100 2ff. – subjektiver Tatbestand 100 11ff.
Friedensverrrat 80f. – allgemein 3 vor 80, 80 1 – bei Beteiligung der BRep. an Angriffskrieg 80 3ff. – Erweiterung der Einziehung bei ~ 92b – Sonderrecht der Nebenfolge bei ~ 92a
Frische Tat – Betroffen auf ~ 252 4
Fristen – bei Geldstrafe 42 – für Maßregeln 65 IV, 67a IV, 67c II, 67d, 67e, 68e – bei Nebenfolgen 45a, 45b – bei Schwangerschaftsabbruch 218a 17, 30f., 40, 53, 62 – für Strafantrag 77b – bei Strafrestaussetzung 57 V – Verjährungs-~ 78, 79, s. jeweils Einzelstichworte
Fristenmodell 3ff. vor 218
Fruchtschädigung 6 vor 218, 223 1a
Frühgeburt – Herbeigeführte ~ als Schwangerschaftsabbruch 218 7
Frühphase der Schwangerschaft 6, 26f. vor 218 – kein Schwangerschaftsabbruch bei Eingriffen in ~ 219d 1f.
Führen eines Fahrzeugs – Begriff 315c 6ff. – Entziehung der Fahrerlaubnis 69 10ff. – und Fahrverbot 44 7
Führerschein, s. Fahrerlaubnis
Führungsaufsicht – allgemein 68 1ff., 9ff. – Abkürzen der ~ 68c 1 – Aufsichtsstelle während ~, s. dort – bei Aussetzung einer freiheitsentziehenden Maßregel 68 13ff., 67c 10, 67b 9, 67d 13 – Bewährungshelfer während ~ 68a 8ff. – Dauer der ~ 68c 1ff. – gesetzlich vorgesehener ~ 68 5ff. – nachträgliche Entscheidung über ~ 68d – Konkurrenz mit Bewährung 68g 1 – Ruhen der ~ 68g 8ff. – keine ~ bei Straferlaß 68g 14 – Gefährlichkeitsprognose unter ~ 68e 2f., 68f 9ff. – bei Vollverbüßung der Strafe 68f 1ff. – vorzeitige Beendigung der ~ 68e 1ff. – Weisungen während ~, s. dort – bei Betrug 263 189 – bei Diebstahl 245 – bei erpresserischem Menschenraub 239c – bei gemeingefährlichen Straftaten 321 – bei Geiselnahme 239c – bei Hehlerei 262 – bei Körperverletzungsdelikten 228 – bei Raubdelikten 256 – bei Sexualdelikten 181b
Furcht – Notwehrexzeß 33 4
Fundunterschlagung 246 1, 10
Fürsorgepflicht – Begriff 170d 3 – gröbliche Verletzung der ~ 170d 4 – Gefahr von Entwicklungsstörungen etc. 170d 5ff.
Fürsorgeverhältnis, s. Schutzbefohlene
Furtum usus 242 51ff. – bei Kraftfahrzeugen 242 54, 248b 1ff.

Ganzheitsbetrachtung, s. Gesamtbetrachtung
Garantenpflicht – allgemein 13 14ff. – bei Betrug 263 19ff.
Garantenstellung bei Unterlassungsdelikten, – allgemein 13, 1, 7ff. – kraft Autoritätsstellung, 13 51ff. – aus echten Unterlassungsdelikten 13 57 – aus Eröffnung und Beherrschung von Gefahrenquellen 13 43ff. – aus Gemeinschaftsbeziehungen 13 22ff. – aus Ingerenz 13 32ff., 109 vor 25 – des Kfz-Halters 13 43, 49f. – aus persönlicher, enger Verbundenheit 13 17ff., 104 vor 25, 25 4 (Beschützergarant) – kraft besonderer Pflichtenstellung 13, 31 – als strafbegründendes persönliches Merkmal 28 19 – bei Verabreichung von Rauschmitteln 13 40f. – aus verantwortlicher Stellung in Räumlichkeiten 13 47, 54 – kraft Übernahme 13 26ff. – Umfang der ~ bei ehelicher Lebensgemeinschaft 13 53 – und Garantenpflicht, 13, 14ff.
Garantiefunktion der Urkunde 267 16ff.
Garantietatbestand 1 17ff.
Garantieübernahme 265b 18
Gebäude 243 7, 305 3, 306 4f., 308 4
Gebietshochverrat – ggüber Bund 81 2ff. – gg ein Land 82 2ff.
Gebrauchen – einer unbefugten Tonträgeraufnahme ~ 201 17
Gebrauch-Machen unechter oder verfälschter Urkunden – Begriff 267 76 – mehrmaliges ~ 267 79b – durch Unterlassen 267 77 – Verhältnis zur Fälschung 267 79ff. – von gefälschten Gesundheitszeugnissen 277, 279
Gebrauchsanmaßung – bei Pfandsachen 290
Gebrauchsdiebstahl 248b, 242 51ff., s. auch furtum usus – Antrag bei ~ 248b 11 – von Kraftfahrzeugen 242 54, 248b 1ff. – Subsidiaritätsklausel bei ~ 248b 12ff.
Gebrechlichkeit – Aussetzung wegen ~ hilfloser Personen 221 4 – Mißhandlung wegen ~ wehrloser Personen 223b 5
Gebührenüberhebung 352
Geburt – Beginn der ~ 13 vor 211 – in und gleich nach der ~ als Zeitpunkt der Kindestötung 217 5f.
Gedankenübermittlung – Träger der ~ 202 5
Gefahr – gegenwärtige ~, Notstandslage, 34 12ff, 35 10f. – gemeine ~ 323c 8, 19 vor 306 – konkrete ~ 5ff. vor 306 – Herbeiführen einer Brand ~ 310a – Bedeutung der ~ für Interessen (Güter-) abwägung 34 27ff., s. auch Lebens-, Gesundheits- und Notlagengefahr
Gefährdung – der Allgemeinheit 74 29ff. – ~ der äußeren Sicherheit (Auslandstat) 5 Nr. 4 – schwere ~ durch Freisetzen von Giften 330a – ~ des Straßenverkehrs, s. dort
Gefährdungsdelikte, allgemein 129 vor 13, 129 vor 52, 3ff. vor 306, 306 1ff. – abstrakte ~ 3ff. vor 306 – abstrakt-konkrete ~ 3 vor 306 – konkrete ~ 2 vor 306 – Fortsetzungszusammenhang bei ~ 45a vor 52
Gefährdung des demokratischen Rechtsstaates 84ff. – allgemein in Staatsschutzdelikt 3 vor 80, 1ff. vor 84 – Erweiterung der Einziehung 92b – Nebenfolge bei ~ 92a – als Auslandstat 5 9
Gefährliche Körperverletzung 223a – gemeinschaftliche ~ 223a 11 – mit gefährlichem Werkzeug 223a 4ff. – mittels hinterlistigem Überfall

2385

Stichwortverzeichnis

fette Zahlen = Paragraphen

223a 10 – mittels lebensgefährdender Behandlung **223a** 12 – mit Messer **223a** 9 – durch Unterlassen **223a** 9a – mit Waffe **223a** 4
Gefährliches Gut 330 12
Gefährliches Werkzeug – Körperverletzung mit ~ **223a** 4ff.
Gefährlichkeitsprognose – bei Berufsverbot **70** 9ff. – bei Führungsaufsicht **68** 7f. – bei Maßregeln d. Besserung u. Sicherung **8**ff. vor **61** – des Hangtäters **66** 35ff.
Gefangene – Begriff **120** 3, 5f. – Befreien eines ~ **120** 8 – gemeinsame Flucht mehrerer ~ **120** 15 – Meuterei von ~ **121** 2ff. – Selbstbefreiung von ~ **120** 9ff, 14ff., **121** 11 – sexueller Mißbrauch von ~ **174a** 2ff
Gegenleistung 11 I 9 s. auch Entgelt
Gegensatztheorie – zum Verhältnis Totschlag und Körperverletzung **212** 17
Gegenseitigkeit, Verbürgung der – als Strafbarkeitsbedingung **104a** 2
Gegenstände – der Einziehung **74** 6ff., **74c** 3 – der Unbrauchbarmachung **74b** 7, **74d** – des Verfalls **73** 16ff.
Gegenwärtigkeit – des Angriffs **32** 13ff. – der Gefahr **34** 17, **35** 12
Geheimdienst – im engen Sinn **99** 5f. – Tätigkeit für ~ einer fremden Macht **99**, s. auch Agententätigkeit, geheimdienstliche
Geheimnis – Betriebs- und Geschäfts~ **203** 11 – Brief~, Verletzung **202** – fremdes ~**203** 8, **204** 3 – dem ~ gleichgestellte Daten **203** 46ff., 51 – des persönlichen Lebensbereichs **203** 10 – Privat~, Begriff **203** 5ff. – Staats~ **93** 2ff., s. dort – Verfügungsberechtigter über ~ **203** 22ff. – Verwerten von ~ **204** 5f., s. auch Schweigepflicht
Geheimnisträger 203 7 – als verletzter Antragsberechtigter **205** 5 – Verletzung des Privatgeheimnisses nach Tod des ~ **203** 70
Gehilfe 27
Gehör – Verlust des ~ **224** 3
Geiselnahme 239b – allgemein **239b** 1, **239a** 3 – Absicht **239b** 3 – Führungsaufsicht **239c** – Nötigungsmittel der ~ **239b** 4ff. – Rücktritt **239b** 19, **239a** 33ff. – mit Todesfolge **239b** 19, **239a** 28ff. – Verhältnis zu erpresserischem Menschenraub **239b** 20
Geisterfahrer 315b 10, **315c** 22a
Geisteskranke – Beleidigungsfähigkeit **2** vor **185** – **Schuldfähigkeit 20** 5ff., **21** 1ff. – Unterbringung in Anstalt **63**
Geisteskrankheit – Verfallen in ~ **224** 7
Geistigkeitstheorie 267 55
Geistlicher – Straflosigkeit des ~ bei Nichtanzeige geplanter Taten **139** 2
Gelangenlassen – unaufgefordertes ~ pornographischer Erzeugnisse an einen anderen **184** 36
Geld 146 2f. – falsches ~ **146** 14 – einer fremden Währung, maßgebliches Recht **152** 2 – Unterschlagung von ~ **246** 6
Geldbuße – gegen juristische Personen **42** vor **324**
Geldfälschung – Belohnung u. Billigung der ~ **140** 2 – Einziehungsgegenstände bei ~ **150** 1ff. – durch Falschmünzerei **146** 4f. – bei fremder Währung **152** 1ff. – durch Münzverfälschung **146** 6 – Nichtanzeige der ~ **138** 7 – tätige Reue bei Vorbereitungshandlungen **149** 13f. – durch Sich-Verschaffen von Falschgeld **146** 15 – durch In-

Verkehr-Bringen **146** 20ff., **147** 6ff. – strafbare Vorbereitungshandlungen zur ~ **149** 6f. – als Auslandstat **6** 8, 6 vor **146** s. auch Weltrechtsgrundsatz
Geldforderungen – Erwerb **265b** 14 – Stundung **265b** 15
Geldstrafe 40ff. – Auswahl der ~ **46** 60ff., **47** 1ff. – „Ersatz"-~ **47** 4ff. – Fälligkeit der ~ **42** 1 – ~ neben einer Freiheitsstrafe **41** 1ff. – nachträgliche Gesamt-~ **55** 37a – Ratenzahlung, s. dort – Schätzung für Höhe der ~ **40** 20ff. – Tagessatzsystem, s. dort – Tenor bei ~ **40** 22 – Verfallklausel **42** 7 – Vollstreckung der ~ **43** 6ff., s. auch Ersatzfreiheitsstrafe – Zahlungserleichterungen bei ~ **42**, s. auch Ratenzahlung
Geltungsbereich des Strafgesetzbuches 9ff. vor **1** – persönlicher **14** vor **1**, **10** – räumlicher **14** vor **1**, 32f. vor **3–7**, **3ff.** (s. auch Inland) – sachlicher **16** vor **1**, – zeitlicher **13** vor **1**, **2**
Geltungsbereich bei Staatsschutzdelikten 12ff. vor **80**
Gemeinderat – als Amtsträger **11** 23
Gemeingefährdung, fahrlässige ~ **326**
Gemeingefährliche Verbrechen – Anleitung zu bestimmten ~ **2** vor **123** – Androhen bestimmter ~ **126** 4f. – Belohnung u. Billigung bestimmter ~ **140** 2 – Nichtanzeige bestimmter ~ **138** 7 – Vortäuschen bestimmter ~ **126** 4ff.
Gemeingefährliche Vergehen – Androhen bestimmter ~ **126** 3ff. – Vortäuschen bestimmter ~ **126** 3ff.
Gemeingefährliche Mittel – Töten mit ~ **211** 29
Gemeingefährlichkeit des Täters – und Unterbringung in psychiatrischem Krankenhaus **63** 13ff.
Gemeinnützig – Geldbeträge zugunsten einer ~ Einrichtung, Bewährungsauflage **56b** 11f. – ~ Leistungen als Bewährungsauflage **56b** 13ff.
Gemeinschaftliche Begehungsweise, Abgrenzung zum Mittäter **25** 98f. – bei Körperverletzung **223a** 11
Genehmigung, behördliche – allgemein s. behördliche Erlaubnis – der Vorteilsannahme durch Amtsträger **331** 45ff. – Rechtsnatur **331** 47 – vorherige ~ **331** 48, s. auch Erlaubnis, behördliche
Generalprävention allgemein **2** vor **38** – Inhalt der ~ 12ff. vor **38** – Konkurrenz mit spezialpräventiven Gedanken 19ff. vor **38** – bei Strafaussetzung **56** 38ff. – Strafzumessung **46** 5 – bei Strafrestaussetzung **57** 14
Genozid 220a
Gentechnologie 223 50b
Gerichte – als Behörde **11** 61ff. – als zur Abnahme von Eiden befugt **154** 7ff.
Gerichtsstand, Bestimmung des ~ **9** 1
Gerichtsverhandlung – verbotene Mitteilung über ~ **353d**
Gerichtsvollzieher – Widerstand gegen ~ **113** 10, 14, 16
Geringfügigkeitsprinzip als Tatbestandsbegrenzung? **70a** vor **13**
Geringwertige Sache – Begriff **248a** 6ff. – Diebstahl und Unterschlagung ~ **248a** – ~ auch bei gleichzeitig höherwertigen Sachen? **248a** 11ff. – Umfang der ~ bei Fortsetzungszusammenhang **248a** 13f. – Bandendiebstahl von ~ **244** 1 – Kein besonders schwerer Diebstahl bei ~ **243** 48ff. –

magere Zahlen = Randnummern

Stichwortverzeichnis

Waffendiebstahl ~ 244 1 – Hehlerei ~ 259 60 – Betrug bei ~ 263 192
Geringwertiger Vermögensvorteil – bei Begünstigung 257 38
Gesamtbetrachtung – bei Abgrenzung Täter- Teilnehmer (Ganzheitsbetrachtung) 67 vor 25 – beim Versuch mehrerer Einzelakte 24 17 ff.
Gesamtstrafe 53 ff. – und Bewährung 58 1 ff. – Bildung der ~ 54, s. Asperationsprinzip – Begrenzung der Erhöhung der Einsatzstrafe 54 II, 54 6 ff. – Bedeutung der Einzelstrafen für ~ 53 9 ff., 54 2 ff. – bei Ersatzfreiheitsstrafe (?) 53 26 f. – Höchstmaß 54 10 ff. – nachträgliche Bildung einer ~ 55, s. dort – keine Einbeziehung von Nebenstrafen etc. in ~ 53 28 ff. – bei Realkonkurrenz, allgemein 53 1, 6 ff. – Selbständigkeit der Einzelstrafen im Strafverfahren 54 21 ff. – nochmalige Strafzumessung bei Bildung der ~ 54 14 ff. – Urteilsformel bei ~ 53 11, 54 19 – und Verwarnung mit Vorbehalt 59 c – ~ bei Zusammentreffen von Geld- und Freiheitsstrafe (?) 53 II, 53 17 ff. – ~ mit lebenslanger Freiheitsstrafe 53 25
Gesamt-Unrechtstatbestand 44 vor 13
Gesamtvorsatz bei Fortsetzungszusammenhang 48 ff. vor 52 – Abbruch des ~ 50 vor 52 – Erweiterung des ~ 53 vor 52
Gesandter – Exterritorialität 38 a vor 3
Geschäftsführung ohne Auftrag, s. mutmaßliche Einwilligung
Geschäftsgeheimnis – Verletzung des ~ 203 – Verletzung des ~ durch Amtsträger 355 – Verletzung des ~ im Ausland 5 Nr. 7, 5 13, s. auch Schweigepflicht
Geschäftsmäßiges Verbrechen – allgemein 97 vor 52
Geschäftsraum – Begriff 123 5
Geschäftsvorgang, einheitlicher 302 a 31
Geschichte des Strafgesetzbuches, Einf. 1 ff. – Gesamtreformversuch, **Einf.** 3 ff.
Geschlechtstrieb – Befriedigung des ~ 211 16
Geschlechtsumwandlung 223 50 b
Geschwindigkeit, überhöhte 315 c 20
Geschwister – Begriff 11 7 – Antragsrecht der ~ 77 II, 77 d II
Gesetz – Änderung des ~ während Begehung der Tat 2 II, mildestes ~ 2 III, 2 16 ff. – Zeit- ~ 2 IV, 2 36 ff. – Zwischen~ 2, 29
Gesetzeseinheit, s. Gesetzeskonkurrenz
gesetzlicher Tatbestand – allgemein 44 vor 13 – Vorsatz bzgl. ~ 15 16 – Irrtum über ~ 16 8, 9
gesetzmäßige Bedingung, Formel der ~ 75 vor 13, s. auch Kausalitätstheorien
Gesetzeskonkurrenz – allgemein 5 vor 52, 102 ff. vor 52 – Beispiele für ~ 104 vor 52 – Rechtsfolge der ~ 134 ff. vor 52
Gesetzesvorbehalt 1, 6, 8 ff.
Gesetzgebungsorgan, s. auch Bundestag – Bannkreis eines ~, Verletzung 106 a – Beleidigung eines ~ 194 17 ff. – Störung der Funktionsfähigkeit eines ~ 106 b – Nötigung eines ~ 105 3 – Verunglimpfung eines ~ 90 b 2
Gesetzlicher Vertreter – als Handelnder 14 24 – Einwilligung durch ~ 41 vor 32 – Strafantrag des ~ 77 16 ff.
Gesinnung – als persönliche Eigenschaft 28 14 – und Schuld 119, 122 vor 13 – des Täters 46 16, s. auch Strafzumessung

Gesinnungsmerkmale – als Schuldmerkmale 122 vor 13
Gesinnungstäter 46 15
Geständnis des Täters 46 41 a, s. auch Strafzumessung
Gesundheitsbeschädigung 223 5 f.
Gesundheitsgefahr – medizinische Indikation bei ~ der Schwangeren 218 a 8 ff.
Gesundheitsschäden – Gefahr von ~ für Kind, eugenische Indikation 218 a 21 ff.
Gesundheitszerstörung – zur ~ geeignete Stoffe 229 3 ff.
Gesundheitszeugnisse – Begriff 277 2 f. – Fälschung von ~ 277 – Gebrauch-Machen von ~ 279 – Ausstellen unrichtiger ~ 278 – Einziehung von ~ 282
Gewähren – von Wohnungen an Prostituierte 180 a 16 ff. – von Sicherheiten als Gläubigerbegünstigung 283 c 6
Gewahrsam – als Rechtsgut 242 2 – Begriff 242 23 ff. – Begründung neuen ~ 242 37 ff. – und Besitz 242 31, 246 1, 10 – des Besitzdieners 242 31 – Bruch fremden ~ 242 35 f. – dienstlicher ~ als geschütztes Rechtsgut 133 1 – ~enklave 242 34 f. – und Erbenbesitz 242 23 – Fremdheit des ~ 242 32 ff. – Mit~ 242 24 ff. – über- und untergeordneter ~ 242 32 f. – an Leichen usw. 168 6 – an verschlossenen Behältnissen 242 34
Gewalt – Anleitung zu ~taten 130 a – bei den Freiheitsdelikten, allgemein 6 ff. vor 234, s. auch Gewaltbegriff – bei Nötigungsnotstand 35 11 – fortdauernde ~ 249 6 – durch Einwirkung auf Dritte 19 vor 234 – bei Hochverrat 81 4 – gegen Personen 27 vor 234 – bei Raub 249 4 f. – gegen Sachen 17 vor 234 – bei Vergewaltigung 177 4 – ~darstellung 131 – bei Widerstand gegen Vollstreckungsbeamte 113 42
Gewaltbegriff – fehlendes Einverständnis des Betroffenen 21 vor 234 – klassischer ~ 7, 10 vor 234 – Erforderlichkeit der Kraftentfaltung des Täters? 7 vor 234 – körperliche (physische) Beeinträchtigung des Opfers 17 vor 234 – Zwangseinwirkung und ~ 6, 9 vor 234, s. auch vis absoluta und vis compulsiva
Gewaltherrschaft – Verstrickung in ~ kein Entschuldigungsgrund 126 a vor 32 – Opfer einer ~ 194 4 ff., 9 a
Gewalttätigkeiten – Begriff 125 5 ff., 28 vor 234 – mit vereinten Kräften 124, 125 10 – schwere Folgen von ~ 125 a 11 – Schilderungen von ~ gegen Menschen 131 7 ff.
Gewaltverhältnis, öffentlich-rechtliches – als geschütztes Rechtsgut 136 2 f.
Gewalt- und Willkürmaßnahmen – Schäden durch ~ 234 a 10 ff.
Gewässer – nachteilige Veränderung der ~eigenschaften 324 9 – oberirdische ~ 324 4 – Verunreinigung eines ~ 324, 324 8 – ~ veränderte Maßnahmen in Schutzgebieten 329 41
Gewerbeausübung – Verbot der ~, s. Berufsverbot
Gewerbliche Leistungen – Tadeln ~ als Wahrnehmung berechtigter Interessen 193 5
Gewerbsmäßig – Diebstahl 243 31 – Hehlerei 260, 260 2 – Förderung der Prostitution 180 a 14 – Verbrechen, allgemein 95 f. vor 52
Gewerbsmäßige Hehlerei 260 – allgemein 260 1 –

2387

Stichwortverzeichnis

fette Zahlen = Paragraphen

Führungsaufsicht **262** – Wahlfeststellung zu Diebstahl **260** 7
Gewinnsucht 235 17, **283 a** 4
Gewissensanspannung – bei Vermeidbarkeit des Verbotsirrtums **17** 14 f.
Gewissensentscheidung – als Entschuldigungsgrund (?) **118** ff. vor **32**
Gewissenstäter, siehe Überzeugungstäter
Gewohnheitsmäßiges Verbrechen – allgemein **98** f. vor **52**
Gewohnheitsrecht – allgemein **1** 9 ff. – Strafbarkeitsausschluß kraft ~ (?) **331** 55
Gewöhnlicher Aufenthalt, s. Aufenthalt
Gift 229 3 – **326** 4; s. auch gefährliches Werkzeug u. Vergiftung – Verbreiten oder Freisetzen von ~ **330 a** 4
Glaubensentscheidung als Entschuldigungsgrund (?) **118** ff. vor **32**
Gläubigerbegünstigung 283 c – durch Befriedigung oder Sicherung **283 c** 4 ff. – durch Unterlassen **283 c** 8
Gläubigerschädigung im Konkurs 283 – durch Spekulationsgeschäft **283** 10 – durch übermäßigen Verbrauch **283** 13 – durch unwirtschaftliche Ausgaben **283** 17 – durch Verlustgeschäft **283** 9 – durch Vortäuschen v. Rechten anderer **283** 24 – durch Weiterveräußerung **283** 21 – durch unterlassene Buchführung **283** 28 ff. – durch Entziehen der Handelsbücher **283** 38 ff. – durch mangelhafte Bilanzaufstellung **283** 43 ff.
Gläubigerschädigung in der Zwangsvollstreckung 288
Gleichartigkeit des Rechtsguts s. Fortsetzungszusammenhang
Gleichzeitigkeit von Anordnung und Aussetzung einer freiheitsentziehenden Maßregel **67 b**
Glied des Körpers – Verlust eines wichtigen ~ **224** 2
Glücksspiel – Begriff **284** 3 ff. – unerlaubte Veranstaltung eines ~ **284** – Beteiligung am ~ **284 a** – Einziehung der Gegenstände eines ~ **285 b**
Gnadenweg – bei Nebenfolge **45 a** III – Ruhen der Verjährung bei ~ **79 a** 5
Gottesdienst – Begriff **167** 4 – ~-liche Handlungen **167** 5 – dem ~ gewidmete Orte **167** 12 – Stören des ~ **167** 8
Gotteslästerung 1 vor **166**, **166** 4
Grausam – Mordmerkmal **211** 27 f. – Schilderung von ~ Gewalttätigkeiten **131** 7 ff.
Grenzbezeichnung, Veränderung einer ~ **274** 23 ff.
Grenzüberschreitende Umweltbeeinträchtigung 24 a vor **3**
Grober Eigennutz bei Subventionsbetrug **264** 75
Grobe Fahrlässigkeit 15 205
Grobe Pflichtverletzung – bei Berufsverbot **70** 5, **70 b** 3 – bei Luftverunreinigung **325** 8
Grober Unverstand bei Versuch **23** 12 ff., **30** 9
Gründen – einer kriminellen Vereinigung **129** 12 – einer terroristischen Vereinigung **129 a**
Grundrechtsschranken – bei Bewährungsauflagen **56 b** 21 ff. – bei Weisungen **56 c** 8
Grundwasser 324 5
Güterabwägung s. Rechtsgüterabwägung
Güterabwägungstheorie – beim Notstand **34** 2, 22
Gute Sitten 226 a 6, s. auch Sittenwidrigkeit

Gutgläubiger Erwerb, Betrug bei ~ (?) **263** 111, s. Makeltheorie

Habgier 211 17
Haftbefehl – Verjährungs-Unterbrechung bei ~ **78 c** 13
Handeln – auf Befehl **87** ff. vor **32** – im Interesse des Verletzten **54** ff. vor **32** – für einen anderen **14**
Handelsbücher – Begriff **283** 30 – Entziehen von ~ **283 b** 3, **283** 40 ff. – Nichtführen von ~ **283 b** 2, **283** 29 ff.
Handlung – im natürlichen Sinn 11 vor **52** – im Rechtssinn 12 vor **52** – richterliche ~ **331** 13 ff.
Handlungseinheit – allgemein ~ 10 vor **52** – bei mehreren Äußerungen in einer Schrift (?) 20 vor **52** – natürliche ~ 22 ff. vor **52** – rechtliche ~ 12 ff. vor **52**, s. auch Fortsetzungszusammenhang und Dauerdelikt – tatbestandliche ~ 13 ff. vor **52** – bei Unterlassungsdelikten 28 vor **52**
Handlungsbegriff – allgemein 23 ff. vor **13** – finaler ~ 28 ff. vor **13** – intentionaler ~ 36 vor **13** – kausaler ~ 26 f. vor **13** – kybernetischer ~ 29 vor **13** – negativer ~ 36 vor **13** – sozialer ~ 33 ff. vor **13** – ~ und Nichthandlungen 37 ff. vor **13**
Handlungslehre, s. Handlungsbegriff
Handlungsmehrheit 53 4
Handlungsunwert – allgemein, 11, 30, 52 ff. vor **13** – bei Fahrlässigkeitsdelikten **15** 121 ff., 100 ff. vor **32**
Handlungszeitpunkt – maßgeblicher für Tatzeit **8** 2
Hang – zu Straftaten, s. Hangtäter – zum Rauschmittelgenuß **64** 3, s. Täterprognose
Hangtäter – Begriff **66** 22 ff., 32 ff.
Hardwaremanipulation 263 a 4 ff.
Harte Pornographie 184 52 ff., s. auch Stichwortverzeichnis vor **184**
Härte, unbillige – Entschädigung bei ~ **74 f** – kein Verfall bei ~ **73 c** 2
Haufen, bewaffneter – Begriff **127** 3 – Bildung eines ~ **127** 4
Hauptstrafe, allgemein 28 vor **38**
Haupttat (vorsätzlich, rechtswidrig begangene) – als Voraussetzungen für Teilnahme, 26 vor **25** – und Erlaubnistatbestandsirrtum des Täters 32 vor **25** – und Verbotsirrtum des Täters 33 vor **25**, s. auch Akzessorietät
Hauptverfahren, Eröffnung des ~ als Verjährungsunterbrechung **78 c** 15
Hauptverhandlung, Anberaumung der ~ Verjährungs-Unterbrechung bei ~ **78 c** 16
Haus- und Familiendiebstahl 247
Hausfriedensbruch – allgemein **123** 1 f. – Antragserfordernis bei ~ **123** 8 – bei Mietverhältnis **123** 17, 29, 33 – schwerer ~ **124** – durch Unterlassen **123** 13, 27 ff.
Hausrecht – als geschütztes Rechtsgut **123** 1, **124** 1 – Inhaber des ~ als Berechtigter i. S. d. Hausfriedensbruches **123** 16 ff. – in Parlamentsgebäuden, Störung **106 b** 1 – Schutzbereich des ~ bei schwerem Hausfriedensbruch **124** 15 – Übertragung der Ausübung des ~ **123** 21 – Umfang der Dispositionsbefugnis **123** 19 ff.
Hausverbot 123 19 f.
Hebamme – Verletzung des Berufsgeheimnisses **203** 35
Hehlerei 259 – allgemein als Perpetuierungsdelikt

magere Zahlen = Randnummern

259 1 ff. – Abgrenzung zur Beteiligung an Vortat **259** 15 – Bereicherungsabsicht **259** 46 ff. – einvernehmliches Handeln mit Vorbesitzer **259** 42 f. – Ersatz~ **259** 14 – Führungsaufsicht **262** – geringwertiger Sachen **259** 60 – gewerbsmäßige ~ **260**, s. dort – bei rechtswidriger Besitzlage **259** 8 – bei rechtswidriger, gegen Vermögen gerichteter Vortat **259** 6 ff. – Teilnehmer der Vortat als Täter der ~ (?) **259** 55 ff. – Wahlfeststellung zu Diebstahl **1** 89 ff., **242** 78, **259** 65

Heilbehandlung – als Weisung für die Bewährungszeit **56 c**, **68 b** 22

Heileingriff s. ärztlicher Eingriff

Heilversuch 223 50 a

Heilquellen – staatlich anerkannte ~ **330** 21 – ~schutzgebiet **329** 13

Heimtücke 211 22 ff. – bei Ausnutzen von Arg- und Wehrlosigkeit **211** 23 ff. – bei feindseliger Willensrichtung **211** 25 a – nur bei verwerflichem Vertrauensbruch? **211** 26

Heiratsschwindel – als Betrug **263** 159 f.

Heranwachsender – Begriff **10** 3 – Geltung des StGB **10**

Herausgeber – als Drittbetroffener der Einziehung **74 d** 9

Herbeiführen – einer Brandgefahr **310 a** – einer Explosion durch Kernenergie **310 b** – einer lebensgefährdenden Überschwemmung **312** – einer seuchengefährdenden Überschwemmung **313** – fahrlässiges ~ einer Überschwemmung **314** – einer Sprengstoffexplosion **311**

Herrenlose Sache – Begriff **242** 15 ff.

Herrschaftsverhältnis, tatsächliches **242** 23 ff. – generelles ~ **242** 30

Herrschaftswille – und Gewahrsam **242** 29 ff.

Herstellen – pornographischer Erzeugnisse **184** 43 – harter Pornographie **184** 52 ff. – von unechten Urkunden **267** 48 ff.

Herstellungsmittel für Schriften – Begriff **74 d** 3 – Unbrauchbarmachung von ~ **74 d** 3 ff., 16 ff.

Heteronome Motive – beim Rücktritt **24** 45 ff.

Hilfeleisten – zur Vorteilssicherung **257** 15 ff., 21 ff.

Hilfeleistung, unterlassene 323 c – Erforderlichkeit bei ~ **323 c** 16 ff. – Rechtzeitigkeit bei ~ **323 c** 24 – Zumutbarkeit bei ~ **323 c** 20 ff. – trotz eigener Gefährdung **323 c** 22 ff.

Hilflosigkeit – nach Entführung **237** 7 ff. – Diebstahl unter Ausnutzung der ~ **243** 39 ff. – und Menschenhandel **181** 12

Hilfsbeamte der Staatsanwaltschaft – Widerstand gegen ~ als Amtsträger **113** – Widerstand gegen ~ als Nicht-Amtsträger **114** 4

Hilfsbedürftige – sexueller Mißbrauch von ~ **174 a** 7 ff.

Hilfspersonal – Schweigepflicht des ~ bestimmter Berufe **203** 62 ff.

Hinterlistiger Überfall – Körperverletzung mittels ~ **223 a** 10

Hintermann – einer kriminellen Vereinigung **129** 25 – einer „Sabotage"-Gruppe **88** 14, 17 – einer terroristischen Vereinigung **129 a** 5 – einer verfassungswidrigen Partei **84** 11 – verfassungswidriger Vereinigungen **85** 2 ff

Hirntod – als maßgeblicher Todeszeitpunkt **18** f. vor **211**

Hirnverletzte 20 11

HIV-Infektion, s. AIDS

Höchstmaß – der Bewährungszeit **56 a** – der zeitigen Freiheitsstrafe **38** II – der Führungsaufsicht **68 c I** – der Geldstrafe **40 I** – der Gesamtstrafe **54** II – der Sperre für Fahrerlaubnis **69 a I** – des Berufsverbots **70 I**

Höchstpersönliche Rechtsgüter 43 ff. vor **52**, **52** 26

Hochverrat 81 ff. – allgemein als Staatsschutzdelikt 3, 10 vor **80**, 1 ff. vor **81** – Billigung u. Belohnung des ~ **140** 2 – Bundes-~ **81** – Erweiterung von Nebenfolge und Einziehung bei ~ **92 a**, **92 b** – Gebiets-~ **81** 2 ff. – Nichtanzeige des ~ **138** 7 – Landes-~ **82** – Notwehrrecht des Bürgers bei ~ (?) **81** 12, s. auch Staatsnotstand – tätige Reue bei ~ **83 a** 2 ff. – Verfassungs-~ **81** 7 ff. – als Auslandstat **5** 8

Hochverräterisches Unternehmen – Vorbereitung eines ~ **83**, s. Vorbereitung

Hoheitliches, rechtmäßiges Handeln – als Rechtfertigungsgrund 83 ff. vor **32**, s. auch Irrtumsprivileg des Staates

Hoheitszeichen – ausländische, Verletzung der ~ **104** 3

Homosexuelle Handlungen 175 2 ff. – Erheblichkeit ~ **175** 4 – Absehen von Strafe bei ~ **175** 8 ff. – nach § 149 StGB-DDR 4 vor **174, 175** 12, s. auch lesbische Betätigung

Humanexperiment 223 50 a

Hungerstreik 45 vor **211, 240** 30

Hymne – Verunglimpfung der ~ **90 a** 15

Hypnose 7 vor **234**

Hypothetischer Kausalverlauf 80, 97 f. vor **13**

Idealkonkurrenz 52 – allgemein 2 vor **52**, **52** 1 f. – gleichartige ~ **52** 22 ff., 25 ff., 33 – bei Handlungseinheit **52** 4 ff., 10 ff. vor **52** – durch Klammerwirkung 20 vor **52**, **52** 14 ff. – und Kombinationsstrafdrohung **52** 34 ff. – und prozessualer Tatbegriff **52** 49 – selbständige Festlegung der ~ für Teilnehmer **52** 20 f. – bei Teilidentität der Ausführungshandlungen **52** 9 ff. – Tenor bei ~ **52** 2, 48 – ungleichartige ~ **52** 22, 34 f. – bei Unterlassungsdelikten **52** 19

Ignorantia facti bei Betrug **263** 36 f. – bei Erschleichen von Leistungen **265 a** 11

Illegale Staatsgeheimnisse – Begriff **93** 24 ff. – Ausspähung von ~ **97 a** 10 ff. – Offenbaren von ~ **95** 13 ff. – Irrtümliche Annahme von ~ **97 b** – Verrat von ~ **97 a** 4 ff.

Immaterielle Werte – kein Vermögen **263** 98

Immissionsschutzbeauftragter 325 29

Immunität – allgemein **36** 2, **78 b** 8 – ~ bei Nato-Angehörigen 43 vor **3–7**

Implantate – Diebstahl von – **242** 10, 20

Inbrandsetzen – bei Versicherungsbetrug **265** 8

Indemnität 2 vor **36**, **36** 1, **37** 1

Indikation – einzelne ~en als Rechtfertigungsgründe **218 a** 5 f. – eugenische ~ 30 **218, 218 a** 19 ff. – (jeweilige) Abbruchfristen **218 a** 17, 30 f., 40, 53, 62 – kriminologische ~ 29 vor **218, 218 a** 32 ff. – medizinische ~ 30, 32 vor **218, 218 a** 7 ff. – Notlagen-~ 29 vor **218, 218 a** 41 ff. – soziale ~, s. Notlagenindikation – sonstige Rechtfertigungsvoraussetzungen **218 a** 54 ff. s jeweils Einzelstichworte

Indikationsfeststellung – allgemein **219** 1 f. – allei-

2389

Stichwortverzeichnis

fette Zahlen = Paragraphen

nige Vorlagepflicht der ~ **219** 14ff. – durch „Indikationsarzt" **219** 7ff., 12 – Inhalt der ~ **219** 4f. – schriftliche ~ **219** 6 – unrichtige ~ **219a**, s. dort – Verbot der ~ **219** 9, 22ff.
Indikationsmodell 2ff. vor **218, 218a** 1ff. – mit einer medizinisch-sozialen Gesamtindikation **218a** 2f.
Individualgutstheorie – bei falscher Verdächtigung **164** 1f.
Individualrechtsgüter – allgemein 10 vor **13** – als inländische Rechtsgüter 15 vor **3–7** – Notwehrfähigkeit der ~ **32** 5f.
In dubio pro reo – bei der Auslegung **1** 53 – bei Bewährungsprognose **56** 16 – bei Antragserfordernis **77** 5, 48, **247** 15 – bei Fortsetzungszusammenhang 63 vor **52** – bei Nichtanzeige geplanter Taten **138** 21 – beim Rechtswidrigkeitszusammenhang eines Fahrlässigkeitsdelikts **15** 171 – beim Rücktritt **24** 55 – bei Teilnahmekonkurrenz 49 vor **25** – keine Geltung bei übler Nachrede **186** 16 – bei Verfolgungsverjährung **78** 13, **78a** 14, **78b** 10 – bei versuchter Beteiligung **30** 16
Industriespionage – kein Landesverrat bei reiner ~ **93** 21
Ingerenz 13 32ff.
Ingebrauchnehmen 248b 4ff.
Inhaberschuldverschreibungen – geschützte Wertpapiere **151** 4
Inland 3, 26ff. vor **3–7**
Inländische Rechtsgüter 5, 15 vor **3–7**, s. auch Schutzbereich des deutschen Straftatbestandes
Innerstaatliche Strafgewalt 1 vor **3**
Inputmanipulation 263a 4ff.
Insemination 223 50b
Instrumenta sceleris – Begriff **74** 9ff. – Abgrenzung zu Beziehungsgegenständen **74** 12af.
Intellektuelle Beihilfe – Begriff **27** 12
Interesse, öffentliches – an der Offenbarung von Steuergeheimnissen **355** 27ff. – an der Strafverfolgung s. öffentliches Interesse
Interessen, berechtigte, s. berechtigte Int.
Interessen, öffentliche 353 10 – wichtige ~ **353b** 6ff.
Interessen, überwiegende oder mangelnde – als Prinzip der Rechtfertigungsgründe 7 vor **32** – bei Fahrlässigkeitsdelikten **101**f. vor **32**
Interessenabwägungsgrundsatz – beim Notstand **34** 2, 22ff.
Interessenkollision als Rechtfertigung 7 vor **32**
Interlokales Strafrecht 47ff. vor **3–7** – ~im Verhältnis BRD-DDR 61ff. vor **3–7**
Internationales Strafrecht vor **3–7**, 1ff.
Internationale Distanzdelikte, Anwendung des deutschen Strafrechts **9** 12ff.
Internationaler Führerschein, s. ausländischer Führerschein
Intimsphäre – als geschütztes Rechtsgut **184** 2
Inverkehrbringen von Falschgeld **146** 21 – von illegalen Abtreibungsmitteln **219c**
Investmentzertifikate – geschützte Wertpapiere **151** 6
Inzest 173
Ionisierende Strahlen – Freisetzen von ~ **311d**
Irrtum – allgemein **16** 1ff. – bei Antragsdelikt **16** 36 – über die Rechtmäßigkeit einer Diensthandlung **113** 53ff. – über Entschuldigungsgründe **16** 29ff. – fahrlässiger ~ **16** 13, 22 – über objektive Strafbarkeitsbedingungen **16** 35 – über persönliche Strafausschließungsgründe **16** 34 – über privilegierende Umstände **16** II, **16** 26 – über qualifizierende Merkmale **16** 10 – über Rechtfertigungsgründe, allgemein, **16** 14–16 – über Sachverhaltsalternativen **16** 11 – über die tatbestandlichen Voraussetzungen von Rechtfertigungsgründen 19, 60 vor **13**, **16** 19ff., 21 vor **32**, s. auch Erlaubnistatbestandsirrtum – über Tatumstände **16** I, **16** 1, 7ff. – über Schuldvoraussetzungen **16** 33 – umgekehrter ~, allgemein, **16** 6 s. dort – über die Verwerflichkeit der Nötigung **240** 28, s. auch Stichwortverzeichnis vor **15**
Irrtumserregung oder -**unterhaltung** bei Betrug – durch Täuschungshandlung (Kausalität) **263** 35 – keine ~ bei ignorantia facti **263** 37 – Inhalt und Intensität der ~ **263** 36ff. – durch Unterlassen **263** 45 – Kausalität zwischen ~ und Vermögensverfügung **263** 54
Irrtumsprivileg des Staates 12, 86 vor **32**

Jagdaufseher – Widerstand gegen ~ **114** 3
Jagdausübungsberechtigte – Widerstand gegen ~ **114** 3
Jagdwilderei 292 – Strafantrag **294**
Journalisten – Berufsverbot für ~ **70** 4
Jugendarrest 34 vor **38**, **51** 13, **53** 34
Jugendberater – berufliche Schweigepflicht **203** 38
Jugendgerichtsgesetz 14 vor **1**, 10
Jugendlicher – Begriff **10** 2 – Geltung des StGB **10** – Schuldfähigkeit **19** 6 – als Tatmittler **25** 40, Verführung ~ nach § 149 StGB-DDR 4 vor **174, 182** 10
Jugendschutz 2 vor **174, 184** 3, **184b** 1
Jugendstrafe 38 8, **51** 13, **53** 34
Juristische Personen – Handeln für ~ **14** 13ff. – (eigene) strafrechtliche Verantwortung von **112f**. vor **25** – Einziehung von Verbandseigentum der ~ **75** 4

Kandidatur, unbefugte **107b** 5
Kapitalanlagebetrug 264a – tätige Reue bei ~ **264a** 39
Kapitalerhöhungsangebot 264a 15
Karikatur als Beleidigung **185** 8a
Kastration 223 55ff. – durch Entmannung **223** 56 – durch sonstige Maßnahmen **223** 57f.
Kausale Handlungslehre 26f. vor **13**
Kausalität – Begriff **71** vor **13** – ~-theorien 73ff. vor **13** – alternative ~ 82 vor **13** – Doppel~ 82 vor **13** – hypothetische ~ 80, 97f. vor **13** – kumulative ~ 83 vor **13** – durch Opfer- oder Drittverhalten vermittelte ~ 100ff. vor **13** – überholende ~ 80 vor **13** – Quasi-~ 71, 139 vor **13** – ~ bei Fahrlässigkeitsdelikten 81, 86 vor **13** – ~ bei Unterlassungstaten **13** 61 – ~ bei Betrug **263** 5, 35, 54, 61f., 77
Kausalzusammenhang – allgemein 73ff. vor **13** – Abbrechen des ~ 78 vor **13** – Unterbrechen des ~ 77 vor **13** – Irrtum über ~ **15** 55ff.
Kenntnis – der Strafbarkeit **17** 4ff. – der Tatumstände, s. Irrtum über Tatumstände **16** – der Verbotsnorm **17** 10, 12 – eines Amtsträgers von Straftaten **258a** 9ff.
Kenntnisverschaffen, sich – vom Inhalt eines verschlossenen Briefes etc. **202** 10 – vom Inhalt

magere Zahlen = Randnummern

eines durch Behältnis gesicherten Briefes etc. **202** 19
Kennzeichen verfassungswidriger Organisationen – Begriff **86a** 3f. – sozialadäquates Verhalten **86a** 10 – Verwenden **86a** 6f.
Kennzeichen, allgemein – als Urkunden **267** 20ff.
Kernbrennstoffe 328 2 – Einziehung von ~ **322** – unerlaubter Umgang mit ~ **328** – kernbrennstoffhaltige Abfälle **326** 5, 13
Kernenergieverbrechen – durch Herbeiführen einer Explosion **310b** – erlaubtes Risiko bei ~ **310b** 11 – Vorbereitung einer Kernenergieexplosion **311b** – im Ausland **6** 3
Kernspaltungsvorgänge – Bewirken von ~ **311d** 4
Kerntechnische Anlage – fehlerhafte Herstellung einer ~ **311e**
Kettenanstiftung 26 9 – versuchte ~ **30** 3, 4, 10
Kinder – Angehörige **11** 6 – (übergegangenes) Antragsrecht bei ~ **77 II, 77d II** – Beischlaf mit ~ **176** 12 – Beleidigungsfähigkeit **2** vor **185** – Bestimmung von ~ zu sexuellen Handlungen an Dritten **176** 5ff. – Einwirken auf ~ mit Pornographie **176** 20ff. – Körperliche Mißhandlungen der ~ bei sexuellen Handlungen **176** 13 – Sexualbeleidigung ggüber ~ **185** 4 – sexuelle Handlungen an ~ **176** 3 – sexuelle Handlungen von ~ am Täter **176** 4 – sexuelle Handlungen von ~ **176** 18 – sexuelle Handlungen von ~ vor Täter oder Dritten **176** 19 – sexueller Mißbrauch von ~ als Gegenstand harter Pornographie **184** 54 – Schuldunfähigkeit **19** – als Tatmittler **25** 39 – Todesfolge bei sexuellen Mißbrauch von ~ **176** 14ff.
Kindesentziehung 235 – Einverständnis bei ~ **235** 10 – gegenüber Inhaber der elterlichen Gewalt **235** 13 – aus Gewinnsucht **235** 17
Kindestötung – allgemein **7** vor **211, 217** 1f. – in und gleich nach der Geburt **217** 5f. – eines nichtehelichen Kindes **217** 3 – Tatbeteiligung an ~ **217** 12f. – durch Unterlassen **217** 7 – als Verbrechen **217** 2
Kiosk und vergleichbare Verkaufsstellen – Verbreiten von Pornographie in ~ **184** 21
Kirchen, s. Religionsgesellschaften – Diebstahl aus ~ **243** 33
Kirchliche Stellen, Amtsträger **11** 26
Kirchliche Amtszeichen u. a. – geschützte ~ **132a** 14f.
Kirchliche Verwahrung 133 12
Klageerhebung, s. öffentliche Klage
Klammerwirkung – bei Fortsetzungstaten **52** 18 – bei tatbestandlicher Handlungseinheit **20** vor **52, 52** 14ff. – bei Wertgleichheit der verbundenen Tatbestände **52** 16f.
Klinischer Tod – möglicher Todeszeitpunkt **16**f. vor **211**
Kollektivbeleidigung – allgemein **5**ff. vor **185**
Kollektivdelikt 93ff. vor **52**
Kombinationsprinzip bei Idealkonkurrenz **52** 34ff.
Kommissivdelikte 135 vor **13**
Kommunen (Wohngemeinschaften) – Mitglieder keine Angehörigen **11** 11
Kompensation – bei Beleidigungen **199** 1, **233** 1 – bei Körperverletzungen **233** 1
Kompetenz-Kompetenz, nationale **11** vor **3–7**
Konkrete Betrachtungsweise 12 6

Stichwortverzeichnis

Konkurrenz von Straftatbeständen – allgemein **1** vor **52** – Gesetzes~, Ideal~, Real~, s. jeweils dort – unechte ~ **102** vor **52**
Konkursstraftaten 283ff. – keine Handlungseinheit **101** vor **52**
Konsolmanipulation 263a 4ff.
Konsumtion 131ff. vor **52**
Konzern 5 13
Körperliche Beeinträchtigung des Opfers – und Gewaltbegriff **17** vor **234**
Körperliche Mißhandlung 223 3ff.
Körperliches Wohl – als geschütztes Rechtsgut **223** 1
Körperlichkeitstheorie 267 55
Körperverletzung – im Amt **340** – und ärztliche Heilbehandlung **223** 27ff., **78** vor **32** s. auch ärztliche Eingriffe – gegen Aszendenten **223** 67f. – Einwilligung **226a** 1ff. – fahrlässige ~ **230**, s. dort – gefährliche ~ **223a** s. dort – durch Gesundheitsbeschädigung **223** 5f. – durch körperliche Mißhandlung **223** 3ff. – des Mitfahrers bei Verkehrsunfall **226a** 21f. – bei pränatalen Handlungen **223** 1a – im Sport **226a** 16f. – gegenüber Schutzbefohlenen, s. Mißhandlung – Verhältnis zu Schwangerschaftsabbruch **218** 59f. – mit Todesfolge **226**, s. dort – Verhältnis zu Totschlag **212** 17ff. – vorsätzliche ~ **223**, **223** 65f. – wechselseitige ~ **233** 1ff. – schwere ~, s. dort – und Züchtigungsrecht **223** 16ff.
Körperverletzungsdelikte – allgemein 1ff., vor **223**, – Antragserfordernis **232** 9ff. – Führungsaufsicht bei bestimmten ~ **228** – öffentliches Interesse bei Verfolgung von **232** 2ff. – der ~ Verhältnis der qualifizierten ~ zueinander **2** vor **223**
Körperverletzung mit Todesfolge 226 – Kausalitätserfordernis **226** 2ff., 5 – Versuch der ~ **226** 6
Kosmetische Operation 223 50b
Kraftfahrer – räuberischer Angriff auf ~ **316a**
Kraftfahrzeug, Begriff **69** 11, **248b** 3 – Gebrauchsdiebstahl an ~ **248b** 1ff. – Zerstörung eines ~ der Polizei oder der Bundeswehr **305a** 9f.
Kraftfahrzeugverkehr, internationaler **69b** s. auch ausländische Fahrerlaubnis
Kraftfahrzeug, Führen eines – und Entziehung der Fahrerlaubnis **69** 10ff. – und Fahrverbot **44** 7
Kranke – sexueller Mißbrauch von ~ Anstaltsinsassen **174a** 7ff.
Krankhafte seelische Störungen **20** 6ff.
Krankheit – als Unglücksfall **323c** 6
Kredit 265b 11ff.
Kreditbetrug 265b – durch unrichtigen Kreditantrag **265b** 23ff., 33ff. – durch unrichtige Angaben **265b** 33ff. – durch unterlassene Mitteilung von Verschlechterungen **265b** 44ff. – kein ~ von und gegen Kreditnehmer **265b** 2, 5 – tätige Reue bei ~ **265b** 49, s. auch Kredit, Kreditwesen
Kreditgefährdung 187 1, 3
Kreditkarte 266b 5
Kreditkartenmißbrauch 263 29a, **266** 12, **266b**
Kreditvergabe, riskante **266** 20
Kreditwesen als geschütztes Rechtsgut? **265b** 3
„Kreuzung" von Mordmerkmalen 211 54
Krieg – Herbeiführen eines ~, Absicht **100** 11ff., s. auch friedensgefährdende Beziehungen – im völkerrechtlichen Sinn **100** 12
Kriegsdienst – Werbung für ausländischen ~ **109h** – Verbringen in auswärtigen ~ **234** 6

2391

Stichwortverzeichnis

fette Zahlen = Paragraphen

Kriminelle Vereinigung – Begehen von Straftaten als Hauptzweck der ~ **129** 5 ff. – Beteiligung als Mitglied einer ~ **129** 13 – Gründen einer ~ **129** 12 – Hintermann einer ~ **129** 25 – Rädelsführer einer ~ **129** 25 – tätige Reue bei ~ **129** 18 ff. – Unterstützen einer ~ **129** 15 f. – Werben für ~ **129** 14 ff.
Kriminologische Indikation – allgemein 29 vor **218, 218 a** 32 ff. – Befristung der ~ **218 a** 40 – bei bestimmten Sexualdelikten gegenüber der Schwangeren **218 a** 34 f.
Kriminologischer Verbrechensbegriff 12 24
Kronzeugenregelung 129 a 8
Kumulative Konkurrenz 83 vor 13
Kunstfehler s. ärztliche Kunstregeln
Kunstgegenstände – Beschädigung von ~ **304**
Künstlerische Leistungen – Tadeln von ~ als Wahrnehmung berechtigter Interessen **193** 5
Kunstvorbehalt – bei Beschimpfen von Bekenntnissen **166** 10 – bei Ehrverletzung **193** 19 – bei Gewaltverherrlichung **131** 20 – bei Verunglimpfung des Staates **90 a** 19
Kuppelei an Minderjährigen **180** – an noch nicht 16jährigen **180** 5 ff. – zu entgeltlichen Handlungen **180** 19 ff. – an Schutzbefohlenen **180** 26 – durch Bestimmen **180** 20 ff. – unter Mißbrauch der Abhängigkeit **180** 26 – durch Unterlassen **180** 11 ff. – durch Vorschubleisten **180** 6 ff. – bei „sexueller Beteiligung" des Kupplers? **180** 3 – Teilnahme des selbstbeteiligten Dritten? **180** 32 – Erzieherprivileg **180** 12 ff.
Kurpfuscherklausel – bei Schwangerschaftsabbruch **218** 44
Kurze Freiheitsstrafe 47
Küstengewässer 31 vor 3–7, s. auch Inland

Lähmung – Verfallen in ~ **224** 7
Laienrichter 11 32
Land (der BRep.) – Beschimpfung eines ~ **90 a** – einbezogen als Schutzobjekte der Staatsschutzdelikte, allgemein? 4 vor **80** – Hochverrat gegen ~ **82**
Landesstrafrecht, 36 ff. vor **1** s. auch Interlokales Strafrecht
Landesverrat – allgemein als Staatsschutzdelikt 3, 10 vor **80**, 1 ff. vor **93** – im engeren Sinn **94** – Belohnung u. Billigung eines ~ **140** 2 – besonders schwerer Fall des ~ **94** 25 – Einziehung bei ~ **101 a** – Nebenfolgen bei ~ **101** – Nichtanzeige des ~ **138** 7 – „publizistischer" ~ **95** – selbständige Vorbereitungshandlung zum ~ **96 I** – Auslandstat **5** 10
Landesverräterische – Ausspähung **96** 2 ff. (Rücktritt **96** 15 f.) – Agententätigkeit **98**, s. dort – Fälschung **100 a** – Konspiration, Begriff und Strafbarkeit **100** 1
Landesverteidigung – Straftaten gegen die ~, allgemein, 1 vor **109** (als Auslandstat **5** 11) – Anlagen, Einrichtungen zum Schutz der ~ **109 e** 4 ff. – Sonderregelung bei Delikten gegen ~ bei Nebenfolge **109 i** – Sonderregelung bei Delikten gegen ~ für Einziehung **109 k**
Landfriedensbruch 125 – Androhen eines schweren ~ **126** 4 f. – aufwieglerischer ~ **125** 19 ff. – bedrohender ~ **125** 15 ff. – besonders schwerer ~ **125 a** 2 ff. – Beteiligung an besonders schweren ~ **125 a** 17 ff. – Billigung u. Belohnung des bes.

schweren ~ **140** 2 – gewalttätiger ~ **125** 4 ff., – Irrtumssonderregelung bei ~ **125** 27, **125 III** – erheblicher Sachschaden bei ~ **125 a** 14 – Täterschaft bei ~ **125** 12 ff., 25, 30 – Vortäuschen eines schweren ~ **126** 4 ff.
Landtag – Indemnität **36** – Parlamentsberichte **37**
Lärm 325, 330 7 – Begriff des ~ **325** 21 – beim Betrieb einer Anlage **325** 22 – unter Verletzung verwaltungsrechtlicher Pflichten **325** 22 – Verursachung des ~ **325** 22 – Schädigungseignung des ~ **325** 23 ff.
Lastschriftverfahren 263 30
Lebensbedarf eines Unterhaltsberechtigten – Begriff **170 b** 29 – Gefährdung des ~ **170 b** 28 ff.
Lebensbeginn, -ende 12 ff. vor **211**
Lebensführungsschuld, Lebensentscheidungsschuld 106 vor **13**
Lebensgefahr – medizinische Indikation bei ~ **218 a** 8 ff.
Lebensgefährdende Behandlung – Körperverletzung mittels ~ **223 a** 12
Lebenslange Freiheitsstrafe 38 2 f. – Aussetzung des Strafrests bei ~ **57 a** – Gesamtstrafe **54, 53** 25 – Aussetzung bei Gesamtstrafe **57 b**
Lebensverhältnisse, allgemein – Bedeutung für Strafaussetzung **56** 24 a – Bedeutung für Strafrestaussetzung **57** 17
Legaldefinition, s. Sprachgebrauch
Lehrer – Züchtigungsrecht des ~ **223** 19, 20 ff. – s. auch Erzieherprivileg – Garantenstellung gegenüber Schülern **13** 30 a
Leibeigenschaft – Verbringung in ~ **234** 6
Leibesfrucht – Begriff und Gegenstand des Schwangerschaftsabbruchs **218** 4 f. – Absterben der ~ **218** 5 ff. – Wegnahme einer ~ aus dem Gewahrsam des Berechtigten **168**
Leiche – Begriff **168** 3 – beschimpfender Unfug an ~ **168** 10 f. – als Diebstahlsobjekt? **242** 10, 21 – Gewahrsam an **168** 6 – unbefugte Wegnahme einer ~ **168** 7 f.
Leichtfertigkeit 15 106 f., 205 – bei erpresserischem Menschenraub **239 a** 31 – der Preisgabe von Staatsgeheimnissen **97** 10 ff. – bei Raub mit Todesfolge **251** 6 – bei Konkursdelikt **283** 57
Leihbücherei, gewerbliche – Vertrieb von Pornographie in ~ **184** 23
Leistungskürzung 353
Leiter, elektrischer – Stromentzug mittels ~ **248 c** 9 f.
Lernpersonal – Schweigepflicht des ~ bestimmter Berufe **203** 62 ff.
Lesbische Betätigung – Straflosigkeit ~ **175** 1 – Strafbarkeit ~ nach § 149 StGB-DDR **175** 12
Lesezirkel – Vertrieb von Pornographie in ~ **184** 23
Leugnen – Bedeutung für Strafzumessung **46** 42
Letztes Wort des Angeklagten – Zeitpunkt für Antragsfrist bei wechselseitigen Taten **77 c** 4
Lex artis, s. ärztliche Kunstregeln
Lex certa, s. Bestimmtheitsgebot
Lex praevia, s. Rückwirkungsverbot
Lex scripta, s. Gesetzesvorbehalt und Gewohnheitsrecht
Lex stricta, s. Analogie und Auslegung
Lichtbildaufnahmen – Anfertigen von ~ aus Luftfahrzeug **109 g** 16 ff.
Liefern pornographischer Erzeugnisse **184** 45 – harter Pornographie **184** 52 ff.

magere Zahlen = Randnummern

Limitierte Akzessorietät 23 ff. vor **25, 29** 1, 6
Liquidatoren einer Gesellschaft – Verantwortlichkeit der ~ **14** 43
List – allgemein 38 vor **234** – Mittel des Menschenhandels **181** 3
Lockspitzel, s. agent provocateur, V-Mann
Löschen von Daten **303a** 6
Lotterie, Unerlaubte Veranstaltung einer ~ **286**
Luftfahrzeug – Begriff **109g** 19 – Lichtbildaufnahmen aus ~ **109g** 16 ff. – Taten in einem ~ mit Bundesflagge **4** 6
Luftpiraterie 316c
Luftraum 31 vor **3** s. auch Inland
Luftverkehr – gefährlicher Eingriff in den ~ **315** – Gefährdung des ~ **315a** – Angriff auf den ~ **316c** (Auslandstat **6** 4)
Luftverunreinigung 325, 330 7 – Begriff der ~ **325** 2 – beim Betrieb einer Anlage **325** 3 ff. – unter Verletzung verwaltungsrechtlicher Pflichten **325** 7 ff. – Verursachung der ~ **325** 12 – Schädigungseignung der ~ **325** 13 ff.
Lustmord 211 16

Mädchenhandel 6 5, 11, **181** 1, 8 ff. – Nichtanzeige **138** 7
Makeltheorie 263 111
Mannschaft, gesammelte – Begriff **128** 7 – Versehen einer ~ mit Kriegsgerät **128** 8
Maßnahme – Begriff, **11 I** 8, **11** 64 ff. – Eigenbedeutung der ~ **52** 43, **53** 28 ff. – neue Entscheidung über ~ bei nachträglicher Gesamtstrafe **55** 53 ff. – Verjährung **78** 6, **79** 2, 7 f.
Maßnahmevereitelung 258 14 f., 26
Maßregeln der Besserung und Sicherung – allgemein 5, 23 vor **38**, 1 ff. – Arten der ~ **61** – freiheitsentziehende ~ **61 Nr. 1–4, 63 ff.** (s. auch Unterbringung) – Gefährlichkeitsprognose 8 ff. vor **61** – Verhältnis einzelner ~ zueinander 72 1 ff. – Nebeneinander mehrerer ~ **72** 5 ff. – reformatio in peius bei ~ 14 vor **61** – und Rückwirkungsverbot **2 VI, 2** 41 f. – selbständige Anordnung einiger ~ **71** 1 ff. – Verhältnismäßigkeitsgrundsatz bei ~ **62** 1 ff.
Matritzen – als Einziehungsgegenstand **74d** 3 – als Gegenstand der Geldfälschung **149** 3 f.
Medikamente – Einnahme von ~ im Straßenverkehr **315c** 10
Medizinisch-soziale Indikation – allgemein 30, 32 vor **218, 218a** 7 ff. – keine Befristung bei ~ **218a** 17 – bei Lebens- und Gesundheitsgefahr **218a** 8 ff. – bei Unzumutbarkeit anderer Abwendung **218a** 15
Meer 324 6, **330d** – internationalstrafrechtlich 30 f. vor **3** – Meeresumweltbeeinträchtigung **5** 18a
Mehraktige Straftaten 22 59, 24 15 f., **25** 52
Mehrerlös – Verfall des ~ **73** 11
Mehrlingsschwangerschaftsreduktion 5 vor **218, 218** 4b, **218a** 12, 15, 27a, 44
Meineid 154 – Aussagenotstand bei ~ **157** 5 – ~ bei Verletzung prozessualer Normen? 19 ff. vor **153, 154** 17 – durch falsches Schwören **154** 3 ff. – Verleiten zu ~ **160** 7, s. auch Fahrlässiger Falscheid
Meinungsbildung, freie politische – als Rechtsgut 1 vor **105**
Mensch (als Tatobjekt) – geborener ~, maßgeblicher Zeitpunkt 13 vor **211** s. auch Geburt – Unbeachtlichkeit der Lebensfähigkeit 14 vor **211,** s. auch Menschliches Leben
Menschenhandel 181 – durch Anwerben **181** 8 – Belohnung u. Billigung des ~ **140** 2 – durch Entführen **181** 9 – unter Ausnutzung der Hilflosigkeit **181** 12 – Nichtanzeige des ~ **138** 7 – durch Nötigung **181** 2 ff. – als Auslandstat **6** 5
Menschenmenge – Begriff **125** 8 – agitatorische Einwirkung auf ~ **125** 20 – Gewalttätigkeiten aus einer ~ **125** 7 ff. – Zusammenrotten einer ~ und Eindringen **124** 6
Menschenraub 234 – Erpresserischer ~, s. dort
Menschenrechtskonvention, s. Europäische M.
Menschenwürde – als geschütztes Rechtsgut **130** 1 – Angriff auf die ~ **130** 6 ff. – Verletzung der ~ bei Gewaltdarstellung **131** 15
Menschliches Leben – als geschütztes Rechtsgut 12 vor **211, 218** 5 – Beginn des ~ 26 vor **218,** s. Embryo – Ende des ~ 16 ff. vor **211,** s. Todeszeitpunkt
Mensur 226a 20
Merkmale – besondere persönliche ~ **14** 8 ff. – des gesetzlichen Tatbestands 62 ff. vor **13** – keine doppelte Berücksichtigung bei Strafzumessung **46** 45 ff.
Messer – Körperverletzung mit ~ **223a** 9
Meßwerte als technische Aufzeichnungen 268 12
Meutereihandlungen 121 6 ff. – besonders schwere Fälle **121** 19 ff.
Milderes Gesetz 2 III, 2 16 ff. – bei Änderung der Strafdrohung **2** 32 ff. – Sperrwirkung des ~ **141** vor **52**
Milderungsgründe, s. Strafmilderung und Strafmilderungsgründe
Militärisch – ~e Anlagen **109g** 7 f. – ~e Vorgänge **109g** 8
Minder schwerer Fall 48 f. vor **38, 50** 5 – des Totschlags **213**
Mindestmaß – der Bewährungszeit **56a, 58 II** – erhöhtes ~ **49 I, II** – der Ersatzfreiheitsstrafe **43** – der Freiheitsstrafe **38 II** – der Führungsaufsicht **68c** – der Geldstrafe **40 I, 47 II** – der Sperre **69a III** – der Berufsverbotsfrist **70 II**
Mischdelikt, s. Vorsatz-, Fahrlässigkeits-, Kombinationsdelikte
Mißbrauch – von Ausweispapieren **281** – ionisierender Strahlen **311a** – von Scheck- und Kreditkarten **266b** – sexueller ~, s. dort
Mißbrauchstatbestand bei Untreue **266** 2 ff.
Mißhandlung – durch ~ provozierter Totschlag **213** 5 ff. – rohe ~ **223b** 13 – Schutzbefohlener **223b** 1 ff.
Mißverhältnis – auffälliges ~ bei Wucher **302a** 11 ff., 32 ff.
Mitbestrafte Vor- oder Nachtat 112 ff., 119 ff., 125 ff. vor **52**
Mitgewahrsam – untergeordneter, übergeordneter ~ **242** 24 ff.
Mitglieder von Organen – berufliche Schweigepflicht ~ **203** 37 f. – Verantwortlichkeit von ~ **14** 14 ff.
Mitglieder von Parteien – Erstreckung des Parteienprivilegs auf ~ bei organisationsbezogenem Handeln 5, 8 vor **80**
Mitglieder von Verfassungsorganen – Nötigung der ~ **106**
Mittäterschaft – allgemein 6 f. vor **25, 25 II** – Be-

Stichwortverzeichnis

fette Zahlen = Paragraphen

griff 84 ff. vor **25, 25** 61 ff. – Exzeß eines Mittäters **25** 90, 93, 95 – arbeitsteilige Mitwirkung **25** 63 ff. – gemeinsamer Tatentschluß **25** 70 ff. – Abgrenzung zur gemeinschaftlichen Begehungsweise **25** 98 f. – persönliche Täterqualität bei ~ **25** 81 ff. – bei qualifizierten Tatbeständen **25** 85 – sukzessive ~ **25** 91

Mitteilung – mit dem Ziel der politischen Verfolgung **241a** 2 ff. verbotene ~ über Gerichtsverhandlungen **353 d**

Mittel zur Abwehr – Grundsatz der **Geeignetheit** des ~ **32** 34 f., **34** 18 f., **35** 13 – Grundsatz des **relativ mildesten** ~ **32** 36 ff., **34** 20, **35** 13 f., **193** 10

Mittel zum Schwangerschaftsabbruch – Begriff **219b** 4, **219c** 2 – Einziehung von ~ **219c** 11 – Inverkehrbringen von ~ **219c** 3 – Werben für ~ **219b** 5 ff.

Mittel-Zweck-Relation 240 18 ff. s. auch Verwerflichkeit

Mittelbare Falschbeurkundung, s. Falschbeurkundung

Mittelbare Täterschaft – allgemein 6 f. vor **25** – Begriff 80 ff. vor **25, 25** 6 f. – bei absichtlos – dolosem Werkzeug 81 ff. vor **25, 25** 18 ff. – bei gutgläubigem (undolosem) Werkzeug **25** 14 ff. – fahrlässige ~ **25** 59 f. – Formen der ~ **25** 8 ff. – bei Irrtum des Hintermannes 83 vor **25** – bei rechtmäßig handelndem Werkzeug **25** 26 ff. – bei (Veranlassung der) Selbstschädigung des Werkzeugs **25** 8 ff. – bei Kenntnis der Schuldunfähigkeit des Vordermannes 37 vor **25** – bei nicht verantwortlichem Tatmittler **25** 30 ff. – im Falle des Täters hinter dem Täter **25** 21 ff. – bei Unterlassungsdelikten **25** 54 ff. – bei Verbotsirrtum des Vordermannes 33 vor **25, 25** 36 ff. – kraft überlegenen Wissens **25** 34, 38

Mitverschulden des Verletzten – Bedeutung bei Strafzumessung **46** 24

Mitverzehr (Hehlerei?) **259** 24

Möglichkeitstheorie beim Eventualvorsatz **15** 75

Mord – allgemein 3 ff. vor **211, 211** 1 – Androhen von ~ **126** 4 f. – aufgrund bestimmter Ausführungsmodalitäten **211** 21 ff. – Belohnen u. Billigen des ~ **140** 2 – aufgrund besonderer Beweggründe **211** 15 ff. – negativ abschließender Mordkatalog? 9 ff. vor **211** – Nichtanzeige des ~ **138** 7 – positiv abschließender Mordkatalog 7 ff. vor **211** – bei gleichzeitiger Privilegierung? 11 vor **211** – Strafmilderung bei ~ **211** 58 – Teilnahme bei ~ **211** 44 ff. – durch Unterlassen **211** 3 – Verhältnismäßigkeitsgrundsatz bei ~ **211** 10a – Vortäuschen von ~ **126** 4 f. – Vorsatz hins. der Merkmale des ~ **211** 37 f. – durch bestimmte Zielsetzungen **211** 30 ff.

Mordlust 211 15

Mosaiktheorie und Staatsgeheimnis, **93** 11 ff., **99** 1

Motiv des Handelns **15** 65 f. – und Absicht **15** 66, 71 – als strafbegründendes persönliches Merkmal **28** 20 – bei Strafzumessung **46** 12 ff.

Motivbündelung – bei sexueller Handlung **184c** 10

Mundraub 248a 1

Muntbruch 235 1

Muntgewalt – Angriff auf ~ **236** 1

Münzverfälschung 146 6

Mutmaßliche Einwilligung – als Rechtfertigungsgrund 54 ff. vor **32**

Nachgehen der Prostitution **180a** 25 – bei Menschenhandel **181** 4

Nachmachen von Geld **146** 5

Nachrichten, Sammeln von ~ **109f** 2

Nachrichtendienst – militärischer ~ **109f** 1 – Presseprivileg bei ~ **109f** 6

Nachrichtendienstliche Tätigkeit – Strafbarkeit einfacher ~ **99** 1 ff. – sicherheitsgefährdende ~ **109f** 2 ff.

Nachschlüssel, s. Falscher Schlüssel

Nachschulung alkoholauffälliger Kraftfahrer **69** 44, 52, **69a** 10, 20

Nachtat, straflose (mitbestrafte) 112 ff. vor **52** – nach Diebstahl **242** 76 – Sicherungsbetrug als ~ **263** 184

Nachteil – Zufügung eines ~ bei Untreue **266** 39 ff. s. auch Vermögensschaden

Nachträgliche Gesamtstrafe 55 – allgemein **55** 1 f. – Bildung der ~ **55** 35 ff. – bei früherer Verurteilung der späteren Tat **55** 4 ff. – keine ~ bei endgültiger Erledigung der „früheren" Strafe **55** 19 – letztes tatrichterliches Sachurteil als Zeitpunkt der früheren Verurteilung **55** 6 ff., der späteren Verurteilung (?) **55** 25 f. – und Nebenstrafen etc. **55** II, **55** 33 f. – bei Rechtskraft des früheren Urteils **55** 32 ff. – keine ~, aber Strafmilderung bei Erledigung der früheren Strafe **55** 28 – bei Teilerledigung der „früheren" Strafe **55** 27 – Tenor bei ~ **55** 50 – als zwingende Regelung **55** 72 ff.

Nachtrunk – bei Unfallflucht **142** 76 a

Nähekriterium bei der Ansatzformel des Versuchs **22** 41

Nahestehende Personen, dem Täter – Notstand für Täter **35** 15

Narkose als Gewalt 7 vor **234**

Nationale Gruppen – Zerstören von ~ **220a** 3 f.

Nationalpark – Begriff **329** 36, s. Naturschutzgebiet

Nationalsozialistische Propagandamittel, – Verbreiten **86** 11

NATO-Angehörige 39 f. vor **3–7** (s. auch Immunität)

NATO-Vertragsstaaten, ausländische – als Schutzobjekt der Staatsschutzdelikte 17 ff. vor **80**

Naturalobligationen – als Vermögen **263** 91

Naturhaushalt – Bestandteile des ~ **330** 30

Naturdenkmäler 304 4

Naturschutzgebiet – Begriff **329** 36 f. – beeinträchtigende Handlungen innerhalb eines ~ **329** 38 ff.

Natürliche Handlungseinheit 22 ff. vor **52**

Natürliche Willensfähigkeit 32 vor **32**

Natürlicher Vorsatz 63 5

Nebenamt 11 28

Nebenfolgen der Strafe **45** ff. – allgemein 30 ff. vor **38, 45** 1 s. auch Amtsunfähigkeit und Verlust des aktiven und passiven Wahlrechts – Eigenbedeutung der ~ **52** 43, **53** 28 ff. neue Entscheidung über ~ bei nachträglicher Gesamtstrafe **55** 53 ff., 61 ff. – Sonderrecht bei bestimmten Delikten gegen Landesverteidigung **109i** – Sonderrecht bei Staatsschutzdelikten **92a, 101** – bei Wahlstrafrecht **108c**

Nebenstrafe – allgemein 29 vor **38, 44** 1, siehe Fahrverbot – Eigenbedeutung der ~ **52** 43, **53** 28 ff. – neue Entscheidung über ~ bei nachträglicher Gesamtstrafe **55** 53 ff., 68, 71

Nebenstrafgesetze, 3 f. vor **1**

magere Zahlen = Randnummern

Stichwortverzeichnis

Nebentäter, Begriff **25** 100
Negative – als Einziehungsgegenstand **74d** 3 – als Gegenstand der Geldfälschung **149** 3f.
Negative Tatbestandsmerkmale, Lehre von den ~ 15ff. vor **13**, **15** 35, 5 vor **32**
Nettoeinkommensprinzip 40 8ff.
Neurosen – als seelische Abartigkeit **20** 20ff. s. auch Schuldunfähigkeit und **21** 9f.
Nichtanzeige von Straftaten 138 – bei bestehender Anzeigepflicht **138** 10ff. – von der Ausführung **138** 6 – vom Vorhaben **138** 4 – in dubio pro reo bei Anzeigepflicht **138** 21 – Straflosigkeit der ~ **139**
Nichtehe – Doppelehe bei ~ **171** 3
Nichteheliches Kind 11 6 – Tötung eines ~ **217** 3
Nichtige Ehe 11 10 – s. auch Nichtehe
Nidation 26 vor **218**, **219d** – nach Abschluß der ~ strafbare Abtreibung **29** vor **218**, **218** 4, **219d** – ~szeitpunkt **219d** 5
Nidationshemmer – keine abortiven Mittel **219d** 3f.
Niedrige Beweggründe 211 18ff.
Normativer Ehrbegriff 1 vor **185**
Normativ-faktischer Ehrbegriff **1** vor **185**
Normative Merkmale, s. Tatbestandsmerkmale
Normativer Schuldbegriff 113ff. vor **13**
Notar – als Amtsträger **11** 20 – öffentliches Amt **132** 4 – berufliche Schweigepflicht **203** 37
Nothilfe 32, **32** 1, 25ff. – Erforderlichkeit der Verteidigungshandlung **32** 42ff. – der Polizei (Schußwaffengebrauch) **32** 42a
Nötigung, Tatbestand 240 – durch Drohung mit einem empfindlichen Übel **240** 9f., – Verhältnis zur Freiheitsberaubung **240** 39 – mit Gewalt **240** 4ff., – Meuterei **121** 6ff. – Irrtumsprobleme **240** 35ff. – Rechtswidrigkeit bei ~ **240** 15ff. – abgenötiges Verhalten **240** 12ff. – Verhältnis zu Widerstand gegen Vollstreckungsbeamte **113** 69 – Verwerflichkeitserfordernis bei ~ **240** 15ff., s. dort und Mittel-Zweck-Relation, s. auch Willensausübungs- und -entschließungsfreiheit
Nötigung, Tathandlung der – bei Erpressung **253** 3ff., 8 – bei erpresserischem Menschenraub **239a** 12ff. – bei Geiselnahme **239b** 4ff. – bei Menschenhandel **181** 2ff. – als Meuterei **121** 6ff. – bei Raub **249** 3ff., 6a – bei räuberischem Diebstahl **252** 5f. – sexuelle ~ **178** – von Verfassungsorganen **105** 5ff. – bei Vergewaltigung **177** 2ff. – von Wählern **108** 2ff.
Nötigungsnotstand 34 41b, **35** 11
Notlage – Gefahr einer ~ für Schwangere **218a** 43ff.
Notlagenindikation – allgemein **29** vor **218**, **218a** 41ff. – Befristung der ~ **218a** 53 – bei Notlagegefahr für Schwangere **218a** 43ff. – bei Unzumutbarkeit anderer Abwendung **218a** 50f.
Notruf 145 4 – Mißbrauch eines ~ **145** 5
Notsituation 323c 4ff.
Notstand bei gerichtlicher Aussage etc., s. Aussagenotstand
Notstand, entschuldigender 35 – allgemein **35** 1f. – Notstandshilfe zugunsten von Angehörigen **35** 15, 27ff. – ~-exzeß **35** 38 – Notstandshilfe zugunsten nahestehender Personen **35** 5, 27ff. – Notstandslage **35** 3ff. – Putativ-~ **35** 39ff. – bei besonderem Rechtsverhältnis **35**

21ff. – bei selbst verursachter Gefahr **35** 20 – Unverhältnismäßigkeit der Maßnahme **35** 33 – Zumutbarkeitsüberlegungen bei ~ **35** 13f., 18ff.
Notstand, rechtfertigender 34 – alte Rechtslage **34** 2 – Angemessenheitsklausel **34** 46f. – Einzelfälle **34** 53f. – Exzeß **34** 52 – Interessen-(Rechtsgüter-)abwägung **34** 22ff., 36ff. – Nötigungsnotstand **34** 41 – Notstandslage **34** 8ff. (dabei Abwendbarkeitsproblem **34** 18ff.) – Putativ~ **34** 50f. – Rettungswille **34** 48f. – kein ~ bei Sozialnot **34** 41 – und Schweigepflicht bzgl. anvertrauter Geheimnisse **203** 30ff. – bei staatlichem Handeln **34** 7 – Verhältnis zu anderen Rechtfertigungsgründen **34** 6 – verschuldete Herbeiführung **34** 42 – Wertmaßstab bei Interessenabwägung **34** 43ff. – im Wirtschaftsstrafrecht **34** 23, 35; s. im übrigen Stichwortverzeichnis zu § 34
Notstand, übergesetzlicher – Begriff nach alter Rechtslage **34** 2 – entschuldigender ~ **115**ff. vor **32**
Notstand, zivilrechtlicher 67ff. vor **32** – Agressiv ~ als Rechtfertigungsgrund **68** vor **32** – Defensiv ~ als Rechtfertigungsgrund **69** vor **32** – Auswirkung des ~ auf die Rechtsgüterabwägung des strafrechtlichen Notstandes **34** 26, 30f., 38
Notwehr 32, **32** 1 – Geboten-Sein und Erforderlichkeit der ~ **32** 44 – keine Rechtsgüterproportionalität bei ~ **32** 1, 34, 50 (Ausnahme) – Präventiv~ (auch notwehrähnliche Lage) **32** 16ff. – Putativ~ **32** 65 – Staats-~ **32** 6f. – im Straßenverkehr **32** 9 – subjektives Rechtfertigungselement (Verteidigungswille) bei ~ **32** 63 – und erforderliche Verteidigung **32 II**, **32** 29ff. – Ausschluß der ~ bei Unfugabwehr **32** 49 – grobem Mißverhältnis **32** 50f. – Angriffen Schuldloser **32** 52 – Notwehrprovokation **32** 54ff.; s. im übrigen Stichwortverzeichnis zu § 32
Notwehrhandlung – Proportionalität von Angriff und ~ **32** 36ff., 43
Notwehrlage 32 2ff. – bei Nothilfe **32** 25ff. – Angriff bei Unterlassen (?) **32** 10f. – Provozieren einer ~ **32** 54ff. – schuldhaftes Herbeiführen einer ~ **32** 58ff.
Notwehrexzeß 33 – allgemein **113** vor **32** – asthenische Affekte bei ~ **33** 4f. – extensiver ~ **33** 1, 7 – intensiver ~ **33** 1, – Putativ~ **33** 8
Notwendige Teilnahme 46 vor **25**
Notzeichen 145 4 – Mißbrauch eines ~ **145** 5
NS-Verbrechen, Verjährung **78b** 5ff.
Nullum crimen sine lege 1 1, 17ff.
Nulla poena sine lege 1 1, 23, 28 – bei Rechtfertigungsgründen **25** vor **32**
Nutzungen – als Gegenstand des Verfalls **73** 30f.

Objektive Auslegungstheorie 1 43ff.
Objektive Erfolgszurechnung 71ff., **91**ff. vor **13**
Objektive Strafbarkeitsbedingungen 124ff. vor **13** – kein Vorsatz **126** vor **13** – Irrtum über ~ **16** 35
Objektiver Tatbestand 61 vor **13**
Objektive Theorie – bei Aussage (Eides-)delikten **4**ff. vor **153** – beim Versuch **18**ff. vor **22** –

2395

Stichwortverzeichnis

fette Zahlen = Paragraphen

bei Abgrenzung Täter – Teilnehmer – als formal-~ 51ff. vor 25 – als materiell-~ 61 vor 25
Offenbaren – Begriff **203** 19ff. – von Privat-, Betriebs-, Geschäftsgeheimnissen usw. **203** 4ff. – von Tatsachen aus Gerichtsverhandlung **353d** – von Daten der öffentlichen Verwaltung **203** 46ff. – des Steuergeheimnisses **355** – gerechtfertigtes ~ **203** 26ff.
Offenbarung – von Staatsgeheimnissen **95** 8ff. – illegaler Staatsgeheimnisse **95** 13ff.
Offenbarungsversicherung 156 21ff. – nach fruchtloser Pfändung **156** 22ff. – sonstige Fälle **156** 31ff.
Offener Tatbestand 66 vor **13**
Öffentlich – Bekanntmachung – Beleidigung – Werbung für Schwangerschaftsabbruch – Zugänglich Machen, s. jeweils Einzelstichworte
Öffentliche Ämter – Begriff **11** 14ff. – Verlust der ~ **45**
Öffentliche Aufforderung – erfolglose ~ **111** 21 – zu rechtswidrigen Taten **111** 3ff.
Öffentlicher Dienst für ~ besonders Verpflichtete **11** I 4, **11** 34ff. (berufliche Schweigepflicht **203** 57) – Hausrecht bei für ~ usw. bestimmte Räume **123** 16, 19ff.
Öffentlicher Friede – Begriff und geschütztes Rechtsgut **126** 1, **129** 1, **130** 1, **131** 1, 2 vor **166** – Störung des ~ **126** 8ff., **130** 10, **166** 12
Öffentliches Interesse an Strafverfolgung – Beispiele **232** 5f. – bei Diebstahl geringwertiger Sachen **248a** 25ff. – bei Körperverletzungsdelikten **232** 2ff. – bei Sachbeschädigung, Datenveränderung, Computersabotage **303c** 6ff. – richterliche Überprüfung **232** 3f.
Öffentliche Klage, Erhebung der – Verjährungs-Unterbrechung bei ~ **78c** 14
Öffentliche Mittel 264 8
Öffentlich-rechtlich – ~-es Gewaltverhältnis, s. dort
Öffentliche Sicherheit – als geschütztes Rechtsgut **124** 1, **125** 2
Öffentliche Urkunden – Begriff **271** 4 – Beweisfunktion **271** 8 – Form der ~ **271** 7 – Einzelfälle **271** 11ff.
Öffentliche Verwaltung – Handeln als Beauftragter der ~ **14** 42
Offizialdelikt, Begriff **77** 1
Öffnen eines verschlossenen Schriftstücks **202** 8
Omnimodo facturus – und Anstiftung **26** 5
Omissio libera in causa 144 vor **13** – bei Verletzung der Unterhaltspflicht **170b** 27 – Versuch der ~ **22** 57
Operation, s. ärztliche Eingriffe
Optionsgeschäft 263 31b, 114a
Orden – kein Verlust der ~ bei Amtsverlust **45** 11 – unbefugtes Tragen von ~**132a** 2
Orderschuldverschreibungen – geschützte Wertpapiere **151** 4
Ordnungsstrafe 35 vor **38**
Ordnungswidrigkeiten – im Ausland 19 vor **3** – Verhältnis zu Straftatbeständen 21 vor **1**, 36 vor **38** – Herabstufung zu ~, frühere Übertretungen **12** 15ff. – Täterbegriff bei ~ 11f. vor **25**
Ordre public 24, 56 vor **3**
Organ (Körperteil) – Explantation von ~ Toter **168** 6ff.
Organe – strafbares Handeln vertretungsberechtigter ~ für eine juristische Person **14** 14ff. – Strafbarkeit faktischer ~ **14** 43ff. – berufliche Schweigepflicht bestimmter ~ **203** 37f.
Organexplantation – Störung der Totenruhe(?) **168** 6
Organhaftung 14 1ff. – faktische ~ **14** 43ff. – bei Unterlassungsdelikten **14** 6
Organtransplantation, s. Transplantation
Ort der Tat 9 – bei positivem Tun **9** 4, 6f. – bei Unterlassungsdelikten **9** 5, 8 – für den Teilnehmer **9** II, **9** 11, **26** 27

Pädagogischer Notstand – und Erzieherprivileg **180** 13, 16
Papier – als Gegenstand der Geldfälschung **149** 3f.
Parallelwertung in der Laiensphäre 15 43, 39 s. auch Subsumtionsirrtum
Parlamentarische – Äußerungen **36**, **36** 3ff. – Berichte **37**, **37** 2ff.
Parlamentsmitglieder – Indemnität **36** 1 – Immunität **36** 2 – Ruhen der Verjährung bei Straftaten der ~ **78b** 8
Parteien, verfassungswidrige – Aufrechterhaltung ~ **84** 4ff. – Entscheidungen des BVerfG zu ~, Zuwiderhandlungen **84** 19f. – Ersatzorganisationen von ~ **84** 6f. – Mitglieder von ~ **84** 14f. – Unterstützen von ~ **84** 16 – eingeschränkte Verfolgung von Delikten der ~ **91**
Parteienprivileg – kein ~ bei allgemeinen Strafgesetzen 67 vor **80** – Tragweite des ~ bei Staatsschutzdelikten 5ff. vor **80**
Parteiverrat 356
Passive Bewaffnung s. Schutzwaffen
Patentanwalt – berufliche Schweigepflicht **203** 37
Perforation 34 vor **218**
Perpetuierungsdelikt, s. Aufrechterhaltung
Perpetuierungsfunktion der Urkunde **267** 3ff.
Personalitätsprinzip, aktives ~ 6 vor **3–7**; **5** 1, passsives ~ 7 vor **3–7**, **7** 1 s. auch internationales Strafrecht
Personalvertretungsrechte – berufliche Schweigepflicht der Inhaber von ~ **203** 58
Personen – nahestehend **35** 15, **241** 6 – des politischen Lebens, Beleidigung von ~ **187a** 2f.
Personengemeinschaften – Beleidigung von ~ 3 vor **185**
Personenhandelsgesellschaften – Handeln für ~ **14** 20ff. – Einziehung des Verbandseigentums der ~ **75** 5 – Beleidigung von ~ 3 vor **185**
Personenstand – als geschütztes Rechtsgut **169** 1 – Begriff **169** 2 – ~-bücher, Führung der ~ – Fälschung des ~, allgemein **169** – falsche Angabe über ~ **169** 5ff. – Unterdrücken eines ~ **169** 8ff.
Persönliche Freiheit – als geschütztes Rechtsgut, allgemein 1f. vor **234** – Androhung von bestimmten Delikten gegen ~ **126** 4f. – Belohnung u. Billigung bestimmter Delikte gegen ~ **140** 2 – Nichtanzeige bestimmter Delikte gegen ~ **138** 7 – Vortäuschen bestimmter Straftaten gegen ~ **126** 4ff.
Persönliche Merkmale, besondere 14 I, **28** 7, 11ff. – strafbegründende (allgemein) **28** 21ff. – strafbegründende, bei Organhaftung **14** 8ff. – Abgrenzung zwischen tat- und täterbezogenen ~ **28** 15ff.
Persönliche Strafausschließungsgründe – allge-

magere Zahlen = Randnummern **Stichwortverzeichnis**

mein 131 vor **32**, **28** 14 – Irrtum über ~ **16** 34 – Wirkung ~ für Beteiligte **28** II, **28** 14
Persönliche und wirtschaftliche Verhältnisse d. Täters – maßgeblich für kumulative Geldstrafe **41** 4 f. – maßgeblich für Strafzumessung, allgemein **46** 34 ff. – maßgeblich für Tagessatzhöhe **40** 6 – maßgeblich für Zahlungserleichterungen **42** 2 ff.
Persönlichkeitsschuld 105 vor **13**
Pfandkehr 289
Pfandleiher – Begriff **290** 2
Pfandsachen – unbefugter Gebrauch von ~ **290**
Pfändung – allgemein s. Verstrickung(sbruch) – als Unterschlagung **246** 17 f.
Pflegeeltern, Begriff **11** 13
Pflegekinder als Angehörige **11** 13
Pflichten – Verletzung verwaltungsrechtlicher ~ **311** d, 5, **325** 7
Pflichtenkollision – als Rechtfertigungsgrund **71** ff. vor **32** – bei kollidierenden Handlungspflichten **73** ff. vor **32** – bei kollidierenden Unterlassungspflichten **76** vor **32** – Maßgeblichkeit des Rangverhältnisses der Pflichten **74** f. vor **32** – Behandlung der ~ grundsätzl. nicht nach Notstandsregeln **34** 4
Pflichtgemäße Prüfung – als subjektives Rechtfertigungselement **58** vor **32**, **34** 49
Pflichtverletzung – Bedeutung im Strafrecht **11** vor **13**
Pflichtwidrige Tätigkeitsübernahme 15 136, 192
Pflichtwidrigkeit – beim Fahrlässigkeitsdelikt, s. Sorgfaltspflicht – bei Untreue **266** 35 ff.
Physische Beihilfe 27 12
Pietätsempfinden – als geschütztes Rechtsgut **2** vor **166**
Platten – als Gegenstand der Geldfälschung **149** 3 f.
Plündern – bei Landfriedensbruch **125 a** 13
Politiker – Ehrenschutz **187 a** 1 ff.
Politische Gründe – als niedrige Beweggründe **211** 20
Politische Verdächtigung 241 a – allgemein **241 a** 1 – Auslandstat **5** 12
Politisch Verfolgte, keine Auslieferung von ~ **7** 24
Polizeibeamte – Garantenstellung **13** 52 – Widerstand gegen ~ **113** 33 ff.
Polizeigewalt – in Parlamentsgebäuden, Störung **106 b** 1
Polizeifahrzeug – Zerstörung eines ~ **305 a** 9 f.
Polizeilicher Lockspitzel 26 17
Pornographie – Begriff **184** 4 ff. – **einfache** ~ **184** 1 f., Anwendungsbereich **184** I, **184** 6 ff. – Erzieherprivileg **184** 60 ff. – **harte** ~, Begriff **184** 1, 53 ff. s. Pornographische Erzeugnisse („harte") – Auslandstat **6** 7; s. im übrigen das Schrifttumsverzeichnis vor **184**
Pornographische Erzeugnisse (einfache) durch Rundfunk **184** 3 – durch Schriften **184** 3 ff. – Anbieten von ~ gegenüber Jugendlichen **184** 7, öffentlich **184** 31 – Ankündigen von ~, öffentliches **184** 30 ff. – Anpreisen, öffentliches ~ **184** 30 ff. – Beziehen von ~ **184** 44 – Ausführen von ~ **184** 49 ff. – Einführen ~ im Versandhandel **184** 25 ff., – Gelangenlassen von ~ an einen anderen **184** 36 – öffentliche, entgeltliche Filmvorführungen von ~ **184** 37 ff. – Herstellen von ~ **184** 43 – Liefern von ~ **184** 45 – Sonstiges Zugänglich-Machen

von ~ an Jugendlichen zugänglichen Orten **184** 10 ff. – Überlassen von ~ an Jugendliche **184** 8 – Verbreiten von ~ im Einzelhandel etc. **184** 16 ff. – gewerbliches Vermieten ~ **184** 24 a ff. – Vorrätighalten von ~ **184** 46 – Zugänglich-Machen ~ für Jugendliche **184** 9
Pornographische Erzeugnisse („harte") – mit Gewalttätigkeiten **184** 54 – mit Mißbrauch von Kindern **184** 55 – mit Sodomie **184** 56 – Verbreiten von ~ **184** 57 – Vorbereiten von ~ **184** 59 – Zugänglich-Machen von ~ **184** 58
Positives Tun, s. Handlungsbegriff und Unterlassen
Post – als Sabotageobjekt **88** 4 – Störung des ~-betriebes **316 b**
Postgeheimnis – Verletzung des ~ **354**
Postpendenzfeststellung 1, 63, 96 ff. s. auch Wahlfeststellung – konkurrenzrelevante ~ **1** 98 f. – tatbestandsrelevante ~ **1** 98 f.
Postsendungen, Unterdrückung von ~ **354** 22
Pränatale Diagnose 218 a 24, 27, 28
Pränatale Eingriffe – Anwendbarkeit der Tötungsdelikte **15** vor **211** – Körperverletzung bei ~ **223** 1 a
Prävention, s. Spezial- und Generalprävention
Präzisierungs-(Konkretisierungs-)gebot 1 20
Presse – Berufsverbot **70** 4 – Verstoß gegen Mitteilungsverbot durch ~ **353 d** – Verjährung von ~-vergehen **78** 9, **78 a** 16 – Wahrnehmung berechtigter Interessen durch ~ **193** 15 ff.
Privathandlungen von Amtsträgern **331** 12
Privilegierende Umstände – Zusammentreffen mit qualifizierenden Umständen **53** vor **38**, **211** 11, **212** 25, s. auch Strafmilderung
Probation 56 5
Producta sceleris 74 8
Produkthaftung 15 223 – Garantenpflichten **13** 52
Prognose, s. Täterprognose
Programmanipulation 263 a 4 ff.
Programmgestaltung, unrichtige **263 a** 6
Promillediagnostik bei Schuldfähigkeit **20** 16 a f.
Propagandamittel verfassungswidriger Organisationen – Begriff **86** 3 – mit nationalsozialistischer Zielsetzung **86** 11 – Sozialadäquanzklausel bei ~ **86** 17 – Verbreiten von ~ **86** 14 f.
Proportionalität, s. Rechtsgüterabwägung
Prospekt 264 a 18
Prostituierte – Begriff **180 a** 5 f. – persönliche und wirtschaftliche (Bewegungs)freiheit der ~ als geschütztes Rechtsgut **180 a** 1, **181 a** 1
Prostitution – Begriff **180 a** 5 – Bestimmung äußerer Umstände der ~ **181 a** 11 – jugendgefährdende ~ **184 b** – Maßnahmen gegen Aufgabe der ~ **181 a** 10 – Überwachen ~ **181 a** 8 – verbotene ~, Ausüben **184 a**
Prostitution, Förderung der – durch Anhalten zur ~ bei Wohnungsgewährung **180 a** 20 – durch Ausbeuten bei Wohnungsgewährung **180 a** 21 – durch Betreiben eines Bordells **180 a** 2 ff., s. dort – durch Gewähren von Wohnungen an minderjährige Prostituierte **180 a** 16 ff. – durch gewerbsmäßiges Anwerben **180 a** 22 ff. – durch Vermitteln sexuellen Verkehrs **181 a** 16 – durch Zuführen einer noch nicht 21- jährigen Person **180 a** 29 ff. – als Auslandstat **6** 5
Provokation – bei Notwehr **32** 54 ff. – und anschließende Tötung **213** 5 ff.

2397

Stichwortverzeichnis

fette Zahlen = Paragraphen

Prozeßbetrug 263 69 ff., 51 – im Versäumnis- und Mahnverfahren? 263 74, 52
Prozeßpartei – als Täter von Eidesdelikten 12 vor 153, 154 4
Parteivernehmung – Falschaussage 154 4, s. auch Prozeßpartei
Psychiatrisches Krankenhaus – Aufenthalt in ~ als Weisung in der Bewährungszeit 56c 29 – Unterbringung in ~ als Maßregel 63 – bei Gemeingefährlichkeit des Täters 63 13 ff. – selbständige Anordnung der ~ 71 I, 71 4 – bei verminderter Schuldfähigkeit 63 10, 21
Psychische Beihilfe 27 12
Psychochirurgie 223 50 b
Psychodiagnostik – und Blutalkoholwert 20 16 a f.
Psychologe – berufliche Schweigepflicht des Berufs-~ 203 36
Psychologische Voraussetzungen der Schuldunfähigkeit 20 25 ff.
Psychopathien, als seelische Abartigkeit 20 20 ff., 21 10
Psychopharmaka 223 50 b, 20 14
Psychosen, als seelische Störungen 20 9 ff. s. auch Schuldunfähigkeit
Publikationsverbot 343 d
„Publizistischer" Landesverrat 95 – selbständige Vorbereitungshandlung zum ~ 96 II
Putativnotstand 34 50 f., 35 39 ff.
Putativnotwehr 32 65
Putativnotwehrexzeß 33 8

Quälen 223 b 12
Qualifizierte Delikte – Mittäterschaft bei ~ 25 85 – Versuch bei ~ 22 58, s. auch Strafschärfungsgründe
Qualifizierte Erfolgsdelikte 18

Rädelsführer – einer kriminellen Vereinigung 129 25 – einer „Sabotage"-Gruppe 88 14, 17 – einer terroristischen Vereinigung 129a 4 – verfassungswidriger Parteien 84 10 – verfassungswidriger Vereinigungen 85 2 ff.
Rassenhaß – Aufstacheln zum ~ 131 3 ff.
Rassische Gruppen, Zerstören von ~ 220a 3 f.
Rat, Beihilfe durch ~ 27 12
Ratenzahlung der Geldstrafe – allgemein 42 1 – unbeachtlich für Tagessatzhöhe 40 16
Raub – allgemein 249 1 f. – Androhung des ~ 126 4 f. – Banden~ 250 26 – Belohnung und Billigung des ~ 140 2 – Führungsaufsicht 256 – gefährlicher ~ 250 20 ff. – durch Gewalt etc. als Mittel der Wegnahme 249 6 – Nichtanzeige des ~ 138 7 – schwerer ~ 250 – mit Schußwaffen 250 3 ff. – mit Todesfolge 251 – Verhältnis zu Tötungsdelikten 251 9 – Vortäuschen des ~ 126 4 ff. – mit Waffen 250 14 ff.
Räuberischer Diebstahl 252 – allgemein 252 1, 3 – Qualifikation des ~ 252 12 – Täter des ~ 252 9 ff.
Räuberische Erpressung 255 – als qualifizierte Erpressung 255 1 – Anleitung zu ~ 130a 5 ff. – Androhung der ~ 126 4 f. – Belohnung und Billigung einer ~ 140 2 – Führungsaufsicht 256 – Konkurrenzen 255 3 – Nichtanzeige einer ~ 138 7 – Vortäuschen der ~ 126 4 ff.
Raufhandel 227 1
Raum – für öffentlichen Dienst und Verkehr 123 7 ff. – umschlossener 243 8 f.

Räumlicher Geltungsbereich des StGB 12 vor 1, 32 f. vor 3, 3 3 ff.
Rauschgiftsüchtige – Unterbringung von ~ in Entziehungsanstalt 64 4
Rauschmittel – bei Vollrausch 323a 7 ff.
Rauschtaten – als objektive Strafbarkeitsbedingung bei Vollrausch 323a 13 ff.
Rauschzustand – die Schuldfähigkeit ausschließender oder vermindernder ~ 20 16 ff, 21 9
Reaktionszeit im Straßenverkehr 15 216, s. Schrecksekunde
Realkonkurrenz 53 – allgemein 3 f. vor 52, 53 1 f. – und Gesamtstrafenbildung, s. dort – bei Handlungsmehrheit 53 3 ff. – Rechtskrafterstreckung bei ~ 54 25
Reanimation – Einfluß der ~ auf Todeszeitpunkt 16 f. vor 211
Rechtfertigungselemente, subjektive, 13 ff. vor 32 – (besondere) Absicht bei ~ 16 vor 32 – Strafbarkeit bei Fehlen von ~ 15 vor 32 – bei Einwilligung 51 vor 32 – bei Fahrlässigkeitsdelikten 97 ff. vor 32 – bei Notstand 34 48 f. – bei Notwehr 32 63 f. – bei Pflichtenkollision 77 vor 32 – pflichtgemäße Prüfung als ~ bei mutmaßlicher Einwilligung 58 vor 32
Rechtfertigungsgründe – allgemein 4 vor 32 – Aufzählung einzelner ~ 28 vor 32 – Eingriffsrecht und Handlungsbefugnis aufgrund bestehender ~ 9 ff. vor 32 – bei Fahrlässigkeitsdelikten, allgemein, 92 ff. vor 32 – Grenzen der ~, deren Überschreiten, allgemein 22 vor 32 – Europäische Menschenrechtskonvention als ~ (?) 21 vor 32 – Prinzipien der ~ 6 ff. vor 32 – provozierte Rechtfertigungslage, allgemein 23 vor 32 – subjektive Rechtfertigungselemente 13 ff. vor 32 – tatbestandliche Voraussetzungen der ~, Vorsatz diesbzgl. 15 35 – Irrtum über die Existenz von ~ 17 10, 12 – Irrtum über die tatbestandlichen Voraussetzungen von ~ 19, 60, 121 vor 13, 16 19 ff., 21 vor 32; s. auch Stichwortverzeichnis vor 32
Rechtmäßigkeit einer Diensthandlung – Bedeutung bei Widerstand 113 18 ff. – Irrtum des Täters über ~ 113 53 ff. – strafrechtlicher Maßstab für ~ 113 21 ff.
Rechtsalternativität, reine 1 64, s. auch Wahlfeststellung
Rechtsanalogie 1 24
Rechtsanwalt – Gebührenüberhebung durch ~ 352 – geschützte Berufsbezeichnung 132a I – Parteiverrat durch ~ 356 – Schweigepflicht 203 37 – Straffreiheit bei Nichtanzeige bestimmter Taten 139 3 – Wahrnehmung berechtiger Interessen 193 22, s. auch Anwalt
Rechtsbeistand – Parteiverrat durch ~ 356
Rechtsbeugung 336
Rechtsfahrlässigkeit 121 vor 13, 15 104
Rechtsfolgen der Tat 38 ff.
Rechtsgut – allgemein 9 f. vor 13 – der Allgemeinheit (Universal-~) 10 vor 13 – Individual- ~ 10 vor 13 – ökologisches ~ 8 vor 324
Rechtsgüterabwägung – beim Notstand 34 2 f., 23 ff. – grundsätzlich keine ~ bei Notwehr 32 1, 34, 50 – dabei maßgebliches Rangverhältnis 34 25 ff.
Rechtsmißbrauch – bei Notwehr 32 46 ff., 48 ff. – bei Berufung auf erschlichene Verwaltungsakte 63 vor 32, 17 vor 324

magere Zahlen = Randnummern

Rechtsnormen – falsche Anwendung von ~ **336** 4
Rechtspflege – als geschütztes Rechtsgut **145 d**, 1, 2 vor **153**, **164** 1 f., **258** 1
Rechtspflegetheorie – bei falscher Verdächtigung **164** 1 f.
Rechtspflicht, s. Garantenpflicht
Rechtsprechung, Änderung der ~ **2** 9 f.
Rechtssachen 336 3
Rechtsverordnung als Rechtsquelle **1** 8
Rechtswidrige Besitzlage 259 8
Rechtswidrige Tat – Begriff **11** 40 ff. – Auffordern zu ~ **111** 11 ff. – bei Teilnahme **27** vor **25** – als Vortat der Begünstigung **257** 3 ff. – gegen Vermögen gerichtete ~ als Vortat der Hehlerei **259** 6 ff. – als Vortat der Strafvereitelung **258** 3 ff.
Rechtswidrigkeit – als allgemeines Verbrechensmerkmal **12**, 48 ff. vor **13** – formelle ~ **50** vor **13** – materielle ~ **50** vor **13** – und Tatbestandsmäßigkeit **15** ff. vor **13**, s. auch Verbrechensbegriff – und Unrecht **51** vor **13** – des Angriffs bei Notwehr **32** 19 ff. – Bewußtsein der ~ **15** 104 f. – doppelte ~ bei Erpressung **253** 10 ff. – bei Nötigung **240** 15 ff.
Rechtswidrigkeitszusammenhang 91 ff. vor **13** – speziell bei Fahrlässigkeitsdelikten: allgemein **15** 161 ff. – bei Folgeschäden **15** 179 – in dubio pro reo bei ~ **15** 171 f. – und Schutzbereich der Norm **15** 166 ff., 174 ff. – und Risikoerhöhungsprinzip **15** 173
Reflexbewegungen – keine Handlung **40** vor **13**
Reformen des Strafrechts, Einf. vor **1** 2 ff.
Reformatio in peius, Verbot der ~ bei Fahrverbot und Entziehung der Fahrerlaubnis **44** 3, **69** 69 – bei Maßregeln der Besserung u. Sicherung **14** vor **61** – bei nachträglicher Gesamtstrafenbildung **55** 42 – bei Strafaussetzung zur Bewährung **56** 54 – bei Änderung von Tagessatz und -höhe **40** 23
Regelbeispiele – allgemein **1** 25, 31 u. 44 ff. vor **38** – beim besonders schweren Diebstahl **243** 1 f. – beim besonders schweren Subventionsbetrug **264** 72 f. – Wahlfeststellung bei ~ **1** 88
Regierung (Bundes- und Landes-) – Nötigung der ~ **105** 4 – Mitglieder der ~, Nötigung der ~ **106** 1 f. – Verunglimpfung der ~ **90 b** 2
Regreßverbot – Lehre vom ~ **77**, **101 c** vor **13**
Reiseschecks – geschützte Wertpapiere **151** 8
Relevanztheorie 90 vor **13**
Religion – (ungestörte) Ausübung der ~ als geschütztes Rechtsgut **2** vor **166**, s. auch Gottesdienst
Religionsgesellschaften – Begriff **166** 15 – Beschimpfung der ~ **166** 21 – geschützte Amtszeichen von ~ **132 a** 15 – Einrichtungen der ~ **17** f. – Diebstahl bei ~ **243** 32 ff. – Kirchen als ~ **166** 15 – Beschädigung von Sachen einer ~ **304**
Religiöse Gruppen Zerstören von ~ **220 a** 3 f.
Reserveursache und Kausalität **80**, **97** vor **13**
Resozialisierung – günstige Prognose der ~ als Bewährungsvoraussetzung **56** 14 ff. – Prognose der ~ als Voraussetzung für Strafrest-Aussetzung **57** 9 ff.
Restitutionsvereitelung – als Wesen der Begünstigung **257** 1
Rettungsgeräte 145 18 – Beeinträchtigen von ~ **145** 19
Richter Begriff **11** 32 – Berufs~ **11** 32 – Bestechlichkeit eines ~ **332** – Bestechungen von ~ **334** – ehrenamtliche ~ **11** 32 – Laien~ **11** 32 – Rechts-

Stichwortverzeichnis

beugung durch ~ **336** – Schiedsrichter **11** 33 – Vorteilsannahme durch ~ **331** – Vorteilsgewährung an ~ **333**
Richterliche Handlungen 331 13 ff.
Richterliche Rechtsfortbildung 1 10 ff. – bei Strafausschließungsgründen **1** 14
Risiko, erlaubtes – und Fahrlässigkeit **15** 144 ff., 104 ff. vor **32** – bei Vorsatztaten kein Rechtfertigungsgrund **107 b** vor **32** – bei Arbeiten mit Kernenergie **310 b** 11
Risikoerhöhung, nachträgliche – und Freiwilligkeit des Rücktritts **24** 49 ff.
Risikoerhöhungsprinzip – allgemein **91** ff. vor **13** – bei Fahrlässigkeit **15** 173, s. auch Rechtswidrigkeitszusammenhang beim Fahrlässigkeitsdelikt – beim Unterlassen **13** 61
Risikoaufklärung – bei ärztlichem Eingriff **223** 41 f. s. auch ärztliche Aufklärung
Risikogeschäft – und Untreue **266** 20 – und Betrug **263** 16 e
Risikooperationen – ärztliche Kunstregeln bei ~ **223** 35
Risikoverringerung und Erfolgszurechnung **94** vor **13**
Risikozusammenhang bei Erfolgszurechnung **95** f. vor **13**
Rückrechnung – Ermitteln der BAK durch ~ **20** 16 e
Rücksichtslosigkeit – im Straßenverkehr **315 c** 27
Rücktritt (vom Versuch) 24 – allgemein **24** 1 ff. – Abgrenzung zwischen beendetem und unbeendetem Versuch **24** 6 ff. – vom beendeten Versuch **24** 12, 58 ff. s. dort – bei mehreren Einzelakten **24** 16 ff. – Freiwilligkeit beim ~ **24** 42 ff. – Irrtum über Wirksamkeit eines Tatbeitrags **24** 22 ff. – bei erpresserischem Menschenraub **239 a** 33 ff. – bei mittelbarer Täterschaft **24** 32, 106 – als persönlicher Strafausschließungsgrund **24** 4 – Rechtsfolgen des ~ **24** 107 ff. – bei mehreren Tatbeteiligten **24** II, **24** 31, 73 ff., 111 – vom unbeendeten Versuch **24** 12, 37 ff., s. auch dort – bei Unterlassungsdelikten **24** 27 ff. – beim untauglichen Versuch **24** 68 ff., 94 ff. – bei vollendetem Delikt **24** 116 f. – von der versuchten Anstiftung **31**, **31** 2 ff., s. auch Tätige Reue
Rückwirkungsverbot – allgemein **1** 6, **2** 1 ff. – ~ bei Änderung der Rechtsprechung **2** 8 f. – bei Rechtfertigungsgründen **26** vor **32** – hins. der Strafbegründung **2** 3 – hins. der Tatfolgen **2** 4 ff. – hins. des Verfahrensrechts **2** 6
Ruhen des Laufs der Strafantragsfrist **77 b** 22 – der Verjährung **78 b**, **79 a**
Rüstungsbeschränkungen, zwischenstaatliche – Verstoß gegen ~ als sog. illegales Staatsgeheimnis **93** 26

Sabotage – ausgeführte ~ **88** s. verfassungsfeindliche Sab. – Vorbereitung von ~-akten **87** s. Agententätigkeit für Sabotage
Sache – Begriff **242** 9, **303** 3 – Beschädigung einer ~ **303** 8 ff. – Entziehung einer ~ **303** 10 – fremde ~ **242** 12 ff., **246** 4 ff., **303** 4 – geringwertige ~, s. dort – Wegnahme eines gepfändeten ~ **289** – Teile einer ~ und Sachgesamtheit **246** 3 – wertlose ~ als Diebstahlsobjekt **242** 6
Sachbeschädigung 303 – gemeinschädliche ~ **304** – von Bauwerken **305** – Strafantrag **303 c**

2399

Stichwortverzeichnis

fette Zahlen = Paragraphen

Sachherrschaft – Garantenstellung aus ~ **13** 43 ff.
Sachurteil – letztes tatrichterliches ~, Bedeutung für nachträgliche Gesamtstrafe **55** 6 ff., 26
Sachverhaltsunwert s. Erfolgsunwert
Sachverständiger – Beauftragung eines ~ als Verjährungsunterbrechung **78 c** 11 – öffentlich bestellter ~ als geschützte Berufsbezeichnung **132 a** 11 – Schweigepflicht öffentlich bestellter ~ **203** 60 f. – als Täter der Aussagedelikte 13 vor **153**, **153** 4 – als Täter der Eidesdelikte 13 vor **153**, **154** 4
Sachwerttheorie 242 49
Sammelstraftat – allgemein 93 f. vor **52** – keine Handlungseinheit bei ~ 100 vor **52**
Satire als Beleidigung **185** 8 a
SB-Tanken ohne zu zahlen **242** 12, 36, **246** 7, **263** 28, 63 a
Schaden –~ seinschlag, individueller **266** 43, s. auch Vermögensschaden – Wiedergutmachung des ~ als Bewährungsauflage **56 b** 9 ff.
Schädigungsverbot bei Untreue **266** 36
Schallplatten 11 78 – Einziehung von ~ **74 d** 3
Scheck, ungedeckter – als Betrug **263** 29, 49
Scheckkarte 266 b 4
Scheckkartenmißbrauch 248 a 7, **263** 29 a, 50, **266** 12, **266 b**
Scheingeschäft 264 45 f.
Scheinwaffe – bei Diebstahl **244** 14, 18 – bei Raub **250** 16 ff.
Schiedsrichter – keine Amtsträger **11** 32 – Vergütung für ~ **335 a** – Vorteilsannahme durch ~ **331** 14
Schießbefehl an der Grenze zur DDR **7** 10
Schiff – ~sentführung **316 c** 12 a ff. – ~sgefährdung durch Bannware **297** – Sinken- und Strandenmachen ~ **265** 9 – Staats~ **4** 4, 9 – Taten auf ausländischen ~ **4** 8 ff. – Taten auf einem ~ mit Bundesflagge **4** 3 ff.
Schiffahrt – Gefährdung der ~ durch Bannware **297** – gefährlicher Eingriff in die ~ **315** – Gefährdung der ~ **315 a**
Schlägerei 227 3
Schlagkraft der Truppe – Begriff **109 e** 12, **109 f** 5, **109 g** 1
Schlüssel, falscher **243** 14
Schöffen, Richter? **11** 32
Schonzeit – für jagdbares Wild **292** 24 – für herrenlose Wassertiere **293** II
Schrecken, bei Notwehrexzeß **33** 4
Schrecksekunde und Reaktionszeit, **15** 216
Schreibhilfe – bei Anfertigung von Urkunden **267** 57
Schriften – Begriff **11** III, **11** 78 f. – mit Anleitung zu Straftaten **130 a** – Einziehung von ~ **74 d** 5 ff. – pornographische ~ **184** 4 ff. – Verbreitung von ~ **74 d** 5 ff.
Schriftstücke – Begriff **202** 4 – dienstliche ~ **134** 3 – als Urkunden **267** 7 – verbotene Veröffentlichung amtlicher ~ **353 d** – verschlossene ~ **202** 7 – Verwahrungsbruch an ~ **133** 4
Schuld – und Verbrechensbegriff 12, 20 vor **13** – als Fahrlässigkeits~ 120 f. vor **13** – als Schuldidee 108 ff. vor **13** – als Strafbegründungsschuld 111 vor **13** – als Strafmaßschuld **46** I, 112 vor **13** – als Vorsatz~ 120 f. vor **13** – als Vorwerfbarkeit 113 ff. vor **13** – Gesinnungsunwert und ~ 119 vor **13**

Schuldausschließungsgründe – 108 vor **32** – Irtum über ~ **16** 29 ff.
Schuldbegriff – komplexer, normativer, psychologischer, sozialer ~ 113 ff. vor **13**
Schuldfähigkeit, verminderte **21**
Schuldgrundsatz, im Sinne des Schuldstrafrechts 103 f. vor **13**, s. auch **21** 14 ff. (17), 18 ff. vor **38**
Schuldmerkmale, allgemein s. Schuld
Schuldmerkmale, tatbestandlich typisierte – und deren Behandlung im Teilnahmebereich **28** 3, 5 f.
– objektiv-gefaßte ~ 123 vor **13** – subjektiv-gefaßte ~ 123 a vor **13**, s. auch Gesinnungsmerkmale
Schuldnerbegünstigung 283 d
Schuldspruch, Verwarnung neben ~ **59**
Schuldstrafrecht 6 ff. vor **38**, s. auch 103 f. vor **13**, **21** 14 ff., **46** 3
Schuldtheorie – allgemein **15** 35, 104, **16** 14 ff., **17** 3 ff. – eingeschränkte ~ **16** 16 ff. – rechtsfolgeneinschränkende ~ **16** 17 f. – strenge ~ **16** 14 ff., s. auch Lehre von den negativen Tatbestandsmerkmalen
Schuldunfähigkeit – allgemeine Bedeutung 118 vor **13**, 20 – und actio libera in causa **20** 33 ff. – wegen anderer seelischer Abartigkeiten **20** 19 ff. – von Jugendlichen **19** 5, **20** 44 – von Kindern **19** – psychologische Voraussetzungen der ~ **20** 25 ff. – wegen seelischer (krankhafter) Störungen **20** 6 ff. – wegen tiefgreifender Bewußtseinsstörungen **20** 12 ff. – im Prozeß **20** 45 – bei Vollrausch **323 a**, s. dort; s. im übrigen das Stichwortverzeichnis vor § 19
Schußwaffe – Begriff **244** 4 – Bei-sich-Führen einer ~ **125 a** 3 ff. – Bei-sich-Führen einer ~ bei Diebstahl **244** 5 ff. – Bei-sich-Führen einer ~ bei Raub **250** 3 ff.
Schußwaffengebrauch (der Polizei) – und Nothilfe **32** 37 f., 42 b, 85 vor **32**, **212** 7
Schutzbefohlene – Begriff **174** 5 ff., **223 b** 3 ff. – Mißhandlung von ~ **223 b** 3 ff. – sexueller Mißbrauch von ~ **174** 12 ff.
Schutzbereich des deutschen Straftatbestandes 13 ff. vor **3–7**
Schutzbereich der Norm, allgemein 95 f. vor **13** s. auch Rechtswidrigkeitszusammenhang
Schutzgebiete – im Umweltstrafrecht **329** 3 ff., 36 ff.
Schutzprinzip **7** vor **3–7**, **5** 1 s. auch internationales Strafrecht
Schutzzweck der Norm 95 f. vor **13**
Schutzvorrichtungen 145 17 – Beeinträchtigung der ~ **145** 19
Schwachsinn – und Schuldunfähigkeit **20** 18
Schwägerschaft, Angehörige **11** 8
Schwangere – Abbruch gegen Willen der ~ **218** 43 – Einwilligung der ~ in Abbruch **218** 20, **218 a** 58 f. – Entscheidungsfreiheit der ~ als geschütztes Rechtsgut 7 vor **218** – Gesundheit der ~ als geschütztes Rechtsgut 7 vor **218** – Gesundheitsschäden der ~ als Folge des Abbruchs **218** 44 f. – Unbeachtlichkeit des Schicksals der ~ für Abbruch **218** 10 f.
Schwangerschaft – Abschluß der ~ 33 vor **218**
Schwangerschaftsabbruch – durch abbrechenden Arzt 20 vor **218**, **218 a** 54 ff. – bei Absterben der Leibesfrucht **218** 5 ff. – durch Arzt als Berater 22 vor **218** – Beihilfe am ~ **218** 38 ff. – besonders

magere Zahlen = Randnummern

schwerer Fall des ~ **218** 42ff. – durch Dritte 24 vor **218** – im Krankenhaus **218a** 67 – als Heileingriff **223** 50b – bei herbeigeführter Frühgeburt **218** 7 – Kurpfuscherklausel bei ~ **218** 44 – durch Indikationsarzt 21 vor **218** – Irrtum **218** 27ff. – partieller **218a** 15, 27a, s. auch Mehrlingsschwangerschaftsreduktion – Rechtfertigung durch Indikation **218** 21, s. dort – und vorhergehende Indikationsfeststellung **219**, s. dort – durch Schwangere 18 vor **218**, **218** 15ff. – Teilnahme am ~ **218** 37ff. – Verhältnis zur gleichzeitigen Körperverletzung **218** 59f. – Versuchsstrafbarkeit **218** 31ff. – und vorhergehende Beratung **218a** 64ff., s. Schwangerschaftsberatung – Weigerungsrecht gegen ~ **218a** 68ff. – im Ausland **5** 17, **218** 35ff. s. auch Fremd- und Selbstabbruch, Stichwortverzeichnis vor **218**
Schwangerschaftsberatung – allgemein **218b** 1ff. – Erfordernis vorheriger ~ **218a** 64ff. – durch ärztliche Beratung **218b** 17ff., s. dort – Karenzfrist bei ~ **218b** 9, 20 – schriftliche Bestätigung der ~(?) **218b** 8, 19 – durch Sozialberatung **218b** 5ff., s. dort
Schwangerschaftsberatungsstelle – allgemein **218b** 11 – berufliche Schweigepflicht des Mitglieds einer ~ **203** 39 – Arzt als Mitglied einer ~ **218b** 12
Schwarzfahren 263 37, **265a** 11
Schwarzhören 265a 5, 11
Schweigepflicht – hins. anvertrauter Geheimnisse und rechtfertigender Notstand **203** 30ff. – entgeltliche Verletzung der Schweigepflicht **203** 74 – und eigene Interessen **203** 33 – postmortale ~ **203** 70 – Strafverfolgungsinteresse und ~ **203** 32 – nach Tod des Verpflichteten **203** 66ff. – Verletzung der ~ als Sonderdelikt **203** 73 – Verstoß gegen vom Gericht auferlegte ~ **353d** 22ff., s. auch Geheimnis, s. auch Stichwortverzeichnis vor **203**
Schwerer Fall s. besonders schwerer Fall
Schwere Folge der Tat – Absehen von Strafe bei ~ **60** 3ff.
Schwere Körperverletzung 224 – Beabsichtigte ~ **225**, **225** 2 – Versuch einer ~ **224** 9f. – nach Schlägerei **227** 13ff.
Schwiegereltern als Angehörige **11** 8
Schwören, falsches **154** 3ff.
Scelere quaesita – Begriff **73** 8 – als Gegenstand des Verfalls **73** 10
Seelische Störungen – krankhafte ~ als Schuldausschließungsgrund **20**, **20** 6ff.
Seeverkehr – Angriff auf den ~ **316c**
Sehvermögen – Verlust des ~ **224** 3
Sekretur, formelle – Begriff **353b** 13ff. – Verzicht auf ~ beim Geheimnisbegriff **93** 4
Sektion – als Störung der Totenruhe **168** 6ff.
Selbstabbruch der Schwangerschaft **218** 15ff. – eigenhändig **218** 15 – mittäterschaftlich **218** 15 – in mittelbarer Täterschaft **218** 15 – durch Zulassen **218** 15ff. – Strafbarkeit und Straffreiheit des ~ **218** 47ff. – Teilnahme am ~ **218** 37ff.
Selbständige Anordnung – von Maßregeln **71**, s. im jeweilige Maßregel – von sonstigen Maßnahmen **76a** – und Verjährungsunterbrechung **78c** 14
Selbstbedienungsladen – Diebstahl im ~ **242** 34f.
Selbstbefreiung von Gefangenen **120** 9ff., **121** 11

Stichwortverzeichnis

Selbstbegünstigung, straflose – allgemein **257** 29f. – und falsche Verdächtigung **164** 34 – bei Vortäuschen einer Straftat **145d** 15
Selbstgefährdung 100ff. vor **13**, **15** 155f., 52a, 107 vor 32
Selbsthilfe, zivilrechtliche – als Rechtfertigungsgrund 66 vor **32**
Selbstmord, s. Selbsttötung
Selbstmordversuch – als Unglücksfall bei unterlassener Hilfeleistung **323c** 7
Selbsttanken ohne zu zahlen **242** 12, 36, **246** 7
Selbsttötung – allgemein 33f. vor **211** – Freiverantwortlichkeit bei ~ 36ff. vor **211** – Geschehenlassen einer ~ als Unterlassensdelikt 39ff. vor **211** – Teilnahme an ~ 35ff. vor **211** – Verhinderung einer ~ 45 vor **211**, **240** 30ff.
Selbstverstümmelung 109
Selbstbeleidigung 185 4
Sexualdelikte – geschützte Rechtsgüter der ~ 1f. vor **174** – Führungsaufsicht bei bestimmten ~ **181b** – bei bestimmten ~ kriminologische Indikation **218a** 34f. – Auslandsgeltung **5** Nr. 9, **5** 14f.
Sexuelle Entwicklung, ungestörte – als geschütztes Rechtsgut einiger Sexualdelikte **174** 1, **175** 1, **176** 1, **180** 1
Sexuelle Freiheit – als geschütztes Rechtsgut **174** 1, **174a** 1
Sexuelle Handlungen, allgemein – Begriff **184c** 5ff. – gegen Entgelt **180** 22ff. – Erheblichkeitsklausel **184c** 14ff. – öffentliche ~ **183a** 4
Sexuelle Handlungen an einem anderen **184c** 17ff.
Sexuelle Handlungen am Täter 184c 19
Sexuelle Handlungen vor einem anderen **184c** 20ff. – Bewußtsein des sexuellen Charakters? **184c** 21f.
Sexuelle Handlungen Minderjähriger – Förderung ~ an oder vor Dritten **180**, s. Kuppelei
Sexueller Mißbrauch – von Adoptivkindern **174** 11 – durch Amtsträger **174b** 1ff. – besonders schwerer Fall des ~ **176** 11ff. – von Gefangenen **174a** 2ff. – von Hilfsbedürftigen **174a** 7ff. – von Kindern **176**, s. auch Kindern als Gegenstand harter Pornographie **184** 55 – von Kranken **174a** 7ff. – von leiblichen Kindern **174** 11 – von Schutzbefohlenen unter 16 Jahren **174** 5ff. – von Schutzbefohlenen unter 18 Jahren unter Mißbrauch der Abhängigkeit **174** 10, 14 – Tathandlungen, s. sexuelle Handlungen sowie **174** 12ff. – ~ von Kindern mit Todesfolge **176** 14ff. – von Verwahrten **174a** 2ff. – von Widerstandsunfähigen **179**, s. dort
Sexuelle Nötigung 178
Sexuelle Selbstbestimmung – als geschütztes Rechtsgut der Sexualdelikte 1f. vor **174**, **177** 1, **178** 1, **182** 1
Sicherheit – Untergrabung der ~ der BRep. **89** 9ff. – Gefährdung der ~ der BRep. **109e** 12, **109f** 5, **109g** – Äußere ~ **93** 17ff.
Sicherheitsorgane – als Sabotageobjekte **88** 7 – Zersetzung der ~ **89** 1ff.
Sicherung, – Maßregeln der, s. dort – von Beweisen und Verjährungsunterbrechung **78c** 18
Sicherungseinziehung 71 29ff.
Sicherungsbetrug 263 184
Sicherungseigentum – Diebstahl **242** 13 – Einzie-

2401

Stichwortverzeichnis

fette Zahlen = Paragraphen

hung **74** 24 – Unterschlagung **246** 5, 17 – Veruntreuung **246** 24
Sicherungsverwahrung, Unterbringung in **66** – keine ~ bei Bagatellkriminalität **66** 40 – Höchstdauer der ~ **67d** 4 – bei Tätern mit mehreren Vorverurteilungen **66** 4 ff. (u. a. Hangtätern **66** 19 ff.) – bei Tätern mit mehreren Vortaten **66** 47 ff. – keine ~ bei unterer (leichter) Kriminalität **66** 39 – Verfassungsmäßigkeit der ~ **66** 3 – Vollzug der ~ **67** 11, **67c** 2 ff.
Siechtum – Verfallen in ~ **224** 7
Siegel – ~bruch **136** 18 ff. – dienstliches ~ **136** 19 ff. – Rechtmäßigkeit der ~-anlegung **136** 27 ff. – Unwirksammachen des durch ~ bewirkten Verschlusses **136** 25
Sinken-Machen eines Schiffes **265** 9
Sittenwidrigkeit – der Einwilligung **226a** 5 ff., 35 ff. vor **32**, s. auch Dispositionsbefugnis – Irrtum über ~ **226a** 13
Sitzstreik – als Gewalt 7 ff., 14, 22 vor § **234**, **240** 26 ff., Gewalttätigkeit? **125** 6
Sklaverei – bei Menschenraub **234** 6
Smog-Gebiet – Begriff **329** 5 f.
Soldat – kein Amtsträger **11** 20 – Vorteilsgewährung an ~ **333** 17 f. – Widerstand gegen „Vollstreckungs"-~ **113** 8, 10 ff.
Sonderdelikte, echte und unechte, – allgemein **132** vor **13** – Anstiftung **26** 22 – mittelbare Täterschaft bei ~ **25** 44 – Täter und Teilnehmer bei ~ 71 f. vor **25**
Sorgfaltspflicht bei Fahrlässigkeit 15 113, 116, 121 ff., 131 ff. – objektive ~ **15** 121 ff. – subjektive ~ **15** 194 ff. – Sorgfaltsmaßstab **15** 133 ff. (geltender Durchschnittsmaßstab **15** 134 ff.) – und erlaubtes Risiko **15** 144 ff. – für Garanten **15** 154
Sozialadäquanz – Lehre von der ~ 68 ff. vor **13** – bei Fahrlässigkeitsdelikten **15** 127 ff., 146 u. 94 vor **32** – kein Rechtfertigungsgrund 107a vor **32** – ~-Klausel beim Verbreiten verfassungswidriger Propagandamittel und Kennzeichen **86** 17, **86a** 10
Sozialarbeiter – berufliche Schweigepflicht **203** 40
Sozialberatung – nur von bestimmten Beratern **218b** 10 ff. – bei Schwangerschaftsabbruch **218b** 5 ff. – keine ~ bei medizinisch-somatischen Gründen **218b** 16
Soziale Handlungslehre, 33 ff. vor **13**
Sozialnot bei Notstand **34** 41 d, **35** 35
Sozialpädagogen – berufliche Schweigepflicht **203** 40
Sozialprognose, s. Täterprognose
Sozialversicherungsbeiträge – Einbehalten von ~ **266a** 13 – Nachentrichten von ~ **266a** 26 – Nichtabführen von ~ **266a** 16 – Vorenthalten von ~ **266a** 9, 13 ff.
Sparbuch, – Diebstahl **242** 50 – Betrug **263** 16 b, 48
Spekulationsgeschäft, – Betrug **263** 114 – Bankrott **283** 10
Sperre für neue Fahrerlaubnis – Beschränkung der ~ **69a** 3 f. – Bemessung der Frist für ~ **69a** 11 ff. – Dauer der ~ **69a** 5 ff. – gleichzeitige Anordnung der ~ mit Entziehung der Fahrerlaubnis **69a** 1 – isolierte ~ **69a** 23 ff. – lebenslange ~ **69a** 9 – vorzeitige Aufhebung der ~ **69a** 19 ff.
Spezialität von Gesetzen – allgemein 110 vor **52**, 135 vor **52** – gleichzeitiges Vorliegen verschiedener Qualifikationen 111 vor **52** – Folge bei privi-

legierender ~ 136 vor **52** – Folge bei qualifizierender ~ 137 vor **52** – im Verhältnis Widerstand und Nötigung **113** 68
Spezialkreditkarte s. Kreditkarte
Spezialprävention allgemein 2 vor **38** – Inhalt der ~ 15 ff. vor **38** – Konkurrenz mit generalpräventiven Gedanken 19 ff. vor **38**, s. auch Verteidigung der Rechtsordnung – bei kurzzeitiger Freiheitsstrafe **47** 11 ff. – Bedeutung für Strafzumessung **46** 5
Spielraumtheorie 10 vor **38**
Sportliche Wettkämpfe – Verletzungen bei ~ **226a** 16 ff.
Sprache – Verlust der ~ **224** 3
Sprachgebrauch des StGB 1 ff. vor **11**
Sprechstundenhilfe – Schweigepflicht **203** 64
Sprengstoff – Begriff **311** 4 – ~explosion **311** 3 – ~ bei Flugzeugentführungen **316c** – Fischen mit ~ **293** 13 – Einziehung von ~ **322**
Sprengstoffverbrechen – Vorbereitung eines ~ **311b** – als Auslandstat 6 3
Staat – ausländische ~-en 3 vor **102**, s. dort
Staatenlose 37 vor **3**
Staatsanwaltschaft – Hilfsbeamte der ~, s. dort
Staatsgeheimnis – Legaldefinition **93** 2 ff. – Auskundschaften von ~ **96** 8 ff. (Rücktritt **96** 15 f.) – Geheimhaltungsbedürfnis eines ~ vor fremder Macht **93** 14 ff. – sog. illegale ~ **93** 24 ff., s. dort – Irrtum des Täters über Rechtsnatur des ~ **97b** – materieller Begriff des ~ **93** 5 – Mitteilung eines ~ an fremde Macht **94** 4 ff. s. auch Landesverrat i. e. S. – Mosaiktheorie **93** 11 ff. – (bloßes) Offenbaren eines ~ **95** 8 ff., s. auch publizistischer Landesverrat – Offenbaren illegaler ~ **95** 13 ff. – öffentliche Bekanntmachung eines ~ **94** 11 – Preisgabe von ~ **97** 4 ff. – leichtfertige Preisgabe von ~ **97** 10 ff. – Quasi-~ **97a** 1 f. – Unbefugter als Empfänger eines ~ **94** 8 ff.
Staatsgewalt – Widerstand gegen ~ 1 ff. vor **110**
Staatsnothilfe 32 6 f.
Staatsnotstand 34 10
Staatssicherheit, äußere – geschütztes Rechtsgut von Landesverrat und Friedensverrat 3 vor **80**, **80** 2, **80a** 2, 1 f. vor **93**, **93** 17 ff.
Staatssicherheit, innere – geschütztes Rechtsgut von Hochverrat und Gefährdung des demokratischen Rechtsstaates 3 vor **80**, **81** 2
Staatsschutzdelikte – allgemein 1 ff. vor **80** – (teilweise) Erstreckung der ~ auf Nato-Vertragsstaaten 17 ff. vor **80** – Geltungsbereich, persönlicher und räumlicher, von ~ 12 ff. vor **80** – Erweiterung der Anordnung der Nebenfolge bei ~ **92a** – Erweiterung der Einziehungsanordnung bei ~ **92b** – Verfolgung (strafprozessuale) von ~ 16 vor **80**
Stelle – sonstige ~ der öffentl. Verwaltung **11** 25 ff. – Handeln für ~ der öffentl. Verwaltung **14** 42 – Erwiderung einer Beleidigung auf der ~ **199** 8 ff. – Tötung auf der ~ nach Provokation **213** 9
Stellvertretende Strafrechtspflege, Grundsatz der ~ 9 vor **3–7**, 6 1, **7** 1
Sterbehilfe 21 ff. vor **211** – durch Hilfe zum Sterben 25 f. vor **211** – durch Hilfe im Sterben 23 vor **211** – durch aktive Lebensverkürzung 24 ff. vor **211** – durch Sterbenlassen 27 ff. vor **211**, s. auch Euthanasie
Sterilisation 223 59 ff.

magere Zahlen = Randnummern

Stichwortverzeichnis

Steuergeheimnis – Verletzung des ~ 355
Steuerberater, -bevollmächtigter – berufliche Schweigepflicht **203** 37
Steuerhehlerei 259 4
Steuerungsfähigkeit – bei fehlender ~ Schuldunfähigkeit **20** 29 f.
Stiefeltern als Angehörige **11** 8
Stiefkinder – als Angehörige **11** 8 – sexuelle Handlungen mit ~ **174** 4
Stimmabgabe, Täuschung bei der ~ **108 a**
Stimmenkauf 108 b 1 f.
Stimmrecht – Aberkennung des ~ **45** V
Stoffgleichheit – bei Betrug **263** 168 f. – bei Erpressung **253** 20 – keine ~ bei Hehlerei **259** 48
Störung – krankhafte seelische ~ **20** 6 ff. – tiefgreifende Bewußtseins ~ **20** 12 ff.
Strafantrag, – allgemein **77** 1 ff. – des Dienstvorgesetzten **77 a** 2 ff. – Form des ~ **77** 34 ff. – Frist des ~ **77 b** – Ruhen der Frist **77 b** 22 – mehrerer Berechtigter **77** 33 – Inhalt des ~ (Auslegung) **77** 38 ff. – als Prozeßvoraussetzung **77** 8 f. – Rücknahme des ~ **77 d** (Form **77 d** 5) – Teilbarkeit (Beschränkung) des ~ **77** 42 ff., **77 d** 9 f. – Verletzter als Antragsberechtigter **77** 10 ff. – Vertreter des Verletzten als Antragsberechtigter **77** 15 ff., 27 ff. – Verlust des ~ durch Verzicht **77** 31 – bei wechselseitigen Taten **77 c** – Wirkung des ~ **77** 47 ff. – bei Beleidigungsdelikten **194** 1 ff. – bei Diebstahl **247** 12 ff., **248 a** 18 ff., **248 b, 248 c** – bei Hausfriedensbruch **123** 8 – bei Körperverletzungsdelikten **232** 9 ff. – bei Sachbeschädigung, Datenveränderung, Computersabotage **303 c** – bei Verführung **182** 7 – bei Verletzung des persönlichen Lebens- und Geheimnisbereiches **205**
Strafarrest 38 7
Strafaufhebungsgründe – allgemein **133** vor **32** – unmaßgeblich für Teilnahme **38** vor **25**
Strafausschließungsgründe – allgemein **127** ff. vor **32** – Irrtum über ~ **132** vor **32** – Wirkung persönlicher ~ beim Beteiligten **28** 14 – unmaßgeblich für Teilnahme **38** vor **25**
Strafaussetzung zur Bewährung 56 – allgemein, Rechtsgedanke der ~ **56** 1 ff. – Erleichterung der ~ bei exhibitionistischen Handlungen **183** 11 ff. – und Gesamtstrafe **58** – nur bei Freiheitsstrafe **56** 8 ff. – bei kurzen Freiheitsstrafen **56** 33 ff. – bei längerer (bis 2 Jahre) Freiheitsstrafe **56 II**, **56** 25 ff. – bei lebenslanger Freiheitsstrafe **57 a, 57 b** – bei mehreren Freiheitsstrafen **57** 8 – bei günstiger Resozialisierungsprognose **56** 14 ff. – Straferlaß bei Bewährungsende **56 g**, s. dort – Urteil bei ~ **56** 50 – Widerruf der ~ **56 f** 1 ff. – Zeitraum für Widerrufsentscheidung **56 f** 12 ff.
Strafbarkeitsbedingungen, objektive 124 ff. vor **13** – kein Vorsatz **15** 34 – unmaßgeblich für Teilnahme **39** vor **25**
Strafbefehl – Verjährungs-Unterbrechung bei ~ **78 c** 17
Strafbegründende persönliche Merkmale – allgemein **28** 21 – bei Mittäterschaft **25** 83 – bei Organhaftung **14** 8 ff. – Abgrenzung zwischen tat- und täterbezogenen ~ **28** 15 ff. – bei der versuchten Beteiligung **30** 12
Strafbegründungsschuld 111 vor **13** – Unterschied zur Strafzumessungsschuld **46** 9 a
Strafbemessung, s. Strafzumessung
Strafdrohung – absolut bestimmte ~ **39** vor **38** – alternative ~ **46** 60 ff. – relativ bestimmte ~ **40**, **42** ff. vor **38** – unbestimmte ~ **41** vor **38**
Strafe – allgemein **6** vor **1** – Absehen von ~ **54** ff. vor **38** – Anrechnung auf ~, s. dort – Auswahl der konkreten Strafart **46** 60 ff. – Betriebs~ **37** vor **38** – Disziplinar~, keine Geltung des StGB-Strafsystems **34** vor **38** – Freiheits~, s. dort – Geld~, s. dort – Gerechtigkeitserfordernis der ~ 3 f. vor **38** – Haupt~ s. dort – Neben~, s. dort – Bedeutung der Schuld für die ~ 6 ff. vor **38**, **46** 8 ff. – ~ und Spielraumtheorie **10** vor **38** – Strafdrohungen **38** ff. vor **38** – ~ und Strafrahmen, s. dort – Strafzwecke 1 ff. vor **38**, s. auch Strafzumessung – Vorstrafe **61** vor **38** – Prinzip der Zweispurigkeit **23** f. vor **38**, 1 ff. vor **61**
Straferlaß 56 g – kein automatischer ~ nach Bewährungsende **56 g** 1 – Widerruf des ~ **56 g II**, **56 g** 5 ff.
Straffreierklärungen – bei wechselseitigen Beleidigungen **199** 10
Strafgesetze, Allgemeine – und Parteienprivileg 6 f. vor **80**
Straflose Nachtat – allgemein **112** ff. vor **52** – Teilnahme an ~ **118** vor **52** – Wirkung **140** vor **52**
Straflose Vortat 119 ff. vor **52** – ausnahmsweise strafbar **125** ff. vor **52**
Strafmaßschuld 46 I, **112** vor **13**, **46** 8 ff.
Strafmilderung 49 f. – allgemein **49** 1 – durch begrenzte Herabsetzung des Regelstrafrahmens **49 I**, **49** 2 ff. – und besonders schwerer Fall **50** 7 – Verbot der Doppelverwertung **49** 6, **50** – bei Geldstrafen **49** 5 – mehrfache ~ bei mehreren Milderungsgründen **40** 6 – und minder schwerer Fall (Zusammentreffen) **50** 1 ff. – und Strafschärfungsgründe (Zusammentreffen) **53** vor **38** – und Strafzumessung **49** 7 – unbeschränkte ~ **49 II**, **49** 8 ff. – Unbeachtlichkeit der ~ bei Verbrechenseinteilung **12** 7 ff.
Strafmilderungsgründe (einzelne) – Aussagenotstand **157** 12 – Beihilfe **27** 32 – Berichtigung einer Falschaussage **158** 11 – doppelte Milderung **17** 26, **21** 13, **28** 25, **50** 6 – Fortführung einer verfassungswidrigen Partei **84** 24 – Hochverrat **83 a** 13 – bei Kompensation **233** 3 – Kriminelle Vereinigung **129** 20 – Landesverräterische Agententätigkeit **98** 27 – Putativnotstand (vermeidbar) **35** 43 – strafbegründende persönliche Merkmale **28** 25 ff. – Verbotsirrtum **17** 24 ff. – Vereinigungsverbot **85** 13 – verminderte Schuldfähigkeit **21** 12 ff. – Versuch **23** 3 ff. – versuchte Beteiligung **30** 42 f. – zumutbare Notstandsmaßnahme **35** 36 f.
Strafmodifizierende (schärfende, mildernde) Umstände – persönliche ~, Behandlung **28 II**, **28** 23 – Bedeutung für Strafenbildung **42 a** f. vor **38** – bei versuchter Beteiligung **30** 14
Strafrahmen – als relativ bestimmte Strafdrohung, allgemein **42 a** ff. vor **38** – Erweiterung des ~ ohne gesetzliche Normierung **46** ff. vor **38** – Herabsetzung des ~ **49** 2 ff. – Regelbeispiele und ~ **44** ff. vor **38** – strafmodifizierende Umstände und ~ **42 a** f. vor **38** – bei eigenständigen Verbrechen **51** vor **38**
Strafrecht – formelles ~ 2 vor **1** – interlokales ~ **47** ff. vor **3–7** – internationales ~ 1 ff. vor **3** – intertemporales ~ – **2** 10 ff. – kriminelles ~ Geltung des StGB-Strafsystems **34** vor **38** – materielles ~ 1, 3 ff. vor **1** – Ordnungs- und Verwal-

2403

Stichwortverzeichnis

fette Zahlen = Paragraphen

tungs~, keine Geltung des StGB-Strafensystems 35 vor 38
Strafrechtsreform, Einf. 2 ff.
Strafrest, Aussetzung des 57 – allgemein als Strafvollstreckungsmaßnahme **57** 1 f. – bei Verbüßung von ⅔ der Strafe **57** I, **57** 3 ff. – bei Verbüßung der Hälfte der Strafe **57** II, **57** 21 ff. – bei vollzogenen Maßregeln **67** 4 – bei lebenslanger Freiheitsstrafe **57a, 57b**
Strafschärfungsgründe – Unbeachtlichkeit der unbenannten ~ bei Verbrechenseinteilung **12** III, **12** 7 ff. – Beachtlichkeit der benannten ~ bei Verbrechenseinteilung **12** 11 f. – Wirkung persönlicher ~ für Beteiligten **28** II, **28** 23 – Zusammentreffen mit strafmildernden Umständen **53** vor **38**, s. auch strafmodifizierende Umstände
Straftaten – auf Begehung von ~ gerichtete Vereinigung, s. kriminelle Vereinigung – Einteilung der ~ **12**, **11** 40 ff., 127 ff. vor **13** – gegen die Umwelt vor **324** – Verleitung eines Untergebenen zu ~ im Amt **357**
Straftilgungsgründe – unmaßgeblich für Teilnahme **38** vor **25**
Strafvereitelung 258 – allgemein als persönliche Begünstigung **258** 1 – im Amt **258a**, s. dort – zugunsten eines Angehörigen **258** 39 – und Fremdbegünstigung **258** 37 – keine ~ bei Selbstschutz **258** 33 ff. – und Schutzzweck der Norm **258** 21, 29 a – durch Strafverteidiger **258** 20 – durch Verfolgungsvereitelung, s. dort – durch Vollstreckungsvereitelung, s. dort
Strafvereitelung im Amt 258a – allgemein als unechtes Amtsdelikt **258a** 1 – kein Angehörigenprivileg **258a** 18 – Selbstschutz bei ~ **258a** 19 ff. – Verfolgungsvereitelung **258a** 3 ff., s. dort – Vollstreckungsvereitelung **258a** 6, s. dort
Strafverfolgungshindernisse – allgemein 135 vor **32**
Strafverfolgungsinteresse – und Schweigepflicht 203 32, s. auch öffentliches Interesse an der Strafverfolgung
Strafverlangen 77e 3
Strafverteidiger – Straflosigkeit bei Nichtanzeige bestimmter Taten **139** 3 – und Strafvereitelung **258** 20
Strafvollstreckung – Zurückstellung der ~ **56** 2
Strafvorbehalt, siehe Verwarnung mit ~
Strafzumessung 46 – allgemein **46** 1 f. – Abwägungsgebot strafmodifizierender Umstände **46** 6 ff. – Verbot der Doppelverwertung **46** 45 ff. – Gesinnung im ~ **46** 6 – mehrfache ~ bei Gesamtstrafe **54** 14 ff. – bei überlanger Verfahrensdauer **46** 57 – Bedeutung des „Mitverschuldens" für ~ **46** 24 – Bedeutung der Motive für ~ **46** 12 ff. – nicht abschließende Aufzählung der Strafzumessungsfaktoren **46** 10, 52 – gesetzlich nicht genannte Gründe für ~ **46** 52 ff. – objektive Gründe bei ~ **46** 18 ff. – Persönlichkeit des Täters und ~ **46** 29 ff. – Bedeutung der Strafzwecke für ~ **46** 3 ff. – Urteilsgründe bei ~ und Revisibilität derselben ~ **46** 65 ff. – Verhalten nach der Tat **46** 39 ff. – Vorstrafen **46** 31 f., s. auch Stichwortverzeichnis vor **46**
Strafzumessungsschuld 46 9 a
Strafzweck 1 ff. vor **38**
Strahlen 330 7
Strahlen, ionisierende – Mißbrauch ~ **311 a** – Freisetzen von ~ **311 d**

Strahlungsverbrechen – Vorbereitung eines ~ **311b** – als Auslandstat **6 Nr. 2**; **6** 3
Stranden-Machen eines Schiffes **265** 9
Straßenverkehr – Fahrlässigkeit im ~ **15** 149 f., 207 ff. – Angriff auf Kraftfahrer im ~ **316a** – gefährlicher Eingriff in den ~ **315b** – Gefährdung des ~ **315c** – Nötigung im ~ **240** 24 – Schienenbahnen im ~ **315d** – Trunkenheit im ~ **316**
Straßenverkehr, Gefährdung des **315c** – und Entziehung der Fahrerlaubnis **69** 34 f.
Streik – als Hochverrat (?) **81** 4 – als Nötigungsmittel **106** 8 – als Arbeitskampfmittel **240** 6, 25, s. auch Sitzstreik
Strenge Akzessorietät 21 f. vor **25**
Strohmann 266 25, 31
Subjektive Rechtfertigungselemente allg. 13 ff. vor **32**, s. auch Notwehr, Notstand (rechtfertigender)
Subjektiv-historische Auslegungstheorie **1** 41
Subjektiver Tatbestand 61 vor **13**
Subjektive Theorie – bei den Aussage-(Eides-)delikten 4 ff. vor **153** – bei der Täterschaft 56 ff. vor **25** – beim Versuch 21 vor **22**
Subjektive Unrechtselemente 63 vor **13** – und Vorsatz **15** 23 f.
Subsidiarität (von Gesetzen) – allgemein 105 vor **52** – gesetzlich festgelegte ~ 106 vor **52** – Wirkung der ~ 138 ff. vor **52** – aus Zweck und Zusammenhang 107 ff. vor **52**
Substanztheorie 242 47
Subsumtionsirrtum – Begriff **15** 43 ff. – umgekehrter ~ **22** 82
Subventionen – Begriff **264** 6 f. – Adressaten der ~ **264** 20 ff. – als Leistungen ohne marktmäßige Gegenleistung **264** 9 ff. – „Wirtschafts"~ **264** 13 ff. – großes Ausmaß der ~ als besonders schwerer Fall **264** 74 – Erschleichen von ~ **263** 31 a
Subventionsbetrug 264 – Abgrenzung zu Betrug **264** 87 – durch unrichtige Angabe subventionserheblicher Tatsachen **264** 39 ff. – durch Gebrauchen einer unrichtigen Bescheinigung **264** 57 – durch unterlassene Mitteilung **264** 50 ff. – besonders schwerer Fall des ~ **264** 73 ff. – durch Amtsträger **264** 76 ff. – leichtfertiger ~ **264** 63 f. – Einziehung bei ~ **264** 81 ff. – tätige Reue **264** 67 f. – als Auslandstat **6** 9, s. auch Subventionen, subventionserhebliche Tatsachen
Subventionserhebliche Tatsachen 264 27 ff. – ausdrücklich kraft Gesetzes **264** 29 ff. – mittelbar kraft Gesetzes **264** 36 f.
Subventionsgeber 264 40 f.
Suchtberater – berufliche Schweigepflicht 203 38
Suizid, s. Selbsttötung
Sukzessive Tatbegehung – des Gehilfen **27** 17 – des Mittäters **25** 85
Surrogate – als Gegenstand des Verfalls **73** 32 f.
Symbole, Verunglimpfung staatlicher ~ **90a**
Symptomtaten, Begriff **66** 30

Tagessatz – ~-system, allgemein **40** 1 – Berücksichtigung außergewöhnlicher Belastungen **40** 15 – Bemessungsgrundlagen **40** 19 ff. – Höhe des ~ **40** 5 ff. – Nettoeinkommensprinzip **40** 8 ff. – Berücksichtigung von Unterhaltsverpflichtungen **40** 9, 14 – Berücksichtigung des Vermögens **40** 12 – Zahl der ~ **40** 2 ff.
Tarnorganisationen – des Geheimdienstes **99** 5

magere Zahlen = Randnummern

Stichwortverzeichnis

Tatbegriff, materieller, s. Handlungseinheit
Tatbegriff, prozessualer – keine Identität mit Idealkonkurrenz **52** 49
Tatbestand – als Deliktstatbestand 43 f. vor **13** – als Gesamttatbestand 43 f. vor **13** – als Garantietatbestand 44 vor **13** – als Unrechtstatbestand 17, 43 ff. vor **13** – als Erlaubnistatbestand 44 vor **13** – qualifizierter ∼, Vorsatz diesbzgl. **15** 26 ff. – als Schuldtatbestand 44 vor **13** – Prinzipien der Begrenzung des ∼ 68 ff. vor **13**; s. auch Stichwortverzeichnis vor 13
Tatbestandsirrtum 16 I, **16** 1, 7 ff.
Tatbestände, – Alternativität von ∼ **1** 62, 85 ff. s. auch Wahlfeststellung – Stufenverhältnis von ∼ **1** 89 – offene ∼ 66 vor **13** – geschlossene ∼ 66 vor **13**
Tatbestandsmäßigkeit – der Handlung 12 vor **13** – und Rechtswidrigkeit 15 ff. vor **13** (s. auch zwei-, bzw. dreistufiger Verbrechensbegriff)
Tatbestandsmerkmale – deskriptive ∼ 64 vor **13**, **15** 17 ff., 39 – normative ∼ 64 vor **13**, **15** 17 ff., 43 – negative ∼, Lehre von den negativen ∼ 15 ff. vor **13**, **15** 35, s. auch tatbestandliche Voraussetzungen der Rechtfertigungsgründe – objektive ∼ 62 vor **13** – subjektive ∼ 63 vor **13**
Tateinheit s. Idealkonkurrenz
Täter, allgemein 2 vor **25** – Strafbarkeit des Schreibtisch∼ **25** 25 – hinter dem Täter **25** 21 ff., s. auch mittelbare Täterschaft
Täterbegriff – doppelter ∼ 10 vor **25** – extensiver ∼ 8 f. vor **25** – nach der finalen Handlungslehre 10 vor **25** – restriktiver ∼ 6 ff. vor **25**
Täterpersönlichkeit – Bedeutung für Deliktsfolgen 6 f. vor **13**, **46** 3 – Bedeutung für Bewährung **56** 19 f.
Täterplan – Maßgeblichkeit des ∼ für Versuch **22** 33 f. – Beurteilungsmaßstab für ∼ **22** 34
Täterprognose – bei Aussetzung von Maßregeln **67b** 4 ff. – bei Berufsverbot **70** 9 ff. – bei Strafaussetzung **56** 14 ff. – bei Führungsaufsicht **68** 7 f., **68e** 2 f., **68f** 9 ff. – bei Maßregeln der Besserung u. Sicherung (Gefährlichkeitsprognose) 8 ff. vor **61** – bei Verwarnung mit Strafvorbehalt **59** 7 ff.
Täterschaft, allgemein 1 ff., 5 ff. vor **25** – Abgrenzung zur Teilnahme 51 ff. vor **25** – Formen der ∼ 6 vor **25** – mittelbare ∼, s. dort
Täterstrafrecht – StGB kein ∼ 3, 105 vor **13**
Tätertypen – keine Strafbarkeit nach ∼ 4 f. vor **13**
Tatherrschaftslehre 62 ff. vor **25**
Tätige Reue – bei Brandstiftung **310** – bei Herbeiführen einer Kernenergieexplosion **311c** – bei geheimdienstlicher Agententätigkeit **99** 28 f. – bei Geldfälschung u. a. **149** 13 f., **152a** IV – bei Hochverrat **83a** 2 ff. – bei Kapitalanlagebetrug **264a** 39 – bei Kreditbetrug **265b** 49 – bei Bildung krimineller Vereinigungen **129** 18 ff. – bei landesverräterischer Agententätigkeit **98** 19 ff. – bei Mißbrauch ionisierender Strahlen **311c** – bei Sprengstoffexplosionen **311c** – bei Suventionsbetrug **264** 67 f. – bei Versuch **24** 10, 44 – bei Vorbereitung des Hochverrats **83a** 11
Tätigkeitsdelikte, schlichte 130 vor **13**
Tätigkeitsübernahme – pflichtwidrige ∼ **15** 136, 198
Tätlicher Angriff – auf Anstaltsbeamte als Meuterei **121** 9 – auf Vollstreckungsbeamte **113** 46 f.
Tatmehrheit, s. Realkonkurrenz
Tatmittler allgemein **25** 6 – Kinder und Jugendliche als ∼ **25** 39 f., s. auch mittelbare Täterschaft
Tatort, s. Ort der Tat
Tatortprinzip bei Anwendung des interlokalen Strafrechts 53 f. vor **3–7**
Tatsache – Begriff **186** 3, **263** 8 ff. – Aussage über äußere ∼ 7 vor **153** – Befund ∼ 13 vor **153** – Aussage über innere ∼ 7 vor **153**, **263** 10 – rechtlich erhebliche ∼ **267** 12 ff., **268** 24 ff. – investitionserhebliche ∼ **264a** 29 – subventionsrechtliche ∼ **264** VII, **264** 27 ff. – Täuschung über ∼ **263** 11 ff. – Unwahrheit der ∼ und Verleumdung **187** 2 – Wahrheit der ∼ und Beleidigung **185** 6 – Wahrheit der ∼ und üble Nachrede **186** 10, 13 ff. – Zusatz∼ 13 vor **153**
Tatsachenalternativität, reine 1 61, 85 ff., s. auch Wahlfeststellung
Tatstrafrecht – StGB als ∼ 3, 105 vor **13** – Bedeutung für Strafzumessung **46** 4
Tatverantwortung – Lehre von der ∼ 21 vor **13**
Tatumstände – Irrtum über ∼ **16** 1 – straferhöhende ∼ **16** 2 – Sonderregelung des Irrtums über ∼ bei Landesverrat **97b** 1 ff.
Tatzeit, s. zeitliche Geltung, s. Zeit der Tat
Tatzeitprinzip 2 11
Taubstumme – Schuldfähigkeit von ∼ **20** 3
Täuschung (Tathandlung) – Begriff **263** 6 ff., 11 – bei Betrug, allgemein **263** 8 ff. – bei Bargeschäften **263** 28 – Kausalität zwischen ∼ und Irrtum bei Betrug **263** 35 – konkludente ∼ **263** 14 ff. – bei Kreditgeschäften **263** 24 ff. – bei Scheck- und Wechselhingabe **263** 29 f. – über Verwendungszweck **263** 31 – von Wählern **108a** 2 – und Wehrpflichtentziehung **109a** 7 ff., s. auch Entstellung, Unterdrückung, Vorspiegelung
Technische Aufzeichnungen – Begriff **268** 6 ff. – Herstellen unechter ∼ **268** 40 ff. – Gebrauchen unechter bzw. verfälschter ∼ **268** 60 ff. – einzelne ∼ **268** 17 ff. – Beweisbezug von ∼ **268** 19 ff., 34 – zusammengesetzte ∼ **268** 27, 34 ff. – Verhältnis zur Urkunde **268** 28 – Fälschung von ∼ durch Unterlassen **268** 54 – Unterdrückung von ∼ **274** 2 ff. – Einziehung von ∼ **282**
Technisches Gerät – Begriff **268** 13 ff. – Einziehung **282**
Teil(e) – der Bevölkerung, s. dort
Teileinziehung 74b 11 ff.
Teilnahme, – allgemein 14 ff. vor **25** – Abgrenzung zur Täterschaft 51 ff. vor **25** – bei Abweichungen des Täters 44 f. vor **25** – an Bandendiebstahl **244** 27 f., 32 – besonders schwerer Fall **44d** vor **38** – bei Exzeß des Täters 43 vor **25** – fahrlässige ∼ 15 vor **25** – Konkurrenz bei mehreren Beteiligungsformen 49 f. vor **25** – am Mord **211** 44 ff. – notwendige ∼ 46 vor **25** – passive Beteiligung 47 vor **25** – am Suizid 35 ff. vor **211** – ∼theorien 19 ff. vor **25** – durch Unterlassen 101 ff. vor **25** – an Unterlassungsdelikten 99 f. vor **25** – an kombinierten Vorsatz-Fahrlässigkeitsdelikten 34 vor **25** – Versuch der ∼ **30 I**, **30** 1 ff. – am Waffendiebstahl **244** 21, 32
Teilrücktritt 24 113
Teilzahlung, s. Ratenzahlung
Telephon, s. Fernmeldeanlagen
Telegrammfälschung 267 61
Territorialprinzip 4 vor **3–7**, **3** 1 f.

Stichwortverzeichnis

fette Zahlen = Paragraphen

Terrorismus, gesetzliche Maßnahmen zur Bekämpfung des ~ 2 vor 123
Terroristische Vereinigung – Bildung einer ~ **129a** 5 – Zweck einer ~ **129a** 2 – Hintermann einer ~ **129a** 4 – Kronzeugenregelung **129a** 8 – Nichtanzeige einer ~ **138** 7 – kein Parteienprivileg bei ~ **129a** 3 – Rädelsführer einer ~ **129a** 4, s. im einzelnen auch kriminelle Vereinigung
Tiefgreifende Bewußtseinsstörung 20 12 ff.
Tiere – Notwehr gegen ~ **32** 3, s. auch zivilrechtlicher Notstand – Sachbeschädigung **303** 3
Tierarzt – berufliche Schweigepflicht des ~ **203** 35
Titel, geschützte **132a** 8
Todesfolge – als Erfolgsqualifizierung **10** vor **211,** s. auch erfolgsqualifizierte Delikte – erpresserischer Menschenraub mit ~ **239a** 28 ff. – Körperverletzung mit ~ **226** – Raub mit ~ **251** – nach Schlägerei **227** 13 ff. – Schwangerschaftsabbruch mit ~ **218** 44 ff. – sexuelle Nötigung mit ~ **178** 8 – Vergewaltigung mit ~ **177** 12 ff. – Vergiftung mit ~ **229** II
Todesstrafe – Abschaffung der ~ **27** vor **38**
Todeszeitpunkt 16 ff. vor **211** – maßgeblicher ~ bei Hirntod **18** vor **211** – möglicher ~ bei klinischem Tod 16 f. vor **211** – und Reanimation 16 f. vor **211** – und Transplantation 16 f. vor **211**
Tonträger, Begriff **11** III, **11** 78 – Aufnehmen auf ~ **201** 3 ff.
Totenruhe, Störung der 168, s. auch Pietätsempfinden
Totschlag – allgemein 3 ff. vor **211, 212** 1 f. – Androhen des ~ **126** 4 f. – vorhergehende schwere Beleidigung **213** 5 ff. – Belohnen u. Billigen des ~ **140** 2 – Verhältnis zur Körperverletzung **212** 17 ff. – minder schwerer Fall des ~ **213** 1 ff. – bei vorhergehender Mißhandlung **213** 5 ff. – Nichtanzeige eines ~ **138** 7 – nach Provokation **213** 4 ff. – besonders schwerer ~ **212** 12 – sonstiger minder schwerer Fall des ~ **213** 13 f. – durch Unterlassen **212** 4 – Vortäuschen des ~ **126** 4 ff.
Tötungsdelikte – allgemein 1 ff. vor **211** – Dreiteilung der ~ 2 ff. vor **211**
Tötung auf Verlangen 216 – allgemein 7 vor **211, 216** 1 f. – durch Unterlassen? **216** 10 – und Teilnahme an Selbsttötung **216** 11 ff.
Transitverbrechen, Tatort bei ~ **9** 6
Transplantate s. Implantate
Transplantation als ärztlicher Eingriff **223** 50c – Störung der Totenruhe (?) **168** 6 – und Todeszeitpunkt 16 f. vor **211**
Treubruchstatbestand bei Untreue **266** 22 ff.
Treueverhältnis 266 31 ff.
Treupflicht 266 23 ff.
Trichotomie der Straftaten **12** 2
Trickdiebstahl 242 35
Triebhaftigkeit – anomale ~ als seelische Abartigkeit **20** 20 ff., s. auch dort und **21** 10
Trunkenheit – die Schuldfähigkeit ausschließende bzw. mindernde ~ **20** 16 ff., **21** 9, **20** – im Straßenverkehr **316, 316** 4 ff.
Trunkenheitsfahrt – allgemein **316, 316** 4 ff. – und Entziehung der Fahrerlaubnis **69** 36 – und Fahrverbot **44** 16
Truppenvertrag – Exterritorialität aufgrund ~ **39** ff. vor **3**
Trutzwehr bei Notwehr **32** 30
Tun, positives 13 I, s. auch Unterlassen **158** vor **13**

Übergang des Antragsrechts **77** 15 ff.
Übergesetzlicher, entschuldigender **Notstand** – allgemein **115** ff. vor **32** – bei Gefahrengemeinschaft **34** 24 – ~ rechtfertigender Notstand **34** 2
Überholen – falsches ~ **315** c 17 ff.
Überlassen – pornographischer Erzeugnisse an Jugendliche **184** 8 – pornographischer Erzeugnisse im Einzelhandel, in Kiosken und im Versandhandel **184** 16 ff. – im Weg gewerblicher Vermietung **184** 24 a ff.
Überschreiten der Notwehr **33**
Überschuldung 283 51
Überschwemmung – fahrlässiges Herbeiführen einer ~ **314** – menschengefährdende ~ **312** – seuchengefährdende ~ **313**
Übertretungen, Aufhebung der ~ **12** 2, 15 ff.
Überwachen – der Prostitutionsausübung **181a** 9
Überwachungsgarant 13 9
Überweisung – von Anstalt in andere **67a**
Überzeugungstäter – Strafzumessung bei ~ **46** 15
Ubiquitätsprinzip 9 3
Üble Nachrede 186 – Antragserfordernis bei ~ **194** 1 ff. – öffentliche ~ **186** 19 – durch Tatsachenbehauptung **186** 3 ff. – gegen Politiker **187a** 1 ff. – Verfolgung von Amts wegen **194** 4 ff. – Unwahrheit der Tatsache und Wahrheitsbeweis **186** 14 ff. – durch Verbreiten von Schriften **186** 20
Umgehungsgeschäft s. Scheingeschäft
Umgekehrter Irrtum – allgemein **16** 6, **22** 68 f. – über persönliche Eigenschaften des Täters **22** 75 f. – über Existenz eines Rechtfertigungsgrundes **16** 25, s. auch Wahndelikt – über die Subsumtion **16** 25 – über die tatbestandlichen Voraussetzungen eines Rechtfertigungsgrundes **16** 23, 15 vor **32** – über einen Tatumstand **22** 70 ff.
Umkehrprinzip – bei Irrtumsfällen **22** 69, s. auch untauglicher Versuch und Wahndelikt
Umschlossener Raum 243 8 f.
Umwelt – Straftaten gegen die ~ vor **324** – grenzüberschreitend 24 a vor **3**
Umweltgefahr – Verursachen einer ~ nach § 191a StGB-DDR **326** 23
Umweltgefährdende Abfallbeseitigung 326
Umweltgefährdung – schwere ~ **330**
Umstände, persönliche – des Vertreters, Organs **14** 12
Unbeendeter Versuch 24 12 ff. – Rücktritt vom ~ **24** 37 ff. – bei Unterlassungsdelikten **24** 28, 41
Unbefugt – allgemein **65** vor **13** – ~e Abfallbeseitigung **326** 16 – ~es Abhören **201** 29 ff. – ~e Amtsanmaßung **132** 11 – ~es Führen von Amtsbezeichnungen u. ä. **132a** 16 ff. – ~es Mitteilen des Wortes **201** 22 ff. – ~es Offenbaren eines Geheimnisses **203** 21 ff. – ~es Öffnen eines Briefes etc. **202** 12 ff. – ~e Tonträgeraufnahme **201** 13 f., 16 f., 29 ff. – ~es Verwerten von Geheimnissen **204** 5 ff.
Unbillige Härte 73 c, **74** f
Unbrauchbarmachung – allgemein 6, 15 vor **73** – von Daten **303a** 4 – von Herstellungsmitteln für Schriften **74d** 16 ff. – Rückwirkungsverbot bei ~ **2** V, **2** 44 – selbständige ~ **76a** 8 ff. – Verhältnis zur Einziehung **74b** 7
Unechte Unterlassungsdelikte 13, 135 ff. vor **13, 13** 1 ff. – Entsprechensklausel **13** 4 – Kausalität **13** 61 – Tatbestandsirrtum bei ~ **16** 10, s. auch Unterlassungsdelikte – Versuch bei ~, maßgeblicher Zeitpunkt **22** 47 ff.

magere Zahlen = Randnummern   **Stichwortverzeichnis**

Uneinbringliche Geldstrafe, s. Ersatzfreiheitsstrafe
Unerfahrenheit – Ausbeutung der ~ **302a** 25
Unfallbeteiligter 142 19, 61 f.
Unfallflucht (unerlaubtes Entfernen vom Unfallort) – Einwilligung bei ~ **142** 46, 63 ff. – durch Entfernen vor Ermöglichung der Feststellungen **142** 16 ff. – durch Entfernen vor Erfüllung der Wartepflicht **142** 25 ff. – und Entziehung der Fahrerlaubnis **69** 37 f. – durch Nichtermöglichen der späteren Feststellungen **142** 41 ff. – Strafzumessung bei ~ **142** 76 ff. – Tatbestandsirrtum bei ~ **142** 70 – Verbotsirrtum bei ~ **142** 71 – zivilrechtliche Ersatzansprüche als geschütztes Rechtsgut bei ~ **142** 1, s. auch Verkehrsunfall, Feststellungen, Vorstellungspflicht, Wartepflicht, Unfallbeteiligter, s. auch Stichwortverzeichnis vor **142**
Unfallort 142 36 – Sichentfernen vom ~ **142** 35, 37 (berechtigtes ~ **142** 44 ff., entschuldigtes ~ **142** 47, unvorsätzliches ~ **142** 47a, Rückkehr zum ~ **142** 58
Ungeeignetheit zum Führen eines Kfz **69** 27 ff.
Ungeschützter Geschlechtsverkehr – mit AIDS-Infiziertem **223** 6a, s. auch AIDS – Strafzumessung bei Vergewaltigung **177** 17
Ungleichartige Konkurrenz, s. Ideal-, Realkonkurrenz
Unglücksfall – unterlassene Hilfeleistung bei ~ **323c** 5 ff. – Krankheit als ~ **323c** 6 – Selbstmordversuch als ~ **323c** 7
Uniformen – geschützte ~ **132a** 12, 18 f.
Universalitätsprinzip 8 vor **3**, **6** 1
Unmenschlich – Darstellung von ~ Gewalttätigkeiten **131** 7 ff.
Unmittelbarer Täter allgemein 6 f. vor **25** – Begriff **79** vor **25**, **25** 2 – bei Sonderdelikten **25** 5 – bei unechten Unterlassungsdelikten **25** 4
Unmittelbarkeit – des Ansetzens beim Versuch **22** 39 ff.
Unrecht – Begriff 51 ff. vor **13** – und Rechtswidrigkeit 51 vor **13** – personale Unrechtslehre 52 vor **13** – ~-bewußtsein **15** 104, s. dort
Unrechtsausschließungsgründe 8 vor **32**
Unrechtsbewußtsein 15 104, **17** – kein abstraktes ~ **17** 8 – Fälle fehlenden ~ **17** 10, 12 – Form des ~ **17** 9 – Inhalt des ~ **17** 4 ff. – als Schuldelement **17** 1 – Bedeutung für Schuldunfähigkeit **20** 25 ff. – Teilbarkeit des ~ **17** 8 – des Überzeugungstäters **17** 7
Unrechtsmerkmale – täterbezogene ~ als strafgründende persönliche Merkmale **28** 15 ff. – Abgrenzung zu tatbezogenen ~ **28** 15 ff.
Unrechtselemente, subjektive 63 vor **13** – und Vorsatz **15** 23 f.
Unrechtsvereinbarung – bei Vorteilsannahme **331** 5 ff.
Unrichtige Angaben – bei Kreditbetrug **265b** 38 – bei Subventionsbetrug **264** 44
Unrichtige Indikationsfeststellung – Sonderdelikt des „Indikationsarztes" **219a** 1 ff., 9 – Unrichtigkeit **219a** 5 – wider besseres Wissen **219a** 7 f.
Unschuldige Verfolgung von ~ **344** – Vollstreckung gegen ~ **345**
Untauglicher Versuch – allgemein **22** 60 ff. – Gründe der Strafbarkeit **22** 62 ff. – Rücktritt vom ~ **24** 68 ff., 109 ff. – als umgekehrter Tatbestandsirrtum **22** 70 ff.– bei Untauglichkeit des Mittels und Objekts **22** 71 – bei Untauglichkeit des Subjekts **22** 71, 75 f. – und Wahndelikt **22** 78 ff., 90 ff., s. auch jeweils Einzelstichworte
Unterbrechung der Verjährung 78c
Unterbringung (Maßregel) – Aussetzung der Vollstreckung **67b** 1 ff., **67d** 7 ff. – Auswechselbarkeit der verschiedenen Maßregeln **67a** – in Entziehungsanstalt **64**, s. dort – in psychiatrischem Krankenhaus **63**, s. dort – in Sicherungsverwahrung **66**, s. dort – Beendigung wegen Aussichtslosigkeit einer Entziehungskur **67d** 15 – mehrfache Anordnung der gleichen Maßregel **67f** 1 ff. – (gerichtliche) Überprüfung des weiteren Vollzugs der ~ **67e** – Überweisung in Vollzug anderer Maßregel **67a** 2 ff. – Vollzug der ~ allgemein **67** 1 ff., – (ausnahmsweise) Vorwegvollzug der Strafe **67** 7 f., **67c** 2 ff. – Widerruf der Aussetzung der ~ **67g** – Zeitdauer der ~ **67d**
Unterdrückung – des Personenstandes **169** 8 ff. – von Tatsachen **263** 6 f. – von technischen Aufzeichnungen **274** 2 ff. – von Daten **274** 22a ff., **303a** 4 – von Postsendungen **354** 22 – von Urkunden **274** 2 ff.
Untergebene – Verleitung von ~ zu Straftaten **357**
Unterhalten eines Irrtums **263** 45 f.
Unterhaltsanspruch, -gewährung, -schuld, siehe Unterhaltspflicht
Unterlassen als Tatbestandsverwirklichung, s. jeweils entsprechende Delikte
Unterlassungsdelikte, allgemein 134 ff. vor **13** – echte ~, allgemein **134**, 137 vor **13** – Möglichkeit der geforderten Handlung **139** ff. vor **13** – Kausalität bei ~ **87**, 101b vor **13**, **13** 61 – mittelbare Täterschaft bei ~ **25** 54 ff. – und omissio libera in causa **144** vor **13** – Unterscheidung zum positiven Tun **158** vor **13** – durch positives Tun **159** f. vor **13** – bei Suizid **39** ff. vor **211** – Tatbestandsmäßigkeit der ~ 146 ff. vor **13** – Teilnahme an ~ **73**, 99 f. vor **25** – unechte ~ allgemein **13**, 135 ff. vor **13**, s. auch dort – Unzumutbarkeit **155** f. vor **13** – (beendeter und unbeendeter) Versuch bei ~ **24** 27 ff. – Vorsatz bei ~ **15** 93 ff., s. auch jeweils Einzelstichworte
Unterhaltspflicht – allgemein **170b** 2 – Art und Höhe der ~ **170b** 17 ff. – Auslandsbezug **170b** 1a – gegenüber Dritten? **170b** 16 – sich der ~ entziehen **170b** 27 – Irrtum über ~ **170b** 34 – Mehrheit von Berechtigten u. Verpflichteten **170b** 23 ff. – gegenüber nichtehelichem Kind **170b** 3 ff., 10 – und Leistungsfähigkeit des Verpflichteten **170b** 20 ff. – rechtsgeschäftliche **170b** 15 – des Scheinvaters **170b** 9, 12 – Verletzung der ~ bei Gefährdung des Lebensbedarfs **170b** 28 ff. – Bindung an Zivilurteile **170b** 11 ff.
Unternehmen – Handeln für ~ **14** 25 ff. – Inhaber des ~ **14** 39 ff. – Begriff des ~ bei Kreditbetrug **265b** 6 ff. – als Adressat von Subventionen **264** 21 ff. – öffentliche ~ **264** 23 f. – vorgetäuschtes ~ **265b** 26
Unternehmen einer Tat 11 I 6, **11** 46 ff.
Unternehmensdelikt – Begriff **11 I** 6, **11** 46 ff., Anwendung der Versuchsgrundsätze bei ~ **11** 48 ff., 15 f. vor **22**,
Unechte Unternehmensdelikte 11 52 ff.
Unterschieben eines Kindes **169** 4

2407

Stichwortverzeichnis

fette Zahlen = Paragraphen

Unterschlagung 246 – „Amts"~ 246 2, 12 – Antrag bei Haus- und Familien~ 247 – Berichtigende Auslegung 246 1 – Fund~ 246 1, 8 f. – veruntreuende ~ 246 24 ff., – von Geld 246 6 – von Sicherungseigentum 246 5 – wiederholte ~ 246 19, s. auch Veruntreuung – bei Zusammenfallen von Gewahrsamserlangung und Zueignung 246 1, 10, s. auch Zueignung

Unterstützen – einer kriminellen Vereinigung 129 15 f. – einer terroristischen Vereinigung 129a – einer verfassungswidrigen Partei 84 16 – einer verfassungswidrigen Vereinigung 85 10

Untersuchungsausschuß, parlamentarischer – Schweigepflicht der Mitglieder eines ~ 203 59

Untersuchungshaft – Anrechnung der ~ auf Strafe 51 4 ff., 45a 6, 56 13, 56g 2, 57 6, 66 15 – im Ausland erlittene ~ 51 34

Untersuchungshandlung im Ausland – Verjährungs-Unterbrechung bei ~ 78 c 20

Untreue 266; s. das Stichwortverzeichnis dort

Unvermeidbarkeit des Irrtums 17 13 f.

Unverstand, grober 23 III

Unverstandsklausel s. grober Unverstand

Unvollständige Angaben – bei Kreditbetrug 265 b 38 – bei Subventionsbetrug 264 44

Unwahre Behauptungen – Aufstellen ~ als Störpropaganda gegen Bundeswehr 109d 4 ff. – Übermitteln von ~ als landesverräterische Fälschung 100a 3 – Verbreiten von ~ als Störpropaganda gegen Bundeswehr 109d 12 ff.

Unwirksame (sittenwidrige) Ansprüche – als Vermögen? 263 92, 148 ff.

Unzumutbarkeit – bei Schwangerschaftsabbruch 218a 15, 25 ff., 50 f.

Unzumutbarkeit normgemäßen Verhaltens – als Prinzip der Entschuldigungsgründe 110 f. vor 32 – kein selbständiger Entschuldigungsgrund 122 ff. vor 32 – bei Fahrlässigkeitsdelikten 126 vor 32 – bei Unterlassungsdelikten 155 vor 13, 125 vor 32

Unzurechnungsfähigkeit, s. Schuldunfähigkeit

Urheberlehre – materielle ~ 267 55 – formelle ~ 267 55

Urheberschaft und Teilnahme 30 f. vor 25

Urkunde – Begriff 267 2 ff. – Absichts~ 267 15 – Aussteller der ~ 267 16 – Gesamt~ 267 30 ff. – nichtige ~ 267 9 – öffentliche ~ 267 53, 271 4, 11 ff. – unechte ~ 267 48 ff. – Zufalls~ 267 15 – zusammengesetzte ~ 267 36a, 65a – Inhaltsänderung von ~ 267 65 – Verfälschung von ~ 267 64 – Gebrauchmachen von ~ 267 74 ff. – Zugänglichmachen einer ~ 267 75 – Genehmigung zum Gebrauch einer unechten ~ 267 60a – Beschädigung einer ~ 274 8 ff. – Unterdrückung von ~ 274 1 ff. – Vernichtung von ~ 277 7

Urkundenfälschung 267 – durch Aussteller 267 68 f. – Abgrenzung zur Beschädigung 267 70 ff. – im Amt 348, s. auch Stichwortverzeichnis vor 267

Urkundenunterdrückung 274 1 ff. – im Amt 348 1

Urteil – als Gegensatz zur Tatsache 263 9, 186 4

Urteilsvermögen, Ausbeutung des mangelnden ~ 302a 26

Verabredung zu einem Verbrechen 30 25 – Rücktritt 31 9

Veränderungen – von Daten 303a 4 – der Verfassungseinrichtungen als Hochverrat 81 11

Veräußerungsverbot – gesetzliches ~ als Rechtsfolge der Einziehung 74e 5 – gesetzliches ~ als Rechtsfolge des Verfalls 73d 4 f.

Verantwortungsprinzip – als Begrenzung der Erfolgszurechnung 100 ff. vor 13, 15 155 ff.

Verborgen – sich ~ halten, Regelbeispiel des schweren Diebstahls 243 18 ff.

Verbotsirrtum – allgemein 17, 17 1 f. – direkter ~ 17 10 – doppelter ~ 17 5 f. – Grenzirrtum als ~ 17 10, 12 – indirekter ~ 17 10 – Rechtsfolgen bei ~ 17 23 ff. – und Subsumtionsirrtum 15 44 – Strafmilderung bei ~ 17 24 ff. – Vermeidbarkeit des ~ 17 13 ff. – bei Unterlassungsdelikten 15 94 ff., s. auch Unrechtsbewußtsein

Verbotszeichen 145 14 – Beeinträchtigen von ~ 145 15

Verbrauchen einer Sache – als Unterschlagung 246 14 – als Sachbeschädigung? 303 10

Verbrechen – formeller Begriff 12 I – Abgrenzung zu Vergehen 12 5 ff. – Bedrohung mit ~ 241 4 ff. – sog. eigenständige ~ 59 vor 38 – als Pflichtverletzung 11 vor 13 – als Rechtsgutsverletzung 9 f. vor 13

Verbrechensbegriff allgemein 12 20 ff., 12 ff. vor 13 – dreistufiger ~ 15 ff. vor 13 – zweistufiger ~ 15 ff. vor 13

Verbreiten – von Tatsachen 186 8 – von unwahren Behauptungen als Störpropaganda 109d 14

Verbreiten von Schriften u. ä. – Begriff 86 14, 184 57 – als Tathandlung 86, 86a, 90, 90a, 90b, 111, 131 – Einziehung wegen ~ 74d 7 – harter Pornographie 184 52 ff. – bei übler Nachrede 186 20, 200 1 f. – bei Verleumdung 187 7, 200 1 f.

Verbringen eines anderen 234a 3

Verdächtigen – Begriff 164 5 ff. – einer Dienstpflichtverletzung 164 11 – einer rechtswidrigen Tat 164 10 – Weitergabe fremder ~ 164 19 f. – mit Ziel der politischen Verfolgung 241a 2 ff.

Verdeckungsabsicht bzgl. einer Straftat – bei Mord 211 31 ff. – durch Verbergen der Täterschaft 211 34

Verein, verfassungswidriger, s. Vereinigungsverbot – Ausländer~ 85 9

Vereinigung – Begriff 129 4 – kriminelle ~, s. dort – terroristische ~, s. dort

Vereinigungsverbot – Verstoß gegen 85 – Begriff der Vereinigung 85 8 f. – eingeschränkte Verfolgung des ~ 91

Vereiteln – der Bestrafung 258 16 ff. – durch Unterlassen 258 19 – der Vollstreckung 258 27 f.

Verfall (Maßnahme) – allgemein 4, 18 vor 73, 73 1 ff. – als Quasi-Kondiktion 18 vor 73, 73 1 – Ausschluß des ~ bei Gegenansprüchen des Verletzten 73 23 ff. – des Dritteigentums (Drittfallklausel) 73 39 ff. – Gegenstand des ~ 73 16 ff. kein ~ bei geringem Wert 73 c 5 – kein ~ bei Härte 73 c 2 – von Nutzungen 73 30 f. – Rückwirkungsverbot bei ~ 2 V, 2 44 – Schätzung des Umfangs des ~ 73b – selbständige Anordnung des ~ 73 45, 76a 3 ff. – von Surrogaten 73 32 f. – der Tatentgelte 73 8 – der Tatgewinne 73 9 – täterbezogener ~ 73 4 ff. – Tenor bei ~ 73 46 – bei Vertreter-Handeln 73 34 ff. – bei Wegfall der Bereicherung? 73c 4 – Erstreckung des ~ auf Wertersatz 73a 2 ff. (nachträglich 76 5 ff.) – Wirkung des ~ 73d

magere Zahlen = Randnummern

Verfälschung – eines Gegenstandes **100a** 11 – einer technischen Aufzeichnung **268** 40ff. – einer Urkunde **267** 64
Verfassungsfeindlichkeit – und Parteienprivileg **5** ff. vor **80**
Verfassungsfeindliche Sabotage 88 – durch Außer-Funktion-Setzen wichtiger Versorgungsunternehmen **88** 2ff. – durch einen einzelnen **88** 15 – durch Gruppe **88** 14f.
Verfassungsgericht – Verletzung des Bannkreises eines ~ **106a** – Nötigung eines ~ **105** 4 – Nötigung der Mitglieder eines ~ **106** 1f. – Verunglimpfung eines Bundes- oder Landes~ **90b** 2
Verfassungsgrundsätze – Legaldefinition **92** 6ff. – Bestrebungen gegen ~ **92** 16
Verfassungshochverrat – des Bundes **81** 7ff. – des Landes **82** 5ff.
Verfassungskonforme Auslegung 30ff. vor **1**, **1** 37, 50
Verfassungsmäßige Ordnung – Begriff **81** 7f. – Beschimpfung der ~ **90a** – als geschütztes Rechtsgut der Staatsschutzdelikte **2** vor **80**, **81** 7f.
Verfassungsorgane – Begriff **105** 2ff. – Nötigung von ~ **105** – Nötigung der Mitglieder von ~ **106** – Verunglimpfung von ~ **90b**
Verfassungsrecht und Strafrecht **27** ff. vor **1**
Verfassungswidrig – Kennzeichen ~ Organisationen – für ~ erklärte Parteien – Propagandamittel ~ Organisationen – Vereinigungen, s. jeweils Einzelstichworte
Verfolgung aus politischen Gründen, **234a** 9 – Unschuldiger **344**
Verfolgungsvereitelung 258 2ff. – Abgrenzung zur Beihilfe **258** 5f. – durch zur Mitwirkung am Strafverfahren berufenen Amtsträger **258a** 3ff. – als Bestrafungsvereitelung **258** 13 – als Maßnahmevereitelung **258** 14f. – bei rechtswidriger Vortat **258** 3ff. – durch Unterlassen **258** 19, **258a** 9ff., s. auch Vereiteln
Verfolgungsverjährung 78 ff. – Begriff **1** vor **78**, **78** 3ff. – Beginn der ~ bei Beendigung der Tat **78a** 1ff. – Dauer der ~ **78** 7ff. – bei fortgesetzter Handlung **33** vor **52**, **78a** 9 – in dubio pro reo bei ~ **78** 13, **78a** 14, **78b** 10 – bei Pressedelikten **78** 9, **78a** 16 – Ruhen der ~ **78b** 3ff. – und Teilrechtskraft **78** 22ff. – Unterbrechung der ~ **78c** 1ff. (Wirkung **78c** 22ff.)
Verfügung bei Untreue **266** 15f.
Verfügungsberechtigter – als antragsberechtigter Verletzter des Briefgeheimnisses **205** 4 – über Geheimnis ~ **203** 22ff.
Verführung 182 – Tathandlung **182** 4 – Antragsdelikt und Verheiratungsklausel **182** 7 – Jugendlicher nach § 149 StGB-DDR **4** vor **174**, **182** 10
Vergehen, Begriff, **12** II – Abgrenzung zu Verbrechen **12** 5ff.
Vergewaltigung 177 – durch Nötigung zum Beischlaf **177** 2ff., 6 – Gewaltbegriff bei ~ **177** 4 – Mittäterschaft bei ~ **177** 9ff. – mit Todesfolge **177** 12f.
Vergiftung 229 – Androhung der ~ **126** 4f. – durch Beibringen von Gift etc. **229** 6 – fahrlässige Gemeingefährdung bei ~ **320** – gemeingefährliche ~ **324** – Verhältnis zum Totschlag **212** 17ff. – Vortäuschen der ~ **126** 4ff.
Verhältnismäßigkeit, Grundsatz der – bei Bewährungsauflagen **56b** 20 – keine Geltung des ~ bei Entziehung der Fahrerlaubnis **69** 56 – für Gesetzgeber **1** 21 – bei Maßregeln der Besserung u. Sicherung **62** 1ff. – bei Mord **211** 10a – bei Weisungen **56c** 10 – bei Widerruf der Strafaussetzung **56f** 9ff.
Verhältnisse, persönliche – des Vertreters, Organs **14** 10f.
Verhandlungen des Bundestages, der Landtage – Berichte über ~ **37**
Verharmlosung von Gewalt 131 7ff., s. auch Verherrlichung
Verheimlichen von Vermögensbestandteilen **283** 5
Verherrlichung von Gewalt 131 7ff., – Berichterstatterprivileg bei ~ **131** 17ff. – Erzieherprivileg bei ~ **131** 17 – Kunstvorbehalt bei ~ **131** 20
Verhinderung der Vollendung beim Rücktritt – bei Alleintäter **24** 58ff. – bei Tatbeteiligung Mehrerer **24** 87ff.
Verjährung – allgemein **1** ff. vor **78** – Einstellung bei ~ **5** ff. vor **78** – Verfolgungs~, s. dort – Vollstreckungs~, s. dort
Verkehrsunfall 142 4ff.
Verkehrswidriges Verhalten 315c 16ff. – grob ~ **315c** 25
Verlangen der Tötung **216** 4ff. – ausdrückliches ~ **216** 7 – ernstliches ~ **216** 8
Verlassen von Schutzbedürftigen **221** 7f.
Verleger als Drittbetroffener der Einziehung **74d** 9
Verleitung – eines Untergebenen zu einer Straftat **357** – zur Falschaussage **160**
Verletzung – des Briefgeheimnisses **202** – der Erziehungspflicht **170d** – der Fürsorgepflicht **170d** – von Privatgeheimnissen **203**, s. auch Schweigepflicht – der Unterhaltspflicht **170b**, s. auch dort – der Vertraulichkeit des Wortes **201**, s. jeweils Einzelstichworte
Verletzungsdelikte – allgemein **129** vor **13**
Verleumdung 187 – Antragserfordernis bei ~ **194** 1ff. – durch Behaupten unwahrer Tatsachen **187** 2ff. – durch Kreditgefährdung **187** 1, 4 – öffentliche ~ **187** 7 – gegen Politiker **187a** 1ff. – durch Verbreiten von Schriften **187** 7 – Verfolgung von Amts wegen **194** 4ff.
Verlobte, Begriff **11** 10
Vermeidbarkeit – bei Fahrlässigkeitsdelikten **15** 124 – subjektive ~ **15** 194ff., s. auch bewußte und unbewußte Fahrlässigkeit – bei Verbotsirrtum **17** 13ff. – des Irrtums über die Rechtmäßigkeit einer Diensthandlung **113** 55ff.
Verminderte Schuldfähigkeit 21 – allgemein **21** 1ff. – und actio libera in causa **21** 11 – und Einsichtsfähigkeit **21** 6f. – und fakultative Strafmilderung **21** 12ff. – eines Jugendlichen **21** 27
Vermischung vertretbarer Sachen – als Unterschlagung **246** 15
Vermittlung – von Partnern zu sexuellen Handlungen **180** 8 – des sexuellen Verkehrs **181a** 15
Vermögen – Begriff **263** 84ff. – als geschütztes Rechtsgut **253** 1, **257** 2 (?), **259** 1, **263** 1, **264** 4, **265** 1, **265a** 1, **265b** 3, **266** 1, **266a** 2, **266b** 1 – gegen ~ gerichtete Vortat bei Hehlerei **259** 6ff.
Vermögensanlageform 264a 2
Vermögensbegriff – extrem wirtschaftlicher ~ **263** 80 – juristischer ~ **263** 79 – juristisch- ökonomischer ~ **263** 82 – personaler ~ **263** 81
Vermögensbestandteile – Beiseiteschaffen von **283** 2ff., **288** 13ff. – Veräußerung von ~ **288** 15

2409

Stichwortverzeichnis

fette Zahlen = Paragraphen

Vermögensdelikte – Entwicklung 1 ff. vor **263**
Vermögenseinziehung 8 b vor **3**
Vermögensgefährdung 263 143 ff., **266** 45
Vermögensnachteil – bei Erpressung **253** 9 – bei Untreue **266** 39 ff
Vermögensschaden – allgemein **263** 99 – bei Nicht-Äquivalenz der Gegenleistung **263** 112 ff. – bei Anstellungsbetrug **263** 153 ff. – Beamtenstellung als ~ **263** 156 – bei einseitiger Leistung **263** 100 ff. – Fangprämie eines Ladendiebes als ~ (?) **263** 118 – bei Gegenleistung **263** 106 ff. – dem ~ gleichgestellte Vermögensgefährdung **263** 143 ff. – bei Gutglaubenserwerb **263** 111, s. auch Makeltheorie – individueller Einschlag bei ~ **263** 121 ff. – bei Scheck- und Kreditkartenmißbrauch **266 b** 10 – trotz Sicherungsrechten **263** 162 a – als unmittelbare Folge der Verfügung **263** 140 f. – bei unsittlichen Rechtsgeschäften **263** 148 ff. – bei Untreue **266** 39 ff. – Maßgeblichkeit des Verkehrswerts **263** 109 f. – Vertragsabschluß und ~ **263** 128 ff., s. auch Eingehungsbetrug – Vertragserfüllung und ~ **263** 135 ff., s. auch Erfüllungsbetrug – s. Vermögen und Vermögensbegriff
Vermögensübersicht 264 a 20
Vermögensverfügung – bei Betrug, allgemein, **263** 54 ff. – Identität zwischen Getäuschtem und Verfügendem **263** 65 f. – Kausalität zwischen ~ und Vermögensschaden **263** 61 f., 77 – keine Identität zwischen Verfügendem und Geschädigtem **263** 66 f., s. hierzu auch Prozeßbetrug – durch Unterlassen **263** 58 – bei Erpressung ? **253** 8 ff.
Vermögensvorteil 11 I 9, s. auch Entgelt – bei Betrug **263** 167 f., s. auch Stoffgleichheit **263** 177 – als Gegenstand des Verfalls **73** 6 ff. – bei Hehlerei **259** 47 – Motiv des Zuhälters **181 a** 15 – rechtswidriger – **263** 170 ff. – übermäßiger ~ **302 a** 33 ff.
Vernachlässigung der Sorgepflicht **170 d, 223 b** 14
Vernehmung – Verjährungs-Unterbrechung bei erster ~ des Beschuldigten **78 c** 5 f. – Verjährungs-Unterbrechung bei richterlicher ~ **78 c** 9 f.
Veröffentlichung von Schriftstücken eines Strafverfahrens **353 d** 39 ff.
Verpfändung einer fremden Sache – als Unterschlagung **246** 17
Versammlung – Aufforderung in einer ~ zu Straftaten **111** 7 – unter freiem Himmel als Bannkreisverletzung **106 a** 3 – Begriff der ~ bei Verunglimpfung des Bundespräsidenten **90** 5
Versandhandel – Einführen von Pornographie im ~ **184** 25 ff. – Vertrieb von Pornographie im ~ **184** 22
Versandschriften, Einziehung von **74 d** 11
Verschaffen – von Daten **202 a** 10 – sich oder einem anderen ~ (als Hehlereihandlung) **259** 18 ff. – bei mittelbaren Herrschaftsverhältnissen **259** 21 f. – durch Verzehren der Diebesbeute? **259** 24
Verschlechterungsverbot (in Rechtsmittelinstanz) s. Reformatio in peius
Verschleppung 234 a – in politischer Verfolgungsabsicht **234 a** 9 ff. – Auslandstat **5** 12 f.
Verschuldeter Affektzustand und Schuldfähigkeit 20 15 a, **21** 20
Verschwägerte, Begriff **11** 8
Verschwiegenheit bestimmter **Berufsgruppen** – Vertrauen in ~ als geschütztes Rechtsgut **203** 3
Versichern – eine Sache **265** 7
Versicherungsbetrug 265 – bei betrügerischer Absicht **265** 11 ff. – Brand ~ **265** 3 – Verhältnis zur Sachbeschädigung **265** 16 – Schiff ~ **265** 3
Versicherungen – berufliche Schweigepflicht von Angehörigen der Kranken-, Unfall-, Lebens~ **203** 41
Versicherung an Eides Statt – Anwendungsbereich, allgemein **156** 2 – Begriff der ~ **156** 4 – für Abnahme der ~ zuständige Behörde **156** 6 ff. – im Bußgeldverfahren **156** 13 – fahrlässig falsche ~ **163** 10 – falsche ~ **156** 5 – in der freiwilligen Gerichtsbarkeit **156** 15 – als Offenbarungsversicherung **156** 21 ff. – in der öffentlichen Verwaltung **156** 17 – im Strafverfahren **156** 12 – Verleiten zu falscher ~ **160** 7 – versuchte Anstiftung zu falscher ~ **159** – im Verwaltungsgerichtsverfahren **156** 16 – im Zivilprozeß **156** 14
Versorgungsunternehmen, öffentliche – als Sabotageobjekte **88** 6 – Störung von ~ **316 b**
Verstorbene – Verunglimpfung des Andenkens an ~ **189** – Antrag **194** 8 f. – Verfolgung von Amts wegen **194** 9 a
Verstrickung – der ~ entziehen **136** 12 f. – ordnungsgemäßer Zustand der ~ **136** 8 – Rechtmäßigkeit der ~ **136** 27 ff.
Verstrickungsbruch 136 I – Tathandlungen **136** 10 ff.
Verstümmelung – Begriff **109** 10 ff. – Soldaten als Täter der ~ (?) **109** 17
Versuch – Ansatzformel bei ~ **22** 24 ff., s. auch Ansetzen – Begriff **12** vor **22, 22** – beendeter ~ **24** 13 ff. – bei echten Unterlassungsdelikten **22** 53 – Elemente des ~ **22** 2 ff. – Entschluß als subjektives Element **22** 12 ff. – bei erfolgsqualifizierten Delikten **18** 18, 31 vor **22** – fehlgeschlagener ~ **24** 6 ff. – kein ~ bei fahrlässigem Verhalten **22** – irrealer (abergläubischer) ~ **23** 13 f. – in mittelbarer Täterschaft **22** 54 – wegen Nichtvollendung der Tat **22** 5 ff. – Rücktritt vom ~ **24** – bei qualifizierten Delikten **22** 58 – bei Regelbeispielen **22** 58 – Strafgrund des ~ 17 ff. vor **22** – unbeendeter ~ **24** 12 ff. – bei unechten Unterlassungsdelikten **22** 47 ff. – untauglicher ~ **22** 60 ff. – durch Unterlassen **27** vor **22** – aus grobem Unverstand **23 III, 23** 12 ff. – des unentschlossenen Täters **22** 18 ff., s. auch jeweils Einzelstichworte
Versuchsgrundsätze, Anwendung der ~ auf Unternehmensdelikte **11** 47 ff., **24** 119
Versuchsstrafbarkeit – allgemein **23, 23** 1 f. – und fakultative Strafmilderung **23 II, 23** 5 ff. – und konkrete Straffestsetzung **23** 8 ff. – Strafrahmenwahl als richterliche Ermessensentscheidung **23** 7 f. – und Unverstandsklausel **23 III, 23** 17
Versuchstheorien 18 ff. vor **22** – Eindruckstheorie **22** vor **22, 22** 65 – Mangel am Tatbestand ~ 19 vor **22, 22** 67 – objektive ~ 18 ff. vor **22, 22** 26 f., 66 – gemischte individuell- objektive ~ **22** 31 ff. – subjektive ~ 21 vor **22, 22** 29, 63 f. – Tätertheorie 21 vor **22** – vermittelnde Auffassung, s. auch Eindruckstheorie
Verteidiger, allgemein – berufliche Schweigepflicht **203** 37
Verteidigung bei Notwehr **32 II** – allgemein **32** 29 ff. – Erforderlichkeit der ~ **32** 34 ff. – Grundsatz der Proportionalität von Angriff und ~ **32** 43 – unbeabsichtigte Notwehrfolgen **32** 38 f. – Verteidigungswille **32** 65, s. auch Notwehr
Verteidigung der Rechtsordnung – Bedeutung

für Bewährung **56** 35 ff. – Bedeutung für kurzzeitige Freiheitsstrafe **47** 14 ff. – als Regulativ zu spezialpräventiven Strafzwecken 19 ff. vor **38** – bei Verwarnung mit Strafvorbehalt **59** 15
Vertrag, zivilrechtlicher ~ als Rechtfertigungsgrund 53 vor **32**
Vertragsabschluß über fremde Sachen – als Unterschlagung **246** 13
Vertrauensbruch – im auswärtigen Dienst **353a**
Vertrauensgrundsatz – allgemein **15** 147, 151 ff. – im Straßenverkehr **15** 149 f., 211 ff.
Vertraulichkeit des Wortes – Antragsrecht des Verletzten **205** 3 – Verletzung der ~ **201** – Verletzung der ~ durch Amtsträger **201** 28
Vertreter – strafbares Handeln als berechtigter ~ einer Personenhandelsgesellschaft **14** 20 ff. – strafbares Handeln als gesetzlicher ~ **14** 24 ff. – strafbares Handeln als ~ in Betrieben und Unternehmen **14** 27 ff. – faktischer ~ **14** 43 ff.
Vertreterhaftung 14 1 ff. – faktische ~ **14** 43 ff. – bei Unterlassungsdelikten **14** 6
Verunglimpfung – des Bundespräsidenten **90** – der Bundesrepublik **90a** 3 (Beschimpfung) – der Flagge **90a** 14 – der Hoheitszeichen der BRep **90a** 15 – eines Landes der BRep **90a** 3 (Beschimpfung) – der verfassungsmäßigen Ordnung (Beschimpfung) **90a** 3 – von Verfassungsorganen **90b** – Verstorbener **189** 2 f. (s. dort)
Verunreinigung – eines Gewässers **324** – Begriff **324** 8
Veruntreuen von Arbeitsentgelt **266a**
Veruntreuung 246 29 f.
Verursachung s. Kausalität – einer Umweltgefahr, s. Umweltgefahr
Verurteilung, bedingte **56** 5
Verwahrte (Personen) – Begriff **120** 4 ff. – Befreien eines ~ **120** 8 – Selbstbefreiung eines ~ **120** 9 ff., 14 ff. – sexueller Mißbrauch von ~ **174a** 2 ff., s. auch Gefangener
Verwahrungsbruch 133 – Tathandlungen **133** 14 ff. – ~ von Amtsträgern **133** 18 ff., s. auch dienstliche Verwahrung
Verwaltungsaktsakzessorietät 62 vor **32**, 16a vor **324**
Verwaltungsrechtliche Pflichten – Verletzung von ~ **311d** 5
Verwaltungsrechtliche Vorschriften – Verletzung von ~ **330** 6
Verwaltungsrechts-Akzessorietät des Strafrechts 61 ff. vor **32**, 15 ff. vor **324**
Verwaltungsstrafrecht 35 f. vor **38**
Verwandter, Begriff **11** 6
Verwarnung mit Strafvorbehalt **59** – Auflagen bei ~ **59a** 4 – Weisungen bei ~ **59a** 7 – Bewährungszeit bei ~ **59a** – (nur) bei Geldstrafe **59** 5 f. – bei Gesamtstrafe **59c** 1 ff. – bei günstiger Täterprognose **59** 7 ff. – Tenor bei ~ **59** 17 – Verurteilung zu vorbehaltener Strafe trotz ~ **59b** 1 ff.
Verweilen nach Aufforderung – als Hausfriedensbruch **123** 27 ff. s. auch Hausrecht – ~ ohne Befugnis **123** 31 ff.
Verwendung von Daten – unrichtige oder unvollständige ~ **263a** 7 – unbefugte ~ **263a** 8
Verwerflichkeit zwischen Nötigungsmittel und -zweck – allgemein **240** 15 ff. – bei Demonstrationen **240** 26 ff. – Irrtum über ~ **240** 35 – bei unrechtem Mittel **240** 19 – bei unrechtem Zweck

240 21 f. – bei Mißverhältnis von erlaubtem Mittel und Zweck **240** 23 f. – im Straßenverkehr **240** 24
Verwerten – unbefugtes ~ fremder Geheimnisse **204** 5 ff. – unbefugtes ~ von Betriebs- und Geschäftsgeheimnissen **355** 15
Verzehren einer Sache – als Hehlerei? **259** 24 – als Unterschlagung **246** 12
Video-Recorder 11 78 – Einziehung von ~ **74d** 3
Viktimodogmatisches Prinzip 70b vor **13**
Vis absoluta – Begriff 13 f. vor **234** – keine ~ bei Erpressung **253** 3a – keine Handlung bei ~ 38 vor **13**
Vis compulsiva – Begriff 15 ff. vor **234** – trotz ~ Handlung 38 vor **13**
Vis haud ingrata 177 6 f.
V-Mann – Rechtfertigung durch Notstand **34** 41 – Strafbemessung bei Tatveranlassung durch ~ **46** 13, 16, 19, **59** 12
Völkerfriede – Schutzobjekt des Friedensverrats **80** 2, **80a** 2
Völkermord 220a – allgemein **220a** 1 – Androhen des ~ **126** 4 f. – als Auslandstat, **6** 2 – Belohnung u. Billigung des ~ **140** 2 – Nichtanzeige des ~ **138** 7 – durch Zerstören von Volksgruppen **220a** 3 f. – Vortäuschen des ~ **126** 4 ff.
Völkerrecht – Rechtfertigungsgründe aus dem ~ 91 vor **32**
Völkerstrafrecht und staatliches Strafrecht, 23 ff. vor **1**
Völkische Gruppen – Zerstören von ~ **220a** 3 f.
Volksverhetzung 130 Tathandlung bei ~ **130** 5 ff.
Vollendung – Begriff 2 f. vor **22** – negative Abgrenzung **22** 5 ff.
Vollrausch 323a – und Entziehung der Fahrerlaubnis **69** 39 – Verhältnis zu actio libera in causa **323a** 31 ff.
Vollstreckungsbeamte – Begriff **113** 5 ff. – Beurteilungsspielraum für ~ und Rechtmäßigkeit der Handlung **113** 27 ff. – Irrtum über ~ über Rechtmäßigkeit der Diensthandlung **113** 29 – tätlicher Angriff auf ~ **113** 46 f. – Widerstand gegen ~, allgemein, **113** 1 ff.
Vollstreckungshandlung – von Nicht-Amtsträgern **114** 6 f. – Rechtmäßigkeit der ~ **113** 18 ff. – zur Unterstützung einer ~ zugezogene Personen **114** 15 ff. – Vornahme einer ~ und Widerstand gegen Vollstreckungsbeamte **113** 12 ff.
Vollstreckungsvereitelung 258 25 ff. – durch zur Mitwirkung an Strafvollstreckung berufenen Amtsträger **258a** 6, 14 – im Wiederaufnahmeverfahren **258** 29
Vollstreckungsverjährung 79 ff. – Begriff 1 vor **78**, **79** 1 f. – Beginn der ~ **79** 3 – (gestaffelte) Dauer der ~ **79** 4 ff. – Ruhen der ~ **79a** – Verlängerung der ~ **79b**
Vorausgegangenes Tun s. Ingerenz
Voraussehbarkeit der Tatbestandsverwirklichung – bei Fahrlässigkeitsdelikten **15** 125 f., 180 ff. – ex ante – Maßstab **15** 185 – subjektive ~ **15** 199 ff.
Vorbehaltseigentum – Diebstahl bei ~ **242** 8 – Einziehung bei ~ **74** 24 – Unterschlagung **246** 6, 24
Vorbereitung eines Angriffskrieges 80 1 ff. – Begriff der Vorbereitung **80** 5 ff. – Auslandstat **5 Nr. 1, 5** 7

2411

Stichwortverzeichnis

fette Zahlen = Paragraphen

Vorbereitung eines hochverräterischen Unternehmens 83
Vorbereitungshandlung – allgemein 13 f. vor **22** – (negative) Abgrenzung anhand der Ansatzformel **22** 32 ff. – (ausnahmsweise) strafbare ~ **30 II**, **30** 22 ff. – Versuch einer ~ **28** ff. vor **22**
Vorenthalten von Arbeitsentgelt **266 a**
Vorfahrt – Mißachtung der ~ **315 c** 16
Vorgesetzte – als Antragsberechtigte **77 a**
Vorhaben einer Tat **138** 4 – Strafbarkeit bei Nichtanzeige von ~ **138** 7
Vorrätighalten – pornographischer Erzeugnisse **184** 46 – harter Pornographie **184** 52 ff.
Vormund – Diebstahl gegen ~ **247** 5 ff.
Vorsatz 15 2 ff., 6 ff. – als aktuelles Bewußtsein **15** 48 ff. – Arten des ~ **15** 64 ff. – Begriff **15** 9 ff. – Bezugsobjekte des ~ **15** 15 ff. – direkter ~ **15** 65 ff. – dauerndes Begleitwissen beim ~ **15** 51 f. – Eventual~, s. dort – Begründung des Handlungsunrechts durch ~ **54** vor **13** – intellektuelles Moment des ~ **15** 10, 38 ff. s. auch Wissenselement – Erstreckung des ~ auf Kausalverlauf **15** 54 f. – hinsichtlich der Mordmerkmale **211** 37 f. – hins. privilegierender Umstände **15** 32 – bei Regelbeispielen **15** 27 – bei Rückfallvoraussetzungen **15** 30 – bei Strafzumessungstatsachen **15** 28 ff. – bei Strafzumessungsgründen **15** 31, **46** 26 – bei Unterlassungsdelikten **15** 93 ff. – voluntatives Element des ~ **15** 11, 60 ff. (Willenselement), s. auch Dolus und Stichwortverzeichnis vor **15**
Vorsatz – Fahrlässigkeitskombinationsdelikte, 11 II, **11** 73 ff., **15** 108 – Teilnahme an ~ **11** 75 – Versuch von ~ **11** 76, **18** 18, **22** 22 – beim Widerstand gegen Vollstreckungsbeamte? **113** 20
Vorsatztheorie 121 vor **13**, **15** 104 f., **17** 2
Vorschubleisten – zu sexuellen Handlungen **180** 6 ff.
Vorspiegeln von Tatsachen **263** 6 f., 13 ff.
Vorstellungspflicht nach Verkehrsunfall **142** 24
Vorstrafen – Bedeutung für Bewährung **56** 22 – Eintragung im Bundeszentralregister **61** vor **38** – Bedeutung für Strafzumessung, allgemein **46** 31 f.
Vortat, straflose 119 ff. vor **52** – ausnahmsweise strafbar 125 ff. vor **52**
Vortäuschen – Begriff **126** 6 – bestimmter Gewalttaten **126** 4 ff. – der Inanspruchnahme fremder Hilfe **145** 7 ff. – eines Verbrechens **241** 9 ff.
Vortäuschen einer Straftat 145 d – gegenüber Behörde oder sonst zuständiger Stelle **145 d** 4 f. – und Selbstbegünstigung **145 d** 15 – Täuschungshandlung **145 d** 9, 12 ff., 16 ff. – Subsidiaritätsklausel bei ~ **145 d** 26
Vorteile – Begriff ~ **331** 20 ff. – immaterielle ~ **331** 21 – Annehmen von ~ **331** 26 – Fordern von ~ **331** 24 – Sichversprechenlassen von ~ **331** 25
Vorteilsannahme – durch Amtsträger **331** – Genehmigung der ~ **331** 45 ff.
Vorteilssicherung – Absicht der ~ **257** 21 ff.
Vorverschulden – **20** 34
Waffen – Begriff **244** 13 f. – Beisichführen von ~ **113** 62 ff. – Beisichführen von ~ in Verwendungsabsicht **125 a** 7 ff., **244** 15 ff., **250** 14 ff. – Körperverletzung mit ~ **223 a** 4 – Schein~, s. dort
Wahlen – Arten der ~, Legaldefinition **108 d** 2 f. –

Behinderung von ~ **107**, Tathandlung **107** 3 ff. – Fälschung von ~ **107 a**, Tathandlungen **107 a** 2 ff. – Herbeiführen eines unrichtigen Ergebnisses von ~ **107 a** 5 – unrichtige Bekanntgabe der Ergebnisse von ~ **107 a** 7 – Verfälschen eines Ergebnisses von ~ **107 a** 6
Wählen – unbefugtes ~ **107 a** 3 f.
Wähler – Bestechung von ~ **108 b** (aktive **108 b** 2, passive **108 b** 3) – Nötigung der ~ **108** 2 ff. – Täuschung der ~ **108 a**
Wahlfeststellung – allgemein **1** 58 ff. – echte (ungleichartige) ~ **1** 62 – als „gemischtes" Rechtsinstitut **1** 69 – Tenor bei ~ **1** 113 f. – unechte (gleichartige) **1** 61 – zulässige ~ **1** 82 ff., 110 – zwischen Betrug und Hehlerei **263** 186 – zwischen Diebstahl und Hehlerei **1** 89 ff., **242** 79, **259** 65, **263** 186 – Ausschluß der ~ (unzulässige ~) **1** 89 ff., 111
Wahlgeheimnis – Verletzung des ~ **107 c**
Wahlrecht – Verlust des aktiven ~ als Nebenfolge **45** 13, **45 a** 1 ff. – Verlust des passiven ~ als Nebenfolge **45** 3 ff., **45 a** 1 ff. – Wiederverleihung des aktiven und passiven ~ **45 b** 1 ff.
Wahlunterlagen – Fälschung von ~ **107 b**
Wahlvorgang – Begriff **107** 2
Wahndelikt – allgemein, **16** 25, **22** 78 ff. – Abgrenzung zum umgekehrten Erlaubnistatbestandsirrtum **22** 81 – als umgekehrter Rechtfertigungsirrtum **22** 80 ff. – als umgekehrter Subsumtionsirrtum **22** 82 – Abgrenzung zum untauglichen Versuch **22** 90 ff.
Wahrheitsbeweis – bei Beleidigungsdelikten **185** 6, **186** 14 ff., **189** 4 – bei Tatsache „Straftat" **190** 2 ff. – trotz ~ Beleidigung **192**, s. auch Formalbeleidigung
Wahrheitspflicht, prozessuale – richterliches Fragerecht und ~ **15** vor **153** – thematische Beschränkung der ~ 14 ff. vor **153** – der ~ unterliegende Personen 10 ff. vor **153**
Wahrnehmung berechtigter Interessen 193 – als allgemeiner Rechtfertigungsgrund (?) 79 f. vor **32** – Anwendungsbereich **193** 2 f. – berechtigte Interessen **193** 9 – bei künstlerischer Betätigung **193** 19 – im öffentlichen Meinungskampf **193** 15 ff. – beim Mitteilen von Worten **201** 27 – und Prüfungspflicht **193** 11, 18 – bei Rechtsverteidigung **193** 6 – bei Rügen durch Vorgesetzte **193** 7 – bei Strafanzeigen **193** 20 – tadelnde Urteile über wissenschaftliche, künstlerische und gewerbliche Leistungen **193** 5 – Voraussetzungen der ~ **193** 8 ff.
Wahrscheinlichkeitstheorie beim Eventualvorsatz **15** 76
Wappen – Verunglimpfung des ~ der BRep. **90 a** 15
Warentermingeschäft 263 31 b, 114 a
Warenterminoption 264 a 11
Warenzeichen, als Urkunden **267** 28
Warnung 31 vor **234**
Warnzeichen 145 14 – Beeinträchtigung von ~ **145** 15
Wartepflicht – gegenüber jeder feststellungsbereiten Person **142** 26 – Dauer **142** 33 – Erforderlichkeit **142** 28 f. – Umfang **142** 28 ff. – keine ~ bei Unzumutbarkeit **142** 30 f.
Wassergefährdende Stoffe – Anlagen mit ~ in Schutzgebieten **329** 22 f., 28 ff.

magere Zahlen = Randnummern   **Stichwortverzeichnis**

Wasserschutzgebiet – Begriff **329** 13
Wasserstandszeichen – Veränderung von ~ **274** 28 ff.
Wasserversorgung – öffentliche ~ **330** 20
Wechsel – Wucher durch Wechselakzept **302a** 47
Wechselseitige Beleidigung 199 – Anwendungsbereich **199** 2 ff. – bei Erwiderung auf der Stelle **199** 8 ff.
Wechselseitige Taten, Begriff **77c** 2 – bei Körperverletzung und Beleidigung **233**
Wegnahme 242 22 ff. – durch Bruch fremden Gewahrsams **242** 35 ff. – durch Begründung neuen Gewahrsams **242** 37 ff. – Einwilligung in ~ **242** 36 – von Leichen usw. **168** 7
Wehrdienst – Ausschluß vom ~ bei bestimmten Staatsschutzdelikten **11** vor **80** – Anwerben für fremden ~ **109h**
Wehrlosigkeit 211 24 a ff., 25 b
Wehrmittel – Begriff **109e** 3 – fehlerhaftes ~ **109e** 11 – Sabotagehandlungen an ~ **109e** 10 ff. – sicherheitsgefährdende Abbildung von ~ **109g** 2 ff.
Wehrpflicht – Erfüllung der ~ **109** 5
Wehrpflichtentziehung – durch Täuschung **109a** 7 ff. – durch Verstümmelung **109** 10 ff.
Wehrpflichtiger 109 3
Wehruntauglichkeit – absolute ~ **109** 6 – relative ~ (beschränkte Tauglichkeit) **109** 7 f.
Weigerungsrecht – gegen Schwangerschaftsabbruch **218a** 68 ff.
Weisungen für **Bewährungszeit 56c** – allgemein als Resozialisierungsmaßnahme **56c** 1 f. – ~ mit Einverständnis des Verurteilten **56c** 23 ff. – einzelne ~ **56c** II, **56c** 15 ff. – Maßregeln als ~ **56c** 11 ff. – nachträgliche Anordnung von ~ **56e** 2 – bei Verwarnung **59a** 7
Weisungen während **Führungsaufsicht 68b** – Arten der ~ **68b** 1 – Berufsverbot als ~ (?) **68b** 8 f. – Meldepflichten als ~ **68b** 12 ff. – (abschließende) strafbedrohte ~ **68b** 2 ff. – Vorrang der ~ bei gleichzeitiger Bewährung **68g** 5 – weitere, nicht strafbedrohte ~ **68b** 17 ff. – Zumutbarkeitserfordernis der ~ **68b** 25 – Verstoß gegen ~ **145a** 1
Weitergabe, unbefugte – geheimer Gegenstände **353b** 17
Weltanschauung – (ungestörte) Ausübung einer ~ als geschütztes Rechtsgut **2** vor **166**
Weltanschauungsvereinigungen – Begriff **166** 16 – Beschimpfung der ~ **166** 21 – Einrichtungen der ~ **166** 17 f. – Feiern einer ~ **167** 6, Störung **167** 8
Weltrechtsprinzip 8 vor **3–7**, **6** 1 s. auch internationales Strafrecht
Werbegeschenke – für Amtsträger **331** 31
Werben – für eine kriminelle Vereinigung **129** 14a – für eine terroristische Vereinigung **129a**
Werbung für Schwangerschaftsabbruch 219b – Gegenstand der ~ **219b** 2 ff. – keine ~ bei bestimmten Adressaten **219b** 9 ff. – öffentliche ~ **219b** 7 f.
Werkzeug (Täterbegriff), allgemein **25** 6 ff. – absichtslos-doloses ~ und mittelbare Täterschaft **81** f. vor **25** – Exzeß des ~ **25** 50 – qualifikationsloses ~ **25** 24, s. auch mittelbare Täterschaft
Wertersatz – als Gegenstand der Einziehung **74c** – als Gegenstand des Verfalls **73a** – nachträgliche Einziehung, nachträglicher Verfall des ~ **76**
Wertpapiere – Begriff **264a** 5
Wertpapierfälschung – Belohnung u. Billigung der ~ **140** 2 – Einziehung bei ~ **150** 3 – bei Wertpapieren fremden Währungsgebietes **152** 1 ff. – Nichtanzeige der ~ **138** 7 – Objekte der ~ **151** 3 ff. – als Auslandstat, **6** 8, **6** vor **146**, s. auch Weltrechtsgrundsatz
Werturteile – Begriff **186** 4, **263** 9
Wertzeichen, amtliche – Begriff **148** 2 – Einziehungsgegenstände bei Fälschung von ~ **150** 1 f. – ~-fälschung, allgemein **148** 1 – Feilhalten falscher ~ **148** 13, 15 – fremder Währung **152** 1 ff. – Inverkehrbringen falscher ~ **148** 14 f. – Nachmachen von ~ **148** 4, 6 – Sichverschaffen falscher ~ **148** 10 – tätige Reue bei Vorbereitungshandlungen **149** 13 ff. – Verfälschen von ~ **148** 5 f. – Verwenden falscher ~ **148** 12, 15 – strafbare Vorbereitungshandlungen zur Fälschung von ~ **149** 6 f. – Wiederverwendung entwerteter ~ **148** 19 ff.
Wette, Abgrenzung zum Spiel **284** 4
Wichtiges Unternehmen – als Sabotageobjekt **87** 14
Wider besseres Wissen – falsche Verdächtigung ~ **164** 30 – Indikationsfeststellung ~ **219b** 7 f. – Verleumdung ~ **187** 5
Widerspruch gegen Strafverfolgung von Amts wegen bei Beleidigungsdelikten **194** 6a, 9a
Widerstand ~-Leisten als Tathandlung **113** 39 ff. – gegen Nicht-Amtsträger **114** 3 f. – gegen Polizeibeamte **113** 33 ff. – gegen Staatsgewalt **1** ff. vor **110** – gegen Vollstreckungsbeamte, allgemein, **113** 1 ff. (Spezialtatbestand zur Nötigung **113** 3 f., 68) – gegen zur Unterstützung zugezogene Personen **114** 13 ff.
Widerstandsrecht (Staatsnotwehr) – als Rechtfertigungsgrund **65** vor **32**
Widerstandsunfähige – physisch ~ **179** 7 – psychisch ~ **179** 4 ff. – sexueller Mißbrauch von ~ **179** 8 ff.
Wiederherstellung des gesetzmäßigen Zustandes – als geschütztes Rechtsgut **257** 1
Wilderei – Fisch~ **293** – Jagd~ **292** – Einziehung von ~-geräten, **295**
Willensausübung, Freiheit der **4** vor **234** – als geschütztes Rechtsgut **240** 1 f.
Willensentschließung, Freiheit der **3** vor **234** – als geschütztes Rechtsgut **240** 1 f.
Willensmängel – Behandlung von ~ bei Einwilligung **45** ff. vor **32**
Willensschwäche, Ausbeutung der erheblichen ~ **302a** 27
Wirtschaft, ordnungsgemäße – Verstoß gegen Regeln einer ~ **283** 8, 12
Wirtschaftlicher Druck – als Nötigungsmittel **108** 6
Wirtschaftliche Verhältnisse – Begriff der ~ bei Kreditbetrug **265b** 30 ff. – Täuschung über ~ **265b** 33 ff.
Wirtschaftskriminalität 5 ff. vor **263**, **263** 1
Wirtschaftsprüfer – berufliche Schweigepflicht **203** 37
Wissenschaftliche Leistungen – Tadeln von ~ als Wahrnehmung berechtigter Interessen **193** 5
Wissenselement, allgemein **15** 38 ff. – und Bedeu-

2413

Stichwortverzeichnis

fette Zahlen = Paragraphen

tungskenntnis des Sachverhalts **15** 40ff. – bei deskriptiven Tatumständen **15** 39 – bei Komplexbegriffen **15** 46 – bei normativen Tatumständen **15** 43, s. auch Subsumtionsirrtum

Wohnung – Begriff **123** 4

Wort – Abhören, Aufnehmen, Mitteilen des nichtöffentlich gesprochenen ~ **201**

Wörtliche Auslegung 1 37

Wohnsitzprinzip – bei Anwendung interlokalen Strafrechts **54** vor **3–7**

Wucher 302a – gewerbsmäßiger ~ **302a** 46 – Individual~ **302a** 2 – Kredit~ **302a** 16 – Leistungs~ **302a** 7 – Miet~ **302a** 13 – Sozial~ **302a** 2 – sonstiger Leistungs~ **302a** 18 – Vermittlungs~ **302a** 17 – besonders schwerer Fall des ~ **302a** 43ff.

Würden, öffentliche – geschützte ~ **132a** 9

Zahlungseinstellung 283 60

Zahlungserleichterungen bei Geldstrafe **42**

Zahlungsunfähigkeit 283 52, drohende ~ **283** 53

Zahlungsverkehr, bargeldloser – Schutz des ~ **266b** 1

Zahnarzt – berufliche Schweigepflicht des ~ **203** 35

Zechprellerei – als Betrug **263** 16a, 28, 39, **186**

Zeitdiebstahl 263a 11

Zeitliche Geltung des StGB **2**

Zeitgesetz 2 IV, **2** 36ff. – Nachwirkung des ~ **2** 39

Zeit der Tat 8 – maßgeblicher Zeitpunkt bei positivem Tun **8** 3 – maßgeblicher Zeitpunkt bei Rechtfertigungsgründen **26** vor **32** – maßgeblicher Zeitpunkt bei Unterlassungsdelikten **8** 4 – maßgeblicher Zeitpunkt für Teilnehmer **8** 5, **26** 28 – maßgeblicher Zeitpunkt bei Dauerdelikten **8** 6

Zerstören von Bauwerken **305** – von Arbeitsmitteln **305a** – einer Sache als Diebstahl? **242** 52, 55 – als Unterschlagung? **246** 14

Zeuge – als Täter der Aussagedelikte **11** vor **153**, **153** 4f. – als Täter der Eidesdelikte **11** vor **153**, **154** 4

Zeugungsfähigkeit – Verlust der ~ **224** 3

Zinsscheine – als geschützte Wertpapiere **151** 7

Zivildienst – als Bewährungsauflage **56b** 16 – als Weisung **56c** 6 – Verweigerung des ~ **118**ff. vor **32**

Ziviler Ungehorsam 79 vor **13**, **34** 41a

Zivilschutz – Einrichtungen des ~ **109e** 6 – Sabotagehandlung gegen ~-einrichtungen **109e** 10ff.

Züchtigungsrecht – als Rechtfertigungsgrund, allgemein **78** vor **32**, – gegenüber fremden Kindern? **223** 25f. – und Körperverletzung **223** 16ff.

Zueignung – Begriff **242** 46f. **246** 11ff. – Dritt~ **242** 56f. – durch (vorübergehende) Aneignung **242** 47 – durch angemaßte Eigentümerstellung **242** 47, **246** 11 – durch (endgültige) Enteignung **242** 49, 51ff. – Einwilligung in ~ **242** 36, 59 – der Elektrizität **248e** 15, s. auch Stromdiebstahl – rechtswidrige ~ **242** 59, **246** 22 – wiederholte ~ **246** 19

Zueignungsabsicht 242 60ff. – eigene ~ des Täters **242** 61 – ohne Konkretisierung der Objekte **242** 45, 62 – objektive Betätigung der ~ bei Unterschlagung **246** 11

Zuführen – der Prostitution ~ **180a** 29ff.

Zugänglichkeit – einer Tatsache und Geheimnisbegriff **93** 8f. – eines Ortes, für Jugendliche **184** 11f.

Zugänglich-Machen, öffentliches – Begriff **184** – von gewaltverherrlichenden usw. Schriften **131** 6 – „harter" Pornographie **184** 52ff. – pornophischer Erzeugnisse an Jugendliche **184** 9 – sonstiges ~ pornographischer Erzeugnisse an Jugendlichen zugänglichen Orten **184** 10ff. – einer unbefugten Tonträgeraufnahme **201** 17 – einer Urkunde **267** 73

Zuhälterei 181a – ausbeuterische ~ **181a** 3ff. – Beziehungen zwischen Zuhälter und Opfer **181a** 12ff., 16ff. – dirigierende ~ **181a** 6ff. – unter Ehegatten **181a** 21 – fördernde (oder kupplerische) ~ **181a** 13ff. – gewerbsmäßige ~ **181a** 20 – und Vermögensvorteil als Motiv **181a** 11

Zurechnung des Erfolgs – allgemein **71** ff. vor **13** – Lehre von der objektiven ~ **91**ff. vor **13** s. auch Kausalitätstheorien

Zurechnungsprinzip bei Täterschaftsabgrenzung **7**, **80**, **84** vor **25**; **25** 6

Zurückgelangenlassen des Opfers – in seinen Lebenskreis als Rücktritt des erpresserischen Menschenraubes **239a** 33ff.

Zurückstellung der Strafvollstreckung 56 2

Zusammenrotten – als Hausfriedensbruch **124** 4ff., 19ff. – als Meutereihandlung **181a** 4f.

Zustandsdelikte – keine Dauerdelikte **82** vor **52**

Zwangseinwirkung – und Gewaltbegriff **6**, **9** vor **234**

Zwangsernährung 45 vor **211**

Zwangslage – Ausbeutung einer ~ **302a** 23ff.

Zwangsvollstreckung – Vereitelung der ~ **288**

Zwecktheorie – bei Rechtfertigungsgründen **6**f. vor **32**, **34** 2, 46 – bei der Nötigung **240** 15

Zweckverfehlungstheorie 266 44

Zweiergemeinschaften (unverheiratet) – keine Angehörigen **11** 11 – als nahestehenden Personen im Notstandsrecht **35** 15

Zwillingsschwangerschaft 218a 27a, s. auch Mehrlingsschwangerschaft

Zwischengesetz 2 29

Zwischenstaatliche Abkommen, **6** Nr. 9; **6** 10f. – Strafverfolgungszuständigkeit aufgrund ~ **10** vor **3–7**

Buchanzeigen

Strafrecht nach dem Einigungsvertrag

Textausgabe mit ausführlichem Sachverzeichnis und einer Einleitung von Dr. Michael Lemke, Richter am Oberlandesgericht

1991. Stand: 1. März 1991
X, 886 Seiten. Kartoniert DM 48,–
ISBN 3-406-35192-1

In dieser Textsammlung zum Strafrecht nach dem Einigungsvertrag sind **alle Vereinbarungen umgesetzt,** die das materielle Strafrecht, das Jugendrecht, das Ordnungswidrigkeitenrecht, das Strafprozeßrecht, das Gerichtsverfassungsrecht, das Strafvollzugsrecht, das Registerrecht und das strafrechtliche Entschädigungsrecht betreffen.

Diese Ausgabe gibt damit dem Rechtsanwender die Möglichkeit, ohne gesonderte Umsetzung des Einigungsvertrages im Einzelfall zu ermitteln, **welches Recht in den fünf neuen Bundesländern gilt** und inwieweit sich die Vorschriften für die bisherigen elf Länder der Bundesrepublik Deutschland geändert haben.

Die Kenntnis des materiellen Strafrechts in der ehemaligen DDR ist insbesondere für alle vor dem 3. 10. 1990 begangenen Straftaten im Hinblick auf § 2 Abs. 3 StGB von großer Bedeutung, da in jedem Einzelfall das **mildeste Gesetz** ermittelt werden muß.

Verlag C. H. Beck München

Die Zeitschrift für jeden Strafjuristen

NStZ
Neue Zeitschrift für Strafrecht

Herausgegeben von Prof. Dr. Hans Dahs, Prof. Dr. Gerhard Hammerstein, Prof. Dr. Karl Heinz Kunert, Dr. Klaus Letzgus, Dr. Klaus Miebach, Prof. Dr. Gerd Pfeiffer, Prof. Dr. Kurt Rebmann, Prof. Dr. Peter Rieß, Dr. Karl Peter Rotthaus, Prof. Dr. Dr. h. c. Claus Roxin, Prof. Dr. Hans-Ludwig Schreiber

12. Jahrgang 1992. 12 Hefte jährlich. Der Bezugspreis beträgt halbjährlich DM 112,–, der Vorzugspreis für NJW-Bezieher, Studenten und Referendare DM 99,80. Das Einzelheft kostet DM 19,80; jeweils zuzüglich Vertriebsgebühren.

Probeheft auf Anforderung kostenlos.

Die NStZ informiert umfassend über das gesamte Strafrecht und deckt – zusammen mit dem Strafrechtsteil der NJW – den Informationsbedarf des praktisch tätigen Juristen ab.

Die NStZ berücksichtigt auch die Rechtsgebiete, die in anderen Zeitschriften nicht im Vordergrund stehen, insbesondere Nebenstraf- und Ordnungswidrigkeitenrecht sowie Strafvollstreckungs- und Vollzugsrecht.

Die NStZ veröffentlicht auch Entscheidungen, deren Abdruck in den amtlichen Sammlungen nicht vorgesehen ist. Sie informiert vorab über wichtige Entscheidungen. Die NStZ bringt ferner fundierte Urteilsanmerkungen.

Rebmann/Dahs/Miebach
NStE
Neue Entscheidungssammlung für Strafrecht

Grundwerk: In 6 Leinenordnern DM 218,–
ISBN 3-406-32201-8

Lieferungen: Bezugspreis pro Lieferung DM 79,–
Vorzugspreis für LM-, NJW- und NStZ-Bezieher DM 67,–
Es erscheinen jährlich 5 Lieferungen zu je 120 Blatt
(jeweils zuzüglich Vertriebsgebühren)

Ein bewährtes Nachschlagewerk in Strafsachen, das
– **alle Gebiete** einschließlich OWiG, Nebenstrafrecht und StVollzG umfaßt
– die einschlägige Rechtsprechung aller Gerichte (BVerfG, BGH, OLG und wichtige Instanzentscheidungen) publiziert
– zahlreiche weitere **unveröffentlichte Entscheidungen** bringt.

Das ist die NStE:
– mit einem Grundbestand von z. Zt. über 2000 und weiteren ca. 480 Entscheidungen jährlich
– aktualisiert durch 5 Ergänzungslieferungen im Jahr
– übersichtlich, handlich, systematisch gesammelt in 6 Loseblattordnern
– Kurz: eine spezielle Entscheidungssammlung für das gesamte Strafrecht.

Verlag C. H. Beck München